BROCKHAUS ENZYKLOPÄDIE
Wörterbuch Englisch

...ngen zum Text

- Bereichsangaben
  subject labels
- Betonung und Quantität
  stress and vowel length
- Indikatoren
  sense indicators
- die Tilde vertritt das Stichwort
  swung dash representing the headword
- Anwendungsbeispiele
  usage examples
- Hinweise auf besondere Gebrauchsweisen
  labels to indicate specific aspects of usage
- Angaben zur Syntax
  information on syntax
- zeitliche Zuordnung
  indication of dated or archaic usage
- Kompositionsfuge
  dot between elements of a compound
- räumliche Zuordnung des Stichworts/der Übersetzung
  regional labels for the headwords/translations

beschneiden *unr. tr. V.* **a)** *(stutzen)* cut, trim, clip ⟨hedge⟩; prune, cut back ⟨bush⟩; cut back ⟨tree⟩; trim ⟨book block⟩; einem Vogel die Flügel ~: clip a bird's wings; **b)** *(Med., Rel.)* circumcise; **ein Beschnittener** a circumcised boy/man; **c)** *(einschränken)* cut ⟨salary, income, wages⟩; restrict ⟨rights⟩

Beschneidung die; ~, ~en **a)** *(das Stutzen)* s. beschneiden a: trimming; cutting; clipping; pruning; cutting back; **b)** *(Einschränkung)* s. beschneiden c: cutting; restriction

beschnuppern *tr. V.:* s. **beschnüffeln** a, b

beschönigen [bə'ʃøːnɪɡn̩] *tr. V.* gloss over

beschreiben *unr. tr. V.* **a)** *(vollschreiben)* write ⟨page, side, etc.⟩; eng beschriebene Seiten closely written pages; **b)** *(darstellen)* describe; ich kann dir [gar] nicht ~, wie ..., es ist [gar] nicht zu ~, wie ...: I [simply] can't tell you how ...; ihre Leiden waren nicht zu ~: her sufferings were indescribable *or* beyond description

beschreien *unr. tr. V.;* s. **berufen 1 b**

beschreiten *unr. tr. V.* *(geh.)* walk along ⟨path etc.⟩; **neue Wege ~** *(fig.)* tread new paths, ⟨medicine, technology, etc.⟩ pursue new methods; **den Rechtsweg ~**: have recourse to litigation

Besen ['beːzn̩] *der;* ~s, ~ **a)** broom; *(Reisig~)* besom; *(Hand~)* brush; **~ und Schaufel** dustpan and brush; die Hexe auf ihrem ~: the witch on her broomstick; **ich fress' einen ~, wenn das stimmt** *(salopp)* I'll eat my hat if that's right *(coll.);* **neue ~ kehren gut** *(Spr.)* a new broom sweeps clean *(prov.);* **mit eisernem ~ [aus]kehren** *(fig.)* apply drastic remedies; **h)** *(salopp abwertend:* Frau) battleaxe *(coll.)*

besen-, Besen-: **~binder** der broommaker; *(von Reisig~)* besom-maker; **~ginster** der *(Bot.)* broom; **~kammer** die broom-cupboard; broom-closet *(Amer.);* **~macher** der broom-maker; **~rein** *Adj.* swept clean *postpos.*

beschweren [bə'ʃveːrən] **1.** *refl. V.* complain (**über** + Akk., **wegen** about); **sich bei jmdm. ~:** complain to sb. **2.** *tr. V.* weight

beschwerlich 1. *Adj.* arduous; *(ermüdend)* exhausting; **jmdm. ~ fallen** *(veralt., geh.) (person, children)* be a burden to sb.; **jmdm. fällt etw. ~** *(veralt., geh.)* sb. finds sth. troublesome. **2.** *adv.* laboriously; with an effort

Beschwerlichkeit die; ~, ~en **a)** *o. Pl.* arduousness; **b)** *Pl. (Anstrengungen)* tribulations

Beschwörungs·formel die incantation

Beschrieb der *(schweiz.)* description

Besetzt·zeichen das *(Fernspr.)* engaged tone *(Brit.);* busy signal *(Amer.)*

Best·arbeiter der *(DDR)* best worker *(worker receiving an award as being the most efficient in his department, factory, etc.)*

bestatten [bə'ʃtatn̩] *tr. V.* *(geh.)* inter *(formal);* bury

- grammatische Angaben
  grammatical information
- Verweise auf das Grundwort (bei einer Ableitung)
  references to root word (from a derivative)
- Aussprache in internationaler Lautschrift
  pronunciation given in IPA
- Kollokatoren
  collocators
- Verweis auf ein Synonym
  cross-reference to a synonymous headword
- Redensart
  idiomatic phrase
- Sprichwort
  proverb
- Kompositablock
  compound block
- Gliederung nach grammatischen Gesichtspunkten
  grammatical categories
- Gliederung nach Bedeutungsunterschieden
  semantic categories
- zusätzliche Glosse zur Bedeutung des Stichworts
  additional gloss specifying the sense of the headword
- Angaben zur Stilschicht
  style labels

WILLIAM F. MAAG LIBRARY
YOUNGSTOWN STATE UNIVERSITY

BROCKHAUS ENZYKLOPÄDIE

Neunzehnte,
völlig neu bearbeitete Auflage

Band 29
Wörterbuch Englisch

Englisch - Deutsch
Deutsch - Englisch

Herausgegeben von der Dudenredaktion
und Oxford University Press
Redaktionelle Leitung:
Werner Scholze-Stubenrecht
John Sykes

F. A. Brockhaus Mannheim

Namen und Kennzeichen, die als Warenzeichen bekannt sind und entsprechenden Schutz
genießen, sind durch die Zeichen ⓦ bzw. (P) gekennzeichnet.
Aus dem Fehlen dieser Zeichen darf im Einzelfall nicht geschlossen werden, daß ein Name oder Zeichen frei ist.
Eine Haftung für ein etwaiges Fehlen der Zeichen ⓦ bzw. (P) wird ausgeschlossen.
Das Wort BROCKHAUS ist für Bücher aller Art für den Verlag F. A. Brockhaus GmbH
als Warenzeichen geschützt.

Redaktionelle Bearbeitung:
in der Dudenredaktion: Werner Scholze-Stubenrecht, Roland Breitsprecher, Olaf Thyen, Brigitte Alsleben,
Eckhard Böhle, Maria Dose, Gabriele Gassen, Wolfgang Eckey, Eva Krampe,
Susanne Lücking, Marion Trunk-Nußbaumer
bei Oxford University Press: John Sykes, Michael Clark, Robin Sawers, Vineeta Gupta,
Bernadette Mohan, Colin Hope, Maurice Waite, John Pheby, Eva Vennebusch, Clare Rütsch,
Judith Cunningham, Valerie Langrish, Christopher Burton, Timothy Connell

Arbeitsgruppe beim Institut für Anglistik und Amerikanistik der Universität Mainz in Germersheim:
Horst W. Drescher (Leitung), Dagmar Steffen (Bearbeitung), Fee Engemann, Lothar Görke,
Cosima Heise, Carola Jansen, Ferdinand Kiefer, Ulrike Kraus, Karina Nehl, Lotte Neiffer, Michael Petersen,
Ulrike Röhrenbeck, Joachim Schwend, Magdalena Seubel, Annemarie Thiemann

Weitere Mitarbeiter:
Neil Morris, Fergus McGauran, Susan Ghanouni, Lilian Hall, Ewald Osers, Ann Clark, John Craddock,
Cyprian Blamires, Stuart Fortey, Gunhild Prowe, Amanda Thorndike, Eva Sawers, Christine Ayorinde,
Peter Dyer, Richard Toms, Ray Perkins, Lisa Bennett, Cora Schenberg Komisar, Kathryn Buck

---

Die Deutsche Bibliothek – CIP-Einheitsaufnahme

Brockhaus-Enzyklopädie. – 19., völlig neu bearb. Aufl. –
Leipzig; Mannheim: Brockhaus.
18. Aufl. u.d.T.: Der große Brockhaus
ISBN 3-7653-1100-6 Hldr. Goldschnitt
ISBN 3-7653-1200-2 Hldr. Goldschnitt (mit Vorauslexikon)
19., völlig neu bearb. Aufl.
Bd. 29. Wörterbuch Englisch: Englisch-Deutsch, Deutsch-
Englisch / hrsg. von der Dudenredaktion und Oxford
University Press. Red. Leitung: Werner Scholze-Stubenrecht;
John Sykes. –[1] 1996
ISBN 3-7653-1129-4
NE: Scholze-Stubenrecht, Werner [Red.]

Das Werk einschließlich aller seiner Teile ist urheberrechtlich geschützt. Jede Verwertung
außerhalb der engen Grenzen des Urheberrechtsgesetzes ist ohne Zustimmung des Verlages
unzulässig und strafbar. Das gilt insbesondere für Vervielfältigungen, Übersetzungen,
Mikroverfilmungen und die Speicherung und Verarbeitung in elektronischen Systemen.

© F. A. Brockhaus GmbH, Mannheim 1996
Oxford University Press, Oxford 1996
Schutzumschlag und Einband nach Entwurf von Peter Plasberg, Hamburg
Satz: Bibliographisches Institut & F. A. Brockhaus AG, Mannheim (DIACOS Siemens)
Druck: Zechnersche Buchdruckerei Speyer
Papier: 45 g/m^2 Lanaprint holzfrei der Papeteries de la Moulasse, Frankreich
Einband: Großbuchbindereien
Lachenmaier, Reutlingen, und Sigloch, Künzelsau
Printed in Germany
ISBN 3-7653-1129-4

VORWORT

Die englische Sprache ist die Sprache der internationalen Verständigung; ihre Beherrschung hilft Grenzen zu überwinden, ermöglicht wirtschaftliche, kulturelle und politische Zusammenarbeit, fördert zwischenmenschliche Beziehungen.

Ein Wörterbuch kann das Erlernen einer fremden Sprache nicht ersetzen, es kann aber das Lernen unterstützen, kann auch später noch Lücken im Wortschatz schließen, kann Unsicherheiten abbauen und helfen, Fehler zu vermeiden. Dazu muß es mehr bieten als die einfache Gegenüberstellung von Wörtern: Es muß reich an Anwendungsbeispielen sein und muß Übersetzungsalternativen für besondere Verwendungsweisen der Wörter zur Verfügung stellen. Das ›Wörterbuch Englisch‹ will dem Benutzer nicht nur (passives) Verstehen, sondern auch (aktives) Formulieren von Texten in der Fremdsprache ermöglichen. Eine wichtige Voraussetzung dafür ist einerseits eine möglichst umfassende Auswahl von Stichwörtern und typischen Kontexten, zum anderen aber auch die zuverlässige Angabe der bestmöglichen Übersetzungen.

Der anspruchsvollen Aufgabe, diesem Ziel möglichst nahe zu kommen, haben sich zwei erfahrene Redaktionen in England und Deutschland gemeinsam gestellt: die Abteilung ›German Dictionaries‹ bei Oxford University Press und die Dudenredaktion des Bibliographischen Instituts. In einer bisher wohl beispiellosen Partnerschaft über nationale Grenzen hinweg wurde ein englisch-deutsches/deutsch-englisches Wörterbuch von Grund auf neu erarbeitet, das als Band 29 eine wertvolle Ergänzung der ›Brockhaus-Enzyklopädie‹ darstellt. Die strenge Aufteilung der Verantwortung, die die letzte Entscheidung über jedes englische Wort nur dem englischen Muttersprachler, über jedes deutsche Wort nur dem deutschen Muttersprachler einräumte, garantiert für eine besondere Qualität dieses Nachschlagewerks, das unter dem Titel ›Duden-Oxford-Großwörterbuch‹ auch separat erschienen ist.

Die jüngere politische Entwicklung in Europa hat nationale Grenzen durchlässiger und leichter überwindbar gemacht, als sie es jemals waren. Wir hoffen, daß das ›Wörterbuch Englisch‹ einen Beitrag zum Abbau auch der sprachlichen Grenzen leisten kann.

Mannheim, im März 1996   F. A. BROCKHAUS

INHALT

Guide to the use of the Dictionary /	
Hinweise für die Benutzung des Wörterbuchs	9
1. Order of entries / Anordnung der Artikel	9
2. Division of entries / Untergliederung der Artikel	11
3. The headword / Das Stichwort	12
4. Pronunciation / Angaben zur Aussprache	13
5. Grammatical information / Grammatische Angaben	14
6. Labels / Kennzeichnungen	17
7. Indicators / Indikatoren	20
8. Translations and collocators / Übersetzungen und Kollokatoren	20
9. Phrases / Anwendungsbeispiele	25
10. Cross-references / Verweise	27
English abbreviations used in the Dictionary /	
Im Wörterverzeichnis verwendete englische Abkürzungen	28
German abbreviations used in the Dictionary /	
Im Wörterverzeichnis verwendete deutsche Abkürzungen	30
Englisch-deutsches Wörterverzeichnis	33
Deutsch-englisches Wörterverzeichnis	841
Kleine Formenlehre des Englischen	1651
Englische unregelmäßige Verben	1655
Die Zeichensetzung im Englischen	1657
Outline of German grammatical forms	1658
German irregular verbs	1665
Key points of German orthography and punctuation	1668
Practical guide to writing letters in German /	
Formulierungshilfen beim Schreiben englischer Briefe	1670
A. The envelope / Der Umschlag	1670
B. Layout / Gestaltung	1672
C. Beginnings and Endings / Anrede und Grußformel	1673
D. Some useful letters / Musterbriefe	1674
E. Useful phrases according to function /	
Formulierungshilfen für verschiedene Situationen	1678
Weights and measures / Maße und Gewichte	1689
Temperature conversion / Temperaturumrechnung	1691
Numbers / Zahlen	1691
Vulgar fractions and mixed numbers / Brüche und gemischte Zahlen	1693
Decimal numbers / Dezimalzahlen	1693
Money / Geldbeträge	1693
Time of day / Uhrzeit	1695

Inside front cover / Innendeckel vorn:
Key to entries / Erläuterungen zum Text

Inside back cover / Innendeckel hinten:
Phonetic symbols used in transcriptions /
Die bei den Ausspracheangaben verwendeten Zeichen der Lautschrift

Guide to the use of the Dictionary

1. Order of entries

a) Headwords

Headwords (with the exception of phrasal verbs – see below) are entered in strict alphabetical order, ignoring hyphens, apostrophes, and spaces.

Examples/Beispiele:
liberal
liberal arts
liberalism

Pinte
Pin-up-Girl
Pinzette

Abbreviations are also entered in alphabetical order in the main Dictionary.

Examples/Beispiele:
clutter
cm. *abbr.*
CND *abbr.*

Nockerl
NOK ... *Abk.*
nölen

Headwords spelt the same but with unrelated meanings are entered separately with a raised number in front of each.

Examples/Beispiele:
¹**dam** ... [Stau]damm, *der*
²**dam** ... Muttertier, *das*

¹**Bank** ... bench
²**Bank** ... bank

For the purpose of alphabetical ordering, capital letters are treated as small letters, accented letters as unaccented letters, and the German character *ß* as *ss*.

Hinweise für die Benutzung des Wörterbuchs

1. Anordnung der Artikel

a) Alphabetische Ordnung der Stichwörter

Die Stichwörter sind (mit Ausnahme der *Phrasal verbs* im englisch-deutschen Teil; s. u.) alphabetisch angeordnet, wobei Bindestriche, Apostrophe und Wortzwischenräume keine Rolle spielen.

Abkürzungen sind ebenfalls an ihrer entsprechenden Stelle im Alphabet zu finden.

Stichwörter mit hochgestellten Ziffern vor den Anfangsbuchstaben werden zwar gleich geschrieben, haben aber völlig unterschiedliche Bedeutungen.

Umlaute werden wie die entsprechenden nicht umgelauteten Vokale eingeordnet. Entsprechendes gilt für Akzente, und der Buchstabe ß wird wie ss eingeordnet.

Examples/Beispiele:
knurled   **elaboration**
KO   **élan**
koala   **eland**

Buchladen   **Fasnacht**
Büchlein   **Faß**
Buchmacher **Fassade**

9

Each English phrasal verb is entered on a new line immediately following the entry for its first element, which is indicated by a swung dash.

Im englisch-deutschen Teil werden die *Phrasal verbs* auf einer neuen Zeile unmittelbar an das Grundwort angeschlossen, wobei dieses durch eine Tilde repräsentiert wird.

Examples/Beispiele:	**track**	**¹plump**
	~ '**down**	~ '**out**
	tracker	~ '**up**
		²plump

b) Compounds

Hyphenated English compounds and all German compounds are entered in their alphabetical place in the Dictionary, as are English compounds written as two or more words if they are regarded as having independent status in the language, e.g. **love affair**. Those not so regarded are given as phrases in the entry for their first word, so for example **love game** is given as ~ **game** under **love**. Where two or more compounds with the same first element occur consecutively, they are given in paragraph-like blocks. The first element is given only once at the beginning of the block and is thereafter represented by a swung dash (~).

In the English-German section, a compound in a block is spelt with the same initial letter – capital or small – as the first element at the beginning of the block, unless the opposite is shown.

b) Einordnung von Komposita

Die im Englischen häufig getrennt geschriebenen Komposita werden als selbständige Stichwörter behandelt, wenn sie als eigenständige Wörter gelten können; z. B. wird **love affair** als Stichwort an der entsprechenden Stelle im Alphabet aufgeführt. Wenn ein Kompositum als weniger eigenständig oder nur als Anwendungsbeispiel betrachtet wird, erscheint es unter dem Stichwort, das den ersten Bestandteil bildet, z. B. findet sich unter dem Stichwort **love** als Anwendungsbeispiel **love game**. Mehrere aufeinanderfolgende als Stichwörter aufgeführte Komposita mit gemeinsamem ersten Element sind im Wörterbuch zu Absätzen zusammengefaßt. Dabei steht das erste Element nur am Anfang des Absatzes; es wird innerhalb des Absatzes durch eine Tilde repräsentiert.
Wenn im englisch-deutschen Teil in einem Kompositablock sowohl groß als auch klein geschriebene Stichwörter vorkommen, so erscheint das erste Element zu Beginn des Absatzes entweder in Groß- oder in Kleinschreibung. Bei davon abweichender Schreibung im selben Block steht dann vor der Tilde der zu verwendende Buchstabe.

Examples/Beispiele:	**grand:** ~**niece** ... **G**~ **Prix**
	Great: ~ **Bear** ... **g**~**coat**

In the German-English section, the first element of a block of compounds has a capital letter if the block contains only nouns, and a small letter if it contains no nouns. If the block contains nouns and other parts of speech, both forms of the first element are given.

Wenn im deutsch-englischen Teil das erste Element sowohl in Groß- als auch in Kleinschreibung gezeigt wird, gilt die Großschreibung für alle Substantive und die Kleinschreibung für die anderen Wortarten.

Examples/Beispiele:	**Stech-:** ~**fliege** ... ~**zirkel**
	kurz-: ~|**treten** ... ~**um**
	englisch-, Englisch-: ~**horn** ... ~**sprachig**

With compounds written as one word, the swung dash is followed immediately by the second element.

Bei Komposita, die zusammengeschrieben werden, steht das zweite Element direkt nach der Tilde.

Examples/Beispiele:	**farm:** ~**stead**
	Tipp-: ~**fehler**

With hyphenated compounds, the hyphen appears between the swung dash and the second element.

Bei Komposita, die mit Bindestrich geschrieben werden, erscheint der Bindestrich zwischen der Tilde und dem zweiten Element.

Examples/Beispiele:	**awe:** ~-**stricken**
	Kaffee-: ... ~-**Ersatz**

With English compounds written as two (or more) words there is a space between the swung dash and the second element.	Bei englischen Komposita, die getrennt geschrieben werden, erscheint ein Zwischenraum zwischen der Tilde und dem zweiten Element

Example/Beispiel: **bank: ~ manager**

c) Phrases

c) Einordnung von festen Wendungen

Idioms, fixed phrases, proverbs, and quotations are usually entered under only one word, and cross-references, starting with *see also* or *s. auch,* are given at other words under which the user might look. At **ask 2,** for example, there is the cross-reference *see also* **trouble 1 a,** because the expressions **you are asking for trouble** and **that's asking for trouble** are entered under **trouble,** and at **Stamm a)** there is the cross-reference *s. auch* **Apfel,** because the expression **der Apfel fällt nicht weit vom Stamm** is entered under **Apfel.**	Aus mehreren Wörtern bestehende feste Wendungen, idiomatische Ausdrücke, Sprichwörter, Zitate und dergleichen sind gewöhnlich nur unter einem Stichwort verzeichnet. Das Wörterbuch gibt, wo es den Bearbeitern nützlich erschien, Verweise auf Fundstellen. Solche Verweise haben die Form *see also ...* bzw. *s. auch ...* und stehen am Schluß eines Artikels bzw. eines Gliederungspunkts. So findet sich etwa unter **ask 2** der Hinweis *see also* **trouble 1 a,** weil unter dem Stichwort **trouble** die Beispiele **you are asking for trouble** und **that's asking for trouble** zu finden sind, und unter **Stamm a)** der Hinweis *s. auch* **Apfel,** weil unter **Apfel** die Redensart **der Apfel fällt nicht weit vom Stamm** behandelt ist.

2. Division of entries

2. Untergliederung der Artikel

a) Numbered categories

a) Untergliederung durch Ziffern

When a word can be used as different parts of speech, these are numbered.	Wenn ein Stichwort mehreren Wortarten angehören kann, steht vor jeder Wortartangabe eine Ziffer.

Examples/Beispiele: **blame** ... **1.** *v. t.* ... **2.** *n.*
entgegen 1. *Adv.* ... **2.** *Präp.*

Adverbial use of a German adjective is given in a separate numbered section.	Bei deutschen Adjektiven erhält der adverbiale Gebrauch eine eigene Ziffer (**1.** *Adj.* ... **2.** *adv.* ...). Unter dieser Ziffer wird gegebenenfalls auch die Verwendung als Attribut zu Adverbien oder anderen Adjektiven behandelt.

Example/Beispiel: **gemütlich 1.** *Adj.* ... **2.** *adv.*

In verb entries, transitive, intransitive, and reflexive uses are also numbered.	Bei Verben unterscheiden die Ziffern außerdem den transitiven, intransitiven und reflexiven Gebrauch des Verbs.

Examples/Beispiele: **freeze** ... **1.** *v. i.* ... **2.** *v. t.*
beschäftigen 1. *refl. V.* ... **2.** *tr. V.*

Entries for German prepositions are divided into numbered sections if they can take more than one case.	Bei deutschen Präpositionen dienen die Ziffern zur Untergliederung nach den Kasus, mit denen die Präposition stehen kann.

Example/Beispiel: **an** ... **1.** *Präp. mit Dat.* ... **2.** *Präp. mit Akk.*

b) Letter categories

When a word has more than one sense (as a particular part of speech) the different senses are distinguished by letters and usually arranged in order of frequency.

b) Untergliederung durch Buchstaben

Wenn ein Stichwort mehrere Bedeutungen haben kann, werden diese mit Buchstaben unterschieden. Dabei steht normalerweise die häufigste Bedeutung an erster Stelle.

Examples/Beispiele: **alien** ... **1.** *adj.* ... **a)** *(strange)* ... **b)** *(foreign)* ... **c)** *(different)* ... **d)** *(repugnant)* ... **e)** *(contrary)*
gemütlich 1. *Adj.* **a)** *(behaglich)* ... **b)** *(ungezwungen)* ... **c)** *(umgänglich)* ... **d)** *(gemächlich)*

3. The headword

a) Form of the headword

The headword appears in bold type at the beginning of the entry.
Verbs are given as infinitives (without *to* in English).
Nouns are given in the nominative singular, but those which occur only in the plural are given in the nominative plural.

3. Das Stichwort

a) Form des Stichworts

Das Stichwort erscheint fett gedruckt am Anfang des Artikels.
Verben erscheinen im Infinitiv. (Im Englischen ohne *to*.)
Substantive erscheinen im Nominativ Singular. Substantive, die nur als Plural vorkommen, erscheinen im Nominativ Plural.

Examples/Beispiele: **trousers** ... *n. pl.*
Kosten *Pl.*

German adjectives (and pronouns declined like adjectives) are given without endings, and adjectives which strictly speaking have no undeclined form are given with an ellipsis instead of any ending.

Deutsche Adjektive (und Pronomen, die wie Adjektive dekliniert werden) erscheinen in endungsloser Form. Auch Adjektive, die eigentlich keine endungslose Form haben, erscheinen ohne Endung, mit Auslassungspunkten.

Example/Beispiel: **äußer...**

Separate entries are given for all forms of the German definite article and of German pronouns which are not declined like adjectives. So, for example, **der, den, dem, die,** etc., **euch,** and **ihr** are all entered as headwords. In the same way, all forms of English pronouns are headwords – **her,** for example, as well as **she.**
German demonstrative pronouns are treated under the masculine nominative singular, e.g. **derjenige.** Inflected forms are entered as headwords with cross-references to their root forms if these are not easily identifiable.

Deutsche Pronomen, die nicht wie Adjektive dekliniert werden, und die bestimmten Artikel erscheinen in allen Formen als selbständige Stichwörter. Es erscheint also z. B. nicht nur **der,** sondern auch **des, dem, den** usw. als Stichwort, und die Form **euch** wird nicht unter **ihr** abgehandelt, sondern ist selbst Stichwort. Ebenso werden englische Pronomen in allen Formen als Stichwörter aufgeführt, also erscheint z. B. nicht nur **she,** sondern auch **her** als Stichwort.
Deutsche Demonstrativpronomen werden an der alphabetischen Stelle der maskulinen Form behandelt, also erscheinen z. B. **diejenige** und **dasjenige** unter dem Stichwort **derjenige.**
Als Stichwörter erscheinen auch bestimmte Flexionsformen, die sich nicht ohne weiteres auf ihre Grundform zurückführen lassen. Ein Verweis führt zur Grundform.

Examples/Beispiele: **did** *see* ¹**do**
apices *pl. of* **apex**
höher ... *s.* **hoch**
dasjenige *s.* **derjenige**
zog *1. u. 3. Pers. Sg. Prät. v.* **ziehen**

b) Symbols used with headwords

With English headwords:

' shows stress on the following syllable (for more information see 4).

b) Zeichen am Stichwort

Am englischen Stichwort kann das folgende Zeichen auftreten:

' Betonungszeichen vor der zu betonenden Silbe. (Näheres siehe unter 4.)

With German headwords:	Am deutschen Stichwort können die folgenden Zeichen auftreten:
_ indicates a long vowel or a diphthong, stressed in words of more than one syllable.	_ Betonungszeichen in Form eines Strichs unter betonten langen Vokalen.

Examples/Beispiele: **Hieb, Blau, Hörer, amtieren**

. indicates a short vowel, stressed in words of more than one syllable:	. Betonungszeichen in Form eines Punktes unter betonten kurzen Vokalen.

Examples/Beispiele: **Recht, bitter**

· shows the juncture of elements forming a word.	· Punkt, der bei zusammengesetzten Wörtern die Kompositionsfuge markiert.

Examples/Beispiele: **Kern·kraft, um·branden**

| shows the juncture of elements forming a compound verb and indicates that the verb is separable (for more information see Outline of German grammatical forms on p. 1658).	| senkrechter Strich, der bei zusammengesetzten Verben die Kompositionsfuge markiert und gleichzeitig anzeigt, daß das Verb unfest zusammengesetzt ist.

Examples/Beispiele: **vor\|haben, um\|werfen**

4. Pronunciation

The pronunciation of a headword is given in square brackets immediately after it, in the International Phonetic Alphabet (IPA), which is explained on the inside back cover. German pronunciations are based on the DUDEN-Aussprachewörterbuch, while English pronunciations are those common in educated Southern British English.

A *simple headword* without a pronunciation given is pronounced in the same way as the headword immediately before it.
The pronunciation of a *German derivative* with none given can be deduced from that of its root word. The stress, however, is always shown, by _ or . (see 3 b).
Abbreviations without pronunciations given are pronounced as their full forms, except for English ones consisting of two or more capital letters, which are pronounced as individual letters, with the stress on the last, e.g. **BBC** is pronounced [biː biːˈsiː].

The pronunciation of a *compound* with none given can be derived from the pronunciations of its elements, and, unless the compound is in a block, the stress is always shown by the symbol ', _, or . (see 3 b), e.g. **ˈdoughnut** is pronounced as **dough** + **nut**, with the stress on **dough**, and **bau·sparen** is pronounced as **Bau** + **sparen**, with the stress on **bau**. With German compounds, juncture between elements is shown either by · in the headword (as in 3 b) or, within a block of compounds, by the point where the compound is divided.

4. Angaben zur Aussprache

Die Aussprache des Stichworts ist in Lautschrift in eckigen Klammern unmittelbar nach dem Stichwort angegeben. Die Ausspracheangaben für das Deutsche richten sich nach dem DUDEN-Aussprachewörterbuch, für das Englische nach der *Received Pronunciation* in Südengland. Die dabei verwendeten Zeichen der internationalen Lautschrift der *International Phonetic Association* (IPA) sind im hinteren Buchinnendeckel verzeichnet und erklärt.
Bei mehreren *gleichlautenden Stichwörtern* ist die Aussprache beim ersten Stichwort zu finden.

Bei deutschen *Ableitungen* ohne Ausspracheangabe kann die Aussprache vom Grundwort abgeleitet werden. Bei ihnen wird daher nur die Betonung angegeben, und zwar durch Zeichen am Stichwort selbst (s. 3 b).
Abkürzungen ohne Ausspracheangabe werden wie ihre vollen Formen ausgesprochen. Dies gilt jedoch nicht für die aus mindestens zwei Großbuchstaben bestehenden englischen Abkürzungen, die wie die einzelnen Buchstaben mit Betonung des letzten gesprochen werden (**BBC** also z. B. wie [biː biːˈsiː]).
Bei *Komposita* ohne Ausspracheangabe ergibt sich die Aussprache aus der der einzelnen Bestandteile. Bei ihnen ist daher nur die Betonung angegeben, und zwar durch Zeichen am Stichwort selbst (s. 3 b): **ˈdoughnut** wird wie **dough** + **nut** ausgesprochen, die Betonung liegt auf **dough**, **bau·sparen** wird wie **Bau** + **sparen** ausgesprochen, die Betonung liegt auf **bau**. Bei deutschen Komposita wird die Kompositionsfuge entweder durch einen in das Stichwort gesetzten Punkt (siehe auch 3 b) oder durch die Eingliederung des Stichworts in einen Block von Komposita (siehe auch 1 b) deutlich.

If part of a German compound is not in the Dictionary as a headword, then just that part is given a pronunciation, with a hyphen standing for the rest.	Ist ein Bestandteil eines deutschen Kompositums nicht im Wörterbuch als Stichwort verzeichnet, wird die Aussprache nur für diesen Teil in Lautschrift angegeben, wobei für den anderen Teil ein Bindestrich steht.

Example/Beispiel: **Schausteller** [-ʃtɛlɐ]

If stress alone needs to be shown in square brackets, each syllable is represented by a hyphen.	Wenn in einer Aussprachklammer nur die Betonung angegeben werden soll, steht für jede Silbe ein waagerechter Strich.

Example/Beispiel: **come to** 1. ['--] *v.t.* ... 2. [-'-] *v.i.*

In blocks of compounds, stress is given as follows:	In Kompositablöcken ist die Betonung folgendermaßen angegeben:
In the English-German section:	Im englisch-deutschen Teil:
If no stress is shown (by the IPA stress mark), it falls on the first element.	Das erste Element ist normalerweise das betonte Element und nicht weiter gekennzeichnet. Ist ein anderes als das erste Element betont, so wird dies durch das IPA-Betonungszeichen gezeigt.

Example/Beispiel: **country:** ~folk ... ~ 'gentleman

In the German-English section:	Im deutsch-englischen Teil:
When the first element at the beginning of the block has a stress mark, this stress applies to all compounds in the block.	Wenn das erste Element zu Beginn des Blocks durch einen untergesetzten Punkt oder Strich als betont markiert ist, gilt dies für alle Komposita im Block.

Example/Beispiel: **Vanille-:** ~eis ... ~geschmack ... ~pudding

Exceptions are given in square brackets, with a hyphen standing for each syllable.	Ausnahmen davon werden in eckigen Klammern angegeben, wobei für jede Silbe ein waagerechter Strich steht.

Example/Beispiel: **drei-, Drei-:** ... ~käsehoch [-'---]

When no stress is shown for the first element at the beginning of a block, the stress of each compound is given individually.	Wenn das erste Element zu Beginn des Blocks nicht als betont markiert ist, wird bei jedem Kompositum im Block die Betonung angegeben.

Example/Beispiel: **nord-, Nord-:** ~seite ['---] ... ~stern ['--] ... ~-Süd-Dialog ... ~-Süd-Gefälle ... ~südlich

5. Grammatical information

Grammatical information on a headword immediately follows the headword or its pronunciation. The part of speech comes first; if the word can be more than one part of speech, each is listed in a separate numbered section (see also 2a).

The following grammatical information is given:

a) Nouns

In the English-German section, nouns are labelled with the abbreviation *n.* and proper nouns with *pr. n.* Irregular plurals are always given.

5. Grammatische Angaben

Unmittelbar nach dem Stichwort bzw. der Aussprachklammer folgen die grammatischen Angaben zum Stichwort. Die Wortart wird an erster Stelle angegeben. Wenn das Stichwort mehreren Wortarten angehören kann, steht vor jeder Wortartangabe eine Ziffer (siehe auch 2a). Die folgenden grammatischen Angaben werden gemacht:

a) Bei Substantiven

Im englisch-deutschen Teil werden Substantive durch die Angabe *n.* gekennzeichnet. Eigennamen werden mit *pr. n.* gekennzeichnet; unregelmäßige Pluralformen werden angegeben.

Examples/Beispiele:	**boy** ... *n.* **Australia** ... *pr. n.* **bijou** ... *n., pl.* ~x **mouse** ... *n., pl.* mice **haddock** ... *n., pl.* same

In the German-English section, nouns are denoted by the inclusion of a definite article.	Im deutsch-englischen Teil werden Substantive durch die Angabe des bestimmten Artikels gekennzeichnet.

Example/Beispiel:	**Tante** ... die

If this article is in parentheses, the word is a proper noun and the article is used only in certain circumstances.	Steht der Artikel in runden Klammern, handelt es sich bei dem Substantiv um einen Eigennamen, der nur unter gewissen Umständen mit dem bestimmten Artikel gebraucht wird.

Examples/Beispiele:	**Belgien** ... (das) **Karl** ... (der)

The definite article is followed by the genitive and plural endings for the noun with the headword represented by a swung dash.	Auf den Artikel folgen die Genitiv- und die Pluralendung des Substantivs. Dabei steht für das Stichwort die Tilde.

Example/Beispiel:	**Tante** ... die; ~n, ~n

If only one ending is given, it is the genitive, and the word has no plural.	Wird nur eine Endung angegeben, so handelt es sich um die Genitivendung, das Stichwort hat in diesem Fall keinen Plural.

Example/Beispiel:	**Schlaf** ... der; ~[e]s

The label *n. pl.* or *Pl.* indicates that the noun exists only in the plural.	Die Angabe *n. pl.* im Englischen bzw. *Pl.* im Deutschen weist darauf hin, daß das Wort nur im Plural vorkommt.

Examples/Beispiele:	**pants** ... *n. pl.* **police** ... *n. pl.* **Ferien** ... *Pl.* **Niederlande** *Pl.*

The label *no. pl.* or *o. Pl.* indicates that the noun (sometimes only in a particular sense) has no plural.	Die Angabe *no pl.* im Englischen bzw. *o. Pl.* im Deutschen weist darauf hin, daß das Stichwort bzw. die betreffende Bedeutung des Stichworts keinen Plural hat.

Examples/Beispiele:	**artificiality** ... *n., no pl.* **decision** ... *n.* **a)** ... **b)** *no pl.* **Eherecht** das; *o. Pl.* **Dummheit** die; ~, ~en **a)** *o. Pl.*

German nouns are not labelled *o. Pl.* if it is clear from the absence of a plural ending that they have no plural.	Zum deutschen Stichwort wird die Angabe *o. Pl.* nicht gemacht, wenn schon an der fehlenden Pluralendung zu erkennen ist, daß das Wort keinen Plural hat.
The label *no art.* or *o. Art.* indicates that the noun (sometimes only in a particular sense) cannot be used with an article.	Die Angabe *no art.* im Englischen bzw. *o. Art.* im Deutschen steht bei einem Substantiv, das (manchmal nur in einer bestimmten Bedeutung) nicht mit dem Artikel verbunden werden kann.

Examples/Beispiele:	**Christianity** ... *no art.* ¹**Nord** ... *o. Art.*

English nouns labelled *no indef. art.* or *no def. art.* cannot be used with the indefinite article and the definite article respectively (again, sometimes only in particular senses).	Im Englischen wird oft weiter differenziert zwischen *no indef. art.* (= das Substantiv kann nicht mit dem unbestimmten Artikel verbunden werden) und *no def. art.* (= das Substantiv kann nicht mit dem bestimmten Artikel verbunden werden).

Example/Beispiel:	**humour** ... *n.* **a)** *no pl., no indef. art.*

b) Verbs

Verbs are labelled as transitive, intransitive, or reflexive.

    Examples: **engrave** ... *v.t.*
                      creep ... *v.i.*
                      behave ... *v. refl.*
                      ehren *tr. V.*
                      leuchten *itr. V.*
                      freuen ... *refl. V.*

In the English-German section the following additional information is given:

The entries for irregular verbs give their past tense, past participle, and any other forms necessary. Identical forms are given only once.

    Examples: ¹**hide** ... **hid** ... **hidden**
                      ¹**die** ... **dying**
                      make ... **made**

The doubling of a final consonant before **-ed** or **-ing** is also shown.

    Example: ⁴**bat** *v.t.*, **-tt-**

In the German-English section, the following additional information is given:

Irregular verbs are labelled *unr.*, and their parts (present, preterite, and past participle) are given on pp. 1665–1667.

    Examples: **klingen** *unr. itr. V.*
                      leihen ... *unr. tr. V.*

Verbs which are always or sometimes conjugated with *sein* rather than *haben* are labelled accordingly.

    Examples: **sterben** ... *mit sein*
                      robben ... *meist, mit Richtungsangabe nur, mit sein*

Separable compound verbs are indicated by a vertical line at the point where the word is split.

    Example: **auf|stehen**

c) Adjectives and adverbs

Irregular and, in the German-English section, umlauted comparative and superlative forms are given.

    Examples: **bad** ... **worse** ... **worst**
                      gut ... **besser** ... **best** ...
                      kalt ... **kälter** ... **kältest** ...

---

b) Bei Verben

Verben werden als transitive, intransitive oder reflexive Verben gekennzeichnet.

Im englisch-deutschen Teil werden folgende Angaben gemacht:

Bei unregelmäßigen Verben werden die Stammformen (Präteritum und 2. Partizip) angegeben, wobei gleichlautende Formen nur einmal genannt werden.

Wenn der Endkonsonant eines Verbs bei der Bildung einer Form auf **-ed** oder **-ing** verdoppelt wird, wird das ebenfalls angegeben.

Im deutsch-englischen Teil werden darüber hinaus folgende Angaben gemacht:

Unregelmäßige Verben werden mit *unr.* bezeichnet, ihre Stammformen (Präsens, Präteritum und Partizip Perfekt) können auf S. 1665–1667 nachgeschlagen werden.

Verben, die nicht oder nicht immer mit *haben* konjugiert werden, sind mit einem entsprechenden Hinweis versehen.

Bei unfest zusammengesetzten Verben zeigt ein ins Wort hineingesetzter senkrechter Strich, wo das Verb gegebenenfalls getrennt wird.

c) Bei Adjektiven und Adverbien

Zu Adjektiven und Adverbien werden unregelmäßige und – im deutsch-englischen Teil – umlautende Steigerungsformen angegeben:

The indication *attrib.* or *nicht präd.* indicates that an adjective is used attributively and not predicatively.	Der Hinweis *attrib.* bzw. *nicht präd.* bei einem Adjektiv weist darauf hin, daß das Adjektiv nur als Attribut und nicht als Prädikatsteil verwendet wird.

Examples/Beispiele: **giant** ... *attrib. adj.*
heutig *Adj.; nicht präd.*

The indication *pred.* or *nicht attrib.* indicates that an adjective is used predicatively and not attributively.	Der Hinweis *pred.* bzw. *nicht attrib.* weist darauf hin, daß das Adjektiv nur als Prädikatsteil und nicht als Attribut verwendet wird.

Examples/Beispiele: **afraid** ... *pred. adj.*
hops ... *Adj.; nicht attr.*

d) Prepositions

d) Bei Präpositionen

The entry for each German preposition indicates with which case or cases it is used.

Für jede deutsche Präposition wird der Kasus bzw. werden die Kasus angegeben, mit dem die Präposition steht.

Examples/Beispiele: **um** ... *Präp. mit Akk.*
vor ... **1.** *Präp. mit Dat.* ... **2.** *Präp. mit Akk.*

Contractions of a preposition and a definite article are shown thus:

Präpositionen, die mit dem bestimmten Artikel zusammengezogen sind, werden so gekennzeichnet:

Example/Beispiel: **vom** ... *Präp. + Art.*

e) Compounds

e) Bei Komposita

Compounds are always labelled with their part of speech or gender, but any further grammatical information is given at the entry for the second element.

Bei Komposita wird stets die Wortart angegeben. Wenn keine weiteren grammatischen Angaben gemacht werden, können diese dem Eintrag für das zweite Element des Kompositums entnommen werden.

Examples/Beispiele: **half-life** *n.*
life ... *n., pl.* **lives**
Radau·bruder der
Bruder ... *der; ~s,* Brüder

6. Labels

6. Kennzeichnungen

After the grammatical information comes any necessary information on the style, usage, regional restrictions, or subject fields of a word, printed in italics within parentheses. Many labels are abbreviations, which are explained on pp. 29–33.
A label placed at the start of an entry or of a numbered or letter category applies to the whole of that entry or category.

Im Anschluß an die grammatischen Angaben wird der Benutzer auf die stilistische, zeitliche, regionale und fachliche Zuordnung des Stichworts hingewiesen. Diese Angaben stehen in Kursivschrift in runden Klammern. Sie sind häufig abgekürzt, eine Liste der verwendeten Abkürzungen befindet sich auf S. 29–33.
Wenn eine derartige Angabe am Anfang eines Artikels oder eines Gliederungspunktes steht, gilt sie für den ganzen Artikel oder Punkt.

a) Style and usage labels

a) Angaben zur stilistischen Bewertung

Labels are used to mark all words and expressions which are not neutral in style. Both headwords and their translations are labelled to help the user to understand the headwords and to use the translations correctly in context.

Wörter und Wendungen, die nicht der normalsprachlichen Stilschicht angehören, werden sowohl in der Ausgangs- als auch in der Zielsprache mit Angaben zu ihrer stilistischen und zeitlichen Einordnung versehen. Der Benutzer kann somit die Stichwörter richtig verstehen und die Übersetzungen im korrekten Zusammenhang verwenden.

The following style and usage labels are used to describe English:

(poet.)	poetic (e.g. **beauteous, the deep**).	in dichterischer, poetischer Sprache verwendet (z. B. **beauteous, the deep**).
(literary)	literary or elevated (e.g. **bed of sickness, countenance, valorous**).	für einen gehobenen, literarischen Stil charakteristisch (z. B. **bed of sickness, countenance, valorous**).
(rhet.)	used for deliberate impressive or persuasive effect (e.g. **bounteous, plenteous**).	bewußt dazu eingesetzt, andere zu beeindrucken oder zu überzeugen (z. B. **bounteous, plenteous**).
(formal)	used only in formal speeches and writing (e.g. **hereafter, partake, proceed**).	bei offiziellen und formellen Gelegenheiten unter Menschen, die sich nicht gut kennen, verwendet (z. B. **hereafter, partake, proceed**).
(coll.)	everyday, conversational language; not generally written, but would not cause offence or ridicule (e.g. **Aussie, come a cropper, loo**).	gesprochene Alltagssprache, die in schriftlichen Texten im allgemeinen nicht verwendet wird (z. B. **Aussie, come a cropper, loo**).
(child lang.)	used only by or to small children (e.g. **bow-wow, choo-choo, potty**).	nur von kleinen Kindern oder im Umgang mit ihnen verwendet (z. B. **bow-wow, choo-choo, potty**).
(sl.)	especially colloquial and expressive; often used only by particular groups (e.g. **guv, kick the bucket, scarper**).	besonders umgangssprachlich, oft nur von bestimmten Personengruppen verwendet (z. B. **guv, kick the bucket, scarper**).
(coarse)	coarse and offensive (e.g. **bollocks, fuck, piss**).	im allgemeinen als anstößig empfunden (z. B. **bollocks, fuck, piss**).
(dated)	somewhat old-fashioned; used particularly by older people (e.g. **by Jove, ripping, top-hole**).	zwar noch gelegentlich von älteren Leuten verwendet, aber altmodisch klingend (z. B. **by Jove, ripping, top-hole**).
(arch.)	found only in literature but still used jocularly, ironically, or for a deliberately old-fashioned effect (e.g. **forsooth, peradventure, thou**).	heute nur noch gelegentlich in scherzhafter oder altertümelnder Weise verwendet (z. B. **forsooth, peradventure, thou**).
(Hist.)	current term for an obsolete thing (e.g. **ducking-stool, oubliette**).	bedeutet, daß die bezeichnete Sache, Einrichtung usw. heute nicht mehr existiert; das so gekennzeichnete Wort ist aber nicht veraltet (z. B. **ducking-stool, oubliette**).

The following style and usage labels are used to describe German:

(dichter.)	poetic (e.g. **Aar, Odem**).	in dichterischer, poetischer Sprache verwendet (z. B. **Aar, Odem**).
(geh.)	formal, cultivated, or elevated; sometimes considered solemn or affected (e.g. **Antlitz, signifikant, dergestalt**).	für einen feierlichen, gehobenen oder gewählten Stil charakteristisch (z. B. **Antlitz, signifikant, dergestalt**).
(Papierdt.)	formal and stilted; mainly written (e.g. **seitens, in Wegfall kommen**).	für einen unlebendigen, formellen und gespreizten Stil charakteristisch (z. B. **seitens, in Wegfall kommen**).
(ugs.)	everyday, conversational language; not generally written, but would not cause offence or ridicule (e.g. **Stunk, jmdm. über den Kopf wachsen**).	gesprochene Alltagssprache, die in schriftlichen Texten im allgemeinen nicht verwendet wird (z. B. **Stunk, jmdm. über den Kopf wachsen**).
(fam.)	used only between people on very familiar terms; otherwise considered silly or ridiculous (e.g. **Popo, Beißerchen**).	nur unter miteinander sehr vertrauten Menschen gebräuchlich; kann sonst als albern empfunden werden (z. B. **Popo, Beißerchen**).
(Kinderspr.)	used only by and to small children (e.g. **Wauwau, heia**).	nur von kleinen Kindern oder im Umgang mit ihnen verwendet (z. B. **Wauwau, heia**).
(salopp)	especially colloquial and expressive; often used only by particular groups (e.g. **Sauferei, ins Gras beißen müssen**).	besonders umgangssprachlich, oft nur von bestimmten Personengruppen verwendet (z. B. **Sauferei, ins Gras beißen müssen**).

(derb)	coarse and offensive (e.g. **Fresse, abkratzen**).	im allgemeinen als grob und anstößig empfunden (z. B. **Fresse, abkratzen**).
(vulg.)	especially coarse and offensive, mainly sexual terms (e.g. **ficken, Fotze**).	als besonders anstößig und vulgär empfunden; vor allem aus dem Bereich der Sexualität (z. B. **ficken, Fotze**).
(volkst.)	avoided by specialists as potentially misleading or insufficiently scientific; mainly names of plants, animals, and illnesses (e.g. **Karfunkel, Schusterpalme**).	von Fachleuten meist vermieden, weil mißverständlich oder zu unspezifisch, vor allem Bezeichnungen für Pflanzen, Tiere und Krankheiten (z. B. **Karfunkel, Schusterpalme**).
(veralt.)	either dated or found only in literature but still used jocularly, ironically, or for a deliberately old-fashioned effect (e.g. **Schwindsucht, Spezerei**).	heute nicht mehr oder kaum noch gebraucht, aber in älterer Literatur zu finden oder heute noch in scherzhafter, ironischer oder altertümelnder Weise verwendet (z. B. **Schwindsucht, Spezerei**).

b) Regional labels

Words and expressions restricted to particular areas of the English- and German-speaking worlds are labelled accordingly. For English, the most common labels are *(Brit.)*, *(Amer.)*, *(Austral.)*, and *(Scot.)*. German items may be labelled *(DDR)*, *(österr.)*, *(schweiz.)*, *(nordd.)*, *(südd.)*, *(berlin.)*, etc.

The label *(dial.)* or *(landsch.)* indicates that a word is used in a number of regions or dialects.

b) Angaben zur regionalen Zuordnung

Wörter und Wendungen, die nicht im gesamten englischen bzw. deutschen Sprachraum üblich sind, werden entsprechend gekennzeichnet. Für englische Stichwörter werden vor allem die Angaben *(Brit.)*, *(Amer.)*, *(Austral.)*, *(Scot.)* usw. gemacht. Deutsche Stichwörter können mit *(DDR)*, *(österr.)*, *(schweiz.)*, *(nordd.)*, *(südd.)*, *(berlin.)* usw. markiert sein.

Die Angabe *(dial.)* bzw. *(landsch.)* weist darauf hin, daß ein Wort in mehreren Regionen oder Mundarten gebräuchlich ist.

c) Subject-field labels

Terms used in specialist or technical fields are labelled accordingly.

c) Bereichsangaben

Wörter, die bestimmten Sachgebieten, Fachbereichen, Fach- oder Sondersprachen zuzuordnen sind, werden ebenfalls gekennzeichnet.

Examples/Beispiele:
    colonnade ... *(Archit.)*
    entr'acte ... *(Theatre)*
    Gelbfieber ... *(Med.)*
    Hirschfänger ... *(Jägerspr.)*

German terms used in a number of fields but requiring only one translation are often simply labelled *(fachspr.)*.

Deutsche Stichwörter, die mehreren Fachbereichen zugehören, aber nur eine Übersetzung haben, werden gelegentlich nur mit *(fachspr.)* gekennzeichnet.

Example/Beispiel:
    binär ... *(fachspr.)* binary

d) Further usage labels

Figurative, derogatory, euphemistic, etc. use is indicated with appropriate labels.

d) Weitere Kennzeichnungen

Bildlicher, abwertender, verhüllender usw. Gebrauch wird durch entsprechende Angaben markiert.

Examples/Beispiele:
    assail ... *(fig.)*
    intimate ... *(euphem.)*
    hochkarätig ... *(fig.)*
    Quatsch ... *(abwertend)*

e) Combinations of labels

Labels combined within parentheses, with no separating punctuation, apply simultaneously: *(südd. ugs.)* means that the word is used in southern Germany and is colloquial; *(fig. coll.)* means that in the

e) Kombination von mehreren Kennzeichnungen

Stehen in einer Klammer mehrere Kennzeichnungen nebeneinander, so gelten sie gleichermaßen: *(südd. ugs.)* bedeutet, daß das Wort in Süddeutschland gebräuchlich und umgangssprachlich ist; *(fig.*

sense or context in question the word is used figuratively and is colloquial.
Labels separated by commas or slashes cannot apply simultaneously: *(Phys., Biol.)* means that the word occurs in the fields of both physics and biology; *(arch./joc.)* means that the word occurs either in older texts or in jocular use.

coll.) bedeutet, daß das Wort hier bildlich gebraucht wird und umgangssprachlich ist.
Werden die Kennzeichnungen durch Komma oder Schrägstrich getrennt, dann gelten sie unabhängig voneinander: *(Phys., Biol.)* bedeutet, daß das Wort zu den Fachbereichen Physik und Biologie gehört; *(arch./joc.)* bedeutet, daß das Wort entweder veraltet ist oder scherzhaft gebraucht wird.

7. Indicators

Indicators, printed in italics in parentheses before translations, distinguish between the various senses of a headword and, together with subject-field labels, tell the reader which sense is being translated. They should not be mistaken for full definitions such as are found in a monolingual dictionary.

7. Indikatoren

Indikatoren sind kurze Hinweise, die angeben, welche Bedeutung des Stichworts gerade übersetzt wird. Sie stehen in Kursivschrift in runden Klammern vor der Übersetzung.

Examples/Beispiele: **flapjack** ... *(oatcake)* ... *(pancake)*
below ... *(position)* ... *(direction)* ... *(later in text)*
Kanadier ... *(Einwohner Kanadas)* ... *(Boot)*
Luke ... *(Dach~)* ... *(bei Schiffen)*

Indicators may be combined with the labels described in 6 above.

Indikatoren können in einer Klammer mit den oben unter 6. beschriebenen Kennzeichnungen kombiniert werden.

Examples/Beispiele: ³**chuck** ... *(Amer. coll.: food)*
Schmelze ... *(Technik: verflüssigtes Metall)*

8. Translations and collocators

a) Translations

Normally, one general translation is given for each word or sense of a word. If two or more are given, separated by semi-colons, they are synonymous and interchangeable.

8. Übersetzungen und Kollokatoren

a) Die Übersetzung

Im Normalfall wird für jedes Stichwort bzw. jede Bedeutung eines Stichworts zuerst eine allgemeine Übersetzung gegeben; selten auch zwei oder mehrere gleichwertige und gegeneinander austauschbare Übersetzungen, die mit Semikolons aneinandergereiht sind.

Examples/Beispiele: **engrossing** ... fesselnd
anchovy ... An[s]chovis, *die;* Sardelle, *die*
entzückt ... delighted
Elitedenken ... élitist thinking; élitism

Unless qualified by labels, indicators, or collocators, a translation can be regarded as adequate in practically all contexts. Where necessary, a translation is labelled for style, region, etc. in a similar way to headwords, but in the same language as the translation.

Die angegebene Übersetzung, sofern sie nicht durch Zusätze (Kennzeichnungen, Indikatoren, Kollokatoren) eingeschränkt ist, kann als adäquate Übersetzung für nahezu alle Kontexte angesehen werden. Die Übersetzungen werden ähnlich wie die Stichwörter (jedoch in der Zielsprache) nötigenfalls mit Kennzeichnungen zur stilistischen Bewertung, zur regionalen Zuordnung usw. versehen.

Examples/Beispiele: **alongside** ... längsseits *(Seemannsspr.)*
grub ... Fressen, *das (salopp)*
hoppnehmen ... nab *(sl.)*
Hornhautentzündung ... keratitis *(Med.)*

Specialist terms are often given two translations: a general or popular one and a specialist one, which is labelled *(fachspr.)* or *(as tech. term)*.	Für Fachausdrücke werden oft zwei Übersetzungen gegeben, eine allgemeinsprachliche und eine fachsprachliche; die fachsprachliche Übersetzung ist dann mit *(fachspr.)* bzw. *(as tech. term)* gekennzeichnet.

Examples/Beispiele: **bilingual** ... zweisprachig; bilingual *(fachspr.)*
Schote ... pod; siliqua *(as tech. term)*

English nouns which can signify a person of either sex are generally given a translation for each.	Bei englischen Substantiven, die Menschen beiderlei Geschlechts bezeichnen können, wird als Übersetzung im allgemeinen sowohl die männliche als auch die weibliche Form angegeben.

Examples/Beispiele: **European** ... Europäer, *der*/Europäerin, *die*
buyer ... Käufer, *der*/Käuferin, *die*
client ... Auftraggeber, *der*/-geberin, *die*

Words which are untranslatable because they have no equivalent in the other language (mainly the names of institutions, customs, foods, etc.) are given a short explanation (gloss) in italic type.	Stichwörter, die nicht übersetzt werden können, weil sie in der Zielsprache kein Äquivalent haben (meist Bezeichnungen für Institutionen, Bräuche, Eßwaren u.ä.), sind mit einer kurzen Erklärung (Glosse) in Kursivschrift versehen.

Examples/Beispiele: **gerrymander** ... *willkürlich in Wahlbezirke aufteilen, um einer politischen Partei Vorteile zu verschaffen*
Christmas stocking ... *von den Kindern am Heiligabend aufgehängter Strumpf, den der Weihnachtsmann mit Geschenken füllen soll*
Einwohnermeldeamt ... *local government office for registration of residents*
Schützenfest ... *shooting competition with fair*

A gloss is occasionally added to a translation to aid understanding of the headword.	Glossen dieser Art werden gelegentlich auch zusätzlich zu einer Übersetzung gegeben, um die Bedeutung des Stichworts zu erläutern.

Examples/Beispiele: **'clambake** *n. (Amer.)* Picknick, *das (bes. am Strand, bei dem Muscheln und Fisch auf heißen Steinen gebacken werden)*
Bestarbeiter der *(DDR)* best worker *(worker receiving an award as being the most efficient in his department, factory, etc.)*

The symbol ≈ indicates that the translation given is to be taken only as an approximate equivalent.	Das Symbol ≈ zeigt an, daß die vorgeschlagene Übersetzung nur als ungefähres Äquivalent des Stichworts zu verstehen ist.

Examples/Beispiele: **A level** ... ≈ Abitur, *das*
Finanzamt ... ≈ Inland Revenue

A cross-reference of the form *see* or *s.* indicates that a translation can be found under the entry referred to (see also 10).	Ein Verweis mit *see* bzw. *s.* auf ein anderes Stichwort zeigt, daß die Übersetzung dort nachgeschlagen werden kann (siehe auch 10).

b) Collocators

b) Kollokatoren

As the choice of the correct translation often depends on the context in which it is to be used, collocators (words with which a translation typically occurs) are frequently supplied for translations of verbs, adjectives, adverbs, and combining forms. They are printed in italics in angle brackets.

Oft hängt die Wahl der richtigen Übersetzung davon ab, mit welchen anderen Wörtern die Übersetzung im Satz verbunden werden soll. Zu vielen Übersetzungen von Verben, Adjektiven, Adverbien und Wortbildungselementen sind deshalb einige typischerweise mit der Übersetzung verbundene

Examples/Beispiele:	Wörter, sogenannte Kollokatoren, angegeben. Sie stehen in Kursivschrift in Winkelklammern. **acquire** ... erwerben ⟨*Land, Besitz, Wohlstand, Kenntnisse*⟩; sammeln ⟨*Erfahrungen*⟩; ernten ⟨*Lob*⟩ **flink** ... nimble ⟨*fingers*⟩; sharp ⟨*eyes*⟩; quick ⟨*hands*⟩
If a collocator goes with more than one translation, the translations concerned are separated by commas instead of semi-colons.	Wenn Kollokatoren sich auf mehrere gleichwertige Übersetzungen beziehen, sind diese Übersetzungen mit Kommas statt mit Semikolons aneinandergereiht.
Examples/Beispiele:	**achieve** ... herstellen, herbeiführen ⟨*Frieden, Harmonie*⟩ **kürzen** ... shorten, take up ⟨*garment*⟩; ... shorten, abridge ⟨*article, book*⟩; ... reduce, cut ⟨*pension, budget, etc.*⟩
With verbs, typical subjects and objects are given as collocators. Subjects are placed before the translation.	Kollokatoren zu Verben sind Substantive, die typischerweise entweder als Subjekte oder als Objekte des Verbs fungieren. Ist der Kollokator das Subjekt des Verbs, steht er vor der Übersetzung.
Examples/Beispiele:	**hiss** ... ⟨*Katze, Lokomotive:*⟩ fauchen **schwenken** ... ⟨*marching column*⟩ swing, wheel; ⟨*camera*⟩ pan; ⟨*path, road, car*⟩ swing
Objects are placed after the translation.	Ist der Kollokator das Objekt des Verbs, steht er hinter der Übersetzung.
Examples/Beispiele:	**comb** ... kämmen ⟨*Haare, Flachs, Wolle*⟩ ... striegeln ⟨*Pferd*⟩ ... durchkämmen ⟨*Gelände, Wald*⟩ **herunterreißen** ... pull off ⟨*plaster, wallpaper*⟩; tear down ⟨*poster*⟩
With English translations consisting of more than one word, collocators are placed at the appropriate point.	Bei mehrteiligen englischen Übersetzungen steht der Kollokator an der Stelle, wo er auch im Satz stehen müßte.
Example/Beispiel:	**verheizen** ... use ⟨*troops*⟩ as cannon-fodder; ... run ⟨*employee, subordinate, etc.*⟩ into the ground
With adjectives, collocators are nouns which the translations typically qualify. They are normally placed after the translation.	Kollokatoren zu Adjektiven sind Substantive, mit denen das Adjektiv typischerweise verwendet wird. Sie stehen normalerweise nach der Übersetzung.
Examples/Beispiele:	**coated** ... gestrichen ⟨*Papier*⟩; belegt ⟨*Zunge*⟩; imprägniert ⟨*Stoff*⟩; getönt ⟨*Glas, Linsen*⟩ **grimmig** ... furious ⟨*person*⟩; grim ⟨*face, expression*⟩; fierce, ferocious ⟨*enemy, lion, etc.*⟩
Where a collocator for an adjective is placed before the translation, the translation is postpositive – it must be used after the noun it qualifies.	Wenn ein Kollokator zu einem Adjektiv vor der Übersetzung steht, bedeutet dies, daß die Übersetzung nachgestellt werden muß.
Examples/Beispiele:	**flowery** ... ⟨*Wiese*⟩ voller Blumen **eisenhaltig** ... ⟨*food*⟩ containing iron
With a translation that is used in compounds, other elements with which it typically combines are given as collocators.	Bei Übersetzungen, die ein Wortbildungselement darstellen, werden als Kollokatoren solche Elemente angeführt, mit denen die Übersetzung typischerweise kombiniert wird.
Examples/Beispiele:	**marine** ... See⟨*versicherung, -recht, -schiffahrt*⟩ **-süchtig** ... ⟨*drug-, heroin-, morphine-, etc.*⟩addicted (Thus, **marine law** is translated as **Seerecht**, and **drogensüchtig** as **drug-addicted**. / Die Verbindung **marine law** wird also mit **Seerecht** übersetzt, **drogensüchtig** mit **drug-addicted**.)

With adverbs, collocators are verbs and adjectives which the translations typically qualify. Verbs are shown before the translation in the German-English section, but after it in the English-German, while adjectives and participles are always placed after, as in connected language.

Kollokatoren zu Adverbien sind Verben oder Adjektive oder adjektivisch gebrauchte Partizipien, mit denen das Adverb typischerweise verbunden wird. Dabei stehen im deutsch-englischen Teil Verben vor der Übersetzung, im englisch-deutschen Teil dahinter; Adjektive und Partizipien stehen immer hinter der Übersetzung, entsprechend ihrer Stellung im Satz.

Examples/Beispiele: **excessively** ... unmäßig ⟨*trinken, essen*⟩
flimsily ... hastig ⟨*errichtet*⟩; schlecht ⟨*gebunden, verpackt*⟩
probeweise ... ⟨*employ*⟩ on a trial basis
schwer ... seriously ⟨*injured*⟩; greatly, deeply ⟨*disappointed*⟩; ⟨*punish*⟩ severely, heavily

c) Translation of abbreviations

Abbreviations are normally translated by the corresponding abbreviation in the other language.

c) Die Übersetzung von Abkürzungen

Abkürzungen erhalten normalerweise die entsprechende Abkürzung in der Zielsprache als Übersetzung.

Examples/Beispiele: **e.g.** ... z. B.
GDR ... DDR, *die*
WEZ ... GMT
usw. ... etc.

Where an abbreviation is best translated by one or more complete words, then they are given.

Wenn die gebräuchlichste zielsprachliche Entsprechung einer ausgangssprachlichen Abkürzung jedoch keine Abkürzung ist, wird als Übersetzung statt einer zielsprachlichen Abkürzung diese Entsprechung angegeben.

Examples/Beispiele: **s.a.e.** ... addressierter Freiumschlag
GPO ... Post, *die*
Pkw ... car
WC ... toilet

If there is no corresponding abbreviation in the other language, the full form is translated or explained if not itself entered in the Dictionary.

Gibt es zu einer Abkürzung keine entsprechende Abkürzung in der Zielsprache, wird die volle Form angegeben und mit einer Übersetzung oder Erklärung versehen, sofern diese Vollform nicht selbst im Wörterverzeichnis zu finden ist.

Examples/Beispiele: **GCSE** ... **General Certificate of Secondary Education**
FA ... **Football Association** *(Britischer Fußballverband)*
MA ... **Mittelalter**
ZDF ... **Zweites Deutsches Fernsehen** Second German Television Channel

d) Further information given with translations

Where necessary, translations are accompanied by information on usage, word order, etc.

The prepositions typically following verbs are given and translated.

d) Zusätzliche Angaben bei Übersetzungen

Wo es nötig ist, sind die Übersetzungen mit Hinweisen zu ihrer Gebrauchsweise, ihrer Stellung im Satz usw. versehen.

Bei Verben wird der präpositionale Anschluß des Stichworts angegeben und übersetzt.

Examples/Beispiele: **conceal** ... verbergen (**from** vor + *Dat.*)

sinnieren ... ponder (**über** + *Akk.* over); muse (**über** + *Akk.* [up]on)

Where a German verb takes a case other than the accusative, this is shown, together with any English preposition used to 'translate' it.	Ebenso wird bei deutschen Verben der zum Anschluß an das Stichwort verwendete Kasus samt der entsprechenden englischen Präposition angegeben, sofern es sich nicht um den bei transitiven Verben stets erforderlichen Akkusativ handelt.

Example/Beispiel: **verdächtigen** ... suspect (*Gen.* of)

The indication *nachgestellt* or *postpos.* means that a translation of an adjective always follows its noun. (This is not shown when the fact is clear from the position of a collocator, as described in 8 b.)	Bei Übersetzungen von Adjektiven besagt der Hinweis *nachgestellt* bzw. *postpos.*, daß die angegebene Übersetzung dem Substantiv nachgestellt werden muß. (Dieser Hinweis entfällt, wenn die Stellung eines Kollokators dies schon, wie unter 8 b beschrieben, zeigt.)

Examples/Beispiele: **friendless** ... ohne Freund[e] *nachgestellt*
stahlhart ... as hard as steel *postpos.*

English translations marked *postpos.* can also be used predicatively, e.g. **she is as hard as steel.**	Mit *postpos.* markierte englische Übersetzungen können auch prädikativ gebraucht werden (also: **she is as hard as steel**).

The indication *attr.* or *attrib.* means that a translation can be used attributively and not predicatively.	Die Angabe *attr.* bzw. *attrib.* weist darauf hin, daß die angegebene Übersetzung nur als Attribut und nicht als Prädikatsteil verwendet werden darf.

Examples/Beispiele: **preferable** ... vorzuziehend *attr.*
achtseitig ... eight-page *attrib.*

The indication *präd.* or *pred.* means that a translation can be used predicatively and not attributively.	Die Angabe *präd.* bzw. *pred.* weist umgekehrt darauf hin, daß die angegebene Übersetzung nur als Prädikatsteil und nicht als Attribut verwendet werden darf.

Examples/Beispiele: **preferable** ... vorzuziehen *präd.*
irreparabel ... beyond repair *pred.*

The indication *Pl.* or *pl.* means that a translation of a noun exists only in the plural (in that sense).	Bei Übersetzungen von Substantiven bedeutet der Hinweis *Pl.* bzw. *pl.*, daß die angegebene Übersetzung ein Pluraletantum ist.

Examples/Beispiele: **measles** ... Masern *Pl.*
cost ... Kosten *Pl.*
Brille ... glasses *pl.*
Polizei ... police *pl.*

In the English-German section, German nouns are given the appropriate definite article. If this is in parentheses, the noun is a proper noun which is used with the article only in certain circumstances.	Im englisch-deutschen Teil erhalten als Übersetzungen angegebene deutsche Substantive den bestimmten Artikel. Steht der Artikel in runden Klammern, handelt es sich bei dem Substantiv um einen Eigennamen, der nur unter gewissen Umständen mit dem Artikel verbunden wird.

Examples/Beispiele: ¹**cow** ... Kuh, *die*
table ... Tisch, *der*
Italy ... Italien *(das)*
Eve ... Eva *(die)*

The indication *no art.* means that an English noun translation cannot be used with an article; *no def. art.* and *no indef. art.* mean that it cannot be used with a definite article and an indefinite article respectively.	Wenn Übersetzungen von deutschen Substantiven mit dem Hinweis *no art.* versehen sind, können sie nicht mit dem Artikel verbunden werden. Oft wird weiter differenziert zwischen *no def. art.* und *no indef. art.*

Example/Beispiel: **Ostermontag** ... Easter Monday *no def. art.*

Attributive use of an English noun is indicated by *attrib.* when it needs a separate translation.	Für den attributiven Gebrauch von englischen Substantiven wird oft eine eigene Übersetzung angegeben. Vor dieser Übersetzung steht dann der Hinweis *attrib.*

Examples/Beispiele: **marble** ... *attrib.* marmorn
mountain ... *attrib.* Gebirgs-

9. Phrases / 9. Anwendungsbeispiele

Following the general translation(s) of a headword are phrases in which the general translation(s) cannot be used. These include typical uses, fixed phrases, idioms, and proverbs. All are printed in medium bold type and are translated in their entirety. A swung dash is used to represent the headword.	Im Anschluß an die allgemeine[n] Übersetzung[en] des Stichworts werden Anwendungsbeispiele für Fälle gegeben, in denen die allgemeine Übersetzung nicht verwendbar ist. Außerdem werden typische Verwendungen des Stichworts, feste Wendungen, Redensarten und Sprichwörter gezeigt. Die Anwendungsbeispiele sind halbfett gedruckt und werden immer als Ganzes übersetzt. Innerhalb der Beispiele repräsentiert die Tilde das Stichwort.

Examples/Beispiele: **giggle** ... **have a ~ about sth.** ... **[a fit of] the ~s**
knistern ... **mit etw. ~** ... **eine ~de Atmosphäre**

In blocks of compounds, the swung dash in a phrase represents only the first element of the compound.	In Kompositablöcken steht auch in den Anwendungsbeispielen die Tilde immer nur für den ersten Bestandteil des Kompositums.

Examples/Beispiele: **apple:** ... **~cart** ... **upset the ~cart**
selbst-, Selbst-: ... **~bedienung** ... **hier ist ~bedienung**

Phrases and their translations can be given any of the labels mentioned in 6.	Die Anwendungsbeispiele und deren Übersetzungen werden gegebenenfalls mit den unter 6 erläuterten Kennzeichnungen versehen.

Examples/Beispiele: **corner** ... **cut ~s** *(fig.)*
edge ... **have/get the ~ [on sb./sth.]** *(coll.)*
Strang ... **über die Stränge schlagen** *(ugs.)*
Kapitel ... **das ist ein ~ für sich** *(fig.)*

In addition, any label attaching to a headword also applies to all phrases in that entry.	Außerdem gelten bereits für das Stichwort angegebene Kennzeichnungen auch für das Beispiel.

Examples/Beispiele: **beddy-byes** ... *(child lang.)* ... **off to ~**
Schmäh ... *(österr. ugs.)* ... **einen ~ führen**

To save space, phrases may be combined.	Aus Platzgründen werden oft mehrere Beispiele zusammengefaßt.
– Two complete phrases separated by a comma are synonymous and share a translation.	– Wenn zwei vollständige Beispiele mit Komma aneinandergereiht sind, sind sie synonym und haben eine gemeinsame Übersetzung.

Examples/Beispiele: **cash** ... **pay [in] ~, pay ~ down** bar zahlen
ausrasten ... **er rastete aus, es rastete bei ihm aus** ... something snapped in him

– Where portions of a phrase or translation are separated by *or* or *od.*, they are synonymous and interchangeable.	– Wenn Teile eines Beispiels oder einer Übersetzung mit *or* bzw. *od.* aneinandergereiht sind, haben sie die gleiche Bedeutung und sind beliebig austauschbar.

Examples/Beispiele: **decision** ... come to *or* arrive at *or* reach a ~: zu einer Entscheidung kommen

Bankrott ... seinen ~ anmelden *od.* ansagen *od.* erklären declare oneself bankrupt

– Where portions of a phrase or translation are separated by an oblique, they are syntactically interchangeable but have different meanings.	– Wenn Teile eines Beispiels bzw. seiner Übersetzung mit Schrägstrich aneinandergereiht sind, sind sie zwar syntaktisch austauschbar, haben aber nicht die gleiche Bedeutung.

Examples/Beispiele: **beginning** ... at the ~ of February/the month Anfang Februar/des Monats

durchschaubar ... leicht/schwer ~ sein be easy/difficult to see through

– Portions of a phrase and its translation in square brackets may be omitted, but always together, i.e. both phrase and translation are to be read either with or without the bracketed portions.	– Wenn Teile eines Beispiels und Teile seiner Übersetzung in eckigen Klammern stehen, stellen sie einen auslaßbaren Zusatz zu dem Beispiel dar. Beispiel und Übersetzung müssen also beide entweder mit oder ohne den eingeklammerten Teil gelesen werden.

Examples/Beispiele: **clear** ... make it ~ [to sb.] that ... [jmdm.] klar und deutlich sagen, daß ...

verpflichten ... sich verpflichtet fühlen[, etw. zu tun] feel obliged [to do sth.]

NB: Square brackets are also used generally to enclose optional elements of words and phrases, e.g. **choos[e]y; cost sb. dear[ly]; Wach[t]·turm; er vermochte [es] nicht, mich zu überzeugen.**	NB: Eckige Klammern werden außerdem generell dazu verwendet, beliebig auslaßbare Teile von Wörtern und Sätzen einzuklammern, z. B. **choos[e]y; cost sb. dear[ly]; Wach[t]·turm; er vermochte [es] nicht, mich zu überzeugen.**
In phrases and their translations, *jmd., jmds., jmdm., jmdn., sb.* and *sb.'s* stand for any noun or pronoun indicating one or more persons, and *etw., einer Sache* (genitive or dative), *sth.*, or *sth.'s* stand for any noun or pronoun indicating one or more things.	In den Anwendungsbeispielen und ihren Übersetzungen werden Substantive und Pronomen, die Personen im weitesten Sinne bezeichnen, durch die Abkürzungen *jmd., jmds., jmdm., jmdn.* auf der deutschen und *sb., sb.'s* auf der englischen Seite vertreten. Substantive und Pronomen, die Sachen im weitesten Sinne bezeichnen, werden durch die Abkürzungen *etw.* (oder auch *einer Sache* im Genitiv und Dativ) auf der deutschen und *sth., sth.'s* auf der englischen Seite vertreten.

Example/Beispiel: **Ohr** ... jmdm. etw. ins ~ flüstern whisper sth. in sb.'s ear

In German phrases and translations, the reflexive pronoun *sich* is accusative unless it is marked *(Dat.)* (= dative) or could only be dative, e. g. **etw. von sich geben; sich/jmdm. Luft zufächeln.**	In deutschen Anwendungsbeispielen und Übersetzungen ist das Wort *sich* ein Akkusativ, wenn es nicht mit *(Dat.)* gekennzeichnet ist oder auf Grund des Kontextes eindeutig Dativ ist (wie etwa in **etw. von sich geben; sich/jmdm. Luft zufächeln**).
In phrases and their translations, stress which is unusual or affects meaning is shown using the symbols explained in 4.	Ungewöhnliche oder bedeutungsverändernde Betonungen werden bei Anwendungsbeispielen und deren Übersetzungen mit Hilfe der unter 4 erklärten Betonungszeichen angegeben.

Examples/Beispiele: **that** ... he is 'like ~

somi**t** ... und s**o**mit kommen wir zu Punkt 2

In English phrases, *you, your, yourself,* etc. are generally translated as the 'familiar' *du, dich, dein,* etc. The more formal *Sie, Ihnen, Ihr,* etc. are used only when they are more appropriate for a given example. Similarly, the English colloquial contractions *can't, won't,* etc. are frequently used. In all cases it is up to the reader to decide which forms are required by the context being translated.

Bei der Übersetzung von englischen Beispielsätzen ins Deutsche werden die Anrede *you* und ihre Formen im allgemeinen durch das vertraulichere *du* und seine Formen wiedergegeben. Das förmlichere *Sie* wird nur verwendet, wenn das jeweilige Beispiel dies nahelegt. Ähnlich wird im Englischen häufig die umgangssprachliche Kurzform (z. B. *can't, won't, hasn't*) verwendet. Grundsätzlich bleibt es dem Benutzer überlassen, die Form dem Zweck und Kontext entsprechend zu wählen, für den die Übersetzung benötigt wird.

10. Cross-references

Cross-references beginning with *see* or *s.* which take the place of a translation refer to a headword at which the translation is to be found. This kind of cross-reference occurs mainly in the following circumstances:

10. Verweise

Verweise mit *see* bzw. *s.* anstelle einer Übersetzung weisen auf ein anderes Stichwort, unter dem die Übersetzung zu finden ist. Diese Art von Verweis findet sich vor allem in den folgenden Fällen:

– with synonyms

– bei Synonymen

Examples/Beispiele: **false move** *see* **false step**
fortbringen ... *s.* **wegbringen**

– with variant spellings

– bei Wörtern mit mehreren Schreibweisen

Examples/Beispiele: **beduin** *see* **bedouin**
winklig ... *s.* **winkelig**

– with masculine and feminine forms of a German noun which have the same translation.

– bei weiblichen und männlichen Formen eines deutschen Substantivs, die im Englischen die gleiche Übersetzung haben.

Example/Beispiel: **Primanerin** ... *s.* **Primaner**

Cross-references beginning with *see* or *s.* which are followed by a colon and a list of translations occasionally occur at derivatives, such as nouns and adverbs derived from adjectives. They refer the user to the entry containing the indicators and collocators necessary for distinguishing the translations.

Verweise mit *see* bzw. *s.*, die vor einer Reihe von Übersetzungen stehen, treten gelegentlich bei Ableitungen auf, z. B. bei Substantiven oder Adverbien, die von einem Adjektiv abgeleitet sind. Sie zeigen, wo die Indikatoren und Kollokatoren, die zur Unterscheidung der Übersetzungen nötig sind, zu finden sind.

Examples/Beispiele: **cogent** ... *adj.* *(convincing)* überzeugend ⟨*Argument, Grund*⟩; zwingend ⟨*Grund*⟩; *(valid)* stichhaltig ⟨*Kritik, Analyse*⟩
cogently ... *adv. see* **cogent**: überzeugend; zwingend; stichhaltig
verbreiten 1. *tr. V.* a) *(bekannt machen)* spread ⟨*rumour, lies, etc.*⟩; ... b) *(weitertragen)* spread ⟨*disease, illness, etc.*⟩; disperse ⟨*seeds, spores, etc.*⟩; c) *(erwecken)* radiate ⟨*optimism, happiness, calm, etc.*⟩; spread ⟨*fear*⟩
Verbreitung die; ~, ~en a) *s.* **verbreiten** 1 a, b, c: spreading; ... dispersal; radiation

Cross-references beginning with *see also* or *s. auch* refer to headwords at which further information may be found. They either help the user to find a phrase or idiom (see also 1 c) or refer to an entry which serves as a model for a set of words because it is treated more comprehensively.

Verweise mit *see also* bzw. *s. auch* weisen auf ein Stichwort hin, unter dem zusätzliche Informationen gefunden werden können. Diese Art von Verweis dient entweder zum Auffinden von festen Wendungen usw. (vgl. 1 c) oder weist auf ein Stichwort hin, das als Muster für einen bestimmten Typ besonders ausführlich behandelt wurde.

Examples/Beispiele: **Taurus** ... *see also* **Aries**
Französisch ... *s. auch* **Deutsch**

English abbreviations used in the Dictionary / Im Wörterverzeichnis verwendete englische Abkürzungen

abbr(s).	abbreviation(s)
abs.	absolute
adj(s).	adjective(s)
Admin.	Administration, Administrative
adv.	adverb
Aeronaut.	Aeronautics
Agric.	Agriculture
Alch.	Alchemy
Amer.	American, America
Anat.	Anatomy
Anglican Ch.	Anglican Church
Anglo-Ind.	Anglo-Indian
Ant.	Antiquity
Anthrop.	Anthropology
arch.	archaic
Archaeol.	Archaeology
Archit.	Architecture
art.	article
Astrol.	Astrology
Astron.	Astronomy
Astronaut.	Astronautics
attrib.	attributive
Austral.	Australian, Australia
Bacteriol.	Bacteriology
Bibliog.	Bibliography
Biochem.	Biochemistry
Biol.	Biology
Bookk.	Bookkeeping
Bot.	Botany
Brit.	British, Britain
Can.	Canadian, Canada
Chem.	Chemistry
Cinemat.	Cinematography
coll.	colloquial
collect.	collective
comb.	combination
Commerc.	Commerce, Commercial
Communication Res.	Communication Research
compar.	comparative
condit.	conditional
conj.	conjunction
Constr.	Construction
constr.	construed
contr.	contracted form
def.	definite
Dent.	Dentistry
derog.	derogatory
dial.	dialect
Diplom.	Diplomacy
Dressm.	Dressmaking
Eccl.	Ecclesiastical
Ecol.	Ecology
Econ.	Economics
Educ.	Education
Electr.	Electricity
ellipt.	elliptical
emphat.	emphatic
esp.	especially
Ethnol.	Ethnology
Ethol.	Ethology
euphem.	euphemistic
excl.	exclamation, exclamatory
expr.	expressing
fem.	feminine
fig.	figurative
Footb.	Football
Gastr.	Gastronomy
Geneal.	Genealogy
Geog.	Geography
Geol.	Geology
Geom.	Geometry
Graph. Arts	Graphic Arts
Her.	Heraldry
Hist.	History, Historical
Horol.	Horology
Hort.	Horticulture
Hydraulic Engin.	Hydraulic Engineering
imper.	imperative
impers.	impersonal
Ind.	Indian, India
indef.	indefinite
Information Sci.	Information Science
int.	interjection
interrog.	interrogative
Int. Law	International Law
Ir.	Irish, Ireland
iron.	ironical
joc.	jocular
Journ.	Journalism
lang.	language
Ling.	Linguistics
Lit.	Literature
lit.	literal
Magn.	Magnetism
Managem.	Management
masc.	masculine
Math.	Mathematics
Mech.	Mechanics
Mech. Engin.	Mechanical Engineering
Med.	Medicine
Metalw.	Metalwork
Metaph.	Metaphysics
Meteorol.	Meteorology
Mil.	Military
Min.	Mineralogy
Motor Veh.	Motor Vehicles
Mount.	Mountaineering
Mus.	Music
Mythol.	Mythology
n.	noun
Nat. Sci.	Natural Science
Naut.	Nautical
neg.	negative
N. Engl.	Northern English
ns.	nouns
Nucl. Engin.	Nuclear Engineering
Nucl. Phys.	Nuclear Physics
Num.	Numismatics
N. Z.	New Zealand
obj.	object
Oceanog.	Oceanography
Ornith.	Ornithology
P	Proprietary name
Palaeont.	Palaeontology
Parapsych.	Parapsychology
Parl.	Parliament
pass.	passive
Pharm.	Pharmacy
Philat.	Philately
Philos.	Philosophy

Phonet.	Phonetics	sb.	somebody
Photog.	Photography	Sch.	School
phr(s).	phrase(s)	Sci.	Science
Phys.	Physics	Scot.	Scottish, Scotland
Physiol.	Physiology	Shipb.	Shipbuilding
pl.	plural	sing.	singular
poet.	poetical	sl.	slang
Polit.	Politics	Sociol.	Sociology
poss.	possessive	Soc. Serv.	Social Services
postpos.	postpositive	Soil Sci.	Soil Science
p. p.	past participle	St. Exch.	Stock Exchange
pred.	predicative	sth.	something
pref.	prefix	suf.	suffix
Prehist.	Prehistory	superl.	superlative
prep.	preposition	Surv.	Surveying
pres.	present	symb.	symbol
pres. p.	present participle	tech.	technical
pr. n.	proper noun	Teleph.	Telephony
pron.	pronoun	Telev.	Television
Pros.	Prosody	Theol.	Theology
prov.	proverbial	Univ.	University
Psych.	Psychology	usu.	usually
p. t.	past tense	v. aux.	auxiliary verb
Railw.	Railways	Vet. Med.	Veterinary Medicine
RC Ch.	Roman Catholic Church	v. i.	intransitive verb
refl.	reflexive	voc.	vocative
rel.	relative	v. refl.	reflexive verb
Relig.	Religion	v. t.	transitive verb
Res.	Research	v. t. & i.	transitive and intransitive verb
Rhet.	Rhetoric	W. Ind.	West Indian, West Indies
rhet.	rhetorical	Woodw.	Woodwork
S. Afr.	South African, South Africa	Zool.	Zoology

German abbreviations used in the Dictionary / Im Wörterverzeichnis verwendete deutsche Abkürzungen

a.	anderes; andere	Fliegerspr.	Fliegersprache
ä.	ähnliches; ähnliche	Flugw.	Flugwesen
Abk.	Abkürzung	Forstw.	Forstwesen
adj.	adjektivisch	Fot.	Fotografie
Adj.	Adjektiv	Frachtw.	Frachtwesen
adv.	adverbial	Funkw.	Funkwesen
Adv.	Adverb	Gastr.	Gastronomie
Akk.	Akkusativ	Gattungsz.	Gattungszahl
amerik.	amerikanisch	Gaunerspr.	Gaunersprache
Amtsspr.	Amtssprache	geh.	gehoben
Anat.	Anatomie	Gen.	Genitiv
Anthrop.	Anthropologie	Geneal.	Genealogie
Archäol.	Archäologie	Geogr.	Geographie
Archit.	Architektur	Geol.	Geologie
Art.	Artikel	Geom.	Geometrie
Astrol.	Astrologie	Handarb.	Handarbeit
Astron.	Astronomie	Handw.	Handwerk
A. T.	Altes Testament	Hausw.	Hauswirtschaft
attr.	attributiv	Her.	Heraldik
Ausspr.	Aussprache	hess.	hessisch
Bauw.	Bauwesen	Hilfsv.	Hilfsverb
Bergmannsspr.	Bergmannssprache	hist.	historisch
berlin.	berlinisch	Hochschulw.	Hochschulwesen
bes.	besonders	Holzverarb.	Holzverarbeitung
Bez.	Bezeichnung	Imkerspr.	Imkersprache
bibl.	biblisch	Indefinitpron.	Indefinitpronomen
bild. Kunst	bildende Kunst	indekl.	indeklinabel
Biol.	Biologie	Indik.	Indikativ
Bodenk.	Bodenkunde	Inf.	Infinitiv
Börsenw.	Börsenwesen	Informationst.	Informationstechnik
Bot.	Botanik	Interj.	Interjektion
BRD	Bundesrepublik Deutschland	iron.	ironisch
brit.	britisch	itr.	intransitiv
Bruchz.	Bruchzahl	Jagdw.	Jagdwesen
Buchf.	Buchführung	Jägerspr.	Jägersprache
Buchw.	Buchwesen	jmd.	jemand
Bürow.	Bürowesen	jmdm.	jemandem
chem.	chemisch	jmdn.	jemanden
christl.	christlich	jmds.	jemandes
Dat.	Dativ	Jugendspr.	Jugendsprache
DDR	Deutsche Demokratische Republik	jur.	juristisch
Dekl.	Deklination	Kardinalz.	Kardinalzahl
Demonstrativpron.	Demonstrativpronomen	kath.	katholisch
d. h.	das heißt	Kaufmannsspr.	Kaufmannssprache
dichter.	dichterisch	Kfz-W.	Kraftfahrzeugwesen
Druckerspr.	Druckersprache	Kinderspr.	Kindersprache
Druckw.	Druckwesen	Kochk.	Kochkunst
dt.	deutsch	Konj.	Konjunktion
DV	Datenverarbeitung	Kosew.	Kosewort
Eisenb.	Eisenbahn	Kunstwiss.	Kunstwissenschaft
elektr.	elektrisch	Kurzf.	Kurzform
Elektrot.	Elektrotechnik	Kurzw.	Kurzwort
Energievers.	Energieversorgung	landsch.	landschaftlich
Energiewirtsch.	Energiewirtschaft	Landw.	Landwirtschaft
engl.	englisch	Literaturw.	Literaturwissenschaft
etw.	etwas	Luftf.	Luftfahrt
ev.	evangelisch	ma.	mittelalterlich
fachspr.	fachsprachlich	MA.	Mittelalter
fam.	familiär	marx.	marxistisch
Fem.	Femininum	Mask.	Maskulinum
Ferns.	Fernsehen	Math.	Mathematik
Fernspr.	Fernsprechwesen	Mech.	Mechanik
fig.	figurativ	Med.	Medizin
Finanzw.	Finanzwesen	Meeresk.	Meereskunde
Fischereiw.	Fischereiwesen	Met.	Meteorologie

Metall.	Metallurgie	schweiz.	schweizerisch
Metallbearb.	Metallbearbeitung	Seemannsspr.	Seemannssprache
Milit.	Militär	Seew.	Seewesen
Mineral.	Mineralogie	Sexualk.	Sexualkunde
Modalv.	Modalverb	Sg.	Singular
Münzk.	Münzkunde	s. o.	siehe oben
Mus.	Musik	Soldatenspr.	Soldatensprache
Mythol.	Mythologie	Sozialpsych.	Sozialpsychologie
Naturw.	Naturwissenschaft	Sozialvers.	Sozialversicherung
Neutr.	Neutrum	Soziol.	Soziologie
niederdt.	niederdeutsch	spött.	spöttisch
Nom.	Nominativ	Spr.	Sprichwort
nordamerik.	nordamerikanisch	Sprachw.	Sprachwissenschaft
nordd.	norddeutsch	Steuerw.	Steuerwesen
nordostd.	nordostdeutsch	Studentenspr.	Studentensprache
nordwestd.	nordwestdeutsch	s. u.	siehe unten
ns.	nationalsozialistisch	Subj.	Subjekt
N. T.	Neues Testament	subst.	substantivisch; substantiviert
o.	ohne; oben	Subst.	Substantiv
o. ä.	oder ähnliches; oder ähnliche	südd.	süddeutsch
od.	oder	südwestd.	südwestdeutsch
Ordinalz.	Ordinalzahl	Suff.	Suffix
orth.	orthodox	Textilw.	Textilwesen
ostd.	ostdeutsch	Theol.	Theologie
österr.	österreichisch	thüring.	thüringisch
Päd.	Pädagogik	Tiermed.	Tiermedizin
Paläont.	Paläontologie	tirol.	tirolisch
Papierdt.	Papierdeutsch	tr.	transitiv
Parapsych.	Parapsychologie	Trenn.	Trennung
Parl.	Parlament	u.	und
Part.	Partizip	u. a.	und andere[s]
Perf.	Perfekt	u. ä.	und ähnliches
Pers.	Person	ugs.	umgangssprachlich
pfälz.	pfälzisch	unbest.	unbestimmt
Pharm.	Pharmazie	unpers.	unpersönlich
Philat.	Philatelie	unr.	unregelmäßig
Philos.	Philosophie	usw.	und so weiter
Physiol.	Physiologie	v.	von
Pl.	Plural	V.	Verb
Plusq.	Plusquamperfekt	verächtl.	verächtlich
Polizeiw.	Polizeiwesen	veralt.	veraltet; veraltend
Postw.	Postwesen	Verhaltensf.	Verhaltensforschung
präd.	prädikativ	verhüll.	verhüllend
Prähist.	Prähistorie	Verkehrsw.	Verkehrswesen
Präp.	Präposition	Vermessungsw.	Vermessungswesen
Präs.	Präsens	Versicherungsw.	Versicherungswesen
Prät.	Präteritum	vgl.	vergleiche
Pron.	Pronomen	Vkl.	Verkleinerungsform
Psych.	Psychologie	Völkerk.	Völkerkunde
Raumf.	Raumfahrt	Völkerr.	Völkerrecht
Rechtsspr.	Rechtssprache	Volksk.	Volkskunde
Rechtsw.	Rechtswesen	volkst.	volkstümlich
refl.	reflexiv	vulg.	vulgär
regelm.	regelmäßig	Werbespr.	Werbesprache
Rel.	Religion	westd.	westdeutsch
Relativpron.	Relativpronomen	westfäl.	westfälisch
rhein.	rheinisch	Wiederholungsz.	Wiederholungszahlwort
Rhet.	Rhetorik	wiener.	wienerisch
röm.	römisch	Winzerspr.	Winzersprache
röm.-kath.	römisch-katholisch	Wirtsch.	Wirtschaft
Rundf.	Rundfunk	Wissensch.	Wissenschaft
s.	siehe	Wz.	Warenzeichen
S.	Seite	Zahnmed.	Zahnmedizin
scherzh.	scherzhaft	z. B.	zum Beispiel
schles.	schlesisch	Zeitungsw.	Zeitungswesen
schott.	schottisch	Zollw.	Zollwesen
Schülerspr.	Schülersprache	Zool.	Zoologie
Schulw.	Schulwesen	Zus.	Zusammensetzung
schwäb.	schwäbisch	Zusschr.	Zusammenschreibung

A

¹**A**, ¹**a** [eɪ] *n.*, *pl.* **As** *or* **A's a)** *(letter)* A, a, *das;* **from A to Z** von A bis Z; **A road** Straße 1. Ordnung; ≈ Bundesstraße, *die;* **b)** A *(Mus.)* A, a, *das;* **A sharp** ais, Ais, *das;* **A flat** as, As, *das;* **c)** *(example)* A, a; **if A says to B:** ...: wenn A zu B sagt: ...; **d)** *(Naut.)* **A 1** in erstklassigem Zustand; **e) A 1** *(coll.)* eins a *(ugs.);* **I'm feeling absolutely A 1** ich fühle mich eins a *(ugs.)* od. erstklassig; **f)** *(paper size)* A 1, A 2, A 3, etc. [DIN] A 1, A 2, A 3 usw.; **a pad of A 4 [paper]** ein [DIN-]A 4-Block; **g)** *(Sch., Univ.: mark)* Eins, *die;* **he got an A [in French]** er bekam [in Französisch] „sehr gut" *od.* eine Eins
²**A** *abbr.* **answer**
²**a** [ə, *stressed* eɪ] *indef. art.* **a)** ein/eine/ein; **he is a gardener/a Frenchman** er ist Gärtner/ Franzose; **she did not say a word** sie sagte kein Wort; *see also* **many 1 b; quite; such 1 a;** **b)** *(per)* pro; **£40 a year** 40 Pfund pro Jahr; **it's 20p a pound** es kostet 20 Pence das Pfund; **two a penny** zwei Stück [für] einen Penny; **six a side** sechs auf jeder Seite
AA *abbr.* **a)** *(Brit.)* **Automobile Association** britischer Automobilklub; **b) anti-aircraft** Flugabwehr-; Fla-; **AA gun** Flak, *die;* **c) Alcoholics Anonymous**
AB *abbr.* **a) able rating** *or* **seaman; b)** *(Amer. Univ.)* **Bachelor of Arts**
aback [ə'bæk] *adv.* **be taken ~:** erstaunt sein; **I've never seen her so taken ~:** ich habe sie noch nie so betroffen gesehen
abacus ['æbəkəs] *n.*, *pl.* **~es** *or* **abaci** ['æbəsaɪ] Abakus, *der*
abandon [ə'bændən] **1.** *v. t.* **a)** *(forsake)* verlassen ⟨*Ort*⟩; verlassen, im Stich lassen ⟨*Person*⟩; aussetzen ⟨*Kind, Tier*⟩; aufgeben ⟨*Prinzip*⟩; stehenlassen ⟨*Auto*⟩; aufgeben, fallenlassen ⟨*Gedanken, Plan*⟩; **~ hope** die Hoffnung aufgeben; **~ ship!** alle Mann von Bord!; **b)** *(surrender)* **~ sth. to the enemy** etw. dem Feind übergeben *od.* überlassen; **c)** *(yield)* **~ oneself to sth.** sich einer Sache *(Dat.)* hingeben; **d)** *(give up)* ablegen ⟨*Gewohnheit*⟩; abbrechen ⟨*Spiel*⟩; sich trennen von ⟨*Reichtümern, Besitz*⟩; hingeben (geh.) ⟨*Reichtum, Geld und Gut*⟩. **2.** *n.*, *no pl.* Unbekümmertheit, *die;* Ungezwungenheit, *die;* **with ~:** unbekümmert; ungezwungen
abandoned [ə'bændənd] *adj.* **a)** *(deserted)* verlassen, ausgesetzt ⟨*Kind, Tier*⟩; **~ property** herrenloses Gut; **b)** *(profligate)* verworfen, verkommen ⟨*Person*⟩; lasterhaft ⟨*Benehmen*⟩
abandonment [ə'bændənmənt] *n.*, *no pl.* **a)** *(giving up)* Aufgabe, *die;* Preisgabe, *die;* Abtretung, *die; (of plan, property)* Aufgabe, *die;* **b)** *(carefreeness)* Zwanglosigkeit, *die;* Unbekümmertheit, *die;* **c)** *(self-surrender)* Sichgehenlassen, *das;* Hingabe, *die* **(to an + Akk.)**
abase [ə'beɪs] *v. t.* demütigen, erniedrigen ⟨*Person*⟩; **~ oneself** sich erniedrigen
abashed [ə'bæʃt] *adj.* beschämt; verlegen; **feel ~:** beschämt sein; **be ~ [by sth.]** sich [durch etw.] aus der Fassung bringen lassen

abate [ə'beɪt] *v. i.* [an Stärke *od.* Intensität] abnehmen; nachlassen; ⟨*Zorn, Eifer, Sturm:*⟩ abflauen, nachlassen
abatement [ə'beɪtmənt] *n.*, *no pl.* Abnahme, *die;* Nachlassen, *das; (of a nuisance)* Beseitigung, *die; see also* **noise abatement; smoke abatement**
abattoir ['æbətwɑː(r)] *n.* Schlachthof, *der;* ⟨*[part of] building*⟩ Schlachthaus, *das*
abbess ['æbɪs] *n.* Äbtissin, *die*
abbey ['æbɪ] *n.* **a)** Abtei, *die;* **b)** *(church)* Abteikirche, *die;* **the A~** *(Brit.)* die Abteikirche von Westminster
abbot ['æbət] *n.* Abt, *der*
abbreviate [ə'briːvɪeɪt] *v. t.* abkürzen ⟨*Wort usw.*⟩; **~ 'Saint' to 'St'** Saint mit St abkürzen
abbreviation [əbriːvɪ'eɪʃn] *n. (of word etc.)* Abkürzung, *die*
ABC [eɪbiː'siː] *n.* **a)** *(alphabet)* ABC, *das;* **as easy as ~:** kinderleicht; **b)** *(fig.: rudiments)* ABC, *das;* Einmaleins, *das*
abdicate ['æbdɪkeɪt] *v. t.* abdanken; **~ [the throne]** auf den Thron verzichten; dem Thron entsagen (geh.); **~ one's rights** auf seine Rechte verzichten
abdication [æbdɪ'keɪʃn] *n. (by monarch)* Abdankung, *die;* Thronverzicht, *der;* **the ~ of his rights** der Verzicht auf seine Rechte
abdomen ['æbdəmən, æb'dəʊmɪn] *n.* *(Anat.)* Bauch, *der;* Unterleib, *der;* Abdomen, *das (fachspr.)*
abdominal [æb'dɒmɪnl] *adj.* *(Anat.)* Bauch-; Abdominal- *(fachspr.)*
abduct [əb'dʌkt] *v. t.* entführen
abduction [əb'dʌkʃn] *n.* Entführung, *die*
abeam [ə'biːm] *adv.* *(Naut.)* querab; dwars; **~ of the ship** dwarsschiffs
abed [ə'bed] *adv.* *(arch.)* im Bett; zu Bett *(veralt.)*
Aberdeen [æbə'diːn] *n.* **~ [Angus]** Angusrind, *das;* **~ [terrier]** Scotchterrier *od.* Schottische Terrier, *der*
Aberdonian [æbə'dəʊnɪən] **1.** *adj.* aus Aberdeen; Aberdeener. **2.** *n.* Aberdeener, *der*/Aberdeenerin, *die*
aberrant [ə'berənt] *adj.* abweichend, *(bes. fachspr.)* anomal ⟨*Verhalten, Exemplar*⟩
aberration [æbə'reɪʃn] *n.* **a)** *(straying, lit. or fig.)* Abweichung, *die; (deviation)* Abweichung, *die;* Anomalie, *die (bes. fachspr.); (lapse, moral slip)* Verirrung, *die;* **mental ~** [*s pl.*] geistige Verirrung; **b)** *(Optics, Astron.)* Aberration, *die*
abet [ə'bet] *v. t.*, **-tt-** *(support)* helfen (+ *Dat.*); unterstützen; **aid and ~:** Beihilfe leisten (+ *Dat.*); **aiding and ~ting [a criminal]** *(Law)* Beihilfe [bei einem Verbrechen]
abeyance [ə'beɪəns] *n.* **a)** *(suspension)* **be in/fall into ~:** außer Kraft sein/ treten; **b)** *(Law)* **be in ~** ⟨*[Adels]titel:*⟩ [vorübergehend] abgeschafft sein
abhor [əb'hɔː(r)] *v. t.*, **-rr-** hassen, *(loathe)* verabscheuen
abhorrence [əb'hɒrəns] *n.* **a)** *no pl. (loathing)* Abneigung, *die* (of gegen); Abscheu, *der* (of vor + *Dat.*); **hold sth. in ~:** einen Ab-

scheu vor etw. *(Dat.)* haben; **b)** *(detested thing)* Greuel, *der*
abhorrent [əb'hɒrənt] *adj. (disgusting)* abscheulich ⟨*Benehmen, Gedanke, Person*⟩; **be ~ to sb.** jmdm. zuwider sein
abide [ə'baɪd] **1.** *v. i.*, **abode** [ə'bəʊd] *or* **~d:** **a)** *usu.* **~d:** **~ by** befolgen ⟨*Gesetz, Regel, Vorschrift*⟩; [ein]halten ⟨*Versprechen*⟩; **b)** *(continue)* fortdauern, fortbestehen; *(remain)* bleiben; verweilen (geh.). **2.** *v. t.* **a)** *(tolerate)* ertragen; **I can't ~ dogs** ich kann Hunde nicht ausstehen; **b)** *(submit to)* hinnehmen ⟨*Urteil, Entscheidung, Kritik*⟩
abiding [ə'baɪdɪŋ] *attrib. adj.* bleibend, beständig ⟨*Liebe*⟩; dauerhaft ⟨*Verbindung, Freundschaft*⟩
ability [ə'bɪlɪtɪ] *n.* **a)** *(capacity)* Können, *das;* Fähigkeit, *die;* **have the ~ to do sth.** etw. können *od.* (geh.) vermögen; **make use of one's ~** *or* **abilities** seine Fähigkeiten einsetzen; **have the ~ to type/do shorthand** maschineschreiben können/Kurzschrift beherrschen *od.* können; **to the best of my ~:** soweit es in meinen Kräften steht; **b)** *no pl. (cleverness)* Intelligenz, *die;* **she is a girl of great ~:** sie ist ein sehr intelligentes Mädchen; **it depends on his ~ at school** es hängt von seinen Leistungen in der Schule ab; **c)** *(talent)* Begabung, *die;* Talent, *der;* Anlagen *Pl.;* **he shows** *or* **has great musical ~:** er ist musikalisch sehr begabt; **she has a natural ~ for teaching** sie hat eine natürliche Begabung zur Lehrerin
abject ['æbdʒekt] *adj.* **a)** *(miserable)* elend; erbärmlich; **in the most ~ poverty** in bitterster Armut; **b)** *(self-abasing, submissive)* unterwürfig
abjectly ['æbdʒektlɪ] *adv.* **a)** *(miserably)* erbärmlich; **b)** *(submissively)* unterwürfig
abjectness ['æbdʒektnɪs] *n.*, *no pl.* **a)** *(misery)* Erbärmlichkeit, *die;* **b)** *(submissiveness)* Unterwürfigkeit, *die*
abjuration [æbdʒʊə'reɪʃn] *n. (of belief, religion)* Abschwören, *das*
abjure [əb'dʒʊə(r)] *v. t.* abschwören (+ *Dat.*) ⟨*Glauben, Religion*⟩; sich lossagen von ⟨*Theorie, Weltanschauung*⟩
ablative ['æblətɪv] *(Ling.)* **1.** *adj.* Ablativ-; **~ case** Ablativ, *der.* **2.** *n.* Ablativ, *der; see also* **absolute c**
ablaut ['æblaʊt] *n. (Ling.)* Ablaut, *der*
ablaze [ə'bleɪz] *pred. adj.* in Flammen; **be ~:** in Flammen stehen; *(fig.)* glühen **(with** vor + *Dat.*); **be ~ with light** hell erleuchtet sein
able ['eɪbl] *adj.* **a)** **be ~ to do sth.** etw. können; **I'd love to come but I don't know if I'll be ~ [to]** ich würde sehr gern kommen, aber ich weiß nicht, ob es mir möglich sein wird; **I think you'd be better/more ~ to do it than I would** ich glaube, Sie sind eher dazu in der Lage als ich; **b)** *(competent)* fähig; tüchtig; *(talented)* begabt; fähig
able-bodied ['eɪblbɒdɪd] *adj.* kräftig; stark; tauglich ⟨*Soldat, Matrose*⟩
able 'rating, able 'seaman *ns.* Vollmatrose, *der*

ablution [ə'bluːʃn] *n., usu. in pl.* **a)** *(ceremony)* Waschung, *die*; Ablution, *die (Rel.)*; *(joc.: washing)* Wäsche, *die*; **perform one's ~s** sich waschen; **b)** *in pl.* sanitäre Anlagen
ably ['eɪblɪ] *adv.* geschickt; gekonnt
abnormal [æb'nɔːml] *adj.* **a)** *(deviant)* abnorm ⟨Gestalt, Größe⟩; a[b]normal ⟨Interesse, Verhalten⟩; **mentally/physically ~**: geistig/physisch anormal *od.* krank; **b)** *(irregular)* ungewöhnlich; a[b]normal
abnormality [æbnɔː'mælɪtɪ] *n.* **a)** *(deviation)* Abnormität, *die*; Anomalie, *die*; **b)** *(irregularity)* Ungewöhnlichkeit, *die*; Regelwidrigkeit, *die*; Abnormität, *die*
abnormally [æb'nɔːməlɪ] *adv.* *(untypically)* ungewöhnlich; abnorm; *(unusually)* ungewöhnlich
Abo ['æbəʊ] *n., pl.* **~s** *(Austral. sl. derog.)* Eingeborene, *der/die*
aboard [ə'bɔːd] **1.** *adv. (on or in ship etc.)* an Bord; **a bus with 30 passengers ~**: ein Bus mit 30 Fahrgästen; **all ~!** alle Mann an Bord!; *(bus, train)* alle[s] einsteigen! **2.** *prep.* an Bord; **~ an ocean liner** an Bord eines Überseedampfers; **~ the bus/train** im Bus/Zug; **~ ship** an Bord
¹**abode** [ə'bəʊd] *n. (formal/joc.: dwelling-place)* Wohnstätte, *die*; Bleibe, *die*; **of no fixed ~**: ohne festen Wohnsitz
²**abode** *see* **abide**
abolish [ə'bɒlɪʃ] *v. t.* abschaffen; abschaffen, aufheben ⟨Gesetz⟩
abolishment [ə'bɒlɪʃmənt] *ns.*, **abolition** [æbə'lɪʃn] *ns.* Abschaffung, *die*; *(of law)* Abschaffung, *die*; Aufhebung, *die*; *(of slavery)* Abschaffung, *die*; Abolition, *die*
abolitionist [æbə'lɪʃənɪst] *n.* Abolitionist, *der*; *attrib.* abolitionistisch
'**A-bomb** *n.* Atombombe, *die*
abominable [ə'bɒmɪnəbl] *adj.* abscheulich; scheußlich; widerwärtig; **the A~ Snowman** der Schneemensch; der Yeti
abominably [ə'bɒmɪnəblɪ] *adv.* abscheulich; scheußlich; widerwärtig
abominate [ə'bɒmɪneɪt] *v. t.* verabscheuen
abomination [əbɒmɪ'neɪʃn] *n.* **a)** *(abhorrence)* Abscheu, *der* ⟨vor + *Dat.*⟩; **b)** *(object of disgust)* Abscheulichkeit, *die*
aboriginal [æbə'rɪdʒɪnl] **1.** *adj.* **a)** einheimisch ⟨Pflanze, Tier, Bevölkerung⟩; **the ~ inhabitants of this region** die Ureinwohner *od.* die Urbevölkerung dieser Region; **b)** *(in Australia)* **A~** **tribes** Aboriginesstämme; **A~ customs** Brauchtum der Aborigines. **2.** *n.* Ureinwohner, *der; (in Australia)* **A~**: [australischer] Ureinwohner
aborigine [æbə'rɪdʒɪnɪ] *n.* Ureinwohner, *der*; Urbewohner, *der; (in Australia)* **A~**: [australischer] Ureinwohner
abort [ə'bɔːt] **1.** *v. i.* **a)** *(Med.)* eine Fehlgeburt haben; abortieren *(Med.)*; **b)** *(fail)* mißlingen; scheitern. **2.** *v. t.* **a)** *(Med.)* **~ a baby** eine Schwangerschaftsunterbrechung durchführen; [ein Baby] abtreiben; **~ a woman** bei einer Frau eine Schwangerschaftsunterbrechung durchführen; **b)** *(fig.: end)* vorzeitig beenden; abbrechen ⟨Projekt, Unternehmen⟩; **c)** *(Aeronaut., Astronaut.)* abbrechen; aufgeben ⟨Rakete⟩
abortion [ə'bɔːʃn] *n.* **a)** *(deliberate)* Schwangerschaftsunterbrechung, *die*; Abtreibung, *die*; **have/get an ~** die Schwangerschaft unterbrechen lassen; **back-street ~**: illegale Abtreibung *(durch Engelmacherin)*; **b)** *(involuntary)* Fehlgeburt, *die*; Abort, *der* *(Med.)*; **c)** *(monstrosity)* Mißgeburt, *die*
abortionist [ə'bɔːʃənɪst] *n.* abtreibender Arzt/abtreibende Ärztin; **back-street ~**: Engelmacherin, *die*/Engelmacher, *der* *(ugs.)*
abortive [ə'bɔːtɪv] *adj.* mißlungen ⟨Plan⟩; fehlgeschlagen ⟨Versuch⟩; **be ~**: ein Fehlschlag sein
abound [ə'baʊnd] *v. i.* **a)** *(be plentiful)* reichlich *od.* in Hülle und Fülle vorhanden sein *od.* dasein; **b)** **~ in sth.** an etw. *(Dat.)* reich sein; **the English language ~s in idioms** die englische Sprache ist reich an Redensarten; **~ with** voll sein von; wimmeln von ⟨Lebewesen⟩

about [ə'baʊt] **1.** *adv.* **a)** *(all around)* rings[her]um; *(here and there)* überall; **all ~** ringsumher; **strewn/littered ~ all over the room** überall im Zimmer verstreut; **there must be some kitchen utensils ~**: irgendwo müssen hier ein paar Küchengeräte herumliegen; **b)** *(near)* **be ~**: dasein; hiersein; **is John ~?** es war niemand da; **c)** **be ~ to do sth.** gerade etw. tun wollen; im Begriff sein, etw. zu tun; *(Amer.: intend)* beabsichtigen, etw. zu tun; **I was just ~ to go shopping when ...** : ich wollte gerade einkaufen gehen, als ...; **d)** *(active)* **be out and ~**: aktiv sein, unternehmen; **be up and ~**: aufsein *(ugs.)*; **e)** *(approximately)* ungefähr; **[at] ~ 5 p.m.** ungefähr um 17 Uhr; **Here I am!** - **And ~ time too!** *(coll.)* Hier bin ich. - Langsam wird es auch Zeit!; **it's ~ time somebody told him a thing or two** *(coll.)* langsam wird es Zeit, daß ihm mal jemand die Meinung sagt; **I've had [just] ~ enough of this** *(coll.)* ich habe [endgültig] genug *od.* *(salopp)* die Nase voll davon; **f)** *(round)* herum; rum *(ugs.)*; **the battery is the wrong way ~**: die Batterie ist falsch [herum] eingebaut; **~ turn!**, *(Amer.)* **~ face!** *(Mil.)* kehrt!; *see also* **about-turn; g)** *(in rotation)* **[week and] week ~**: in wöchentlichem Wechsel; **[turn and] turn ~**: abwechselnd; **we take turn ~ at [the] cooking** wir wechseln uns mit dem Kochen ab. *See also* **bring about; come about; go about 1; set about. 2.** *prep.* **a)** *(all around)* um [... herum]; **there was litter lying ~ the park/streets** überall im Park/auf den Straßen lag der Abfall herum; **walk ~ the garden** im Garten herumgehen; **man ~ town** *see* **town a; b)** *(with)* **have sth. ~ one** etw. [bei sich] haben; **have you got a match ~ you?** hast du vielleicht ein Streichholz?; *see also* ¹**wit b; c)** *(concerning)* **a talk ~ argument/a question ~ sth.** ein Gespräch über etw. *(Akk.)*/Streit wegen etw./eine Frage zu etw.; **talk/laugh ~ sth.** über etw. *(Akk.)* sprechen/lachen; **cry ~ sth.** wegen etw. weinen; **know ~ sth.** von etw. wissen; **what was it ~?** worum ging es?; **what is/was all that ~?** worum ging/geht es denn?; *see also* ¹**do 1b; what 5a; d)** *(occupied with)* **be ~ sb.'s business** für jmdn. arbeiten *od.* tätig sein; **what are you/is he ~?** was hast du/hat er vor?; was führst du/führt er im Schilde?; **mind what you're ~**: paß auf!; sieh dich vor!; sei vorsichtig!; **be quick/brief ~ it** beeil dich!; *(in speaking)* fasse dich kurz!; **while you're ~ it** da Sie gerade dabei sind. *See also* **go about 2**

about-'face, about-'turn 1. *ns.* *(lit. or fig.)* Kehrtwendung, *die*. **2.** *vs. i.* kehrtmachen; **~!** kehrt!

above [ə'bʌv] **1.** *adv.* **a)** *(position)* oben; oberhalb; *(higher up)* darüber; *(on top)* oben; *(upstairs)* weiter oben; **up ~**: oben, droben *(bes. südd.)*; **from ~**: von oben [herab]; **~ right** rechts oben; oben rechts; **b)** *(direction)* nach oben; hinauf; *(upstream)* stromauf[wärts]; **c)** *(earlier in text)* weiter oben; **see ~, p. 123** siehe oben, S. 123; **d)** *(upstairs)* *(position)* oben; *(direction)* nach oben; **the flat/floor ~**: die Wohnung/das Stockwerk *od.* die Etage darüber *od.* über uns/ihnen *usw.*; **on the floor ~**: eine Etage höher; **e)** *(in heaven)* [droben] im Himmel; **from ~**: vom Himmel [herab *od.* hoch]. **2.** *prep.* **a)** *(position)* über (+ *Dat.*); *(upstream from)* oberhalb (+ *Gen.*); **my brother is head and shoulders ~ me** mein Bruder ist zwei Köpfe höher als ich; *(fig.)* mein Bruder ist mir haushoch überlegen; **~ the general noise was heard ...** : durch den allgemeinen Lärm hindurch konnte man ... hören; **~ oneself** *(in high spirits)* übermütig; aufgekratzt *(ugs.)*; *(conceited)* größenwahnsinnig *(ugs.)*; *(the English language ~ in idioms)* *see also* **average 1 a**; ¹**ground 1 a, b; head 1 b; par a, d; b)** *(direction)* über (+ *Akk.*); **the sun rose ~ the horizon** am Horizont ging die Sonne auf; **c)** *(more than)* über (+ *Akk.*); **will anyone go ~ £2,000?** bietet jemand mehr als 2000 Pfund?; **he valued honour ~ life** er stellte die Ehre über das Leben; **be ~ criticism/suspicion/reproach** über jede Kritik/jeden Verdacht/allen Vorwurf erhaben sein; **that's ~ me** das ist mir zu hoch *(ugs.)*; **you ought to be ~ all that at your age** du solltest in deinem Alter über so etwas stehen *(ugs.)*; **~ all [else]** vor allem, insbesondere; *see also* **over 1 g; station 1 d; d)** *(ranking higher than)* über (+ *Dat.*); **she's in the class ~ me** sie ist eine Klasse über mir *od.* höher als ich. **3.** *adj.* *(earlier)* obig ⟨Erklärung, Aufzählung, Ziffern⟩; *(~-mentioned)* obengenannt. **4.** *n.* **the ~** das Obige; *(person[s])* der/die Obengenannte/die Obengenannten
above-mentioned [ə'bʌvmenʃnd], **above-named** [ə'bʌvneɪmd] *adjs.* obengenannt; obenerwähnt
abracadabra [æbrəkə'dæbrə] *n.* Abrakadabra, *das*; Hokuspokus, *der*
abrade [ə'breɪd] *v. t. (scrape off)* abschaben; abschürfen ⟨Haut⟩
abrasion [ə'breɪʒn] *n.* **a)** *(Med.)* Abschürfung, *die*; **b)** *(graze)* Hautabschürfung, *die*
abrasive [ə'breɪsɪv] **1.** *adj.* **a)** scheuernd; Scheuer-; *(scratchy)* kratzig; **b)** *(fig.: harsh)* aggressiv; herausfordernd ⟨Ton⟩; **an ~ remark** eine barsche Bemerkung. **2.** *n.* Scheuermittel, *das*; Schleifmittel, *das (Technik)*
abreast [ə'brest] *adv.* **a)** nebeneinander; Seite an Seite; **walk/ride three ~**: zu dritt nebeneinander gehen/fahren; **b)** *(fig.)* **keep ~ of** *or* **with sth.** sich über etw. *(Akk.)* auf dem laufenden halten
abridge [ə'brɪdʒ] *v. t.* **a)** *(condense)* kürzen; **b)** *(curtail)* einschränken; beschneiden ⟨Rechte, Freiheiten, Privilegien⟩
abridg[e]ment [ə'brɪdʒmənt] *n.* **a)** *(shortening)* Kürzung, *die*; **b)** *(summary) (of text)* Kurzfassung, *die*; *(of book)* Epitome, *die (Literatur)*
abroad [ə'brɔːd] *adv.* **a)** *(overseas)* im Ausland; *(direction)* ins Ausland; **have you ever been ~?** waren Sie schon mal im Ausland?; **are you going ~?** fahren Sie ins Ausland?; **from ~**: aus dem Ausland; **b)** *(widely)* in alle Richtungen; **the news was spread that ...**: überall verbreitete sich die Nachricht, daß ...; **c)** *(at large)* **there is a rumour ~ that ...**: es geht ein Gerücht um, daß ...
abrogate ['æbrəgeɪt] *v. t.* annullieren ⟨Vertrag⟩; aufheben, außer Kraft setzen ⟨Gesetz, Vorschrift⟩
abrogation [æbrə'geɪʃn] *n., no pl.* **see abrogate**: Annullierung, *die*; Aufhebung, *die*; Außerkraftsetzung, *die*
abrupt [ə'brʌpt] *adj.* **a)** *(sudden)* abrupt, plötzlich ⟨Ende, Abreise, Wechsel⟩; **come to an ~ halt** ⟨Fahrzeug⟩ plötzlich zum abrupt anhalten; **b)** *(disconnected)* zusammenhanglos ⟨Schriftstil⟩; *(c) (brusque)* schroff, barsch ⟨Art, Ton⟩; *(steep)* jäh, steil ⟨Abhang⟩; stark ⟨Gefälle⟩; *(fig.)* plötzlich ⟨Zunahme, Abnahme, Anstieg, Rückgang⟩
abruptly [ə'brʌptlɪ] *adv.* **a)** *(suddenly)* abrupt; plötzlich; **b)** *(disconnectedly)* zusammenhanglos; unzusammenhängend; **c)** *(brusquely)* schroff; barsch; **d)** *(steeply)* jäh; steil; *(fig.)* plötzlich ⟨zunehmen, abnehmen⟩
abruptness [ə'brʌptnɪs] *n., no pl.* **~ rupt: a)** Plötzlichkeit, *die*; **b)** Zusammenhangslosigkeit, *die*; **c)** Schroffheit, *die*; Barschheit, *die*; **d)** Steilheit, *die*; Jähe, *die (veralt.)*; *(fig.)* Plötzlichkeit, *die*

ABS *abbr.* anti-lock brake *or* braking system ABS

abscess ['æbsɪs] *n. (Med.)* Abszeß, *der*

abscond [əb'skɒnd] *v. i.* a) *(depart)* sich entfernen; [heimlich] verschwinden *(ugs.)*; b) *(flee)* flüchten; fliehen

abseil ['æbseɪl, 'æbzaɪl] *(Mount.)* **1.** *v. i.* abseilen. **2.** *n.* Abseilen, *das*

absence ['æbsəns] *n.* a) Abwesenheit, *die; (from work)* Fernbleiben, *das;* **his ~s from school** sein Fehlen in der Schule; **how long was your ~ from home?** wie lange waren Sie von zu Hause fort?; ~ **makes the heart grow fonder** Abwesenheit stärkt die Zuneigung; *see also* ¹**leave b**; b) *(lack)* **the ~ of sth.** der Mangel an etw. *(Dat.)*; das Fehlen von etw.; **in the ~ of concrete evidence** mangels konkreter Beweise; c) ~ [**of mind**] Geistesabwesenheit, *die;* Zerstreutheit, *die*

absent **1.** ['æbsənt] *adj.* a) abwesend; **be ~:** nicht dasein; **be ~ from school/work** in der Schule/am Arbeitsplatz fehlen; **for all those ~ from the last meeting** für alle, die beim letzten Treffen nicht anwesend waren; **I'm afraid he's ~ in America at the moment** er ist zur Zeit leider in Amerika; **he's ~ on leave** er ist auf Urlaub; **be ~ without leave** sich unerlaubt entfernt haben; ~ **voter** Briefwähler, *der*/-wählerin, *die;* b) *(lacking)* **be ~:** fehlen; c) *(abstracted)* geistesabwesend; zerstreut. **2.** [əb'sent] *v. refl.* ~ **oneself [from sth.]** [einer Sache *(Dat.)*] fernbleiben

absentee [æbsən'ti:] *n.* Fehlende, *der/die;* Abwesende, *der/die;* **there were a few ~s** ein paar fehlten; ~ **landlord** nicht auf seinem Gut lebender Gutsherr

absenteeism [æbsən'ti:ɪzm] *n., no pl.* [häufiges] Fernbleiben; *(without good reason)* Krankfeiern, *das (ugs.)*

absently ['æbsəntlɪ] *adv.* [geistes]abwesend

absent-minded [æbsənt'maɪndɪd] *adj.* geistesabwesend; *(habitually)* zerstreut

absent-mindedly [æbsənt'maɪndɪdlɪ] *adv.* geistesabwesend

absent-mindedness [æbsənt'maɪndɪdnɪs], **absentness** ['æbsəntnɪs] *ns., no pl.* Geistesabwesenheit, *die;* (*habitual*) Zerstreutheit, *die*

absinth ['æbsɪnθ] *n.* a) *(liqueur)* ~[e] Absinth, *der;* b) *(essence)* Wermutextrakt, *der;* c) *(Bot.)* wormwood) Wermut, *der*

absolute ['æbsəlu:t, 'æbsəlju:t] *adj.* a) *(complete, not relative)* absolut; unumstößlich ⟨*Beweis, Tatsache*⟩; unbestreitbar ⟨*Tatsache*⟩; ausgemacht ⟨*Lüge, Schurkerei, Skandal*⟩; *(unconditional)* fest ⟨*Versprechen*⟩; streng ⟨*Verpflichtung*⟩; ~ **alcohol** reiner Alkohol; *see also* **zero 1 c;** b) *(unrestricted)* absolut ⟨*Monarchie, Herrscher*⟩; uneingeschränkt ⟨*Macht*⟩; unumschränkt ⟨*Herrscher*⟩; ~ **majority** absolute Mehrheit; c) *(Ling.)* absolut; *(uninflected)* ungebeugt; unflektiert; **ablative** ~ Ablativus absolutus, *der;* **accusative/genitive/nominative ~:** absoluter Akkusativ/Genitiv/Nominativ; ~ **construction** absolute Konstruktion; d) *(Philos.)* absolut; **the ~:** das Absolute

absolutely ['æbsəlu:tlɪ, 'æbsəlju:tlɪ] *adv.* a) absolut; strikt ⟨*ablehnen*⟩; völlig ⟨*verrückt*⟩; entschieden ⟨*bestreiten*⟩; ausgesprochen ⟨*kriminell, schlimm, ekelhaft*⟩; **you're ~ right!** du hast völlig recht; b) *(positively)* regelrecht; **I say ~ no** ich sage entschieden nein; ~ **not!** auf keinen Fall!; c) *(unconditionally)* mit absoluter Sicherheit ⟨*behaupten, glauben, beweisen*⟩; strikt ⟨*sich weigern*⟩; d) *(without qualification, independently)* absolut; e) *(Ling.)* absolut; f) [æbsə'lu:tlɪ] *(coll.: yes indeed)* hundertprozentig *(ugs.)*

absolute: ~ **'pitch** *n. (Mus.) (ability)* absolutes Gehör; *(standard)* absolute Tonhöhe; ~ **temperature** *n. (Phys.)* absolute Temperatur

absolution [æbsə'lu:ʃn, æbsə'lju:ʃn] *n.* a) *(release)* Lossprechung, *die* (**from** von); *(forgiveness of wrongdoing)* Vergebung, *die;* b) *(Relig.) (forgiveness)* Vergebung, *die; (release)* Erlaß, *der* (**from** *Gen.*); **the priest pronounced ~:** der Priester erteilte [die] Absolution

absolutism ['æbsəlu:tɪzm, 'æbsəlju:tɪzm] *n., no pl. (Polit.)* Absolutismus, *der*

absolve [əb'zɒlv] *v. t.* a) *(release)* ~ **from** entbinden von ⟨*Pflichten*⟩; vergeben ⟨*Sünde, Verbrechen*⟩; lossprechen von ⟨*Schuld*⟩; *(Relig.)* Absolution erteilen (+ *Dat.*); b) *(acquit)* freisprechen

absorb [əb'sɔ:b, əb'zɔ:b] *v. t.* a) aufsaugen ⟨*Flüssigkeit*⟩; aufnehmen ⟨*Flüssigkeit, Nährstoff, Wärme*⟩; resorbieren *(Med.)*; absorbieren *(fachspr.)*; *(fig.)* in sich aufnehmen ⟨*Wissen*⟩; ~ **a price increase** Mehrkosten auffangen; b) *(reduce in strength)* absorbieren; abfangen ⟨*Schlag, Stoß*⟩; c) *(incorporate)* absorbieren ⟨*Chemikalie*⟩; eingliedern, integrieren ⟨*Abteilung, Gemeinde*⟩; inkorporieren *(Rechtsw.)* ⟨*Gemeinde*⟩; **be ~ed by** *or* **into the crowd** von der Menge verschluckt werden; d) *(consume)* aufzehren ⟨*Kraft, Zeit, Vermögen*⟩; aufnehmen ⟨*Importe, Arbeitskräfte*⟩; e) *(engross)* ausfüllen ⟨*Person, Interesse, Gedanken*⟩

absorbed [əb'sɔ:bd, əb'zɔ:bd] *adj.* versunken; **be/get ~ in sth.** in etw. *(Akk.)* vertieft sein/sich in etw. *(Akk.)* vertiefen; **be/get ~ in sb.** von jmdm. gefangengenommen sein/werden; **he's totally ~ in his passion/work** er geht völlig in seiner Leidenschaft/Arbeit auf; **be/get ~ by sth./sb.** von etw./jmdm. [völlig] in Anspruch genommen sein/werden

absorbency [əb'sɔ:bənsɪ, əb'zɔ:bənsɪ] *n.* Saugfähigkeit, *die*

absorbent [əb'sɔ:bənt, əb'zɔ:bənt] **1.** *adj.* saugfähig; absorbierend *(fachspr.)*; ~ **cotton** *(Amer.)* Watte, *die.* **2.** *n. (substance)* Absorbens *(Chemie, Med.)*; *(material)* absorbierendes Material

absorbing [əb'sɔ:bɪŋ, əb'zɔ:bɪŋ] *adj.* faszinierend

absorption [əb'sɔ:pʃn, əb'zɔ:pʃn] *n.* a) *(incorporation, physical process)* Absorption, *die* *(fachspr.)*; Resorption, *die (Med.)*; b) *(of department, community)* Integration, *die;* *(of effort)* Aufnahme, *die;* *(of goods)* Abnahme, *die;* c) *(engrossment) (in reading, watching)* Versunkenheit, *die;* **their ~ in each other** ihr vollkommenes Aufgehen ineinander

abstain [əb'steɪn] *v. i.* a) enthaltsam sein; ~ **from sth.** sich einer Sache *(Gen.)* enthalten; b) ~ [**from voting**] sich der Stimme enthalten

abstainer [əb'steɪnə(r)] *n.* a) Antialkoholiker, *der;* Abstinenzler, *der;* b) *(in vote)* **an ~:** jmd., der sich der Stimme enthält

abstemious [əb'sti:mɪəs] *adj.*, **abstemiously** [əb'sti:mɪəslɪ] *adv.* enthaltsam

abstemiousness [əb'sti:mɪəsnɪs] *n., no pl.* Enthaltsamkeit, *die*

abstention [əb'stenʃn] *n.* a) Enthaltung, *die;* ~ **from sex** sexuelle Enthaltsamkeit; b) ~ **from the vote/from voting** Stimmenthaltung, *die;* **how many ~s were there?** wie viele Personen enthielten sich der Stimme?

abstinence ['æbstɪnəns] *n. (abstaining)* Abstinenz, *die;* **total ~:** völlige Abstinenz; b) *(moderation)* Entsagung, *die*

abstinent ['æbstɪnənt] *adj.* abstinent

abstract **1.** ['æbstrækt] *adj.* abstrakt; ~ **noun** *(Ling.)* Abstraktum, *das;* ~ **das Abstrakte; in the ~:** abstrakt; ~ **expressionism** *or* **action painting.** **2.** *n.* a) *(summary)* Zusammenfassung, *die;* ~ **Abstract**, *das* *(fachspr.); (of book)* Inhaltsangabe, *die;* b) *(idea)* Abstraktum, *das;* c) *(Art)* abstraktes [Kunst]werk. **3.** [æb'strækt] *v. t.* a) *(remove)* wegnehmen; *(euphem.: steal)* entwenden, *(ugs.)* stibitzen (**from** aus); b) *(summarize)* zusammenfassen ⟨*Bericht, Referat*⟩

abstracted [æb'stræktɪd] *adj.*, **abstractedly** [æb'stræktɪdlɪ] *adv.* [geistes]abwesend

abstraction [æb'strækʃn] *n.* a) *(removal)* Entnahme, *die;* *(euphem.: stealing)* Entwendung, *die;* b) *no pl. (absence of mind)* Geistesabwesenheit, *die;* Zerstreutheit, *die;* c) *(idea)* Abstraktion, *die;* **he talks in ~s** er spricht in abstrakten Begriffen

abstractly ['æbstræktlɪ] *adv.* abstrakt

abstractness ['æbstræktnɪs] *n., no pl.* Abstraktheit, *die*

abstractor [æb'stræktə(r)] *n.* Verfasser[in] von Abstracts

abstruse [æb'stru:s] *adj.*, **abstrusely** [æb'stru:slɪ] *adv.* abstrus

abstruseness [æb'stru:snɪs] *n., no pl.* Abstrusität, *die*

absurd [əb'sɜ:d] *adj.* absurd; *(ridiculous)* lächerlich; **the theatre of the ~:** das absurde Theater

absurdity [əb'sɜ:dɪtɪ] *n.* Absurdität, *die*

absurdly [əb'sɜ:dlɪ] *adv.* lächerlich; **he is ~ afraid of ...:** er hat eine krankhafte Angst vor (+ *Dat.*) ...

abundance [ə'bʌndəns] *n.* a) **[an] ~ of sth.** eine Fülle von etw.; **an ~ of love/energy** ein Übermaß an Liebe/Energie *(Dat.)*; **in ~:** in Hülle und Fülle; b) *(profusion)* Überfluß, *der;* c) *(wealth)* Reichtum, *der*

abundant [ə'bʌndənt] *adj.* reich ⟨*Auswahl*⟩; übergroß ⟨*Interesse, Begeisterung*⟩; **an ~ supply of fish/fruit** Fisch/Obst im Überfluß; ~ **proof/reason** mehr als genug Beweise/Gründe; **be ~ in** reich an (+ *Dat.*) sein; ~ **in** reich an (+ *Dat.*)

abundantly [ə'bʌndəntlɪ] *adv.* überreichlich; **I made it ~ clear that ...:** ich habe es überdeutlich zum Ausdruck gebracht, daß ...

abuse **1.** [ə'bju:z] *v. t.* a) *(misuse)* mißbrauchen ⟨*Macht, Recht, Autorität, Vertrauen*⟩; *(maltreat)* peinigen, quälen ⟨*Tier*⟩; schaden (+ *Dat.*) ⟨*Motor*⟩; **sexually ~:** sexuell mißbrauchen; b) *(insult)* beschimpfen. **2.** [ə'bju:s] *n.* a) *(misuse)* Mißbrauch, *der;* b) *(unjust or corrupt practice)* Mißstand, *der;* c) *(insults)* Beschimpfungen *Pl.;* **a term of ~:** ein Schimpfwort

abusive [ə'bju:sɪv] *adj.* beleidigend; ~ **language** Beleidigungen; Beschimpfungen; **become** *or* **get ~:** ausfallend werden

abut [ə'bʌt] **1.** *v. i.,* **-tt-** a) *(border)* ~ **on** grenzen an (+ *Akk.*); b) *(end)* ~ **on/against** stoßen *od.* angrenzen an (+ *Akk.*); *(rest)* ~ **on** ruhen auf (+ *Dat.*). **2.** *v. t.* a) *(border on)* angrenzen an (+ *Akk.*); b) *(end on)* anstoßen an (+ *Akk.*)

abutment [ə'bʌtmənt] *n.* Widerlager, *das*

abysmal [ə'bɪzml] *adj.* a) *(bottomless)* unergründlich ⟨*Tiefe*⟩; *(fig.)* grenzenlos ⟨*Unwissenheit*⟩; b) *(coll.: bad)* katastrophal *(ugs.)*

abyss [ə'bɪs] *n. (lit. or fig.)* Abgrund, *der;* **the ~ of space/the sea** die unendliche Tiefe des Weltraums/der See

Abyssinia [æbɪ'sɪnɪə] *pr. n. (Hist.)* Abessinien *(das)*

AC *abbr. (Electr.)* **alternating current** Ws

a/c *abbr.* account

acacia [ə'keɪʃə] *n. (Bot.)* Akazie, *die;* [**false**] ~: Robinie, *die*

academe ['ækədi:m] *n. (literary)* Akademie, *die;* *(university)* Alma mater, *die;* **the grove[s] of A~:** die akademischen Gefilde

academic [ækə'demɪk] **1.** *adj.* a) *(scholarly)* akademisch; wissenschaftlich ⟨*Fach, Studium*⟩; **an ~ person/thinker** ein Theoretiker; **he's better on the ~ side** das Theoretische liegt ihm mehr; b) *(of university etc.)* akademisch; ~ **year** Universitätsjahr, *das;* c) *(abstract, formal)* akademisch. **2.** *n.* Wissenschaftler, *der*/Wissenschaftlerin, *die;* *(scholar)* Gelehrte, *der/die*

academical [ækə'demɪkl] 1. *adj.* akademisch. 2. *n. in pl.* akademische Tracht
academically [ækə'demɪkəlɪ] *adv.* a) *(intellectually)* wissenschaftlich; **be ~ very able** große intellektuelle Fähigkeiten haben; b) *(educationally)* ~ **[speaking]** was die akademische Ausbildung betrifft
academician [əkædə'mɪʃn] *n.* Akademiemitglied, *das*
academy [ə'kædəmɪ] *n.* a) *(society)* Akademie, *die;* **Royal A~ [of Arts]** Akademie der Künste in Großbritannien; b) *(school)* höhere Bildungsanstalt; *(college)* Akademie, *die*
acanthus [ə'kænθəs] *n.* (*Bot.*) Akanthus, *der;* Bärenklau, *die od.* der
ACAS ['eɪkæs] *abbr.* (*Brit.*) Advisory Conciliation and Arbitration Service *staatliche Schlichtungsstelle*
accede [æk'siːd] *v. i.* a) *(assent)* zustimmen (**to** Dat.); b) beitreten (**to** Dat.) ⟨*Abkommen, Bündnis*⟩; antreten ⟨*Amt*⟩; ~ **[to the throne]** den Thron besteigen
accelerate [ək'seləreɪt] 1. *v. t.* beschleunigen; erhöhen ⟨*Geschwindigkeit, Notwendigkeit*⟩. 2. *v. i.* sich beschleunigen; ⟨*Auto[fahrer], Läufer:*⟩ beschleunigen; ⟨*Auto[fahrer]:*⟩ Gas geben *(ugs.)*
acceleration [əkselə'reɪʃn] *n.* Beschleunigung, *die;* **the ~ of economic growth** das verstärkte wirtschaftliche Wachstum
accelerator [ək'seləreɪtə(r)] *n.* a) *(Motor Veh.)* ~ **[pedal]** Gas[pedal], *das;* b) *(Phys.)* Beschleuniger, *der*
accent 1. ['æksənt] *n.* a) *(prominence by stress)* Akzent, *der;* (*mark*) Akzent, *der;* Akzentzeichen, *das;* b) *(pronunciation)* Akzent, *der;* (*note in sb.'s voice*) Unterton, *der;* c) *in pl.* (*speech*) Ton[fall], *der;* d) *(Mus.)* Akzent, *der;* e) *(rhythmical stress)* Betonung, *die;* f) *(emphasis)* Akzent, *der;* **the ~ is on ...:** der Akzent liegt auf (+ Dat.) ...; g) *(distinctive character)* Gepräge, *das;* h) *(contrasting colour)* [Farb]akzent, *der.* 2. [æk'sent] *v. t.* (*stress, lit. or fig.*) betonen; *(mark)* mit Akzent[en] versehen
accentual [ək'sentjʊəl] *adj.* akzentuierend
accentuate [ək'sentjʊeɪt] *v. t.* betonen; vertiefen ⟨*Eindruck, Erinnerung, Feindschaft*⟩; verstärken ⟨*Schmerz, Kummer*⟩
accentuation [əksentjʊ'eɪʃn] *n.* Betonung, *die*
accept [ək'sept] *v. t.* a) *(be willing to receive)* annehmen; aufnehmen ⟨*Mitglied*⟩; *(take formally)* entgegennehmen ⟨*Dank, Spende, Auszeichnung*⟩; übernehmen ⟨*Verantwortung, Aufgabe*⟩; *(agree to)* annehmen ⟨*Vorschlag, Plan, Heiratsantrag, Einladung*⟩; ~ **sb. for a job/school** jmdm. eine Einstellungszusage geben/jmdn. in eine Schule aufnehmen; ~ **sb. for a course** jmdn. in einen Lehrgang aufnehmen; ~ **sb. on to the staff** jmdn. in die Belegschaft aufnehmen; ~ **sb. into the Church/the family** jmdn. in die Kirche/in die Familie aufnehmen; **get sth. ~ed** dafür sorgen, daß etw. angenommen wird; ~ **sth. for publication** etw. zur Veröffentlichung annehmen; b) *(approve)* akzeptieren; **he is ~ed in the best circles** er ist in den besten Kreisen eingeführt; ~ **sb. as a member of the group** jmdn. als Mitglied der Gruppe anerkennen; c) *(acknowledge)* akzeptieren; **it is ~ed that ...:** es ist unbestritten, daß ...; **an ~ed opinion** eine anerkannte Tatsache; **an ~ed fact** eine verbreitete Ansicht; ~ **sb. for what he is** jmdn. so nehmen, wie er ist; d) *(believe)* ~ **sth. [from sb.]** [jmdm.] etw. glauben; e) *(heed)* beherzigen ⟨*Rat, Warnung*⟩; f) *(tolerate)* hinnehmen; **you'll just have to ~ us as we are** du mußt uns nun einmal nehmen, wie wir sind; ~ **losing a job** sich mit einer Kündigung abfinden; **he won't ~ that** er wird das nicht ohne weiteres hinnehmen; g) *(Commerc.)* annehmen ⟨*Scheck*⟩
acceptability [əksepta'bɪlɪtɪ] *n., no pl.* Annehmbarkeit, *die;* *(of salary, price, risk)* Angemessenheit, *die;* *(agreeableness)* Annehmlichkeit, *die*
acceptable [ək'septəbl] *adj.* a) *(suitable, reasonable)* akzeptabel; **damaged banknotes are not ~:** beschädigte Banknoten können nicht angenommen werden; b) *(agreeable)* annehmbar ⟨*Preis, Gehalt*⟩; angenehm ⟨*Person*⟩; **would the salary be ~ to you?** wäre das Gehalt annehmbar für Sie?
acceptably [ək'septəblɪ] *adv.* a) *(suitably, agreeably)* angenehm ⟨*nahe, wenig*⟩; **be ~ priced** nicht zu teuer sein; b) *(reasonably)* vernünftig; **she sings ~ well** sie singt ganz akzeptabel; c) *(adequately, tolerably)* hinreichend
acceptance [ək'septəns] *n.* a) *(willing receipt)* Annahme, *die;* *(of gift, offer)* Annahme, *die;* Entgegennahme, *die;* *(of duty, responsibility)* Übernahme, *die;* *(in answer)* Zusage, *die;* *(welcome)* Aufnahme, *die;* *(agreement)* Zustimmung, *die* (**of** zu); **[letter of]** ~: schriftliche Zusage, *die;* **she gave her ~ to his proposal of marriage** sie gab ihm ihr Jawort; b) *no pl.* *(approval)* Billigung, *die;* c) *no pl.* *(acknowledgement)* Anerkennung, *die;* *(of excuse, explanation)* Annahme, *die;* **that fact has gained general ~:** diese Tatsache wird allgemein anerkannt; d) *no pl.* *(heeding)* Beachtung, *die;* e) *no pl.* *(toleration)* *(of a fact)* Hinnahme, *die;* *(of behaviour)* Duldung, *die;* f) *(Commerc.:* [engagement to honour] bill *etc.)* Akzept, *das*
access ['ækses] *n.* a) *no pl., no art.* *(entering)* Zutritt, *der* (**to** zu); *(by vehicles)* Einfahren, *das* (**into** in + Akk.); **this doorway is the only means of ~:** diese Tür ist der einzige Zugang; **'no entry except for ~'** „Anlieger[verkehr] frei"; b) *(admission)* **gain** *or* **obtain** *or* **get ~:** Einlaß finden; c) *no pl.* *(opportunity to use or approach)* Zugang, *der* (**to** zu); d) *(accessibility)* **easy/difficult of ~:** leicht/schwer zugänglich; e) *(way [in])* Zugang, *der;* *(road)* Zufahrt, *die;* *(door)* Eingang, *der*
accessary [ək'sesərɪ] 1. *n. see* **accessory** 2 d. 2. *adj.* beteiligt (**to** an + Dat.)
accessibility [əksesɪ'bɪlɪtɪ] *n., no pl.* a) *(reachability)* **the easy ~ of the beach** der leichte Zugang zum Strand; b) *(approachability, availability, understandability)* Zugänglichkeit, *die*
accessible [ək'sesɪbl] *adj.* a) *(reachable)* **[more]** ~ **[to sb.]** [besser] erreichbar [für jmdn.]; b) *(available, open, understandable)* zugänglich (**to** Dat.)
accession [ək'seʃn] *n.* a) Amtsantritt, *der;* *(to position, estate)* Übernahme, *die* (**to** Gen.); ~ **to the throne** Thronbesteigung, *die;* b) *(being added)* Zugang, *der;* c) *(thing added)* **new ~s to the library** Neuerwerbungen der Bibliothek; d) *(joining)* Beitritt, *der* (**to** zu)
accessory [ək'sesərɪ] 1. *adj.* ~ **[to sth.]** zusätzlich [zu etw.]. 2. *n.* a) *(accompaniment)* Extra, *das;* b) *in pl.* *(attachments)* Zubehör, *das;* **one of the accessories** eines der Zubehörteile; c) *(dress article)* Accessoire, *das;* d) ~ **[to a crime]** Mittäter [bei einem Verbrechen]; ~ **before the fact** Anstifter, *der;* ~ **after the fact** Begünstiger, *der*
'access road *n.* Zufahrtsstraße, *die*
accidence ['æksɪdəns] *n.* (*Ling.*) Formenlehre, *die*
accident ['æksɪdənt] *n.* a) *(unlucky event)* Unfall, *der;* **road** ~: Verkehrsunfall, *der;* **meet with/have an** ~: einen Unfall erleiden/haben; ~ **rate** Unfallziffer, *die;* b) *(chance)* Zufall, *der;* *(unfortunate chance)* Unglücksfall, *der;* **by** ~: zufällig; **by an** *or* **some ~ of fate** durch eine Laune des Schicksals; c) *(mistake)* Versehen, *das;* **by** ~: versehentlich; d) *(mishap)* Mißgeschick, *das;* **chapter of ~s** (*coll.*) Pechsträhne, *die;* **have a chapter of ~s** vom Pech verfolgt sein; ~**s will happen** das kommt schon mal vor
accidental [æksɪ'dentl] 1. *adj.* *(fortuitous)* zufällig; *(unintended)* unbeabsichtigt; ~ **death** Tod durch Unfall. 2. *n.* (*Mus.*) Akzidens, *das (fachspr.);* Vorzeichen, *das*
accidentally [æksɪ'dentəlɪ] *adv.* *(by chance)* zufällig; *(by mistake)* versehentlich
'accident-prone *adj.* ~ **person** Unfäller, *der* (*Psych.*); **be ~:** vom Pech verfolgt sein
acclaim [ə'kleɪm] 1. *v. t.* *(welcome)* feiern; *(hail as)* ~ **sb. king** jmdn. zum König ausrufen. 2. *n., no pl.* a) *(welcome)* Beifall, *der;* b) *(approval)* Anerkennung, *die*
acclamation [æklə'meɪʃn] *n.* a) *no pl.* *(approval of plan or proposal)* Beifall, *der;* b) *no pl.* *(shouting)* Beifallsbekundung, *die usu. in pl.*
acclimatisation, acclimatise *see* **acclimatiz-**
acclimatization [əklaɪmətaɪ'zeɪʃn] *n.* *(lit. or fig.)* Akklimatisation, *die*
acclimatize [ə'klaɪmətaɪz] *v. t.* *(lit. or fig.)* akklimatisieren; ~ **sth./sb. to sth.** etw./jmdn. an etw. (*Akk.*) gewöhnen; ~ **oneself, get** *or* **become ~d** sich akklimatisieren; ~ **oneself** *or* **get** *or* **become ~d to sth.** sich an etw. (*Akk.*) gewöhnen
accolade ['ækəleɪd] *n.* *(gesture)* Akkolade, *die;* *(fig.)* *(praise)* ~**[s]** Lob, *das;* *(approval, acknowledgement)* Anerkennung, *die*
accommodate [ə'kɒmədeɪt] *v. t.* a) *(lodge)* unterbringen; *(hold, have room for)* Platz bieten (+ Dat.); b) *(oblige)* gefällig sein (+ Dat.)
accommodating [ə'kɒmədeɪtɪŋ] *adj.* *(obliging)* zuvorkommend; *(compliant)* entgegenkommend
accommodatingly [ə'kɒmədeɪtɪŋlɪ] *adv.* *(obligingly)* zuvorkommend
accommodation [əkɒmə'deɪʃn] *n.* a) *no pl.* *(lodgings)* Unterkunft, *die;* **can you provide me with [some] ~ for the night?** können Sie uns ein Nachtquartier besorgen?; ~ **is very expensive in Oxford** Wohnungen/Zimmer sind in Oxford sehr teuer; b) *(space)* **there is ~ for 500 people in this auditorium** in diesem Auditorium haben *od.* finden 500 Personen Platz; c) *in pl.* (*Amer.:* lodgings) Unterkunft, *die*
accommo'dation address *n.* Gefälligkeitsadresse, *die*
accompaniment [ə'kʌmpənɪmənt] *n.* a) *(lit. or fig.: also Mus.)* Begleitung, *die;* b) *(thing)* Begleiterscheinung, *die*
accompanist [ə'kʌmpənɪst] *n.* (*Mus.*) Begleiter, *der*/Begleiterin, *die*
accompany [ə'kʌmpənɪ] *v. t.* *(go along with; also Mus.)* begleiten; **the ~ing booklet** die beiliegende Broschüre
accomplice [ə'kʌmplɪs, ə'kɒmplɪs] *n.* Komplize, *der*/Komplizin, *die*
accomplish [ə'kʌmplɪʃ, ə'kɒmplɪʃ] *v. t.* *(perform)* vollbringen ⟨*Tat*⟩; erfüllen ⟨*Aufgabe*⟩; *(complete)* vollenden ⟨*Kunstwerk, Bauwerk*⟩; *(achieve)* erreichen; verwirklichen ⟨*Ziel, Wunsch*⟩
accomplished [ə'kʌmplɪʃt, ə'kɒmplɪʃt] *adj.* fähig; **he is an ~ speaker/dancer** er ist ein erfahrener Redner/vollendeter Tänzer
accomplishment [ə'kʌmplɪʃmənt, ə'kɒmplɪʃmənt] *n.* a) *no pl.* *(completion)* Vollendung, *die;* *(of deed)* Ausführung, *die;* *(of task)* Erfüllung, *die;* *(of aim)* Verwirklichung, *die;* *(achievement)* Leistung, *die;* *(skill)* Fähigkeit, *die*
accord [ə'kɔːd] 1. *v. i.* ~ **with sth.** [mit etw.] übereinstimmen. 2. *v. t.* *(formal: grant)* ~ **sb. sth.** jmdm. etw. gewähren. 3. *n.* a) *(volition)* **of one's own ~:** aus eigenem Antrieb; von selbst; **of its own ~:** von selbst; b) *(harmonious agreement)* Übereinstimmung, *die;* **with ~:** geschlossen; c) *(harmony)* Harmonie, *die;* **be in ~ with** harmonieren mit; d) *(treaty)* Übereinkunft, *die*

accordance [əˈkɔːdəns] *n.* in ~ with in Übereinstimmung mit; gemäß (+ *Dat.*)
according [əˈkɔːdɪŋ] *adv.* **a)** ~ as *(depending on how)* je nachdem wie; *(depending on whether)* je nachdem ob; **b)** ~ to nach; **act** ~ **to the rules** sich an die Regeln halten; ~ **to how** je nachdem wie; ~ **to him** *(opinion)* seiner Meinung nach; *(account)* nach seiner Aussage; ~ **to circumstances/the season** den Umständen/der Jahreszeit entsprechend
accordingly [əˈkɔːdɪŋlɪ] *adv. (as appropriate)* entsprechend; *(therefore)* folglich
accordion [əˈkɔːdɪən] *n.* Akkordeon, *das;* ~ **pleats** Plisseefalten
accost [əˈkɔst] *v.t.* ansprechen
account [əˈkaʊnt] **1.** *v.t. (consider)* halten für; ansehen als. **2.** *n.* **a)** *(Finance) (reckoning)* Rechnung, *die; (statement)* Auflistung, *die;* Aufstellung, *die; (invoice)* Rechnung, *die; (Finance)* Rechnungseinheit, *die;* ~ **rendered** see render e; **keep** ~**s/the** ~**s** Buch/die Bücher führen; **settle** *or* **square** ~ **with sb.** *(lit. or fig.)* mit jmdm. abrechnen; **on** ~: auf Rechnung; a conto; **on one's [own]** ~: auf eigene Rechnung; auf eigenes Risiko; *(fig.)* von sich aus; **don't change your plans on my** ~: ändert nicht meinetwegen eure Pläne; **on** ~ **of** wegen; **on no** ~**, not on any** ~: auf [gar] keinen Fall; **b)** *(at bank, shop)* Konto, *das;* **an** ~ **with** *or* **at a bank** ein Konto bei einer Bank; **pay sth. into one's** ~: etw. auf sein Konto einzahlen; **draw sth. out of one's** ~: etw. von seinem Konto abheben; **on** ~: auf Rechnung; **joint** ~: gemeinsames Konto, Gemeinschaftskonto, *das; see also* **close 3 b; credit 2 c; credit account; deposit account; open 3 c; savings account; c)** *(statement of facts)* Rechenschaft, *die;* **give** *or* **render an** ~ **for sth.** über etw. *(Akk.)* Rechenschaft ablegen; **call sb. to** ~: jmdn. zur Rechenschaft ziehen; **give a good** ~ **of oneself** seinen Mann stehen; **d)** *(consideration)* **take** ~ **of sth., take sth. into** ~: etw. berücksichtigen; **take no** ~ **of sth./sb., leave sth./sb. out of** ~: etw./jmdn. unberücksichtigt lassen *od.* nicht berücksichtigen; **e)** *(importance)* **of some/little/no** ~: von/von geringer/ohne Bedeutung; **f)** *(performance)* Interpretation, *die;* **g)** *(report)* **an** ~ **[of sth.]** ein Bericht [über etw. *(Akk.)*]; **give a full** ~ **of sth.** ausführlich über etw. *(Akk.)* Bericht erstatten; **by** *or* **from all** ~**s** nach allem, was man hört; **h)** *(advantage)* **turn sth. to [good]** ~: aus etw. Nutzen *od.* Vorteil ziehen
~ **for** *v.t.* **a)** *(give reckoning)* Rechenschaft *od.* Rechnung ablegen über (+ *Akk.);* **b)** *(explain)* etw. erklären; **I can't** ~ **for that** ich kann mir das nicht erklären; **c)** *(represent in amount)* ausmachen; ergeben; **d)** *(kill, destroy, capture)* zur Strecke bringen
accountability [əkaʊntəˈbɪlɪtɪ] *n., no pl.* Verantwortlichkeit, *die* **(to** gegenüber)
accountable [əˈkaʊntəbl] *adj.* verantwortlich, *(explicable)* erklärlich; **be** ~ **to sb.** jmdm. Rechenschaft schuldig sein; **be** ~ **for sth.** für etw. verantwortlich sein
accountancy [əˈkaʊntənsɪ] *n., no pl.* Buchhaltung, *die*
accountant [əˈkaʊntənt] *n.* [Bilanz]buchhalter, *der/*[Bilanz]buchhalterin, *die; see also* **chartered accountant**
accounting [əˈkaʊntɪŋ] *n.* **a)** *no pl. (Commerc.)* Buchführung, *die;* **b)** *(explanation)* **there's no** ~ **for it** das ist nicht zu erklären; **there's no** ~ **for taste[s]** über Geschmack läßt sich [nicht] streiten
ac'count number *n.* Kontonummer, *die*
accredit [əˈkredɪt] *v.t.* **a)** *(vouch for)* bestätigen; **b)** *(send as representative)* **be** ~**ed to sb.** bei jmdm. akkreditiert sein
accredited [əˈkredɪtɪd] *adj.* anerkannt ⟨*Schule, Anstalt, Buch, Regierung*⟩; akkreditiert ⟨*Botschafter, diplomatisches Korps*⟩
accretion [əˈkriːʃn] *n.* **a)** *(combination)* Verschmelzung, *die;* **b)** *(growth)* Wachstum, *das; (of power)* Anwachsen, *das*
accrue [əˈkruː] *v.i.* ⟨*Zinsen:*⟩ auflaufen; ~ **to sb.** ⟨*Macht, Ansehen:*⟩ jmdm. zuwachsen; ⟨*Reichtümer, Einnahmen:*⟩ jmdm. zufließen
accrued [əˈkruːd] *adj.* anfallend ⟨*Ausgaben, Gewinne*⟩; aufgelaufen ⟨*Schulden, Zinsen*⟩; entstanden ⟨*Vorteile, Kontakte*⟩
accumulate [əˈkjuːmjʊleɪt] **1.** *v.t. (gather)* sammeln; machen, *(fachspr.)* akkumulieren ⟨*Vermögen*⟩; *(in a pile)* zusammentragen; *(along the way)* einsammeln; *(produce)* einbringen ⟨*Zinsen, Gewinne, Undank, Kritik*⟩ **(for sb.** jmdm.**); it's amazing how much stuff you** ~ **in the space of a year** es ist erstaunlich, wieviel Zeug sich bei einem in einem Jahr so ansammelt. **2.** *v.i.* ⟨*Menge, Staub:*⟩ sich ansammeln; ⟨*Schnee, Geld:*⟩ sich anhäufen; ⟨*Schlamm:*⟩ sich absetzen
accumulation [əkjuːmjʊˈleɪʃn] *n.* [An]sammeln, *das; (being accumulated)* Anhäufung, *die; (growth)* Zuwachs, *der* **(of** an + *Dat.);* *(mass)* Menge, *die*
accumulator [əˈkjuːmjʊleɪtə(r)] *n.* **a)** *(Electr.)* Akkumulator, *der;* Akku, *der (ugs.);* Sammler, *der;* **b)** *(bet)* Kumulativwette, *die*
accuracy [ˈækjʊrəsɪ] *n.* Genauigkeit, *die*
accurate [ˈækjʊrət] *adj.* genau; akkurat *(geh.); (correct)* richtig; getreu ⟨*Wiedergabe*⟩; **the description of the man turned out to be completely** ~: die Beschreibung des Mannes erwies sich als völlig korrekt; **is the clock** ~? geht die Uhr richtig *od.* genau?
accurately [ˈækjərətlɪ] *adv. (precisely)* genau; exakt; *(correctly)* richtig; korrekt; *(faithfully)* getreu; genau; **the landscape is represented** ~: die Landschaft ist naturgetreu dargestellt
accursed, *(arch.)* **accurst** [əˈkɜːst] *adj.* **a)** *(ill-fated)* verflucht; verwünscht; **b)** *(involving misery)* unselig; **c)** *(coll.: detestable)* verflixt *(ugs.);* verdammt *(ugs.)*
accusation [ækjuːˈzeɪʃn] *n.* **a)** *(accusing)* Anschuldigung, *die* **(of** gegen**);** Anklage, *die (Rechtsw.); (being accused)* Beschuldigung, *die;* **b)** *(charge)* Vorwurf, *der;* **make an** ~**/make** ~**s about sb./sth.** eine Anschuldigung/Anschuldigungen gegen jmdn./wegen etw. vorbringen
accusative [əˈkjuːzətɪv] *(Ling.)* **1.** *adj.* Akkusativ-; akkusativisch; ~ **case** Akkusativ, *der.* **2.** *n.* Akkusativ, *der; see also* **absolute c**
accusatory [əˈkjuːzətərɪ] *adj.* anklagend ⟨*Blick, Stimme, Schweigen*⟩
accuse [əˈkjuːz] *v.t. (charge)* beschuldigen; bezichtigen *(geh.); (indict)* anklagen; ~ **sb. of cowardice** jmdm. Feigheit vorwerfen; **what are you accusing me of?** wessen beschuldigt *od.* bezichtigt ihr mich?; was werft ihr mir vor?; **the children were** ~**d of stealing apples** die Kinder wurden beschuldigt, Äpfel gestohlen zu haben; ~ **sb. of theft/murder** jmdn. wegen Diebstahl[s]/Mord[es] anklagen; jmdn. des Diebstahls/Mordes beschuldigen *(geh.);* **the** ~**d** der/die Angeklagte/die Angeklagten
accuser [əˈkjuːzə(r)] *n.* Ankläger, *der/*Anklägerin, *die*
accusing [əˈkjuːzɪŋ] *adj.* anklagend; **point an** ~ **finger at sb.** *(lit. or fig.)* anklagend mit dem Finger auf jmdn. zeigen
accusingly [əˈkjuːzɪŋlɪ] *adv.* anklagend; *(reproachfully)* vorwurfsvoll
accustom [əˈkʌstəm] *v.t.* ~ **sb./sth. to sth.** jmdn./etw. an etw. *(Akk.)* gewöhnen; ~ **sb. to doing sth.** jmdn. daran gewöhnen, etw. zu tun; **grow/be** ~**ed to sth.** sich an etw. *(Akk.)* gewöhnen *od.* an etw. *(Akk.)* gewöhnt sein; **I'm not** ~**ed to being called rude names** ich bin nicht gewohnt, daß man mich beschimpft
accustomed [əˈkʌstəmd] *attrib. adj.* gewohnt; üblich
ace [eɪs] **1.** *n.* **a)** *(Cards, Tennis)* As, *das;* ~ **of trumps/diamonds** Trumpf-/Karoas, *das;* **b)** *(fig.)* **an** ~ **up one's sleeve** ein Trumpf in der Hand; **play one's** ~: seinen Trumpf ausspielen; **c)** *(champion, outstanding person)* As, *das; (pilot)* erfolgreicher Kampfflieger; **d)** *(hair's breadth)* **he was within an** ~ **of doing it/of winning** er hätte es um ein Haar getan/hätte um ein Haar gewonnen. **2.** *adj. (coll.)* klasse *(ugs.);* spitze *(ugs.)*
acerbic [əˈsɜːbɪk] *adj.* scharf ⟨*Worte, Kritik, Zunge*⟩; rauh ⟨*Umgangston, Temperament*⟩
acerbity [əˈsɜːbɪtɪ] *n., no pl. see* **acerbic:** Schärfe, *die;* Rauheit, *die*
acetate [ˈæsɪteɪt] *n. (Chem.)* Acetat, *das;* ~ **fibre/silk** Acetatfaser/-seide, *die*
acetic [əˈsiːtɪk] *adj. (Chem.)* essigsauer; ~ **acid** Essigsäure, *die*
acetone [ˈæsɪtəʊn] *n.* Aceton, *das*
acetylene [əˈsetɪliːn] *n.* Acetylen, *das*
ache [eɪk] **1.** *v.i.* **a)** *(hurt)* schmerzen; weh tun; **whereabouts does your leg** ~? wo tut [dir] das Bein weh?; **I'm aching all over** mir tut alles weh; **her heart** ~**s with love for him** das Herz tut ihr weh vor Liebe; **b)** *(fig.: long) for sb./sth.* sich nach jmdn./etw. verzehren; ~ **to do sth.** darauf brennen, etw. zu tun. **2.** *n.* Schmerz, *der;* ~**s and pains** Wehwehchen, *die*
achievable [əˈtʃiːvəbl] *adj. (accomplishable)* durchführbar; *(attainable)* erreichbar ⟨*Ziel, Standard*⟩
achieve [əˈtʃiːv] *v.t.* zustande bringen; ausführen ⟨*Aufgabe, Plan*⟩; erreichen ⟨*Ziel, Standard, Absicht*⟩; herstellen, herbeiführen ⟨*Frieden, Harmonie*⟩; erzielen ⟨*Rekord, Leistung, Erfolg*⟩; erfüllen ⟨*Zweck*⟩; finden ⟨*Seelenfrieden*⟩; es bringen zu, erlangen ⟨*Berühmtheit, Anerkennung*⟩; erlangen ⟨*gutes Aussehen*⟩; **he** ~**d great things** er hat Großes geleistet; **he's** ~**d what he set out to do** er hat erreicht, was er sich *(Dat.)* vorgenommen hat; **he'll never** ~ **anything [in life]** er wird es [im Leben] nie zu etwas bringen
achievement [əˈtʃiːvmənt] *n.* **a)** *no pl. see* **achieve:** Zustandebringen, *das;* Ausführung, *die;* Erreichen, *das;* Herstellung, *die;* Herbeiführung, *die;* Erzielen, *das;* Erfüllung, *die;* Finden, *das;* Erlangen, *das;* **the task is impossible of** ~: die Aufgabe ist undurchführbar; **for these people** ~ **is measured in terms of money** für diese Leute wird Erfolg am Geld gemessen; **b)** *(thing accomplished)* Leistung, *die;* Errungenschaft, *die*
Achilles [əˈkɪliːz] *pr. n.* Achilles *(der); see also* ¹**heel 1 a; tendon**
achy [ˈeɪkɪ] *adj.* **feel** ~: Schmerzen haben; **I feel** ~ **all over** mir tut alles weh
acid [ˈæsɪd] **1.** *adj.* **a)** *(sour)* sauer; *(fig.: biting)* bissig; **b)** *(Chem., Agric., Geol.)* sauer ⟨*Reaktion, Lösung, Boden, Gesteine*⟩. **2.** *n.* **a)** Säure, *die;* **b)** *(sl.: LSD)* Acid, *das*
acid: ~ **drop** *n. (Brit.)* saures Drops; ~**-head** *n. (sl.)* Säurekopf, *der (salopp);* LSD-Schlucker, *der (salopp)*
acidic [əˈsɪdɪk] *adj.* **a)** *(sour)* säuerlich; *(fig.)* bissig; **b)** *(Chem., Agric., Geol.)* sauer
acidity [əˈsɪdɪtɪ] *n.* Säure, *die;* Acidität, *die (fachspr.);* Säuregrad, *der; (excessive)* Übersäuerung, *die; (fig.)* Bissigkeit, *die*
acidly [ˈæsɪdlɪ] *adv. (fig.)* bissig
acidosis [æsɪˈdəʊsɪs] *n., pl.* **acidoses** [æsɪˈdəʊsiːz] *(Med.)* Acidose, *die*
acid: ~ **rain** *n.* saurer Regen; ~ **test** *n.* Goldprobe, *die; (fig.)* Feuerprobe, *die*
acknowledge [əkˈnɒlɪdʒ] *v.t.* **a)** *(admit)* zugeben, eingestehen ⟨*Tatsache, Notwendigkeit, Fehler, Schuld*⟩; *(accept)* sich bekennen zu ⟨*einer Verantwortung, Pflicht, Schuld*⟩; anerkennen ⟨*Schulden*⟩; *(take notice of)* grüßen ⟨*Person*⟩; *(recognize)* anerkennen ⟨*Autorität, Recht, Forderung, Notwendigkeit*⟩; **an** ~**d expert** ein anerkannter Fachmann; **he won't** ~ **himself beaten** er gibt sich nicht geschlagen; ~ **sb./sth. [as** *or*

acknowledgement

to be] sth. jmdn./etw. als etw. anerkennen; **he was ~d [as] the world's greatest living poet** er galt als der Welt größter lebender Dichter; **~ sb. [as] capable of doing sth.** jmdn. für fähig halten, etw. zu tun; **b)** *(express thanks for)* sich erkenntlich zeigen für ⟨Dienste, Bemühungen, Gastfreundschaft⟩; erwidern ⟨Gruß⟩; **c)** *(confirm receipt of)* bestätigen ⟨Empfang, Bewerbung⟩; **~ a letter** den Empfang eines Briefes bestätigen

acknowledg[e]ment [ək'nɒlɪdʒmənt] *n.* **a)** *(admission of a fact, necessity, error, guilt)* Eingeständnis, *das*; *(acceptance of a responsibility, duty, debt)* Anerkennung, *das* (of zu); *(recognition of authority, right, claim)* Anerkennung, *die*; **b)** *(thanks, appreciation) (of services, friendship)* Dank, *der* (of für); *(of greetings)* Erwiderung, *die*; **a grateful ~ of the services you have rendered to the community** eine dankbare Anerkennung Ihrer Verdienste um die Gemeinschaft; **c)** *(confirmation of receipt)* Bestätigung [des Empfangs/einer Bewerbung]; **letter of ~:** Bestätigungsschreiben, *das*; **d)** *(author's)* Danksagung, *die*; **'~s'** „Dank"

acme ['ækmɪ] *n.* Gipfel, *der;* Höhepunkt, *der*

acne ['æknɪ] *n. (Med.)* Akne, *die*

acolyte ['ækəlaɪt] *n.* **a)** *(Eccl.)* Ministrant, *der;* Meßdiener, *der;* **b)** *(fig.: follower)* Gefolgsmann, *der*

aconite ['ækənaɪt] *n. (Bot.)* Eisenhut, *der;* Sturmhut, *der;* Akonit, *das (fachspr.)*

acorn ['eɪkɔːn] *n.* Eichel, *die*

acoustic [ə'kuːstɪk] *adj.* **a)** akustisch; **b)** *(Mus.)* **~ guitar** Konzertgitarre, *die;* (in pop, folk, etc.) akustische Gitarre

acoustically [ə'kuːstɪkəlɪ] *adv.* akustisch

acoustics [ə'kuːstɪks] *n. pl.* **a)** *(properties)* Akustik, *die;* akustische Verhältnisse *Pl.;* **b)** *constr. as sing. (science)* Akustik, *die*

acquaint [ə'kweɪnt] *v.t.* **~ sb./oneself with sth.** jmdn./sich mit etw. vertraut machen; **be ~ed with sb.** mit jmdm. bekannt sein

acquaintance [ə'kweɪntəns] *n.* **a)** *no pl.* Vertrautheit, *die;* **~ with sb.** Bekanntschaft mit jmdm.; **a passing ~:** eine flüchtige Bekanntschaft machen; jmdn. kennenlernen; **b)** *(person)* Bekannte, *der/die;* *(collectively)* Bekannte *Pl.;* **a wide ~:** ein großer Bekanntenkreis; viele Bekannte

acquiesce [ækwɪ'es] *v.i.* einwilligen (**in** in + *Akk.*); *(under pressure)* sich fügen; **you must not ~ in everything [they say]** du mußt nicht allem zustimmen [,was sie sagen]

acquiescence [ækwɪ'esəns] *n.* **a)** *no pl. (acquiescing)* Einwilligung, *die* (**in** in + *Akk.*); *(state)* Ergebenheit, *die;* **b)** *(assent)* Zustimmung, *die*

acquiescent [ækwɪ'esənt] *adj.* fügsam; ergeben

acquire [ə'kwaɪə(r)] *v.t.* **a)** sich (*Dat.*) anschaffen ⟨Gegenstände⟩; *(gain)* erwerben ⟨Land, Besitz, Wohlstand, Kenntnisse⟩; sammeln ⟨Erfahrungen⟩; ernten ⟨Lob⟩; **b)** *(take on)* annehmen ⟨Tonfall, Farbe, Aussehen, Gewohnheit⟩; **last year the orchestra ~d a new leader** letztes Jahr erhielt das Orchester einen neuen Konzertmeister; **I have ~d a few unwanted pounds** ich habe leider ein paar Pfund[e] zugenommen; **~d characteristics** *(Biol.)* erworbene Eigenschaften; **~ the habit of smoking** sich (*Dat.*) das Rauchen angewöhnen; **~ a taste for sth.** Geschmack an etw. (*Dat.*) gewinnen; **this wine is an ~d taste** an diesen Wein muß man sich erst gewöhnen

acquirement [ə'kwaɪəmənt] *n. see* **acquisition a**

acquisition [ækwɪ'zɪʃn] *n.* **a)** *(of goods, wealth, land)* Erwerb, *der;* *(of knowledge)* Aneignung, *die;* *(of attitude, habit)* Annahme, *die;* *(thing)* Anschaffung, *die*

38

acquisitive [ə'kwɪzɪtɪv] *adj.* raffsüchtig; **~ instinct** Sammeltrieb, *der;* **the ~ society** die nach Besitz strebende Gesellschaft

acquisitiveness [ə'kwɪzɪtɪvnɪs] *n., no pl.* Raffgier, *die*

acquit [ə'kwɪt] *v.t.*, **-tt- a)** *(Law)* freisprechen; **~ sb. of sth.** jmdn. von etw. freisprechen; **he was ~ted on all three charges** er wurde in allen drei Anklagepunkten freigesprochen; **b)** *(discharge)* **~ oneself of** erfüllen ⟨Pflichten⟩; **if you ~ yourself well in the test** wenn du in der Prüfung gut abschneidest

acquittal [ə'kwɪtl] *n.* **a)** *(Law)* Freispruch, *der;* **b)** *(performance)* Erfüllung, *die;* Erledigung, *die*

acre ['eɪkə(r)] *n.* **a)** *(measure)* Acre, *der;* ≈ Morgen, *der;* **b)** *in pl. (land)* Grund und Boden, *der;* **broad ~s** weites Land

acreage ['eɪkərɪdʒ] *n.* **what is the ~ of your estate?** wieviel Land od. wie viele Morgen hat Ihr Gut?; **a farm of small ~:** ein Hof mit kleiner Anbaufläche

acrid ['ækrɪd] *adj.* beißend ⟨Geruch, Dämpfe, Rauch⟩; bitter ⟨Geschmack⟩

acrimonious [ækrɪ'məʊnɪəs] *adj.* bitter; aggressiv ⟨Haltung⟩; bissig ⟨Bemerkung⟩; erbittert ⟨Streit, Diskussion⟩

acrimoniously [ækrɪ'məʊnɪəslɪ] *adv.* bitter; erbittert ⟨angreifen⟩

acrimony ['ækrɪmənɪ] *n., no pl.* Bitterkeit, *die;* *(of attitude)* Aggressivität, *die;* *(of comment, criticism, etc.)* Bissigkeit, *die;* *(of argument, discussion)* Erbitterung, *die*

acrobat ['ækrəbæt] *n. (lit. or fig.)* Akrobat, *der/*Akrobatin, *die;* **a mental/intellectual ~:** ein Geistesakrobat

acrobatic [ækrə'bætɪk] *adj. (lit. or fig.)* akrobatisch

acrobatics [ækrə'bætɪks] *n., no pl.* Akrobatik, *die;* **mental ~:** Gehirnakrobatik, *die*

acronym ['ækrənɪm] *n.* Akronym, *das;* Initialwort, *das*

across [ə'krɒs] **1.** *adv.* **a)** *(to intersect)* [quer] darüber; **b)** *(from one side to the other)* darüber; *(in crossword puzzle)* waagerecht; *(from here to there)* hinüber; **go ~ to the enemy** *(fig.)* zum Feind übergehen; **measure or be 9 miles ~:** 9 Meilen breit sein; **c)** *(on the other side)* drüben; **~ there/ here** [da] drüben/hier drüben; **~ from** gegenüber von; **just ~ from us there is a little shop** bei uns ist gleich gegenüber ein kleiner Laden; **d)** *with verbs (towards speaker)* herüber; *(away from speaker)* hinüber; **swim ~:** herüber-/hinüberschwimmen. **2.** *prep.* **a)** *(crossing)* über (+ *Akk.*); **right ~ the field** quer über das Feld; **a double yellow line ~ an entrance** eine gelbe Doppellinie vor einer Einfahrt; **b)** *(from one side to the other of)* über (+ *Akk.*); **we went ~ the Atlantic** wir überquerten den Atlantik; **protest meetings ~ Canada** Protestversammlungen in ganz Kanada; **the board** pauschal; **an ~-the-board pay rise** eine pauschale od. generelle Lohnerhöhung; **c)** *(on the other side of)* auf der anderen Seite (+ *Gen.*); **~ the ocean/river** jenseits des Meeres/Flusses

acrostic [ə'krɒstɪk] *n.* Akrostichon, *das*

acrylic [ə'krɪlɪk] **1.** *adj.* aus Acryl *nachgestellt;* Acryl-. **2.** *n.* Acryl, *das*

act [ækt] **1.** *n.* **a)** *(deed)* Tat, *die;* *(official action)* Akt, *der;* **an ~ of God** höhere Gewalt; **an ~ of mercy** ein Gnadenakt; **an ~ of kindness** ein Akt der Güte; **an ~ of folly** eine Dummheit; **Acts [of the Apostles]** *(Bibl.) constr. as sing.* Apostelgeschichte, *die;* **b)** *(process)* **be in the ~ of doing sth., be about to do sth.; he was caught in the ~ [of stealing]** er wurde [beim Stehlen] auf frischer Tat ertappt; **they were caught in the [very] ~:** sie wurden in flagranti ertappt; **c)** *(in a play)* Akt, *der;* Aufzug, *der (geh.);* **a five-~ play** ein Drama in fünf Akten; **a one-~ play** ein Einakter; **d)** *(theatre per-*

action

formance) Akt, *der;* Nummer, *die;* *(performer)* Darsteller, *der/*Darstellerin, *die;* **the ~ consisted of four jugglers** die Truppe bestand aus vier Jongleuren; **e)** *(pretence)* Theater, *das;* Schau, *die (ugs.);* **it's all an ~ with her** sie tut nur so; **put on an ~** *(coll.)* eine Schau abziehen *(ugs.);* Theater spielen; **get into the or in on the ~** *(sl.)* in das Geschäft einsteigen; mitmischen *(ugs.);* **f)** *(decree)* Gesetz, *das;* **Act of Parliament** Parlamentsakte, *die.* **2.** *v.t.* **a)** *(perform)* spielen ⟨Stück⟩; **b)** *(play role of)* spielen ⟨Rolle⟩; **he's a famous film producer and really ~s the part** *(fig.)* er ist ein berühmter Filmproduzent und benimmt sich auch so; *see also* ¹**fool 1 b. 3.** *v.i.* **a)** *(perform actions)* handeln; reagieren; **~ upon the instructions you were given** folgen Sie den Anweisungen wie gegeben; **~ [up]on sb.'s advice** jmds. Rat[schlag] *(Dat.)* folgen; **b)** *(behave)* sich verhalten; *(function)* **~ as sb.** als jmd. fungieren *od.* tätig sein; **~ as sth.** als etw. dienen; **c)** *(perform special function)* ⟨Person:⟩ handeln; ⟨Gerät, Ding:⟩ funktionieren; ⟨Substanz, Mittel:⟩ wirken; **~ for** *or* **~ on behalf of sb.** für jmdn. *od.* in jmds. Auftrag tätig werden; jmdn. vertreten; **~ to prevent sth.** ⟨Vorrichtung, Gerät:⟩ zur Verhütung von etw. dienen; **d)** *(perform play etc.; lit. or fig.)* spielen; schauspielern *(ugs.);* **she wants to ~ on stage/in films** sie will zum Theater/ Film; **e)** *(have effect)* **~ on sth.** auf etw. *(Akk.)* wirken *od.* einwirken

~ 'out *v.t.* **a)** vorspielen, nachmachen ⟨Bewegungen, Handlung⟩; **b)** *(Psych.)* abreagieren ⟨Spannung, Arger⟩

~ 'up *v.i. (coll.)* Theater machen *(ugs.);* ⟨Auto, Magen:⟩ Zicken machen *(ugs.),* verrückt spielen *(ugs.);* **the kids have been ~ing up like mad today** die Kinder haben heute total verrückt gespielt *(saloppp)*

acting ['æktɪŋ] **1.** *adj. (temporary)* stellvertretend; *(in charge)* geschäftsführend; amtierend. **2.** *n., no pl. (Theatre etc.)* die Schauspielerei; she's **studying ~:** sie ist auf der Schauspielschule; **an ~ career** eine Karriere als Schauspieler; **she does a lot of ~ in her spare time** sie spielt in ihrer Freizeit viel Theater

action ['ækʃn] *n.* **a)** *(doing sth.)* Handeln, *das;* **what kind of ~ do you think is necessary?** welche Schritte *od.* Maßnahmen halten Sie für notwendig?; **his quick ~ saved the boy's life** sein schnelles Eingreifen rettete dem Jungen das Leben; **a man of ~:** ein Mann der Tat; **take ~:** Schritte *od.* etwas unternehmen; Maßnahmen ergreifen; **see sth. in ~:** etw. in Betrieb sehen; **put a plan into ~:** einen Plan in die Tat umsetzen; **come into ~:** in die Tat umgesetzt werden; **put sth. out of ~:** etw. außer Betrieb setzen; **be/be put out of ~:** außer Betrieb sein/gesetzt werden; **a film full of ~:** ein Film mit viel Handlung; **b)** *(effect)* **the ~ of salt on ice** die Wirkung von Salz auf Eis; **c)** *(act)* Tat, *die;* **your ~ was totally inappropriate in the circumstances** deine Reaktion war unter diesen Umständen ganz und gar unangemessen; **she is impulsive in her ~s** sie handelt sehr impulsiv; **d)** *(Theatre)* Handlung, *die;* Geschehen, *das;* **where the ~ is** *(sl.)* wo was los ist *(ugs.);* **hey, man, where's the ~?** *(sl.)* du, sag mal, wo ist hier was los? *(ugs.);* **get a piece of the ~** *(sl.)* mitmachen; **e)** *(legal process)* [Gerichts]verfahren, *das;* **bring an ~ against sb.** eine Klage *od.* ein Verfahren anstrengen; **f)** *(fighting)* Gefecht, *das;* Kampf, *der;* **he died in ~:** er ist [im Kampf] gefallen; **go into ~:** Kampfhandlungen aufnehmen; **we all went into ~** *(fig.)* wir machten uns alle an die Arbeit; **g)** *(movement)* Bewegung, *die;* *(mechanism)* Mechanismus, *der;* *(of piano, organ)* Mechanik, *die*

actionable ['ækʃənəbl] *adj.* [gerichtlich] verfolgbar *od.* strafbar

action: ~ **committee,** ~ **group** *ns.* [Eltern-/Bürger- *usw.*]initiative, *die;* ~ **painting** *n.* Action-painting, *das;* abstrakter Expressionismus; ~ **'replay** *n.* Wiederholung [in Zeitlupe]; ~ **stations** *n. pl. (Mil.; also fig.)* Stellung, *die;* go to ~ **stations** Stellung beziehen; ~ **stations!** in die Stellungen!

activate ['æktɪveɪt] *v.t.* **a)** in Gang setzen ⟨*Vorrichtung, Mechanismus*⟩; auslösen ⟨*Mechanismus*⟩; ~**d by concern for public morality** getrieben von der Sorge um die öffentliche Moral; **b)** *(Chem., Phys.)* aktivieren; ~**d carbon** *or* **charcoal** Aktivkohle, *die*

activation [æktɪ'veɪʃn] *n.* Aktivierung, *die*

active ['æktɪv] *adj.* **a)** aktiv; wirksam ⟨*Kraft, Mittel*⟩; praktisch ⟨*Gebrauch, Versuch, Kenntnisse*⟩; tätig ⟨*Vulkan*⟩; rege ⟨*Verstand, Gesellschaft*⟩; **a very ~ child** ein sehr lebhaftes Kind; **take an ~ interest in sth.** reges Interesse an etw. *(Dat.)* zeigen; regen Anteil an etw. *(Dat.)* nehmen; **take an ~ part in sth.** sich aktiv an etw. *(Dat.)* beteiligen; **he's still ~ as an author** er arbeitet noch als Schriftsteller; **maintain an ~ knowledge of current affairs** im politischen Tagesgeschehen auf dem laufenden bleiben; ~ **carbon** Aktivkohle, *die;* **on ~ service** *or (Amer.)* **duty** *(Mil.)* im aktiven Dienst; *see also* **'list 1 a; b)** *(Ling.)* aktiv[isch]; ~ **voice** Aktiv, *das;* Tatform, *die*

actively ['æktɪvlɪ] *adv.* aktiv; **be ~ engaged in sth.** intensiv mit etw. beschäftigt sein; **be ~ interested in sth.** ein reges Interesse an etw. *(Dat.)* zeigen

activeness ['æktɪvnɪs] *n., no pl.* Aktivität, *die; (of mind)* Regsamkeit, *die; (of person)* Regheit, *die*

activist ['æktɪvɪst] *n.* Aktivist, *der/*Aktivistin, *die*

activity [æk'tɪvɪtɪ] *n.* **a)** *no pl.* Aktivität, *die;* **military ~:** militärischer Einsatz; ~ **in the field of reform** reformerische Aktivitäten; **b)** *(diligence)* aktive Tätigkeit; rege [Mit]arbeit; **c)** *usu. in pl. (action)* Aktivität, *die; (occupation)* Betätigung, *die;* **she has so many social activities** sie ist gesellschaftlich so aktiv; **classroom activities** schulische Tätigkeiten; **outdoor activities** Betätigung an der frischen Luft; **a new sporting ~:** eine neue Sportart; ~ **holiday** Aktivurlaub, *der;* **some activities offered by the youth centre** einige Veranstaltungen des Jugendzentrums

actor ['æktə(r)] *n.* **a)** Schauspieler, *der;* **b)** *see* **actress**

actress ['æktrɪs] *n.* Schauspielerin, *die*

actual ['æktʃʊəl] *adj.* **a)** *(real)* eigentlich, tatsächlich ⟨*Lage, Gegebenheiten*⟩; wirklich ⟨*Name, Gegenstand*⟩; konkret ⟨*Beispiel*⟩; **what was the ~ time of his arrival?** wann genau ist er angekommen?; **what is the ~ position now?** wie ist eigentlich der Stand der Dinge?; **it's an ~ fact** das ist eine Tatsache *od.* ein Faktum; **in ~ fact** tatsächlich; **no ~ crime was committed** es wurde kein eigentliches Verbrechen begangen; **b)** *(current)* derzeitig; **the ~ situation** der gegenwärtige Stand der Dinge

actuality [æktʃʊ'ælɪtɪ] *n.* **a)** *(reality)* Wirklichkeit, *die;* Realität, *die;* **the ~ of the situation** die reale *od.* wirkliche Lage; **in ~:** in Wirklichkeit; **when her dream became an ~:** als ihr Traum Wirklichkeit wurde; **b)** *(realism)* Aktualität, *die*

actually ['æktʃʊəlɪ] *adv. (in fact)* eigentlich; *(by the way)* übrigens; *(believe it or not)* sogar; ~, **to tell you the truth ...:** also, um die Wahrheit zu sagen, ...; ~, **I must be going** ich muß jetzt wirklich gehen; **I'm ~ quite capable of looking after myself** im übrigen bin ich gut in der Lage, für mich selbst zu sorgen; **he ~ had the cheek to suggest ...:** er hatte tatsächlich die Unverfrorenheit, vorzuschlagen ...

actuarial [æktʃʊ'eərɪəl] *adj.* versicherungsmathematisch

actuary ['æktʃʊərɪ] *n.* Versicherungsmathematiker, *der;* Aktuar, *der*

actuate ['æktʃʊeɪt] *v.t. (activate)* antreiben ⟨*Maschine*⟩; in Bewegung setzen ⟨*Vorgang*⟩; auslösen ⟨*Mechanismus, Reaktion*⟩

actuation [æktʃʊ'eɪʃn] *n. (of machine)* Antrieb, *der; (of mechanism)* Auslösen, *das*

acumen ['ækjʊmen] *n.* Scharfsinn, *der;* **business ~:** Geschäftssinn, *der;* **political ~:** politische Klugheit

acupressure ['ækjʊˌpreʃə(r)] *n. (Med.)* Akupressur, *die*

acupuncture ['ækjʊpʌŋktʃə(r)] *n. (Med.)* Akupunktur, *die*

acute [ə'kju:t] *adj.* ~**r** [ə'kju:tə(r)], ~**st** [ə'kju:tɪst] **a)** *(penetrating)* scharf ⟨*Kritik*⟩; genau ⟨*Beobachtung*⟩; wach ⟨*Bewußtsein*⟩; **b)** *(Geom.)* ~ **angle** spitzer Winkel; **c)** *(Med.)* akut ⟨*Krankheit, Stadium*⟩; **d)** *(critical)* akut ⟨*Gefahr, Knappheit, Situation, Mangel*⟩; **e)** *(keen)* fein ⟨*Geruchssinn*⟩; heftig ⟨*Schmerz*⟩; **f)** *(Ling.)* ~ **accent** Akut, *der;* **g)** *(sharp)* scharf ⟨*Schneide*⟩; fein ⟨*Spitze*⟩

acutely [ə'kju:tlɪ] *adv.* **a)** *(penetratingly)* genau[estens] ⟨*sich bewußt sein, durchdenken, beobachten*⟩; **b)** *(Med.)* akut; **he is ~ ill with pneumonia** er hat eine akute Lungenentzündung; **c)** *(critically)* äußerst; *(keenly)* äußerst; intensiv ⟨*fühlen*⟩

acuteness [ə'kju:tnɪs] *n., no pl.* **a)** *(of criticism)* Schärfe, *die; (of observation)* Genauigkeit, *die;* **b)** *(of understanding)* Scharfsinn, *der;* **b)** *(Med.)* Akutheit, *die;* **c)** *(of pain, sensation)* Heftigkeit, *die;* **d)** *(of sense, hearing, etc.)* Feinheit, *die;* **e)** *(of cutting edge)* Schärfe, *die; (of point)* Feinheit, *die*

AD *abbr.* Anno Domini n. Chr.; *(bes. DDR)* u. Z.

ad [æd] *n. (coll.)* Annonce, *die;* Inserat, *das;* **small ad** Kleinanzeige, *die;* **TV ads** Werbespots im Fernsehen

adage ['ædɪdʒ] *n.* Sprichwort, *das*

adagio [ə'dɑ:dʒəʊ] *(Mus.)* **1.** *adv.* adagio. **2.** *adj.* Adagio-. **3.** *n., pl.* ~**s** Adagio, *das*

Adam ['ædəm] *pr. n. (first man)* Adam *(der);* **he doesn't know me from ~:** er hat keine Ahnung, wer ich bin

adamant ['ædəmənt] *adj.* unnachgiebig; **be ~ that ...:** darauf bestehen, daß ...

Adam's 'apple *n.* Adamsapfel, *der*

adapt [ə'dæpt] **1.** *v.t.* **a)** *(adjust)* anpassen (**to** *Dat.*); umbauen ⟨*Auto*⟩; variieren ⟨*Frisur, Kleidung*⟩; umstellen ⟨*Maschine*⟩ (**to** auf + *Akk.*); **this room can easily be ~ed to individual tastes** dieses Zimmer läßt sich leicht auf den persönlichen Geschmack abstimmen; **your eyes will quickly ~ themselves to the dark** deine Augen werden sich schnell an die Dunkelheit gewöhnen; ~ **oneself to sth.** sich an etw. *(Akk.)* gewöhnen; **this furnace can be ~ed to take coal or oil** dieser Ofen läßt sich auf Kohle oder Öl einstellen; **be ~ed for doing sth.** darauf eingestellt sein, etw. zu tun; **b)** *(modify)* adaptieren, bearbeiten ⟨*Text, Theaterstück*⟩; ~**ed for TV by ...:** für das Fernsehen bearbeitet von ...; ~ **sth. from sth.** etw. nach etw. bearbeiten. **2.** *v.i.* **a)** ⟨*Tier, Auge:*⟩ sich anpassen (**to** an + *Akk.*); **b)** *(to surroundings, circumstances)* sich gewöhnen (**to** an + *Akk.*)

adaptability [ədæptə'bɪlɪtɪ] *n., no pl.* ⟨*to way of life or environment*⟩ Anpassungsfähigkeit, *die* (**to** *or* **for** an + *Akk.*)

adaptable [ə'dæptəbl] *adj.* anpassungsfähig; vielseitig ⟨*Maschine*⟩; flexibel ⟨*Planung*⟩; **be ~ to** *or* **for sth.** an etw. *(Akk.)* angepaßt werden können

adaptation [ædəp'teɪʃn] *n.* **a)** *no pl.* Anpassung, *die* (**to** an + *Akk.*); *(of garment)* Veränderung, *die* (**to** auf + *Akk.*); **b)** *(version)* Adap[ta]tion, *die; (of story, text)* Bearbeitung, *die;* **c)** *(Biol.)* Adaptation, *die*

adapter, adaptor [ə'dæptə(r)] *n. (device)* Adapter, *der;* **a four-socket ~:** eine Vierfachsteckdose

ADC *abbr. (Mil.)* aide-de-camp

add [æd] **1.** *v.t.* hinzufügen (**to** *Dat.*); hinzufügen, anfügen ⟨*weitere Worte*⟩; beisteuern ⟨*Ideen, Vorschläge*⟩ (**to** zu); dazusetzen ⟨*Namen, Zahlen*⟩; ~ **two and two** zwei und zwei zusammenzählen; ~ **two numbers together** zwei Zahlen addieren; ~ **the flour to the liquid** geben Sie das Mehl in die Flüssigkeit; **we have ~ed a number of new books to our collection** wir haben unsere Sammlung um ein paar neue Bücher erweitert. **2.** *v.i.* ~ **to** vergrößern ⟨*Schwierigkeiten, Einkommen*⟩; verbessern ⟨*Ruf*⟩; ~ **[together] to give** *or* **make the desired amount** zusammen den gewünschten Betrag ergeben

~ **'up 1.** *v.i.* **a)** these figures ~ **up to** *or* **make 30 altogether** diese Zahlen ergeben zusammen[gezählt] 30; **these things ~/it ~s up** *(fig. coll.)* all diese Dinge summieren sich/das summiert sich alles; ~ **up to sth.** *(fig.)* auf etw. hinauslaufen; **b)** *(make sense)* einen Sinn ergeben. **2.** *v.t.* zusammenzählen

added ['ædɪd] *attrib. adj.* zusätzlich; ~ **to this** außerdem; obendrein

addendum [ə'dendəm] *n., pl.* **addenda** [ə'dendə] *(thing to be added)* Nachtrag, *der;* Addendum, *das (veralt.); (addition)* Zusatz, *der;* in *pl. (in book etc.)* Addenda *Pl.*

adder ['ædə(r)] *n. (Zool.)* Viper, *die*

addict 1. [ə'dɪkt] *v.t.* **be ~ed to sth.** süchtig sein; **become ~ed [to sth.]** [nach etw.] süchtig werden; **be ~ed to alcohol/smoking/drugs** alkohol-/nikotin-/drogensüchtig sein. **2.** ['ædɪkt] *n.* Süchtige, *der/die; (fig. coll.)* [begeisterte] Anhänger, *der/*Anhängerin, *die;* **become an ~:** süchtig werden; **drug/heroin ~s** Drogen-/Heroinsüchtige *Pl.;* **a TV ~** *(fig. coll.)* ein Fernsehnarr

addiction [ə'dɪkʃn] *n.* Sucht, *die; (fig. coll.)* Fimmel, *der (ugs.);* **an ~ to sth.** die Sucht nach etw.; ~ **to heroin** Heroinsucht, *die*

addictive [ə'dɪktɪv] *adj.* süchtig machen, **(fig. coll.)** zu einer Sucht werden

'adding machine *n.* Rechenmaschine, *die*

addition [ə'dɪʃn] *n.* **a)** *no pl.* Hinzufügen, *das; (of ingredient)* Dazugeben, *das; (adding up)* Addieren, *das; (process)* Addition, *die;* **in ~:** außerdem; **in ~ to** zusätzlich zu; **b)** *(thing added)* Ergänzung, *die* (**to** zu); **we are expecting a new ~ to our family** wir erwarten familiären Nachwuchs

additional [ə'dɪʃənl] *adj.* zusätzlich; ~ **details** weitere Einzelheiten

additionally [ə'dɪʃənlɪ] *adv.* außerdem

additive ['ædɪtɪv] **1.** *n.* Zusatz, *der.* **2.** *adj.* zusätzlich

addled ['ædld] *adj.* **a)** *(rotten)* verdorben; faul; **b)** *(muddled)* verwirrt ⟨*Gedanken*⟩; benebelt ⟨*Kopf*⟩

address [ə'dres] **1.** *v.t.* **a)** ~ **sth. to sb./sth.** etw. an jmdn./etw. richten; **you must ~ your complaint to ...:** richten Sie Ihre Beschwerde an (+ *Akk.*)...; ~ **oneself to sb./sth.** sich an jmdn./etw. wenden; **b)** *(mark with) ~* **adressieren** (**to** an + *Akk.*); mit Anschrift versehen; **c)** *(speak to)* anreden ⟨*Person*⟩; sprechen zu ⟨*Zuhörern*⟩; ~ **sb. as ...** jmdn. mit etw. *od.* als etw. anreden; **d)** *(give attention to)* angehen ⟨*Problem*⟩; **e)** *(apply)* ~ **oneself to sth.** sich an etw. anschicken. **2.** *n.* **a)** *(on letter or envelope)* Adresse, *die;* Anschrift, *die; (place of residence)* Wohnsitz, *der;* **of no fixed ~:** ohne festen Wohnsitz; **b)** *(discourse)* Ansprache, *die;* Rede, *die;* **c)** *(skill)* Gewandtheit, *die;* **d)** in *pl. (courteous approach)* Werben, *das;* **pay one's ~es to sb.** jmdn. den Hof machen; **e)** *(Computing)* Adresse, *die*

ad'dress-book *n.* Adressenbüchlein, *das*

addressee [ædre'si:] *n.* Adressat, *der/*Adressatin, *die;* Empfänger, *der/*Empfängerin, *die*

address-label | **admit**

ad'dress-label *n.* Adressenaufkleber, *der*
adduce [əˈdjuːs] *v. t.* anführen
adenoids [ˈædɪnɔɪdz] *n. pl. (Med.)* Rachenmandel- *od.* Nasenpolypen *Pl.*; Rachenmandelwucherungen *Pl.*
adept [ˈædept, ˈədept] **1.** *adj.* geschickt (**in**, **at** in + *Dat.*). **2.** *n.* Kenner, *der*/Kennerin, *die*; Meister, *der*/Meisterin, *die*
adequacy [ˈædɪkwəsɪ] *n., no pl.* **a)** *(sufficiency)* Adäquatheit, *die*; Angemessenheit, *die*; **b)** *(suitability)* Eignung, *die*; **c)** *(bare sufficiency)* Zulänglichkeit, *die*; **d)** *(proportionateness)* **the ~ of sth. to sth.** die Angemessenheit einer Sache für etw.
adequate [ˈædɪkwət] *adj.* **a)** *(sufficient)* ausreichend; angemessen ⟨*Bezahlung, Wohnraum*⟩; **b)** *(barely sufficient)* hinreichend; **my grant is ~ and no more** mein Stipendium reicht gerade so aus; **c)** *(suitable)* angemessen; **he couldn't find ~ words** ihm fehlten die richtigen *od.* passenden Worte; **d)** *(proportionate)* ~ [**to sth.**] einer Sache *(Dat.)* angemessen
adequately [ˈædɪkwətlɪ] *adv.* **a)** *(sufficiently)* ausreichend; **are you ~ prepared for your exam?** haben Sie sich auf die Prüfung in ausreichender Weise vorbereitet?; **these children are not ~ nourished** diese Kinder sind unterernährt; **b)** *(barely sufficiently)* hinreichend; zulänglich; **c)** *(suitably)* angemessen ⟨*gekleidet, qualifiziert usw.*⟩
adhere [ədˈhɪə(r)] *v. i.* **a)** *(stick)* haften, *(by glue)* kleben (**to** an + *Dat.*); ~ [**to each other**] ⟨*zwei Dinge:*⟩ zusammenkleben; **b)** *(give support)* ~ **to sth./sb.** an jmdm./einer Sache festhalten; ~ **to a party/policy** eine Partei/Politik unterstützen; **c)** *(keep)* ~ **to** festhalten an (+ *Dat.*) ⟨*Programm, Brauch, Gewohnheit*⟩; sich halten an (+ *Akk.*) ⟨*Abmachung, Versprechen, Regel*⟩; **we must ~ strictly to the schedule** wir müssen uns genau an den Zeitplan halten
adherence [ədˈhɪərəns] *n., no pl.* **a)** *(to party, leader, policy)* Unterstützung, *die* (**to** *Gen.*); **b)** *(to programme, agreement, promise, schedule)* Einhalten, *das* (**to** *Gen.*); *(to decision, tradition, principle)* Festhalten, *das* (**to** an + *Dat.*); *(to rule)* Befolgen, *das* (**to** *Gen.*)
adherent [ədˈhɪərənt] *n.* Anhänger, *der*/Anhängerin, *die*
adhesion [ədˈhiːʒn] *n., no pl.* **a)** *(sticking)* Haften, *das* (**to** an + *Dat.*); *(by glue)* Kleben, *das* (**to** an + *Dat.*); **b)** *no pl. (support)* Unterstützung, *die* (**to** *Gen.*); *(to agreement)* Einhalten, *das* (**to** *Gen.*)
adhesive [ədˈhiːsɪv] **1.** *adj. (adherent)* klebrig; *(Briefmarke, Umschlag)*; Klebe⟨*band, -schicht*⟩; **be ~:** kleben/gummiert sein; ~ **plaster** Heftpflaster, *das*; see also **tape 1 a. 2.** *n.* Klebstoff, *der*; Klebemittel, *das*
ad hoc [æd ˈhɒk] **1.** *adv.* ad hoc. **2.** *adj.* Ad-hoc-
adieu [əˈdjuː] **1.** *int.* adieu; leb/lebt wohl; **we bid** *or* **wish you ~:** leb/lebt wohl. **2.** *n., pl.* **~s** *or* **~x** [əˈdjuːz] Adieu, *od.* Lebewohl, *das*
ad infinitum [æd ɪnfɪˈnaɪtəm] *adv.* ad infinitum *(geh.)*; ohne Ende
adipose [ˈædɪpəʊs] *adj.* adipös *(fachspr.)*; verfettet; ~ **tissue** Fettgewebe, *das*
adjacent [əˈdʒeɪsənt] *adj.* angrenzend; Neben-; ~ **to** *(position)* neben (+ *Dat.*); *(direction)* neben (+ *Akk.*); **he sat in the ~ room** er saß im Zimmer nebenan
adjectival [ædʒɪkˈtaɪvəl] *adj. (Ling.)* adjektivisch; ~ **endings** Adjektivendungen
adjective [ˈædʒɪktɪv] *n. (Ling.)* Adjektiv, *das*; Eigenschaftswort, *das*
adjoin [əˈdʒɔɪn] **1.** *v. t.* grenzen an (+ *Akk.*); **the room ~ing ours** das Zimmer neben unserem. **2.** *v. i.* aneinandergrenzen; nebeneinanderliegen; **an ~ing field** ein angrenzendes *od.* benachbartes Feld; **in the ~ing room** im Zimmer daneben *od.* nebenan

adjourn [əˈdʒɜːn] **1.** *v. t. (break off)* unterbrechen; *(put off)* aufschieben. **2.** *v. i. (suspend proceedings)* sich vertagen; **let's ~ to the sitting-room/**(coll.) **pub** begeben wir uns ins Wohnzimmer/(ugs.) in die Kneipe
adjournment [əˈdʒɜːnmənt] *n. (suspending)* (*of court*) Vertagung, *die*; (*of meeting*) Unterbrechung, *die*
adjudge [əˈdʒʌdʒ] *v. t. (pronounce)* ~ **sb./sth.** [**to be**] **sth.** jmdn./etw. für etw. erklären *od.* befinden
adjudicate [əˈdʒuːdɪkeɪt] *v. i. (in court, tribunal)* als Richter tätig sein; *(in contest)* Preisrichter sein (**at** bei, **in** + *Dat.*)
adjudication [ədʒuːdɪˈkeɪʃn] *n.* **a)** *(judging)* Beurteilung, *die*; **expert ~:** Expertenmeinung, *die*; **b)** *(decision)* Entscheidung, *die*
adjudicator [əˈdʒuːdɪkeɪtə(r)] *n.* Schiedsrichter, *der*/Schiedsrichterin, *die*; *(in contest)* Preisrichter, *der*/Preisrichterin, *die*
adjunct [ˈædʒʌŋkt] *n.* **a)** Anhängsel, *das*; *(effect)* Neben- *od.* Begleiterscheinung, *die*; **b)** *(Ling.)* Adjunkt, *das*
adjuration [ædʒʊəˈreɪʃn] *n.* [inständige] Bitte; Beschwörung, *die*
adjure [əˈdʒʊə(r)] *v. t.* inständig bitten; beschwören
adjust [əˈdʒʌst] **1.** *v. t.* **a)** richtig [an]ordnen ⟨*Gegenstände, Gliederung*⟩; ändern ⟨*Gegebenheiten*⟩; zurechtmachen ⟨*Frisur*⟩; zurechtrücken ⟨*Hut, Krawatte*⟩; *(regulate)* regulieren, regeln ⟨*Geschwindigkeit, Motor usw.*⟩; [richtig] einstellen ⟨*Gerät, Mechanismus, Bremsen, Vergaser, Motor, Zündung*⟩; *(adapt)* entsprechend ändern ⟨*Plan, Bedingungen*⟩; angleichen ⟨*Gehalt, Lohn, Zinsen*⟩; ~ **sth.** [**to sth.**] etw. [an etw. *(Akk.)*] anpassen *od.* [auf etw. *(Akk.)*] einstellen; **please ~ your watches** bitte stellen Sie Ihre Uhren richtig; **'do not ~ your set'** „Störung"; **b)** *(assess)* berechnen ⟨*Schaden*⟩; regulieren ⟨*Versicherungsansprüche*⟩; eichen ⟨*Maß, Gewicht*⟩; **such discrepancies can be ~ed** solche Unstimmigkeiten können ausgeglichen *od.* beigelegt werden. **2.** *v. i.* ~ [**to sth.**] sich [an etw. *(Akk.)*] gewöhnen *od.* anpassen; ⟨*Gerät, Maschine usw.*⟩: sich [auf etw. *(Akk.)*] einstellen lassen; **the eye soon ~s to the dark** das Auge gewöhnt sich schnell an die Dunkelheit; ~ **to new conditions/a requirement** sich auf neue Verhältnisse/eine Forderung einstellen
adjustable [əˈdʒʌstəbl] *adj.* einstellbar (**to** auf + *Akk.*); verstellbar, justierbar ⟨*Gerät*⟩; regulierbar ⟨*Temperatur*⟩
adjustment [əˈdʒʌstmənt] *n.* **a)** *(of layout, plan)* Ordnung, *die*; *(of things)* Anordnung, *die*; *(of device, engine, machine)* Einstellung, *die*; *(of hair, clothing)* Zurechtmachen, *das*; *(to situation, life-style)* Anpassung, *die* (**to** an + *Akk.*); *(of eye)* Adaption, *die*; Gewöhnung, *die*; **some ~s are necessary on your car engine** in Ihrem Motor muß einiges neu *od.* richtig eingestellt werden; **she made a few minor ~s to her manuscript** sie brachte an ihrem Manuskript ein paar kleinere Korrekturen an; **b)** *(of insurance claim, damage)* Schadensfestsetzung, *die*; **c)** *(settlement)* *(of claims or damages)* Regulierung, *die*; **d)** *(device)* Einstellvorrichtung, *die*
adjutant [ˈædʒʊtənt] *n.* **a)** *(Mil.)* Adjutant, *der*; **b)** *(Ornith.)* ~ **[bird]** Indischer Marabu
ad lib [æd ˈlɪb] *adv.* zwanglos, nach Belieben
ad-lib 1. *adj. (unprepared, improvised)* Stegreif-, improvisiert ⟨*Rede, Vortrag*⟩; **give an ~ rendering** improvisieren. **2.** *v. i.,* **-bb-** *(coll.)* improvisieren
Adm. *abbr.* admiral Adm.
'adman *n.* Werbe-, Reklamefachmann, *der*
admin [ˈædmɪn] *n.* (coll.) Verwaltung, *die*; **an ~ problem** ein Verwaltungsproblem
administer [ædˈmɪnɪstə(r)] *v. t.* **a)** *(manage)* verwalten; führen ⟨*Geschäfte, Regierung*⟩;

regieren ⟨*Land*⟩; **b)** *(give, apply)* spenden ⟨*Trost*⟩; leisten, gewähren ⟨*Hilfe, Unterstützung*⟩; austeilen, verabreichen ⟨*Schläge, Prügel*⟩; verabreichen, geben ⟨*Medikamente*⟩; spenden, geben ⟨*Sakramente*⟩; anwenden ⟨*Disziplinierungsmaßnahmen*⟩; ~ **justice** [**to sb.**] [über jmdn.] Recht sprechen; ~ **punishment to sb.** jmdn. bestrafen; ~ **an oath to sb.** jmdn. vereidigen; jmdm. einen Eid abnehmen; ~ **treatment to sb.** jmdn. behandeln
administration [ədmɪnɪˈstreɪʃn] *n.* **a)** *(management, managing)* Verwaltung, *die*; **b)** *(giving, applying)* *(of sacraments)* Spenden, *das*; Geben, *das*; *(of discipline)* Anwendung, *die*; *(of medicine)* Verabreichung, *die*; *(of aid, relief)* Gewährung, *die*; ~ **of justice** Rechtspflege, *die*; ~ **of an oath** Eidesabnahme, *die*; **c)** *(ministry, government)* Regierung, *die*; *(Amer.: President's period of office)* Amtszeit, *die*; ~ **of the estate** Nachlaßverwaltung, *die*; ~ Vermögensverwaltung, *die*
administrative [ədˈmɪnɪstrətɪv] *adj.* Verwaltungs-; administrativ ⟨*Angelegenheit, Geschick, Fähigkeit*⟩; ~ **work** Verwaltungsarbeit, *die*; **an ~ job** ein Verwaltungsposten
administrator [ədˈmɪnɪstreɪtə(r)] *n.* **a)** *(manager)* Administrator, *der*; Verwalter, *der*; *(sb. capable of organizing)* Organisator, *der*; **b)** *(performing official duties)* Verwaltungsbeamte/-angestellte, *der*; *(of deceased person's estate)* Verwalter, *der*; Testamentsvollstrecker, *der*
admirable [ˈædmərəbl] *adj.* bewundernswert; erstaunlich; *(excellent)* vortrefflich; ausgezeichnet
admirably [ˈædmərəblɪ] *adv.* bewundernswert; erstaunlich; *(excellently)* vortrefflich
admiral [ˈædmərəl] *n.* **a)** Admiral, *der*; **A~ of the Fleet** *(Brit.)* Großadmiral, *der*; **b)** *(butterfly)* **red ~:** Admiral, *der*
Admiralty [ˈædmərəltɪ] *n.* ~ **[Board]** britisches Marineministerium
admiration [ædməˈreɪʃn] *n., no pl.* **a)** Bewunderung, *die* (**of**, **for** für); **b)** *(object of ~)* **be the ~ of sb.** von jmdm. bewundert werden
admire [ədˈmaɪə(r)] *v. t.* bewundern (**for** wegen)
admirer [ədˈmaɪərə(r)] *n.* Bewunderer, *der*/Bewunderin, *die*; *(suitor)* Verehrer, *der*/Verehrerin, *die*
admiring [ədˈmaɪərɪŋ] *adj.,* **admiringly** [ədˈmaɪərɪŋlɪ] *adv.* bewundernd
admissibility [ədmɪsɪˈbɪlɪtɪ] *n., no pl.* Zulässigkeit, *die*
admissible [ədˈmɪsɪbl] *adj.* **a)** akzeptabel ⟨*Plan, Vorschlag*⟩; erlaubt, zulässig ⟨*Abweichung, Schreibung*⟩; **b)** *(Law)* zulässig; **that is not ~ evidence** das ist kein vor Gericht zugelassener Beweis *od.* zugelassenes Beweisstück
admission [ədˈmɪʃn] *n.* **a)** *(entry)* Zutritt, *der*; ~ **to university** Zulassung [zum Studium] an einer Universität; ~ **costs** *or* **is 50p** der Eintritt kostet 50 Pence; **charge for ~:** Eintrittspreis, *der*; *(charge)* Eintritt, *der*; **c)** *(confession)* Eingeständnis, *das* (**of**, **to** *Gen.*); **by** *or* **on one's own ~:** nach eigenem Eingeständnis
admission: ~ **fee,** ~ **price** *ns.* Eintrittspreis, *der*; ~ **money** *n.* Eintrittsgeld, *das*; ~ **ticket** *n.* Eintrittskarte, *die*
admit [ədˈmɪt] *v. t.,* **-tt-** **a)** *(let in)* hinein-/hereinlassen; **persons under the age of 16 not ~ted** kein Zutritt für Jugendliche unter 16 Jahren; ~ **sb. to a school/club** jmdn. in eine Schule/einen Klub aufnehmen; **'this ticket ~s two'** „Eintrittskarte für zwei Personen"; **b)** *(accept as valid)* **let ~ that ~ an argument/evidence** wenn wir davon ausgehen, daß dieses Argument zutrifft/daß diese Beweise erlaubt sind; **c)** *(acknowledge)* zugeben; eingestehen; ~ **sth. to be true** zugeben

40

admittance

od. eingestehen, daß etw. wahr ist; **~ to being guilty/drunk** zugeben, schuldig/betrunken zu sein; **d)** *(have room for)* Platz bieten (+ *Dat.*). **2.** *v. i.,* **-tt-:** ~ **of sth.** etw. zulassen *od.* erlauben

admittance [əd'mɪtəns] *n.* Zutritt, *der;* **no ~ [except on business]** Zutritt [für Unbefugte] verboten

admittedly [əd'mɪtɪdlɪ] *adv.* zugegeben[ermaßen]; **~ he is very young** zugegeben, er ist sehr jung

admixture [əd'mɪkstʃə(r)] *n.* **a)** *no pl. (mixing)* [Ver]mischen, *das;* Vermengen, *das;* **b)** *(ingredient)* Zusatz, *der;* Beimischung, *die*

admonish [əd'mɒnɪʃ] *v. t.* ermahnen; *(reproach)* ermahnen; tadeln

admonishment [əd'mɒnɪʃmənt], **admonition** [ædmə'nɪʃn] *ns.* Ermahnung, *die; (reproach)* Ermahnung, *die;* Tadel, *der*

ad nauseam [æd 'nɔːsɪæm, æd 'nɔːzɪæm] *adv.* bis zum Überdruß

ado [ə'duː] *n., no pl., no art.* **without more or with no further ~:** ohne weitere Aufhebens

adobe [ə'dəʊbɪ, ə'dəʊb] *n. (brick)* Adobe, *der;* ungebrannter Lehmziegel

adolescence [ædə'lesns] *n., no art.* die Zeit des Erwachsenwerdens; die Adoleszenz *(Med.)*

adolescent [ædə'lesnt] **1.** *n.* Heranwachsende, *der/die.* **2.** *adj.* heranwachsend ⟨*Person*⟩; pubertär ⟨*Benehmen*⟩

adopt [ə'dɒpt] *v. t.* **a)** adoptieren; aufnehmen ⟨*Tier*⟩; **we ~ed a refugee family** wir übernahmen die Patenschaft für eine Flüchtlingsfamilie; **b)** *(take over)* annehmen, übernehmen ⟨*Kultur, Sitte*⟩; annehmen ⟨*Glaube, Religion*⟩; **c)** *(take up)* übernehmen, sich aneignen ⟨*Methode*⟩; einnehmen ⟨*Standpunkt, Haltung*⟩; **that's not the right attitude to ~:** das ist nicht die richtige Einstellung; **d)** *(approve)* annehmen; billigen; **the meeting ~ed the motion** die Versammlung stimmte dem Antrag zu

adoption [ə'dɒpʃn] *n.* **a)** Adoption, *die;* **b)** *(taking over) (of culture, custom)* Annahme, *die;* Übernahme, *die; (of belief)* Annahme, *die;* **c)** *(taking up) (of method)* Aneignung, *die;* Übernahme, *die; (of point of view)* Einnahme, *die;* **d)** *(approval)* Annahme, *die*

adoptive [ə'dɒptɪv] *adj.* adoptiert; **~ son/mother** Adoptivsohn, *der/*-mutter, *die*

adorable [ə'dɔːrəbl] *adj.,* **adorably** [ə'dɔːrəblɪ] *adv.* bezaubernd; hinreißend

adoration [ædə'reɪʃn] *n.* **a)** Verehrung, *die;* **b)** *(worship of gods etc.)* Anbetung, *die*

adore [ə'dɔː(r)] *v. t.* **a)** innig *od.* über alles lieben; **his adoring girlfriend/fans** seine schmachtende Freundin/schmachtenden Fans; **b)** *(coll.: like greatly) ~* **sth.** für etwas schwärmen; **~ doing sth.** etw. sehr, sehr gern *od. (ugs.)* furchtbar gern im Leben gern tun; **c)** *(worship)* anbeten ⟨*Götter usw.*⟩

adorn [ə'dɔːn] *v. t.* schmücken; **~ oneself** sich schön machen

adornment [ə'dɔːnmənt] *n.* **a)** *no pl.* Verschönerung, *die;* **b)** *(ornament)* Verzierung, *die;* **~s** Schmuck, *der*

adrenal [ə'driːnl] *(Anat.)* **1.** *adj.* **~ glands** Nebennieren *Pl.* **2.** *n.* Nebenniere, *die*

adrenalin, *(Amer.* **P)** [ə'drenəlɪn] *n. (Physiol., Med.)* Adrenalin, *das*

Adriatic [eɪdrɪ'ætɪk] *pr. n.* **~ [Sea]** Adriatisches Meer; Adria, *die*

adrift [ə'drɪft] *pred. adj.* **a) be ~:** treiben; **cut a boat ~:** die Halteleine eines Bootes durchschneiden; **b)** *(fig.: exposed)* verloren; preisgegeben; **turn sb. ~:** jmdn. sich *(Dat.)* selbst überlassen

adroit [ə'drɔɪt] *adj.* geschickt; gewandt; **be ~ at sth./doing sth.** gewandt *od.* geschickt in etw. *(Dat.)* sein

adroitly [ə'drɔɪtlɪ] *adv.* geschickt; gewandt

adroitness [ə'drɔɪtnɪs] *n., no art.* Geschicklichkeit, *die;* Gewandtheit, *die*

adulation [ædjʊ'leɪʃn] *n., no pl. (praise)* Beweihräucherung, *die; (admiration of person)* Vergötterung, *die*

adult ['ædʌlt, ə'dʌlt] **1.** *adj.* erwachsen ⟨*Person*⟩; reif ⟨*Verhalten*⟩; ausgewachsen ⟨*Tier, Pflanze*⟩; **this play is suitable only for ~ audiences** dieses Stück ist nur für Erwachsene geeignet; **behave in an ~ manner** sich wie ein Erwachsener benehmen. **2.** *n.* Erwachsene, *der/die;* **'~s only'** "Nur für Erwachsene"; **~ education** Erwachsenenbildung, *die*

adulterate [ə'dʌltəreɪt] *v. t.* verunreinigen; panschen ⟨*Wein, Milch*⟩

adulteration [ədʌltə'reɪʃn] *n.* Verunreinigung, *die; (of wine, milk)* Panschen, *das*

adulterer [ə'dʌltərə(r)] *n.* Ehebrecher, *der*

adulteress [ə'dʌltərɪs] *n.* Ehebrecherin, *die*

adulterous [ə'dʌltərəs] *adj.* ehebrecherisch

adultery [ə'dʌltərɪ] *n., no pl.* Ehebruch, *der*

adulthood ['ædʌlthʊd, ə'dʌlthʊd] *n., no pl.* Erwachsenenalter, *das;* **reach ~:** erwachsen werden

adumbrate ['ædʌmbreɪt] *v. t.* **a)** *(outline)* umreißen; skizzieren; **b)** *(suggest faintly)* andeuten; **c)** *(foreshadow)* ankündigen

advance [əd'vɑːns] **1.** *v. t.* **a)** *(move forward)* vorrücken lassen; **b)** *(put forward)* vorbringen ⟨*Plan, Meinung, These*⟩; **c)** *(bring forward)* vorverlegen ⟨*Termin*⟩; **d)** *(promote)* befördern; **e)** *(further)* fördern; **~ one's own interests** [nur] die eigenen Interessen verfolgen; **f)** *(pay before due date)* vorschießen; **~ sb. a week's pay** jmdn. einen Wochenlohn [als] Vorschuß geben; *(loan)* **the bank ~d me two thousand pounds** die Bank lieh mir zweitausend Pfund; **g)** *(increase)* erhöhen. **2.** *v. i. (move forward; also Mil.)* vorrücken; ⟨*Prozession*⟩ sich vorwärts bewegen; **~ towards sb./sth.** ⟨*Person*⟩ auf jmdn./etw. zugehen; **he ~d towards me** er kam auf mich zu; **b)** *(fig.: make progress)* Fortschritte machen; vorankommen; **c)** *(increase)* steigen. **3.** *n.* **a)** *(forward movement)* Vorrücken, *das; (fig.: progress)* Fortschritt, *der;* **any ~ on £30?** [bietet] jemand mehr als 30 Pfund?; **b)** *usu. in pl. (personal overture)* Annäherungsversuch, *der; (payment beforehand)* Vorauszahlung, *die; (on salary)* Vorschuß, *der; (on auf* + *Akk.); (loan)* Darlehen, *das;* **d) in ~:** im voraus; **be in ~ of one's age** seiner Zeit voraus sein; **send sb./sth. in ~:** jmdn./etw. vorausschicken

advanced [əd'vɑːnst] *adj.* fortgeschritten; **he has ~ ideas** er hat Ideen, die seiner Zeit voraus sind; **be ~ in years** in fortgeschrittenem Alter sein; **~ level** *see* **A level; ~ studies** weiterführende Studien

advance 'guard *n. (lit. or fig.)* Vorhut, *die*

advancement [əd'vɑːnsmənt] *n.* **a)** *(promotion)* Aufstieg, *der;* **b)** *(furtherance)* Förderung, *die*

ad,vance: ~ 'notice *n.* **a week's ~ notice** Benachrichtigung eine Woche [im] voraus; **give sb. ~ notice of sth.** jmdn. im voraus von etw. in Kenntnis setzen; **~ 'payment** *n.* Vorauszahlung, *die*

advantage [əd'vɑːntɪdʒ] *n.* **a)** *(better position)* Vorteil, *der;* **give sb. an ~ over sb.** für jmdn. einen Vorteil gegenüber jmdm. bedeuten *od.* ein Vorteil gegenüber jmdm. sein; **gain an ~ over sb.** sich *(Dat.)* einen Vorteil gegenüber jmdm. verschaffen; **have an ~ over sb.** jmdm. gegenüber im Vorteil sein; **take [full/unfair] ~ of sth.** etw. [voll/unfairerweise] ausnutzen; **take ~ of sb.** jmdn. ausnutzen; *(euphem.: seduce)* jmdn. mißbrauchen; **don't let them take ~ of you** laß dich nicht von ihnen ausnutzen; **have the ~ of sb.** jmdm. gegenüber in der besseren Position sein; **we shall show our range of products to ~:** wir werden unser Sortiment vorteilhaft ausstellen; **be seen to better ~:** vorteilhafter aussehen; **b)** *(benefit)* Vorteil, *der;* **'ability to type [would be] an ~':** "Schreibmaschinenkenntnisse von Vorteil"; **it could be done/we could do it with ~:** es wäre von Vorteil, wenn es getan würde/wenn wir es täten; **be to one's ~:** für jmdn. von Vorteil sein; **something to your ~:** etwas, was für dich von Vorteil ist; **turn sth. to [one's] ~:** etw. ausnutzen; **c)** *(Tennis)* Vorteil, *der;* **~ in/out** Vorteil Aufschläger/Rückschläger

advantageous [ædvən'teɪdʒəs] *adj.* vorteilhaft ⟨*Verfahren, Übereinkunft*⟩; günstig ⟨*Lage*⟩; **be [mutually] ~:** [für beide Seiten] von Vorteil sein; **be ~ to sb.** für jmdn. von Vorteil sein

advantageously [ædvən'teɪdʒəslɪ] *adv.* **we could ~ discuss this** es wäre von Vorteil, wenn wir das besprächen; **be ~ placed** günstig gelegen sein; **compare ~ with sth.** gegenüber etw. günstig abschneiden

advent ['ædvənt] *n., no pl.* **a)** *(of thing)* Beginn, *der;* Anfang, *der;* **before the ~ of the railways** vor dem Aufkommen der Eisenbahn; **b)** *no art.* **A~** *(season)* Advent, *der*

adventitious [ædvən'tɪʃəs] *adj.* zufällig

adventure [əd'ventʃə(r)] *n.* Abenteuer, *das;* **in a spirit of ~:** voller Abenteuerdrang

ad'venture playground *n. (Brit.)* Abenteuerspielplatz, *der*

adventurer [əd'ventʃərə(r)] *n.* Abenteurer, *der; (derog.: speculator)* Glücksritter, *der*

adventuress [əd'ventʃərɪs] *n.* Abenteu[r]erin, *die*

adventurism [əd'ventʃərɪzm] *n., no pl.* Abenteuerlust, *die;* Wagemut, *der; (Polit.)* Abenteuerpolitik, *die*

adventurous [əd'ventʃərəs] *adj.* **a)** *(venturesome)* abenteuerlustig; **~ spirit** Abenteurergeist, *der;* **b)** *(filled with adventures)* abenteuerlich; **c)** *(enterprising)* kühn

adverb ['ædvɜːb] *n. (Ling.)* Adverb, *das;* Umstandswort, *das;* **~ of time/place** Zeit-/Ortsadverb, *das*

adverbial [əd'vɜːbɪəl] *adj. (Ling.)* adverbial

adverbially [əd'vɜːbɪəlɪ] *adv. (Ling.)* adverbial

adversary ['ædvəsərɪ] *n. (enemy)* Widersacher, *der*/Widersacherin, *die; (opponent)* Kontrahent, *der*/Kontrahentin, *die*

adverse ['ædvɜːs] *adj.* **a)** *(hostile)* ablehnend ⟨*to* gegenüber⟩; **an ~ response** eine ablehnende Antwort; **b)** *(unfavourable)* ungünstig ⟨*Bedingung, Entwicklung*⟩; negativ ⟨*Bilanz, Urteil*⟩; *(fully with Auswirkung);* **developments ~ to our interests** für unsere Interessen nachteilige Entwicklungen; **c)** *(contrary)* widrig ⟨*Wind, Umstände*⟩

adversely [ˈædvɜːslɪ] *adv.* **a)** *(hostilely)* ablehnend; **b)** *(unfavourably)* nachteilig

adversity [əd'vɜːsɪtɪ] *n., no pl.* Not, *die;* **in ~:** in der Not; in Notzeiten; **b)** *usu. in pl. (misfortune)* Widrigkeit, *die*

advert ['ædvɜːt] *(Brit. coll.) see* **advertisement**

advertise ['ædvətaɪz] **1.** *v. t.* werben für ⟨*Güter, Waren*⟩; *(by small ad)* inserieren ⟨*Auto, Haus*⟩; ausschreiben ⟨*Stelle*⟩; **~ one's intentions** seine Absichten bekanntgeben; **~ one's presence** seine Anwesenheit bekanntmachen. **2.** *v. i.* werben; *(in newspaper)* inserieren; annoncieren; **~ on television** Werbung im Fernsehen machen; **~ for sb./sth.** jmdn./etw. [per Inserat] suchen

advertisement [əd'vɜːtɪsmənt] *n.* Anzeige, *die;* **TV ~:** Fernsehspot, *der;* **classified ~:** Kleinanzeige, *die;* **his behaviour is not a good ~ for the firm** *(fig.)* sein Verhalten ist für das Unternehmen keine gute Reklame

advertiser ['ædvətaɪzə(r)] *n. (in newspaper)* Inserent, *der*/Inserentin, *die; (on radio, TV)* Auftraggeber/Auftraggeberin [der Werbesendung]

advertising ['ædvətaɪzɪŋ] *n., no pl., no indef. art.* Werbung, *die;* **~ agency/campaign** Werbeagentur, *die*/-kampagne, *die*

advice [əd'vaɪs] *n.* **a)** *no pl., no indef. art. (counsel)* Rat, *der;* **seek ~ from sb.** bei

advisability

jmdm. Rat suchen; **my ~ to you would be ...**: ich würde dir raten ...; **he doesn't listen to ~**: er hört nicht auf Ratschläge; **on sb.'s ~**: auf jmds. Rat (Akk.) hin; **a piece of ~**: ein Rat[schlag]; **give sb. a piece or bit or word of ~**: jmdm. einen guten Rat geben; **if you ask or want my ~**: wenn du meinen Rat hören willst; **take ~ [from sb.]** [jmdn.] um Rat fragen; **take sb.'s ~**: jmds. Rat (Dat.) folgen; **take legal ~**: sich juristisch beraten lassen; **b)** (formal notice) Bescheid, der; Avis, der od. das (Kaufmannsspr.)
advisability [ədvaɪzə'bɪlɪtɪ] n., no pl. Ratsamkeit, die; **consider the ~ of doing sth.** erwägen, ob es ratsam ist, etw. zu tun
advisable [əd'vaɪzəbl] adj. ratsam
advise [əd'vaɪz] 1. v. t. a) (offer advice to) beraten; **please ~ me** bitte geben Sie mir einen Rat; **~ sb. to do sth.** jmdm. raten, etw. zu tun; **~ sb. not to do or against doing sth.** jmdm. abraten, etw. zu tun; **what would you ~ me to do?** wozu würdest du mir raten?; **b)** (recommend) **~ sth.** zu etw. raten; **c)** (inform) unterrichten, informieren (**of** über + Akk.); **keep me ~d** halten Sie mich auf dem laufenden. 2. v. i. a) raten; **~ on sth.** bei etw. beraten; **please ~**: erbitte Rat; **b)** (Amer.: consult) **~ with sb.** sich mit jmdm. beraten
advised [əd'vaɪzd] adj. **[well-]~**: wohl überlegt; **be well/better ~**: ⟨Person:⟩ wohlberaten/besser beraten sein
advisedly [əd'vaɪzɪdlɪ] adv. bewußt
adviser, advisor [əd'vaɪzə(r)] n. Berater, der/Beraterin, die
advisory [əd'vaɪzərɪ] adj. beratend; **~ committee** Beratungsausschuß, der; **in an ~ capacity** in beratender Funktion
advocaat [ædvə'kɑːt] n. Eierlikör, der
advocacy ['ædvəkəsɪ] n., no pl. **sb.'s ~ of sth.** jmds. Engagement od. Eintreten für etw.
advocate 1. ['ædvəkət] n. (of a cause) Befürworter, der/Befürworterin, die; Fürsprecher, der/Fürsprecherin, die; (for a person) Fürsprecher, der/Fürsprecherin, die; (Law: professional pleader) [Rechts]anwalt, der/[Rechts]anwältin, die; **Faculty of A~s** [schottische] Anwaltskammer, die; **Lord A~**: [schottischer] Generalstaatsanwalt, der. 2. ['ædvəkeɪt] v. t. a) (recommend) befürworten; empfehlen; **~ a policy** für eine Politik eintreten; **~ that ...**: dafür plädieren, daß ...; **b)** (defend) verteidigen; eintreten für
advt. abbr. advertisement
adze (Amer.: **adz**) [ædz] n. Dechsel, die
Aegean [iː'dʒiːən] pr. n. **~ [Sea]** Ägäisches Meer
aegis ['iːdʒɪs] n. a) (auspices) **under the ~ of sb./sth.** unter der Ägide (geh.) od. Schirmherrschaft von jmdm./etw.; **b)** (protection) Schutz, der
Aeneid ['iːnɪɪd] n. Äneis, die
aeon ['iːən] n. (age) Äon, der (geh.)
aerate ['eəreɪt] v. t. a) (charge with gas) [mit Kohlendioxyd] anreichern; **~d water** kohlensaures Wasser; **b)** (Agric., Hort.) durchlüften
aerial ['eərɪəl] 1. adj. a) (in the air) Luft-; **~ root** Luftwurzel, die; **~ cableway or ropeway or railway** Seilbahn, die; **b)** (atmospheric) atmosphärisch; **c)** (Aeronaut.) Luft-; **~ bombardment** Bombardierung [aus der Luft]; **~ photograph/photography** Luftaufnahme, die/Luftaufnahmen, pl.; **~ spraying** Besprühung aus der Luft. 2. n. Antenne, die
aero- [eərə] in comb. Aero-
aerobatics [eərə'bætɪks] n. a) no pl. Kunstflug, der; Acrobatik, die; **b)** pl. (feats of flying skill) fliegerische Kunststücke
aerobic [eə'rəʊbɪk] adj. aerob (Biol.)
aerobics [eə'rəʊbɪks] n., no pl. Aerobic, das
aerodrome ['eərədrəʊm] n. (Brit. dated) Aerodrom, das (veralt.); Flugplatz, der
aerodynamic adj. aerodynamisch

aerodynamics n., no pl. Aerodynamik, die
aero-engine ['eərəʊendʒɪn] n. (Aeronaut.) Flug[zeug]motor, der
aerofoil n. Tragfläche, die; Tragflügel, der (fachspr.); (on car) Heckspoiler, der
aerogram[me] see **air letter**
aeronautic [eərə'nɔːtɪk], **aeronautical** [eərə'nɔːtɪkl] adj. aeronautisch
aeronautics [eərə'nɔːtɪks] n., no pl. Aeronautik, die
aeroplane ['eərəpleɪn] n. (Brit.) Flugzeug, das
aerosol ['eərəsɒl] n. a) (spray) Spray, der od. das; (container) **[spray] ~**: Spraydose, die; **b)** (system of particles) Aerosol, das
aerospace n., no pl., no art. Erdatmosphäre und Weltraum; (technology) Luft- und Raumfahrt, die
aesthete ['iːsθiːt] n. Ästhet, der/Ästhetin, die
aesthetic [iːs'θetɪk] 1. adj. ästhetisch; schöngeistig ⟨Person, Epoche⟩. 2. n. **the Hegelian ~**: die Hegelsche Ästhetik
aesthetically [iːs'θetɪkəlɪ] adv. ästhetisch
aestheticism [iːs'θetɪsɪzm] n., no pl. Ästhetizismus, die
aesthetics [iːs'θetɪks] n., no pl. Ästhetik, die
aether see **ether b**
aetiology [iːtɪ'ɒlədʒɪ] n. (Med., Philos.) Ätiologie, die
AF abbr. audio frequency
afar [ə'fɑː] adv. **~ [off]** weit fort; in weiter Ferne; **from ~**: aus der Ferne
AFC abbr. (Brit.) Association Football Club Fußballverein
affability [æfə'bɪlɪtɪ] n., no pl. Freundlichkeit, die; **the boss's back-slapping ~**: die joviale Leutseligkeit des Chefs
affable ['æfəbl] adj. freundlich; **he is on ~ terms with everyone** und versteht sich mit allen gut
affably ['æfəblɪ] adv. freundlich
affair [ə'feə(r)] n. a) (concern, matter) Angelegenheit, die; **it's not my ~**: es geht mich nichts an; **that's 'his ~**: das ist seine Sache; **the Dreyfus ~**: die Dreyfus-Affäre; **b)** in pl. (everyday business) Geschäfte Pl.; [tägliche] Arbeit; (business dealings) Geschäfte Pl.; **state of ~s** Lage, die; see also **current 1 c**; **foreign c**; **state 1 d**; **c)** (love ~) Affäre, die; **have an ~ with sb.** eine Affäre od. ein Verhältnis mit jmdm. haben; **d)** (occurrence) Geschichte, die (ugs.); Angelegenheit, die; **e)** (coll.: thing) Ding, das; **our house is a tumbledown ~**: unser Haus ist eine Bruchbude (ugs.); **f) ~ of honour** Ehrenhandel, der
¹affect [ə'fekt] v.t. a) (pretend to have) nachahmen; imitieren; (pretend to feel or do) vortäuschen; spielen; **the boy ~ed indifference** der Junge tat so, als sei es ihm gleichgültig; **~ to do sth.** vorgeben, etw. zu tun
²affect v. t. a) (produce effect on) sich auswirken auf (+ Akk.); **damp had ~ed the spark-plugs** Feuchtigkeit hatte die Zündkerzen in Mitleidenschaft gezogen; **plant growth is ~ed by the amount of rainfall** das Wachstum der Pflanzen wird von der Niederschlagsmenge beeinflußt; **b)** (emotionally) betroffen machen; **be ~ed by sth.** von etw. betroffen sein; **c)** (Vorschrift:) betreffen; ⟨Krankheit:⟩ infizieren; befallen ⟨Pflanze⟩
affectation [æfek'teɪʃn] n. a) (studied display) Verstellung, die; (artificiality) Affektiertheit, die; **b)** no pl. (pretence) **~ of sth.** Vortäuschung von etw.
affected [ə'fektɪd] adj. affektiert; gekünstelt ⟨Sprache, Stil⟩
affectedly [ə'fektɪdlɪ] adv. affektiert
affectedness [ə'fektɪdnɪs] n., no pl. Affektiertheit, die
affecting [ə'fektɪŋ] adj. rührend; ergreifend

affectingly [ə'fektɪŋlɪ] adv. in ergreifender Weise; rührend
affection [ə'fekʃn] n. a) (kindly feeling) Zuneigung, die; **have or feel ~ for sb./sth.** für jmdn. Zuneigung empfinden/an etw. (Dat.) hängen; **gain or win sb.'s ~s** jmds. Zuneigung gewinnen; **she was held in great ~ by many people** viele hatten sie in ihr Herz geschlossen; **have a place in sb.'s ~s** einen festen Platz in jmds. Herzen einnehmen; **lots of love and ~** (close of letter) alles Liebe und Gute; **b)** (Med.: illness) Affektion, die
affectionate [ə'fekʃənət] adj. anhänglich ⟨Person, Kind, [Haus]tier⟩; liebevoll ⟨Umarmung⟩; zärtlich ⟨Lächeln, Erinnerung⟩; **your ~ son** (in letter) Dein Dich liebender Sohn
affectionately [ə'fekʃənətlɪ] adv. liebevoll; **yours ~**: viele Grüße und Küsse
affidavit [æfɪ'deɪvɪt] n. (Law) [schriftliche] eidesstattliche Versicherung; **swear an ~**: eine eidesstattliche Versicherung abgeben
affiliate [ə'fɪlɪeɪt] 1. v. t. a) (attach) **be ~d to or with sth.** an etw. (Akk.) angegliedert od. angeschlossen sein; **the organization is not politically ~d** die Organisation ist politisch nicht gebunden; **b)** (adopt) aufnehmen ⟨Mitglied⟩; angliedern ⟨Vereinigung⟩; **be an ~d member of an organization** einer Organisation angeschlossen sein. 2. n. (person) assoziiertes Mitglied; (organization) Zweigorganisation, die; Affiliation, die (Wirtsch.)
affiliation [əfɪlɪ'eɪʃn] n. Angliederung, die (**to, with** an + Akk.); **~ order** gerichtliche Feststellung der Vaterschaft und Festsetzung der Unterhaltsverpflichtung für ein nichteheliches Kind
affinity [ə'fɪnɪtɪ] n. a) (relationship) Verwandtschaft, die (**to** mit); **b)** (liking) Neigung, die (**for** zu); **feel an ~ to or for sb./sth.** sich zu jmdm./etw. hingezogen fühlen; **c)** (structural resemblance) Affinität, die; Verwandtschaft, die; (fig.) Verwandtschaft, die (**with, to** mit); **the ~ of sth. to or with sth.** die Affinität von etw. zu etw.
affirm [ə'fɜːm] 1. v. t. bekräftigen ⟨Absicht⟩; beteuern ⟨Unschuld⟩; (state as a fact) bestätigen; **~ sth. to sb.** jmdm. etw. versichern. 2. v. i. (Law) ohne religiöse Beteuerung schwören
affirmation [æfə'meɪʃn] n. a) (of intention) Bekräftigung, die; (of fact) Bestätigung, die; (of quality) Versicherung, die; **b)** (Law) eidesstattliche Erklärung
affirmative [ə'fɜːmətɪv] 1. adj. affirmativ; bestätigend ⟨Erklärung⟩; bejahend, zustimmend ⟨Antwort⟩; **~ vote** Jastimme, die. 2. n. Bejahung, die; **answer in the ~**: bejahend antworten; **the answer is in the ~**: die Antwort ist „ja" od. positiv
affirmative 'action n. (Amer.) positive Diskriminierung (fachspr.); Bevorzugung, die
affirmatively [ə'fɜːmətɪvlɪ] adv. **answer ~**: bejahend antworten
affix 1. [ə'fɪks] v. t. a) (fix) **~ sth. to sth.** etw. an etw. (Dat.) befestigen; **the stamp had not been properly ~ed to the letter** die Marke war nicht richtig auf den Brief geklebt; **b)** (impress) aufdrücken; **~ one's stamp/seal upon sth.** seinen Stempel/sein Siegel auf etw. (Akk.) drücken; **c)** (append) **~ one's signature [to sth.]** seine Unterschrift [unter etw. (Akk.)] setzen. 2. ['æfɪks, 'æfɪks] n. Affix, das
afflict [ə'flɪkt] v. t. (physically) plagen; (mentally) quälen; peinigen; **be ~ed with sth.** von etw. befallen sein
affliction [ə'flɪkʃn] n. a) no pl. (distress) Bedrängnis, die; **endure sorrow and ~**: Kummer und Leid ertragen; **b)** (cause of distress) Leiden, das; **bodily ~s** körperliche Gebrechen
affluence ['æflʊəns] n., no pl. a) (wealth) Reichtum, der; **b)** (plenty) Überfluß, der

affluent ['æfluənt] 1. *adj.* a) *(wealthy)* reich; the ~ society die Überflußgesellschaft; b) *(abounding)* reichhaltig; ~ in reich an (+ *Dat.*). 2. *n.* *(of river)* Nebenfluß, *der; (of lake)* Zufluß, *der*

afford [ə'fɔːd] *v. t.* a) sich *(Dat.)* leisten; **be able to ~ sth.** sich *(Dat.)* etw. leisten können; **be able to ~:** aufbringen können ⟨*Geld*⟩; erübrigen können ⟨*Zeit*⟩; **be able to ~ to do sth.** es sich *(Dat.)* leisten können, etw. zu tun; **sb. can ill ~ sth.** jmd. kann sich *(Dat.)* etw. kaum leisten; **we can well ~ to look critically at our dietary habits** uns täte es sehr gut, sich *(Dat.)* die eigenen Eßgewohnheiten einmal kritisch zu betrachten; b) *(provide)* bieten; gewähren ⟨*Schutz*⟩; bereiten ⟨*Vergnügen*⟩; ~ **sb. sth.** jmdm. etw. bieten/gewähren/bereiten

affordable [ə'fɔːdəbl] *adj.* erschwinglich

afforest [ə'fɒrɪst] *v. t.* aufforsten

afforestation [əfɒrɪ'steɪʃn] *n.* Aufforstung, *die*

affray [ə'freɪ] *n.* Schlägerei, *die*

affront [ə'frʌnt] 1. *v. t.* *(insult)* beleidigen; *(offend)* kränken; vor den Kopf stoßen *(ugs.)*. 2. *n.* *(insult)* Affront, *der (geh.)* (**to** gegen); Beleidigung, *die* (**to** *Gen.*); *(offence)* Kränkung, *die* (**to** *Gen.*)

Afghan ['æfgæn] 1. *adj.* afghanisch; *see also* **English 1**. 2. *n.* a) *(person)* Afghane, *der*/Afghanin, *die;* b) *(language)* Afghanisch, *das; see also* **English 2 a**

Afghan 'hound *n.* Afghane, *der*

Afghanistan [æf'gænɪstɑːn] *pr. n.* Afghanistan *(das)*

aficionado [əfɪsjə'nɑːdəʊ] *n., pl.* ~s Liebhaber, *der*/Liebhaberin, *die*

afield [ə'fiːld] *adv.* **far ~** *(direction)* weit hinaus; *(place)* weit draußen; **we didn't go farther ~ than ...:** wir gingen nicht weiter hinaus als bis zu ...; **from as far ~ as** so weit hin wie; **go too far ~** *(fig.)* sich zu weit entfernen

afire [ə'faɪə(r)] *pred. adj.* [**set**] ~: in Brand [setzen *od.* stecken]; **be ~:** in Flammen stehen

aflame [ə'fleɪm] *pred. adj.* **be ~:** in Flammen stehen

afloat [ə'fləʊt] *pred. adj.* a) *(floating)* über Wasser; flott ⟨*Schiff*⟩; **get a boat ~:** ein Boot flott machen; b) *(at sea)* auf See; **be ~:** auf dem Meer treiben; c) *(awash)* **be ~:** unter Wasser stehen

afoot [ə'fʊt] *pred. adj.* a) *(astir)* auf den Beinen; b) *(under way)* im Gange; **set ~:** in Gang setzen; aufstellen ⟨*Plan*⟩; **plans were ~ to ...:** es gab Pläne, zu ...; **there's trouble ~:** es gibt Ärger

aforementioned [ə'fɔːmenʃnd], **aforesaid** [ə'fɔːsed] *adjs.* obenerwähnt *od.* -genannt

aforethought [ə'fɔːθɔːt] *adj.* **with malice ~:** mit Vorbedacht

a fortiori [eɪ fɔːtɪ'ɔːraɪ] *adv.* erst recht

afoul [ə'faʊl] *adv.* *(Amer.)* verwickelt (**of** in + *Akk.*); **fall** *or* **run ~ of sth.** sich in etw. *(Akk.)* verwickeln; *(fig.)* mit etw. in Konflikt geraten

afraid [ə'freɪd] *pred. adj.* [**not**] **be ~** [**of sb./sth.**] [vor jmdm./etw.] [keine] Angst haben; **be ~ lest ...:** befürchten, daß ...; **be ~ to do sth.** Angst davor haben, etw. zu tun; **be ~ of doing sth.** Angst haben, etw. zu tun; **I'm ~** [**that**] **we must assume that ...:** leider müssen wir annehmen, daß ...; **I'm ~ so/not** ich fürchte ja/nein

afresh [ə'freʃ] *adv.* von neuem; **every word has been translated ~:** jedes Wort ist neu übersetzt worden

Africa ['æfrɪkə] *pr. n.* Afrika *(das); see also* **black 1 c**

African ['æfrɪkən] 1. *adj.* afrikanisch; **sb. is ~:** jmd. ist Afrikaner/Afrikanerin. 2. *n.* a) Afrikaner, *der*/Afrikanerin, *die;* b) *(Amer.: Negro)* Neger, *der*/Negerin, *die*

African 'violet *n.* *(Bot.)* Usambaraveilchen, *das*

Afrikaans [æfrɪ'kɑːns] *n.* Afrikaans, *das; see also* **English 2 a**

Afrikaner [æfrɪ'kɑːnə(r)] *n.* Afrika[a]nder, *der*/Afrika[a]nderin, *die*

Afro ['æfrəʊ] 1. *adj.* Afro-; ~ **look** Afro-Look, *der.* 2. *n., pl.* ~**s** Afro-Look, *der*

Afro- [æfrəʊ] *in comb.* afro-/Afro-

Afro-A'merican 1. *adj.* afroamerikanisch. 2. *n.* Afroamerikaner, *der*/-amerikanerin, *die*

aft [ɑːft] *adv.* *(Naut., Aeronaut.)* achtern; **go ~:** nach achtern gehen

after ['ɑːftə(r)] 1. *adv.* a) *(later)* danach; **two days ~:** zwei Tage danach *od.* später; **soon/shortly ~:** bald/kurz danach *od.* darauf; **long ~:** lange danach; b) *(behind)* hinterher. 2. *prep.* a) *(following in time)* nach; ~ **six months** nach sechs Monaten; ~ **you** nach Ihnen; ~ **you with the salt** *(coll.)* kann ich das Salz nach dir haben?; **time ~ time** wieder und wieder; **day ~ day** Tag für Tag; **it is a quarter ~ ten** *o'clock* *(Amer.)* es ist Viertel nach zehn; b) *(behind)* hinter (+ *Dat.*); *(in pursuit of)* **be/shout ~ sb.** hinter jmdm. hersein/herrufen; **what are you ~?** was suchst du denn?; *(to questioner)* was willst du wirklich wissen?; **she's only ~ his money** sie ist nur hinter seinem Geld her; c) *(about)* **ask ~ sb./sth.** nach jmdm./etw. fragen; d) *(next in importance to)* nach; e) *(in spite of)* nach; ~ **all** schließlich; **so you've come ~ all!** du bist also doch gekommen!; **I think I'll have a beer ~ all** ich glaube, ich trinke doch ein Bier; **so we took the train ~ all** wir haben den Zug schließlich doch genommen; f) *(as a result of)* ~ **what has happened** nach dem, was geschehen ist; ~ **seeing that film/reading that book** nach diesem Film/diesem Buch; g) *(in allusion to, in imitation of)* nach; **named ~:** benannt nach; **a picture ~ Rubens** ein Bild im Stil von Rubens. 3. *conj.* nachdem. 4. *adj.* a) *(later)* später; **in ~ years** in späteren Jahren; b) *(Naut.)* Achter-

after-: ~**birth** *n.* Nachgeburt, *die;* ~-**care** *n., no pl.* *(after hospital stay)* Nachbehandlung, *die; (after prison sentence)* Resozialisierung, *die;* ~-**'dinner speaker** *n.* Tischredner, *der;* ~-**'dinner speech** *n.* Tischrede, *die;* ~-**effect** *n., usu. in pl.* Nachwirkung, *die;* ~-**life** *n.* Leben nach dem Tod

aftermath ['ɑːftəmæθ, 'ɑːftəmɑːθ] *n., no pl.* Nachwirkungen *Pl.;* **the ~ of the war** die Folgen *od.* Auswirkungen des Krieges; **in the ~ of sth.** nach etw.

afternoon [ɑːftə'nuːn] *n.* Nachmittag, *der; attrib.* Nachmittags-; **in the ~:** nachmittags; **this/tomorrow ~:** heute/morgen nachmittag; **in the Laufe des Nachmittags; (early/late) in the ~:** am [frühen/späten] Nachmittag; *(regularly)* [früh/spät] nachmittags; **at three in the ~:** um drei Uhr nachmittags; **on Monday ~s/~:** Montag nachmittags/[am] Montag nachmittag; **one ~:** eines Nachmittags; ~**s, of an ~:** nachmittags; **the other ~:** neulich nachmittags; ~**, all!** *(coll. greeting)* Tag, zusammen!; *see also* **good 1 m**

afters ['ɑːftəz] *n. pl.* *(Brit. coll.)* Nachtisch, *der*

after-: ~-**sales service** *n.* Kundendienst, *der;* ~**shave** *n.* After-shave, *das;* ~**shock** *n.* Nachbeben, *das;* ~**taste** *n.* Nachgeschmack, *der;* ~**thought** *n.* nachträglicher Einfall; nachträgliche Idee; **be added as an ~thought** erst später hinzukommen

afterwards ['ɑːftəwədz] (*Amer.:* **afterward** ['ɑːftəwəd]) *adv.* danach

again [ə'gen, ə'geɪn] *adv.* a) *(another time)* wieder; **see a film ~:** einen Film noch einmal sehen; **play/sing a tune ~:** eine Melodie noch einmal spielen/singen; **not ~!** nicht schon wieder!; ~ **and ~, time and**

[*time*] ~: immer wieder; **back ~:** wieder zurück; **go back there ~:** wieder dorthin gehen; **as much ~:** noch einmal soviel; **half as much/many ~:** noch einmal halb soviel/so viele; **come ~** *(coll.: would you say that again?)* wie bitte?; b) *(besides)* [**there**] ~: außerdem; c) *(on the other hand)* [**then/there**] ~: andrerseits

against [ə'genst, ə'geɪnst] *prep.* a) *(in opposition to, to the disadvantage of, in contrast to)* gegen; **those ~ the motion** diejenigen, die gegen den Antrag sind; **as ~:** gegenüber; **be ~ sb.'s doing sth.** dagegen sein, daß jmd. etw. tun darf; b) *(into collision with, in contact with)* gegen; **lean ~ sth.** sich etw. gegen etw. lehnen; c) *(in preparation for)* gegen; **protect sth. ~ frost** etw. vor Frost schützen; **save money ~ a rainy day** Geld für schlechte Zeiten sparen; **be warned ~ sth./doing sth.** vor etw. *(Dat.)* gewarnt werden/davor gewarnt werden, etw. zu tun; d) *(in return for)* gegen; **rate of exchange ~ the dollar** Wechselkurs des Dollar

agape [ə'geɪp] *adj.* **with mouth ~:** mit offenem Mund; **be ~** ⟨*Person:*⟩ den Mund aufsperren (**with** vor)

agaric ['ægərɪk] *n.* *(Bot.)* Blätterpilz, *der*

agate ['ægət] *n.* *(Min.)* Achat, *der*

agave [ə'geɪvɪ] *n.* *(Bot.)* Agave, *die*

age [eɪdʒ] 1. *n.* a) Alter, *das;* **the boys' ~s are 7, 6, and 3** die Jungen sind 7, 6 und 3 Jahre alt; **what ~ are you?, what is your ~?** wie alt bist du?; **at the ~ of** im Alter von; **at what ~:** in welchem Alter; **be six years of ~:** sechs Jahre alt sein; **children of six years of ~ and under** Kinder [im Alter] von sechs Jahren und darunter; **when I was your ~:** als ich so alt war wie du; **he looks his ~:** man sieht ihm sein Alter an; **come of ~:** mündig *od.* volljährig werden; *(fig.)* den Kinderschuhen entwachsen; **be over ~:** eine vorgeschriebene Altersgrenze überschritten haben; **be/look under ~:** zu jung sein/aussehen; **she's now of an ~ when she ...:** sie ist jetzt in dem Alter, in dem sie ...; **be ~ act your ~** *(coll.)* sei nicht so kindisch!; b) *(advanced age)* Alter, *das;* **her ~ is catching up with her** sie merkt jetzt doch, daß sie alt wird; **her face was wrinkled with ~:** ihr Gesicht war vom Alter zerfurcht; **~ before beauty** *(joc.)* Alter vor Schönheit; c) *(generation)* Generation, *die;* d) *(great period)* Zeitalter, *das;* **wait [for] ~s** *or* **an ~ for sb./sth.** *(coll.)* eine Ewigkeit auf jmdn./etw. warten; **take/be ~s** *or* **an ~** *(coll.)* eine Ewigkeit dauern; **she took ~s looking for the book** *(coll.)* sie suchte eine Ewigkeit nach dem Buch; **I'll be ~s yet** *(coll.)* ich brauche noch eine Ewigkeit. 2. *v. t.* Altern lassen; altern *(selten)*; **sth. ~s sb./sth.** prematurely etw. läßt jmdn./etw. frühzeitig alt werden; b) *(mature)* reifen lassen; altern *(fachspr.)*. 3. *v. i.* altern

aged 1. *adj.* a) **~ five** fünf Jahre alt sein; **a boy ~ five** ein fünfjähriger Junge; b) [eɪdʒd] *(matured)* gealtert ⟨*Wein, Käse, Brandy*⟩; c) ['eɪdʒɪd] *(elderly)* bejahrt. 2. ['eɪdʒɪd] *n. pl.* die alten Menschen

'age-group *n.* Altersgruppe, *die*

ageism ['eɪdʒɪzm] *n.* Diskriminierung auf Grund des Alters

ageless ['eɪdʒlɪs] *adj.* nicht alternd ⟨*Person*⟩; *(eternal)* zeitlos

'age-long *adj.* jahrhundertelang

agency ['eɪdʒənsɪ] *n.* a) *(action)* Handeln, *das;* **through/by the ~ of sth.** durch [die Einwirkung von] etw.; **through/by the ~ of sb.** durch jmds. Vermittlung; b) *(business establishment)* Geschäftsstelle, *die; (news/advertising ~)* Agentur, *die; (United Nations department) (major)* Sonderorganisation, *die; (minor)* Unterorganisation, *die*

agenda [ə'dʒendə] *n. (lit. or fig.)* Tagesordnung, *die*

agent ['eɪdʒənt] *n.* a) [treibende] Kraft,

(Ling.) Agens, *das;* **be a free ~**: sein eigener Herr sein; **b)** *(substance)* Mittel, *das;* **an oxidizing ~**: ein Oxidationsmittel; **c)** *(one who acts for another)* Vertreter, *der*/Vertreterin, *die;* **d)** *(spy)* Agent, *der*/Agentin, *die*
agent provocateur [aːʒã prɒvɒkə'tɜː(r)] *n., pl.* **agents provocateurs** [aːʒã prɒvɒkə-'tɜː(r)] Agent provocateur, *der*
'age-old *adj.* uralt
agglomerate [ə'glɒməreɪt] *v. t.* agglomerieren
agglomeration [əglɒmə'reɪʃn] *n.* (*mass*) Agglomeration, *die (bes. fachspr.);* Anhäufung, *die*
aggrandizement [ə'grændɪzmənt] *n., no pl.* Vergrößerung, *die; (of power, influence)* Ausdehnung, *die;* **his personal ~**: die Glorifizierung seiner Person
aggravate ['ægrəveɪt] *v. t.* **a)** verschlimmern ⟨*Krankheit, Zustand, Situation*⟩; verschärfen ⟨*Streit*⟩; **b)** *(coll.: annoy)* aufregen; ärgern; **be ~d by sth.** sich über etw. *(Akk.)* ärgern *od.* aufregen
aggravating ['ægrəveɪtɪŋ] *adj. (coll.)* ärgerlich; lästig ⟨*Kind, Lärm*⟩
aggravation [ægrə'veɪʃn] *n., no pl.* **a)** Verschlimmerung, *die; (of dispute)* Verschärfung, *die;* **b)** *(coll.: annoyance)* Ärger, *der;* Aufregung, *die*
aggregate 1. ['ægrɪgət] *n.* **a)** *(sum total)* Gesamtmenge, *die; (assemblage)* Ansammlung, *die;* **in the ~**: in seiner/ihrer Gesamtheit; **b)** *(Building)* [Beton]zuschlag, *der;* *(Geol.)* Aggregat, *das.* **2.** *adj. (collected into one)* zusammengefügt; *(collective)* gesamt; **the ~ amount** der Gesamtbetrag. **3.** ['ægrɪgeɪt] *v. t.* **a)** verbinden ⟨*Material, Stoff*⟩ *(into* zu*);* ansammeln ⟨*Reichtum*⟩; **b)** *(unite)* vereinigen; *(coll.: amount to)* sich [insgesamt] belaufen auf *(+ Akk.);* **audiences aggregating 7 million** insgesamt 7 Millionen Zuhörer/Zuschauer
aggregation [ægrɪ'geɪʃn] *n.* Ansammlung, *die;* Aggregation, *die (bes. fachspr.)*
aggression [ə'greʃn] *n.* **a)** *no pl.* Aggression, *die;* **b)** *(unprovoked attack)* Angriff, *der;* **c)** *no pl. (Psych.)* Aggression, *die*
aggressive [ə'gresɪv] *adj.* aggressiv; angriffslustig ⟨*Kämpfer*⟩; heftig ⟨*Angriff*⟩
aggressively [ə'gresɪvlɪ] *adv.* aggressiv, herausfordernd ⟨*handeln, reagieren*⟩; *(forcefully)* aggressiv, wirkungsvoll, dynamisch ⟨*verkaufen, anbieten*⟩; **the product was marketed ~**: die Werbung für das Produkt hatte Biß
aggressiveness [ə'gresɪvnɪs] *n., no pl.* Aggressivität, *die*
aggressor [ə'gresə(r)] *n.* Aggressor, *der*
aggrieve [ə'griːv] *v. t. (treat unfairly)* ungerecht behandeln; **feel [oneself] much ~d at** *or* **over sth.** sich durch etw. ungerecht behandelt fühlen; **b) ~d** *(resentful)* verärgert; *(offended)* gekränkt
aggro ['ægrəʊ] *n. (Brit. sl.)* Zoff, *der (ugs.);* Krawall, *der;* **they are looking for ~**: sie suchen Streit
aghast [ə'gɑːst] *pred. adj. (horrified)* bestürzt; erschüttert; *(terrified)* erschrocken; **we stood ~ as ...**: wir standen wie versteinert, als ...
agile ['ædʒaɪl] *adj.* beweglich; agil *(geh.)*; flink, behend[e] ⟨*Bewegung*⟩
agility [ə'dʒɪlɪtɪ] *n.* Beweglichkeit, *die;* Flinkheit, *die;* Gewandtheit, *die; (fig.)* [geistige] Behendigkeit *od.* Beweglichkeit
agitate ['ædʒɪteɪt] 1. *v. t.* **a)** *(shake)* schütteln; *(stir up)* aufrühren; **b)** *(disturb)* beunruhigen; erregen. 2. *v. i.* **~ for/against sth.** für/gegen etw. agitieren
agitation [ædʒɪ'teɪʃn] *n.* **a)** *(shaking)* Schütteln, *das; (stirring up)* Aufrühren, *das;* **b)** *(emotional disturbance)* Erregung, *die;* **c)** *(campaign)* Agitation, *die*
agitator ['ædʒɪteɪtə(r)] *n.* **a)** Agitator, *der;* **b)** *(device)* Rührwerk, *das*

AGM *abbr.* **Annual General Meeting** JHV
agnostic [æg'nɒstɪk] 1. *adj.* agnostizistisch. 2. *n.* Agnostiker, *der*/Agnostikerin, *die*
agnosticism [æg'nɒstɪsɪzm] *n., no pl.* Agnostizismus, *der*
ago [ə'gəʊ] *adv.* **ten years ~**: vor zehn Jahren; **[not] long ~**: vor [nicht] langer Zeit; **that was a long while ~**: das war vor langer Zeit; **how long ~ is it that ...?** wie lange ist es her, daß ...?; **no longer ~ than last Sunday** nicht vor letztem Sonntag; *(only last Sunday)* erst letzten Sonntag
agog [ə'gɒg] *pred. adj.* gespannt **(for** auf *+ Akk.);* **be ~ to hear the news** gespannt darauf sein, die Neuigkeiten zu hören
agonize ['ægənaɪz] 1. *v. i.* **a)** *(suffer agony)* Todesqualen erleiden; **b)** *(fig.: struggle)* ringen; **~ over sth.** sich *(Dat.)* den Kopf über etw. *(Akk.)* zermartern. 2. *v. t.* quälen; **an ~d scream** ein qualerfüllter Schrei; **an agonizing wait** *(fig.)* eine qualvolle Wartezeit
agony ['ægənɪ] *n.* Todesqualen *Pl.;* **suffer ~/agonies** Todesqualen erleiden; **die in ~**: qualvoll sterben; **in an ~ of indecision/anticipation** *(fig.)* in qualvoller Unentschlossenheit/Erwartung; **death ~, last ~**: Agonie, *die;* Todeskampf, *der*
agony: ~ aunt *n. (coll.)* Briefkastentante, *die (ugs. scherz.);* **~ column** *n. (Brit. coll.)* **a)** Zeitungsspalte für private Mitteilungen („*Persönliches"*); **b)** *(advice column)* Spalte für die „Briefkastentante"
agoraphobia [ægərə'fəʊbɪə] *n. (Psych.)* Agoraphobie, *die;* Platzangst, *die*
agrarian [ə'greərɪən] *adj.* Agrar-; *(relating to agricultural matters)* agrarisch
agree [ə'griː] 1. *v. i.* **a)** *(consent)* einverstanden sein; **~ to sth./to do sth.** mit etw. einverstanden sein/damit einverstanden sein, etw. zu tun; **we can only ~ to differ** *or* **disagree** wir können nur darin übereinstimmen, daß wir nicht übereinstimmen; **b)** *(hold similar opinion)* einer Meinung sein; **they ~d [with me]** sie waren derselben Meinung [wie ich]; **~ with sb. about** *or* **on sth./that ...**: jmdm. in etw. *(Dat.)* zustimmen/ jmdm. darin zustimmen, daß ...; **I ~**: stimmt; **I couldn't ~ more** ich bin völlig deiner Meinung; **do you ~ with what I say?** stimmst du darin mit mir überein?; **c)** *(reach similar opinion)* **~ on sth.** sich über etw. *(Akk.)* einigen; **we could not ~ on how ...**: wir konnten uns nicht darüber einigen, wie ...; **d)** *(harmonize)* übereinstimmen; **sth. ~s with sth.** etw. stimmt mit etw. überein; **make ~**: zur Übereinstimmung bringen; **~ closely** weitgehend übereinstimmen; **e)** *(suit)* **~ with sb.** jmdm. bekommen; **f)** *(Ling.)* übereinstimmen. 2. *v. t.* **a)** *(reach agreement about)* vereinbaren; **b)** *(consent to)* **~ sth.** einer Sache *(Dat.)* zustimmen
agreeable [ə'griːəbl] *adj.* **a)** *(pleasing)* angenehm ⟨*Überraschung, Person, Abend, Stimme*⟩; erfreulich ⟨*Anblick*⟩; **b)** *(coll.: willing to agree)* **be ~ [to sth.]** [mit etw.] einverstanden sein
agreeableness [ə'griːəblnɪs] *n., no pl.* **~ of his company** seine angenehme Gesellschaft; **the ~ of the taste/climate** der angenehme Geschmack/das angenehme Klima
agreeably [ə'griːəblɪ] *adv.* angenehm; **~ surprised** angenehm überrascht; **we were ~ entertained** wir wurden auf angenehme Weise *od.* nett unterhalten
agreed [ə'griːd] *adj.* einig; vereinbart ⟨*Summe, Zeit*⟩; **be ~ that .../about sth.** sich *(Dat.)* darüber einig sein, daß .../ sich *(Dat.)* über etw. *(Akk.)* einig sein; **it was ~ that ...**: man war sich *(Dat.)* darüber einig, daß ...; **~!** einverstanden!
agreement [ə'griːmənt] *n.* **a)** Übereinstimmung, *die; (mutual understanding)* Übereinkunft, *die;* **be in ~ [about sth.]** sich *(Dat.)* [über etw. *(Akk.)*] einig sein; **I'm in ~ with what you say** ich stimme darin mit dir überein; **enter into an ~**: eine Übereinkunft treffen; **come to** *or* **reach an ~ with sb.** [about sth.] mit jmdm. eine Einigung [über etw. *(Akk.)*] erzielen; **b)** *(treaty)* Abkommen, *das;* **c)** *no pl., no indef. art. (state of harmony)* Übereinstimmung, *die;* **d)** *(Law)* Abkommen, *das;* Vertrag, *der;* **legal ~**: rechtliche Vereinbarung; **e)** *(Ling.)* Übereinstimmung
agribusiness ['ægrɪbɪznɪs] *n.* ≈ Agrarindustrie, *die*
agrichemical ['ægrɪkemɪkl] *n.* Agrochemikalie, *die*
agricultural [ægrɪ'kʌltʃərl] *adj.* landwirtschaftlich; **~ worker** Landarbeiter, *der*
agriculturalist [ægrɪ'kʌltʃərəlɪst] *see* **agriculturist**
agriculture ['ægrɪkʌltʃə(r)] *n.* Landwirtschaft, *die*
agriculturist [ægrɪ'kʌltʃərɪst] *n.* Landwirtschaftsexperte, *der; (farmer)* Landwirt, *der*
agrimony ['ægrɪmənɪ] *n. (Bot.)* Odermennig, *der*
aground [ə'graʊnd] *pred. adj.* auf Grund gelaufen; **go** *or* **run ~**: auf Grund laufen
ague ['eɪgjuː] *n. (fever)* Wechselfieber, *das (veralt.); (shivering fit)* Schüttelfrost, *der*
ah [ɑː] *int.* ach; *(of pleasure)* ah
aha [ɑː'hɑː] *int.* aha
ahead [ə'hed] *adv.* **a)** *(further forward in space)* voraus; **the way ~ was blocked** der Weg vor uns/ihnen *usw.* war versperrt; **~ of sb./sth.** vor jmdm./etw.; **right** *or* **straight ~ of us** *(direct in line)* genau vor uns *(Dat.);* **keep going straight ~** *(straight forwards)* gehen Sie immer geradeaus; **b)** *(fig.)* **be ~ of the others** den anderen voraus sein; **be ~ on points** nach Punkten führen; **get ~**: vorwärts kommen; **c)** *(further forward in time)* **~ of us lay three days of intensive training** vor uns lagen drei Tage intensives Training; **Britain is eight hours ~ of Los Angeles** in Großbritannien ist es acht Stunden später als in Los Angeles; **finish ~ of schedule** *or* **time** früher als geplant fertig werden; **get home ~ of sb.** eher *od.* früher nach Hause kommen als jmd.; **we've got ~ of ourselves** *(fig.)* wir sind zu schnell vorgegangen; **there is no point in looking too far ~**: es hat keinen Sinn, zu weit in die Zukunft zu planen. *See also* **go ahead**
ahoy [ə'hɔɪ] *int. (Naut.)* ahoi
AI *abbr.* **a) artificial intelligence** KI; **b) artificial insemination** KB
aid [eɪd] 1. *v. t.* **~ sb. [to do sth.]** jmdm. helfen[, etw. zu tun]; **~ed by** unterstützt von; **the finances have been ~ed by donations** die Finanzen sind durch Spenden aufgebessert worden; *see also* **abet**; **b)** *(promote)* fördern. 2. *n.* **a)** *no pl. (help)* Hilfe, *die;* **come to sb.'s ~**, **go to the ~ of sb.** jmdm. zu Hilfe kommen; **with the ~ of sth./sb.** mit Hilfe einer Sache *(Dat.)*/mit jmds. Hilfe; **mit Hilfe von etw./jmdm.**; **in ~ of sth./sb.** zugunsten von etw./jmdm.; **what's [all] this in ~ of?** *(coll.)* wozu soll das [Ganze *od.* alles] gut sein?; *see also* **foreign aid**; **b)** *(source of help)* Hilfsmittel, *das* **(to** für**)**
aide [eɪd] *n.* **a)** *see* **aide-de-camp**; **b)** *(assistant)* Berater, *der*/Beraterin, *die*
aide-de-camp [eɪddə'kã] *n., pl.* **aides-de-camp** [eɪddə'kã] *(Mil.)* Adjutant, *der*
aide-mémoire ['eɪdmemwɑː(r)] *n. (aid to memory)* Gedächtnisstütze, *die*
Aids [eɪdz] *n., no pl., no art.* Aids *(das)*
aikido [aɪkɪdəʊ] *n. (Sport)* Aikido, *das*
ail [eɪl] *v. t. (trouble)* plagen; **what ~s him?** was ist mit ihm?
ailing ['eɪlɪŋ] *adj. (sickly)* kränkelnd; kränklich
ailment ['eɪlmənt] *n.* Gebrechen, *das;* **minor ~**: leichte Erkrankung
aim [eɪm] 1. *v. t.* ausrichten ⟨*Schußwaffe, Rakete*⟩; **~ sth. at sb./sth.** etw. auf jmdn./

aimless | **alcove**

etw. richten; **that remark was not ~ed at you** *(fig.)* diese Bemerkung war nicht gegen Sie gerichtet; **~ a blow/shot/book at sb.** nach jmdm. schlagen/auf jmdn. schießen/ein Buch nach jmdm. werfen. **2.** *v. i.* **a)** zielen; **~ at sth./sb.** auf etw./jmdn. zielen; **~ high/wide** [zu] hoch/[zu] weit zielen; **~ high** *(fig.)* sich *(Dat.)* ein hohes Ziel stecken *od.* setzen; **b)** *(intend)* **~ to do sth.** *or* **at doing sth.** beabsichtigen, etw. zu tun; **please ~ to be back by 4 p.m.** versuche bitte, gegen 16 Uhr zurück zu sein; **~ at** *or* **for sth.** *(fig.)* etw. anstreben; **I'm not quite sure what you're ~ing at** *(fig.)* ich weiß nicht recht, worauf Sie hinauswollen. **3.** *n.* **a)** Ziel, *das;* **his ~ was true** er hatte genau gezielt; **take ~ [at sth./sb.]** [auf etw./jmdn.] zielen; **take ~ at the target** das Ziel anvisieren; **b)** *(purpose)* Ziel, *das*
aimless ['eɪmlɪs] *adj.* ziellos ⟨*Leben, Aktivität*⟩; sinnlos ⟨*Vorhaben, Beschäftigung*⟩; heillos ⟨*Verwirrung*⟩
aimlessly ['eɪmlɪslɪ] *adv.* ziellos
aimlessness ['eɪmlɪsnɪs] *n.* Ziellosigkeit, *die*
ain't [eɪnt] *(sl.)* **a)** = am not, is not, are not; *see* be; **b)** = has not, have not; *see* have **2**
air [eə(r)] **1.** *n.* **a)** Luft, *die;* **take the ~:** [frische] Luft schöpfen *(geh.);* **be/go on the ~:** senden; ⟨*Programm, Sendung:*⟩ gesendet werden; **be/go off the ~:** nicht/nicht mehr senden; ⟨*Programm:*⟩ nicht mehr gesendet werden; **be in the ~** *(fig.)* *(be spreading)* ⟨*Gerücht, Idee:*⟩ in der Luft liegen; *(be uncertain)* ⟨*Plan, Projekt:*⟩ in der Luft hängen; **by ~:** mit dem Flugzeug; **travel by ~:** fliegen; **send a letter by ~:** einen Brief mit *od.* per Luftpost schicken; **from the ~:** aus der Vogelperspektive; **b)** *(breeze)* Lüftchen, *das;* **c)** *(appearance)* **there was an ~ of absurdity about the whole exercise** die ganze Übung hatte etwas Absurdes; **his newspaper stories have the ~ of fiction** seine Zeitungsgeschichten haben etwas Fiktives; **d)** *(bearing)* Auftreten, *das;* *(facial expression)* Miene, *die;* **~s and graces** Allüren *Pl. (abwertend);* **give oneself** *or* **put on ~s** vornehm spielen; **e)** *(Mus.)* Melodie, *die.* **2.** *v. t.* **a)** *(ventilate)* lüften ⟨*Zimmer, Matratze, Kleidung*⟩; **b)** *(finish drying)* nachtrocknen ⟨*Wäsche*⟩; **c)** *(parade)* zur Schau tragen; **d)** *(make public)* [öffentlich] darlegen; zur Schau tragen ⟨*Kenntnisse*⟩. **3.** *v. i.* **(be ventilated)** lüften
air: ~ bag *n.* Airbag, *der;* Luftsack, *der;* **~ base** *n.* *(Air Force)* Luftwaffenstützpunkt, *der;* **~-bed** *n.* Luftmatratze, *die;* **~borne** *adj.* **~borne bacteria** in der Luft befindliche Bakterien, *die;* **~borne freight** Luftfracht, *die;* **~borne troops** Luftlandetruppen *Pl.;* **be ~borne** sich in der Luft befinden; **become ~borne** sich in der Luft erheben; **~ brake** *n.* Druckluftbremse, *die; (flap)* Luftbremse, *die;* **~ brick** *n.* Lüftungsstein, *der (Bauw.);* **~ brush** *n.* Spritzpistole, *die;* **~-bubble** *n.* Luftblase, *die;* **~ bus** *n.* Airbus, *der;* **~-conditioned** *adj.* klimatisiert; **~-conditioner** *n.* Klimaanlage, *die;* **~-conditioning** *n., no pl.* Klimatisierung, *die; (system)* Klimaanlage, *die;* **~-cooled** *adj.* luftgekühlt; **~ corridor** *n.* *(Aeronaut.)* Luftkorridor, *der;* **~ cover** *n.* Deckung aus der Luft
aircraft ['eəkrɑːft] *n., pl. same* Luftfahrzeug, *das; (aeroplane)* Flugzeug, *das*
'**aircraft-carrier** *n.* *(Navy)* Flugzeugträger, *der*
air: ~ crew *n.* Besatzung, *die;* Flugpersonal, *das;* **~-cushion** *n.* **a)** Luftkissen, *das;* **b)** **~ vehicle** Luftkissenfahrzeug, *das*
Airedale ['eədeɪl] *n.* Airedaleterrier, *der*
airer ['eərə(r)] *n.* Wäscheständer, *der*
air: ~ fare *n.* Flugpreis, *der;* **~ ferry** *n. (aircraft)* [im Pendelluftverkehr eingesetztes] Flugzeug; *(service)* Pendelluftverkehr, *der;* **~ field** *n.* Flugplatz, *der;* **~-filter** *n.*

air filter, *der;* **~foil** *n.* *(Amer.) see* **aerofoil;** **~ force** *n.* Luftstreitkräfte *Pl.;* Luftwaffe, *die;* **~frame** *n.* *(Aeronaut.)* Flugwerk, *das;* **~gun** *n.* Luftgewehr, *das;* **~ hostess** *n.* Stewardeß, *die*
airily ['eərɪlɪ] *adv. (flippantly)* leichthin
airiness ['eərɪnɪs] *n., no pl. (flippancy)* Unbekümmertheit, *die*
airing ['eərɪŋ] *n.* Auslüften, *das;* **these clothes need a good ~:** diese Kleider müssen gründlich gelüftet werden; **give a problem an ~** *(fig.)* ein Problem an die Öffentlichkeit bringen; **~ cupboard** Trockenschrank, *der*
airless ['eəlɪs] *adj.* stickig ⟨*Zimmer, Büro*⟩; windstill ⟨*Nacht*⟩
air: ~ letter *n.* Luftpostleichtbrief, *der;* Aerogramm, *das;* **~lift 1.** *n.* Luftbrücke, *die* **(of** für**); 2.** *v. t.* auf dem Luftweg *od.* über eine Luftbrücke transportieren; **~line** *n.* Fluggesellschaft, *die;* Fluglinie, *die;* **~line pilot** [für eine Fluggesellschaft fliegender] Pilot; **~ liner** *n.* Verkehrsflugzeug, *das;* **~lock** *n.* **a)** *(stoppage)* Luftblase, *die;* **b)** *(of spacecraft etc.)* Luftschleuse, *die;* **~ mail** *n.* Luftpost, *die;* **by ~ mail** mit *od.* per Luftpost; **~-mail** *v. t.* mit *od.* per Luftpost befördern; **~-man** ['eəmən] *n., pl.* **~-men** ['eəmən] Flieger, *der;* **~-minded** *adj.* am Fliegen interessiert; **~-miss** *n.* *(Aeronaut.)* Beinahezusammenstoß, *der;* **~plane** *(Amer.) see* **aeroplane;** **~ pocket** *n.* *(Aeronaut.)* Luftloch, *das;* **~ pollution** *n.* Luftverschmutzung, *die;* **~port** *n.* Flughafen, *der;* **~ power** *n.* Schlagkraft der Luftwaffe; **~ pressure** *n.* Luftdruck, *der;* **~ pump** *n.* Luftpumpe, *die;* **~ raid** *n.* Luftangriff, *der;* **~-raid precautions** Luftschutz, *der;* **~-raid shelter** Luftschutzraum, *der;* **~-raid warden** Luftschutzwart, *der;* **~ rifle** *n.* Luftgewehr, *das;* **~ screw** *n.* *(Technik)* Luftschraube, *die;* **~-sea 'rescue** *n.* Seenotrettungseinsatz aus der Luft; **~ship** *n.* Luftschiff, *das;* **~ sick** *adj.* luftkrank; **~ sickness** *n.* Luftkrankheit, *die;* **~ space** *n.* Luftraum, *der;* **~ speed** *n.* *(Aeronaut.)* Eigengeschwindigkeit, *die;* **~-stream** *n.* *(Meteorol.)* Luftströmung, *die;* **~strip** *n.* Start-und-Lande-Bahn, *die;* **~ terminal** *n.* [Air-]Terminal, *der od. das;* **~tight** *adj.* luftdicht; **~ time** *n.* Sendezeit, *die;* **~-to-~** *adj.* Luft-Luft-; **~to-~ refuelling** Betanken in der Luft; **~ traffic** *n.* *(Aeronaut.)* Flugverkehr, *der;* **~-traffic control** *(Aeronaut.)* Flugsicherung, *die;* **~-traffic controller** *(Aeronaut.)* Fluglotse, *der;* **~ waves** *n. pl.* Äther, *die;* **b)** *(Aeronaut.)* Luftstraße, *die;* **~ way** *n.* **a)** *(Aeronaut.)* Luftstraße, *die;* **b)** *(Anat.)* Luftröhre, *die;* **c)** *(ventilation shaft)* Lüftungsschacht, *der;* **~ woman** *n.* Fliegerin, *die;* **~worthy** *adj.* *(Aeronaut.)* lufttüchtig
airy ['eərɪ] *adj.* **a)** luftig ⟨*Büro, Zimmer*⟩; windig ⟨*Küste*⟩; **b)** *(poet.)* **(lofty) the ~ mountain** der in luftige Höhen hinaufragende Berg; **c)** *(superficial)* vage; *(flippant)* leichtfertig
airy-fairy [eərɪ'feərɪ] *adj. (coll. derog.)* aus der Luft gegriffen ⟨*Plan*⟩; versponnen ⟨*Idee, Vorstellung*⟩
aisle [aɪl] *n.* Gang, *der;* *(lateral section of church)* Seitenschiff, *das;* **have the audience rolling in the ~s** *(coll.)* das Publikum dazu bringen, daß es sich vor Lachen kugelt; **walk down the ~ with sb.** *(fig.)* mit jmdm. vor den Traualtar treten
aitch [eɪtʃ] *n.* H, h, *das;* **drop one's ~es** das h [im Anlaut] nicht aussprechen
Aix-la-Chapelle [eɪkslɑːʃæ'pel] *pr. n.* Aachen *(das)*
ajar [ə'dʒɑː(r)] *pred. adj.* **be** *or* **stand [slightly] ~:** einen [winzigen] Spaltbreit offenstehen; **leave ~** offenlassen
a.k.a. *abbr. (Amer.)* **also known as** al.
akimbo [ə'kɪmbəʊ] *adv.* **with arms ~:** Arme in die Seite gestemmt

akin [ə'kɪn] *pred. adj.* **a)** verwandt; **look ~:** sich *(Dat.)* ähnlich sehen; **b)** *(fig.)* ähnlich; **be ~ to sth.** einer Sache *(Dat.)* ähnlich sein
à la [ɑː lɑː] *prep.* à la; **~ russe** [ɑː 'ruːs] auf russische Art
alabaster ['æləbɑːstə] **1.** *n.* Alabaster, *der.* **2.** *adj.* alabastern; **an ~ sculpture** eine Alabasterskulptur
à la carte [ɑː lɑː 'kɑːt] **1.** *adv.* à la carte. **2.** *adj.* **the ~ menu** das Menü à la carte
alack [ə'læk] *int. (arch.)* o weh; **~-a-day** ach und weh
alacrity [ə'lækrɪtɪ] *n., no pl.* Eilfertigkeit, *die;* **accept with ~:** mit [großer] Bereitwilligkeit annehmen
Aladdin's [ə'lædɪnz]: **~ cave** *n.* Ort, an dem man Kostbarkeiten in großer Fülle findet; **~ lamp** *n.* Aladins Wunderlampe
à la mode [ɑː lɑː 'məʊd] *adj.* **a)** in Mode; à la mode *(veralt.);* **be ~:** Mode sein; **b)** *(Cookery)* in Wein geschmort; **c)** *(Amer. Gastr.)* **pie ~:** Kuchen mit Eis
alarm [ə'lɑːm] **1.** *n.* **a)** Alarm, *der;* **give** *or* **raise the ~:** Alarm schlagen; **b)** *(fear)* Angst, *die; (uneasiness)* Besorgnis, *die;* **jump up in ~:** erschreckt aufspringen; **spread** *or* **despondency** allgemeine Angst und Mutlosigkeit erzeugen; **c)** *(mechanism)* Alarmanlage, *die; (of ~ clock)* Weckmechanismus, *der; (signal)* Warnsignal, *das;* **sound the ~:** die Alarmanlage betätigen; **d)** *see* **alarm clock. 2.** *v. t.* **a)** *(make aware of danger)* aufschrecken; *(call into action)* alarmieren; **b)** *(cause anxiety to)* beunruhigen
a'larm clock *n.* Wecker, *der*
alarming [ə'lɑːmɪŋ] *adj.* alarmierend
alarmingly [ə'lɑːmɪŋlɪ] *adv.* in alarmierendem Maße
alarmist [ə'lɑːmɪst] **1.** *n.* Panikmacher, *der.* **2.** *adj.* ⟨*Reden, Behauptungen*⟩ von Panikmachern
alarum [ə'lɑːrəm] *n.* **~s and excursions** *(joc.)* Lärm und Getümmel
alas [ə'læs, ə'lɑːs] **1.** *int.* ach. **2.** *adv. (unfortunately)* leider Gottes
Alaska [ə'læskə] **a)** *pr. n.* Alaska *(das);* **b)** *n. (Cookery)* **baked ~:** ≈ Überraschungsomelett, *das;* Omelette surprise, *das*
Albania [æl'beɪnɪə] *pr. n.* Albanien *(das)*
Albanian [æl'beɪnɪən] **1.** *adj.* albanisch; **sb. is ~:** jmd. ist Albaner/Albanerin; *see also* **English 1. 2.** *n.* **a)** *(person)* Albaner, *der*/Albanerin, *die;* **b)** *(language)* Albanisch, *das; see also* **English 2 a**
albatross ['ælbətrɒs] *n. (Ornith., Golf)* Albatros, *der*
albeit [ɔːl'biːɪt] *conj. (literary)* wenn auch; obgleich *(geh.)*
albinism ['ælbɪnɪzm] *n., no pl.* Albinismus, *der*
albino [æl'biːnəʊ] *n., pl.* **~s** Albino, *der*
Albion ['ælbɪən] *n. (literary/poet.)* Albion, *das;* **perfidious ~:** das perfide Albion
album ['ælbəm] *n.* **a)** Album, *das;* **b)** *(record, set of records)* Album, *das;* **four-record ~:** Kassette mit vier Langspielplatten; **c)** *(record-holder)* Plattenkassette, *die*
albumen ['ælbjʊmɪn] *n.* **a)** Albumen, *das (Zool.);* Eiweiß, *das;* **b)** *(Bot.)* Nährgewebe, *das*
alchemist ['ælkəmɪst] *n.* Alchimist, *der;* Alchemist, *der*
alchemy ['ælkəmɪ] *n., no pl. (lit. or fig.)* Alchimie, *die;* Alchemie, *die*
alcohol ['ælkəhɒl] *n.* Alkohol, *der*
alcoholic [ælkə'hɒlɪk] *adj.* alkoholisch; **~ smell/taste** Alkoholgeruch, *der*/-geschmack, *der;* **~ stupor** Vollrausch, *der.* **2.**
Alcoholics A'nonymous *n.* die Anonymen Alkoholiker
alcoholism ['ælkəhɒlɪzm] *n., no pl.* Alkoholismus, *der;* Trunksucht, *die*
alcove ['ælkəʊv] *n.* Alkoven, *der; (in garden wall, hedge)* Nische, *die*

aldehyde ['ældɪhaɪd] n. (Chem.) Aldehyd, der; (acetaldehyde) Acetaldehyd, der
alder ['ɔːldə(r)] n. (Bot.) Erle, die; ~ buckthorn Faulbaum, der
alderman ['ɔːldəmən] n., pl. **aldermen** ['ɔːldəmən] a) Stadtrat, der; Alderman, der; Ratsherr, der (veralt.); b) (Amer., Austral.) gewähltes Mitglied einer Stadtverwaltung
ale [eɪl] n. a) Ale, das; b) (Hist.) Bier, das
aleatoric [eɪlɪəˈtɔːrɪk], **aleatory** [ˈeɪlɪətərɪ] adjs. aleatorisch
'**alehouse** n. (Hist.) [Bier]schenke, die
alert [əˈlɜːt] 1. adj. a) (watchful) wachsam; **be ~ for trouble** auf der Hut sein; **be ~ to sth.** mit etw. rechnen; b) (physically lively) lebhaft; (mentally lively) aufgeweckt; (attentive) **the ~ listener** der aufmerksame Zuhörer. 2. n. a) (warning) Alarmsignal, das; b) (state of preparedness) Alarmbereitschaft, die; **air-raid ~**: Fliegeralarm, der; **be on the ~ [for/against sth.]** [vor etw. (Dat.)] auf der Hut sein. 3. v.t. alarmieren; **~ sb. [to sth.]** jmdn. [vor etw. (Dat.)] warnen
alertly [əˈlɜːtlɪ] adv. aufmerksam
alertness [əˈlɜːtnɪs] n., no pl. Wachsamkeit, die; **~ of mind** geistige Beweglichkeit
A level [ˈeɪ levl] n. (Brit. Sch.) a) Abitur, das; Abschluß der Sekundarstufe II; **take one's ~s** ≈ das Abitur machen; b) attrib. ≈ Abitur-; **~ French** ≈ Französisch als Abiturfach; **~ papers** ≈ Abiturarbeiten
alexandrine [ælɪɡˈzændraɪn] n. (Pros.) Alexandriner, der
alfalfa [ælˈfælfə] n. (Bot.) Luzerne, die; Alfalfa, die
alfresco [ælˈfreskəʊ] 1. adv. im Freien. 2. adj. ⟨Unterhaltung, Essen⟩ im Freien
alga [ˈælɡə] n., pl. **-e** [ˈældʒiː, ˈælɡiː] (Bot.) Alge, die
algebra [ˈældʒɪbrə] n. (Math.) Algebra, die
algebraic [ældʒɪˈbreɪk] adj. (Math.) algebraisch
Algeria [ælˈdʒɪərɪə] pr. n. Algerien (das)
Algerian [ælˈdʒɪərɪən] 1. adj. algerisch; **sb. is ~**: jmd. ist Algerier/Algerierin. 2. n. Algerier, der/Algerierin, die
Algiers [ælˈdʒɪəz] pr. n. Algier (das)
algorithm [ˈælɡərɪðm] n. (Math., Computing) Algorithmus, der
alias [ˈeɪlɪəs] 1. adv. alias. 2. n. angenommener Name; (of criminal) falscher Name
alibi [ˈælɪbaɪ] n. Alibi, das; (coll.: excuse) Ausrede, die
Alice [ˈælɪs] n. **an ~-in-Wonderland situation** eine völlig groteske Situation
alien [ˈeɪlɪən] 1. adj. a) (strange) fremd; **be ~ to sb.** jmdm. fremd sein; b) (foreign) ausländisch; (from another world) außerirdisch; c) (different) **be ~ from sth.** einer Sache (Dat.) fremd sein; d) (repugnant) **be ~ to sb.** jmdm. zuwider sein; e) (contrary) **cruelty was ~ to her nature** Grausamkeit lag ihr völlig fern; **Fascism is ~ to our democratic beliefs** der Faschismus steht in krassem Gegensatz zu unserer demokratischen Überzeugung. 2. n. a) (Admin.: foreigner) Ausländer, der/Ausländerin, die; b) (a being from another world) Außerirdische, der/die
alienate [ˈeɪlɪəneɪt] v.t. a) (estrange) befremden ⟨Person⟩; zerstören ⟨Zuneigung⟩; verlieren ⟨Unterstützung⟩; **his gaffes have ~d many of his supporters** durch seine Ausrutscher hat er sich (Dat.) viele seiner Anhänger entfremdet; **feel ~d from society** sich der Gesellschaft entfremdet fühlen; b) (divert) entziehen (from Dat.)
alienation [eɪlɪəˈneɪʃn] n., no pl. a) Entfremdung, die; b) (Theatre) Verfremdung, die

¹**alight** [əˈlaɪt] v.i. a) aussteigen; **~ from a vehicle** aus einem Fahrzeug aussteigen; **~ from a horse** von einem Pferd absitzen; b) ⟨Vogel:⟩ sich niederlassen; ⟨Flugzeug, Schneeflocken:⟩ landen

²**alight** pred. adj. (on fire) **be/catch ~**: brennen; **set sth. ~**: etw. in Brand setzen; **the upper storey was well ~**: das obere Stockwerk brannte lichterloh
align [əˈlaɪn] v.t. a) (place in a line) ausrichten; **the posts must be ~ed** die Pfosten müssen in einer Linie ausgerichtet werden; b) (bring into line) in eine Linie bringen; **~ the wheels** (Motor Veh.) die Spur einstellen
alignment [əˈlaɪnmənt] n. a) Ausrichtung, die; **in/out of ~**: [genau] ausgerichtet/nicht richtig ausgerichtet; **the wheels are in/out of ~** (Motor Veh.) die Spur ist richtig/falsch eingestellt; b) (Polit.) Gruppierung, die; Ausrichtung, die
alike [əˈlaɪk] 1. pred. adj. ähnlich; (indistinguishable) [völlig] gleich. 2. adv. gleich; in gleicher Weise; **winter and summer ~**: Sommer wie Winter; **all of us ~ are concerned, this concerns us all ~**: es geht uns alle gleichermaßen an
alimentary [ælɪˈmentərɪ] adj. Nahrungs-, alimentär (Med.); **~ organ/system** Verdauungsorgan/-system, das
alimentary ca'nal n. (Anat.) Verdauungskanal, der
alimentation [ælɪmənˈteɪʃn] n., no pl. Ernährung, die
alimony [ˈælɪmənɪ] n. Unterhaltszahlung, die
alive [əˈlaɪv] pred. adj. a) lebendig; lebend; **stay ~**: am Leben bleiben; **if I'm still ~ in thirty years' time** wenn ich in dreißig Jahren noch am Leben bin; **any man ~**: jeder x-beliebige; **no man ~**: kein Mensch auf der ganzen Welt; **man ~!** (coll.) Menschenskind!; **keep one's hopes ~**: nicht die Hoffnung verlieren; **keep sb.'s hopes ~**: jmdn. noch hoffen lassen; **keep a matter ~**: eine Sache offenhalten; **the issue is still ~**: die Angelegenheit ist immer noch offen; **come ~**: wieder aufleben; ⟨Ereignis:⟩ wieder lebendig werden; b) (Electr.) eingeschaltet ⟨Mikrophon⟩; **be/become ~** ⟨Draht:⟩ unter Strom stehen/gesetzt werden; c) (aware) **be ~ to sth.** sich (Dat.) einer Sache (Gen.) bewußt sein; **he's always ~ to new ideas** er ist neuen Ideen gegenüber immer aufgeschlossen; d) (brisk) rege; munter; **be ~ and kicking** gesund und munter sein; **look ~!** ein bißchen munter!; e) (swarming) **be ~ with sth.** von etw. wimmeln
alkali [ˈælkəlaɪ] n., pl. ~s or ~es (Chem.) Alkali, das; **metal** Alkalimetall, das
alkaline [ˈælkəlaɪn] adj. (Chem.) alkalisch; **~ earth** Erdalkali, das; alkalische Erde
all [ɔːl] 1. attrib. adj. a) (entire extent or quantity of) ganz; **~ England** ganz England; **~ day** den ganzen Tag; **~ the snow/milk/food** der ganze od. aller Schnee/die ganze od. die Milch/das ganze od. alles Essen; **~ the family** die ganze Familie; **for ~ that** trotz allem; **~ his life** sein ganzes Leben; **~ my money** all mein Geld; **mein ganzes Geld**; **stop ~ this noise/shouting!** hör mit dem Krach/Geschrei auf!; **what's ~ this noise/shouting about?** was soll der [ganze] Krach/das [ganze] Geschrei?; **thank you for ~ your hard work** danke für all deine Anstrengungen; **get away from it ~**: einmal von allem abschalten; **that says it ~**: das sagt alles; **~ hail!** Heil!; b) (entire number of) alle; **~ the books** alle Bücher; **my books** all[e] meine Bücher; **in ~ our houses** in allen unseren Häusern; **where are ~ the glasses?** wo sind all die Gläser od. die ganzen Gläser?; **~ ten men** alle zehn Männer; **we ~ went to bed** wir gingen alle schlafen; **aren't we ~?** [das] sind wir doch alle zu!; **~ you children can stay here** ihr Kinder könnt alle hierbleiben; **~ the others** alle anderen; **~ those present** alle Anwesenden; **~ things to ~ men** es allen recht machen [wollen]; **~ Goethe's works** sämtliche Werke Goethes; **why he of ~ people?** warum

ausgerechnet er?; **of ~ the nitwits!** so ein Schwachkopf!; **~ manner of things** alles mögliche; **~ manner of sausages** die verschiedensten Wurstsorten; **people of ~ ages** Menschen jeden Alters; **with ~ her faults** trotz all ihrer Fehler; **All Fools' Day** der 1. April; **All Saints' Day** Allerheiligen; **All Souls' Day** Allerseelen; c) (any whatever) jeglicher/jegliche/jegliches; d) (greatest possible) **in ~ innocence** in aller Unschuld; **with ~ speed** so schnell wie möglich. See also **four 2 c; kind 1 a; Hist 2 a; time 1 a, b, f; way 1 a**. 2. n. a) (~ persons) alle; **~ present** alle Anwesenden; **one and ~**: [alle] ohne Ausnahme; **goodbye, one and ~!** Wiedersehen, alle zusammen!; **~ and sundry** Krethi und Plethi; **~ of us** wir alle; **the happiest/most beautiful of ~**: der/die Glücklichste/die Schönste unter allen; **the best pupils of ~**: die besten Schüler [von allen]; **most of ~**: am meisten; **he ran fastest of ~**: am schnellsten; b) (every bit) **of it/the money** alles/das ganze od. alles Geld; c) **~ of** (coll.: as much as) **be ~ of seven feet tall** gut sieben Fuß groß sein; d) (~ things) alles; **~ that I possess** alles, was ich besitze; **I need is the money** ich brauche nur das Geld; **not ~ of the missing antiques have been recovered** nicht alle [der] fehlenden Antiquitäten sind wiedergefunden worden; **when ~ is said and done** alles in allem; **~ is lost** alles ist verloren; **~ is not lost** es ist nicht alles verloren; **he wants ~ or nothing** er will alles oder nichts; **it's ~ or nothing** es geht ums Ganze; **that is ~**: das ist alles; **it is not ~ that might be** es läßt zu wünschen übrig; **the most beautiful of ~**: der/die/das Schönste von allen; **most of ~**: am meisten; **for ~ you say, I still like her** trotz allem, was du sagst, mag ich sie immer noch; **give one's ~**: sein Letztes geben; **lose one's ~**: sein ganzes Hab und Gut verlieren; **it was ~ but impossible** es war fast unmöglich; **it was ~ I could do not to laugh** ich konnte mir das Lachen kaum verbeißen; **~ in ~**: alles in allem; **sb.'s ~ in ~**: jmds. Ein und Alles; **it's ~ the same or ~ one to me** es ist mir ganz egal od. völlig gleichgültig; **that's ~ very well or fine** das ist alles schön und gut; **sth. and ~**: mitsamt etw.; **can I help you at ~?** kann ich Ihnen irgendwie behilflich sein?; **I do not know at ~**: ich weiß wirklich nicht; **I do not care at ~**: es ist mir völlig gleich; **you are not disturbing me at ~**: du störst mich nicht im geringsten; **were you surprised at ~?** warst du denn überrascht?; **if you go to Venice at ~**: wenn du überhaupt nach Venedig fährst; **is he there at ~?** ist er überhaupt da?; **he is not stupid at ~**: er ist keineswegs dumm; **he is not at ~ stupid** er ist gar nicht od. überhaupt nicht dumm; **she has no talent at ~**: sie hat gar od. überhaupt kein Talent; **nothing at ~**: gar nichts; **not at ~ happy/well** überhaupt nicht glücklich/gesund; **not at ~!** überhaupt nicht!; (acknowledging thanks) gern geschehen!; nichts zu danken!; **if at ~**: wenn überhaupt; **in ~**: insgesamt; see also **time 1 c**; e) (Sport) **two [goals] ~**: zwei zu zwei; (Tennis) **thirty ~**: dreißig beide. 3. adv. ganz; **but fast**; **he ~ but fell down** er wäre fast heruntergefallen; **dressed ~ in white** ganz in Weiß [gekleidet]; **the better/worse [for that]** um so besser/schlimmer; **I feel ~ the better for it** das hat mir wirklich gutgetan; **~ the more reason to do sth.** um so mehr sollte man etw. tun; **~ at once** (suddenly) plötzlich; (simultaneously) alle[s] zugleich; **~ too soon** allzu schnell; **go ~ serious** (coll.) ganz ernst werden; **be ~ 'for sth.** (coll.) sehr für etw. sein; **her latest play is ~ about ...**: in ihrem jüngsten Stück geht es um ...; **be ~ 'in** (Sport: exhausted) total od. völlig erledigt sein (ugs.); **go ~ out [to do sth.]** alles daransetzen[, etw. zu tun]; **be ~ ready [to go]** (coll.)

Allah | **along**

fertig [zum Weggehen] sein *(ugs.)*; **sth. is ~ right** etw. ist in Ordnung; *(tolerable)* etw. ist ganz gut; **did you get home ~ right?** sind Sie gut nach Hause gekommen?; **I'm ~ right** mir geht es ganz gut; **work out ~ right** gutgehen; **klappen** *(ugs.)*; **that's her, ~ right** das ist sie, ganz recht; **yes, ~ right** ja, gut; **is it ~ right if I go in?** kann ich reingehen?; **it's ~ right for you/him** *etc.*, **but ...** *(coll.)* es paßt dir/ihm *usw.,* aber ...; **it's ~ right by or with me** das ist mir recht; **lie ~ round the room** überall im Zimmer herumliegen; **it was agreed ~ round that ...**: alle waren [damit] einverstanden, daß ...; **order drinks ~ round** Getränke für alle bestellen; **better ~ round** in jeder Hinsicht besser; **be ~ there** *(coll.)* voll dasein *(ugs.)*; **I don't think he's ~ there** *(coll.)* ich glaube, er ist nicht ganz da *(ugs.)*; **~ the same** trotzdem; **it's ~ the same to me** es ist mir einerlei; **it's ~ the same to you** wenn du nichts dagegen hast; **the All Blacks** *(coll.)* die neuseeländische Rugbynationalmannschaft; *see also* **along 1 a, 2 d; over 1 h, j, 2 c; set 4 d; square 2 f; that 4**
Allah ['ælə] *pr. n.* Allah *(der)*
all: ~-**A'merican** *adj.* the **~-American football team** die beste Footballmannschaft der ganzen USA; **the ~-American boy** der typisch amerikanische Junge; **~-around** *(Amer.) see* **all-round**
allay [ə'leɪ] *v. t.* **a)** vermindern; trüben, dämpfen 〈*Freude, Glück*〉; zerstreuen 〈*Besorgnis, Befürchtungen*〉; **b)** *(alleviate)* stillen 〈*Hunger, Durst*〉; lindern 〈*Schmerz*〉
all: ~-**'clear** *n.* Entwarnung, *die;* **sound the ~-clear** entwarnen; ~-**day** *adj.* ganztägig 〈*Ausflug, Versammlung*〉
allegation [ælɪ'geɪʃn] *n.* Behauptung, *die;* **make ~s against sb.** Beschuldigungen gegen jmdn. erheben; **reject all ~s of corruption** jeglichen Vorwurf der Korruption zurückweisen
allege [ə'ledʒ] *v. t.* ~ **that ...**: behaupten, daß ...; ~ **criminal negligence** den Vorwurf grober Fahrlässigkeit erheben
alleged [ə'ledʒd] *adj.*, **allegedly** [ə'ledʒɪdlɪ] *adv.* angeblich
allegiance [ə'li:dʒəns] *n.* Loyalität, *die* **(to** gegenüber**); swear ~ to king and country** dem König und dem Vaterland Treue schwören; **oath of ~**: Treueeid, *der;* **some supporters changed their ~ from Liverpool to Everton** einige Fans sind von Liverpool zu Everton umgeschwenkt
allegorical [ælɪ'gɒrɪkl] *adj.* allegorisch
allegory ['ælɪgərɪ] *n.* Allegorie, *die;* *(emblem)* Sinnbild, *das*
allegro [ə'leɪgrəʊ, æ'legrəʊ] *(Mus.)* **1.** *adv.* allegro. **2.** *n., pl.* ~s Allegro, *das*
all-e'lectric *adj.* vollelektrisch; **our house is ~**: in unserem Haus ist alles elektrisch
'all-embracing *adj.* alles umfassend
Allen key, (P) ['ælən ki:] *n.* Inbusschlüssel, *der* (W)
allergic [ə'lɜ:dʒɪk] *adj.* allergisch **(to** gegen**)**
allergy ['ælədʒɪ] *n. (Med.)* Allergie, *die* **(to** gegen**); b)** *(fig. coll.)* **have an ~ to sth.** auf etw. *(Akk.)* allergisch reagieren
alleviate [ə'li:vɪeɪt] *v. t.* abschwächen
alleviation [əli:vɪ'eɪʃn] *n., no pl.* Abschwächung, *die*
¹alley ['ælɪ] *n.* **a)** [schmale] Gasse; *(between flower-beds or gardens)* Pfad, *der; (avenue)* Allee, *die;* **be up sb.'s ~** *(coll.)* jmds. Fall sein *(ugs.)*; **this problem is just or right up his ~** *(coll.)* für dieses Problem ist er genau der Richtige; **b) skittle ~**: Kegelbahn, *die*
²alley *see* **¹ally**
'all-fired *(Amer. sl.) adj., adv.* verdammt
alliance [ə'laɪəns] *n.* Bündnis, *das; (league)* Allianz, *die;* ~ **with other groups would increase our influence** ein Bündnis mit anderen Gruppen würde unseren Einfluß vergrößern; **in ~ with sb./sth.** im Verein mit jmdm./etw.

allied ['ælaɪd] *adj.* **be ~ to** *or* **with sb./sth.** mit jmdm./etw. verbündet sein; **German is more closely ~ to English than to French** das Deutsche ist mit dem Englischen enger verwandt als mit dem Französischen; **the A~ Powers** die Alliierten
alligator ['ælɪgeɪtə(r)] *n. (Zool.)* Alligator, *der; (skin)* Krokodilleder, *das*
'alligator clip *n.* Krokodilklemme, *die*
all: ~-**important** *adj.* entscheidend; ~-**in** *adj.* Pauschal-; **it costs £350 ~-in** es kostet 350 Pfund alles inklusive; ~-**in wrestling** Freistilringen, *das*
alliteration [əlɪtə'reɪʃn] *n.* Stabreim, *der;* Alliteration, *die*
alliterative [ə'lɪtərətɪv] *adj.* stabreimend; alliterierend
'all-night *adj.* die ganze Nacht dauernd 〈*Sitzung*〉; nachts durchgehend geöffnet 〈*Gaststätte*〉
allocate ['æləkeɪt] *v. t.* zur Verfügung stellen 〈*Geld, Mittel*〉; ~ **sth. to sb./sth.** jmdm./ einer Sache etw. zuweisen *od.* zuteilen
allocation [ælə'keɪʃn] *n.* Verteilung, *die; (ration)* Zuteilung, *die*
allot [ə'lɒt] *v. t.,* **-tt-**: ~ **sth. to sb.** jmdm. etw. zuteilen; **you will be ~ted fifty pounds** es werden Ihnen fünfzig Pfund bewilligt; **we ~ted two hours to the task** wir haben zwei Stunden für diese Arbeit vorgesehen; ~ **shares** Aktien ausgeben
allotment [ə'lɒtmənt] *n.* **a)** Zuteilung, *die;* **b)** *(Brit.: plot of land)* Gartenparzelle, *die;* ≈ Schrebergarten, *der;* **c)** *(share)* Anteil, *der*
allow [ə'laʊ] **1.** *v. t.* **a)** *(permit)* ~ **sth.** etw. erlauben *od.* zulassen *od. (förmlicher)* gestatten; ~ **sb. to do sth.** jmdm. erlauben, etw. zu tun; **be ~ed to do sth.** etw. tun dürfen; **will you be ~ed to do it?** darfst du?; ~ **sb./oneself sth.** jmdm./sich etw. erlauben; **sb. is ~ed sth.** jmdm. ist etw. erlaubt; ~ **sth. to happen** zulassen, daß etw. geschieht; ~ **yourself to be convinced** lassen Sie sich überzeugen; ~ **sb. in/out/past/through** jmdn. hinein-/hinaus-/ vorbei-/durchlassen; **you are not ~ed in/out/past/through** Sie dürfen nicht hinein-/ hinaus-/vorbei-/durch-; ~ **sb. a discount/5% interest** jmdm. Rabatt/5% Zinsen geben; **b)** *(agree)* zugeben; **c)** *(Law)* bestätigen 〈*Anspruch*〉; ~ **the appeal** der Berufung *(Dat.)* stattgeben; **2.** *v. i.* ~ **of sth.** etw. zulassen *od.* erlauben; ~ **for sth.** etw. berücksichtigen; **we started very early, to ~ for delays** wir begannen sehr früh, um etwaige Verzögerungen auffangen zu können
allowable [ə'laʊəbl] *adj.* zulässig
allowance [ə'laʊəns] *n.* **a)** Zuteilung, *die; (money for special expenses)* Zuschuß, *der;* **your luggage ~ is 44 kg.** Sie haben 44 kg Freigepäck; **tax ~**: Steuerfreibetrag, *der;* **clothing ~**: Kleidergeld, *das;* **b) make ~s for sth./sb.** etw./jmdn. berücksichtigen; **make ~ for errors** eventuelle Fehler einkalkulieren; **c)** *(Commerc.)* Ermäßigung, *die*
alloy ['ælɔɪ, ə'lɔɪ] **1.** *n.* Legierung, *die; (inferior metal added)* unedles Metall; ~ **steel** Sonderstahl, *der.* **2.** *v. t.* legieren; *(debase)* geringhaltiger machen
all: ~-**'powerful** *adj.* allmächtig; ~-**purpose** *adj.* Universal-; Allzweck-; ~-**round** *adj.* Allround-; ~-**'rounder** *n.* Allroundtalent, *das; (Sport)* Allroundspieler, *der/*-spielerin, *die*
'allspice *n.* Pimentbaum, *der; (berry)* Piment, *der*
'all-time *adj.* ~ **record** absoluter Rekord; ~ **favourites** *or* **greats** unvergessene Publikumslieblinge; ~ **high/low** höchster/niedrigster Stand aller Zeiten
allude [ə'lju:d, ə'lu:d] *v. i.* ~ **to sth./sb.** sich auf etw./jmdn. beziehen; *(covertly)* auf etw./jmdn. anspielen

allure [ə'ljʊə(r)] **1.** *v. t.* locken; *(fascinate)* faszinieren; ~ **sb. to do sth.** jmdn. dazu verlocken, etw. zu tun; ~**d by thoughts of stardom** durch die Aussicht auf eine glänzende Karriere verlockt. **2.** *n., no pl.* Verlockung, *die; (personal charm)* Charme, *der*
allurement [ə'ljʊəmənt] *n.* Verlockung, *die; (charm)* **she displayed all her ~s** sie ließ all ihre Reize spielen
alluring [ə'ljʊərɪŋ] *adj.* verlockend; **an ~ appeal** eine Verlockung
allusion [ə'lju:ʒn, ə'lu:ʒn] *n.* **a)** Hinweis, *der;* **in an ~ to** unter Bezugnahme auf (+ *Akk.*); **b)** *(covert reference)* Anspielung, *die* **(to** auf + *Akk.*)
allusive [ə'lju:sɪv, ə'lu:sɪv] *adj.* **be ~ to sth.** auf etw. *(Akk.)* anspielen
alluvial [ə'lu:vɪəl] *adj. (Geol.)* angeschwemmt; ~ **soil** Alluvialboden, *der*
'all-weather *attrib. adj.* Allwetter-
¹ally 1. [ə'laɪ, 'ælaɪ] *v. t.* ~ **oneself with sb./ sth.** sich mit jmdm./etw. verbünden; *see also* **allied. 2.** ['ælaɪ] *n.* Verbündete, *der/die;* **my old friend and ~**: mein alter Freund und Kampfgefährte; **the Allies** die Alliierten
²ally ['ælɪ] *n. (besonders schöne)* Murmel *(aus Alabaster od. Glas)*
Alma Mater [ælmə 'meɪtə(r), ælmə 'mɑ:tə(r)] *n.* Alma mater, *die*
almanac ['ɔ:lmənæk, 'ɒlmənæk] *n.* Almanach, *der*
almighty [ɔ:l'maɪtɪ] **1.** *adj.* **a)** allmächtig; **the A~**: der Allmächtige; **God A~!** *(sl.)* großer Gott!; **he acts as if he were God A~**: er tut, als ob er der liebe Gott selber wäre; **b)** *(sl.: very great, hard, etc.)* mächtig. **2.** *adv. (sl.)* mächtig
almond ['ɑ:mənd] *n.* **a)** Mandel, *die;* **sweet/ bitter ~**: Süß-/Bittermandel, *die;* ~ **eyes** Mandelaugen; **b)** *(tree)* Mandelbaum, *der*
almoner ['ɑ:mənə(r)] *n. (Brit.)* Sozialbetreuer, *der/*-betreuerin, *die (eines Krankenhauses)*
almost ['ɔ:lməʊst] *adv.* fast; beinahe; **she ~ fell** sie wäre fast gefallen
alms [ɑ:mz] *n., no pl.* Almosen, *die*
'almshouse *n.* Armenhaus, *das*
aloe ['æləʊ] *n.* **a)** Aloe, *die;* **b)** *in pl. (Pharm.)* Aloe, *die;* Aloesaft, *der*
aloft [ə'lɒft] *adv. (position) (literary)* hoch droben *(dichter.)*; *(Naut.)* [oben] in der Takelage *od.* im Rigg; **b)** *(direction) (literary)* empor *(dichter.)*; *(Naut.)* in die Takelage; in das Rigg; **go ~**: in die Takelage *od.* in das Rigg klettern; aufentern *(Seemannsspr.)*
alone [ə'ləʊn] **1.** *pred. adj.* allein; alleine *(ugs.)*; **be [all] ~**: [ganz] allein sein; **she likes to be ~** sometimes manchmal ist sie gern [für sich] allein; **when his parents died he was left ~** [in the world] als seine Eltern starben, stand er ganz allein da; **he was not ~ in the belief that ...**: er stand nicht allein mit der Überzeugung, daß ...; er war nicht als einziger davon überzeugt, daß ...; **leave sb. ~**: jmdn. in Ruhe lassen; **I can't do this ~**: ich kann das nicht allein tun; *see also* **²leave c; ¹let 1 a. 2.** *adv.* allein; **you ~ can help me** nur du *od.* du allein kannst mir helfen; **the problem/ money was his ~**: es war einzig und allein sein Problem/Geld; **this fact ~**: schon allein dies
along [ə'lɒŋ] **1.** *prep.* **a)** *(position)* entlang (+ *Dat.*); ~ **one side of the street** auf der einen Straßenseite; **all ~ the wall** die ganze *od.* an der ganzen Mauer entlang; **b)** *(direction)* entlang (+ *Akk.*); **walk ~ the riverbank/street** am Ufer *od.* das Ufer/die Straße entlanglaufen; **creep ~ a wall** eine Mauer *od.* an einer Mauer entlangschleichen. **2.** *adv.* **a)** *(onward)* weiter; **he came running ~**: er kam herbei- *od.* angelaufen; **leaves carried ~ by the wind** vom Wind fortgetragenes Laub; **he saw the train steaming ~ in the distance** er sah den Zug in der Ferne vorbei- *od.* vorüberdampfen; **the snake was slithering ~ in the tall grass** die Schlan-

47

alongside

ge glitt durch das hohe Gras; **b)** *(with one)* **bring/take sb./sth. ~:** jmdn./etw. mitbringen/mitnehmen; **c)** *(there)* **I'll be ~ shortly/as soon as I can** ich komme gleich/sobald ich kann; **d) all ~:** die ganze Zeit [über]
alongside [əlɒŋ'saɪd] **1.** *adv.* daneben; längsseits *(Seemannsspr.);* ~ **the quay** am Kai; ~ **of** see **2. 2.** *prep. (position)* neben (+ *Dat.*); längsseits *(Seemannsspr.)* (+ *Gen.*); *(direction)* neben (+ *Akk.*); längsseits heran an *(Seemannsspr.)* (+ *Akk.*); *(fig.)* neben (+ *Dat.*); **work ~ sb.** mit jmdm. zusammen arbeiten/*(fig.)* zusammenarbeiten
aloof [ə'luːf] **1.** *adv.* abseits; **stand ~ from the others** abseits der anderen stehen; **hold ~ from sb.** sich von jmdm. fernhalten; sich abseits von jmdm. halten; **keep ~:** Distanz wahren; **keep ~ from sb.** sich von jmdm. absondern *od.* fernhalten. **2.** *adj.* distanziert; reserviert
aloofness [ə'luːfnɪs] *n., no pl.* Reserviertheit, *die;* Distanz[iertheit], *die*
aloud [ə'laʊd] *adv.* laut; **read [sth.] ~:** [etw.] vorlesen; **think ~:** laut denken
alp [ælp] *n. (pasture)* Alp, *die; see also* **Alps**
alpaca [æl'pækə] *n.* **a)** *(Zool.)* Alpaka, *das;* **b)** *(wool)* Alpaka, *das;* Alpakawolle, *die; (fabric)* Alpaka, *der*
alpenhorn ['ælpənhɔːn] *n.* Alphorn, *das*
alpenstock ['ælpənstɒk] *n.* Bergstock, *der*
alpha ['ælfə] *n.* **a)** *(letter)* Alpha, *das;* **the A~ and Omega** das A und O; **b)** *(Sch.; Univ.: mark)* Eins, *die*
alphabet ['ælfəbet] *n.* Alphabet, *das;* Abc, *das;* **the phonetic/Cyrillic ~:** das phonetische/kyrillische Alphabet
alphabetical [ælfə'betɪkl] *adj.* alphabetisch; **in ~ order** in alphabetischer Reihenfolge; alphabetisch geordnet
alphabetically [ælfə'betɪkəlɪ] *adv.* alphabetisch; nach dem Alphabet
alphabetize ['ælfəbetaɪz] *v. t.* alphabetisieren; nach dem Alphabet ordnen
alpha: ~ **particles** *n. pl. (Phys.)* Alphateilchen *Pl.;* ~ **rays** *n. pl. (Phys.)* Alphastrahlen *Pl.*
alpine ['ælpaɪn] **1.** *adj.* **a)** alpin; Hochgebirgs-; ~ **region/climate/vegetation** Hochgebirgsregion, *die/*-klima, *das/*alpine Vegetation; ~ **flowers** Alpen-, Gebirgsblumen; ~ **garden** Alpengarten, *der;* ~ **skiing/event** alpiner Skisport/Wettbewerb; **b)** A~: Alpen-. **2.** *n. (Bot.)* Alpenblume, *die;* [Hoch]gebirgspflanze, *die*
Alpinist, alpinist ['ælpɪnɪst] *n.* Alpinist, *der/*Alpinistin, *die*
Alps [ælps] *pr. n. pl.* **the ~:** die Alpen
already [ɔːl'redɪ] *adv.* schon; **it's ~ 8 o'clock** *or* **8 o'clock ~:** es ist schon 8 Uhr; **He's here. – A~?** Er ist hier. – Schon [so früh]?; **she's ~ got ten children** sie hat schon *od.* bereits zehn Kinder
Alsace [æl'sæs] *pr. n.* Elsaß, *das;* ~~-**Lorraine** Elsaß-Lothringen *(das)*
Alsatian [æl'seɪʃn] **1.** *adj.* elsässisch. **2.** *n.* **a)** *(person)* Elsässer, *der/*Elsässerin, *die;* **b)** *(dog)* [deutscher] Schäferhund
also ['ɔːlsəʊ] *adv.* auch; *(moreover)* außerdem; **I'm going, and John is ~ going** *or* **John is going ~:** ich gehe, und John geht auch *od.* ebenfalls; **he's writing a book and ~ translating one** er schreibt ein Buch und übersetzt auch *od.* außerdem eines; **he's writing ~ translating a book** er schreibt ein Buch und übersetzt es auch
'also-ran *n.* **be an ~** ⟨*Hund, Pferd:*⟩ [immer nur] hintere Plätze belegen; **he remained an ~ all his life** *(fig.)* er kam sein ganzes Leben lang auf keinen grünen Zweig *(ugs.)*
altar ['ɔːltə(r), 'ɒltə(r)] *n.* **a)** *(Communion table)* Altar, *der;* **lead sb. to the ~** *(fig.)* jmdn. zum Traualtar führen; **b)** *(for sacrifice)* Opferstätte, *die;* Opfertisch, *der*

'altar-piece *n.* Altarbild, -gemälde, *das*
alter ['ɔːltə(r), 'ɒltə(r)] **1.** *v. t.* **a)** *(change)* ändern; verändern ⟨*Stadt, Wohnung*⟩; **That's wrong. It will have to be ~ed** Das ist falsch. Es muß geändert werden; **have a dress ~ed** ein Kleid ändern lassen; **b)** *(Amer.: castrate, spay)* sterilisieren. **2.** *v. i.* sich verändern; **he has ~ed a lot since then** *(in appearance)* er hat sich seitdem stark verändert; *(in character)* er hat sich seitdem sehr geändert
alteration [ɔːltə'reɪʃn, ɒltə'reɪʃn] *n.* Änderung, *die; (of text)* Abänderung, *die; (of house)* Umbau, *der;* **we're having some ~s done to the house** wir bauen um; bei uns wird umgebaut
altercation [ɔːltə'keɪʃn, ɒltə'keɪʃn] *n.* Auseinandersetzung, *die;* Streiterei, *die*
alter ego [æltər 'egəʊ, æltər 'iːgəʊ] *n., pl.* ~**s** Alter ego, *das (geh.)*
alternate 1. [ɔːl'tɜːnət, ɒl'tɜːnət] *adj.* **a)** *(in turn)* sich abwechselnd; **John and Mary come on ~ days** John and Mary kommen abwechselnd einen um den anderen Tag; *(together)* John und Mary kommen jeden zweiten Tag; **she goes shopping and goes to work on ~ Saturdays** sie geht abwechselnd jeden zweiten Samstag arbeiten und einkaufen; ~ **leaves** *(Bot.)* wechselständige Blätter; ~ **angles** *(Math.)* Wechselwinkel *Pl.;* **b)** *see* **alternative 1. 2.** *n.* **a)** *(deputy)* Vertreter, *der/*Vertreterin, *die;* **b)** *(substitute)* Alternative, *die.* **3.** [ɔːl'tɜːneɪt, 'ɒltəneɪt] *v. t.* abwechseln lassen; **she has only two summer dresses, so she ~s them** sie hat nur zwei Sommerkleider, deshalb trägt sie sie abwechselnd; **he ~s his days off and** *or* **with his working days** er hat abwechselnd einen Tag frei und geht einen Tag zur Arbeit. **4.** *v. i.* sich abwechseln; alternieren *(fachspr.)*
alternately [ɔːl'tɜːnətlɪ, ɒl'tɜːnətlɪ] *adv.* abwechselnd
'alternating current *n. (Electr.)* Wechselstrom, *der*
alternation [ɔːltə'neɪʃn, ɒltə'neɪʃn] *n.* Wechsel, *der;* ~ **of generations** *(Biol.)* Generationswechsel, *der*
alternative [ɔːl'tɜːnətɪv, ɒl'tɜːnətɪv] **1.** *adj.* alternativ; Alternativ-; ~ **possibility** Ausweich- *od.* Alternativmöglichkeit, *die;* ~ **suggestion** Alternativ- *od.* Gegenvorschlag, *der;* ~ **route** Alternativstrecke, *die; (to avoid obstruction etc.)* Ausweichstrecke, *die;* **we'll try to get you on an ~ flight** wir werden versuchen, Ihren Flug umzubuchen; **the ~ society** die alternative Gesellschaft; ~ **medicine** Alternativmedizin, *die.* **2.** *n. (choice)* Alternative, *die;* Wahl, *die;* **If I had the ~:** wenn ich vor der Wahl *od.* Alternative gestellt würde; **wenn ich vor der Wahl** *od.* Alternative stünde; **we have no ~ [but** *or* **...]:** wir haben keine andere Wahl[, als zu ...]; **that left me** *or* **I was left with no ~:** mir blieb keine andere Wahl; **b)** *(possibility)* Möglichkeit, *die;* **we have two ~s: either we press forward** *or* **we turn back** wir haben zwei Möglichkeiten: weiterzufahren oder umzukehren; **there is no [other] ~:** es gibt keine Alternative *od.* andere Möglichkeit; **what are the ~s?** welche Alternativen gibt es?
alternatively [ɔːl'tɜːnətɪvlɪ, ɒl'tɜːnətɪvlɪ] *adv.* oder aber; *or* ~ : oder aber
alternator ['ɔːltəneɪtə(r), 'ɒltəneɪtə(r)] *n. (Electr.)* Wechselstromgenerator, *der*
although [ɔːl'ðəʊ] *conj.* obwohl; ~ **quite clever, he still makes mistakes** obwohl er ziemlich klug ist, macht er trotzdem *od.* doch Fehler
altimeter [æltɪ'miːtə(r)] *n.* Höhenmesser, *der*
altitude [æltɪtjuːd] *n. (height)* Höhe, *die;* **what is our ~?** wie hoch sind wir?; **at what ~**

amanuensis

are we flying? wie hoch *od.* in welcher Höhe fliegen wir?; **from this ~:** aus dieser Höhe; **what is the ~ of ...?** wie hoch liegt ...?; **at an ~ of 2,000 ft.** ≈ in einer Höhe von 600 Metern; **at high ~:** in großer Höhe; **gain/lose ~:** [an] Höhe gewinnen/verlieren
alto ['æltəʊ] *n., pl.* ~**s** *(Mus.) (voice, part)* Alt, *der; (male singer)* Alt, *der;* Altist, *der;* Altsänger, *der; (female singer)* Alt, *der;* Altistin, *die;* Altsängerin, *die;* ~ **saxophone/clarinet** Altsaxophon, *das/*Altklarinette, *die;* ~ **clef** Altschlüssel, *der*
altogether [ɔːltə'geðə(r)] **1.** *adv.* völlig; *(on the whole)* im großen und ganzen; *(in total)* insgesamt; **not ~ [true/convincing]** nicht ganz [wahr/überzeugend]. **2.** *n.* **in the ~** *(coll.)* Evas-/Adamskostüm
altruism ['æltrʊɪzm] *n., no pl.* Altruismus, *der;* Uneigennützigkeit, *die*
altruist ['æltrʊɪst] *n.* Altruist, *der (geh.)*
altruistic [æltrʊ'ɪstɪk] *adj.,* **altruistically** [æltrʊ'ɪstɪkəlɪ] *adv.* altruistisch; uneigennützig
alum ['æləm] *n. (Chem.)* Alaun, *der*
alumina [ə'ljuːmɪnə] *n.* Aluminiumoxyd, *das; (fachspr.)* -oxid, *das;* Tonerde, *die*
aluminium [æljʊ'mɪnɪəm] *n. (Brit.)* Aluminium, *das*
aluminize [ə'ljuːmɪnaɪz] *v. t.* aluminieren
aluminum [ə'luːmɪnəm] *(Amer.) see* **aluminium**
alumna [ə'lʌmnə] *n., pl.* ~**e** [ə'lʌmniː] *(Amer.)* Absolventin, *die*
alumnus [ə'lʌmnəs] *n., pl.* **alumni** [ə'lʌmnaɪ] *(Amer.)* Absolvent, *der;* **we are both alumni of Harvard** wir sind beide ehemalige Harvard-Studenten
alveolar [æl'vɪələ(r), ælvɪ'əʊlə(r)] *adj.* **a)** *(Anat.)* ~ **ridge** Alveolarfortsatz, *der;* **b)** *(Phonet.)* alveolar; Alveolar-
always ['ɔːlweɪz, 'ɔːlwɪz] *adv. (at all times)* immer; *(repeatedly)* ständig; [an]dauernd *(ugs.); (whatever the circumstances)* jederzeit; **he ~ comes on Monday** er kommt immer am Montag; **he is ~ making fun of other people** er macht sich dauernd *od.* ständig über andere lustig; **don't worry, I can ~ sleep on the floor** keine Sorge, ich kann jederzeit *od.* ohne weiteres auf dem Fußboden schlafen; **you can ~ come by train if you prefer** ihr könnt ja auch mit der Bahn kommen, wenn ihr das lieber wollt
alyssum ['ælɪsəm] *n. (Bot.)* Steinkraut, *das*
Alzheimer's disease [æltshaɪməz dɪziːz] *n.* Alzheimer-Krankheit, *die*
AM *abbr.* amplitude modulation AM
am *see* **be**
a.m. [eɪ'em] **1.** *adv.* vormittags; [at] **one/four ~:** [um] ein/vier Uhr nachts *od.* morgens *od.* früh; [at] **five/eight ~:** [um] fünf/acht Uhr morgens *od.* früh; [at] **nine ~:** [um] neun Uhr morgens *od.* früh *od.* vormittags; [at] **ten/eleven ~:** [um] zehn/elf Uhr vormittags. **2.** *n.* Vormittag, *der;* **Monday/this ~:** Montag/heute vormittag
amalgam [ə'mælgəm] *n.* **a)** *(lit. or fig.: mixture)* Mischung, *die;* **b)** *(alloy)* Amalgam, *das*
amalgamate [ə'mælgəmeɪt] **1.** *v. t.* vereinigen; verschmelzen *(geh.);* amalgamieren *(geh.)* ⟨*Rassen*⟩; zusammenlegen ⟨*Abteilungen*⟩; fusionieren ⟨*Firmen*⟩. **2.** *v. i.* sich vereinigen; ⟨*Firmen*:⟩ fusionieren ⟨*Abteilungen*:⟩ zusammengelegt werden
amalgamation [əmælgə'meɪʃn] *n.* **a)** *(action)* Vereinigung, *die; (of races)* Verschmelzung, *die (geh.);* Amalgamierung, *die; (of firms)* Fusion, *die; (of departments)* Zusammenlegung, *die;* **b)** *(result)* Vereinigung, *die;* **his 'theory' is an ~ of various ideas** seine „Theorie" ist ein Amalgam der verschiedensten Ideen
amanuensis [əmænjʊ'ensɪs] *n., pl.* **amanuenses** [əmænjʊ'ensiːz] Sekretär, *der*

amaryllis [æməˈrɪlɪs] *n. (Bot.)* **a)** *(plant of genus A~)* Amaryllis, *die;* **b)** *(plant of related genus)* Amaryllisgewächs, *das*

amass [əˈmæs] *v. t.* [ein]sammeln; **what a lot of books you have ~ed over the years!** was für eine Menge Bücher sich bei dir während der Jahre angesammelt *od.* angehäuft hat!; **~ a [large] fortune** ein [großes] Vermögen anhäufen

amateur [ˈæmətə(r)] *n.* **a)** *(non-professional)* Amateur, *der;* **b)** *(derog.: trifler)* Amateur, *der;* Dilettant, *der;* **c)** *attrib.* Amateur-; Laien-; **~ actor/theatre** Amateur- *od.* Laienschauspieler/Amateur- *od.* Laientheater; **when he retired he took up ~ photography/writing** als Rentner fing er an zu fotografieren/schriftstellern

amateurish [ˈæmətərɪʃ] *adj. (derog.)* laienhaft; amateurhaft

amateurishness [ˈæmətərɪʃnɪs] *n.* Dilettantismus, *der*

amateurism [ˈæmətərɪzm] *n., no pl.* Amateursport, *der; (as qualifying principle)* Amateurstatus, *der*

amatory [ˈæmətərɪ] *adj.* erotisch; Liebes-; **~ poems/letters/affairs** Liebesgedichte/-briefe/-affären; **~ advances** amouröse Avancen *(geh.)*

amaze [əˈmeɪz] *v. t.* verblüffen; verwundern; **be ~d [by sth.]** [über etw. *(Akk.)*] verblüfft *od.* verwundert sein

amazement [əˈmeɪzmənt] *n., no pl.* Verblüffung, *die;* Verwunderung, *die*

amazing [əˈmeɪzɪŋ] *adj. (remarkable)* erstaunlich; *(astonishing)* verblüffend; **'~ value'** „sensationell günstig"

amazingly [əˈmeɪzɪŋlɪ] *adv.* **a)** *as sentence-modifier (remarkably)* erstaunlicherweise; *(astonishingly)* verblüffenderweise; **b)** erstaunlich; **~ stupid** außerordentlich *od. (ugs.)* selten dumm

¹Amazon [ˈæməzən] *pr. n.* **the ~:** der Amazonas *od. (veralt.)* Amazonenstrom

²Amazon *n.* **a)** *(Mythol.: female warrior)* Amazone, *die;* **b)** *(fig.)* Mannweib, *das (abwertend);* Amazone, *die (geh.)*

ambassador [æmˈbæsədə(r)] *n.* **a)** Botschafter, *der/*Botschafterin, *die; (on particular mission)* Sonderbotschafter, *der;* Gesandte, *der (hist.);* **~ to a country/court** Botschafter in einem Land/an einem Hof; **b)** *(messenger)* Abgesandte, *der/die;* Beauftragte, *der/die*

ambassadorial [æmbæsəˈdɔːrɪəl] *adj.* Botschafter-; eines/des Botschafters *nachgestellt; (of envoy)* Gesandten-; eines/des Gesandten *nachgestellt*

amber [ˈæmbə(r)] **1.** *n.* **a)** Bernstein, *der;* **b)** *(traffic light)* Gelb, *das;* **when the ~ is flashing** bei gelbem Blinklicht. **2.** *adj.* Bernstein-; aus Bernstein *nachgestellt; (colour)* bernsteinfarben; gelb ⟨Verkehrslicht⟩

ambergris [ˈæmbəgrɪs, ˈæmbəgriːs] *n.* Amber, *der;* Ambra, *die*

ambiance [ˈɒbɪɑ̃s] *see* ambience

ambidexterity [æmbɪdeksˈterɪtɪ] *see* ambidextrousness

ambidextrous [æmbɪˈdekstrəs] *adj.* beidhändig; ambidexter *(fachspr.)*

ambidextrously [æmbɪˈdekstrəslɪ] *adv.* beidhändig

ambidextrousness [æmbɪˈdekstrəsnɪs] *n., no pl.* Beidhändigkeit, *die*

ambience [ˈæmbɪəns] *n.* Ambiente, *das (geh.);* Milieu, *das;* Atmosphäre, *die;* **the ~ of the theatre** das Ambiente des Theaters; das Theatermilieu; die Theateratmosphäre

ambient [ˈæmbɪənt] *adj.* Umgebungs-; **~ pressure/air** Umgebungsdruck, *der/*-luft, *die*

ambiguity [æmbɪˈgjuːɪtɪ] *n.* Zweideutigkeit, *die;* Doppelsinnigkeit, *die (geh.); (having several meanings)* Mehrdeutigkeit, *die;* Ambiguität, *die (Sprachw.)*

ambiguous [æmˈbɪgjʊəs] *adj.* zweideutig; doppelsinnig *(geh.); (with several meanings)* mehrdeutig; ambig *(Sprachw.);* **her smile was ~:** ihr Lächeln war zweideutig

ambiguously [æmˈbɪgjʊəslɪ] *adv.* zweideutig; doppelsinnig *(geh.); (with several meanings)* mehrdeutig; ambig *(Sprachw.);* **smile ~:** zweideutig lächeln

ambiguousness [æmˈbɪgjʊəsnɪs] *n., no pl.* Zweideutigkeit, *die;* Doppelsinnigkeit, *die (geh.); (having several meanings)* Mehrdeutigkeit, *die*

ambit [ˈæmbɪt] *n.* Gebiet, *das;* Bereich, *der;* **the ~ of sb.'s experience/competence** jmds. Erfahrungs-/Kompetenz-, *der.* Zuständigkeitsbereich

ambition [æmˈbɪʃn] *n.* Ehrgeiz, *der; (aspiration)* Ambition, *die;* Wunsch, *der;* **you can never fulfil every ~:** man kann nie all seine Ambitionen verwirklichen

ambitious [æmˈbɪʃəs] *adj.* ehrgeizig; ambitioniert *(geh.)* ⟨Person⟩; **she was very ~ for him to succeed** er musste Erfolg haben, daß er Erfolg hatte; **be ~ to do sth.** von dem Ehrgeiz erfüllt sein, etw. zu tun

ambitiously [æmˈbɪʃəslɪ] *adv.* voller Ehrgeiz; von Ehrgeiz erfüllt

ambitiousness [æmˈbɪʃəsnɪs] *n., no pl.* Ehrgeiz, *der;* ehrgeiziges Streben; **the ~ of his proposal/the new project** das Ehrgeizige an seinem Plan/an dem neuen Projekt

ambivalence [æmˈbɪvələns] *n., no pl.* Ambivalenz, *die*

ambivalent [æmˈbɪvələnt] *adj.* ambivalent

amble [ˈæmbl] **1.** *v. i.* ⟨Reiter:⟩ im Paßgang reiten; ⟨Pferd:⟩ im Paßgang gehen; *(ride at easy pace)* im Schritt reiten; **b)** *(fig.: walk slowly)* schlendern; gemütlich gehen. **2.** *n.* **a)** Paßgang, *der;* **b)** *(fig.)* Schlendern, *das*

ambrosia [æmˈbrəʊzɪə] *n., no pl.* Ambrosia, *die*

ambulance [ˈæmbjʊləns] *n.* **a)** *(vehicle)* Krankenwagen, *der;* Ambulanz, *die; (Mil.)* Sanitätswagen, *der;* Sanka, *der (bes. Soldatenspr.);* **b)** *(Mil.: mobile hospital)* Feldlazarett, *das;* Ambulanz, *die*

ambulance: ~-chaser *n. (Amer.)* Anwalt oder sein Agent, der Unfallopfer dazu überredet, auf Schadenersatz zu klagen; **~ driver** *n.* Fahrer eines/des Krankenwagens; **~-man** *n.* Sanitäter, *der;* **~ service** *n.* Rettungsdienst, *der;* **~ worker** *n.* Sanitäter, *der/*Sanitäterin, *die*

ambulant [ˈæmbjʊlənt] *adj.* gehfähig ⟨Patient⟩; ambulant ⟨Behandlung⟩

ambush [ˈæmbʊʃ] **1.** *n. (concealment)* Hinterhalt, *der; (troops concealed)* im Hinterhalt liegende Truppe; **lie in ~** *(lit. od fig.)* im Hinterhalt liegen; **arrange an ~:** einen Überfall aus dem Hinterhalt führen. **2.** *v. t.* [aus dem Hinterhalt] überfallen

ameliorate [əˈmiːlɪəreɪt] **1.** *v. t.* verbessern. **2.** *v. i.* sich verbessern; besser werden

amelioration [əmiːlɪəˈreɪʃn] *n.* [Ver]besserung, *die*

ameliorative [əˈmiːlɪərətɪv] *adj.* verbessernd; bessernd ⟨Einfluß⟩; **~ measures/effect** Verbesserungsmaßnahmen *Pl./*-effekt, *der*

amen [ɑːˈmen, eɪˈmen] **1.** *int.* amen; **say '~' to sth.** ja und amen zu etw. sagen. **2.** *n.* Amen, *das*

amenability [əmiːnəˈbɪlɪtɪ] *n., no pl.* **a)** *(responsiveness)* Empfänglichkeit, *die (to* für*);* **b)** *(of phenomenon etc.)* Unterworfenheit, *die (to* unter + *Akk.);* **c)** *(responsibility)* Verantwortlichkeit, *die (to* gegenüber*);* **our ~ to the law** daß wir dem Gesetz gehorchen müssen

amenable [əˈmiːnəbl] *adj.* **a)** *(responsive)* zugänglich, aufgeschlossen ⟨Person⟩ *(to* Dat.*);* **he simply isn't ~ to reason/advice** er ist Vernunftgründen/Ratschlägen einfach nicht zugänglich; **~ to kindness** für Freundlichkeit empfänglich; **b)** *(subject)* unterworfen ⟨Sache⟩ *(to* Dat.*);* **be ~ to the laws of nature/rules of grammar** den Naturgesetzen/Regeln der Grammatik unterworfen sein *od.* gehorchen; **c)** *(responsible)* **be ~ to the law** dem Gesetz gehorchen müssen

amend [əˈmend] *v. t. (correct)* berichtigen; *(improve)* abändern, ergänzen ⟨Gesetzentwurf, Antrag⟩; ändern ⟨Verfassung⟩; [ver]bessern ⟨Situation⟩

amendment [əˈmendmənt] *n. (to motion)* Abänderungsantrag, *der; (to bill)* Änderungsantrag, *der; (to Constitution)* Änderung, *die (to* Gen.*);* Amendement, *das (Dipl.); (of situation)* [Ver]besserung, *die*

amends [əˈmendz] *n. pl.* **make ~ [to sb.]** es [bei jmdm.] wiedergutmachen; **make ~ for sth.** etw. wiedergutmachen

amenity [əˈmiːnɪtɪ] *n.* **a)** *no pl. (pleasantness)* Annehmlichkeiten *(Pl.);* **b)** *(pleasant feature) (of residence)* Attraktivität, *die;* Wohnqualität, *die; (of locality)* Attraktivität, *die;* Reiz, *der;* **the amenities of a town** die kulturellen und Freizeiteinrichtungen einer Stadt; **social amenities** öffentliche Freizeiteinrichtungen, **~ including showers, central heating, etc.** mit allem Komfort inklusive Duschen, Zentralheizung usw.

amenity: **~ bed** *n. (Brit.)* ≈ Privatbett [in einem öffentlichen Krankenhaus]; **~ centre** *n.* Freizeitzentrum, *das*

America [əˈmerɪkə] *pr. n.* **a)** Amerika *(das);* **b)** **the ~s** Nord-, Süd- und Mittelamerika

American [əˈmerɪkən] **1.** *adj.* amerikanisch; **sb. is ~:** jmd. ist Amerikaner/Amerikanerin; **~ English** amerikanisches Englisch; **~ studies** Amerikanistik, *die; see also* **English 1; legion b. 2.** *n. (person)* Amerikaner, *der/*Amerikanerin, *die;* **b)** *(language)* Amerikanisch, *das; see also* **English 2 a**

American: **~ 'football** *n.* Football, *der;* **~ 'Indian 1.** *n.* Indianer, *der/*Indianerin, *die;* **2.** *adj.* indianisch

Americanisation, Americanise *see* **Americaniz-**

Americanism [əˈmerɪkənɪzm] *n.* **a)** *(Ling.)* Amerikanismus, *der;* **b)** *(attachment)* Amerikanertum, *das*

Americanization [əmerɪkənaɪˈzeɪʃn] *n.* **a)** Amerikanisierung, *die;* **b)** *(naturalization)* Einbürgerung [in Amerika]

Americanize [əˈmerɪkənaɪz] *v. t.* **a)** amerikanisieren; **b)** *(naturalize)* [in Amerika] einbürgern

American: **~ 'organ** *n. (Mus.)* amerikanische Orgel; **~ plan** *n. (Amer. Hotel Managem.)* Vollpension, *die*

Amerindian [æməˈrɪndɪən] *adj. (American Indian)* indianisch; *(Eskimo)* eskimoisch; **~ languages** Indianer-/Eskimosprachen; **~ peoples** Indianer/Eskimo[s]

amethyst [ˈæmɪθɪst] *n.* Amethyst, *der*

amiability [eɪmɪəˈbɪlɪtɪ] *n., no pl. see* **amiable:** Umgänglichkeit, *die;* Freundlichkeit, *die;* Entgegenkommen, *das*

amiable [ˈeɪmɪəbl] *adj.* umgänglich; freundlich ⟨Person⟩; entgegenkommend ⟨Haltung⟩; **be in an ~ mood** gut gelaunt sein

amiably [ˈeɪmɪəblɪ] *adv.* freundlich; **be ~ disposed towards sb./sth.** jmdm./einer Sache wohlgesinnt sein

amicability [æmɪkəˈbɪlɪtɪ] *n., no pl.* Freundschaftlichkeit, *die*

amicable [ˈæmɪkəbl] *adj.* freundschaftlich ⟨Gespräch, Beziehungen⟩; gütlich ⟨Einigung⟩; friedlich ⟨Lösung⟩; **~ relations with one's neighbours** ein freundnachbarliches Verhältnis

amicably [ˈæmɪkəblɪ] *adv.* in [aller] Freundschaft; **get on ~ with one's neighbours** mit seinen Nachbarn gut auskommen

amid [əˈmɪd] *prep.* inmitten; *(fig.: during)* bei; **~ the fighting** mitten im Gefecht

49

amidships

amidships [əˈmɪdʃɪps] (*Amer.:* **amidship** [əˈmɪdʃɪp]) *adv. (position)* mittschiffs; Mitte Schiff *(Seemannsspr.); (direction)* [nach] mittschiffs; **hit sb. ~** *(fig. coll.)* jmdn. in den Bauch schlagen/treffen
amidst [əˈmɪdst] *see* amid
amino acid [əmiːnəʊ ˈæsɪd] *n. (Chem.)* Aminosäure, *die*
Amish [ˈɑːmɪʃ, ˈeɪmɪʃ, ˈæmɪʃ] *adj.* Amisch; **the ~ Mennonites** die Amischen
amiss [əˈmɪs] **1.** *pred. adj.* **a)** *(wrong)* verkehrt; falsch; **is anything ~?** stimmt irgend etwas nicht?; ist irgend etwas nicht in Ordnung?; **b)** *(out of place)* fehl am Platz[e]; unangebracht. **2.** *adv.* **take sth. ~:** etw. übelnehmen; **come** *or* **go ~:** ungelegen kommen; **a glass of wine would not come** *or* **go ~:** ein Glas Wein wäre nicht verkehrt
amity [ˈæmɪtɪ] *n.* Freundschaft, *die;* gutes Einvernehmen
ammeter [ˈæmɪtə(r)] *n. (Electr.)* Amperemeter, *das;* Strommesser, *der*
ammo [ˈæməʊ] *n., no pl. (Mil. coll.)* Muni, *die (Milit. ugs.)*
ammonia [əˈməʊnɪə] *n.* Ammoniak, *das;* **~ water** Salmiakgeist, *der;* Ammoniaklösung, *die*
ammunition [æmjʊˈnɪʃn] *n., no pl., no indef. art. (lit. or fig.)* Munition, *die*
amnesia [æmˈniːzɪə] *n. (Med.)* Amnesie, *die;* Gedächtnisschwund, *der*
amnesty [ˈæmnɪstɪ] *n.* Amnestie, *die;* **grant an ~ to sb.** jmdn. amnestieren; **they were released under an ~:** sie wurden im Rahmen einer Amnestie freigelassen
amniocentesis [æmnɪəʊsɛnˈtiːsɪs] *n. (Med.)* Fruchtwasserentnahme, *die*
amoeba [əˈmiːbə] *n., pl.* **~s** *or* **~e** [əˈmiːbiː] *(Zool.)* Amöbe, *die*
amok [əˈmɒk] *adv.* **run ~:** Amok laufen
among[st] [əˈmʌŋ(st)] *prep.* **a)** unter (+ *Dat.;* seltener: + *Akk.*); **~ us/you/friends** unter uns/euch/Freunden; **~ other things** unter anderem; **~ others** unter anderen; **b)** *(in/into the middle of, surrounded by)* zwischen (+ *Dat./Akk.*); **hide ~ the bushes** sich im Gebüsch verstecken; **~ tall trees** inmitten hoher Bäume; **she was sitting ~ her children** sie saß in dem Kreise ihrer Kinder; **there are some weeds ~ the flowers** zwischen den Blumen wächst Unkraut; **a village ~ the hills** ein Dorf in den Bergen; **I saw him ~ the crowd** ich habe ihn in der Menge gesehen; **c)** *(in the practice or opinion of, in the number of)* unter (+ *Dat.*); **~ men/scientists** unter Männern/Wissenschaftlern; **who is the tallest ~ you?** wer ist der größte von euch *(geh.)*. unter euch?; **I count him ~ my friends** ich zähle ihn zu meinen Freunden; **that painting is reckoned ~ his best works** das Bild zählt zu seinen besten Werken; **d)** *(between)* unter (+ *Dat.;* seltener: + *Akk.*); **share the sweets ~ yourselves** teilt euch die Bonbons; **we only have five pounds ~ us** wir haben zusammen nur fünf Pfund; **he distributed his wealth ~ the poor** er verteilte sein Vermögen *od.* unter die *od.* unter den Armen; **e)** *(reciprocally)* **they often quarrel ~ themselves** sie streiten oft miteinander; sie streiten sich oft; **we often disagree ~ ourselves** wir sind [untereinander] oft verschiedener Meinung; **f)** *(jointly)* **~ you/them** *etc.* gemeinsam; zusammen
amoral [eɪˈmɒrəl] *adj.* amoralisch
amorous [ˈæmərəs] *adj.* amourös ⟨*Abenteuer, Beziehung*⟩; **~ glances** verliebte Blicke; **~ advances** Annäherungsversuche *Pl.;* amouröse Avancen *Pl. (veralt., scherzh.);* **an ~ novel/poem** ein Liebesroman/-gedicht; **be ~ of sb.** *(literary)* in jmdn. verliebt sein
amorously [ˈæmərəslɪ] *adv.* verliebt
amorousness [ˈæmərəsnɪs] *n., no pl.* Verliebtheit, *die*
amorphous [əˈmɔːfəs] *adj.* **a)** *(shapeless,*

unorganized) formlos; amorph ⟨*Masse*⟩; *(fig.)* chaotisch ⟨*Stil*⟩; **b)** *(Min., Chem.)* amorph
amortization [əmɔːtaɪˈzeɪʃn] *n. (Finance)* **a)** *(of assets)* Abschreibung, *die;* **b)** *(of debt, mortgage)* Tilgung, *die;* Amortisation, *die*
amortize [əˈmɔːtaɪz] *v. t. (Finance)* abschreiben ⟨*Vermögenswerte*⟩; tilgen, amortisieren ⟨*Schuld, Hypothek*⟩
amount [əˈmaʊnt] **1.** *v. i.* **~ to sth.** sich auf etw. *(Akk.)* belaufen; *(fig.)* auf etw. *(Akk.)* hinauslaufen; einer Sache *(Dat.)* gleichkommen; **the cost/debts/fees/profits ~ed to ...:** die Kosten/Schulden/Gebühren/Gewinne beliefen sich auf ... *(Akk.);* **all these arguments/proposals don't ~ to much** diese Argumente/Vorschläge bringen alle nicht viel; **my savings don't ~ to very much** meine Ersparnisse sind nicht gerade groß; **what this all ~s to is that ...:** zusammenfassend kann man sagen, daß .... **2.** *n.* **a)** *(total)* Betrag, *der;* Summe, *die; (full significance)* volle Bedeutung *od.* Tragweite; **the ~ of a bill** die Höhe einer Rechnung; **c)** *(quantity)* Menge, *die;* **an ~ of rain/patience** eine Menge Regen/Geduld; **large ~s of money** beträchtliche Geldsummen; **a tremendous ~ of** *(coll.)* wahnsinnig viel *(ugs.);* **no ~ of money will make me change my mind** und wenn man mir noch soviel Geld gibt: meine Meinung werde ich nicht ändern; **no ~ of talking will settle the matter** soviel wir auch darüber reden, wir werden zu keinem Ergebnis kommen; **see also any 1 e**
amour [əˈmʊə(r)] *n.* Affäre, *die;* Liebschaft, *die*
amour propre [æmʊə ˈprɒpr] *n., no pl.* **a)** *(self-esteem)* Ehrgefühl, *das;* Selbstachtung, *die;* **b)** *(vanity)* Eitelkeit, *die*
amp [æmp] *n.* **a)** *(Electr.)* Ampere, *das;* **b)** *(coll.:* amplifier*)* Verstärker, *der*
ampere [ˈæmpeə(r)] *n. (Electr.)* Ampere, *das*
ampersand [ˈæmpəsænd] *n.* Et-Zeichen, *das*
amphetamine [æmˈfɛtəmɪn, æmˈfɛtəmiːn] *n.* Amphetamin, *das*
amphibian [æmˈfɪbɪən] **1.** *adj.* **a)** *(Zool.)* amphibisch; *(re.* animal amphibisches Lebewesen; Amphibie, *die;* Lurch, *der;* **b)** *(Mil.) see* amphibious b. **2.** *n.* **a)** *(Zool.)* Amphibie, *die;* Lurch, *der;* **b)** *(vehicle)* Amphibienfahrzeug, *das*
amphibious [æmˈfɪbɪəs] *adj.* **a)** *(Biol.)* amphibisch; **toads are ~** Kröten sind Amphibien; **b)** *(operating on land or water)* amphibisch; zu Lande und zu Wasser einsetzbar; **~ vehicle/tank/aircraft** Amphibienfahrzeug, *das/-panzer, der/-flugzeug, das;* **c)** **~ warfare/operations/forces** amphibische Kriegsführung/Operationen/Streitkräfte
amphitheatre (*Amer.:* **amphitheater**) [ˈæmfɪθɪətə(r)] *n.* **a)** Amphitheater, *das;* **b)** *(Geog.: hollow)* Kessel, *der;* **c)** *(fig.: arena)* Schauplatz, *der*
amphora [ˈæmfərə] *n., pl.* **~e** [ˈæmfəriː] *or* **~s** Amphora, Amphore, *die*
ample [ˈæmpl] *adj.,* **~r** [ˈæmplə(r)], **~st** [ˈæmplɪst] **a)** *(spacious)* weitläufig ⟨*Garten, Räume*⟩; groß ⟨*Ausdehnung*⟩; *(extensive, abundant)* reichhaltig ⟨*Mahl, Bibliographie*⟩; ausführlich, umfassend ⟨*Behandlung eines Themas*⟩; weitreichend, umfassend ⟨*Vollmachten, Machtbefugnisse*⟩; **b)** *(enough)* ~ **room/food** reichlich Platz/zu essen; **this hall is in size for the party** dieser Saal bietet reichlich Platz für die Feier; **c)** *(stout)* üppig ⟨*Busen*⟩; stattlich ⟨*Erscheinung*⟩
amplification [æmplɪfɪˈkeɪʃn] *n.* **a)** *(Phys.)* Verstärkung, *die;* **b)** *(enlargement)* weitere *od.* zusätzliche Erläuterungen *Pl.;* **c)** *(of knowledge, wisdom, etc.)* Erweiterung, *die;* Vertiefung, *die*
amplifier [ˈæmplɪfaɪə(r)] *n.* Verstärker, *der*

anaesthetization

amplify [ˈæmplɪfaɪ] **1.** *v. t.* **a)** verstärken ⟨*Ton*⟩; **b)** *(enlarge on)* weiter ausführen, näher *od.* ausführlicher erläutern ⟨*Erklärung, Bericht*⟩; **c)** *(enhance)* erweitern, vertiefen ⟨*Wissen, Kenntnisse*⟩. **2.** *v. i.* auf Einzelheiten *(Akk.)* eingehen; **~ on sth.** etw. näher erläutern
amplitude [ˈæmplɪtjuːd] *n.* **a)** *(Electr.)* Amplitude, *die;* Schwingungsweite, *die;* **~ modulation** Amplitudenmodulation, *die;* **b)** *(Phys.)* Amplitude, *die;* größte Ausschlagweite; **c)** *no pl. (breadth)* Breite, *die;* Weite, *die; (abundance)* Fülle, *die; (wide range)* Breite, *die*
amply [ˈæmplɪ] *adv. (spaciously, abundantly)* reichlich ⟨*breit, belohnen*⟩; zur Genüge ⟨*zeigen, demonstrieren*⟩
ampoule [ˈæmpuːl] *n.* Ampulle, *die*
amputate [ˈæmpjʊteɪt] *v. t.* amputieren
amputation [æmpjʊˈteɪʃn] *n.* Amputation, *die*
amputee [æmpjʊˈtiː] *n.* Amputierte, *der/die*
amuck [əˈmʌk] *see* amok
amulet [ˈæmjʊlɪt] *n. (lit. or fig.)* Amulett, *das*
amuse [əˈmjuːz] *v. t.* **a)** *(interest)* unterhalten; **keep a child ~d** ein Kind richtig beschäftigen; **~ oneself with sth.** sich mit etw. beschäftigen; **children are ~d by the most simple things** Kinder sind mit den einfachsten Dingen zufrieden; **~ oneself by doing sth.** sich *(Dat.)* die Zeit damit vertreiben, etw. zu tun; **b)** *(make laugh or smile)* belustigen; amüsieren; **be ~d by** *or* **at sth.** sich über etw. *(Akk.)* amüsieren
amusement [əˈmjuːzmənt] *n.* Belustigung, *die; (pastime)* Freizeitbeschäftigung, *die;* **all the ~s on offer at the seaside** das gesamte Freizeitangebot am Meer; **in the ~s** in der Spielhalle
aˈmusement arcade *n.* Spielhalle, *die*
amusing [əˈmjuːzɪŋ] *adj.,* **amusingly** [əˈmjuːzɪŋlɪ] *adv.* amüsant
¹**an** [ən, *stressed* æn] *indef. art. see also* ²**a:** ein/eine/ein; **an elephant/Englishman** ein Elefant/Engländer; **an hour/historical play** eine Stunde/ein historisches Stück; **an LP** eine LP
²**an** [æn] *conj. (arch./dial.)* so *(veralt.);* **~ I meet him** so ich ihn treffe
anabolic steroid [ænəbɒlɪk ˈstɪərɔɪd, ænəbɒlɪk ˈstɛrɔɪd] *n. (Physiol.)* anaboles Steroid; Anabolikum, *das*
anachronism [əˈnækrənɪzm] *n.* Anachronismus, *der*
anachronistic [ənækrəˈnɪstɪk] *adj.* anachronistisch; zeitwidrig
anaconda [ænəˈkɒndə] *n. (Zool.)* Anakonda, *die*
anaemia [əˈniːmɪə] *n., no pl. (Med.)* Blutarmut, *die;* Anämie, *die; see also* pernicious
anaemic [əˈniːmɪk] *adj. (Med.)* blutarm; anämisch; *(fig.)* blutleer; saft- und kraftlos
anaerobic [ænɛəˈrəʊbɪk] *adj. (Biol.)* anaerob
anaesthesia [ænɪsˈθiːzɪə] *n. (Med.) (absence of sensation)* Empfindungslosigkeit, *die;* Anästhesie, *(fachspr.)* Anaesthesia, *die; (artificially induced)* Narkose, *die;* **general ~:** [Voll]narkose, *die;* Allgemeinanästhesie, *die (fachspr.).* **local ~:** örtliche Betäubung; Lokalanästhesie, *die*
anaesthetic [ænɪsˈθɛtɪk] **1.** *adj. (Med.)* anästhetisch; betäubend. **2.** *n.* Anästhetikum, *das;* **give sb. an ~:** jmdm. eine Narkose geben; *(local)* jmdn. betäuben; **be under an ~:** in Narkose liegen; **general ~:** Narkotikum, *das;* Narkosemittel, *das;* **local ~:** Lokalanästhetikum, *das*
anaesthetist [əˈniːsθətɪst] *n. (Med.)* Anästhesist, Anästhesistin, *der/die;* Narkose[fach]arzt, *der/-ärztin, die*
anaesthetization [əniːsθətaɪˈzeɪʃn] *n.* Betäubung, *die; (fig.)* Abstumpfung, *die* (**to** gegenüber)

50

anaesthetize [ə'ni:sθətaɪz] *v.t.* narkotisieren; betäuben; anästhesieren *(fachspr.); (fig.)* abstumpfen **(to gegenüber); become ~d to sth.** *(fig.)* gegenüber etw. abstumpfen
anagram ['ænəgræm] *n.* Anagramm, *das*
anagrammatic [ænəgrə'mætɪk], **anagrammatical** [ænəgrə'mætɪkl] *adj.* anagrammatisch
anal ['eɪnl] *adj.* a) *(Anat.)* anal; Anal-; After-; **~ region** Analbereich, *der;* **~ canal** Afterkanal, *der;* b) *(Psych.)* **~ stage** anale Phase; **~ eroticism** Analerotik, *die*
analgesia [ænæl'dʒi:zɪə] *n. (Med.)* Analgesie, *die*
analgesic [ænæl'dʒi:sɪk] *(Med.)* **1.** *adj.* analgetisch. **2.** *n.* Analgetikum, *das*
analog *(Amer.)* see **analogue**
analogical [ænə'lɒdʒɪkl] *adj.* a) analog; Analogie-; **~ reasoning** Analogiedenken, *das;* b) *(expressing analogy)* metonymisch ⟨*Wort, Ausdruck*⟩
analogous [ə'næləgəs] *adj.* vergleichbar; analog; **be ~ to sth.** einer Sache *(Dat.)* entsprechen
analogously [ə'næləgəslɪ] *adv.* analog
analogue ['ænəlɒg] *n.* Entsprechung, *die;* Analogon, *das (geh.);* **~ computer** Analogrechner, *der;* **~ watch** Analoguhr, *die*
analogy [ə'nælədʒɪ] *n.* a) *(agreement; also Ling.)* Analogie, *die;* b) *(similarity)* Parallele, *die;* Analogie, *die;* **draw an ~ between/with** eine Parallele ziehen zwischen (+ *Dat.*)/zu; c) *(Logic)* Analogie, *die;* **use an argument by ~/argue by ~:** einen Analogieschluß/Analogieschlüsse ziehen
analysable ['ænəlaɪzəbl] *adj.* analysierbar; zerlegbar ⟨*Satz*⟩
analyse ['ænəlaɪz] *v.t.* a) analysieren; kritisch untersuchen ⟨*Literatur*⟩; b) *(Chem.)* untersuchen (**for** auf + *Akk.*); c) *(Ling.)* [zer]gliedern; d) *(Psych.)* analysieren *(fachspr.);* psychoanalytisch behandeln; **get ~d** sich einer [Psycho]analyse unterziehen
analysis [ə'nælɪsɪs] *n., pl.* **analyses** [ə'nælɪsi:z] a) Analyse, *die; (Chem., Med.: of sample)* Untersuchung, *die; (statement)* Analyse, *die;* [Lage]beurteilung, *die;* **in the final** *or* **last** *or* **ultimate ~:** letzten Endes; b) *(Math.)* Analysis, *die;* c) *(Psych.)* Analyse, *die*
analyst ['ænəlɪst] *n.* a) Laboratoriumsingenieur, *der;* Laborfachmann, *der (ugs.);* b) *(Econ., Polit., etc.)* Experte, *der;* Fachmann, *der;* c) *(Psych.)* Analytiker, *der*/Analytikerin, *die*
analytic [ænə'lɪtɪk] *adj.* analytisch
analytical [ænə'lɪtɪkl] *adj.* a) analytisch ⟨*Methode, Sprache, Begabung*⟩; b) **~ geometry** analytische Geometrie
analytically [ænə'lɪtɪkəlɪ] *adv.* analytisch
analyze *(Amer.)* see **analyse**
anapaest *(Amer.:* **anapest)** ['ænəpi:st] *n. (Pros.)* Anapäst, *der*
anaphora [ə'næfərə] *n. (Lit.)* Anapher, *die*
anarchic [ə'nɑ:kɪk], **anarchical** [ə'nɑ:kɪkl] *adj.* anarchisch; anarchistisch
anarchism ['ænəkɪzm] *n., no pl.* Anarchismus, *der*
anarchist ['ænəkɪst] *n.* Anarchist, *der*/Anarchistin, *die*
anarchistic [ænə'kɪstɪk] *adj.* anarchistisch
anarchy ['ænəkɪ] *n., no pl.* Anarchie, *die; (fig.: disorder)* Chaos, *das*
anathema [ə'næθəmə] *n.* a) *no pl., no art. (detested thing)* Greuel; **be ~ to** jmdm. verhaßt *od.* ein Greuel sein; b) *no pl., no art. (accursed thing)* **be ~ ful to** sein; c) *(curse of God)* Fluch, *der;* *(curse of Church)* Anathema, *das;* Kirchenbann, *der*
anathematize [ə'næθəmətaɪz] **1.** *v.t.* verdammen; verfluchen; ⟨*Kirche, Papst:*⟩ in den Bann tun. **2.** *v.i.* fluchen
anatomical [ænə'tɒmɪkl] *adj.,* **anatomically** [ænə'tɒmɪkəlɪ] *adv.* anatomisch

anatomist [ə'nætəmɪst] *n.* Anatom, *der; (dissector)* Anatomiegehilfe, *der; (fig.)* Sezierer, *der;* Analytiker, *der*
anatomize [ə'nætəmaɪz] *v.t.* sezieren; *(fig.)* analysieren; sezieren
anatomy [ə'nætəmɪ] *n., no pl.* a) Anatomie, *die; (dissection)* Sektion, *die;* b) *(joc.: body)* Anatomie, *die (scherzh.);* **a certain part of his ~:** ein bestimmter Körperteil; c) *(fig.: analysis)* Anatomie, *die;* Analyse, *die*
ANC *abbr.* **African National Congress** ANK
ancestor ['ænsestə(r)] *n.* Vorfahr, *der;* Ahn[e], *der; (fig.)* Ahn[e], *der*
ancestral [æn'sestrəl] *adj.* angestammt ⟨*Grundbesitz, Land*⟩; **~ portraits** Ahnenbilder
ancestry ['ænsestrɪ] *n.* a) *(lineage)* Abstammung, *die;* Herkunft, *die;* b) *(ancestors)* Vorfahren *Pl.;* c) *no pl. (ancient descent)* Familientradition, *die*
anchor ['æŋkə(r)] **1.** *n.* Anker, *der;* **lie at ~:** vor Anker liegen; **come to** *or* **cast** *or* **drop ~:** vor Anker gehen; **weigh ~:** den Anker lichten; *see also* **drag 2 e. 2.** *v.t.* a) verankern; vor Anker legen; *(secure)* befestigen (**to** an + *Dat.*); b) *(fig.)* **be ~ed to sth.** an etw. *(Akk.)* gefesselt sein. **3.** *v.i.* ankern
anchorage ['æŋkərɪdʒ] *n.* a) *(place for anchoring)* Ankerplatz, *der;* Ankergrund, *der (geh.);* b) *(anchoring, lying at anchor)* Ankern, *das;* c) *(fig.)* [Rück]halt, *der*
anchorite ['æŋkəraɪt] *n. (lit. or fig.)* Einsiedler, *der*
anchor: ~man *n.* a) *(Sport) (in tug-of-war)* hinterster *od.* letzter Mann; *(in relay race)* Schlußläufer, *der; (Mountaineering)* Seilletzte, *der;* **he is the ~man of the company** *(fig.)* er ist die Stütze der Firma; b) *(Telev., Radio)* Moderator, *der;* Redakteur im Studio, *der;* **~ring** Ankerring, *der*
anchovy ['æntʃəvɪ, æn'tʃəʊvɪ] *n.* An[s]chovis, *die;* Sardelle, *die*
anchovy: ~ 'pear *n.* Anchovisbirne, *die;* **~ 'toast** *n.* Toast mit An[s]chovispaste
ancien régime [ɑ̃sjẽ reɪ'ʒi:m] *n., pl.* **anciens régimes** [ɑ̃sjẽ reɪ'ʒi:m] Ancien régime, *das; (fig.)* alte Regierungsform
ancient ['eɪnʃənt] **1.** *adj.* a) *(belonging to past)* alt; *(pertaining to antiquity)* antik; **~ Rome/Greece** das alte Rom/ Griechenland; **in ~ times** im Altertum; **~ history** Alte Geschichte, *die;* **that's ~ history; everybody knows it** *(fig.)* das ist längst ein alter Hut *(ugs.),* jeder weiß das; **the ~ Greeks** die alten Griechen; **A~ Greek** altgriechisch, *das;* **~ Egypt** Altägypten *(das);* b) *(old)* alt; historisch ⟨*Gebäude usw.*⟩; **~ monument** *(Brit. Admin.)* [offiziell anerkanntes] historisches Denkmal; [offiziell anerkannte] historische Stätte; **~ lights** *(Law)* Fenster, die mindestens 20 Jahre lang Lichtzutritt hatten, der nicht durch bauliche Maßnahmen behindert werden darf. **2.** *n.* a) **the ~s** Menschen der Antike; *(authors)* die Schriftsteller der Antike; b) **the A~ of Days** *(literary)* der Allvater; c) *(arch.: old man)* Alte, *der*
anciently ['eɪnʃəntlɪ] *adv.* in alten Zeiten; *(in antiquity)* in der Antike; im Altertum
ancillary [æn'sɪlərɪ] **1.** *adj.* a) *(auxiliary)* **be ~ to sth.** für etw. Hilfsdienste leisten; **be ~ to medicine** eine Hilfswissenschaft der Medizin sein; b) *(subordinate)* zweitrangig; **~ industries** Zulieferindustrien; **~ services** Hilfsleistungen; **~ worker** Hilfskraft, *die;* **~ subject** Nebenfach, *das;* **a network of ~ roads** ein Netz von Verbindungsstraßen. **2.** *n. (Brit.)* Hilfskraft, *die*
and [ənd, *stressed* ænd] *conj.* a) und; **two hundred ~ forty** zweihundert[und]vierzig; **a knife, fork, ~ spoon** Messer, Gabel und Löffel; **there are books ~ books** es gibt Bücher und Bücher; es gibt sone Bücher und solche *(salopp);* **two ~ two are four** zwei und zwei sind vier; **[by] two ~ two** in

Zweierreihen; **~/or** und/oder; b) *expr. condition* und; **take one more step ~ I'll shoot** noch einen Schritt, und ich schieße; **~ you'll regret it** wenn du das tust, wirst du es noch bedauern; c) *expr. continuation* und; **she cried ~ cried** sie weinte und weinte; **he tried ~ tried to open it** er versuchte immer wieder, es zu öffnen; **for weeks ~ weeks/years ~ years** wochen-/jahrelang; **for miles ~ miles** meilenweit; **better ~ better** immer besser
andante [æn'dæntɪ] *(Mus.)* **1.** *adv.* andante; gemessen; langsam. **2.** *adj.* langsam; ruhig. **3.** *n.* Andante, *das*
Andean [æn'di:ən] *adj. (Geog.)* Anden-
Andes ['ændi:z] *pr. n. pl.* Anden *Pl.*
andiron ['ændaɪən] *n.* Feuerbock, *der*
Andorra [æn'dɔ:rə] *pr. n.* Andorra *(das)*
Andrew ['ændru:] *pr. n. (as name of saint)* Andreas *(der)*
androgynous [æn'drɒdʒɪnəs] *adj. (Biol.)* zwittrig
anecdotal ['ænɪkdəʊtl] *adj.* anekdotisch; anekdotenhaft
anecdote ['ænɪkdəʊt] *n.* Anekdote, *die;* **he is never without a witty ~:** er ist nie um eine witzige Geschichte verlegen
anemia, anemic *(Amer.)* see **anaemia**
anemometer [ænɪ'mɒmɪtə(r)] *n. (Meteorol.)* Anemometer, *das;* Windmesser, *der*
anemone [ə'nemənɪ] *n.* Anemone, *die; (pasque-flower)* Kuhschelle, *die; see also* **sea anemone; wood anemone**
aneroid ['ænərɔɪd] *adj.* **~ barometer** Aneroidbarometer, *das*
anesthesia *etc. (Amer.)* see **anaesthesia** *etc.*
anew [ə'nju:] *adv.* a) aufs neue; erneut; **let's start ~:** fangen wir noch einmal von vorne an; b) *(in a new form)* neu; **he decided to start life ~ in Australia** er beschloß, in Australien ein neues Leben zu beginnen
angel ['eɪndʒl] *n. (lit. or fig.)* Engel, *der;* **evil ~:** böser Geist; **good ~:** guter Engel; **be on the side of the ~s** *(fig.)* auf der Seite der Guten stehen; **be an ~ and ...** *(coll.)* sei so lieb und ...; *see also* **guardian angel**; b) *(Commerc. coll.)* Finanzier, *der*
angel: ~ cake *n., no pl.* Biskuitkuchen, *der;* **~-fish** *n.* Kaiserfisch, *der;* Engelfisch, *der*
angelic [æn'dʒelɪk] *adj.* a) *(of angel[s])* Engels-; b) *(like angel[s])* engelhaft; engelgleich *(geh.);* **an ~ child** ein Kind wie ein Engel; **she looked ~:** sie sah wie ein Engel aus
angelica [æn'dʒelɪkə] *n.* a) *(Bot., Cookery, Med.)* Angelika, *die;* Engelwurz, *die;* b) *(candied)* kandierte Angelika
angelus ['ændʒɪləs] *n. (RCCh.)* Angelus, *der od. das;* **~ bell** Angelusläuten, *das*
anger ['æŋgə(r)] **1.** *n., no pl. (wrath)* Zorn, *der* (**at** über + *Akk.*); *(fury)* Wut, *die* (**at** über + *Akk.*); **be filled with ~:** erzürnt/ wütend sein; **in [a moment of] ~:** im Zorn/in der Wut. **2.** *v.t.* verärgern; *(infuriate)* erzürnen *(geh.)*/wütend machen; **be ~ed by sth.** über etw. *(Akk.)* verärgert/erzürnt/wütend sein
angina [pectoris] [æn'dʒaɪnə ('pektərɪs)] *n., no pl. (Med.)* Angina pectoris, *die*
Angle ['æŋgl] *n.* Angehöriger/Angehörige des Volksstammes der Angeln; **the ~s** Angeln
¹**angle 1.** *n.* a) *(Geom.)* Winkel, *der;* **acute/ obtuse/right ~:** spitzer/stumpfer/rechter Winkel; **at an ~ of 60°** im Winkel von 60°; **at an ~:** schief; **at an ~ to the wall** schräg zur Wand; b) *(corner)* Ecke, *die; (recess)* Winkel, *der;* c) *(direction)* Perspektive, *die;* Blickwinkel, *der; (fig.)* Gesichtspunkt, *der;* Aspekt, *der;* **the photo isn't taken from a flattering ~:** die Aufnahme ist aus einem unvorteilhaften [Blick]winkel gemacht; **the committee examined the matter from various ~s** der Ausschuß prüfte die

Angelegenheit von verschiedenen Seiten; **looking at it from a commercial ~:** unter kaufmännischen Gesichtspunkten. **2.** *v. t.* **a)** [aus]richten; **b)** *(coll.: bias)* färben ⟨*Nachrichten, Formulierung*⟩. **3.** *v. i.* [im Winkel] abbiegen; **the road ~s sharply to the left** die Straße biegt scharf nach links ab
²**angle** *v. i.* angeln; *(fig.)* **~ for sth.** sich um etw. bemühen; **~ for compliments** nach Komplimenten fischen; **~ for an opportunity** eine Gelegenheit suchen
'**angle brackets** *n. pl.* spitze Klammern
angled ['æŋɡəld] *adj. (angular)* eckig ⟨*Form, Figur*⟩; *(placed obliquely)* schief; *(fig. coll.)* tendenziös, gefärbt ⟨*Bericht, Kommentar*⟩; **acute-/obtuse-/right-~:** spitz-/stumpf-/rechtwinklig
angle: ~dozer ['æŋɡlədəʊzə(r)] *n.* Seitenräumer, *der;* **~-iron** *n.* Winkeleisen, *das;* **~-parking** *n.* Schrägparken, *das*
angler ['æŋɡlə(r)] *n.* **a)** Angler, *der*/Anglerin, *die;* **b)** **~[-fish]** Anglerfisch, *der*
Anglican ['æŋɡlɪkən] **1.** *adj.* anglikanisch. **2.** *n.* Anglikaner, *der*/Anglikanerin, *die*
Anglicanism ['æŋɡlɪkənɪzm] *n., no pl.* Anglikanismus, *das*
Anglicism ['æŋɡlɪsɪzm] *n.* **a)** *(word or idiom)* Anglizismus, *der;* **b)** *(Englishness)* englische Eigenart
Anglicize ['æŋɡlɪsaɪz] *v. t.* anglisieren
angling ['æŋɡlɪŋ] *n.* Angeln, *das*
Anglist ['æŋɡlɪst] *n.* Anglist, *der*/Anglistin, *die*
Anglistics [æŋ'ɡlɪstɪks] *n., no pl.* Anglistik, *die*
Anglo- [æŋɡləʊ] *in comb.* anglo-/Anglo-; **he's an ~-Cypriot** er ist Zyprer britischer Herkunft
Anglo-A'merican 1. *adj.* angloamerikanisch; **an ~ agreement** ein englisch-/britisch-amerikanischer Vertrag. **2.** *n.* Angloamerikaner, *der*/Angloamerikanerin, *die*
Anglo-'Catholic 1. *n.* Anglokatholik, *der*/Anglokatholikin, *die.* **2.** *adj.* anglokatholisch
Anglo-'French 1. *adj.* englisch-/britischfranzösisch; *(Ling.)* anglofranzösisch; **2.** *n. (Ling.)* Anglonormannisch, *das;* Anglofranzösisch, *das*
Anglo-'German *adj.* englisch-/britischdeutsch
Anglo-'Indian 1. *adj.* angloindisch. **2.** *n.* Anglo-Inder, *der*/Anglo-Inderin, *die*
Anglomania [æŋɡləʊ'meɪnɪə] *n.* Anglomanie, *die*
Anglo-'Norman 1. *adj.* anglonormannisch. **2.** *n. (dialect)* Anglonormannisch, *das*
Anglophile ['æŋɡləʊfaɪl] **1.** *n.* Anglophile, *der/die.* **2.** *adj.* anglophil
Anglophobia [æŋɡləʊ'fəʊbɪə] *n.* Anglophobie, *die*
anglophone ['æŋɡləʊfəʊn] **1.** *adj.* anglophon. **2.** *n.* Anglophone, *der/die*
Anglo-'Saxon 1. *n.* Angelsachse, *der*/Angelsächsin, *die; (language)* Angelsächsisch, *das; (Amer. coll.: English)* Englisch, *das.* **2.** *adj.* angelsächsisch; *(Amer. coll.: English)* englisch
Angola [æŋ'ɡəʊlə] *pr. n.* Angola (*das*)
Angolan [æŋ'ɡəʊlən] **1.** *adj.* angolanisch; **sb. is ~:** jmd. ist Angolaner/Angolanerin. **2.** *n.* Angolaner, *der*/Angolanerin, *die*
angora [æŋ'ɡɔːrə] *n.* Angora⟨*katze, -ziege, -kaninchen*⟩; **~ [wool]** Angorawolle, *die;* Mohair, *der*
angrily ['æŋɡrɪlɪ] *adv.* verärgert; *(stronger)* zornig
angry ['æŋɡrɪ] *adj.* **a)** böse; verärgert ⟨*Person, Stimme, Geste*⟩; *(stronger)* zornig; wütend; **be ~ at or about sth.** wegen etw. böse sein; **he was ~ at being asked** er war verärgert darüber, daß man ihn fragte; **be ~ with or at sb.** mit jmdm. *od.* auf jmdn. böse sein; sich über jmdn. ärgern; **be in an ~ mood**

schlechter Laune *od.* böse sein; **get ~:** böse werden; **get** *or* **make sb. ~:** jmdn. verärgern; *(stronger)* jmdn. wütend machen; **b)** *(fig.)* drohend, bedrohlich ⟨*Wolke, Himmel*⟩; **c)** *(inflamed and painful)* böse, schlimm ⟨*Riß, Wunde*⟩; **an ~ red** eine entzündliche Röte
angst [æŋst] *n.* neurotische Angst; *(remorse)* Schuldgefühl, *das*
ångström ['æŋstrɜːm] *n. (Phys.)* Ångström, *das;* **~ unit** Ångströmeinheit, *die*
anguish ['æŋɡwɪʃ] *n., no pl.* Qualen *Pl.;* **he shuddered with ~:** er erschauerte vor Schmerz
anguished ['æŋɡwɪʃt] *adj.* qualvoll; gequält ⟨*Herz, Gewissen*⟩
angular ['æŋɡjʊlə(r)] *adj.* **a)** *(having angles)* eckig ⟨*Form, Struktur, Aufbau*⟩; **b)** *(lacking plumpness, stiff)* knochig ⟨*Körperbau*⟩; kantig ⟨*Gesicht*⟩; **c)** *(measured by angle)* angular; winklig; **~ momentum** *(Phys.)* Drehimpuls, *der;* Drall, *der;* **~ motion** *(Phys.)* Kreisbewegung, *die;* **~ velocity** *(Phys.)* Winkelgeschwindigkeit, *die;* **~ frequency** *(Electr.)* Kreisfrequenz, *die; (Mech.)* Umlauf- *od.* Drehgeschwindigkeit, *die*
angularity [æŋɡjʊ'lærɪtɪ] *n., no pl.* Eckigkeit, *die*
anhydride [æn'haɪdraɪd] *n. (Chem.)* Anhydrid, *das*
anhydrous [æn'haɪdrəs] *adj. (Chem.)* [kristall]wasserfrei; nichtwäßrig
aniline ['ænɪliːn; 'ænɪlaɪn; 'ænɪlɪn] *n.* Anilin, *das;* **~ dye** künstlicher Farbstoff, *der; (made from ~)* Anilinfarbstoff, *der*
animal ['ænɪml] **1.** *n.* **a)** Tier, *das; (quadruped)* Vierbeiner, *der; (any living being)* Lebewesen, *das;* **a)** *(fig.)* das Recht der Tiere auf Leben und Unversehrtheit; **~ rights activists** aktive Tierschützer; **domestic ~:** Haustier, *das; see also* **kingdom d;** **b)** *(fig. coll.)* **there is no such ~ as a 'typical' criminal** so etwas wie den „typischen" Verbrecher gibt es gar nicht; **that's a queer sort of ~:** das ist 'ne Sorte Art *(ugs.);* **c)** *(fig.: animal instinct; brute)* Tier, *das;* **don't be such an ~!** benimm dich doch mal wie ein Mensch! **2.** *adj.* **a)** tierisch; **~ behaviour/breeding** Tierverhalten, *das*/Tierzucht, *die;* **~ spirits** Lebensfreude, *die;* **b)** *(from animals)* tierisch ⟨*Produkt, Klebstoff, Öl*⟩; **c)** *(carnal, sexual)* körperlich ⟨*Bedürfnisse, Triebe, Wünsche*⟩; tierisch, animalisch ⟨*Veranlagung, Natur*⟩
animalcule [ænɪ'mælkjuːl] *n.* Mikroorganismus, *der*
animalist ['ænɪməlɪst] *see* **animal protectionist**
'**animal-lover** *n.* Tierfreund, *der*/-freundin, *die*
'**animal protectionist** *n.* Tierschützer, *der*/-schützerin, *die*
animate 1. ['ænɪmeɪt] *v. t.* **a)** *(enliven)* beleben; **b)** *(inspire)* anregen; *(to do sth. mischievous)* animieren; **~ sb. with enthusiasm** jmdn. mit Begeisterung erfüllen; **he was ~d by a passion for truth** er war von leidenschaftlicher Wahrheitsliebe beseelt; *(breathe life into)* mit Leben erfüllen. **2.** ['ænɪmət] *adj.* beseelt ⟨*Leben, Körper*⟩; belebt ⟨*Objekt, Welt*⟩; lebendig ⟨*Seele*⟩
animated ['ænɪmeɪtɪd] *adj.* lebhaft ⟨*Diskussion, Unterhaltung, Ausdruck, Gebärde*⟩; lebendig ⟨*Darstellung, Kunstwerk*⟩; **~ cartoon** Zeichentrickfilm, *der*
animatedly ['ænɪmeɪtɪdlɪ] *adv.* lebhaft
animation [ænɪ'meɪʃn] *n.* **a)** *no pl.* Lebhaftigkeit, *die;* **b)** *(Cinemat.)* Animation, *die*
animator ['ænɪmeɪtə(r)] *n. (Cinemat.)* Animator, *der*/Animatorin, *die*
animism ['ænɪmɪzm] *n., no pl. (Relig.)* Animismus, *der*
animosity [ænɪ'mɒsɪtɪ] *n.* Animosität, *die (geh.),* Feindseligkeit, *die* **(against, towards** gegen)

anion ['ænaɪən] *n. (Phys.)* Anion, *das*
anise ['ænɪs] *n. (Bot.)* Anis, *der*
aniseed ['ænɪsiːd] *n.* Anis[samen], *der*
anisette [ænɪ'zet] *n.* Anislikör, *der;* Anisette, *der*
ankle ['æŋkl] *n. (joint)* Fußgelenk, *das; (part of leg)* Knöchelgegend, *die;* Fessel, *die*
ankle: ~-deep *adj.* knöcheltief; **~ sock** *n.* Socke, *die; (esp. for children)* Söckchen, *das*
anklet ['æŋklɪt] *n.* **a)** Fußkettchen, *das;* **b)** *(Amer.) see* **ankle sock**
annalist ['ænəlɪst] *n.* Annalist, *der*
annals ['ænəlz] *n. pl. (lit. or fig.)* Annalen *Pl.;* **in the ~ of human history** in den Annalen der Menschheit
Anne [æn] *pr. n. (Hist., as name of ruler, saint, etc.)* Anna (*die*)
anneal [ə'niːl] *v. t.* ausglühen ⟨*Stahl*⟩; kühlen ⟨*Glas*⟩
annelid ['ænəlɪd] *n. (Zool.)* Ringelwurm, *der*
annex 1. [ə'neks] *v. t.* **a)** *(add)* angliedern (**to** *Dat.*); anbauen ⟨*Gebäude*⟩; *(append)* anfügen ⟨*Bemerkungen*⟩ (**to** *Dat.*); **b)** *(incorporate)* annektieren ⟨*Land, Territorium*⟩; *(coll.: take without right)* sich *(Dat.)* unter den Nagel reißen *(ugs.)* ⟨*Gegenstände*⟩; **c)** *(attach) (as an attribute)* zuschreiben (**to** *Dat.*); verbinden (**to** mit); *(as a consequence)* binden, knüpfen (**to** an + *Akk.*). **2.** ['æneks] *n. (supplementary building)* Anbau, *der;* Annexbau, *der (selten); (built-on extension)* Erweiterungsbau, *der; (appendix) (to document)* Zusatz, *der;* Annex, *der (geh.); (to treaty)* Anhang, *der;* Annex, *der (geh.)*
annexation [ænɪk'seɪʃn] *n.* **a)** *(of land)* Annexion, *die;* Annektierung, *die;* **b)** *(as an attribute)* Verknüpfung, *die* (**to** mit)
annexe *see* **annex 2**
annihilate [ə'naɪɪleɪt] *v. t.* **a)** vernichten ⟨*Armee, Flotte, Bevölkerung, Menschheit*⟩; zerstören ⟨*Stadt, Land*⟩; **b)** *(fig.)* zunichte machen; an Boden zerstören ⟨*Person*⟩
annihilation [ənaɪɪ'leɪʃn] *n.* **a)** *see* **annihilate:** Vernichtung, *die;* Zerstörung, *die; (fig.)* Verderben, *das;* Untergang, *der;* **the party's ~:** der Untergang der Partei; **b)** *(Phys.)* Paarvernichtung, *die*
anniversary [ænɪ'vɜːsərɪ] *n.* Jahrestag, *der;* **wedding ~:** Hochzeitstag, *der;* **the university celebrated its 500th ~:** die Universität feierte ihr 500jähriges Jubiläum *od.* Bestehen; **the ~ of Shakespeare's birth** [die Wiederkehr von] Shakespeares Geburtstag; **the ~ of his death** sein Todestag
Anno Domini [ænəʊ 'dɒmɪnaɪ] **1.** *adv.* nach Christi Geburt; **~ 62** [im Jahre] 62 nach Christi Geburt. **2.** *n. (coll.)* das Alter
annotate ['ænəteɪt] *v. t.* kommentieren; mit Anmerkungen versehen
annotation [ænə'teɪʃn] *n. (act)* Kommentierung, *die; (comment)* Anmerkung, *die*
announce [ə'naʊns] *v. t.* bekanntgeben; durchsagen; *(in newspaper)* anzeigen ⟨*Heirat usw.*⟩; *(make known the approach of; fig.: signify)* ankündigen
announcement [ə'naʊnsmənt] *n.* Bekanntgabe, *die; (over Tannoy etc.)* Durchsage, *die;* **they made an ~ over the radio that ...:** sie gaben im Radio bekannt, daß ...; **did you read the ~ of his death in the paper?** haben Sie seine Todesanzeige in der Zeitung gelesen?
announcer [ə'naʊnsə(r)] *n.* Ansager, *der*/Ansagerin, *die;* Sprecher, *der*/Sprecherin, *die*
annoy [ə'nɔɪ] *v. t.* **a)** ärgern; **his late arrival ~ed me** ich habe mich über sein spätes Kommen geärgert; **her remarks ~ everybody** ihre Bemerkungen sind allen lästig; **b)** *(harass)* schikanieren
annoyance [ə'nɔɪəns] *n.* Verärgerung, *die; (nuisance)* Plage, *die;* [**much**] **to my/his ~:**

[sehr] zu meiner/seiner Verärgerung; **a look of ~**: ein Blick der Verärgerung; **having a pub next door to one's house is a constant ~**: wenn man eine Kneipe nebenan hat, ist das ein ständiges Ärgernis

annoyed [ə'nɔɪd] *adj.* **be ~ [at** *or* **with sb./sth.]** ärgerlich [auf *od.* über jmdn./über etw.] sein; **be ~ to find that ...**: sich darüber ärgern, daß ...; **he got very ~**: er hat sich darüber sehr geärgert

annoying [ə'nɔɪɪŋ] *adj.* ärgerlich; lästig ⟨*Gewohnheit, Person*⟩; **the ~ part of it is that ...**: das Ärgerliche daran *od.* was einen daran ärgert, daß ...

annual ['ænjʊəl] **1.** *adj.* **a)** *(reckoned by the year)* Jahres-; **~ income/subscription/rent/turnover/production/leave/salary** Jahreseinkommen, *das*/-abonnement, *das*/-miete, *die*/-umsatz, *der*/-produktion, *die*/-urlaub, *der*/-gehalt, *das;* **~ rainfall** jährliche Regenmenge; **b)** *(recurring yearly)* [all]jährlich ⟨*Ereignis, Feier*⟩; Jahres(*bericht, -hauptversammlung*); **c)** *(Bot.)* einjährig *(fachspr.)*; annuell ⟨*Pflanze*⟩; **~ ring** *(Bot.)* Jahresring, *der.* **2.** *n.* **a)** *(Bot.)* einjährige Pflanze; **b)** *(Bibliog.)* Jahrbuch, *das;* **c)** *(of comic etc.)* Jahresalbum, *das*

annually ['ænjʊəlɪ] *adv. (per year)* jährlich; *(once a year)* [all]jährlich

annuity [ə'njuːɪtɪ] *n. (grant, sum payable)* Jahresrente, *die; (investment)* Rentenversicherung, *die*

annul [ə'nʌl] *v.t.,* **-ll-** *(abolish)* annullieren, für ungültig erklären ⟨*Gesetz, Vertrag, Ehe, Testament*⟩; auflösen ⟨*Vertrag*⟩

annular ['ænjʊlə(r)] *adj.* ringartig; ringförmig

annulment [ə'nʌlmənt] *n. (of law, treaty, marriage, will)* Annullierung, *die; (of treaty also)* Auflösung, *die*

Annunciation [ənʌnsɪ'eɪʃn] *n.* **a)** *(Eccl.)* **the ~**: Mariä Verkündigung; **Feast of the ~**: Fest der Verkündigung Mariä; **b) a~**: Ankündigung, *die*

annunciator [ə'nʌnsɪeɪtə(r)] *n. (indicator)* [elektrische] Anzeige

annus mirabilis [ˌænəs mɪ'rɑːbɪlɪs] *n., no pl.* Wunderjahr, *das;* wundersames Jahr

anode ['ænəʊd] *n. (Electr.)* Anode, *die*

anodize ['ænədaɪz] *v.t.* anodisieren; **anodizing** anodische Behandlung

anodyne ['ænədaɪn] **1.** *adj. (Med.)* schmerzstillend; analgetisch *(fachspr.); (fig.)* wohltuend; *(soothing)* einlullend; **the ~ aspects of modern life** die Segnungen des modernen Lebens *(iron.).* **2.** *n. (Med.)* Schmerzmittel, *das;* Analgetikum, *das; (fig.)* Wohltat, *die*

anoint [ə'nɔɪnt] *v.t. (esp. Relig.)* salben; **~ sb. king** jmdn. zum König salben

anomalous [ə'nɒmələs] *adj.* **a)** *(abnormal)* anomal, anormal ⟨*Lage, Verhältnisse, Zustand*⟩; ungewöhnlich ⟨*Situation, Anblick*⟩; **b)** *(Ling.: irregular)* unregelmäßig

anomalously [ə'nɒmələslɪ] *adv.* **a)** außergewöhnlich; **b)** *(Ling.)* unregelmäßig (*deklinieren, konjugieren*)

anomaly [ə'nɒməlɪ] *n.* Anomalie, *die;* Absonderlichkeit, *die; (exception)* Ausnahme, *die*

anon [ə'nɒn] *adv.* **a)** *(arch./literary: soon)* bald; **b)** *(coll.: later)* später; **more of that ~!** mehr davon später!; **see you ~**: bis später [dann]

anon. [ə'nɒn] *abbr.* **anonymous [author]** anon.

anonymity [ænə'nɪmɪtɪ] *n.* Anonymität, *die*

anonymous [ə'nɒnɪməs] *adj.* anonym

anonymously [ə'nɒnɪməslɪ] *adv.* anonym; **he phoned ~**: er machte einen anonymen Anruf; **he dresses rather ~**: er kleidet sich sehr unauffällig

anorak ['ænəræk] *n.* Anorak, *der*

anorexia [ænə'reksɪə] *n.* Anorexie, *die (Med.);* Appetitlosigkeit, *die;* Magersucht, *die (volkst.);* **~ nervosa** [ænəreksɪə nɜː'vəʊsə] nervöse Anorexie *(Med.);* Anorexia nervosa, *die (Med.)*

another [ə'nʌðə(r)] **1.** *pron.* **a)** *(additional)* noch einer/eine/eins; ein weiterer/eine weitere/ein weiteres; **yet ~**: noch einer/eine/eins; **one thing leads to ~**: eines ergibt sich aus dem anderen; **We have lots of apples. Please have ~**: Wir haben eine ganze Menge Äpfel. Nimm dir doch noch einen; **send a copy to the customer and keep ~ for reference** schicken Sie eine Kopie an den Kunden, und eine weitere nehmen Sie für unsere Unterlagen; **there's one school in the neighbourhood already and ~ [which is] being built** es gibt schon eine Schule in der Gegend, und eine zweite ist gerade im Bau; **b)** *(counterpart)* wieder einer/eine/eins; **such ~**: noch so einer/so eine/so eins; **c)** *(Brit. Law)* **X versus Y and ~**: X gegen Y und andere; **d)** *(different)* ein anderer/eine andere/ein anderes; **she ran off with/married ~**: sie brannte mit einem anderen durch *(ugs.)*/heiratete einen anderen; **making a mistake is one thing, but lying deliberately is quite ~**: einen Fehler zu machen ist eine Sache, aber absichtlich zu lügen ist ganz etwas anderes; **they said one to ~**: sie sagten zueinander; **in one way or ~**: so oder so; irgendwie; **for one reason or ~**: aus irgendeinem Grund; **A.N. Other** *(Brit.)* N.N.; *see also* **one 1f, 3b. 2.** *adj.* **a)** *(additional)* noch einer/eine/eins; ein weiterer/eine weitere/ein weiteres; **give me ~ chance** gib mir noch [einmal] eine Chance; **after ~ six weeks** nach weiteren sechs Wochen; **~ 100 pounds** weitere 100 Pfund; **he didn't say ~ word** er sagte nichts mehr; **he hasn't ~ day to live** er hat keinen Tag länger zu leben; **he hasn't ~ penny left** er hat keinen Pfennig mehr; **it'll take ~ few years** es wird noch ein paar Jahre [länger] dauern; **b)** *(a person like)* ein neuer/eine neue/ein neues; ein zweiter/eine zweite/ein zweites; **~ Chaplin** ein neuer *od.* zweiter Chaplin; **c)** *(different)* ein anderer/eine andere/ein anderes; **ask ~ person** fragen Sie jemand anderen *od.* anders; **~ time, don't be so greedy** sei beim nächsten Mal nicht so gierig; **I'll do it ~ time** ich tu's ein andermal; **[and] [there's] ~ thing [und] noch etwas; it's one thing to make a request, ~ thing to order** zu bitten ist eine Sache, zu befehlen eine andere; **that's quite ~ problem** das ist wieder ein anderes Problem; **~ place** *(Brit. Parl.)* die andere Kammer [dieses Parlaments]; *see also* **tomorrow 2**

anschluss ['ænʃlʊs] *n. (Hist.)* Anschluß, *der;* **the ~ of Austria by Germany** der Anschluß Österreichs [an Deutschland]

answer ['ɑːnsə(r)] **1.** *n.* **a)** *(reply)* Antwort, *die* (**to** auf + *Akk.*); *(reaction)* Reaktion, *die;* **I tried to phone him, but there was no ~**: ich habe versucht, ihn anzurufen, aber es hat sich niemand gemeldet; **do you have any ~ to the accusations made against you?** haben Sie irgend etwas auf die Anschuldigungen gegen Sie zu erwidern?; **there is no ~ to that** dem ist nichts mehr hinzuzufügen; **by way of [an] ~**: als Antwort; **in ~ to sth.** als Antwort *od.* Reaktion auf etw. *(Akk.);* **he always has an ~ [ready]** er hat immer eine Antwort parat; **make ~**: *(formal)* [eine] Antwort geben; **b)** *(to problem)* Lösung, *die* (**to** Gen.); *(to calculation)* Ergebnis, *das;* **have** *or* **know all the ~s** *(coll.)* alles wissen. **2.** *v.t.* **a)** beantworten ⟨*Brief, Frage*⟩; antworten auf (+ *Akk.*) ⟨*Frage, Hilferuf, Einladung, Inserat*⟩; *(react to)* erwidern ⟨*Geste, Schlag*⟩; *(respond to)* eingehen auf (+ *Akk.*) ⟨*Angebot, Vorschlag*⟩; erfüllen ⟨*Bitte*⟩; sich stellen zu ⟨*Beschuldigung*⟩; erhören ⟨*Gebet*⟩; erfüllen ⟨*Wunsch*⟩; **~ sb.** jmdm. antworten; **~ me!** antworte [mir]!; **~ a question** eine Frage beantworten; auf eine Frage antworten; **b)** **~ the door/bell** an die Tür gehen; **c)** *(be satisfactory for)* genügen (+ *Dat.*); entsprechen (+ *Dat.*); **the flat ~ed his purpose very well** die Wohnung entsprach *od.* genügte seinen Anforderungen vollauf; **her desires were fully ~ed** ihren Wünschen wurde vollauf entsprochen; *see also* **telephone 1. 3.** *v.i.* **a)** *(reply)* antworten; **~ to sth.** sich zu etw. äußern; **b)** *(be responsible)* **~ for sth.** für etw. die Verantwortung übernehmen; **~ to sb.** jmdm. [gegenüber] Rechenschaft ablegen; **one day you will have to ~ for your crimes** eines Tages wirst du dich für die Verbrechen verantworten müssen; **he has a lot to ~ for** er hat vieles zu verantworten; **c)** *(correspond)* **~ to a description** einer Beschreibung *(Dat.)* entsprechen; **d)** *(be satisfactory)* **~ for a purpose/intention** sich für einen Zweck/ein Vorhaben eignen; **e)** **~ to the name of ...**: auf den Namen ... hören; **f)** **~ back** *(coll.)* widersprechen; Widerworte haben *(ugs.);* **he's always ready to ~ back** er gibt einem gern Kontra *(ugs.);* **don't ~ back!** keine Widerworte!

answerable ['ɑːnsərəbl] *adj. (responsible)* **be ~ to sb.** jmdm. [gegenüber] verantwortlich sein; **be ~ for sb./sth.** für jmdn./etw. verantwortlich sein

answering: **~ machine** *n. (Teleph.)* Anrufbeantworter, *der;* **~ service** *n. (Teleph.)* Fernsprechauftragsdienst, *der*

ant [ænt] *n.* Ameise, *die;* **white ~**: Termite, *die;* **have ~s in one's pants** *(sl.)* nicht stillsitzen können

antacid [ænt'æsɪd] *n.* Antazidum, *das*

antagonism [æn'tægənɪzm] *n.* Feindseligkeit, *die* (**towards, against** gegenüber); *(between two)* Antagonismus, *der (geh.);* **the ~ between the two families** die Feindschaft zwischen den beiden Familien

antagonist [æn'tægənɪst] *n.* Gegner, *der*/Gegnerin, *die; (in debate etc.)* Kontrahent, *der*/Kontrahentin, *die*

antagonistic [æntægə'nɪstɪk] *adj.* feindlich ⟨*Mächte, Prinzipien*⟩; feindselig ⟨*Kritik*⟩; antagonistisch, gegensätzlich ⟨*Interessen*⟩; **be ~ to sth.** im Gegensatz zu etw. stehen; ⟨*Person*⟩: etw. ablehnen; **be ~ to sb.** mit jmdm. verfeindet sein

antagonize [æn'tægənaɪz] *v.t.* **a)** *(evoke hostility or enmity of)* zum Feind machen; vor den Kopf stoßen *(ugs.);* **b)** *(counteract)* entgegenwirken (+ *Dat.*); **~ one another** sich gegenseitig bekämpfen

antarctic [ænt'ɑːktɪk] **1.** *adj.* antarktisch; **A~ explorer** Antarktisforscher, *der;* **A~ Circle/Ocean** südlicher Polarkreis/Südpolarmeer, *das.* **2.** *n.* **the A~**: die Antarktis

Antarctica [ænt'ɑːktɪkə] *n.* Antarktika

ante ['æntɪ] **1.** *n. (in poker etc.)* Einsatz, *der;* **up the ~** *(fig. coll.)* den Einsatz erhöhen. **2.** *v.t.* setzen; **~ [up] £10** 10 Pfund setzen; **can you ~ up £1,000 to buy this plot of land?** können Sie 1 000 Pfund zum Kauf dieses Grundstücks aufbringen?

'ant-eater *n. (Zool.)* Ameisenfresser, *der*

antecedent [æntɪ'siːdənt] **1.** *adj.* vorher-, vorausgehend ⟨*Faktoren, Elemente, Prinzipien*⟩; **be ~ to sth.** einer Sache *(Dat.)* vorausgehen. **2.** *n.* **a)** *(preceding event)* früherer Umstand, *m;* vorangegangenes Ereignis; *(preceding thing)* Vorläufer, *der;* **b)** *in pl. (past history)* **sb.'s ~s** jmds. Vorleben

antechamber ['æntɪtʃeɪmbə(r)] *n.* Vorzimmer, *das*

antedate [æntɪ'deɪt] *v.t.* **a)** *(precede)* vorausgehen (+ *Dat.*); **b)** *(give earlier date to)* zurückdatieren

antediluvian [æntɪdɪ'ljuːvɪən, æntɪdɪ'luːvɪən] *adj. (lit. or fig.)* vorsintflutlich

antelope ['æntɪləʊp] *n.* **a)** *(Zool.)* Antilope, *die;* **b)** *(leather)* Antilopenleder, *das*

antenatal [æntɪ'neɪtl] *adj.* **a)** *(concerning*

pregnancy) Schwangerschafts-; Schwangeren-; ~ **care** Schwangerenfürsorge, *die;* ~ **clinic** Klinik für werdende Mütter; **b)** *(before birth)* vorgeburtlich; prä- *od.* antenatal *(fachspr.)*
antenna [æn'tenə] *n.* **a)** *pl.* ~e [æn'teni:] *(Zool.)* Fühler, *der;* Antenne, *die (fachspr.);* **b)** *pl.* ~s *(Amer.:* aerial) Antenne, *die*
antepenultimate [æntɪpɪ'nʌltɪmət] *adj.* drittletzt...
ante-post [æntɪ'pəʊst] *adj. (Horse-racing)* ~ **betting** Wetten vor dem Renntag
anterior [æn'tɪərɪə(r)] *adj.* **a)** *(to the front)* vorder...; **be in an** ~ **position** vorn sein; **b)** *(prior)* früher...; **be** ~ **to sth.** einer Sache *(Dat.)* vorausgehen
ante-room ['æntɪru:m, 'æntɪrʊm] *n.* Vorraum, *der; (waiting room)* Warteraum, *der*
antheap ['ænthi:p] *n.* Ameisenhaufen, *der;* Ameisenhügel, *der;* **this human** ~ *(fig.)* dieses Menschengewimmel
anthem ['ænθəm] *n.* **a)** *(Eccl. Mus.)* Chorgesang, *der;* **b)** *(song of praise)* Jubel-, Preisgesang, *der (geh.);* Hymne, *die;* see also **national anthem**
anther ['ænθə(r)] *n. (Bot.)* Staubbeutel, *der*
anthill ['ænthɪl] *see* **antheap**
anthologist [æn'θɒlədʒɪst] *n.* Herausgeber, *der/*Herausgeberin, *die* [einer Anthologie/ von Anthologien]
anthology [æn'θɒlədʒɪ] *n. (of poetry, prose, songs) (by different writers)* Anthologie, *die; (by one writer)* Auswahl, *die*
anthracite ['ænθrəsaɪt] *n.* Anthrazit, *der*
anthrax ['ænθræks] *n., no pl., no indef. art. (Med., Vet. Med.)* Milzbrand, *der;* Anthrax, *der (fachspr.)*
anthropocentric [ænθrəpəʊ'sentrɪk] *adj.* anthropozentrisch
anthropoid ['ænθrəpɔɪd] **1.** *adj.* **a)** *(manlike)* menschenähnlich; anthropoid; ~ **ape** Menschenaffe, *der;* **b)** *(coll. derog.: apelike)* affenartig *(abwertend).* **2.** *n.* Anthropoid[e], *der;* Menschenaffe, *der*
anthropological [ænθrəpə'lɒdʒɪkl] *adj.* anthropologisch
anthropologist [ænθrə'pɒlədʒɪst] *n.* Anthropologe, *der/*Anthropologin, *die*
anthropology [ænθrə'pɒlədʒɪ] *n., no pl.* Anthropologie, *die*
anthropomorphic [ænθrəpəʊ'mɔ:fɪk] *adj.* anthropomorphisch
anti ['æntɪ] **1.** *prep.* gegen; **be** ~ **sth.** gegen etw. sein; Gegner von etw. sein. **2.** *adj.* ablehnend; **young people are all so** ~ **these days** die jungen Leute heutzutage sind gegen alles. **3.** *n.* Widersacher, *der*
anti- *(forestall)* *pref.* anti-/Anti-
anti-'aircraft *adj. (Mil.)* Flugabwehr-; ~ **gun** Flak, *die;* ~ **battery** Flakbatterie, *die*
antibiotic [æntɪbaɪ'ɒtɪk] **1.** *adj.* antibiotisch. **2.** *n.* Antibiotikum, *das*
'**antibody** *n. (Physiol.)* Antikörper, *der*
antic ['æntɪk] *n. (trick)* Mätzchen, *das (ugs.); (of clown)* Possen, *der*
Antichrist ['æntɪkraɪst] *n.* Antichrist, *der*
anticipate [æn'tɪsɪpeɪt] *v.t.* **a)** *(expect)* erwarten; *(foresee)* voraussehen; ~ **rain/ trouble** mit Regen/Ärger rechnen; **b)** *(discuss or consider before due time)* vorwegnehmen; antizipieren; **don't** ~ **your income** gib dein Einkommen nicht im voraus aus; **c)** *(forestall)* ~ **sb./sth.** jmdm./einer Sache zuvorkommen
anticipation [æntɪsɪ'peɪʃn] *n., no pl.* Erwartung, *die;* **in** ~ **of sth.** in Erwartung einer Sache *(Gen.);* **she was looking forward to the event with** ~: sie sah dem Ereignis erwartungsvoll entgegen; **thanking you in** ~: Ihnen im voraus dankend
anticipatory [æn'tɪsɪpətərɪ] *adj.* vorwegnehmend
anti'clerical *adj.* antiklerikal; kirchenfeindlich
anticli'mactic *adj.* [auf enttäuschende

Weise] abfallend; **the film has an** ~ **ending** der Film hat ein enttäuschendes Ende
anti'climax *n.* **a)** *(ineffective end)* Abstieg, *der;* Abfall, *der;* **b)** *(Lit.)* Antiklimax, *die*
anti'clockwise 1. *adv.* gegen den Uhrzeigersinn. **2.** *adj.* gegen den *od.* entgegen dem Uhrzeigersinn *nachgestellt;* linksläufig *(Technik);* **in an** ~ **direction** gegen den *od.* entgegen dem Uhrzeigersinn
anticor'rosive *adj.* Rostschutz-
anti'cyclone *n. (Meteorol.)* Hochdruckgebiet, *das;* Antizyklone, *die (Met.)*
antidepressant [æntɪdɪ'presənt] *n. (Med.)* Antidepressivum, *das*
antidote ['æntɪdəʊt] *n.* Gegengift, -mittel, *das* (**for, against** gegen); *(fig.)* Gegenmittel, *das* (**to** gegen)
'**antifreeze** *n.* Gefrierschutzmittel, *das;* Frostschutzmittel, *das*
antigen ['æntɪdʒən] *n. (Physiol.)* Antigen, *das*
'**anti-hero** *n.* Antiheld, *der*
anti'histamine *n. (Med.)* Antihistamin[ikum], *das*
'**antiknock** *n. (Motor Veh.)* Antiklopfmittel, *das*
Antilles [æn'tɪli:z] *pr. n. pl.* Antillen *Pl.*
'**anti-lock** *adj.* Antiblockier-; ~ **brake** *or* **braking system** Antiblockiersystem, *das*
antimacassar [æntɪmə'kæsə(r)] *n.* Schonbezug, *der*
'**antimatter** *n. (Phys.)* Antimaterie, *die*
antimony ['æntɪmənɪ] *n.* Antimon, *das*
antinomy [æn'tɪnəmɪ] *n.* Antinomie, *die*
'**anti-novel** *n.* Antiroman, *der*
anti'nuclear *adj.* Anti-Atom[kraft]-
'**antiparticle** *n. (Phys.)* Antiteilchen, *das*
antipathetic [æntɪpə'θetɪk] *adj.,* **antipathetical** [æntɪpə'θetɪkl] *adj.* **a)** *(averse, opposed)* **be** ~ **to sb./sth.** jmdm./einer Sache abgeneigt sein; eine Antipathie gegen jmdn./ etw. haben; **b)** *(arousing antipathy)* **be** ~ **to sb.** jmdm. zuwider sein
antipathy [æn'tɪpəθɪ] *n.* Antipathie, *die;* Abneigung, *die;* ~ **to** *or* **for sb./sth.** Abneigung gegen jmdn./etw.
anti-person'nel *adj.* gegen Menschen gerichtet; ~ **bomb** Splitterbombe, *die;* ~ **mine** Schützenmine, *die*
antiperspirant [æntɪ'pɜ:spɪrənt] **1.** *adj.* schweißhemmend; ~ **spray** Deodorantspray, *der. od. das.* **2.** *n.* Antitranspirant, *das*
antiphonal [æn'tɪfənəl] *adj. (Eccl. Mus.)* ~ **singing** Wechselgesang, *das*
antipodal [æn'tɪpɒdl] *adj. (Australasian)* australisch und ozeanisch
antipodean [æntɪpə'di:ən] *adj. see* **antipodal**
antipodes [æn'tɪpədi:z] *n. pl.* entgegengesetzte *od.* antipodische Teile der Erde; *(Australasia)* Australien und Ozeanien
'**antipope** *n. (Hist.)* Gegenpapst, *der*
antiquarian [æntɪ'kweərɪən] **1.** *adj.* **a)** *(of antiquity)* antik; Altertums-; ~ **research** Altertumsforschung, *die;* ~ **writings** antike Schriften; **b)** *(society)* Gesellschaft für Altertumsforschung; **c)** ~ **bookshop** *or* **bookseller's** Antiquariat, *das;* ~ Antiquariatsbuchhandlung, *die;* ~ **bookseller** Antiquar, *der;* Antiquariatsbuchhändler, *der.* **2.** *n. (collector)* Antiquitätensammler, *der*
antiquarianism [æntɪ'kweərɪənɪzm] *n., no pl.* Liebhaberei für Altertümer; Altertümelei, *die (auch abwertend)*
antiquary ['æntɪkwərɪ] *n. see* **antiquarian 2**
antiquated ['æntɪkweɪtɪd] *adj.* antiquiert; veraltet; *(out of date)* überholt
antique [æn'ti:k] **1.** *adj.* **a)** antik ⟨Möbel, Schmuck usw.⟩; *(as an antique)* antiquarisch ⟨Wert, Bedeutung⟩; **furniture of** ~ **design** Möbel mit antiken Stil; **b)** *(existing since old times)* antik ⟨Philosophie, Literatur, Kultur, Volk, Kunst, Ideen⟩; *(antiquated)* altertümlich ⟨Sprache, Ansicht, Ver-

halten⟩. **2.** *n.* Antiquität, *die;* ~ **dealer** Antiquitätenhändler, *der/*-händlerin, *die;* ~ **shop** Antiquitätenladen, *der*
antiquity [æn'tɪkwɪtɪ] *n.* **a)** *no pl. (ancientness)* Alter, *das;* **a city/law/fossil of great** ~: eine uralte Stadt/ein uraltes Gesetz/Fossil; **b)** *no pl., no art. (old times)* Altertum, *das;* Antike, *die; (the ancients)* Antike, *die;* **in** ~: im Altertum; in der Antike; **c)** *in pl. (ancient relics)* Altertümer *Pl.; (ancient customs)* altertümliche Bräuche
antirrhinum [æntɪ'raɪnəm] *n. (Bot.)* Löwenmaul, *der*
anti-'Semite *n.* Antisemit, *der/*-semitin, *die;* Judenfeind, *der/*-feindin, *die*
anti-Se'mitic *adj.* antisemitisch; judenfeindlich
anti-'Semitism *n., no pl.* Antisemitismus, *der;* Judenhaß, *der*
anti'sepsis *n., no pl. (Med.)* Antisepsis, *die*
anti'septic 1. *adj.* **a)** antiseptisch; keimtötend; **b)** *(scrupulously clean)* aseptisch; keimfrei; *(sterile)* keimfrei; steril; *(fig.: unfeeling)* gefühllos. **2.** *n.* Antiseptikum, *das*
anti'social *adj.* **a)** asozial; **b)** *(unsociable)* ungesellig ⟨*Person*⟩; unwirtlich ⟨*Ort*⟩
anti'static *adj.* antistatisch
anti-'tank gun *n. (Mil.)* Panzerabwehrkanone, *die*
antithesis [æn'tɪθəsɪs] *n., pl.* **antitheses** [æn'tɪθəsɪ:z] **a)** *(thing)* Gegenstück, *das* (**of, to** zu); **these two concepts are the** ~ **of each other** diese beiden Begriffe sind Gegensätze; **b)** *(state)* Gegensatz, *der; (Rhet.: contrast of ideas)* Antithese, *die;* **stand in** ~ **to sth.** einer Sache *(Dat.)* antithetisch gegenüberstehen; **the** ~ **of** *or* **between two things** der Gegensatz zwischen zwei Dingen
antithetic [æntɪ'θetɪk] *adj.,* **antithetical** [æntɪ'θetɪkl] *adj.* **a)** *(opposite)* gegensätzlich; *(consisting of opposites)* antithetisch; **be** ~ **to sth.** zu einer Sache im Gegensatz stehen; **b)** *(Rhet.)* antithetisch
anti'toxin *n. (Med.)* Antitoxin, *das*
anti'trust *adj. (Amer.)* Kartell-; Antitrust-; ~ **law** Kartellgesetz, *das*
antivivisectionism [æntɪvɪvɪ'sekʃənɪzm] *n., no pl.* Ablehnung der Vivisektion
antivivisectionist [æntɪvɪvɪ'sekʃənɪst] *n.* Vivisektionsgegner, *der/*-gegnerin, *die*
antler ['æntlə(r)] *n. (branch of horn)* Geweihsprosse, *die; (horn)* Stange, *die (Jägerspr.);* **a pair of** ~**s** ein Geweih *od. (Jägerspr.)* Gehörn
antonym ['æntənɪm] *n.* Antonym, *das;* Gegen[satz]wort, *das*
antonymous [æn'tɒnɪməs] *adj.* antonym
Antwerp ['æntwɜ:p] *pr. n.* Antwerpen *(das)*
anus ['eɪnəs] *n. (Anat.)* After, *der;* Anus, *der*
anvil ['ænvɪl] *n. (also Anat.)* Amboß, *der*
anxiety [æŋ'zaɪətɪ] *n.* **a)** *(state)* Angst, *die; (concern about future)* Sorge, *die* (**about** wegen); **anxieties** Sorgen *Pl.;* **cause sb.** ~: jmdm. angst/Sorge machen; **b)** *(desire)* Verlangen, *das* (**for** nach); **his** ~ **to do sth.** sein Verlangen danach, etw. zu tun; **c)** *(Psych.)* Angst, *die;* Angstzustand, *der*
anxious ['æŋkʃəs] *adj.* **a)** *(troubled)* besorgt; **days of** ~ **waiting** Tage bangen Wartens; **be** ~ **about sth./sb.** um etw./jmdn. besorgt sein; **we were all so** ~ **about you** wir haben uns *(Dat.)* alle solche Sorgen um Sie gemacht; **b)** *(eager)* sehnlich; **be** ~ **to do sth.** ungeduldig auf etw. *(Akk.)* warten; **have an** ~ **desire to do sth.** ängstlich darauf bedacht sein, etw. zu tun; **he is** ~ **to please** er ist bemüht zu gefallen; **he is** ~ **to learn another language** er will unbedingt noch eine Sprache lernen; **c)** *(worrying)* ~ **time** eine Zeit banger Sorge; **two** ~ **days of waiting** zwei Tage bangen Wartens
anxiously ['æŋkʃəslɪ] *adv.* **a)** besorgt; **b)** *(eagerly)* sehnsüchtig; **always** ~ **eager to help** immer eifrig darauf bedacht, zu helfen
any ['enɪ] **1.** *adj.* **a)** *(some)* [irgend]ein/eine/

have you ~ wool/~ statement to make? haben Sie Wolle/[irgend]eine Erklärung abzugeben?; **if you have ~ difficulties** wenn du irgendwelche Schwierigkeiten hast; **not ~:** kein/keine; **that isn't ~ way to behave** das ist keine Art, sich zu benehmen; **without ~:** ohne jeden/jede/jedes; **if you've ~ spare time** *or* **time to spare** wenn du Zeit hast *od.* hättest; **we haven't ~ time to lose** wir haben keine Zeit zu verlieren; **have you ~ idea of the time?** hast du eine Ahnung, wie spät es ist?; **~ news of Peter yet?** schon was von Peter gehört?; **b)** *(one)* ein/eine; **there isn't ~ hood on this coat** dieser Mantel hat keine Kapuze; **a book without ~ cover** ein Buch ohne Deckel; **c)** *(all)* jeder/jede/jedes; **to avoid ~ delay** um jede Verzögerung zu vermeiden; **d)** *(every)* jeder/jede/jedes; **~ and every** jeder/jede/jedes beliebige; **~ fool knows that!** das weiß doch jedes Kind!; **~ time** *or* **on ~ occasion [when] I went there** jedesmal *od.* immer, wenn ich dort hinging; **[at] ~ time** jederzeit; **[at] ~ time of day** zu jeder Tageszeit; **e)** *(whichever)* jeder/jede/jedes [beliebige]; **choose ~ [one] book/~ books you like** suchen Sie sich *(Dat.)* irgendein Buch/irgendwelche Bücher aus; **choose ~ two numbers** nimm zwei beliebige Zahlen; **do it ~ way you like** machen Sie es, wie immer Sie wollen; **cook the meat [in] ~ way/[for] ~ length of time you wish** kochen Sie das Fleisch, wie/solange Sie wollen; **visit us [at] ~ time** besuchen Sie uns, wann [immer] Sie wollen; **[at] ~ time/day/minute [now]** jederzeit/jeden Tag/jede Minute; **~ moment now the bomb will explode** die Bombe wird jeden Moment explodieren; **you can count on him ~ time** *(coll.)* du kannst dich jederzeit auf ihn verlassen; **I'd prefer Mozart ~ day** *(coll.)* ich würde Mozart allemal *(ugs.)* od. jederzeit vorziehen; **not [just] ~ house** nicht irgendein beliebiges Haus; **take ~ amount you wish** nehmen Sie, soviel Sie wollen; **~ amount of** jede Menge *(ugs.)*; **the room was filled with ~ amount of decorations/~ number of film stars** der Zimmer war reich geschmückt/in dem Zimmer war ein Heer von Filmstars; *see also* ¹**case a**; **old 1 d**; **rate 1 f**; **f)** *(an appreciable)* nennenswerter/eine nennenswerte/ein nennenswertes; **she didn't stay ~ length of time** sie ist nicht sehr lange geblieben; **he couldn't walk ~ distance without feeling exhausted** er konnte keine längere Strecke gehen, ohne sich erschöpft zu fühlen; **if he drinks ~ amount he gets roaring drunk** wenn er einmal etwas mehr trinkt, ist er gleich sternhagelvoll *(salopp)*. **2.** *pron.* **a)** *(some)* in *condit., interrog., or neg. sentence (replacing sing. n.)* einer/eine/ein[e]s; *(replacing collect. n.)* welcher/welche/welches; *(replacing pl. n.)* welche; **not ~:** keiner/keine/kein[e]s/ Pl. keine; **without ~:** ohne; **I need to buy some sugar, we haven't got ~ at the moment** ich muß Zucker kaufen, wir haben im Augenblick keinen; **Here are some sweets. Would you like ~?** Hier sind ein paar Bonbons. Möchtest du welche?; **they ate all the cake and didn't leave ~ for us** *or* **without leaving ~ for us** sie haben den ganzen Kuchen gegessen und uns nichts übriggelassen; **hardly ~:** kaum welche/etwas; **Tea? No, I don't want ~ at the moment, thanks** Tee? Nein danke, im Moment nicht; **not known to ~ except ...:** keinem *od.* niemandem bekannt außer ...; **Here is a list of the books I need. Do you have ~ of them in stock?** Hier ist eine Liste mit den Büchern, die ich brauche. Haben Sie [irgend]welche davon vorrätig?; **I haven't seen ~ of my friends for years** ich habe schon keinen von meinen Freunden gesehen; **is there ~ of that cake left?** ist noch etwas [von dem] Kuchen übrig?; **is there ~ of you who would be willing to help?** wäre irgend jemand von Ihnen bereit zu helfen?; **he is not having ~ of it** *(fig. coll.)* er will nichts davon wissen; **b)** *(no matter which)* irgendeiner/irgendeine/irgendein[e]s/irgendwelche Pl.; **you have to pick a number between 1 and 10, ~ you like** du mußt eine Zahl zwischen 1 und 10 ziehen, irgendeine; **you can choose three books, ~ [of them] you like** Sie können sich *(Dat.)* drei Bücher aussuchen, egal welche; **Which numbers? – Any between 1 and 10** Welche Zahlen? – Irgendwelche zwischen 1 und 10. **3.** *adv.* **do you feel ~ better today?** fühlen Sie sich heute [etwas] besser?; **if it gets ~ colder** wenn es noch kälter wird; **he didn't seem ~ [the] wiser after that** danach schien er auch nicht klüger zu sein; **I can't wait ~ longer** ich kann nicht [mehr] länger warten; **the occasional jokes do not make the book ~ [the] less boring** durch die gelegentlichen Witze wird das Buch keineswegs interessanter; **I don't feel ~ [the] better** mir ist kein bißchen wohler; **not ~ too happy about it** nicht gerade glücklich darüber; *see also* **more 1 a, 3 d, i**

'**anybody** *n. & pron.* **a)** *(whoever)* jeder; **~ and everybody** jeder/jede beliebige; **b)** *(somebody)* [irgend]jemand; **how could ~ be so cruel?** wie kann man nur so grausam sein?; **there wasn't ~ willing to help us** war niemand bereit zu helfen; **there's never ~ at home when I phone** es ist nie jemand zu Hause, wenn ich anrufe; **I've never seen ~ who ...:** ich habe noch keinen gesehen, der ...; **he is a match for ~ with his strength** bei seiner Kraft kann er es mit jedem *(ugs.)* jedermann messen; **~ but** jeder[mann] außer; **The score is 1 : 1. It's ~'s match now** Es steht 1 : 1. Das Spiel ist jetzt offen; **what will happen is ~'s guess** was geschehen wird, [das] weiß keiner; **he's not [just] ~ :** er ist nicht [einfach] irgendwer; **c)** *(important person)* jemand; wer *(ugs.)*; **everybody who was ~ was there** alles, was Rang und Namen hatte, war da

'**anyhow** *adv.* **a)** *see* **anyway**; **b)** *(haphazardly)* irgendwie; **he dresses ~** sich ohne Überlegung; **the furniture was arranged ~:** die Möbel waren wahllos irgendwo hingestellt; **all ~:** ganz unordentlich

'**anyone** *see* **anybody**

'**anyplace** *(Amer. coll.) see* **anywhere**

'**anything 1.** *n. & pron.* **a)** *(whatever thing)* was [immer]; alles, was; **you may do ~ you wish** Sie können [alles] tun, was Sie möchten; **~ and everything** alles mögliche; **b)** *(something)* irgend etwas; **is there ~ wrong with you?** fehlt Ihnen [irgend] etwas?; **have you done ~ silly?** hast du [irgend] etwas Dummes gemacht?; **can we do ~ to help you?** können wir Ihnen irgendwie helfen?; **I don't want ~ [further] to do with him** ich möchte nichts [mehr] mit ihm zu tun haben; **I've never seen ~ like it in my life** ich habe noch nie in meinem Leben so etwas gesehen; **he can hardly see ~ without his glasses** ohne seine Brille kann er kaum etwas sehen; **c)** *(a thing of any kind)* alles; **~ like that** so etwas; **as ... as ~** *(coll.)* wahnsinnig *(ugs.)*; **not for ~ [in the world]** um nichts in der Welt; **I will do ~ in my power to help you** ich werde alles tun, was in meiner Macht steht, um Ihnen zu helfen; **the temperature is ~ from 30 to 40 degrees** die Temperatur liegt irgendwo zwischen 30 und 40 Grad; **~ but** *(except)* alles andere als; *(far from)* alles andere als; **Cheap? The house was ~ but!** Billig war das Haus? Von wegen!; **prices are rising like ~** *(coll.)* die Preise steigen wie nur was *od.* wie verrückt *(ugs.)*; **we don't want [just] ~:** wir wollen nicht einfach irgend etwas [Beliebiges]. **2.** *adv.* **not ~ like as ... as** keineswegs so ... wie

'**anyway** *adv.* **a)** *(in any case, besides)* sowieso; **we wouldn't accept your help ~:** wir würden von Ihnen sowieso keine Hilfe annehmen; **b)** *(at any rate)* jedenfalls; **~, I must go now** wie dem auch sei, ich muß jetzt gehen

'**anywhere 1.** *adv.* **a)** *(in any place) (wherever)* überall, wo; wo [immer]; *(somewhere)* irgendwo; **can you see my bag ~?** siehst du meine Tasche irgendwo?; **the price could be ~ between £30 and £40** der Preis könnte irgendwo zwischen 30 Pfund und 40 Pfund liegen; **not ~ near as ... as** *(coll.)* nicht annähernd so ... wie; **~ but ... :** überall, außer ...; **[just] ~:** überall, nur nicht ...; **not just ~:** nicht überall; **b)** *(to any place) (wherever)* wohin [auch immer]; *(somewhere)* irgendwohin; **have you ever been ~ by plane?** sind Sie je mit dem Flugzeug [irgendwohin] geflogen?; **I wouldn't go ~ near that island again** ich würde nicht wieder auch nur in die Nähe der Insel fahren; **~ but ...:** überallhin, außer ...; **[just] ~:** [einfach] irgendwohin. **2.** *pron.* **if there's ~ you'd like to see** wenn es irgend etwas gibt, was du sehen möchtest; **have you found ~ to live yet?** haben Sie schon eine Wohnung gefunden?; **is there ~ we can stay for the night?** können wir hier irgendwo übernachten?; **there's never ~ open for milk after 6 p.m.** nach 18 Uhr kann man nirgends mehr Milch bekommen; **~ but ...:** überall, außer ...; überall, nur nicht ...; **[just] ~:** irgendein x-beliebiger Ort; **from ~:** hot von irgendwo, wo es warm ist; **from ~ in the world** aus aller Welt

aorta [eɪˈɔːtə] *n. (Anat.)* Aorta, die

apace [əˈpeɪs] *adv. (arch./literary)* rasch; geschwind *(veralt.)*

apart [əˈpɑːt] *adv.* **a)** *(separately)* getrennt; **with one's legs ~:** mit gespreizten Beinen; **a few problems ~:** einige Probleme ausgenommen; **~ from ...** *(except for)* außer ...; bis auf ... (+ *Akk.*); *(in addition to)* außer ...; **everybody ~ from one person** alle außer einem; **he took me ~ in order to speak to me alone** er nahm mich zur Seite, um allein mit mir zu sprechen; **a race ~:** ein Volk für sich; **b)** *(into pieces)* auseinander; **he took the engine ~:** er nahm den Motor auseinander; **the toy came ~ in his hands** das Spielzeug zerbrach in seinen Händen; **take ~** *(fig.) (criticize)* auseinandernehmen *(ugs.)* 〈Theaterstück, Theoretiker, Politiker〉; *(analyse)* zergliedern; *(coll.: defeat)* vernichtend schlagen; **take a poem/play/book ~:** ein Gedicht/Stück/Buch zergliedern *od.* [im einzelnen] analysieren; **c)** **~ [from]** *(to a distance)* weg [von]; *(at a distance)* **ten kilometres ~:** zehn Kilometer voneinander entfernt; **they have moved far ~ from each other** sie sind weit voneinander weggezogen; **they are miles** *or* **worlds ~ [from each other] in their tastes** zwischen ihren Geschmäckern liegen Welten

apartheid [əˈpɑːteɪt] *n., no pl., no art.* Apartheid, die; *(fig.)* Diskriminierung, die

apartment [əˈpɑːtmənt] *n.* **a)** *(room)* Apartment, das; Appartement, das; *(in a mansion etc.)* Räume; Räumlichkeiten Pl.; **b)** *(Amer.) see* ¹**flat**; **~ house** Appartementhaus, das

apathetic [æpəˈθetɪk] *adj.* apathisch *(about gegenüber)*; *(not feeling emotion)* gleichgültig

apathetically [æpəˈθetɪkəlɪ] *adv.* apathisch; *(without emotion)* gleichgültig

apathy [ˈæpəθɪ] *n., no pl.* Apathie, die *(about gegenüber)*; *(lack of emotion)* Gleichmut, der

ape [eɪp] **1.** *n.* **a)** *(tailless monkey)* [Menschen]affe, der; *(monkey)* Affe, der; **man is descended from the ~s** der Mensch stammt vom Affen ab; **b)** *(imitator)* Nachahmer, der; Nachäffer, der *(abwertend)*; **c)** *(apelike person)* Affe, der; **go ~** *(sl.)* verrückt werden *(ugs.)*; durchdrehen *(ugs.)*. **2.** *v.t.* nachahmen; nachäffen *(abwertend)*

apelike ['eɪplaɪk] *adj.* wie ein Affe *nachgestellt*
Apennines ['æpɪnaɪnz] *pr. n. pl.* Apenninen *Pl.*
aperçu [æpɜː'sjuː] *n.* **a)** *(summary)* kurzer Überblick (**of** über + *Akk.*); **b)** *(insight)* Aperçu, *das*
aperient [ə'pɪərɪənt] **1.** *adj.* abführend; **this preparation is mildly/strongly ~:** dieses Präparat ist ein schwaches/starkes Abführmittel. **2.** *n.* Abführmittel, *das*
aperitif [əperɪ'tiːf] *n.* Aperitif, *der*
aperture ['æpətʃə(r)] *n.* **a)** *(opening)* Öffnung, *die;* **b)** *(Optics, Photog., etc.)* Blende, *die*
APEX ['eɪpeks] *abbr.* Advance Purchase Excursion *reduzierter Flugtarif bei Vorauszahlung*
apex *n., pl.* **~es** *or* **apices** ['eɪpɪsiːz] *(tip)* Spitze, *die; (of heart, lung, etc.)* Spitze, *die;* Apex, *der (fachspr.); (fig.)* Gipfel, *der;* Höhepunkt, *der*
apfelstrudel ['æpfəlstruːdl] *n.* Apfelstrudel, *der*
aphasia [ə'feɪzɪə] *n. (Med.)* Aphasie, *die*
aphid ['eɪfɪd] *n. (Zool.)* Blattlaus, *die*
aphorism ['æfərɪzm] *n. (pithy statement)* Aphorismus, *der; (maxim)* Maxime, *die*
aphoristic [æfə'rɪstɪk] *adj.* aphoristisch
aphrodisiac [æfrə'dɪzɪæk] *(Med.)* **1.** *adj.* aphrodisisch. **2.** *n.* Aphrodisiakum, *das*
apiarist ['eɪpɪərɪst] *n.* Bienenzüchter, *der;* Imker, *der*
apiary ['eɪpɪərɪ] *n.* Bienenhaus, *das*
apices *pl. of* **apex**
apiece [ə'piːs] *adv.* je; **we took two bags ~:** wir nahmen je zwei Beutel; **they cost a penny ~:** die kosten einen Penny das Stück; **books/five books at £1 ~:** jedes Buch ein Pfund/fünf Bücher zu je einem Pfund
apish ['eɪpɪʃ] *adj.* **a)** *(apelike)* affenartig; **b)** *(imitative)* sklavisch [nachahmend]; **c)** *(silly)* affig *(ugs.)*
aplenty [ə'plentɪ] *adv.* in Hülle und Fülle
aplomb [ə'plɒm] *n.* Sicherheit [im Auftreten], Aplomb, *der (geh.)*
apocalypse [ə'pɒkəlɪps] *n.* **a)** *(event)* Apokalypse, *die;* **b)** *(Relig.) (revelation)* Offenbarung, *die; (book)* Apokalypse, *die;* Offenbarung, *die*
apocalyptic [əpɒkə'lɪptɪk], **apocalyptical** [əpɒkə'lɪptɪkl] *adj.* **a)** *(dramatic)* apokalyptisch; **b)** *(Relig.) (of revelation)* apokalyptisch-; *(of book)* Offenbarungs-; der Offenbarung *nachgestellt*
Apocrypha [ə'pɒkrɪfə] *n. (Bibl.)* Apokryphen *Pl.*
apocryphal [ə'pɒkrɪfl] *adj.* **a)** *(of doubtful origin)* apokryph; zweifelhaft; *(invented)* apokryph; unecht; **b)** *(of the Apocrypha)* apokryph
apogee ['æpədʒiː] *n.* **a)** *(highest point)* Höhepunkt, *der;* Gipfel[punkt], *der;* **b)** *(Astron.)* Apogäum, *das;* Erdferne, *die*
apolitical [eɪpə'lɪtɪkl] *adj.* apolitisch; unpolitisch
Apollo [ə'pɒləʊ] *pr. n.* Apoll[o], *der*
apologetic [əpɒlə'dʒetɪk] *adj.* **a)** entschuldigend; **~ words** Worte der Entschuldigung; **an ~ person** jmd., der sich dauernd entschuldigt; **he wrote a very ~ letter** er schrieb einen Brief, in dem er sich vielmals entschuldigte; **he was most ~ about ...:** er entschuldigte sich vielmals für ...; **b)** *(diffident)* zaghaft *(Lächeln, Ton)*, zurückhaltend, bescheiden *(Wesen, Art)*
apologetically [əpɒlə'dʒetɪkəlɪ] *adv.* **a)** entschuldigend; **he wrote a very ~ to say that he ...:** er schrieb mit großem Bedauern, daß er ...; **b)** *(diffidently)* zaghaft; bescheiden
apologetics [əpɒlə'dʒetɪks] *n., no pl.* Apologetik, *die*
apologia [æpə'ləʊdʒɪə] *n.* Apologie, *die*
apologist [ə'pɒlədʒɪst] *n.* Apologet, *der/* Apologetin, *die*
apologize [ə'pɒlədʒaɪz] *v. i.* **a)** sich entschuldigen; **~ to sb. for sth./sb.** sich bei jmdm. für etw./jmdn. entschuldigen; **b)** *(defend one's actions)* sich rechtfertigen
apology [ə'pɒlədʒɪ] *n.* **a)** Entschuldigung, *die;* **make an ~ [to sb.] for sth.** sich für etw. [bei jmdm.] entschuldigen; **an ~ to sb. for sth.** eine Entschuldigung bei jmdm. für etw.; **you owe him an ~/he deserves an ~ from you** Sie müssen sich bei ihm entschuldigen; **please accept our apologies** wir bitten vielmals um Entschuldigung; **she was full of apologies for her mistake** sie entschuldigte sich vielmals für ihren Fehler; **b)** *(defence)* Rechtfertigung, *die;* **c)** *(poor substitute)* **an ~ for a ...:** ein erbärmliches Exemplar von ...; **what's this ~ for a meal?** was ist denn das für eine kärgliche *od.* armselige Mahlzeit?
apoplectic [æpə'plektɪk] *adj.* apoplektisch; **~ stroke** *or* **fit** Schlaganfall, *der*
apoplexy ['æpəpleksɪ] *n.* Apoplexie, *die (fachspr.);* Schlaganfall, *der;* **a fit of ~:** ein Schlaganfall
apostasy [ə'pɒstəsɪ] *n.* Apostasie, *die*
apostate [ə'pɒsteɪt] **1.** *n.* Abtrünnige, *der/ die;* Renegat, *der;* Apostat, *der (Rel.).* **2.** *adj.* abtrünnig; [von einer Partei/Glaubensrichtung] abgefallen
a posteriori [eɪ pɒsterɪ'ɔːraɪ] **1.** *adv.* a posteriori. **2.** *adj.* aposteriorisch
apostle [ə'pɒsl] *n. (lit. or fig.)* Apostel, *der;* **the A~s** die [zwölf] Apostel; **A~s' Creed** Apostolisches Glaubensbekenntnis; Apostolikum, *das (fachspr.)*
apostolic [æpə'stɒlɪk] *adj.* apostolisch
apostrophe [ə'pɒstrəfɪ] *n.* **a)** *(sign)* Apostroph, *der;* Auslassungszeichen, *das;* **b)** *(Rhet.: exclamatory passage)* Apostrophe, *die*
apostrophize [ə'pɒstrəfaɪz] *v. t.* apostrophieren
apothecary [ə'pɒθɪkərɪ] *n.* **a)** *(arch.)* Apotheker, *der/*Apothekerin, *die;* **b)** **apothecaries' measure/weight** Apothekermaß/ -gewicht, *die*
apotheosis [əpɒθɪ'əʊsɪs] *n., pl.* **apotheoses** [əpɒθɪ'əʊsiːz] *(deification)* Apotheose, *die (auch fig.);* Vergöttlichung, *die;* **b)** *(deified ideal)* Gott, *der/*Göttin, *die;* **c)** *(ultimate point)* Gipfelpunkt, *der;* Apotheose, *die (geh.)*
appal *(Amer.: **appall**)* [ə'pɔːl] *v. t.,* **-ll-** *(dismay)* entsetzen; *(terrify)* erschrecken; **your behaviour ~s me!** ich bin entsetzt über dein Benehmen!; **obscenity ~s her** sie empört sich über Obszönitäten
appalling [ə'pɔːlɪŋ] *adj. (dismaying)* entsetzlich; *(terrifying)* schrecklich; *(coll.: unpleasant)* fürchterlich; scheußlich
apparatchik [æpə'rɑːtʃɪk] *n., pl.* **~s** *or* **~i** [æpə'rɑːtʃɪkiː] Apparatschik, *der*
apparatus [æpə'reɪtəs] *n.* **a)** *(equipment)* Gerät, *das; (gymnastic ~)* Geräte *Pl.; (machinery, lit. or fig.)* Apparat, *der;* **a piece of ~:** ein Apparat
apparel [ə'pærəl] **1.** *n.* Kleidung, *die;* Gewänder *Pl. (geh.).* **2.** *v. t., (Brit.)* **-ll-** *(arch.)* gewanden *(veralt.);* kleiden *(auch fig.)*
apparent [ə'pærənt] *adj.* **a)** *(clear)* offensichtlich *(Ziel, Zweck, Wirkung, Begeisterung, Interesse);* offenbar *(Bedeutung, Wahrheit);* **it soon became ~ that ...:** es zeigte sich bald, daß ...; **the meaning was/became clearly ~ to all of us** die Bedeutung war/wurde uns allen deutlich klar; **heir ~:** recht- *od.* gesetzmäßiger Erbe; **he is the heir ~ to the throne** er ist der rechtmäßige Thronfolger; **b)** *(seeming)* scheinbar; **be only ~:** nur scheinbar sein; **this was only the ~ truth** das schien nur die Wahrheit zu sein
apparently [ə'pærəntlɪ] *adv.* **a)** *(clearly)* offensichtlich; offenbar; **b)** *(seemingly)* scheinbar; **he was not asleep, but only ~ so** er schien nur zu schlafen

apparition [æpə'rɪʃn] *n.* **a)** *(appearance)* [Geister]erscheinung, *die;* **b)** *(ghost)* Gespenst, *das*
appeal [ə'piːl] **1.** *v. i.* **a)** *(Law etc.)* Einspruch erheben *od.* einlegen (**to** bei); **~ to a court** bei einem Gericht Berufung einlegen; **~ against sth.** gegen etw. Einspruch/Berufung einlegen; **~ from a judgement** gegen ein Urteil Berufung einlegen; **b)** *(refer)* **~ to** verweisen auf ⟨Erkenntnisse, Tatsachen⟩; **c)** *(make earnest request)* **~ to sb. for sth./to do sth.** jmdn. um etw. ersuchen/jmdn. ersuchen, etw. zu tun; **I ~ to you to give generously** ich appelliere an Sie *od.* ich ersuche Sie, großzügig zu spenden; **d)** *(address oneself)* **~ to sb./sth.** an jmdn./etw. appellieren; **this type of music ~s to the senses rather than the intellect** solche Musik spricht eher das Gefühl an als den Verstand; **e)** *(be attractive)* **~ to sb.** jmdm. zusagen; **how does that ~?** könnte dir das gefallen?; **this music does not ~ to their tastes** diese Musik ist nicht ihr Geschmack; **f)** *(Cricket)* Einspruch erheben. **2.** *v. t.* überweisen ⟨Sache, Fall usw.⟩. **3.** *n.* **a)** *(Law etc.)* Berufung, *die* (**to** bei); *(to higher court)* Berufung, *die* (**to** bei); **an ~ against** *or* **from a judgement** Berufung gegen eine Entscheidung; **lodge an ~ with sb.** bei jmdm. Einspruch/Berufung einlegen; **acquittal on ~:** Freispruch in der Berufung; **right of ~:** Einspruchs-/Berufungsrecht, *das;* **there is no ~ against this decision** gegen diese Entscheidung gibt es keine Einspruchs-/Berufungsmöglichkeit; **Court of A~:** Berufungsgericht, *das;* Appellationsgericht, *das (veralt.);* **b)** *(reference)* Berufung, *die;* **make an ~ to sth.** sich auf etw. *(Akk.)* berufen; auf etw. *(Akk.)* verweisen; **c)** *(imploring request)* Appell, *der;* Aufruf, *der;* **an ~ to sb. for sth.** eine Bitte an jmdn. um etw.; **make an ~ to sb.** eine dringende Bitte an jmdn. richten; an jmdn. appellieren; **d)** *(addressing oneself)* Appell, *der;* Aufruf, *der;* **make an ~ to sb.** einen Appell an jmdn. richten; **the ~ of the music is to the senses rather than the intellect** die Musik spricht eher das Gefühl an als den Verstand; **e)** *(attraction)* Reiz, *der;* Anziehungskraft, *die;* **a Rolls-Royce has a certain class ~:** ein Rolls Royce ist etwas für Standesbewußte; **f)** *(Cricket)* Einspruch, *der*
appealable [ə'piːləbl] *adj.* gerichtlich anfechtbar; appellabel *(veralt.)*
appealing [ə'piːlɪŋ] *adj.* **a)** *(imploring)* flehend; **b)** *(attractive)* ansprechend ⟨Farbe, Geschichte, Stil⟩; verlockend ⟨Essen, Idee⟩; reizvoll ⟨Haus, Beruf, Baustil⟩; angenehm ⟨Stimme, Charakter⟩
appealingly [ə'piːlɪŋlɪ] *adv.* ansprechend
appear [ə'pɪə(r)] *v. i.* **a)** *(become visible, seen, arrive)* erscheinen ⟨Licht, Mond:⟩ auftauchen; ⟨Symptom, Darsteller:⟩ auftreten; *(present oneself)* auftreten; *(Sport)* spielen; **he was ordered to ~ at the police station/before the court** er wurde zum Polizeirevier geladen/vom Gericht vorgeladen; **he ~ed in court charged with murder** er stand wegen Mordes vor Gericht; **b)** *(occur)* vorkommen; ⟨Irrtum:⟩ vorkommen, auftreten; ⟨Ereignis:⟩ vorkommen, eintreten; *(be manifest)* ⟨Einstellung, Meinung:⟩ sich zeigen; **c)** *(seem)* ~ **[to be]** ... scheinen ... [zu sein]; **try to ~ relaxed** versuch, entspannt zu erscheinen; **you could at least ~ to be interested** du könntest zumindest so tun, als ob du interessiert wärst; **~ to do sth.** scheinen, etw. zu tun; **she only ~s to be asleep** sie schläft nur zum Anschein, als schlafe sie; *(be published)* erscheinen; herauskommen
appearance [ə'pɪərəns] *n.* **a)** *(becoming visible)* Auftauchen, *das; (of symptoms)* Auftreten, *das; (arrival)* Erscheinen, *das; (of performer, speaker, etc.)* Auftritt, *der;* **make an** *or* **one's ~:** erscheinen; **make a public ~:**

appease

in der Öffentlichkeit auftreten; **put in an ~**: sich sehen lassen; **b)** *(look)* Äußere, *das;* **outward ~**: äußere Erscheinung; **~s** Äußerlichkeiten *Pl.;* **the house had a shabby ~**: das Haus hatte ein schäbiges Aussehen; **his ~ of being nervous** sein nervöses Auftreten; **to judge by ~s, to all ~s** allem Anschein nach; **for the sake of ~s, to keep up ~s** um den Schein zu wahren; **c)** *(semblance)* Anschein, *der;* **~s to the contrary, ...**: entgegen allem Anschein ...; **~s can be deceptive** der Schein trügt; **d)** *(occurrence)* Auftreten, *das;* Vorkommen, *das;* **e)** *(publication)* Veröffentlichung, *die;* Erscheinen, *das*

appease [əˈpiːz] *v. t.* **a)** *(make calm)* besänftigen; *(Polit.)* beschwichtigen; **b)** *(soothe)* lindern ⟨*Leid, Schmerz, Not*⟩; mildern ⟨*Beunruhigung, Erregung*⟩; *(satisfy)* befriedigen ⟨*Verlangen, Lust*⟩; stillen ⟨*Hunger, Durst*⟩

appeasement [əˈpiːzmənt] *n. see* **appease**: Besänftigung, *die;* Beschwichtigung, *die;* Linderung, *die;* Milderung, *die;* Befriedigung, *die;* Stillen, *das*

appellant [əˈpelənt] *(Law)* **1.** *n.* Berufungskläger, *der/*-klägerin, *die;* Appellant, *der (veralt.).* **2.** *adj.* Berufungs-; Appellations- *(veralt.)*

appellate [əˈpelət] *adj. (Law)* Berufungs-; Appellations- *(veralt.);* **~ judge/hearing** Berufungsrichter, *der/*-verfahren, *das*

appellation [æpəˈleɪʃn] *n. (name, nomenclature)* Bezeichnung, *die; (way of addressing)* Anrede, *die*

append [əˈpend] *v. t.* **~ sth. to sth.** etw. an etw. *(Akk.)* anhängen; *(add)* etw. einer Sache *(Dat.)* anfügen; **~ one's signature to a document** seine Unterschrift unter ein Dokument setzen

appendage [əˈpendɪdʒ] *n.* **a)** Anhängsel, *das; (addition)* Anhang, *der;* **he feels as if he has become a mere ~ to the household** er fühlt sich im Haus nur noch als fünftes Rad am Wagen; **b)** *(accompaniment)* Zu-, Beigabe, *die* (**to** zu)

appendectomy [æpənˈdektəmɪ], **appendicectomy** [əpendɪˈsektəmɪ] *n. (Med.)* Blinddarmoperation, *die (volkst.);* Appendektomie, *die (fachspr.)*

appendices *pl. of* **appendix**

appendicitis [əpendɪˈsaɪtɪs] *n.* Blinddarmentzündung, *die (volkst.);* Appendizitis, *die (fachspr.)*

appendix [əˈpendɪks] *n., pl.* **appendices** [əˈpendɪsiːz] *or* **~es** (**to** zu); **b)** *(Anat.)* **[vermiform] ~**: Blinddarm, *der (volkst.);* Wurmfortsatz [des Blinddarms]

appertain [æpəˈteɪn] *v. i.* **~ to sth.** *(relate)* sich auf etw. *(Akk.)* beziehen; *(belong)* zu etw. gehören; *(be appropriate)* zu etw. dazugehören

appetite [ˈæpɪtaɪt] *n.* **a)** Verlangen, *das* (**for** nach); **~ for knowledge** Wissensdrang, *der;* Wissensdurst, *der;* **~ for life** Lebenshunger, *der;* Lebensgier, *die;* **b)** *(desire to satisfy need)* Appetit, *der* (**for** auf + *Akk.*); **~ for sex** Lust *auf* Sex

appetizer [ˈæpɪtaɪzə(r)] *n.* Appetitanreger, *der; (on menu)* Vorspeise, *die;* **act as an/be an ~**: appetitanregend wirken

appetizing [ˈæpɪtaɪzɪŋ] *adj.* appetitlich ⟨*Anblick, Speise, Geruch*⟩; appetitanregend ⟨*Getränk, Geschmack*⟩

appetizingly [ˈæpɪtaɪzɪŋlɪ] *adv.* appetitanregend

applaud [əˈplɔːd] **1.** *v. i.* applaudieren; [Beifall] klatschen. **2.** *v. t.* applaudieren (+ *Dat.*); Beifall spenden (+ *Dat.*); *(approve of, welcome)* billigen ⟨*Entschluß*⟩; *(praise)* loben, anerkennen ⟨*Versuch, Bemühungen*⟩

applause [əˈplɔːz] *n.* Applaus, *der; (praise)* Lob, *das;* Anerkennung, *die;* **give ~**: Applaus *od.* Beifall spenden; **get ~**: Applaus *od.* Beifall ernten

apple [ˈæpl] *n.* Apfel, *der;* **the ~ of sb.'s eye** *(fig.)* jmds. Liebling

apple: ~ ˈbrandy *n.* Apfelschnaps, *der;* **~-cart** *n.* **upset the ~-cart** *(fig.)* die Pferde *od.* Gäule scheu machen *(ugs.);* **~-ˈgreen 1.** *adj.* apfelgrün; **2.** *n.* Apfelgrün, *das;* **~jack** *(Amer.) see* **~ brandy;** **~-ˈpie** *n.* gedeckte Apfeltorte; **~-pie bed** Bett, in dem das Bettuch aus Scherz so gefaltet ist, daß man die Beine nicht ausstrecken kann; **in ~-pie order** picobello *(ugs.);* tadellos in Ordnung; **~ ˈsauce** *n.* Apfelmus, *das;* **~-tree** *n.* Apfelbaum, *der*

appliance [əˈplaɪəns] *n. (utensil)* Gerät, *das; (aid)* Hilfsmittel, *das; (fire-engine)* Feuerlöschfahrzeug, *das*

applicability [æplɪkəˈbɪlɪtɪ] *n.* **a)** Anwendbarkeit, *die* (**to** auf + *Akk.*); **b)** *(appropriateness)* Eignung, *die* (**to** für)

applicable [ˈæplɪkəbl, əˈplɪkəbl] *adj.* **a)** anwendbar (**to** auf + *Akk.*); **b)** *(appropriate)* geeignet; angebracht; zutreffend ⟨*Fragebogenteil usw.*⟩; **the ~ documents** die entsprechenden Unterlagen

applicant [ˈæplɪkənt] *n.* Bewerber, *der/*Bewerberin, *die; (claimant)* Antragsteller, *der/*Antragstellerin, *die*

application [æplɪˈkeɪʃn] *n.* **a)** *(putting)* Auftragen, *das* (**to** auf + *Akk.*); *(administering)* Anwendung, *die; (of heat, liquids)* Zufuhr, *die; (employment; of rule etc.)* Anwendung, *die;* **the ~ of new technology** der Einsatz neuer Technologien; **this rule is of or has universal ~**: diese Regel beansprucht allgemeine Gültigkeit; **b)** *(request)* Bewerbung, *die* (**for** um); *(for passport, licence, etc.)* Antrag, *der* (**for** auf + *Akk.*); **~ form** Antragsformular, *das;* **available on ~**: auf Anfrage erhältlich; **~ for a passport** Antrag auf Erteilung eines Passes; **c)** *(diligence)* Fleiß, *der* (**to** bei); *(with enthusiasm)* Eifer, *der* (**to** für); **d)** *(Med.: lotion, poultice, etc.)* Mittel, *das*

applicator [ˈæplɪkeɪtə(r)] *n.* Applikator, *der*

appliqué [æˈpliːkeɪ] **1.** *n.* Applikationsstickerei, *die.* **2.** *adj.* appliziert

apply [əˈplaɪ] *v. t.* **a)** anlegen ⟨*Verband*⟩; auftragen ⟨*Creme, Paste, Farbe*⟩ (**to** auf + *Dat.*); **~** ausführen ⟨*Wärme, Flüssigkeit*⟩ (**to** *Dat.*); **~ the brakes** bremsen; **die Bremse betätigen;** **~ gentle pressure to the tube** drücken Sie leicht auf die Tube; **~ pressure to sb.** *(fig.)* jmdn. unter Druck setzen; **b)** *(make use of)* anwenden; **applied linguistics/mathematics** angewandte Sprachwissenschaft/Mathematik; **c)** *(devote)* richten, lenken ⟨*Gedanken, Überlegungen, Geist*⟩ (**to** auf + *Akk.*); ⟨*Zeit, Energie*⟩ (**to** auf + *Akk.*); **~ oneself [to sth.]** sich *(Dat.)* Mühe geben [mit etw.]; sich [um etw.] bemühen; **~ oneself to a task** sich an eine Aufgabe machen. **2.** *v. i.* **a)** *(have relevance)* zutreffen (**to** auf + *Akk.*); *(be valid)* gelten; **things which don't ~ to us** Dinge, die uns nicht betreffen; **b)** *(address oneself)* **~ [to sb.] for sth.** [jmdn.] um etw. bitten *od. (geh.)* ersuchen; *(for passport, licence, etc.)* **~ [to sb. for sth.]** etw. beantragen; *(for job)* sich [bei jmdm.] um etw. bewerben

appoint [əˈpɔɪnt] *v. t.* **a)** *(fix)* bestimmen; festlegen ⟨*Zeitpunkt, Ort*⟩; **~ that ...**: anordnen, daß ...; **b)** *(choose for a job)* einstellen; *(assign to office)* ernennen; **~ sb. [to be or as] sth./to do sth.** jmdn. zu etw. ernennen/jmdn. dazu berufen, etw. zu tun; **~ sb. to sth.** jmdn. in etw. *(Akk.)* einsetzen; **he was ~ed governor** er wurde zum Gouverneur bestellt *od.* ernannt; **~ sb. one's heir** jmdn. als seinen Erben einsetzen

appointed [əˈpɔɪntɪd] *adj.* **a)** *(fixed)* vereinbart; verabredet; **b)** **well/badly ~**: gut/schlecht ausgestattet *od.* eingerichtet ⟨*Zimmer usw.*⟩

appointee [əpɔɪnˈtiː] *n.* Ernannte, *der/die;* Berufene, *der/die*

appointment [əˈpɔɪntmənt] *n.* **a)** *(fixing)* Festlegung, *die;* Festsetzung, *die;* **b)** *(assigning to office)* Ernennung, *die;* Berufung, *die; (Law)* Verfügung, *die* (**of** über + *Akk.*); *(being assigned to office)* Ernennung, *die* (**as** zum/zur); *(to job)* Einstellung, *die;* **~ to a position** Berufung auf einen Posten; **by ~ to Her Majesty the Queen, makers of fine confectionery** königliche Hoflieferant für feines Konfekt; **c)** *(office)* Stelle, *die;* Posten, *der;* **a teaching ~**: eine Stelle als Lehrer/Lehrerin; **d)** *(arrangement)* Termin, *der;* **dental ~**: Termin beim Zahnarzt; **make an ~ with sb.** sich *(Dat.)* von jmdm. einen Termin geben lassen; **by ~**: nach Anmeldung; mit Voranmeldung; **e)** *usu. in pl. (equipment etc.)* Ausstattung, *die*

apportion [əˈpɔːʃn] *v. t.* **a)** *(allot)* **~ sth. to sb.** jmdm. etw. zuteilen; **b)** *(portion out)* [gleichmäßig] verteilen (**among** an + *Akk.*); aufteilen (**among** unter + *Akk.*)

apportionment [əˈpɔːʃnmənt] *n.* **a)** *(allotting)* Zuteilung, *die* (**to** an + *Akk.*); **b)** *(portioning out)* Verteilung, *die* (**among** an + *Akk.*); Aufteilung, *die* (**among** unter + *Akk.*)

apposite [ˈæpəzɪt] *adj. (appropriate)* passend; geeignet; *(well-chosen)* treffend; **~ to sth.** zutreffend auf etw. *(Akk.);* **these remarks are very ~ to the matter** diese Bemerkungen treffen die Sache genau

appositely [ˈæpəzɪtlɪ] *adv. (appropriately)* in passender *od.* geeigneter Weise

appositeness [ˈæpəzɪtnɪs] *n., no pl. (appropriateness)* Angemessenheit, *die*

apposition [æpəˈzɪʃn] *n. (Ling.)* Apposition, *die;* **in ~ [to sth.]** in Apposition [zu etw.]

appraisal [əˈpreɪzl] *n. (evaluation)* Bewertung, *die;* Beurteilung, *die; (of property)* Taxierung, *die;* Schätzung, *die;* **what ~ do you give/what is your ~ of the situation?** wie beurteilen Sie die Situation?

appraise [əˈpreɪz] *v. t. (evaluate)* bewerten; *(value)* schätzen; taxieren; **can you ~ the extent of the damage?** können Sie das Ausmaß des Schadens abschätzen?

appreciable [əˈpriːʃəbl] *adj. (perceptible)* nennenswert ⟨*Unterschied, Einfluß*⟩; spürbar ⟨*Veränderung, Wirkung, Erfolg*⟩; merklich ⟨*Verringerung, Anstieg*⟩; *(considerable)* beträchtlich; erheblich

appreciably [əˈpriːʃəblɪ] *adv. (perceptibly)* spürbar ⟨*verändern*⟩; merklich ⟨*sich unterscheiden*⟩; *(considerably)* beträchtlich; erheblich

appreciate [əˈpriːʃɪeɪt, əˈpriːsɪeɪt] **1.** *v. t.* **a)** *([correctly] estimate value or worth of)* [richtig] einschätzen; *(understand)* verstehen; *(be aware of)* sich *(Dat.)* bewußt sein (+ *Gen.*); *(be receptive to)* Gefallen finden an (+ *Dat.*); **~ that/what ...**: verstehen, daß/was ...; **b)** *(be grateful for)* anerkennen; schätzen; *(enjoy)* genießen; **I'd really ~ that** das wäre sehr nett von dir; **a stamped addressed envelope would be ~d** bitte einen frankierten Rückumschlag beilegen. **2.** *v. i.* im Wert steigen

appreciation [əpriːʃɪˈeɪʃn, əpriːsɪˈeɪʃn] *n.* **a)** *([right] estimation)* [richtige] Einschätzung, *die; (understanding)* Verständnis, *das* (**of** für); *(awareness)* Bewußtsein, *das; (sensitivity)* Sinn, *der* (**of** für); *(gratefulness)* Dankbarkeit, *die; (enjoyment)* Gefallen, *das* (**of an** + *Dat.*); **in grateful ~ of or for your help** in dankbarer Anerkennung Ihrer Hilfe; **c)** *(rise in value)* Wertsteigerung, *die;* **d)** *(review)* [positive] Kritik, Würdigung, *die*

appreciative [əˈpriːʃətɪv] *adj.* **a) be ~ of sth./sb.** *(aware of)* fähig sein, etw./jmdn. [richtig] einzuschätzen; **she is very ~ of music** sie hat viel Sinn für Musik; **be ~ of sb.'s plight** für jmds. Not Verständnis aufbringen; **b)** *(grateful)* dankbar (**of** für); *(approving)* anerkennend

apprehend [æprɪ'hend] *v. t.* **a)** *(arrest)* festnehmen; fassen; **b)** *(perceive)* wahrnehmen; vernehmen ⟨*Stimme, Geräusch*⟩; einsehen ⟨*Wahrheit*⟩; *(understand)* erfassen; begreifen; **c)** *(anticipate)* voraussehen; befürchten ⟨*Unglück*⟩

apprehension [æprɪ'henʃn] *n.* **a)** *(arrest)* Festnahme, *die;* Verhaftung, *die;* **b)** *(uneasiness)* Besorgnis, *die;* **c)** *(conception)* Auffassung, *die;* Ansicht, *die* (of über + Akk.); *(understanding)* Verständnis, *das*

apprehensive [æprɪ'hensɪv] *adj. (uneasy)* besorgt; ~ **of sth.** besorgt wegen etw.; **be ~ of doing sth.** ein ungutes Gefühl haben, etw. zu tun; **be ~ that ...:** befürchten, daß ...; ~ **for sb./sb.'s safety** besorgt um jmdn./jmds. Sicherheit

apprehensively [æprɪ'hensɪvlɪ] *adv. (uneasily)* besorgt

apprehensiveness [æprɪ'hensɪvnɪs] *n.* Besorgnis, *die* (of wegen); ~ **that ...:** Sorge, daß ...; ~ **for sb./sb.'s safety** Besorgtheit um jmdn./jmds. Sicherheit

apprentice [ə'prentɪs] **1.** *n. (learner)* Lehrling, *der* (**to** bei); *(to a painter)* Schüler, *der* (**to** Gen.); *(beginner)* Neuling, *der;* Anfänger, *der;* *(jockey)* angehender Jockey. **2.** *v. t.* in die Lehre geben (**to** bei); **be ~d [to sb.]** [bei jmdm.] in die Lehre gehen *od.* in die Lehre gehen; **become ~d** eine Lehre beginnen

apprenticeship [ə'prentɪsʃɪp] *n. (training)* Lehre, *die* (**to** bei); *(learning period)* Lehrzeit, *die;* Lehrjahre *Pl.;* **serve an/one's ~:** eine/seine Lehre machen; *(fig.)* ein/sein Volontariat machen

apprise [ə'praɪz] *v. t.* unterrichten; in Kenntnis setzen; ~ **sb. that ...:** jmdn. darüber unterrichten *od.* davon in Kenntnis setzen, daß ...; ~ **sb. of sth.** jmdn. über etw. (Akk.) *od.* von etw. unterrichten; **be ~d of sth.** über etw. (Akk.) unterrichtet sein

appro ['æprəʊ] *n. (Brit.)* **on ~** *(Commerc. coll.)* = **on approval**; *see* **approval b**

approach [ə'prəʊtʃ] **1.** *v. i. (in space)* sich nähern; näher kommen; ⟨*Soldaten:*⟩ [her]anrücken; ⟨*Sturm usw.:*⟩ aufziehen (*in time*) nahen; **the train now ~ing platform 1** der auf Gleis 1 einfahrende Zug; **the time is fast ~ing when you will have to ...:** es wird nicht mehr lange dauern und du mußt ... **2.** *v. t.* **a)** *(come near to)* sich nähern (+ *Dat.*); *(set about)* herangehen an (+ *Akk.*); gehen ⟨*Problem, Aufgabe, Thema*⟩; **b)** *(be similar to)* verwandt sein (+ *Dat.*); **c)** *(approximate to)* nahekommen (+ *Dat.*); **the temperature/weight ~es 100°C/50 kg** die Temperatur/das Gewicht beträgt nahezu 100°C/50 kg; **a performance ~ing perfection** eine an Perfektion grenzende Aufführung; **few writers can ~ Shakespeare** wenige Dichter reichen an Shakespeare heran; **d)** *(appeal to)* sich wenden an (+ *Akk.*); **e)** *(attempt to influence)* herantreten an (+ *Akk.*); **f)** *(make advances to)* sich heranmachen an (+ *Akk.*). **3.** *n.* [Heran]nahen, *das; (treatment)* Ansatz, *der* (**to** zu); *(attitude)* Einstellung, *die* (**to** gegenüber); **a new ~:** eine neue Sicht; **b)** *(similarity)* Ähnlichkeit, *die* (**to** mit); **c)** *(approximation)* Annäherung, *die;* **some sort of ~ to a timetable** ein ungefährer Zeitplan; **d)** *(appeal)* Herantreten, *das* (**to** an + *Akk.*); **make an ~ to sb. concerning sth.** wegen etw. an jmdn. herantreten; sich wegen etw. an jmdn. wenden; **e)** *(attempt to influence)* Vorstoß, *der* (**to** bei); **f)** *(advance)* Annäherungsversuche *Pl.;* **make ~es to sb.** Annäherungsversuche bei jmdm. machen; **g)** *(access)* Zugang, *der;* *(road)* Zufahrtsstraße, *die;* *(fig.)* Zugang, *der;* **h)** *(Aeronaut.)* Landeanflug, *der;* Approach, *der*

approachability [əprəʊtʃə'bɪlɪtɪ] *n.* **a)** *(friendliness)* Umgänglichkeit, *die; (receptiveness)* Empfänglichkeit, *die;* **b)** *(accessibility)* Zugänglichkeit, *die*

approachable [ə'prəʊtʃəbl] *adj.* **a)** *(friendly)* umgänglich; *(receptive)* empfänglich; **b)** *(accessible)* zugänglich; erreichbar

ap'proach road *n.* Zufahrtsstraße, *die*

approbate ['æprəbeɪt] *v. t. (Amer.)* genehmigen; approbieren *(veralt.)*

approbation [æprə'beɪʃn] *n. (sanction)* Genehmigung, *die; (Relig.)* Approbation, *die; (approval)* Zustimmung, *die;* Einverständnis, *das;* **parental ~:** elterliches Einverständnis, Einwilligung der Eltern; **meet with/get sb.'s ~:** jmds. Zustimmung finden

appropriate **1.** [ə'prəʊprɪət] *adj. (suitable)* geeignet (**to, for** für); *(peculiar)* eigen (**to** *Dat.*); **I feel it is ~ on such an occasion to say a few words** ich halte es für angebracht, bei einem solchen Anlaß ein paar Worte zu sagen; **a style ~ to a man of his age and importance** ein Stil, der einem Mann in seinem Alter und seiner Stellung entspricht; **the ~ authority** die zuständige Behörde. **2.** [ə'prəʊprɪeɪt] *v. t.* **a)** *(take possession of)* sich *(Dat.)* aneignen; *(take to oneself)* ~ **sth. [to oneself]** etw. in [seinen] Besitz nehmen; etw. mit Beschlag belegen; **b)** *(reserve)* ~ **sth. [to/for sth.]** etw. [zu/für etw.] bestimmen

appropriately [ə'prəʊprɪətlɪ] *adv.* gebührend; passend ⟨*dekoriert, gekleidet, genannt*⟩

appropriateness [ə'prəʊprɪətnɪs] *n., no pl.* Angemessenheit, *die; (of remarks, words)* Angebrachtheit, *die*

appropriation [əprəʊprɪ'eɪʃn] *n.* Besitzergreifung, *die;* Mit-Beschlag-Belegen, *das; (reservation)* Bestimmung, *die*

approval [ə'pru:vl] *n.* **a)** *(sanctioning) (of plan, project, expenditure)* Genehmigung, *die; (of proposal, reform, marriage)* Billigung, *die; (agreement)* Zustimmung, *die;* Einwilligung, *die* (**for** in + *Akk.*); **letter of ~:** Genehmigungsschreiben, *das;* **b)** *(esteem)* Lob, *das;* Anerkennung, *die;* **does the plan meet with your ~?** findet der Plan Ihre Zustimmung?; **murmurs of ~:** zustimmendes Gemurmel; **on ~** *(Commerc.)* zur Probe; *(to view)* zur Ansicht

approve [ə'pru:v] *v. t.* **a)** *(sanction)* genehmigen ⟨*Plan, Projekt, Ausgaben*⟩; billigen ⟨*Vorschlag, Reform, Heirat*⟩; *(commend)* loben; empfehlen; **~d hotel** empfohlenes Hotel; **~d school** *(Brit. Hist.)* Erziehungsheim, *das; (find good)* gutheißen; für gut halten. **2.** *v. i.* **a)** *(approve of)* billigen; zustimmen (+ *Dat.*) ⟨*Plan*⟩; einverstanden sein mit ⟨*Tätigkeiten, Gewohnheiten, Verhalten*⟩; **they don't ~ of her going out with boys** sie sind nicht damit einverstanden, daß sie mit Jungen ausgeht

approving [ə'pru:vɪŋ] *adj.* zustimmend, beipflichtend ⟨*Worte*⟩; anerkennend, bewundernd ⟨*Blicke*⟩

approvingly [ə'pru:vɪŋlɪ] *adv. see* **approving:** zustimmend; anerkennend

approx. [ə'prɒks] *abbr.* **approximately** ca.

approximate **1.** [ə'prɒksɪmət] *adj. (fairly correct)* ungefähr *attr.;* **the figures given here are only ~:** dies hier sind nur ungefähre Zahlen. **2.** [ə'prɒksɪmeɪt] *v. t.* **a)** *(make similar)* ~ **sth. to sth.** etw. einer Sache *(Dat.)* anpassen; **b)** *(come near to)* nahekommen (+ *Dat.*); annähernd erreichen (+ *Akk.*). **3.** *v. i.* ~ **to sth.** etw. gleich kommen; einer Sache *(Dat.)* annähernd

approximately [ə'prɒksɪmətlɪ] *adv. (roughly)* ungefähr; *(almost)* fast; **the answer is ~ correct** die Antwort stimmt ungefähr; **very ~:** ganz grob

approximation [əprɒksɪ'meɪʃn] *n.* **a)** Annäherung, *die* (**to** an + *Dat.*); Angleichung, *die;* **b)** *(estimate)* Annäherungswert, *der;* **at** *or* **as a rough ~ I'd say ...:** grob geschätzt würde ich sagen ...

appurtenances [ə'pɜ:tɪnənsɪz] *n. pl.* **a)** *(belongings, appendages)* Zubehör, *das;* **he had all the ~s of 'the good life'** er hatte alles, was zum „guten Leben" gehört; **... and all the ~s:** ... mit allem Zubehör; **b)** *(accessories)* Attribute

APR *abbr.* **annualized percentage rate** Jahreszinssatz, *der*

Apr. *abbr.* **April** Apr.

après-ski [æpreɪ'ski:] **1.** *n., no pl.* Après-Ski, *der; attrib.* Après-Ski-

apricot ['eɪprɪkɒt] **1.** *n.* **a)** *(fruit, tree)* Aprikose, *die;* ~ **jam** Aprikosenmarmelade, *die;* ~ **brandy** Aprikot-Brandy, *die;* Aprikosenlikör, *der;* **b)** *(colour)* Aprikosenfarbe, *die;* Aprikot, *das.* **2.** *adj.* aprikosenfarben

April ['eɪprɪl] *n.* April, *der;* ~ **fool** April[s]narr, *der;* **make an ~ fool of sb.** jmdn. in den April schicken; **'A~ fool!'** „April, April!"; ~ **Fool's Day** der 1. April; ~ **showers** typisches Aprilwetter; *see also* **August**

a priori [eɪ praɪ'ɔ:raɪ] **1.** *adv.* von vornherein; a priori *(Philos.).* **2.** *adj.* apriorisch

apron ['eɪprən] *n.* **a)** *(garment)* Schürze, *die;* **be tied to sb.'s ~ strings** jmdm. an der Schürze *od.* am Schürzenzipfel hängen; **b)** *(on airfield)* Vorfeld, *das;* **c)** *(Theatre)* ~ [**stage**] Vorbühne, *die*

apropos [æprə'pəʊ, 'æprəpəʊ] **1.** *adv.* **a)** *(to the purpose)* passend; *(just when wanted)* zur Hand; **b)** ~ **of** *(in respect of)* in bezug auf (+ *Akk.*); hinsichtlich (+ *Gen.*); **c)** *(incidentally)* apropos; übrigens; da wir gerade davon sprechen. **2.** *adj.* passend; treffend ⟨*Bemerkung*⟩. **3.** *prep. (coll.)* apropos

apse [æps] *n. (Archit.)* Apsis, *die*

apt [æpt] *adj.* **a)** *(suitable)* passend ⟨*Ausdruck, Geschenk*⟩; angemessen ⟨*Reaktion*⟩; treffend ⟨*Zitat, Bemerkung*⟩; **b)** *(tending)* **be ~ to do sth.** dazu neigen, etw. zu tun; **c)** *(quick-witted)* begabt (**at** für); **be ~ at doing sth.** die Gabe dafür haben, etw. zu tun

aptitude ['æptɪtju:d] *n.* **a)** *(propensity)* Neigung, *die;* *(ability)* Begabung, *die;* **linguistic ~:** Sprachbegabung, *die;* **learning ~:** Lernfähigkeit, *die;* ~ **test** Eignungstest, *der;* **b)** *(suitability)* Eignung, *die*

aptly ['æptlɪ] *adv.* passend; ~ **chosen words** treffend gewählte Worte

aptness ['æptnɪs] *n., no pl.* **a)** *(suitability)* Angemessenheit, *die;* **the ~ of his replies** die Treffsicherheit seiner Antworten; **b)** *(tendency)* Neigung, *die;* **c)** *(quick-wittedness)* Begabung, *die* (**at** für)

aqualung ['ækwəlʌŋ] *n.* Tauchgerät, *das*

aquamarine [ækwəmə'ri:n] **1.** *n.* **a)** *(colour)* Aquamarin, *das;* **b)** *(stone)* Aquamarin, *der.* **2.** *adj.* aquamarin[farben]

aquaplane ['ækwəpleɪn] **1.** *v. i.* **a)** ⟨*Reifen:*⟩ aufschwimmen; ⟨*Fahrzeug:*⟩ [durch Aquaplaning] ins Rutschen geraten; **b)** *(use ~)* Wasserski laufen. **2.** *n.* Monoski, *der;* Wasserski, *der*

aquaplaning ['ækwəpleɪnɪŋ] *n.* **a)** Aquaplaning, *das;* **b)** *(Sport)* Wasserski, *der*

aqua regia [ækwə 'ri:dʒɪə] *n. (Chem.)* Königswasser, *das;* Goldscheidewasser, *das*

aquarelle [ækwə'rel] *n. (technique)* Aquarellmalerei, *die; (product)* Aquarell, *das*

Aquarian [ə'kweərɪən] *n. (Astrol.)* Wassermann, *der*

aquarium [ə'kweərɪəm] *n., pl.* ~**s** *or* **aquaria** [ə'kweərɪə] Aquarium, *das*

Aquarius [ə'kweərɪəs] *n. (Astrol., Astron.)* der Wassermann; der Aquarius; *see also* **Aries**

aquatic [ə'kwætɪk] **1.** *adj.* **a)** aquatisch; Wasser-; ~ **plant/bird** Wasserpflanze, *die*/-vogel, *der;* **b)** *(Sport)* Wassersport-; ~ **sports** Wassersportarten. **2.** *n.* **a)** *(plant)* Wasserpflanze, *die; (animal)* Wassertier, *das;* **b)** *in pl. (Sport)* Wassersport, *der*

aquatint ['ækwətɪnt] *n. (technique)* Aquatinta, *die; (product)* Aquatintaarbeit, *die*

aqueduct ['ækwɪdʌkt] n. Aquädukt, der od. das

aqueous ['eɪkwɪəs, 'ækwɪəs] adj. (containing water, watery) wässerig; wäßrig; aquatisch (fachspr.); ~ **vapour/content** Wasserdampf/-gehalt, der

aqueous 'humour n. (Anat.) Kammerwasser, das; Humor aquosus (fachspr.)

aquifer ['ækwɪfə(r)] n. (Geol.) wasserführende Schicht

aquilegia [ækwɪ'liːdʒɪə] n. (Bot.) [Gemeine] Akelei

aquiline ['ækwɪlaɪn] adj. adlerartig; Adler-; ~ **eye/nose** Adleraugen, die /-nase, die

Arab ['ærəb] 1. adj. arabisch; ~ **horse** Araber, der. 2. n. a) Araber, der/Araberin, die; **desert** ~: Beduine, der; b) (Arabian horse) Araber, der; c) **street a**~: Bettlerjunge, der

arabesque [ærə'besk] n. a) Arabeske, die; b) (Ballet) Arabesque, die

Arabia [ə'reɪbɪə] pr. n. Arabien (das)

Arabian [ə'reɪbɪən] 1. adj. arabisch; **the ~ Nights** Tausendundeine Nacht. 2. n. Araber, der/Araberin, die

Arabic ['ærəbɪk] 1. adj. arabisch; **gum a**~: Gummiarabikum, das; **a~ numerals** arabische Ziffern; see also **English** 1. 2. n. Arabisch, das; see also **English 2 a**

arabis ['ærəbɪs] n. (Bot.) Gänsekresse, die

Arabist ['ærəbɪst] n. Arabist, der/Arabistin, die

arable ['ærəbl] 1. adj. bebaubar, landwirtschaftlich nutzbar ⟨Land⟩; ~ **land** Ackerland, das; ~ **crops** landwirtschaftliche Nutzpflanzen. 2. n. Ackerland, das

Araby ['ærəbɪ] pr. n. (poet.) Arabien (das)

arachnid [ə'ræknɪd] n. (Zool.) Spinnentier, das; **the** ~**s** die Spinnentiere od. (fachspr.) Arachn[o]iden

Araldite, (P) ['ærəldaɪt] n. Araldit, das Ⓦ

Aramaic [ærə'meɪɪk] 1. adj. aramäisch. 2. n. Aramäisch, das

araucaria [ærɔː'keərɪə] n. (Bot.) Araukarie, die

arbiter ['ɑːbɪtə(r)] n. (judge) Richter, der; (arbitrator) Vermittler, der; (controller) Herr, der, (geh.) Gebieter, der (**of** über + Akk.)

arbitrage ['ɑːbɪtrɑːʒ] n. (St. Exch.) Arbitrage, die

arbitrarily ['ɑːbɪtrərɪlɪ] adv. a) (at random) willkürlich; arbiträr (geh.); (capriciously) aus einer Laune heraus; b) (unrestrainedly) rücksichtslos; c) (despotically) willkürlich

arbitrariness ['ɑːbɪtrərɪnɪs] n., no pl. a) (randomness) Willkür, die; Willkürlichkeit, die; Arbitrarität, die (geh.); (capriciousness) Launenhaftigkeit, die; b) (unrestrainedness) Rücksichtslosigkeit, die; c) (despotism) Willkür, die

arbitrary ['ɑːbɪtrərɪ] adj. a) (random) willkürlich; arbiträr (geh.); (capricious) launenhaft; launisch ⟨Idee⟩; b) (unrestrained) rücksichtslos ⟨Vorgehen, Bestrafung, Wesen, Haltung⟩; c) (despotic) willkürlich; ~ **rule** Willkürherrschaft, die

arbitrate ['ɑːbɪtreɪt] 1. v. t. schlichten, beilegen ⟨Streit⟩; ~ **a difference of opinion** eine Meinungsverschiedenheit beseitigen. 2. v. i. ~ **[upon sth.]** [in einer Sache] vermitteln od. als Schiedsrichter fungieren; ~ **between parties** zwischen Parteien vermitteln

arbitration [ɑːbɪ'treɪʃn] n. Vermittlung, die; (in industry) Schlichtung, die; **go to** ~: einen Schlichter anrufen od. einschalten; ⟨Konflikt:⟩ einem Schlichter vorgelegt werden; **take sth. to** ~: etw. einem Schlichter vorlegen

arbitrator ['ɑːbɪtreɪtə(r)] n. (mediator) Vermittler, der; (in industry) Schlichter, der; (arbiter) Schiedsrichter, der; (judge) Richter, der

¹**arbor** ['ɑːbə(r)] n. (axle) Welle, die; Spindel, die; (Amer.: tool-holder) Dorn, der; Aufsteckdorn, der; Träger, der

²**arbor** (Amer.) see **arbour**

Arbor Day ['ɑːbə deɪ] n. (Amer., Austral.) Tag des Baumes

arboreal [ɑː'bɔːrɪəl] adj. (of trees) Baum-; (inhabiting trees) Baum-; auf Bäumen lebend; **be** ~: auf Bäumen leben

arboretum [ɑːbə'riːtəm] n., pl. **arboreta** [ɑːbə'riːtə] or (Amer.) ~**s** Arboretum, das; Baumgarten, der

arboriculture ['ɑːbərɪkʌltʃə(r)] n. Baumzucht, die

arbor vitae [ɑːbə 'vaɪtiː, ɑːbə 'viːtaɪ] n. (Bot.) Lebensbaum, der

arbour ['ɑːbə(r)] n. (Brit.) Laube, die

arbutus [ɑː'bjuːtəs] n. Arbutus, der; Erdbeerbaum, der; **trailing** ~ (Amer.) kriechende Heide

arc [ɑːk] n. a) [Kreis]bogen, der; b) (Electr.) Lichtbogen, der; ~ **lamp**, ~ **light** Lichtbogenlampe, die; ~ **welding** Lichtbogen-, Elektroschweißung, die

arcade [ɑː'keɪd] n. Arkade, die; **shopping** ~: Einkaufspassage, die

Arcadian [ɑː'keɪdɪən] adj. arkadisch

arcane [ɑː'keɪn] adj. geheimnisvoll; undurchschaubar; **an** ~ **secret** ein verborgenes Geheimnis

¹**arch** [ɑːtʃ] 1. n. Bogen, der; (curvature of foot) Wölbung, die; (of bridge) Bogen, der; Joch, das; (vault) Gewölbe, das. 2. v. i. sich wölben; ⟨Ast, Glied:⟩ sich biegen. 3. v. t. a) (furnish with ~) mit Bogen versehen; ~**ed gateway** Torbogen, der; ~**ed in the Gothic manner** mit gotischem/gotischen Bogen; b) (form into ~) beugen ⟨Rücken, Arm⟩; **the cat** ~**ed its back** die Katze machte einen Buckel

²**arch** adj. schelmisch; kokett

arch- pref. Erz-; ~-**villain** Erzschurke, der; Erzgauner, der

archaeological [ɑːkɪə'lɒdʒɪkl] adj. archäologisch; ~ **dig** [Aus]grabung, die

archaeologist [ɑːkɪ'ɒlədʒɪst] n. Archäologe, der/Archäologin, die; Altertumsforscher, der/-forscherin, die

archaeology [ɑːkɪ'ɒlədʒɪ] n. Archäologie, die; Altertumskunde, die; **marine/industrial** ~: Unterwasser-/Industriearchäologie, die

archaic [ɑː'keɪɪk] adj. (out of use) veraltet; archaisch; (antiquated) altertümlich; überholt ⟨Methode, Gesetz⟩; **an** ~ **typewriter** (coll.) eine museumsreife od. vorsintflutliche Schreibmaschine

archaically [ɑː'keɪɪkəlɪ] adv. (in out-of-use style) altertümlich; (deliberately) altertümelnd ⟨sich ausdrücken, schreiben⟩

archaism ['ɑːkeɪɪzm] n. Archaismus, der

archangel ['ɑːkeɪndʒl] n. Erzengel, der

arch'bishop n. Erzbischof, der

arch'bishopric n. a) (office) Amt des Erzbischofs; b) (diocese) Erzbistum, das

arch'deacon n. Archi-, Erzdiakon, der

arch'deaconry, arch'deaconship ns. Archidiakonat, das od. der

arch'diocese see **archbishopric b**

arch'duchess n. (Hist.) Erzherzogin, die

arch'duke n. (Hist.) Erzherzog, der

arch-'enemy n. (chief enemy) Erzfeind, der; **the** (the Devil) see **arch-fiend**

archeology etc. (Amer.) see **archaeology** etc.

archer ['ɑːtʃə(r)] n. a) Bogenschütze, der; b) (Astrol.) **the** ~: der Schütze; **under the sign of the A**~: im Zeichen des Schützen

'**archer-fish** n. Schützenfisch, der

archery ['ɑːtʃərɪ] n., no pl. Bogenschießen, das

archetypal ['ɑːkɪtaɪpl] adj. (original) archetypisch adj.; (typical) typisch; prototypisch; **he was the** ~ **film director** er war der Prototyp des Regisseurs

archetype ['ɑːkɪtaɪp] n. (original) Urfassung, die; Archetyp, der; (typical specimen) Prototyp, der; Archetyp, der

arch-'fiend n. Erzfeind, der; Satan, der

archiepiscopal [ɑːkɪɪ'pɪskəpl] adj. erzbischöflich

archiepiscopate [ɑːkɪɪ'pɪskəpət] n. see **archbishopric a**

Archimedes [ɑːkɪ'miːdiːz] n. ~' **principle** (Phys.) das Archimedische Prinzip

archipelago [ɑːkɪ'peləgəʊ] n., pl. ~**s** or ~**es** Archipel, der; (islands) Inselgruppe, die; (sea) Inselmeer, das

architect ['ɑːkɪtekt] n. a) (designer) Architekt/Architektin, die; Baumeister, der (geh.); **naval** ~: Schiffskonstrukteur, der; Schiffbauer, der see also **landscape architect**; b) (maker, creator) Schöpfer, der; (fig.) Urheber, der; **the** ~ **of one's own fate/fortune** seines [eigenen] Glückes Schmied

architectonic [ɑːkɪtek'tɒnɪk] adj. a) architektonisch; b) (constructive) schöpferisch ⟨Fähigkeiten, Kraft⟩

architectural [ɑːkɪ'tektʃərl] adj. architektonisch; ~ **style** Baustil, der

architecture ['ɑːkɪtektʃə(r)] n. a) Architektur, die; Baukunst, die (geh.); (style) Bauweise, die; **naval/railway/bridge** ~: Schiff[s]-/Eisenbahn-/Brückenbau, der; b) (structure, lit. or fig.) Konstruktion, der; c) (Computing) [System]architektur, die

architrave ['ɑːkɪtreɪv] n. (beam) Architrav, der; Epistylion, das; (moulding) Archivolte, die

archival [ɑː'kaɪvl] adj. archivalisch

archive ['ɑːkaɪv] 1. n., usu. in pl. Archiv, das. 2. v. t. archivieren

archivist ['ɑːkɪvɪst] n. Archivar, der/Archivarin, die

archly ['ɑːtʃlɪ] adv. schelmisch; kokett

archness ['ɑːtʃnɪs] n., no pl. Schalkhaftigkeit, die; (of woman) Koketterie, die

arch-'traitor n. Erzverräter, der

'**archway** n. (vaulted passage) Gewölbegang, der; Tunnel, der; (arched entrance) Durchgang, der; Torbogen, der

arctic ['ɑːktɪk] 1. adj. (lit. or fig.) arktisch; **A**~ **Circle/Ocean** nördlicher Polarkreis/Nordpolarmeer, das. 2. n. a) **the A**~: die Arktis; b) (Amer.: overshoe) hoher Überschuh

arctic: ~ '**fox** n. Polarfuchs, der; ~ '**tern** n. Küstenseeschwalbe, die

ardency ['ɑːdənsɪ] n., no pl. Eifer, der (**in** bei); (of feeling, desire, etc.) Leidenschaftlichkeit, die; Heftigkeit, die; (of admiration, prayer, belief, poem) Inbrunst, die

Ardennes [ɑː'den] pr. n., pl. Ardennen Pl.

ardent [ɑː'dənt] adj. a) (eager) begeistert ⟨Anhänger, Theaterbesucher, Interesse, Gefolgsmann⟩; (fervent) glühend ⟨Bewunderer, Leidenschaft⟩; hitzig ⟨Temperament, Wesen⟩; brennend ⟨Wunsch⟩; feurig ⟨Rede, Liebhaber⟩; leidenschaftlich ⟨Gedicht, Liebesbrief, Anbetung⟩; inbrünstig ⟨Hoffnung, Liebe⟩; b) ~ **spirits** geistige Getränke Pl.

ardently ['ɑːdəntlɪ] adv. (eagerly) begeistert; (fervently) glühend; **hope** ~: inbrünstig (geh.) od. inständig hoffen

ardour (Brit.; Amer.: **ardor**) ['ɑːdə(r)] n. (warm emotion) Leidenschaft, die; (passionate emotion) Inbrunst, die (geh.); (fervour) Eifer, der; ~ **for reform/learning** Reformeifer, der/Wissensdurst, der

arduous ['ɑːdjʊəs] adj. schwer, anstrengend ⟨Aufgabe, Arbeit, Unterfangen⟩; hart ⟨Arbeit, Tag, Zeit⟩; beschwerlich ⟨Reise, Aufstieg, Fahrt⟩

arduously ['ɑːdjʊəslɪ] adv. (laboriously) beschwerlich

arduousness ['ɑːdjʊəsnɪs] n., no pl. (difficulty) Mühe, die; Beschwerlichkeit, die

¹**are** [ɑː(r)] n. Ar, das

²**are** see **be**

area ['eərɪə] n. a) (surface measure) Flächenausdehnung, die; **the floor** ~ **is 15 square**

areaway — armhole

metres der Fußboden hat eine Fläche von 15 Quadratmetern; **what is the ~ of your farm?** wie groß ist Ihr Hof?; **b)** *(region)* Gelände, *das;* *(of wood, marsh, desert)* Gebiet, *das;* *(of city, country)* Gegend, *die;* *(of skin, wall, etc.)* Stelle, *die;* **a poor ~ of the town** eine arme Gegend der Stadt; **it happened in this ~**: es ereignete sich hier in der Nähe; **in the Hamburg ~**: im Hamburger Raum; **in the ~ of ...** *(fig.)* um ... herum; **an ~ of ground** ein Grundstück *od.* Gelände *od.* Areal; **c)** *(defined space)* Bereich, *der;* **parking/picnic/sports ~**: Park-/Picknick-/Sportplatz, *der;* **no-smoking ~**: Nichtraucherzone, *die;* **d)** *(subject field)* Gebiet, *das;* **in the ~ of electronics/medicine** auf dem Gebiet *od.* im Bereich der Elektronik/Medizin; **e)** *(scope)* Raum, *der;* **~ of choice** Wahlmöglichkeiten *Pl.;* **~ of responsibility** Verantwortungsbereich, *der;* **f)** *(sunken court)* Vorhof, *der*

areaway ['ɛərɪəweɪ] *(Amer.)* see **area f**
areca ['ærɪkə, ə'riːkə] *n.* Arekapalme, *die;* **~-nut** Arekanuß, *die*
arena [ə'riːnə] *n.* *(at circus, bullfight)* Arena, *die;* *(in equestrianism)* Dressurviereck, *das; (fig.: scene of conflict)* Bühne, *die;* Schauplatz, *der; (fig.: sphere of action)* Bereich, *der;* **the political ~**: die politische Arena; **enter the ~** *(fig.)* die Arena betreten; **auf den Plan treten;** **~ stage** Arenabühne, *die;* **~ theatre** Arenatheater, *das*
aren't [ɑːnt] *(coll.)* = **are not;** see **be**
areola [ə'riːələ] *n., pl.* **~e** [ə'riːəliː] *(Anat.) (of nipple)* Warzenhof, *der;* *(of eye)* an die Pupille grenzender Teil der Iris
argent ['ɑːdʒənt] *(esp. Her.)* **1.** *n.* Silber, *das.* **2.** *adj.* silbern
Argentina [ɑdʒən'tiːnə] *pr. n.* Argentinien *(das)*
Argentine ['ɑːdʒəntaɪn] **1.** *pr. n.* **the ~**: Argentinien *(das).* **2.** *adj.* argentinisch
Argentinian [ɑːdʒən'tɪnɪən] **1.** *adj.* argentinisch; **sb. is ~**: jmd. ist Argentinier/Argentinierin. **2.** *n.* Argentinier, *der/*Argentinierin, *die*
argillaceous [ɑːdʒɪ'leɪʃəs] *adj. (of clay)* tonig; tonhaltig; *(like clay)* tonartig
argle-bargle [ɑːgl'bɑːgl] see **argy-bargy**
argon ['ɑːgɒn] *n.* *(Chem.)* Argon, *das*
argonaut ['ɑːgənɔːt] *n.* **a)** *(Zool.)* Papierboot, *das;* **b)** **A~** *(Mythol.)* Argonaut, *der*
argosy ['ɑːgəsɪ] *n.* *(Hist./poet.: merchant-vessel)* Handelsschiff, *das*
argot ['ɑːgəʊ] *n.* Argot, *das od. der;* **thieves' ~**: Rotwelsch, *das;* **that class/group has its own ~**: diese Klasse/Gruppe hat ihren eigenen Jargon *od.* Slang
arguable ['ɑːgjʊəbl] *adj.* **a)** fragwürdig ⟨Angelegenheit, Punkt⟩; **it's not an ~ point at all** das ist überhaupt keine Frage; **it's ~ whether...**: es ist noch die Frage, ob...; **b) it is ~ that ...** *(can reasonably be argued that)* man kann sich auf den Standpunkt stellen, daß ...
arguably ['ɑːgjʊəblɪ] *adv.* möglicherweise
argue ['ɑːgjuː] **1.** *v. t.* **a)** *(maintain)* **~ that ...**: die Ansicht vertreten, daß ...; **b)** *(treat by reasoning)* darlegen ⟨Grund, Standpunkt, Fakten⟩; **I don't want to ~ the point now** lassen wir für den Moment diesen Punkt noch ungeklärt; **c)** *(persuade)* **~ sb. into doing sth.** jmdn. dazu überreden, etw. zu tun; **~ sb. out of doing sth.** [es] jmdm. ausreden, etw. zu tun; **d)** *(prove)* **~ sb. [to be] sb./sth.** der Beweis dafür sein, daß jmd. *jmd./*etw. ist; *(indicate)* **~ sth.** von etw. zeugen. See also **toss 3 a. 2.** *v. i.* **~ with sb.** sich mit jmdm. streiten; **~ against sb.** jmdm. widersprechen; **~ for/ for/against sth.** für/gegen etw. eintreten; sich für/gegen etw. aussprechen; **~ about sth.** sich über/um etw. streiten *(Akk.);* **none of your arguing!** keine Widerrede!
argument ['ɑːgjʊmənt] *n.* **a)** *(reason)* Begründung, *die;* **~s for/against sth.** Argumente für/gegen etw.; **b)** *no pl. (reasoning process)* Argumentieren, *das;* **the powers of logical ~**: das Vermögen, logisch zu argumentieren; **assume sth. for ~'s sake** etw. rein theoretisch annehmen; **c)** *(debate)* Auseinandersetzung, *die;* **get into an ~/get into ~s with sb.** mit jmdm. in Streit geraten; **d)** *(summary)* Kurzfassung, *die;* Zusammenfassung, *die;* **e)** *(Math.)* Argument, *das*
argumentation [ɑːgjʊmən'teɪʃn] *n.* *no pl. (reasoning)* Argumentieren, *das;* **his powers of ~**: seine Fähigkeit, zu argumentieren; **b)** *(debate)* Argumentieren, *das*
argumentative [ɑːgjʊ'mentətɪv] *adj.* **a)** *(fond of arguing)* widerspruchsfreudig; *(quarrelsome)* streitlustig; streitsüchtig; **b)** *(logical)* argumentativ
Argus ['ɑːgəs] *n.* **a)** *(butterfly)* Augenfalter, *der;* **b)** *(Ornith.)* Arguspfau, *der*
argy-bargy [ɑːdʒɪ'bɑːdʒɪ] *(joc.)* **1.** *n.* Hickhack, *der od. das (ugs.);* Streiterei, *die.* **2.** *v. i.* sich herumstreiten *(ugs.)* **(about** über + *Akk.)*
aria ['ɑːrɪə] *n.* *(Mus.)* Arie, *die*
¹Arian ['ɛərɪən] *n.* *(Astrol.)* Widder, *der*
²Arian see **Aryan**
arid ['ærɪd] *adj.* **a)** *(dry; also fig.)* trocken ⟨Klima, Land⟩; **b)** *(barren)* dürr; karg; *(Geog.)* arid; **~ zone** Trockengürtel, *der*
aridity [ə'rɪdɪtɪ] *n., no pl.* **a)** *(dryness of land, heat; also fig.)* Trockenheit, *die;* *(Geog.)* Aridität, *die;* **b)** *(barrenness)* Kargheit, *die*
aridness ['ærɪdnɪs] see **aridity**
Aries ['ɛəriːz] *n.* *(Astrol., Astron.)* der Widder; der Aries; **under [the sign of] ~**, **the Ram** im Zeichen des Aries *od.* Widders; **he/she is an ~**: er/sie ist [ein] Widder; **first point of ~**: Frühlingspunkt, *der;* Widderpunkt, *der*
aright [ə'raɪt] *adv.* recht ⟨hören, sich erinnern⟩
arise [ə'raɪz] *v. i.,* **arose** [ə'rəʊz], **arisen** [ə'rɪzn] **a)** *(originate)* entstehen; *(literary: be born)* geboren werden; **hatred has ~n in their hearts** Haß ist in ihren Herzen aufgekeimt *(geh.);* **b)** *(present itself)* auftreten; ⟨Gelegenheit:⟩ sich bieten; **a crisis has ~n in Turkey** in der Türkei ist es zu einer Krise gekommen; **new hopes have** *or* **hope has ~n that ...**: man hat wieder Hoffnung geschöpft, daß ...; **c)** *(result)* **~ from** *or* **out of sth.** von etw. herrühren; auf etw. *(Akk.)* zurückzuführen sein; **d)** *(Hist.: stand up)* **~, Sir Robert!** erhebt Euch, Sir Robert!; ⟨Sonne, Nebel:⟩ aufsteigen; **f)** ⟨See, Sturm:⟩ anschwellen; **g)** *(rise from the dead)* auferstehen
aristocracy [ærɪ'stɒkrəsɪ] *n.* Aristokratie, *die;* *(fig.)* **an ~**: eine Elite von ...
aristocrat ['ærɪstəkræt] *n.* Aristokrat, *der/* Aristokratin, *die;* **an ~ among wines** *(fig.)* ein besonders edler Wein
aristocratic [ærɪstə'krætɪk] *adj.* **a)** aristokratisch; Aristokraten-; adelig; Adels-; **b)** *(grand)* exklusiv ⟨Luxus, Pracht etc.⟩; *(distinguished)* vornehm ⟨Aussehen, Auftreten⟩; *(refined)* kultiviert; fein ⟨Manieren, Sitten⟩; *(stylish, fine)* edel ⟨Qualität, Geschmack, Gesichtszüge, Wein, Möbel⟩
aristocratically [ærɪstə'krætɪkəlɪ] *adv.* aristokratisch
Aristotelian [ærɪstə'tiːlɪən] *adj.* aristotelisch
Aristotle ['ærɪstɒtl] *pr. n.* Aristoteles *(der)*
¹arithmetic [ə'rɪθmətɪk] *n.* **a)** *(science)* Arithmetik, *die;* **b)** *(computation)* Rechnen, *das;* **mental ~**: Kopfrechnen, *das;* **there are several mistakes in your ~**: du hast dich mehrmals verrechnet
²arithmetic [ærɪθ'metɪk], **arithmetical** [ærɪθ'metɪkl] *adj.* arithmetisch; **arithmetic progression** arithmetische Progression; *(sequence/series)* arithmetische Folge/Reihe
ark [ɑːk] *n.* sth. looks as if it came [straight] out of the ~: etw. sieht vorsintflutlich aus; see also **Noah's ark**
¹arm [ɑːm] *n.* **a)** *(limb)* Arm, *der;* **~ in ~** [with each other] Arm in Arm; **[be] at ~'s length [from]** *auf* Armeslänge [entfernt sein *von*]; **remain** *or* **keep at ~'s length from sb.** *(fig.)* eine gewisse Distanz zu jmdm. wahren; **as long as sb.'s ~** *(fig.)* ellenlang; **cost sb. an ~ and a leg** *(fig.)* jmdn. eine Stange Geld kosten *(ugs.);* **on sb.'s ~**: an jmds. Arm *(Dat.);* **child in ~s** ein kleines Kind; **in sb.'s ~s** in jmds. Armen; **fall into each other's ~s** sich *(Dat.)* in die Arme fallen; **take sb. in one's ~s** jmdn. in die Arme nehmen *od. (geh.)* schließen; **the lovers were found dead in each other's ~s** die beiden Liebenden wurden eng umschlungen tot aufgefunden; **with open ~s** *(lit. or fig.)* mit offenen Armen; **within ~'s reach** *(lit. or fig.)* in Reichweite; **be within ~'s reach of safety** fast in Sicherheit sein; **b)** *(sleeve)* Ärmel, *der;* *(support)* Armlehne, *die;* **c)** *(branch)* Ast, *der;* **d)** *(~-like thing)* Arm, *der*
²arm 1. *n.* **a)** *usu. in pl. (weapon)* Waffe, *die;* **possession/export of ~s** Waffenbesitz/-export, *der;* **~s race** Rüstungswettlauf, *der;* **small ~s** Handfeuerwaffen; **bear ~s** *(be armed)* bewaffnet sein; *(serve as soldier)* Waffen tragen; **in ~s** bewaffnet; **lay down one's ~s** die Waffen niederlegen; **take up ~s** zu den Waffen greifen; **under ~s** bewaffnet; unter Waffen; **up in ~s** *(lit.)* kampfbereit; be up in ~s **about sth.** *(fig.)* wegen etw. in Harnisch *od.* aufgebracht sein; **b)** *in pl. (heraldic device)* Wappen, *das;* *(inn-sign)* 'The King's/Waterman's Arms' ≈ ,,Zum König/Fährmann"; *see also* **coat of arms**; **c)** *in pl. (military profession)* Kriegs- *od.* Militärdienst, *die.* **2.** *v. t.* **a)** *(furnish with weapons)* bewaffnen; mit Waffen ausrüsten ⟨Schiff⟩; **b)** *(furnish with tools etc.)* ausrüsten; bewaffnen *(fig.);* **~ oneself with sth.** sich mit etw. wappnen; **~ed with all advantages/virtues** mit allen Vorteilen/Tugenden ausgestattet; **c)** *(make able to explode)* scharf machen ⟨Bombe usw.⟩
armada [ɑː'mɑːdə] *n.* Armada, *die*
armadillo [ɑːmə'dɪləʊ] *n., pl.* **~s** *(Zool.)* Gürteltier, *das*
Armageddon [ɑːmə'gedən] *n.* Armageddon, *das (geh.)*
armament [ɑːməmənt] *n.* **a)** *(weapons etc.)* **~[s]** Kriegsgerät, *das;* **b)** *(force)* Streitmacht, *die;* **c)** *no pl. (process) (of persons)* Bewaffnung, *die;* *(of boat)* Ausrüstung, *die*
armature [ɑːmətʃə(r)] *n.* **a)** *(Biol.: defensive covering)* Schutzkleid, *das;* **b)** *(sculptor's framework)* Knebel, *der;* Reiter, *der;* **c)** *(Magn., Electr.)* Anker, *der*
arm: **~band** *n.* Armbinde, *die;* **~chair** **1.** *n.* Sessel, *der;* **2.** *adj.* **armchair politician/strategist** politischer Amateur/Amateurstratege, *der;* **~chair critic** Hobby- *od.* Amateurkritiker, *der;* **~chair travel** Reisen in der Phantasie
armed [ɑːmd] *adj.* bewaffnet; mit Geschützen bestückt ⟨Schiff⟩; **~ forces** bewaffnete Streitkräfte *Pl.;* **~ neutrality** bewaffnete Neutralität
-armed *adj. in comb. (with arms)* mit ... Armen; *(with sleeves)* -ärm[e]lig; **long-/ brown-~**: mit langen/braunen Armen; **two-~**: zweiarmig
Armenia [ɑː'miːnɪə] *pr. n.* Armenien *(das)*
Armenian [ɑː'miːnɪən] **1.** *adj.* armenisch; **sb. is ~**: jmd. ist Armenier/Armenierin; *see also* **English 1. 2.** *n.* **a)** *(person)* Armenier, *der/*Armenierin, *die;* **b)** *(language)* Armenisch, *das;* *see also* **English 2 a**
armful ['ɑːmfʊl] *n.* **an ~ of fruit** ein Armvoll Obst; **with an ~ of gifts** mit einem Arm voll Geschenken; **flowers by the ~**: ganze Arme voll Blumen
¹armhole *n.* Armloch, *das*

armistice ['ɑ:mɪstɪs] *n. (cessation from hostilities; also fig.)* Waffenstillstand, *der; (short truce)* Waffenruhe, *die;* **A~ Day** Gedenktag des Endes des 1. Weltkriegs
armless ['ɑ:mlɪs] *adj. (without arms)* ohne Arme; *armlos; (without sleeves)* ohne Ärmel; ärmellos
armlet ['ɑ:mlɪt] *n. (band)* Armbinde, *die; (bracelet)* Armring, *der;* Armreif, *der*
'arm-lock *n. (Wrestling)* Armschlüssel, *der*
armor *(Amer.) see* **armour**
armorer *(Amer.) see* **armourer**
armorial [ɑ:'mɔ:rɪəl] *adj.* Wappen-; heraldisch; **~ bearings** Wappen, *das;* Wappenschild, *der*
armory *(Amer.) see* **armoury**
armour ['ɑ:mə(r)] *(Brit.)* **1.** *n.* **a)** *no pl. (Hist.)* Rüstung, *die;* **suit of ~:** Harnisch, *der;* **b)** *no pl. (steel plates)* Panzerung, *die;* Panzer, *der;* **c)** *no pl. (~ed vehicles)* Panzerfahrzeuge; **d)** *(steel plate)* **~l-plate** Panzerplatte, *die;* Panzerblech, *das;* **~-clad** gepanzert; Panzer-; **e)** *no pl. (protective covering)* Panzer, *der.* **2.** *v. t. (furnish with protective cover)* ausrüsten; armieren ⟨*Kabel*⟩; *(toughen)* panzern ⟨*Glas*⟩; *(with steel plates)* verkleiden; **~ed car/train** gepanzerter Wagen/Zug; Panzerwagen/-zug, *der;* **~ed cable** bewehrtes *od.* armiertes Kabel; **~ed division** Panzerdivision, *die;* **~ed glass** Panzerglas, *das*
armourer ['ɑ:mərə(r)] *n. (Brit.) (maker of arms etc.)* Waffenschmied, *der (hist.);* Waffentechniker, *der*
armoury ['ɑ:məri] *n. (Brit.)* **a)** *(array of weapons)* Waffenarsenal, *das; (fig.)* Arsenal, *das;* **one of the strongest weapons in the British ~:** eine der stärksten britischen Waffen; **b)** *(arsenal)* [Waffen]arsenal, *das;* Waffenkammer, *die;* **c)** *(Amer.: drill hall)* Exerzierhalle, *die*
arm: **~pit** *n.* Achselhöhle, *die;* **~-rest** *n.* Armlehne, *die*
army ['ɑ:mɪ] *n.* **a)** *(fighting force)* Heer, *das;* **standing ~:** stehendes Heer; **mercenary ~:** Söldnerheer, *das;* **Napoleon's ~** die Armee Napoleons; **b)** *no pl., no indef. art. (military profession)* Militär, *das;* **be in the ~:** beim Militär sein; **go into** *od.* **join the ~:** zum Militär gehen; *(as a career)* die Militärlaufbahn einschlagen; **leave the ~:** aus dem Militärdienst ausscheiden; **c)** *(large number)* Heer, *das;* **an ~ of workmen/officials/ants** ein Heer von Arbeitern/Beamten/Ameisen
army: **~ corps** *n.* Armeekorps, *das;* **A~ List** *n. (Brit.)* Rangliste des Heeres; **~-worm** *n.* Heerwurm, *der*
arnica ['ɑ:nɪkə] *n.* Arnika, *die*
aroma [ə'rəʊmə] *n. (fragrance)* Duft, *der*
aromatic [ærə'mætɪk] *adj. (fragrant)* aromatisch *(auch Chem.);* duftend ⟨*Blütenblätter, Nelken usw.*⟩; *(pleasant)* angenehm würzig. **2.** *n.* Duftstoff, *der*
arose *see* **arise**
around [ə'raʊnd] **1.** *adv.* **a)** *(on every side)* [all] ~: überall; **he waved his arms ~:** er ruderte mit den Armen; **all ~ there was nothing but trees** ringsumher *od.* ringsherum gab es nichts als Bäume; **b)** *(round)* herum; **come ~ to sb.'s house** bei jmdm. vorbeikommen; **show sb. ~:** jmdn. herumführen; **pass the hat ~:** den Hut herumgehen lassen; **have to get ~ to doing sth.** [endlich] einmal daran denken müssen, etw. zu tun; **look ~, have a look ~:** sich [ein bißchen] umsehen *od.* umschauen; **c)** *(coll.: near)* in der Nähe; **have you seen my hat ~?** hast du irgendwo meinen Hut gesehen?; **we'll always be ~ when you need us** wir werden immer dasein, wenn du uns brauchst; **d)** *(coll.: in existence)* vorhanden; **there's not/you don't see much leather ~ these days** zur Zeit gibt es/sieht man nur wenig Leder; **e)** *(in various places)* **ask/look ~:** herumfragen/-schauen; **travel ~ within England** in England herumreisen; **he's been ~** *(fig.)* er ist viel herumgekommen. *See also* **go around; hang around.** **2.** *prep.* **a)** um [... herum]; rund um; **they had their arms ~ each other** sie hielten sich umschlungen; **darkness closed in ~ us** die Dunkelheit umfing uns *(geh.) od.* schloß uns ein; **he wore a coat ~ his shoulders** er hatte einen Mantel um die Schultern gelegt; **b)** *(here and there in)* **we went ~ the town** wir gingen durch die Stadt; **~ the garden you'll find ...:** im Garten findet man ...; **c)** *(here and there near)* **~ London** um London herum; **d)** *(round)* um [... herum]; **~ the back of the house** *(position)* hinter dem Haus; *(direction)* hinter das Haus; **e)** *(approximately at)* **~ 3 o'clock** ungefähr um 3 Uhr; gegen 3 Uhr; **I saw him somewhere ~ the station** ich habe ihn irgendwo am Bahnhof gesehen; **f)** *(approximately equal to)* etwa; ungefähr; **sth. [costing] ~ £2** etw. für um die *od.* ungefähr 2 Pfund
arousal [ə'raʊzl] *n.* **a)** *(awakening)* Aufwachen, *das;* **b)** *(excitement, also sexual)* Erregung, *die; (calling into existence) (of interest, enthusiasm)* Erweckung, *die; (of hatred, passion)* Erregung, *die*
arouse [ə'raʊz] *v. t.* **a)** *(awake)* [auf]wecken; **~ sb. from his sleep** jmdn. aus dem Schlaf reißen; **b)** *(excite)* erregen; *(call into existence)* erwecken ⟨*Interesse, Begeisterung*⟩; erregen ⟨*Haß, Leidenschaft usw.*⟩; **be sexually ~d by sth./sb.** durch etw./jmdn. sexuell erregt werden; **~ suspicion** Verdacht erregen
arpeggio [ɑ:'pedʒɪəʊ] *n., pl.* ~**s** *(Mus.)* Arpeggio, *das*
arr. *abbr.* **a)** *(Mus.)* **arranged by** Arr.; **b)** **arrives** Ank.
arrack ['ærək] *n.* Arrak, *der*
arraign [ə'reɪn] *v. t. (indict)* vor Gericht bringen, anklagen *(for* wegen*); (accuse)* beschuldigen; **~ sb. for sth.** jmdm. die Schuld an etw. *(Dat.)* geben
arraignment [ə'reɪnmənt] *n. (indictment)* Anklageerhebung, *die; (accusation)* Beschuldigung, *die;* **the ~ of them, their ~:** die Anklageerhebung gegen sie
arrange [ə'reɪndʒ] **1.** *v. t.* **a)** *(order)* anordnen; *(adjust)* in Ordnung bringen; **the seating was ~d so that ...:** die Sitzreihen waren so angeordnet, daß ...; **b)** *(Mus., Radio, etc.: adapt)* bearbeiten; *(settle beforehand)* ausmachen, vereinbaren ⟨*Termin*⟩; **~ the catering for a party** sich um Essen und Trinken für eine Feier kümmern; **d)** *(plan)* planen ⟨*Urlaub*⟩; aufstellen ⟨*Stundenplan*⟩; **don't ~ anything for next Saturday** nimm dir für nächsten Sonnabend nichts vor; **e)** *(resolve)* beilegen; ins reine bringen ⟨*Beziehungen*⟩. **2.** *v. i.* **a)** *(plan)* sorgen *(for* für*);* **~ for sb./sth. to do sth.** veranlassen *od.* dafür sorgen, daß jmd./etw. etw. tut; **can you ~ to be at home when ...?** kannst du es so einrichten, daß du zu Hause bist, wenn ...?; **~ about sth.** etw. in die Wege leiten; **she ~d about getting him a work permit** sie leitete alles in die Wege, damit er eine Arbeitserlaubnis bekam; **b)** *(agree)* **they ~d to meet the following day** sie verabredeten sich für den nächsten Tag; **~ with sb. about sth.** sich mit jmdm. über etw. *(Akk.)* einigen; **~ with sb. about doing sth.** sich mit jmdm. darüber einigen, etw. zu tun
arrangement [ə'reɪndʒmənt] *n.* **a)** *(ordering, order)* Anordnung, *die; (thing ordered)* Arrangement, *das;* **seating-~:** Anordnung der Sitze; **b)** *(Mus., Radio, etc.: adapting, adaptation)* Bearbeitung, *die;* Arrangement, *das;* **a guitar ~:** eine Bearbeitung *od.* ein Arrangement für Gitarre; **c)** *(settling beforehand)* Vereinbarung, *die;* Übereinkunft, *die; (of plans)* Aufstellung, *die;* **by ~:** nach Vereinbarung *od.* Absprache; **d)** *in pl. (plans)* Vorkehrungen, *die;* **make ~s** Vorkehrungen treffen; **we have made ~s for you to be picked up from the airport** wir haben veranlaßt, daß Sie vom Flughafen abgeholt werden; **holiday ~s** Urlaubsvorbereitungen; **~s about security** Sicherheitsvorkehrungen; **e)** *(agreement)* Vereinbarung, *die;* **make an ~ to do sth.** vereinbaren *od.* die Vereinbarung treffen, etw. zu tun; **the ~ is that ...:** die Vereinbarung lautet, daß ...; **f)** *(resolution)* Einigung, *die;* **make an ~:** eine Einigung erzielen; **I'm sure we can come to some ~ about ...:** wir können uns sicher irgendwie einigen über (+ *Akk.*) ...
arrant ['ærənt] *adj.* Erz⟨*lump, -schurke, -lügner, -feigling*⟩; dreist ⟨*Lüge, Mißbrauch, Anmaßung*⟩; unverhüllt ⟨*Grobheit, Heuchelei, Begierde*⟩; **~ nonsense** barer Unsinn
arras ['ærəs] *n.* A[r]razzo, *der*
array [ə'reɪ] **1.** *v. t. (formal: dress)* kleiden; schmücken; **~ sb. in sth.** jmdn. in etw. *(Akk.)* kleiden *od. (geh.)* hüllen; **~ sth. with sth.** etw. mit etw. schmücken. **2.** *n. (ordered display)* Reihe, *die*
arrears [ə'rɪəz] *n. pl. (debts)* Schulden *Pl.;* Rückstände *Pl.; (remainder)* **there were huge ~ of work to be done/letters to be answered** es war noch eine Menge Arbeit aufzuholen/es mußten noch zahlreiche Briefe beantwortet werden; **the work on the building is badly in ~:** man sitzt mit den Arbeiten an dem Gebäude beträchtlich in Verzug [geraten]; **be in ~ with sth.** mit etw. im Rückstand sein; **be paid in ~:** rückwirkend bezahlt werden
arrest [ə'rest] **1.** *v. t.* **a)** *(stop)* aufhalten; zum Stillstand bringen ⟨*Fluß*⟩; **~ judgement** *(Law)* ein/das Urteil aufheben; **b)** *(seize)* verhaften, *(temporarily)* festnehmen ⟨*Person*⟩; beschlagnahmen ⟨*Sache*⟩; **c)** *(catch)* erregen ⟨*Aufmerksamkeit, Interesse*⟩; *(catch attention of)* fesseln; faszinieren. **2.** *n.* **a)** *(stoppage)* Stillstand, *der;* **~ of judgement** *(Law)* Aussetzung des/eines Verfahrens; **cardiac ~:** Herzstillstand, *der;* **b)** *(legal apprehension) (of person)* Verhaftung, *die; (temporary)* Festnahme, *die; (of thing)* Beschlagnahme, *die;* **he was put under police/military ~:** er wurde in Polizeigewahrsam genommen/unter Arrest gestellt
arrestable [ə'restəbl] *adj.* **be an ~ act/offence** ein Grund zur Verhaftung sein
arris ['ærɪs] *n. (Archit.)* [Dach]grat, *der*
arrival [ə'raɪvl] *n.* **a)** Ankunft, *die; (fig.: at decision etc.)* Gelangen, *das (at* zu*); (of mail etc.)* Eintreffen, *das; (coming)* Kommen, *das;* Nahen, *das;* **it marked his ~ in the literary world** damit hat er sich in der literarischen Welt etabliert; **b)** *(appearance)* Auftauchen, *das;* **the ~ of buds in springtime** das Sprießen der Knospen im Frühling; **c)** *(person)* Ankömmling, *der; (thing)* Lieferung, *die;* **new ~** *(coll.: new-born baby)* Neugeborene, *das;* **how's the new ~?** *(coll.)* wie geht's dem neuen Erdenbürger?; **new ~s** Neuankömmlinge; **late ~s at the theatre** verspätet eintreffende Theaterbesucher
arrive [ə'raɪv] *v. i.* **a)** ankommen; **~ at a conclusion/an agreement** zu einem Schluß/einer Einigung kommen; **we've ~d at stalemate** wir sind in eine Sackgasse geraten; **the train is just arriving** der Zug läuft gerade ein; **b)** *(establish oneself)* sich etabliert, arrivieren *(geh.);* **with this book he ~d** mit diesem Buch hat er es geschafft; **c)** *(be brought)* eintreffen; *(coll.: be born)* ankommen; **what time does the mail usually ~?** wann kommt die Post normalerweise?; **d)** *(come)* ⟨*Stunde, Tag, Augenblick*⟩ kommen; **the time has ~d when ...:** jetzt ist der Zeitpunkt gekommen, zu ...
arrogance ['ærəgəns] *n., no pl.* Arroganz, *die; (presumptuousness)* Anmaßung, *die;* Überheblichkeit, *die*
arrogant ['ærəgənt] *adj.* arrogant; *(presumptuous)* überheblich; anmaßend

arrogantly ['ærəgəntlɪ] *adv.* arrogant; penetrant ⟨*überlegen, stolz*⟩; *(presumptuously)* anmaßend; überheblich; anmaßenderweise ⟨*behaupten, verlangen*⟩

arrogate ['ærəgeɪt] *v. t. (claim)* ~ sth. to oneself etw. für sich in Anspruch nehmen; sich *(Dat.)* etw. anmaßen

arrow ['ærəʊ] **1.** *n. (missile)* Pfeil, *der;* *(pointer)* [Hinweis-, Richtungs]pfeil, *der;* **as straight as an ~:** schnurgerade. **2.** *v. t.* mit einem Pfeil/mit Pfeilen markieren

arrow: ~-**head** *n.* **a)** Pfeilspitze, *die;* **b)** *(Bot.)* Pfeilkraut, *das;* ~-**root** *n.* **a)** *(plant)* Pfeilwurz, *die;* **b)** *(starch)* Arrowroot, *das (Stärkemehl)*

¹**arse** [ɑːs] *n. (coarse)* Arsch, *der (derb);* **move your ~!** sei nicht so lahmarschig! *(derb)*

²**arse** see ¹**ass** 2

arse: ~-**hole** *n. (coarse)* Arschloch, *das (derb);* ~-**licking** *n., no pl. (coarse)* Arschkriecherei, *die (derb);* Schleimscheißerei, *die (derb)*

arsenal ['ɑːsənl] *n. (store)* [Waffen]arsenal, *das;* Waffenlager, *das; (fig.)* Arsenal, *das*

arsenic ['ɑːsənɪk] *n. (Chem.)* **a)** Arsenik, *das;* **b)** *(element)* Arsen, *das*

arson ['ɑːsn] *n.* Brandstiftung, *die*

arsonist ['ɑːsənɪst] *n.* Brandstifter, *der/* Brandstifterin, *die*

art [ɑːt] *n.* **a)** Kunst, *die;* **the ~s** see **fine art** c; **b)** *(skill, skilled activity)* Kunst, *die;* **works of ~:** Kunstwerke *Pl.;* ~ **needlework/music/ film** künstlerische Handarbeit/Kunstmusik/Kunstfilm; ~**s and crafts** Kunsthandwerk, *das;* Kunstgewerbe, *das;* **he is a master of his ~:** er ist ein Meister [in] seiner Kunst; **translation is an ~:** Übersetzen ist eine Kunst; **c)** *in pl. (branch of study)* Geisteswissenschaften; **he's an ~s student** er studiert Geisteswissenschaften; **faculty of** ~**s** philosophische Fakultät; **he has an ~s degree** er hat das Abschlußexamen der philosophischen Fakultät [gemacht]; **d) Bachelor/Master of Arts** Bakkalaureus/Magister der philosophischen Fakultät; **d)** *(knack)* Kunst, *die; (stratagem)* Kunstgriff, *der;* Kniff, *der (ugs.);* **an ~ in itself** eine Kunst für sich; **e)** *(cunning)* List, *die*

'**art college** see **art school**

art deco [ɑːt 'dekəʊ] *n., no pl.* Art deco, *die*

artefact, artifact ['ɑːtɪfækt] *n.* Artefakt, *das*

arterial [ɑː'tɪərɪəl] *adj.* **a)** *(of artery)* arteriell; **b)** *(principal)* Haupt-; ~ **road** Hauptverkehrsstraße, *die*

arteriosclerosis [ɑːtɪərɪəʊsklə'rəʊsɪs] *n., pl.* **arteriosceroses** [ɑːtɪərɪəʊsklə'rəʊsiːz] *(Med.)* Arteriosklerose, *die (fachspr.);* Arterienverkalkung, *die*

artery ['ɑːtərɪ] *n.* **a)** *(Anat.)* Arterie, *die;* Schlagader, *die;* **b)** *(fig.: road etc.)* [Haupt]verkehrsader, *die*

artesian [ɑː'tiːzɪən, ɑː'tiːʒən] *adj.* ~ **well** artesischer Brunnen

'**art-form** *n. (form of composition)* Kunstform, *die;* [Kunst]gattung, *die; (medium of expression)* Kunst[form], *die*

artful ['ɑːtfl] *adj.* schlau; raffiniert; ~ **dodger** Schlawiner, *der*

artfully ['ɑːtflɪ] *adv.* schlau; raffiniert

artfulness ['ɑːtflnɪs] *n., no pl.* Schlauheit, *die;* Raffiniertheit, *die*

'**art gallery** *n.* Kunstgalerie, *die*

arthritic [ɑː'θrɪtɪk] *(Med.)* **1.** *adj.* arthritisch; **she's got ~ joints in her fingers** sie hat Arthritis in den Fingergelenken. **2.** *n.* Arthritiker, *der*/Arthritikerin, *die*

arthritis [ɑː'θraɪtɪs] *n. (Med.)* Arthritis, *die (fachspr.);* Gelenkentzündung, *die*

arthropod ['ɑːθrəpɒd] *n. (Zool.)* Gliederfüßler, *der;* **the ~s** die Arthropoden

Arthur ['ɑːθə(r)] *pr. n.* **King ~:** König Artus

artic [ɑː'tɪk] *n. (coll.)* Zug, *der (ugs.);* Sattelschlepper, *der (ugs.)*

artichoke ['ɑːtɪtʃəʊk] *n.* **[globe] ~:** Artischocke, *die;* **Jerusalem ~:** Topinambur, *der; (edible part)* Topinamburwurzel, *die*

article ['ɑːtɪkl] **1.** *n.* **a)** *(of constitution, treaty)* Artikel, *der; (of creed)* Glaubensartikel, *der; (of indictment)* [Anklage]punkt, *der; (of agreement)* [Vertrags]punkt, *der; (of the law)* Paragraph, *der; (in dictionary etc.)* Eintrag, *der;* ~**s** [**of association**] Satzung, *die;* ~**s of apprenticeship/employment** Lehr-/Arbeitsvertrag, *der;* ~ **of faith** *(fig.)* Glaubensbekenntnis, *das (fig.);* **b)** *(in magazine, newspaper)* Artikel, *der; (in technical journal)* Beitrag, *der;* Aufsatz, *der;* **c)** *(Ling.)* Artikel, *der;* Geschlechtswort, *das;* **definite/indefinite ~:** bestimmter/unbestimmter Artikel, *der;* **d)** *(particular part, thing)* Artikel, *der;* ~ **woollen** ~**s** [**of clothing**] Wollsachen; **an ~ of furniture/clothing** ein Möbel-/Kleidungsstück; **an ~ of value** ein Wertgegenstand; **toilet ~s** Toilettenartikel, *die.* **2.** *v. t.* in die Lehre geben (**to** bei); **be ~d to sb.** bei jmdm. in der Lehre sein

articled ['ɑːtɪkld] *adj.* ~ **clerk** Rechtspraktikant, *der*/-praktikantin, *die;* ≈ Rechtsreferendar, *der*/-referendarin, *die*

articulate 1. [ɑː'tɪkjʊlət] *adj.* **a)** *(clear)* verständlich; **b)** *(eloquent)* redegewandt; **be ~/not very ~:** sich gut/nicht sehr gut ausdrücken [können]; **c)** *(jointed)* gegliedert; Glieder-; *(distinctly joined)* aus Einzelgliedern; mit Gelenken. **2.** [ɑː'tɪkjʊleɪt] *v. t.* **a)** *usu. in pass.* durch Gelenke/ein Gelenk verbinden; ~**d lorry** Sattelzug, *der;* Sattelschlepper, *der (ugs.);* **b)** *(pronounce)* [deutlich] aussprechen; *(utter, express)* artikulieren; in Worte fassen. **3.** *v. i.* **a)** *(speak distinctly)* artikulieren; deutlich sprechen; ~ **clearly** klar und deutlich sprechen; **b)** *(speak)* sprechen; **c)** *(form a joint)* ~ **with sth.** mit etw. ein Gelenk bilden

articulately [ɑː'tɪkjʊlətlɪ] *adv.* **a)** *(clearly)* klar; deutlich; **b)** *(coherently)* klar; **he expresses himself very ~:** er drückt sich sehr klar aus

articulateness [ɑː'tɪkjʊlətnɪs] *n., no pl.* *(clarity)* Deutlichkeit, *die; (coherence)* Klarheit, *die*

articulation [ɑːtɪkjʊ'leɪʃn] *n.* **a)** *(clear speech)* deutliche Aussprache; **his ~ is good** er hat eine deutliche Aussprache; **b)** *(coherent speech)* flüssige Ausdrucksweise; *(act of speaking)* Artikulation, *die;* [Laut]bildung, *die*

artifice ['ɑːtɪfɪs] *n.* **a)** *(cunning)* List, *die;* Raffinement, *das (geh.);* **b)** *(device)* Trick, *der;* List, *die;* **c)** *(skill)* Geschick, *das;* Geschicklichkeit, *die*

artificial [ɑːtɪ'fɪʃl] *adj.* **a)** *(not natural)* künstlich; Kunst-; *(not real)* unecht; imitiert; *(artificially produced)* künstlich; Kunst-; synthetisch [hergestellt]; ~ **sweetener** Süßstoff, *der;* ~ **limb** Prothese, *die;* ~ **eye** Glasauge, *das;* **b)** *(affected, insincere)* gekünstelt; unecht; **she's ~ and two-faced** sie verstellt sich; ~ **politeness** gekünstelte od. gespielte Höflichkeit; **she put on an ~ smile for the cameras** für die Fotografen setzte sie ein einstudiertes Lächeln auf; **her ~ enthusiasm** ihre gespielte Begeisterung

artificial: ~ **ho'rizon** *n.* Kreiselhorizont, *der;* ~ **insemi'nation** *n.* künstliche Besamung; ~ **in'telligence** *n.* künstliche Intelligenz

artificiality [ɑːtɪfɪʃɪ'ælɪtɪ] *n., no pl.* **a)** *(unnaturalness)* Künstlichkeit, *die;* **b)** *(unreality)* Unechtheit, *die;* **c)** *(affectedness)* Affektiertheit, *die;* Geziertheit, *die; (formality)* Förmlichkeit, *die; (insincerity)* Gekünsteltheit, *die*

artificial: ~ '**kidney** see **kidney machine;** ~ '**language** *n.* Kunstsprache, *die*

artificially [ɑːtɪ'fɪʃlɪ] *adv.* **a)** *(unnaturally)* künstlich; unnatürlich; **the food has been ~ flavoured** die Lebensmittel sind mit künstlichem Geschmacksstoff versetzt; ~ **pro-**

duced diamonds/pearls synthetische Diamanten/künstliche Perlen; **b)** *(affectedly, insincerely)* affektiert; geziert; **she's always so ~ polite** ihre Höflichkeit ist immer so gekünstelt

artificialness [ɑːtɪ'fɪʃəlnɪs] see **artificiality**

artificial respi'ration *n.* künstliche Beatmung

artillery [ɑː'tɪlərɪ] *n.* Artillerie, *die*

artilleryman [ɑː'tɪlərɪmən] *n., pl.* **artillerymen** [ɑː'tɪlərɪmən] Artillerist, *der*

artisan ['ɑːtɪzn, ɑːtɪ'zæn] *n.* [Kunst]handwerker, *der*

artist ['ɑːtɪst] *n.* **a)** *(exponent of a fine art)* Künstler, *der*/Künstlerin, *die; (fig.)* Künstler, *der*/Künstlerin, *die;* Könner, *der*/Könnerin, *die;* **he's an ~ in words/rhetoric** er ist ein Wort-/Redekünstler; **she's an ~ in cookery** sie ist eine Kochkünstlerin; **he's a real ~ at his job** er ist ein echter Könner seines Fachs; **b)** see **artiste**

artiste [ɑː'tiːst] *n.* Artist, *der*/Artistin, *die;* Künstler, *der*/Künstlerin, *die;* **circus ~s** Zirkusartisten *Pl.*

artistic [ɑː'tɪstɪk] *adj.* **a)** *(of art)* Kunst-; künstlerisch; ~ **movements such as Expressionism** Kunstrichtungen, zum Beispiel der Expressionismus; **the ~ world** die Welt der Kunst; **b)** *(of artists)* Künstler-; künstlerisch; ~ **circles** Künstlerkreise; **c)** *(made with art)* kunstvoll; Kunst-; ~ **designs** kunstvolle Muster; **a truly ~ piece of poetry/writing** ein dichterisches/schriftstellerisches Kunstwerk; **d)** *(naturally skilled in art)* künstlerisch veranlagt *od.* begabt; **she's quite ~:** sie ist künstlerisch ziemlich begabt; **have ~ leanings** künstlerische Neigungen haben; **e)** *(appreciative of art)* kunstverständig; ~ **sense** Kunstverständnis, *das;* ~ **feeling** Sinn für Kunst

artistically [ɑː'tɪstɪkəlɪ] *adv.* **a)** *(in art)* künstlerisch; in der Kunst; *(from an artist's viewpoint)* künstlerisch [gesehen]; **b)** *(with art)* kunstvoll ⟨*geschmückt, gestaltet*⟩; **c)** *(begabt, veranlagt)* ~ **interested/appreciative** an Kunst interessiert sein/einen Sinn für Kunst haben

artistry ['ɑːtɪstrɪ] *n., no pl.* **a)** *(artistic pursuit)* künstlerisches Schaffen; **b)** *(artistic ability)* künstlerische Fähigkeit[en]; künstlerisches Geschick; *(artistic quality)* Kunst, *die;* künstlerischer Wert

artless ['ɑːtlɪs] *adj.* **a)** *(guileless)* arglos; ~ **piety** schlichte Frömmigkeit; **b)** *(simple)* schmucklos; schlicht; ~ **beauty/grace** natürliche Schönheit/Anmut

artlessly ['ɑːtlɪslɪ] *adv.* **a)** *(guilelessly)* arglos; **b)** *(simply)* schmucklos; schlicht

artlessness ['ɑːtlɪsnɪs] *n., no pl.* **a)** *(guilelessness)* Arglosigkeit, *die;* **b)** *(simplicity)* Schmucklosigkeit, *die;* Schlichtheit, *die*

art: ~ **nouveau** [ɑː nuː'vəʊ] *n.* Jugendstil, *der;* ~ **paper** *n.* Kunstdruckpapier, *das;* ~ **school** *n.* Kunsthochschule, *die;* ~**work** *n.* Illustrationen *Pl.;* Bildmaterial, *das*

arty ['ɑːtɪ] *adj. (coll.)* auf Künstler machend; **he's an ~ type** er ist ein Künstlertyp; ~ **furniture** auf Kunst gemachte Möbel; **an ~ design** ein pseudokünstlerisches Muster; ~-**[and-]crafty** *(joc.)* auf Kunstgewerbe gemacht

arum ['eərəm] *n. (Bot.)* Aronstab, *der;* ~ **lily** Zimmercalla, *die*

Aryan ['eərɪən] **1.** *adj.* indogermanisch; arisch *(veralt.).* **2.** *n.* **a)** *(language)* Indogermanisch, *das;* Arisch, *das (veralt.);* **b)** *(person)* Arier, *der*/Arierin, *die (bes. ns.);* Indogermane, *der*/Indogermanin, *die*

as [əz, *stressed* æz] **1.** *adv. in main sentence (in same degree)* **as** ... [**as** ...] so ... [wie ...]; **as soon as possible** so bald wie möglich; **almost as tall as** ...: fast so groß wie ...; **half as much** halb soviel; **you know as well as I do that** ...: Sie wissen genauso gut wie ich, daß ...; **they did as much as they could** sie taten, was sie konnten; **as good a ... [as ...]** ein so guter ... [wie ...]/eine gute ... [wie ...]/ein so gutes ... [wie ...]. **2.** *rel. adv. or conj. in subord. clause* **a)** *expr. degree* [**as** *or* **so**] **... as ...**: [so ...] wie ...; **as ... as possible** so ... wie möglich; **as ... as you can** so ...[, wie] Sie können; **come as quickly as you can** kommen Sie, so schnell Sie können; **quick as a flash** blitzschnell; **as recently as** [**this morning**] erst [heute morgen]; **as early as** [**tomorrow**] schon *od.* bereits *od.* gleich [morgen]; **b)** *(though)* **... as he** *etc.* **is/was** obwohl er *usw.* ... ist/war; **intelligent as she is/was, ...**: obwohl sie ziemlich intelligent ist/war, ...; **safe as it might be, ...** obwohl es vielleicht ungefährlich ist, ...; **c)** *(however much)* **try as he might/would, he could not concentrate** sosehr er sich auch bemühte, er konnte sich nicht konzentrieren; **push/strain/pull as he might/would, ...** wie sehr er auch drückte/sich anstrengte/zog, ...; **d)** *expr. manner* wie; **as you may already have heard, ...** wie Sie vielleicht schon gehört haben, ...; **as we are all well aware, ...** wie wir alle sehr wohl wissen, ...; **as we had hoped/expected ...** wie erhofft/erwartet, ...; **as it were** sozusagen; gewissermaßen; **as you were!** Kommando zurück!; **e)** *expr. time* als; während; **as and when** wann immer; **as we climbed the stairs** als wir die Treppe hinaufgingen; **as we were talking** während wir uns unterhielten; **he knew her as a teenager** er kannte sie schon, als sie noch ein Teenager war; **f)** *expr. reason* da; **as we're now all assembled** da wir jetzt vollzählig sind; **g)** *expr. result* **so ... as to ...**: so ... zu; **would you be so kind as to help us?** würden Sie so freundlich sein und uns helfen?; **h)** *expr. purpose* **so as to ...**: um ... zu; **i)** *expr. illustration* wie [z. B.]; **industrial areas, as the north-east of England for example** Industriegebiete wie z. B. der Nordosten Englands. **3.** *prep.* **a)** *(in the function of)* als; **as an artist** als Künstler; **speaking as a parent, ...**: als Mutter/Vater ...; **b)** *(like)* wie; **he's treated as an outcast** er wird wie ein Ausgestoßener behandelt; **they regard him as a fool** sie halten ihn für einen Dummkopf. **4.** *rel. pron. (which)* **fool as he was he did not notice the obvious dangers** dumm, wie er war, sah er die Gefahren nicht; **as is our custom** wie immer; **they danced, as was the custom there** sie tanzten, wie es dort Sitte war; **he was shocked, as were we all** er war wie wir alle schockiert; **it was him/the earthquake as did it** *(uneducated)* er ist's gewesen/das Erdbeben war's; **the same as ...**: der-/die-/dasselbe wie ...; **such as** wie zum Beispiel; **they enjoy such foreign foods as ...**: sie essen gern ausländische Lebensmittel wie ...; **5.** *as far as* for **1 d**; **as for ...**: was ... angeht *od.* betrifft *od.* anbelangt; **as from ...**: von ... an; **you will receive a pension as from your 60th birthday** vom 61. Lebensjahr an bekommen Sie Rente; **you are dismissed as from today** Sie sind mit sofortiger Wirkung entlassen; **as** [**it**] **is** wie die Dinge liegen; wie es aussieht; **I'll take the dress as it is** ich nehme das Kleid, wie es ist; **the place is untidy enough as it is** es ist schon liederlich genug[, wie es jetzt ist]; **as of ...** *(Amer.)* von; **as of 31 December annually** am 31. 12. jeden Jahres; **as to** hinsichtlich (+ *Gen.*); **nothing further was mentioned as to holiday plans** von Urlaubsplänen wurde nichts weiter gesagt; **as was** wie es einmal war; **Miss Tay as was** das frühere Fräulein Tay; **as yet** bis jetzt; noch; **as yet the plan is only under discussion** der Plan wird noch diskutiert; *see also* **if 1 a**; **much 2, 3 e, g**; **per b**; **regard 1 c, d**; **soon c, d**; **such 1 a, b, 2**; ²**well 2 g**

a.s.a.p. *abbr.* as soon as possible

asbestos [æz'bestɒs, æs'bestɒs] *n.* **a)** *(fabric)* Asbest, *der;* **b)** *(mineral)* Amiant, *der*

asbestosis [æzbes'təʊsɪs, æsbes'təʊsɪs] *n., no pl.* (Med.) Asbestose, *die (fachspr.);* Staublungenerkrankung, *die;* **suffer from ~**: eine Staublunge haben

ascend [ə'send] **1.** *v. i.* **a)** *(go up)* hinaufgehen *od.* -steigen; *(climb up)* hinaufklettern; *(by vehicle)* hinauffahren; *(come up)* heraufkommen; **the lift ~ed** der Aufzug fuhr nach oben; **Christ ~ed into heaven** Christus fuhr auf gen Himmel *(geh.);* **~ in the lift** mit dem Aufzug hinauffahren; **b)** *(rise)* [höher]steigen; aufsteigen; **the helicopter ~ed slowly** der Hubschrauber stieg langsam höher; **the water ~s to above the level of this line** das Wasser steigt über die Marke; **c)** *(slope upwards)* ⟨*Hügel, Straße:*⟩ ansteigen; **the stairs ~ very steeply** die Treppe ist sehr steil; **d)** *(in quality, rank, etc.)* aufsteigen; **e)** *(in pitch)* höher werden. **2.** *v. t.* **a)** *(go up)* hinaufsteigen, hinaufgehen ⟨*Treppe, Leiter, Berg*⟩; **~ a rope** an einem Seil hochklettern; **b)** *(come up)* **we saw a fireman ~ing the ladder towards us** wir sahen einen Feuerwehrmann die Leiter heraufsteigen; **c)** *(go along)* hinauffahren ⟨*Straße*⟩; **d)** **~ the throne** den Thron besteigen

ascendancy [ə'sendənsɪ] *n., no pl.* beherrschender Einfluß; Vorherrschaft, *die;* **gain/have the ~ over sb.** die Vorherrschaft über jmdn. gewinnen/haben

ascendant [ə'sendənt] *n.* **a)** *(Astrol.)* Aszendent, *der;* **& in the ~**: im Aufsteigen begriffen; **his popularity was now firmly in the ~**: seine Beliebtheit nahm beständig zu

ascension [ə'senʃn] *n.* **a)** *(going up)* Auffahrt, *die;* **right ~** *(Astron.)* Rektaszension, *die;* **b)** [**the**] **A~** *(Relig.)* [Christi] Himmelfahrt

A'scension Day *n.* Himmelfahrtstag, *der*

ascent [ə'sent] *n.* **a)** *(going up, rise; also fig.)* Aufstieg, *die;* **our ~ in the lift/up the hill** unsere Auffahrt mit dem Lift/unser Aufstieg den Berg hinauf; **b)** *(way; also fig.)* Aufstieg, *die;* **c)** *(slope)* Steigung, *die;* **d)** *(steps)* Aufgang, *der*

ascertain [æsə'teɪn] *v. t.* feststellen; ermitteln ⟨*Fakten, Daten*⟩

ascertainable [æsə'teɪnəbl] *adj.* feststellbar; zu ermittelnd ⟨*Daten, Fakten*⟩

ascertainment [æsə'teɪnmənt] *n.* Feststellung, *die; (of facts, data)* Ermittlung, *die; (of information)* Beschaffung, *die*

ascetic [ə'setɪk] **1.** *adj.* asketisch. **2.** *n.* **a)** Asket, *der/*Asketin, *die;* **b)** *(Relig. Hist.)* Eremit, *der;* Klausner, *der*

ascetically [ə'setɪkəlɪ] *adv.* asketisch

asceticism [ə'setɪsɪzm] *n., no pl.* Askese, *die*

ascribe [ə'skraɪb] *v. t.* zuschreiben (**to** *Dat.*); **~ sth. to sth./sb.** *(regard as belonging)* einer Sache/jmdm. zuschreiben; *(attribute, impute)* etw. auf etw./jmdn. zurückführen

ascription [ə'skrɪpʃn] *n. see* **ascribe**: Zuschreiben, *das;* Zurückführen, *das*

asepsis [eɪ'sepsɪs] *n., no pl.* **a)** *(absence of sepsis)* Asepsis, *die;* Keimfreiheit, *die (fachspr.);* **b)** *(aseptic method)* Aseptik, *die (fachspr.);* keimfreie Wundbehandlung

aseptic [eɪ'septɪk] *adj.* aseptisch

asexual [eɪ'seksjʊəl] *adj.* **a)** *(without sexuality)* asexuell; **b)** *(Biol.: without sex)* asexual; **~ reproduction** ungeschlechtliche Vermehrung

¹**ash** [æʃ] *n.* **a)** *(tree)* Esche, *die;* **b)** *(wood)* Eschenholz, *das. See also* **mountain ash**

²**ash** *n.* **a)** *(powdery residue)* Asche, *die;* **layer of ~**: Aschenschicht, *die;* **cigarette ~**: Zigarettenasche, *die;* **sweep up the ~[es]** die Asche auffegen; **b)** *in pl. (remains)* Asche, *die;* **in ~es** in Schutt und Asche, in Sack und Asche; **c)** *(Cricket)* **the Ashes** imaginäre Trophäe für den Gewinner einer Serie von Vergleichswettkämpfen zwischen den Mannschaften Englands und Australiens

ashamed [ə'ʃeɪmd] *adj., usu. pred.* beschämt; **we were ~**: wir schämten uns *od.* waren beschämt; **be ~** [**of sb./sth.**] sich [jmds./einer Sache wegen] schämen; **you ought to be ~ of yourselves for telling lies** ihr solltet euch schämen, daß zu lügen; **be/feel ~ for sb./sth.** sich für jmdn./etw. schämen; **be ~ to do sth.** sich schämen, etw. zu tun; **I'm ~ to have to say/admit that I told a white lie** ich muß leider *od.* zu meiner Schande zugeben, daß ich eine Notlüge erzählt habe; **he was not ~ to stand up and say that ...**: er schämte sich nicht, aufzustehen und zuzugeben, daß ...

ash: **~-bin** *n.* Mülleimer, *der;* **~ blonde 1.** *adj.* aschblond; **2.** *n.* Aschblonde, *der/die;* **~-can** *(Amer.) see* **~-bin**

ashen ['æʃn] *adj.* **a)** *(ash-coloured)* aschfarben; aschfahl ⟨*Gesicht*⟩; **~ grey** aschgrau; **b)** *(of ashes)* aus Asche, *die;* Aschefarben

ashore [ə'ʃɔː(r)] *adv. (position)* an Land; am Ufer; *(direction)* an Land; ans Ufer; **go/be ~**: an Land gehen/sein

'**ash-pan** *n.* Aschkasten, *der*

ashram ['æʃrəm] *n.* Ashram, *das od. der*

ash: **~-tray** *n.* Aschenbecher, *der;* **~-tree** *see* ¹**ash a**; **Ash 'Wednesday** *n.* Aschermittwoch, *der;* **~-wood** *see* ¹**ash b**

Asia ['eɪʃə] *pr. n.* Asien *(das);* **~ 'Minor** Kleinasien *(das)*

Asian ['eɪʃn, 'eɪʒən], **Asiatic** [eɪʃɪ'ætɪk] **1.** *adj.* asiatisch. **2.** *n.* Asiat, *der/*Asiatin, *die*

aside [ə'saɪd] **1.** *adv.* beiseite; zur Seite; **stand ~!** treten Sie zur Seite!; **I pulled the curtain ~**: ich zog den Vorhang zur Seite; **from sb./sth.** *(Amer.)* außer jmdm./etw.; **take sb. ~**: jmdn. beiseite nehmen. **2.** *n.* **a)** *(in a play)* Apart, *das;* Beiseitesprechen, *das;* **b)** *(incidental remark)* [beiläufige] Bemerkung

asinine ['æsɪnaɪn] *adj. (stupid)* dämlich; **don't be so ~**: sei kein Esel

asininity [æsɪ'nɪnɪtɪ] *n.* Dämlichkeit, *die*

ask [ɑːsk] **1.** *v. t.* **a)** fragen; **~ [sb.] a question** [jmdm.] eine Frage stellen; **~ sb.'s name** nach jmds. Namen fragen; **~ sb.** [**nach etw.**] fragen; **I was ~ed some awkward questions by the boss** der Chef stellte mir einige unangenehme Fragen; **~ sb. about sth.** jmdn. nach etw. fragen; **I ~ you!** *(coll.)* ich muß schon sagen!; **if you ~ me** *(coll.)* [also,] wenn du mich fragst; **~ me another** *(coll.)* frag mich was Leichteres *(ugs.);* **b)** *(seek to obtain)* **~ sth.** um etw. bitten; **~ sb.'s advice on sth.** jmdn. wegen etw. um Rat fragen; **how much are you ~ing for that car?** wieviel verlangen Sie für das Auto?; **~ a favour of sb., ~ sb. a favour** jmdn. um einen Gefallen bitten; **~ sb. to do sth.** jmdn. [darum] bitten, etw. zu tun; **you have only to ~**: du brauchst es nur zu sagen; **~ a lot of sb.** viel von jmdm. verlangen; **it's ~ing a lot** es ist viel verlangt; **~ing price** geforderter Preis; **it's yours for the ~ing** du kannst es gern haben; **c)** *(invite)* einladen; **~ sb. to dinner** jmdn. zum Essen bitten. **~ sb. out** jmdn. einladen; **the boss ~ed me up to his office** der Chef hat mich gebeten, in sein Büro hinaufzukommen. **2.** *v. i.* **you may well ~**: du hast allen Grund zu fragen; **~ after sth./sb.** nach jmdm./etw. fragen; **~ after sb.'s health** fragen, wie es jmdm. [gesundheitlich] geht; **~ for sth./sb.** etw./jmdn. verlangen; **~ for it** *(sl.: invite trouble)* es herausfordern; **es od. nicht anders haben wollen**; *see also* **trouble 1 a**

askance [ə'skæns, ə'skɑːns] *adv.* **a)** *(sideways)* von der Seite; **b)** *(suspiciously)* **look ~** [**at sb./sth.**] [über jmdn./etw.] befremdet sein

askew [ə'skjuː] **1.** *adv.* schief; *(awry)* **the wind had blown all her clothes ~**: der Wind hatte ihre ganze Kleidung in Unordnung gebracht. **2.** *pred. adj.* schief; *(awry)* in Unordnung

asleep [ə'sliːp] *pred. adj.* **a)** *(lit. or fig.)* schlafend; *(euphem.: dead)* entschlafen *(geh.);* **be/lie ~:** schlafen; **he seems to be ~:** er scheint zu schlafen; **fall ~:** einschlafen; **has the government fallen ~?** *(fig.)* schläft die Regierung?; **the old man fell ~** *(euphem.)* der alte Mann schlief [für immer] ein; **b)** *(numb)* eingeschlafen ⟨*Arm, Bein*⟩

asocial [eɪ'səʊʃl] *adj. (antisocial)* asozial; *(not social)* ungesellig, asozial; *(coll.: inconsiderate)* rücksichtslos

asp [æsp] *n.* *(Zool.) (Vipera aspis)* Aspisviper, *die;* *(Naja haje)* Uräusschlange, *die*

asparagus [ə'spærəgəs] *n.* Spargel, *der;* **~ fern** *(Bot.)* Asparagus, *der*

aspect ['æspekt] *n.* **a)** Aspekt, *der;* **b)** *(expression)* Gesichtsausdruck, *der;* *(appearance)* [physical] ~: Erscheinungsbild, *das;* **c)** *(position looking in a given direction)* Lage, *die;* *(front)* Seite, *die;* **have a southern ~:** nach Süden liegen; **d)** *(Ling., Astrol.)* Aspekt, *der*

aspectual [æ'spektjʊəl] *adj. (Ling.)* aspektisch

aspen ['æspən] *n. (Bot.)* Espe, *die*

asperity [æ'sperɪtɪ] *n.* **a)** *(harshness)* Schroffheit, *die;* **b)** *(roughness)* Rauheit, *die*

aspersion [ə'spɜːʃn] *n.* Verunglimpfung, *die;* **cast ~s on sb./sth.** jmdn./etw. in den Schmutz ziehen

asphalt ['æsfælt] **1.** *n.* Asphalt, *der.* **2.** *v. t.* asphaltieren

asphyxia [æ'sfɪksɪə] *n., no pl. (Med.)* Asphyxie, *die* *(fachspr.);* schwere Atemstörung; Erstickung, *die*

asphyxiate [æ'sfɪksɪeɪt] *(Med.)* **1.** *v. t.* ersticken; **be ~d by sth.** an etw. *(Dat.)* ersticken. **2.** *v. i.* ersticken

asphyxiation [əsfɪksɪ'eɪʃn] *n. (Med.)* Erstickung, *die;* **death by ~** Erstickungstod, *der*

aspic ['æspɪk] *n. (jelly)* Aspik, *der*

aspidistra [æspɪ'dɪstrə] *n. (Bot.)* Schusterpalme, *die;* Aspidistra, *die* *(fachspr.)*

aspirant [ə'spaɪərənt, 'æspərənt] **1.** *adj.* aufstrebend. **2.** *n.* Aspirant, *der*/Aspirantin, *die;* Bewerber, *der*/Bewerberin, *die;* **an ~ to high office** ein Bewerber für ein hohes Amt

aspirate **1.** ['æspərət] *adj. (Phonet.)* aspiriert; behaucht. **2.** *n. (Phonet.)* Aspirata, *die;* behauchter [Verschluß]laut. **3.** ['æspəreɪt] *v. t.* **a)** *(Phonet.)* aspirieren; **b)** *(draw by suction)* absaugen

aspiration [æspə'reɪʃn] *n.* **a)** Streben, *das;* Aspiration, *die (geh.);* **your ~[s] for** *or* **after success** dein Streben nach Erfolg; **have ~s to sth.** nach etw. streben; **b)** *(Phonet.)* Aspiration, *die;* Behauchung, *die*

aspire [ə'spaɪə(r)] *v. i.* **~ to** *or* **after sth.** nach etw. streben; **~ to be sth.** danach streben, etw. zu sein; **I once ~d to be an actor** ich wollte einmal [unbedingt] Schauspieler werden

aspirin ['æspərɪn] *n. (Med.)* Aspirin Ⓦ, *das;* Kopfschmerztablette, *die*

aspiring [ə'spaɪərɪŋ] *adj.* aufstrebend

¹ass [æs] **1.** *n. (Zool.: also fig.)* Esel, *der;* **make an ~ of oneself** sich blamieren. **2.** *n. (sl.)* **~ about** *or* **around** herumalbern *(ugs.)*

²ass *(Amer.) see* **¹arse**

assail [ə'seɪl] *v. t.* **a)** angreifen; **b)** *(fig.)* in Angriff nehmen ⟨*Hindernis, Aufgabe*⟩; **sb. with questions/insults** jmdn. mit Fragen/ Beleidigungen attackieren; **I was ~ed with doubts** mich überkamen Zweifel; **the noise ~ed our ears** der Lärm dröhnte in unseren Ohren

assailant [ə'seɪlənt] *n.* Angreifer, *der*/Angreiferin, *die*

assassin [ə'sæsɪn] *n.* **a)** Mörder, *der*/Mörderin, *die;* **b)** *(Hist.)* Assassine, *der*

assassinate [ə'sæsɪneɪt] *v. t.* ermorden; **be ~d** einem Attentat zum Opfer fallen

assassination [əsæsɪ'neɪʃn] *n.* Mord, *der* (of an + *Dat.*); **~ attempt** Attentat, *das* (on auf + *Akk.*); *see also* **character assassination**

assault [ə'sɔːlt] **1.** *n.* **a)** Angriff, *der;* *(fig.)* Anschlag, *der;* *(euphem.: rape)* Vergewaltigung, *die;* **verbal ~s** verbale Angriffe; **b)** *(Mil.)* Sturmangriff, *der;* **~ craft** Sturmboot, *das;* **~ course** Hindernisstrecke für die Truppenausbildung; **c)** *(Law)* [Androhung einer] Tätlichkeit; *see also* **battery b. 2.** *v. t.* **a)** *(lit. or fig.)* angreifen; *(euphem.: rape)* vergewaltigen; mißbrauchen *(geh.);* **b)** *(Mil.)* stürmen; angreifen

assay [ə'seɪ] **1.** *n.* **a)** Probe, *die;* **A~ Office** [amtliches] Labor für die Analyse von Edelmetallen *o. ä.;* **b)** *(Chem.)* Analyse, *die.* **2.** *v. t.* **a)** prüfen ⟨*Metall, Erz*⟩; **b)** *(Chem.)* analysieren; *(show on ~)* enthalten

assemblage [ə'semblɪdʒ] *n.* **a)** *(of things, persons)* Ansammlung, *die;* **b)** *(process) (bringing together)* Zusammentragen, *das;* *(fitting together)* Zusammensetzen, *das;* *(coming together)* Zusammenkunft, *die*

assemble [ə'sembl] **1.** *v. t.* **a)** zusammentragen ⟨*Beweise, Material, Sammlung*⟩; zusammenrufen ⟨*Menschen*⟩; **a team was ~d, and work began** ein Team wurde zusammengestellt, und die Arbeit begann; **b)** *(fit together)* zusammenbauen. **2.** *v. i.* sich versammeln

assembly [ə'semblɪ] *n.* **a)** *(coming together, meeting, deliberative body)* Versammlung, *die;* *(in school)* (tägliche Versammlung aller Schüler und Lehrer zur) Morgenandacht; **b)** *(fitting together)* Zusammenbau, *der;* Montage, *die;* **c)** *(assembled unit)* Einheit, *die*

as'sembly line *n.* Fließband, *das;* **work/be produced on ~:** am Fließband arbeiten/ produziert werden

assent [ə'sent] **1.** *v. i.* zustimmen; **~ to sth.** einer Sache *(Dat.)* zustimmen. **2.** *n.* Zustimmung, *die;* **royal ~:** Zustimmung des Königs/der Königin; **by common ~:** nach allgemeiner Auffassung

assert [ə'sɜːt] *v. t.* **a)** geltend machen; **~ oneself** sich durchsetzen; **b)** *(declare)* behaupten; beteuern ⟨*Unschuld*⟩

assertion [ə'sɜːʃn] *n.* **a)** Geltendmachen, *das;* **b)** *(declaration)* Behauptung, *die;* **~ of innocence** Unschuldsbeteuerung, *die;* **make an ~:** eine Behauptung aufstellen

assertive [ə'sɜːtɪv] *adj.* energisch ⟨*Person*⟩; bestimmt ⟨*Ton, Verhalten*⟩; fest ⟨*Stimme*⟩; *(dogmatic)* rechthaberisch

assertiveness [ə'sɜːtɪvnɪs] *n., no pl.* Bestimmtheit, *die;* *(dogmatism)* Rechthaberei, *die*

assess [ə'ses] *v. t.* **a)** *(evaluate)* einschätzen; beurteilen; **b)** *(value)* schätzen; taxieren; **c)** *(fix amount of)* festsetzen ⟨*Steuer, Bußgeld usw.*⟩ (at auf + *Akk.*); **d)** *(tax)* veranlagen

assessment [ə'sesmənt] *n.* **a)** *(evaluation)* Einschätzung, *die;* Beurteilung, *die;* **b)** *(valuation)* Schätzung, *die;* Taxierung, *die;* **c)** *(fixing amount of damages or fine)* Festsetzung, *die;* *(of tax)* Veranlagung, *die;* **d)** *(tax to be paid)* Steuerbescheid, *der*

assessor [ə'sesə(r)] *n.* **a)** *(tax inspector)* ≈ Finanzbeamte, *der*/Finanzbeamtin, *die;* **b)** *(adviser to judge)* (als Beisitzer fungierender) Sachverständiger

asset ['æset] *n.* **a)** Vermögenswert, *der;* **my [personal] ~s** mein [persönlicher] Besitz; **b)** *(fig.: useful quality)* Vorzug, *der* (to für); *(person)* Stütze, *die;* *(thing)* Hilfe, *die*

'asset-stripping *n. (Commerc.)* Ankauf unrentabler Unternehmen, von denen einzelne Teile gewinnbringend verkauft werden

asseverate [ə'sevəreɪt] *v. t.* beteuern

asseveration [əsevə'reɪʃn] *n.* Beteuerung, *die*

assiduity [æsɪ'djuːɪtɪ] *n.* **a)** *no pl. (diligence)* Eifer, *der;* *(conscientiousness)* Gewissenhaftigkeit, *die;* **b)** *(obsequious attention)* Beflissenheit, *die*

assiduous [ə'sɪdjʊəs] *adj.* **a)** *(diligent)* eifrig; *(conscientious)* gewissenhaft; **we made ~ efforts** wir unternahmen alle Anstrengungen; **b)** *(obsequiously attentive)* beflissen

assiduously [ə'sɪdjʊəslɪ] *adv.* **a)** *(diligently)* gewissenhaft; **b)** *(with obsequious attentiveness)* beflissen

assiduousness [ə'sɪdjʊəsnɪs] *see* **assiduity a**

assign [ə'saɪn] **1.** *v. t.* **a)** *(allot)* **~ sth. to sb.** jmdm. etw. zuweisen; **b)** *(appoint)* zuteilen; **~ sb. to a job/task** jmdn. mit einer Arbeit/Aufgabe betrauen; **~ sb. to do sth.** jmdn. damit betrauen, etw. zu tun; **~ sb. to a post** jmdn. auf einen Posten berufen; **c)** *(specify)* festsetzen ⟨*Zeit, Datum, Grenzwert*⟩; **d)** *(ascribe)* angeben; **~ a cause to sth.** einen Grund für etw. angeben; **~ an event to a date** ein Ereignis einer Zeit zuschreiben. **2.** *n. (Law)* Rechtsnachfolger, *der*

assignable [ə'saɪnəbl] *adj.* **a)** *(allottable)* zuteilbar; **be ~ to sb.** jmdm. zugeteilt werden können; **b)** *(specifiable)* bestimmbar; **c)** *(ascribable)* angebbar

assignation [æsɪg'neɪʃn] *n.* **a)** *(appointment)* **sb.'s ~ to a job/task** jmds. Betrauung mit einer Arbeit/Aufgabe; **sb.'s ~ to a post** jmds. Berufung auf einen Posten; **b)** *(allotment)* Zuteilung, *die;* *(of property)* Übereignung, *die;* **c)** *(attribution)* Zuordnung, *die;* **d)** *(Amer.: illicit lovers' meeting)* Stelldichein, *das;* **~ house** Bordell, *das*

assignee [æsaɪ'niː] *n.* **a)** *(agent)* Bevollmächtigte, *der/die;* **b)** *see* **assign 2**

assignment [ə'saɪnmənt] *n.* **a)** *(allotment)* Zuteilung, *die;* *(of property)* Übereignung, *die;* *(document)* Übereignungsurkunde, *die;* **b)** *(task)* Aufgabe, *die;* *(Amer. Sch. and Univ.)* Arbeit, *die;* Aufgabe, *die;* **c)** *(attribution of date)* Bestimmung, *die;* *(of reason, cause)* Aufgabe, *die*

assimilate [ə'sɪmɪleɪt] *v. t.* **a)** *(make like)* angleichen; **~ sth. with** *or* **to sth.** etw. an etw. *(Akk.)* angleichen; **b)** *(absorb) (Biol.)* assimilieren; **c)** *(fig.)* aufnehmen ⟨*Informationen, Einflüsse usw.*⟩; **d)** *(Ling.)* angleichen

assimilation [əsɪmɪ'leɪʃn] *n.* **a)** *(making or becoming like)* Angleichung, *die* (to, with an + *Akk.*); **b)** *(Biol.: absorbing)* Assimilation, *die;* **c)** *(fig.) (of information, influences, etc.)* Aufnahme, *die;* *(of people)* Integration, *die;* **d)** *(Ling.)* Assimilation, *die*

assist [ə'sɪst] **1.** *v. t. (help)* helfen (+ *Dat.*); voranbringen ⟨*Vorgang, Prozeß*⟩; **~ sb. to do** *or* **in doing sth.** jmdm. helfen, etw. zu tun; **~ sb. with sth.** jmdm. bei etw. helfen. **2.** *v. i. (help)* helfen; **~ with sth./in doing sth.** bei etw. helfen/helfen, etw. zu tun; **b)** *(take part)* mitarbeiten; **~ in an operation** bei einer Operation assistieren

assistance [ə'sɪstəns] *n., no pl.* Hilfe, *die;* **give ~ to sb.** jmdm. behilflich sein; jmdm. helfen; **be of ~ [to sb.]** [jmdm.] behilflich sein; [jmdm.] helfen

assistant [ə'sɪstənt] **1.** *n. (helper)* Helfer, *der*/Helferin, *die;* *(subordinate)* Mitarbeiter, *der*/Mitarbeiterin, *die;* *(of professor, artist)* Assistent, *der*/Assistentin, *die;* *(in shop)* Verkäufer, *der*/Verkäuferin, *die.* **2.** *attrib. adj.* **~ manager** stellvertretender Geschäftsführer; **~ editor** Redaktionsassistent, *der;* **~ professor** *(Amer.)* ≈ Assistenzprofessor, *der*

assizes [ə'saɪzɪz] *n. pl. (Brit. Law Hist.)* regelmäßige Gerichtstage in den verschiedenen Grafschaften

associate 1. [ə'səʊʃɪət, ə'səʊsɪət] *n.* **a)** *(partner)* Partner, *der*/Partnerin, *die;* Kompagnon, *der;* *(colleague)* Kollege, *der*/Kollegin, *die;* *(companion)* Gefährte, *der*/Gefährtin, *die (geh.);* Kamerad, *der*/Kameradin, *die;* *(of gangster)* Komplize, *der*/Kom-

plizin, *die;* **b)** *(subordinate member)* außerordentliches Mitglied. **2.** *adj.* beigeordnet; *(allied)* verwandt; außerordentlich ⟨*Mitglied usw.*⟩; **~ judge** Beisitzer, *der;* **~ professor** *(Amer.)* ≈ außerordentlicher Professor. **3.** [əˈsəʊʃieɪt, əˈsəʊsieɪt] *v. t.* **a)** *(join)* in Verbindung bringen; **be ~d** in Verbindung stehen; **b)** *(connect in the mind)* in Verbindung bringen; assoziieren *(Psych.);* **~ sth. with sth.** etw. mit etw. assoziieren *(Psych.)* od. verbinden; **c) ~ oneself with sth.** sich einer Sache *(Dat.)* anschließen. **4.** *v. i.* **~ with sb.** mit jmdm. verkehren od. Umgang haben; *(for common purpose)* sich zusammenschließen
associateship [əˈsəʊʃiətʃɪp, əˈsəʊsiətʃɪp] *n.* außerordentliche Mitgliedschaft
association [əsəʊsiˈeɪʃn] *n.* **a)** *(organization)* Verband, *der;* Vereinigung, *die;* **an ~ of residents** eine Vereinigung von Anwohnern; **articles** *or* **deeds of ~:** Satzung, *die;* **b)** *(mental connection)* Assoziation, *die;* **~ of ideas** Gedankenassoziation, *die;* **have ~s for sb.** bei jmdm. Assoziationen hervorrufen; **c) A~ football** *(Brit.)* Fußball, *der;* **d)** *(connection)* Verbindung, *die;* **~** *(contact with people)* Kontakt, *der;* *(co-operation)* Zusammenarbeit, *die;* **business ~:** geschäftliche Zusammenarbeit
associative [əˈsəʊʃiətɪv, əˈsəʊsiətɪv] *adj.* assoziativ
assonance [ˈæsənəns] *n.* *(Pros.)* Assonanz, *die*
assorted [əˈsɔːtɪd] *adj.* gemischt ⟨*Bonbons, Sortiment*⟩; **cardigans of ~ kinds** verschiedenerlei Strickjacken; **an ~ bunch of people** ein zusammengewürfelter Haufen Leute; *see also* **ill-assorted**
assortment [əˈsɔːtmənt] *n.* Sortiment, *das;* **a good ~ of hats [to choose from]** eine gute Auswahl an Hüten; **an ~ of ideas** eine Reihe von Ideen; **an odd ~ of players** eine seltsame Mischung von Spielern
Asst. *abbr.* Assistant Ass.
assuage [əˈsweɪdʒ] *v. t.* stillen; *(soothe)* besänftigen ⟨*Person, Ärger*⟩; lindern ⟨*Schmerz, Sorge*⟩
assume [əˈsjuːm] *v. t.* **a)** voraussetzen; ausgehen von; **sb.'s innocence** von jmds. Unschuld ausgehen; **he's not so stupid as we ~d him to be** er ist nicht so dumm, wie wir angenommen haben; **b)** *(undertake)* übernehmen ⟨*Amt, Pflichten*⟩; **c)** *(take on)* annehmen ⟨*Namen, Rolle*⟩; gewinnen ⟨*Aspekt, Bedeutung*⟩; **under an ~d name** unter einem Decknamen; **d)** *(formal: put on oneself)* anlegen *(geh.)* ⟨*Gewand*⟩; **e)** *(simulate)* vortäuschen ⟨*Freude, Trauer, Unwissenheit*⟩
assuming [əˈsjuːmɪŋ] *adj.* **a) ~ that ...:** vorausgesetzt, daß ...; **b)** *(presumptuous)* anmaßend
assumption [əˈsʌmpʃn] *n.* **a)** Annahme, *die;* **going on the ~ that ...:** vorausgesetzt, daß ...; **b)** *(undertaking)* Übernahme, *die;* **~ of power/office** Macht-/Amtsübernahme, *die;* **c)** *(simulation)* Vortäuschung, *die;* *(of look, air)* Aufsetzen, *das;* **with an ~ of indifference** mit scheinbarer Gleichgültigkeit; **d) the A~** *(Relig.)* Mariä Himmelfahrt
assurance [əˈʃʊərəns] *n.* **a)** Zusicherung, *die;* **I give you my ~ that ...:** ich versichere Ihnen, daß ...; **I can give you no ~ that ...:** ich kann Ihnen nicht versprechen, daß ...; **b)** *no pl.* *(self-confidence)* Sicherheit, *die;* **c)** *no pl.* *(certainty)* Sicherheit, *die;* **d)** *no pl.* *(impudence)* Dreistigkeit, *die;* **e)** *no pl.* *(Brit.: insurance)* Versicherung, *die*
assure [əˈʃʊə(r)] *v. t.* **a)** versichern (+ *Dat.*); **you're safe now, I ~ you** ich versichere dir, du bist jetzt in Sicherheit; **~ sb. of sth.** jmdn. einer Sache *(Gen.)* versichern *(geh.);* **b)** *(convince)* **~ sb./oneself** jmdn./sich überzeugen; **c)** *(make certain or safe)* gewährleisten; **d)** *(Brit.: insure)* versichern

assured [əˈʃʊəd] *adj.* gesichert ⟨*Tatsache*⟩; gewährleistet ⟨*Erfolg*⟩; **be ~ of sth.** sich *(Dat.)* einer Sache *(Gen.)* sicher sein
assuredly [əˈʃʊərɪdlɪ] *adv.* gewiß; gewißlich *(geh., veralt.)*
Assyrian [əˈsɪrɪən] **1.** *adj.* assyrisch. **2.** *n.* Assyrer, *der*/Assyrerin, *die*
aster [ˈæstə(r)] *n.* Aster, *die;* **China ~:** Sommeraster, *die*
asterisk [ˈæstərɪsk] **1.** *n.* Sternchen, *das;* Asteriskus, *der (Druckw.).* **2.** *v. t.* mit einem Sternchen versehen
astern [əˈstɜːn] *adv.* *(Naut., Aeronaut.)* achtern; *(towards the rear)* achteraus; **~ of sth.** hinter etw. *(Dat.);* **full speed ~!** volle Kraft zurück!; **go ~:** achteraus fahren; **fall ~:** achteraus kommen
asteroid [ˈæstərɔɪd] *n. (Astron.)* Asteroid, *der*
asthma [ˈæsmə] *n. (Med.)* Asthma, *das*
asthmatic [æsˈmætɪk] *(Med.)* **1.** *adj.* asthmatisch. **2.** *n.* Asthmatiker, *der*/Asthmatikerin, *die*
astigmatism [əˈstɪgmətɪzm] *n. (Med., Optics)* Astigmatismus, *der*
astir [əˈstɜː(r)] *pred. adj.* in Bewegung; *(out of bed)* auf den Beinen; *(excited)* in Aufruhr
astonish [əˈstɒnɪʃ] *v. t.* erstaunen; **you ~ me** *(iron.)* wer hätte das gedacht; **he was ~ed to hear that ...:** er war erstaunt zu hören, daß ...
astonishing [əˈstɒnɪʃɪŋ] *adj.* erstaunlich
astonishingly [əˈstɒnɪʃɪŋlɪ] *adv.* erstaunlich; *as sentence-modifier* **~ [enough], no one has yet ...:** erstaunlicherweise hat noch niemand ...
astonishment [əˈstɒnɪʃmənt] *n., no pl.* Erstaunen, *das;* **in utter ~:** äußerst erstaunt
astound [əˈstaʊnd] *v. t.* verblüffen; [sehr] überraschen; **you ~ me** *(iron.)* das überrascht mich aber sehr
astounding [əˈstaʊndɪŋ] *adj.* erstaunlich
astrakhan [ˌæstrəˈkæn] *n. (fleece, cloth)* Astrachan, *der*
astral [ˈæstrl] *adj.* astral; **~ body** Astralleib, *der;* **~ spirits** Sterngeister
astray [əˈstreɪ] **1.** *adv.* in die Irre; **sb. goes ~:** jmd. verirrt sich; **sth. goes ~** *(is mislaid)* etw. wird verlegt; *(is lost)* etw. geht verloren; **lead ~:** irreführen; **go/lead ~** *(fig.)* in die Irre gehen/führen; *(into sin)* vom rechten Weg abkommen/abbringen. **2.** *pred. adj.* **be ~:** sich verirrt haben; *(fig.: be in error)* sich irren; ⟨*Rechnung*:⟩ abwegig sein
astride [əˈstraɪd] **1.** *adv.* rittlings *(sitzen);* breitbeinig ⟨*stehen*⟩; **with one's legs ~:** mit gespreizten Beinen; **~ of sth.** rittlings auf (+ *Dat.*); *(Dat./Akk.).* **2.** *prep.* **a)** rittlings auf (+ *Dat.*); **b)** *(extending across)* zu beiden Seiten (+ *Gen.*)
astringency [əˈstrɪndʒənsɪ] *n., no pl.* Schärfe, *die;* *(of wine, fruit)* Säure, *die;* *(severity)* Schärfe, *die;* *(of judgement)* Strenge, *die*
astringent [əˈstrɪndʒənt] **1.** *adj.* **a)** herb, streng ⟨*Geruch, Geschmack*⟩; stechend, beißend *(Art)* ; sauer ⟨*Obst, Wein*⟩; **b)** *(styptic)* adstringierend *(Med.);* blutstillend; **c)** *(severe)* scharf; beißend; streng ⟨*Urteil*⟩. **2.** *n.* Adstringens, *das*
astro- [ˈæstrəʊ] *in comb.* astro-/Astro-
astrologer [əˈstrɒlədʒə(r)] *n.* Astrologe, *der*/Astrologin, *die*
astrological [ˌæstrəˈlɒdʒɪkl] *adj.* astrologisch
astrology [əˈstrɒlədʒɪ] *n., no pl.* Astrologie, *die*
astronaut [ˈæstrənɔːt] *n.* Astronaut, *der*/Astronautin, *die*
astronautical [ˌæstrəˈnɔːtɪkl] *adj.* astronautisch; **~ research** Weltraumforschung, *die;* **~ engineering** Raumfahrttechnik, *die*
astronautics [ˌæstrəˈnɔːtɪks] *n., no pl.* Astronautik, *die;* Raumfahrt, *die*
astronomer [əˈstrɒnəmə(r)] *n.* Astronom, *der*/Astronomin, *die*

astronomical [ˌæstrəˈnɒmɪkl] *adj.,* **astronomically** [ˌæstrəˈnɒmɪkəlɪ] *adv. (lit. or fig.)* astronomisch
astronomy [əˈstrɒnəmɪ] *n., no pl.* Astronomie, *die*
astrophysical [ˌæstrəʊˈfɪzɪkl] *adj.* astrophysikalisch
astrophysicist [ˌæstrəʊˈfɪzɪsɪst] *n.* Astrophysiker, *der*/Astrophysikerin, *die*
astrophysics [ˌæstrəʊˈfɪzɪks] *n., no pl.* Astrophysik, *die*
astute [əˈstjuːt] *adj.* scharfsinnig ⟨*Beobachter, Bemerkung*⟩; *(skilful)* geschickt
astutely [əˈstjuːtlɪ] *adv.* scharfsinnig ⟨*bemerken, entscheiden*⟩; *(skilfully)* geschickt
astuteness [əˈstjuːtnɪs] *n., no pl.* Scharfsinnigkeit, *die;* *(skill)* Geschick, *das*
asunder [əˈsʌndə(r)] *adv. (literary)* auseinander; **tear sth. ~:** etw. zerreißen
asylum [əˈsaɪləm] *n.* Asyl, *das;* **grant sb. ~:** jmdm. Asyl gewähren; **seek ~:** um Asyl bitten od. nachsuchen; **political ~:** politisches Asyl
asymmetric [ˌæsɪˈmetrɪk, ˌeɪsɪˈmetrɪk], **asymmetrical** [ˌæsɪˈmetrɪkl, ˌeɪsɪˈmetrɪkl] *adj.* asymmetrisch; unsymmetrisch; **asymmetric bars** *(Sport)* Stufenbarren, *der*
asymmetry [ˈæsɪmɪtrɪ, ˈeɪsɪmɪtrɪ] *n.* Asymmetrie, *die*
asynchronous [eɪˈsɪŋkrənəs] *adj.* asynchron; **~ motor** Asynchronmotor, *der*
at [ət, *stressed* æt] *prep.* **a)** *expr.* place an (+ *Dat.*); **at the station** am Bahnhof; **at the baker's/butcher's/grocer's** beim Bäcker/Fleischer/Kaufmann; **at the chemist's** in der Apotheke/Drogerie; **at the supermarket** im Supermarkt; **at my mother's** bei meiner Mutter; **at home** zu Hause; **at the party** auf der Party; **at the office/hotel** im Büro/Hotel; **at school** in der Schule; **at Dover** in Dover; **b)** *expr.* time **at Christmas/Easter/Whitsun** [zu *od.* an] Weihnachten/Ostern/Pfingsten; **at six o'clock** um sechs Uhr; **at midnight** um Mitternacht; **at midday** am Mittag; **at dawn** im Morgengrauen; **at [the age of] 40** mit 40; im Alter von 40; **at this/the moment** in diesem/im Augenblick *od.* Moment; **at any time** jederzeit; **at irregular intervals** in unregelmäßigen Abständen; **at the first attempt** beim ersten Versuch; **c)** *expr.* price **at £2.50 [each]** zu *od.* für [je] 2,50 Pfund; **petrol is charged at 5p per mile** die Benzinkosten werden mit 5 Pence pro Meile berechnet; **d) she's still 'at it** sie ist immer noch dabei; **at that** *(at that point)* dabei; *(at that provocation)* daraufhin; *(moreover)* noch dazu; *(nevertheless)* trotzdem; **this is where it's at** *(coll.)* da ist was los *(ugs.). See also* **all 2 d**
atavism [ˈætəvɪzm] *n.* Atavismus, *der*
atavistic [ˌætəˈvɪstɪk] *adj.* atavistisch
ataxia [əˈtæksɪə] *n., no pl.* *(Med.)* Ataxie, *die;* **locomotor ~:** lokomotorische Ataxie
ate *see* **eat**
atheism [ˈeɪθɪɪzm] *n., no pl.* Atheismus, *der*
atheist [ˈeɪθɪɪst] *n.* Atheist, *der*/Atheistin, *die*
Athenian [əˈθiːnɪən] **1.** *adj.* athenisch; **the ~ people** die Athener; **~ history** die Geschichte Athens. **2.** *n.* Athener, *der*/Athenerin, *die*
Athens [ˈæθɪnz] *pr. n.* Athen *(das)*
atherosclerosis [ˌæθərəʊsklɪəˈrəʊsɪs] *n., pl.* **atheroscleroses** [ˌæθərəʊsklɪəˈrəʊsiːz] *(Med.)* Atherosklerose, *die*
athlete [ˈæθliːt] *n.* Athlet, *der*/Athletin, *die;* Sportler, *der*/Sportlerin, *die;* *(runner, jumper)* Leichtathlet, *der*/Leichtathletin, *die;* **~'s foot** *(Med.)* Athletenfuß, *der (fachspr.);* Fußpilz, *der*
athletic [æθˈletɪk] *adj.* sportlich; *(robust)* athletisch; **~ sports** Leichtathletik, *die;* **any reasonably ~ person** jeder einigermaßen sportliche Mensch; **the goalkeeper made an ~ save** der Torwart zeigte eine Glanzparade

65

athletically [æθˈletɪkəlɪ] *adv.* sportlich; athletisch ⟨*gebaut*⟩
athleticism [æθˈletɪsɪzm] *n.*, *no pl.* Sportlichkeit, *die*
athletics [æθˈletɪks] *n.*, *no pl.* **a)** Leichtathletik, *die;* **b)** *(Amer.: physical sports)* Sport, *der*
atˈhome *n.* festgesetzter Tag, an dem man zu festgesetzter Zeit zwanglos Gäste empfängt; Jour fixe, *der (veralt.)*
athwart [əˈθwɔːt] **1.** *adv.* **a)** *(literary: from side to side)* quer **(to** zu**); b)** *(Naut.)* dwars. **2.** *prep.* **a)** *(literary: from side to side of)* quer über (+ *Dat./Akk.*); **b)** *(Naut.)* dwars zu
Atlantic [əˈtlæntɪk] **1.** *adj.* atlantisch; ~ Ocean Atlantischer Ozean; ~ **coast** Atlantikküste, *die*. **2.** *pr. n.* Atlantik, *der*
atlas [ˈætləs] *(also Anat.)* Atlas, *der*; ~ **of the world** Weltatlas, *der*
atmosphere [ˈætməsfɪə(r)] *n.* **a)** *(lit. or fig.)* Atmosphäre, *die*; **the** ~ **of the Earth** die Erdatmosphäre; **b)** *(air in a place)* Luft, *die*
atmospheric [ætməsˈferɪk] *adj.* **a)** atmosphärisch; ~ **moisture** Luftfeuchtigkeit, *die*; **b)** *(fig.: evocative)* stimmungsvoll
atmospherics [ætməˈsferɪks] *n. pl.* *(Radio)* atmosphärische Störungen
atoll [ˈætɒl, əˈtɒl] *n.* Atoll, *das*
atom [ˈætəm] *n.* **a)** Atom, *das*; **b)** *(fig.)* **not an** ~ **of truth** kein Körnchen Wahrheit; **not a single** ~ **of evidence** nicht der Schatten eines Beweises
ˈatom bomb *see* **atomic bomb**
atomic [əˈtɒmɪk] *adj.* *(Phys.)* Atom-
atomic: ~ ˈ**bomb** *n.* Atombombe, *die*; ~ ˈ**energy** *n. no pl.* Atomenergie, *die*; ~ ˈ**mass** *see* ~ **weight;** ~ ˈ**number** *n. (Phys., Chem.)* Kernladungszahl, *die*; Ordnungszahl, *die*; ~ ˈ**power** *n.*, *no pl.* Atomkraft, *die*; ~ ˈ**warfare** *n.*, *no pl.* Atomkrieg, *der*; ~ ˈ**weight** *n. (Phys., Chem.)* Atomgewicht, *das*
atomization [ætəmaɪˈzeɪʃn] *n.* Atomisierung, *die; (of liquid)* Zerstäubung, *die*
atomize [ˈætəmaɪz] *v. t.* atomisieren; zerstäuben ⟨*Flüssigkeit*⟩
atomizer [ˈætəmaɪzə(r)] *n.* Zerstäuber, *der*
atonal [æˈtəʊnl, əˈtəʊnl] *adj. (Mus.)* atonal
atone [əˈtəʊn] *v. i.* es wiedergutmachen; ~ **for** sth. etw. wiedergutmachen
atonement [əˈtəʊnmənt] *n.* **a)** *(atoning)* Buße, *die; (reparation)* Wiedergutmachung, *die;* **make** ~ **for** sth. für etw. Buße tun. **b)** *(Relig.)* Versöhnung, *die;* **Day of A**~: Versöhnungsfest, *das*; Jom Kippur, *der*; **the A**~: das Sühneopfer [Christi]
atonic [əˈtɒnɪk] *adj. (Phonet., Pros.)* unbetont; atonisch *(veralt.)*
atop [əˈtɒp] **1.** *adv.* obendrauf; ~ **of** sth. [oben] auf etw. *(Dat./Akk.)*. **2.** *prep.* [oben] auf (+ *Dat./Akk.*)
atrium [ˈeɪtrɪəm] *n.*, *pl.* **atria** [ˈeɪtrɪə] *or* ~**s a)** *(Anat.)* Vorhof, *der*; Atrium, *das (fachspr.)*; **b)** *(Roman Ant.)* Atrium, *das*
atrocious [əˈtrəʊʃəs] *adj.* grauenhaft; scheußlich ⟨*Wetter, Benehmen*⟩
atrociously [əˈtrəʊʃəslɪ] *adv.* grauenhaft; scheußlich ⟨*sich benehmen*⟩
atrocity [əˈtrɒsɪtɪ] *n.* **a)** *no pl. (extreme wickedness)* Grauenhaftigkeit, *die*; **b)** *(atrocious deed)* Greueltat, *die (geh.)*; *(execrableness)* Widerwärtigkeit, *die*; **c)** *(coll.: repellent thing)* Widerwärtigkeit, *die*
atrophy [ˈætrəfɪ] **1.** *n.* **a)** *(Med.)* Atrophie, *die (Med.)*; Verkümmerung, *die*; **muscular** ~: Muskelatrophie, *die (Med.)*; Muskelschwund, *der*; **b)** *(emaciation)* Abmagerung, *die; (fig.)* Verfall, *der*. **2.** *v. i.* atrophieren *(Med.)*; verkümmern
atropine [ˈætrəpɪn, ˈætrəpiːn] *n. (Med.)* Atropin, *das*
attach [əˈtætʃ] **1.** *v. t.* **a)** *(fasten)* befestigen **(to** an + *Dat.*); anhängen ⟨*Wagen*⟩ **(to** an + *Dat.*); **please find** ~**ed a copy of the letter** beigeheftet ist eine Kopie des Briefes; **b)** *(join)* ~ **oneself to** sth./sb. sich einer Sache */* jmdm. anschließen; **c)** *(assign)* **be** ~**ed to** sth. einer Sache *(Dat.)* zugeteilt sein; **is there a car** ~**ed to the job?** ist die Stelle mit einem Dienstwagen verbunden?; **the research unit is** ~**ed to the university** die Forschungsabteilung ist der Universität *(Dat.)* angegliedert; **d)** *(fig.: ascribe)* zuschreiben; ~ **no blame to** sb. jmdm. keine Schuld geben; **I can't** ~ **a name to that face** ich kann diesem Gesicht keinen Namen zuordnen; **e)** *(attribute)* beimessen; ~ **importance/ meaning to** sth. einer Sache *(Dat.)* Gewicht/ Bedeutung beimessen; **f)** *(Law)* pfänden ⟨*Eigentum*⟩; festnehmen ⟨*Person*⟩. **2.** *v. i.* **no blame** ~**s to** sb. jmdn. trifft keine Schuld; **suspicion** ~**es to** sb. der Verdacht fällt auf jmdn.
attachable [əˈtætʃəbl] *adj.* **a) be** ~ **to** sth. an etw. *(Dat.)* befestigt werden können; **b)** *(Law)* pfändbar ⟨*Gut, Ware*⟩
attaché [əˈtæʃeɪ] *n.* Attaché, *der*; **cultural/ military/press/naval** ~: Kultur-/Militär-/ Presse-/Marineattaché, *der*
atˈtaché case *n.* Diplomatenkoffer, *der*
attached [əˈtætʃt] *adj. (emotionally)* **be** ~ **to** sb./sth. an jmdm./etw. hängen; **become** ~ **to** sb./sth. jmdn./etw. liebgewinnen
attachment [əˈtætʃmənt] *n.* **a)** *(act or means of fastening)* Befestigung, *die*; ~ **of a recording device to a telephone** der Anschluß eines Aufnahmegerätes an ein Telefon; **b)** *(accessory)* Zusatzgerät, *das*; **blender** ~: Mixaufsatz, *der*; **c)** *(ascribing)* Zuordnung, *die*; **the** ~ **of blame would be premature at this stage** es wäre in diesem Stadium verfrüht, jmdm. die Schuld zu geben; **d)** *(attribution)* Beimessung, *die*; **e)** *(affection)* Anhänglichkeit, *die* (**to** + *Akk.*); **his** ~ **to that party** seine Sympathie für diese Partei; **have an** ~ **for** sb. an jmdm. hängen; **f)** *(Law)* Pfändung, *die*
attack [əˈtæk] **1.** *v. t.* **a)** *(angreifen) (ambush, raid)* überfallen **(fig.: criticize)** attackieren; **a woman was** ~**ed and raped** eine Frau wurde überfallen und vergewaltigt; **b)** *(affect)* ⟨*Krankheit:*⟩ befallen; **c)** *(start work on)* in Angriff nehmen; **she** ~**ed the washing-up** sie machte sich an den Abwasch; **d)** *(take action against)* vorgehen gegen; ~ **sth.** *(act harmfully on)* angreifen ⟨*Metall, Oberfläche*⟩. **2.** *v. i.* angreifen; ~ **in strength** in großer Zahl angreifen. **3.** *n.* **a)** *(on enemy)* Angriff, *der; (on person)* Überfall, *der; (fig.: criticism)* Attacke, *die*; Angriff, *der*; **air** ~: Luftangriff, *der*; **be under** ~: angegriffen werden; **come under** ~ **from all directions** *(fig.)* von allen Seiten attackiert *od.* angegriffen werden; **b)** *(start)* Inangriffnahme, *die* **(on** *Gen.*); **open a spirited** ~ **on** sth. etw. beherzt in Angriff nehmen; **c)** *(of illness, lit. or fig.)* Anfall, *der*; **the girls got an** ~ **of the giggles** die Mädchen mußten furchtbar kichern; **d)** *(Sport)* Angriff, *der*; **e)** *(Mus.)* [präziser] Einsatz, *der; (on piano)* Anschlag, *der*; Attacke, *die (Jazz)*
attacker [əˈtækə(r)] *n. also Sport* Angreifer, *der*/Angreiferin, *die*
attacking [əˈtækɪŋ] *adj.* offensiv ⟨*Spielweise, Spieler*⟩; angreifend ⟨*Truppen*⟩
attain [əˈteɪn] **1.** *v. t.* erreichen ⟨*Ziel, Wirkung*⟩; ~ **power** an die Macht gelangen; **the author** ~**ed his ambition** der Autor erreichte sein Ziel; **she** ~**ed her hope** in Hoffnung erfüllte sich. **2.** *v. i.* ~ **to** sth. zu etw. gelangen; ~ **to success** Erfolg erringen; ~ **to power** an die Macht gelangen
attainability [əteɪnəˈbɪlɪtɪ] *n.*, *no pl.* Erreichbarkeit, *die*
attainable [əˈteɪnəbl] *adj.* erreichbar ⟨*Ziel*⟩; realisierbar ⟨*Hoffnung, Ziel*⟩
attainder [əˈteɪndə(r)] *n. (Hist.)* Verlust von Recht und Besitz *(als Folge eines Todesurteils oder der Ächtung)*
attainment [əˈteɪnmənt] *n.* **a)** *no pl.* Verwirklichung, *die*; **be impossible of** ~: unmöglich zu erreichen sein; **b)** *(thing attained)* Leistung, *die*
attar [ˈætə(r)] *n.* Rosenöl, *das*; Attar, *der (veralt.)*
attempt [əˈtempt] **1.** *v. t.* **a)** versuchen; ~ **to do** sth. versuchen, etw. zu tun; **b)** *(try to accomplish)* sich versuchen an (+ *Dat.*); *(try to conquer)* angreifen; **candidates should** ~ **5 out of 10 questions** die Kandidaten sollten 5 von 10 Fragen zu beantworten versuchen. **2.** *n.* Versuch, *der*; **make an** ~ **at** sth. sich an etw. *(Dat.)* versuchen; **make an** ~ **to do** sth. den Versuch unternehmen, etw. zu tun; **he will make an** ~ **on the 800 m record tonight** er wird heute abend einen Rekordversuch über 800 m unternehmen; **make an** ~ **on sb.'s life** ein Attentat *od.* einen Mordanschlag auf jmdn. verüben
attend [əˈtend] **1.** *v. i.* **a)** *(give care and thought)* aufpassen; *(apply oneself)* ~ **to** sth. auf etw. *(Akk.)* achten; *(deal with sth.)* sich um etw. kümmern; **everyone had their own tasks to** ~ **to** jeder mußte sich um seine eigenen Aufgaben kümmern *od.* sich seinen eigenen Aufgaben widmen; **b)** *(be present)* anwesend sein; ~ **to** sb. jmdn. bedienen; **the chiropodist** ~**s on Wednesdays** der Fußpfleger ist [immer] mittwochs da; **c)** *(wait)* bedienen; aufwarten *(veralt.)*; ~ **on** sb. jmdn. bedienen; jmdm. aufwarten *(veralt.)*. **2.** *v. t.* **a)** *(be present at)* teilnehmen an (+ *Dat.*); *(go regularly to)* besuchen; **his lectures are well** ~**ed** seine Vorlesungen werden gut besucht; **b)** *(follow as a result from)* sich ergeben aus; **be** ~**ed by** sth. etw. zur Folge haben; **c)** *(accompany)* verbunden sein mit; **may good luck** ~ **you** *(formal)* möge das Glück dir hold sein *(geh.)*; **d)** *(wait on)* bedienen; aufwarten *(veralt.)* (+ *Dat.*); **e)** ⟨*Arzt:*⟩ behandeln
attendance [əˈtendəns] *n.* **a)** *(being present)* Anwesenheit, *die; (going regularly)* Besuch, *der* (**at** *Gen.*); **regular** ~ **at school** regelmäßiger Schulbesuch; **your** ~ **record is very poor** Sie haben reichlich oft gefehlt; **b)** *(number of people present)* Teilnehmerzahl, *die*; **there was only a small** ~ **for** sth. etw. wurde nur schwach besucht; ~**s at churches are declining** die Zahl der Kirchenbesucher geht zurück; **c)** ***be in*** ~: anwesend sein; **the ladies in** ~: die anwesenden Damen; **in close** ~: in unmittelbarer Nähe. *See also* **dance 2 a**
attendance: ~ **allowance** *n. (Brit.)* Sozialversicherungsleistung *für Personen, die die Pflege einer pflegebedürftigen Person besorgen*; ~ **centre** *n. (Brit.)* Jugendarrestanstalt *für Freizeitarrest verbüßt wird*
attendant [əˈtendənt] *n. (person providing service)* [**lavatory**] ~: Toilettenmann, *der*/Toilettenfrau, *die*; **garage** ~: Garderobenmann, *der*/Garderobenfrau, *die*; **museum** ~: Museumswärter, *der*; **b)** *(member of entourage)* Begleiter, *der*/Begleiterin, *die*. **2.** *adj.* begleitend; ~ **circumstances** Begleitumstände, *die*; **its** ~ **problems/risks** die damit verbundenen Probleme/Risiken; **be** ~ **upon** sth. mit etw. verbunden sein
attender [əˈtendə(r)] *n. (person present)* Anwesende, *der/die*; **regular** ~ **will know ...**: wer regelmäßig teilnimmt, wird wissen, ...
attention [əˈtenʃn] **1.** *n.* **a)** *no pl.* Aufmerksamkeit, *die*; **your careful** ~ **would be much appreciated** ich wäre Ihnen dankbar, wenn Sie gut aufpassen würden; **pay** ~ **to** sth./ jmdn./etw. beachten; **pay** ~! gib acht!; paß auf!; **hold sb.'s** ~: jmds. Interesse wachhalten; **attract [sb.'s]** ~: [jmdn.] auf sich aufmerksam machen; **catch sb.'s** ~: jmds. Aufmerksamkeit erregen; **bring sth. to sb.'s** ~: jmds. Aufmerksamkeit auf etw. *(Akk.)* lenken; **call** *or* **draw sb.'s** ~ **to** sb./sth. jmds.

Aufmerksamkeit auf jmdn./etw. lenken; jmdn. auf jmdn./etw. aufmerksam machen; ~ **Miss Jones** *(on letter)* zu Händen [von] Miss Jones; **b)** *no pl. (consideration)* give sth. one's personal ~: sich einer Sache *(Gen.)* persönlich annehmen; **we are giving your enquiry our fullest ~:** wir bearbeiten Ihre Anfrage mit der größten Sorgfalt; **c)** *in pl. (ceremonious politeness)* Aufmerksamkeit, *die;* **show sb. little ~s** jmdm. kleine Aufmerksamkeiten erweisen; **pay [one's] ~s to sb.** jmdm. den Hof machen *(veralt.);* **d)** *(Mil.)* Grundstellung, *die;* Habachtstellung, *die;* **stand to ~:** stillstehen; **be [more] ~ to sb.'s warnings** Warnungen hören; **c)** *(assiduous)* aufmerksam; **he was very ~ to the ladies** er war den Damen gegenüber sehr aufmerksam *od.* zuvorkommend
attentive [ə'tentɪv] *adj.* **a)** *(paying attention)* aufmerksam; **be ~ to sth.** auf etw. *(Akk.)* achten; **b)** *(heedful)* **we are giving one's studies** sich gewissenhafter seinen Studien widmen; **be [more] ~ to sb.'s warnings** Warnungen hören; **c)** *(assiduous)* aufmerksam; **he was very ~ to the ladies** er war den Damen gegenüber sehr aufmerksam *od.* zuvorkommend
attentively [ə'tentɪvlɪ] *adv.* aufmerksam
attentiveness [ə'tentɪvnɪs] *n., no pl.* Aufmerksamkeit, *die*
attenuate [ə'tenjʊeɪt] *v. t.* **a)** *(make thin)* dünn machen; dünnflüssig machen ⟨*Öl*⟩; **b)** *(reduce, lit. or fig.)* abschwächen; ⟨*Schall, Ton*⟩; **c)** *(Electr.)* [ab]schwächen; dämpfen ⟨*Welle, Schwingung*⟩
attenuation [ətenjʊ'eɪʃn] *n. see* **attenuate a, b, c:** Verdünnung, *die;* Abschwächung, *die;* Dämpfung, *die*
attest [ə'test] **1.** *v. t. (certify validity of)* bestätigen; beglaubigen ⟨*Unterschrift, Urkunde*⟩. **2.** *v. i. (bear witness)* **~ to sth.** etw. bezeugen; *(fig.)* von etw. zeugen
attestation [ætɪ'steɪʃn] *n.* Bestätigung, *die*
Attic ['ætɪk] *adj.* attisch; ~ **dialect** attischer Dialekt; ~ **salt** *or* **wit** attisches Salz; attischer Witz. **2.** *n.* attischer Dialekt
attic *n.* **a)** *(storey)* Dachgeschoß, *das;* oberstes Stockwerk; **b)** *(room)* Dachboden, *der;* *(habitable)* Dachkammer, *die;* Mansarde, *die*
attire [ə'taɪə(r)] **1.** *n., no pl.* Kleidung, *die.* **2.** *v. t.* kleiden; **be ~d in sth.** in etw. *(Akk.)* gekleidet sein; ~ **oneself** sich kleiden
attitude ['ætɪtju:d] *n.* **a)** *(posture, way of behaving)* Haltung, *die;* **in a defensive/threatening ~** in abwehrender/drohender Haltung; **strike an ~:** eine Haltung einnehmen; **b)** *(mode of thinking)* ~ **[of mind]** Einstellung, *die* **(to[wards]** zu); **c)** *(Aeron.)* Fluglage, *die*
attitudinize [ætɪ'tju:dɪnaɪz] *v. i.* sich in Szene setzen
attn. *abbr.* **for the attention of** z. H[d].
attorney [ə'tɜ:nɪ] *n.* **a)** *(legal agent)* Bevollmächtigte, *der/die;* **b)** *(Amer.: lawyer)* [Rechts]anwalt, *der/*[Rechts]anwältin, *die; see also* **district attorney**
Attorney-'General *n., pl.* **Attorneys-General** oberster Justizbeamter bestimmter Staaten; ≈ Generalbundesanwalt, *der (Bundesrepublik Deutschland); (in USA)* ≈ Justizminister, *der*
attract [ə'trækt] *v. t.* **a)** *(draw)* anziehen; auf sich *(Akk.)* ziehen ⟨*Interesse, Blick, Kritik*⟩; ⟨*Köder, Attraktion:*⟩ anlocken; **the party launched a publicity campaign to ~ new members** die Partei startete eine Werbekampagne, um neue Mitglieder zu gewinnen; **b)** *(arouse pleasure in)* anziehend wirken auf (+ *Akk.*), **what ~s me about the girl** was ich an dem Mädchen anziehend finde; **c)** *(arouse interest in)* reizen **(about an +** *Dat.*); **I am ~ed by that idea** der Gedanke reizt mich
attractant [ə'træktənt] *n.* Lockmittel, *das*

attraction [ə'trækʃn] *n.* **a)** Anziehung, *die;* *(force, lit. or fig.)* Anziehung[skraft], *die;* **I cannot see the ~ of going to horror films** ich kann nichts Besonderes daran finden, in Gruselfilme zu gehen; **the possibility of promotion has little ~ for me** die Möglichkeit, befördert zu werden, reizt mich nur wenig; **b)** *(fig.: thing that attracts)* Attraktion, *die;* *(charm)* Verlockung, *die;* Reiz, *der;* **c)** *(Ling.)* Attraktion, *die*
attractive [ə'træktɪv] *adj.* **a)** anziehend; ~ **power/force** Anziehungskraft, *die;* **b)** *(fig.)* attraktiv; reizvoll ⟨*Vorschlag, Möglichkeit, Idee*⟩
attractively [ə'træktɪvlɪ] *adv.* reizvoll
attractiveness [ə'træktɪvnɪs] *n., no pl.* Attraktivität, *die*
attributable [ə'trɪbjʊtəbl] *adj.* **be ~ to sb./sth.** jmdm./einer Sache zuzuschreiben sein; **this comment is not ~:** dieser Kommentar muß anonym bleiben
attribute **1.** ['ætrɪbju:t] *n.* **a)** *(quality)* Attribut, *das;* Eigenschaft, *die;* **punctuality is not one of her ~s** Pünktlichkeit ist nicht gerade eine ihrer Stärken; **b)** *(symbolic object)* Attribut, *das;* *(Ling.)* Attribut, *das.* **2.** [ə'trɪbju:t] *v. t. (ascribe, assign)* zuschreiben **(to** *Dat.*); *(refer)* zurückführen **(to** auf + *Akk.*)
attribution [ætrɪ'bju:ʃn] *n. (ascribing, assigning)* Zuordnung, *die* **(to** *Dat.*); *(referring)* Zurückführung, *die* **(to** auf + *Akk.*)
attributive [ə'trɪbjʊtɪv] *adj.,* **attributively** [ə'trɪbjʊtɪvlɪ] *adv. (Ling.)* attributiv
attrition [ə'trɪʃn] *n., no pl.* **a)** *(wearing down)* Zermürbung, *die;* **war of ~** *(lit. or fig.)* Zermürbungskrieg, *der;* **b)** *(friction, abrasion)* Abrieb, *der*
attune [ə'tju:n] *v. t.* **a)** *(bring into accord)* aufeinander abstimmen; **b)** *(fig.: make accustomed)* gewöhnen **(to** an + *Akk.*); **be ~d to sth.** auf etw. *(Akk.)* eingestellt sein
atypical [eɪ'tɪpɪkl, ə'tɪpɪkl] *adj.* atypisch; untypisch
aubergine ['əʊbəʒi:n] *n.* Aubergine, *die*
aubrietia [ɔ:'bri:ʃə] *n. (Bot.)* Blaukissen, *das;* Aubrietie, *die (fachspr.)*
auburn ['ɔ:bən] *adj.* rötlichbraun
auction ['ɔ:kʃn] **1.** *n.* Auktion, *die;* Versteigerung, *die;* **sell sth. by ~:** etw. durch Versteigerung verkaufen; **be put up for ~:** zur Versteigerung kommen; versteigert werden; **Dutch ~:** Abschlag, *der;* *(Cards)* Bieten, *das.* **2.** *v. t.* versteigern
auctioneer [ɔ:kʃə'nɪə(r)] *n.* Auktionator, *der/*Auktionatorin, *die*
audacious [ɔ:'deɪʃəs] *adj. (daring)* kühn; verwegen; *(impudent)* dreist
audaciously [ɔ:'deɪʃəslɪ] *adv. (daringly)* kühn; *(impudently)* dreist
audacity [ɔ:'dæsɪtɪ] *n., no pl.* **a)** *(daringness)* Kühnheit, *die;* Verwegenheit, *die;* **b)** *(impudence)* Dreistigkeit, *die*
audibility [ɔ:dɪ'bɪlɪtɪ] *n.* Hörbarkeit, *die*
audible ['ɔ:dɪbl] *adj.* hörbar; **every word was ~ through the wall** man konnte jedes Wort durch die Wand hören; **the child's voice was scarcely ~:** die Stimme des Kindes war kaum zu hören
audibly ['ɔ:dɪblɪ] *adv.* hörbar; **whisper sth. quite ~:** etw. recht vernehmlich flüstern
audience ['ɔ:dɪəns] *n.* **a)** *(listeners, spectators)* Publikum, *das;* **cinema/concert ~s have increased** die Zahl der Kino-/Konzertbesucher hat zugenommen; **b)** *(formal interview)* Audienz, *die* **(with** bei); *private ~:* Privataudienz, *die;* **c)** *(readers)* Publikum, *das;* Leserkreis, *der*
audio ['ɔ:dɪəʊ] *adj.* Ton-; ~ **frequency** Tonfrequenz, *die;* ~ **range** Hörbereich, *der;* ~ **equipment** Phonoausstattung, *die*
audio: ~ **engineer** *n.* Toningenieur, *der/*-ingenieurin, *die;* ~ **typist** *n.* Phonotypist, *der/*-typistin, *die;* ~-'**visual** *adj.* audiovisuell *(fachspr.)*

audit ['ɔ:dɪt] **1.** *n.* ~ **[of the accounts]** Rechnungsprüfung, *die (Wirtsch.);* **the ~ of the firm's books** die Revision der Firmengeschäftsbücher. **2.** *v. t.* **a)** prüfen; **b)** *(Amer.: attend)* als Gasthörer belegen
audition [ɔ:'dɪʃn] **1.** *n. (singing)* Probesingen, *das;* *(dancing)* Vortanzen, *das;* *(acting)* Vorsprechen, *das;* **~s are being held today** heute ist Probesingen/Vortanzen/Vorsprechen. **2.** *v. i. (sing)* vorsingen; probesingen; *(dance)* vortanzen; *(act)* vorsprechen; ~ **for a part** für eine Rolle vorsprechen. **3.** *v. t.* vorsingen/vortanzen/vorsprechen lassen
auditor ['ɔ:dɪtə(r)] *n.* Buchprüfer, *der/*-prüferin, *die;* Rechnungsprüfer, *der/*-prüferin, *die*
auditorium [ɔ:dɪ'tɔ:rɪəm] *n., pl.* ~**s** *or* **auditoria** [ɔ:dɪ'tɔ:rɪə] Zuschauerraum, *der*
auditory ['ɔ:dɪtərɪ] *adj.* **a)** *(concerned with hearing)* Gehör-; auditiv *(Med.);* **b)** *(received by the ear)* akustisch; auditiv *(Med.)*
au fait [əʊ 'feɪ] *pred. adj.* vertraut **(with** mit); au fait *(geh.);* *(up to date)* auf dem laufenden
Aug. *abbr.* **August** Aug.
Augean [ɔ:'dʒi:ən] *adj.* überaus schmutzig; ~ **stables** *(lit. or fig.)* Augiasstall, *der*
auger ['ɔ:gə(r)] *n. (for wood)* Handbohrer, *der;* Stangenbohrer, *der (Technik);* *(for soil)* Erdbohrer, *der (Technik)*
¹aught [ɔ:t] *n., no pl., no art. (arch./poet.)* [irgend] etwas
²aught *see* **²ought**
augment **1.** [ɔ:g'ment] *v. t.* verstärken ⟨*Armee*⟩; verbessern ⟨*Einkommen*⟩; aufstocken ⟨*Fonds, finanzielle Mittel*⟩; **~ed interval** *(Mus.)* übermäßiges Intervall. **2.** *v. i.* zunehmen; ⟨*Reserven:*⟩ zunehmen, anwachsen; ⟨*Lärm:*⟩ zunehmen, anschwellen
augmentation [ɔ:gmən'teɪʃn] *n., no pl.* **a)** *(enlargement)* Erweiterung, *die;* *(of funds, finances)* Aufstockung, *die;* *(growth)* Anstieg, *der;* Zunahme, *die;* **b)** *(Mus.)* Augmentation, *die*
au gratin *see* **gratin**
augur ['ɔ:gə(r)] **1.** *n. (Roman Ant.)* Augur, *der;* **b)** *(soothsayer)* Augur, *der (geh.).* **2.** *v. t.* **a)** *(portend)* bedeuten; versprechen ⟨*Erfolg*⟩; **b)** *(foretell)* prophezeien **(of,** *Dat.*). **3.** *v. i.* **well/ill for sth./sb.** ein gutes/schlechtes Zeichen für etw./jmdn. sein
augury ['ɔ:gjʊrɪ] *n.* Vorzeichen, *das*
August ['ɔ:gəst] *n.* August, *der;* **in ~:** im August; **last/next ~:** letzten/nächsten August; **the first of/on the first of ~** *or* **on ~ [the] first** der erste/am ersten August; **1st ~** *(as date on document)* 1. August; **every ~:** jeden August; jedes Jahr im August; **an ~ day** ein Augusttag; **from ~ to October** von August bis Oktober
august [ɔ:'gʌst] *adj.* **a)** *(venerable)* ehrwürdig; *(noble)* erlaucht; **b)** *(majestic)* großartig; eindrucksvoll
¹Augustine [ɔ:'gʌstɪn] *pr. n.* Augustinus *(der)*
²Augustine *n.* Augustiner, *der*
Augustinian [ɔ:gə'stɪnɪən] **1.** *adj.* Augustinisch ⟨*Lehre*⟩; ~ **monk** Augustinermönch, *der.* **2.** *n. (monk)* Augustiner, *der*
auk [ɔ:k] *n. (Ornith.)* Alk, *der*
auld [ɔ:ld] *adj. (Scot.)* **old; for ~ lang syne** um der guten, alten Zeiten willen
au naturel [əʊ nætjə'rel] *adv., pred. adj.* *(Gastr.)* nature; au naturel
aunt [ɑ:nt] *n.* Tante, *die;* **A~ Sally** Wurfspiel *[auf dem Jahrmarkt],* bei dem mit Stöcken oder Bällen auf eine Holzfigur geworfen wird; *(target doll)* ≈ Schießbudenfigur, *die;* *(fig.)* Zielscheibe, *die (fig.);* **my sainted ~!** du liebe Güte!
auntie, aunty ['ɑ:ntɪ] *n. (coll.)* Tantchen, *das;* *(with name)* Tante, *die;* **do you love A~ Betty?** magst du die liebe Tante Betty?
au pair [əʊ 'peə(r)] **1.** *n.* Au-pair-Mädchen,

das. **2.** *adj.* **~ girl** Au-pair-Mädchen, *das*
aura ['ɔːrə] *n., pl.* **~e** ['ɔːriː] *or* **~s a)** *(atmosphere, Med.)* Aura, *die;* **have an ~ about one** von einer Aura umgeben sein; **b)** *(subtle emanation)* Aura, *die;* Fluidum, *das*
aural [ɔːrl] *adj.* akustisch; aural *(Med.);* **~ specialist** Ohrenarzt, *der*
aureola [ɔːˈriːələ], **aureole** ['ɔːriəʊl] *n. (Art)* Aureole, *die; (around head)* Nimbus, *der*
au revoir [əʊ rəˈvwɑː(r)] **1.** *int.* auf Wiedersehen. **2.** *n.* say one's **~s** auf Wiedersehen sagen
auricle ['ɔːrɪkl] *n.* **a)** *(external ear)* Ohrmuschel, *die;* Auricula, *die (Med.);* **b)** *(Anat.: of heart)* Atrium, *das (fachspr.);* Vorhof, *der;* Herzohr, *das;* **c)** *(Bot.)* Aurikel, *die*
auricular [ɔːˈrɪkjʊlə(r)] *adj.* **a)** *(of the ear)* Ohr-; aurikular *(Med.);* **b)** *(by the ear)* akustisch; **~ witness** Ohrenzeuge, *der;* **~ confession** *(Relig.)* Ohrenbeichte, *die;* **b)** *(Anat.: of auricle of heart)* Vorhof-
auriferous [ɔːˈrɪfərəs] *adj. (Geol.)* goldhaltig
aurora [ɔːˈrɔːrə] *n., pl.* **~s** *or* **~e** [ɔːˈrɔːriː]: Polarlicht, *das;* **~ borealis** [bɒːrɪˈeɪlɪs] Nordlicht, *das;* **~ australis** [ɔːˈstreɪlɪs] Südlicht, *das*
auscultation [ɔːskəlˈteɪʃn] *n., no pl. (Med.)* Auskultation, *die (fachspr.);* Abhorchen, *das*
auspice ['ɔːspɪs] *n.* **a)** *in pl.* **under the ~s of sb./sth.** unter jmds./einer Sache Auspizien *(geh.)* od. Schirmherrschaft; **b)** *(sign)* Auspizium, *das (geh.);* Vorzeichen, *das;* **under favourable ~s** unter günstigen Auspizien *(geh.)* od. Vorzeichen
auspicious [ɔːˈspɪʃəs] *adj.* **a)** *(favourable)* günstig; vielversprechend 〈*Anfang*〉; **b)** *(fortunate)* glückhaft *(geh.);* glücklich
auspiciously [ɔːˈspɪʃəsli] *adv.* **a)** *(favourably)* vielversprechend; **b)** *(fortunately)* glücklich
Aussie ['ɒzi, 'ɒsi] *(coll.)* **1.** *adj.* australisch. **2.** *n.* **a)** Australier, *der*/Australierin, *die;* **b)** *(Australia)* Australien *(das)*
austere [ɒˈstɪə(r), ɔːˈstɪə(r)] *adj.* **a)** *(morally strict, stern)* streng; unbeugsam 〈*Haltung*〉; **b)** *(severely simple)* karg; **c)** *(ascetic)* asketisch 〈*Leben*〉
austerely [ɒˈstɪəli, ɔːˈstɪəli] *adv.* **a)** *(morally, strictly, sternly)* streng; **b)** *(severely simply)* karg; **~ simple** karg und schlicht; **c)** *(ascetically)* asketisch 〈*leben*〉
austereness [ɒˈstɪənɪs, ɔːˈstɪənɪs] *see* **austerity a, b**
austerity [ɒˈsterɪti, ɔːˈsterɪti] *n.* **a)** *no pl. (moral strictness)* Strenge, *die;* **b)** *no pl. (severe simplicity)* Kargheit, *die;* **c)** *no pl. (lack of luxuries)* wirtschaftliche Einschränkung; Austerity, *die (Wirtsch.);* **d)** *in pl. (deprivations)* Entbehrungen; *(for religious reasons)* Entsagungen
Australasia [ɒstrəˈleɪʃə, ɔːstrəˈleɪʃə] *pr. n.* Australien und der südwestliche Pazifik
Australasian [ɒstrəˈleɪʃn, ɔːstrəˈleɪʃn] *adj.* **~ peoples/cultures** Völker/Kulturen Australiens und des südwestlichen Pazifiks; **~ region** australische Region *(Zool.)*
Australia [ɒˈstreɪliə, ɔːˈstreɪliə] *pr. n.* Australien *(das)*
Australian [ɒˈstreɪliən, ɔːˈstreɪliən] **1.** *adj.* australisch; **~ bear** Beutelbär, *der;* Koala, *der; sb. is ~:* ist Australier/Australierin; **~ [National] Rules football** australische Art des Football. **2.** *n.* Australier, *der*/Australierin, *die*
Austria ['ɒstrɪə, 'ɔːstrɪə] *pr. n.* Österreich *(das);* **~-Hungary** *(Hist.)* Österreich-Ungarn *(das)*
Austrian ['ɒstrɪən, 'ɔːstrɪən] **1.** *adj.* österreichisch. **2.** *n.* Österreicher, *der*/Österreicherin, *die*
Austro-Hungarian [ɒstrəʊhʌŋˈɡeərɪən, ɔːstrəʊhʌŋˈɡeərɪən] *adj. (Hist.)* österreichisch-ungarisch

autarchic [ɔːˈtɑːkɪk], **autarchical** [ɔːˈtɑːkɪkl] *adj.* **a)** *(sovereign)* unabhängig; selbständig; **b)** *(despotic)* despotisch
autarchy ['ɔːtɑːki] *n., no pl.* Autarchie, *die (veralt.); (of state, region)* Unabhängigkeit, *die;* Selbständigkeit, *die; (of ruler, government, regime)* unumschränkte Herrschaft
autarky ['ɔːtɑːki] *n., no pl.* Autarkie, *die*
authentic [ɔːˈθentɪk] *adj. (reliable; also Mus.)* authentisch; *(genuine)* authentisch; echt; berechtigt 〈*Anspruch*〉; unverfälscht 〈*Akzent*〉
authentically [ɔːˈθentɪkəli] *adv. (genuinely)* his accent was **~** upper-class er sprach im unverfälschten Tonfall der Oberschicht
authenticate [ɔːˈθentɪkeɪt] *v. t.* authentifizieren; **~ sth.** die Echtheit einer Sache *(Gen.)* bestätigen; **~ information/a report** eine Information/einen Bericht bestätigen; **I succeeded in authenticating my claim** es gelang mir, meinen Anspruch zu beweisen
authentication [ɔːθentɪˈkeɪʃn] *n., no pl.* Bestätigung der Echtheit; *(of information, report)* Bestätigung, *die*
authenticity [ɔːθenˈtɪsɪti] *n., no pl.* Echtheit, *die;* Authentizität, *die; (of claim)* Berechtigung, *die; (of information, report)* Zuverlässigkeit, *die*
author [ˈɔːθə(r)] **1.** *n.* **a)** *(writer)* Autor, *der*/Autorin, *die; (profession)* Schriftsteller, *der*/Schriftstellerin, *die;* **the ~ of the book/article** der Autor *od.* Verfasser des Buches/Artikels; **the ~s of the 19th century** die Autoren *od.* Schriftsteller des 19. Jahrhunderts; **b)** *(originator)* Vater, *der.* **2.** *v. t. (write)* verfassen
authoress ['ɔːθərɪs] *n.* Autorin, *die*
authorisation, authorise *see* **authoriz-**
authoritarian [ɔːθɒrɪˈteərɪən] **1.** *adj.* autoritär. **2.** *n.* autoritäre Person; **be an ~:** autoritär sein
authoritarianism [ɔːθɒrɪˈteərɪənɪzm] *n., no pl.* Autoritarismus, *der (Psych.);* autoritäre Einstellung
authoritative [ɔːˈθɒrɪtətɪv] *adj.* **a)** *(recognized as reliable)* autoritativ; maßgebend; zuverlässig 〈*Bericht, Information*〉; *(official)* amtlich; **b)** *(commanding)* respekteinflößend
authoritatively [ɔːˈθɒrɪtətɪvli] *adv.* **a)** *(reliably)* zuverlässig 〈*berichten*〉; *(officially)* offiziell; **he talked ~ about his specialist field** er sprach als Fachmann über sein Spezialgebiet; **b)** *(commandingly)* mit Bestimmtheit
authoritativeness [ɔːˈθɒrɪtətɪvnɪs] *n., no pl.* **a)** *(reliability)* Zuverlässigkeit, *die; (official nature)* amtlicher Charakter; *(commanding quality)* Bestimmtheit, *die; (of person)* entschiedenes Auftreten; **the ~ of his manner** seine respekteinflößende Art
authority [ɔːˈθɒrɪti] *n.* **a)** *no pl. (power)* Autorität, *die; (delegated power)* Befugnis, *die;* **have the/no ~ to do sth.** berechtigt *od.* befugt/nicht befugt sein, etw. zu tun; **you have my ~:** Sie haben meine Zustimmung; **have/exercise ~ over sb.** Weisungsbefugnis gegenüber jmdm. haben; **on one's own ~:** in eigener Verantwortung; **[be] in ~:** verantwortlich [sein]; **be under sb.'s ~:** jmdm. gegenüber verantwortlich sein; **those in ~:** die Verantwortlichen; **b)** *(person having power)* Autorität, *die; (body having power)* **the authorities** die Behörde[n]; **the highest legal ~:** die höchste rechtliche Instanz; **c)** *(expert, book, quotation)* Autorität, *die; (evidence)* Quelle, *die;* **what is your ~ for your assertion?** worauf stützt du deine Behauptung?; **on the ~ of Darwin** nach Darwin; **have it on the ~ of sb./sth. that ...:** durch jmdn./etw. wissen, daß ...; **have it on good ~ that ...:** aus zuverlässiger Quelle wissen, daß ...; **d)** *no pl. (weight of testimony)* Autorität, *die;* **give** *or* **add ~ to sth.** einer Sache *(Dat.)* Gewicht verleihen; **e)** *no*

pl. (power to influence) Autorität, *die;* **f)** *no pl. (masterfulness)* Souveränität, *die*
authorization [ɔːθəraɪˈzeɪʃn] *n.* Genehmigung, *die;* Autorisation, *die;* **obtain/give ~:** die Genehmigung einholen/erteilen
authorize [ˈɔːθəraɪz] *v. t.* **a)** *(give authority to)* ermächtigen; bevollmächtigen; autorisieren; **~ sb. to do sth.** jmdn. ermächtigen, etw. zu tun; **entry is permitted only to ~d personnel** Unbefugten ist der Zutritt verboten; **b)** *(sanction)* genehmigen; **~ sth.** etw. genehmigen; einer Sache *(Dat.)* zustimmen; **the A~d Version** engl. Fassung der Bibel von 1611
authorship [ˈɔːθəʃɪp] *n., no pl.* **a)** *no art. (occupation)* Schriftstellerei, *die;* **b)** *(origin)* Autorschaft, *die; of unknown ~:* von einem unbekannten Autor *od.* Verfasser
autistic [ɔːˈtɪstɪk] *adj. (Psych., Med.)* autistisch
auto [ˈɔːtəʊ] *n., pl.* **~s** *(Amer. coll.)* Auto, *das*
auto- [ˈɔːtəʊ] *in comb.* auto-/Auto-
autobahn [ˈɔːtəbɑːn] *n., pl.* **~s** *or* **~en** [ˈɔːtəbɑːnən] [deutsche] Autobahn
autobiographer *n.* Autobiograph, *der*/Autobiographin, *die*
autobiographic, autobiographical *adj.* autobiographisch
autobiography *n.* Autobiographie, *die*
autocade [ˈɔːtəʊkeɪd] *(Amer.) see* **motorcade**
autoclave [ˈɔːtəkleɪv] *n.* Autoklav, *der*
autocracy [ɔːˈtɒkrəsi] *n.* Autokratie, *die*
autocrat [ˈɔːtəkræt] *n.* Autokrat, *der*
autocratic [ɔːtəˈkrætɪk] *adj.* autokratisch
'autocross *n., no pl.* Auto-Cross, *das*
Autocue, (P) [ˈɔːtəʊkjuː] *n.* Teleprompter Ⓦ, *der*
autogenic [ɔːtəˈdʒenɪk] *adj.* autogen; **~ training** autogenes Training
autogenous [ɔːˈtɒdʒɪnəs] *adj. (Med., Industry)* autogen; **~ welding** autogene Schweißung; Autogenschweißen, *das*
'autogiro *n., pl.* **~s** Autogiro, *das*
autograph [ˈɔːtəɡrɑːf] **1.** *n.* **a)** *(signature)* Autogramm, *das;* **b)** *(manuscript)* Autograph, *das; (signed document)* **the original ~:** das Original. **2.** *v. t.* **a)** *(sign)* signieren; **b)** *(write with one's own hand)* mit eigener Hand schreiben
autogyro *see* **autogiro**
auto-im'mune *adj. (Med.)* autoimmun; **~ response** Autoimmunantwort, *die*
automat [ˈɔːtəmæt] *n. (Amer.)* **a)** *(slot-machine)* Münzautomat, *der;* **b)** *(cafeteria)* Automatenrestaurant, *das*
automate [ˈɔːtəmeɪt] *v. t.* automatisieren
automatic [ɔːtəˈmætɪk] **1.** *adj.* automatisch; **~ weapons** automatische Waffen; Schnellfeuerwaffen; **~ writing** automatisches Schreiben; **~ gear system, ~ transmission** Automatikgetriebe, *das;* **his reaction was completely ~:** er reagierte ganz automatisch; **disqualification is ~ after two false starts** die Disqualifikation erfolgt automatisch nach zwei Fehlstarts; **~ pilot** *see* **autopilot**. **2.** *n. (weapon)* automatische Waffe; *(vehicle)* Fahrzeug mit Automatikgetriebe; *(tool, apparatus)* Automat, *der*
automatically [ɔːtəˈmætɪkəli] *adv.* automatisch
automation [ɔːtəˈmeɪʃn] *n.* Automation, *die; (automatic control)* Automatisierung, *die;* automatische Steuerung
automatism [ɔːˈtɒmətɪzm] *n., no pl. (Biol., Med., Psych.)* Automatismus, *der*
automaton [ɔːˈtɒmətən] *n., pl.* **~s** *or* **automata** [ɔːˈtɒmətə] Automat, *der*
automobile [ˈɔːtəmɒbiːl] *n. (Amer.)* Auto, *das*
automotive [ɔːtəˈməʊtɪv] *adj.* Kraftfahrzeug-; **~ industry** Auto[mobil]industrie, *die;* **~ workers** Arbeiter in der Auto[mobil]industrie; **~ products** Erzeugnisse der Auto[mobil]industrie

autonomic [ɔ:tə'nɒmɪk] *adj.* **a)** *(Physiol.)* autonom; unbedingt ⟨*Reflex*⟩; **b)** *see* **autonomous**

autonomous [ɔ:'tɒnəməs] *adj.* *(also Philos.)* autonom

autonomy [ɔ:'tɒnəmɪ] *n., no pl.* *(also Philos.)* Autonomie, *die;* ~ **of action** autonomes Handeln

'**autopilot** *n.* Autopilot, *der;* [**fly**] **on** ~: mit Autopilot [fliegen]

autopsy ['ɔ:tɒpsɪ, ɔ:'tɒpsɪ] *n.* **a)** *(post-mortem)* Autopsie, *die;* Obduktion, *die; (fig.)* Manöverkritik, *die;* **b)** *(personal inspection)* Prüfung durch persönliche Inaugenscheinnahme; Autopsie, *die (fachspr.)*

'**autotimer** *n.* [automatische] Schaltuhr

autumn ['ɔ:təm] *n. (lit. or fig.)* Herbst, *der;* **in** ~ **1969, in the** ~ **of 1969** im Herbst 1969; **in early/late** ~: im Frühherbst/Spätherbst; **last/next** ~: letzten/nächsten Herbst; ~ **is a beautiful time of the year** der Herbst ist eine schöne Jahreszeit; ~ **weather/fashions** Herbstwetter, *das*/Herbstmoden

autumnal [ɔ:'tʌmnl] *adj. (lit. or fig.)* herbstlich; *(blooming or maturing in autumn)* Herbst-; ~ **flower** Herbstblume, *die*

autumn '**crocus** *n.* Herbstzeitlose, *die*

auxiliary [ɔ:g'zɪljərɪ] **1.** *adj.* **a)** *(helping)* Hilfs-; auxiliar *(fachspr.);* **be** ~ **to sb. etw.** unterstützen *od.* fördern; ~ **troops** Hilfstruppen; **b)** *(subsidiary)* zusätzlich; Zusatz-; **c)** *(Ling.)* ~ **verb** Hilfsverb, *das.* **2.** *n.* **a)** Hilfskraft, *die;* **medical** ~: ärztliches Hilfspersonal; **b)** *in pl. (Mil.)* Hilfstruppen; **c)** *(Ling.)* Hilfsverb, *das*

AV *abbr.* **Authorized Version;** *see* **authorized b**

avail [ə'veɪl] **1.** *n., no pl., no art.* Nutzen, *der;* **be of no** ~: nichts nützen *od.* nutzlos *od.* vergeblich sein; **to no** ~: vergebens; **of what** ~ **is it ...?** was nützt es ...? **2.** *v. i.* **a)** *(be of profit)* etwas nützen *od.* fruchten; **it will not** ~: es wird nichts nützen *od.* fruchten; **b)** *(afford help)* helfen. **3.** *v. t.* nützen; **it will** ~ **you nothing** es wird dir nichts nützen. **4.** *v. refl.* ~ **oneself of sth.** von etw. Gebrauch machen; ~ **oneself of an opportunity** eine Gelegenheit nutzen

availability [əveɪlə'bɪlɪtɪ] *n., no pl.* Vorhandensein, *das;* **the** ~ **of sth.** die Möglichkeit, etw. zu bekommen; **I'll find out about the** ~ **of tickets** ich werde mich erkundigen, ob Karten zu bekommen sind; **the likely** ~ **of spare parts** die voraussichtliche Lieferbarkeit von Ersatzteilen; **the** ~ **of accommodation** das Zimmer-/Wohnungsangebot

available [ə'veɪləbl] *adj.* **a)** *(at one's disposal)* verfügbar; **make sth.** ~ **to sb.** jmdm. etw. zur Verfügung stellen; **be** ~: zur Verfügung stehen; **b)** *(capable of use)* gültig ⟨*Fahrkarte, Angebot*⟩; **c)** *(obtainable)* erhältlich; lieferbar ⟨*Waren*⟩; verfügbar ⟨*Unterkunft, Daten*⟩; **have sth.** ~: etw. zur Verfügung haben; **nobody was** ~ **for comment** niemand stellte sich für einen Kommentar zur Verfügung

avalanche ['ævəlɑ:nʃ] **1.** *n. (lit. or fig.)* Lawine, *die.* **2.** *v. i.* **mud** ~**d down** eine Lawine von Schlamm stürzte herab

avant-garde [ævɒ̃'gɑ:d] **1.** *adj.* avantgardistisch. **2.** *n.* Avantgarde, *die*

avarice ['ævərɪs] *n., no pl.* Geldgier, *die;* Habsucht, *die;* ~ **for sth.** *(fig.)* Gier nach etw.

avaricious [ævə'rɪʃəs] *adj.* geldgierig; habsüchtig; *(fig.)* gierig (**for** nach); ~ **for power** machtgierig

Ave. *abbr.* **Avenue**

Ave [Maria] ['ɑ:veɪ (mə'rɪə)] *n.* Ave[-Maria], *das*

avenge [ə'vendʒ] *v. t.* rächen; **be** ~**d**/~ **oneself on sb.** sich an jmdm. rächen; **be** ~**d for sth.** sich für etw. rächen

avenger [ə'vendʒə(r)] *n.* Rächer, *der*/Rächerin, *die (geh.)*

avenue ['ævənju:] *n. (broad street)* Avenue, *die;* Boulevard, *der; (tree-lined road; Brit.: approach to country house)* Allee, *die; (fig.)* Weg, *der* (**to** zu); ~ **of approach** Zugang, *der;* **all** ~**s of escape were closed** jeder Ausweg war versperrt; *see also* **explore b**

aver [ə'vɜ:(r)] *v. t.,* **-rr-:** beteuern; **what one expert** ~**s, another denies** was der eine Fachmann mit Nachdruck bestätigt, das bestreitet der andere

average ['ævərɪdʒ] **1.** *n.* **a)** Durchschnitt, *der;* **the** ~ **is about ...:** der Durchschnitt liegt bei [ungefähr] ...; **on** [**the** *or* **an**] ~: im Durchschnitt; durchschnittlich; im Schnitt *(ugs.);* **above/below** ~: über/unter dem Durchschnitt; **law of** ~**s** Wahrscheinlichkeitsgesetz, *das;* **b)** *(arithmetic mean)* Mittelwert, *der;* **batting** ~ *(Baseball, Cricket)* Durchschnittsleistung als Schlagmann; **bowling** ~ *(Cricket)* Durchschnittsleistung als Werfer; **c)** *(Insurance)* Havarie, *die;* ~ **adjustment** Dispache, *die.* **2.** *adj.* **a)** durchschnittlich; **b)** **speed** Durchschnittsgeschwindigkeit, *die;* Durchschnittsgeschwindigkeit, *die;* **he is of** ~ **height** er ist mittelgroß; **b)** *(mediocre)* durchschnittlich; mittelmäßig. **3.** *v. t.* **a)** *(find the* ~ *of)* den Durchschnitt ermitteln von; **b)** *(amount to* ~*)* durchschnittlich betragen; **the planks** ~**d three metres in length** die Bretter waren durchschnittlich drei Meter lang; **these things** ~ **themselves out** eines gleicht sich aus; **c)** *(do on* ~*)* einen Durchschnitt von ... erreichen; **she** ~**s four novels a year** sie schreibt durchschnittlich vier Romane im Jahr; **the train** ~**d 90 m.p.h.** der Zug fuhr im Durchschnitt mit 144 Kilometern pro Stunde. **4.** *v. i.* ~ **out** im Durchschnitt betragen

averagely ['ævərɪdʒlɪ] *adv.* durchschnittlich

averse [ə'vɜ:s] *pred. adj.* **be** ~ **to** *or* **from sth.** einer Sache *(Dat.)* abgeneigt sein; **be** ~ **to** *or* **from doing sth.** abgeneigt sein, etw. zu tun

aversion [ə'vɜ:ʃn] *n.* **a)** *no pl. (dislike)* Abneigung, *die;* Aversion, *die;* **have/take an** ~ **to** *or* **from sth.** eine Abneigung *od.* Aversion gegen etw. haben/bekommen; ~ **therapy** *(Psych.)* Aversionstherapie, *die;* **b)** *(object)* **be sb.'s** ~: jmdm. ein Greuel sein; **my pet** ~ **is ...:** ein besonderer Greuel ist mir ...

avert [ə'vɜ:t] *v. t.* **a)** *(turn away)* abwenden ⟨*Blick, Gesicht, Aufmerksamkeit*⟩; **b)** *(prevent)* abwenden ⟨*Katastrophe, Schaden, Niederlage*⟩; verhüten ⟨*Unfall*⟩; verhindern ⟨*Fehlschlag*⟩

aviary ['eɪvɪərɪ] *n.* Vogelhaus, *das;* Aviarium, *das*

aviation [eɪvɪ'eɪʃn] *n., no pl., no art.* **a)** *(operating of aircraft)* Luftfahrt, *die;* ~ **fuel** Flugbenzin, *das;* **b)** *(aircraft manufacture)* Flugzeugbau, *der;* ~ **industry** Flugzeugindustrie, *die* Luftfahrtindustrie, *die*

aviator ['eɪvɪeɪtə(r)] *n.* Flieger, *der*/Fliegerin, *die*

avid ['ævɪd] *adj. (enthusiastic)* begeistert; passioniert; **be** ~ **for sth.** *(eager, greedy)* begierig auf etw. *(Akk.)* sein

avidity [ə'vɪdɪtɪ] *n., no pl. (enthusiasm)* Begeisterung, *die; (greed)* Begierde, *die*

avidly ['ævɪdlɪ] *adv. (enthusiastically)* eifrig; begeistert ⟨*annehmen*⟩; *(greedily)* gierig

avionics [eɪvɪ'ɒnɪks] *n.* **a)** *no pl.* Bordelektronik, *die;* Avionik, *die;* **b)** *constr. as pl. (systems)* Bordelektr[on]ik, *der;* Avionik, *die*

avocado [ævə'kɑ:dəʊ] *n., pl.* ~**s:** ~ [**pear**] Avocado[birne], *die; (tree)* Avocado, *die*

avocation [ævə'keɪʃn] *n. (minor occupation)* Nebenbeschäftigung, *die; (coll.: vocation)* Beruf, *der*

avocet ['ævəset] *n. (Ornith.)* Säbelschnäbler, *der*

avoid [ə'vɔɪd] *v. t.* **a)** *(keep away from)* meiden ⟨*Ort*⟩; ~ **an obstacle/a cyclist** einem Hindernis/Radfahrer ausweichen; ~ **the boss when he's in a temper** geh dem Chef aus dem Weg, wenn er schlechte Laune hat; **b)** *(refrain from)* vermeiden; ~ **doing sth.** vermeiden, etw. zu tun; **you can hardly** ~ **seeing her** du wirst kaum umhinkönnen, sie zu sehen; **c)** *(escape)* vermeiden; **they wore masks to** ~ **recognition** sie trugen Masken, um nicht erkannt zu werden; **d)** *(Law)* annullieren

avoidable [ə'vɔɪdəbl] *adj.* vermeidbar; **if it is** [**at all**] ~: wenn es sich [irgend] vermeiden läßt

avoidance [ə'vɔɪdəns] *n., no pl.* Vermeidung, *die;* **the** ~ **of accidents** das Vermeiden von Unfällen; die Unfallverhütung; ~ **of death duties** Umgehung der Erbschaftssteuer

avoirdupois [ævədjʊ'pɔɪz] **1.** *adj.* Avoirdupois-. **2.** *n.* **a)** Avoirdupois, *das;* **b)** *(joc.: bodily weight)* Gewicht, *das*

avow [ə'vaʊ] *v. t.* bekennen; ~ **oneself** [**to be**] **sth.** sich als etw. bekennen; **an** ~**ed opponent/supporter** ein erklärter Gegner/Befürworter

avowal [ə'vaʊəl] *n.* Bekenntnis, *das;* **on your own** ~: wie Sie selbst erklärt haben

avowedly [ə'vaʊɪdlɪ] *adv.* erklärtermaßen

avuncular [ə'vʌŋkjʊlə(r)] *adj.* onkelhaft

aw [ɔ:] *int. expr. remonstrance, commiseration oh; expr. disgust* bah; ~, **bad luck!** so ein Pech!

AWACS ['eɪwæks] *abbr.* **Airborne Warning and Control Systems** AWACS

await [ə'weɪt] *v. t.* erwarten; **disaster** ~**s us if ...:** uns erwartet eine Katastrophe, wenn ...; **the long** ~**ed visit** der langersehnte Besuch

awake [ə'weɪk] **1.** *v. i.,* **awoke** [ə'wəʊk], **awoken** [ə'wəʊkən] *(lit. or fig.)* erwachen; **we awoke to the sound of rain on the windows** als wir erwachten, hörten wir den Regen gegen die Fenster prasseln; **one day I shall** ~ **to find myself a rich man** eines Tages werde ich aufwachen und ein reicher Mann sein; ~ **to sth.** einer Sache *(Gen.)* gewahr werden; **when she awoke to her surroundings** als sie gewahr wurde, wo sie sich befand. **2.** *v. t.,* **awoke, awoken** *(lit. or fig.)* wecken; ~ **sb. to sth.** *(fig.)* jmdm. etw. bewußtmachen; **be awoken to sth.** *(fig.)* einer Sache *(Gen.)* gewahr werden. **3.** *pred. adj. (lit. or fig.)* wach; **wide** ~: hellwach; **lie** ~: wach liegen; **be** ~ **to sth.** *(fig.)* sich *(Dat.)* einer Sache *(Gen.)* bewußt sein

awaken [ə'weɪkn] **1.** *v. t. (esp. fig.) see* **awake 2.** *v. i. (esp. fig.) see* **awake 1**

awakening [ə'weɪknɪŋ] *n.* Erwachen, *das;* **a rude** ~ *(fig.)* ein böses Erwachen

award [ə'wɔ:d] **1.** *v. t. (grant)* verleihen, zuerkennen ⟨*Preis, Auszeichnung*⟩; zusprechen ⟨*Sorgerecht, Entschädigung*⟩; gewähren ⟨*Zahlung, Gehaltserhöhung*⟩; ~ **sb. sth.** *or* **sth. to sb.** jmdm. etw. verleihen/zuerkennen/zusprechen/gewähren; **sb. is** ~**ed sth.** jmdm. wird etw. verliehen/zugesprochen/zuerkannt; **he was** ~**ed the prize** der Preis wurde ihm zuerkannt; **the referee** ~**ed a penalty** [**to Arsenal**] der Schiedsrichter erkannte auf Strafstoß [für Arsenal]. **2.** *n.* **a)** *(judicial decision)* Schiedsspruch, *der;* **b)** *(payment)* Entschädigung[ssumme], *die; (grant)* Stipendium, *das;* **make an** ~ **to sb.** jmdm. finanzielle Unterstützung gewähren; **c)** *(prize)* Auszeichnung, *die;* Preis, *der*

a'**ward-winning** *adj.* preisgekrönt

aware [ə'weə(r)] *adj.* **a)** *pred. (conscious)* **be** ~ **of sth.** sich *(Dat.)* einer Sache *(Gen.)* bewußt sein; **be** ~ **that ...:** sich *(Dat.)* [dessen] bewußt sein, daß ...; **what made you** ~ **that ...?** woran bemerkten Sie, daß ...?; **the patient was** ~ **of everything going on around him** der Patient bekam alles mit, was um ihn herum vorging; **as far as I am** ~: soweit

ich weiß; **not that I am ~ of** nicht, daß ich wüßte; **b)** *(well-informed)* informiert
awareness [ə'weənɪs] *n., no pl. (consciousness)* Bewußtsein, *das*
awash [ə'wɒʃ] *pred. adj.* auf gleicher Höhe mit dem Wasserspiegel; **be ~** *(flooded)* unter Wasser stehen; *(fig.)* **be ~ with money** im Geld schwimmen
away [ə'weɪ] 1. *adv.* **a)** *(at a distance)* entfernt; **~ in the distance** weit in der Ferne; **two feet ~ [from sth.]** zwei Fuß entfernt [von etw.]; **play ~** *(Sport)* auswärts spielen; **Christmas is still months ~**: bis Weihnachten dauert es noch Monate; **b)** *(to a distance)* weg; fort; **get ~ from it all** *see* **all 1 a**; **~ with you/him!** weg *od.* fort mit dir/ihm!; **throw sth. ~!**: etw. wegwerfen *od.* fortwerfen; **~ we go!** los geht's!; **c)** *(absent)* nicht da; **be ~ on business** geschäftlich außer Haus sein; **be ~ [from school] with a cold** wegen einer Erkältung [in der Schule] fehlen; **he's ~ in France/on holiday** er ist zur Zeit in Frankreich/im Urlaub; **d)** *(towards or into non-existence)* **die/fade ~**: verhallen; **gamble one's money ~**: sein Geld verspielen; **drink the evening ~** mit Trinken verbringen; **the water has all boiled ~**: das ganze Wasser ist verkocht; **idle one's time ~**: seine Zeit vertrödeln; **e)** *(constantly)* unablässig; **work ~ on sth.** ohne Unterbrechung an etw. *(Dat.)* arbeiten; **laugh ~ at sth.** unablässig über etw. *(Akk.)* lachen; **they were singing ~**: sie sangen aus voller Kehle; **f)** *(without delay)* gleich *(fragen usw.)*; **fire ~** *(lit. or fig.)* losschießen *(ugs.).* 2. *adj. (Sport)* auswärts *präd.;* Auswärts-; **the next match is ~**: das nächste Spiel ist auswärts; **~ match** Auswärtsspiel, *das;* **~ team** Gastmannschaft, *die*
awe [ɔ:] 1. *n.* Ehrfurcht, *die* **(of** vor + *Dat.)*; **be** *or* **stand in ~ of sb.** jmdn. fürchten; *(feel respect)* Ehrfurcht vor jmdm. haben; **hold sb. in ~**: jmdn. ehrfürchtig respektieren. 2. *v. t.* Ehrfurcht einflößen *(+ Dat.)*; **be ~d by sth.** sich von etw. beeindrucken *od.* einschüchtern lassen; **be ~d into silence** beeindruckt *od.* eingeschüchtert schweigen; **in an ~d voice** mit ehrfurchtsvoller Stimme
aweigh [ə'weɪ] *pred. adj. (Naut.)* aus dem Grund
'**awe-inspiring** *adj.* ehrfurchtgebietend; beeindruckend
awesome ['ɔ:səm] *adj.* überwältigend; eindrucksvoll *(Schweigen);* übergroß *(Verantwortung)*
awe: ~-stricken, ~-struck *adj.* [von Ehrfurcht] ergriffen; ehrfurchtsvoll *(Ausdruck, Staunen)*
awful ['ɔ:fl] *adj.* **a)** furchtbar; fürchterlich; **too ~ for words** *(coll.)* unbeschreiblich schlecht; **be an ~ lot better/worse** *(coll.)* ein ganzes Stück besser/schlechter sein; **not an ~ lot better/worse** *(coll.)* nicht gerade viel besser/schlechter sein; **an ~ lot of money/people** *(coll.)* ein Haufen Geld/Leute *(ugs.);* **an ~ long time/way** *(coll.)* eine furchtbar lange Zeit/ein furchtbar weiter Weg; **b)** *(commanding reverence)* ehrfurchtgebietend; *(solemnly impressive)* eindrucksvoll; **~ silence** feierliche Stille
awfully ['ɔ:fəlɪ, 'ɔ:flɪ] *adv.* furchtbar; **not ~** *(coll.)* nicht besonders; **thanks ~** *(coll.)* tausend Dank
awfulness ['ɔ:flnɪs] *n., no pl.* **a)** *(terribleness)* Furchtbarkeit, *die;* **b)** *(impressive solemnity)* [eindrucksvolle *od.* ehrfurchtgebietende] Feierlichkeit
awhile [ə'waɪl] *adv.* eine Weile; **not yet ~**: so bald nicht
awkward ['ɔ:kwəd] *adj.* **a)** *(ill-adapted for use)* ungünstig; **be ~ to use** unhandlich sein; **the parcel is ~ to carry** das Paket ist schlecht zu tragen; **b)** *(clumsy)* unbeholfen; **be at an ~ age** in einem schwierigen Alter sein; **c)** *(embarrassing, embarrassed)* peinlich; **feel ~**: sich unbehaglich fühlen; **d)** *(difficult)* schwierig, unangenehm *(Person);* ungünstig *(Zeitpunkt);* schwierig, peinlich *(Lage, Dilemma);* see also **customer b**
awkwardly ['ɔ:kwədlɪ] *adv.* **a)** *(badly)* ungünstig *(geformt, angebracht);* **b)** *(clumsily)* ungeschickt, unbeholfen *(gehen, sich ausdrücken);* ungeschickt, unglücklich *(fallen, sich ausdrücken);* **c)** *(embarrassingly)* peinlicherweise; *(embarrassedly)* peinlich berührt; **d)** *(unfavourably)* ungünstig *(gelegen)*
awkwardness ['ɔ:kwədnɪs] *n., no pl. see* **awkward: a)** Unhandlichkeit, *die;* **the ~ of the design puts me off** das ungünstige Design stößt mich ab; **b)** Unbeholfenheit, *die;* **c)** Peinlichkeit, *die;* **a moment of ~**: ein peinlicher Augenblick; **d)** *(of person)* unangenehmes Wesen; *(of situation, position)* Schwierigkeit, *die*
awl [ɔ:l] *n.* Ahle, *die;* Pfriem, *der*
awn [ɔ:n] *n.* Granne, *die*
awning ['ɔ:nɪŋ] *n. (on wagon)* Plane, *die;* (on house) Markise, *die;* (of tent) Vordach, *das;* (on ship) Persenning, *die*
awoke, awoken *see* **awake**
AWOL ['eɪwɒl] *adj. (Mil.)* unerlaubt von der Truppe entfernt; **go ~**: sich unerlaubt von der Truppe entfernen
awry [ə'raɪ] 1. *adv.* schief; **your coat has pulled your scarf [all] ~**: deine Jacke hat deinen Schal ganz verzogen; **go ~** *(fig.)* schiefgehen *(ugs.);* *(Plan:)* fehlschlagen. 2. *pred. adj.* schief; unordentlich; **your tie is all ~**: deine Krawatte sitzt ganz schief; **our clothes were all ~**: unsere Kleidung war völlig in Unordnung; **now our plans are utterly ~** *(fig.)* nun sind unsere Pläne völlig fehlgeschlagen; **something must be seriously ~**: da muß doch etwas nicht in Ordnung sein
axe *(Amer.:* **ax)** [æks] 1. *n.* **a)** Axt, *die;* Beil, *das;* **have an ~ to grind** *(fig.)* sein eigenes Süppchen kochen *(ugs.);* **b)** *(fig.: reduction)* **the ~**: radikale Kürzung; Rotstift, *der;* **on which sector will the ~ fall next?** welcher Sektor wird als nächstes dem Rotstift zum Opfer fallen? *See also* **fall 1 f**. 2. *v. t. (reduce)* [radikal] kürzen; *(eliminate)* [radikal] einsparen *(Stellen);* *(dismiss)* entlassen; *(abandon)* aufgeben *(Projekt)*
axes *pl. of* **axe, axis**
axial ['æksɪəl] *adj.* axial; Achsen-; Axial-
axil ['æksɪl] *n. (Bot.)* Blattachsel, *die;* (of tree) Winkel zwischen Ast und Stamm
axiom ['æksɪəm] *n.* Axiom, *das*
axiomatic [æksɪə'mætɪk] *adj.* axiomatisch; **I have taken it as ~ that ...**: ich gehe von dem Grundsatz aus, daß ...
axis ['æksɪs] *n., pl.* **axes** ['æksi:z] **a)** Achse, *die;* **~ of rotation** Rotationsachse, *die;* **b)** *(Polit.)* Achse, *die;* **the A~** *(Hist.)* die Achse; **the A~ powers** *(Hist.)* die Achsenmächte; **c)** *(Bot.)* Sproßachse, *die;* **d)** *(Anat., Physiol.)* Axis, *der*
axle ['æksl] *n.* Achse, *die*
'**axle grease** *n.* Wagenschmiere, *die*
¹**ay** [aɪ] 1. *adv.* **a)** *(in voting, arch./dial.)* ja; **answer ay mit ja** *(Naut.)* **a)** ay, ay, ay, sir!** jawohl, Herr Kapitän!/Admiral! etc. 2. *n., pl.* **ayes** [aɪz] *(answer)* Ja, *das; (vote)* Jastimme, *die;* **the ayes have it** die Mehrheit ist dafür
²**ay** *int. any me! (arch./poet.)* oh jeh!
ayatollah [aɪə'tɒlə] *n.* Ajatollah, *der*
¹**aye** *see* ¹**ay**
²**aye** [eɪ] *adv. (arch.: ever)* all[e]zeit *(veralt.);* **for ~**: auf ewig
azalea [ə'zeɪlɪə] *n. (Bot.)* Azalee, *die*
azimuth ['æzɪməθ] *n. (Astron.)* Azimut, *der*
Azores [ə'zɔ:z] *pr. n.* Azoren *Pl.*
Aztec [æztek] 1. *adj.* aztekisch. 2. *n.* **a)** *(person)* Azteke, *der*/Aztekin, *die;* **b)** *(language)* Aztekisch, *das*

azure ['æʒjə(r), 'eɪʒjə(r)] 1. *n.* **a)** *(sky blue)* Azur[blau], *das;* **b)** *(Her.)* Blau, *das;* **c)** *(literary: unclouded sky)* Azur, *der.* 2. *adj.* **a)** *(sky-blue)* azurblau; azurn; **b)** *(Her.)* blau

B

B, b [bi:] *n., pl.* **Bs** *or* **B's a)** *(letter)* B, b, *das;* **B road** Straße 2. Ordnung; ≈ Landstraße, *die;* **~ film** *or (Amer.)* **movie** Vorfilm, *der;* **b)** **B** *(Mus.)* H, h, *das;* **B flat** B, b, *das;* **c)** *(example)* B, b *(ohne Artikel);* **d)** **B** *(Sch., Univ.:* mark) Zwei, *die;* **he got a B** er bekam „gut" *od.* eine Zwei
B. *abbr.* **a)** *(Univ.)* Bachelor; **b)** bishop Bisch.; *(Chess)* L; **c)** *(on pencil)* black B
b. *abbr.* **a)** born geb.; **b)** *(Cricket)* bowled by ausgeschlagen durch Tortreffer von
BA *abbr.* **a)** *(Univ.)* Bachelor of Arts; *see also* **B.Sc.; c)** British Academy geisteswissenschaftliche akademische Institution in Großbritannien; **c)** British Association naturwissenschaftliche akademische Institution in Großbritannien
BAA *abbr.* British Airports Authority britische Flughafenbehörde
baa [bɑ:] 1. *n.* Blöken, *das.* 2. *v. i.* **baaed** *or* **baa'd** [bɑ:d] mähen; blöken
'**baa-lamb** *n. (child lang.)* Bählämmchen, *das;* Bählamm, *das*
baba ['bɑ:bɑ:] *n.* [rum] **~**: [Rum]baba, *das;* mit Rumsirup getränktes Gebäck
babble ['bæbl] 1. *v. i.* **a)** *(talk incoherently)* stammeln; **~ [away** *or* **on]** *(Baby:)* vor sich *(Akk.)* hin lallen *od.* plappern; **b)** *(talk foolishly)* [dumm] schwatzen; **a babbling idiot** ein dummer Schwätzer; **c)** *(talk excessively)* **~ away** *or* **on** quasseln *(ugs.);* **d)** *(murmur) (Bach:)* plätschern. 2. *v. t.* **a)** *(divulge foolishly)* ausplaudern; **~ sth. to sb.** etw. bei jmdm. ausplaudern; **b)** *(utter incoherently)* stammeln. 3. *n.* **a)** *(incoherent speech)* Gestammel, *das; (childish or foolish speech)* Gelalle, *das;* **b)** *(idle talk)* Geschwätz, *das;* **c)** *(murmur of water)* Geplätscher, *das;* **d)** *(Teleph.)* unverständliches Gemurmel
babbler ['bæblə(r)] *n.* **a)** *(chatterer, teller of secrets)* Plaudertasche, *die;* **b)** *(Ornith.)* Timalie, *die;* **c)** Lärmdrossel, *die (veralt.)*
babe [beɪb] *n.* **a)** *(inexperienced person)* Anfänger *der*/Anfängerin, *die;* **be a ~**: noch nicht trocken hinter den Ohren sein *(ugs.);* **b)** *(guileless person)* Lamm, *das;* **~s in the wood** unschuldige Lämmchen; **c)** *(Amer. sl.: young woman)* Kleine, *die (ugs.);* **I love you, ~**: ich liebe dich, Kleines; **d)** *(young child)* kleines Kind; **as innocent as a newborn ~**: unschuldig wie ein neugeborenes Kind; *see also* **mouth 1a**
babel ['beɪbl] *n.* **a)** *(scene of confusion)* Durcheinander, *das;* **b)** *(noisy medley)* **~ of voices** [lautes] Stimmengewirr; **tower of B~** *(fig.)* gigantisches Projekt; *(c) (confusion of tongues)* babylonisches Sprachengewirr
baboon [bə'bu:n] *n. (Zool.)* Pavian, *der; (fig. derog.: person)* Neandertaler, *der;* Halbaffe, *der*

babushka [bəˈbʊʃkə] *n.* Kopftuch, *das*
baby [ˈbeɪbɪ] **1.** *n.* **a)** Baby, *das;* **have a ~/be going to have a ~**: ein Kind bekommen; **she is having a ~ in May** sie bekommt im Mai ein Kind; **she has a young ~**: sie hat ein kleines Baby; **mother and ~ are doing fine** Mutter und Kind sind wohlauf; **a ~ boy/girl** ein kleiner Junge/ein kleines Mädchen; **throw out** *or* **away the ~ with the bathwater** *(fig.)* das Kind mit dem Bade ausschütten; **be left holding** *or* **carrying the ~** *(fig.)* die Sache ausbaden müssen *(ugs.);* **leave sb. carrying the ~** *(fig.)* jmdn. die Sache ausbaden lassen *(ugs.);* **it's your/his** *etc.* **~**: das ist dein/sein *usw.* Bier *(ugs.);* **reference books are Jones's ~**: um Nachschlagewerke muß sich Jones kümmern; **b)** *(youngest member)* Jüngste, *der/die; (male also)* Benjamin, *der;* **the ~ of the family** das Küken der Familie; **c)** *(childish person)* **be a ~**: sich wie ein kleines Kind benehmen; **d)** *(young animal)* Junge, *das;* **bird/giraffe** *etc.* **~** junger Vogel/junge Giraffe; Vogeljunge, *das*/Giraffenjunge, *das;* **e)** *(small thing)* **be a ~**: winzig sein; ~ **|car|** Miniauto, *der;* ~ **[bottle]** Miniflasche, *die;* **f)** *(sl.: sweetheart)* Schatz, *der; (in pop song also)* Baby, *das;* **g)** *(sl.: young woman)* Kleine, *die (ugs.);* **h)** *(sl.: person)* Typ, *der; (thing)* Ding, *das (ugs.);* **this ~** *(the speaker himself)* unsereiner *(ugs.).* **2.** *v. t.* wie ein kleines Kind behandeln; **be easy on** *od.* mit Samthandschuhen anfassen

baby: ~ **boom** *n.* Babyboom, *der;* ~**bouncer** *n.* federnd aufgehängter Sitz für Kleinkinder, in dem sie durch Wippen ihre Beine kräftigen kann; ~ **buggy** *n. (Amer.)* Kinderwagen, *der;* ~ **car** *see* **baby 1e;** ~ **carriage** *n. (Amer.)* Kinderwagen, *der;* ~ **clothes** *n. pl.* Babykleidung, *die;* ~**doll** *n.* ~**doll pyjamas/nightdress** Babydoll, *das;* ~**face** *n.* **a)** *(face)* Kindergesicht, *das;* **b)** *(person)* Milchgesicht, *das (leicht abwertend);* ~ **food** *n.* Babynahrung, *die;* ~**grand** *n. (Mus.)* Stutzflügel, *der*

babyhood [ˈbeɪbɪhʊd] *n., no pl.* frühe Kindheit

babyish [ˈbeɪbɪɪʃ] *adj.* kindlich ⟨Aussehen⟩; kindisch ⟨Benehmen, Person⟩; **don't be so ~**: benimm dich nicht wie ein kleines Kind

baby: ~**minder** *n.* Tagesmutter, *die;* ~ **powder** *n.* Babypuder, *der;* ~**sit** *v. i., forms as* **sit 1** babysitten *(ugs.);* **aut das Kind/die Kinder aufpassen; she ~sits for us** sie kommt zu uns zum Babysitten; ~**sitter** *n.* Babysitter, *der/*Babysitterin, *die;* ~**sitting,** *das;* ~**snatch** *v. i. see* **cradlesnatch;** ~**snatcher** *n.* **a)** Kindesentführer, *der;* **b)** *(fig. coll.)* jmd., der eine sehr viel jüngeren Person eine Liebesbeziehung eingeht; ~**snatching** *n.* Kindesentführung, *die;* **b) You can't ask her out. That would be ~-snatching** *(fig. coll.)* Du kannst sie nicht einladen. Das wäre Verführung einer Minderjährigen *(scherzh.);* ~**talk** *n.* Babysprache, *die;* ~**walker** *n.* Laufstuhl, *der*

baccarat [ˈbækəraː] *n.* Bakkarat, *das*
Bacchanalia [bækəˈneɪlɪə] *n. pl.* **a)** *(drunken revelry)* Bacchanal, *das (geh.);* **b)** *(Greek and Roman Ant.)* Bacchanalien *Pl.*
Bacchanalian [bækəˈneɪlɪən] **1.** *adj.* bacchantisch. **2.** *n.* Bacchant, *der (geh.)*
baccy [ˈbækɪ] *n. (coll.)* Tabak, *der*
bachelor [ˈbætʃələ(r)] *n.* **a)** *(unmarried man)* Junggeselle, *der;* **b)** *(Univ.)* Bakkalaureus, *der;* Bachelor, *der;* **B~ of Arts/Science** Bakkalaureus der philosophischen Fakultät/der Naturwissenschaften

bachelor: ~ **flat** *n.* Junggesellenwohnung, *die;* ~ **girl** *n.* Junggesellin, *die*
bachelorhood [ˈbætʃələhʊd] *n., no pl.* Junggesellendasein, *das*

bacillary [bəˈsɪlərɪ] *adj. (Biol., Med.)* bazillär
bacillus [bəˈsɪləs] *n., pl.* **bacilli** [bəˈsɪlaɪ] *(Biol., Med.)* **a)** *(rod-shaped bacterium)* Bazillus, *der;* **b)** *(pathogenic bacterium)* Bakterie, *die;* Bazillus, *der (veralt.)*
back [bæk] **1.** *n.* **a)** *(of person, animal)* Rücken, *der;* **stand ~ to ~**: Rücken an Rücken stehen; **give** *or* **make a ~**: sich bücken; **as soon as my ~ was turned** *(fig.)* sowie ich den Rücken gedreht hatte; **behind sb.'s ~** *see* **behind 2 b; be on one's ~** *(auf dem Rücken) liegen; (fig.: be ill)* im Bett liegen; flachliegen *(salopp);* **auf der Nase liegen** *(ugs.);* **turn one's ~ on sb.** jmdm. den Rücken zuwenden; *(fig.: abandon sb.)* jmdn. im Stich lassen; **turn one's ~ on sth.** *(fig.)* etw. vernachlässigen; **don't turn your ~ on this chance** laß dir diese Chance nicht entgehen; **get** *or* **put sb.'s ~ up** *(fig.)* jmdn. wütend machen; **be glad to see the ~ of sb./sth.** *(fig.)* froh sein, jmdn./etw. nicht mehr sehen zu müssen; **have one's ~ to the wall** *(fig.)* mit dem Rücken zur Wand stehen; **be at sb.'s ~** *(fig.) (in support)* hinter jmdm. stehen; *(in pursuit)* jmdm. auf den Fersen sein; **with sb. at one's ~** *(fig.)* gefolgt von jmdm.; **get off my ~** *(fig. coll.)* laß mich zufrieden; **have sb./sth. on one's ~** *(fig.)* jmdn./etw. am Hals haben *(ugs.);* **you look as if you had the cares of the world on your ~**: du siehst aus, als ob die Sorgen der ganzen Welt auf dir lasten; **put one's ~ into sth.** *(fig.)* sich für etw. mit allen Kräften einsetzen; **you're not exactly putting your ~ into this work** *(fig.)* du strengst dich bei dieser Arbeit nicht genug an; *see also* **break 1 c, 2 b; b)** *(outer or rear surface)* Rücken, *der; (of vehicle)* Heck, *das;* **the car went into the ~ of me** *(ugs.)* das Auto ist mir hinten reingefahren; **with the ~ of one's hand** mit dem Handrücken; **know sth. like the ~ of one's hand** *(fig.)* etw. wie seine Westentasche kennen; **the ~ of one's/the head** der Hinterkopf; **the ~ of the leg** *(below knee)* die Wade; **f)** *(of book) (spine)* [Buch]rücken, *der; (final pages)* Ende, *das;* **at the ~ [of the book]** hinten [im Buch]; **d)** *(of dress)* Rücken, *der; (of knife)* [Messer]rücken, *der;* **e)** *(more remote part)* hinterer Teil; **at the ~ [of sth.]** hinten [in etw. *(Dat.)*]; **f)** *(inside car)* Rücksitz, *der;* Fond, *der (seltener); (of chair)* [Rücken]lehne, *die; (of material)* linke Seite; *(of house, cheque)* Rückseite, *die; (~ wall)* Rückseite, *die;* Rückwand, *die;* ~**-to-~ houses** *(Brit.)* Häuser, deren Rückseiten eng aneinandergebaut sind; ~ **to front** verkehrt rum; **please get to the ~ of the queue** bitte, stellen Sie sich hinten an; **we squeezed five people into the ~ [of the car]** wir zwängten fünf Personen auf die Rücksitze [des Wagens]; **the coat-hook was on the ~ of the door** der Kleiderhaken befand sich hinten an der Tür; **there's something at the ~ of my mind** ich habe da noch etwas im Hinterkopf; **in ~ of sth.** *(Amer.)* hinter etw. *(Dat.); see also* **beyond 3; g)** *(Sport) (player)* Verteidiger, *der; (position)* he played at ~ **this week** diese Woche hat er als Verteidiger gespielt; **h)** *(of ship)* Kiel, *der;* **i)** **the B~s** *die Uferanlagen hinter einigen Colleges in Cambridge (England).* **2.** *adj., no comp.; superl.* ~**most** [ˈbækməʊst] **a)** *(situated behind)* hinter...; **from the ~most of the three lines** von der hintersten der drei Linien; **b)** *(of the past)* früher, ~ **issue** alte Ausgabe; **c)** *(overdue)* rückständig ⟨Lohn, Steuern⟩; **d)** *(remote)* abgelegen ⟨Ort, Straße⟩; **e)** *(reversed)* ~ **motion** Rückwärtsbewegung, *die;* ~ **flow** Rückfluß, *der;* **f)** *(Cricket)* ~ **play** das Schlagen des Balles hinter der Schlagmallinie; **g)** *(Phonet.)* ~ **vowel** Hinterzungenvokal, *der.* **3.** *adv.* **a)** *(to the rear)* zurück; **step** ~: zurücktreten; **play ~** *(Cricket)* zurücktreten, um zu schlagen; **b)** *(behind)* zurück; weiter hinten; **we passed a pub two miles ~**: wir sind vor zwei Meilen an einem Pub vorbeigefahren; ~ **and forth** hin und her; ~ **of sth.** *(Amer.)* hinter etw. *(Dat.);* **c)** *(at a distance)* **the house stands a long way ~ from the road** das Haus steht weit von der Straße zurück; **d)** *(to original position, home)* [wieder] zurück; **I got my letter ~**: ich habe meinen Brief zurückbekommen; **the journey ~**: die Rückfahrt/der Rückflug; **there and ~**: hin und zurück; **e)** *(to original condition)* wieder; **f)** *(in the past)* **go a long way ~**: weit zurückgehen; **a week ago/vor einem Monat; g)** *(in return)* zurück; **I got a letter ~**: er/sie hat mir wiedergeschrieben. **4.** *v. t.* **a)** *(assist)* helfen (+ *Dat.*); unterstützen ⟨Person, Sache⟩; **b)** *(bet on)* wetten *od.* setzen auf (+ *Akk.*) ⟨Pferd, Gewinner, Favorit⟩; **the wrong/right horse** *(lit. or fig.)* aufs falsche/richtige Pferd setzen *(ugs.);* ~ **X to beat Y** darauf wetten, daß X gegen Y gewinnt; **the horse which is most heavily ~ed** das Pferd, auf das am meisten gesetzt wurde; **c)** *(cause to move back)* zurücksetzen [mit] ⟨Fahrzeug⟩; rückwärts gehen lassen ⟨Pferd⟩; **how did you manage to ~ the car into that lamp-post?** wie hast du nur fertiggebracht, rückwärts gegen den Laternenpfahl zu fahren?; ~ **water** rückwärts rudern; **d)** *(put* or *act as a ~ to)* [an der Rückseite] verstärken; **e)** *(endorse)* indossieren ⟨Wechsel, Scheck⟩; **f)** *(lie at the ~ of)* ~ **sth.** hinten an etw. *(Akk.)* grenzen; **g)** *(Mus.)* begleiten. **5.** *v. i.* zurücksetzen ⟨Wind:⟩ [sich] gegen den Uhrzeigersinn drehen; ~ **into/out of sth.** rückwärts in etw. *(Akk.)*/aus etw. fahren; ~ **on to sth.** hinten an etw. *(Akk.)* grenzen; ~ **and fill** *(Amer.)* hin und her bewegen; *(fig.)* schwanken
~ **a'way** *v. i.* zurückweichen; *(fig.)* zurückschrecken
~ '**down** *v. i. (fig.)* nachgeben; einen Rückzieher machen *(ugs.); see also* **back-down**
~ '**off** *see* ~ **away**
~ '**out** *v. i.* rückwärts herausfahren; *(fig.)* einen Rückzieher machen *(ugs.);* ~ **out of sth.** *(fig.)* von etw. zurücktreten
~ '**up 1.** *v. t.* unterstützen; untermauern ⟨Anspruch, Geschichte, These⟩. **2.** *v. i.* **a)** ⟨Wasser:⟩ sich [auf]stauen; **b)** *(reverse)* zurücksetzen; **c)** *(Amer.: form queue of vehicles)* sich stauen. *See also* **back-up**

back: ~**ache** *n., no pl.* Rückenschmerzen *Pl.;* ~**bench** *n. (Brit. Parl.)* hintere Sitzreihe; **a ~bench MP** ein Parlamentsabgeordneter [aus den hinteren Reihen]; ~**bencher** [bækˈbentʃə(r)] *n. (Brit. Parl.)* [einfacher] Abgeordneter/[einfache] Abgeordnete; *(derog.)* Hinterbänkler, *der*/Hinterbänklerin, *die (abwertend);* ~**biter** *n.* Verleumder, *der*/Verleumderin, *die;* ~**biting** *n.* Verleumdung, *die;* Hetzerei, *die;* ~**blocks** *n. pl. (Austral., NZ)* ≈ Hinterland, *das;* dünn besiedeltes, abgelegenes Land im Landesinneren; ~**boiler** *n. (Brit.) (hinter dem Ofen o. ä. angebrachter)* Boiler, *der;* ~**bone** *n.* Wirbelsäule, *die;* Rückgrat, *das (auch fig.); (Amer.: of book)* [Buch]rücken, *der;* **to the ~bone** *(fig.)* durch und durch; ~**breaking** *adj.* äußerst mühsam; gewaltig ⟨Anstrengung⟩; ~**breaking work** Knochenarbeit, *die;* ~ **burner** *n.* **put sth. on the ~ burner** *(fig. coll.)* etw. zurückstellen; ~**chat** *n., no pl. (coll.)* [freche] Widerrede; **none of your ~chat!** keine Widerrede!; ~**cloth** *n. (Brit. Theatre)* Prospekt, *der;* ~**comb** *v. t.* zurückkämmen; ~**date** *v. t.* rückdatieren (**to** auf + *Akk.*); ~ **door** *n.* Hintertür, *die (auch fig.);* ~**door** *adj. (fig.)* Hintertreppen- *(abwertend);* ~ **down** *n. (coll.)* Rückzieher, *der (ugs.);* ~**drop** *see* ~**cloth**
backer [ˈbækə(r)] *n.* Geldgeber, *der; (of horse)* Wetter, *der*

back-fill

back: ~-**fill** *v. t.* [wieder] auffüllen; ~**fire 1.** ['--] *n.* Fehlzündung, *die;* **2.** [-'-] *v. i.* knallen; *(fig.)* fehlschlagen; **it ~fired on me/him** *etc.* der Schuß ging nach hinten los *(ugs.);* ~-**formation** *n.* (Ling.) *(word)* rückgebildetes Wort; *(action)* Rückbildung, *die*
backgammon ['bækgæmən] *n. (game)* Backgammon, *das;* ≈ Tricktrack, *das;* ≈ Puff, *das*
back: ~**ground** *n.* **a)** *(lit. or fig.)* Hintergrund, *der; (social status)* Herkunft, *die; (education)* Ausbildung, *die; (experience)* Erfahrung, *die;* **be in the ~ground** im Hintergrund stehen; **he comes from a poor ~ground** er stammt aus ärmlichen Verhältnissen; **against this ~ground** vor diesem Hintergrund; ~**ground heating** Heizung, *die* automatisch für eine erträgliche Zimmertemperatur sorgt; ~**ground music** Hintergrundmusik, *die;* **b)** ~**ground [information]** Hintergrundinformation, *die;* **c)** *(Radio)* Störgeräusch, *das;* ~**hand** *(Tennis etc.)* **1.** *adj.* Rückhand-; **2.** *n.* Rückhand, *die;* ~-**'handed** *adj.* **a)** ~-**handed slap** Schlag mit dem Handrücken; ~-**handed stroke** *(Tennis)* Rückhandschlag, *der;* **b)** *(fig.)* indirekt; zweifelhaft 〈*Kompliment*〉; ~**hander** *n.* **a)** *(stroke)* Rückhandschlag, *der (Tennis usw.); (blow)* Schlag [mit dem Handrücken]; **b)** *(sl.: bribe)* Schmiergeld, *das*
backing ['bækɪŋ] *n.* **a)** *(material)* Rückenverstärkung, *die;* **leather** ~: Rückseite aus Leder; **the silver ~ of a mirror** die silberne Beschichtung eines Spiegels; **b)** *(support)* Unterstützung, *die;* **the President has a large ~:** der Präsident kann sich auf eine große Anhängerschaft stützen; **c)** *(betting)* **there was much ~ of the favourite** es wurden viele Wetten auf den Favoriten abgeschlossen; **d)** *(Mus.: accompaniment)* Begleitung, *die*
'**backlash** *n.* Rückstoß, *der; (excessive play in machine)* Spiel, *das; (fig.)* Gegenreaktion, *die;* **a right-wing ~:** eine Gegenbewegung nach rechts
backless ['bæklɪs] *adj.* rückenfrei 〈*Kleid*〉
back: ~**list** *n.* Verzeichnis der lieferbaren Titel; Backlist, *die (Verlagsw.);* ~**log** *n.* Rückstand, *der;* ~**log of work** Arbeitsrückstand, *der;* **a large ~log of unfulfilled orders** ein großer Überhang an unerledigten Aufträgen; ~**marker** *n.* **a)** *(lagging behind other competitors)* Schlußlicht, *das (bes. fig.);* **b)** jmd., der ohne Vorgabe od. mit dem größten Handikap startet; ~'**number** *n.* **a)** *(of periodical, magazine)* alte Nummer; **b)** *(fig. sl.)* **these methods are a [real] ~ number** diese Methoden sind [reichlich] rückständig; **not every star is a ~ number when he is 60** nicht jeder Star ist mit 60 abgeschrieben; ~**pack 1.** *n.* Rucksack, *der;* **2.** *v. i.* mit dem Rucksack [ver]reisen; ~ **passage** *n. (Anat. coll.)* After, *der;* ~-'**pedal** *v. i.* **a)** die Pedale rückwärts treten; *(brake)* mit dem Fußtritt bremsen; **b)** *(fig.)* einen Rückzieher machen *(ugs.);* ~**rest** *n.* Rückenlehne, *die;* ~ **room** *n.* Hinterzimmer, *das;* **in the ~room** *(fig.)* hinter verschlossenen Türen; ~**room boys** *(coll.)* Experten im Hintergrund *(bes. Wissenschaftler, an Geheimprojekten arbeiten);* ~**scratcher** *n.* Rückenkratzer, *der;* ~**scratching** *n. (fig. coll.)* **[mutual] ~scratching** Klüngelei, *die (abwertend);* ~ '**seat** *n.* Rücksitz, *der; (in bus, coach)* hinterer Sitzplatz; **take a ~ seat** *(fig. coll.)* in den Hintergrund treten; **be in the ~ seat** *(fig. coll.)* im Hintergrund stehen; ~-**seat driver** besserwisserischer Beifahrer, der immer dazwischenredet; *(fig.)* Neunmalkluge, *der/die;* ~**side** *n.* Hinterteil, *das;* ≈ Hintern, *der (ugs.);* **get [up] off one's ~side** seinen Hintern heben *(ugs.);* ~**sight** *n.* Visier, *das;* ~**slapping** *adj. (fig.)* plump-vertraulich; ~**slider** *n.* Abtrünnige, *der/die;* ~**space** *v. i.* die Rücktaste betätigen;

~'**stage 1.** *adj.* hinter der Bühne; ~**stage activities** *(fig.)* Aktivitäten hinter den Kulissen; **2.** *adv.* **a) go ~stage** hinter die Bühne gehen; **wait ~stage for the artist** hinter den Bühnen auf den Künstler warten; **b)** *(fig.)* hinter den Kulissen; ~-'**stair[s]** *see* ~-**door;** ~ '**stairs** *n. pl.* Hintertreppe, *die;* ~**stitch 1.** *v. t. & i.* steppen; **2.** *n.* Steppstich, *der;* ~**stitch seam** Steppnaht, *die;* ~ **street** kleine Seitenstraße; **from the ~ streets of Naples** ≈ aus den Hinterhöfen Neapels; *see also* **abortion a; abortionist;** ~**stroke** *n. (Swimming)* Rückenschwimmen, *das;* **do** *or* **swim the ~stroke** rückenschwimmen; ~**talk** *see* ~**chat;** ~**track** *v. i.* wieder zurückgehen; *(fig.)* eine Kehrtwendung machen; ~-**up** *n.* **a)** *(support)* Unterstützung, *die;* **a racing driver needs a large ~-up crew** ein Rennfahrer muß eine große Crew hinter sich haben; **b)** *(reserve)* Reserve, *die;* ~-**up supplies** Vorräte für den Bedarfs- od. Notfall; ~-**up [copy]** *(Computing)* Sicherungskopie, *die;* **c)** *(Amer.: queue of vehicles)* Stau, *der;* **a ~-up of cars** eine Autoschlange; **d)** ~-**up light** *(Amer.)* Rückfahrscheinwerfer, *der.*
backward ['bækwəd] **1.** *adj.* **a)** *(directed to rear)* rückwärts gerichtet; Rückwärts-; ~ **movement** Rückwärtsbewegung, *die;* **the ~ slant to his handwriting** seine nach links geneigte Handschrift; **b)** *(reluctant, shy)* zurückhaltend; **be in coming forward** *(joc.)* sich zurückhalten; **c)** *(slow, retarded)* zurückgeblieben 〈*Kind*〉; *(underdeveloped)* rückständig, unterentwickelt 〈*Land, Region*〉; ~ **in sth.** in etw. *(Dat.)* zurückgeblieben; ~ **in his studies** mit seinem Studium im Rückstand. **2.** *adv. see* **backwards**
backwardness ['bækwədnɪs] *n., no pl.* **a)** *(reluctance, shyness)* Zurückhaltung, *die;* **b)** *(of child)* Zurückgebliebenheit, *die;* *(of country, region)* Rückständigkeit, *die;* **the child's ~ in school** daß das Kind in der Schule zurückgeblieben ist/war
backwards ['bækwədz] *adv.* **a)** nach hinten; **the child fell [over] ~ into the water** das Kind fiel rückwärts ins Wasser; **bend** *or* **fall** *or* **lean over ~ to do sth.** *(fig. coll.)* sich zerreißen, um etw. zu tun *(ugs.);* **b)** *(oppositely to normal direction)* rückwärts; ~ **and forwards** *(to and fro, lit. of fig.)* hin und her; ~ *(into a worse state)* **go ~:** sich verschlechtern; **under his leadership the country is going ~:** unter seiner Führung verschlechtert sich die Lage des Landes; **d)** *(into past)* **look ~:** an frühere Zeiten denken; **e)** *(reverse way)* rückwärts; von hinten nach vorn; **you're doing everything ~:** du machst ja alles verkehrt herum; **know sth. ~:** etw. in- und auswendig kennen
back: ~**wash** *n.* Rückstrom, *der (from Gen.);* **in the ~wash of** *(fig.)* als Folge von; ~**water** *n. (fig.)* Kaff, *das (ugs. abwertend);* **this town is too much of a ~water** diese Stadt ist zu provinziell; ~**woods** *n. pl.* abgelegene Wälder; unerschlossene Waldgebiete; **the ~woods** hinterste Provinz; ~**woodsman** *n.* ≈ Waldbewohner, *der; (uncouth person)* Hinterwäldler, *der (spött.);* ~ '**yard** *n.* Hinterhof; **in one's own ~ yard** *(fig.)* vor der eigenen Haustür
bacon ['beɪkən] *n. (Frühstücks)speck, der;* ~ **and eggs** Eier mit Speck; **bring home the ~** *(fig. coll.)* es schaffen; *(der Ernährer sein)* die Brötchen verdienen *(ugs.);* **save one's ~** *(fig.)* die eigene od. seine Haut retten
bacteria *pl. of* **bacterium**
bacterial [bæk'tɪərɪəl] *adj.* bakteriell
bactericide [bæk'tɪərɪsaɪd] *n.* Bakterizid, *das*
bacteriological [bæktɪərɪə'lɒdʒɪkl] *adj.* bakteriologisch
bacteriologist [bæktɪərɪ'ɒlədʒɪst] *n.* Bakteriologe, *der/*Bakteriologin, *die*

badly

bacteriology [bæktɪərɪ'ɒlədʒɪ] *n.* Bakteriologie, *die*
bacterium [bæk'tɪərɪəm] *n., pl.* **bacteria** [bæk'tɪərɪə] Bakterie, *die*
bad [bæd] **1.** *adj.,* **worse** [wɜ:s], **worst** [wɜ:st] **a)** *schlecht; (worthless)* wertlos, ungedeckt 〈*Scheck*〉; *(counterfeit)* falsch 〈*Münze, Banknote*〉; *(rotten)* schlecht, verdorben 〈*Fleisch, Fisch, Essen*〉; faul 〈*Ei, Apfel*〉; *(unpleasant)* schlecht, unangenehm 〈*Geruch*〉; **do a ~ job on sth.** bei etw. schlecht arbeiten; **sth. gives sb. a ~ name** einen schlechten Ruf ein; **sb. gets a ~ name** jmd. kommt in Verruf; **she is in ~ health** sie hat eine angegriffene Gesundheit; **she has a ~ complexion** sie hat einen unreinen Teint; **be ~ at doing sth.** etw. nicht gut können; **be a ~ liar** ein schlechter Lügner sein; **[some] ~ news** schlechte Nachrichten; ~ **breath** Mundgeruch, *der;* **he is having a ~ day** er hat einen schwachen Tag; ~ **business** ein schlechtes Geschäft; **it is a ~ business** *(fig.)* das ist eine schlimme Sache; **in the ~ old days** in den schlimmen Jahren; **not ~** *(coll.)* nicht schlecht; nicht übel; **not so ~** *(coll.)* gar nicht so schlecht od. übel; **things weren't so ~** *(coll.)* es war alles nicht so schlimm; **sth. is not a ~ idea** etw. ist keine schlechte Idee; **not half ~** *(coll.)* [gar] nicht schlecht; **sth. is too ~** *(coll.)* etw. ist ein Jammer; **that was too ~ of him** *(coll.)* das war rücksichtslos von ihm; **too ~!** *(coll.)* so ein Pech! *(auch iron.);* **go ~:** schlecht werden; **in a ~ sense** im schlechten Sinne; **b)** *(noxious)* schlecht; schädlich; **it is ~ for you** es ist schlecht für dich; es schadet dir; **c)** *(wicked)* schlecht; *(immoral)* schlecht; verdorben; unmoralisch 〈*Buch, Heft*〉; *(naughty)* ungezogen, böse 〈*Kind, Hund*〉; **d)** *(offensive)* [**use**] ~ **language** Kraftausdrücke [benutzen]; **e)** *(in ill health)* **she's ~ today** es geht ihr heute schlecht; **have a ~ arm/finger** einen schlimmen Arm/Finger haben *(ugs.);* **I have a ~ pain** ich habe schlimme Schmerzen; **be in a ~ way** in schlechtem Zustand sein; **f)** *(serious)* schlimm, böse 〈*Sturz, Krise*〉; schwer 〈*Fehler, Krankheit, Unfall, Erschütterung*〉; hoch 〈*Fieber*〉; schrecklich 〈*Feuer*〉; **g)** *(coll.: regretful)* **a ~ conscience** ein schlechtes Gewissen; **feel ~ about sth./not having done sth.** etw. bedauern/bedauern, daß man etw. nicht getan hat; **I feel ~ about him/her** ich habe seinetwegen/ihretwegen ein schlechtes Gewissen; **h)** *(Commerc.)* **a ~ debt** eine uneinbringliche Schuld *(Wirtsch.);* **i)** *(Law: invalid)* ungültig. *See also* **book 1 a;** ¹**egg; form 1 h; hat b; lot c; luck a; patch 1 a; penny c; temper 1 a; worse 1; worst 1. 2.** *n.* **a)** *(ill fortune)* Schlechte, *das;* **b)** *(debit)* **be £100 to the ~** mit 100 Pfund in der Kreide stehen *(ugs.);* **c)** *(ruin)* **go to the ~:** auf die schiefe Bahn geraten. *See also* **worse 3. 3.** *adv. (Amer. coll.) see* **badly**
baddish ['bædɪʃ] *adj.* ziemlich schlecht
baddy ['bædɪ] *n. (coll.)* Schurke, *der;* **the goodies and the baddies** die Guten und die Bösen *(oft iron.)*
bade *see* **bid 1 c, d, e**
badge [bædʒ] *n.* **a)** *(as sign of office, membership, support)* Abzeichen, *das; (larger)* Plakette, *die;* **b)** *(symbol)* Symbol, *das;* **c)** *(thing revealing quality or condition)* Kennzeichen, *das*
badger ['bædʒə(r)] **1.** *n.* Dachs, *der.* **2.** *v. t.* ~ **sb.** *(into doing/to do sth.)* jmdm. keine Ruhe lassen[, bis er/sie etw. tut]; ~ **sb. with questions** jmdn. mit Fragen löchern *(ugs.);* **don't ~ her out of her wits!** verrückt! *(ugs.)*
'**badger baiting** *n.* Dachshetze, *die*
badinage ['bædɪnɑ:ʒ] *n.* Spöttelei, *die*
'**bad lands** *n. pl. (Amer.)* Badlands *Pl. (Geogr.)*
badly ['bædlɪ] *adv.,* **worse** [wɜ:s], **worst**

bad man | **balderdash**

[wɜːst] **a)** schlecht; **b)** *(seriously)* schwer ⟨*verletzt, beschädigt*⟩; sehr ⟨*schief sein, knarren*⟩; **he hurt himself** ~: er hat sich *(Dat.)* schwer verletzt; **he has got it** ~: es hat ihn schlimm erwischt *(ugs.)*; **be** ~ **beaten** schwer verprügelt werden *(ugs.)*; *(in game, battle)* vernichtend geschlagen werden; **c)** *(urgently)* dringend; **want sth. [so]** ~: sich *(Dat.)* etw. [so] sehr wünschen; **d)** *(coll.: regretfully)* **feel** ~ **about sth.** etw. [sehr] bedauern; **I don't feel too** ~ **about it** es macht mir nicht soviel aus. *See also* **worse 2; worst 2**
¹**bad man** *n. (Amer.)* Bösewicht, *der*
badminton ['bædmɪntən] *n.* Federball, *der; (als Sport)* Badminton, *das*
²**bad mouth** *n. (Amer. sl.)* Klatsch, *der (ugs.)*
³**bad-mouth** *v. t. (Amer. sl.)* klatschen über (+ *Akk.*) *(ugs.)*
badness ['bædnɪs] *n., no pl. see* **bad**: Schlechtigkeit, *die;* Verdorbenheit, *die;* Ungezogenheit, *die;* Ungültigkeit, *die;* **the** ~ **in him** seine innere Schlechtigkeit
bad-tempered [bæd'tempəd] *adj.* griesgrämig
BAe *abbr.* **British Aerospace** *britisches Unternehmen, das Flugzeuge und Raumschiffe herstellt*
baffle ['bæfl] **1.** *v. t.* **a)** *(perplex)* ~ **sb.** jmdm. unverständlich sein; jmdn. vor ein Rätsel stellen; **b)** *(stop progress of)* aufhalten. **2.** *n.* ~**|-plate**, *(Technik.)* ~**|-board** *(of loudspeaker)* Schallwand, *die*
baffled ['bæfld] *adj.* verwirrt; **be** ~: vor einem Rätsel stehen
bafflement ['bæflmənt] *n.* Verwirrung, *die*
baffling ['bæflɪŋ] *adj.* rätselhaft
bag [bæg] **1.** *n.* **a)** Tasche, *die; (sack)* Sack, *der; (hand~)* [Hand]tasche, *die; (of plastic)* Beutel, *der; (small paper ~)* Tüte, *die;* **a** ~ **of cement** ein Sack Zement; ~ **and baggage** *(fig.)* mit Sack und Pack; **be a** ~ **of bones** *(fig.)* nur Haut und Knochen sein; **[whole]** ~ **of tricks** *(fig.)* Trickkiste, *die (ugs.)*; **have exhausted one's [whole]** ~ **of tricks** sein Pulver verschossen haben *(ugs.)*; **leave sb. holding the** ~ *(Amer. fig.)* jmdm. den Schwarzen Peter zuschieben; **his nomination is in the** ~ *(fig. coll.)* er hat die Nominierung in der Tasche *(ugs.)*; **freedom was as good as in the** ~ *(coll.)* die Freiheit war so gut wie gewonnen; *see also* **cat a; mixed bag; b)** *(Hunting: amount of game)* Jagdbeute, *die;* Strecke, *die (Jägerspr.);* **make** *or* **secure a good** ~ *(lit. or fig.)* reiche Jagdbeute/*(fig.)* Beute machen; **c)** *in pl. (sl.: large amount)* ~**s of** jede Menge *(ugs.)*; **d)** *in pl. (Brit. sl.: trousers)* Hose, *die;* **e)** *(puffiness)* **have** ~**s under** *or* **below one's eyes** Tränensäcke haben; **f)** *(sl. derog.: woman)* **[old]** ~: alte Schlampe *(ugs. abwertend)*; **g)** *(sl.: current interest, activity)* **what's your** ~? auf was stehst du [zur Zeit]? *(ugs.)*. **2.** *v. t.,* -**gg-: a)** *(put in sacks)* in Säcke füllen; einsacken *(fachspr.); (put in plastic bags)* in Beutel füllen; *(put in small paper bags)* in Tüten füllen; eintüten *(fachspr.);* **b)** *(Hunting)* erlegen, erbeuten ⟨*Tier*⟩; **c)** *(claim possession of)* sich *(Dat.)* schnappen *(ugs.);* [euphem.: *steal*] klauen *(ugs.) (Brit. Sch. sl.: claim)* ~**s I go first!** erster!
bagatelle [bægə'tel] *n.* **a)** *(trifle)* Nebensächlichkeit, *die;* **b)** *(Mus.)* Bagatelle, *die (fachspr.);* kurzes Musikstück
bagel ['beɪɡl] *n.* hartes, ringförmiges Hefegebäck
bagful ['bægfʊl] *n. see* **bag 1 a: a** ~ **of** ein Sack [voll]/eine Tasche/ein Beutel/eine Tüte [voll]
baggage: ~ **car** *n. (Amer.)* Gepäckwagen, *der;* ~ **check** *n.* Gepäckkontrolle, *die;*

(Amer.: ticket) Gepäckschein, *der;* ~ **room** *n. (Amer.)* Gepäckaufbewahrung, *die;* ~ **tag** *n. (Amer.)* Kofferanhänger, *der*
bagginess ['bægɪnɪs] *n., no pl.* Schlaffheit, *die;* **the** ~ **of these old trousers** die Ausgebeultheit dieser alten Hose
baggy ['bægɪ] *adj.* weit [geschnitten] ⟨*Kleid*⟩; schlaff [herabhängend] ⟨*Haut*⟩; *(through long use)* ausgebeult ⟨*Hose*⟩
Baghdad [bæg'dæd] *pr. n.* Bagdad *(das)*
bag: ~**pipe** *adj.* Dudelsack-; ~**pipe[s]** *n.* Dudelsack, *der;* ~**piper** *n.* Dudelsackpfeifer, *der*
baguette [bæ'get] *n.* Baguette, *die;* [französisches] Stangenweißbrot
bah [bɑː] *int.* bah
Bahamas [bə'hɑːməz] *pr. n. pl.* **the** ~: die Bahamainseln
Bahamian [bə'heɪmɪən] **1.** *adj.* bahamisch. **2.** *n.* Bahamer, *der*/Bahamerin, *die*
¹**bail** [beɪl] **1.** *n.* **a)** Sicherheitsleistung, *die (Rechtsspr.); (financial)* Kaution, *die; (personal)* Bürgschaft, *die;* **grant sb.** ~: jmdm. die Freilassung gegen Kaution bewilligen; **give sb.** ~ **on payment of the sum of ...:** jmdn. gegen eine Kaution in Höhe von ... freilassen; **be [out] on** ~: gegen Kaution auf freiem Fuß sein; **the judge refused** ~ **to the accused** der Richter lehnte es ab, den Angeklagten gegen Kaution freizulassen; **put** *or* **release sb. on** ~: jmdn. gegen Kaution freilassen; **forfeit one's** *or (coll.)* **jump** *or (coll.)* **skip [one's]** ~: die Kaution verfallen lassen [und nicht vor Gericht erscheinen]; **b)** *(person[s] acting as surety)* Bürge, *der;* **go** ~ **for sb.** für jmdn. Bürge sein; **go** ~ **for sb./sth.** *(fig.)* für jmdn./etw. bürgen *od.* geradestehen. **2.** *v. t.* **a)** *(entrust)* anvertrauen; **b)** *(release)* gegen Kaution freilassen; **c)** *(go for)* bürgen für; ~ **sb. out** jmdm. aus der Klemme helfen *(ugs.)*
²**bail** *n. (Cricket)* Querstab, *der*
³**bail** *v. t. (scoop)* **[out]** ausschöpfen
~ **out** *v. i. (Aeronaut.)* *(Pilot.)* abspringen *od.* *(Fliegerspr.)* aussteigen
bailey ['beɪlɪ] *n. (wall)* Burgmauer, *die; (outer court)* Zwinger, *der; (inner court)* Burghof, *der;* **the Old Bailey** *(oberster Strafgerichtshof für London)*
'**Bailey bridge** *n.* Bailey-Brücke, *die (Brücke aus vorgefertigten Teilen, die in kurzer Zeit errichtet werden kann)*
bailiff ['beɪlɪf] *n.* **a)** ≈ Justizbeamte, *der;* Büttel, *der (veralt.); (performing distraints)* Gerichtsvollzieher, *der; (serving writs)* Gerichtsbote, *der (veralt.);* **b)** *(agent of landlord)* Verwalter, *der;* Vogt, *der (hist.);* **c)** *(Amer. Admin.: court official)* ≈ Gerichtsbeamte, *der*
bailiwick ['beɪlɪwɪk] *n.* **a)** *(Hist.)* Amtsbezirk eines Bailiffs; Vogtei, *die;* **b)** *(joc.)* Reich, *das (fig.)*
bairn [beən] *n. (Scot./N. Engl./literary)* Kind, *das*
¹**bait** [beɪt] **1.** *v. t.* **a)** mit einem Köder versehen ⟨*Falle*⟩; beködern ⟨*Angelhaken*⟩; **b)** *(torment with dogs)* ~ **sth. [with dogs]** die Hunde auf etw. *(Akk.)* hetzen; **the badger was** ~**ed to death** der Dachs wurde von den Hunden totgebissen; **c)** *(fig.: torment)* herumhacken auf (+ *Dat.*) *(ugs.); (in playful manner)* necken; ~ **sb. with questions** jmdm. mit Fragen zusetzen. **2.** *n. (lit. or fig.)* Köder, *der;* **live** ~: lebender Köder, **rise** *to* **take the** ~ *(fig.)* anbeißen
²**bait** *see* ²**bate**
baize [beɪz] *n. (Textiles)* Fries, *der*
bake [beɪk] **1.** *v. t.* **a)** *(cook)* backen; ~**d apple** Bratapfel, *der;* ~**d beans** gebackene Bohnen [in Tomatensoße]; ~**d potato** in der Schale gebackene Kartoffel. **2.** *v. i.* **a)** backen, gebacken werden; *(fig.: be hot)* **I**

am baking! mir ist wahnsinnig heiß! *(ugs.);* **b)** *(be hardened)* ⟨*Ziegel, Keramik.:*⟩ gebrannt werden; ⟨*Boden, Erde:*⟩ ausdorren. **3.** *n. (Amer.: party)* Party [bei der Gebackenes gegessen wird]
bake: ~**apple** *n. (Can.)* [getrocknete] Moltebeere; ~**house** *n.* Backstube, *die*
bakelite ['beɪkəlaɪt] *n.* Bakelit, *das*
baker ['beɪkə(r)] *n.* Bäcker, *der;* **at the** ~**'s** beim Bäcker; in der Bäckerei; **go to the** ~**'s** zum Bäcker *od.* zur Bäckerei gehen; **a** ~**'s dozen** 13 Stück
bakery ['beɪkərɪ] *n.* Bäckerei, *die*
baking ['beɪkɪŋ] *adv.* **it's** ~ **hot today, isn't it?** eine Hitze wie im Backofen ist das heute, nicht wahr?
baking: ~**-dish** *n.* Auflaufform, *die;* ~**-powder** *n.* Backpulver, *das;* ~**-sheet** *n.* Backblech, *das;* ~**-soda** *n.* Natron, *das;* ~**-tin** *n.* Backform, *die;* ~**-tray** *n.* Kuchenblech, *das*
Balaclava [bælə'klɑːvə] *n.* ~ **[helmet]** Balaklavamütze, *die (Wollmütze, die Kopf und Hals bedeckt und das Gesicht frei läßt)*
balalaika [bælə'laɪkə] *n.* Balalaika, *die*
balance ['bæləns] **1.** *n.* **a)** *(instrument)* Waage, *die;* ~**|-wheel** Unruh, *die;* **b)** **the B**~ *(Astrol.)* die Waage; *see also* **archer b; c)** *(fig.)* **be** *or* **hang in the** ~: in der Schwebe sein; **the prisoners' lives are in the** ~: die Zukunft der Gefangenen ist völlig ungewiß; **d)** *(even distribution)* Gleichgewicht, *das; (correspondence)* Übereinstimmung, *die; (due proportion)* ausgewogenes Verhältnis; *(Art: harmony)* Ausgewogenheit, *die;* **strike a** ~ **between** den Mittelweg finden zwischen (+ *Dat.*); **the** ~ **of sb.'s mind** jmds. seelisches Gleichgewicht; ~ **of power** *see* **power 1 f; e)** *(counterpoise)* Gegengewicht, *das;* Ausgleich, *der;* **f)** *(steady position)* Gleichgewicht, *das;* **keep/lose one's** ~: das Gleichgewicht halten/verlieren; *(fig.)* sein Gleichgewicht bewahren/verlieren; **off [one's]** ~ *(lit. or fig.)* aus dem Gleichgewicht; **throw sb. off [his]** ~ *(lit. or fig.)* jmdn. aus dem Gleichgewicht werfen; **g)** *(preponderating weight or amount)* Bilanz, *die;* **the** ~ **of evidence appears to be in his favour** die Beweise zu seinen Gunsten scheinen zu überwiegen; **h)** *(Bookk.: difference)* Bilanz, *die; (state of bank account)* Kontostand, *der; (statement)* Auszug, *der;* **on** ~ *(fig.)* alles in allem; ~ **sheet** Bilanz, *die;* **i)** *(Econ.)* ~ **of payments** Zahlungsbilanz, *die;* ~ **of trade** Handelsbilanz, *die;* **j)** *(surplus amount)* **[in hand]** Überschuß, *der;* **you may keep the** ~: der Rest ist für Sie; **k)** *(remainder)* Rest, *der.* **2.** *v. t.* **a)** *(weigh up)* abwägen; ~ **sth. with** *or* **by** *or* **against sth. else** etw. anderes abwägen; **b)** *(bring into or keep in ~)* balancieren; ausweichen ⟨*Rad*⟩; ~ **oneself** balancieren; **c)** *(equal, neutralize)* ausgleichen; ~ **each other, be** ~**d** sich *(Dat.)* die Waage halten; **d)** *(make up for, exclude dominance of)* ausgleichen; **e)** *(Bookk.)* bilanzieren. **3.** *v. i.* **a)** *(be in equilibrium)* balancieren; **do these scales** ~? ist diese Waage im Gleichgewicht?; **balancing act** *(lit. or fig.)* Balanceakt, *der;* **b)** *(Bookk.)* ausgeglichen sein; bilanzieren *(Kaufmannsspr.)*
balanced ['bælənst] *adj.* ausgewogen; ausgeglichen ⟨*Person, Team, Gemüt*⟩
Balaton ['bælətən] *pr. n.* **Lake** ~: der Plattensee; der Balaton *(DDR)*
balcony ['bælkənɪ] *n.* Balkon, *der; (Amer. Theatre: dress circle)* erster Rang
bald [bɔːld] *adj.* **a)** kahl ⟨*Person, Kopf*⟩; **he is** ~: er ist kahl[köpfig] *od.* hat eine Glatze; **go** ~: eine Glatze bekommen; **b)** *(plain)* einfach, schmucklos ⟨*Stil, Rede, Prosa*⟩; schlicht ⟨*Appell*⟩; knapp, nackt ⟨*Behauptung*⟩; **c)** *(coll.: worn smooth)* abgefahren ⟨*Reifen*⟩
'**bald eagle** *n.* Weißkopf-Seeadler, *der*
balderdash ['bɔːldədæʃ] *n., no pl., no indef.*

73

baldhead   **bandolier**

art. a) Unsinn, *der;* dummes Zeug *(ugs.);* b) *(jumble of words)* Wortsalat, *der*

bald: ~head *n.* a) kahlköpfiger *od.* glatzköpfiger Mensch; Kahlkopf, *der (ugs.);* Glatzkopf, *der (ugs.);* b) *(Ornith.)* Amerikanische Pfeifente; **~-'headed** *adj.* glatzköpfig; kahlköpfig

balding ['bɔːldɪŋ] *adj.* mit beginnender Glatze *nachgestellt;* **be ~:** kahl werden

baldly ['bɔːldlɪ] *adv.* unverhüllt; offen; knapp und klar ⟨*zusammenfassen, umreißen*⟩; **~:** schlicht und einfach; **to put it ~:** um es geradeheraus zu sagen

baldness ['bɔːldnɪs] *n., no pl. see* **bald a, b:** Kahlheit, *die;* Einfachheit, *die;* Schlichtheit, *die;* Knappheit, *die*

'baldpate *see* **baldhead**

baldric ['bɔːldrɪk] *n. (Hist.)* Bandelier, *das*

¹bale [beɪl] **1.** *n.* Ballen, *der.* **2.** *v. t. (pack)* in Ballen verpacken; zu Ballen binden ⟨*Heu*⟩

²bale *n. (arch./poet.)* a) *(evil)* Unheil, *das (geh.);* b) *(woe)* Elend, *das*

³bale *see* **³bail**

Balearic Islands [bælɪ'ærɪk aɪləndz] *pr. n. pl.* Balearen *Pl.*

baleful ['beɪlfl] *adj.* unheilvoll; *(malignant)* böse

balefully ['beɪlfəlɪ] *adv.* unheilvoll; *(malignantly)* böse

balk [bɔːk, bɔːlk] **1.** *n.* a) *(ridge)* Rain, *der;* b) *(timber beam)* Balken, *der;* c) *(tie-beam)* Binderbalken, *der (Bauw.);* ≈ Dachbalken, *der;* d) *(hindrance)* Hindernis, *das* (zu für); e) *no indef. art. (Billiards)* markierte Fläche auf dem Billardtisch, wo die Kugel nicht direkt gespielt werden darf; f) *(Baseball)* Art Foul des Werfers. **2.** *v. t.* a) [be]hindern; **they were ~ed in their plan/undertaking** *etc.* ihr Plan/Unternehmen *usw.* wurde blockiert; **they were ~ed of their prey** sie wurden um ihre Beute gebracht. **3.** *v. i.* a) *(avoid)* ausweichen (+ *Dat.*) ⟨*Person, Gespräch*⟩; sich entziehen (+ *Dat.*) ⟨*Verantwortung, Aufgabe, Gespräch*⟩. b) sich sträuben (**at** gegen); ⟨*Pferd:*⟩ scheuen (**at** vor + *Dat.*)

Balkan ['bɔːlkn] **1.** *adj.* Balkan-. **2.** *n. pl.* **the ~s** der Balkan; die Balkanländer

Balkanize ['bɔːlkənaɪz] *v. t.* balkanisieren

¹ball [bɔːl] **1.** *n.* a) Kugel, *die;* **the animal rolled itself into a ~:** das Tier rollte sich [zu einer Kugel] zusammen; b) *(Sport, incl. Golf, Polo)* Ball, *der (Billiards etc., Croquet)* Kugel, *die;* **the ~ is in your court** *(fig.)* jetzt bist du am Zug *(fig.);* **have the ~ at one's feet** *(fig.)* alle Möglichkeiten *od.* Chancen haben; **keep one's eye on the ~** *(fig.)* die Sache im Auge behalten; **keep the ~ rolling** *(fig.)* die Sache in Schwung halten; **start the ~ rolling** *(fig.)* den Anfang machen; **be on the ~** *(fig. coll.)* voll dasein *(salopp);* *(be alert)* auf Zack sein *(salopp);* **play ~:** Ball spielen; *(fig. coll.: co-operate)* mitmachen; **play ~ with sb.** mit jmdm. Ball spielen; *(fig. coll.: co-operate)* mit jmdm. zusammenarbeiten; c) *(missile)* Kugel, *die;* d) *(round mass)* Kugel, *die; (of wool, string, fluff, etc.)* Knäuel, *der;* **two ~s of wool** zwei Knäuel Wolle *od.* Knäuel Wolle. **~ of clay** Lehmklumpen, *der;* e) *(Anat.: rounded part)* Ballen, *der;* **~ of the hand/foot** Hand-/Fußballen, *der;* f) *in pl. (coarse: testicles)* Eier *Pl. (derb);* **~s!** *(fig.)* Scheiß! *(salopp abwertend);* *constr. as sg.* **make a ~s of sth.** *(fig.)* bei etw. Scheiße bauen *(derb).* **2.** *v. t.* zusammenballen; zerknüllen ⟨*Papier*⟩; ballen ⟨*Faust*⟩

~ 'up *v. t. (fig. sl.)* durcheinanderbringen

²ball *n. (dance)* Ball, *der;* **give a ~:** einen Ball geben *od.* veranstalten; **have [oneself] a ~** *(fig. sl.)* sich riesig amüsieren *(ugs.);* **open the ~:** den Ball eröffnen; *(fig.)* den Tanz beginnen

ballad ['bæləd] *n.* a) Lied, *das;* *(narrative)* Ballade, *die;* Lied, *das;* b) *(poem)* Ballade, *die*

balladry ['bælədrɪ] *n.* Balladendichtung, *die*

ball and 'socket joint *n.* Kugelgelenk, *das*

ballast ['bæləst] *n.* a) Ballast, *der;* **be in ~:** auf Ballastfahrt sein *(Seemannsspr.);* b) *(fig.: sth. that gives stability)* stabilisierender Faktor; c) *(coarse stone etc.)* Schotter, *der*

ball: **~-'bearing** *n. (Mech.)* Kugellager, *das;* **~boy** *n.* Balljunge, *der;* **~ clay** *n. (Amer. Min.)* Pfeifenton, *der;* **~cock** *n.* Schwimmer[regel]ventil, *das (Technik);* **~ control** *n.* Ballführung, *die*

ballerina [bælə'riːnə] *n.* Ballerina, *die;* **prima ~:** Primaballerina, *die*

ballet ['bæleɪ] *n.* Ballett, *das;* **~ dancer** Ballettänzer, *der/*-tänzerin, *die*

ball: **~ game** *n.* a) Ballspiel, *das;* b) *(Amer.)* Baseballspiel, *das;* **a whole new ~ game** *(fig. coll.)* eine ganz neue Geschichte *(ugs.);* **a different ~ game** *(fig. coll.)* eine andere Sache; **~girl** *n.* Ballmädchen, *das*

ballistic [bə'lɪstɪk] *adj.* ballistisch; **~ missile** ballistische Rakete

ballistics [bə'lɪstɪks] *n., no pl.* Ballistik, *die*

ball: **~ joint** *see* **ball and socket joint;** **~ lightning** *n.* Kugelblitz, *der*

balloon [bə'luːn] **1.** *n.* a) Ballon, *der;* **hot-air ~:** Heißluftballon, *der;* **when the ~ goes up** *(fig.)* wenn es brenzlig wird; b) *(toy)* Luftballon, *der;* c) *(coll.: in strip cartoon etc.)* Sprechblase, *die;* d) *(drinking-glass)* Schwenker, *der;* Schwenkglas, *das.* **2.** *v. i.* a) sich blähen; b) *(travel in ~)* im Ballon fahren. **3.** *v. t. (hit, kick)* hoch in die Luft schlagen

balloon 'tyre *n.* Ballonreifen, *der*

ballot ['bælət] **1.** *n.* a) *(voting)* Abstimmung, *die;* *[secret]* geheime Wahl; **hold or take a ~:** abstimmen; b) *(vote)* Stimme, *die;* **cast one's ~:** seine Stimme abgeben; c) *(ticket, paper)* Stimmzettel, *der.* **2.** *v. i.* abstimmen; **~ for sb./sth.** für jmdn./etw. stimmen. **3.** *v. t.* abstimmen lassen; eine Abstimmung vornehmen bei

ballot: **~-box** *n.* Wahlurne, *die;* **~-paper** *n.* Stimmzettel, *der*

ball: **~park** *n. (Amer.)* Baseballfeld, *das;* **your estimate is not in the right ~park** *(fig.)* mit deiner Schätzung liegst du völlig falsch *(ugs.);* **~-pen, ~-point, ~-point 'pen** *ns.* Kugelschreiber, *der;* **~room** *n.* Tanzsaal, *der;* **~room dancing** *n.* Gesellschaftstanz, *der*

balls up *v. t.* Scheiße bauen bei

balls-up ['bɔːlzʌp] *n. (coarse)* **a)** Scheiß, *der;* **make a ~ of sth.** bei etw. Scheiße bauen *(derb)*

bally ['bælɪ] *(Brit. sl. euphem.) adj., adv.* verdammt *(salopp)*

ballyhoo [bælɪ'huː] *n.* a) *(publicity)* [Reklame]rummel, *der (ugs.);* **create a great deal of ~ over sth.** einen großen Rummel um etw. veranstalten *(ugs.);* b) *(nonsense)* Geschrei, *das (abwertend)*

balm [bɑːm] *n.* a) *(lit. or fig.)* Balsam, *der;* b) *(fragrance)* [aromatischer] Duft, *der;* c) *(tree)* Balsambaum, *der;* d) *(herb)* Melisse, *die;* **~ of Gilead** Gileadbalsam, *der*

balmy ['bɑːmɪ] *adj.* a) *(yielding balm)* Balsam liefernd; b) *(fragrant)* wohlriechend; balsamisch *(geh.);* c) *(soft, mild)* mild; d) *(sl.: crazy)* bescheuert *(salopp);* e) *(soothing, healing)* lindernd

baloney *see* **boloney** a

balsa ['bɔːlsə, 'bɒlsə] *n.* a) *(tree)* Balsabaum, *der;* b) *(wood)* **~[-wood]** Balsaholz, *das*

balsam ['bɔːlsəm, 'bɒlsəm] *n.* a) *(lit. or fig.; also Med., Chem.)* Balsam, *der;* **Canada ~:** Kanadabalsam, *der;* b) *(tree)* Balsambaum, *der;* c) *(plant of genus Impatiens)* Springkraut, *das; (garden flower)* Gartenbalsamine, *die; (touch-me-not)* Rührmichnichtan, *das*

balsam 'fir *n.* Balsamtanne, *die*

Balt [bɔːlt, bɒlt] *n.* Balte, *der/*Baltin, *die*

Baltic ['bɔːltɪk, 'bɒltɪk] **1.** *pr. n.* Ostsee, *die.* **2.** *adj.* baltisch; **~ coast** Ostseeküste, *die;* **the ~ Sea** die Ostsee; **the ~ States** das Baltikum

baluster ['bæləstə(r)] *n.* a) *(pillar)* Baluster, *der;* Docke, *die;* b) *(post)* Geländerpfosten, *der;* *(balustrade)* Balustrade, *die*

balustrade [bælə'streɪd] *n.* Balustrade, *die*

bamboo [bæm'buː] *n.* a) *(stem)* Bambus, *der;* Bambusrohr, *das;* b) *(grass)* Bambus, *der;* **~ curtain** *(Polit.)* Bambusvorhang, *der;* **~ shoots** Bambussprossen

bamboozle [bæm'buːzl] *v. t. (sl.)* a) *(mystify)* verblüffen; b) *(cheat)* reinlegen *(ugs.);* **~ sb. into doing sth.** jmdn. [durch Tricks] dazu bringen, etw. zu tun; jmdn. so reinlegen, daß er etw. tut; **~ sb. out of sth.** jmdm. etw. abluchsen *(salopp)*

ban [bæn] **1.** *v. t.,* **-nn-** verbieten; **~ sb. from doing sth.** jmdm. verbieten, etw. zu tun; **he was ~ned from driving/playing** er erhielt Fahr-/Spielverbot; **~ sb. from a place** jmdm. die Einreise/den Zutritt *usw.* verbieten; **~ sb. from a pub/the teaching profession** jmdm. Lokalverbot erteilen/jmdn. vom Lehrberuf ausschließen. **2.** *n.* Verbot, *das;* **place a ~ on sth.** etw. mit einem Verbot belegen; **the ~ placed on these drugs** das Verbot dieser Drogen; **lift the ~ on sth.** das Verbot einer Sache *(Gen.)* aufheben

banal [bə'nɑːl, bə'næl] *adj.* banal

banality [bə'nælɪtɪ] *n.* Banalität, *die*

banana [bə'nɑːnə] *n.* a) *(fruit)* Banane, *die;* **a hand of ~s** eine Hand Bananen *(fachspr.);* **go ~s** *(Brit. sl.)* verrückt werden *(salopp);* überschnappen *(ugs.);* b) *(plant)* Bananenstaude, *die*

banana: **~ republic** *n. (derog.)* Bananenrepublik, *die (abwertend);* **~ skin** *n.* Bananenschale, *die;* **~ 'split** *n.* Bananensplit, *das*

band [bænd] **1.** *n.* a) Band, *das;* **a ~ of light/colour** ein Streifen Licht/Farbe; b) *(range of values)* Bandbreite, *die (fig.);* c) *(of frequency or wavelength)* **long/medium ~:** Langwellen-/Mittelwellenband, *das;* **high-frequency ~:** Hochfrequenzbereich, *der;* d) *(organized group)* Gruppe, *die; (of robbers, outlaws, etc.)* Bande, *die;* **B~ of Hope** Organisation jugendlicher Abstinenzler; e) *(of musicians)* [Musik]kapelle, *die; (pop group, jazz ~)* Band, *die;* Gruppe, *die; (dance ~)* [Tanz]kapelle, *die; (military ~)* Militärkapelle, *die; (brass ~)* Blaskapelle, *die;* **if or when the ~ begins to play** *(fig. coll.)* wenn es ernst wird; f) *in pl. (part of legal, clerical, or academic dress)* Beffchen, *das;* g) *(ring round bird's leg)* Beringung, *die;* h) *(Amer.) (herd)* Herde, *die; in pl. (of birds, insects etc.: strains)* Bande *Pl. See also* **beat 1 d. 2.** *v. t.* **a) ~ sth.** ein Band um etw. machen; b) *(form into a league)* vereinigen; c) *(mark with stripes)* bändern; **~ed** *(Biol.)* Streifen-; gestreift. **3.** *v. i.* **~ together [with sb.]** zusammenschließen [mit jmdm.]

bandage ['bændɪdʒ] **1.** *n. (for wound, fracture)* Verband, *der; (for fracture, as support)* Bandage, *die; (for blindfolding)* Binde, *die.* **2.** *v. t.* verbinden ⟨*offene* Wunde *usw.*⟩; bandagieren ⟨*verstauchtes* Gelenk *usw.*⟩

'Band-Aid, (P) *n.* ≈ Hansaplast ⓦ, *das*

b. & b. [biː ən 'biː] *abbr.* bed & breakfast

'bandbox *n.* Bandschachtel, *die (veralt.);* ≈ Hutschachtel, *die*

bandicoot ['bændɪkuːt] *n.* a) *(Ind.: rat)* Bandikutratte, *die;* b) *(Austral.: marsupial)* Bandikut, *der;* Beuteldachs, *der*

bandit ['bændɪt] *n.* Bandit, *der*

banditry ['bændɪtrɪ] *n.* Banditen[un]wesen, *das*

'bandmaster *n.* Kapellmeister, *der*

bandoleer, bandolier [bændə'lɪə(r)] *n.* Schultergürtel, *der;* Bandelier, *das (veralt.)*

band-saw / **bar**

¹**band-saw** n. Bandsäge, die
bandsman ['bændzmən] n., pl. **bandsmen** ['bændzmən] Mitglied der/einer Kapelle/ Band
band: ~**stand** n. Musiktribüne, die; (circular) Konzertpavillon, der; ~**wagon** n. Wagen der Musikkapelle; **climb** or **jump on [to] the** ~**wagon** (fig.) auf den fahrenden Zug aufspringen (fig.); ~**width** n. (Communications) Bandbreite, die
¹**bandy** ['bændɪ] v. t. a) (toss to and fro) hin- und herspielen; **b)** (fig.) herumerzählen (ugs.) ⟨Geschichte⟩; **be bandied from mouth to mouth** von Mund zu Mund gehen; **insults were being bandied about** Beschimpfungen flogen hin und her; **c)** (discuss) ~ **about** hin und her diskutieren; **d)** (exchange) wechseln; **they were** ~**ing blows** sie tauschten Schläge aus; **don't** ~ **words with me** ich wünsche keine Diskussion
²**bandy** adj. krumm; **he has** ~ **legs** or is ~**-legged** er hat O-Beine (ugs.); ~**-legged person** O-beinige Person (ugs.)
bane [beɪn] n. Ruin, der; **he is the** ~ **of my life** er ist der Nagel zu meinem Sarg (ugs.)
¹**bang** [bæŋ] **1.** v. t. a) knallen (ugs.), schlagen; zuknallen (ugs.), zuschlagen ⟨Tür, Fenster, Deckel⟩; ~ **one's head on** or **against the ceiling** mit dem Kopf an die Decke knallen (ugs.) od. schlagen; **I could** ~ **their heads together** (fig.) ich könnte ihre Köpfe gegeneinanderschlagen; **he** ~**ed down the receiver** er knallte den Hörer auf die Gabel (ugs.); **he** ~**ed the nail in** er haute den Nagel rein (ugs.); see also **brick wall; b)** (sl.; copulate with) bumsen (salopp). **2.** v. i. a) (strike) ~ **[against sth.]** [gegen etw.] schlagen od. (ugs.) knallen; ~ **at the door** an die Tür hämmern; **b)** (make sound of blow or explosion) knallen; ⟨Kanonen:⟩ donnern; ⟨Trommeln:⟩ dröhnen; ~ **away at sth.** auf etw. (Akk.) ballern (ugs.); ~ **shut** zuknallen (ugs.); zuschlagen; **a door is** ~**ing somewhere** irgendwo schlägt eine Tür. **3.** n. a) (blow) Schlag, der; **give your radio a good** ~: hau mal kräftig gegen dein Radio (ugs.); **b)** (noise) Knall, der; **the party went off with a** ~ (fig.) die Party war eine Wucht (ugs.). See also **big bang; whimper 1. 4.** adv. **a)** (with impact) mit voller Wucht; **b)** (explosively) **go** ⟨Gewehr, Feuerwerkskörper:⟩ krachen; **the balloon went** ~ **and exploded** der Ballon explodierte mit einem lauten Knall; **c)** ~ **goes sth.** (fig.: sth. ends suddenly) aus ist es mit etw.; ~ **went £50 50 Pfund waren weg; d)** ~ **off** (coll.: immediately) sofort; **answer** ~ **off** wie aus der Pistole geschossen antworten (ugs.); **e)** (coll.: exactly) genau; **you are** ~ **on time** du bist pünktlich auf die Minute (ugs.); ~ **on [the] target** genau richtig; ~ **on** genau od. gerade; **b)** ~ **up** (Amer. sl.: first-class) Klasse (ugs.). **5.** int. peng
²**bang 1.** v. t. gerade abschneiden ⟨Haare⟩. **2.** n. Pony, der
banger ['bæŋə(r)] n. (sl.) **a)** (sausage) Würstchen, das; **b)** (firework) Kracher, der (ugs.); **c)** (car) Klapperkiste, die (ugs.)
Bangladesh [bæŋglə'deʃ] pr. n. Bangladesch (das)
Bangladeshi [bæŋglə'deʃɪ] **1.** adj. bangalisch. **2.** n. Bangali, der/die
bangle ['bæŋgl] n. Armreif, der
banian ['bænɪən] n. (Bot.) ~ **[-tree]** Banyanbaum, der
banish ['bænɪʃ] v. t. verbannen (**from** aus); bannen ⟨Furcht⟩
banishment ['bænɪʃmənt] n. Verbannung, die (**from** aus)
banister ['bænɪstə(r)] n. **a)** (uprights and rail) [Treppen]geländer, das; **b)** usu. in pl. (upright) Geländerpfosten, der
banjo ['bændʒəʊ] n., pl. ~**s** or ~**es** Banjo, das
¹**bank** [bæŋk] **1.** n. **a)** (slope) Böschung, die; **b)** (at side of river) Ufer, das; **c)** (elevation in bed of sea or river) Bank, die; **d)** (mass) **a** ~ **of clouds/fog** eine Wolken-/Nebelbank; **a** ~ **of snow** eine Schneewehe; **e)** (artificial slope) Überhöhung, die (Verkehrsw.). **2.** v. t. **a)** (build higher) überhöhen (Verkehrsw.); **b)** (heap) ~ **[up]** aufschichten; ~ **[up] the fire with coal** Kohlen auf das Feuer schichten; **c)** **in die Kurve legen** ⟨Flugzeug, Auto⟩. **3.** v. i. **a)** (rise) ~ **[up]** ⟨Rauch, Wolken:⟩ sich aufschichten; **b)** ⟨Flugzeug:⟩ sich in die Kurve legen
²**bank 1.** n. **a)** (Commerc., Finance) Bank, die; **central** ~: Zentralbank, die; **the B**~ (Brit.) die Bank von England; **cry/laugh all the way to the** ~ (fig. coll.) sich für seinen Erfolg entschuldigen (iron.)/aus seiner Freude über seinen Erfolg keinen Hehl machen; **b)** (Gaming) Bank, die; see also **blood bank; bottle bank. 2.** v. i. **a)** (keep ~) Bankier sein; **b)** (keep money) ~ **at/with** ...: ein Konto haben bei ...; **c)** ~ **on sth.** für etw. (Akk.) zählen. **3.** v. t. zur Bank bringen
³**bank** n. **a)** (row) Reihe, die; **b)** (tier) ~ **[of oars]** Ruderreihe, die
bankable ['bæŋkəbl] adj. bankfähig; (fig.) erfolgversprechend
bank: ~ **account** n. Bankkonto, das; ~ **balance** n. Kontostand, der; ~**-bill** n. (Brit.) Bankakzept, der; (Amer.: banknote) Banknote, die; ~**-book** n. Sparbuch, das; ~ **card** n. Scheckkarte, die; ~ **charges** n. pl. Kontoführungskosten; ~ **clerk** n. Bankangestellte, der/die
banker ['bæŋkə(r)] n. (Commerc., Finance) Bankier, der; Banker, der (ugs.); **let me be your** ~: lassen Sie mich Ihnen Geld leihen
banker's: ~ **card** see **bank card;** ~ **'order** see **order 1 n**
bank holiday n. **a)** Bankfeiertag, der; **b)** (Brit.: public holiday) Feiertag, der
banking ['bæŋkɪŋ] n. Bankwesen, das; **a career in** ~: die Banklaufbahn; **it is** ~ **practice** es ist banküblich; **new** ~ **arrangements** neue Bankverhältnisse
bank: ~ **manager** n. Zweigstellenleiter [einer der Bank]; ~**note** n. Banknote, die; Geldschein, der; ~ **raid** n. Banküberfall, der; ~ **rate** n. Diskontsatz, der; ~**-robber** n. Bankräuber, der; ~**roll 1.** n. finanzielle Mittel Pl. **2.** v. t. finanziell unterstützen
bankrupt ['bæŋkrʌpt] **1.** n. **a)** (Law) Gemeinschuldner, der; **become a** ~: Gemeinschuldner werden; **be declared** ~: zum Gemeinschuldner erklärt werden; **b)** (insolvent debtor) Bankrotteur, der. **2.** adj. **a)** bankrott; **go** ~: in Konkurs gehen; Bankrott machen; bankrottieren (veralt.); **b)** (fig.) moralisch bankrott (fig.). **3.** v. t. bankrott machen
bankruptcy ['bæŋkrʌptsɪ] n. Konkurs, der; **go into** ~: in Konkurs gehen; Bankrott machen; ~ **proceedings** Konkursverfahren, das
bank statement n. Kontoauszug, der
banner ['bænə(r)] n. **a)** (flag, ensign; also fig.) Banner, das; **join** or **follow the** ~ **of** dem Banner (+ Gen.) folgen; **b)** (on two poles) Spruchband, das; Transparent, das; **c)** (sth. used as symbol) Symbol, das. **2.** adj. **a)** (conspicuous) ~ **headline** Balkenüberschrift, die; **b)** (Amer.: pre-eminent) herausragend
bannister see **banister**
bannock ['bænək] n. (Scot., N. Engl.) rundes, flaches Brot
banns [bænz] n. pl. Aufgebot, das; **publish/put up the** ~: das Aufgebot verkünden/aushängen; **forbid the** ~: Einspruch [gegen die Eheschließung] erheben
banquet ['bæŋkwɪt] **1.** n. Bankett, das (geh.). **2.** v. i. [festlich] tafeln (geh.); bankettieren (veralt.); ~**ing-hall** Bankettsaal, der; **b)** (carouse) zechen (geh.)
banshee ['bænʃi:] n. (Ir., Scot.) Banshee, die (Myth.); ≈ Weiße Frau

bantam ['bæntəm] n. Zwerg-, Bantamhuhn, das
bantamweight n. (Boxing etc.) Bantamgewicht, das; (person also) Bantamgewichtler, der
banter ['bæntə(r)] **1.** n. **a)** heiterer Spott; **b)** (remarks) Spöttelei, die (**on** über + Akk.); (joking back and forth) spöttisches Geplänkel. **2.** v. t. aufziehen (**about** mit). **3.** v. i. spötteln
Bantu [bæn'tu:] **1.** n. **a)** pl. same or ~**s** Bantu, der/die; **b)** (language-group) Bantu, das; Bantusprachen, die. **2.** adj. Bantu-
Bantustan [bæntu'stɑ:n] n. (S. Afr.) Bantuheimatland, das
banyan see **banian**
baobab ['beɪəbæb] n. (Bot.) Baobab, der; Affenbrotbaum, der
BAOR abbr. **British Army of the Rhine** Britische Rheinarmee
bap [bæp] n. ≈ Brötchen, das
baptise see **baptize**
baptism ['bæptɪzm] n. Taufe, die; ~ **is the first sacrament** die Taufe ist das erste Sakrament; ~ **of fire** (fig.) Feuertaufe, die; ~ **of blood** (fig.) Bluttaufe, die (Rel.)
baptismal [bæp'tɪzml] adj. Tauf-; ⟨Wiedergeburt, Reinigung⟩ durch die Taufe; ~ **certificate** Taufschein, der; ~ **name** Taufname, der
Baptist ['bæptɪst] **1.** n. **a)** Baptist, der/Baptistin, die; **b) John the** ~: Johannes der Täufer. **2.** adj. **the** ~ **Church/a** ~ **chapel** die Kirche/eine Kapelle der Baptisten
baptize [bæp'taɪz] v. t. taufen; **be** ~**d Catholic/Protestant** katholisch/protestantisch getauft werden; **what name were you** ~**d by?** auf welchen Namen wurden Sie getauft?
¹**bar** [bɑ:(r)] **1.** n. **a)** (long piece of rigid material) Stange, die; (shorter, thinner also) Stab, der; (of gold, silver) Barren, der; ~ **of soap** ein Stück Seife; **a** ~ **of chocolate** ein Riegel Schokolade; (slab) eine Tafel Schokolade; **b)** (Sport) Stab, der; (of high ~) [Reck]stange, die; (of parallel ~s) [Barren]holm, der; (cross~) [Sprung]latte, die; **high** or **horizontal** ~: Reck, das; **parallel** ~**s** Barren, der; **c)** (heating element) Heizelement, das (Elektrot.); **d)** (band) Streifen, der; (on medal) silberner Querstreifen, (Her.) Balken, der; **e)** (rod, pole) Stange, die; (of cage, prison) Gitterstab, der; **behind** ~**s** (in prison) hinter Gittern; (into prison) hinter Gitter; **f)** (barrier, lit. or fig.) Barriere, die (**to für**); **a** ~ **on recruitment/promotion** ein Einstellungs-/Beförderungsstopp; **g)** (for refreshment) Bar, die; (counter) Theke, die; **h)** (Law: place at which prisoner stands) ≈ Anklagebank, die; **the prisoner at the** ~: der/die Angeklagte; **be judged at the** ~ **of public opinion** (fig.) sich vor dem Gewissen/der öffentlichen Meinung verantworten müssen; **i)** (Law: particular court) Gerichtshof, der; **be called to the** ~: als Anwalt vor höheren Gerichten zugelassen werden; **be called within the** ~: zum Anwalt der Krone ernannt werden; **the Bar** die höhere Anwaltschaft; **the inner** ~: die Anwaltschaft der Krone; **the outer** ~: die Anwälte, die nicht Anwälte der Krone sind; **he was reading for the** ~: er bereitete sich auf die Zulassung als Anwalt vor höheren Gerichten vor; **j)** (Mus.) Takt, der; ~**[-line]** Taktstrich, der; **k)** (sandbank, shoal) Barre, die; Sandbank, die. **2.** v. t. **-rr- a)** (obstruct) verriegeln; ~**red window** vergittertes Fenster; **b)** (keep) ⟨sb. in/out⟩ jmdn. ein-/aussperren; **c)** (obstruct) sperren ⟨Straße, Weg⟩ (**to für**); ~ **sb.'s way** jmdm. den Weg versperren; **d)** (prohibit, hinder) verbieten; ~ **sb. from doing sth.** jmdn. daran hindern, etw. zu tun; **e)** (not consider) unberücksichtigt lassen; **f)** (mark) mit Streifen versehen; ~**red [with colourful stripes]** [bunt]gestreift;

~red with brown braun gestreift; g) *(Law)* ausschließen. **3.** *prep.* abgesehen von; ~ **any accidents** falls nichts passiert; ~ **none** ohne Einschränkung; **bet two to one** ~ **one** *(Racing)* zwei zu eins auf alle außer einem wetten
²**bar** *n. (Meteorol., Phys.)* Bar, *das*
barb [bɑːb] **1.** *n.* **a)** Widerhaken, *der; (fig.)* Gehässigkeit, *die;* ~s **of ridicule** gehässige Spötteleien; **b)** *(of fish)* Bartfaden, *der;* Bartel, *die;* **c)** *(of feather)* Fahne, *die.* **2.** *v. t.* mit Widerhaken versehen
Barbadian [bɑːˈbeɪdɪən] **1.** *adj.* barbadisch; *sb.* **is** ~: jmd. ist Barbadier/Barbadierin. **2.** *n.* Barbadier, *der*/Barbadierin, *die*
Barbados [bɑːˈbeɪdɒz, bɑːˈbeɪdɒs] *pr. n.* Barbados *(das)*
barbarian [bɑːˈbeərɪən] **1.** *n. (lit. or fig.)* Barbar, *der.* **2.** *adj. (lit. or fig.)* barbarisch; **a** ~ **king** ein Barbarenkönig
barbaric [bɑːˈbærɪk] *adj.* barbarisch; primitiv 〈*Kleidung, Schmuck*〉
barbarically [bɑːˈbærɪkəlɪ] *adv.* barbarisch
barbarism [ˈbɑːbərɪzm] *n.* **a)** *no pl.* Barbarei, *die;* **b)** *no pl. (departing from normal standards)* Barbarismus, *der (Sprachw., Kunstwiss.);* **c)** *(instance)* [barbarische] Grausamkeit
barbarity [bɑːˈbærɪtɪ] *n.* **a)** *no pl.* Grausamkeit, *die;* **he treats criminals with** ~: er behandelt Verbrecher äußerst barbarisch; **b)** *(instance)* Barbarei, *die*
barbarous [ˈbɑːbərəs] *adj.* barbarisch
barbarously [ˈbɑːbərəslɪ] *adv.* auf barbarische Art und Weise; barbarisch
barbarousness [ˈbɑːbərəsnɪs] *n., no pl.* Roheit, *die*
Barbary 'ape *n. (Zool.)* Magot, *der;* Berberaffe, *der*
barbecue [ˈbɑːbɪkjuː] **1.** *n.* **a)** *(party)* Grillparty, *die;* Barbecue, *das;* **b)** *(food)* Grillgericht, *das;* Barbecue, *das;* **c)** *(fireplace with frame)* Grill, *der;* **d)** *(frame)* Grill, *der;* Bratrost, *der;* Barbecue, *das.* **2.** *v. t.* grillen
barbed wire [bɑːbd ˈwaɪə(r)] *n.* Stacheldraht, *der;* ~ **fence** Stacheldrahtzaun, *der*
barbel [ˈbɑːbl] *n.* **a)** *(Zool.)* Barbe, *die;* **b)** *(filament)* Bartfaden, *der;* Bartel, *der*
'**barbell** *n.* Hantel, *die*
barber [ˈbɑːbə(r)] *n.* Friseur, *der;* Barbier, *der (veralt.);* **go to the** ~'s **pole** spiralig rot und weiß gestreifter Stab als Ladenschild des Friseurs
barberry [ˈbɑːbərɪ] *n.* **a)** *(shrub)* Berberitze, *die;* Sauerdorn, *der;* **b)** *(berry)* Berberitzenbeere, *die;* Sauerdornbeere, *die*
barber: ~-**shop** *n. (Amer.)* ~-**shop harmony** Barbershopharmonie, *die;* vokale Harmonik mit paralleler Stimmführung; ~-**shop singing/quartet** Barbershopgesang, *der*/-quartett, *das;* ~'**s shop** *n. (Brit.)* Friseursalon, *der*
barbican [ˈbɑːbɪkən] *n. (Hist.)* Barbakane, *die;* Torvorwerk, *das*
barbiturate [bɑːˈbɪtjʊərət] *n. (Chem.)* Barbiturat, *das*
barcarole [ˈbɑːkərəʊl], **barcarolle** [ˈbɑːkəˈrɒl] *n. (Mus.)* Barkarole, *die*
Barcelona [bɑːsɪˈləʊnə] *pr. n.* Barcelona *(das);* ~ **nut** Barcelonanuß, *die (eine Haselnußsorte)*
bar: ~ **chart** *n.* Stabdiagramm, *das;* ~ **code** *n.* Strichcode, *der*
bard [bɑːd] *n.* Barde, *der;* **the B**~ [**of Avon**] Shakespeare
bardic [ˈbɑːdɪk] *adj.* bardisch *(veralt.)*
bare [beə(r)] **1.** *adj.* **a)** nackt; **expose a** ~ **back to the sun** den nackten Rücken der Sonne aussetzen; **walk with** *or* **in** ~ **feet** barfuß laufen; **in one's** ~ **skin** nackt [und bloß]; **b)** *(hatless)* **with one's head** ~: ohne Hut; **c)** *(leafless)* kahl; **d)** *(unfurnished)* kahl; nackt 〈*Boden*〉; **e)** *(unconcealed)* **lay** ~ **sth.** etw. aufdecken; **f)** *(unadorned)* nackt, unge-

schminkt 〈*Wahrheit, Tatsache*〉; grob 〈*Skizze*〉; nackt, kahl 〈*Wand*〉; *see also* **bone 1 a; g)** *(empty)* leer; **h)** *(scanty)* knapp 〈*Mehrheit*〉; [sehr] gering 〈*Menge, Teil*〉; **i)** *(mere)* äußerst 〈*Notwendige*〉; karg 〈*Essen, Leben*〉; nur gering 〈*Möglichkeit*〉; bloß 〈*Gedanke*〉; **the** ~ **necessities of life** das zum Leben Notwendigste; **j)** *(without tools)* **do sth. with one's** ~ **hands** etw. mit den *od.* seinen bloßen Händen tun; **k)** *(unprovided with)* ~ **of sth.** ohne etw.; **the land was** ~ **of any vegetation** das Land war völlig vegetationslos. **2.** *v. t.* **a)** *(uncover)* entblößen 〈*Kopf, Arm, Bein*〉; ziehen 〈*Schwert*〉; bloßlegen 〈*Draht eines Kabels*〉; ~ **one's back to the sun** seinen Rücken der Sonne aussetzen; **b)** *(reveal)* blecken 〈*Zähne*〉; **she** ~**d her heart to him** *(fig.)* sie schüttete ihm ihr Herz aus
bare: ~-**back 1.** *adj.* 〈*Reiter, Reiten*〉 auf ungesatteltem Pferd; **2.** *adv.* ohne Sattel; ~-**faced** *adj.,* ~-**faced**[**ly**] [beəˈfeɪsɪd(lɪ)] *adv. (fig.)* unverhüllt; ~-**foot 1.** *adj.* barfüßig; **he is** ~**foot** er ist barfuß *od.* barfüßig; ~**foot doctor** Barfußarzt, *der;* **2.** *adv.* barfuß; ~-'**handed 1.** *adj.* **he was** ~**handed** *(without gloves)* er trug keine Handschuhe; *(without weapon)* er war unbewaffnet; **2.** *adv.* mit bloßen Händen; ~'**headed 1.** *adj.* **he was** ~**headed** er trug keine Kopfbedeckung; **2.** *adv.* ohne Kopfbedeckung; ~-**legged** *adj.* mit bloßen Beinen
barely [ˈbeəlɪ] *adv.* **a)** *(only just)* kaum; knapp 〈*vermeiden, entkommen*〉; **b)** *(scantily)* karg
bare-ˈmidriff *adj.* taillenfrei 〈*Kleid*〉
bareness [ˈbeənɪs] *n., no pl. see* **bare 1 c, d, f:** Kahlheit, *die;* Nacktheit, *die;* Kargheit, *die*
bargain [ˈbɑːgɪn] **1.** *n.* **a)** *(agreement)* Abmachung, *die;* **an unequal** ~: ein ungleicher Handel; **into the** ~**,** *(fig.)* darüber hinaus; **make** *or* **strike a** ~ **to do sth.** sich darauf einigen, etw. zu tun; **I'll make a** ~ **with you** ich mache dir ein Angebot; **they got the best of the** ~: sie haben den besseren Teil bekommen; **a** ~'**s a** ~: eine einmal abgemachte Sache, gilt; **b)** *(thing acquired)* Kauf, *der;* **a good/bad** ~: ein guter/schlechter Kauf; **c)** *(thing offered cheap)* günstiges Angebot; *(thing acquired cheaply)* guter Kauf; **a definite** ~: ein absolutes Sonderangebot. *See also* **best 3 e; hard 1 a. 2.** *v. i. (discuss)* handeln; ~ **for sth.** um etw. handeln; ~ **for** *(expect):* **more than one had** ~**ed for** mehr als man erwartet hatte; ~ **for sth.** mit etw. rechnen. **3.** *v. t.* ~ **away** sich 〈Dat.〉 abhandeln lassen
bargain: ~ **offer** *n.* Sonderangebot, *das;* ~ **price** *n.* Sonderpreis, *der*
bargaining [ˈbɑːgɪnɪŋ] *n.* Handel, *der; (negotiating)* Verhandlungen, ~ **position** Verhandlungsposition, *die;* ~ **counter** *(fig.)* Trumpf [für Verhandlungen]; *see also* **collective bargaining**
barge [bɑːdʒ] **1.** *n.* **a)** Kahn, *der;* **freight/cargo** ~: Fracht-/Lastkahn, *der;* **b)** *(for State occasions)* Prunkschiff, *das (veralt.).* **2.** *v. i. (lurch)* ~ **into sb.** jmdn. anrempeln; ~ **against sth.** gegen etw. taumeln; ~ **about the house im Haus herumtoben; b)** ~ **in** *(intrude)* hineinplatzen/hereinplatzen *(ugs.);* **he** ~**d in on us** er platzte bei uns herein *(ugs.)*
bargee [bɑːˈdʒiː] *n. (Brit.),* **barge-man** *(Amer.) ns.* Flußschiffer, *der*
'**barge-pole** *n.* Stake, *die (nordd.);* **I wouldn't touch him/that** *etc.* **with [the end of] a** ~! ich würde ihn/das usw. nicht mit der Beißzange anfassen! *(ugs.)*
baritone [ˈbærɪtəʊn] *n. (Mus.)* **1.** Bariton, *der; (voice, part also)* Baritonstimme, *die.* **2.** *adj.* ~ **voice** Baritonstimme, *die*

barium [ˈbeərɪəm] *n. (Chem.)* Barium, *das;* ~ **meal** Kontrastbrei, *der (mit Bariumsulfat)*
¹**bark** [bɑːk] *n.* **a)** *(of tree)* Borke, *die;* Rinde, *die;* **b)** *(for tanning, dyeing)* [Gerber]lohe, *die.* **2.** *v. t.* **a)** *(abrade)* aufschürfen; **b)** *(strip* ~*)* entrinden
²**bark** *n.* **1.** *(lit. or fig.)* Bellen, *das;* **his** ~ **is worse than his bite** *(fig.)* er ist nicht so bissig, wie er tut; ≈ Hunde, die bellen, beißen nicht. **2.** *v. i.* **a)** *(lit. or fig.)* bellen; ~ **at sb.** jmdn. anbellen; **be** ~**ing up the wrong tree** auf dem Holzweg sein; **b)** ~ **at** *(abuse)* anblaffen *(salopp);* **c)** *(speak loudly and curtly)* brüllen; **d)** *(Amer.: act as tout)* den Ausrufer machen. **3.** *v. t.* **a)** ~ **out [orders to sb.]** jmdm. Befehle zubrüllen; **b)** *(bellow)* bellen
³**bark** *n. (poet.: ship)* Nachen, *der*
barkeep *(Amer.),* '**barkeeper** *n.* Barkeeper, *der; (owner)* Wirt, *der*
barker [ˈbɑːkə(r)] *n.* Ausrufer, *der*
barley [ˈbɑːlɪ] *n.* Gerste, *die; see also* **pearl barley**
barley: ~-**corn** *n. (grain)* Gerstenkorn, *das;* ~-**mow** *n.* Gerstenschober, *der (bes. südd.);* ~ **sugar** *n.* Gerstenzucker, *der;* ~ **water** *n.* Gerstenwasser, *das (veralt.)*
barm [bɑːm] *n.* Hefe, *die;* Bärme, *die (nordd.)*
bar: ~**maid** *n. (Brit.)* Bardame, *die;* ~**man** [ˈbɑːmən] *n., pl.* ~**men** [ˈbɑːmən] Barmann, *der;* Schankkellner, *der*
bar mitzvah [bɑːˈmɪtzvə] *n.* **a)** *(boy)* Bar-Mizwa, *der;* **b)** *(ceremony)* Bar-Mizwa, *die*
barmy [ˈbɑːmɪ] *adj. (sl.: crazy)* bescheuert *(salopp)*
barn [bɑːn] *n.* **a)** *(Brit.: for grain etc.)* Scheune, *die; (Amer.: for implements etc.)* Schuppen, *der; (Amer.: for animals)* Stall, *der;* **b)** *(derog.)* [großer, häßlicher] Schuppen
barnacle [ˈbɑːnəkl] *n.* **a)** *(Zool.)* Rankenfüßer, *der;* **b)** [**goose**] Weißwangengans, *die*
barn: ~ **dance** *n.* Schottische, *der;* ~-**door** *n.* Scheunentor, *das;* **be as big as a** ~-**door** *(fig.)* nicht zu verfehlen sein
barney [ˈbɑːnɪ] *n. (coll.)* Krach, *der (ugs.);* **have a** ~: Krach haben *(ugs.)*
barn: ~-**owl** *n.* Schleiereule, *die;* ~**storm** *v. i.* durch die Provinz ziehen *od.* tingeln; ~**stormer** *n.* tingelnder Schauspieler; *(Amer.: politician)* Politiker [im Wahlkampf in der Provinz]; *(Amer.: aviator)* [Kunstflug]pilot [auf Tournee durch die Provinz]; ~**yard** *n.* Wirtschaftshof, *der*
barograph [ˈbærəgrɑːf] *n.* Barograph, *der*
barometer [bəˈrɒmɪtə(r)] *n. (lit. or fig.)* Barometer, *das*
barometric [bærəˈmetrɪk] *adj.* barometrisch; ~ **pressure** Luftdruck, *der*
baron [ˈbærn] *n.* **a)** *(holder of title)* Baron, *der;* Freiherr, *der;* **b)** *(merchant)* **coal/oil** ~: Kohlen-/Ölmagnat, *der;* **c)** *(powerful person)* Papst, *der (fig.);* **press** ~: Pressezar, *der;* **d)** *(Hist.: holder of land)* Baron, *der;* **e)** *(sirloin)* ~ **of beef** [ungeteiltes] Lendenstück; Baron, *der (Kochk.)*
baroness [ˈbærənɪs] *n.* Baronin, *die;* Freifrau, *die; (baron's unmarried daughter)* Baronesse, *die;* Freifräulein, *das*
baronet [ˈbærənɪt] *n.* Baronet, *der*
baronetcy [ˈbærənɪtsɪ] *n.* Stand/Titel eines Baronets
baronial [bəˈrəʊnɪəl] *adj.* freiherrlich
barony [ˈbærənɪ] *n.* **a)** Baronie, *die;* Baronat, *das;* **b)** *(Scot.: manor)* Landgut, *das*
baroque [bəˈrɒk, bəˈrəʊk] **1.** *n.* Barock, *das.* **2.** *adj.* **a)** barock; ~ **painting/literature** Barockmalerei/-literatur, *die;* ~ **painter/writer** Maler/Schriftsteller des Barock; **b)** *(grotesque)* barock
barouche [bəˈruːʃ] *n. (Hist.)* Kalesche, *die*
barque [bɑːk] *n.* Bark, *die*
¹**barrack** [ˈbærək] *n. usu. in pl., often constr. as sing.* **a)** *(for soldiers)* Kaserne, *die;* **b)** *(for temporary housing)* Baracke, *die;* **c)** *(plain, dull building)* Kaserne, *die*

barrack

²**barrack** 1. *v. i.* buhen *(ugs.).* 2. *v. t.* ausbuhen *(ugs.)*
barrack: ~-**room** ˈ**lawyer** *n.* Feldwebeltyp, *der (abwertend);* ~-ˈ**square** *n.* Kasernenhof, *der*
barracouta [bærəˈkuːtə], **barracuda** [bærəˈkuːdə] *n., pl.* same or ~**s** *a) usu.* -**uda** *(seafish)* Barrakuda, *der;* Pfeilhecht, *der;* b) *usu.* -**outa** *(food-fish)* Atun, *der*
barrage [ˈbærɑːʒ] *n.* a) *(Mil.)* Sperrfeuer, *das; (fig.)* a ~ **of questions/insults** ein Bombardement von Fragen/Beleidigungen; **a ~ of cheers** stürmischer Jubel; b) *(artificial barrier)* Talsperre, *die;* Staustufe, *die;* c) *(Fencing, Show-jumping, etc.)* Stechen, *das*
ˈ**barrage balloon** *n.* Sperrballon, *der*
barramundi [bærəˈmʌndi] *n. (Zool.)* Barramundi, *der*
barre [bɑː(r)] *n. (Ballet)* Stange, *die*
barrel [ˈbærl] *n.* a) *(vessel)* Faß, *das; (of metal, for oil, fuel, tar, etc.)* Tonne, *die;* Faß, *das; (measure)* Barrel, *das;* **be over a ~** *(fig.)* in der Klemme sitzen *(ugs.);* **have sb. over a ~** *(fig.)* jmdn. in der Zange haben *(ugs.);* **scrape the ~** *(fig.)* das Letzte zusammenkratzen *(ugs.);* b) *(revolving cylinder)* Walze, *die;* c) *(of pump)* Stiefel, *der; (of engine-boiler)* Trommel, *die; (of pen or pencil)* Schaft, *der; (of gun)* Lauf, *der; (of cannon etc.)* Rohr, *das*
barrel: ~-**chested** [ˈbærlˈtʃestɪd] *adj.* a ~-**chested man** ein Mann mit einem breiten, gewölbten Brustkorb; ~**house** *n. (Amer.)* Kneipe, *die; attrib.* ~**house music** [einfache, laute] Jazzmusik; ~-**organ** *n. (Mus.)* Leierkasten, *der;* Drehorgel, *die;* ~ **vault** *n. (Archit.)* Tonnengewölbe, *das*
barren [ˈbærn] 1. *adj.* a) unfruchtbar ⟨*Mensch, Tier, Pflanze, Land*⟩; kinderlos ⟨*Ehe*⟩; gelt ⟨*Jägerspr., Landw.*⟩⟨*Wild, Ziege, Rind*⟩; b) *(meagre, dull)* nutzlos ⟨*Handlung, Arbeit*⟩; mager ⟨*Ergebnis*⟩; unfruchtbar ⟨*Periode, Beziehung*⟩; fruchtlos ⟨*Diskussion*⟩; **be ~ of results** wenig Erfolg haben. 2. *n.* ~[**s**] Ödland, *das*
barrenness [ˈbærnnɪs] *n., no pl.* a) Unfruchtbarkeit, *die; (of marriage)* Kinderlosigkeit, *die;* b) *see* **barren** b: Nutzlosigkeit, *die;* Magerkeit, *die;* Unfruchtbarkeit, *die;* Fruchtlosigkeit, *die*
barrette [bəˈret] *n. (Amer.)* Haarspange, *die*
barricade [bærɪˈkeɪd] 1. *n.* Barrikade, *die;* **a ~ of silence** *(fig.)* eine Mauer des Schweigens. 2. *v. t.* verbarrikadieren
barrier [ˈbærɪə(r)] *n.* a) *(fence)* Absperrung, *die;* Barriere, *die;* b) *(at railway, frontier)* Schranke, *die;* b) *(gate of railway-station)* Sperre, *die;* c) *(obstacle, lit. or fig.)* Hindernis, *das;* **a ~ to progress** ein Hindernis für den Fortschritt; **break the class ~** die Klassenschranken durchbrechen; *see also* **sound barrier**
barrier: ~ **cream** *n.* Schutzcreme, *die;* ~ **reef** *n.* Barrier- *od.* Wallriff, *das*
barring [ˈbɑːrɪŋ] *prep.* außer im Falle (+ *Gen.*); ~ **accidents** falls nichts passiert; **the ~ possibility of rain** falls es nicht viel leicht regnet
barrister [ˈbærɪstə(r)] *n.* a) *(Brit.)* ~[-**at-law**] Barrister, *der;* ≈ [Rechts]anwalt/-anwältin vor höheren Gerichten, *der/die (Amer.: lawyer)* [Rechts]anwalt, *der/*-anwältin, *die*
barroom [ˈbɑːruːm] *n. (Amer.)* Bar, *die*
¹**barrow** [ˈbærəʊ] *n.* a) Karre, *die;* Karren, *der;* b) *see* **wheelbarrow**
²**barrow** *n. (Archaeol.)* Hügelgrab, *das*
ˈ**barrow-boy** *n.* Straßenhändler, *der*
bar ˈsinister *n. (Her.)* Bastardfaden, *der*
Bart. *abbr.* baronet
ˈ**bartender** *n.* Barkeeper, *der;* Schankkellner, *der*
barter [ˈbɑːtə(r)] 1. *v. t.* [ein]tauschen; ~ **sth. for sth. [else]** etw. für *od.* gegen etw. [anderes] eintauschen; ~ **away sth.** verspielen *(fig.).* 2. *v. i.* Tauschhandel treiben; **they** ~**ed for cigarettes with books and clothes** sie tauschten Bücher und Kleidung gegen Zigaretten. 3. *n.* Tauschhandel, *der;* ~ **of opinions/ideas** *(fig.)* Gedankenaustausch, *der*
barytes [bəˈraɪtiːz] *n. (Min.)* Baryt, *der*
basal [ˈbeɪsl] *adj.* a) *(Med., Biol.)* basal; ~ **cell** Basalzelle, *die;* b) *(fundamental)* grundlegend; fundamental. *See also* **metabolism**
basalt [ˈbæsɔːlt, bəˈsɔːlt] *n.* Basalt, *der*
bascule [ˈbæskjuːl] *n.* Baskule, *die (veralt.);* ~ **bridge** Klappbrücke, *die*
¹**base** [beɪs] 1. *n.* a) *(of lamp, pyramid, wall, mountain, microscope)* Fuß, *der; (of cupboard, statue)* Sockel, *der; (fig.) (support)* Basis, *die;* Fundament, *das; (principle)* Ausgangsbasis, *die; (main ingredient)* Hauptbestandteil, *der; (of make-up)* Grundlage, *die; (Photog.: support for film etc.)* Unterlage, *die; (Ling.: root)* Wurzel, *die; (Ling.: primary morpheme)* Stamm, *der;* **shake the very ~ of sth.** *(fig.)* etw. in seinen Grundfesten erschüttern; **glue has a flour ~** in Mehl; **a sauce which has a tomato ~:** eine Soße auf Tomatenbasis *(Kochk.);* b) *(Mil.)* Basis, *die;* Stützpunkt, *der;* c) *(Baseball)* Mal, *das;* **get to first ~** *(fig. coll.)* [wenigstens] etwas erreichen; **he didn't get to first ~ with her** er konnte bei ihr überhaupt nicht landen *(ugs.);* **be off ~** *(fig. coll.)* falschliegen *(ugs.);* d) *(Archit.)* Basis, *die;* e) *(Geom.)* Basis, *die; (of triangle also)* Grundlinie, *die; (of solid also)* Grundfläche, *die;* f) *(Chem.)* Base, *die;* g) *(Surv.)* Basis, *die;* h) *(Math.: number)* Basis, *die;* Grundzahl, *die;* i) *(Bot., Zool.)* Basis, *die; (of leaf)* Blattgrund, *der;* j) *(Her.)* Schildfuß, *der.* 2. *v. t.* **a) be ~d on sth.** sich auf etw. *(Akk.)* gründen; ~ **sth. on sth.** etw. auf etw. *(Dat.)* aufbauen; ~ **one's hopes on sth.** Hoffnung auf etw. *(Akk.)* gründen; **a book ~d on newly discovered papers** ein Buch, das auf neu entdeckten Dokumenten basiert; b) *in pass. (have chief station or means)* **be ~d in Paris** in Paris wohnen; **a submarine ~d on Malta** ein U-Boot, das seinen Stützpunkt auf Malta hat; **computer-~d accountancy** Buchführung über Computer; **land-~d forces** landgestützte Streitkräfte; c) ~ **oneself on sich** stützen auf (+ *Akk.*)
²**base** *adj.* a) *(morally low)* niederträchtig; niedrig ⟨*Beweggrund*⟩; b) *(cowardly)* feige; *(selfish)* selbstsüchtig; *(mean)* niederträchtig; c) *(degraded)* entwürgigend
baseball [ˈbeɪsbɔːl] *n.* Baseball, *der*
base: ~ **board** *n. (Amer.)* Fußleiste, *die;* ~**born** *adj. (arch.)* von niederer Herkunft; *(illegitimate)* unehelich; ~ ˈ**coin** *n.* entwertete Münze, *die;* ~ **hit** *n. (Baseball)* Schlag, *der* dem Schlagmann ermöglicht, das erste Mal zu erreichen
baseless [ˈbeɪslɪs] *adj.* unbegründet
baselessly [ˈbeɪslɪslɪ] *adv.* grundlos
baselessness [ˈbeɪslɪsnɪs] *n., no pl.* Haltlosigkeit, *die*
base: ~ **line** *n.* Grundlinie, *die;* ~**load** *n. (Electr.)* Grundlast, *die*
basely [ˈbeɪslɪ] *adv.* niederträchtig
baseman [ˈbeɪsmən] *n., pl.* **basemen** [ˈbeɪsmən] *(Baseball)* Malspieler, *der*
basement [ˈbeɪsmənt] *n.* Souterrain, *das;* Kellergeschoß, *das; (esp. in department store)* Untergeschoß, *das;* Tiefgeschoß, *das;* **a ~ flat** eine Souterrain- *od.* Kellerwohnung
base ˈmetal *n.* unedles Metall
baseness [ˈbeɪsnɪs] *n., no pl.* Niedrigkeit, *die;* Niederträchtigkeit, *die*
ˈ**base rate** *n.* a) *(Finance)* Eckzins, *der;* b) *(wage)* Grundlohn, *der*
bases *pl.* of ¹**base** or **basis**
bash [bæʃ] 1. *v. t. (heftig)* schlagen; ~ **one's head against sth.** sich *(Dat.)* den Kopf [heftig] an etw. *(Dat.)* stoßen; ~ **sth. in** etw. einschlagen; **the car was badly ~ed in** *or* **up das Auto war völlig verbeult;** ~ **sb. up** jmdn. zusammenschlagen; **he was badly ~ed up** er wurde schlimm zusammengeschlagen; **queer-~ing** *(sl.)* Zusammenschlagen von Schwulen *(ugs.);* **union-~ing** Einprügeln auf die Gewerkschaften. 2. *n.* a) *(heftiger)* Schlag; b) *(sl.: attempt)* Versuch, *der;* **have a ~ at sth.** etw. [mal] probieren *od.* versuchen; c) *(sl.: party)* Fete, *die (ugs.)*
bashful [ˈbæʃfl] *adj.* a) *(shy)* schüchtern; b) *(shamefaced)* verschämt
bashfully [ˈbæʃflɪ] *adv. see* **bashful**: schüchtern; verschämt
bashfulness [ˈbæʃflnɪs] *n., no pl. see* **bashful**: Schüchternheit, *die;* Verschämtheit, *die*
basic [ˈbeɪsɪk] *adj.* a) *(fundamental)* grundlegend; ~ **structure/principle/element/vocabulary** Grundstruktur, *die/*-prinzip, *das/*-bestandteil, *der/*-wortschatz, *der;* **be ~ to sth.** wesentlich für etw. sein; **have a ~ knowledge of sth.** Grundkenntnisse einer Sache *(Gen.)* haben; ~ **problem/reason/issue** Hauptproblem, *das/*-grund, *der/*-sache, *die;* b) *(standard minimum)* ~ **wages/salary** Grundlohn, *der/*Grundgehalt, *das;* **the length of a ~ working day is 8 hours** ein normaler Arbeitstag dauert 8 Stunden; c) *(Chem., Geol.)* basisch. *See also* **basics**
basically [ˈbeɪsɪklɪ] *adv.* im Grunde; grundsätzlich *(übereinstimmen);* *(mainly)* hauptsächlich
basic: ~ ˈ**dye** *n. (Chem.)* basischer Farbstoff; **B~** ˈ**English** *n.* Basic English, *das;* auf einem sehr einfachen Grundwortschatz beruhendes Englisch; ~ ˈ**industry** *n.* wichtiger Industriezweig
basics [ˈbeɪsɪks] *n. pl.* **stick to the ~:** beim Wesentlichen bleiben; **the ~ of maths/cooking** die Grundlagen der Mathematik/das ABC der Kochkunst; **he doesn't understand the ~ of honesty** er weiß überhaupt nicht, was Ehrlichkeit ist
basic ˈslag *n.* Thomasschlacke, *die (Hüttenw.); (finely ground)* Thomasmehl, *das (Landw.)*
basidium [bəˈsɪdɪəm] *n., pl.* **basidia** [bəˈsɪdɪə] *(Bot.)* Basidie, *die;* Sporenständer, *der*
basil [ˈbæzl] *n. (Bot.) (sweet)* ~ Basilikum, *das;* **bush** ~: Buschbasilikum, *das*
basilica [bəˈzɪlɪkə] *n. (Archit., Eccl.)* Basilika, *die*
basilisk [ˈbæzɪlɪsk] *n. (Mythol., Zool.)* Basilisk, *der;* ~ **stare** *(fig.)* Basiliskenblick, *der*
basin [ˈbeɪsn] *n.* a) *(Geogr.)* Becken, *das; (wash-~)* Waschbecken, *das; (bowl)* Schüssel, *die;* b) *(depression)* Becken, *das; (artificial)* Bassin, *das;* Becken, *das;* c) *(of river etc.)* Becken, *das;* **the ~ of the Amazon, the Amazon ~:** das Amazonasbecken, *das;* d) *(harbour)* [Hafen]becken, *das;* e) *(valley)* [Tal]kessel, *der;* f) *(Geol.)* Becken, *das*
basinful [ˈbeɪsnfʊl] *n.* **ten ~s of water** zehn Schüsseln [voll] Wasser; **have had a ~ of sth.** *(fig. coll.: more than enough)* von etw. die Nase voll haben *(ugs.)*
basis [ˈbeɪsɪs] *n., pl.* **bases** [ˈbeɪsɪːz] a) *(ingredient)* Grundbestandteil, *der;* b) *(foundation, principle, common ground)* Basis, *die;* Grundlage, *die;* **rest on a ~ of conjecture** sich auf Vermutungen gründen; **meet on a purely friendly ~** auf rein freundschaftlicher Basis begegnen; **on a first come first served ~:** nach dem Prinzip „Wer zuerst kommt, mahlt zuerst"; c) *(beginning)* Ausgangspunkt, *der*
bask [bɑːsk] *v. i.* a) sich [wohlig] wärmen; sich aalen *(ugs.);* ~ **in the sun** sich sonnen; sich in der Sonne aalen *(ugs.);* b) *(fig.)* sich sonnen (in **in** + *Dat.*)
basket [ˈbɑːskɪt] *n.* a) Korb, *der; (of chippan)* Drahteinsatz, *der;* **wire** ~: Drahtkorb, *der;* b) *(quantity)* **a ~ [full] of plums/apples** ein Korb [voll] Pflaumen/Äpfel; **sell ~s of**

sth. [ganze] Körbe voll etw. verkaufen; etw. körbeweise verkaufen; c) *(protection for hand)* Korb, *der; (Fencing)* Glocke, *die;* d) *(of typewriter)* [type-]~: Typenkorb, *der;* e) *(Basketball)* Korb, *der;* **make** *or* **score a ~:** einen Korb werfen; f) *(Econ.)* ~ **of currencies** Währungskorb, *der*
basket: ~ball *n.* Basketball, *der;* ~ **case** *n. (sl.)* Schwerbeschädigte ohne Arme und Beine; *(fig.)* hoffnungsloser Fall; ~ **chair** *n.* Korbsessel, *der;* ~ **clause** *n.* Generalklausel, *die*
basketful ['bɑ:skɪtfʊl] *see* **basket** b
basketry ['bɑ:skɪtrɪ] *see* **basketwork**
basket: ~ **weave** *n.* Panamabindung, *die (Weberei);* ~**work** *n. (art)* Korbflechterei, *die; (collectively)* Korbwaren; **a piece of** ~**work** ein Korbgeflecht; ~**work is his hobby** Korbflechten ist sein Hobby
basking 'shark *n.* Riesenhai, *der*
Basle [bɑ:l] **1.** *pr. n.* Basel *(das).* **2.** *attrib. adj.* Baseler
Basque [bæsk, bɑ:sk] **1.** *adj.* baskisch; **the ~ Country** das Baskenland. **2.** *n.* a) Baske, *der*/Baskin, *die; (language)* Baskisch, *das;* b) b~ *(of bodice)* Schößchen, *das;* c) b~ *(bodice)* Schößchenjacke, *die*
bas-relief ['bæsrɪli:f] *n. (Art)* Basrelief, *das*
¹**bass** [bæs] *n., pl.* **same** *or* **~es** *(Zool.)* Barsch, *der; (Perca fluviatilis)* [Fluß]barsch, *der*
²**bass** *n. (fibre)* Bast, *der*
³**bass** [beɪs] *(Mus.)* **1.** *adj.* Baß-; ~ **voice** Baßstimme, *die.* **2.** *n.* a) Baß, *der; (voice, part)* Baß, *der;* Baßstimme, *die; (singer)* Bassist, *der;* Baß, *der;* b) *(coll.)* **(double-~)** [Kontra]baß, *der;* **(~ guitar)** Baß, *der;* c) **figured** *or* **thorough ~:** Generalbaß, *der; (theory)* Generalbaßlehre, *die; see also* ¹**ground**
bass: ~ **clef** *n. (Mus.)* Baßschlüssel, *der;* ~ **drum** *n.* große Trommel
basset ['bæsɪt] *n.* ~[-**hound**] Basset, *der*
bass gui'tar *n.*
bassinet [bæsɪ'net] *n.* Stubenwagen, *der;* Korb[kinder]wagen, *der; (cradle)* Korbwiege, *die*
bassist ['beɪsɪst] *n.* Bassist, *der*/Bassistin, *die*
basso ['bæsəʊ] *n., pl.* **~s** *or* **bassi** ['bæsi:] *(Mus.)* Basso, *der*
bassoon [bə'su:n] *n. (Mus.)* Fagott, *das*
bassoonist [bə'su:nɪst] *n. (Mus.)* Fagottist, *der*/Fagottistin, *die*
bass: ~ **player** *n.* Bassist, *der*/Bassistin, *die;* ~ **viol** [beɪs 'vaɪəl] *n.* Gambe, *die;* Kniegeige, *die (veralt.); (Amer.: double-~)* Baßgeige, *die;* Kontrabaß, *der*
bast [bæst] *n.* Bast, *der*
bastard ['bɑ:stəd, 'bæstəd] **1.** *adj.* a) unehelich; b) *(hybrid)* verfälscht *⟨Sprache, Stil⟩;* c) *(Bot., Zool.)* Bastard-. **2.** *n.* a) uneheliches Kind; unehelicher Sohn/uneheliche Tochter; Bastard, *der (hist.);* b) *(coll.) (disliked person)* Schweinehund, *der (derb); (disliked thing)* Scheißding, *das (derb);* **you old ~!** *(in friendly exclamation)* alter Schwede! *(salopp);* **the poor ~!** *(unfortunate person)* das arme Schwein! *(ugs.)*
bastard: ~ **title** *n. (Printing)* Schmutztitel, *der;* ~ **wing** *n. (Zool.)* Afterflügel, *der*
bastardy ['bɑ:stədɪ, 'bæstədɪ] *n., no pl.* uneheliche Herkunft; Unehelichkeit, *die*
¹**baste** [beɪst] *v. t. (stitch)* heften; reihen
²**baste** *v. t.* a) [mit Fett/Bratensaft] begießen *⟨Fleisch⟩;* b) *(thrash, cudgel)* prügeln
bastion ['bæstɪən] *n.* Bastei, *die; (fig.)* Bastion, *die;* Bollwerk, *das*
¹**bat** [bæt] *n. (Zool.)* Fledermaus, *die;* **blind as a ~** *(fig.)* blind wie ein Maulwurf; **have ~s in the belfry** *(coll.)* einen Dachschaden haben *(ugs.);* **sb. drives like a ~ out of hell** *(sl.)* jmd. fährt, als ob der Teufel hinter ihm wäre *(ugs.)*

²**bat 1.** *n.* a) *(Sport)* Schlagholz, *das; (for table-tennis)* Schläger, *der;* **do sth. off one's own ~** *(fig.)* etw.; **earnings off his own ~:** das, was er selbst verdient[e]; **carry one's ~** *(Cricket)* als Schlagmann während eines Durchgangs nicht ausscheiden; **right off the ~** *(Amer. fig.)* sofort; b) *(act of using ~)* Schlag, *der;* c) *usu. in pl. (implement to guide aircraft)* Kelle, *die;* d) *(batsman)* Schlagmann, *der.* **2.** *v. t.* -tt-: a) *(Sport)* schlagen; b) *(sl.: move)* ~ **around the town** in der Stadt rummachen *(ugs.);* ~ **away** sich wegmachen *(ugs.).* **3.** *v. t.* -tt-: a) schlagen; b) *(Baseball)* ~ **in two runs** zwei Läufe holen *(ugs.)*
³**bat** *n. (Brit. sl.: pace)* Tempo, *das;* **at an awful ~:** mit einem Affenzahn *(salopp)*
⁴**bat** *v. t.* -tt-: ~ **one's eyes/eyelids** [mit den Augen/Augenlidern] blinzeln *od.* zwinkern; **he never ~ted an eyelid** *(fig.: betrayed no emotion)* er hat nicht mit der Wimper gezuckt; **without ~ting an eyelid** *(fig.)* ohne mit der Wimper zu zucken
batch [bætʃ] *n.* a) *(of loaves)* Schub, *der;* b) *(of people)* Gruppe, *die;* Schwung, *der (ugs.); (of letters, books, files, papers)* Stapel, *der;* Schwung, *der (ugs.); (of rules, regulations)* Bündel, *das*
batch: ~ **processing** *n.* Schub-, Stapelverarbeitung, *die;* ~ **production** *n.* Stapelfertigung, *die*
¹**bate** [beɪt] *v. t.* **with ~d breath** mit angehaltenem *od. (geh.)* verhaltenem Atem; ~ **one's breath** den Atem verhalten *(geh.)*
²**bate** *n. (Brit. sl.)* Rage, *die;* **be in a [terrible] ~:** [schrecklich] in Rage sein; **get/ fly into a ~:** in Rage geraten
bath [bɑ:θ] **1.** *n., pl.* ~**s** [bɑ:ðz] a) Bad, *das;* **have** *or* **take a ~:** ein Bad nehmen; b) *(vessel)* ~[**-tub**] Badewanne, *die;* **room with ~:** Zimmer mit Bad; c) *usu. in pl. (building)* Bad, *das;* [**swimming-**]~**s** Schwimmbad, *das;* d) **Order of the B~** *(Brit.)* Orden vom Bade. **2.** *v. t. & i.* baden
bath: B~ brick *n.* Putzstein, *der;* **B~ bun** *n.* ≈ Rosinenbrötchen mit Zuckerguß; ~**-cap** *n.* Badekappe, *die;* Bademütze, *die;* ~ **chair** *n.* Rollstuhl, *der;* ~ **cubes** *n. pl.* Badesalz, *das* (in Würfelform)
bathe [beɪð] **1.** *v. t.* a) baden; b) *(moisten)* baden *⟨Wunde, Körperteil⟩;* ~**d with** *or* **in sweat** schweißüberströmt *⟨Gesicht, Person⟩;* in Schweiß gebadet *⟨Person⟩;* ~**d with** *or* **in tears** tränenüberströmt; c) *(envelop)* sunlight ~**d the gardens** Sonne lag über den Gärten *(geh.);* ~**d in sunlight** von der Sonne beschienen. **2.** *v. i.* baden; **go bathing** baden gehen. **3.** ~ *n.* Bad, *das (im Meer usw.);* **take** *or* **have a ~:** baden; ein Bad nehmen
bather ['beɪðə(r)] *n.* a) Badende, *der/die;* b) *in pl. (Austral.: garment)* Badeanzug, *der*
bathetic [bə'θetɪk] *adj.* bathisch *(geh.)*
bathing ['beɪðɪŋ] *n.* Baden, *das;* '~ **prohibited'** „Baden verboten!"
bathing: ~ **beach** *n.* Badestrand, *der;* ~ **beauty,** ~ **belle** *ns.* Badenixe, *die;* ~**-cap** *n.* Badekappe, *die;* Bademütze, *die;* ~**-costume** *n.* Badeanzug, *der;* ~**-machine** *n. (Hist.)* Badekarren, *der;* ~**-suit** *n.* Badeanzug, *der;* ~**-trunks** *n. pl.* Badehose, *die*
'**bath-mat** *n.* Badematte, *die*
bathos ['beɪθɒs] *n., no pl. (Lit., Rhet.)* Bathos, *das (geh.);* Umschlag ins Triviale; *(anticlimax, art)* Antiklimax, *die (Stilk.)*
bath: ~**robe** *n.* Bademantel, *der;* ~**room** *n.* Badezimmer, *das;* ~ **salts** *n. pl.* Badesalz, *das;* ~**time** *n.* Badezeit, *die;* ~**-towel** *n.* Badetuch, *das;* ~**-tub** *see* **bath** 1 b; ~**-water** *n.* Badewasser, *das; see also* **baby 1 a**
batik [bæ'tɪk, bə'tɪ:k] *n.* Batik, *der od. die*
batiste [bə'ti:st] **1.** *n.* Batist, *der.* **2.** *adj.* batisten; ~ **dress/blouse** Batistkleid, *das*/Batistbluse, *die*

batman ['bætmən] *n., pl.* **batmen** ['bætmən] *(Mil.)* [Offiziers]bursche, *der*
baton ['bætn] *n.* a) *(staff of office)* Stab, *der;* Baton, *der (veralt.);* **Field Marshal's ~:** Marschallstab, *der;* b) *(truncheon)* Schlagstock, *der;* c) *(Mus.)* Taktstock, *der;* **conductor's ~:** Dirigentenstab, *der;* d) *(for relay race)* [Staffel]stab, *der;* Staffelholz, *das;* e) *(Her.)* ≈ Schrägbalken, *der;* ~ **sinister** Bastardfaden, *der*
bats [bæts] *pred. adj. (sl.)* bekloppt *(salopp);* **go ~:** überschnappen *(ugs.)*
batsman ['bætsmən] *n., pl.* **batsmen** ['bætsmən] *(Sport)* Schlagmann, *der;* ~**'s wicket** für den Schlagmann günstige Spielbahn
battalion [bə'tæljən] *n. (lit. or fig.)* Bataillon, *das;* ~**s of** *(fig.)* ganze Bataillone von; **God is for the big ~s** Gott ist mit dem Stärkeren
¹**batten** ['bætn] **1.** *n.* a) *(piece of timber)* Latte, *die;* b) *(Naut.)* Latte, *die;* c) *(bar, strip of wood)* Leiste, *die.* **2.** *v. t. (Naut.)* ~ **down** [ver]schalken *⟨Luke⟩*
²**batten** *v. i.* a) ~ **on sth.** sich an etw. *(Dat.)* gütlich tun; *(grow fat)* sich mästen mit etw.; b) *(thrive)* ~ **on** sich mästen auf Kosten *(+ Gen.)*
¹**batter** ['bætə(r)] **1.** *v. t.* a) *(strike)* einschlagen auf *(+ Akk.);* ~ **down/in** einschlagen; ~ **sth. to pieces** etw. zerschmettern *od.* in Stücke schlagen; **he ~ed his head against the wall** er schlug seinen Kopf gegen die Wand; b) *(attack with artillery)* beschießen; bombardieren *(Milit. veralt.);* c) *(handle severely)* zusammenschießen; bombardieren; ~ **sb. into exhaustion** jmdn. völlig ermürben; d) *(bruise, damage)* böse zurichten; ramponieren *(ugs.);* ~**ed baby** mißhandeltes Baby; ~**ed wife** mißhandelte Ehefrau; ~**ed wives' home** Frauenhaus, *das;* ~**ed by the gales** vom Sturm stark beschädigt; **a ~ed car** ein verbeultes Auto. **2.** *v. i.* heftig klopfen; **they ~ed at** *or* **against the door** sie hämmerten gegen die Tür
²**batter** *n. (Cookery)* [Back]teig, *der; (for pancake)* [Eierkuchen]teig, *der; (for waffle)* [Waffel]teig, *der*
³**batter** *n. (Baseball)* Schlagmann, *der*
battering ram ['bætərɪŋ ræm] *n.* Rammbock, *der*
battery ['bætərɪ] *n.* a) *(series; also Mil., Electr.)* Batterie, *die;* **a ~ of specialists** *(fig.)* eine ganze Reihe von Spezialisten; *see also* **recharge** 1; b) *(Law)* [assault and] ~: tätlicher Angriff; c) *(Psych.)* Testreihe, *die;* d) *(Baseball)* Werfer und Fänger; e) *(Agric.)* Legebatterie, *die*
battery: ~**charger** *n.* Batterieladegerät, *das;* ~ **farming** *n.* Batteriehaltung, *die;* ~**'hen** *n.* Batteriehuhn, *das*
batting ['bætɪŋ] *n. (Sport)* Schlagen, *das; see also* **average 1 b**
battle ['bætl] **1.** *n.* a) *(fight)* Schlacht, *die;* **the ~ at Amman** die Schlacht bei Amman; **they went out to ~:** sie zogen in die Schlacht; **do** *or* **give ~:** kämpfen; **join ~ with sb.** jmdm. eine Schlacht liefern; **die in ~:** [in der Schlacht] fallen; *(fig.: contest)* Kampf, *der;* ~ **for life** Kampf ums Überleben; ~ **of words** Wortgefecht, *das;* ~ **of ideas/wits** Wettstreit der Ideen/geistiger Wettstreit; **also fight 2 c;** *(victory)* Sieg, *der;* **the ~ is to the strong** der Sieg gehört den Starken; **sth./that is half the ~:** mit etw./damit ist schon viel gewonnen; *see also* ¹**pitch 2 f. 2.** *v. i.* ~ **with** *or* **against sth.** mit *od.* gegen etw. kämpfen; ~ **for sth.** für etw. kämpfen. **3.** *v. t.* a) kämpfen gegen; b) ~ **one's way through the crowd** sich durch die Menge kämpfen
battle: ~**axe** *n.* Streitaxt, *die; (coll.: woman)* Schreckschraube, *die (ugs. abwertend);* ~**-cruiser** *n. (Navy)* Schlachtkreuzer, *der;* ~**-cry** *n.* Schlachtruf, *der*

battle: ~dress *n. (Mil.) (for general service)* Arbeitsanzug, *der; (for field service)* Kampfanzug, *der;* **~ fatigue** *n.* Frontkoller, *der (ugs.);* Frontneurose, *die;* **~field**, **~ground** *ns.* Schlachtfeld, *das;* **~-lines** *n. pl.* Kampflinien
battlement ['bætlmənt] *n., usu. in pl.* **a)** Zinne, *die;* **b)** *(roof)* zinnenbewehrtes Dach
battlemented ['bætlməntɪd] *adj.* mit Zinnen bewehrt
battle: ~ 'royal *n.* [heftiger] Kampf *(auch fig.); (everyone for himself)* Kampf jeder gegen jeden; **~ship** *n.* Schlachtschiff, *das;* **~-weary** *adj.* kampfesmüde
batty ['bætɪ] *adj. (sl.)* **be happened** *(salopp):* go or become **~**: überschnappen *(ugs.)*
'batwing sleeve *n.* Fledermausärmel, *der*
bauble ['bɔ:bl] *n.* **a)** *(trinket)* Flitter, *der;* little **~s** kleine, wertlose Schmuckstücke; **b)** *(toy)* Spielzeug, *das;* dolls and other **~s** Puppen und anderes Spielzeug; **c)** *(Hist.: jester's emblem)* Narrenzepter, *das;* **d)** *(worthless thing)* Talmi, *der;* be a **~/be a ~s** Talmi sein
baulk *see* **balk**
bauxite ['bɔ:ksaɪt] *n. (Min.)* Bauxit, *der*
Bavaria [bə'veərɪə] *pr. n.* Bayern *(das)*
Bavarian [bə'veərɪən] **1.** *adj.* bay[e]risch; sb. is **~**: jmd. ist Bayer/Bayerin. **2.** *n.* **a)** *(person)* Bayer, *der*/Bayerin, *die;* **b)** *(dialect)* Bay[e]risch[e], *das;* Bairisch[e], *das*
bawdily ['bɔ:dɪlɪ] *adv.* zweideutig, *(stronger)* obszön ⟨*lachen, schreiben*⟩
bawdiness ['bɔ:dɪnɪs] *n., no pl. see* **bawdy 1**: Zweideutigkeit, *die*, *(stronger)* Obszönität, *die*
bawdy ['bɔ:dɪ] **1.** *adj.* zweideutig, *(stronger)* obszön ⟨*Witz, Geschichte, Sprache*⟩; obszön ⟨*Mensch*⟩. **2.** *n.* Zweideutigkeit, *die;* *(stronger)* Obszönität, *die*
'bawdy-house *n. (arch.)* Bordell, *das*
bawl [bɔ:l] **1.** *v. t.* brüllen; **~ sth. at sb.** jmdm. etw. zubrüllen; **~ [out] one's wares** seine Waren ausschreien; **~ sb. out** *(coll.)* jmdn. zusammenstauchen *(ugs.)*. **2.** *v. i.* brüllen; **~ out to sb.** nach jmdm. brüllen; **~ at sb.** jmdn. anbrüllen
'bay *n. (of sea)* Bucht, *die; (larger also)* Golf, *der;* **the Bay of Bengal** der Golf von Bengalen; **Hudson's Bay** die Hudsonbai; **the Bay of Pigs** die Schweinebucht
²bay *n.* **a)** *(division of wall)* Joch, *das (Archit.);* **b)** *(space in room)* Erker, *der;* **c)** *(recess, compartment)* Lagerraum, *der; (in barn)* Banse, *die;* **sick~** *(Navy)* Schiffshospital, *der; (Mil.)* Sanitätsbereich, *der; (in school, college, office)* Krankenzimmer, *das;* **d)** *(of railway line)* ≈ Nebengleis, *das;* **e)** *(platform)* Bahnsteig an einem Nebengleis; *(in bus-station)* Haltestelle, *die*
³bay 1. *n. (bark)* Gebell, *das;* Gelaut, *das (Jägerspr.);* **at ~: gestellt;** be **at ~** *(fig.)* mit dem Rücken zur Wand stehen *(fig.);* **hold or keep sb./sth. at ~** *(fig.)* sich *(Dat.)* jmdn./ etw. vom Leib halten; **stand at ~** *(fig.)* sich [den Verfolgern] stellen. **2.** *v. i.* bellen; **~ at sb./sth.** jmdn./etw. anbellen. **3.** *v. t.* anbellen
⁴bay [beɪ] *n.* **a)** *(Bot.)* Lorbeer[baum], *der;* **b)** *in pl. (wreath)* [garland of] **~s** Lorbeer[kranz], *der*
⁵bay 1. *adj.* braun ⟨*Pferd*⟩. **2.** *n.* Braune, *der*
bay: ~berry *n.* Pimentbaum, *der;* **~-leaf** *n. (Cookery)* Lorbeerblatt, *das*
bayonet ['beɪənɪt] **1.** *n.* Bajonett, *das;* Seitengewehr, *das;* **with fixed ~s** mit aufgepflanztem Bajonett. **2.** *v. t.* mit dem Bajonett *od.* Seitengewehr aufspießen; **~ sb. to death** jmdn. mit dem Bajonett erstechen
bayonet: ~ fitting *n.* Bajonettfassung, *die;* **~ plug** *n.* Stecker mit Bajonettverschluß *od.* -fassung; **~ socket** *n.* Steckdose mit Bajonettfassung
bay: ~ 'rum *n.* Pimentöl, *das;* **~ 'window** *n.* Erkerfenster, *das; (sl.: abdomen)* Spitzkühler, *der (salopp scherzh.)*

bazaar [bə'zɑ:(r)] *n. (oriental market)* Basar, *der; (large shop)* Kaufhaus, *das;* Basar, *der (DDR); (sale)* Wohltätigkeitsbasar, *der;* Basar, *der*
bazooka [bə'zu:kə] *n. (Mil.)* Bazooka, *die; (smaller)* Panzerfaust, *die*
BBC *abbr.* **British Broadcasting Corporation** BBC, *die*
bbl. *abbr.* **barrels** *(esp. of oil)*
BC *abbr.* **before Christ** v. Chr.; *(bes. DDR)* v. u. Z.
BD *abbr.* **Bachelor of Divinity** Bakkalaureus der Theologie; *see also* **B. Sc.**
BDS *abbr.* **Bachelor of Dental Surgery** Bakkalaureus der Zahnheilkunde; *see also* **B. Sc.**
be [bi:] *v., pres. t.* **I am** [əm, *stressed* æm], *neg. (coll.)* **ain't** [eɪnt], **he is** [ɪz], *neg. (coll.)* **isn't** ['ɪznt]; **we are** [ə(r), *stressed* ɑ:(r)], *neg. (coll.)* **aren't** [ɑ:nt]; *p. t.* **I was** [wɒz, *stressed* wɒz], *neg. (coll.)* **wasn't** ['wɒznt], **we were** [wə(r), *stressed* wɜ:(r), weə(r)], *neg. (coll.)* **weren't** [wɜ:nt, weənt]; *pres. p.* **being** ['bi:ɪŋ]; *p. p.* **been** [bɪn, *stressed* bi:n] **1.** *copula* **a)** *indicating quality or attribute* sein; **she'll be ten next week** sie wird nächste Woche zehn; **she is a mother/an Italian** sie ist Mutter/Italienerin; **being a Frenchman, he naturally took an interest in politics** als Franzose interessierte er sich natürlich für Politik, nicht being a cat-lover, I kept well away da ich nicht gerade ein Katzenfreund bin, hielt ich mich fern; **he is being nice to them/sarcastic** er ist nett zu ihnen/jetzt ist er sarkastisch; **he has always been lazy** er ist schon immer faul gewesen; **be sensible!** sei vernünftig!; **b)** *in exclamation* **was she pleased!** war sie [vielleicht] froh!; **isn't he stupid!** ist er nicht [wirklich] dumm!; **aren't you a big boy!** was bist du schon für ein großer Junge!; **c)** *will be indicating supposition* **I dare say] you'll be a big boy by now** du bist jetzt sicher schon ein großer Junge; **you'll be relieved to hear that** du wirst erleichtert sein, das zu hören; **d)** *indicating physical or mental welfare or state* sein; sich fühlen; **I am well** es geht mir gut; **I am hot** mir ist heiß; **I am freezing** mich friert; es friert mich; **how are you/is she?** wie geht's *(ugs.)* /gcht es dir?; **e)** *identifying the subject* **he is the person I was speaking of** er ist es, von dem ich sprach; **it is the 5th today** heute haben wir den Fünften; **who's that?** wer ist das?; **it is she, it's her** sie ist's; **it is Joe who came** Joe ist gekommen; **if I were you** wenn ich du *od.* an deiner Stelle wäre; **f)** *indicating profession, pastime, etc.* **be a teacher/a footballer** Lehrer/Fußballer sein; **she wants to be a surgeon** sie möchte Chirurgin werden; **g)** *with possessive* **this book is hers** ist/was ihrs; es gehört/gehörte ihr; **this book is your uncle's** dieses Buch gehört deinem Onkel; **h)** *indicating intended recipient* **it's for you** es ist für dich; **i)** *(cost)* **how much are those eggs?** was kosten die Eier da?; **that will be 76 p** das macht 76 Pence; **j)** *(equal)* **two times three is six, two threes are six** zweimal drei ist *od.* sind *od.* gibt sechs; **sixteen ounces is a pound** sechzehn Unzen sind ein Pfund; **k)** *(constitute)* ausmachen; bilden; **London is not England** London ist nicht [gleich] England; **l)** *(mean)* bedeuten; **he was everything to her** er bedeutete ihr alles; **seeing is believing** was man [selbst] sieht, glaubt man; **m)** *(represent)* darstellen; stehen für; bedeuten; **let x be 2** [angenommen] x sei 2. **2.** *v. i. a) (exist)* [vorhanden] sein; existieren; **can such things be?** kann so etwas geben?; **I think, therefore I am** ich denke, also bin ich; **there is/are ...** es gibt ...; **there are no such things** es gibt nichts dergleichen; so etwas gibt es nicht; **once upon a time there was a princess** es war

einmal eine Prinzessin; **to be or not to be** Sein oder Nichtsein; **the powers that be** die maßgeblichen Stellen; die da oben *(ugs.);* **for the time being** vorläufig; **Miss Jones that was** das frühere Fräulein Jones; **be that as it may** wie dem auch sei; **b)** *(remain)* bleiben; **I shan't be a moment** *or* **second** ich komme gleich; noch eine Minute; **she has been in her room for hours** sie ist schon seit Stunden in ihrem Zimmer; **let it be** laß es sein; **let him/her be** laß ihn/sie in Ruhe; **c)** *(attend)* sein; **is he here?** ist er hier?; **d)** *indicating position in space or time* **he's upstairs** er ist oben; **how long has he been here?** wie lange ist er schon hier?; **e)** *(be situated)* sein; **Hungary is in the heart of Europe** Ungarn liegt im Herzen Europas; **the chair is in the corner** der Stuhl steht *od.* ist in der Ecke; **here you are** *(on arrival)* da bist du/da seid ihr [ja]; *(on giving sb. sth.)* so, bitte!; **f)** *(happen, occur, take place)* stattfinden; sein; **where will the party be?** wo ist die Party?; wo findet die Party statt?; **g)** *(go, come)* **be off with you!** geh/geht!; **I'm off or for home** ich gehe jetzt nach Hause; **she's from Australia** sie stammt *od.* ist aus Australien; **are you for London?** sind Sie nach London?; sind Sie auf dem Wege nach London?; **be on one's way** unterwegs *od.* auf dem Wege sein; **h)** *(on visit etc.)* sein; **have you [ever] been to London?** bist du schon einmal in London gewesen?; **has anyone been?** ist jemand dagewesen?; **has the postman been?** war der Briefträger *od.* die Post schon da?; **i) be for/against sth./sb.** für/gegen etw./ jmdn. sein; **How kind she is. She's been and tidied the room** *(coll.)* Wie nett ist sie. Sie hat doch wirklich das Zimmer aufgeräumt; **the children have been at the biscuits** die Kinder waren an den Keksen *(ugs.);* **I've been into this matter** ich habe mich mit der Sache befaßt. **3.** *v. aux.* **a)** *forming passive* werden; **the child was found** das Kind wurde gefunden; **German is spoken in this shop** in diesem Geschäft wird Deutsch gesprochen; **b)** *(arch.)* forming past tenses of verbs of motion sein; **the sun is set** die Sonne ist untergegangen; **when I got there she was gone** als ich hinkam, war sie schon [weg]gegangen; **Christ is risen** *(Relig.)* Christ[us] ist auferstanden *od. (dichter. veralt.)* erstanden; **the prisoner is fled** der Gefangene ist geflohen; **c)** *forming continuous tenses, active* **he is reading** er liest [gerade]; er ist beim Lesen; **I am leaving tomorrow** ich reise morgen [ab]; **the train was departing when I got there** der Zug fuhr gerade ab, als ich ankam; **d)** *forming continuous tenses, passive* **the house is/was being built** das Haus wird/ wurde [gerade] gebaut *od.* ist/war im Bau; **e)** *expressing obligation* **be to** sollen; **I am to inform you** ich soll Sie unterrichten; **you are to report to the police** Sie sollen sich bei der Polizei melden; **he is to clean the house thoroughly** er soll das ganze Haus gründlich putzen; **he is to be admired** er ist zu bewundern; **f)** *expressing arrangement* **the Queen is to arrive at 3 p.m.**, die Königin soll um 15 Uhr eintreffen; **he is to be there** er soll dort sein; **I am to go to school tomorrow**; **g)** *expressing possibility* **the car is for sale** das Auto ist zu verkaufen; **it was not to be seen** es war nicht zu sehen; **there was nothing to be seen** es war nichts zu sehen; **I was not to be side-tracked** ich ließ mich nicht ablenken; **h)** *expressing destiny* **they were not to meet again** sie sollten sich nie wieder treffen; **i)** *expressing condition* **if I were to tell you that ..., were I to tell you that ...**, wenn ich dir sagen würde, daß ... **4. bride-/husband-to-be** zukünftige Braut/zukünftiger Ehemann; **mother-/father-/to-be** werdende Mutter/werdender Vater; **the be-all and end-all** das A und O
beach [bi:tʃ] **1.** *n.* Strand, *der;* **~ area**

Strandzone, die; **on the ~:** am Strand; attrib. **~ hat/suit/shoe** Strandhut/-anzug/-schuh, der. **2.** v. t. auf [den] Strand setzen ⟨Schiff usw.⟩; ans Ufer ziehen ⟨Boot, Wal⟩
beach: **~-ball** n. Wasserball, der; **~-comber** ['biːtʃkəʊmə(r)] n. **a)** Strandgutsammler, der; **b)** (wave) große Brandungswelle; **~-head** n. (Mil.) Brückenkopf, der; **~ wear** n. Strandkleidung, die
beacon ['biːkn] n. **a)** Leucht-, Signalfeuer, das; (Naut.) Leuchtbake, die; **b)** (Brit.) (hill) leicht sichtbarer Hügel (für ein Signalfeuer); **c)** (lighthouse, tower, etc.) Leuchtfeuer, das; **d)** (radio station) Funkfeuer, das; **e)** (signal light) Signalleuchte, die; (for aircraft) Landelicht, das; **f)** (fig.) Leitstern, der
bead [biːd] **1.** n. **a)** Perle, die; ~s Perlen Pl.; Perlenkette, die; **tell one's ~s** den Rosenkranz beten; **~s of dew** Tautropfen od. (geh.) -perlen; **~s of perspiration or sweat** Schweißtropfen od. -perlen; **b)** (gun-sight) Kornspitze, die; Korn, das; **draw a ~ on sb./sth.** auf jmdn./etw. zielen; **c)** (tyre edge) see beading c; **d)** (Archit.) see beading b. **2.** v. t. mit Perlen/perlenartiger Verzierung versehen
beading ['biːdɪŋ] n. **a)** Perlenstickerei, die; **b)** (Archit.) Perl- od. Rundstab, der; Abdeckstab, der; **c)** (tyre edge) Wulst, der od. die
beadle ['biːdl] n. (Brit.) (Hist.: of church) Kirchendiener, der; (with more responsibility, esp. Scot.) Küster, der; (of university) Pedell, der
beady ['biːdɪ] adj. **~ eyes** Knopfaugen; **those ~ eyes of hers don't miss anything** ihrem wachsamen Blick entgeht nichts; **I've got my ~ eye on you** ich lasse dich nicht aus den Augen
beady-eyed adj. mit Knopfaugen nachgestellt; (watchful) mit wachen Augen nachgestellt
beagle ['biːgl] n. Beagle, der
¹beak [biːk] n. Schnabel, der; (of turtle, octopus) Mundwerkzeug, das; (fig.: large, hooked nose) Hakennase, die; Zinken, der (salopp)
²beak n. (Brit. sl.) **a)** (magistrate, judge) Kadi, der (ugs.); **b)** (schoolmaster) Pauker, der
beaked [biːkt] adj. geschnäbelt
beaker ['biːkə(r)] n. **a)** (cup) Becher, der; **b)** (Chem.) Becherglas, das
be-all see be 4
beam [biːm] **1.** n. **a)** (timber etc.) Balken, der; **behold the ~ in thine own eye** (Bibl.) sieh den Balken in deinem eigenen Auge; **b)** (in loom) Baum, der; **c)** (Agric.: in plough) Grindel, der; Pflugbaum, der; **d)** (in balance) Waagebalken, der; **e)** (Naut.) (ship's breadth) [größte] Schiffsbreite; (side of ship) [Schiffs]seite, die; ~s Decksbalken; **on the ~:** querschiffs; **on the port ~:** backbords; **broad in the ~** (fig. coll.) breithüftig; **f)** (ray etc.) [Licht]strahl, der; **~ of light** Lichtstrahl, der; **the car's headlamps were on full ~:** die Scheinwerfer des Wagens waren aufgeblendet; **g)** (Aeronaut., Mil., etc.: guide) Peil- od. Leitstrahl, der; (course) **come in on the ~:** auf dem Peil- od. Leitstrahl ein- od. anfliegen; **be off ~** (fig. coll.) danebenliegen (ugs.); be on the ~ (fig. coll.) richtigliegen (ugs.); **h)** (smile) Strahlen, das. **2.** v. t. **a)** ~ [forth] ausstrahlen; **b)** (broadcast) ausstrahlen ⟨Wellen, Licht, Rundfunkprogramm⟩; (fig.: aim) ~ **at** [hin]zielen auf (+ Akk.); **towards** richten od. lenken auf (+ Akk.); **this magazine is ~ed at housewives** die Zielleser[schaft] dieser Illustrierten sind Hausfrauen. **3.** v. i. **a)** (shine) strahlen; glänzen; **b)** (smile) strahlen; **~ at sb.** jmdn. anstrahlen
'beam-ends n. pl. **the ship is on her ~** das Schiff liegt auf der Seite; **be on one's ~** (fig.) pleite (ugs.) od. in großer Geldnot sein
beaming ['biːmɪŋ] adj. strahlend
bean [biːn] **1.** n. **a)** Bohne, die; **full of ~s** (fig. coll.) putzmunter (ugs.); quietschlebendig (ugs.); **he hasn't [got] a ~** (fig.) er hat keinen roten Heller (ugs.); **not worth a ~** (sl.) nicht die Bohne od. keinen Pfifferling wert (ugs.); see also **old 1 d**; **¹spill 1 b**; **b)** (Amer. sl.: head) Birne, die (fig. salopp). **2.** v. t. (Amer. sl.: hit) ~ **sb.** jmdm. eins auf die Birne geben (salopp)
bean: **~ bag** n. **a)** mit Bohnen gefülltes Säckchen zum Spielen; **b)** (cushion) Knautschsessel, der; **~ feast** n. (Brit. coll.) Gelage, das; (employees' annual dinner) Betriebsfeier, die
beano ['biːnəʊ] n., pl. ~s (Brit. sl.) Gelage, das
bean: **~pole** n. (lit. or fig.) Bohnenstange, die; **~sprout** n. Sojabohnenkeim, der; **~stalk** n. Bohnenstengel, der; **~stick** n. Bohnenstange, die
¹bear [beə(r)] n. **a)** Bär, der; **be like a ~ with a sore head** (coll.) ein richtiger Brummbär sein (ugs.) **b)** (fig.) Tolpatsch, der (ugs.); **c)** (Astron.) **Great/Little B~:** Großer/Kleiner Bär; **d)** (St. Exch.) Baissier, der
²bear 1. v. t., bore [bɔː(r)], borne [bɔːn] **a)** (show) tragen ⟨Wappen, Inschrift, Unterschrift⟩; aufweisen, zeigen ⟨Merkmal, Spuren, Ähnlichkeit, Verwandtschaft⟩; **a resemblance or likeness to sb.** Ähnlichkeit mit jmdm. haben; **b)** (be known by) tragen, führen ⟨Namen, Titel⟩; **c)** ~ **some/little relation to sth.** einen gewissen/wenig Bezug zu etw. haben; **d)** (poet./formal: carry) tragen ⟨Waffe, Last⟩; mitgebracht haben, mit sich führen ⟨Geschenk, Botschaft⟩; **I was borne along by the fierce current** die starke Strömung trug mich mit [sich]; **be borne in upon sb.** jmdm. klar werden; jmdm. zu[m] Bewußtsein kommen; **e)** (endure, tolerate) ertragen, erdulden ⟨Schmerz, Kummer⟩; with neg. ertragen, aushalten ⟨Schmerz⟩; aussehen, leiden ⟨Geruch, Lärm⟩; **he couldn't ~ the misery** er konnte das Elend nicht ertragen; **I can't ~ watching her eat** ich kann ihr beim Essen einfach nicht zusehen; **I can't ~ salami** ich kann Salami einfach nicht ausstehen; **f)** (sustain) tragen, übernehmen ⟨Verantwortlichkeit, Kosten⟩; auf sich (Akk.) nehmen ⟨Schuld⟩; tragen, aushalten ⟨Gewicht⟩; **g)** (be fit for) vertragen; **it does not ~ repeating or repetition** das läßt sich unmöglich wiederholen; (is not important) es lohnt sich nicht, das zu wiederholen; **his language won't ~ repeating** man kann seine [gemeinen] Ausdrücke gar nicht wiederholen; **it will not ~ scrutiny** es hält einer Überprüfung nicht stand; **it does not ~ thinking about** daran darf man nicht denken; ~ **comparison with sth.** den od. einen Vergleich mit etw. standhalten; **h)** (carry in the mind) hegen ⟨Haß, Liebe⟩; ~ **sb. a grudge or a grudge against sb.** jmdm. gegenüber nachtragend sein; ~ **sb. malice or malice towards sb.** jmdm. grollen, einen Groll gegen jmdn. hegen; ~ **sth. in mind** an etw. (Akk.) denken; etw. nicht vergessen; ~ **in mind that ...:** vergiß nicht, daß ...; merk dir, daß ...; **i)** (give birth to) gebären ⟨Kind, Junges⟩; see also **born**; **j)** (yield) tragen ⟨Blumen, Früchte usw.⟩; bringen, tragen ⟨Zinsen⟩; **his efforts bore no result** (fig.) seine Bemühungen hatten od. brachten keinen Erfolg; ~ **fruit** (fig.) Früchte tragen (geh.); **k)** (bring sth. needed) leisten ⟨Hilfe⟩; ~ **witness** or **testimony to sth.** von etw. zeugen; ~ **sb. company** jmdm. Gesellschaft leisten; ~ **a hand helfen**; ~ **a hand in an undertaking** bei einem Vorhaben helfen; **l)** (behave) ~ **oneself well/with dignity** sich gut betragen od. benehmen/Würde zeigen. **2.** v. i., **bore, borne a) the path ~s [to the] left** der Weg führt [nach] links; **he bore right** er hielt sich [nach] rechts; **b) bring to ~:** aufbieten ⟨Kraft, Energie⟩; ausüben ⟨Druck⟩; **bring one's influence to ~:** seinen Einfluß geltend machen
~ **a'way** v. t. wegtragen; davontragen ⟨Preis usw.⟩; **be borne away** fort- od. davongetragen werden
~ **'down 1.** v. t. niederdrücken; überwältigen ⟨Feind⟩; **be borne down by the weight of ...:** von der Last (+ Gen.) gebeugt sein. **2.** v. i. ~ **down on sb./sth.** auf jmdn./etw. zusteuern; sich jmdm./einer Sache schnell nähern, ⟨Schiff:⟩ auf jmdn./etw. zu- od. losgeln; ⟨Wagen:⟩ auf jmdn./etw. zufahren od. -steuern
~ **'off** see **~ away**
~ **on** see **~ upon**
~ **'out** v. t. **a)** hinaustragen; **b)** (fig.) bestätigen ⟨Bericht, Erklärung⟩; ~ **sb. out in sth.** jmdm. recht geben; ~ **sb. out in sth.** jmdn. in etw. (Dat.) bestätigen
~ **'up 1.** v. t. halten; [unter]stützen. **2.** v. i. **a)** durchhalten; ausharren (geh.); ~ **up well under sth.** etw. gut ertragen; **b)** (Naut.) abfallen
~ **upon** v. t. (relate to) sich beziehen auf (+ Akk.); Bezug haben auf (+ Akk.); im Zusammenhang stehen mit; see also ~ **2 b**
~ **with** v. t. ~ **with sb./sth.** mit jmdm./etw. Nachsicht haben; ~ **with sth. for the time being** etw. vorübergehend auf sich (Akk.) nehmen; **if you'll ~ with me a little longer** wenn Sie sich vielleicht noch einen Moment gedulden wollen
bearable ['beərəbl] adj. zum Aushalten nachgestellt; erträglich ⟨Situation, Beruf⟩
bear: **~-baiting** n. (Hist.) Bärenhatz, die; **~ cub** n. Bärenjunge, das
beard [bɪəd] **1.** n. **a)** Bart, der; **full ~:** Vollbart, der; **small pointed ~:** Spitzbart, der; **b)** (Bot.) Grannen. **2.** v. t. trotzen (+ Dat.); Trotz bieten (+ Dat.); ~ **the lion in his den** (fig.) sich in die Höhle des Löwen wagen
bearded ['bɪədɪd] adj. bärtig; **be ~:** einen Bart haben; **a ~ gentleman** ein Herr mit Bart
bearer ['beərə(r)] n. **a)** (carrier) Träger, der/Trägerin, die; (of letter, message, cheque, banknote) Überbringer, der/Überbringerin, die; **cheque to ~:** Inhaberscheck, der; **payable to ~:** zahlbar an Überbringer od. Inhaber ⟨Scheck⟩; **I am the ~ of glad tidings** ich bringe euch eine frohe Botschaft; **b) the ~ of shares/bonds** der Aktionär/Gläubiger; **~ share/bond** Inhaberaktie/Inhaberschuldverschreibung, die
bear: **~-garden** n. (fig.) Tollhaus, das (fig.); **~-hug** n. kräftige Umarmung
bearing ['beərɪŋ] n. **a)** (behaviour) Verhalten, das; Gebaren, das (geh.); (deportment) [Körper]haltung, die; **b)** (endurance) Ertragen, das; Erdulden, das; **beyond or past [all] ~:** unerträglich; nicht zum Aushalten; **c)** (relation) Zusammenhang, der; Bezug, der; **consider sth. in all its ~s** etw. in seiner ganzen Tragweite betrachten; **have some/no ~ on sth.** relevant/irrelevant or. von Belang/belanglos für sth. sein; **d)** (significance) Bedeutung, die; [tieferer] Sinn; **the ~ of a remark** die Bedeutung od. der Sinn einer Bemerkung; **e)** (Mech. Engin.) Lager, das; **f)** (compass ~) Lage, der Position, die; **take a compass ~:** den Kompaßkurs feststellen; **get one's ~s** sich orientieren; (fig.) sich zurechtfinden; **I have lost my ~s** (lit. or fig.) ich habe die Orientierung verloren; **g)** (Her.) Wappenbild, das
bearish ['beərɪʃ] adj. **a)** brummig; unfreundlich; **b)** (St. Exch.) baissierend, auf Baisse spekulierend ⟨Kapitalanleger⟩
bear market n. (St. Exch.) Markt mit fallenden Preisen; Baissemarkt, der

bearskin n. a) Bärenfell, das; Bärenhaut, die; b) (Mil.) Bärenfellmütze, die

beast [bi:st] n. Tier, das; (quadruped) Vierbeiner, der; (ferocious, wild) Bestie, die; (fig.: brutal person) roher, brutaler Mensch; Bestie, die (abwertend); (disliked person) Scheusal, das (abwertend); it was a ~ of a winter das war ein scheußlicher Winter; **the B~** (Bibl.) das Tier; **man and ~**: Mensch und Tier

beastliness ['bi:stlɪnɪs] n., no pl. (coll.) Scheußlichkeit, die

beastly ['bi:stlɪ] adj., adv. (coll.) scheußlich

beat [bi:t] **1.** v. t., **beat, beaten** ['bi:tn] **a)** (strike repeatedly) schlagen ⟨Trommel, Rhythmus, Eier, Teig⟩; klopfen ⟨Teppich⟩; hämmern ⟨Gold, Silber usw.⟩; ~ **the dust out of a carpet/cushion** einen Teppich/ein Polster ausklopfen; ~ **a path through sth.** sich (Dat.) einen Weg durch etw. bahnen; ~ **one's breast** (lit. or fig.) sich (Dat.) an die Brust schlagen; ~ **its chest** ⟨Affe:⟩ sich (Dat.) gegen die Brust trommeln; ~ **some sense into sb.** jmdm. Vernunft einprügeln; ~ **the bounds** (Brit.) die Grenzen der Gemarkung abgehen; ~ **one's brains** (Dat.) den Kopf zerbrechen; ~ **it** (sl.) sich verdrücken (ugs.); ~ **it!** (sl.) hau ab! (ugs.); verschwinde!; **b)** (hit) schlagen; [ver]prügeln; **be ~en to death** totgeschlagen od. -geprügelt werden; **c)** (defeat) schlagen ⟨Mannschaft, Gegner⟩; (surmount) fertig werden mit ⟨Inflation, Arbeitslosigkeit, Krise⟩; ~ **the deadline** den Termin noch einhalten; **d)** (surpass) brechen ⟨Rekord⟩; übertreffen ⟨Leistung⟩; **hard to ~**: schwer zu schlagen; **you can't ~** *or* **nothing ~s French cuisine** es geht [doch] nichts über die französische Küche; ~ **that!** das soll mal einer nachmachen!; ~ **everything** (coll.), ~ **the band** (sl.) alles in den Schatten stellen; ~ **sb. to it** jmdm. zuvorkommen; **can you ~ it?** ist denn das zu fassen?; **e)** (circumvent) umgehen; ~ **the system** sich gegen das bestehende System durchsetzen; **f)** (perplex) **it ~s me how/why ...**: es ist mir ein Rätsel wie/warum ...; **g)** ~ **time** den Takt schlagen; **h)** (Hunting) ~ **the bushes/water** den Treiber machen; *j.p.p.* **beat: I'm ~** (coll.): (exhausted) ich bin geschafft (ugs.) od. erledigt (ugs.). *See also* **beaten 2. 2.** v. i., **beat, beaten a)** (throb) ⟨Herz:⟩ schlagen, klopfen; ⟨Puls:⟩ schlagen; **my heart seemed to stop ~ing** ich dachte, mir bleibt das Herz stehen; **b)** ⟨Sonne:⟩ brennen (**on auf** + Akk.); ⟨Wind, Wellen:⟩ schlagen (**on auf** + Akk., **against** gegen); ⟨Regen, Hagel:⟩ prasseln, trommeln (**against** gegen); **c)** ~ **about the bush** um den [heißen] Brei herumreden (ugs.); **d)** (knock) klopfen, pochen (**at an** + Dat.); **e)** (Naut.) kreuzen. **3.** n. **a)** (stroke, throbbing) Schlag, der; Schlagen, das; (rhythm) Takt, der; **his heart missed a ~**: ihm stockte das Herz; ~ **[music] Beat, der; Beatmusik, die**; **b)** (Mus.) Schlag, der; (of metronome, baton) Taktschlag, der; **c)** (Phys.) Schwebung, die; **d)** (of policeman, watchman) Runde, die; (habitual round) übliche Runde, die; (area) Revier, das; **be off sb.'s [usual]** ~ (fig.) nicht in jmds. Fach schlagen; **e)** (Hunting) Treibjagd, die; **f) did you ever see the ~ of that?** (Amer. sl.) hast du so etwas schon mal gesehen?; **g)** (Amer. Journ.: scoop) Knüller, der (ugs.)

~ **a'bout** v. i. ⟨Feind⟩suchen

~ **'back** v. t. zurückschlagen ⟨Feind⟩

~ **'down 1.** v. i. ⟨Sonne:⟩ herniederbrennen; ⟨Regen:⟩ niederschlagen. **2.** v. t. **a)** einschlagen ⟨Tür⟩; **b)** (in bargaining) herunterhandeln

~ **'in** v. t. einschlagen; demolieren (ugs.)

~ **'off** v. t. abwehren, zurückschlagen ⟨Angriff⟩

~ **'out** v. t. **a)** heraushämmern ⟨Rhythmus, Melodie⟩; aushämmern ⟨Metall⟩; ausschlagen ⟨Feuer⟩; **b)** (Amer.: defeat) aus dem Feld schlagen ⟨Konkurrenten⟩

~ **'up** v. t. **a)** zusammenschlagen ⟨Person⟩; schlagen ⟨Sahne usw.⟩; **b)** (attract) anwerben ⟨Rekruten⟩

beaten ['bi:tn] **1.** *see* **beat 1, 2. 2.** *adj.* **a) a ~ track** *or* **path** ein Trampelpfad; **off the ~ track** (remote) weit abgelegen; weitab vom Schuß (ugs.); **he has always kept to the ~ track** (fig.) er ist immer in den gewohnten Bahnen geblieben; **go off the ~ track** (fig.) vom üblichen Weg abweichen; **b)** (hammered) gehämmert ⟨Silber, Gold⟩; **c)** (exhausted, dejected) erschöpft, (ugs.) erledigt ⟨Person⟩

beater ['bi:tə(r)] n. **a)** (Cookery) Rührbesen, der; **b)** (Hunting) Treiber, der; **c)** (carpet ~) [Teppich]klopfer, der

beatific [bi:ə'tɪfɪk] adj. beglückend; (blissful) beglückt, selig ⟨Lächeln⟩

beatification [bɪætɪfɪ'keɪʃn] n. (Relig.) Seligsprechung, die; Beatifikation, die

beatify [bɪ'ætɪfaɪ] v. t. (Relig.) seligsprechen; beatifizieren

beating ['bi:tɪŋ] n. **a)** (punishment) **a ~**: Schläge *Pl.*; Prügel *Pl.*; **give sb. a good ~**: eine gehörige Tracht Prügel (ugs.); **b)** (defeat) Niederlage, die; **give sb. a good ~**: jmdm. eine [schwere] Niederlage zufügen; **take** *or* **get a [sound] ~**: eine [schwere] Niederlage hinnehmen [müssen]; **c)** (surpassing) **take some/a lot of ~**: nicht leicht zu übertreffen sein; seinesgleichen suchen

beatitude [bɪ'ætɪtju:d] n. **a)** (blessedness) [Glück]seligkeit, die *in pl.* Seligpreisungen

'beat-up adj. (coll.) ramponiert (ugs.)

beau [bəʊ] n., pl. ~**x** [bəʊz] or ~**s a)** (ladies' man) Frauenheld, der; (fop) Beau, der (geh.); Dandy, der (abwertend); **b)** (Amer.: boyfriend) Galan, der (veralt.); Verehrer, der

Beaufort scale ['bəʊfət skeɪl] n. (Meteorol.) Beaufortskala, die

Beaujolais ['bəʊʒəleɪ] n. Beaujolais, der

beaut [bju:t] (Austral., NZ, & Amer. sl.) **1.** n. Prachtexemplar, das; (woman) Schönheit, die. **2.** adj. klasse (ugs.)

beauteous ['bju:tɪəs] adj. (poet.) wunderschön; herrlich

beautician [bju:'tɪʃn] n. Kosmetiker, der/Kosmetikerin, die

beautification [bju:tɪfɪ'keɪʃn] n. Verschönerung, die; (of the body) Schönheitspflege, die

beautiful ['bju:tɪfl] adj. [ausgesprochen] schön; wunderschön ⟨Augen, Aussicht, Blume, Kleid, Morgen, Musik, Schmuck⟩; (morally or intellectually impressive) großartig; **the B~ People** die Hippies; ~ **letters** (Amer.) Belletristik, die; schöne Literatur; **small is ~**: klein ist schön

beautifully ['bju:tɪflɪ] adv. wunderbar; (coll.: very well) prima (ugs.); wunderbar, schön ⟨weich, warm⟩; **you did [that]** ~: du hast es prima gemacht

beautify ['bju:tɪfaɪ] v. t. verschönern; schöner machen; (adorn) [aus]schmücken; ~ **oneself** sich schönmachen (ugs.)

beauty ['bju:tɪ] n. **a)** no pl. Schönheit, die; (of action, response) Eleganz, die; (of idea, simplicity, sacrifice) Größe, die; ~ **is only skin deep** man kann nicht nur nach dem Äußeren urteilen; **b)** (person or thing) Schönheit, die; (animal) wunderschönes Tier; **she is a real ~**: sie ist wirklich eine Schönheit; **B~ and the Beast** die Schöne und das Tier; **They've just bought a new car. It's a ~**: Sie haben sich (Dat.) gerade einen neuen Wagen gekauft. Er ist wunderbar; **c)** (exceptionally good specimen) Prachtexemplar, das; **that last goal was a ~**: dieses letzte Tor war ein richtiges Bilderbuchtor; **d)** (beautiful feature) Schöne, das; **her eyes are her great ~**: das Schöne an ihr sind ihre Augen; **the ~ of it/of living in California** das Schöne od. Gute daran/am Leben in Kalifornien

beauty: ~ competition, ~ contest ns. Schönheitswettbewerb, der; ~ **parlour** *see* ~ **salon; ~ queen** n. Schönheitskönigin, die; ~ **salon** n. Schönheitssalon, der; Kosmetiksalon, der; ~ **spot** n. Schönheitsfleck, der; (patch) Schönheitspflästerchen, das; (place) schönes Fleckchen [Erde]; **a local ~ spot** ein Ausflugsziel am Ort; ~ **treatment** n. Schönheitsbehandlung, die

beaux pl. of **beau**

beaver ['bi:və(r)] **1.** n. **a)** pl. same or ~**s** Biber, der; Biberratte, die; **eager ~** (fig. coll.) Übereifrige, der/die; (esp. at school) Streber, der/Streberin, die; **b)** (fur) Biber[pelz], der. **2.** v. i. (Brit.) ~ **away** schuften (ugs.); eifrig arbeiten (**at an** + Dat.)

beaver: B~board, (P) n. (Amer.) Hartfaserplatte, die; ~ **lamb** n. Biberlamm, das

becalmed [bɪ'ka:md] adj. **be ~**: in einer Flaute od. Windstille treiben

became *see* **become**

because [bɪ'kɒz] **1.** conj. weil; **one of the reasons why she stopped is ~ she was tired** einer der Gründe, warum sie aufhörte, ist, daß sie müde war; **he is popular ~ handsome** er ist beliebt, weil er gut aussieht; **that is ~ you don't know German** das liegt daran, daß du kein Deutsch kannst. **2.** adv. ~ **of** wegen (+ Gen.); **don't come just ~ of me** nur meinetwegen brauchen Sie nicht zu kommen; ~ **of which he ...**: weswegen er ...

¹beck [bek] n. (dial.: brook) [Wild]bach, der

²beck n. (literary) **be at sb.'s ~ and call** jmdm. zur Verfügung stehen; **have sb. at one's ~ and call** jmdn. zur Verfügung haben; ganz über jmdn. verfügen können

beckon ['bekn] **1.** v. t. **a)** winken; ~ **sb. in/over** jmdn. herein-/herbei- od. herüberwinken; **b)** (fig.: invite) locken; rufen. **2.** v. i. **a)** ~ **to sb.** jmdm. winken od. ein Zeichen geben; **b)** (fig.: be inviting) locken

become [bɪ'kʌm] **1.** copula, forms as **come** werden; ~ **a politician/dentist** Politiker/Zahnarzt werden; ~ **a hazard/nuisance/rule** zu einem Risiko/zu einer Plage/zur Regel werden; ~ **popular/angry** beliebt/böse werden; ~ **accustomed** or **used to sb./sth.** sich an jmdn./etw. gewöhnen. **2.** v. i., forms as **come** werden; **what has ~ of him?** was ist aus ihm geworden?; **what has ~ of that guidebook/courier?** wo ist der Reiseführer geblieben?; **what is to ~ of you?** was soll bloß aus dir werden?. **3.** v. t., forms as **come**: **a)** *see* **befit**; **b)** (suit) ~ **sb.** jmdm. stehen; jmdm. passen

becoming [bɪ'kʌmɪŋ] adj. **a)** (fitting) schicklich (geh.); geziemend (geh.); **it is not ~ for a young lady to ...**: es ziemt sich für eine junge Dame nicht, zu ...; **b)** (flattering) vorteilhaft, kleidsam ⟨Hut, Kleid, Frisur⟩

becquerel [bekərel] n. (Phys.) Becquerel, das

bed [bed] **1.** n. **a)** Bett, das; (without bedstead) Lager, das; **they talked together till** ~ (coll.) sie unterhielten sich, bis sie ins Bett gingen; **he's very fond of his ~**: er liegt gerne im Bett; **be/lie in ~**: im Bett sein/liegen; ~ **and board** (lodging) Unterkunft und Verpflegung; (marital relations) Tisch und Bett; ~ **and breakfast** Zimmer mit Frühstück; **a ~ and breakfast place** eine Frühstückspension; **get into/out of ~**: ins od. ins Bett gehen/aufstehen; **go to ~**: zu od. ins Bett gehen; **go to ~ with sb.** (fig.) mit jmdm. ins Bett gehen (ugs.); **the newspaper has gone to ~** (fig.) die Zeitung ist im Druck; **make the ~**: das Bett machen; **put sb. to ~**: jmdn. zu Bett bringen; **put a paper to ~** (fig.) eine Zeitung in Druck geben; **life isn't a** *or* **is no ~ of roses** (fig.) das Leben ist kein reines Vergnügen; **his life isn't exactly a ~ of roses** (fig.) er ist nicht gerade auf Rosen gebettet; ~ **of sickness** *(literary)* Krankenlager, *das (geh.);* **have got out of ~ on the wrong side** *(fig.)* mit dem linken Fuß zuerst aufgestanden sein; **as you make your ~ so you must lie on it** *(prov.)* wie man sich bettet, so liegt man; **take to one's ~:** sich krank ins Bett legen; **be confined to ~:** ans Bett gefesselt sein *(fig.);* **be brought to ~** *(literary)* niederkommen (**of** mit); entbunden werden (**of** von); **b)** *(flat base)* Unterlage, *die; (of machine)* Bett, *das; (of road, railway, etc.)* Unterbau, *der;* Kies-/Schotterbett, *das; (of billiard-table)* Schieferplatte (die mit grünem Kammgarntuch bespannt ist); **c)** *(in garden)* Beet, *das; (for osiers etc.)* Pflanzung, *die;* **d)** *(of sea, lake)* Grund, *der;* Boden, *der; (of river)* Bett, *das;* **e)** *(layer)* Schicht, *die;* **f)** *(of oysters etc.)* Bank, *die.* **2.** *v. t.,* **-dd-:** **a)** ins Bett legen; **b)** *(fig. coll.)* beschlafen ⟨*Frau,*⟩ **c)** *(plant)* setzen ⟨*Pflanze, Sämling.*⟩ **3.** *v. i.* **-dd-** zu ed. ins Bett gehen; schlafen gehen; **he ~s with his mistress** *(fig.)* er schläft mit seiner Geliebten

~ 'down 1. *v. t.* mit Streu versorgen ⟨*Pferd usw.*⟩; **the troops were ~ded down in a barn** die Soldaten wurden über Nacht in einer Scheune einquartiert; **the farmer ~ded down the tramp** der Bauer beherbergte den Landstreicher. **2.** *v. i.* kampieren; **she ~s down with her boy-friend** *(fig.)* sie schläft mit ihrem Freund

~ 'in *v. t.* einlassen

~ 'out *v. t.* auspflanzen ⟨*Pflanzen*⟩

B. Ed. [bi: 'ed] *abbr.* Bachelor of Education Bakkalaureus der Erziehungswissenschaften; *see also* **B. Sc.**

bedazzle ['bɪˈdæzl] *v. t.* **a)** blenden; **b)** *(confuse)* verwirren

bed: ~bug *n.* [Bett]wanze, *die;* **~chamber** *n.* **a)** *(arch.)* Schlafgemach, *das; (arch.);* Schlafzimmer, *das;* **b) the Royal Bedchamber** das königliche Schlafgemach; **Lady/Gentleman of the Bedchamber** königliche Hofdame/königlicher Kammerjunker; **~clothes** *n. pl.* Bettzeug, *das;* **turn down** *or* **back the ~clothes** das Bett aufdecken

beddable ['bedəbl] *adj. (coll.)* **be ~:** was fürs Bett sein *(ugs.)*

bedding ['bedɪŋ] *n., no pl., no indef. art.* **a)** Matratze und Bettzeug, *das; (litter)* Streu, *die;* **b)** *(Geol.)* Lagerung, *die;* Schichtung, *die*

bedding plant *n.* Freilandpflanze, *die*

beddy-byes ['bedɪbaɪz] *n. (child lang.)* Heiabett, *das (Kinderspr.);* Heia, *die (Kinderspr.);* **off to ~:** ab in die Heia *od.* ins Heiabett

bedeck [bɪˈdek] *v. t.* schmücken; **~ oneself** sich aufputzen *(abwertend);* **~ed with flags** mit Fahnen geschmückt; fahnengeschmückt

bedevil [bɪˈdevl] *v. t., (Brit.)* -ll-: **a)** *(spoil)* verderben; durcheinanderbringen ⟨*System*⟩; **b)** *(plague, afflict)* heimsuchen; **that family is ~led by bad luck** diese Familie ist vom Pech verfolgt; **c)** *(torment)* quälen; peinigen *(geh.);* **b.'s life** jmdm. das Leben zur Hölle machen

bed: ~fast *adj. (arch.)* bettlägerig; **~fellow** *n.* Bettgenosse, der /-genossin, *die;* **make** *or* **be strange ~fellows** *(fig.)* ⟨*Personen:*⟩ ein merkwürdiges Gespann sein; ⟨*Staaten, Organisationen:*⟩ eine eigenartige Kombination sein; **~-head** *n.* Kopfende des Bettes; **~jacket** *n.* Bettjacke, *die*

bedlam ['bedləm] *n.* Chaos, *das;* Durcheinander, *das;* **absolute ~:** ein totales Chaos *od.* Durcheinander; **it is [like] ~ in here hier** geht es zu wie in einem Irrenhaus

'bed-linen *n.* Bettwäsche, *die*

bedouin ['beduːɪn] *n., pl. same* Beduine, *der* /Beduinin, *die*

bed: ~pan *n.* Bettschüssel, *die;* Bettpfanne, *die;* **~plate** *n.* Grundplatte, *die;* Bodenplatte, *die;* **~post** *n.* Bettpfosten, *der*

bedraggle [bɪˈdrægl] *v. t.* [naß und] schmut-

zig machen; **~d** [naß und] verschmutzt *od.* schmutzig

bed: ~rest *n.* Bettruhe, *die;* **~ridden** *adj.* bettlägerig; **~rock** *n.* Felssohle, *die; (fig.)* Basis, *die;* Fundament, *das;* **get** *or* **reach down to ~rock** *(fig.)* zum Kern der Sache kommen; einer Sache *(Dat.)* auf den Grund gehen; **~ roll** *n.* zusammengerolltes Bettzeug; **~room** *n.* Schlafzimmer, *das;* **~room comedy/farce** Schlafzimmerkomödie, *die;* **~room scene** Bettszene, *die;* **she has ~room eyes** sie hat einen Schlafzimmerblick *(ugs.);* **a two-room[ed] house** ein Haus mit zwei Schlafzimmern; **~side** *n.* Bettcouch, *die;* **~side** *n.* Seite des Bettes, *die;* **be at the ~side** am Bett sein; **~side table/lamp** Nachttisch, *der*/Nachttischlampe, *die;* **~side reading** Bettlektüre, *die;* **a ~side book** ein Buch als Bettlektüre; **have a good ~side manner** ⟨*Arzt:*⟩ mit Kranken umgehen können; **~-sit, ~-sitter** *ns. (coll.),* **~-sitting-room** *n. (Brit.)* Wohnschlafzimmer, *das;* **~socks** *n. pl.* Bettsocken; **~sore** *n.* wundgelegene Stelle; **get ~sores** sich wundliegen; **~spread** *n.* Tagesdecke, *die;* **~stead** ['bedsted] *n.* Bettgestell, *das;* **~straw** *n. (Bot.)* **[Our] Lady's ~straw** Echtes Labkraut, *die;* **~table** *n.* Krankentisch, *der;* **~time** *n.* Schlafenszeit, *die;* **it's past the children's ~time** die Kinder müßten schon im Bett sein; **will you have it finished by ~time?** bist du vor dem Schlafengehen damit fertig?; **a ~time story** eine Gutenachtgeschichte; **a novel that makes good ~time reading** ein Roman, den man gut vor dem Einschlafen lesen kann

beduin *see* **bedouin**

'bed-wetting *n.* Bettnässen, *das*

bee [biː] *n.* **a)** Biene, *die;* **she's such a busy ~** *(fig.)* sie ist so ein fleißiges Mädchen; **as busy as a ~** *(fig.)* bienenfleißig; **have a ~ in one's bonnet** *(fig.)* einen Fimmel *od.* Tick haben *(ugs.);* **she thinks she's the ~'s knees** *(fig. coll.)* sie hält sich für die Größte *(ugs.);* **b)** *(Amer.) (meeting)* nachbarliche Versammlung zu gemeinsamer Arbeit; *(party)* Fest, *das; see also* **spelling-bee**

Beeb [biːb] *n. (Brit. coll.)* **the ~:** die BBC

beech [biːtʃ] *n.* **a)** *(tree)* Buche, *die; (Austral.)* Scheinbuche, *die;* **b)** *(wood)* Buche, *die;* Buchenholz, *das; attrib.* buchen

beech: ~marten *n.* Steinmarder, *der;* **~mast** *n.* Bucheckern *Pl.;* **~nut** *n.* [Buch]ecker, *die;* **~wood** *see* beech b

'bee-eater *n. (Ornith.)* Bienenfresser, *der*

beef [biːf] **1.** *n. no pl.* Rindfleisch, *das;* Rind, *das;* **b)** *no pl. (muscles)* Muskeln *pl.;* **have plenty of ~:** viel muskulös sein; **there's a great deal of ~ on him** er ist ganz schön mit Muskeln bepackt *(ugs.);* **c)** *usu. in pl.* **beeves** [biːvz] *or (Amer.)* **~s** *(ox)* Mastrind, *das;* **d)** *pl.* **~s** *(coll. complaint)* Meckerei, *die (ugs.).* **2.** *v. i.* **~ up** stärken. **3.** *v. i. (sl.)* meckern *(ugs.)* **(about** über *+ Akk.)*

beef: ~burger *n.* Beefburger, *der;* **~cake** *n. (Amer. sl.)* Muskeln *Pl.;* Bizeps, *der (ugs.);* **~ cattle** *n.* Mastrinder; **~eater** *n. (Brit.)* Beefeater, *der;* **~steak** *n.* Beefsteak, *das;* **~ stock fungus** Leberpilz, *der;* **~'tea** *n.* Kraftbrühe, *die;* Fleischbrühe, *die*

beefy ['biːfɪ] *adj.* **a)** *(like beef)* wie Rindfleisch nachgestellt; Rindfleisch-; **b)** *(coll. muscular)* muskulös; *(fleshy)* massig

bee: ~hive *n.* Bienenstock, *der; (rounded)* Bienenkorb, *der; (fig.: scene of activity)* Taubenschlag, *der; (hair-style)* toupierte Hochfrisur; **~keeper** *n.* Imker, *der*/Imkerin, *die;* **~keeping** *n.* Bienenzucht, *die;* Imkerei, *die;* **~ line** *n.* **make a ~-line for sth./sb.** schnurstracks auf etw./jmdn. zustürzen

been *see* **be**

beep [biːp] **1.** *n.* Piepton, *der; (of car horn)* Tuten, *das.* **2.** *v. i.* piepen; ⟨*Signalhorn:*⟩

hupen; **~ at sb.** jmdn. anhupen; **a ~ing sound** ein Piepton

beeper ['biːpə(r)] *n.* Piepser, *der*

beer [bɪə(r)] *n.* Bier, *das;* **order two ~s** zwei Bier bestellen; **brew various ~s** verschiedene Biere brauen; **Biersorten brauen; life is not all ~ and skittles** *(fig.)* das Leben ist kein reines Vergnügen; **small ~:** Dünnbier, *das (ugs.); (fig.: trifles)* Nebensächlichkeiten *Pl.;* Kleinigkeiten *Pl.;* **that firm's turnover is only small ~:** der Umsatz dieser Firma ist kaum der Rede wert; **he is only small ~:** er hat nichts zu sagen

beer: ~barrel *n.* Bierfaß, *das;* **~ belly** *n. (coll.)* Bierbauch, *der (ugs.);* **~-bottle** *n.* Bierflasche, *die;* **~-can** *n.* Bierdose, *die;* **~ cellar** *n.* Bierkeller, *der;* **~-crate** *n.* Bierkasten, *der;* **~-drinker** *n.* Biertrinker, *der;* **~-engine** *n.* Bierpumpe, *die;* **~ garden** *n.* Biergarten, *der;* **~-glass** *n.* Bierglas, *das;* **~ hall** *n.* Bierhalle, *die;* **~-house** *n. (Brit.)* Bierschenke, *die;* Bierstube, *die;* **~-making** *n.* Brauerei, *die;* **~-mat** *n.* Bierdeckel, *der;* Bieruntersetzer, *der;* **~ money** *n.* Geld für Getränke; **~-mug** *n.* Bierkrug, *der;* **~-pump** *n.* Zapfhahn; **~-swilling** *adj. (coll.)* biersaufend *(salopp)*

beery ['bɪərɪ] *adj.* **a)** ⟨*Mensch:*⟩ mit Bierfahne; ~ **taste/smell** Biergeschmack, *der*/Biergeruch, *der;* **b)** *(tipsy)* bierselig

beestings ['biːstɪŋz] *n. pl. (Agric.)* Biestmilch, *die*

beeswax ['biːzwæks] *n.* Bienenwachs, *das*

beet [biːt] *n.* Rübe, *die;* **red ~:** rote Bete *od.* Rübe; **white ~:** weiße Rübe; Wasserrübe, *die;* **~ sugar** Rübenzucker, *der*

'beetle ['biːtl] *n.* Käfer, *der;* **as blind as a ~** *(fig.)* blind wie ein Maulwurf

'beetle *n. (tool)* Holzhammer, *der; (machine)* Kalander, *der*

'beetle *v. i.* **a)** ⟨*Brauen:*⟩ vorstehen; ⟨*Felsen:*⟩ überhängen, vorstehen; **b)** ~ **along/off/past** *(sl.)* ⟨*Mensch:*⟩ entlangeilen/abhauen/vorbeirennen *(ugs.);* ⟨*Auto:*⟩ entlang-/weg-/vorbeibrummen *(ugs.)*

beetle: ~-browed *adj.* [biːtl'braʊd] *adj.* finster aussehend; ~ **brows** *n. pl.* buschige [vorstehende] Augenbrauen; **~-crusher** *n.* Quadratlatschen, *der*

'beetroot *n.* rote Beete *od.* Rübe

beeves *see* **beef 1 c**

befall [bɪˈfɔːl] **1.** *v. t., forms as* **fall 2** sich geben *(geh.).* geschehen. **2.** *v. t., forms as* **fall 2** widerfahren (*+ Dat.*)

befit [bɪˈfɪt] *v. t.,* **-tt-** *(be seemly for)* sich ziemen. gebühren für *(geh.);* **it ill ~s you to do that** es steht Ihnen schlecht an, das zu tun; **she behaved as ~s a lady** sie benahm sich, wie es sich für eine Dame gebührte

befitting [bɪˈfɪtɪŋ] *adj.* gebührend *(geh.);* schicklich *(Benehmen) (geh.)*

befog [bɪˈfɒg] *v. t.,* **-gg-: a)** *(confuse)* verwirren; ⟨*Drogen, Alkohol:*⟩ benebeln, umnebeln; **b)** *(obscure)* verunklaren ⟨*Sachverhalt, Thema*⟩

befool [bɪˈfuːl] *v. t.* täuschen; **be ~ed** sich täuschen lassen

before [bɪˈfɔː(r)] **1.** *adv.* **a)** *(of time)* vorher; zuvor; **the day ~:** am Tag zuvor; **long ~:** lange vorher *od.* zuvor; **not long ~:** kurz vorher; **our friendship is less close than ~:** unsere Freundschaft ist nicht mehr so eng wie früher *od.* vorher; **the noise continued as ~:** der Lärm ging nach wie vor weiter; **you should have told me so ~:** das hättest du mir vorher *od.* früher *od.* eher sagen sollen; **I've seen that film ~:** ich habe den Film schon [einmal] gesehen; **I've heard that ~:** das habe ich schon einmal gehört; **I wish I had known that ~:** hätte ich das nur früher gewußt; **I'll give it to you on your birthday and not ~:** ich gebe es dir an deinem Geburtstag und nicht eher; **b)** *(ahead in position)* vor[aus]; **c)** *(in front)* voran; **go/ride ~:** voran- *od.* vorausgehen/-reiten. **2.** *prep.* **a)**

beforehand

(of time) vor; **the day ~ yesterday** vorgestern; **the year ~ last** vorletztes Jahr; **the year ~ that** das Jahr davor; **the time ~ that** das vorige Mal; **old/die ~ one's time** frühzeitig gealtert/sterben; **it was [well] ~ my time** das war [lange] vor meiner Zeit; **since ~ the operation/war** schon vor der Operation/dem Krieg; **~ now** vorher; früher; **~ Christ** vor Christus; vor Christi Geburt; **he got there ~ me** er war vor mir da; **~ then** vorher; **~ long bald**; **leaving, he phoned/I will phone** bevor er wegging, rief er an/bevor ich weggehe, rufe ich an; **~ tax** brutto; vor [Abzug *(Dat.)* der] Steuern; **b)** *(position)* vor (+ *Dat.*); *(direction)* vor (+ *Akk.*); **~ my very eyes** vor meinen Augen; **go ~ a committee/court of law** vor einen Ausschuß/ein Gericht kommen; **be brought/appear ~ the judge** vor den Richter gebracht werden/vor dem Richter erscheinen; **c)** *(under the action of)* vor (+ *Dat.*); **sail ~ the wind** vor dem Wind segeln; *see also* **carry 1 a**; **d)** *(awaiting)* **have one's future/life ~ one** seine Zukunft/sein Leben noch vor sich *(Dat.)* haben; *(confronting)* **the matter ~ us** das uns *(Dat.)* vorliegende Thema; **the task ~ us** die Aufgabe, die vor uns *(Dat.)* liegt; **the problem ~ them** das Problem, vor dem sie stehen/standen; **e)** *(ahead of in sequence)* vor (+ *Dat.*); **he's ~ her in class** in der Klasse ist er besser als sie; **he puts work ~ everything** die Arbeit ist ihm wichtiger als alles andere; **~ all else she is a teacher** in erster Linie ist sie Lehrerin; **~ everything else** *(as most important)* vor allem; vor allen Dingen; **ladies ~ gentlemen** Damen haben [den] Vortritt; **f)** *(rather than)* **~ death ~ dishonour** lieber tot als ehrlos; **right ~ might** Macht geht vor Recht gehen. **3.** *conj.* **a)** bevor; **it'll be ages ~ I finish this** es wird eine Ewigkeit dauern, bis ich damit fertig bin; **shortly/long ~ I met you** kurz/lange bevor ich dich kennenlernte; **b)** *(rather than)* bevor; ehe

beforehand [bɪˈfɔːhænd] *adv.* vorher; *(in anticipation)* im voraus; **I found out about it ~**: ich habe es schon vorher herausgefunden; **whereas five minutes ~ it had been sunny, ...**: während die Sonne vor fünf Minuten noch geschienen hatte, ...; **be ~ with** *(early)* vorzeitig tun; *(premature, overhasty)* voreilig sein mit

befoul [bɪˈfaʊl] *v. t.* **a)** verschmutzen ⟨*Gebäude*⟩; verpesten ⟨*Luft*⟩; **b)** *(fig.)* beschmutzen ⟨*Namen*⟩; vergiften ⟨*Atmosphäre*⟩

befriend [bɪˈfrend] *v. t.* **a)** *(act as a friend to)* sich anfreunden mit; **b)** *(help)* sich annehmen (+ *Gen.*)

befuddle [bɪˈfʌdl] *v. t.* **a)** *(make drunk)* benebeln; **b)** *(confuse)* verwirren; konfus machen

beg [beg] **1.** *v. t.*, **-gg- a)** betteln um; erbetteln ⟨*Lebensunterhalt*⟩; **~ one's bread** sich *(Dat.)* sein Brot erbetteln; **b)** *(ask earnestly)* bitten; **he ~ged her not to go** er bat sie, doch nicht zu gehen; **she ~ged to come with us** sie bat darum, mit uns kommen zu dürfen; **~ that sth. be done** darum bitten, daß etw. getan wird; **I ~ to inform you that ...** *(formal)* ich erlaube mir, Sie davon in Kenntnis zu setzen, daß ... *(geh.);* **I ~ to differ** da bin ich [aber] anderer Meinung; **~ sb. for sth.** jmdn. um etw. bitten; **c)** *(ask earnestly for)* **~ sth.** um etw. bitten; **~ sth. of sb.** etw. von jmdm. erbitten; **~ a favour [of sb.] [jmdn.]** um einen Gefallen bitten; **~ forgiveness** um Verzeihung bitten; **~ leave or permission to do sth.** um Erlaubnis bitten, etw. tun zu dürfen; **~ pardon** *(see)* **pardon 1 b**; **d) ~ the question** *(evade difficulty)* der Frage *(Dat.)* ausweichen. **2.** *v. i.*, **-gg- a)** ⟨*Bettler:*⟩ betteln **(for** um); ⟨*Hund:*⟩ Männchen machen, betteln; **a ~ging letter** ein Bettelbrief; **go [a-]~ging** keinen Abnehmer finden; **b)** *(ask earnestly)* bitten **(for** um); **~ of sb. to do sth.** jmdn. [darum] bitten, etw. zu tun; **~ off** sich entschuldigen [lassen]

began *see* **begin**
begat *see* **beget**
beget [bɪˈget] *v. t.*, **begot** [bɪˈgɒt] *or (arch.)* **begat** [bɪˈgæt], **begotten** [bɪˈgɒtn] **a)** *(arch.: procreate)* zeugen; **God's only begotten son** Gottes eingeborener Sohn; **b)** *(literary: cause)* zeugen; gebären *(geh.)*

beggar [ˈbegə(r)] **1.** *n.* **a)** Bettler, *der*/Bettlerin, *die*; **~s can't be choosers** *(prov.)* man kann es sich *(Dat.)* nicht immer aussuchen; **b)** *(coll.: person)* Arme, *der/die*; **poor ~**: armer Teufel; **a poor old ~** ein armer alter Mann; **be a lucky/lazy/cheeky ~**: ein Glückspilz/Faulpelz/frecher Kerl sein *(ugs.);* **be a funny little ~**: ein drolliger Fratz sein *(ugs.).* **2.** *v. t.* **a)** an den Bettelstab bringen; arm machen; **b)** *(outshine)* in den Schatten stellen; **~ description** unbeschreiblich sein

beggarly [ˈbegəlɪ] *adj.* erbärmlich; erbarmungswürdig ⟨*Person*⟩; *(fig.)* erbärmlich; *(ungenerous)* engherzig ⟨*Einstellung*⟩; armselig ⟨*Bezahlung*⟩

beggary [ˈbegərɪ] *n.* [Bettel]armut, *die*; **be reduced to ~**: bettelarm werden

begin [bɪˈgɪn] **1.** *v. t.*, **-nn-**, **began** [bɪˈgæn], **begun** [bɪˈgʌn] **a) ~ sth.** [mit] etw. anfangen; **~ a new bottle** eine neue Flasche anbrechen; **she began life in a small village** sie verbrachte ihre ersten Lebensjahre in einem kleinen Dorf; **~ school** in die Schule kommen; eingeschult werden; **when do you ~ your retirement?**: wann gehen Sie in Pension?; **~ doing** *or* **to do sth.** anfangen *od.* beginnen, etw. zu tun; **I began to slip** ich kam ins Rutschen; **I am ~ning to get annoyed** so langsam werde ich ärgerlich; **b) not ~ to do sth.** *(coll.: make no progress towards doing sth.):* **the film does not ~ to compare with the book** der Film läßt sich nicht annähernd mit dem Buch vergleichen; **she didn't even ~ to grasp it** sie hat es nicht einmal ansatzweise verstanden; **the authorities couldn't even ~ to assess the damage** die Behörden konnten den Schaden nicht einmal grob abschätzen. **2.** *v. i.* **-nn-**, **began**, **begun** anfangen; beginnen *(oft geh.)*; **when the world began** als die Erde entstand; **where does the river ~?** wo entspringt der Fluß?; **~ning student** *(Amer.)* Studienanfänger, *der*/-anfängerin, *die*; **~ning next month** vom nächsten Monat an; **~ at the beginning** von vorne anfangen; **~ [up]on sth.** etw. anfangen; **~ with sth./sb.** bei *od.* mit etw./jmdn. anfangen *od.* beginnen; **~ with** sth. zunächst *od.* zuerst einmal; **it is the wrong book, to ~ with** das ist schon einmal das falsche Buch

beginner [bɪˈgɪnə(r)] *n.* Anfänger, *der*/Anfängerin, *die*; **~'s luck** Anfängerglück, *das*

beginning [bɪˈgɪnɪŋ] *n.* Anfang, *der;* Beginn, *der;* **at** *or* **in the ~**: am Anfang; **the ~ of February/the month** Anfang Februar/des Monats; **myths about the ~ of the world** Mythen über die Entstehung der Welt; **at the ~ of the day** zu Beginn des Tages; **from ~ to end** von Anfang bis Ende; von vorn bis hinten; **from the [very] ~**: [ganz] von Anfang an; **have its ~s in sth.** seine Anfänge *od.* seinen Ursprung in etw. *(Dat.)* haben; **small ~s make big ends** [das ist] der Anfang vom Ende; **go back to the ~** wieder von vorne anfangen; **make a ~ with sth.** mit etw. anfangen

begone [bɪˈgɒn, bɪˈgɔːn] *v. i. in imper. and inf. only* **~!** fort!; hinweg! *(veralt.)*; **tell sb. to ~**: jmdn. sagen, daß er sich fortmachen solle

begonia [bɪˈgəʊnɪə] *n. (Bot.)* Begonie, *die;* Schiefblatt, *das*

begorra [bɪˈgɒrə] *int. (Ir.)* Jesses

begot, begotten *see* **beget**

begrudge [bɪˈgrʌdʒ] *v. t.* **a)** *(envy)* **~ sb. sth.** jmdn. etw. mißgönnen; **I don't ~ their buying a car** ich gönne ihnen, daß sie sich *(Dat.)* ein Auto kaufen; **b)** *(give reluctantly)* **I ~ the time/money I have to spend** es ist mir leid um die Zeit/das Geld; **c)** *(be dissatisfied with)* **~ doing sth.** etw. ungern tun; **he did not ~ the fact that ...**: er war nicht darüber verärgert, daß ...

beguile [bɪˈgaɪl] *v. t.* **a)** *(delude)* betören; verführen; **~ sb. into doing sth.** jmdn. dazu verführen, etw. zu tun; **be ~d by sb./sth.** sich von jmdm./etw. täuschen lassen; **b)** *(cheat)* betrügen; **~ sb. [out] of sth.** jmdn. um etw. betrügen; **~ sb. into doing sth.** jmdn. verleiten, etw. zu tun; *(divert attention from)* vertreiben; *(charm)* bezaubern; *(amuse)* unterhalten

beguiling [bɪˈgaɪlɪŋ] *adj.* verführerisch; betörend ⟨*Einfluß*⟩; verlockend ⟨*Zeitvertreib*⟩

begun *see* **begin**

behalf [bɪˈhɑːf] *n., pl.* **behalves** [bɪˈhɑːvz]: **on** *or (Amer.)* **in ~ of sb./sth.** *(as representing sb./sth.)* für jmdn./etw.; *(more formally)* im Namen von jmdm./etw.; **on** *or (Amer.)* **in sb.'s/my ~**: *(for sb.'s/my benefit)* zugunsten von jmdm./zu meinen Gunsten; **don't fret on my ~**: mach dir meinetwegen keine Sorgen

behave [bɪˈheɪv] **1.** *v. i.* **a)** sich verhalten; sich benehmen; ⟨*Chemikalien:*⟩ reagieren; **how do you ~ under stress?** wie verhältst du dich bei Streß?; **he ~s more like a friend to them** er behandelt sie mehr wie Freunde; **~ well/badly** sich gut/schlecht benehmen *od.* betragen; **~ well/badly towards sb.** jmdn. gut/schlecht behandeln; **my car hasn't been behaving too well of late** mein Auto hat mir in letzter Zeit ziemlich viel Ärger gemacht; **well-/ill- or badly/nicely ~d** brav/ungezogen/lieb *(ugs.);* **b)** *(do what is correct)* brav sein; sich benehmen; sich betragen. **2.** *v. refl.* **~ oneself** sich benehmen; **~ yourself!** benimm dich!

behavior *etc. (Amer.) see* **behaviour** *etc.*

behaviour [bɪˈheɪvjə(r)] *n.* **a)** *(conduct)* Verhalten, *das* **(towards** gegenüber); Benehmen, *das* **(towards** gegenüber); *(of child)* Betragen, *das;* **be on one's good/best ~**: sein bestes Benehmen an den Tag legen; **put sb. on his/her best ~**: jmdn. raten, sich gut zu benehmen; **b)** *(moral conduct)* Verhalten, *das;* **his ~ towards her** sein Verhalten ihr gegenüber; **c)** *(of ship)* Seeverhalten, *das; (of machine)* Eigenschaften *Pl.*; *(of substance)* Verhalten, *das;* **d)** *(Psych.)* Verhalten, *das;* **~ therapy** Verhaltenstherapie, *die*

behavioural [bɪˈheɪvjərl] *adj.* Verhaltens-; **~ similarities** Ähnlichkeiten im Verhalten

behaviourism [bɪˈheɪvjərɪzm] *n., no pl. (Psych.)* Behaviorismus, *der*

behaviourist [bɪˈheɪvjərɪst] *n. (Psych.)* Behaviorist, *der*/Behavioristin, *die*

behead [bɪˈhed] *v. t.* enthaupten; köpfen ⟨*Person*⟩

beheld *see* **behold**

behest [bɪˈhest] *n., no pl. (literary)* **at sb.'s ~**: auf jmds. Geheiß *(Akk.)*

behind [bɪˈhaɪnd] **1.** *adv.* **a)** *(at rear of sb./sth.)* hinten; **from ~**: von hinten; **be ~**: dahinter sein; **the person ~**: der Hintermann; **come from ~**: von hinten kommen; *(fig.)* aufholen; **he glanced ~ before moving off** er schaute nach hinten, bevor er losfuhr; **you go ahead and we'll follow on ~**: geh du vor, und wir kommen hinterher; **the church tower and the mountain ~**: der Kirchturm und der Berg dahinter; **b)** *(further back)* [bei] **miles ~**: kilometerweit [zurückliegen]; **[be] years/weeks ~**: Jahre/Wochen im Rückstand *od.* Verzug [sein]; **stay ~**: dableiben; *(as punishment)* nachsitzen; **leave sb. ~**: jmdn. zurücklassen; *(move faster)* jmdn. hinter sich *(Dat.)* lassen; **fall ~**: zurückbleiben; *(fig.)* in Rückstand geraten; **lag ~:** zurückbleiben; *(fig.)* im Rückstand sein; **be ~:** hinten sein; *(be late)* im Verzug sein; **c)** *(in arrears)* **be/get ~ with one's payments/ rent** mit seinen Zahlungen/der Miete *usw.* im Rückstand *od.* Verzug sein/in Rückstand *od.* Verzug geraten; **d)** *(remaining after one's departure)* **leave sth. ~:** etw. zurücklassen; **he left his gloves ~ by mistake** er ließ seine Handschuhe versehentlich liegen; er vergaß seine Handschuhe. **2.** *prep.* **a)** *(at rear of, on other side of; fig.: hidden by)* hinter (+ *Dat.*); **he stepped out from ~ the wall** er trat hinter der Mauer hervor; **he came from ~ her/a bush** er kam von hinten/ er kam hinter einem Busch hervor; **one ~ the other** hintereinander; **the person ~ him** sein Hintermann; **~ sb.'s back** *(fig.)* hinter jmds. Rücken *(Dat.);* **what was ~ his words?** was verbirgt sich hinter seinen Worten?; **b)** *(towards rear of)* hinter (+ *Akk.*); **I don't want to go ~ his back** ich will nicht hinter seinem Rücken handeln; **put ~ one** vergessen; **put the past ~ one** einen Strich unter die Vergangenheit ziehen; **look ~ the façade** *(fig.)* hinter die Fassade blicken; **c)** *(further back than)* hinter (+ *Dat.*); **they were miles ~ us** sie lagen meilenweit hinter uns *(Dat.)* zurück; **be ~ the times** nicht auf dem laufenden sein; **fall ~ sb./sth.** hinter jmdn./etw. zurückfallen; **lag ~ sb./sth.** hinter jmdn./etw. bleiben; **d)** *(past)* hinter (+ *Dat.*); **my youth is now ~ me** meine Jugend liegt jetzt hinter mir; **all that trouble is ~ me** ich habe den ganzen Ärger hinter mir; **e)** *(later than)* **be/run ~ schedule** im Rückstand *od.* Verzug sein; **~ time** im Rückstand *od.* Verzug sein; **f)** *(in support of)* (+ *Dat.*); **I'm right ~ you in all you do** ich stehe hinter dir in allem, was du tust; **the man ~ the project** der Mann, der hinter dem Projekt steht; **he has a lot of money ~ him** er verfügt hinter sich über viel Geld; **g)** *(in the tracks of)* hinter (+ *Dat.*); **he followed ~ her on his bike** er fuhr ihr mit dem Fahrrad hinterher; **h)** *(remaining after departure of)* **she left nothing ~ her but an old photograph** sie hinterließ nichts als eine alte Fotografie. **~ 3.** *n.* *(buttocks)* Hintern, *der;* Hinterteil, *das (ugs.)*

behindhand [bɪˈhaɪndhænd] *pred. adj.* **a) be/get ~ with one's payments/rent** mit seinen Zahlungen/der Miete im Rückstand *od.* Verzug sein/in Rückstand *od.* Verzug geraten; **I am getting ~ in my work** ich komme mit meiner Arbeit in Verzug; **the farmers are ~ with their harvesting** die Bauern sind mit der Ernte zurück *od.* im Rückstand; **b)** *(out of date, behind time)* zurück; **she is about twenty years ~ in her style of dress/taste in music** sie hinkt der Mode/ dem Musikgeschmack etwa zwanzig Jahre hinterher; **c)** *(backward)* **be ~ in sth./doing sth.** mit etw. zurückhaltend *od.* zögerlich sein/etw. zurückhaltend *od.* zögerlich tun

behold [bɪˈhəʊld] *v. t.,* **beheld** [bɪˈheld] *(arch./literary)* **a)** erblicken *(geh.);* **b)** *in imper.* siehe/sehet!

beholden [bɪˈhəʊldn] *pred. adj.* **be ~ to sb. [for sth.]** jmdm. [für etw.] verpflichtet *od.* verbunden sein

beholder [bɪˈhəʊldə(r)] *n. (arch./literary)* Betrachter, *der;* Beschauer, *der;* **beauty is in the eye of the ~** schön ist, was gefällt

behove [bɪˈhəʊv] *v. t. impers. (arch./literary)* **it ~s sb. to do sth.** es [ge]ziemt sich. schickt sich für jmdn., etw. zu tun *(geh.);* **it ill ~s sb. to do sth.** es steht jmdm. schlecht an, etw. zu tun *(geh.)*

beige [beɪʒ] **1.** *n.* Beige, *das.* **2.** *adj.* beige

being [ˈbiːɪŋ] **1.** *pres. part.* of **be. 2.** *n.* **a)** *no pl., no art. (existence)* Dasein, *das;* Leben, *das;* Existenz, *die;* **in ~** bestehend; **bring sth. into ~** etw. einführen, ins Leben rufen; **call into ~**entstehen; **when the new system comes into ~:** wenn das neue System eingeführt wird; **b)** *(anything, esp. person, that exists)* Wesen, *das;* Geschöpf, *das;* **the Supreme B~:** das höchste Wesen; **c)** *(constitution, nature, essence)* Sein, *das;* **my very ~ cried out in protest** mein Innerstes schrie aus Protest auf

bejewelled *(Amer.:* **bejeweled**) [bɪˈdʒuː-əld] *adj.* mit Edelsteinen geschmückt; juwelengeschmückt

belabour *(Brit.; Amer.:* **belabor**) [bɪˈleɪ-bə(r)] *v. t.* **a)** einschlagen auf (+ *Akk.*); *(fig.)* überhäufen; **b)** *see* **labour 3 b**

belated [bɪˈleɪtɪd] *adj.* verspätet

belatedly [bɪˈleɪtɪdlɪ] *adv.* verspätet; nachträglich

belay [bɪˈleɪ, *Mount. also* ˈbiːleɪ] **1.** *v. t.* belegen ⟨Tau, Seil⟩; *(Mount.)* anseilen; **~ [there]!** *(Naut.)* belegen!; **~ing-pin** *(Naut.)* Belegklampe, *die.* **2.** *n. (Mount.)* Selbstsicherung, *die;* ⟨rock⟩ Felskopf, *der*

bel canto [bel ˈkæntəʊ] *n. (Mus.)* Belcanto, Belkanto, *der*

belch [beltʃ] **1.** *v. i.* heftig aufstoßen; rülpsen *(ugs.);* **flames ~ed forth from the furnace** Flammen schlugen aus dem Ofen. **2.** *v. t.* ausstoßen ⟨Rauch, Flüche *usw.*⟩; [aus]stoßen ⟨Asche⟩; **the car exhaust was ~ing fumes** aus dem Auspuff quollen Rauchschwaden. **3.** *n.* Rülpser, *der (ugs.)*

beleaguer [bɪˈliːgə(r)] *v. t. (lit. or fig.)* belagern

belfry [ˈbelfrɪ] *n.* Glockenturm, *der; (bell space)* Glockenstube, *die*

Belgian [ˈbeldʒən] **1.** *n.* Belgier, *der/*Belgierin, *die.* **2.** *adj.* belgisch; **sb. is ~:** jmd. ist Belgier/Belgierin

Belgium [ˈbeldʒəm] *pr. n.* Belgien *(das)*

Belgrade [belˈgreɪd] *pr. n.* Belgrad *(das)*

belie [bɪˈlaɪ] *v. t.,* **belying** [bɪˈlaɪɪŋ] *(fail to fulfil)* enttäuschen ⟨Versprechen, Vorstellung⟩; *(give false notion of)* hinwegtäuschen über (+ *Akk.*) ⟨Tatsachen, wahren Zustand⟩; *(fail to justify)* nicht gerecht werden (+ *Dat.*) ⟨einer Erwartung, Theorie⟩; *(fail to corroborate)* im Widerspruch stehen zu

belief [bɪˈliːf] *n.* **a)** Vertrauen, *das;* Glaube[n], *der;* **have great ~ in sth.** großes Vertrauen zu etw. haben; **~ in sth.** Glaube an etw. *(Akk.);* **beyond** *or* **past ~:** unglaublich; **it is my ~ that ...:** ich bin der Überzeugung, daß ...; **in the ~ that ...:** in der Überzeugung, daß ...; **to the best of my ~:** meines Wissens. **b)** *(Relig.)* Glaube[n], *der*

believable [bɪˈliːvəbl] *adj.* glaubhaft; glaubwürdig

believe [bɪˈliːv] **1.** *v. i.* **a) ~ in sth.** *(put trust in truth of)* an etw. *(Dat.)* glauben; **I ~ in him** ich vertraue ihm; **I ~ in free medical treatment for all** ich bin für die kostenlose ärztliche Behandlung aller; **I don't ~ in going to the dentist** ich halte nicht viel von Zahnärzten; **b)** *(have faith)* glauben (in an + *Akk.*) ⟨Gott, Himmel *usw.*⟩; **c)** *(suppose, think)* glauben; denken; **I ~ so/not** ich glaube schon/nicht; **Mr Smith, I ~:** Herr Smith, nehme ich an. **2.** *v. t.* **~ sth.** etw. glauben; **I ~d his words** ich glaubte seinen Worten; **I can ~ that** das glaub' ich gerne; **if you ~ that, you'll ~ anything** wer's glaubt, wird selig *(ugs. scherzh.);* **[I] don't ~ a word of it** [ich] glaube kein Wort [davon]; **don't you ~ it** glaub das [ja] nicht; **it or not** ob du es glaubst oder nicht; **would you ~ [it]** *(coll.)* sollst du nur *(ugs.);* **I'd never have ~d it of her** das hätte ich ihr nie zugetraut; **~ sb.** jmdm. glauben; **I don't ~ you** das glaube ich dir nicht; **they would have us ~ that ...:** sie wollen uns glauben machen, daß ... ; **~ [you] me** glaub[ui]'s mir!; **[I can] ~ you** ich kann es dir nicht gefühlen!; **I couldn't ~ my eyes/ears** ich traute meinen Augen/Ohren nicht; **b)** *(be of opinion that)* glauben; der Überzeugung sein; **she ~d it to be false** sie hielt es für falsch; **it is ~d to be in**the London area man vermutet ihn im Raum London; **people ~d her to be a witch** die Leute hielten sie für eine Hexe; **make ~ [that ...]** so tun, als ob ...

believer [bɪˈliːvə(r)] *n.* **a)** Gläubige, *der/die;* **b) be a great** *or* **firm ~ in sth.** viel von etw. halten; **I'm a firm ~ in being strict with children** ich bin sehr für eine strenge Kindererziehung; **I'm no great ~ in taking exercise** ich halte nicht viel von körperlicher Bewegung

Belisha beacon [bəˌliːʃə ˈbiːkn] *n. (Brit.);* gelbes Blinklicht an Zebrastreifen

belittle [bɪˈlɪtl] *v. t.* herabsetzen; schlechtmachen; schmälern ⟨Erfolg, Verdienste, Rechte⟩; **don't ~ yourself** mach dich nicht schlechter, als du bist

belittlement [bɪˈlɪtlmənt] *n.* Herabsetzung, *die;* Schlechtmachen, *das*

bell [bel] **1.** *n.* **a)** Glocke, *die; (smaller)* Glöckchen, *das;* **clear as a ~:** glockenklar; *(understandable)* [ganz] klar und deutlich; **sound as a ~:** kerngesund ⟨*Person*⟩; völlig intakt ⟨Gerät, Gegenstand⟩; **b)** *(device to give ~-like sound)* Klingel, *die;* **electric ~:** elektrisches Läutewerk; **c)** *(ringing)* Läuten, *das;* **the ~ has gone** es hat geläutet *od.* geklingelt; **there's the ~:** es läutet *od.* klingelt; **was that the ~?** hat es geläutet *od.* klingelt?; **d)** *(Boxing)* Gong, *der;* **e)** *(Naut.)* **one ~/eight ~s** ein Glas/acht Glasen; **f)** *(Bot.)* Glöckchen, *das;* Kelch, *der.* **2.** *v. t.* **~ the cat** *(fig.)* der Katze *(Dat.)* die Schelle umhängen *(ugs.)*

belladonna [beləˈdɒnə] *n.* **a)** *(Bot.)* Belladonna, *die; (drug)* Atropin, *das;* **b) ~ lily** Belladonnalilie, *die (südafrik. Amaryllis)*

bell: ~-bottomed *adj.* ausgestellt; **~-boy** *n. (Amer.)* [Hotel]boy, *der;* [Hotel]page, *der;* **~-buoy** *n. (Naut.)* Glockenboje, *die*

belle [bel] *n.* Schönheit, *die;* Schöne, *die;* **~ of the ball** Ballkönigin, *die*

belles-lettres [belˈletr] *n. pl.* schöngeistige Literatur; Belletristik, *die*

bell: ~flower *n.* Glockenblume, *die;* **~hop** *(Amer. sl.) see* **bell-boy**

bellicose [ˈbelɪkəʊs] *adj.* kriegerisch, kriegslustig ⟨Stimmung, Nation⟩; streitsüchtig ⟨Person⟩

belligerence [bɪˈlɪdʒərəns], **belligerency** [bɪˈlɪdʒərənsɪ] *n., no pl.* Kriegslust, *die; (of person)* Kampfeslust, *die;* Streitlust, *die*

belligerent [bɪˈlɪdʒərənt] **1.** *adj.* kriegslustig, kriegerisch, kampflustig ⟨Nation⟩; streitlustig ⟨Person, Benehmen⟩; aggressiv ⟨Rede⟩; **~ powers** kriegführende Mächte. **2.** *n.* kriegführendes Land; kriegführende Partei; *(opponent)* Gegner, *der*

bellow [ˈbeləʊ] **1.** *v. i.* ⟨Tier, Person:⟩ brüllen; **~ at sb.** jmdn. anbrüllen; **~ for sth./sb.** lauthals nach etw./jmdm. schreien. **2.** *v. t.* **~ out** brüllen ⟨Befehl⟩; grölen ⟨Lied⟩. **3.** *n.* Brüllen, *das*

bellowing [ˈbeləʊɪŋ] *n.* Gebrüll, *das*

bellows [ˈbeləʊz] *n. pl.* **a)** Blasebalg, *der; (Mus.)* Bälge *Pl.*; **a pair of ~:** ein Blasebalg. **b)** *(Phot.)* Balgen, *der*

bell: ~-pull *n.* Glockenzug, *der;* Klingelzug, *der;* **~-push** *n.* Klingeltaster, *der (fachspr.);* Klingel, *die;* **~-ringer** *n.* Glöckner, *der;* **~-ringing** *n.* Glockenläuten, *das;* **~-rope** *n.* Glockenseil, *das;* **~-shaped** *adj.* glockenförmig; **~-tent** *n.* Rundzelt, *das;* **~-tower** *n.* Glockenturm, *der;* **~-wether** *n.* Leithammel, *der*

belly [ˈbelɪ] **1.** *n.* Bauch, *der; (womb)* Leib, *der; (stomach)* Magen, *der.* **2.** *v. t.* blähen; **the wind bellied [out] the sails** der Wind blähte die Segel. **3.** *v. i.* **~ [out]** ⟨Segel:⟩ sich blähen, schwellen

belly: ~-ache **1.** *n.* Bauchschmerzen *Pl.;* Bauchweh, *das (ugs.);* **2.** *v. i. (sl.)* jammern *(about über* + *Akk.);* **~-aching** *n. (sl.)* Gejammer, *das (ugs. abwertend);* **~-button** *n. (coll.)* Bauchnabel, *der;* **~-dance** *n.*

Bauchtanz, *der;* ~**-dancer** *n.* Bauchtänzerin, *die*

bellyful ['belɪfʊl] *n.* a ~ **of food** eine ordentliche Portion Essen *(ugs.);* **have had a ~ of sth.** *(fig.)* von etw. die Nase voll haben *(ugs.)*

belly: ~**-landing** *n. (Aeronaut.)* Bauchlandung, *die;* ~**-laugh** *n.* dröhnendes Lachen; **he gave a great ~-laugh** er lachte lauthals los

belong [bɪ'lɒŋ] *v.i.* a) *(be rightly assigned)* ~ **to sb.** jmdm. gehören; ~ **to sth.** zu etw. gehören; **power ~s to the workers** *(as slogan)* alle Macht den Arbeitern; **b)** ~ **to** *(be member of)* ~ **to a club** einem Verein angehören; **she ~s to a trade union/the club** sie ist Mitglied einer Gewerkschaft/des Vereins; ~ **to a church/the working class/another generation** einer Kirche/der Arbeiterklasse/einer anderen Generation *(Dat.)* angehören; **c)** *(be rightly placed)* **feel that one doesn't ~:** das Gefühl haben, fehl am Platze zu sein *od.* daß man nicht dazugehört; **he doesn't really ~ anywhere** er ist nirgendwo wirklich zu Hause; **a sense of ~ing** ein Zugehörigkeitsgefühl; **where does this ~?;** wo gehört das hin?; **the cutlery ~s in this drawer** das Besteck gehört in diese Schublade; ~ **outside** nach draußen gehören; ~ **together** zusammengehören; **this item doesn't ~ under this heading** dieser Punkt fällt nicht unter diese Rubrik

belongings [bɪ'lɒŋɪŋz] *n. pl.* Habe, *die;* Sachen *Pl.;* **personal ~:** persönlicher Besitz; persönliches Eigentum; **all our ~** unsere gesamte Habe; unser ganzes Hab und Gut

beloved [bɪ'lʌvd] **1.** *adj.* geliebt; lieb; teuer; **be ~** [bɪ'lʌvd] **by** *or* **of sb.** von jmdm. geliebt werden; jmdm. lieb und teuer sein; **in ~ memory of my husband, in memory of my ~ husband** in treuem Angedenken an meinen geliebten *od.* teuren Mann. **2.** *n.* Geliebte, *der/die;* **my ~** *(iron.)* mein Lieber/meine Liebe; **dearly ~** *(Relig.)* liebe Brüder und Schwestern im Herrn; liebe Gemeinde

below [bɪ'ləʊ] **1.** *adv.* **a)** *(position)* unten; unterhalb, *(lower down)* darunter; *(downstream)* weiter unten; **it is on the shelf ~:** es ist auf dem [Regal]brett darunter; **down ~:** unten; drunten *(bes. südd.);* **from ~** von unten [herauf]; **b)** *(direction)* nach unten; hinunter; hinab *(geh.),* *(downstream)* stromab[wärts]; **if you glance ~:** wenn Sie nach unten blicken *od. (geh.)* hinabblicken; **c)** *(later in text)* unten; **see [p.** 123]; **as described in detail ~:** wie [weiter] unten ausführlich beschrieben; **please say ~:** bitte hier unterschreiben; **a photo with a caption ~:** ein Foto mit einer Bildunterschrift; ~ **left** links unten; unten links; **d)** *(downstairs) (position)* unten; *(direction)* nach unten; *(Naut.)* unter Deck; **go ~:** unter Deck gehen; **the flat/floor ~:** die Wohnung/das Stockwerk *od.* die Etage darunter *od.* unter uns/ihnen *usw.;* **on the floor ~:** eine Etage tiefer; **e)** *(~ zero)* **frosts of ten and twenty ~:** Fröste von zehn und zwanzig Grad unter Null; **f)** *(Relig.)* **on earth ~;** [hier] auf Erden; **here ~:** hienieden *(geh.);* **g)** *(in hell)* drunten. **2.** *prep.* **a)** *(position)* unter (+ *Dat.);* unterhalb (+ *Gen.);* *(downstream from)* unter; **down ~ us was a huge abyss** tief unter uns war ein riesiger Abgrund; **his hair is well ~ shoulder level** sein Haar reicht bis weit über die Schultern; *see also* **average 1 a; par a, d; b)** *(direction)* unter (+ *Akk.);* **the sun sank ~ the horizon** die Sonne ging am Horizont unter; **he went ~ deck** *(Naut.)* er ging unter Deck; **c)** *(ranking lower than)* unter (+ *Dat.);* **she's in the class ~ me** sie ist eine Klasse unter mir *od.* tiefer als ich; ~**-zero temperatures** Temperaturen unter Null; **the temperature is well ~ zero** die Temperatur liegt weit unter Null; ~ **the breadline** unter dem Existenzminimum; **d)** *(unworthy of)* **it is ~ him** es ist unter seiner Würde

belt [belt] **1.** *n.* **a)** Gürtel, *der;* *(for carrying tools, weapons, ammunition, etc.)* Gurt, *der;* *(on uniform)* Koppel, *das;* **he wears ~ and braces** *(fig.)* er ist sicher; etw. doppelt und dreifach; er glaubt, doppelt genäht hält besser; **hit below the ~** *(lit. or fig.)* unter die Gürtellinie schlagen; **under one's ~** ⟨*Essen usw.*⟩ im Bauch; **with a couple of drinks under his ~:** mit ein paar Drinks intus *(ugs.);* **with all those qualifications under his ~:** mit all den Zeugnissen in der Tasche; *see also* **tighten 1 a; b)** *(of colour, trees)* Streifen, *der;* *(region)* Gürtel, *der;* **industrial ~:** Industrierevier, *das;* ~ **of warm air/low pressure** Warmluft-/Tiefdruckgürtel, *der;* **coal/oil ~:** Kohlerevier, *das*/Ölgebiet, *das;* **c)** *(of machine-gun cartridges)* Gurt, *der;* **d)** *(Mech. Engin.: drive-~)* Riemen, *der;* **e)** *(sl.: heavy blow)* Schlag, *der;* **give sb. a ~** jmdm. eine runterhauen *(ugs.).* **2.** *v.t.* **a)** *(hit)* schlagen; **I'll ~ you [one]** *(coll.)* ich hau' dir eine runter *(ugs.).* **3.** *v.i. (sl.)* ~ **up/down the motorway** über die Autobahn rasen; **he ~ed off as fast as his legs would carry him** er rannte davon, so schnell er konnte

~ **along** *v.i. (sl.)* rasen *(ugs.)*

~ **out** *v.t. (sl.)* schmettern; voll herausbringen ⟨*Rhythmus*⟩; *(on piano)* hämmern

~ **'up** *v.i.* **a)** *(Amer. coll., Brit. coll. joc.: put seat-belt on)* sich anschnallen; sich angurten; **b)** *(Brit. sl.: be quiet)* die Klappe halten *(salopp)*

belting ['beltɪŋ] *n.* **a)** **give sb. a [good] ~:** *(coll.)* jmdm. eine [ordentliche] Tracht Prügel verabreichen; **b)** *(material)* Gürtelstoff, *der;* *(of leather)* Riemenleder, *das*

belying *see* **belie**

bemoan [bɪ'məʊn] *v.t.* beklagen

bemuse [bɪ'mjuːz] *v.t.* verwirren; *(stupefy)* verblüffen

bemused [bɪ'mjuːzd] *adj.* verwirrt

bench [bentʃ] *n.* **a)** Bank, *die;* *(seat across boat)* Ducht, *die;* *(Sport: for reserves)* Reservebank, *die;* Ersatzbank, *die;* **b)** *(Law)* **on the ~:** auf dem Richterstuhl; **he was given a seat on the ~:** er wurde zum Richter ernannt; **c)** *(office of judge)* Richteramt, *das;* **be raised to the B~:** zum Richter ernannt werden; **d)** *(lawcourt)* **Queen's/King's B~** *(Brit.)* Abteilung des obersten Gerichts, die sich mit Kriminalfällen befaßt; **e)** *(Brit. Parl.)* Bank, *die;* Reihe, *die;* *see also* **backbench; cross-bench; front bench; f)** *(worktable)* Werkbank, *die;* *(gold- or silversmith's)* Werkbrett, *das;* *(carpenter's)* Hobelbank, *die;* *(in laboratory)* [Labor]tisch, *der*

bench: ~**-mark** *n.* Höhenmarke, *die; (fig.)* Maßstab, *der;* Fixpunkt, *der;* ~ **'seat** *n.* Sitzbank, *die;* ~ **test** *n.* Test auf dem Prüfstand

¹**bend** [bend] **1.** *n.* **a)** *(bending)* Beuge, *die;* Beugung, *die;* **b)** ~ **of the body/the knee** ein Rumpf-/Kniebeuge, *die;* **b)** *(curve) (in road)* Kurve, *die;* **there is a ~ in the road** die Straße macht eine Kurve; **a ~ in the river** eine Flußbiegung; **be round the ~** *(fig. coll.)* spinnen *(ugs.);* verrückt sein *(ugs.);* **go round the ~** *(fig. coll.)* überschnappen *(ugs.);* durchdrehen *(ugs.);* **drive sb. round the ~** *(fig. coll.)* jmdn. wahnsinnig *od.* verrückt machen *(ugs.);* **the ~s** *(Med. coll.)* Taucherkrankheit, *die.* **2.** *v.t.,* **bent** [bent] **a)** *(force out of straightness)* biegen; verbiegen ⟨*Nadel, Messer, Eisenstange, Ast*⟩; beugen ⟨*Bogen*⟩; anwinkeln ⟨*Arm, Knie*⟩; krumm machen ⟨*Finger*⟩; ~ **sth. at an angle** etw. umbiegen; ~ **sth. back/forward/up/down** etw. nach hinten/vorne/oben/unten biegen; **'please do not ~'** *(on envelope)* „bitte nicht knicken!"; ~ **sth. back into shape** etw. zurückbiegen; etw. wieder in Form biegen; ~ **the law** *(fig.)* das Gesetz beugen; *see also* **rule 1 a; b)** *(fix)* **be bent on sth.** zu etw. entschlossen sein; auf etw. *(Akk.)* versessen *od.* erpicht sein; **on pleasure bent** *(dated)* vergnügungssüchtig; ~ **one's energies on sth.** *(dated)* seine ganze Kraft auf etw. *(Akk.)* verwenden; ~ **oneself to sth.** sich auf etw. *(Akk.)* konzentrieren; **c)** *(sl.: pervert)* mißbrauchen; pervertieren; manipulieren ⟨*Ergebnis*⟩; **d)** *(direct)* **we must ~ our steps home** wir müssen unsere Schritte heimwärts lenken *(geh.);* **he bent his mind on** *or* **to the problem** er dachte ernst über das Problem nach; ~ **an ear to sth.** zu etw. entschlossen sein; auf etw. *(Akk.)* versessen *od.* erpicht sein; **on pleasure bent** *(dated)* vergnügungssüchtig; ~ **one's energies on sth.** *(dated)* seine ganze Kraft auf etw. *(Akk.)* verwenden; ~ **oneself to sth.** sich auf etw. *(Akk.)* konzentrieren; **c)** *(sl.: pervert)* mißbrauchen; pervertieren; manipulieren ⟨*Ergebnis*⟩; **d)** *(direct)* **we must ~ our steps home** wir müssen unsere Schritte heimwärts lenken *(geh.);* **he bent his mind on** *or* **to the problem** er dachte ernst über das Problem nach; ~ **an ear to sth.** anhören; **e)** *(force to submit)* unterwerfen; gefügig machen; **f)** *(Naut.)* festmachen; befestigen ⟨*Tau*⟩. **3.** *v.i.,* **bent** **a)** sich biegen; sich krümmen; ⟨*Äste*⟩ sich neigen; **the road ~s** die Straße macht eine Kurve; **the road ~s for two miles** die Straße ist auf zwei Meilen kurvenreich; **the river ~s/~s in and out** der Fluß macht eine Biegung/schlängelt sich; ~ **to** *or* **before sb.** *(fig.)* sich jmdm. beugen; **b)** *(bow)* sich bücken; *(fig.)* sich beugen; **catch sb. ~ing** *(fig. coll.)* jmdn. [in einer peinlichen Lage] erwischen

~ **'down** *v.i.* sich bücken; sich hinunterbeugen

~ **'over** *v.i.* sich nach vorn beugen; sich bücken; *see also* **backwards a**

²**bend** *n.* **a)** *(Naut.)* Knoten, *der;* Schlinge, *die;* **b)** *(Her.)* Schrägbalken, *der;* ~ **sinister** schräglinker Balken; Schräglinksbalken, *der*

bendable ['bendəbl] *adj.* biegbar

bended ['bendɪd] *adj.* **on ~ knee[s]** auf [den] Knien

bender ['bendə(r)] *n. (sl.)* Besäufnis, *das (salopp)*

bendy ['bendɪ] *adj. (coll.)* **a)** biegsam; **b)** *(winding)* gewunden ⟨*Pfad, Straße*⟩

beneath [bɪ'niːθ] **1.** *prep.* **a)** *(unworthy of)* ~ **sb.** unwürdig; unter jmds. Würde *(Dat.);* ~ **sb.'s dignity** unter jmds. Würde *(Dat.);* **marry ~ one** nicht standesgemäß heiraten; unter seinem Stand heiraten; ~ **contempt** verachtenswert; unter aller Kritik; **b)** *(arch./literary: under)* unter (+ *Dat.).* **2.** *adv. (arch./literary)* darunter

Benedictine 1. *n.* **a)** [benɪ'dɪktɪn] *(monk/nun)* Benediktiner, *der*/Benediktinerin, *die;* **b) (P)** [benɪ'dɪktiːn] *(liqueur)* Benediktiner, *der.* **2.** *adj.* Benediktiner-

benediction [benɪ'dɪkʃn] *n. (Relig.)* Benediktion, *die;* Segnung, *die;* **pronounce/say the ~** *(before meal)* um den Segen Gottes bitten; *(after meal)* das Dankgebet sprechen *od.* sagen

benefaction [benɪ'fækʃn] *n.* **a)** *(gift)* Spende, *die;* **b)** *(endowment)* Schenkung, *die;* Stiftung, *die;* **b)** *(doing good)* Wohltat, *die*

benefactor ['benɪfæktə(r)] *n.* Wohltäter, *der;* *(patron)* Stifter, *der;* Gönner, *der*

benefactress ['benɪfæktrɪs] *n.* Wohltäterin, *die;* *(patroness)* Stifterin, *die;* Gönnerin, *die*

benefice ['benɪfɪs] *n. (Eccl.)* Benefizium, *das*

beneficence [bɪ'nefɪsəns] *n.* Mildtätigkeit, *die;* *(active kindness)* Güte, *die*

beneficent [bɪ'nefɪsənt] *adj. (showing active kindness)* gütig; *(doing good)* wohltätig; mildtätig

beneficial [benɪ'fɪʃl] *adj.* **a)** nutzbringend; nützlich; vorteilhaft ⟨*Einfluß*⟩; günstig ⟨*Klima*⟩; **be ~ to sth./sb.** zum Nutzen von etw./jmdm. sein; **a good night's sleep is very ~:** ein guter Schlaf ist sehr erholsam; **b)** *(Law)* nutznießerisch; ~ **owner** Nießbraucher, *der*

beneficially [benɪ'fɪʃəlɪ] *adv. see* **beneficial a:** nutzbringend; nützlich; vorteilhaft; günstig

beneficiary [benɪ'fɪʃərɪ] *n.* Nutznießer, *der*/Nutznießerin, *die*

benefit ['benɪfɪt] 1. *n.* a) Vorteil, *der;* Vorzug, *der (geh.);* be of ~ to sb./sth. jmdm./einer Sache von Nutzen sein; have the ~ of den Vorteil *od. (geh.)* Vorzug (+ *Gen.*) haben; derive ~ from sth., get some ~ from sth. aus etw. Nutzen ziehen; von etw. profitieren; not get much ~ from sth. wenig Nutzen aus etw. ziehen; nicht viel von etw. profitieren; did you get much ~ from your holiday? hat dir der Urlaub viel genützt?; without the ~ of ohne das Zutun (+ *Gen.*); with the ~ of mit Hilfe (+ *Gen.*); to sb.'s ~: zu jmds. Nutzen; for sb.'s ~: in jmds. Interesse *(Dat.);* im Interesse von jmdm.; for the ~ of sth. im Interesse einer Sache *(Gen.);* for the ~ of future generations im Interesse künftiger Generationen; for the ~ of anyone who/all those who... *(iron.)* allen/all denen zuliebe, die ... *(iron.);* give sb. the ~ of the doubt im Zweifelsfall zu jmds. Gunsten entscheiden; give sb. the ~ of sth. jmdm. etw. zugute kommen lassen *(iron.);* b) *(allowance)* Beihilfe, *die;* social security ~: Sozialhilfe, *die;* Hilfe zum Lebensunterhalt *(Amtsspr.);* supplementary ~ *(Brit.)* zusätzliche Hilfe zum Lebensunterhalt; unemployment ~: Arbeitslosenunterstützung, *die;* sickness ~: Krankengeld, *das;* disablement ~: Invalidenrente, *die;* child ~ *(Brit.)* Kindergeld, *das;* maternity ~: Mutterschaftsgeld, *das;* ~ club *or* society Versicherungsverein auf Gegenseitigkeit; c) ~ [performance/match/concert] Benefizveranstaltung, *die/-*spiel, *das/-*konzert, *das;* d) without ~ of clergy *(joc.)* ohne kirchlichen Segen. 2. *v. t.* ~ sb./sth. jmdm./einer Sache nützen *od.* guttun; these facilities/discoveries have ~ed the area/humanity diese Einrichtungen/Entdeckungen sind dem Gebiet/der Menschheit zugute gekommen *od.* haben dem Gebiet/der Menschheit Nutzen gebracht. 3. *v. i.* ~ by/from sth. von etw. profitieren; aus etw. Nutzen ziehen; ~ from experience aus Erfahrung lernen; how do I/will my son ~? was habe ich/hat mein Sohn davon?

benevolence [bɪ'nevələns] *n., no pl.* a) *(desire to do good)* Güte, *die;* *(of ruler)* Milde, *die;* *(of despot, the authorities)* Wohlwollen, *das*

benevolent [bɪ'nevələnt] *adj.* a) *(desiring to do good)* gütig; mild ⟨*Herrscher*⟩; wohlwollend ⟨*Behörde, Despot*⟩; ~ despotism aufgeklärter Absolutismus; b) *attrib. (charitable)* wohltätig, mildtätig ⟨*Institution, Verein*⟩; c) *(kind and helpful)* hilfsbereit; a ~ smile/air ein gütiges Lächeln/gütiger Gesichtsausdruck

benevolently [bɪ'nevələntlɪ] *adv.* gütig ⟨*lächeln*⟩

Bengali [beŋ'gɔːlɪ] 1. *n.* a) *(person)* Bengale, *der/*Bengalin, *die;* b) *(language)* Bengali, *das.* 2. *adj.* bengalisch

benighted [bɪ'naɪtɪd] *adj. (fig.)* unwissend, *(ugs.)* unbedarft ⟨*Person*⟩; finster ⟨*Gegend, Zeitalter*⟩; obskur ⟨*Philosophie, Politik, Sitten*⟩

benign [bɪ'naɪn] *adj.* a) *(gracious, gentle)* gütig ⟨*Person, Aussehen, Verständnis*⟩; mildtätig ⟨*Gabe, Geschenk*⟩; wohlwollend ⟨*Person, Verhalten*⟩; *(mild)* mild, heilsam ⟨*Klima, Sonne*⟩; *(fortunate)* günstig ⟨*Stern, Einfluß, Ergebnis, Aspekt*⟩; b) *(Med.)* gutartig, *(fachspr.)* benigne ⟨*Tumor*⟩

benignity [bɪ'nɪgnɪtɪ] *n., no pl.* a) Wohlwollen, *das;* b) *(Med.)* Gutartigkeit, *die*

benignly [bɪ'naɪnlɪ] *adv.* gütig; wohlwollend

benison ['benɪzən] *n. (arch.)* Segen, *der*

¹**bent** [bent] 1. *see* ¹**bend** 2, 3. 2. *n.* Neigung, *die;* Hang, *der;* Schlag, *der;* have a ~ for sth. einen Hang zu etw. *od.* eine Vorliebe für etw. haben; those with *or* of an artistic ~: Menschen mit einer künstlerischen Ader *od.* Veranlagung; follow one's ~: seiner Neigung *od.* seinen Neigungen folgen; to the top of one's ~: nach Herzenslust. 3. *adj.* a) krumm; gebogen; b) *(Brit. sl.: corrupt)* link *(salopp);* *(Brit. sl.: salopp)* ⟨*Händler usw.*⟩; c) *(Brit. sl.: homosexual);* schwul *(ugs.);* andersrum *präd. (ugs.)*

²**bent** *n. (Bot.)* Straußgras, *das; (stiff flower stalk)* Halm, *der; (heath)* Heide, *die*

benumb [bɪ'nʌm] *v. t.* a) gefühllos machen ⟨*Glieder*⟩; ~ed gefühllos; ~ed with cold starr vor Kälte; b) *(fig.: stupefy)* lähmen ⟨*Sinne, Gefühle*⟩; he was ~ed with panic/grief er war vor Entsetzen/Kummer gelähmt

Benzedrine, (P) ['benzɪdriːn] *n. (Med.)* Benzedrin, *das*

benzene [ben'ziːn] *n. (Chem.)* Benzol, *das;* ~ ring Benzolring, *der*

benzine ['benziːn] *n.* Leichtbenzin, *das*

bequeath [bɪ'kwiːð] *v. t.* a) ~ sth. to sb. jmdm. etw. vermachen *od.* hinterlassen; b) *(fig.)* überliefern ⟨*Märchen, Legende, Zeugnisse*⟩; vererben ⟨*Tradition*⟩

bequest [bɪ'kwest] *n.* Legat, *das* (to an + *Akk.*); make a ~ to sb. of sth. jmdm. etw. vermachen

berate [bɪ'reɪt] *v. t.* schelten

bereave [bɪ'riːv] *v. t.* a) *(deprive through death)* ~ A of B B *(Dat.)* A nehmen; be ~d [of sb.] jmdn. verlieren; a disaster ~d him of his father er hat seinen Vater durch ein Unglück verloren; the ~d der/die Hinterbliebene/die Hinterbliebenen; b) *p.p.* bereft [bɪ'reft] *(dispossess)* be bereft of sth. einer Sache *(Gen.)* beraubt sein

bereavement [bɪ'riːvmənt] *n.* Trauerfall, *der;* he sympathized with her in her ~: er sprach ihr sein Beileid aus; on account of their recent ~: auf Grund ihres Trauerfalles

bereft *see* **bereave** b

beret ['bereɪ, 'berɪ] *n.* Baskenmütze, *die; (as military head-dress)* Barett, *das*

bergamot ['bɜːgəmɒt] *n.* a) *(tree)* Bergamotte, *die;* Bergamottenbaum, *der;* b) *(perfume)* Bergamottparfüm, *das;* c) *(herb)* Zitronenminze, *die;* Pfefferminze, *die;* ~ oil Bergamottöl, *das*

beriberi [berɪ'berɪ] *n. (Med.)* Beriberi, *die*

berk [bɜːk] *n. (Brit. sl.)* Dussel, *der (ugs.);* Spinner, *der (ugs.);* Blödmann, *der (salopp)*

Berlin [bɜː'lɪn] 1. *pr. n.* Berlin *(das).* 2. *attrib. adj.* Berliner; Berlin-

Berliner [bɜː'lɪnə(r)] *n.* Berliner, *der/*Berlinerin, *die*

Bermuda [bə'mjuːdə] *pr. n.* die Bermudainseln; the ~s die Bermudas; ~s, ~ shorts Bermudashorts

Berne [bɜːn] 1. *pr. n.* Bern *(das).* 2. *attrib. adj.* Berner

berry ['berɪ] *n.* Beere, *die; see also* **brown 1**

berserk [bə'sɜːk, bə'zɜːk] *adj.* rasend; go ~: durchdrehen *(ugs.);* he went ~ with an axe er wütete mit einem Beil

berth [bɜːθ] 1. *n.* a) *(adequate space)* Seeraum, *der (der für ein Schiff erforderlich ist);* give the rocks a wide ~: Abstand zu den Felsen halten; gut frei von den Felsen halten *(fachspr.);* give sb./sth. a wide ~ *(fig.)* jmdm./einer Sache aus dem Weg gehen; einen großen Bogen um jmdn./etw. machen; b) *(ship's place at wharf)* Liegeplatz, *der;* c) *(sleeping-place) (in ship)* Koje, *die; (in train)* Schlafwagenbett, *das; (in aircraft)* Sleeper, *der;* a 4-~ caravan ein Vierpersonenanhänger; d) *(job)* Stelle, *die;* find a cushy ~: eine bequeme Stelle *od.* einen bequemen Job finden. 2. *v. t.* festmachen ⟨*Schiff*⟩. 3. *v. i.* ⟨*Schiff:*⟩ festmachen, anlegen

beryl ['berɪl] *n.* Beryll, *der*

beryllium [bə'rɪlɪəm] *n. (Chem.)* Beryllium, *das*

beseech [bɪ'siːtʃ] *v. t.,* besought [bɪ'sɔːt] *or* ~ed *(literary)* flehen um, *(geh.)* erflehen ⟨*Gnade, Vergebung*⟩; anflehen ⟨*Person*⟩; ~ sb. to do sth. jmdn. anflehen *od.* inständig bitten, etw. zu tun; ~ sb. for sth. jmdn. um etw. anflehen; jmdn. inständig um etw. bitten; I ~ you ich flehe dich an

beseeching [bɪ'siːtʃɪŋ] *adj.,* **beseechingly** [bɪ'siːtʃɪŋlɪ] *adv.* flehend; flehentlich *(geh.)*

beset [bɪ'set] *v. t., forms as* **set 1**: a) heimsuchen; plagen; ⟨*Probleme, Zweifel, Versuchungen:*⟩ bedrängen; sth. is ~ with troubles etw. steckt voller Schwierigkeiten/Probleme; ~ by doubts von Zweifeln geplagt; b) *(hem in)* umgeben; einschließen; *(occupy and make impassable)* belagern; blockieren; versperren; ~ting sin Untugend, *die*

beside [bɪ'saɪd] *prep.* a) *(close to)* neben (+ *Dat.*); (+ *Akk.*); ~ the sea/lake am Meer/See; walk ~ the river am Fluß entlanggehen; sit/stand ~ sb. neben jmdm. sitzen/stehen; sit down/go and stand ~ sb. sich neben jmdn. setzen/stellen; b) *(compared with)* neben (+ *Dat.*); c) *(wide of)* weit entfernt von ⟨*Problem, Frage*⟩; be ~ the point nichts damit zu tun haben; d) ~ oneself with joy/grief außer sich vor Freude/Kummer

besides [bɪ'saɪdz] 1. *adv.* außerdem, he is a historian ~: er war außerdem noch Historiker; do/say sth. [else] ~: sonst noch etw. tun/sagen; ~, we don't need it außerdem brauchen wir es nicht; whatever she may have done ~: was sie sonst noch getan haben mag. 2. *prep.* außer; ~ us [there were others] außer uns [waren noch andere da]; ~ my husband and me außer meinem Mann und mir; ~ which, he was late and obendrein *od.* außerdem kam er zu spät; he said nothing ~ that er sagte weiter nichts *od.* sonst nichts

besiege [bɪ'siːdʒ] *v. t.* (*lit. or fig.*) belagern; be ~d with letters/offers/requests/enquiries mit Briefen/Angeboten/Bitten/Anfragen überschüttet *od.* überhäuft werden

besieger [bɪ'siːdʒə(r)] *n.* Belagerer, *der*

besmear [bɪ'smɪə(r)] *v. t.* verschmieren; ~ed with blood blutverschmiert

besmirch [bɪ'smɜːtʃ] *v. t. (lit. or fig.)* beschmutzen *(geh.);* besudeln *(geh.);* ~ sb.'s name jmds. Namen besudeln *od.* beflecken

besom ['biːzəm] *n.* [Reisig]besen, *der*

besot [bɪ'sɒt] *v. t.,* **-tt-** betören; be ~ted by *or* with the idea that ...: von der Idee besessen sein, daß ... ; ~ted with alcohol berauscht *od.* benommen vom Alkohol; be ~ted by *or* with sb. in jmdn. vernarrt sein

besought *see* **beseech**

bespatter [bɪ'spætə(r)] *v. t.* bespritzen; vollspritzen

bespeak [bɪ'spiːk] *v. t., forms as* **speak 2**: a) *(suggest)* zeugen von; verraten; b) *(reserve)* reservieren; vorbestellen

bespectacled [bɪ'spektəkld] *adj.* bebrillt

bespoke [bɪ'spəʊk] 1. *see* **bespeak**. 2. *attrib. adj.* ~ overcoat maßgeschneiderter Mantel; ~ boots Stiefel nach Maß; ~ tailor Maßschneider, *der*

bespoken *see* **bespeak**

best [best] 1. *adj. superl. of* **good**: a) best...; be ~ [of all] am [aller]besten sein; the ~ thing about it was ...: das Beste daran war ...; the ~ thing to do is to apologize das beste ist, sich zu entschuldigen; the very ~ people die feinen Leute; may the ~ man win! auf daß der Beste gewinnt!; b) *(most advantageous)* best...; günstigst...; which *or* what is the ~ way to ...?: welches ist der günstigste?; it's ~ to travel via Paris am besten fährt man über Paris; think it ~ to do sth. es für das beste halten; etw. zu tun; do as you think ~ *or* what you think is ~: mach, was du für richtig hältst; c) *(greatest)* größt...; the ~ part of the day/money der größte Teil des Tages/Geldes; [for] the ~ part of an hour fast eine ganze Stunde. 2. *adv. superl. of* ²**well 2**: am besten; like sth. ~ of all etw. am liebsten mögen; as ~ we could

best-dressed / **betting**

so gut wir konnten; **as ~ you can** so gut es geht; **you know ~:** Sie müssen es [am besten] wissen; **you'd ~ be going now** am besten gehen Sie jetzt; **he is ~ known for his etchings** er ist vor allem für seine Kupferstiche bekannt; **he is the person ~ able to do it/to cope** er ist der Fähigste, um das zu tun/damit fertigzuwerden; **I was not ~ pleased to discover that ...** *(iron.)* ich war gar nicht begeistert, als ich entdeckte, daß ... *(iron.)*. **3.** *n.* **a) the ~:** der/die/das Beste; **the wine was not of the ~:** der Wein war nicht von der besten Qualität; **their latest record is their ~:** ihre letzte Platte ist die beste; **b)** *(clothes)* beste Sachen; Sonntagskleider *Pl.*; **wear one's [Sunday] ~:** seine Sonntagskleider tragen; sich in Schale werfen *(ugs.)*; **c) play the ~ of three [games]** um zwei Gewinnsätze spielen; **the ~ of it is ...** *(also iron.)* das beste daran ist...; der Witz dabei ist ... *(iron.)*; **get** *or* **have the ~ of it** gut damit fahren; gut dabei wegkommen; **get the ~ out of sth./sb.** das Beste aus etw./jmdm. herausholen; **that's the ~ of having a car** das ist das beste an einem Auto; **he is not in the ~ of health** es geht ihm nicht sehr gut; **bring out the ~ in sb.** jmds. beste Seiten zum Vorschein bringen; **all the ~!** *(coll.)* alles Gute!; **d) the ~** *pl.* die Besten; **they are the ~ of friends** sie sind die besten Freunde; **with the ~ of intentions** in bester Absicht; **from the ~ of motives** aus den edelsten Motiven [heraus]; **get six of the ~** *(coll.)* Prügel beziehen; verdroschen werden *(ugs.)*; **[sb. is] one of the ~** *(coll.)* [jmd. ist] ein feiner Kerl; **she can down a pint of beer/play tennis with the ~ of them** *(coll.)* beim Biertrinken/Tennisspielen macht ihr keiner was vor *(ugs.)*; **e) at ~:** bestenfalls; **be at one's ~:** in Hochform sein; **an example of modern architecture at its ~:** eines der gelungenen Beispiele moderner Architektur; **[even] at the ~ of times** schon normalerweise; **it is [all] for the ~:** es ist [doch] nur zum Guten; **he did it [all] for the ~:** er hat es [doch] nur gut gemeint; **hope for the ~:** das Beste hoffen; **do one's ~:** sein bestes tun; **he is doing his ~ to ruin me** *(iron.)* er tut sein möglichstes, mich zu ruinieren; **do the ~ you can** machen Sie es so gut Sie können; **it's not good, but it's the ~ I can do** es ist nicht gut, aber mehr kann ich nicht tun; **look one's ~:** möglichst gut aussehen; **make the ~ of oneself** das Beste aus sich machen; **make the ~ of it/things** das Beste daraus machen; **make the ~ of a bad job** *or* **bargain** *(coll.)* das Beste daraus machen; **to the ~ of one's ability** nach besten Kräften; **to the ~ of my belief/knowledge** meines Wissens; **she wants/has the ~ of everything** sie will immer nur/hat von allem das Beste. **4.** *v.t.* *(Sport)* schlagen; *(outwit)* übervorteilen

best: **~-before date** *n.* Mindesthaltbarkeitsdatum, *das;* **~-dressed** *attrib. adj.* bestgekleidet; **~'end** *n.* *(Gastr.)* Filet, *das;* **~ 'friend** *n.* bester Freund/beste Freundin; **be ~ friends with sb.** sehr gut mit jmdm. befreundet sein; **~-hated** *attrib. adj.* *(iron.)* bestgehaßt *(iron.)*.

bestial ['bestɪəl] *adj.* *(of or like a beast)* tierisch; *(brutish, barbarous)* barbarisch; *(savage)* brutal; *(depraved)* bestialisch
bestiality [bestɪˈælɪtɪ] *n.* **a)** Bestialität, *die*; *(savagery)* Brutalität, *die*; **b)** *(sodomy)* Sodomie, *die*
bestir [bɪˈstɜː(r)] *v. refl.*, **-rr-** sich aufraffen
best: **~-kept** *attrib. adj.* bestgepflegt; bestgehütet ⟨*Geheimnis*⟩; **the ~-kept village in England** das schönste Dorf Englands; **~-known** *attrib. adj.* bekanntest...; **~-laid** *attrib. adj.* bestüberlegt ⟨*Pläne*⟩; **~-loved** *attrib. adj.* meistgeliebt; **~ 'man** *n.* Trauzeuge, *der (des Bräutigams)*
bestow [bɪˈstəʊ] *v.t.* verleihen ⟨*Titel*⟩; schenken ⟨*Gunst, Wohlwollen*⟩; zuteil werden lassen ⟨*Ehre, Segnungen*⟩; **~ sth. [up]on sb.** jmdm. etw. verleihen/schenken/zuteil werden lassen
bestowal [bɪˈstəʊəl] *n.* Verleihung, *die* ([up]on an + Akk.); *(of land)* Schenkung, *die*
'best-quality *attrib. adj.* der Spitzenklasse nachgestellt; erstklassig
bestride [bɪˈstraɪd] *v.t.*, forms as **stride 3** sich rittlings setzen auf (+ *Akk.*); *(position)* rittlings sitzen auf (+ *Dat.*) ⟨*Mauer, Bank*⟩
best: **~ 'seller** *n.* Bestseller, *der;* *(author)* Bestsellerautor, *der;* **~-selling** *attrib. adj.* meistverkauft ⟨*Schallplatte*⟩; **~-selling book/novel** Bestseller, *der;* **a ~-selling author/novelist** ein Bestsellerautor

bet [bet] **1.** *v.t.*, **-tt-**, ~ *or* **~ted a)** wetten; **I ~ him £10** ich habe mit ihm um 10 Pfund gewettet; **he ~ £10 on that horse** er hat 10 Pfund auf das Pferd gesetzt; **b)** *(coll.: be confident)* wetten; **I ~ he's late** wetten, daß er zu spät kommt?; **[I] ~ you I know where he got it from** wetten, daß ich weiß, woher er es hat?; **[you can] ~ your life** darauf kannst du Gift nehmen *(ugs.)*; **[I] ~ you [anything]** ich gehe jede Wette darauf ein; **I'll ~ he tells them he's swum the Channel** ich wette, er erzählt ihnen, daß er den Kanal durchschwommen hat; **you '~ [I am/I will** etc.*]* und ob; allerdings. **2.** *v.i.*, **-tt-**, ~ *or* **~ted a)** wetten *(for um)*; **~ on sth.** auf etw. *(Akk.)* setzen; **b)** *(coll.: be confident)* **the shops will be closed, I'll ~.** ich wette, die Geschäfte sind geschlossen; **[do you] want to ~?** [wollen wir] wetten? *See also* ¹**boot 1 a**; **bottom 2 b**. **3.** *n.* **a)** Wette, *die;* *(sum)* Wetteinsatz, *der;* **make** *or* **have a ~ with sb.** mit jmdm. über etw. *(Akk.)* wetten; **accept** *or* **take a ~ on sth.** eine Wette auf etw. *(Akk.)* eingehen; **lay a ~ on sth.** auf etw. *(Akk.)* wetten; **b)** *(fig. coll.: choice)* Tip, *der;* **be a bad/good/safe ~:** ein schlechter/guter/sicherer Tip sein; **it's a fair ~ that ...:** du kannst ziemlich sicher sein, daß ...; **be sb.'s best ~:** das beste für jmdn. sein; ich wette, daß ...

beta ['biːtə] *n.* **a)** *(letter)* Beta, *das;* **b)** *(Sch., Univ.: mark)* Zwei, *die*
beta-blocker [ˈbiːtəblɒkə(r)] *n.* *(Med.)* Beta[rezeptoren]blocker, *der*
beta: **~ particles** *n. pl.* *(Phys.)* Betateilchen *Pl.*; **~ rays** *n. pl.* *(Phys.)* Betastrahlen *Pl.*
betel ['biːtl] *n.* *(Bot.)* Betel, *der;* **~-nut** Betelnuß, *die*
bête noire [beɪt ˈnwɑː(r)] *n.*, *pl.* **bêtes noires** [beɪt ˈnwɑː(r)] Greuel, *der*
bethink [bɪˈθɪŋk] *v. refl.*, **bethought** [bɪˈθɔːt] *(literary)* sich besinnen
betide [bɪˈtaɪd] *(literary)* **1.** *v.t.* geschehen (+ *Dat.*) *(veralt., geh.)*; **woe ~ you if ...:** wehe dir, wenn ...; **whatever ~s you** was Ihnen auch immer geschieht. **2.** *v.i.* geschehen
betimes [bɪˈtaɪmz] *adv.* *(literary)* beizeiten
betoken [bɪˈtəʊkn] *v.t.* **a)** *(indicate)* ankündigen ⟨*Frühjahr, Krieg*⟩; **b)** *(suggest)* hindeuten auf (+ *Akk.*)
betony ['betənɪ] *n.* *(Bot.)* Ziest, *der*
betook *see* **betake**
betray [bɪˈtreɪ] *v.t.* **a)** verraten **(to an** + *Akk.*); mißbrauchen ⟨*jmds. Vertrauen*⟩; **~ oneself** sich verraten; **~ the fact that ...:** verraten, daß ...; **b)** *(lead astray)* fehlleiten
betrayal [bɪˈtreɪəl] *n.* Verrat, *der;* **~ of one's friends/country** Verrat an seinen Freunden/seinem Vaterland; **an act of ~:** ein Verrat; **a ~ of trust** ein Vertrauensbruch
betroth [bɪˈtrəʊð] *v.t.* *(arch.)* versprechen *(veralt.)*; **be ~ed to sb.** jmdm. versprochen sein *(veralt.)*
betrothal [bɪˈtrəʊðl] *n.* *(arch.)* Verlöbnis, *das*
betrothed [bɪˈtrəʊðd] *(arch.)* **1.** *adj.* versprochen *(veralt.)*. **2.** *n.* Anverlobter, *der*/Anverlobte, *die* *(veralt.)*

better ['betə(r)] **1.** *adj. compar. of* **good 1** besser; **I have something ~ to do** ich habe etwas Besseres zu tun; **do you know of anything ~?** kennst du etwas Besseres?; **that's ~:** so ist's schon besser; **~ and ~:** immer besser; **~ still, let's phone** soll heißen: Rufen wir doch an; **be much ~** *(recovered)* sich viel besser fühlen; **he is much ~ today** es geht ihm heute schon viel besser; **get ~** *(recover)* auf dem Wege der Besserung sein; **I am/my ankle is getting ~:** mir/meinem Knöchel geht es besser; **so much the ~:** um so besser; **she is none the ~ for it** das hat ihr nichts genützt; **she is much the ~ for having been to university** es hat ihr sehr genützt, daß sie studiert hat; **my ~ feelings/nature** mein besseres Ich; **be ~ than one's word** mehr tun, als man versprochen hat; **my/his ~ half** *(joc.)* meine/seine bessere Hälfte *(scherzh.)*; **the ~ part of sth.** *(greater part)* der größte Teil einer Sache *(Gen.)*; **[for] the ~ part of an hour** fast eine ganze Stunde; **he is no ~ than a criminal** er kommt einem Kriminellen gleich; **be no ~ than she should be** *(euphem.)* sie ist auch nicht gerade eine Heilige; **on ~ acquaintance** bei näherer Bekanntschaft; *see also* **all 3. 2.** *adv. compar. of* ²**well 2: a)** *(in a ~ way)* besser; **I hope you do ~ in future** hoffentlich haben Sie in Zukunft mehr Glück; *(by your own efforts)* ich hoffe, daß Sie es in Zukunft besser machen werden; **b)** *(to a greater degree)* mehr; **the ~ to do sth.** um etw. besser tun zu können; **you cannot do ~ than ...:** das beste, was du tun kannst, ist ...; **I like Goethe ~ than Schiller** ich mag Goethe lieber als Schiller; **he is ~ liked than Carter** er ist beliebter als Carter; **c) he would do ~ to ask first** er sollte lieber zuerst fragen; **d) know ~ than ...:** es besser wissen als ...; **you ought to know ~ than to ...:** du solltest es besser wissen und nicht ...; **e) go one ~ [than sb.],** *(Amer.)* **go sb. one ~:** jmdn. überbieten; **f) you'd ~ not tell her** Sie erzählen es ihr besser nicht; **I'd ~ begin by introducing myself** ich stelle mich besser zuerst einmal vor; **I'd ~ be off now** ich gehe jetzt besser; **hadn't you ~ ask first?** sollten Sie nicht besser zuerst fragen?; **I promise I'll clear up after the party – You'd ~ ~!** ich verspreche, daß ich nach der Party aufräume – Das will ich aber auch hoffen. *See also* **better off. 3.** *n.* **a)** Bessere, *das;* **we hope for ~:** wir erhoffen uns *(Dat.)* mehr; **get the ~ of sb./sth.** jmdn./etw. unterkriegen *(ugs.)*; **exhaustion got the ~ of him** Erschöpfung übermannte ihn; **be a change for the ~:** eine vorteilhafte Veränderung sein; **for ~, for worse** in Freud und Leid; **I thought ~ of it** ich habe es mir anders überlegt; **b)** *in pl.* Leute, die höher stehen; **one's ~s** Leute, die über einem stehen *od.* die einem überlegen sind. **4.** *v.t.* **a)** *(surpass)* übertreffen; **b)** *(improve)* verbessern; **~ oneself** *(rise socially)* sich verbessern

'better-class *attrib. adj.* besser, feiner ⟨*Leute*⟩; vornehm ⟨*Restaurant, Vorort, Familie*⟩
betterment ['betəmənt] *n.*, *no pl.* Verbesserung, *die*
better: **~ 'off** *adj.* **a)** *(financially)* [finanziell] besser gestellt; **b) he is ~ off than I am** ihm geht es besser als mir; **be ~ off without sb./sth.** ohne jmdn./etw. besser dran sein *(ugs.)*; **be ~ off without sb./sth.** ohne jmdn./etw. besser dran sein; **~-quality** *attrib. adj.* qualitativ besser; **~-than-average** *attrib. adj.* überdurchschnittlich *(gut/viel)*; **earn a ~-than-average income** überdurchschnittlich viel verdienen
betting ['betɪŋ] **1.** *n.* Wetten, *das;* **there was heavy ~ on that horse** auf das Pferd wurde

betting office — **biff**

sehr viel gesetzt; **what's the ~ it rains?** *(fig.)* ob es wohl regnen wird? **2.** *attrib. adj.* Wett-; **I'm not a ~ man** ich wette nicht 'betting office, 'betting-shop *ns.* Wettbüro, *das*
between [bɪ'twiːn] **1.** *prep.* **a)** *(position)* zwischen (+ *Dat.*); *(direction)* zwischen (+ *Akk.*); **it is not far ~ the two places** die beiden Orte liegen nicht weit auseinander; **~ then and now** zwischen damals und jetzt; **~ now and the end of term** bis zum Ende des Trimesters; **there's nothing to choose ~ them** sie unterscheiden sich durch nichts; [in] ~: zwischen; **b)** *(amongst)* unter (+ *Dat.*); **the work was divided ~ the volunteers** die Arbeit wurde zwischen den Freiwilligen aufgeteilt; **~ ourselves, ~ you and me** unter uns *(Dat.)* gesagt; **that's [just] ~ ourselves** das bleibt aber unter uns *(Dat.)*; **c)** *(by joint action of)* ~ **them** the four of them they succeeded in dislodging the stone gemeinsam/zu viert gelang es ihnen, den Stein zu lösen; **we ate it up ~ us** wir haben es zusammen *od.* gemeinsam aufgegessen; **d)** *(shared by)* **~ us we had 40p** wir hatten zusammen 40 Pence; **we had three tents ~ the five of us** wir hatten drei Zelte für uns fünf; **there is nothing ~ us** wir haben nichts miteinander; **it's all over ~ us** es ist aus zwischen uns *(Dat.)* *(ugs.)*. **2.** *adv.* [in] ~: dazwischen; *(in time)* zwischendurch; **the space ~**: der Zwischenraum
between: ~**times,** ~**whiles** *advs.* in der Zwischenzeit
betwixt [bɪ'twɪkst] **1.** *prep. (arch./poet.)* zwischen. **2.** *adv.* **a)** *(arch./poet.)* dazwischen; **b)** ~ **and between** *(coll.)* zwischen beiden
bevel ['bevl] **1.** *n. (slope)* Schräge, *die;* ~ **edge** Schrägkante, *die;* ~ **gear** Kegelradgetriebe, *das.* **2.** *v.t. (Brit.)* ⇧ abschrägen
beverage ['bevərɪdʒ] *n. (formal)* Getränk, *das*
bewail [bɪ'weɪl] *v.t.* beklagen; *(lament)* bejammern
beware [bɪ'weə(r)] *v.t. & i.; only in imper. and inf.* ~ **[of] sth./sb.** sich vor jmdm./etw. hüten *od.* in acht nehmen; ~ **of doing sth.** sich davor hüten, etw. zu tun; '~ **of black ice/falling masonry**" „Vorsicht, Glatteis/herabfallendes Mauerwerk!"; '~ **of pickpockets**" „vor Taschendieben wird gewarnt"; '~ **of the dog**" „Vorsicht, bissiger Hund!"; ~ **[of] how ...** darauf achtgeben, wie ...; ~ **that you do not succumb to the temptation** hüte dich davor, der Versuchung zu erliegen
bewilder [bɪ'wɪldə(r)] *v.t.* verwirren; **be** ~**ed by sth.** durch *od.* von etw. verwirrt werden/sein
bewildering [bɪ'wɪldərɪŋ] *adj.* verwirrend
bewilderment [bɪ'wɪldəmənt] *n., no pl.* Verwirrung, *die;* **in total** ~: völlig verwirrt
bewitch [bɪ'wɪtʃ] *v.t.* verzaubern, verhexen; *(fig.)* bezaubern
bewitching [bɪ'wɪtʃɪŋ] *adj.* bezaubernd
bewitchingly [bɪ'wɪtʃɪŋlɪ] *adv.* bezaubernd; **smile ~ at sb.** jmdn. mit einem bezaubernden Lächeln ansehen
beyond [bɪ'jɒnd] **1.** *adv.* **a)** *(in space)* jenseits; *(on other side of wall, mountain range, etc.)* dahinter; **the world ~**: das Jenseits; **b)** *(in time)* darüber hinaus; **c)** *(in addition)* daneben; außerdem; **and nothing ~**: und weiter nichts *od.* nichts weiter. **2.** *prep.* **a)** *(at far side of)* jenseits (+ *Gen.*); **when we get ~ the river, we'll stop** wenn wir den Fluß überquert haben, machen wir halt; **b)** *(in space: after)* nach; **all we saw was ruin ~ ruin** wir sahen eine Ruine nach der anderen; **c)** *(later than)* nach; **she never looks or sees ~ the present** sie sieht *od.* blickt nie über die Gegenwart hinaus; **I shan't wait ~ an hour/~ 6 o'clock** ich warte nicht länger als eine Stunde/nicht länger als bis 6 Uhr; **d)** *(out of reach, comprehension, range)*

über ... (+ *Akk.*) hinaus; **it's [far** *or (coll.)* **way] ~ me/him** *etc.* das ist mir/ihm *usw.* [bei weitem] zu schwer; *(incomprehensible)* das ist mir/ihm *usw.* [völlig unverständlich]; **be ~ the power of anyone's imagination** jedermanns Vorstellungsvermögen (*Akk.*) übersteigen; **your work is ~ all praise** Ihre Arbeit kann man nicht genug loben; ~ **reproach** tadellos; **that is ~ my powers/competence** das liegt nicht in meiner Macht/übersteigt meine Befugnisse; **be ~ sb.'s capabilities/understanding** jmds. Fähigkeiten/Begriffsvermögen (*Akk.*) übersteigen; **e)** *(surpassing, exceeding)* mehr als; **I succeeded ~ my wildest hopes** mein Erfolg übertraf meine kühnsten Hoffnungen; **they're living ~ their means** sie leben über ihre Verhältnisse; **f)** *(more than)* weiter als; **he can't yet walk ~ a few steps** er kann noch nicht weiter als ein paar Schritte gehen; *see also* **joke 1 a; g)** *(besides)* außer; **there's nothing you can do ~ writing to him regularly** Sie können nichts weiter tun, als ihm regelmäßig [zu] schreiben; ~ **this/that** weiter. **3.** *n.* **the B~**: das Jenseits; **at the back of ~**: am Ende der Welt
¹**b.f.** [biː'ef] *n. (Brit. euphem.)* Blödmann, *der (salopp)*
²**b.f.** *abbr. (Bookk.)* **brought forward** Übertrag
BFPO *abbr.* **British Forces Post Office** Postdienst der britischen Streitkräfte
b.h.p. *abbr. (Mech. Engin.)* **brake horsepower**
biannual [baɪ'ænjʊəl] *adj.* halbjährlich
biannually [baɪ'ænjʊəlɪ] *adv.* zweimal jährlich
bias [baɪəs] **1.** *n.* **a)** *(leaning)* Neigung, *die;* **have a ~ towards** *or* **in favour of sth./sb.** etw./jmdn. bevorzugen; **have a ~ against sth./sb.** gegen etw./jmdn. eingenommen sein; **be of** *or* **have a conservative ~**: konservativ eingestellt sein; **b)** *(prejudice)* Voreingenommenheit, *die;* **be without ~**: unvoreingenommen sein; **c)** *(Statistics)* systematischer Fehler; Bias, *der (fachspr.);* **d)** *(Dressmaking)* schräger Schnitt; **cut on the ~**: schräg zum Fadenlauf schneiden; ~ **binding** Schrägband, *das.* **2.** *v.t.* ~**ing, -s-** *or* **-ss-** beeinflussen; **be ~ed towards** *or* **in favour of sth./sb.** für etw./jmdn. eingestellt sein; **they are ~ed in favour of women** sie bevorzugen Frauen; **be ~ed against sth./sb.** gegen etw./jmdn. voreingenommen sein; **a ~ed account** eine gefärbte *od.* tendenziöse Darstellung; **a ~ed jury/judge** befangene Geschworene/ein befangener Richter/eine befangene Richterin
bib [bɪb] **1.** *n.* **a)** *(for baby)* Lätzchen, *das;* **b)** *(of apron etc.)* Latz, *der;* **put on one's best and tucker** *(joc.)* sich in Schale werfen *(ugs.).* **2.** *v.i.* **-bb-** *(arch.)* trinken
Bible ['baɪbl] *n.* **a)** *(Christian)* Bibel, *die;* **b)** *(of other religion)* heiliges Buch; *(fig.: authoritative book)* Bibel, *die*
Bible: ~ **class** *n.* Bibelstunde, *die;* ~ '**oath** *n.* Eid auf die Bibel
biblical ['bɪblɪkl] *adj.* biblisch; Bibel-
bibliographer [bɪblɪ'ɒɡrəfə(r)] *n.* Bibliograph, *der/*Bibliographin, *die*
bibliographic [bɪblɪə'ɡræfɪk], **bibliographical** [bɪblɪə'ɡræfɪkl] *adj.* bibliographisch
bibliography [bɪblɪ'ɒɡrəfɪ] *n.* **a)** *(list)* Bibliographie, *die;* Schriftenverzeichnis, *das;* **b)** *(study)* Bibliographie, *die*
bibliophile ['bɪblɪəfaɪl] *n.* Bibliophile, *der/die*
bibulous ['bɪbjʊləs] *adj.* trunksüchtig
bicarb ['baɪkɑːb] *n. (coll.)* Natron, *das*
bicarbonate [baɪ'kɑːbənɪt] *n.* **a)** *(Cookery)* ~ **[of soda]** Natron, *das;* **b)** *(Chem.)* doppeltkohlensaures Natrium
bicentenary [baɪsen'tiːnərɪ, baɪsen'tenərɪ], **bicentennial** [baɪsen'tenɪəl] **1.** *adj.* Zwei-

hundertjahr-; ~ **celebrations** Zweihundertjahrfeier, *die.* **2.** *ns.* Zweihundertjahrfeier, *die*
biceps ['baɪseps] *n.* **a)** *(Anat.)* Bizeps, *der;* **b)** *(muscularity)* Muskeln *Pl.;* Bizeps, *der (ugs.)*
bicker ['bɪkə(r)] *v.i.* zanken; streiten; ~ **with sb. about** *or* **over sth.** sich mit jmdm. um etw. zanken *od.* streiten
bickering ['bɪkərɪŋ] *n.* Gezänk, *das;* Zankerei, *die (ugs.)*
bicycle ['baɪsɪkl] **1.** *n.* **a)** Fahrrad, *das;* **ride a ~**: [mit dem] Fahrrad fahren; radfahren; **by ~**: mit dem [Fahr]rad; **b)** *(attrib.)* ~ **clip/rack** Hosenklammer, *die/*Fahrradständer, *der.* **2.** *v.i.* radfahren; **he ~s to work** er fährt mit dem Fahrrad zur Arbeit
bid [bɪd] **1.** *v.t.* **a) -dd-, bid** *(at auction)* bieten; **what am I ~?** was höre ich?; ~ **up the price** den Preis in die Höhe treiben; **b) -dd-, bid** *(Cards)* reizen; **c) -dd-, bade** [bæd] *or* **bid, bidden** ['bɪdn] *or* **bid** *(arch./poet.: command)* heißen *(geh.);* ~ **sb. do sth.** jmdn. etw. tun heißen; **do as you are ~[den]** tu, was man dich geheißen hat; ~ **sb. welcome** jmdn. willkommen heißen; **d) -dd-, bade** *or* **bid, bidden** *or* **bid** *(invite)* einladen; **he bade her be seated** er bat sie, Platz zu nehmen; **e) -dd-, bade** *or* **bid, bidden** *or* **bid:** ~ **sb. welcome** jmdn. willkommen heißen; ~ **sb. goodbye** jmdn. verabschieden; ~ **sb./(coll.) sth. farewell,** ~ **farewell to sb./(coll.) sth.** jmdm./einer Sache Lebewohl sagen; ~ **sb. good day** jmdm. einen guten Tag wünschen. **2.** *v.i.,* **-dd-, bid** **a)** werben **(for** um**); the President is** ~**ding for re-election** der Präsident bewirbt sich um die Wiederwahl; ~ **fair to be sth.** etw. zu werden versprechen; **b)** *(at auction)* bieten; **c)** *(Cards)* bieten; reizen. **3.** *n.* **a)** *(at auction)* Gebot, *das;* **make a ~ of £9 for sth.** 9 Pfund für etw. bieten; **b)** *(fig.: attempt)* Bemühung, *die;* **make a ~ for sth.** sich um etw. bemühen; **he made a strong ~ for the Presidency** er griff nach dem Präsidentenamt; **in his absence they made a ~ for power** in seiner Abwesenheit versuchten sie, die Macht an sich (*Akk.*) zu reißen; **a ~ for fame and fortune** ein Versuch, berühmt und reich zu werden; **the prisoner made a ~ for freedom** der Gefangene versuchte, die Freiheit zu erlangen; **he ~ to save the crew failed** sein Versuch, die Besatzung zu retten, scheiterte; **c)** *(Cards)* Ansage, *die;* **make no ~**: passen; **it's your ~!** Sie bieten! **biddable** ['bɪdəbl] *adj. (obedient)* fügsam
bidden *see* **bid 1 c, d, e**
bidder ['bɪdə(r)] *n.* Bieter, *der/*Bieterin, *die;* **the highest ~**: der/die Höchstbietende
bidding ['bɪdɪŋ] *n.* **a)** *(at auction)* Steigern, *das;* Bieten, *das;* **open the ~**: das erste Gebot machen; ~ **was brisk** es wurde lebhaft *od.* rege geboten; *see also* **force 2 i; b)** *(command)* Geheiß, *das;* **at sb.'s ~**: auf jmds. Geheiß *(Akk.);* **do sb.'s ~**: tun, was einem von jmdm. befohlen wird; **c)** *(Cards)* Bieten, *das;* Reizen, *das*
'**bidding-prayer** *n.* Bittgebet, *das*
bide [baɪd] **1.** ~ **one's time** den rechten Augenblick abwarten. **2.** *v.i. (arch./dial.: remain)* ausharren; ~ **awhile** *or (Scot.)* **a wee** ein Weilchen warten
bidet [biː'deɪ] *n.* Bidet, *das*
biennial [baɪ'enɪəl] **1.** *adj.* **a)** *(lasting two years)* zweijährig *(fachspr.),* zweijährig ⟨Pflanze⟩; **b)** *(once every two years)* zweijährlich. **2.** *n. (Bot.)* zweijährige Pflanze; *die (fachspr.)*
biennially [baɪ'enɪəlɪ] *adv.* alle zwei Jahre
bier [bɪə(r)] *n.* Totenbahre, *die*
biff [bɪf] *n.* **1.** Klaps, *der (ugs.);* **he gave her a ~ on the head** er haute ihr auf den Kopf. **2.** *v.t.* hauen; **he ~ed me on the head with a book** er hat mir ein Buch auf den Kopf geknallt *(ugs.)*

bifocal [baɪˈfəʊkl] *(Optics)* **1.** *adj.* Bifokal-. **2.** *n. in pl.* Bifokalgläser *Pl.*
bifurcate [ˈbaɪfəkeɪt] **1.** *v. i.* sich gabeln. **2.** *v. t.* gabelförmig teilen
bifurcation [baɪfəˈkeɪʃn] *n. (division)* Aufspaltung, *die; (point)* Gabelung, *die; (branch)* Zweig, *der*
big [bɪɡ] **1.** *adj.* **a)** *(in size)* groß; schwer, heftig ⟨*Explosion, Zusammenstoß*⟩; schwer ⟨*Unfall, Niederlage*⟩; hart ⟨*Konkurrenz*⟩; teuer ⟨*Preis*⟩; reichlich ⟨*Mahlzeit*⟩; **earn ~ money** das große Geld verdienen; **he is a ~ man/she is a ~ woman** *(tall)* er/sie ist eine lange Latte *(ugs.); (fat)* er/sie ist wohlbeleibt; **she is a ~ girl** *(joc.: busty)* sie hat einen ganz schönen Balkon *(ugs.);* **the ~ expense of moving house** die hohen Umzugskosten; **~ words** geschraubte Ausdrücke *(see also* g**); in a ~ way** *(coll.)* im großen Stil; **he fell in love with her in a ~ way** er verliebte sich heftig in sie; **carry/wield a ~ stick** *(fig.)* den großen Knüppel schwingen *(ugs.);* **b)** *(of largest size, larger than usual)* groß ⟨*Appetit, Zehe, Buchstabe*⟩; **~ game** Großwild, *das;* **Conservatism with a ~ C** *(fig.)* Konservati[vi]smus par excellence *od.* in Reinkultur; **c) ~ger** *(worse)* schwerer; **the ~ger the crime the more severe the penalty** je schwerer das Verbrechen, desto härter die Strafe; **~gest** *(worst)* größt...; **he is the ~gest liar/idiot** er ist der größte Lügner/Idiot; **d)** *(grown up, elder)* groß; **you're ~ enough to know better** du bist groß *od.* alt genug, um es besser zu wissen; **e)** *(important)* groß; wichtig ⟨*Nachricht, Entscheidung*⟩; **the ~ story in the papers today is ...:** das Hauptthema in den Zeitungen von heute ist ...; **a ~ man** ein wichtiger Mann *(see also* a); **the Big Three/Four** *etc.* die Großen Drei/Vier *usw.;* **f)** *(coll.: outstanding)* groß ⟨*Augenblick, Chance*⟩; **what's the ~ hurry?** warum die große Eile?; **g)** *(boastful)* angeberisch *(ugs.);* großspurig *(ugs.);* **get or grow/be too ~ for one's boots or breeches** *(coll.)* größenwahnsinnig werden/sein *(ugs.);* **~ talk** Großsprecherei, *die;* **~ talker** Großsprecher, *der*/Großsprecherin, *die;* **~ words** große Worte *(see also* a); **h)** *(coll.: generous)* großzügig; nobel *(off iron.);* **that's ~ of you** *(iron.)* wie nobel!; **i)** *(coll.: keen)* **be ~ on sth.** großen Wert auf etw. *(Akk.)* legen; **j)** *(coll.: popular)* **be ~** ⟨*Schauspieler, Popstar*⟩: gut ankommen. *See also* **idea** e. **2.** *adv.* groß; **come/go over ~:** groß ankommen *(ugs.)* (**with** bei); **talk ~:** groß daherreden *(ugs.);* **think ~:** im großen Stil planen
bigamist [ˈbɪɡəmɪst] *n.* Bigamist, *der*/Bigamistin, *die*
bigamous [ˈbɪɡəməs] *adj.* bigamistisch
bigamy [ˈbɪɡəmɪ] *n.* Bigamie, *die*
big: **~ band** *n. (Mus.)* Big Band, *die;* **~ 'bang** *n.* Urknall, *der;* **Big Ben** *n.* Big Ben *(der)* Glocke/Uhr im Turm des Parlamentsgebäudes in London; **Big 'Brother** *n.* der Große Bruder; **~ 'business** *n.* das Großkapital; **~ 'cheese** *n. (coll.: person)* hohes Tier *(ugs.);* **~ 'deal** *see* **'deal** 3 a; **~ 'dipper** *n.* **a)** *(Brit.: at fair)* Achterbahn, *die;* **b)** *(Astron.) see* **dipper** d; **~ end** *n. (Motor Veh.)* Pleuelfuß, *der;* **~ 'game** *n.* Großwild, *die;* **~-game hunting** Großwildjagd, *die;* **~head** *n. (coll.)* Fatzke, *der (ugs. abwertend);* **~-'headed** *adj. (coll.)* eingebildet; **~-'hearted** *adj.* großherzig
bight [baɪt] *n.* **a)** *(loop)* Schlaufe, *die;* **b)** *(curve) (in coast)* Bucht, *die; (in river)* Krümmung, *die;* Schleife, *die*
big: **~ mouth** *n. (fig. coll.)* **a)** [`-'-`] **have a ~ mouth** ein Schwätzer/eine Schwätzerin sein *(ugs.);* **b)** [`--`] **be a ~ mouth** ein Angeber/eine Angeberin sein *(ugs.);* **'name** *n. (person)* Größe, *die;* **~ 'noise** *n. (sl.)* hohes Tier *(ugs.)*
bigot [ˈbɪɡət] *n.* Eiferer, *der*/Eiferin, *die; (Relig.)* bigotter Mensch

bigoted [ˈbɪɡətɪd] *adj.* eifernd; *(Relig.)* bigott
bigotry [ˈbɪɡətrɪ] *n.* eifernde Borniertheit; Fanatismus, *der; (Relig.)* Bigotterie, *die*
big: **~ shot** *see* **~ noise;** **~ time** *n.* **be in the ~ time** *(coll.)* eine große Nummer sein *(ugs.);* **make it [in]to** *or* **hit the ~ time** *(sl.)* groß herauskommen *(ugs.);* **~ 'top** *n.* Zirkuszelt, *das;* **~ 'wheel** *n.* **a)** *(at fair)* Riesenrad, *das;* **b)** *(sl.: person)* hohes Tier *(ugs.);* **~wig** *n. (coll.)* hohes Tier *(ugs.)*
bijou [ˈbiːʒuː] **1.** *n., pl.* **~x** [ˈbiːʒuːz] Schmuckstück, *das; (fig.)* Juwel, *das.* **2.** *adj.* exquisit
bike [baɪk] *(coll.)* **1.** *n.* **a)** *(bicycle)* Rad, *das;* **b)** *(motor cycle)* Maschine, *die.* **2.** *v. i. (by bicycle)* radfahren; radeln *(ugs., bes. südd.);* mit dem Fahrrad fahren; *(by motor cycle)* [mit dem] Motorrad fahren
biker [ˈbaɪkə(r)] *n. (cyclist)* Radfahrer, *der*/Radfahrerin, *die; (motor-cyclist)* Motorradfahrer, *der*/Motorradfahrerin, *die*
bikini [bɪˈkiːnɪ] *n.* Bikini, *der;* **~ briefs** Slip, *der*
bilateral [baɪˈlætərl] *adj.* bilateral
bilaterally [baɪˈlætərəlɪ] *adv.* bilateral; **the two countries agreed ~ on disarmament** beide Länder einigten sich darauf abzurüsten
bilberry [ˈbɪlbərɪ] *n.* Blau-, Heidelbeere, *die*
bile [baɪl] *n.* **a)** *(Physiol.)* Gallenflüssigkeit, *die;* **b)** *(Med.)* Gallenleiden, *das;* **c)** *(fig.: peevishness)* Verdrießlichkeit, *die;* Übellaunigkeit, *die*
bilge [bɪldʒ] *n.* **a)** Bilge, *die;* **b)** *(filth)* angesammelter Schmutz im Kielraum; *(fig. sl.: nonsense)* Quatsch, *der;* Unsinn, *der*
bilge: **~-keel** *n.* Kimm- *od.* Bilge[n]kiel, *der;* **~-water** *n.* Bilge[n]wasser, *das*
bilingual [baɪˈlɪŋɡwəl] *adj.* zweisprachig; bilingual *(fachspr.)* ⟨*Person*⟩; bilinguisch *(fachspr.)* ⟨*Buch, Ausgabe*⟩
bilingualism [baɪˈlɪŋɡwəlɪzm] *n., no pl.* Bilingualismus, *der;* Zweisprachigkeit, *die*
bilious [ˈbɪljəs] *adj. (Med.)* Gallen-; biliös *(fachspr.); (fig.: peevish)* verdrießlich; **~ attack** Gallenanfall, *der;* Gallenkolik, *die;* **a ~ green** ein unappetitliches Grün
biliousness [ˈbɪljəsnɪs] *n., no pl.* Gallenbeschwerden *Pl.;* Gallenleiden, *das; (fig.)* Reizbarkeit, *die;* Verdrießlichkeit, *die*
bilk [bɪlk] *v. t.* **a)** *(evade payment)* prellen ⟨*Gläubiger, Kellner usw.*⟩; **b)** *(evade payment of)* nicht bezahlen ⟨*Schuld, Rechnung usw.*⟩; **~ payment** nicht bezahlen *od.* Zahlung unterlassen; **c)** *(cheat)* betrügen; **~ sb. of sth.** jmdm. um etw. betrügen
¹bill [bɪl] *n.* **a)** *(of bird)* Schnabel, *der;* **b)** *(promontory)* Landzunge, *die;* **c)** *(Naut.: point of anchor fluke)* Spitze, *die.* **2.** *v. i.* ⟨*Vögel:*⟩ schnäbeln; ⟨*Personen:*⟩ sich liebkosen; **~ and coo** ⟨*Vögel:*⟩ schnäbeln und gurren; ⟨*Personen:*⟩ [miteinander] turteln
²bill *n.* **a)** *(Hist.: weapon)* Hellebarde, *die;* **b)** *(for lopping)* Hippe, *die*
³bill **1.** *n.* **a)** *(Parl.)* Gesetzentwurf, *der;* Gesetzesvorlage, *die;* **b)** *(note of charges)* Rechnung, *die;* **could we have the ~?** wir möchten zahlen; **a ~ for £10** eine Rechnung über 10 Pfund *(Akk.);* **2.** *(amount)* **a large ~:** eine hohe Rechnung; **a ~ of £10** eine Rechnung von 10 Pfund; **c)** *(poster)* Plakat, *das;* **'[stick] no ~s'** „Plakate ankleben verboten"; **d)** *(programme)* Programm, *das;* **what's on the ~?** was steht auf dem Programm?; **top the ~, be the top of the ~:** der Star [des Abends *usw.*] sein; **~ of fare** Speisekarte, *die; (fig.)* [bunter] Programmreigen; **e)** *(Law)* Klageschrift, *die;* **f)** *(Amer.: banknote)* Banknote, *die;* [Geld]schein, *der;* **a 50-dollar ~:** ein Fünfzig-Dollar-Schein; **g)** **~ [of exchange]** *(Commerc.)* Wechsel, *der;* Tratte, *die (fachspr.);* **~ of health** Gesundheitsattest, *das,* -zeugnis, *das;* **give sb./sth. a clean ~ of health** *(fig.)* jmdm./einer Sache ein gutes/einwandfreies Zeugnis ausstellen; **~ of lading** Konnosse-

ment, *das;* Seefrachtbrief, *der;* **~ of quantities** *(Brit.)* Kostenvoranschlag, *der (Aufstellung der Kosten/Dimensionen eines Bauwerks);* **~ of sale** Kaufvertrag, *der;* Verkaufsurkunde, *die.* **2.** *v. t.* **a)** *(announce)* ankündigen; **he is ~ed to appear next week at the Palace Theatre** er soll nächste Woche im Palace Theatre auftreten; **b)** *(advertise)* durch Anschlag bekanntmachen *od.* bekanntgeben; **c)** *(charge)* eine Rechnung ausstellen *(+ Dat.);* **~ sb. for sth.** jmdm. etw. in Rechnung stellen *od.* berechnen
'billboard *n.* Anschlagbrett, *das. od.* -tafel, *die;* Plakattafel, *die;* Reklametafel, *die*
¹billet [ˈbɪlɪt] **1.** *n.* **a)** *(quarters)* Quartier, *das;* Unterkunft, *die; (for soldiers)* Truppenunterkunft, *die;* **b)** *(job)* Stellung, *der;* Posten, *der.* **2.** *v. t.* **a)** *(quarter)* unterbringen, einquartieren (**with, on** bei; **in** in + *Dat.);* **b)** *(provide quarters for)* ⟨*Einwohner:*⟩ ein Quartier stellen *(+ Dat.)*
²billet *n.* **a)** *(of wood)* Holzscheit, -klotz, *der;* **b)** *(bar)* kleine Metallstange; **c)** *(Archit.)* Spannkeil, *der*
billet-doux [bɪlɪˈduː] *n., pl.* **billets-doux** [bɪlɪˈduːz] Liebesbrief, *der;* Billetdoux, *das (veralt.)*
bill: **~fold** *n. (Amer.)* Brieftasche, *die;* **~head** *n.* gedrucktes Rechnungsformular; **~hook** *see* **²bill** b
billiard [ˈbɪljəd]: **~-ball** *n.* Billardkugel, *die;* **~-cue** *n.* Queue, *das;* Billardstock, *der;* **~-player** *n.* Billardspieler, *der;* **~-room** *n.* Billardzimmer, *das*
billiards [ˈbɪljədz] *n.* Billard[spiel], *das;* **a game of ~:** eine Partie Billard; **bar ~** *(Brit.)* Billardspiel, bei dem die Löcher, in die die Kugeln gespielt werden müssen, über die Tischplatte verteilt sind
'billiard-table *n.* Billardtisch, *der*
billion [ˈbɪljən] *n.* **a)** *(thousand million)* Milliarde, *die;* **b)** *(Brit.: million million)* Billion, *die*
billionaire [bɪljəˈneə(r)] *n. (Amer.)* Milliardär, *der*
billow [ˈbɪləʊ] **1.** *n.* **a)** *(wave)* Woge, *die;* **~[s]** *(poet.: sea)* Wogen *Pl. (dichter.);* **b)** *(fig.: surging mass)* Masse, *die;* **a ~ of flame** eine Feuerwalze. **2.** *v. i. (Ballon, Segel:)* sich [auf]blähen; ⟨*See, Meer:*⟩ wogen, sich [auf]türmen; ⟨*Rauch:*⟩ in Schwaden aufsteigen; ⟨*Kleid, Vorhang:*⟩ sich bauschen
billowy [ˈbɪləʊɪ] *adj.* wogend ⟨*See, Kornfeld*⟩; gebläht ⟨*Segel*⟩; in Schwaden ziehend ⟨*Rauch*⟩; bauschig ⟨*Rock*⟩
bill: **~poster, ~sticker** *n.* Plakat[an]kleber, *der*
¹billy [ˈbɪlɪ] *n. (pot)* Kochgeschirr, *das*
²billy *n.* **a)** *see* **billy-goat;** **b)** **~ [club]** *(Amer.)* [Gummi]knüppel, *der*
'billycan *see* **¹billy**
'billy-goat *n.* Ziegenbock, *der*
billy-o [ˈbɪlɪəʊ] *n. (coll.)* **like ~:** wie verrückt *(ugs.);* **they are fighting like ~:** sie prügeln sich wie die Wilden *(ugs.)*
bimbo [ˈbɪmbəʊ] *n. (derog. coll.)* [Bett]häschen, *das (ugs. abwertend)*
bimetallic [baɪmɪˈtælɪk] *adj.* bimetallisch; **~ strip** Bimetall, *das;* Bimetallstreifen, *der*
bimonthly [baɪˈmʌnθlɪ] **1.** *adj.* **a)** *(two-monthly)* zweimonatlich; alle zwei Monate erscheinend ⟨*Zeitschrift*⟩/stattfindend ⟨*Treffen, Ereignis*⟩; **b)** *(twice-monthly)* zweimal im Monat erscheinend ⟨*Zeitschrift*⟩/stattfindend ⟨*Treffen, Ereignis*⟩. **2.** *adv.* **a)** *(two-monthly)* alle zwei Monate; **b)** *(twice monthly)* zweimal im Monat
bin [bɪn] *n.* **a)** *(for storage)* Behälter, *der; (for coal)* Kohlenkasten, *der; (for fruit)* [Obst]kiste, *die; (for bread)* Brotkasten, *der; (for wine)* Weinregal, *das;* **b)** *(for rubbish) (inside house)* Abfalleimer, *der;* Mülleimer, *der; (outside house)* Mülltonne, *die; (in public place)* Abfallkorb, *der*
binary [ˈbaɪnərɪ] **1.** *adj.* **a)** binär; zweizählig;

bind ~ system binäres System; b) *(Math.)* ~ digit binäre Ziffer; Dualzahl; ~ number binäre Zahl; c) *(Biol.)* ~ fission äquale Zellteilung; d) *(Mus.)* ~ form zweiteilige Form; ~ measure gerader Takt; e) *(Astron.)* ~ star Doppelstern, *der*; f) *(Chem.)* ~ compound binäre Verbindung; Zweifachverbindung, *die*. 2. *n.* *(Astron.)* Doppelstern, *der*

bind [baɪnd] 1. *v. t.*, **bound** [baʊnd] a) *(tie)* fesseln ⟨Person, Tier⟩; *(bandage)* wickeln, binden ⟨Glied, Baum⟩; verbinden ⟨Wunde⟩ **(with** mit**)**; **he was bound hand and foot** er war/wurde an Händen und Füßen gefesselt; **they bound the animal's legs together** sie fesselten das Tier an den Beinen; ~ **sb. to sth.** jmdn. an etw. *(Akk.)* fesseln *od.* binden; ~ **sth. to sth.** etw. an etw. *(Akk.)* binden; b) *(fasten together)* zusammenbinden; *(fig.: unite)* verbinden; c) ~ **books** Bücher binden; **be bound up with sth.** *(fig.)* eng mit etw. verbunden *od.* verknüpft sein; eng mit etw. zusammenhängen; e) *(oblige)* ~ **sb./oneself to sth.** jmdn./sich an etw. *(Akk.)* binden; **this agreement ~s us** wir sind an diese Abmachung gebunden; **be bound to do sth.** *(required)* verpflichtet sein, etw. zu tun; **be bound by law** von Gesetzes wegen verpflichtet sein; **be bound to secrecy** zur Verschwiegenheit verpflichtet sein; *see also* honour 1 d; f) **be bound to do sth.** *(certain)* etw. ganz bestimmt tun; **it is bound to rain** es wird bestimmt *od.* sicherlich regnen; g) **I'm bound to say that ...** *(feel obliged)* ich muß schon sagen, daß ...; ich fühle mich verpflichtet zu sagen, daß ...; **I'm bound to agree** ich glaube, ich stimme überein; h) *(constipate)* verstopfen; i) *(Cookery)* binden; j) *(indenture)* durch Lehrvertrag binden ⟨Lehrling⟩; **he was bound [apprentice] for 3 years** er ging drei Jahre in die Lehre; k) *(Law)* ~ **sb. over [to keep the peace]** jmdn. verwarnen *od.* rechtlich verpflichten[, die öffentliche Ordnung zu wahren]; **I'll be bound** *(fig.)* ganz gewiß; auf mein Wort; l) *(coll.: bore)* langweilen; ~ **sb. stiff** jmdn. zu Tode langweilen; m) *(encircle)* ~ **one's hair with flowers** sich *(Dat.)* Blumen ins Haar binden; n) *(edge)* einfassen ⟨Stoffkante *usw.*⟩ **(with** mit**)**. 2. *v. i.* a) **bound a)** *(cohere)* binden; ⟨Lehm, Ton:⟩ fest *od.* hart werden; ⟨Zement:⟩ abbinden; b) *(be restricted)* blockieren; ⟨Kolben:⟩ sich festfressen; **the window-frame ~s easily** der Fensterrahmen verklemmt sich leicht; c) *(coll.: complain)* meckern *(ugs.)* **(about** über + *Akk.***)**. 3. *n.* a) *(Bot.)* Ranke, *die*; b) *(Mus.)* Bindebogen, *der*; Bindungszeichen, *das*; Bindung, *die*; c) *(coll.: nuisance)* **be a ~** recht lästig sein; **what a ~!** wie unangenehm *od.* lästig!; d) **be in a ~** *(Amer. sl.)* in einer Klemme sitzen *(ugs.)*

binder ['baɪndə(r)] *n.* a) *(substance)* Bindemittel, *das*; Binder, *der*; b) *(book~)* Buchbinder, *der*/-binderin, *die*; c) *(Agric.)* [Mäh]binder, *der*; Bindemäher, *der*; d) *(tiebeam)* Bundbalken, *der*; Binderbalken, *der*; e) *(cover) (for papers)* Hefter, *der*; *(for magazines)* Mappe, *die*; f) *(bondstone)* Binder, *der*; Bindestein, *die*

bindery ['baɪndərɪ] *n.* Buchbinderei, *die*

binding ['baɪndɪŋ] 1. *adj.* bindend, verbindlich ⟨Vertrag, Abkommen⟩ **(on** für**)**. 2. *n.* a) *(cover of book)* [Buch]einband, *der*; b) *(edge) (of carpet, material, etc.)* [Einfaß]band, *das*; Besatz, *der*; c) *(on ski)* Bindung, *die*

bindweed ['baɪndwiːd] *n. (Bot.)* Winde, *die*

binge [bɪndʒ] *n.* *(sl.: spree)* **go/be out on a ~** auf Sauftour gehen/sein *(salopp)*

bingo ['bɪŋgəʊ] 1. *n.*, *no pl.* Bingo, *das*; ~ **hall** Bingohalle, *die*. 2. *int.* peng; zack

binnacle ['bɪnəkl] *n. (Naut.)* Kompaßhaus, *das*

binocular [bɪ'nɒkjʊlə(r)] 1. *adj.* binokular. 2. *n. in pl.* **[pair of] ~s** Fernglas, *das*; Binokular, *das*

bint [bɪnt] *n. (sl. derog.)* Weib[stück], *das*

bio- [baɪəʊ] *in comb.* Bio-; Lebens-

biochemical *adj.* biochemisch

biochemist *n.* Biochemiker, *der*/Biochemikerin, *die*

biochemistry *n.* Biochemie, *die*

biodegradable *adj.* biologisch abbaubar

biogas *n.* Biogas, *das*

biogenesis *n.*, *no pl.* Biogenese, *die*

biogenic [baɪə'dʒenɪk] *adj.* biogenetisch

biographer [baɪ'ɒgrəfə(r)] *n.* Biograph, *der*/Biographin, *die*

biographic [baɪə'græfɪk] *adj.*, **biographical** [baɪə'græfɪkl] *adj.* biographisch

biography [baɪ'ɒgrəfɪ] *n.* Biographie, *die*; *(branch of literature)* biographische Literatur

biological [baɪə'lɒdʒɪkl] *adj.* biologisch; ~ **control** biologische Schädlingsbekämpfung; ~ **warfare** biologische Kriegführung; Bakterienkrieg, *der*

biologically [baɪə'lɒdʒɪkəlɪ] *adv.* biologisch

biologist [baɪ'ɒlədʒɪst] *n.* Biologe, *der*/Biologin, *die*

biology [baɪ'ɒlədʒɪ] *n.* Biologie, *die*

biomass *n.* Biomasse, *die*

biometric [baɪə'metrɪk] *adj.*, **biometrical** [baɪə'metrɪkl] *adj.* biometrisch

bionic [baɪ'ɒnɪk] *adj.* bionisch

bionics [baɪ'ɒnɪks] *n.* Bionik, *die*

biopsy ['baɪɒpsɪ] *n.* Biopsie, *die*

biorhythm *n.* Biorhythmus, *der*

bioscope ['baɪəskəʊp] *n. (S. Afr.)* Filmtheater, *das*; Kino, *das*

biosphere *n.* Biosphäre, *die*

biosynthesis *n.* Biosynthese, *die*

biotechnology *n.* Biotechnik, *die*

bipartisan [baɪpɑː'tɪzæn, baɪ'pɑːtɪzæn] *adj.* Zweiparteien-

bipartite [baɪ'pɑːtaɪt] *adj. (having two parts)* zweiteilig; *(involving two parties)* zweiseitig ⟨Dokument, Abkommen⟩

biped ['baɪped] *n.* Bipede, *der*; Zweifüßer, *der*

biplane ['baɪpleɪn] *n.* Doppeldecker, *der*

birch [bɜːtʃ] 1. *n.* a) *(tree)* Birke, *die*; b) *see* birch-rod. 2. *v. t.* mit der Rute züchtigen

'birch-bark *n.* Birkenrinde, *die*

birching ['bɜːtʃɪŋ] *n. (Tracht.)* Prügel, *die*; ~ **should be made illegal** *in pr.* die Prügelstrafe sollte verboten werden

'birch-rod *n.* [Birken]rute, *die*

bird [bɜːd] *n.* a) *(lit.)* Vogel, *der*; **the ~ is** *or* **has flown** *(fig.)* der Vogel ist ausgeflogen *(fig.)*; **~s of a feather flock together** *(prov.)* gleich und gleich gesellt sich gern *(Spr.)*; **it's [strictly] for the ~s** *(sl.)* das kannst du vergessen *(salopp)*; **get the ~** *(be hissed etc.)* ausgepfiffen werden; *(be dismissed)* entlassen werden; **give sb. the ~** *(hiss sb.)* jmdn. auspfeifen; *(dismiss sb.)* jmdn. entlassen; **kill two ~s with one stone** *(fig.)* zwei Fliegen mit einer Klappe schlagen; **a ~ in the hand is worth two in the bush** *(prov.)* ein Spatz in der Hand ist besser als eine Taube auf dem Dach *(Spr.)*; **like a ~** *(without difficulty or hesitation)* einfach so; **a little ~ told me** mein kleiner Finger sagt mir das; **tell sb. about the ~s and the bees** *(euphem.)* jmdm. erzählen, wo die kleinen Kinder herkommen; b) *(sl.: girl)* Mieze, *die (salopp)*; c) *(coll.: person)* Vogel, *der (ugs.)*; **a queer ~**: ein komischer Kauz *od.* Vogel; **a gay old ~**: ein lustiger alter Knabe; d) *no art. (sl.: imprisonment)* Knast, *der (ugs.)*; **do ~**: Knast schieben *(salopp)*. *See also* early bird

bird: ~**-bath** *n.* Vogelbad, *das*; ~**brained** *adj. (coll.)* a) *(stupid)* gehirnamputiert *(salopp)*; ~**brained person** Mensch mit einem Spatzenhirn *(salopp)*; b) *(flighty)* flatterhaft; ~**cage** *n.* Vogelkäfig, *der*; Vogelbauer, *das od. der*; ~**-call** *n.* Vogelruf, *der*; *(instrument)* Lockpfeife, *die*; ~**-fancier** *n.* Vogelfreund, *der*/-freundin, *die*; *(breeder)* Vogelzüchter, *der*/-züchterin, *die*

birdie ['bɜːdɪ] 1. *n.* a) Vögelchen, *das*; b) *(Golf)* Birdie, *das*; ein Schlag unter Par. 2. *v. t.* einen Schlag unter Par spielen

bird: ~**-lime** *n.* Vogelleim, *der*; ~ **of 'paradise** *n.* Paradiesvogel, *der*; ~ **of 'passage** *n. (lit. or fig.)* Zugvogel, *der*; ~ **sanctuary** *n.* Vogelschutzgebiet, *das*; ~**seed** *n.* Vogelfutter, *das*; ~**'s-eye** *n. (Bot.)* Gamander-Ehrenpreis, *der*; ~**'s-eye 'view** *n.* Vogelperspektive, *die*; **have/get a ~'s-eye view of sth.** *(lit. or fig.)* etw. aus der Vogelperspektive sehen; ~**'s nest** *n.* Vogelnest, *das*; ~**'s nest soup** Schwalbennestersuppe, *die*; ~**-strike** *n.* Kollision von Flugzeug und Vogel; ~**-table** *n.* Futterstelle für Vögel; ~**-watcher** *n.* Vogelbeobachter, *der*/-beobachterin, *die*; ~**-watching** *n.*, *no pl., no indef. art.* das Beobachten von Vögeln

biretta [bɪ'retə] *n. (Eccl.)* Birett, *das*

Biro, (P) ['baɪərəʊ] *n.*, *pl.* **~s** Kugelschreiber, *der*; Kuli, *der (ugs.)*

birth [bɜːθ] *n.* a) Geburt, *die*; **at the/at ~**: bei der Geburt; **[deaf] from** *or* **since ~**: von Geburt an [taub]; **date and place of ~**: Geburtsdatum und -ort; **land of my ~**: Land meiner Väter *(geh.)*; **give ~** ⟨Frau:⟩ entbinden; gebären *(geh.); (Tier:)* jungen; werfen; **she gave ~ prematurely** sie hatte eine Frühgeburt; **give ~ to a child** von einem Kind entbunden werden; ein Kind gebären *(geh.) od.* zur Welt bringen; b) *(coming into existence) (of movement, fashion, etc.)* Aufkommen, *das*; *(of party, company)* Gründung, *die*; *(of nation)* Geburt, *die*; *(of new era)* Anbruch, *der*; Geburt, *die*; **the ~ of an idea** die Geburt einer Idee; **come to ~**: geboren werden; ⟨Ära:⟩ anbrechen; **give ~ to sth.** etw. entstehen lassen; c) *(parentage)* Geburt, *die*; Abkunft, *die (geh.)*; **of good/low** *or* **humble ~**: aus gutem Hause *od.* guter Familie/von niedriger Abstammung; **of high ~**: von hoher Geburt; [von] edler Abkunft *(geh.)*; **a German by ~**: Deutsche[r] von Geburt sein; [ein] gebürtiger Deutscher/[eine] gebürtige Deutsche sein; **sb.'s right by ~**: jmds. angeborenes Recht

birth: ~ **certificate** *n.* Geburtsurkunde, *die*; ~ **control** *n.* Geburtenkontrolle, *die*; -regelung, *die*; ~**day** *n.* Geburtstag, *der*; **when is your ~day?** wann haben Sie Geburtstag?; ~**day card** Geburtstagskarte, *die*; ~**day party** Geburtstagsfeier, *die*; *(with music and dancing)* Geburtstagsparty, *die*; *(children's)* Kindergeburtstag, *der*; ~**day present** Geburtstagsgeschenk, *das*; ~**day honours** *(Brit.)* Titel- und Ordensverleihungen *Pl.* (am offiziellen Geburtstag des britischen Monarchen); **[be] in his/her ~day suit** im Adams-/Evaskostüm [sein]; ~**mark** *n.* Muttermal, *das*; ~**place** *n.* Geburtsort, *der*; *(house)* Geburtshaus, *das*; ~ **rate** *n.* Geburtenrate, *die*. -ziffer, *die*; ~**right** *n.* Geburtsrecht, *das*; *(right of first-born)* Erstgeburtsrecht, *das*; ~**stone** *n.* Monatsstein, *der*

biscuit ['bɪskɪt] 1. *n.* a) *(Brit.)* Keks, *der*; **coffee and ~s** Kaffee und Gebäck; ~ **tin** Keksdose, *die*; b) *(Amer.: roll)* [weiches] Brötchen, *das*; c) *(colour)* Beige, *das*; d) *(pottery)* Biskuit, *das*. *See also* take 1 c. 2. *adj.* beige

bisect [baɪ'sekt] *v. t. (into halves)* in zwei Hälften teilen; halbieren; *(into two)* in zwei Teile teilen

bisection [baɪ'sekʃn] *n. (into halves)* Halbierung, *die*; *(into two)* Zweiteilung, *die*

bisector [baɪ'sektə(r)] *n.* Halbierende, *die*

bisexual [baɪ'seksjʊəl] 1. *adj.* a) *(Biol.)* zwittrig; doppelgeschlechtig; b) *(attracted by both sexes)* bisexuell. 2. *n.* Bisexuelle, *der/die*

bisexuality [baɪseksjʊˈælɪtɪ] *n., no pl. see* **bisexual 1:** Zwittrigkeit, *die;* Doppelgeschlechtigkeit, *die;* Bisexualität, *die*
bish [bɪʃ] *n. (Brit. sl.)* Fehler, *der*
bishop [ˈbɪʃəp] *n.* **a)** *(Eccl.)* Bischof, *der; as voc.* Herr Bischof; **b)** *(Chess)* Läufer, *der*
bishopric [ˈbɪʃəprɪk] *n.* **a)** *(office)* Bischofsamt, *das;* Bischofswürde, *die;* **b)** *(diocese)* Bistum, *das;* Diözese, *die*
ˈbishop sleeve *n.* Puffärmel, *der*
bismuth [ˈbɪzməθ] *n. (Chem., Med.)* Wismut, *das*
bison [ˈbaɪsn] *n. (Zool.)* **a)** *(Amer.: buffalo)* Bison, *der;* **b)** *(European)* Wisent, *der*
bisque [bɪsk] **a)** *(porcelain)* Biskuit, *das;* **b)** *(Gastr.)* Fischcremesuppe, *die*
bistort [ˈbɪstɔːt] *n. (Bot.)* Wiesenknöterich, *der*
bistro [ˈbiːstrəʊ] *n., pl.* **~s** Bistro, *das*
¹bit [bɪt] *n.* **a)** *(mouthpiece)* Gebiß, *das;* Gebißstange, *die;* **take the ~ between one's teeth** *(fig.)* aufmüpfig werden *(ugs.);* **b)** *(of drill)* [Bohr]einsatz, *der;* Bohrer, *der; (of key)* [Schlüssel]bart, *der; (of soldering-iron)* Lötkolben[kopf], *der*
²bit *n.* **a)** *(piece)* Stück, *das; (smaller)* Stückchen, *das;* **a little ~:** ein kleines Stückchen; **a ~ of cheese/wood/coal/sugar** ein bißchen *od.* etwas Käse/ein Stück Holz/etwas Kohle/ein bißchen *od.* etwas Zucker; **a ~ of trouble/luck** ein wenig Ärger/Glück; **the best ~s** die besten Teile; **it cost quite a ~:** es kostete ziemlich viel; **have a ~ of cheek** ein bißchen frech sein; **a ~ of all right** *(coll.)* gar nicht übel *(ugs.);* **a ~ [of stuff]** *(sl.: woman)* ein netter *od.* toller Käfer *(ugs.);* **~ by ~:** Stück für Stück; *(gradually)* nach und nach; **smashed to ~s** in tausend Stücke zersprungen; **sb./sth. is blown to ~s** jmd. wird zerrissen/etw. wird in die Luft gesprengt; **he was thrilled to ~s** *(coll.)* er hat sich wahnsinnig gefreut *(ugs.);* **~s and bobs** Krimskrams, *der (ugs.);* Kram, *der (ugs.);* **~s and pieces** Verschiedenes; **do one's ~:** seinen Teil tun *od.* dazu beitragen; *(fair share also)* das Seine tun; **not a ~ one ~:** *(not at all)* überhaupt nicht; **sb./sth. is not a ~ of use** jmd. ist zu nichts zu gebrauchen/mit etw. kann man überhaupt nichts anfangen; **it is not a ~ of use complaining** es hat überhaupt keinen Sinn, sich zu beklagen; **not a ~ of it** ganz im Gegenteil; **he is every ~ as clever as you are** er ist genauso schlau wie du; **b)** *a ~ (somewhat):* **a ~ tired/late/too early** ein bißchen müde/spät/zu früh; **a little ~, just a ~:** ein klein bißchen; **quite a ~:** um einiges ⟨*besser, stärker, hoffnungsvoller*⟩; **with a ~ more practice** mit etwas mehr Übung; **c)** *a ~ (rather):* **be a ~ of a coward/bully** ganz schön feige *od.* ein ziemlicher Feigling sein/den starken Mann markieren *(ugs.);* **every politician has to be a ~ of a showman** jeder Politiker muß auch etwas von einem Schauspieler an sich *(Dat.)* haben; **a ~ of a disappointment** eine ganz schöne Enttäuschung; **d)** *(Brit.)* **~s of furniture** [armselige] Möbel; **~s of children** kleine Kinder; **e)** *(short time)* **[for] a ~:** eine Weile; **a little ~, just a ~:** ein klein bißchen; **wait a ~ longer** noch ein Weilchen warten; **f)** *(short distance)* **a ~:** ein Stückchen; **a ~ closer** ein bißchen näher; **a little ~, just a ~:** ein kleines Stückchen; **g)** *(coin)* Münze, *die;* **sixpenny/threepenny ~** *(Brit. Hist.)* Sixpence-/Dreipencestück, *das; (Amer.:* 12½ *cents)* **two ~s** 25 Cent; **four/six ~s** 50/75 Cent; **i)** *(role)* **a ~ [part]** eine kleine Rolle
³bit *n. (Computing)* Bit, *das*
⁴bit *see* **bite 1, 2**
bitch [bɪtʃ] *n.* **a)** *(dog)* Hündin, *die; (vixen)* Füchsin, *die;* **b)** *(sl. derog.: woman)* Miststück, *das;* Schlampe, *die (salopp); see also* **son; c)** *(coll.: grumble)* **have a ~ about sth.** über etw. *(Akk.)* meckern *(ugs.).* **2.** *v. i.*

(coll.) meckern *(ugs.)* **(about** über + Akk.). **3.** *v. t.* **~ sth. [up]** *(coll.)* etw. verpfuschen *(ugs.)* **(salopp)** versauen
bitchy [ˈbɪtʃɪ] *adj. (coll.)* gemein; gehässig; **be/get ~ about sb.** gehässige Bemerkungen über jmdn. machen/anfangen, gehässige Bemerkungen über jmdn. zu machen
bite [baɪt] **1.** *v. t.,* **bit** [bɪt], **bitten** [ˈbɪtn] beißen; *(sting)* stechen; **~ one's nails** an den Nägeln kauen; *(fig.)* wie auf Kohlen sitzen; **~ one's lip** *(lit. or fig.)* sich *(Dat.)* auf die Lippen beißen; **he won't ~ you** *(fig. coll.)* er wird dich schon nicht beißen; **I've been bitten** *(fig.: swindled)* ich bin reingelegt worden *(ugs.)* od. hereingefallen; **once bitten twice shy** *(prov.)* einmal und nie wieder!; **~ the hand that feeds one** *(fig.)* sich [seinem Gönner gegenüber] undankbar zeigen; **~ the dust** *(fig.)* daran glauben müssen *(ugs.);* **be bitten with an idea** von einer Idee besessen sein; **what's biting** *or* **bitten you/him?** *(fig. coll.)* was ist mit dir/ihm los?; was hast du/hat er denn? **2.** *v. i.,* **bit, bitten a)** beißen; *(sting)* stechen; *(take bait, lit. or fig.)* anbeißen; **b)** **~ at sth.** nach etw. schnappen; **c)** *(have an effect)* sich auswirken; greifen; **d)** **have sth. to ~ on** *(fig.)* etw. haben, worauf man sich stützen kann; **~ on the bullet** *(fig.)* die Zähne zusammenbeißen. **3.** *n.* **a)** *(act)* Biß, *der;* **b)** *(piece)* Bissen, *der; (wound)* Bißwunde, *die; (by mosquito etc.)* Stich, *der;* **he took a ~ of the apple** er biß in den Apfel; **can I have a ~?** darf ich mal [ab]beißen?; **take one ~ at a time** immer nur einen Bissen auf einmal nehmen; **put the bite on [sb.]** *(Amer. sl.)* jmdn. unter Druck setzen; **b)** *(taking of bait)* [An]Beißen, *das;* **I haven't had a ~ all day** es hat den ganzen Tag noch keiner angebissen; **wait for a ~:** darauf warten, daß einer *od.* ein Fisch anbeißt; **c)** *(food)* Happen, *der;* Bissen, *der;* **I haven't had a ~ since breakfast** ich habe seit dem Frühstück nichts mehr gegessen; **have a ~ to eat** eine Kleinigkeit essen; **come and have a ~:** komm und iß eine Kleinigkeit *(ugs.);* **d)** *(grip)* **these old tyres have no ~:** diese alten Reifen fassen nicht; greifen nicht; **e)** *(incisiveness)* Bissigkeit, *die;* Schärfe, *die;* **we need new laws that will have more ~:** wir brauchen neue Gesetze, die besser greifen. **f)** *(Dent.)* Biß, *der;* normale Bißstellung
~ ˈback *v. t.* **~ sth. back** etw. unterdrücken; **~ back one's words/a remark** sich *(Dat.)* seine Worte/eine Bemerkung verkneifen
~ ˈoff *v. t.* abbeißen; **the dog bit off the man's ear** der Hund hat dem Mann ein Ohr abgebissen; **~ sb.'s head off** *(fig.)* jmdm. den Kopf abreißen; **~ off more than one can chew** *(fig.)* sich *(Dat.)* zuviel zumuten; sich übernehmen
biter [ˈbaɪtə(r)] *n.* **the ~ bit** mit den eigenen Waffen geschlagen; *(in deception also)* der betrogene Betrüger; **it's a case of the ~ bit** wer anderen eine Grube gräbt, fällt selbst hinein *(Spr.)*
ˈbite-size *adj.* mundgerecht
biting [ˈbaɪtɪŋ] *adj. (stinging)* beißend; schneidend ⟨*Kälte, Wind*⟩; *(sarcastic)* scharf ⟨*Angriff, Worte*⟩; beißend ⟨*Kritik*⟩; bissig, sarkastisch ⟨*Bemerkung, Kommentar*⟩
bitten *see* **bite 1, 2**
bitter [ˈbɪtə(r)] **1.** *adj.* **a)** bitter; **~ orange** *(Bot.)* Pomeranze, *die;* **~ lemon** *(drink)* Bitter lemon, *das;* **b)** *(fig.)* scharf, heftig ⟨*Antwort, Bemerkung, Angriff*⟩; bitter ⟨*Kampf, Kälte, Enttäuschung, Tränen*⟩; verbittert ⟨*Person*⟩; erbittert ⟨*Feind*⟩; bitter, bitterkalt ⟨*Wind, Wetter*⟩; streng ⟨*Winter*⟩; **~ experience** bittere Erfahrung; **to the ~ end** bis zum bitteren Ende; **be/feel ~ [about sth.]** über etw. *(Akk.)* od. bitter verstimmt sein. *See also* **pill b. 2.** *n.* **a)** *(bitterness)* Bitter-

keit, *die;* **b)** *in pl. (liquors)* Magenbitter, *der;* **c)** *(Brit.: beer)* bitteres Bier *(halbdunkles, obergäriges Bier)*
bitterly [ˈbɪtəlɪ] *adv.* bitterlich ⟨*weinen, sich beschweren*⟩; bitter ⟨*erwidern*⟩; erbittert ⟨*kämpfen, sich widersetzen*⟩; scharf ⟨*kritisieren*⟩; **~ cold** bitterkalt; **he ~ resented the unfounded accusations** er war äußerst erbittert über die unbegründeten Beschuldigungen; **be ~ opposed to sth.** ein erbitterter Gegner einer Sache *(Gen.)* sein
bittern [ˈbɪtən] *n. (Ornith.)* Rohrdommel, *die*
bitterness [ˈbɪtənɪs] *n., no pl.* Bitterkeit, *die; (of reply, remark, attack)* Schärfe, *die;* Heftigkeit, *die; (of person)* Verbitterung, *die; (of wind)* bittere Kälte
bitter-ˈsweet *adj. (lit. or fig.)* bittersüß
bitty [ˈbɪtɪ] *adj.* zusammengestoppelt *(abwertend);* zusammengestückelt
bitumen [ˈbɪtjʊmən] *n.* Bitumen, *das*
bituminous [bɪˈtjuːmɪnəs] *adj.* bituminös; **~ coal** Stein- *od.* Fettkohle, *die;* Bituminit, *das*
bivalve [ˈbaɪvælv] **1.** *adj.* **a)** *(Zool.)* zweischalig ⟨*Muschel*⟩; zweiklappig ⟨*Schale*⟩; **b)** *(Biol.)* zweiklappig ⟨*Frucht*⟩. **2.** *n. (Zool.)* Muschel, *die*
bivouac [ˈbɪvʊæk] **1.** *n.* Biwak, *n.;* Lager, *das.* **2.** *v. i.,* **-ck-** biwakieren; im Freien übernachten
bi-weekly [baɪˈwiːklɪ] **1.** *adj.* **a)** *(two-weekly)* zweiwöchentlich; alle zwei Wochen erscheinend ⟨*Zeitschrift*⟩/stattfindend ⟨*Treffen, Ereignis*⟩; **b)** *(twice-weekly)* zweimal in der Woche erscheinend ⟨*Zeitschrift*⟩/stattfindend ⟨*Treffen, Ereignis*⟩. **2.** *adv.* **a)** *(two-weekly)* alle zwei Wochen; **b)** *(twice weekly)* zweimal in der Woche
biz [bɪz] *n. (coll.) (Sport),* Geschäft, *das*
bizarre [bɪˈzɑː(r)] *adj.* bizarr; *(eccentric)* exzentrisch; *(grotesque, irregular)* grotesk
bk. *abbr.* **book** Bch.
blab [blæb] *(coll.)* **1.** *v. i.,* **-bb-** quatschen *(abwertend).* **2.** *v. t.,* **-bb-** ausplaudern
black [blæk] **1.** *adj.* **a)** *(very dark)* dunkel; *(dirty)* **as ~ as coal** *or* **ink** kohlrabenschwarz; *see also* **face 1 a; b)** *(dark-clothed)* schwarz [gekleidet]; **c)** **B~** *(dark-skinned)* schwarz; **B~ man/woman/child** Schwarze, *der*/Schwarze, *die*/schwarzes Kind; **B~ people** Schwarze *Pl.;* **B~ ghettos** von Schwarzen bewohnte Gettos; **B~ Africa** Schwarzafrika *(das);* **d)** *(looking gloomy)* düster; **things look ~:** es sieht böse *od.* düster aus; **~ clouds** dunkle Wolken; **e)** *(fig.: wicked)* schwarz ⟨*Gedanken*⟩; **~ ingratitude** grober Undank; **f)** *(evil)* schändlich; **he is not as ~ as he is painted** er ist nicht so schlecht, wie er dargestellt wird; **get some ~ looks** finster angesehen werden; **give sb. a ~ look** jmdn. finster ansehen; **g)** *(dismal)* **a ~ day** ein schwarzer Tag; **be in a ~ mood** deprimiert sein; **~ despair** tiefe Verzweiflung; **h)** *(macabre)* schwarz ⟨*Witz, Humor*⟩; **i)** *(not to be handled)* bestreikt ⟨*Lastwagen, Schiff*⟩. **2.** *n.* **a)** *(colour)* Schwarz, *das; (in roulette)* Noir, *das;* **b)** **B~** *(person)* Schwarze, *der/die;* **c)** *(credit)* **[be] in the ~:** in den schwarzen Zahlen [sein]; **d)** *(Bot.: fungus)* Brand, *der;* **e)** *(Snooker)* schwarze Kugel; **f)** *(~ clothes)* **dressed in ~:** schwarz gekleidet. **3.** *v. t.* **a)** *(blacken)* schwärzen; **~ sb.'s eye** jmdm. ein blaues Auge machen; **~ one's face** sich schwarz anmalen; **~ one's shoes** seine Schuhe wichsen; **b)** *(declare ~)* bestreiken ⟨*Betrieb*⟩; boykottieren ⟨*Firma*⟩
~ ˈout 1. *v. t.* verdunkeln. **2.** *v. i.* das Bewußtsein verlieren. *See also* **black-out**
black- and ˈblue *adj.* grün und blau; **~ and ˈwhite 1.** *adj. (in writing)* schwarz auf weiß; *(Cinemat., Photog., etc.)* schwarzweiß; *(fig.: comprising only opposite extremes)* Schwarzweiß-; **2.** *n.* **[sth. is there/**

black-and-white

down] in ~ and white *(in writing)* [etw. steht] schwarz auf weiß [geschrieben]; **this film is in ~ and white** dieser Film ist in Schwarzweiß; **see/portray** etc. **things in ~ and white** *(fig.)* schwarzweiß malen; **~-and-white** *adj.* Schwarzweiß-; ʹ**art** *n.* Schwarze Kunst, *die;* Magie, *die;* **~ball** *v. t.* stimmen gegen; **~-beetle** *n. (Zool.)* Küchenschabe, *die;* **~berry** [ˈblækbərɪ] *n.* Brombeere, *die;* **go ~berrying** Brombeeren pflücken gehen; **~bird** *n.* Amsel, *die;* **~board** *n.* [Wand]tafel, *die;* **~ ʹbooks** *n. pl.* **be in sb.ʹs ~ books** bei jmdm. schlecht angeschrieben sein; **~ ʹbox** *n. (flight recorder)* Flugschreiber, *der; (apparatus with concealed mechanism)* Black box, *die;* **~ ʹbread** *n.* Schwarzbrot, *das;* **~buck** *n. (Zool.)* Hirschziegenantilope, *die;* **~ ʹcap** *n. (Brit. Law Hist.)* gefaltetes Tuch aus schwarzer Seide, das der Richter früher auf dem Kopf trug, wenn er ein Todesurteil verkündete; **~cap** *n. (Ornith.)* Mönchsgrasmücke, *die;* **~cock** *n. (Ornith.)* Birkhahn, *der;* **B~ Country** *n. (Brit.)* Industriegebiet von Staffordshire und Warwickshire; **~ʹcurrant** *n.* schwarze Johannisbeere; **B~ ʹDeath** *n.* Schwarzer Tod; ʹ**earth** *n. (Geol.)* Schwarzerde, *die;* Tschernosjom, *der od. das (fachspr.);* **~ eʹconomy** *n.* Schattenwirtschaft, *die*
blacken [ˈblækn] *v. t.* **a)** *(make dark[er])* verfinstern ⟨Himmel⟩; *(make black[er])* schwärzen; **the ancient buildings were ~ed by centuries of smoke and grime** die alten Bauwerke waren durch die Jahrhunderte rauch- und rußgeschwärzt; **b)** *(fig.: defame)* verunglimpfen; **~ sb.ʹs [good] name** jmds. [guten] Namen beschmutzen; **~ the picture** schwarzmalen
black: **~ ʹeye** *n.* **a)** *(bruised)* blaues Auge *(fig.);* Veilchen, *das (ugs.);* **b)** *(dark)* **~ eyes** schwarze Augen; **~-eyed** *adj.* schwarzäugig; **be ~-eyed** schwarze Augen haben; **~-face** *n. (sheep)* Schaf mit schwarzem Gesicht; **b)** *(make-up)* Schminke für eine Negerrolle; **~ ʹfly** *n. (Zool.)* **a)** *(aphid)* Blattlaus, *die;* **b)** *(thrips)* Schwarze Fliege; **B~ ʹForest** *pr. n.* Schwarzwald, *der;* **B~ Forest ʹgateau** *n.* Schwarzwälder [Kirschtorte], *die;* **B~ ʹFriar** *n.* Dominikaner, *der;* **~ ʹfrost** see **frost 1 a;** **~ ʹgrouse** *n. (Ornith.)* Birkhuhn, *das*
blackguard [ˈblægɑːd] **1.** *n. (scoundrel)* Schurke, *der;* Lump, *der;* *(foul-mouthed person)* Schandmaul, *das (geh. abwertend).* **2.** *adj. (scoundrelly)* schurkisch *(veralt.);* gemein; *(foul-mouthed)* unflätig. **3.** *v. t. (call a ~)* **~ sb.** jmdn. einen Lumpen od. Schurken schimpfen; *(abuse)* in unflätiger Weise schimpfen über (+ Akk.)
blackguardly [ˈblægɑːdlɪ] *adj.* gemein
black: **~ ʹhead** *n.* **a)** *(Ornith.)* Bergente, *die;* **b)** *(pimple)* Mitesser, *der;* **~ ʹhole** *n.* **a)** *(Astron.)* Astrons Loch; **b)** *(esp. Mil.: gaol)* Bunker, *der;* **~ ʹice** *n.* Glatteis, *die*
blacking [ˈblækɪŋ] *n.* schwarze Schuhcreme
blackish [ˈblækɪʃ] *adj.* schwärzlich
black: **~ʹjack** *n.* **a)** *(flag)* schwarze Piratenflagge; **b)** *(Amer.: bludgeon)* Totschläger, *der;* **c)** *(Cards)* Vingt-[et-]un, *das;* **d)** *(vessel)* lederner (außen mit Teer überzogener) Trinkbecher; **~ʹlead** [ˈblækled] **1.** *n.* Graphit, *der;* **2.** *v. t.* schwärzen; **~ ʹleg 1.** *n.* **a)** *(Brit.: strike-breaker)* Streikbrecher, *der/* -brecherin, *die;* **b)** *(swindler)* jmd., *der* bei Pferderennen od. anderen Glücksspiele falschspielt; **2.** *v. i.* Streikbrecher/-brecherin sein; **~ ʹletter** *n. (Gothic type)* gotische Schrift; *(Schwabacher und)* Fraktur [Schrift], *die;* (Fraktur) Fraktur *die;* **~ list** *n.* schwarze Liste; **~list** *v. t.* auf die schwarze Liste setzen
blackly [ˈblæklɪ] *adv.* **a)** *(darkly, gloomily)* düster; **b)** *(angrily)* finster
black: **~mail 1.** *v. t.* erpressen; **~mail sb. into doing sth.** jmdn. durch Erpressung da-

zu zwingen, etwas zu tun; **2.** *n.* Erpressung, *die;* **sheer/emotional ~mail** glatte/psychologische Erpressung; **B~ Maria** [blæk məˈraɪə] *n.* grüne Minna *(ugs.);* **~ ʹmark** *n. (fig.)* Makel, *der;* **a ~ mark against sb.** ein Makel, der an jmdm. haftet; **~ ʹmarket** *n.* schwarzer Markt; **~ marketeer** [blæk mɑːkɪˈtɪə(r)] *n.* Schwarzhändler, *der/*-händlerin, *die;* **~ ʹmass** *n.* **a)** *(Satanist mass)* schwarze Messe; **b)** *(requiem mass)* Totenmesse, *die*
blackness [ˈblæknɪs] *n., no pl.* **a)** *(black colour)* Schwärze, *die;* **the ~ of the sky** das Schwarz des Himmels; **b)** *(darkness)* Finsternis, *die; (fig.: wickedness)* Abscheulichkeit, *die*
ʹ**black-out** *n.* **a)** Verdunkelung, *die; (Theatre, Radio)* Blackout, *der;* **news ~:** Nachrichtensperre, *die;* **b)** *(Med.)* **I had a ~:** ich verlor das Bewußtsein
black: **~ ʹpudding** *n.* Blutwurst, *die;* **B~ ʹRod** *n. (Brit. Parl.)* Zeremonienmeister des britischen Oberhauses; **B~ ʹSea** *pr. n.* Schwarze Meer, *das;* **~ ʹsheep** *n. (lit. or fig.)* schwarzes Schaf; **~shirt** *n. (Polit.)* Schwarzhemd, *der;* **~ ʹsmith** *n.* Schmied, *der;* **~ ʹspot** *n. (fig.)* schwarzer Fleck; *(dangerous)* Gefahrenstelle, *die;* **~ ʹtea** *n.* schwarzer Tee; **~ ʹthorn** *n. (Bot.)* Schwarzdorn, *der;* **~ ʹtie** *n.* schwarze Fliege *(zur Smokingjacke getragen);* **~top** *n. (Amer. Road Constr.)* Schwarzdecke, *die;* **~ ʹvelvet** *n. (drink)* Mixgetränk mit Champagner und Starkbier; **~ ʹwidow** *n. (Zool.)* Schwarze Witwe
bladder [ˈblædə(r)] *n. (Anat., Zool., Bot.)* Blase, *die*
ʹ**bladder-wrack** *n. (Bot.)* Blasentang, *der*
blade [bleɪd] *n.* **a)** *(of sword, knife, dagger, razor, plane)* Klinge, *die; (of chisel, scissors, shears)* Schneide, *die; (of saw, oar, paddle, spade, propeller)* Blatt, *das; (of paddlewheel, turbine)* Schaufel, *die; (of grass etc.)* Spreite, *die;* **c)** *(sword)* Schwert, *die;* Klinge, *die (geh. veralt.);* **d)** *(person)* zackiger, schneidiger Bursche *(veralt.)*
blah [blɑː], **blah-blah** [ˈblɑːblɑː] *n. (coll.)* Blabla, *das*
blahs [blɑːz] *n. pl. (Amer. coll.)* Frust, *der (ugs.)*
blame [bleɪm] **1.** *v. t.* **a)** *(hold responsible)* **~ sb. [for sth.].** jmdm. die Schuld [an etw. *(Dat.)]* geben; **always get ~d for sth.** immer an etw. *(Dat.)* schuld sein sollen; **donʹt ~ me [if ...]** gib Sie nicht mir die Schuld[, wenn ...]; **~ sth. [for sth.]** etw. für etw.] verantwortlich machen; **be to ~ [for sth.]** an etw. *(Dat.)* schuld sein; **~ sth. on sb./sth.** *(coll.)* jmdn./etw. für etw. verantwortlich machen; **b)** *(reproach)* **~ sb./oneself** jmdm./ sich Vorwürfe machen; **I donʹt ~ you/him** *(coll.)* ich kann es Ihnen/ihm nicht verdenken; **who can ~ her?** wer kann es ihr verdenken?; **donʹt ~ yourself** machen Sie sich *(Dat.)* keine Vorwürfe; **have only oneself to ~:** die Schuld bei sich selbst suchen müssen; **blaming oneself never helps** Selbstvorwürfe helfen nichts. **2.** *n.* **a)** *(responsibility)* Schuld, *die;* **lay or put the ~ on sb. [for sth.]** jmdm. [an etw. *(Dat.)]* die Schuld geben; **bear the ~ [for sth.]** die Schuld [an etw. *(Dat.)]* tragen; **get the ~ [for sth.]** die Schuld bekommen; **take the ~ [for sth.]** die Schuld [für etw.] auf sich *(Akk.)* nehmen; **b)** *(censure)* Tadel, *der*
blameable [ˈbleɪməbl] *adj.* tadelnswert
blameless [ˈbleɪmlɪs] *adj.,* **blamelessly** [ˈbleɪmlɪs] *adv.* untadelig
blameworthy [ˈbleɪmwɜːðɪ] *adj.* tadelnswert
blanch [blɑːnʃ] **1.** *v. t.* **a)** *(whiten)* bleichen; abziehen ⟨Mandeln⟩; *(make pale)* erbleichen lassen; **b)** *(Cookery: scald)* blanchieren; überbrühen. **2.** *v. i. (grow pale)* bleich werden

blast

blancmange [bləˈmɒnʒ] *n.* Flammeri, *der*
blanco [ˈblæŋkəʊ] *(Mil.)* **1.** *n., no pl.* weißes Mittel zum Wachsen. **2.** *v. t.* [weiß] wachsen
bland [blænd] *adj. (gentle, suave)* verbindlich; freundlich ⟨Art, Stimmung⟩; *(mild)* mild ⟨Luft⟩; *(not irritating, not stimulating)* mild ⟨Medizin, Nahrung⟩; *(unexciting)* farblos
blandish [ˈblændɪʃ] *v. t. (flatter)* schmeicheln (+ Dat.); *(cajole)* beschwatzen
blandishment [ˈblændɪʃmənt] *n. (flattery)* Schmeichelei, *die; (cajolery)* Beschwatzen, *das; (allurement)* Verlockung, *die*
blandly [ˈblændlɪ] *adv. (gently)* verbindlich; *(mildly)* mild
blandness [ˈblændnɪs] *n., no pl.;* see **bland:** Verbindlichkeit, *die;* Freundlichkeit, *die;* Milde, *die;* Farblosigkeit, *die*
blank [blæŋk] **1.** *adj.* **a)** leer; kahl ⟨Wand, Fläche⟩; **b)** *(empty)* frei; **leave a ~ space** Platz frei lassen; **c)** *(fig.)* leer, ausdruckslos ⟨Gesicht, Blick⟩; **look ~:** ein verdutztes Gesicht machen; **give sb. a ~ look** jmdn. verdutzt ansehen. **2.** *n.* **a)** *(space)* Lücke, *die;* **my mind was a ~:** ich hatte ein Brett vor dem Kopf; **his memory was a ~:** er hatte keinerlei Erinnerung; **b)** *(document with ~s)* Vordruck, *der;* **c)** *(lottery ticket)* Niete, *die;* **draw a ~:** eine Niete ziehen; *(fig.)* kein Glück haben; **d)** *(domino)* Dominostein mit ein od. zwei Leerfeldern; **e)** *(cartridge)* Platzpatrone, *die;* **f)** *(Num.)* Schrötling, *der;* **g)** *(dash)* Lücke, *die; (euphemism)* Gedankenstrich, *der;* Punkt, Punkt, Punkt
blank: **~ ʹcartridge** *n.* Platzpatrone, *die;* ʹ**cheque** *n. (fig.)* Blankovollmacht, *die;* **give sb. a ~ cheque** *(fig.)* jmdm. freie Hand geben; eine Blankovollmacht geben
blanket [ˈblæŋkɪt] **1.** *n.* **a)** Decke, *die;* **wet ~** *(fig.)* Trauerkloß, *der (ugs.);* **be born on the wrong side of the ~** *(fig.)* unehelich geboren sein; **b)** *(thick layer)* Decke, *die;* **a ~ of snow** eine Schneedecke; **a ~ of fog/cloud** eine Nebel-/Wolkendecke; **c)** *(Printing)* Gummituch, *das.* **2.** *v. t.* **a)** *(cover)* zudecken; **b)** *(stifle)* ersticken. **3.** *adj.* umfassend; **~ agreement** Pauschalabkommen, *das;* **~ term** Allerweltswort, *das*
ʹ**blanket stitch** *n.* Festonstich, *der*
blankety [ˈblæŋkɪtɪ] *adj. (euphem.)* ~ [**blank**] verflixt *(ugs.);* **what the ~ mean ...?** was zum Kuckuck ...? *(ugs.);* **call sb./sth. ~ blank** jmdn./etw. zum Kuckuck wünschen *(ugs.)*
blankly [ˈblæŋklɪ] *adv.* verdutzt
blankness [ˈblæŋknɪs] *n., no pl.* **a)** *(of surface etc.)* Leere, *die;* **the ~ of the wall** die kahle Wand; **b)** *(expressionlessness)* Ausdruckslosigkeit, *die;* **the ~ of his expression** sein nichtssagender Gesichtsausdruck
blank: **~ ʹtest** *n.* Blindversuch, *der;* ʹ**verse** *n. (Pros.)* Blankvers, *der*
blanquette [blɑ̃ˈkɛt] *n. (Cookery)* [Kalbs]frikassee, *das*
blare [bleə(r)] **1.** *v. i. (Lautsprecher:)* plärren; ⟨Trompete:⟩ schmettern. **2.** *v. t.* [hinaus]plärren ⟨Worte⟩; [hinaus]schmettern ⟨Melodie⟩. **3.** *n. (of loudspeaker, radio, voice)* Plärren, *das; (of trumpet, trombone)* Schmettern, *das*
blarney [ˈblɑːnɪ] **1.** *n. (cajoling)* Schmeichelei, *die; (nonsense)* Geschwätz, *das.* **2.** *v. i.* schmeicheln. **3.** *v. t.* **~ sb.** jmdm. schmeicheln; **donʹt be ~ed into doing it** laß dich nicht beschwatzen, das zu tun
blasé [ˈblɑːzeɪ] *adj.* blasiert
blaspheme [blæsˈfiːm] *v. i.* lästern
blasphemous [ˈblæsfəməs] *adj.* lästerlich, blasphemisch ⟨Bemerkung, Eid, Fluch⟩
blasphemy [ˈblæsfəmɪ] *n.* Blasphemie, *die;* **~ is a sin** Gotteslästerung ist eine Sünde
blast [blɑːst] **1.** *n.* **a)** *(gust)* **a ~ [of wind]** ein Windstoß; **b)** *(sound)* Tuten, *das;* **he gave a ~ on his trumpet** er ließ seine Trompete er-

blasted   **blind**

schallen; **give one ~ of the horn** einmal ins Horn stoßen; **c)** *(Metallurgy etc.: air current)* Gebläseluft, *die;* **at full ~** *(fig.)* auf Hochtouren Pl.; **d)** *(of explosion)* Druckwelle, *die; (coll.: explosion)* Explosion, *die;* **e)** *(coll.: reprimand)* Standpauke, *die (ugs.).* **2.** *v. t.* **a)** *(blow up)* sprengen ⟨*Felsen*⟩; *(coll.: kick)* donnern ⟨*Fußball*⟩; **b)** *(wither)* verdorren lassen; **~ you!/him!** zum Teufel mit dir/ihm! **3.** *v. i. (coll.: shoot)* **start ~ing away** drauflosschießen **(at** auf + *Akk.*); **4.** *int.* **[oh]** ~! [oh] verdammt!
~ 'off *v. i.* abheben; *see also* **blast-off**
blasted ['bla:stɪd] *adj. (damned)* verdammt *(salopp);* verflucht *(salopp)*
blast: ~-furnace *n.* Hochofen, *der;* **~-hole** *n.* Sprengloch, *das;* **~-off** *n.* Abheben, *das*
blatancy ['bleɪtənsɪ] *n., no pl. see* **blatant:** Eklatanz, *die;* Unverhohlenheit, *die;* Unverfrorenheit, *die;* Kraßheit, *die;* Lärmen, *das;* Plärren, *das;* Aufdringlichkeit, *die*
blatant ['bleɪtənt] *adj.* **a)** *(flagrant)* eklatant; **b)** *(unashamed)* unverhohlen; unverfroren ⟨*Lüge*⟩; **c)** *(noisy)* lärmend; plärrend ⟨*Geräusche, Musikbox*⟩; **d)** *(visually obtrusive)* aufdringlich
blatantly ['bleɪtəntlɪ] *adv. see* **blatant:** eklatant; unverhohlen; unverfroren; lärmend; plärrend; aufdringlich
¹blaze [bleɪz] **1.** *n.* **a)** *(conflagration)* Feuer, *das;* **it took hours to put out the ~** es dauerte Stunden, bis das Feuer *od.* der Brand gelöscht war; **b)** *(display)* **a ~ of lights** ein Lichtermeer; **a ~ of colour** eine Farbenpracht; ein Farbenmeer; **c)** *(fig.: full light)* Glanz, *der;* **in a ~ of glory** mit Glanz und Gloria; **d)** *(fig.: outburst)* Ausbruch, *der;* **[in] a ~ of temper** in einem Wutausbruch; **e)** *(sl.)* **go to ~s!** scher dich zum Teufel! *(salopp);* **like ~s** wie verrückt *(ugs.)* ⟨*arbeiten, rennen usw.*⟩; **what the ~s [are you doing]?** was zum Teufel [machst du da]? *(salopp);* **how the ~s am I supposed to ...?** wie zum Teufel soll ich ...? **2.** *v. i.* **a)** *(burn)* brennen; **the house was already blazing when the firemen arrived** das Haus stand schon in Flammen als die Feuerwehr ankam; **a blazing fire** ein helloderndes Feuer; **the blazing sun** die glühende Sonne; **a blazing hot day** ein glühend heißer Tag; **b)** *(be brilliantly lighted)* [er]strahlen; ⟨*Schnee:*⟩ glänzen; *(emit light)* strahlen; **the spotlight ~d down on them** der Scheinwerfer strahlte sie an; **d)** *(fig.: with anger etc.)* ⟨*Augen:*⟩ glühen; **a blazing row** ein heftiger Streit; **e)** *(show bright colours)* leuchten
~ a'way *v. i. (shoot)* [drauf]losschießen **(at** auf + *Akk.*); **b)** *(work)* loslegen **(at** mit)
~ 'up *v. i.* **a)** *(burst into ~)* aufflammen; **b)** *(in anger)* aufbrausen
²blaze 1. *n.* **a)** *(on animal's head)* Blesse, *die;* *(on tree)* Markierung, *die.* **2.** *v. t.* markieren, kennzeichnen ⟨*Baum, Weg, Pfad*⟩; **~ a trail** einen Weg markieren; **~ a** *od.* **the trail** *(fig.)* den Weg bahnen
³blaze *v. t. (proclaim)* verkünden; **~ sth. abroad** etw. ausposaunen *(ugs.)*
blazer ['bleɪzə(r)] *n.* Blazer, *der*
blazing 'star *n. (Amer. Bot.)* Prachtscharte, *die*
blazon ['bleɪzn] *v. t.* **a)** *(Her.) (describe)* nach den Regeln der Heraldik beschreiben; *(paint)* blasonieren; kunstgerecht ausmalen ⟨*Wappen*⟩; **b)** *(fig.) (paint)* ausmalen; *(proclaim)* verkünden
bleach [bli:tʃ] **1.** *v. t.* bleichen ⟨*Wäsche, Haar, Knochen*⟩. **2.** *v. i.* bleichen. **3.** *n. (substance)* Bleichmittel, *das; (process)* Bleiche, *die*
bleaching ['bli:tʃɪŋ]: **~-agent** *n.* Bleichmittel, *das;* **~-powder** *n.* Bleichpulver, *das*
¹bleak [bli:k] *adj.* **a)** *(bare)* öde ⟨*Landschaft, Berg, Insel, Ebene, Hügel*⟩; karg ⟨*Zimmer*⟩;

b) *(chilly)* rauh; kalt ⟨*Wetter, Tag*⟩; **c)** *(unpromising)* düster; **~ prospect[s]** trübe Aussichten
²bleak *n. (Zool.)* Ukelei, *der*
bleakly ['bli:klɪ] *adv.* **a)** düster ⟨*anschauen*⟩; **b)** kalt ⟨*wehen*⟩
bleakness ['bli:knɪs] *n., no pl.* **a)** *(of prospect)* Düsterkeit, *die;* **b)** *(of weather)* Kälte, *die*
bleary ['blɪərɪ] *adj.* trübe ⟨*Augen*⟩; **look ~-eyed** verschlafen aussehen; einen verschleierten Blick haben
bleat [bli:t] **1.** *v. i.* ⟨*Schaf, Kalb:*⟩ blöken; ⟨*Ziege:*⟩ meckern; *(fig.)* jammern; *(plaintively)* meckern. **2.** *v. t.* **~ [out]** herunterplärren ⟨*Entschuldigungen, Klagen*⟩. **3.** *n. see* **1:** Blöken, *das;* Geblök, *das;* Meckern, *das; (fig.)* Gemecker, *das (ugs.); (plaintive)* Gemecker, *das (ugs.)*
bled *see* **bleed**
bleed [bli:d] **1.** *v. i.,* **bled** [bled] bluten; **~ for the cause/one's country** für die Sache/die Heimat sein Blut geben ⟨*dichter.*⟩. **2.** *v. t.,* **bled a)** *(draw blood from, lit. or fig.)* zur Ader lassen; **~ sb. white** *(fig.)* jmdn. den letzten Pfennig kosten *(ugs.);* ⟨*Erpresser:*⟩ jmdn. bis aufs Hemd ausziehen *(ugs.);* **b)** *(extract fluid, air, etc. from)* entlüften ⟨*Bremsen, Heizkörper*⟩
bleeder ['bli:də(r)] *n.* **a)** *(haemophiliac)* Bluter, *der;* **b)** *(coarse: unpleasant person)* Scheißer, *der*
bleeding ['bli:dɪŋ] **1.** *n. (loss of blood)* Blutung, *die.* **2.** *adj. (Brit. coarse: damned)* Scheiß-; **don't stand there the whole ~ time doing nothing!** steh da nicht die ganze Zeit so blöd rum, ohne was zu tun! *(salopp).* **3.** *adv. (Brit. coarse)* **I don't ~ care!** das ist mir scheißegal! *(salopp);* **don't be ~ stupid!** sei doch nicht so saublöd! *(salopp)*
bleeding 'heart *n.* **a)** *(Bot.)* Tränendes Herz; Flammendes Herz; **b)** *(coll.: person)* mitfühlende Seele
bleep [bli:p] **1.** *n.* Piepen, *das;* **two faint ~s** zwei schwache Piepser. **2.** *v. i.* ⟨*Geigerzähler, Funksignal:*⟩ piepen. **3.** *v. t.* **~ sb.** jmdn. über seinen Kleinempfänger *od.* *(ugs.)* Piepser rufen
bleeper ['bli:pə(r)] *n.* Kleinempfänger, *der;* Piepser, *der (ugs.)*
blemish ['blemɪʃ] **1.** *n.* **a)** *(stain)* Fleck, *der;* *(on fruit)* Stelle, *die;* **b)** *(defect, lit. or fig.)* Makel, *der;* **be without a ~:** makellos sein; **her only ~ was her quick temper** ihr einziger Fehler war ihr aufbrausendes Wesen. **2.** *v. t.* **a)** *(spoil)* verunstalten; **b)** *(fig.)* **~ sth.** einer Sache *(Dat.)* schaden
blench [blentʃ] *v. i.* zurückschrecken
blend [blend] **1.** *v. t.* **a)** *(mix)* mischen ⟨*Tabak-, Kaffee-, Teesorten*⟩; **b)** *(make indistinguishable)* vermischen. **2.** *v. i.* **a)** sich mischen lassen; **pink does not ~ with orange** Rosa verträgt sich nicht mit Orange; **~ in with/into sth.** [gut] zu etw. passen/mit etw. verschmelzen ⟨*Whisky-, Tee-, Tabaksorten*⟩ sich ⟨*harmonisch*⟩ verbinden. **3.** *n. (mixture)* Mischung, *die*
blender ['blendə(r)] *n.* **a)** *(person)* [Ver]mischer, *der;* **b)** *(apparatus)* Mixer, *der;* Mixgerät, *das*
Blenheim ['blenɪm] *pr. n.* **the Battle of ~:** die Schlacht von Höchstädt
bless [bles] *v. t.,* **blessed** [blest] *or* **blest** [blest] **a)** *(consecrate, pronounce blessing on)* segnen; **she did not have a penny to ~ herself with** *(fig.)* sie besaß keinen Pfennig *od.* *(ugs.)* keinen roten Heller; **they have been ~ed with a son** sie wurden mit einem Sohn gesegnet; **[God] ~ you** Gottes Segen; *(as thanks)* das ist sehr lieb von dir/Ihnen; *(to person meeting)* Gesundheit!; **goodbye and God ~:** Wiedersehen, [und] mach's/macht's gut!; **~ you, I wouldn't dream of it** mein Gott, ich denke gar nicht daran; **~ me!, I'm blest!, ~ my soul!** du meine Güte! *(ugs.);* **~**

me if it isn't Sid ja das ist doch Sid!; **b)** *(call holy)* preisen; *(attribute one's good fortune to)* **they ~ed their stars/guardian angel that ...:** sie priesen dankbar das Glück/ihren Schutzengel dafür, daß ...
blessed 1. [blest] *p. t. and p. p. of* **bless. 2.** ['blesɪd, *pred.* blest] *adj.* **a)** **be ~ with sth.** *(also iron.)* mit etw. gesegnet sein; **b)** *(revered)* heilig ⟨*Gott, Mutter Maria*⟩; *(in Paradise)* selig; *(RC Ch.: beatified)* selig; *(blissful)* beglückend; **c)** *attrib. (euphem.: cursed)* verdammt *(salopp)*
blessedness ['blesɪdnɪs] *n., no pl. (happiness)* Glückseligkeit, *die; (enjoyment of divine favour)* Seligkeit, *die*
blessing ['blesɪŋ] *n.* **a)** *(declaration or bestowal of divine favour, grace at table)* Segen, *der;* **do sth. with sb.'s ~** *(fig.)* etw. mit jmds. Segen tun *(ugs.);* **give sb./sth. one's ~** *(fig.)* jmdm./etw. seinen Segen geben *(ugs.);* **b)** *(divine gift)* Segnung, *die;* **count one's ~s** *(fig.)* dankbar sein; **c)** *(fig. coll.: welcome thing)* Segen, *der;* **what a ~!** welch ein Segen!; **be a ~ in disguise** sich schließlich doch noch als Segen erweisen; *see also* **mixed blessing**
blest *see* **bless;** *(poet.) see* **blessed 2**
blether ['bleðə(r)] **1.** *v. i.* schwafeln *(ugs.);* sülzen *(ugs.);* **go on ~ing** weiterschwafeln *od.* -sülzen. **2.** *n.* Geschwafel, *das;* Gesülze, *das (ugs.)*
blew *see* **¹blow 1, 2**
blight [blaɪt] **1.** *n.* **a)** *(plant disease)* Brand, *der;* *(fig.: malignant influence)* Fluch, *der;* Geißel, *die;* **Fascism – a ~ on the twentieth century** Faschismus – ein Fluch des zwanzigsten Jahrhunderts; **b)** *(fig.: unsightly urban area)* Schandfleck, *der;* **c)** *(Brit.: aphid)* Blattlaus, *die.* **2.** *v. t.* **a)** *(affect with ~)* **be ~ed** von Brand befallen werden/sein; **b)** *(spoil)* beeinträchtigen ⟨*Schönheit*⟩; überschatten ⟨*Freude, Leben*⟩; *(frustrate)* zunichte machen ⟨*Hoffnung*⟩; **a ~ed area** eine heruntergekommene Gegend
blighter ['blaɪtə(r)] *n. (Brit. coll.)* **a)** **the poor ~:** der arme Kerl; **b)** *(derog.) (thing)* Mistding, *das (salopp)*
blimey ['blaɪmɪ] *interj. (Brit. sl.)* Mensch *(salopp)*
blimp [blɪmp] *n.* **a)** *(Brit.)* **[Colonel] B~:** Personifikation des stockkonservativen Engländers; **b)** *(airship)* unstarres Kleinluftschiff
blimpish ['blɪmpɪʃ] *adj.* reaktionär
blind [blaɪnd] **1.** *adj.* **a)** blind ⟨*Mensch, Tier*⟩; **a ~ man/woman** ein Blinder/eine Blinde; **[be] as ~ as a bat** stockblind [sein] *(ugs.);* **~ in one eye** auf einem Auge blind; **go** *or* **become ~:** blind werden; erblinden; **turn a ~ eye [to sth.]** *(fig.)* [bei etw.] ein Auge zudrücken; **b)** *(Aeronaut.)* **~ landing/flying** Blindlandung, *die*/Blindflug, *der;* **c)** *(without foresight)* blind; **a ~ policy** eine kurzsichtige *od.* unbesonnene Politik; **d)** *(unreasoning)* blind ⟨*Vorurteil, Weigerung, Gehorsam, Vertrauen*⟩; **e)** *(oblivious)* **be ~ to sth.** blind gegenüber etw. sein; **f)** *(reckless)* blind ⟨*Hast*⟩; rasend ⟨*Geschwindigkeit*⟩; **g)** *(not ruled by purpose)* blind ⟨*Wut, Zorn*⟩; dunkel ⟨*Instinkt*⟩; kopflos ⟨*Panik*⟩; **h)** *(concealed)* verdeckt ⟨*Graben*⟩; unsichtbar ⟨*Hindernis*⟩; **i)** *(walled up)* blind ⟨*Tür, Fenster*⟩; **j)** *(coll.: drunk)* blau *(ugs.);* **get ~:** sich vollaufen lassen *(ugs.);* **k) a ~** *(sl.: any whatever)*: **he doesn't do a ~ thing [to help her]** er rührt keinen Finger[, um ihr zu helfen]; **not a ~ bit of** überhaupt kein/keine; **it didn't do a ~ bit of good** es hat überhaupt nichts genützt; **you didn't take a ~ bit of notice** du hast dich überhaupt nicht darum gekümmert. **2.** *adv.* **a)** blindlings; **the pilot had to fly/land ~:** der Pilot mußte blind fliegen/landen; **b)** *(completely)* **~ drunk** stockbetrunken *(ugs.);* **swear ~:** hoch und heilig versichern; **c)** *(Cookery)* **bake sth. ~:** etw. blind backen. **3.** *n.* **a)** *(screen)* Jalousie,

93

blind alley | **bloodthirsty**

die; (of cloth) Rouleau, *das; (of shop)* Markise, *die;* **b)** *(Amer. Hunting: hide)* Jagdschirm, *der;* **c)** *(pretext)* Vorwand, *der; (cover)* Tarnung, *die;* **be a ~ for sth.** als Tarnung für etw. dienen; **d)** *(Brit. sl.: drinkingbout)* **go on a ~**: eine Sauftour machen *(salopp);* **e)** *pl.* **the ~**: die Blinden *Pl.;* **it's [a case of] the ~ leading the ~** *(fig.)* das ist, wie wenn ein Blinder einen Lahmen [spazieren]führt. **4.** *v. t. (lit. or fig.)* blenden; **be ~ed** *(accidentally)* das Augenlicht verlieren; **~ sb. to the fact that ...**: jmdn. gegenüber der Tatsache blind machen, daß ...; **he was ~ed by his infatuation** er war von seiner eigenen Verliebtheit geblendet *od.* verblendet; **~ sb. with science** jmdn. mit großen Worten beeindrucken. **5.** *v. i. (Brit. coll.: go heedlessly)* rasen; **~ along** rumrasen *(ugs.)*
blind: ~ 'alley *n. (lit. or fig.)* Sackgasse, *die;* **~ 'corner** *n.* unübersichtliche Ecke; **~ 'date** *n.* Verabredung mit einem/einer Unbekannten
blinder ['blaɪndə(r)] *n.* **a) play a ~** *(Sport)* sich selbst übertreffen; **b)** *usu. in pl. (Amer.: blinker)* Scheuklappe, *die*
'blindfold 1. *v. t.* die Augen verbinden *(+ Dat.);* **the conjurer asked to be ~ed** der Zauberer bat darum, ihm die Augen zu verbinden. **2.** *adj.* mit verbundenen Augen; **he was ~ all the time** er hatte die ganze Zeit die Augen verbunden; **I could do that ~** *(fig.)* das könnte ich mit verbundenen Augen [tun]. **3.** *n.* Augenbinde, *die*
blind 'gut *n. (Anat.)* Blinddarm, *der*
blinding ['blaɪndɪŋ] *adj.* blendend ⟨Licht, Sonnenlicht, Blitz⟩; grell ⟨Strahl⟩; **a ~ headache** rasende Kopfschmerzen *Pl.*
blindly ['blaɪndlɪ] *adv.* [wie] blind; wie ein Blinder; *(fig.)* blindlings
blind man's 'buff *n.* Blindekuh *o. Art.*
blindness ['blaɪndnɪs] *n., no pl.* **a)** Blindheit, *die;* **b)** *(lack of foresight)* Blindheit, *die* **(to** gegenüber); *(unreasonableness)* Verblendung, *die*
blind: ~ side *n. (Rugby)* ungeschützte Seite; *(fig.)* schwache Seite *(fig.);* **~ spot** *n. (Anat.)* blinder Fleck; *(Motor Veh.)* toter Winkel; *(fig.: weak spot)* schwacher Punkt; **~worm** *n. (Zool.)* Blindschleiche, *die*
blink [blɪŋk] **1.** *v. i.* **a)** blinzeln; **b)** *(shine intermittently)* blinken; *(shine momentarily)* aufblinken. **2.** *v. t.* **a) ~ back/away one's tears** seine Tränen blinzelnd zurückhalten; **~ one's eyes** mit den Augen zwinkern; **b)** *(fig.: ignore)* die Augen verschließen vor *(+ Dat.);* ignorieren ⟨Tatsache⟩. **3.** *n. (blinking)* Blinzeln, *das;* **he gave one or two ~s** er blinzelte ein paarmal; **b)** *(intermittent light)* Blinken, *das; (momentary gleam)* Aufblinken, *das;* **c)** *(sl.)* **be on the ~**: kaputt sein *(ugs.)*
blinker ['blɪŋkə(r)] **1.** *n. in pl.* Scheuklappen; **have/put ~s on** *(lit. or fig.)* Scheuklappen tragen/anlegen *(+ Dat.).* **2.** *v. t.* Scheuklappen anlegen *(+ Dat.);* **this horse has to be ~ed** dieses Pferd muß Scheuklappen tragen; **be ~ed** *(fig.)* borniert sein
blinking ['blɪŋkɪŋ] *(Brit. coll. euphem.)* **1.** *adj.* verflixt *(ugs.);* **it's a ~ nuisance** ist es verdammt ärgerlich *(ugs.).* **2.** *adv.* verflixt *(ugs.);* **I don't ~ [well] care** das kümmert mich verflixt wenig; **it's ~ raining** verflixt [und zugenäht], es regnet
blip [blɪp] **1.** *v. t., -pp-* hauen. **2.** *n.* **a)** *(sound) (of bursting bubble)* leiser Knall; *(on magnetic tape)* leises Knacken; *(act)* Schlag, *der;* **b)** *(Radar: image)* Echozeichen, *das*
bliss [blɪs] *n. (joy)* [Glücks]seligkeit, *die; Glück, das; (gladness)* Freude, *die;* **his idea of ~**: seine Vorstellung vom Glücklichsein
blissful ['blɪsfl] *adj.* [glücks]selig; **~ ignorance** *(iron.)* selige Unwissenheit
blissfully ['blɪsflɪ] *adv.* **~ happy** glückselig; **be ~ unaware** or **ignorant [of sth.]** *(iron.)* in seliger Unwissenheit [von etw.] sein

blister ['blɪstə(r)] **1.** *n. (on skin, plant, metal, paintwork)* Blase, *die.* **2.** *v. t.* Blasen hervorrufen auf *(+ Dat.)* ⟨Metall, Anstrich, Haut⟩. **3.** *v. i.* ⟨Haut, Pflanze:⟩ Blasen bekommen; ⟨Metall, Anstrich:⟩ Blasen werfen
blistering ['blɪstərɪŋ] *adj.* **a ~ attack** ein erbitterter Angriff; **a ~ criticism** eine ätzende Kritik; **a ~ pace** ein mörderisches Tempo
'blister pack *n.* Sichtpackung, *die*
blithe [blaɪð] *adj.* **a)** *(poet.: joyous)* fröhlich; heiter; **b)** *(casual)* unbekümmert
blithely ['blaɪðlɪ] *adv.* **~ ignore sth.** sich unbekümmert über etw. *(Akk.)* hinwegsetzen
blithering ['blɪðərɪŋ] *adj. (coll.)* **a)** *(utter)* total; völlig; **a ~ idiot** ein alter Idiot *(salopp);* **b)** *(senselessly talkative)* quatschig *(salopp)* ⟨Kommentator, Journalist⟩
B. Litt. [biː 'lɪt] *abbr.* Bachelor of Letters Bakkalaureus der Literaturwissenschaften; see also **B. Sc.**
blitz [blɪts] *(coll.)* **1.** *n.* **a)** *(Hist.)* Luftangriff, *der* **(on** auf *+ Akk.);* **during the [London] ~**: während der Luft- *od.* Bombenangriffe [auf London]; **b)** *(fig.: attack)* Großaktion, *die (fig.);* **have a ~ on one's room** in seinem Zimmer gründlich saubermachen. **2.** *v. t.* [schwer] bombardieren
blizzard ['blɪzəd] *n.* Schneesturm, *der*
bloat [bləʊt] **1.** *v. t.* aufschwellen; **dead bodies ~ed by the water** vom Wasser aufgedunsene Leichen. **2.** *v. i.* aufschwellen; aufschwemmen
bloated ['bləʊtɪd] *adj.* **a)** *(with gluttony)* aufgedunsen; **I feel ~**: ich bin voll *(ugs.);* **b) be ~ with pride/wealth** aufgeblasen sein/im Geld schwimmen
bloater ['bləʊtə(r)] *n.* Bückling, *der*
blob [blɒb] *n.* **a)** *(drop)* Tropfen, *der; (small mass)* Klacks, *der (ugs.); (of butter etc.)* Klecks, *der (ugs.); (of spot of colour)* Fleck, *der*
bloc [blɒk] *n. (Polit.)* Block, *der;* **the Eastern ~/Eastern ~ countries** der Ostblock/die Ostblockstaaten; **the Western ~** [countries] die westlichen Staaten; **the anti-EC ~**: der Anti-EG-Block; **~ vote** see **block vote**
block [blɒk] **1.** *n.* **a)** *(large piece)* Klotz, *der;* **~ of wood** Holzklotz, *der;* **b)** *(for chopping on)* Hackklotz, *der; (for beheading on)* Richtblock, *der; (for hammering on, for mounting horse from)* Klotz, *der; (toy building-brick)* Bauklotz, *der;* **be a chip off the old ~**: ganz der Vater sein; **be on the ~**: *(Amer.)* zur Versteigerung angeboten werden; **d)** *(large mass of concrete or stone, building-stone)* Block, *der;* **e)** *(sl.: head)* **knock sb.'s ~ off** jmdm. eins überziehen *(salopp);* **f)** *(building)* [Häuser]block, *der;* **~ of flats/offices** Wohnblock, *der*/Bürohaus, *das;* **g)** *(Amer.: area between streets)* Block, *der;* **on this/our ~**: in diesem/unserem Block; **six ~s away** sechs Blocks weiter; **h)** *(large quantity)* Masse, *die;* **a ~ of shares** ein Aktienpaket; **a ~ of seats** mehrere nebeneinanderliegende Sitze; **in the cheapest ~ of seats** im billigsten Block; **i)** *(pad of paper)* Block, *der;* **j)** *(obstruction)* Verstopfung, *die;* **k)** *(traffic jam)* [Verkehrs]stau, *der;* **l)** *(mental barrier)* **a mental ~**: eine geistige Sperre; Mattscheibe *o. Art. (salopp);* **a psychological ~**: ein psychologischer Block; **m)** *(Printing)* Klischee, *das;* **n)** *(pulley)* Block, *der;* **o)** *(Athletics)* Startblock, *der.* **2.** *v. t.* **a)** *(obstruct)* blockieren, versperren ⟨Tür, Straße, Durchgang, Sicht⟩; verstopfen ⟨Pfeife, Nase, Abfluß⟩; verhindern ⟨Fortschritt⟩; abblocken ⟨Ball, Torschuß⟩; **b)** *(Commerc.)* ⟨Investitionen, Guthaben,⟩ **~ed currency** nicht frei konvertierbare Währung; **c)** *(emboss)* prägen
~ 'in *v. t.* ausfüllen ⟨Umrisse, Zeichnung⟩; abdecken ⟨Kamin, Fenster usw.⟩
~ 'off *v. t.* [ab]sperren ⟨Straße⟩; blockieren ⟨Rohr, Verkehr⟩

~ 'out *v. t.* ausschließen ⟨Licht, Lärm⟩; retuschieren ⟨Foto⟩; abdecken ⟨Matrize, Schablone⟩
~ 'up *v. t.* verstopfen; versperren, blockieren ⟨Eingang⟩
blockade [blɒ'keɪd] **1.** *n.* Blockade, *die.* **2.** *v. t.* blockieren
blockage ['blɒkɪdʒ] *n.* Block, *der; (of pipe, gutter)* Verstopfung, *die*
block: ~board *n.* Tischlerplatte, *die;* **~ 'booking** *n.* Gruppenbuchung, *die;* **~-buster** *n.* **a)** *(bomb)* [große] Fliegerbombe; **b)** *(fig.)* Knüller, *der (ugs.);* **~ 'capital** *n.* Blockbuchstabe, *der;* **~ diagram** *n.* Blockdiagramm, *das;* **~ 'grant** *n.* Pauschalsubvention, *die;* **~head** *n.* Dummkopf, *der (abwertend);* **~ heater** *n.* Nachtspeicherheizung, *die;* **~house** *n.* Blockhaus, *das;* **~ 'letters** *n. pl.* Blockschrift, *die;* **~ 'vote** *n.* Stimmenblock, *der*
bloke [bləʊk] *n. (Brit. coll.)* Typ, *der (ugs.)*
blond [blɒnd] *adj.* see **blonde 1**
blonde [blɒnd] **1.** *adj.* blond ⟨Haar, Person⟩; hell ⟨Teint⟩. **2.** *n.* Blondine, *die*
blood [blʌd] **1.** *n.* **a)** Blut, *das;* **sb.'s ~ boils** *(fig.)* jmdm. ist in Rage; **it makes my ~ boil** es bringt mich in Rage; **sb.'s ~ turns** or **runs cold** *(fig.)* jmdm. erstarrt das Blut in den Adern; **draw first ~** *(lit. or fig.)* den ersten Treffer erzielen; **be after** or **out for sb.'s ~** *(fig.)* es auf jmdn. abgesehen haben; **taste ~** *(fig.)* Blut lecken; **it's like getting ~ out of** or **from a stone** das ist fast ein Ding der Unmöglichkeit; **[a policy of] ~ and iron** Blut und Eisen; **b)** *(relationship)* Blutsverwandtschaft, *die;* **~ is thicker than water** *(prov.)* Blut ist dicker als Wasser; **c)** *(race)* Blut, *das;* Geblüt, *das (geh.);* **of noble ~**: von edlem Geblüt; **fresh** or **new ~**: frisches Blut; **young ~**: Nachwuchs, *der;* **sth. is in sb.'s ~**: etw. liegt jmdm. im Blut; **d)** *(passion)* **his ~ is up** er ist in Rage; **do sth. in cold ~**: etw. kaltblütig tun; **[there is] bad ~ [between them]** [es gibt] böses Blut [zwischen ihnen]. **2.** *v. t.* **a) has this hound been ~ed yet?** ist dieser Spürhund schon an Blut gewöhnt?; **b)** *(fig.)* **he was ~ed in the Battle of Leipzig** er bestand seine Feuertaufe in der Völkerschlacht bei Leipzig
blood: ~ and thunder *n.* Mord und Totschlag; **~-and-thunder stories** Schauer-und-Schund-Geschichten, *die;* **~ bank** *n.* Blutbank, *die;* **~-bath** *n.* Blutbad, *das;* **~-brother** *n. (by birth)* leiblicher Bruder; *(by ceremony)* Blutsbruder, *der;* **~ cell** *n.* Blutkörperchen, *das;* **~ clot** *n.* Blutgerinnsel, *das;* **~ count** *n.* Blutbild, *das;* **carry out a ~ count** das Blutbild bestimmen; **~-curdling** *adj.* grauenerregend; **~ donor** see **donor b;** **~ feud** *n.* Blutrache, *die;* **~ group** *n.* Blutgruppe, *die;* **~-heat** *n.* Körpertemperatur, *die;* **~hound** *n.* Bluthund, *der; (fig.)* Spürhund, *der*
bloodless ['blʌdlɪs] *adj.* **a)** *(without bloodshed)* unblutig; **a ~ coup** ein unblutiger Staatsstreich; **b)** *(without blood, pale)* blutleer; **c)** *(unemotional)* gefühllos
blood: ~-letting *n. (Med. Hist.; also fig.)* Aderlaß, *der;* **~-lust** *n.* Blutgier, *die;* **~-money** *n.* Blutgeld, *das;* **~ orange** *n.* Blutorange, *die;* **~-poisoning** *n.* Blutvergiftung, *die;* **~ pressure** *n.* Blutdruck, *der;* **~ pudding** *n.* ≈ Blutwurst, *die;* **~-red** *adj.* blutrot; **~ relation** *n.* Blutsverwandte, *die/der;* **~ sample** *n.* Blutprobe, *die;* **~-shed** *n.* Blutvergießen, *das;* **~shot** *adj.* blutunterlaufen; **~ sports** *n. pl.* Hetzjagd, *die;* **~ stain** *n.* Blutfleck, *der;* **~-stained** *adj. (lit. or fig.)* blutbefleckt; **~ stock** *n.* Vollblutpferde *Pl.;* **~stone** *n.* Blutstein, *der;* **~stream** *n.* Blutstrom, *der;* **~sucker** *n. (leech)* Blutegel, *der; (fig.: extortioner)* Blutsauger, *der;* **~ sugar** *n.* Blutzucker, *der (Med.);* **~ test** *n.* Blutprobe, *die;* **~thirsty** *adj.* blutdürstig *(geh.);* blut-

blood transfusion | **bludgeon**

rünstig; ~ **transfusion** n. Bluttransfusion, die; ~-**vessel** n. Blutgefäß, das
bloody ['blʌdɪ] 1. adj. a) blutig; (running with blood) blutend; (like blood) blutrot; (loving bloodshed) blutrünstig; **give sb. a ~ nose** (lit., or fig. coll.) jmdm. eins auf die Nase geben; b) (sl.: damned) verdammt (salopp); **you ~ fool!** du Vollidiot! (salopp); **~ hell!** verdammt noch mal! (salopp); c) (Brit.) as intensifier einzig; **he didn't leave me a ~ penny** er ließ mir keinen roten Heller; **that/he is a ~ nuisance** das ist vielleicht ein Mist (salopp)/der geht einem vielleicht od. ganz schön auf den Wecker (ugs.). 2. adv. a) (sl.: damned) verdammt (salopp); **don't be so ~ stupid!** sei doch nicht so verdammt blöde! b) (Brit.) as intensifier verdammt (salopp); **not ~ likely!** denkste! (salopp); **I don't ~ [well] like it!** ich kann das, verdammt noch mal, nicht leiden! 3. v. t. (make ~) blutig machen; (stain with blood) mit Blut beflecken
bloody: **B~ 'Mary** n. Bloody Mary, der od. die (ein Cocktail); **~-'minded** adj. stur (ugs.)
bloom [blu:m] 1. n. a) Blüte, die; **be in ~**: in Blüte stehen; **have come into ~**: blühen; b) (on fruit) Flaum, der; (flush) rosige Gesichtsfarbe; c) (prime) Blüte, die; **come into ~**: erblühen. 2. v. i. blühen; (fig.: flourish) in Blüte stehen
bloomer ['blu:mə(r)] n. (Brit.) a) (coll.: error) Schnitzer, der; b) (loaf) Langbrot, das
bloomers ['blu:məz] n. pl. a) [Damen]pumphose, die; (coll.: knickers) Schlüpfer, der; b) (Hist.: costume) weite Damenhose (zum Radfahren)
blooming ['blu:mɪŋ] (sl. euphem.) 1. adj. verflixt (ugs.); **oh, you ~ idiot!** du Trottel! (ugs.). 2. adv. verflixt (ugs.)
blooper ['blu:pə(r)] n. (Amer. coll.) [peinlicher] Fehler, der; Patzer, der (ugs.); **make or pull a ~**: einen Bock schießen (ugs.)
blossom ['blɒsəm] 1. n. a) (flower) Blüte, die; b) no pl. no indef. art. (mass of flowers) Blüte, die; Blütenmeer, das (geh.); **be in ~**: in [voller] Blüte stehen od. sein; **have come into ~**. 2. v. i. a) (fig.) blühen; **the trees ~ed early this year** die Baumblüte begann dieses Jahr schon früh; b) (fig.) blühen; ⟨Mensch:⟩ aufblühen, erblühen (geh.); **~ [out] into a statesman/poet** sich zu einem Staatsmann/Dichter entwickeln
blot [blɒt] 1. n. a) (spot of ink) Tintenklecks, der; (stain) Fleck, der; (blemish) Makel, der; **a ~ on the landscape** (lit. or fig.) ein Schandfleck in der Landschaft; b) (fig.) Makel, der; **a ~ on sb.'s character** ein Makel auf jmds. Weste (fig.); see also **escutcheon**. 2. v. t., **-tt-** a) (dry) ablöschen ⟨Tinte, Schrift, Papier⟩; b) (spot with ink) beklecksen; verklecksen; (fig.: disgrace) beflecken ⟨Namen, guten Ruf⟩; **~ one's copy-book** (fig. coll.) sich unmöglich machen
~ 'out v. t. a) (obliterate) einen Klecks machen auf (+ Akk.); unleserlich machen ⟨Schrift;⟩ b) (obscure) verdecken ⟨Sicht⟩; **thick smoke/fog ~ted out the enemy ship/the mountains** dichter Rauch/Nebel verdeckte [die Sicht auf] das feindliche Schiff/die Berge; c) auslöschen ⟨Leben, Menschheit, Erinnerung⟩; dem Erdboden gleichmachen, ausradieren ⟨Stadt, Land⟩
blotch [blɒtʃ] n. (on skin) Fleck, der; (patch of ink etc.) Klecks, der
blotchy ['blɒtʃɪ] adj. (skin) fleckig; (with wet blotches) verkleckst
blotter ['blɒtə(r)] n. a) Schreibunterlage, die; b) (Amer.: record-book) Kladde, die; (Police: record of arrests) [Polizei]register, das
blotting-paper ['blɒtɪŋpeɪpə(r)] n. Löschpapier, das

blotto ['blɒtəʊ] pred. adj. (sl.) [sternhagel]voll (salopp)
blouse [blaʊz] n. Bluse, die
¹blow [bləʊ] 1. v. i., blew [blu:], blown [bləʊn] a) ⟨Wind:⟩ wehen; ⟨Sturm:⟩ blasen; ⟨Luft:⟩ ziehen; **there is a gale ~ing out there** es stürmt draußen; **the wind blew in gusts** es wehte ein böiger Wind; der Wind war böig; **there's a draught ~ing** es zieht; **cold air blew down every corridor** auf allen Gängen war es kalt und zugig; b) (exhale) blasen; **~ on one's tea to cool it** in den Tee pusten, um ihn abzukühlen; **~ on one's hands to warm them** in die Hände hauchen, um sie zu wärmen; **~ hot and cold** (fig.) einmal hü und einmal hott sagen; c) (puff, pant) ⟨Person:⟩ schwer atmen, schnaufen; ⟨Tier:⟩ schnaufen; d) (eject air and water) ⟨Wal:⟩ spritzen; e) (be sounded by ~ing) geblasen werden; ⟨Trompete, Flöte, Horn, Pfeife usw.:⟩ ertönen; f) (be driven by ~ing) geblasen od. geweht werden; ⟨Blätter, Schneeflocken, Seifenblasen:⟩ [durch die Luft] fliegen; **a few leaves blew along the road** einige Blätter wirbelten od. (dichter.) tanzten die Straße entlang; g) ⟨Sicherung, Glühfaden:⟩ durchbrennen; h) (sl.: depart) abhauen (salopp). 2. v. t., blew, blown (see also m) a) (breathe out) [aus]blasen, ausstoßen ⟨Luft, Rauch:⟩ b) (send by ~ing) ~ **sb. a kiss** jmdm. eine Kußhand zuwerfen; c) (drive by ~ing) treiben; d) (make by ~ing) blasen ⟨Glas⟩; machen ⟨Seifenblasen⟩; e) (sound) ⟨Trompete, Flöte, Horn, Pfeife usw.:⟩; **~ one's own trumpet** (fig.) sein Eigenlob singen; f) (send jet of air at) anblasen ⟨Feuer⟩; (gently) anhauchen; g) (clear) ausblasen ⟨Ei⟩; **~ one's nose** sich (Dat.) die Nase putzen; [sich] schneuzen (geh.); h) (send flying) schleudern; **~ to pieces** etw. in die Luft sprengen; **it ~s your mind** (sl.) da flippst du aus (ugs.); **this dope will ~ your mind** (sl.) der Stoff hier haut voll rein (salopp); **~ one's top** or (Amer.) **stack** (coll.) in die Luft gehen (ugs.); i) (cause to melt) durchbrennen lassen ⟨Sicherung, Glühlampe⟩; durchhauen ⟨Schloß;⟩ j) (break into) sprengen, aufbrechen ⟨Tresor, Safe⟩; aufbrechen ⟨Schloß;⟩ k) (sl.: ruin) verraten ⟨Plan, Komplizen⟩; see also **cover** 1 i; **²gaff**; l) **be ~n** (out of breath) erschöpft sein; m) p. t. ~**ed**; (sl.: curse) [well,] **I'm or I'll be ~ed** ich werde verrückt! (salopp); **I'll be ~ed if I'll do it!** ich denk' nicht [im Traum] dran, das zu tun (ugs.); **well, I'll be ~ed if it isn't old Sid!** Mensch[enskind], wenn das nicht der alte Sid ist! (ugs.); **~ you, Jack!** du kannst mich mal gern haben! (salopp); **you, Jack, I'm all right** [das ist] dein Pech od. Problem od. Bier (ugs.); **~!** [so ein] Mist! (ugs.); n) (sl.: squander) verpulvern, verplempern (ugs.) ⟨Geld, Mittel, Erbschaft⟩; **he blew all his winnings on gambling** er hat seinen ganzen Gewinn verspielt; **he blew all his money on women** er hat sein ganzes Geld für Frauen ausgegeben; **~ it** (lose opportunity) es vermasseln (salopp). 3. a) (wind) Sturm, der; b) (inhaling of fresh air) **we went outside for a ~**: wir gingen raus, um etwas frische Luft zu schnappen (ugs.); c) (of instrument) **he gave a loud/long ~ on his trumpet** er ließ einen lauten/langen Trompetenstoß erschallen; d) (~ing of nose) **he schneuzte sich a [good] ~**: er schneuzte sich [gründlich] (geh.); **have a good ~**: putz dir mal ordentlich die Nase
~ a'way 1. v. i. wegfliegen. 2. v. t. a) wegblasen; b) (Amer. sl.: kill by shooting) umblasen (ugs.)
~ 'down 1. v. i. umgeblasen werden. 2. v. t. umblasen
~ 'in 1. v. t. zum Einsturz bringen ⟨Haus, Mauer⟩; **the gale blew the windows in** der

Sturm drückte die Fenster ein. 2. v. i. a) ⟨Luft:⟩ hereinkommen; ⟨Staub:⟩ hereingeweht werden; b) (coll.: enter) hereinschneien; hereinplatzen
~ 'off 1. v. i. a) weggeblasen werden; b) (Brit. sl.: break wind) pup[s]en (fam.). 2. v. t. wegblasen; ⟨Explosion:⟩ wegreißen
~ 'out 1. v. t. a) (extinguish) ausblasen ⟨Kerze, Lampe⟩; b) (by explosion) **the explosion blew all the windows out** durch die Explosion flogen alle Fensterscheiben raus; **~ sb.'s/one's brains out** jmdm./sich eine Kugel durch den Kopf jagen (ugs.). 2. v. i. ⟨Reifen:⟩ platzen; ⟨Kerze, Lampe:⟩ ausgeblasen werden. 3. v. refl. ⟨Sturm:⟩ sich legen. See also **blow-out**
~ 'over 1. v. i. umgeblasen werden; ⟨Streit, Sturm:⟩ sich legen; **wait till the whole thing ~s over** (fig.) warte, bis sich die Sache gelegt hat. 2. v. t. umblasen
~ 'up 1. v. t. a) (shatter) [in die Luft] sprengen; b) (inflate) aufblasen ⟨Ballon⟩; aufpumpen ⟨Reifen⟩; c) (coll.: reprove) in der Luft zerreißen (ugs.); d) (coll.: enlarge) vergrößern ⟨Foto, Seite⟩; e) (coll.: exaggerate) hochspielen, aufbauschen ⟨Ereignis, Bericht⟩. 2. v. i. a) (explode) explodieren; b) (arise suddenly) ⟨Krieg, Konflikt, Sturm:⟩ ausbrechen (ugs.); c) (lose one's temper) [vor Wut] explodieren (ugs.); in die Luft gehen (ugs.). See also **blow-up**
²blow n. a) (stroke) Schlag, der; (with axe) Hieb, der; (jolt, push) Stoß, der; **in or at one ~** (lit. or fig.) mit einem Schlag; **come to ~s** handgreiflich werden; **a ~-by-~ description/account** eine Beschreibung/ein Bericht in allen Einzelheiten; **strike a ~ for sb./sth.** (fig.) jmdm./einer Sache einen großen Dienst erweisen; **strike a ~ against sb./sth.** (fig.) jmdm./einer Sache einen [schweren] Schlag versetzen; b) (disaster) schwerer Schlag, der (fig.) (to für); Schicksalsschlag, der; Tiefschlag, der (ugs.); **be a ~ to sb.** ein schwerer Schlag für jmdn.; **suffer a ~**: einen Schock erleiden
blow-dry v. t. fönen
blower ['bləʊə(r)] n. a) (apparatus) Gebläse, das; b) (Brit. coll.: telephone) **on the ~**: an der Strippe; **get on the ~**: sich an die Strippe hängen; **I spoke to him on the ~ yesterday** ich habe gestern mit ihm telefoniert
blow: **~-fish** n. Kugelfisch, der; **~fly** n. Schmeißfliege, die; **~-hole** n. a) (Zool.) Atemloch, das; Spritzloch, das; b) (Metallurgy) Abzugsloch, das; **~-job** n. (coarse) Blasmusik, die (fig. vulg.); **give sb. a ~-job** jmdm. einen blasen (vulg.); **~-lamp** n. Lötlampe, die
blown see **¹blow** 1, 2
blow: **~-out** n. a) (burst tyre) Reifenpanne, die; b) (coll.: meal) feudales Essen (ugs.); **we had a good ~-out at the Savoy** wir sind im Savoy richtig feudal essen gewesen (ugs.); **~-pipe** n. (weapon) Blasrohr, das; (tool) Lötrohr, das (Chemie); (Glass-blowing) Glasmacherpfeife, die; **~-torch** n. (Amer.) der **~-lamp**; **~-up** n. (coll.: enlargement) Vergrößerung, die
blowy ['bləʊɪ] adj. windig; (wind-swept) stürmisch
blowzy ['blaʊzɪ] adj. a) (red-faced) rotbäckig; **she had a ~, well-fed appearance** sie war pausbäckig und wohlgenährt; b) (coarse-looking) schlampig; verwildert; c) (slatternly) schlampig ⟨Frau⟩
blub [blʌb] v. i., **-bb-** (coll.) heulen (ugs.); plärren (ugs.)
blubber ['blʌbə(r)] 1. n. a) (whale-fat) Walspeck, der; b) (coll.: weeping) Geplärr[e], das (ugs.); Heulen, das (ugs.). 2. v. i. (coll.: weep) heulen (ugs.); plärren (ugs.); jammern
bludgeon ['blʌdʒn] 1. n. Knüppel, der. 2. v. t. niederknüppeln; **~ sb. to death** jmdn. [mit einem Knüppel] totschlagen

blue   **boastful**

¹**blue** [bluː] 1. *adj.* **a)** blau; **be ~ with cold/rage** blau gefroren/rot vor Zorn sein; *see also* **face 1 a; b)** *(depressed)* **be/feel ~:** niedergeschlagen sein/sich bedrückt *od.* deprimiert fühlen; **c)** *(Brit. Polit.: conservative)* konservativ; ≈ schwarz *(ugs.);* **d)** *(pornographic)* pornographisch; Porno-; **~ film** *or* **movie** Porno[film], *der;* **~ jokes** unanständige Witze. 2. *n.* **a)** *(colour)* Blau, *das;* **b)** *(blueness)* Bläue, *die;* **c)** *(Snooker)* blaue Kugel; **d)** *(~ clothes)* **dressed in ~:** blau gekleidet; **the boys in ~** *(Brit. coll.: police)* die Blauen *(ugs.);* **e)** *(Brit. Univ.)* **be a/get a** *or* **one's ~:** die Universität bei Sportwettkämpfen vertreten haben/vertreten; **f)** *(whitener)* Waschblau, *das;* Wäscheblau, *das;* **g)** *(sky)* Himmelsblau, *das;* **out of the ~** *(fig.)* aus heiterem Himmel *(ugs.);* völlig unerwartet *(ugs.);* **disappear into the ~** *(fig.)* sich in nichts auflösen; **h)** *(Polit.: Conservative)* Konservative, *der/die;* ≈ Schwarze, *der/die (ugs.);* **i)** *(butterfly)* Bläuling, *der;* **j) the ~s** *(melancholy)* Niedergeschlagenheit; **have the ~s** niedergeschlagen *od.* deprimiert sein; **get the ~s** schwermütig *od.* melancholisch werden; **k) the ~s** *(Mus.)* der Blues; **play/sing the ~s** Blues spielen/singen; **play a ~s** einen Blues spielen. 3. *v. t.* *(make ~)* blau machen; bläuen ⟨Stahl, Wäsche⟩

²**blue** *v. t. (Brit. coll.: squander)* verpulvern, verplempern ⟨Geld, Erbe⟩

blue: **~ baby** *n. (Med.)* blausüchtiger Säugling; **~bell** *n. (campanula)* [blaue Wiesen]glockenblume, *die; (wild hyacinth)* Sternhyazinthe, *die;* **~berry** [bluːbərɪ] *n.* Heidelbeere, *die;* Blaubeere, *die;* **~bird** *n. (of N. Amer.)* Elfenblauvogel, *der; (of S. and S.E. Asia)* Rotkehlhüttensänger, *der;* **~ blood** *n.* blaues Blut; **~blooded** *adj.* blaublütig; **~ book** *n.* **a)** *(Brit. Parl.)* Blaubuch, *das;* **b)** *(Amer. Polit.)* eine Art Who's Who; **~bottle** *n.* **a)** *(Zool.)* Schmeißfliege, *die;* **b)** *(Bot.)* Kornblume, *die;* **~'cheese** *n.* Blauschimmelkäse, *der;* Edelpilzkäse, *der;* **~'chip** *n. (Poker)* blaue Spielmarke, *die;* **~-chip share** *n. (St. Exch.)* erstklassiges Wertpapier; **Blue chip**, *der (fachspr.);* **~-'collar** *adj.* **~-collar worker** Arbeiter, *der*/Arbeiterin, *die;* **~-collar union** Arbeitergewerkschaft, *die;* **~-eyed** *adj.* blauäugig; **he ~-eyed boy** haben *(ugs.);* **~-eyed 'boy** *n. (fig. coll.)* Goldjunge, *der;* **~fish** *n.* Blaubarsch, *der;* **~ 'fit** *n. (coll.)* **have a ~ fit** Zustände kriegen *(ugs.);* **~ grass** *n. (Amer.: Poa pratensis)* Wiesenrispengras, *das;* **~gum** *n. (Bot.)* Blaugummibaum, *der;* Fieberbaum, *der;* **~jacket** *n. (fig.)* Blaujacke, *die (ugs.);* **~ 'jeans** *n. pl.* Blue jeans *Pl.;* **~ 'moon** *n.* **once in a ~ moon** alle Jubeljahre *(ugs.);* **~'mould** *n.* eßbare Schimmelpilze *Pl.;* **~ 'murder** *n.* **cry** *or* **scream ~ murder** *(sl.)* Zeter und Mordio schreien *(ugs.).*

blueness [ˈbluːnɪs] *n., no pl.* Bläue, *die*

blue: **~ 'pencil** *n. (fig.)* blauer Farbstift; ≈ Rotstift, *der;* **~-'pencil** *v. t.* mit dem Rotstift gehen an ⟨*Text*⟩; zensieren ⟨*Nachricht*⟩; **B~ 'Peter** *n. (Naut.)* Blauer Peter; **~print** *n.* **a)** *(Brit.)* Blaupause, *die;* **b)** *(fig.)* Plan, *der;* Entwurf, *der;* **~ 'ribbon** *n.* **a)** *(ribbon of the Garter)* das blaue Band des Hosenbandordens; **b)** *(distinction)* höchste Auszeichnung; erster Preis; **c)** *(sign of teetotalism)* Abzeichen eines Temperenzlervereins; **~stocking** *n.* Blaustrumpf, *der;* **she was too much of a ~stocking** sie war zu blaustrümpfig; **~ 'streak** *n. (coll.)* **he ran like a ~ streak** er rannte wie ein geölter Blitz *(ugs.);* **~throat** *n. (Ornith.)* Blaukehlchen, *das;* **~ 'tit** *n. (Ornith.)* Blaumeise, *die;* **~ 'water** *n.* hohe See; *See:* **~ 'whale** *n.* Blauwal, *der*

¹**bluff** [blʌf] 1. *n. (act)* Täuschungsmanöver, *das;* Bluff, *der (ugs.);* **it's nothing but a ~:** das ist bloß [ein] Bluff; *see also* **call 2 c.** 2. *v. i. & t.* bluffen *(ugs.).*

²**bluff** 1. *n.* **a)** *(headland)* Kliff, *das;* Steilküste, *die; (inland)* Steilhang, *der.* 2. *adj.* **a)** *(abrupt, blunt, frank, hearty)* rauhbeinig *(ugs.);* **b)** *(perpendicular)* steil; schroff ⟨*Felswand, Abhang, Küste*⟩; breit ⟨*Schiffsbug*⟩

bluffness [ˈblʌfnɪs] *n., no pl.* Rauhbeinigkeit, *die (ugs.)*

bluish [ˈbluːɪʃ] *adj.* bläulich

blunder [ˈblʌndə(r)] 1. *n.* [schwerer] Fehler; **make a ~:** einen [schweren] Fehler machen; einen Bock schießen *(ugs.).* 2. *v. i.* **a)** *(make mistake)* einen [schweren] Fehler machen; **b)** *(move blindly)* tappen; **he ~ed about the darkened room/down the corridor** er tappte in dem dunklen Zimmer umher/den Flur entlang. 3. *v. t. (mismanage)* falsch machen

blunderbuss [ˈblʌndəbʌs] *n. (Arms Hist.)* Donnerbüchse, *die (veralt.)*

blunt [blʌnt] 1. *adj.* **a)** stumpf; **a ~ instrument** ein stumpfer Gegenstand; **b)** *(outspoken)* direkt; unverblümt; **he was quite ~ about his opinion/dislike** er machte aus seiner Meinung/Abneigung überhaupt keinen Hehl; **c)** *(uncompromising)* glatt *(ugs.)* ⟨*Ablehnung*⟩. 2. *v. t.* **~ [the edge of]** stumpf machen ⟨*Messer, Schwert, Säge*⟩; dämpfen ⟨*Begeisterung*⟩; mildern ⟨*Trauer, Enttäuschung*⟩; **~ the edge of one's appetite** sich *(Dat.)* den Appetit verderben

bluntly [ˈblʌntlɪ] *adv.* **a)** *(outspokenly)* direkt, unverblümt ⟨*sprechen, antworten*⟩; **b)** *(uncompromisingly)* glatt ⟨*ablehnen*⟩

bluntness [ˈblʌntnɪs] *n., no pl. see* **blunt 1:** Stumpfheit, *die;* Direktheit, *die;* Unverblümtheit, *die;* **he was shocked by the ~ of her refusal** ihre glatte Absage hat ihn regelrecht schockiert *(ugs.)*

blur [blɜː(r)] 1. *v. t.,* -**rr-** **a)** *(smear)* verwischen, verschmieren ⟨*Schrift, Seite*⟩; **b)** *(make indistinct)* verwischen ⟨*Schrift, Farben, Konturen*⟩; **become ~red** ⟨*Farben, Schrift:*⟩ verwischt werden; **c)** *(dim)* trüben ⟨*Sicht, Wahrnehmung*⟩; **my vision is ~red** mir [ver]schwimmt alles vor [den] Augen; **her eyes were ~red by tears** ihr die Augen schwammen in Tränen. 2. *n.* **a)** *(smear)* [verschmierter] Fleck; **b)** *(dim image)* verschwommener Fleck

blurb [blɜːb] *n.* Klappentext, *der;* Waschzettel, *der*

blurt [blɜːt] *v. t.* hervorstoßen ⟨*Worte, Beschimpfung*⟩; **~ sth. out** mit etw. herausplatzen *(ugs.)*

blush [blʌʃ] 1. *v. i.* **a)** erröten *(geh.);* rot werden; **make sb. ~:** jmdn. erröten *(geh.)* od. rot werden lassen; **b)** *(be ashamed)* sich schämen *(geh.);* **spare sb.'s ~es** jmdn. nicht in Verlegenheit bringen. 2. *n.* **a)** *(reddening)* Erröten, *das (geh.);* **b)** *(rosy glow)* Röte, *die;* **the ~ of dawn** *(literary)* der rosige Schimmer der Morgenröte; **c)** *(glance)* **at [the] first ~:** auf den ersten Blick

blusher [ˈblʌʃə(r)] *n.* Rouge, *das*

bluster [ˈblʌstə(r)] 1. *v. i.* **a)** ⟨*Wind:*⟩ tosen, brausen; **b)** ⟨*Person:*⟩ herumschreien *(ugs.).* 2. *v. t.* **~ one's way out of sth.** etw. lautstark abstreiten; **you can't ~ your way out of this one** diesmal kannst du dich nicht großartig aus der Affäre ziehen. 3. *n.* **a)** *(blowing of wind)* Tosen, *das;* Brausen, *das;* **b)** *(talk, threats)* Geschrei, *das (abwertend)*

blustery [ˈblʌstərɪ] *adj.* stürmisch ⟨*Wetter, Wind*⟩

BM *abbr.* **a)** *see* **MB; b) British Museum** Britisches Museum

B. Mus. [biːˈmʌz] *abbr.* **Bachelor of Music** Bakkalaureus der Musik; *see also* **B. Sc.**

BMX *abbr.* **bicycle motor cross** BMX; **BMX bike** BMX-Fahrrad, *das*

BO *abbr. (coll.)* **body odour** Körpergeruch, *der*

boa [ˈbəʊə] *n.* **a)** *(Zool.)* Boa, *die; (python)* Riesenschlange, *die;* **b)** *(garment)* Boa, *die*

boa constrictor [ˈbəʊə kənstrɪktə(r)] *n.* Boa constrictor, *die; (python)* Riesenschlange, *die*

boar [bɔː(r)] *n.* **a)** *(male pig)* Eber, *der;* **b)** *(wild)* Keiler, *der;* **c)** *(guinea-pig)* Bock, *der*

board [bɔːd] 1. *n.* **a)** *(piece of wood)* Brett, *das;* **as flat as a ~:** flach; ⟨*Frau*⟩ flach wie ein Bügelbrett; **bare ~s** die Dielen; **b)** *(black~)* Tafel, *die;* **c)** *(notice-~)* Schwarzes Brett; **d)** *(in game)* Brett, *das;* **e)** *(spring-)* [Sprung]brett, *das;* **f)** *(material)* Spanplatte, *die;* **g)** *(meals)* Verpflegung, *die;* **~ and lodging** Unterkunft und Verpflegung; **full ~:** Vollpension, *die;* **h)** *(table)* **a festive ~:** ein festlich gedeckter Tisch; **i)** *(Admin. etc.)* Amt, *das;* Behörde, *die;* **gas/water/electricity ~:** Gas-/Wasser-/Elektrizitätsversorgungsgesellschaft, *die;* **~ [of examiners]** [Prüfungs]kommission, *die;* **~ of inquiry** Untersuchungsausschuß, *der;* **~ of trustees** Kuratorium, *das;* **~ [of interviewers]** Gremium, *das (zur Auswahl von Bewerbern); (Univ.)* Berufungskommission, *die;* **~ of trade** *(Amer.)* Handelskammer, *die;* **B~ of Trade** *(Brit. Hist.)* Handelsministerium, *das;* **j)** *(Commerc., Industry)* **~ [of directors]** Vorstand, *der; (supervisory ~)* Aufsichtsrat, *der; (in public body)* Verwaltungsrat, *der;* **chairman of the ~:** Vorstands-/Aufsichtsrats-/Verwaltungsratsvorsitzende, *der;* **k)** *(Naut., Aeronaut., Transport)* **on ~:** an Bord; **on ~ the ship/plane** an Bord des Schiffes/Flugzeugs; **on ~ the train/bus** im Zug/Bus; **go on ~ the train/bus in den Zug/Bus einsteigen; **take sb. on ~** *(fig. coll.)* jmdn. aufnehmen; **take sth. on ~** *(fig. coll.) (consume)* etw. zu sich nehmen; *(accept)* etw. annehmen; **l) the ~s** *(Theatre)* die Bühne; **m) go by the ~:** ins Wasser fallen; **your high principles will have to go by the ~:** du mußt deine hohen Grundsätze über Bord werfen. *See also* **above 2 a; across 2 b.** 2. *v. t.* **a) ~ up; b)** *(provide with lodging)* in Pension nehmen; **c)** *(go on ~)* **~ the ship/plane** an Bord des Schiffes/Flugzeugs gehen; **~ the train/bus** in den Zug/Bus einsteigen; **d)** *(come alongside)* längsseits herankommen an (+ *Akk.*); *(force one's way on ~)* entern; **e)** *(interview)* **~ sb.** mit jmdm. ein Vorstellungsgespräch führen. 3. *v. i.* **a)** *(lodge)* [in Pension] wohnen **(with** bei); **b)** *(~ an aircraft)* **'flight L5701 now ~ing [at] gate 15"** „Passagiere des Fluges L 5701 bitte zum Flugsteig 15" **~ out** 1. *v. i.* in Pension wohnen. 2. *v. t.* in Pension geben

~ up *v. t.* Brettern vernageln

boarder [ˈbɔːdə(r)] *n.* **a)** *(lodger)* Pensionsgast, *der;* **b)** *(Sch.)* Internatsschüler, *der/* -schülerin, *die;* Interne, *der/die (veralt.);* **c)** *(Naut.)* Enterer, *der*

'board-game *n.* Brettspiel, *das*

boarding [ˈbɔːdɪŋ] *n.* **~-house** *n.* Pension, *die;* **~-party** *n.* Enterkommando, *das;* **~-pass** *n.* Bordkarte, *die;* **~-school** *n.* Internat, *das*

board: **~ meeting** *n.* Vorstands-/Aufsichtsratssitzung, *die;* **~room** *n.* Sitzungssaal, *der; (fig.: top management)* Vorstandsetage, *die;* **~ 'sailing** *see* **windsurfing; ~walk** *n. (Amer.)* Bohlenweg, *der; (in yard, trench, etc.)* Holzrost, *der*

boast [bəʊst] 1. *v. i.* prahlen **(of, about** mit); **that's nothing to ~ about** das ist kein Grund zum Prahlen. 2. *v. t. (possess)* sich rühmen (+ *Gen.);* **our school ~s a fine playing-field** unsere Schule nennt einen schönen Sportplatz ihr eigen. 3. *n.* **a)** Prahlerei, *die;* **his favourite ~ is that ...:** am liebsten prahlt er damit, daß ...; **b)** *(cause of pride)* Stolz, *der*

boaster [ˈbəʊstə(r)] *n.* Aufschneider, *der*/Aufschneiderin, *die (ugs.)*

boastful [ˈbəʊstfl] *adj.* prahlerisch; großspurig ⟨*Erklärung, Behauptung*⟩

boastfully ['bəʊstfəlɪ] *adv.* großspurig; **talk ~ of sth.** mit etw. prahlen
boastfulness ['bəʊstfəlnɪs] *n., no pl.* Großspurigkeit, *die*
boat [bəʊt] *n.* **1. a)** Boot, *das;* **ship's ~:** Beiboot, *das;* **go by ~** mit dem Schiff fahren; **push the ~ out** *(fig. coll.)* ein Faß aufmachen *(ugs.);* **be in the same ~** *(fig.)* im gleichen Boot sitzen; *see also* ¹**boat 2 a; miss 2 d;** ²**rock 1 b; b)** *(ship)* Schiff, *das;* **c)** *(for sauce etc.)* Sauciere, *die.* **2.** *v. i.* **go ~ing** eine Bootsfahrt machen
boat: ~-deck *n.* Bootsdeck, *das;* **~ drill** *n.* Bootsmanöver, *das*
boater ['bəʊtə(r)] *n.* **a)** *(person)* Bootsfahrer, *der/*-fahrerin, *die;* **b)** *(hat)* steifer Strohhut; Kreissäge, *die (ugs.)*
boatful ['bəʊtfʊl] *n.* Bootsladung, *die*
boat: ~-hook *n.* Bootshaken, *der;* **~-house** *n.* Bootshaus, *das;* **~load** *n.* Bootsladung, *die;* **~man** ['bəʊtmən] *n., pl.* **~men** ['bəʊtmən] **a)** *(hiring)* Bootsverleiher, *der;* **b)** *(providing transport)* Bootsführer, *der;* **~ people** *n. pl.* Boat people *Pl.:* Bootsflüchtlinge; **~ race** *n.* Regatta, *die;* **the B~ Race** die Oxford-Cambridge-Regatta; **~swain** ['bəʊsn] *n.* Bootsmann, *der;* **~swain's chair** Bootsmannsstuhl, *der;* **~-train** *n.* Zug mit Schiffsanschluß
¹**bob** [bɒb] **1.** *v. i.* -**bb-** **a) ~ [up and down]** sich auf und nieder bewegen; *(jerkily)* auf und nieder schnellen; ⟨*[Pferde]schwanz:*⟩ [auf und nieder] wippen; **the poppies ~bed in the breeze** der Mohn wiegte sich im Wind [hin und her]; **a cork was ~bing on the waves** ein Korken tanzte auf den Wellen [auf und nieder]; **~ to the surface**, **b)** *(curtsy)* knicksen. **2.** *n. (curtsy)* Knicks, *der*
²**bob 1.** *n.* **a)** *(weight)* Gewicht, *das;* **b)** *(hairstyle)* Bubikopf, *der.* **2.** *v. t.* **~the hair** kurz schneiden ⟨*Haar*⟩; **wear one's hair ~bed** einen Bubikopf tragen
³**bob** *n., pl. same (Brit. coll.)* **a)** *(Hist.: shilling)* Schilling, *der;* *(fig.)* **she's got a few ~, she's not short of a ~ or two** sie hat schon ein paar Mark; **b)** *(5p)* Fünfer, *der (ugs.);* **two/ten ~:** 10/50 Pence
⁴**bob** *n. (coll.)* **~'s your uncle** die Sache ist geritzt *(ugs.);* fertig ist der Lack *(ugs.)*
⁵**bob** *n.* **(~-sled)** Bob, *der*
bobbin ['bɒbɪn] *n.* Spule, *die*
bobbin-lace *n.* Klöppelspitze, *die*
bobble ['bɒbl] *n.* Pompon, *der;* Bommel, *die (bes. nordd.)*
bobby ['bɒbɪ] *n. (Brit. coll.)* Bobby, *der (ugs.);* Schupo, *der (ugs. veralt.)*
bobby: ~ pin *n. (Amer.)* Haarklemme, *die;* **~ socks** *n. pl.* Söckchen *~;* **~-soxer** ['bɒbɪsɒksə(r)] *n.* Backfisch, *der*
bobcat *n. (Amer.)* [Rot]luchs, *der*
bob: ~-sled, ~-sleigh *ns.* Bob[schlitten], *der;* **~-stay** *n. (Naut.)* Wasserstag, *das;* **~-tail** *n. (horse)* Pferd mit gestutztem Schwanz; *(dog)* Hund mit kupiertem Schwanz
bock [bɒk] *n.* Bock[bier], *das*
bod [bɒd] *n. (Brit. coll.)* Mensch, *der;* **~s** Leute, *die;* **odd ~:** seltsamer Typ *(ugs.)*
bode [bəʊd] **1.** *v. i.* **~ ill/well** nichts Gutes/einiges erhoffen lassen. **2.** *v. t.* **a)** *(foretell)* prophezeien; **b)** *(portend)* bedeuten; **~ no good** nichts Gutes ahnen lassen
bodega [bəˈdiːgə] *n.* Bodega, *die*
bodice ['bɒdɪs] *n. (part of dress)* Oberteil, *das;* *(undergarment, part of dirndl)* Mieder, *das*
-bodied [bɒdɪd] *in comb.* von ... Körperbau; **big-~** mit großem, schwerem Körperbau; **a wide-~ aircraft** ein Flugzeug mit breitem Rumpf
bodiless ['bɒdɪlɪs] *adj.* körperlos ⟨*Gespenst*⟩; **a ~ head** ein Kopf ohne Rumpf
bodily ['bɒdɪlɪ] **1.** *adj.* körperlich; organisch ⟨*Krankheit*⟩; **~ harm** Körperverletzung, *die;* **~ needs** leibliche Bedürfnisse *Pl.;* **~ or**-gans Körperorgane. **2.** *adv. (as a whole)* ganz; **the audience rose ~:** das Publikum stand geschlossen auf
bodkin ['bɒdkɪn] *n.* **a)** *(needle)* Durchziehnadel, *die;* **b)** *(hairpin)* lange Haarnadel; **c)** *(tool)* Ahle, *die*
body ['bɒdɪ] **1.** *n.* **a)** *(of person)* Körper, *der;* Leib, *der (geh.);* *(of animal)* Körper, *der;* **bend one's ~ forward** den Oberkörper nach vorne beugen; **the ~ of Christ** der Leib Christi; **enough to keep ~ and soul together** genug, um am Leben zu bleiben; **do sth. ~ and soul** etw. mit aller Kraft tun; **b)** *(corpse)* Leiche, *die;* Leichnam, *der (geh.);* **over my dead ~!** nur über meine Leiche; **c)** *(coll.: person)* Mensch, *der;* *(woman also)* Person, *die;* **she/he is a very kind ~:** sie ist eine ganz reizende Person/er ist ein sehr netter Kerl; **d)** *(group of persons)* Gruppe, *die;* *(having a particular function)* Organ, *das;* *(military force)* [Truppen]verband, *der;* **government ~:** staatliche Einrichtung; **charitable ~:** Wohltätigkeitsorganisation, *die;* **student ~:** Studentenschaft, *die;* **in a ~:** geschlossen; **e)** *(mass)* **a huge ~ of water** große Wassermassen; **f)** *(main portion)* Hauptteil, *der;* **g)** *(Motor Veh.)* Karosserie, *die;* *(Railw.)* Aufbau, *der;* *(aircraft fuselage)* Rumpf, *der;* **h)** *(majority)* Gros, *das;* **i)** *(collection)* Sammlung, *die;* **a ~ of knowledge** ein Wissensschatz; **a ~ of facts** Tatsachenmaterial, *das;* **j)** *(of soup or gravy)* Substanz, *die;* *(of wine)* Körper, *der;* **have no great ~:** nicht sehr gehaltvoll sein/nicht sehr viel Körper haben. *See also* **corporate a; foreign b; heavenly b; politic 1 c.** **2.** *v. t.* **~ sth. forth** etw. verkörpern *od.* versinnbildlichen
body: ~-blow *n.* Körperstoß, *der (Boxen);* *(fig.)* schwerer Schlag; **~-building 1.** *n.* Bodybuilding, *das;* **2.** *adj.* **~-building food** Aufbaukost, *die;* **~-colour** *n.* Deckfarbe, *die;* **~ fluids** *n. pl.* Körperflüssigkeiten; **~guard** *n. (single)* Leibwächter, *der;* *(group)* Leibwache, *die;* **~ hair** *n.* Körperhaar, *das;* **~ language** *n.* Körpersprache, *die;* **~ odour** *n.* Körpergeruch, *der;* **~ search** *n.* Leibesvisitation, *die;* **~-snatcher** *n.* Leichenräuber, *der;* **~-stocking** *n.* Bodystocking, *der;* **~work** *n., no pl. (Motor Veh.)* Karosserie, *die*
Boer [bəʊə(r), bʊə(r)] **1.** *n.* Bure, *der/*Burin, *die.* **2.** *adj.* **the ~ War** der Burenkrieg
boffin ['bɒfɪn] *n. (Brit. sl.)* Eierkopf, *der (salopp)*
bog [bɒg] **1.** *n.* **a)** *(moor)* Moor, *das;* *(marsh, swamp)* Sumpf, *der;* **b)** *(Brit. sl.: lavatory)* Lokus, *der (salopp).* **2.** *v. t.* -**gg-:** **be ~ged down** festsitzen *(fig.);* nicht weiterkommen; **get ~ged down in details** *(fig.)* sich in Details verzetteln
bogey ['bəʊgɪ] *n.* **a)** *(Golf: one stroke over par)* Bogey, *das;* **b)** *see* **bogy**
boggle ['bɒgl] *v. i.* **a)** *(be startled)* sprachlos sein; **the imagination ~s at the thought** der Gedanke übersteigt die Vorstellungskraft; **the mind ~s [at the thought]** bei dem Gedanken wird einem schwindlig; **b)** *(hesitate, demur)* **~ at** *or* **about sth.** etw. höchst ungern tun
boggy ['bɒgɪ] *adj.* sumpfig; morastig
bog 'oak *n.* Mooreiche, *die*
bogus ['bəʊgəs] *adj.* falsch; gefälscht ⟨*Geld, Schmuck, Dokument*⟩; **~ firm** Schwindelfirma, *die;* **the claim/deal was ~:** die Behauptung/das Geschäft war reiner Schwindel
bogy ['bəʊgɪ] *n.* **a)** **B~** *(the Devil)* der Gottseibeiuns; **b)** *(evil spirit)* böser Geist; **~ man** Schreckgestalt, *die;* **c)** *(bugbear)* Schreckgespenst, *das;* **d)** *(sl.: piece of dried mucus)* Popel, *der (ugs.)*
Bohemia [bəʊˈhiːmɪə] *pr. n.* Böhmen *(das)*
Bohemian [bəʊˈhiːmɪən] **1.** *adj.* **a)** *(socially unconventional)* unkonventionell; unbürgerlich; **a ~ person** ein Bohemien; **b)** *(Geog.)* böhmisch; **he/she is ~:** er ist Böhme/sie ist Böhmin. **2.** *n.* **a)** *(socially unconventional person)* Bohemien, *der;* **b)** *(native of Bohemia)* Böhme, *der/*Böhmin, *die*
bohemianism [bəʊˈhiːmɪənɪzm] *n., no pl.* unkonventioneller Lebensstil
¹**boil** [bɔɪl] **1.** *v. i.* **a)** kochen; *(Phys.)* sieden; **the kettle's ~ing** das Wasser im Kessel kocht; **keep the pot ~ing** *(fig.)* *(get a living)* sich über Wasser halten; *(keep sth. going)* dafür sorgen, daß es weitergeht; **b)** *(fig.)* ⟨*Wasser, Wellen:*⟩ schäumen, brodeln; **c)** *(fig.: be angry)* kochen; schäumen **(with** vor + *Dat.)*; **d)** *(fig. coll.: be hot)* sehr heiß sein; **I'm ~ing** mir ist heiß; **be ~ing [hot]** sehr heiß sein; ⟨*Wasser:*⟩ kochend heiß sein; **a ~ing hot August day** ein glühendheißer Augusttag. **2.** *v. t.* **a)** kochen; **~ sth. dry** etw. verkochen; **it is necessary to ~ the water** man muß das Wasser abkochen; **~ed potatoes** Salzkartoffeln; **~ the kettle** das Wasser heiß machen; **~ed shirt** gestärktes Frackhemd; **go and ~ your head** *(fig. coll.)* du kannst mir den Buckel heruntrutschen *(salopp);* **b)** *(make by ~ing)* kochen ⟨*Seife*⟩; **~ed sweet** *(Brit.)* Frucht[bonbon], Hartkaramelle, *die (fachspr.).* **3.** *n.* Kochen, *das;* **come to/go off the ~:** zu kochen anfangen/aufhören; *(fig.)* sich zuspitzen/sich wieder beruhigen; **bring to the ~:** zum Kochen bringen; *(fig.)* auf die Spitze treiben ⟨*Angelegenheit*⟩; **~ a'way** *v. i.* **a)** *(continue boiling)* weiterkochen; **b)** *(evaporate completely)* verkochen; **~ 'down.** *v. i.* einkochen; **~ down to sth.** *(fig.)* auf etw. *(Akk.)* hinauslaufen. **2.** *v. t.* einkochen; *(fig.)* kurz zusammenfassen; **~ 'over** *v. i.* überkochen; **~ 'up 1.** *v. t.* kochen. **2.** *v. i.* kochen; *(fig.)* sich zuspitzen
²**boil** *n. (Med.)* Furunkel, *der*
boiler ['bɔɪlə(r)] *n.* **a)** Kessel, *der;* **b)** *(hotwater tank)* Boiler, *der;* **c)** *(for laundry)* [Wasch]kessel, *der*
boiler: ~-house *n.* Kesselhaus, *das;* **~maker** *n.* Kesselschmied, *der;* **~-room** *n.* Kesselraum, *der;* **~ suit** *n.* Overall, *der*
boiling ['bɔɪlɪŋ] **1.** *adj. see* ¹**boil 1, 2. 2.** *n.* **the whole ~** *(sl.)* der ganze Krempel *(ugs.)*
boiling: ~-point *n.* Siedepunkt, *der;* **be at/reach ~-point** *(fig.)* auf dem Siedepunkt sein/den Siedepunkt erreichen; **~-ring** *n.* Kochspirale, *die*
boisterous ['bɔɪstərəs] *adj.* **a)** *(noisily cheerful)* ausgelassen; **b)** *(rough)* wild; rauh ⟨*Wind, See, Witterung*⟩
boisterously ['bɔɪstərəslɪ] *adv. see* **boisterous:** ausgelassen; wild
bold [bəʊld] *adj.* **a)** *(courageous)* mutig; *(daring)* kühn; **b)** *(forward)* keck; kühn ⟨*Worte*⟩; **make so ~ [as to ...]** so kühn sein[, zu ...]; *see also* **brass 1 a;** **c)** *(striking)* auffallend, kühn ⟨*Farbe, Muster*⟩; kräftig ⟨*Konturen*⟩; fett ⟨*Schlagzeile*⟩; **bring out in ~ relief** deutlich hervortreten lassen; **d)** *(vigorous)* kühn; ausdrucksvoll ⟨*Stil, Beschreibung*⟩; **e)** *(Printing)* fett; *(secondary ~)* halbfett; **in ~ [type]** im Fettdruck
bold: ~-face, ~-faced *see* **bold e**
boldly ['bəʊldlɪ] *adv.* **a)** *(courageously)* mutig; *(daringly)* kühn; **b)** *(forwardly)* dreist; **c)** *(strikingly)* kräftig ⟨*hervortreten*⟩; mit kühnem Schwung ⟨*signieren, malen*⟩; auffällig ⟨*mustern*⟩
boldness ['bəʊldnɪs] *n., no pl.* **a)** *(courage, daring)* Kühnheit, *die;* **b)** *(forwardness)* Dreistigkeit, *die;* **c)** *(strikingness)* Kühnheit, *die;* *(of description, style)* Ausdruckskraft, *die;* *(of an outline, of lettering)* Deutlichkeit, *die;* *(of pattern)* Auffälligkeit, *die*
bole [bəʊl] *n. (trunk)* [Baum]stamm, *der*
bolero [bəˈleərəʊ] *n., pl.* **~s** Bolero, *der*
Bolivia [bəˈlɪvɪə] *pr. n.* Bolivien *(das)*
Bolivian [bəˈlɪvɪən] **1.** *adj.* bolivianisch; **sb. is ~:** jmd. ist Bolivianer/Bolivianerin. **2.** *n.* Bolivianer, *der/*Bolivianerin, *die*

boll [bɒl] *n.* Samenkapsel, *die*
bollard ['bɒləd] *n. (Brit.)* Poller, *der*
bollocks ['bɒləks] *(coarse)* **1.** *n. pl.* Eier *(derb).* **2.** *int.* Scheiße
'**boll-weevil** *n.* Baumwollkapselkäfer, *der*
bologna [bə'ləʊnjə] *n. (Amer.)* ~ [**sausage**] ≈ Mortadella, *die*
boloney [bə'ləʊnɪ] *n.* **a)** *(sl.)* Quatsch, *der (ugs.);* **b)** *(Amer.: sausage) see* **bologna**
Bolshevik ['bɒlʃɪvɪk] *n.* **a)** *(Hist.)* Bolschewik, *der;* **b)** *(coll.: revolutionary)* Bolschewist, *der*/Bolschewistin, *die (ugs.)*
Bolshie, Bolshy ['bɒlʃɪ] *adj. (sl.: uncooperative)* aufsässig; rotzig *(salopp)*
bolster ['bəʊlstə(r)] **1.** *n. (pillow)* Nackenrolle, *die; (wedge-shaped)* Keilkissen, *das.* **2.** *v. t. (fig.)* stärken; ~ **sb.** jmdm. Mut machen; ~ **sth. up** etw. stärken; ~ **up a regime/one's status** ein Regime stützen/seinen Status aufpolieren *(ugs.)*
¹**bolt** [bəʊlt] **1.** *n.* **a)** *(on door or window)* Riegel, *der; (on gun)* Kammerverschluß, *der;* **b)** *(metal pin)* Schraube, *die; (without thread)* Bolzen, *der;* **c)** *(of crossbow)* Bolzen, *der;* **shoot one's** ~ *(fig.)* sein Pulver verschießen; **d)** ~ [**of lightning**] Blitz[strahl], *der;* [**like**] **a** ~ **from the blue** *(fig.)* wie ein Blitz aus heiterem Himmel; **e)** *(sudden dash)* **make a** ~ **for freedom** einen Fluchtversuch machen; **make a** ~ **for it** das Weite suchen. **2.** *v. i.* **a)** davonlaufen; ⟨*Pferd:*⟩ durchgehen; ⟨*Fuchs, Kaninchen:*⟩ [mit einem Satz] flüchten; ~ **out of the shop** aus dem Laden rennen; **b)** *(Hort., Agric.)* vorzeitig Samen bilden; ⟨*Salat, Kohl:*⟩ schießen; **c)** *(Amer. Polit.)* abspringen *(ugs.).* **3.** *v. t.* **a)** *(fasten with* ~) verriegeln; ~ **sb. in/out** jmdn. einsperren/aussperren; **b)** *(fasten with* ~s *with/without thread)* verschrauben/mit Bolzen verbinden; ~ **sth. to sth.** etw. an etw. *(Akk.)* schrauben/mit Bolzen befestigen; **c)** *(gulp down)* ~ [**down**] hinunterschlingen ⟨*Essen*⟩; hinunterstürzen ⟨*Getränk*⟩; **d)** aufjagen ⟨*Fuchs, Kaninchen usw.*⟩. **4.** *adv.* ~ **upright** kerzengerade
²**bolt** *v. t. (sift)* sieben
bolt: ~**hole** *n. (lit. or fig.)* Schlupfloch, *das;* ~**on** *adj.* aufschraubbar
Bolzano [bɒl'zɑ:nəʊ] *pr. n.* Bozen *(das)*
bomb [bɒm] **1.** *n.* **a)** Bombe, *die;* **go like a** ~ *(fig. coll.)* Bombenerfolg sein; **my new car goes like a** ~: mein neues Auto ist die reinste Rakete; **go down a** ~ **with** *(fig. sl.)* ein Bombenerfolg sein bei; **b)** *(sl.: large sum of money)* **a** ~: 'ne Masse Geld *(ugs.);* **c)** *(Amer. coll.: failure)* Reinfall, *der (ugs.).* **2.** *v. t.* bombardieren; ~ **a pub** einen Bombenanschlag auf eine Kneipe verüben. **3.** *v. i.* **a)** Bomben werfen; ~**ing raid** Bombenangriff, *der;* **b)** *(sl.: fail)* durchfallen; **c)** *(sl.: travel fast)* rasen
~ '**out** *v. t.* ausbomben
bombard [bɒm'bɑ:d] *v. t. (Mil.)* beschießen; bombardieren *(veralt.); (fig.)* bombardieren
bombardier [bɒmbə'dɪə(r)] *n. (Brit. Mil.)* Unteroffizier [bei der Artillerie]
bombardment [bɒm'bɑ:dmənt] *n.* Beschuß, *der;* Bombardierung, *die (veralt.); (fig.)* Bombardierung, *die*
bombast ['bɒmbəst] *n., no pl.* Schwulst, *der;* Bombast, *der*
bombastic [bɒm'bæstɪk] *adj.* bombastisch; schwülstig
bomb: ~**bay** *n.* Bombenschacht, *der;* ~**disposal** *n.* Räumung von Bomben; ~**disposal expert** Experte für die Räumung von Bomben; ~**disposal squad** Bombenräumkommando, *das*
bombe [bɒ̃b] *n. (Gastr.)* Eisbombe, *die*
bomber ['bɒmə(r)] *n.* **a)** *(Air Force)* Bomber, *der (ugs.);* **b)** *(terrorist)* Bombenattentäter, *der*/-attentäterin, *die;* Bombenleger, *der*/-legerin, *die (ugs.)*
'**bomber jacket** *n.* Bomberjacke, *die*

bombing ['bɒmɪŋ] *n.* Bombardierung, *die*
bomb: ~**proof** *adj.* bombenfest; ~ **scare** *n.* Bombendrohung, *die;* ~**shell** *n.* Bombe, *die; (fig.)* Sensation, *die;* **come as a** *or* **be something of a** ~**shell** wie eine Bombe einschlagen; **a blonde** ~**shell** eine Superblondine; ~**site** *n.* Trümmergrundstück, *das; (larger area)* Trümmerfeld, *das*
bona fide [bəʊnə 'faɪdɪ] **1.** *adj. (genuine)* echt; *(sincere)* ehrlich; redlich; ~ **contract** in gutem Glauben abgeschlossener Vertrag; ~ **purchaser** gutgläubiger Erwerber. **2.** *adv. (genuinely)* wahrhaftig; *(sincerely)* ehrlich; redlich; *(in good faith)* in gutem Glauben; **bona fide** *(geh.)*
bonanza [bə'nænzə] **1.** *n.* **a)** *(unexpected success)* Goldgrube, *die;* **b)** *(large output)* reiche Ausbeute. **2.** *adj.* äußerst ertragreich ⟨*Farm, Geschäftsjahr*⟩
bon-bon ['bɒnbɒn] *n.* Praliné, *das*
bonce [bɒns] *n. (Brit. sl.: head)* Birne, *die (salopp)*
bond [bɒnd] **1.** *n.* **a)** Band, *das;* **b)** *in pl. (shackles, lit. or fig.)* Fesseln; Bande *(dichter. veralt.);* **c)** *(uniting force)* Band, *das; (adhesion)* **the** ~ **will be instantaneous/unbreakable** die Haftwirkung wird sofort eintreten/die Teile werden absolut fest aneinanderkleben; **e)** *(Commerc.) (debenture)* Anleihe, *die;* Schuldverschreibung, *die; (deed)* Schuldschein, *der;* **goods in** ~: Waren unter Zollverschluß; **f)** *(agreement)* Übereinkommen, *das; (covenant)* Bund, *der;* **my word is [as good as] my** ~: was ich verspreche, das halte ich auch; **g)** *(Insurance)* ≈ Vertrauensschadenversicherung, *die;* **h)** *(Building)* Mauer[ver]band, *der;* **English** ~: Blockverband, *der;* **i)** *see* **bond paper; j)** *(Chem.)* Bindung, *die.* **2.** *v. t.* **a)** *(join securely)* zusammenfügen (**to mit**); **b)** *(Building)* im Verband legen; **c)** *(Commerc.)* unter Zollverschluß nehmen; *see also* **bonded a**
bondage ['bɒndɪdʒ] *n., no pl.* Sklaverei, *die (auch fig.); (sexual perversion)* Bondage, *das;* Fesseln, *die;* **in** ~ **to sb.** als jmds. Sklave/Sklavin *(auch fig.)*
bonded ['bɒndɪd] *adj.* **a)** *(Commerc.)* unter Zollverschluß; ~ **goods** Zollagergut, *das;* ~ **warehouse** Zollager, *das;* ~ **debt** fundierte Schuld *(Finanzw.);* **b)** *(cemented, reinforced)* verstärkt
'**bond:** ~**paper** *n.* Dokumentenpapier, *das; (for general use)* feines Schreibpapier; ~**stone** *n. (Building)* Binder, *der;* ~**washing** *n. (Finance)* Umwandlung von zu versteuernden Dividendengewinnen in steuerfreie Kapitalerträge
bone [bəʊn] **1.** *n.* **a)** Knochen, *der; (of fish)* Gräte, *die;* ~s *(fig.: remains)* Gebeine *Pl. (geh.);* **be chilled to the** ~ *(fig.)* völlig durchgefroren sein; **cut prices to the** ~: die Preise äußerst scharf kalkulieren; **pare expenditure to the** ~: sich radikal einschränken; **work one's fingers to the** ~ *(fig.)* bis zum Umfallen arbeiten; **I feel it in my** ~s *(fig.)* ich habe es im Gefühl; **make old** ~s *(fig.)* alt werden; **the bare** ~s *(fig.)* die wesentlichen Punkte; *(of a story)* die Grundzüge; **close to the** *or* **near the** ~ *(fig.) (indecent)* gewagt; *(destitute)* am Rande des Existenzminimums; **come** *or* **get close to** *or* **near the** ~ *(fig.)* [ziemlich] gewagt sein; *see also* **dry 1 a; b)** *(material)* Knochen, *der; (ivory)* Elfenbein, *das; (stiffener in collar)* Kragenstäbchen, *das; (in corset)* Korsettstange, *die;* **d)** *(subject of dispute)* **have/find a** ~ **to pick with sb.** mit jmdm. ein Hühnchen zu rupfen haben *(ugs.)*/einen Grund finden, mit jmdm. Streit anzufangen; ~ **of contention** Zankapfel, *der;* **make no** ~s **about sth./doing sth.** keinen Hehl aus etw. machen/sich nicht scheuen, etw. zu tun. **2.** *v. t.* **a)** die Knochen herauslösen aus, ausbeinen ⟨*Fleisch, Geflügel*⟩; entgräten ⟨*Fisch*⟩. **3.** *v. i.*

~ **up on sth.** *(Amer. coll.)* etw. büffeln *(ugs.)*
bone: ~ '**china** *n.* Knochenporzellan, *das;* ~'**dry** *adj.* knochentrocken *(ugs.);* ~**fish** *n. (Amer.)* Grätenfisch, *der;* ~**head** *n. (sl.)* Holzkopf, *der (ugs. abwertend);* ~**headed** *adj. (sl.)* blöd *(ugs. abwertend);* ~'**idle,** ~ '**lazy** *adjs.* stinkfaul *(salopp);* ~ **marrow** *n. (Anat.)* Knochenmark, *das;* ~**meal** *n.* Knochenmehl, *das*
boner ['bəʊnə(r)] *n. (sl.)* grober Schnitzer; **pull a** ~: sich *(Dat.)* einen groben Schnitzer leisten
bone: ~**shaker** *n.* Klapperkiste, *die (salopp);* ~ '**weary** *adj.* völlig erschöpft
bonfire ['bɒnfaɪə(r)] *n.* **a)** *(at celebration)* Freudenfeuer, *das;* **B**~ **Night** *(Brit.)* [Abend des] Guy Fawkes Day [mit Feuerwerk]; **b)** *(for burning rubbish)* Feuer, *das;* **make a** ~ **of sth.** *(lit. or fig.)* etw. verbrennen
bongo ['bɒŋgəʊ] *n., pl.* ~**s** *or* ~**es** *(drum)* Bongo, *das od.* ∼
bonhomie [bɒnə'mi:] *n., no pl.* Bonhomie, *die (geh.);* Jovialität, *die*
bonk [bɒŋk] *(Brit. sl.)* **1.** *v. t.* **a)** hauen; **b)** *(copulate with)* bumsen *(salopp).* **2.** *v. i. (copulate)* bumsen *(salopp)*
bonkers ['bɒŋkəz] *adj. (sl.)* verrückt *(salopp);* wahnsinnig *(ugs.);* **go** ~: überschnappen *(ugs.);* **he is** ~: spinnen *(ugs. abwertend)*
bon mot [bɔ̃ 'məʊ, bɒn 'məʊ] *n., pl.* **bons mots** [bɔ̃ 'məʊ, bɒn 'məʊ] Bonmot, *das*
bonnet ['bɒnɪt] *n.* **a)** *(woman's)* Haube, *die;* Bonnet, *das; (hist.)/(child's)* Häubchen, *das; (Scotch cap)* [Schotten]mütze, *die; see also* **bee a; b)** *(Brit. Motor Veh.)* Motor- *od.* Kühlerhaube, *die*
bonny ['bɒnɪ] *adj.* **a)** *(fine)* prächtig ⟨*Bursche, Schiff*⟩; herrlich ⟨*Land, Stadt, Anblick*⟩; **b)** *(healthy-looking)* ⟨*Baby*⟩; gesund ⟨*Gesicht*⟩; **c)** *(Scot. and N. Engl.: comely)* hübsch
bonsai ['bɒnsaɪ] *n.* **a)** *(tree)* Bonsai[baum], *der;* **b)** *no pl., no art. (method)* Bonsai, *das*
bonus ['bəʊnəs] *n.* **a)** zusätzliche Leistung; **b)** *(to shareholders, insurance-policy holder)* Bonus, *der; (to employee)* **Christmas** ~: Weihnachtsgratifikation, *die;* **cost-of-living** ~: Teuerungszulage, *die;* **production** ~: Leistungsprämie, *die;* **c)** *(advantage)* Pluspunkt, *der*
bon vivant [bɔ̃ viː'vɑ̃] *n., pl.* **bon vivants** *or* **bons vivants** [bɔ̃ viː'vɑ̃] Gourmet, *der;* Feinschmecker, *der*
bon voyage [bɔ̃ vwa'jɑ:ʒ] *int.* glückliche Reise
bony ['bəʊnɪ] *adj.* **a)** *(of bone)* beinern; knöchern; Knochen-; *(like bone)* knochenartig; **b)** *(big-boned)* grobknochig; **c)** *(skinny)* knochendürr *(ugs.);* spindeldürr; **d)** *(full of bones)* grätig ⟨*Fisch*⟩; ⟨*Fleisch*⟩ mit viel Knochen; **be** ~: viele Gräten/Knochen haben
boo [buː] **1.** *int.* **a)** *(to surprise sb.)* huh; **b)** *(expr. disapproval, contempt)* buh; **he wouldn't say '**~**' to a goose** er ist sehr schüchtern; **cries of '**~**':** Buhrufe. **2.** *n.* Buh, *das.* **3.** *v. t.* ausbuhen *(ugs.);* **he was** ~**ed off the stage** er wurde so ausgebuht, daß er die Bühne verließ *(ugs.).* **4.** *v. i.* buhen *(ugs.)*
boob [buːb] *(Brit. sl.)* **1.** *n.* **a)** *(mistake)* Fehler, *der;* Schnitzer, *der (ugs.);* **b)** *(simpleton)* Dussel, *der (ugs.);* Blödian, *der (ugs. abwertend);* **c)** *(breast)* Titte, *die (derb).* **2.** *v. i.* einen Schnitzer machen *(ugs.);* Mist bauen *(salopp abwertend)*
booboo ['buːbuː] *n. (coll.) see* **boob 1 a**
booby ['buːbɪ] *n.* **a)** Trottel, *der (ugs. abwertend);* **b)** *(Ornith.)* Tölpel, *der*
booby: ~**hatch** *n. (Amer. sl.)* Klapsmühle, *die (salopp);* ~ **prize** *n.* Preis für den schlechtesten Teilnehmer an einem Wettbewerb; ~ **trap** *n.* **a)** Falle, mit der man jmdm. einen Streich spielen will; **b)** *(Mil.)* versteckte Sprengladung; ~**trap** *v. t.* **a)** [für einen Streich] präparieren; **b)** *(Mil.)* **the bomb/the**

door had been ~-trapped die Bombe war präpariert worden/an der Tür war eine versteckte Sprengladung angebracht worden
boodle ['bu:dl] *n. (sl.)* Zaster, *der (salopp); (for bribery)* Schmiergeld, *das (ugs.)*
book [bʊk] **1.** *n.* **a)** Buch, *das;* **in ~ form** in Buchform; als Buch; **be a closed ~ [to sb.]** *(fig.)* [jmdm. od. für jmdn.] ein Buch mit sieben Siegeln sein; **the ~ of Job** das Buch Hiob; **the ~ of fate** *(fig.)* das Schicksal; **the ~ of life** *(fig.)* das Lebensbuch *(Rel.);* **the [Good] B~** das Buch der Bücher; die Bibel; **throw the ~ at sb.** *(fig.)* jmdn. kräftig zusammenstauchen *(ugs.);* **bring to ~** *(fig.)* zur Rechenschaft ziehen; **in my ~** *(fig.)* meiner Ansicht *od.* Meinung nach; **it's not in my ~** *(fig.)* es paßt mir nicht; **be in sb.'s good/bad ~s** *(fig.)* bei jmdm. gut/schlecht angeschrieben sein; **that's not in the ~** *(fig. coll.)* das geht nicht; **I can read you like a ~** *(fig.)* ich kann in dir lesen wie in einem Buch; **do sth.** *or* **play it/speak by the ~** *(fig.)* sich an die Regeln halten/ganz korrekte Angaben machen; **speak** *or* **talk like a ~** *(fig.)* sich geschraubt ausdrücken *(ugs. abwertend);* **take a leaf out of sb.'s ~** *(fig.)* sich *(Dat.)* jmdn. zum Vorbild nehmen *(ugs.);* **you could take a leaf out of his ~** du könntest dir von ihm eine Scheibe abschneiden *(ugs.); see also* **black books; open 1 k; b)** *(for accounts)* Konto- *od.* Rechnungsbuch, *das; (for notes)* [Notiz]buch, *das; (for exercises)* [Schreib]heft, *das;* **c)** *(telephone directory)* Telefonbuch, *das;* **be in the ~:** im Telefonbuch stehen; **d)** *(coll.: magazine)* Magazin, *das;* Illustrierte, *die;* **e)** in *pl. (records, accounts)* Bücher; **do the ~s** die Abrechnung machen; **balance the ~s** die Bilanz machen *od.* ziehen; *see also* **keep 1 h; f)** in *pl. (list of members)* **be on the ~s** auf der [Mitglieds]liste im Mitgliederverzeichnis stehen; **g)** *(record of bets)* Wettbuch, *das;* **make** *or* **keep a ~ on sth.** Wetten auf etw. *(Akk.)* annehmen; **h)** **~ of tickets** Fahrscheinheft, *das;* **~ of stamps/matches** Briefmarkenheft/Streichholzbriefchen, *das;* **~ of samples** Musterbuch, *das;* **i)** *(in poem)* Gesang, *der;* **j)** *(libretto)* Textbuch, *das; (play-script)* Textvorlage, *die;* **~ of words** Textbuch, *das; (fig.)* Arbeitsanweisungen *Pl.* **2.** *v. t. (engage in advance)* buchen *⟨Reise, Flug, Platz [im Flugzeug]⟩;* [vor]bestellen *⟨Eintrittskarte, Tisch, Zimmer, Platz [im Theater]⟩;* anmelden *⟨Telefongespräch⟩;* engagieren, verpflichten *⟨Künstler, Orchester⟩;* **be fully ~ed** *⟨Vorstellung:⟩* ausverkauft sein; *⟨Flug[zeug]:⟩* ausgebucht sein; *⟨Hotel:⟩* voll belegt *od.* ausgebucht sein; **b)** *(enter in ~)* eintragen; *(for offence)* aufschreiben *(ugs.)* **(for** wegen); **c)** *(issue ticket to)* **we are ~ed on a flight to Athens** man hat für uns einen Flug nach Athen gebucht. **3.** *v. i.* buchen; *(for travel, performance)* vorbestellen
~ 'in 1. *v. i.* sich eintragen; **we ~ed in at the Ritz** wir sind im Ritz abgestiegen. **2.** *v. t. (make reservation for)* Zimmer/ein Zimmer vorbestellen *od.* reservieren für; **we're ~ed in at the Dorchester** unsere Zimmer sind im Dorchester reserviert; **b)** *(register)* eintragen
~ 'up 1. *v. i.* buchen. **2.** *v. t.* buchen; **the guest-house is ~ed up** die Pension ist ausgebucht *od.* voll belegt
bookable ['bʊkəbl] *adj.* **be ~:** vorbestellt werden können; *⟨Flug, Urlaub:⟩* gebucht werden können
book: ~binder *n.* Buchbinder, *der*/-binderin, *die;* **~binding** *n., no pl.* Buchbinderei, *die;* **~case** *n.* Bücherschrank, *der;* **~ club** *n.* Buchklub, *der;* **~-ends** *n. pl.* Buchstützen
bookie ['bʊkɪ] *n. (coll.)* Buchmacher, *der*
booking ['bʊkɪŋ] *n.* **a)** *(of room, table, ticket)* Bestellung, *die; (of table, room, seat)*

Vorbestellung, *die;* **~ for the concert opens today** der Vorverkauf für das Konzert beginnt heute; **make/cancel a ~:** buchen/eine Buchung rückgängig machen; *(for tickets)* bestellen/abbestellen; **change one's ~:** umbuchen; *(for tickets)* umbestellen; **b)** *(of performer)* Engagement, *das*
booking: ~-clerk *n.* Schalterbeamte, *der/*-beamtin, *die;* Fahrkartenverkäufer, *der/*-verkäuferin, *die;* **~-hall** *n.* Schalterhalle, *die;* **~-office** *n. (in station)* [Fahrkarten]schalter, *der; (in theatre)* [Theater]kasse, *die; (selling tickets in advance)* Vorverkaufsstelle, *die*
bookish ['bʊkɪʃ] *adj.* **a)** *(studious)* gelehrt; *(addicted to reading)* **be ~:** ein Bücherwurm sein; **b)** *(in books)* schriftsprachlich; papieren *(abwertend)*
book: ~-jacket *n.* Schutzumschlag, *der;* **~keeper** *n.* Buchhalter, *der*/Buchhalterin, *die;* **~keeping** *n.* Buchführung, *die;* Buchhaltung, *die*
booklet ['bʊklɪt] *n.* Broschüre, *die*
book: ~-lover *n.* Bücherfreund, *der;* **~maker** *n. (in betting)* Buchmacher, *der;* **~making** *n., no pl. (in betting)* Buchmacherei, *die;* **b)** *(compiling books)* Kompilation, *die;* **~man** *n.* Literat, *der;* **~mark[er]** *ns.* Lese- *od.* Buchzeichen, *das;* **~mobile** ['bʊkməbi:l] *n. (Amer.)* Fahrbücherei, *die;* **~ page** *n.* **a)** *(in newspaper)* Seite mit Buchrezensionen, *die;* ≈ Literaturseite, *die;* **b)** *(page of book)* Buchseite, *die;* **~-plate** *n.* Exlibris, *das;* **~-post** *n., no pl.* Büchersendung, *die;* **~-rest** *n.* Halter für das aufgeschlagene Buch; **~ review** *n.* Buchbesprechung, *die;* **~seller** *n.* Buchhändler, *der*/-händlerin, *die;* **~shelf** *n.* Bücherbord, *das;* **on my ~shelves** in meinen Bücherregalen; **~shop** *n.* Buchhandlung, *die;* Buchladen, *der;* **~stall** *n.* Bücherstand, *der;* **~store** *(Amer.) see* **~shop**
booksy ['bʊksɪ] *adj. (coll.)* hochgestochen *(ugs. abwertend) ⟨Stil, Ausdruck, Konversation⟩;* hochgelahrt *(scherzh.) ⟨Person⟩*
book: ~ token *n.* Büchergutschein, *der;* **~-trough** *n.* Bücherständer, *der;* **~ value** *n. (Bookk.)* Buchwert, *der;* **~ work** *n.* Bücherstudium, *das;* **~worm** *n. (lit. or fig.)* Bücherwurm, *der*
¹boom [bu:m] *n.* **a)** *(for camera or microphone)* Ausleger, *der;* **b)** *(Naut.)* Baum, *der;* **c)** *(floating barrier)* [schwimmende] Absperrung
²boom 1. *v. i.* dröhnen; *⟨Kanone, Wellen, Brandung:⟩* dröhnen, donnern; *⟨Vogel:⟩* [dumpf] rufen; **b)** *⟨Geschäft, Verkauf, Stadt, Gebiet:⟩* sich sprunghaft entwickeln; *⟨Preise, Aktien:⟩* rapide steigen. **2.** *n.* **a)** *(of person)* Gebrüll, *das; (of gun, waves)* Dröhnen, *das;* Donnern, *das; (of bird)* [dumpfes] Rufen; *(dumpfer)* Ruf; **b)** *(in business)* [sprunghafter] Aufschwung, Boom, *der; (in prices)* [rapider] Anstieg; *attrib.* **a ~ area** ein Gebiet, das sich sprunghaft entwickelt; **a ~ year** ein Boomjahr; **c)** *(period of economic expansion)* Hochkonjunktur, *die;* Boom, *der; attrib.* **the ~ years** die Jahre der Hochkonjunktur
~ 'out 1. *v. i. ⟨Stimme:⟩* dröhnen; *⟨Kanone:⟩* donnern, dröhnen. **2.** *v. t.* brüllen *⟨Kommando, Befehl⟩*
boomerang ['bu:məræŋ] **1.** *n. (lit. or fig.)* Bumerang, *der.* **2.** *v. i. (fig.)* sich als Bumerang erweisen
'boom town *n.* Stadt *in* sprunghaftem Aufschwung
boon [bu:n] *n.* **a)** *(blessing)* Segen, *der;* Wohltat, *die;* **be a tremendous ~** *or* **a ~ and a blessing to sb.** ein wahrer Segen für jmdn. sein; **b)** *(request, favour)* Gunst, *die (geh.)*
'boon companion *n.* Kumpan, *der*
boondoggle ['bu:ndɒgl] *(Amer.)* **1.** *n.* sinnlose Arbeit. **2.** *v. i.* sinnlos arbeiten

boor [bʊə(r)] *n.* Rüpel, *der (abwertend)*
boorish ['bʊərɪʃ] *adj.,* **boorishly** ['bʊərɪʃlɪ] *adv.* flegelhaft *(abwertend);* rüpelhaft *(abwertend)*
boorishness ['bʊərɪʃnɪs] *n., no pl.* Flegelei, *die (abwertend);* Rüpelei, *die (abwertend)*
boost [bu:st] **1.** *v. t.* **a)** steigern; ankurbeln *⟨Wirtschaft⟩;* in die Höhe treiben *⟨Preis, Wert, Aktienkurs⟩;* stärken, heben *⟨Selbstvertrauen, Moral⟩; (increase reputation of)* aufbauen; *(recommend vigorously)* anpreisen; **b)** *(coll.)* push from below) hochschieben; hochheben; **c)** *(Electr.)* erhöhen *⟨Spannung⟩;* **d)** *(Radio)* verstärken *⟨Signal⟩.* **2.** *n.* Auftrieb, *der; (increase)* Zunahme, *die;* **give sb./sth. a ~:** jmdm./einer Sache Auftrieb geben; **be given a ~:** Auftrieb erhalten; **give sales/production a ~:** den Verkauf/die Produktion ankurbeln
booster ['bu:stə(r)] *n.* **a)** *(Med.)* ~ **[shot** *or* **injection]** Auffrischimpfung, *die;* **b)** *(Astronaut.)* ~ **[rocket/motor]** Starthilfsrakete, *die*/Starthilfstriebwerk, *das*
¹boot [bu:t] **1.** *n.* **a)** Stiefel, *der;* **get the ~** *(fig. coll.)* rausgeschmissen werden *(ugs.);* **give sb. the ~** *(fig. coll.)* jmdn. rausschmeißen *(ugs.);* **give sb. a ~ up the backside** *(fig. coll.)* jmdm. den Marsch blasen *(salopp);* **as tough as old ~s** *(fig. sl.)* zäh wie Leder; **put the ~ in** *(sl.)* ihn/sie *usw.* [brutal] treten; **put the ~ in!** *(sl.)* tritt ihn/sie *usw.* zusammen! *(ugs.);* **the ~ is on the other foot** *(fig.)* es ist genau umgekehrt; **you can bet your ~s that ...** *(fig. sl.)* ..., darauf kannst du Gift nehmen *(ugs.); see also* **big 1g; 'die 1 a; heart 1c; b)** *(Brit.: of car)* Kofferraum, *der;* **c)** *(Hist.: torture)* spanischer Stiefel. **2.** *v. t.* **a)** *(coll.)* treten; kicken *(ugs.) ⟨Ball⟩;* **~ sb. out** *(fig. coll.)* jmdn. rausschmeißen *(ugs.);* **b)** *(Computing)* **[up]** laden
²boot *n.* **to ~:** noch dazu; obendrein
'bootblack *(Amer.) see* **shoeblack**
booted ['bu:tɪd] *adj.* gestiefelt
bootee [bu:'ti:] *n. (infant's)* Babyschuh, *der; (woman's)* Stiefelette, *die*
booth [bu:ð] *n.* **a)** Bude, *die;* **b)** *(telephone ~)* Telefonzelle, *die;* **c)** *(polling-~)* Wahlkabine, *die*
'bootleg 1. *v. t.* schmuggeln; *(sell/make)* schwarz *(ugs.) od.* illegal verkaufen/brennen. **2.** *adj.* geschmuggelt; *(sold/made)* schwarz *(ugs.) od.* illegal verkauft/gebrannt
bootlegger ['bu:tlegə(r)] *n. see* **bootleg 1:** Schmuggler, *der;* Schwarzhändler, *der;* Schwarzbrenner, *der*
'bootlicker *n. (derog.)* Speichellecker, *der (abwertend)*
boots [bu:ts] *n. sing. (Brit. dated)* Hausbursche, *der*
boot: ~ sale *n. (Brit.)* eine Art Flohmarkt, bei dem die Verkaufsgegenstände im Kofferraum des Autos ausgelegt werden; **~strap** *n. (Computing)* Bootstrapping, *das;* **~straps** *n. pl.* **pull oneself up** *or* **raise oneself by one's own ~straps** *(fig.)* sich aus eigener Kraft hocharbeiten
booty ['bu:tɪ] *n., no pl.* Beute, *die*
booze [bu:z] *(coll.)* **1.** *v. i.* saufen *(derb).* **2.** *n., no pl.* **a)** *(drink)* Alkohol, *der;* **b)** *(drinking-bout)* Besäufnis, *das (salopp);* **go/be on the ~:** [einen] saufen gehen/saufen *(derb)*
boozer ['bu:zə(r)] *n. (coll.)* **a)** *(one who boozes)* Säufer, *der*/Säuferin, *die (derb);* **b)** *(Brit. sl.: public house)* Kneipe, *die (ugs.)*
'booze-up *n. (coll.)* Besäufnis, *das (salopp);* **have a ~:** einen heben *(ugs.)*
boozy ['bu:zɪ] *adj. (coll.)* betrunken; blau *nicht attr. (ugs.); (addicted to drink)* versoffen *(salopp)*
bop [bɒp] *(coll.)* **1.** *v. i. (zur Popmusik)* tanzen. **2.** *n.* Tanz, *der; (zur Popmusik);* **have a ~:** tanzen; **put on a ~:** eine Tanzfete *(ugs.)* veranstalten
bopper ['bɒpə(r)] *n. (coll.) jmd., der zur Popmusik tanzt*

borage

borage ['bɒrɪdʒ] *n. (Bot.)* Borretsch, *der*
borax ['bɔːræks] *n. (Chem.)* Borax, *der*
Bordeaux [bɔː'dəʊ] *n., pl. same* [bɔː'dəʊz] Bordeaux[wein], *der*
bordel [bɔː'del], **bordello** [bɔː'deləʊ] *ns., pl. ~s (Amer.)* Bordell, *das*
border ['bɔːdə(r)] **1.** *n.* **a)** Rand, *der; (of table-cloth, handkerchief, dress)* Bordüre, *die;* **b)** *(of country)* Grenze, *die;* **the B~[s]** die Grenze; **north of the B~** *(in Scotland)* in Schottland; **c)** *(flower-bed)* Rabatte, *die; see also* **herbaceous. 2.** *attrib. adj.* Grenz⟨stadt, -gebiet, -streit⟩. **3.** *v. t.* **a)** *(adjoin)* [an]grenzen an (+ *Akk.*); **b)** *(put a ~ to, act as ~ to)* umranden; einfassen; **c)** *(resemble closely)* grenzen an (+ *Akk.*). **4.** *v. i. ~* **on see 3 a, c**
borderer ['bɔːdərə(r)] *n.* Grenzbewohner, *der/-*bewohnerin, *die*
border: ~land Grenzgebiet, *das; (fig.)* Grenzbereich, *der;* **~line 1.** *n.* Grenzlinie, *die; (fig.);* **2.** *adj.* **sb./sth. is ~line** *(fig.)* jmd. ist/etw. liegt an der Grenze; **a ~line case/candidate/type** *(fig.)* ein Grenzfall; **B~ terrier** *n.* Borderterrier, *der*
¹**bore** [bɔː(r)] **1.** *v. t. (make hole in)* bohren; **~ the rock/the wood** ein Loch in das Gestein/das Holz bohren; **~ rock/wood** Gestein/Holz bohren; **~ one's way through sth.** sich durch etw. hindurchbohren. **2.** *v. i. (drill)* bohren (**for** nach). **3.** *n.* **a)** *(of firearm, engine cylinder)* Bohrung, *die (Technik);* **b)** *(of tube, pipe)* Innendurchmesser, *der;* **c)** *(calibre)* Kaliber, *das;* **d)** *see* **borehole**
²**bore 1.** *n.* **a)** *(nuisance)* **it's a real ~:** es ist wirklich ärgerlich; **what a ~!** wie ärgerlich!; **she is a real ~:** sie kann einem wirklich auf die Nerven gehen; **b)** *(dull person)* Langweiler, *der (ugs. abwertend).* **2.** *v. t. (weary)* langweilen; **sb. is ~d with sth.** etw. langweilt jmdn.; **sb. is ~d with life** jmdn. ödet alles an *(ugs.);* **I'm ~d** ich langweile mich; ich habe Langeweile; **~ sb. to death** *or* **to tears** *(coll.)* jmdn. zu Tode langweilen
³**bore** *n. (tide-wave)* Flutbrandung, *die;* Bore, *die*
⁴**bore** *see* ²**bear**
boredom ['bɔːdəm] *n., no pl.* Langeweile, *die;* **with a look of utter ~ on one's face** mit einem völlig gelangweilten Gesichtsausdruck
'**borehole** *n.* Bohrloch, *das*
borer ['bɔːrə(r)] *n. (tool)* Bohrer, *der*
boring ['bɔːrɪŋ] *adj.* langweilig
born [bɔːn] **1. be ~:** geboren werden; **I was ~ in England** ich bin *od.* wurde in England geboren; **he was ~ of rich parents** *or* **~ into a rich family** er wurde in eine reiche Familie hineingeboren; **a new era was ~:** eine neue Ära brach an; **be ~ again** *(fig.)* wiedergeboren werden; **I wasn't ~ yesterday** *(fig.)* ich bin nicht von gestern *(ugs.);* **there's one ~ every minute** *(coll.)* die Dummen werden nicht alle; **be ~ of sth.** *(fig.)* aus etw. entstehen; **be ~ blind/lucky** blind von Geburt sein/ein Glückskind sein; **be ~ a poet** zum Dichter geboren sein; **be ~ to sth.** *(fig.)* zu etw. geboren *od.* bestimmt sein; **be ~ to command** zum Befehlen geboren sein; **sb. is ~ to be hanged** jmdm. ist ein schlimmes Ende vorbestimmt. **2.** *adj.* **a) ~ boren; you don't know you are ~** *(coll.)* du kannst dich nicht beklagen; **~ again** *(fig.)* wiedergeboren; **in all my ~ days** *(fig. coll.)* in meinem ganzen Leben; mein Lebtag *(ugs. veralt.); see also* **breed 1 c;** **b)** *(destined to be)* **be a ~ orator** *or* **an orator ~:** der geborene Redner *od.* zum Redner geboren sein; **c)** *(complete)* **a ~ fool** ein völliger Narr
borne *see* ²**bear**
boron ['bɔːrɒn] *n. (Chem.)* Bor, *das*
borough ['bʌrə] *n. (Brit. Hist.: town with corporation)* Borough, *der;* Stadt mit Selbstverwaltung; **the ~ of Brighton** ≈ die Stadt Brighton; **b)** *(Brit.: town sending members to Parliament)* Borough, *das;* Stadt[bezirk] mit Vertretung im Parlament; **c)** *(Amer.)* **the ~ of ...** *(town)* die Stadt ...; *(village)* die Gemeinde ...
borrow ['bɒrəʊ] **1.** *v. t.* **a)** [sich *(Dat.)*] ausleihen; [sich *(Dat.)*] borgen; entleihen, ausleihen ⟨*Buch, Schallplatte usw.* aus *der Leihbücherei⟩;* [sich *(Dat.)*] leihen ⟨*Geld von der Bank⟩;* [sich *(Dat.)*] leihen, [sich *(Dat.)*] borgen ⟨*Geld*⟩; **~ sth. from sb.** [sich *(Dat.)*] etw. von *od.* bei jmdm. borgen *od.* [aus]leihen; **b)** *(fig.)* übernehmen ⟨*Idee, Methode, Meinung*⟩; entlehnen ⟨*Wort, Ausdruck aus einer anderen Sprache⟩;* **sb. is living on ~ed time** jmds. Uhr ist abgelaufen. **2.** *v. i.* borgen; *(from bank)* Kredit aufnehmen (from bei)
borrowed 'light *n.* **a)** *(reflected light)* indirektes Licht, *das;* **b)** *(internal window)* Innenfenster, *das*
borrower ['bɒrəʊə(r)] *n. (from bank)* Kreditnehmer, *der; (from library)* Entleiher, *der*
borrowing ['bɒrəʊɪŋ] *n. (from bank)* Kreditaufnahme, *die (from library)* Entleihen, *das;* Ausleihen, *das; (fig.)* Übernahme, *die;* **'haute couture' is a ~ from French** „Haute couture" ist eine Entlehnung aus dem Französischen
borsch [bɔːʃ] *n.* Borschtsch, *der*
Borstal ['bɔːstl] *n. (Brit.)* Erziehungsheim, *das;* Besserungsanstalt für jugendliche Straftäter
bortsch [bɔːtʃ] *see* **borsch**
borzoi ['bɔːzɔɪ] *n.* Barsoi, *der*
bosh [bɒʃ] *n., no pl., no indef. art. (sl.)* Quatsch, *der (ugs. abwertend)*
bos'n ['bəʊsn] *see* **boatswain**
Bosnia ['bɒznɪə] *n.* Bosnien *(das)*
Bosnian ['bɒznɪən] *adj.* bosnisch
bosom ['bʊzəm] *n.* **a)** *(person's breast)* Brust, *die;* Busen, *der (dichter. veralt.);* **b)** *(of dress)* ≈ Vorderseite des Oberteils; *(of blouse)* ≈ Vorderteil, *das; (space between breast and garment)* Busen, *der (dichter. veralt.);* **c)** *(fig.: enfolding relationship)* Schoß, *der (geh.);* **in the ~ of one's family** im Schoße der Familie; **a ~ friend** ein guter Freund; ein Busenfreund; **d)** *(fig.: seat of thoughts or emotions)* Brust, *die;* **lay bare one's ~ to sb.** jmdm. sein Herz ausschütten; **e)** *(fig.: surface)* Oberfläche, *die;* **f)** *in pl. (Amer.: breasts)* Busen, *der;* Brüste; **g)** *(Amer.: shirt-front)* Hemdbrust, *die; (as separate garment)* Vorhemd, *das*
bosomy ['bʊzəmɪ] *adj.* vollbusig
Bosphorus ['bɒsfərəs] *pr. n.* Bosporus, *der*
¹**boss** [bɒs] *n.* **a)** *(metal knob, stud)* Bosse, *die (Kunstwiss.);* **(on shield)** Schildbuckel, *der od. die;* **b)** *(protuberance)* Verdickung, *die;* **c)** *(Archit.)* Schlußstein, *der*
²**boss 1.** *n. (coll.)* **a)** *(master)* Boß, *der (ugs.);* Chef, *der;* **OK, you're the ~:** du bist der Boß; **who's the ~ in your household?** wer bestimmt bei euch zu Hause?; **b)** *(Amer. Polit.)* [Partei]boß, *der (ugs.).* **2.** *v. t. (sl.)* **~ sth.** bei etw. das Sagen haben; **~ sb.** [**about** *or* **around**] jmdn. herumkommandieren *(ugs.)*
'**boss-eyed** *adj. (coll.)* schielend; **be ~:** schielen
bossiness ['bɒsɪnɪs] *n., no pl.* herrische Art
bossy ['bɒsɪ] *adj. (coll.)* herrisch; **don't be so ~:** hör auf herumzukommandieren *(ugs.).*
bosun, bo'sun ['bəʊsn] *see* **boatswain**
botanical [bə'tænɪkl] *adj.* botanisch; **~ garden[s]** botanischer Garten
botanist ['bɒtənɪst] *n.* Botaniker, *der/*Botanikerin, *die*
botany ['bɒtənɪ] *n., no pl.* Botanik, *die;* Pflanzenkunde, *die*
botch [bɒtʃ] **1.** *n. (bungled work) see* **2 a:** Pfuscherei, *die (ugs. abwertend);* Patzer, *der (ugs.);* **make a ~ of sth.** etw. pfuschen *(ugs. abwertend).* **2.** *v. t.* **a)** *(bungle)* pfuschen bei *(ugs.)* ⟨*Reparatur, Ar-*

bottle

beit⟩; patzen bei *(ugs.)* ⟨*Vortrag, Stabwechsel*⟩; **a ~ed job** eine gepfuschte Arbeit *(ugs. abwertend);* **b)** *(repair badly)* [notdürftig] flicken. **3.** *v. i. see* **2 a:** pfuschen *(ugs. abwertend)*
~ 'up *v. t.* **a)** *(bungle)* verpfuschen *(ugs. abwertend);* **b)** *(repair badly)* [notdürftig] flicken
both [bəʊθ] **1.** *adj.* beide; **we ~ like cooking** wir kochen beide gern; **~ these books are expensive** die[se] Bücher sind beide teuer; **~ [the] brothers** beide Brüder; **~ our brothers** unsere beiden Brüder; **~ ways** *(Brit. Racing)* **~ each way see each 1;** **you can't have it ~ ways** beides [zugleich] geht nicht; *see also* **cut 2 a. 2.** *pron.* beide; **~ [of them] are dead** beide sind tot; **they are ~ dead** sie sind beide tot; **~ of you/them are ...:** ihr seid/sie sind beide ...; **for them ~:** für sie beide; **Love or hate? – B~:** Beides; **go along to bed, ~ of you** ihr geht jetzt ins Bett, alle beide. **3.** *adv.* **~ A and B, A and B ~:** sowohl A als [auch] B; **~ brother and sister are dead** sowohl der Bruder als auch die Schwester sind tot; **~ you and I** wir beide; **he and I were ~ there** er und ich waren beide da; **she was ~ singing and playing** sie hat gesungen und zugleich gespielt
bother ['bɒðə(r)] **1.** *v. t. in pass. (take trouble)* **I can't be ~ed [to do it]** ich habe keine Lust[, es zu machen]; **I can't be ~ed with details like that** ich kann mich nicht mit solchen Kleinigkeiten abgeben *od.* befassen; **can't you even be ~ed to dress properly?** kannst du dich nicht einmal richtig anziehen?; **I can't be ~ed with people who ...:** ich habe nichts übrig für Leute, die ...; **b)** *(annoy)* lästig sein *od.* fallen (+ *Dat.*); ⟨*Lärm, Licht,*⟩ stören; ⟨*Schmerz, Wunde, Zahn, Rücken*⟩: zu schaffen machen (+ *Dat.*); **I'm sorry to ~ you, but ...:** es tut mir leid, daß ich Sie damit belästigen muß, aber ...; **don't ~ me now** laß mich jetzt in Ruhe!; **c)** *(worry)* Sorgen machen (+ *Dat.*); ⟨*Problem, Frage:*⟩ beschäftigen; **I'm not ~ed about him/the money** seinetwegen/wegen des Geldes mache ich mir keine Gedanken; **what's ~ing you/is something ~ing you?** was hast du denn/hat dich etwas?; **~ oneself** *or* **one's head about sth.** sich *(Dat.)* über etw. *(Akk.)* den Kopf zerbrechen *(ugs.);* *see also* **hot 1 f;** **d)** *(coll.: confound)* **~ it!** wie ärgerlich!; **~ him/her/you/this car!** zum Kuckuck mit ihm/ihr/dir/diesem Auto! **2.** *v. i. (trouble oneself)* **~ to do that** sich damit aufhalten, das zu tun; **don't ~ to do sth.** Sie brauchen sich nicht zu tun; **don't even ~ to ask** sie hielt es nicht mal für nötig, zu fragen; **you needn't have ~ed to come** Sie hätten wirklich nicht zu kommen brauchen; **you needn't/shouldn't have ~ed** das wäre nicht nötig gewesen; **don't ~!** nicht nötig!; **~ with sth.** sich mit etw./jmdm. aufhalten; **~ about sth./sb.** sich *(Dat.)* über etw./jmdn. Gedanken machen. **3.** *n.* **a)** *(nuisance)* **what a ~!** wie ärgerlich!; **it's a real/such a ~:** es ist wirklich lästig; **b)** *(trouble)* Ärger, *der;* **it's no ~ [for me]** es macht mir gar nichts aus; **the children were no ~ at all** wir hatten mit den Kindern überhaupt keine Schwierigkeiten; **have a spot of ~ with sth.** Schwierigkeiten mit etw. haben; **without any ~ at all** ohne irgendwelche Schwierigkeiten; **it's not worth the ~:** es lohnt nicht; **I'm sorry to have gone to all this ~:** es tut mir leid, Ihnen soviel Umstände gemacht zu haben; **if it isn't too much ~:** wenn es nicht zu viel Mühe macht; **go to the ~ of doing sth.** sich *(Dat.)* die Mühe machen, etw. zu tun. **4.** *int. (coll.)* wie ärgerlich!
botheration [bɒðə'reɪʃn] *int. see* **bother 4**
bothersome ['bɒðəsəm] *adj.* lästig; unleidlich ⟨*Kind*⟩
bottle ['bɒtl] **1.** *n.* **a)** Flasche, *die;* **a beer-~:**

bottle bank   **bow**

eine Bierflasche; **a ~ of beer** eine Flasche Bier; **b)** *(fig. coll.: alcoholic drink)* **be too fond of the ~:** dem Alkohol zu sehr zugetan sein; **be on the ~:** trinken; *see also* **hit 1 k; c)** *(gas cylinder)* **a ~ of gas** eine Gasflasche; **d)** *(Brit. sl.: courage, confidence)* Mumm, *der (ugs.);* **lose one's ~:** sich *(Dat.)* den Schneid abkaufen lassen *(ugs.).* **2.** *v. t.* **a)** *(put into ~s)* in Flaschen [ab]füllen; **b)** *(store in ~s)* in Flaschen lagern *od.* aufheben; **~d beer** Flaschenbier, *das;* **~d gas** Flaschengas, *das;* **c)** *(preserve in jars)* einmachen **~ 'up** *v. t.* **a)** *(conceal)* in sich *(Dat.)* aufstauen; **b)** *(entrap)* einschließen
bottle: **~ bank** *n.* Altglasbehälter, *der;* **~-fed** *adj.* mit der Flasche gefüttert; **~-fed babies** Flaschenkinder
bottleful ['bɒtlfʊl] *n.* **a ~ of shampoo** eine Flasche Schampon
bottle: **~-glass** *n.* Flaschenglas, *das;* **~-green** **1.** *n.* Flaschengrün, *das;* **2.** *adj.* flaschengrün; **~-neck** *n.* *(fig.)* Flaschenhals, *der (ugs.);* (in production process also) Engpaß, *der;* **~-opener** *n.* Flaschenöffner, *der;* **~-party** *n.* Bottle-Party, *die;* **~-top** *n.* Flaschenverschluß, *der*
bottom ['bɒtəm] **1.** *n.* **a)** *(lowest part)* unteres Ende; *(of cup, glass, box, chest)* Boden, *der; (of valley, canyon, crevasse, well, shaft)* Sohle, *die; (of canyon, crevasse, well also)* Grund, *der; (of hill, slope, cliff, stairs)* Fuß, *der;* **the ~ of the valley** die Talsohle; **[be] at the ~ of the page/list** unten auf der Seite/Liste [sein]; **[be] in the ~ of the box/glass** am Boden des Kastens/Glases [sein]; **the ~ of my coat/dress is all muddy** mein Mantel/Kleid ist unten ganz schmutzig; **the book right at the ~ of the pile** das Buch ganz unten im Stapel; **~ up** auf dem Kopf; verkehrt herum; **~s up!** *(coll.)* hoch die Tassen!; **the ~ fell or dropped out of her world/the market** *(fig.)* für sie brach eine Welt zusammen/der Markt brach zusammen; **knock the ~ out of sth.** *(fig.)* etw. zusammenbrechen lassen; *see also* **false bottom; b)** *(buttocks)* Hinterteil, *das (ugs.);* Po[dex], *der (fam.);* **c)** *(of chair)* Sitz, *der;* Sitzfläche, *die;* **d)** *(of sea, lake)* Grund, *der;* **on the ~:** auf dem Grund; **go to the ~:** [ver]sinken; **send a ship to the ~:** ein Schiff in den Grund bohren *od.* versenken!; **touch ~:** einen Tiefpunkt erreichen; **e)** *(farthest point)* **at the ~ of the garden/street** hinten im Garten/am Ende der Straße; *see also* **heart 1 b; f)** *(underside)* Unterseite, *die;* **g)** *(fig.)* **start at the ~:** ganz unten anfangen; **be ~ of the class/league** der Letzte in der Klasse sein/Tabellenletzte[r] sein!; **h)** *usu. in pl.* **~[s]** *(of track suit, pyjamas)* Hose, *die;* **i)** *(fig.: basis, origin)* **be at the ~ of sth.** hinter etw. *(Dat.)* stecken *(ugs.);* einer Sache *(Dat.)* zugrunde liegen; **get to the ~ of sth.** einer Sache *(Dat.)* auf den Grund kommen; **at ~:** im Grunde genommen; **j)** *(Naut.)* Schiffsboden, *der;* **~ up** kielobe*n*; **k)** *(Brit. Motor Veh.)* **in ~:** im ersten Gang. **2.** *adj.* **a)** *(lowest)* unterst...; *(lower)* unter...; **b)** *(fig.: last)* letzt...; **be ~:** der die Letzte sein; **you can bet your/I'd [be willing to] bet my ~ dollar** *(fig. sl.)* jede Wette *(ugs.).* **3.** *v. i.* **~ [out]** *(Price:)* den tiefsten Stand erreichen; *(Rezession, Rückgang:)* den tiefsten Punkt erreichen
bottom: **~ 'dog** *see* **underdog; ~ 'drawer** *n.* *(fig.)* Aussteuer, *die;* **put sth. [away] in one's ~ drawer** etw. für die Aussteuer beiseite legen
bottomless ['bɒtəmlɪs] *adj.* bodenlos; unendlich tief *(Meer, Ozean); (fig.: inexhaustible)* unerschöpflich; **the ~ pit** der Abgrund der Hölle
bottom 'line *n. (fig. coll.)* **the ~:** das Fazit
boudoir ['bu:dwɑ:(r)] *n.* Boudoir, *das (veralt.);* Damenzimmer, *das (veralt.)*

bouffant ['bu:fɑ̃] *adj.* voll und duftig, füllig 〈*Haar, Frisur*〉; bauschig 〈*Kleidung*〉
bough [baʊ] *n.* Ast, *der*
bought *see* **buy 1**
bouillabaisse [bu:jə'beɪs] *n. (Gastr.)* Bouillabaisse, *die*
bouillon ['bu:jɔ̃] *n. (Cookery)* Bouillon, *die;* **~ cube** Brühwürfel, *der*
boulder ['bəʊldə(r)] *n.* Felsbrocken, *der*
'boulder clay *n. (Geol.)* Geschiebelehm, *der; (with many boulders)* Blocklehm, *der*
boulevard ['bu:ləvɑ:d] *n.* Boulevard, *der*
boult *see* **²bolt**
bounce [baʊns] **1.** *v. i.* **a)** 〈*Ball:*〉 springen; *(on bumpy road)* 〈*Auto:*〉 holpern; **the ball ~d twice** der Ball sprang zweimal auf; **b)** *(coll.: be rejected by bank)* 〈*Scheck:*〉 nicht gedeckt sein; **it won't ~:** er ist gedeckt; **c)** *(rush)* **~ about** herumspringen *od.* -hüpfen; **~ into/out of the room** ins/aus dem Zimmer stürmen; **~ in/out** hereinplatzen/hinausstürzen. **2.** *v. t.* **a)** aufspringen lassen 〈*Ball*〉; **he ~d the ball twice** er ließ den Ball auf den Knien reiten; **b)** *(Amer. sl.: dismiss)* rausschmeißen *(ugs.);* an die Luft setzen **on the ~:** beim Aufprall; **b)** *(rebounding power)* ≈ Elastizität, *die; (fig.: energy)* Schwung, *der;* **there's plenty of not much ~ in the ball** der Ball springt sehr gut/nicht besonders gut
~ 'back *v. i.* zurückprallen; *(fig.)* 〈*Person:*〉 [plötzlich] wieder dasein
~ 'off **1.** *v. i.* abprallen. **2.** *v. t.* **~ sth. off sth.** etw. von etw. abprallen lassen; **~ off etw.** von etw. abprallen; 〈*Signal:*〉 von etw. reflektiert werden
bouncer ['baʊnsə(r)] *n. (coll.)* **a)** Rausschmeißer, *der (ugs.);* **b)** *(Cricket)* hoch aufspringender Ball
bouncing ['baʊnsɪŋ] *adj.* kräftig; stramm
bouncy ['baʊnsɪ] *adj.* **a)** gut springend 〈*Ball*〉; federnd 〈*Matratze, Bett*〉; **b)** *(fig.: lively)* munter
¹bound [baʊnd] **1.** *n.* **a)** *usu. in pl. (limit)* Grenze, *die;* **within the ~s of possibility or the possible** im Bereich des Möglichen; **keep sth. within ~s** etw. in Grenzen halten; **increase beyond all ~s** über alle Maßen ansteigen; **the ball is out of ~s** der Ball hat die Spielbahn verlassen; **go beyond the ~s of decency** die Grenzen des Anstandes verletzen; **sth. is out of ~s [to sb.]** der Zutritt zu etw. ist [für jmdn.] verboten; **the pub is out of ~s** das Betreten des Lokals ist verboten; **beyond the ~s of human knowledge** jenseits der menschlichen Erkenntnisfähigkeit; **there are no ~s to his ambition** sein Ehrgeiz kennt keine Grenzen; **know no ~s** *(fig.)* keine Grenzen kennen; **keep within the ~s of reason/propriety** vernünftig/im Rahmen bleiben; **b)** *(of territory)* Grenze, *die; see also* **beat 1 a. 2.** *v. t.*, *usu. in pass.* begrenzen; **be ~ by sth.** durch etw. begrenzt werden; **sth. is ~ed by sth.** *(fig.)* einer Sache *(Dat.)* ist durch etw. Grenzen gesetzt
²bound **1.** *v. i.* *(spring)* hüpfen; springen; **~ with joy** vor Freude hüpfen; **~ into the room** ins Zimmer stürzen; **the dog came ~ing up** der Hund kam angesprungen. **2.** *n. (spring)* Satz, *der;* **at or with one ~:** mit einem Satz; *see also* **leap 3**
³bound *pred. adj.* **be ~ for home/Frankfurt** auf dem Heimweg/nach Frankfurt unterwegs sein; **this train is ~ for** auf dem Weg nach Hause; **where are you ~ for?** wohin geht die Reise?; **all passengers ~ for Zürich** alle Passagiere nach Zürich
⁴bound *see* **bind 1, 2**
boundary ['baʊndərɪ] *n.* Grenze, *die*
bounden ['baʊndən] *attrib. adj.* **~ duty** Pflicht und Schuldigkeit
bounder ['baʊndə(r)] *n. (dated coll.)* Lump, *der (abwertend)*
boundless ['baʊndlɪs] *adj.* grenzenlos

bounteous ['baʊntɪəs] *adj. (rhet.) see* **bountiful**
bountiful ['baʊntɪfl] *adj. (generous)* großzügig; gütig 〈*Gott*〉; *(plentiful)* reichlich 〈*Ernte, Gaben, Ertrag*〉; **Lady B~:** gute Fee
bountifully ['baʊntɪfəlɪ] *adv. (generously)* großzügig; *(plentifully)* reichlich
bounty ['baʊntɪ] *n.* **a)** *(reward)* Kopfgeld, *das; (for capturing animal)* Fangprämie, *die; (for shooting animal)* Abschußprämie, *die;* **b)** *(Commerc.)* Subvention, *die;* **c)** *(gift)* Gabe, *die*
bouquet [bʊ'keɪ, bəʊ'keɪ, 'bu:keɪ] *n.* **a)** *(bunch of flowers)* Bukett, *das;* [Blumen]strauß, *der;* **bride's ~:** Brautbukett, *das;* **b)** *(fig.: praise)* **get a ~:** gelobt werden; **he gets all the ~s** ihm gilt alles Lob; **be meant as a ~:** als Kompliment gemeint sein; **c)** *(perfume of wine)* Bukett, *das;* Blume, *die*
bouquet garni [bʊkeɪ gɑː'niː] *n., pl.* **bouquets garnis** [bʊkeɪ gɑː'niː] *(Cookery)* Kräutersträußchen, *das;* Bouquet garni, *das (fachspr.)*
bourbon ['bɜːbən, 'bʊəbən] *n. (Amer.)* **~ [whiskey]** Bourbon, *der*
bourgeois ['bʊəʒwɑː] **1.** *n., pl. same* **a)** *(middle-class person)* Bürger, *der*/Bürgerin, *die;* **b)** *(person with conventional ideas, selfish materialist)* Spießbürger, *der (abwertend);* Spießer, *der*/Spießerin, *die (abwertend);* **c)** *(capitalist)* Bourgeois, *der (marx.).* **2.** *adj.* **a)** *(middle-class)* bürgerlich; **b)** *(conventional, selfishly materialist)* spießbürgerlich *(abwertend);* **c)** *(capitalistic)* bourgeois *(marx.)*
bourgeoisie [bʊəʒwɑː'ziː] *n.* **a)** Bürgertum, *das;* **b)** *(capitalist class)* Bourgeoisie, *die (marx.)*
bout [baʊt] *n.* **a)** *(spell)* Periode, *die;* **b)** *(contest)* Wettkampf, *der;* **c)** *(fit)* Anfall, *der;* **~ of temper** Wutanfall, *der;* **he's out on one of his drinking ~s** er ist mal wieder auf einer seiner Zechtouren *(ugs.)*
boutique [buː'tiːk] *n.* Boutique, *die*
bovine ['bəʊvaɪn] *adj.* **a)** *(of ox)* Rinder-; *(of genus Bos)* **be a ~ animal** zu den Stirnrindern gehören; **c)** *(fig.) (heavy)* grob; *(stupid)* erzdumm; *(sluggish)* träge
bovver ['bɒvə(r)] *n. (sl.)* Zoff, *der (ugs.)*
¹bow [bəʊ] **1.** *n.* **a)** *(curve)* Bogen, *der;* **b)** *(weapon)* Bogen, *der;* **have two strings to one's ~:** eine Alternative haben; *see also* **longbow; c)** *see* **saddle-bow; d)** *(Mus.)* Bogen, *der; (stroke)* [Bogen]strich, *der;* **up/down ~** Auf-/Abstrich, *der;* **e)** *(tied knot or ribbon)* Schleife, *die;* **tie the shoe-lace in a ~:** die Schnürsenkel zu einer Schleife binden; **f)** *(Amer.: of spectacle-frame)* Bügel, *der.* **2.** *v. t.* streichen 〈*Violine, Viola usw.*〉. **3.** *v. i.* den Bogen führen
²bow [baʊ] **1.** *v. i.* **a)** *(submit)* sich beugen **(to** *Dat.***);** **b)** **~ [down to or before sb./sth.]** *(bend)* sich [vor jmdm./etw.] verbeugen *od.* verneigen; **c)** *(incline head)* **~ [to sb.]** sich [vor jmdm.] verbeugen; **a ~ing acquaintance with sth.** eine flüchtige Bekanntschaft mit etw.; **~ out** sich formell verabschieden; **~ out of sth.** sich von etw. zurückziehen; *see also* **scrape 2 e. 2.** *v. t.* **a)** *(cause to bend)* beugen; **~ed down by or with care/responsibilities/age** *(fig.)* von Sorgen/Verpflichtungen niedergedrückt/vom Alter gebeugt; *see also* **knee a; b)** *(show by ~ing)* **he ~ed his acknowledgement of the applause** er verbeugte sich zum Dank für den Applaus; **~ sb. in/out** jmdn. unter Verbeugungen hinein-/hinausgeleiten. **3.** *n.* Verbeugung, *die;* **make one's ~** *(make entrance)* sich vorstellen; *(make exit)* sich [formell] verabschieden; **take a ~:** sich [unter Applaus] verbeugen; **they ought to or can take a ~** *(fig.)* sie verdienen Hochachtung
³bow [baʊ] *n. (Naut.)* **a)** *usu. in pl.* Bug, *der;* **in the ~s** im Bug; **on the ~:** am Bug; **shot**

101

bowdlerize — **Braille**

across the ~s *(fig.)* Schuß vor den Bug *(ugs.)*; **b)** *(rower)* Bugmann, *der*
bowdlerize ['baʊdləraɪz] *v. t.* zensieren; a ~d version eine „gereinigte" Fassung
bowel ['baʊəl] *n.* **a)** *(Anat.)* ~s *pl., (Med.)* ~ : Darm, *der;* **b)** *in pl. (interior)* Innere, *das;* **in the ~s of the library/the earth** in den Katakomben der Bibliothek/im Inneren der Erde
bower [baʊə(r)] *n.* **a)** *(enclosed by foliage)* Laube, *die; (summer-house)* Sommerhaus, *das;* **b)** *(poet.) (inner room)* Gemach, *das (geh.); (boudoir)* Boudoir, *das*
bower-bird *n.* Laubenvogel, *der*
¹bowl [bəʊl] *n.* **a)** *(basin)* Schüssel, *die; (shallower)* Schale, *die;* **mixing/washing-up** ~: Rühr-/Abwaschschüssel, *die;* **soup**-~: Suppentasse, *die;* **sugar**-~: Zuckerdose, *die;* **a ~ of water** eine Schüssel/Schale Wasser; **a ~ of soup** eine Tasse Suppe; **b)** *(~-shaped part)* schalenförmiger Teil; *(of WC)* Schüssel, *die; (of spoon)* Schöpfteil, *der; (of pipe)* [Pfeifen]kopf, *der;* **c)** *(amphitheatre)* Freilufttheater, *das; (Sport)* Stadion, *das;* **d)** *(Amer.: region)* Senke, *die*
²bowl [bəʊl] *n.* **a)** *(ball)* Kugel, *die; (in skittles)* [Kegel]kugel, *die; (in ten-pin bowling)* [Bowling]kugel, *die;* **b)** *in pl. (game)* Bowlsspiel, *das;* Bowls, *das.* **2.** *v. i.* **a)** *(play ~s)* Bowls spielen; *(play skittles)* kegeln; *(play ten-pin bowling)* bowlen; **b)** *(go along)* rollen; ~ **along** dahinrollen; **c)** *(Cricket)* werfen. **3.** *v. t.* **a)** *(roll)* rollen lassen; ~ **sb./sth. over** jmdn./etw. umwerfen; ~ **sb. over** *(fig.)* jmdn. überwältigen *od. (ugs.)* umhauen; **b)** *(Cricket etc.)* werfen; ~ **[down] the wicket** das Tor einwerfen; ~ **the batsman [out]/side out** den Schlagmann/die Mannschaft ausschlagen
bow [bəʊ]: ~-**legged** *adj.* krummbeinig; O-beinig *(ugs.);* **be ~-legged** krumme Beine *od. (ugs.)* O-Beine haben; ~-**legs** *n. pl.* krumme Beine; O-Beine Pl. *(ugs.)*
¹bowler ['bəʊlə(r)] *n.* **a)** *(Cricket etc.)* Werfer, *der;* **b)** *(at bowls)* Bowlsspieler, *der*/Bowlsspielerin, *die; (at bowling)* Bowlingspieler, *der*/Bowlingspielerin, *die*
²bowler *n.* ~ [hat] Bowler, *der*
bowl fire *n.* Heizsonne, *die*
bowline ['bəʊlɪn] *n.* **a)** ~ [knot] Palstek, *der;* **b)** *(Naut.: rope)* Buline, *die (Seemannsspr.)*
bowling ['bəʊlɪŋ] *n.* [ten-pin] ~: Bowling, *das;* **go** ~: bowlen gehen
bowling: ~-**alley** *n. (for ten-pin ~)* Bowlingbahn, *die;* ~-**average** *see* average 1 b; ~-**crease** *n. (Cricket)* Wurflinie, *die;* ~-**green** *n.* Rasenfläche für Bowls
¹bowman ['bəʊmən] *n., pl.* **bowmen** ['bəʊmən] *(archer)* Bogenschütze, *der*
²bowman ['bəʊmən] *n., pl.* **bowmen** ['bəʊmən] *(Naut.)* Bugmann, *der*
bowser ['baʊzə(r)] *n. (tanker)* Tankwagen, *der*
bow: ~-**sprit** ['bəʊsprɪt] *n. (Naut.)* Bugspriet, *der od. das;* ~-**string** ['bəʊstrɪŋ] *n.* Bogensehne, *die;* ~-**tie** [bəʊ'taɪ] *n.* Fliege, *die;* [Smoking-/Frack]schleife, *die;* ~-**window** [bəʊ'wɪndəʊ] *n.* Erkerfenster, *das*
bow-wow ['baʊwaʊ] **1.** *n.* **a)** *(dog's bark)* Gebell, *das;* **b)** *(child lang.: dog)* Wauwau, *der (Kinderspr.).* **2.** *interj.* wauwau
¹box [bɒks] *n.* **a)** *(Bot.) (tree)* Buchsbaum, *der;* **b)** *(wood)* Buchsbaumholz, *das*
²box [bɒks] *n.* **a)** *(container)* Kasten, *der; (bigger)* Kiste, *die; (made of cardboard, thin wood, etc.)* Schachtel, *die;* **a ~ of cigars** eine Schachtel Zigarren; **pencil**-~: Federkasten, *der;* **jewellery**-~: Schmuckkasten, *der;* **cigar**-~: Zigarrenkiste, *die;* **cardboard** ~: [Papp]karton, *der; (smaller)* [Papp]schachtel, *die;* **shoe**-~: Schuhkarton, *der;* **b)** *(~ful)* **matches** Streichholzschachtel, *die;* **b)** *(~ful)* **she emptied the whole ~ of beads on to the floor** sie hat die ganze Schachtel [mit] Per-

len auf die Erde geschüttet; **c)** **the ~** *(coll.: television)* der Kasten *(ugs. abwertend);* die Flimmerkiste *(scherzh.);* **d)** *(coachman's seat)* [Kutsch]bock, *der;* **e)** *(at newspaper office)* ≈ Chiffre, *die;* **f)** *(in theatre etc.)* Loge, *die; (in restaurant etc.)* ≈ Nische, *die;* **g)** *(compartment)* [loose] ~: Box, *die; see also* horse-box; **h)** *(country house)* Hütte, *die;* **i)** *(casing)* Kasten, *der; (cricketer's etc. shield)* ≈ Suspensorium, *das;* **j)** *(confined area)* Viereck, *das; (enclosed by printed lines)* Kasten, *der;* **k)** *(Footb. coll.: penalty area)* Strafraum, *der;* **l)** *(Baseball)* Box, *die.* **2.** *v. t. see* 1 a: [in eine Schachtel/in Schachteln usw.] verpacken; ~ **the compass** *(Naut.)* alle Kompaßpunkte der Reihe nach aufzählen; *(fig.)* einmal die Runde machen
~ **in** *v. t.* **a)** *(enclose in ~)* in einem Gehäuse unterbringen; **b)** *(enclose tightly)* einklemmen; **feel ~ed in** sich eingeengt fühlen
~ **up** *v. t.* **a)** *(enclose in ~) see* ~ 1 a: [in eine Schachtel/in Schachteln usw.] verpacken; **b)** *(confine)* einzwängen; **I'd hate to be ~ed up anywhere with him** ich wäre nur äußerst ungern irgendwo mit ihm eingesperrt
³box [bɒks] **1.** *n.* **a)** *(slap, punch)* Schlag, *der;* **he gave him a ~ on the ear[s]** er gab ihm eine Ohrfeige. **2.** *v. t.* **a)** *(slap, punch)* schlagen; **he ~ed his ears on ~ed his ears** *or* ohrfeigte ihn; **get one's ears ~ed** eine Ohrfeige bekommen; **b)** *(fight with fists)* ~ **sb.** gegen jmdn. boxen. **3.** *v. i.* boxen **with, against** gegen); ~ **clever** *(sl.)* auf Draht sein *(ugs.)*
Box and Cox [bɒks ənd 'kɒks] *n.* **(two persons who take turns)** **like** ~: sich ständig abwechseln
box: ~ **barrage** *n.* Sperrfeuer, *das;* ~ **camera** *n.* Box, *die;* ~**car** *n. (Amer. Railw.)* gedeckter [Güter]wagen
boxer ['bɒksə(r)] *n.* **a)** *(Boxer)* Boxer, *der;* **b)** *(dog)* Boxer, *der*
boxer shorts *n. pl.* Boxershorts Pl.
boxful ['bɒksfʊl] *n.* **a ~ of chocolates** *etc.* eine [ganze] Schachtel Pralinen *usw.*
box girder *n.* Kastenträger, *der (Technik)*
boxing ['bɒksɪŋ] *n.* Boxen, *das;* **professional/amateur** ~: Berufs-/Amateurboxen, *das*
boxing: **B**~ **Day** *n. (Brit.)* zweiter Weihnachtsfeiertag; ~-**glove** *n.* Boxhandschuh, *der;* ~-**match** *n.* Boxkampf, *der;* ~-**ring** *n.* Boxring, *der*
box: ~ **junction** *n. (Brit.)* gelb markierter Kreuzungsbereich, in den man bei Stau nicht einfahren darf; ~ **kite** *n.* Kastendrachen, *der;* ~ **number** *n. (at newspaper office)* Chiffre, *die; (at post office)* Postfach, *das;* **my post office ~ number is ...:** meine Postfachnummer ist ...; ~-**office** *n.* Kasse, *die; (fig.)* be ~-**office success** ein Kassenerfolg sein; **be good/bad ~-office** gut/schlecht ankommen *(among bei);* ~ **pew** *n.* geschlossener Chorstuhl; ~-**pleat** *n.* Quetschfalte, *die;* ~-**room** *n. (Brit.)* Abstellraum, *der;* ~ **score** *n.* (tabellarischer) Spielbericht; ≈ Spielbogen, *der;* ~-**spanner** *n.* Steckschlüssel, *der;* ~-**spring** *n.* Sprungfeder, *die;* ~**wood** *see* **¹box**
boy [bɔɪ] **1.** *n.* **a)** *Junge, der;* **baby** ~: kleiner Junge; ~**s'** school Jungenschule, *die;* **a** ~**'s name** ein Jungenname; **a little Italian** ~: ein kleiner Italiener; [my] ~ *(as address)* [mein] Junge; **here/sit/come on** ~! *(to dog)* hier!/sitz!/komm!; **good** ~! *(to dog)* guter Hund!; **the ~s** *(male friends)* die Kumpels *(salopp);* **come on,** ~**s!** los, Jungs!; ~**s will be** ~**s** so sind Jungs/Männer nun mal; **jobs for the ~s** Vetternwirtschaft, *die (abwertend);* **the Smith** ~**s** die Jungen von Smiths; *see also* **old boy;** **b)** *(servant)* Boy, *der.* **2.** *int.* [oh] ~!: Junge, Junge! *(ugs.)*
boy-and-'girl *adj.* teenagerhaft; Teenager- *(romanze, -liebe)*

boycott ['bɔɪkɒt] **1.** *v. t.* boykottieren. **2.** *n.* Boykott, *der*
'boy-friend *n.* Freund, *der*
boyhood ['bɔɪhʊd] *n.* Kindheit, *die*
boyish ['bɔɪɪʃ] *adj.* jungenhaft; **she had a ~ haircut/figure** sie hatte einen Knabenhaarschnitt/eine knabenhafte Figur
Boyle's Law ['bɔɪlz lɔː] *n. (Phys.)* Boyle-Mariotte-Gesetz, *das*
boy: ~-**meets**-'**girl** *attrib. adj.* Liebes(geschichte, -film); ~ '**scout** *see* **¹scout** 1 a
BP *abbr.* **a)** *boiling-point* SP; **b)** *British Petroleum* BP; **c)** *(Med.) British Pharmacopoeia* amtliches britisches Arzneimittelverzeichnis
Bp. *abbr. bishop* Bf.
BR *abbr.* British Rail[ways] britische Eisenbahngesellschaft
Br. *abbr.* **a)** *British* brit.; **b)** *Brother* Br.
bra [brɑː] *n.* BH, *der (ugs.)*
brace [breɪs] **1.** *n.* **a)** *(buckle)* Schnalle, *die; (connecting piece)* Klammer, *die; (Dent.)* [Zahn]spange, *die;* [Zahn]klammer, *die;* **b)** *in pl. (trouser-straps)* Hosenträger; **c)** *pl. same (pair)* **a/two ~ of** zwei/vier; *(derog.)* **a ~ of twins/servants** ein Zwillings-/Dienerpaar; **d)** *(Printing, Mus.)* geschweifte Klammer; Akkolade, *die;* **e)** *(strut)* Strebe, *die; (Naut.)* Brasse, *die. See also* **brace** and **bit**. **2.** *v. t.* **a)** *(fasten)* befestigen; *(stretch)* spannen; *(string up)* anspannen; *(with struts)* stützen; ~ **up one's courage** seinen ganzen Mut zusammennehmen; **b)** *(support)* stützen; **c)** *(Naut.)* brassen. **3.** *v. refl.* ~ **oneself** [up] *(fig.)* sich zusammennehmen; ~ **oneself** [up] **for sth.** *(fig.)* sich auf etw. *(Akk.)* [innerlich] vorbereiten
brace and 'bit *n.* Bohrwinde, *die*
bracelet ['breɪslɪt] *n.* **a)** *(band)* Armband, *das; (chain)* Kettchen, *das; (bangle)* Armreif, *der;* **b)** *in pl. (sl.: handcuffs)* Brasselett, *das (Gaunerspr.)*
bracer ['breɪsə(r)] *n. (coll.: tonic)* Muntermacher, *der (ugs. scherzh.)*
brachial ['breɪkɪəl] *adj. (Anat.)* brachial
bracing ['breɪsɪŋ] *adj.* belebend
bracken ['brækn] *n.* [Adler]farn, *der*
bracket ['brækɪt] **1.** *n.* **a)** *(support, projection)* Konsole, *die; (of iron)* Krageisen, *die; (of stone)* Kragstein, *der; (lamp-support)* Lampenhalter, *der;* **b)** *(mark)* Klammer, *die;* **open/close ~** Klammer auf/zu; **c)** *(group)* Gruppe, *die;* **social ~**: Gesellschaftsschicht, *die.* **2.** *v. t.* **a)** *(enclose in ~s)* einklammern; **b)** *(couple with brace)* mit einer Klammer verbinden; *(fig.)* in Verbindung bringen
brackish ['brækɪʃ] *adj.* brackig
bract [brækt] *n. (Bot.)* Braktee, *die*
brad [bræd] *n.* [flacher] Drahtstift
bradawl ['brædɔːl] *n.* [flache] Ahle
brae [breɪ] *n. (Scot.) (bank)* [Ufer]böschung, *die; (hillside)* Hang, *der*
brag [bræg] **1.** *n. (boast, boasting)* Prahlerei, *die;* **his ~ is that ...:** er prahlt damit, daß ... **2.** *v. i.* **-gg-** prahlen *(about* mit). **3.** *v. t.* **-gg-** prahlen; **he ~s that he has a Rolls Royce** er prahlt damit, daß er einen Rolls-Royce hat
braggart ['brægət] **1.** *n.* Prahler, *der*/Prahlerin, *die.* **2.** *adj.* prahlerisch
brahmin ['brɑːmɪn] *n.* Brahmane, *der*
brahminism ['brɑːmɪnɪzm] *n.* Brahmanismus, *der*
braid [breɪd] **1.** *n.* **a)** *(plait)* Flechte, *die (geh.);* Zopf, *der; (band entwined with hair)* Haarband, *das;* Flechtband, *das (veralt.);* **b)** *(decorative woven band)* Borte, *die;* **c)** *(on uniform)* Litze, *die; (with metal threads)* Tresse, *die.* **2.** *v. t.* **a)** *(plait; arrange in ~s)* flechten; **b)** *zusammenbinden* (Haare); **c)** *(trim with ~)* mit Borten/Litzen/Tressen besetzen
braiding ['breɪdɪŋ] *n. (bands)* Bänder, *die; (decorative woven bands)* Borten
Braille [breɪl] *n.* Blindenschrift, *die*

brain [breɪn] 1. n. a) Gehirn, das; **have [got] sex/food/money on the ~**: nur Sex/Essen/Geld im Kopf haben; **he's got he on the ~**: sie geht ihm nicht aus dem Kopf; **use your ~[s]** gebrauch deinen Verstand; **he's got a good ~**: er ist ein kluger Kopf; **you need ~s for that** dafür braucht man Verstand; **he didn't have the ~s to do it** er war zu dumm, es zu tun; **~ versus brawn** Köpfchen gegen Muskelkraft; see also ¹rack 2 c; b) in pl. (Gastr.) Hirn, das; c) (coll.: clever person) she's the ~[s] of the class sie ist die Intelligenteste in der Klasse; he's a terrific ~: er ist wahnsinnig intelligent (ugs.); **the ~ behind the business** der Kopf des Unternehmens. 2. v.t. den Schädel einschlagen (+ Dat.); **I'll ~ you!** (coll.) du kriegst gleich eins auf die Rübe! (ugs.)
brain: **~-child** n. (coll.) Geistesprodukt, das; **that system was my own ~-child** ich war der geistige Vater dieses Systems; **~-drain** n. (coll.) Abwanderung [von Wissenschaftlern]; Brain-Drain, das
brainless ['breɪnlɪs] adj. (stupid) hirnlos
brain: **~ power** n. geistige Leistung; **his ~ power will get him far** mit seiner Intelligenz wird er es weit bringen; **~-stem** n. (Anat.) Hirnstamm, der; **~storm** n. a) Anfall geistiger Umnachtung; b) (Amer. coll.) **~wave** b; **~storming** n. Brainstorming, das; **~s trust** n. Expertengremium, das; **~ surgeon** n. Gehirnchirurg, der; **~-teaser** n. Denk[sport]aufgabe, die; **~ trust** n. (Amer.) [beratendes] Expertengremium; Brain-Trust, das; **~-twister** see **~-teaser**; **~-wash** v.t. einer Gehirnwäsche unterziehen; **~wash sb. into doing sth.** jmdm. [ständig] einreden, etw. zu tun; **~washing** n. Gehirnwäsche, die; **~wave** n. a) (Physiol.) Hirnstromwelle, die; b) (coll.: inspiration) genialer Einfall; **~work** n. Kopfarbeit, die
brainy ['breɪnɪ] adj. intelligent
braise [breɪz] v.t. (Cookery) schmoren
¹**brake** [breɪk] 1. n. a) (apparatus; coll.: pedal etc.) Bremse, die; **sth. acts as a ~ on sth.** etw. bremst etw.; **apply** or **put on the ~s** die Bremse betätigen; (fig.) zurückstecken; **put the ~[s] on sth.** (fig.) etw. bremsen; **put the ~[s] on spending** die Ausgaben einschränken. 2. v.t. & i. bremsen; **~ hard** scharf bremsen
²**brake** n. (Bot.) Adlerfarn, der
³**brake** n. (thicket) Dickicht, das
⁴**brake** n. a) (wagonette) Break, der od. das; b) (estate car) Kombi[wagen], der
brake: **~-block** n. Bremsklotz, der; **~-drum** n. Bremstrommel, der; **~ fluid** n. Bremsflüssigkeit, die; **~ horsepower** n. Bremsleistung, die; Nutzleistung, die; **~-light** n. Bremslicht, das; **~ lining** n. Bremsbelag, der; **~-pad** n. Bremsbelag, der; **~-shoe** n. Bremsbacke, die; **~-van** n. (Railw.) Bremswagen, der
braking ['breɪkɪŋ] n. Bremsen, das
'**braking distance** n. Bremsweg, der
bramble ['bræmbl] n. a) (shrub) Dornenstrauch, der; (blackberry-bush) Brombeerstrauch, der; b) (fruit) Brombeere, die
Bramley ['bræmlɪ] n. englischer Kochapfel
bran [bræn] n. Kleie, die
branch [brɑːntʃ] 1. n. a) (bough) Ast, der; (twig) Zweig, der; b) (of nerve, artery, antlers) Ast, der; [Neben]arm, der; (of road, pipe, circuit) Abzweigung, der; (of railway) Nebenstrecke, die; (of family [of languages], subject) Zweig, der; (local establishment) Zweigstelle, die; (shop) Filiale, die. 2. v.i. a) sich verzweigen; b) (tend) **~ away from sth.** sich von etw. wegentwickeln; c) (diverge) **~ into sth.** sich in etw. (Akk.) aufspalten
~ forth v.i. see **~ 2 a**
~ off v.i. abzweigen; (fig.) sich abspalten
~ out v.i. a) see **~ 2 a**; b) (~ off) abzweigen (from von); c) (fig.) **~ out into sth.** sich auch

mit etw. befassen; **~ out on one's own** sich selbständig machen
branch: **~ line** n. (Railw.) Nebenstrecke, die; **~ office** n. Zweigstelle, die
brand [brænd] 1. n. a) (trade mark) Markenzeichen, das; (goods of particular make) Marke, die; (fig.: type) Art, die; **~ of washing-powder/soap** Waschpulvermarke, die/Seifenmarke, die; b) (permanent mark, stigma) Brandmal, das; (on sheep, cattle) Brandzeichen, das; (on cigar-box, crate) eingebranntes Zeichen; **~ of Cain** Kainsmal, das; c) (burning log etc.) [Feuer]brand, der (veralt.); (charred log etc.) verkohltes Holzscheit; (poet.: torch) Brand, der (geh.); d) (Bot.: blight) Brand, der; e) (poet.: sword) Schwert, das. 2. v.t. a) (burn) mit einem Brandzeichen markieren (Tier); b) (stigmatize [as]) **~ [as]** brandmarken als (Verräter, Verbrecher usw.); c) (Brit.: label with trade mark) mit einem Markenzeichen versehen; **~ed goods** Markenware, die; d) (impress) einbrennen (**upon** Dat. od. in + Akk.)
'**branding-iron** n. Brandeisen, das
brandish ['brændɪʃ] v.t. schwenken; schwingen (Waffe)
brand: **~ name** n. Markenname, der; **~-'new** adj. nagelneu (ugs.); **is the car ~-new?** ist der Wagen [fabrik]neu?
brandy ['brændɪ] n. Weinbrand, der
brandy: **~-ball** n. (Brit.) Weinbrandtrüffel, die; **~ butter** n. ≈ Kognakbutter, die; **Creme aus Butter, Zucker und Brandy**; **~-snap** n. mit Schlagsahne gefülltes knuspriges Röllchen mit Ingwergeschmack
brant [brænt] (Amer.) see **brent**
'**bran-tub** n. mit Kleie o. ä. gefüllte Kiste, aus der man Geschenke herausfischen kann
¹**brash** [bræʃ] adj. a) (self-assertive) dreist; (garish) auffällig (Kleidung); knallig (Farbe); b) (rash) unüberlegt
²**brash** n. a) (loose rock) [stone] **~**: Trümmergestein, das; b) (loose ice) Eistrümmer Pl.
³**brash** n. (Med.) saures Aufstoßen
brashly ['bræʃlɪ] adv. see ¹**brash**: dreist; auffällig; unüberlegt
brashness ['bræʃnɪs] n., no pl. see ¹**brash**: Dreistigkeit, die; Unüberlegtheit, die
brass [brɑːs] 1. n. a) Messing, das; **do sth. as bold as ~**: die Unverfrorenheit haben, etw. zu tun; b) (inscribed tablet) Grabplatte aus Messing; c) [horse-]**~es** Messinggeschirr, das; d) **the ~** (Mus.) das Blech (fachspr.); die Blechbläser; e) see **brassware**; f) no pl., no indef. art. (Brit. sl.: money) Kies, der (salopp); g) [top] **~** (coll.: officers, leaders of industry etc.) hohe Tiere (ugs.). 2. attrib. adj. Messing-; **~ player** (Mus.) Blechbläser, der. 3. v.t. be **~ed off [doing sth.]** (sl.) es satt haben[, etw. zu tun] (ugs.); **be ~ed off with** or **about sb./sth.** (sl.) jmdn./etw. satt haben (ugs.)
brass 'band n. Blaskapelle, die
brasserie ['bræsərɪ] n. Bierlokal, das; (more fashionable) Brasserie, die
brass: **~ 'farthing** n. **not a ~ farthing** kein Pfennig (ugs.); **he doesn't care a ~ farthing about it** es interessiert ihn nicht fünf Pfennige (ugs.); **~ hat** n. (sl.) hohes Tier (ugs.)
brassica ['bræsɪkə] n. (Bot.) Kohlpflanze, die; Brassica, die (Bot.)
brassière ['bræsɪə(r), 'bræzjə(r)] n. (formal) Büstenhalter, der
brass: **~ 'plate** n. Messingschild, das; **~ rubbing** n. no pl., no indef. art. Frottage, die (von Messingtafeln); (impression) Frottage, die (einer Messingtafel); **~ 'tacks** n. pl. **get** or **come down to ~ tacks** (sl.) zur Sache kommen; **~ware** n., no pl. Messingteile, die; (utensils, candlesticks, etc.) Messinggerät, das
brassy ['brɑːsɪ] adj. a) (in colour) messing-;

(in sound) blechern; b) (impudent) dreist; (pretentious) auffällig
brat [bræt] n. (derog.: child) Balg, das od. der (ugs., meist abwertend); (young rascal) Flegel, der
bravado [brə'vɑːdəʊ] n., pl. **~es** or **~s** Mut, der; **be full of ~**: sehr mutig tun; **do sth. out of ~**: so waghalsig sein, etw. zu tun; (as pretence) den starken Mann markieren wollen und etw. tun (ugs.)
brave [breɪv] 1. adj. a) mutig; (able to endure sth.) tapfer; **be ~!** nur Mut!/sei tapfer!; b) (literary: splendid) stattlich; prachtvoll; **make a ~ show** einen prächtigen Anblick bieten; **a ~ new world** eine schöne neue Welt. 2. n. [indianischer] Krieger. 3. v.t. trotzen (+ Dat.); mutig gegenübertreten (+ Dat.) (Kritiker, Interviewer); **~ it out** sich durch nichts einschüchtern lassen
bravely ['breɪvlɪ] adv. a) mutig; (showing endurance) tapfer; b) (literary: splendidly) stattlich; prachtvoll
bravery ['breɪvərɪ] n., no pl. Mut, der; (endurance) Tapferkeit, die
bravo [brɑːˈvəʊ] int. bravo; **shouts of '~'**: Bravorufe
bravura [brə'vʊərə] n. Bravour, die; **~ piece/passage** (Mus.) Bravourstück, das
braw [brɔː] adj. (Scot.) schön
brawl [brɔːl] 1. v.i. a) sich schlagen; b) (Bach:) rauschen. 2. n. Schlägerei, die
brawn [brɔːn] n. a) (muscle) Muskel, der; (muscularity) Muskeln pl.; **he's got some ~**: er hat ganz schön starke Muskeln; **you need a bit of ~ for that** dafür braucht du schon ein paar Muskeln; see also **brain 1 a**; b) (chopped pig's head) ≈ Preßkopf, der; (in aspic jelly) Schweinskopfsülze, die
brawny ['brɔːnɪ] adj. muskulös
bray [breɪ] 1. n. (of ass) Iah, das. 2. v.i. (Esel:) iahen, schreien; (Mensch:) wiehern
braze [breɪz] 1. v.t. [hart]löten. 2. n. [Hart]lötung, die
brazen ['breɪzn] 1. adj. a) dreist; (shameless) schamlos; b) (of brass) Messing-; aus Messing nachgestellt; messingen (seltener); c) (harsh-sounding) metallisch; d) (brass-coloured) **~ [yellow]** messinggelb; **a ~ yellow** ein Messinggelb. 2. v.t. **~ [out]** trotzen (+ Dat.); **~ it out** durchhalten
'**brazen-faced** see **brazen 1 a**
brazenly ['breɪznlɪ] adv. dreist; (shamelessly) schamlos
brazenness ['breɪznɪs] n., no pl. Dreistigkeit, die; (shamelessness) Schamlosigkeit, die
brazier ['breɪzɪə(r), 'breɪʒə(r)] n. Kohlenbecken, das
Brazil [brə'zɪl] n. a) pr. n. Brasilien (das); b) see **Brazil nut**
Brazilian [brə'zɪlɪən] 1. adj. brasilianisch; **sb. is ~**: jmd. ist Brasilianer/Brasilianerin. 2. n. Brasilianer, der/Brasilianerin, die
Bra'zil nut n. Paranuß, die
breach [briːtʃ] 1. n. a) (violation) Verstoß, der (**of** gegen); **~ of faith/duty** Vertrauensbruch, der/Pflichtverletzung, die; **~ of the peace** Störung von Ruhe und Ordnung; (by noise only) ruhestörender Lärm; **~ of contract** Vertragsbruch, der; **~ of promise** Wortbruch, der; (Law Hist.: breaking off an engagement to marry) Bruch des Eheversprechens; **be in ~ of the regulations** gegen die Verordnungen verstoßen; b) (of relations) Bruch, der; **~ of diplomatic relations** Abbruch der diplomatischen Beziehungen; c) (gap) Bresche, die; (fig.) Riß, der; **stand in the ~** (fig.) in der Schußlinie stehen; **step into the ~** (fig.) in die Bresche treten od. springen. 2. v.t. eine Bresche schlagen in (+ Akk.); **the wall/dike was ~ed** in die Mauer wurde eine Bresche geschlagen/der Deich wurde durchbrochen
bread [bred] 1. n. a) Brot, das; **a piece of ~ and butter** ein Butterbrot; **[some] ~ and but-

bread-and-butter pudding | **break**

ter [ein paar] Butterbrote; **~ and butter** *(fig.)* tägliches Brot; **quarrel with one's ~ and butter** *(fig.)* an dem Ast sägen, auf dem man sitzt; **~ and circuses** Brot und Spiele; **~ and milk** heiße Milch mit eingebrocktem Brot; **~ and water** *(lit. or fig.)* Wasser und Brot; **have one's ~ buttered on both sides** es in jeder Hinsicht gut getroffen haben; **know which side one's ~ is buttered** wissen, wo etwas zu holen ist; *see also* **water 1 b**; **b)** *(necessary food)* [daily] ~: [tägliches] Brot; **break ~ [with sb.]** *(arch.)* [mit jmdm.] brechen; **eat the ~ of idleness** *(literary)* müßiggehen *(geh.)*; **take the ~ out of sb.'s mouth** *(fig.)* jmdn. seiner Existenzgrundlage berauben; **c)** *(sl.: money)* Kies, der *(salopp)*. **2.** *v. t.* panieren
bread: ~-and-butter 'pudding *n.* Brot-und-Butter-Pudding, der; Auflauf aus Brot, Butter, Zucker, Rosinen usw.; **~-bin** *n.* Brotkasten, der; **~-board** *n.* [Brot]brett, das; **~crumb** *n.* Brotkrume, die; **~crumbs** *(for coating e.g. fish)* Paniermehl, das; **~-fruit** *n.* Brotfrucht, die; **~-knife** *n.* Brotmesser, das; **~-line** *n. (Amer.)* Warteschlange bei der Ausgabe kostenloser Nahrungsmittel an Bedürftige; **live on/below the ~line** *(fig.)* gerade noch/nicht einmal mehr das Notwendigste zum Leben haben; **~-roll** *n.* Brötchen, das; **~ 'sauce** *n. (Gastr.)* [englische] Brotsauce *(Kochk.)*; **~-stick** *n.* stangenförmiges Gebäck aus Brotteig
breadth [bredθ] *n.* **a)** *(broadness)* Breite, die; **what is the ~ of ...?** wie breit ist ...?; **be 20 metres in ~:** 20 Meter breit sein; **b)** *(extent)* Weite, die; *(range)* **with his ~ of experience/knowledge** bei seiner großen Erfahrung/bei seiner umfassenden Kenntnis; **~ of mind/vision** etc. *(fig.)* große Aufgeschlossenheit/Einbildungskraft usw.
bread: ~ tin Brotbüchse, die; **~-winner** *n.* Ernährer/Ernährerin die
¹**break** [breɪk] **1.** *v. t.,* **broke** [brəʊk], **broken** ['brəʊkn] **a)** brechen; *(so as to damage)* zerbrechen; kaputtmachen *(ugs.)*; aufschlagen ⟨Ei zum Kochen⟩; zerstören ⟨Ufer⟩; zerreißen ⟨Seil⟩; *(fig.: interrupt)* unterbrechen; brechen ⟨Bann, Zauber, Schweigen⟩; **~ sth. in two/in pieces** etw. in zwei Teile/in Stücke brechen; **~ the set** Teile des Satzes einzeln abgeben; **the TV/my watch is broken** der Fernseher/meine Uhr ist kaputt *(ugs.)*; **b)** *(crack)* zerbrechen; zertrümmern ⟨Fundament, Schiffsrumpf⟩; **c)** *(fracture)* sich *(Dat.)* brechen; *(pierce)* verletzen ⟨Haut⟩; **he broke his leg** er hat sich *(Dat.)* das Bein gebrochen; **sth. ~s no bones** *(fig.)* etw. ist nicht so schlimm; **no ~s broken** *(fig.)* es ist nichts passiert; **~ one's/sb.'s back** *(fig.)* sich/jmdm. kaputtmachen *(ugs.)*; **~ one's back** *(fig.)* sich abstrampeln *(ugs.)*; **the back of sth.** *(fig.)* bei etw. das Schwerste hinter sich bringen; **~ a tooth** sich *(Dat.)* ein Stück vom Zahn abbrechen; **~ open** aufbrechen; **d)** *(violate)* brechen ⟨Vertrag, Versprechen⟩; verletzen, verstoßen gegen ⟨Regel, Tradition⟩; nicht einhalten ⟨Verabredung⟩; überschreiten ⟨Grenze⟩; **the law** gegen das Gesetz verstoßen; **e)** *(destroy)* zerstören, ruinieren ⟨Freundschaft, Ehe⟩; **f)** *(surpass)* brechen ⟨Rekord⟩; **g)** *(abscond from)* **~ jail** [aus dem Gefängnis] ausbrechen; **~ the bounds** ausreißen; **~ ship** sich beim Landgang absetzen *(ugs.)*; *see also* **cover 1 j**; **h)** *(weaken)* brechen, beugen ⟨Stolz⟩; *(quash)* niederschlagen ⟨Rebellion, Aufstand⟩; zusammenbrechen lassen ⟨Streik⟩; **~ sb.'s spirit** jmds. Lebensmut brechen; **~ sb.'s heart** jmdm. das Herz brechen; **it broke my heart** es brach mir das Herz; *(crush)* jmdn. fertigmachen *(ugs.)*; **~ a horse [to the rein]** ein Pferd zureiten; **~ the habit** es sich *(Dat.)* abgewöhnen; **~ the smoking/drinking habit** sich *(Dat.)* das Rauchen/Trinken abgewöhnen; **~ sb. of the smoking habit** jmdm. das Rauchen abgewöhnen; *see also* **make 1 p**; **i)** *(cushion)* auffangen ⟨Schlag, jmds. Fall⟩; abschwächen ⟨Wind⟩; **j)** *(make bankrupt)* ruinieren; **~ the bank** die Bank sprengen; **you mustn't ~ the bank** *(fig. coll.) (spend a lot)* du darfst dich nicht in Unkosten stürzen; *(ruin yourself)* du darfst dich nicht finanziell ruinieren; **it won't ~ the bank** *(fig. coll.)* es kostet kein Vermögen; **k)** *(reveal)* **~ the news that ...:** jmdm. die schlechte Nachricht beibringen, daß ...; **I don't know how to ~ this news to you, but ...:** ich weiß nicht, wie ich dir das sagen soll, aber ...; **l)** *(use part of)* anbrechen ⟨Banknote⟩; **m)** *(unfurl)* entfalten ⟨Fahne⟩; **n)** *(solve)* entschlüsseln, entziffern ⟨Kode, Geheimschrift⟩; **o)** *(disprove)* entkräften ⟨Alibi⟩; **p)** *(Tennis)* **~ service/sb.'s service** den Aufschlag des Gegners/jmds. Aufschlag durchbrechen. *See also* **broken 2**; ¹**wind 1 e**. **2.** *v. i.,* **broke, broken a)** kaputtgehen *(ugs.)*; entzweigehen; ⟨Faden, Seil:⟩ [zer]reißen; ⟨Glas, Tasse, Teller:⟩ zerbrechen; ⟨Eis:⟩ brechen; *(fig.: be interrupted)* unterbrochen werden; **sb.'s heart is ~ing** jmdm. bricht das Herz; **~ in pieces** entzweibrechen; **the chocolate ~s easily** die Schokolade bricht sich leicht; **b)** *(crack)* ⟨Fenster-, Glasscheibe:⟩ zerspringen; **the bows of the ship broke against** or **on the rocks** der Bug des Schiffes zerschellte an den Felsen; **my back was nearly ~ing** ich brach mir fast das Kreuz; **c)** *(be destroyed)* ⟨Freundschaft, Ehe, Bündnis:⟩ zerbrechen; ⟨Familienbande:⟩ zerreißen; **d)** *(sever links)* **~ with sb./sth.** mit jmdm./etw. brechen; **e)** *(weaken)* gebrochen werden; **until he/his will ~s** bis er zusammenbricht/sein Wille gebrochen ist; **f)** **~ into** einbrechen in (+ Akk.) ⟨Haus⟩; aufbrechen ⟨Safe⟩; **~ into laughter/tears** in Gelächter/Tränen ausbrechen; **he broke into a sweat** ihm brach der Schweiß aus; **~ into a trot/run** etc. zu traben/laufen usw. anfangen; **sb. ~ into acting/industry** *(coll.)* jmdm. gelingt der Durchbruch in der Schauspielerei/in der Industrie; **~ into one's capital** sein Kapital angreifen; **~ into a banknote** eine Banknote anbrechen; **~ out of prison** etc. aus dem Gefängnis usw. ausbrechen; **g)** *(escape)* **~ free** or **loose [from sb./sb.'s grip]** sich von jmdm./aus jmds. Griff losreißen; **~ free/loose [from prison]** [aus dem Gefängnis] ausbrechen; **some planks had broken loose** einige Planken waren losgebrochen; **h)** ⟨Welle:⟩ sich brechen **(on/against** an + Dat.), branden **(on/against** an + Akk./gegen); **i)** ⟨Wetter:⟩ umschlagen; **j)** ⟨Wolkendecke:⟩ aufreißen; **k)** ⟨Tag:⟩ anbrechen; **l)** ⟨Sturm:⟩ losbrechen; **m)** *(disperse)* ⟨Truppen:⟩ auseinanderlaufen; **n)** *(change tone)* **sb.'s voice ~s** jmd. kommt in den Stimmbruch; *(with emotion)* jmdm. bricht die Stimme; **o)** *(Boxing)* sich aus dem Clinch lösen; **~! break!;** **p)** *(have interval)* **~ for coffee/lunch** [eine] Kaffee-/Mittagspause machen; **we'll ~ for five minutes** wir machen fünf Minuten Pause; **q)** *(Cricket)* die Richtung beim Aufprall ändern; ≈ Drall haben; **r)** *(become public)* bekanntwerden. **3.** *n.* **a)** Bruch, der; *(of rope)* Reißen, das; **~ [of service]** *(Tennis)* Break, der; **a ~ in the weather** ein Wetterumschlag; **a ~ with sb./sth.** ein Bruch mit jmdm./etw.; **~ of day** Tagesanbruch, der; **~ of day** bei Tagesanbruch; **b)** *(gap)* Lücke, die; *(in ground)* Riß, der; Spalte, die; *(Electr.: in circuit)* Unterbrechung, die; *(broken place)* Sprung, der; *(escape from prison)* Ausbruch, der; *(sudden dash)* **they made a sudden ~:** sie stürmten plötzlich davon; **they made a ~ for the gateway** sie stürzten zum Tor; **d)** *(interruption)* Unterbrechung, die; **e)** *(pause, holiday)* Pause, die; **during the commercial ~s on TV** während der Werbespots im Fernsehen; **take** or **have a ~:** [eine] Pause machen; **work without a ~:** ohne Pause arbeiten; **tea-~** *(Brit.)* Teepause, die; **go away for a weekend ~:** übers Wochenende verreisen; **f)** *(coll.: fair chance, piece of luck)* Chance, die; **lucky ~:** große Chance; **that was a bad ~ for him** das war Pech für ihn; **g)** *[bad] ~* *(coll.)* *(unfortunate remark)* ungeschickte Bemerkung; *(ill-judged action)* Dummheit, die; **h)** *(Electr.)* Unterbrechen, das (**in** die Ges.); **i)** *(Cricket)* Richtungsänderung beim Aufprall; ≈ Drall, der; **j)** *(Billiards etc.)* Serie, die; **k)** *(Jazz)* Break, der od. das
~ a'way 1. *v. t.* **~ sth. away [from sth.]** etw. [von etw.] losbrechen od. abbrechen. **2.** *v. i.* **a)** **~ away [from sth.]** [von etw.] losbrechen od. abbrechen; *(separate itself/oneself)* sich [von etw.] lösen; *(escape)* [aus etw.] entkommen; **he broke away from them** er distanzierte sich von ihnen; *(escaped)* er entkam ihnen; **b)** *(Footb.)* sich freilaufen; **c)** *(get out of control)* ⟨Auto:⟩ ausbrechen. *See also* **breakaway**
~ 'down 1. *v. i.* **a)** *(fail)* zusammenbrechen; ⟨Verhandlungen:⟩ scheitern; **b)** *(cease to function)* ⟨Auto:⟩ eine Panne haben; ⟨Telefonnetz:⟩ zusammenbrechen; **the machine has broken down** die Maschine funktioniert nicht mehr; **c)** *(be overcome by emotion)* zusammenbrechen; **d)** *(Chem.)* aufspalten. **2.** *v. t.* **a)** *(demolish)* aufbrechen ⟨Tür⟩; zum Einsturz bringen ⟨Mauer⟩; umknicken ⟨Baum⟩; **b)** *(suppress)* brechen ⟨Widerstand⟩; niederreißen ⟨Barriere, Schranke⟩; **c)** *(analyse)* aufgliedern. *See also* **breakdown**; **broken-down**
~ 'in 1. *v. i.* **a)** *(intrude forcibly)* einbrechen; *see also* **break-in**; **b)** *(interrupt)* **~ in [on sb.] sth.]** [jmdn./etw.] unterbrechen. **2.** *v. t.* **a)** *(accustom to habit)* eingewöhnen; einarbeiten ⟨Lehrling etc.⟩; *(tame)* zureiten ⟨Pferd⟩; abrichten ⟨Hund⟩; *(discipline)* zur Disziplin erziehen; **b)** *(wear etc. until comfortable)* einlaufen ⟨Schuhe⟩; sich gewöhnen an (+ Akk.) ⟨Brille, Gebiß⟩; **c)** **~ the door in** die Tür einbrechen
~ into *see* **~ 2 f**
~ 'off 1. *v. t.* abbrechen; abreißen ⟨Faden⟩; auflösen ⟨Verlobung⟩; **~ it off [with sb.]** sich von jmdm. trennen. **2.** *v. i.* **a)** abbrechen; **b)** *(cease)* aufhören; ⟨Gespräch, Gesang:⟩ abbrechen; ⟨Diskussion, Verfahren:⟩ abgebrochen werden
~ 'out *v. i. (escape, appear)* ausbrechen; ⟨Flecken, Pusteln, Schweißtropfen:⟩ sich bilden; **~ out in spots/a rash** etc. Pickel/einen Ausschlag usw. bekommen; **he broke out in a cold sweat** ihm brach der kalte Schweiß aus
~ out of *see* **~ 2 f**
~ 'through *v. t. & i.* durchbrechen; *see also* **breakthrough**
~ 'up 1. *v. t.* **a)** (**~ into pieces**) zerkleinern; abwracken ⟨Auto⟩; abwracken ⟨Schiff⟩; aufbrechen ⟨Erde⟩; zerbrechen ⟨Stuhl⟩; **b)** *(disband)* auflösen; auseinanderreißen ⟨Familie⟩; zerstreuen ⟨Menge⟩; **~ it up!** *(coll.)* auseinander!; **c)** *(disconcert)* aus der Fassung bringen; **d)** *(destroy)* zerstören ⟨Freundschaft, Ehe⟩. **2.** *v. i.* **a)** (**~ into pieces**, *lit. or fig.*) aufbrechen ⟨Erde, Straßenoberfläche⟩; aufbrechen ⟨Eis⟩; zerbrechen; **b)** *(disband)* sich auflösen; ⟨Schule:⟩ schließen; ⟨Schüler, Lehrer:⟩ in die Ferien gehen; **c)** *(be convulsed)* **~ up [with laughter]** in Gelächter ausbrechen; **d)** *(cease)* abgebrochen werden; *(end relationship)* **~ up [with sb.]** sich [von jmdm.] trennen; **they broke up last year** sie trennten sich letztes Jahr; **e)** *see* **~ 2 i**; **f)** *(mentally)* zusammenbrechen. *See also* **break-up**
²**break** *see* ⁴**brake**

breakable ['breɪkəbl] 1. *adj.* zerbrechlich. 2. *n. in pl.* zerbrechliche Dinge
breakage ['breɪkɪdʒ] *n.* a) *(breaking)* Zerbrechen, *das;* b) *(result of breaking)* Bruchschaden, *der;* ~s **must be paid for** zerbrochene Ware muß bezahlt werden
break: ~**away** 1. *n.* a) Ausbrechen, *das;* a ~**away from tradition** ein Bruch mit der Tradition; b) *(Sport: false start)* Fehlstart, *der;* c) *(Rugby) [schnelles] Lösen aus dem Gedränge.* 2. *adj. (Brit.)* abtrünnig; ~**away group** Splittergruppe, *die;* ~ **dancing** *n.* Breakdance, *der;* ~**down** *n.* a) *(fig.: collapse)* a ~**down in the system** *(fig.)* ein Zusammenbruch des Systems; b) *(mechanical failure)* Panne, *die; (in machine)* Störung, *die;* ~**down service** Pannendienst, *der;* ~**down truck/van** Abschleppwagen, *der;* c) *(health or mental failure)* Zusammenbruch, *der;* a ~**down in health** ein gesundheitlicher Zusammenbruch; d) *(analysis)* Aufschlüsselung, *die;* e) *(disintegration)* Aufspaltung, *die;* ~**down product** Spaltprodukt, *das (Chemie)*
breaker ['breɪkə(r)] *n.* a) *(wave)* Brecher, *der;* b) [car] ~: *jmd., für das Autos ausschlachtet;* ~'s [yard] Autofriedhof, *der*
break 'even *v. i.* die Kosten decken; **break-even point** Nutzschwelle, *die*
breakfast ['brekfəst] 1. *n.* Frühstück, *das;* **for** ~: zum Frühstück; **have sth. for** ~: etw. zum Frühstück essen/trinken; **eat** *or* **have** [one's] ~: frühstücken; **have a cooked** ~: zum Frühstück etwas Warmes essen; *see also* **wedding breakfast.** 2. *v. i.* frühstücken; **we** ~**ed on bacon and eggs** wir aßen Eier mit Speck zum Frühstück
breakfast: ~ **cereal** *n.* ≈ Frühstücksflocken *Pl.;* ~ **'television** *n.* Frühstücksfernsehen, *das;* ~**-time** *n.* Frühstückszeit, *die*
'**break-in** *n.* Einbruch, *der;* **there has been a** ~ **at the bank** in der *od.* die Bank ist eingebrochen worden
'**breaking** *n.* ~ **and entering** *(Law)* Einbruch, *der*
breaking: ~**-point** *n.* Belastungsgrenze, *die;* **be at** ~**-point** *(mentally)* die Grenze der Belastbarkeit erreicht haben; ~**-strength** *n.* Belastbarkeit, *die*
break: ~**neck** *adj.* halsbrecherisch; ~**-out** *n.* Ausbruch, *der;* ~**through** *n.* Durchbruch, *der;* ~**-up** *n.* a) *(disintegration) (of earth, soil, road surface)* Aufbrechen, *das; (fig.)* Zusammenbruch, *der; (of weather)* Umschlag, *der; (of old structure)* Zerfall, *der;* b) *(disbanding, dispersal)* Auflösung, *die;* c) *(ceasing)* Ende, *das; (ending of relationship)* Bruch, *der;* ~**water** *n.* Wellenbrecher, *der*
bream [bri:m] *n., pl. same (Zool.)* a) Brachsen, *der;* b) [sea-]~ *(Sparidae)* Meerbrassen, *der;* c) *(Amer.: sunfish)* Sonnenbarsch, *der*
breast [brest] 1. *n. (lit. or fig.)* Brust, *die;* **make a clean** ~ [of sth.] *(fig.) [etw.]* offen bekennen. 2. *v. t.* a) *(oppose, confront)* sich entgegenstellen (+ *Dat.*); b) *(Brit.: climb)* übersteigen ⟨*Mauer, Hindernis*⟩; besteigen ⟨*Berg*⟩; ~ **the waves** gegen die Wellen ankämpfen. *See also* **tape 1 b**
breast: ~**bone** *n.* Brustbein, *das;* ~ **cancer** *n.* Brustkrebs, *der;* ~**-fed** *adj.* **be** ~**-fed** gestillt werden; ~**-feed** *v. t. & i.* stillen; ~**-feeding** *n.* das Stillen; ~**plate** *n. (armour)* Brustharnisch, *der;* ~**-'pocket** *n.* Brusttasche, *die;* ~**-stroke** *n. (Swimming)* Brustschwimmen, *das;* **do** *or* **swim** [the] ~**-stroke** brustschwimmen
breath [breθ] *n.* a) Atem, *der;* **have bad** ~: Mundgeruch haben; **say sth. below** *or* **under one's** ~: etw. vor sich *(Akk.)* hin murmeln; **draw** ~: Atem holen; **as long as I draw** ~: solange ich atme; **a** ~ **of fresh air** ein wenig frische Luft; **go out for a** ~ **of fresh air** frische Luft schnappen gehen; **be a** ~ **of fresh**

air in sb.'s life etwas Abwechslung in jmds. Leben bringen; **waste one's** ~: seine Worte verschwenden; **sth. is the** ~ **of life to sb.** jmd. kann ohne etw. nicht leben; **she caught her** ~: ihr stockte der Atem; **hold one's** ~: den Atem anhalten; **get one's** ~ **back** wieder zu Atem kommen; **be out of/short of** ~: außer Atem *od.* atemlos sein/kurzatmig sein; **take** ~: [sich] verschnaufen; **pause for** ~: eine Verschnaufpause machen; **take sb.'s** ~ **away** *(fig.) see* **save 1 e**; b) *(one respiration)* Atemzug, *der;* **take** *or* **draw a [deep]** ~: [tief] einatmen; **in the same** ~: im selben Atemzug; c) *(air movement, whiff)* Hauch, *der;* **there wasn't a** ~ **of air** es regte sich kein Lüftchen; **a** ~ **of wind** ein Windhauch; **not a** ~ **of suspicion/rumour** nicht die Spur eines Verdachts/nicht die leiseste Andeutung eines Gerüchts
breathalyse ['breθəlaɪz] *v. t.* ins Röhrchen *od.* in die Tüte blasen lassen *(ugs.)*
breathalyser, (P) *(Amer.:* **breathalyzer**) ['breθəlaɪzə(r)] *n.* ~ **test** Alcotest Ⓦ, *der;* **blow/breathe into a** ~ **[bag]** ins Röhrchen *od.* in die Tüte blasen *(ugs.)*
breathe [bri:ð] 1. *v. i.* a) *(lit. or fig.)* atmen; ~ **in** einatmen; ~ **out** ausatmen; ~ **into sth.** [sanft] in etw. *(Akk.)* [hinein]blasen; *see also* **neck 1 a**; b) *(take breath)* **stop to** ~: eine Verschnaufpause machen; **give me a chance to** ~! laß mich erst wieder zur Besinnung kommen!; c) *(blow)* [sanft] wehen. 2. *v. t.* a) ~ **a breath** einen letzten Atemzug tun; **one's last** seinen letzten Atemzug tun; ~ **fire** Feuer speien; *(fig.)* Gift und Galle spucken; ~ **[in/out]** ein-/ausatmen; ~ **new life into sth.** *(fig.)* etw. mit neuem Leben erfüllen; b) *(utter)* hauchen; ~ **a sigh [of relief]/a sigh of regret** [erleichtert] aufatmen/ aufseufzen; **don't** ~ **a word about** *or* **of this to anyone** sag kein Sterbenswörtchen darüber zu irgend jemandem; c) *(show evidence of)* atmen *(geh.);* ausstrahlen
breather ['bri:ðə(r)] *n.* a) *(brief pause)* Verschnaufpause, *die; (brief holiday etc.)* Erholungspause, *die;* **take** *or* **have a** ~: eine Verschnaufpause/Erholungspause einlegen; **go out for a** ~: ein wenig frische Luft schöpfen; b) *(Motor Veh.)* Entlüfter, *der*
breathing ['bri:ðɪŋ] *n.* Atmen, *das*
breathing: ~**-apparatus** *n.* a) *(Med.)* Beatmungsgerät, *das;* b) *(of fireman etc.)* Atemschutzgerät, *das;* ~**-space** *n. (time to breathe)* Zeit zum Luftholen; *(pause)* Atempause, *die;* ~**-tube** *n.* Atemschlauch, *der*
breathless ['breθlɪs] *adj.* atemlos (**with** vor + *Dat.*); **leave sb.** ~: jmdm. den Atem nehmen; **we stood** ~ **while ...:** uns *(Dat.)* stockte der Atem, während ...; **we were** ~ **with amazement** uns *(Dat.)* blieb vor Staunen die Luft weg *(ugs.)*
breathlessly ['breθlɪslɪ] *adv.* atemlos
breathlessness ['breθlɪsnɪs] *n., no pl. (caused by smoking or illness)* Kurzatmigkeit, *die*
breath: ~**-taking** *adj.* atemberaubend; ~ **test** *n.* Alcotest Ⓦ, *der*
breathy ['breθɪ] *adj.* hauchig ⟨*Stimme*⟩
Brechtian ['brektɪən] *adj. (Theatre)* brechtsch
bred *see* **breed 1, 2**
breech [bri:tʃ] *n.* [Geschütz]verschluß, *der*
breech: ~ **birth** *n. (Med.)* Steißgeburt, *die;* ~**-block** *n.* Verschlußblock, *der*
breeches ['brɪtʃɪz] *n. pl.* a) *(short trousers)* **[pair of]** ~: [Knie]bundhose, *die;* **[riding-]** ~: Reithose, *die;* **Breeches** *Pl.;* b) *(trousers)* Hose, *die; (knickerbockers)* Knickerbocker *Pl.;* **wear the** ~ *(fig.)* die Hosen anhaben *(ugs.); see also* **big 1 g**
'**breeches-buoy** *n. (Naut.)* Hosenboje, *die*
breech: ~**-loader** *n.* Hinterlader, *der;* ~**-loading** *adj.* Hinterlader-
breed [bri:d] 1. *v. t.,* **bred** [bred] a) *(be the*

cause of) erzeugen; hervorrufen; b) *(raise)* züchten ⟨*Tiere, Pflanzen*⟩; **bred in the bone** angeboren; c) *(bring up)* erziehen; **be born and bred in London** er ist in London geboren und aufgewachsen; d) *(bear)* gebären ⟨*Nachkommen*⟩; *(generate)* hervorbringen ⟨*Rasse*⟩. 2. *v. i.,* **bred:** a) sich vermehren, ⟨*Vogel:*⟩ brüten; ⟨*Tier:*⟩ Junge haben; **they** ~ **like flies** *or* **rabbits** sie vermehren sich wie die Kaninchen; b) *(arise)* entstehen; *(spread)* sich ausbreiten. 3. *n.* a) Art, *die; (of animals)* Rasse, *die;* ~**s of cattle** Rinderrassen, *die* **Jersey** ~ [**of cattle**] das Jerseyrind; **what** ~ **of dog is that?** zu welcher Rasse gehört dieser Hund?; b) *(lineage)* Rasse, *die;* **a noble** ~ **of men** ein vornehmer Menschenschlag; c) *(sort)* Art, *die*
breeder ['bri:də(r)] *n.* Züchter, *der;* **be a** ~ **of sth.** etw. züchten; **dog-/horse-**~: Hunde-/Pferdezüchter, *der*
'**breeder reactor** *n. (Nucl. Engin.)* Brutreaktor, *der;* Brüter, *der*
breeding ['bri:dɪŋ] *n.* Erziehung, *die;* **[good]** ~: gute Erziehung; **have** ~: eine gute Erziehung genossen haben
breeding: ~**-ground** *n. (lit. or fig.)* Brutstätte, *die;* ~ **season** *n.* Brutzeit, *die*
¹**breeze** [bri:z] 1. *n.* a) *(gentle wind)* Brise, *die;* **there is a** ~: es weht eine Brise; **night** ~: nächtliche Brise; **sea** ~: Seebrise, *die;* b) *(Meteorol.)* [leichter] Wind. 2. *v. i. (coll.)* ~ **along** dahinrollen; *(on foot)* dahinschlendern; ~ **in** hereingeschneit kommen *(ugs.)*
²**breeze** *n. (cinders)* Lösche, *die*
³**breeze** *n. (Zool.)* Bremse, *die*
'**breeze-block** *n. (Building)* ≈ Leichtstein, *der*
breezily ['bri:zɪlɪ] *adv. (coll.)* [frisch und] unbekümmert; *(carelessly)* leichthin; unbekümmert
breeziness ['bri:zɪnɪs] *n., no pl. (coll.) (carefree nature)* [frische und] unbekümmerte Art; *(carelessness)* Unbekümmertheit, *die*
breezy ['bri:zɪ] *adj.* a) *(windy)* windig; b) *(coll.) (brisk and carefree)* [frisch und] unbekümmert; *(careless)* unbekümmert
brent [brent] *n.* ~**[-goose]** Ringelgans, *die*
brethren *see* **brother d**
Breton ['bretn] 1. *adj.* bretonisch; *see also* **English 1.** 2. *n.* a) *(language)* Bretonisch, *das; see also* **English 2 a;** b) *(person)* Bretone, *der/*Bretonin, *die*
breve [bri:v] *n.* a) *(Mus.)* Brevis, *die (veralt.);* Doppelganze, *die;* b) *(of short/unstressed vowel)* Halbkreis, *der (zur Kennzeichnung kurzer/unbetonter Vokale)*
breviary ['bri:vɪərɪ] *n. (Eccl.)* Brevier, *das*
brevity ['brevɪtɪ] *n.* Kürze, *die*
brew [bru:] 1. *v. t.* a) brauen ⟨*Bier*⟩; keltern ⟨*Apfelwein*⟩; kochen ⟨*Kaffee, Tee, Kakao usw.*⟩; aufbrühen ⟨*Tee, Kaffee*⟩; ~ **up** *abs.* Tee kochen; [sich *(Dat.)*] einen Tee kochen *od.* aufbrühen; b) *(fig.: put together)* ~ [**up**] [zusammen]brauen *(ugs.)* ⟨*Mischung*⟩; *(generate)* hervorrufen ⟨*Empfindungen*⟩; *(formulate)* ausbrüten *(ugs.)* ⟨*Plan usw.*⟩. 2. *v. i.* ⟨*Bier, Apfelwein:*⟩ gären, ⟨*Kaffee, Tee:*⟩ ziehen; b) *(fig.: gather)* ⟨*Unwetter:*⟩ sich zusammenbrauen; ⟨*Rebellion, Krieg:*⟩ drohen. 3. *n.* a) Gebräu, *das (abwertend); (brewed beer/tea)* Bier, *das/*Tee, *der/*Kaffee, *der;* b) *(amount brewed)* ≈ Abfüllung, *die; (of tea etc.)* **we'll have to make another** ~: wir müssen noch einmal aufbrühen
brewer ['bru:ə(r)] *n.* a) *(person)* Brauer, *der;* b) *(firm)* Brauerei, *die*
brewery ['bru:ərɪ] *n.* Brauerei, *die*
briar *see* ¹,²**brier**
bribe [braɪb] 1. *n.* Bestechung, *die;* **a** ~ [**of £100**] ein Bestechungsgeld [in Höhe von

bribery

100 Pfund]; **take a ~/~s** sich bestechen lassen; **he won't accept ~s** er ist unbestechlich; **offer sb. a ~**: jmdn. bestechen wollen. **2.** *v. t.* bestechen; **he won't be ~d** er ist unbestechlich; **~ sb. to do/into doing sth.** jmdn. bestechen, damit er etw. tut

bribery ['braɪbərɪ] *n.* Bestechung, *die;* **open to ~**: bestechlich; käuflich; **be involved in ~**: in einen Bestechungsfall verwickelt sein

bric-à-brac ['brɪkəbræk] *n.* Antiquarisches; *(smaller things)* Nippsachen *Pl.;* **~ collector** ≈ Antiquitätensammler, *der*

brick [brɪk] **1.** *n.* **a)** *(block)* Ziegelstein, *der;* Backstein, *der;* *(clay)* Lehmziegel, *der;* **~s and mortar** *(buildings)* Gebäude; *(as investment)* Immobilien *Pl.;* **drop a ~** *(fig. sl.)* ins Fettnäpfchen treten *(ugs. scherzh.);* **be** *or* **come down on sb. like a load** *or* **ton of ~s** *(coll.)* jmdn. unheimlich fertigmachen *od.* zusammenstauchen *(ugs.);* **b)** *(toy)* Bauklötzchen, *das;* **c)** *(of ice-cream)* Packung, *die;* **d)** *(sl.: person)* feiner Kerl; **you've been a real ~**: du warst ein prima Kumpel *(ugs.).* **2.** *adj.* **a)** Ziegelstein-; Backstein-; **b)** *(red)* ziegelrot. **3.** *v. t.* **~ up/in** zu-/einmauern

brick: **~bat** *n.* **a)** Backsteinbrocken, *der;* **b)** *(fig.: uncomplimentary remark)* schlechte Kritik; **greet sb. with ~bats** jmdn. attackieren; **~-built** *adj.* backsteinern; Backstein⟨*haus, -mauer*⟩; **it is ~-built** es ist aus Backstein

brickie ['brɪkɪ] *n. (Brit. sl.)* Maurer, *der*

brick: **~-kiln** *n.* Ziegelofen, *der;* **~layer** *n.* Maurer, *der;* **~laying** *n.* Mauern, *das;* **~-red** *adj.* ziegelrot; **'wall** *n.* Backsteinmauer, *die;* **bang one's head against a ~ wall** *(fig.)* mit dem Kopf gegen die Wand rennen *(fig.);* **come up against a ~ wall** *(fig.)* plötzlich vor einer Mauer stehen *(fig.);* **~work** *n.* **a)** *(bricklaying)* Mauern, *das;* **b)** *(structure)* [Backstein]mauerwerk, *das;* **~yard** *n.* Ziegelei, *die*

bridal ['braɪdl] *adj. (of bride)* Braut-; *(of wedding)* Hochzeits-; **~ couple/suite** Brautpaar, *das*/Hochzeitssuite, *die*

bride [braɪd] *n.* Braut, *die*

'bridegroom *n.* Bräutigam, *der*

bridesmaid ['braɪdzmeɪd] *n.* Brautjungfer, *die;* **chief ~**: erste Brautjungfer

¹bridge [brɪdʒ] **1.** *n.* **a)** *(lit. or fig.)* Brücke, *die;* **cross that ~ when you come to it** *(fig.)* alles zu seiner Zeit; *see also* **¹burn 2 a; b)** *(Naut.)* [Kommando]brücke, *die;* **c)** *(of nose)* Nasenbein, *das;* Sattel, *der;* **d)** *(of violin, spectacles)* Steg, *der;* **e)** *(Dent.)* [Zahn]brücke, *die.* **2.** *v. t.* eine Brücke bauen *od.* errichten *od.* schlagen über (+ *Akk.);* **~ the gap** *(fig.)* die Kluft überbrücken

²bridge *n. (Cards)* Bridge, *das*

'bridgehead *n.* Brückenkopf, *der*

'bridging loan *n. (Commerc.)* Überbrückungskredit, *der*

bridle ['braɪdl] **1.** *n.* Zaumzeug, *das;* Zaum, *der.* **2.** *v. t.* **a)** aufzäumen ⟨*Pferd*⟩; **b)** *(fig.: restrain)* zügeln ⟨*Zunge*⟩; im Zaum halten ⟨*Leidenschaft*⟩. **3.** *v. i.* **~ at sth.** sich gegen etw. sträuben *od.* *(geh.)* stemmen

'bridle-path, 'bridle-road *ns.* Saumpfad, *der;* *(for horses)* Reitweg, *der*

Brie [briː] *n.* Brie[käse], *der*

¹brief [briːf] *adj.* **a)** *(of short duration)* kurz; gering, geringfügig ⟨*Verspätung*⟩; **after a ~ discussion/the ~est of discussions** nach kurzer/ganz kurzer Diskussion; **b)** *(concise)* knapp; **in ~, to be ~**: kurz gesagt; **make** *or* **keep it ~**: es kurz machen; **be ~**: sich kurz fassen; **the news in ~**: die Nachrichten im Überblick

²brief *n.* **a)** *(Law: summary of facts)* Schriftsatz, *der;* **hold a ~ for sb.** als Anwalt [vor Gericht] vertreten; **hold no ~ for sb.** *(fig.)* nicht auf jmds. Seite *(Dat.)* stehen; nicht für jmdn. plädieren *od.* eintreten **b)** *(Brit. Law: piece of work)* Mandat,

bring

das; **c)** *(Amer. Law: statement of arguments)* Darlegung der Beweisgründe; **d)** *(instructions)* Instruktionen *Pl.;* Anweisungen *Pl.* **2.** *v. t.* **a)** *(Brit. Law)* mit der Vertretung eines Falles betrauen; **b)** *(Mil.: instruct)* Anweisungen *od.* Instruktionen geben (+ *Dat.);* instruieren; unterweisen; **c)** *(inform, instruct)* unterrichten; informieren

'brief-case *n.* Aktentasche, *die*

briefing ['briːfɪŋ] *n.* **a)** Briefing, *das;* *(of reporters or press)* Unterrichtung, *die;* *(before raid etc.)* Einsatzbesprechung, *die;* **b)** *(instructions)* Instruktionen *Pl.;* Anweisungen *Pl.;* *(information)* Informationen *Pl.*

briefly ['briːflɪ] *adv.* **a)** *(for a short time)* kurz; **b)** *(concisely)* knapp; kurz; **[to put it] ~, ...**: kurz gesagt ...

briefness ['briːfnɪs] *n., no pl.* **a)** *(shortness)* Kürze, *die;* **b)** *(conciseness)* Knappheit, *die*

briefs [briːfs] *n. pl.* [pair of] ~: Slip, *der*

¹brier [braɪə(r)] *n. (Bot.: rose)* Wilde Rose

²brier *n.* **a)** *(pipe)* Bruyèrepfeife, *die;* **b)** *(Bot.: heath)* Baumheide, *die*

'brier-rose *n.* Hundsrose, *die*

brig [brɪɡ] *n.* **a)** *(Naut.)* Brigg, *die;* **b)** *(Amer. sl.: prison)* Bau, *der (salopp);* Bunker, *der (salopp)*

Brig. *abbr.* **brigadier** Brig.

brigade [brɪ'ɡeɪd] *n.* **a)** *(Mil.)* Brigade, *die;* **the old ~** *(fig.)* die alte Garde; **b)** *(organized or uniformed body)* Einheit, *die*

brigadier[-general] [brɪɡə'dɪə(r) ('dʒenrl)] *n. (Mil.)* Brigadegeneral, *der;* Brigadier, *der*

brigand ['brɪɡənd] *n.* Bandit, *der;* Brigant, *der (geh.)*

bright [braɪt] **1.** *adj.* **a)** hell ⟨*Licht, Stern, Fleck*⟩; grell ⟨*Scheinwerfer[licht]*, *Sonnenlicht*⟩; strahlend ⟨*Sonnenschein, Stern, Augen*⟩; glänzend ⟨*Metall, Augen*⟩; leuchtend, lebhaft ⟨*Farbe, Blume*⟩; **~ reflection** starke Reflexion *od.* Spiegelung; **~ blue** *etc.* leuchtend blau *usw.;* **~ yellow/red** leuchtend gelb/rot; knallgelb/-rot *(ugs.);* **a ~ day** ein heiterer *od.* strahlender Tag; **~ intervals/periods** Aufheiterungen; **the one ~ spot** *(fig.)* der Lichtblick; **the ~ lights of the city** *(fig.)* der Glanz der Großstadt; **look on the ~ side** *(fig.)* die Sache positiv sehen; **~-eyed and bushy-tailed** *(joc.)* fidel und munter; **b)** *(cheerful)* fröhlich, heiter ⟨*Mensch, Charakter, Stimmung*⟩; strahlend ⟨*Lächeln*⟩; freundlich ⟨*Zimmer, Farbe*⟩; **c)** *(clever)* intelligent; **that wasn't very ~ [of you], was it?** Das war nicht gerade intelligent [von dir]!; **he is a ~ boy** er ist ein heller *od.* aufgeweckter Junge; **d)** *(hopeful)* vielversprechend ⟨*Zukunft*⟩; glänzend ⟨*Aussichten*⟩. **2.** *adv.* **a)** hell; **b)** **~ and early** in aller Frühe

brighten ['braɪtn] **1.** *v. t.* **~ [up] a)** aufhellen ⟨*Farben*⟩; aufpolieren, zum Glänzen bringen ⟨*Metall*⟩; **b)** *(make more cheerful)* aufhellen, aufheitern ⟨*Zimmer*⟩. **2.** *v. i.* **~ [up] a)** ⟨*Himmel:*⟩ sich aufhellen; **the weather** *or* **it is ~ing [up]** es klärt sich auf; es klart auf *(Met.);* **b)** *(become more cheerful)* ⟨*Mensch:*⟩ vergnügter werden; ⟨*Augen:*⟩ [auf]leuchten; ⟨*Gesicht:*⟩ sich aufhellen; ⟨*Aussichten:*⟩ sich verbessern

brightly ['braɪtlɪ] *adv.* **a)** hell ⟨*scheinen, glänzen*⟩; glänzend ⟨*poliert*⟩; **~ lit** hellerleuchtet *präd.* getrennt geschrieben; **~-coloured** leuchtend bunt; **b)** *(cheerfully)* gutgelaunt; strahlend

brightness ['braɪtnɪs] *n.* **a)** *(of light, star, spot)* Helligkeit, *die;* *(of sunlight)* Grelle, *die;* Grellheit, *die;* *(of sun, eyes, star)* Strahlen, *das;* *(of metal, eyes)* Glanz, *der;* *(of colours)* Leuchtkraft, *die;* *(of eyes)* Leuchten, *das;* **the ~ of the reflection** die Stärke der Reflexion; **b)** *(cheerfulness)* Fröhlichkeit, *die;* Heiterkeit, *die;* **c)** *(cleverness)* Intelligenz, *die;* **the ~ of his ideas** seine glänzenden Ideen

¹brill [brɪl] *n., pl.* **same** *(Zool.)* Glattbutt, *der*

²brill *adj. (Brit. sl.)* super *(ugs.)*

brilliance ['brɪljəns], **brilliancy** ['brɪljənsɪ] *n., no pl.* **a)** *(brightness)* *(of light)* Helligkeit, *die;* *(of star, diamond)* Funkeln, *das;* *(of flash)* Grelle, *die;* Grellheit, *die;* *(of colours)* Leuchten, *das;* **b)** *(of person, invention, idea, move, achievement)* Genialität, *die;* **the ~ of his mind** sein genialer Geist; **c)** *(illustriousness)* Glanz, *der*

brilliant ['brɪljənt] **1.** *adj.* **a)** *(bright)* hell ⟨*Licht*⟩; strahlend ⟨*Sonne*⟩; funkelnd ⟨*Diamant, Stern*⟩; leuchtend ⟨*Farbe*⟩; **b)** *(highly talented)* genial ⟨*Mensch, Erfindung, Gedanke, Schachzug, Leistung*⟩; brillant, glänzend ⟨*Aufführung, Vorstellung, Idee*⟩; bestechend ⟨*Theorie, Argument*⟩; **that was ~** *(iron.)* das war gekonnt *od.* intelligent *(iron.);* **c)** *(illustrious)* glänzend ⟨*Karriere, Erfolg, Sieg*⟩; großartig ⟨*Heldentat*⟩; **a ~ achievement** eine Glanzleistung. **2.** *n.* Brillant, *der*

brilliantine ['brɪljəntiːn] *n.* Brillantine, *die;* Haarpomade, *die*

brilliantly ['brɪljəntlɪ] *adv.* **a)** hell ⟨*scheinen, funkeln, schimmern*⟩; **it was a ~ sunny day** es war ein strahlender Sonnentag; **~ lit** hellerleuchtet *präd.* getrennt geschrieben; **b)** *(with great talent)* brillant; **a ~ thought-out scheme** ein genial ausgedachter Plan; **c)** *(illustriously)* glänzend ⟨*erfolgreich sein, triumphieren*⟩

brim [brɪm] **1.** *n.* **a)** *(of cup, bowl, hollow)* Rand, *der;* **full to the ~**: randvoll; **b)** *(of hat)* [Hut]krempe, *die.* **2.** *v. i.,* **-mm-**: **be ~ming with sth.** randvoll mit etw. sein; *(fig.)* strotzen vor etw. *(Dat.);* **be ~ming with tears** *(fig.)* voller Tränen stehen ⟨*Augen*⟩; **~ over** *v. i.* **a)** übervoll sein; **b)** *(fig.)* **he was ~ming over with confidence** er strotzte vor Zuversicht

brim-'full *adj.* **be ~ with sth.** randvoll mit etw. sein; **be ~ of energy/curiosity** *(fig.)* vor Energie *(Dat.)* sprühen/vor Neugierde *(Dat.)* platzen; **be ~ of new ideas** *(fig.)* von neuen Ideen übersprudeln

brimless ['brɪmlɪs] *adj.* ⟨*Hut*⟩ ohne Krempe

brindle ['brɪndl], **brindled** ['brɪndld] *adjs.* gestreift ⟨*Katze*⟩; gestromt ⟨*Kuh, Hund*⟩

brine [braɪn] *n. (salt water)* Salzwasser, *das;* Sole, *die;* *(for preserving)* Pökellake, *die;* [Salz]lake, *die*

bring [brɪŋ] *v. t.,* **brought** [brɔːt] **a)** bringen; *(as a present or favour)* mitbringen; **~ sth. with one** etw. mitbringen; **I haven't brought my towel** ich habe mein Handtuch nicht mitgebracht *od.* dabei; **he brought the chair nearer** er zog den Stuhl näher heran; **~ sb. before sb.** vor jmdn. führen; **what ~s you here?** was führt dich hierher?; **who brought you here?** wer hat Sie hergebracht?; **he brought the car to the front door** er fuhr mit dem Wagen vor; **April brought a change in the weather** der April brachte einen Wetterumschwung mit sich; **~ sb. low** jmdn. erniedrigen; **~ sth. [up]on oneself/sb.** sich selbst/jmdm. etw. einbrocken; **~ a business/country through a crisis** ein Unternehmen/ein Land durch eine Krise führen; **b)** *(result in)* [mit sich] bringen; **the television appeal brought thousands of replies** auf den Aufruf im Fernsehen meldeten sich Tausende; **the distress call brought help within a matter of minutes** auf den Notruf kam Hilfe in Minutenschnelle; **this will ~ shame on you** das wird dir Schande bringen; **~ honour to sb.** jmdm. Ehre machen; **~ tears to sb.'s eyes** jmdm. Tränen in die Augen treiben; **c)** *(persuade)* **~ sb. to do sth.** jmdn. dazu bringen *od.* bewegen, etw. zu tun; **I could not ~ myself to do it** ich konnte mich über mich bringen, es zu tun; **d)** *(initiate, put forward)* **~ a charge/legal action against sb.** gegen jmdn. [An]klage erheben/einen Prozeß anstrengen; **~ a case/matter before a court** einen Fall/eine Sache

bring-and-buy sale | **broadcasting**

vor Gericht bringen; ~ **a complaint** eine Beschwerde vorbringen; **e)** *(be sold for, earn)* [ein]bringen ⟨*Geldsumme*⟩; **f)** *(adduce)* vorbringen ⟨*Argument*⟩
~ a'**bout** *v. t.* **a)** *(cause to happen)* verursachen; herbeiführen; ~ **it about that ...**: es zustande bringen, daß ...; **b)** *(Naut.)* ~ **the ship about** das Schiff auf Gegenkurs bringen
~ a'**long** *v. t.* **a)** mitbringen; **b)** *see* ~ **on b**
~ '**back** *v. t.* **a)** *(return)* zurückbringen; *(from a journey)* mitbringen; **b)** *(recall)* in Erinnerung bringen *od.* rufen; ~ **sth. back to sb.** ⟨*Musik, Foto usw.*:⟩ jmdn. an etw. *(Akk.)* erinnern; ~ **back memories** Erinnerungen wachrufen *od.* wecken; **c)** *(restore, reintroduce)* wieder einführen ⟨*Sitten, Todesstrafe*⟩; ~ **back the Socialists!** wir wollen die Sozialisten wieder haben; **be brought back to power** wieder an die Macht kommen; ~ **sb. back to health** jmdn. wieder gesund machen; ~ **sb. back to life** jmdn. wiederbeleben; **nothing will** ~ **him back to life** nichts kann ihn wieder lebendig machen
~ '**down** *v. t.* **a)** herunterbringen; **b)** *(shoot down out of the air)* abschießen; herunterholen *(ugs.)*; **c)** *(land)* herunterbringen ⟨*Flugzeug, Drachen*⟩; **d)** *(kill, wound)* zur Strecke bringen ⟨*Person, Tier*⟩; erlegen ⟨*Tier*⟩; **e)** *(reduce)* senken ⟨*Preise, Inflationsrate, Fieber*⟩; ~ **sb. down to one's own level** jmdn. zu sich *auf* sein [eigenes] Niveau herunterziehen; **f)** *(attract)* **that'll** ~ **a penalty down on you** das wird dir eine Strafe einbringen; **that'll** ~ **the boss's wrath down on you[r head]** damit werden Sie sich *(Dat.)* den Zorn des Chefs zuziehen; **g)** *(cause to fall)* zu Fall bringen ⟨*Gegner, Fußballer*⟩; einstürzen lassen ⟨*Haus, Mauer*⟩; *(fig.)* stürzen, zu Fall bringen ⟨*Regierung*⟩; *see also* **house 1 i**
~ '**forth** *v. t.* **a)** *(produce)* hervorbringen ⟨*Frucht*⟩; zur Welt bringen ⟨*Kinder, Junge*⟩; **b)** *(fig.)* vorbringen ⟨*Vorschlag, Idee*⟩; auslösen ⟨*Protest, Kritik*⟩
~ '**forward** *v. t.* **a)** nach vorne bringen; ~ **your chairs forward** rücken Sie nach vorn; **b)** *(draw attention to)* vorlegen ⟨*Beweise*⟩; vorbringen ⟨*Argument, Beschwerde*⟩; zur Sprache bringen ⟨*Fall, Angelegenheit, Frage*⟩; **c)** *(move to earlier time)* vorverlegen ⟨*Termin*⟩ (**to** auf + *Akk.*); **d)** *(Bookk.)* übertragen; **the amount brought forward** der Übertrag
~ '**in** *v. t.* **a)** hereinbringen; auftragen ⟨*Essen*⟩; einbringen ⟨*Ernte*⟩; **b)** *(introduce)* anschneiden ⟨*Thema*⟩; einführen ⟨*Mode*⟩; einbringen ⟨*Gesetzesvorlage*⟩; **why** ~ **all that in?** das gehört hier nicht hin; **c)** *(yield)* einbringen ⟨*Verdienst, Summe*⟩; bringen ⟨*Zinsen*⟩; **d)** *(Law)* ~ **in a verdict of guilty/not guilty** einen Schuldspruch fällen/auf Freispruch erkennen; **e)** *(call in)* hinzuziehen, einschalten ⟨*Experten*⟩
~ '**off** *v. t.* **a)** *(rescue)* retten; in Sicherheit bringen; **b)** *(conduct successfully)* zustande *od.* zuwege bringen; ~ **off a coup** einen Coup landen; **we didn't** ~ **it off** wir haben es nicht geschafft
~ '**on** *v. t.* **a)** *(cause)* verursachen; **brought on by ...** ⟨*Krankheit*⟩ infolge von ...; **b)** *(advance progress of)* wachsen *od.* sprießen lassen ⟨*Blumen, Getreide*⟩; weiterbringen, fördern ⟨*Schüler, Sportler*⟩; **c)** *(on stage etc.)* auftreten lassen; **d)** *(Sport)* bringen *(ugs.)*; einsetzen
~ '**out** *v. t.* **a)** herausbringen; **he put his hand in his pocket and brought out a knife** er griff in die Tasche und zog ein Messer heraus; **b)** *(show clearly)* hervorheben, betonen ⟨*Unterschied*⟩; verdeutlichen ⟨*Bedeutung*⟩; herausbringen ⟨*Farbe*⟩; **c)** *(cause to appear)* herausbringen ⟨*Pflanzen, Blüte*⟩; **the crisis brought out the best in him** die Krise brachte seine besten Seiten zum Vorschein *od.*

ans Licht; ~ **sb. out in a rash** bei jmdm. einen Ausschlag verursachen; **d)** *(begin to sell)* einführen ⟨*Produkt*⟩; herausbringen ⟨*Buch, Zeitschrift*⟩
~ '**over** *v. t.* **a)** herüberbringen; **b)** *(convert)* ~ **sb. over to sth.** jmdn. von etw. überzeugen; ~ **sb. over to a cause** jmdn. für eine Sache gewinnen
~ '**round** *v. t.* **a)** mitbringen ⟨*Bekannte, Freunde usw.*⟩; vorbeibringen ⟨*Gegenstände*⟩; **b)** *(restore to consciousness)* wieder zu sich bringen ⟨*Ohnmächtigen*⟩; **c)** *(win over)* überreden; herumkriegen *(ugs.)*; ~ **sb. round to one's way of thinking** jmdn. von seiner Meinung überzeugen; **d)** *(direct)* ~ **a conversation round to sth.** ein Gespräch auf etw. *(Akk.)* lenken
~ '**through** *v. t.* durchbringen ⟨*Kranken*⟩
~ '**to** *v. t.* **a)** *(restore to consciousness)* wieder zu sich bringen; **b)** *(Naut.)* beidrehen
~ to'**gether** *v. t.* zusammenbringen
~ '**up** *v. t.* **a)** heraufbringen; **b)** *(educate)* erziehen; ~ **sb. up to be economical** jmdn. zur Sparsamkeit erziehen; **I was brought up to believe that ...**: ich wurde in dem Glauben erzogen, daß ...; **c)** *(rear)* aufziehen ⟨*Kind*⟩; großziehen; **d)** *(call attention to)* zur Sprache bringen ⟨*Angelegenheit, Thema, Problem*⟩; **did you have to** ~ **that up?** mußten Sie davon anfangen?; ~ **up the past** die Vergangenheit aufführen; **e)** *(vomit)* erbrechen; wieder von sich geben; **f)** *(Law)* ~ **sb. up [before a judge]** jmdn. [einem Richter] vorführen; **g)** *(Mil.)* an die Front bringen ⟨*Truppen, Panzer*⟩; **h)** *(cause to stop)* ~ **sb. up short** jmdn. innehalten lassen. *See also* ¹**rear 1 b**
bring-and-'buy [sale] *n.* [Wohltätigkeits]basar, *der*
brink [brɪŋk] *n. (lit. or fig.)* Rand, *der;* **shiver on the** ~ *(fig.)* mit sich ringen; **be on the** ~ **of doing sth.** nahe daran sein, etw. zu tun; **be on the** ~ **of ruin/success** am Rand des Ruins sein *od.* stehen/dem Erfolg greifbar nahe sein; **they were on the** ~ **of starvation** sie waren kurz vor dem *od.* nahe am Verhungern
briny ['braɪnɪ] *n. (Brit. sl.)* **the** ~: das Meer
briquet, briquette [brɪ'ket] *n.* Brikett, *das*
brisk [brɪsk] *adj.* flott ⟨*Gang, Bedienung*⟩; forsch ⟨*Person, Art*⟩; frisch ⟨*Wind*⟩; *(fig.)* rege ⟨*Handel, Nachfrage*⟩; lebhaft ⟨*Geschäft*⟩; **we set off at a** ~ **pace** wir marschierten in flottem Tempo los; **we went for a** ~ **walk** wir machten einen zünftigen Spaziergang; **business was** ~: das Geschäft florierte; **bidding for the lots was** ~: auf die Auktionsstücke wurde eifrig geboten
brisket ['brɪskɪt] *n. (Gastr.)* Bruststück, *das;* Brust, *die;* ~ **of beef** Rinderbrust, *die*
briskly ['brɪsklɪ] *adv.* flott; flink; **the wind blew** ~: es wehte ein frischer Wind; **sell** ~: sich gut verkaufen
briskness ['brɪsknɪs] *n., no pl. see* **brisk:** Flottheit, *die;* Forschheit, *die;* Flinkheit, *die;* Frische, *die; (fig.)* Lebhaftigkeit, *die;* **the** ~ **of the demand/trade** die rege Nachfrage/der rege Handel
bristle ['brɪsl] **1.** *n.* **a)** Borste, *die;* **be made of** ~: aus Borsten bestehen; **b)** ~**s** *(of beard)* [Bart]stoppeln. **2.** *v. i.* **a)** ~ **[up]** ⟨*Haare*:⟩ sich sträuben; **the dog's hair** ~**d [up]**, **the dog** ~**d** der Hund sträubte sich *(Dat.)* das Fell; **b)** ~ **with** *(fig.: have many)* strotzen *od.* starren vor (+ *Dat.*); ~ **with difficulties/obstacles** mit Schwierigkeiten/Hindernissen gespickt sein; **c)** ~ **[up]** *(fig.: become angry)* ⟨*Person*:⟩ hochgehen *(ugs.)*, aufgebracht sein
bristly ['brɪslɪ] *adj.* borstig; stopp[e]lig ⟨*Kinn*⟩; ~ **beard** Stoppelbart, *der*
Brit [brɪt] *n. (coll.)* Brite, *der*/Britin, *die;* **British** brit.
Brit. *abbr.* **a)** Britain Gr.-Brit.; Gr.-Br.; **b) British** brit.
Britain ['brɪtn] *pr. n.* Großbritannien *(das);* Britannien *das (hist.; auch Zeitungsjargon)*

Britannia [brɪ'tænjə] *pr. n. (literary)* Britannia, *die (dichter.)*
Briticism ['brɪtɪsɪzm] *n.* Britizismus, *der*
British ['brɪtɪʃ] **1.** *adj.* britisch; **he/she is** ~: er ist Brite/sie ist Britin; **sth. is** ~: etw. ist aus Großbritannien; **the best of** ~ **[luck]** *(coll.)* na, [dann mal] viel Glück!; *see also* **English 1. 2.** *n. pl.* **the** ~: die Briten
British: ~ **Columbia** ['brɪtɪʃ kə'lʌmbɪə] *pr. n.* Britisch-Kolumbien *(das);* ~ '**Council** *n.* britisches Kulturinstitut im Ausland
Britisher ['brɪtɪʃə(r)] *n.* Brite, *der*/Britin, *die*
British 'Isles *pr. n. pl.* Britische Inseln
Britishism ['brɪtɪʃɪzm] *see* **Briticism**
Briton ['brɪtn] *n.* Brite, *der*/Britin, *die*
Brittany ['brɪtənɪ] *pr. n.* Bretagne, *die*
brittle ['brɪtl] *adj.* **a)** *(easily broken)* ⟨*Material*⟩: zerbrechlich ⟨*Glas*⟩; schwach ⟨*Knochen*⟩; brüchig ⟨*Gestein*⟩; **b)** *(fig.: insecure)* empfindlich ⟨*Person*⟩; schwach ⟨*Nerven*⟩
brittleness ['brɪtlnɪs] *n., no pl. see* **brittle:** **a)** Sprödigkeit, *die;* Zerbrechlichkeit, *die;* Schwäche, *die;* Brüchigkeit, *die;* **b)** *(fig.)* Empfindlichkeit, *die;* Schwäche, *die*
bro. *abbr.* **brother** Br.
broach [brəʊtʃ] *v. t.* **a)** anzapfen; anstechen ⟨*Faß*⟩; anbrechen ⟨*Vorräte*⟩; **b)** *(fig.)* zur Sprache bringen ⟨*Vorschlag, Idee*⟩; anschneiden ⟨*Thema*⟩
broad [brɔːd] **1.** *adj.* **a)** breit; *(extensive)* weit ⟨*Ebene, Meer, Land, Felder*⟩; ausgedehnt ⟨*Fläche*⟩; **a river sixty feet** ~: ein sechzig Fuß breiter Fluß; **grow** ~**er** breiter werden; sich verbreitern; **make sth.** ~**er** etw. verbreitern; **it's as** ~ **as it's long** es ist gehupft wie gesprungen *(ugs.)*; **b)** *(explicit)* deutlich, klar ⟨*Hinweis*⟩; breit ⟨*Lächeln*⟩; **c)** *(clear, main)* grob, wesentlich ⟨*Fakten*⟩; **in** ~ **outline** in groben Zügen; **give the** ~ **outlines of a plan** einen Plan in groben Zügen erläutern; **draw a** ~ **distinction between ...**: grob unterscheiden zwischen (+ *Dat.*) ...; *see also* **daylight a;** **d)** *(generalized)* allgemein; **in the** ~**est sense** im weitesten Sinne; **as a** ~ **rule/indication** als Faustregel; **e)** *(strongly dialectal)* stark ⟨*Akzent*⟩; breit ⟨*Aussprache*⟩; **he speaks** ~ **Scots** er spricht breites Schottisch *od.* einen starken schottischen Dialekt; **f)** *(coarse)* derb ⟨*Humor, Geschichte*⟩; **g)** *(tolerant)* großzügig; liberal; weitherzig ⟨*Interessen*⟩; **B**~ **Church** liberale Richtung in der Kirche von England; **Broad Church** *(fachspr.)*. **2.** *n.* **a)** *(broad part)* breiter Teil; **the** ~ **of the back** die Schultergegend; **b)** *(Amer. sl.: woman)* Weib, *das (abwertend);* Weibsstück, *das (salopp abwertend)*
broad: ~ '**bean** *n.* Saubohne, *die;* dicke Bohne; ~-**brimmed** ['brɔːdbrɪmd] *adj.* breitkrempig
broadcast ['brɔːdkɑːst] **1.** *n. (Radio, Telev.)* Sendung, *die; (live)* Übertragung, *die.* **2.** *v. t.* ~**ed**, ~: **a)** *(Radio, Telev.)* senden; ausstrahlen; übertragen ⟨*Livesendung, Sportveranstaltung*⟩; **b)** *(spread)* aussäen ⟨*Samen*⟩; verbreiten ⟨*Gerücht, Nachricht*⟩; ausposaunen *(ugs.)* ⟨*Neuigkeit*⟩. **3.** *v. i.,* ~ *or* ~**ed** *(Radio, Telev., Funkerstation*:⟩ senden; ⟨*Redakteur usw.*:⟩ [im Rundfunk/Fernsehen] sprechen. **4.** *adj. (Radio, Telev.)* im Rundfunk/Fernsehen gesendet; **Rundfunk-/Fernseh-;** **a** ~ **appeal** ein Aufruf im Rundfunk/Fernsehen
broadcaster ['brɔːdkɑːstə(r)] *n. (Radio, Telev.)* im Rundfunk/Fernsehen auftretende Persönlichkeit; **famous** ~**s** vom Rundfunk/Fernsehen her bekannte Persönlichkeiten
broadcasting ['brɔːdkɑːstɪŋ] *n., no pl. (Radio, Telev.)* Senden, *das; (of live programmes)* Übertragen, *das;* **written for** ~: für den Rundfunk/das Fernsehen geschrieben; **the early days of** ~: die Anfänge des Rundfunks; **work in** ~: beim Funk arbeiten

broaden ['brɔ:dn] 1. *v. t.* **a)** verbreitern; **b)** *(fig.)* ausweiten ⟨*Diskussion*⟩; ~ one's mind seinen Horizont erweitern; travel ~s the mind Reisen bildet. 2. *v. i.* breiter werden; sich verbreitern; *(fig.)* sich erweitern; her smile ~ed into a grin ihr Lächeln verzog sich zu einem breiten Grinsen
'**broad jump** *n. (Amer. Sport)* Weitsprung, *der*
broadly ['brɔ:dlɪ] *adv.* **a)** deutlich ⟨*hinweisen*⟩; breit ⟨*grinsen, lächeln*⟩; **b)** *(in general)* allgemein ⟨*beschreiben*⟩; ~ speaking allgemein gesprochen; ~ based auf breiter Grundlage *nachgestellt*
broad: ~'**minded** *adj.* tolerant; have very ~minded views about sth. sehr freie Ansichten über etw. (*Akk.*) haben; ~**mindedness** [brɔ:d'maɪndɪdnɪs] *n., no pl.* Toleranz, *die*
broadness ['brɔ:dnɪs] *see* **breadth**
broad: ~**sheet** *n.* **a)** *(Printing)* Einblattdruck, *der*; **b)** *(pamphlet)* Flugblatt, *das*; ~-'**shouldered** *adj.* breitschultrig; ~**side** *n.* **a)** *(Naut.; also fig.)* Breitseite, *die*; ~**side on** [to sth.] mit der Breitseite [nach etw.]; fire [off] a ~**side** *(lit. or fig.)* eine Breitseite abfeuern; **b)** *see* **broadsheet**; ~**sword** *n.* breites Schwert; Pallasch, *der*; ~**way** *n.* Hauptstraße, *die*; B~**way** *(Amer.)* der Broadway
brocade [brə'keɪd] *n.* Brokat, *der*
broccoli ['brɒkəlɪ] *n.* **a)** *(heading* ~*)* Brokkoli, *der*; Spargelkohl, *der*; **b)** *(sprouting* ~*)* Schößlinge des Spargelkohls
brochure ['brəʊʃə(r), 'brəʊʃjʊə(r)] *n.* Broschüre, *die*; Prospekt, *der*
broderie anglaise ['brəʊdrɪ ã'gleɪz] *n.* Lochstickerei, *die*
¹**brogue** [brəʊg] *n.* **a)** *(rough shoe)* fester Schuh; **b)** *(decorated outdoor shoe)* Budapester, *der*
²**brogue** *n. (accent)* irischer Akzent
broil [brɔɪl] *v. t.* braten; *(on gridiron)* grillen; ~**ing sun** *(fig.)* brennende Sonne
broiler ['brɔɪlə(r)] *n.* **a)** *(chicken)* Brathähnchen, *das*; [Gold]broiler, *der (DDR)*; **b)** *(utensil)* Grill, *der*; Bratrost, *der*
'**broiler house** *n.* Hähnchenmästerei, *die*
broke [brəʊk] 1. *see* **break** 1, 2. 2. *past adj. (coll.)* pleite *(ugs.)*; go ~: pleite gehen; go for ~ *(sl.)* alles auf eine Karte setzen; alles riskieren
broken ['brəʊkn] 1. *see* **break** 1, 2. 2. *adj.* **a)** zerbrochen; gebrochen ⟨*Bein, Hals*⟩; verletzt ⟨*Haut*⟩; abgebrochen ⟨*Zahn*⟩; gerissen ⟨*Seil*⟩; kaputt *(ugs.)* ⟨*Uhr, Fernsehen, Fenster*⟩; ~ **glass** Glasscherben; **get** ~: zerbrechen/brechen/reißen/kaputtgehen; he got a ~ arm er hat sich *(Dat.)* den Arm gebrochen; **b)** *(uneven)* uneben ⟨*Fläche*⟩; bewegt ⟨*See, Wasser*⟩; **c)** *(imperfect)* gebrochen; in ~ **English** in gebrochenem Englisch; **d)** *(fig.)* ruiniert ⟨*Ehe*⟩; gebrochen ⟨*Mensch, Herz, Stimme*⟩; unruhig, gestört ⟨*Schlaf*⟩; come from a ~ home aus zerrütteten Familienverhältnissen kommen; in a ~ voice mit gebrochener Stimme
broken: ~-**down** *adj.* baufällig ⟨*Gebäude*⟩; kaputt *(ugs.)* ⟨*Wagen, Maschine*⟩; ~-**hearted** [brəʊkn'hɑ:tɪd] *adj.* untröstlich; ~'**line** *n.* gestrichelte Linie
brokenly ['brəʊknlɪ] *adv.* gebrochen
broker ['brəʊkə(r)] *n. (Commerc.: middleman)* Händler, *der*; Kommissionär, *der*; *(of real estate)* [Immobilien]makler, *der*; *(stockbroker)* [Börsen]makler, *der*; **b)** *see* **pawnbroker**; **c)** *(intermediary)* Vermittler, *der*; Unterhändler, *der*; *see also* **honest a**
brolly ['brɒlɪ] *n. (Brit. coll.)* [Regen]schirm, *der*
bromide ['brəʊmaɪd] *n.* **a)** *(Chem.)* Bromsalz, *das*; **b)** *(fig.) (person)* Langweiler, *der*; *(remark)* [All]gemeinplatz, *der*; Platitüde, *die (abwertend)*
bromine ['brəʊmi:n] *n. (Chem.)* Brom, *das*

bronchial ['brɒŋkɪəl] *adj. (Anat., Med.)* bronchial; Bronchial-; ~ **tubes** Bronchien; ~ **pneumonia** Bronchopneumonie, *die*
bronchitis [brɒŋ'kaɪtɪs] *n., no pl. (Med.)* Bronchitis, *die*
bronco ['brɒŋkəʊ] *n., pl.* ~**s a)** wildes od. halbwildes Pferd im Westen der USA; **b)** *(any horse)* Gaul, *der (ugs.)*
bronze [brɒnz] 1. *n.* **a)** Bronze, *die*; the B~ **Age** die Bronzezeit; a statuette in ~: eine Bronzestatuette; **b)** *(colour)* Bronze[farbe], *die*; **c)** *(work of art)* Bronze, *die*; **d)** *(medal)* Bronze, *die*. 2. *attrib. adj.* Bronze-; *(coloured like bronze)* bronzefarben; bronzen; ~ **medal** Bronzemedaille, *die*. 3. *v. t.* bräunen ⟨*Gesicht, Haut*⟩. 4. *v. i.* braun werden
bronzed [brɒnzd] *adj.* [sonnen]gebräunt; braun[gebrannt]
brooch [brəʊtʃ] *n.* Brosche, *die*
brood [bru:d] 1. *n.* **a)** Brut, *die*; *(of hen)* Küken *Pl.*; Küchlein *Pl. (veralt.)*; **b)** *(joc./ derog.: human family)* Sippe, *die*; Sippschaft, *die*; *(children only)* Brut, *die*. 2. *v. i.* **a)** *(of person)* [vor sich *(Akk.)* hin] brüten; ~ **over** *or* **upon sth.** über etw. *(Akk.)* [nach]grübeln; über etw. *(Dat.)* brüten; **b)** *(sit)* ⟨*Vogel:*⟩ brüten; **c)** *(fig.: hang close)* thunder clouds ~ed **over the valley** Gewitterwolken hingen über dem Tal
'**brood-mare** *n.* Zuchtstute, *die*
broody ['bru:dɪ] *adj.* **a)** brütig; ~ **hen** Glucke, *die*; **b)** *(fig. coll.)* she is getting a ~ **feeling** ~: in ihr werden Muttergefühle wach; **c)** *(fig.: depressed)* grüblerisch; schwermütig
¹**brook** [brʊk] *n.* Bach, *der*
²**brook** *v. t.* dulden; ~ **no nonsense/delay** keinen Unfug/Aufschub dulden
broom [bru:m] *n.* **a)** Besen, *der*; a new ~ *(fig.)* ein neuer Besen; a new ~ **sweeps clean** *(prov.)* neue Besen kehren gut; **b)** *(Bot.) (Genista)* Ginster, *der*; *(Cytisus scoparius)* Besenginster, *der*
broom: ~-**cupboard** *n.* Besenschrank, *der*; ~**stick** *n.* Besenstiel, *der*
Bros. *abbr.* Brothers Gebr.
broth [brɒθ] *n.* **a)** *(unclarified stock)* Brühe, *die*; **b)** *(thin soup)* Bouillon, *die*; [Fleisch]brühe, *die*
brothel ['brɒθl] *n.* Bordell, *das*
brother ['brʌðə(r)] *n.* **a)** Bruder, *der*; they are ~ **and sister** sie sind Geschwister *Pl.*; Bruder und Schwester; the ~**s Robinson** *or* **Robinson** ~**s** die Brüder Robinson; the Marx B~**s** die Marx Brothers; **b)** *(friend, associate, fellow member)* Bruder, *der*; *(in trade union)* Kollege, *der* — *o*! *(ugs.)*, Junge, Junge! be ~**s in arms** Kameraden sein; *attrib.* his ~ **doctors/officers** seine Ärztekollegen/Offizierskameraden; **c)** *(Commerc.)* Hedges B~**s** Gebrüder Hedges; **d)** *pl.* **brethren** ['breðrɪn] *(Eccl.)* Bruder, *der*
brotherhood ['brʌðəhʊd] *n. a) no pl.* Brüderschaft, *die*; brüderliches Verhältnis, *das*; ~ **of all men** *(fig.)* die Gemeinschaft aller Menschen; *b) (association)* Bruderschaft, *die*; *(Amer.: trade union)* Gewerkschaft, *die*
'**brother-in-law** *n., pl.* **brothers-in-law** Schwager, *der*
brotherly ['brʌðəlɪ] *adj.* brüderlich; ~ **love** Bruderliebe, *die*
brought *see* **bring**
brouhaha ['bru:hɑ:hɑ:] *n. (coll.) (noise)* Spektakel, *der (ugs.)*; *(fuss)* Getue, *das*
brow [braʊ] *n.* **a)** Braue, *die*; **b)** *(forehead)* Stirn, *die*; **c)** *(of hill)* Bergkuppe, *die*
'**browbeat** *v. t., forms as* **beat 1** unter Druck setzen; einschüchtern; ~ **sb. into doing sth.** jmdn. so unter Druck setzen, daß er etw. tut; I **refuse to be** ~**en** ich lasse mich nicht unter Druck setzen
brown [braʊn] 1. *adj.* braun; **as** ~ **as berries/a berry** schokoladenbraun. 2. *n.* **a)** Braun, *das*; **b)** *(Snooker)* braune Kugel; **c)** *(*~ *clothes)* dressed in ~: braun gekleidet. 3.

v. t. **a)** bräunen ⟨*Haut, Körper*⟩; **b)** *(Cookery)* [an]bräunen; anbraten ⟨*Fleisch*⟩; **c)** *(Brit. sl.)* **be** ~**ed off with sth./sb.** etw./jmdn. satt haben *(ugs.)*; **be** ~**ed off with doing sth.** es satt haben, etw. zu tun *(ugs.)*. 4. *v. i.* ⟨*Haut:*⟩ bräunen; **I don't** ~ **easily** ich werde nicht leicht braun; **b)** *(Cookery)* ⟨*Fleisch:*⟩ braun werden
brown: ~ '**ale** *n.* dunkles Starkbier; ~ '**bear** *n.* Braunbär, *der*; ~ '**bread** *n.* ≈ Mischbrot, *das*; *(with wholemeal flour)* Vollkornbrot, *das*; ~ '**coal** *n.* Braunkohle, *die*; ~-**eyed** *adj.* braunäugig; **be** ~-**eyed** braune Augen haben
brownie ['braʊnɪ] *n.* **a)** the B~**s** die Wichtel *(Pfadfinderinnen von 7–11 Jahren)*; **get** ~ **points** *(fig. coll.)* Pluspunkte sammeln; **b)** *(goblin)* Heinzelmännchen, *das*; Kobold, *der*; Wichtel, *der*; **c)** *(Amer.: cake)* kleiner Schokoladenkuchen oft mit Nüssen
browning ['braʊnɪŋ] *n. (Cookery) (sugar)* brauner Zucker; *(flour)* braunes Mehl
brownish ['braʊnɪʃ] *adj.* bräunlich
brown: ~-**nose** *v. i. (Amer. sl.)* hinten reinkriechen *(derb)*; ~ '**paper** *n.* Packpapier, *das*; ~ '**rice** *n.* Naturreis, *der*; B~ **shirt** *n. (Hist.)* Braunhemd, *das*; ~**stone** *n. (Amer.)* **a)** rotbrauner Sandstein; **b)** *(house)* Sandsteinhaus, *das*; ~'**study** *n.* **in a** ~ **study** geistesabwesend *od.* in Gedanken verloren sein; ~ '**sugar** *n.* brauner Zucker
browse [braʊz] 1. *v. t.* abgrasen ⟨*Weide*⟩; abfressen ⟨*Blätter*⟩. 2. *v. i.* **a)** ⟨*Vieh:*⟩ weiden; ⟨*Wild:*⟩ äsen; ~ **on sth.** etw. fressen; **b)** *(fig.)* ~ **through a book/a magazine** in einem Buch schmökern/in einer Zeitschrift blättern; **I am just browsing** *(in shop)* ich sehe mich nur mal um. 3. *n. (fig.)* **have a** ~: sich umsehen; **it's worth a** ~: es ist das Reinschauen wert
Bruges [bru:ʒ] *pr. n.* Brügge *(das)*
bruise [bru:z] 1. *n.* **a)** *(Med.)* blauer Fleck; **b)** *(on fruit)* Druckstelle, *die*. 2. *v. t.* **a)** quetschen ⟨*Obst, Pflanzen*⟩; ~ **oneself/one's leg** sich stoßen/sich am Bein stoßen; **he was badly** ~**d when he fell off his bike** *(Dat.)* starke Prellungen zugezogen, als er vom Rad fiel; **the peaches are** ~**d/easily** ~**d** die Pfirsiche haben Druckstellen/bekommen leicht Druckstellen; **b)** *(fig.)* mitnehmen. 3. *v. i. (Person:)* blaue Flecken bekommen; *(Obst:)* Druckstellen bekommen
bruiser ['bru:zə(r)] *n. (coll.)* Schläger, *der (abwertend)*
brunch [brʌntʃ] *n. (coll.)* Brunch, *der*; ausgedehntes, spätes Frühstück
brunette [bru:'net] 1. *n.* Brünette, *die*. 2. *adj.* brünett
Brunswick ['brʌnzwɪk] 1. *pr. n.* Braunschweig *(das)*. 2. *attrib. adj.* Braunschweiger
brunt [brʌnt] *n.* Hauptlast, *die*; **the main** *or* **full** ~ **of the attack fell on the French** die Franzosen waren der vollen Wucht des Angriffs ausgesetzt; **the** ~ **of the financial cuts** die Hauptlast der Einsparungen; **bear the** ~: das meiste abkriegen
brush [brʌʃ] 1. *n.* **a)** Bürste, *die*; *(for sweeping)* Hand-, Kehrbesen, *der*; *(with short handle)* Handfeger, *der*; *(for scrubbing)* [Scheuer]bürste, *die*; *(for painting or writing)* Pinsel, *der*; *(for dusting)* Staubpinsel, *der*; **b)** *(quarrel, skirmish)* Zusammenstoß, *der*; **his first** ~ **with the law came at an early age** er kam schon früh mit dem Gesetz in Konflikt; **c)** *(light touch)* flüchtige Berührung; **d)** *(tail) (of squirrel)* Rute, *die*; *(of fox)* Lunte, *die*; **e) give your hair/teeth a** ~: bürste dir die Haare/putz dir die Zähne; **give your shoes/clothes a** ~: bürste deine Schuhe/Kleider ab; **f)** *(Amer., Austral.: undergrowth)* Unterholz, *das*; **g)** *(land covered with undergrowth)* Buschland, *das*. 2. *v. t.* **a)** *(sweep)* kehren, fegen; abbürsten ⟨*Kleidung*⟩; ~ **one's teeth/hair** sich *(Dat.)*

die Zähne putzen/die Haare bürsten; ~ **the dust from one's coat/the shelf** den Staub vom Mantel bürsten/vom Regal wischen; **b)** *(treat)* bepinseln, bestreichen ⟨*Teigwaren, Gebäck*⟩; **~ed aluminium/fabric** aufgerauhtes Aluminium/aufgerauhter Stoff; **c)** *(touch in passing)* flüchtig berühren; streifen; ~ **one's hand over one's hair/brow** sich *(Dat.)* mit der Hand über das Haar/die Stirn fahren. **3.** *v. i.* ~ **by** *or* **against** *or* **past sb./sth.** jmdn./etw. streifen
~ **a**'**side** *v. t.* beiseite schieben ⟨*Personen, Hindernis*⟩; abtun, vom Tisch wischen ⟨*Einwand, Zweifel, Beschwerde*⟩
~ **a**'**way** *v. t.* abwischen, wegwischen ⟨*Staub, Schmutz*⟩; verscheuchen ⟨*Insekt*⟩
~ '**down** *v. t.* abbürsten ⟨*Kleidungsstück*⟩; ~ **oneself down** sich abbürsten; *(with hand)* sich abklopfen
~ '**off** *v. t.* **a)** abbürsten ⟨*Schmutz usw.*⟩; *(with hand or cloth)* abwischen; wegwischen; verscheuchen ⟨*Insekt*⟩; **b)** *(fig.: rebuff)* abblitzen lassen *(ugs.)*; **she ~ed me off** sie gab mir einen Korb; *see also* **brush-off**
~ '**up 1.** *v. t.* **a)** zusammenfegen ⟨*Krümel*⟩; **b)** auffrischen ⟨*Sprache, Kenntnisse*⟩. **2.** *v. i.* ~ **up on** auffrischen. *See also* **brush-up**
'**brushfire 1.** *n.* Buschfeuer, *das.* **2.** *adj. (fig.)* ~ **warfare** begrenzter Konflikt
brushless ['brʌʃlɪs] *adj.* schaumlos ⟨*Rasiercreme*⟩
brush: ~-**off** *n.* Abfuhr, *die;* **give sb. the ~-off** jmdm. einen Korb geben *(ugs.)*; jmdn. abblitzen lassen *(ugs.)*; ~-**stroke** *n.* Pinselstrich, *der;* ~-**up** *n.* **a) I'll have to give my English a ~-up** ich muß meine Englischkenntnisse auffrischen; **b) have a wash and ~-up** sich frisch machen; ~**wood** *n.* **a)** Reisig, *das;* **b)** *(thicket)* Dickicht, *das;* Unterholz, *das;* ~**work** *n.* Pinselführung, *die*
brusque [brʊsk, brʌsk] *adj.,* **brusquely** ['brʊsklɪ, 'brʌsklɪ] *adv.* schroff
brusqueness ['brʊsknɪs, 'brʌsknɪs] *n., no pl.* Schroffheit, *die*
Brussels ['brʌslz] *pr. n.* Brüssel *(das)*
Brussels: ~ '**carpet** *n.* Brüsseler Teppich; ~ '**lace** *n.* Brüsseler Spitze[n]; ~ '**sprouts** *n. pl.* Rosenkohl, *der;* Kohlsprossen *(österr.)*
brutal ['bruːtl] *adj.* brutal; *(fig.)* brutal, schonungslos ⟨*Offenheit*⟩; bitter ⟨*Wahrheit*⟩
brutalism ['bruːtəlɪzm] *n.* **a)** Brutalität, *die;* **b)** *(Art, Archit.)* Brutalismus, *der*
brutality [bruːˈtælɪtɪ] *n.* Brutalität, *die*
brutalization [bruːtəlaɪˈzeɪʃn] *n. (treating brutally)* brutale Behandlung; *(becoming brutalized)* Verrohung, *die*
brutalize ['bruːtəlaɪz] *v. t.* **1. a)** verrohen lassen; brutalisieren; **b)** *(treat brutally)* brutal behandeln. **2.** *v. i.* verrohen
brutally ['bruːtəlɪ] *adv.* brutal; **be ~ frank with sb.** *(fig.)* mit jmdm. schonungslos offen sein
brute [bruːt] **1.** *n.* **a)** *(animal)* Bestie, *die;* **b)** *(brutal person)* Rohling, *der;* brutaler Kerl *(ugs.)*; *(thing)* höllische Sache; **a ~ of a problem** ein höllisches Problem; **a drunken ~**: ein brutaler Trunkenbold; **an unfeeling ~ of a man** eine gefühllose Bestie; **c)** *(coll.: person)* Kerl, *der (ugs.)*. **2.** *attrib. adj. (without capacity to reason)* vernunftlos; irrational; *(merely material)* roh ⟨*Gewalt*⟩; nackt ⟨*Tatsachen*⟩; bitter ⟨*Notwendigkeit*⟩; ~ **beasts** wilde Tiere *Pl.;* **by ~ force** mit roher Gewalt
brutish ['bruːtɪʃ] *adj.* brutal ⟨*Flegel*⟩; tierisch ⟨*Leidenschaften, Gelüste*⟩; **lead a ~ existence** das Leben eines Tieres führen
bryony ['braɪənɪ] *n. (Bot.)* Zaunrübe, *die*
BS *abbr.* **a) British Standard** Britische Norm; **b) Bachelor of Surgery** „Bachelor" der Chirurgie; *see also* **B. Sc.**; **c)** *(Amer.)* **Bachelor of Science**; *see also* **B. Sc.**
B. Sc. [biːesˈsiː] *abbr.* **Bachelor of Science** Bakkalaureus der Naturwissenschaften;

John Clarke ~: John Clarke, Bakkalaureus der Naturwissenschaften; **he is a** *or* **has a ~:** ≈ er hat ein Diplom in Naturwissenschaften; **[study for] one's** *or* **a ~ in physics/chemistry** ≈ ein Diplom in Physik/Chemie [machen wollen]
BSE *abbr.* **bovine spongiform encephalopathy** BSE
BSI *abbr.* **British Standards Institution** Britischer Normenausschuß
BST *abbr.* **British Summer Time** Britische Sommerzeit
Bt. *abbr.* **baronet**
bubble ['bʌbl] **1.** *n.* **a)** Blase, *die; (small)* Perle, *die; (fig.)* Seifenblase, *die;* [Seifen]blasen machen; **the/his ~ has burst** *(fig.)* alles ist wie eine Seifenblase zerplatzt; **c)** *(domed canopy)* [Glas]kuppel, *die.* **2.** *v. i.* **a)** *(rise in ~s)* ⟨*Schlamm:*⟩ in Blasen aufsteigen; *(form ~s)* ⟨*Wasser, Schlamm, Lava:*⟩ Blasen bilden; ⟨*Suppe, Flüssigkeiten:*⟩ brodeln; *(make sound of ~s)* ⟨*Bach, Quelle:*⟩ plätschern; ⟨*Schlamm:*⟩ blubbern; **b)** *(fig.)* ~ **with sth.** vor etw. *(Dat.)* übersprudeln
~ '**over** *v. i.* überschäumen; ~ **over with excitement/laughter/joy** *(fig.)* vor Aufregung/Lachen übersprudeln/vor Freude überquellen
~ '**up** *v. i.* ⟨*Gas:*⟩ in Blasen aufsteigen; ⟨*Wasser:*⟩ aufsprudeln
bubble: ~ **and** '**squeak** *n.* Pfannengericht aus Gemüse und Kartoffeln [mit Fleischresten]; ~ **bath** *n.* Schaumbad, *das;* ~ **car** *n.* Kabinenroller, *der;* ~ **gum** *n.* Bubble-Gum, *der;* Ballonkaugummi, *der;* ~ **pack** *n.* Klarsichtpackung, *die*
bubbly ['bʌblɪ] **1.** *adj.* **a)** sprudelnd; schäumend ⟨*Bade-, Spülwasser*⟩; **b)** *(fig. coll.)* quirlig *(ugs.)* ⟨*Person*⟩. **2.** *n. (Brit. coll.)* Schampus, *der (ugs.)*
bubonic plague [bjuːˌbɒnɪk 'pleɪɡ] *n. (Med.)* Beulenpest, *die*
buccaneer [bʌkəˈnɪə(r)] *n.* Seeräuber, *der;* Freibeuter, *der (auch fig.)*
Bucharest [bjuːkəˈrest] *pr. n.* Bukarest *(das)*
¹**buck** [bʌk] **1.** *n.* **a)** *(male)* männliches Tier; Männchen, *das; (deer, chamois)* Bock, *der; (rabbit, hare)* Rammler, *der;* **b)** *(arch.: dandy)* Geck, *der (abwertend);* Stutzer, *der (abwertend);* **c)** *attrib.* ~ **negro** *(sl. derog.)* Negerkerl, *der (salopp abwertend);* ~ **private** *(Amer. Mil. sl.)* Schütze Arsch *(derb).* **2.** *v. i.* ⟨*Pferd:*⟩ bocken. **3.** *v. t.* **[off]** ⟨*Pferd:*⟩ abwerfen; **b)** *(Amer.: resist)* sich sträuben gegen; sich widersetzen (+ *Dat.*)
²**buck** *n. (coll.)* **pass the ~ to sb.** *(fig.)* jmdm. den Schwarzen Peter zuschieben; **the ~ stops here** *(fig.)* die Verantwortung liegt letzten Endes bei mir
³**buck** *(coll.)* **1.** *v. i.* ~ '**up a)** *(make haste)* sich anhalten *(ugs.)*; ~ **up!** los, schnell!; auf, los!; **b)** *(cheer up)* ein fröhliches Gesicht machen; ~ **up!** Kopf hoch! **2.** *v. t.* ~ '**up a)** *(cheer up)* aufmuntern; **we were ~ed up by the good news** die gute Nachricht hat uns aufgemuntert; **b)** ~ **one's ideas up** *(coll.)* sich zusammenreißen
⁴**buck** *n. (Amer. and Austral. sl.: dollar)* Dollar, *der;* **make a fast ~:** eine schnelle Mark machen *(ugs.)*
bucked [bʌkt] *adj. (coll.)* aufgemuntert; **I was** *or* **felt ~ by it** es hat mich aufgemuntert
bucket ['bʌkɪt] **1.** *n.* **a)** Eimer, *der;* **a ~ of water** ein Eimer [voll] Wasser; **the rain fell in ~s** *(fig.)* es goß wie aus Kübeln *(ugs.)*; es schüttete *(ugs.)*; **kick the ~** *(fig. sl.)* abkratzen *(derb);* ins Gras beißen *(salopp);* **b)** *(of water-wheel)* Schaufelkammer, *die.* **2.** *v. i.* **a)** *(pour down)* **the rain is ~ing down** es gießt wie aus Kübeln *(ugs.)*; es schüttet *(ugs.)*; **b)** *(move jerkily)* ⟨*Fahrzeug:*⟩ holpern; ⟨*Boot:*⟩ schaukeln

bucketful ['bʌkɪtfʊl] *n.* Eimer [voll]; **two ~s of water** zwei Eimer [voll] Wasser
bucket: ~ **seat** *n.* Schalensitz, *der;* ~-**shop** *n.* [nicht ganz seriöses] Maklerbüro; *(for air tickets)* [Hinterhof]reisebüro *(das vor allem Billigflüge vermittelt)*
buckle ['bʌkl] **1.** *n.* Schnalle, *die.* **2.** *v. t.* **a)** zuschnallen; ~ **sth. on** etw. anschnallen; ~ **sth. up** etw. festschnallen zuschnallen; **b)** *(cause to give way)* verbiegen ⟨*Stoßstange, Rad*⟩. **3.** *v. i.* ⟨*Rad, Metallplatte:*⟩ sich verbiegen; ~ **under the weight** unter dem Gewicht nachgeben
~ **to 1.** [---] *v. t.* ~ **[down] to a task/to work** sich hinter eine Aufgabe klemmen/sich an die Arbeit machen. **2.** [-'-] *v. i.* sich zusammenreißen *(ugs.)*; sich am Riemen reißen *(ugs.)*
buckler ['bʌklə(r)] *n. (Hist.)* Rundschild, *der*
buckram ['bʌkrəm] *n. (Textiles)* Buckram, *der*
buck '**rarebit** *n.* überbackene Käseschnitte mit pochiertem Ei
Buck's Fizz [bʌks 'fɪz] *n.* Sekt mit Orangensaft
buckshee [bʌkˈʃiː] *(Brit. sl.)* **1.** *adj.* Gratis-; **a ~ trip** eine Reise zum Nulltarif; eine Gratisreise. **2.** *adv.* gratis, umsonst *(bekommen, reisen);* zum Nulltarif *(reisen)*
buck: ~**shot** *n.* grober Schrot; Rehposten, *der;* ~**thorn** *n. (Bot.)* Kreuzdorn, *der;* ~-**tooth** *n.* vorstehender Zahn; Raffzahn, *der (ugs.)*
buckwheat ['bʌkwiːt] *n. (Agric.)* Buchweizen, *der*
bucolic [bjuːˈkɒlɪk] *adj.* bukolisch
bud [bʌd] **1.** *n.* Knospe, *die;* **come into ~/be in ~:** knospen; Knospen treiben; **the trees are in ~:** die Bäume schlagen aus; **nip sth. in the ~** *(fig.)* etw. im Keim ersticken. **2.** *v. i.,* -**dd**- knospen; Knospen treiben; ⟨*Baum:*⟩ ausschlagen; **a ~ding painter/actor** *(fig.)* ein angehender Maler/Schauspieler
Buddha ['bʊdə] *n.* Buddha, *der*
Buddhism ['bʊdɪzm] *n.* Buddhismus, *der*
Buddhist ['bʊdɪst] **1.** *n.* Buddhist, *der*/Buddhistin, *die.* **2.** *adj.* buddhistisch
buddleia ['bʌdlɪə] *n. (Bot.)* Schmetterlingsstrauch, *der;* Buddleia, *die (fachspr.)*
buddy ['bʌdɪ] **1.** *n.* Kumpel, *der (ugs.).* **2.** *v. i.* ~ **up [with sb.]** sich [mit jmdm.] anfreunden
budge [bʌdʒ] **1.** *v. i.* ⟨*Person, Tier:*⟩ sich [von der Stelle] rühren; ⟨*Gegenstand:*⟩ sich bewegen, nachgeben; *(fig.: change opinion)* nachgeben. **2.** *v. t.* **a)** bewegen; **I can't ~ this screw** ich kriege diese Schraube nicht los; **b)** *(fig.: change opinion)* abbringen; **he refuses to be ~d** er ist nicht umstimmen
budgerigar ['bʌdʒərɪɡɑː(r)] *n.* Wellensittich, *der*
budget ['bʌdʒɪt] **1.** *n.* Budget, *das;* Etat, *der;* Haushalt[splan], *der;* **keep within ~:** seinen Etat nicht überschreiten; **be on a ~:** haushalten *od.* wirtschaften müssen; ~ **meal/holiday** preisgünstige Mahlzeit/Ferien. **2.** *v. i.* planen; ~ **for sth.** etw. [im Etat] einplanen. **3.** *v. t.* [im Etat] einplanen
'**budget account** *n.* Konto für laufende Zahlungen
budgetary ['bʌdʒɪtərɪ] *adj.* budgetär; Budget⟨*beratung, -betrag, -entwurf, -vorlage*⟩
budget: ~ **day** *n.* Haushaltsdebattentermin, *der;* ~ **speech** *n.* Etatrede, *die*
budgie ['bʌdʒɪ] *n. (coll.)* Wellensittich, *der*
budo [buːˈdəʊ] *n.* Budo, *der*
buff [bʌf] **1.** *adj.* gelbbraun. **2.** *n.* **a)** *(coll.: enthusiast)* Fan, *der (ugs.);* **b) in the ~:** nackt; im Adams-/Evaskostüm *(scherz.);* **strip down to the ~:** sich bis auf die Haut ausziehen; **c)** *(colour)* Gelbbraun, *das.* **3.** *v. t.* **a)** *(polish)* polieren, [blank] putzen ⟨*Metall, Schuhe usw.*⟩; **b)** aufrauhen ⟨*Leder*⟩

109

buffalo ['bʌfələʊ] *n., pl.* ~es *or same* (Zool.) Büffel, *der*

¹**buffer** ['bʌfə(r)] **1.** *n.* **a)** *(Railw.)* Prellbock, *der;* (*on vehicle; also Chem., fig.*) Puffer, *der;* **b)** *(Computing)* Pufferspeicher, *der.* **2.** *v. t.* dämpfen

²**buffer** *n.* (*sl.*) **old ~:** alter Zausel (*ugs.*)

buffer state *n.* Pufferstaat, *der*

¹**buffet** ['bʌfɪt] **1.** *n.* (*blow, lit. or fig.*) Schlag, *der;* **~s of fate** Schicksalsschläge. **2.** *v. t.* schlagen; **~ed by the wind/waves** vom Wind geschüttelt/von den Wellen hin und her geworfen

²**buffet** ['bʊfeɪ] *n.* **a)** (*Brit.: place*) Büfett, *das;* **~ car** (*Railw.*) Büfettwagen, *der;* **b)** (*Brit.: meal*) Imbiß, *der;* **~ lunch/supper/meal** Büfettessen, *das;* **a cold ~:** ein kaltes Büfett; **c)** (*cupboard*) Büfett, *das;* Geschirrschrank, *der;* (*sideboard*) Anrichte, *die*

buffeting ['bʌfɪtɪŋ] *n.* Schütteln, *das;* (*fig.*) Schläge; **~s of fate** Schicksalsschläge

buffoon [bəˈfuːn] **1.** *n.* Kasper, *der;* Clown, *der.* **2.** *v. i.* den Clown od. Kasper spielen

buffoonery [bəˈfuːnərɪ] *n.* Clownerie, *die;* Possenreißerei, *die*

bug [bʌg] **1.** *n.* **a)** (*Wanze*, *die;* **b)** (*Amer.: small insect*) Insekt, *das;* Käfer, *der;* **c)** (*coll.: virus*) Bazillus, *der;* **don't you breathe your ~s over me** steck mich nicht an; **d)** (*coll.: disease*) Infektion, *die;* Krankheit, *die;* **catch a ~:** sich (*Dat.*) eine Krankheit od. (*ugs.*) was holen; **I don't want to catch that ~ of yours** ich will mich nicht bei dir anstecken; **e)** (*coll.: concealed microphone*) Wanze, *die;* **f)** (*coll.: defect*) Macke, *die* (*salopp*); **we have got all the ~s out of the system** wir haben alle Fehler im System beseitigt; **g)** (*coll.: obsession*) Tick, *der* (*ugs.*); **he has a ~ about neatness** er hat einen Ordnungsfimmel (*ugs.*); **then I got the ~:** dann packte es mich; **h)** (*coll.: enthusiast*) Fan, *der* (*ugs.*). **2.** *v. t.,* **-gg- a)** (*coll.: install microphone in*) verwanzen (*Zimmer*) (*ugs.*); abhören (*Telefon, Konferenz*); **~ging device** Abhöreinrichtung, *die;* Wanze, *die* (*ugs.*); **b)** (*sl.*) (*annoy*) nerven (*salopp*); den Nerv töten (+ *Dat.*) (*ugs.*); (*bother*) beunruhigen; **what's ~ging you?** was ist los mit dir?

bugbear ['bʌgbeə(r)] *n.* **a)** (*annoyance, problem*) Problem, *das;* Sorge, *die;* **b)** (*object of fear*) Schreckgespenst, *das*

bugger ['bʌgə(r)] **1.** *n.* **a)** (*sodomite*) Analverkehr Ausübender; Sodomit, *der;* **b)** (*coarse*) (*fellow*) Bursche, *der* (*ugs.*); Makker, *der* (*salopp*); *as insult* Scheißkerl, *der* (*derb*); Arschloch, *das* (*derb*); **you lucky ~:** du hast vielleicht ein Schwein od. Dusel (*ugs.*); **the poor ~:** du kannst einem leid tun; **play silly ~s** Scheiß machen (*derb*); **c)** (*coarse: thing*) Scheißding, *das* (*derb*); **that door is a ~ to open** diese Scheißtür geht immer so schwer auf (*derb*); **d)** (*coarse: damn*) **~!** Scheiße! (*derb*); **I don't give a ~ what you think** ich gebe einen Scheiß drauf, was du denkst (*derb*). **2.** *v. t.* **a)** anal verkehren mit; **b)** (*coarse: damn*) **~ you/him** (*dismissive*) du kannst/der kann mich mal (*derb*); **~ this car/him!** (*angry*) dieses Scheißauto/dieser Scheißkerl! (*derb*); **~ it!** ach du Scheiße (*derb*); (*in surprise*) **well, ~ me or I'll be ~ed!** ach du Scheiße od. meine Fresse! (*derb*); **c)** (*coarse: tire*) **be [completely] ~ed** [total] fertig sein (*ugs.*)

~ a'bout, ~ a'round (*coarse*) **1.** *v. i.* Scheiß machen (*derb*); rumblödeln (*ugs.*); **~ about with sth.** mit etw. rumfummeln (*ugs.*). **2.** *v. t.* verarschen (*derb*)

~ 'off *v. i.* (*coarse*) abhauen (*ugs.*); **~ off!** hau ab!; verdufte! (*ugs.*); verpiß dich! (*salopp*)

~ 'up *v. t.* (*coarse*) verkorksen (*ugs.*)

bugger-'all *n.* (*coarse*) rein gar nichts; Null Komma nichts; **be worth ~** keinen Pfifferling wert sein (*ugs.*); zum Wischen sein (*salopp*)

buggery ['bʌgərɪ] *n.* Analverkehr, *der*

Buggins's turn ['bʌgɪnzɪz tɜːn] *n.* (*Brit.*) Ernennung auf Grund von Dienstjahren

buggy ['bʌgɪ] *n.* **a)** (*horse-drawn or motor vehicle*) Buggy, *der;* **b)** (*pushchair*) Sportwagen, *der;* **c)** (*Amer.*) *see* **baby buggy**

bugle[-horn] ['bjuːgl(hɔːn)] *n.* Bügelhorn, *das*

bugler ['bjuːglə(r)] *n.* Hornist, *der*

build [bɪld] **1.** *v. t.,* **built** [bɪlt] **a)** bauen; errichten ⟨*Gebäude, Damm*⟩; mauern ⟨*Schornstein, Kamin*⟩; zusammenbauen (*Fahrzeug*); **the house is still being built** das Haus ist noch im Bau; **the house took three years to ~:** der Bau des Hauses dauerte drei Jahre; **he was the man who built the bridge** er war der Erbauer der Brücke; **the house is solidly built** das Haus ist sehr solide; **~ a fire [ein] Feuer machen; ~ sth. from or out of sth.** etw. aus etw. machen od. bauen; **the dinghy was built from a kit** das Dingi entstand aus einem Bausatz; **be sturdily/strongly built** (*fig.*) ⟨*Sache:*⟩ solide gebaut sein; ⟨*Person:*⟩ stämmig/kräftig gebaut sein; **b)** (*fig.*) aufbauen ⟨*System, Gesellschaft, Reich, Zukunft*⟩; schaffen ⟨*bessere Zukunft, Bedingungen, Beziehung*⟩; begründen ⟨*Ruf*⟩; **~ one's hopes upon sb./sth.** seine Hoffnungen auf jmdn./etw. setzen; **~ a new career for oneself** sich (*Dat.*) eine neue Existenz aufbauen. **2.** *v. i.,* **built a)** bauen; **b)** (*fig.*) (*Drama, Musik:*) sich steigern (**to** zu); **~ on one's successes** auf seinen Erfolgen aufbauen. **3.** *n.* Bauweise, *die;* (*of person*) Körperbau, *der*

~ 'in *v. t.* einbauen; *see also* **built-in**

~ 'into *v. t.* **~ sth. into sth.** (*to form part*) etw. in etw. (*Akk.*) einbauen; (*fig.*) **~ a clause into a contract** eine Klausel in einen Vertrag aufnehmen

~ 'on *v. t.* **a)** aufbauen auf (+ *Dat.*); bebauen ⟨*Gelände*⟩; **b)** (*attach*) **~ sth. on to sth.** etw. an etw. (*Akk.*) anbauen

~ 'up 1. *v. t.* **a)** bebauen ⟨*Land, Gebiet*⟩; **b)** (*accumulate*) aufhäufen ⟨*Reserven, Mittel, Kapital*⟩; **~ up a reputation** sich (*Dat.*) einen Namen machen; **~ up a fine reputation as a speaker** sich (*Dat.*) einen ausgezeichneten Ruf als Redner erwerben; **c)** (*strengthen*) stärken ⟨*Gesundheit, Widerstandskraft*⟩; widerstandsfähig machen, kräftigen ⟨*Personen, Körper*⟩; **d)** (*increase*) erhöhen, steigern ⟨*Produktion, Kapazität*⟩; verstärken ⟨*Truppen*⟩; stärken ⟨*[Selbst]vertrauen*⟩; **~ up sb.'s hopes [unduly]** jmdm. [falsche] Hoffnung machen; **e)** (*develop*) aufbauen ⟨*Firma, Geschäft*⟩; (*expand*) ausbauen; **~ sth. up from nothing** etw. aus Nichts aufbauen; **~ up one's strength** sich kräftigen; ⟨*Athlet:*⟩ seine Muskelkraft trainieren; **f)** (*praise, boost*) aufbauen ⟨*Star, Schauspieler*⟩; **the film was built up to be something marvellous** der Film wurde großartig herausgebracht od. angekündigt; **he wasn't half the performer he was built up to be** seine Vorstellung war nicht mal halb so gut wie angekündigt. **2.** *v. i.* **a)** ⟨*Spannung, Druck:*⟩ zunehmen, ansteigen; ⟨*Musik:*⟩ anschwellen; ⟨*Lärm:*⟩ sich steigern (**to** + *Akk.*); **~ up to a crescendo** sich zu einem Crescendo steigern; **b)** ⟨*Schlange, Rückstau:*⟩ sich bilden; ⟨*Verkehr:*⟩ sich verdichten. *See also* **build-up; built-up**

builder ['bɪldə(r)] *n.* **a)** Erbauer, *der;* **b)** (*contractor*) Bauunternehmer, *der;* **~'s labourer** Bauarbeiter, *der;* **~'s merchant** (*person*) Baustoffhändler, *der;* (*firm*) Baustoffhandlung, *die*

building ['bɪldɪŋ] *n.* **a)** Bau, *der;* (*of vehicle*) Zusammenbauen/-setzen, *das;* **~ commenced three years ago** mit dem Bau wurde vor drei Jahren begonnen; *attrib.* **materials** Baumaterialien; **~ operations** Baumaßnahmen; **~ land** Bauland, *das;* **b)** (*structure*) Gebäude, *das;* (*for living in*) Haus, *das*

building: ~ contractor *n.* Bauunternehmer, *der;* **~ line** *n.* (*Archit.*) Bauflucht[linie], *die;* **~ -site** *n.* Baustelle, *die;* **~ society** *n.* (*Brit.*) Bausparkasse, *die;* **~ trade** *n.* Baugewerbe, *das*

'build-up *n.* **a)** (*publicity*) Reklame[rummel], *der;* Werbung, *die;* **give sb./sth. a good ~:** jmdn./etw. groß ankündigen; **give a film a massive ~** für einen Film kräftig die Werbetrommel rühren; **b)** (*approach to climax*) Vorbereitungen *Pl.* (**to** für); **c)** (*increase*) Zunahme, *die;* (*of forces*) Verstärkung, *die;* **a ~ of traffic** ein [Verkehrs]stau od. eine Stauung

built *see* **build 1, 2**

built: ~-in *adj.* **a)** eingebaut; **a ~-in cupboard/bookcase/kitchen** ein Einbauschrank/-regal/eine Einbauküche; **b)** (*fig.: instinctive*) angeboren; **the system has ~-in safeguards against accidents** (*fig.*) das System hat eine Art eingebaute Schutz gegen Unfälle; *see also* **obsolescence**; **~-up** *adj.* **a) bebaut; a ~-up area** ein Wohngebiet; **the speed limit applies in all ~-up areas** die Geschwindigkeitsbegrenzung gilt für alle geschlossenen Ortschaften; **b)** (*prefabricated*) vorgefertigt; **c) ~-up shoulders** [aus]wattierte od. gepolsterte Schultern; **a ~-up shoe** ein Schuh mit dickerer Sohle

bulb [bʌlb] *n.* **a)** (*Bot., Hort.*) Zwiebel, *die;* **b)** (*of lamp*) [Glüh]birne, *die;* **c)** (*of thermometer, chemical apparatus*) [Glas]kolben, *der;* **d)** (*of syringe, dropper, horn*) Gummiballon, *der*

bulbous ['bʌlbəs] *adj.* **a)** bauchig ⟨*Form*⟩; bulbös, bulboid ⟨*Schwellung*⟩; **~ fingers/nose** Wurstfinger/Knollennase, *die;* **b)** (*Bot.*) Zwiebel-; zwiebelartig

Bulgaria [bʌlˈgeərɪə] *pr. n.* Bulgarien (*das*)

Bulgarian [bʌlˈgeərɪən] **1.** *adj.* bulgarisch; **he/she is ~:** er ist Bulgare/sie ist Bulgarin; *see also* **English 1. 2.** *n.* **a)** (*person*) Bulgare, *der*/Bulgarin, *die;* **b)** (*language*) Bulgarisch, *das;* *see also* **English 2 a**

bulge [bʌldʒ] **1.** *n.* **a)** Ausbeulung, *die;* ausgebeulte Stelle, *die;* (*in line*) Bogen, *der;* (*in tyre*) Wulst, *der* od. *die;* **b)** (*coll.: increase*) Anstieg, *der* (**in** *Gen.*); **c)** (*Mil.*) Frontausbuchtung, *die.* **2.** *v. i.* **a)** (*swell outwards*) sich wölben; **her eyes ~d out of her head** (*fig. coll.*) die Augen traten ihr [fast] aus dem Kopf; **sie bekam Stielaugen** (*ugs.*); **b)** (*be full*) vollgestopft sein (**with** mit)

bulging ['bʌldʒɪŋ] *adj.* prall gefüllt ⟨*Einkaufstasche usw.*⟩; vollgestopft ⟨*Hosentasche, Kiste*⟩; rund ⟨*Bauch*⟩; **~ eyes** hervortretende Augen; (*in surprise*) staunende Augen

bulk [bʌlk] **1.** *n.* **a)** (*large quantity*) **in ~:** in großen Mengen; **b)** (*large shape*) massige Gestalt, *die;* **c)** (*size*) Größe, *die;* **be of great ~:** [sehr] massig sein; **d)** (*volume*) Menge, *die;* Umfang, *der;* **sea water is heavier, ~ for ~, than fresh water** Seewasser ist, Quantum für Quantum, schwerer als Süßwasser; **e)** (*greater part*) **the ~ of the money/goods** der Groß- od. Hauptteil des Geldes/der Waren; **the ~ of the population/votes** die Mehrheit der Bevölkerung/Stimmen; **f)** (*Commerc.*) **in ~** (*loose*) lose; unabgefüllt ⟨*Wein*⟩; (*wholesale*) en gros; **~ transport** Massentransport, *der;* **~ sales** Großverkauf, *der.* **2.** *v. i.* **large** eine wichtige Rolle spielen. **3.** *v. t.* **a)** (*combine*) zu einer Sendung zusammenstellen; **b)** (*make thicker*) anschwellen lassen; an Umfang zunehmen lassen

bulk: ~ 'buyer *n.* Großabnehmer, *der;* **~ 'buying** *n.* Großeinkauf, *der;* **~ 'carrier** *n.* Bulkfrachter, *der;* **~ goods** *n. pl.* Schüttgut, *das;* **~head** *n.* Schott, *das*

bulkiness ['bʌlkɪnɪs] *n., no pl.* (*unwieldiness*) Unhandlichkeit, *die*

bulky ['bʌlkɪ] *adj.* sperrig ⟨*Gegenstand*⟩; beleibt ⟨*Person*⟩; massig, wuchtig ⟨*Gestalt, Körper*⟩; unförmig ⟨*Kleidungsstück*⟩; (un-

bull

wieldy) unhandlich ⟨*Gegenstand, Paket*⟩; ~ **goods** Sperrgut, *das;* a ~ **book** ein dickes Buch

¹**bull** [bʊl] 1. *n.* a) Bulle, *der;* (for bullfight) Stier, *der;* **like a ~ in a china shop** (fig.) wie ein Elefant im Porzellanladen; **like a ~ at a gate** wie ein Wilder; **take the ~ by the horns** (fig.) den Stier bei den Hörnern fassen *od.* packen; b) (*Astrol.*) **the B~**: der Stier; *see also* **archer** b; c) (*whale, elephant*) Bulle, *der;* d) *see* **bull's eye a;** e) (*Amer. sl.: policeman*) Bulle, *der;* f) (*St. Exch.*) Haussier, *der.* 2. *adj.* bullig

²**bull** (*RCCh.*) Bulle, *die*

³**bull** *see* **Irish bull**

⁴**bull** *n.* (*sl.*) a) (*routine*) [lästige] Routine; (*Mil.: discipline*) Drill, *der;* b) (*nonsense*) Geschwafel, *das,* (ugs. abwertend); Gesülze, *das* (salopp abwertend); c) (*Amer.: blunder*) grober Schnitzer

bull: **~-at-a-gate** *adj., adv.* wild; rücksichtslos; **~-calf** *n.* Bullenkalb, *das;* **~dog** *n.* a) Bulldogge, *der;* **he's one of the ~dog breed** (fig.) er ist hartnäckig und fürchtet sich vor nichts; **~dog clip** Flügelklammer, *die;* (*Brit. Univ.*) Helfer des Proktors; **~doze** *v. t.* a) planieren ⟨*Boden*⟩; mit der Planierraupe wegräumen ⟨*Gebäude*⟩; **~doze a path** mit der Planierraupe einen Weg bahnen; b) (*fig.: force*) **~doze sb. into doing sth.** jmdn. dazu zwingen, etw. zu tun; **the Bill was ~dozed through Parliament by the government** (fig.) das Gesetz wurde von der Regierung im Parlament durchgeboxt; **~dozer** ['bʊldəʊzə(r)] *n.* Planierraupe, *die;* Bulldozer, *der*

bullet ['bʊlɪt] *n.* [Gewehr-, Pistolen]kugel, *die; see also* **bite 2 d**

bullet: **~-head** *n.* [kugel]runder Kopf; Rundkopf, *der;* **~-hole** *n.* Einschuß *od.* Einschußloch, *das;* **be riddled with ~-holes** von Kugeln durchsiebt sein

bulletin ['bʊlɪtɪn] *n.* Bulletin, *das;* **we will bring you further ~s to keep you informed** wir bringen Ihnen weitere Meldungen, um Sie auf dem laufenden zu halten

'**bulletin-board** *n.* (*Amer.*) Anschlagtafel, *die;* (*Sch., Univ.*) Schwarzes Brett

bullet: **~-proof** *adj.* kugelsicher; **~-proof glass** Panzerglas, *das;* **~ wound** *n.* Schußwunde, *die*

bull: **~-fight** *n.* Stierkampf, *der;* **~-fighter** *n.* Stierkämpfer, *der;* **~-fighting** *n.* Stierkämpfe, *die* (*Pl.*); **~finch** *n.* (*Ornith.*) Gimpel, *der;* **~frog** *n.* Ochsenfrosch, *der;* **~-horn** *n.* Megaphon, *das;* Flüstertüte, *die* (ugs. scherzh.)

bullion ['bʊljən] *n., no pl., no indef. art.* Bullion, *das* (fachspr.); **gold/silver ~**: ungemünztes Gold/Silber; (*ingots*) Gold-/Silberbarren *Pl.*

bullish ['bʊlɪʃ] *adj.* (*St. Exch.*) haussierend; auf Hausse spekulierend ⟨*Kapitalanleger*⟩; **feel ~** in Haussestimmung sein *od.* (*fig.*) in optimistischer Stimmung sein

bull: **~ market** *n.* (*St. Exch.*) Haussemarkt, *der;* **~ neck** *n.* Stiernacken, *der;* **~-necked** *adj.* stiernackig; **~-nose[d]** ['bʊlnəʊz(d)] *adj.* abgerundet

bullock ['bʊlək] *n.* Ochse, *der*

bull: **~ point** *n.* (*coll.*) Vorteil, *der;* **~ring** *n.* Stierkampfarena, *die;* **~ session** *n.* (*esp. Amer.*) zwanglose Diskussionsrunde; (*men only*) Männerrunde, *die* (ugs.); **~'s-eye** *n.* a) (*of target*) Schwarze, *das;* **score a ~'s-eye** (lit. or fig.) ins Schwarze treffen; b) (*boss of glass*) Butzen, *der;* (*Naut.*) Bullauge, *das;* (*Archit.*) Ochsenauge, *das;* c) (*boiled sweet*) rundes, schwarz-weißes Pfefferminzbonbon; **~shit** (*coarse*) *n.* Scheiße, *die* (salopp abwertend); **~terrier** *n.* Bullterrier, *der*

¹**bully** ['bʊlɪ] 1. *n.* a) jmd., der gern Schwächere schikaniert bzw. tyrannisiert (*esp. schoolboy etc.*) ≈ Rabauke, *der* (abwertend); (*boss*) Tyrann, *der;* b) (*hired ruffian*)

see **bully-boy.** 2. *v. t.* (*persecute*) schikanieren; (*frighten*) einschüchtern; **~ sb. into/out of doing sth.** jmdn. so sehr einschüchtern, daß er etw. tut/läßt

²**bully** (*coll.*) 1. *adj.* toll (ugs.); prima (ugs.). 2. *int.* **~ for you** (also iron.) gratuliere!; **~ for him!** (also iron.) da muß man ihm gratulieren!

³**bully** (*Hockey*) 1. *n.* Bully, *das.* 2. *v. i.* **~ off** das Bully ausführen (fachspr.)

bully: **~ beef** *n.* Corned beef, *das;* **~-boy** *n.* [angeheuerter] Schläger; **a gang of ~-boys** ein Schlägertrupp

bullying ['bʊlɪɪŋ] 1. *n.* Schikanieren, *das.* 2. *adj.* tyrannisch

'**bully-off** *n.* (*Hockey*) Bully, *das* (fachspr.)

bulrush ['bʊlrʌʃ] *n.* a) (*Bot.*) Teichsimse, *die;* b) (*Bibl.*) Rohr, *das*

bulwark ['bʊlwək] *n.* a) (*rampart*) Wall, *der;* Bollwerk, *das* (auch fig.); b) (*breakwater*) Mole, *die;* c) *usu. in pl.* (*Naut.*) Schanzkleid, *das*

¹**bum** [bʌm] *n.* (*Brit. sl.*) Hintern, *der* (ugs.); Arsch, *der* (derb)

²**bum** (*sl.*) 1. *n.* (*Amer.*) a) (*tramp*) Penner, *der* (salopp abwertend); Berber, *der* (salopp); b) (*lazy dissolute person*) Penner, *der* (salopp abwertend); Gammler, *der* (ugs. abwertend); c) **be on the ~** (*be a vagrant*) rumgammeln (ugs.); als Berber leben (salopp); (*cadge*) schnorren (ugs.). 2. *adj.* mies (ugs.); schlimm (ugs.) ⟨*Fuß, Bein usw.*⟩; **a ~ cheque** ein fauler Scheck (ugs.). 3. *v. i.* **-mm-** rumgammeln (ugs.). 4. *v. t.* **-mm-** schnorren (ugs.) ⟨*Zigaretten usw.*⟩ (ugs.); **~ one's way through France** durch Frankreich gammeln (ugs.)

bumble ['bʌmbl] *v. i.* zockeln (ugs.); **~ about** herumwursteln (ugs.)

'**bumble-bee** *n.* Hummel, *die*

bumbling ['bʌmblɪŋ] *adj.* stümperhaft

bumf [bʌmf] *n.* (*Brit. sl.*) a) (*derog.: papers*) Papierkram, *der* (ugs.); b) (*toilet-paper*) Klopapier, *das* (ugs.)

bump [bʌmp] 1. *n.* a) (*sound*) Bums, *der;* (*impact*) Stoß, *der;* **this car has had a few ~s** der Wagen hat schon einige Dellen abgekriegt; b) (*swelling*) Beule, *die;* c) (*hump*) Buckel, *der* (ugs.); d) (*on skull*) Höcker, *der;* e) (*sl.: dancer's forward thrust of abdomen*) Stoß, *der* [mit dem Bauch]; **~s and grinds** erotische Zuckungen. 2. *adv.* bums; rums, bums; **the car went ~ into the vehicle in front** das Auto bumste gegen das Fahrzeug vor ihm; **be afraid of things that go ~ in the night** Angst vor komischen Geräuschen in der Nacht haben. 3. *v. t.* a) (*knock*) **~ the chair against the wall** ich stieß mit dem Stuhl an die Wand; b) (*hurt*) **~ one's head/knee** sich am Kopf/ am Knie stoßen. 4. *v. i.* a) **~ against sth.** an etw. (*Akk.*) *od.* gegen etw. stoßen; **~ against sb.** jmdn. anstoßen; b) (*move with jolts*) rumpeln; **~ down the stairs** die Treppe runterpurzeln (ugs.)

~ into *v. t.* a) stoßen an (+ *Akk.*) *od.* gegen; (*with car, shopping trolley, etc.*) fahren gegen ⟨*Mauer, Baum*⟩; **~ into sb.** jmdn. anstoßen; (*with vehicle*) jmdn. anfahren; **I ~ed into the back of another car** ich hatte einen Auffahrunfall; b) (*meet by chance*) zufällig [wieder]treffen; **if you ~ into Tom, tell him ...**: wenn du Tom über den Weg läufst, sag ihm, ...

~ 'off *v. t.* (*sl.*) kaltmachen (salopp); umlegen (salopp)

~ up *v. t.* (*coll.*) aufschlagen ⟨*Preise*⟩; aufbessern ⟨*Gehalt*⟩

bumper ['bʌmpə(r)] 1. *n.* a) (*Motor Veh.*) Stoßstange, *die;* b) (*Amer. Railw.*) Puffer, *der;* c) (*brim-full glass*) [rand]volles Glas, *das;* d) (*Cricket*) Schmetterball, *der.* 2. *adj.* Rekord⟨*ernte, -jahr*⟩; **~ edition** [besonders umfangreiche] Extra- *od.* Sonderausgabe

bumper: **~ car** *n.* [Auto]skooter, *der;*

bunk

~-to-bumper 1. *adj.* **a ~-to-bumper traffic jam** ein Stau, bei dem nichts mehr geht/ ging; 2. *adv.* Stoßstange an Stoßstange

bumpkin ['bʌmpkɪn] *n.* [**country**] **~**: [Bauern]tölpel, *der* (abwertend)

bumptious ['bʌmpʃəs] *adj.,* **bumptiously** ['bʌmpʃəslɪ] *adv.* wichtigtuerisch

bumptiousness ['bʌmpʃəsnɪs] *n., no pl.* Wichtigtuerei, *die*

bumpy ['bʌmpɪ] *adj.* holp[e]rig ⟨*Straße, Fahrt, Fahrzeug*⟩; uneben ⟨*Fläche*⟩; unruhig ⟨*Flug*⟩

bum: **~ rap** *n.* (*Amer. sl.*) Verurteilung unter falscher Anklage; **~'s rush** *n.* (*Amer. sl.*) Rausschmiß, *der* (ugs.); **give sb. the ~'s rush** jmdn. rausschmeißen (ugs.); **~ steer** *n.* (*Amer. sl.*) **give sb. a ~ steer** jmdn. in die falsche Richtung lenken

bun [bʌn] *n.* a) süßes Brötchen, *das;* (*currant ~*) Korinthenbrötchen, *das;* b) (*hair*) [Haar]knoten, *der. See also* **oven**

bunch [bʌntʃ] 1. *n.* a) (*of flowers*) Strauß, *der;* (*of grapes, bananas*) Traube, *die;* (*of parsley, radishes*) Bund, *das;* **a ~ of roses/ parsley** ein Strauß Rosen/Bund Petersilie; **a ~ of keys** ein Schlüsselbund, *der;* (*lot*) Anzahl, *die;* **a whole ~ of ...**: ein ganzer Haufen ... (ugs.); **the best** *or* **pick of the ~**: der/ die/das Beste [von allen]; (*sl.: gang*) Bande, *die;* (*group*) Haufen, *der* (ugs.); **look a real ~ of idiots** wie ein Haufen [von] Idioten dastehen (ugs.); b) **a ~** zu einem Strauß/zu Sträußen binden ⟨*Blumen*⟩; bündeln ⟨*Radieschen, Spargel*⟩; zusammendrängen ⟨*Personen*⟩; **the runners were tightly ~ed as they came round the final bend** die Läufer lagen alle dicht beieinander, als sie in die Zielgerade einbogen; b) (*gather into folds*) [zusammen]raffen ⟨*Kleid*⟩

~ 'up 1. *v. i.* ⟨*Personen:*⟩ zusammenrücken; ⟨*Kleid, Stoff:*⟩ sich zusammenknüllen. 2. *v. t.* zusammenraffen ⟨*Kleid*⟩

bundle ['bʌndl] 1. *n.* a) Bündel, *das;* (*of papers*) Packen, *der;* (*of hay*) Bund, *das;* (*of books*) Stapel, *der;* (*of fibres, nerves*) Strang, *der;* **tie sth. up in a ~**: etw. zu einem Bündel zusammenbinden; **in ~s** bündelweise; **she's a ~ of mischief/energy/misery** sie hat nichts als Unfug im Kopf/ist ein Energiebündel/ist ein Häufchen Unglück *od.* Elend; b) (*sl.: large amount of money*) Vermögen, *das;* [schöne] Stange Geld (ugs.); c) (*sl.*) **go a ~ on sb./sth.** von jmdm./etw. begeistert sein. *See also* **nerve 1 b.** 2. *v. t.* a) (*tie into bundles*) bündeln; b) (*throw hastily*) **~ sth. into the suitcase/back of the car** etw. in den Koffer stopfen/hinten ins Auto werfen; c) (*put hastily*) **~ sb. into the car** jmdn. ins Auto verfrachten *od.* packen

~ 'off *v. t.* [eilig] schaffen; schicken

~ 'up *v. t.* a) (*put in bundles*) bündeln; b) (*dress warmly*) einmummeln (*fam.*)

'**bun-fight** *n.* (*Brit. sl.*) Teegesellschaft, *die*

bung [bʌŋ] 1. *n.* Spund[zapfen], *der.* 2. *v. t.* a) verspunden; spunden; b) (*sl.: throw*) schmeißen (ugs.)

~ 'up *v. t.* **be/get ~ed up** verstopft sein/verstopfen

bungalow ['bʌŋɡələʊ] *n.* Bungalow, *der*

'**bung-hole** *n.* Spundloch, *das*

bungle ['bʌŋɡl] 1. *v. t.* stümpern bei; **~ it/ the job** alles vermasseln. 2. *n.* Stümperei, *die* (ugs.)

bungler ['bʌŋɡlə(r)] *n.* Stümper, *der* (abwertend)

bungling ['bʌŋɡlɪŋ] 1. *adj.* stümperhaft ⟨*Versuch*⟩; **~ person** Stümper, *der;* **you ~ idiot!** du Trottel! 2. *n.* Stümperei, *die*

bunion ['bʌnjən] *n.* (*Med.*) chronische Bursitis bei Hallux valgus (fachspr.) ≈ entzündeter Ballen

¹**bunk** [bʌŋk] *n.* (*in ship, aircraft, lorry*) Koje, *die;* (*in room, sleeping-car*) Bett, *das;* (*~-bed*) Etagenbett, *das*

111

²**bunk** *n.* (*sl.: nonsense*) Quatsch, *der (salopp)*; Mist, *der (salopp)*
³**bunk** *n.* (*Brit. sl.*) do a ~: türmen *(salopp)*; **the cashier did a ~ with the money** der Kassierer brannte mit dem Geld durch *(ugs.)*
'**bunk-bed** *n.* Etagenbett, *das*
bunker ['bʌŋkə(r)] **1.** *n.* (*also Mil., Golf*) Bunker, *der*. **2.** *v. t.* (*Golf*) be ~ed im Bunker *od.* Sand liegen; (*fig. coll.*) in der Klemme sitzen *(ugs.)*
bunkum ['bʌŋkəm] *n.* Unsinn, *der*
bunny ['bʌnɪ] *n.* Häschen, *das*
Bunsen burner [bʌnsn 'bɜːnə(r)] *n.* Bunsenbrenner, *der*
¹**bunting** ['bʌntɪŋ] *n.* (*Ornith.*) Ammer, *die*
²**bunting** *n., no pl.* **a)** (*fabric*) Fahnentuch, *das*; **b)** (*flags, decoration*) [bunte] Fähnchen; Wimpel *Pl.*
buoy [bɔɪ] **1.** *n.* **a)** Boje, *die*; (*buoyant part*) Schwimmkörper, *der*; **b)** (*lifebuoy*) Rettungsring, *der*. **2.** *v. t.* ~ [up] über Wasser halten; (*fig.: support, sustain*) aufrechterhalten; **I was ~ed [up] by the thought that ...**: der Gedanke, daß ..., hielt mich aufrecht *od.* ließ mich durchhalten
buoyancy ['bɔɪənsɪ] *n.* **a)** (*of body*) Auftrieb, *der*; **b)** (*fig.*) (*of stock-market prices*) Aufwärtstendenz, *die*; (*of person*) Schwung, *der*; Elan, *der*
'**buoyancy tank** *n.* (*Naut.*) Trimmtank, *der*
buoyant ['bɔɪənt] *adj.* **a)** Auftrieb habend; schwimmend; be [more] ~: [einen größeren] Auftrieb haben; (*besser*) schwimmen **b)** (*fig.*) rege, lebhaft ⟨*Markt*⟩; heiter, munter ⟨*Person*⟩; federnd ⟨*Schritt*⟩; **share prices were ~ today** die Kurse sind heute gestiegen *od.* hochgegangen; **in ~ spirits** in Hochstimmung
bur [bɜː(r)] *n.* **a)** (*Bot.; also fig.*) Klette, *die*; **b)** *see* **burr a**; **c)** *see* **burr b**
burble ['bɜːbl] *v. i.* **a)** (*speak lengthily*) ~ [on] **about sth.** von etw. ständig quasseln *(ugs.)*; ~ [on] **incessantly to sb.** jmdm. die Ohren voll schwatzen *(ugs.)*; **b)** (*make a murmuring sound*) brummeln *(ugs.)*; ⟨*Baby:*⟩ plappern; ⟨*Bach.:*⟩ murmeln
burbot ['bɜːbət] *n.* (*Zool.*) Aalquappe, *die*
burden ['bɜːdn] **1.** *n.* **a)** (*load*) Last, *die*; (*fig.*) Bürde, *die*; **beast of ~**: Lasttier, *das*; **become a ~** zur Last werden; **be a ~ to sb.** für jmdn. eine Belastung sein; (*less serious*) jmdm. zur Last fallen; **put a fresh ~ upon sb.** ⟨*Person*⟩ jmdm. eine zusätzliche Last auflagen; ⟨*Sache:*⟩ für jmdn. eine zusätzliche Belastung bedeuten; **put too much of a ~ upon sb.** jmdm. überlassen; **the ~ of proof rests with** *or* **on you** Sie tragen die Beweislast; **tax ~**: steuerliche Belastung; Steuerlast, *die*; **b)** (*chief theme*) Refrain, *der*; Kern, *der*; **c)** (*of song*) Tonnage, *die*; Tragfähigkeit, *die*. **2.** *v. t.* belasten; **they were heavily ~ed** sie hatten schwer *od.* eine schwere Last zu tragen; (*fig.*) ~ **sb./oneself with sth.** jmdn./sich mit etw. belasten; ~ **sb./oneself with too many responsibilities** jmdm./sich zu viel Verantwortung aufladen
burdensome ['bɜːdnsəm] *adj.* schwer ⟨*Last*⟩; (*fig.*) lästig ⟨*Person, Pflicht, Verantwortung*⟩; **become/be ~ to sb.** jmdm. zur Last werden/fallen
burdock ['bɜːdɒk] *n.* (*Bot.*) Klette, *die*
bureau ['bjʊərəʊ, bjʊə'rəʊ] *n., pl.* ~**x** ['bjʊərəʊz, bjʊə'rəʊz] *or* ~**s a)** (*Brit.: writing-desk*) Schreibschrank, *der*; Sekretär, *der*; (*Amer.: chest of drawers*) Kommode, *die*; **b)** (*office*) Büro, *das*; (*department*) Abteilung, *die*; (*Amer.: government department*) Dienststelle, *die*; Amt, *das*
bureaucracy [bjʊə'rɒkrəsɪ] *n.* **a)** Bürokratie, *die*; **b)** (*officials*) Beamte *Pl.*; Beamten *Pl.* (*abwertend*)
bureaucrat ['bjʊərəkræt] *n.* Bürokrat, *der*/Bürokratin, *die* (*abwertend*)

bureaucratic [bjʊərə'krætɪk] *adj.* bürokratisch; ~ **mentality** Beamtenmentalität, *die*
bureaucratically [bjʊərə'krætɪkəlɪ] *adv.* bürokratisch
bureau de change [bjʊərəʊ də ʃɑ̃ʒ] *n.* Wechselstube, *die*
burette (*Amer.:* **buret**) [bjʊə'ret] *n.* (*Chem.*) Bürette, *die*
burg [bɜːg] *n.* (*Amer. coll.*) Ort, *der*
burgee [bɜː'dʒiː] *n.* (*Naut.*) [gezackter] Stander; (*triangular*) Wimpel, *der*
burgeon ['bɜːdʒən] *v. i.* **a)** (*begin to grow rapidly*) blühen; **the arts and sciences ~ed** die Künste und Wissenschaften erlebten eine Blütezeit; **b)** (*bud*) ⟨*Pflanze:*⟩ sprießen; ⟨*Baum:*⟩ Knospen treiben, ausschlagen
burger ['bɜːgə(r)] *n.* (*coll.*) Hamburger, *der*
burgess ['bɜːdʒɪs] *n.* **a)** (*Brit.*) Bürger, *der*/Bürgerin, *die*; **b)** (*Amer.*) Stadtverordnete, *der/die*
burgh ['bʌrə] *n.* (*Scot. Hist.*) Stadt mit Stadtrechten; freie Stadt
burgher ['bɜːgə(r)] *n.* Bürger, *der*/Bürgerin, *die*
burglar ['bɜːglə(r)] *n.* Einbrecher, *der*
'**burglar alarm** *n.* Alarmanlage, *die*
burglarize ['bɜːgləraɪz] (*Amer.*) *see* **burgle 1**
'**burglar-proof** *adj.* einbruch[s]sicher
burglary ['bɜːglərɪ] *n.* Einbruch, *der*; (*offence*) [Einbruchs]diebstahl, *der*
burgle ['bɜːgl] **1.** *v. t.* einbrechen in (+ *Akk.*); **the shop/he was ~d** in dem Laden/bei ihm wurde eingebrochen. **2.** *v. i.* einen Einbruch begehen
burgomaster ['bɜːgəmɑːstə(r)] *n.* Bürgermeister, *der* (*einer holländ. od. fläm. Stadt*)
Burgundy ['bɜːgəndɪ] *pr. n.* Burgund (*das*)
burgundy ['bɜːgəndɪ] *n.* **a)** (*wine*) Burgunder[wein], *der*; **b)** (*colour*) Burgunderrot, *das*
burial ['berɪəl] *n.* Bestattung, *die*; Begräbnis, *das*; (*funeral*) Beerdigung, *die*; Beisetzung, *die* (*geh.*); **Christian ~**: christliches Begräbnis; ~ **at sea** Seebestattung, *die*
'**burial**: ~-**ground** *n.* Begräbnisstätte, *die*; ~ **mound** *n.* Grabhügel, *der*; ~-**service** *n.* Trauerfeier, *die*
burin ['bjʊərɪn] *n.* **a)** Stichel, *der*; Punze, *die*; **b)** (*Archaeol.*) Meißel, *der*
burlap ['bɜːlæp] *n.* Sackleinen, *das*
burlesque [bɜː'lesk] **1.** *adj.* burlesk, possenhaft ⟨*Theaterstück*⟩; parodistisch ⟨*Literatur, Rede*⟩; ~ **show** Varietévorstellung, *die*. **2.** *n.* **a)** Kabarett, *das*; Varieté, *das*; **b)** (*book, play*) Burleske, *die*; (*parody*) Parodie, *die*; **c)** (*Amer.: variety show*) Varieté, *das*; Tingeltangel, *das* (*abwertend*). **3.** *v. t.* parodieren
burly ['bɜːlɪ] *adj.* kräftig, stämmig, stramm ⟨*Soldat*⟩
Burma ['bɜːmə] *pr. n.* Birma (*das*)
Burmese [bɜː'miːz] **1.** *adj.* birmanisch; **sb. is ~**: jmd. ist Birmane/Birmanin; *see also* **English 1**. **2.** *n., pl. same* **a)** (*person*) Birmane, *der*/Birmanin, *die*; **b)** (*language*) Birmanisch, *das*; *see also* **English 2 a**
¹**burn** [bɜːn] **1.** *n.* **a)** (*on the body*) Verbrennung, *die*; (*on material*) Brandfleck, *der*; (*hole*) Brandloch, *das*; **second-degree ~s** Verbrennungen zweiten Grades. **2.** *v. t.* ~ed *or* ~t **a)** verbrennen; ~ **a hole in sth.** ein Loch in etw. (*Akk.*) brennen; **money ~s a hole in his pocket** (*fig.*) das Geld rinnt ihm nur so durch die Finger; ~ **one's boats** *or* **bridges** (*fig.*) alle Brücken hinter sich (*Dat.*) abbrechen; **b)** (*use as fuel*) als Brennstoff verwenden ⟨*Gas, Öl usw.*⟩; heizen mit ⟨*Kohle, Holz, Torf*⟩; verbrauchen ⟨*Strom*⟩; (*use up*) verbrauchen ⟨*Treibstoff*⟩; verfeuern ⟨*Holz, Kohle*⟩; ~ **coal in the stove** den Ofen mit Kohle feuern; **this lamp ~s oil** diese Öllampe wird mit Öl betrieben; ~ **money to** ≈ Geld wie Heu haben; **I haven't got money to ~**: ich bin doch kein Krösus (*ugs.*); **c)** (*injure*) ~ **oneself/one's hand** sich verbrennen/sich (*Dat.*) die Hand verbrennen;

he was severely ~t in the fire er erlitt schwere Brandverletzungen; ~ **one's fingers, get one's fingers ~t** (*fig.*) sich (*Dat.*) die Finger verbrennen (*fig.*); **d)** (*spoil*) anbrennen lassen ⟨*Fleisch, Kuchen*⟩; **be ~t** angebrannt sein; ~**t toast** verbrannter *od.* schwarzer Toast; **e)** (*cause burning sensation to*) verbrennen; **this curry is ~ing my throat** das Curry verbrennt mir den Hals *od.* brennt mir im Hals; **f)** (*put to death*) ~ **sb.** [**at the stake/alive**] jmdn. [auf dem Scheiterhaufen/bei lebendigem Leibe] verbrennen; **g)** (*fire, harden*) brennen; ~ **wood to make** *or* **for charcoal** Holz zu Holzkohle verbrennen; **h)** (*corrode*) ätzen, verätzen ⟨*Haut*⟩; **i)** (*parch*) **the earth was ~ed brown/dry** die Erde war ganz versengt/ausgedörrt. **3.** *v. i.* ~t *or* ~ed **a)** brennen; ~ **to death** verbrennen; **five people ~ed to death in the fire** fünf Menschen kamen in den Flammen um; **may you ~ in hell** in der Hölle sollst du schmoren (*ugs.*); **b)** (*blaze*) ⟨*Feuer:*⟩ brennen; ⟨*Gebäude:*⟩ in Flammen stehen, brennen; **c)** (*give light*) ⟨*Lampe, Kerze, Licht:*⟩ brennen; ~ **lower** ⟨*Kerze:*⟩ heruntergebrennt; ⟨*Lampe:*⟩ schwach brennen; **d)** (*be injured*) sich verbrennen; **she/her skin ~s easily** sie bekommt leicht einen Sonnenbrand; **e)** (*be spoiled*) ⟨*Kuchen, Milch, Essen:*⟩ anbrennen; **f)** (*feel hot*) brennen; glühen (*fig.*); [**glut**]**rot sein (with ~r + Dat.); her cheeks were ~ing with embarrassment** sie lief vor Verlegenheit rot an; **I was ~ing with shame** ich wurde rot vor Scham; **his ears were ~ing** ihm klangen die Ohren; **g)** (*fig.: be passionate*) ~ **with rage/anger** vor Wut/Ärger kochen; **with desire/longing [for sb.]** sich vor Verlangen/Sehnsucht [nach jmdm.] verzehren; **be ~ing with curiosity** vor Neugierde sterben; **be ~ing to do sth.** darauf brennen, etw. zu tun; **h)** (*be corrosive*) ätzen; ätzend sein
~ **a'way 1.** *v. t.* verbrennen; (*by laser etc.*) wegbrennen. **2.** *v. i.* **a)** (*continue to ~*) weiterbrennen; vor sich (*Dat.*) hin brennen; **b)** (*diminish, be destroyed*) niederbrennen; ⟨*Kerze, Docht:*⟩ herunterbrennen
~ '**down 1.** *v. t.* niederbrennen. **2.** *v. i.* ⟨*Gebäude:*⟩ niederbrennen, abbrennen; (*less brightly*) ⟨*Feuer, Kerze:*⟩ herunterbrennen
~ '**in** *v. t.* (*lit. or fig.*) einbrennen in (+ *Akk.*); **the events were ~t into her memory** (*fig.*) die Ereignisse hatten sich ihrem Gedächtnis *od.* in ihr Gedächtnis eingebrannt
~ '**out 1.** *v. t.* **a)** ausbrennen; **the fire ~ed itself out** das Feuer brannte aus *od.* nieder; **b)** (*fig.*) **feel ~ed out** sich erschöpft fühlen; total kaputt sein (*ugs.*); ~ **oneself out** sich völlig verausgabt *od.* (*ugs.*) kaputtmachen; **c)** **the family was ~ed out of house and home** Haus und Hof der Familie waren abgebrannt; **d)** (*Electr.*) durchbrennen lassen ⟨*Sicherung*⟩; ausbrennen lassen ⟨*Motor*⟩. **2.** *v. i.* **a)** ⟨*Kerze, Feuer:*⟩ erlöschen, ausgehen; ⟨*Rakete, Raketenstufe:*⟩ ausbrennen; **b)** (*Electr.*) durchbrennen
~ '**up 1.** *v. t.* **a)** verbrennen; verbrauchen ⟨*Energie*⟩; ~ **up the road** (*fig. coll.*) die Straße entlangrasen; **b)** (*Amer.: make furious*) in Wut versetzen; zur Weißglut bringen (*fig.*); fuchsteufelswild machen (*ugs.*). **2.** *v. i.* **a)** (*flash into blaze*) auflodern; **b)** (*be destroyed*) ⟨*Rakete, Meteor, Satellit:*⟩ verglühen
²**burn** *n.* (*Scot.*) Bach, *der*
burner ['bɜːnə(r)] *n.* Brenner, *der*; *see also* **back burner**; **Bunsen burner**
burning ['bɜːnɪŋ] **1.** *adj.* **a)** brennend; **b)** (*fig.*) glühend ⟨*Leidenschaft, Haß, Wunsch*⟩ brennend ⟨*Wunsch, Frage, Problem*⟩; **sth. is a ~ shame** etw. ist eine wahre Schande *od.* schreit zum Himmel. **2.** *n.* Brennen, *das*; **a smell of ~**: ein Brandgeruch

'**burning-glass** n. Brennglas, das
burnish ['bɜːnɪʃ] v. t. polieren
burnt see ¹**burn** 2, 3
burnt 'offering n. Brandopfer, das; (fig. joc.: burnt food) angebranntes Essen
burp [bɜːp] (coll.) 1. n. Rülpser, der (ugs.); (of baby) Bäuerchen, das (fam.); **emit a loud ~/a series of ~s** laut/mehrmals rülpsen. 2. v. i. rülpsen (ugs.); aufstoßen. 3. v. t. ein Bäuerchen machen lassen (fam.) ⟨Baby⟩
burr [bɜː(r)] n. **a)** (rough edge) Grat, der; **b)** (drill) Bohrer, der; **c)** see **bur a**
burrow ['bʌrəʊ] 1. n. Bau, der. 2. v. t. graben, (ugs.) buddeln ⟨Loch, Höhle, Tunnel⟩; **~ one's way under/through sth.** einen Weg od. Gang unter etw. (Dat.) durch/durch etw. graben. 3. v. i. (dig) sich einen Gang graben; sich durchbuddeln (ugs.); **~ into sth.** (fig.) sich in etw. (Akk.) einarbeiten; **~ through sth.** (fig.) sich durch etw. hindurchwühlen
bursar ['bɜːsə(r)] n. Verwalter der geschäftlichen Angelegenheiten einer Schule/Universität
bursary ['bɜːsərɪ] n. Kasse, die; (scholarship) Stipendium, das
burst [bɜːst] 1. n. **a)** (split) Bruch, der; **a ~ in a pipe** ein Rohrbruch; **b)** (of flame) Auflodern, das; **a sudden ~ of flame** eine Stichflamme; **c)** (outbreak of firing) Feuerstoß, der; Salve, die; **d)** (fig.) **a ~ of applause/cheering** ein Beifallsausbruch/Beifallsrufe Pl.; **there was a ~ of laughter** man brach in Lachen aus; **~ of rage** Wutausbruch, der; **~ of enthusiasm** Begeisterungsausbruch, der; **a ~ of speed** ein Spurt; **e)** (explosion) Explosion, die; **a ~ of bombs** eine Bombenexplosion. 2. v. t., burst zum Platzen bringen; platzen lassen ⟨Luftballon⟩; platzen ⟨Reifen⟩; sprengen ⟨Kessel⟩; **~ pipe** Rohrbruch, der; **the river ~ its banks** der Fluß trat über die Ufer; **he ~ a blood-vessel** ihm ist eine Ader geplatzt; **he [almost] ~ a blood-vessel** (fig.) ihn traf [fast] der Schlag; **the door open** die Tür aufbrechen od. aufsprengen; **~ one's sides with laughing** (fig.) vor Lachen beinahe platzen. 3. v. i. **burst a)** platzen; ⟨Granate, Bombe, Kessel:⟩ explodieren; ⟨Damm:⟩ brechen; ⟨Fluß/per:⟩ überschwemmt werden; ⟨Furunkel, Geschwür:⟩ aufgehen, aufplatzen; ⟨Knospe:⟩ aufbrechen; **~ open** ⟨Tür, Deckel, Kiste, Koffer:⟩ aufspringen; **b)** be full to overflowing **be ~ing with sth.** zum Bersten voll sein mit etw.; **be full to ~ing[-point]** proppenvoll sein (ugs.); **be ~ing with pride/impatience** (fig.) vor Stolz/Ungeduld platzen; **be ~ing with health** (fig.) vor Gesundheit strotzen; **be ~ing with happiness/excitement** (fig.) vor Freude/Aufregung außer sich sein; **I can't eat any more. I'm ~ing** (fig.) Ich kann nichts mehr essen. Ich platze [gleich] (ugs.); **be ~ing to say/do sth.** (fig.) etw. kaum abwarten können, etw. zu sagen/tun; **c)** (appear, come suddenly) **~ from sb.'s lips** ⟨Schrei:⟩ jmds. Lippen entfahren; **~ through sth.** etw. durchbrechen; **the Beatles ~ upon the pop scene in the early sixties** die Beatles wurden Anfang der 60er Jahre in die Popszene katapultiert; **the sun ~ through the clouds** die Sonne brach durch die Wolken
~ 'in v. i. hereinstürzen; hereinplatzen; **in [up]on sb./sth.** bei jmdm./etw. hereinplatzen
~ 'into v. t. **a)** eindringen in; **we ~ into the room** wir stürzten ins Zimmer; **b)** (suddenly begin) **~ into tears/laughter** in Tränen/Gelächter ausbrechen; **~ into flower** [plötzlich] aufblühen; **~ into song** ein Lied anstimmen; **~ into flames** in Brand geraten
~ 'out v. i. **a)** (come suddenly) **~ out of a room** aus einem Raum [hinaus]stürmen od. stürzen; **b)** (exclaim) losplatzen; **c)** (suddenly begin) **~ out laughing/crying** in Lachen/Tränen ausbrechen

burton ['bɜːtn] n. (Brit. sl.) **go for a ~** (be destroyed) kaputtgehen (ugs.); (be lost) hopsgehen (salopp); flötengehen (salopp); (be killed) dran glauben müssen (salopp)
bury ['berɪ] v. t. **a)** begraben; beisetzen (geh.) ⟨Toten⟩; **~ sb. at sea** jmdn. auf See bestatten; **be dead and buried** (lit. or fig.) tot und begraben sein; schon lange tot sein; **where is Marx buried?** wo ist od. liegt Marx begraben?; **~ sb. alive** jmdn. lebendig begraben; **b)** (hide) vergraben; verbuddeln (ugs.); (fig.) begraben; **~ one's differences** (fig.) seinen Streit begraben; **~ the hatchet** or (Amer.) **tomahawk** (fig.) das Kriegsbeil begraben; **~ one's face in one's hands** das Gesicht in den Händen vergraben; **~ underground** (bring underground) eingraben; abdecken ⟨Wurzeln⟩; **buried cable** (Electr.) Erdkabel; **the houses were buried by a landslide** die Häuser wurden durch einen Erdrutsch verschüttet; **d)** (plunge) **~ one's teeth in sth.** seine Zähne in etw. (Akk.) graben od. schlagen; **~ one's hands in one's pockets** seine Hände in den Taschen vergraben; **sth. buries itself in sth.** etw. bohrt sich in etw. (Akk.); **e)** (involve deeply) **~ oneself in one's studies/books** sich in seine Studien vertiefen/in seinen Büchern vergraben
burying ['berɪɪŋ] n. **~-ground, ~-place** ns. Friedhof, der; Begräbnisstätte, die
bus [bʌs] 1. n., pl. **~es** (Amer.: **~ses**) **a)** (Auto-, Omni]bus, der; **go by ~**: mit dem Bus fahren; **b)** (coll.: car, aircraft) Kiste, die (ugs.). See also **miss 2 d.** 2. v. i., (Amer.) **-ss-** mit dem Bus fahren. 3. v. t., **-ss-** (Amer.) mit dem Bus befördern
bus: **~bar** n. (Electr.) Stromschiene, die; **~boy** n. (Amer.) Bedienungshilfe, die; Abräumer, der
busby ['bʌzbɪ] n. (Brit.) Kalpak, der; (worn by guardsmen) Bärenfellmütze, die
bus: **~ company** n. ≈ Verkehrsbetrieb, der; **~-conductor** n. Busschaffner, der; **~ depot** see **~ garage**; **~-driver** n. Busfahrer, der; **~ fare** n. Busfahrpreis, der; **how much is the ~ fare from A to B?** wieviel kostet die [Bus]fahrt von A nach B?; **~ garage** n. Busdepot, das
¹**bush** [bʊʃ] n. **a)** (shrub) Strauch, der; Busch, der; (collect.: shrubs) Gebüsch, das; Gestrüpp, das; see also **beat 1 h, 2 c**; **b)** (woodland) Busch, der; **go ~** (Austral.) (leave usual surroundings) abhauen (ugs.); verschwinden (ugs.); (run wild) verwildern; (go berserk) durchdrehen (salopp); **c)** [of hair] [Haar]schopf, der
²**bush** n. **a)** (threaded socket) Gewindeanschluß, der; **b)** (metal lining) Buchse, die; **c)** (Electr.) Durchführung, die
'**bush-baby** n. (Zool.) Galago, der; Buschbaby, das
bushed [bʊʃt] adj. (Amer. coll.) erledigt (ugs.); groggy (ugs.)
bushel ['bʊʃl] n. Bushel, der; ≈ Scheffel, der; **hide one's light under a ~** (fig.) sein Licht unter den Scheffel stellen (Spr.)
bushing ['bʊʃɪŋ] see ²**bush**
bush: **~ jacket** n. Safarijacke, die; **~ league** n. (Amer.) Provinzliga, die (abwertend); **B~man** n. **a)** (native) Buschmann, der; **b)** (language) Buschmännisch, das; **~-ranger** n. (Austral. Hist.) Strauchdieb, der (veralt.); Buschklepper, der (veralt.); '**telegraph** n. (fig.) Informationssystem, das; **the news spread via the ~ telegraph** die Nachricht sprach sich herum; **~-whacker** n. (Amer., Austral., NZ: backwoodsman) Waldsiedler, der
bushy ['bʊʃɪ] adj. (covered with bushes) buschbewachsen; (growing luxuriantly) buschig
busily ['bɪzɪlɪ] adv. eifrig
business ['bɪznɪs] n. **a)** (trading operation) Geschäft, das; (company, firm) Betrieb, der;

(large) Unternehmen, das; **b)** no pl. (buying and selling) Geschäft Pl.; **on ~**: geschäftlich; **he's in the wool ~**: er ist in der Wollbranche; **~ is brisk** die Geschäfte florieren; **how's ~ with you?** (lit. or fig.) wie machen die Geschäfte [bei Ihnen]?; **~ is ~** (fig.) Geschäft ist Geschäft; **in my ~**: in meiner Branche; **set up in ~**: ein Geschäft od. eine Firma gründen; **he's in ~ for himself** er ist selbständig; **go out of ~** pleite gehen (ugs.); **go into ~**: Geschäftsmann/-frau werden; **do ~ [with sb.]** [mit jmdm.] Geschäfte machen; **I'm glad we were able to do ~**: ich bin froh, daß wir ins Geschäft gekommen sind; **be in ~**: Geschäftsmann/-frau sein; **we're in ~ [again]** (fig.) es kann [wieder] losgehen; **it was ~ as usual** die Geschäfte gingen ihren normalen Gang; '**B~ as usual during alterations**' „Während des Umbaus geht der Verkauf/Betrieb weiter"; **do you want to go into ~ or become a lawyer?** wollen Sie in die Wirtschaft gehen oder Anwalt werden?; **go about one's ~**: seinen Geschäften nachgehen; **c)** (task, duty, province) Aufgabe, die; Pflicht, die; **that is 'my ~/none of 'your ~**: das ist meine Angelegenheit/nicht deine Sache; **that is 'your ~**: das ist deine Sache; **what ~ is it of yours?** was geht Sie das an?; **send sb. about his ~**: jmdn. abblitzen lassen (ugs.); jmdm. eine Abfuhr erteilen; **mind your own ~**: kümmern dich um deine [eigenen] Angelegenheiten!; **he has no ~ to do that** er hat kein Recht, das zu tun; **make it one's ~ to do sth.** es sich (Dat.) angelegen sein lassen, etw. zu tun (geh.); (with more effort) es sich (Dat.) zur Aufgabe machen, etw. zu tun; **like nobody's ~** (coll.) wie verrückt (ugs.); **d)** (matter to be considered) Angelegenheit, die; '**any other ~**' „Sonstiges"; **the [main] ~ of the day** das [Haupt]anliegen des Tages; **get on with the ~ in hand** zur Sache kommen; **e)** (difficult matter) Problem, das; **a lengthy ~**: eine langwierige Angelegenheit; **it's going to be a ~ getting the piano down the stairs** das wird noch ein Problem geben, das Klavier die Treppe hinunterzukriegen; **what a ~ [this is]!** was für ein Theater!; **make a [great] ~ of sth.** ein [großes] Problem aus etw. machen; (make a fuss) einen [Riesen]wirbel um etw. machen; **f)** (serious work) **get down to [serious] ~**: [ernsthaft] zur Sache kommen; (Commerc.) an die Arbeit gehen; **mean ~**: es ernst meinen; **~ before pleasure** erst die Arbeit, dann das Vergnügen; **combine ~ and pleasure** das Angenehme mit dem Nützlichen verbinden; **g)** (derog.: affair) Sache, die; Geschichte, die (ugs.); **h)** no pl. (Theatre) Gestik und Mimik, die
business: **~ address** n. Geschäftsadresse, die; **~ card** n. Geschäftskarte, die; **~ correspondence** n. Geschäftskorrespondenz, die; **~ cycle** n. (Amer.) Konjunkturzyklus, der; **~ end** n. (coll.) (of tool) vorderes Ende; (of hammer etc.) Kopf, der; (of rifle etc.) Lauf, der; **~ hours** n. pl. Geschäftszeit, die; (in office) Dienstzeit, die; **~ letter** n. Geschäftsbrief, der; **~-like** adj. geschäftsmäßig ⟨Art⟩; sachlich, nüchtern ⟨Untersuchung⟩; geschäftstüchtig ⟨Person⟩; **~ lunch** n. Arbeitsessen, das; **~ machine** n. Büromaschine, die; **~man** n. Geschäftsmann, der; **~ premises** n. pl. Geschäftsräume, die; **~ school** n. kaufmännische Fachschule; **~ studies** n. pl. Wirtschaftslehre, die; **~ suit** n. Straßenanzug, der; **~ trip** n. Geschäftsreise, die; **on a ~ trip** auf Geschäftsreise; **~woman** n. Geschäftsfrau, die
busker ['bʌskə(r)] n. Straßenmusikant, der
busking ['bʌskɪŋ] n. Musizieren auf Straßen und Plätzen
bus: **~ lane** n. (Brit.) Busspur, die; **~load** n. Busladung, die; **~man** ['bʌsmən] n. **a ~~-man's holiday** (fig.) praktisch gar keine

bus-ride   **button**

Ferien *(weil man dasselbe wie im Berufsalltag tut)*; ~-**ride** *n.* Busfahrt, *die;* **B. is only an hour's ~-ride away** B. ist nur eine Busstunde entfernt; ~-**route** *n.* Buslinie, *die;* ~ **service** *n.* Omnibusverkehr, *der; (specific service)* Busverbindung, *die;* ~ **shelter** *n.* Wartehäuschen, *das*
bussing [ˈbʌsɪŋ] *n., no pl. (Amer.)* Busbeförderung von Schulkindern in andere Bezirke zur Förderung der Rassenintegration
bus: ~-**station** *n.* Omnibusbahnhof, *der;* ~-**stop** *n.* Bushaltestelle, *die*
¹**bust** [bʌst] *n.* **a)** *(sculpture)* Büste, *die;* **b)** *(upper front of body)* Brust, *die; (woman's bosom)* Busen, *der;* **what ~ are you?**, **what is your ~ [measurement]?** welche Oberweite haben Sie?
²**bust** *(coll.)* **1.** *n.* **a)** *(collapse of trade)* Pleite, *die (ugs.); (general)* Zusammenbruch, *der;* **b)** *(police raid)* Razzia, *die;* **c)** *(Cards)* schlechtes Blatt; **d)** *(drinking-bout)* Sauftour, *die (salopp);* **go on a ~:** auf Sauftour gehen. **2.** *adj.* **a)** *(broken)* kaputt; **b)** *(bankrupt)* bankrott; pleite *(ugs.);* **go ~:** pleite gehen. **3.** *v. t.,* ~ed or bust **a)** *(burst)* aufplatzen lassen ⟨*Koffer usw.*⟩; ~ kaputtmachen *(ugs.);* ~ **sth. open** etw. aufbrechen; **b)** *(coll.) (dismiss)* entlassen; *(demote)* degradieren ⟨*Unteroffizier usw.*⟩; *(break up)* auffliegen lassen ⟨*Verbrecherring*⟩; *(arrest)* schnappen *(ugs.);* **c)** *(sl.: punch)* schlagen; hauen *(ugs.);* ~ **sb. on the chin/jaw** jmdm. einen Kinnhaken geben *od.* verabreichen. **4.** *v. i.,* ~ed or bust kaputtgehen *(ugs.);* ⟨*Lineal usw.*:⟩ zerbrechen; ⟨*Bleistiftspitze*:⟩ abbrechen; **be laughing fit to ~:** sich halbtot lachen; ~ in half auseinanderbrechen
~ **'up** *v. t.* kaputtmachen *(ugs.)* ⟨*Ehe, Partnerschaft*⟩; ~ **a place up** in einem Laden Kleinholz machen *(salopp)*
bustard [ˈbʌstəd] *n. (Ornith.)* Trappe, *die*
buster [ˈbʌstə(r)] *n. (sl.) (as address)* Meister *(der) (salopp); (threatening)* Freundchen *(das) (salopp)*
bus: ~ **terminal** *n.* Busbahnhof, *der;* ~-**ticket** *n.* Busfahrkarte, *die;* Busfahrschein, *der*
¹**bustle** [ˈbʌsl] **1.** *v. i.* eilig umherlaufen; ~ **in/out/about** geschäftig hinein- *od.* hinaus- *od.* herauseilen/geschäftig hin und her eilen; **the town centre was bustling with activity** im Stadtzentrum herrschte großer Betrieb *od.* ein reges Treiben. **2.** *v. t.* jagen *(ugs.);* treiben *(ugs.).* **3.** *n. (activity)* Betrieb, *der; (of fair, sreets etc.)* geschäftiges *od.* reges Treiben (**of** auf, in + *Dat.);* *(fuss)* Aufregung, *die*
²**bustle** *n. (Fashion Hist.)* Turnüre, *die*
bustling [ˈbʌslɪŋ] *adj.* belebt ⟨*Straße, Stadt, Markt usw.*⟩; emsig, geschäftig ⟨*Person, Art*⟩; rege ⟨*Tätigkeit*⟩
'**bust-up** *n. (coll.)* Krach, *der (ugs.);* **have a ~:** Krach haben *(ugs.);* **there's going to be a ~:** es wird Krach geben
busy [ˈbɪzɪ] **1.** *adj.* **a)** *(occupied)* beschäftigt; **I'm ~ now** ich habe jetzt zu tun; **keep oneself ~:** sich [selbst] beschäftigen; **keep sb. ~:** jmdn. auf Trab halten; **be ~ at or with sth.** mit etw. beschäftigt sein; **be ~ in the kitchen** in der Küche zu tun haben; **he was ~ packing** er war mit Packen beschäftigt *od.* war gerade beim Packen; **get ~:** sich an die Arbeit machen; **as ~ as a bee** *(fig.)* bienenfleißig; **b)** *(full of activity)* arbeitsreich ⟨*Leben*⟩; ziemlich hektisch ⟨*Zeit*⟩; belebt ⟨*Stadt*⟩; ausgelastet ⟨*Person*⟩; rege ⟨*Verkehr*⟩; **a ~ road** eine verkehrsreiche Straße, *die;* vielbefahrene Straße, *die;* **the office was ~ all day** im Büro war den ganzen Tag viel los; **I'm/he's a ~ man** ich habe/er hat viel zu tun; **he leads a very ~ life** er ist immer beschäftigt; **it has been a ~ day/week** heute/diese Woche war viel los; **I had a ~**

day/week ich hatte heute/diese Woche viel zu tun; **c)** *(Amer. Teleph.)* besetzt. **2.** *v. refl.* ~ **oneself with sth.** sich mit etw. beschäftigen; ~ **oneself [in] doing sth.** sich damit beschäftigen, etw. zu tun
busy: ~**body** *n.* G[e]schäftshuber, *der (südd., österr.);* Wichtigtuer, *der;* **don't be such a ~body** misch dich nicht überall ein; ~ **Lizzie** [ˈbɪzɪ ˈlɪzɪ] *n. (Bot.)* Fleißiges Lieschen; ~ **signal** *n. (Amer. Teleph.)* Besetztzeichen, *das*
but 1. [bət, *stressed* bʌt] *conj.* **a)** *co-ordinating* aber; **Sue wasn't there,** ~ **her sister was** Sue war nicht da, aber ihre Schwester; **I can't come today** ~ **I can come tomorrow** heute kann ich [zwar] nicht kommen, aber [ich kann dafür] morgen [kommen]; **he might have been able to help,** ~ **then he isn't here** er hätte vielleicht helfen können, aber er ist ja nicht hier; **we tried to do it** ~ **couldn't** wir haben es versucht, aber nicht gekonnt; ~ **surely you must have noticed ...:** aber du hast doch sicherlich bemerkt, ...; ~ **I 'did!** hab' ich doch!; ~ **then what if the plane is delayed?** aber was ist, wenn das Flugzeug Verspätung hat?; **b)** *correcting after a negative* sondern; **not that book ~ this one** nicht das Buch, sondern dieses; **not only ...** ~ **also** nicht nur ..., sondern auch; **I can't change the way my son acts, not** ~ **what I've tried** ich kann das Verhalten meines Sohnes nicht ändern, obwohl ich es schon versucht habe; **I don't doubt** ~ **that it's true** ich bezweifle nicht, daß es wahr ist; **I don't deny** ~ **that ...:** ich leugne nicht ab, daß ...; **c)** *subordinating* ohne daß; **never a week passes** ~ **he phones** keine Woche vergeht, ohne daß er anruft. **2.** *prep.* außer (+ *Dat.);* **all** ~ **him** alle außer ihm; **no one** ~ **you** niemand außer dir; nur du; **anyone** ~ **Jim** alle mit Ausnahme von od. alle außer Jim; **all** ~ **three** alle außer dreien; **the next** ~ **one/two** der/die/das über-/überübernächste; **the last** ~ **one/two** der/die/das vor-/vorvorletzte; **nobody,** ~ **nobody, may leave the room** niemand, aber auch wirklich niemand darf aus dem Zimmer verlassen; *see also* **all 3; anything 1c; nothing 1a. 3.** [bət] *adv.* nur; bloß; **they are** ~ **children** sie sind doch noch Kinder; **if I could** ~ **talk to her ...:** wenn ich [doch] nur mit ihr sprechen könnte ...; **we can** ~ **try** wir können es immerhin versuchen. **4.** *rel. pron.* der/die/das nicht; **there is no one** ~ **knows that ...:** es gibt niemanden, der nicht weiß, daß ... **5.** [bʌt] *n.* Aber, *das;* **no ~s [about it]!** kein Aber!; **there are no ~s about it da gibts kein Wenn und kein Aber;** *see also* **if 2**
butane [ˈbjuːteɪn] *n. (Chem.)* Butan, *das*
butch [bʊtʃ] **1.** *adj.* betont männlich ⟨*Frau, Kleidung, Frisur*⟩; betont maskulin, (*salopp*) macho ⟨*Mann*⟩; ~ **haircut** *(Amer.)* Bürstenschnitt, *der.* **2.** *n. (woman)* betont maskuliner Vater *(salopp); (man)* betont maskuliner Typ; Macho, *der (salopp)*
butcher [ˈbʊtʃə(r)] **1.** *n.* **a)** Fleischer, *der;* Metzger, *der (bes. westmd., südd.);* Schlachter, *der (nordd.);* ~**'s [shop]** Fleischerei, *die;* Metzgerei, *die (bes. westmd., südd.);* ~**'s meat** Rind-, Schweine- und Hammelfleisch (im Gegensatz zu Geflügel, Wild und Speck); **the ~, the baker, the candlestick-maker** *(fig.)* ehrbare Bürger; **have or take a ~'s [hook] at sb./sth.** *(sl.)* [sich *(Dat.)*] jmdn./etw. ansehen; *(sich)* ansehen *(salopp);* **b)** *(fig.: murderer)* [Menschen]schlächter, *der;* **c)** *(Amer. coll.: vendor)* Verkäufer in Eisenbahnzügen. **2.** *v. t.* **a)** schlachten, **b)** *(fig.)* niedermetzeln, *(fig. ruin)* verhunzen *(ugs.),* verunstalten ⟨*Text usw.*⟩
butchery [ˈbʊtʃərɪ] *n.* **a)** **[trade or business]** Fleischerhandwerk, *das;* **b)** *(fig.: needless slaughter)* Metzelei, *die;* Gemetzel, *das;* **it's sheer ~!** das ist [ja] das reinste Ge-

metzel!; **c)** *(slaughterhouse)* Schlachthaus, *das*
butler [ˈbʌtlə(r)] *n.* Butler, *der;* erster Diener
¹**butt** [bʌt] *n. (vessel)* Faß, *das; (for rainwater)* Tonne, *die*
²**butt** *n.* **a)** *(end)* dickes Ende; *(of rifle)* Kolben, *der; (of spear, fishing-rod, etc.)* Schaft, *der;* **b)** *(of cigarette, cigar)* Stummel, *der;* **cigarette ~:** Zigarettenstummel, *der;* Kippe, *die (ugs.);* **c)** *(Amer. sl.: buttocks)* Hintern, *der (ugs.)*
³**butt** *n.* **a)** *(object of teasing or ridicule)* Zielscheibe, *die;* Gegenstand, *der;* **be the ~ of ridicule** Zielscheibe des Spottes sein; **make a ~ of sb.** sich über jmdn. lustig machen; **b)** *in pl. (shooting-range)* Schießstand, *der;* Waffenjustierstand, *der;* **c)** *(target)* Schießscheibe, *die;* **d)** *(grouse-shooter's stand)* Schießstand *(beim Moorhuhnschießen)*
⁴**butt 1.** *n.* **a)** *(push) (by person)* [Kopf]stoß, *der; (by animal)* Stoß [mit den Hörnern], *der;* **give sb. a ~ in the stomach** jmdm. den Kopf in den Bauch stoßen. **2.** *v. i.* **a)** *(push with head)* ⟨*Person*:⟩ [mit dem Kopf] stoßen, ⟨*Stier, Widder, Ziege*:⟩ [mit den Hörnern] stoßen; **b)** *(meet end to end)* ~ **against sth.** an etw. *(Akk.)* stoßen. **3.** *v. t.* **a)** *(push with head)* ⟨*Person*:⟩ mit dem Kopf stoßen; ⟨*Widder, Ziege*:⟩ mit den Hörnern stoßen; ~ **sb. in the stomach** jmdm. mit dem Kopf in den Bauch stoßen; **b)** *(meet end to end)* aneinanderfügen; ~ **sth. against sth.** etw. mit etw. zusammenstoßen lassen *od.* auf etw. *(Akk.)* stoßen lassen
~ **'in** *v. i. (fig. coll.)* dazwischenreden; *(meddle)* sich [ungefragt] einmischen; **may I ~ in?** darf ich mal kurz stören?
butte [bjuːt] *n. (Amer. Geog.)* Restberg, *der*
'**butt-end** *see* ²**butt a, b**
butter [ˈbʌtə(r)] **1.** *n.* Butter, *die;* **he looks as if ~ wouldn't melt in his mouth** *(fig.)* er sieht aus, als ob er kein Wässerchen trüben könnte; **melted ~:** zerlassene Butter. **2.** *v. t.* buttern; mit Butter bestreichen; **fine words ~ no parsnips** Worte allein genügen nicht
~ **'up** *v. t.* ~ **sb. up** jmdm. Honig um den Mund *od.* Bart schmieren *(fig.)*
butter: ~-**bean** *n.* Gartenbohne, *die; (lima bean)* Mondbohne, *die;* Limabohne, *die;* ~ **cream** *n.* Buttercreme, *die;* ~**cup** *n. (Bot.)* Butterblume, *die;* ~-**dish** *n.* Butterdose, *die;* ~-**fingers** *n. sing.* Tolpatsch, *der (beim Fangen usw.)*
butterfly [ˈbʌtəflaɪ] *n.* **a)** Schmetterling, *der;* **break a ~ on the wheel** *(fig.)* mit Kanonen nach Spatzen schießen; **have butterflies [in one's stomach]** *(fig. coll.)* ein flaues Gefühl im Magen haben; **b)** *(fig.: showy person)* Paradiesvogel, *der; (frivolous woman)* Schmetterling, *der (abwertend);* *see* **butterfly stroke**
butterfly: ~-**nut** *n.* Flügelmutter, *die;* ~ **stroke** *n. (Swimming)* Delphinstil, *der;* Delphin *(das);* **do or swim the ~ stroke** delphinschwimmen; ~ **valve** *n.* Drosselklappe, *die*
butter: ~-**knife** *n.* Buttermesser, *das;* ~**milk** *n.* Buttermilch, *die;* ~**scotch** *n.* Buttertoffee, *das*
buttery [ˈbʌtərɪ] *n.* Vorratskammer, *die; (Univ.)* ≈ Cafeteria, *die*
buttock [ˈbʌtək] *n. (of person)* Hinterbacke, *die;* Gesäßhälfte, *die; (of animal)* Hinterbacke, *die;* ~**s** *pl.* Gesäß, *das*
button [ˈbʌtn] **1.** *n.* **a)** Knopf, *der;* **as bright as a ~:** putzmunter *(ugs.);* **he didn't care or give a ~ [about it]** *(fig.)* er hat sich den Teufel darum geschert *(ugs.);* **b)** *(of electric bell etc., on fencing foil)* Knopf, *der;* **press or push the ~:** auf den Knopf drücken; **c)** *(bud)* Auge, *das;* Knopf, *der (südd., österr., schweiz.);* **d)** *(mushroom)* Champignon, *der.* **2.** *v. t. (fasten)* zuknöpfen; einknöpfen ⟨*Futter*⟩; ~ **one's lip** *(Amer. sl.)* die Klappe hal-

ten ⟨*salopp*⟩. **3.** *v. i.* [zu]geknöpft werden; **this dress ~s down the back** dieses Kleid wird hinten geknöpft
~ 'up 1. *v. t.* zuknöpfen; *(fig.)* erledigen ⟨*Job*⟩; **have the deal [all] ~ed up** das Geschäft unter Dach und Fach haben ⟨*ugs.*⟩; **~ed up** *(fig.: taciturn)* zugeknöpft ⟨*ugs.*⟩; reserviert. **2.** *v. i.* [zu]geknöpft werden
'**button-down** *adj.* Buttondown⟨*-Kragen*⟩
'**buttonhole 1.** *n.* **a)** Knopfloch, *das;* **~ stitch** Knopflochstich, *der;* **b)** *(Brit.: flowers worn in coat-lapel)* Knopflochsträußchen, *das; (single flower)* Knopflochblume, *die;* Blume im Knopfloch. **2.** *v. t.* ⟨*detain*⟩ zu fassen kriegen ⟨*ugs.*⟩; **he was ~d by X** X hat sich ⟨*Dat.*⟩ ihn geschnappt ⟨*ugs.*⟩
'**button-through** *adj.* durchgeknöpft ⟨*Kleid*⟩
buttress ['bʌtrɪs] **1.** *n.* **a)** *(Archit.)* Mauerstrebe, *die;* Mauerstütze, *die; (not built-on)* Strebepfeiler, *der;* **~es** Strebewerk, *das;* **b)** *(support)* Pfeiler, *der;* **c)** *(fig.)* Stütze, *die;* ⟨*Eck*⟩pfeiler, *der.* **2.** *v. t.* **~ [up]** *(durch Strebepfeiler) stützen; (fig.)* [unter]stützen; stärken; untermauern ⟨*Argument*⟩
'**butt weld** *n.* Stumpfschweißnaht, *die*
butty ['bʌtɪ] *n. (coll.)* Butterbrot, *das;* Stulle, *die (nordd.)*
buxom ['bʌksəm] *adj.* drall
buy [baɪ] **1.** *v. t.* **a)** bought [bɔːt] **a)** kaufen; lösen ⟨*Fahrkarte*⟩; **~ sb./oneself sth.** jmdm./ sich etw. kaufen; **~ and sell goods** Waren an- und verkaufen; **the pound ~s less than it used to** für ein Pfund bekommt man heute weniger als früher; **~ [oneself]/sb. a pint** sich ⟨*Dat.*⟩ einen Halben genehmigen/ jmdm. einen Halben ausgeben; **he bought them a round** er gab ihnen eine Runde; **money cannot ~ happiness** Glück kann man nicht kaufen; **b)** *(fig.)* erkaufen ⟨*Sieg, Ruhm, Frieden*⟩; einsparen, gewinnen ⟨*Zeit*⟩; **c)** *(bribe)* bestechen; kaufen ⟨*ugs.*⟩; erkaufen ⟨*Zustimmung*⟩; **d)** *(sl.) (believe)* schlucken ⟨*ugs.*⟩; glauben; *(accept)* akzeptieren; einverstanden sein mit; **I'll ~ that** *(believe)* das nehm' ich dir ab ⟨*ugs.*⟩; *(agree)* ja, das glaube ich; **e)** **~ it** *(sl.: be killed)*: **we nearly bought it that time** da hätte es uns beinahe erwischt. **2.** *n.* [Ein]kauf, *der;* **a good ~:** preiswert sein; **plenty of good ~s** viele preiswerte Artikel; **the best ~:** der/ die/das Preiswerteste; **the preiswertesten Artikel; this week's best ~ is ...** der Preisschlager der Woche ist ...
~ 'in *v. t.* **a)** kaufen, sich eindecken mit ⟨*Vorräte, Fleisch usw.*⟩; **b)** *(at auction)* [durch höheres Gebot] zurückkaufen
~ 'into *v. refl.* **~ oneself] into a business** sich in ein Geschäft einkaufen
~ 'off *v. t.* auszahlen ⟨*Forderung*⟩; abfinden ⟨*Anspruchberechtigen*⟩; *(bribe)* bestechen; kaufen ⟨*ugs.*⟩
~ 'out *v. t.* auszahlen ⟨*Aktionär, Partner*⟩; aufkaufen ⟨*Firma*⟩
~ 'up *v. t.* aufkaufen
buyer ['baɪə(r)] *n.* **a)** Käufer, *der* /Käuferin, *die;* **potential ~:** Kaufinteressent, *der;* **b)** *(Commerc.)* Einkäufer, *der* /Einkäuferin, *die;* **c) a ~'s or ~s' market** ein Käufermarkt
buying ['baɪɪŋ] *n., no pl.* Kaufen, *das*
buzz [bʌz] **1.** *n.* **a)** *(of insect)* Summen, *das; (of large insect)* Brummen, *das; (of smaller or agitated insect)* Schwirren, *das; (of sound of buzzer)* Summen, *das;* **give one's secretary a ~:** über den Sommer seine Sekretärin rufen; **c)** *(of conversation, movement)* Gemurmel, *das;* **d)** *(sl.: telephone call)* [Telefon]anruf, *der;* **give sb. a ~:** jmdn. anrufen; **e)** *(sl.: thrill)* Nervenkitzel, *der* ⟨*ugs.*⟩. **2.** *v. i.* **a)** *see* **1a:** ⟨*Insekt:*⟩ summen/brummen/ schwirren; ⟨*mit dem Summer*⟩ rufen; **c)** *(signal with buzzer)* [mit dem Summer] rufen; **c)** *(sound confusedly)* **the court-room ~ed as ...:** im Gerichtssaal erhob sich *od.* hörte man ein Raunen, als ...; **~ with excitement** in heller Aufregung sein;

the rumour set the office ~ing das Gerücht versetzte das Büro in helle Aufregung; **my ears are ~ing** mir sausen die Ohren. **3.** *v. t.* ⟨*Aeronaut.*⟩ dicht vorbeifliegen *od.* ⟨*ugs.*⟩ vorbeizischen an (+ *Dat.*)
~ a'bout, ~ a'round 1. *v. i.* herumschwirren; herumsurren; *(fig.)* ⟨*Person:*⟩ herumsausen, herumschwirren. **2.** *v. t.* **~ around sth.** um etw. herum[schwirren]; **~ around the room** im Zimmer herumschwirren *od.* umherschwirren
~ 'off *v. i. (sl.)* abhauen ⟨*salopp*⟩; abzischen ⟨*salopp*⟩
buzzard ['bʌzəd] *n. (Ornith.)* **a)** *(Brit.)* Bussard, *der;* **b)** *(Amer.: turkey ~)* Amerikanischer Truthahngeier
buzzer ['bʌzə(r)] *n.* Summer, *der*
buzz: ~-saw *n. (Amer.)* Kreissäge, *die;* **~-word** *n.* Schlagwort, *das*
¹**by** [baɪ] **1.** *prep.* **a)** *(near, beside)* an (+ *Dat.*); bei; *(next to)* neben; **by the window/river** am Fenster/Fluß; **the bus-stop by the school** die Haltestelle an der Schule; **she sat by me** sie saß neben mir; **come and sit by me** komm, setz dich zu mir!; **b)** *(to position beside)* **go over by the table/wall** geh zum Tisch/zur Wand!; **come by the fire** komm ans Feuer!; **c)** *(about, in the possession of)* bei; **have sth. by one** etw. bei sich haben; **d)** *(slightly inclining to)* auf (+ *Dat.*); **north-east by east** Nordost auf Ost; **e)** *by herself etc.* see **herself a; f)** *(along)* entlang; **by the river** am *od.* den Fluß entlang; **g)** *(via)* über (+ *Akk.*); **to Paris by Dover** nach Paris über Dover; **leave by the door/window** zur Tür hinausgehen/zum Fenster hinaussteigen; **we came by the quickest/shortest route** wir sind die schnellste/kürzeste Strecke gefahren; **h)** *(passing)* vorbei an (+ *Dat.*); **run/drive by sb./sth.** an jmdm./etw. vorbeilaufen/vorbeifahren; **i)** *(during)* bei; **by day/night** bei Tag/Nacht; tagsüber/nachts; **by the light of the moon** im Mondschein; **j)** *(through the agency of)* von; **written by ...:** geschrieben von ...; **by sheer good fortune** durch reines Glück; **k)** *(through the means of)* durch; **they escaped by the back door/a stairway/a ladder** sie flüchteten durch die Hintertür/ über eine Treppe/mit[tels] einer Leiter; **he was killed by lightning/a falling chimney** er ist vom Blitz/von einem umstürzenden Schornstein erschlagen worden; **heated by gas/oil** mit Gas/Öl geheizt; gas-/ölbeheizt; **begin/end by doing sth.** damit beginnen/ aufhören, etw. zu tun; **by turning the knob** durch Drehen des Griffs; **grab sb. by the collar** am Kragen packen; **I knew him by his voice** ich erkannte ihn an seiner Stimme; **I could tell by his face that ...:** ich erkannte an seinem Gesicht, daß ...; **by bus/ ship** *etc.* mit dem Bus/Schiff *usw.*; **by air/ sea** mit dem Flugzeug/Schiff; **make a living by sth.** sich ⟨*Dat.*⟩ seinen Lebensunterhalt mit *od.* durch etw. verdienen; **have children by sb.** Kinder von jmdm. haben; **l)** *(not later than)* by **now/this time** inzwischen; **by next week she will be in China** nächste Woche ist sie schon in China; **by the time this letter reaches you** bis Dich dieser Brief erreicht; **but by that time all the tickets had been sold** aber bis dahin waren schon alle Karten verkauft; **but by that time it was too late** aber da war es schon zu spät; **by the 20th of the month** bis zum 20. des Monats; **m)** *indicating unit of time* pro; *indicating unit of length, weight, etc.* -weise; **by the second/minute/hour** pro Sekunde/Minute/ Stunde; **rent a house by the year** ein Haus für jeweils ein Jahr mieten; **you can hire a car by the day or by the week** man kann sich ⟨*Dat.*⟩ ein Auto tageweise oder wochenweise mieten; **pay sb. by the month** jmdn. monatlich bezahlen; **day by day/month by month, by the day/month** *(as each day etc.*

passes) Tag für Tag/Monat für Monat; **cloth by the metre** Stoff am Meter; **sell sth. by the packet/ton/dozen** etw. paket-/tonnenweise/im Dutzend verkaufen; **10 ft. by 20 ft.** 10 [Fuß] mal 20 Fuß; **n)** *indicating amount* **by the thousands** zu Tausenden; **one by one** einzeln; **two by two/three by three/four by four** zu zweit/dritt/viert; **little by little** nach und nach; **o)** *indicating factor* durch; **8 divided by 2 is 4** 8 geteilt durch 2 ist 4; **p)** *indicating extent* um; **wider by a foot** um einen Fuß breiter; **win by ten metres** mit zehn Metern Vorsprung gewinnen; **passed by nine votes to two** mit neun zu zwei Stimmen angenommen; **q)** *(according to)* nach; **by my watch** nach meiner Uhr; **by the left, quick march!** *(Mil.)* im Geschwindigkeitsschritt – marsch! [Links, zwo, drei, vier!]; **r)** *in oaths* bei; **by [Almighty] God** bei Gott[, dem Allmächtigen]. **2.** *adv.* **a)** *(past)* vorbei; **march/ drive/run/flow by** vorbeimarschieren/-fahren/-laufen/-fließen; **b)** *(near)* **close/near by** in der Nähe; **c)** *(aside, in reserve)* auf die Seite; **d)** **by and large** im großen und ganzen; **by and by** nach und nach; *(in past)* nach einer Weile
²**by** *see* ²**bye**
¹**bye** [baɪ] *int. (coll.)* tschüs ⟨*ugs.*⟩; **~ [for] now!** bis später!; tschüis! ⟨*ugs.*⟩
²**bye** *n.* **a)** *(Sport)* **draw a ~ in the first round** spielfrei in die zweite Runde kommen; **b)** **by the ~ =** see **way 1 g;** **c)** *(Cricket)* Lauf bei einem Ball, der vom Schlagmann nicht getroffen wurde
¹**bye-bye** [baɪ'baɪ] *int. (coll.)* Wiedersehen ⟨*ugs.*⟩; **~ [for] now!** [also] tschüs! ⟨*ugs.*⟩
²**bye-bye** ['baɪbaɪ], **bye-byes** ['baɪbaɪz] *n. (child lang.)* **go [to] ~:** in die Heia gehen ⟨*Kinderspr.*⟩
bye-law *see* **by-law**
'**by-election** *n.* Nachwahl, *die*
bygone 1. *n.* **let ~s be ~s** die Vergangenheit ruhen lassen. **2.** *adj.* **[in] ~ days** [in] vergangene[n] Tage[n]
'**by-law** *n.* **a)** *(esp. Brit.)* Verordnung, *die;* **the park ~s** die Parkordnung, **b)** *(of company etc.)* Punkt der Richtlinien; *in pl.* Richtlinien *Pl.*
byline *n.* **a)** *(source of income)* Nebenerwerb, *der;* **b)** *(in newspaper)* Zeile mit dem Namen des Verfassers
'**bypass 1.** *n.* **a)** *(road)* Umgehungsstraße, *die;* *(channel; also Electr.)* Nebenleitung, *die;* *(Med.)* Bypass, *der;* **~ surgery** *(Med.)* eine Bypassoperation/Bypassoperationen. **2.** *v. t.* **a)** umleiten ⟨*Flüssigkeit, Gas*⟩; **b)** **the road ~es the town** die Straße führt um die Stadt herum; **c)** *(avoid)* aus dem Wege gehen (+ *Dat.*); *(fig.: ignore)* übergehen
'**by-play** *n., no pl., no indef. art. (Theatre)* Nebenhandlung, *die*
'**by-product** *n.* Nebenprodukt, *das*
byre ['baɪə(r)] *n. (Brit.)* Kuhstall, *der*
'**by-road** *n.* Nebenstraße, *die;* Seitenstraße, *die*
bystander ['baɪstændə(r)] *n.* Zuschauer, *der* /Zuschauerin, *die*
byte [baɪt] *n. (Computing)* Byte, *das*
'**byway** *n.* Seitenweg, *der*
'**byword** *n. (proverb)* Spruch, *der;* [Sprich]wort, *das;* *(person or thing taken as typical or notable example)* Inbegriff, *der* (**for** *Gen.*)
Byzantine [bɪ'zæntaɪn, baɪ'zæntaɪn] *adj.* **a)** byzantinisch; **b)** *(complicated)* undurchschaubar
Byzantium [bɪ'zæntɪəm, baɪ'zæntɪəm] *pr. n.* Byzanz (*das*)

C

C, c [si:] *n., pl.* **Cs** *or* **C's a)** *(letter)* C, c, *das;* **b)** C *(Mus.)* C, c, *das;* **middle C** das eingestrichene c; **C sharp** cis, Cis, *das;* **c)** *(Roman numeral)* C; **d)** *(example)* C, c *(ohne Artikel);* **e)** C *(Sch., Univ.: mark)* Drei, *die;* **he got a C** er bekam „befriedigend" *od.* eine Drei
C. *abbr.* **a)** Celsius C; **b)** Centigrade C; **c)** *(Geogr.)* Cape; **d)** *(Pol.)* Conservative
c. *abbr.* **a)** circa ca.; **b)** cent[s] c; **c)** century Jh.; **d)** chapter Kap.; **e)** cubic Kubik- © *symb.* copyright ©
CA *abbr.* chartered accountant
ca. *abbr.* circa ca.
cab [kæb] *n.* **a)** *(taxi)* Taxi, *das;* Taxe, *die (ugs.);* **b)** *(Hist.: hackney carriage)* [Pferde]droschke, *die;* **c)** *(of lorry, truck)* Fahrerhaus, *das; (of crane)* Fahrerkabine, *die; (of train)* Führerstand, *der*
cabal [kəˈbæl] *n.* **a)** *(intrigue)* Intrige, *die;* Kabale, *die (veralt.);* **b)** *(clique, faction)* Clique, *die (abwertend)*
cabaret [ˈkæbəreɪ] *n.* Varieté, *das;* Cabaret, *das; (more sophisticated)* Kabarett, *das*
cabbage [ˈkæbɪdʒ] *n.* **a)** *(Kohl, der;* red/white ~: Rot-/Weißkohl, *der;* **a ~ of cabbage** ein Kopf Kohl; ein Kohlkopf; **as big as ~s** riesengroß ⟨Rosen usw.⟩; **b)** *(coll.: person)* stumpfsinniger Mensch; Trottel, *der (ugs. abwertend);* **become a ~:** stumpfsinnig werden; vertrotteln *(ugs. abwertend);* **after his accident he became a complete ~:** nach seinem Unfall vegetierte er nur noch dahin
cabbage: ~ **lettuce** *n.* Kopfsalat, *der;* ~ **'white** *n. (Zool.)* Kohlweißling, *der*
cabbalistic [kæbəˈlɪstɪk] *adj.* kabbalistisch
cabby [ˈkæbɪ] *(coll.),* '**cab-driver** *ns.* Taxifahrer, *der; (of horse-drawn vehicle)* Kutscher, *der*
caber [ˈkeɪbə(r)] *n.* Pfahl, *der;* Stamm, *der;* **tossing the ~:** Baumstammwerfen, *das*
cabin [ˈkæbɪn] *n.* **a)** *(in ship) (for passengers)* Kabine, *die; (for crew)* Kajüte, *die; (in aircraft)* Kabine, *die;* **b)** *(simple dwelling)* Hütte, *die;* **c)** *(driver's) see* **cab** c
cabin: ~ **boy** *n. (Naut.)* Kabinensteward, *der;* ~ **class** *n.* zweite Klasse; **they travelled ~ class** sie reisten zweiter Klasse; ~ **cruiser** *n.* Kajütboot, *das*
cabinet [ˈkæbɪnɪt] *n.* **a)** Schrank, *der; (in bathroom, for medicines)* Schränkchen, *das; (display ~)* Vitrine, *die; (for radio, TV, etc.)* Gehäuse, *das;* **b) the C~** *(Polit.)* das Kabinett
cabinet: ~ **maker** *n.* Möbeltischler, *der;* **C~ 'Minister** *n.* Minister, *der;* Mitglied des Kabinetts
cable [ˈkeɪbl] *n.* **a)** *(rope)* Kabel, *das;* Trosse, *die (Naut.); (of mountain railway)* Seil, *das;* **cut one's ~s** *(fig.)* alle Brücken hinter sich *(Dat.)* abbrechen; **b)** *(Electr., Teleph.)* Kabel, *das;* **c)** *(cablegram)* Kabel, *das;* Überseetelegramm, *das;* **d)** *(Naut.) (chain of cable)* Ankerkette, *die; (measure)* Kabellänge, *die.* **2.** *v.t. (transmit)* telegraphisch durchgeben, kabeln ⟨*Mitteilung, Nachricht*⟩; *(inform)* ~ **sb.** jmdm. kabeln
cable: ~ **car** *n.* Drahtseilbahn, *die; (in street)* gezogene Straßenbahn; ~ **gram** *n.* Kabel, *das;* Überseetelegramm, *das;* ~ **railway** *n.* Standseilbahn, *die;* ~ **stitch** *n.*

cake

Zopfmuster, *das;* ~ **television** *n.* Kabelfernsehen, *das;* ~ **way** *n. (double-~ ropeway)* Seilschwebebahn, *die; (gondola type)* Kleinkabinenbahn, *die*
'**cabman** [ˈkæbmən] *n., pl.* **cabmen** [ˈkæbmən]* Taxifahrer, *der*
caboodle [kəˈbuːdl] *n., no pl. (sl.)* **the whole ~** *(things)* der ganze Kram *(ugs.); (people)* die ganze Bande *(salopp) od.* Sippschaft *(ugs.)*
caboose [kəˈbuːs] *n.* **a)** *(on ship)* Kombüse, *die;* **b)** *(Amer.: on train)* Dienstwagen, *der*
'**cab-rank** *n. (Brit.)* Taxistand, *der;* Droschken[halte]platz, *der (Amtsspr.)*
cabriolet [kæbrɪəˈleɪ] *n. (Hist.)* **a)** *(carriage)* Kabriolett, *das;* **b)** *(car)* Kabriolett, *das;* Kabrio, *das*
cacao [kəˈkɑːəʊ, kəˈkeɪəʊ] *n., pl.* **~s a)** *(seed)* Kakaobohne, *die;* **b)** *(tree)* ~[-tree] Kakaobaum, *der*
cache [kæʃ] **1.** *n.* **a)** *(hiding-place)* geheimes [Waffen-/Proviant-]lager; Versteck, *das;* **b)** *(things hidden)* Lager, *das;* **make a ~ of sth.** etw. verstecken *od.* in Sicherheit bringen. **2.** *v.t.* verstecken
cachet [ˈkæʃeɪ] *n.* **a)** *(mark)* Siegel, *das (fig.);* Stempel, *der (fig.);* **b)** *(prestige)* Ansehen, *das;* Distinktion, *die (geh.)*
cack-handed [kækˈhændɪd] *adj. (coll.)* **a)** *(left-handed)* linkshändig; **b)** *(clumsy)* tolpatschig *(ugs.)*
cackle [ˈkækl] **1.** *n.* **a)** *(clucking of hen)* Gackern, *das;* Gegacker, *das;* **b)** *(laughter)* [meckerndes] Gelächter; *(of woman)* Gegacker, *das (abwertend); (laugh)* **he gave a loud ~:** er prustete los *(ugs.);* **c)** *(talk)* Geschwätz, *das (abwertend);* **cut the ~!** *(coll.)* genug geredet!; Schluß mit dem Geschwätz! *(ugs.).* **2.** *v. i.* ⟨*Henne:*⟩ gackern; **b)** *(laugh)* meckernd lachen; ⟨*Frau auch:*⟩ gackern *(ugs.)*
cacophonous [kəˈkɒfənəs] *adj.* kakophon *(geh.);* mißklingend
cacophony [kəˈkɒfənɪ] *n.* Kakophonie, *die (geh.);* Mißklang, *der (geh.)*
cactus [ˈkæktəs] *n., pl.* **cacti** [ˈkæktaɪ] *or* **~es** Kaktus, *der*
cad [kæd] *n. (dated derog.)* Schuft, *der;* Schurke, *der (veraltend)*
cadaver [kəˈdɑːvə(r)] *n. (of animal)* Kadaver, *der; (of human)* Leiche, *die*
cadaverous [kəˈdævərəs] *adj.* **a)** *(corpselike)* Kadaver-, Leichen-; **b)** *(deathly pale)* leichenfahl; totenblaß; **c)** *(gaunt)* dürr
caddie [ˈkædɪ] *n. (Golf)* **1.** *n.* Caddie, *der.* **2.** *v. i.* ~ **for sb.** jmds. Caddie sein; für jmdn. Caddie spielen *(ugs.)*
caddis [ˈkædɪs] *n.* ~ **fly** *n.* Köcherfliege, *die;* Frühlingsfliege, *die;* ~ **worm** *n.* Köcherlarve, *die*
¹**caddy** [ˈkædɪ] *n.* Behälter, *der; (tin)* Büchse, *die;* Dose, *die*
²**caddy** *see* **caddie**
cadence [ˈkeɪdəns] *n.* **a)** *(rhythm)* Rhythmus, *der;* **marching/dancing ~:** Marsch-/Tanzrhythmus, *der;* **speech ~:** Sprachmelodie, *die;* **b)** *(close of musical phrase, fall of voice)* Kadenz, *die*
cadenza [kəˈdenzə] *n. (Mus.)* Konzertkadenz, *die*
cadet [kəˈdet] *n.* **a)** *(Mil. etc.)* Offiziersschüler, *der;* Kadett, *der;* **b)** **naval/police ~:** Marinekadett/Anwärter für den Polizeidienst; ~ **corps** Kadettenkorps, *das;* **b)** *(younger brother/son)* jüngerer Bruder/Sohn
cadge [kædʒ] **1.** *v. t.* schnorren *(ugs.);* [sich *(Dat.)*] erbetteln; **could I ~ a lift with you?** können Sie mich vielleicht ein Stück] mitnehmen? **2.** *v. i.* schnorren *(ugs.)*
cadger [ˈkædʒə(r)] *n.* Schnorrer, *der (ugs.)*
cadmium [ˈkædmɪəm] *n.* Kadmium, *das*
cadre [ˈkɑːdə(r), kɑːdr] *n. (Mil., Polit.)* Kader, *der*
caecum [ˈsiːkəm] *n., pl.* **caeca** [ˈsiːkə] *(Anat.)* Blinddarm, *der*

Caesar [ˈsiːzə(r)] *n.* **a)** Cäsar, Caesar *(der); (fig.)* Alleinherrscher, *der;* **b)** *(Med. sl.)* Kaiserschnitt, *der*
Caesarean, Caesarian [sɪˈzeərɪən] *adj. & n.* ~ [**birth** *or* **operation** *or* **section**] Kaiserschnitt, *der*
caesura [sɪˈzjuːrə] *n. (Pros.)* Zäsur, *die*
café, cafe [ˈkæfɪ, ˈkæfeɪ] *n.* **a)** Lokal, *das; (tea-room)* Café, *das;* **b)** *(Amer.: bar)* Bar, *die*
café: ~ **au lait** [kæfeɪ əʊ ˈleɪ] *n., no pl.* Kaffee mit Sahne/Milch; **Café crème** *(schweiz.);* Brauner *(österr.);* ~ **society** *n., no pl.* Schickeria, *die*
cafeteria [kæfɪˈtɪərɪə] *n.* Selbstbedienungsrestaurant, *das;* Cafeteria, *die*
caff [kæf] *n. (Brit. coll.)* Café, *der;* **transport ~:** Fernfahrerimbiß, *der*
caffeine [ˈkæfiːn] *n.* Koffein, *das; (in tea)* T[h]ein, *das*
caftan [ˈkæftæn] *n.* Kaftan, *der*
cage [keɪdʒ] **1.** *n.* **a)** Käfig, *der; (for small birds)* Bauer, *der;* **b)** *(Mining)* Förderkorb, *der;* **c)** *(of lift)* Fahrkabine, *die.* **2.** *v. t.* einsperren; käfigen *(fachspr.)* ⟨*Vögel*⟩
'**cage-bird** *n.* Käfigvogel, *der*
cagey [ˈkeɪdʒɪ] *adj. (coll.)* **a)** *(wary)* vorsichtig; **be ~ about sth.** vorsichtig bei etw. sein; **a ~ buyer** ein wachsamer *od.* mißtrauischer Käufer; **b)** *(secretive, uncommunicative)* zugeknöpft *(ugs.);* **be ~ about saying sth.** mit etw. hinterm Berg halten *(ugs.)*
cagily [ˈkeɪdʒɪlɪ] *adv. (coll.)* vorsichtig; *(shrewdly)* clever *(ugs.);* geschickt
caginess [ˈkeɪdʒɪnɪs] *n. (caution)* Vorsicht, *die; (secretiveness)* Zugeknöpftheit, *die*
cagoule [kəˈɡuːl] *n.* [leichter, knielanger] Anorak
cagy *see* **cagey**
cahoots [kəˈhuːts] *n. pl. (Amer. sl.)* **a)** *(company, partnership)* **be in ~ with the devil** mit dem Teufel im Bunde stehen; **go into ~ with sb.** sich mit jmdm. verbünden; **b)** *(collusion)* **be in ~ with sb.** mit jmdm. unter einer Decke stecken *(ugs.)*
caiman *see* **cayman**
Cain [keɪn] *pr. n.* Kain *(der);* **raise ~** *(coll.)* Krach schlagen *(ugs.)*
cairn [keən] *n.* **a)** *(pyramid of stones)* Steinpyramide, *die;* Cairn, *der (fachspr.);* **a ~ of stones** ein Steinhaufen; **b)** *(dog)* ~ [**terrier**] Cairn-Terrier, *der;* schottischer Zwergterrier
Cairo [ˈkaɪərəʊ] *pr. n.* Kairo *(das)*
caisson [ˈkeɪsən, kəˈsuːn] *n.* **a)** *(watertight chamber)* Senkkasten, *der;* Caisson, *der;* **b)** *(floating vessel)* Docktor, *das;* Dockponton, *der*
'**caisson-disease** *n.* Druckluftkrankheit, *die;* Caissonkrankheit, *die*
cajole [kəˈdʒəʊl] *v. t.* ~ **sb. into sth./into doing sth.** jmdm. etw. einreden/jmdn. einreden, etw. zu tun; ~ **sb. out of sth./doing sth.** jmdm. ausreden, etw. zu tun; ~ **sth. out of a person** jmdm. etw. entlocken
cajolery [kəˈdʒəʊlərɪ] *n.* Überredungskunst, *die*
cake [keɪk] **1.** *n.* **a)** Kuchen, *der;* **a piece of ~:** ein Stück Kuchen/Torte; **a slice of ~:** eine Scheibe Kuchen; **b)** *(fig.)* **get a slice of the ~:** sein Teil abbekommen; **go** *or* **sell like hot ~s** weggehen wie warme Semmeln *(ugs.);* **a piece of ~** *(coll.)* ein Kinderspiel *(ugs.);* **you cannot have your ~ and eat it** *or* **eat your ~ and have it** beides auf einmal geht nicht; ~**s and ale** *(fig.)* reinste Vergnügungen; *see also* **take** 1 c; **c)** *(compact mass)* **a ~ of soap** ein Riegel *od.* Stück Seife; **a ~ of wax** ein Riegel Wachs; **a ~ of tobacco** ein Plättchen Tabak. **2.** *v. t. (cover)* verkrusten; ~**d with dirt/blood** schmutz-/blutverkrustet; **his suit was ~d with mud** sein Anzug war voll Schlamm; **b)** *(form into mass)* **rain ~d the soil** Regen machte die Erde klumpig. **3.** *v. i. (form a mass)* verklumpen

cake: ~**-shop** *n.* Konditorei, *die;* ~**-slice** *n.* Tortenheber, *der;* ~**-stand** *n.* Etagere, *die;* ~**-tin** *n.* Kuchenform, *die;* ~**walk** *n. (dance)* Cakewalk, *der; (easy task)* Kinderspiel, *das (ugs.)*
CAL [kæl] *abbr.* **computer-aided** *or* **computer-assisted learning** computergestütztes Lernen
cal. *abbr.* **calorie[s]** cal.
calabash ['kæləbæʃ] *n.* **a)** *(gourd)* Flaschenkürbis, *der;* **b)** *(pipe, container)* Kalebasse, *die*
calaboose [kælə'buːs] *n. (Amer.)* Gefängnis, *das;* Kittchen, *das (ugs.)*
calamitous [kə'læmɪtəs] *adj.* verhängnisvoll
calamity [kə'læmɪtɪ] *n.* **a)** Unheil, *das;* Unglück, *das;* **calamities of nature** Naturkatastrophen; **b)** *(adversity)* Schicksalsschlag, *der;* **c)** *(distress)* Not, *die;* Elend, *das;* **a ~:** ein Unglück
Calamity 'Jane *n.* Schwarzseherin, *die*
calcification [kælsɪfɪ'keɪʃn] *n.* Verkalkung, *die*
calcify ['kælsɪfaɪ] **1.** *v. i.* verkalken. **2.** *v. t.* verkalken lassen
calcine ['kælsaɪn, 'kælsɪn] **1.** *v. t.* kalzinieren. **2.** *v. i.* kalziniert werden
calcite ['kælsaɪt] *n. (Min.)* Kalzit, *der*
calcium ['kælsɪəm] *n.* Kalzium, *das;* Calcium, *das (fachspr.)*
calcium: ~ **'carbide** *n.* Kalziumkarbid, *das;* ~ **'carbonate** *n.* Kalziumkarbonat, *das;* kohlensaures Kalzium
calculable ['kælkjʊləbl] *adj.* berechenbar; kalkulierbar ⟨Risiko⟩
calculate ['kælkjʊleɪt] **1.** *v. t.* **a)** *(ascertain)* berechnen; **b)** *(by estimating)* ausrechnen, errechnen; **b)** *(plan)* **be ~d to do sth.** darauf abzielen, etw. zu tun; **c)** *(Amer. coll.: suppose, believe)* meinen; schätzen *(ugs.).* **2.** *v. i.* **a)** *(Math.)* rechnen; **b)** ~ **on doing sth.** damit rechnen, etw. zu tun
calculated ['kælkjʊleɪtɪd] *adj. (deliberate)* vorsätzlich ⟨Handlung, Straftat⟩; bewußt ⟨Zurückhaltung, Affront⟩; kalkuliert ⟨Risiko⟩; *(apt, suitable)* geeignet
calculating ['kælkjʊleɪtɪŋ] *adj.* berechnend; **with a ~ eye** mit berechnendem Blick
calculation [kælkjʊ'leɪʃn] *n.* **a)** *(result)* Rechnung, *die;* **he is out in his ~s** er hat sich verrechnet; **b)** *(calculating)* Berechnung, *die;* **c)** *(forecast)* Schätzung, *die;* **by my ~s** nach meiner Schätzung
calculator ['kælkjʊleɪtə(r)] *n.* **a)** *(person, machine)* Rechner, *der;* **b)** *(set of tables)* Rechentabelle, *die*
calculus ['kælkjʊləs] *n., pl.* **calculi** ['kælkjʊlaɪ] *or* ~**es a)** *(Math. etc.)* -rechnung, *die; (infinitesimal ~)* Infinitesimalrechnung, *die;* **[the] differential/infinitesimal/integral ~:** [die] Differential-/Infinitesimal-/Integralrechnung; **b)** *(Med.)* Stein, *der*
Calcutta [kæl'kʌtə] *pr. n.* Kalkutta *(das)*
caldron *see* **cauldron**
Caledonia [kælɪ'dəʊnɪə] *pr. n. (Hist./poet.)* Kaledonien *(das)*
Caledonian [kælɪ'dəʊnɪən] **1.** *adj.* kaledonisch. **2.** *n. (joc./Hist.)* Kaledonier, *der/*Kaledonierin, *die*
calendar ['kælɪndə(r)] *n.* **a)** Kalender, *der; attrib.* ⟨*woche, -monat, -jahr*⟩; [**church**] ~: Kirchenkalender, *der;* **b)** *(register, list)* Verzeichnis, *das; (list of canonized saints)* Heiligenkalender, *der; (list of cases for trial)* Prozeßregister, *das; (Amer.: list of matters for debate)* Tagesordnung, *die*
calender ['kælɪndə(r)] **1.** *n.* Kalander, *der (Technik).* **2.** *v. t.* kalandern, kalandrieren *(Technik)*
calends ['kælɪndz] *n. pl.* Kalenden *Pl.*
calendula [kə'lɛndjʊlə] *n. (Bot.)* Ringelblume, *die*
¹**calf** [kɑːf] *n., pl.* **calves** [kɑːvz] **a)** *(young of bovine animal)* Kalb, *das; (leather)* ~**[skin]** Kalbsleder, *das;* **a cow in** *or* **with ~:** eine trächtige Kuh; **b)** *(of deer)* Kalb, *das; (of elephant, whale, rhinoceros)* Junge, *das. See also* **fat 3; golden calf**
²**calf** *n., pl.* **calves** *(Anat.)* Wade, *die*
calf: ~ **love** *n.* [Jugend]schwärmerei, *die;* ~**skin** *n.* Kalbfell, *das; (leather)* Kalbsleder, *das*
caliber *(Amer.) see* **calibre**
calibrate ['kælɪbreɪt] *v. t.* kalibrieren; eichen, kalibrieren ⟨Meßgerät⟩
calibration [kælɪ'breɪʃn] *n.* Kalibrierung, *die; (of gauge)* Eichung, *die;* Kalibrierung, *die*
calibre ['kælɪbə(r)] *n. (Brit.)* **a)** *(diameter)* Kaliber, *das;* **b)** *(fig.)* Format, *das;* Kaliber, *das;* **a man of your ~:** ein Mann Ihres Kalibers *od.* von Ihrem Format
calico ['kælɪkəʊ] **1.** *n., pl.* ~**es** *or (Amer.)* ~**s a)** Kattun, *der;* **b)** *(Amer.: printed cotton fabric)* Druckkattun, *der.* **2.** *adj.* **a)** Kattun-; kattunen *(geh.);* **b)** *(Amer.: multicoloured)* bunt
California [kælɪ'fɔːnɪə] *pr. n.* Kalifornien *(das)*
Californian [kælɪ'fɔːnɪən] **1.** *adj.* kalifornisch. **2.** *n.* Kalifornier, *der/*Kalifornierin, *die*
caliper *see* **calliper**
caliph ['kælɪf, 'keɪlɪf] *n. (Hist.)* Kalif, *der*
calisthenics *see* **callisthenics**
calk *see* **caulk**
call [kɔːl] **1.** *v. i.* **a)** *(shout)* rufen; ~ **to sb.** jmdm. zurufen; ~ **[out] for help** um Hilfe rufen; ~ **[out] for sb.** nach jmdm. rufen; [**out**] **for food/drink** nach Essen/zu trinken verlangen; ~ **after sb.** jmdm. hinterherrufen; hinter jmdm. herrufen; **b)** *(pay brief visit)* [kurz] besuchen (**at** *Akk.*); vorbeikommen *(ugs.)* (**at** bei); ⟨*Zug:*⟩ halten (**at in** + *Dat.*); ~ **at a port/station** einen Hafen anlaufen/an einem Bahnhof halten; ~ **on sb.** jmdn. besuchen; bei jmdm. vorbeigehen *(ugs.);* **the postman ~ed to deliver a parcel** der Postbote war da und brachte ein Päckchen; **a man ~ed to read the meter** ein Mann ist da, um den Zähler abzulesen; ~ **round** vorbeikommen *(ugs.);* **c)** *(communicate by telephone)* **who is ~ing, please?** wer spricht da, bitte?; **thank you for ~ing** vielen Dank für Ihren Anruf!; *(communicate by radio)* **~ing is London** ~ing hier spricht *od.* ist London. **2.** *v. t.* **a)** *(cry out)* rufen; aufrufen ⟨Namen, Nummer⟩; **b)** *(cry to)* rufen ⟨Person⟩; **c)** *(summon)* rufen; *(into the army)* einberufen; *(to a duty, to do sth.)* aufrufen; ~ **him into the room** rufen Sie ihn herein!; **be ~ed home/to arms** nach Hause/zu den Waffen gerufen werden; **he was ~ed to his maker** *(literary)* er ist in die Ewigkeit abberufen *(geh. verhüllend);* ~ **sth. into being** etw. ins Leben rufen; ~ **sb.'s bluff** jmdn. dazu auffordern, Farbe zu bekennen *(ugs.);* **that was ~ed in question** das wurde in Frage gestellt *od.* in Zweifel gezogen; **please ~ me a taxi** rufen Sie für mich bitte ein Taxi; **d)** *(communicate by radio/telephone)* rufen/anrufen; *(initially)* Kontakt aufnehmen mit; **don't ~ us, we'll ~ you** wir sagen Ihnen Bescheid; **e)** *(rouse)* wecken; **f)** *(announce)* einberufen ⟨Konferenz⟩; ausrufen ⟨Streik⟩; anberaumen ⟨Gerichtstermin⟩; ~ **a halt to sth.** mit etw. Schluß machen; **time was ~ed by the bartender** der Barmann rief "Feierabend" *od. (veralt., geh.)* bot Feierabend; **g)** *(urge)* **duty ~s** die Pflicht ruft; **he was ~ed to preach the Gospel by God** er war von Gott zur Verkündigung des Evangeliums auserwählt; *see also* **attention 1 a; h)** *(nominate)* **he was ~ed to the presidency of the university** er wurde zum Präsidenten der Universität berufen; **be ~ed to witness sth.** als Zeuge bei etw. aufgerufen werden; **i)** *(name)* nennen; **he is ~ed Bob** er heißt Bob; **he doesn't mind if you simply ~ him Bob** er hat nichts dagegen, wenn du ihn einfach Bob nennst *od.* einfach Bob zu ihm sagst; **you can ~ him by his first name** ihr könnt ihn mit Vornamen anreden; **what is it ~ed in English?** wie heißt das auf englisch?; ~ **it what you will** wie immer man es auch nennen will; ~ **sb. names** jmdn. beschimpfen; **j)** *(consider)* nennen; **I ~ that selfish** das nenne ich egoistisch; **£1.03 – let's ~ it one pound** ein Pfund drei Pence - sagen wir ein Pfund *(ugs.);* **shall we ~ it ten dollars/even?** sagen wir zehn Dollar/, wir sind quitt? *(ugs.);* ~ **sth. one's own** etw. sein eigen nennen; **k)** *(Cards etc.)* ansagen; *(in coin-tossing)* sagen; **he ~ed heads and lost** er setzte auf Kopf und verlor. *See also* **account 3 c;** ¹**bar 1 i; day a; spade a; tune 1 a. 3.** *n.* **a)** *(shout, cry)* Ruf, *der;* **a ~ for help** ein Hilferuf; **he came at my ~:** er kam, als ich rief; **can you give me a ~ at 6 o'clock?** können Sie mich um 6 Uhr wecken?; **remain/be within ~:** in Rufweite bleiben/sein; **on** *or* **at ~:** dienstbereit; **b)** *(of bugle, whistle)* Signal, *das; (of drum)* Schlag, *der;* **c)** *(instrument)* Lockinstrument, *das;* Locke, *die (Jägerspr.).* **f)** *(visit)* Besuch, *der;* **make** *or* **pay a ~ on sb., make** *or* **pay sb. a ~:** jmdn. besuchen; jmdm. einen Besuch abstatten *(geh.);* **have to pay a ~** *(coll.: need lavatory)* mal [verschwinden] müssen *(ugs.);* **e)** *(telephone* ~*)* Anruf, *der;* Gespräch, *das;* jmdn. anrufen; **make a ~:** ein Telefongespräch führen; **receive a ~:** einen Anruf erhalten; **f)** *(invitation, summons)* Aufruf, *der; (by God)* Berufung, *die; (Theatre)* Aufruf, *der; (by audience)* Hervorruf, *der;* **the ~ of the sea/the wild** der Ruf des Meeres/der Wildnis; ~ **of nature** natürlicher Drang; **answer the ~ of duty** der Pflicht gehorchen; **a ~ for unity** ein Aufruf zur Einheit; **a world-wide ~ for disarmament** ein weltweiter Ruf nach Abrüstung; **g)** *(need, occasion)* Anlaß, *der;* Veranlassung, *die;* **what ~ is there for you to worry?** aus welchem Anlaß *od.* Grund sorgen Sie sich?; **h)** *(esp. Comm.: demand)* Abruf, *der; (demand made)* Inanspruchnahme, *die;* **a ~ for capital/money** Abruf von Kapital/Geldern; **have money on one's purse/time finanziell/zeitlich sehr in Anspruch genommen sein; **i)** *(Cards etc.)* Ansage, *die;* **it is your ~ now** du mußt ansagen; **was your ~ heads or tails?** hatten Sie Kopf oder Zahl?; **j)** *(St. Exch.)* Kaufoption, *die*
~ **a'side** *v. t.* beiseite rufen ⟨Person⟩
~ **a'way** *v. t.* wegrufen; abrufen
~ '**back 1.** *v. t.* zurückrufen. **2.** *v. i.* **a)** zurückkehren; **b)** *(come back)* zurückkommen; noch einmal vorbeikommen *(ugs.)*
~ '**down** *v. t.* **a)** *(invoke)* herabflehen *(geh.)* ⟨Segen⟩; herausfordern ⟨Unwillen, Tadel⟩; ~ **down curses on sb.'s head** jmdn. verfluchen; **b)** *(reprimand)* ausschimpfen
~ '**for** *v. t.* **a)** *(send for, order)* [sich *(Dat.)*] kommen lassen, bestellen ⟨Taxi, Essen, Getränke, Person⟩; **b)** *(collect)* abholen ⟨Person, Gepäck, Güter⟩; '**to be ~ed for**' „wird abgeholt"; **c)** *(require, demand)* erfordern; verlangen; **that remark was not ~ed for** die Bemerkung war unangebracht; **this ~s for a celebration** das muß gefeiert werden
~ '**forth** *v. t.* hervorrufen ⟨Protest, Kritik⟩; zusammennehmen ⟨Mut, Energie⟩; beschwören, lebendig werden lassen ⟨Eindrücke, Erinnerungen, Erlebnisse⟩
~ '**in 1.** *v. i.* vorbeikommen; **I'll ~ in on you** ich komme bei dir vorbei *(ugs.);* **I'll ~ in at your office** ich komme bei dir im Büro vorbei *(ugs.).* **2.** *v. t.* **a)** aus dem Verkehr ziehen ⟨Waren, Münzen⟩; zurückfordern ⟨Bücher⟩; **b)** ~ **in a specialist** einen Fachmann/Facharzt zu Rate ziehen
~ '**off** *v. t. (cancel)* absagen ⟨Treffen, Verabredung⟩; rückgängig machen ⟨Geschäft⟩; lösen ⟨Verlobung⟩; *(stop, end)* abbrechen,

117

(ugs.) abblasen ⟨*Streik*⟩; **~ off your dogs!** rufen Sie Ihre Hunde zurück!
~ on see **~ [up]on**
~ 'out 1. *v.t.* alarmieren ⟨*Truppen*⟩; rufen ⟨*Wache*⟩; zum Streik aufrufen ⟨*Arbeitnehmer*⟩. **2.** *v.i.* see **~ 1 a**; **~ out to warn sb.** jmdm. zurufen, um ihn zu warnen
~ 'up *v.t.* **a)** *(imagine, recollect)* wachrufen ⟨*Erinnerungen, Bilder*⟩; [herauf]beschwören, erwecken ⟨*böse Erinnerungen, Phantasien*⟩; **b)** *(summon)* anrufen, beschwören ⟨*Teufel, Geister*⟩; **c)** *(by telephone)* anrufen; **I'll ~ you up again** ich rufe Sie wieder an; **d)** *(Mil.)* einberufen; **they were ~ed up to go to Vietnam** sie wurden nach Vietnam einberufen; see also **call-up**
~ [up]on *v.t.* **~ upon God** Gott anrufen; **~ upon sb.'s generosity/sense of justice** an jmds. Großzügigkeit/Gerechtigkeitssinn *(Akk.)* appellieren; **~ [up]on sb. to do sth.** jmdn. auffordern, etw. zu tun
call: **~-box** *n.* Telefonzelle, *die;* Fernsprechzelle, *die (Amtsspr.);* **~-boy** *n.* **a)** *(in theatre)* Gehilfe des Inspizienten/Souffleurs; **b)** *(in hotel)* [Hotel]boy, *der;* **~-button** *n.* Ruftaste, *die*
caller ['kɔːlə(r)] *n.* **a)** Rufende, *der/die; (visitor)* Besucher, *der*/Besucherin, *die;* (on telephone) Anrufer, *der*/Anruferin, *die;* **b)** *(in bingo, square dance)* Ansager, *der*/Ansagerin, *die*
'call-girl *n.* Callgirl, *das*
calligrapher [kəˈlɪɡrəfə(r)] *n.* Schönschreiber, *der*/Schönschreiberin, *die; (professional)* Kalligraph, *der*/Kalligraphin, *die*
calligraphy [kəˈlɪɡrəfɪ] *n.* **a)** *(beautiful handwriting)* Schönschrift, *die;* Kalligraphie, *die;* (as an art) Kalligraphie, *die;* Schönschreiben, *das;* **b)** *(handwriting)* Handschrift, *die;* Hand, *die (geh.)*
calling [ˈkɔːlɪŋ] *n.* **a)** *(occupation, profession)* Beruf, *der;* **b)** *(divine summons)* Berufung, *die*
'calling-card *n.* (Amer.) Visitenkarte, *die*
calliper [ˈkælɪpə(r)] *n.* **a)** *in pl.* **[pair of] ~s** Greifzirkel, *der;* Tasterzirkel, *der;* Taster, *der;* **b)** **~ [splint]** *(Med.)* Beinschiene, *die;* **c)** **[brake] ~:** Bremssattel, *der*
callisthenics [ˌkælɪsˈθɛnɪks] *n. pl.* Kallisthenie, *die;* leichte Gymnastik
'call meter *n. (Teleph.)* Gebührenzähler, *der*
callosity [kəˈlɒsɪtɪ] *n.* **a)** *no pl.* Schwieligkeit, *die;* **b)** *(lump)* Schwiele, *die*
callous [ˈkæləs] *adj.* **1.** *(unfeeling, insensitive)* gefühllos; herzlos ⟨*Handlung, Verhalten*⟩; lieblos ⟨*Leben, Welt*⟩. **2.** *n.* see **callus**
callously [ˈkæləslɪ] *adv.* herzlos
callousness [ˈkæləsnɪs] *n., no pl. (want of feeling)* Gefühllosigkeit, *die; (of act, behaviour)* Herzlosigkeit, *die;* **his ~ towards [the feelings of] other people** seine Gleichgültigkeit den Gefühlen anderer gegenüber
'call-over *n.* Namensruf, *der;* (of betting-prices) Verlesen, *das*
callow [ˈkæləʊ] *adj.* *(raw, inexperienced)* unreif ⟨*Junge, Student*⟩; grün *(ugs.)* ⟨*Jüngling*⟩; **in my ~ youth** als ich noch jung und unreif war; **b)** *(unfledged)* nackt; kahl
call: **~-sign,** **~-signal** *ns.* Rufzeichen, *das;* **~-up** *n. (Mil.)* Einberufung, *die*
callus [ˈkæləs] *n.* **a)** *(Physiol.)* Schwiele, *die;* Kallus, *der (fachspr.);* **b)** *(Med.)* Knochennarbe, *die;* Kallus, *der (fachspr.);* **c)** *(Bot.)* Wundgewebe, *das;* Kallus, *der (fachspr.)*
calm [kɑːm] **1.** *n.* **a)** *(stillness)* Stille, *die;* (serenity) Ruhe, *die;* **the peaceful ~ of the night** die friedliche Stille der Nacht; **b)** *(windless period)* Windstille, *die;* Kalme, *die (Met.);* **a dead ~:** totale Windstille, *die;* **the ~ before the storm** *(lit. or fig.)* die Ruhe vor dem Sturm. **2.** *adj.* **a)** *(tranquil, quiet, windless)* ruhig; **keep ~:** ruhig bleiben; Ruhe bewahren; **keep one's voice ~:** ruhig sprechen; **b)** *(coll.: self-confident)* lässig *(ugs.);* gelassen. **3.** *v.t.* beruhigen ⟨*Person*⟩; besänftigen ⟨*Leidenschaften, Zorn*⟩; **~ sb. down** jmdn. beruhigen. **4.** *v.i.* **~ [down]** sich beruhigen; ⟨*Sturm:*⟩ abflauen
calmly [ˈkɑːmlɪ] *adv.* ruhig; gelassen
calmness [ˈkɑːmnɪs] *n., no pl.* Ruhe, *die; (of water, sea)* Stille, *die*
Calor gas, ® [ˈkæləˌɡæs] *n.* Butangas, *das*
calorie [ˈkælərɪ] *n.* Kalorie, *die*
calorific [ˌkæləˈrɪfɪk] *adj.* wärmeerzeugend; **~ value** Heizwert, *der*
calorimeter [ˌkæləˈrɪmɪtə(r)] *n.* Kalorimeter, *das*
calumniate [kəˈlʌmnɪeɪt] *v.t.* verleumden
calumny [ˈkæləmnɪ] **1.** *n.* Verleumdung, *die.* **2.** *v.t.* verleumden
calvados [ˈkælvədɒs] *n.* Calvados, *der*
Calvary [ˈkælvərɪ] *n. (place)* Golgatha *(das);* *(representation)* Kalvarienberg, *der*
calve [kɑːv] *v.i.* kalben; abkalben *(fachspr.)*
calves *pl.* of ¹,²**calf**
Calvinism [ˈkælvɪnɪzm] *n.* Kalvinismus, *der*
Calvinist [ˈkælvɪnɪst] *n.* Kalvinist, *der*/Kalvinistin, *die*
Calvinistic [ˌkælvɪˈnɪstɪk], **Calvinistical** [ˌkælvɪˈnɪstɪkəl] *adj.* kalvinistisch
calypso [kəˈlɪpsəʊ] *n., pl.* **~s** Calypso, *der*
calyx [ˈkeɪlɪks, ˈkælɪks] *n., pl.* **calyces** [ˈkeɪlɪsiːz, ˈkælɪsiːz] *or* **-es a)** *(Bot.)* Kelch, *der;* Kalyx, *der (fachspr.);* **b)** *(Anat.)* Kelch, *der*
cam [kæm] *n.* Nocken, *der*
camaraderie [ˌkæməˈrɑːdərɪ] *n.* Kameradschaft, *die*
camber [ˈkæmbə(r)] **1.** *n.* **a)** *(convexity)* Wölbung, *die;* **b)** *(Motor Veh.)* Achssturz, *der;* Radsturz, *der.* **2.** *v.t.* wölben; **a ~ed road** eine gewölbte Straße
Cambodia [kæmˈbəʊdɪə] *pr. n. (Hist.)* Kambodscha *(das)*
Cambodian [kæmˈbəʊdɪən] *(Hist.)* **1.** *adj.* kambodschanisch. **2.** *n.* Kambodschaner, *der*/Kambodschanerin, *die*
Cambrian [ˈkæmbrɪən] **1.** *adj.* **a)** *(Welsh)* walisisch; Waliser *nicht präd.;* **b)** *(Geol.)* kambrisch. **2.** *n. (Geol.)* Kambrium, *das*
cambric [ˈkæmbrɪk] *n.* Kambrik[batist], *der*
Cambridge [ˈkeɪmbrɪdʒ] *n.* **~ blue** *n.* Blaßblau, *das;* Cambridgeblau, *das*
camcorder [ˈkæmkɔːdə(r)] *n.* Camcorder, *der;* Kamerarecorder, *der*
came see **come 1**
camel [ˈkæml] *n. (Zool.)* Kamel, *das*
'camel['s]-hair *n.* Kamelhaar, *das;* **~ brush** Haarpinsel, *der;* **~ coat** Kamelhaarmantel, *der*
camellia [kəˈmiːlɪə, kəˈmɛlɪə] *n. (Bot.)* Kamelie, *die*
cameo [ˈkæmɪəʊ] *n., pl.* **~s a)** *(carving)* Kamee, *die;* **b)** *(short sketch)* Sketch, *der;* *(minor role)* [winzige] Nebenrolle
camera [ˈkæmərə] *n.* Kamera, *die; (for still pictures)* Fotoapparat, *der;* Kamera, *die;* **be/go on ~:** vor der Kamera stehen/vor die Kamera treten; **(Law) in ~:** unter Ausschluß der Öffentlichkeit; *(fig.)* hinter verschlossenen Türen
camera: **~-case** *n.* Kameratasche, *die;* **~man** *n.* Kameramann, *der;* **~-shy** *adj.* kamerascheu
Cameroon [ˌkæməˈruːn] *pr. n.* Kamerun *(das)*
camiknickers [ˈkæmɪˌnɪkəz] *n. pl. (Brit.)* Spitzenhemdhöschen, *das*
camisole [ˈkæmɪsəʊl] *n. (arch.)* Leibchen, *das;* Mieder, *das;* Kamisol, *das (veralt.)*
camomile [ˈkæməmaɪl] *n. (Bot.)* Kamille, *die;* **~ tea** Kamillentee, *der*
camouflage [ˈkæməflɑːʒ] **1.** *n. (lit. or fig.)* Tarnung, *die;* Camouflage, *die (Milit. veralt./fig. geh.).* **2.** *v.t. (lit. or fig.)* tarnen; camouflieren *(veralt./fig.)*
¹camp [kæmp] **1.** *n.* Lager, *das; (Mil.)* Feldlager, *das;* **the world is divided into two opposing ~s** *(fig.)* die Welt teilt sich in zwei entgegengesetzte Lager; see also **foot 1 a. 2.** *v.i.* **~ [out]** campen; *(in tent)* zelten; **go ~ing** Campen/Zelten fahren/gehen
²camp 1. *adj.* **a)** *(affected)* affektiert, geziert ⟨*Mensch, Art, Benehmen*⟩; **b)** *(exaggerated)* übertrieben, theatralisch ⟨*Gestik, Ausdrucksform*⟩; **c)** *(homosexual)* schwul *(ugs.); (effeminate)* tuntenhaft *(ugs.).* **2.** *n.* Maneriertheit, *die.* **3.** *v.t.* **~ it up** zu dick auftragen *(ugs.);* **~ up a part** bei einer Rolle zu dick auftragen *(ugs.)*
campaign [kæmˈpeɪn] **1.** *n.* **a)** *(Mil.)* Feldzug, *der;* Kampagne, *die (veralt.);* **be on ~:** im Felde stehen *(veralt.);* **b)** *(organized course of action)* Kampagne, *die;* Feldzug, *der;* **publicity ~:** Werbekampagne, *die;* **presidential ~:** Präsidentschaftswahlkampf, *der.* **2.** *v.i.* kämpfen; **the Republican candidate will start ~ing in April** der republikanische Kandidat beginnt seinen Wahlkampf im April
campaigner [kæmˈpeɪnə(r)] *n.* **a)** Vorkämpfer, *der*/Vorkämpferin, *die;* **b)** *(veteran)* Veteran, *der;* alter Kämpfer; **an old ~:** ein alter Kämpfer *od. (veralt.)* Kämpe
campanology [ˌkæmpəˈnɒlədʒɪ] *n.* Kunst des Glockenläutens
campanula [kæmˈpænjʊlə] *n.* Glockenblume, *die;* Campanula, *die (fachspr.)*
'camp-bed *n.* Campingliege, *die*
camper [ˈkæmpə(r)] *n.* **a)** Camper, *der*/Camperin, *die;* **b)** *(vehicle)* Wohnmobil, *das; (adapted minibus)* Campingbus, *der*
camp: **~-fire** *n.* Lagerfeuer, *das;* **~-follower** *n.* Marketender, *der*/Marketenderin, *die; (fig.: disciple, follower)* Mitläufer, *der*/Mitläuferin, *die*
camphor [ˈkæmfə(r)] *n.* Kampfer, *der*
camping [ˈkæmpɪŋ] *n.* Camping, *das; (in tent)* Zelten, *das*
camping: **~-ground** *(Amer.)* see **~ site;** **~ holiday** *n.* Campingurlaub, *der;* **~ site** *n.* Campingplatz, *der*
camp: **~site** *n.* Campingplatz, *der;* **~-stool** *n.* Campinghocker, *der*
campus [ˈkæmpəs] *n.* **a)** *(grounds of university)* Campus, *der;* Hochschulgelände, *das;* **b)** *(university)* Hochschule, *die*
CAMRA [ˈkæmrə] *abbr.* **Campaign for Real Ale**
'camshaft *n.* Nockenwelle, *die*
¹can [kæn] **1.** *n.* **a)** *(milk ~, watering-~)* Kanne, *die; (for oil, petrol)* Kanister, *der; (Amer.: for refuse)* Eimer, *der;* Tonne, *die;* **~ of paint** eine Büchse Farbe; *(with handle)* ein Eimer Farbe; **carry or take the ~ [back]** *(fig. sl.)* die Sache ausbaden *(ugs.);* **b)** *(container for preserving)* [Konserven]dose, *die;* [Konserven]büchse, *die;* **a ~ of tomatoes/sausages** eine Dose *od.* Büchse Tomaten/Würstchen; **~s of food** Lebensmittelkonserven; **a ~ of beer** eine Dose Bier; **a ~ of worms** *(fig.)* eine verzwickte Angelegenheit *(ugs.);* **c)** *(Amer. sl.: lavatory)* Lokus, *der; (sl.: prison)* Knast, *der (salopp).* **2.** *v.t.,* **-nn-** **a)** *(preserve)* konservieren; **b)** *(put into ~)* eindosen; einmachen ⟨*Obst*⟩
²can *v. aux., only in pres.* **cannot** [ˈkænət], *(coll.)* **can't** [kɑːnt], *past* **could** [kʊd], *neg. (coll.)* **couldn't** [ˈkʊdnt], *(have right, be permitted)* dürfen; können; **as much as one ~:** so viel man kann; **as ... as '~:** be wirklich sehr ...; **~ you see the problem; he can't be more than 40** er kann nicht über 40 sein; **you can't smoke in this compartment** in diesem Abteil dürfen Sie nicht rauchen; **what you say cannot be true** was du sagst, kann nicht stimmen; **come nearer, I can't hear what you are saying** kommen Sie näher, ich kann Sie nicht verstehen; **could you ring me tomorrow?** könnten Sie mich morgen anrufen?; **how [ever] could you do this to me?** wie konnten Sie mir das bloß antun?; **I could have killed him** ich hätte ihn umbringen können; **[that] could be [so]** das könnte *od.* kann sein

Canada ['kænədə] *pr. n.* Kanada *(das)*
'**Canada goose** *n.* Kanadagans, *die*
Canadian [kə'neɪdɪən] **1.** *adj.* kanadisch; **sb. is ~**: jmd. ist Kanadier/Kanadierin. **2.** *n.* Kanadier, *der*/Kanadierin, *die;* **the French/English ~s** die Franko-/Anglokanadier
canaille [kə'naːi:] *n.* Pöbel, *der (abwertend)*
canal [kə'næl] *n.* **a)** *(watercourse, marking on Mars)* Kanal, *der;* **the Panama C~**: der Panamakanal; **b)** *(Zool., Bot.)* Gang, *der; (alimentary ~)* [Verdauungs]kanal, *der*
ca'nal boat *n.* langes, enges Boot zum Befahren der Kanäle; *(Hist.:* towed barge) Schleppkahn, *der*
canalize ['kænəlaɪz] *v. t.* kanalisieren ⟨*Fluß*⟩
canalization [kænəlaɪ'zeɪʃn] *n.* Kanalisierung, *die*
canapé ['kænəpɪ] *n. (food)* Cocktailhappen, *der;* Kanapee, *das*
canard [kə'naːd, 'kænaːd] *n. (false report)* Ente, *die (ugs.)*
Canaries [kə'neərɪz] *pr. n. pl.* Kanarische Inseln *Pl.;* Kanaren *Pl.*
canary [kə'neərɪ] *n.* Kanarienvogel, *der*
canary: C~ 'Islands *pr. n. pl.* Kanarische Inseln *Pl.;* **~-seed** *n.* Kanariensamen, *der;* **~ 'yellow** *n.* Kanariengelb, *das;* **~-yellow** *adj.* kanariengelb
canasta [kə'næstə] *n. (Cards)* Canasta, *das*
cancan ['kænkæn] *n.* Cancan, *der*
cancel ['kænsl] **1.** *v. t., (Brit.)* **-ll- a)** *(cross out)* streichen ⟨*Wort, Satz, Absatz*⟩; **b)** *(call off)* absagen ⟨*Besuch, Urlaub, Reise, Sportveranstaltung*⟩; ausfallen lassen ⟨*Veranstaltung, Vorlesung, Zug, Bus*⟩; fallenlassen ⟨*Pläne*⟩; *(annul, revoke)* rückgängig machen ⟨*Einladung, Vertrag*⟩; zurücknehmen ⟨*Befehl*⟩; stornieren ⟨*Bestellung, Auftrag*⟩; streichen ⟨*Schuld[en]*⟩; kündigen ⟨*Abonnement*⟩; abbestellen ⟨*Zeitung*⟩; aufheben ⟨*Klausel, Gesetz, Recht*⟩; **the match had to be ~led** das Spiel mußte ausfallen *od.* abgesagt werden; **the boat to Dublin has been ~led** die Fähre nach Dublin fährt *od.* verkehrt nicht; **the lecture has been ~led** die Vorlesung fällt aus; **c)** *(balance, neutralize)* aufheben; **the arguments ~ each other out** die Argumente heben sich gegenseitig auf; **d)** *(deface)* entwerten ⟨*Briefmarke, Fahrkarte*⟩; ungültig machen ⟨*Scheck*⟩; **e)** *(Math.)* aufheben; wegkürzen *(ugs.);* **f)** *(Amer. Mus.)* auflösen. **2.** *v. i., (Brit.)* **-ll- ~ [out]** sich [gegenseitig] aufheben
cancellation [kænsə'leɪʃn] *n. see* **cancel 1: a)** Streichung, *die;* **b)** Absage, *die;* Ausfall, *der;* Ausfallen, *das;* Fallenlassen, *das;* Aufgabe, *die;* Rückgängigmachen, *das;* [Zu]rücknahme, *die;* Stornierung, *die;* Streichung, *die;* Kündigung, *die;* Abbestellung, *die;* Aufhebung, *die;* **c)** Aufhebung, *die;* **d)** Entwertung, *die;* Ungültigmachen, *das; (ugs.)* Aufhebung, *die;* Wegkürzen, *das (ugs.);* **f)** Auflösung, *die*
cancer ['kænsə(r)] *n.* **a)** *(Med.)* Krebs, *der; (fig.)* Krebsgeschwür, *das;* **~ of the lung** Lungenkrebs, *der;* **b) C~** *(Astrol., Astron.)* der Krebs; der Cancer; *see also* **Aries; tropic**
Cancerian [kæn'sɪərɪən] *n. (Astrol.)* Krebs, *der*
cancerous ['kænsərəs] *adj.* Krebs⟨*geschwulst, -geschwür*⟩; krebsartig ⟨*Wucherung, Wachstum*⟩; kanzerös *(fachspr.); (fig.)* bösartig ⟨*Haß, Einfluß*⟩; **~ growth** krebsartige Wucherung
candelabra [kændɪ'læbrə, kændɪ'lɑːbrə] *n.,* **candelabrum** [kændɪ'læbrəm, kændɪ'lɑːbrəm] *n., pl.* **candelabra** *or (Amer.)* **candelabrums** Leuchter, *der; (large)* Kandelaber, *der*
candid ['kændɪd] *adj.* offen; ehrlich ⟨*Ansicht, Bericht*⟩; **let me be ~ with you** ich will ganz offen mit Ihnen sein
candidacy ['kændɪdəsɪ] *n.* Kandidatur, *die*
candidate ['kændɪdət, 'kændɪdeɪt] *n.* **a)** Kandidat, *der*/Kandidatin, *die;* Anwärter, *der*/Anwärterin, *die;* **a ~ for Mayor** ein Bürgermeisterkandidat/-kandidatin, *die;* **he offered himself as a ~ for the position** er bot sich als Kandidat für den Posten an; **~s for a club/for membership** Anwärter für einen Klub/auf Mitgliedschaft; **b)** *(examinee)* Kandidat, *der*/Kandidatin, *die;* **a Ph. D. ~**: ein Promotionskandidat *od.* Promovend; **a ~ for a degree** ein Prüfling *od.* Examinand
candidature ['kændɪdətʃə(r)] *n. (esp. Brit.)* Kandidatur, *die*
candid 'camera *n.* versteckte Kamera
candidly ['kændɪdlɪ] *adv.* offen; ehrlich; **~, I dislike the whole idea** offen gesagt, gefällt mir die Idee gar nicht
candle [kændl] **1.** *n.* **a)** Kerze, *die;* **burn the ~ at both ends** *(fig.)* sich übernehmen; sich *(Dat.)* zuviel aufladen; **she can't** *or* **is not fit to hold a ~ to him** *(fig.)* sie kann ihm nicht das Wasser reichen; **the game is not worth the ~** *(fig.)* die Sache lohnt sich nicht *od.* ist nicht der Mühe *(Gen.)* wert; **b)** *(unit)* **~[-power]** Kerze, *die (veralt.);* Candela, *die. See also* **Roman candle. 2.** *v. t.* gegen das Licht halten, durchleuchten ⟨*Eier*⟩
candle: ~-light *n.* Kerzenlicht, *das;* **by ~**: bei Kerzenlicht ⟨*lesen*⟩; im Kerzenschein *(geh.)* ⟨*feiern, speisen*⟩; **~-power** *see* **candle 1 b; ~stick** *n.* Kerzenhalter, *der; (elaborate)* Leuchter, *der;* **~ wick** *n.* **a)** *(of candle)* Kerzendocht, *der;* **b)** *(material)* Frottierplüsch, *der*
candour *(Brit.; Amer.:* **candor)** ['kændə(r)] *n. (frankness)* Offenheit, *die; (honesty)* Ehrlichkeit, *die*
candy ['kændɪ] **1.** *n.* **a)** Kandis[zucker], *der;* **a ~**: ein Stück Kandis[zucker]; **b)** *(Amer.) (sweets)* Süßigkeiten *Pl.; (sweet)* Bonbon, *das od.* **2.** *v. t.* kandieren ⟨*Früchte*⟩; **candied lemon/orange peel** Zitronat/Orangeat, *das*
candy: ~-floss *n.* Zuckerwatte, *die;* **~-store** *n. (Amer.)* Süßwarengeschäft, *das;* Bonbonladen, *der;* **~-stripe** *n.* Muster mit bunten Streifen [auf weißem Hintergrund]; **~-striped** *adj.* buntgestreift
'**candytuft** *(Bot.) n.* Schleifenblume, *die*
cane [keɪn] **1.** *n.* **a)** *(stem of bamboo, rattan, etc.)* Rohr, *das; (of raspberry, blackberry)* Sproß, *der; see also* **sugar-cane; b)** *(material)* Rohr, *das;* **c)** *(stick)* [Rohr]stock, *der;* **get the ~**: eine Tracht Prügel bekommen; **d)** *(esp. Brit.: walking-stick)* Spazierstock, *der.* **2.** *v. t.* **a)** *(beat)* [mit dem Stock] schlagen; **b)** *(weave)* flechten
cane: ~ chair *n.* Rohrstuhl, *der;* **~-sugar** *n.* Rohrzucker, *der*
canine ['keɪnaɪn, 'kænaɪn] **1.** *adj.* **a)** *(of dog[s])* Hunde⟨*rasse, -gebell, -natur*⟩; **b)** **~ tooth** Eck- *od.* Augenzahn, *der.* **2.** *n.* Eckzahn, *der;* Augenzahn, *der*
caning ['keɪnɪŋ] *n.* [Ver]prügeln, *das od.* [Ver]hauen, *das* [mit dem Stock]; **he got a ~**: er kriegte eine Tracht Prügel *(ugs.)* [mit dem Stock]
canister ['kænɪstə(r)] *n.* Büchse, *die;* Dose, *die; (for petrol, oil, DDT, etc.)* Kanister, *der*
canker ['kæŋkə(r)] **1.** *n.* **a)** *(disease) (of dogs, cats, rabbits, etc.)* Ohrräude, *die; (of horses)* Strahlfäule, *die;* **b)** *(fig.: corrupting influence)* [Krebs]geschwür, *das.* **2.** *v. t.* **a)** *(consume with ~)* verrotten; **b)** *(fig.: infect, corrupt)* vergiften ⟨*Gemüt, Gefühl*⟩
cannabis ['kænəbɪs] *n. (Bot.)* Kannabis, *der;* Hanf, *der; (drug)* Haschisch, *das;* Marihuana, *das*
cannabis 'resin *n.* Haschisch, *das;* Cannabisharz, *das*
canned [kænd] *adj.* **a)** Dosen-; in Dosen nachgestellt; **~ fish/meat/fruit** Fisch-/Fleisch-/Obstkonserven *Pl.;* Fisch/Fleisch/Obst in Dosen; **~ beer** Dosenbier; **~ food** [Lebensmittel]konserven *Pl.;* **b)** *(sl.: drunk)* abgefüllt *(ugs.);* **c)** *(sl.: recorded)* aufgezeichnet; **~ music/entertainment** Musikkonserve, *die*/Unterhaltungskonserve, *die*
canner ['kænə(r)] *n.* Konservenfabrikant, *der; (worker)* Arbeiter/Arbeiterin in einer Konservenfabrik
cannery ['kænərɪ] *n.* Konservenfabrik, *die*
cannibal ['kænɪbl] *n.* Kannibale, *der*/Kannibalin, *die;* Menschenfresser, *der*/-fresserin, *die (ugs.);* **these animals are ~s** diese Tiere fressen ihre Artgenossen auf
cannibalise *see* **cannibalize**
cannibalism ['kænɪbəlɪzm] *n.* Kannibalismus, *der;* Menschenfresserei, *die (ugs.); (fig.)* Blutdurst, *der*
cannibalistic [kænɪbə'lɪstɪk] *adj.* kannibalisch
cannibalize ['kænɪbəlaɪz] *v. t.* ausschlachten ⟨*Auto, Flugzeug, Maschine usw.*⟩
cannily ['kænɪlɪ] *adv.* behutsam; vorsichtig; *(shrewdly)* schlau
cannon ['kænən] **1.** *n.* **a)** *(gun)* Kanone, *die;* **b)** *(Brit. Billiards etc.)* Karambolage, *die.* **2.** *v. i. (Brit.)* **a) ~ against sth.** gegen etw. prallen; **~ into sb./sth.** mit etw./jmdm. zusammenprallen; **b)** *(Billiards)* karambolieren
cannonade [kænə'neɪd] *(arch.)* **1.** *n.* Kanonade, *die (veralt.).* **2.** *v. t.* kanonieren *(veralt.)*
cannon: ~-ball *n. (Hist.)* Kanonenkugel, *die;* **~-fodder** *n.* Kanonenfutter, *das (salopp abwertend)*
cannot *see* ²**can**
cannula ['kænjʊlə] *n., pl.* **-e** ['kænjʊliː] *or* **~s** *(Med.)* Kanüle, *die*
canny ['kænɪ] *adj.* **a)** *(shrewd)* schlau; bauernschlau *(ugs.); (thrifty)* sparsam; **b)** *(cautious, wary)* vorsichtig, umsichtig; **ca'~** [kə'kænɪ] Bummelstreik, *der;* **c)** trocken ⟨*Humor*⟩
canoe [kə'nuː] **1.** *n.* Paddelboot, *das; (Indian ~, Sport)* Kanu, *das; see also* ¹**paddle 2. 2.** *v. i.* paddeln; *(in Indian ~, Sport)* Kanu fahren; **~ down the river** flußabwärts paddeln/im Kanu flußabwärts fahren
canoeing [kə'nuːɪŋ] *n.* Paddeln, *das; (Sport)* Kanufahren, *das;* Kanusport, *der*
canoeist [kə'nuːɪst] *n.* Paddelbootfahrer, *der*/-fahrerin, *die; (Sport)* Kanute, *der*/Kanutin, *die;* Kanufahrer, *der*/-fahrerin, *die*
canon ['kænən] *n.* **a)** *(general law, criterion)* Grundregel, *die;* Grundprinzip, *das;* **the ~s of conduct** die Grundregeln des Verhaltens; der Verhaltenskodex; **b)** *(member of cathedral chapter)* Kanoniker, *der;* Kanonikus, *der;* **c)** *(church decree)* Kirchengebot, *das;* **d)** *(list of sacred books)* Kanon, *der; (fig.)* **the Shakespearean ~**: das Gesamtwerk Shakespeares; **e)** *(Mus.)* Kanon, *der*
cañon *see* **canyon**
canonical [kə'nɒnɪkl] **1.** *adj.* **a)** kanonisch ⟨*Gehorsam, Gelübde, Bücher, Schriften*⟩; **~ dress** Priestertracht *od.* -kleidung, *die;* **~ hours** Gebetszeiten *Pl.; (Brit.: for weddings)* Trauzeiten *Pl.;* **b)** *(authoritative, standard)* verbindlich, kanonisch ⟨*Urteil, Werte, Vorschriften*⟩; maßgeblich ⟨*Person*⟩; **c)** *(Mus.)* Kanon⟨*form, -komposition*⟩; *(Musikstück)* in Kanonform; **d)** *(of cathedral chapter or member of it)* Kanoniker-; Chorherren-; **a ~ clergyman** ein Kanoniker *od.* Chorherr. **2.** *n. in pl.* Priesterkleidung, *die*
canonisation, canonise *see* **canonization, canonize**
canonization [kænənaɪ'zeɪʃn] *n.* Kanonisation, *die;* **~ of saints** Heiligsprechungen
canonize ['kænənaɪz] *v. t.* **a)** kanonisieren ⟨*Heiligen*⟩; heiligsprechen ⟨*Märtyrer*⟩; **he was ~d [a saint]** er wurde heiliggesprochen; **b)** *(regard as saint)* wie einen Heiligen/eine Heilige/Heilige *Pl.* verehren
canon: ~ law *n.* kanonisches Recht; **~ 'regular** *n.* regulierter Chorherr
canoodle [kə'nuːdl] *(sl.)* **1.** *v. i.* [rum]knutschen *(salopp).* **2.** *v. t.* abknutschen *(salopp)*

119

'**can-opener** n. Dosen-, Büchsenöffner, der
canopy ['kænəpɪ] **1.** n. **a)** Baldachin, der (auch fig.); (over entrance) Vordach, das; **the ~ of the heavens** or **celestial ~:** das Himmelszelt od. himmlische Zelt (dichter.); **a ~ of leaves** ein Blätterdach; **b)** (of parachute) [Fall]schirmkappe, die; **c)** (of aircraft) [Kanzel]haube, die. **2.** v.t. überwölben

¹**cant** [kænt] **1.** v.t. kippen; ankippen, kanten ⟨Faß⟩; **~ off** abschrägen; **~ over** umdrehen; umkippen. **2.** v.i. (take inclined position, lie aslant) sich neigen. **3.** n. (movement) Ruck, der; (tilted position) Schräglage, die; (bevel) Schräge, die

²**cant 1.** n. **a)** (derog.: language of class, sect, etc.) Zunftsprache, die; Jargon, der; Kauderwelsch, das (abwertend); **thieves'/beggars' ~:** Rotwelsch, das; Gaunersprache, die; **b)** (insincere use of words) Scheinheiligkeit, die; (talk) scheinheiliges Gerede; **c)** (ephemeral catchwords) Phrase, die (abwertend); **a ~ phrase** eine [leere] Phrase; **~ phrases/terms/words** [leere] Phrasen. **2.** v.i. **a)** see **1a:** (use, speak in ~) Jargon/Kauderwelsch/Rotwelsch reden; **b)** (talk with affectation of piety) [scheinheilig] schwafeln (abwertend)

can't [kɑːnt] (coll.) **= cannot;** see ²**can**
Cantab. ['kæntæb] abbr. **of Cambridge University** der Universität Cambridge
cantabile [kæn'tɑːbɪlɪ] (Mus.) **1.** adv. cantabile. **2.** adj. Kantabile⟨satz, -stil, -ton⟩; sangbar ⟨Stück, Musik⟩. **3.** n. Kantabile, das
cantaloup[e] ['kæntəluːp] n. Zucker-, Gartenmelone, die
cantankerous [kæn'tæŋkərəs] adj. streitsüchtig; knurrig (ugs.) ⟨müde od. launische Person⟩; störrisch ⟨Esel, altes Auto usw.⟩; **don't be so ~ on Monday mornings** sei doch nicht immer so eklig od. mufflig am Montagmorgen! (ugs.)
cantankerously [kæn'tæŋkərəslɪ] adv. see **cantankerous: behave** or **act ~:** streitsüchtig/knurrig (ugs.)/störrisch/mufflig od. eklig (ugs.) sein
cantankerousness [kæn'tæŋkərəsnɪs] n., no pl. see **cantankerous:** Streitsucht, die; Knurrigkeit, die (ugs.); störrisches Benehmen
cantata [kæn'tɑːtə] n. (Mus.) Kantate, die
canteen [kæn'tiːn] n. **a)** Kantine, die; **b)** (case of plate or cutlery) Besteckkasten, der
canter ['kæntə(r)] **1.** n. Handgalopp, der; Kanter, Canter, der (fachspr.); **the horse broke into an easy ~:** das Pferd begann leicht zu galoppieren; **win in a ~** (fig.) spielend gewinnen. **2.** v.i. leicht galoppieren; kantern (fachspr.). **3.** v.t. in Handgalopp od. Kanter gehen lassen ⟨Pferd⟩
'**Canterbury bell** ['kæntəbərɪ bel] n. (Bot.) Glockenblume, die
canticle ['kæntɪkl] n. **a)** Lobgesang, der; Canticum, das (Theol.); (hymn) Preislied, Hohelied, das **b) the C~ of Solomon** or **C~s** das Hohe Lied od. Hohelied; das Lied der Lieder
cantilever ['kæntɪliːvə] n. **a)** (bracket) Konsole, die; Kragplatte, die; **b)** (beam, girder) Träger, der
'**cantilever-bridge** n. Auslegerbrücke, die
canto ['kæntəʊ] n., pl. **~s** Gesang, der; Canto, der (fachspr.)
canton ['kæntɒn] n. Kanton, der
cantonal ['kæntənl] adj. kantonal ⟨Kantons-⟩
Cantonese [kæntə'niːz] **1.** adj. kantonesisch; **sb. is ~:** jmd. ist Kantonese/Kantonesin. **2.** n., pl. same **a)** (person) Kantonese, der/Kantonesin, die; **b)** (language) Kantonesisch (das)
cantor ['kæntə(r)] n. Kantor, der
canvas ['kænvəs] n. **a)** (cloth) Leinwand, die; (for tents, tarpaulins, etc.) Segeltuch, das; **under ~:** im Zelt; (Naut.) unter Segel;

under full ~: mit vollen Segeln; **b)** (Art) Leinwand, die; (painting) Gemälde, das; (for tapestry and embroidery) Kanevas, der; Gitterleinwand, die; **c)** (of racing-boat) Segeltuchbezug, der; **win by a ~:** mit einer Nasenlänge gewinnen
canvass ['kænvəs] **1.** v.t. **a)** (solicit votes in or from) Wahlwerbung treiben in ⟨einem Wahlkreis, Gebiet⟩; Wahlwerbung treiben bei ⟨Wählern, Bürgern⟩; **~ customers** Kunden werben; **they were ~ed** on their political views man versuchte, ihre politischen Ansichten herauszufinden; **b)** (Brit.: propose) vorschlagen ⟨Plan, Idee, Handel⟩; **c)** (Amer.: check validity of) auszählen ⟨Stimmen⟩. **2.** v.i. werben **(on behalf of** für); **~ for votes** um Stimmen werben; **~ for a seat in Parliament/a job** sich um einen Parlamentssitz/einen Posten bewerben; **~ for an applicant** sich für einen Bewerber einsetzen. **3.** n. [Wahl]kampagne, die; (Amer.: scrutiny of votes) Auszählung, die
canvasser ['kænvəsə(r)] n. **a)** (for votes) Wahlhelfer, der/Wahlhelferin, die; **b)** (salesperson) Vertreter, der/Vertreterin, die; **c)** (Amer.: checker of votes) Auszähler, der/Auszählerin, die
canvassing ['kænvəsɪŋ] n. (for votes) Wahlwerbung, die; (Commerc.) Kundenwerbung, die; (opinion polling) Meinungsforschung, die
canyon ['kænjən] n. Cañon, der
CAP abbr. **Common Agricultural Policy** gemeinsame Agrarpolitik
cap [kæp] **1.** n. **a)** Mütze, die; (nurse's, servant's) Haube, die; (bathing-~) Badekappe, die; (with peak) Schirmmütze, die; (skull-~) Kappe, die; Käppchen, das; **college ~:** viereckige akademische Kopfbedeckung; ≈ Barett, das; **in ~ and gown** mit Barett und Talar; **if the ~ fits, [he** etc. **should] wear it** (fig.) wem die Jacke paßt, der soll sie sich (Dat.) anziehen; **with ~ in hand** (fig.) demütig; **she set her ~ at him** (fig.) sie hatte es auf ihn abgesehen; **~ and bells** Narren- od. Schellenkappe, die; see also **feather 1a; b)** (of mushroom) Hut, der; (of honeycomb) Deckel, der; **c)** (device to seal or close) [Verschluß]kappe, die; (petrol ~, radiator-~) Verschluß, der; (on milk-bottle) Deckel, der; (of shoe) Kappe, die; **d)** (Brit. Sport) Ziermütze als Zeichen der Aufstellung für die [National]mannschaft; (player) Nationalspieler, der/-spielerin, die; **get one's ~ for** die [National]mannschaft aufgestellt werden; **e)** (contraceptive) Pessar, das; **f)** (explosive) Zündhütchen, das; (for toy gun) Zündplättchen, das. **2.** v.t., **-pp- a)** verschließen ⟨Flasche⟩; zu-, abdecken ⟨Brunnen, Bohrloch⟩; mit einer Schutzkappe versehen ⟨Zahn⟩; **b)** (Brit. Sport: award ~ to) aufstellen; **he was ~ped ten times for England** er ist zehnmal für die englische Nationalmannschaft aufgestellt worden; **c)** (crown) (with clouds, snow, mist) bedecken; (fig.) krönen **(by** durch); **~ped with snow** schneebedeckt; **d)** (follow with sth. even more noteworthy) überbieten ⟨Geschichte, Witz usw.⟩; **to ~ it all** obendrein; **that ~s the lot!** das ist die Höhe!
cap. [kæp] abbr. **a)** (Printing etc.) **capital** Vers.; **b) chapter** Kap.
capability [keɪpə'bɪlɪtɪ] n. **a)** Fähigkeit, die; Vermögen, das (geh.); **his ~ of understanding difficult texts** sein Verständnis[vermögen] für schwierige Texte; **this plot of land has the ~ for further development** dieses Grundstück läßt sich noch weiter erschließen; **~ for growth** Wachstumschancen Pl.; **b)** in pl. (undeveloped faculty) Entwicklungsmöglichkeiten Pl.
capable ['keɪpəbl] adj. **a) be ~ of sth.** ⟨Person:⟩ zu etw. imstande sein; **show him what you are ~ of** zeig ihm, wozu du imstande bist od. wessen du fähig bist; **he is ~ of any**

crime er ist zu jedem Verbrechen fähig; **she is quite ~ of neglecting her duties** sie bringt es durchaus fertig, ihre Pflichten zu vernachlässigen; **be ~ of improvement** verbesserungsfähig sein; **be ~ of misinterpretation** sich leicht falsch interpretieren lassen; leicht falsch interpretiert werden; **it is not ~ of being expressed in a few words** es läßt sich nicht in ein paar Worten ausdrücken; **b)** (gifted, able) fähig ⟨Person, Lehrer usw.⟩; **~ fingers** geschickte Finger
capably ['keɪpəblɪ] adv. gekonnt, kompetent ⟨leiten, führen⟩
capacious [kə'peɪʃəs] adj. geräumig; groß ⟨Gedächtnis, Verstand, Appetit⟩; weit, groß ⟨Schuhe, Taschen⟩
capaciousness [kə'peɪʃəsnɪs] n., no pl. (of room, hall) Geräumigkeit, die; (of receptacle) Größe, die
capacitance [kə'pæsɪtəns] n. (Electr.) Kapazitanz, die
capacitor [kə'pæsɪtə(r)] n. (Electr.) Kondensator, der
capacity [kə'pæsɪtɪ] n. **a)** (power) Aufnahmefähigkeit, die; (to do things) Leistungsfähigkeit, die; **this book is within the ~ of young readers** junge Leser sind mit diesem Buch nicht überfordert; **some have more ~ for happiness than others** manche sind zu größeren Glücksempfindungen fähig als andere; **b)** no pl. (maximum amount) Fassungsvermögen, das; **the machine is working to ~:** die Maschine ist voll ausgelastet; **a seating ~ of 300** 300 Sitzplätze; **filled to ~** ⟨Saal, Theater⟩ bis auf den letzten Platz besetzt; **the film drew ~ houses for ten weeks** zehn Wochen lang waren alle Vorstellungen dieses Films ausverkauft; **the star was cheered by a ~ audience** ein volles Haus jubelte dem Star zu; **c)** (measure) Rauminhalt, der; Volumen, das; **measure of ~:** Hohlmaß, das; **d)** (position) Eigenschaft, die; Funktion, die; **in his ~ as critic/lawyer** etc. in seiner Eigenschaft als Kritiker/Anwalt usw.; **in a civil ~:** als Zivilist; **e)** (mental power) **he has a mind of great ~:** er hat einen äußerst fähigen Kopf; **have a ~ for genuine love** echter Liebe (Gen.) fähig sein; **f)** (legal competence) Geschäftsfähigkeit, die; **he does not have any legal ~:** er ist nicht geschäftsfähig; **g)** (Electr.) Kapazität, die
caparison [kə'pærɪsən] n., usu. in pl. (horse's trappings) Schabracke, die
¹**cape** [keɪp] n. (garment) Umhang, der; (short of coat) Pelerine, die
²**cape** n. (Geog.) Kap, das; **the C~ [of Good Hope]** das Kap der guten Hoffnung; **C~ Horn** Kap Hoorn (das); **C~ Town** Kapstadt (das); **C~ Verde Islands** Kapverdische Inseln Pl.
¹**caper** ['keɪpə(r)] **1.** n. **a)** (frisky movement) Luftsprung, der; **cut a ~/~s** einen Luftsprung/Luftsprünge machen; **b)** (wild behaviour) Kapriole, die; **c)** (sl.: activity, occupation) Masche, die (salopp). **2.** v.i. **~ [about]** [herum]tollen; [umher]tollen
²**caper** n. **a)** (shrub) Kapernstrauch, der; **b)** in pl. (pickled buds) Kapern Pl.
capercaillie [kæpə'keɪljɪ], **capercailzie** [kæpə'keɪlzɪ] ns. (Ornith.) Auerhahn, der
capful ['kæpfʊl] n. **one ~:** der Inhalt einer Verschlußkappe
capillary [kə'pɪlərɪ] **1.** adj. (of hairlike diameter) haardünn; haarfein; Kapillar⟨gefäß, -ig⟩ Haar-; **~ tube** Kapillare, die (fachspr.). **2.** n. Kapillare, die (fachspr.)
¹**capital** ['kæpɪtl] **1.** adj. **a)** Todes⟨strafe, -urteil⟩; Kapital⟨verbrechen⟩; tödlich ⟨Irrtum, Fehler, Laster, Torheit⟩; **b)** attrib. groß, Groß-, (fachspr.) Versal⟨buchstabe⟩; **~ letters** Großbuchstaben, der; Versalien (fachspr.); **'I' is written with a ~ letter** „I" wird groß geschrieben od. mit großem I geschrieben; **with a ~ A** etc. mit großem A usw. od. (fachspr.) mit Versal-A usw.; (fig.)

capital

im wahrsten Sinne des Wortes; **c)** *attrib. (principal)* Haupt‹*stadt*›; **London is the ~ city of Britain** London ist die Hauptstadt *od. (geh.)* Kapitale Großbritanniens; **d)** *(important, leading)* einmalig ‹*Vorteil, Person, Buch, Vorstellung*›; *(dated coll.: excellent, first-rate)* einmalig; famos *(veralt.)* ‹*Idee*›; **~!** tadellos!; famos! *(veralt.);* **e)** *(Commerc.)* ~ **funds/stock** Grundkapital, *das;* ~ **sum/expenditure/investment** Kapitalbetrag, *der/*-aufwendungen *Pl./*-anlage, *die.* **2.** *n.* **a)** *(letter)* Großbuchstabe, *der;* [**large**] **~s** Großbuchstaben; Versalien *(fachspr.);* **small ~s** Kapitälchen *(fachspr.);* **write one's name in [block] ~s** seinen Namen in Blockbuchstaben schreiben; **b)** *(city, town)* Hauptstadt, *die;* Kapitale, *die (geh.);* **c)** *(stock, accumulated wealth, its holders)* Kapital, *das;* **personal** *or* **private ~:** Eigenkapital, *das;* **~ and labour** Kapital und Arbeit; *(in non-socialist terminology)* Arbeitgeber und Arbeitnehmer; **make ~ out of sth.** *(fig.)* aus etw. Kapital schlagen
²**capital** *n. (Archit.)* Kapitell, *das;* Kapitäl, *das*
capital: ~ '**gain** *n.* Kapitalgewinn, *der;* Kapitalertrag, *der;* ~ '**gains tax** *n. (Brit.)* Steuer auf Kapitalgewinn, *die;* ~ **goods** *n. pl.* Investitionsgüter *Pl.*
capitalise *see* **capitalize**
capitalism ['kæpɪtəlɪzm] *n.* Kapitalismus, *der; (possession of capital)* Kapitalbesitz, *der;* ~ **is ...:** der Kapitalismus ist ...
capitalist ['kæpɪtəlɪst] **1.** *n.* Kapitalist, *der/*Kapitalistin, *die.* **2.** *adj.* kapitalistisch; **the ~ class** die Kapitalistenklasse
capitalistic [kæpɪtə'lɪstɪk] *adj.* kapitalistisch
capitalize ['kæpɪtəlaɪz] **1.** *v.t.* **a)** groß schreiben ‹*Buchstaben, Wort*›; **b)** *(convert, compute)* kapitalisieren ‹*Rente, Reserven*›. **2.** *v.i. (fig.)* ~ **on sth.** von etw. profitieren; aus etw. Kapital schlagen *(ugs.)*
capital: ~ **'levy** *n.* Vermögensabgabe, *die;* Kapitalabgabe, *die;* ~ **ship** *n.* Großkampfschiff, *das;* ~ **sum** *n.* Kapitalbetrag, *der;* ~ **territory** *n.* Gebiet der/einer Hauptstadt
capitation [kæpɪ'teɪʃn] *n.* Kopfsteuer, *die;* **capi'tation grant** *n.* Zuschuß pro Kopf
Capitol ['kæpɪtl] *n.* Kapitol, *das*
capitulate [kə'pɪtjʊleɪt] *v.i.* kapitulieren
capitulation [kəpɪtjʊ'leɪʃn] *n.* Kapitulation, *die*
capo ['kæpəʊ] *n., pl.* **~s** *(Mus.)* Kapodaster, *der*
capon [keɪpn] *n.* Kapaun, *der*
cappuccino [kɑ:pʊ'tʃi:nəʊ] *n., pl.* **~s** Cappuccino, *der*
Capri [kə'pri:] *pr. n.* Capri *(das);* ~ **pants, ~s** Caprihosen *Pl.*
caprice [kə'pri:s] *n.* **a)** *(change of mind or conduct)* Laune, *die;* Kaprice, *die (geh.); (inclination)* Willkür, *die;* **out of sheer ~:** aus einer Laune heraus; **the ~s of English weather** die Launen[haftigkeit] des englischen Wetters; **b)** *(work of art)* Capriccio, *das;* Caprice, *die (geh.)*
capricious [kə'prɪʃəs] *adj.* launisch; kapriziös *(geh.); (irregular, unpredictable)* wechselhaft, launisch ‹*Wetter*›; unberechenbar, schwankend ‹*System, Markt*›
capriciously [kə'prɪʃəslɪ] *adv.* willkürlich
capriciousness [kə'prɪʃəsnɪs] *n., no pl.* Launenhaftigkeit, *die; (of actions)* Willkür, *die; (of weather)* Wechselhaftigkeit, *die;* Launenhaftigkeit, *die*
Capricorn ['kæprɪkɔ:n] *n. (Astrol., Astron.)* der Steinbock; der Capricornus; *see also* **Aries; tropic**
Capricornian [kæprɪ'kɔ:nɪən] *n. (Astrol.)* Steinbock, *der*
caps. [kæps] *abbr.* **capital letters** Vers.
capsicum ['kæpsɪkəm] *n.* **a)** *(pod)* Pfefferschote, *die;* **b)** *(plant)* Paprika, *der*

capsize [kæp'saɪz] **1.** *v.t.* zum Kentern bringen. **2.** *v.i.* kentern
capstan ['kæpstən] *n.* **a)** *(barrel for cable)* Winde, *die;* Spill, *das (Seemannsspr.);* **b)** *(in tape-recorder)* Tonwelle, *die;* Tonrolle, *die*
'**capstan lathe** *n.* Sattelrevolverdrehmaschine, *die*
'**cap stone** *n. (top stone)* Deckstein, *der; (coping)* Mauerkrone, *die*
capsule ['kæpsjʊl] *n. (Med., Physiol., Bot., of rocket)* Kapsel, *die*
Capt. *abbr.* **Captain** Kapt.; Hptm.
captain ['kæptɪn] **1.** *n.* **a)** *(Naut.)* Kapitän, *der; (in army)* Hauptmann, *der; (in navy)* Kapitän [zur See]; ~ **of a ship** Schiffskapitän, *der;* ~ **of industry** *(fig.)* Industriekapitän, *der (ugs.);* **b)** *(head boy/girl at school)* Schulsprecher, *der/*-sprecherin, *die;* **form ~:** Klassensprecher, *der/*-sprecherin, *die;* **c)** *(Sport)* Kapitän, *der;* Spielführer, *der/*-führerin, *die;* **d)** *(Amer.: police rank)* ≈ Polizeidirektor, *der.* **2.** *v.t.* befehligen ‹*Soldaten, Armee*›; ~ **a team** Mannschaftskapitän sein; Kapitän einer Mannschaft sein
captaincy ['kæptɪnsɪ] *n. (Sport)* Führung, *die*
caption ['kæpʃn] *n.* **a)** *(heading)* Überschrift, *die;* **b)** *(wording under photograph/ drawing)* Bildunterschrift, *die; (Cinemat., Telev.)* Untertitel, *der.* **2.** *v.t.* betiteln; mit Bildunterschrift[en] versehen ‹*Foto, Illustration*›; mit Untertiteln versehen ‹*Film*›
captious ['kæpʃəs] *adj.* überkritisch
captivate ['kæptɪveɪt] *v.t.* fesseln *(fig.);* gefangennehmen *(fig.);* **she was ~d by his charm/by Tom** sie war von seinem Charme gefesselt/von Tom fasziniert
captivating ['kæptɪveɪtɪŋ] *adj.* bezaubernd; einnehmend ‹*Lächeln*›
captivation [kæptɪ'veɪʃn] *n.* Fesselung, *die (fig.);* Verzauberung, *die*
captive ['kæptɪv] **1.** *adj. (taken prisoner)* gefangen; ‹*Zustand, Stunden, Ketten*› der Gefangenschaft; **a ~ person** ein Gefangener/ eine Gefangene; **a ~ animal** ein Tier in Gefangenschaft; **be taken ~:** gefangengenommen werden; **hold sb. ~:** jmdn. gefangenhalten; **lead/bring sb. ~ somewhere** jmdn. als Gefangener irgendwohin führen/bringen. **2.** *n.* Gefangener, *der/*Gefangene, *die*
captive: ~ '**audience** *n.* unfreiwilliges Publikum, *das;* ~ **'bal'loon** *n.* Fesselballon, *der*
captivity [kæp'tɪvɪtɪ] *n.* Gefangenschaft, *die;* **in [a state of] ~:** in [der] Gefangenschaft; **be held in ~:** gefangengehalten werden
captor ['kæptə(r)] *n. (of city, country)* Eroberer, *der; (of ship)* Kaperer, *der;* **his ~:** der/die ihn gefangennahm
capture ['kæptʃə(r)] **1.** *n.* **a)** *(seizing)* (*of thief etc.)* Festnahme, *die; (of town)* Einnahme, *die;* **b)** *(thing or person captured)* Fang, *der;* **c)** *(Chess etc.)* Schlagen, *das.* **2.** *v.t.* **a)** ergreifen, festnehmen ‹*Person*›; [ein]fangen ‹*Tier*›; einnehmen ‹*Stadt*›; holen, ergattern ‹*Preis*›; gefangennehmen ‹*Phantasie*›; erregen ‹*Aufmerksamkeit*›; *(Hist.)* kapern ‹*Schiff*›; ~ **sb.'s heart** jmds. Herz gewinnen; **they ~d the city from the Romans** sie nahmen den Römern die Stadt ab; **b)** *(put in permanent form)* einfangen ‹*Augenblick, Eindruck*›; **c)** *(Chess etc.)* schlagen ‹*Figur*›; **d)** *(Computing)* erfassen ‹*Daten*›
Capuchin ['kæpjʊtʃɪn] *n. (Franciscan friar)* Kapuziner[mönch], *der*
capuchin: ~ **monkey** *n.* Kapuzineraffe, *der;* ~ **pigeon** *n.* Mönchtaube, *die*
capybara [kæpɪ'bɑ:rə] *n. (Zool.)* Capybara, *das;* Wasserschwein, *das*
car [kɑ:(r)] *n.* **a)** *(motor ~)* Auto, *das;* Wagen, *der; (official)* Dienstwagen, *der;* **by ~:** mit dem Auto *od.* Wagen; **b)** *(railway-carriage etc.)* Wagen, *der;* **c)** *(Amer.: lift-cage)* Fahrkabine, *die;* **d)** *(of balloon, airship, etc.)* Gondel, *die*

carafe [kə'ræf, kə'rɑ:f] *n.* Karaffe, *die*
caramel ['kærəmel] *n.* **a)** *(toffee)* Karamelle, *die;* Karamelbonbon, *das;* **b)** *(burnt sugar or syrup)* Karamel, *der;* **c)** *(colour)* Karamelfarbe, *die;* bräunliches Gelb
carapace ['kærəpeɪs] *n. (of turtle, tortoise)* Rückenschild, *der; (of other crustacean)* Schale, *die*
carat ['kærət] *n.* Karat, *das;* **a 22-~ gold ring, a gold ring of 22 ~s** ein 22karätiger Goldring
caravan ['kærəvæn] **1.** *n.* **a)** *(Brit.)* Wohnwagen, *der; (used for camping)* Wohnwagen, *der;* Caravan, *der;* **b)** *(company of merchants, pilgrims, etc.)* Karawane, *die.* **2.** *v.i., (Brit.)* **-nn-:** **go ~ning** Urlaub im Wohnwagen *od.* Caravan machen; ~ **through Ireland** mit Wohnwagen *od.* Caravan durch Irland fahren
caravan: ~ **park, ~ site** *ns.* Campingplatz für Wohnwagen
caravel ['kærəvel] *n. (Hist.)* Karavelle, *die*
caraway ['kærəweɪ] *n.* Kümmel, *der*
'**caraway seed** *n.* Kümmelkorn, *das; in pl.* Kümmel, *der*
carbide ['kɑ:baɪd] *n.* Karbid, *das;* Carbid, *das (fachspr.)*
carbine ['kɑ:baɪn] *n.* Karabiner, *der*
carbohydrate [kɑ:bə'haɪdreɪt] *n. (Chem.)* Kohle[n]hydrat, *das*
carbolic [kɑ:'bɒlɪk] *adj.* Karbol‹*säure*›; ~ **soap** Karbolseife, *die*
'**car bomb** *n.* Autobombe, *die*
carbon ['kɑ:bən] *n.* **a)** Kohlenstoff, *der;* **b)** *(copy)* Durchschlag, *der; (paper)* Kohlepapier, *das;* **c)** *(Electr.)* Kohle, *die;* Kohlestift, *der*
carbonade [kɑ:bə'neɪd] *n.* [**beef**] ~ *(mit Bier abgeschmeckter)* Rindfleischeintopf
carbonate ['kɑ:bəneɪt] **1.** *n.* Karbonat, *die,(fachspr.)* Carbonat, *das.* **2.** *v.t.* mit Kohlensäure versetzen ‹*Getränke*›; **a ~d beverage** ein kohlensäurehaltiges Getränk
carbon: ~ **'copy** *n.* Durchschlag, *der; (fig.) (imitation)* Nachahmung, *die;* Abklatsch, *der (abwertend); (identical counterpart)* Ebenbild, *das;* ~ **dating** *n.* Radiokarbonmethode, *die;* Radiokohlenstoffmethode, *die;* ~ **di'oxide** *n. (Chem.)* Kohlendioxid, *das*
carboniferous [kɑ:bə'nɪfərəs] **1.** *adj.* **a)** *(producing coal)* kohlehaltig; **b)** *(Geol.)* Karbon-, Steinkohlen-; **C~ period** Karbon *od.* Steinkohlenformation, *die.* **2.** *n. (Geol.)* **the C~** das Karbon
carbonize (carbonise) ['kɑ:bənaɪz] *v.t.* karbonisieren ‹*Diamanten, Graphit*›; verkohlen ‹*Kohle*›; *(to obtain gas)* verkoken ‹*Kohle*›; verschwelen ‹*Torf, Lignit*›; [mit der/einer Färbemasse] beschichten ‹*Papier, Formulare*›
carbon: ~ **mo'noxide** *n. (Chem.)* Kohlenmonoxyd, *der (fachspr.)* Kohlenmonoxid, *das;* ~ **paper** *n.* Kohlepapier, *das;* ~ **'steel** *n.* Kohlenstoffstahl, *der;* ~ **tetra'chloride** *n. (Chem.)* Tetrachlorkohlenstoff, *der*
carborundum [kɑ:bə'rʌndəm] *n.* Karborund, *das*
carboy ['kɑ:bɔɪ] *n.* Korbflasche, *die*
carbuncle ['kɑ:bʌŋkl] *n.* **a)** *(stone)* Karfunkel[stein], *der;* **b)** *(abscess)* Karbunkel, *der*
carburettor *(Amer.:* **carburetor)** [kɑ:bə'retə(r)] *n.* Vergaser, *der*
carcass *(Brit. also:* **carcase)** ['kɑ:kəs] *n.* **a)** *(dead body; joc.: live human body)* Kadaver, *der; (at butcher's)* Rumpf, *der;* ~ **meat** Frischfleisch, *das;* **b)** *(remains)* Überreste *Pl.;* **carcasses of old cars/bikes** Schrottautos/-räder *Pl.;* **c)** *(of ship, fortification, etc.)* Skelett, *das; (of new building)* Rohbau, *der;* **d)** *(of tyre)* Karkasse, *die*
carcinogen [kɑ:'sɪnədʒən] *n. (Med.)* Karzinogen, *das (fachspr.);* Krebserreger, *der*
carcinogenic [kɑ:sɪnə'dʒenɪk] *adj. (Med.)* karzinogen *(fachspr.);* krebserregend

121

carcinoma [kɑːsɪ'nəʊmə] *n., pl.* **carcinomata** [kɑːsɪ'nəʊmətə] *or* **~s** *(Med.)* Karzinom, *der*

car: ~ **coat** *n.* Autocoat, *der;* ~ **crash** *n.* Autounfall, *der*

¹**card** [kɑːd] *n.* **a)** *(playing-~)* Karte, *die;* **read the ~s** Karten lesen; **be on the ~s** *(fig.)* zu erwarten sein; **put [all] one's ~s on the table** *(fig.)* [alle] seine Karten auf den Tisch legen; **have [yet] another ~ up one's sleeve** *(fig.)* noch einen Trumpf in der Hand haben; noch etwas in petto haben *(ugs.)* **b)** *in pl. (game)* Karten *Pl.;* **play ~s** Karten spielen; **lose money at ~s** beim Kartenspiel[en] Geld verlieren, **c)** *(~board, post~, visiting ~, greeting ~, ticket, invitation)* Karte, *die;* **let me give you my ~:** ich gebe Ihnen meine Karte; **d)** *(programme at races etc.)* Programm, *das;* **e)** *in pl. (coll.: employee's documents)* Papiere *Pl.;* **ask for/get one's ~s** sich *(Dat.)* seine Papiere geben lassen/seine Papiere kriegen *(ugs.);* **f)** *(person)* Type, *die (ugs.);* **an odd ~:** eine komische Type; **g)** *(coll.: eccentric person)* komischer Vogel *(ugs.)*

²**card** *(Textiles)* **1.** *n. (instrument)* Karde, *die;* Kratze, *die.* **2.** *v. t.* karden

cardamom, cardamum ['kɑːdəməm] *n.* Kardamom, *das od. der*

card: **~board** *n.* Pappe, *die;* Pappkarton, *der; (fig. attrib.)* klischeehaft ⟨Figur⟩; **~board box** Karton, *der;* **~-carrying** *adj.* **a ~-carrying member** ein eingetragenes Mitglied; ~ **file** *n.* Kartei, *die; (large)* Kartothek, *die;* **~-game** *n.* Kartenspiel, *das*

cardiac ['kɑːdɪæk] *adj. (of heart)* Herz-; *(of stomach)* Magen-

cardiac arrest *n.* Herzstillstand, *der*

cardigan ['kɑːdɪɡən] *n.* Strickjacke, *die*

cardinal ['kɑːdɪnl] **1.** *adj.* **a)** *(fundamental)* grundlegend ⟨Frage, Doktrin, Pflicht⟩; Kardinal⟨fehler, -problem⟩; *(chief)* hauptsächlich, Haupt⟨argument, -punkt, -merkmal⟩; **b)** *(of deep scarlet)* scharlachfarben; scharlachrot ⟨Farbe⟩; ~ **red** scharlachrot. **2.** *n.* **a)** *(Eccl.)* Kardinal, *der;* **b)** *see* **cardinal number; c)** *(song-bird)* Kardinal, *der*

cardinal: ~ **number** *n.* Grund-, Kardinalzahl, *die;* ~ **points** *n. pl.* Himmelsrichtungen *Pl.;* ~ **'sin** *n.* Todsünde, *die;* ~ **'virtues** *n. pl.* Kardinaltugenden *Pl.;* ~ **'vowel** *n. (Phonet.)* Kardinalvokal, *der*

card: ~ **'index** *n.* Kartei, *die;* **~-'index** *v. t.* karteimäßig erfassen *od.* ordnen

carding-machine ['kɑːdɪŋməʃiːn] *n.* Karde, *die*

cardio- [kɑːdɪəʊ] *in comb. (Med.)* kardio-/Kardio-

'**cardiogram** *n.* Kardiogramm, *das (Med.)*

'**cardiograph** *n.* Kardiograph, *der (Med.)*

cardiologist [kɑːdɪ'ɒlɪdʒɪst] *n.* Kardiologe, *der*/Kardiologin, *die*

cardiology [kɑːdɪ'ɒlədʒɪ] *n.* Kardiologie, *die*

card: **~-playing** *n., no pl.* Kartenspielen, *das;* **all forms of ~-playing** alle Formen des Kartenspiels; **~-room** *n.* Spielzimmer, *das;* **~-sharp, ~-sharper** *ns.* Falschspieler, *der;* **~-table** *n.* Kartentisch, *der;* ~ **trick** *n.* Kartentrick, *der;* ~ **vote** *n.* Abstimmung durch Wahlmänner *(in Gewerkschaften)*

care [keə(r)] **1.** *n.* **a)** *(anxiety)* Sorge, *die;* **a life full of ~:** ein Leben voller Sorgen; **cast ~ aside** *(arch./literary)* die Sorgen vergessen; **she hasn't got a ~ in the world** sie hat keinerlei Sorgen; **b)** *(pains)* Sorgfalt, *die;* **take ~:** sich bemühen; **he takes great ~ over his work** er gibt sich *(Dat.)* große Mühe mit seiner Arbeit; **c)** *(caution)* Vorsicht, *die;* **take ~, have a ~:** aufpassen; **take ~ or have a ~ to do sth.** darauf achten, etw. tu tun; **take more ~!** paß [doch] besser auf!; **take ~ to lock the door** vergiß ja *od.* nur nicht, die Tür abzuschließen; **d)** *(attention)* medical ~: ärztliche Betreuung; **old people need special ~:** alte Menschen brauchen besondere Fürsorge; **e)** *(concern)* ~ **for sb./sth.** die Sorge um jmdn./etw.; **f)** *(charge)* Obhut, *die (geh.);* ~ **of,** *(Amer.)* **in ~ of** *(in letter)* per Adresse; **bei**; **be in ~:** in Pflege sein; **put sb. in ~/take sb. into ~:** jmdn. in Pflege geben/nehmen; **take ~ of sb./sth.** *(ensure safety of)* auf jmdn./etw. aufpassen; *(attend to, dispose of)* sich um jmdn./etw. kümmern; **take ~ of one's appearance** auf sein Äußeres achten; **take ~ of oneself** für sich selbst sorgen; *(as to health)* sich schonen; **take ~ [of yourself]!** mach's gut! *(ugs.);* **that will take ~ of itself** das erledigt sich von selbst. **2.** *v. i.* **a)** ~ **for** *or* **about sb./sth.** *(heed)* sich um jmdn./etw. kümmern, *(feel interest)* sich für jmdn./etw. interessieren; **he ~s only for his own interests** er hat nur seine eigenen Interessen im Sinn; **b)** ~ **for** *or* **about sb./sth.** *(like)* jmdn./etw. mögen; **someone he really ~s for** *or* **about** jemand, der ihm wirklich etwas bedeutet; **he never shows how much he ~s** er zeigt nie die Stärke seiner Zuneigung; **I don't ~ about him** er ist mir völlig gleichgültig; **would you ~ for a drink?** möchten Sie etwas trinken?; **c)** *(feel concern)* **I don't ~ [whether/how/what** etc.**]** es ist mir gleich[, ob/wie/was usw.]; **do you ~ if ...:** macht es Ihnen etwas aus, wenn ...; **people who ~:** Leute, die nicht nur an sich selbst denken; **she doesn't appear to ~** *(how she dresses)* es scheint ihr gleich zu sein[, wie sie angezogen ist]; **don't you ~?** ist es dir [denn] gleichgültig?; **for all I ~** *(coll.)* von mir aus *(ugs.);* **I couldn't ~ less** *(coll.)* es ist mir völlig einerlei *od. (ugs.)* egal; **I couldn't ~ less about money** *(coll.)* Geld ist mir völlig gleichgültig; **I couldn't/don't ~ a tinker's cuss** *or* **a hoot** *or* **two hoots** *or* **tuppence about him** *or* **etc.** *(coll.)* er/es usw. ist mir piepegal *od.* schnuppe *(ugs.);* **what do I ~?** *(coll.)* mir ist es egal *(ugs.);* **not that 'I ~** *(coll.)* obwohl es mir egal ist *(ugs.);* **who ~s?** *(coll.)* was soll's *(ugs.); see also* **damn 2 b; d)** *(wish)* ~ **to do sth.** etw. tun mögen; **would you ~ to try some cake?** darf ich Ihnen ein Stückchen Kuchen anbieten?; **e)** ~ **for sb./sth.** *(look after)* sich um jmdn./etw. kümmern; **well ~d for** gepflegt; gut versorgt ⟨Person⟩; gut erhalten ⟨Auto⟩

careen [kə'riːn] **1.** *v. t. (Naut.)* kielholen. **2.** *v. i.* **a)** *(Naut.: be turned over)* gekielholt werden; krängen; *(fig.)* schwanken; torkeln; **b)** *(Amer.: career)* rasen

career [kə'rɪə(r)] **1.** *n.* **a)** *(way of livelihood)* Beruf, *der;* **a teaching ~:** der Beruf des Lehrers; **take up a ~ in journalism** den Beruf des Journalisten ergreifen; **her modelling ~ was finished** sie mußte ihren Beruf als Modell aufgeben; **she's not interested in [having] a ~:** sie interessiert sich nicht für eine Berufslaufbahn; **b)** *(progress in life)* [berufliche] Laufbahn, *die; (very successful)* Karriere, *die;* **c)** *(swift course)* Rasen, *das;* **in our ~ down the slope** als wir den Abhang hinuntersausten; **in full ~:** in rasendem Lauf; ⟨Wagen, Rennboot⟩ in voller Fahrt; ⟨Pferd⟩ in gestrecktem Galopp; **in mid ~:** mittendrin. **2.** *v. i.* rasen; ⟨Pferd, Reiter:⟩ galoppieren; **go ~ing down the hill** den Hügel hinunterrasen

career: ~ **'diplomat** *n.* Berufsdiplomat, *der;* ~ **girl** *n.* Karrierefrau, *die*

careerist [kə'rɪərɪst] *n.* Karrieremacher, *der (abwertend)*

career: **~s adviser** *n.* Berufsberater, *der*/-beraterin, *die;* **~s [advisory] service** *n.* Berufsberatung, *die;* **~s master/~s mistress** *n.* Lehrer, *der*/Lehrerin, *die* die Schüler bei der Wahl des Berufs berät; **~s office** *n.* Berufsberat[sstelle, *die;* **~s officer** *see* **~s adviser;** ~ **woman** *n.* Karrierefrau, *die*

'**carefree** *adj.* sorgenfrei

careful ['keəfl] *adj.* **a)** *(thorough)* sorgfältig; *(watchful, cautious)* vorsichtig; **[be] ~!** Vorsicht!; **be ~ to do sth.** darauf achten, etw. zu tun; **he was ~ not to mention the subject** er war darum bemüht, das Thema nicht zu erwähnen; **be ~ that ...:** darauf achten, daß ...; **be ~ for sb./sth.** auf jmdn./etw. achten; **he is ~ for his own interests** er achtet darauf, seine eigenen Interessen zu wahren; **be ~ of sb./sth.** *(take care of)* mit jmdn./etw. vorsichtig sein; *(be cautious of)* sich vor jmdn./etw. in acht nehmen; **be ~ of the roads!** paß auf, wenn du über die Straße gehst!; **be ~ how you word the letter** sei vorsichtig bei der Formulierung des Briefes; **be ~ [about] how/what/where** etc. darauf achten, wie/was/wo usw.; **be ~ about sth.** auf etw. *(Akk.)* achten; **be ~ about sb.** auf jmdn. aufpassen *od.* achten; **they're so ~ about the baby** sie kümmern sich sehr um das Baby; **be ~ about saying too much** darauf achten, nicht zu viel zu sagen; **be ~ about drinking and driving** bitte sei vorsichtig mit dem Alkohol, wenn du noch fahren mußt; **be ~ with sb./sth.** vorsichtig mit jmdn./etw. umgehen; **be ~ with his words** er wählt seine Worte sehr genau; **b)** *(showing care)* sorgfältig; **a ~ piece of work** ein sorgfältig gearbeitetes Stück; **after ~ consideration** nach reiflicher Überlegung; **pay ~ attention to what he says** achte genau auf das, was er sagt

carefully ['keəfəlɪ] *adv. (thoroughly)* sorgfältig; gewissenhaft; *(attentively)* aufmerksam; *(cautiously)* vorsichtig; **watch ~:** gut aufpassen

carefulness ['keəflnɪs] *n., no pl.* Sorgfalt, *die; (caution)* Vorsicht, *die*

careless ['keəlɪs] *adj.* **a)** *(inattentive)* unaufmerksam; *(thoughtless)* gedankenlos; unvorsichtig, leichtsinnig ⟨Fahrer⟩; nachlässig ⟨Arbeiter⟩; **be ~ about** *or* **of sb./sth.** wenig auf jmdn./etw. achten; **you oughtn't to be so ~ about drinking and driving** du solltest mehr auf deinen Alkoholkonsum achten, wenn du noch fahren mußt; ~ **of sb./sth.** *(unconcerned about)* unbekümmert um jmdn./etw.; ~ **with sb./sth.** unvorsichtig mit jmdn./etw.; **be ~ [about** *or* **of] how/what/where** etc. wenig darauf achten, wie/was/wo usw.; **b)** *(showing lack of care)* unordentlich, nachlässig ⟨Arbeit⟩; gedankenlos ⟨Bemerkung, Handlung⟩; unachtsam ⟨Fahren⟩; **a [very] ~ mistake** ein [grober] Flüchtigkeitsfehler; **c)** *(nonchalant)* ungezwungen, lässig ⟨Aussehen, Geste⟩

carelessly ['keəlɪslɪ] *adv.* **a)** *(without care)* nachlässig; *(thoughtlessly)* gedankenlos; unvorsichtig, leichtsinnig ⟨fahren⟩; **b)** *(nonchalantly)* lässig

carelessness ['keəlɪsnɪs] *n., no pl. (lack of care)* Nachlässigkeit, *die; (thoughtlessness)* Gedankenlosigkeit, *die*

caress [kə'res] **1.** *n.* Liebkosung, *die.* **2.** *v. t.* liebkosen; ~ **[each other]** sich *od.* einander liebkosen

caret ['kærət] *n.* Korrekturzeichen für fehlende Buchstaben *od.* Wörter in einem Text

care: **~taker** *n.* **a)** Hausmeister, *der*/-meisterin, *die; (in private house)* Hausverwalter, *der*/-verwalterin, *die;* **b) ~taker government** Übergangsregierung, *die;* **~-worn** *adj.* von Sorgen gezeichnet; **he looked ~-worn** sein Gesicht war von Sorgen gezeichnet

car: **~fare** *n. (Amer.)* Fahrgeld, *das;* ~ **ferry** *n.* Autofähre, *die*

cargo ['kɑːɡəʊ] *n., pl.* **~es** *or (Amer.)* **~s** Fracht, *die;* Ladung, *die;* **a ~ of spices** eine Ladung Gewürze

cargo: ~ **boat**, ~ **ship**, **~vessel** *ns.* Frachter, *der;* Frachtschiff, *das*

¹**carhop** *n. (Amer. coll.)* Kellner/Kellnerin in einem Drive-in-Restaurant

Caribbean [kærɪ'biːən] 1. *n.* the ~: die Karibik. 2. *adj.* karibisch; **the** ~ **Sea** das Karibische Meer; ~ **holiday** Urlaub in der Karibik

caribou ['kærɪbuː] *n.; pl. same (Zool.)* Karibu, *der od. das*

caricature ['kærɪkətjʊə(r)] 1. *n.* Karikatur, *die;* (in mime) Parodie, *die;* **do a** ~ **of sb.** jmdn. karikieren/parodieren. 2. *v.t.* karikieren; (in mime) parodieren

caricaturist ['kærɪkətjʊərɪst] *n.* Karikaturist, *der*/Karikaturistin, *die;* (in mime) Parodist, *der*/Parodistin, *die*

caries ['keəriːz] *n., pl. same (Med., Dent.)* Karies, *die*

carillon [kə'rɪljən, 'kærɪljən] *n.* Glockenspiel, *das*

caring ['keərɪŋ] *adj.* sozial ⟨*Gesellschaft*⟩; fürsorglich ⟨*Person*⟩

Carinthia [kə'rɪnθɪə] *pr. n.* Kärnten *(das)*

Carinthian [kə'rɪnθɪən] 1. *n.* Kärntner, *der*/Kärntnerin, *die.* 2. *adj.* kärntnerisch; **the** ~ **Lakes** die Kärntner Seen

'**carload** *n.* **a)** Wagenladung, *die;* **people were arriving by the** ~ es trafen ganze Wagenladungen von Menschen ein; **b)** *(Amer.)* Mindestladung für ermäßigten Frachtbrief

carman ['kɑːmən] *n., pl.* **carmen** ['kɑːmən] [Berufskraft]fahrer, *der*

'**car-mat** *n.* Fußmatte, *die (im Auto)*

Carmelite ['kɑːmɪlaɪt] 1. *n. (friar)* Karmelit[er], *der; (nun)* Karmelit[er]in, *die.* 2. *adj.* Karmeliter-

carmine ['kɑːmaɪn, 'kɑːmɪn] 1. *n.* Karmin[rot], *das.* 2. *adj.* karminrot

carnage ['kɑːnɪdʒ] *n.* Gemetzel, *das;* **a scene of** ~: ein Schlachtfeld *(fig.);* **the dreadful annual** ~ **on the roads** das alljährliche schreckliche Blutvergießen auf den Straßen

carnal ['kɑːnl] *adj.* **a)** *(sensual)* körperlich; sinnlich; fleischlich *(geh.);* ~ **desires/sins** sinnliche Begierden/Sünden des Fleisches *(geh.);* ~ **lust** Fleischeslust, *die (geh.);* **b)** *(worldly)* profan

carnal 'knowledge *n. (Law)* **have** ~ **of sb.** mit jmdm. Geschlechtsverkehr haben

¹**carnation** [kɑː'neɪʃn] *n. (Bot.)* [Garten]nelke, *die*

²**carnation** 1. *n.* Rosarot, *das.* 2. *adj.* ~ [**pink**] [zart]rosa

carnet ['kɑːneɪ] *n. (of motorist)* Triptyk, *das; (of camper)* Ausweis für Camper

carnival ['kɑːnɪvl] *n.* **a)** *(festival)* Volksfest, *das;* ~ **procession** Festzug, *der;* **b)** *(pre-Lent festivities)* Karneval, *der;* Fastnacht, *die;* Fasching, *der (bes. südd., österr.); (fig.: revelry)* ausgelassenes Fest; ~ **procession** Karnevals[um]zug, *der;* **c)** *(Amer.) (circus)* Zirkus, *der; (fun-fair)* Jahrmarkt, *der*

carnivore ['kɑːnɪvɔː(r)] *n. (animal)* Fleischfresser, *der;* Karnivore, *der (Zool.); (plant)* fleischfressende Pflanze; Karnivore, *die (Bot.)*

carnivorous [kɑː'nɪvərəs] *adj.* fleischfressend; karnivor *(Zool., Bot.)*

carob ['kærəb] *n.* **a)** *(pod)* Johannisbrot, *das;* **b)** *(tree)* Johannisbrotbaum, *der*

carol ['kærl] 1. *n.* **a)** [**Christmas**] ~: Weihnachtslied, *das;* ~ **concert,** ~-**singing** weihnachtliches Liedersingen; **b)** *(joyous song)* fröhliches Lied. 2. *v.i., (Brit.)* -**ll- a)** *(sing as carol)* singen ⟨*Weihnachtslied*⟩; **b)** *(sing joyfully)* [fröhlich] singen. 3. *v.i., (Brit.)* -**ll- a)** Weihnachtslieder singen; **b)** *(sing joyfully)* [fröhlich] singen

carom ['kærəm] *(Amer.)* 1. *n.* Karambolage, *die;* ~ **billiards** Karambolagebillard, *das.* 2. *v.i. (Billiards)* karambolieren

carotid [kə'rɒtɪd] *(Anat.)* 1. *adj.* Karotis-; ~ **artery** *see* 2. 2. *n.* Halsschlagader, *die;* Karotis, *die (fachspr.)*

carousal [kə'raʊzl] *n.* Zechgelage, *das*

carouse [kə'raʊz] 1. *v.i.* zechen *(veralt., noch scherzh.).* 2. *n. see* **carousal**

carousel [kærʊ'sel, kærʊ'zel] *n.* **a)** *(conveyor system)* Ausgabeband, *das;* **b)** *(Amer.: roundabout)* Karussell, *das*

'**car-owner** *n.* Autobesitzer, *der*

¹**carp** [kɑːp] *n., pl. same (Zool.)* Karpfen, *der*

²**carp** *v.i.* nörgeln; ~ [**on and on**] **at sb./sth.** an jmdm./etw. [dauernd] herumnörgeln *(ugs.)*

'**car-park** *n.* Parkplatz, *der; (underground)* Tiefgarage, *die; (building)* Parkhaus, *das*

'**car-parking** *n.* Parken, *das;* ~ **facilities are available** Parkplätze [sind] vorhanden

Carpathians [kɑː'peɪθjənz, kɑː'peɪθjənz] *pr. n.* Karpaten *Pl.*

carpel ['kɑːpl] *n. (Bot.)* Fruchtblatt, *das;* Karpell, *das (fachspr.)*

carpenter ['kɑːpɪntə(r)] 1. *n.* Zimmermann, *der; (for furniture)* Tischler, *der*/Tischlerin, *die; (ship's* ~*)* Schiffszimmermann, *der.* 2. *v.t.* zimmern; tischlern ⟨*Regale*⟩

carpentry ['kɑːpɪntrɪ] *n.* **a)** *(art)* Zimmerhandwerk, *das; (in furniture)* Tischlerhandwerk, *das;* **b)** *(woodwork)* [**piece of**] ~: Tischlerarbeit, *die; (structure)* [Holz]konstruktion, *die*

carpet ['kɑːpɪt] 1. *n.* **a)** *(covering)* Teppich, *der;* [**fitted**] ~: Teppichboden, *der;* **stair-**~: [Treppen]läufer, *der;* **be on the** ~ *(coll.: be reprimanded)* zusammengestaucht werden *(ugs.); (be under discussion)* zur Debatte stehen; **have sb. on the** ~ *(coll.: reprimand sb.)* jmdn. zusammenstauchen *(ugs.);* **sweep sth. under the** ~ *(fig.)* etw. unter den Teppich kehren *(ugs.); see also* **red carpet; b)** *(expanse)* ~ **of flowers** Blumenteppich, *der;* ~ **of grass/snow/leaves** Gras-/Schnee-/Laubdecke, *die.* 2. *v.t.* **a)** *(cover)* [mit Teppich(boden)] auslegen; *(fig.)* bedecken; **snow** ~**ed the village in [a layer of] white** Schnee bedeckte das Dorf mit einem weißen Teppich; **b)** *(coll.: reprimand)* **be** ~**ed for sth.** wegen etw. zusammengestaucht werden *(ugs.)*

carpet: ~-**bag** *n.* Reisetasche, *die;* ~-**bagger** ['kɑːpɪtbægə(r)] *n.* **a)** politischer Karrieremacher; **b)** *(Hist.)* Politiker aus dem Norden der USA, die in den Südstaaten nach dem Sezessionskrieg rasch Karriere machen wollte; ~-**beater** *n.* Teppichklopfer, *der*

carpeting ['kɑːpɪtɪŋ] *n.* **a)** Teppich[boden], *der;* **some** ~**ing** ein Stück Teppichboden; **wall-to-wall** ~: Teppichboden, *der;* **stair**-~: [Treppen]läufer, *der;* **b)** *(fig.) see* **carpet 1 b**

carpet: ~-**slipper** *n.* Hausschuh, *der;* ~-**sweeper** *n.* Teppichkehrer, *der;* Teppichkehrmaschine, *die*

car: ~ **phone** *n.* Autotelefon, *das;* ~ **pool** *n.* Fahrgemeinschaft, *die (of a firm etc.);* Fahrzeugpark, *der;* ~-**port** *n.* Einstellplatz, *der*

'**car radio** *n.* Autoradio, *das*

carrel ['kærl] *n.* [abgeteilter] Arbeitsplatz *(in einer Bibliothek/hist.: in einem Kloster)*

carriage ['kærɪdʒ] *n.* **a)** *(horse-drawn vehicle)* Kutsche, *die;* ~ **and pair/four/six** *etc.* Zwei-/Vier-/Sechsspänner *usw.; see also* **drive 2a;** **b)** *(Railw.)* [Eisenbahn]wagen, *der;* **c)** *(Mech.)* Schlitten, *der; (of typewriter)* Schlitten, *der;* Wagen, *der;* **d)** *no pl. (conveying, being conveyed)* Transport, *der;* **use for** ~: für den Transport benutzen; **e)** *(cost of conveying)* Frachtkosten *Pl.;* ~ **forward** Fracht[kosten] zu Lasten des Empfängers; ~ **paid** frachtfrei; **f)** *(bearing)* Haltung, *die. See also* **gun carriage; invalid carriage**

carriage: ~ **clock** *n.* Reiseuhr, *die;* ~**way** *n.* Fahrbahn, *die*

'**car ride** *n.* Autofahrt, *die*

carrier ['kærɪə(r)] *n.* **a)** *(bearer)* Träger, *der;* ~ **of good news** Überbringer guter Nachrichten; **b)** *(conductor)* **be the** ~ **of sth.** etw. transportieren *od.* leiten; **c)** *(hired conveyor of goods or passengers)* Transportunternehmen, *das; (person)* Transportunternehmer, *der;* **firm of** ~**s** Transportunternehmen, *das;* **d)** *(on bicycle etc.)* Gepäckträger, *der; (for child passenger)* Kindersitz, *der;* **e)** *see* **carrier-bag; f)** *see* **carrier wave; g)** *see* **aircraft-carrier; h)** *(Med.: of disease)* Ausscheider, *der; (Genetics: of characteristic)* Konduktor, *der*

carrier: ~-**bag** *n.* Tragetasche, *die;* Tragetüte, *die;* ~ **pigeon** *n.* Brieftaube, *die;* **by** ~ **pigeon** mit der Taubenpost; ~ **wave** *n. (Phys.)* Trägerwelle, *die*

carrion ['kærɪən] *n.* **a)** *(flesh)* Aas, *das;* **b)** *(fig.: garbage)* Unflat, *der;* Schmutz, *der*

'**carrion crow** *n.* Rabenkrähe, *die; (Corvus corone)* Aaskrähe, *die*

carrot ['kærət] *n.* **a)** Möhre, *die;* Karotte, *die;* **grated** ~[**s**] geraspelte Möhren *od.* Karotten; **b)** *(fig.)* Köder, *der;* **dangle a** ~ **in front of sb.'s nose** jmdm. einen Köder vor die Nase halten; **with** ~ **and stick** mit Zuckerbrot und Peitsche

carroty ['kærətɪ] *adj.* rotblond ⟨*Haare*⟩

carrousel *(Amer.) see* **carousel**

carry ['kærɪ] 1. *v.t.* **a)** *(transport)* tragen; *(with emphasis on destination)* bringen; überbringen ⟨*Nachrichten*⟩; spülen ⟨*Strom*⟩; *(Verkehrsmittel:)* befördern; ~ **sth. with one in a bag** etw. in einer Tasche mit sich herumtragen; **where do you** ~ **your purse?** wo hast *od.* trägst du dein Portemonnaie?; ~ **sth. in one's head** etw. im Kopf haben; ~ **sth. round with one** *(lit. or fig.)* etw. mit sich herumtragen *(ugs.); (fig.)* etw. nicht vergessen können; ~ **all before one** *(fig.)* nicht aufzuhalten sein; **b)** *(conduct)* leiten; ~ **sth. into effect** etw. in die Tat umsetzen; **c)** *(support)* tragen; *(contain)* fassen; ~ **responsibility** Verantwortung tragen; **d)** *(have with one)* ~ [**with one**] bei sich haben *od.* tragen; tragen ⟨*Waffe, Kennzeichen*⟩; ⟨*Schiff:*⟩ führen ⟨*Lichter, Segel*⟩; **e)** *(possess)* besitzen ⟨*Autorität, Gewicht*⟩; *see also* **conviction b; f)** *(hold)* **he carries his head in a proud way** er trägt den Kopf hoch; **she carries herself well** sie hat eine gute Haltung; **he carries himself very erect** er hält sich sehr aufrecht; **g)** *(prolong)* ~ **sth. to sth.** etw. zu etw. führen; ~ **sth. to a close** *or* **an end** etw. zu Ende führen *od.* bringen; **such plans must be carried to their natural conclusions** solche Pläne müssen [bis zum Ende] durchgezogen werden *(ugs.);* ~ **modesty/altruism** *etc.* **to excess** die Bescheidenheit/den Altruismus *usw.* bis zum Exzeß treiben; ~ **things to extremes** die Dinge auf die Spitze treiben; *see also* **far 1 d; h)** *(transmit)* übertragen ⟨*Krankheit*⟩; **i)** *(Math.: transfer)* im Sinn behalten; ~ **one in Sinn; j)** *(be pregnant with)* erwarten ⟨*Kind*⟩; **she was** ~**ing his child** sie erwartete ein Kind von ihm; **k)** *(win)* erringen ⟨*Sieg*⟩; bekommen, erhalten ⟨*Belohnung*⟩; gewinnen ⟨*Preis, Wahl*⟩; durchbringen ⟨*Antrag, Gesetzentwurf, Vorschlag*⟩; **the motion is carried** der Antrag ist angenommen; ~ **one's point [with sb.]** seine Sache [bei jmdm.] durchsetzen; ~ **one's hearers/audience with one** die Zuhörer/das Publikum überzeugen; ~ **the day** den Sieg davontragen; **l)** *(involve)* [mit sich] bringen; bringen ⟨*Gewinn, Zinsen*⟩; **discipline carries both advantages and disadvantages** Disziplin hat ihre Vor- und Nachteile; **m)** *(stock)* führen; **n)** *(publish, broadcast)* bringen. 2. *v.i.* ⟨*Stimme, Laut:*⟩ zu hören sein; ⟨*Geruch:*⟩ zu riechen sein; ⟨*Geschoß, Ball:*⟩ [weit] fliegen

~ **a'way** *v.t.* forttragen; *(by force)* fortreißen; *(fig.)* **be** *or* **get carried away** *(be inspired)* hingerissen sein *(by* von*); (lose self-control)* sich hinreißen lassen; **don't get carried away!** nichts da!

~ '**back** *v.t.* **a)** *(return)* zurückbringen; **b)** *see* **take back b**

~ '**forward** *v.t. (Bookk.)* vortragen

~ '**off** *v.t.* **a)** *(from place)* davontragen; *(as*

owner or possessor) mit sich nehmen; *(cause to die)* dahinraffen *(geh.*); **b)** *(abduct)* entführen 〈*Person*〉; **c)** *(win)* gewinnen 〈*Preis, Medaille*〉; erringen 〈*Sieg*〉; **d)** *(make acceptable)* durchführen; *(cope with)* fertig werden mit; ~ **it/sth. off [well]** es/etw. [gut] zustande bringen
~ **'on 1.** *v.t.* *(continue)* fortführen 〈*Tradition, Diskussion, Arbeit*〉; ~ **on the firm** die Firma übernehmen; ~ **on [doing sth.]** weiterhin etw. tun; **they carried on talking** sie fuhren fort, sich zu unterhalten. **2.** *v.i.* **a)** *(continue)* weitermachen; ~ **on with a plan/project** einen Plan/ein Projekt weiterverfolgen; **b)** *(coll.: behave in unseemly manner)* sich danebenbenehmen *(ugs.*); *(make a fuss)* Theater machen *(ugs.*); ~ **on with sb.** *(flirt)* mit jmdm. flirten; *(have affair)* mit jmdm. ein Verhältnis haben. *See also* **carry-on**
~ **'out** *v.t.* *(put into practice)* durchführen 〈*Plan, Programm, Versuch*〉; in die Tat umsetzen 〈*Plan, Vorschlag, Absicht, Vorstellung*〉; ausführen 〈*Anweisung, Auftrag*〉; halten 〈*Versprechen*〉; vornehmen 〈*Verbesserungen*〉; wahr machen 〈*Drohung*〉
~ **'over** *v.t.* **a)** *(postpone)* vertagen (to auf + Akk.); **b)** *(St. Exch.)* prolongieren; **c)** *see* **forward.** *See also* **carry-over**
~ **'through** *v.t.* **a)** *(bring safely through)* ~ **sb. through** jmdm. durchhelfen; **b)** *(complete)* durchführen
'**carry-cot** *n.* Babytragetasche, *die*
carryings-on [kærɪŋz'ɒn] *n. pl.* *(sl.)* **a)** *(questionable behaviour)* seltsames Treiben; **there are strange** ~ **in that house** in diesem Haus geht Seltsames vor; **b)** *(love affairs)* Affären
carry: ~**-on** *n.* *(sl.)* **a)** Theater, *das* *(ugs.*); **b)** *(flirtation)* Flirt, *der;* *(love affair)* [Liebes]affäre, *die;* ~**-over** *n.* *(St. Exch.)* Prolongation, *die*
'**carsick** *adj.* **children are often** ~: Kindern wird beim Autofahren oft schlecht
cart [kɑ:t] **1.** *n.* Karren, *der;* Wagen, *der;* **horse and** ~: Pferdewagen, *der;* **be [left] in the** ~ *(Brit. coll.)* in der Tinte sitzen *(ugs.*); **put sb. in the** ~ *(Brit. coll.)* jmdn. in die Bredouille bringen *(ugs.*); **put the** ~ **before the horse** *(fig.)* das Pferd beim Schwanz aufzäumen. **2.** *v.t.* **a)** *(carry [as] in cart)* karren; **b)** *(fig. sl.: carry with effort)* schleppen; ~ **sth. around with one** etw. mit sich herumschleppen
~ **'off** *v.t.* *(coll.)* abtransportieren
carte blanche [kɑ:t 'blɑ̃ʃ] *n.* Carte blanche, *die;* unbeschränkte Vollmacht
cartel [kɑ:'tel] *n.* Kartell, *das*
carter ['kɑ:tə(r)] *n.* Fuhrmann, *der*
Cartesian [kɑ:'ti:zjən] *adj.* ~ **coordinates** *(Math.)* kartesische Koordinaten
Carthage ['kɑ:θɪdʒ] *pr. n.* Karthago *(das)*
'**cart-horse** *n.* Arbeitspferd, *das*
Carthusian [kɑ:'θju:zjən] **1.** *adj.* Kartäuser-. **2.** *n.* Kartäuser, *der*
cartilage ['kɑ:tɪlɪdʒ] *n.* Knorpel, *der*
cartilaginous [kɑ:tɪ'lædʒɪnəs] *adj.* knorpelig
'**cart-load** *n.* **a)** Wagenladung, *die;* Fuhre, *die;* **by the** ~ fuhrenweise; **b)** *(fig.: large quantity)* **a** ~ **of books** ein Berg von Büchern; ~**s of food** Essen in Hülle und Fülle
cartographer [kɑ:'tɒɡrəfə(r)] *n.* Kartograph, *der*/Kartographin, *die*
cartographic [kɑ:tə'ɡræfɪk], **cartographical** [kɑ:tə'ɡræfɪkl] *adjs.* kartographisch
cartography [kɑ:'tɒɡrəfɪ] *n.* Kartographie, *die*
carton ['kɑ:tn] *n.* [Papp]karton, *der;* **a** ~ **of milk** eine Tüte Milch; **a** ~ **of detergent** ein Paket Waschpulver; **a** ~ **of cigarettes** eine Stange Zigaretten; **a** ~ **of yoghurt** ein Becher Joghurt
cartoon [kɑ:'tu:n] *n.* **a)** *(amusing drawing)* humoristische Zeichnung, *die;* Cartoon,

der; *(satirical illustration)* Karikatur, *die;* *(sequence of drawings)* [humoristische] Bilderserie *(ugs.*); *(Art)* Entwurf, *der;* Karton, *der* *(Kunstwiss.*). **2.** *v.t.* *(draw amusingly)* karikieren
cartoonist [kɑ:'tu:nɪst] *n.* Cartoonist, *der*/Cartoonistin, *die;* *(satirical* ~) Karikaturist, *der*/Karikaturistin, *die*
cartridge ['kɑ:trɪdʒ] *n.* **a)** *(case for explosive)* Patrone, *die;* *(blank* ~, *cassette)* Kassette, *die;* **c)** *(pick-up head)* Tonabnehmer, *der;* **d)** *(ink-container)* Patrone, *die*
cartridge: ~**-case** *n.* Patronenhülse, *die;* ~ **paper** *n.* *(for drawing)* Zeichenpapier, *das;* *(for envelopes, gun cartridges)* festes, haltbares Papier
cart: ~**-road,** ~**-track** *ns.* ≈ Feldweg, *der;* ~**-wheel** *n.* Wagenrad, *das;* *(Gymnastics)* Rad, *das;* **turn** *or* **do** ~**-wheels** radschlagen; ~**-wright** ['kɑ:traɪt] *n.* Stellmacher, *der*
carve [kɑ:v] **1.** *v.t.* **a)** *(cut up)* tranchieren, aufschneiden 〈*Fleisch, Braten*〉; tranchieren 〈*Hähnchen*〉; **b)** *(produce by cutting)* *(from wood)* schnitzen; *(from stone)* meißeln; ~ **sth. out of wood/stone** etw. aus Holz schnitzen/aus Stein meißeln; ~ **sth. in/into/on sth.** etw. in etw. *(Akk.)* [ein]ritzen; ~ **a tunnel in the rock** einen Tunnel in den Fels hauen; ~ **one's way** *(lit. or fig.)* seinen Weg hauen; **c)** *(change by cutting)* **he** ~**d a block of wood/stone into a madonna** er schnitzte aus einem Holzblock/meißelte aus einem Steinblock eine Madonna; **d)** *(adorn by cutting)* **the frame was** ~**d with leaves** der Rahmen war mit geschnitzten/in Stein gehauenen Blättern verziert. **2.** *v.i.* **a)** tranchieren; **b)** ~ **in wood/ivory/stone** in Holz/Elfenbein schnitzen/in Stein meißeln; ~ **through sth.** sich *(Dat.)* einen Weg durch etw. hauen
~ **out** *v.t.* aushauen; ~ **out a tunnel in the rock** einen Tunnel in den Fels hauen *od.* treiben; ~ **out an existence** *(fig.)* sich *(Dat.)* eine Existenz aufbauen
~ **up** *v.t.* aufschneiden 〈*Fleisch*〉; aufteilen 〈*Erbe, Land*〉; zerstückeln 〈*Leiche*〉
carver ['kɑ:və(r)] *n.* **a)** *(in wood)* [Holz]schnitzer, *der;* *(in stone)* Bildhauer, *der;* *(of meat)* Trancheur, *der;* **b)** *(knife)* *see* **carving-knife; c)** *in pl.* *(knife and fork)* Tranchierbesteck, *das*
carving ['kɑ:vɪŋ] *n.* **a)** *(in or from wood, ivory)* Schnitzerei, *die;* **a** ~ **of a madonna in wood** eine holzgeschnitzte Madonna; **an ivory** ~ **of an elephant** ein aus Elfenbein geschnitzter Elefant; **b)** *(in or from stone)* Skulptur, *die;* *(on stone)* eingeritztes Bild, *das;* *(ornament)* eingeritztes Muster
'**carving:** ~**-fork** *n.* Tranchiergabel, *die;* ~**-knife** *n.* Tranchiermesser, *das*
'**car-wash** *n.* Waschanlage, *die*
caryatid [kærɪ'ætɪd] *n., pl.* ~**s** *or* ~**es** [kærɪ'ætɪdi:z] *(Archit.)* Karyatide, *die*
Casanova [kæzə'nəʊvə, kæsə'nəʊvə] *n.* Casanova, *der*
cascade [kæs'keɪd] **1.** *(lit. or fig.)* Kaskade, *die.* **2.** *v.i.* [in Kaskaden] herabstürzen; **her hair** ~**d down her back** *(fig.)* ihr Haar fiel in Kaskaden über ihren Rücken hinab
¹**case** [keɪs] *n.* **a)** *(instance, matter)* Fall, *der;* **if there is another** ~ **of this happening** wenn das noch einmal vorkommt; **several** ~**s of fire** mehrere Brände; **if it's a** ~ **of your not being able to get here** wenn es nur daran liegt, daß du nicht herkommen kannst; **it's just a** ~ **of concentrating** es ist nur eine Sache der Konzentration; **then that's a different** ~: dann ist das was anderes; **if that's the** ~: wenn das so ist; **it is [not] the** ~ **that ...:** es trifft [nicht] zu *od.* stimmt [nicht], daß ...; **it seems to be the** ~ **that they have ...:** sie scheinen tatsächlich ... zu haben; **as is generally the** ~ **with ...:** wie das normaler-

weise bei ... der Fall ist; **such being the** ~: deshalb; **as the** ~ **may be** je nachdem; **in** ~ **...:** falls ...; für den Fall, daß ... *(geh.*); **[just] in** ~ *(to allow for all possibilities)* für alle Fälle; **in** ~ **of fire/complaints/burst pipes/danger** bei Feuer/Reklamationen/Rohrbrüchen/Gefahr; **in** ~ **of emergency** im Notfall; **in** ~ **of the hostages' being released** falls die Geiseln freigelassen werden; **in the** ~ **of bei; in the** ~ **of New College** was das New College anbelangt; **in any** ~ *(regardless of anything else)* jedenfalls; **I don't need it in any** ~: ich brauche es sowieso nicht; **we don't want to go to the party and in any** ~ **it's raining** wir haben keine Lust, auf die Party zu gehen, und außerdem regnet es ja; **in no** ~ *(certainly not)* unter keinen Umständen; auf keinen Fall; **in that** ~: in diesem Fall; **in which** ~ **he would ...:** in diesem Fall *od.* dann würde er ...; **b)** *(Med., Police, Soc. Serv., etc.,* or *coll.: person afflicted)* Fall, *der;* **a murder** ~: ein Mordfall; **he is a mental/psychiatric** ~: er ist ein Fall für den Psychiater; **this man is a dangerous** ~: dieser Mann ist gefährlich; **her son is a problem** ~: ihr Sohn ist ein Problemkind; **c)** *(Law)* Fall, *der;* *(action)* Verfahren, *das;* **which was that** ~ **five years ago?** welcher Fall war das vor fünf Jahren?; **the** ~ **for the Dreyfus** die Dreyfusaffäre *(hist.*); **the** ~ **for the prosecution/defence** die Anklage/Verteidigung; **put one's** ~: seinen Fall darlegen; **and that is our** ~: und damit beende ich meine Ausführungen; **d)** *(fig.: set of arguments)* Fall, *der;* *(valid set of arguments)* **you have no** ~ **there** das ist kein Argument; **there's a** ~ **for doing sth.** es gibt Gründe, die dafür sprechen, daß man etw. tut; **have [a good]** ~ **for doing sth./for sth.** gute Gründe haben, etw. zu tun/für etw. haben; **make out a** ~ **for sth.** Argumente für etw. anführen; **e)** *(Ling.)* Fall, *der;* Kasus, *der* *(fachspr.*); **f)** *(fig. coll.)* *(comical person)* ulkiger Typ *(ugs.*); *(comical woman)* ulkige Nudel *(ugs.*)
²**case 1.** *n.* **a)** Koffer, *der;* *(small)* Handkoffer, *der;* *(brief-* ~) [Akten]tasche, *die;* *(for musical instrument)* Kasten, *der;* **violin** ~: Geigenkasten, *der;* **doctor's** ~: Arzttasche, *die;* **pen and pencil** ~: Federmäppchen, *das;* **b)** *(sheath)* Hülle, *die;* *(for spectacles, cigarettes)* Etui, *das;* *(for jewellery)* Schmuckkassette, *die;* Schmuckkästchen, *das;* **c)** *(crate)* Kiste, *die;* ~ **of oranges** Kiste [mit] Apfelsinen; **d)** *(glass box)* Vitrine, *die;* **[display-]**~: Schaukasten, *der;* **e)** *(cover)* Gehäuse, *das;* *(seed-vessel)* Hülle, *die;* *(of sausage)* Haut, *die;* *(of book)* Buchdeckel, *der;* **f)** *(Printing)* Schriftkasten, *der; see* **lower case; upper case. 2.** *v.t.* **a)** *(box)* verpacken; **b)** *(sl.: examine)* ~ **the joint** sich *(Dat.)* den Laden mal ansehen *(ugs.*)
case: ~**-book** *n.* **a)** *(Law)* Sammlung von Rechtsfällen; **b)** *(Med.)* Sammlung von Krankheitsfällen; **c)** *(of social worker etc.;* also *fig.)* Fallsammlung, *die;* ~**-bound** *adj.* mit festem Einband nachgestellt; be ~**-bound** einen festen Einband haben; ~**-ending** *n.* *(Ling.)* Beugungsendung, *die;* Kasusendung, *die* *(fachspr.*); ~**-harden** *v.t.* härten 〈*Metall*〉; ~**-hardened** *(fig.)* abgebrüht; ~ **history** *n.* **a)** *(record)* [Vor]geschichte, *die;* **b)** *(Med.)* Krankengeschichte, *die;* ~**-knife** *n.* Fahrtenmesser, *das;* ~**-law** *n.* *(Law)* Fallrecht, *das;* ~**-load** *n.* Fälle *Pl.;* **he has a heavy** ~**-load, his** ~**-load is heavy** er hat sehr viele Fälle zu bearbeiten; **the [doctor's]** ~**-load** die Anzahl der Patienten; **share the [doctor's]** ~**-load** einen Teil der Patienten übernehmen
casement ['keɪsmənt] *n.* **a)** [Fenster]flügel, *der;* **b)** *(poet.: window)* Fenster, *das*
'**casement window** *n.* Flügelfenster, *das*
case: ~**-study** *n.* Fallstudie, *die;* ~**work**

caseworker *n., no pl., no indef. art.* [auf den Einzelfall bezogene] Sozialarbeit; Casework, *das (Psychol., Soziol.);* **~worker** *n.* [Einzelfälle betreuender] Sozialarbeiter
cash [kæʃ] **1.** *n., no pl., no indef. art.* **a)** Bargeld, *das;* payment in **~** only nur Barzahlung; **pay [in] ~, pay ~ down** bar zahlen; **we haven't got the ~:** wir haben [dafür] kein Geld; **be short of ~:** knapp bei Kasse sein *(ugs.);* **~ on delivery** per Nachnahme; **b)** *(Banking etc.)* Geld, *das;* **can I get ~ for these cheques?** kann ich diese Schecks einlösen?; **you may withdraw £50 in ~:** Sie können 50 Pfund in bar abheben; *see also* **discount 1. 2.** *v. t.* **a)** einlösen ⟨Scheck⟩; **b)** *(Bridge)* ausspielen [und den Stich machen] **~ in 1.** ['--] *v. t.* sich *(Dat.)* gutschreiben lassen ⟨Scheck⟩; auf die Bank bringen ⟨Geld, Einnahmen⟩; **~ in one's checks** *or* **chips** *(fig. coll.)* abkratzen *(salopp).* **2.** [-'-] *v. i.* **~ in on sth.** *(lit. or fig.)* von etw. profitieren
cash: **~-account** *n.* Kassekonto, *das (Buchf.);* **~ and carry** *n.* Verkaufssystem, bei dem der Kunde bar bezahlt und die Ware selbst nach Hause transportiert; cash and carry; **~-and-carry store** Geldkassenbon, *der;* **~-book** *n.* Kassenbuch, *das;* **~-box** *n.* Geldkassette, *die;* **~-card** *n.* Geldautomatenkarte, *die;* **~ crop** *n.* zum Verkauf bestimmtes landwirtschaftliches Erzeugnis; **~ desk** *n. (Brit.)* Kasse, *die;* **~ dispenser** *n.* Geldautomat, *der*
cashew ['kæʃuː] *n.* **a)** *(nut) see* **cashew-nut; b)** *(tree)* Nierenbaum, *der (Bot.);* Cashewbaum, *der (Bot.)*
cashew-nut *n.* Cashewnuß, *die*
'cash-flow *n. (Econ.)* Cash-flow, *der*
¹cashier [kæ'ʃɪə(r)] *n.* Kassierer, *der*/Kassiererin, *die;* **~'s office** Kasse, *die*
²cashier *v. t.* entlassen; des Amtes entheben *(geh.);* (Mil.) [unehrenhaft] entlassen; kassieren *(veralt.)*
cashmere ['kæʃmɪə(r)] *n.* Kaschmir, *der;* **~ wool/sweater** Kaschmirwolle, *die*/Kaschmirpullover, *der*
cash: **~ payment** *n.* Barzahlung, *die;* **make ~ payment** bar bezahlen; **~point** *n.* Geldautomat, *der;* **~ price** *n.* Barzahlungspreis, *der;* **~ register** *n.* [Registrier]kasse, *die; (in shop also)* [Laden]kasse, *die;* **~ sale** *n.* Bargeschäft, *das*
casing ['keɪsɪŋ] *n.* Gehäuse, *das; (of projectile, cable, tyre)* Mantel, *der*
casino [kə'siːnəʊ] *n., pl.* **~s** Kasino, *das; (for gambling also)* Spielkasino, *das;* Spielbank, *die*
cask [kɑːsk] *n.* Faß, *das*
casket ['kɑːskɪt] *n.* **a)** *(box)* Schatulle, *die (veralt.);* Kästchen, *das;* **b)** *(Amer.: coffin)* Sarg, *der*
Caspian Sea [kæspɪən 'siː] *pr. n.* Kaspische Meer, *das;* Kaspisee, *der*
Cassandra [kə'sændrə] *n.* Kassandra, *die*
cassata [kæ'sɑːtə] *n.* Cassata, *die od. das*
cassava [kə'sɑːvə] *n.* **a)** *(plant)* Maniok, *der;* **b)** *(flour)* Tapioka, *die*
casserole ['kæsərəʊl] **1.** *n.* **a)** *(vessel)* Schmortopf, *der; (oval also)* Bräter, *der; (with long handle)* Kasserolle, *die;* **b)** *(food)* Schmortopf, *der.* **2.** *v. t.* schmoren
cassette [kə'set, kæ'set] *n.* Kassette, *die;* **miniature film ~** Kleinbildkassette, *die*
cassette: **~-deck** Kassettendeck, *das;* **~ recorder** *n.* Kassettenrecorder, *der*
cassock ['kæsək] *n. (Eccl.)* Soutane, *die*
cast [kɑːst] **1.** *v. t.,* **cast a)** *(throw)* werfen; **~ sth. adrift** etw. abtreiben lassen; **~ loose** losmachen; **he ~ loose from his family** *(fig.)* er löste sich von seiner Familie; **~ sth. ashore** an Land spülen; **~ an** *or* **one's eye over sth.** einen Blick auf etw. *(Akk.)* werfen; **~ one's eyes round a room** seine Augen bzw. Blicke durch ein Zimmer schweifen lassen; **~ light on sth.** Licht auf etw. *(Akk.)* werfen; *(fig.)* Licht in etw. *(Akk.)* bringen; **~ the line/net** die Angel[schnur]/das Netz auswerfen; **~ a shadow [on/over sth.]** *(lit. or fig.)* einen Schatten [auf etw. *(Akk.)*] werfen; **~ a spell on sb./sth.** jmdn./etw. verzaubern; **~ a vote** seine Stimme abgeben; **~ one's mind back to sth.** an etw. *(Akk.)* zurückdenken; sich an etw. *(Akk.)* erinnern; **~ sth. to the winds** *(fig.)* etw. über Bord werfen *(fig.); see also* **aspersion; lot g; b)** *(shed)* verlieren ⟨Haare, Winterfell⟩; abwerfen ⟨Gehörn, Blätter, Hülle⟩; **the snake ~s its skin** die Schlange häutet sich; **a horse ~s a shoe** ein Pferd verliert ein Hufeisen; **~ aside** *(fig.)* fallen lassen ⟨Vorschlag⟩; ablegen ⟨Vorurteile, Gewohnheiten⟩; vergessen ⟨Sorgen, Vorstellungen⟩; fallenlassen ⟨Freunde, Hemmungen⟩; *(fig.)* entgehen lassen ⟨günstige Gelegenheit⟩; **she ~ aside her books and the academic life** sie kehrte den Büchern und dem akademischen Leben den Rücken; **c)** *(shape, form)* gießen; **d)** *(calculate)* stellen ⟨Horoskop⟩; **e)** *(assign role[s] of)* besetzen; **~ Joe as sb./in the role of sb.** jmdn./jmds. Rolle mit Joe besetzen; **~ a play/film** die Rollen [in einem Stück/Film] besetzen. **2.** *n.* **a)** *(Med.)* Gipsverband, *der;* **b)** *(set of actors)* Besetzung, *die;* **c)** *(model)* Abdruck, *der;* **d)** *(throwing of missile etc., throw of dice)* Wurf, *der; (distance of throw)* **a stone's ~:** einen Steinwurf [weit]; **e)** *(Fishing) (throw of net)* Auswerfen, *das; (throw of line)* Wurf, *der;* **f)** *(twist)* **develop a ~:** sich verbiegen; **have a ~ in the** *or* **one's eye** [leicht] schielen; **g)** *(tinge)* Schimmer, *der;* **h)** *(quality)* Zuschnitt, *der;* **~ of mind** Gesinnung, *die;* **~ of features** *or* **countenance** Gesichtszug, *der*
~ a'bout *v. i.* **~ about [to find** *or* **for sth.]** sich [nach etw.] umsehen
~ a'round *see* **~ about**
~ a'way *v. t.* **a)** wegwerfen; **b)** **be ~ away on an island** auf einer Insel stranden
~ 'down *v. t.* **be ~ down [by sth.]** [wegen etw.] niedergeschlagen sein
~ in *v. i.* **in one's lot with sb.** sich mit jmdm. zusammentun
~ 'off 1. *v. t.* **a)** *(abandon)* verlassen ⟨Kind⟩; aufgeben ⟨früheres Leben⟩; ablegen ⟨alte Kleider⟩; *(reject)* den Laufpaß geben (+ *Dat.*) *(ugs.);* **b)** *(Naut.)* losmachen; **c)** *(Knitting)* abketten; **d)** *(Printing)* **~ off** [the manuscript] den Umfang [des Manuskripts] berechnen. **2.** *v. i. (Knitting)* abketten. *See also* **cast-off**
~ 'on *v. t. & i. (Knitting)* anschlagen
~ 'up *v. t.* **a)** *(add)* zusammenzählen; **b)** *(wash up)* an Land spülen
castanet [kæstə'net] *n., usu. in pl. (Mus.)* Kastagnette, *die*
castaway ['kɑːstəweɪ] *n.* Schiffbrüchige, *der/die*
caste [kɑːst] *n. (lit. or fig.)* **a)** Kaste, *die;* **b)** *no pl., no art. (class system)* Kastenwesen, *das; (social position)* soziale Stellung, *die;* **lose ~:** gesellschaftliches Ansehen einbüßen
castellated [kæstə'leɪtɪd] *adj.* **a)** *(castle-like)* schloßartig; **b)** *(battlemented)* mit Zinnen bewehrt
'caste mark *n.* Kastenzeichen, *das*
caster ['kɑːstə(r)] *n.* **a)** *see* **castor; b)** *(Printing)* [Schrift]gießmaschine, *die*
castigate ['kæstɪgeɪt] *v. t. (punish)* züchtigen *(geh.); (criticize)* geißeln *(geh.)*
castigation [kæstɪ'geɪʃn] *n. (punishment)* Züchtigung, *die (geh.); (criticism)* Geißelung, *die (geh.)*
Castilian [kə'stɪlɪən] **1.** *adj.* kastilisch; *see also* **English 1. 2.** *n.* **a)** *(person)* Kastilier, *der*/Kastilierin, *die;* **b)** *(language)* Kastilisch, *das; see also* **English 2a**
casting ['kɑːstɪŋ] *n.* **a)** *(Metallurgy: product)* Gußstück, *das; (Art)* Abguß, *der;* **b)** *(Theatre, Cinemat.)* Rollenbesetzung, *die*
casting 'vote *n.* ausschlaggebende Stimme *(des Vorsitzenden bei Stimmengleichheit);* **the ~ rests with the manager** die [letzte] Entscheidung hat der Geschäftsführer
cast: **~ 'iron** *n.* Gußeisen, *das;* **~-iron** *adj.* gußeisern; *(fig.)* eisern ⟨Wille, Konstitution, Magen⟩; handfest, triftig ⟨Grund, Entschuldigung⟩; hieb- und stichfest ⟨Alibi, Beweis⟩; hundertprozentig ⟨Garantie⟩
castle ['kɑːsl] **1.** *n.* **a)** *(stronghold)* Burg, *die; (mansion)* Schloß, *das;* **Windsor C~:** Schloß Windsor; **an Englishman's home is his ~:** für den Engländer ist sein Haus wie eine Burg; **~s in the air** *or* **in Spain** Luftschlösser; **b)** *(Chess)* Turm, *der.* **2.** *v. i. (Chess)* rochieren
'cast-off 1. *adj.* abgelegt. **2.** *n. in pl.* abgelegte Sachen; **she didn't want her friend's ~s** *(fig. joc.)* sie wollte nicht die abgelegten Liebhaber ihrer Freundin haben *(ugs.)*
castor ['kɑːstə(r)] *n.* **a)** *(sprinkler)* Streuer, *der;* **b)** *(wheel)* Rolle, *die;* Laufrolle, *die (Technik)*
castor: **~ 'oil** *n.* Rizinusöl, *das;* Kastoröl, *das (Kaufmannsspr.);* **~ sugar** *n. (Brit.)* Raffinade, *die;* Kastorzucker, *der (selten)*
castrate [kæ'streɪt] *v. t.* **a)** kastrieren; *(fig.)* beschneiden ⟨Macht⟩; **b)** *(expurgate)* verstümmeln; kastrieren *(ugs. scherzh.)*
castration [kæ'streɪʃn] *n.* **a)** Kastration, *die; (fig.)* Beschneidung, *die;* **b)** *(expurgation)* Verstümmelung, *die*
castrato [kæ'strɑːtəʊ] *n., pl.* **castrati** [kæ'strɑːtiː] *(Mus. Hist.)* Kastrat, *der*
casual ['kæʒʊəl, 'kæʒjʊəl] **1.** *adj.* **a)** ungezwungen; zwanglos; leger ⟨Kleidung⟩; beiläufig ⟨Bemerkung⟩; flüchtig ⟨Bekannter, Bekanntschaft, Blick⟩; unbekümmert, unbeschwert ⟨Haltung, Einstellung⟩; salopp ⟨Ausdrucksweise⟩; lässig ⟨Auftreten⟩; gemächlich ⟨Schritt, Spaziergang⟩; **I'm just here on a ~ visit** ich habe nur hier vorbeigeschaut *(ugs.);* **be ~ about sth.** etw. auf die leichte Schulter nehmen; **you can't be so ~ about timekeeping** du mußt es mit der Pünktlichkeit schon etwas genauer nehmen; **he's so ~ about his work** er nimmt seine Arbeit einfach nicht richtig ernst; **~ sex** Sex ohne feste Bindung; **b)** *(accidental)* zufällig; **by some ~ coincidence** durch Zufall. **2.** *n. in pl. (clothes)* Freizeitkleidung, *die;* **b)** *see* **casual labourer; c)** *see* **casual shoe**
casual: **~'earnings** *n. pl.* Nebeneinkünfte *Pl.;* **~ 'labour** *n., no pl.* Gelegenheitsarbeit, *die;* **~ 'labourer** *n.* Gelegenheitsarbeiter, *der*
casually ['kæʒʊəlɪ, 'kæʒjʊəlɪ] *adv.* **a)** ungezwungen; zwanglos; beiläufig ⟨bemerken⟩; flüchtig ⟨anschauen⟩; gemächlich ⟨wandern, spazierengehen⟩; lustlos ⟨Problem anpacken⟩; salopp ⟨sich ausdrücken⟩; leger ⟨sich kleiden⟩; **I glanced ~ at the headlines** ich überflog flüchtig die Schlagzeilen; **I was ~ reading a book** ich blätterte in einem Buch; **he treats/approaches his work too ~:** er nimmt seine Arbeit zu wenig ernst; **b)** *(accidentally)* zufällig
'casual shoe *n.* Freizeitschuh, *der*
casualness ['kæʒʊəlnɪs, 'kæʒjʊəlnɪs] *n., no pl.* Ungezwungenheit, *die;* Zwanglosigkeit, *die; (of remark)* Beiläufigkeit, *die*
casualty ['kæʒʊəltɪ, 'kæʒjʊəltɪ] *n.* **a)** *(injured person)* Verletzte, *der/die; (in battle)* Verwundete, *der/die; (dead person)* Tote, *der/die;* **b)** *(fig.)* Opfer, *das; (failure)* Versager, *der;* **c)** *no art. (hospital department)* Unfallstation, *die;* **work in ~:** in der Unfallstation arbeiten
casualty: **~ department** *n.* Unfallstation, *die;* **~ list** *n.* Verletztenliste, *die;* Liste der Getöteten/Gefallenen; **~ ward** *n.* Unfallstation, *die*
casuist ['kæʒjʊɪst, 'kæzjʊɪst] *n.* Kasuist, *der (Philos.)*
casuistry ['kæʒjʊɪstrɪ, 'kæzjʊɪstrɪ] *n.* Kasuistik, *die (Philos.)*
cat [kæt] *n.* **a)** Katze, *die;* **she-~** Kätzin, *die;*

125

cataclysm

[weibliche] Katze; **tom-~**: Kater, *der*; **be as nervous as a ~**: furchtbar ängstlich sein; **play ~ and mouse with sb.** Katz und Maus mit jmdm. spielen *(ugs.)*; **when the ~'s away [the mice will play]** *(prov.)* wenn die Katze aus dem Haus ist, tanzen die Mäuse [auf dem Tisch]; **let the ~ out of the bag** *(fig.)* die Katze aus dem Sack lassen; **be like a ~ on hot bricks** wie auf glühenden Kohlen sitzen; **look like something the ~ brought in** *(fig.)* aussehen wie unter die Räuber gefallen; **curiosity killed the ~** *(fig.)* sei nicht so neugierig; **[fight] like ~ and dog** wie Hund und Katze [sein]; **not a ~'s chance** nicht die geringste Chance; **we'll wait and see which way the ~ jumps** *(fig.)* wir warten ab, bis wir sehen, wie der Hase läuft *(ugs.)*; **a ~ may look at a king** *(prov.)* das ist doch auch nur ein Mensch; **enough to make a ~ laugh** zum Schreien [komisch] *(ugs.)*; **put the ~ among the pigeons** *(fig.)* für Aufregung sorgen; **it would be putting the ~ among the pigeons** es würde einigen Aufruhr verursachen; **rain ~s and dogs** in Strömen regnen; **no room to swing a ~** *(fig.)* kaum Platz zum Umdrehen; **has the ~ got your tongue?** hast du die Sprache verloren?; **b)** *(coll. derog.: malicious woman)* Biest, *das*; *(sl.: person)* Typ, *der*; *(sl.: jazz enthusiast)* Jazzfan, *der*; **c)** *(Zool.: member of genus Felis)* Katze, *die*; **the [great] Cats** die Großkatzen; **the ~ family** die Familie der Katzen; **d)** see **cat-o'-nine-tails**

cataclysm ['kætəklɪzm] *n.* [Natur]katastrophe, *die*; Kataklysmus, *der (Geol.); (fig.: upheaval)* Umwälzung, *die*

cataclysmic [kætə'klɪzmɪk] *adj.* katastrophal; verheerend; *(fig.)* umwälzend; dramatisch ⟨Umwälzung⟩

catacomb ['kætəkuːm, 'kætəkəʊm] *n.* **a)** Katakombe, *die*; **b)** *(cellar)* Keller[raum], *der*

catafalque ['kætəfælk] *n.* Katafalk, *der*; *(movable)* Leichenwagen, *der*

Catalan ['kætəlæn] **1.** *adj.* katalanisch; see also **English 1. 2.** *n.* **a)** *(person)* Katalane, *der*/Katalanin, *die*; **b)** *(language)* Katalanisch, *das*; see also **English 2 a**

catalog, cataloger *(Amer.)* see **catalogue, cataloguer**

catalogue ['kætəlɒg] **1.** *n.* Katalog, *der*; **subject ~**: Sachkatalog, *der (Buchw.)*. **2.** *v. t.* katalogisieren

cataloguer ['kætəlɒgə(r)] *n.* Bearbeiter/Bearbeiterin des Katalogs

Catalonia [kætə'ləʊnɪə] *pr. n.* Katalonien *(das)*

catalyse ['kætəlaɪz] *v. t. (Chem.; also fig.)* katalysieren

catalysis [kə'tælɪsɪs] *n., pl.* **catalyses** [kə'tælɪsiːz] *(Chem.)* Katalyse, *die*

catalyst ['kætəlɪst] *n. (Chem.; also fig.)* Katalysator, *der*; **act as a ~**: als Katalysator wirken (**to** bei)

catalytic [kætə'lɪtɪk] *adj. (Chem.; also fig.)* katalytisch

catalytic con'verter *n. (Motor Veh.)* Katalysator, *der*

catalyze *(Amer.)* see **catalyse**

catamaran [kætəmə'ræn] *n. (Naut.)* Katamaran, *der*

cat-and-'dog *adj.* **lead a ~ life** wie Hund und Katze leben

catapult ['kætəpʌlt] **1.** *n.* Katapult, *das*. **2.** *v. t.* **a)** *(fling)* katapultieren; **they were ~ed into action** *(fig.)* sie wurden [plötzlich] zum Handeln gezwungen; **the tragedy ~ed us into the depths of despair** die Tragödie stürzte uns in tiefste Verzweiflung; **b)** *(launch)* katapultieren. **3.** *v. i. (be flung)* katapultiert werden

cataract ['kætərækt] *n.* **a)** Katarakt, *der*; Wasserfall, *der*; *(fig.)* Katarakt, *der*; **b)** *(Med.)* grauer Star; Katarakt[a], *die (fachspr.)*

catarrh [kə'tɑː(r)] *n.* **a)** *(discharge)* Schleimabsonderung, *die*; **b)** *(inflammation)* Katarrh, *der (Med.)*

catastrophe [kə'tæstrəfɪ] *n.* Katastrophe, *die*; **end in ~**: in einer Katastrophe enden; **mean ~**: eine Katastrophe bedeuten

catastrophic [kætə'strɒfɪk] *adj.*, **catastrophically** [kætə'strɒfɪkəlɪ] *adv.* katastrophal

catatonia [kætə'təʊnɪə] *n. (Psych.)* Katatonie, *die*

catatonic [kætə'tɒnɪk] *adj. (Psych.)* katatonisch

cat: **~ burglar** *n.* Fassadenkletterer, *der*/Fassadenkletterin, *die*; **~call 1.** *n.* ≈ Pfiff, *der*; **2.** *v. i.* ≈ pfeifen

catch [kætʃ] **1.** *v. t.*, **caught** [kɔːt] **a)** *(capture)* fangen; *(lay hold of)* fassen; packen; **~ sb. by the arm** jmdn. am Arm packen *od.* fassen; **~ hold of sb./sth.** jmdn./etw. festhalten; *(to stop oneself falling)* sich an jmdm./ etw. festhalten; **he caught hold of me by the throat** er packte mich an der Kehle; **b)** *(intercept motion of)* auffangen; fangen ⟨Ball⟩; **he caught the door before it slammed** er hielt die Tür fest, bevor sie zuschlagen konnte; **the brambles kept ~ing our clothes** die Dornenranken verfingen sich immer wieder in unseren Kleidern; **~ a thread** einen Faden vernähen; **get sth. caught** *or* **~ sth. on/in sth.** mit etw. an etw. *(Dat.)* hängenbleiben; **I got my finger caught** *or* **caught my finger in the door** ich habe mir den Finger in der Tür eingeklemmt; **get caught on/in sth.** an/in etw. *(Dat.)* hängenbleiben; see also **breath a**; **c)** *(travel by)* nehmen; *(manage to see)* sehen; *(manage to hear)* bekommen ⟨Sender, Sendung⟩; *(be in time for)* [noch] erreichen; [noch] kriegen *(ugs.)* ⟨Bus, Zug⟩; [noch] erwischen *(ugs.)*; *(find at home)* **is her in?** hast du sie zu Hause erwischt? *(ugs.)*; **did you ~ the post?** bist du noch rechtzeitig zum Briefkasten gekommen?; **d)** *(surprise)* **~ sb. at/doing sth.** jmdn. bei etw. erwischen *(ugs.)*/[dabei] erwischen, wie er etw. tut *(ugs.)*; **~ sb. unawares** jmdn. überraschen; **caught by a sudden fall of the dollar** vom plötzlichen Sturz des Dollars überrascht; **caught in a mist/thunderstorm** vom Nebel/Sturm überrascht; **I caught myself thinking how old she looked** ich ertappte mich bei dem Gedanken, wie alt sie doch aussah; **~ sb. in sth./somewhere** jmdn. in etw. *(Dat.)*/irgendwo antreffen; **you'll never ~ me in this pub again** in diesem Lokal siehst du mich nicht mehr; **~ me!/him!** das wirst du nicht erleben!; see also **act 1 b**; ¹**bend 3 b**; ²**hop 3 c**; **e)** *(become infected with, receive)* sich *(Dat.)* zuziehen *od. (ugs.)* holen; **~ sth. from sb.** sich bei jmdm. etw. anstecken; **~ [a] cold** sich erkälten/sich *(Dat.)* einen Schnupfen holen; *(fig.)* übel dran sein; **he caught his habit from his wife** *(fig.)* diese Angewohnheit hat er von seiner Frau geerbt *(ugs.)*; **he caught that trick from his brother** *(fig.)* diesen Trick hat er von seinem Bruder; **you'll ~ a terrible scolding/beating** etc. **from your father** dein Vater wird dich furchtbar ausschimpfen/verprügeln *usw.*; **~ it** *(fig. coll.)* etwas kriegen *(ugs.)*; **you'll ~ it from me** du kannst von mir was erleben *(ugs.)*; see also **death a**; **f)** *(arrest)* **~ sb.'s gaze** jmds. Aufmerksamkeit erregen; **~ sb.'s attention/interest** jmds. Aufmerksamkeit erregen/jmds. Interesse wecken; **~ sb.'s fancy** jmdm. gefallen; jmdn. ansprechen; **~ the Speaker's eye** *(Parl.)* das Wort erhalten; **~ sb.'s eye** jmdm. auffallen; jmdm. auf sich *(Akk.)* aufmerksam machen; *(Gegenstand:)* jmdm. ins Auge fallen; *(be impossible to overlook)* jmdm. ins Auge springen; **g)** *(hit)* **~ sb. on/in sth.** jmdn. auf/in etw. *(Akk.)* treffen; **~ sb. a blow [on/on sth.]** jmdm. einen Schlag [auf/in etw. *(Akk.)*] versetzen; **h)** *(grasp in thought)* verstehen; mitbekommen; **did you ~ his meaning?** hast du verstanden *od.* mitbekommen, was er meint?; **~ the mood** die Stimmung einfangen; **~ sb.'s likeness** jmdn. treffen; **i)** *see* **~ out 2. 2.** *v. i.* **caught a)** *(begin to burn)* [anfangen zu] brennen; **b)** *(become fixed)* hängenbleiben; ⟨*Haar, Faden:*⟩ **my coat caught on a nail** ich blieb mit meinem Mantel an einem Nagel hängen; **c)** **~ at sb.'s sleeve** jmdn. am Ärmel zupfen. **3.** *n.* **a)** *(of ball)* **make [several] good ~es** [mehrmals] gut fangen; **make a ~ with one hand** mit einer Hand fangen; **b)** *(amount caught, lit. or fig.)* Fang, *der*; **you've made a great ~ as far as your house is concerned** *(fig.)* mit eurem Haus habt ihr das große Los gezogen; **sth. is no [great] ~** *(fig.)* etw. ist kein gutes Geschäft; **he was no ~, matrimonially]** *(fig.)* er war keine gute Partie; **c)** *(trick, unexpected difficulty)* Haken, *der* (**in** an + *Dat.*); **there must be a ~ in it somewhere** da muß irgendwo ein Haken sein; **the ~ is that ...**: der Haken an der Sache ist, daß ...; **~-22** *(coll.)* Dilemma, *das*; **it's ~-22** *(coll.)* es ist ein Teufelskreis; **d)** *(contrivance)* Verschluß, *der*; *(of door)* Schnapper, *der*; **e)** *(Cricket etc.)* ≈ Fang, *der (Schlagball)*; *Abfangen des Balles, das den Schlagmann aus dem Spiel bringt*; **miss a ~**: einen Ball nicht abfangen; **he is a good ~**: er kann gut fangen

~ 'on *v. i. (coll.)* **a)** *(become popular)* [gut] ankommen *(ugs.)*; sich durchsetzen; **b)** *(understand)* begreifen; kapieren *(ugs.)*

~ 'out *v. t.* **a)** *(Cricket etc.)* durch Abfangen des Balles aus dem Spiel bringen; **b)** *(detect in mistake etc.)* [bei einem Fehler] ertappen; **it's not easy to ~ him out** man kann ihm nicht leicht etwas am Zeug flicken *(ugs.)*; **he was caught out on a point of form** er stolperte über eine Formsache; **c)** *(take unawares)* erwischen *(ugs.)*

~ 'up 1. *v. t.* **a)** *(reach)* **~ sb. up** jmdn. einholen; *(in quality, skill)* mit jmdm. mitkommen; **b)** *(absorb)* **be caught up in sth.** in etw. *(Dat.)* [völlig] aufgehen; **they were completely caught up in each other** sie waren nur mit sich [selbst] beschäftigt; **c)** *(snatch)* packen; **sth. gets caught up in sth.** etw. verfängt sich in etw. *(Dat.)*. **2.** *v. i. (get level)* **~ up** einholen; **~ up with sb.** *(in quality, skill)* mit jmdm. mitkommen; **~ up on sth.** etw. nachholen; **I'm longing to ~ up on your news** ich bin gespannt, was für Neuigkeiten du hast

catch: **~-all** *n.* Sammelplatz, *der*; *(fig.)* Auffangbecken, *das*; **~-all term** Allerweltswort, *das*; **~-as-~-'can** *n.* Catch-as-catch-can, *das*; **play ~-as-~-can** keine Rücksicht nehmen; **~ crop** *n. (Agric.)* Zwischenfrucht, *die*

catcher ['kætʃə(r)] *n.* **a)** Fänger, *der*/Fängerin, *die*; **b)** *(Baseball)* Fänger, *der*

catching ['kætʃɪŋ] *adj.* ansteckend

catchment area ['kætʃmənt eərɪə] *n. (lit. or fig.)* Einzugsgebiet, *das*

catch: **~penny** *adj.* **~penny goods** Ramsch, *der (ugs.)*; Tinnef, *der (ugs.)*; **~phrase** *n.* Slogan, *der*; **~points** *n. pl. (Railw.)* Entgleisungsvorrichtung, *die*; **question** *n.* Fangfrage, *die*; **~word** *n.* **a)** *(headword)* Kolumnentitel, *der*; *(rhymeword)* Reimwort, *das*; *(cue)* Stichwort, *das*; *(slogan)* Schlagwort, *das*; **b)** *(at foot of page)* Kustos, *der*

catchy ['kætʃɪ] *adj.* **a)** eingängig; **a ~ song** ein Ohrwurm *(ugs.)*; **b)** *(attractive)* reizvoll; ansprechend ⟨Farbe, Kleidung⟩

'cat-door *n.* Katzentür, *die*

catechise *see* **catechize**

catechism ['kætɪkɪzm] *n. (Relig.)* **a)** *(book)* Katechismus, *der*; **Church C~**: Katechismus der Anglikanischen Kirche; **b)** *(instruction)* [Unterweisung im] Katechismus; *(fig.: questioning)* Befragung, *die*; **put sb.**

catechize

through a ~ *(fig.)* jmdn. ins Kreuzverhör nehmen *(fig.)*
catechize ['kætıkaız] *v. t. (Relig.) (instruct)* katechisieren; *(fig.: question)* befragen
categorial [kætı'gɔ:rıəl] *adj.* kategorial *(geh.)*
categorical [kætı'gɒrıkl] *adj.* kategorisch; **he was quite ~ about it** er vertrat in dieser Angelegenheit eine recht entschiedene Haltung; **~ imperative** *(Philos.)* kategorischer Imperativ
categorically [kætı'gɒrıkəlı] *adv.* kategorisch
categorize (categorise) ['kætıgəraız] *v. t.* kategorisieren
category ['kætıgərı] *n. (also Philos.)* Kategorie, *die*
cater ['keıtə(r)] *v. i.* a) *(provide or supply food)* ~ **[for sb./sth.]** [für jmdn./etw.] [die] Speisen und Getränke liefern; ~ **for weddings** Hochzeiten ausrichten; b) *(provide requisites etc.)* ~ **for sb./sth.** auf jmdn./etw. eingestellt sein; ~ **for the needs of the individual** den Bedürfnissen der einzelnen gerecht werden; ~ **for all ages** jeder Altersgruppe etwas bieten; c) ~ **to** *(pander)* nachgeben (+ *Dat.*); entgegenkommen (+ *Dat.*)
catercorner ['kætəkɔ:nə(r)], **catercornered** ['kætəkɔ:nəd] *(Amer.) adv., adj.* diagonal
caterer ['keıtərə(r)] *n.* Lieferant von Speisen und Getränken; Caterer, *der (fachspr.); (for party)* Partyservice, *der*
catering ['keıtərıŋ] *n.* a) *(trade)* ~ **[business]** Gastronomie, *die;* **he is interested in ~ as a career** er interessiert sich beruflich für die Gastronomie; b) *(service)* Lieferung von Speisen und Getränken; Catering, *das (fachspr.);* **who's responsible for the ~ in this hotel?** wer hat in diesem Hotel die Küche unter sich *(Dat.)*?; **do the ~**: für Speisen und Getränke sorgen; ~ **firm/service** *see* **caterer**
caterpillar ['kætəpılə(r)] *n.* a) *(Zool.)* Raupe, *die;* b) C~ **[tractor]** (P) *(Mech.)* Raupenfahrzeug, *das*
caterpillar: ~ **ˈtrack,** ~ **ˈtread** *ns.* Raupen-, Gleiskette, *die*
caterwaul ['kætəwɔ:l] 1. *v. i.* ⟨*Katze:*⟩ schreien, [laut] miauen; ⟨*Sänger:*⟩ jaulen *(abwertend).* 2. *n.* Katzengeschrei, *das; (of singer)* Gejaule, *das (abwertend);* ≈ Katzenmusik, *die (ugs.)*
cat: ~**ˈfish** *n.* Wels, *der;* ~**ˈflap** *see* **catdoor;** ~**ˈgut** *n.* Darm, *der;* *(Med.)* Katgut, *das*
catharsis [kə'θɑ:sıs] *n., pl.* **catharses** [kə'θɑ:si:z] *(emotional outlet; also Psych.)* Katharsis, *die*
cathartic [kə'θɑ:tık] 1. *adj.* a) *(Med.)* abführend; ~ **medicine** Abführmittel, *das;* b) *(effecting catharsis; also Psych.)* kathartisch. 2. *n. (Med.)* Abführmittel, *das*
Cathay [kæ'θeı] *pr. n. (arch./poet.)* China; das Reich der Mitte *(dichter.)*
cathedral [kə'θi:drl] *n.* ~ **[church]** Dom, *der;* Kathedrale, *die* (bes. in England, Frankreich u. Spanien); **Cologne** C~: der Kölner Dom; **Rheims** C~: die Kathedrale von Reims
caˈthedral city *n.* Domstadt, *die*
Catherine ['kæθərın] *pr. n. (Hist., as name of ruler etc.)* Katharina *(die)*
ˈCatherine wheel *n.* a) *(firework)* Feuerrad, *das;* b) *see* **cart-wheel** b; c) *(Archit.)* Radfenster, *das;* Katharinenfenster, *das (selten)*
catheter ['kæθıtə(r)] *n. (Med.)* Katheter, *der*
catheterize ['kæθıtəraız] *v. t. (Med.)* katheterisieren
cathode ['kæθəʊd] *n. (Electr.)* Kathode, *die*
ˈcathode ray *n.* Kathodenstrahl, *der;* **cathode-ray tube** Kathodenstrahlröhre, *die;* Braunsche Röhre

catholic ['kæθəlık, 'kæθlık] 1. *adj.* a) *(allembracing)* umfassend; vielseitig ⟨*Interessen*⟩; *(universal, universally applicable)* allgemein; universell ⟨*Lehren*⟩; b) C~ *(Relig.)* katholisch. 2. *n.* C~: Katholik, *der*/Katholikin, *die*
Catholicism [kə'θɒlısızm] *n. (Relig.)* Katholizismus, *der*
cation ['kætaıən] *n. (Phys.)* Kation, *das*
catkin ['kætkın] *n. (Bot.)* Kätzchen, *das*
cat: ~**lick** *n.* Katzenwäsche, *die;* **give oneself a** ~**lick** Katzenwäsche machen; ~**like** *adj.* katzenartig; katzenhaft ⟨*Art, Bewegung*⟩; ~**lover** *n.* Katzenfreund, *der*/-freundin, *die;* ~**mint** *n. (Bot.)* Katzenminze, *die;* ~**nap** *n.* Nickerchen, *das (ugs.)* kurzes Schläfchen; **have or take a** ~**nap** ein Nickerchen machen *(ugs.);* ~**nip** *n. (Bot.)* Katzenminze, *die;* ~**-o'-ˈninetails** *n.* neunschwänzige Katze; ~**'s-ˈcradle** *n.* a) *(game)* Fadenspiel, *das;* b) *(string-pattern)* Figur beim Fadenspiel; Fadenspannbild, *das;* ~**'s-ˈeye** *n.* a) *(stone)* Katzenauge, *das;* b) *(Brit.: reflector)* Bodenrückstrahler, *der (Verkehrsw.);* ~**'s-ˈpaw** *n.* a) *(person)* Handlanger, *der;* Werkzeug, *das (fig.);* b) *(Naut.)* leichte Brise; ~**'s pyjamas** *see* ~**'s whiskers;** ~**'s-ˈtail** *n. (Bot.)* Rohrkolben, *der;* ~**ˈsuit** *n. (woman's)* hautenger einteiliger Hosenanzug; *(infant's)* Overall, *der;* ~**'s ˈwhiskers** *n. pl. (sl.: the best)* **sb. is the** ~**'s whiskers** jmd. ist der/die Größte *(ugs.);* **sth. is the** ~**'s whiskers** etw. ist spitze *(ugs.)*
cattery ['kætərı] *n.* Katzenpension, *die*
cattily ['kætılı] *adv.* gehässig
cattish ['kætıʃ] *see* **catty**
cattle ['kætl] *n. pl.* Vieh, *das;* Rinder *Pl.;* **sheep and** ~: Schafe und Rinder; **700 head of** ~: 700 Rinder *od.* Stück Vieh
cattle: ~**-breeding** *n.* Rinderzucht, *die;* Viehzucht, *die;* ~**-cake** *n. (Brit. Agric.)* konzentriertes, gepreßtes Viehfutter; ~**-grid** *n. (Brit.),* ~**-guard** *n. (Amer.)* mit einem Gitterrost bedeckte Grube als Durchlaß bei Weiden *od.* Gehegen; ~**-man** *n.* a) *(tender)* Viehhüter, *der;* b) *(breeder)* Viehzüchter, *der;* ~**-market** *n.* Viehmarkt, *der; (ugs. scherzh.)* Fleischbeschau, *die (ugs. scherzh.);* ~**-plague** *n.* Rinderpest, *die;* ~**-rustler** *n. (Amer.)* Viehdieb, *der;* ~**-truck** *n.* Viehtransporter, *der; (Railw.)* Viehwagen, *der*
catty ['kætı] *adj.* gehässig; **they're so ~ about their colleague** sie sprechen so gehässig über ihre Kollegin
ˈcatwalk *n.* Laufsteg, *der*
Caucasia [kɔ:'keızıə, kɔ:'keızə] *pr. n.* Kaukasien *(das)*
Caucasian [kɔ:'keızıən, kɔ:'keıʒn] 1. *adj.* kaukasisch. 2. *n.* Kaukasier, *der*/Kaukasierin, *die*
Caucasus ['kɔ:kəsəs] *pr. n.* Kaukasus, *der*
caucus ['kɔ:kəs] *n. (Brit. derog., Amer.)* a) *(committee)* den Wahlkampf und die Richtlinien der Partei bestimmendes regionales Gremium einer Partei; b) *(party meeting)* den Wahlkampf und die Richtlinien der Politik bestimmende Sitzung des regionalen Parteiführung
caudal ['kɔ:dl] *adj. (Zool.)* a) *(of tail)* Schwanz-; *(at tail)* kaudal; b) *(of posterior of body)* Kaudal-
caught *see* **catch 1, 2**
cauldron ['kɔ:ldrən, 'kɒldrən] *n.* Kessel, *der*
cauliflower ['kɒlıflaʊə(r)] *n.* Blumenkohl, *der*
cauliflower: ~ **ˈcheese** *n.* (mit Käse) überbackener Blumenkohl; ~ **ˈear** *n.* Blumenkohlohr, *das (Boxerjargon)*
caulk [kɔ:k] *v. t.* kalfatern *(Seemannsspr.);* abdichten
causal ['kɔ:zl] *adj.* kausal; ~ **connection** Kausalzusammenhang, *der;* ~ **sentence** Kausalsatz, *der*

cavalcade

causality [kɔ:'zælıtı] *n., no pl. (esp. Ling., Philos.)* Kausalität, *die;* **the law[s] of** ~: das Kausalitätsgesetz
causally ['kɔ:zəlı] *adv.* kausal
causation [kɔ:'zeıʃn] *n.* a) *(causing)* Verursachung, *die;* b) *(relation of cause and effect)* Kausalität, *die*
causative ['kɔ:zətıv] *adj.* a) verursachend; b) *(Ling.)* kausativ
cause [kɔ:z] 1. *n.* a) *(what produces effect)* Ursache, *die* (of für *od. Gen.*); *(person)* Verursacher, *der*/Verursacherin, *die;* **be the ~ of sth.** etw. verursachen; b) *(Philos.)* Ursache, *die;* c) *(reason)* Grund, *der;* Anlaß, *der;* ~ **for/to do sth.** Grund *od.* Anlaß zu etw./, etw. zu tun; **no ~ for concern** kein Grund zur Beunruhigung; **where he saw ~ to do so** wo er es für nötig hielt; **show ~ why ...**: Gründe vorbringen, weshalb ...; **without good ~**: ohne triftigen Grund; d) *(object of support)* Sache, *die;* **he died in the ~ of peace** er starb für die Sache des Friedens *od.* für den Frieden; **take up sb.'s ~**: sich für jmds. Sache einsetzen; **freedom is our common ~**: Freiheit ist unser gemeinsames Anliegen *od.* Ziel; **be a lost ~**: aussichtslos sein; verlorene Liebesmühe sein *(ugs.);* **make common ~ with sb.** mit jmdm. gemeinsame Sache machen; **in a good ~**: [für] eine gute Sache; e) *(Law) (matter)* Sache, *die; (case)* Fall, *der;* **he lost his ~ in the courts** er hat seinen Prozeß verloren. 2. *v. t.* a) *(produce)* verursachen; erregen ⟨*Aufsehen, Ärgernis*⟩; hervorrufen ⟨*Verstimmung, Unruhe, Verwirrung*⟩; b) *(give)* ~ **worry/pain** *etc.* jmdm. Sorge/Schmerzen *usw.* bereiten; ~ **sb. expense** jmdm. Ausgaben verursachen, etw. zu tun; ~ **sb. trouble/bother** jmdm. Umstände machen; c) *(induce)* ~ **sb. to do sth.** jmdn. veranlassen, etw. zu tun; ~ **the alarm to go off** den Alarm auslösen; ~ **sb. to lose concentration** jmdn. die Konzentration nehmen; ~ **sb. to be miserable** bewirken, daß sich jemand elend fühlt; ~ **sth. to be done** dazu führen, daß etw. getan wird
cause célèbre [kɔ:z se'lebr] *n., pl.* **causes célèbres** [kɔ:z se'lebr] Cause célèbre *(geh.);* aufsehenerregender Fall
causeless ['kɔ:zlıs] *adj.* grundlos
causeway ['kɔ:zweı] *n.* Damm, *der*
caustic ['kɔ:stık] 1. *adj.* a) *(sarcastic)* kaustisch *(geh.);* bissig ⟨*Spott*⟩; spitz, scharf ⟨*Zunge*⟩; b) *(burning)* ätzend; *(Chem.)* kaustisch; ~ **potash/soda** Ätzkali, *das*/Ätznatron, *das.* 2. *n. (substance)* Ätzmittel, *das;* Kaustikum, *das (Med.)*
caustically ['kɔ:stıkəlı] *adv. (sarcastically)* bissig
cauterisation, cauterise *see* **cauterizcauterization** [kɔ:təraı'zeıʃn] *n. (Med.)* Kauterisation, *die*
cauterize ['kɔ:təraız] *v. t. (Med.)* kauterisieren; *(fig.)* abstumpfen
caution ['kɔ:ʃn] 1. *n.* a) Vorsicht, *die;* **use ~**: vorsichtig sein; b) *(warning)* Warnung, *die; (warning and reprimand)* Verwarnung, *die;* **by way of a ~**: als Warnung; **act as a ~ to sb.** jmdm. eine Warnung sein; **just a word of ~**: noch ein guter Rat; c) *(dated coll.: sb. comical)* **be a ~**: ein Kasper sein *(ugs.).* 2. *v. t. (warn)* warnen; *(warn and reprove)* verwarnen (**for** wegen); ~ **sb. against sth./doing sth.** jmdn. vor etw. *(Dat.)* warnen/davor warnen, etw. zu tun; ~ **sb. to/not to do sth.** jmdn. ermahnen, etw. zu tun/nicht zu tun
cautionary ['kɔ:ʃənərı] *adj.* [er]mahnend; warnend ⟨*Beispiel*⟩
ˈcaution money *n.* Kaution, *die;* **demand/pay ~**: eine Kaution verlangen/zahlen
cautious ['kɔ:ʃəs] *adj.* vorsichtig; *(circumspect)* umsichtig
cautiously ['kɔ:ʃəslı] *adv.* vorsichtig; *(circumspectly)* umsichtig
cavalcade [kævəl'keıd] *n.* Kavalkade, *die*

cavalier

(veralt., auch fig.); (convoy of cars) Konvoi, *der; (procession of cars)* Korso, *der*
cavalier [kævəˈlɪə(r)] *1. n.* **a)** Kavalier, *der;* **b)** *(Hist.: Royalist)* Kavalier, *der (Anhänger König Karls I.);* **c)** *(arch.: horseman)* Ritter, *der. 2. adj. (offhand)* keck; *(arrogant)* anmaßend
cavalry [ˈkævəlrɪ] *n. constr. as sing. or pl.* Kavallerie, *die; (soldiers in vehicles)* motorisierte Streitkräfte
cavalry: ~**man** [ˈkævəlrɪmən] *n., pl.* ~**men** [ˈkævəlrɪmən] Kavallerist, *der;* ~ **officer** *n.* Kavallerieoffizier, *der;* ~ **regiment** *n.* Reiterregiment, *das;* ~ **sword** *n.* Säbel, *der;* ~ **twill** *n.* Kavallerietwill, *der*
¹**cave** [keɪv] *1. n.* Höhle, *die. 2. v.t.* aushöhlen. *3. v.i.* Höhlen erforschen
~ **in** *v.i.* einbrechen; *(fig.) (collapse)* zusammenbrechen; *(submit)* nachgeben. *See also* **cave-in**
²**cave** [ˈkeɪvɪ] *int. (sl.)* Achtung!; **keep** ~: Schmiere stehen *(salopp)*
caveat [ˈkævɪæt] *n. (warning)* Warnung, *die; (against repetition)* Mahnung, *die;* ~ **emptor** [kævɪæt 'emptɔ:(r)] Ausschluß der Gewährleistung
cave: ~-**bear** *n. (Zool.)* Höhlenbär, *der;* ~-**dweller** *n.* Höhlenbewohner, *der; (fig.)* Wilde, *der;* ~-**in** *n.* Einsturz, *der;* ~-**man** *see* ~-**dweller;** ~-**painting** *n.* Höhlenmalerei, *die*
caver [ˈkeɪvə(r)] *n.* Höhlenforscher, *der*
cavern [ˈkævən] *n. (cave, lit. or fig.)* Höhle, *die; (artificial)* Kaverne, *die*
cavernous [ˈkævənəs] *adj. (like a cavern)* höhlenartig; herzhaft ⟨*Gähnen*⟩; *(full of caverns)* reich an Höhlen
caviare (caviar) [ˈkævɪɑ:(r), kævɪˈɑ:(r)] *n.* Kaviar, *der;* **it is** ~ **to the general** *(fig.)* das ist Perlen vor die Säue geworfen *(ugs.)*
cavil [ˈkævɪl] *1. v.i., (Brit.)* -**ll**- krittein *(abwertend);* ~ **at/about sth.** etw. bekrittein *(abwertend). 2. n.* unsachlicher Anwurf
caving [ˈkeɪvɪŋ] *n.* Höhlenforschung, *die*
cavity [ˈkævɪtɪ] *n.* Hohlraum, *der; (in tooth)* Loch, *das;* **nasal/oral/uterine** ~: Nasen-/Mund-/Gebärmutterhöhle, *die*
'**cavity wall** *n. (Building)* Hohlmauer, *die*
cavort [kəˈvɔ:t] *v.i. (sl.)* ~ **[about** *or* **around]** herumtollen *(ugs.)*
caw [kɔ:] *1. n.* Krächzen, *das. 2. v.i.* krächzen
cay [keɪ] *n.* Riff, *das*
cayenne [keɪˈen] *n.* ~ **[**'**pepper]** Cayennepfeffer, *der*
cayman [ˈkeɪmən] *n. (Zool.)* Kaiman, *der*
CB *abbr.* **a) Companion [of the Order] of the Bath** Mitglied *der 3. Klasse des Bathordens;* **b) citizens' band** CB
CBE *abbr.* **Commander [of the Order] of the British Empire** Träger *des Ordens des British Empire 3. Klasse*
CBI *abbr.* **Confederation of British Industry** britischer Unternehmerverband
cc [siːˈsiː] *abbr.* **cubic centimetre(s)** cm³
CD *abbr.* **a) civil defence; b) Corps Diplomatique** CD; **c) compact disc** CD; **CD player** CD-Spieler, *der*
Cdr. *abbr.* **commander b** Kdt
CD-ROM [si:di:ˈrɒm] *abbr.* **compact disc read-only memory** CD-ROM, *die*
CE *abbr.* **a) Church of England; b) civil engineer; c) Common Era**
cease [si:s] *1. v.i.* aufhören; **he never** ~**d in his efforts** er gab seine Bemühungen nie auf; **when the storm** ~**d** als der Sturm sich legte; ~ **from sth./from doing sth.** mit etw. aufhören/aufhören, etw. zu tun; ~ **doing** *or* **to do sth.** aufhören, etw. zu tun; ~ **to understand** nicht mehr verstehen; **sth. has** ~**d to exist** etw. existiert *od.* besteht nicht mehr; **we have** ~**d manufacturing tyres** wir stellen keine Reifen mehr her; **it never** ~**s to amaze me** ich kann nur immer

darüber staunen; **b)** *(end)* aufhören mit; einstellen ⟨*Bemühungen, Versuche*⟩; ~ '**fire** *(Mil.)* das Feuer einstellen. *3. n.* **without** ~: ununterbrochen; ohne Unterbrechung
'**cease-fire** *n.* Waffenruhe, *die; (signal)* Befehl zur Feuereinstellung
ceaseless [ˈsiːslɪs] *adj.* endlos; unaufhörlich ⟨*Anstrengung*⟩; ständig ⟨*Wind, Lärm*⟩
ceaselessly [ˈsiːslɪslɪ] *adv.* unaufhörlich; endlos ⟨*streiten*⟩
cedar [ˈsiːdə(r)] *n.* **a)** Zeder, *die;* ~ **of Lebanon** Libanonzeder, *die;* **b)** *see* **cedar-wood**
'**cedar-wood** *n.* Zedernholz, *das*
cede [siːd] *v.t. (surrender)* abtreten ⟨*Land, Rechte*⟩ *(to Dat.*, an + *Akk.*); einräumen ⟨*Privilegien*⟩ *(to Dat.); (grant)* überlassen ⟨*Land*⟩ *(to Dat.);* zugestehen ⟨*Rechte*⟩ *(to Dat.)*
cedilla [sɪˈdɪlə] *n. (Ling.)* Cedille, *die*
Ceefax, (P) [ˈsiːfæks] *n. (Brit.)* Bildschirmtextdienst der BBC
ceilidh [ˈkeɪlɪ] *n. (Scot., Ir.)* zwangloses Beisammensein zum Musizieren, Tanzen, Singen und Geschichtenerzählen
ceiling [ˈsiːlɪŋ] *n.* **a)** Decke, *die; see also* **hit 1 b;** **b)** *(upper limit)* Maximum, *das;* ~ **temperature** maximale Temperatur; **c)** *(Aeronaut.)* Gipfelhöhe, *die;* **d)** *(Meteorol.)* **[cloud]** ~: Wolkenuntergrenze, *die; (height)* Wolkenhöhe, *die*
celandine [ˈseləndaɪn] *n. (Bot.)* **a) [greater]** ~: [Großes] Schöllkraut; **b) [lesser]** ~: Scharbockskraut, *das*
celebrant [ˈselɪbrənt] *n. (Eccl.)* Zelebrant, *der*
celebrate [ˈselɪbreɪt] *1. v.t.* **a)** *(observe)* feiern; **b)** *(Eccl.)* zelebrieren, lesen ⟨*Messe*⟩; **the wedding was** ~**d in St Paul's** die Hochzeit fand in St Paul's statt; **c)** *(extol)* verherrlichen. *2. v.i.* **a)** *(officiate at Eucharist)* die Eucharistie feiern
celebrated [ˈselɪbreɪtɪd] *adj.* gefeiert, berühmt ⟨*Person*⟩; berühmt ⟨*Gebäude, Werk usw.*⟩
celebration [selɪˈbreɪʃn] *n.* **a)** *(observing)* Feiern, *das; (party etc.)* Feier, *die;* **in** ~ **of** aus Anlaß (+ *Gen.);* *(with festivities)* zur Feier (+ *Gen.);* **the** ~ **of Easter** *etc.* das Feiern *od.* Begehen des Osterfestes *usw.;* **the** ~ **on her birthday** ihre Geburtstagsfeier; **the Coronation** ~**s** die Feierlichkeiten anläßlich der Krönung; **this calls for a** ~! das muß gefeiert werden!; **b)** *(performing)* **the** ~ **of the wedding/christening** die Trauung⟨*zeremonie*⟩/Taufe; **the** ~ **of Communion** die Feier der Kommunion; **c)** *(extolling)* Verherrlichung, *die*
celebratory [ˈselɪbreɪtərɪ] *adj.* feierlich; Fest⟨*programm, -essen, -trunk*⟩
celebrity [sɪˈlebrɪtɪ] *n.* **a)** *no pl. (fame)* Berühmtheit, *die;* **b)** *(person)* Berühmtheit, *die;* **that** ~ **of stage and cinema** der Star von Bühne und Leinwand
celeriac [sɪˈlerɪæk] *n.* [Wurzel-, Knollen]sellerie, *der od. die*
celerity [sɪˈlerɪtɪ] *n. (literary)* Schnelligkeit, *die*
celery [ˈselərɪ] *n.* [Bleich-, Stangen]sellerie, *der od. die*
celesta [sɪˈlestə] *n. (Mus.)* Celesta, *die*
celestial [sɪˈlestɪəl] *adj.* **a)** *(heavenly)* himmlisch; ~ **realm** Himmelreich, *die;* **b)** *(of the sky)* Himmels-
celibacy [ˈselɪbəsɪ] *n., no art.* Zölibat, *das od. der (Rel.);* Ehelosigkeit, *die*
celibate [ˈselɪbət] *1. adj.* zölibatär *(Rel.);* ehelos; **remain** ~: im Zölibat leben *(Rel.); 2. n.* ehelos bleiben. *2. n.* Zölibatär, *der (Rel.)*
cell [sel] *n.* **a)** *(also Biol., Electr.)* Zelle, *die.* **b)** *(enclosed cavity)* Pore, *die; (fig.: compartment of brain)* Gehirnzelle, *die*
cellar [ˈselə(r)] *n.* Keller, *der; (wine storage-place, stock of wine)* [Wein]keller, *der;* **they keep a good** ~: sie haben einen guten Weinkeller

cellist [ˈtʃelɪst] *n. (Mus.)* Cellist, *der/*Cellistin, *die*
cello [ˈtʃeləʊ] *n., pl.* ~**s** *(Mus.)* Cello, *das*
Cellophane, cellophane, (P) [ˈseləfeɪn] *n.* Cellophan ®, *das*
cellular [ˈseljʊlə(r)] *adj.* **a)** porös ⟨*Mineral, Gestein, Substanz*⟩; *(Biol.: of cells)* zellular; Zell-; ~ **plant** Lagerpflanze, *die;* Zellenpflanze, *die (veralt.);* **b)** *(with open texture)* luftdurchlässig; atmungsaktiv *(Werbespr.)*
cellular: ~ **phone** *n.* Mobiltelefon, *das;* ~ '**radio** *n.* Mobilfunk, *der*
cellule [ˈseljuːl] *n. (Anat.)* kleine Zelle; Cellula, *die (Fachspr.)*
cellulitis [seljʊˈlaɪtɪs] *n. (Med.)* Zellulitis, *die;* Zellgewebsentzündung, *die*
celluloid [ˈseljʊlɔɪd] *n.* **a)** Zelluloid, *das;* **b)** *(cinema films)* Kino, *das;* ~ **hero** Leinwandheld, *der*
cellulose [ˈseljʊləʊs, ˈseljʊləʊz] *n.* **a)** *(Chem.)* Zellulose, *die;* **b)** *in popular use* ~ **[lacquer]** Lack, *der;* ~ **finish** Lackierung, *die*
Celsius [ˈselsɪəs] *adj.* Celsius; ~ **scale** Celsiusskala, *die*
Celt [kelt, selt] *n.* Kelte, *der/*Keltin, *die*
celt [selt] *n. (Archaeol.)* Kelt, *der*
Celtic [ˈkeltɪk, ˈseltɪk] *1. adj.* keltisch. *2. n.* Keltisch, *das*
Celtic: ~ '**cross** *n.* Radkreuz, *das;* ~ '**fringe** *n.* keltische Randgebiete [Großbritanniens]
cement [sɪˈment] *1. n.* **a)** *(Building)* Zement, *der; (mortar)* [Zement]mörtel, *der;* **b)** *(sticking substance)* Klebstoff, *der; (for mending broken vases etc. also)* Kitt, *der; (fig.)* Band, *das;* Kitt, *der.* *2. v.t.* **a)** *(unite with binder)* mit Zement/Mörtel zusammenfügen; *(stick together)* zusammenkleben; *(fig.)* zusammenkitten; zementieren ⟨*Freundschaft, Beziehung*⟩; **b)** *(apply cement to)* zementieren/mörteln
cemetery [ˈsemɪtərɪ] *n.* Friedhof, *der*
C. Eng. *abbr.* **chartered engineer**
cenotaph [ˈsenətɑːf, ˈsenətæf] *n.* Kenotaph, *das;* Zenotaph, *das;* **the C~** *(Brit.)* Mahnmal in London für die Gefallenen der beiden Weltkriege
censer [ˈsensə(r)] *n.* Rauchfaß, *das*
censor [ˈsensə(r)] *1. n.* **a)** *(also Roman Hist.)* Zensor, *der;* **get past the** ~**s** durch die Zensur kommen; **b)** *(judge)* Kritiker, *der;* **c)** *(Psych.)* Zensor, *der. 2. v.t.* **a)** zensieren; **b)** *(make changes in)* abändern
censorious [senˈsɔːrɪəs] *adj.* übertrieben] kritisch; [übertrieben] scharf ⟨*Kritik, Kritiker*⟩; **be** ~ **of sb./sth.** jmdn./etw. scharf kritisieren
censorship [ˈsensəʃɪp] *n.* Zensur, *die*
censure [ˈsenʃə(r)] *1. n.* Tadel, *der;* ~ **of sth.** Tadel für etw.; **propose a vote of** ~: einen Tadelsantrag stellen. *2. v.t.* tadeln
census [ˈsensəs] *n.* Zählung, *die;* **[national]** ~: Volkszählung, *die;* Zensus, *der*
cent [sent] *n.* Cent, *der;* **I don't** *or* **couldn't care a** ~ **about that** *(coll.)* das ist mir völlig egal *(ugs.)*
cent. *abbr.* **century** Jh.
centaur [ˈsentɔ:(r)] *n. (Mythol.)* Zentaur, *der;* Kentaur, *der*
centenarian [sentɪˈneərɪən] *1. adj.* hundertjährig; *(over 100 years old)* mehr als hundert Jahre alt. *2. n.* Hundertjährige, *der/die; (over 100 years old)* über Hundertjährige, *der/die;* **he/she lived to be a** ~: er/sie wurde hundert Jahre alt/über hundert Jahre alt
centenary [senˈtiːnərɪ, senˈtenərɪ] *1. adj.* ~ **celebrations/festival** Hundertjahrfeier, *die. 2. n.* Hundertjahrfeier, *die; (birthday)* 100. Geburtstag
centennial [senˈtenɪəl] *1. adj. (100th)* hundertst...; *(lasting 100 years)* hundertjährig; *(occurring every 100 years)* Jahrhundert-. *2. n. see* **centenary 2**

center *(Amer.) see* **centre**

centering ['sentərɪŋ] (Amer.) see centring
centi- ['sentɪ] pref. **a)** (one-hundredth) Zenti-; **b)** (one hundred) Hundert-/hundert-
centigrade ['sentɪgreɪd] see Celsius
centime ['sãti:m] n. Centime, der
centimetre (Brit.; Amer.: **centimeter**) ['sentɪmi:tə(r)] n. Zentimeter, der
centipede ['sentɪpi:d] n. Hundertfüßer, der (Zool.); ≈ Tausendfüßler, der
central ['sentrl] **1.** adj. zentral; **be ~ to sth.** von zentraler Bedeutung für etw. sein; **in ~ London** im Zentrum von London; **in a ~ situation** in zentraler Lage; **the ~ part** or **portion of the apple/the earth** das Innere des Apfels/der Erde; **the ~ part of the town** das Zentrum der Stadt. **2.** n., no art. (Amer.) Vermittlung, die; **call ~:** die Vermittlung anrufen
Central: ~ African Re'public pr. n. Zentralafrikanische Republik; **~ A'merica** pr. n. Mittelamerika (das); **~ A'merican 1.** adj. mittelamerikanisch; **2.** n. Mittelamerikaner, der/-amerikanerin, die; **~ 'Europe** pr. n. Mitteleuropa (das); **~ Euro'pean 1.** adj. mitteleuropäisch; **2.** n. Mitteleuropäer, der/-europäerin, die; **c~ 'heating** n. Zentralheizung, die
centralisation, centralise see **centraliz-**
centralization [sentrəlaɪ'zeɪʃn] n. Zentralisierung, die
centralize ['sentrəlaɪz] v. t. zentralisieren; **~ records** Unterlagen zentral erfassen
central 'locking n. (Motor Veh.) Zentralverriegelung, die
centrally ['sentrəlɪ] adv. **a)** (in centre) zentral; **b)** (in leading place) an zentraler Stelle
central: ~ 'nervous system n. (Anat., Zool.) Zentralnervensystem, das; **~ processing unit** n. (Computing) Zentraleinheit, die; **~ reser'vation** n. Mittelstreifen, der; **~ 'station** n. (Railw.) Hauptbahnhof, der
centre ['sentə(r)] (Brit.) **1.** n. **a)** Mitte, die; (of circle, globe) Mitte, die; Zentrum, das; Mittelpunkt, der; **be the ~ of attention** im Mittelpunkt des Interesses stehen; **be in the ~ of things** im Brennpunkt des Geschehens sein; **b)** (of rotation) Drehpunkt, der; (in lathe etc.) Spitzdocke, die (Technik); **c)** (nucleus) Zentrum, das; **d)** (serving an area) Zentrum, das; **university careers ~:** Studienberatung, die; **f)** (filling of chocolate) Füllung, die; **f)** (Polit.) Mitte, die; **left of ~:** links von der Mitte; **g)** (Sport: player) Mittelfeldspieler, der/-spielerin, die; (Basketball) Center, der; (Football, Hockey: kick or hit) Flanke, die; **he kicked/hit a ~:** er schlug eine Flanke [nach innen]; **~ of attraction** (Phys.) Zentrum der Anziehungskraft; **she likes to be the ~ of attraction** (fig.) sie steht gern im Mittelpunkt [des Interesses]; **sth. is a [great] ~ of attraction** (fig.) etw. ist eine [große] Attraktion; see also **gravity d;** ²**mass 1 f; i)** see **centring. 2.** adj. mittler...; **~ party** (Polit.) Partei der Mitte; **the ~ point of the circle/triangle** der Mittelpunkt des Kreises/Dreiecks. **3.** v. i. **~ in sth. on sth.** sich auf etw. (Dat.) haben; **on sth.** sich auf etw. (Akk.) konzentrieren; **the novel ~s on Prague** Prag steht im Mittelpunkt des Romans; **the discussion ~d on pollution** im Mittelpunkt der Diskussion stand die Umweltverschmutzung; **~ [a]round sth.** um etw. kreisen; sich um etw. drehen. **4.** v. t. **a)** (place in ~) in der Mitte anbringen; in der Mitte aufhängen (Bild, Lampe); zentrieren (Überschrift); **b)** (concentrate) **be ~d/~ sth. in a place** einen Ort zum Mittelpunkt haben/von etw. machen; **~ sth. on sth.** etw. auf etw. (Akk.) konzentrieren; **~ a novel [a]round sth.** etw. in den Mittelpunkt eines Romans stellen; **be ~d [a]round sth.** etw. zum Mittelpunkt haben; **c)** (Football, Hockey) [nach innen] flanken
centre: ~-bit n. Zentrumbohrer, der (Technik); **~-board** n. (Naut.) Schwert, das; **~ circle** n. (Football, Basketball, Ice Hockey) Mittelkreis, der; **~-fold** n. Faltblatt in der Mitte; **~-'forward** n. (Sport) Mittelstürmer, der/-stürmerin, die; **~-'half** n. (Sport) Mittelläufer, der/-läuferin, die; (Football also) Vorstopper, der/-stopperin, die; **~-piece** n. (ornament) ≈ Tafelschmuck, der (in der Mitte der Tafel); (principal item) Kernstück, das; **~ 'spread** n. Doppelseite in der Mitte; **~ three-'quarter** n. (Rugby) Innendreiviertel[spieler], der
centrifugal [sen'trɪfjʊgl] adj. zentrifugal; **~ force** Zentrifugalkraft, die; Fliehkraft, die
centrifuge ['sentrɪfju:dʒ] **1.** n. Zentrifuge, die. **2.** v. t. zentrifugieren
centring ['sentrɪŋ] n. (Building) Lehrgerüst, das
centripetal [sen'trɪpɪtl] adj. zentripetal; **~ force** Zentripetalkraft, die
centrism ['sentrɪzm] n. (Polit. etc.) gemäßigter Kurs; Zentrismus, der (abwertend)
centrist ['sentrɪst] n. (Polit. etc.) Vertreter/Vertreterin eines gemäßigten Kurses; Zentrist, der/Zentristin, die (abwertend)
centurion [sen'tjʊərɪən] n. (Roman Hist.) Zenturio, der
century ['sentʃərɪ] n. **a)** (hundred-year period from a year ..00) Jahrhundert, das; (hundred years) hundert Jahre; **~-old** hundertjährig; **centuries-old** jahrhundertealt; **seit Jahrhunderten bestehend** (Gebäude usw.); **b)** (Cricket) hundert Läufe; (more than a hundred) über hundert Läufe; **c)** (hundred) Hundert, das; **a ~ of hundert; d)** (Roman Hist.) Zenturie, die
cephalopod ['sefələpɒd] n. (Zool.) Kopffüßer, der
ceramic [sɪ'ræmɪk] **1.** adj. keramisch; Keramik⟨vase, -kacheln⟩. **2.** n. Keramik, die
ceramics [sɪ'ræmɪks] n., no pl. Keramik, die
Cerberus ['sɜ:bərəs] n. Zerberus, der
cereal ['sɪərɪəl] **1.** n. **a)** (kind of grain) Getreide, das; **b)** (breakfast dish) Getreideflocken Pl. **2.** adj. Getreide-; **~ grasses** Getreidepflanzen
cerebellum [serɪ'beləm] n. (Anat.) Kleinhirn, das; Cerebellum, das (fachspr.)
cerebral ['serɪbrl] adj. **a)** (of the brain) Gehirn⟨tumor, -blutung, -schädigung⟩; zerebral (Anat.); **b)** (appealing to intellect, intellectual) intellektuell
cerebral 'palsy n. (Med.) Zerebralparese, die; zerebrale Kinderlähmung
cerebrate ['serɪbreɪt] v. i. (literary) nachdenken
cerebration [serɪ'breɪʃn] n. Gehirntätigkeit, die
cerebrum ['serɪbrəm] n. (Anat.) Großhirn, das; Cerebrum, das (Anat.)
ceremonial [serɪ'məʊnɪəl] **1.** adj. feierlich; (prescribed for ceremony) zeremoniell; **~ clothing** Festkleidung, die. **2.** n. Zeremoniell, das
ceremonially [serɪ'məʊnɪəlɪ] adv. feierlich; festlich ⟨gekleidet⟩
ceremonious [serɪ'məʊnɪəs] adj. formell; förmlich ⟨Höflichkeit⟩; (according to prescribed ceremony) zeremoniell
ceremoniously [serɪ'məʊnɪəslɪ] adv. formell; förmlich; **he bowed ~:** er verbeugte sich mit aller Förmlichkeit
ceremoniousness [serɪ'məʊnɪəsnɪs] n., no pl. Förmlichkeit, die
ceremony ['serɪmənɪ] n. **a)** Feier, die; (formal act) Zeremonie, die; **opening/prize-giving ~:** Eröffnungsfeier, die/Preisverleihung, die; **Christmas ~:** Weihnachtsfeier, die; **b)** no pl., no art. (formalities) Zeremoniell, das; **stand on ~:** Wert auf Förmlichkeiten legen; **without [great] ~:** ohne große Förmlichkeit. See also **master 1 f**
cerise [sə'ri:z, sə'ri:s] **1.** adj. kirschrot; cerise (fachspr.). **2.** n. Kirschrot, das; Cerise, das (fachspr.)

cerium ['sɪərɪəm] n. (Chem.) Cer, das; Zer, das
cert [sɜ:t] n. (Brit. coll.) **a)** that's a ~: das steht fest; **b)** (as winner) todsicherer Tip (ugs.); **be tipped as a/look [like] a ~:** als todsicherer Tip gelten; **c)** (for appointment) **be a ~ for the job/as the next party leader** die Stelle mit Sicherheit kriegen/mit Sicherheit der nächste Parteiführer werden; **his record makes him a ~ for the team** durch seine Leistung kommt er bestimmt in die Mannschaft
cert. [sɜ:t] abbr. **certificate**
certain ['sɜ:tn, 'sɜ:tɪn] adj. **a)** (settled) bestimmt ⟨Zeitpunkt⟩; **b)** (unerring) sicher; (sure to happen) unvermeidlich; sicher ⟨Tod⟩; **the course of the tragedy is ~:** der Verlauf der Tragödie steht fest; **for ~:** bestimmt; **I [don't] know for ~ when ...:** ich weiß [nicht] genau, wann ...; **I can't say for ~ that ...:** ich kann nicht mit Bestimmtheit sagen, daß ...; **make ~ of sth.** (ensure) für etw. sorgen; (examine and establish) sich einer Sache (Gen.) vergewissern; **we made ~ of a seat on the train** wir sicherten uns einen Sitzplatz im Zug; **we made ~ of a timely arrival** wir sorgten dafür, daß wir rechtzeitig ankamen; **the doctor had to make absolutely ~ of his diagnosis** der Arzt mußte in seiner Diagnose absolut sichergehen; **c)** (indisputable) unbestreitbar; **d)** (confident) sicher; **I'm not ~ of or about the colour** was die Farbe betrifft, da bin ich mir nicht sicher; **of that I'm quite ~:** dessen bin ich [mir] ganz sicher; **we're not ~ about emigrating** wir wissen nicht [recht], ob wir auswandern sollen/können; **are you ~ of the facts?** sind Sie Ihrer Sache sicher; **she wasn't ~ about or of her love for him** sie war [sich (Dat.)] nicht sicher, ob sie ihn liebte; **be ~ that ...:** sicher sein, daß ...; **e) be ~ to do sth.** etw. bestimmt tun; **people were ~ to notice that she'd been crying** die Leute würden bestimmt merken, daß sie geweint hatte; **f)** (particular but as yet unspecified) bestimmt; **g)** (slight; existing but probably not already known) gewiß; **to a ~ extent** in gewisser Weise; **a ~ Mr Smith** ein gewisser Herr Smith
certainly ['sɜ:tnlɪ, 'sɜ:tɪnlɪ] adv. **a)** (admittedly) sicher[lich]; **b)** (definitely) bestimmt; (clearly) offensichtlich; **b)** (in answer) [aber] gewiß; [aber] sicher; [most] ~ 'not! auf [gar] keinen Fall!
certainty ['sɜ:tntɪ, 'sɜ:tɪntɪ] n. **a) be a ~:** sicher sein; feststehen; **regard sth. as a ~:** etw. für sicher halten; **it isn't as much of a ~ now as it was** es ist jetzt nicht mehr ganz so sicher; **b)** (absolute conviction, sure fact, assurance) Gewißheit, die; **~ of or about sth./sb.** Gewißheit über etw./jmdn.; **~ that ...:** Gewißheit ⟨darüber⟩, daß ...; **with some ~:** mit einiger Sicherheit; **with ~, for a ~:** mit Sicherheit od. Bestimmtheit; **have the ~ of accommodation/sunshine** die Gewißheit haben, eine Unterkunft zu bekommen/daß die Sonne scheint
Cert. Ed. [sɜ:t 'ed] abbr. (Brit.) **Certificate in Education** ≈ Berechtigung, an Grund- und Hauptschulen zu unterrichten
certifiable ['sɜ:tɪfaɪəbl] adj. **a)** nachweislich; überprüfbar ⟨Ergebnis⟩; **what makes a person ~ as dead?** wann kann jemand für tot erklärt werden?; **b)** (as insane) unzurechnungsfähig ⟨Person⟩; **~ insanity** Unzurechnungsfähigkeit, die
certifiably ['sɜ:tɪfaɪəblɪ] adv. **~ [in]sane** [un]zurechnungsfähig
certificate 1. [sə'tɪfɪkət] n. Urkunde, die; (of action performed) Schein, der; (Cinemat.) Einblendung zu Beginn eines Films, die angibt, für welches Publikum der Film freigegeben ist; **doctor's ~:** ärztliches Attest; **teaching ~:** Zeugnis über eine Ausbildung als Lehrer; **~ of satisfactory performance** Zeugnis über zufriedenstellende Leistun-

Certificate of Secondary Education — **champ**

gen; **he gained a ~ of merit in his exam** er bestand die Prüfung mit Auszeichnung. **2.** [sə'tɪfɪkeɪt] *v. t.* zulassen
Certificate of Secondary Edu'cation *n.* *(Brit. Hist.)* ≈ Volksschulabschluß, *der*
certification [sɜːtɪfɪ'keɪʃn] *n.* Bestätigung, *die; (as teacher etc.)* Zulassung, *die; (as insane)* Bescheinigung der Unzurechnungsfähigkeit; *(certificate)* Bescheinigung, *die*
certified ['sɜːtɪfaɪd] *adj.* **a)** zugelassen; **~ as unfit for human habitation** für unbewohnbar erklärt; **she's a ~ driving instructor** sie ist als Fahrlehrerin zugelassen; **state-~:** staatlich anerkannt; **this film is ~ as unsuitable for children** dieser Film ist als nicht jugendfrei eingestuft worden; **b)** *(declared insane)* unzurechnungsfähig
certified: ~ **'cheque** *n. (Finance)* bestätigter Scheck; ~ **'mail** *n. (Amer.)* send sth. by ~ **mail** etw. per Einschreiben senden; **an item of ~ mail** eine Einschreibesendung; ~ **public ac'countant** *n. (Amer.)* Wirtschaftsprüfer, *der/*-prüferin, *die*
certify ['sɜːtɪfaɪ] *v. t.* **a)** bescheinigen; bestätigen; *(declare by certificate)* berechtigen; ~ **sb. as competent** jmds. Befähigung bescheinigen *od.* bestätigen; **this is to ~ that ...:** hiermit wird bescheinigt *od.* bestätigt, daß ...; **this building has been certified [as] Crown property** dieses Gebäude ist zum Eigentum der Krone erklärt worden; **certified as a true copy** beglaubigt; **b)** *(declare insane)* für unzurechnungsfähig erklären; **you ought to be certified** *(coll.)* du bist wohl verrückt *(salopp)*
certitude ['sɜːtɪtjuːd] *n.* Gewißheit, *die*
cervical [sɜː'vaɪkl, 'sɜːvɪkl] *adj. (Anat.)* **a)** *(of neck)* Hals-; zervikal *(Anat.);* **b)** *(of cervix)* Gebärmutterhals-; zervikal *(Anat.);* ~ **smear test** [Gebärmutterhals]abstrich, *der*
cervix ['sɜːvɪks] *n., pl.* **cervices** ['sɜːvɪsiːz] *(Anat.: of uterus)* Gebärmutterhals, *der*
Cesarean, Cesarian *(Amer.) see* **Caesarean**
cessation [se'seɪʃn] *n.* Ende, *das; (interval)* Nachlassen, *das*
cession ['seʃn] *n.* Abtretung, *die*
cesspit ['sespɪt] *n. (refuse pit)* Abfallgrube, *die;* **b)** *see* **cesspool**
cesspool ['sespuːl] *n.* Senk- *od.* Jauchegrube, *die; (fig.)* Sumpf, *der;* ~ **of iniquity** Sündenpfuhl, *der*
cetacean [sɪ'teɪʃn] *n. (Zool.)* Waltier, *das*
Ceylon [sɪ'lɒn] *pr. n. (Hist.)* Ceylon *(das)*
c.f. *abbr.* carried forward Vortrag *(Buchf.)*
cf. *abbr.* compare vgl.
CFC *abbr. (Chem., Ecol.)* chlorofluorocarbon FCKW, *das*
ch. *abbr.* **a)** chapter Kap.; **b)** church K.
cha [tʃɑː] *see* ³**char**
cha-cha ['tʃɑːtʃɑː] **1.** *n.* Cha-Cha-Cha, *der.* **2.** *v. i.* Cha-Cha-Cha tanzen
Chad [tʃæd] *pr. n.* Tschad, *der*
chafe [tʃeɪf] **1.** *v. t. (make sore)* aufscheuern; wund scheuern; *(rub)* reiben; *(fig.)* reizen; ärgern. **2.** *v. i. ⟨Mensch, Tier:⟩* sich scheuern; *⟨Gegenstand:⟩* scheuern (**[up]on, against** an + *Dat.);* **my skin ~s easily** meine Haut wird leicht wund; ~ **at** *or* **under sth.** *(fig.)* sich über etw. *(Akk.)* ärgern
chafer ['tʃeɪfə(r)] *n. (Zool.)* [Mai]käfer, *der*
chaff [tʃɑːf] **1.** *v. t.* ~ **sb. about sth.** jmdn. wegen etw. necken *od. (ugs.)* mit etw. aufziehen. **2.** *v. i.* scherzen; flachsen *(ugs.).* **3.** *n.* **a)** *(banter)* Neckerei, *die;* Flachserei, *die (ugs.);* **enough of the ~!** genug geflachst! *(ugs.);* **b)** *(husks of corn, etc.)* Spreu, *die; see also* **wheat; c)** *(cattle-food)* Häcksel, *das*
chaffinch ['tʃæfɪntʃ] *n. (Ornith.)* Buchfink, *der*
chagrin ['ʃægrɪn] **1.** *n.* Kummer, *der;* Verdruß, *der;* **much to sb.'s ~:** zu jmds. großen Kummer *od.* Verdruß. **2.** *v. t.* bekümmern; **be** *or* **feel ~ed at** *or* **by sth.** niedergeschlagen *od.* bekümmert sein wegen etw.

chain [tʃeɪn] **1.** *n.* **a)** Kette, *die; (fig.)* Fessel, *die; (of flowers)* Kranz, *der; (to stop skidding)* Schneekette, *die; (jewellery)* [Hals]kette, *die; (barrier)* Sperrkette, *die;* ~ **of office** Amtskette, *die;* **be in ~s** in Ketten sein; **be/put on a ~:** an der Kette sein/an die Kette legen; **door-~:** Tür- *od.* Sicherungskette, *die;* **b)** *(series)* Kette, *die;* Reihe, *die;* ~ **of events** Reihe *od.* Kette von Ereignissen; ~ **of ideas** Gedankenkette, *die;* ~ **of mountains** Gebirgskette, *die;* ~ **of islands/lakes** Insel-/Seenkette, *die;* **c)** ~ **of shops/hotels** Laden-/Hotelkette, *die;* **c)** *(measurement)* Chain, *das (*≈ *20 m).* **2.** *v. t. (lit. or fig.)* ~ **sb./sth. to sth.** jmdn./etw. an etw. *(Akk.)* [an]ketten; **the dog must be kept ~ed up** der Hund muß an der Kette bleiben
chain: ~**-armour** *n.* Kettenpanzer, *der;* ~**-gang** *n.* Trupp aneinandergeketteter Sträflinge; ~**-letter** *n.* Kettenbrief, *der;* ~**-link fencing** *n.* Maschendraht, *der;* ~**-mail** *n.* Kettenpanzer, *der;* ~ **re'action** *n. (Chem., Phys.; also fig.)* Kettenreaktion, *die;* ~**-saw** *n.* Kettensäge, *die;* ~**-smoke** *v. t. & i.* Kette rauchen *(ugs.);* ~**-smoker** *n.* Kettenraucher, *der/-*raucherin, *die;* ~**-smoking** *n.* Kettenrauchen, *das;* ~**-stitch** *n.* Kettenstich, *der;* ~ **store** *n.* Kettenladen, *der (Wirtsch.)*
chair [tʃeə(r)] **1.** *n.* **a)** Stuhl, *der; (arm~, easy ~)* Sessel, *der;* **take a [please] bitte** nehmen Sie Platz; **hairdresser's ~:** Frisierstuhl, *der;* **b)** *(professorship)* Lehrstuhl, *der; (of authority)* [Thron]sessel, *der;* **c)** *(at meeting)* Vorsitz, *der; (chairman)* Vorsitzende, *der/die;* **be** *or* **preside in/take the ~:** den Vorsitz haben *od.* führen/übernehmen; **leave** *or* **vacate the ~:** den Vorsitz abgeben; **address the ~:** den Vorsitzenden ansprechen. **2.** *v. t.* **a)** *(preside over)* führen bei; ~ **a meeting** den Vorsitz bei einer Versammlung haben *od.* führen; **the meeting was ~ed by ...:** den Vorsitz bei der Versammlung hatte *od.* führte ...; **b)** *(Brit.: carry as victor)* im Triumph tragen
chair: ~**-back** *n.* Rückenlehne, *die;* ~**-lift** *n.* Sessellift, *der*
chairman ['tʃeəmən] *n., pl.* **chairmen** ['tʃeəmən] **a)** Vorsitzende, *der/die;* Präsident, *der/*Präsidentin, *die;* **Mr/Madam C~:** Herr Vorsitzender/Frau Vorsitzende; ~ **of the firm** Firmenleiter, *der;* ~'s **report** Geschäftsbericht, *der; see also* **board 1 j; b)** *(master of ceremonies)* Conferencier, *der*
chairmanship ['tʃeəmənʃɪp] *n.* Vorsitz, *der*
chair: ~**person** *n.* Vorsitzende, *der/die;* ~**woman** *n.* Vorsitzende, *die*
chaise [ʃeɪz] *n. (esp. Hist.)* Cab, *die; closed or covered ~:* Chaise, *die*
chaise longue [ʃeɪz 'lɒŋ] *n.* Chaiselongue, *die*
chalcedony [kæl'sedənɪ] *n. (Min.)* Chalzedon, *der*
chalet ['ʃæleɪ] *n.* Chalet, *das*
chalet 'bungalow *n.* einem Chalet ähnliches, aber kleineres Haus mit tief heruntergezogenem Satteldach
chalice ['tʃælɪs] *n. (poet./Eccl.)* Kelch, *der*
chalk [tʃɔːk] **1.** *n.* Kreide, *die; (Geol.)* Kreidekreide, *das;* **a drawing in ~/~s** eine Kreidezeichnung; **as white as ~:** kreidebleich; **by a long ~** *(Brit. coll.)* bei weitem mit Abstand; **not by a long ~** *(Brit. coll.)* bei weitem nicht; **as different as ~ and cheese** so verschieden wie Tag und Nacht. **2.** *v. t.* mit Kreide schreiben/malen/zeichnen *usw.*
~ **'out** *v. t.* **a)** [mit Kreide] an- *od.* aufschreiben; **b)** *(fig.: register)* zu verzeichnen haben, für sich verbuchen können *⟨Erfolg:⟩;* **c)** ~ **it up** *(fig.)* es auf die Rechnung setzen; ~ **it up to sb.'s account** *(fig.)* es auf jmds. Rechnung setzen

chalk: ~**-pit** *n.* Kalksteinbruch, *der;* ~**-stripe** *n. (Textiles)* Kreidestreifen, *der*
chalky ['tʃɔːkɪ] *adj.* kalkig
challenge ['tʃælɪndʒ] **1.** *n.* **a)** *(to contest or duel; also Sport)* Herausforderung, *die (to Gen.);* **issue a ~ to sb.** jmdn. herausfordern; **b)** *(call for a response)* Herausforderung, *die* (**to an** + *Akk.);* **the main ~ facing us today** die größte Herausforderung *od.* Aufgabe für uns heute; **rise to a ~:** sich einer Herausforderung gewachsen zeigen; **pose a ~ to sb.** für jmdn. eine Herausforderung bedeuten; **c)** *(of sentry)* Aufforderung, *die; (call for password)* Anruf, *der;* **d)** *(person, task)* Herausforderung, *die;* **accept a ~:** sich einer Herausforderung *(Dat.)* stellen; **hold a ~ for sb.** einen Reiz für jmdn. haben; **e)** *(Law: exception taken)* Ablehnung, *die; (Amer.: to a vote)* Anfechtung, *die.* **2.** *v. t.* **a)** *(to contest etc.)* herausfordern; ~ **sb. to a match/fight/debate** jmdn. zu einem Wettkampf/zum Kampf/zu einem Streitgespräch herausfordern; ~ **the world record** versuchen, einen neuen Weltrekord aufzustellen; **b)** *(fig.)* auffordern; ~ **sb.'s authority** jmds. Autorität *od.* Befugnis in Frage stellen; **c)** *(demand password etc. from)* *⟨Wachposten:⟩* anrufen; **d)** *(Law)* ~ **[the] evidence [of a witness]** gegen die Aussage [eines Zeugen] Einspruch erheben; **e)** *(question)* in Frage stellen; anzweifeln; ~ **sb.'s right to do sth.** jmds. Recht anzweifeln, etw. zu tun; ~ **a belief/principle** eine Glaubenslehre/ein Prinzip in Frage stellen; ~ **a verdict** ein Urteil kritisieren; ~ **an opinion** einer Ansicht widersprechen; **f)** *(stimulate)* erregen
'challenge cup *n.* Wanderpokal, *der*
challenger ['tʃælɪndʒə(r)] *n.* Herausforderer, *der/*Herausforderin, *die*
challenging ['tʃælɪndʒɪŋ] *adj.* herausfordernd; fesselnd, faszinierend *⟨Problem⟩;* anspruchsvoll *⟨Arbeit⟩*
chamber ['tʃeɪmbə(r)] *n.* **a)** *(poet./arch.: room)* Gemach, *das (geh.); (bedroom)* [Schlaf]gemach, *das (geh.);* **b)** *in pl. (Brit. suite of rooms)* Geschäftsräume *Pl.; (lawyer's rooms)* ≈ Praxisräume *Pl.; (judge's room)* ≈ Amtszimmer, *das;* **in ~s** ≈ im Amtszimmer, *das;* **c)** *(of deliberative or judicial body)* Sitzungszimmer, *das;* Sitzungssaal, *der;* **Upper/Lower C~** *(Parl.)* Ober-/Unterhaus, *das;* **d)** *(Anat.: in machinery, esp. of gun; artificial compartment)* Kammer, *die;* ~ **of the heart/eye** Herz-/Augenkammer, *die. See also* **cloud chamber; horror 1 c**
'chamber concert *n.* Kammerkonzert, *das*
chamberlain ['tʃeɪmbəlɪn] *n.* Kammerherr, *der; (of corporation etc.)* [Stadt]kämmerer, *der;* **Lord Great C~ [of England]** *(Brit.)* Hofbeamter mit bestimmten zeremoniellen Aufgaben; **Lord C~ [of the Household]** *(Brit.)* Vorsteher des königlichen Hofstaates
chamber: ~**maid** *n.* Zimmermädchen, *das;* ~ **music** *n.* Kammermusik, *die;* **C~ of 'Commerce** *n.* Industrie- und Handelskammer, *die;* ~ **orchestra** *n.* Kammerorchester, *das;* ~**-pot** *n.* Nachttopf, *der*
chameleon [kə'miːlɪən] *n. (Zool.; also fig.)* Chamäleon, *das*
chamfer ['tʃæmfə(r)] **1.** *v. t.* abfasen *(Technik).* **2.** *n.* Fase, *die (Technik)*
chamois ['ʃæmwɑː] *n., pl.* **same** ['ʃæmwɑː] **a)** *(Zool.)* Gemse, *die;* **b)** *(leather)* Chamois[leder], *das;* ~**-leather** ['ʃæmwɑː-, 'ʃæmɪ-] Chamoisleder, *das*
chamomile *see* **camomile**
¹**champ** [tʃæmp] **1.** *v. t. ⟨Pferd:⟩* [geräuschvoll] kauen *⟨Futter⟩; ⟨Person:⟩* [geräuschvoll] kauen auf (+ *Dat.) ⟨Gebiß⟩; ⟨Person:⟩* geräuschvoll kauen. **2.** *v. i.* [geräuschvoll]

champ

kauen (**on, at** an, auf + *Dat.*); **be ~ing [at the bit] to do sth.** (*fig.*) voll Ungeduld darauf brennen, etw. zu tun
²**champ** (*coll.*) see **champion 1 b, c**
champagne [ʃæmˈpeɪn] *n.* Sekt, *der;* (*from Champagne*) Champagner, *der*
champagne: ~-coloured *adj.* champagnerfarben; ~ **glass** *n.* Sektglas, *das*
champers [ˈʃæmpəz] *n.* (*Brit. coll.*) Schampus, *der* (*ugs.*)
champion [ˈtʃæmpɪən] **1.** *n.* **a)** (*defender*) Verfechter, *der*/Verfechterin, *die;* **he is a ~ of the poor** er ist ein Anwalt der Armen; **b)** (*Sport*) Meister, *der;* **the ice-skating/discus ~:** der Meister/die Meisterin im Eiskunstlauf/Diskuswurf; **world ~:** Weltmeister, *der*/-meisterin, *die;* **the world lightweight ~:** der Weltmeister im Leichtgewicht; **c)** (*animal or plant best in contest*) Sieger, *der;* **be a ~:** prämiert *od.* preisgekrönt sein; **d)** *attrib.* ~ **dog** preisgekrönter Hund; ~ **boxer** Champion im Boxen. **2.** *v. t.* (*Sache*); ~ **a person** sich für eine Person einsetzen. **3.** *adj., adv.* (*N. Engl. coll.*) klasse (*ugs.*)
championship [ˈtʃæmpɪənʃɪp] *n.* **a)** (*Sport*) Meisterschaft, *die;* **defend the ~:** den Titel *od.* die Meisterschaft verteidigen; **the world figure-skating ~s** die Weltmeisterschaften im Eiskunstlauf; *attrib.* ~ **title/match** Titel, *der*/Titelkampf, *der;* **compete for the ~ title** um den Titel kämpfen; **b)** (*advocacy*) ~ **of a cause** Engagement für eine Sache
chance [tʃɑːns] **1.** *n.* **a)** *no art.* (*fortune*) Zufall, *der; attrib.* Zufalls-; zufällig; ~ **encounter** Zufallsbegegnung, *die;* **as ~ would have it** wie der Zufall es wollte; **leave sth. to ~, let ~ decide** es dem Zufall *od.* Schicksal überlassen; **trust to ~:** auf den Zufall *od.* sein Glück vertrauen; **game of ~:** Glücksspiel, *das;* **the result of ~:** [reiner] Zufall; **pure ~:** reiner Zufall; **by ~** zufällig; durch Zufall; **it's not just ~:** es ist kein Zufall; **b)** (*trick of fate*) Zufall, *der;* **by [any] ~, by some ~ or other** zufällig; **could you by any ~ give me a lift?** könntest du mich vielleicht mitnehmen?; **c)** (*opportunity*) Chance, *die;* Gelegenheit, *die;* (*possibility*) Chance, *die;* Möglichkeit, *die;* **give sb. a ~:** jmdm. eine Chance geben; **give sb. half a ~:** jmdm. nur die [geringste] Chance geben; **given the ~:** wenn ich *usw.* die Gelegenheit dazu hätte; **give sth. a ~ to do sth.** (*Dat.*) Gelegenheit geben, etw. zu tun; **offer sb. the ~ of doing sth.** jmdm. die Möglichkeit *od.* Gelegenheit bieten, etw. zu tun; **get a/the ~ to do sth.** die Möglichkeit od. Gelegenheit haben, etw. zu tun; **would be a fine thing!** (*coll.*) keine Chance! (*ugs.*); **have a ~ to do sth., have the ~ of doing sth.** die Gelegenheit haben, etw. zu tun; **this is my big ~:** das ist die Chance für mich; **now's your ~!** das ist deine Chance; **have no ~ of doing** *or* **to do sth.** keine Gelegenheit haben, etw. zu tun; **not have much ~ of doing** *or* **to do sth.** kaum eine Gelegenheit haben, etw. zu tun; **on the [off] ~ of doing sth./that ...:** in der vagen Hoffnung, etw. zu tun/daß ...; **be in with a ~ of doing sth.** [gute] Aussichten haben, etw. zu tun; **stand a ~ of doing sth.** die Chance haben, etw. zu tun; **no ~!** (*coll.*) unmöglich!; ist nicht drin! (*ugs.*); **d)** *in sing. or pl.* (*probability*) **have a good/fair ~ of doing sth.** gute Aussichten haben, etw. zu tun; **[is there] any ~ of your attending?** besteht die Chance, daß Sie kommen können?; **what ~ [of a breakthrough] is there?** wie stehen die Chancen [für einen Durchbruch]? **there is every/not the slightest ~ that ...:** es ist sehr gut möglich/es besteht keine Möglichkeit, daß ...; **there's a good/fair ~ of its working out** es besteht eine gute Chance, daß es gelingt; **there's little ~ of its being a success** es

wird wohl kaum ein Erfolg werden; **the ~s are that ...** es ist wahrscheinlich, daß ...; **the ~s against it** es ist unwahrscheinlich; **the ~s against its happening are slight** die Chancen, daß es nicht geschieht, sind gering; **the ~s are ten to one against its being a success** die Chancen, daß es ein Erfolg sein wird, stehen [nur] 1 zu 10; **sb.'s ~s are slim** jmds. Aussichten sind gering; **e)** (*risk*) **take one's ~:** es darauf ankommen lassen; **take a ~/~s** ein Risiko/Risiken eingehen; es riskieren; ~ **on sth.** es bei etw. zur Ausnahme ankommen lassen. **2.** *v. i.* zufällig geschehen *od.* sich ereignen; **it ~d that ...:** es traf so. fügte sich, daß ...; ~ **to do sth.** zufällig etw. tun; **she ~d to be sitting there** zufällig saß sie gerade da; ~ **[up]on sth./sb.** zufällig auf etw./jmdn. stoßen. **3.** *v. t.* riskieren; ~ **it** es riskieren *od.* darauf ankommen lassen; **we'll have to ~ that happening** wir müssen es riskieren; ~ **one's arm** (*Brit. coll.*) es riskieren; ~ **one's luck** sein Glück versuchen
chancel [ˈtʃɑːnsl] *n.* (*Eccl.*) Altarraum, *der;* (*choir*) Chor, *der*
chancellery [ˈtʃɑːnsələrɪ] *n.* (*office*) ≈ Botschaft, *die;* (*of consul*) Konsulat, *das*
chancellor [ˈtʃɑːnsələ(r)] *n.* **a)** (*Polit., Law, Univ.*) Kanzler, *der;* **C~ of the Exchequer** (*Brit.*) Schatzkanzler, *der;* **Lord [High] C~** (*Brit.*) Lordkanzler, *der;* **b)** (*chief minister of State*) Kanzler, *der;* **Federal C~:** Bundeskanzler, *der*
chancery [ˈtʃɑːnsərɪ] *n.* **a)** **C~** (*Brit. Law*) Gerichtshof des Lordkanzlers; **Court of ~** (*Hist.*) Kanzleigericht, *das* (*veralt.*); **b)** (*Brit. Diplom.*) ≈ Botschaft, *die*/Gesandtschaft, *die;* **c)** (*public records office*) Archiv, *das*
chancy [ˈtʃɑːnsɪ] *adj.* riskant; gewagt
chandelier [ʃændəˈlɪə(r)] *n.* Kronleuchter, *der*
chandler [ˈtʃɑːndlə(r)] *n.* (*arch.*) Krämer, *der; see also* **ship's chandler**
change [tʃeɪndʒ] **1.** *n.* **a)** (*of name, address, life-style, outlook, condition, etc.*) Änderung, *die;* (*of job, surroundings, government, etc.*) Wechsel, *der;* **there has been a ~ of plan** der Plan ist geändert worden; **sth. undergoes a ~:** etw. ändert sich; (*more profoundly*) etw. verändert sich; **How is she, doctor? – No ~:** Wie geht es ihr, Doktor? – Unverändert; **see a ~ in sb.** eine Veränderung an jmdm. bemerken; **this last year has seen many ~s** das vergangene Jahr hat viele Veränderungen [mit sich] gebracht; **there has been a ~ in sb./sth.** eine Veränderung ist in jmdm. vorgegangen/es hat bei etw. eine Änderung gegeben; **make ~s/a ~:** einiges ändern/etwas verändern (**to, in** an + *Dat.*); **make a ~ [of trains/buses]** umsteigen; **a ~ in the weather** ein Witterungs- *od.* Wetterumschlag; **a ~ for the better/worse** eine Verbesserung/Verschlechterung; **a ~ of air** würde ihr gut tun; **a ~ of scene/environment** ein positiver Ortswechsel; **the ~ [of life]** die Wechseljahre; **a ~ of drivers every four hours** ein Fahrerwechsel alle vier Stunden; **a ~ of heart** ein Sinneswandel; **b)** *no pl., no art.* (*process of changing*) Veränderung, *die;* **be for/against ~:** für/gegen eine Veränderung sein; ~ **came slowly** nur allmählich zeigte sich eine Veränderung; **c)** (*for the sake of variety*) Abwechslung, *die;* **[just] for a ~:** [nur so] zur Abwechslung mal; (*iron.*) zur Abwechslung mal; **make a ~** (*be different*) mal etwas anderes sein (**from** als); **that makes a ~** (*iron.*) das ist ja [et]was ganz Neues!; **a ~ is as good as a rest** (*prov.*) Abwechslung wirkt Wunder; **d)** *no pl., no indef. art.* (*money*) Wechselgeld, *das;* **[loose or small] ~** (*money*) Kleingeld, *das;* **give ~,** (*Amer.*) **make ~:** herausgeben; **give sb. his/her ~:** jmdm. das Wechselgeld [heraus]geben; **give sb. 40 p in ~:** jmdm. 40 p [Wechselgeld] herausgeben;

change

can you give me ~ for 50 p? können Sie mir 50 p wechseln?; [**here is**] **15 marks ~:** 15 Mark zurück; **I haven't got ~ for a pound** ich kann auf ein Pfund nicht herausgeben; [**you can**] **keep the ~:** behalten Sie den Rest; [**es**] **stimmt so; get no ~ out of sb.** (*fig. coll.*) nichts aus jmdm. rauskriegen (*ugs.*); **e) a ~ [of clothes]** (*fresh clothes*) Kleidung zum Wechseln; **f)** (*of moon*) Mondwechsel, *der;* **g)** *usu. in pl.* (*Bell-ringing*) Schlagtonfolge, *die* (*Musik*); **ring the ~s** (*fig.*) für Abwechslung sorgen. **2.** *v. t.* (*switch*) wechseln; auswechseln ⟨Glühbirne, Batterie, Zündkerzen⟩; ~ **one's clothes** seine Kleider *od.* Kleidung wechseln; sich umziehen; ~ **one's address/name** seine Anschrift/seinen Namen ändern; ~ **trains/buses** umsteigen; ~ **schools/one's doctor** die Schule/den Arzt wechseln; **he's always changing jobs** er wechselt ständig den Job; ~ **seats** sich woanders hinsetzen *od.* auf einen anderen Platz setzen (*see also* **c**); ~ **the record** eine andere Platte auflegen; ~ **the bed** das Bett frisch beziehen; die Bettwäsche wechseln; ~ **the baby** das Baby [frisch] wickeln *od.* trockenlegen; ~ **ownership** den Besitzer wechseln; *see also* **gear 1 a; hand 1 a, c; horse 1 a; side 1 i;** **b)** (*transform*) verwandeln; (*alter*) ändern; ~ **sth./sb. into sth. etw.**/jmdn. in etw. verwandeln; **she ~d him from a prince into a frog** sie verwandelte den Prinzen in einen Frosch; **marriage ~d his way of life** die Ehe veränderte sein Leben; **you won't be able to ~ him** du kannst ihn nicht ändern; ~ **direction** die Richtung ändern; *see also* **colour 1 c; mind 1 b; step 1 e; tune 1 a; c)** (*exchange*) eintauschen; ~ **seats** die Plätze wechseln (*see also* **a**); ~ **seats with sb.** mit jmdm. den Platz tauschen; ~ **sth./sb. for sth./sb.** etw./jmdn. für etw./jmdn. eintauschen; **take sth. back to the shop and ~ it for sth.** etw. [zum Laden] zurückbringen] und gegen etw. umtauschen; *see also* **place 1 f; d)** (*in currency or denomination*) wechseln ⟨Geld⟩; ~ **one's money into Deutschmarks** sein Geld in DM umtauschen. **3.** *v. i.* **a)** (*alter*) sich ändern; ⟨*Person, Land:*⟩ sich verändern; ⟨*Wetter:*⟩ umschlagen; **sich ändern; has she ~d?** (*for the better also*) hat sie sich geändert?; **she'll never ~!** sie wird sich nie ändern!; **wait for the lights to ~:** warten, daß es grün/rot wird; ~ **for the better** sich verbessern; **conditions ~d for the worse** die Lage verschlechterte sich; ~ **into something else** sich verwandeln; **he ~d from a prince into a frog** aus dem Prinzen wurde ein Frosch; **the wind ~d from east to west** der Wind dreht von Ost nach West; **Britain ~d to the metric system** Großbritannien führte das metrische System ein; **almost overnight it seemed to ~ from winter to spring** fast über Nacht schien sich der Winter in den Frühling verwandelt zu haben; **b)** (*exchange*) tauschen; ~ **with sb.** mit jmdm. tauschen; **d)** (*put on other clothes*) sich umziehen; ~ **out of/into sth.** etw. ausziehen/anziehen; **e)** (*take different train or bus*) umsteigen; **where do I ~?** wo muß ich umsteigen?; **all ~!** Endstation! Alles aussteigen!; ~ **at Bristol** in Bristol umsteigen
~ '**down** *v. i.* (*Motor Veh.*) herunterschalten
~ '**over** *v. i.* **a)** (*to something else*) ~ **over from sth. to sth.** von etw. zu etw. übergehen; **the student ~d over to medicine** der Student wechselte zum Fach Medizin über; **they ~d over from one system to another** sie stellten das System auf ein anderes um; **b)** (*exchange places*) die Plätze wechseln; (*Sport*) [die Seiten] wechseln. *See also* **change-over**
~ '**round 1.** *v. i.* wechseln; (*Sport*) [die Seiten] wechseln. **2.** *v. t.* umstellen ⟨Möbel, Tagesordnung[spunkte]⟩; umräumen ⟨Zimmer⟩

131

changeability

~ **'up** v. i. (Motor Veh.) hochschalten
changeability [tʃeɪndʒə'bɪlɪtɪ] see **changeableness**
changeable ['tʃeɪndʒəbl] adj. veränderlich; (irregular, inconstant) unbeständig ⟨Charakter, Wetter⟩; wankelmütig ⟨Person⟩; wechselhaft, veränderlich ⟨Wetter⟩; wechselnd ⟨Wind, Stimmung⟩
changeableness ['tʃeɪndʒəblnɪs] n., no pl. Veränderlichkeit, die; (inconstancy) Unbeständigkeit, die; (of person) Wankelmütigkeit, die
'change[-giving] machine n. Geldwechsler, der
changeless ['tʃeɪndʒlɪs] adj. unveränderlich
changeling ['tʃeɪndʒlɪŋ] n. Wechselbalg, der
'change-over n a) Wechsel, der; ~ from sth. to sth. Umstellung von etw. auf etw. (Akk.); the ~ from one government to the next der Wechsel von einer Regierung zur nächsten; the sudden ~ in public opinion der plötzliche Umschwung der öffentlichen Meinung; b) (Sport: of baton in relay race) Stabwechsel, der; (of teams changing ends) Seitenwechsel, der
changing ['tʃeɪndʒɪŋ] 1. adj. wechselnd; sich ändernd. 2. n. the C~ of the Guard die Wachablösung (der brit. Hofwache)
changing: ~-**cubicle** n. Umkleidekabine, die; ~-**room** n. (Brit.) a) (Sport) Umkleideraum, der; b) (in shop) Umkleidekabine, die
channel ['tʃænl] 1. n. a) Kanal, der; (gutter) Rinnstein, der; (navigable part of waterway) Fahrrinne, die; the C~ (Brit.) der [Ärmel]kanal; ~ of a/the river Flußbett, das; b) (fig.) Kanal, der; your application will go through the usual ~s Ihre Bewerbung wird auf dem üblichen Weg weitergeleitet; you must apply through the official ~ Sie müssen sich mit Ihrer Bewerbung den Dienstweg einhalten; direct sb.'s talents into the right ~: jmds. Talente in die richtige Bahn lenken; c) (Telev., Radio) Kanal, der; d) (on recording tape etc.) Spur, die; e) (groove) Rille, die; (flute) Kannelüre, die; 2. v. t., (Brit.) -ll- (convey) übermitteln; (fig.: guide, direct) lenken, richten (into auf + Akk.)
Channel: ~ **Islands** pr. n. pl. Kanalinseln Pl.; ~ **Tunnel** n. [Ärmel]kanaltunnel, der; ~ **Tunnel rail link** schnelle Bahnverbindung zwischen London und dem Kanaltunnel
chant [tʃɑːnt] 1. v. t. a) (Eccl.) singen; b) (utter rhythmically) skandieren. 2. v. i. a) (Eccl.) singen; b) (utter slogans etc.) Sprechchöre anstimmen. 3. n. a) (Eccl., Mus.) Gesang, der; b) (sing-song) Singsang, der; (slogans) Sprechchor, der
chanterelle [ʃɑːntə'rel] n. (Bot.) Pfifferling, der
chaos ['keɪɒs] n., no indef. art. Chaos, das; be in [a state of] [complete] ~: ein [einziges] Chaos sein; it's absolute ~: es herrscht ein totales Chaos; cause ~: zu einem Chaos führen
chaotic [keɪ'ɒtɪk] adj., **chaotically** [keɪ'ɒtɪkəlɪ] adv. chaotisch
¹chap [tʃæp] n. (Brit. coll.) Bursche, der; Kerl, der; **old** ~: alter Knabe (ugs.); **my dear** ~: mein lieber Mann (ugs.); **would you** ~**s lend a hand?** könntet ihr mal helfen, Jungs?; **hello, old** ~! hallo, alter Junge!
²chap 1. v. t., -pp- aufplatzen lassen; **my hands are** ~**ped** meine Hände sind [ganz] aufgesprungen; ~**ped skin** aufgesprungene od. rissige Haut. 2. n. usu. in pl. Riß, der
³chap n. (jaw) Kinnbacke, die; (Gastr.: of pig) Schweinebacke, die
chap. abbr. chapter Kap.
chapat[t]i [tʃə'pætɪ] n. [indisches] Fladenbrot
'chap-book n. (Hist.) Volksbuch, das
chapel ['tʃæpl] n. a) Kapelle, die; ~ **of rest** (Brit.) Raum in einem Bestattungsinstitut, in dem Tote bis zur Beerdigung aufgebahrt werden; ≈ Kapelle, die; b) (Brit.: of Nonconformists) Kirche, die; c) (subordinate to parish church) ≈ Filialkirche, die
chaperon ['ʃæpərəʊn] 1. n. Anstandsdame, die; (joc.) Anstandswauwau, der (ugs. scherzh.). 2. v. t. beaufsichtigen; (escort) begleiten
chaplain ['tʃæplɪn] n. Kaplan, der
chaplaincy ['tʃæplɪnsɪ] n. a) Amt eines Kaplans; b) (building) Haus des/eines Kaplans
chaplet ['tʃæplɪt] n. a) (wreath) Kranz, der; b) (string of beads) (RCCh.) Rosenkranz, der; (as necklace) Perlenkette, die
chappie, chappy ['tʃæpɪ] n. (coll.) a nice ~: ein liebes Kerlchen; **the Czech chappies** die tschechischen Jungs
chaps [tʃæps] n. pl. (Amer.: overalls) lederne Beinschützer
chapter ['tʃæptə(r)] n. a) (of book) Kapitel, das; **[quote sth.]** ~ **and verse** [etw.] mit genauer Quellenangabe [zitieren]; **give** ~ **and verse for sth.** etw. hieb- und stichfest belegen; b) (fig.) ~ **in** or **of sb.'s life** Abschnitt in jmds. Leben; ~ **of history** Kapitel [in] der Geschichte; **see also accident d**; c) (Eccl.) Kapitel, das; d) (Amer.: branch of a society) Sektion, die
chapter: ~ **heading** n. [Kapitel]überschrift, die; ~ **house** n. a) Kapitelsaal, der; b) (Amer.: for student meetings) ≈ Klubhaus, das
¹char [tʃɑː(r)] v. t. & i., -rr- verkohlen
²char 1. n. (Brit.) Putzfrau, die. 2. v. i., -rr- (be cleaner) als Putzfrau arbeiten; putzen; ~ **for sb.** bei jmdm. putzen od. als Putzfrau arbeiten
³char n. (Brit. sl.: tea) Tee, der; **a cup of** ~: eine Tasse Tee
charabanc ['ʃærəbæŋ] n. (Brit. dated) [offener] Bus für Ausflugsfahrten usw.
character ['kærɪktə(r)] n. a) (mental or moral qualities, integrity) Charakter, der; (description of qualities) Charakterbild, das; **be of good** ~: in guter Meinung sein; **have a good** ~: einen guten Charakter haben; **a woman of** ~: eine Frau mit Charakter; **strength of** ~: Charakterstärke, die; b) (reputation) Ruf, der; (testimonial) Zeugnis, das; c) no pl. (individuality, style) Charakter, der; (characteristic, esp. Biol.) Charakter, der; **the town has a** ~ **all of its own** die Stadt hat einen ganz eigenen Charakter; **have no** ~: charakterlos od. ohne Charakter sein; **his face has** ~: er hat ein charakter- od. ausdrucksvolles Gesicht; d) (in novel etc.) Charakter, der; (part played by sb.) Rolle, die; **be in/out of** ~ (fig.) typisch/untypisch sein; **his behaviour was quite out of** ~ (fig.) sein Betragen war ganz und gar untypisch für ihn; **act in/out of** ~ (fig.) sich typisch/untypisch verhalten; e) (coll.: extraordinary person) Original, das; **be [quite] a** ~ **/a real** ~: ein [echtes/richtiges] Original sein; **what a** ~! was für ein Mann/eine Frau!; f) (personage) Persönlichkeit, die; Gestalt, die; (ugs.: individual) Mensch, der; (derog.) Individuum, das; **a public** ~: eine Persönlichkeit des öffentlichen Lebens; g) (graphic symbol; Computing) Zeichen, das; (set of letters) Schrift, die
character: ~ **actor** n. Chargenspieler, der; ~ **actress** n. Chargenspielerin, die; ~ **assassination** n. Rufmord, der; ~-**building** 1. n. Charakterbildung, die; 2. adj. charakterbildend
characterization, characterise see **characteriz**-
characteristic [kærɪktə'rɪstɪk] 1. adj. charakteristisch (of für). 2. n. a) charakteristisches Merkmal; Charakteristikum, das; **one of the main** ~**s** eines der charakteristischsten Merkmale; b) see **characteristic curve**

charge

characteristically [kærɪktə'rɪstɪkəlɪ] adv. in charakteristischer Weise; ~ **American** typisch amerikanisch; ~ **enough for him he...**: es ist/war typisch od. bezeichnend für ihn, daß er...
characteristic 'curve n. Kennlinie, die
characterization [kærɪktəraɪ'zeɪʃn] n. Charakterisierung, die
characterize ['kærɪktəraɪz] v. t. charakterisieren
characterless ['kærɪktəlɪs] adj. nichtssagend
character: ~ **part** n. (Theatre) Charge, die; ~ **sketch** n. Charakterskizze, die; ~ **study** n. Charakterstudie, die
charade [ʃə'rɑːd] n. Scharade, die; (fig.) Farce, die; **play [a game of]** ~**s** Scharade spielen; **be an absolute** ~ (fig.) die reinste Farce sein
charcoal ['tʃɑːkəʊl] n. a) Holzkohle, die; (for drawing) Kohle, die; b) see **charcoal grey**
charcoal: ~ **biscuit** n. Keks mit Holzkohle zur Förderung der Verdauung; ~-**burner** n. Köhler, der; ~ **drawing** n. Kohlezeichnung, die; ~ **grey** n. [Kohlen]grau, das; ~ **pencil** n. Kohlestift, der
chard [tʃɑːd] n. (Bot.) Mangold, der
charge [tʃɑːdʒ] 1. n. a) (price) Preis, der; (payable to telephone company, bank, authorities, etc., for services) Gebühr, die; **what's your** ~? wieviel verlangen od. berechnen Sie?; **what would the** ~ **be for doing that?** was würde es kosten, das zu tun?; **is there a** ~ **for that? does that cost etwas?; make a** ~ **of £1/no** ~ **for sth.** ein Pfund/nichts für etw. berechnen; **at no extra** ~: ohne Extrakosten; **incidental** ~**s** Nebenkosten; b) (care) Verantwortung, die; (task) Auftrag, der; (person entrusted) Schützling, der; **be in** ~ **of a child** ein Kind betreuen; **the boy was placed in his** ~: der Junge wurde in seine Obhut gegeben; **der Junge wurde ihm anvertraut; the patients in or under her** ~: die ihr anvertrauten Patienten; **be under sb.'s** ~: unter jmds. Obhut stehen; sich in jmds. Obhut befinden; **leave sb. in [full]** ~ **of sth.** jmdm. die [volle] Verantwortung für etw. übertragen; **the officer/teacher in** ~: der diensthabende Offizier/der verantwortliche Lehrer; **be in** ~: die Verantwortung haben; **be in** ~ **of sth.** für etw. die Verantwortung haben; (be the leader) etw. leiten; **put sb. in** ~ **of sth.** jmdn. mit der Verantwortung für etw. betrauen; (make leader) jmdm. die Leitung einer Sache (Gen.) übertragen; **take** ~: die Verantwortung übernehmen; (fig. coll.: get out of control) außer Kontrolle geraten; **take** ~ **of sth.** (become responsible for) etw. übernehmen; (as deputy) sich um etw. kümmern; (for safe keeping) etw. in Verwahrung nehmen; **the police took** ~ **of the evidence** die Polizei stellte das Beweisstück sicher; **give sb. in** ~ (Brit.) jmdn. der Polizei übergeben; c) (Law: accusation) Anklage, die; **make a** ~ **against sb.** jmdn. beschuldigen; **bring a** ~ **of sth. against sb.** jmdn. wegen etw. beschuldigen/verklagen; ⟨Staatsanwalt:⟩ jmdn. wegen etw. anklagen; **press** ~**s** Anzeige erstatten; **face a** ~ **[of sth.]** sich [wegen etw.] vor Gericht zu verantworten haben; **on a** ~ **of sth.** ⟨[stand] convicted on all six ~s⟩ in allen sechs Anklagepunkten für schuldig befunden [werden]; **what's the** ~? wie lautet die Anklage?; **was liegt gegen mich/ihn** usw. vor?; **lay to sb.'s** ~: jmdm. zur Last legen; d) (allegation) Beschuldigung, die; e) (attack) Angriff, der; Attacke, die; **return to the** ~ (fig.) es erneut versuchen; f) (of explosives etc.) Ladung, die; (in blast-furnace etc.) Gicht, die; g) (of electricity) Ladung, die; **put the battery on** ~: die Batterie an das Ladegerät anschließen; **poetry/person with an emotional** ~ (fig.) von [tiefen] Gefühlen

132

geprägte Dichtung/geprägter Mensch; **h)** *(directions)* Anweisung, *die;* **(of judge to jury)** Rechtsbelehrung, *die;* **i)** *(Her.)* Wappenbild, *das.* **2.** *v. t.* **a)** *(demand payment of or from)* ~ sb. sth., ~ sth. to sb. jmdm. etw. berechnen; etw. von jmdm. verlangen *(ugs.);* **be ~d bezahlen müssen; I wasn't ~d for it** ich mußte nichts dafür bezahlen; mir wurde nichts dafür berechnet; ~ **£1 for sth.** jmdm. ein Pfund für etw. berechnen; **customers are ~d for breakages** Kunden haften für Bruchschäden; ~ **sth. [up] to sb.'s account** jmds. Konto mit etw. belasten; jmdm. etw. in Rechnung stellen; **to whom is the dress to be ~d?** auf wessen Rechnung geht das Kleid?; ~ **it [up] to the firm** stellen Sie das der Firma in Rechnung; **I'd like to ~ this dress** ich möchte dieses Kleid über mein Kreditkonto bezahlen; **b)** *(Law: accuse)* anklagen; ~ **sb. with sth.** jmdn. wegen etw. anklagen; **c)** *(blame)* beschuldigen; ~ **sb. with doing sth.** jmdn. beschuldigen, etw. getan zu haben; ~ **sb. with being lazy** jmdm. vorwerfen, er/sie sei faul; **d)** *(formal: entrust)* ~ **sb. with sth.** jmdn. mit etw. betrauen; ~ **oneself with sth.** etw. übernehmen; **e)** *(load)* laden ⟨*Gewehr*⟩; beschicken ⟨*Hochofen*⟩ **f)** *(Electr.)* laden [auf]laden ⟨*Batterie*⟩; ~**d with emotion** *(fig.)* voller Gefühl; gefühlsgeladen; **g)** *(rush and)* angreifen; **h)** *(formal: command)* befehlen; ~ **sb. to do sth.** jmdm. befehlen, etw. zu tun; **the judge ~d the jury** der Richter erteilte den Geschworenen Rechtsbelehrung. **3.** *v. i.* **a)** *(attack)* angreifen; ~! Angriff!; **At-tacke!;** ~ **at sb./sth.** jmdn./etw. angreifen; **he ~d into a wall** *(fig.)* er krachte gegen eine Mauer; **b)** *(coll.: hurry)* sausen

chargeable ['tʃɑːdʒəbl] *adj.* **a) be ~ to sb.** auf jmds. Kosten gehen; **b)** *(Law)* **be ~ with sth.** wegen einer Sache belangt werden können

charge: ~ **account** *n. (Amer.)* Kreditkonto, *das;* ~ **card** *n. (Brit.)*

chargé d'affaires [ʃɑːʒeɪ dæˈfeə(r)] *n., pl.* **chargés d'affaires** [ʃɑːʒeɪ dæˈfeə(r)] Chargé d'affaires, *der;* [diplomatischer] Geschäftsträger

charge: ~**-hand** *n. (Brit.)* Vorarbeiter, *der*/Vorarbeiterin, *die;* ~**-nurse** *n. (Brit.)* Stationsschwester, *die*

charger ['tʃɑːdʒə(r)] *n.* **a)** *(Mil.: cavalry horse)* [Kavallerie]pferd, *das; (of knight)* Schlachtroß, *das (veralt.);* **b)** *(poet.: horse)* Roß, *das (dichter.);* **c)** *(arch.: dish)* Platte, *die;* **d)** *(Electr.)* [Batterie]ladegerät, *das*

'**charge-sheet** *n.* **a)** Buch, *in dem auf einem Polizeirevier Festnahmen und Beschuldigungen registriert werden;* **b)** *(Mil.)* Anklageschrift, *die*

charily ['tʃɛərɪlɪ] *adv.* vorsichtig

chariot ['tʃærɪət] *n. (Hist.) (for fighting or racing)* [zweirädriger] Streitwagen; *(carriage)* [leichter, vierrädriger] Wagen

charioteer [ˌtʃærɪəˈtɪə(r)] *n.* Wagenlenker, *der*

charisma [kəˈrɪzmə] *n., pl.* ~**ta** [kəˈrɪzmətə] Charisma, *das*

charismatic [kærɪzˈmætɪk] *adj.* charismatisch

charitable ['tʃærɪtəbl] *adj.* **a)** *(generous)* großzügig; **b)** *(lenient)* nachsichtig; großzügig; **c)** *(of or for charity)* karitativ; wohltätig, karitativ ⟨*Organisation, Werke*⟩

charity ['tʃærɪtɪ] *n.* **a)** *(leniency)* Nachsicht, *die;* **b)** *(Christian love)* Nächstenliebe, *die;* **faith, hope, and ~** Glaube, Hoffnung, Liebe; **c)** *(kindness)* Güte, *die;* **d)** *(beneficence)* Wohltätigkeit, *die;* **live on /accept ~** von Almosen leben/Almosen annehmen; ~ **begins at home** *(prov.)* man muß zuerst an die eigenen Leute denken; **give money to ~** Geld für wohltätige Zwecke spenden; **collect for ~** für wohltätige Zwecke sammeln; **be in aid of ~** für einen wohltätigen Zweck

sein; **[as] cold as ~** eiskalt *(fig.);* **e)** *(institution)* wohltätige Organisation; **f)** *(educational trust)* gemeinnützige Bildungseinrichtung

charlady ['tʃɑːleɪdɪ] *n. (Brit.)* see ²**char 1**

charlatan ['ʃɑːlətən] *n.* Scharlatan, *der*

Charlemagne ['ʃɑːləmeɪn] *pr. n.* Karl der Große

Charles [tʃɑːlz] *pr. n. (Hist., as name of ruler etc.)* Karl *(der)*

Charles's Wain ['tʃɑːlzɪz weɪn] *n. (Astron.)* der Große Wagen *od.* Bär

charleston ['tʃɑːlstən] *n.* Charleston, *der*

charley horse ['tʃɑːlɪ hɔːs] *n. (Amer. sl.)* Muskelkater, *der*

charlie ['tʃɑːlɪ] *n.* **be/look a right ~** *(coll.)* dämlich sein/aussehen *(ugs.);* **feel a proper ~** *(coll.)* sich *(Dat.)* richtig blöd *od.* dämlich vorkommen *(ugs.)*

charm [tʃɑːm] **1.** *n.* **a)** *(act)* Zauber, *der; (thing)* Zaubermittel, *das; (words)* Zauberspruch, *der;* Zauberformel, *die;* **lucky ~:** Glücksbringer, *der;* **work like a ~:** Wunder wirken; **b)** *(talisman)* Talisman, *der;* **c)** *(trinket)* Anhänger, *der;* Berlocke, *die (veralt.);* **d)** *(attractiveness)* Reiz, *der; (of person)* Charme, *der;* **have** ~: ⟨*Person:*⟩ Charme haben; ⟨*Schloß, Buch:*⟩ seinen eigenen Reiz haben; **place of great ~:** reizvoller Ort; **person of great ~:** sehr charmanter Mensch; **turn on the ~** *(coll.)* auf charmant machen *(ugs.).* **2.** *v. t.* **a)** *(captivate)* bezaubern; **be ~ed with** etw. von. etw. bezaubert *od.* begeistert sein; **she can ~ the birds out of the trees** sie kann mit ihrem Charme alles erreichen; ~**ed, I'm sure** *(coll. iron.)* [wie] charmant *(iron.);* **b)** *(by magic)* verzaubern; beschwören ⟨*Schlange*⟩; ~ **sth. out of sb.** jmdm. etw. [durch Zauberei] entlocken; **bear** *or* **lead a ~ed life** unter einem Glücksstern geboren sein; ein Glückskind sein

charmer ['tʃɑːmə(r)] *n.* **(man)** Charmeur, *der; (woman)* bezauberndes Geschöpf

charming ['tʃɑːmɪŋ] *adj.* bezaubernd; charmant, bezaubernd ⟨*Person, Lächeln*⟩; ~! *(iron.)* [wie] charmant! *(iron.)*

charmingly ['tʃɑːmɪŋlɪ] *adv.* bezaubernd; charmant ⟨*lächeln*⟩

charnel-house ['tʃɑːnlhaʊs] *n.* Leichenhalle, *die (für Gebeine)* Beinhaus, *das*

chart [tʃɑːt] **1.** *n.* **a)** *(map)* Karte, *die;* **naval ~:** Seekarte, *die;* **weather ~:** Wetterkarte, *die;* **b)** *(graph etc.)* Schaubild, *das; (diagram)* Diagramm, *das;* **c)** *(tabulated information)* Tabelle, *die;* **the ~s (of pop records)** die Hitliste. **2.** *v. t.* **a)** *(make a map of)* graphisch darstellen; *(map)* kartographisch erfassen; kartographieren; **b)** *(fig.: describe)* schildern ⟨*Werdegang, Leben*⟩

'**chart-buster** *n.* Hit, *der*

charter ['tʃɑːtə(r)] **1.** *n.* **a)** *(Hist.)* Charta, *die, (of foundation also)* Gründungs- *od.* Stiftungsurkunde, *die; (fig.)* Freibrief, *der;* **grant a ~ to a city** einer Stadt das Stadtrecht verleihen; **the Great C~** *(Hist.)* die Magna Charta; **b)** *(deed conveying land)* ≈ [Besitz]urkunde, *die;* **c)** *(privilege, admitted right)* Privileg, *das;* Vorrecht, *das;* **d)** *(Transport)* **be on ~:** gechartert sein. **2.** *v. t. (Transport)* chartern ⟨*Schiff, Flugzeug*⟩; mieten ⟨*Bus*⟩

chartered [tʃɑːtəd]: ~ **ac'countant** *n. (Brit.)* Wirtschaftsprüfer, *der*/-prüferin, *die;* ~ **'aircraft** *n.* Charterflugzeug, *das;* Chartermaschine, *die;* ~ **engi'neer** *n. (Brit.)* Ingenieur, *der*/Ingenieurin, *die (der/ die Mitglied eines Verbands ist);* ~ **li-'brarian** *n. (Brit.)* Bibliothekar, *der*/Bibliothekarin, *die (der/die Mitglied eines Verbands ist);* ~ **sur'veyor** *n. (Brit.)* Vermessungsingenieur, *der*/-ingenieurin, *die (der/ die Mitglied eines Verbands ist)*

charter: ~ **flight** *n.* Charterflug, *der;* ~**-party** *n. (Transport)* Charterpartie, *die;* ~ **plane** *n. see* **chartered aircraft**

charwoman ['tʃɑːwʊmən] *n. see* ²**char 1**

chary ['tʃɛərɪ] *adj.* **a)** *(sparing, ungenerous)* zurückhaltend (of mit); **be ~ of doing sth.** zurückhaltend damit sein, etw. zu tun; **b)** *(cautious)* vorsichtig; **be ~ of doing sth.** darauf bedacht sein, etw. nicht zu tun

¹**chase** [tʃeɪs] **1.** *n.* **a)** *(pursuit)* Verfolgungsjagd, *die;* **car ~:** Verfolgungsjagd im Auto; **give ~ [to the thief]** [dem Dieb] hinterherjagen; **b)** *(Hunting)* Jagd, *die; (steeplechase)* Jagdrennen, *das;* Steeplechase, *die.* **2.** *v. t.* **a)** *(pursue)* jagen; ~ **sth.** *(fig.)* einer Sache *(Dat.)* nachjagen; hinter etw. *(Dat.)* hersein *(ugs.);* ~ **yourself** *imper. (fig. coll.)* verschwinde *(ugs.).* **3.** *v. i.* ~ **after sb./sth.** hinter jmdm./ etw. herjagen; **I've been chasing about all over the place** *(coll.)* ich bin überall herumgerast *(ugs.)*

~ **around 1.** [--'-] *v. i.* ~ **around after sb.** jmdn. hinterherrennen. **2.** [---] *v. t.* ~ **around town** in der Stadt herumrennen *(ugs.)*

~ **a'way** *v. t.* wegjagen

~ '**off** *v. i.* davonjagen

~ **round** *see* ~ **around**

~ '**up** *v. t. (coll.)* ausfindig machen

²**chase** *v. t. (Metalw.)* ziselieren

chaser ['tʃeɪsə(r)] *n.* **a)** *(horse)* Steepler, *der (Reitsport);* **b) drink sth. as a ~** *(coll.)* etw. zum Nachspülen trinken *(ugs.)*

chasm ['kæzm] *n. (lit. or fig.)* Kluft, *die*

chassis ['ʃæsɪ] *n., pl.* same ['ʃæsɪz] *(Motor Veh.)* Chassis, *das;* Fahrgestell, *das*

chaste [tʃeɪst] *adj.* **a)** keusch; **b)** *(decent)* gesittet ⟨*Worte, Ausdruck, Antwort*⟩; **c)** *(restrained)* schlicht ⟨*Erscheinung, Kleidung*⟩

chastely ['tʃeɪstlɪ] *adv. see* **chaste:** keusch; gesittet; schlicht

chasten ['tʃeɪsn] *v. t.* **a)** züchtigen *(geh.);* strafen; **b)** *(fig.)* dämpfen ⟨*Stimmung*⟩; demütigen ⟨*Person*⟩

chastening ['tʃeɪsnɪŋ] *adj.* ernüchternd

chastise [tʃæˈstaɪz] *v. t.* **a)** *(punish)* züchtigen *(geh.);* bestrafen; **b)** *(thrash)* züchtigen *(geh.)*

chastisement [tʃæˈstaɪzmənt, 'tʃæstɪzmənt] *n.* Züchtigung, *die (geh.);* Strafe, *die*

chastity ['tʃæstɪtɪ] *n., no pl.* Keuschheit, *die;* **vow of ~:** Keuschheitsgelübde, *das*

'**chastity belt** *n.* Keuschheitsgürtel, *der*

chasuble ['tʃæzjʊbl] *n. (Eccl.)* Meßgewand, *das;* Kasel, *die*

chat [tʃæt] **1.** *n.* **a)** Schwätzchen, *das;* Plausch, *der (bes. südd., österr.);* **have a ~ about sth.** sich über etw. *(Akk.)* unterhalten; **b)** *no pl., no indef. art.* (~**ting**) Geplauder, *das.* **2.** *v. i.,* ~**tt-** plaudern; ~ **with** *or* **to sb. about sth.** mit jmdm. von etw. plaudern; sich mit jmdm. über etw. *(Akk.)* unterhalten

~ '**up** *v. t. (Brit. coll.)* **a)** *(amorously)* anmachen *(ugs.);* **b)** *(to elicit information)* sich heranmachen an (+ *Akk.) (ugs.)*

château ['ʃætəʊ] *n., pl.* ~**x** ['ʃætəʊz] Château, *das; pl.* ~**-bottled wine** Schloßabzug, *der*

'**chat show** *n.* Talk-Show, *die*

chattel ['tʃætl] *n., usu. in pl.* ~**[s]** bewegliche Habe *(geh.); see also* **good 3 g**

chatter ['tʃætə(r)] **1.** *v. i.* **a)** schwatzen ⟨*Kind*⟩; schwatzen, plappern; ⟨*Affe:*⟩ schnattern; **b)** *(rattle)* ⟨*Zähne:*⟩ klappern; **his teeth ~ed** er klapperte mit den Zähnen. **2.** *n.* **a)** Schwatzen, *das; (of child)* Plappern, *das;* Schwatzen, *das; (of monkey)* Schnattern, *das; (of teeth)* Klappern, *das*

chatterbox ['tʃætəbɒks] *n.* Quasselstrippe, *die (ugs.); (child)* Plappermäulchen, *das*

chattily ['tʃætɪlɪ] *adv. see* **chatty**

chattiness ['tʃætɪnɪs] *n., no pl.* Gesprächigkeit, *die;* Schwatzhaftigkeit, *die (abwertend)*

chatty ['tʃætɪ] *adj.* gesprächig; schwatzhaft *(abwertend)*

chauffeur ['ʃəʊfə(r), ʃəʊˈfɜː(r)] **1.** *n.* Fahrer, *der;* Chauffeur, *der;* ~**-driven car** Wagen mit Chauffeur. **2.** *v. t.* fahren; chauffieren *(veralt.)*

chauvinism ['ʃəʊvɪnɪzm] *n., no pl.* Chauvi-

chauvinist

nismus, *der;* **male ~:** männlicher Chauvinismus
chauvinist ['ʃəʊvɪnɪst] *n.* Chauvinist, *der/*Chauvinistin, *die;* **male ~/[male] ~ pig** Chauvinist, *der/*Chauvinistenschwein, *das*
chauvinistic [ʃəʊvɪ'nɪstɪk] *adj.* chauvinistisch
cheap [tʃiːp] **1.** *adj.* **a)** *(inexpensive)* billig; ~ **ticket** *(at reduced rate)* verbilligte Fahrkarte; **be ~ and nasty** billiger Ramsch sein; **be ~ at the price** sehr preiswert sein; *(fig.)* es wert sein; **on the ~** *(coll.)* billig; **do it on the ~** *(coll.)* es billig machen *(ugs.);* **b)** *(easily got or made)* billig; **c)** *(worthless)* gemein ⟨*Aussehen*⟩; schäbig ⟨*Verhalten, Betragen*⟩; **feel ~** *(coll.)* sich *(Dat.)* schäbig vorkommen; **hold ~:** geringschätzen; **make oneself ~:** sich [selbst] herabsetzen; **d)** *(Finance)* billig ⟨*Geld*⟩. **2.** *adv.* billig; **I got it ~:** ich hab's billig gekriegt *(ugs.);* **be going ~:** besonders günstig sein *(ugs.)*
cheapen ['tʃiːpn] **1.** *v. t.* verbilligen; verringern ⟨*Kosten*⟩; *(fig.)* herabsetzen; ~ **oneself** sich [selbst] herabsetzen; **feel ~ed** sich gedemütigt fühlen. **2.** *v. i.* billiger werden
'**cheapjack 1.** *n.* Straßenhändler, *der;* billiger Jakob *(ugs.).* **2.** *adj.* Billig-
cheaply ['tʃiːplɪ] *adv. see* **cheap 1:** billig; gemein; schäbig
cheapness ['tʃiːpnɪs] *n., no pl.* niedriger Preis; *(fig.)* Gewöhnlichkeit, *die*
cheat [tʃiːt] **1.** *n.* **a)** *(person)* Schwindler, *der/*Schwindlerin, *die;* **b)** *(act)* Schwindel, *der;* **that's a ~!** das ist Betrug! **2.** *v. t.* **a)** *(deceive)* hintergehen; betrügen; ~ **sb./sth. [out] of sth.** jmdn./etw. um etw. betrügen; ~ **sb. into doing sth.** jmdn. durch Täuschung dazu bringen, etw. zu tun; **b)** *(escape)* ~ **sb.** jmdm. entgehen; ~ **death** dem Tod entkommen. **3.** *v. i.* betrügen; ~ **at cards/at school/in class** beim Kartenspielen mogeln/in der Schule/im Unterricht abschreiben
'**check** [tʃek] **1.** *n.* **a)** *(stoppage, thing, that restrains)* Hindernis, *das;* *(restraint)* Kontrolle, *die;* [**hold** *od* **keep sth.] in ~:** [etw.] unter Kontrolle [halten]; **hold** *or* **keep one's temper in ~:** sich beherrschen; **act as a ~ upon sth.** etw. unter Kontrolle halten; **a ~ must be put on sth.** etw. muß unter Kontrolle gebracht werden; [**a system of] ~s and balances** *(Amer.)* ein Kontrollsystem; **b)** *(for accuracy)* Kontrolle, *die;* **make a ~ on sth./sb.** etw./jmdn. überprüfen *od.* kontrollieren; **give sth. a ~:** etw. überprüfen *od.* kontrollieren; **keep a ~ on** überprüfen *od.* kontrollieren; überwachen ⟨*Verdächtigen*⟩; **c)** *(token)* *(for left luggage)* Gepäckaufbewahrungsschein, *der;* *(Amer.: in theatre)* Garderobenmarke, *die;* *(for seat-holder)* Platzkarte, *die;* *(of verification)* Kontrollzeichen, *das;* *(Amer.: bill in restaurant etc.)* Rechnung, *die;* **d)** *(rebuff; also Mil.)* Widerstand, *der;* **e)** *(Chess)* Schach, *das;* **be in ~:** im Schach stehen; **put sb. in ~:** jmdm. Schach bieten; **f)** *(Hunting)* Stocken [beim Verlieren der Fährte]; **g)** *(Amer.: counter at cards)* Spielmarke, *die; see also* **cash in 1; h)** *(Amer.) see* **cheque. 2.** *v. t.* **a)** *(restrain)* unter Kontrolle halten; unterdrücken ⟨*Ärger, Lachen*⟩; ~ **oneself** sich beherrschen; **b)** *(examine accuracy of)* nachprüfen; nachsehen ⟨*Hausaufgaben*⟩; kontrollieren ⟨*Fahrkarte*⟩; *(Amer.: mark with tick)* abhaken *(Amer.)* abgeben ⟨*Gepäck*⟩; **c)** *(stop; also Mil.)* aufhalten; **d)** *(Chess)* Schach bieten (+ *Dat.*). **3.** *v. i.* **a)** *(test)* ~ **on sth.** etw. überprüfen; ~ **with sb.** bei jmdm. nachfragen; **just ~ing** *(coll. joc.)* wollte mich nur vergewissern; **b)** *(Amer.: agree)* übereinstimmen; **c)** *(Hunting)* stocken. **4.** *int.* **a)** *(Chess)* Schach; **b)** *(Amer.)* einverstanden

~ '**back** *v. i.* nachsehen
~ '**in** *v. t.* eintragen; *(at airport)* one's luggage sein Gepäck abfertigen lassen *od.* einchecken. **2.** *v. i.* *(arrive at hotel)* ankommen; *(sign the register)* sich eintragen; *(report one's arrival)* sich melden; *(at airport)* einchecken. *See also* **check-in**
~ '**off** *v. t.* abhaken
~ '**out 1.** *v. t.* überprüfen. **2.** *v. i.* abreisen; ~ **out of a hotel** abreisen; *(pay)* die Hotelrechnung bezahlen; ~ **out of the supermarket** im Supermarkt bezahlen; *see also* **check-out**
~ '**over** *v. t.* durchsehen
~ '**through** *v. t.* überprüfen; durchsehen ⟨*Brief, Rechnung*⟩
~ '**up** *v. i.* überprüfen; ~ **up on sb./sth.** jmdn./etw. überprüfen *od.* kontrollieren; **the police will ~ up on you** die Polizei wird Nachforschungen über dich anstellen; *see also* **check-up**
²**check** *n. (pattern)* Karo, *das;* **a shirt of red and white ~:** ein rotweiß kariertes Hemd
checked [tʃekt] *adj. (patterned)* kariert
checker ['tʃekə(r)] *n.* Prüfer, *der/*Prüferin, *die;* Kontrolleur, *der*
'**checkerboard** *n. (Amer.)* Schachbrett, *das*
checkers ['tʃekəz] *n., no pl. (Amer.) see* **draughts**
'**check-in** *n.* Abfertigung, *die; attrib.* Abfertigungs-
'**checking account** *n. (Amer.)* Girokonto, *das*
check: ~-**list** *n.* Verzeichnis, *das;* Checkliste, *die (Technik, Flugw.);* ~**mate** ['tʃekmeɪt] **1.** *n.* [Schach]matt, *das;* **2.** *int.* [schach]matt; **3.** *v. t.* **a)** matt setzen; **b)** *(fig.)* zunichte machen; ~-**out** *n.* Abreise, *die; (desk)* Kasse, *die; attrib.* ~-**out desk** *or* **point** *or* **counter** Kasse, *die;* ~-**point** *n.* Kontrollpunkt, *der;* ~-**room** *n. (Amer.)* **a)** *(cloakroom)* Garderobe, *die;* **b)** *(for left luggage)* Gepäckaufbewahrung, *die;* ~-**up** *n. (Med.)* Untersuchung, *die;* **get/have a ~-up** untersucht werden; **go to the doctor for a ~-up** sich beim Arzt untersuchen lassen
Cheddar ['tʃedə(r)] *n.* Cheddar[käse], *der*
cheek [tʃiːk] **1.** *n.* **a)** Backe, *die;* Wange, *die (geh.);* ~ **by jowl** Seite an Seite; dicht nebeneinander ⟨*stehen, wohnen*⟩; **dance ~ to ~:** Wange an Wange tanzen; **turn the other ~:** die andere Wange darbieten; **b)** *(impertinence)* Frechheit, *die;* **have the ~ to do sth.** die Frechheit *od.* Stirn besitzen, etw. zu tun; **I like your ~:** *(iron.)* du hast vielleicht Nerven! *(ugs.);* **none of your ~:** sei nicht so frech; **have plenty of ~:** ziemlich unverschämt sein; **c)** *in pl. (sl.: buttocks)* Hinterbacken *(ugs.).* **2.** *v. t.* ~ **sb.** zu jmdm. frech sein
'**cheek-bone** *n.* Backenknochen, *der*
cheekily ['tʃiːkɪlɪ] *adv.* frech; **behave ~:** frech sein
cheekiness ['tʃiːkɪnɪs] *n., no pl.* Frechheit, *die*
'**cheek-pouch** *n. (Zool.)* Backentasche, *die*
cheeky ['tʃiːkɪ] *adj.* frech; ~ **girl** freches Ding *(ugs.);* ~ **boy** frecher Bengel; ~ **devil/monkey** *(coll.)* Frechdachs, *der (ugs.)*
cheep [tʃiːp] **1.** *v. i.* piep[s]en. **2.** *n.* Piep[s]en, *das;* **not a ~ [out of sb.]** *(fig. coll.)* kein Pieps [von jmdm.] *(ugs.)*
cheer [tʃɪə(r)] **1.** *n.* **a)** *(applause)* Beifallsruf, *der;* **give sb. a [big] ~:** jmdm. zujubeln; **give three ~s for sb.** jmdn. [dreimal] hochleben lassen; **two ~s** *(iron.)* ist ja großartig *(iron.);* **b)** *in pl. (Brit. coll.: as a toast)* prost!; **c)** *in pl. (Brit. coll.: thank you)* danke!; **d)** *in pl. (Brit. coll.: goodbye)* tschüs! *(ugs.);* **e)** *(arch.: frame of mind)* **be of good ~:** sei/seid guten Mutes *(geh.).* **2.** *v. t.* **a)** *(applaud)* **sth./sb.** etw. bejubeln/jmdm. zujubeln; **b)** *(gladden)* aufmuntern; aufheitern. **3.** *v. i.* jubeln
~ '**on** *v. t.* anfeuern ⟨*Sportler, Wettkämpfer*⟩
~ '**up 1.** *v. t.* aufheitern. **2.** *v. i.* bessere Laune bekommen; ~ **up!** Kopf hoch!

chequered

cheerful ['tʃɪəfl] *adj. (in good spirits)* fröhlich; gutgelaunt; *(bright, pleasant)* heiter; erfreulich ⟨*Aussichten*⟩; lustig ⟨*Feuer*⟩; *(willing)* bereitwillig; **make sb. ~:** jmdn. heiter stimmen
cheerfully ['tʃɪəflɪ] *adv.* vergnügt; **the fire blazed ~:** das Feuer brannte lustig; ~ **assuming that ...** *(iron.)* in der unbekümmerten Annahme, daß ...
cheerily ['tʃɪərɪlɪ] *adv.* fröhlich
cheering ['tʃɪərɪŋ] **1.** *adj.* **a)** *(gladdening)* fröhlich stimmend; **b)** *(applauding)* jubelnd. **2.** *n.* Jubeln, *das*
cheerio [tʃɪərɪ'əʊ] *int.* **a)** *(Brit. coll.: goodbye)* tschüs! *(ugs.);* **b)** *(dated: as a toast)* zum Wohl
'**cheer-leader** *n. jmd.,* der andere zu Beifall, Hochrufen usw. anfeuert
cheerless ['tʃɪəlɪs] *adj.* freudlos; düster ⟨*Aussichten*⟩
cheery ['tʃɪərɪ] *adj.* fröhlich
cheese [tʃiːz] *n.* **a)** *(food)* Käse, *der;* ~**s** Käsesorten; **b)** *(whole)* Käselaib, *der; (piece)* Stück Käse, *das;* **c)** **say ~!** *(Photog.)* bitte recht freundlich!; **hard ~!** *(dated coll.)* Pech gehabt! *(ugs.); see also* **lemon cheese**
cheese: ~-**board** *n.* Käseplatte, *die;* ~-**cake** *n.* **a)** Käsetorte, *die;* **b)** *no pl., indef. art. (coll.)* Pin-up-Girls *Pl.;* ~-**cloth** *n.* [indischer] Baumwollstoff, *der;* ≈ Draht zum Schneiden von Käse; ~-**dish** *n.* ≈ Käseglocke, *die*
cheesed off [tʃiːzd 'ɒf] *adj. (Brit. sl.)* angeödet; **I am ~ with school** die Schule ödet mich an *(ugs.) od.* stinkt mir *(salopp);* **I'm ~:** mir stinkt's! *(salopp)*
cheese: ~-**grater** *n.* Käseraspel, *die;* ~-**paring 1.** *adj.* knauserig. **2.** *n.* Knauserei, *die;* '~**straw** *n.* Käsestange, *die*
cheetah ['tʃiːtə] *n. (Zool.)* Gepard, *der*
chef [ʃef] *n.* Küchenchef, *der; (as profession)* Koch, *der*
Chelsea ['tʃelsɪ] ~ **bun** *n.* ≈ Rosinenbrötchen, *das;* ~ **pensioner** *n.* Insasse des Chelsea Royal Hospital für alte und kriegsversehrte Soldaten
chemical ['kemɪkl] **1.** *adj.* chemisch. **2.** *n.* Chemikalie, *die*
chemical: ~ **engi'neer** *n.* Chemieingenieur, *der/*-ingenieurin, *die;* ~ **engi'neering** *n.* Chemotechnik, *die;* ~ **firm** *n.* Chemiebetrieb, *der*
chemically ['kemɪkəlɪ] *adv.* chemisch
chemical: ~ '**warfare** *n.* chemische Krieg[s]führung; ~ **worker** *n.* Chemiearbeiter, *der/*-arbeiterin, *die*
chemise [ʃə'miːz] *n.* Unterkleid, *das*
chemist ['kemɪst] *n.* **a)** *(person skilled in chemistry)* Chemiker, *der/*Chemikerin, *die;* **b)** *(Brit.: pharmacist)* Drogist, *der/*Drogistin, *die;* ~'**s [shop]** Drogerie, *die; (dispensary)* Apotheke, *die; see also* **baker**
chemistry ['kemɪstrɪ] *n., no pl.* **a)** *no indef. art.* Chemie, *die;* **the ~ of iron** die chemischen Eigenschaften des Eisens; **b)** *(fig.)* unerklärliche Wirkungskraft
chemistry: ~ **laboratory** *n.* Chemiesaal, *der;* ~ **set** *n.* Chemiebaukasten, *der*
chemotherapy [kemə'θerəpɪ] *n.* Chemotherapie, *die*
chenille [ʃə'niːl] *n.* Chenille, *die*
cheque [tʃek] *n.* Scheck, *der;* **write a ~:** einen Scheck ausfüllen; **will you take a ~?** kann ich mit Scheck bezahlen?; **pay by ~:** mit [einem] Scheck bezahlen
cheque: ~-**book** *n.* Scheckbuch, *das;* ~-**book journalism** *n.* Scheckbuchjournalismus, *der;* ~ **card** *n.* Scheckkarte, *die*
chequer ['tʃekə(r)] *n.* **1.** Karomuster, *das.* **2.** *v. t.* karieren
'**chequer-board** *n.* Schachbrett, *das*
chequered ['tʃekəd] *adj.* **a)** kariert; **a lawn ~ with sunlight and shade** ein von Licht und Schatten gefleckter Rasen; **b)** *(fig.)* bewegt ⟨*Geschichte, Leben, Laufbahn*⟩

cherish [ˈtʃerɪʃ] v. t. a) (value and keep) hegen ⟨Hoffnung, Gefühl⟩; in Ehren halten ⟨[Erinnerungs]gegenstand⟩; ~ **an illusion** sich einer Illusion (Dat.) hingeben; ~ **sb.'s memory** jmds. Andenken in Ehren bewahren; b) (foster) ~ **sb.** [liebevoll] für jmdn. sorgen; **to love and to ~, till death us do part** (in marriage ceremony) zu lieben und zu ehren, bis daß der Tod uns scheidet
cheroot [ʃəˈruːt] n. Stumpen, der
cherry [ˈtʃerɪ] 1. n. a) (fruit) Kirsche, die; **it's no use having two bites at the ~** (fig.) es hat keinen Sinn, das Ganze zweimal durchzuführen; **we may get two bites at the ~** (fig.) wir werden vielleicht eine zweite Chance haben; b) (tree) Kirschbaum, der. 2. adj. kirschrot; **a bright ~ red** ein helles Kirschrot
cherry: ~ **blossom** n. Kirschblüte, die; ~ ˈbrandy n. Cherry Brandy, der; ≈ Kirschlikör, der; ~-ˈpie n. a) Kirschkuchen, der; b) (Brit.: flower) Vanillestrauch, der; ~-**stone** n. Kirschkern, der
cherub [ˈtʃerəb] n. a) pl. ~**im** [ˈtʃerəbɪm] (Theol., of celestial order) Cherub, der; b) pl. ~**s** (Art) Putte, die; Putto, der; (child) Engelchen, das
cherubic [tʃɪˈruːbɪk] adj. cherubinisch; engelhaft; ~ **face** Engelsgesicht, das
chervil [ˈtʃɜːvɪl] n. (Bot.) Kerbel, der
Cheshire [ˈtʃeʃə(r), ˈtʃeʃɪə(r)]: ~ **cat** n. grin like a ~ cat übers ganze Gesicht grinsen; ~ ˈcheese n. Cheshirekäse, der
chess [tʃes] n., no pl., no indef. art. das Schach[spiel]; **play** ~: Schach spielen; **be good at** ~: gut Schach spielen
chess: ~-**board** n. Schachbrett, das; ~-**man** n. Schachfigur, die; ~-**player** n. Schachspieler, der/-spielerin, die
chest [tʃest] n. a) Kiste, die; (for clothes or money) Truhe, die; (treasury; also fig.) Kasse, die; b) (part of body) Brust, die; (Anat.) Brustkorb, der; Brustkasten, der (ugs.); **cold on the ~**: Bronchitis, die; **get sth. off one's ~** (fig. coll.) sich (Dat.) etw. von der Seele reden; **play [sth.] close to one's ~** (fig. coll.) so wenig wie möglich [über etw. (Akk.)] erwähnen
-chested [ˈtʃestɪd] adj. in comb. -brüstig; **a broad-~ man** ein Mann mit einem breiten Brustkorb
chesterfield [ˈtʃestəfiːld] n. (sofa) gepolstertes Sofa (mit hohen Armlehnen)
chest: ~-**expander** n. Expander, der; ~-**measurement** n. Brustumfang, der; Brustweite, die
chestnut [ˈtʃesnʌt] 1. n. a) (tree) Kastanie, die; **Spanish or sweet ~**: Edelkastanie, die; see also **horse-chestnut**; b) (fruit) Kastanie, die; **pull the ~s out of the fire** (fig.) die Kastanien aus dem Feuer holen (ugs.); c) (colour) Kastanienbraun, das; d) see **chestnutwood**; e) (stale story or topic) [old] ~: alte od. olle Kamelle (ugs.); f) (Her.) Fuchs, der. 2. adj. (colour) -[-**brown**] kastanienbraun
chestnut: ~-**tree** see **chestnut** 1a; ~-**wood** n. Kastanienholz, das
chest of ˈdrawers n. Kommode, die
chesty [ˈtʃestɪ] adj. (coll.) anfällig (für Erkältungen); tief sitzend ⟨Husten⟩; **be** ~: es auf der Brust haben (ugs.); **you sound rather ~ today** du klingst heute ziemlich erkältet
chevron [ˈʃevrən] n. a) (badge) Winkel, der; b) (Her.) Sparren, der; Chevron, der; c) (traffic-sign) Winkel (auf Richtungstafeln o. ä.)
chew [tʃuː] 1. v. t. kauen; ~ **one's fingernails** an den [Fingerjnägeln kauen; ~ **the rag or the fat [about sth.]** (fig.) [über etw. (Akk.)] meckern (ugs.); see also **bite off**; **cud.** 2. v. i. kauen (on auf + Dat.); ~ **on or over sth.** (fig.) sich (Dat.) etw. durch den Kopf gehen lassen. 3. n. Kauen, das
~ ˈ**out** v. t. (Amer. coll.) zusammenstauchen (ugs.)

chewing-gum [ˈtʃuːɪŋɡʌm] n. Kaugummi, der od. das
chewy [ˈtʃuːɪ] adj. zäh ⟨Fleisch, Bonbon⟩
Chianti [kɪˈæntɪ] n. Chianti[wein], der
chiaroscuro [kjɑːrəˈskʊərəʊ] n., pl. ~**s** (in painting) Clair-obscur, das; (fig. also) Helldunkel, das
chic [ʃiːk] 1. adj. schick; elegant. 2. n. Schick, der
chicane [ʃɪˈkeɪn] n. (Sport) Schikane, die
chicanery [ʃɪˈkeɪnərɪ] n. a) no pl. (deception) Täuschungsmanöver, das; (legal trickery) Rechtsverdrehung, die; b) (sophistry) Winkelzug, der; Trick, der
chichi [ˈʃiːʃiː] 1. adj. überspannt, affektiert ⟨Person, Verhalten⟩; extravagant ⟨Gegenstand⟩. 2. n. Chichi, das
chick [tʃɪk] n. a) Küken, das; b) (coll.: child) Kleine, das; c) (sl.: young woman) Biene, die (ugs.)
chickadee [ˈtʃɪkədiː] n. (Ornith.) Chickadee-Meise, die
chicken [ˈtʃɪkɪn] 1. n. a) Huhn, das; (grilled, roasted) Hähnchen, das; **don't count your ~s [before they are hatched]** (prov.) man soll den Pelz nicht verkaufen, ehe man den Bären erlegt hat; b) (coll.: youthful person) Küken, das; **she's no ~** (is no longer young) sie ist nicht mehr die Jüngste; (is experienced) sie ist kein [kleines] Kind mehr; c) (coll.: game) **play ~**: eine Mutprobe ablegen; d) (coll.: coward) Angsthase, der. 2. adj. (coll.) feig[e]. 3. v. i. ~ **out** (sl.) kneifen; ~ **out of sth.** sich vor etw. (Dat.) drücken; vor etw. (Dat.) kneifen
chicken: ~-**and-ˈegg** adj. Huhn-Ei-⟨Frage⟩; ~-**breasted** adj. hühnerbrüstig; flachbrüstig; ~-**feed** n. a) Hühnerfutter, das; b) (fig. coll.) eine lächerliche Summe; **the firm pays them ~-feed** die Firma zahlt ihnen einen Hungerlohn; ~-**hearted** adj. feige; hasenfüßig; ~-**pie** n. Hühnerpastete, die; ~-**pox** n. (Med.) Windpocken Pl.; ~-**run** n. Auslauf, der (Landw.); ~-**salad** n. Geflügelsalat, der; ~-**soup** n. Hühnersuppe, die; ~-**wire** n. Maschendraht, der
chick: ~-**pea** n. Kichererbse, die; ~-**weed** n. (Bot.) Vogelmiere, die; Hühnerdarm, der
chicory [ˈtʃɪkərɪ] n. a) (plant) Chicorée, der od. die; (for coffee) Zichorie, die; (flower) Wegwarte, die; b) (Amer.: endive) Endivie, die
chide [tʃaɪd], ~**d** or **chid** [tʃɪd], ~**d** or **chid** or **chidden** [ˈtʃɪdn] (arch./literary) 1. v. t. schelten (geh.) (**for** wegen). 2. v. i. schelten (geh.)
chief [tʃiːf] 1. n. a) (of state, town, clan) Oberhaupt, das; (of party) Vorsitzende, der; (of tribe) Häuptling, der; b) (of department) Leiter, der; (coll.: one's superior, boss) Chef, der; Boss, der; ~ **of police** Polizeipräsident, der; ~ **of staff** (of a service) Generalstabschef, der; (commander) Stabschef, der; in postpos. hauptsächlich; der; **Colonel-in-C~** Regimentskommandeur, der; d) (Her.) Schildhaupt, das. 2. adj., usu attrib. a) Ober-; ~ ˈ**priest** Oberpriester, der; ~ ˈ**clerk** Bürochef, der; ~ **engineer** erster Maschinist (Seew.); [**Lord**] **C~ ˈJustice** (Brit.) [Lord] Oberrichter, der; b) (first in importance, influence, etc.) Haupt-; ~ **reason/aim** Hauptgrund, der/-ziel, das; **his ~ crime** das Schlimmste, was er sich (Dat.) geleistet hat; **his ~ hope** seine größte Hoffnung; c) (prominent, leading) führend; ~ **culprit** Hauptschuldige, der; ~ **offender** Haupttäter, der/-täterin, die
chiefly [ˈtʃiːflɪ] adv. hauptsächlich; vor allem
chieftain [ˈtʃiːftən] n. (of Highland clan) Oberhaupt, das; (of tribe) Stammesführer, der; (of band of robbers) Hauptmann, der (hist.)
chiff-chaff [ˈtʃɪftʃæf] n. (Ornith.) Zilpzalp, der

chiffon [ˈʃɪfɒn] 1. n. (Textiles) Chiffon, der. 2. adj. Chiffon-
chignon [ˈʃiːnjɒ̃] n. Chignon, der; [Haar]knoten, der
chihuahua [tʃɪˈwɑːwə] n. Chihuahua, der
chilblain [ˈtʃɪlbleɪn] n. Frostbeule, die
child [tʃaɪld] n., pl. ~**ren** [ˈtʃɪldrən] Kind, das; **when I was a ~**: als ich klein war; **a ~'s guide to ...** (fig.) ...für Anfänger; [**be**] **with ~** (dated) schwanger [sein]; **the ~ is the father of the man** (prov.) Einflüsse und Erfahrungen der Kindheit bestimmen den Charakter des Erwachsenen
child: ~ **abuse** Kindesmißhandlung, die; ~-**bearing** 1. n. Schwangerschaften; 2. adj. gebärfähig; ~ ˈ**benefit** (Brit.) Kindergeld, das; ~**birth** n. Geburt, die; **die in ~birth** vor der Geburt od. im Wochenbett sterben; ~ **care** n. a) Betreuung von Kindern; b) (social services department) Kinderfürsorge, die; ~ ˈ**guidance** n. Erziehungsberatung, die
childhood [ˈtʃaɪldhʊd] n. Kindheit, die; **in** ~: als Kind; **from or since ~**: von Kind an; **be in one's second ~**: an Altersschwachsinn leiden
childish [ˈtʃaɪldɪʃ] adj., **childishly** [ˈtʃaɪldɪʃlɪ] adv. kindlich; (derog.) kindisch
childishness [ˈtʃaɪldɪʃnɪs] n., no pl. Kindlichkeit, die; (derog.) kindisches Wesen; (conduct) kindisches Benehmen
childless [ˈtʃaɪldlɪs] adj. kinderlos
childlike [ˈtʃaɪldlaɪk] adj. kindlich
child: ~-**minder** n. (Brit.) Tagesmutter, die; ~ ˈ**prodigy** n. Wunderkind, das; ~-**proof** adj. kindersicher; ~-**proof door lock** (in car) Kindersicherung, die; ~ **psy-**ˈ**chology** n. Kinderpsychologie, die
children pl. of **child**
child: ~**'s play** n., no pl. (fig.) Kinderspiel, das; **it's ~'s play!** es ist ein Kinderspiel!; ~ ˈ**welfare** n. Kinderfürsorge, die
Chile [ˈtʃɪlɪ] pr. n. Chile (das)
Chilean [ˈtʃɪlɪən] 1. adj. chilenisch; **sb. is ~**: jmd. ist Chilene/Chilenin. 2. n. Chilene, der/Chilenin, die
Chile: ~ ˈ**pine** n. (Bot.) Chilefichte, die; ~ **saltpetre** n. Chilesalpeter, der
chili see **chilli**
chill [tʃɪl] 1. n. a) (cold sensation) Frösteln, das; (feverish shivering) Schüttelfrost, der; (illness) Erkältung, die; **catch a ~**: sich verkühlen od. erkälten" (fig.) Abkühlung, die; **take the ~ off [sth.]** etw. leicht erwärmen; **there's a ~ in the air** es ist ziemlich kühl [draußen]; c) (depressing influence) Ernüchterung, die; **her presence at the party cast or spread a ~ over things** durch ihre Anwesenheit bei der Party entstand eine frostige Atmosphäre; (of manner) Frostigkeit, die. 2. v. t. a) (make cold, preserve) kühlen; **I was ~ed to the marrow** ich war ganz durchgefroren; b) (Metallurgy) abschrecken. 3. v. i. abkühlen. 4. adj. (literary; lit. or fig.) kühl
chilli [ˈtʃɪlɪ] n., pl. ~**es** Chili, der; ~ **con carne** [tʃɪlɪ kɒn ˈkɑːnɪ] (Gastr.) Chili con carne
chilliness [ˈtʃɪlɪnɪs] n., no pl. (lit. or fig.) Kühle, die
chilling [ˈtʃɪlɪŋ] adj. ernüchternd; frostig ⟨Art, Worte, Blick⟩
chilly [ˈtʃɪlɪ] adj. a) (lit. or fig.) kühl; b) (feeling somewhat cold) **I am rather ~**: mir ist ziemlich kühl; (sensitive to cold) **I'm rather a ~ person** ich friere ziemlich leicht
Chiltern Hundreds [tʃɪltən ˈhʌndrədz] n. (Brit. Polit.) Kronamt, dessen Übernahme Parlamentariern die Aufgabe ihres Parlamentssitzes ermöglicht; **apply for the ~**: seinen Unterhaussitz aufgeben
chimaera see **chimera**
chime [tʃaɪm] n. a) Geläute, das; **ring the ~s** die Glocken läuten; b) (set of bells) Glockenspiel, das. 2. v. i. läuten; ⟨Turmuhr:⟩ schlagen; **chiming clock** Schlaguhr,

chimera | **choice**

die. **3.** *v.t.* erklingen lassen ⟨*Melodie*⟩; schlagen ⟨*Stunde, Mitternacht*⟩ ~ **in** *v.i.* **a)** (*Mus.*) einstimmen; (*fig.*) übereinstimmen; **b)** (*interject remark*) sich [in die Unterhaltung] einmischen
chimera [kaɪˈmɪərə, kɪˈmɪərə] *n.* **a)** (*hybrid*) [bunte, phantastische] Mischung; (*fanciful conception*) Schimäre, *die;* **b)** (*bogy*) Schimäre, *die;* Schreckgespenst, *das;* **c)** (*Biol.*) Chimäre, *die*
chimerical [kaɪˈmerɪkl, kɪˈmerɪkl] *adj.* schimärisch (*geh.*); trügerisch
chimney [ˈtʃɪmnɪ] *n.* **a)** (*of house, factory, etc.*) Schornstein, *der;* (*of house also*) Kamin, *der* (*bes. südd.*); (*of factory or ship also*) Schlot, *der;* (*above open fire*) Rauchfang, *der;* **the smoke goes up the ~:** der Rauch zieht durch den Kaminschacht ab; **come down the ~:** durch den Schornstein kommen; **smoke like a ~** (*fig.*) wie ein Schlot rauchen; **b)** (*of lamp*) [Lampen]zylinder, *der;* **c)** (*vent of volcano etc.*) Schlot, *der;* **d)** (*Mountaineering*) Kamin, *der*
chimney: ~**-breast** *n.* Kaminmantel, *der;* ~**-corner,** ~**-nook** *ns.* Sitzecke am Kamin; ~**-piece** *n.* Kaminsims, *der;* ~**-pot** *n.* ≈ Schornsteinkopf, *der;* ~**-stack** *see* **stack 1d;** ~**-sweep** *n.* Schornsteinfeger, *der*
chimp [tʃɪmp] (*coll.*), **chimpanzee** [tʃɪmpənˈziː] *ns.* Schimpanse, *der*
chin [tʃɪn] *n.* Kinn, *das;* **keep one's ~ up** (*fig.*) den Kopf nicht hängen lassen; ~ **up!** Kopf hoch!; **take it on the ~** (*suffer severe blow*) einen harten Schlag einstecken müssen; (*endure sth. courageously*) es mit Fassung tragen; *see also* **stick out 1a**
China [ˈtʃaɪnə] *pr. n.* China (*das*)
china *n.* Porzellan, *das;* (*crockery*) Geschirr, *das;* **broken ~:** Scherben *Pl.*
china: ~ **cabinet** *n.* Vitrine, *die;* ~ **clay** *n.* Porzellanerde, *die;* ~ **cupboard** *n.* Geschirrschrank, *der*
China: ~**man** [ˈtʃaɪnəmən] *n., pl.* ~**men** [ˈtʃaɪnəmən] (*derog.*) Chinese, *der;* **c~ shop** *n. see* **bull 1a;** ~ **tea** *n.* Chinatee, *der;* ~**town** *n.* Chinesenviertel, *das;* **c~ware** *n., no pl.* Porzellan, *das*
chinch[-bug] [ˈtʃɪntʃ(bʌg)] *n.* (*Amer.*) **a)** Bettwanze, *die;* **b)** (*destroying grain*) Getreidewanze, *die*
chinchilla [tʃɪnˈtʃɪlə] *n.* **a)** (*Zool.*) Chinchilla, *die;* **b)** (*fur*) Chinchilla[pelz], *der;* **c)** (*cat*) Chinchillaperser, *der;* (*rabbit*) Chinchilla, *das*
chin-chin [tʃɪnˈtʃɪn] *int.* (*Brit.*) (*greeting*) hallo! (*ugs.*); (*farewell*) tschüs! (*ugs.*); cheerio!; (*as a toast*) prost!
¹**chine** [tʃaɪn] *n.* (*Brit. Geog.: ravine*) ≈ Klamm, *die*
²**chine** *n.* **a)** (*backbone*) Rückgrat, *das;* (*Cookery: joint of meat*) Rückenstück, *das;* **b)** (*Geog.: ridge*) Kamm, *der*
Chinese [tʃaɪˈniːz] **1.** *adj.* chinesisch; **sb. is ~:** jmd. ist Chinese/Chinesin; *see also* **English 1. 2.** *n. pl. same* (*person*) Chinese, *der*/Chinesin, *die;* **b)** (*language*) Chinesisch, *das;* *see also* **English 2a**
Chinese: ~ **'boxes** *n. pl.* Satz ineinanderpassender Schachteln; ~ **'goose** *n.* Höckergans, *die;* ~ **'lantern** *n.* **a)** (*of paper*) Lampion, *der;* **b)** (*Bot.*) Judenkirsche, *die;* ~ **'puzzle** *n.* chinesisches Geduldspiel; ~ **'white** *n.* Zinkweiß, *das*
Chink [tʃɪŋk] *n.* (*sl. derog.*) Schlitzauge, *das* (*abwertend*)
¹**chink** *n.* **a)** Spalt, *der;* **a ~ in sb.'s armour** (*fig.*) jmds. schwache Stelle; **b)** **a ~ of light** ein Lichtspalt
²**chink 1.** *n.* (*sound*) *see* ¹**clink 1. 2.** *v.i. & t. see* ¹**clink 2, 3**
chinless [ˈtʃɪnlɪs] *adj.* **a)** mit fliehendem Kinn *nachgestellt;* **be ~:** ein fliehendes Kinn haben; **b)** (*fig.*) ~ **wonder** (*Brit. joc.*) borniertes Vertreter der Oberschicht

chinoiserie [ʃɪnˈwɑːzərɪ] *n.* Chinoiserie, *die*
chin: ~**-rest** *n.* Kinnstütze, *die;* ~**-strap** *n.* (*of helmet*) Kinnriemen, *der;* (*of bonnet*) Kinnband, *das*
chintz [tʃɪnts] *n.* Chintz, *der*
chintzy [ˈtʃɪntsɪ] *adj.* auffällig bunt und billig
ˈ**chin-wag** (*coll.*) **1.** *n.* Schwatz, *der.* **2.** *v.i.* schwatzen
chip [tʃɪp] **1.** *n.* **a)** Splitter, *der;* **have a ~ on one's shoulder** (*fig.*) einen Komplex haben; *see also* **block 1c; b)** (*of potato*) [Kartoffel]stäbchen, *das;* **c)** *in pl.* (*Brit.: fried*) Pommes frites *Pl.;* (*Amer.: crisps*) Kartoffelchips *Pl.;* **d)** **there is a ~ on this cup/paintwork** diese Tasse ist angeschlagen/etwas Farbe ist abgeplatzt; **e)** (*Gambling*) Chip, *der;* Jeton, *der;* **have had one's ~s** (*Brit. fig. coll.*) erledigt sein (*ugs.*); **when the ~s are down** (*fig. coll.*) wenn's ernst wird; *see also* **cash in 1; f)** (*Electronics*) Chip, *der;* **g)** (*for making baskets*) Span, *der;* ~ **[basket]** (*Brit.*) Spankorb, *der;* **h)** *see* **chip shot. 2.** *v.t.,* **-pp- a)** anschlagen (*Geschirr*); Späne abschlagen von ⟨*Holz*⟩; (*cut or break off*) abschlagen; **the varnish is ~ped** der Lack ist abgeplatzt; **b)** (*cut into ~s*) ~**ped potatoes** Kartoffelstäbchen, *Pl.;* **c)** ~ **the ball** (*Golf*) den Ball mit einem kurzen Annäherungsschlag auf das Grün bringen; (*Football*) den Ball anheben. **3.** *v.i.,* **-pp-: this china ~s easily** von diesem Porzellan platzt leicht etwas ab
~ **'in** (*coll.*) **1.** *v.i.* **a)** (*interrupt*) sich einmischen; **who asked you to ~ in with your opinion?** wer hat dich nach deiner Meinung gefragt?; **b)** (*contribute money*) etwas beisteuern; ~ **in with £5** sich mit 5 Pfund an etw. (*Dat.*) beteiligen. **2.** *v.t.* (*contribute*) beisteuern
ˈ**chipboard** *n.* Spanplatte, *die*
chipmunk [ˈtʃɪpmʌŋk] *n.* (*Zool.*) Chipmunk, *der*
chipolata [tʃɪpəˈlɑːtə] *n.* kleine, scharf gewürzte Wurst; Chipolata, *die*
ˈ**chip-pan** *n.* Friteuse, *die*
chipper [ˈtʃɪpə(r)] *adj.* (*Amer.*) fröhlich
chipping [ˈtʃɪpɪŋ] *n.* Steinchen, *das;* ~**s** (*Road Constr.*) Splitt, *der;* **'loose ~s'** „Rollsplitt"
chippy [ˈtʃɪpɪ] *n.* (*coll.*) Pommes-frites-Bude, *die;* Frittenbude, *die* (*ugs.*)
chip: ~ **shop** *n.* (*Brit.*) *see* **chippy;** ~ **shot** *n.* (*Golf*) kurzer Annäherungsschlag; (*Footb.*) kurzer Heber
chiropodist [kɪˈrɒpədɪst, ʃɪˈrɒpədɪst] *n.* Fußpfleger, *der*/-pflegerin, *die*
chiropody [kɪˈrɒpədɪ, ʃɪˈrɒpədɪ] *n.* Fußpflege, *die*
chiropractor [kaɪərəˈpræktə(r)] *n.* (*Med.*) Chiropraktiker, *der*/-praktikerin, *die*
chirp [tʃɜːp] **1.** *v.i.* zwitschern; ⟨*Sperling:*⟩ tschilpen; ⟨*Grille:*⟩ zirpen; (*talk merrily*) jubilieren. **2.** *n.* Zwitschern, *das;* (*of sparrow*) Tschilpen, *das;* (*of grasshopper*) Zirpen, *das*
chirpily [ˈtʃɜːpɪlɪ] *adv.,* **chirpy** [ˈtʃɜːpɪ] *adj.* (*coll.*) vergnügt
chirrup [ˈtʃɪrəp] **1.** *v.i.* zwitschern; ⟨*Sperling:*⟩ tschilpen. **2.** *n.* Zwitschern, *das;* (*of sparrow*) Tschilpen, *das*
chisel [ˈtʃɪzl] **1.** *n.* Meißel, *der;* (*for wood*) Beitel, *der;* *see also* **cold chisel. 2.** *v.t.* (*Brit.*) **-ll- a)** meißeln; (*in wood*) hauen, stemmen; **finely ~led features** fein gemeißelte [Gesichts]züge (*geh.*); **b)** (*coll.: defraud*) hereinlegen (*ugs.*); ~ **sb. out of sth.** jmdn. um etw. bringen
chiseller (*Amer.:* **chiseler**) [ˈtʃɪzələ(r)] *n.* (*coll.: swindler*) Betrüger, *der*/Betrügerin, *die*
¹**chit** [tʃɪt] *n.* **a)** (*young child*) Balg, *das od. der* (*bes. südd.*), Gör, *das* (*nordd.*); **be a mere ~ of a child** nur ein Kind sein; **b)** (*usu. derog.: woman*) junges Ding; **only a ~ of a girl** noch ein halbes Kind

²**chit** *n.* (*note*) Notiz, *die;* (*certificate*) Zeugnis, *das;* (*bill*) Rechnung, *die;* (*receipt*) Quittung, *die;* (*from doctor*) Krankmeldung, *die*
chit-chat [ˈtʃɪttʃæt] **1.** *n.* Plauderei, *die.* **2.** *v.i.,* **-tt-** plaudern
chitterling [ˈtʃɪtəlɪŋ] *n., usu. in pl.* Schweinsdarm, *der*
chivalric [ˈʃɪvlrɪk] *adj.* (*of chivalry*) **the ~ ages** die Ritterzeit
chivalrous [ˈʃɪvlrəs] *adj.* ritterlich; ~ **age** Ritterzeit, *die;* ~ **deed** ritterliche Tat
chivalrously [ˈʃɪvlrəslɪ] *adv.* ritterlich
chivalry [ˈʃɪvlrɪ] *n., no pl.* **a)** Ritterlichkeit, *die;* **b)** (*medieval knightly system*) Rittertum, *das;* **Age of C~:** Ritterzeit, *die;* **the Age of C~ is not dead** es gibt noch richtige Kavaliere
chives [tʃaɪvz] *n. pl.* Schnittlauch, *der*
chiv[v]y [ˈtʃɪvɪ] *v.t.* hetzen; (*harass*) schikanieren; ~ **sb. into doing sth.** jmdn. drängen, etw. zu tun; ~ **sb. about sth.** jmdn. wegen etw. drängen
~ **a'long** *v.t.* antreiben
chloride [ˈklɔːraɪd] *n.* (*Chem.*) Chlorid, *das;* (*bleaching agent*) chloridhaltiges Bleichmittel
chlorinate [ˈklɔːrɪneɪt] *v.t.* chloren
chlorination [klɔːrɪˈneɪʃn] *n.* Chlorung, *die*
chlorine [ˈklɔːriːn] *n.* Chlor, *das*
chloroform [ˈklɒrəfɔːm] **1.** *n.* Chloroform, *das.* **2.** *v.t.* chloroformieren
chlorophyll [ˈklɒrəfɪl] *n.* (*Bot.*) Chlorophyll, *das*
choc [tʃɒk] *n.* (*Brit. coll.*) Schokopraline, *die*
ˈ**choc-ice** *n.* Eis mit Schokoladenüberzug
chock [tʃɒk] *n.* **1.** Bremsklotz, *der;* (*on rail*) Bremsschuh, *der.* **2.** *v.t.* blockieren
ˈ**chock-a-block** *pred. adj.* vollgepfropft
chocker [ˈtʃɒkə(r)] *adj.* (*Brit. sl.*) sauer (*salopp*); **be ~ with** *or* **of sth.** von etw. die Nase gestrichen voll haben
ˈ**chock-full** *pred. adj.* gestopft voll (*ugs.*); ~ **with sth.** mit etw. vollgepfropft
chockie [ˈtʃɒkɪ] *see* **choc**
chocolate [ˈtʃɒkəlɪt, ˈtʃɒklɪt] **1.** *n.* **a)** Schokolade, *die;* (*sweetmeat*) Praline, *die;* **drinking ~:** Trinkschokolade, *die;* **b)** (*colour*) Schokoladenbraun, *das.* **2.** *adj.* **a)** (*with flavour of ~*) Schokoladen-; **b)** (*with colour of ~*) ~**-brown** schokoladenbraun
chocolate: ~ **'biscuit** *n.* Schokoladenkeks, *der;* ~**-box 1.** *n.* Pralinenschachtel, *die;* Bonbonniere, *die.* **2.** *adj.* (*fig.*) kitschig; ~**-coated** *adj.* mit Schokoladenüberzug *nachgestellt*
choice [tʃɔɪs] **1.** *n.* **a)** Wahl, *die;* **if the ~ were mine, if I had the ~:** wenn ich die Wahl hätte; **by** *or* **for ~:** am liebsten; **of my/his etc. ~:** meiner/seiner *usw.* Wahl; **take your ~:** suchen Sie sich (*Dat.*) eine/einen/eins aus; wählen Sie; (*truculently*) entscheide Sie sich; **take one's ~ of sth. from sth.** etw. aus etw. auswählen; **make a [good] ~:** eine [gute] Wahl treffen; **make a careful ~:** sorgfältig [aus]wählen; **give sb. the ~:** jmdm. die Wahl lassen; **the ~ is yours** Sie haben die Wahl; **you have a free ~:** Sie können frei wählen; **do sth. from ~:** etw. freiwillig tun; **if I were given the ~:** wenn man mir die Wahl ließe; **have no ~ but to do sth.** keine andere Wahl haben, als etw. zu tun; **leave sb. no ~:** jmdn. keine [andere] Wahl lassen; **you have several ~s** Sie haben mehrere Möglichkeiten; **b)** (*thing chosen*) **his ~ of wallpaper was ...:** die Tapete, die er sich ausgesucht hatte, war ...; **the curtains were your ~:** die Vorhänge hast du ausgesucht; **this is my ~:** ich habe mich dafür entschieden; *see also* **Hobson's choice; c)** (*variety*) Auswahl, *die;* **a ~ of three** es gibt drei zur Auswahl; **be spoilt for ~:** die Qual der Wahl haben; **have the ~ of sth.** die Auswahl haben. **2.** *adj.* ausgewählt; auserlesen (*geh.*); ~ **wine** erlesener Wein (*geh.*); ~ **tomatoes/fruit** Tomaten/Obst erster Wahl

choir ['kwaɪə(r)] *n.* (*also Archit.*) Chor, *der* **choir:** ~**boy** *n.* Chorknabe, *der;* ~**master** *n.* Chorleiter, *der;* ~ **practice** *n.* Chorprobe, *die;* ~ **school** *n.* [Konfessions]schule für Chorknaben; ~-**screen** *n.* Chorschranke, *die;* ~-**stall** *see* ¹stall 1 c

choke [tʃəʊk] 1. *v. t.* a) (*lit. or fig.*) ersticken; **a fish-bone was choking him** er drohte an einer Fischgräte zu ersticken; **you'll ~ yourself** du wirst ersticken; **in a voice ~d with emotion** (*fig.*) mit vor Erregung versagender Stimme; **be/get ~d up about sth.** (*fig. coll.*) sich (*Dat.*) etw. sehr zu Herzen nehmen; b) (*strangle*) erdrosseln; ~ **to death** erdrosseln; **the collar was choking him** der Kragen würgte ihn; c) (*fill chockfull*) vollstopfen; (*block up*) verstopfen. 2. *v. i.* a) (*temporarily*) keine Luft [mehr] bekommen; (*permanently*) ersticken (**on an** + *Dat.*); b) (*from emotion*) **he almost ~d with rage** er brachte vor Wut fast keinen Ton heraus. 3. *n.* a) (*Motor Veh.*) Choke, *der;* b) (*Electr.*) Drosselspule, *die*
~ '**back** *v. t.* unterdrücken ⟨Wut⟩; zurückhalten ⟨Tränen⟩; hinunterschlucken (*ugs.*) ⟨Wut, Worte⟩
~ '**down** *v. t.* unterdrücken
~ '**off** *v. t.* (*fig. coll.*) abwimmeln (*ugs.*); (*tell off*) einen Rüffel verpassen (+ *Dat.*)
choked [tʃəʊkt] *adj.* (*coll.: disgusted*) sauer (*salopp*)
choker ['tʃəʊkə(r)] *n.* (*high collar*) Stehkragen, *der;* (*necklace*) Halsband, *das*
choler ['kɒlə(r)] *n.* a) (*Hist.*) Galle, *die;* b) (*poet./arch.*) *n.* a): **wutentbrannt; fit of ~**: Zornesausbruch, *der* (*geh.*)
cholera ['kɒlərə] *n.* (*Med.*) Cholera, *die*
choleric ['kɒlərɪk] *adj.* cholerisch
cholesterol [kə'lestərɒl] *n.* (*Med.*) Cholesterin, *das*
chomp [tʃɒmp] *v. t. see* ¹champ
choo-choo ['tʃuːtʃuː] *n.* (*child lang./coll.*) Puffpuff, *die* (*Kinderspr.*)
choose [tʃuːz] 1. *v. t.*, **chose** [tʃəʊz], **chosen** ['tʃəʊzn] a) (*select*) wählen; (*from a group*) auswählen; **a career** einen Beruf wählen; ~ **sb. as** *or* **to be** *or* **for leader** jmdn. zum Anführer wählen; ~ **sb. from among ...**: jmdn. unter (+ *Dat.*) aus ... auswählen; **carefully chosen words** sorgfältig gewählte Worte; **the chosen [few]** (*Theol.*) die [wenigen] Auserwählten; **the chosen people** *or* **race** (*Theol.*) das auserwählte Volk; b) (*decide*) **~/~ not to do sth.** sich dafür/dagegen entscheiden, etw. zu tun; **he chose rather to study** er zog es vor zu lernen; **she did not to wear 'black** sie zog es vor, nicht Schwarz zu tragen; **she did not '~ to wear black** sie hat nicht freiwillig Schwarz getragen; **there's nothing/not much/little to ~ between them** sie unterscheiden sich in nichts/ sehr/nur wenig voneinander. 2. *v. i.*, **chose, chosen** wählen; **when I ~**: wenn es mir paßt; **do just as you ~**: machen Sie es, wie Sie möchten; ~ **between ...**: zwischen ... wählen; ~ **from sth.** aus etw./(*from several*) unter etw. (*Dat.*) [aus]wählen; **there are several to ~ from** es stehen mehrere zur Auswahl; **he cannot ~ but submit** er hat keine andere Wahl, als nachzugeben; **if you/we** *etc.* **so ~**: wenn Sie/wir *usw*. [es] möchten *od.* wollen; **as you ~** wie Sie möchten
chooser ['tʃuːzə(r)] *n. see* beggar 1 a
choos[e]y ['tʃuːzɪ] *adj.* (*coll.*) wählerisch
¹**chop** [tʃɒp] 1. *n.* a) Hieb, *der;* b) (*piece of meat*) Kotelett, *das;* c) (*coll.*) **get the ~** (*be killed*) abgemurkst werden (*salopp*); (*be dismissed*) rausgeworfen werden (*ugs.*); **be given the ~**: etw. wird abgeschafft; **give sb. the ~** (*dismiss*) jmdn. rauswerfen (*ugs.*); (*kill*) jmdn. abmurksen (*salopp*); **be due for the ~**: die längste Zeit existiert haben (*ugs.*). *See also* **karate chop**. 2. *v. t.*, -**pp**- a) hacken ⟨Holz⟩; kleinschneiden ⟨Gemüse, Fleisch, Obst⟩; **they ~ped a way through the undergrowth** sie schlugen einen Weg durch das Unterholz; ~**ped herbs** gehackte Kräuter; b) (*Sport*) schneiden ⟨*Ball*⟩. 3. *v. i.*, -**pp**-: ~ [**away**] **at sth.** auf etw. (*Akk.*) einhacken; ~ **through the bone** den Knochen durchhacken
~ '**down** *v. t.* fällen ⟨*Baum*⟩; umhauen ⟨*Busch, Pfosten*⟩
~ '**off** *v. t.* abhacken
~ '**up** *v. t.* kleinschneiden ⟨*Fleisch, Obst, Gemüse*⟩; zerhacken ⟨*Möbel*⟩; zerkleinern ⟨*Holz*⟩; ~**ped-up parsley** [klein]gehackte Petersilie
²**chop** *n.* a) (*jaw*) Kiefer, *der;* b) *in pl.* Maul, *das;* (*coll.: person's mouth*) Klappe, *die* (*salopp*); *see also* **lick** 1 a
³**chop** *v. i.*, -**pp**-: **she's always ~ping and changing** sie überlegt es sich (*Dat.*) dauernd anders; **keep ~ping and changing** ⟨*Wetter:*⟩ [sich] dauernd ändern
~ **a'bout** *v. i.* (*coll.*) sprunghaft sein; ⟨*Wind:*⟩ umspringen
'**chop-house** *n.* (*coll.*) Gaststätte, *die*
chopper ['tʃɒpə(r)] *n.* a) (*axe*) Beil, *das;* (*cleaver*) Hackbeil, *das;* b) (*coll.: helicopter*) Hubschrauber, *der;* c) *in pl.* (*coll.: teeth*) Beißerchen (*ugs.*)
chopping-board ['tʃɒpɪŋbɔːd] *n.* Hackbrett, *das*
choppy ['tʃɒpɪ] *adj.* bewegt; kabbelig (*Seemannsspr.*)
'**chopstick** *n.* [Eß]stäbchen, *das*
chop-suey [tʃɒp'suːɪ, tʃɒp'sjuːɪ] *n.* (*Gastr.*) Chop-suey, *das*
¹**choral** ['kɔːrl] *adj.* Chor-; chorisch; ~ **piece** Komposition für Chor
chorale (²**choral**) [kɔː'rɑːl] *n.* a) Choral, *der;* b) (*group*) Chor, *der*
choral ['kɔːrl] ~ **service** *n.* Gottesdienst mit Chorgesang; ~ **society** *n.* Gesangverein, *der*
¹**chord** [kɔːd] *n.* a) (*string of harp etc.; also fig.*) Saite, *die;* **strike a [familiar/responsive] ~ with sb.** (*fig.*) bei jmdm. eine Saite zum Erklingen bringen/bei jmdm. Echo finden; **touch the right ~** (*fig.*) den richtigen Ton anschlagen *od.* treffen; b) (*Math.*) Sehne, *die;* (*Aeron.: of wing*) Flügeltiefe, *die*
²**chord** *n.* (*Mus.*) Akkord, *der;* **common ~**: Dreiklang *der* Terminus Quinte

chore [tʃɔː(r)] *n.* [lästige] Routinearbeit; **do the [general] household ~s** die üblichen Hausarbeiten erledigen; **writing letters is a ~**: Briefe zu schreiben ist eine lästige Pflicht
chorea [kə'rɪə] *n.* (*Med.*) Chorea, *die* (*fachspr.*); Veitstanz, *der*
choreograph ['kɒrɪəgrɑːf] *v. t. & i.* choreographieren
choreographer [kɒrɪ'ɒgrəfə(r)] *n.* Choreograph, *der*/Choreographin, *die*
choreographic [kɒrɪə'græfɪk] *adj.* choreographisch
choreography [kɒrɪ'ɒgrəfɪ] *n.* Choreographie, *die*
chorister ['kɒrɪstə(r)] *n.* a) (*choirboy*) Chorknabe, *der;* b) (*Amer.: leader of choir*) Chorleiter, *der*
chortle ['tʃɔːtl] 1. *v. i.* vor Lachen glucksen; (*contemptuously*) [hämisch] kichern. 2. *n.* Glucksen, *das;* **reply/say with a ~** glucksend erwidern/sagen
chorus ['kɔːrəs] 1. *n.* a) Chor, *der;* **they broke [out] into a ~ of ...**: sie fingen an, im Chor ... zu singen/rufen; **say sth. in ~**: etw. im Chor sagen; **the football fans kept up a ~ of 'Scotland'** die Fußballfans hörten nicht auf, im Chor „Scotland" zu rufen; b) (*of singers*) Chor, *der;* (*of dancers*) Ballett, *das;* **be in the ~**: zum Chor/zum Ballett gehören; c) (*of popular song*) Chorus, *der;* d) (*Mus.: composition*) Chor, *der.* 2. *v. t.* im Chor singen/sprechen
chorus: ~-**girl** *n.* Chorsängerin, *die;* (*dancer*) [Revue]girl, *das;* ~ **line** *n.* Ballett, *das;* ~-**master** *n.* Chorleiter, *der*

chose, chosen *see* **choose**
chough [tʃʌf] *n.* (*Ornith.*) [**Cornish**] ~: Alpenkrähe, *die;* [**alpine**] ~ Alpendohle, *die*
choux [ʃuː] *n.* ~ [**pastry**] Brandteig, *der*
chow [tʃaʊ] *n.* a) (*dog*) Chow-Chow, *der;* b) (*Amer. sl.: food*) Futterage, *die* (*ugs.*); Futter, *das* (*salopp*)
chowder [tʃaʊdə(r)] *n.* (*Amer.*) Suppe *od.* Eintopf mit Fisch *od.* Muscheln, Pökelfleisch *od.* Schinken, Milch, Kartoffeln u. Gemüse
Christ [kraɪst] 1. *n.* Christus (*der*); *see also* **before 2 a.** 2. *int.* (*sl.*) [**oh**] ~!, ~ **almighty!** Herrgott noch mal! (*ugs.*)
Christadelphian [krɪstə'delfɪən] *n.* Christadelphian, *der* (*Mitglied einer chiliastischen Sekte*)
'**Christ-child** *n.* Christkind, *das*
christen ['krɪsn] *v. t.* a) taufen; **she was ~ed Martha** sie wurde [auf den Namen] Martha getauft; b) (*coll.: use for first time*) einweihen (*ugs. scherzh.*)
Christendom ['krɪsndəm] *n., no pl., no art.* die christliche Welt; (*Christians*) die Christenheit; die Christen
christening ['krɪsnɪŋ] *n.* Taufe, *die;* **her ~ will be next Sunday** sie wird nächsten Sonntag getauft
Christian ['krɪstʃən] 1. *adj.* christlich. 2. *n.* Christ, *der*/Christin, *die*
Christian 'era *n.* **in the first centuries of the ~**: in den ersten Jahrhunderten christlicher Zeitrechnung
Christianity [krɪstɪ'ænɪtɪ] *n., no pl., no art.* das Christentum
Christian: ~ **name** *n.* Vorname, *der;* ~ '**Science** *n.* Christian Science, *die;* Christliche Wissenschaft; ~ '**Scientist** *n.* Christian Scientist, *der;* Christlicher Wissenschafter
Christlike ['kraɪstlaɪk] *adj.* christusgleich
Christmas ['krɪsməs] *n.* Weihnachten, *das od. Pl.;* **merry** *or* **happy ~**: frohe *od.* fröhliche Weihnachten; **what did you get for ~?** was hast du zu Weihnachten bekommen?; **at ~**: [zu *od.* an] Weihnachten
Christmas: ~-**box** *n.* (*Brit.*) Geschenk/ Trinkgeld zu Weihnachten für den Postboten, Zeitungsjungen *usw.;* ~ **cake** *n.* Weihnachtskuchen, *der;* mit Marzipan und Zuckerguß verzierter, reichhaltiger Gewürzkuchen; ~ **card** *n.* Weihnachtskarte, *die;* ~ **carol** *n.* Weihnachtslied, *das;* ~ '**Day** *n.* erster Weihnachtsfeiertag; ~ '**Eve** *n.* Heiligabend, *der;* ~ '**holiday** *n.* Weihnachtsurlaub, *der;* **the ~ holidays** die Weihnachtsferien; ~ **present** *n.* Weihnachtsgeschenk, *das;* ~ '**pudding** *n.* Plumpudding, *der;* ~ '**rose** *n.* Christrose, *die;* ~ '**stocking** *n.* von den Kindern am Heiligabend aufgehängter Strumpf, den der Weihnachtsmann mit Geschenken füllen soll
Christmassy ['krɪsməsɪ] *adj.* weihnachtlich; **it doesn't feel very ~**: es herrscht keine rechte Weihnachtsstimmung
Christmas: ~-**tide**, ~ **time** *ns.* Weihnachtszeit, *die;* **at ~-tide** *or* ~ **time** in der *od.* zur Weihnachtszeit; ~ **tree** *n.* Weihnachtsbaum, *der*
chromatic [krə'mætɪk] *adj.* chromatisch
chromatic ~ **scale** *n.* (*Mus.*) chromatische Tonleiter
chromatography [krəʊmə'tɒgrəfɪ] *n.* (*Chem.*) Chromatographie, *die*
chrome [krəʊm] *n.* a) (*chromium-plate*) Chrom, *das;* b) (*colour*) Chromgelb, *das*
chrome: ~ '**steel** *n.* Chromstahl, *der;* ~ '**yellow** *n. see* **chrome a**
chromium [krəʊmɪəm] *n.* Chrom, *das*
chromium: ~-**plate** 1. *n.* Chrom, *das;* 2. *v. t.* verchromen; ~-**plated** *adj.* verchromt; ~-**plating** *n.* Verchromung, *die*
chromosome ['krəʊməsəʊm] *n.* (*Biol.*) Chromosom, *das*
chronic ['krɒnɪk] *adj.* a) chronisch; ~ **sufferers from arthritis** Personen, die an

137

chronischer Arthritis leiden; **he had been plagued by ~ doubts** ihn hatten ständig Zweifel geplagt; **b)** *(Brit. coll.: bad, intense)* katastrophal *(ugs.);* **be ~:** eine [einzige] Katastrophe sein *(ugs.);* **it hurt something ~:** es hat wahnsinnig weh getan *(ugs.)*
chronically ['krɒnɪkəlɪ] *adv.* chronisch; **she was ~ afraid of ...:** sie hatte [eine] chronische Angst vor ...
chronicle ['krɒnɪkl] **1.** *n.* **a)** Chronik, *die;* **b)** *(account)* Schilderung, *die;* **c)** *(Bibl.)* **C~s** Chronik, *die.* **2.** *v. t.* [chronologisch] aufzeichnen; **he ~d these events** er verfaßte eine Chronik dieser Ereignisse
chronicler ['krɒnɪklə(r)] *n.* Chronist, *der*
chronological [krɒnə'lɒdʒɪkl] *adj.* **chronologically** [krɒnə'lɒdʒɪkəlɪ] *adv.* chronologisch
chronology [krə'nɒlədʒɪ] *n.* Chronologie, *die;* (table) Zeittafel, *die*
chronometer [krə'nɒmɪtə(r)] *n.* Chronometer, *das*
chrysalis ['krɪsəlɪs] *n., pl.* **~es** *or* **chrysalides** [krɪ'sælɪdiːz] *(Zool.)* **a)** *(pupa)* Chrysalide, *die (Zool.);* Puppe, *die;* **b)** *(case enclosing pupa)* Puppenhülle, *die*
chrysanth [krɪ'sænθ] *n. (coll.)* see **chrysanthemum**
chrysanthemum [krɪ'sænθɪməm] *n. (Bot.)* **a)** *(flower)* Chrysantheme, *die;* **b)** *(plant)* Chrysanthemum, *das;* Wucherblume, *die*
chub [tʃʌb] *n., pl.* same *(Zool.)* Döbel, *der*
chubby ['tʃʌbɪ] *adj.* **a)** *(plump)* pummelig, rundlich ⟨*Gesicht*⟩; **~ cheeks** Pausbacken *(fam.);* **b)** *(plump-faced)* pausbäckig
¹chuck [tʃʌk] **1.** *v. t.* **a)** *(coll.: throw)* schmeißen *(ugs.);* **b)** **~ sb. under the chin** jmdm. einen Stups unters Kinn geben; **c)** *(coll.: throw out)* wegschmeißen *(ugs.);* **~ it!** *(sl.)* hör schon auf [damit]!; **~ the whole thing** alles hinschmeißen *(ugs.).* **2.** *n.* **a)** **give sb. a ~ under the chin** jmdm. einen Stups unters Kinn geben; **b)** *(sl.: dismissal)* **give sb. the ~** [from his/her job] jmdn. [aus der Firma *usw.*] rausschmeißen *(ugs.);* **get the ~:** rausfliegen *(ugs.)*
~ a'way *v. t. (coll.)* wegschmeißen *(ugs.); (fig.: waste)* zum Fenster rauswerfen *(ugs.)* ⟨*Geld*⟩ **(on** für); vertun ⟨*Chance, Gelegenheit*⟩
~ 'out *v. t. (coll.)* wegschmeißen *(ugs.); (fig.: eject)* rausschmeißen *(ugs.)*
²chuck *n. (of drill, lathe)* Futter, *das*
³chuck *n. (Amer. coll.: food)* Futter, *das (salopp)*
chucker-out [tʃʌkə'raʊt] *n. (coll.)* Rausschmeißer, *der (ugs.)*
chuckle [tʃʌkl] **1.** *v. i.* **a)** leise [vor sich hin] lachen **(at** über + *Akk.*); **b)** *(exult)* sich *(Dat.)* eins lachen. **2.** *n.* leises, glucksendes Lachen; **have a ~ to [oneself] about sth.** leise über etw. *(Akk.)* vor sich hin lachen
chuckle: **~-head** *n.* Schwachkopf, *der (abwertend);* **~-headed** *adj.* schwachköpfig *(abwertend)*
'chuck-wagon *n. (Amer. coll.)* Proviantwagen mit Kochvorrichtung (auf einer Ranch *usw.)*
chuff [tʃʌf] *v. i.* puffen *(ugs.)*
chuffed [tʃʌft] *pred. adj. (Brit. sl.)* zufrieden **(about, at, with** über + *Akk.*); **be ~:** sich freuen
chug [tʃʌg] *v. i., -gg-* ⟨*Motor:*⟩ tuckern. **2.** *n.* Tuckern, *das*
chum [tʃʌm] *n. (coll.)* **a)** Kumpel, *der (salopp);* **be great ~s** dicke Freunde sein *(ugs.);* **b)** *(Austral., NZ)* **new ~:** Neuling, *der*
~ up *v. i.* **~ up with sb.]** sich [mit jmdm.] anfreunden
chummy ['tʃʌmɪ] *adj. (coll.)* freundlich; **be ~ with sb.** mit jmdm. dick befreundet sein *(ugs.)*
chump [tʃʌmp] *n.* **a)** *(sl.: foolish person)* Trottel, *der;* **b)** **be off one's ~** *(coll.)* nicht bei Trost sein *(ugs.)*

chump 'chop *n.* ≈ Lammkotelett, *das*
chunk [tʃʌŋk] *n.* dickes Stück; *(broken off)* Brocken, *der; (large amount)* guter Brocken; **~ of wood** Holzklotz, *der*
chunky ['tʃʌŋkɪ] *adj.* **a)** *(containing chunks)* ⟨*Orangenmarmelade, Hundefutter*⟩ mit ganzen Stücken; **b)** *(small and sturdy, short and thick)* stämmig; **~ fingers** kurze, dicke Finger; **~ book** kleines, dickes Buch; **c)** *(made of thick, bulky material)* dick ⟨*Pullover, Strickjacke*⟩
Chunnel ['tʃʌnl] *n. (Brit. coll.)* [Ärmel]kanaltunnel, *der*
chunter [tʃʌntə(r)] *v. i. (coll.)* **a)** *(murmur)* brummeln, brabbeln; **b)** *(grumble)* murren
chupatty see **chapat[t]i**
church [tʃɜːtʃ] *n.* **a)** Kirche, *die;* **in** *or* **at ~:** in der Kirche; **after ~:** nach der Kirche; **go to ~:** in die *od.* zur Kirche gehen; **b)** **C~** *(body)* die Kirche; **go into the C~:** Geistlicher werden; **the C~ of England** die Kirche von England; **the C~ militant/triumphant** Ecclesia militans/triumphans, *die (Rel.)*
church: **~-goer** *n.* Kirchgänger, *der/*-gängerin, *die;* **~-going 1.** *n., no pl.* Kirchenbesuch, *der.* **2.** *attrib. adj.* regelmäßig den Gottesdienst besuchend; **~man** ['tʃɜːtʃmən] *n., pl.* **~men** ['tʃɜːtʃmən] **a)** *(member of clergy)* Geistliche, *der;* **b)** *(member of church)* Mitglied der Kirche; **~ 'mouse** *n.* **as poor as a ~ mouse** arm wie eine Kirchenmaus *(ugs. scherzh.);* **~ parade** *n.* gemeinsamer Kirchgang *(von Soldaten, Pfadfindern usw.);* **~warden** *n.* **a)** Kirchenvorsteher, *der/*-vorsteherin, *die;* **b)** *(Amer.: church administrator)* [für die Finanzen zuständiger] Beauftragter der Protestantischen Episkopalkirche; **~woman** *n.* [weibliches] Mitglied der Kirche
churchy ['tʃɜːtʃɪ] *adj.* streng kirchlich; kirchenfromm *(abwertend)*
'churchyard *n.* Kirchhof, *der (veralt.);* Friedhof, *der (bei einer Kirche)*
churl [tʃɜːl] *n. (derog.)* *(ill-bred person)* ungehobelter Kerl *(ugs. abwertend); (surly person)* Griesgram, *der (abwertend);* **b)** *(arch.: peasant)* Bauer, *der; (person of low birth)* einfacher *od.* gemeiner Mann
churlish ['tʃɜːlɪʃ] *adj. (derog.) (ill-bred)* ungehobelt *(abwertend); (surly)* griesgrämig *(abwertend)*
churlishly ['tʃɜːlɪʃlɪ] *adv. (derog.)* see **churlish:** ungehobelt; griesgrämig
churlishness ['tʃɜːlɪʃnɪs] *n., no pl. (derog.)* see **churlish:** Ungehobeltheit, *die;* Griesgrämigkeit, *die*
churn [tʃɜːn] **1.** *n. (Brit.)* **a)** *(for making butter)* Butterfaß, *das;* **b)** *(milk-can)* Milchkanne, *die.* **2.** *v. t.* **a)** verbuttern; **~ butter** buttern; **b)** aufwühlen ⟨*Wasser, Schlamm*⟩. **3.** *v. i. ⟨Meer:⟩* wallen ⟨*Schiffsschraube:*⟩ wirbeln; ⟨*Räder:*⟩ durchdrehen; **my stomach was ~ing** mir drehte sich der Magen um
~ 'out *v. t.* massenweise produzieren *(ugs.);* **he's been ~ing out three books a year** er hat pro Jahr drei Bücher produziert
~ 'up *v. t.* aufwühlen
chute [ʃuːt] *n.* **a)** Schütte, *die; (for persons)* Rutsche, *die; (escape ~ in aircraft)* Notrutsche, *die;* **b)** *(coll.: parachute)* [Fall]schirm, *der*
chutney ['tʃʌtnɪ] *n.* Chutney, *das*
chutzpah ['hʊtspə] *n. (sl.)* Chuzpe, *die (salopp abwertend)*
CI *abbr. (Brit.)* **Channel Islands**
CIA *abbr. (Amer.)* **Central Intelligence Agency** CIA, *der od. die*
ciborium [sɪ'bɔːrɪəm] *n., pl.* **ciboria** [sɪ'bɔːrɪə] *(Archit., Eccl.)* Ziborium, *das*
cicada [sɪ'kɑːdə] *n. (Zool.)* Zikade, *die*
CID *abbr. (Brit.)* **Criminal Investigation Department** C. I. D.; **the ~:** die Kripo
cider ['saɪdə(r)] *n.* ≈ Apfelwein, *der; (from France)* Cidre, *der*

cider: **~ apple** *n.* Mostapfel, *der;* **~-press** *n.* Mostpresse, *die*
cig [sɪg] *n. (coll.)* Glimmstengel, *der (ugs.)*
cigar [sɪ'gɑː(r)] *n.* Zigarre, *die*
cigarette [sɪgə'ret] *n.* Zigarette, *die*
cigarette: **~ card** *n.* Zigarettenbild, *das;* **~-case** *n.* Zigarettenetui, *das;* **~-end** *n.* Zigarettenstummel, *der;* **~-holder** *n.* Zigarettenspitze, *die;* **~-lighter** *n.* Feuerzeug, *das; (in car)* Zigarettenanzünder, *der;* **~-packet** *n.* Zigarettenschachtel, *die;* **~-paper** *n.* Zigarettenpapier, *das*
cigar: **~ lighter** *n.* see **cigarette-lighter;** **~-shaped** *adj.* zigarrenförmig
cilium ['sɪlɪəm] *n., pl.* **cilia** ['sɪlɪə] *(Biol., Anat.)* Wimper, *die;* Zilie, *die (fachspr.)*
C.-in-C. *abbr. (Mil.)* **Commander-in-Chief**
cinch [sɪntʃ] *n.* **a)** *(sl.) (easy thing)* Klacks, *der (ugs.);* Kinderspiel, *das; (Amer.: sure thing)* todsichere Sache *(ugs.);* **that's a ~:** [das ist] ganz klar! *(ugs.);* klarer Fall! *(ugs.);* **b)** *(Amer.: saddle-girth)* Sattelgurt, *der.* **2.** *v. t. (Amer.)* **a)** *(sl.: make certain of)* **~ sth. for sb.** jmdm. etw. sichern; **b)** *(put girth on)* **~ a horse** den Sattelgurt eines Pferdes schnallen
cinchona [sɪŋ'kəʊnə] *n.* **a)** *(Med.)* Chinarinde, *die;* **b)** *(Bot.)* Chinarindenbaum, *der*
cinder ['sɪndə(r)] *n.* **a)** *(ember)* ausgeglühtes Stück Holz/Kohle; **~s** Asche, *die;* **burnt to a ~:** völlig verkohlt; **b)** *(glowing ember)* glühendes Stück Holz/Kohle; **c)** *(slag)* Schlacke, *die*
Cinderella [sɪndə'relə] *n.* **a)** *(person)* Aschenbrödel, *das;* Aschenputtel, *das;* **b)** *(fig.: thing)* Stiefkind, *das*
cinder: **~-path** *n.* Schlackenweg, *der (Bauw.);* **~-track** *n.* Aschenbahn, *die*
cine ['sɪnɪ] *adj.* Schmalfilm-
cine-: **~ camera** *n.* Filmkamera, *die;* **~ film** *n.* Schmalfilm, *der*
cinema ['sɪnɪmə] *n.* **a)** *(Brit.: building)* Kino, *das;* **go to the ~:** ins Kino gehen; **what's on at the ~?** was gibt's im Kino?; **b)** *no pl., no art. (cinematography)* Kinematographie, *die;* **c)** *(films, film production)* Film, *der;* Kino, *das (seltener)*
'cinema-goer *n. (Brit.)* Kinogänger, *der/-*gängerin, *die*
cinematic [sɪnɪ'mætɪk] *adj.* filmisch; **~ art** Filmkunst, *die*
cinematographic [sɪnɪmætə'græfɪk] *adj.* kinematographisch
cinematography [sɪnɪmə'tɒgrəfɪ] *n., no pl.* Kinematographie, *die*
cineraria [sɪnə'reərɪə] *n. (Bot.)* Zinerarie, *die;* Aschenpflanze, *die*
cinnabar ['sɪnəbɑː(r)] *n.* Zinnober, *der*
cinnamon ['sɪnəmən] *n.* Zimt, *der; (plant)* Zimtbaum, *der*
cinquefoil ['sɪŋkfɔɪl] *n.* **a)** *(Bot.)* Fingerkraut, *das;* **b)** *(Archit.)* Fünfpaß, *der*
Cinque Ports [sɪŋk 'pɔːts] *n., pl.* Cinque Ports *Pl. (hist.)* südenglischer Städtebund
cipher ['saɪfə(r)] *n.* **1. a)** *(code, secret writing)* Chiffre, *die;* Geheimschrift, *die; (key)* Kode, *der; (method)* Chiffrierung, *die;* **in ~:** chiffriert; **b)** *(symbol for zero)* [Ziffer] Null, *die;* **c)** *(fig.: nonentity)* Nummer, *die;* **d)** *(monogram)* Monogramm, *das.* **2.** *v. t. (put into code)* chiffrieren
circa ['sɜːkə] *prep.* zirka
circadian [sɜː'keɪdɪən] *adj. (Physiol.)* zirkadian
circle ['sɜːkl] **1.** *n.* **a)** *(also Geom.)* Kreis, *der;* **great/small ~** *(Geom., Naut., Aeronaut., Astron.)* Groß-/Kleinkreis, *der;* **fly/stand in a ~:** im Kreis fliegen/stehen; *(inside a ~)* in einem Kreis fliegen/stehen; **run round in ~s** *(fig. coll.)* hektisch herumlaufen *(ugs.);* **go round in ~s** im Kreis laufen; *(fig.)* sich im Kreis drehen; **~ of friends** Freundeskreis, *der;* **come full ~** *(fig.)* zum Ausgangspunkt zurückkehren; **things have now**

circlet   **civvies**

come full ~: der Kreis schließt sich *od.* hat sich geschlossen; **b)** *see* **vicious circle**; **c)** *(seats in theatre or cinema)* Rang, *der;* **d)** *(Archaeol.)* [Stein]kreis, *der;* **e)** *(Hockey)* Schußkreis, *der.* **2.** *v. i.* kreisen; *(walk in a ~)* im Kreis gehen. **3.** *v. t.* **a)** *(move in a ~ round)* umkreisen; **the aircraft ~d the airport** das Flugzeug kreiste über dem Flughafen; **b)** *(draw ~ round)* einkreisen
~ 'back *v. i.* auf einem Umweg zurückkehren
~ 'round *v. i.* kreisen
circlet ['sɜ:klɪt] *n. (of gold etc.)* Reif, *der;* (of *flowers)* Kranz, *der*
circuit ['sɜ:kɪt] *n.* **a)** *(Electr.)* Schaltung, *die; (path of current)* Stromkreis, *der;* **b)** *(Motor-racing)* Rundkurs, *der;* **c)** *(single round)* Runde, *die; (by car etc.)* Rundfahrt, *die;* **we made a ~ of the lake** wir machten einen Rundgang/eine Rundfahrt um den See; **d)** *(judge's itinerary)* dienstliche Rundreise *(eines Richters, der in Städten in England und Wales in Zivil- u.* Strafsachen *Gerichtssitzungen abhält)*; *(district visited)* Gerichtsbezirk, *der;* **go on ~:** den Gerichtsbezirk bereisen; **e)** *(sequence of sporting events)* **on the professional tennis/golf ~:** bei den Turnieren der professionellen Tennis-/Golfspieler
circuit: **~ board** *n. (Computing)* Schaltbrett, *das;* **~-breaker** *n. (Electr.)* Leistungsschalter, *der; (as protection)* Leistungsschutzschalter, *der;* **~ diagram** *n. (Electr.)* Schaltplan, *der*
circuitous [sə'kju:ɪtəs] *adj.* umständlich; **the path followed a ~ route** der Pfad machte einen weiten Bogen; **reach sb. by a ~ route** jmdn. auf Umwegen erreichen
circuitry ['sɜ:kɪtrɪ] *n. (Electr.)* Schaltungen
circular ['sɜ:kjʊlə(r)] **1.** *adj.* **a)** *(round)* kreisförmig, *in* **~ form** Kreisform, *die;* **b)** *(moving in circle)* Kreis⟨bahn, -bewegung⟩; **c)** *(Logic)* **that argument is ~:** das ist ein Zirkelschluß *od.* -beweis. **2.** *n. (letter, notice)* Rundbrief, *der;* Rundschreiben, *das; (advertisement)* Werbeprospekt, *der*
circularize (**circularise**) ['sɜ:kjʊləraɪz] *v. t.* **every household was ~d** jeder Haushalt erhielt ein Rundschreiben/einen Werbeprospekt
circular: **~ 'letter** *n. see* **circular 2;** **~ 'saw** *n.* Kreissäge, *die;* **~ 'tour** *n. (Brit.)* Rundfahrt, *die* **(of** durch)
circulate ['sɜ:kjʊleɪt] **1.** *v. i.* ⟨Blut, Flüssigkeit:⟩ zirkulieren; ⟨Geld, Gerüchte:⟩ zirkulieren, in Umlauf sein, kursieren; ⟨Nachrichten:⟩ sich herumsprechen; ⟨Verkehr:⟩ fließen; ⟨Personen, Wein usw.:⟩ herumgehen *(ugs.),* die Runde machen *(ugs.).* **2.** *v. t.* in Umlauf setzen ⟨Gerücht⟩; in Verkehr bringen ⟨Falschgeld⟩; kursieren lassen ⟨Nachricht, Information⟩; zirkulieren lassen ⟨Aktennotiz, Rundschreiben⟩; herumgehen lassen ⟨Buch, Schreiben⟩ **(around** in + *Dat.*)
circulation [sɜ:kjʊ'leɪʃn] *n.* **a)** *(Physiol.)* Kreislauf, *der;* Zirkulation, *die (Med.); (of sap, water, atmosphere)* Zirkulation, *die;* **~ trouble, poor ~** *(Physiol.)* schlechte Durchblutung; Kreislaufstörungen *Pl.;* **b)** *(of news, rumour, publication)* Verbreitung, *die;* **have a wide ~:** große Verbreitung finden; **that document was not intended for public ~:** das Dokument war nicht für die Öffentlichkeit bestimmt; **c)** *(of notes, coins)* Umlauf, *der;* **withdraw from ~:** aus dem Umlauf ziehen; **put/come into ~:** in Umlauf bringen/kommen; **d)** *(fig.)* **be back in ~:** *(after illness etc.)* wieder auf den Posten sein; *(after emotional crisis)* wieder am normalen Leben teilnehmen; **be out of ~:** aus dem Verkehr gezogen sein *(ugs. scherzh.);* **e)** *(number of copies sold)* verkaufte Auflage
circulatory [sɜ:kjʊ'leɪtərɪ, 'sɜ:kjʊleɪtərɪ] *adj. (Physiol., Bot.)* Kreislauf-; **~ system** Kreislauf, *der*

circumcise ['sɜ:kəmsaɪz] *v. t.* beschneiden
circumcision [sɜ:kəm'sɪʒn] *n.* **a)** Beschneidung, *die;* **b)** **C~** *(Eccl.)* Beschneidung Christi
circumference [sə'kʌmfərəns] *n.* Umfang, *der; (periphery)* Kreislinie, *die;* **be ... in ~:** einen Umfang von ... haben
circumflex ['sɜ:kəmfleks] **1.** *adj.* **~ accent** Zirkumflex, *der.* **2.** *n.* Zirkumflex, *der*
circumlocution [sɜ:kəmlə'kju:ʃn] *n.* **a)** *no pl. (use of many words)* Weitschweifigkeit, *die; (evasive talk)* Drumherumreden, *das (ugs.);* **without ~:** ohne Umschweife; **b)** *(roundabout expression)* umständliche Formulierung
circumnavigate [sɜ:kəm'nævɪgeɪt] *v. t.* umfahren; *(by sailing-boat)* umsegeln
circumscribe ['sɜ:kəmskraɪb] *v. t. (lay down limits of)* eingrenzen; einschränken ⟨Macht, Handlungsfreiheit usw.⟩; **our choice was ~d** unsere Auswahl war begrenzt
circumspect ['sɜ:kəmspekt] *adj.* umsichtig; **we must be ~ about making new investments** neue Investitionen wollen [von uns] genau überlegt sein
circumspection [sɜ:kəm'spekʃn] *n., no pl.* Umsicht, *die*
circumspectly ['sɜ:kəmspektlɪ] *adv.* umsichtig; vorsichtig ⟨sich nähern⟩
circumstance ['sɜ:kəmstəns] *n.* **a)** *usu. in pl.* Umstände; **by force of ~[s]** durch den Zwang der Umstände; **in or under the ~s** unter den gegebenen *od.* diesen Umständen; **in certain ~s** unter [gewissen] Umständen; **under no ~s** unter [gar] keinen Umständen; **b)** *in pl. (financial state)* Verhältnisse; **c)** *no pl. (full detail in narrative)* Detailschilderung, *die;* **d)** *(ceremony)* Prachtentfaltung, *die;* Gepränge, *das (geh.);* **e)** *(incident, occurrence, fact)* Umstand, *der. See also* **creature c**
circumstantial [sɜ:kəm'stænʃl] *adj.* **a)** *~* **evidence** Indizienbeweise; **the evidence was purely ~:** der Beweis war nur auf Indizien gegründet; **b)** *(detailed)* detailliert
circumvent [sɜ:kəm'vent] *v. t.* umgehen; hinters Licht führen ⟨Gegner, Feind⟩
circumvention [sɜ:kəm'venʃn] *n.* Umgehung, *die*
circus ['sɜ:kəs] *n.* **a)** Zirkus, *der; (arena)* Arena, *die;* **b)** *(Brit.: in town)* [runder] Platz
cirque [sɜ:k] *n. (Geog.)* Kar, *das*
cirrhosis [sɪ'rəʊsɪs] *n., pl.* **cirrhoses** [sɪ'rəʊsi:z] *(Med.)* Zirrhose, *die;* **~ of the liver** Leberzirrhose, *die*
cirrus ['sɪrəs] *n., pl.* **cirri** ['sɪraɪ] *(Meteorol.)* Zirrus, *der*
CIS *abbr.* **Commonwealth of Independent States GUS**
cissy ['sɪsɪ] *see* **sissy**
cist [sɪst] *n. (Archaeol.) (coffin)* [Stein]kistengrab, *das; (burial-chamber)* Kammergrab, *das*
Cistercian [sɪ'stɜ:ʃn] **1.** *n.* Zisterzienser, *der*/Zisterzienserin, *die.* **2.** *adj.* Zisterzienser-
cistern ['sɪstən] *n.* Wasserkasten, *der; (in roof)* Wasserbehälter, *der*
citadel ['sɪtədəl] *n. (fortress)* Zitadelle, *die*
citation [saɪ'teɪʃn] *n.* **a)** *no pl. (citing)* Zitieren, *das;* **b)** *(quotation)* Zitat, *das;* **c)** *(announcement accompanying award)* Text der Verleihungsurkunde; **d)** *(Mil.: mention in dispatch)* lobende Erwähnung
cite [saɪt] *v. t.* **a)** *(quote)* zitieren ⟨Beispiel⟩; **b)** *(Mil.: mention in dispatch)* lobend erwähnen **(for** wegen); **c)** *(Law)* vorladen ⟨Person⟩
citizen ['sɪtɪzn] *n.* **a)** *(of town, city)* Bürger, *der*/Bürgerin, *die;* **b)** *(of state)* [Staats]bürger, *der*/-bürgerin, *die;* **he is a British ~:** er ist britischer Staatsbürger *od.* Brite; **~ of the world** *(fig.)* Weltbürger, *der*/-bürgerin, *die;* **C~s' Advice Bureau** *(Brit.)* Bürgerberatungsstelle, *die;* **~'s arrest** Festnahme durch eine Zivilperson; **~s' band radio** CB-Funk, *der; (radio set)* CB-Funkgerät, *das;* **c)** *(Amer.: civilian)* Zivilist, *der*
citizenry ['sɪtɪzənrɪ] *n.* Bürgerschaft, *die*
citizenship ['sɪtɪzənʃɪp] *n.* Staatsbürgerschaft, *die*
citric acid [sɪtrɪk 'æsɪd] *n. (Chem.)* Zitronensäure, *die*
citron ['sɪtrən] *n.* **a)** *(fruit)* Zitrone, *die;* **b)** *(tree)* Zitronenbaum, *der*
citrus ['sɪtrəs] *n.* **a)** **~ [fruit]** Zitrusfrucht, *die;* **b)** *(tree)* Zitrusgewächs, *das*
city ['sɪtɪ] *n.* **a)** [Groß]stadt, *die;* **the ~ of Birmingham** die Stadt Birmingham; **the C~:** die [Londoner] City; das Londoner Banken- und Börsenviertel; **Heavenly C~, C~ of God** Himmelreich, *das;* **b)** *(Brit.: town created by charter)* Stadt, *die (Ehrentitel für bestimmte Städte, meist Bischofssitze);* **c)** *(Amer.: municipal corporation)* Stadtgemeinde, *die;* **d)** *attrib.* [Groß]stadt-⟨leben, -verkehr⟩; **~ lights** Lichter der Großstadt; **~ wall** Stadtmauer, *die;* **~ workers** Leute, die in der Stadt arbeiten
city: **~ 'centre** *n.* Stadtzentrum, *das;* Innenstadt, *die;* **~ desk** *n. (Amer.)* Lokalredaktion, *die;* **C~ editor** *n. (Brit.)* Wirtschaftsredakteur, *der;* **~ editor** *n. (Amer.)* Lokalredakteur, *der;* **C~ 'fathers** *n. pl.* Stadtväter *Pl. (ugs. scherzh.);* **~ 'hall** *n. (Amer.)* **a)** Rathaus, *das;* **b)** *no pl., no art. (municipal officers)* die Stadtverwaltung; **~ 'slicker** *n. (derog.: plausible rogue)* raffinierter Großstadttyp *(ugs.);* **b)** *(sophisticated city-dweller)* eleganter Großstädter; **~-state** *n. (Hist.)* Stadtstaat, *der*
civet ['sɪvɪt] *n.* **~[-cat]** Zibetkatze, *die*
civic ['sɪvɪk] *adj.* **a)** *(of citizens, citizenship)* [Staats]bürger-; [staats]bürgerlich; **my ~ responsibility** meine Verantwortung als Staatsbürger; **b)** *(of city)* Stadt-; städtisch; **~ authorities** Stadtverwaltung, *die;* **~ centre** Verwaltungszentrum der Stadt
civics ['sɪvɪks] *n., no pl.* Gemeinschaftskunde, *die;* Staatsbürgerkunde, *die (DDR)*
civies *see* **civvies**
civil ['sɪvl, 'sɪvɪl] *adj.* **a)** *(not military)* zivil; **in ~ life** im Zivilleben; **the ~ authorities** die Zivilbehörden; **b)** *(polite, obliging)* höflich; **c)** *(Law)* Zivil⟨gerichtsbarkeit, -prozeß, -verfahren⟩; zivilrechtlich; **d)** *(of citizens)* bürgerlich; Bürger⟨krieg, -recht, -pflicht⟩; **e)** *(defined by enactment)* bürgerlich ⟨Jahr, Zeit⟩; **f)** *(not ecclesiastical)* weltlich
civil: **~ avi'ation** *n.* Zivilluftfahrt, *die;* **~ de'fence** *n.* Zivilschutz, *der;* **~ diso'bedience** *n.* ziviler Ungehorsam; **~ engi'neer** *n.* Bauingenieur, *der*/-ingenieurin, *die;* **~ engi'neering** *n.* Hoch- und Tiefbau, *der*
civilian [sɪ'vɪljən] **1.** *n.* Zivilist, *der.* **2.** *adj.* Zivil-; **wear ~ clothes** Zivil[kleidung] tragen
civilisation, civilise *see* **civiliz-**
civility [sɪ'vɪlɪtɪ] *n.* **a)** *no pl.* Höflichkeit, *die;* **b)** *in pl.* Höflichkeiten; *(remarks also)* Höflichkeitsfloskeln
civilization [sɪvɪlaɪ'zeɪʃn] *n.* Zivilisation, *die*
civilize ['sɪvɪlaɪz] *v. t.* **a)** zivilisieren; **b)** *(refine)* **~ sb.** jmdm. Manieren beibringen
civilized ['sɪvɪlaɪzd] *adj.* zivilisiert; *(refined)* kultiviert
civil: **~ 'law** *n.* Zivilrecht, *das;* **~ 'liberty** *n., usu. in pl.* bürgerliche Freiheit; **~ list** *n. (Brit.)* Zivilliste, *die*
civilly ['sɪvɪlɪ, 'sɪvəlɪ] *adv.* höflich
civil: **~ 'marriage** *n.* Ziviltrauung, *die;* standesamtliche Trauung; **~ 'rights** *n. pl.* Bürgerrechte; **~ rights movement** Bürgerrechtsbewegung, *die;* **~ 'servant** *n.* ≈ [Staats]beamte, *der*/-beamtin, *die;* **C~ 'Service** *n.* öffentlicher Dienst; **~ 'war** *n.* Bürgerkrieg, *der*
civvies ['sɪvɪz] *n. pl. (Brit. sl.)* Zivil, *das;* Zivilklamotten *Pl. (ugs.)*

139

Civvy Street ['sɪvɪ stri:t] *n., no pl., no art. (Brit. sl.)* das Zivilleben; **get back to ~**: ins Zivilleben zurückkehren
cl. *abbr.* class Kl.
¹**clad** [klæd] *adj. (arch./literary)* gekleidet; **walls ~ in ivy** mit Efeu bewachsene Mauern; *see also* **ironclad; ivy-clad**
²**clad** *v. t.,* **-dd-** verkleiden
cladding ['klædɪŋ] *n.* Verkleidung, *die*
claim [kleɪm] **1.** *v. t.* **a)** *(demand as one's due property)* Anspruch erheben auf (+ *Akk.*), beanspruchen ⟨Thron, Gebiete⟩; fordern ⟨Lohnerhöhung, Schadensersatz⟩; beantragen ⟨Arbeitslosenunterstützung, Sozialhilfe usw.⟩; abholen ⟨Fundsache⟩; **~ one's luggage** sein Gepäck [ab]holen; **b)** *(represent oneself as having)* für sich beanspruchen, in Anspruch nehmen ⟨Sieg⟩; **c)** *(profess, contend)* behaupten; **the new system is ~ed to have many advantages** das neue System soll viele Vorteile bieten; **d)** *(need, deserve)* in Anspruch nehmen ⟨Interesse, Aufmerksamkeit⟩; **e)** *(result in loss of)* fordern ⟨Opfer, Menschenleben⟩. **2.** *v. i.* **a)** *(Insurance)* Ansprüche geltend machen; **b)** *(for costs)* **~ for damages/expenses** Schadenersatz fordern/sich *(Dat.)* Auslagen rückerstatten lassen. **3.** *n.* **a)** Anspruch, *der* **(to** auf + *Akk.*); **lay ~ to sth.** auf etw. *(Akk.)* Anspruch erheben; **make too many ~s on sth.** etw. zu sehr in Anspruch nehmen; **b)** *(assertion)* **make ~s about sth.** Behauptungen über etw. *(Akk.)* aufstellen; **c)** *(pay ~)* Forderung, *die* **(for** nach); **put in a ~ for a pay rise** eine Lohnerhöhung fordern; **d)** **~ [for expenses]** Spesenabrechnung, *die* **(for** über + *Akk.*); **~ for damages** Schadensersatzforderung, *die;* **e)** *(Mining)* Claim, *das;* **stake a ~**: ein Claim abstecken; **stake a ~ to sth.** *(fig.)* ein Anrecht auf etw. *(Akk.)* anmelden; **I staked my ~ to the seat** ich habe mir den Platz gesichert; **f)** *(Insurance)* [Versicherungs]anspruch, *der;* **g)** *(in patent)* Patentanspruch, *der.* **~ 'back** *v. t.* zurückfordern; **~ tax/expenses** *etc.* back sich *(Dat.)* Steuern/Spesen *usw.* rückerstatten lassen **(from** von)
claimant ['kleɪmənt] *n.* (for rent rebate, social security benefit) Antragsteller, *der*/-stellerin, *die;* (for inheritance) Erbberechtigte, *der*/*die;* **~ to a title** Titelanwärter, *der*/-anwärterin, *die;* **~ to the throne** Thronanwärter, *der*/-anwärterin, *die*
¹**claim form** *n.* **a)** *(Insurance)* Antragsformular, *das;* **b)** *(for expenses)* Spesenabrechnungsformular, *das*
clairvoyance [kleə'vɔɪəns] *n., no pl.* Hellsehen, *das*
clairvoyant [kleə'vɔɪənt] **1.** *n.* Hellseher, *der*/Hellseherin, *die.* **2.** *adj.* hellseherisch
clam [klæm] *n.* Klaffmuschel, *die;* (Mercenaria mercenaria) Quahogmuschel, *die;* **shut up like a ~** *(fig.)* ausgesprochen wortkarg werden. **2.** *v. i.,* **-mm-**: **~ up** *(coll.)* den Mund nicht [mehr] aufmachen
clambake *n. (Amer.)* Picknick *(bes. am Strand, bei dem Muscheln und Fisch auf heißen Steinen gebacken werden)*
clamber ['klæmbə(r)] *v. i.* klettern; kraxeln *(ugs., bes. südd., österr.);* ⟨Baby:⟩ krabbeln; **~ up a wall** auf eine Mauer klettern; **eine Mauer hochklettern. 2.** *n.* Kletterei, *die;* Kraxelei, *die (ugs., bes. südd., österr.)*
clamminess ['klæmɪnɪs] *n., no pl. see* **clammy:** Feuchtigkeit, *die;* Klammheit, *die*
clammy ['klæmɪ] *adj.* feucht; kalt und schweißig ⟨Hände, Gesicht, Haut⟩; klamm ⟨Kleidung usw.⟩; naßkalt ⟨Luft usw.⟩; **~ with sweat** klebrig von Schweiß
clamor *(Amer.) see* **clamour**
clamorous ['klæmərəs] *adj.* lärmend ⟨Menge⟩; lautstark ⟨Protest, Forderung⟩
clamour ['klæmə(r)] *(Brit.)* **1.** *n.* **a)** *(noise, shouting)* Lärm, *der;* lautes Geschrei; **b)** *(protest)* [lautstarker] Protest; *(appeal, demand)* [lautstarke] Forderung **(for** nach). **2.** *v. i.* **a)** *(shout)* schreien; **b)** *(protest, demand)* **~ against sth.** gegen etw. [lautstark] protestieren; **~ for sth.** nach etw. schreien; **~ to be let out** lautstark fordern, herausgelassen zu werden
clamp [klæmp] **1.** *n.* Klammer, *die; (for holding)* Schraubzwinge, *die; see also* **wheel-clamp. 2.** *v. t.* klemmen; einspannen ⟨Werkstück⟩; *(Med.)* klammern; **~ two pieces of wood together** zwei Holzstücke miteinander verklammern; **b)** **~ a vehicle** eine Parkkralle an einem Fahrzeug anbringen. **3.** *v. i.* *(fig.)* **~ down on sb./sth.** gegen jmdn./etw. rigoros vorgehen; **~ down on expenses** die Ausgaben radikal drosseln
¹**clamp-down** *n.* rigoroses Vorgehen **(on** gegen); **the credit ~, the ~ on credit** das Anziehen der Kreditbremse
clan [klæn] *n.* **a)** Sippe, *die;* (of Scottish Highlanders) Clan, *der;* **b)** *(derog.: group, set)* Clan, *der;* Sippschaft, *die (abwertend)*
clandestine [klæn'destɪn] *adj.,* **clandestinely** [klæn'destɪnlɪ] *adv.* heimlich
clang [klæŋ] **1.** *n. (of bell)* Läuten, *das; (of hammer)* Klingen, *das; (of sword)* Klirren, *das.* **2.** *v. i.* ⟨Glocke:⟩ läuten; ⟨Hammer:⟩ klingen; ⟨Schwert:⟩ klirren
clanger ['klæŋə(r)] *n. (Brit. sl.)* Schnitzer, *der (ugs.);* **drop a ~**: sich *(Dat.)* einen Schnitzer leisten *(ugs.)*
clangor *(Amer.) see* **clangour**
clangorous ['klæŋərəs] *adj.* [laut] schallend
clangour ['klæŋə(r)] *n. (Brit.)* [lauter] Schall
clank [klæŋk] **1.** *n.* Klappern, *das; (of sword, chain)* Klirren, *das.* **2.** *v. i.* klappern; ⟨Schwert, Kette:⟩ klirren; ⟨Kette:⟩ rasseln. **3.** *v. t.* klirren mit ⟨Schwert, Kette⟩
clannish ['klænɪʃ] *adj. (derog.)* cliquenbewußt; klüngelnd *(ugs.)*
¹**clap** [klæp] **1.** *n.* **a)** Klatschen, *das;* **give sb. a ~**: jmdm. applaudieren *od.* Beifall klatschen; **b)** *(slap)* Klaps, *der (ugs.);* **give sb. a congratulatory ~ on the back** jmdm. anerkennend auf die Schulter klopfen; **c)** **~ of thunder** Donnerschlag, *der.* **2.** *v. i.,* **-pp-** klatschen. **3.** *v. t.,* **-pp-**: **a)** **~ one's hands** in die Hände klatschen; **~ sth.** etw. beklatschen; **~ sb.** jmdm. Beifall klatschen; **b)** *(slap)* **~ sb. on the back** jmdm. auf die Schulter klopfen; **c)** *(place)* **~ him in prison!** werft ihn ins Gefängnis!; **the prisoner was ~ped in irons** der Gefangene wurde in Ketten gelegt; **~ one's hand over sb.'s mouth** jmdm. den Mund zuhalten; **~ eyes on sb./sth.** jmdn./etw. zu Gesicht bekommen; **d)** **~ped out** *(sl.)* schrottreif *(ugs.)* ⟨Auto, Flugzeug⟩; kaputt *(ugs.)* ⟨Person, Idee⟩
~ on *v. t.* **a)** draufschlagen ⟨Steuern usw.⟩; **the airlines ~ped 25% on the fare** die Fluggesellschaften haben auf den Flugpreis 25% aufgeschlagen; **a preservation order has been ~ped on my house** die haben mein Haus einfach unter Denkmalschutz gestellt *(ugs.);* **b)** *(Naut.)* **~ on sail** mehr Segel setzen *(Seemannsspr.);* **c)** *(put hastily)* aufstülpen ⟨Hut⟩; **~ handcuffs on sb.** jmdm. Handschellen anlegen
²**clap** *n. (coarse)* Tripper, *der;* **pick up a dose of the ~**: sich *(Dat.)* einen Tripper holen
clapboard ['klæpbɔ:d, 'klæbəd] *n. (Amer.)* Schindel, *die*
Clapham ['klæpəm] *n.* **the man on the ~ omnibus** *(Brit.)* der kleine Mann; der Durchschnittsbürger
clapper ['klæpə(r)] *n.* **a)** *(of bell)* Klöppel, *der;* Schwengel, *der;* **b)** **like the ~s** *(Brit. sl.)* mit einem Affenzahn *od.* Affentempo *(salopp)*
¹**'clapper-board** *n. (Cinemat.)* Synchronklappe, *die*
clapping ['klæpɪŋ] *n., no pl.* Beifall, *der;* Applaus, *der*

claptrap ['klæptræp] *n., no pl.* **a)** *(pretentious assertions)* [leere] Phrasen; **b)** *(coll.: nonsense)* Geschwafel, *das (ugs. abwertend);* Geschwätz, *das (ugs. abwertend)*
claque [klɑ:k, klæk] *n.* Claque, *die*
claret ['klærət] **1.** *n.* roter Bordeauxwein; Claret, *der.* **2.** *adj.* weinrot
clarification [klærɪfɪ'keɪʃn] *n.* **a)** Klärung, *die;* *(explanation)* Klarstellung, *die;* **I should like more ~ on several points** zu einigen Punkten hätte ich gern nähere Erläuterungen; **b)** *(of liquid)* Klärung, *die;* Klären, *das*
clarify ['klærɪfaɪ] *v. t.* **a)** *(make clear)* klären ⟨Situation, Problem usw.⟩; *(by explanation)* klarstellen; erläutern ⟨Bedeutung, Gedanken, Aussage, Bemerkung⟩; **the discussion helped me to ~ my thoughts about the matter** die Diskussion half mir, mir über die Sache klarzuwerden; **b)** *(purify, make transparent)* reinigen ⟨Abwasser, Flüssigkeit⟩
clarinet [klærɪ'net] *n. (Mus.)* Klarinette, *die*
clarinettist *(Amer.:* **clarinetist)** [klærɪ'netɪst] *n. (Mus.)* Klarinettist, *der*/Klarinettistin, *die*
clarion ['klærɪən] *attrib. adj.* hell klingend; **like a ~ call** wie ein Fanfarenstoß
clarity ['klærɪtɪ] *n., no pl.* Klarheit, *die*
clash [klæʃ] **1.** *v. i.* **a)** scheppern *(ugs.);* ⟨Gangschaltung:⟩ krachen; ⟨Becken:⟩ dröhnen; ⟨Schwerter:⟩ aneinanderschlagen; **b)** *(meet in conflict)* zusammenstoßen; aufeinanderstoßen; **~ with sb.** mit jmdm. zusammenstoßen; **c)** *(disagree)* sich streiten; **~ with sb.** mit jmdm. eine Auseinandersetzung haben; **d)** *(be incompatible)* aufeinanderprallen ⟨Interesse, Ereignis:⟩; kollidieren **(with** mit); ⟨Persönlichkeit, Stil:⟩ nicht zusammenpassen **(with** mit); ⟨Farbe:⟩ sich beißen *(ugs.)* **(with** mit). **2.** *v. t.* gegeneinanderschlagen. **3.** *n.* **a)** *(of cymbals)* Dröhnen, *das;* *(of swords)* Aneinanderschlagen, *das;* *(of gears)* Krachen, *das;* **b)** *(meeting in conflict)* Zusammenstoß, *der;* *(disagreement)* Auseinandersetzung, *die,* **d)** *(incompatibility)* Unvereinbarkeit, *die;* *(of personalities, styles, colours)* Unverträglichkeit, *die;* *(of events)* Überschneidung, *die;* **~ of interests** Interessenkollision, *die*
clasp [klɑ:sp] **1.** *n.* **a)** Verschluß, *der;* Schließe, *die;* (of belt) Schnalle, *die;* **b)** *(embrace)* Umarmung, *die;* **c)** *(grasp)* Griff, *der;* **d)** (on medal-ribbon) Ordensspange, *die.* **2.** *v. t.* **a)** *(embrace)* drücken **(to** an + *Akk.*); **the lovers lay ~ed in each other's arms** die Liebenden lagen eng umschlungen; **b)** *(grasp)* umklammern; **~ hands** sich [gegenseitig] bei den Händen fassen; **~ sth. in one's hand** etw. mit der Hand umklammern; **~ one's hands** die Hände falten; **he stood with his hands ~ed behind his back** er stand da, die Hände auf dem Rücken verschränkt
¹**'clasp-knife** *n.* Klappmesser, *das*
class [klɑ:s] **1.** *n.* **a)** *(in society)* Gesellschaftsschicht, *die,* Klasse, *die (Soziol.);* *(as system)* Klassensystem, *das;* **b)** *(Educ.)* *(group)* Klasse, *die;* *(Sch.: lesson)* Stunde, *die;* *(Univ.: seminar etc.)* Übung, *die;* **teach a ~** eine Übung abhalten; **in ~**: im Unterricht; während des Unterrichts; **a French ~**: eine Französischstunde; **the 1970 ~** *(Amer.)* der Jahrgang 1970; **c)** *(division according to quality)* Klasse, *die;* *(of hotel)* [Hotel]klasse, *die;* **by itself or on its own/of one's own** *or* **by oneself** eine Klasse für sich sein; **he's not in the same ~ as...**: er hat nicht die Klasse von...; **d)** *(coll.: quality)* Klasse, *die (ugs.);* **there's not much ~ about her** sie hat keine Klasse; **have [no] ~**: Klasse haben; *attrib.* **a ~ football-player** ein klasse Fußballer *(ugs.);* **e)** *(group, set; also Biol.)* Klasse, *die;* **f)** *(Univ.: of degree)* Prädikat, *das;* **g)** *(Mil.)* Rekrutenjahrgang, *der;* Jahrgang,

class-conscious / **clear**

der. 2. *v. t.* einordnen; ~ **sth. as sth.** etw. als etw. einstufen
class: ~-**conscious** *adj.* klassenbewußt; ~-**consciousness** *n.* Klassenbewußtsein, *das;* ~ **distinction** *n.* Klassenunterschied, *der*
classic ['klæsɪk] 1. *adj.* klassisch. 2. *n.* **a)** *in pl. (classical studies)* Altphilologie, *die;* **b)** *(writer; follower of ~ models)* Klassiker, *der;* **c)** *(garment)* klassisch-zeitlose Kleidung; **d)** *(book, play, film)* Klassiker, *der;* **e)** *(Brit.: horse-race)* Klassiker [unter den Pferderennen]
classical ['klæsɪkl] *adj.* klassisch; ~ **scholar/studies** Altphilologe, *der*/Altphilologie, *die;* **the ~ period** die Klassik; **the ~ world of the Antike;** ~ **education** humanistische [Schul]bildung
classically ['klæsɪkəlɪ] *adv.* klassisch
classicism ['klæsɪsɪzm] *n.* Klassizismus, *der*
classicist ['klæsɪsɪst] *n.* Anhänger des Klassizismus; *(classics scholar)* Altphilologe, *der*/-philologin, *die*
classifiable ['klæsɪfaɪəbl] *adj.* klassifizierbar; **be** ~ **into five main types** sich in fünf Hauptgruppen einteilen lassen
classification [klæsɪfɪ'keɪʃn] *n.* Klassifikation, *die*
classified ['klæsɪfaɪd] *adj.* **a)** *(arranged in classes)* gegliedert; unterteilt; ~ **advertisement** Kleinanzeige, *die;* ~ **directory** Branchenverzeichnis, *das;* ~ **results** Sportergebnisse; **b)** *(officially secret)* geheim
classify ['klæsɪfaɪ] *v. t.* **a)** klassifizieren; ~ **books by subjects** Bücher nach Fachgebieten [ein]ordnen; **b)** *(designate as secret)* für geheim erklären
classless ['klɑːslɪs] *adj.* klassenlos ⟨Gesellschaft⟩
class: ~-**list** *n. (Univ.)* Liste der Prüfungsergebnisse; ~-**mate** *n.* Klassenkamerad, *der*/-kameradin, *die;* ~-**room** *n. (Sch.)* Klassenzimmer, *das;* ~ **Klasse,** *die;* ~ **struggle,** ~ **war** *ns.* Klassenkampf, *der;* ~**work** *n.* Arbeit am Studienplatz
classy ['klɑːsɪ] *adj. (coll.)* klasse *(ugs.);* nobel ⟨Vorort, Hotel⟩
clatter ['klætə(r)] 1. *n.* Klappern, *das;* **the kettle fell with a ~ to the ground** der Kessel fiel scheppernd zu Boden. 2. *v. i.* **a)** klappern; **b)** *(move or fall with a ~)* poltern. 3. *v. t.* klappern mit
clause [klɔːz] *n.* **a)** Klausel, *die;* **b)** *(Ling.)* Teilsatz, *der;* [**subordinate**] ~: Nebensatz, *der;* Gliedsatz, *der*
claustrophobia [klɔːstrə'fəʊbɪə] *n., no pl. (Psych.)* Klaustrophobie, *die*
claustrophobic [klɔːstrə'fəʊbɪk] *adj.* beengend ⟨Ort, Atmosphäre⟩; **an Klaustrophobie leidend** ⟨Person⟩
clavicle ['klævɪkl] *n. (Anat.)* Schlüsselbein, *das;* Clavicula, *die (fachspr.)*
claw [klɔː] 1. *n.* **a)** *(of bird, animal)* Kralle, *die; (of crab, lobster, etc.)* Schere, *die; (foot with ~)* Klaue, *die;* **the cat bared its ~s** die Katze zeigte die Krallen; **get one's ~s into sb.** *(fig. coll.)* auf jmdn. herumhacken *(ugs.);* **b)** *(of hammer)* Klaue, *die; (of cine camera, projector)* Greifer, *der.* 2. *v. t.* kratzen; **the two women ~ed each other** die beiden Frauen gingen mit den Fingernägeln aufeinander los; ~ **one's way to the top** sich zum Gipfel durchkämpfen *(fig.)* sich nach oben durchboxen *(ugs.).* 3. *v. i.* ~ **at sth.** sich an etw. *(Akk.)* krallen; **she ~ed desperately for the door-handle** sie versuchte verzweifelt, die Türklinke zu fassen
~ '**back** *v. t.* wiedereintreiben ⟨Geld, Unterstützung⟩; wieder an sich reißen ⟨Kontrolle⟩; wettmachen ⟨Defizit⟩
'**claw-back** *n.* Wiedereintreiben, *das*
clay [kleɪ] *n.* Lehm, *der; (for pottery)* Ton, *der*
clayey ['kleɪɪ] *adj.* lehmig

clay: ~ '**pigeon** *n. (Sport)* Tontaube, *die;* ~ '**pigeon shooting** *n.* Tontaubenschießen, *das;* ~ '**pipe** *n.* Tonpfeife, *die*
clean [kliːn] 1. *adj.* **a)** sauber; frisch ⟨Wäsche, Hemd⟩; **b)** *(unused, fresh)* sauber; *(free of defects)* einwandfrei; sauber; **start with/have a ~ sheet** *(fig.)* ganz neu beginnen/eine reine Weste haben *(ugs.);* **he has a ~ record** gegen ihn liegt nichts vor; **make a ~ start** noch einmal neu anfangen; **come ~** *(coll.)* auspacken *(ugs.);* **(tell the truth)** mit der Wahrheit [he]rausrücken *(ugs.);* **have ~ hands** *or* **fingers** *(fig.)* eine reine Weste haben; **c)** *(well-formed, shapely)* makellos ⟨Glieder, Taille⟩; **a ship/car with ~ lines** ein Schiff/Auto mit klarer Linienführung; **d)** *(regular, complete)* glatt ⟨Bruch⟩; glatt, sauber ⟨Schnitt⟩; **make a ~ break [with** *or* **from sth.]** *(fig.)* einen Schlußstrich [unter etw. *(Akk.)*] ziehen; **make a ~ break with sb.** sich endgültig von jmdm. trennen; **make a ~ job of sth.** *(fig. coll.)* etw. vernünftig machen; etw. sauber hinkriegen *(ugs., auch iron.);* **e)** *(cleanly)* sauber; *(house-trained)* stubenrein, sauber; **f)** *(free from disease)* gesund; *(Relig.: not prohibited)* rein; **g)** *(deft)* sauber; **h)** *(coll.: free from impropriety)* sauber; stubenrein *(scherzh.)* ⟨Witz⟩; **be good ~ fun** völlig harmlos sein; **keep the jokes ~!** bitte nur stubenreine Witze! *(scherzh.);* **i)** *(sportsmanlike, fair)* sauber; **j)** astrein ⟨Holz⟩. 2. *adv.* **a)** *(completely, outright, simply)* glatt; einfach ⟨vergessen⟩; **we're ~ out of whisky** wir haben überhaupt keinen Whisky mehr; **the fox got ~ away** der Fuchs ist uns/ihnen *usw.* glatt entwischt; **b)** *(fairly)* sauber ⟨spielen, kämpfen⟩. 3. *v. t.* saubermachen; putzen ⟨Zimmer, Haus, Fenster, Schuh⟩; reinigen ⟨Teppich, Möbel, Käfig, Kleidung, Wunde⟩; fegen, kehren ⟨Kamin⟩; ausnehmen ⟨Fisch⟩; *(with cloth)* aufwischen ⟨Fußboden⟩; ~ **that dirt off your face** wisch dir den Schmutz aus dem Gesicht!; ~ **the house from top to bottom** großen Hausputz halten; ~ **one's hands/teeth** sich *(Dat.)* die Hände waschen/sich *(Dat.)* die Zähne putzen; ~ **one's plate** *(eat everything)* seinen Teller leer essen. 4. *v. i.* ihr Haus leichter reinigen lassen. 5. *n.* **this carpet needs/your teeth need a good ~:** dieser Teppich muß gründlich gereinigt werden/du mußt dir gründlich die Zähne putzen; **give your shoes/face/jacket a ~:** putz deine Schuhe/wasch dir das Gesicht/mach deine Jacke sauber
~ '**down** *v. t.* waschen ⟨Auto⟩; abwaschen ⟨Tür, Wand⟩
~ '**out a)** *(remove dirt from)* saubermachen; ausmisten ⟨Stall⟩; *(remove rubbish from)* entrümpeln; **b)** ~ **sb. out** *(sl.)* jmdn. ausnehmen *(salopp);* **I'm completely ~ed out** ich bin total blank *(ugs.);* **the tobacconist was ~ed out of cigarettes** beim Tabakhändler war alles an Zigaretten aufgekauft worden; **sb. is ~ed out of sherry** jmdm. ist der Sherry ausgegangen. *See also* **clean-out**
~ '**up 1.** *v. t.* **a)** aufräumen ⟨Zimmer, Schreibtisch⟩; beseitigen ⟨Trümmer, Unordnung⟩; **b)** ~ **oneself up** sich saubermachen; *(get washed)* sich waschen; **c)** *(coll.: acquire)* absahnen *(ugs.)* ⟨Geld⟩; ~ **up a fortune** ein Vermögen machen; **d)** *(Mil.)* ausheben ⟨Schlupfwinkel des Feindes⟩; **e)** *(fig.)* säubern ⟨Stadt⟩; aufräumen mit ⟨Korruption, Laster, Drogenhandel⟩. 2. *v. i.* **a)** aufräumen; **b)** *see* **1 b;** **c)** *(coll.: mak money)* absahnen *(ugs.). See also* **clean-up**
'**clean-cut** *adj.* klar [umrissen]; **his ~ features** seine klar geschnittenen Gesichtszüge
cleaner ['kliːnə(r)] *n.* **a)** *(person)* Raumpfleger, *der*/-pflegerin, *die; (woman also)* Putzfrau, *die;* Rein[e]machefrau, *die;* **b)** *(vacuum ~)* Staubsauger, *der; (substance)* Reinigungsmittel, *das;* Reiniger, *der;* **c)** *usu. in pl. (dry-~)* Reinigung, *die;* **take sth. to the**

~**s** etw. in die Reinigung bringen; **take sb. to the ~s** *(sl.)* jmdn. bis aufs Hemd ausziehen *(ugs.)*
cleaning ['kliːnɪŋ] *n.:* ~-**rag** *n.* Putzlappen, *der;* ~-**woman** *n.* Putzfrau, *die*
clean-limbed ['kliːnlɪmd] *adj.* wohlproportioniert; wohlgeformt
cleanliness ['klenlɪnɪs] *n., no pl.* Reinlichkeit, *die;* Sauberkeit, *die;* ~ **is next to godliness** *(prov.)* Reinlichkeit ist die erste Tugend nach Gottseligkeit *(veralt.)*
'**clean-living** *adj.* von untadeligem Lebenswandel *nachgestellt*
¹**cleanly** [kliːnlɪ] *adv.* sauber; **the bone broke** ~: der Knochen ist glatt gebrochen
²**cleanly** ['klenlɪ] *adj.* sauber
cleanness ['kliːnnɪs] *n., no pl.* **a)** Sauberkeit, *die;* **b)** *(freshness)* Sauberkeit, *die; (freedom from defects)* Makellosigkeit, *die;* **c)** *(shapeliness)* Wohlgeformtheit, *die;* **the ~ of the ship's lines** die klare Linienführung des Schiffes; **d)** *(regularity of cut or break)* Glätte, *die;* **e)** *(cleanliness)* Sauberkeit, *die;* **the ~ of her habits** ihre Sauberkeit; **f)** *(deftness)* Sauberkeit, *die;* **g)** *(coll.: of joke, entertainment, etc.)* Sauberkeit, *die;* **h)** *(of fight, contest, etc.)* Sauberkeit, *die*
'**clean-out** *n.* **give sth. a ~:** etw. saubermachen; **sth. needs a [good]** ~ **etw. muß [gründlich] saubergemacht werden**
cleanse [klenz] *v. t.* **a)** *(spiritually purify)* läutern; ~**d of** *or* **from sin** von der Sünde befreit; **b)** *(clean)* [gründlich] reinigen; **c)** *(Bibl.)* heilen ⟨Aussatz, Aussätzige⟩
cleanser ['klenzə(r)] *n.* **a)** Reinigungsmittel, *das;* Reiniger, *der;* **b)** *(for skin)* Reinigungscreme, *die; (fluid)* Reinigungsmilch, *die*
'**clean-shaven** *adj.* glattrasiert
cleansing ['klenzɪŋ] *n.:* ~ **cream** *n.* Reinigungscreme, *die;* ~ **department** *n.* Stadtreinigung, *die;* ~ **tissue** *n.* Papiertuch, *das*
'**clean-up** *n.* **give sth./oneself a ~:** etw./sich saubermachen; **sth. needs a ~:** etw. muß saubergemacht werden. **b)** *(reducing crime or corruption)* Säuberungsaktion, *die*
clear [klɪə(r)] 1. *adj.* **a)** klar; rein ⟨Haut, Teint⟩; **as ~ as a bell** glockenhell; **b)** *(distinct)* scharf ⟨Bild, Foto, Umriß⟩; deutlich ⟨Abbild⟩; klar ⟨Ton⟩; klar verständlich ⟨Wort⟩; **c)** *(obvious, unambiguous)* klar ⟨Aussage, Vorteil, Vorsprung, Mehrheit, Sieg, Fall⟩; **you have a ~ duty to report these thefts** es ist eindeutig Ihre Pflicht, diese Diebstähle zu melden; **make oneself ~:** sich deutlich *od.* klar [genug] ausdrücken; **make sth. ~:** etw. klar zum Ausdruck bringen; **make it ~ [to sb.] that ...:** [jmdm.] klar und deutlich sagen, daß ...; **let's get this/one thing ~:** laß uns das klarstellen, wir wollen wir klarstellen; **in** ~: im Klartext; **d)** *(free)* frei; *(Horse-riding)* fehlerfrei ⟨Runde⟩; **[be]** ~ **of a place** aus einem Ort heraus[sein]; ~ **of debt** schuldenfrei; frei von Schulden; **he is ~ of blame** ihm kann man keinen Vorwurf machen; **be ~ of suspicion** nicht unter Verdacht stehen; **we're in the ~** *(free of suspicion)* auf uns fällt kein Verdacht; *(free of trouble)* wir haben es geschafft; **be three points ~:** drei Punkte Vorsprung haben; **e)** *(complete)* **a ~ six inches** volle sechs Zoll; **three ~ days/lines** drei volle *od.* volle drei Tage/Zeilen; **f)** *(open, unobstructed)* frei; **keep sth.** ~ *(not block)* etw. frei halten; ~ **of snow** schneefrei; frei von Schnee; **the way is** ~ **[now]** ~ **[for sb.] to do sth.** *(fig.)* es steht [jmdm.] nichts [mehr] im Wege, etw. zu tun; **g)** *(discerning)* klar; **keep a** ~ **head** einen klaren *od.* kühlen Kopf bewahren; **a ~ thinker** jmd., der klar denken kann; **h)** *(certain, confident)* **be ~ [on** *or* **about sth.]** sich *(Dat.)* [über etw. *(Akk.)*] im klaren sein; **are you ~ in your own mind**

141

clearance

that ...? sind Sie ganz sicher, daß ...?; **i)** *(without deduction, net)* ~ **profit** Reingewinn, *der.* **See also coast 1 a; conscience.** **2.** *adv.* **a)** *(apart, at a distance)* **keep ~ of sth./ sb.** etw./jmdn. meiden; **'keep ~'** *(don't approach)* „Vorsicht [Zug usw.]"; **please stand** *or* **keep ~ of the door** bitte von der Tür zurücktreten; **move sth. ~ of sth.** etw. von etw. wegräumen; **the driver was pulled ~ of the wreckage** man zog den Fahrer aus dem Wrack seines Wagens; **the driver leaped ~ just before the crash** der Fahrer konnte im Moment vor dem Zusammenstoß noch abspringen; **b)** *(distinctly)* deutlich ⟨*sprechen, sehen, hören*⟩; **c)** *(completely)* **the prisoners had got ~ away** die Häftlinge waren auf und davon *(ugs.);* **d)** *(Amer.: all the way)* ganz; ~ **through to Boston** direkt bis Boston. **3.** *v.t.* **a)** *(make ~)* klären ⟨*Flüssigkeit*⟩; reinigen ⟨*Blut*⟩; ~ **the air** lüften; *(fig.)* die Atmosphäre reinigen; ~ **one's mind of doubts/ anxieties** *(fig.)* seine Zweifel/Ängste loswerden; **he tried to ~ his head** *(fig.)* er versuchte, einen klaren Kopf zu bekommen; ~ **one's conscience** sein Gewissen erleichtern; **b)** *(free from obstruction)* räumen ⟨*Straße*⟩; abräumen ⟨*Regal, Schreibtisch*⟩; reinigen ⟨*Pfeife*⟩; freimachen ⟨*Abfluß, Kanal*⟩; ~ **the streets of snow** den Schnee von den Straßen räumen; ~ **a space for sb./sth.** für jmdn./ etw. Platz machen; ~ **one's throat** sich räuspern; ~ **the ground** *(fig.)* die Bahn frei machen; ~ **land [for cultivation]** Land roden [um es urbar zu machen]; *see also* **deck 1 a; way 1 f; c)** *(make empty)* räumen, leeren ⟨*Briefkasten*⟩; ~ **the room** das Zimmer räumen; ~ **the table** den Tisch abräumen; ~ **one's desk** seinen Schreibtisch ausräumen; ~ **a country of bandits** ein Land von Banditen befreien; ~ **the court** den Saal räumen; ~ **one's plate** seinen Teller leer essen; **d)** *(remove)* wegräumen, beheben ⟨*Verstopfung*⟩; ~ **sth. out of the way** etw. aus dem Weg räumen; **e)** *(pass over without touching)* nehmen ⟨*Hindernis*⟩; überspringen ⟨*Latte*⟩; *(pass by)* vorbeikommen; **f)** *(show to be innocent)* freisprechen; ~ **oneself** seine Unschuld beweisen; ~ **sb. of sth.** jmdn. von etw. freisprechen; **seek to ~ oneself of a charge** versuchen, eine Anschuldigung zu widerlegen; ~ **one's name** seine Unschuld beweisen; **g)** *(declare fit to have secret information)* für unbedenklich erklären; **h)** *(get permission for)* ~ **sth. with sb.** etw. von jmdm. genehmigen lassen; ~ **a plane for take-off/landing** einem Flugzeug Start-/Landeerlaubnis erteilen; **i)** *(at customs)* ~ **customs** vom Zoll abgefertigt werden; ~ **sth. through customs** etw. [zollamtlich] abfertigen; **j)** *(make as gain)* verdienen ⟨*Geld*⟩; ~ **one's expenses** seine Ausgaben wieder hereinbekommen; **k)** *(pay off)* begleichen ⟨*Schuld*⟩; **l)** *(pass through bank)* ~ **a cheque** einen Scheck verrechnen; **m)** *(get rid of)* ~ **[old] stock** Lagerbestände räumen; „reduziertes Einzelstück"; **n)** *(Sport: move away)* klären; **the ball was ~ed upfield** der Ball wurde ins Feld hinausgeschlagen. **4.** *v.i.* **a)** *(become clear)* klar werden; sich klären; *(Wetter, Himmel:)* aufklaren *(Met.),* sich aufheitern, *(fig.)*⟨*Gesicht:*⟩ sich aufhellen; **b)** *(disperse)* sich auflösen, sich verziehen; **c)** *(Sport)* klären

~ **a'way 1.** *v.t.* wegschaffen; *(from the table)* abräumen ⟨*Geschirr, Besteck*⟩. **2.** *v.i.* **a)** abräumen; **b)** *(disperse)*⟨*Nebel:*⟩ sich auflösen, sich verziehen

~ **'off 1.** *v.t.* begleichen ⟨*Schulden*⟩; abzahlen, abtragen ⟨*Hypothek*⟩; aufarbeiten ⟨*Rückstand*⟩. **2.** *v.i.* (*coll.*) abhauen (*salopp*)

~ **'out 1.** *v.t.* ausräumen. **2.** *v.i.* (*coll.*) verschwinden. See also **clear-out**

~ **'up 1.** *v.t.* **a)** beseitigen ⟨*Unordnung*⟩; wegräumen ⟨*Abfall*⟩; aufräumen ⟨*Platz, Sa-*

chen⟩; **b)** *(explain, solve)* klären. **2.** *v.i.* **a)** aufräumen; Ordnung machen; **b)** *(become ~)* ⟨*Wetter:*⟩ aufklaren *(Met.),* sich aufhellen; **c)** *(disappear)* ⟨*Symptome, Ausschlag:*⟩ zurückgehen. See also **clear-up**

clearance ['klɪərəns] *n.* **a)** *(of obstruction)* Beseitigung, *die;* **(of old building)** Abriß, *der;* (of forest) Abholzung, *die;* **make a ~:** gründlich aufräumen; **b)** *(of people)* Räumung, *die;* **c)** *(of cheque)* Verrechnung, *die;* Clearing, *das (Finanzw.);* **(of ship at customs)** Klarierung, *die (Seemannsspr.);* (certificate) [Zoll]papiere *Pl.;* **e)** *(for aircraft to land/take off)* Start-/Landeerlaubnis, *die;* **f)** (security ~) Einstufung als unbedenklich [im Sinne der Sicherheitsbestimmungen]; *(document)* ~ Sonderausweis, *der;* **g)** *(clear space)* Spielraum, *der;* (headroom) lichte Höhe, *die;* **h)** *(Sport)* Abwehr, *die;* **make a poor ~:** schlecht abwehren

clearance: ~ order *n.* Räumungsbefehl, *der;* ~ **sale** *n.* Räumungsverkauf, *der*

clear: ~**-cut** *adj.* klar umrissen; klar ⟨*Sieg, Abgrenzung, Ergebnis, Entscheidung*⟩; [gestochen] scharf ⟨*Umriß, Raster*⟩; ~**-headed** *adj.* besonnen; **remain ~-headed** einen kühlen *od.* klaren Kopf bewahren

clearing ['klɪərɪŋ] *n.* (*land*) Lichtung, *die*

clearing: ~ bank *n. (Commerc.)* Clearingbank, *die;* ~ **house** *n. (Commerc.)* Abrechnungsstelle, *die;* Clearingstelle, *die; (fig.)* Zentrale, *die*

clearly ['klɪəlɪ] *adv.* **a)** *(distinctly)* klar; deutlich ⟨*sprechen*⟩; **b)** *(manifestly, unambiguously)* eindeutig; klar ⟨*denken*⟩; **please explain yourself more ~:** bitte erklären Sie sich deutlicher; **immediate action is called for** ohne Frage ist sofortiges Handeln vonnöten

clearness ['klɪənɪs] *n., no pl.* **a)** Klarheit, *die;* (of skin, complexion) Reinheit, *die;* **b)** *(distinctness of photograph, outline)* Schärfe, *die;* (of articulation, words, reflection) Deutlichkeit, *die;* (of note, sound, image) Klarheit, *die;* **c)** *(manifestness, unambiguousness)* Eindeutigkeit, *die;* Klarheit, *die;* (of argument also) Schärfe, *die*

clear: ~**-out** *n.* Entrümpelung, *die;* **have a ~-out** eine Aufräum- *od.* Entrümpelungsaktion starten; **sth. needs a good ~-out** etw. muß einmal gründlich entrümpelt werden; ~**-sighted** *adj.* weitsichtig; vorausschauend; ~ **'soup** *n.* klare Brühe

clearstory (*Amer.*) see **clerestory**

clear: ~**-thinking** *adj.* klardenkend; ~**-up** *n.* Aufräumen, *das;* **have a [good] ~-up** [gründlich] aufräumen; ~**way** *n. (Brit.)* Straße mit Halteverbot

cleat [kli:t] *n.* **a)** *(to give footing on gangway)* Querleiste, *die; (to prevent rope from slipping)* Klampe, *die (Seemannsspr.);* **b)** *(wedge)* Keil, *der;* **c)** *(to strengthen woodwork)* Leiste, *die;* **d)** *(on boot, shoe)* Stollen, *der*

cleavage ['kli:vɪdʒ] *n.* **a)** *(act of splitting)* Spaltung, *die;* **(tendency)** Spaltbarkeit, *die; (fig.)* Kluft, *die;* **the sharp ~ of opinions/interests** das deutliche Auseinandergehen der Meinungen/Interessen; **b)** *(coll.: between breasts)* Dekolleté, *das;* **c)** *(Biol.)* Spaltung, *die*

¹cleave [kli:v] *v.t., clove* [kləʊv] *or* **cleft** [kleft] *or* ~**d, cloven** ['kləʊvn] *or* **cleft** *or* ~**d** *(literary)* **a)** *(split)* spalten; **b)** *(make way through)* durchpflügen ⟨*Wellen, Wasser*⟩; ~ **one's way through sth.** sich [mühsam] einen Weg durch etw. bahnen. See also **²cleft 2; cloven 2**

²cleave *v.i.* **a)** *(arch.: adhere)* kleben **(to** an + Dat.); **b)** **to sth.** *(fig.)* jmdm./einer Sache treu bleiben

cleaver ['kli:və(r)] *n.* Hackbeil, *das*

clef [klef] *n. (Mus.)* Notenschlüssel, *der*

¹cleft [kleft] *n.* Spalte, *die;* (*fig.*) Kluft, *die*

clew

²cleft 1. see **¹cleave. 2.** *adj.* gespalten; ~ **palate** Gaumenspalte, *die;* **be [caught] in a ~ stick** *(fig.)* in der Klemme sitzen *(ugs.)*

clematis ['klemətɪs, klə'meɪtɪs] *n. (Bot.)* Klematis, *die*

clemency ['klemənsɪ] *n., no pl.* **a)** *(mercy)* Milde, *die;* Nachsicht, *die;* **show ~ to sb.** jmdm. gegenüber Milde *od.* Nachsicht walten lassen; **b)** *(of weather, climate)* Milde, *die*

clementine ['kleməntiːn, 'kleməntaɪn] *n.* Klementine, *die*

clench [klentʃ] *v.t.* **a)** *(close tightly)* zusammenpressen; ~ **one's fist** *or* **fingers** die Faust ballen; **with one's fist ~ed** *or* **[one's] ~ed fist** mit geballter Faust; **they gave the ~ed-fist salute** sie hoben die geballte Faust zum Gruß; ~ **one's teeth** die Zähne zusammenbeißen; **through ~ed teeth** durch die zusammengebissenen Zähne; **b)** *(grasp firmly)* umklammern; ~ **sth. between one's teeth** etw. zwischen die Zähne klemmen; **c)** *(secure by bending)* umschlagen ⟨*Nagel*⟩

clerestory ['klɪəstɔːrɪ] *n. (Archit.)* **a)** Lichtgaden, *der;* **b)** *(Amer. Railw.)* erhöhter Teil des Daches eines Eisenbahnwagens mit Fenstern *od.* Luftsaugern

clergy ['klɜːdʒɪ] *n., pl.* Geistlichkeit, *die;* Klerus, *der;* **thirty ~** dreißig Geistliche

clergyman ['klɜːdʒɪmən] *n., pl.* ~**men** ['klɜːdʒɪmən] Geistliche, *der*

cleric ['klerɪk] *n.* Kleriker, *der*

clerical ['klerɪkl] *adj.* **a)** *(of clergy)* klerikal; geistlich; ~ **collar** Kollar, *das;* **b)** *(of or by clerk)* ~ **duties/task/occupation/work** Büroarbeit, *die;* ~ **error** Schreibfehler, *der;* ~ **staff** Büropersonal, *das;* ~ **worker** Büroangestellte, *der/die;* Bürokraft, *die*

clerihew ['klerɪhjuː] *n. (Lit.)* Clerihew, *das*

clerk [klɑːk; *N. Amer.* klɜːk] *n.* **a)** Angestellte, *der/die;* **(in bank)** Bankangestellte, *der/die;* **(in office)** Büroangestellte, *der/die;* **(in shop, firm)** kaufmännische Angestellte/kaufmännischer Angestellter, *der/die;* **b)** *(in charge of records)* Schriftführer, *der/*Schriftführerin, *die;* **c)** ~ **of the course** *(Horse-racing)* Assistent der Rennleitung; ~ **of [the] works** *(Building)* Bauleiter, *der;* **d)** *(Eccl.: lay officer)* Küster, *der;* Kirchendiener, *der;* *(arch./Law: clergyman)* ~ **[in holy orders]** Geistliche, *der;* **(Brit. Parl.)** Parlamentssekretär, *der;* **f)** *(Amer.: assistant in shop)* Verkäufer, *der/*Verkäuferin, *der;* **(in hotel)** Hotelangestellte, *der/die*

clever ['klevə(r)] *adj.* ~**er** ['klevərə(r)]; ~**est** ['klevərɪst] **a)** gescheit; klug; **be ~ at mathematics/thinking up excuses** gut in Mathematik/findig im Ausdenken von Entschuldigungen sein; **b)** *(skilful, dextrous)* geschickt; **be ~ with one's hands** geschickte Hände haben; **c)** *(ingenious)* brillant, geistreich ⟨*Idee, Argument, Rede, Roman, Gedicht*⟩; geschickt ⟨*Verkleidung, Täuschung, Vorgehen*⟩; glänzend *(ugs.)* ⟨*Idee, Erfindung, Mittel*⟩; **d)** *(smart, cunning)* clever; raffiniert ⟨*Schritt, Taktik, Täuschung*⟩; schlau, gewitzt, raffiniert ⟨*Person*⟩

clever: ~**-clever** *adj. (derog.)* superklug *(iron.);* ~**-clogs** *n. sing.* (*s.* **same**; *see* **clever-sticks**); ~ **Dick** *n.* (*coll. derog.*) Schlaumeier, *der (ugs.);* **all right, ~ Dick!** schon gut, du Schlaumeier! *(ugs.)*

cleverly ['klevəlɪ] *adv.* klug; **b)** *(skilfully, dextrously)* geschickt

cleverness ['klevənɪs] *n., no pl.* **a)** Klugheit, *die;* (talent) Begabung, *die* (**at** für); **b)** *(skilfulness, dexterity)* Geschicklichkeit, *die;* **his ~ with his hands** seine handwerkliche Begabung; **c)** *(ingenuity)* Brillanz, *die;* **d)** *(smartness)* Cleverness, *die;* Raffiniertheit, *die;* **(fig.)** jmdm. einer Sache Schläue, *die*

'clever-sticks *n. sing., pl. same* (*coll. derog.*) Superschlaue, *der/die (iron.)*

clew [klu:] *n.* **1.** *(Naut.)* **a)** *(of hammock)* Schlaufe, *die;* **(of sail)** [Schot]horn, *das*

cliché

(Seemannsspr.). 2. *v. t.* ~ **up** aufgeien *(Seemannsspr.)*
cliché ['kli:ʃeɪ] *n. (also Printing)* Klischee, *das*
click [klɪk] 1. *n.* a) Klicken, *das;* b) *(Ling.)* Schnalzlaut, *der.* 2. *v. t.* a) zuschnappen lassen ⟨Schloß, Tür⟩; ~ **the shutter of a camera** den Verschluß einer Kamera auslösen; ~ **one's heels/tongue** die Hacken zusammenschlagen/mit der Zunge schnalzen; ~ **finger and thumb** mit Daumen und Finger schnipsen; b) *(Computing)* drücken ⟨Maustaste⟩. 3. *v. i.* a) klicken; ⟨Absätze, Stricknadeln:⟩ klappern; b) *(sl.: agree)* ~ **with sth.** mit etw. übereinstimmen; c) *(be successful)* [gut] ankommen *(ugs.); (sl.: fall into context)* it's just ~ed ich hab's *(ugs.);* **the name** ~**ed** ich konnte mit dem Namen etwas anfangen; ~ **with sb.** *(sl.)* mit jmdm. gleich prima auskommen *(ugs.);* **they** ~**ed immediately** sie kamen gleich prima miteinander aus *(ugs.)*
~ **'on** *v. t. (Computing)* anklicken
'**click beetle** *n.* Schnellkäfer, *der*
client ['klaɪənt] *n.* a) *(of lawyer, solicitor, barrister, social worker)* Klient, *der*/Klientin, *die; (esp. of barrister)* Mandant, *der*/Mandantin, *die; (of architect)* Auftraggeber, *der*/-geberin, *die;* b) *(customer)* Kunde, *der*/Kundin, *die*
clientele [kli:ɒn'tel] *n. (of shop)* Kundenkreis, *der; (of theatre)* Publikum, *das; (of lawyer)* Klientel, *die*
cliff [klɪf] *n. (on coast)* Kliff, *das; (inland)* Felswand, *die*
cliff~: ~**-hanger** *n.* Thriller, *der;* ~**-hanging** *adj.* äußerst spannend; atemberaubend
climacteric [klaɪ'mæktərɪk, klaɪmæk'terɪk] 1. *adj.* a) *(critical)* entscheidend; b) *(Med.)* klimakterisch. 2. *n. (Med.)* Klimakterium, *das (fachspr.);* Wechseljahre *Pl.; (fig.)* Wendepunkt, *der*
climactic [klaɪ'mæktɪk] *adj.* ~ **scene/event** Höhepunkt, *der*
climate ['klaɪmət] *n.* Klima, *das;* **the** ~ **of opinion** *(fig.)* die allgemeine Meinung
climatic [klaɪ'mætɪk] *adj.* klimatisch
climatology [klaɪmə'tɒlədʒɪ] *n., no pl.* Klimatologie, *die;* Klimakunde, *die*
climax ['klaɪmæks] 1. *n.* a) Höhepunkt, *der;* b) *(orgasm)* Orgasmus, *der.* 2. *v. i.* seinen Höhepunkt erreichen; ~ **in sth.** mit etw. seinen Höhepunkt erreichen
climb [klaɪm] 1. *v. t.* hinaufsteigen ⟨Treppe, Leiter, Hügel, Berg⟩; hinaufklettern ⟨Mauer, Seil, Mast⟩; klettern auf ⟨Baum⟩; ⟨Auto:⟩ hinaufkommen ⟨Hügel⟩; **this mountain had never been** ~**ed before** dieser Berg war noch nie zuvor bestiegen worden; **the prisoners escaped by** ~**ing the wall** die Gefangenen entkamen, indem sie über die Mauer kletterten. 2. *v. i.* a) klettern (**up auf** + *Akk.*)/aus ⟨Auto, Bett⟩; ~ **into/out of** steigen in (+ *Akk.*)/aus ⟨Auto, Bett⟩; ~ **aboard** einsteigen; ~**ing plants/roses** Kletterpflanzen/-rosen; b) *(Flugzeug, Sonne:)* aufsteigen; c) *(slope upwards)* ansteigen; d) *(in social rank)* aufsteigen. 3. *n. (ascent)* Aufstieg, *der; (of road)* Steigung, *die; (of aeroplane)* Steigflug, *der;* **the pilot put the plane into a steep** ~: der Pilot zog die Maschine steil nach oben; **the** ~ **of Everest** die erste Besteigung des Everest
~ '**down** *v. i.* a) hinunterklettern; *(from horse)* absteigen; b) *(fig.: retreat, give in)* nachgeben; einlenken; ~ **down over an issue** in einer Frage nachgeben; *see also* **climbdown**
climbable ['klaɪməbl] *adj.* besteigbar
'**climb-down** *n.* Rückzieher, *der (ugs.)*
climber ['klaɪmə(r)] *n.* a) *(mountaineer)* Bergsteiger, *der; (of cliff, rock-face)* Kletterer, *der;* b) *(plant)* Kletterpflanze, *die*
climbing: ~**-boot** *n.* Kletterschuh, *der;* ~**-frame** *n.* Klettergerüst, *das;* ~~-**iron** *n.* Steigeisen, *das*
clime [klaɪm] *n. (literary)* a) *in sing. or pl. (region)* Gefilde, *das (geh.);* b) *(climate)* Klima, *das*
clinch [klɪntʃ] 1. *v. t.* a) *(confirm or settle conclusively)* zum Abschluß bringen ⟨Angelegenheit, Meinungsverschiedenheit⟩; perfekt machen *(ugs.)* ⟨Geschäft, Handel⟩; **that** ~**es it** damit ist der Fall klar; b) *see* **clench** c. 2. *n.* a) *(Boxing)* Clinch, *der;* b) *(coll.: embrace)* Umschlingung, *die;* Clinch, *der (ugs. scherzh.);* **go into a** ~: sich eng umschlingen; in den Clinch gehen *(ugs. scherzh.)*
clincher ['klɪntʃə(r)] *n.* entscheidender Faktor; **be the** ~: den Ausschlag geben
cling [klɪŋ] *v. i.,* clung [klʌŋ] a) ~ **to sth./sb.** sich an etw./jmdn. klammern. ⟨*Schmutz:*⟩ einer Sache/jmdn. anhaften; ⟨*Staub:*⟩ sich auf etw./jmdn. setzen; ⟨*Klette:*⟩ an etw./jmdn. hängen; ⟨*Schlamm usw.:*⟩ an etw./jmdn. haftenbleiben; **the lovers clung to each other** die Liebenden hielten sich umschlungen; **his sweat-soaked shirt clung to his back** das durchgeschwitzte Hemd klebte ihm am Rücken; **her perfume still** ~**s to the scarf** der Duft ihres Parfüms haftet noch immer an dem Schal; ~ **together** aneinanderhaften; *(Personen:)* sich aneinanderklammern; **a** ~**ing dress** ein enganliegendes Kleid; b) *(remain stubbornly faithful)* ~ **to sb./sth.** sich an jmdn./etw. klammern
cling: ~ **film** *n.* Klarsichtfolie, *die;* ~[**stone**] **peach** *n. (Bot.)* Härtling, *der*
clinic ['klɪnɪk] *n.* a) *(place)* [Abteilung einer] Klinik; *(occasion)* Sprechstunde, *die;* b) *(private hospital)* Privatklinik, *die; (specified hospital)* Klinik, *die;* c) *(medical teaching at bedside)* Klinik, *die;* Klinikum, *das;* d) *(Amer.: conference, short course)* Seminar, *das*
clinical ['klɪnɪkl] *adj.* a) *(Med.)* klinisch ⟨Medizin, Tod⟩; ~ **thermometer** Fieberthermometer, *das;* b) *(objective, dispassionate)* nüchtern; *(coldly detached)* kühl; distanziert ⟨Haltung⟩; klinisch ⟨Interesse⟩; c) *(bare, functional)* steril
clinically ['klɪnɪkəlɪ] *adv.* a) *(Med.)* klinisch; b) *(dispassionately)* nüchtern
¹**clink** [klɪŋk] 1. *n. (of glasses, bottles)* Klirren, *das; (of coins, keys)* Klimpern, *das.* 2. *v. i.* ⟨Flaschen, Gläser:⟩ klirren; ⟨Münzen, Schlüssel:⟩ klimpern. 3. *v. t.* klirren mit ⟨Glas⟩; klimpern mit ⟨Kleingeld, Schlüssel⟩
²**clink** *n. (sl.: prison)* Knast, *der (salopp);* **be in** ~: im Knast sitzen *(salopp);* **be put in** ~: in den Knast kommen *(salopp)*
clinker ['klɪŋkə(r)] *n.* Klinker, *der*
'**clinker-built** *adj.* in Klinkerbauweise [gebaut]; **a** ~ **boat** ein klinkergebautes Boot
¹**clip** [klɪp] 1. *n.* a) Klammer, *die; (for paper)* Büroklammer, *die; (of pen)* Klipp, *der; (hose-*~*)* Schelle, *die; (for wires)* Klemme, *die;* b) *(piece of jewellery)* Klipp, *der;* Clip, *der;* c) *(set of cartridges)* Ladestreifen, *der.* 2. *v. t.,* -**pp**-: ~ **sth.** [**on**] **to sth.** etw. an etw. *(Akk.)* klammern; ~ **papers together** Schriftstücke zusammenklammern; ~ **the leads to the battery terminals** die Kabel an die Batteriepole klemmen
~ '**on** 1. *v. i.* angeklemmt *od.* angesteckt werden; ⟨Sonnenbrille:⟩ aufgesteckt werden. 2. *v. t.* anlegen ⟨Ohrring⟩; anstecken ⟨Brosche, Mikrophon⟩; aufstecken ⟨Sonnenbrille⟩. *See also* **clip-on**
²**clip** 1. *v. t.,* -**pp**- a) *(cut)* schneiden ⟨Fingernägel, Haar, Hecke⟩; scheren ⟨Wolle⟩; stutzen ⟨Flügel⟩; ~ **sb.'s wings** *(fig.)* jmdm. die Flügel stutzen; ~ **a second off the record** einen Rekord um eine Sekunde unterbieten; b) scheren ⟨Schaf⟩; *(trim)* entwerten ⟨Fahrkarte⟩; d) *(coll.: hit)* ~ **sb.'s ear** jmdm. eins *od.* ein paar hinter die Ohren geben *(ugs.);* ~ **sb. on the jaw** jmdm. einen Kinnhaken verpassen *(ugs.);* ~ **the**

clock

crash barrier die Leitplanke streifen; e) ~ **one's words/letters** abgehackt sprechen; f) *(Amer.: cut from newspaper)* ausschneiden. 2. *n.* a) *(of finger-nails, hedge)* Schneiden, *das; (of dog)* Trimmen, *das; (of sheep)* Schur, *die;* **give the hedge a** ~: die Hecke schneiden; b) *(extract from film)* [Film]ausschnitt, *der;* c) *(blow with hand)* Schlag, *der;* ~ **round** *or* **on** *or* **over the ear** Ohrfeige, *die;* ~ **on the jaw** Kinnhaken, *der;* d) **be going at a good** *or* **fast** ~ *(coll.)* einen ziemlichen Zahn draufhaben *(ugs.);* e) *(quantity of wool)* Schur, *die*
clip: ~**board** *n.* Klemmbrett, *das;* ~~-**clop** ['klɪpklɒp] 1. *n.* Klappern, *das;* Klippklapp, *das;* 2. *v. i.,* -**pp**- klappern; ~~-**joint** *n. (sl. derog.)* Nepplokal, *das (ugs. abwertend);* ~~-**on** *adj.* **a** ~~-**on accessory** ein Accessoire zum Anstecken; ~~-**on sun-glasses** eine Sonnenbrille zum Aufstecken; **a** ~~-**on handle** ein Griff zum Feststecken
clipped [klɪpt] *adj.* abgehackt ⟨Wörter⟩
clipper ['klɪpə(r)] *n.* a) *in pl. (for hair)* Haarschneidemaschine, *die;* b) *(Naut.)* Klipper, *der*
clipping ['klɪpɪŋ] *n.* a) *(piece clipped off)* Schnipsel, *der od. das;* b) *(newspaper cutting)* Ausschnitt, *der*
clique [kli:k] *n.* Clique, *die*
cliquey ['kli:kɪ], **cliquish** ['kli:kɪʃ] *adjs. (derog.)* **be** ~: zur Cliquenbildung neigen; **a** ~ **attitude** eine Neigung zur Cliquenbildung
clitoris ['klɪtərɪs] *n. (Anat.)* Kitzler, *der;* Klitoris, *die (fachspr.)*
cloak [kləʊk] 1. *n.* a) Umhang, *der;* Mantel, *der (hist.); (fig.)* ~ **of snow** Schneedecke, *die;* **under the** ~ **of darkness** im Schutz der Dunkelheit; **use sth. as a** ~ **for sth.** etw. als Deckmantel für etw. benutzen; **a** ~ **of secrecy** ein Mantel des Schweigens; b) *in pl. (Brit. euphem.: lavatory)* Toilette, *die.* 2. *v. t.* a) [ein]hüllen; b) *(fig.)* ~**ed in mist/darkness** in Nebel/Dunkel gehüllt; **sth. is** ~**ed in secrecy** über etw. *(Akk.)* wird der Mantel des Schweigens gebreitet
cloak: ~~-**and-**'**dagger** *adj.* mysteriös; Spionage⟨stück, -tätigkeit⟩; ~**room** *n.* Garderobe, *die; (Brit. euphem.: lavatory)* Toilette, *die;* ~**room attendant** Garderobier, *der*/Garderobiere, *die*/Toilettenmann, *der*/-frau, *die*
¹**clobber** ['klɒbə(r)] *n. (Brit. sl.)* Klamotten *Pl. (salopp)*
²**clobber** *v. t. (sl.)* a) *(hit)* zusammenschlagen; *(fig.)* schröpfen *(ugs.);* b) *(defeat, criticize)* in die Pfanne hauen *(salopp)*
cloche [klɒʃ] *n.* a) *(Agric., Hort.)* [Frühbeet]abdeckung, *die; (polythene)* Folientunnel, *der;* b) ~ [**hat**] Glocke, *die;* Glockenhut, *der*
clock [klɒk] 1. *n.* a) Uhr, *die;* [**work**] **against the** ~: gegen die Zeit [arbeiten]; **beat the** ~ [**by ten minutes**] [10 Minuten] früher fertig werden; **put** *or* **turn the** ~ **back** *(fig.)* die Zeit zurückdrehen; **round the** ~: rund um die Uhr; **hold the** ~ **on sb.** jmds. Zeit stoppen; **watch the** ~ *(fig.)* [dauernd] auf die Uhr sehen *(weil man ungeduldig auf den Arbeitsschluß wartet);* b) *(coll.) (speedometer)* Tacho, *der (ugs.); (milometer)* Kilometerzähler, *der; (taximeter)* Taxameter, *das;* c) *(coll.: stop-watch)* Uhr, *die;* d) ~ [**seed-head**] Haarkelch, *der (Bot.);* e) *(Brit. sl.: face)* Visage, *die (salopp abwertend). See also* **o'clock.** 2. *v. t.* a) zu verzeichnen haben ⟨Sieg, Zeit, Erfolg⟩; zurücklegen ⟨Entfernung, Kilometer⟩; **a 3.43·7/a personal best** ⟨Läufer:⟩ 3:43,7/eine persönliche Bestzeit laufen; b) *(coll.: time)* stoppen (**at mit**); c) *(sl.: hit)* ~ **sb.** [**one**] jmdm. eins überbraten *(ugs.)*
~ '**in,** ~ '**on** *v. i.* [bei Arbeitsantritt] stechen *od.* stempeln; **the night shift** ~**s in** *or* **on at**

143

8 p.m. die Nachtschicht beginnt abends um acht ~ **'off,** ~ **'out** *v. i.* [bei Arbeitsschluß] stechen *od.* stempeln; **we ~ off** *or* **out earlier than usual on a Friday** freitags machen wir früher Feierabend

clock: ~**-face** *n.* Zifferblatt, *das;* ~ **golf** *n.* Uhrengolf, *das;* ~**maker** *n.* Uhrmacher, *der*/-macherin, *die;* ~ **tower** *n.* Uhr[en]turm, *der;* ~**-watcher** *n. jmd., der keine Sekunde länger als vorgeschrieben am Arbeitsplatz bleibt;* ~**-watching** *n.* ständiges Auf-die-Uhr-Sehen *(weil man ungeduldig auf den Arbeitsschluß wartet)*

'clockwise 1. *adv.* im Uhrzeigersinn. **2.** *adj.* im Uhrzeigersinn nachgestellt; rechtsläufig *(Technik);* **in a ~ direction** im Uhrzeigersinn

'clockwork *n.* Uhrwerk, *das;* ~ [mechanism] Aufziehmechanismus, *der;* Uhrwerk, *das (veralt.);* **a ~ car** ein Aufziehauto; **as regular as ~** *(fig.)* absolut regelmäßig; **with ~ precision/regularity** *(fig.)* absolut genau/regelmäßig; **go like ~** *(fig.)* klappen wie am Schnürchen *(ugs.)*

clod [klɒd] *n.* **a)** *(lump)* Klumpen, *der; (of earth)* Scholle, *die;* **b)** *(derog.: dolt)* Tölpel, *der (abwertend)*

'clodhopper *n.* **a)** *see* **clod b; b)** *(coll.: shoe)* Elbkahn, *der (ugs. scherzh.);* Quadratlatschen, *der (salopp scherzh.)*

clog [klɒg] **1.** *n.* Holzschuh, *der;* ([fashionable] wooden-soled shoe) Clog, *der.* **2.** *v. t.,* **-gg-: a)** ~ [up] verstopfen *(Rohr, Poren);* blockieren *(Rad, Maschinerie);* **be ~ged [up] with sth.** mit etw. verstopft/durch etw. blokkiert sein; **b)** *(impede)* hemmen; *(obstruct)* blockieren; **c)** ~ [up] *(encumber)* belasten

'clog-dance *n.* Holzschuhtanz, *der*

cloister ['klɔɪstə(r)] **1.** *n.* **a)** *(covered walk)* Kreuzgang, *der;* **b)** *(convent, monastery; monastic life)* Kloster, *das.* **2.** *v. refl.* ~ **oneself in one's study** *(fig.)* sich in sein Studierzimmer einschließen

cloistered ['klɔɪstəd] *adj.* in einem Kloster lebend; *(fig.)* klösterlich (Abgeschiedenheit, Dasein)

clone [kləʊn] *(Biol.)* **1.** *n.* Klon, *der; (fig.: copy)* [schlechte] Kopie. **2.** *v. t.* klonen

clonk [klɒŋk] *n. (coll.)* **a)** *(sound)* harter Schlag; **b) get a ~ on the head** eins gegen die Birne kriegen *(ugs.)*

close 1. [kləʊs] *adj.* **a)** *(near in space)* dicht; nahe; **be ~ to sth.** nahe bei *od.* an etw. *(Dat.)* sein; **how ~ is London to the South coast?** wie weit ist London von der Südküste entfernt?; **you're too ~ to the fire** du bist zu dicht am Feuer; **fly ~ to the ground** dicht über dem Boden fliegen; **I wish we lived ~r to your parents** ich wünschte, wir würden näher bei deinen Eltern wohnen; **be ~ to tears/breaking-point** den Tränen/einem Zusammenbruch nahe sein; **be ~ to exhaustion** vor Erschöpfung fast umfallen; **at ~ quarters, the building looked less impressive** aus der Nähe betrachtet, wirkte das Gebäude weniger imposant; **fighting at ~ quarters** der Kampf Mann gegen Mann; **b)** *(near in time)* nahe (**to** an + *Dat.*); **war is ~ :** ein Krieg steht unmittelbar bevor; **c)** *(in near or intimate relation)* eng (Freund, Freundschaft, Beziehung, Zusammenarbeit, Verbindung); nahe (Verwandte, Angehörige, Bekanntschaft); **be/become ~ to sb.** jmdm. nahestehen/nahekommen; **d)** *(rigorous, painstaking)* eingehend, genau (Untersuchung, Prüfung, Befragung usw.); verschärft (Haft, Arrest); **pay ~ attention** genau aufpassen; **e)** *(stifling)* stickig (Luft, Raum); drückend, schwül (Wetter); **f)** *(nearly equal)* hart ([Wett]kampf, Spiel); knapp (Ergebnis); **a ~ race** ein Kopf-an-Kopf-Rennen; **that was too ~ for comfort** das ging gerade noch gut; **I had a ~ call** *or* **shave** *or* **thing** *(coll.)* ich bin gerade noch davongekommen; **that was a ~ call** *or* **shave** *or* **thing** *(coll.)* das war knapp!; **g)** *(fitting exactly)* genau passend (Kleidungsstück); *(nearly matching)* wortgetreu (Übersetzung); getreu, genau (Imitation, Kopie); groß (Ähnlichkeit); **be the ~st equivalent to sth.** einer Sache *(Dat.)* am ehesten entsprechen; **bear a ~ resemblance to sb.** jmdm. sehr ähnlich sehen; große Ähnlichkeit mit jmdm. haben; **h)** *(narrow, confined)* eng (Raum); **i)** *(dense)* dicht, fest (Gewebe); dicht, undurchdringlich (Dickicht, Gestrüpp); *(fig.)* lückenlos, stichhaltig (Beweisführung, Argument); **j)** *(concealed)* verborgen; **keep** *or* **lie ~:** sich verborgen *od.* versteckt halten; *(secret)* **keep sth. ~:** etw. geheimhalten; *(secretive)* **be ~ about sth.** in bezug auf etw. *(Akk.)* verschwiegen sein; **k)** *(niggardly)* knauserig *(ugs. abwertend);* **l)** *(Phonet.)* geschlossen (Vokal). **2.** [kləʊs] *adv.* **a)** *(near)* nah[e]; **come ~ to the truth** der Wahrheit nahekommen; **that's the ~st I've ever come to being involved in an accident** so knapp *od. (ugs.)* haarscharf bin ich noch nie einem Unfall entgangen; **be ~ at hand** in Reichweite sein; ~ **by** in der Nähe; ~ **by the river** in der Nähe des Flusses; nahe am Fluß; **the lamb stayed ~ by its mother's side** das Lamm blieb dicht an der Seite seiner Mutter; ~ **on 60 years** fast 60 Jahre; ~ **on 2 o'clock** kurz vor 2 [Uhr]; ~ **to sb./sth.** nahe bei jmdm./etw.; **don't stand so ~ to the edge of the cliff** stell dich nicht so nah *od.* dicht an den Rand des Kliffs; **come ~ to tears** den Tränen nahe sein; **she came ~ to being the best/the winner** sie wäre fast *od.* beinah[e] gewonnen; **together** sollst du beieinander!; **can't you stand ~r together?** könnt ihr nicht etwas mehr zusammenrücken?; **try not to come too ~ together** versucht, einander nicht zu nahe zu kommen; **these deadlines come too ~ together** diese Termine liegen zu nahe zusammen; **it brought them ~r together** *(fig.)* es brachte sie einander näher; ~ **behind** dicht dahinter; **leave sth./stand ~ behind sb./sth.** etw. dicht hinter jmdm./etw. lassen/ dicht hinter jmdm./etw. stehen; **see sth. [from]** ~ **'to** *or* **'up** etw. aus der Nähe sehen; **go ~ :** es beinahe schaffen; **b)** *(in close manner)* fest (schließen); genau (hinsehen); **on looking ~r** bei genauerem Hinsehen. **3.** [kləʊz] *v. t.* **a)** *(shut)* schließen, *(ugs.)* zumachen (Augen, Tür, Fenster, Geschäft); zuziehen (Vorhang); *(declare shut)* schließen (Laden, Geschäft, Fabrik, Betrieb, Werk, Zeche); stillegen (Betrieb, Werk, Zeche, Bahnlinie); sperren (Straße, Brücke); **behind ~d doors** hinter verschlossenen Türen; ~ **one's eyes to sth.** *(fig.)* die Augen vor etw. *(Dat.)* verschließen; **b)** *(conclude)* schließen, beenden (Besprechung, Rede, Diskussion); schließen (Versammlung, Sitzung); abschließen (Handel); ~ **an account** ein Konto auflösen; **the matter is ~d** der Fall *od.* die Sache ist abgeschlossen; **c)** *(make smaller)* schließen *(auch fig.)* (Lücke); zustopfen (Riß); ~ **the gap between rich and poor** die Kluft zwischen Arm und Reich überwinden; **d)** *(Electr.)* schließen (Stromkreis). **4.** [kləʊz] *v. i.* **a)** *(shut)* sich schließen, (Tür:) zugehen *(ugs.),* sich schließen; **the door/lid doesn't ~ properly** die Tür/der Deckel schließt nicht richtig; **the valve won't ~ :** das Ventil schließt nicht; **b)** (Laden, Geschäft, Fabrik:) schließen; *(ugs.)* zumachen; *(permanently)* (Betrieb, Werk, Zeche:) geschlossen *od.* stillgelegt werden; (Geschäft:) geschlossen werden, *(ugs.)* zumachen; (Theaterstück:) abgesetzt werden; **c)** *(come to an end)* zu Ende gehen; enden; *(finish speaking)* schließen; **in closing** abschlie-
ßend; **d)** *(come closer, within striking distance)* sich nähern; aufschließen *(bes. Sport);* (join battle) aufeinandertreffen; aneinandergeraten; **I ~d with him in hand-to-hand fighting** ich fing ein Handgemenge mit ihm an. **5.** *n.* **a)** [kləʊz] *no pl.* Ende, *der;* Schluß, *der;* **come** *or* **draw to a ~ :** zu Ende gehen; **bring** *or* **draw sth. to a ~ :** einer Sache *(Dat.)* ein Ende bereiten; etw. zu Ende bringen; **at ~ of business** bei Geschäftsschluß; **b)** [kləʊz] *(Mus.)* Kadenz, *die;* **c)** [kləʊs] *(Brit.: precinct of cathedral)* Domhof, *der; (cul-de-sac)* Sackgasse, *die; (enclosed place)* Hof, *der*

~ [kləʊz] **'down 1.** *v. t.* schließen; *(ugs.)* zumachen; stillegen (Werk, Zeche); einstellen (Betrieb, Arbeit). **2.** *v. i.* geschlossen werden, zugemacht werden *(ugs.);* (Werk, Zeche:) stillgelegt werden; *(Brit.)* (Rundfunkstation:) Sendeschluß haben

~ **'in** *v. i.* (Nacht, Dunkelheit:) hereinbrechen; *(Tage:)* kürzer werden; ~ **in** [up]**on sb./sth.** *(draw nearer)* sich jmdm./etw. nähern; *(draw around)* jmdn./etw. umzingeln

~ **'out** *v. t.* [ab]sperren; abriegeln

~ **'out** *v. t. (Amer.)* absetzen, abstoßen (Waren); auflösen (Betrieb)

~ **'up 1.** *v. i.* **a)** aufrücken; **b)** (Blume:) sich, **c)** *(lock up)* abschließen. **2.** *v. t.* abschließen. *See also* **close-up**

close-cropped ['kləʊskrɒpt] *adj.* kurzgeschoren

closed [kləʊzd] *adj.* **a)** *(no longer open)* geschlossen (Laden, Geschäft, Fabrik); **we are ~ :** wir haben geschlossen; **'~'** „Geschlossen''; **the subject is ~ :** das Thema ist [für mich] erledigt; **b)** *(restricted)* [der Öffentlichkeit] nicht frei zugänglich; *(Sport)* nur für Teilnehmer einer bestimmten Gruppe/ Klasse offen (Wettbewerb etc.); ~ **scholarship** Stipendium, *das, nur einer bestimmten Gruppe von Studierenden gewährt wird;* **a women's ~ golf tournament** ein Golfturnier für Damen; **c)** *(Phonet.)* geschlossen (Silbe). *See also* **book 1 a**

closed: ~**-circuit** *adj.* ~**-circuit television** interne Fernsehanlage; *(for supervision)* Fernsehüberwachungsanlage, *die*

close-down ['kləʊzdaʊn] *n.* **a)** *(closing)* Schließung, *die; (of works, railway, mine)* Stillegung, *die; (of project, operation)* Einstellung, *die;* **b)** *(Radio, Telev.)* Sendeschluß, *der*

closed: ~ **season** *(Amer.) see* **close season;** ~ **'shop** *n.* Closed Shop, *der;* **we have** *or* **operate a ~ shop in this factory** in unserer Fabrik besteht Gewerkschaftszwang

close [kləʊs] ~**-fisted** *adj.* geizig; knauserig *(ugs. abwertend);* ~**-fitting** *adj.* enganliegend; knapp sitzend (Anzug); ~**-grained** *adj.* fest (Gewebe); fein gemasert (Holz); feinnarbig (Leder); ~ **'harmony** *n. (Mus.)* enge Lage; ~**-hauled** *adj. (Naut.)* hart am Wind segelnd (Schiff); ~**-knit** *adj.* fest zusammengewachsen

closely ['kləʊslɪ] *adv.* **a)** *(nearly)* **follow me** ~ bleib *od.* geh dicht hinter mir!; **look** ~ genau betrachten; **look ~ into** *(fig.)* näher untersuchen; **the first explosion was ~ followed by two more** unmittelbar auf die [erste] Explosion folgten zwei weitere; **b)** *(intimately)* **we're not ~ related** wir sind nicht nah miteinander verwandt; **c)** *(rigorously, painstakingly)* genau, eingehend (befragen, prüfen); streng, scharf (bewachen); **a ~ guarded secret** ein streng *od.* sorgsam gehütetes Geheimnis; **d)** *(nearly equally)* ~ **fought/contested** hart umkämpft; **the contest was ~ fought** man kämpfte hart um den Sieg; **e)** *(exactly)* genau; ~ **resemble sb.** jmdm. sehr ähneln; **f)** *(densely)* dicht; ~ **printed/written** eng bedruckt/beschrieben; ~ **reasoned** *(fig.)* schlüssig

closeness ['kləʊsnɪs] *n.*, *no pl.* a) *(nearness in space or time)* Nähe, *die;* b) *(intimacy)* Enge, *die;* **the ~ of their friendship** die Tiefe ihrer Freundschaft; c) *(rigorousness)* Genauigkeit, *die; (of questioning)* Nachdrücklichkeit, *die;* d) *(of guard, watch)* Strenge, *die;* d) *(of atmosphere, air)* Schwüle, *die;* e) *(of contest, election, etc.)* knapper Ausgang; f) *(exactness)* **the ~ of the fit** der genaue Sitz; **the ~ of a translation** die Worttreue einer Übersetzung; **the ~ of the resemblance** die große Ähnlichkeit

close [kləʊs]: **~-range** *adj.* ⟨*Sicht, Betrachtung*⟩ aus nächster Nähe; **~-range weapon** Nahkampfwaffe, *die;* **~-range shots** *(Photog.)* Nahaufnahmen; **~ season** *n.* Schonzeit, *die;* **~-set** *adj.* dicht beieinander liegend ⟨*Augen*⟩; dicht ⟨*Hecke*⟩

closet ['klɒzɪt] *n.* a) *(Amer.: cupboard)* Schrank, *der;* **come out of the ~** *(fig.)* sich nicht länger verstecken; b) *(water-~)* Klosett, *das*

closeted ['klɒzɪtɪd] *adj.* **be ~ together/with sb.** eine Besprechung/mit jmdm. eine Besprechung hinter verschlossenen Türen haben

close-up ['kləʊsʌp] *n. (Cinemat., Telev.)* **~ [picture/shot]** Nahaufnahme *die; (of face etc.)* Großaufnahme, *die;* **in ~** Nahaufnahme/Großaufnahme

closing ['kləʊzɪŋ] *n.:* **~ date** *n. (for competition)* Einsendeschluß, *der; (to take part)* Meldefrist, *die;* **the ~ date for applications for the job is ...:** Bewerbungen bitte bis zum ... einreichen; **~-time** *n. (of public house)* Polizeistunde, *die; (of shop)* Ladenschlußzeit, *die;* **it's nearly ~-time** es wird gleich geschlossen

closure ['kləʊʒə(r)] *n.* a) *(closing)* Schließung, *die; (of factory, pit also)* Stillegung, *die; (of road, bridge)* Sperrung, *die;* **a two-year ~:** eine zweijährige Stillegung; b) *(Parl.)* Schluß der Debatte; c) *(cap, stopper)* [Flaschen]verschluß, *der*

clot [klɒt] 1. *n.* a) *(Klumpen, der;* **a ~ [of blood]** had formed over the wound/in the artery geronnenes Blut hatte die Wunde verschlossen/ein Blutgerinnsel hatte sich in der Arterie gebildet; b) *(Brit. sl.: stupid person)* Trottel, *der (ugs. abwertend).* 2. *v.i.*, **-tt-** *(Blut:)* gerinnen; ⟨*Sahne:*⟩ klumpen

cloth [klɒθ, klɔːθ] *n., pl.* **~s** [klɒθs, klɔːðz] a) Stoff, *der;* Tuch, *das;* **~ of gold/silver** gold-/silberdurchwirkter Stoff; **bound in ~** mit Leineneinband nachgestellt; **cut one's coat according to one's ~** *(fig.)* sich nach der Decke strecken *(ugs.);* b) *(piece of ~)* Tuch, *das; (dish-~)* Spültuch, *das; (table-~)* Tischtuch, *das;* [Tisch]decke, *die; (duster)* Staubtuch, *das;* c) *no pl. (clerical profession)* **a gentleman of the ~:** ein Geistlicher; **the ~** *(clergy)* die Geistlichkeit

cloth: **~ binding** *n.* Leineneinband, *der;* **~-bound** *adj.* mit Leineneinband nachgestellt; **~-cap** *adj.* **he tried to project a ~-cap image** er versuchte, das Image des [typischen] Arbeiters zu vermitteln; **a ~-cap comedian/entertainer** ein Komiker/Entertainer für die Arbeiterklasse

clothe [kləʊð] *v.t.* kleiden; *(fig.)* **~ one's sentiments/ideas in words** seine Gefühle/Gedanken in Worte kleiden; **the cherry trees were ~d in blossom** die Kirschbäume standen in voller Blüte; **the hills were ~d in snow** die Hügel waren mit Schnee bedeckt ʹ**cloth-eared** *adj. (coll. derog.)* schwerhörig

clothes [kləʊðz] *n. pl.* a) Kleider *Pl.; (collectively)* Kleidung, *die;* **with one's ~ on** angezogen; **put one's ~ on** sich anziehen; **without any ~ on** völlig unbekleidet; **take one's ~ off** sich ausziehen; b) see **bedclothes**

clothes: **~-basket** *n.* Wäschekorb, *der;* **~-brush** *n.* Kleiderbürste, *die;* **~-hanger** *n.* Kleiderbügel, *der;* **~-horse** *n.* Wäscheständer, *der;* **~-line** *n.* Wäscheleine, *die;*

~-moth *n.* Motte, *die;* **~-peg** *(Brit.),* **~-pin** *(Amer.) ns.* Wäscheklammer, *die*

clothier ['kləʊðɪə(r)] *n. (formal)* Herrenausstatter, *der*

clothing ['kləʊðɪŋ] *n., no pl.* Kleidung, *die;* **article of ~:** Kleidungsstück, *das;* **bloodstained ~ was found** blutbefleckte Kleidungsstücke wurden gefunden

clotted cream [klɒtɪd ʹkriːm] see **Devonshire cream**

cloture ['kləʊtʃə(r)] *(Amer.)* see **closure** b

cloud [klaʊd] 1. *n.* a) Wolke, *die; (collective)* Bewölkung, *die;* **be** or **live in the ~s** *(fig.)* auf Wolken od. in den Wolken schweben; **walk** or **go round with one's head** or **have one's head in the ~s** *(fig.) (be unrealistic)* in den Wolken schweben; *(be absent-minded)* mit seinen Gedanken ganz woanders sein; **[be] on ~ seven** or **nine** *(fig. coll.)* im sieb[en]ten Himmel [sein] *(ugs.);* **every ~ has a silver lining** *(prov.)* es hat alles sein Gutes; **there wasn't a ~ in the sky** *(lit. or fig.)* es zeigte sich [noch] kein Wölkchen am Himmel; **a ~ on the horizon** *(fig.)* ein Wölkchen am Horizont; b) **~ of dust/smoke** Staub-/Rauchwolke, *die;* c) *(fig.: cause of gloom or suspicion)* dunkle Wolke; **the ~ of suspicion hangs over him** der Schatten des Verdachts lastet auf ihm; **he left under a ~:** unter zweifelhaften Umständen schied er aus dem Dienst. 2. *v.t.* a) verdunkeln ⟨*Himmel*⟩; blind machen ⟨*Fenster[scheibe]*⟩, *Spiegel*⟩; b) *(fig.: cast gloom or trouble on)* trüben ⟨*Glück, Freude, Aussicht*⟩; umwölken ⟨*Gesicht, Stirn*⟩; überschatten ⟨*Zukunft*⟩; *(make unclear)* trüben ⟨*Urteilsvermögen, Verstand, Bewußtsein*⟩; verunklaren ⟨*Problem*⟩

~ ʹover *v.i.* sich bewölken; ⟨*Spiegel:*⟩ beschlagen; **her face ~ed over** ihr Gesicht verdüsterte sich *(geh.)*

cloud: **~ bank** *n.* Wolkenbank, *die;* **~berry** *n.* Moltebeere, *die;* **~burst** *n.* Wolkenbruch, *der;* **~-capped** *adj.* wolkenverhangen ⟨*Gipfel*⟩; **~ chamber** *n. (Phys.)* Nebelkammer, *die;* **~ cover** *n.* Wolkendecke, *die;* **C~-'cuckoo-land** *n.* Wolkenkuckucksheim, *das (geh.)*

cloudiness ['klaʊdɪnɪs] *n.* a) *(of liquid)* Trübheit, *die;* b) *(of sky)* Bewölkung, *die*

cloudless ['klaʊdlɪs] *adj.* wolkenlos

cloudy ['klaʊdɪ] *adj.* bewölkt, bedeckt, wolkig ⟨*Himmel*⟩; trübe ⟨*Wetter, Flüssigkeit, Glas*⟩; wolkig ⟨*Edelstein, Mineral*⟩; **it is getting ~:** der Himmel bewölkt sich

clout [klaʊt] 1. *n.* a) *(coll.: hit)* Schlag, *der;* **get a ~ round the ears** eins hinter die Ohren kriegen *(ugs.);* b) *(coll.: power, influence)* Schlagkraft, *die;* c) **~ [nail]** Pappnagel, *der.* 2. *v.t. (coll.)* hauen *(ugs.);* **~ sb. round the ear/on the head** jmdm. eins hinter die Ohren/auf den Deckel geben *(ugs.);* **~ sb. [one]** jmdm. eine runterhauen *(salopp)*

ʹ**clove** *n.* a) *(spice)* [Gewürz]nelke, *die; (plant)* Gewürznelkenbaum, *der;* **oil of ~s** Nelkenöl, *das;* b) **~ [gillyflower]** Gartennelke, *die*

ʹ**clove** see ʹ**cleave**

ʹ**clove hitch** *n.* Webeleinstek, *der*

cloven ['kləʊvn] 1. see ʹ**cleave**. 2. *adj.* **~ foot/hoof** Spaltfuß, *der (veralt.)/* Spalthuf, *der (veralt.); (of devil)* Pferdefuß, *der*

clover ['kləʊvə(r)] *n.* Klee, *der;* **be/live in ~** *(fig.)* wie Gott in Frankreich leben

ʹ**clover-leaf** *n. (also Road Constr.)* Kleeblatt, *das*

clown [klaʊn] 1. *n.* a) Clown, *der;* **act** or **play the ~:** den Clown spielen; b) *(ignorant person)* Dummkopf, *der (ugs.); (ill-bred person)* ungehobelter Klotz. 2. *v.i.* **~ [about** or **around]** den Clown spielen *(abwertend)*

clownish ['klaʊnɪʃ] *adj. (derog.)* albern *(abwertend)*

cloy [klɔɪ] 1. *v.t.* übersättigen; überfüttern; **~ the appetite** sich *(Dat.)* den Genuß verderben; **be ~ed with pleasure** des Vergnügens überdrüssig sein. 2. *v.i.* seinen Reiz verlieren; an Reiz verlieren

cloying ['klɔɪɪŋ] *adj. (lit. or fig.)* süßlich

cloze [kləʊz] *n.* **~ test** *(Educ.)* Ergänzungstest, *der*

club [klʌb] 1. *n.* a) *(weapon)* Keule, *die; (Indian ~)* [Gymnastik]keule, *die; (golf-~)* Golfschläger, *der;* Club, *der;* Verein, *der;* **social ~:** ≈ Vereinsgaststätte, *die; (of firm)* ≈ Gemeinschaftsräume *Pl.;* **Conservative ~:** Club der Konservativen; **join the ~** *(fig.)* mitmachen; **join the** or **welcome to the ~!** *(fig.)* du also auch!; **be in the ~** *(Brit. fig. sl.)* ein Kind kriegen *(ugs.);* **put sb. in the ~** *(Brit. fig. sl.)* jmdm. ein Kind machen *(ugs.);* c) *(premises)* Klub, *der; (buildings/grounds)* Klubhaus/-gelände, *das;* d) *(Cards)* Kreuz, *das;* Treff, *das;* **the ace/seven of ~s** das Kreuzas/die Kreuzsieben; **~s are trumps** Kreuz ist Trumpf. 2. *v.t.,* **-bb-:** a) *(beat)* prügeln; *(with ~)* knüppeln; b) *(contribute)* **~ [together]** zusammenlegen ⟨*Geld, Ersparnisse*⟩. 3. *v.i.,* **-bb-:** **~ together** sich zusammentun; *(in order to buy something)* zusammenlegen

clubbable ['klʌbəbl] *adj.* gesellig

club: **~ chair** Klubsessel, *der;* **~-foot** *n.* Klumpfuß, *der;* **~-house** *n.* Klubhaus, *das;* **~-man** *n.* Klubmensch, *der (jmd., der in seinem Klub/in Klubs zu Hause ist);* Vereinsmeier, *der (abwertend);* **~-moss** *n. (Bot.)* Bärlapp, *der; (Selaginella)* Moosfarn, *der;* **~-root** *n.* Kohlhernie, *die;* Knotensucht, *die;* **~ sandwich** *n. (Amer.)* Club-Sandwich, *das;* Doppeldecker, *der (ugs.)*

cluck [klʌk] 1. *n.* Gackern, *das; (to call chicks)* Glucken, *das.* 2. *v.i.* gackern; *(to call chicks)* glucken

clue [kluː] 1. *n.* a) *(fact, principle)* Anhaltspunkt, *der; (in criminal investigation)* Spur, *die;* **find a ~ to a mystery/problem** einen Zugang zu einem Geheimnis/einem Problem finden; **the fingerprints are a ~ as to who murdered the man** die Fingerabdrücke können auf die Spur des Mörders führen; b) *(fig. coll.)* **give sb. a ~:** jmdm. einen Tip geben; **not have a ~:** keine Ahnung haben *(ugs.);* **he never seems to have a ~ about anything** er hat offenbar nie die geringste Ahnung; c) *(in crossword)* Frage, *die.* 2. *v.t. (sl.: inform)* **~ sb. up** jmdm. Bescheid sagen; **be ~d up about** or **on sth., be ~d in on sth.** über etw. *(Akk.)* Bescheid wissen; **keep sb. ~d up** jmdn. auf dem laufenden halten

clueless ['kluːlɪs] *adj. (coll. derog.)* unbedarft *(ugs.)* ⟨*Person*⟩; **he's completely ~:** er hat absolut keine Ahnung

clump [klʌmp] 1. *n. (of trees, bushes, flowers)* Gruppe, *die; (of grass)* Büschel, *das;* **a ~ of shrubs** ein Gebüsch. 2. *v.i.* a) *(tread)* stapfen; b) *(form ~)* klumpen. 3. *v.t.* a) *(heap, plant together)* zusammengruppieren; in Gruppen anordnen; b) *(coll.: hit)* hauen *(ugs.)*

clumsily ['klʌmzɪlɪ] *adv.* see **clumsy:** schwerfällig; unbeholfen; plump

clumsiness ['klʌmzɪnɪs] *n., no pl.* see **clumsy:** Schwerfälligkeit, *die;* Plumpheit, *die*

clumsy ['klʌmzɪ] *adj.* a) *(awkward)* schwerfällig, unbeholfen ⟨*Person, Bewegungen*⟩; ungeschickt ⟨*Hände*⟩; plump ⟨*Form, Figur*⟩; tolpatschig ⟨*Heranwachsender*⟩; b) *(ill-contrived)* plump ⟨*Verse, Nachahmung*⟩; unbeholfen ⟨*Worte*⟩; primitiv ⟨*Vorrichtung, Maschine, Erfindung*⟩; c) *(tactless)* plump

clung see **cling**

cluster ['klʌstə(r)] 1. *n.* a) *(of grapes, berries)* Traube, *die; (of fruit, flowers, curls)* Büschel, *das; (of eggs)* Gelege, *die; (of trees, shrubs)* Gruppe, *die;* b) *(of stars, cells)* Hau-

145

clutch

fen, der; (of houses, huts, etc.) Gruppe, die; Haufen, der; (of coral animals, bees, spectators) Traube, die; (of islands) Gruppe, die; (of diamonds on brooch) Kranz, der; Besatz, der; c) (Ling.) Cluster, der. 2. v. t. be ~ed with sth. dicht mit etw. bestanden sein. 3. v. i. ~ [a]round sb./sth. sich um jmdn./etw. scharen od. drängen
¹**clutch** [klʌtʃ] 1. v. t. umklammern; the mother ~ed the child to her breast die Mutter drückte das Kind fest an ihre Brust. 2. v. i. ~ at sth. nach etw. greifen; (fig.) sich an etw. (Akk.) klammern; see also straw b. 3. n. a) (tight grasp) Umklammerung, die; b) in pl. (fig.: control) Klauen; fall into sb.'s ~es jmdm. in die Klauen fallen; in jmds. Klauen (Akk.) fallen; get out of sb.'s ~es sich aus jmds. Klauen befreien; c) (grasping) make a ~ at sth./sb. nach etw./jmdm. greifen; d) (Motor Veh., Mech.) Kupplung, die; let in the ~, put the ~ in einkuppeln; disengage the ~, let the ~ out auskuppeln; ~ pedal Kupplungspedal, das
²**clutch** n. (of eggs) Gelege, das; (of chicks) Brut, die
'**clutch bag** n. Unterarmtasche, die
clutter ['klʌtə(r)] 1. n. a) Durcheinander, das; in a ~: in einem Durcheinander; völlig verkramt (ugs.); he pushed the ~ into a corner er schob den ganzen Kram in die Ecke; b) (on radar screen) Störflecke Pl. 2. v. t. [up] the table/room überall auf dem Tisch/im Zimmer herumliegen; be ~ed [up] with sth. ⟨Zimmer:⟩ mit etw. vollgestopft sein; ⟨Tisch:⟩ mit etw. übersät sein; be ~ed [up] with holiday-makers/cabs von Urlaubern/Taxis wimmeln; a ~ed room ein total vollgestopftes Zimmer
cm. abbr. centimetre[s] cm
CND abbr. (Brit.) Campaign for Nuclear Disarmament Kampagne für atomare Abrüstung
CO abbr. a) Commanding Officer; b) conscientious objector KDV
Co. abbr. a) company Co.; and Co. [ənd kəʊ] (coll.) und Co. (ugs.); b) county
c/o abbr. care of bei; c/o
coach [kəʊtʃ] 1. n. a) (road vehicle) Kutsche, die; (state ~) [Staats]karosse, die; ~ and four/six Vier-/Sechsspänner, der; see also drive 2 a; b) (railway carriage) Wagen, der; c) (bus) [Reise]bus, der; (between towns) Bus, der; d) (tutor) Privat- od. Nachhilfelehrer, der/-lehrerin, die; (sport instructor) Trainer, der/Trainerin, die; (baseball ~) Coach, der. 2. v. t. trainieren; ~ a pupil for an examination einen Schüler auf eine Prüfung vorbereiten
coach: ~builder n. Karosseriebauer, der; ~-house n. Remise, die
coaching ['kəʊtʃɪŋ] n., no pl. a) (teaching) Privatunterricht, der; b) (travelling) ~ days Postkutschenzeit, die; ~ inn Herberge einer Poststation (hist.)
coach: ~-load n. a ~-load of football supporters ein Bus voll Fußballanhänger; ~man ['kəʊtʃmən] n., pl. ~men ['kəʊtʃmen] Kutscher, der; ~ party n. Reisegesellschaft, die; ~-station n. Busbahnhof, der; ~ tour n. Rundreise [im Omnibus], die; Omnibusreise, die; ~work n. Karosserie, die
coagulant [kəʊˈægjʊlənt] n. (Med.) blutgerinnungsförderndes Mittel; Koagulans, das (fachspr.)
coagulate [kəʊˈægjʊleɪt] 1. v. t. gerinnen lassen; koagulieren (fachspr.). 2. v. i. gerinnen; koagulieren (fachspr.)
coagulation [kəʊægjʊˈleɪʃn] n. a) (process) Gerinnung, die; Koagulation, die (fachspr.); b) (mass) Gerinnsel, das; Koagulat, das (fachspr.)
coal [kəʊl] n. a) Kohle, die; (hard ~) Steinkohle, die; b) (piece of ~) Stück Kohle, die; live ~s Glut, die; heap ~s of fire on sb.'s head

(fig.) feurige Kohlen auf jmds. Haupt (Akk.) sammeln (fig.); haul or call sb. over the ~s (fig.) jmdm. die Leviten lesen (ugs.); carry ~s to Newcastle (fig.) Eulen nach Athen tragen (fig.)
coal: ~-bed n. Kohlenflöz, der; ~-black adj. kohlrabenschwarz; ~-box n. Kohlenkasten, der; ~-bunker n. Kohlenbunker, der; ~-cellar n. Kohlenkeller, der; ~-dust n. Kohlenstaub, der
coalesce [kəʊəˈles] v. i. a) sich verbinden; eine Verbindung eingehen; b) (unite) sich vereinigen
coalescence [kəʊəˈlesəns] n. Verbindung, die; (fig.) Vereinigung, die
coal: ~-face n. Streb, der; at the ~-face im Streb vor Ort; ~-field n. Kohlenrevier, das; ~ fire n. Kohlenfeuer, das; ~-fired adj. mit Kohle beheizt; kohlebeheizt; ~-fired power-station Kohlenkraftwerk, das; ~ gas n. Leuchtgas, das; Stadtgas, das; ~-heaver n. Kohlenträger, der; ~-hole n. (Brit.) Kohlenbunker, der; b) (cellar) Kohlenkeller, der; ~-house n. Kohlenschuppen, der
coalition [kəʊəˈlɪʃn] n. (Polit.) Koalition, die; (union, fusion) Zusammenschluß, der (von Gruppen, Firmen); a ~ of plans/projects eine Planungsgemeinschaft; a ~ of interests eine Interessenkoalition
coa'lition government n. Koalitionsregierung, die
coal: ~ man n. (coll.) Kohlenmann, der (ugs.); ~ measures n. pl. (Geol.) Kohlevorkommen, das; ~-merchant n. Kohlenhändler, der; ~-mine n. [Kohlen]bergwerk, das; ~-miner n. [im Kohlenbergbau tätiger] Grubenarbeiter; ~-mining n. Kohlenbergbau, der; ~-oil n. (Amer.) Paraffin, das; Kohlenschütte, die; ~-scuttle n. Kohleneimer, der; Kohlenschütte, die; ~-seam n. Kohlenflöz, der; ~-shed see ~-house; ~-shovel n. Kohlenschaufel, die; ~-tar n. Steinkohlenteer, der; ~-tit n. (Ornith.) Tannenmeise, die
coaming ['kəʊmɪŋ] n. (Naut.) Süllrand, der
coarse [kɔːs] adj. a) (inferior) derb, einfach ⟨Essen⟩; b) (in texture) grob; rauh, grob ⟨Haut, Teint⟩; c) (unrefined, rude, obscene) derb; roh ⟨Geschmack, Kraft⟩; primitiv ⟨Person, Geist⟩; ungehobelt ⟨Manieren, Person⟩; gemein ⟨Lachen, Witz, Gestalt⟩
coarse: ~ 'fish n. (esp. Brit.) Süßwasserfisch, der (außer Lachs und Forelle); ~-grained adj. grob gekörnt ⟨Sand, Salz, Papier⟩; grob genarbt ⟨Leder⟩; grob gemasert ⟨Holz⟩
coarsely ['kɔːslɪ] adv. see coarse a) derb; einfach; b) grob; rauh; c) derb; roh; primitiv; ungehobelt; gemein
coarsen ['kɔːsn] 1. v. t. vergröbern. 2. v. i. sich vergröbern
coarseness ['kɔːsnɪs] n., no pl. see coarse: a) Derbheit, die; Einfachheit, die; b) Grobheit, die; Rauheit, die; c) Derbheit, die; Roheit, die; Primitivität, die; Ungehobeltheit, die; Gemeinheit, die
coast [kəʊst] 1. n. a) Küste, die; on the ~: an der Küste; off the ~: vor der Küste; the ~ is clear (fig.: there is no danger) die Luft ist rein (fig.); b) (Amer.) the C~: die Pazifik- od. Westküste der USA; c) (Amer.: slide) Rodelbahn, die; go for a ~: rodeln gehen. 2. v. i. a) (ride) im Freilauf fahren; b) (fig.: progress) they are just ~ing along in their work sie tun bei der Arbeit nur das Nötigste; sie arbeiten nur im Schongang (ugs.); he ~s through every examination er schafft jede Prüfung spielend; c) (sail) die Küste entlang fahren; d) (Amer.: toboggan) hinunterfahren
coastal ['kəʊstl] adj. Küsten-; ~ traffic Küstenschiffahrt, die
coaster ['kəʊstə(r)] n. a) (mat) Untersetzer, der; b) (tray) Tablett, das; c) (ship) Küsten-

cochlea

motorschiff, das; Kümo, das; d) (Amer.: sledge) Rodelschlitten, der
coast: ~guard n. a) (person) Angehörige[r] der Küstenwacht; b) (body of men) Küstenwache, -wacht, die; ~-line n. Küste, die
coat [kəʊt] 1. n. a) Mantel, der; (man's jacket) Jackett, das; Rock, der (veralt.); turn one's ~ (fig.) sein Mäntelchen nach dem Winde hängen (fig.); ~ of many colours bunter Rock; b) (layer) Schicht, die; c) (animal's hair, fur, etc.) Fell, das; (of bird) Federkleid, das; d) see coating; e) (skin, rind, husk) Schale, die; f) (Anat.) Haut, die. 2. v. t. überziehen; (with paint) streichen
'**coat dress** n. Mantelkleid, das
coated ['kəʊtɪd] adj. gestrichen ⟨Papier⟩; belegt ⟨Zunge⟩; imprägniert ⟨Stoff⟩; getönt ⟨Glas, Linsen⟩; ~ with dust/sugar staubbedeckt/mit Zucker überzogen
coat: ~-hanger n. Kleiderbügel, der; ~-hook n. Kleiderhaken, der
coating ['kəʊtɪŋ] n. (of paint) Anstrich, der; (of dust, snow, wax, polish, varnish) Schicht, die; (for ceramic glazes) Überzug, der
coat: ~ of 'arms n. Wappen, das; ~-tails n. pl. Frackschöße
co-author [kəʊˈɔːθə(r)] 1. n. Mitautor, der/-autorin, die; they were ~s of the book sie haben das Buch gemeinsam verfaßt. 2. v. t. gemeinsam verfassen ⟨Buch, Dokument⟩
coax [kəʊks] v. t. überreden; ~ sb. to do sth. jmdn. überreden od. dazu bringen, etw. zu tun; ~ sb. into doing sth. jmdn. herumkriegen (ugs.), etw. zu tun; ~ a fire to burn/an engine into life ein Feuer/einen Motor in Gang bringen; a smile/some money out of sb. jmdm. ein Lächeln/etw. Geld entlocken; ~ sb. out of doing sth. jmdn. ausreden, etw. zu tun
coaxial [kəʊˈæksɪəl] adj. koaxial
coaxing ['kəʊksɪŋ] n. Überredung, die; Zureden, das
cob [kɒb] n. a) (nut) Haselnuß, die; b) (swan) männlicher Schwan; c) (horse) Cob, die; kleines, stämmiges Pferd; d) see corn-cob; e) (loaf) rundes Brot
cobalt ['kəʊbɔːlt, 'kəʊbɒlt] n. a) (element) Kobalt, das; b) (pigment, colour) Kobaltblau, das
cobber ['kɒbə(r)] n. (Austral. and NZ coll.) Kumpel, der
¹**cobble** ['kɒbl] 1. n. (stone) Pflaster-, Kopfstein, der; Katzenkopf, der; rumble over the ~s über das Kopfsteinpflaster rumpeln. 2. v. t. pflastern ⟨Straße⟩; ~d streets Straßen mit Kopfsteinpflaster
²**cobble** v. t. (put together, mend) flicken; ~ up plans/verses [sich (Dat.)] Pläne zusammenbasteln (ugs.) od. zusammenreimen [sich (Dat.)] Gedichte zusammenstoppeln (ugs.); ~ together zusammenbasteln; zusammenmischen ⟨Essen, Mannschaft⟩
cobbler ['kɒblə(r)] n. a) Schuster, der; Flickschuster, der (veralt.); b) n. pl. (Brit. sl.: nonsense) Scheiße, die (derb); Mist, der (salopp); a load of ~s totaler Mist (salopp)
'**cobble-stone** see ¹cobble 1
Coblenz [ˈkəʊblents] pr. n. Koblenz (das)
'**cob-nut** see cob a
cobra [ˈkɒbrə] n. (Zool.) Kobra, die
cobweb ['kɒbweb] n. a) (network) Spinnengewebe, das; Spinnennetz, das; (material) Spinn[en]weben Pl.; Spinn[en]fäden Pl.; b) in pl. (rubbish) Hirngespinste Pl.; blow away the ~s für einen klaren Kopf sorgen
Coca-Cola, (P) n. [kəʊkəˈkəʊlə] Coca-Cola (W), das
cocaine [kəˈkeɪn] n. Kokain, das
coccyx ['kɒksɪks] n. (Zool.) Steiß, der; (Anat.) Steißbein, das
cochineal [kɒtʃɪˈniːl] n. Koschenille, die
cochlea ['kɒklɪə] n. pl. cochleae ['kɒklɪiː] (Anat.) Schnecke, die; Cochlea, die (fachspr.)

¹cock [kɒk] 1. *n.* a) *(bird, lobster, crab, salmon)* Männchen, *das; (domestic fowl)* Hahn, *der; (woodcock)* Waldschnepfe, *die;* **live like fighting ~s** *(fig.)* wie Gott in Frankreich leben; **that ~ won't fight** *(fig.)* das hat keinen Zweck; b) *(sl.: man)* Bengel, *der (ugs.);* Bursche, *der (ugs.);* **old ~**: alter Junge *(ugs.)*; c) *(spout, tap, etc.)* Hahn, *der;* d) *(coarse: penis)* Schwanz, *der (salopp);* Pimmel, *der (salopp);* e) *(in gun)* Hahn, *der;* **be/start/go off at half ~** *(fig.)* danebengehen *(ugs.);* ein Reinfall sein *(ugs.).* 2. *v.t.* a) *(erect, stand up)* aufstellen, *(fig.)* spitzen ⟨*Ohren*⟩; **~ one's ears** zu jmdm. hinblicken; *(wink)* jmdm. zublinzeln; b) *(bend)* anwinkeln ⟨*Knie-, Handgelenk*⟩; **the parrot ~ed its head [to one side]** der Papagei legte den Kopf auf die Seite; c) *(put on slanting)* schief *od.* schräg aufsetzen ⟨*Hut*⟩; *(turn up brim of)* hochstülpen ⟨*Hut*⟩; *(triangular hat)* ein Dreispitz; **knock sb./sth. into a ~ed hat** *(fig.) (destroy)* jmdn./etw. zerschmettern *(fig.); (surpass)* jmdn./etw. weit übertreffen; jmdn./etw. in den Sack stecken *(ugs. fig.);* b) ⟨*the*⟩ **the Hahn spannen**
~ 'up *v. t. (Brit. sl.)* versauen *(salopp);* see also **cock-up**
²cock *n. (heap)* Haufen, *der*
³cock *n. (heap)* Haufen, *der*
cockade [kɒˈkeɪd] *n.* Kokarde, *die*
cock-a-doodle-doo [kɒkədu:dl'du:] *n. (crowing)* Kikeriki, *das; (child lang.: cock)* Kikeriki, *der*
cock-a-hoop [kɒkəˈhu:p] **1.** *adj. (boastful)* triumphierend; **be ~**: triumphieren. **2.** *adv.* überschwenglich; *(boastfully)* triumphierend
cock-and-'bull story *n.* Lügengeschichte, *die*
cockatoo [kɒkəˈtu:] *n. (parrot)* Kakadu, *der*
cockchafer ['kɒktʃeɪfə(r)] *n.* Maikäfer, *der*
'cock-crow *n.* **at ~**: beim ersten Hahnenschrei
cocker [spaniel] ['kɒkə('spænjəl)] *n.* Cockerspaniel, *der*
cockerel ['kɒkərəl] *n.* junger Hahn
cock-eyed ['kɒkaɪd] *adj.* a) *(crooked)* schief; b) *(absurd)* verrückt; c) *(sl.: squinting)* schielend ⟨*Blick*⟩; **be ~**: schielen
'cock-fighting *n.* Hahnenkampf, *der*
cockily ['kɒkɪli] *adv.* anmaßend; frech
cockiness ['kɒkɪnɪs] *n., no pl.* Anmaßung, *die;* Frechheit, *die*
cockle [kɒkl] *n.* a) *(bivalve, shell)* Herzmuschel, *die;* b) **warm the ~s of sb.'s heart** es jmdm. warm ums Herz werden lassen
cockney ['kɒkni] **1.** *adj.* Cockney-. **2.** *n.* a) *(person)* waschechter Londoner/waschechte Londonerin; Cockney, *der;* b) *(dialect)* Cockney, *das*
cock-: **~ of the 'walk** *(fig.)* be the **~ of the walk** die Szene beherrschen; *(domineer)* den Ton angeben; **~ of the 'wood** *n.* a) *(capercaillie)* Auerhahn, *der;* b) *(Amer.: woodpecker)* Haubenschwarzspecht, *der;* **~pit** *n.* a) *(Aeronaut.)* Cockpit, *das; [Piloten]kanzel, die;* b) *(in racing-car)* Cockpit, *das; (in boat)* Plicht, *die;* Cockpit, *das;* c) *(for cock-fighting)* Hahnenkampfplatz, *der*
cockroach ['kɒkrəʊtʃ] *n.* [Küchen-, Haus-]schabe, *die;* Kakerlak, *der*
cockscomb ['kɒkskəʊm] *n. (Ornith., Bot.)* Hahnenkamm, *der*
cocksure [kɒk'ʃʊə(r)] *adj.* a) *(convinced)* todsicher; b) *(self-confident)* selbstsicher; *(dogmatic)* selbstgerecht; **be ~ of oneself** sich *(Dat.)* seiner Sache *(Gen.)* [unberechtigterweise] völlig sicher sein
cocktail ['kɒkteɪl] *n.* Cocktail, *der; see also* **fruit cocktail**
cocktail: **~ cabinet** *n.* Hausbar, *die;* **~ dress** *n.* Cocktailkleid, *das;* **~ glass** *n.* Cocktailglas, *das;* **~ party** *n.* Cocktailparty, *die;* **~-shaker** *n.* Mixbecher, *der;* **~ stick** *n.* Partystick, *der od. das*

'**cock-up** *n. (Brit. sl.)* Schlamassel, *der (ugs.);* **make a ~ of sth.** bei etw. Scheiße bauen
cocky ['kɒki] *adj.* anmaßend
coco ['kəʊkəʊ] *see* **coco a**
cocoa ['kəʊkəʊ] *n.* Kakao, *der*
'**cocoa bean** *n.* Kakaobohne, *die*
coconut ['kəʊkənʌt] *n.* a) *(tree)* Kokospalme, *die;* b) *(nut)* Kokosnuß, *die;* c) *(sl.: head)* Rübe, *die (derb)*
coconut: **~ 'butter** *n.* Kokosfett, *das;* **~ 'matting** *n.* Kokosmatten *Pl.;* **~ milk** *n.* Kokosmilch, *die;* **~ palm** *see* **coconut** a; **~ shy** *n.* Wurfbude, *die*
cocoon [kəˈku:n] **1.** *n.* a) *(Zool.)* Kokon, *der;* b) *(covering)* Hülle, *die.* **2.** *v. t. (wrap as in ~)* einmummen
COD *abbr.* **cash on delivery; collect on delivery** *(Amer.)* p. Nachn.
¹cod [kɒd] *n., pl. same* Kabeljau, *der; (in Baltic)* Dorsch, *der*
²cod *(sl.)* **1.** *v. t.,* -dd-: a) *(hoax)* vergackeiern *(salopp);* verscheißern *(derb);* b) *(parody)* verulken *(ugs.).* **2.** *v. i.,* -dd- rumblödeln *(ugs.);* flachsen *(ugs.)*
coda ['kəʊdə] *n. (Mus.)* Koda, *die*
coddle ['kɒdl] *v. t.* a) [ver]hätscheln ⟨*Kind*⟩; verwöhnen ⟨*Kranken*⟩; b) *(Cookery)* schwach pochieren ⟨*Eier*⟩
code [kəʊd] **1.** *n.* a) *(collection of statutes etc.)* Kodex, *der;* Gesetzbuch, *das;* **a ~ of laws** ein Gesetzbuch; ein Gesetzessammlung; **~ of religion/literature/society** religiöse/literarische/gesellschaftliche Normen; **~ of honour** Ehrenkodex, *der;* **~s of behaviour** Verhaltensnormen; Verhaltenskodizes *(geh.);* b) *(system of signals)* Kode, Code, *der; (coded word, etc.)* Chiffre, *die;* **be in ~**: verschlüsselt sein; **put sth. into ~**: etw. verschlüsseln; *see also* **genetic a. 2.** *v. t.* chiffrieren, verschlüsseln ⟨*Nachricht*⟩
code: **~-book** *n.* Signalbuch, *das;* **~-name** *n.* Deckname, *der;* **~-number** *n.* Kenn-, Tarnzahl, *die;* **~-word** *n.* Kennwort, *das*
codex ['kəʊdɛks] *n., pl.* **codices** ['kəʊdɪsi:z] a) *(manuscript volume)* Kodex, *der;* b) *(of drugs etc.)* pharmazeutisches Nachschlagewerk
'**codfish** *see* **¹cod**
codger ['kɒdʒə(r)] *n. (coll.)* Knacker, *der (salopp)*
codicil ['kəʊdɪsɪl] *n.* Kodizill, *das*
codification [kəʊdɪfɪˈkeɪʃn] *n.* Kodifizierung, *die;* Kodifikation, *die*
codify ['kəʊdɪfaɪ] *v. t.* kodifizieren ⟨*Gesetze, Rechtsnormen*⟩; festlegen, kodifizieren ⟨*Rechtschreibung, Grammatik*⟩
coding ['kəʊdɪŋ] *n.* a) *(action)* Chiffrieren, *das;* b) *(result)* verschlüsselte Informationen
codling *n. (fish)* Dorsch, *der*
cod-liver 'oil *n.* Lebertran, *der*
codpiece ['kɒdpi:s] *n. (Hist.)* Hosenlatz, *der*
co-driver ['kəʊdraɪvə(r)] *n.* Beifahrer, *der/*-fahrerin, *die*
cods [kɒdz], **codswallop** ['kɒdzwɒləp] *n. (Brit. sl.)* Stuß, *der (ugs.);* **this is a load of ~**: das ist großer Stuß
coed ['kəʊɛd] *(esp. Amer. coll.)* **1.** *n.* Studentin, *die.* **2.** *adj.* koedukativ; Koedukations-; **~ school** gemischte Schule
co-edition [kəʊɪˈdɪʃn] *n.* gemeinsame Ausgabe
coeducation [kəʊɛdjʊˈkeɪʃn] *n.* Koedukation, *die*
coeducational [kəʊɛdjʊˈkeɪʃnl] *adj.* koedukativ; Koedukations-
coefficient [kəʊɪˈfɪʃnt] *n. (Math., Phys.)* Koeffizient, *der*
coelacanth ['si:ləkænθ] *n. (Zool.)* Coelacanthus, *der*
coequal [kəʊˈi:kwəl] *adj. (arch./literary)* ebenbürtig *(geh.)*

coerce [kəʊˈɜ:s] *v. t.* zwingen; **~ sb. into sth.** jmdn. zu etw. zwingen; **~ sb. into doing sth.** jmdn. dazu zwingen, etw. zu tun
coercion [kəʊˈɜ:ʃn] *n.* Zwang, *der*
coercive [kəʊˈɜ:sɪv] *adj.* Zwangs(*gewalt, -herrschaft, -gesetz, -maßnahmen*)
coexist [kəʊɪgˈzɪst] *v. i.* ⟨*Ideen, Überzeugungen*⟩ nebeneinander bestehen, koexistieren; **~ [together] with sb./sth.** neben jmdn./etw. bestehen; mit jmdn./etw. koexistieren
coexistence [kəʊɪgˈzɪstəns] *n.* Koexistenz, *die;* **peaceful ~**: friedliche Koexistenz
coexistent [kəʊɪgˈzɪstənt] *adj. (formal)* nebeneinander bestehend ⟨*Systeme, Regierungen*⟩
coextensive [kəʊɪkˈstɛnsɪv] *adj. (formal)* **be ~**: übereinstimmen; sich decken
C. of E. [si:əv'i:] *abbr.* **Church of England**
coffee ['kɒfi] *n.* a) **drink or have a cup of ~**: eine Tasse Kaffee trinken; **three black/white ~s** drei [Tassen] Kaffee ohne/mit Milch; **I was invited to ~**: ich bin zum Kaffee[trinken] eingeladen worden; b) *(colour)* Kaffeebraun, *das*
coffee: **~ bar** *n.* Café, *das; (in department store, university, etc.)* Erfrischungsraum, *der;* **~-bean** *n.* Kaffeebohne, *die;* **~-break** *n.* Kaffeepause, *die;* **~-cup** *n.* Kaffeetasse, *die;* **~ 'essence** *n.* Kaffee-Extrakt, *der;* **~-filter** *n.* Kaffeefilter, *der;* **~-grinder** *n.* Kaffeemühle, *die;* **~-grounds** *n. pl.* Kaffeesatz, *der;* **~-house** *n.* Café, *das; (Hist.)* Kaffeehaus, *das;* **~-machine, ~-maker** *ns.* Kaffeeautomat, *der;* **~-mill** *n.* Kaffeemühle, *die;* **~ morning** *n.* Morgenkaffee, *der (als Wohltätigkeitsveranstaltung);* **~ percolator** *n.* Kaffeemaschine, *die;* **~-pot** *n.* Kaffeekanne, *die;* **~ shop** *n.* Kaffeestube, *die;* Café, *das; (selling ~-beans etc.)* Kaffeegeschäft, *das;* **~ stall** *n.* Kaffeebar, *die; (serving other light refreshments also)* Erfrischungsstand, *der;* **~-table** *n.* Couchtisch, *der;* **~-table book** Bildband [in Luxusausstattung]
coffer ['kɒfə(r)] *n.* a) *(box)* Truhe, *die;* b) *in pl. (treasure, funds)* **the household ~s** die Privatschatulle; **the ~s of the government** der Staatssäckel *(scherzh.);* c) *(Archit.)* Kassette, *die;* d) ⟨*dam*⟩ Caisson, *der*
coffin ['kɒfɪn] *n.* Sarg, *der; see also* **nail 1 b**
cog [kɒg] *n. (Mech.)* Zahn, *der;* **be just a ~ [in the wheel/machine]** *(fig.)* bloß ein Rädchen im Getriebe sein
cogency ['kəʊdʒənsi] *n. (of argument, reason)* Stichhaltigkeit, *die; (of narration, description, slogan)* Überzeugungskraft, *die*
cogent ['kəʊdʒənt] *adj. (convincing)* überzeugend ⟨*Argument, Grund*⟩; zwingend ⟨*Grund*⟩; *(valid)* stichhaltig ⟨*Kritik, Analyse*⟩
cogently ['kəʊdʒəntli] *adv. see* **cogent**: überzeugend; zwingend; stichhaltig
cogitate ['kɒdʒɪteɪt] *(formal/joc.)* **1.** *v. i.* nachsinnen, nachdenken (**on** über + *Akk.*). **2.** *v. t.* nachsinnen, nachdenken über (+ *Akk.*)
cogitation [kɒdʒɪˈteɪʃn] *n. (formal/joc.)* Nachdenken, *das;* Nachsinnen, *das;* **after much ~**: nach langem Grübeln
cognac ['kɒnjæk] *n.* Cognac, *der* ⓌⓏ
cognate ['kɒgneɪt] *adj. (Ling.)* verwandt
cognisance, cognisant *see* **cognizance, cognizant**
cognition [kɒgˈnɪʃn] *n.* Erkenntnis, *die*
cognitive ['kɒgnɪtɪv] *adj.* kognitiv ⟨*Fähigkeiten*⟩; Erkenntnis⟨*gehalt, -kräfte*⟩
cognizance ['kɒgnɪzəns] *n. (formal)* a) *no pl.* Kenntnis, *die;* **have ~ of sth.** Kenntnis von etw. haben; **take ~ of sb./sth.** jmdn./etw. zur Kenntnis nehmen; b) *no pl. (right of) dealing with a matter legally)* Zuständigkeit, *die* (**of** in + *Dat.*)
cognizant ['kɒgnɪzənt] *adj. (formal)* a) *(having knowledge)* in Kenntnis (**of** *Gen.*); b) *(having jurisdiction)* zuständig (**of** für)

147

cognoscenti [kɒnjəˈʃenti:, kɒnjəˈʃenti] *n. pl.* Kenner
cog: ~-**railway** *n. (esp. Amer.)* Zahnradbahn, *die;* ~-**wheel** *n.* Zahnrad, *das*
cohabit [kəʊˈhæbɪt] *v.i.* zusammenleben; in eheähnlicher Gemeinschaft leben *(Rechtsspr.)*
cohabitation [kəʊhæbɪˈteɪʃn] *n.* Zusammenleben, *das;* eheähnliche Gemeinschaft *(Rechtsspr.)*
cohere [kəʊˈhɪə(r)] *v.i.* **a)** ⟨*Teile, Ganzes, Gruppe:*⟩ zusammenhalten; **b)** ⟨*Argumentation, Komposition, Aufsatz:*⟩ in sich *(Dat.)* geschlossen sein
coherence [kəʊˈhɪərəns] *n.* **a)** Zusammenhang, *der;* Kohärenz, *die (geh.); (in work, system, form)* Geschlossenheit, *die;* **b)** *(Phys.)* Kohärenz, *die*
coherent [kəʊˈhɪərənt] *adj.* **a)** *(cohering)* zusammenhängend; **b)** *(fig.)* zusammenhängend; kohärent *(geh.);* in sich *(Dat.)* geschlossen ⟨*System, Ganzes, Werk, Aufsatz, Form*⟩; **a** ~ **presentation of the facts** eine [in sich *(Dat.)*] stimmige Darlegung der Fakten; **c)** *(Phys.)* kohärent
coherently [kəʊˈhɪərəntlɪ] *adv.* zusammenhängend; im Zusammenhang
cohesion [kəʊˈhi:ʒn] *n.* **a)** *(sticking together)* Zusammenhängen, *das;* b) *(of substances)* Haften, *das;* **b)** *(fig.) (of group, state, community)* Zusammenhalt, *der;* Kohäsion, *die (geh.);* **c)** *(Phys.)* Kohäsion, *die*
cohesive [kəʊˈhi:sɪv] *adj.* geschlossen, in sich *(Dat.)* ruhend ⟨*Ganzes, Einheit, Form*⟩; stimmig ⟨*Stil, Argument*⟩; kohäsiv ⟨*Masse, Mischung*⟩
cohort [ˈkəʊhɔ:t] *n.* **a)** *(division of Roman army, band of warriors)* Kohorte, *die;* **b)** *(group)* Gruppe, *die;* **c)** *(Amer.: assistant, colleague)* Helfer, *der*/Helferin, *die*
coiffure [kwa:ˈfjʊə(r)] *n.* Frisur, *die;* Coiffure, *die (veralt., geh.)*
coil [kɔɪl] **1.** *v.t.* **a)** *(arrange)* aufwickeln; **the snake ~ed itself round a branch** die Schlange wand sich um einen Ast; **b)** *(twist)* aufdrehen; **the snake ~ed itself up** die Schlange rollte sich ein. **2.** *v.i.* **a)** *(twist)* ~ **round sth.** etw. umschlingen; **b)** *(move sinuously)* sich winden; ⟨*Rauch:*⟩ sich ringeln. **3.** *n.* **a)** ~**s of rope/wire/piping** aufgerollte Seile *Pl.*/aufgerollter Draht/aufgerollte Leitungen *Pl.;* **b)** *(single turn of coiled thing)* Windung, *die;* **c)** *(length of coiled rope etc.)* Stück, *das;* **d)** *(lock of hair)* Locke, *die;* **e)** *(contraceptive device)* Spirale, *die;* **f)** *(Electr.)* Spule, *die*
ˈ**coil spring** *n.* Spiralfeder, *die*
coin [kɔɪn] **1.** *n.* **a)** Münze, *die; (metal money)* Münzen *Pl.;* Münzgeld, *das;* **in** ~: in Münzen; **the other side of the** ~ *(fig.)* die Kehrseite der Medaille; **pay sb. in his own** ~ *(fig.)* jmdm. in *od.* mit gleicher Münze heimzahlen. **2.** *v.t.* **a)** *(invent)* prägen ⟨*Wort, Redewendung*⟩; **..., to** ~ **a phrase** *(iron.)* ..., um mich ganz originell auszudrücken; **b)** *(make)* prägen ⟨*Geld*⟩; ~ **money** *(fig.)* Geld scheffeln; **c)** *(make into money)* münzen ⟨*Gold, Silber usw.*⟩
coinage [ˈkɔɪnɪdʒ] *n.* **a)** *(system)* Währung, *die;* **b)** *(coins)* Münzen *Pl.;* Hartgeld, *das;* **c)** *(coining)* Prägung, *die;* Prägen, *das;* **d)** *(invention)* Prägung, *die;* **'astronaut' and 'sputnik' are modern** ~**s** „Astronaut" und „Sputnik" sind Neuprägungen
ˈ**coin-box telephone** *n.* Münzfernsprecher, *der*
coincide [kəʊɪnˈsaɪd] *v.i.* **a)** *(in space)* sich decken; ~ **with one another** sich decken; **b)** *(in time)* ⟨*Ereignisse, Veranstaltungen:*⟩ zusammenfallen; **c)** *(agree together, concur in opinion)* übereinstimmen (**with** mit); ~ **in sth.** in etw. *(Dat.)* übereinstimmen
coincidence [kəʊˈɪnsɪdəns] *n.* **a)** *(being coincident)* Deckungsgleichheit, *die; (of two points)* Zusammenfall, *der;* **b)** *(instance)* Zufall, *der;* **by pure** *or* **sheer** ~: rein zufällig; **it was a happy** ~: es traf sich gut; **by a curious** ~; **c)** *(of events)* Duplizität der Ereignisse; Koinzidenz, *die*
coincident [kəʊˈɪnsɪdənt] *adj. (formal) (in space)* deckungsgleich ⟨*Figuren*⟩; *(in time or place)* zusammenfallend; *(agreeing)* übereinstimmend; **be** ~ **with sth.** mit etw. deckungsgleich sein/zusammenfallen/übereinstimmen
coincidental [kəʊɪnsɪˈdentl] *adj.* zufällig; **be** ~ **with sth.** mit etw. zufällig zusammentreffen
coincidentally [kəʊɪnsɪˈdentlɪ] *adv.* gleichzeitig; *(by coincidence)* zufälligerweise
coiner [ˈkɔɪnə(r)] *n. (esp. Brit.)* Falschmünzer, *der*
ˈ**coin-operated** *adj.* Münz-
coir [ˈkɔɪə(r)] *n.* Coir, *das od. die;* Kokosfaser, *die*
coition [kəʊˈɪʃn], **coitus** [ˈkəʊɪtəs] *ns. (Med.)* Koitus, *der;* Beischlaf, *der*
coitus interruptus [kəʊɪtəs ɪntəˈrʌptəs] *n.* Coitus interruptus, *der*
Coke, (P) [kəʊk] *n. (drink)* Coke, *das* Ⓦ
ˈ**coke** [kəʊk] **1.** *n.* Koks, *der.* **2.** *v.t.* verkoken
²**coke** *n. (sl.: cocaine)* Koks, *der (salopp)*
col [kɒl] *n.* [Berg]sattel, *der*
Col. *abbr.* Colonel Obst.
col. *abbr.* column Sp.
cola [ˈkəʊlə] *n.* Cola, *das od. die (ugs.)*
colander [ˈkʌləndə(r)] *n.* Sieb, *das;* Durchschlag, *der*
cold [kəʊld] **1.** *adj.* **a)** kalt; **I feel** ~: ich friere; mir ist kalt; **her hands/feet were** ~: sie hatte kalte Hände/Füße; **b)** *(without ardour etc.)* kalt ⟨*Intellekt, Herz*⟩; betont kühl ⟨*Person, Ansprache, Aufnahme, Begrüßung*⟩; eiskalt ⟨*Handlung*⟩; unterdrückt ⟨*Wut*⟩; **go** ~ **on sth.** das Interesse an etw. *(Dat.)* verlieren; **leave sb.** ~: jmdn. kaltlassen *(ugs.);* **c)** *(dead)* kalt; **d)** *(sl.: unconscious)* bewußtlos; k.o. *(ugs.);* **he laid him out** ~: er schlug ihn k.o.; **the punch knocked him out** ~: durch den Schlag ging er bewußtlos zu Boden; **at sb.'s mercy) have sb.** ~: jmdn. am Kragen haben *(ugs.);* **f)** *(sexually frigid)* [gefühls]kalt; **g)** *(slow to warm)* kalt ⟨*Boden*⟩; **h)** *(Amer.: unrehearsed)* ohne Vorbereitung nachgestellt; **i)** *(chilling, depressing)* kalt ⟨*Farbe*⟩; nackt ⟨*Tatsache, Statistik*⟩; **j)** *(uninteresting)* fade ⟨*Geschichte*⟩; **the news is already** ~: für die Sache interessiert sich niemand mehr; **k)** *(Hunting)* kalt ⟨*Fährte*⟩; *(in children's games)* **you're** ~ **and getting** ~**er** kalt, noch kälter. **2.** *adv.* **a)** *(in cold state)* kalt; *(Amer.: without preparation)* kühl ⟨*handeln*⟩; *(Amer. sl.: completely)* voll *(salopp).* **3.** *n.* **a)** Kälte, *die;* **shiver with** ~: vor Kälte *(Dat.)* zittern; **be left out in the** ~ *(fig.)* links liegengelassen werden; **b)** *(illness)* Erkältung, *die;* ~ **[in the head]** Schnupfen, *der. See also* **blood 1 a, d**; **catch 1 e**; **cold turkey**; **fish 1 c**; **snap 3 e**; **water**
cold: ~-**blooded** [ˈkəʊldblʌdɪd] *adj.* **a)** wechselwarm ⟨*Tier*⟩; kaltblütig *(selten);* ~-**blooded animals** Kaltblüter *Pl.;* wechselwarme Tiere; **b)** *(callous)* kaltblütig ⟨*Person, Mord*⟩; ~ ˈ**chisel** *n. (Metalw.)* Kaltmeißel, *der;* ~ ˈ**comfort** *n.* ein schwacher Trost; ~ ˈ**cream** *n.* Cold Cream, *die od. das;* ~ ˈ**cuts** *n. pl.* Aufschnitt, *der;* ~ ˈ**feet** *n. (fig.)* **get/have** ~ **feet** kalte Füße kriegen *(ugs.)*/gekriegt haben *(ugs.);* ~ ˈ**frame** *n.* Frühbeet, *das;* ~ ˈ**front** *n. (Meteorol.)* Kaltfront, *die;* ~-**hearted** *adj.* kaltherzig
coldly [ˈkəʊldlɪ] *adv.* [betont] kühl; [eis]kalt ⟨*handeln*⟩
cold ˈmeat *n.* **a)** kaltes Fleisch; ~**s** Aufschnitt, *der;* **b)** *(sl.: corpse)* Kadaver, *der (salopp)*
coldness [ˈkəʊldnɪs] *n., no pl.* **a)** Kälte, *die;* **the** ~ **of the weather** die Kälte; das kalte Wetter; **b)** *(feeling cold)* Frieren, *das; (of hands, feet)* Kälte, *die;* **c)** *(lack of ardour etc.) (of heart, intellect)* Kälte, *die; (of person, attitude, manner, look)* betonte Kühle; **d)** *(of dead body, colour)* Kälte, *die*
cold: ~ ˈ**shoulder** *n. (fig.)* **give sb. the** ~ **shoulder** jmdn. schneiden; **get the** ~ **shoulder from sb.** von jmdm. geschnitten werden; ~-ˈ**shoulder** *v.t.* schneiden *(fig.);* ~ ˈ**steel** *n.* kalter Stahl *(dichter.);* Hieb- und Stichwaffen *Pl.;* ~ ˈ**storage** *n.* Kühllagerung, *die;* **put sth. in** ~ **storage** *(fig.)* etw. auf Eis legen *(fig.);* ~ ˈ**store** *n.* Kühlhaus, *das;* ~ ˈ**sweat** *n.* kalter Schweiß; **break out in a** ~ **sweat** in kalten Schweiß ausbrechen; ~ ˈ**turkey** *n. (Amer. sl.)* Totalentzug, *der;* **Cold turkey,** *der (Drogenjargon); attrib.* **the** ~ **turkey cure/treatment** Totalentzugstherapie, *die;* ~ ˈ**war** *n.* kalter Krieg; ~ ˈ**wave** *n.* Kältewelle, *die;* ~-ˈ**work** *v.t.* kaltformen ⟨*Metall*⟩
coleslaw [ˈkəʊlslɔ:] *n.* Kohl-, Krautsalat, *der*
coleus [ˈkəʊlɪəs] *n. (Bot.)* Buntnessel, *die*
colic [ˈkɒlɪk] *n.* Kolik, *die*
coliseum [kɒlɪˈsi:əm] *n. (Amer.)* Stadion, *das*
colitis [kəˈlaɪtɪs] *n. (Med.)* Entzündung des Dickdarms; Kolitis, *die (fachspr.)*
collaborate [kəˈlæbəreɪt] *v.i.* **a)** *(work jointly)* zusammenarbeiten; ~ **[with sb.] on sth.** zusammen [mit jmdm.] an etw. *(Dat.)* arbeiten; ~ **[with sb.] on or in doing sth.** mit jmdm. bei etw. zusammenarbeiten; **b)** *(co-operate with enemy)* kollaborieren *(abwertend);* zusammenarbeiten
collaboration [kəlæbəˈreɪʃn] *n.* Zusammenarbeit, *die; (with enemy)* Kollaboration, *die (abwertend);* **work in** ~ **with sb.** mit jmdm. zusammenarbeiten
collaborator [kəˈlæbəreɪtə(r)] *n.* Mitarbeiter, *der/*-arbeiterin, *die; (with enemy)* Kollaborateur, *der/*Kollaborateurin, *die (abwertend);* **they were** ~**s on this book** sie haben zusammen an diesem Buch gearbeitet
collage [ˈkɒlɑ:ʒ] *n.* Collage, *die*
collapse [kəˈlæps] **1.** *n.* **a)** *(of person) (physical, mental breakdown)* Zusammenbruch, *der; (heart-attack; of lung, blood-vessel, circulation)* Kollaps, *der; (cerebral haemorrhage)* Gehirnschlag, *der;* **b)** *(of tower, bridge, structure, wall, roof)* Einsturz, *der; (of tent)* Zusammenfallen, *das; (of table, chair)* Zusammenbruch, *der;* **c)** *(fig.: failure)* Zusammenbruch, *der; (of negotiations, plans, hopes)* Scheitern, *das; ⟨Zivilization, empire, society, system:⟩* Zerfall, *der; (of prices, currency)* Sturz, *der.* **2.** *v.i.* **a)** ⟨*Person:*⟩ zusammenbrechen; *(Med.)* kollabieren; ⟨*Lunge, Gefäß, Kreislauf:*⟩ kollabieren; **his circulation** ~**d** er erlitt einen Kreislaufkollaps; ~ **into tears** weinend zusammenbrechen; ~ **with laughter** *(fig.)* sich vor Lachen kugeln; **b)** ⟨*Zelt:*⟩ in sich zusammenfallen; ⟨*Tisch, Stuhl:*⟩ zusammenbrechen; ⟨*Turm, Brücke, Gebäude, Mauer, Dach:*⟩ einstürzen; **c)** *(fig.: fail)* ⟨*Verhandlungen, Pläne, Hoffnungen:*⟩ scheitern; ⟨*Zivilisation, Reich, Gesellschaft, System:*⟩ zerfallen; ⟨*Geschäft, Unternehmen usw.:*⟩ zusammenbrechen, zugrunde gehen; ⟨*Traum:*⟩ zerbrechen; ⟨*Preise, Währung:*⟩ [zusammen]stürzen; **d)** *(fold down)* ⟨*Fahrrohr, Spazierstock:*⟩ sich zusammenschieben lassen; ⟨*Regenschirm, Fahrrad, Tisch:*⟩ zusammenklappen lassen. **3.** *v.t.* zusammenklappen ⟨*Regenschirm, Fahrrad, Tisch*⟩; zusammenschieben ⟨*Fernrohr*⟩
collapsible [kəˈlæpsɪbl] *adj.* Klapp-, zusammenklappbar ⟨*Stuhl, Tisch, Fahrrad*⟩; Falt-, faltbar ⟨*Boot*⟩; zusammenschiebbar ⟨*Fernrohr*⟩; **it is** ~: es läßt sich zusammenklappen/falten/zusammenschieben

collar ['kɒlə(r)] 1. *n.* a) Kragen, *der;* **with ~ and tie** mit Krawatte; [**surgical**] ~: Halsmanschette, *die;* **hot under the ~** *(fig.)* *(embarrassed)* verlegen; *(angry)* wütend; b) *(for dog)* [Hunde]halsband, *das;* Halsung, *die (Jagdw.);* c) *(for horse)* Kumt, *das;* Kummet, *das;* d) *(on bolt, pipe, etc.)* Bund, *der.* 2. *v. t.* a) *(seize)* am Kragen kriegen *(ugs.);* schnappen *(ugs.);* b) *(sl.: appropriate)* sich *(Dat.)* unter den Nagel reißen *(salopp);* klemmen *(salopp)*
collar: ~**-bone** *n.* (Anat.) Schlüsselbein, *das;* ~**-button** *n.* a) (Brit.) Hemd[en]knopf, *der;* b) (Amer.: stud) Kragenknopf, *der;* ~**-stud** *n.* (esp. Brit.) Kragenknopf, *der*
collate [kə'leɪt] *v. t.* a) *(Bibliog.: compare)* kollationieren *(Buchw.)* ⟨Manuskripte, Druckbögen⟩; ~ **a copy with the original** eine Abschrift mit dem Original vergleichen; b) *(put together)* zusammenstellen ⟨Daten, Beweismaterial⟩
collateral [kə'lætərl] 1. *adj.* a) *(subordinate)* nebensächlich ⟨Dinge, Themen⟩; *(contributory)* ~ **evidence** zusätzliches Beweismaterial; b) ~ **relatives** Verwandte in den Seitenlinie. 2. *n.* a) *(person)* Kollateralverwandte, *der/die (veralt.)* b) *(property pledged as guarantee)* ~ [**security**] Sicherheiten *Pl.*
collation [kə'leɪʃn] *n.* a) Textvergleich, *der; (of book or set of sheets)* Kollationierung, *die (Buchw.);* b) *(light meal)* Imbiß, *der;* Kollation, *die (veralt., landsch.); (in RC Ch.)* Kollation, *die;* **cold** ~: kaltes Büfett
collator [kə'leɪtə(r)] *n.* (Computing) Mischer, *der*
colleague ['kɒli:g] *n.* Kollege, *der/*Kollegin, *die*
¹**collect** [kə'lekt] 1. *v. i.* a) *(assemble)* sich versammeln; b) *(accumulate)* ⟨Staub, Müll usw.:⟩ sich ansammeln. 2. *v. t.* a) *(assemble)* sammeln; aufsammeln ⟨Müll, leere Flaschen usw.⟩; ~ **volunteers** Freiwillige zusammenbringen; [**up**] **one's belongings** seine Siebensachen *(ugs.)* zusammensuchen; **she ~ed a lot of praise/good marks** viel Lob/viele gute Noten eingeheimst *(ugs.);* ~ **dust** Staub anziehen; b) *(coll.: fetch, pick up)* abholen ⟨Menschen, Dinge⟩; ~ **a parcel from the post office** ein Paket bei od. auf der Post abholen; ~ **sb. from the station** jmdn. am Bahnhof od. von der Bahn abholen; c) *(get from others)* eintreiben ⟨Steuern, Zinsen, Schulden⟩; [wohltätig] sammeln ⟨Geld, Altkleider⟩; kassieren ⟨Miete, Fahrgeld⟩; beziehen ⟨Zahlungen, Sozialhilfe⟩; einsammeln ⟨Fahrkarten⟩; ~ **on delivery** *(Amer.)* per Nachnahme; d) *(as hobby)* sammeln ⟨Münzen, Bücher, Briefmarken, Gemälde usw.⟩; e) *(regain control of)* ~ **one's wits/thoughts** seine Gedanken sammeln; f) *(coll. abs.: receive money)* abkassieren *(ugs.)* (*Amer.*) **a** ~ **telephone call** ein R-Gespräch; **a** ~ **telegram** ein Nachnahmetelegramm. 4. *adv.* (*Amer.*) **send a message** ~: eine vom Empfänger zu bezahlende Nachricht senden; **pay for the goods** ~: die Ware bei Lieferung bezahlen; **he called New York** ~: er führte ein R-Gespräch nach New York
²**collect** ['kɒlekt] *n.* (Eccl.) Altargebet, *das;* Kollekte, *die (veralt.)*
collected [kə'lektɪd] *adj.* a) *(gathered)* gesammelt; b) *(calm)* gesammelt; gelassen
collectedly [kə'lektɪdlɪ] *adv.* gesammelt; gelassen
collection [kə'lekʃn] *n.* a) *(collecting)* Sammeln, *das; (of rent, taxes, debts)* Eintreiben, *das; (coll. of goods, persons)* Abholen, *das;* **make** or **hold a** ~ **of old clothes** eine Altkleidersammlung durchführen; b) *(amount of money collected)* Sammlung, *die; (in church)* Kollekte, *die;* **take the** ~: einsammeln; c) *(of mail)* Abholung, *die; (from post-box)* Leerung, *die;* d) *(group collected) (of coins, books, stamps, paintings, etc.)* Sammlung, *die; (of fashionable clothes)* Kollektion, *die; (of people)* Ansammlung, *die;* e) *(accumulated quantity)* Ansammlung, *die*

collective [kə'lektɪv] 1. *adj.* kollektiv *nicht präd.;* gesamt *nicht präd.;* ~ **interests** gemeinsame Interessen; Gesamt- od. Kollektivinteressen; ~ **leadership/responsibility** kollektive Führung/Verantwortung; ~ **guilt** Kollektivschuld, *die;* ~ **agreement** Tarifvertrag, *der.* 2. *n.* a) Genossenschaftsbetrieb, *der;* b) see **collective noun**
collective: ~ **'bargaining** *n.* Tarifverhandlungen *Pl.;* ~ **'farm** *n.* landwirtschaftliche Produktionsgenossenschaft, LPG, *die (bes. DDR);* Kolchose, *die*
collectively [kə'lektɪvlɪ] *adv.* gemeinsam; **work/act** ~: gemeinsam arbeiten/handeln
collective: ~ **'noun** *n.* Kollektivum, *das;* Sammelbegriff, *der;* ~ **'ownership** *n.* Kollektiveigentum, *das* (**of an** + *Dat.*); Gemeineigentum, *das* (**of an** + *Dat.*); ~ **se'curity** *n.* kollektive Sicherheit
collectivism [kə'lektɪvɪzm] *n.* Kollektivwirtschaft, *die; (doctrine)* Kollektivismus, *der*
collector [kə'lektə(r)] *n.* a) *(of stamps, coins, etc.)* Sammler, *der/*Sammlerin, *die; (of taxes)* Einnehmer, *der/*Einnehmerin, *die; (of rent, cash)* Kassierer, *der/*Kassiererin, *die; (of jumble)* Abholer, *der/*Abholerin, *die;* see also **ticket-collector;** b) *(of electric train)* Stromabnehmer, *der*
collector: ~**'s item,** ~**'s piece** *ns.* Liebhaberstück, *das;* Sammlerstück, *das*
colleen [kɒ'li:n] *n.* (Ir.) *(junges)* Mädel
college ['kɒlɪdʒ] *n.* a) *(esp. Brit.: independent corporation in university)* College, *das;* b) *(small university)* [private] Hochschule; c) *(place of further education)* Fach[hoch]-schule, *die;* **military/naval** ~: Militär-/Marineakademie; **go to** ~ *(esp. Amer.)* studieren; **start** ~ *(esp. Amer.)* sein Studium aufnehmen; d) *(esp. Brit.: school)* Internatsschule, *die;* Kolleg, *das;* e) *(of physicians, surgeons)* [Ärzte]kammer, *die; (of cardinals)* Kollegium, *das*
College: ~ **of 'Arms** *n.* *(esp. Brit.)* Heroldsamt, *das;* ~ **of Edu'cation** Pädagogische Hochschule; *(for graduates)* Studienseminar, *das*
collegiate [kə'li:dʒət] *adj.* College(leben, -system usw.); **Oxford has a** ~ **structure/is a** ~ **university** die Universität von Oxford ist nach dem Collegesystem organisiert
collide [kə'laɪd] *v. i.* a) *(come into collision)* zusammenstoßen (**with** mit); ⟨Schiff:⟩ kollidieren; b) *(be in conflict)* zusammenprallen;
collie ['kɒlɪ] *n.* Collie, *der*
collier ['kɒlɪə(r)] *n.* a) see **coal-miner;** b) *(ship)* Kohlenschiff, *das*
colliery ['kɒljərɪ] *n.* Kohlengrube, *die*
collision [kə'lɪʒn] *n.* a) *(colliding)* Zusammenstoß, *der; (between ships)* Kollision, *die;* **come into** ~: zusammenstoßen; ⟨Schiffe:⟩ in Kollision geraten; kollidieren; **a head-on** ~ **of a car with a bus** or **between a car and a bus** ein Frontalzusammenstoß eines PKW mit einem Bus; b) *(fig.)* Konflikt, *der;* Kollision, *die;* **come into** ~ **with the law** in Konflikt mit dem Gesetz geraten
col'lision course *n.* *(lit. or fig.)* Kollisionskurs, *der* ≈ **on a** ~: auf Kollisionskurs
collocate ['kɒləkeɪt] 1. *v. t.* a) *(place together)* zusammenstellen; b) *(arrange)* [an]ordnen; c) *(put in a place)* aufführen *(fachspr.); (Ling.)* kombinieren *(fachspr.)* ⟨Wörter⟩. 2. *v. i.* (Ling.) kollokieren
collocation [kɒlə'keɪʃn] *n.* a) Zusammenstellung, *die; (arrangement)* Anordnung, *die; (Ling.: of words)* Kollokation, *die*
collocator ['kɒləkeɪtə(r)] *n.* (Ling.) Kollokator, *der*

colloid ['kɒlɔɪd] *n.* (Chem.) Kolloid, *das*
colloidal [kə'lɔɪdl] *adj.* (Chem.) kolloid[al]
colloquial [kə'ləʊkwɪəl] *adj.* umgangssprachlich; ~ **language** Umgangssprache, *die*
colloquialism [kə'ləʊkwɪəlɪzm] *n.* a) *(style)* Umgangssprache, *die;* b) *(a form)* umgangssprachlicher Ausdruck
colloquially [kə'ləʊkwɪəlɪ] *adv.* umgangssprachlich
colloquium [kə'ləʊkwɪəm] *n., pl.* **colloquia** [kə'ləʊkwɪə] Kolloquium, *das*
colloquy ['kɒləkwɪ] *n. (formal)* a) *no pl. (act of conversing)* Konversation, *die;* b) *(a conversation)* Unterhaltung, *die*
collusion [kə'lju:ʒn, kə'lu:ʒn] *n.* geheime Absprache; **act in** ~ **with sb.** mit jmdm. gemeinsame Sache machen
collywobbles ['kɒlɪwɒblz] *n. pl.* (coll.) *(feeling of apprehension)* flaues Gefühl *(ugs.)* [im Magen]; *(stomach-ache)* Bauchschmerzen *Pl.*
Cologne [kə'ləʊn] 1. *pr. n.* Köln *(das).* 2. *attrib. adj.* Kölner
cologne see **eau-de-Cologne**
Colombia [kə'lɒmbɪə] *pr. n.* Kolumbien *(das)*
Colombian [kə'lɒmbɪən] 1. *adj.* kolumbianisch. 2. *n.* Kolumbianer, *der/*Kolumbianerin, *die*
¹**colon** ['kəʊlən] *n.* Doppelpunkt, *der;* Kolon, *der (veralt.)*
²**colon** ['kəʊlən, 'kəʊlɒn] *n.* (Anat.) Grimmdarm, *der*
colonel [kɜ:nl] *n.* a) *(highest regimental officer)* Oberst, *der;* b) *(member of military junta)* Obrist, *der (abwertend).* See also **blimp a; chief 1 c**
colonial [kə'ləʊnɪəl] *adj.* a) *(of colony)* Kolonial-; kolonial; ~ **empire** Kolonialreich, *das;* C~ **Office** *(Hist.)* Kolonialministerium, *das;* b) *(Amer.: of period of British colonies)* kolonial; Kolonial-; ~ **architecture** Kolonialstil, *der*
colonialism [kə'ləʊnɪəlɪzm] *n.* Kolonialismus, *der*
colonialist [kə'ləʊnɪəlɪst] *n.* Kolonialist, *der/*Kolonialistin, *die; attrib.* kolonialistisch
colonic [kəʊ'lɒnɪk] *adj.* (Med.) Kolon-; des Grimmdarms *nachgestellt*
colonisation, colonise see **colonization, colonize**
colonist ['kɒlənɪst] *n.* Siedler, *der/*Siedlerin, *die;* Kolonist, *der/*Kolonistin, *die*
colonization [kɒlənaɪ'zeɪʃn] *n.* Kolonisation, *die;* Kolonisierung, *die*
colonize ['kɒlənaɪz] *v. t.* kolonisieren; besiedeln ⟨*unbewohntes Gebiet*⟩
colonnade [kɒlə'neɪd] *n.* (Archit.) Säulengang, *der;* Kolonnade, *die*
colony ['kɒlənɪ] *n.* Kolonie, *die;* **a** ~ **of artists/ants** eine Künstlerkolonie/ein Ameisenstaat
colophon ['kɒləfən] *n.* a) *(tailpiece)* Kolophon, *der;* b) *(on title-page)* Signet, *das*
color *(Amer.)* see **colour**
Colorado beetle [kɒlə'rɑ:dəʊ bi:tl] *n.* Kartoffelkäfer, *der;* Coloradokäfer, *der (fachspr.)*
coloration [kʌlə'reɪʃn] *n.* a) *(colouring)* Kolorierung, *die;* b) *(colour)* Färbung, *die*
coloratura [kɒlərə'tʊə-, kɒlərə'tjʊərə] *n. (Mus.)* Koloratur, *die;* ~ **soprano** Koloratursopran, *der*
colored *(Amer.)* see **coloured**
colossal [kə'lɒsl] *adj.* a) *(gigantic, huge)* ungeheuer; gewaltig ⟨Bauwerk⟩; b) *(of like a colossus)* riesenhaft, kolossal ⟨Mann, Statue⟩; c) *(coll.: remarkable, splendid)* ungeheuer, *(veralt.)* kolossal ⟨Irrtum, Glücksfall⟩
colossus [kə'lɒsəs] *n., pl.* **colossi** [kə'lɒsaɪ] *or* ~**es** Koloß, *der*
colostomy [kə'lɒstəmɪ] *n.* (Med.) Kolostomie, *die*

149

colour ['kʌlə(r)] *(Brit.)* **1.** *n.* **a)** Farbe, *die;* **primary ~s** Grundfarben *Pl.;* Primärfarben *Pl. (fachspr.);* **secondary ~s** Mischfarben *Pl.;* **what ~ is it?** welche Farbe hat es?; **see the ~ of sb.'s money** *(fig.)* Geld sehen *(ugs.);* **b)** *(Art, Her.)* Farbe, *die; (Art: colouring)* Farbe, *die;* Farbgebung, *die;* **a box of ~s** ein Mal- *od.* Tuschkasten; **c)** *(complexion)* [Gesichts]farbe, *die;* **change ~:** die Farbe ändern; *(go red/pale)* rot/blaß werden; **lose/gain ~:** die Farbe verlieren/wieder Farbe bekommen; **get one's ~ back** wieder etwas Farbe kriegen; **bring the ~ back to sb.'s cheeks** jmdm. die Farbe ins Gesicht zurückbringen; **he is/feels/looks a bit off ~ today** ihm ist heute nicht besonders gut/er fühlt sich heute nicht besonders gut/er sieht heute nicht besonders gut aus; **have a high ~:** rot im Gesicht sein; ein rotes Gesicht haben; **d)** *(racial)* Hautfarbe, *die;* **e)** *usu. in pl. (appearance, aspect)* Farben *Pl.;* **appear in its true ~s** sich so zeigen, wie es wirklich ist; **see sth. in its true ~s** etw. so sehen, wie es wirklich ist; **f)** *(appearance of reasonableness)* **give** *or* **lend ~ to sth.** etw. glaubhaft *od.* glaubwürdig erscheinen lassen; **g)** *(character, tone, quality, etc.)* Charakter, *der;* Gepräge, *das; (aspect, appearance)* Anstrich, *der;* **add ~ to a story** einer Erzählung Farbe *od.* Kolorit geben; **h)** *in pl. (ribbon, dress, etc., worn as symbol of party, club, etc.* Farben *Pl.;* **get** *or* **win one's ~s** *(Brit. Sport)* als Vollmitglied aufgenommen werden; **give sb. his ~s** *(Brit. Sport)* jmdn. als Vollmitglied aufnehmen; **show one's [true] ~s** *or* **oneself in one's true ~s** *(fig.)* sein wahres Gesicht zeigen; **i)** *in pl. (national flag)* Farben *Pl.;* **j)** *(flag)* Fahne, *die; (of ship)* Flagge, *die;* **Queen's/King's/regimental ~:** Regimentsfahne, *die (veralt.);* **join the ~s** *(Hist.)* den bunten Rock anziehen *(veralt.);* **come off/pass with flying ~s** *(fig.)* glänzend abschneiden; **nail one's ~s to the mast** *(fig.)* Farbe bekennen; sich zu seiner Überzeugung bekennen; **lower one's ~** *(fig.)* zurückstecken; **sail under false ~s** *(fig.)* unter falscher Flagge segeln; **k)** *(Mus.) (timbre, quality)* Klangfarbe, *die. See also* **troop 3. 2.** *v. t.* **a)** *(give ~ to)* Farbe geben (+ *Dat.);* **b)** *(paint)* malen; **~ in** ausmalen *⟨Bild, Figur⟩*; **~ a wall red** eine Wand rot anmalen; **c)** *(stain, dye)* färben *⟨Material, Stoff⟩*; **d)** *(disguise)* verstecken; **e)** *(misrepresent)* [schön]färben *⟨Nachrichten, Bericht⟩*; **f)** *(fig.: influence)* beeinflussen. **3.** *v. i.* **a)** *⟨Blätter, Trauben:⟩* sich verfärben; **b)** *(blush)* **~ [up]** erröten, rot werden

colouration *(Brit.) see* **coloration**

colour: ~ bar *n.* Rassenschranke, *die;* **~-blind** *adj.* farbenblind; **a ~-blind person** ein Farbenblinder/eine Farbenblinde; **~-blindness** *n.* Farbenblindheit, *die;* **~ code** *n.* Farbkennzeichnung, *die;* **~-coded** *adj.* mit Farbkennzeichnung nachgestellt

coloured ['kʌləd] *(Brit.)* **1.** *adj.* **a)** farbig; **yellow-/green-~** gelb/grün; **~ paper** *(for printing or wrapping)* farbiges Papier; *(for making designs)* Buntpapier, *das;* **~ pencil** Farbstift, *der;* **b)** *(of non-white descent)* farbig; **~ people** Farbige *Pl.;* **(S. Afr.: of mixed descent)* gemischtrassig; gemischtrassisch; **~ people** Mischlinge *Pl.* **2.** *n.* **a)** Farbige, *der/die;* **b)** *(S. Afr.: person of mixed descent)* Mischling, *der*

colour: ~-fast *adj.* farbecht; **~ film** *n.* Farbfilm, *der*

colourful ['kʌləfl] *adj. (Brit.)* bunt; farbenfroh, bunt *⟨Bild, Schauspiel⟩*; farbig, anschaulich *⟨Stil, Bericht⟩*; buntbewegt *⟨Zeitepoche, Leben⟩*

colourfully ['kʌləfəlɪ] *adv. (Brit.)* bunt; **~ dressed/striped/painted** buntgekleidet/-gestreift/-bemalt *attr.*

colouring ['kʌlərɪŋ] *n. (Brit.)* **(action)** Malen, *das;* **~ 'in** Ausmalen, *das;* **b)** *(colours)* Farben *Pl.;* **c)** *(facial complexion)* Teint, *der;* **d)** **~ [matter]** *(in food etc.)* Farbstoff, *der*

colouring-book *n.* Malbuch, *das*

colourless ['kʌləlɪs] *adj. (Brit.)* **a)** *(without colour)* farblos *⟨Flüssigkeit, Gas⟩*; *(pale)* blaß *⟨Teint⟩*; *(dull-hued)* grau, düster *⟨Bild, Stoff, Himmel, Meer⟩*; **b)** *(fig.)* farblos, langweilig *⟨Geschichte, Schilderung, Stil⟩*; unauffällig *⟨Person⟩*

colour: ~ magazine *see* **~ supplement; ~ photograph** *n.* Farbfotografie, -aufnahme, *die;* **~ photography** *n.* Farbfotografie, *die;* **~ printing** *n.* Farbdruck, *der;* **~ scheme** *n.* Farb[en]zusammenstellung, *die;* **~-sergeant** *n. (Mil.)* ≈ Hauptfeldwebel, *der;* **~ supplement** *n.* Farbbeilage, *die;* **(set)* Farbfernsehgerät, *das;* **~ transparency** *n.* Farbdia, *das*

colt [kəʊlt] *n.* **a)** [Hengst]fohlen, *das; (player in junior team)* Fohlen, *das;* **b)** *(inexperienced person) (girl)* Küken, *das (ugs.); (boy)* junger Dachs *(ugs.) od.* Springer *(ugs.)*

coltsfoot ['kəʊltsfʊt] *n., pl.* **~s** *(Bot.)* Huflattich, *der*

columbine ['kɒləmbaɪn] *n. (Bot.)* Akelei, *die*

Columbus [kə'lʌmbəs] *pr. n.* Kolumbus *(der)*

column ['kɒləm] *n.* **a)** Säule, *die;* **b)** *(in machine)* Ständer, *der; (of tripod)* Säule, *die;* **c)** *(of liquid, vapour, etc.)* Säule, *die;* **~ of mercury/smoke** Quecksilber-/Rauchsäule, *die;* **d)** *(division of page, table, etc.)* Spalte, *die;* Kolumne, *die;* **~ of figures** eine Zahlenkolonne; **in two ~s** zweispaltig; **e)** *(in newspaper)* Spalte, *die;* Kolumne, *die;* **the sports ~:** der Sportteil; **the gossip ~:** die Klatschspalte *(ugs. abwertend);* **f)** *(of troops, vehicles, ships)* Kolonne, *die;* **dodge the ~** *(fig. coll.)* sich drücken *(ugs.);* **g)** *(Amer.: party, faction)* Lager, *das*

columnar [kə'lʌmnə(r)] *adj.* säulenförmig

'**column-inch** *n.* advertisement of two **~es** ≈ Anzeige von 50 Millimeterzeilen

columnist ['kɒləmɪst] *n.* Kolumnist, *der*/Kolumnistin, *die;* **radio ~:** Rundfunkkommentator, *der*/-kommentatorin, *die*

coma ['kəʊmə] *n. (Med.)* Koma, *das;* **be in a ~:** im Koma liegen; **go into a ~:** ins Koma fallen; **b)** *(fig.: torpor)* Dämmerzustand, *der*

comb [kəʊm] **1.** *n.* **a)** *(also as tech. term)* Kamm, *der; (curry-~)* Striegel, *der;* **(action)* **give one's hair a ~:** sich *(Dat.)* die Haare kämmen; **b)** *(of honey)* Wabe, *die.* **2.** *v. t.* kämmen *⟨Haare, Flachs, Wolle⟩*; **sb.'s/one's hair** jmdm./sich die Haare kämmen; jmdn./sich kämmen; **~ sth. out of sb.'s hair** jmdm. etw. aus den Haaren kämmen; **b)** *(curry)* striegeln *⟨Pferd⟩*; **c)** *(search)* durchkämmen *⟨Gelände, Wald⟩*

~ 'out *v. t.* **a)** auskämmen *⟨Haare⟩*; **b)** *(separate for removal)* auskämmen; **c)** *(search)* durchkämmen; durchforsten

combat ['kɒmbæt] **1.** *n.* Kampf, *der;* **single ~:** Einzelkampf, *der; (duel)* Zweikampf, *der.* **2.** *v. t.* *(fig.: strive against)* bekämpfen. **3.** *v. i. (engage in battle or contest)* kämpfen

'**combat aircraft** *n.* Kampfflugzeug, *das*

combatant ['kɒmbətənt] **1.** *adj.* zur Kampftruppe gehörend. **2.** *n. (in war)* Kombattant, *der; (in duel)* Kämpfer, *der*

combat: ~ dress *n.* Kampfanzug, *der;* **~ fatigue** *n.* Frontneurose, *die*

combative ['kɒmbətɪv] *adj.,* **combatively** ['kɒmbətɪvlɪ] *adv.* streitlustig

combativeness ['kɒmbətɪvnɪs] *n., no pl.* Streitlust, *die*

combe *(Brit.) see* **coomb**

combed [kəʊmd] *adj.* gekämmt

comber ['kəʊmə(r)] *n. (wave, breaker)* Sturzwelle, *die*

combination [kɒmbɪ'neɪʃn] *n.* **a)** Kombination, *die;* **b)** *(Chem.)* Verbindung, *die;* **c)** *(Brit. Motor Veh.)* Motorrad mit Beiwagen; **d)** *in pl. (dated Brit.: undergarment)* Kombination, *die (veralt.);* Hemdhose, *die (veralt.)*

combi'nation lock *n.* Kombinationsschloß, *das*

combine 1. [kəm'baɪn] *v. t.* **a)** *(join together)* kombinieren; zusammenfügen **(into** zu); vereinigen *⟨Städte⟩*; **b)** *(possess together)* vereinigen; in sich *(Dat.)* vereinigen *⟨Eigenschaften⟩*; **c)** *(cause to coalesce)* verbinden *⟨Substanzen⟩*. **2.** *v. i.* **a)** *(join together, coalesce)* sich verbinden; **b)** *(co-operate)* zusammenwirken; *⟨Parteien:⟩* sich zusammentun. **3.** ['kɒmbaɪn] *n.* **a)** Konzern, *der; (in socialist economy)* Kombinat, *das;* **b)** *(machine)* = **[harvester]** Mähdrescher, *der;* Kombine, *die*

combined [kəm'baɪnd] *adj.* vereint; **a ~ operation** eine gemeinsame Operation

combings ['kəʊmɪŋz] *n. pl.* ausgekämmte Haare

combining form [kəm'baɪnɪŋ fɔːm] *n. (Ling.)* Wortbildungselement, *das*

combo ['kɒmbəʊ] *n., pl.* **~s** Combo, *die*

combust [kəm'bʌst] *v. t.* verbrennen

combustible [kəm'bʌstɪbl] *adj.* **a)** brennbar; **b)** *(fig.)* entflammbar; erregbar

combustion [kəm'bʌstʃn] *n.* Verbrennung, *die;* **~ chamber** *(Mech. Engin.) (of jet engine)* Brennkammer, *die; (of internal-combustion engine)* Verbrennungsraum, *der*

come [kʌm] **1.** *v. i.,* **came** [keɪm], **come** [kʌm] **a)** *(start or move towards or to sth. or sb.)* kommen; **~ here!** komm [mal] her!; **[I'm] coming!** [ich] komme schon!; **~ running up the road** angelaufen kommen; **~ running into the room** ins Zimmer gerannt kommen; **~ laughing into the room** lachend ins Zimmer kommen; **not know whether** *or* **if one is coming or going** nicht wissen, wo einem der Kopf steht; **~, ~!** aber ich bitte dich!; **~ [now]!** *(fig.) (encouraging)* komm!; *(don't be hasty)* [also] komm! *(ugs.);* **b)** *(arrive at a place)* kommen; **they came to a house/town** sie kamen zu einem Haus/in eine Stadt; **he has just ~ from school/America** er ist gerade aus der Schule/aus Amerika gekommen; **let 'em all ~!, ~ one ~ all** *(coll.)* sollen sie doch alle kommen!; **~ and see me soon** besuchen Sie mich bald einmal!; **the news came as a surprise** die Nachricht kam überraschend; **Christmas/Easter is coming** bald ist Weihnachten/Ostern; **c)** *(traverse)* kommen; **he has ~ a long way** er kommt von weit her; **the project has ~ a long way** *(fig.)* das Projekt ist schon weit gediehen; **[be brought]** kommen; **~ to sb.'s notice** *or* **attention/knowledge** jmdm. auffallen/zu Ohren kommen; **e)** *(enter)* kommen; **the train came into the station** der Zug fuhr in den Bahnhof ein; **f)** *(occur)* kommen; *(in list etc.)* stehen; **the adjective ~s before the noun** das Adjektiv steht vor dem Substantiv; **g)** *(become, be)* **the shoe-laces have ~ undone** die Schnürsenkel sind aufgegangen; **the handle has ~ loose** der Griff ist lose; **it ~s cheaper to buy things in bulk** es ist *od.* kommt billiger, en gros einzukaufen; **it all came right in the end** es ging alles gut aus; **it will all ~ right in the end** es wird schon alles gutgehen; **it ~s easily/naturally to him** das fällt ihm leicht; **what you say ~s to this: ...:** was du sagst, läuft auf Folgendes hinaus: ...; **when it ~s to cooking** wenn es ums Kochen geht; **~ to that, if it ~s to that** wenn es darum geht; **~ to oneself** zu sich selbst kommen; **have ~ to believe/realize that ...:** zu der Überzeugung/Einsicht gelangt sein, daß ...; **we came to know him better** wir lernten ihn allmählich *od.* nach und nach besser kennen; **h)** *(become present)* kommen; **in the coming week/month** kommende Woche/kommenden Monat; **be a**

come

coming man der kommende Mann sein; **this coming Christmas** Weihnachten dieses Jahr; **she had it coming to her** das hat sie sich *(Dat.)* selbst zu verdanken *(iron.)*; **you've got it coming to you if you go on behaving like that** du kannst dich auf was gefaßt machen, wenn du so weitermachst *(ugs.)*; **i) to** ~ *(future)* künftig; **in years to** ~: in künftigen Jahren; **for some time to** ~: [noch] für einige Zeit; **j)** *(be left or willed)* **he has a lot of money coming to him** er erbt einmal viel Geld; **the farm came to him on his father's death** beim Tod seines Vaters bekam er den Hof; **k)** *(be result)* kommen; **that's what ~s of grumbling** das kommt vom Schimpfen; **nothing came of it** es ist nichts daraus geworden; ~ **of noble parents** aus adligem Elternhaus stammen; **the suggestion came from him** der Vorschlag war od. stammte von ihm; **l)** *(reach, extend)* **the motorway ~s within 10 miles of us** die Autobahn ist nur zehn Meilen von uns entfernt; **m)** *(happen)* **how ~ is it that you ...?** wie kommt es, daß du ...?; **how did you ~ to break your leg?** wie hast du dir denn das Bein gebrochen?; **how** ~? *(coll.)* wieso?; weshalb?; ~ **what may** komme, was wolle *(geh.)*; ganz gleich, was kommt; **n)** *(be available)* ⟨*Waren:*⟩ erhältlich sein; **this dress ~s in three sizes** dies Kleid gibt es in drei Größen *od.* ist in drei Größen erhältlich; **as tough/clever/stupid as they** ~: zäh/schlau/ dumm wie sonstwas *(ugs.)*; **o)** *(sl.: play a part)* ~ **the bully with sb.** bei jmdm. den starken Mann markieren *(ugs.)*; ~ **the innocent with me** spiel mir nicht den Unschuldsengel vor! *(ugs.)*; **don't** ~ **that game with me** komm mir bloß nicht mit dieser Tour *od.* Masche! *(salopp)*; ~ **it strong** [es] übertreiben; ~ **it too strong** zu dick auftragen *(ugs.)*; **p) [next] Friday/next week** [nächsten] Freitag/nächste Woche; **it's two years** ~ **Christmas since we were divorced** Weihnachten sind wir zwei Jahre geschieden; **q)** *(sl.: have orgasm)* kommen *(salopp)*. **2.** *n. (sl.: semen)* Soße, *die (derb)*

~ a'bout *v. i.* **a)** passieren; **how did it** ~ **about that ...?** wie kam es, daß ...?; **b)** *(Naut.)* wenden

~ **across 1.** [-'-] *v. i.* **a)** *(be understood)* ⟨*Bedeutung:*⟩ verstanden werden; ⟨*Mitteilung, Rede:*⟩ ankommen *(ugs.)*; rüberkommen *(salopp)*; **b)** *(coll.: make an impression)* wirken (as wie); **he always wants to** ~ **across as a tough guy** er will immer den harten Burschen mimen *(ugs.)*; **c)** ~ **across with** *(coll.: give, hand over)* rausrücken *(ugs.)* ⟨*Geld, Schlüssel*⟩. **2.** [---] *v. t.* ~ **across sb./sth.** jmdm./ einer Sache begegnen; **have you** ~ **across my watch?** ist dir meine Uhr begegnet? *(ugs.)*

~ a'long *v. i. (coll.)* **a)** *(hurry up)* ~ **along!** komm/kommt!; nun mach/macht schon! *(ugs.)*; **b)** *(try harder)* ~ **along, now!** nun überleg aber mal!; **c)** *(make progress)* ~ **along nicely** gute Fortschritte machen; **her maths is coming along nicely** in Mathematik macht sie recht gute Fortschritte *od.* kommt sie recht gut voran; **d)** *(arrive, present oneself/itself)* ⟨*Person:*⟩ ankommen; ⟨*Gelegenheit, Stelle:*⟩ sich bieten; **he'll take any job that ~s along** er nimmt jede Job, der sich ihm bietet; **e)** *(to place)* mitkommen (with mit)

~ **at** *v. t.* **a)** herausfinden ⟨*Tatsachen, Wahrheit*⟩; **b)** *(attack)* losgehen auf (+ *Akk.*); **he came at me with a knife** er ging mit einem Messer auf mich los

~ a'way *v. i.* **a)** weggehen; **b)** *(become detached)* sich lösen **(from** von); **c)** *(be left)* ~ **away with the impression/feeling that ...**: mit dem Eindruck/Gefühl gehen, daß ...

~ 'back *v. i.* **a)** *(return)* zurückkommen; ⟨*Gedächtnis, Vergangenes:*⟩ wiederkehren; **b)** *(return to memory)* **it will** ~ **back [to me]** es wird mir wieder einfallen; **c)** ~ **back [into fashion]** wiederkommen; wieder in Mode kommen; **d)** *(retort)* ~ **back at sb. with sth.** jmdm. etw. entgegnen; **the team came back strongly** die Mannschaft spielte glänzend auf. *See also* **come-back**

~ **between** *v. t.* treten zwischen (+ *Akk.*)

~ **by 1.** ['--] *v. t. (obtain, receive)* kriegen *(ugs.)*; bekommen; **was the money honestly** ~ **by?** ist das Geld auf ehrliche Weise erworben worden? **2.** [-'-] *v. i.* vorbeikommen

~ 'down *v. i.* **a)** *(collapse)* herunterfallen; runterfallen *(ugs.)*; *(fall)* ⟨*Schnee, Regen, Preis:*⟩ fallen; **the beams came down on my head** die Balken fielen mir auf den Kopf; **b)** *(*~ *to place regarded as lower)* herunterkommen; runterkommen *(ugs.)*; *(*~ *southwards)* runterkommen *(ugs.)*; **c)** *(leave university)* ~ **down [from Oxford]** sein Studium [in Oxford] abschließen; **when he came down [from Oxford] he got married** als er sein Studium [in Oxford] abgeschlossen hatte, heiratete er; **d)** *(land)* [not]landen; *(crash)* abstürzen; ~ **down in a field** auf einem Acker [not]landen/auf einen Acker stürzen; **e)** *(be transmitted)* ⟨*Sage, Brauch:*⟩ überliefert werden; **f)** ~ **down to** *(reach)* reichen bis; **g)** ~ **down to** *(be reduced to)* hinauslaufen auf (+ *Akk.*); **h)** ~ **down to** *(be a question of)* ankommen (for auf + *Akk.*); **i)** *(be reduced; suffer change for the worse)* angewiesen sein (to auf + *Akk.*); **she has** ~ **down in the world** sie hat einen Abstieg erlebt; **j)** *(make a decision)* ~ **down in favour of sb./sth.** sich zugunsten jmds./einer Sache entscheiden; ~ **down on the side of sb./sth.** sich für jmdn./ etw. einsetzen; **k)** ~ **down on** *(rebuke, pounce on)* fertigmachen *(ugs.)*; ~ **down on sb. for sth.** jmdn. wegen etw. rankriegen *(ugs.)*; **l)** ~ **down with** bekommen ⟨*Krankheit*⟩. *See also* **come-down; earth 1a**

~ 'forth *v. i.* herauskommen

~ 'in *v. i.* **a)** *(enter)* hereinkommen; reinkommen *(ugs.)*; ~ **in! herein!; this is where we came in** *(fig.)* wie gehabt; **b)** *(Flut:)* kommen; **c)** *(be received)* ⟨*Nachrichten, Bericht:*⟩ hereinkommen; **d)** *(in radio communication)* melden; **C~ in, Tom, ~ in, Tom.** Over Tom melden, Tom melden. Ende; **e)** *(make next contribution to discussion etc.)* sich einschalten; **would you like to** ~ **in here, Mr Brown?** würden Sie bitte an dieser Stelle fortfahren, Mr. Brown?; **f)** *(become fashionable)* in Mode kommen; aufkommen; **g)** *(become seasonable or available)* reinkommen *(ugs.)*; **h)** *(gain power, be elected)* an die Regierung kommen; ans Ruder kommen *(ugs.)*; rankommen *(ugs.)*; **i)** *(take specified place in race)* einlaufen als *od.* durchs Ziel gehen als ⟨*erster usw.*⟩; **j)** *(as income)* ⟨*Geld:*⟩ hereinkommen; reinkommen *(ugs.)*; **k)** *(find a place; have a part to play)* **where do I** ~ **in?** welche Rolle soll ich spielen?; ~ **in on sth.** sich an etw. *(Dat.)* beteiligen; **l)** ~ **in for** erregen ⟨*Bewunderung, Aufmerksamkeit*⟩; auf sich *(Akk.)* ziehen; hervorrufen ⟨*Kritik*⟩

~ **into** *v. t. (enter)* hereinkommen in (+ *Akk.*); ⟨*Zug:*⟩ einfahren in ⟨*Bahnhof*⟩; ⟨*Schiff:*⟩ einlaufen in ⟨*Hafen*⟩; **b)** *(inherit)* erben ⟨*Vermögen*⟩; **c)** *(play a part)* **wealth does not** ~ **into it** Reichtum spielt dabei keine Rolle; **where do I** ~ **into it?** welche Rolle soll ich [dabei] spielen?

~ **near** *v. t.* ~ **near [to] doing sth.** drauf und dran sein, etw. zu tun *(ugs.)*; **he came near [to] committing suicide** er war kurz davor, sich das Leben zu nehmen

~ 'off **1.** [-'-] *v. i.* **a)** *(become detached)* ⟨*Griff, Knopf,*⟩ abgehen; *(be removable)* sich abnehmen lassen; ⟨*Fleck:*⟩ weg-, rausgehen *(ugs.)*; **b)** *(fall from sth.)* runterfallen; **c)** *(emerge from contest etc.)* abschneiden; **d)** *(succeed)* ⟨*Pläne, Versuche:*⟩ Erfolg haben, *(ugs.)* klappen; **the play/experiment/marriage/holiday didn't** ~ **off** das Stück war kein Erfolg/das Experiment war erfolglos/ die Ehe/der Urlaub war ein Reinfall *(ugs.)*; **e)** *(take place)* stattfinden; **the play/experiment/marriage/holiday did not** ~ **off** aus ihrer Hochzeit/ihrem Urlaub wurde nichts; **f)** *(coll.: have orgasm)* kommen *(salopp)*. **2.** *v. t.* ~ **off a horse/bike** vom Pferd/Fahrrad fallen; ~ **'off it!** *(coll.)* nun mach mal halblang! *(ugs.)*

~ **on 1.** [-'-] *v. i.* **a)** *(continue coming, follow)* kommen; ~ **on!** komm, komm/kommt, kommt!; *(encouraging)* na, komm schon; *(impatient)* na, komm schon; *(incredulous)* ach komm!; **I'll** ~ **on later** ich komme später nach; **b)** *(make progress)* **my work is coming on very well** meine Arbeit macht gute Fortschritte; mit meiner Arbeit geht es gut voran; **c)** *(begin to arrive)* ⟨*Nacht, Dunkelheit, Winter:*⟩ anbrechen; **the rain came on, it came on to rain** es begann zu regnen; **he thought he had a cold coming on** er glaubte, eine Erkältung zu kriegen; **d)** *(be heard or seen on television etc.)* gegeben werden; **the film/opera etc. doesn't** ~ **on till 8 o'clock** der Film/die Oper *usw.* ist erst um 8 Uhr; **e)** *(appear on stage or scene)* auftreten. *See also* **come-on. 2.** ['--] *v. t. see* ~ **upon**

~ 'out *v. i.* **a)** herauskommen; ~ **out [on strike]** in den Streik treten; **b)** *(emerge from examination etc.)* ~ **out top/second/bottom** am besten/zweitbesten/schlechtesten abschneiden; **c)** *(appear, become visible)* ⟨*Sonne, Knospen, Blumen:*⟩ herauskommen, *(ugs.)* rauskommen; ⟨*Sterne:*⟩ zu sehen sein; **d)** *(be revealed)* ⟨*Wahrheit, Nachrichten:*⟩ herauskommen, *(ugs.)* rauskommen; **the results came out negative** die Resultate waren negativ; **the answer came out wrong** das Ergebnis war falsch; **e)** *(be published, declared, etc.)* herauskommen, *(ugs.)* ⟨*Ergebnisse, Zensuren:*⟩ bekanntgegeben werden; **f)** *(be solved)* ⟨*Aufgabe, Rätsel:*⟩ sich lösen lassen; **g)** *(make début)* debütieren; **h)** *(be released from prison)* rauskommen *(ugs.)*; herauskommen; **i)** *(declare oneself)* ~ **out for or in favour of sth.** sich für etw. aussprechen; etw. befürworten; ~ **out against sth.** sich gegen etw. aussprechen; ~ **out** *(Homosexuelle[r]:)* sich öffentlich zu seiner Homosexualität bekennen; **k)** *(be satisfactorily visible)* herauskommen; **you have** ~ **out very well in all of these photos** du bist auf allen Fotos gut getroffen; **the photo has not** ~ **out** das Foto ist nichts geworden; **l)** *(be covered)* **his face came out in pimples** er bekam im ganzen Gesicht Pickel; **she came out in a rash** sie bekam einen Ausschlag; **m)** *(be moved)* ⟨*Fleck, Schmutz:*⟩ rausgehen *(ugs.)*; **n)** ~ **out with** herausrücken mit *(ugs.)* ⟨*Wahrheit, Fakten*⟩; loslassen *(ugs.)* ⟨*Flüche, Bemerkungen*⟩

~ 'over **1.** *v. i.* **a)** *(~ from some distance)* herüberkommen; **b)** *(change sides or opinions)* ~ **over to sb./sth.** sich jmdm./einer Sache anschließen; **c)** *see* ~ **across 1 b; d) she came over funny/dizzy** ihr wurde auf einmal ganz komisch/schwindlig *(ugs.)*; **he came over faint** ihm wurde plötzlich schwarz vor [den] Augen. **2.** *v. t. (coll.)* kommen über (+ *Akk.*); **what has** ~ **'over him?** was ist über ihn gekommen?

~ 'round *v. i.* **a)** *(make informal visit)* vorbeischauen; **b)** *(recover)* wieder zu sich kommen; **c)** *(be converted)* es sich [anders] *(Dat.)* überlegen; **he came round to my way of thinking** er hat sich meiner Auffassung *(Dat.)* angeschlossen; **d)** *(recur)* **Christmas ~s round again** wir haben wieder Weihnachten

~ 'through **1.** *v. i.* durchkommen. **2.** *v. t. (survive)* überleben

~ **to 1.** ['--] *v. t.* **a)** *(amount to)* ⟨*Rechnung,*

151

come-back

Gehalt, Kosten:) sich belaufen auf (+ *Akk.*); **his plans came to nothing** aus seinen Plänen wurde nichts; **he/it will never ~ to much** aus ihm wird nichts Besonderes werden/daraus wird nicht viel; **b)** *(inherit)* erben ⟨*Vermögen*⟩; **~ to oneself** see 2; **c)** *(arrive at)* **what is the world coming to?** wohin ist es mit der Welt gekommen?; **this is what he has ~ to** so weit ist es also mit ihm gekommen. **2.** [-'-] *v. i.* wieder zu sich kommen

~ to'gether *v. i.* ⟨*Menschen:*⟩ zusammenkommen; ⟨*Ereignisse:*⟩ zusammenfallen

~ under *v. t.* **a)** *(be classed as or among)* kommen unter (+ *Akk.*); **b)** *(be subject to)* geraten *od.* kommen unter (+ *Akk.*); **these shops have ~ under new management** diese Läden stehen unter neuer Leitung

~ 'up *v. i.* **a)** *(~ to place regarded as higher)* hochkommen; heraufkommen; *(~ northwards)* raufkommen *(ugs.);* **he ~s up to London every other weekend** er kommt jedes zweite Wochenende nach London; **b)** *(join university)* **~ up [to Cambridge]** sein Studium [in Cambridge] beginnen; **c)** **~ up to sb.** *(approach for talk)* auf jmdn. zukommen; **d) ~ up with sb.** *(get abreast)* jmdn. einholen; **e)** *(arise out of ground)* herauskommen; rauskommen *(ugs.);* **f)** *(be discussed)*⟨*Frage, Thema:*⟩ angeschnitten werden, aufkommen; ⟨*Name:*⟩ genannt werden; ⟨*Fall:*⟩ verhandelt werden; **g)** *(present itself)* sich ergeben; **~ up for sale/renewal** zum Kauf angeboten werden/erneuert werden müssen; **coming up** *(coll.: sth. is nearly ready)* kommt gleich; **h)** **~ up to** *(reach)* reichen bis an (+ *Akk.*); **(** be equal to**)** entsprechen (+ *Dat.*) ⟨*Erwartungen, Anforderungen*⟩; **i) ~ up against sth.** *(fig.)* auf etw. *(Akk.)* stoßen; **j)** **~ up with** vorbringen ⟨*Vorschlag*⟩; wissen ⟨*Lösung, Antwort*⟩; haben ⟨*Erklärung, Idee*⟩; geben, liefern ⟨*Informationen*⟩

~ upon *v. t.* **a)** *(attack)* kommen über (+ *Akk.*); **disaster/war came upon them** Unheil/Krieg kam über sie *(geh.) od.* brach über sie herein *(geh.);* **b)** *(meet by chance)* begegnen (+ *Dat.*)

~ with *v. t.* *(be supplied together with)* **this model ~s with ...:** zu diesem Modell gehört ...

'come-back *n.* **a)** *(return to profession etc.)* Comeback, *das;* **b)** *(sl.: retort)* Reaktion, *die;* **I got an immediate ~ from him that ...:** er entgegnete mir darauf sofort, daß ...; **c)** *(means of redress)* **have no ~:** [etw.] nicht beanstanden können

comedian [kəˈmiːdɪən] *n.* Komiker, *der*

comedienne [kəmiːdɪˈen, kəmedɪˈen] *n.* Komikerin, *die*

'come-down *n.* *(loss of prestige etc.)* Abstieg, *der*

comedy [ˈkɒmɪdɪ] *n.* **a)** *(Theatre)* Lustspiel, *das;* Komödie, *die;* **b)** *(humorous incident in life)* komischer Vorfall; **a ~ of errors** eine einzige Kette komischer Irrtümer; **c)** *(humour)* Witz, *der;* Witzigkeit, *die*

come-'hither *attrib. adj.* einladend

comeliness [ˈkʌmlɪnɪs] *n.*, *no pl.* Ansehnlichkeit, *die*

comely [ˈkʌmlɪ] *adj.* gutaussehend; ansehnlich

'come-on *n.* *(sl.) (lure)* **give sb. the ~:** jmdn. anmachen *(salopp)*

comer [ˈkʌmə(r)] *n.* **the competition is open to all ~s** an dem Wettbewerb kann sich jeder beteiligen; **the first ~:** derjenige, der zuerst kommt

comestible [kəˈmestɪbl] *n. usu. in pl.* Nahrungsmittel, *das*

comet [ˈkɒmɪt] *n. (Astron.)* Komet, *der*

comeuppance [kʌmˈʌpəns] *n.* **get one's ~:** die Quittung kriegen *(fig.)*

comfort [ˈkʌmfət] **1.** *n.* **a)** *(consolation)* Trost, *der;* **it is a ~/no ~ to know that ...:** es ist tröstlich/alles andere ist tröstlich zu

wissen, daß ...; **he takes ~ from the fact that ...:** er tröstet sich mit der Tatsache, daß ...; **b)** *(physical well-being)* Behaglichkeit, *die;* **live in great ~:** sehr behaglich *od.* bequem leben; **c)** *(person)* Trost, *der;* **be a ~ to sb.** jmdm. *od.* für jmdn. ein Trost sein; **d)** *(cause of satisfaction)* Tröstung, *die;* **e)** *usu. in pl. (things that make life easy)* Komfort, *der o. Pl.;* **with every modern ~** *or* **all modern ~s** mit allem modernen Komfort; **he likes his ~s** er schätzt sein gutes leibliches Wohl. See also **cold comfort**. **2.** *v. t.* trösten; *(give help to)* sich annehmen (+ *Gen.*)

comfortable [ˈkʌmfətəbl] **1.** *adj.* **a)** *(giving, having, providing comfort)* bequem ⟨*Bett, Sessel, Schuhe, Leben*⟩; komfortabel ⟨*Haus, Hotel, Zimmer*⟩; *(fig.)* ausreichend ⟨*Einkommen, Rente*⟩; **a ~ victory** ein leichter Sieg; **a ~ majority** eine gute Mehrheit; **b)** *(at ease)* **be/feel ~:** sich wohl fühlen; **make yourself ~:** machen Sie es sich *(Dat.)* bequem; **the patient/his condition is ~:** der Patient/er ist schmerzfrei; **c)** *(having an easy conscience)* **she didn't feel very ~ about it** ihr war nicht ganz wohl bei der Sache. **2.** *n. (Amer.)* Deckbett, *das*

comfortably [ˈkʌmfətəblɪ] *adv.* bequem; komfortabel ⟨*eingerichtet*⟩; gut, leicht ⟨*gewinnen*⟩; **they are ~ off** es geht ihnen gut

comforter [ˈkʌmfətə(r)] *n.* **a)** *(person)* Tröster, *der*/Trösterin, *die;* **b)** *(esp. Brit.: baby's dummy)* Schnuller, *der;* **c)** *(esp. Brit.: woollen scarf)* Schal, *der;* **d)** *(Amer.: warm quilt)* Deckbett, *das*

comforting [ˈkʌmfətɪŋ] *adj.* beruhigend ⟨*Gedanke*⟩; tröstend ⟨*Worte*⟩; wohlig ⟨*Wärme*⟩; **we gave her a ~ cup of tea** wir gaben ihr zur Beruhigung eine Tasse Tee

comfortless [ˈkʌmfətlɪs] *adj.* unbequem; ⟨*Hotel, Zimmer*⟩ ohne Komfort; ungemütlich ⟨*Mensch, Leben*⟩; unangenehm ⟨*Gedanke*⟩; unwirtlich ⟨*Landschaft, Welt*⟩

'comfort station *n. (Amer.)* öffentliche Toilette; Bedürfnisanstalt, *die (veralt.)*

comfrey [ˈkʌmfrɪ] *n. (Bot.)* Beinwell, *der;* Schwarzwurz, *die*

comfy [ˈkʌmfɪ] *adj. (coll.)* bequem, gemütlich ⟨*Hotel, Zimmer*⟩; **make yourself ~:** mach's dir gemütlich; **are you ~?** sitzt/liegst *usw.* du bequem?

comic [ˈkɒmɪk] **1.** *adj.* **a)** *(burlesque, funny)* komisch; belustigend; **b)** *(of or in the style of comedy)* humoristisch ⟨*Dichtung, Dichter*⟩; **~ relief** befreiende Komik. **2.** *n. (coll.)* **a)** *(comedian)* Komiker, *der*/Komikerin, *die;* **b)** *(periodical)* Comic-Heft, *das;* **c)** *(amusing person)* Witzbold, *der;* ulkiger Vogel *(ugs.)*

comical [ˈkɒmɪkl] *adj.* ulkig; komisch

comically [ˈkɒmɪkəlɪ] *adv.* ulkig; komisch

comic: **~ 'opera** *n. (lit. or fig.)* komische Oper; **~ strip** *n.* Comic, *der;* **~ strips** Comic strips; Comics

coming [ˈkʌmɪŋ] **1.** *adj. see* **come**. **2.** *n. (of person)* Ankunft, *die; (of time)* Beginn, *der; (of institution)* Einführung, *die;* **~s and goings** das Kommen und Gehen

comma [ˈkɒmə] *n.* Komma, *das*

command [kəˈmɑːnd] **1.** *v. t.* **a)** *(order, bid)* befehlen **(sb.** jmdm.); **he ~ed that the work should be done immediately** er befahl, die Arbeit sofort auszuführen; **b)** *(be in ~ of)* befehligen ⟨*Schiff, Armee, Streitkräfte*⟩; *(have authority over or control of)* gebieten über (+ *Akk.*) *(geh.);* beherrschen; **c)** *(have at one's disposal)* verfügen über (+ *Akk.*) ⟨*Gelder, Ressourcen, Mittel*⟩; *(restrain)* **~ oneself/one's temper** sich beherrschen; **e)** *(deserve and get)* verdient haben ⟨*Achtung, Respekt*⟩; **he ~s a high fee** er kann ein hohes Honorar verlangen; **f)** überragen ⟨*Küste, Stadt, Bucht, Hafen*⟩; **the hill ~s a fine view** der Berg bietet eine schöne Aussicht. **2.** *v. i.* **a)** *(be supreme)* befehlen; Be-

fehle geben; **b)** *(be in ~)* das Kommando *od.* die Befehlsgewalt haben. **3.** *n.* **a)** Kommando, *das; (in writing)* Befehl, *der;* **at** *or* **by sb.'s ~:** auf jmds. Befehl *(Akk.)* [hin]; **at the ~ 'halt'** auf das Kommando „stehenbleiben" [hin]; **word of ~:** Befehl, *der;* Kommando, *das;* **b)** *(exercise or tenure)* Kommando, *das;* Befehlsgewalt, *die;* **be in ~ of an army/ship** eine Armee/ein Schiff befehligen; **the army is under the ~ of General X** die Armee steht unter dem Befehl von General X; **have/take ~ of ...:** das Kommando über (+ *Akk.*) ... haben/übernehmen; **officer in ~:** befehlshabender Offizier; **c)** *(control, mastery, possession)* Beherrschung, *die;* **have a good ~ of French** das Französische gut beherrschen; **all the money at his ~:** das gesamte ihm zur Verfügung stehende Geld; **d)** *(body of troops)* Kommando, *das; (district under ~)* Abschnitt, *der;* Befehlsbereich, *der; (ship)* Schiff, *das;* **e)** *(Computing)* Befehl, *der*

commandant [ˈkɒməndænt] *n.* Kommandant, *der;* **C~-in-Chief** Oberbefehlshaber, *der*

commandeer [kɒmənˈdɪə(r)] *v. t.* **a)** *(take arbitrary possession of)* sich *(Dat.)* aneignen *(scherzh.);* **b)** *(seize for military service)* einziehen ⟨*Männer*⟩; beschlagnahmen, requirieren ⟨*Pferde, Vorräte, Gebäude*⟩

commander [kəˈmɑːndə(r)] *n.* **a)** *(one who commands)* Führer, *der;* Leiter, *der;* **b)** *(naval officer below captain)* Fregattenkapitän, *der;* **c)** *(Police)* Abschnittsleiter, *der;* **C~-in-Chief** Oberbefehlshaber, *der. See also* **wing commander**

commanding [kəˈmɑːndɪŋ] *adj.* **a)** gebieterisch ⟨*Persönlichkeit, Erscheinung, Stimme*⟩; imposant, eindrucksvoll ⟨*Statur, Gestalt*⟩; **be in a ~ position** Befehlsbefugnis haben; *(Sport)* stark in Führung liegen; **b)** beherrschend ⟨*Ausblick, Lage*⟩; **~ heights** *(fig.)* Kommandohöhen *Pl.*

commanding 'officer *n.* Befehlshaber, *der*/Befehlshaberin, *die*

commandment [kəˈmɑːndmənt] *n.* Gebot, *das;* **the Ten C~s** die Zehn Gebote

commando [kəˈmɑːndəʊ] *n., pl.* **~s** *(unit)* Kommando, *das;* Kommandotrupp, *der;* **b)** *(member of ~)* Angehöriger eines Kommando[trupp]s

command: **C~ Paper** *n. (Brit.)* königliche Parlamentsvorlage; **~ performance** *n.* königliche Galavorstellung; **~ post** *n.* Kommandozentrale, *die*

commemorate [kəˈmeməreɪt] *v. t.* gedenken (+ *Gen.*); **Easter ~s the resurrection of Christ** zu Ostern wird die Wiederauferstehung Christi gefeiert; **in order to ~ the victory** zum Gedenken an den Sieg

commemoration [kəmeməˈreɪʃn] *n.* **a)** *(act)* Gedenken, *das;* **b)** **the ~ of sb.'s death** das Gedenken an jmds. Tod *(Akk.);* **b)** *(church service)* Gedenkgottesdienst, *der*

commemorative [kəˈmemərətɪv] *adj.* Gedenk-; **~ of** zum Gedenken an (+ *Akk.*)

commence [kəˈmens] *v. t. & i.* beginnen; **building ~d** mit dem Bau wurde begonnen; **~ to do** *or* **~ doing sth.** beginnen, etw. zu tun

commencement [kəˈmensmənt] *n.* Beginn, *der*

commend [kəˈmend] *v. t.* **a)** *(praise)* loben ~ **sb. [up]on sth.** jmdn. wegen etw. loben; **~ sb./sth. to sb.** jmdm. jmdn./etw. empfehlen; **be highly ~ed** eine sehr gute Beurteilung bekommen; **b)** *(entrust to person's care)* anvertrauen

commendable [kəˈmendəbl] *adj.* lobenswert; löblich

commendably [kəˈmendəblɪ] *adv.* lobenswert

commendation [kɒmenˈdeɪʃn] *n.* **a)** *(praise)* Lob, *das; (official)* Belobigung, *die;*

commendatory

(award) Auszeichnung, *die;* **b)** *(act of commending)* Empfehlung, *die*
commendatory [kə'mendətərɪ] *adj.* lobend
commensurable [kə'menʃərəbl, kə'mensjərəbl] *adj.* **a)** vergleichbar **(with, to** mit); **b)** *(proportionate)* **be ~ with sth.** einer Sache *(Dat.)* entsprechen
commensurate [kə'menʃərət, kə'mensjərət] *adj.* **~ to** *or* **with** entsprechend (+ *Dat.*); **be ~ to** *or* **with sth.** einer Sache *(Dat.)* entsprechen
comment ['kɒment] **1.** *n.* **a)** *(explanatory note, remark)* Bemerkung, *die* (**on** über + *Akk.*); **b)** *(marginal note)* Anmerkung, *die* (**on** über + *Akk.*); **no ~!** *(coll.)* kein Kommentar!; **b)** *(criticism)* Rederei, *die (ugs.);* **c)** *no pl. (gossip)* Gerede, *das;* **d)** *(illustration)* Deutung, *die;* Beschreibung, *die.* **2.** *v.i.* **a)** *(make remarks)* **~ on sth.** über etw. *(Akk.)* Bemerkungen machen; **he ~ed that ...:** er bemerkte, daß ...; **b)** *(write explanatory notes)* **~ on a text/manuscript** einen Text/ein Manuskript kommentieren
commentary ['kɒməntərɪ] *n.* **a)** *(series of comments, expository treatise)* Kommentar, *der* (**on** zu); **b)** *(comment)* Erläuterung, *die* (**on** zu); **the sombre factories are a sad ~ upon our civilization** die düsteren Fabriken sind traurige Zeugnisse unserer Kultur; **c)** *(Radio, Telev.) [live* or *running]* **~ :** Live-Reportage, *die*
commentate ['kɒməntɛɪt] *v.i.* **~ on sth.** etw. kommentieren
commentator ['kɒmənteɪtə(r)] *n.* Kommentator, *der/*Kommentatorin, *die; (Sport)* Reporter, *der/*Reporterin, *die*
commerce ['kɒmɜːs] *n.* Handel, *der; (between countries)* Handel[sverkehr], *der;* **the world of ~:** die Geschäftswelt
commercial 1. *adj.* **a)** Handels-; kaufmännisch *(Ausbildung);* **the ~ world** die Geschäftswelt; **b)** *(interested in financial return)* kommerziell; **c)** *(impure)* handelsüblich. **2.** *n.* Werbespot, *der;* **during the ~s on TV** während der Fernsehwerbung
commercial: ~ 'art *n.* Gebrauchs-, Werbegraphik, *die;* **~ 'broadcasting** *n.* Werbefunk und -fernsehen; **~ college** *n.* Fach[hoch]schule für kaufmännische Berufe; [höhere] Handelsschule; **~ correspondence** *n.* Handelskorrespondenz, *die*
commercialise *see* **commercialize**
commercialism [kə'mɜːʃəlɪzəm] *n.* Kommerzialismus, *der*
commercialize [kə'mɜːʃəlaɪz] *v.t.* kommerzialisieren; vermarkten
commercially [kə'mɜːʃəlɪ] *adv.* kommerziell
commercial: ~ 'radio *n.* Werbefunk, *der;* **~ 'television** *n.* kommerzielles Fernsehen; Werbefernsehen, *das;* **~ 'traveller** *n.* Handelsvertreter, *der/*-vertreterin, *die; ~* **vehicle** *n.* Nutzfahrzeug, *das*
Commie ['kɒmɪ] *n. (sl.)* Rote, *der/die (abwertend)*
commingle [kə'mɪŋgl] *(formal)* **1.** *v.t.* vermischen. **2.** *v.i.* sich vermischen
commis [kə'miː] *adj.* **~ chef** Assistenzkoch, *der*
commiserate [kə'mɪzəreɪt] *v.i.* **~ with sb.** mit jmdm. mitfühlen; *(express one's commiseration)* jmdm. sein Mitgefühl aussprechen **(on** zu)
commiseration [kəmɪzə'reɪʃn] *n.* **a)** Mitgefühl, *das;* **b)** *in sing.* or *pl. (condolence)* Teilnahme, *die;* Beileid, *das*
commissar ['kɒmɪsɑː(r)] *n. (Hist.)* Kommissar, *der*
commissariat [kɒmɪ'seərɪət] *n.* Intendantur, *die*
commissary ['kɒmɪsərɪ, kə'mɪsərɪ] *n.* **a)** *(Mil.)* Verpflegungsoffizier, *der;* **b)** *(Amer.: store for supply of food etc.)* Laden, *der (auf Baustellen, in Lagern, Bergwerken usw.)*

commission

commission [kə'mɪʃn] **1.** *n.* **a)** *(authority)* Vollmacht, *die;* **b)** *(body of persons having authority, department of Commissioner)* Kommission, *die;* **c)** *(command, instruction)* Auftrag, *der;* Anweisung, *die;* **d) Royal C~** *(Brit.)* Königliche [Untersuchungs]kommission; **e)** *(warrant conferring authority)* Ernennung, *die;* Bestellung, *die; (in armed services)* Ernennungsurkunde, *die;* **f)** Offizierspatent, *das (veralt.);* **get one's ~:** zum Offizier ernannt werden; **resign one's ~:** aus dem Offiziersdienst ausscheiden; den Dienst quittieren *(veralt.);* **f)** *(pay of agent)* Provision, *die;* **sell goods on ~:** Waren auf Provisionsbasis verkaufen; **g)** *(act of committing crime etc.)* Begehen, *das;* Begehung, *die;* **h) in/out of ~** *(Kriegsschiff)* in/außer Dienst; *(Auto, Maschine, Lift usw.)* in/außer Betrieb. **2.** *v.t.* **a)** beauftragen *(Künstler);* in Auftrag geben *(Gemälde usw.);* **b)** *(empower by commission)* bevollmächtigen; **~ed officer** Offizier, *der;* **c)** *(give command of ship to)* zum Kapitän ernennen; **d)** *(prepare for service)* in Dienst stellen *(Schiff);* **e)** *(bring into operation)* in Betrieb setzen *(Kraftwerk, Fabrik)*
commissionaire [kəmɪʃə'neə(r)] *n. (esp. Brit.)* Portier, *der*
commissioner [kə'mɪʃənə(r)] *n.* **a)** *(person appointed by commission)* Beauftragte, *der/die; (of police)* Präsident, *der;* **b)** *(member of commission)* Kommissions-, Ausschußmitglied, *das;* **c)** *(representative of supreme authority)* Kommissar, *der;* **High C~:** Hochkommissar, *der;* **d) C~ for Oaths** Notar, *der/*Notarin, *die*
commit [kə'mɪt] *v.t.* -**tt**-: **a)** *(perpetrate)* begehen, verüben *(Mord, Selbstmord, Verbrechen, Raub);* begehen *(Dummheit, Bigamie, Fehler, Ehebruch);* **thou shalt not ~ adultery** *(Bibl.)* du sollst nicht ehebrechen; **b)** *(pledge, bind)* **~ oneself/sb. to doing sth.** sich/jmdn. verpflichten, etw. zu tun; **~ oneself to a course of action** sich auf eine Vorgehensweise festlegen; **c)** *(entrust)* anvertrauen **(to** *Dat.);* **~ sth. to a person/a person's care** jmdm. etw. anvertrauen; jmds. Obhut *(Dat.)* anvertrauen; **~ sth. to the flames/waves** etw. den Flammen/Wellen übergeben *(geh.);* **~ sth. to writing/paper** etw. zu Papier bringen; *see also* **memory a**; **d)** *(consign to custody)* **~ sb. for trial** jmdn. dem Gericht überstellen; **~ sb. to prison** jmdn. ins Gefängnis einliefern
commitment [kə'mɪtmənt] *n.* **a)** *(to course of action or opinion)* Verpflichtung **(to** gegenüber); *(by conviction)* Engagement, *das* **(to** für); **b)** *see* **committal a**
committal [kə'mɪtl] *n.* **a)** *(to prison)* Einlieferung, *die; (to hospital)* Einweisung, *die;* **b)** *(to grave)* Bestattung, *die;* **~ service** Bestattungsgottesdienst, *der*
committed [kə'mɪtɪd] *adj.* **a)** verpflichtet (**to** zu); festgelegt (**to** auf + *Akk.*); **b)** *(morally dedicated)* engagiert
committee [kə'mɪtɪ] *n.* Ausschuß, *der (auch Parl.);* Komitee, *das*
com'mittee-man, com'mittee-woman *ns.* Ausschußmitglied, *das*
commode [kə'məʊd] *n.* **a)** *(chest of drawers)* Kommode, *die;* **b)** *(chamber-pot)* [**night-**|**~**]: Nachtstuhl, *der*
commodious [kə'məʊdɪəs] *adj.* geräumig
commodity [kə'mɒdɪtɪ] *n.* **a)** *(utility item)* Gebrauchsgegenstand, *der; (not luxury)* Gebrauchsartikel, *der;* **a rare/precious ~** *(fig.)* etwas Seltenes/Kostbares; *(St. Exch.)* [vertretbare] Ware; *(raw material)* Rohstoff, *der*
commodore ['kɒmədɔː(r)] *n.* **a)** *(naval officer)* Flottilladmiral, *der;* **b)** *(of the squadron)* Kommodore, *der;* **c)** *(of yacht-club)* Präsident, *der/*Präsidentin, *die;* **d)** *(senior captain of shipping line)* Kommodore, *der*
common ['kɒmən] **1.** *adj.,* **~er** ['kɒmənə(r)],

commonplace

~est ['kɒmənɪst] **a)** *(belonging equally to all)* gemeinsam *(Ziel, Interesse, Sache, Unternehmung, Vorteil, Merkmal, Sprache);* **~ to all birds** allen Vögeln gemeinsam; *see also* **cause 1 d; consent 2 a; b)** *(belonging to the public)* öffentlich; **the ~ good** das Gemeinwohl; **a ~ belief** [ein] allgemeiner Glaube; **a ~ prostitute** *or* **harlot** *(arch.)* eine Straßendirne *(veralt.);* **a ~ criminal** ein gewöhnlicher *od.* gemeiner Verbrecher; **have the ~ touch** volkstümlich sein; **c)** *(usual)* gewöhnlich, normal; *(frequent)* häufig *(Vorgang, Erscheinung, Ereignis, Erlebnis);* allgemein verbreitet *(Sitte, Wort, Redensart);* allgemein bekannt *(Marke, Produkt); (Bot., Zool.: of the most familiar type)* gemein *(Farnkraut, Sperling usw.);* **a ~ sight** ein ganz gewöhnlicher *od.* alltäglicher Anblick; **such a thing is ~ nowadays** so etwas ist heutzutage ganz normal; *(is frequent)* kommt heutzutage häufig vor; **a word in ~ usage** ein Wort des allgemeinen Sprachgebrauchs; **drugs are in ~ use today** die Einnahme von Drogen ist heute weit verbreitet; **~ honesty/courtesy** [ganz] normale Ehrlichkeit/Höflichkeit; **~ or garden** *(coll.)* ganz normal *od.* normal; **a ~ or garden subject/programme** ein Feld-Wald-und-Wiesen-Thema/-Programm *(ugs.);* **a hotel out of the ~ run** ein Hotel, das über dem Durchschnitt liegt; **no ~ mind** ein außergewöhnlicher Kopf *(fig.);* **d)** *(without rank or position)* einfach; gemein *(veralt.); see also* **herd 1 b; e)** *(vulgar)* gemein; gewöhnlich *(abwertend),* ordinär *(ugs. abwertend) (Ausdrucksweise, Mundart, Aussehen, Benehmen);* **be as ~ as muck** schrecklich ordinär *od.* gewöhnlich sein; **f)** *(Math.)* gemeinsam; **g)** *(Ling.)* **~ noun** Gattungsbegriff, *der;* **~ gender** doppeltes Geschlecht. **2.** *n.* **a)** *(land)* Gemeindeland, *das;* Allmende, *die;* **b) have sth./nothing/a lot in ~ [with sb.]** etw./nichts/viel [mit jmdm.] gemein[sam] haben; **in ~ with most of his friends he wanted ...:** ebenso wie die meisten seiner Freunde wollte er ...; **c)** *(coll.: common sense)* Grips, *der (ugs.);* **use your ~!** denk doch mal ein bißchen nach! *(ugs.)*
common: C~ Agri'cultural Policy *n.* gemeinsame Agrarpolitik [der EG]; **~ 'cold** *n.* Erkältung, *die;* **~ de'nominator** *n. (Math.)* gemeinsamer Nenner; **the least** *or* **lowest ~ denominator** *(lit. or fig.)* der kleinste gemeinsame Nenner; **~ 'entrance** *n. (Brit.)* Aufnahmeprüfung für eine Privatschule
commoner ['kɒmənə(r)] *n.* **a)** *(one of the people)* Bürgerliche, *der/die;* **b)** *(student)* Student, *der,* kein Stipendium erhält
common: ~ 'factor *n. (Math.)* gemeinsamer Teiler; **~ 'ground** *n.* gemeinsame Basis; **~ 'knowledge** *n.* **it's [a matter of] ~ knowledge that ...:** es ist allgemein bekannt, daß ...; **~ land** *n.* Gemeindeland, *das;* **~ 'law** *n.* Common Law, *das;* **~-law** *adj.* **~-law marriage** eheähnliche Gemeinschaft; **she's his ~-law wife/he's her ~-law husband** sie lebt mit ihm/er lebt mit ihr in eheähnlicher Gemeinschaft
commonly ['kɒmənlɪ] *adv.* **a)** *(generally)* im allgemeinen; gemeinhin; **b)** *(vulgarly)* gewöhnlich *(abwertend)*
common: C~ 'Market *n.* Gemeinsamer Markt; **~ 'multiple** *n. (Math.)* gemeinsames Vielfaches; **the least** *or* **lowest ~ multiple** das kleinste gemeinsame Vielfache
commonness ['kɒmənnɪs] *n., no pl.* **a)** *(usualness)* Gewöhnlichkeit, *die;* Normalität, *die; (frequency)* Häufigkeit, *die;* **b)** *(vulgarity)* Gewöhnlichkeit, *die (abwertend)*
commonplace ['kɒmənpleɪs] **1.** *n. (platitude)* Gemeinplatz, *der; (anything usual or trite)* Alltäglichkeit, *die.* **2.** *adj.* nichtssagend, banal *(Person, Bemerkung, Buch);* alltäglich *(Angelegenheit, Ereignis)*

153

common: C~ ¹Prayer *n.* Liturgie, *die (der Kirche von England);* **the Book of C~ Prayer** *liturg. Buch der Kirche von England;* **~-room** *n. (Brit.)* Gemeinschaftsraum, *der; (for lecturers)* Dozentenzimmer, *das*
commons ['kɒmənz] *n. pl.* **a) the [House of] C~:** das Unterhaus; **b)** *(Brit.: common people)* einfache Volk, *das. See also* **short commons**
common: ~ **'sense** *n.* gesunder Menschenverstand; **~-sense** *adj.* vernünftig; gesund ⟨Ansicht, Standpunkt⟩; ~ **stock** *n. (Amer. Finance)* Stammaktien; ~ **time** *n. (Mus.)* Viervierteltakt, *der*
commonwealth ['kɒmənwelθ] *n.* **a) the [British] C~ [of Nations]** das Commonwealth; **C~ Day** Commonwealthtag, *der;* **b)** *(independent state)* Staat, *der;* Gemeinwesen, *das; (republic or democratic state)* Republik, *die;* **C~ of Australia** Australischer Bund; **c) the C~** *(Brit. Hist.)* die Republik unter Cromwell
commotion [kə'məʊʃn] *n. (noisy confusion)* Tumult, *der; (insurrection)* Aufruhr, *der;* **make a ~:** einen Tumult *od.* einen großen Spektakel veranstalten
communal ['kɒmjʊnl] *adj.* **a)** *(of or for the community)* gemeindlich; Gemeinde-, kommunal ⟨Verwaltung⟩; **~ living/life** Gemeinschaftsleben, *das;* **b)** *(for the common use)* gemeinsam; Gemeinschafts⟨-küche, -schüssel, -bad, -grab, -zelle, -ehe⟩
communally ['kɒmjʊnəlɪ] *adv.* gemeinsam; gemeinschaftlich; **be ~ owned** Gemeinschaftsbesitz sein
¹**commune** ['kɒmju:n] *n.* **a)** Kommune, *die;* **b)** *(territorial division)* Gemeinde, *die;* Kommune, *die*
²**commune** [kə'mju:n] *v. i.* **a)** ~ **with sb./sth.** mit jmdm./etw. Zwiesprache halten *(geh.);* ~ **together** miteinander Zwiesprache halten *(geh.);* **b)** *(Amer. Eccl.)* das Abendmahl empfangen *(RC Ch.)* kommunizieren
communicable [kə'mju:nɪkəbl] *adj.* übertragbar ⟨Krankheit⟩; vermittelbar, kommunizierbar ⟨Ideen, Informationen⟩
communicant [kə'mju:nɪkənt] *n. (RC Ch.)* Kommunizierende, *der/die; (Protestant Ch.)* Empfänger/Empfängerin des Abendmahls
communicate [kə'mju:nɪkeɪt] **1.** *v. t. (impart, transmit)* übertragen ⟨Wärme, Bewegung, Krankheit⟩; übermitteln ⟨Nachrichten, Informationen⟩; vermitteln ⟨Gefühle, Ideen⟩; **he ~d the plan to his friends** er teilte seinen Freunden den Plan mit. **2.** *v. i.* **a)** *(have common door)* verbunden sein; **communicating rooms** Zimmer mit einer Verbindungstür; **b)** ~ **with sb.** mit jmdm. kommunizieren; **she has difficulty in communicating** sie hat Kommunikationsschwierigkeiten; **c)** *(RC Ch.)* kommunizieren; *(Protestant Ch.)* das Abendmahl empfangen
communication [kəmju:nɪ'keɪʃn] *n.* **a)** *(imparting of disease, motion, heat, etc.)* Übertragung, *die; (imparting of news, information)* Übermittlung, *die; (imparting of ideas)* Vermittlung, *die;* ~ **with the spacecraft/the mainland** die Verbindung zum Raumschiff/Festland; ~ **among the deaf and dumb** die Verständigung unter Taubstummen; **b)** *(information given)* Mitteilung, *die* **(to an** + *Akk.);* **c)** *(interaction with sb.)* Verbindung, *die;* **lines of ~:** Verbindungslinien; **means/systems of ~:** Kommunikationsmittel/-systeme; **be in ~ with sb.** mit jmdm. in Verbindung stehen; **d)** *in pl. (conveying information)* Kommunikation, *die; (science, practice)* Kommunikationswesen, *das;* (*Mil.)* Nachschublinien *Pl.*
communication: **~-cord** *n.* Notbremse, *die;* ~ **link** *n.* Nachrichtenverbindung, *die;* **~s satellite** *n.* Nachrichten- *od.* Kommunikationssatellit, *der;* ~ **theory** *n.* Kommunikationstheorie, *die*

communicative [kə'mju:nɪkətɪv] *adj.* gesprächig; mitteilsam
communion [kə'mju:nɪən] *n.* **a)** **[Holy] C~** *(Protestant Ch.)* das [heilige] Abendmahl; *(RC Ch.)* die [heilige] Kommunion; **receive or take [Holy] C~:** das [heilige] Abendmahl/die [heilige] Kommunion empfangen; **b)** *(fellowship)* Gemeinschaft, *die;* **the ~ of saints** die Gemeinschaft der Heiligen; ~ **with nature/God** Zwiesprache mit der Natur/mit Gott
communion: **~-cup** *n.* Abendmahlskelch, *der;* **~-rail** *n.* Kommunionbank, *die;* ~ **service** *n.* Abendmahlsgottesdienst, *der*
communiqué [kə'mju:nɪkeɪ] *n.* Kommuniqué, *das*
communism ['kɒmjʊnɪzm] *n.* Kommunismus, *der;* **C~:** der Kommunismus
communist, Communist ['kɒmjʊnɪst] **1.** *n.* Kommunist, *der*/Kommunistin, *die.* **2.** *adj.* kommunistisch; **the C~ Party/Manifesto** die Kommunistische Partei/das Kommunistische Manifest; **~-led/-dominated** von Kommunisten angeführt/beherrscht
communistic [kɒmjʊ'nɪstɪk] *adj.* kommunistisch
community [kə'mju:nɪtɪ] *n.* **a)** *(organized body)* Gemeinwesen, *das;* **b)** *(persons living in same place, having common religion, etc.)* **the Jewish ~:** die jüdische Gemeinde; **a ~ of monks** eine Mönchsgemeinde; **c)** *no pl. (public)* Öffentlichkeit, *die;* **the ~ at large** die breite Öffentlichkeit; **d)** *(body of nations)* Gemeinschaft, *die;* **the ~ of nations** die Völkergemeinschaft; **e)** *no pl. (sharedness)* Gemeinschaft, *die;* **a sense of ~:** ein Gemeinschaftsgefühl
community: ~ **centre** *n.* Gemeindezentrum, *das;* Kulturhaus, *das;* ~ **charge** *n. (Brit.)* Gemeindesteuer, *die;* ~ **chest** *n. (Amer.)* Sozialfonds, *der (einer Gemeinde);* ~ **council** *n. (Brit.)* Gemeinderat, *der;* ~ **home** *n. (Brit.)* Jugendhof, *der;* Jugendwerkhof, *der (DDR);* ~ **medicine** *n.* Sozialhygiene, *die;* ~ **relations** *n. pl.* Verhältnis zwischen den Bevölkerungsgruppen; ~ **'service** *n. [freiwillig od. als Strafe auferlegter]* sozialer Dienst; ~ **singing** *n.* gemeinsames Singen; ~ **spirit** *n.* Gemeinschaftsgeist, *der*
commutable [kə'mju:təbl] *adj.* **a)** *(interchangeable)* austauschbar; **b)** *(convertible)* umwandelbar
commutation [kɒmjʊ'teɪʃn] *n.* **a)** *(of punishment)* Umwandlung, *die;* **b)** *(Electr.)* Kommutierung, *die*
commu'tation ticket *n. (Amer.)* Zeitkarte, *die*
commutator ['kɒmjʊteɪtə(r)] *n. (Electr.)* Kommutator, *der;* Stromwender, *der*
commute [kə'mju:t] **1.** *v. t.* **a)** *(change to sth. milder)* umwandeln ⟨Strafe⟩ **(to** in + *Akk.);* **b)** *(change to sth. different)* umwandeln; **c)** *(interchange)* austauschen ⟨Dinge, Begriffe⟩; **d)** *(make payment)* ablösen ⟨Verpflichtung, Schulden⟩ **(for, into** durch). **2.** *v. i.* **a)** *(travel daily)* pendeln; **b)** *(Amer.: hold season ticket)* eine Zeitkarte haben
commuter [kə'mju:tə(r)] *n.* Pendler, *der/*Pendlerin, *die*
com'muter belt *n.* großstädtischer Einzugsbereich
¹**compact** [kəm'pækt] **1.** *adj.* kompakt; komprimiert ⟨Stil, Sprache⟩. **2.** *v. t.* **a)** *(put firmly together)* zusammenpressen; **b)** *(fig.: condense)* zusammenfügen **(into** zu)
²**compact** ['kɒmpækt] *n.* **a)** Puderdose *[mit Puder(stein)],* *die;* **b)** *(Amer.: car)* Kompaktauto, *das;* Kompaktwagen, *der*
³**compact** *n. (agreement)* Vertrag, *der;* **a ~ with the devil** ein Pakt mit dem Teufel
compact 'disc *n.* Compact Disc, *die;* Kompaktschallplatte, *die*
compactly [kəm'pæktlɪ] *adv.* kompakt; komprimiert ⟨ausgedrückt⟩

compactness [kəm'pæktnɪs] *n., no pl.* Kompaktheit, *die*
companion [kəm'pænjən] *n.* **a)** *(one accompanying)* Begleiter, *der/*Begleiterin, *die;* **my travelling ~s** meine Reisebegleiter; **b)** *(associate)* Kamerad, *der/*Kameradin, *die;* Gefährte, *der/*Gefährtin, *die (geh.);* Genosse, *der/*Genossin, *die (veralt.);* **the ~s of his youth** seine Jugendgefährten; **his drinking ~s** seine Zechgenossen *(veralt.)* od. *(ugs.);* **c)** *(Brit.: of [knightly] order)* niedrigste Stufe verschiedener [Ritter]orden, z. B. **C~ of the Bath,** *(nicht ritterlich)* **C~ of Honour/Literature;** **d)** *(woman living with another)* Gesellschafterin, *die;* **e)** *(handbook)* Ratgeber, *der;* **Gardener's C~:** Ratgeber für den Gartenfreund; **C~ to Music/the Theatre** Musik-/Theaterführer, *der;* **f)** *(matching thing)* Gegenstück, *das;* Pendant, *das; attrib.;* **the ~ volume to ...:** der Begleitband zu ...; **g)** *(Astron.)* Begleiter, *der*
²**companion** *n. (Naut.)* **a)** Kajütskappe, *die;* **b)** *(stairs) see* **companion-way**
companionable [kəm'pænjənəbl] *adj.* freundlich
companion: ~ **hatch** *n. (Naut.)* Luke, *die;* Luk, *das (fachspr.);* **~-ladder** *n. (Naut.)* Niedergang, *der;* **~-set** *n.* Kaminbesteck, *das*
companionship [kəm'pænjənʃɪp] *n.* Gesellschaft, *die; (fellowship)* Kameradschaft, *die;* Freundschaft, *die*
com'panion-way *n. (Naut.)* Niedergang, *der*
company ['kʌmpənɪ] *n.* **a)** *(persons assembled, companionship)* Gesellschaft, *die;* **a ~ of ships** ein Schiffsverband; **expect/receive ~:** Besuch *od.* Gäste *Pl.* erwarten/empfangen; **for ~:** zur Gesellschaft; **two is ~, three is a crowd** zu zweit ist es gemütlich, ein Dritter stört; **keep one's own ~:** für sich bleiben; **he likes his own ~:** er ist gern für sich; **in ~ with sb.** in jmds. Gesellschaft *(Dat.);* **be in ~:** in Gesellschaft sein; **bear** *od.* **keep sb. ~:** jmdm. Gesellschaft leisten; **keep ~ with sb.** mit jmdm. verkehren; **part ~ with sb./sth.** sich von jmdm./etw. trennen; **b)** *(companion[s]):* **low ~:** schlechte Gesellschaft; **the ~ he keeps** sein Umgang; seine Gesellschaft; **be good/bad** etc. **~:** ein guter/schlechter Gesellschafter sein; **c)** *(guests)* Besuch, *der;* **d)** *(Commerc.)* Firma, *die;* ~ **car** Firmenwagen, *der;* **d)** *(Commerc.)* **Jones and C~:** Jones & Co.; **e)** *(of actors)* Truppe, *die;* Ensemble, *das;* **f)** *(of Guides)* Trupp, *der;* **g)** *(Mil.)* Kompanie, *die;* ~ **sergeant-major** Kompaniefeldwebel, *der;* **h)** *(Navy)* **ship's ~:** Besatzung, *die*
comparability [kɒmpərə'bɪlɪtɪ] *n., no pl.* Vergleichbarkeit, *die*
comparable ['kɒmpərəbl] *adj.* vergleichbar **(to,** with mit)
comparably ['kɒmpərəblɪ] *adv.* in vergleichbarer Weise; vergleichbar
comparative [kəm'pærətɪv] **1.** *adj.* **a)** vergleichend ⟨Anatomie, Sprachwissenschaft usw.⟩; ~ **religion** vergleichende Religionswissenschaft; **b)** *(estimated by comparison)* **the ~ merits/advantages of the proposals** die Vorzüge/Vorteile der Vorschläge im Vergleich; **c)** *(relative)* relativ; **in ~ comfort** relativ *od.* verhältnismäßig komfortabel; **with ~ ease** relativ *od.* verhältnismäßig leicht; **d)** *(Ling.)* komparativ *(fachspr.);* **the ~ degree** der Komparativ; **a ~ adjective/adverb** ein Adjektiv/Adverb im Komparativ; **~ in gesteigerter Adjektiv/Adverb. 2.** *n. (Ling.)* Komparativ, *der;* erste Steigerungsstufe
comparatively [kəm'pærətɪvlɪ] *adv.* **a)** *(by means of comparison)* vergleichend; im Vergleich; **b)** *(relatively)* relativ; verhältnismäßig
compare [kəm'peə(r)] **1.** *v. t.* **a)** vergleichen

comparison (to, with mit); ~ two/three *etc.* things zwei/drei *usw.* Dinge [miteinander] vergleichen; ~d with *or* to sb./sth. vergleichen mit *od.* im Vergleich zu jmdm./etw.; X is not to be ~d to Y X läßt sich nicht mit Y vergleichen; ~ notes about sth. Erfahrungen über etw. *(Akk.)* austauschen; **b)** *(Ling.)* steigern; komparieren *(fachspr.).* **2.** *v. i.* sich vergleichen lassen. **3.** *n. (literary)* beyond *or* without ~: unvergleichlich; lovely beyond ~: unvergleichlich *od.* einmalig reizvoll

comparison [kəmˈpærɪsn] *n.* **a)** *(act of comparing, simile)* Vergleich, *der;* the ~ of X and *or* with Y ein Vergleich von *od.* zwischen X und Y; in *or* by ~ [with sb./sth.] im Vergleich [zu jmdm./etw.]; this one is cheaper in *or* by ~: dieser ist vergleichsweise billiger; beyond [all] ~: über jeden Vergleich erhaben; there's no ~ between them man kann sie einfach nicht vergleichen; bear *or* stand ~: einem Vergleich standhalten; ~s are odious Vergleiche sind immer ungerecht; **b)** *(Ling.)* Steigerung, *die;* degrees of ~: Steigerungsstufe

compartment [kəmˈpɑːtmənt] *n. (in drawer, desk, etc.)* Fach, *das;* *(fig.)* Schubfach, *das;* *(of railway-carriage)* Abteil, *das;* *(Naut.)* Abteilung, *die*

compartmentalize [kɒmpɑːtˈmentəlaɪz] *v. t.* aufgliedern; *(excessively)* aufsplittern

compass [ˈkʌmpəs] **1.** *n.* **a)** *in pl.* [a pair of] ~es ein Zirkel, *der;* *(for navigating)* Kompaß, *der;* mariner's ~: Magnetkompaß, *der;* the four points of the ~: die vier Himmelsrichtungen; **c)** *(boundary)* Umkreis, *der;* **d)** *(extent)* Gebiet, *das; (fig.: scope)* Rahmen, *der;* beyond the ~ of the human mind jenseits des menschlichen Fassungsvermögens; in a small ~: im kleinen Rahmen; **e)** *(Mus.) (of instrument)* Tonraum, *der; (of voice)* Umfang, *der.* **2.** *v. t. (grasp mentally)* erfassen

'**compass card** *n.* Kompaß-, Windrose, *die*

compassion [kəmˈpæʃn] *n., no pl.* Mitgefühl, *das; (Bibl.)* Erbarmen, *das;* have *or* take ~ on sb. Mitleid mit jmdm. haben

compassionate [kəmˈpæʃənət] *adj.* mitfühlend; on ~ grounds aus persönlichen Gründen; *(for family reasons)* aus familiären Gründen

compassionate 'leave *n. (Brit.)* Sonderurlaub aus familiären Gründen

compatibility [kəmpætɪˈbɪlɪtɪ] *n., no pl. (consistency, mutual tolerance)* Vereinbarkeit, *die; (of people)* Zueinanderpassen, *das; (of equipment etc.)* Aufeinander-Abgestimmtsein, *das;* Zueinanderpassen, *das;* *(Computing)* Kompatibilität, *die; (of drugs)* Verträglichkeit, *die*

compatible [kəmˈpætɪbl] *adj. (consistent, mutually tolerant)* vereinbar; zueinander passend ⟨Menschen⟩; aufeinander abgestimmt, zueinander passend, *(Computing)* kompatibel ⟨Geräte, Maschinen⟩; verträglich ⟨Medikamente⟩

compatriot [kəmˈpætrɪət, kəmˈpeɪtrɪət] *n.* Landsmann, *der*/-männin, *die*

compel [kəmˈpel] *v. t.,* -ll- zwingen; ~ sb. to do sth. jmdn. [dazu] zwingen, etw. zu tun; ~ sb.'s admiration/respect jmdm. Bewunderung/Achtung abnötigen; he felt ~led to tell her er sah sich gezwungen *od.* genötigt, es ihr zu sagen

compelling [kəmˈpelɪŋ] *adj.* bezwingend

compellingly [kəmˈpelɪŋlɪ] *adv.* mit bezwingender Überzeugungskraft/Logik *usw.*

compendious [kəmˈpendɪəs] *adj.* kompendiarisch *(veralt.);* kurzgefaßt, knapp ⟨Buch, Aufzeichnungen⟩

compendium [kəmˈpendɪəm] *n., pl.* ~s *or* compendia [kəmˈpendɪə] Abriß, *der;* Kurzfassung, *die; (summary)* Kompendium, *das;* ~ of games Spielemagazin, *das*

compensate [ˈkɒmpənseɪt] **1.** *v. i.* **a)** *(make amends for)* ~ for sth. etw. ersetzen; ~ for injury *etc.* für etw. Verletzung *usw.* Scha-

den[s]ersatz leisten; **b)** *(Psych.)* ~ for sth. etw. kompensieren. **2.** *v. t.* **a)** ~ sb. for sth. jmdn. für etw. entschädigen; **b)** *(Mech.)* ausgleichen ⟨Pendel⟩

compensation [kɒmpənˈseɪʃn] *n.* **a)** Ersatz, *der; (for damages, injuries, etc.)* Schaden[s]ersatz, *der; (for requisitioned property)* Entschädigung, *die;* Ausgleichszahlung, *die;* £100 in ~ *or* by way of ~: 100 Pfund Schaden[s]ersatz; but he had the ~ of knowing that ...: aber er hatte die Genugtuung zu wissen, daß ...; growing old has its ~s das Altwerden hat auch seine guten Seiten; **b)** *(Psych.)* Kompensation, *die*

compère [ˈkɒmpeə(r)] *(Brit.)* **1.** *n.* Conférencier, *der;* Showmaster, *der.* **2.** *v. t.* konferieren ⟨Show⟩

compete [kəmˈpiːt] *v. i.* konkurrieren (for um); *(Sport)* kämpfen; ~ with sb./sth. mit jmdm. konkurrieren; he ~d against *or* with his rivals for the title er kämpfte gegen seine *od.* mit seinen Rivalen um den Titel; be in a race an einem Rennen teilnehmen; be [un]able to ~: [nicht] konkurrenzfähig sein; ~ with one another miteinander wetteifern

competence [ˈkɒmpɪtəns], **competency** [ˈkɒmpɪtənsɪ] *ns.* **a)** *(ability)* Fähigkeiten *Pl.;* a high degree of ~ in French sehr gute Französischkenntnisse; *(of native speaker)* hohe Sprachkompetenz im Französischen; **b)** *(Law)* Zuständigkeit, *die;* **c)** *(Ling.)* Kompetenz, *die*

competent [ˈkɒmpɪtənt] *adj.* **a)** *(qualified)* fähig; befähigt; not ~ to do sth. nicht kompetent, etw. zu tun; **b)** *(effective)* angemessen, adäquat ⟨Antwort, Kenntnisse⟩; **c)** *(appropriate)* angemessen, geboten; **d)** *(Law)* zuständig ⟨Richter, Gericht⟩; zugelassen ⟨Zeuge⟩; zulässig ⟨Beweismaterial⟩

competently [ˈkɒmpɪtəntlɪ] *adv.* sachkundig; kompetent

competition [kɒmpɪˈtɪʃn] *n.* **a)** *(contest)* Wettbewerb, *der; (in magazine etc.)* Preisausschreiben, *das;* **b)** *(those competing)* Konkurrenz, *die; (Sport)* Gegner *Pl.;* **c)** *(act of competing)* Konkurrenz, *die;* a spirit of ~: Konkurrenz- *od.* Wettbewerbsdenken, *das;* be in ~ with jmdm. konkurrieren *od.* im Wettbewerb stehen

competitive [kəmˈpetɪtɪv] *adj.* **a)** Leistungs-; ~ sports Leistungssport, *der;* ~ spirit Konkurrenz- *od.* Wettbewerbsdenken, *das;* a ~ examination eine Auswahlprüfung; on a ~ basis nach Leistung; **b)** *(comparable with rivals)* leistungs-, wettbewerbsfähig ⟨Preis, Unternehmen⟩; a very ~ market ein Markt mit starker Konkurrenz

competitively [kəmˈpetɪtɪvlɪ] *adv.* they were bidding ~: sie boten um die Wette *(ugs.);* these models are ~ priced der Preis dieser Modelle ist wettbewerbs- *od.* konkurrenzfähig

competitor [kəmˈpetɪtə(r)] *n.* Konkurrent, *der*/-kurrentin, *die;* Mitbewerber, *der*/-bewerberin *die (fachspr.); (in contest, race)* Teilnehmer, *der*/-nehmerin, *die; (for job)* Mitbewerber, *der*/-bewerberin, *die;* our ~s unsere Konkurrenz

compilation [kɒmpɪˈleɪʃn] *n.* Zusammenstellung, *die;* Kompilation, *die (geh.); (of dictionary, guidebook)* Verfassen, *das*

compile [kəmˈpaɪl] *v. t.* **a)** *(put together)* zusammenstellen; kompilieren *(geh.); (of nature)* verfassen ⟨Wörterbuch, Reiseführer⟩; **b)** *(accumulate)* sammeln ⟨Punkte⟩

compiler [kəmˈpaɪlə(r)] *n.* **a)** Verfasser, *der*/Verfasserin, *die;* Kompilator, *der*/Kompilatorin, *die (geh.);* **b)** *(Computing)* Compiler, *der*

complacency [kəmˈpleɪsənsɪ] *n., no pl.* Selbstzufriedenheit, Selbstgefälligkeit, *die*

complacent [kəmˈpleɪsənt] *adj.* selbstzufrieden; selbstgefällig

complain [kəmˈpleɪn] *v. i. (express dissatisfaction)* sich beklagen *od.* beschweren (about, at über + *Akk.*); ~ of sth. über etw. *(Akk.)* klagen; his continual ~ing sein ständiges Klagen; she ~s of [having] toothache sie klagt über Zahnschmerzen; I have nothing to ~ about/of ich habe keine Beanstandungen/ich kann nicht klagen

complaint [kəmˈpleɪnt] *n.* **a)** *(utterance of grievance)* Beanstandung, *die;* Beschwerde, *die;* Klage, *die; (formal accusation, expression of grief)* Klage, *die;* have/cause grounds for ~: Grund zur Klage haben/Anlaß zu Beschwerden geben; **b)** *(bodily ailment)* Leiden, *das;* a heart ~: ein Herzleiden

complaisance [kəmˈpleɪzəns] *n., no pl. (formal)* Entgegenkommen, *das; (deference)* Respekt, *der*

complaisant [kəmˈpleɪzənt] *adj. (formal)* entgegenkommend

complement 1. [ˈkɒmplɪmənt] *n.* **a)** *(what completes)* Vervollständigung, *die;* Komplement, *das (geh.);* **b)** *(full number)* a [full] ~: die volle Zahl; *(of people)* die volle Stärke; the ship's ~: die volle Schiffsbesatzung; **c)** *(Ling.)* Ergänzung, *die.* **2.** [ˈkɒmplɪment] *v. t.* ergänzen

complementary [kɒmplɪˈmentərɪ] *adj. (completing)* ergänzend; **b)** *(completing each other)* einander ergänzend; they are ~ to one another sie ergänzen einander

complementary 'colour *n.* Komplementärfarbe, *die*

complete [kəmˈpliːt] **1.** *adj.* **a)** vollständig; *(in number)* vollzählig; komplett; a ~ edition eine Gesamtausgabe; the ~ works of Schiller Schillers sämtliche Werke; make a ~ confession ein umfassendes Geständnis ablegen; a house ~ with contents ein Haus mit allem Inventar; **b)** *(finished)* fertig; abgeschlossen ⟨Arbeit⟩; fertiggestellt ⟨Gebäude, Bauwerk⟩; **c)** *(absolute)* völlig, total, komplett ⟨Idiot, Reinfall, Ignoranz⟩; absolut ⟨Chaos, Katastrophe⟩; vollkommen ⟨Ruhe⟩; total, *(ugs.)* blutig ⟨Anfänger, Amateur⟩; a ~ stranger ein völlig Fremder; meet with ~ approval uneingeschränkte Zustimmung finden; **d)** *(accomplished)* perfekt ⟨Sportler, Reiter, Gentleman *usw.*⟩. **2.** *v. t.* **a)** *(finish)* beenden; fertigstellen ⟨Gebäude, Arbeit⟩; abschließen ⟨Vertrag⟩; **b)** *(make whole)* vervollkommnen, vollkommen machen ⟨Glück⟩; vervollständigen, *(geh.)* komplettieren ⟨Sammlung⟩; **c)** *(make whole amount of)* vollzählig machen; vollmachen *(ugs.);* **d)** ausfüllen ⟨Fragebogen, Formular⟩

completely [kəmˈpliːtlɪ] *adv.* völlig, absolut *(erfolgreich)*

completeness [kəmˈpliːtnɪs] *n., no pl.* Vollständigkeit, *die; (in numbers)* Vollzähligkeit, *die*

completion [kəmˈpliːʃn] *n.* Beendigung, *die; (of building, work)* Fertigstellung, *die; (of contract)* Abschluß, *der; (of questionnaire, form)* Ausfüllen, *das;* on ~ of the course nach Abschluß des Kurses; on ~ of all the formalities nach Erledigung aller Formalitäten; on ~ of the sale bei Kaufabschluß

com'pletion date *n.* Datum der Fertigstellung/des Vertragsabschlusses

complex [ˈkɒmpleks] **1.** *adj.* **a)** *(complicated)* kompliziert; **b)** *(composite)* komplex; **c)** *(Ling.)* a ~ sentence ein Satzgefüge; **d)** *(Chem., Math.)* komplex. **2.** *n. also (Psych.)* Komplex, *der;* a [building] ~: ein Gebäudekomplex; have a ~ about sth. *(coll.)* Komplexe wegen etw. haben

complexion [kəmˈplekʃn] *n.* Gesichtsfarbe, *die;* Teint, *der; (fig.)* Gesicht, *das;* of various political ~s verschiedener politischer Richtungen; that puts a different ~ on the matter dadurch sieht die Sache schon anders aus

-complexioned [kəmˈplekʃnd] *adj.* in

155

comb. sallow-/fair-~: mit gelblichem Teint/mit hellem Teint
complexity [kəm'pleksɪtɪ] *n.* see **complex 1**: Komplexität, *die;* Kompliziertheit, *die*
compliance [kəm'plaɪəns] *n.* **a)** *(action)* Zustimmung, *die* (**with** zu); **act in ~ with sth.** gemäß etw. handeln; **b)** *(unworthy submission)* Unterwürfigkeit, *die;* Willfährigkeit, *die (geh.)*
compliant [kəm'plaɪənt] *adj.* unterwürfig; willfährig *(geh.)*
complicate ['kɒmplɪkeɪt] *v. t.* komplizieren; verkomplizieren
complicated ['kɒmplɪkeɪtɪd] *adj.* kompliziert
complication [kɒmplɪ'keɪʃn] *n.* **a)** Kompliziertheit, *die;* **b)** *(circumstance; also Med.)* Komplikation, *die*
complicity [kəm'plɪsɪtɪ] *n.* Mittäterschaft, *die;* Komplizenschaft, *die* (**in** bei)
compliment 1. ['kɒmplɪmənt] *n.* **a)** *(polite words)* Kompliment, *das;* **pay sb. a ~ [on sth.]** jmdm. [wegen etw.] ein Kompliment machen; **return the ~:** das Kompliment erwidern; *(fig.)* zurückschlagen; **my ~s to the chef** mein Kompliment dem Küchenchef; **b)** *in pl. (formal greetings)* Grüße *Pl.;* Empfehlung, *die;* **my ~s to your parents** eine Empfehlung an Ihre Eltern *(geh.);* **give them my ~s** bitte empfehlen Sie mich ihnen *(geh.);* bitte grüßen Sie sie von mir; **the ~s of the season** Grüße zum Fest; **with the ~s of the management/author** mit den besten Empfehlungen, die Geschäftsleitung/der Verfasser. **2.** [kɒmplɪ'ment] *v. t. (say polite words to)* ~ **sb. on sth.** jmdm. Komplimente wegen etw. machen
complimentary [kɒmplɪ'mentərɪ] *adj.* **a)** *(expressing compliment)* schmeichelhaft; **b)** *(given free as compliment)* Frei-; **a ~ ticket/copy** eine Freikarte/ein Freiexemplar
compline ['kɒmplɪn, 'kɒmplaɪn] *n. (Eccl.)* Komplet, *die*
comply [kəm'plaɪ] *v. i.* **with sth.** sich nach etw. richten; ~ **with a treaty/conditions** einen Vertrag/Bedingungen erfüllen; **he refused to ~:** er wollte sich nicht danach richten
component [kəm'pəʊnənt] **1.** *n.* **a)** Bestandteil, *der; (of machine)* [Einzel]teil, *das;* **b)** *(in manufacturing)* Teilfabrikat, *das;* **b)** *(Math.)* Komponente, *die.* **2.** *adj.* **a ~ part** ein Bestandteil; **the ~ parts of a car** die [Einzel]teile eines Wagens
comport [kəm'pɔːt] *v. refl. (formal)* sich verhalten
compose [kəm'pəʊz] *v. t.* **a)** *(make up)* bilden; **be ~d of** sich zusammensetzen aus; **b)** *(construct)* verfassen ⟨Rede, Gedicht, Liedertext, Libretto⟩; abfassen, aufsetzen ⟨Brief⟩; **c)** *(Mus.)* komponieren; **d)** *(Printing)* setzen; **e)** *(arrange)* in Ordnung bringen ⟨Aussehen, Kleider usw.⟩; ~ **oneself to** *or* **for an action** sich auf eine Handlung konzentrieren; ~ **one's thoughts** Ordnung in seine Gedanken bringen; **f)** *(calm)* ~ **oneself** sich zusammennehmen; **g)** *(put together)* anordnen, arrangieren ⟨Blumen, Sträucher usw.⟩
composed [kəm'pəʊzd] *adj. (calm)* gefaßt
composer [kəm'pəʊzə(r)] *n.* **a)** *(of music)* Komponist, *der/*Komponistin, *die;* **b)** *(of poem etc.)* Verfasser, *der/*Verfasserin, *die*
composite ['kɒmpəzɪt] **1.** *adj.* **a)** zusammengesetzt; **a ~ illustration/photograph** eine Bild-/Fotomontage; **b)** *(Bot.)* ~ **flower/plant** Korbblütler, *der;* Komposite, *die (fachspr.).* **2.** *n.* **a)** Gemisch, *das;* Komposition, *die (geh.);* **b)** *(Bot.)* Korbblütler, *der;* Komposite, *die (fachspr.)*
composition [kɒmpə'zɪʃn] *n.* **a)** *(act)* Zusammenstellung, *die; (construction)* Herstellung, *die; (formation of words)* Wortbildung, *die;* Komposition, *die (fachspr.);* **b)** *(constitution)* (**of** soil, *etc.*) Zusammensetzung, *die; (mental constitution)* Wesen, *das;* *(of picture)* Aufbau, *der;* **c)** *(composed thing)* *(mixture)* Gemisch, *das; (piece of writing)* Darstellung, *die; (essay)* Aufsatz, *der; (piece of music)* Komposition, *die;* **d)** *(construction in writing) (of sentences)* Konstruktion, *die; (of prose, verse)* Verfassen, *das; (literary production)* Schreiben, *das; (Mus.)* Komposition, *die;* Komponieren, *das; (art of ~)* Komposition, *die;* Kompositionslehre, *die;* **e)** *(Printing)* Setzen, *das;* Satz, *der;* **f)** *(formal: compromise)* Abmachung, *die; (with creditors etc.)* Vergleich, *der;* Akkord, *der; (sum paid to creditors)* Vergleichssumme, *die;* **g)** *(formal: of disagreement)* Beilegung, *die*
composition 'floor *n.* Estrich, *der*
compositor [kəm'pɒzɪtə(r)] *n. (Printing)* Schriftsetzer, *der/*-setzerin, *die*
compos mentis ['kɒmpɒs 'mentɪs] *adj.* zurechnungsfähig; bei Trost *(ugs.)*
compost ['kɒmpɒst] **1.** *n.* Kompost, *der; (fig.)* Nährboden, *der.* **2.** *v. t.* kompostieren
compost: ~ **heap,** ~ **pile** *ns.* Komposthaufen, *der*
composure [kəm'pəʊʒə(r)] *n.* Gleichmut, *der;* **lose/regain one's** ~: die Fassung verlieren/wiederfinden; **upset sb.'s** ~: jmdn. aus der Fassung bringen
compote ['kɒmpəʊt] *n.* Kompott, *das*
¹**compound 1.** ['kɒmpaʊnd] *adj.* **a)** *(of several ingredients)* zusammengesetzt; **a ~ substance** eine Verbindung; **b)** *(of several parts)* kombiniert; **a ~ word** ein zusammengesetztes Wort; eine Zusammensetzung; **c)** *(Zool.)* ~ **eye** Facettenauge, *das;* **d)** *(Med.)* ~ **fracture** komplizierter Bruch; **f)** *(Ling.)* zusammengesetzt ⟨Wort⟩; ~ **sentence** Satzreihe, *die.* **2.** *n.* **a)** *(mixture)* Mischung, *die;* **b)** *(Ling.)* Kompositum, *das;* Zusammensetzung, *die;* **c)** *(Chem.)* Verbindung, *die.* **3.** [kɒm'paʊnd] *v. t.* **a)** *(mix)* mischen ⟨Bestandteile⟩; *(fig.)* vereinigen; *(combine)* zusammensetzen ⟨Wort⟩; *(make up)* herstellen ⟨Präparat⟩; **be ~ed of ...:** sich aus ... zusammensetzen; **b)** *(increase, complicate)* verschlimmern ⟨Schwierigkeiten, Verletzung usw.⟩; **c)** *(formal: settle)* beilegen ⟨Affäre, Meinungsverschiedenheit⟩; ~ **with sb.** ⟨Schulden⟩. **4.** *v. i. (formal)* ~ **with sb. for sth.** sich mit jmdm. auf etw. *(Akk.)* einigen
²**compound** [kəm'paʊnd] *n.* **a)** *(enclosed space)* umzäuntes Gebiet *od.* Gelände, *das;* **prison ~:** Gefängnishof, *der;* **b)** *(enclosure round building)* Grundstück, *das;* **embassy ~:** Botschaftsgelände, *das*
compound interest [kɒmpaʊnd 'ɪntrɪst] *n. (Finance)* Zinseszinsen *Pl.;* Zinseszins, *der*
comprehend [kɒmprɪ'hend] *v. t.* **a)** *(understand)* begreifen; verstehen; **b)** *(include, embrace)* umfassen
comprehensibility [kɒmprɪhensɪ'bɪlɪtɪ] *n., no pl.* Faßlichkeit, *die;* Verständlichkeit, *die*
comprehensible [kɒmprɪ'hensɪbl] *adj.* faßbar; verständlich; ~ **only to specialists** nur Fachleuten *od.* für Fachleute verständlich
comprehensibly [kɒmprɪ'hensɪblɪ] *adv.* verständlich
comprehension [kɒmprɪ'henʃn] *n.* **a)** *(understanding)* Verständnis, *das;* **her behaviour is beyond my** ~: für ihr Benehmen habe ich kein Verständnis; **b)** ~ **[exercise/test]** Übung zum Textverständnis
comprehensive [kɒmprɪ'hensɪv] **1.** *adj.* **a)** *(inclusive)* umfassend; universal ⟨Verstand⟩; allseitig, universal ⟨Begriffsvermögen⟩; **b)** *(Sch.)* ~ **school** Gesamtschule, *die;* **go** ⟨Schule⟩: zur Gesamtschule [gemacht] werden; ⟨Stadt⟩: die Gesamtschule einführen; **c)** *(Insurance)* Vollkasko-; ~ **policy** Vollkaskoversicherung, *die;* **have you ~ insurance?** sind Sie vollkaskoversichert?. **2.** *n. (Sch.)* Gesamtschule, *die*

comprehensively [kɒmprɪ'hensɪvlɪ] *adv.* umfassend; ~ **beaten** deutlich geschlagen
comprehensiveness [kɒmprɪ'hensɪvnɪs] *n., no pl.* Allseitigkeit, *die;* **the ~ of the book is surprising** das Buch ist überraschend umfassend
compress 1. [kəm'pres] *v. t.* **a)** *(squeeze)* zusammenpressen (**into** zu); **b)** komprimieren ⟨Luft, Gas, Bericht⟩. **2.** ['kɒmpres] *n. (Med.)* Kompresse, *die*
compressed air [kəmprest 'eə(r)] *adj.* Druck-, Preßluft, *die*
compressible [kəm'presɪbl] *adj.* zusammendrückbar; *(Phys.)* kompressibel
compression [kəm'preʃn] *n.* Kompression, *die;* Verdichtung, *die*
compressor [kəm'presə(r)] *n.* Kompressor, *der;* Verdichter, *der*
comprise [kəm'praɪz] *v. t. (include)* umfassen; *(not exclude)* einschließen; *(consist of)* bestehen aus; *(compose, make up)* bilden
compromise ['kɒmprəmaɪz] **1.** *n.* Kompromiß, *der; attrib.* **decision/agreement** Kompromißentscheidung/-vereinbarung, *die.* **2.** *v. i.* Kompromisse/einen Kompromiß schließen (**with sb. over sth.** mit jmdm. einen Kompromiß in etw. *(Dat.)* schließen); **agree to ~:** einem Kompromiß zustimmen. **3.** *v. t. (bring under suspicion)* kompromittieren; *(bring into danger)* schaden (+ *Dat.*); ~ **oneself** sich kompromittieren; ~ **one's reputation** seinem Ruf schaden
compromising ['kɒmprəmaɪzɪŋ] *adj.* kompromittierend
comptroller [kən'trəʊlə(r)] *n.* Controller, *der;* Mitarbeiter des betriebswirtschaftlichen Rechnungswesens; **C~ General** ≈ Präsident des Rechnungshofes
compulsion [kəm'pʌlʃn] *n. (also Psych.)* Zwang, *der;* **be under no ~ to do sth.** keineswegs etw. tun müssen
compulsive [kəm'pʌlsɪv] *adj.* **a)** *(also Psych.)* zwanghaft; pathologisch ⟨Lügner⟩; **he is a ~ eater/gambler** er leidet unter Eßzwang/er ist dem Spiel verfallen; **b)** *(irresistible)* **this book is ~ reading/this TV programme is ~ viewing** von diesem Buch/dieser Fernsehsendung kann man sich nicht losreißen
compulsively [kəm'pʌlsɪvlɪ] *adv.* **do sth. ~:** etw. wie unter einem [inneren] Zwang tun
compulsorily [kəm'pʌlsərɪlɪ] *adv.* zwangsweise
compulsory [kəm'pʌlsərɪ] *adj.* obligatorisch; **be ~:** obligatorisch *od.* Pflicht sein; **a ~ subject** ein Pflichtfach; ~ **purchase** Enteignung, *die*
compunction [kəm'pʌŋkʃn] *n.* Schuldgefühle; Gewissensbisse *Pl.*
computation [kɒmpjʊ'teɪʃn] *n.* Berechnung, *die;* **form of ~:** Rechenart, *die*
compute [kəm'pjuːt] **1.** *v. t.* berechnen (**at** auf + *Akk.*). **2.** *v. i.* **a)** *(make reckoning)* rechnen; **b)** *(use computer)* Computer/einen Computer benutzen
computer [kəm'pjuːtə(r)] *n.* Computer, *der*
computer: ~-**aided,** ~-**assisted** *adjs.* computergestützt; ~ **'graphics** *n. pl.* Computergraphik, *die*
computerisation, computerise, computerised see **computeriz-**
computerization [kəmpjuːtəraɪ'zeɪʃn] *n.* Computerisierung, *die*
computerize [kəm'pjuːtəraɪz] *v. t.* computerisieren
computerized [kəm'pjuːtəraɪzd] *adj.* computerisiert
computer: ~-**'operated** *adj.* computergesteuert; rechnergesteuert; ~ **'processing** *n.* elektronische Datenverarbeitung, *die;* ~ **program** *n.* Programm, *das;* ~ **programmer** *n.* Programmierer, *der/*Programmiererin, *die;* ~ **programming** *n.* Programmieren, *das;* ~ **terminal** *n.* Ter-

minal, *das;* ~ **'typesetting** *n.* Computersatz, *der*
comrade ['kɒmreɪd] *n.* **a)** Kamerad, *der*/Kameradin, *die;* **~-in-arms** Kampfgefährte, *der;* Waffenbruder, *der (geh.);* **b)** *(Polit.)* Genosse, *der*/Genossin, *die*
comradely ['kɒmreɪdlɪ, 'kɒmrɪdlɪ] *adj.* kameradschaftlich
comradeship ['kɒmreɪdʃɪp, 'kɒmrɪdʃɪp] *n., no pl.* Kameradschaft, *die;* **a spirit of ~:** Kameradschaftsgeist
¹**con** [kɒn] *(coll.)* **1.** *n.* Schwindel, *der.* **2.** *v.t.,* -nn- **a)** *(swindle)* reinlegen *(ugs.);* **~ sb. out of sth.** jmdm. etw. abschwindeln *od. (ugs.)* abgaunern; **b)** *(persuade)* beschwatzen *(ugs.);* **~ sb. into sth.** jmdm. etw. aufschwatzen *(ugs.);* **~ sb. into believing sth.** jmdm. etw. einreden
²**con** *n., adv., prep. see* ¹**pro**
³**con** *n. (coll.: convict)* Knacki, *der (salopp);* Sträfling, *der (oft abwertend)*
⁴**con** *v.t.,* -nn- *(arch.: study)* sorgfältig durchlesen
concatenation [kɒnkætɪ'neɪʃn] *n. (lit. or fig.)* Verkettung, *die*
concave ['kɒnkeɪv] *adj.* konkav; **~ mirror/lens** Konkav- *od.* Hohlspiegel, *der*/Konkavlinse, *die*
concavity [kən'kævɪtɪ] *n.* Konkavität, *die*
conceal [kən'si:l] *v.t.* verbergen **(from** vor + *Dat.);* **~ the true state of affairs from sb.** jmdm. den wirklichen Sachverhalt verheimlichen; **~ vital facts** entscheidende Tatsachen unterschlagen
concealed [kən'si:ld] *adj.* verdeckt; **~ lighting** indirekte Beleuchtung
concealment [kən'si:lmənt] *n. see* **conceal:** Verbergen, *das;* Verheimlichung, *die;* Unterschlagung, *die;* **stay in ~:** sich versteckt halten
concede [kən'si:d] *v.t. (admit, allow)* zugeben; *(grant)* zugestehen, einräumen ⟨*Recht, Privileg*⟩; *(Sport)* abgeben ⟨*Punkte, Spiel*⟩ **(to** an + *Akk.*); **~** ⟨*Tor*⟩: ins Netz nehmen ⟨*Elfmeter*⟩; **~** [defeat] *(in election etc.)* seine Niederlage eingestehen
conceit [kən'si:t] *n.* **a)** *no pl. (vanity)* Einbildung, *die;* **b)** *in pl. (Lit.)* Konzetti *Pl.*
conceited [kən'si:tɪd] *adj.* eingebildet
conceitedly [kən'si:tɪdlɪ] *adv.* eingebildet
conceitedness [kən'si:tɪdnɪs] *n.* Einbildung, *die*
conceivable [kən'si:vəbl] *adj.* vorstellbar; **it's scarcely ~ that ...:** man kann sich *(Dat.)* kaum vorstellen, daß ...
conceivably [kən'si:vəblɪ] *adv.* möglicherweise; **he cannot ~ have done it** er kann es unmöglich getan haben
conceive [kən'si:v] **1.** *v.t.* **a)** empfangen ⟨*Kind*⟩; **b)** *(form in mind)* sich *(Dat.)* vorstellen *od.* denken; haben, kommen auf (+ *Akk.*) ⟨*Idee, Plan*⟩; **~ a dislike for sb./sth.** eine Abneigung gegen jmdn./etw. entwickeln; **~ a liking for sb./sth.** Zuneigung zu jmdm./etw. fassen; **when the idea was first ~d** als man erstmals auf die Idee kam; **c)** *(think)* meinen, glauben; **d)** *(express)* fassen; ausdrücken. **2.** *v.i.* **a)** *(become pregnant)* empfangen; **b)** **~ of sth.** sich *(Dat.)* etw. vorstellen
concentrate ['kɒnsəntreɪt] **1.** *v.t.* konzentrieren, zusammenziehen ⟨*Truppen, Flotte*⟩; zusammendrängen ⟨*Wissen, Informationen*⟩; **~ one's efforts/energies** [up]on sth. seine Bemühungen/Energien auf etw. *(Akk.)* konzentrieren; **~ one's mind on sth.** sich auf etw. *(Akk.)* konzentrieren; **~ the mind** jmds. Gedanken ausschließlich beschäftigen. **2.** *v.i.* sich konzentrieren **(on** auf + *Akk.*); **~ on doing sth.** sich darauf konzentrieren, etw. zu tun. **3.** *n.* Konzentrat, *das; (animal food)* Kraftfutter, *das*
concentrated ['kɒnsəntreɪtɪd] *adj.* konzentriert; geballt ⟨*Haß, Eifersucht*⟩
concentration [kɒnsən'treɪʃn] *n.* **a)** *(also Chem.)* Konzentration, *die;* **power[s] of ~:** Konzentrationsfähigkeit, *die;* Konzentrationsvermögen, *das;* **lose one's ~:** sich nicht mehr konzentrieren können; **b)** *(people brought together)* Ansammlung, *die; (of troops etc.)* Konzentration, *die*
concen'tration camp *n.* Konzentrationslager, *das;* KZ, *das*
concentric [kən'sentrɪk] *adj.* konzentrisch; **the circles were ~ with each other** die Kreise hatten einen gemeinsamen Mittelpunkt
concept ['kɒnsept] *n.* **a)** *(notion)* Begriff, *der;* **b)** *(idea)* Vorstellung, *die;* Konzept, *das;* **a new ~ in make-up** eine neue Make-up-Idee; ein neues Make-up-Konzept
conception [kən'sepʃn] **a)** *(idea)* Vorstellung, *die* **(of** von); **I had no ~ of how ...:** ich hatte keine Vorstellung, wie ...; **the original ~ of a picture** das ursprüngliche Konzeption eines Bildes; **b)** *(conceiving)* Vorstellungsvermögen, *das;* **great powers of ~:** ein großes Vorstellungsvermögen; **c)** *(of child)* Empfängnis, *die*
conceptual [kən'septjʊəl] *adj.* begrifflich
conceptualize [kən'septjʊəlaɪz] *v.t.* begrifflich fassen
conceptually [kən'septjʊəlɪ] *adv.* begrifflich; **the plan is ~ good** in der Vorstellung *od.* als Idee ist der Plan gut
concern [kən'sɜ:n] **1.** *v.t.* **a)** *(affect)* betreffen; **as ~s ...**, **so far as ... is ~ed** was ... betrifft; **all that ~s us is whether ...:** uns hat nur zu interessieren, ob ...; **'to whom it may ~'** ≈ „Bestätigung"; *(on certificate, testimonial)* ≈ „Zeugnis"; **b)** *(interest)* **~ oneself with** *or* **about sth.** sich mit etw. befassen; **she does not ~ herself with politics** sie kümmert sich nicht um Politik; **c)** *(trouble)* **the news/her health greatly ~s me** ich bin über diese Nachricht tief beunruhigt/ihre Gesundheit bereitet mir große Sorgen. **2.** *n.* **a)** *(relation)* **have no ~ with sth.** mit etw. nichts zu tun haben; **have a ~ in sth.** *(Dat.)* beteiligt sein *od.* einen Anteil haben; **b)** *(anxiety)* Besorgnis, *die; (interest)* Interesse, *das;* **a matter of general ~:** eine Sache, die alle beunruhigt/eine Sache von allgemeinem Interesse; **an expression of ~ on one's face** ein besorgter Gesichtsausdruck; **express ~:** Sorge ausdrücken; **c)** *(matter)* Angelegenheit, *die;* **that's no ~ of mine** das geht mich nichts an; **it's his ~:** das ist seine Sache *od.* seine Angelegenheit; **d)** *(firm)* Unternehmen, *das. See also* **going 2e**
concerned [kən'sɜ:nd] *adj.* **a)** *(involved)* betroffen; *(interested)* interessiert; **the people ~:** die Betroffenen; **the firms/countries ~:** die betroffenen Firmen/Länder; **we are not ~ with it** damit haben wir nichts zu tun; **where work/health etc. is ~:** wenn es um die Arbeit/die Gesundheit usw. geht; **as** *or* **so far as I'm ~:** was mich betrifft *od.* anbelangt; **not as far as I'm ~:** von mir aus nicht; **b)** *(implicated)* verwickelt **(in** in + *Akk.*); **c)** *(troubled)* besorgt; **I am ~ to hear/learn that ...:** ich höre/erfahre mit Sorge, daß ...; **I was ~ at the news** die Nachricht beunruhigte mich; **I am very ~ for** *or* **about him/his health** er/seine Gesundheit macht mir Sorgen
concerning [kən'sɜ:nɪŋ] *prep.* bezüglich
concernment [kən'sɜ:nmənt] *n.* **a)** Beteiligung, *die;* **b)** *(anxiety)* Sorge, *die*
concert **1.** ['kɒnsət] *n.* **a)** *(of music)* Konzert, *das;* **b)** *(agreement, union)* Übereinkunft, *die;* **work in ~ with sb.** mit jmdm. zusammenarbeiten; **c)** *(combined sounds)* Chor, *der;* Konzert, *das;* **in ~:** im Chor. **2.** [kən'sɜ:t] *v.t.* abstimmen ⟨*Maßnahmen, Pläne*⟩
concerted [kən'sɜ:tɪd] *adj.* vereint; gemeinsam; **~ action** eine konzertierte Aktion; **make a ~ effort** mit vereinten Kräften vorgehen
concert: **~-goer** *n.* Konzertbesucher, *der*/-besucherin, *die;* **~** '**grand** *n.* Konzertflügel, *der;* **~-hall** *n.* Konzertsaal, *der; (building)* Konzerthalle, *die*
concertina [kɒnsə'ti:nə] **1.** *n. (Mus.)* Konzertina, *die;* **2.** *v.i.* wie eine Ziehharmonika zusammengeschoben werden
'**concert-master** *n. (esp. Amer.)* Konzertmeister, *der*
concerto [kən'tʃɑ:təʊ, kən'tʃeətəʊ] *n., pl.* **~s** *or* **concerti** [kən'tʃeətɪ:] *(Mus.)* Konzert, *das*
concert: **~ overture** *n. (Mus.)* Konzertouvertüre, *die;* **~ pianist** *n.* Konzertpianist, *der*/-pianistin, *die;* **~ pitch** *n.* Kammerton, *der*
concession [kən'seʃn] *n.* Konzession, *die; (voluntary yielding)* Zugeständnis, *das*
concessionaire [kənseʃə'neə(r)] *n.* Konzessionär, *der*/Konzessionärin, *die*
concessionary [kən'seʃənərɪ] *adj.* Konzessions-; **~ rate/fare** ermäßigter Tarif
concessionnaire *see* **concessionaire**
concessive [kən'sesɪv] *adj. (Ling.)* konzessiv; einräumend; **a ~ clause** ein Konzessivod. Einräumungssatz
conch [kɒntʃ, kɒŋk] *n. (Zool.)* Meeresschnecke, *die; (shell)* Gehäuse einer Meeresschnecke
concierge ['kɔ:nsɪeəʒ, 'kɒnsɪeəʒ] *n.* Concierge, *der*/*die; (in hotel)* Empfangschef, *der*
conciliate [kən'sɪlɪeɪt] *v.t.* **a)** *(reconcile)* in Einklang bringen ⟨*Gegensätze, Theorien*⟩; **b)** *(pacify)* besänftigen; beschwichtigen
conciliation [kənsɪlɪ'eɪʃn] *n.* **a)** *(reconcilement)* Versöhnung, *die;* **b)** *(pacification)* Besänftigung, *die;* Beschwichtigung, *die;* **c)** *(in industrial relations)* Schlichtung, *die;* **~ board** Schlichtungsausschuß, *der*
conciliator [kən'sɪlɪeɪtə(r)] *n.* Schlichter, *der*/Schlichterin, *die*
conciliatory [kən'sɪljətərɪ] *adj.* versöhnlich; *(pacifying)* beschwichtigend; besänftigend
concise [kən'saɪs] *adj.* kurz und prägnant; knapp, konzis ⟨*Stil*⟩; **be ~** ⟨*Person:*⟩ sich knapp fassen; **a ~ dictionary** ein Handwörterbuch
concisely [kən'saɪslɪ] *adv.* kurz und prägnant; knapp, konzis ⟨*schreiben*⟩
conciseness [kən'saɪsnɪs], **concision** [kən'sɪʒn] *ns., no pl.* Kürze, *die;* Prägnanz, *die*
conclave ['kɒnkleɪv] *n.* **a)** *(RC Ch.)* Konklave, *das;* **b)** *(private meeting)* Klausurtagung, *die*
conclude [kən'klu:d] **1.** *v.t.* **a)** *(end)* beschließen; beenden; **b)** *(infer)* schließen; folgern; **c)** *(reach decision)* beschließen; **~ from the evidence that ...:** auf Grund des Beweismaterials zu dem Schluß kommen, daß ...; **d)** *(agree on)* schließen ⟨*Bündnis, Vertrag*⟩. **2.** *v.i. (end)* schließen
concluding [kən'klu:dɪŋ] *attrib. adj.* abschließend
conclusion [kən'klu:ʒn] *n.* **a)** *(end)* Abschluß, *der;* **in ~:** zum Schluß; **b)** *(result)* Ausgang, *der;* **c)** *(decision reached)* Beschluß, *der;* **come to a ~:** einen Beschluß fassen; **d)** *(inference)* Schluß, *der;* **draw** *or* **reach a ~:** zu einem Schluß kommen; **e)** *(Logic)* [Schluß]folgerung, *der* Konklusion, *die (fachspr.);* **f)** *(agreement)* Abschluß, *der*
conclusive [kən'klu:sɪv] *adj.* schlüssig
conclusively [kən'klu:sɪvlɪ] *adv.* abschließend ⟨*regeln*⟩; schlüssig ⟨*beweisen, belegen*⟩; eindeutig ⟨*klären*⟩
conclusiveness [kən'klu:sɪvnɪs] *n., no pl.* Schlüssigkeit, *die*
concoct [kən'kɒkt] *v.t.* zubereiten; zusammenbrauen ⟨*Trank*⟩; *(fig.)* sich *(Dat.)* ausdenken ⟨*Geschichte*⟩; aushecken ⟨*Komplott, Intrige usw.*⟩; sich *(Dat.)* zurechtlegen ⟨*Ausrede, Alibi*⟩

concoction [kən'kɒkʃn] n. a) (preparing) Zubereitung, die; b) (drink) Gebräu, das; (meal) Fraß, der (ugs.)
concomitant [kən'kɒmɪtənt] (formal) 1. adj. begleitend; (simultaneous) gleichzeitig; ~ circumstances Begleitumstände. 2. n. Begleiterscheinung, die
concord ['kɒŋkɔːd, 'kɒnkɔːd] n. a) (agreement) Eintracht, die; b) (treaty) Freundschaftsvertrag, der; c) (Mus.) Harmonie, die; d) (Ling.) Kongruenz, die
concordance [kən'kɔːdəns] n. a) (formal) (agreement) Übereinstimmung, die; b) (index) Konkordanz, die
concordant [kən'kɔːdənt] adj. (formal) übereinstimmend; be ~ with sth. mit etw. übereinstimmen
concordat [kən'kɔːdæt] n. Konkordat, das
concourse ['kɒŋkɔːs, 'kɒnkɔːs] n. (of public building) Halle, die; station ~: Bahnhofshalle, die
concrete ['kɒŋkriːt] 1. adj. (specific) konkret; ~ noun (Ling.) Konkretum, das. 2. n. Beton, der; attrib. Beton-; aus Beton präd. 3. v. t. betonieren; (embed in ~) [in] einbetonieren
concretely ['kɒŋkriːtlɪ] adv. konkret
concrete ['kɒŋkriːt]: ~-mixer n. Betonmischer, der; Betonmischmaschine, die; ~ 'poetry n. konkrete Poesie
concretion [kən'kriːʃn] n. a) no pl. (coalescence) Verwachsung, die; Zusammenwachsen, das; b) (Med.) Konkrement, das; (Geol.) Konkretion, die
concubine ['kɒŋkjʊbaɪn] n. a) (formal: cohabiting mistress) Konkubine, die; b) (secondary wife) Nebenfrau, die
concur [kən'kɜː(r)] v. i., -rr-: a) (agree) ~ [with sb.] [in sth.] [jmdm.] [in etw. (Dat.)] zustimmen od. beipflichten; b) (coincide, combine) zusammenkommen
concurrence [kən'kʌrəns] n., no pl. a) (general agreement) Übereinstimmung, die; b) (coincidence) Zusammentreffen, das
concurrent [kən'kʌrənt] adj. a) gleichzeitig; be ~ with sth. gleichzeitig mit etw. stattfinden; ~ sentences zu einer Gesamtstrafe zusammengefaßte Einzelstrafen; b) (agreeing) übereinstimmend; be ~ with sth. mit etw. übereinstimmen
concurrently [kən'kʌrəntlɪ] adv. a) (simultaneously) gleichzeitig; b) (Law) ⟨Gefängnisstrafen:⟩ zu einer Gesamtstrafe zusammengefaßt sein/werden
concuss [kən'kʌs] v. t. be ~ed eine Gehirnerschütterung haben
concussion [kən'kʌʃn] n. (Med.) Gehirnerschütterung, die; Konkussion, die (fachspr.)
condemn [kən'dem] v. t. a) (censure) verdammen; b) (Law: sentence) verurteilen; (fig.) verdammen; ~ sb. to death/to life imprisonment jmdn. zum Tode/zu lebenslanger Haft verurteilen; be ~ed to do sth. (fig.) dazu verdammt sein, etw. zu tun; c) (give judgement against) aburteilen; d) (show to be guilty) überführen; e) (declare unfit) für unbewohnbar erklären ⟨Gebäude⟩; für ungenießbar erklären ⟨Fleisch⟩
condemnation [kɒndem'neɪʃn] n. a) (censure) Verdammung, die; b) (Law: conviction) Verurteilung, die
condemnatory [kən'demnətərɪ] adj. verdammend; scharf mißbilligend ⟨Blick⟩
condemned [kən'demd] adj. a) verurteilt; a ~ man zum Tode Verurteilter; ein Todeskandidat; b) a ~ house ein Haus, das auf der Abrißliste steht; c) ~ cell Todeszelle, die
condensate [kən'denseɪt, 'kɒndənseɪt] n. Kondensat, das
condensation [kɒnden'seɪʃn] n. a) no pl. (condensing) Kondensation, die; b) (what is condensed) Kondenswasser, das; c) (abridgement) [Ver]kürzung, die; (abridged form) Kurzfassung, die

conden'sation trail n. (Aeronaut.) Kondensstreifen, der
condense [kən'dens] 1. v. t. a) komprimieren; ~d milk Kondensmilch, die; b) (Phys., Chem.) kondensieren; c) (make concise) zusammenfassen; in a ~d form in verkürzter Form. 2. v. i. kondensieren
condenser [kən'densə(r)] n. a) (of steam-engine) Kondensator, der; b) (Electr.) see capacitor; c) (Chem.) Kühler, der
condescend [kɒndɪ'send] v. i. ~ to do sth. geruhen (geh.), etw. zu tun; sich dazu herablassen, etw. zu tun; ~ to sb. jmdn. von oben herab behandeln
condescending [kɒndɪ'sendɪŋ] adj. (derog.) herablassend
condescendingly [kɒndɪ'sendɪŋlɪ] adv. (derog.) herablassend; von oben herab
condescension [kɒndɪ'senʃn] n. (derog.: patronizing manner) Herablassung, die; his air of ~: sein herablassendes Gebaren
condiment ['kɒndɪmənt] n. Gewürz, das
condition [kən'dɪʃn] 1. n. a) (stipulation) [Vor]bedingung, die; Voraussetzung, die; make it a ~ that ...: es zur Bedingung machen, daß ...; on [the] ~ that ...: unter der Voraussetzung, daß ...; b) (in pl.: circumstances) Umstände Pl.; weather/light ~s Witterungsverhältnisse/Lichtverhältnisse; under or in present ~s unter den gegenwärtigen Umständen od. Bedingungen; living/working ~s Unterkunfts-/Arbeitsbedingungen; c) (state of being) (of athlete, etc.) Kondition, die; Form, die; (of thing) Zustand, der; (of invalid, patient, etc.) Verfassung, die; keep sth. in good ~: etw. in gutem Zustand erhalten; be out of ~/in [good] ~ ⟨Person:⟩ schlecht/gut in Form sein; sb. is in no ~ to do sth. jmds. Gesundheitszustand erlaubt ihm nicht, etw. zu tun; she's in no ~ to travel/drive sie ist nicht reisefähig/fahrtüchtig; get into ~ (Sport) sich in Form bringen; d) (Med.) Leiden, das; have a heart/lung etc. ~: ein Herz-/Lungenleiden usw. haben; herz-/lungenleidend sein. 2. v. t. (determine) bestimmen; b) (make suitable or fit) in Form bringen ⟨Sportler, Tier, Haar⟩; see also air-conditioned; c) (accustom) dressieren ⟨Pferd, Hund⟩; ~ sb. to sth. jmdn. an etw. (Akk.) gewöhnen; be ~ed to do sth. gewöhnt sein, etw. zu tun; be ~ed to respond to a stimulus konditioniert sein, auf einen Reiz zu reagieren; see also reflex 1
conditional [kən'dɪʃənl] 1. adj. a) bedingt; be ~ [up]on sth. von etw. abhängen; b) (Ling.) bedingend; ~ clause Konditional- od. Bedingungssatz, der; ~ mood/tense Konditional[is], der. 2. n. (Ling.) Konditional[is], der
conditionally [kən'dɪʃənlɪ] adv. mit ~ion unter Vorbehalt
conditioner [kən'dɪʃənə(r)] n. a) see air-conditioner; b) see hair-conditioner
condole [kən'dəʊl] v. i. (formal) ~ with sb. [upon sth. jmdn. seine Anteilnahme od. sein Mitgefühl aussprechen; ~ with sb. on the death of his mother jmdn. zum Tode seiner Mutter kondolieren
condolence [kən'dəʊləns] n. Anteilnahme, die; Mitgefühl, das; (on death) Beileid, das; offer sb. one's ~ jmdm. sein Mitgefühl/ sein Beileid od. seine Teilnahme aussprechen; letter of ~ Beileidsbrief od. Kondolenzbrief, der; please accept my ~s darf ich Ihnen mein Beileid od. meine [An]teilnahme aussprechen?
condom ['kɒndɒm] n. Kondom, das od. der; Präservativ, das
condominium [kɒndə'mɪnɪəm] n. a) (Polit.) Kondominium, das; b) (Amer.: property) Appartementhaus [mit Eigentumswohnungen]; (single dwelling) Eigentumswohnung, die

condone [kən'dəʊn] v. t. a) hinwegsehen über (+ Akk.); (approve) billigen; b) (Law) in Kauf nehmen; stillschweigend billigen
condor ['kɒndɔː(r)] n. (Ornith.) Kondor, der
conduce [kən'djuːs] v. i. (formal) ~ to förderlich sein (+ Dat.)
conducive [kən'djuːsɪv] adj. be ~ to sth. einer Sache (Dat.) förderlich sein; zu etw. beitragen
conduct 1. ['kɒndʌkt] n. a) (behaviour) Verhalten, das; good ~: gute Führung; rules of ~: Verhaltensregeln; b) (way of ~ing) Führung, die; (of conference, inquiry, operation) Leitung, die; Durchführen, das; his ~ of the war seine Kriegsführung; their ~ of the negotiations ihre Verhandlungsführung; c) (leading, guidance) Geleit, das; see also safe conduct. 2. [kən'dʌkt] v. t. a) (Mus.) dirigieren; b) (direct) führen ⟨Geschäfte, Krieg, Gespräch⟩; durchführen ⟨Operation, Untersuchung⟩; leiten ⟨Konferenz⟩; ~ one's affairs seine Geschäfte führen; c) (Phys.) leiten ⟨Wärme, Elektrizität⟩; d) ~ oneself sich verhalten; e) (guide) führen; ~ sb. away [from] jmdn. wegführen [von]; a ~ed tour [of a museum/factory] eine [Museums-/ Werks]führung
conduction [kən'dʌkʃn] n. (Phys.) Leitung, die
conductivity [kɒndək'tɪvɪtɪ] n. (Phys.) Leitfähigkeit, die; Konduktivität, die (fachspr.)
conductor [kən'dʌktə(r)] n. a) (Mus.) Dirigent, der/Dirigentin, die; b) (of bus, tram) Schaffner, der; (Amer.: of train) Zugführer, der; Schaffner, der (ugs.); c) (Phys.) Leiter, der; Konduktor, der (fachspr.); ~ rail Strom-, Sammelschiene, die
conductress [kən'dʌktrɪs] n. Schaffnerin, die
conduit ['kɒndɪt, 'kɒndjʊɪt] n. a) Leitung, die; Kanal, der (auch fig.); b) (Electr.) Isolierrohr, das
cone [kəʊn] n. 1. a) Kegel, der; Konus, der (fachspr.); (traffic ~) Leitkegel, der; Pylon, der (fachspr.); Pylone, die (fachspr.); b) (Bot.) Zapfen, der; ~ ice-cream n. Eistüte, die; d) (Anat.) Zapfen, der. 2. v. t. ~ off [mit Leitkegeln od. Pylonen] absperren ⟨Fahrbahn⟩
confab ['kɒnfæb] n. (coll.) Unterhaltung, die; Schwätzchen, das (ugs.); (discussion) Besprechung, die
confection [kən'fekʃn] n. a) Konfekt, das; b) (mixing, compounding) Anfertigung, die; c) (article of dress) [Damen]modeartikel, der
confectioner [kən'fekʃənə(r)] n. (maker) Hersteller von Süßigkeiten; (retailer) Süßwarenhändler, der; (cake decorator) Konditor, der; Zuckerbäcker, der (veralt., südd., österr.); ~'s [shop] Süßwarengeschäft, das; (cake shop) Konditorei, die; ~'s sugar (Amer.) Puderzucker, der
confectionery [kən'fekʃənərɪ] n. Süßwaren Pl.; (cakes etc.) Konditoreiwaren Pl.; b) (shop) Süßwarengeschäft, das; (confectioner's art) Konditorei, die; Zuckerbäckerei, die (veralt., südd., österr.)
confederacy [kən'fedərəsɪ] n. a) (league, alliance) Bündnis, das; b) (conspiracy) Verschwörung, die; c) (body) Konföderation, die; the [Southern] C~ (Amer. Hist.) die Konföderierten
confederate 1. [kən'fedərət] adj. a) (allied) verbündet; b) (Polit.) konföderiert; the C~ States (Amer. Hist.) die Konföderierten Staaten von Amerika. 2. n. Verbündete, der/die; (accomplice) Komplize, der/Komplizin, die; C~ (Amer. Hist.) Konföderierte, der/die. 3. [kən'fedəreɪt] v. t. vereinigen. 4. v. i. sich verbünden od. zusammenschließen
confederation [kənfedə'reɪʃn] n. a) (Polit.) [Staaten]bund, der; the Swiss C~: die Schweizerische Eidgenossenschaft; b) (alliance) Bund, der; C~ of British Industry britischer Unternehmerverband

confer [kən'fɜ:(r)] 1. v. t., -rr-: ~ **a title/degree/knighthood [up]on** sb. jmdm. einen Titel/Grad verleihen/jmdm. zum Ritter schlagen; ~ **a quality [up]on** sth. einer Sache (Dat.) eine Eigenschaft verleihen. 2. v. i., -rr-: ~ **with** sb. sich mit jmdm. beraten

conference ['kɒnfərəns] n. a) (meeting) Konferenz, die; Tagung, die; b) (consultation) Beratung, die; (business discussion) Besprechung, die; **be in** ~: in einer Besprechung sein

conference: ~-**room** n. Konferenzraum, der; (smaller) Besprechungszimmer, das; ~-**table** n. Konferenztisch, der; **get round the** ~-**table** (fig.) sich an den Verhandlungstisch setzen

conferment [kən'fɜ:mənt] n. Verleihung, die

confess [kən'fes] 1. v. t. a) zugeben; gestehen; **he** ~**ed** himself to be the culprit er gestand, der Schuldige zu sein; **I** ~ **myself a traditionalist** ich bekenne mich als Traditionalist; b) (Eccl.) beichten; ~ **one's sins to a priest** einem Priester seine Sünden beichten od. bekennen; c) (Eccl.) **the priest** ~**ed the penitent** der Priester nahm dem reuigen Sünder die Beichte ab. 2. v. i. a) ~ **to** sth. etw. gestehen; ~ **to being unable to do** sth. gestehen od. zugeben, daß man etw. nicht kann; b) (Eccl.) beichten (**to** sb. jmdm.); ‹Priester:› die Beichte abnehmen

confessed [kən'fest] adj. geständig ‹Verbrecher›; **a** ~ **homosexual** jemand, der sich dazu bekennt, homosexuell zu sein

confessedly [kən'fesɪdlɪ] adv. zugegebenermaßen; (avowedly) eingestandenermaßen

confession [kən'feʃn] n. a) (of offence etc.) Geständnis, das; **on** or **by one's own** ~: nach eigenem Geständnis; **I have a** ~ **to make** ich muß ein Geständnis ablegen; b) (Eccl.: of sins etc.) Beichte, die; ~ **of sins** Sündenbekenntnis, das; **hear** sb.'s ~: jmdm. die Beichte abnehmen; **make one's** ~: seine Sünden bekennen; c) (thing confessed) Geständnis, das; d) (Relig.: denomination) Konfession, die; **what** ~ **is he?** welcher Konfession ist er?; **Roman Catholic** etc. **by** ~: römisch-katholischer usw. Konfession; e) (Eccl.: confessing) Bekenntnis, das; ~ **of faith** Glaubensbekenntnis, das

confessional [kən'feʃənl] (Eccl.) 1. adj. (of confession) bekennend; (denominational) konfessionell; ~ **schools** Konfessionsschulen. 2. n. a) (stall) Beichtstuhl, der; b) (act) Beichte, die

confessor [kən'fesə(r)] n. (Eccl.) Beichtvater, der

confetti [kən'fetɪ] n. Konfetti, das

confidant ['kɒnfɪdænt, kɒnfɪ'dænt] n. masc. Vertraute, der

confidante ['kɒnfɪdænt, kɒnfɪ'dænt] n. fem. Vertraute, die

confide [kən'faɪd] 1. v. i. ~ **in** sb. sich jmdm. anvertrauen; ~ **to** sb. **about** sth. jmdm. etw. anvertrauen. 2. v. t. ~ **to** sb. about sth. anvertrauen; **he** ~**d that he ...**: er gestand, daß er ...

confidence ['kɒnfɪdəns] n. a) (firm trust) Vertrauen, das; **have [complete** or **every/no]** ~ **in** sb./sth. [volles/kein] Vertrauen zu jmdm./etw. haben; **have [absolute]** ~ **that ...**: [absolut] sicher sein, daß ...; **place** or **put one's** ~ **in** sb./sth. sein Vertrauen in jmdn./etw. setzen; auf jmdn./etw. bauen; b) (assured expectation) Gewißheit, die; Sicherheit, die; **in full** ~ **of success** voller Erfolgsgewißheit; c) (self-reliance) Selbstvertrauen, das; d) (boldness) Dreistigkeit, die; e) (telling of private matters) Vertraulichkeit, die; **in** ~: im Vertrauen; **this is in [strict]** ~: das ist [streng] vertraulich; **take** sb. **into one's** ~: jmdn. ins Vertrauen ziehen; **be in** sb.'s ~: jmds. Vertrauen genießen; f) (thing told in ~) Vertraulichkeit, die

confidence: ~ **game** n. (Amer.) see ~ **trick;** ~ **man** n. Trickbetrüger, der; Bauernfänger, der (ugs.); ~ **trick** n. (Brit.) Trickbetrug, der; Bauernfängerei, die (ugs.); ~ **trickster** n. (Brit.) see ~ **man**

confident ['kɒnfɪdənt] adj. a) (trusting, fully assured) zuversichtlich (**about** in bezug auf + Akk.); **be** ~ **that [**sth. **will happen]** sicher sein, daß [etw. geschieht]; **be** ~ **of** sth. auf etw. (Akk.) vertrauen; b) (bold) dreist; c) (self-assured) selbstbewußt

confidential [kɒnfɪ'denʃl] adj. a) (uttered in confidence) vertraulich; b) (entrusted with secrets) persönlich; ~ **secretary** Privatsekretär, der/-sekretärin, die

confidentiality [kɒnfɪdenʃɪ'ælɪtɪ] n., no pl. Vertraulichkeit, die

confidentially [kɒnfɪ'denʃəlɪ] adv. vertraulich

confidently ['kɒnfɪdəntlɪ] adv. zuversichtlich

confiding [kən'faɪdɪŋ] adj., **confidingly** [kən'faɪdɪŋlɪ] adv. vertrauensvoll

configuration [kənfɪgjʊ'reɪʃn] n. a) (arrangement, outline) Gestaltung, die; b) (Astron., Computing) Konfiguration, die

configure [kən'fɪgə(r)] v. t. (esp. Computing) konfigurieren

confine [kən'faɪn] v. t. a) einsperren; eindämmen ‹Flut, Feuer usw.›; **be** ~**d to bed/the house** ans Bett/Haus gefesselt sein; **be** ~**d to barracks** keinen Ausgang bekommen; **be** ~**d to a small area** auf ein kleines Gebiet begrenzt sein; (fig.) ~ **sb./**sth. **to** sth. jmdn./etw. auf etw. (Akk.) beschränken; ~ **oneself to** sth./**doing** sth. sich auf etw. beschränken, etw. zu tun; c) (imprison) einsperren

confined [kən'faɪnd] adj. begrenzt (**to** auf + Akk.); **the word is** ~ **to regional use** das Wort wird nur landschaftlich gebraucht

confinement [kən'faɪnmənt] n. a) (imprisonment) Einsperrung, die; (in asylum) Einweisung, die; b) (being confined) **put/keep** sb. **in** ~: jmdn. in Haft nehmen/halten; ~ **in hospital** ein Krankenhausaufenthalt; **animals kept in** ~: gefangengehaltene Tiere; c) (childbirth) Niederkunft, die; d) (limitation) Beschränkung, die (**to** auf + Akk.)

confines ['kɒnfaɪnz] n. pl. Grenzen

confirm [kən'fɜ:m] v. t. a) bestätigen; **be** ~**ed in one's suspicions** sich in seinem Verdacht bestätigt sehen; b) (Protestant Ch.) konfirmieren; einsegnen; (RC Ch.) firmen

confirmation [kɒnfə'meɪʃn] n. a) Bestätigung, die; b) (Protestant Ch.) Konfirmation, die; Einsegnung, die; (RC Ch.) Firmung, die; ~ **class[es]** Konfirmanden-/Firmunterricht, der; c) (of Jewish faith) Konfirmation, die

confirmatory [kən'fɜ:mətərɪ] adj. bestätigend

confirmed [kən'fɜ:md] adj. a) (unlikely to change) eingefleischt ‹Junggeselle›; überzeugt ‹Vegetarier›; unheilbar ‹Trinker, Kranker›; b) (Protestant Ch.) konfirmiert; (RC Ch.) gefirmt

confiscate [kən'fɪskeɪt] v. t. beschlagnahmen; konfiszieren; ~ sth. **from** sb. jmdm. etw. wegnehmen

confiscation [kɒnfɪs'keɪʃn] n. Beschlagnahme, die; Konfiskation, die

conflagration [kɒnflə'greɪʃn] n. Feuersbrunst, die; Großbrand, die

conflate [kən'fleɪt] v. t. verschmelzen

conflation [kən'fleɪʃn] n. Verschmelzung, die

conflict 1. ['kɒnflɪkt] n. a) (fight) Kampf, der; (prolonged) Krieg, der; **come into** ~ **with** sb. mit jmdm. in Konflikt geraten; **be in** ~ **with** sb./sth. (fig.) mit jmdm./etw. im Kampf liegen; b) (clashing) Konflikt, der; **a** ~ **of views/interests** ein Meinungs-/Interessenkonflikt; c) (Psych.) Konflikt, der. 2. [kən'flɪkt] v. i. (be incompatible) sich (Dat.) widersprechen; ~ **with** sth. einer Sache (Dat.) widersprechen; zu einer Sache im Widerspruch stehen

conflicting [kən'flɪktɪŋ] adj. sich (Dat.) widersprechend

confluence ['kɒnflʊəns] n. Zusammenfluß, der

conform [kən'fɔ:m] 1. v. i. a) entsprechen (**to** Dat.); ~ **to a pattern** sich mit einem Muster decken; **those who do not** ~ **will be asked to leave the club** wer sich nicht einfügt, wird aufgefordert, den Klub zu verlassen; b) (comply) ~ **to** or **with** sth./**with** sb. sich nach etw./jmdm. richten. 2. v. t. ~ sth. **to** sth. etw. an etw. (Akk.) anpassen; etw. auf etw. (Akk.) abstimmen (fig.)

conformation [kɒnfɔ:'meɪʃn] n. a) (structure) Gestalt, die; b) (adaptation) Anpassung, die (**to** an + Akk.)

conformism [kən'fɔ:mɪzm] n. Konformismus, der

conformist [kən'fɔ:mɪst] n. Konformist, der/Konformistin, die

conformity [kən'fɔ:mɪtɪ] n. Übereinstimmung, die (**with, to** mit)

confound [kən'faʊnd] v. t. a) ~ **it!** verflixt noch mal! (ugs.); ~ **him** or **the man!** der verflixte Kerl! (ugs.); b) (defeat) vereiteln ‹Plan, Hoffnung›; c) (confuse) verwirren; d) (discomfit) ins Unrecht setzen; e) (make indistinguishable) durcheinanderbringen; verwischen ‹Unterschiede›; f) (mix up mentally) verwechseln; g) (throw into disorder) durcheinanderwerfen

confounded [kən'faʊndɪd] adj., **confoundedly** [kən'faʊndɪdlɪ] adv. (coll. derog.) verdammt

confront [kən'frʌnt] v. t. a) gegenüberstellen; konfrontieren; ~ sb. **with** sth./sb. jmdn. mit etw./[mit] jmdm. konfrontieren; **he was** ~**ed with** or **by an angry mob** er sah sich [mit] einer wütenden Menge konfrontiert; b) (stand facing) gegenüberstehen (+ Dat.); ~**ing enemies** einander gegenüberstehende Feinde; **find oneself** ~**ed by** or **with a problem** sich [mit] einem Problem konfrontiert sehen; c) (face in defiance) ins Auge sehen (+ Dat.); d) (oppose) widersprechen (+ Dat.); (make comparison) gegenüberstellen

confrontation [kɒnfrən'teɪʃn] n. Konfrontation, die; (with witnesses) Gegenüberstellung, die

Confucianism [kən'fju:ʃənɪzm] n., no pl. Konfuzianismus, der

confuse [kən'fju:z] v. t. a) (disorder) durcheinanderbringen; verwirren; (blur) verwischen; ~ **the issue** die Sachverhalt unklar machen; **it simply** ~**s matters** das verwirrt die Sache nur; b) (mix up mentally) verwechseln; ~ **two things** [miteinander] verwechseln; c) (perplex) konfus machen; verwirren

confused [kən'fju:zd] adj. konfus; wirr ‹Gedanken, Gerüchte›; verworren ‹Lage, Situation›; (embarrassed) verlegen

confusing [kən'fju:zɪŋ] adj. verwirrend

confusion [kən'fju:ʒn] n. a) (disordering) Verwirrung, die; (mixing up) Verwechslung, die; ~ **of tongues** Sprachverwirrung, die; b) (state) Verwirrung, die; (embarrassment) Verlegenheit, die; **throw** sb./sth. **into** ~: jmdn./etw. verwirren; **reply/blush in** ~: verlegen antworten/erröten; **in [total]** ~: in völligem Durcheinander ‹fliehen›; [völlig od. wild] durcheinander ‹daliegen›; **a scene of total** ~: ein totales Chaos

confutation [kɒnfjʊ'teɪʃn] n. Widerlegung, die

confute [kən'fju:t] v. t. widerlegen

conga ['kɒŋgə] n. Conga, die

congeal [kən'dʒi:l] 1. v. i. a) (coagulate) ge-

rinnen; ~ **into sth.** *(fig.)* zu etw. erstarren; **b)** *(freeze)* gefrieren. **2.** *v. t.* **a)** *(coagulate)* gerinnen lassen; koagulieren; **b)** *(solidify by cooling)* gefrieren lassen
congenial [kən'dʒi:nɪəl] *adj.* **a)** *(kindred)* geistesverwandt; ~ **spirits** kongeniale Geister; **b)** *(agreeable)* angenehm
congeniality [kəndʒi:nɪ'ælɪtɪ] *n., no pl.* Geistesverwandtschaft, *die*
congenital [kən'dʒenɪtl] *adj.* angeboren; kongenital *(fachspr.)*; **a** ~ **idiot** ein von Geburt an Schwachsinniger; **a** ~ **defect** ein Geburtsfehler
congenitally [kən'dʒenɪtəlɪ] *adv.* von Geburt an
conger ['kɒŋgə(r)] *n.* *(Zool.)* ~ **[eel]** Meerod. Seeaal, *der*
congest [kən'dʒest] *v. t.* verstopfen
congested [kən'dʒestɪd] *adj.* überfüllt, verstopft ⟨*Straße*⟩; übervölkert ⟨*Stadtviertel*⟩; **my nose is** ~: ich habe eine verstopfte Nase
congestion [kən'dʒestʃn] *n.* *(of traffic etc.)* Stauung, *die;* *(overpopulation)* Übervölkerung, *die;* ~ **of the lungs** *(Med.)* Lungenstauung, *die;* **nasal** ~: verstopfte Nase
conglomerate 1. [kən'glɒmərɪt] *v. i.* *(lit. or fig.)* verschmelzen. **2.** *v. i.* sich zusammenballen; *(fig.)* sich versammeln. **3.** [kən'glɒmərət] *n.* **a)** *(Commerc.)* Großkonzern, *der;* **b)** *(Geol.)* Konglomerat, *das*
conglomeration [kənglɒmə'reɪʃn] *n.* Konglomerat, *das;* *(collection)* Ansammlung, *die*
Congo ['kɒŋgəʊ] *pr. n.* *(Geog.: river, country)* Kongo, *der*
Congolese [kɒŋgə'li:z] **1.** *adj.* kongolesisch. **2.** *n.* Kongolese, *der*/Kongolesin, *die*
congratulate [kən'grætjʊleɪt] *v. t.* gratulieren *(+ Dat.);* ~ **sb./oneself [up]on sth.** jmdm./sich zu etw. gratulieren
congratulation [kəngrætjʊ'leɪʃn] **1.** *int.* ~**s!** herzlichen Glückwunsch! *(on zu).* **2.** *n.* **a)** *in pl.* Glückwünsche *Pl.;* **offer sb. one's** ~**s** jmdm. gratulieren; jmdm. beglückwünschen; **b)** *(action)* Gratulation, *die*
congratulatory [kən'grætjʊlətərɪ] *adj.* beglückwünschend; ~ **note/letter** Glückwunschschreiben, *das*/-brief, *der*
congregate ['kɒŋgrɪgeɪt] **1.** *v. i.* sich versammeln; zusammenkommen. **2.** *v. t.* versammeln
congregation [kɒŋgrɪ'geɪʃn] *n.* **a)** *(Eccl.)* Gemeinde, *die;* **b)** *(Brit. Univ.)* ≈ Konzil, *das*
congress ['kɒŋgres] *n.* **a)** *(meeting of heads of state etc.)* Kongreß, *der;* **the C~ of Vienna** der Wiener Kongreß; **a party** ~: ein Parteitag; **b)** *(association)* Verband, *der;* **c)** **C~** *(Amer.: legislature)* der Kongreß
congressional [kən'greʃənl] *adj.* Kongreß-; ⟨*Erlaubnis*⟩ des Kongresses; ~ **district** Kongreßwahlbezirk, *der*
Congress: ~**man** ['kɒŋgresmən] *n., pl.* ~**men** ['kɒŋgresmən] *(Amer.)* Kongreßabgeordnete, *der;* ~**woman** *n.* *(Amer.)* Kongreßabgeordnete, *die*
congruence ['kɒŋgrʊəns], **congruency** ['kɒŋgrʊənsɪ] *n.* **a)** Übereinstimmung, *die;* **b)** *(Geom.)* Kongruenz, *die;* Deckungsgleichheit, *die*
congruent ['kɒŋgrʊənt] *adj.* **a)** *(formal)* übereinstimmend; **b)** *(Geom.)* kongruent; deckungsgleich
congruity [kɒŋ'gru:ɪtɪ] *n.* Übereinstimmung, *die;* Kongruenz, *die* *(geh.)*
conic ['kɒnɪk] *adj.* Kegel-; ~ **section** Kegelschnitt, *der*
conical ['kɒnɪkl] *adj.* konisch; kegelförmig; *see also* **projection i**
conifer ['kɒnɪfə(r), 'kəʊnɪfə(r)] *n.* Nadelbaum, *der;* Konifere, *die;* ~**s** Nadelhölzer
coniferous [kə'nɪfərəs] *adj.* Nadel-; ~ **tree** Nadelbaum, *der;* ~ **forest** Nadelwald, *der*
conjectural [kən'dʒektʃərl] *adj.* auf Mutmaßungen *(geh.)* od. Vermutungen beruhend; konjektural *(Literaturw.);* **all this is** ~: all das ist Vermutung; **a** ~ **emendation of a text** eine Konjektur *(Literaturw.)*
conjecturally [kən'dʒektʃərəlɪ] *adv.* auf Grund von Mutmaßungen *(geh.)* od. Vermutungen
conjecture [kən'dʒektʃə(r)] **1.** *n.* **a)** Mutmaßung, *die* *(geh.);* Vermutung, *die;* **rely on** ~: sich auf Mutmaßungen *(Akk.)* stützen; **b)** *(Lit.)* Konjektur, *die.* **2.** *v. t.* mutmaßen *(geh.);* vermuten. **3.** *v. i.* *(guess)* Mutmaßungen *(geh.)* od. Vermutungen anstellen
conjoin [kən'dʒɔɪn] **1.** *v. t.* verbinden. **2.** *v. i.* sich verbinden
conjoint [kən'dʒɔɪnt] *adj.* *(formal)* **a)** *(united)* gemeinsam; **b)** *(associated)* Mit-
conjointly [kən'dʒɔɪntlɪ] *adv.* gemeinsam
conjugal ['kɒndʒʊgl] *adj.* ehelich; **the** ~ **state** der Stand der Ehe; ~ **bliss/worries** Eheglück, *das*/Ehesorgen
conjugate 1. ['kɒndʒʊgeɪt] *v. t.* *(Ling.)* konjugieren. **2.** *v. i.* **a)** *(Ling.)* konjugiert werden; **b)** *(Biol.)* sich paaren od. vereinigen. **3.** ['kɒndʒʊgət] *adj.* **a)** gepaart; **b)** *(Ling.)* wurzelverwandt; **c)** *(Math.)* konjugiert. **4.** *n.* *(Ling.)* wurzelverwandtes Wort
conjugation ['kɒndʒʊ'geɪʃn] *n.* **a)** *(joining together)* Vereinigung, *die;* **b)** *(Ling., Biol.)* Konjugation, *die*
conjunction [kən'dʒʌŋkʃn] *n.* **a)** Verbindung, *die;* **in** ~ **with sb./sth.** in Verbindung mit jmdm./etw.; **b)** *(formal: of events)* Zusammentreffen, *das;* **c)** *(Ling.)* Konjunktion, *die;* Bindewort, *das;* **d)** *(Astrol., Astron.)* Konjunktion, *die*
conjunctivitis [kəndʒʌŋktɪ'vaɪtɪs] *n.* *(Med.)* Bindehautentzündung, *die;* Konjunktivitis, *die* *(fachspr.)*
conjure 1. *v. t.* **a)** [kən'dʒʊə(r)] *(formal: beseech)* beschwören; anflehen; **b)** ['kʌndʒə(r)] *(by magic)* beschwören ⟨*Geister*⟩. **2.** ['kʌndʒə(r)] *v. i.* zaubern; **conjuring trick** Zaubertrick, *der;* Zauberkunststück, *das;* **a name to** ~ **with** ein exotischer *od.* geheimnisvoller Name; *(because of great importance)* ein klangvoller Name
~ **'away** *v. t.* wegzaubern
~ **'up** *v. t.* beschwören ⟨*Geister, Teufel*⟩*; (fig.)* heraufbeschwören
conjurer, conjuror ['kʌndʒərə(r)] *n.* Zauberkünstler, *der*/-künstlerin, *die;* Zauberer, *der*/Zauberin, *die*
¹**conk** [kɒŋk] *v. i.* ~ **'out** *(coll.)* schlappmachen *(ugs.);* ⟨*Maschine, Auto usw.*⟩ den Geist aufgeben *(scherzh.)*, kaputtgehen *(ugs.)*
²**conk** *n.* *(sl.)* **a)** *(nose)* Zinken, *der (ugs.);* Rüssel, *der (salopp);* **b)** *(head)* Rübe, *die (salopp);* Birne, *die (salopp)*
conker ['kɒŋkə(r)] *n.* *(horse-chestnut)* [Roß]kastanie, *die;* **play** ~**s** ein Wettspiel mit Kastanien machen
'**con-man** *(coll.) see* **confidence man**
connect [kə'nekt] **1.** *v. t.* **a)** *(join together)* verbinden **(to, with** mit); *(Electr.)* anschließen **(to, with** an + *Akk.);* **b)** *(join in sequence)* verbinden od. verknüpfen; **c)** *(associate)* verbinden; ~ **sth. with sth.** etw. mit etw. verbinden od. in Verbindung bringen; **be** ~**ed with sb./sth.** mit jmdm./etw. in Verbindung stehen. **2.** *v. i.* **a)** *(join)* ~ **with sth.** mit etw. zusammenhängen od. verbunden sein ⟨*Zug, Schiff usw.*⟩*:* Anschluß haben an etw. *(Akk.);* **b)** *(form logical sequence)* einen Zusammenhang/Zusammenhänge darstellen; **c)** *(coll.: hit)* einen Haken *usw.* landen **(with** auf, an + *Dat.)*
~ **'up** *v. t.* anschließen
connected [kə'nektɪd] *adj.* **a)** *(logically joined)* zusammenhängend; **sth. is** ~ **with sth.** etw. hängt mit etw. zusammen; etw. hat mit etw. zu tun; **b)** *(related)* verwandt; **he is well** ~: er hat einflußreiche Verwandte
connecting [kə'nektɪŋ] ~ **door** *n.* Verbin-
dungstür, *die;* ~ **rod** *n.* *(Mech. Engin.)* Pleuelstange, *die*
connection [kə'nekʃn] *n.* **a)** *(act, state)* Verbindung, *die;* *(Electr.: of telephone)* Anschluß, *der;* **cut the** ~: die Verbindung abbrechen; **the Italian** ~: die Beziehungen zu Italien; **run in** ~ **with sth.** ⟨*Zug usw.*⟩*:* Anschluß haben an etw. *(Akk.);* **b)** *(fig.: of ideas)* Zusammenhang, *der;* **in this** ~: in diesem Zusammenhang; **in** ~ **with sth.** im Zusammenhang mit etw.; **c)** *(part)* Verbindung, *die;* Verbindungsstück, *das;* **d)** *(train, boat, etc.)* Anschluß, *der;* **miss a** ~: einen Anschluß verpassen; **catch** *or* **make a** ~: einen Anschluß erreichen *od.* *(ugs.)* kriegen; **e)** *(family relationship)* Verwandtschaft, *die;* **f)** *(person) (relative)* Verwandte, *der/die;* **business** ~**s** Geschäftsbeziehungen; **have** ~**s** Beziehungen haben; **g)** *(personal dealings)* **he has no** ~ **with the firm of this name** er hat keinerlei Verbindung zu dem gleichnamigen Unternehmen; **h)** *(sl.: supplier of narcotics)* Dealer, *der* *(Jargon)*
connective [kə'nektɪv] *adj.* **a)** verbindend; **b)** *(Anat.)* ~ **tissue** Bindegewebe, *das*
connexion *(Brit.) see* **connection**
conning-tower ['kɒnɪŋtaʊə(r)] *n.* *(Naut.)* Kommandoturm, *der*
connivance [kə'naɪvəns] *n.* stillschweigende Duldung
connive [kə'naɪv] *v. i.* **a)** ~ **at sth.** *(disregard)* über etw. *(Akk.)* hinwegsehen; etw. stillschweigend dulden; **b)** *(conspire)* ~ **with sb.** mit jmdm. gemeinsame Sache machen *(in bei)*
connoisseur [kɒnə'sɜ:(r)] *n.* Kenner, *der;* **a** ~ **of wine** ein Weinkenner
connotation [kɒnə'teɪʃn] *n.* Assoziation, *die;* Konnotation, *die (Sprachw.)*
connote [kə'nəʊt] *v. t.* *(formal)* **a)** *(suggest)* suggerieren; **b)** *(signify)* bezeichnen
connubial [kə'nju:bɪəl] *adj.* ehelich; Ehe-
conquer ['kɒŋkə(r)] *v. t.* bezwingen ⟨*Gegner, Leidenschaft, Gewohnheit*⟩*;* erobern ⟨*Land*⟩*;* bezwingen ⟨*Berg, Gegner*⟩*;* **I came, I saw, I** ~**ed** ich kam, ich sah, ich siegte
conqueror ['kɒŋkərə(r)] *n.* Sieger, *der*/Siegerin, *die (of* über + *Akk.);* *(of a mountain)* Bezwinger, *der;* *(of a country)* Eroberer, *der;* **[William] the C**~: Wilhelm der Eroberer
conquest ['kɒŋkwest] *n.* **a)** Eroberung, *die;* **the [Norman] C**~: die Eroberung Englands durch die Normannen; **b)** *(territory)* Eroberung, *die;* *(fig.: of erobertes Gebiet;* **c)** *(fig.: of mountain)* Bezwingung, *die;* Sieg, *der* *(of* über + *Akk.)*
'**con-rod** *n.* *(Motor Veh. coll.)* Pleuelstange, *die*
conscience ['kɒnʃəns] *n.* Gewissen, *das;* **have a good** *or* **clear/bad** *or* **guilty** ~: ein gutes/schlechtes Gewissen haben; **have no** ~: gewissenlos sein; **with a clear** *or* **easy** ~: mit gutem Gewissen; guten Gewissens *(geh.);* **have sth. on one's** ~: wegen etw. ein schlechtes Gewissen haben; **that is still on my** ~: das liegt mir immer noch auf der Seele; **in all** ~: ehrlicherweise; *(without doubt)* zweifellos; **freedom** *or* **liberty of** ~: Freiheit des Gewissens; **a matter of** ~: eine Gewissensfrage
conscience: ~ **clause** *n.* *(Law)* Gewissensklausel, *die;* ~ **money** *n.* freiwillige Geldbuße; ~**-smitten,** ~**-stricken,** ~**-struck** *adjs.* schuldbewußt
conscientious [kɒnʃɪ'enʃəs] *adj.* pflichtbewußt; *(meticulous)* gewissenhaft; ~ **objector** Wehrdienstverweigerer [aus Gewissensgründen]
conscientiously [kɒnʃɪ'enʃəslɪ] *adv.* pflichtbewußt; *(meticulously)* gewissenhaft
conscientiousness [kɒnʃɪ'enʃəsnɪs] *n., no pl.* Pflichtbewußtsein, *das;* *(meticulousness)* Gewissenhaftigkeit, *die*
conscious ['kɒnʃəs] **1.** *adj.* **a) be** ~ **of sth.**

sich *(Dat.)* einer Sache *(Gen.)* bewußt sein; **I was ~ that ...**: mir war bewußt, daß ...; **but he is not ~ of it** aber es ist ihm nicht bewußt; **I suddenly became ~ that ...**: mir wurde plötzlich bewußt, daß ...; **b)** *pred.* *(awake)* bei Bewußtsein *präd.*; **become ~**: wach werden; **become ~ again** wieder zu sich kommen; **c)** *(realized by doer)* bewußt ⟨Handeln, Versuch, Bemühung⟩; **d)** *(self-~)* gewollt ⟨Auftreten, Gehabe⟩. **2.** *n.* Bewußte, *das (Psych.)*
consciously ['kɒnʃəslɪ] *adv.* bewußt; **be ~ superior** sich *(Dat.)* seiner Überlegenheit *(Gen.)* bewußt sein
consciousness ['kɒnʃəsnɪs] *n., no pl.* **a)** Bewußtsein, *das;* **lose/recover** *or* **regain ~**: das Bewußtsein verlieren/wiedererlangen; bewußtlos werden/wieder zu sich kommen; **b)** *(totality of thought)* Bewußtsein, *das;* *(perception)* Bewußtsein, *das;* Bewußtheit, *die*
conscript 1. [kən'skrɪpt] *v. t.* einberufen ⟨Soldaten⟩; ausheben ⟨Armee⟩; **be ~ed into the army** zum Wehrdienst einberufen werden. **2.** ['kɒnskrɪpt] *n.* Einberufene, *der/die;* **an army of ~s** eine Armee von Wehrpflichtigen
conscription [kən'skrɪpʃn] *n. (action)* Einberufung, *die; (compulsory military service)* Wehrpflicht, *die*
consecrate ['kɒnsɪkreɪt] *v. t.* weihen; konsekrieren; **~ sb. a bishop** jmdn. zum Bischof weihen
consecration [kɒnsɪ'kreɪʃn] *n. (Eccl.; also fig.)* Weihe, *die;* Konsekration, *die*
consecutive [kən'sekjʊtɪv] *adj.* **a)** *(following continuously)* aufeinanderfolgend ⟨Monate, Jahre⟩; fortlaufend ⟨Zahlen⟩; **this is the fifth ~ day that ...**: heute ist schon der fünfte Tag, an dem ...; **b)** *(in logical sequence)* folgerichtig; **c)** *(Ling.)* konsekutiv; Konsekutiv-; **~ clause** Konsekutiv-/Folgesatz, *der*
consecutive interpretation *n.* Konsekutivdolmetschen, *das*
consecutively [kən'sekjʊtɪvlɪ] *adv.* hintereinander; fortlaufend ⟨numeriert⟩
consensus [kən'sensəs] *n.* Einigkeit, *die;* Konsens[us], *der; attrib.* ⟨Politik, Regierungsstil usw.⟩ des Miteinander *od.* der Gemeinsamkeit; **the general ~ is that ...**: es besteht allgemeiner Konsens *od.* allgemeine Einigkeit darüber, daß ...; **the ~ of opinion is in favour of the amendment** die allgemeine Mehrheit *od.* die Mehrheitsmeinung ist für den Änderungsantrag
consent [kən'sent] **1.** *v. i.* zustimmen; **~ to sth.** einer Sache *(Dat.)* zustimmen; in eine Sache einwilligen; **~ to do sth.** einwilligen, etw. zu tun; **~ing adult** erwachsene homosexuelle Person. **2.** *n.* **a)** *(agreement)* Zustimmung, *die* **(to** zu**);** Einwilligung, *die* **(to** in + *Akk.***); b)** *by common or general* **~ :** nach allgemeiner Auffassung; *(as wished by all)* auf allgemeinen Wunsch; **age of ~:** Alter, in dem man hinsichtlich Heirat und Geschlechtsleben nicht mehr als minderjährig gilt; ≈ Ehemündigkeitsalter, *das;* **b)** *(permission)* Zustimmung, *die;* Erlaubnis, *die;* **give/refuse [sb.] one's ~ :** [jmdm.] seine Zustimmung geben/verweigern
consequence ['kɒnsɪkwəns] *n.* **a)** *(result)* Folge, *die;* **in ~:** folglich; infolgedessen; **in ~ of** als Folge (+ *Gen.*); **as a ~:** infolgedessen; **as a ~ of** als Folge (+ *Gen.*); **with the ~ that ...**: mit dem Ergebnis, daß ...; **accept** *or* **take the ~s** die Folgen tragen; **b)** *(importance)* Bedeutung, *die;* **be of no ~:** unerheblich *od.* ohne Bedeutung sein; **nothing of ~ :** nichts von Bedeutung; nichts Erhebliches; **persons of [no] ~ [un]***(significant)* [un]bedeutende/*(influential, high-ranking)* [un]wichtige Leute; **he's of no ~:** er ist unbedeutend *od.* unwichtig
consequent ['kɒnsɪkwənt] *adj.* **a)** *(resultant)* daraus folgend; sich daraus ergebend; *(following in time)* darauffolgend; **be ~ [up]on sth.** *(formal)* die Folge einer Sache *(Gen.)* sein; **b)** *(logically consistent)* folgerichtig
consequential [kɒnsɪ'kwenʃl] *adj.* **a)** *(resulting)* daraus folgend; sich daraus ergebend; *(following in time)* darauffolgend; **b)** *(indirectly following)* indirekt; sich indirekt ergebend; **~ damage[s]** Folgeschäden *Pl.;* **c)** *(self-important)* überheblich ⟨Lächeln, Stimme, Person⟩
consequentially [kɒnsɪ'kwenʃəlɪ] *adv.* **a)** *(indirectly)* indirekt; **b)** *(self-importantly)* überheblich
consequently ['kɒnsɪkwəntlɪ] *adv.* infolgedessen; folglich
conservancy [kən'sɜ:vənsɪ] *n.* **a)** *(Brit.: conserving body)* Behörde, *der der* Natur-/Gewässerschutz *usw.* untersteht; **the Nature C~:** die Naturschutzbehörde; **the Thames C~:** der Themse-Gewässerschutz; **b)** *(preservation)* Naturschutz, *der*
conservation [kɒnsə'veɪʃn] *n.* **a)** *(preservation)* Schutz, *der;* Erhaltung, *die; (wise utilization)* sparsamer Umgang (of mit); **wildlife ~:** Schutz wildlebender Tierarten; **b)** *(Phys.)* **~ of energy/momentum** Erhaltung der Energie/des Impulses
conservation area *n. (Brit.) (rural)* Landschaftsschutzgebiet, *das; (urban)* unter Denkmalschutz stehendes Gebiet
conservationist [kɒnsə'veɪʃənɪst] *n.* Naturschützer, *der/*-schützerin, *die*
conservatism [kən'sɜ:vətɪzm] *n.* Konservati[vi]smus, *der*
conservative [kən'sɜ:vətɪv] **1.** *adj.* **a)** *(conserving)* erhaltend; konservierend; **~ surgery** konservative Chirurgie; **b)** *(averse to change)* konservativ; **c)** *(not too high)* vorsichtig, eher zu niedrig ⟨Zahlen, Schätzung⟩; **at a ~ estimate** nach vorsichtiger *od.* *(Jargon)* konservativer Schätzung; **d)** *(avoiding extremes)* konservativ ⟨Geschmack, Ansichten, Baustil⟩; **e)** *(Brit. Polit.)* konservativ; **the C~ Party** die Konservative Partei. **2.** *n.* **a)** **C~** *(Brit. Polit.)* Konservative, *der/die;* **b)** *(conservative person)* Konservative, *der/die*
conservatively [kən'sɜ:vətɪvlɪ] *adv.* vorsichtig, eher zu niedrig ⟨geschätzt⟩
conservatoire [kən'sɜ:vətwɑ:(r)] *n. (school of music)* Konservatorium, *das; (school of other arts)* Kunsthochschule, *die*
conservatory [kən'sɜ:vətərɪ] *n.* **a)** *(greenhouse)* Wintergarten, *der;* **b)** *(Amer.) see* **conservatoire**
conserve [kən'sɜ:v] **1.** *v. t.* **a)** erhalten ⟨Gebäude, Kunstwerk, Wälder⟩; bewahren ⟨Ideale, Prinzipien⟩; schonen ⟨Gesundheit, Kräfte⟩; **b)** *esp. in p.p. (Phys.)* erhalten ⟨Energie, Impuls⟩. **2.** *n. often in pl.* Eingemachte, *das;* **~s** Eingemachtes
consider [kən'sɪdə(r)] *v. t.* **a)** *(look at)* betrachten; *(think about)* **~ sth.** an etw. *(Akk.)* denken; **b)** *(weigh merits of)* denken an (+ *Akk.*); **he's ~ing emigrating** er denkt daran *od.* trägt sich mit dem Gedanken, auszuwandern; **five candidates are being ~ed** fünf Kandidaten sind in der engeren Wahl; **c)** *(reflect)* sich *(Dat.)* überlegen; bedenken; **you must ~ how/whether or not you ...**: du mußt bedenken *od.* dir überlegen, daß du/ob du ... oder nicht; **just ~!** *(abs.)* überleg [dir das] doch mal!; **b)** *(have opinion)* annehmen; finden; **we ~ that you are not to blame** wir sind der Ansicht *od.* finden, daß Sie nicht schuld sind; *(regard as)* halten für; **I ~ him [to be** *or* **as] a swindler** ich halte ihn für einen Betrüger; **do you ~ yourself educated?** hältst du dich für gebildet?; **~ yourself under arrest** betrachten Sie sich als verhaftet; **she is ~ed a great beauty** sie gilt als große Schönheit; **f)** *(allow for)* berücksichtigen; **~ other people's feel**ings auf die Gefühle anderer Rücksicht nehmen; **all things ~ed** alles in allem
considerable [kən'sɪdərəbl] *adj.* **a)** *(no little)* beträchtlich; erheblich ⟨Schwierigkeiten, Ärger⟩; groß ⟨Freude, Charakterstärke⟩; eingehend ⟨Überlegung⟩; *(Amer.: large)* ansehnlich ⟨Gebäude, Edelstein⟩; **b)** *(important)* bedeutend ⟨Person, Künstler⟩
considerably [kən'sɪdərəblɪ] *adv.* erheblich; *(in amount)* beträchtlich
considerate [kən'sɪdərət] *adj.* rücksichtsvoll; *(thoughtfully kind)* entgegenkommend; **be ~ to[wards]** sb. rücksichtsvoll gegenüber jmdm. sein; auf jmdn. Rücksicht nehmen
considerately [kən'sɪdərətlɪ] *adv.* rücksichtsvoll; *(obligingly)* entgegenkommend
considerateness [kən'sɪdərətnɪs] *n.* Rücksichtnahme, *die* (for auf + *Akk.*); *(obligingness)* Entgegenkommen, *das*
consideration [kənsɪdə'reɪʃn] *n.* **a)** Überlegung, *die; (meditation)* Betrachtung, *die;* **take sth. into ~:** etw. berücksichtigen *od.* bedenken; **give sth. one's ~:** etw. in Erwägung ziehen; **the matter is under ~:** die Angelegenheit wird geprüft; **in ~ of** unter Berücksichtigung (+ *Gen.*); **leave sth. out of ~:** etw. unberücksichtigt lassen; etw. außer Betracht lassen; **b)** *(thoughtfulness)* Rücksichtnahme, *die* (for auf + *Akk.*); **show ~ for sb.** Rücksicht auf jmdn. nehmen; **c)** *(stated as reason)* Gesichtspunkt, *der;* Umstand, *der;* **an important ~:** ein wichtiger Faktor; **d)** *(payment)* Bezahlung, *die;* **for a ~:** gegen Entgelt; **e)** *(Law)* Ausgleich, *der;* Ersatz, *der*
considered [kən'sɪdəd] *adj.* **a) ~ opinion** feste *od.* ernsthafte Überzeugung; **b) be highly ~ [by others]** [bei anderen] in hohem Ansehen stehen
considering [kən'sɪdərɪŋ] *prep.* **~ sth.** wenn man etw. bedenkt; **[that] ...**: wenn man bedenkt, daß ...; **that's not so bad, ~** *(coll.)* das ist eigentlich gar nicht mal so schlecht *(ugs.)*
consign [kən'saɪn] *v. t.* **a)** anvertrauen (to *Dat.*); **~ a child to its uncle's care** ein Kind in die Obhut seines Onkels geben; **~ sth. to the scrap-heap** *(lit. or fig.)* etw. auf den Schrotthaufen werfen; **~ a letter to the flames** einen Brief dem Feuer übergeben *(geh.);* **b)** *(Commerc.)* übersenden, *(fachspr.)* konsignieren ⟨Güter⟩ (to an + *Akk.*); senden ⟨Brief, Paket⟩ (to an + *Akk.*)
consignment [kən'saɪnmənt] *n. (Commerc.)* **a)** *(consigning)* Übersendung, *die* (to an + *Akk.*); Konsignation, *die (fachspr.)* (to an + *Akk.*); **~ note** Frachtbrief, *der;* **b)** *(goods)* Sendung, *die; (large)* Ladung, *die*
consist [kən'sɪst] *v. i.* **a) ~ of** bestehen aus; **b) ~ in** bestehen in (+ *Dat.*)
consistence [kən'sɪstəns], **consistency** [kən'sɪstənsɪ] *ns.* **a)** *(density)* Konsistenz, *die; (of thick liquids)* Dickflüssigkeit, *die;* **mixtures of various consistencies** Mischungen verschiedener Konsistenz; **b)** *(being consistent)* Konsequenz, *die;* *(of style)* stilistische Konsistenz
consistent [kən'sɪstənt] *adj.* **a)** *(compatible)* [miteinander] vereinbar; **be ~ with sth.** mit etw. übereinstimmen; mit etw. vereinbar sein; **b)** *(uniform)* beständig; gleichbleibend ⟨Qualität⟩; einheitlich ⟨Verfahren, Vorgehen, Darstellung⟩; **c)** *(adhering to principles)* konsequent
consistently [kən'sɪstəntlɪ] *adv. (compatibly, in harmony)* in Übereinstimmung ⟨handeln⟩; *(uniformly)* einheitlich ⟨gestalten⟩; konsistent ⟨denken⟩; *(persistently)* konsequent ⟨behaupten, verfolgen, handeln⟩
consistory [kən'sɪstərɪ, 'kɒnsɪstərɪ] *n. (RC Ch.)* Konsistorium, *das*
consolation [kɒnsə'leɪʃn] *n.* **a)** *(act)* Tröstung, *die;* Trost, *der;* **words of ~:** Worte des Trostes; tröstende Worte; **a letter of ~:**

161

ein trostvoller Brief; **b)** *(consoling circumstance)* Trost, *der;* **that's one ~!** das ist tröstlich *od.* ein Trost!
conso'lation prize *n.* Trostpreis, *der*
consolatory [kən'sɒlətərɪ, kən'səʊlətərɪ] *adj.* tröstend, trostvoll (**to** für)
¹console [kən'səʊl] *v.t.* trösten; **~ sb. for a loss** jmdn. über einen Verlust hinwegtrösten
²console ['kɒnsəʊl] *n.* **a)** *(Mus.)* Spieltisch, *der;* **b)** *(panel)* [Schalt]pult, *das;* **c)** *(cabinet)* Truhe, *die*
consolidate [kən'sɒlɪdeɪt] **1.** *v.t.* **a)** *(strengthen)* festigen ⟨*Macht, Stellung*⟩; *(fig.)* konsolidieren ⟨*Stellung, Einfluß, Macht*⟩; **b)** *(combine)* zusammenlegen ⟨*Territorien, Grundstücke, Firmen*⟩; konsolidieren ⟨*Schulden, Anleihen*⟩. **2.** *v.i.* **a)** *(become solid)* hart werden; **b)** *(merge)* ⟨*Firmen:*⟩ fusionieren
consolidation [kənsɒlɪ'deɪʃn] *n., no pl.* **a)** *(strengthening)* Festigung, *die; (fig.)* Konsolidierung, *die;* **b)** *(unification)* Zusammenlegung, *die*
consoling [kən'səʊlɪŋ] *adj.* tröstlich
consommé [kən'sɒmeɪ] *n. (Gastr.)* Kraftbrühe, *die;* Consommé, *die (fachspr.)*
consonance ['kɒnsənəns] *n.* **a)** *(Mus.)* Harmonie, *die; (of two notes)* Konsonanz, *die;* **b)** *(fig. formal)* Übereinstimmung, *die;* **c)** *(Phonet.)* Konsonanz, *die*
consonant ['kɒnsənənt] **1.** *n.* Konsonant, *der;* Mitlaut, *der;* **~ shift** Lautverschiebung, *die.* **2.** *adj.* **a)** *(formal)* **be ~ with** *or* **to sth.** im Einklang mit etw. stehen; **b)** *(Mus.)* konsonant; **c)** *(Phonet.)* gleichklingend
consonantal [kɒnsə'næntl] *adj. (Phonet.)* konsonantisch
¹consort ['kɒnsɔːt] *n.* Gemahl, *der*/Gemahlin, *die;* **queen ~:** Gemahlin des Königs; Königin, *die (volkst.)*
²consort [kən'sɔːt] *v.i.* **a)** *(keep company)* verkehren (**with** mit); **b)** *(arch.: agree)* übereinstimmen (**with,** *or* mit); **they ~ed ill together** sie paßten schlecht zusammen
³consort ['kɒnsɔːt] *n. (Mus.)* Consort, *das*
consortium [kən'sɔːtɪəm] *n., pl.* **consortia** [kən'sɔːtɪə] *(association)* Konsortium, *das*
conspectus [kən'spektəs] *n.* Übersicht, *die*
conspicuous [kən'spɪkjʊəs] *adj.* **a)** *(clearly visible)* unübersehbar; **make oneself ~:** dafür sorgen, daß man deutlich sichtbar ist; **leave sth. in a ~ position** etw. sichtbar liegenlassen; **d)** *(noticeable)* auffallend; **be ~:** sehr auffallen; **make oneself ~ by one's absence** durch Abwesenheit auffallen *od. (iron.)* glänzen; **~ expenditure/consumption** Prestigeausgaben/demonstrativer Konsum; **c)** *(obvious, noteworthy)* auffallend ⟨*Schönheit*⟩; herausragend ⟨*Tapferkeit*⟩; **~ for their loyalty** bekannt für ihre Loyalität; **the most ~ example** das augenfälligste Beispiel; das Paradebeispiel
conspicuously [kən'spɪkjʊəslɪ] *adv.* **a)** *(very visibly)* unübersehbar; **b)** *(obviously)* auffallend
conspicuousness [kən'spɪkjʊəsnɪs] *n., no pl.* **a)** *(being clearly visible)* Unübersehbarkeit, *die;* **b)** *(obviousness)* Auffälligkeit, *die*
conspiracy [kən'spɪrəsɪ] *n.* **a)** *(conspiring)* Verschwörung, *die;* **be in ~ against sb.** sich gegen jmdn. verschworen haben; **b)** *(plot)* Komplott, *das;* **form a ~:** ein Komplott schmieden; **~ of silence** verabredetes Stillschweigen; **c)** *(Law)* Verabredung zu einer Straftat; **~ to murder** Mordkomplott, *das*
conspirator [kən'spɪrətə(r)] *n.* Verschwörer, *der*/Verschwörerin, *die*
conspiratorial [kənspɪrə'tɔːrɪəl] *adj.* verschwörerisch
conspire [kən'spaɪə(r)] *v.i. (lit. or fig.)* sich verschwören
constable ['kʌnstəbl, 'kɒnstəbl] *n.* **a)** *(Brit.) see* **police constable; b)** *(Brit.)* **Chief C~:** ≈ Polizeipräsident, *der*/-präsidentin, *die*

constabulary [kən'stæbjʊlərɪ] **1.** *n.* Polizei, *die; (unit)* Polizeieinheit, *die.* **2.** *adj.* Polizei-
Constance ['kɒnstəns] *pr. n. (Geog.)* Konstanz *(das);* **Lake ~:** der Bodensee
constancy ['kɒnstənsɪ] *n.* **a)** *(steadfastness)* Standhaftigkeit, *die;* **b)** *(faithfulness)* Treue, *die;* **c)** *(unchangingness)* Beständigkeit, *die; (uniformity)* Gleichmäßigkeit, *die*
constant ['kɒnstənt] **1.** *adj.* **a)** *(unceasing)* ständig; anhaltend ⟨*Regen*⟩; **it's ~ laughter when they're around** es wird ununterbrochen gelacht, wenn sie da sind; **be a ~ reminder of sth./jmdn.** etw./jmdn. erinnern; **we had ~ rain** es hat dauernd geregnet; **there was a ~ stream of traffic** der Verkehr floß ununterbrochen; **b)** *(unchanging)* gleichbleibend; konstant; **c)** *(steadfast)* standhaft; **be ~ in one's determination** stets an seinem Entschluß festhalten; **d)** *(faithful)* treu; **be ~ [to sb.]** [jmdm.] treu sein. **2.** *n. (Phys., Math.)* Konstante, *die*
constantly ['kɒnstəntlɪ] *adv.* **a)** *(unceasingly)* ständig; **b)** *(unchangingly)* konstant; **c)** *(steadfastly)* standhaft; **d)** *(faithfully)* treu
constellation [kɒnstə'leɪʃn] *n.* Sternbild, *das;* Konstellation, *die (Astron.)*
consternation [kɒnstə'neɪʃn] *n.* Bestürzung, *die; (confusion)* Aufregung, *die;* **in ~:** bestürzt/aufgeregt; **be filled with ~:** sehr bestürzt/aufgeregt sein
constipate ['kɒnstɪpeɪt] *v.t.* zu Verstopfung führen bei; **be ~d** an Verstopfung leiden
constipation [kɒnstɪ'peɪʃn] *n.* Verstopfung, *die;* Konstipation, *die (Med.)*
constituency [kən'stɪtjʊənsɪ] *n. (voters)* Wählerschaft, *die (eines Wahlkreises); (area)* Wahlkreis, *der*
constituent [kən'stɪtjʊənt] **1.** *adj. (composing a whole)* **~ part** Bestandteil, *der;* **~ member** Mitglied, *das;* **the ~ gases in air/~ parts of water** die Gase, aus denen Luft/die Teile, aus denen Wasser besteht. **2.** *n. (component part)* Bestandteil, *der;* **b)** *(member of constituency)* Wähler, *der* /Wählerin, *die (eines Wahlkreises)*
constitute ['kɒnstɪtjuːt] *v.t.* **a)** *(appoint)* ernennen zu; **~ oneself judge in a matter** sich *(Dat.)* in einer Sache ein Urteil erlauben; **b)** *(form)* sein; **~ a threat to** eine Gefahr sein für; **c)** *(frame)* **be ~d** beschaffen sein; **he is strongly ~d** er hat eine kräftige Konstitution; **d)** *(make up)* bilden; begründen ⟨*Anspruch*⟩; **be ~d of bricks and mortar** aus Ziegelsteinen und Mörtel bestehen; **e)** *(give legal form to)* konstituieren ⟨*Partei, Organisation*⟩
constitution [kɒnstɪ'tjuːʃn] *n.* **a)** *(character of body, mental character)* Konstitution, *die;* **the complex ~ of his mind** die Komplexität seines Geistes; **b)** *(mode of State organization)* Staatsform, *die;* **c)** *(body of principles)* Verfassung, *die;* **written ~:** schriftlich festgelegte Verfassung; **d)** *(giving legal form)* Gründung, *die*
constitutional [kɒnstɪ'tjuːʃənl] **1.** *adj.* **a)** *(of bodily or mental constitution)* konstitutionell; **b)** *(Polit.) (of constitution)* der Verfassung nachgestellt; *(authorized by or in harmony with constitution)* verfassungsmäßig; konstitutionell ⟨*Monarchie*⟩; **~ law** Verfassungsrecht, *das;* **c)** *(essential)* wesentlich; grundsätzlich ⟨*Fähigkeit*⟩. **2.** *n.* Spaziergang, *der*
constitutionality [kɒnstɪtjuːʃə'nælɪtɪ] *n., no pl.* Verfassungskonformität, *die*
constitutionally [kɒnstɪ'tjuːʃənəlɪ] *adv.* **a)** *(in bodily or mental constitution)* konstitutionell; **b)** *(Polit.)* verfassungsmäßig; **c)** *(essentially)* wesentlich
constrain [kən'streɪn] *v.t.* **a)** zwingen; **b)** *(confine)* [auf]halten; *(fig.)* zügeln
constrained [kən'streɪnd] *adj.* gequält; gezwungen ⟨*Pose*⟩; steif ⟨*Bewegung, Pose*⟩

constraint [kən'streɪnt] *n.* **a)** Zwang, *der;* **he felt himself under some ~ to speak** er fühlte sich gezwungen zu sprechen; **b)** *(confinement)* Enge, *die; (limitation)* Einschränkung, *die;* **c)** *(restraint)* Gezwungenheit, *die;* **the atmosphere was one of ~:** die Atmosphäre war gezwungen *od.* steif
constrict [kən'strɪkt] *v.t. (make narrow)* verengen; **road-works are ~ing the flow of traffic** Straßenarbeiten behindern den Verkehrsfluß
constriction [kən'strɪkʃn] *n. (narrowing)* Verengung, *die;* **~ of the neck/throat** Einschnürung des Halses/der Kehle
construct 1. [kən'strʌkt] *v.t.* **a)** *(build)* bauen; *(fig.)* aufbauen; erstellen ⟨*Plan*⟩; entwickeln ⟨*Idee*⟩; **b)** *(Ling.; Geom.: draw)* konstruieren. **2.** ['kɒnstrʌkt] *n.* Konstrukt, *das;* **b)** *(Ling.)* Konstruktion, *die*
construction [kən'strʌkʃn] *n.* **a)** *(constructing)* Bau, *der; (of sentence)* Konstruktion, *die; (fig.) (of empire, kingdom)* Errichtung, *die;* Aufbau, *der; (of plan, syllabus)* Erstellung, *die; (of idea)* Entwicklung, *die;* **~ work** Bauarbeiten *Pl.;* **~ worker** Bauarbeiter, *der;* **of wooden ~:** aus Holz gebaut; **be under ~:** im Bau sein; **b)** *(thing constructed)* Bauwerk, *das; (fig.)* Gebilde, *das;* **a wooden ~:** eine Holzkonstruktion; **c)** *(Ling.; Geom.: drawing)* Konstruktion, *die;* **d)** *(interpretation)* Deutung, *die;* **what ~ would you put upon...?** wie würden Sie ... interpretieren *od.* auslegen?
constructional [kən'strʌkʃənl] *adj.* Bau⟨*vorhaben, -plan, -weise*⟩; Konstruktions⟨*element, -teil, -basis*⟩; **~ kit** Bausatz, *der;* **~ toy** Spielzeug zum Aufbauen
constructive [kən'strʌktɪv] *adj.* **a)** *(of construction; of structure of building)* konstruktiv; Bau⟨*arbeiter, -material, -element, -plan*⟩; **b)** *(tending to construct)* konstruktiv ⟨*Philosophie, Methode*⟩; schöpferisch ⟨*Talent, Intelligenz*⟩; **c)** *(helpful)* konstruktiv; **d)** *(inferred)* indirekt
constructively [kən'strʌktɪvlɪ] *adv.* **a)** *(in construction)* bautechnisch gesehen; **b)** *(helpfully)* konstruktiv
construe [kən'struː] *v.t.* **a)** *(Ling.) (combine)* konstruieren; *(analyse)* zerlegen; *(translate)* übersetzen; **b)** *(interpret)* auslegen; auffassen; **I ~d his words as meaning that ...:** ich habe ihn so verstanden, daß ...
consul ['kɒnsl] *n.* Konsul, *der*
consular ['kɒnsjʊlə(r)] *adj. (of State agent)* konsularisch; **~ rank** Rang eines Konsuls
consulate ['kɒnsjʊlət] *n.* **a)** *(period)* Amtszeit [als Konsul]; **b)** *(establishment)* Konsulat, *das;* **c)** *(Roman & French Hist.)* Konsulat, *das*
consulship ['kɒnslʃɪp] *see* **consulate a, c**
consult [kən'sʌlt] **1.** *v.i.* sich beraten (**with** mit); **~ together** sich miteinander beraten. **2.** *v.t.* **a)** *(seek information from)* konsultieren; befragen ⟨*Orakel*⟩; fragen, konsultieren, zu Rate ziehen ⟨*Arzt, Fachmann*⟩; **~ a list/book** in einer Liste/einem Buch nachsehen; **~ one's watch** auf die Uhr sehen; **~ a dictionary** in einem Wörterbuch nachschlagen; **b)** *(consider)* berücksichtigen; bedenken
consultancy [kən'sʌltənsɪ] *n.* **a)** *(of adviser)* Beraterstelle, *die;* **b)** *(fee)* Beratungsgebühr, *die;* **b)** *(of physician)* ≈ Chefarztstelle, *die*
consultant [kən'sʌltənt] **1.** *n.* **a)** *(adviser)* Berater, *der* /Beraterin, *die;* **b)** *(physician)* ≈ Chefarzt, *der*/-ärztin, *die.* **2.** *attrib. adj. see* **consulting**
consultation [kɒnsʌl'teɪʃn] *n.* Beratung, *die* (**on** über + *Akk.*); **have a ~ with sb.** sich mit jmdm. beraten; **~ by ~ of a dictionary/of an expert** durch Konsultation eines Wörterbuchs/Experten; **they are in ~ with the management about wages** sie verhandeln mit der Betriebsleitung in Lohnverhandlungen; **act in ~ with sb.** in Absprache mit jmdm. handeln.

consultative [kənˈsʌltətɪv] *adj.* beratend; konsultativ; **work on a ~ basis** *or* **in a ~ capacity for sb.** als Berater für jmdn. arbeiten; **~ document** ≈ Entwurf als Diskussionsgrundlage; *(governmental)* Regierungsentwurf, *der*
consulting [kənˈsʌltɪŋ] *attrib. adj.* beratend ⟨*Architekt, Chemiker, Ingenieur*⟩; **~ physician** Konsiliararzt, *der/*-ärztin, *die*
conˈsulting-room *n.* Sprechzimmer, *das*
consumable [kənˈsjuːməbl] *adj.* **a)** *(exhaustible)* kurzlebig ⟨*Konsumgüter*⟩; **b)** *(edible, drinkable)* genießbar
consume [kənˈsjuːm] *v. t.* **a)** *(use up)* verbrauchen; ⟨*Person:*⟩ aufwenden, ⟨*Sache:*⟩ kosten ⟨*Zeit, Energie*⟩; **b)** *(destroy)* vernichten; *(eat, drink)* konsumieren, verkonsumieren *(ugs.);* 'nothing is to be ~d on these premises' „Verzehr von Speisen und Getränken nicht gestattet"; **c)** *(fig.)* **be ~d with love/passion** sich in Liebe/Leidenschaft verzehren; **be ~d with fear/jealousy/envy/longing** sich vor Angst/Eifersucht/Neid/Sehnsucht verzehren *(geh.)*
consumer [kənˈsjuːmə(r)] *n. (Econ.)* Verbraucher, *der/*Verbraucherin, *die;* Konsument, *der/*Konsumentin, *die; see also* **durable 2**
conˈsumer goods *n. pl.* Konsumgüter
consumerism [kənˈsjuːmərɪzm] *n., no pl., no art.* Konsumerismus, *der*
consumer: ~ proˈtection *n.* Verbraucherschutz, *der;* **~ research** *n.* Verbrauchsforschung, *die;* Konsumforschung, *die;* **~ resistance** *n. see* **sales resistance**
consuming [kənˈsjuːmɪŋ] *adj.* ganz in Anspruch nehmend, verzehrend *(geh.)* ⟨*Sehnsucht, Ehrgeiz*⟩; **stamp-collecting is a ~ interest of his** sein Interesse am Briefmarkensammeln nimmt ihn ganz in Anspruch
consummate 1. [kənˈsʌmət] *adj.* **a)** *(perfect)* vollkommen; **with ~ ease** mühelos; **b)** *(accomplished)* perfekt; **a ~ artist** ein vollendeter Künstler. **2.** [ˈkɒnsəmeɪt, ˈkɒnsjʊmeɪt] *v. t.* vollenden, zum Abschluß bringen ⟨*Diskussion, Geschäftsverhandlungen*⟩; vollziehen ⟨*Ehe*⟩
consummately [kənˈsʌmətlɪ] *adj. (highly)* höchst; *(perfectly)* vollendet; *(completely)* völlig
consummation [kɒnsəˈmeɪʃn] *n.* **a)** *(completion)* Vollendung, *die;* *(of discussion, business)* Abschluß, *der;* *(of marriage)* Vollzug, *der;* **b)** *(goal)* Erfüllung, *die;* *(perfection, perfected thing)* Vollendung, *die*
consumption [kənˈsʌmpʃn] *n.* **a)** *(using up, eating, drinking)* Verbrauch, *der* **(of** an + Dat.**);** *(act of eating or drinking)* Verzehr, *der* **(of** von**);** **~ of electricity/fuel/sugar** Strom-/Kraftstoff-/Zuckerverbrauch, *der;* **~ of alcohol** Alkoholkonsum, *der;* **what is our milk ~?** wieviel Milch verbrauchen wir?; **b)** *(destruction)* Vernichtung, *die; (waste)* Vergeudung, *die;* **c)** *(Econ.)* Verbrauch, *der;* Konsum, *der;* **d)** *(Med. dated)* Schwindsucht, *die (veralt.)*
consumptive [kənˈsʌmptɪv] **1.** *adj. (Med. dated)* schwindsüchtig *(veralt.)*. **2.** *n.* Tuberkulosekranke, *der/die;* Schwindsüchtige, *der/die (veralt.)*
cont. *abbr.* **continued** Forts.
contact 1. [ˈkɒntækt] *n.* **a)** *(state of touching)* Berührung, *die;* Kontakt, *der;* *(fig.)* Verbindung, *die;* Kontakt, *der;* **point of ~:** Berührungspunkt, *der;* **be in ~ with sth.** etw. berühren; **be in ~ with sb.** *(fig.)* mit jmdm. in Verbindung stehen *od.* Kontakt haben; **come in** *or* **into ~ [with sth.]** [mit etw.] in Berührung kommen; **come into ~ with sb./sth.** *(fig.)* mit jmdm./etw. etwas zu tun haben; **make ~ with sth.** etw. berühren; **make ~ with sb.** *(fig.)* sich mit jmdm. in Verbindung setzen; mit jmdm. Kontakt aufnehmen; **lose ~ with sb.** *(fig.)* den Kontakt mit jmdm. verlieren; **renew ~ [with sb.]** *(fig.)* den Kontakt [mit *od.* zu jmdm.] wiederaufnehmen; **b)** *(Electr.)* *(connection)* Kontakt, *der;* **make/break a/the ~:** einen/den Kontakt herstellen/unterbrechen; **when the two wires make ~:** wenn die beiden Drähte sich berühren; **c)** *(Med.: person)* Kontaktperson, *die;* **d)** *(adviser etc.)* Verbindung, *die;* Kontakt, *der.* **2.** [ˈkɒntækt, kənˈtækt] *v. t.* **a)** *(get into touch with)* sich in Verbindung setzen mit; **can I ~ you by telephone?** sind Sie telefonisch zu erreichen?; **try to ~ sb.** jmdn. zu erreichen versuchen; **~ your bank manager about the loan** wenden Sie sich bezüglich des Darlehens an den Direktor Ihrer Bank; **~ sb. by letter** sich schriftlich mit jmdm. in Verbindung setzen; **b)** *(begin dealings with)* Kontakt aufnehmen mit
contact: ~ lens *n.* Kontaktlinse, *die;* **~ man** *n.* Kontaktmann, *der;* Mittelsmann, *der;* **~ print** *n. (Photog.)* Kontaktabzug, *der*
contagion [kənˈteɪdʒn] *n.* **a)** *(communication of disease)* Ansteckung, *die;* **b)** *(contagious disease)* ansteckende Krankheit; **c)** *(moral corruption)* Seuche, *die (fig.)*
contagious [kənˈteɪdʒəs] *adj. (lit. or fig.)* ansteckend; **~ area/water** verseuchtes Gebiet/Wasser; **he is ~/is no longer ~:** er hat eine ansteckende Krankheit/er steckt niemanden mehr an
contain [kənˈteɪn] *v. t.* **a)** *(hold as contents, include)* enthalten; *(comprise)* umfassen; **be ~ed within a space/between limits** sich in einem Gebiet/zwischen Grenzen befinden; **b)** *(prevent from moving)* halten; *(prevent from spreading; also Mil.)* aufhalten, eindämmen ⟨*Krankheit*⟩; *(restrain)* unterdrücken; **he could hardly ~ himself for joy** er konnte vor Freude kaum an sich *(Akk.)* halten
container [kənˈteɪnə(r)] *n.* Behälter, *der;* *(cargo ~)* Container, *der;* **cardboard/wooden ~:** Pappkarton, *der/*Holzkiste, *die;* **in cylindrical/circular plastic ~s** in Plastiktrommeln/in [runden] Plastikbehältern
containerize [kənˈteɪnəraɪz] *v. t.* in Container verpacken; auf Containertransport umstellen ⟨*Handelsweg, Verfahren*⟩
conˈtainer ship *n.* Containerschiff, *das*
containment [kənˈteɪnmənt] *n.* Eindämmung, *die; (Mil.)* Aufhalten, *das*
contaminant [kənˈtæmɪnənt] *n.* verunreinigende Substanz
contaminate [kənˈtæmɪneɪt] *v. t.* **a)** *(pollute)* verunreinigen; *(with radioactivity)* verseuchen; **b)** *(infect, lit. or fig.)* infizieren; *(fig.: spoil)* verseuchen
contamination [kəntæmɪˈneɪʃn] *n. see* **contaminate:** Verunreinigung, *die;* Verseuchung, *die;* Infizierung, *die*
contango [kənˈtæŋɡəʊ] *n., pl.* **~s** *(Brit. Finance)* Report, *der (Bankw.)*
contemplate [ˈkɒntəmpleɪt] **1.** *v. t.* **a)** betrachten; *(mentally)* nachdenken über (+ *Akk.*); *see also* **navel;** **b)** *(expect)* rechnen mit; *(consider)* in Betracht ziehen; **~ sth./doing sth.** an etw. *(Akk.)* denken/daran denken, etw. zu tun; **I wouldn't even ~ the idea** sich an den Plan hätte ich überhaupt nicht in Betracht. **2.** *v. i.* nachdenken
contemplation [kɒntəmˈpleɪʃn] *n.* **a)** Betrachtung, *die;* *(mental)* Nachdenken, *das* **(of** über + *Akk.*); **b)** *(expectation)* Erwartung, *die; (consideration)* Erwägung, *die;* **be in ~:** erwogen werden; **c)** *(meditation)* Kontemplation, *die*
contemplative [kənˈtemplətɪv, ˈkɒntəmpleɪtɪv] *adj.* besinnlich; kontemplativ *(geh.)*
contemporaneous [kəntempəˈreɪnɪəs] *adj. (formal)* gleichzeitig; *(of the same period)* aus derselben Zeit nachgestellt
contemporary [kənˈtempərərɪ] **1.** *adj.* **a)** zeitgenössisch; *(present-day)* heutig; zeitgenössisch; **A is ~ with B** A und B finden zur gleichen Zeit statt; **the design is highly/very ~:** das Design ist hochmodern; **b)** *(equal in age)* gleichaltrig; **A is ~ with B** A und B sind gleichaltrig. **2.** *n.* **a)** *(person belonging to same time)* Zeitgenosse, *der/*-genossin, *die* **(to** von**);** **we were contemporaries** *or* **he was a ~ of mine at university/school** er war ein Studienkollege *od.* Kommilitone von mir; **b)** *(person of same age)* Altersgenosse, *der/*-genossin, *die;* **they are contemporaries** sie sind gleichaltrig *od.* Altersgenossen; **he is a ~ of hers** er ist [genau] so alt wie sie
contempt [kənˈtempt] *n.* **a)** Verachtung, *die,* **(of, for)** für; *see also* **familiarity c;** **b)** *(disregard)* Mißachtung, *die;* **in ~ of all rules** unter Mißachtung aller Regeln; **c)** *(being despised)* have *or* hold sb. in ~: jmdn. verachten; **bring sb. into ~:** jmdn. in Verruf bringen; **fall into ~:** in Verruf kommen; *see also* **beneath 1 a;** **d)** *(Law)* Ungehorsam, *der;* **~ of court** Ungehorsam *od.* Mißachtung gegenüber der Justiz; *(in face of court)* ≈ Ungebühr vor Gericht
contemptible [kənˈtemptɪbl] *adj.* verachtenswert; **Old C~s** *(coll.)* 1914 nach Frankreich geschicktes britisches Expeditionskorps
contemptibly [kənˈtemptɪblɪ] *adv.* verachtenswert
contemptuous [kənˈtemptjʊəs] *adj.* verächtlich; überheblich ⟨*Person*⟩; **be ~ of sth./sb.** etw./jmdn. verachten; **~ of danger/warning** die Gefahr verachtend/alle Warnungen mißachtend; **with** *or* **in ~ disdain** voller Verachtung
contemptuously [kənˈtemptjʊəslɪ] *adv.* verächtlich
contend [kənˈtend] **1.** *v. i.* **a)** *(strive)* **~ [with sb. for sth.]** [mit jmdm. um etw.] kämpfen; **b)** *(struggle)* **be able/have to ~ with** fertig werden können/müssen mit; bewältigen können/müssen ⟨*Post, Hindernis*⟩; **I've got enough to ~ with at the moment** ich habe schon so genug um die Ohren *(ugs.);* **~ with/against the waves** mit den Wellen kämpfen/gegen die Wellen ankämpfen; **c)** *(arch.: argue)* **~ with sb. about sth.** mit jmdm. über etw. streiten. **2.** *v. t.* **~ that ...:** behaupten, daß ...
contender [kənˈtendə(r)] *n.* Bewerber, *der/*Bewerberin, *die*
¹content [ˈkɒntent] *n.* **a)** *in pl.* Inhalt, *der;* **the ~s of the room had all been damaged** alles im Zimmer war beschädigt worden; **the ~s of this medicine are listed on the packet** die Zusammensetzung dieses Medikaments ist auf der Packung angegeben; **[table of] ~s** Inhaltsverzeichnis, *das;* **something in the ~s of the letter has made her very upset** etwas, was in dem Brief steht, hat sie ganz aus der Fassung gebracht; **b)** *(amount contained)* Gehalt, *der* **(of** an + *Dat.*); **c)** *(capacity)* Fassungsvermögen, *das; (volume)* Volumen, *das;* **d)** *(constituent elements, substance)* Gehalt, *der*
²content [kənˈtent] **1.** *pred. adj.* zufrieden (**with** mit); **not rest ~ until** nicht zufrieden sein, bis; **not ~ with being late every morning, he also wants a pay rise** nicht genug [damit], daß er jeden Morgen zu spät kommt, er will auch noch eine Gehaltserhöhung; **be ~ to do sth.** bereit sein, etw. zu tun; *(pleased)* etw. gern tun; **I should be well ~ to do so** das würde ich recht gern tun. **2.** *n.* **to one's heart's ~:** nach Herzenslust. **3.** *v. t.* zufriedenstellen; befriedigen; **~ oneself with sth./sb.** sich mit etw./jmdm. zufriedengeben
contented [kənˈtentɪd] *adj.* zufrieden (**with** mit); glücklich ⟨*Kindheit, Ehe, Leben*⟩; **be ~ to do sth.** sich damit abfinden, etw. zu tun
contentedly [kənˈtentɪdlɪ] *adv.* zufrieden
contentedness [kənˈtentɪdnɪs] *n., no pl.* Zufriedenheit, *die*

contention [kənˈtenʃn] *n.* **a)** *(dispute)* Streit, *der;* Auseinandersetzung, *die; (rivalry)* Kampf, *der;* **the matter in ~:** die Streitfrage; **sth. is the subject of much ~:** etw. wird heftig diskutiert *od.* ist eine sehr strittige Frage; **be in ~ with sb.** sich mit jmdm. streiten; **b)** *(point asserted)* Behauptung, *die; see also* ¹**put 1 f**
contentious [kənˈtenʃəs] *adj.* **a)** *(quarrelsome)* streitsüchtig; streitlustig; **b)** *(involving contention)* strittig ⟨*Punkt, Frage, Thema*⟩; umstritten ⟨*Verhalten, Argument, Angelegenheit*⟩
contentiously [kənˈtenʃəslɪ] *adv.* provozierend; **a ~ worded question** eine kontrovers formulierte Frage
contentment [kənˈtentmənt] *n.* Zufriedenheit, *die;* **smile with ~:** zufrieden lächeln
contest 1. [ˈkɒntest] *n.* **a)** *(competition)* Wettbewerb, *der; (Sport)* Wettkampf, *der;* **b)** *no pl., no art. (dated/formal)* **a matter of ~:** eine Streitfrage; **engage in ~:** sich auf einen Kampf einlassen. **2.** [kənˈtest] *v. t.* **a)** *(dispute)* bestreiten, anfechten ⟨*Anspruch, Recht*⟩; in Frage stellen ⟨*Behauptung, These*⟩; **b)** *(fight for)* kämpfen um; **c)** *(Brit.) (compete in)* kandidieren bei; *(compete for)* kandidieren für; **d)** *(Amer.: dispute result of)* anfechten. **3.** *v. i.* **~ with** *or* **against sb./sth.** sich mit jmdm./etw. auseinandersetzen
contestable [kənˈtestəbl] *adj.* anfechtbar
contestant [kənˈtestənt] *n. (competitor)* Teilnehmer, *der/*Teilnehmerin, *die* **(in an + *Dat.*, bei)**; *(in election)* Bewerber, *der/* Bewerberin, *die* **(for um, für)**; *(in fight)* Gegner, *der/*Gegnerin, *die*
contestation [kɒntesˈteɪʃn] *n.* **a)** *(contesting)* Bestreiten, *das;* **b)** *(of claim, right)* Anfechtung, *die;* **b)** *(disputation)* Streit, *der;* **c)** *(assertion)* Behauptung, *die*
context [ˈkɒntekst] *n.* **a)** Kontext, *der;* **in/ out of ~:** im/ohne Kontext; **this sentence is quoted out of [its proper] ~:** dieser Satz ist aus dem Zusammenhang gerissen; **in this ~:** in diesem Zusammenhang; **b)** *(fig.: ambient conditions)* Umgebung, *die;* **in the ~ of** im Rahmen (+ *Gen.*)
contextual [kənˈtekstjʊəl] *adj.* kontextuell
contextualize [kənˈtekstjʊəlaɪz] *v. t. (place in context)* in einen Kontext einordnen
contiguity [kɒntɪˈgjuːɪtɪ] *n., no pl. (formal)* **a)** *(contact)* Berührung, *die;* **b)** *(proximity)* [unmittelbare] Nähe
contiguous [kənˈtɪgjʊəs] *adj. (formal) (touching)* sich berührend; *(adjoining, neighbouring)* aneinandergrenzend; **be ~:** sich berühren/aneinandergrenzen/aufeinanderfolgen; **be ~ to** etw. berühren/an etw. *(Akk.)* grenzen
continence [ˈkɒntɪnəns] *n.* **a)** *(temperance)* Mäßigkeit, *die; (chastity)* [sexuelle] Enthaltsamkeit; **b)** *(Med.)* Kontinenz, *die*
¹**continent** [ˈkɒntɪnənt] *n.* Kontinent, *der;* Erdteil, *der;* **the ~s of Europe, Asia, Africa** die Erdteile Europa, Asien, Afrika; **the C~:** das europäische Festland; der Kontinent
²**continent** *adj.* **a)** *(temperate)* maßvoll; *(chaste)* [sexuell] enthaltsam; **b)** *(Med.)* **be ~:** Harn und Stuhl zurückhalten können
continental [kɒntɪˈnentl] **1.** *adj.* kontinental; **~ Europe** Kontinentaleuropa (*das*); **b)** **C~** *(mainland European)* kontinental[europäisch]. **2.** *n.* **C~:** Kontinentaleuropäer, *der/*-europäerin, *die*
continental: ~ ¹**breakfast** *n.* kontinentales Frühstück *(im Unterschied zum englischen Frühstück);* ~ **climate** *n. (Geog.)* Kontinentalklima, *das;* ~ **quilt** *n. (Brit.)* **1.** [Stepp]federbett, *das;* ~ ¹**shelf** *n. (Geog.)* Festland[s]sockel, *der*
contingency: ~ **fund** *n.* Fonds für unvorhergesehene Ausgaben; ~ **plan** *n.* Alternativplan, *der*
contingent [kənˈtɪndʒənt] **1.** *adj.* **a)** *(fortuitous)* zufällig; **b)** *(incidental)* unvorhergesehen; **c)** *(Philos.)* kontingent; **d)** *(conditional)* abhängig **(up[on** von). **2.** *n. (Mil.; also fig.)* Kontingent, *das*
continual [kənˈtɪnjʊəl] *adj. (frequently happening)* ständig; *(without cessation)* unaufhörlich; **there have been ~ quarrels** es gab ständig *od.* dauernd Streit; **she's a ~ chatterbox** ihr Mundwerk steht nie still *(ugs.)*
continually [kənˈtɪnjʊəlɪ] *adv.* **a)** *(frequently)* ständig; immer wieder; **b)** *(without cessation)* unaufhörlich; **~ tired** immer müde
continuance [kənˈtɪnjʊəns] *n.* **a)** *(continuing)* Fortbestand, *der; (of happiness, noise, rain)* Fortdauer, *die; (remaining)* Verbleiben, *das;* **b)** *(Amer. Law)* Vertagung, *die* **(until** auf + *Akk.*)
continuation [kəntɪnjʊˈeɪʃn] *n.* **a)** Fortsetzung, *die;* **a ~ of these good relations** die Fortdauer dieser guten Beziehungen; **b)** *(St. Exch.)* Reportgeschäft, *das*
continue [kənˈtɪnjuː] **1.** *v. t.* **a)** fortsetzen; **'to be ~d'** „Fortsetzung folgt"; **'~d on page 2'** „Fortsetzung auf S. 2"; **~ doing** *or* **to do sth.** etw. weiter tun; **it ~d to rain** es regnete weiter; **it ~s to be a problem** es ist weiterhin ein Problem; **'...',** he **~d** „...", fuhr er fort; **do ~ what you were saying** sprechen Sie nur weiter!; **I'll ~ the story where I left off** ich werde die Geschichte von da an weitererzählen; **~ sth. until** auf + *Akk.*). **2.** *v. i.* **a)** *(persist)* ⟨*Wetter, Zustand, Krise usw.*⟩ andauern; *(persist in doing etc. sth.)* weitermachen *(ugs.);* nicht aufhören; *(last)* dauern; **this tradition still ~s** diesen Brauch gibt es immer noch; dieser Brauch lebt weiter; **if the rain ~s** wenn der Regen anhält; **if you ~ like this/in this manner** wenn Sie so weitermachen *(ugs.);* **how long is his speech likely to ~?** wie lange dauert seine Rede wohl noch?; **~ with sth.** mit etw. fortfahren; **we ~d with the work until midnight** wir arbeiteten weiter bis Mitternacht; **~ with a plan** einen Plan weiterverfolgen; **~ on one's way** seinen Weg fortsetzen; **b)** *(stay)* bleiben; **~ in power** an der Macht bleiben; **~ in control** die Kontrolle behalten; **she ~d in mourning for him all her life** sie trauerte ihr ganzes Leben lang um ihn; **c)** *(not become other than)* weiterhin sein; **he ~s feverish** er hat immer noch Fieber
continued [kənˈtɪnjuːd] *adj.* fortgesetzt ⟨*Bemühungen*⟩; **~ existence** Weiterbestehen, *das*
continuity [kɒntɪˈnjuːɪtɪ] *n., no pl.* **a)** *(of path, frontier)* ununterbrochener Verlauf; *(unbroken succession, logical sequence, consistency)* Kontinuität, *die;* **b)** *(Cinemat., Telev., Radio) (scenario)* Szenario, *das; (script)* Skript, *das; (linking announcements)* Zwischentext, *der*
conti'nuity girl *n.* Skriptgirl, *das*
continuo [kənˈtɪnjʊəʊ] *n., pl.* **~s** *(Mus.)* **a)** *(accompaniment)* Generalbaß, *der;* **b)** *(instruments)* Generalbaßinstrumente
continuous [kənˈtɪnjʊəs] *adj.* ununterbrochen; anhaltend ⟨*Regen, Sonnenschein, Anstieg*⟩; ständig ⟨*Kritik, Streit, Änderung*⟩; fortlaufend ⟨*Mauer*⟩; durchgezogen ⟨*Linie*⟩; **b)** *(Ling.)* ~ **[form]** Verlaufsform, *die;* **present ~** *or* **~ present/past ~** *or* **~ past** Verlaufsform des Präsens/Präteritums
continuously [kənˈtɪnjʊəslɪ] *adv. (in space)* durchgehend; nahtlos ⟨*aneinanderfügen*⟩; *(in time or sequence)* ununterbrochen; unablässig, anhaltend ⟨*ansteigen*⟩; ständig ⟨*sich ändern*⟩
continuous 'stationery *n.* Endlosdruck, *der (Druckw.)*

continuum [kənˈtɪnjʊəm] *n., pl.* **continua** [kənˈtɪnjʊə] Kontinuum, *das*
contort [kənˈtɔːt] *v. t.* verdrehen *(auch fig.);* verzerren ⟨*Gesicht, Gesichtszüge*⟩; verrenken, verdrehen ⟨*Körper*⟩; **his face was ~ed with anger** sein Gesicht war wutverzerrt
contortion [kənˈtɔːʃn] *n.* Verzerrung, *die; (of body)* Verdrehung, *die;* Verrenkung, *die*
contortionist [kənˈtɔːʃənɪst] *n.* Schlangenmensch, *der*
contour [ˈkɒntʊə(r)] *n.* **a)** *(outline)* Kontur, *die;* **b)** *(contour line)*
contour: ~ **line** *n. (Geog., Surv.)* Höhen[schicht]linie, *die;* ~ **map** *n.* Höhenlinienkarte, *die;* ~ **ploughing** *n. (Agric.)* Konturpflügen, *das*
contra [ˈkɒntrə] **1.** *prep. & adv.* **pro and ~:** pro und kontra. **2.** *n.* **the pros and ~s** das Pro und Kontra
contraband [ˈkɒntrəbænd] **1.** *n. (smuggled goods)* Schmuggelware, *die;* ~ **of war** Konterbande, *die (Völkerrecht).* **2.** *adj.* geschmuggelt; ~ **goods** Schmuggelware, *die*
contrabassoon [ˈkɒntrəbəsuːn] *n.* Kontrafagott, *das*
contraception [kɒntrəˈsepʃn] *n.* Empfängnisverhütung, *die*
contraceptive [kɒntrəˈseptɪv] **1.** *adj.* empfängnisverhütend; kontrazeptiv *(Med.);* ~ **device/method** Verhütungsmittel, *die/* -methode, *die.* **2.** *n.* Verhütungsmittel, *das*
contract 1. [ˈkɒntrækt] *n.* Vertrag, *der;* ~ **of employment** Arbeitsvertrag, *der;* **be under ~ to do sth.** vertraglich verpflichtet sein, etw. zu tun; **exchange ~s** *(Law)* die Vertragsurkunden austauschen; **marriage ~:** Ehevertrag, *der;* **b)** *(Bridge etc.) Law* **contract bridge. 2.** [kənˈtrækt] *v. t.* **a)** *(cause to shrink, make smaller)* schrumpfen lassen; *(draw together)* zusammenziehen; verengen ⟨*Pupillen*⟩; **b)** *(form)* ~ **marriage** die Ehe eingehen *od.* schließen; ~ **a habit** eine Angewohnheit annehmen; **c)** *(become infected with)* sich *(Dat.)* zuziehen; ~ **sth. from sb.** sich mit etw. bei jmdm. anstecken; ~ **sth. from ...:** an etw. *(Dat.)* durch ... erkranken; **d)** *(incur)* machen ⟨*Schulden*⟩; **e)** *(Ling.)* zusammenziehen ⟨*Wort, Silbe*⟩. **3.** *v. i.* **a)** *(enter into agreement)* Verträge/einen Vertrag schließen; ~ **for sth.** etw. vertraglich zusichern; ~ **to do sth.** *or* **that one will do sth.** sich vertraglich verpflichten, etw. zu tun; **b)** *(shrink, become smaller, be drawn together)* sich zusammenziehen; *(shorten (ugs.)...).* **2.** ~ **'out 1.** *v. i.* ~ **out [of sth.]** sich [an etw. *(Dat.)*] nicht beteiligen; *(withdraw)* [aus etw. *(Dat.)*] aussteigen *(ugs.).* **2.** ~ **out work out [to another firm]** Arbeit [an eine andere Firma] vergeben
contract bridge [kɒntrækt ˈbrɪdʒ] *n.* Kontraktbridge, *das*
contractile [kənˈtræktaɪl] *adj. (Anat.: capable of contracting)* kontraktil
contraction [kənˈtrækʃn] *n.* **a)** *(shrinking)* Kontraktion, *die (Physik); (of eye-pupils)* Verengung, *die;* **b)** *(Physiol.: of muscle)* Zusammenziehung, *die;* Kontraktion, *die (Med.);* **c)** *(Ling.)* Kontraktion, *die;* **d)** *(catching)* Ansteckung, *die* **(of** mit); **e)** *(forming)* Annahme, *die; (of marriage)* Schließen, *das;* ~ **of debts** Schuldenmachen, *das*
contractor [kənˈtræktə(r)] *n.* Auftragnehmer, *der/*-nehmerin, *die; see also* **building contractor**
contractual [kənˈtræktjʊəl] *adj.,* **contractually** [kənˈtræktjʊəlɪ] *adv.* vertraglich
contradict [kɒntrəˈdɪkt] *v. t.* widersprechen (+ *Dat.*)
contradiction [kɒntrəˈdɪkʃn] *n.* Widerspruch, *der* **(of** gegen); **in ~ to sth./sb.** im Widerspruch *od.* Gegensatz zu etw./jmdm.; **be a ~ to** *or* **of sth.** im Widerspruch zu etw. stehen; **a ~ in terms** ein Wider-

spruch in sich selbst; eine Contradictio in adjecto (Rhet.)
contradictory [kɒntrə'dɪktərɪ] adj. a) widersprechend; (mutually opposed) widersprüchlich; that is ~ to what was said last week das widerspricht dem, was letzte Woche gesagt wurde; b) (inclined to contradict) widersetzlich; (inconsistent) widersprüchlich
contradistinction [kɒntrədɪ'stɪŋkʃn] n. Unterscheidung, die; in ~ to sth. im Unterschied zu etw.
'contra-flow n. Gegenverkehr auf einem Fahrstreifen
contralto [kən'træltəʊ] n., pl. ~s (Mus.) a) (voice) Alt, der; (very low) Kontraalt, der; b) (singer) Altistin, die; Alt, der (selten); (with very low voice) Kontraalt, der; c) (part) Alt, der; (for very low voice) zweiter Alt; Alt II
contraption [kən'træpʃn] n. (coll.) (strange machine) Apparat, der (ugs.); (vehicle) Vehikel, das; (device) [komisches] Gerät
contrapuntal [kɒntrə'pʌntl] adj. (Mus.) kontrapunktisch
contrarily adv. a) ['kɒntrərɪlɪ] (in a contrary manner) I think ~: ich glaube das Gegenteil; we've decided ~: wir haben uns für das Gegenteil entschieden; b) [kən'treərɪlɪ] (coll.: perversely) widerspenstig; widerborstig
contrariness [kən'treərɪnɪs] n., no pl. (coll.) Widerspenstigkeit, die; Widerborstigkeit, die
contrariwise [kən'treərɪwaɪz] adv. a) (on the other hand) andererseits; b) (in the opposite way) umgekehrt
contrary 1. adj. a) ['kɒntrərɪ] entgegengesetzt; be ~ to sth. im Gegensatz zu etw. stehen; the result was ~ to expectation das Ergebnis entsprach nicht den Erwartungen; b) (opposite) entgegengesetzt; (adverse) widrig ⟨Wind⟩; c) [kən'treərɪ] (coll.: perverse) widerspenstig; widerborstig; he's ~ by nature er ist von Natur aus voller Widerspruchsgeist. 2. ['kɒntrərɪ] n. the ~: das Gegenteil; be/do completely the ~: das genaue Gegenteil sein/tun; go by contraries anders als erwartet verlaufen; ⟨Traum:⟩ das Gegenteil bedeuten; ⟨Stimmung:⟩ [grundsätzlich] konträr sein; on the ~: im Gegenteil; appearances to the ~, ...: dem äußeren Anschein zum Trotz, ...; quite the ~: ganz im Gegenteil. 3. adv. ~ to sth. entgegen einer Sache; ~ to expectation wider Erwarten
contrast 1. [kən'trɑːst] v.t. gegenüberstellen; kontrastieren lassen, [deutlich] voneinander abheben ⟨Farben⟩; ~ sth. with sth. etw. von etw. [deutlich] abheben. 2. v. i. ~ with sth. mit etw. kontrastieren; sich von etw. abheben. 3. ['kɒntrɑːst] n. (juxtaposition) Kontrast, der (with zu); what a ~! welch ein Gegensatz!; in ~, ...: im Gegensatz dazu, ...; [be] in ~ with sth. im Gegensatz od. Kontrast zu etw. [stehen]; by way of ~: als Kontrast; b) (thing) a ~ to sth. ein Gegensatz zu etw.; (person) be a ~ to sb. [ganz] anders sein als jmd.; c) (Photog., Telev., Psych.) Kontrast, der; d) ~ medium (Med.) Kontrastmittel, das
contrasting [kən'trɑːstɪŋ] adj. gegensätzlich; kontrastierend ⟨Farbe⟩; (very different) sehr unterschiedlich
contravene [kɒntrə'viːn] v.t. (infringe) verstoßen gegen ⟨Recht, Gesetz⟩; zuwiderhandeln (+ Dat.) ⟨Beschluß, Rat, Empfehlung⟩; (conflict with) widersprechen (+ Dat.)
contravention [kɒntrə'venʃn] n. ~ of the law/rules/moral standards Verstoß gegen das Gesetz/die Regeln/die Moral; be in ~ of sth. im Widerspruch zu etw. stehen; act in ~ of sth. einer Sache (Dat.) zuwiderhandeln
contretemps ['kɔ̃trətɑ̃] n., pl. same ['kɔ̃trətɑ̃z] Mißgeschick, das; Malheur, das (ugs.)

contribute [kən'trɪbjuːt] 1. v. t. ~ sth. [to or towards sth.] etw. [zu etw.] beitragen/(co-operatively) beisteuern; ~ money towards sth. für etw. Geld beisteuern/(for charity) spenden; he regularly ~s articles to the 'Guardian' er schreibt regelmäßig für den „Guardian". 2. v. i. ~ to or towards a jumble sale etwas zu einem Trödelmarkt beisteuern; if only the child would ~ more in class wenn das Kind nur mehr zum Unterricht beitragen würde; everyone ~d towards the production jeder trug etwas zur Aufführung bei; ~ to charity für karitative Zwecke spenden; ~ to sb.'s misery/disappointment jmds. Kummer/Enttäuschung vergrößern; ~ to a newspaper für eine Zeitung schreiben; ~d to the 'Encyclopaedia Britannica' er hat an der Encyclopaedia Britannica mitgearbeitet; ~ to the success of sth. zum Erfolg einer Sache (Gen.) beitragen
contribution [kɒntrɪ'bjuːʃn] n. a) (act of contributing) make a ~ to a fund etw. für einen Fonds spenden; the ~ of clothing and money to sth. das Spenden von Kleidern und Geld für etw.; b) (thing contributed) Beitrag, der; (for charity) Spende, die (of für); ~s of clothing and money Kleider- und Geldspenden; make a ~ to sth. einen Beitrag zu etw. leisten
contributor [kən'trɪbjʊtə(r)] n. a) (giver) Spender, der/Spenderin, die; b) (supplier of writings) Mitarbeiter, der/Mitarbeiterin, die; he is a regular ~ [of articles] to the 'Guardian' er schreibt regelmäßig [Artikel] für den „Guardian"
contributory [kən'trɪbjʊtərɪ] adj. a) (that contributes) a ~ factor to his state of mind/in the poor state of the economy ein Faktor, der bei seiner geistigen Verfassung/bei der schlechten Wirtschaftslage eine Rolle spielt; ~ funds Hilfsfonds; ~ negligence (Law) Mitverschulden, das; b) (operated by contributions) be run on a ~ basis mit Beiträgen od. Spenden finanziert werden; ~ insurance payments Versicherungspflichtbeiträge
contrite ['kɒntraɪt] adj. zerknirscht; (showing contrition) reuevoll; ~ sigh/tears/words Seufzer/Tränen/Worte der Reue; ~ apology zerknirschte Entschuldigung
contritely ['kɒntraɪtlɪ] adv. zerknirscht
contrition [kən'trɪʃn] n. Reue, die; ~ leads to absolution Kontrition ist die Voraussetzung für die Absolution (kath. Theol.); hang one's head in ~: den Kopf reumütig senken
contrivance [kən'traɪvəns] n. a) (contriving) Plan, der; deceitful ~s faule Tricks (ugs. abwertend); b) (invention) Ersinnen, das; (inventive capacity) Erfindungsgabe, die; c) (device) Gerät, das
contrive [kən'traɪv] v.t. (manage) ~ to do sth. es fertigbringen od. zuwege bringen, etw. zu tun; can you ~ to be here by 6 a.m.? können Sie es einrichten, bis 6 Uhr morgens hier zu sein?; they ~d to meet es gelang ihnen, sich zu treffen; b) (devise) sich (Dat.) ausdenken; ersinnen (geh.); ~ ways and means of doing sth. Mittel und Wege finden, etw. zu tun
contrived [kən'traɪvd] adj. künstlich
control [kən'trəʊl] 1. n. a) (power of directing, restraint) Kontrolle, die (of über + Akk.); (management) Leitung, die; ~ of the economy Wirtschaftslenkung, die; board of ~: Aufsichtsbehörde, die; ~ over ecclesiastical matters höchste Gewalt in kirchlichen Dingen; governmental ~: Regierungsgewalt, der; ~ of the vehicle/machine is totally automatic das Fahrzeug/die Maschine hat vollautomatische Steuerung; have ~ of sth. etw. kontrollieren; (take decisions) für etw. zuständig sein; take ~ of die Kontrolle übernehmen über (+ Akk.); keep ~ of sth. etw. unter Kontrolle halten; be in ~ [of sth.] die Kontrolle [über etw. (Akk.)] haben; be in ~ of the situation die Situation unter Kontrolle haben; who's in ~ here? wer hat hier zu bestimmen?; be in ~ of education für das Erziehungswesen zuständig sein; [go or get] out of ~ or beyond [sb.'s] ~: außer Kontrolle [geraten]; circumstances beyond sb.'s ~: unvorhersehbare, nicht in jmds. Hand liegende Umstände; [get sth.] under ~: [etw.] unter Kontrolle [bringen]; keep oneself/sth. under ~: sich/etw. in der Gewalt haben; everything's under ~ (fig.) alles in Ordnung; lose ~ [of sth.] die Kontrolle über etw. (Akk.) verlieren; lose ~ of the situation die Situation nicht mehr unter Kontrolle haben; gain ~ of sth. etw. unter Kontrolle bekommen; lose/regain ~ of oneself die Beherrschung verlieren/wiedergewinnen; have some/complete/no ~ over sth. eine gewisse/die absolute/keine Kontrolle über etw. (Akk.) haben; have ~ over oneself sich in der Gewalt haben; he has no ~ over himself er hat sich nicht in der Gewalt; see also flight control; b) (standard of comparison) Kontrollobjekt, das; (person) Kontrollperson, die; ~ experiment Kontrollversuch, der; c) (device) Regler, der; ~s (as a group) Schalttafel, die; (of TV, stereo system) Bedienungstafel, die; at the ~s an der Schalttafel; be at the ~s an der Schalttafel sitzen; ⟨Fahrer, Pilot:⟩ am Steuer sitzen; (fig.) das Steuer in der Hand haben; d) in pl. (means of regulating) Beschränkung, die; Kontrolle, die; impose ~s on imports Importbeschränkungen einführen; e) (Spiritualism) Kontrolle, die (Parapsych.); Kontrollgeist, der (Parapsych.); f) (check-point for rally cars) Kontrollpunkt, der. 2. v.t. -ll-: a) (have of) kontrollieren, steuern, lenken ⟨Auto⟩; leiten ⟨Firma⟩; you must ~ your dog Sie müssen Ihren Hund unter Kontrolle halten; he ~s the financial side of things er ist für die Finanzen zuständig od. hat die Finanzen unter sich; ~ a class eine Klasse fest im Griff haben; ~ling company (Econ.) Kontrollgesellschaft, die; ~ling interest Mehrheitsbeteiligung, die (Wirtsch.); b) (hold in check) beherrschen; zügeln ⟨Zorn, Ungeduld, Temperament⟩; im Zaum halten ⟨Zunge⟩; (regulate) kontrollieren, regulieren ⟨Geschwindigkeit, Temperatur⟩; einschränken ⟨Export, Ausgaben⟩; regeln ⟨Verkehr⟩; unterdrücken ⟨Gefühlsäußerung⟩; ~ yourselves, children! nehmt euch zusammen, Kinder!; c) (check, verify) [über]prüfen

control: ~ **centre** n. Kontrollzentrum, das; ~ **desk** n. Schaltpult, das
controller [kən'trəʊlə(r)] n. a) (director) Leiter, der/Leiterin, die; Chef, der/Chefin, die (ugs.); b) see comptroller
control: ~ **panel** n. Schalttafel, die; ~ **room** n. Kontrollraum, der; (in theatre) Stellwarte, die; (Radio, Telev.) Regieraum, der; (in power station) Schaltwarte, die; ~ **tower** n. Kontrollturm, der; Tower, der
controversial [kɒntrə'vɜːʃl] adj. (causing controversy) umstritten ⟨Mode, Kunstwerk, Gesetz, Idee⟩; strittig ⟨Frage, Punkt, Angelegenheit⟩; (given to controversy) streitsüchtig; (lacking neutrality) polemisch
controversy ['kɒntrəvɜːsɪ, kən'trɒvəsɪ] n. Kontroverse, die; Auseinandersetzung, die; much ~: eine längere Kontroverse od. Auseinandersetzung; sth. is beyond ~: etw. ist unumstritten
controvert ['kɒntrəvɜːt, kɒntrə'vɜːt] v.t. (formal) bestreiten ⟨Argument, Theorie:⟩ widersprechen (+ Dat.)
contuse [kən'tjuːz] v.t. prellen
contusion [kən'tjuːʒn] n. Prellung, die
conundrum [kə'nʌndrəm] n. (riddle) (auf einem Wortspiel beruhendes) Rätsel; (hard question) Problem, das; pose ~s Rätsel aufgeben

conurbation [kɒnɜː'beɪʃn] n. Konurbation, die (Soziol.); ≈ Stadtregion, die
convalesce [kɒnvə'les] v.i. genesen; rekonvaleszieren (Med.)
convalescence [kɒnvə'lesns] n. Genesung, die; Rekonvaleszens, die (Med.)
convalescent [kɒnvə'lesnt] 1. adj. rekonvaleszent (Med.); you'll be ~ for a few weeks Ihre Genesung wird ein paar Wochen dauern; ~ patient Rekonvaleszent, der/Rekonvaleszentin, die (Med.). 2. n. Rekonvaleszent, der/Rekonvaleszentin, die (Med.); Genesende, der/die
convalescent: ~ home, ~ hospital ns. Genesungsheim, das
convection [kən'vekʃn] n. (Phys., Meteorol.) Konvektion, die; ~ current Konvektionsstrom, der
convective [kən'vektɪv] adj. (Phys., Meteorol.) konvektiv
convector [kən'vektə(r)] n. Konvektor, der
convene [kən'viːn] 1. v.t. einberufen. 2. v.i. zusammenkommen; ⟨Gericht, gewählte Vertreter:⟩ zusammentreten; ⟨Konferenz, Versammlung:⟩ beginnen
convener [kən'viːnə(r)] n. (Brit.) jmd., der eine Versammlung einberuft/leitet
convenience [kən'viːnɪəns] n. a) no pl. (suitableness, advantageousness) Annehmlichkeit, die; its ~ to or for the city centre seine günstige Lage zum Stadtzentrum; marriage of ~: Vernunftehe, die; see also ¹flag 1; b) (personal satisfaction) Bequemlichkeit, die; Wohlbefinden, das; for sb.'s ~, for ~'s sake zu jmds. Bequemlichkeit; is it to your ~? paßt es Ihnen?; at your ~: wann es Ihnen paßt; at your earliest ~: möglichst bald; baldmöglichst (Papierdt.); c) (advantage) be a ~ to sb. angenehm od. praktisch für jmdn. sein; having a car is such a ~: ein Auto zu haben ist so angenehm od. praktisch; make a ~ of sb. jmdn. ausnutzen; d) (advantageous thing) Annehmlichkeit, die; a car is a [great] ~ to have es ist [sehr] angenehm od. praktisch, ein Auto zu haben; e) (esp. Admin.: toilet) Toilette, die; public ~: öffentliche Toilette (Amtsspr.) Bedürfnisanstalt
con'venience food n. Fertignahrung, die
convenient [kən'viːnɪənt] adj. a) (suitable, not troublesome) günstig; (useful) praktisch; angenehm; be ~ to or for sb. günstig für jmdn. sein; would it be ~ to you? würde es Ihnen passen?; wäre es Ihnen recht?; it's not very ~ at the moment es paßt im Augenblick nicht gut; if it is not ~ to have us to stay wenn es ungelegen kommt, daß wir bleiben; b) (of easy access) be ~ to or for sth. günstig zu etw. liegen; our house is very ~ to or for the city centre wir haben es nicht weit zum Stadtzentrum; c) (opportunely available or occurring) a ~ taxi ein Taxi, das gerade dasteht/angefahren kommt
conveniently [kən'viːnɪəntlɪ] adv. a) (suitably, without difficulty, accessibly) günstig ⟨gelegen, angebracht⟩; leicht ⟨gesehen werden⟩; angenehm ⟨ruhig⟩; when can you ~ drop round? wann paßt es dir od. wann kannst du es einrichten, mal vorbeizukommen?; we're ~ situated for the shops wir haben es nicht weit zu den Geschäften; b) (opportunely) angenehmerweise; very ~, we were only a mile from a garage glücklicherweise waren wir nur eine Meile von einer Werkstatt entfernt
convenor see convener
convent ['kɒnvənt] n. Kloster, das; ~ of nuns Nonnenkloster, das; enter a ~: ins Kloster gehen
convention [kən'venʃn] n. a) (a practice) Brauch, der; it is the ~ to do sth. es ist Brauch, etw. zu tun; ~s of spelling Rechtschreibregeln; b) no art. (established customs) Konvention, die; break with ~: sich über die Konventionen hinwegsetzen; c) (formal assembly) Konferenz, die; d) (agreement between parties) Abkommen, das; Übereinkunft, die; (agreement between States) Konvention, die (bes. Völkerrecht)
conventional [kən'venʃənl] adj. konventionell; (not spontaneous) formell; it is ~ wisdom that ...: man glaubt allgemein, daß ...; it is ~ to send flowers es ist üblich, Blumen zu schicken; ~ weapons konventionelle Waffen
conventionally [kən'venʃənəlɪ] adv. konventionell
conventioneer [kənvenʃə'nɪə(r)] n. (Amer.) Konferenzteilnehmer, der/-teilnehmerin, die
'convent school n. Klosterschule, die
converge [kən'vɜːdʒ] v.i. ~ [on each other] aufeinander zulaufen; ⟨Gedanken, Meinungen, Ansichten:⟩ sich [einander] annähern, (geh.) konvergieren; ~ on sb. auf jmdn. zulaufen; they ~d on the scene of the accident sie liefen am Unfallort zusammen
convergence [kən'vɜːdʒəns] n. a) Annäherung, die; Konvergenz, die (geh.); (of roads, rivers) Zusammentreffen, das; at the ~ of the roads an der Stelle, wo die Straßen zusammentreffen; b) (Math., Biol., Psych.) Konvergenz, die
convergent [kən'vɜːdʒənt] adj. a) aufeinander zulaufend; konvergierend (geh.), sich einander annähernd ⟨Meinungen, Gedanken, Ansichten⟩; b) (Math., Biol., Psych.) konvergent; ~ lens (Optics) Sammellinse, die
conversant [kən'vɜːsənt] pred. adj. vertraut (with mit)
conversation [kɒnvə'seɪʃn] n. Unterhaltung, die; Gespräch, das; Konversation, die (geh.); (in language-teaching) Konversation, die; be in ~ [with sb.] sich [mit jmdm.] unterhalten; be deep in ~: in ein Gespräch vertieft sein; enter into ~ with sb. mit jmdm. ein Gespräch anfangen od. anknüpfen; make [polite] ~ with sb. mit jmdm. Konversation machen; in the course of ~: im Verlauf des Gesprächs; come up in ~: gesprächsweise erwähnt werden; he hasn't much ~: man kann sich kaum mit ihm unterhalten; have a ~ with sb. mit jmdm. ein Gespräch führen
conversational [kɒnvə'seɪʃənl] adj. gesprächig ⟨Person⟩; talk in a ~ manner im Plauderton/ungezwungen sprechen; ~ English gesprochenes Englisch; the discussion remained on a casual, ~ level die Diskussion blieb auf der Ebene einer zwanglosen Unterhaltung
conversationalist [kɒnvə'seɪʃənəlɪst] n. Unterhalter, der/Unterhalterin, die; be a/no great ~: gut/nicht gut Konversation machen können
conversationally [kɒnvə'seɪʃənəlɪ] adv. 'Nice day today', he remarked ~: „Schöner Tag heute", stellte er fest, um ein Gespräch zu beginnen
conver'sation piece n. (topic of conversation) Gesprächsthema, das
¹converse [kən'vɜːs] v.i. (formal) ~ [with sb.] [about or on sth.] sich [mit jmdm.] [über etw. (Akk.)] unterhalten
²converse ['kɒnvɜːs] 1. adj. entgegengesetzt; umgekehrt ⟨Fall, Situation⟩. 2. n. a) (opposite) Gegenteil, das; b) (Math.) Kehrsatz, der; c) (Logic) Konversion, die
conversely [kən'vɜːslɪ] adv. umgekehrt
conversion [kən'vɜːʃn] n. a) (transforming) Umwandlung, die (into in + Akk.); b) (adaptation, adapted building) Umbau, die; do a ~ on sth. etw. umbauen; c) (of person) Bekehrung, die (to zu); Konversion, die (Rel.); d) (to different units or expression) Übertragung, die (into in + Akk.); e) (Finance, Logic, Theol., Psych., Phys.) Konversion, die; (calculation) Umrechnung, die; (Rugby, Amer. Footb.) Erhöhung, die
con'version table n. Umrechnungstabelle, die
convert 1. [kən'vɜːt] v.t. a) (transform, change in function) umwandeln (into in + Akk.); b) (adapt) ~ sth. [into sth.] etw. [zu etw.] umbauen; c) (bring over) ~ sb. [to sth.] (lit. or fig.) jmdn. [zu etw.] bekehren; d) (to different units or expressions) übertragen (into in + Akk.); e) (Finance) konvertieren; (calculate) umrechnen (into in + Akk.); f) (Rugby, Amer. Footb.) erhöhen; g) ~ to one's own use sich (Dat.) aneignen. 2. v.i. a) (be transformable, be changeable in function) ~ into sth. sich in etw. (Akk.) umwandeln lassen; b) (be adaptable) sich umbauen lassen; c) (to new method etc.) umstellen (to auf + Akk.). 3. ['kɒnvɜːt] n. a) (Relig.) Konvertit, der/Konvertitin, die; b) (fig.) the new ~ s to the Party die neuen Anhänger der Partei; he became a ~ to Asian philosophy er wurde ein Anhänger der asiatischen Philosophie
converter [kən'vɜːtə(r)] n. a) (Metall.) Konverter, der; b) (Electr.) Umformer, der
convertibility [kənvɜːtɪ'bɪlɪtɪ] n., no pl. a) Umwandelbarkeit, die; b) (Finance) Konvertierbarkeit, die
convertible [kən'vɜːtɪbl] 1. adj. a) be ~ into sth. sich in etw. (Akk.) umwandeln lassen; ~ sofa Ausziehcouch, die; b) (able to be altered) be ~ [into sth.] sich zu etw. umbauen lassen; c) (Finance) be ~ into sth. in etw. (Akk.) konvertierbar sein. 2. n. Kabrio[lett], das; (with four or more seats) Kabriolimousine, die
convex ['kɒnveks] adj. konvex; Konvex-⟨linse, -spiegel⟩
convexity [kɒn'veksɪtɪ] n. Wölbung, die; Konvexität, die (Optik)
convey [kən'veɪ] v.t. a) (transport) befördern; (transmit) übermitteln ⟨Nachricht, Grüße⟩; the TV pictures are ~ed by satellite die Fernsehbilder werden per Satellit übertragen; b) (impart) vermitteln; words cannot ~ it Worte können es nicht wiedergeben; the message ~ed nothing whatever to me die Nachricht sagte mir überhaupt nichts; ~ one's meaning to sb. jmdm. deutlich machen, was man meint; c) (Law) ~ property [to sb.] [jmdm.] Eigentum übertragen od. überschreiben
conveyance [kən'veɪəns] n. a) (transportation) Beförderung, die; (of sound, picture, heat, light) Übertragung, die; (of message, greetings) Übermittlung, die; b) (formal: vehicle) Beförderungsmittel, das; c) (Law) Übertragung, die; Überschreibung, die; [deed of] ~: Übereignungsurkunde, die
conveyancing [kən'veɪənsɪŋ] n. (Law) ~ [of property] [Eigentums]übertragung, die
conveyer, conveyor [kən'veɪə(r)] n. Förderer, der (Technik); [bucket] ~: Becherwerk, die; ⟨chain⟩ ~: Kettenförderer, der; [belt] (Industry) Förderband, der; (in manufacture also) Fließband, das
convict 1. ['kɒnvɪkt] n. Strafgefangene, der/die. 2. [kən'vɪkt] v.t. a) (declare guilty) für schuldig befinden; verurteilen; be ~ed verurteilt werden; b) (prove guilty) ~ sb. of sth. jmdn. einer Sache (Gen.) überführen
conviction [kən'vɪkʃn] n. a) (Law) Verurteilung, die (for wegen); have you [had] any previous ~s? Sind Sie vorbestraft?; he has no criminal ~s at all er hat keinerlei Vorstrafen; b) (settled belief) Überzeugung, die; a vegetarian by ~: ein überzeugter Vegetarier; it is their ~ that ...: sie sind der Überzeugung, daß ...; her ~ of the existence of God/of his innocence ihr fester Glaube an die Existenz Gottes/an seine Unschuld; what are his political ~s? wie sind seine politischen Anschauungen?; carry ~: überzeugend sein; ⟨Stimme:⟩ überzeugend klingen
convince [kən'vɪns] v.t. überzeugen; ~ sb.

convincing [kənˈvɪnsɪŋ] *adj.* überzeugend; täuschend ⟨*Ähnlichkeit*⟩

convincingly [kənˈvɪnsɪŋlɪ] *adv.* überzeugend

convivial [kənˈvɪvɪəl] *n.* fröhlich

conviviality [kənvɪvɪˈælɪtɪ] *n., no pl.* Fröhlichkeit, *die*

convivially [kənˈvɪvɪəlɪ] *adv.* fröhlich

convocation [kɒnvəˈkeɪʃn] *n.* **a)** *(calling together)* Zusammenrufen, *das; (of council, synod)* Einberufung, *die;* **b)** *(assembly)* Versammlung, *die;* **c)** *(Brit. Eccl.)* Provinzialsynode, *die;* **d)** *(Brit. Univ.)* universitäre gesetzgebende Versammlung; ≈ Vollversammlung, *die*

convoke [kənˈvəʊk] *v. t.* zusammenrufen; einberufen ⟨*Versammlung, Synode, Rat*⟩

convoluted [ˈkɒnvəluːtɪd] *adj.* **a)** *(twisted)* verschlungen; verdreht ⟨*Körperhaltung*⟩; **b)** *(complex)* kompliziert

convolution [kɒnvəˈluːʃn] *n.* Windung, *die;* **the ~s of the winding road** die Biegungen der kurvenreichen Straße

convolvulus [kənˈvɒlvjʊləs] *n. (Bot.)* Winde, *die*

convoy [ˈkɒnvɔɪ] **1.** *v. t.* Geleitschutz geben (+ *Dat.*). **2.** *n.* Konvoi, *der;* **in ~**: im Konvoi

convulse [kənˈvʌls] *v. t.* **a) be ~d** von Krämpfen geschüttelt werden; *(fig.)* **be ~d with laughter** sich vor Lachen biegen *(ugs.);* **be ~d with rage/fury** sich vor Wut krümmen; **b)** *(shake, lit. or fig.)* erschüttern

convulsion [kənˈvʌlʃn] *n.* **a)** *in pl.* Schüttelkrampf, *der (Med.);* Krämpfe; *(fig.)* **~s of laughter** Lachkrampf, *der;* **we were in absolute ~s** wir bogen uns förmlich vor Lachen *(ugs.);* **b)** *(shaking, lit. or fig.)* Erschütterung, *die*

convulsive [kənˈvʌlsɪv] *adj.,* **convulsively** [kənˈvʌlsɪvlɪ] *adv.* konvulsivisch

cony [ˈkəʊnɪ] *n.* **a)** *(rabbit)* Kaninchen, *das;* **b)** *(fur)* Kaninchenfell, *das;* Kanin, *das (Kürschnerei, Mode)*

coo [kuː] **1.** *int.* (*of person*) oh; (*of dove*) ruckedigu. **2.** *n.* (*of dove*) **the ~|s|** das Gurren. **3.** *v. i.* gurren; ⟨*Baby:*⟩ gurren *(fig.)*. **4.** *v. t. & i.* gurren *(auch fig.)*

cooee [ˈkuːiː] **1.** *int.* huhu *(ugs.).* **2.** *v. i.* **they ~d to us** sie riefen uns „huhu" zu

cook [kʊk] **1.** *n.* Koch, *der*/Köchin, *die;* **too many ~s spoil the broth** *(prov.)* viele Köche verderben den Brei *(Spr.).* **2.** *v. t.* **a)** garen *(Kochk.); (concoct and prepare)* kochen; **how would you ~ this piece of meat?** wie würden Sie dieses Stück Fleisch zubereiten?; **~ed in the oven** im Backofen zubereitet *od. (Kochk.)* gegart; **~ed meal** warme Mahlzeit; **how long should one ~ this joint?** wie lange sollte man diesen Braten garen lassen? *(Kochk.); abs.* **do you ~ with gas or electricity?** kochen Sie mit Gas oder mit Strom?; **she knows how to ~** sie kann gut kochen *od.* kocht gut; **~ sb.'s goose |for him|** *(fig.)* jmdm. alles verderben; **he ~ed his own goose** er hat sich *(Dat.)* alles verdorben *od. (ugs.)* vermasselt; **b)** *(fig. coll.: falsify)* frisieren *(ugs.);* **c)** *(Brit. sl.: fatigue)* **be ~ed** fix und fertig sein *(ugs.).* **3.** *v. i.* kochen; garen *(Kochk.);* **the meat was ~ing slowly** das Fleisch garte langsam; **what's ~ing?** *(fig. coll.)* was liegt an? *(ugs.)*

~ up *v. t.* sich *(Dat.)* ausbrüten, *(ugs.)* aushecken ⟨*Plan*⟩; erfinden ⟨*Geschichte*⟩

cook: **~book** *n. see* **cookery book;** **~-chill 'food** *n.* durch Abkühlung haltbar gemachte Fertiggerichte

cooker [ˈkʊkə(r)] *n.* **a)** *(Brit.: appliance)* Herd, *der;* **electric/gas ~**: Elektroherd/Gasherd, *der;* **b)** *(vessel)* Kochgefäß, *das;* **c)** *(fruit)* **are those apples eaters or ~s?** sind diese Äpfel zum Essen oder zum Kochen?

cookery [ˈkʊkərɪ] *n.* **a)** Kochen, *das;* **b)** *(Amer.: place)* Küche, *die*

'cookery book *n. (Brit.)* Kochbuch, *das*

cookhouse [ˈkʊkhaʊs] *n. (Mil.)* Feldküche, *die*

cookie [ˈkʊkɪ] *n.* **a)** *(Scot.)* Plätzchen, *das;* **b)** *(Amer.: biscuit)* Keks, *der;* **that's the way the ~ crumbles** *(fig. coll.)* es kommt, wie es kommen muß; **c)** *(sl.: person)* (*woman*) Person, *die; (attractive woman)* Klasseweib, *das (ugs.); (man)* Typ, *der (ugs.)*

cooking [ˈkʊkɪŋ] *n.* Kochen, *das;* **German ~**: die deutsche Küche; **your ~ is marvellous** du kochst wunderbar; **do one's own ~**: für sich selbst kochen; **do the ~**: kochen

cooking: **~ apple** *n.* Kochapfel, *der;* **~ fat** *n.* Bratfett, *das;* **~ salt** *n.* Speisesalz, *das;* **~ sherry** *n.* Sherry zum Kochen; **~ utensil** *n.* Küchengerät, *das;* **~ vessel** *n.* Kochgefäß, *das*

cook: **~-out** *n. (Amer.)* ≈ Grillparty, *die;* **have a ~out** im Freien kochen; **~-stove** *n. (Amer.)* [Koch]herd, *der*

cool [kuːl] **1.** *adj.* **a)** kühl; luftig ⟨*Kleidung*⟩; **I wait until my tea is ~ enough to drink** ich warte, bis mein Tee so weit abgekühlt ist, daß ich ihn trinken kann; **I am/feel ~**: mir ist kühl; **'store in a ~ place'** „kühl aufbewahren"; **bake in a ~ oven** bei schwacher Hitze backen; **b)** *(unexcited)* **he kept or stayed ~**: er blieb ruhig *od.* bewahrte die Ruhe; **play it ~** *(coll.)* ruhig bleiben; cool vorgehen *(salopp);* **she's always so ~ about things** sie ist immer so ruhig und besonnen; **he was ~, calm, and collected** er war ruhig und gelassen; **a ~ customer** ein kühler Kopf; **keep a ~ head** einen kühlen Kopf bewahren; *see also* **cucumber; c)** *(unemotional, unfriendly)* kühl; *(coolly audacious)* kaltblütig; unverfroren ⟨*Forderung*⟩; **be a ~ customer** *(fig.)* ganz schön unverschämt sein; **a ~ £3,000/thousand** *(coll.)* glatt 3 000 Pfund/ein glatter Tausender *(ugs.);* **d)** *(Jazz)* in der Art des Cool Jazz; **~ jazz** Cool Jazz, *der;* **e)** *(coll.: excellent)* cool *(salopp);* geil *(salopp).* **2.** *n.* **a)** *(coolness)* Kühle, *die;* **b)** *(cool air, place)* **sit in the ~**: im Kühlen sitzen; **store sth. in the ~**: etw. kühl aufbewahren; **c)** *(coll.: composure)* **keep/lose one's ~**: die Ruhe bewahren/verlieren. **3.** *v. i.* abkühlen; **the weather has ~ed** es ist kühler geworden; **wait until your milk ~s a bit** laß die Milch etwas abkühlen; *(fig.)* **our relationship has ~ed** unsere Beziehung ist kühler geworden; **the first heat of passion had ~ed** die erste Leidenschaft war verflogen; **~ towards sb./sth.** an jmdm./etw. das Interesse verlieren. **4.** *v. t.* kühlen; *(from high temperature)* abkühlen ⟨*Leidenschaft, Raserei, Liebe*⟩; **|have to| ~ one's heels** lange warten [müssen]; **~ it!** ruhig Blut! *(ugs.)*

~ down 1. *v. i.* ⟨*Tee:*⟩ abkühlen; ⟨*Luft:*⟩ sich abkühlen; **b)** *(fig.)* sich beruhigen; **his anger has ~ed down** sein Zorn hat sich gelegt. **2.** *v. t.* abkühlen; *(fig.)* besänftigen; *(disillusion)* ernüchtern

~ 'off 1. *v. i.* abkühlen; **the weather has ~ed off** es ist kühler geworden; **we need a few minutes to ~ off** wir brauchen ein paar Minuten, um uns abzukühlen; *(fig.)* sich beruhigen; ⟨*Zorn, Begeisterung, Interesse, Leidenschaft:*⟩ sich legen, nachlassen; ⟨*Freundschaft:*⟩ sich abkühlen. **2.** *v. t.* abkühlen; *(fig.)* beruhigen; besänftigen; abkühlen ⟨*Leidenschaft, Begeisterung*⟩

coolant [ˈkuːlənt] *n.* Kühlmittel, *das; (for cutting-tool)* Schneidflüssigkeit, *die (Technik); (for internal-combustion engine)* Kühlwasser, *das*

cooler [ˈkuːlə(r)] *n.* **a)** *(vessel)* Kühler, *der;* **b)** *(Amer.: refrigerator)* Kühlschrank, *der;* **c)** *(coll.: prison)* Knast, *der (ugs.)*

'cool-headed *adj.* kühl; nüchtern

coolie [ˈkuːlɪ] *n.* Kuli, *der*

'coolie hat *flacher Hut [der chinesischen Kulis];* Chinesenhut, *der*

cooling [ˈkuːlɪŋ] **~ fan** *n.* Kühlgebläse, *das (Technik);* **~-'off period** *n.* Rücktrittsfrist, *die;* **~ tower** *n.* Kühlturm, *der*

coolly [ˈkuːllɪ] *adv.* **a)** kühl; **b)** *(fig.) (calmly)* ruhig; *(unemotionally, in unfriendly manner)* kühl; *(impudently)* kaltblütig; unverfroren ⟨*verlangen, fordern*⟩

coolness [ˈkuːlnɪs] *n.* **a)** Kühle, *die;* *(fig.) (calmness)* Ruhe, *die; (unemotional nature, unfriendliness)* Kühle, *die; (impudence)* Kaltblütigkeit, *die; (insolence)* Unverfrorenheit, *die*

coomb [kuːm] *n. (Brit.) (on hill-flank)* Taleinschnitt an der Seite eines Berges; *(short valley)* Schlucht, *die*

coon [kuːn] *n.* **a)** *(Amer.: racoon)* Waschbär, *der;* **b)** *(sl. derog.) (Negro)* Nigger, *der (abwertend); (Negro woman)* Niggerweib, *das (abwertend)*

'coonskin *n. (Amer.)* Waschbärfell, *das;* Waschbär[pelz], *der; (cap)* Waschbärmütze, *die; (jacket)* Waschbärjacke, *die*

coop [kuːp] **1.** *n. (cage)* Geflügelkäfig, *der; (for poultry)* Hühnerstall, *der; (fowl-run)* Auslauf, *der.* **2.** *v. t.* **~ in** *or* **up** einpferchen

co-op [ˈkəʊɒp] *n. (coll.)* **a)** *(Brit.) (society)* Genossenschaft, *die; (shop)* Konsum[laden], *der;* **b)** *(Amer.) see* **co-operative 2 b**

co-operate [kəʊˈɒpəreɪt] *v. i.* mitarbeiten (**in** bei); *(with each other)* zusammenarbeiten *(ugs.);* ⟨*Dinge, Ereignisse:*⟩ zusammenwirken; *(Polit., Econ. also)* kooperieren (**in** bei); **~ with sb.** mit jmdm. zusammenarbeiten/kooperieren; **the patient refused to ~**: der Patient verweigerte die Mitarbeit *od.* war nicht kooperativ; **~ with the police** die Polizei unterstützen

co-operation [kəʊɒpəˈreɪʃn] *n.* **a)** *see* **co-operate:** Mitarbeit, *die;* Zusammenarbeit, *die;* Kooperation, *die;* **with the ~ of** unter Mitarbeit von; **in ~ with** in Zusammenarbeit mit; **b)** *(Econ.)* Genossenschaft, *die;* **the principle of ~**: das genossenschaftliche Prinzip

co-operative [kəʊˈɒpərətɪv] **1.** *adj.* **a)** *(offering co-operation)* kooperativ; *(helpful)* hilfsbereit; **b)** *(Econ.)* genossenschaftlich. **2. n. a)** Genossenschaft, *die;* Kooperative, *die (DDR); (shop)* Genossenschaftsladen, *der;* **workers' ~**: Produktivgenossenschaft, *die;* **b)** *(Amer.: dwelling)* gemeinschaftlich gemieteter/gekaufter Wohnraum

co-operative: **~ shop** *n. see* **~ store;** **~ society** *n.* Genossenschaft, *die;* **~ store** *n.* Genossenschaftsladen, *der*

co-opt [kəʊˈɒpt] *v. t.* kooptieren; hinzuwählen; **be ~ed |on| to a committee** von einem Komitee kooptiert werden

co-option [kəʊˈɒpʃn] *n.* Koop[ta]tion, *die*

co-ordinate 1. [kəʊˈɔːdɪnət] *adj.* **a)** *(equal in rank)* gleichrangig; **b)** *(Ling.)* nebengeordnet. **2.** *n. a) (Math.)* Koordinate, *die;* **b)** *in pl. (clothes)* Kombination, *die.* **3.** [kəʊˈɔːdɪneɪt] *v. t.* **a)** koordinieren; **~ one's thoughts** seine Gedanken sammeln *od.* ordnen; **b)** *(Ling.)* **co-ordinating conjunction** koordinierende *od.* nebenordnende Konjunktion

co-ordination [kəʊɔːdɪˈneɪʃn] *n.* Koordination, *die;* **he lacks ~**: er hat Koordinationsschwierigkeiten

co-ordinator [kəʊˈɔːdɪneɪtə(r)] *n.* Koordinator, *der*/Koordinatorin, *die*

coot [kuːt] *n.* **a)** *(Ornith.)* [bald] **~**: Bläßhuhn, *das;* **be |as| bald as a ~**: völlig kahl sein; **b)** *(coll.: stupid person)* [silly] **~**: dummes Huhn

co-owner [kəʊˈəʊnə(r)] *n.* Miteigentümer, *der*/-eigentümerin, *die; (of business)* Mitinhaber, *der*/-inhaberin, *die*

167

¹cop [kɒp] *n. (sl.: police officer)* Bulle, *der (salopp);* Polyp, *der (salopp);* **she's a ~:** sie ist von der Polente *(salopp);* **~s and robbers** Räuber und Gendarm

²cop *(sl.)* **1.** *v. t.,* **-pp-: a)** *they ~ped it (were captured)* sie sind geschnappt worden *(ugs.); (were killed)* sie mußten dran glauben; **b)** *(hit)* **he ~ped him one under the chin** er hat ihm eins unters Kinn verpaßt *(ugs.).* **2.** *n.* **it's a fair ~!** guter Fang!; **no ~, not much ~:** nichts Besonderes

~ 'out *v. i. (sl.)* **a)** *(escape)* abhauen *(salopp);* **~ out of society** [aus der Gesellschaft] aussteigen *(ugs.);* **b)** *(give up)* alles hinwerfen *(ugs.);* **c)** *(go back on one's promise)* **you can't ~ out like that** du kannst mich/ihn *usw.* doch nicht so hängenlassen *(ugs.). See also* **cop-out**

copartner [kəʊˈpɑːtnə(r)] *n.* Partner, *der*/Partnerin, *die;* Teilhaber, *der/*-haberin, *die*

copartnership [kəʊˈpɑːtnəʃɪp] *n. (relationship)* Partnerschaft, *die;* Teilhaberschaft, *die; (company)* Sozietät, *die*

¹cope [kəʊp] *v. i.* **a)** *(be able to contend)* **~ with sb./sth.** mit jmdm./etw. fertig werden; **~ with a handicapped child** mit einem behinderten Kind zurechtkommen; **b)** *(coll.: deal with sth.)* klarkommen *(ugs.);* **we must find someone who will ~:** wir brauchen jemanden, der die Sache in die Hand nimmt

²cope *n. (Eccl.)* Pluviale, *das (kath. Kirche)*

Copenhagen [kəʊpnˈheɪgn] *pr. n.* Kopenhagen *(das)*

Copernican [kəˈpɜːnɪkn] *adj.* kopernikanisch

copier [ˈkɒpɪə(r)] *n. (machine)* Kopiergerät, *das;* Kopierer, *der (ugs.)*

co-pilot [ˈkəʊpaɪlət] *n.* Kopilot, *der*/Kopilotin, *die*

coping [ˈkəʊpɪŋ] *n.* Mauerabdeckung, *die*

'coping-stone *n.* Abdeckplatte, *die*

copious [ˈkəʊpɪəs] *adj. (plentiful)* reichhaltig; voll ⟨*Haar*⟩; *(informative)* umfassend

copiously [ˈkəʊpɪəslɪ] *adv. (plentifully)* reichlich; *(informatively)* umfassend

copiousness [ˈkəʊpɪəsnɪs] *n., no pl. (plentifulness)* Fülle, *die*

'cop-out *n. (sl.)* Drückebergerei, *die (ugs. abwertend);* **that's a ~:** das ist Drückebergerei *(ugs. abwertend)*

¹copper [ˈkɒpə(r)] **1.** *n.* **a)** Kupfer, *das;* **b)** *(coin)* Kupfermünze, *die;* **a few ~s** etwas Kupfergeld; **it only costs a few ~s** es kostet nur ein paar Pfennige; **c)** *(boiler)* [Kupfer]kessel, *der; (for laundry)* Waschkessel, *der.* **2.** *attrib. adj.* **a)** *(made of ~)* kupfern; Kupfer⟨*münze, -kessel, -rohr*⟩; **b)** *(coloured like ~)* kupfern; kupferfarben

²copper *n. (Brit. sl.) see* **¹cop**

copper: **~ 'beech** *n.* Blutbuche, *die;* **~-bottomed** *adj.* gekupfert ⟨*Seew.*⟩ ⟨*Schiff*⟩; ⟨*Pfanne*⟩ mit Kupferboden; *(fig. authentic)* waschecht; *(financially reliable)* todsicher *(ugs.);* **~-coloured** *adj.* kupferfarben; **~plate 1.** *n.* **a)** *(metal plate)* Kupferplatte, *die;* **b)** *(print)* Kupferstich, *der.* **2.** *adj.* **~plate writing** ≈ Schönschrift, *die;* Schreib- und Druckschrift mit dickem Ab- und dünnem Aufstrich

coppery [ˈkɒpərɪ] *adj.* kupferfarben; kupfern

coppice [ˈkɒpɪs] *n.* Wäldchen, *das;* Niederwald, *der (Forstw.)*

'coppice-wood *n.* Unterholz, *das*

copra [ˈkɒprə] *n.* Kopra, *die*

copse [kɒps] *n. see* **coppice**

'cop-shop *n. (Brit. coll.)* Wache, *die;* Revier, *das*

Copt [kɒpt] *n.* Kopte, *der*/Koptin, *die*

Coptic [ˈkɒptɪk] **1.** *adj.* koptisch. **2.** *n. (language)* Koptisch, *das*

copula [ˈkɒpjʊlə] *n. (Ling.)* Kopula, *die*

copulate [ˈkɒpjʊleɪt] *v. i.* kopulieren

copulation [kɒpjʊˈleɪʃn] *n.* Kopulation, *die*

copy [ˈkɒpɪ] **1.** *n.* **a)** *(reproduction)* Kopie, *die; (imitation)* Nachahmung, *die; (with carbon paper etc.) (typed)* Durchschlag, *der; (written)* Durchschrift, *die;* **write a ~:** eine Abschrift machen; *see also* **²fair 1 h**; **rough copy;** **b)** *(specimen)* Exemplar, *das;* **have you a ~ of today's 'Times'?** haben Sie die „Times" von heute?; **send three copies of the application** die Bewerbung in dreifacher Ausfertigung schicken; **top ~:** Original, *das;* **c)** *(manuscript etc. for printing)* Druckvorlage, *die;* **supply ~:** *(Journ. coll.: news)* ein klasse Stoff sein *(ugs.);* **[advertising] ~:** Werbetext, *der.* **2.** *v. t.* **a)** *(make copy of)* kopieren; *(by photocopier)* [foto]kopieren; *(transcribe)* abschreiben; **b)** *(imitate)* nachahmen. **3.** *v. i.* **a)** kopieren; **~ from sb./sth.** jmdn./etw. kopieren; **b)** *(in exam etc.)* abschreiben; **~ from sb./sth.** bei jmdm./aus etw. abschreiben

~ 'out *v. t.* abschreiben

copy: **~-book** *n. attrib.* wie im Bilderbuch nachgestellt; Bilderbuch⟨*landschaft, -wetter*⟩; *see also* **blot 2 b**; **~-cat** *n. (coll.)* **you're such a ~-cat!** du mußt immer alles nachmachen!; **~ desk** *n. (Amer.)* Redaktionstisch, *der;* **~ editor** *n.* **a)** *see* **copy-reader;** **b)** Leiter/Leiterin einer Copy-reader-Abteilung

copyist [ˈkɒpɪɪst] *n.* Kopist, *der*

'copy-reader *n.* Redakteur, *der*/Redakteurin, *die (für formale Manuskriptbearbeitung und redaktionelles Korrekturlesen)*

copyright [ˈkɒpɪraɪt] **1.** *n.* Copyright, *das;* Urheberrecht, *das;* **be out of ~:** gemeinfrei [geworden] sein; **protected by ~:** urheberrechtlich geschützt; **2.** *adj.* urheberrechtlich geschützt; **~ library** *n.* Bibliothek, *die* Anspruch ein Freiexemplar jedes in Großbritannien veröffentlichten Buches hat. **3.** *v. t.* urheberrechtlich schützen

copy: **~ typist** *n.* Schreibkraft *(die nur nach schriftlichen Vorlagen arbeitet);* **~-writer** *n.* [Werbe]texter, *der*/-texterin, *die*

coquetry [ˈkɒkɪtrɪ, ˈkəʊkɪtrɪ] *n.* Koketterie, *die; (fig.)* Kokettieren, *das*

coquette [kəˈket] **1.** *n.* Kokette, *die.* **2.** *v. i.* kokettieren

coquettish [kəˈketɪʃ] *adj.* kokett

cor [kɔː(r)] *int. (Brit. sl.)* Mensch! *(salopp)*

coracle [ˈkɒrəkl] *n. (Brit.)* Coracle, *das (Fischerboot aus lederüberzogenem Flechtwerk)*

coral [ˈkɒrl] **1.** *n.* Koralle, *die.* **2.** *attrib. adj.* korallen; Korallen⟨*insel, -riff, -rot*⟩

cor anglais [kɔːˈrɑːŋgleɪ] *n. (Mus.)* **a)** *(instrument)* Englischhorn, *das;* Englisch Horn, *das (fachspr.);* **b)** *(organ-stop)* Englisch Horn, *das*

corbel [ˈkɔːbl] *n. (Archit.) (of stone)* Kragstein, *der; (of timber)* Sattelholz, *das*

'corbel-table *n. (Archit.)* Bogenfries, *der*

cord [kɔːd] *n.* **a)** Kordel, *die;* **b)** *(Anat.) see* **spermatic cord; spinal cord; umbilical cord; vocal cords; c)** *(rib)* Rippe, *die; (cloth)* Cord, *der;* **d)** *in pl. (trousers)* [pair of] **~s** Cordhose, *die, der.* *(Amer. Electr.: flex)* Kabel, *das*

cordage [ˈkɔːdɪdʒ] *n. (Naut.)* Tauwerk, *das*

cordate [ˈkɔːdeɪt] *adj. (Biol.)* herzförmig

cordial [ˈkɔːdɪəl] **1.** *adj.* herzlich; **a ~ dislike for sb.** eine tiefempfundene Abneigung gegenüber jmdm.. **2.** *(drink)* Sirup, *der*

cordiality [kɔːdɪˈælɪtɪ] *n., no pl.* Herzlichkeit, *die*

cordially [ˈkɔːdɪəlɪ] *adv.* herzlich; **~ dislike sb.** eine tiefempfundene Abneigung gegenüber jmdm. haben; **~ yours** mit herzlichen Grüßen

cordillera [kɔːdɪˈljeərə] *n. (Geog.)* Kettengebirge, *das*

cordite [ˈkɔːdaɪt] *n.* Kordit, *der*

cordless [ˈkɔːdlɪs] *adj.* **a)** *(without cord)* ohne Kordel nachgestellt; **b)** *(without flex)* ohne Kabel nachgestellt

cordon [ˈkɔːdn] **1.** *n.* **a)** *(line of police): also (Mil.)* Kordon, *der;* **a ~ of policemen** ein Polizeikordon; *see also* **throw around b; b)** *(fruit-tree)* Schnurbaum, *der;* Kordon, *der.* **2.** *v. t.* **~ [off]** absperren; abriegeln

cordon bleu [kɔːdɒ ˈblɜː] *n.* Meisterkoch, *der/*-köchin, *die;* **~:** *cookery* feine Küche

corduroy [ˈkɔːdərɔɪ, ˈkɔːdjʊrɔɪ] *n.* **a)** *(material)* Cordsamt, *der;* **b)** *in pl. (trousers)* Cordsamthose, *die*

core [kɔː(r)] **1.** *n.* **a)** *(of fruit)* Kerngehäuse, *das;* **b)** *(Geol.) (rock sample)* [Bohr]kern, *der; (of earth)* [Erd]kern, *der;* **c)** *(Electr.: of soft iron)* [Eisen]kern, *der;* **d)** *(fig.: innermost part)* **get to the ~ of the matter** zum Kern der Sache kommen; **rotten to the ~:** verdorben bis ins Mark; **English to the ~:** durch und durch englisch; **shake sb. to the ~:** jmdn. zutiefst erschüttern; **e)** *(Industry: internal mould)* Kern, *der;* **f)** *(Nucl. Engin.)* Core, *das;* **g)** *(Computing)* Magnetkern, *der;* **h)** *(of rope, electrical cable)* Seele, *die.* **2.** *v. t.* entkernen ⟨*Apfel, Birne*⟩

corer [ˈkɔːrə(r)] *n.* Entkerner, *der*

co-respondent [kəʊrɪˈspɒndənt] *n.* Mitbeklagte, *der/die (im Scheidungsprozeß)*

'core time *n.* Kernzeit, *die*

Corfu [kɔːˈfuː] *pr. n.* Korfu *(das)*

corgi [ˈkɔːgɪ] *n.* [Welsh] ~: Welsh Corgi, *der*

coriander [kɒrɪˈændə(r)] *n.* Koriander, *der*

coriander seed *n.* Koriander, *der*

Corinth [ˈkɒrɪnθ] *pr. n.* Korinth *(das)*

cork [kɔːk] **1.** *n.* **a)** *(bark)* Kork, *der;* **b)** *(bottle-stopper)* Korken, *der;* **c)** *(fishing-float)* Schwimmer, *der;* **d)** *attrib.* Kork-. **2.** *v. t.* zukorken; verkorken

~ 'up *v. t.* zukorken; verkorken; **~ up one's emotions** seine Gefühle unterdrücken

corked [kɔːkt] *adj.* **a)** *(stopped with cork)* verkorkt; **b)** *(impaired)* korkig ⟨*Wein*⟩

corker [ˈkɔːkə(r)] *n. (coll.) (thing)* **that joke was a real ~, that was a ~ of a joke** der Witz war echt Spitze *(ugs.); (person)* **she's/he's a real ~:** sie ist ein tolles Mädchen *usw.* *(ugs.); (ugs.)*

corking [ˈkɔːkɪŋ] *adj. (coll.) (large)* Riesen-; *(excellent)* klasse *(ugs.)*

cork: **~screw** **1.** *(bottle-opener)* Korkenzieher, *der;* **2.** *(spiral)* Spirale, *die;* **2.** *v. i.* ⟨*Flugzeug*⟩: trudeln; **~tile** *n.* Korkplatte, *die;* **~-tipped** *adj. (Brit.)* ⟨*Zigarette*⟩ mit Korkmundstück; **~wood** *n.* **a)** *(wood)* Korkholz, *das;* **b)** *(tree)* Korkholzbaum, *der (Electr.)*

corky [ˈkɔːkɪ] *adj.* korkig

corm [kɔːm] *n. (Bot.)* Knolle, *die*

cormorant [ˈkɔːmərənt] *n. (Ornith.)* Kormoran, *der*

¹corn [kɔːn] *n.* **a)** *(cereal)* Getreide, *das; (esp. rye, wheat also)* Korn, *das;* **[sweet] ~** *(maize)* Mais, *der;* **~ on the cob** [gekochter/gerösteter] Maiskolben; **b)** *(seed)* Korn, *das*

²corn *n. (on foot)* Hühnerauge, *das;* **tread on sb.'s ~s** *(fig.)* jmdm. auf die Hühneraugen treten *(ugs.)*

corn: **~-cob** *n.* Maiskolben, *der;* **~crake** [ˈkɔːnkreɪk] *n. (Ornith.)* Wachtelkönig, *der;* **~ dolly** *n.* Strohpuppe, *die*

cornea [ˈkɔːnɪə] *n. (Anat.)* Hornhaut, *die;* Cornea, *die (fachspr.)*

corneal [ˈkɔːnɪəl] *adj. (Anat.)* Korneal- *(fachspr.);* Hornhaut-

corned beef [kɔːnd ˈbiːf] *n.* Corned Beef, *das*

cornelian cherry *n.* Kornelkirsche, *die*

corner [ˈkɔːnə(r)] **1.** *n.* **a)** Ecke, *die; (curve)* Kurve, *die;* **the ~ of the street** Straßenecke, *die;* **sharp ~:** scharfe *od.* enge Kurve; **cut [off] a/the ~:** eine/die Kurve schneiden; **cut ~s** *(fig.)* auf die schnelle arbeiten *(ugs.);* **cut ~s with sth.** *(fig.)* bei etw. pfuschen *(ugs.);* **[sth. is] just [a]round the ~** *[etw. ist]* gleich um die Ecke; **Christmas is just round the ~** *(fig. coll.)* Weihnachten steht vor der Tür; **turn the ~:** um die Ecke biegen; **he has turned the ~ now** *(fig.)* er ist

168

jetzt über den Berg *(ugs.)*; **b)** *(hollow angle between walls)* Ecke, *die*; *(of mouth, eye)* Winkel, *der*; ~ **of the mouth/eye** Mund-/Augenwinkel, *der*; **drive sb. into a ~:** jmdn. in die Enge treiben; *see also* **paint 2 a; tight 1 i; c)** *(Boxing, Wrestling)* Ecke, *die*; **d)** *(secluded place)* Eckchen, *das*; Plätzchen, *das*; *(remote region)* Winkel, *der*; **from the four ~s of the earth** aus aller Welt; **e)** *(Hockey/Footb.)* Ecke, *die*; **score from a ~:** eine Ecke verwandeln; **take a ~:** eine Ecke schlagen/treten; **f)** *(Commerc.)* Corner, *der*; Schwänze, *die*. **2.** *v. t.* **a)** *(drive into ~)* in eine Ecke treiben; *(fig.)* in die Enge treiben; **have [got] sb. ~ed** jmdn. in der Falle haben; **b)** *(Commerc.)* ~ **the market in coffee** die Kaffeevorräte aufkaufen; den Kaffeemarkt aufschwänzen *(fachspr.)*. **3.** *v. i.* die Kurve nehmen; ~ **well/badly** eine gute/schlechte Kurvenlage haben; **when ~ing** beim Kurvenfahren

corner: ~ **cupboard** *n.* Eckschrank, *der*; ~ **flag** *n.* *(Sport)* Eckfahne, *die*; ~**-hit** *n.* *(Hockey)* Eckball, *der*; Eckschlag, *der*; **score [a goal] from a ~-hit** einen Eckball verwandeln; **take a ~-hit** eine Ecke schlagen; ~**-kick** *n.* *(Footb.)* Eckball, *der*; Eckstoß, *der*; **score from a ~-kick** einen Eckstoß verwandeln; **take a ~-kick** eine Ecke treten; ~ **seat** *n.* Ecksitz, *der*; ~ **shop** *n.* Tante-Emma-Laden, *der (ugs.)*; ~**-stone** *n.* Eckstein, *der*; *(fig.)* Eckpfeiler, *der*

cornet ['kɔːnɪt] *n.* **a)** *(Brit.: wafer)* [Eis]tüte, *die*; Eishörnchen, *das*; **b)** *(Mus.) (instrument)* Kornett, *das*

corn: ~ **exchange** *n.* Getreidebörse, *die*; ~**field** *n.* Kornfeld, *das*; *(Amer.)* Maisfeld, *das*; ~**flakes** *n. pl.* Corn-flakes *Pl.*; ~**flour** *n.* **a)** *(Brit.: ground maize)* Maismehl, *das*; **b)** *(flour of rice etc.)* Stärkemehl, *das*; ~**flower** *n.* Kornblume, *die*

cornice ['kɔːnɪs] *n.* **a)** *(Archit.)* Kranzgesims, *das*; **b)** *(moulding)* Fries, *der (an der Wand unmittelbar unter der Decke)*; **c)** *(Mount.)* [Schnee]wächte, *die*

Cornish ['kɔːnɪʃ] **1.** *adj.* kornisch. **2.** *n.* Kornisch, *das*

Cornish: ~ 'cream *see* **Devonshire cream**; ~ **pasty** [kɔːnɪʃ 'pæsti] *n.* mit Fleisch, Kartoffeln und Zwiebeln gefülltes Blätterteiggebäck

corn: ~ **marigold** *n.* Saatwucherblume, *die*; ~**starch** *n.* *(Amer.) see* ~**flour a**

cornucopia [kɔːnjʊˈkəʊpɪə] *n.* Füllhorn, *das*; **a** ~ **of information** *(fig.)* Information in Hülle und Fülle

corny ['kɔːnɪ] *adj. (coll.) (old-fashioned)* altmodisch *(Witz usw.)*; *(trite)* abgedroschen *(ugs.)*; *(sentimental)* schmalzig *(abwertend)*

corolla [kəˈrɒlə] *n.* *(Bot.)* Krone, *die*; Korolla, *die*

corollary [kəˈrɒlərɪ] *n.* *(proposition)* Korollar[ium], *das (Logik)*; *(inference)* Schluß, *der*; Folgerung, *die*; *(consequence)* [logische *od.* natürliche] Folge

corona [kəˈrəʊnə] *n., pl.* ~**e** [kəˈrəʊniː] *or* ~**s** **a)** *(circle of light round sun or moon)* Hof, *der*; *(gaseous envelope of sun or moon)* Korona, *die*; **b)** *(Anat.)* Corona, *die*

coronary ['kɒrənərɪ] **1.** *adj. (Anat.)* koronar. **2.** *n. (Med.) see* **coronary thrombosis**

coronary: ~ 'artery *n. (Anat.)* Herzkranzarterie, *die*; Koronararterie, *die (fachspr.)*; ~ throm'bosis *n. (Med.)* Koronarthrombose, *die*

coronation [kɒrəˈneɪʃn] *n.* Krönung, *die*

coroner ['kɒrənə(r)] *n.* Coroner, *der*; *Beamter, der gewaltsame od. unnatürliche Todesfälle untersucht*

coronet ['kɒrənet] *n.* Krone, *die*

Corp. *abbr.* **a)** *(Mil.) corporal* ≈ Uffz.; **b)** *(Amer.) corporation*

corpora *pl. of* **corpus**

¹**corporal** ['kɔːpərl] *adj.* körperlich

²**corporal** *n. (Mil.)* Korporal, *der (hist.*; *österr.)*; ≈ Hauptgefreite, *der*; ≈ Stabsgefreite, *der (DDR)*

corporate ['kɔːpərət] *adj.* **a)** *(forming corporation)* körperschaftlich; ~ **body, body ~:** Körperschaft, *die*; juristische Person; **b)** *(of corporation)* körperschaftlich; ~ **tax** Körperschaftsteuer, *die*; *(coll.: belly)* Schmerbauch, *der (ugs.)*; Wampe, *die (ugs. abwertend)*

corporately ['kɔːpərətlɪ] *adv.* körperschaftlich; korporativ

corporation [kɔːpəˈreɪʃn] *n.* **a)** *(civic authority)* **[municipal]** ~: Gemeindeverwaltung, *die*; *(of borough, city)* Stadtverwaltung, *die*; **b)** *(united body)* Körperschaft, *die*; Korporation, *die*; *(artificial person)* juristische Person; ~ **tax** Körperschaftsteuer, *die*; *(coll.: belly)* Schmerbauch, *der (ugs.)*; Wampe, *die (ugs. abwertend)*

corporative ['kɔːpərətɪv] *adj.* **a)** *(of civic authorities)* behördlich; *(of united body)* korporativ; *(of artificial body)* körperschaftlich; **b)** *(organized in corporations)* berufsständisch organisiert; korporativ ⟨*Organisation*⟩; *(governed by corporations)* ~ **state** Ständestaat, *der*

corporeal [kɔːˈpɔːrɪəl] *adj.* **a)** *(bodily)* körperlich; **b)** *(material)* materiell; stofflich

corps [kɔː] *n., pl. same* [kɔːz] Korps, *das*; *see also* **diplomatic corps**

corps: ~ **de ballet** [kɔː də ˈbæleɪ] *n.* Corps de ballet, *das*; Ballettkorps, *das*; ~ **diplomatique** [kɔː dɪplɒmæˈtiːk] *n.* Corps diplomatique, *das*; diplomatisches Korps

corpse [kɔːps] *n.* Leiche, *die*; Leichnam, *der (geh.)*

corpulence ['kɔːpjʊləns], **corpulency** ['kɔːpjʊlənsɪ] *n.* Korpulenz, *die*

corpulent ['kɔːpjʊlənt] *adj.* korpulent

corpus ['kɔːpəs] *n., pl.* **corpora** ['kɔːpərə] *(texts)* Sammlung, *der*; Korpus, *das*

Corpus Christi [kɔːpəs ˈkrɪstɪ] *n. (Eccl.)* Fronleichnam *(der)*; Fronleichnamsfest, *das*

corpuscle ['kɔːpəsl] *n.* **a)** *(Phys.)* Korpuskel, *das od. die*; **b)** *(Anat.)* Corpusculum, *das*; **[blood]** ~ Blutkörperchen

corral [kəˈrɑːl] **1.** *n.* **a)** *(Amer.: pen)* Pferch, *der*; **b)** *(Hist.: defensive enclosure)* Wagenburg, *die*; *(for wild animals)* Korral, *der*. **2.** *v. t.*, **-ll-: a)** *(Hist.: form into ~)* zu einer Wagenburg formieren; **b)** *(confine in ~)* einpferchen; *(Amer. coll.: acquire)* einsacken *(ugs.)*; mit Beschlag belegen ⟨*Person*⟩

correct [kəˈrekt] **1.** *v. t.* **a)** *(amend)* korrigieren; verbessern, korrigieren ⟨*Fehler, Formulierung, usw. Englisch/Deutsch*⟩; **a few points** einige Punkte richtigstellen; ~**ed for spelling mistakes** auf Rechtschreibfehler hin korrigiert; **these glasses should** ~ **your eyesight/vision** mit dieser Brille müßten Sie richtig sehen können; ~ **me if I'm wrong** ich könnte mich natürlich irren; **I stand** ~**ed** ich nehme das zurück; **b)** *(counteract)* ausgleichen ⟨*etw. Schädliches*⟩; *(admonish)* zurechtweisen *(for wegen)*; **d)** *(punish)* bestrafen; **e)** *(bring to standard)* korrigieren *(for hinsichtlich)*; **f)** *(eliminate aberration from)* korrigieren *(Optik)*. **2.** *adj.* richtig; korrekt; *(precise)* korrekt; akkurat; **that is** ~: das stimmt; **have you the** ~ **time?** haben Sie die genaue Uhrzeit?; **is that clock** ~? geht die Uhr richtig?; **am I** ~ **in assuming that ...?** gehe ich recht in der Annahme, daß ...?; **the** ~ **thing for you to do is to speak to the manager** darüber sollten Sie mit dem Abteilungsleiter sprechen; **what is the** ~ **thing to do in such a situation?** was soll man in so einer Situation korrekterweise tun?; ~ **to five decimal places** auf fünf Dezimalstellen genau

correcting fluid [kəˈrektɪŋ fluːɪd] *n.* Korrekturflüssigkeit, *die*

correction [kəˈrekʃn] *n.* **a)** *(correcting)* Korrektur, *die*; **I speak under** ~: ich sage das *mit od.* unter Vorbehalt; **I'm open to** ~: ich lasse mich korrigieren; **b)** *(corrected version)* ~**s to the manuscript** Manuskriptkorrekturen; **the pupils had to write out** *or* **do their** ~**s** die Schüler mußten die Verbesserung *od.* Berichtigung schreiben; **c)** *(punishment)* Bestrafung, *die*; **house of** ~ *(arch.)* Erziehungsheim, *das*; Besserungsanstalt, *die (veralt.)*

corrective [kəˈrektɪv] *adj.* korrigierend; **take** ~ **action** korrigierend eingreifen

correctly [kəˈrektlɪ] *adv.* richtig; korrekt; *(precisely)* korrekt; akkurat; **behave very** ~: sich sehr korrekt benehmen

correctness [kəˈrektnɪs] *n., no pl. see* **correct 2:** Richtigkeit, *die*; Korrektheit, *die*; Akkuratesse, *die*

corrector [kəˈrektə(r)] *n.* Korrektor, *der*/Korrektorin, *die*

correlate ['kɒrɪleɪt] **1.** *v. i.* einander entsprechen; ~ **with** *or* **to sth.** einer Sache *(Dat.)* entsprechen. **2.** *v. t.* ~ **sth. with sth.** etw. zu etw. in Beziehung setzen. **3.** *n.* Korrelat, *das*

correlation [kɒrɪˈleɪʃn] *n.* [Wechsel]beziehung, *die*; Korrelation, *die (bes. Math., Naturw.)*; *(connection)* Zusammenhang, *der*

correlative [kəˈrelətɪv] *adj.* **a)** *(having correlation)* ~ **[with** *or* **to sth.]** [mit etw.] korrelierend; **be** ~ **with** *or* **to sth.** mit etw. korrelieren; **b)** *(Ling.)* korrelativ

correspond [kɒrɪˈspɒnd] *v. i.* **a)** *(be analogous, agree in amount)* ~ **[to each other]** einander entsprechen; ~ **to sth.** einer Sache *(Dat.)* entsprechen; **do the classes** ~ **in number?** sind die Klassen gleich stark?; **b)** *(agree in position)* ~ **[to sth.]** [mit etw.] übereinstimmen; *(be in harmony)* ~ **[with** *or* **to sth.]** [mit etw.] zusammenpassen *od.* korrespondieren; **c)** *(communicate)* ~ **with sb.** mit jmdm. korrespondieren; **do you still** ~ **with your old school-friends?** hast du noch Briefkontakt mit deinen alten Schulfreunden?

correspondence [kɒrɪˈspɒndəns] *n.* **a)** Übereinstimmung **(with, to** mit, **between** zwischen); **the** ~ **of form with** *or* **to** *or* **in content** die Übereinstimmung von Form und Inhalt; **b)** *(communication, letters)* Briefwechsel, *der*; Korrespondenz, *die*; **be in** ~ **with sb.** mit jmdm. in Briefwechsel *od.* in Korrespondenz stehen

correspondence: ~ **college** *n.* Fernschule, *die*; ~ **column** *n.* Rubrik „Leserbriefe"; ~ **course** *n.* Fernkurs, *der*; ~ **school** *see* **college**

correspondent [kɒrɪˈspɒndənt] *n.* **a)** Briefschreiber, *der*/-schreiberin, *die*; *(penfriend)* Brieffreund, *der*/-freundin, *die*; *(to newspaper)* Leserbriefschreiber, *der*/-schreiberin, *die*; **be a good/bad** ~: ein fleißiger/fauler Briefschreiber sein; **b)** *(Radio, Telev., Journ., etc.)* Berichterstatter, *der*/-erstatterin, *die*; Korrespondent, *der*/Korrespondentin, *die*; **c)** *(business* ~*)* Geschäftspartner, *der*/-partnerin, *die*; Korrespondent, *der*/Korrespondentin, *die (Kaufmannsspr.)*

corresponding [kɒrɪˈspɒndɪŋ] *adj.* **a)** entsprechend **(to** *Dat.)*; **the number of calories** ~ **to the amount of energy** die Anzahl der Kalorien, die der Energiemenge entspricht; **b)** ~ **member** korrespondierendes Mitglied

correspondingly [kɒrɪˈspɒndɪŋlɪ] *adv.* entsprechend

corrida [kɒˈriːdə] *n.* Stierkampf, *der*; Corrida, *die*

corridor ['kɒrɪdɔː(r)] *n.* **a)** *(inside passage)* Flur, *der*; Gang, *der*; Korridor, *der*; *(outside passage)* Galerie, *die*; **in the** ~**s of power** *(fig.)* in den politischen Schaltstellen; **b)** *(Railw.)* [Seiten]gang, *der*

corridor: ~ **coach** *n. (Railw.)* Durchgangswagen, *der*; ~ **train** *n.* Zug mit Durchgangswagen

corrie ['kɒrɪ] *n. (esp. Scot.)* Kar, *das (Geol.)*

169

corrigenda [kɒrɪ'dʒendə] *n. pl.* zu verbessernde Fehler; *(in book)* Korrigenda *Pl.*
corroborate [kə'rɒbəreɪt] *v. t.* bestätigen; bekräftigen ⟨*Anspruch, Überzeugung*⟩; *(formally)* [offiziell] bestätigen
corroboration [kərɒbə'reɪʃn] *n. see* **corroborate:** Bestätigung, *die;* Bekräftigung, *die;* **in ~ of sth.** als *od.* zur Bestätigung *od.* Bekräftigung einer Sache *(Gen.)*
corroborative [kə'rɒbərətɪv] *adj.* bekräftigend; bestätigend ⟨*Aussage*⟩; erhärtend ⟨*Beweis*⟩
corrode [kə'rəʊd] 1. *v. t.* zerfressen; korrodieren, zerfressen ⟨*Metall, Gestein*⟩; *(fig.)* aushöhlen. 2. *v. i.* zerfressen werden; ⟨*Gestein, Metall*:⟩ korrodieren, zerfressen werden; *(fig.)* ausgehöhlt werden
corrosion [kə'rəʊʒn] *n.* Zerfall, *der;* (*of metal, stone*) Korrosion, *die;* (*fig.*) Aushöhlung, *die*
cor'rosion-resistant *adj.* korrosionsbeständig
corrosive [kə'rəʊsɪv] 1. *adj.* zerstörend; korrosiv *(bes. Chemie, Geol.);* ätzend ⟨*Chemikalien*⟩; *(fig.)* zerstörerisch. 2. *n.* Korrosion verursachender Stoff; *(fig.)* zerstörerische Kraft
corrosiveness [kə'rəʊsɪvnɪs] *n., no pl.* zerstörende Wirkung; *(of chemicals)* ätzende Wirkung; *(fig.)* zersetzende Wirkung
corrugate ['kɒrʊgeɪt] *v. t.* zerfurchen; *(bend into ridges)* wellen; **~d cardboard/paper** Wellpappe, *die;* **~d iron** Wellblech, *das*
corrugation [kɒrʊ'geɪʃn] *n.* a) Zerfurchung, *die;* b) *(wrinkle, ridge mark)* Furche, *die; (ridge made by bending)* Rille, *die*
corrupt [kə'rʌpt] 1. *adj.* a) *(rotten)* verunreinigt; schlecht; verfault ⟨*Körper*⟩; b) *(depraved)* verkommen; verdorben *(geh.);* (influenced by bribery) korrupt; **~ practices** Korruption, *die;* c) *(impure)* verdorben, korrumpiert ⟨*Sprache*⟩; *(vitiated)* verfälscht ⟨*Text, Buch*⟩. 2. *v. t.* a) *(taint)* verderben; verschmutzen ⟨*Luft, Wasser*⟩; *(fig.)* zerstören; b) *(deprave)* korrumpieren; *(bribe)* bestechen; c) *(destroy purity of)* verderben; korrumpieren; *(vitiate)* verfälschen
corruption [kə'rʌpʃn] *n.* a) *(decomposition)* Fäulnis, *die;* Verwesung, *die;* b) *(moral deterioration)* Verdorbenheit, *die (geh.);* c) *(use of corrupt practices)* Korruption, *die;* d) *(perversion)* Korrumpierung, *die;* Entstellung, *die; (vitiation)* Verfälschung, *die*
corruptness [kə'rʌptnɪs] *n., no pl. see* **corrupt 1:** Verunreinigung, *die;* Verfaultheit, *die;* Verkommenheit, *die;* Verdorbenheit, *die. (geh.);* Korruptheit, *die;* Korrumpiertheit, *die;* Verfälschung, *die*
corsage [kɔː'sɑːʒ] *n.* a) *(bodice)* Korsage, *die;* Mieder, *das;* b) *(bouquet)* [Ansteck]sträußchen, *das*
corsair ['kɔːseə(r)] *n. (Hist.)* Korsar, *der*
corselette ['kɔːsələt] *n.* Korselett, *das*
corset ['kɔːsɪt] 1. *n.* a) *in sing. or in pl.* (*woman's undergarment*) Korsett, *das;* b) *(garment worn for injury etc.)* [Stütz]korsett, *das.* 2. *v. refl.* sich schnüren. 3. *v. t. (fig.)* einengen
Corsica ['kɔːsɪkə] *pr. n.* Korsika *(das)*
Corsican ['kɔːsɪkən] 1. *adj.* korsisch; **sb. is ~:** jmd. ist Korse/Korsin. 2. *n.* a) *(person)* Korse, *der*/Korsin, *die;* b) *(dialect)* Korsisch, *das*
cortège [kɔː'teɪʒ] *n. (funeral procession)* Trauerzug, *der*
cortex ['kɔːteks] *n., pl.* **cortices** ['kɔːtɪsiːz] *(Bot., Anat., Zool.)* Rinde, *die;* Kortex, *der (fachspr.)*
cortical ['kɔːtɪkl] *adj. (Bot., Anat., Zool.)* Rinden-; kortikal *(fachspr.)*
cortisone ['kɔːtɪzəʊn] *n.* Kortison, *das (Med.);* Cortison, *das (fachspr.)*
corundum [kə'rʌndəm] *n.* Korund, *der*
coruscate ['kɒrəskeɪt] *v. i.* funkeln; [auf]blitzen; *(fig.)* glänzen; brillieren

corvette [kɔː'vet] *n. (Naut.)* Korvette, *die*
¹**cos** [kɒs] *n.* Römischer Salat; Sommerendivie, *die*
²**cos, 'cos** [kɒz] *(coll.) see* **because**
³**cos** [kɒs, kɒz] *abbr. (Math.)* cosine cos
cosecant [kəʊ'siːkənt] *n. (Math.)* Kosekans, *der*
cosh [kɒʃ] *(Brit. coll.)* 1. *n.* Totschläger, *der;* Knüppel, *der.* 2. *v. t.* niederknüppeln
co-signatory [kəʊ'sɪgnətərɪ] 1. *adj.* mitunterzeichnend. 2. *n.* Mitunterzeichner, *der*/-unterzeichnerin, *die*
cosily ['kəʊzɪlɪ] *adv.* bequem; gemütlich, behaglich ⟨*plaudern, wohnen*⟩
cosine ['kəʊsaɪn] *n. (Math.)* Kosinus, *der*
cosiness ['kəʊzɪnɪs] *n., no pl. see* **cosy 1 a:** Gemütlichkeit, *die;* Behaglichkeit, *die*
cosmetic [kɒz'metɪk] 1. *adj. (lit. or fig.)* kosmetisch; **~ surgery** Schönheitschirurgie, *die.* 2. *n.* Kosmetikum, *das*
cosmetician [kɒzmə'tɪʃn] *n. (Amer.)* Kosmetiker, *der*/Kosmetikerin, *die*
cosmic ['kɒzmɪk] *adj. (lit. or fig.)* kosmisch; **~ radiation** *or* **rays** kosmische Strahlung; Höhenstrahlung, *die*
cosmology [kɒz'mɒlədʒɪ] *n. (Astron., Philos.)* Kosmologie, *die (fachspr.)*
cosmonaut ['kɒzmənɔːt] *n.* Kosmonaut, *der*/Kosmonautin, *die*
cosmopolitan [kɒzmə'pɒlɪtən] 1. *adj.* kosmopolitisch; weltbürgerlich. 2. *n.* Kosmopolit, *der*/Kosmopolitin, *die (geh.);* Weltbürger, *der*/-bürgerin, *die*
cosmos ['kɒzmɒs] *n.* a) *(space)* Kosmos, *der;* Weltall, *das;* b) *(fig.: system)* Kosmos, *der*
Cossack ['kɒsæk] *n.* Kosak, *der*/Kosakin, *die;* **~ hat** Kosakenmütze, *die;* **~ trousers** Stiefelhose, *die*
cosset ['kɒsɪt] *v. t.* [ver]hätscheln
cost [kɒst] 1. *n.* a) Kosten *Pl.;* **the ~ of bread/gas/oil** der Brot-/Gas-/Ölpreis; **the ~ of heating a house** die Heizkosten für ein Haus; **the ~ of travelling by public transport** die Kosten für die Benutzung der öffentlichen Verkehrsmittel; **regardless of ~,** whatever the ~ *od.* the ~ is: ganz gleich, was es kostet; **bear the ~ of sth.** die Kosten für etw. tragen; **do sth. at great/little ~ to sb./sth.** etw. unter großer/geringer finanzieller Belastung für jmdn./etw. tun; **[sell sth.] at ~** [etw.] zum Selbstkostenpreis [verkaufen]; b) *(fig.)* Preis, *der;* **at all ~s, at any ~:** um jeden Preis; **at great ~ in human lives** um den Preis vieler Menschenleben; **to my/his etc. ~:** zu meinem/seinem *usw.* Nachteil; **as I know to my ~:** wie ich aus bitterer Erfahrung weiß; *see also* ¹**count 2 a;** c) *in pl. (Law)* [Gerichts]kosten *Pl.;* **which party was ordered to pay ~s?** welche Seite hatte die [Gerichts]kosten zu tragen?; **in the case A v. B, A was awarded ~s** in der Sache A gegen B wurden A die Kosten erstattet. 2. *v. t.* a) *p.t., p.p.* **cost** *(lit. or fig.)* kosten; **how much does it ~?** was kostet es?; **~ money** Geld kosten; **~ what it may, whatever it may ~:** koste es, was es wolle; **~ sb. sth.** jmdn. etw. kosten; **it'll ~ you** *(coll.)* das wird ein teures Vergnügen; **~ sb. dear[ly]** jmdm. *od.* für jmdn. teuer zu stehen kommen; *see also* '**arm a;** **earth 1 f;** b) *p.t., p.p.* **~ed** *(Commerc.: fix price of)* **~ sth.** den Preis für etw. kalkulieren
cost: ~ accountant *n. (Commerc.)* Betriebskalkulator, *der;* **~ accounting** *n. (Commerc.)* Betriebskostenrechnung, *die*
co-star ['kəʊstɑː(r)] *(Cinemat., Theatre)* 1. *n.* **be a/the ~:** in einem Film/Theaterstück die zweite Hauptrolle spielen; **Bogart and Bacall were ~s** Bogart und Bacall spielten die Hauptrollen. 2. *v. i.* **-rr-** in einem Film die Hauptrollen spielen. 3. *v. t.,* **-rr-: the film ~red Robert Redford** der Film zeigte Robert Redford in einer der Hauptrollen

Costa Rican [kɒstə 'riːkən] 1. *adj.* costaricanisch. 2. *n.* Costaricaner, *der*/Costaricanerin, *die*
cost: ~-'benefit *adj.* Kosten-Nutzen-; **~-effective** *adj.* rentabel
coster[monger] ['kɒstə(mʌŋgə(r))] *n. (Brit.)* Straßenhändler, *der*/-händlerin, *die*
costing ['kɒstɪŋ] *n.* a) *(estimation of costs)* Kostenberechnung, *die;* b) *(costs)* Kosten *Pl.*
costly ['kɒstlɪ, 'kɔːstlɪ] *adj.* a) teuer; kostspielig; b) *(fig.)* **a ~ victory** ein teuer erkaufter Sieg; **a ~ error** ein folgenschwerer Irrtum
cost: ~ of 'living *n.* Lebenshaltungskosten *Pl;* **~-of-living allowance** Ausgleichszulage, *die;* **~-of-living bonus** Teuerungszulage, *die;* **~-of-living index** Lebenshaltungsindex, *der;* **~ price** *n.* Selbstkostenpreis, *der*
costume ['kɒstjuːm] 1. *n.* a) Kleidermode, *die; (theatrical* ~*s)* Kostüm, *das;* **the ~ of the nation** die Nationaltracht; **historical ~s** historische Kostüme; **Highland ~:** schottische Tracht; b) *(dated: jacket and skirt)* Kostüm, *das.* 2. *v. t.* ausstatten
costume: ~ ball *n.* Kostümfest, *das;* Kostümball, *der;* **~ designer** *n.* Kostümbildner, *der*/-bildnerin, *die;* **~ 'jewellery** *n.* Modeschmuck, *der;* **~ piece, ~ play** *ns.* Kostümstück, *das*
costumer ['kɒstjʊmə(r)], **costumier** [kɒ'stjuːmɪə(r)] *ns.* Kostümschneider, *der*/-schneiderin, *die; (hirer of costumes)* Kostümverleiher, *der*/-verleiherin, *die*
cosy ['kəʊzɪ] 1. *adj.* a) gemütlich; behaglich ⟨*Atmosphäre*⟩; bequem ⟨*Sessel*⟩; **feel ~:** sich wohl *od.* behaglich fühlen; **be ~:** es gemütlich haben; **a ~ feeling** ein Gefühl der Behaglichkeit; b) *(derog.: complacent, convenient)* bequem; **they have a very ~ relationship** sie passen zueinander wie ein altes Paar Filzpantoffeln. 2. *n. see* **egg-cosy; tea-cosy**
a'long *v. t. (coll.)* beruhigen
~ 'up to *v. i. (Amer. coll.)* **~ up to the fireplace** es sich *(Dat.)* am Kamin gemütlich machen; **~ up to sb.** es sich jmdm. vertraulich werden; *(ingratiate oneself with sb.)* jmdm. einschmeicheln
cot [kɒt] *n.* a) *(Brit.: child's bed)* Kinderbett, *das;* **the baby cried in his ~:** das Baby schrie in seinem Bettchen
cotangent [kəʊ'tændʒənt] *n. (Math.)* Kotangens, *der*
'cot-death *n. (Brit.)* plötzlicher Kindstod; Cot-death, *der (Med.)*
cote [kəʊt] *n.* Stall, *der; see also* **dove-cote**
coterie ['kəʊtərɪ] *n.* Zirkel, *der;* **artistic ~:** Künstlerkreis, *der*
cotoneaster [kətəʊnɪ'æstə(r)] *n. (Bot.)* Zwergmispel, *die*
cottage ['kɒtɪdʒ] *n.* Cottage, *das;* Häuschen, *das*
cottage: ~ 'cheese *n.* Hüttenkäse, *der;* '**hospital** *n.* kleines [Land]krankenhaus ohne ständige ärztliche Betreuung; **~ industry** *n.* Heimarbeit, *die;* **~ loaf** *n.* eine Art rundes Weißbrot; **~ 'pie** *n.* mit Kartoffelbrei überbackenes Hackfleisch
cottager ['kɒtɪdʒə(r)] *n.* Cottagebewohner, *der*/-bewohnerin, *die*
cotter ['kɒtə(r)] *n.* **~[-pin]** Splint, *der*
cotton ['kɒtn] 1. *n.* a) *(substance, plant)* Baumwolle, *die;* b) *(thread)* Baumwollgarn, *das;* *(cloth)* Baumwollstoff, *der.* 2. *attrib. adj.* Baumwoll-. 3. *v. i.* **~ 'on** *(coll.)* kapieren *(ugs.);* **~ 'on to** *(coll.) (catch on to)* spitzkriegen *(ugs.); (understand)* kapieren *(ugs.);* **~ to sb.** *(Amer.)* sich mit jmdm. anfreunden
cotton: ~ bud *n. (Geog.)* Baumwollgürtel, *der;* **~ candy** *n. (Amer.)* Zuckerwatte, *die;* **~-gin** *n. (machine)* Egreniermaschine, *die (fachspr.);* **~-mill** *n.* Baumwollspinnerei, *die;* **~-picking** *adj. (Amer. sl.)* ver-

dammt; verflucht; ~ **plant** n. Baumwollpflanze, die; ~ **'print** n. bedruckter Baumwollstoff; ~**-reel** n. [Näh]garnrolle, die/ ~**-spinner** n. Baumwollspinner, der/-spinnerin, die; ~**-spinning** n. Baumwollspinnerei, die; ~**tail** n. (Amer. Zool.) Waldkaninchen, das; Baumwollschwanzkaninchen, das; ~ **'waste** n. Putzwolle, die; ~ **'wool** n. a) Watte, die; ~**-wool bail** Wattebausch, der; **wrap sb. up** or **keep sb. in** ~ **wool** (fig.) jmdn. in Watte packen; b) (Amer.: raw cotton) Rohbaumwolle, die
cottony ['kɒtənɪ] adj. baumwollartig ⟨Substanz⟩; flaumig, behaart ⟨Blatt⟩
cotyledon [kɒtɪ'liːdən] n. (Bot.) Keimblatt, das
¹**couch** [kaʊtʃ] 1. n. a) (sofa) Couch, die; b) doctor's/ [Untersuchungs]liege, die; psychiatrist's ~: Couch [des Psychiaters] die; c) (arch./literary: bed) Lager, das. 2. v.t. formulieren; ~**ed in modest terms** in bescheidener Sprache abgefaßt
²**couch** [kuːtʃ, kaʊtʃ] n. **~l-grass]** (Bot.) Quecke, die
couchette [kuː'ʃet] n. (Railw.) Liegewagen, der; (berth) Liegesitz, der
cougar ['kuːgə(r)] n. (Amer. Zool.) Puma, der
cough [kɒf] 1. n. (act of coughing, condition) Husten, der; **give a** ~: husten; **have a [bad]** ~: [einen schlimmen] Husten haben. 2. v.i. a) husten; (Motor.) stottern; (Gewehr usw.:) knattern. 3. v.t. ~ **out** [her]aushusten; (say with cough) husten; ~ **up** [her]aushusten; (sl.: pay) ausspucken (ugs.); **come on,** ~ **up!** na los, spuck's aus!
'**cough-drop** see **cough sweet**
coughing ['kɒfɪŋ] n. Husten, das; Gehuste, das; **there was a lot of** ~: es wurde ständig gehustet; **a bout of** ~: ein Hustenanfall
cough: ~ **medicine** n. Hustenmittel, das; ~ **mixture** n. Hustensaft, der; ~ **sweet** n. Hustenbonbon, das od. der
could see ²**can**
couldn't ['kʊdnt] (coll.) = **could not;** see ²**can**
coulomb ['kuːlɒm] n. (Electr.) Coulomb, das; Amperesekunde, die
council ['kaʊnsl] n. a) Ratsversammlung, die; **family** ~: Familienrat, der; b) (administrative/advisory body) Rat, der; **local** ~: Gemeinderat, der; **city/town** ~: Stadtrat, der; (Eccl.) Konzil, das; **diocesan** ~: Diözesanrat, der
council: ~**-chamber** n. Sitzungssaal des Rats; ~ **estate** n. Wohnviertel mit Sozialwohnungen; ~ **flat** n. Sozialwohnung, die; ~ **house** n. Haus des sozialen Wohnungsbaus; ~ **housing** n. sozialer Wohnungsbau
councillor ['kaʊnsələ(r)] n. Ratsmitglied, das; **town** ~: Stadtrat, der/-rätin, die
council: ~ **man** ['kaʊnslmən] n., pl. **-men** ['kaʊnslmən] (Gemeinde-/Stadt]ratsmitglied, das (bes. in London und in den USA); ~ **meeting** n. Ratssitzung, die; ~ **of 'war** n. (lit. or fig.) Kriegsrat, der; ~ **school** (Brit. dated) see **State school**
counsel ['kaʊnsl] 1. n. a) (consultation) Beratung, die; **take/hold** ~ **with sb.** [**about sth.**] sich mit jmdm. über etw. (Akk.)] beraten; b) Rat[schlag], der; ~ **of perfection** Vollkommenheitsforderung, die; (fig.) ideale Forderung; **keep one's own** ~: seine Meinung für sich behalten; c) pl. same (Law) Rechtsanwalt, der/-anwältin, die; ~ **for the defence** Verteidiger, der/Verteidigerin, die; ~ **for the prosecution** Anklagevertreter, der/-vertreterin, die; **Queen's/King's C**~ ≈ Anwalt/Anwältin der Krone; Kronanwalt, der/-anwältin, die. 2. v.t. (Brit.) **-ll- a)** (advise) beraten; ~ **sb. to do sth.** jmdm. raten od. den Rat geben, etw. zu tun; b) (suggest) ~ **forbearance** etc. zur Nachsicht usw. raten

counselling (Amer.: **counseling**) ['kaʊnsəlɪŋ] n. Beratung, die; **marriage** ~: Eheberatung, die
counsellor, (Amer.) **counselor** ['kaʊnsələ(r)] n. a) Berater, der/Beraterin, die; **marriage-guidance** ~: Eheberater, der/-beraterin, die; [**student**] ~: Studienberater, der/-beraterin, die; b) (Diplom.) Botschaftsrat, der/-rätin, die; c) (Law) ~ **[-at-law]** (Amer.: barrister) Rechtsanwalt, der/-anwältin, die; d) (Brit.) **C**~ **of State** Stellvertreter des Königs/der Königin
¹**count** [kaʊnt] 1. n. a) Zählen, das; Zählung, die; **keep** ~ **[of sth.]** [etw.] zählen; **I'm going to keep** ~ **of the number of times he says 'incredible'** ich werde mitzählen, wie oft er „unglaublich" sagt; **lose** ~: beim Zählen durcheinandergeraten; **lose** ~ **of sth.** etw. gar nicht mehr zählen können; **have/take/make a** ~: zählen; **on the** ~ **of three** bei „drei"; b) (sum total) Ergebnis, das; c) (Law) Anklagepunkt, der; **on all** ~**s** in allen [Anklage]punkten; **on that** ~ (fig.) in diesem Punkt; d) (Boxing) Auszählen, das; **be out for the** ~: ausgezählt werden; (fig.) hinüber sein (ugs.); e) (Phys.) (event) Impuls, der; (total number) Impulszahl, die. 2. v.t. a) zählen; ~ **ten** bis zehn zählen; ~ **the votes** die Stimmen [aus]zählen; ~ **again** nachzählen; ~ **the pennies** (fig.) jeden Pfennig umdrehen; sparsam sein; ~ **the cost** (usu. fig.) unter den Folgen zu leiden haben; b) (include) mitzählen; **be** ~**ed against sb.** gegen jmdn. sprechen; **not** ~**ing** abgesehen von; c) (consider) halten für; ~ **oneself lucky** sich glücklich schätzen können; ~ **sb. as one of us/a friend** jmdn. als einen von uns/als Freund betrachten; **I** ~ **him [as] one of the family** er gehört für mich zur Familie; ~ **sb. among one's friends/clients** jmdn. zu seinen Freunden/Kunden zählen. 3. v.i. a) zählen; ~ **from one to ten** von eins bis zehn zählen; ~ **[up] to ten** bis zehn zählen; b) (be included) mitzählen; **every moment** ~**s** jede Sekunde zählt; ~ **against sb.** gegen jmdn. sprechen; **money** ~**s/looks** ~: Geld/ Aussehen ist wichtig; **money is what** ~**s** Geld ist das, was zählt; ~ **for much/little** viel/wenig zählen; **appearances** ~ **for a great deal or a lot** der äußere Schein macht viel aus; c) (conduct a reckoning) zählen; ~**ing from now** von jetzt an [gerechnet]; ab jetzt
~ **'down 1.** v.i. rückwärts zählen. 2. v.t. ~ **sth. down** bei od. das Countdown für etw. durchführen. See also **count-down**
~ **'in** v.t. mitrechnen; ~ **sb. in on a venture** jmdn. bei einem Unternehmen einplanen; **shall I** ~ **you in?** machst/kommst du mit?; **you can** ~ **me in** ich bin dabei
~ **on,** ~ **on sb./sth.** sich auf jmdn./etw. verlassen; **you mustn't** ~ **on winning first prize** du darfst nicht damit rechnen, den ersten Preis zu gewinnen
~ **'out** v.t. a) (one by one) abzählen; b) (exclude) [**you can**] ~ **me out** ich komme/mache nicht mit; c) (Boxing) auszählen; d) (Brit. Parl.) ~ **the House out** die Sitzung für Beschlußunfähigkeit vertagen
~ **'up** v.t. zusammenzählen; ~: zusammenrechnen
~ **upon** see ~ **on**
²**count** n. (nobleman) Graf, der
countable ['kaʊntəbl] adj. (also Ling.) zählbar
'**countdown** n. Countdown, der od. das
countenance ['kaʊntɪnəns] 1. n. a) (literary: face) Antlitz, das (dichter.); b) (formal: expression) Gesichtsausdruck, der; **change** ~: den Gesichtsausdruck verändern; **keep** ~: keine Miene verziehen; c) (dated/formal: composure) Haltung, die; **keep in** ~ (arch.) jmdn. ermuntern od. aufrichten; **keep one's** ~: Haltung od. die Fassung bewahren; **lose** ~: die Fassung verlieren;

put sb. out of ~: jmdn. aus der Fassung bringen; d) (dated/formal: moral support) [moralische] Unterstützung; **give** ~ **to sth.** jmdn./etw. unterstützen. 2. v.t. (formal) (approve) billigen; gutheißen; (support) unterstützen
¹**counter** ['kaʊntə(r)] n. a) (in shop) Ladentisch, der; (in cafeteria, restaurant, train) Büfett, das; (in post office, bank) Schalter, der; ~ **clerk** Schalterbeamte, der/-beamtin, die; **these medicines/weapons can be bought over the** ~: diese Arzneimittel kann man ohne Rezept kaufen/diese Waffen kann man ohne Waffenschein kaufen; **[buy/sell sth.] under the** ~ (fig.) [etwas] unter dem Ladentisch [kaufen/verkaufen]; b) (small disc for games) Spielmarke, die; (token representing coin) Jeton, der; c) (apparatus for counting) Zähler, der
²**counter 1.** adj. entgegengesetzt; Gegen-/ Gegen-. 2. v.t. a) (oppose, contradict) begegnen (+ Dat.); b) (meet by ~move) kontern; zurückschlagen. 3. v.i. a) (make ~move) antworten; kontern; b) (Boxing) kontern. 4. adv. (in the opposite direction) in entgegengesetzter Richtung; **go/run** ~: in die falsche Richtung gehen/laufen; b) (contrary) **act** ~ **to** zuwiderhandeln (+ Dat.); **go** ~ **to** zuwiderlaufen (+ Dat.); **run** ~ **to** im Widerspruch stehen zu. 5. n. a) (Boxing) Konter, der; b) (~move) Antwort, die (**to** auf + Akk.)
³**counter** n. (Naut.) Gilling, die
counter: ~**'act** v.t. entgegenwirken (+ Dat.); ~**'action** n. Gegenwirkung, die; ~**-attack** (lit. or fig.) 1. n. Gegenangriff, der; 2. v.t. ~**-attack sb.** gegen jmdn. einen Gegenangriff richten; 3. v.i. zurückschlagen; ~**-attraction** n. a) (rival) Konkurrenz, die; b) (of contrary tendency) entgegengesetzte Anziehungskraft; ~**balance 1.** v.t. im Gegengewicht bilden zu; (neutralize) ausgleichen; 2. n. (lit. or fig.) Gegengewicht, das; ~**blast** n. Gegenschlag, der; ~**charge** n. Gegenbeschuldigung, die; Gegenklage, die (Rechtsspr.); ~**check** n. a) (double check) Gegenkontrolle, die; b) (check that opposes a thing) Gegenkraft, die; ~**claim** (Law) 1. n. Gegenforderung, die; Gegenforderung erheben auf (+ Akk.); ~**'clockwise** see **anticlockwise;** ~**'espionage** n. Spionageabwehr, die; Gegenspionage, die
counterfeit ['kaʊntəfɪt, 'kaʊntəfiːt] 1. adj. falsch, unecht ⟨Schmuck⟩; falsch, gefälscht ⟨Unterschrift, Münze, Banknote⟩; (fig. literary) vorgetäuscht ⟨Emotionen⟩; ~ **money** Falschgeld, das. 2. v.t. a) (forge) fälschen; b) (fig.: simulate) vortäuschen
counterfeiter ['kaʊntəfɪtə(r)] n. (forger) Fälscher, der/Fälscherin, die
counter: ~**foil** n. Kontrollabschnitt, der; ~**-intelligence** n. see ~**-espionage;** ~**-'irritant** n. (Med.) Hautreizmittel, das
countermand [kaʊntə'mɑːnd] v.t. a) (revoke) widerrufen; b) (cancel order for) abstellen ⟨Waren⟩; ~ **an action/payment** die Anweisung für eine Handlung/Zahlung zurücknehmen; c) (recall) zurückrufen
counter: ~**measure** n. Gegenmaßnahme, die; ~**move** n. Gegenzug, der; ~**offensive** n. (Mil.) Gegenoffensive, die; ~**-offer** n. Gegenangebot, das
counterpane ['kaʊntəpeɪn] n. (dated) Tagesdecke, die
counter: ~**part** n. Gegenstück, das (**of** zu); Pendant, das (geh.) (**of** zu); ~**point** n. (Mus.) Kontrapunkt, der; ~**poise** n. Gegengewicht, das; ~**pro'ductive** adj. das Gegenteil des Gewünschten bewirkend; **sth. is** ~**-productive** etw. bewirkt das Gegenteil des Gewünschten; ~**proposal** n. Gegenvorschlag, der; **C**~**-Reformation** n. (Hist.) Gegenreformation, die; ~**-revolution** n. Gegenrevolution, die;

171

counter-revolutionary

Konterrevolution, die (bes. marx.); ~-**revolutionary 1.** adj. gegenrevolutionär; konterrevolutionär (bes. marx.); **2.** n. Konterrevolutionär, der/-revolutionärin, die; ~**shaft** n. (Mech. Engin.) Transmissionswelle, die; (Amer.: layshaft) Vorgelegewelle, die; ~**sign 1.** v.t. **a)** (add signature to) gegenzeichnen; **b)** (ratify) bestätigen; **2.** n. (Mil.: password) Parole, die; ~**signature** n. Gegenunterschrift, die; ~**sink** v.t., ~**sunk** ['kaʊntəsʌŋk] (Woodw., Metalw.) **a)** (bevel off) senken ⟨Loch⟩; **b)** (sink) versenken ⟨Schraube⟩; ~**stroke** n. Gegenschlag, der; ~-'**tenor** n. (Mus.) Contratenor, der; ~**weight** n. Gegengewicht, das
countess ['kaʊntɪs] n. Gräfin, die
counting-house ['kaʊntɪŋhaʊs] n. (dated) Kontor, das (veralt.)
countless ['kaʊntlɪs] adj. zahllos; ~ **numbers of** eine zahllose Menge von
countrified ['kʌntrɪfaɪd] adj. ländlich
country ['kʌntrɪ] n. **a)** Land, das; (fatherland) Heimat, die; **fight/die for one's** ~: für sein [Vater]land kämpfen/sterben; **farming** ~: Ackerland, das; **this is excellent bird-watching** ~: das ist eine Gegend, in der man hervorragend Vögel beobachten kann; **densely wooded** ~: dicht bewaldetes Gebiet; **this is unknown** ~ **to me** (fig.) das ist Neuland für mich; [**the**] **Hardy** ~: das Land Hardys; **b)** (rural district) Land, das; (countryside) Landschaft, die; ~ **road/air** Landstraße, die/Landluft, die; ~ **inn** [ländlicher] Gasthof; [**be/live etc.**] **in the** ~: auf dem Land [sein/leben usw.]; **to the** ~: aufs Land; [**go/travel etc.**] **across** ~: über Land [fahren/reisen usw.]; **up** ~: (Richtung) ins Landesinnere; (Lage) im Landesinneren; **in the** ~ (Cricket sl.) weit draußen; **c)** (Brit.: population) Volk, das; **appeal** or **go to the** ~: die den Wähler entscheiden lassen
country: ~**-and-'western** adj. Country-und-Western-; ~ **club** n. Country Club, der; ~ '**cousin** n. Landei, die (ugs. abwertend); (woman also) Landpomeranze, die (ugs. abwertend); ~ '**dance** n. Kontertanz, der; ~ '**dancing** n. Kontertanz, der
countryfied see countrified
country: ~ **folk** n. Landbewohner Pl.; ~ '**gentleman** n. Landbesitzer, der; ~ '**house** n. Landhaus, das; ~ **life** n. Landleben, das; ~ **man** ['kʌntrɪmən] n., pl. ~**men** ['kʌntrɪmən] **a)** (national) Landsmann, der; [**my/her** etc.] **fellow ~man** [mein/ihr usw.] Landsmann; **b)** (rural) Landbewohner, der; ~ **music** n. Country-music, die; ~ **people** n. pl. Landbewohner Pl.; ~ **seat** n. Landsitz, der; ~ **side** n. **a)** (rural areas) Land, das; **the preservation of the ~side** die Erhaltung der Landschaft; **b)** (rural scenery) Landschaft, die; ~**-wide** adj. landesweit; ~**woman** n. **a)** (national) Landsmännin, die; **my fellow ~woman** meine Landsmännin; **b)** (rural) Landbewohnerin, die
county ['kaʊntɪ] **1.** n. **a)** (Brit.) Grafschaft, die; (Amer., Commonwealth) Verwaltungsbezirk, der; **b)** (Brit.: gentry) Gentry [der/einer Grafschaft]. **2.** adj. (Brit.) den Lebensstil reicher Grundbesitzer pflegend; ≈ junkerhaft
county: ~ '**borough** n. (Hist./Ir.) Stadt mit dem Status einer Grafschaft; ~ '**council** n. Grafschaftsrat, der; ~ '**court** n. (Law) (Brit.) Grafschaftsgericht, das; (Amer.) Zivil- und Strafgericht; ~ '**cricket** n. (Brit.) Kricketspiele zwischen Grafschaftsauswahlen; ~ **family** n. alteingesessene [Adels]familie; ~ **school** n. von der Grafschaft bezuschußte öffentliche Schule; ~ '**seat** n. (Amer.) ≈ Bezirksstadt, die; ~ '**town** n. (Brit.) Verwaltungssitz einer Grafschaft
coup [ku:] n. **a)** Coup, der; **pull off** (coll.) or **make a** ~: einen Coup landen (ugs.); **b)** see **coup d'état**

coup: ~ **de grâce** [ku: də 'grɑ:s] n. Todesstoß, der; ~ **d'état** [ku: deɪ'tɑ:] n. Staatsstreich, der; ~ **de théâtre** [ku: də teɪ'ɑ:tr] n. Theatercoup, der
coupé ['ku:peɪ] (Amer.: **coupe** [ku:p]) n. (car) Coupé, das
couple [kʌpl] **1.** n. **a)** (pair) Paar, das; (married) [Ehe]paar, das; (dancing) [Tanz]paar, das; **in ~s** paarweise; **b) a** ~ [**of**] (a few) ein paar; (two) zwei; **a** ~ **of people/things/days/weeks** etc. ein paar/zwei Leute/Dinge/Tage/Wochen usw.; **a** ~ **of times** ein paarmal/zweimal; **c)** (Mech.) Kräftepaar, das. **2.** v.t. **a)** (associate) verbinden; **be ~d with sth.** mit etw. verbinden; **be** ~**d** (fasten together) koppeln. **3.** v.i. sich paaren
~ '**on** v.t. ankoppeln
~ **to'gether** v.t. koppeln; (fig.) miteinander in Verbindung bringen
~ '**up** v.t. ankoppeln
coupler ['kʌplə(r)] n. (Mus.) Koppel, die
couplet ['kʌplɪt] n. (Pros.) Verspaar, das; (rhyming) Reimpaar, das
coupling ['kʌplɪŋ] n. **a)** (Railw., Mech. Engin.) Kupplung, die; **b)** (arrangement on gramophone record) Zusammenstellung, die; (recording on reverse side) B-Seite, die
coupon ['ku:pɒn] n. (detachable ticket) Abschnitt, der; (for rationed goods) Marke, die; (in advertisement) Gutschein, der; Coupon, der; (entry-form for football pool etc.) Tippschein, der; (voucher) Gutschein, der
courage ['kʌrɪdʒ] n. Mut, der; **have/lack the** ~ **to do sth.** den Mut haben/nicht den Mut haben, etw. zu tun; **take one's** ~ **in both hands** sein Herz in beide Hände nehmen; **sb. takes** ~ **from sth.** etw. macht jmdm. Mut; **take** ~! nur Mut!; **lose** ~: den Mut verlieren; **have the** ~ **of one's convictions** zu seiner Überzeugung stehen
courageous [kə'reɪdʒəs] adj. mutig
courageously [kə'reɪdʒəslɪ] adv. mutig
courageousness [kə'reɪdʒəsnɪs] n., no pl. Mut, der
courgette [kʊə'ʒet] n. (Brit.) Zucchino, der
courier ['kʊrɪə(r)] n. **a)** (Tourism) Reiseleiter, der/-leiterin, die; **b)** (messenger) Kurier, der
course [kɔ:s] **1.** n. **a)** (of ship, plane) Kurs, der; **change [one's]** ~ (lit. or fig.) den Kurs wechseln; ~ [**of action**] Vorgehensweise, die; **what are our possible ~s of action?** welche Möglichkeiten haben wir?; **the most sensible** ~ **would be to ...**: das Vernünftigste wäre, zu ...; **in the ordinary** ~ **of things** or **events** unter normalen Umständen; **the** ~ **of nature/history** der Lauf der Dinge/Geschichte; **run** or **take its** ~: seinen Lauf nehmen; **let things take their** ~: den Dingen ihren Lauf lassen; **off/on** ~: vom Kurs abgekommen/auf Kurs; **be on** ~ **for sth.** (fig.) auf etw. (Akk.) zusteuern; **b) of** ~: natürlich; [**do sth.**] **as a matter of** ~: [etw.] selbstverständlich [tun]; **c)** (progression) Lauf, der; **in due** ~: zu gegebener Zeit; **the road is in** ~ **of construction** die Straße wird gerade gebaut; **be in the** ~ **of doing sth.** gerade dabei sein, etw. zu tun; **in the** ~ **of a few minutes** im Laufe von wenigen Minuten; **in the** ~ **of the lesson/the day/his life** im Lauf[e] der Stunde/des Tages/seines Lebens; **in the** ~ **of time/our relationship** im Lauf[e] der Zeit/unserer Beziehung; **d)** (of river etc.) Lauf, der; (of meal) Gang, der; **f)** (Sport) Kurs, der; (for race) Rennstrecke, die; [**golf-**]~: (Golf)platz, der; **g)** (Educ.) Kurs[us], der; (for employee also) Lehrgang, der; (book) Lehrbuch, das; **a** ~ **of lectures** eine Vorlesungsreihe; **go to** or **attend a** ~ **in sth.** einen Kurs in etw. (Dat.) besuchen/machen; **be/go on a** ~: auf einem Kurs sein/einen Lehrgang gehen; **h)** (Med.) **a** ~ **of treatment** eine Kur; **a** ~ **of tablets** eine Tablettenkur; **i)** (Building) Schicht, die. **2.** v.i. (rhet.: flow) strömen

cove

coursing ['kɔ:sɪŋ] n. (Sport) Hetzjagd, die
court [kɔ:t] **1.** n. **a)** (Hof; (Brit.: quadrangle) [Innen]hof des/eines Colleges] (in Cambridge); (subdivision of building) ≈ Halle, die; **b)** (Sport) Spielfeld, das; (Tennis, Squash also) Platz, der; **c)** (of sovereign) Hof, der; **the C~ of St James's** (Brit.) der englische Königshof; **hold** ~ (fig.) hofhalten (scherzh.); **d)** (Law) Gericht, das; (courtroom) Gerichtssaal, der; ~ **of law** or **justice** Gerichtshof, der; **go to** ~ [**over sth.**] [wegen od. mit etw.] vor Gericht gehen; **take sb. to** ~: jmdn. vor Gericht bringen od. verklagen; **appear in** ~: vor Gericht erscheinen; **the case comes up in** ~ **today** der Fall wird heute verhandelt; **settle sth. in** ~: etw. gerichtlich klären; **out of** ~: außergerichtlich; (fig.) indiskutabel; **rule/laugh sth. out of** ~ (fig.) etw. verwerfen/auslachen; **e)** (managing body) Rat, der; **f) no art.** (dated: attentions) **pay** ~ **to sb.** jmdn. hofieren (veralt.); **pay** ~ **to a woman** einer Frau den Hof machen (veralt.). **2.** v.t. **a)** (woo) ~ **sb.** jmdn. umwerben; **are they ~ing?** sind sie ein Pärchen?; **b)** (Zool., Ornith.) umwerben; **c)** (fig.) suchen ⟨Gunst, Ruhm, Gefahr⟩; **he is** ~**ing disaster/danger** er wandelt am Rande des Abgrunds (fig. geh.); ~ **death** sein Leben riskieren
court: ~ **card** n. Figurenkarte, die; ~ '**circular** n. (Brit.) Hofnachrichten Pl.; ~ **dress** n. Hofkleid, die
courteous ['kɜ:tɪəs] adj. höflich; ~ **manners** gute Manieren
courteously ['kɜ:tɪəslɪ] adv. höflich; **behave** ~: höflich sein
courtesan [kɔ:tɪ'zæn] n. Kokotte, die; Kurtisane, die (hist.)
courtesy ['kɜ:tɪsɪ] n. Höflichkeit, die; **drinks were [served] by** ~ **of sb.** die Getränke gingen auf jmds. Kosten; **by** ~ **of the museum** mit freundlicher Genehmigung des Museums; **by** ~ (with some exaggeration) mit viel Wohlwollen; (as mark of politeness) aus Höflichkeit
courtesy: ~ **call** n. Höflichkeitsbesuch, der; ~ **light** n. (Motor Veh.) Innenbeleuchtung, die; ~ **title** n. Höflichkeitsanrede mit einem höheren Titel, als die betreffende Person besitzt
'**court-house** n. (Law) Gerichtsgebäude, das; (Amer.) Verwaltungsgebäude eines Verwaltungsbezirks [mit Bezirksgefängnis]
courtier ['kɔ:tɪə(r)] n. Höfling, der
courtly ['kɔ:tlɪ] adj. vornehm; ~ **love** (Hist.) Minne, die
court: ~ '**martial** n. Kriegsgericht, das; **be tried by** ~**s martial** (Mil.) vor das/ein Kriegsgericht kommen; ~-'**martial** v.t., **-ll-** vor ein Kriegsgericht stellen; **C~ of Ap'peal** n. (Brit.) Berufungsgericht, das; ~ **room** n. (Law) Gerichtssaal, der
courtship ['kɔ:tʃɪp] n. Werben, das
court: ~ **shoe** n. Pumps, der; ~**yard** n. Hof, der
cousin ['kʌzn] n. [**first**] ~: Cousin, der/Cousine, die; Vetter, der/(veralt.) Base, die; [**second**] ~: Cousin/Cousine zweiten Grades; **they are** ~**s** sie sind Cousins/Cousinen/Cousin und Cousine; **first** ~ **once removed** (first ~'s child) Kind eines Cousins/einer Cousine; (parent's ~) Cousin/Cousine des Vaters/der Mutter; **sth. is first** ~ **to sth.** (fig.) etw. ist fast das gleiche wie etw.
couture [ku:'tjʊə(r)] n. Couture, die; see also **haute couture**
couturier [ku:'tjʊərɪeɪ] n. Couturier, der; Modeschöpfer, der
couturière [ku:'tjʊərɪeə(r)] n. Modeschöpferin, die
¹**cove** [kəʊv] n. **a)** (Geog.) [kleine] Bucht; **b)** (sheltered recess) Einbuchtung, die

²cove *n. (dated Brit. sl.)* Kerl, *der*
coven [kʌvn] *n.* ≈ Hexensabbat, *der;* Zusammenkunft von [dreizehn] Hexen
covenant ['kʌvənənt] 1. *n.* a) formelle Übereinkunft; b) *(Law)* [besiegelter] Vertrag; deed of ~: Vertragsurkunde, *die;* c) *(Bibl.)* Bund, *der.* 2. *v. i. (also Law)* ~ [with sb.] [for sth.] [mit jmdm.] [etw.] vertraglich festlegen. 3. *v. t. (also Law)* [vertraglich] vereinbaren
Coventry ['kɒvəntrɪ] *n.* send sb. to ~ *(fig.)* jmdn. [demonstrativ] schneiden
cover ['kʌvə(r)] 1. *n.* a) *(piece of cloth)* Decke, *die; (of cushion, bed)* Bezug, *der; (lid)* Deckel, *der; (of hole, engine, typewriter, etc.)* Abdeckung, *die;* put a ~ on *or* over zudecken; abdecken ⟨*Loch, Fußboden, Grab, Fahrzeug, Maschine*⟩; *(of* ⟨*Kissen, Bett*⟩; b) *(of book)* Einband, *der; (of magazine)* Umschlag, *der; (of record)* [Platten]hülle, *die;* Cover, *das;* read sth. from ~ to ~: etw. von vorn bis hinten lesen; on the [front/back] ~: auf dem [vorderen/hinteren] Buchdeckel; *(of magazine)* auf der Titelseite/hinteren Umschlagseite; a removable paper ~: ein loser Papierumschlag; *(Post: envelope)* [Brief]umschlag, *der;* under plain ~: in neutralem Umschlag; [send sth.] under separate ~: [etw.] mit getrennter Post [schicken]; d) in pl. *(bedclothes)* Bettzeug, *das;* e) *(of pneumatic tyre)* Decke, *die;* f) *(hiding-place, shelter)* Schutz, *der;* ~ [from sth.] Schutz [vor etw. *(Dat.)*] suchen; take ~ from the rain sich unterstellen; [be/go] under ~ *(from bullets etc.)* in Deckung [sein/gehen]; under ~ *(from rain)* überdacht ⟨*Sitzplatz*⟩; regengeschützt; keep sth. under ~: etw. abgedeckt halten; under ~ of darkness im Schutz der Dunkelheit; g) *(Mil.: supporting force)* Deckung, *die;* fighter ~: Deckung durch Jagdflugzeuge; *see also* air cover; h) *(protection)* Deckung, *die;* give sb./sth. ~: jmdm. Deckung geben; i) *(pretence)* Vorwand, *der; (false identity, screen)* Tarnung, *die;* under ~ of charity unter dem Deckmantel der Barmherzigkeit; blow sb.'s ~ *(coll.)* jmdn. enttarnen; j) *(Hunting)* Deckung, *die;* break ~: aus der Deckung herauskommen; k) *(Insurance)* [insurance] ~: Versicherung, *die;* get ~ against sth. sich gegen etw. versichern; have adequate ~: ausreichend versichert sein; l) *(place laid at table)* Gedeck, *das.* 2. *v. t.* a) bedecken; ~ a book with leather ein Buch in Leder binden; ~ your mouth while coughing halte die Hand vor den Mund, wenn du hustest; ~ the table with a cloth ein Tischtuch auf den Tisch legen; ~ a roof with shingles ein Dach mit Schindeln decken; ~ a chair with chintz einen Stuhl mit Chintz beziehen; ~ a pan with a lid/a car with plastic sheeting eine Pfanne mit einem Deckel/ein Auto mit einer Plastikplane zudecken; she ~ed her face with her hands sie verbarg das Gesicht in den Händen; ~ed with blood blutüberströmt; the roses are ~ed with greenfly die Rosen sind voller Blattläuse; cats are ~ed with fur Katzen haben ein Fell; floodwaters ~ed the town die Stadt war überflutet; the children were ~ed in mud die Kinder waren von oben bis unten voller Schlamm; the car ~ed us with mud das Auto bespritzte uns von oben bis unten voller Schlamm; sb. is ~ed in *or* with confusion/shame *(fig.)* jmd. ist ganz verlegen/sehr beschämt; *see also* glory 1 b; b) *(conceal, lit. or fig.)* verbergen; *(for protection)* abdecken; c) *(travel)* zurücklegen; d) in *p. p.* *(having roof)* überdacht; ~ed market Markthalle, *die;* a ~ed wagon ein Planwagen; e) *(deal with)* behandeln; *(include)* abdecken; ~ all possible cases alle möglichen Fälle abdecken; an examination ~ing last year's work eine Prüfung über den Stoff des vergangenen Jahres; this book does not fully ~ the subject dieses Buch behandelt das Thema nicht vollständig; f) *(Journ.)* berichten über (+ *Akk.*); g) *(suffice to defray)* decken; ~ expenses die Kosten decken; £10 will ~ my needs for the journey 10 Pfund werden für die Reisekosten reichen; h) *(shield)* decken; I'll keep you ~ed ich gebe dir Deckung; i) ~ oneself *(fig.)* sich absichern; *(Insurance)* ~ oneself against sth. sich gegen etw. versichern; j) *(aim gun at)* in Schach halten *(ugs.);* I've got you ~ed ich habe meine Waffe auf dich gerichtet; k) *(command)* kontrollieren ⟨*Gelände*⟩; l) ⟨*Hengst:*⟩ decken
~ for *v. t.* einspringen für
~ 'in *v. t.* überdachen; *(fill in)* zuschütten
~ 'over *v. t.* zudecken; *(with gold etc.)* überziehen
~ 'up 1. *v. t. (conceal)* zudecken; *(fig.)* vertuschen. 2. *v. i. (fig.: conceal)* es vertuschen; ~ up for sb. für jmdn. decken. *See also* cover-up
'cover address *n.* Deckadresse, *die*
coverage ['kʌvərɪdʒ] *n., no pl.* a) *(Radio, Telev.: area)* Sendebereich, *der;* provide a greater ~ of the country den Sendebereich innerhalb des Landes vergrößern; b) *(Journ., Radio, Telev.: treatment)* Berichterstattung, *die* (of über + *Akk.*); newspaper/broadcast ~: Berichterstattung in der Presse/in Funk und Fernsehen; give sth. [full/limited] ~: [ausführlich/kurz] über etw. *(Akk.)* berichten; c) *(Advertising)* Abdeckung des Marktes; d) *(Insurance)* Deckung, *die*
coverall ['kʌvərɔːl] *n. usu. in pl. (esp. Amer.)* Overall, *der; (for baby)* Strampelanzug, *der*
cover: ~ charge *n.* [Preis für das] Gedeck; ~ girl *n.* Covergirl, *das*
covering ['kʌvərɪŋ] *n. (material)* Decke, *die; (of billiard-table, aircraft wing)* Bespannung, *die; (of chair, bed)* Bezug, *der*
covering: ~ letter *n.* Begleitbrief, *der;* ~ note *n.* [kurzes] Begleitschreiben
coverlet ['kʌvəlɪt] *n.* Tagesdecke, *die*
cover: ~ note *n. (Insurance)* Deckungskarte, *die;* ~ story *n.* a) *(Journ.)* Titelgeschichte, *die;* b) *(espionage)* [zur Tarnung erfundene] Geschichte
covert 1. ['kʌvət] *adj.* versteckt. 2. ['kʌvət, 'kʌvə(r)] *n. (shelter)* Schlupfwinkel, *der; (thicket)* Dickicht, *das*
covertly ['kʌvətlɪ] *adv.* verstohlen; glance ~ at sb./sth. jmdn./etw. verstohlen anschauen
'cover-up *n.* Verschleierung, *die;* the Watergate ~: die Watergate-Affäre
covet ['kʌvɪt] *v. t.* begehren *(geh.)*
covetous ['kʌvɪtəs] *adj. (desirous)* begehrlich *(geh.); (avaricious)* habgierig; be ~ of sth. etw. begehren *(geh.)*
covetously ['kʌvɪtəslɪ] *adv.* begehrlich *(geh.)*
covetousness ['kʌvɪtəsnɪs] *n., no pl.* Begehrlichkeit, *die*
covey ['kʌvɪ] *n. (Hunting)* Kette, *die (Jägerspr.)*
¹cow [kaʊ] *n.* a) Kuh, *die;* till the ~s come home *(fig. coll.)* bis in alle Ewigkeit *(ugs.);* b) *(female elephant, whale, etc.)* Kuh, *die;* buffalo/elephant Büffelkuh, *die*/Elefantenkuh, *die;* c) *(sl. derog.: woman)* Kuh, *die (salopp abwertend)*
²cow *v. t.* einschüchtern; ~ sb. into submission so einschüchtern, daß er sich unterordnet; have a ~ed look/appearance verschüchtert aussehen
coward ['kaʊəd] *n.* Feigling, *der;* the ~'s way out die feige Art, sich aus der Affäre zu ziehen
cowardice ['kaʊədɪs] *n.* Feigheit, *die; see also* moral cowardice
cowardly ['kaʊədlɪ] *adj.* feig[e]
cow: ~ bell *n.* Kuhglocke, *die;* ~ boy *n.* Cowboy, *der; (Brit. coll.: unscrupulous businessman, tradesman, etc.)* Betrüger, *der;* play Cowboys and Indians Cowboy und Indianer spielen; ~-catcher *n. (Amer. Railw.)* Bahnräumer, *der;* Kuhfänger, *der;* ~ dung *n.* Kuhmist, *der*
cower ['kaʊə(r)] *v. i.* sich ducken; *(squat)* kauern; ~ in fear sich ängstlich ducken; stand ~ing in the corner geduckt in der Ecke stehen
cow: ~-hand *n.* Cowboy, *der;* ~herd *n.* Kuhhirte, *der;* ~hide *n.* Rindsleder, *das*
cowl [kaʊl] *n.* a) *(of monk)* Kutte, *die; (hood)* Kapuze, *die;* b) *(of chimney)* Schornsteinaufsatz, *der*
'cow-lick *n.* [Haar]tolle, *die (ugs.)*
cowling ['kaʊlɪŋ] *n. (Aeronaut., Motor Veh.)* Motorhaube, *die*
'cowman *n.* Stallknecht, *der*
'co-worker *n.* Kollege, *der*/Kollegin, *die*
cow: ~-parsley *n. (Bot.)* Wiesenkerbel, *der;* ~-pat *n.* Kuhfladen, *der;* ~pox *n.* Kuhpocken *Pl.;* ~puncher ['kaʊpʌnʃə(r)] *n. (Amer.)* Cowboy, *der*
cowrie, cowry ['kaʊrɪ] *n.* Kaurischnecke, *die; (shell)* Kaurimuschel, *die*
cow: ~-shed *n.* Kuhstall, *der;* ~slip *n.* a) Schlüsselblume, *die;* b) *(Amer.: marsh marigold)* Sumpfdotterblume, *die;* ~'s milk *n.* Kuhmilch, *die*
cox [kɒks] 1. *n.* Steuermann, *der.* 2. *v. t. (esp. Rowing)* steuern; ~ a crew Steuermann einer Mannschaft sein; ~ed four Vierer mit Steuermann. 3. *v. i.* steuern
coxcomb ['kɒkskəʊm] *n. (literary/arch.)* Stutzer, *der (veralt.)*
coxless ['kɒkslɪs] *adj.* ohne Steuermann
coxswain ['kɒkswein, 'kɒksn] *see* cox 1
coy [kɔɪ] *adj.* gespielt schüchtern; geziert ⟨*Benehmen, Ausdruck*⟩; play ~: auf schüchtern machen
coyly ['kɔɪlɪ] *adv.* gespielt schüchtern; geziert ⟨*sich benehmen*⟩
coyness ['kɔɪnɪs] *n., no pl.* Schüchternheit, *die; (of behaviour)* Geziertheit, *die*
coyote [kəˈjəʊtɪ, 'kɔɪəʊt] *n. (Zool.)* Kojote, *der*
coypu ['kɔɪpuː] *n. (Zool.)* Biberratte, *die;* Nutria, *die*
cozily, coziness, cozy *(Amer.) see* cosy.
cp. *abbr.* compare vgl.
Cpl. *abbr.* Corporal Korp.
c.p.s. *abbr.* cycles per second Hz
CPU *abbr. (Computing)* central processing unit ZE
Cr. *abbr.* a) creditor Gl.; b) Councillor ≈ StR
crab [kræb] 1. *n.* a) Krabbe, *die;* b) *(Astrol.)* the C~: der Krebs; *see also* archer b; c) *(Rowing)* catch a ~: einen Krebs fangen; d) *(Bot.) see* crab-apple. 2. *v. i.,* -bb- *(coll.)* ~ about sth. über etw. *(Akk.)* meckern *(ugs.)*
'crab-apple *n.* Holzapfel, *der*
crabbed [kræbd] *adj.* a) *(perverse)* starrköpfig; b) *(morose)* griesgrämig; c) *(badly formed)* unleserlich ⟨*Handschrift*⟩
crabby ['kræbɪ] *adj. see* crabbed a, b
crabwise ['kræbwaɪz] *adv.* seitwärts [wie eine Krabbe]
crack [kræk] 1. *n.* a) *(noise)* Krachen, *das;* ~ of the whip ein Peitschenknall; give sb./ have a fair ~ of the whip *(fig.)* jmdm. eine Chance geben/eine Chance haben; the ~ of doom *(fig.)* die Posaunen des Jüngsten Gerichts; b) *(in china, glass, eggshell, ice, etc.)* Sprung, *der; (in rock)* Spalte, *die; (chink)* Spalt, *der;* there's a ~ in the ceiling die Decke hat einen Riß; c) *(blow)* Schlag, *der;* d) *(coll.: try)* Versuch, *der;* have a ~ at sth./at doing sth. etw. in Angriff nehmen/versuchen, etw. zu tun; e) the/at the ~ of dawn *or* day *(coll.)* der/bei Tagesanbruch; f) *(coll.: wisecrack)* [geistreicher] Witz; g) *(sl.: drug)* Crack, *das.* 2. *adj. (coll.)* erstklassig. 3. *v. t.* a) *(break, lit. or fig.)* knacken ⟨*Nuß, Problem*⟩, knacken *(salopp)* ⟨*Safe, Kode*⟩; ~ a bottle *(fig.)* einer Flasche den Hals brechen *(ugs. scherzh.);* ~

crack-brained / **crate**

sth. open etw. aufbrechen; b) *(make a ~ in)* anschlagen ⟨*Porzellan, Glas*⟩; ~ one's head/skull sich *(Dat.)* den Kopf/Schädel aufschlagen; c) ~ a whip mit einer Peitsche knallen; ~ the whip *(fig.)* Druck machen *(ugs.)*; ~ one's knuckles mit den Knöcheln knacken; d) ~ a joke einen Witz machen; e) *(Chem.: decompose)* kracken. 4. *v. i.* a) ⟨*Porzellan, Glas*:⟩ einen Sprung/Sprünge bekommen; ⟨*Haut*:⟩ aufspringen, rissig werden; ⟨*Eis*:⟩ Risse bekommen; b) *(make sound)* ⟨*Peitsche*:⟩ knallen; ⟨*Gelenk*:⟩ knacken; ⟨*Gewehr*:⟩ krachen; c) *(change)* ⟨*Stimme*:⟩ brechen *(geh.)*, versagen (with vor + *Dat.*); his voice is ~ing *(at age of puberty)* er ist im Stimmbruch; d) *(yield under torture etc.)* zusammenbrechen; e) *(coll.)* get ~ing! mach los! *(ugs.)*; let's get ~ing fangen wir endlich an; get ~ing [with sth.] [mit etw.] loslegen *(ugs.)*
~ 'down *v. i. (coll.)* ~ down [on sb./sth.] [gegen jmdn./etw.] [hart] vorgehen; *see also* crack-down
~ 'up *(coll.)* 1. *v. i.* ⟨*Flugzeug usw.*:⟩ auseinanderbrechen; ⟨*Gesellschaft, Person*:⟩ zusammenbrechen. 2. *v. t.* she/it etc. is not all she/it etc. is ~ed up to be so toll ist sie/es *usw.* nun auch wieder nicht[, wie sie/es dargestellt wird]; she is ~ed up to be brilliant sie soll brillant sein *(ugs.)*. *See also* crack-up
crack: ~-brained *adj. (coll.)* bescheuert *(salopp abwertend)* ⟨*Person*⟩; hirnrissig *(abwertend)* ⟨*Idee usw.*⟩; ~-down *n. (coll.)* there will be a ~-down man wird hart durchgreifen; have/order a ~-down on sb./sth. drastische Maßnahmen gegen jmdn./etw. ergreifen/anordnen
cracked [krækt] *adj.* a) gesprungen ⟨*Porzellan, Ziegel, Glas*⟩; rissig, aufgesprungen ⟨*Haut, Erdboden*⟩; rissig ⟨*Verputz*⟩; brüchig ⟨*Stimme*⟩; b) *(coll.: crazy)* übergeschnappt *(ugs.)*
cracker ['krækə(r)] *n.* a) *(paper toy)* [Christmas] ~ ≈ Knallbonbon, der *od.* das; b) *(firework)* Knallkörper, der; c) *(thin dry biscuit)* Cracker, der; *(Amer.: biscuit)* Keks, der; d) *see* crackerjack 2
'**crackerjack** *(Amer. sl.)* 1. *adj.* phantastisch *(ugs.)*. 2. *n. (person)* As, das *(ugs.)*; *(thing)* Knüller, der *(ugs.)*
crackers ['krækəz] *pred. adj. (Brit. coll.)* übergeschnappt *(ugs.)*; go ~: überschnappen *(ugs.)*
crackle [krækl] 1. *v. i.* knistern; ⟨*Maschinengewehr*:⟩ knattern; ⟨*Feuer*:⟩ prasseln; ⟨*Blätter*:⟩ rascheln; the telephone line/the radio ~s in der Telefonleitung/im Radio knackt es. 2. *n.* Knistern, das; *(of leaves)* Rascheln, das; *(of telephone line)* Knacken, das; *(of machine-gun)* Knattern, das; *(of fire)* Prasseln, das
crackling ['kræklɪŋ] *n., no pl., no indef. art. (Cookery)* Kruste, die
'**crackly** ['kræklɪ] *adj.* knisternd
'**crackpot** *n. (coll.)* Spinner, der/Spinnerin, die *(ugs.); attrib.* ~ ideas/schemes hirnrissige Ideen/Pläne *(abwertend)*
cracksman ['kræksmən] *n., pl.* cracksmen ['kræksmən] Einbrecher, der
'**crack-up** *n. (coll.)* Zusammenbruch, der
Cracow ['krækəʊ] *pr. n.* Krakau *(das)*
cradle [kreɪdl] 1. *n.* a) *(cot, lit. or fig.)* Wiege, die; from the ~: von der Wiege an; from Kindesbeinen an; from the ~ to the grave von der Wiege bis zur Bahre; b) *(Building)* Hängebühne, die; *(to support ship)* Stapel, der; c) *(Teleph.)* Gabel, die. 2. *v. t.* wiegen; ~ sb./sth. in one's arms jmdn. in den Armen halten/etw. im Arm halten
cradle: ~-snatch *v. i. (coll.)* Your boyfriend/girl-friend is much younger than you. You're ~-snatching Dein Freund/deine Freundin ist viel jünger als du. Du vergreifst dich ja an kleinen Kindern *(ugs. scherzh.)*; ~-snatcher *n. (coll.) see* baby-

snatcher b; ~-snatching *n. (coll.) see* baby-snatching b; ~-song *n.* Wiegenlied, das
craft [krɑːft] *n.* a) *(trade)* Handwerk, das; *(art)* Kunsthandwerk, das; *(in school)* ~[s] Werken, das; b) *no pl. (skill)* Kunstfertigkeit, die; c) *no pl. (cunning)* List, die; be full of ~: sehr gewitzt sein; d) *pl. same (boat)* Boot, das; *(aircraft)* Flugzeug, das; *(spacecraft)* Raumfahrzeug, das
craftily ['krɑːftɪlɪ] *adv.* listig
craftiness ['krɑːftɪnɪs] *n., no pl.* Schläue, die
craftsman ['krɑːftsmən] *n., pl.* craftsmen ['krɑːftsmən] Handwerker, der; *(skilled person)* a real ~: ein wahrer Künstler
craftsmanship ['krɑːftsmənʃɪp] *n., no pl. (skilled workmanship)* handwerkliches Können; *(performance)* shoddy ~: schludrige Arbeit
'**craftwork** *n., no pl.* Kunsthandwerk, das
crafty ['krɑːftɪ] *adj.* listig; as ~ as a fox schlau wie ein Fuchs
crag [kræg] *n.* Felsspitze, die
craggy ['krægɪ] *adj. (rugged)* zerklüftet; zerfurcht ⟨*Gesicht*⟩; *(rocky)* felsig; *(steep)* schroff
crake [kreɪk] *n. (Ornith.)* Ralle, die
cram [kræm] 1. *v. t.,* -mm- a) *(overfill)* vollstopfen *(ugs.); (force)* stopfen; ~med with information vollgepackt mit Informationen; ~ people into a bus Leute in einen Bus zwängen; the bus was ~med der Bus war gerammelt voll *(ugs.) od.* war überfüllt; *see also* back 1; b) *(for examination)* ~ pupils mit Schülern pauken *(ugs.);* c) *(feed to excess)* mästen; ~ poultry etc. Geflügel *usw.* mästen *(bes. südd.)* stopfen. 2. *v. i.,* -mm- *(for examination)* büffeln *(ugs.);* pauken *(ugs.)*
~ 'in 1. *v. i.* [sich] herein-/hineindrängen. 2. *v. t.* hineinstopfen
'**cram-full** *see* chock-full
crammer ['kræmə(r)] *n. (place)* Presse, die *(ugs. abwertend); (person)* [Ein]pauker, der *(ugs.)*
cramp [kræmp] 1. *n.* a) *(Med.)* Krampf, der; suffer an attack of ~: einen Krampf bekommen; have ~ [in one's leg/arm] einen Krampf im Bein/Arm haben; *see also* writer's cramp; b) *(Woodw.)* Schraubzwinge, die; c) *(Building)* ~[-iron] [Bau]klammer, die. 2. *v. t.* a) *(confine)* einengen; ~ [up] zusammenpferchen; ~ sb.'s style jmdn. einengen; b) *(restrict)* lähmen ⟨*Willen, Eifer, Fleiß, Handel*⟩
cramped [kræmpt] *adj.* eng ⟨*Raum*⟩; gedrängt ⟨*Handschrift*⟩
crampon ['kræmpən] *(Amer.:* crampoon [kræm'puːn]) *n.* a) *(metal hook)* Kanthaken, der; b) *(on boot)* Steigeisen, das
cranberry ['krænbərɪ] *n.* Preiselbeere, die; *(Vaccinium oxycoccos)* Moosbeere, die *(Bot.); (Vaccinium macrocarpon)* Großfrüchtige Moosbeere *(Bot.);* ~ sauce Preiselbeersoße, die
crane [kreɪn] 1. *n.* a) *(machine)* Kran, der; b) *(Ornith.)* Kranich, der. 2. *v. t.* ~ one's neck den Hals recken. 3. *v. i.* ~ forward den Hals [nach vorn] recken
crane: ~-driver *n.* Kranführer, der; ~-fly *n. (Zool.)* Schnake, die; ~'s-bill *n. (Bot.)* Storch[en]schnabel, der
crania *pl. of* cranium
cranial ['kreɪnɪəl] *adj. (Anat.)* Schädel-; kranial *(fachspr.)*
cranium ['kreɪnɪəm] *n., pl.* crania ['kreɪnɪə] *or* ~s *(Anat.)* Schädel, der; Kranium, das *(fachspr.); (bones enclosing the brain)* Hirnschädel, der
¹**crank** [kræŋk] 1. *n. (Mech. Engin.)* [Hand]kurbel, die. 2. *v. t. (turn with ~)* ankurbeln

~ 'up *v. t. (Motor Veh.)* ankurbeln
²**crank** *n.* Irre, der/die *(salopp);* health ~: Gesundheitsfanatiker, der/-fanatikerin, die *(ugs.)*
crank: ~-case *n. (Mech. Engin.)* Kurbelgehäuse, das; ~-pin *n. (Mech. Engin.)* Kurbelzapfen, der; ~-shaft *n. (Mech. Engin.)* Kurbelwelle, die
cranky ['kræŋkɪ] *adj.* a) *(eccentric)* verschroben; b) *(ill-tempered)* griesgrämig
cranny ['krænɪ] *n.* Ritze, die
¹**crap** [kræp] *(coarse)* 1. *n.* a) *(faeces)* Scheiße, die *(derb);* have a ~: scheißen *(derb);* b) *(nonsense)* Scheiß, der *(salopp abwertend);* a load of ~: ein Haufen Scheiß *(salopp abwertend)*. 2. *v. i.,* -pp- scheißen *(derb)*
²**crap** *n. (Amer.: throw in craps)* Fehlwurf, der; Crap, der; *(pl.)* Craps *pl.*
crape [kreɪp] *n. [schwarzer] Krepp; (ribbon)* Trauerflor, der
crappy ['kræpɪ] *adj. (coarse)* beschissen *(derb);* ~ film/café Scheißfilm, der/Scheißcafé, das *(derb)*
craps [kræps] *n. pl. (Amer.: dice game)* Craps, das; shoot ~: Craps spielen
crash [kræʃ] 1. *n.* a) *(noise)* Krachen, das; fall with a ~: mit einem lauten Krach fallen; a sudden ~ of thunder ein plötzlicher Donnerschlag; b) *(collision)* Zusammenstoß, der; plane/train ~: Flugzeugunglück, das/Eisenbahnunglück, das; have a ~: einen Unfall haben; in a [car] ~: bei einem [Auto]unfall; be in a [car] ~: in einen [Auto]unfall verwickelt sein; c) *(Finance etc.)* Zusammenbruch, der; the great ~ on Wall Street der große Börsenkrach in der Wall Street; d) *attrib. (intensive)* ~ job Noteinsatz, der; ~ measures Sofortmaßnahmen *Pl.* 2. *adv.* krachend; ~, bang, wallop *(coll.)* holterdiepolter *(ugs.)*. 3. *v. i.* a) *(make a noise)* krachen; b) *(go noisily)* krachen; ~ down herunterkrachen; ~ about one's ears *(fig.)* zusammenbrechen; c) *(have a collision)* einen Unfall haben; ⟨*Flugzeug, Flieger*:⟩ abstürzen; ~ into sth. gegen etw. krachen; d) *(Finance etc., Computing)* zusammenbrechen. 4. *v. t.* a) *(smash)* schmettern; b) *(cause to have collision)* einen Unfall haben mit; ~ a plane mit dem Flugzeug abstürzen; c) *(pass illegally)* überfahren; he ~ed the lights er fuhr bei Rot über die Ampel; d) *see* gatecrash 1
~ a'bout *v. i.* laut herumtollen
~ 'out *v. i. (sl.)* pennen *(salopp); (go to sleep)* einpennen *(salopp)*
crash: ~ barrier *n.* Leitplanke, die; ~ course *n.* Intensivkurs, der; ~ diet *n.* radikale Diät; ~ dive 1. *v. t.* schnell untertauchen lassen ⟨*U-Boot*⟩; abstürzen lassen ⟨*Flugzeug*⟩; 2. *v. i. (Unterseeboot:)* schnell untertauchen; ~-dive on sth. im Sturzflug auf etw. *(Akk.)* herabstoßen; 3. *n. (of submarine)* schnelles Untertauchen; *(of aircraft)* Sturzflug, der; ~-helmet *n.* Sturzhelm, der
crashing ['kræʃɪŋ] *adj. (coll.)* be a ~ bore wahnsinnig langweilig sein *(ugs.)*
crash: ~-land 1. *v. t.* ~-land a plane mit einem Flugzeug bruchlanden; 2. *v. i.* bruchlanden; ~-landing *n.* Bruchlandung, die; ~ pad *n. (youth sl.)* Schlafplatz, der; Penne, die *(salopp);* ~ programme *n.* Sofortprogramm, das
crass [kræs] *adj.* kraß, grob ⟨*Benehmen*⟩; haarsträubend ⟨*Dummheit, Unwissenheit*⟩; *(grossly stupid)* strohdumm
crassly ['kræslɪ] *adv.* grob, unfein ⟨*sich benehmen*⟩; grob, kraß ⟨*fehldeuten*⟩
crassness ['kræsnɪs] *n., no pl.* Kraßheit, die; *(of person)* Grobheit, die; *(stupidity)* Dummheit, die
crate [kreɪt] 1. *n.* a) *(case)* Kiste, die; a ~ of beer/lemonade ein Kasten Bier/Limonade; b) *(sl.: vehicle)* Kiste, die *(ugs.)*. 2. *v. t.* ~ [up] in eine Kiste/in Kisten packen

crater ['kreɪtə(r)] n. Krater, der
crater lake n. Kratersee, der
cravat [krə'væt] n. (scarf) Halstuch, das; (necktie) Krawatte, die
crave [kreɪv] 1. v. t. a) (beg) erbitten; erflehen ⟨Gnade⟩; b) (long for) sich sehnen nach. 2. v. i. ~ **for** or **after** see 1
craven ['kreɪvn] 1. adj. feige; **a ~ coward** ein elender od. erbärmlicher Feigling. 2. n. Feigling, der
cravenly ['kreɪvnlɪ] adv. feige
craving ['kreɪvɪŋ] n. Verlangen, das; **have a ~ for sth.** ein [dringendes] Verlangen nach etw. haben
craw [krɔ:] n. Kropf, der; **stick in sb.'s ~** (fig.) jmdm. gegen den Strich gehen
crawfish ['krɔ:fɪʃ] n., pl. same Languste, die
crawl [krɔ:l] 1. v. i. a) kriechen; **the baby/insect ~s along the ground** das Baby/Insekt krabbelt über den Boden; b) (coll.: behave abjectly) kriechen (abwertend); **~ to sb.** vor jmdm. buckeln od. kriechen; **don't you come ~ing back to me** du brauchst nicht wieder angekrochen zu kommen; c) **be ~ing** (be covered or filled) wimmeln (**with** von); d) see **creep** 1 b. 2. n. a) Kriechen, das; (of insect, baby etc.) Krabbeln, das; (slow speed) Schneckentempo, das; **move/go at a ~:** im Schneckentempo bewegen/im Schneckentempo fahren; b) (swimming-stroke) Kraulen, das; **do** or **swim the ~:** kraulen
crawler ['krɔ:lə(r)] n. a) usu. in pl. (baby's overall) Spielanzug, der; b) (coll. derog.: abject person) Kriecher, der (abwertend)
'crawler lane n. Kriechspur, die
crayfish ['kreɪfɪʃ] n., pl. same a) Flußkrebs, der; b) (crawfish) Languste, die
crayon ['kreɪən] n. a) (pencil) [coloured] ~: Buntstift, der; (of wax) Wachsmalstift, der; (of chalk) Kreidestift, der; b) (drawing) [Kreide]zeichnung, die
craze [kreɪz] 1. n. a) (temporary enthusiasm) Begeisterung, die; Fimmel, der (ugs. abwertend); **there's a ~ for doing sth.** es ist gerade große Mode, etw. zu tun; b) (mania) Manie, die. 2. v. t. usu. in p.p. (make insane) zum Wahnsinn treiben; **be [half] ~d with pain/grief** etc. [halb] wahnsinnig vor Schmerz/Kummer usw. sein; **a ~d look/expression** [on sb.'s face] ein vom Wahnsinn verzerrtes Gesicht
crazily ['kreɪzɪlɪ] adv. verrückt; (of motion) wie verrückt
craziness ['kreɪzɪnɪs] n., no pl. Verrücktheit, die; **sheer ~:** heller Wahnsinn
crazy ['kreɪzɪ] adj. a) (mad) verrückt; wahnsinnig; **go ~:** verrückt od. wahnsinnig werden; **drive** or **send sb. ~:** jmdn. verrückt od. wahnsinnig machen (ugs.); **like ~** (coll.) wie verrückt (ugs.); b) (coll.: enthusiastic) **be ~ about sb./sth.** nach jmdm./etw. verrückt sein (ugs.); **she's ~ about dancing** sie ist ganz wild aufs Tanzen (ugs.); **football/pop-music ~:** verrückt nach Fußball/Popmusik (ugs.); c) (sl.: exciting) irre (salopp); d) (of irregular shapes) ~: **paving** gestückeltes Pflaster; **~ quilt** Flickendecke, die; e) **lean** [over] **at a ~ angle** gefährlich schief stehen
'crazy bone n. (Amer.) Musikantenknochen, der
creak [kri:k] 1. n. (of gate, door) Quietschen, das; (of floor-board, door, chair) Knarren, das. 2. v. i. ⟨Tor, Tür:⟩ quietschen; ⟨Diele, Tür, Stuhl:⟩ knarren; ⟨Gelenke:⟩ knacken; **the old car ~ed to a halt** der alte Wagen kam quietschend zum Stehen
creaky ['kri:kɪ] adj. quietschend ⟨Tor, Tür⟩; knarrend ⟨Stuhl, Treppe, Stiefel, Tür⟩
cream [kri:m] 1. n. a) Sahne, die; b) (Cookery) (sauce) Sahnesoße, die; (dessert) Creme, die; (chocolate) gefülltes Praline, die; (biscuit) gefüllter Keks; **~ of mushroom soup** Champignoncremesuppe, die; **custard ~s** Kekse mit Vanillecremefüllung; c) (cos-

metic preparation) Creme, die; d) (fig.: best) Beste, das; **the ~ of society** die Creme der Gesellschaft; **the ~ of the applicants** die besten Bewerber; e) (colour) Creme, das. 2. adj. a) ~**[-coloured]** creme[farben]; b) (Cookery) ~ **soup/sauce** Cremesuppe, die/Sahnesoße, die. 3. v. t. cremig rühren od. schlagen; schaumig rühren ⟨Butter⟩; **~ed potatoes** Kartoffelpüree, das
~ 'off v. t. ~ **off the best players** die besten Spieler wegschnappen (ugs.)
cream: ~ **'bun** n. ≈ Eclair, das; **~ cake** n. Cremetorte, die; (small) Cremetörtchen, das; (with whipped cream) Sahnetorte, die/Sahnetörtchen, das; (with cream) Frischkäse, der; **~ 'cracker** n. ≈ Cracker, der
creamer ['kri:mə(r)] n. (Amer.: jug) Sahnekännchen, das
creamery ['kri:mərɪ] n. (butter-factory) Molkerei, die; (shop) Milchgeschäft, das
cream: ~**-jug** n. Sahnekännchen, das; **~ of 'tartar** n. Weinstein, der; **~ 'puff** n. Windbeutel, der; **~ 'tea** n. Tee mit Marmeladetörtchen und Sahne
creamy ['kri:mɪ] adj. a) (with cream) sahnig; (like cream) cremig; b) ~**[-coloured]** creme[farben]
crease [kri:s] 1. n. a) (pressed) Bügelfalte, die; (accidental; in skin) Falte, die; (in fabric) Falte, die; Knitter, der; (in paper) Kniff, der; Knick, der; **put a ~ in trousers** Bügelfalten in Hosen bügeln; b) (Cricket) Linie, die. 2. v. t. (press) eine Falte/Falten bügeln in (+ Akk.); (accidentally) knittern; (extensively) zerknittern. 3. v. i. Falten bekommen; knittern
~ 'up v. i. (coll.: in amusement) sich [vor Lachen] kringeln (ugs.)
'crease-resistant adj. knitterfrei
create [kri'eɪt] 1. v. t. a) (bring into existence) schaffen (geh.); verursachen ⟨Verwirrung⟩; machen ⟨Eindruck⟩; ⟨Sache:⟩ mit sich bringen, ⟨Person:⟩ machen ⟨Schwierigkeiten⟩; **~ a scene** eine Szene machen; **~ a sensation** für eine Sensation sorgen; b) (design) schaffen; kreieren ⟨Mode, Stil⟩; c) (invest with rank) ernennen; **~ sb. a peer** jmdn. zum Peer erheben od. ernennen. 2. v. i. (Brit. coll.: make a fuss) Theater machen
creation [kri'eɪʃn] n. a) no pl. (act of creating) Schaffung, die; (of the world) Erschaffung, die; Schöpfung, die (geh.); b) no pl. (all created things) Schöpfung, die; **the wonders of C~:** die Wunder der Schöpfung; **all** [of] ~, **the whole of ~:** alle Geschöpfe; c) no pl. (investing with title, rank, etc.) Ernennung, die; d) (Fashion) Kreation, die
creationism [kri'eɪʃənɪzm] n. Kreatianismus, der
creationist [kri'eɪʃənɪst] n. Anhänger des Kreatianismus
creative [kri'eɪtɪv] adj., **creatively** [kri'eɪtɪvlɪ] adv. schöpferisch; kreativ
creativeness [kri'eɪtɪvnɪs], **creativity** [kri:eɪ'tɪvɪtɪ] n., no pl. Kreativität, die
creator [kri'eɪtə(r)] n. Schöpfer, der/Schöpferin, die; **the C~:** der Schöpfer
creature ['kri:tʃə(r)] n. a) (created being) Geschöpf, die; Kreatur, die (geh.); **all living ~s** alle Lebewesen; alle Kreatur (geh.); b) (human being) Geschöpf, das; (abwertend) Kerl, der (abwertend); (woman) **the ~ with the red hair** die mit den roten Haaren (ugs.); **~'s** reizendes Geschöpf; **wicked/deserving ~:** böser/verdienstvoller Mensch; **~ of habit** Gewohnheitsmensch, der; Gewohnheitstier, das (scherzh.); c) (minion, lit. or fig.) Kreatur, die (abwertend); **~s of circumstance** Opfer der Umstände. See also **comfort 1 e**
crèche [kreʃ] n. [Kinder]krippe, die
credence ['kri:dəns] n. a) (belief) Glaube, der; **give** or **attach ~ to sth./sb.** einer Sache

(Dat.)/jmdm. Glauben schenken; **lend ~ to sth.** etw. glaubwürdig machen od. erscheinen lassen; **gain ~:** an Glaubwürdigkeit gewinnen; **worthy of ~:** glaubwürdig; b) (Eccl.) ~ [**table**] Kredenz, die
credential [krɪ'denʃl] n. usu. in pl. (testimonial) Zeugnis, das; (of ambassador) Beglaubigungsschreiben, das; (letter[s] of introduction) Referenzen Pl.; **present one's ~s** seine Referenzen vorlegen
credibility [kredɪ'bɪlɪtɪ] n. Glaubwürdigkeit, die; **~ gap** Mangel an Glaubwürdigkeit
credible ['kredɪbl] adj. glaubwürdig ⟨Mensch, Aussage⟩; glaubhaft ⟨Aussage⟩
credibly ['kredɪblɪ] adv. glaubwürdig; glaubhaft
credit ['kredɪt] 1. n. a) no pl. (commendation) Anerkennung, die; (honour) Ehre, die; (good reputation) Ansehen, das (**with** bei); **give sb. [the] ~ for sth.** jmdm. etw. zutrauen; **get [the] ~ for sth.** Anerkennung für etw. finden; **take the ~ for sth.** die Anerkennung für etw. einstecken; **all ~ to her/them for not giving in** alle Achtung, daß sie nicht nachgegeben hat/haben; [**we must give**] **~ where it is due** Ehre, wem Ehre gebührt; **it is** [**much or greatly/little**] **to sb.'s/sth.'s ~ that ...:** es macht jmdm./einer Sache [große/wenig] Ehre, daß ...; **it is to his ~ that ...:** es ehrt ihn, daß ...; **do ~ to sb./sth., do sb./sth. ~, be a ~ to sb./sth.** jmdm./einer Sache Ehre machen; **reflect** [**great/little**] **~ on sb./sth.** jmdm./einer Sache [große/wenig] Ehre machen; b) in pl. (in book) Liste der Mitarbeiter und sonstigen Beteiligten; (in film, play, etc.) Liste der Mitwirkenden und sonstigen Beteiligten; **~s, ~ titles** (at beginning of film) Vorspann, der; (at end) Nachspann, der; c) no pl. (belief) Glaube, der; **give ~ to sth.** einer Sache (Dat.) Glauben schenken; **gain ~:** an Glaubwürdigkeit gewinnen; d) no pl. (Commerc.) Kredit, der; **give** [**sb.**] ~: [jmdm.] Kredit geben; **deal on ~:** Kredit geben; **buy** [**sth.**] **on ~:** [etw.] auf Kredit kaufen; **six months' ~:** Kredit mit sechsmonatiger Laufzeit; **their ~ is excellent** sie sind unbedingt kreditwürdig; e) no pl. (Finance, Bookk.) Guthaben, das; **in ~** ⟨Konto:⟩ im Haben sein; ⟨Person:⟩ mit seinem Konto im Haben sein; **get a ~ line** Kredit bekommen; **she has sth. to her ~:** ihr ist etw. gutzuschreiben; **letter of ~:** Kreditbrief, der; Akkreditiv, das (Bankw.); f) (fig.) **have sth. to one's ~:** etw. vorzuweisen haben; **we must give him ~ for being able to finish it by tomorrow** wir dürfen annehmen, daß er es bis morgen erledigen kann; **he's cleverer than I gave him ~ for** er ist klüger, als ich dachte; **I gave you ~ for being a kind man** ich habe dich für einen netten Menschen gehalten; **I gave her ~ for better taste** ich hatte ihr einen besseren Geschmack zugetraut; g) (Amer. Educ.) Schein, der. 2. v. t. a) (believe) glauben; b) (accredit) **~ sb. with sth.** jmdm. etw. zutrauen; **~ sth. with sth.** einer Sache (Dat.) etw. zuschreiben; c) (Finance, Bookk.) gutschreiben; **~ £10 to sb./sb.'s account** jmdm./jmds. Konto 10 Pfund gutschreiben; **be ~ed with £10** 10 Pfund gutgeschrieben bekommen
creditable ['kredɪtəbl] adj. anerkennenswert
creditably ['kredɪtəblɪ] adv. achtbar
credit: ~ **account** n. Kreditkonto, die; **~ balance** n. Guthaben, das; **~ card** n. Kreditkarte, die; **~ note** n. Gutschein, der
creditor ['kredɪtə(r)] n. a) (one to whom debt is owing) Gläubiger, der/Gläubigerin, die; b) (one who gives credit for money or goods) Kreditgeber, der/-geberin, die
credit: ~ **rating** n. [Einschätzung der] Kreditwürdigkeit, die; **have a good/bad ~ rating** als kreditwürdig/kreditunwürdig eingeschätzt

werden; ~ **sale** n. Kreditkauf, der; ~ **side** n. (Finance) Habenseite, die; (fig.) **on the ~ side she has experience** für sie spricht ihre Erfahrung; ~ **squeeze** n. Kreditrestriktion, die; ~ '**transfer** n. (Finance) Banküberweisung, die; ~-**worthiness** n. Kreditwürdigkeit, die; ~-**worthy** adj. kreditwürdig

credo ['kri:dəʊ, 'kreɪdəʊ] n., pl. ~**s** Glaubensbekenntnis, das; Kredo, das

credulity [krɪ'dju:lɪtɪ] n., no pl. Leichtgläubigkeit, die

credulous ['kredjʊləs] adj. leichtgläubig; naiv ⟨Erstaunen, Verhalten⟩

credulously ['kredjʊləslɪ] adv. leichtgläubig; **believe sth. too ~**: etw. allzu arglos glauben

creed [kri:d] n. (lit. or fig.) Glaubensbekenntnis, das

creek [kri:k] n. a) (Brit.) (inlet on sea-coast) [kleine] Bucht; b) (short arm of river) [kurzer] Flußarm; c) (Amer.: tributary of river) Nebenfluß, der; (Austral., NZ: stream) Bach, der; d) **be up the ~**: (coll.: be in difficulties or trouble) in der Klemme od. Tinte sitzen (ugs.); (be wrong) ⟨Antwort usw.:⟩ völlig falsch sein; ⟨Person:⟩ auf dem Holzweg sein

creel [kri:l] n. Fischkorb, der

creep [kri:p] 1. v.i., **crept** [krept] a) kriechen; (move timidly, slowly, stealthily) schleichen; ~ **and crawl** (fig.) kriechen; ~**ing Jesus** (sl.) Scheinheilige, der/die;(fig.: develop gradually) ~**ing inflation/sickness** schleichende Inflation/Krankheit; (insinuate oneself/itself unobserved) ~ **into sth.** sich in etw. (Akk.) einschleichen; b) **make sb.'s flesh ~**: jmdm. eine Gänsehaut über den Rücken jagen; **the thought made my flesh ~**: bei dem Gedanken lief mir eine Gänsehaut über den Rücken. 2. n. a) **in pl.** (coll.) **give sb. the ~s** jmdm. nicht [ganz] geheuer sein; b) (sl.: person) Fiesling, der (salopp abwertend); c) (Metallurgy) Kriechen, das

~ '**in** v.i. [sich] hinein-/hereinschleichen; (fig.) ⟨Irrtum, Enttäuschung usw.:⟩ sich einschleichen

~ '**on** v.i. **time is ~ing on** die Zeit verrinnt [unaufhaltsam]

~ '**up** v.i. (approach) sich anschleichen; ~ **up on sb.** sich an jmdn. anschleichen; (fig.) für jmdn. langsam näherrücken

creeper ['kri:pə(r)] n. a) (Bot.) (growing along ground) Kriechpflanze, die; (growing up wall etc.) Kletterpflanze, die; Rankengewächs, das; b) (Ornith.) [Wald]baumläufer, der; c) (coll.: soft-soled shoe) Schuh mit dicker, weicher Sohle; Leisetreter, der (scherzh.)

creepy ['kri:pɪ] adj. unheimlich; gruselig, schaurig ⟨Geschichte, Film⟩

creepy-crawly [kri:pɪ 'krɔ:lɪ] (coll./child lang.) 1. n. **she's got a horror of creepy-crawlies** sie hat eine Heidenangst vor allem, was krabbelt; **there's a ~ in the bath-tub** da krabbelt was in der Badewanne (ugs.). 2. adj. krabbelnd ⟨Insekt⟩

cremate [krɪ'meɪt] v.t. einäschern; kremieren (schweiz.)

cremation [krɪ'meɪʃn] n. Einäscherung, die; Kremation, die

crematorium [kremə'tɔ:rɪəm] n., pl. **crematoria** [kremə'tɔ:rɪə] or ~**s** Krematorium, das

crematory ['kremətərɪ] n. (Amer.) Krematorium, das

crème: ~ **de la crème** [kreɪm dlɑ:'kreɪm] n. Crème de la crème, die (geh.); ~ **de menthe** [kreɪm də 'mɑ̃t] n. Pfefferminzlikör, der

crenellated ['krenəleɪtɪd] adj. kreneliert (veralt.); mit Zinnen versehen

Creole ['kri:əʊl] 1. n. a) (person) Kreole, der/Kreolin, die; (of mixed European and Negro descent) Mulatte, der/Mulattin, die; b) (language) Kreolisch, das. 2. adj. kreolisch

creosote ['kri:əsəʊt] 1. n. ≈ Holzschutzmittel, das. 2. v.t. mit einem Holzschutzmittel behandeln

crêpe [kreɪp] n. a) Krepp, der; b) (crêpe rubber) Kreppgummi, der; ~ **soles** Kreppsohlen Pl.; c) (pancake) dünner Eierkuchen

crêpe: ~ **de Chine** [kreɪp də 'ʃi:n] n. Crêpe de Chine, der; ~ '**paper** n. Kreppapier, das; ~ '**rubber** n. Kreppgummi, der; ~ **Suzette** [kreɪp su:'zet] n. (Cookery) Crêpe Suzette, die

crept see **creep** 1

crescendo [krɪ'ʃendəʊ] n., pl. ~**s** (Mus.) Crescendo, das; (fig.) Zunahme, die; **a ~ of cheers** immer lauter werdende Jubelrufe; **reach a ~** (fig. coll.) einen Höhepunkt erreichen

crescent ['kresənt] 1. n. a) Mondsichel, die; (as emblem) Halbmond, der; ~-**shaped** halbmondförmig; b) (Brit.: street) [kleinere] halbkreisförmige Straße; c) (~-shaped object) Bogen, der. 2. adj. halbmondförmig; **the ~ moon** die Mondsichel

cress [kres] n. Kresse, die; **garden ~**: Gartenkresse, die; see also **watercress**

crest [krest] n. a) (on bird's or animal's head) Kamm, der; (neck of horse) Genick, das; (plume of feathers) Federschopf, der; b) (top of mountain or wave) Kamm, der; (top of roof) Dachfirst, der; **[be/ride] on the ~ of a** or **the wave** (fig.) ganz oben [sein/schwimmen]; c) (Her.) Helmzier, die; (emblem) Emblem, das

crested ['krestɪd] adj. a) ⟨Vogel, Tier⟩ mit einem Kamm, b) **tit/lark** Haubenmeise/-lerche, die; b) ⟨Siegel, Briefpapier usw.⟩ mit einem Emblem versehen

'**crestfallen** adj. (fig.) niedergeschlagen

Cretaceous [krɪ'teɪʃəs] 1. adj. (Geol.) Kreide-; kretazeisch (fachspr.); **the ~ period** die Kreidezeit. 2. n. (Geol.) Kreide, die

Cretan ['kri:tn] 1. adj. kretisch. 2. n. Kreter, der/Kreterin, die

Crete [kri:t] pr. n. Kreta (das)

cretin ['kretɪn] n. a) (Med.) Kretin, der; b) (coll.: fool) Trottel, der (ugs. abwertend)

cretinous ['kretɪnəs] adj. a) (Med.) kretinoid; b) (coll.: stupid) schwachsinnig (abwertend)

cretonne [krɪ'tɒn, 'kretɒn] n. (Textiles) Cretonne, die od. der

crevasse [krɪ'væs] n. Gletscherspalte, die

crevice ['krevɪs] n. Spalt, der; (of skin) Riß, der

crew [kru:] 1. n. a) (of ship, aircraft, etc.) Besatzung, die; Crew, die; (excluding officers) Mannschaft, die; Crew, die; (of train) Personal, das; (Sport) Mannschaft, die; b) (associated body) Gruppe, die; (gang of workers) Kolonne, die; (set; often derog.) Haufen, der; **a motley ~**: ein zusammengewürfelter Haufen. 2. v.i. die Mannschaft/Mitglied der Mannschaft sein; **he ~s on my boat** er fährt auf meiner Mannschaft. 3. v.t. ~ **a boat** Mitglied der Mannschaft eines Bootes sein

crew: ~ **cut** n. Bürstenschnitt, der; ~-**man** ['kru:mən] n.; pl. ~-**men** ['kru:mən] Besatzungsmitglied, das; ~ **neck** n. enger, runder Halsausschnitt; **a ~-neck pullover** ein Pullover mit engem, rundem Halsausschnitt

crib [krɪb] 1. n. a) (cot) Gitterbett, das; b) (model of manger-scene; manger) Krippe, die; c) (coll.) (translation) Klatsche, die (Schülerspr.); (plagiarism) das ist abgekupfert (salopp). 2. v.t., -**bb**- (coll.) (plagiarize) abkupfern (salopp)

cribbage ['krɪbɪdʒ] n. (Cards) Cribbage, das

'**crib death** (Amer.) see **cot-death**

crick [krɪk] 1. n. **a ~ [in one's neck/back]** ein steifer Hals/Rücken. 2. v.t. ~ **one's neck/back** einen steifen Hals/Rücken bekommen

¹**cricket** ['krɪkɪt] n. (Sport) Kricket, das; **it's/that's not ~** (Brit. dated coll.) das ist nicht die feine Art (ugs.)

²**cricket** ['krɪkɪt] n. (Zool.) Grille, die; **as lively as a ~**: putzmunter sein

cricket: ~-**bag** n. Tasche für das Schlagholz usw.; ~ **ball** n. Kricketball, der; ~ **bat** n. Schlagholz, das

cricketer ['krɪkɪtə(r)] n. Kricketspieler, der/-spielerin, die

cricket: ~ **match** n. Kricketspiel, das; ~ **pitch** n. Kricketfeld, das (zwischen den Toren)

cri de cœur [kri: də 'kɜ:(r)] n., pl. **cris de cœur** [kri: də 'kɜ:(r)] (complaint) Stoßseufzer, der; (appeal) verzweifelter Hilferuf

crier ['kraɪə(r)] n. (in lawcourt) Gerichtsdiener, der (veralt.); (in a town) Ausrufer, der

crikey ['kraɪkɪ] int. (sl.) Jesses (ugs.)

crime [kraɪm] n. a) Verbrechen, das; b) collect., no pl. **a wave of ~**: eine Welle von Straftaten; **juvenile ~ is on the increase** die Jugendkriminalität nimmt zu; **lead a life of ~**: ein Krimineller sein; ~ **doesn't pay** Verbrechen lohnen sich nicht; c) (fig. coll.: shameful action) Sünde, die

Crimea [kraɪ'mɪə] pr. n. Krim, die

Crimean [kraɪ'mɪən] adj. **the ~ War** Krimkrieg

crime: ~ **prevention** n. Verbrechensverhütung, die; **C~ Prevention Officer** Polizeibeamter, dessen/-beamtin, deren Aufgabe aktive, vorbeugende Verbrechensbekämpfung ist; ~ **rate** n. Kriminalitätsrate, die; ~-**sheet** n. (Mil.) Strafregister, das; ~ **story** n. Kriminalgeschichte, die; ~ **wave** n. Welle von Straftaten; ~-**writer** n. Kriminalschriftsteller, der/-schriftstellerin, die

criminal 1. adj. a) (illegal) kriminell; strafbar; (concerned with criminals and crime) Straf-; **take ~ proceedings against sb.** strafrechtlich gegen jmdn. vorgehen; ~ **judge** Strafrichter, der; b) (guilty of crime) kriminell; straffällig; ~ **gang** Verbrecherbande, die; c) (tending to be guilty of crime) kriminell; d) (fig. coll.) kriminell (ugs.); **it's ~ to do that** es ist eine Schande, das zu tun; **it's a ~ shame** es ist einfach ungeheuerlich; **it's a ~ waste** es ist eine sträfliche Verschwendung. 2. n. Kriminelle, der/die

criminal: ~ '**code** n. Strafgesetzbuch, das; ~ '**court** n. Strafgericht, das; Kriminalgericht, das (veralt.); **C~ Investi'gation Department** n. (Brit.) Kriminalpolizei, die

criminality [krɪmɪ'nælɪtɪ] n. Kriminalität, die

criminal: ~ '**law** n. Strafrecht, das; ~ '**lawyer** n. Anwalt/Anwältin für Strafsachen; ~ '**libel** n. [schriftliche] Verleumdung

criminally ['krɪmɪnəlɪ] adv.; (according to criminal law) strafrechtlich

criminal 'record n. Strafregister, das; **have a ~**: vorbestraft sein

criminologist [krɪmɪ'nɒlədʒɪst] n. Kriminologe, der/Kriminologin, die

criminology [krɪmɪ'nɒlədʒɪ] n. Kriminologie, die

crimp [krɪmp] v.t. kräuseln; ~**ed hair** onduliertes Haar

Crimplene, (P) ['krɪmpli:n] n. Crimplene, das ®; knitterfreier Stoff

crimson ['krɪmzn] 1. adj. purpurrot; **turn ~**: ⟨Himmel:⟩ sich blutrot färben; (with anger) ⟨Mensch:⟩ rot anlaufen; (blush) puterrot werden. 2. n. Purpurrot, das. 3. v.i. purpurrot werden

cringe [krɪndʒ] v.i. a) (cower) zusammenzucken; ⟨Hund:⟩ sich ducken, kuschen; ~ **at sth.** bei etw. zusammenzucken; ~ **away** or **back [from sb./sth.]** [vor jmdm./etw.] zurückschrecken; **it makes me ~**: es läßt mich

cringing | **cross**

zusammenzucken; *(in disgust)* da wird mir schlecht; **b)** *(behave obsequiously)* kriechen *(abwertend)*; kuschen; ~ **before sb.** vor jmdm. kriechen *od.* kuschen; **go cringing to sb.** zu jmdm. gekrochen kommen
cringing ['krɪndʒɪŋ] *adj.* kriecherisch *(abwertend)*; **a ~ person** ein Kriecher *(abwertend)*
crinkle ['krɪŋkl] **1.** *n.* Knick, *der*; *(in fabric)* Knitterfalte, *die*; *(in hair)* Kräusel, *die*; *(in skin)* Fältchen, *das*. **2.** *v.t.* knicken; zerknittern ⟨*Stoff, Papier*⟩; kräuseln ⟨*Haar*⟩. **3.** *v.i.* ⟨*Stoff, Papier:*⟩ knittern; ⟨*Haar:*⟩ sich kräuseln; ⟨*Haut:*⟩ Fältchen bekommen; ⟨*Papier*:*rand:*⟩ sich wellen
crinkly ['krɪŋklɪ] *adj.* zerknittert ⟨*Stoff, Papier*⟩; gekräuselt ⟨*Haar*⟩; faltig ⟨*Haut*⟩
crinoline ['krɪnəlɪn, 'krɪnəli:n] *n. (Hist.)* Krinoline, *die*
cripes [kraɪps] *int. (dated sl.)* Jesses *(ugs.)*
cripple ['krɪpl] **1.** *n. (lit. or fig.)* Krüppel, *der*. **2.** *v.t.* zum Krüppel machen; *(fig.)* lähmen
crippled ['krɪpld] *adj.* verkrüppelt ⟨*Arm, Baum, Bettler*⟩; **be ~ with rheumatism** durch Rheuma gelähmt sein; **industry was ~ by the strikes** die Streiks haben die ganze Industrie lahmgelegt; **small firms, ~ by inflation** kleine, durch [die] Inflation geschwächte Firmen; **a ~ ship/plane** ein schwer beschädigtes Schiff/Flugzeug
crippling ['krɪplɪŋ] *adj.* zur Verkrüppelung führend ⟨*Krankheit, Verletzung*⟩; *(fig.)* erdrückend ⟨*Preise, Inflationsrate, Steuern, Mieten*⟩; lähmend ⟨*Streik, Schmerzen*⟩; **deal sb. a ~ blow** *(fig.)* jmdm. einen vernichtenden Schlag versetzen
crisis ['kraɪsɪs] *n., pl.* **crises** ['kraɪsi:z] Krise, *die*; **reach a ~ point** einen kritischen Punkt erreichen; **a time of ~:** eine kritische Zeit; **at times of ~:** in Krisenzeiten; **suffer a ~:** eine Krise durchmachen
crisis 'management *n.* Krisenmanagement, *das*
crisp [krɪsp] **1.** *adj.* knusprig ⟨*Brot, Keks, Kruste, Speck*⟩; knackig ⟨*Apfel, Gemüse*⟩; steif ⟨*Papier*⟩; trocken ⟨*Herbstblätter, Zweige*⟩; frisch [gebügelt/gestärkt] ⟨*Wäsche*⟩; [druck]frisch ⟨*Banknote*⟩; verharscht ⟨*Schnee*⟩; *(clearly defined)* scharf ⟨*Züge, Umrisse, Kanten*⟩; *(bracing)* frisch ⟨*Brise, Seeluft*⟩; *(brisk)* knapp [und klar] ⟨*Stil*⟩; frisch [und flott *(ugs.)*] ⟨*Auftreten, Erscheinung*⟩; ~ **intonation/speech** klare Intonation/Sprache. **2.** *n.* **a)** *usu. in pl. (Brit.:* potato ~) [Kartoffel]chip, *der*; **b)** *(sth. overcooked)* **be burned to a ~:** verbrannt sein. **3.** *v.t.* **(make ~) ~ [up]** aufbacken ⟨*Brot*⟩; knusprig backen ⟨*Speck*⟩; knackig machen ⟨*Gemüse*⟩
'**crispbread** *n.* Knäckebrot, *das*
crisper ['krɪspə(r)] *n.* Gemüsefach, *das*
crisply ['krɪsplɪ] *adv.* knusprig *(gebacken)*; klar ⟨*sprechen*⟩; frisch *(gebügelt, gestärkt)*
crispness ['krɪspnɪs] *n., no pl. (of bread, biscuit, bacon)* Knusprigkeit, *die*; *(of apple, vegetable)* Knackigkeit, *die*; *(of style)* Knappheit [und Klarheit], *die*; *(of manner)* Frische [und Knappheit], *die*
crispy ['krɪspɪ] *adj.* knusprig ⟨*Brot, Keks, Speck*⟩; knackig ⟨*Apfel, Gemüse*⟩
crispy 'noodles *n. pl.* gebratene Nudeln
criss-cross ['krɪskrɒs] **1.** *n.* Gewirr, *das*. **2.** *adj.* **~ pattern** Muster aus gekreuzten Linien. **3.** *adv.* kreuz und quer. **4.** *v.t. (intersect repeatedly)* wiederholt schneiden. **5.** *v.i. (move crosswise)* kreuz und quer laufen/fahren/fliegen *usw.*; *(intersect repeatedly)* kreuz und quer verlaufen
criterion [kraɪ'tɪərɪən] *n., pl.* **criteria** [kraɪ'tɪərɪə] Kriterium, *das*; **by what ~ will the issue be judged?** nach welchen Kriterien wird man die Angelegenheit beurteilen?
critic ['krɪtɪk] *n.* Kritiker, *der*/Kritikerin, *die*; **literary ~:** Literaturkritiker, *der*/-kritikerin, *die*

critical ['krɪtɪkl] *adj.* **a)** kritisch; **be ~ of sb./sth.** jmdn./etw. kritisieren; **cast a ~ eye over sth.** etw. mit kritischen Augen betrachten; **the play received ~ acclaim** das Stück fand die Anerkennung der Kritik; ~ **skills/ability** Kritikfähigkeit, *die*; ~ **edition** kritische Ausgabe; **b)** *(involving risk, crucial)* kritisch ⟨*Zustand, Punkt, Phase*⟩; entscheidend ⟨*Faktor, Test*⟩; gefährlich ⟨*Operation*⟩
critically ['krɪtɪkəlɪ] *adv.* kritisch; **be ~ important** von entscheidender Bedeutung sein; **be ~ ill** ernstlich krank sein
critical: ~ '**mass** *n. (Phys.)* kritische Masse; ~ '**path** *n. (Managem.)* kritischer Pfad *od.* Weg
criticise *see* **criticize**
criticism ['krɪtɪsɪzm] *n.* Kritik, *die* (of an + *Dat.*); **come in for a lot of ~:** heftig kritisiert werden; **be open to ~:** für Kritik offen sein; **literary ~:** Literaturkritik, *die*
criticize ['krɪtɪsaɪz] *v.t.* kritisieren **(for** wegen**)**; *(review)* besprechen; rezensieren; ~ **sb. for sth.** jmdn. wegen etw. kritisieren
critique [krɪ'ti:k] *n.* Kritik, *die*
critter ['krɪtə(r)] *n. (coll. joc.)* Viech, *das (ugs.); (derog.: person)* Kerl, *der (ugs. abwertend); (female)* Person, *die (abwertend)*
croak [krəʊk] **1.** *n. (of frog)* Quaken, *das; (of raven, person)* Krächzen, *das*. **2.** *v.i.* **a)** ⟨*Frosch:*⟩ quaken; ⟨*Rabe, Person:*⟩ krächzen; **b)** *(sl.: die)* abkratzen *(salopp)*. **3.** *v.t.* krächzen
croaky ['krəʊkɪ] *adj.* krächzend
Croat ['krəʊæt] *n.* **a)** *(person)* Kroate, *der*/Kroatin, *die*; **b)** *(language)* Kroatisch, *das*
Croatia [krəʊ'eɪʃə] *pr. n.* Kroatien *(das)*
Croatian [krəʊ'eɪʃən] **1.** *adj.* kroatisch; **sb. is ~:** jmd. ist Kroate/Kroatin. **2.** *n.* see **Croat**
croc [krɒk] *n. (coll.: crocodile)* Krokodil, *das*
crochet ['krəʊʃeɪ, 'krəʊʃɪ] **1.** *n.* Häkelarbeit, *die;* ~ **hook** Häkelhaken, *der*. **2.** *v.t., p.t.* **and** *p.p.* ~ **ed** ['krəʊʃeɪd, 'krəʊʃɪd] häkeln
crocheting ['krəʊʃeɪɪŋ, 'krəʊʃɪɪŋ] *n.* Häkeln, *das; (product)* Häkelarbeit, *die*
¹**crock** [krɒk] *n.* **a)** *(pot)* Topf, *der (aus Ton); (jar)* Krug, *der (aus Ton); see also* **gold 1 b**; **b)** *(broken piece of earthenware)* [Ton]scherbe, *die*
²**crock** *(coll.)* **1.** *n. (person)* Wrack, *das (fig.); (vehicle)* [Klapper]kiste, *die (ugs.)*. **2.** *v.i.* ~ **up** zusammenklappen. **3.** *v.t.* **[up]** den Rest geben (+ *Dat.*) *(ugs.)*
crockery ['krɒkərɪ] *n.* Geschirr, *das*
crocodile ['krɒkədaɪl] *n.* Krokodil, *das; (skin)* Krokodilleder, *das;* Kroko, *das;* **b)** *(Brit.: line of schoolchildren)* Schulkinder in Zweierreihen; **walk in a ~:** zwei und zwei [hintereinander] gehen
crocodile: ~ **clip** *n. (Electr.)* Krokodilklemme, *die;* ~ **tears** *n. pl.* Krokodilstränen *Pl. (ugs.)*
crocus ['krəʊkəs] *n.* Krokus, *der*
Croesus ['kri:səs] *n.* Krösus, *der;* **be as rich as ~:** ein [wahrer] Krösus sein
croft [krɒft] *n. (Brit.)* **a)** *(farm)* [kleines] Acker-/Weideland; **b)** *(smallholding)* [kleines] Pachtgut
crofter ['krɒftə(r)] *n. (Brit.)* Pächter, *der*/Pächterin, *die*
crofting ['krɒftɪŋ] *n., no pl., no art. (Brit.)* Bewirtschaftung kleiner Pachtgüter
croissant ['krwɑ:sɒ̃] *n.* Hörnchen, *das*
cromlech ['krɒmlek] *n.* **a)** *see* **dolmen; b)** *(stone circle)* Kromlech, *der*
crone [krəʊn] *n.* **a[n old]** ~: ein altes Weib
crony ['krəʊnɪ] *n.* Kumpel, *der; (drinking companion)* Kumpan, *der;* **they were old cronies** sie waren gute, alte Freunde
crook [krʊk] **1.** *n.* **a)** *(coll.: rogue)* Gauner, *der;* **b)** *(staff)* Hirtenstab, *der; (of bishop)* [Krumm]stab, *der;* **c)** *(hook)* Haken, *der;* **d)** *(of arm)* [Arm]beuge, *die;* **e)** *(curve in river, road, etc.)* Biegung, *die*. **2.** *adj. (Austral. and*

NZ coll.) mies *(ugs.); (ill)* krank; *(bad-tempered)* sauer *(ugs.);* **go ~:** sauer werden **(at, on** + *Akk.*). **3.** *v.t.* biegen; ~ **one's finger** seinen Finger krümmen; **she has only to ~ her little finger** *(fig. coll.)* sie braucht nur mit dem kleinen Finger zu winken
crooked 1. [krʊkt] *p.t.* and *p.p.* of **crook 3. 2.** *adj.* **a)** ['krʊkɪd] krumm; schief ⟨*Lächeln*⟩; *(fig.: dishonest)* betrügerisch; **this coin is ~:** diese Münze ist verboten; **the picture on the wall is ~:** das Bild an der Wand hängt schief; **you've got your hat on ~:** dein Hut sitzt schief; **a ~ person** *(fig.)* ein Gauner; ~ **dealings** krumme Geschäfte; **b)** [krʊkt] *(having a transverse handle)* **a ~ stick** ein Krückstock
crookedly ['krʊkɪdlɪ] *adv.* schief; **a tree that has grown ~:** ein krumm gewachsener Baum; *(fig.: dishonestly)* **deal ~:** krumme Geschäfte machen; ~ **acquired** unrechtmäßig erworben
crookedness ['krʊkɪdnɪs] *n., no pl.* Verkrümmung, *die; (fig.: dishonesty)* Unehrlichkeit, *die*
croon [kru:n] **1.** *v.t. & i.* [leise] singen; ⟨*Popsänger:*⟩ schmachtend singen; schnulzen *(ugs. abwertend)*. **2.** *n.* [leises] Singen
crooner ['kru:nə(r)] *n.* Sänger mit schmachtender Stimme; Schnulzensänger, *der (ugs. abwertend)*
crop [krɒp] **1.** *n.* **a)** *(Agric.)* [Feld]frucht, *die; (season's total yield)* Ernte, *die; (fig.)* [An]zahl, *die;* **cereal ~:** Getreide, *das;* **get the ~s in** die Ernte einbringen; **arable ~s** *Pl.:* ~ **of apples** Apfelernte, *die;* **b)** *(of bird)* Kropf, *der;* **c)** *(of whip)* [Peitschen]stiel, *der;* **[hunting-]~:** Jagdpeitsche, *die;* **d)** *(of hair)* kurzer Haarschnitt; *(style)* Kurzhaarfrisur, *die*. **2.** *v.t.,* -**pp-: a)** *(cut off)* abschneiden; *(cut short)* stutzen ⟨*Bart, Haare, Hecken, Flügel*⟩; kupieren ⟨*Ohren, Schwanz (bei Hunden od. Pferden)*⟩; abschneiden ⟨*Gras*⟩; ⟨*Tier:*⟩ abweiden ⟨*Gras*⟩; **have one's hair ~ped** sich *(Dat.)* das Haar kurz schneiden lassen; **b)** *(reap)* ernten. **3.** *v.i.,* -**pp-** ⟨*ein Gewächs:*⟩ tragen
~ '**out** *see* ~ **up b**
~ '**up** *v.i.* **a)** *(occur)* auftauchen; *(be mentioned)* erwähnt werden; **b)** *(Geol.)* ausbeißen
crop: ~-**dusting** *n. (Agric.)* Schädlingsbekämpfung aus der Luft; ~-**eared** *adj.* ⟨*Tier*⟩ mit gestutzten *od.* kupierten Ohren
cropper ['krɒpə(r)] *n. (coll.: heavy fall)* [schwerer] Sturz; **come a ~:** einen Sturz bauen *(ugs.); (fig.)* auf die Nase fallen *(ugs.)*
crop: ~ **rotation** *n. (Agric.)* Fruchtfolge, *die;* ~-**spraying** *n. (Agric.)* Schädlingsbekämpfung *(mit Sprühmitteln)*
croquet ['krəʊkeɪ, 'krəʊkɪ] *n.* Krocket[spiel], *das*
croquette [krə'ket] *n. (Cookery)* Krokette, *die*
crosier ['krəʊzɪə(r)] *n.* Krummstab, *der*
cross [krɒs] **1.** *n.* **a)** Kreuz, *das; (monument)* [Gedenk]kreuz, *das; (sign)* Kreuzzeichen, *das;* **the C~:** das Kreuz [Christi]; **make the sign of the C~:** das Kreuzzeichen machen; ein Kreuz schlagen; **b)** *(~-shaped thing or mark)* Kreuz[zeichen], *das;* **mark with a ~:** ankreuzen; **c)** *(mixture, compromise)* Mittelding, *das* **(between** zwischen + *Dat.);* Mischung, *die* **(between** aus**); d)** *(trial, affliction, cause of trouble)* Kreuz, *das;* Leid, *das;* **take [up] one's ~:** sein Kreuz auf sich nehmen; **we all have our [little] ~es to bear** wir haben alle unser Kreuz zu tragen; **e)** *(intermixture of breeds)* Kreuzung, *die;* **f)** *(Astron.)* **[Southern] C~:** Kreuz des Südens; Südliches Kreuz; **g)** *(decoration)* Kreuz, *das;* **Grand C~:** Großkreuz, *das;* **h)** *(Footb.)* Querpaß, *der; (Boxing)* Cross, *der;* **i) on the ~:** quer; **j)** *(Dressmaking)* **cut on the ~:** schräg [zum Fadenlauf] zugeschnitten. **2.** *v.t.* **a)** *(place crosswise)* [über]kreu-

177

zen; ~ **one's arms/legs** die Arme verschränken/die Beine übereinanderschlagen; ~ **one's fingers** *or* **keep one's fingers** ~ed [**for sb.**] *(fig.)* [jmdm.] die *od.* den Daumen drücken/halten; ~ **swords** [**with sb.**] *(fig.)* [mit jmdm.] die Schwerter kreuzen *od.* sich streiten (**on** über + *Akk.*); **I got a** ~**ed line** *(Teleph.)* es war jemand in der Leitung; **you've got your** *or* **the lines** *or* **wires** ~**ed** *(fig. coll.)* du hast da etwas falsch verstanden; ~ **a fortune-teller's hand** *or* **palm with silver** einer Wahrsagerin Geld in die Hand drükken; b) *(go across)* kreuzen; überqueren ⟨*Straße, Gewässer, Gebirge*⟩; durchqueren ⟨*Land, Wüste, Zimmer*⟩; ~ **the picket line** die Streikpostenkette durchbrechen; ~ **the road** über die Straße gehen; **we can** ~ **abs.** die Straße ist frei; wir können gehen/fahren; '~ **now**,, Gehen"; **the bridge** ~**es the river** die Brücke führt über den Fluß; **the lines** ~ **each other** die Linien schneiden sich; **a train** ~**ed the river** ein Zug fuhr über den Fluß; **a plane** ~**es the desert** ein Flugzeug fliegt über *od.* überfliegt die Wüste; ~ **sb.'s mind** *(fig.)* jmdm. einfallen; **it seems never to have** ~**ed his mind to do it** es scheint ihm nie in den Sinn gekommen zu sein *od.* es scheint ihm nie der Gedanke gekommen zu sein, es zu tun; ~ **sb.'s path** *(fig.)* jmdm. über den Weg laufen *(ugs.)*; jmdm. begegnen; c) *(Brit.)* ~ **a cheque** einen Scheck zur Verrechnung ausstellen; **a** ~**ed cheque** ein Verrechnungsscheck; d) *(make sign of* ~ *on)* ~ **oneself** sich bekreuzigen; ~ **my heart** Ehrenwort!; e) *(thwart)* durchkreuzen ⟨*Plan*⟩; zerstören ⟨*Hoffnung*⟩; vereiteln ⟨*Wunsch, Hoffnung*⟩; **be** ~**ed in love** Unglück in der Liebe haben; **he** ~**es me in everything I do** er kommt mir bei allem in die Quere; f) *(cause to interbreed)* kreuzen; *(cross-fertilize)* kreuzbefruchten. *See also* ¹**bridge 1** a; **T a**. 3. *v. i. (meet and pass)* aneinander vorbeigehen; ~ [**in the post**] ⟨*Briefe:*⟩ sich kreuzen; **our paths have** ~**ed several times** *(fig.)* unsere Wege haben sich öfters gekreuzt. 4. *adj.* a) *(transverse)* Quer-; ~ **traffic** kreuzender Verkehr; b) *(coll.: peevish)* verärgert; ärgerlich ⟨*Worte*⟩; **sb. will be** ~; jmd. wird ärgerlich *od.* böse werden; **be** ~ **with sb.** böse auf jmdn. *od.* mit jmdm. sein; **as** ~ **as two sticks** *(coll.)* unleidlich; a) *(Cricket)* ~ **bat** schräg gehaltenes Schlagholz
~ **off** *v. t.* streichen; ~ **a name off a list** einen Namen von einer Liste streichen
~ **out** *v. t.* ausstreichen
~ **over** *v. t.* überqueren; *abs.* hinüberliegen
cross- *in comb.* a) *see* **cross 1 a** Kreuz-; b) *see* **cross 4** Quer-; c) = **across** quer durch
cross: ~**bar** n. a) [Fahrrad]stange, *die*; b) *(Footb.)* Querlatte, *die*; ~**-beam** *n.* Querbalken, *der*; ~**-bench** *n. (Brit. Parl.)* quergestellte Bank, auf der die „cross-benchers" sitzen; ~**-bencher** *n.* Abgeordnete, *der/die* weder der Regierungspartei noch der Opposition angehört; ~**bill** *n. (Ornith.)* Kreuzschnabel, *der*; ~**bones** *n. pl.* gekreuzte Knochen *Pl.* (unter Totenkopf); ~**bow** *n.* Armbrust, *die*; ~**bred** *adj.* gekreuzt; ~**breed 1.** *n.* Hybride, *die*; 2. *v. t.* kreuzen; ~**buttock** *n. (Wrestling)* Hüftwurf, *der*; ~**Channel** *adj.* ~**-Channel traffic/ferry** Verkehr/Fähre über den Kanal; ~**-check 1.** *n.* Gegenprobe, *die*; 2. *v. t.* [nochmals] nachprüfen; nachkontrollieren; ~**-country 1.** *adj.* Querfeldein-; ~**-country running** Crosslauf, *der*; ~**-country skiing** Skilanglauf, *der.* 2. *adv.* querfeldein; ~**-cultural** *adj.* interkulturell; ~**-current** *n. (lit. or fig.)* Gegenströmung, *die*; ~**-examination** *n.* Kreuzverhör, *das*; **undergo** *or* **be under** ~**-examination** ins Kreuzverhör genommen werden; ~**-examine** *v. t.* ins Kreuzverhör nehmen; ~

einem Kreuzverhör unterziehen; ~**-eyed** *adj.* [nach innen] schielend; **be** ~**-eyed** schielen; ~**-ferti'lization** *n.* Fremdbestäubung, *die*; Kreuzbefruchtung, *die*; *(fig.)* gegenseitige Befruchtung; ~'**fertilize** *v. t.* fremdbestäuben; kreuzbefruchten; *(fig.)* sich gegenseitig befruchten; ~**-fire** *n. (lit. or fig.)* Kreuzfeuer, *das*; ~**-grained** *adj. (fig.)* verquer, widerspenstig ⟨*Situation, Problem*⟩; querköpfig ⟨*Person*⟩; ~**-head**[**ing**] *n.* Überschrift, *die*
crossing ['krɒsɪŋ] *n.* a) *(act of going across)* Überquerung, *die*; **a Channel** ~: eine Überfahrt über den Kanal; b) *(road or rail intersection)* Kreuzung, *die*; c) *(pedestrian* ~) Überweg, *der*; [**railway**] ~: Bahnübergang, *der*; d) *(in church)* Vierung, *die*
cross-legged ['krɒslegd] *adv.* mit gekreuzten Beinen; *(with feet across thighs)* im Schneidersitz
crossly ['krɒslɪ] *adv. (coll.)* verärgert
crossness ['krɒsnɪs, 'krɔːsnɪs] *n., no pl. (coll.)* Verärgerung, *die*
cross: ~**-over** *n.* Übergang, *der*; *(Railw.)* Gleiskreuzung, *die*; ~**-patch** *n.* Griesgram, *der*; Miesepeter, *der*; ~**-piece** *n.* Querbalken, *der*; ~ '**ply tyre** *n.* Diagonalreifen, *der*; ~ '**purposes** *n. pl.* **talk at** ~ **purposes** aneinander vorbeireden; **be at** ~ **purposes** [**with sb.**] *(have different aims)* gegensätzliche Vorstellungen haben; *(misunderstand)* [jmdn.] mißverstehen; ~**question** *v. t.* ins Kreuzverhör nehmen; ~**-refer** *v. i.* einen Querverweis machen; ~**-reference 1.** *n.* Querverweis, *der.* 2. *v. t.* verweisen ⟨*Person, Stichwort*⟩ (**to** auf + *Akk.*); mit Querverweisen versehen ⟨*Eintrag, Werk*⟩; ~**roads** *n. sing.* Kreuzung, *die*; *(fig.)* Wendepunkt, *der*; **be at the** ~**roads** *(fig.)* an der Scheidewege stehen; ~**-section** *n.* Querschnitt, *der*; *(fig.)* repräsentative Auswahl; **in** ~**-section** im Querschnitt; **a** ~**-section of the population** ein Querschnitt durch die Bevölkerung; ~**-stitch** *n.* Kreuzstickerei, *die*; *(stitch)* Kreuzstich, *der*; ~**-talk** *n. (Communications)* Übersprechen, *das*; ~**-town 1.** *adj.* **a** ~**-town route/road** eine Strecke/Straße, die quer durch die Stadt führt; **a** ~**-town bus** ein Bus, der quer durch die Stadt fährt; 2. *adv. (Amer.)* quer durch die Stadt [gehen, fahren]; ~**-voting** *n.* Stimmabgabe für eine andere als die eigene Partei; ~**-walk** *n. (Amer.)* Fußgängerüberweg, *der*
crossways ['krɒsweɪz] *see* **crosswise 2**
'**cross-wind** *n.* Seitenwind, *der*
crosswise ['krɒswaɪz] **1.** *adj.* Quer-. **2.** *adv.* kreuzweise; *(of one in relation to another)* quer
crossword ['krɒswɜːd] *n.* ~ [**puzzle**] Kreuzworträtsel, *das*
crotch [krɒtʃ] *n.* a) *(of tree)* Gabelung, *die*; b) *(of trousers, body)* Schritt, *der*; **kick sb. in the** ~: jmdm. zwischen die Beine treten
crotchet ['krɒtʃɪt] *n. (Brit. Mus.)* Viertelnote, *die*
crotchety ['krɒtʃɪtɪ] *adj.* launisch; quengelig ⟨*Kind*⟩
crouch [kraʊtʃ] *v. i.* [sich zusammen]kauern; ~ **down** sich niederkauern; ⟨*Person:*⟩ sich hinhocken
¹**croup** [kruːp] *n. (of horse)* Kruppe, *die*
²**croup** *n. (Med.)* Krupp, *der*
croupier ['kruːpɪə(r), 'kruːpɪeɪ] *n.* Croupier, *der*
crouton ['kruːtɒ] *n. (Gastr.)* Croûton, *der*
crow [krəʊ] *n.* a) *(bird)* Krähe, *die*; **as the** ~ **flies** Luftlinie; **eat** ~: *(Amer. fig.)* zu Kreuze kriechen; b) *(cry of cock or infant)* Krähen, *das*; c) *see* **crowbar**. 2. *v. i.* a) ⟨*Hahn, Baby:*⟩ krähen; b) *(exult)* ~ **over** [hämisch] frohlocken über (+ *Akk.*)
crow: ~**bar** *n.* Brechstange, *die*; ~**berry** *n. (Bot.)* Krähenbeere, *die*

crowd [kraʊd] **1.** *n.* a) *(large number of persons)* Menschenmenge, *die*; ~[**s**] **of people** Menschenmassen *Pl.*; **he would pass in a** ~: er ist passabel; **stand out from the** ~: aus der Menge herausragen; b) *(mass of spectators, audience)* Zuschauermenge, *die*; c) *(multitude)* breite Masse; **follow the** ~ *(fig.)* mit der Herde laufen; **be just one of the** ~ *(fig.)* in der Masse untergehen; d) *(coll.: company, set)* Clique, *die*; **a strange** ~: ein komischer Haufen; e) *(large number of things)* Menge, *die*; **a** ~ **of thoughts/new ideas** eine Menge Gedanken/ein Haufen neuer Ideen. 2. *v. t.* a) *(collect in a* ~) **be** ~**ed at a place** sich an einem Ort drängen; b) *(fill, occupy, cram)* füllen; ~ **people into a bus/room** Leute in einen Bus/ein Zimmer pferchen; ~ **sth. with sth.** etw. mit etw. vollstopfen; **the port was** ~**ed with ships** im Hafen lagen die Schiffe dicht an dicht; **the streets were** ~**ed with people** die Straßen waren voll mit Leuten; c) *(fig.: fill)* ausfüllen; **the year was** ~**ed with incidents** es war ein sehr ereignisreiches Jahr; d) *(come close to)* [absichtlich] fast berühren; e) *(force)* drängen; ~ **sb. into doing sth.** jmdn. drängen, etw. zu tun; f) *(Amer. coll.: approach)* **he's** ~**ing thirty** er geht auf die Dreißig zu. 3. *v. i.* a) *(collect)* sich sammeln; ~ **around sb./sth.** sich um jmdn./etw. drängen *od.* scharen; *(force itself)* strömen; **memories were** ~**ing in** [**on him**] Erinnerungen stürmten auf ihn ein; ~ **into/through sth.** in (+ *Akk.*)/durch etw. strömen *od.* drängen
~ **out** *v. t.* herausdrängen; **be** ~**ed out by sth.** von etw. verdrängt werden
'**crowd control** *n.* Ordnungsdienst bei Großveranstaltungen
crowded ['kraʊdɪd] *adj.* überfüllt; voll ⟨*Programm*⟩; ereignisreich ⟨*Tag, Leben, Karriere*⟩; ~ '**out** *(coll.)* proppenvoll *(ugs.)*; gerammelt voll *(ugs.)*
'**crowd-puller** *n. (coll.)* Attraktion, *die*
'**crowfoot** *n. (Bot.)* Hahnenfuß, *der*
crown [kraʊn] **1.** *n.* a) *(of monarch, device, ornament)* Krone, *die*; **the C**~: die Krone; **succeed to the C**~: die Thronfolge antreten; **be heir to the C**~: Thronfolger/-folgerin sein; **the world heavyweight** ~: der Weltmeisterschaftstitel im Schwergewicht; b) *(wreath of flowers etc.)* Sieger-, Ehrenkranz, *der*; c) *(bird's crest)* Kamm, *der*; d) *(of head)* Scheitel, *der*; *(of arched structure)* Scheitelpunkt, *der*; *(of arch)* Kappe, *die*; *(of tree, tooth)* Krone, *die*; *(thing that forms the summit)* Gipfel, *der*; *(fig.)* Krönung, *die*; e) *(coin)* Krone, *die.* 2. *v. t.* a) krönen; ~ **sb. king/queen** jmdn. zum König/zur Königin krönen; b) *(surmount)* krönen; **the hill was** ~**ed with trees** die Kuppe des Hügels war mit Bäumen bewachsen; c) *(put finishing touch to)* krönen; **to** ~ [**it**] **all** zur Krönung des Ganzen; *(to make things even worse)* um das Maß vollzumachen; d) *(bring to happy ending)* krönen; **success** ~**ed his efforts** seine Anstrengungen waren von Erfolg gekrönt; e) *(sl.: hit on the head)* einen überbraten *(salopp)* (+ *Dat.*); f) *(Draughts)* zur Dame machen; eine Dame bekommen mit; g) *(Dent.)* überkronen; eine neue Krone machen für
crown: ~ **'cap** *n.* Kron[en]korken, *der*; **C**~ '**Colony** *n.* Kronkolonie, *die*; **C**~ '**Court** *n. (Brit. Law)* Krongericht, *das*
crowned [kraʊnd] *adj.* a) *(invested with royal crown)* gekrönt; b) *(provided with a crown)* mit einer Krone; *see also* ¹**head 1 a**
'**crown green** *n.* Bowlingrasen, der in der Mitte höher ist als an den Seiten
crowning ['kraʊnɪŋ] **1.** *n.* Krönung, *die.* 2. *adj.* krönend; **her** ~ **glory is her hair** ihr Haar ist ihre größte Zier
crown: ~ '**jewels** *n. pl.* Kronjuwelen; ~ **land** *n.* Ländereien *Pl.* der Krone; ~ **of** '**thorns** *n. (Zool., Relig.)* Dornenkrone,

Crown prince

die; C~ 'prince *n. (lit. or fig.)* Kronprinz, *der;* C~ 'princess *n.* Kronprinzessin, *die*
crow: ~'s-foot *n.. usu. in pl.* Krähenfuß, *der;* ~'s-nest *n. (Naut.)* Krähennest, *das;* Mastkorb, *der*
crozier *see* crosier
crucial ['kruːʃl] *adj.* entscheidend (to für)
crucially ['kruːʃəlɪ] *adv.* entscheidend; be ~ important von entscheidender Wichtigkeit sein
crucible ['kruːsɪbl] *n.* [Schmelz]tiegel, *der*
crucifix ['kruːsɪfɪks] *n.* Kruzifix, *das*
crucifixion [kruːsɪ'fɪkʃn] *n.* Kreuzigung, *die*
cruciform ['kruːsɪfɔːm] *adj.* kreuzförmig
crucify ['kruːsɪfaɪ] *v. t.* a) *(torment, persecute)* peinigen; verfolgen; *(severely criticize)* verreißen
crud [krʌd] *n. (sl.)* a) *(impurity etc.)* Verunreinigung, *die;* Fremdstoff, *der;* b) *(nonsense)* Schrott, *der (salopp);* Mist, *der (ugs.)*
crude [kruːd] 1. *adj.* a) *(in natural or raw state)* roh; Roh-; ~ oil/ore Rohöl, *das*/Roherz, *das;* b) *(fig.: rough, unpolished)* primitiv; simpel; grob ⟨*Entwurf, Skizze*⟩; c) *(rude, blunt)* ungehobelt, ungeschliffen ⟨*Person, Benehmen*⟩; grob, derb ⟨*Worte*⟩; ordinär ⟨*Witz*⟩; d) *(not adjusted or corrected)* unbereinigt ⟨*Statistik*⟩; roh ⟨*Ziffer*⟩. 2. *n.* Rohöl, *das;* Erdöl, *das*
crudely ['kruːdlɪ] *adv. (roughly)* grob ⟨*skizzieren, schätzen, entwerfen*⟩; *(rudely, bluntly)* ungehobelt, ungeschliffen ⟨*sich benehmen*⟩; derb, plump ⟨*sagen*⟩; ordinär ⟨*reden*⟩
crudeness ['kruːdnɪs] *n. no pl.* a) *(roughness)* Primitivität, *die;* *(of theory, design, plan)* Skizzenhaftigkeit, *die;* b) *(rudeness, bluntness)* *(of person, behaviour, manners)* Ungeschliffenheit, *die;* *(of words)* Derbheit, *die;* *(of joke)* Geschmacklosigkeit, *die*
crudity ['kruːdɪtɪ] *n.* a) *no pl. see* crudeness; b) *(crude remark)* Grobheit, *die*
cruel ['kruːəl] *adj. (Brit.)* -ll-: a) grausam; be ~ to sb. grausam zu jmdm. sein; be ~ to animals ein Tierquäler sein; be ~ to one's dog seinen Hund quälen; b) *(causing pain or suffering)* grausam; unbarmherzig; be ~ to be kind in jmds. Interesse unbarmherzig sein müssen
cruelly ['kruːəlɪ] *adv.* grausam; unbarmherzig ⟨*kritisieren*⟩; life treated him ~: das Leben spielte ihm grausam mit
cruelty ['kruːəltɪ] *n. see* cruel: Grausamkeit, *die;* Unbarmherzigkeit, *die;* ~ to animals Tierquälerei, *die;* ~ to children Kindesmißhandlung, *die*
cruet ['kruːɪt] *n.* a) Essig-/Ölfläschchen, *das;* b) *see* cruet-stand
'cruet-stand *n.* Menage, *die*
cruise [kruːz] 1. *v. i.* a) *(sail for pleasure)* eine Kreuzfahrt machen; b) *(at random)* ⟨*Fahrzeug, Fahrer:*⟩ herumfahren; c) *(at economical speed)* ⟨*Fahrzeug:*⟩ mit Dauergeschwindigkeit fahren; ⟨*Flugzeug:*⟩ mit Reisegeschwindigkeit fliegen; cruising speed Reisegeschwindigkeit, *die;* we are now cruising at a height/speed of ...: wir fliegen nun in einer Flughöhe/mit einer Reisegeschwindigkeit von ...; d) *(for protection of shipping)* kreuzen. 2. *n.* Kreuzfahrt, *die;* go on or for a ~: eine Kreuzfahrt machen
'cruise missile *n.* Marschflugkörper, *der*
cruiser ['kruːzə(r)] *n.* Kreuzer, *der*
'cruiserweight *n. (Boxing etc.)* Halbschwergewicht, *das;* *(person also)* Halbschwergewichtler, *der*
crumb [krʌm] *n.* a) Krümel, *der;* Brösel, *der;* *(fig.)* Brocken, *der;* ~s of wisdom ein bißchen Weisheit; ~s from the rich man's table *(fig.)* Brosamen, die von des Reichen Tische fallen; ~[s] of comfort kleiner Trost; b) *(soft part of bread)* Krume, *die.* 2. *v.t. (cover with* ~s*)* panieren
crumble ['krʌmbl] 1. *v. t.* zerbröckeln

⟨*Brot*⟩; zerkrümeln ⟨*Keks, Kuchen*⟩; ~ sth. into/onto sth. etw. in/auf etw. *(Akk.)* bröckeln od. krümeln. 2. *v. i.* ⟨*Brot, Kuchen:*⟩ krümeln; ⟨*Gestein:*⟩ [zer]bröckeln; ⟨*Mauer:*⟩ zusammenfallen; *(fig.)* ⟨*Hoffnung:*⟩ sich zerschlagen; ⟨*Reich, Gesellschaft:*⟩ zerfallen, zugrunde gehen. 3. *n.* *(Cookery)* a) *(dish)* mit Streuseln bestreutes und überbackenes ⟨*Apfel-, Rhabarberusw.*⟩dessert; b) *(substance)* Streusel *Pl.*
crumbly ['krʌmblɪ] *adj.* krümelig ⟨*Keks, Kuchen, Brot*⟩; bröckelig ⟨*Gestein, Erde*⟩
crumbs [krʌmz] *int. (Brit. coll.)* Mensch *(ugs.);* verflixt *(ugs.)*
crummy ['krʌmɪ] *adj. (sl.)* a) *(dirty, unpleasant)* schmuddelig *(ugs.);* verdreckt *(ugs.);* b) *(inferior, worthless)* mies *(ugs.)*
crumpet ['krʌmpɪt] *n.* a) *(cake)* weiches Hefeküchlein zum Toasten; b) *(sl.: women)* Weiber *Pl. (salopp);* Miezen *Pl. (salopp);* a bit/piece of ~: ein Weib; c) *(sl.: head)* Birne, *die (salopp);* Rübe, *die (salopp);* off one's ~: übergeschnappt
crumple ['krʌmpl] 1. *v. t.* a) *(crush)* zerdrücken; zerquetschen; b) *(ruffle, wrinkle)* zerknittern ⟨*Kleider, Papier, Stoff*⟩; ~ [up] a piece of paper ein Stück Papier zerknüllen. 2. *v. i.* ⟨*Kleider, Stoff, Papier:*⟩ knittern; ~ [up] ⟨*Person:*⟩ zusammensinken
'crumple zone *n. (Motor Veh.)* Knautschzone, *die*
crunch [krʌnʃ] 1. *v. t.* [geräuschvoll] knabbern ⟨*Keks, Zwieback*⟩; [geräuschvoll] nagen an (+ *Dat.*) ⟨*Knochen*⟩. 2. *v. i.* a) ~ away [at sth.] [an etw. *(Dat.)*] herumknabbern od. -nagen; b) ⟨*Schnee, Kies:*⟩ knirschen; ⟨*Eis:*⟩ [zer]splittern; the wheels ~ed on the gravel der Kies knirschte unter den Rädern; he ~ed through the snow er ging durch den knirschenden Schnee. 3. *n.* a) *(crunching noise)* Knirschen, *das;* b) *(decisive event)* when it comes to the ~, when the ~ comes wenn es hart auf hart geht
crunchy ['krʌnʃɪ] *adj.* knusprig ⟨*Gebäck, Nüsse*⟩; knackig ⟨*Apfel*⟩
crupper ['krʌpə(r)] *n.* a) *(strap)* Schweifriemen, *der;* *(of horse)* Kruppe, *die*
crusade [kruː'seɪd] 1. *n. (Hist.)* Kreuzzug, *der;* a ~ against sth. *(fig.)* ein Feldzug gegen etw. 2. *v. i.* einen Kreuzzug unternehmen; *(fig.)* zu Felde ziehen
crusader [kruː'seɪdə(r)] *n.* Kreuzfahrer, *der;* Kreuzritter, *der*
crush [krʌʃ] 1. *v. t.* a) *(compress with violence)* quetschen; auspressen ⟨*Trauben, Obst*⟩; *(kill, destroy)* zerquetschen; zermalmen; ~ to death zu Tode quetschen; ~ed strawberry *(colour)* Erdbeerrot, *das;* *(reduce to powder)* zerstampfen; zermahlen; zerstoßen ⟨*Gewürze, Tabletten*⟩; c) *(fig.: subdue, overwhelm)* niederwerfen, niederschlagen ⟨*Aufstand*⟩; vernichten ⟨*Feind*⟩; zunichte machen ⟨*Hoffnungen, Wünsche*⟩; her angry look ~ed him vernichtend traf ihn ihr zorniger Blick; d) *(crumple, crease)* zerknittern ⟨*Kleid, Stoff*⟩; zerdrücken, zerknüllen ⟨*Hut*⟩. 2. *n.* a) *(crowded mass)* Gedränge, *das;* Gewühl, *das;* b) *(sl.) (infatuation)* Schwärmerei, *die;* *(person)* Schwarm, *der (ugs.);* have/get a ~ on sb. in jmdn. verknallt sein/sich in jmdn. verknallen *(ugs.);* c) *(drink)* Saftgetränk, *das;* d) *(coll.: crowded gathering)* Rummel, *der (ugs.)*
crush: ~ bar *n.* Bar, *die* (im Foyer eines Theaters); ~ barrier *n.* Absperrgitter, *das*
crushing ['krʌʃɪŋ] *adj.* niederschmetternd ⟨*Antwort*⟩; vernichtend ⟨*Niederlage, Schlag*⟩
crust [krʌst] *n.* a) *(of bread)* Kruste, *die;* Rinde, *die;* b) *(hard surface, coating, deposit)* Kruste, *die;* the earth's ~: die Erdkruste; c) *(of pie)* Teigdeckel, *der;* d) *(scab)* Kruste, *die;* Schorf, *der;* e) *(fig.: superficial hardness)* Panzer, *der;* f) *(in winebottle)* Depot, *das. See also* ¹last 1; upper 1 b

cryptic

crustacean [krʌ'steɪʃn] *n.* Krusten- od. Krebstier, *das;* Krustazee, *die (fachspr.)*
crusted ['krʌstɪd] *adj. (having a crust)* verkrustet; abgelagert ⟨*Wein*⟩; ~ snow Harsch, *der*
crusty ['krʌstɪ] *adj.* a) *(crisp)* knusprig; b) *(hard)* hart; c) *(irritable, curt)* barsch
crutch [krʌtʃ] *n.* a) *(lit. or fig.)* Krücke, *die;* go about on ~es an Krücken gehen; b) *see* crotch b
crux [krʌks] *n., pl.* ~es *or* cruces ['kruːsiːz] a) *(difficult matter, puzzle)* Rätsel, *das;* harte Nuß *(ugs.);* the ~ of the matter der Haken bei der Sache; b) *(decisive point)* Kern[punkt], *der;* the ~ of the matter der springende Punkt bei der Sache
cry [kraɪ] 1. *n.* a) *(loud utterance of grief)* Schrei, *der;* *(loud utterance of words)* Schreien, *das;* Geschrei, *das;* *(of hounds or wolves)* Heulen, *das;* Geheul, *das;* *(of birds)* Schreien, *das;* Geschrei, *das;* a ~ of pain/rage/happiness ein Schmerzens-/Wut-/Freudenschrei; a far ~ from ... *(fig.)* etwas ganz anderes als ...; be in full ~: ⟨*Hundemeute:*⟩ laut bellend hinter der Beute herhetzen; be in full ~ after sb. *(fig.)* jmdn. mit großem Geheul verfolgen; b) *(appeal, entreaty)* Appell, *der;* a ~ for freedom/independence/justice ein Ruf nach Freiheit/Unabhängigkeit/Gerechtigkeit; a ~ for mercy eine flehentliche Bitte um Gnade; a ~ for help ein Hilferuf; c) *(proclamation of goods or business)* Ausrufen, *das;* d) *(public demand)* Ruf, *der;* e) *(watchword)* Losung, *die;* Parole, *die;* *(in battle)* Schlachtruf, *der;* f) *(fit or spell of weeping)* have a good ~: sich ausweinen; it will do her good to have a ~: es wird ihr guttun, sich einmal richtig auszuweinen. 2. *v. t.* a) rufen; *(loudly)* schreien; b) *(weep)* weinen; ~ bitter tears over sth. bittere Tränen wegen etw. weinen od. über etw. *(Akk.)* vergießen; ~ one's eyes out sich *(Dat.)* die Augen ausweinen od. aus dem Kopf weinen; ~ oneself to sleep sich in den Schlaf weinen; c) ~ one's wares *(lit. or fig.)* seine Waren anpreisen. 3. *v. i.* a) rufen; *(loudly)* schreien; ~ [out] for sth./sb. nach etw./jmdn. rufen od. schreien od. [out] for mercy um Gnade flehen od. [out] for help um Hilfe schreien; ~ to sb. [to come] jmdn. zurufen[, er solle kommen od. daß er kommen soll]; ~ with pain vor Schmerz[en] schreien; sth. cries out for sth. *(fig.)* etw. schreit nach etw.; [well,] for ~ing out loud *(coll.)* das darf doch wohl nicht wahr sein! *(ugs.);* what's the matter, for ~ing out loud? was ist los, um Himmels willen?; ~ for the moon *(fig.)* Unmögliches verlangen; b) *(weep)* weinen (over wegen); ~ for sth. nach etw. weinen; *(fig.)* einer Sache *(Dat.)* nachweinen; *see also* wolf 1; c) ⟨*Möwe:*⟩ schreien; ⟨*Hund:*⟩ bellen
~ 'down *v. t.* ~ sb./sth. down jmdn./etw. herabsetzen od. *(ugs.)* -machen
~ 'off *v. i.* absagen; einen Rückzieher machen *(ugs.)*
~ 'out *v. i.* aufschreien; *see also* ~ 3a
~ 'up *v. t.* ~ sth./sb. up etw./jmdn. hochjubeln *(ugs.);* it/he wasn't all it/he was cried up to be so großartig war es/er nun auch wieder nicht
'cry-baby *n.* Heulsuse, *die (ugs.)*
cryer *see* crier
crying ['kraɪɪŋ] *adj.* weinend ⟨*Kind*⟩; schreiend ⟨*Unrecht*⟩; dringend ⟨*Bedürfnis, Notwendigkeit*⟩; kraß ⟨*Mißverhältnis*⟩; it is a ~ shame es ist eine wahre Schande
cryo- [kraɪəʊ] *in comb.* Kryo-/kryo-
cryogenic [kraɪəʊ'dʒɛnɪk] *adj.* ~ laboratory Tieftemperaturlabor, *das*
crypt [krɪpt] *n.* Krypta, *die*
cryptic ['krɪptɪk] *adj.* a) *(secret, mystical)* geheimnisvoll; b) *(obscure in meaning)* undurchschaubar; kryptisch

cryptically ['krɪptɪkəlɪ] *adv. see* **cryptic**: geheimnisvoll; undurchschaubar; kryptisch
crypto- [krɪptəʊ] *in comb.* Krypto-
cryptogram ['krɪptəgræm] *n.* verschlüsselter Text; Geheimtext, *der*
cryptographic [krɪptəˈgræfɪk] *adj.* verschlüsselt; *(employing cryptography)* Verschlüsselungs-
cryptography [krɪpˈtɒgrəfɪ] *n.* Kryptographie, *die*
crystal ['krɪstl] **1.** *n.* **a)** *(Chem., Min., etc.)* Kristall, *der;* **b)** *see* **crystal glass. 2.** *adj. (made of ~ glass)* kristallen; **~ bowl/vase** Kristallschale, *die*/-vase, *die*
crystal: **~ 'ball** *n.* Kristallkugel, *die;* **I haven't got a ~ ball!** ich bin [doch] kein Hellseher!; **~-clear** *adj.* kristallklar; kristallen *(geh.); (fig.)* glasklar; **make sth. ~-clear** *(fig.)* etw. ganz klar machen; **~-gazing** *n.* Hellseherei, *die;* Kristallomantie, *die (fachspr.);* **~ 'glass** *n.* Bleikristall, *das;* Kristallglas, *das*
crystalline ['krɪstəlaɪn] *adj.* **a)** *(made of crystal)* Kristall-; kristallen; **b)** *(Chem., Min.)* kristallin[isch]
crystallisation, crystallise *see* **crystalliz-**
crystallization [krɪstəlaɪˈzeɪʃn] *n.* Kristallbildung, *die;* Kristallisation, *die; (fig.)* Kristallisierung, *die*
crystallize ['krɪstəlaɪz] **1.** *v. t.* auskristallisieren ⟨*Salze*⟩; kandieren ⟨*Früchte*⟩; **~ one's thoughts** *(fig.)* seinen Gedanken feste Form geben. **2.** *v. i.* kristallisieren; *(fig.)* feste Form annehmen
crystallographer [krɪstəˈlɒgrəfə(r)] *n.* Kristallograph, *der/*-graphin, *die*
crystallography [krɪstəˈlɒgrəfɪ] *n.* Kristallographie, *die*
c/s *abbr.* cycle[s] per second Hz
CSCE *abbr.* Conference on Security and Co-operation in Europe KSZE
CSE *abbr. (Brit. Hist.)* Certificate of Secondary Education
CS 'gas *n.* CS, *das (fachspr.);* ≈ Tränengas, *das*
ct *abbr.* **a)** carat Kt.; **b)** cent ct., Ct.
cu. *abbr.* cubic Kubik-
cub [kʌb] *n.* **a)** Junge, *das; (of wolf, fox, dog)* Welpe, *der;* Junge, *das;* **b)** Cub *see* **Cub Scout; c)** *(Amer.: apprentice)* Lehrling, *der*
Cuba ['kju:bə] Kuba
Cuban ['kju:bn] **1.** *adj.* kubanisch; **sb. is ~:** jmd. ist Kubaner/Kubanerin. **2.** *n.* Kubaner, *der/*Kubanerin, *die*
Cuban 'heel *n.* Blockabsatz, *der*
cubby[-hole] ['kʌbɪ(-həʊl)] *n.* Kämmerchen, *das; (snug place)* Kuschelecke, *die*
cube [kju:b] **1.** *n.* **a)** Würfel, *der;* Kubus, *der (fachspr.).* **b)** *(Math.)* dritte Potenz; Kubus, *der (fachspr.).* **2.** *v. t.* in die dritte Potenz erheben ⟨*Zahl*⟩; hoch drei nehmen; **2 ~d is 8** 2 hoch 3 ist 8; die dritte Potenz von 2 ist 8
cube: **~ 'root** *n.* Kubikwurzel, *die;* **~ root of 8 is 2** die dritte Wurzel aus 8 ist 2; **~ sugar** *n.* Würfelzucker, *der*
cubic ['kju:bɪk] *adj.* würfelförmig; **have a ~ form** würfelförmig sein; die Form eines Würfels haben; **b)** *(of three dimensions)* Kubik-; Raum-; **~ content** Rauminhalt, *der;* **~ metre/centimetre/foot/yard** Kubikmeter/-zentimeter/-fuß/-yard, *der;* **c)** *(Math.)* kubisch; **~ equation** Gleichung dritten Grades
cubical ['kju:bɪkl] *adj. see* **cubic a**
cubicle ['kju:bɪkl] *n.* **a)** *(sleeping-compartment)* Alkoven, *der;* **b)** *(for dressing, private discussion, etc.)* Kabine, *die*
cubism ['kju:bɪzm] *n. (Art)* Kubismus, *der*
cubist ['kju:bɪst] *n. (Art)* Kubist, *der/*Kubistin, *die*
cubit ['kju:bɪt] *n. (Hist.)* Elle, *die*
'cub reporter *n. (coll.)* unerfahrener [junger] Reporter/unerfahrene [junge] Reporterin
'Cub Scout *n.* Wölfling, *der*

cuckold ['kʌkəld] *(arch.)* **1.** *n.* Hahnrei, *der (veralt.);* gehörnter Ehemann *(scherzh.).* **2.** *v. t.* Hörner aufsetzen (+ *Dat.*) *(scherzh.);* hörnen *(scherzh.)*
cuckoo ['kʊku:] **1.** *n.* **a)** Kuckuck, *der;* **~ in the nest** *(fig.)* Fremdkörper, *der;* **b)** *(simpleton)* Einfaltspinsel, *der (ugs.);* Heini, *der (ugs.).* **2.** *adj. (sl.)* meschugge nicht attr. *(salopp);* **a ~ notion/idea** eine bekloppte Idee *(salopp)*
cuckoo: **~ clock** *n.* Kuckucksuhr, *die;* **~ flower** *n. (Bot.)* **a)** *(lady-smock)* Wiesenschaumkraut, *das;* **b)** *(ragged robin)* Kuckucksnelke, *die;* **~-pint** ['kʊku:pɪnt] *n. (Bot.)* Aron[s]stab, *der*
cucumber ['kju:kʌmbə(r)] *n.* [Salat]gurke, *die;* **be as cool as a ~** taufrisch sein; *(fig.: remain calm)* einen kühlen Kopf behalten
cud [kʌd] *n.* wiedergekäutes Futter; **chew the ~:** wiederkäuen; *(fig.)* vor sich hin grübeln
cuddle ['kʌdl] **1.** *n.* Liebkosung, *die;* enge Umarmung; **give sb. a ~:** jmdn. drücken *od.* in den Arm nehmen; **have a ~:** schmusen. **2.** *v. t.* schmusen mit; hätscheln ⟨*kleines Kind*⟩. **3.** *v. i.* schmusen; **~ up** sich zusammenkuscheln; *(in bed)* sich einmummeln; **he ~d up beside her** er kuschelte sich an ihre Seite
cuddlesome ['kʌdlsəm] *adj.* zum Liebhaben *od.* Schmusen nachgestellt
cuddly ['kʌdlɪ] *adj.* **a)** *(given to cuddling)* verschmust; **b)** *see* **cuddlesome**
cuddly 'toy *n.* Plüschtier, *das*
cudgel ['kʌdʒl] **1.** *n.* Knüppel, *der;* **take up the ~s for sb./sth. 2.** *(Brit.)* **-ll-** knüppeln; **~ one's brains** *(fig.)* sich *(Dat.)* das [Ge]hirn zermartern
¹cue [kju:] *n. (Billiards etc.)* Queue, *das;* Billardstock, *der*
²cue 1. *n.* **a)** *(Theatre)* Stichwort, *das; (Music)* Stichnoten *Pl.; (Cinemat., Broadcasting)* Zeichen zum Aufnahmebeginn; **be/speak/play on ~:** rechtzeitig einsetzen; **enter on ~:** auf das Stichwort hin auftreten; **b)** *(sign when or how to act)* Wink, *der;* Zeichen, *das;* **take one's ~ from sb.** *(lit. or fig.)* sich nach jmdm. richten. **2.** *v. t. (label)* kennzeichnen
¹cuff [kʌf] *n.* **a)** Manschette, *die;* **off the ~** *(fig.)* aus dem Stegreif; **b)** *(Amer.: trouser turn-up)* [Hosen]aufschlag, *der;* **c)** *in pl. (coll.: handcuffs)* Handschellen *Pl.*
²cuff 1. *v. t.* **~ sb.'s ears, ~ sb. were the ears** jmdm. eins hinter die Ohren geben *(ugs.);* **~ sb.** jmdm. einen Klaps geben. **2.** *n.* Klaps, *der;* **give sb. a ~ on the ears** jmdm. eins hinter die Ohren geben *(ugs.)*
'cuff-link *n.* Manschettenknopf, *der*
cuirass [kwɪˈræs] *n. (armour)* Küraß, *der;* Brustharnisch, *der*
cuisine [kwɪˈzi:n] *n.* Küche, *die;* **French/Italian ~:** französische/italienische *usw.* Küche
cul-de-sac ['kʌldəsæk] *n., pl.* **culs-de-sac** ['kʌldəsæk] Sackgasse, *die*
culinary ['kʌlɪnərɪ] *adj.* kulinarisch; **the ~ arts** die Kochkunst; **~ herbs/plants** *etc.* Küchenkräuter/-gewächse *usw.*
cull [kʌl] **1.** *v. t.* **a)** *(pick)* pflücken; **b)** *(select)* auswählen; **c)** *(select and kill)* ausmerzen. **2.** *n.* **a)** *(act of ~ing)* Ausmerzung, *die;* **~ of seals** Robbenschlag, *der;* **b)** *(~ed animal)* Merztier, *das*
cullet ['kʌlɪt] *n. (Glass-making)* Glasscherben; Glasbruch, *der*
culm [kʌlm] *n. (Bot.)* Halm, *der*
culminate ['kʌlmɪneɪt] *v. i. (reach highest point, lit. or fig.)* gipfeln; kulminieren; **~ in sth.** in etw. *(Dat.)* den Höchststand erreichen
culmination [kʌlmɪˈneɪʃn] *n.* Höhepunkt, *der;* Kulmination, *die (geh.)*
culottes [kju:ˈlɒt] *n. pl.* Hosenrock, *der*

culpable ['kʌlpəbl] *adj.* schuldig ⟨*Person*⟩; strafbar ⟨*Handlung*⟩; **hold sb. ~:** jmdn. für schuldig halten; **~ negligence** grobe Fahrlässigkeit
culprit ['kʌlprɪt] *n. (guilty of crime)* Schuldige, *der/die;* Täter, *der/*Täterin, *die; (guilty of wrong)* Übeltäter, *der/*-täterin, *die;* Missetäter, *der/*-täterin, *die*
cult [kʌlt] *n.* Kult, *der;* **the ~ of the dead** der Totenkult; *attrib.* Kult⟨*film, -figur usw.*⟩
cultivate ['kʌltɪveɪt] *v. t.* **a)** *(prepare and use for crops)* kultivieren; bestellen, bebauen ⟨*Feld, Land*⟩; *(prepare with cultivator)* mit dem Kultivator bearbeiten; **b)** *(produce by culture)* anbauen, züchten ⟨*Pflanzen*⟩; züchten ⟨*Tiere*⟩; **c)** *(fig.) (improve, develop)* kultivieren ⟨*Stimme, Sprache*⟩; kultivieren, entwickeln ⟨*Geschmack*⟩; kultivieren, verfeinern ⟨*Manieren*⟩; *(pay attention to, cherish)* kultivieren ⟨*Freundschaft, Gefühl, Gewohnheit*⟩; pflegen ⟨*Freundschaft, Verbindung*⟩; entwickeln ⟨*Kunst, Fertigkeit*⟩; betreiben ⟨*Wissenschaft*⟩; **~ sb.** die Verbindung mit jmdm. pflegen; sich *(Dat.)* jmdn. warmhalten *(ugs.);* **~ one's mind** sich bilden; **d)** züchten ⟨*Bakterien*⟩
cultivated ['kʌltɪveɪtɪd] *adj.* **a)** kultiviert; gezüchtet ⟨*Pflanzen*⟩; bebaut ⟨*Land, Feld*⟩; **~ plant** Zuchtpflanze, *die;* **b)** *(fig.)* kultiviert ⟨*Manieren, Sprache, Geschmack*⟩; kultiviert, gebildet ⟨*Person*⟩
cultivation [kʌltɪˈveɪʃn] *n. (lit. or fig.)* Kultivierung, *die; (of a skill)* Entwicklung, *die;* **~ of plants** Anbau von Pflanzen; **~ of land** Landbau, *der;* Pflanzenbau, *der;* **land that is under ~:** Boden, der landwirtschaftlich genutzt wird; **bring land into ~:** Land urbar machen; *(fig.)* **~ of the mind** Bildung, *die*
cultivator ['kʌltɪveɪtə(r)] *n.* **a)** *(person)* Ackerbauer, *der;* **b)** *(implement)* Handkultivator, *der; (machine)* Kultivator, *der;* Grubber, *der*
cultural ['kʌltʃərl] *adj.* kulturell ⟨*Entwicklung, Ereignis, Interessen, Beziehungen*⟩; **~ revolution/anthropology** Kulturrevolution/-anthropologie, *die;* **there are ~ activities** es wird kulturell etwas geboten
culture ['kʌltʃə(r)] **1.** *n.* **a)** Kultur, *die;* **the two ~s** die entgegengesetzten Bereiche Geisteswissenschaft und Naturwissenschaft; **b)** *(intellectual development)* [Geistes]bildung, *die;* Kultur, *die;* **c)** *physical* **~:** Fitneßtraining, *das;* **beauty ~:** Schönheitspflege, *die;* **d)** *(Agric.)* Kultur, *die; (tillage of the soil)* Landbau, *der; (rearing, production)* Zucht, *die;* **methods of ~:** Anbaumethoden *Pl.;* **e)** *(of bacteria)* Kultur, *die.* **2.** *v. t.* züchten ⟨*Bakterien*⟩
cultured ['kʌltʃəd] *adj.* **a)** *(cultivated, refined)* kultiviert; gebildet; **b)** **~ pearl** Zuchtperle, *die*
culture: **~ shock** *n.* Kulturschock, *der;* **~ vulture** *n. (joc.)* Kulturfanatiker, *der/*-fanatikerin, *die (ugs.)*
culvert ['kʌlvət] *n.* **a)** *(for water)* [unterirdischer] Kanal, *der;* **b)** *(for electric cable)* Kabelkanal, *der*
cum [kʌm] *prep.* **a)** *(Finance)* **~ dividend** mit Dividende; **b)** *(indicating combined nature or function)* **dining-~-sitting-room** Wohn- und Speisezimmer, *das;* **dinner-~-cocktail dress** Abend- und Cocktailkleid, *das*
cumbersome ['kʌmbəsəm] *adj.* lästig, hinderlich ⟨*Kleider*⟩; sperrig ⟨*Gepäck, Pakete*⟩; unhandlich ⟨*Paket*⟩; schwerfällig ⟨*Bewegung, Stil, Arbeitsweise, Ausdruck*⟩; umständlich ⟨*Methode*⟩
cumin ['kʌmɪn] *n. (Bot.)* Kreuzkümmel, *der;* Weißer Kümmel
cummerbund ['kʌməbʌnd] *n.* Kummerbund, *der*
cummin *see* **cumin**
cumulate ['kju:mjʊleɪt], **cumulation** [kju:mjʊˈleɪʃn] *see* **accumul-**
cumulative ['kju:mjʊlətɪv] *adj.* **a)** *(in-*

cumulatively | **curse**

creased by successive additions) kumulativ *(geh.)*; ~ **strength/effect** Gesamtstärke/-wirkung, *die*; **b)** *(evidence* Häufung von Beweismaterial; **b)** *(formed by successive additions)* zusätzlich; Zusatz-; kumulierend, kumuliert ⟨*Bibliographie*⟩
cumulatively ['kju:mjʊlətɪvlɪ] *adv.* kumulativ
cumulus ['kju:mjʊləs] *n.*, *pl.* **cumuli** ['kju:mjʊlaɪ] *(Meteorol.)* Kumuluswolke, *die*
cuneiform ['kju:nɪfɔ:m, 'kju:nɪfɔ:m] *adj.* keilförmig; ⟨*Text, Dokument, Inschrift*⟩ in Keilschrift; ~ **writing** Keilschrift, *die*
cunnilingus [kʌnɪ'lɪŋɡəs] *n.*, *no pl.*, *no art.* Cunnilingus, *der*
cunning ['kʌnɪŋ] **1.** *n.* **a)** Schläue, *die*; Gerissenheit, *die*; **b)** *(arch.: skill)* Geschicklichkeit, *die*; *Geschick, das*. **2.** *adj.* **a)** schlau; gerissen; **b)** *(arch.: skilful)* geschickt; **c)** *(Amer.: quaint, small)* niedlich
cunningly ['kʌnɪŋlɪ] *adv.* schlau ⟨*reden, denken*⟩; listig ⟨*täuschen*⟩; gerissen ⟨*handeln*⟩; *as sentence modifier* schlauerweise
cunt [kʌnt] *n.* *(coarse)* **a)** *(female genitals)* Fotze, *die (vulg.);* Möse, *die (vulg.);* **b)** *(derog.)(woman)* Fotze, *die (vulg.);* Schlampe, *die (derb);* *(man)* Arschloch, *das (derb)*
cup [kʌp] **1.** *n.* **a)** *(drinking-vessel)* Tasse, *die*; **there's many a slip between the ~ and the lip** *(fig.)* da kann immer noch etwas dazwischenkommen; **in one's ~s** *(fig.)* in angetrunkenem Zustand; **b)** *(prize, competition)* Pokal, *der*; **c)** *(cupful)* Tasse, *die*; **a ~ of coffee/tea** eine Tasse Kaffee/Tee; **another ~ of tea** *(fig.)* etwas ganz anderes; **a nasty/nice ~ of tea** *(fig. coll.)* ein fieses Stück *(ugs. abwertend)* /ein netter Typ *(ugs.);* **it's [not] my ~ of tea** *(coll.)* das ist [nicht] mein Fall *(ugs.);* **d)** *(flavoured wine etc.)* Bowle, *die*; **e)** *(Eccl.)* Kelch, *der*; **f)** *(fig.: fate, experience)* **his ~ [of happiness/sorrow] was full** er war überglücklich/das Maß seiner Leiden war voll; **g)** *(of brassière)* Körbchen, *das*; **A/B etc. ~**: A-/B-Körbchen *usw.* **2.** *v.t.,* **-pp-: a)** *(take or hold as in ~)* **~ one's chin in one's hand** das Kinn in die Hand stützen; ~ **water** Wasser [mit der hohlen Hand] schöpfen; **b)** *(make ~-shaped)* hohl machen; ~ **one's hand to one's ear** die Hand ans Ohr halten
cupboard ['kʌbəd] *n.* Schrank, *der*
'**cupboard love** *n.* geheuchelte Zuneigung; **it's just ~**: es ist nur Getue *(ugs.)*
'**cup-cake** *n.* kleiner [Rühr]kuchen in einem Förmchen aus Papier
Cup '**Final** *n. (Footb.)* Pokalendspiel, *das*
cupful ['kʌpfʊl] *n.* Tasse, *die*; **a ~ of water** eine Tasse Wasser
Cupid ['kju:pɪd] *n.* *(god)* Amor, *der*; Cupido, *der*; *(representation)* Amorette, *die*; ~'**s bow** Amors Bogen
cupidity [kju:'pɪdɪtɪ] *n.*, *no pl.* Begierde, *die* (**for** nach); Gier, *die* (**for** nach)
cupola ['kju:pələ] *n.* Kuppel, *die*; *(ceiling of dome)* Kuppelgewölbe, *das*
cuppa ['kʌpə], **cupper** ['kʌpə(r)] *n. (Brit. coll.)* Tasse Tee
'**cup-tie** *n.* Pokalspiel, *das*
cur [kɜ:(r)] *n. (derog.)* **a)** *(dog)* Köter, *der (ugs. abwertend);* **b)** *(fig.: person)* [Schweine]hund, *der (derb abwertend)*
curable ['kjʊərəbl] *adj.* heilbar; **the patient is ~**: der Patient kann geheilt werden; **not ~** *(lit. or fig.)* unheilbar
curaçao [kjʊərəsəʊ] *n.* Curaçao, *der*
curare [kjʊə'rɑ:rɪ] *n.* Curare, *das*
curate ['kjʊərət] *n.* **a)** *(Eccl.)* Kurat, *der*; Hilfsgeistliche, *der*; **b) sth. is a** *or* **like the ~'s egg** *(fig.)* etw. hat seine guten auf und seine schlechten Seiten
curative ['kjʊərətɪv] *adj.* heilend, Heil-; **be ~**: heilend wirken; heilen
curator [kjʊə'reɪtə(r)] *n.* **a)** *(of museum)* Direktor, *der*/Direktorin, *die*; **b)** *(person in charge)* Verwalter, *der*/Verwalterin, *die*

curb [kɜ:b] **1.** *v.t. (lit. or fig.)* zügeln. **2.** *n.* **a)** *(chain or strap for horse)* Kandare, *die*; **put a ~ on** *(fig.)* an die Kandare nehmen ⟨*Person*⟩; zügeln ⟨*Gefühle*⟩; einschränken ⟨*Ausgaben, Einfuhr*⟩; **b)** *see* **kerb**
'**curd cheese** *n.* ≈ Quark, *der*
curdle ['kɜ:dl] **1.** *v.t. (lit. or fig.)* gerinnen lassen; *see also* **blood-curdling**. **2.** *v.i. (lit. or fig.)* gerinnen
curds [kɜ:dz] *n. pl.* ≈ Quark, *der*; ~ **and whey** Quark [mit Molke]
cure [kjʊə(r)] **1.** *n.* **a)** *(thing that ~s)* [Heil]mittel, *das* (**for** gegen); *(fig.)* Mittel, *das*; **b)** *(restoration to health)* Heilung, *die*; **c)** *(treatment)* Behandlung, *die*; **take a ~ at a spa** in *od.* zur Kur gehen; **d)** *(spiritual charge)* ~ **of souls** Seelsorge, *die.* **2.** *v.t.* **a)** heilen; kurieren; ~ **sb. of a disease** jmdn. von einer Krankheit heilen; **b)** *(fig.)* kurieren; **he was ~d of his bad habits** er wurde von seinen schlechten Gewohnheiten kuriert; ihm wurden seine schlechten Gewohnheiten ausgetrieben; **c)** *(preserve)* haltbar machen ⟨*Nahrungsmittel*⟩; [ein]pökeln ⟨*Fleisch*⟩; räuchern ⟨*Fisch*⟩; trocknen ⟨*Häute, Tabak*⟩; **d)** *(harden)* aushärten ⟨*Beton, Kunststoffe*⟩
'**cure-all** *n.* Allheilmittel, *das*
curfew ['kɜ:fju:] *n.* **a)** Ausgangssperre, *die*; **b)** *(Hist.: bell)* Abendglocke, *die*
Curia ['kjʊərɪə] *n.* Kurie, *die*
curio ['kjʊərɪəʊ] *n.*, *pl.* ~**s** Kuriosität, *die*
curiosity [kjʊərɪ'ɒsɪtɪ] *n.* **a)** *(desire to know)* Neugier[de], *die* (**about** in bezug auf + *Akk.*); ~ **killed the cat** *(fig.)* die Neugier ist schon manchem zum Verhängnis geworden; **b)** *(strange or rare object)* Wunderding, *das*; Rarität, *die*; *(strange matter)* Kuriosität, *die*; **c)** *no pl. (strangeness)* Fremdartigkeit, *die*
curious ['kjʊərɪəs] *adj.* **a)** *(inquisitive)* neugierig; *(eager to learn)* wißbegierig; **be ~ about sth.** *(eagerly awaiting)* auf etw. *(Akk.)* neugierig sein; **be ~ about sb.** in bezug auf jmdn. neugierig sein; **be ~ to know sth.** etw. gern wissen wollen; **he was ~ to know what...**: er wollte zu gerne wissen, was...; **b)** *(strange, odd)* merkwürdig; seltsam; **how [very] ~!** [sehr] seltsam!; ~ **er and ~er** *(coll.)* es wird immer geheimnisvoller
curiously ['kjʊərɪəslɪ] *adv. see* **curious**: neugierig ⟨*fragen, gucken*⟩; seltsam, merkwürdig ⟨*sprechen, sich verhalten*⟩; **it was ~ quiet** es war merkwürdig still; ~ **[enough]** *(as sentence-modifier)* merkwürdigerweise; seltsamerweise
curiousness ['kjʊərɪəsnɪs] *n.*, *no pl.* *(inquisitiveness)* Neugier[de], *die; (oddness)* Merkwürdigkeit, *die*; Sonderbarkeit, *die*
curl [kɜ:l] **1.** *n.* **a)** *(of hair)* Locke, *die*; **put one's/sb.'s hair in ~s** sich/jmdm. das Haar locken; **hair in ~s** gelocktes Haar; **hair in tight ~s** Kraushaar, *das*; **b)** *(sth. spiral or curved inwards)* **the ~ of a leaf/wave** ein gekräuseltes Blatt/eine gekräuselte Welle; **a ~ of smoke** ein Rauchkringel; **c)** *(act of curling)* Kräuseln, *das*; **with a ~ of the lip** mit gekräuselten Lippen. **2.** *v.t.* **a)** *(cause to form coils)* locken; *(tightly)* kräuseln; **she ~ed his hair** sie legte ihr Haar in Locken *(Akk.);* **b)** *(bend, twist)* kräuseln ⟨*Blätter, Lippen*⟩; **the animal ~ed itself into a ball** das Tier rollte sich zu einer Kugel zusammen; **it's enough to ~ your hair** *(fig.)* da stehen einem ja die Haare zu Berge! **3.** *v.i.* **a)** *(grow in coils)* sich locken; *(tightly)* sich kräuseln; **her hair ~s naturally** sie hat Naturkrause; **it's enough to make your hair ~** *(fig.)* da stehen einem ja die Haare zu Berge!; **b)** *(move in spiral form)* ⟨*Straße, Fluß*⟩: sich winden, sich schlängeln; **the smoke ~ed upwards** der Rauch stieg in Kringeln hoch. ~ **up 1.** *v.t.* hochbiegen; ~ **oneself up** *(coll.: roll into shape of ball)* sich zusammenrol-

len; sich einrollen. **2.** *v.i. (coll.: roll into curved shape)* sich zusammenrollen; sich einrollen; *(fig.: writhe with horror)* erschauern; **he ~ed up on the sofa** er machte es sich *(Dat.)* auf dem Sofa bequem *od. (ugs.)* fläzte sich auf das Sofa; **she ~ed up with a book** sie machte es sich *(Dat.)* mit einem Buch gemütlich
curler ['kɜ:lə(r)] *n.* Lockenwickler, *der*; **in ~s** mit Lockenwicklern
curlew ['kɜ:lju:] *n. (Ornith.)* Brachvogel, *der*
curlicue ['kɜ:lɪkju:] *n.* Schnörkel, *der*
curling ['kɜ:lɪŋ] *n. (game)* Curling, *das*; ≈ Eisschießen, *das*
curling: ~-**iron** *n.*, *(Brit.)* ~-**tongs** *n. pl.* Brennschere, *die*; *(electrical appliance)* Lockenstab, *der*
curly ['kɜ:lɪ] *adj.* lockig, *(tightly)* kraus ⟨*Haar*⟩; kraus ⟨*Salat*⟩; gewellt, gekräuselt ⟨*Blatt*⟩; Schnörkel⟨*schrift, -muster*⟩, verschnörkelt ⟨*Schrift, Muster*⟩
curly: ~-**haired** *adj.* lockenköpfig; mit lockigem Haar; ~-**head** *n.* Lockenkopf, *der*; *(with tight curls)* Krauskopf, *der*; ~-**headed** *see* ~-**haired**
currant ['kʌrənt] *n.* **a)** *(dried fruit)* Korinthe, *die*; **b)** *(fruit)* Johannisbeere, *die*; *(plant)* Johannisbeerstrauch, *der*; *see also* **black currant**; **flowering**; **red currant**
currency ['kʌrənsɪ] *n.* **a)** *(money)* Währung, *die*; *(circulation)* Umlauf, *der*; **foreign currencies** Devisen *Pl.*; **withdraw from ~**: aus dem Verkehr ziehen; **b)** *(other commodity)* [Tausch]ware, *die*; Zahlungsmittel, *das*; **c)** *(prevalence)* *(of word, idea, story, rumour)* Verbreitung, *die*; *(of expression)* Gebräuchlichkeit, *die*; **gain wide ~**: weite Verbreitung finden; **give ~ to a rumour** ein Gerücht in Umlauf bringen
current ['kʌrənt] **1.** *adj.* **a)** *(in general circulation or use)* kursierend, umlaufend ⟨*Geld, Geschichte, Gerücht*⟩; verbreitet ⟨*Meinung*⟩; gebräuchlich ⟨*Wort*⟩; gängig ⟨*Redensart*⟩; **these coins are no longer ~**: diese Münzen sind nicht mehr in Umlauf; **b)** laufend ⟨*Jahr, Monat*⟩; **in the ~ year** in diesem Jahr; **c)** *(belonging to the present time)* aktuell ⟨*Ereignis, Mode*⟩; Tages⟨*politik, -preis*⟩; derzeitig ⟨*Politik, Preis*⟩; gegenwärtig ⟨*Krise, Aufregung*⟩; ~ **issue/edition** letzte Ausgabe/neueste Auflage; ~ **affairs** Tagespolitik, *die*; aktuelle Fragen. **2.** *n.* **a)** *(of water, air)* Strömung, *die*; **air/ocean ~**: Luft-/Meeresströmung, *die*; **swim against/with the ~**: gegen den/mit dem Strom schwimmen; **upward/downward ~ of air** *(in atmosphere)* Aufwind, *der*; **b)** *(Electr.)* Strom, *der*; *(intensity)* Stromstärke, *die*; **c)** *(running stream)* Strömung, *die*; **d)** *(tendency of events, opinions, etc.)* Tendenz, *die*; Trend, *der*; **the ~ of public opinion** der Trend in der öffentlichen Meinung; **go against/with the ~** gegen den/mit dem Strom schwimmen
'**current account** *n.* Girokonto, *das*; *(in balance of payments)* Leistungsbilanz, *die*
currently ['kʌrəntlɪ] *adv.* gegenwärtig; momentan; zur Zeit; **he is ~ writing a book** er schreibt gerade *od.* zur Zeit an einem Buch; **it is ~ thought** *or* **believed that ...**: heute glaubt man, daß ...
curriculum [kə'rɪkjʊləm] *n.*, *pl.* **curricula** [kə'rɪkjʊlə] Lehrplan, *der*; Curriculum, *das*; **be on the ~**: auf dem Lehrplan stehen
curriculum vitae [kərɪkjʊləm 'vi:taɪ] *n.* Lebenslauf, *der*
¹**curry** ['kʌrɪ] *(Cookery)* **1.** *n.* Curry[gericht], *das*. **2.** *v.t.* mit Curry würzen
²**curry** *v.t.* **a)** striegeln ⟨*Pferd*⟩; **b)** zurichten ⟨*Leder*⟩; **c)** ~ **favour [with sb.]** sich [bei jmdm.] einschmeicheln *od.* lieb Kind machen *(ugs.)*
curry: ~-**comb** *n.* Striegel, *der*; ~-**powder** *n.* Currypulver, *das*; Curry *das od.* *der*
curse [kɜ:s] **1.** *n.* **a)** Fluch, *der*; **be under a ~**:

181

unter einem Fluch stehen; **put a ~ on sb./ sth.** einen Fluch über jmdn./etw. aussprechen; jmdn./etw. mit einem Fluch belegen; **call down ~s [from Heaven] upon sb.** jmdn. verfluchen; **b)** *(profane oath)* Fluch, *der,* Verwünschung, *die;* **bawl ~s at sb.** Flüche gegen jmdn. ausstoßen; **a thousand ~s on this old car** *(joc.)* zum Teufel mit diesem verfluchten alten Auto!; **~s! he's diddled me again** *(joc.)* verflucht! der Kerl hat mich wieder reingelegt *(ugs.);* **c)** *(great evil)* Geißel, *die;* Plage, *die;* **d)** *(coll.: menstruation)* **the ~:** die Tage *(ugs.).* **2.** *v. t.* **a)** *(utter ~ against)* verfluchen; **b)** *(as oath)* **~ it/you!** verflucht!; **c)** *(afflict)* strafen; **~d with poverty** mit Armut geschlagen *od.* gestraft. **3.** *v. i.* fluchen (at über + Akk.); **he started cursing and swearing** er fing an, heftig zu fluchen

cursed ['kɜːsɪd] *adj.* **a)** *(under a curse)* verflucht; verwünscht; **b)** *(damnable)* verdammt

cursive ['kɜːsɪv] *adj.* kursiv; **~ writing** Schreibschrift, *die*

cursor ['kɜːsə(r)] *n.* Läufer, *der;* (on screen) Cursor, *der;* Schreibmarke, *die*

cursorily ['kɜːsərɪlɪ] *adv.* flüchtig ⟨lesen⟩; oberflächlich ⟨untersuchen⟩

cursory ['kɜːsərɪ] *adj.* flüchtig ⟨Blick⟩; oberflächlich ⟨Untersuchung, Bericht, Studium⟩

curt [kɜːt] *adj. (discourteously brief)* kurz und schroff ⟨Brief, Mitteilung⟩; kurz angebunden ⟨Person, Art⟩; **he gave a ~ nod and left** er nickte kurz und ging

curtail [kɜːˈteɪl] *v. t.* kürzen; abkürzen ⟨Urlaub⟩; beschneiden ⟨Macht⟩

curtailment [kɜːˈteɪlmənt] *n.* Kürzung, *die;* *(of power)* Beschneidung, *die*

curtain ['kɜːtən] **1.** *n.* **a)** Vorhang, *der;* (with net ~s) Übergardine, *die;* **draw** *or* **pull the ~s** (open) die Vorhänge aufziehen; (close) die Vorhänge zuziehen; **draw** *or* **pull back the ~s** die Vorhänge aufziehen; **b)** *(fig.)* **a ~ of fog/mist** ein Nebelschleier; **a ~ of smoke/flames/rain** eine Rauch-/Flammen-/Regenwand; **c)** *(Theatre)* Vorhang, *der;* (end of play) Schlußvorhang, *der;* (rise of ~ at start of play) Aufgehen des Vorhanges; Aktbeginn, *der;* (fall of ~ at end of scene) Fallen des Vorhanges; Aktschluß, *der;* **the ~ rises/falls** der Vorhang hebt sich/fällt; **d)** *see* **curtain-call;** **e)** *see* **Iron Curtain; e)** *n.* *(sl.: the end)* Ende, *die;* **that's ~ for him** jetzt ist er erledigt *(ugs.).* See also **safety curtain. 2.** *v. t.* **~ a window** an einem Fenster Vorhänge/einen Vorhang aufhängen *od.* anbringen; **~ off** mit einem Vorhang abteilen; durch einen Vorhang abtrennen

curtain: **~-call** *n.* Vorhang, *der;* **get/take a ~-call** einen Vorhang bekommen/vor den Vorhang treten; **~-hook** *n.* Gardinenhaken, *der;* **~ lecture** Gardinenpredigt, *die;* **~ rail** *n.* Gardinenstange, *die;* **~-raiser** *n.* [kurzes] Vorspiel; *(fig.)* Auftakt, *der;* **~-ring** *n.* Gardinenring, *der;* **~-rod** *n.* Gardinenstange, *die;* **~-runner** *n.* Gardinenröllchen, *das;* **~ track** Gardinenleiste, *die*

curtly ['kɜːtlɪ] *adv.* kurz ⟨sprechen⟩; knapp ⟨schreiben, antworten⟩

curtsy (curtsey) ['kɜːtsɪ] **1.** *n.* Knicks, *der;* **make** *or* **drop a ~ to sb.** vor jmdm. einen Knicks machen. **2.** *v. i.* **~ to sb.** vor jmdm. knicksen *od.* einen Knicks machen

curvaceous [kɜːˈveɪʃəs] *adj. (coll.)* kurvenreich *(ugs.);* **a ~ figure** eine üppige Figur

curvature ['kɜːvətʃə(r)] *n.* Krümmung, *die;* **~ of the spine** Rückgratkrümmung, *die*

curve [kɜːv] **1.** *v. t.* krümmen. **2.** *v. i.* ⟨Straße, Fluß:⟩ *(once)* eine Biegung machen; *(repeatedly)* sich winden; ⟨Horizont:⟩ sich krümmen; ⟨Linie:⟩ einen Bogen machen *od.* beschreiben; **the road ~s round the town** die Straße macht einen Bogen um die Stadt. **3.** *n.* **a)** Kurve, *die;* **b)** *(surface)* **~d**

form or thing) *(of vase, figure)* Rundung, *die;* **there's a ~ in the road/river** die Straße/ der Fluß macht einen Bogen *od.* eine Biegung

curved [kɜːvd] *adj.* krumm; gebogen; gekrümmt ⟨Horizont, Raum, Linie⟩

cushion ['kʊʃən] **1.** *n.* **a)** Kissen, *das;* **b)** *(for protection)* Kissen, *das;* Polster, *das;* **c)** *(of billiard-table)* Bande, *die;* **d)** *(of hovercraft)* Luftkissen, *das.* **2.** *v. t.* **a)** [aus]polstern ⟨Stuhl⟩; **~ sb. against sth.** *(fig.)* jmdn. gegen etw. schützen; **~ed seats** Polstersitze; **b)** *(absorb)* dämpfen ⟨Aufprall, Stoß⟩

cushy ['kʊʃɪ] *adj. (coll.)* bequem, gemütlich; **a ~ job** *or* **number** ein ruhiger Job

cuss [kʌs] *(coll.)* **1.** *n.* **a)** *(curse)* Fluch, *der;* Beschimpfung, *die;* **sb. does not give** *or* **care a ~:** jmdm. ist es vollkommen schnuppe *(ugs.);* **he/it is not worth a tinker's ~:** er/es ist keinen Pfifferling *od.* roten Heller wert *(ugs.);* **b)** *(usu. derog.:* person) Kerl, *der* *(ugs.).* **2.** *v. i.* fluchen; schimpfen. **3.** *v. t.* verfluchen; beschimpfen

cussed ['kʌsɪd] *adj. (coll.)* **a)** *(perverse, obstinate)* stur *(ugs.);* **b)** *(cursed)* verdammt *(ugs.);* verflixt *(ugs.)*

cussedness ['kʌsɪdnɪs] *n.,* no pl. Sturheit, *die;* **from sheer ~:** aus reiner Sturheit

'**cuss-word** *n. (Amer.)* Fluch, *der;* Verwünschung, *die*

custard ['kʌstəd] *n.* **a)** **~ [pudding]** ≈ Vanillepudding, *der;* **b)** *(sauce)* ≈ Vanillesoße, *die*

custard: **~-apple** *n.* Zimt-, Rahmapfel, *der;* **~-pie** *n. (pie)* Kuchen mit einer Füllung aus Vanillepudding; *(in comedy)* Sahnetorte, *die;* **~-pie comedy** Slapstickkomödie, *die;* **~ powder** n. Vanillesoßenpulver, *das*

custodial [kʌsˈtəʊdɪəl] *adj.* **~ sentence** Freiheitsstrafe, *die*

custodian [kʌsˈtəʊdɪən] *n. (of public building, of prisoner)* Wärter, *der/*Wärterin, *die;* Aufseher, *der/*Aufseherin, *die;* *(of park, museum)* Wächter, *der/*Wächterin, *die;* *(of valuables, traditions, culture, place)* Hüter, *der/*Hüterin, *die;* *(of child)* Vormund, *der*

custody ['kʌstədɪ] *n.* **a)** *(guardianship, care)* Obhut, *die;* **be in the ~ of sb.** unter jmds. Obhut *(Dat.)* stehen; **put** *or* **place sb./sth. in sb.'s ~:** jmdm./etw. in jmds. Obhut *(Akk.)* geben; **the child is in the ~ of his uncle** sein Onkel hat die Vormundschaft über *od.* für das Kind; **in safe ~:** in sicherer Obhut; **the mother was given** *or* **awarded [the] ~ of the children** die Kinder wurden der Mutter zugesprochen; **b)** *(imprisonment)* **[be] in ~:** in Haft [sein]; **take sb. into ~:** jmdn. verhaften *od.* festnehmen

custom ['kʌstəm] *n.* **a)** Brauch, *der;* Sitte, *die;* **it was his ~ to smoke a cigar after dinner** er pflegte nach dem Essen eine Zigarre zu rauchen; er rauchte gewöhnlich eine Zigarre nach dem Essen; **b)** *in pl. (duty on imports)* Zoll, *der;* **[the] C~s** *(government department)* der Zoll; **c)** *(Law)* Gewohnheitsrecht, *das;* **d)** *(business patronage, regular dealings)* Kundschaft, *die (veralt.);* **I shall withdraw my ~ from that shop** ich werde in dem Laden nicht mehr kaufen; **we should like to have your ~:** wir hätten Sie gern zum/zur *od.* als Kunden/Kundin; **e)** *(regular customers)* Kundschaft, *die*

customarily ['kʌstəmərɪlɪ] *adv.* in der Regel; üblicherweise

customary ['kʌstəmərɪ] *adj.* **a)** üblich; **b)** *(Law)* gewohnheitsmäßig; Gewohnheits-

custom: **~-built** *adj.* spezial[an]gefertigt; **~-built clothes** *(Amer.)* spezial[an]gefertigte Kleidung; **~ clothes** *n. (Amer.) see* **~-built**

customer ['kʌstəmə(r)] *n.* **a)** Kunde, *der/*Kundin, *die;* *(of restaurant)* Gast, *der;* *(of theatre)* Besucher, *der/*Besucherin, *die;* *(of library)* Benutzer, *der/*Benutzerin, *die;* **b)** *(coll.: person)* Kerl, *der (ugs.);* **a queer/an awkward ~:** ein schwieriger Kunde *(ugs.)*

'**custom-house** *n.* Zollamt, *das*

customize (customise) ['kʌstəmaɪz] *v. t.* speziell anfertigen; *(alter)* umbauen

'**custom-made** *adj.* spezial[an]gefertigt; maßgeschneidert ⟨Kleidung⟩

customs: **~ clearance** *n.* Zollabfertigung, *die;* **get ~ clearance for sth.** etw. zollamtlich abfertigen lassen; **~ declaration** *n.* Zollerklärung, *die;* **~ duty** *n.* Zoll, *der;* **~ inspection** *n.* Zollkontrolle, *die;* **~ officer** *n.* Zollbeamter, *der/*-beamtin, *die;* **~ union** *n.* Zollunion, *die*

cut [kʌt] **1.** *v. t.,* -tt-, cut **a)** *(penetrate, wound)* schneiden; **~ one's finger/leg** sich *(Dat. od.* Akk.) in den Finger/ins Bein schneiden; **he ~ himself on broken glass** er hat sich an einer Glasscherbe geschnitten; **he ~ his head open** er schlug sich *(Dat.)* den Kopf auf; **the icy blasts that ~ one to the marrow** *(fig.)* die eisigen Winde, die einem durch und durch *od.* durch Mark und Bein gehen; **the remark ~ him to the quick** *(fig.)* die Bemerkung traf ihn ins Mark; **b)** *(divide)* (with knife) schneiden; durchschneiden ⟨Seil⟩; (with axe) durchhacken; **~ sth. in half/two/three** etw. halbieren/ zweiteilen/dreiteilen; **~ sth. [in]to pieces** etw. in Stücke schneiden/hacken; **~ one's ties** *or* **links** alle Verbindungen abbrechen; **~ no ice with sb.** *(fig. sl.)* keinen Eindruck auf jmdn. machen; nicht imponieren *(ugs.);* **~ the knot** *(fig.)* das Problem lösen; **c)** *(detach, reduce)* abschneiden; schneiden, stutzen ⟨Hecke⟩; mähen ⟨Getreide, Gras⟩; *(p.p.)* **flowers** Schnittblumen; **~ one's nails** sich *(Dat.)* die Nägel schneiden; **d)** *(shape, fashion)* schleifen ⟨Glas, Edelstein, Kristall⟩; hauen, schlagen ⟨Stufen⟩; treiben ⟨Tunnel⟩; einhauen ⟨Inschrift⟩; **~ a key** einen Schlüssel feilen *od.* anfertigen; **~ figures in wood/stone** Figuren aus Holz schnitzen/aus Stein hauen; **~ a record** eine Schallplatte schneiden; **e)** *(meet and cross)* ⟨Straße, Linie, Kreis:⟩ schneiden; **the two lines ~ one another at right angles** die beiden Linien schneiden sich im rechten Winkel; **f)** *(fig.: renounce, refuse to recognize)* schneiden; **~ sb. dead** jmdn. wie Luft behandeln; **g)** *(carve)* [auf]schneiden ⟨Fleisch, Geflügel⟩; abschneiden ⟨Scheibe⟩; *(p.p.)* **loaf** *(Brit. dated)* Schnittbrot, *das;* **h)** *(reduce)* verringern, einschränken ⟨Menge, Produktion⟩; mindern ⟨Qualität⟩; drosseln ⟨Tempo, Produktion⟩; kürzen ⟨Ausgaben, Lohn⟩; verkürzen ⟨Arbeitszeit, Urlaub⟩; *(cease, stop)* einstellen ⟨Dienstleistungen, Lieferungen⟩; ⟨Strom⟩; *(coll.)* aufhören mit ⟨Tätigkeit⟩; **these scenes were ~ by the censor** diese Szenen hat die Zensur herausgeschnitten; **i)** *see* **figure 1 d;** **j)** *(absent oneself from)* schwänzen ⟨Schule, Unterricht⟩; **k)** **~ a loss** für die Sache *(Gen.)* ein Ende machen (ehe der Schaden noch größer wird); **~ one's losses** höherem Verlust vorbeugen; **l)** **~ sth. short** *(lit. or fig.: interrupt, terminate)* etw. abbrechen; **the war ~ short his career** der Krieg hat seine Karriere vorzeitig beendet; **~ sb. short** jmdn. unterbrechen; *(impatiently)* jmdn. ins Wort fallen; **to ~ a long story short** der langen Rede kurzer Sinn; **m)** *(Cards)* abheben; **~ the pack [of cards]** die Karten abheben; **n)** **~ a tooth** einen Zahn bekommen; **~ one's teeth on sth.** *(fig.)* sich *(Dat.)* die ersten Sporen an etw. *(Dat.)* verdienen; **o)** **be ~ and dried** genau festgelegt *od.* abgesprochen sein; **her opinions are ~ and dried** ihre Ansichten sind unverrückbar; **p)** *(Cricket, Tennis)* [an]schneiden ⟨Ball⟩; **q)** *(Cinemat.)* schneiden; **r)** **half ~:** *(sl.)* angetrunken. *See also* **cloth a; corner 1 a; eye-tooth; ²fine 1 g.** **2.** *v. i.,* -tt-, cut **a)** ⟨Messer, Schwert usw.:⟩ schneiden; ⟨Papier, Tuch, Käse:⟩ sich schneiden lassen; ~ **into a cake** einen Kuchen anschneiden; ~ **both ways** *(fig.)* ein zweischneidiges Schwert sein *(fig.);* **b)** *(cross, intersect)* sich schneiden; **c)** *(pass)* ~ **through** *or* **across the field/park** [quer] über das Feld/durch den Park gehen; ~ **across sth.** *(fig.)* sich über etw. *(Akk.)* hinwegsetzen; **d)** *(Cinemat.)* (stop the cameras) abbrechen; *(go quickly to another shot)* überblenden **(to** zu); **the film director cried '~!'** der Regisseur rief: „Schnitt!" *od.* „aus!"; **e)** *(sl.: run)* ~ **along** sich auf die Socken machen *(ugs.);* ~ **and run** abhauen *(ugs.)*. See also **loose 1 a**. **3.** *n.* **a)** *(act of cutting)* Schnitt, *der;* **b)** *(stroke, blow)* *(with knife)* Schnitt, *der; (with sword, whip)* Hieb, *der; (injury)* Schnittwunde, *die;* **the ~ and thrust of politics** *(fig.)* das Spannungsfeld der Politik; **the ~ and thrust of debate** *(fig.)* die Hitze der Debatte; **c)** *(reduction)* *(in wages)* Kürzung, *die; (in expenditure, budget)* Streichung, *die;* Einsparung, *die; (in prices)* Senkung, *die; (in time, working hours, holiday, etc.)* Verkürzung, *die; (in services)* Verringerung, *die; (in production, output, etc.)* Einschränkung, *die; (in supply)* Einstellung, *die; (in quality)* Minderung, *die;* **make the ~** *(Sport, esp. Golf)* sich für die weiteren Wettkampfqualifizieren; **d)** *(wounding act or utterance)* Seitenhieb, *der* **(at** gegen); Affront, *der (geh.);* **the unkindest ~ of all** der schlimmste Schlag; **e)** *(of meat)* Stück, *das;* **f)** see **woodcut**; **g)** *(coll.: commission, share)* Anteil, *der;* **h)** *(way thing is ~) (of hair: style)* [Haar]schnitt, *der;* Frisur, *die; (of clothes)* Schnitt, *der;* **be a ~ above [the rest]** *(fig.)* jdm. einiges überlegen sein; **i)** *(in play, book, etc.)* Streichung, *die; (in film)* Schnitt, *der;* **make ~s** Streichungen/Schnitte vornehmen; **j)** *(channel made for river)* Rinne, *die;* Einschnitt, *der.* See also ¹**jib a; short cut**

~ **'away** *v. t.* see ~ **off a**

~ **'back 1.** *v. t.* **a)** *(reduce)* einschränken ⟨*Produktion*⟩; verringern ⟨*Investitionen*⟩; **b)** *(prune)* stutzen. **2.** *v. i.* **a)** *(reduce)* ~ **back on sth.** etw. einschränken; **b)** *(Cinemat.)* zurückblenden. See also **cut-back**

~ **'down 1.** *v. t.* **a)** *(fell)* fällen; **b)** *(kill)* töten; ~ **sb. down with a sword** jmdn. mit dem Schwert erschlagen *od. (geh.)* niederstrecken; **c)** *(reduce)* ~ **an article down** einen Artikel zusammenstreichen *od.* kürzen; ~ **sb. down to size** jmdn. auf seinen Platz verweisen. **2.** *v. i. (reduce)* ~ **down on sth.** etw. einschränken; ~ **down on tobacco** den Tabakverbrauch einschränken; ~ **down on clothes** die Ausgaben für die Garderobe einschränken

~ **'in 1.** *v. i.* **a)** *(come in abruptly, interpose)* sich einschalten; unterbrechen; ~ **in on sb./sth.** jmdn./etw. unterbrechen; **b)** *(after overtaking)* schneiden; ~ **in in front of sb.** jmdn. schneiden; **c)** *(take dance-partner from another)* ~ **in [on sb.]** [jmdn.] abklatschen; **d)** *(switch third party in) (Motor usw.:)* sich einschalten. **2.** *v. t. (give share of profit to)* beteiligen ⟨*Komplizen*⟩

~ **'off** *v. t.* **a)** *(remove by ~ting)* abschneiden; abtrennen; *(with axe etc.)* abschlagen; **b)** *(interrupt, make unavailable)* abschneiden ⟨*Zufuhr*⟩; streichen ⟨*Zuschuß*⟩; abstellen ⟨*Strom, Gas, Wasser*⟩; unterbrechen ⟨*Telefongespräch, Sprecher am Telefon*⟩; **c)** *(isolate)* **be ~ off by the snow/tide** durch den Schnee/die Flut [von der Außenwelt] abgeschnitten sein; **d)** *(prevent, block)* abschneiden; **their retreat was ~ off** ihnen wurde der Rückzug abgeschnitten; **e)** *(exclude from contact with others)* ~ **sb. off from friends/the outside world** jmdn. von seinen Freunden trennen/von der Außenwelt abschneiden; ~ **oneself off** sich absondern; **f)** *(disinherit)* enterben; ~ **sb. off with**

a shilling jmdn. mit einem Apfel und einem Ei abspeisen *(ugs.)*. See also **cut-off**

~ **'out 1.** *v. t.* **a)** *(remove by cutting)* ausschneiden; **b)** *(omit)* [heraus]streichen; **c)** *(stop doing or using)* aufhören mit; ~ **out cigarettes/alcohol/drugs** aufhören, Zigaretten zu rauchen/Alkohol zu trinken/Tabletten zu nehmen; ~ **it** *or* **that out** *(coll.)* hör/hört auf damit!; laß/laßt das sein!; **d)** *(defeat)* ausstechen *(ugs.)* ⟨*Rivalen, Konkurrenten, Gegner*⟩; **e)** *(shape)* zuschneiden ⟨*Stoff, Kleid, Leder*⟩; **f)** *(disconnect electrically)* ausschalten ⟨*Motor, Licht*⟩; abstellen ⟨*Motor*⟩; abschalten ⟨*Strom*⟩; **g)** *(make suitable)* **be ~ out for sth.** für etw. geeignet sein; **he was not ~ out to be a teacher** er war nicht zum Lehrer gemacht; er taugte nicht zum Lehrer; **Peter and Susan seem to be ~ out for each other** Peter und Susan sind füreinander wie geschaffen. **2.** *v. i. (cease functioning)* ⟨*Motor:*⟩ aussetzen; ⟨*Gerät:*⟩ sich abschalten. See also **cut-out**

~ **'up 1.** *v. t.* **a)** *(~ in pieces)* zerschneiden; in Stücke schneiden ⟨*Fleisch, Gemüse*⟩; *(chop)* zerhacken; **b)** *(injure)* verletzen; *(fig.: criticize)* zerreißen; ~ **up the enemy** den Feind vernichten; **be ~ up about sth.** *(fig.)* zutiefst betroffen sein über etw. *(Akk.)* sein. **2.** *v. i.* ~ **up rough** Krach schlagen *(ugs.);* Radau machen *(ugs.)*

cutaneous [kju:'teɪnɪəs] *adj.* Haut-; kutan *(fachspr.)*

cut: ~**away** *adj.* Schnitt-; ~**away model** Schnittmodell, *das;* ~**back.** *n.* *(reduction)* Kürzung, *die; (Cinemat.)* Rückblende, *die*

cute [kju:t] *adj.* *(coll.)* **a)** *(Amer.: attractive)* süß, niedlich ⟨*Kind, Mädchen*⟩ entzückend ⟨*Stadt, Haus*⟩; **b)** *(shrewd)* schlau; gerissen; *(ingenious)* raffiniert ⟨*Gerät*⟩; einfallsreich ⟨*Person*⟩; pfiffig ⟨*Erklärung*⟩

cut glass *n.* Kristall[glas], *das*

'cut-glass *attrib.* Kristall-

cuticle ['kju:tɪkl] *n.* Epidermis, *die (fachspr.);* Oberhaut, *die; (of nail)* Nagelhaut, *die*

'cuticle-remover *n.* Nagelhautentferner, *der*

cutie ['kju:tɪ] *n.* *(sl.)* **a)** *(woman)* Süße, *die;* **b)** *(usu. joc.: man)* irrer Typ *(ugs.)*

cutlass ['kʌtləs] *n.* **a)** *(Hist.)* Entersäbel, *der;* **b)** see **machete**

cutler ['kʌtlə(r)] *n.* Messerschmied, *der*

cutlery ['kʌtlərɪ] *n.* Besteck, *das*

cutlet ['kʌtlɪt] *n.* **a)** *(of mutton or lamb)* Kotelett, *das;* **b)** *veal* → Frikandeau, *das;* **c)** *(minced meat etc. in shape of ~)* Hacksteak, *das;* **nut/cheese/potato ~** *aus Nüssen/Käse/Kartoffeln hergestelltes Gericht in Form eines Schnitzels od. Koteletts*

cut: ~**-off** *n.* **a)** *(Trennung, (Electr.)* Ausschaltmechanismus, *der;* Ausschaltung, *die;* ~**-out** *n. (Electr.)* Unterbrecher, *der; (figure ~ out of material)* Ausschneidefigur, *die;* ~**-out box** *(Amer.)* see **fuse-box**; ~**-price** *adj.* ~**-price goods** Waren zu herabgesetzten Preisen; ~**-price offer** Billigangebot, *das;* ~**-rate** *adj.* verbilligt; herabgesetzt

cutter ['kʌtə(r)] *n.* **a)** *(person) (of cloth)* Zuschneider, *der/*-schneiderin, *die; (of stones)* Steinmetz, *der; (of glass, gems)* Schleifer, *der/*Schleiferin, *die; (of films)* Cutter, *der/*-meisterin, *die;* Schnittmeister, *der/* -meisterin, *die; (miner)* Hauer, *der;* **b)** *(machine)* Schneidmaschine, *die;* Schneidwerkzeug, *das; (rotary cutting tool)* Bohrkrone, *die;* Bohrkopf, *der; (cutting stylus)* Cutter, *der;* **c)** *(Naut.)* Kutter, *der*

'cutthroat 1. *n.* **a)** *(Strolch, der; (murderer)* Killer, *der (ugs.);* **b)** *(Amer.: trout)* Purpurforelle, *die*. **2.** *adj.* **a)** mörderisch, gnadenlos ⟨*Wettbewerb*⟩; **b)** ~ **razor** Rasiermesser, *das*

cutting ['kʌtɪŋ] **1.** *adj.* beißend ⟨*Bemerkung, Antwort*⟩; schneidend ⟨*Wind*⟩; ~ **edge** Schneide, *die;* ~ **tool** Schneidwerkzeug, *das.* **2.** *n.* **a)** *(esp. Brit.: from newspaper)* Ausschnitt, *der;* **b)** *(esp. Brit.: excavation for railway, road etc.)* Einschnitt, *der;* **c)** *(of plant)* Ableger, *der*

cuttle[fish] ['kʌtl(fɪʃ)] *n.* Tintenfisch, *der;* Sepia, *die (fachspr.)*

c.v. *abbr.* curriculum vitae

c.w.o. *abbr.* **cash with order** Barzahlung *od.* Kasse bei Auftragserteilung

cwt. *abbr.* **hundredweight** ≈ Ztr.

cyan ['saɪən] **1.** *adj.* grünstichig blau. **2.** *n.* Cyanblau, *die*

cyanide ['saɪənaɪd] *n.* Cyanid, *das*

cyanogen [saɪ'ænədʒən] *n. (Chem.)* Cyan, *das*

cybernetics [saɪbə'netɪks] *n., no pl.* Kybernetik, *die*

cyclamen ['sɪkləmən] *n. (Bot.)* Alpenveilchen, *das;* Zyklamen, *das (fachspr.)*

cycle ['saɪkl] **1.** *n.* **a)** *(recurrent period)* Zyklus, *der; (period of completion)* Turnus, *der;* ~ **of the seasons** Jahreszyklus, *der;* ~ **per second** *(Phys., Electr.)* Schwingung pro Sekunde; Hertz, *das;* **b)** *(recurring series)* Kreislauf, *der; (complete set or series)* Zyklus, *der;* **c)** *(bicycle)* Rad, *das.* **2.** *v. i.* radfahren; mit dem [Fahr]rad fahren

cycle: ~**-race** *n.* Radrennen, *das;* ~**-track** *n.* Rad[fahr]weg, *der; (for racing)* Radrennbahn, *die;* ~**way** see ~**-track**

cyclic ['saɪklɪk], **cyclical** ['saɪklɪkl] *adj.,* **cyclically** ['saɪklɪkəlɪ] *adv.* zyklisch

cyclist ['saɪklɪst] *n.* Radfahrer, *der/*-fahrerin, *die*

cyclo-cross *n.* Querfeldeinrennen, *das*

cyclone ['saɪkləʊn] *n. (system of winds)* Tiefdruckgebiet, *das;* Zyklon, *die (fachspr.); (violent hurricane)* Zyklon, *der*

cyclonic ['saɪklɒnɪk] *adj.* Zyklon⟨*wind, -stärke*⟩; ~ **storm** Zyklon, *der*

Cyclops ['saɪklɒps] *n., pl. same or* ~**es** *or* **Cyclopes** [saɪ'kləʊpi:z] *(Mythol.)* Zyklop, *der*

cyclotron ['saɪkləʊtrɒn] *n. (Phys.)* Zyklotron, *das*

cygnet ['sɪɡnɪt] *n.* junger Schwan

cylinder ['sɪlɪndə(r)] *n. also Geom., Motor Veh.)* Zylinder, *der; (of revolver, carding-machine)* Trommel, *der; (for compressed or liquefied gas)* Gasflasche, *die; (of diving-apparatus)* [Sauerstoff]flasche, *die; (of platen press, typewriter, mower)* Walze, *die*

cylinder: ~ **block** *n.* Motorblock, *der;* ~ **head** *n.* Zylinderkopf, *der*

cylindrical [sɪ'lɪndrɪkl] *adj.* zylindrisch; *see also* **projection i**

cymbal ['sɪmbl] *n. (Mus.)* Beckenteller, *der;* ~**s** Becken *Pl.*

cyme [saɪm] *n. (Bot.)* Trugdolde, *die*

cynic ['sɪnɪk] *n.* **a)** Zyniker, *der;* **b)** C~ *(Greek philosopher)* Kyniker, *der*

cynical ['sɪnɪkl] *adj.* zynisch; bissig ⟨*Artikel, Bemerkung, Worte*⟩; **be ~ about sth.** sich zynisch zu etw. äußern

cynically ['sɪnɪkəlɪ] *adv.* zynisch

cynicism ['sɪnɪsɪzm] *n.* Zynismus, *der*

cypher see **cipher**

cypress ['saɪprɪs] *n.* Zypresse, *die*

Cyprian ['sɪprɪən], **Cypriot** ['sɪprɪət] **1.** *adj.* zyprisch; zypriotisch. **2.** *ns.* Zypriot, *der/* Zypriotin, *die;* Zyprer, *der/*Zyprerin, *die*

Cyprus ['saɪprəs] *pr. n.* Zypern *(das)*

Cyrillic [sɪ'rɪlɪk] *adj.* kyrillisch

cyst [sɪst] *n. (Biol., Med.)* Zyste, *die*

cystitis [sɪs'taɪtɪs] *n. (Med.)* Zystitis, *die (Med.);* Blasenentzündung, *die*

cytology [saɪ'tɒlədʒɪ] *n.* Zytologie, *die*

cytoplasm ['saɪtəplæzm] *n. (Biol.)* Zytoplasma, *das*

czar *etc.* see **tsar** *etc.*

Czech [tʃek] **1.** *adj.* tschechisch; **sb. is ~:** jmd. ist Tscheche/Tschechin; *see also* **Eng-**

lish 1. 2. *n.* **a)** *(language)* Tschechisch, *das; see also* **English 2 a; b)** *(person)* Tscheche, *der*/Tschechin, *die*
Czechoslovak [tʃekəʊˈsləʊvæk] *(Hist.) see* **Czechoslovakian**
Czechoslovakia [tʃekəʊsləˈvækɪə] *pr. n. (Hist.)* die Tschechoslowakei
Czechoslovakian [tʃekəʊsləˈvækɪən] *(Hist.)* **1.** *adj.* tschechoslowakisch. **2.** *pr. n.* Tschechoslowake, *der*/Tschechoslowakin, *die*
Czech Republic *pr. n.* Tschechische Republik; Tschechien *(das)*

D

D, d [diː] *n., pl.* **Ds** *or* **D's a)** *(letter)* D, d, *das;* **b)** D *(Mus.)* D, d, *das;* **D sharp** dis, Dis, *das;* **D flat** des, Des, *das;* **c)** *(Roman numeral)* D; **d)** D *(Sch., Univ.: mark)* Vier, *die;* **he got a D** er bekam eine Vier
D. *abbr.* **a)** *(Amer.)* **Democrat; b) dimensional**
d. *abbr.* **a) daughter** T.; **b) deci- d.; c) delete** d.; **d) died** gest.; **e)** *(Brit. Hist.)* **penny/pence** d.
'd [d] *(coll.)* = **would, had, should**
DA *abbr. (Amer.)* **District Attorney**
¹**dab** [dæb] **1.** *n.* **a)** Tupfer, *der;* **b)** *(slight blow, tap)* Klaps, *der;* *(bird's peck)* Picken, *das;* **c)** *(Brit. sl.: fingerprints)* Fingerabdrücke *Pl.* **2.** *v.t.,* **-bb- a)** *(press with sponge etc.)* abtupfen; *(press on surface)* ~ **sth. on** *or* **against sth.** etw. auf etw. *(Akk.)* tupfen; **b)** *(strike lightly, tap)* ~ **sb.** jmdm. einen Klaps geben; **c)** ⟨Vogel:⟩ picken. **3.** *v.i.* ~ **at sth.** etw. ab- *od.* betupfen
²**dab** *n. (Zool.)* Kliesche, *die;* Scharbe, *die*
³**dab** *(Brit. coll.: expert)* **1.** *n.* Könner, *der;* As, *das* (in + *Dat.*). **2.** *adj.* geschickt; **be a ~ hand at cricket/making omelettes** ein As im Kricket/Eierkuchenbacken sein *(ugs.)*
dabble [ˈdæbl] *v.t.* **a)** *(wet slightly)* befeuchten; *(move in water)* ~ **one's feet in the water** mit den Füßen im Wasser planschen; **b)** *(soil, splash)* bespritzen. **2.** *v.i.* *(engage in)* ~ **at/in sth.** sich in etw. *(Dat.)* versuchen; in etw. *(Dat.)* dilettieren
dabbler [ˈdæblə(r)] *n.* Amateur, *der;* Dilettant, *der (abwertend)*
dabchick [ˈdæbtʃɪk] *n. (Ornith.)* Lapptaucher, *der;* Steißfuß, *der*
dace [deɪs] *n., pl.* same *(Zool.)* Hasel, *der*
dacha [ˈdætʃə] *n.* Datscha, *die; (bes. DDR:)* Datsche, *die*
dachshund [ˈdækshʊnd] *n.* Dackel, *der;* Dachshund, *der (fachspr.)*
dactyl [ˈdæktɪl] *n. (Pros.)* Daktylus, *der*
dad [dæd] *n. (coll.)* Vater, *der*
Dadaism [ˈdɑːdɑːɪzm] *n. (Art Hist.)* Dadaismus, *der*
daddy [ˈdædɪ] *n. (coll.)* **a)** Vati, *der (fam.);* Papi, *der (fam.);* Papa, *der (fam.);* **b)** *(man)* Alte, *der (ugs.);* **c)** *(oldest/most important person)* König, *der (ugs.);* **the ~ of them all** der/die/das Allergrößte *(ugs.)*

daddy-ˈlong-legs *n. sing. (Zool.)* **a)** *(cranefly)* Schnake, *die;* **b)** *(Amer.: harvestman)* Weberknecht, *der;* Kanker, *der*
dado [ˈdeɪdəʊ] *n., pl.* ~s *or (Amer.)* ~es **a)** *(of room-wall)* Sockel, *der;* **b)** *(of column)* Kehle, *die*
daemon [ˈdiːmən] *n.* Dämon, *der*
daffodil [ˈdæfədɪl] *n.* Gelbe Narzisse; Osterglocke, *die*
daffy [ˈdæfɪ] *adj. (sl.)* blöd[e] *(ugs.);* dämlich *(ugs.)*
daft [dɑːft] *adj.* **a)** *(foolish, wild)* doof *(ugs.);* blöd[e] *(ugs.);* **what a ~ thing to do!** so was Doofes *(ugs.) od.* Blödes *(ugs.)!;* **b)** *(crazy)* verrückt *(ugs.);* übergeschnappt *(ugs.);* **be ~ about sth./sb.** verrückt nach etw./jmdm. sein
dagger [ˈdægə(r)] *n.* **a)** Dolch, *der;* **be at ~s drawn with sb.** *(fig.)* mit jmdm. auf Kriegsfuß stehen; **look ~s at sb.** jmdm. finster anblicken; jmdm. finstere Blicke zuwerfen; **b)** *(Printing)* Kreuz, *das*
dago [ˈdeɪɡəʊ] *n., pl.* ~s *or* ~es *(sl. derog.)* **a)** *(Spaniard, Portuguese, Italian)* Welsche, *der (veralt. abwertend);* Kanake, *der (derb abwertend);* **b)** *(any foreigner)* Kanake, *der (derb abwertend)*
daguerreotype [dəˈɡerətaɪp] *n.* Daguerreotypie, *die*
dahlia [ˈdeɪlɪə] *n.* Dahlie, *die*
Dáil [Éireann] [dɔɪl (ˈeɪrən)] *n.* Unterhaus der Republik Irland
daily [ˈdeɪlɪ] **1.** *adj.* täglich; ~ **[news]paper** Tageszeitung, *die;* **the ~ grind [of life]** der Alltagstrott; **on a ~ basis** tageweise. **2.** *adv.* täglich; jeden Tag; *(constantly)* Tag für Tag; täglich. **3.** *n.* **a)** *(newspaper)* Tageszeitung, *die;* **b)** *(Brit. coll.: charwoman)* Reinemachefrau, *die. See also* **bread 1 b; dozen b**
daintily [ˈdeɪntɪlɪ] *adv.* zierlich; anmutig ⟨gehen, sich bewegen⟩
daintiness [ˈdeɪntɪnɪs] *n., no pl.* Zierlichkeit, *die; (of movement, manner, etc.)* Anmut, *die*
dainty [ˈdeɪntɪ] **1.** *adj.* **a)** *(of delicate beauty)* zierlich; anmutig ⟨Bewegung, Person⟩; zart, fein ⟨Gesichtszüge⟩; **b)** *(choice)* delikat, köstlich ⟨Essen⟩; **c)** *(having delicate tastes)* empfindsam; feinfühlig. **2.** *n. (lit. or fig.)* Delikatesse, *die;* Leckerbissen, *der*
dairy [ˈdeərɪ] *n.* **a)** Molkerei, *die;* **b)** *(shop)* Milchladen, *der*
dairy: ~ **cattle** *n.* Milchvieh, *das;* ~ **cream** *n.* [echter] Rahm; [echte] Sahne; ~ **farm** *n.* Milchbetrieb, *der;* ~ **farmer** *n.* Milchbauer, *der*
dairying [ˈdeərɪɪŋ] *n.* Milchwirtschaft, *die*
dairy: ~**-maid** *n.* Molkereiangestellte, *die;* ~**man** [ˈdeərɪmən] *n., pl.* ~**men** [ˈdeərɪmən] Milchmann, *der;* ~ **produce** *n.,* ~ **products** *n. pl.* Molkereiprodukte
dais [ˈdeɪɪs, ˈdeɪs] *n.* Podium, *das*
daisy [ˈdeɪzɪ] *n.* Gänseblümchen, *das; (oxeye)* Margerite, *die;* **be pushing up [the] daisies** *(fig. sl.)* sich *(Dat.)* die Radieschen von unten ansehen *(salopp); see also* **fresh 1 e**
daisy: ~**-chain** *n.* Kranz aus Gänseblümchen; ~**-wheel** *n.* Typenrad, *das*
dale [deɪl] *n. (literary/N. Engl.)* Tal, *das; see also* **up 2 a**
dalliance [ˈdælɪəns] *n. (literary)* Tändelei, *die (veralt. geh.)*
dally [ˈdælɪ] *v.i.* **a)** *(amuse oneself, sport)* ~ **with sb.** mit jmdm. spielen *od.* schäkern umgehen; *(flirt)* mit jmdm. schäkern *(ugs.) od.* flirten; ~ **with an idea** mit einem Gedanken spielen; **b)** *(loaf, loiter)* [herum]trödeln *(ugs.);* ~ **[over sth.]** mit etw. trödeln *(ugs.)*
Dalmatian [dælˈmeɪʃn] *n.* Dalmatiner, *der*
¹**dam** [dæm] **1.** *n.* **a)** [Stau]damm, *der;* **b)** *(barrier made by beavers)* Damm, *der.* **2.** *v.t.,* **-mm- a)** *(lit. or fig.)* ~ **[up/back]** sth. etw. abblocken; ~ **[up/back] the flow of**

words dem Wortschwall Einhalt gebieten; ~ **[up/back] one's feelings** seine Gefühle zurückhalten; **b)** *(furnish or confine with ~)* eindämmen; aufstauen
²**dam** *n. (Zool.)* Muttertier, *das*
damage [ˈdæmɪdʒ] **1.** *n.* **a)** *no pl.* Schaden, *der;* **do a lot of ~ to sb./sth.** jmdm./einer Sache großen Schaden zufügen; jmdm. sehr schaden/etw. stark beschädigen; **the ~ is done** now es ist nun einmal passiert; **b)** *no pl. (loss of what is desirable)* **to sb.'s great ~:** zu jmds. großem Leidwesen; **c)** *in pl. (Law)* Schaden[s]ersatz, *der;* **d)** *no pl. (Brit. sl.: cost)* **what's the ~?** was kostet der Spaß? *(ugs.).* **2.** *v.t.* **a)** beschädigen; **smoking can ~ one's health** Rauchen gefährdet die Gesundheit; **b)** *(detract from)* schädigen; **the article ~d his good reputation** der Artikel hat seinem guten Ruf geschadet; **that ~d his chances [of promotion]/his pride** das hat seine [Aufstiegs]chancen geschmälert/seinen Stolz verletzt
damaging [ˈdæmɪdʒɪŋ] *adj.* schädlich (**to** für)
damask [ˈdæməsk] **1.** *n.* **a)** *(material)* Damast, *der;* **b)** *(twilled table-linen)* Damastdecke, *die.* **2.** *adj.* damasten
damask ˈrose *n.* Damaszenerrose, *die*
dame [deɪm] *n.* **a)** Dame *(Titel der weiblichen Träger verschiedener Orden im Ritterstand);* **b)** D~ *(literary/poet.: title of woman of rank)* Dame, *die; (title of thing personified as woman)* D~ **Nature** Mutter Natur; D~ **Fortune** Frau Fortuna; **c)** *(arch./poet./joc./Amer. sl.)* Weib, *das;* **d)** *(in pantomime)* komische Alte
damfool [ˈdæmfuːl] *(coll.)* **1.** *adj.* idiotisch *(ugs.);* blöd *(ugs.);* ~ **action/remark** etc. Blödsinn, *der (ugs.);* **that was a ~ thing to do!** das war saublöd! *(ugs.).* **2.** *n.* Idiot, *der (ugs.);* Blödmann, *der (salopp)*
dammit [ˈdæmɪt] *int. (coll.)* verdammt noch mal! *(ugs.);* **as ... as ~:** verdammt ... *(ugs.);* **as near as ~:** jedenfalls so gut wie *(ugs.)*
damn [dæm] **1.** *v.t.* **a)** *(condemn, censure)* verreißen ⟨Buch, Film, Theaterstück⟩; ~ **with faint praise** durch kühles Lob ablehnen; **b)** *(doom to hell, curse)* verdammen; **c)** *(coll.)* ~ **it!, ~ and blast [it]!** verflucht [noch mal]! *(ugs.);* **zum Teufel [noch mal]!** *(ugs.);* ~ **it all!** verdammt noch mal! *(ugs.);* zum Donnerwetter! *(ugs.);* ~ **all!** *(Brit. sl.)* nicht die Bohne *(ugs.);* ~ **you/him!** hol' dich/ihn der Teufel! *(salopp);* **[well,] I'll be** *or* **I'm ~ed** ich werd' verrückt *(ugs.);* **I'll be** *or* **I'm ~ed if I know** ich habe nicht die leiseste Ahnung; **[I'll be** *or* **I'm] ~ed if I do** ich werde das bestimmt nicht tun *(ugs.)* **garantiert nicht treffen;** **I'm ~ed if I can find it** ich kann es beim besten Willen nicht finden; *see also* **God; d)** *(be the ruin of)* zu Fall bringen. **2.** *n.* **a)** *(curse)* Fluch, *der;* **b) he didn't give** *or* **care a ~** ihm war es völlig Wurscht *(ugs.) od.* scheißegal *(salopp);* **I don't give a ~ for that girl** das Mädchen ist mir völlig schnuppe *(ugs.) od.* Wurscht *(ugs.).* **3.** *int.* verdammt! *(ugs.);* Scheiß- *(salopp).* **4.** *adv.* verdammt
damnable [ˈdæmnəbl] *adj.* gräßlich, scheußlich ⟨Wetter⟩; ungeheuerlich ⟨Lüge, Anschuldigung⟩; ~ **luck** entsetzliches Pech
damnably [ˈdæmnəblɪ] *adv.* verdammt
damnation [dæmˈneɪʃn] **1.** *n.* Verdammnis, *die.* **2.** *int.* verdammt [noch mal]! *(ugs.)*
damned [dæmd] **1.** *adj.* **a)** *(doomed)* verdammt; **b)** *(infernal, unwelcome)* verdammt *(ugs.);* **I can't see a ~ thing in this fog** so'n Mist, ich sehe überhaupt nichts [mehr] bei diesem Nebel *(ugs.);* **I have to walk back in this rain. What a ~ nuisance!** Jetzt muß ich bei dem Regen zurücklaufen! *(ugs.);* **c)** **do/try one's ~est** sein möglichstes tun. **2.** *adv.* verdammt *(ugs.);* **I should ~ well hope so/think so** das will ich

damning

aber [auch] schwer hoffen *(ugs.)* /stark annehmen. **3.** *n. pl.* **the ~:** die Verdammten
damning ['dæmɪŋ] *adj.* **a)** *(expressing severe criticism)* vernichtend ⟨*Urteil, Kritik, Worte*⟩; **b)** *(that proves guilt)* belastend ⟨*Beweise*⟩
Damocles ['dæməkli:z] *pr. n.* Damokles *(der);* **sword of ~:** Damoklesschwert, *das*
damp [dæmp] **1.** *adj.* feucht; **a ~ squib** *(fig.)* ein Reinfall. **2.** *v. t.* **a)** befeuchten; [ein]sprengen ⟨*Wäsche*⟩; **b)** *(stifle, extinguish)* dämpfen ⟨*Lärm*⟩; **~ [down] a fire** ein Feuer ersticken; **c)** *(Mus., Phys.)* dämpfen; **d)** *(discourage, depress)* dämpfen ⟨*Eifer, Begeisterung*⟩; **~ sb.'s spirits** jmdm. den Mut nehmen. **3.** *n. (moisture)* Feuchtigkeit, *die;* **~ in the air** Luftfeuchtigkeit, *die*
'**damp course** *see* **damp-proof**
dampen ['dæmpn] *see* **damp 2 a, d**
damper ['dæmpə(r)] *n.* **a)** *(sth. that checks or depresses)* **put a ~ on sth.** einer Sache *(Dat.)* einen Dämpfer aufsetzen; **his presence put a ~ on us** seine Anwesenheit dämpfte unsere Stimmung; **b)** *(Mus.)* Dämpfer, *der;* **c)** *(in vehicle)* Stoßdämpfer, *der;* **d)** *(in flue)* Luftklappe, *die*
dampness ['dæmpnɪs] *n. no pl.* Feuchtigkeit, *die;* **~ in the air** Luftfeuchtigkeit, *die*
'**damp-proof** *adj.* feuchtigkeitsbeständig; **~ course** Sperrschicht, *die (gegen aufsteigende Bodenfeuchtigkeit)*
damsel ['dæmzl] *n. (arch./literary)* Maid, *die (veralt.);* **a ~ in distress** *(joc.)* eine hilflose junge Dame
damson ['dæmzn] *n.* **a)** *(fruit)* Haferpflaume, *die;* **b)** *(tree)* Haferpflaumenbaum, *der*
damson '**plum** *n.* große Haferpflaume
dance [dɑːns] **1.** *v. i.* **a)** tanzen; **~ to sb.'s tune** *(fig.)* nach jmds. Pfeife tanzen; **b)** *(jump about, skip)* herumtanzen; **~ about in agony/with rage** vor Schmerzen/Zorn rasen; **~ for joy** vor Freude an die Decke springen; einen Freudentanz aufführen; **c)** *(bob up and down)* tanzen; **the boat was dancing on the waves** das Boot tanzte *od.* schaukelte auf den Wellen. **2.** *v. t.* **a)** tanzen; **~ attendance on sb.** *(fig.)* jmdm. vorn und hinten bedienen *(ugs.);* jmdn. herumscharwenzeln *(ugs. abwertend);* **b)** *(move up and down, dandle)* schaukeln. **3.** *n.* **a)** Tanz, *der;* **lead sb. a [merry] ~** *(fig.)* jmdn. [schön] an der Nase herumführen; **b)** *(party)* Tanzveranstaltung, *die; (private)* Tanzparty, *die;* **c)** *(tune in rhythm)* Tanz, *der;* **light ~ music** leichte Tanzmusik; **d)** St. Vitus's **~:** Veitstanz, *der*
dance: **~-band** *n.* Tanzkapelle, *die;* **~-floor** *n.* Tanzfläche, *die;* **~-hall** *n.* Tanzsaal, *der*
dancer ['dɑːnsə(r)] *n.* Tänzer, *der*/Tänzerin, *die*
dancing ['dɑːnsɪŋ] *n.* **~-girl** *n.* Tänzerin, *die;* **~-master** *n.* Tanzlehrer, *der;* **~-partner** *n.* Tanzpartner, *der*/-partnerin, *die;* **~-step** *n.* Tanzschritt, *der*
dandelion ['dændɪlaɪən] *n.* Löwenzahn, *der; (with seed-head)* Pusteblume, *die (Kinderspr.)*
dander ['dændə(r)] *n. (coll.)* Rage, *die (ugs.);* **get one's/sb.'s ~ up** in Rage kommen *(ugs.)*/jmdn. in Rage bringen *(ugs.)*
dandify ['dændɪfaɪ] *v. t.* herausputzen
dandle ['dændl] *v. t.* schaukeln
dandruff ['dændrʌf] *n.* [Kopf]schuppen *Pl.*
dandy ['dændɪ] **1.** *n. (person)* Dandy, *der (geh.); (veralt. abwertend)* Stutzer, *der (veralt. abwertend).* **2.** *adj. (coll.)* [**fine and**] **~:** prima *(ugs.)*
Dane [deɪn] *n.* Däne, *der*/Dänin, *die*
danger ['deɪndʒə(r)] *n.* Gefahr, *die;* **a ~ to sb./sth.** eine Gefahr für jmdn./etw.; '**~!**' „Vorsicht!"; *(stronger)* „Lebensgefahr!"; **there is [a/the] ~ of war/disease** es besteht Kriegs-/Seuchengefahr; **[a] ~ of invasion** die Gefahr einer Invasion; **in ~:** in Gefahr; **put sb. in ~:** jmdn. in Gefahr bringen; **in ~** **of one's life/of death** in Lebensgefahr/Todesgefahr; **be in ~ of doing sth.** ⟨*Person:*⟩ Gefahr laufen, etw. zu tun; ⟨*Sache:*⟩ drohen, etw. zu tun; **out of ~:** außer Gefahr
danger: **~ level** *n.* Gefahrengrenze, *die;* **~ list** *n.* **be on/off the ~ list** in/außer Lebensgefahr sein; **~ money** *n.* Gefahrenzulage, *die*
dangerous ['deɪndʒərəs] *adj.* gefährlich; **~ to health** gesundheitsgefährdend
dangerously ['deɪndʒərəslɪ] *adv.* gefährlich; **he drives ~:** er hat einen gefährlichen Fahrstil; **he's ~ overweight** er hat erhebliches Übergewicht
dangle ['dæŋgl] **1.** *v. i.* baumeln *(from* an + *Dat.).* **2.** *v. t.* baumeln lassen; **~ [the prospect of] sth. in front of sb.** *(fig.)* jmdm. etw. [als Anreiz] in Aussicht stellen
Danish ['deɪnɪʃ] **1.** *adj.* dänisch; **sb. is ~:** ist Däne/Dänin; *see also* **English 1. 2.** *n.* Dänisch, *das; see also* **English 2 a**
Danish: **~** '**blue** *n.* dänischer Blauschimmelkäse, Danablu W; *der;* **~** '**pastry** *n.* Plunderstück, *das*
dank [dæŋk] *adj.* feucht
Danube ['dænjuːb] *pr. n.* Donau, *die*
daphne ['dæfnɪ] *n. (Bot.)* Seidelbast, *der*
dapper ['dæpə(r)] *adj. (neat)* adrett; schmuck *(veralt.); (sprightly)* munter
dapple ['dæpl] *v. t.* [be]sprenkeln
dappled ['dæpld] *adj.* gesprenkelt; gefleckt ⟨*Pferd, Kuh*⟩
dapple-'**grey 1.** *adj.* **~ mare** Apfelschimmelstute, *die.* **2.** *n.* Apfelschimmel, *der*
Darby and Joan ['dɑːbɪ ənd 'dʒəʊn] *n., pl.* **Darbies and Joans** treues, altes Ehepaar; ≈ Philemon und Baucis *(geh.)*
Darby and '**Joan club** *n. (Brit.)* Seniorenclub, *der*
dare [deə(r)] **1.** *v. t., pres.* **he ~** or **~s**, *neg.* **~ not,** *(coll.)* **~n't** [*dea:nt*] **a)** *(venture)* [es] wagen; sich *(Akk.)* trauen; **if you ~ [to] give away the secret** wenn du es wagst, das Geheimnis zu verraten; **we didn't ~ [to] go any further** wir wagten [es] nicht *od.* trauten uns nicht, weiter zu gehen; **we ~ not/~d not** *or (coll.)* **didn't ~ tell him the truth** wir wagten/wagten [es] nicht *od.* trauten/trauten uns nicht, ihm die Wahrheit zu sagen; **you wouldn't ~:** das wagst du nicht, du traust dich nicht; **just you ~!** untersteh dich!; **that versuch mal!**; **don't you ~!** untersteh dich!; **wehe!**; **how ~ you [do ...]?** wie kannst du es wagen[, ... zu tun]?; **how ~ you!** was fällt dir ein!; *(formal)* was erlauben Sie sich!; **I ~ say** *(supposing)* ich nehme an; *(confirming)* das glaube ich gern; **b)** *(attempt)* wagen ⟨*Aufstieg, Flucht*⟩; **take the risk of** riskieren; herausfordern ⟨*Zorn der Götter*⟩; **c)** *(challenge)* herausfordern; **~ sb. to do sth.** jmdn. dazu aufstacheln, etw. zu tun; **I ~ you!** trau dich!; **I ~ you to** *or* **I bet you ~n't call the boss by his first name** wetten, daß du dich nicht traust, den Chef beim Vornamen zu rufen? **2.** *n. (act of daring)* **do sth. for/as a ~:** etw. als Mutprobe tun; *(challenge)* **Go on! It's a ~!** Los! Sei kein Frosch!
'**daredevil** *n.* Draufgänger, *der*/-gängerin, *die*
daren't [deənt] *(coll.)* = **dare not**
daring ['deərɪŋ] **1.** *adj. (bold)* kühn; waghalsig ⟨*Kunststück, Tat*⟩; *(fearless)* wagemutig. **2.** *n.* Kühnheit, *die*
daringly ['deərɪŋlɪ] *adv. (boldly)* kühn; *(fearlessly)* wagemutig
dark [dɑːk] **1.** *adj.* **a)** *(without light)* dunkel; dunkel, finster ⟨*Nacht, Haus, Straße*⟩; *(gloomy)* düster; dunkel, finster ⟨*Wolke*⟩; **b)** dunkel ⟨*Farbe*⟩; *(brown-complexioned)* dunkelhäutig; *(dark-haired)* dunkelhaarig; **~-blue/-brown/-green** *etc.* dunkelblau/-braun/-grün *usw.; see also* '**blue 2 e**; **c)** *(evil)* finster; übel ⟨*Zauber, Ruf, Fluch*⟩; *(threatening, sad)* düster ⟨*Drohung, Bedeutung*⟩; furchtbar ⟨*Grausamkeiten*⟩; **d)** *(cheerless)* finster; düster ⟨*Bild*⟩; *(sad)* düster ⟨*Stimmung, Gedanke*⟩; *(frowning)* finster; **don't always look on the ~ side of things** sieh doch nicht immer alles so schwarz *od.* düster; **e)** *(obscure)* dunkel; schwierig ⟨*Frage*⟩; **he's a ~ one as far as his plans are concerned** er ist so verschwiegen, was seine Pläne anbelangt; **keep sth./it ~:** etw./es geheimhalten *(from* vor + *Dat.);* **be in ~est Africa** im tiefsten *od.* finstersten Afrika sein. **2.** *n.* **a)** *(absence of light)* Dunkel, *das;* **in the ~:** im Dunkeln; **b)** *no art. (nightfall)* Einbruch der Dunkelheit; **c)** *(fig.: lack of knowledge)* **keep sb./be [kept] in the ~ about/as to sth.** jmdn. über etw. *(Akk.)* im dunkeln lassen *(Akk.)* im dunkeln gelassen werden; **a leap in the ~:** ein Sprung ins Ungewisse; **it was a shot in the ~:** es war aufs Geratewohl geraten/versucht
'**Dark Ages** *n. pl.* [frühes] Mittelalter
darken ['dɑːkn] **1.** *v. t.* **a)** verdunkeln; **the sun had ~ed her skin** die Sonne hatte ihre Haut gebräunt; **b)** *(fig.)* verdüstern; verfinstern ⟨*Miene*⟩; **he was told never to ~ the door of that house again** man sagte ihm, er solle sich in diesem Hause nie wieder blicken lassen. **2.** *v. i.* **a)** ⟨*Zimmer:*⟩ dunkel werden; ⟨*Wolken, Himmel:*⟩ sich verfinstern; **the day ~ed** es wurde dunkel; **b)** *(fig.)* sich verfinstern
dark: **~** '**glasses** *n. pl.* dunkle Brille; **~-haired** *adj.* dunkelhaarig; **~** '**horse** *n.* unbekanntes Pferd; *(fig.: little-known yet successful person)* [erfolgreicher] Außenseiter; *(fig.: secretive person)* **be a ~ horse** ein stilles Wasser sein
darkie *see* **darky**
darkish ['dɑːkɪʃ] *adj.* ziemlich dunkel
darkly ['dɑːklɪ] *adv.* **a)** *(ominously)* finster; *(obscurely, dimly)* dunkel
darkness ['dɑːknɪs] *n., no pl.* **a)** *(dark)* Dunkelheit, *die;* **b)** *(wickedness, ominousness)* Finsterkeit, *die;* **the powers of ~:** die Mächte der Finsternis; **c)** *(obscurity)* Dunkelheit, *die*
'**dark-room** *n.* Dunkelkammer, *die*
darky ['dɑːkɪ] *n. (coll.)* Schwarze, *der/die*
darling ['dɑːlɪŋ] *n.* **1.** Liebling, *der;* **she was his ~:** sie war seine Liebste *od.* sein Schatz; **her little ~:** ihr Liebling; **you 'are a ~** *(coll.)* du bist ein Schatz. **2.** *adj.* geliebt; *(coll.: delightful)* reizend
¹'**darn** [dɑːn] **1.** *v. t.* stopfen. **2.** *n.* gestopfte Stelle
²**darn** *(sl.: damn)* **1.** *v. t.* **~ you** *etc.* ! zum Kuckuck mit dir *usw.* ! *(salopp);* **~ [it]** verflixt [und zugenäht]! *(ugs.);* **~ it all!** verflixt noch mal! *(ugs.);* **I'll be ~ed** ich werd' nicht mehr *(salopp);* **I'll be ~ed if I'll help you** ich werde dir auf gar keinen Fall helfen; **I'm** *or* **I'll be ~ed if I know** ich habe nicht die leiseste Ahnung *(ugs.).* **2.** *n. see* **damn 2 b. 3.** *adj.* verflixt *(ugs.).* **4.** *adv.* verflixt *(ugs.);* **~ stupid** schrecklich dumm
darned [dɑːnd] *(ugs.)* **1.** *adj.* verflixt *(ugs.);* **you ~ fool!** du verdammter Narr!; *see also* **damned 1 b, c. 2.** *adv.* verflixt; **don't be so ~ stubborn!** sei nicht so verdammt *od.* furchtbar stur!; *see also* **damned 2**
darning ['dɑːnɪŋ] *n.* Stopfen, *das;* **there's a lot of ~ to be done** es gibt eine Menge Sachen zu stopfen
'**darning-needle** *n.* Stopfnadel, *die*
'**dart** [dɑːt] **1.** *n.* **a)** *(missile)* Pfeil, *der;* **b)** *(Sport)* Wurfpfeil, *der;* **~s** *sing. (game)* Darts, *das;* **c)** *(Zool.)* Stachel, *der;* **d)** *(rapid motion)* Satz, *der;* **the child made a sudden ~ into the road** das Kind rannte plötzlich auf die Fahrbahn; **e)** *(Dressmaking: tapering tuck)* Abnäher, *der;* **f)** **~ a look at sb.** jmdm. einen Blick zuwerfen; **the toad ~ed its tongue out** die Kröte ließ ihre Zunge herausschnellen. **3.** *v. i. (start rapidly)* sausen;

dartboard   **daylight**

~ **towards sth.** auf etw. *(Akk.)* zustürzen; **her eyes ~ed towards the staircase** sie warf einen raschen Blick zur Treppe; **the fish ~ed through the water** der Fisch schnellte durch das Wasser

'**dartboard** *n.* Dartscheibe, *die*

dash [dæʃ] **1.** *v. i. (move quickly)* sausen; *(coll.: hurry)* sich eilen; ~ **along behind sb./sth.** hinter jmdm./etw. herrasen; ~ **away from sb./sth.** von jmdm./etw. wegrasen; ~ **down/up [the stairs]** [die Treppe] hinunter-/hinaufstürzen; ~ **up to sb./sth.** auf jmdn./etw. zustürzen; **I must just ~ to the loo** ich muß noch [eben] schnell aufs Klo; ~ **against sth.** ⟨*Wellen usw.:*⟩ gegen etw. peitschen *od.* schlagen. **2.** *v. t.* **a)** *(shatter)* ~ **sth.** [**to pieces**] **etw.** [in tausend Stücke] zerschlagen *od.* zerschmettern; **b)** *(fling)* schleudern; schmettern; *(splash)* schütten; *(bespatter)* bespritzen (**with** etw); **c)** *(frustrate)* **sb.'s hopes are ~ed** jmds. Hoffnungen haben sich zerschlagen; **d)** *(sl.) see* ²**darn 1. 3.** *n.* **a) make a ~ for sth.** zu etw. rasen *(ugs.);* **make a ~ at sb.** auf jmdn. losstürzen *(ugs.);* **make a ~ for shelter** rasch Schutz suchen; **make a ~ for freedom** verzweifelt versuchen, wegzulaufen; **b)** *(horizontal stroke)* Gedankenstrich, *der;* **c)** *(Morse signal)* Strich, *der;* **a ~ of salt** eine Prise Salz; **add a ~ of colour to sth.** einer Sache *(Dat.)* etwas Farbe geben; **beige with a ~ of brown** beige mit einem Stich ins Braune; **e)** *(vigorous action)* Schwung, *der; (showy appearance etc.)* **cut a ~:** Aufsehen erregen; **f)** *see* **dashboard**

~ **a'way 1.** *v. i. (rush)* davonjagen; *(coll.: hurry)* **they had to ~ away** sie mußten schnell weg; **you're not going to ~ away so soon, surely** du willst doch nicht schon wieder weg. **2.** *v. t.* wegstoßen

~ '**off 1.** *v. i. see* ~ **away 1. 2.** *v. t.* rasch schreiben

~ '**out** *v. t.* ~ **sb.'s brains out** jmdm. den Schädel einschlagen

'**dashboard** *n. (Motor Veh.)* Armaturenbrett, *das*

dashed [dæʃt] *see* **darned**

dashing ['dæʃɪŋ] *adj.* schneidig

dastardly ['dæstədlɪ] *adj.* feige; *(malicious)* hinterhältig

data ['deɪtə, 'dɑːtə] *n. pl., constr. as pl. or sing.; see also* **datum**

data: ~ **bank** *n.* Datenbank, *die;* ~ **capture** *n.* Datenerfassung, *die;* ~-**handling,** ~ '**processing** *ns.* Datenverarbeitung, *die;* ~ '**processor** *n.* Datenverarbeitungsanlage, *die;* ~ **pro'tection** *n.* Datenschutz, *der;* ~ **sheet** *n.* Informationsblatt, *das*

¹**date** [deɪt] *n. (Bot.)* **a)** *(fruit)* Dattel, *die;* **b)** *(tree) see* **date-palm**

²**date 1.** *n.* **a)** Datum, *das; (on coin etc.)* Jahreszahl, *die;* ~ **of birth** Geburtsdatum, *das;* **what are his ~s?** von wann bis wann hat er gelebt?; **the last ~ for payment** der letzte Termin für die Zahlung; **b)** *(coll.: appointment)* Verabredung, *die;* **have/make a ~ with sb.** mit jmdm. verabredet sein/sich mit jmdm. verabreden; **go [out] on a ~ with sb.** mit jmdm. ausgehen; *see also* **blind date; c)** *(Amer. coll.: person)* Freund, *der*/Freundin, *die;* **d)** *(period)* [Entstehungs]zeit, *die;* **be out of ~:** altmodisch sein; *(expired)* nicht mehr gültig sein; **to ~:** bis heute. *See also* **up to date. 2.** *v. t.* **a)** *(mark with date, refer to a time)* datieren; ~ **sth. to a time** etw. einer Zeit zuordnen; **b)** *(coll: make seem old)* alt machen; **c)** *(Amer. coll.: make date with)* [**each other/**]**sb.** miteinander/mit jmdm. gehen *(ugs.).* **3.** *v. i.* **a)** ~ **back to/**~ **from a certain time** aus einer bestimmten Zeit stammen; **b)** *(coll.: become out of date)* aus der Mode kommen

dated ['deɪtɪd] *adj. (coll.)* altmodisch; **a ~ fashion** eine Mode von gestern

date: ~-**line** *n.* **a)** *(Geog.)* Datumsgrenze, *die;* **b)** *(in newspaper etc.)* Zeile, in der das Datum steht; ≈ Kopf, *der;* ~-**palm** *n.* Dattelpalme, *die;* ~-**stamp 1.** *n.* Datumsstempel, *der;* **2.** *v. t.* abstempeln; mit einem Datumsstempel versehen

dative ['deɪtɪv] *(Ling.)* **1.** *adj.* Dativ-; dativisch; ~ **case** Dativ, *der.* **2.** *n.* Dativ, *der*

datum ['deɪtəm, 'dɑːtəm] *n., pl.* **data** ['deɪtə, 'dɑːtə] **a)** *(premiss)* Datum, *das;* Faktum, *das;* **b)** *(fixed starting-point)* Nullpunkt, *der*

'**datum-line** *n. (Surv.)* Normalnull, *das*

daub [dɔːb] **1.** *v. t.* **a)** *(coat)* bewerfen; verschmieren ⟨*Geflecht*⟩; *(smear, soil)* beschmieren; **b)** *(lay crudely)* schmieren. **2.** *v. i.* ⟨*Künstler:*⟩ die Leinwand vollschmieren *(abwertend).* **3.** *n.* **a)** *(plaster etc.)* Bewurf, *der;* **b)** *(crude painting)* Kleckserei, *die (ugs. abwertend); (large)* Schinken, *der (ugs. abwertend); c) (smear)* Fleck, *der;* **covered with great ~s of sth.** reichlich mit etw. beschmiert

daughter ['dɔːtə(r)] *n. (lit. or fig.)* Tochter, *die*

'**daughter-in-law** *n., pl.* **daughters-in-law** Schwiegertochter, *die*

daunt [dɔːnt] *v. t.* entmutigen; schrecken *(geh.);* **nothing ~ed** unverzagt

dauntless ['dɔːntlɪs] *adj.* unerschrocken

dauphin ['dɔːfɪn] *n. (Hist.)* Dauphin, *der*

davenport ['dævnpɔːt] *n.* **a)** *(Brit.: writing-desk)* Sekretär, *der;* **b)** *(Amer.: sofa)* Sofa, *das*

davit ['dævɪt] *n.* [Boots]davit, *der*

Davy [lamp] ['deɪvɪ (læmp)] *n.* Wetterlampe, *die;* Davy-Lampe, *die*

dawdle ['dɔːdl] **1.** *v. i.* bummeln *(ugs.).* **2.** *v. t.* ~ **away** verbummeln *(ugs.).* **3.** *n. (dawdling)* Bummelei, *die (ugs.); (stroll)* Bummel, *der (ugs.)*

dawn [dɔːn] **1.** *v. i.* **a)** dämmern; **day[light] ~ed** der Morgen dämmerte; der Tag brach an; **b)** *(fig.)* ⟨*Zeitalter:*⟩ anbrechen; ⟨*Idee:*⟩ aufkommen; ⟨*Liebe, Hoffnung:*⟩ erwachen; **until the meaning finally ~ed** bis schließlich der Sinn klar wurde; **sth. ~s on or upon sb.** etw. dämmert jmdm.; **hasn't it ~ed on you that ...?** ist dir nicht langsam klargeworden, daß ...? **the idea ~ed on me that ...** ihr kam die Idee, daß ... **2.** *n.* **a)** [Morgen]dämmerung, *die;* **from ~ to dusk** von früh bis spät; **it is ~:** die Dämmerung bricht an; **es wird hell; at ~:** im Morgengrauen; [**the**] ~ **breaks** der Tag bricht an; **in the ~:** in der Morgendämmerung; **into the ~:** in den Sonnenaufgang *(geh.);* **b)** *(fig.)* Morgenröte, *die (geh.); (of idea, love, hope)* Keimen, *das (geh.);* **at the ~ of civilization** in der Morgenröte der Zivilisation *(geh.)*

dawn 'chorus *n.* morgendlicher Gesang der Vögel

dawning ['dɔːnɪŋ] *n.* Anbruch, *der;* **at the ~ of the day** bei Tagesanbruch; **b)** *(fig.)* Anfänge *Pl.;* **at the ~ of a new era/civilization** bei Anbruch eines neuen Zeitalters/in den Anfängen der Zivilisation

'**dawn raid** *n. (St. Exch.)* frühzeitiges, heimliches Aufkaufen von Aktien (um überraschend eine Aktienmehrheit zu erlangen)

day [deɪ] *n.* **a)** Tag, *der;* **on a ~ like today** an einem Tag wie heute; **all ~ [long]** den ganzen Tag [lang]; **take all ~** *(fig.)* eine Ewigkeit brauchen; **as happy as the ~ is long** äußerst glücklich; **the ~ of ~s** der Tag der Tage; **all ~ and every ~:** tagaus, tagein; **not for many a long ~:** schon lange nicht mehr; **to this ~, from that ~ to this** bis zum heutigen Tag; **as clear as ~:** sonnenklar; **the ~s of** *(lang)* zwei Tage [lang]; **what's the ~** *or* **what ~ is it today?** welcher Tag ist heute?; **twice a ~:** zweimal täglich *od.* am Tag; **in a ~/two days** (within) in od. an einem Tag/in zwei Tagen; **in a ~**-[**'s time/a few ~s' time**] in einem Tag/in ein paar Tagen; **in six ~s' time** in sechs Tagen; **in eight ~s** in genau acht Tagen; [**on**] **the ~ after/before** am Tag danach/davor; [**on**] **the ~ after/before sth.** am Tag nach/vor etw. *(Dat.);* [**on**] **the ~ after/before we met** am Tag, nach dem/bevor wir uns trafen; [**the**] **next/**[**on**] **the following/**[**on**] **the previous ~:** am nächsten/folgenden/vorhergehenden Tag; **the ~ before yesterday/after tomorrow** vorgestern/übermorgen; **the other ~:** neulich; **only the other ~:** erst vor ein paar Tagen; **every other ~:** alle zwei Tage; **from this/that ~** [**on**] von heute an/von diesen Tag an; **one ~ he came** eines Tages kam er; **come and see us one ~:** komm irgendwann einmal vorbei; **one ~..., the next ...:** heute ..., morgen ...; **one of these [fine] ~s** eines [schönen] Tages; **two ~s ago** vor zwei Tagen; **some ~:** eines Tages; irgendwann einmal; **for the ~:** für einen Tag; **to the ~:** auf den Tag genau; ~ **after ~:** Tag für Tag; ~ **by ~, from ~ to ~:** von Tag zu Tag; **from one ~ to the next** von einem Tag zum andern; **in ~ out** tagaus, tagein; **it's all in the/a ~'s work** das gehört dazu *(ugs.);* **call it a ~** *(end work)* Feierabend machen; *(more generally)* Schluß machen; *(fig.)* es gut sein lassen; **at the end of the ~** *(fig.)* letzten Endes; **early in the ~** *(fig.)* früh; **he's 65 if he's a ~:** er ist mindestens 65; **it's not my ~:** ich habe [heute] einen schlechten Tag; **it's my ~:** ich habe [heute] einen guten Tag; **on his ~:** wenn er seinen guten Tag hat; **that will be the ~** *(iron.)* das möchte ich sehen/erleben *(ugs.);* **it's been one of those ~s** das war vielleicht ein Tag *(ugs.);* **soup/dish of the ~:** Tagessuppe, *die/*Stammessen, *das; see also* **any 1 e; good 1 m; late 2 e; make 1 p; off 1 e; b)** *(daylight)* **before/at ~:** vor/bei Tagesanbruch; **b)** *in sing. or pl. (period)* **in the ~s when ...:** zu der Zeit, als ...; **in his/that/Queen Anne's ~:** zu seiner/jener Zeit/zur Zeit der Königin Anne; **in former/earlier ~s** in früheren Zeiten; **these ~s** heutzutage; **in those ~s** damals; zu jener Zeit; **in this ~ and age, at the present ~:** heutzutage; **this ~ and age, the** [**present**] ~: heutzutage; **have seen/known better ~s** bessere Tage gesehen/gekannt haben; **I have seen the ~ when ...:** zu meiner Zeit ...; **those were the ~s** *(iron.)* schöne Zeiten waren das; *see also* **bad 1 a; good 1 d; d)** *in sing. or pl. (lifetime)* **in our ~**[**s**] zu unserer Zeit; **end one's ~s** sein Tage beenden; **e)** *(time of prosperity)* **in one's ~:** zu seiner Zeit; *(during lifetime)* in seinem Leben; **sb.'s ~ is over** die Zeiten in einer Sache *(Gen.)* sind vorbei; **every dog has its ~:** jeder hat einmal seine Chance; **it has had its ~:** es hat ausgedient *(ugs.);* **f)** *(victory)* **win** *or* **carry the ~:** den Sieg davontragen; **g)** *(~ for regular event)* **Monday is my ~:** montags bin ich an der Reihe; **it's my ~** [**for doing** *or* **to do sth.**] ich bin an der Reihe[, etw. zu tun]; **whose ~ is it?** wer ist an der Reihe?

-**day** *adj. suf.* -tägig; **three-**~[**s**]-**old** drei Tage alt; **five-**~ **week** Fünftagewoche, *die*

day: ~-**bed** *n.* Liegesofa, *das;* ~**book** *n. (Commerc.)* Journal, *das;* ~-**boy** *n. (Brit.)* externer Schüler; ~**break** *n.* Tagesanbruch, *der;* **at ~break** bei Tagesanbruch; ~**dream 1.** *n.* Tagtraum, *der;* **lost in a ~dream** traumverloren. **2.** *v. i.* träumen; ~**dreamer** *n.* Tagträumer, *der*/-träumerin, *die;* ~-**girl** *n. (Brit.)* externe Schülerin; ~**light** *n.* **a)** *(light of day)* Tageslicht, *das;* **by ~light** bei Tageslicht; **go on working while it's still ~light** weiterarbeiten, solange es noch hell ist; ~**light comes** wird hell; der Tag bricht an; **it's** [**already**] ~**light** es ist [schon] hell; **during the hours of ~light, in ~light** bei Tag[eslicht]; **in broad ~light** am hellichten Tag[e]; ~**light saving** [**time**] Sommerzeit, *die;* **b)** *(dawn)* **at** or **by/before ~light** bei/vor Tagesanbruch; **c)** *(fig.)* **bring sth. into the ~light** etw. ans Tageslicht brin-

186

day-long — **deal**

gen; **I see ~light** ich denke, die Situation lichtet sich; *(understand)* mir geht ein Licht auf *(ugs.)*; **scare/beat the [living] ~lights out of sb.** *(sl.)* jmdn. zu Tode erschrecken/ *(ugs.)* windelweich schlagen; **it's ~light robbery** es ist der reine Wucher; **d)** *(visible interval)* Luft, die; **~-long** attrib. adj. den ganzen Tag dauernd; **~ nursery** n. **a)** *(room)* Kinderzimmer, das; **b)** *(school)* Kindergarten, der; **~ release** n. *(Brit.)* [tageweise] Freistellung zur Fortbildung; **~-return** 1. attrib. adj. **~-return ticket** see 2; 2. n. Tagesrückfahrkarte, die; **~-school** n. Tagesschule, die; **~ shift** n. Tagschicht, die; **be on [the] ~ shift** Tagschicht haben; **~time** n. Tag, der; **in** or **during the ~time** während des Tages; tagsüber; **~-to-~** adj. [tag]täglich; **~-to-~ life** Alltagsleben, das; **~ trip** n. Tagesausflug, der; **~ tripper** n. Tagesausflügler, der/-ausflüglerin, die

daze [deɪz] 1. v. t. benommen machen; be ~d benommen sein (at von). 2. n. Benommenheit, die; **in a [complete/bit of a] ~**: [völlig/ein wenig] benommen

dazzle ['dæzl] v. t. *(lit.*, or *fig.: delude)* blenden; *(fig.: confuse, impress)* überwältigen

dB abbr. **decibel[s]** dB

DC abbr. **a)** *(Electr.)* **direct current** GS; **b)** *(Geog.)* **District of Columbia** Bundesdistrikt Columbia; **c)** *(Mus.)* **da capo** d.c.

DD abbr. **Doctor of Divinity** ≈ Dr. theol.; see also **B. Sc.**

D-Day ['diːdeɪ] n. **a)** *(6 June 1944)* Tag der Landung der Alliierten in der Normandie; **b)** *(starting day)* der Tag X

DDT [diːdiːˈtiː] n. DDT, das

deacon ['diːkn] n. Diakon, der

deaconess ['diːkənɪs] n. Diakonin, die

deactivate [diːˈæktɪveɪt] v. t. entschärfen ⟨Bombe⟩; desaktivieren ⟨Chemikalie⟩; abschalten ⟨Maschine, Motor⟩

dead [ded] 1. adj. **a)** tot; tot, abgestorben ⟨Gewebe, Pflanze⟩; **[as] ~ as a doornail/as mutton** mausetot *(ugs.)*; **be ~ from the neck up** *(coll.)* gehirnamputiert sein *(salopp)*; **I wouldn't be seen ~ doing sth./in that dress** *(coll.)* ich würde nie im Leben etw. tun/dieses Kleid anziehen *(ugs.)*; **I wouldn't be seen ~ in a place like that** *(coll.)* keine zehn Pferde würden mich an solch einen Ort bringen *(ugs.)*; **~ men tell no tales** *(prov.)* Tote reden nicht; see also **body 1 b**; **bury a**; **¹go 1 j**; **b)** *(inanimate, extinct)* tot ⟨Materie⟩; erloschen ⟨Vulkan, Gebiet, Interesse⟩; ausgestorben ⟨Spezies⟩; *(without power)* verbraucht, leer ⟨Batterie⟩; ausgebrannt ⟨Glühbirne⟩; *(extinguished)* ausgegangen ⟨Zigarette⟩; erloschen ⟨Feuer⟩; *(not glowing)* ausgeglüht ⟨Kohle, Asche⟩; **the fire is ~**: das Feuer ist aus *(ugs.); see also* **dodo**; **c)** *(dull, lustreless)* stumpf ⟨Haar, Farbe⟩; *(without force)* wirkungslos ⟨Gesetz, Politik⟩; *(without warmth)* kalt ⟨Stimme, Ton⟩; ausgestorben, tot ⟨Stadt⟩; *(quiet)* [toten]still ⟨Nacht, Wald, Straße⟩; unbelebt, tot ⟨Straße⟩; *(unexciting)* öde ⟨Party, Geschmack⟩; *(flat)* schal, abgestanden ⟨Getränk⟩; **d)** *(inactive, unproductive)* tot ⟨Telefon, Leitung, Saison, Kapital, Ball⟩; unfruchtbar ⟨Land, Erde⟩; **go ~**: zusammenbrechen; *(lose interest)* Interesse verlieren (**on an** + Dat.); **the phone has gone ~**: die Leitung ist tot; **the motor is ~**: der Motor läuft nicht; **a ~ engine** eine Maschine, die/ein Motor, der nicht läuft; **e)** *expr. completeness* plötzlich ⟨Halt⟩; völlig ⟨Stillstand⟩; genau ⟨Mitte⟩; *(coll.: absolute)* absolut; **~ silence** or **quiet** Totenstille, die; **~ calm** Flaute, die; Windstille, die; **~ faint** [totenähnliche] Ohnmacht, die; **~ trouble** große Schwierigkeiten Pl.; **a ~ shot** ein unfehlbarer Schütze; **f)** *(benumbed)* taub; *(sleeping)* schlafend; **be ~ to sth.** *(lit. or fig.)* etw. nicht mehr empfinden; **be ~ to shame** gar kein Schamgefühl haben; **be ~ to the world** *(un-*

conscious) bewußtlos sein; weggetreten sein *(ugs.); (asleep)* tief und fest schlafen; **g)** *(exhausted)* völlig erschöpft, kaputt *(ugs.)*; **I feel absolutely ~**: ich bin völlig erschöpft. 2. adv. **a)** *(completely)* völlig; **~ silent** totenstill; **~ straight** schnurgerade; **~ tired** todmüde; **~ easy** or **simple/slow** kinderleicht/ ganz langsam; **'~ slow** „besonders langsam fahren"; **~ drunk** stockbetrunken *(ugs.)*; **~ level** völlig eben; **~ still** regungslos; *(without wind)* windstill; **make ~ certain** or **sure of sth.** etw. todsicher machen; **be ~ against sth.** absolut gegen etw. sein; **b)** *(exactly)*: **~ on the target** genau im Ziel; **~ on time** auf die Minute; **~ on two [o'clock]** Punkt zwei [Uhr]. *See also* **cut 1 f**; **stop 2 b**. 3. n. **a) in the ~ of winter/night** mitten im Winter/in der Nacht; **it was the ~ of winter** es war mitten im Winter; **b)** pl. **the ~**: die Toten Pl.

dead: ~-[and-]a'live adj. langweilig; öde ⟨Ort, Leben⟩; **~-beat** 1. [-ˈ-] adj. *(exhausted)* völlig zerschlagen; *(without money)* bettelarm; 2. [ˈ--] n. *(sl.) (sponger)* Nassauer, der *(ugs.); (penniless person)* **he is a ~-beat** er ist bettelarm; **'duck** n. *(sl.)* **a)** *(person)* Null, die *(ugs.)*; **b)** *(thing)* **it is a ~ duck** das kann man vergessen

deaden ['dedn] v. t. dämpfen; abstumpfen ⟨Gefühl⟩; betäuben ⟨Nerv, Körperteil, Schmerz⟩; **~ sb./sth. to sth.** jmdn./etw. gegen etw. unempfindlich machen

dead: ~ 'end n. *(closed end)* Absperrung, die; *(street; also fig.)* Sackgasse, die; **~-end** attrib. adj. **~-end street/road** Sackgasse, die; **b)** *(fig.)* aussichtslos; **she's in a ~-end job** in ihrem Job hat sie keine Aufstiegschancen; **he is a ~-end kid** er ist in ärmlichen Verhältnissen aufgewachsen; **~-eye** n. *(Naut.)* Jungfer, die; **~ 'head** n. *(flowerhead)* verblühte Blüte; **~ 'heat** n. totes Rennen; **finish** or **end in a ~ heat** unentschieden ausgehen; **~ 'language** n. tote Sprache; **~ 'letter** n. **a)** *(law)* Gesetz, das nicht angewendet wird; **b)** **a ~ letter** ein Brief, der nur noch auf dem Papier besteht; **b)** *(letter)* unzustellbarer Brief; **~ 'lift** n. Gewaltleistung, die; **~-light** n. *(Naut.)* [Seeschlag]blende, die; **~-line** n. **a)** *(line of limit)* Linie in einem Gefängnis o. ä., die von den Gefangenen nicht überschritten werden darf; **b)** *(time-limit)* [letzter] Termin; **meet the ~-line** den Termin einhalten; **set a ~-line for sth.** eine Frist für etw. setzen

deadliness ['dedlɪnɪs] n., no pl. *(fatal quality)* tödliche Wirkung

dead: ~lock 1. n. **a)** *(standstill)* völliger Stillstand; **come to a** or **reach [a] ~lock/be at ~lock** an einem toten Punkt anlangen/angelangt sein; **the negotiations had reached ~lock** die Verhandlungen waren festgefahren; **b)** *(only)* einfaches Schloß ohne Feder; 2. v. t. blockieren; **~ 'loss** n. **a)** *(complete loss)* [totaler] Verlust; **b)** *(coll.) (worthless thing)* totaler Reinfall *(ugs.); (person)* hoffnungsloser Fall *(ugs.)*

deadly ['dedlɪ] 1. adj. **a)** *(fatal)* tödlich; *(fig. coll.: awful)* fürchterlich; *(very boring)* totlangweilig; *(very dangerous)* lebensgefährlich; **~ enemy** Todfeind, der; **~ fear** Todesangst, die; **he looked ~** *(dangerous)* sah furchterregend aus; **I'm in ~ earnest about this** es ist mir todernst damit; **b)** *(accurate)* [absolut] exakt; **c)** *(Theol.)* **~ sin** Todsünde, die. 2. adv. tod-; *(extremely)* äußerst; **~ pale** totenblaß; **~ dull** todlangweilig

deadly 'nightshade n. *(Bot.)* Tollkirsche, die

dead: ~ man's 'handle n. *(Transport)* Sicherheitsfahrschalter, der; **~ march** n. Trauermarsch, der; **~ men** n. pl. *(coll.: bottles)* leere Flaschen; tote Marine *(salopp scherzh.)*

deadness ['dednɪs] n., no pl. *(numbness)* Gefühllosigkeit, die; *(inactivity)* Öde, die; Trostlosigkeit, die

dead: **~-'on** 1. adj. [ganz] genau; **he was ~-on with his shot** er hat mit seinem Schuß genau getroffen; **you were ~-on when you said that** du hattest vollkommen recht, als du das sagtest; 2. adv. [ganz] genau; **~pan** adj. *(coll.)* unbewegt; **he looked ~-pan** or **had a ~-pan expression** er verzog keine Miene; **~ 'reckoning** n. *(Naut.)* Koppeln, das; Besteckrechnung, die; **D~ 'Sea** pr. n. Totes Meer, das; **D~ Sea Scrolls** pr. n. pl. Schriftrollen von Kumran od. vom Toten Meer; **~ 'weight** n. **a)** *(inert mass)* Eigengewicht, das; Totgewicht, das *(Technik)*; *(fig.)* schwere Bürde; **b)** *(Naut.: weight of cargo etc.)* Tragfähigkeit, die; Deadweight, das; **~ 'wood** n. **a)** totes Holz; **b)** *(fig.)* **be just ~ wood** völlig überflüssig sein; **get rid of much of the ~ wood** *(persons)* viele Nieten loswerden *(ugs.); (things)* viel Überflüssiges loswerden

deaf [def] 1. adj. **a)** *(without hearing)* taub; **~ and dumb** taubstumm; **~ in one ear** auf einem Ohr taub; **go** or **become ~**: taub werden; **b)** *(insensitive) musically* **~**: unmusikalisch; **be ~ to sth.** kein Ohr für etw. haben; *(fig.)* taub gegenüber etw. sein; **turn a ~ ear [to sth./sb.]** sich [gegenüber etw./jmdm.] taub stellen; **fall on ~ ears** kein Gehör finden. 2. n. pl. **the ~**: die Tauben Pl.

deaf: ~-aid n. Hörgerät, das; **~-and-'dumb alphabet** or **language** n. Taubstummensprache, die

deafen ['defn] v. t. **~ sb.** bei jmdm. zur Taubheit führen; **I was ~ed by the noise** *(fig.)* ich war von dem Lärm wie betäubt

deafening ['defnɪŋ] adj. ohrenbetäubend ⟨Lärm, Musik, Geschrei⟩

deaf 'mute n. Taubstumme, der/die

deafness ['defnɪs] n., no pl. Taubheit, die; **cause ~ in sb.** bei jmdm. zur Taubheit führen

¹deal [diːl] 1. v. t., **dealt** [delt] **a)** *(Cards)* austeilen; **who ~t the cards?** wer hat gegeben?; **he was ~t four aces** er bekam vier Asse; **b)** *(deliver as share)* **~ sb. sth.** jmdm. etw. zuteil werden lassen *(geh.)*; **c)** *(administer)* versetzen; **~ sb. a blow** *(lit. or fig.)* jmdm. einen Schlag versetzen; **d)** *(distribute)* verteilen. 2. v. i., **dealt a) b)** *(do business)* **~ with sb.** mit jmdm. Geschäfte machen; **~ in sth.** mit etw. handeln; **b)** *(occupy oneself)* **~ with sth.** sich mit etw. befassen; *(manage)* mit etw. fertig werden; **this point must be ~t with** dieser Punkt muß behandelt werden; **I'll ~ with the washing-up** ich kümmere mich um den Abwasch; **the play ~s with the Civil War** das Stück handelt vom Bürgerkrieg; **c)** *(associate)* **~ with sb.** mit jmdm. zu tun haben; **d)** *(behave)* **~ gently/circumspectly with sb./sth.** mit jmdm. sanft/vorsichtig umgehen; **e)** *(take measures)* **~ with sb.** mit jmdm. fertig werden. 3. n. **a)** *(coll.: arrangement, bargain)* Geschäft, das; **new ~**: neue Bedingungen; *(Polit.)* Reformprogramm, das; **make a ~ with sb.** mit jmdm. ein Geschäft abschließen; **you've got a good ~ there** da hast du ein gutes Geschäft gemacht; **it's a ~!** abgemacht!; **big ~!** *(iron.)* na und?; **fair ~** *(bargain)* gutes Geschäft; *(treatment)* faire od. gerechte Behandlung; **raw** or **rough ~** *(treatment)* ungerechte Behandlung; *(bad luck)* Pech, das; **b)** *(coll.: agreement)* **make** or **do a ~ with sb.** mit jmdm. eine Vereinbarung treffen; **let's stick to our ~**: laß uns bei unserer Abmachung bleiben; **c)** *(Cards)* **it's your ~**: du gibst

~ 'out v. t. verteilen; **~ sth. out to sb.** etw. an jmdn. verteilen

²deal n. **a great** or **good ~**, *(coll.)* **a ~**: viel; *(often)* ziemlich viel; **a great** or **good ~ of**, *(coll.)* **a ~ of** eine [ganze] Menge von; **I resent it a [great/good] ~ that ...** *(coll.)* es ärgert uns ganz schön, daß ... *(ugs.)*

³deal n. *(fir/pine timber)* [Tannen-/Kiefern]holz, das

187

dealer ['di:lə(r)] *n.* **a)** *(trader)* Händler, *der;* **he's a ~ in antiques** er ist Antiquitätenhändler *od.* handelt mit Antiquitäten; **b)** *(Cards)* Geber, *der;* **he's the ~:** er gibt; **c)** *(Stock Exch.)* Börsenmakler, *der*

dealing ['di:lɪŋ] *n.* **have ~s with sb.** mit jmdm. zu tun haben

dealt see ¹**deal 1, 2**

dean [di:n] *n.* **a)** *(Eccl.)* Dechant, *der;* Dekan, *der;* **b)** *(in college, university, etc.)* (resident fellow) Fellow mit Aufsichts- und Beratungsfunktion; *(head of faculty)* Dekan, *der*

deanery ['di:nərɪ] *n.* **a)** *(office)* Dekanat, *das;* **b)** *(house)* Dekanei, *die;* **c)** *(Brit.: group of parishes)* Dekanat, *das*

dear [dɪə(r)] **1.** *adj.* **a)** *(beloved; also iron.)* lieb; geliebt; *(sweet; also iron.)* reizend; **my ~ sir/madam** [mein] lieber Herr/[meine] liebe Dame; **my ~ man/woman** guter Mann/gute Frau; **my ~ Jones/child/girl** [mein] lieber Jones/liebes Kind/liebes Mädchen, **is [very] ~ to sb.['s heart]** jmd. liebt jmdn./etw. [über alles]; **sb. holds sb./sth. ~ [to him/to his heart]** jmd./etw. liegt jmdm. [sehr] am Herzen; **run for ~ life** um sein Leben rennen; **my ~est wish** mein innigster *od.* sehnlichster Wunsch; **his ~est ambition** sein höchstes Ziel; *(beginning letter)* **D~ Sir/Madam** Sehr geehrter Herr/Sehr verehrte gnädige Frau; **D~ Mr Jones/Mrs Jones** Sehr geehrter Herr Jones/Sehr verehrte Frau Jones; **D~ Malcolm/Emily** Lieber Malcolm/Liebe Emily; **D~ Auntie Minnie** Liebste Tante Minnie; **My ~ Smith** *(Brit.: less formal)* Lieber Herr Smith; *(between old schoolfellows etc.)* Lieber Smith; *(Amer.: more formal)* Sehr geehrter Herr Smith; **c)** *(in addressing sb.)* lieb; *(in exclamation)* **~ God!** ach du lieber Gott! *See also* **madam a; sir b; d)** *(expensive)* teuer. **2.** *int.* **~, ~!, ~ me!, oh ~!** [ach] du liebe *od.* meine Güte. **3.** *n.* **a) you 'are a ~** *(coll.)* du bist wirklich lieb; **she is a ~:** sie ist ein Schatz; **b) [my] ~** *(to wife, husband, younger relative)* [mein] Liebling; [mein] Schatz; *(to aunt)* Tantchen *(das); (to little girl/boy)* [meine] Kleine/[mein] Kleiner; *(to man/woman)* guter Mann/gute Frau; **~est** Liebling *(der).* **4.** *adv.* teuer; *see also* **cost 2 a**

dearie ['dɪərɪ] *n.* Kleine, *der/die;* **~ me!** [ach] du liebe *od.* meine Güte

dearly ['dɪəlɪ] *adv.* **a)** *(very fondly, earnestly)* von ganzem Herzen; **I'd ~ love to do sth.** ich würde liebend gern etw. tun; **b)** *(at high price)* teuer; **you'll pay ~ for it** *(fig.)* du wirst teuer dafür bezahlen müssen

dearth [dɜ:θ] *n.* Mangel, *der* **(of an + Dat.)**; **there is a ~ of sth.** es besteht *od.* herrscht Mangel an *(Dat.);* **there is no ~ of sth.** es fehlt nicht an etw. *(Dat.)*

death [deθ] *n.* **a)** Tod, *der;* **end in/mean ~:** zum Tod führen; **be afraid of ~:** Angst vor dem Tod haben; **after ~:** nach dem Tod; **[as] sure as ~:** todsicher; **meet one's death** den Tod finden *(geh.);* **catch one's ~ [of cold]** *(coll.)* sich *(Dat.)* den Tod holen *(ugs.);* **drink will be the ~ of him** er trinkt sich noch zu Tode; **... to ~:** zu Tode ...; **bleed to ~:** verbluten; **freeze to ~:** erfrieren; **beat sb. to ~:** jmdn. totschlagen; **burn [sb.] to ~:** [jmdn.] verbrennen; **he worked/drank himself to ~:** er hat sich totgearbeitet/totgetrunken *(ugs.);* **I'm scared to ~** *(fig.)* mir ist angst und bange **(about vor + Dat.);* **be sick or tired to ~ of sth.** *(fig.)* etw. gründlich satt haben; **be tickled to ~ by sth.** *(fig.)* sich über etw. totlachen; **be done to ~:** getötet werden; *(fig.)* zu Tode geritten werden; **be worked to ~:** *(fig.)* zu Tode geschunden werden; **[fight] to the ~:** auf Leben und Tod [kämpfen]; **be in at the ~** *(in fox-hunting)* dabei sein, wenn der Fuchs getötet wird; *(fig.)* das Ende miterleben; **a fate worse than ~** *(joc.)* das Allerschlimmste; **~ or glory!** Ruhm oder Untergang!; **~ to Fascism!** Tod dem Faschismus!; **D~** *(personified)* der Tod; **be at ~'s door** an der Schwelle des Todes stehen; **feel/look like ~ [warmed up]** *(sl.)* sich wie eine Leiche auf Urlaub fühlen/wie eine Leiche auf Urlaub aussehen *(salopp);* **b)** *(instance)* Todesfall, *der;* **how many ~s were there?** wie viele Tote gab es?

death: ~bed *n.* Totenbett, *das;* Sterbebett, *das; attrib.* auf dem Sterbebett nachgestellt; **on one's ~bed** auf dem Sterbebett; **~-blow** *n. (lit. or fig.)* Todesstoß, *der* **(to für); ~ cell** *n.* Todeszelle, *die;* **~ certificate** *n.* **(from authorities)** Sterbeurkunde, *die;* **(from doctor)** Totenschein, *der;* **~-dealing** *attrib. adj.* todbringend; **~ duty** *n. (Brit. Hist.)* Erbschaftssteuer, *die;* **~-knell** *n. (lit. or fig.)* Totengeläut, *das*

deathless ['deθlɪs] *adj.* unsterblich; *(fig.)* unvergänglich; **~ prose** *(iron.)* hochgestochene Prosa

deathly ['deθlɪ] **1.** *adj.* tödlich; **~ stillness/hush** Totenstille, *die;* **~ pallor** Totenblässe, *die.* **2.** *adv.* tödlich; **~ pale** totenblaß; **~ still/quiet** totenstill

death: ~-mask *n.* Totenmaske, *die;* **~ penalty** *n.* Todesstrafe, *die;* **~ rate** *n.* Sterblichkeitsziffer, *die;* **~-rattle** *n.* Todesröcheln, *das;* **~-ray** *n.* tödlicher Strahl; **~-roll** *n.* Verlustliste, *die; (after battle)* Gefallenenliste, *die;* **~ row** [deθ 'rəʊ] *n.* (Reihe von) Todeszellen, *die;* **~ sentence** *n.* Todesurteil *das;* **~'s head** *n.* Totenkopf, *der;* **~ squad** *n.* Todesschwadron, *die;* **~ tax** *(Amer.)* Erbschaftssteuer, *die;* **~-toll** *n.* Zahl der Todesopfer; Blutzoll, *der;* **~-trap** *n.* lebensgefährliche Sache; **this corner/house/car is a ~-trap** diese Kurve/dieses Haus/Auto ist lebensgefährlich; **~-warrant** *n.* Exekutionsbefehl, *der;* *(fig.)* Todesurteil, *das;* **~-watch [beetle]** *n. (Zool.)* Totenuhr, *die;* **~-wish** *n. (Psych.)* Todeswunsch, *der*

deb [deb] *n. (coll.)* Debütantin, *die*

débâcle [deɪˈbɑ:kl] *n.* Debakel, *das (geh.)*

debar [dɪˈbɑ:(r)] *v.t.,* **-rr-** ausschließen; **~ sb. from doing sth.** jmdn. davon ausschließen, etw. zu tun

debase [dɪˈbeɪs] *v.t.* **a)** verschlechtern; herabsetzen, entwürdigen ⟨*Person*⟩; **~ oneself** sich erniedrigen; **b) ~ the coinage** den Wert der Währung mindern

debatable [dɪˈbeɪtəbl] *adj.* **a)** *(questionable)* fraglich; **b) ~ ground** umstrittenes Gebiet

debate [dɪˈbeɪt] **1.** *v.t.* debattieren über (+ *Akk.*). **2.** *v.i.* **[up]on sth.** etw. debattieren; **~ about sth.** über etw. *(Akk.)* debattieren *od.* streiten. **3.** *n.* Debatte, *die;* **there was much ~ about whether ...:** es wurde viel darüber debattiert, ob ...

debating [dɪˈbeɪtɪŋ]: **~ point** *n.* (für die Sache unerheblicher, nur aus rhetorischen Gründen vorgebrachter) Diskussionspunkt; **~ society** *n.* (regelmäßig zusammentretende) Diskussionsrunde

debauch [dɪˈbɔ:tʃ] *(literary)* **1.** *v.t.* **a)** verderben; **b)** *(seduce)* verführen. **2.** *n.* Gelage, *das*

debauched [dɪˈbɔ:tʃt] *adj.* verderbt *(geh.)*

debauchery [dɪˈbɔ:tʃərɪ] *n. (literary)* Ausschweifung, *die*

debenture [dɪˈbentʃə(r)] *n. (Finance)* Schuldverschreibung, *die*

debilitate [dɪˈbɪlɪteɪt] *v.t.* schwächen

debilitating [dɪˈbɪlɪteɪtɪŋ] *adj.* anstrengend ⟨*Klima*⟩; schwächend ⟨*Krankheit*⟩

debility [dɪˈbɪlɪtɪ] *n.* Schwäche, *die*

debit ['debɪt] **1.** *n.* **(Bookk.)** Soll, *das;* Debet, *die;* **~ balance** Lastschrift, *die;* **~ side** *(Finance)* Sollseite, *die.* **2.** *v.t.* belasten; **~ a sum against** *or* **to sb./sb.'s account, ~ sb./sb.'s account with a sum** jmdn./jmds. Konto mit einer Summe belasten

debonair [debəˈneə(r)] *adj.* frohgemut

debrief [di:ˈbri:f] *v.t. (coll.)* befragen (bei Rückkehr von einem Einsatz usw.)

debris ['debri:, 'deɪbri:] *n., no pl.* Trümmer *Pl.*

debt [det] *n.* Schuld, *die;* **owe sb. a ~ of gratitude** *or* **thanks** jmdm. Dank schulden; **[tief] in jmds. Schuld stehen; ~ of honour** Ehrenschuld, *die;* **National D~:** Staatsverschuldung, *die;* **be in ~:** Schulden haben; verschuldet sein; **get** *or* **run into ~:** in Schulden geraten; sich verschulden; **get out of ~:** aus den Schulden herauskommen; **be in sb.'s ~:** in jmds. Schuld stehen

'debt collector *n.* Inkassobevollmächtigte, *der/die;* Schuldeneintreiber, *der (veralt.)*

debtor ['detə(r)] *n.* Schuldner, *der/Schuldnerin, die*

debug [di:ˈbʌg] *v.t.,* **-gg-:** **a)** entwanzen; **b)** *(fig. coll.)* *(remove microphones from)* von Wanzen befreien; *(remove defects from)* von Fehlern befreien

debunk [di:ˈbʌŋk] *v.t. (coll.)* *(remove false reputation from)* entlarven; *(expose falseness of)* bloßstellen

début (*Amer.:* **debut**) ['deɪbu:, ˈdeɪbju:] *n.* Debüt, *das;* **make one's ~:** debütieren

débutante (*Amer.:* **debutante**) ['debju:tɑ:nt, ˈdeɪbju:tɑ:nt] *n.* Debütantin, *die*

Dec. *abbr.* December Dez.

decade ['dekeɪd] *n.* Jahrzehnt, *das;* Dekade, *die*

decadence ['dekədəns] *n.* Dekadenz, *die*

decadent ['dekədənt] *adj.* dekadent

decaffeinated [di:ˈkæfɪneɪtɪd] *adj.* entkoffeiniert; koffeinfrei *(veralt.)*

Decalogue ['dekəlɒg] *n.* **the ~:** der Dekalog; die Zehn Gebote

decamp [dɪˈkæmp] *v.i.* **a)** *(abscond)* verschwinden *(ugs.);* **b)** *(leave camp)* das Lager abbrechen

decant [dɪˈkænt] *v.t.* abgießen; dekantieren ⟨*Wein*⟩; *(fig.)* abladen

decanter [dɪˈkæntə(r)] *n.* Karaffe, *die*

decapitate [dɪˈkæpɪteɪt] *v.t.* **a)** köpfen ⟨*Person, Blume*⟩; enthaupten *(geh.);* **b)** *(Amer.: dismiss)* entlassen

decathlete [dɪˈkæθli:t] *n. (Sport)* Zehnkämpfer, *der*

decathlon [dɪˈkæθlən] *n. (Sport)* Zehnkampf, *der*

decay [dɪˈkeɪ] **1.** *v.i.* **a)** *(become rotten)* verrotten; ⟨*Zahn:*⟩ faul *od.* (fachspr.) kariös werden; ⟨*Gebäude, Tuch:*⟩ zerfallen; **b)** *(decline)* verfallen; **c)** *(Phys.: decrease)* zerfallen. **2.** *n.* **a)** *(rotting)* Verrotten, *das; (of tooth)* Fäule, *die; (of building)* Zerfall, *der;* **b)** *(decline)* Verfall, *der; (of nation)* Verfall, *der;* Niedergang, *der;* **c)** *(decayed tissue etc.)* Zersetzung, *die;* Fäulnis, *die;* **d)** *(Phys.: decrease)* Zerfall, *der*

decease [dɪˈsi:s] *(Law/formal)* **1.** *n.* Ableben, *das (geh.).* **2.** *v.i.* versterben *(geh.);* sterben

deceased [dɪˈsi:st] *(Law/formal)* **1.** *adj.* verstorben; **the ~ man** der Tote *od.* Verstorbene; **Jim Fox ~:** der verstorbene Jim Fox. **2.** *n.* Verstorbene, *der/die*

decedent [dɪˈsi:dənt] *n. (Amer.)* Verstorbene, *der/die*

deceit [dɪˈsi:t] *n.* (*misrepresentation*) Täuschung, *die;* Betrug, *der;* Täuschungsmanöver, *das;* Betrügerei, *die;* *(being deceitful)* Falschheit, *die*

deceitful [dɪˈsi:tfʊl] *adj.* falsch ⟨*Person, Art, Charakter*⟩; hinterlistig ⟨*Trick*⟩; **that was a ~ thing to say** es war hinterlistig, das zu sagen

deceitfully [dɪˈsi:tfəlɪ] *adv. see* **deceitful:** falsch; hinterlistig

deceitfulness [dɪˈsi:tfʊlnɪs] *n., no pl. see* **deceitful:** Falschheit, *die;* Hinterlistigkeit, *die*

deceive [dɪˈsiːv] *v. t.* täuschen; *(be unfaithful to)* betrügen; **if my eyes/ears do not ~ me** wenn ich richtig sehe/höre; **~ sb. into doing sth.** jmdn. [durch Täuschung] dazu bringen, etw. zu tun; **~ oneself** sich täuschen; *(delude oneself)* sich *(Dat.)* etwas vormachen *(ugs.);* [let oneself] be ~d sich täuschen lassen; [let oneself] be ~d **into doing sth.** sich dazu bringen lassen, etw. zu tun

deceiver [dɪˈsiːvə(r)] *n.* Betrüger, *der*/Betrügerin, *die*

decelerate [diːˈseləreɪt] 1. *v. t.* verlangsamen. 2. *v. i.* ⟨*Fahrzeug, Fahrer:*⟩ die Fahrt verlangsamen

deceleration [diːseləˈreɪʃn] *n.* Verlangsamung, *die*

December [dɪˈsembə(r)] *n.* Dezember, *der; see also* **August**

decency [ˈdiːsənsɪ] *n.* **a)** *(modesty, propriety)* Anstand, *der;* *(of manners, literature, language)* Schicklichkeit, *die (geh.); (fairness, respectability)* Anständigkeit, *die;* **it is [a matter of] common ~** es ist eine Frage des Anstands; es gehört sich; **b)** *in pl. (requirements of propriety)* Anstandsregeln *Pl.*

decent [ˈdiːsənt] *adj.* **a)** *(seemly)* schicklich *(geh.);* anständig ⟨*Person*⟩; **are you ~?** *(coll.)* hast du was an? *(ugs.);* **b)** *(passable, respectable)* annehmbar ⟨*Person, ugs. auch Preis, Gehalt*⟩; **do the ~ thing** das einzig Richtige tun; **c)** *(Brit. coll.: kind)* nett; **that is very ~ of you** das ist sehr liebenswürdig von Ihnen; **be ~ about sth.** auf etw. *(Akk.)* nett reagieren

decently [ˈdiːsəntlɪ] *adv.* **a)** *(in seemly manner)* anständig; geziemend *(geh.);* schicklich *(geh.);* **b)** *(passably, respectably)* annehmbar; **c)** *(Brit. coll.: kindly)* netterweise *(ugs.);* **behave ~** sich nett verhalten

decentralisation, decentralise *see* **decentraliz-**

decentralization [diːsentrəlaɪˈzeɪʃn] *n.* Dezentralisierung, *die*

decentralize [diːˈsentrəlaɪz] *v. t.* dezentralisieren

deception [dɪˈsepʃn] *n.* **a)** *(deceiving, trickery)* Betrug, *der;* *(being deceived)* Täuschung, *die;* **use ~:** betrügen; **b)** *(trick)* Betrügerei, *die*

deceptive [dɪˈseptɪv] *adj.* trügerisch

deceptively [dɪˈseptɪvlɪ] *adv.* täuschend

decibel [ˈdesɪbel] *n.* Dezibel, *das*

decide [dɪˈsaɪd] 1. *v. t.* **a)** *(settle, judge)* entscheiden über (+ *Akk.*); **~ sth. by tossing a coin** etw. durch Werfen einer Münze entscheiden; **~ the winner** entscheiden, wer gewonnen hat; **~ that ...:** entscheiden, daß ...; **b)** *(resolve)* **be ~d** sich entschieden haben; **~ that ...:** beschließen, daß ...; **~ to do sth.** sich entschließen, etw. zu tun. 2. *v. i.* sich entscheiden *(between zwischen + Dat.,* **in favour of** zugunsten von, **against** gegen, **on** für); **~ against/on doing sth.** sich dagegen/dafür entscheiden, etw. zu tun

decided [dɪˈsaɪdɪd] *adj.* **a)** *(unquestionable)* entschieden; eindeutig; **he made a ~ effort** er hat sich deutlich *od.* entschieden bemüht; **b)** *(not hesitant)* bestimmt; entschlossen, entschieden ⟨*Haltung, Ansicht*⟩

decidedly [dɪˈsaɪdɪdlɪ] *adv.* **a)** *(unquestionably)* entschieden; deutlich; **b)** *(firmly)* bestimmt

decider [dɪˈsaɪdə(r)] *n. (game)* Entscheidungsspiel, *das*

deciduous [dɪˈsɪdjʊəs] *adj. (Bot.)* **~ leaves** Blätter, die abgeworfen werden; **~ tree** laubwerfender Baum; ≈ Laubbaum, *der*

decimal [ˈdesɪml] 1. *adj.* Dezimal-; **go ~:** sich auf das Dezimalsystem umstellen. 2. *n.* Dezimalbruch, *der*

decimal: ~ ˈcoinage, ~ ˈcurrency *ns.* Dezimalwährung, *die;* **~ ˈfraction** *n.* Dezimalbruch, *der*

decimalize (decimalise) [ˈdesɪməlaɪz] *v. t. (express as decimal)* als Dezimalzahl schreiben; *(convert to decimal system)* dezimalisieren

decimal: ~ ˈplace *n.* Dezimale, *die;* **calculate sth. to five ~ places** etw. auf fünf Stellen nach dem Komma ausrechnen; **~ ˈpoint** *n.* Komma, *das;* **~ ˈsystem** *n.* Dezimalsystem, *das*

decimate [ˈdesɪmeɪt] *v. t.* dezimieren ⟨*Bevölkerung, Truppe*⟩; drastisch verringern ⟨*Zahl*⟩

decimetre [ˈdesɪmiːtə(r)] *n.* Dezimeter, *der*

decipher [dɪˈsaɪfə(r)] *v. t.* entziffern

decipherable [dɪˈsaɪfərəbl] *adj.* entzifferbar

decision [dɪˈsɪʒn] *n.* **a)** *(settlement, judgement, conclusion)* Entscheidung, *die* (**on** über + *Akk.*); *(conclusion)* Entschluß, *der;* **it's 'your ~:** die Entscheidung liegt ganz bei dir; **come to** *or* **arrive at** *or* **reach a ~?** zu einer Entscheidung kommen; **a ~?** ist eine Entscheidung gefallen?; **make** *or* **take a ~:** eine Entscheidung treffen; **make a firm ~ to do sth.** den festen Entschluß fassen, etw. zu tun; **leave the ~ to sb.** jmdm. die Entscheidung überlassen; **~s, ~s!** immer diese Entscheidungen; **b)** *no pl. (resoluteness)* Entschlossenheit, *die*

deˈcision-making *n.* Beschlußfassung, *die*

decisive [dɪˈsaɪsɪv] *adj.* **a)** *(conclusive)* entscheidend; **b)** *(decided)* entschlußfreudig ⟨*Person*⟩; bestimmt ⟨*Charakter, Art*⟩

decisively [dɪˈsaɪsɪvlɪ] *adv.* **a)** *(conclusively)* entscheidend; **b)** *(decidedly)* entschlossen

decisiveness [dɪˈsaɪsɪvnɪs] *n., no pl.* **a)** *(conclusiveness)* entscheidende Bedeutung; **b)** *(decidedness)* Entschlossenheit, *die*

deck [dek] 1. *n.* **a)** *(of ship)* Deck, *das;* **above ~:** auf Deck; **below ~[s]** unter Deck; **clear the ~s** [for action etc.] das Schiff klarmachen [zum Gefecht *usw.*]; *(fig.)* alles startklar machen; **on ~:** an Deck; **all hands on ~!** alle Mann an Deck!; **it was all hands on ~** *(fig.)* da packten mit an; **b)** *(of bus etc.)* Deck, *das;* **the upper ~:** das Oberdeck; *(sunbathing platform)* ≈ Sonnenterrasse, *die;* **d)** *(tape ~)* Tape-deck, *das;* *(record ~)* Plattenspieler, *der;* **e)** *(sl.: ground)* Boden, *der;* **hit the ~:** auf den Boden schlagen; **f)** *(Amer.: pack)* **a ~ of cards** ein Spiel Karten; **split/shuffle the ~:** die Karten austeilen/mischen. 2. *v. t.* **~ sth. [with sth.]** etw. [mit etw.] schmücken; **they were ~ed in all their finery** sie waren prächtig herausgeputzt

~ ˈout *v. t.* herausputzen ⟨*Person*⟩; [aus]schmücken ⟨*Raum*⟩

deck: ~-chair *n.* Liegestuhl, *der;* *(on ship)* Liege- *od.* Deckstuhl, *der;* **~-hand** *n. (Naut.)* Decksmann, *der*

deckle [ˈdekl] **~-ˈedge** *n.* Büttenrand, *der;* **~-ˈedged** *adj.* mit Büttenrand

declaim [dɪˈkleɪm] 1. *v. i.* **a)** **~ against sb./sth.** gegen jmdn./etw. eifern *od.* *(ugs.)* wettern; **b)** *(deliver impassioned speech)* eifern; deklamieren *(veralt.).* 2. *v. t.* deklamieren ⟨*Gedicht*⟩; verkünden *(geh.)* ⟨*Botschaft*⟩

declamatory [dɪˈklæmətərɪ] *adj.* deklamatorisch ⟨*Stil, Rede, Art*⟩; leidenschaftlich ⟨*Kritik, Worte*⟩

declaration [dekləˈreɪʃn] *n.* Erklärung, *die;* *(at customs)* Deklaration, *die;* Zollerklärung, *die;* *(of the truth, one's errors)* Eingeständnis, *das;* **~ of love** Liebeserklärung, *die;* **income tax ~:** Einkommensteuererklärung, *die;* **~ of the poll** *or* **election results** Bekanntgabe der Wahlergebnisse; **~ of war** Kriegserklärung, *die;* **make a ~:** eine Erklärung abgeben; *(of guilt)* ein Geständnis ablegen; **D~ of Human Rights** Menschenrechtserklärung, *die*

declare [dɪˈkleə(r)] 1. *v. t.* **a)** *(announce)* erklären; *(state explicitly)* kundtun ⟨*Wunsch, Absicht*⟩; Ausdruck verleihen (+ *Dat.*) *(geh.)* ⟨*Erwartung, Hoffnung*⟩; *(prove)* bezeugen; **[well,] I [do] ~!** *(dated)* das darf [doch] nicht wahr

sein! *(ugs.);* **b)** *(pronounce)* **~ sth./sb. [to be] sth.** etw./jmdn. für etw. erklären; **~ oneself** sich zu erkennen geben; **c)** *(acknowledge)* deklarieren; angeben ⟨*Einkünfte*⟩; *see also* **interest** 1f. 2. *v. i.* **~ for/against sb./sth.** sich für/gegen jmdn./etw. erklären

declassify [diːˈklæsɪfaɪ] *v. t.* freigeben

declension [dɪˈklenʃn] *n. (Ling.)* Deklination, *die*

declination [deklɪˈneɪʃn] *n.* **a)** *(downward bend)* Neigung, *die;* **b)** *(Amer.: refusal)* Ablehnung, *die*

decline [dɪˈklaɪn] 1. *v. i.* **a)** *(fall off)* nachlassen; ⟨*Moral:*⟩ sinken, nachlassen; ⟨*Preis, Anzahl:*⟩ sinken, zurückgehen; ⟨*Gesundheitszustand:*⟩ sich verschlechtern; ⟨*Reich, Kultur:*⟩ verfallen; **~ in popularity** an Beliebtheit verlieren; **his strength ~d rapidly** seine Kräfte nahmen rasch ab; **b)** *(slope downwards)* abfallen; *(droop)* sich neigen; **c) his declining years** die letzten Jahre seines Lebens; **d)** *(refuse)* **~ with thanks** *(also iron.)* dankend ablehnen; **2.** *v. t.* **a)** *(refuse)* ablehnen; **~ to do sth.** *or* **doing sth.** [es] ablehnen, etw. zu tun; **they ~d to make any comment** sie lehnten jede Stellungnahme ab; **b)** *(Ling.)* deklinieren. 3. *n.* Nachlassen, *das (in Gen.);* **a ~ in prices/numbers** ein Sinken der Preise/Anzahl; **the ~ of the empire** der Verfall des Reiches; **~ and fall** Verfall und Untergang; **a ~ in wealth/poverty/the birth rate** eine Abnahme des Wohlstands/ein Rückgang der Armut/der Geburten; **be on the ~:** nachlassen; **he is on the ~:** er ist auf dem absteigenden Ast *(ugs.);* **be in ~:** rückläufig sein

declutch [diːˈklʌtʃ] *v. i. (Motor Veh.)* auskuppeln; **double-~:** Zwischengas geben

decoction [dɪˈkɒkʃn] *n. (product)* Dekokt, *das (Pharm.);* Abkochung, *die*

decode [diːˈkəʊd] *v. t.* dekodieren, dechiffrieren ⟨*Mitteilung, Signal*⟩; entschlüsseln ⟨*Schrift, Hieroglyphen*⟩

decoder [diːˈkəʊdə(r)] *n. (Electronics)* Decoder, *der*

décolleté [deɪˈkɒlteɪ] 1. *adj.* dekolletiert ⟨*Kleid, Dame*⟩. 2. *n.* Dekolleté, *das*

decolonize (decolonise) [diːˈkɒlənaɪz] *v. t.* dekolonisieren

decompose [diːkəmˈpəʊz] *v. i.* sich zersetzen

decomposition [diːkɒmpəˈzɪʃn] *n.* Zersetzung, *die;* *(rotting also)* Verrottung, *die*

decompression [diːkəmˈpreʃn] *n.* Dekompression, *die*

decomˈpression: ~ chamber *n.* Dekompressionskammer, *die;* **~ sickness** *n., no pl.* Dekompressionskrankheit, *die*

decongestant [diːkənˈdʒestənt] *n. (Med.)* Abschwellung bewirkendes Mittel; **bronchial ~:** Hustensaft, *der;* **nasal ~:** Nasenspray, *das;* *(drops)* Nasentropfen *Pl.*

decontaminate [diːkənˈtæmɪneɪt] *v. t.* dekontaminieren *(fachspr.);* entseuchen

decontamination [diːkəntæmɪˈneɪʃn] *n.* Dekontamination, *die (fachspr.);* Entseuchung, *die*

decontrol [diːkənˈtrəʊl] *v. t.,* -ll- *(Admin.)* freigeben

décor [ˈdeɪkɔː(r)] *n.* Ausstattung, *die;* Dekor, *der od. das*

decorate [ˈdekəreɪt] *v. t.* **a)** *(adorn)* schmücken ⟨*Raum, Straße, Baum*⟩; verzieren ⟨*Kuchen, Kleid*⟩; dekorieren ⟨*Schaufenster*⟩; *(with wallpaper)* tapezieren; *(with paint)* streichen; **b)** *(invest with order etc.)* auszeichnen; dekorieren

decorated [ˈdekəreɪtɪd] *adj.* **a)** geschmückt ⟨*Zimmer*⟩; verziert ⟨*Kuchen*⟩; **b)** ⟨*Archit.*⟩ **D~ style** Decorated style, *der (fachspr.)* ⟨*Stil der englischen Hochgotik*⟩

decoration [dekəˈreɪʃn] *n.* **a)** Schmücken, *das;* *(with paint)* Streichen, *das;* *(with wallpaper)* Tapezieren, *das;* *(of cake, dress)* Verzieren, *das;* *(of shop window)* De-

decorative

koration, *die;* **b)** *(adornment) (thing)* Schmuck, *der; (in shop window)* Dekoration, *die;* **c)** *(medal etc.)* Auszeichnung, *die;* Dekoration, *die;* **D~ Day** *(Amer.) amerikanischer Heldengedenktag (30. Mai);* **d)** *in pl.* **Christmas ~s** Weihnachtsschmuck, *der*
decorative ['dekərətɪv] *adj.* dekorativ
decorator ['dekəreɪtə(r)] *n.* Maler, *der/*Malerin, *die; (paper-hanger)* Tapezierer, *der/*Tapeziererin, *die;* [**firm of**] **~s** Malerbetrieb, *der*
decorous ['dekərəs] *adj.,* **decorously** ['dekərəslɪ] *adv.* schicklich *(geh.)*
decorousness ['dekərəsnɪs] *n., no pl.* Schicklichkeit, *die (geh.)*
decorum [dɪ'kɔ:rəm] *n.* Dekorum, *das (geh. veralt.); (seemliness also)* Schicklichkeit, *die (geh.);* **behave with ~:** sich schicklich benehmen
decoy 1. [dɪ'kɔɪ] *v. t.* **a)** *(allure)* locken; *(ensnare)* betören; **~ sb./sth. into sth.** jmdn./etw. in etw. *(Akk.)* locken; **~ sb./sth. into doing sth.** jmdn./etw. dazu verleiten, etw. zu tun; **b)** *(Hunting)* locken. **2.** [dɪ'kɔɪ, 'di:kɔɪ] *n.* **a)** *(Hunting)* Lockvogel, *der;* **b)** *(person)* Lockvogel, *der;* **c)** *(bait)* Verlockung, *die*
decrease 1. [dɪ'kri:s] *v. i.* abnehmen; ⟨Anzahl, Einfuhr, Produktivität:⟩ zurückgehen; ⟨Stärke, Gesundheit:⟩ nachlassen; **in value/size/weight/popularity** an Wert/Größe/Gewicht/Popularität verlieren; **~ in price** im Preis fallen; billiger werden. **2.** *v. t.* reduzieren; [ver]mindern ⟨Wert, Lärm, Körperkraft⟩; schmälern ⟨Popularität, Macht⟩; senken ⟨Standard, Kaufkraft⟩. **3.** ['di:kri:s] *n.* Rückgang, *der; (in weight, knowledge, stocks)* Abnahme, *die; (in strength, power, energy)* Nachlassen, *das; (in value, noise)* Minderung, *die; (in standards)* Senkung, *die;* **a ~ in inflation/strength/speed** ein Rückgang der Inflation/ein Nachlassen der Kräfte/eine Abnahme der Geschwindigkeit; **be on the ~** see 1
decreasingly [dɪ'kri:sɪŋlɪ] *adv.* immer weniger
decree [dɪ'kri:] **1.** *n.* **a)** *(ordinance)* Dekret, *das;* Erlaß, *der;* **b)** *(Law)* Urteil, *das;* **~ nisi/absolute** vorläufiges/endgültiges Scheidungsurteil. **2.** *v. t. (ordain)* verfügen
decrepit [dɪ'krepɪt] *adj.* altersschwach; *(dilapidated)* heruntergekommen ⟨Haus, Stadt⟩; schrottreif ⟨Auto, Maschine⟩
decrepitude [dɪ'krepɪtju:d] *n., no pl.* Altersschwäche, *die; (of house)* heruntergekommener Zustand; *(of car, machine)* schrottreifer Zustand
decry [dɪ'kraɪ] *v. t.* verwerfen
dedicate ['dedɪkeɪt] *v. t.* **a)** *(with name of honoured person)* **~ sth. to sb.** jmdm. etw. widmen; **a statue ~d to the memory of ...:** eine Statue zum Gedenken an ...; **b)** *(give up)* **~ one's life to sth.** sein Leben einer Sache *(Dat.)* weihen; **c)** *(devote solemnly)* weihen
dedicated ['dedɪkeɪtɪd] *adj.* **a)** *(devoted)* **be ~ to sth./sb.** nur für etw./jmdn. leben; **b)** *(devoted to vocation)* hingebungsvoll; **a ~ teacher/politician** ein Lehrer/Politiker mit Leib und Seele
dedication [dedɪ'keɪʃn] *n.* **a)** *(act, inscription)* Widmung, *die* (**to** Dat.); *(in book)* Widmung, *die;* Zueignung, *die; (on building, monument)* Inschrift, *die;* **b)** *(devotion)* Hingabe, *die;* **c)** *(ceremony)* Weihe, *die*
deduce [dɪ'dju:s] *v. t.* **~ sth.** [**from sth.**] etw. [aus etw.] ableiten; auf etw. *(Akk.)* [aus etw.] schließen, daß ...; **~ from sth. that ...:** aus etw. schließen, daß ...
deducible [dɪ'dju:sɪbl] *adj.* ableitbar, *(Philos.)* deduzierbar (**from** aus)
deduct [dɪ'dʌkt] *v. t.* **~ sth.** [**from sth.**] etw. [von etw.] abziehen
deductible [dɪ'dʌktɪbl] *adj.* **be ~:** einbehalten werden [können]
deduction [dɪ'dʌkʃn] *n.* **a)** *(deducting)* Abzug, *der;* **b)** *(deducing, thing deduced)* Ableitung, *die;* **c)** *(amount)* Abzüge *Pl.;* **a ~ from the price** ein Preisnachlaß
deductive [dɪ'dʌktɪv] *adj.* deduktiv
deductively [dɪ'dʌktɪvlɪ] *adv.* deduktiv
deed [di:d] **1.** *n.* **a)** Tat, *die;* **b)** *(Law)* [gesiegelte] Urkunde, *die;* **~ of transfer** Übertragungsurkunde, *die; see also* **covenant 1 b. 2.** *v. t. (Amer.)* **~ sth. to sb.** jmdm. etw. [urkundlich] übertragen
deed: ~-box *n.* Kasten zur Aufbewahrung von Urkunden; ≈ Dokumentenbox, *die;* **~ poll** ['di:d pəʊl] *n. (Law)* einseitiges Rechtsgeschäft *(Rechtsspr.)*
deejay [di:'dʒeɪ] *n. (sl.)* Diskjockey, *der*
deem [di:m] *v. t.* erachten für; [as] **I ~ed** wie mir schien; **she is ~ed** to be the best singer sie gilt als die beste Sängerin; **he shall be ~ed to have given his assent** man wird annehmen, daß er seine Zustimmung gegeben hat
deep [di:p] *adj.* **1. a)** *(extending far down, going far in, lit. or fig.)* tief; **water ten feet ~:** drei Meter tiefes Wasser; **take a ~ breath/drink** tief Atem holen/einen tiefen Schluck nehmen; **b)** *(lying far down or back or inwards)* tief; **ten feet ~ in water** drei Meter tief unter Wasser; **be ~ in thought/prayer** in Gedanken/im Gebet versunken sein; **be ~ in discussion** mitten in einer Diskussion sein; **be ~ in debt** hoch verschuldet sein; **standing three ~:** drei hintereinander stehen; **c)** *(profound)* tief ⟨Grund⟩; ernst ⟨Problem, Sache⟩; gründlich ⟨Studium, Forschung⟩; tiefgründig ⟨Bemerkung⟩; **give sth. ~ thought** über etw. *(Akk.)* gründlich nachdenken; **he's a ~ one** *(coll.)* er ist ein stilles Wasser *(ugs.);* **in ~ space** [tief] im Weltraum; **d)** *(heartfelt)* aufrichtig ⟨Interesse, Dank⟩; **e)** *(low-pitched, intense)* tief; *(full-toned)* volltönend; **the ~-blue sea** das tiefblaue Meer; **f)** *(Cricket)* weit vom Schlagmann entfernt. *See also* **end 1 f. 2.** *adv.* tief; **still waters run ~** *(prov.)* stille Wasser sind tief *(Spr.);* **~ down** *(fig.)* im Innersten. **3.** *n.* **a)** **(~ part) ~s** Tiefen *Pl.;* **the ~** *(poet.)* der Ozean; **b)** *(abyss, lit. or fig.)* Tiefe, *die;* **c)** *(Cricket)* **the ~:** äußerer Rand des Spielfeldes
deep 'breathing *n.* tiefes Atmen; **~** [**exercise**] Atemübung, *die*
deepen ['di:pn] **1.** *v. t.* tiefer machen; vertiefen; **b)** *(make lower)* tiefer werden lassen ⟨Stimme⟩; **c)** *(increase, intensify)* vertiefen; intensivieren ⟨Farbe⟩. **2.** *v. i.* **a)** tiefer werden; **b)** *(intensify)* sich vertiefen
deep: ~-'freeze 1. *n. (Amer.:* P) Tiefkühltruhe, *die; (in shop also)* Tiefkühlbox, *die; (upright)* Gefrierschrank, *der;* **2.** *v. t.* tiefgefrieren; **~-'fried** *adj.* fritiert; **~-laid** *adj.* ausgeklügelt; ausgetüftelt
deeply ['di:plɪ] *adv.* **a)** *(to great depth, lit. or fig.)* tief; **drink ~:** einen kräftigen Zug od. Schluck nehmen; **b)** tief ⟨beeindruckt, gerührt, verletzt, getroffen⟩; äußerst ⟨interessiert, dankbar, engagiert, selbstbewußt⟩; **be ~ in love w/are indebted to sb.** jmdn. sehr lieben/jmdm. sehr zu Dank verpflichtet sein; **sleep ~:** tief od. fest schlafen; **read/study ~:** sehr aufmerksam lesen/studieren
deepness ['di:pnɪs] *n., no pl.* Tiefe, *die; (of interest, gratitude)* Ausmaß, *das*
deep: ~-rooted *adj.* tief verwurzelt ⟨Tradition⟩; **~-sea** *adj.* Tiefsee-; **~-'seated** *adj.* tief sitzend; **D~ 'South** *n. (Amer.)* tiefer Süden (die Staaten der USA am Golf von Mexiko)
deer [dɪə(r)] *n., pl. same* Hirsch, *der; (roe ~)* Reh, *das*
deer: ~-forest *n.* Jagdgehege, *das;* **~-park** *n.* Wildpark, *der;* **~-skin** *n.* Rehleder, *das;* **~-stalker** *n.* **a)** Jäger *(auf der Pirsch);* **b)** *(hat)* Mütze *(aus Stoff mit einem Schild vorn und hinten);* ≈ Sherlock-Holmes-Mütze, *die*
de-escalate [di:'eskəleɪt] *v. i.* deeskalieren

defence

deface [dɪ'feɪs] *v. t.* verunstalten; verschandeln ⟨Gebäude⟩
defacement [dɪ'feɪsmənt] *n.* Verunstaltung, *die; (of building)* Verschandelung, *die*
de facto [di: 'fæktəʊ, deɪ 'fæktəʊ] **1.** *adj.* de facto; **a ~ government** eine De-facto-Regierung. **2.** *adv.* de facto
defamation [defə'meɪʃn, di:fə'meɪʃn] *n.* Diffamierung, *die*
defamatory [dɪ'fæmətərɪ] *adj.* diffamierend; **be ~ about sb.** jmdn. diffamieren
defame [dɪ'feɪm] *v. t.* diffamieren; beschmutzen ⟨Name, Ansehen⟩
default [dɪ'fɔ:lt, dɪ'fɒlt] **1.** *n.* **a)** *(lack)* Mangel, *der;* **in ~ of** mangels (+ *Gen.*); in Ermangelung *(geh.)* (+ *Gen.*); **b)** *(Law) (failure to act)* Versäumnis, *das; (failure to appear)* Säumnis, *die od. das;* **judgement by ~:** Versäumnisurteil, *das;* **c)** *(failure to pay)* Verzug, *der; (failure to act or appear)* Ausbleiben, *das; (Sport)* Nichterscheinen, *das;* **~ of payment** Zahlungsverzug, *der;* **lose/go by ~:** durch Abwesenheit verlieren/nicht zur Geltung kommen; **win by ~:** durch Nichterscheinen des Gegners gewinnen. **2.** *v. i.* versagen; **~ on one's payments/debts** seinen Zahlungsverpflichtungen/nicht nachkommen
defaulter [dɪ'fɔ:ltə(r), dɪ'fɒltə(r)] *n.* **a)** *(Brit. Mil.)* Straffällige, *der;* **b)** *(who fails to pay)* säumiger Schuldner/säumige Schuldnerin
defeat [dɪ'fi:t] **1.** *v. t.* **a)** *(overcome)* besiegen; *(in battle or match also)* schlagen; ablehnen, zu Fall bringen ⟨Antrag, Vorschlag⟩; **b)** *(baffle)* sth. **~s me** ich kann es nicht begreifen; **it ~s me why ...:** ich verstehe einfach nicht, warum ...; *(frustrate)* **the task has ~ed us** diese Aufgabe hat uns überfordert; **~ the object/purpose of sth.** etw. völlig sinnlos machen; **~ one's own object** seine eigenen Pläne durchkreuzen. **2.** *n.* **a)** *(being defeated)* Niederlage, *die; (defeating)* Sieg, *der* (**of** über + *Akk.*); **~ of a motion/bill** das Scheitern eines Antrags/Gesetzentwurfs; **admit ~:** seine Niederlage eingestehen
defeatism [dɪ'fi:tɪzm] *n.* Defätismus, *der*
defeatist [dɪ'fi:tɪst] **1.** *n.* Defätist, *der.* **2.** *adj.* defätistisch; **you're so ~ about things** du siehst die Dinge immer so schwarz
defecate ['defəkeɪt] *v. i.* Kot ausscheiden; defäkieren *(Med.)*
defecation [defə'keɪʃn] *n.* Ausscheidung, *die;* Defäkation, *die (Med.)*
defect 1. [di:'fekt, dɪ'fekt] *n.* **a)** *(lack)* Mangel, *der;* **b)** *(shortcoming)* Fehler, *der; (in construction, body, mind, etc. also)* Defekt, *der;* **the ~s in his character, his character ~s** seine Charakterfehler; **he has the ~s of his qualities** er hat dafür die für seine guten Eigenschaften typischen Charakterfehler. **2.** [dɪ'fekt] *v. i.* überlaufen (**to** zu); **~ from the cause** sich von der Sache lossagen
defection [dɪ'fekʃn] *n.* Abfall, *der; (desertion)* Flucht, *die;* **~ from the army** Desertion aus der Armee
defective [dɪ'fektɪv] *adj.* **a)** *(faulty)* defekt ⟨Maschine⟩; gestört ⟨Gehirn⟩; fehlerhaft ⟨Sprache, Material, Arbeiten, Methode, Plan⟩; mangelhaft ⟨Verdauung, Kreislauf, Wachstum, Entwicklung⟩; **sb./sth. is ~ in sth.** es mangelt jmdm./einer Sache an etw. *(Dat.);* **have a ~ heart** einen Herzfehler haben; **b)** *(mentally deficient)* geistig gestört; *(Ling.)* defektiv
defectiveness [dɪ'fektɪvnɪs] *n., no pl.* Fehlerhaftigkeit, *die*
defector [dɪ'fektə(r)] *n.* Überläufer, *der/*-läuferin, *die; (from a cause or party)* Abtrünnige, *der/die; (from army)* Deserteur, *der*
defence [dɪ'fens] *n. (Brit.)* **a)** *(defending)* Verteidigung, *die; (of body against disease)* Schutz, *der;* **in ~ of** zur Verteidigung (+ *Gen.*); **b)** *(thing that protects, means of*

defence budget | **degree**

resisting attack) Schutz, *der;* **c)** *(justification)* Rechtfertigung, *die;* **in sb.'s ~:** zu jmds. Verteidigung; **d)** *(military resources)* Verteidigung, *die;* **e)** *in pl. (fortification)* Befestigungsanlagen *Pl.; (fig.)* Widerstandskraft, *die;* **sb.'s ~s are down** *(fig.)* jmds. Widerstandskraft ist erschöpft; **f)** *(Law)* Verteidigung, *die;* **the case for the ~:** die Verteidigung; **~ witness** Zeuge/Zeugin der Verteidigung; **g)** *(Sport)* Verteidigung, *die*
de'fence budget *n.* Verteidigungshaushalt, *der*
defenceless [dɪˈfɛnslɪs] *adj. (Brit.)* wehrlos; **look ~:** hilflos dreinschauen
de'fence mechanism *n. (Physiol., Psych.)* Abwehrmechanismus, *der*
defend [dɪˈfɛnd] **1.** *v.t.* **a)** *(protect)* schützen **(from** vor + *Dat.); (by fighting)* verteidigen; **b)** *(uphold by argument, vindicate, speak or write in favour of)* verteidigen; verteidigen, rechtfertigen ⟨*Politik, Handeln*⟩; **c)** *(Sport)* verteidigen ⟨*Titel, Tor*⟩; **d)** *(Law)* verteidigen; **~ oneself** sich selbst verteidigen. **2.** *v.i. (Sport)* verteidigen
defendant [dɪˈfɛndənt] *n. (Law) (accused)* Angeklagte, *der/die;* (*sued*) Beklagte, *der/die*
defender [dɪˈfɛndə(r)] *n.* **a)** *(one who defends)* Verteidiger, *der;* (*of principle, method, etc.*) Verfechter, *der;* **b)** *(Sport) (of championship)* Titelverteidiger, *der/-verteidigerin, die;* (*of goal*) Verteidiger, *der/*Verteidigerin, *die*
defense, defenseless *(Amer.)* see **defence, defenceless**
defensible [dɪˈfɛnsɪbl] *adj.* **a)** *(easily defended)* wehrhaft; **b)** *(justifiable)* vertretbar
defensive [dɪˈfɛnsɪv] **1.** *adj.* **a)** *(protective)* defensiv ⟨*Strategie, Handlung*⟩; **~ player** Defensivspieler, *der;* **~ wall** Schutzwall, *der;* **~ fortification** Verteidigungsanlage, *die;* **b)** *(by argument)* rechtfertigend; **c)** *(excessively self-justifying)* **he's always so ~ when he's criticized** er will sich immer um jeden Preis rechtfertigen, wenn er kritisiert wird. **2.** *n.* Defensive, *die;* **be/act on the ~:** in der Defensive sein; **she's always so much on the ~:** sie geht immer gleich in die Defensive
defensively [dɪˈfɛnsɪvlɪ] *adv.* **act ~:** sich in übertriebener Weise rechtfertigen
¹defer [dɪˈfɜː(r)] *v.t.,* **-rr- a)** *(postpone)* aufschieben; **~red annuity** aufgeschobene Rente; **~red payment** Ratenzahlung, *die;* **~red shares/stock** Nachzugsaktien *Pl.;* **b)** *(Amer.) postpone call-up of)* zurückstellen
²defer *v.i.,* **-rr- ~ [to sb.]** sich [jmdm.] beugen; **~ to sb.'s wishes** sich jmds. Wünschen fügen
deference [ˈdɛfərəns] *n.* Respekt, *der;* Ehrerbietung, *die (geh.);* **in ~ to sb./sth.** aus Achtung vor jmdm./etw.; **in ~ to your wishes** Ihren Wünschen entsprechend
deferential [dɛfəˈrɛnʃl] *adj.* respektvoll; groß ⟨*Respekt*⟩; **be ~ to sb./sth.** jmdm./einer Sache mit Respekt begegnen
deferentially [dɛfəˈrɛnʃəlɪ] *adv.* respektvoll
deferment [dɪˈfɜːmənt] *n.* **a)** *(deferring)* Aufschub, *der;* **b)** *(Amer.: postponement of call-up)* **have a ~:** zurückgestellt sein
defiance [dɪˈfaɪəns] *n.* Aufsässigkeit, *die;* (*open disobedience*) Mißachtung, *die;* **act of ~:** Herausforderung, *die;* **in ~ of sb./sth.** jmdm./einer Sache zum Trotz
defiant [dɪˈfaɪənt] *adj.* aufsässig ⟨*Tonfall, Kind, Benehmen*⟩
defiantly [dɪˈfaɪəntlɪ] *adv.* aufsässig
deficiency [dɪˈfɪʃənsɪ] *n.* **a)** *(lack)* Mangel, *der* **(of, in** an + *Dat.);* **mental ~:** geistige Behinderung, *die;* **nutritional ~:** Ernährungsmangel, *der;* **b)** *(inadequacy)* Unzulänglichkeit, *die;* **c)** *(deficit)* Defizit, *das*

de'ficiency disease *n.* Mangelkrankheit, *die*
deficient [dɪˈfɪʃənt] *adj.* **a)** *(not having enough)* **sb./sth. is ~ in sth.** jmdm./einer Sache mangelt es an etw. *(Dat.);* **be [mentally] ~:** geistig behindert sein; **b)** *(not being enough)* nicht ausreichend; *(in quality also)* unzulänglich
deficit [ˈdɛfɪsɪt] *n.* Defizit, *das* **(of** an + *Dat.);* **a ~ of manpower** ein Mangel an Arbeitskräften
'deficit spending *n. (Finance)* Defizitfinanzierung, *die*
¹defile 1. [dɪˈfaɪl] *v.i.* [hintereinander] marschieren, defilieren *(geh.).* **2.** [ˈdiːfaɪl] *n.* **a)** *(narrow way)* Engpaß, *der;* **b)** *(gorge)* Hohlweg, *der*
²defile [dɪˈfaɪl] *v.t.* **a)** verschandeln; *(pollute)* verderben ⟨*Aussicht*⟩; verpesten ⟨*Luft*⟩; **b)** *(desecrate)* beflecken ⟨*Unschuld, Reinheit*⟩
defilement [dɪˈfaɪlmənt] *n.* **a)** Verschandelung, *der/(of air)* Verpestung, *die;* **b)** *(desecration)* Befleckung, *die*
definable [dɪˈfaɪnəbl] *adj. (able to be set forth)* erklärbar; **love is not ~ in words** Liebe kann man nicht mit Worten erklären
define [dɪˈfaɪn] *v.t.* **a)** *(mark out limits of, make clear)* definieren; festlegen; **be ~d [against sth.]** sich [gegen etw.] abzeichnen; **~ one's position** *(fig.)* Stellung beziehen (on zu); **b)** *(set forth essence or meaning of)* definieren; **c)** *(characterize)* charakterisieren
definite [ˈdɛfɪnɪt] *adj. (having exact limits)* bestimmt; *(precise)* eindeutig, definitiv ⟨*Antwort, Entscheidung*⟩; eindeutig ⟨*Beschluß, Verbesserung, Standpunkt*⟩; eindeutig, klar ⟨*Vorteil*⟩; klar od. scharf umrissen ⟨*Ziel, Plan, Thema*⟩; klar ⟨*Konzept, Linie, Vorstellung*⟩; deutlich ⟨*Konturen, Umrisse*⟩; genau ⟨*Zeitpunkt*⟩; entschlossen ⟨*Schritte, Stimme, Person*⟩; **you don't seem to be very ~:** Sie scheinen sich nicht ganz sicher zu sein; **she was so ~ about marrying him** sie war so fest entschlossen, ihn zu heiraten
definitely [ˈdɛfɪnɪtlɪ] **1.** *adv.* eindeutig ⟨*festlegen, größer sein, verbessert, erklären*⟩; endgültig ⟨*entscheiden, annehmen*⟩; fest ⟨*vereinbaren*⟩; **she's ~ going to America** sie fährt auf jeden Fall nach Amerika. **2.** *int. (coll.)* ja, klar *(ugs.)*
definition [dɛfɪˈnɪʃn] *n.* **a)** Definition, *die;* **by ~:** per definitionem *(geh.);* **b)** *(making or being distinct, degree of distinctness)* Schärfe, *die;* **improve the ~ on the TV** den Fernseher schärfer einstellen
definitive [dɪˈfɪnɪtɪv] *adj. (decisive)* endgültig, definitiv ⟨*Beschluß, Antwort, Urteil*⟩; entschieden ⟨*Ton, Art*⟩; entscheidend ⟨*Vorsprung*⟩; **b)** *(most authoritative)* maßgeblich; **c)** *(Philat.)* **~ stamp** Dauermarke, *die*
definitively [dɪˈfɪnɪtɪvlɪ] *adv.* endgültig; definitiv; mit Entschiedenheit ⟨*beanspruchen, behaupten*⟩
deflate [dɪˈfleɪt] **1.** *v.t.* **a)** *(release air etc. from)* **~ a tyre/balloon** die Luft aus einem Reifen/Ballon ablassen; **b)** *(cause to lose conceitedness)* **~ sb.'s opinion of himself** jmds. Selbsteinschätzung *(Dat.)* einen Dämpfer versetzen *(ugs.);* **c)** *(Econ.)* deflationieren. **2.** *v.i.* **a)** ⟨*Reifen:*⟩ Luftdruck verlieren; **b)** *(Econ.)* deflationieren
deflation [dɪˈfleɪʃn] *n. (Econ., Geol.)* Deflation, *die*
deflationary [dɪˈfleɪʃənərɪ] *adj. (Econ.)* deflationär
deflect [dɪˈflɛkt] **1.** *v.t. (bend)* umleiten ⟨*Fluß*⟩; brechen, beugen ⟨*Licht*⟩; *(cause to deviate)* **~ sb./sth. [from sb./sth.]** jmdn./etw. [von jmdm./einer Sache] ablenken. **2.** *v.i.* **a)** *(bend)* einen Bogen machen; *(deviate)* abbiegen; *(fig.)* abweichen
deflection see **deflexion**
deflector [dɪˈflɛktə(r)] *n.* Deflektor, *der*

deflexion [dɪˈflɛkʃn] *n. (Brit.)* **a)** *(bending)* Umleitung, *die; (deviation)* Ablenkung, *die; (turn)* Abweichung, *die; (fig.)* Abweichung, *die;* **b)** *(Phys.)* Ausschlag, *der*
deflower [diːˈflaʊə(r)] *v.t.* deflorieren
defocus [diːˈfəʊkəs] *v.t.,* **-s-** *or* **-ss-** unscharf machen; *(Phys.)* defokussieren ⟨*Strahl*⟩
defoliant [diːˈfəʊlɪənt] *n.* Entlaubungsmittel, *das*
defoliate [diːˈfəʊlɪeɪt] *v.t.* entlauben
defoliation [diːfəʊlɪˈeɪʃn] *n.* Entlaubung, *die*
deforestation [diːfɒrɪˈsteɪʃn] *n.* Entwaldung, *die;* Abholzung, *die*
deform [dɪˈfɔːm] **1.** *v.t.* **a)** *(deface)* deformieren; verunstalten; **b)** *(misshape)* verformen. **2.** *v.i.* **a)** *(become disfigured)* entstellt werden; **b)** *(Phys.)* sich verformen
deformation [diːfɔːˈmeɪʃn] *n.* **a)** *(disfigurement)* Deformation, *die;* Entstellung, *die;* **b)** *(Phys.)* Verformung, *die*
deformed [dɪˈfɔːmd] *adj.* entstellt ⟨*Gesicht*⟩; verunstaltet ⟨*Person, Körperteil*⟩
deformity [dɪˈfɔːmɪtɪ] *n. (being deformed)* Mißgestalt, *die; (malformation)* Verunstaltung, *die*
defraud [dɪˈfrɔːd] *v.t.* **~ sb. [of sth.]** jmdn. [um etw.] betrügen
defray [dɪˈfreɪ] *v.t.* bestreiten ⟨*Kosten*⟩
defrayal [dɪˈfreɪəl], **defrayment** [dɪˈfreɪmənt] *n.* Bestreitung, *die*
defrock [diːˈfrɒk] *see* **unfrock**
defrost [diːˈfrɒst] *v.t.* auftauen ⟨*Speisen*⟩; abtauen ⟨*Kühlschrank*⟩; enteisen ⟨*Windschutzscheibe, Fenster*⟩
deft [dɛft] *adj.* sicher und geschickt
deftly [ˈdɛftlɪ] *adv.* sicher und geschickt
deftness [ˈdɛftnɪs] *n., no pl.* Geschicklichkeit, *die*
defunct [dɪˈfʌŋkt] *adj.* tot, verstorben ⟨*Person*⟩; *(extinct)* ausgestorben; *(fig.)* defekt ⟨*Maschine*⟩; veraltet ⟨*Gesetz*⟩; eingegangen ⟨*Zeitung*⟩; stillgelegt ⟨*Betrieb, Bahnlinie*⟩; überholt, vergessen ⟨*Brauch, Idee, Mode*⟩
defuse [diːˈfjuːz] *v.t. (lit. or fig.)* entschärfen
defy [dɪˈfaɪ] *v.t.* **a)** auffordern; **~ sb. to do sth.** jmdn. auffordern, etw. zu tun; **b)** *(resist openly)* **~ sb.** jmdn. trotzen od. Trotz bieten; *(refuse to obey)* **~ sb./sth.** sich jmdm./einer Sache widersetzen; **c)** *(present insuperable obstacles to)* widerstehen; **it defies explanation** das spottet jeder Erklärung
degeneracy [dɪˈdʒɛnərəsɪ] *n. (also Biol.)* Degeneration, *die*
degenerate 1. [dɪˈdʒɛnəreɪt] *v.i.* **a)** **~ [into sth.]** [zu etw.] verkommen *od.* degenerieren; **b)** *(Biol.)* **~ [into sth.]** [zu etw.] verkümmern *od.* degenerieren. **2.** [dɪˈdʒɛnərət] *adj. (also Biol.)* degeneriert; **become ~:** degenerieren
degeneration [dɪdʒɛnəˈreɪʃn] *n. (also Biol., Med.)* Degeneration, *die*
degradation [dɛɡrəˈdeɪʃn] *n.* **a)** *(abasement)* Erniedrigung, *die;* **b)** *(demotion; also Geol.)* Degradierung, *die;* **c)** *(Biol.)* Degeneration, *die;* **d)** *(Chem.)* Abbau, *der*
degrade [dɪˈɡreɪd] *v.t.* **a)** *(abase)* erniedrigen; herabsetzen ⟨*Ansehen, Maßstab*⟩; **b)** *(demote)* degradieren; **c)** *(Chem.)* abbauen; **d)** *(Geol.)* zerfallen lassen; erodieren
degrading [dɪˈɡreɪdɪŋ] *adj.* entwürdigend; erniedrigend
degree [dɪˈɡriː] *n.* **a)** *(Math., Phys.)* Grad, *der;* **an angle/a temperature of 45 ~s** ein Winkel/eine Temperatur von 45 Grad; **b)** *(stage in scale or extent)* Grad, *der;* **by ~s** allmählich; **a certain ~ of imagination** ein gewisses Maß an Phantasie; **to a high ~:** in hohem Grade *od.* Maße; **to some** *or* **a certain ~:** [bis] zu einem gewissen Grad; **to the last ~:** in höchstem Grade; **obstinate to a ~:** reichlich widerspenstig *(ugs.);* **to what ~?** [in]wieweit?; **c)** *(relative condition)* Art, *die;* **in its ~:** auf seine Art; **d)** *(step in*

191

degree ceremony

genealogical descent) [Verwandtschafts]grad, *der;* **e)** **forbidden** *or* **prohibited ~s** *Verwandtschaftsgrade, die eine Heirat ausschließen;* **f)** *(rank)* Stand, *der;* **g)** *(academic rank)* [akademischer] Grad; **take/receive a ~ in sth.** einen akademischen Grad in etw. *(Dat.)* erwerben/verliehen bekommen; **have a ~ in physics/maths** einen Hochschulabschluß in Physik/Mathematik haben; **h)** *(Ling.)* **~s of comparison** Steigerungsstufen *Pl.;* **positive/comparative/superlative ~:** Positiv, *der*/Komparativ, *der*/Superlativ, *der;* **i)** *(Amer.)* **give sb. the third ~:** jmdn. schonungslos ins Verhör nehmen
degree: **~ ceremony** *n.* Feierstunde zur Verleihung der akademischen Würde; **~ course** *n.* Studium, *das;* **~ day** *n.* Tag der Verleihung der akademischen Würde
dehumanize (**dehumanise**) [diːˈhjuːmənaɪz] *v. t.* entmenschlichen; dehumanisieren
dehydrate [diˈhaɪdreɪt] *v. t.* **a)** *(remove water from)* das Wasser entziehen (+ *Dat.*), austrocknen ⟨*Körper*⟩; **~d** dehydratisiert *(fachspr.);* getrocknet; **b)** *(make dry)* austrocknen
dehydration [diːhaɪˈdreɪʃn] *n.* see **dehydrate:** Dehydration, *die (fachspr.);* Austrocknung, *die*
de-ice [diːˈaɪs] *v. t.* enteisen
de-icer [diːˈaɪsə(r)] *n.* Defroster, *der*
deify [ˈdiːɪfaɪ] *v. t. (make a god of)* vergotten; deifizieren; *(worship)* vergöttern
deign [deɪn] *v. t.* **~ to do sth.** sich [dazu] herablassen, etw. zu tun
deism [ˈdiːɪzm] *n.* Deismus, *der*
deist [ˈdiːɪst] *n.* Deist, *der*/Deistin, *die*
deity [ˈdiːɪtɪ] *n.* **a)** *(god)* Gottheit, *die;* **the D~:** Gott; die Gottheit *(geh.);* **b)** *(divine status)* Göttlichkeit, *die;* Gottheit, *die (geh.)*
dejected [dɪˈdʒɛktɪd] *adj.* niedergeschlagen
dejection [dɪˈdʒɛkʃn] *n.* Niedergeschlagenheit, *die*
delay [dɪˈleɪ] **1.** *v. t.* **a)** *(postpone)* verschieben; **he ~ed his visit for a few weeks** er verschob seinen Besuch einige Wochen; **b)** *(make late)* aufhalten; verzögern ⟨*Ankunft, Abfahrt*⟩; **the train has been seriously ~ed** der Zug hat beträchtliche Verspätung; **c)** *(hinder)* aufhalten; *(retard)* **be ~ed** ⟨*Veranstaltung:*⟩ später erfolgen. **2.** *v. i. (wait)* warten; *(loiter)* trödeln *(ugs.);* **don't ~:** warte nicht damit; **~ in doing sth.** zögern, etw. zu tun. **3.** *n.* **a)** *(delaying, being delayed,* **die** (to bei); **what's the ~ now?** weshalb geht es jetzt nicht weiter?; **without ~:** unverzüglich; **without further ~:** ohne weitere Verzögerung; **b)** *(Transport)* Verspätung, *die;* **trains are subject to ~:** es ist mit Zugverspätungen zu rechnen
delayed-action [dɪleɪdˈækʃn] *adj.* **~ bomb** Bombe mit Zeitzünder; **~ mechanism** *(Photog.)* Selbstauslöser, *der;* **~ drug** Medikament mit Depotwirkung
delectable [dɪˈlɛktəbl] *adj.* köstlich; **she looked ~:** sie sah reizend aus
delectation [diːlɛkˈteɪʃn] *n.* Ergötzen, *das (geh.);* Vergnügen, *das*
delegate **1.** [ˈdɛlɪgət] *n.* **a)** *(elected representative)* Delegierte, *der/die;* *(of firm)* Beauftragte, *der/die;* **b)** *(deputy)* Vertreter, *der*/Vertreterin, *die;* **c)** *(member of deputation)* Delegierte, *der/die.* **2.** [ˈdɛlɪgeɪt] *v. t.* **a)** *(depute)* delegieren; **b)** *(commit)* **~ power/responsibility/a task [to sb.]** Macht/Verantwortlichkeit/eine Aufgabe [an jmdn.] delegieren; **he does not know how to ~:** er will alles selbst erledigen
delegation [dɛlɪˈgeɪʃn] *n.* **a)** *(body of delegates)* Delegation, *die;* Delegation, *die;* **b)** *(deputation)* Abordnung, *die;* Delegation, *die;* **c)** *(entrusting of authority to deputy)* Delegation, *die* (**to** an + *Akk.*)
delete [dɪˈliːt] *v. t.* streichen (**from** in +

Dat.); *(Computing)* löschen; **~ where inapplicable** Nichtzutreffendes streichen
deleterious [dɛlɪˈtɪərɪəs] *adj.* schädlich (**to** für); **~ [to health]** gesundheitsschädlich
deletion [dɪˈliːʃn] *n.* Streichung, *die; (Computing)* Löschung, *die*
delft [dɛlft] (**delf** [dɛlf]) *n.* **~ [pottery]/tiles** etc. Delfter Keramik/Kacheln *usw.*
deliberate **1.** [dɪˈlɪbərət] *adj.* **a)** *(intentional)* absichtlich; bewußt ⟨*Lüge, Irreführung*⟩; vorsätzlich ⟨*Verbrechen*⟩; **b)** *(fully considered)* wohlerwogen; [sorgfältig] überlegt; **c)** *(cautious)* behutsam; **d)** *(unhurried and considered)* bedächtig. **2.** [dɪˈlɪbəreɪt] *v. i.* **a)** *(think carefully)* **~ on sth.** über etw. *(Akk.)* [sorgfältig] nachdenken; **b)** *(debate)* **~ over** *or* **on** *or* **about sth.** über etw. *(Akk.)* beraten. **3.** *v. t.* ⟨*Gruppe:*⟩ beraten; ⟨*Einzelner:*⟩ überlegen
deliberately [dɪˈlɪbərətlɪ] *adv.* **a)** *(intentionally)* absichtlich; mit Absicht; vorsätzlich ⟨*ein Verbrechen begehen*⟩; **b)** *(with full consideration)* [very] **~:** [ganz] bewußt; **c)** *(in unhurried manner)* bedächtig
deliberation [dɪlɪbəˈreɪʃn] *n.* **a)** *(care)* Sorgfalt, *die;* **b)** *(unhurried nature)* Bedächtigkeit, *die;* **c)** *(careful consideration)* Überlegung, *die;* **after much ~:** nach reiflicher Überlegung; **d)** *(discussion)* Beratung, *die*
deliberative [dɪˈlɪbərətɪv] *adj.* beratend
delicacy [ˈdɛlɪkəsɪ] *n.* **a)** *(tactfulness and care)* Feingefühl, *das;* Delikatesse, *die (geh.);* **b)** *(fineness)* Zartheit, *die;* Feinheit, *die;* **c)** *(weakness)* Zartheit, *die;* **d)** *(need of discretion etc.)* Delikatheit, *die;* **e)** *(food)* Delikatesse, *die*
delicate [ˈdɛlɪkət] *adj.* **a)** *(easily injured)* empfindlich ⟨*Organ*⟩; zart ⟨*Gesundheit, Konstitution*⟩; *(sensitive)* sensibel, empfindlich ⟨*Person, Natur*⟩; empfindlich ⟨*Waage, Instrument, Verfassung*⟩; **b)** *(requiring careful handling)* empfindlich; *(fig.)* delikat, heikel ⟨*Frage, Angelegenheit, Problem*⟩; **c)** *(fine, of exquisite quality, subdued)* zart; fein; delikat; *(dainty)* delikat; **d)** *(subtle)* fein; delikat; **e)** *(deft, light)* geschickt; zart; **f)** *(tactful)* taktvoll; behutsam
delicately [ˈdɛlɪkətlɪ] *adv.* fein; **~ put** taktvoll ausgedrückt
delicatessen [dɛlɪkəˈtɛsn] *n.* Feinkostgeschäft, *das;* Delikatessengeschäft, *das*
delicious [dɪˈlɪʃəs] *adj.* köstlich; lecker ⟨*Speise, Geschmack*⟩; köstlich ⟨*Anblick, Spaß, Humor*⟩
deliciously [dɪˈlɪʃəslɪ] *adv.* köstlich; herrlich ⟨*kühl, lustig*⟩
deliciousness [dɪˈlɪʃəsnɪs] *n., no pl.* Köstlichkeit, *die*
delight [dɪˈlaɪt] **1.** *v. t.* erfreuen. **2.** *v. i.* **sb. ~s in doing sth.** es macht jmdm. Freude, etw. zu tun; **~ to do sth.** etw. gern tun. **3.** *n.* **a)** *(great pleasure)* Freude, *die;* **at sth./at doing sth.** Freude über etw. *(Akk.)*/darüber, etw. zu tun; **in sth./in doing sth.** Freude an etw. *(Dat.)*/daran, etw. zu tun; **to my/our ~:** zu meiner/unserer Freude; **sb. takes ~ in doing sth.** es macht jmdm. Freude, etw. zu tun; **b)** *(cause of pleasure)* Vergnügen, *das;* **these cakes are a ~ to eat** diese Kuchen schmecken köstlich
delighted [dɪˈlaɪtɪd] *adj.* freudig ⟨*Schrei*⟩; **be ~** ⟨*Person:*⟩ hocherfreut sein; **be ~ by** *or* **with** *or* **at sth.** sich über etw. *(Akk.)* freuen; **be ~ to do sth.** sich freuen, etw. zu tun; **we shall be ~ to accept your invitation** wir werden Ihre Einladung gern annehmen
delightedly [dɪˈlaɪtɪdlɪ] *adv.* erfreut
delightful [dɪˈlaɪtfl] *adj.* köstlich ⟨*Geschmack, Klang*⟩; reizend ⟨*Person, Landschaft*⟩
delightfully [dɪˈlaɪtfəlɪ] *adv.* wunderbar; bezaubernd ⟨*singen, tanzen, hübsch*⟩; angenehm ⟨*hell, lustig*⟩
delimit [dɪˈlɪmɪt] *v. t.* begrenzen ⟨*Gebiet, Region*⟩; *(fig.)* eingrenzen

deluge

delimitation [dɪlɪmɪˈteɪʃn] *n.* Begrenzung, *die; (fig.)* Eingrenzung, *die*
delineate [dɪˈlɪnɪeɪt] *v. t.* **a)** *(draw)* zeichnen; *(describe)* darstellen; **sharply ~d** sich scharf abzeichnend
delinquency [dɪˈlɪŋkwənsɪ] *n.* **a)** *no pl.* Kriminalität, *die;* **b)** *(misdeed)* Straftat, *die*
delinquent [dɪˈlɪŋkwənt] **1.** *n. (bes. jugendlicher)* Randalierer, *der.* **2.** *adj.* **a)** *(offending)* kriminell; **b)** *(Amer.: in arrears)* säumig
delirious [dɪˈlɪrɪəs] *adj.* **a)** delirant *(Med.);* **be ~:** im Delirium sein; ≈ phantasieren; **b)** *(wildly excited)* **be ~ [with sth.]** außer sich *(Dat.)* [vor etw.] sein *(Dat.);* **c)** *(ecstatic, wild)* wahnsinnig; rasend ⟨*Zorn, Wut*⟩
deliriously [dɪˈlɪrɪəslɪ] *adv.* **a)** wie im Delirium; **b)** *(ecstatically)* wahnsinnig
delirium [dɪˈlɪrɪəm] *n.* Delirium, *das*
delirium tremens [dɪlɪrɪəm ˈtriːmɛnz] *n., no pl.* Delirium tremens, *das (Med.);* Säuferwahn, *der (veralt.)*
deliver [dɪˈlɪvə(r)] *v. t.* **a)** *(utter)* halten ⟨*Rede, Vorlesung, Predigt*⟩; vorbringen ⟨*Worte*⟩; vortragen ⟨*Verse*⟩; *(pronounce)* verkünden ⟨*Urteil, Meinung, Botschaft*⟩; **b)** *(launch)* werfen ⟨*Ball*⟩; versetzen ⟨*Stoß, Schlag, Tritt*⟩; vortragen ⟨*Angriff*⟩; **c)** *(hand over)* bringen; liefern ⟨*Ware*⟩; zustellen ⟨*Post, Telegramm*⟩; überbringen ⟨*Botschaft*⟩; **~ sth. to the door** etw. ins Haus liefern; **~ [the goods]** *(fig.)* es schaffen *(ugs.);* *(fulfil promise)* halten, was man versprochen hat; **d)** *(give up)* aushändigen; **stand and ~!** halt, Geld her!; **e)** *(render)* erzählen ⟨*Geschichte*⟩; geben, liefern ⟨*Bericht, Beschreibung*⟩; stellen ⟨*Ultimatum*⟩; geben ⟨*Versprechen*⟩; abgeben ⟨*Gelübde*⟩; **f)** *(Law)* aushändigen ⟨*Dokument*⟩; **g)** *(assist in giving birth, aid in being born)* entbinden; *(give birth to)* gebären; **be ~ed [of a child]** [von einem Kind] entbunden werden; **h)** *(formal: unburden)* **~ oneself of one's opinion** seine Meinung loswerden; **i)** *(save)* **~ sb./sth. from sb./sth.** jmdn./etw. von jmdm./etw. erlösen; **~ us from evil** *(Relig.)* erlöse uns von dem Übel od. Bösen *(bibl.)*
~ up *v. t.* aushändigen; übergeben
deliverance [dɪˈlɪvərəns] *n.* Erlösung, *die* (**from** von); **~ from captivity** Befreiung aus der Gefangenschaft
delivery [dɪˈlɪvərɪ] *n.* **a)** *(handing over)* Lieferung, *die; (of letters, parcels)* Zustellung, *die;* **there is no charge for ~:** Lieferung frei Haus; **there are no deliveries on Sunday** sonntags wird keine Post ausgestellt *od.* ausgetragen; **take ~ of sth.** etw. annehmen; **pay on ~:** bei Lieferung bezahlen; *(Post)* per Nachnahme bezahlen; **b)** Wurf, *der;* **~ of a blow/punch** Schlag, *der;* **c)** *(uttering)* Vortragen, *das; (manner of uttering)* Vortragsweise, *die;* Vortrag, *der;* **d)** *(childbirth)* Entbindung, *die*
delivery: **~ boy** *n.* Austräger, *der;* **~ date** *n.* Liefertermin, *der;* **~ girl** *n.* Austrägerin, *die;* **~ man** *n.* Lieferant, *der;* Ausfahrer, *der (landsch.);* **~ note** *n.* Lieferschein, *der;* **~ room** *n. (Med.)* Kreißsaal, *der;* **~ service** *n.* Zustelldienst, *der;* **~ van** *n.* Lieferwagen, *der*
dell [dɛl] *n.* [bewaldetes] Tal, Grund, *der (veralt.)*
delouse [diːˈlaʊs] *v. t.* entlausen
delphinium [dɛlˈfɪnɪəm] *n. (Bot.)* Rittersporn, *der*
delta [ˈdɛltə] *n.* **a)** *(of river; Greek letter)* Delta, *das;* **b)** *(Sch., Univ.: mark)* Vier, *die*
delta 'wing *n.* Deltaflügel, *der;* **~ aircraft** Deltaflugzeug, *das*
delude [dɪˈljuːd, dɪˈluːd] *v. t.* täuschen; **~ sb. into believing that ...:** jmdm. weismachen, daß ...; **stop deluding yourself!** machen Sie sich doch nichts vor!
deluge [ˈdɛljuːdʒ] **1.** *n.* **a)** *(rain)* sintflutartiger Regen; **b)** *(Bibl.)* **the D~:** die Sintflut; **c)** **~ of complaints/letters** Flut von Beschwer-

delusion

den/Briefen. **2.** *v. t. (lit. or fig.)* überschwemmen; ~ **sb. with questions** jmdn. mit Fragen überschütten

delusion [dɪ'lju:ʒn, dɪ'lu:ʒn] *n.* Illusion, *die; (as symptom or form of madness)* Wahnvorstellung, *die;* **be under a** ~: einer Täuschung unterliegen; **be under the** ~ **that ...**: sich *(Dat.)* der Täuschung hingeben, daß ...; **have ~s of grandeur** größenwahnsinnig sein

delusive [dɪ'lju:sɪv, dɪ'lu:sɪv] *adj.,* **delusively** [dɪ'lju:sɪvlɪ, dɪ'lu:sɪvlɪ] *adv.* trügerisch

de luxe [də'lʌks, də'lu:ks] *adj.* Luxus-; ~ **trade** Handel mit Luxusartikeln

delve [delv] *v. i.* **a)** *(arch./poet.: dig)* graben **(for** nach**); b)** *(search)* ~ **into sth.** [for sth.] tief in etw. *(Akk.)* greifen[, um etw. herauszuholen]; **c)** *(research)* ~ **into sth.** sich in etw. *(Akk.)* vertiefen; ~ **into sb.'s past** in jmds. Vergangenheit nachforschen

Dem. *abbr. (Amer.)* **Democrat** Dem.

demagogue *(Amer.:* **demagog)** ['deməgɒg] *n.* Demagoge, *der*/Demagogin, *die*

demagoguery ['deməgɒgərɪ], **demagogy** ['deməgɒgɪ] *ns.* Demagogie, *die*

demand [dɪ'mɑ:nd] **1.** *n.* **a)** *(request)* Forderung, *die* **(for** nach**); a ~ for sb. to do sth.** eine Forderung, daß jmd. etw. tun soll; **payable on ~**: zahlbar bei Sicht *(Kaufmannsspr.);* **final ~**: letzte Mahnung; **b)** *(desire for commodity)* Nachfrage, *die* **(for** nach**); by popular ~**: auf vielfachen Wunsch; **sth./sb. is in [great]** ~: etw. ist [sehr] gefragt/jmd. ist [sehr] begehrt; **~ for teachers/clerks** Bedarf an Lehrern/Büroangestellten; **c)** *(claim)* **make ~s on sb.** jmdn. beanspruchen; **make too many ~s on sb.'s patience/time** jmds. Geduld/Zeit zu sehr beanspruchen; **I have many ~s on my time** ich bin zeitlich sehr beansprucht. *See also* **supply 2 a. 2.** *v. t.* **a)** *(ask for, require, need)* verlangen **(of, from** von**);** fordern ⟨*Recht, Genugtuung*⟩; ~ **to know/see sth.** etw. zu wissen/zu sehen verlangen; **he ~ed to be told everything** er wollte unbedingt alles wissen; ~ **money with menaces** Geld erpressen; **b)** *(insist on being told)* unbedingt wissen wollen; **he ~ed my business** er fragte mich nachdrücklich, was ich wünschte

demanding [dɪ'mɑ:ndɪŋ] *adj.* anspruchsvoll; *(taxing)* anstrengend ⟨*Kind*⟩; **physically |very|** ~: körperlich [sehr] anstrengend

de'mand note *n.* **a)** *(Brit.: request for payment)* Zahlungsaufforderung, *die;* **b)** *(Amer.: bill payable at sight)* Sichtwechsel, *der (Bankw.)*

demarcate ['di:mɑ:keɪt] *v. t.* festlegen ⟨*Grenze*⟩; *(determinate geh.);* ~ **sth. from sth.** etw. von etw. abgrenzen

demarcation [di:mɑ:'keɪʃn] *n. (of frontier)* Demarkation, *die; (of topics)* Abgrenzung, *die;* **line of** ~: *(frontier)* Demarkationslinie, *die; (of topics)* Trennungslinie, *die*

demar'cation dispute *n.* Streit um die Abgrenzung der Zuständigkeitsbereiche

démarche ['deɪmɑ:ʃ] *n. (Diplom.)* Demarche, *die*

demean [dɪ'mi:n] *v. refl. (lower one's dignity)* ~ **oneself [to do sth.]** sich [dazu] erniedrigen[, etw. zu tun]; ~ **oneself by sth./doing sth.** sich durch etw. erniedrigen/sich dadurch erniedrigen, daß man etw. tut

demeaning [dɪ'mi:nɪŋ] *adj.* erniedrigend

demeanour *(Brit.; Amer.:* **demeanor)** [dɪ-'mi:nə(r)] *n.* Benehmen, *das*

demented [dɪ'mentɪd] *adj.* wahnsinnig; **be ~ with worry** verrückt vor Angst sein *(ugs.);* **like somebody** ~: wie ein Wahnsinniger/eine Wahnsinnige

dementedly [dɪ'mentɪdlɪ] *adv.* wie von Sinnen

dementia [dɪ'menʃə] *(Med.)* Demenz, *die*

demerara [demə'reərə] *n.* ~ [**sugar**] brauner Zucker; Farin, *der*

demerit [di:'merɪt] *n.* **a)** Schwäche, *die;* **b)** *(quality deserving blame)* [Charakter]fehler, *der; (action)* Fehlverhalten, *das;* **c)** *(Amer.: mark)* Strafpunkt, *der*

demesne [dɪ'mi:n, dɪ'meɪn] *n. (land attached to mansion etc.)* Grundstück des Landsitzes

demi- ['demɪ] *pref.* Halb-

'**demigod** [demɪ] *n.* Halbgott, *der*

demijohn ['demɪdʒɒn] *n.* Demijohn, *der (fachspr.);* Korbflasche, *die*

demilitarisation, demilitarise *see* **demilitariz-**

demilitarization [di:mɪlɪtəraɪ'zeɪʃn] *n.* Entmilitarisierung, *die*

demilitarize [di:'mɪlɪtəraɪz] *v. t.* entmilitarisieren

demi-monde ['demɪmɒd] *n.* Demimonde, *die (geh.);* Halbwelt, *die*

demise [dɪ'maɪz] *n. (death)* Ableben, *das (geh.); (fig.)* Verschwinden, *das; (of firm, party, creed, etc.)* Untergang, *der*

demisemiquaver [demɪ'semɪkweɪvə(r), 'demɪsemɪkweɪvə(r)] *n. (Brit. Mus.)* Zweiunddreißigstelnote, *die*

demist [di:'mɪst] *v. t. (Brit.)* trockenblasen; *(with cloth etc.)* trockenreiben

demister [di:'mɪstə(r)] *n. (Brit.)* Defroster, *der;* ~ **fan** Gebläse, *das*

demo ['deməʊ] *n., pl.* ~**s** *(coll.)* Demo, *die (ugs.)*

demob [di:'mɒb] *(Brit. coll.)* **1.** *v. t.,* **-bb-** aus dem Kriegsdienst entlassen. **2.** *n.* Entlassung aus dem Kriegsdienst

demobilization, demobilise *see* **demobiliz-**

demobilization [di:məʊbɪlaɪ'zeɪʃn] *n.* Demobilisation, *die; (of soldier)* Entlassung aus dem Kriegsdienst

demobilize [di:'məʊbɪlaɪz] *v. t.* demobilisieren ⟨*Armee, Kriegsschiff*⟩; aus dem Kriegsdienst entlassen ⟨*Soldat*⟩

democracy [dɪ'mɒkrəsɪ] *n.* Demokratie, *die*

democrat ['deməkræt] *n.* **a)** *(advocate of democracy)* Demokrat, *der*/Demokratin, *die;* **b) D~** *(Amer. Polit.)* Demokrat, *der*/Demokratin, *die*

democratic [demə'krætɪk] *adj.* **a)** demokratisch; **b)** *(Amer. Polit.)* **D~ Party** Demokratische Partei

democratically [demə'krætɪkəlɪ] *adv.* demokratisch

democratize [dɪ'mɒkrətaɪz] *v. t.* demokratisieren

demographic [di:mə'græfɪk, demə'græfɪk], **demographical** [di:mə'græfɪkl, demə-'græfɪkl] *adj.* demographisch

demolish [dɪ'mɒlɪʃ] *v. t.* **a)** *(pull down)* abreißen; *(break to pieces)* zerstören; demolieren; schleifen, niederlegen ⟨*Festungsanlagen*⟩; ~ **by bombing** zerbomben; **b)** *(overthrow)* auflösen ⟨*Institution*⟩; abschaffen ⟨*System, Privilegien*⟩; widerlegen, umstoßen ⟨*Theorie*⟩; entkräften ⟨*Einwand*⟩; zerstören ⟨*Legende, Mythos*⟩; **c)** *(joc.: eat up)* verschlingen

demolition [demə'lɪʃn, di:mə'lɪʃn] *n.* **a)** *see* **demolish a:** Abriß, *der;* Zerstörung, *die;* Demolierung, *die;* Schleifung, *die;* ~ **contractors** Abbruchunternehmen, *das;* **due for** ~: abbruchreif; ~ **work** Abbrucharbeit, *die;* **b)** *see* **demolish b:** Auflösung, *die;* Abschaffung, *die;* Widerlegung, *die;* Entkräftung, *der;* Zerstörung, *die*

demon ['di:mən] *n.* **a)** Dämon, *der;* **b)** *(person, animal)* Teufel, *der;* ~ **bowler** *(Cricket)* sehr schneller Werfer; **he is a ~ for work** er arbeitet wie ein Besessener

demonetize (demonetise) [di:'mʌnɪtaɪz] *v. t. (Finance)* demonetisieren *(Bankw.);* aus dem Umlauf ziehen

demoniac [dɪ'məʊnɪæk] **1.** *adj.* dämonisch; *(possessed)* besessen. **2.** *n.* Besessene, *der/die*

denaturalize

demoniacal [di:mə'naɪəkl, demə'naɪəkl] *adj.* dämonisch

demonic [di:'mɒnɪk] *see* **demoniac 1**

demonstrability [demɒnstrə'bɪlɪtɪ, dɪmɒnstrə'bɪlɪtɪ] *n., no pl.* Beweisbarkeit, *die*

demonstrable ['demənstrəbl, dɪ'mɒnstrəbl] *adj.* beweisbar; nachweislich ⟨*Schaden*⟩; **it is ~ that ...**: man kann beweisen, daß ...; es läßt sich nachweisen, daß ...

demonstrably ['demənstrəblɪ, dɪ'mɒnstrəblɪ] *adv.* nachweislich

demonstrate ['demənstreɪt] **1.** *v. t.* **a)** *(by examples, experiments, etc.)* zeigen; demonstrieren; *(show, explain)* vorführen ⟨*Vorrichtung, Gerät*⟩; **b)** *(be proof of)* zeigen; beweisen; **c)** *(logically prove the truth of)* beweisen; nachweisen; **d)** *(prove the existence of)* zeigen ⟨*Gefühl, Bedürfnis, Gutwilligkeit*⟩. **2.** *v. i.* **a)** *(make, take part in, a meeting or procession)* demonstrieren; **b)** *(give a demonstration)* ~ **on sth./sb.** etw./jmdn. als Demonstrationsobjekt benutzen

demonstration [demən'streɪʃn] *n.* **a)** *(as way of teaching)* Demonstration, *die;* praktische Vorführung, *die;* **cookery ~s** Anschauungsunterricht im Kochen; **b)** *(showing of appliances etc.)* Vorführung, *die;* **give sb. a ~ of sth.** jmdn. etw. vorführen; **c)** *(meeting, procession)* Demonstration, *die;* **d)** *(exhibition of feeling etc.)* Ausdruck, *der;* **make a ~ of sth.** etw. zeigen; **e)** *(proof)* Beweis, *der*

demonstrative [dɪ'mɒnstrətɪv] *adj.* **a)** *(with open expression)* offen; unverhohlen ⟨*Freude*⟩; **b)** *(serving to point out or to exhibit)* anschaulich; **c)** *(logically conclusive)* schlüssig ⟨*Beweis, Argument*⟩; **d)** *(Ling.)* Demonstrativ-; hinweisend

demonstrator ['demənstreɪtə(r)] *n.* **a)** *(in a meeting or procession)* Demonstrant, *der*/Demonstrantin, *die;* **b)** *(Commerc.)* Vorführer, *der*/Vorführerin, *die*

demoralisation, demoralise *see* **demoraliz-**

demoralization [dɪmɒrəlaɪ'zeɪʃn] *n.* Demoralisierung, *die*

demoralize [dɪ'mɒrəlaɪz] *v. t.* demoralisieren

demote [di:'məʊt] *v. t.* degradieren **(to** zu**);** zurückstufen ⟨*Schüler*⟩

demotic [dɪ'mɒtɪk] *adj.* **a)** *(popular)* volkstümlich; **b)** ~ **Greek** Demotike, *die*

demotion [di:'məʊʃn] *n.* Degradierung, *die* **(to** zu**);** *(Sch.)* Zurückstufung, *die*

demur [dɪ'mɜ:(r)] *v. i.,* **-rr-** Einwände erheben; ~ **to sth.** gegen etw. Einwände erheben; ~ **at doing sth.** Einwände dagegen erheben, etw. zu tun

demure [dɪ'mjʊə(r)] *adj.* **a)** *(affectedly quiet and serious)* betont zurückhaltend; **b)** *(sober)* nüchtern; *(grave, composed)* ernst; gesetzt ⟨*Benehmen*⟩; **c)** *(decorous)* sittsam *(veralt.);* gesittet ⟨*Rede*⟩

demurely [dɪ'mjʊəlɪ] *adv.* zurückhaltend; ~ **dressed** sittsam *(veralt.)* gekleidet

demythologize (demythologise) [di:-mɪ'θɒlədʒaɪz] *v. t.* entmythologisieren

den [den] *n.* **a)** *(of wild beast)* Höhle, *die;* **fox's** ~: Fuchsbau, *der;* **Daniel in the lions'** ~ *(Bibl.)* Daniel in der Löwengrube; **b)** *(resort of criminals etc.)* of **thieves, thieves'** ~: Diebeshöhle, *die;* Diebesnest, *das;* ~ **of vice or iniquity** Lasterhöhle, *die (ugs. abwertend);* **robbers'** ~: Räuberhöhle, *die (veralt.);* **c)** *(coll.: small room)* Bude, *die (ugs.)*

denationalisation, denationalise *see* **denationaliz-**

denationalization [di:næʃənəlaɪ'zeɪʃn] *n., no pl.* Privatisierung, *die*

denationalize [di:'næʃənəlaɪz] *v. t.* privatisieren

denaturalize (denaturalise) [di:'nætʃərəlaɪz] *v. t.* **a)** *(make unnatural)* denaturieren; *(make unfit for drinking etc.)* denaturieren *(Chemie, Physik);* ungenießbar machen; vergällen *(Chemie)* ⟨*Alkohol*⟩; ~**d** de-

193

denature

naturiert *(Chemie, Physik)*; ungenießbar; **b)** *(deprive of citizenship)* denaturalisieren
denature [diːˈneɪtʃə(r)] *v.t.* denaturieren
denazification [diːnɑːtsɪfɪˈkeɪʃn] *n.* Entnazifizierung, *die*
denazify [diːˈnɑːtsɪfaɪ] *v.t.* entnazifizieren
dendrochronology [dendrəʊkrəˈnɒlədʒɪ] *n.* Dendrochronologie, *die;* Jahresringforschung, *die*
deniable [dɪˈnaɪəbl] *adj.* bestreitbar; *(refutable)* widerlegbar
denial [dɪˈnaɪəl] *n.* **a)** *(refusal)* Verweigerung, *die;* (of request, wish) Ablehnung, *die;* **b)** *(contradiction)* Leugnen, *das;* **an official ~:** ein offizielles Dementi; **~ of [the existence of] God** Gottesleugnung, *die;* **c)** *(disavowal of person)* Verleugnung, *die*
denier [ˈdenjə(r)] *n.* Denier, *das (Textilw.);* **20 ~ stockings** 20-den-Strümpfe
denigrate [ˈdenɪɡreɪt] *v.t.* verunglimpfen; **~ sb.'s character** jmdn. verunglimpfen *od.* *(ugs.)* schlechtmachen
denigration [denɪˈɡreɪʃn] *n.* Verunglimpfung, *die*
denigratory [ˈdenɪɡreɪtərɪ] *adj.* verunglimpfend
denim [ˈdenɪm] *n.* **a)** *(fabric)* Denim ⓦ, *der;* Jeansstoff, *der;* **~ jacket** Jeansjacke, *die;* **b)** *in pl.* *(garment)* Bluejeans *Pl.;* *(for workman)* Arbeitsanzug, *der/-*hose, *die*
denizen [ˈdenɪzən] *n.* *(inhabitant, occupant)* Bewohner, *der*/Bewohnerin, *die*
Denmark [ˈdenmɑːk] *pr. n.* Dänemark *(das)*
denominate [dɪˈnɒmɪneɪt] *v.t.* bezeichnen
denomination [dɪnɒmɪˈneɪʃn] *n.* **a)** *(class of units)* Einheit, *die;* **coins/paper money of the smallest ~:** Münzen/Papiergeld mit dem geringsten Nennwert; **b)** *(Relig.)* Glaubensgemeinschaft, *die;* Konfession, *die;* **c)** *(name, designation)* Bezeichnung, *die;* **d)** *(class, kind)* Art, *die*
denominational [dɪnɒmɪˈneɪʃənl] *adj.* *(Relig.)* konfessionell; **~ school** Konfessions- *od.* Bekenntnisschule, *die*
denominator [dɪˈnɒmɪneɪtə(r)] *n.* *(Math.)* Nenner, *der;* see also **common denominator**
denotation [diːnəˈteɪʃn] *n.* **a)** *(marking)* Kennzeichnung, *die;* **b)** *(sign, indication)* Zeichen, *das;* **c)** *(designation)* Bezeichnung, *die;* **d)** *(meaning)* Bedeutung, *die;* *(esp. Ling.)* Denotation, *die*
denote [dɪˈnəʊt] *v.t.* **a)** *(indicate)* hindeuten auf (+ *Akk.*); **~ that ...:** darauf hindeuten, daß ...; **b)** *(designate)* bedeuten; *(by specified symbol)* bezeichnen; **c)** *(signify)* symbolisieren; bedeuten
dénouement, denouement [deɪˈnuːmɑ̃] *n.* Ausgang, *der;* Auflösung, *die*
denounce [dɪˈnaʊns] *v.t.* **a)** *(inform against)* denunzieren *(abwertend);* *(accuse publicly)* beschuldigen; *(openly attack)* anprangern; **~ sb. to sb.** jmdn. bei jmdm. denunzieren; **~ sb. as a spy** jmdn. beschuldigen, ein Spion zu sein; **b)** *(terminate)* [auf]kündigen
denouncement [dɪˈnaʊnsmənt] see **denunciation**
dense [dens] *adj.* **a)** *(compacted in substance)* dicht; massiv ⟨Körper⟩; *(photog.)* undurchlässig ⟨Negativ⟩; **b)** *(crowded together)* dichtgedrängt; eng ⟨Schrift⟩; **the population is very ~:** die Bevölkerungsdichte ist sehr hoch; **c)** *(stupid)* dumm; **he's pretty ~:** er ist ziemlich schwer von Begriff
densely [ˈdenslɪ] *adv.* dicht; **~ packed** dichtgedrängt
denseness [ˈdensnɪs] *n., no pl.* **a)** Dichte, *die;* **b)** *(stupidity)* Begriffsstutzigkeit, *die*
density [ˈdensɪtɪ] *n.* **a)** *(also Phys.)* Dichte, *die;* **population ~:** Bevölkerungsdichte, *die;* **b)** *(Photog.)* Schwärzung, *die;* Dichte, *die*
dent [dent] **1.** *n.* Beule, *die;* Delle, *die (landsch.);* *(fig. coll.)* Loch, *das;* **make a ~ in production/in sb.'s savings** ein Loch in die Produktion/in jmds. Ersparnisse reißen;

make a bit of a ~ in sb.'s pride jmds. Stolz leicht anknacksen *(ugs.).* **2.** *v.t.* einbeulen; verbeulen; eindellen ⟨Holz, Tisch⟩ *(ugs.);* *(fig.)* anknacksen *(ugs.);* **he ~ed his car in a collision** sein Auto wurde bei einem Zusammenstoß verbeult *od.* eingebeult
dental [ˈdentl] **1.** *adj.* **a)** Zahn-; **~ care** Zahnpflege, *die;* **~ training** Ausbildung in der Zahnheilkunde; **b)** *(Phonet.)* Dental-; **~ consonant** see **2. 2.** *n.* *(Phonet.)* Dental, *der;* Zahnlaut, *der*
dental: ~ floss *n.* Zahnseide, *die;* **~ mechanic** *n.* Zahntechniker, *der/-*technikerin, *die;* **~ surgeon** *n.* Zahnarzt, *der/-*ärztin, *die*
dentate [ˈdenteɪt] *adj.* *(Bot., Zool.)* gezähnt
dentine [ˈdentiːn] *(Amer.:* **dentin**) *n.* *(Med.)* Dentin, *das (fachspr.);* Zahnbein, *das*
dentist [ˈdentɪst] *n.* Zahnarzt, *der/-*ärztin, *die;* **at the ~['s]** beim Zahnarzt; **~'s chair** Zahnarztstuhl, *der*
dentistry [ˈdentɪstrɪ] *n., no pl.* Zahnheilkunde, *die*
denture [ˈdentʃə(r)] *n.* ~[s] Zahnprothese, *die;* (künstliches) Gebiß; **partial ~:** Teilprothese, *die*
denuclearize (denuclearise) [diːˈnjuːklɪəraɪz] *v.t.* atomwaffenfrei machen
denudation [diːnjuːˈdeɪʃn] *n.* *(of valley, slope)* Abholzung, *die;* *(of tree)* Entlaubung, *die;* *(fig.)* Entzug, *der;* *(Geol.)* Denudation, *die (fachspr.);* Abtragung, *die*
denude [dɪˈnjuːd] *v.t.* **a)** abholzen, kahlschlagen ⟨Tal, Hang⟩; **~ a tree [of its leaves]** einen Baum entlauben; **~d of trees** abgeholzt; **~ sb. of sth.** *(fig.)* jmdm. etw. entziehen; **b)** *(Geol.)* erodieren *(fachspr.)*
denunciation [dɪnʌnsɪˈeɪʃn] *n.* **a)** Denunziation, *die (abwertend);* *(public accusation)* Beschuldigung, *die;* **b)** *(of treaty etc.)* [Auf]kündigung, *die*
deny [dɪˈnaɪ] *v.t.* **a)** *(declare untrue)* bestreiten; zurückweisen ⟨Beschuldigung⟩; **he denied knowing it** er bestritt, es zu wissen; **it cannot be denied** *or* **there is no ~ing the fact that ...:** es läßt sich nicht bestreiten *od.* leugnen, daß ...; **he denied this to be the case** er bestritt, daß dies der Fall sei; **~ all knowledge of sth.** bestreiten, irgendetwas von etw. zu wissen; **b)** *(refuse)* verweigern; **~ sb. sth.** jmdm. etw. verweigern; **he can't ~ her anything** er kann ihr nichts abschlagen; **recognition was denied [to] him** die Anerkennung blieb ihm versagt; **c)** *(disavow, repudiate; refuse access to)* verleugnen; ablehnen ⟨Verantwortung⟩; **d)** *(Relig.)* **~ oneself** *or* **the flesh** sich kasteien
deodorant [diːˈəʊdərənt] **1.** *adj.* desodorierend; **~ spray** Deo[dorant]spray, *das;* *das.* **2.** *n.* Deodorant, *das*
deodorisation, deodorise see **deodorization**
deodorization [diːəʊdəraɪˈzeɪʃn] *n.* Desodorierung, *die*
deodorize [diːˈəʊdəraɪz] *v.t.* desodorieren
dep. *abbr.* **a)** **departs** *(Railw.)* Abf.; *(Aeronaut.)* Abfl.; **b)** **deputy** stellv.
depart [dɪˈpɑːt] **1.** *v.i.* **a)** *(go away, take one's leave)* weggehen; fortgehen; sich entfernen *(geh.);* **b)** *(set out, start, leave)* abfahren; ⟨*Schiff auch.*:⟩ auslaufen, abfahren; ⟨*Flugzeug*:⟩ abfliegen; *(on one's journey)* abreisen; **ready to ~:** abfahrbereit; **c)** *(fig.: deviate)* **~ from sth.** von etw. abweichen; **d)** *(literary: die)* **~ from this life** aus dem Leben *od.* von hinnen scheiden *(geh.);* **he has ~ed from us** er ist von uns gegangen *(verhüll.).* **2.** *v.t.* *(literary)* **~ this life/world** aus dem Leben/aus dieser Welt scheiden *(geh.).* **2.** *n.* **the ~:** der/die Dahingeschiedene; **die Dahingeschiedenen** *(geh. verhüll.)*

deplete

department [dɪˈpɑːtmənt] *n.* **a)** *(of municipal administration)* Amt, *das;* *(of State administration)* Ministerium, *das;* *(of university)* Seminar, *das;* *(of shop)* Abteilung, *die;* **D~ of Employment/Education** Arbeits-/Erziehungsministerium, *das;* **the shipping ~/personnel ~:** die Versand-/Personalabteilung; **English ~:** anglistisches *od.* englisches Seminar; **history ~:** Seminar *od.* Institut für Geschichte; **~ of pathology** Pathologie, *die;* pathologisches Institut; *(in hospital)* pathologische Abteilung; **b)** *(administrative district in France)* Departement, *das;* **c)** *(fig.: area of activity)* Ressort, *das;* **it's not my ~:** da kenne ich mich nicht aus; *(not my responsibility)* dafür bin ich nicht zuständig
departmental [diːpɑːtˈmentl] *adj.* **a)** see **department a, b:** Amts-; Ministerial-; Seminar-; Abteilungs-; Departement-; **b)** **be ~:** die Abteilung betreffen
departmentally [diːpɑːtˈmentəlɪ] *adv.* see **departmental:** auf Amts-/Ministerial-/Seminar-/Abteilungsebene
deˈpartment store *n.* Kaufhaus, *das*
departure [dɪˈpɑːtʃə(r)] *n.* **a)** *(going away)* Abreise, *die;* **take one's ~:** sich entfernen *(geh.);* **after sb.'s ~:** nachdem jmd. weggegangen war/ist; **make a hasty ~:** sich rasch entfernen; **b)** *(deviation)* **~ from sth.** Abweichen von etw.; **c)** *(of train, bus, ship)* Abfahrt, *die;* *(of aircraft)* Abflug, *der;* **two ~s a day** täglich zwei Abfahrtszeiten; **d)** *(of action or thought)* Ansatz, *der;* **point of ~:** Ansatzpunkt, *der;* **this product is a new ~ for us** mit diesem Produkt schlagen wir einen neuen Weg ein
departure: ~ gate *n.* Flugsteig, *der;* **~ lounge** *n.* Abflughalle, *die;* **~ platform** *n.* [Abfahrt]gleis, *das;* **~ time** *n.* *(of train, bus)* Abfahrtzeit, *die;* *(of aircraft)* Abflugzeit, *die*
depend [dɪˈpend] *v.i.* **a)** **~ [up]on** abhängen von; **it [all] ~s on whether/what/how ...:** das hängt [ganz] davon ab *od.* kommt ganz darauf an, ob/was/wie ...; **that ~s on** es kommt darauf an; **~ing on how ...:** je nachdem, wie ...; **b)** *(rely, trust)* **~ [up]on** sich verlassen auf (+ *Akk.*); **~ on sb.** sich auf jmdn. angewiesen sein auf (+ *Akk.*); **~ on sb. for help** sich auf jmds. Hilfe verlassen/auf jmds. Hilfe angewiesen sein
dependability [dɪpendəˈbɪlɪtɪ] *n., no pl.* Verläßlichkeit, *die;* Zuverlässigkeit, *die*
dependable [dɪˈpendəbl] *adj.* verläßlich; zuverlässig
dependably [dɪˈpendəblɪ] *adv.* zuverlässig
dependant [dɪˈpendənt] *n.* **a)** Abhängige, *der/die;* ~s *(Taxation)* abhängige Angehörige; **b)** *(servant)* Bedienstete, *der/die*
dependence [dɪˈpendəns] *n.* **a)** Abhängigkeit, *die;* **~ [up]on sb./sth.** Abhängigkeit von jmdm./etw.; **b)** *(reliance)* **put** *or* **place ~ [up]on sb.** sich auf jmdn. verlassen
dependency [dɪˈpendənsɪ] *n.* **a)** *(country)* Territorium, *das;* **b)** *(condition of being dependent)* Abhängigkeit, *die* (**on** von)
dependent [dɪˈpendənt] **1.** *n.* see **dependant. 2.** *adj.* **a)** *(also Ling., Math.)* abhängig; **be ~ on sth.** von etw. abhängen *od.* abhängig sein; **b)** **be ~ on** *(be unable to do without)* angewiesen sein auf (+ *Akk.*); abhängig sein von ⟨Droge, Ursache⟩; **be ~ on heroin** heroinabhängig sein
depict [dɪˈpɪkt] *v.t.* darstellen
depiction [dɪˈpɪkʃn] *n.* Darstellung, *die*
depilate [ˈdepɪleɪt] *v.t.* enthaaren; depilieren *(Med.)*
depilatory [dɪˈpɪlətərɪ] **1.** *adj.* Enthaarungs-. **2.** *n.* Enthaarungsmittel, *das*
deplete [dɪˈpliːt] *v.t.* **a)** *(reduce in number or amount)* erheblich verringern; **the audience is ~d** die Zuschauerzahl hat sich deutlich verringert; **our stores are ~d** unser Vorrat ist zusammengeschrumpft; **air ~d of oxygen**

depletion

Luft mit wenig Sauerstoff; **b)** *(empty)* entleeren; *(exhaust)* erschöpfen
depletion [dɪˈpliːʃn] *n.* **a)** Verringerung, *die;* **b)** *(emptying)* Entleerung, *die; (exhausting)* Erschöpfung, *die*
deplorable [dɪˈplɔːrəbl] *adj.* beklagenswert; erbärmlich ⟨Essen, Leistung⟩
deplorably [dɪˈplɔːrəblɪ] *adv.* erbärmlich; ~ **neglected** schändlich verwahrlost
deplore [dɪˈplɔː(r)] *v.t.* **a)** *(disapprove of)* verurteilen; **b)** *(bewail, regret)* beklagen; **sth. is to be** ~**d** etw. ist beklagenswert
deploy [dɪˈplɔɪ] **1.** *v.t.* **a)** *(bring into effective action)* einsetzen; **b)** *(Mil.)* einsetzen; *(extend)* ausschwärmen lassen. **2.** *v.i. (Mil.)* eingesetzt werden
deployment [dɪˈplɔɪmənt] *n.* Einsatz, *der*
deponent [dɪˈpəʊnənt] **1.** *adj. (Ling.)* ~ **verb** Deponens, *das.* **2.** *n.* **a)** *(Law)* ≈ Zeuge, *der*/Zeugin, *die;* **b)** *(Ling.)* Deponens, *das*
depopulate [diːˈpɒpjʊleɪt] *v.t.* entvölkern
depopulation [diːpɒpjəˈleɪʃn] *n.* Entvölkerung, *die*
deport [dɪˈpɔːt] **1.** *v.t.* deportieren; *(from country)* ausweisen. **2.** *v. refl.* sich benehmen
deportation [diːpɔːˈteɪʃn] *n.* Deportation, *die; (from country)* Ausweisung, *die*
deportee [diːpɔːˈtiː] *n.* Deportierte, *der/die; (from country)* Ausgewiesene, *der/die*
deportment [dɪˈpɔːtmənt] *n.* Benehmen, *das*
depose [dɪˈpəʊz] **1.** *v.t.* absetzen; ~ **sb. from an office** jmdn. eines Amtes entheben. **2.** *v.i. & t. (Law)* [unter Eid] aussagen
deposit [dɪˈpɒzɪt] **1.** *n.* **a)** *(in bank)* Depot, *das; (credit)* Guthaben, *das; (Brit.: at interest)* Spargutgaben, *das;* **make a** ~: etwas einzahlen; **have £70 on** ~: ein [Spar]guthaben von 70 Pfund haben; **b)** *(payment as pledge)* Kaution, *die; (first instalment)* Anzahlung, *die;* **pay** *or* **make** *or* **leave a** ~: eine Kaution zahlen *od.* hinterlegen/eine Anzahlung leisten; **there is a five pence** ~ **on the bottle** auf der Flasche sind fünf Pence Pfand; **put down a** ~ **on sth.** eine Anzahlung für etw. leisten; **lose one's** ~ *(Polit.)* die Kaution verlieren; **c)** *(for safe keeping)* anvertrautes Gut; **d)** *(natural accumulation) (of sand, mud, lime, etc.; also Med.)* Ablagerung, *die; (of ore, coal, oil)* Lagerstätte, *die; (in glass, bottle)* Bodensatz, *der.* **2.** *v.t.* **a)** *(lay down in a place)* ablegen; abstellen ⟨etw. Senkrechtes, auch Tablett, Teller usw.⟩, absetzen ⟨Mitfahrer⟩; **b)** *(leave lying)* ⟨Wasser usw.⟩ ablagern; **be** ~**ed** sich ablagern; ~ **a layer of sand/dust over sth.** etw. mit einer Schicht Sand/Staub überziehen; **c)** *(in bank)* deponieren, [auf ein Konto] einzahlen ⟨Geld⟩; *(Brit.: at interest)* [auf ein Sparkonto] einzahlen; ~ **money in a bank** Geld bei einer Bank einzahlen; **d)** *(pay as pledge)* anzahlen
deˈposit account *n. (Brit.)* Sparkonto, *das*
deposition [depəˈzɪʃn, diːpəˈzɪʃn] *n.* **a)** *(depositing) (of person)* Absetzung, *die; (with bei); (of mud, coal, ore, etc.)* Ablagerung, *die;* **b)** *(from office)* Absetzung, *die;* **c)** *(Law: giving of evidence, allegation)* [eidliche Zeugen]aussage
depositor [dɪˈpɒzɪtə(r)] *n. (Banking)* Einleger, *der/*Einlegerin, *die*
depository [dɪˈpɒzɪtərɪ] *n. (storehouse)* Lagerhaus, *das; (place for safe keeping)* Aufbewahrungsort, *der; (fig.)* Fundgrube, *die*
depot [ˈdepəʊ] *n.* **a)** Depot, *das;* **b)** *(storehouse)* Lager, *das;* **grain** ~: Getreidespeicher, *der;* **c)** **[bus]** ~ *(Brit.)* Depot, *das;* Omnibusgarage, *die; (Amer.: bus station)* Omnibusbahnhof, *der; (Amer.: railway station)* Bahnhof, *der*
deprave [dɪˈpreɪv] *v.t.* **a)** *(make bad)* beeinträchtigen; **b)** *(corrupt)* verderben
depraved [dɪˈpreɪvd] *adj.* verdorben; lasterhaft ⟨Gewohnheit⟩

depravity [dɪˈprævɪtɪ] *n.* Lasterhaftigkeit, *die;* Verderbtheit, *die (geh.);* Verdorbenheit, *die*
deprecate [ˈdeprɪkeɪt] *v.t.* **a)** *(disapprove of)* mißbilligen; **b)** *(plead against)* abzuwenden suchen
deprecation [deprɪˈkeɪʃn] *n.* Mißbilligung, *die*
depreciate [dɪˈpriːʃɪeɪt, dɪˈpriːsɪeɪt] **1.** *v.t.* **a)** *(diminish in value)* abwerten; herabsetzen; abwerten ⟨Währung⟩; **b)** *(disparage)* herabsetzen. **2.** *v.i.* an Wert verlieren
depreciation [dɪpriːʃɪˈeɪʃn, dɪpriːsɪˈeɪʃn] *n. (of money, currency, property)* Wertverlust, *der; (of person)* Herabsetzung, *die;* **allowance for** ~: Abschreibung, *die*
depreciatory [dɪˈpriːʃətərɪ] *adj.* verächtlich; abfällig
depredation [deprɪˈdeɪʃn] *n.* **a)** Verwüstung, *die;* **b)** *(ravages of disease etc.)* verheerende Wirkung
depress [dɪˈpres] *v.t.* **a)** *(deject)* deprimieren; **b)** *(push or pull down)* herunterdrücken; *(cause to move to a lower level)* absenken; **c)** *(reduce activity of)* unterdrücken; sich nicht entfalten lassen ⟨Handel, Wirtschaftswachstum⟩
depressant [dɪˈpresnt] **1.** *adj. (Med.)* beruhigend; sedativ *(fachspr.).* **2.** *n.* **a)** *(influence)* Hemmnis, *das;* **b)** *(Med.)* Beruhigungsmittel, *das;* Sedativ[um], *das (fachspr.)*
depressed [dɪˈprest] *adj.* deprimiert ⟨Person, Stimmung⟩; unterdrückt ⟨Bevölkerung, Völker⟩; geschwächt ⟨Industrie⟩; ~ **area** unter [wirtschaftlicher] Depression leidendes Gebiet
depressing [dɪˈpresɪŋ] *adj.* deprimierend
depressingly [dɪˈpresɪŋlɪ] *adv.* deprimierend
depression [dɪˈpreʃn] *n.* **a)** Depression, *die;* **b)** *(sunk place)* Vertiefung, *die;* **c)** *(Meteorol.)* Tief[druckgebiet], *das;* Depression, *die (fachspr.);* **d)** *(reduction in vigour, vitality)* Schwächung, *die;* **e)** *(Econ.)* **the D~:** die Weltwirtschaftskrise; **economic** ~: Wirtschaftskrise, *die;* Depression, *die;* **f)** *(lowering, sinking)* Senkung, *die; (pressing down)* Herunterdrücken, *das*
depressive [dɪˈpresɪv] **1.** *adj.* **a)** *(tending to depress)* bedrückend; deprimierend; **b)** *(Psych.)* depressiv. **2.** *n. (Psych.)* Depressive, *der/die*
depressurize **(depressurise)** [diːˈpreʃəraɪz] *v.t.* dekomprimieren
deprival [dɪˈpraɪvl] *see* **deprivation a**
deprivation [deprɪˈveɪʃn, dɪˈpraɪveɪʃn] *n.* **a)** *(being deprived)* Entzug, *der; (of one's rights, liberties, or title)* Aberkennung, *die;* **b)** *(loss of desired thing)* Verlust, *der;* **that is a great** ~: das ist ein großer Verlust; **oxygen** ~: Sauerstoffmangel, *der*
deprive [dɪˈpraɪv] *v.t.* **a)** *(strip, bereave)* ~ **sb. of sth.** jmdm. etw. nehmen; *(debar from having)* jmdm. etw. vorenthalten; **trees that** ~ **a house of light** Bäume, die einem Haus das Licht nehmen; **the village was** ~**d of electricity** das Dorf war ohne Stromversorgung; **he will be** ~**d of his right to vote** ihm wird das Wahlrecht entzogen werden; ~ **sb. of citizenship** jmdm. die Staatsbürgerschaft aberkennen; ~ **sb. of his command** jmdm. das Kommando entziehen; **am I depriving you of it?** brauchen Sie das gerade?; **be** ~**d of one's car/books** auf sein Auto/seine Bücher verzichten müssen; **be** ~**d of light** nicht genug Licht haben; ~ **sb. of a pleasure** jmdm. ein Vergnügen vorenthalten; jmdn. eines Vergnügens berauben *(geh.);* **b)** *(depose)* absetzen; **c)** *(prevent from having normal life)* benachteiligen
deprived [dɪˈpraɪvd] *adj.* benachteiligt ⟨Kind, Familie usw.⟩
Dept. *abbr.* **Department** Amt/Min./Seminar/Abt.

dereliction

depth [depθ] *n.* **a)** *(lit. or fig.)* Tiefe, *die;* **at a** ~ **of 3 metres** in einer Tiefe von 3 Metern; **3 feet in** ~: 3 Fuß tief; **what is the** ~ **of the pond?** wie tief ist der Teich?; ~ **of thought/ meaning** Gedankentiefe, *die*/Bedeutungsgehalt, *der;* **from/in the** ~**s of the forest/ ocean** aus/in der Tiefe des Waldes/des Ozeans; **from the** ~**s of his soul** aus tiefster Seele; **sink** *or* **fall into the** ~**s of oblivion/despair** völlig in Vergessenheit/in tiefste Verzweiflung geraten; **sink** *or* **fall to such** ~**s that ...** *(fig.)* so tief sinken, daß ...; **in the** ~**s of winter** im tiefen Winter; **great** ~ **of feeling** große Gefühls- *od.* Ausdruckstiefe; **b)** *(mental profundity)* geistige Tiefe; **c) in** ~: gründlich, intensiv ⟨studieren⟩; **an in-**~ **study/analysis** *etc.* eine gründliche Untersuchung/Analyse *usw.;* **defence in** ~: tief gestaffelte Verteidigung; **d) be out of one's** ~: nicht mehr stehen können; keinen Grund mehr unter den Füßen haben; *(fig.)* ins Schwimmen kommen *(ugs.);* überfordert sein; **go/get out of one's** ~ *(lit. or fig.)* den Grund unter den Füßen verlieren; **don't go out of your** ~: geh nicht zu tief hinein
depth: ~-**bomb,** ~-**charge** *ns.* Wasserbombe, *die;* ~-**charge** *v.t.* mit Wasserbomben angreifen; ~ **of field** *n. (Photog.)* Schärfentiefe, *die;* ~ **psychology** *n.* Tiefenpsychologie, *die*
deputation [depjʊˈteɪʃn] *n.* Abordnung, *die;* Delegation, *die*
depute 1. [dɪˈpjuːt] *v.t.* **a)** *(commit task or authority to)* ~ **sb. to do sth.** jmdn. beauftragen, etw. zu tun; ~ **sth. to sb.** etw. auf jmdn. übertragen; **b)** *(appoint as deputy)* ~ **sb. to do sth.** jmdn. [als Stellvertreter] damit betrauen, etw. zu tun. **2.** [ˈdepjuːt] *n. (Scot.: deputy)* Stellvertreter, *der/*-vertreterin, *die*
deputize (deputise) [ˈdepjʊtaɪz] *v.i.* als Stellvertreter einspringen; ~ **for sb.** jmdn. vertreten
deputy [ˈdepjʊtɪ] *n.* **a)** *attrib.* stellvertretend; ~ **sheriff** *(Amer.)* Hilfssheriff, *der;* **b)** *(person appointed to act for another)* [Stell]vertreter, *der/*-vertreterin, *die;* **act as** ~ **for sb.** jmdn. vertreten; **c)** *(parliamentary representative)* Abgeordnete, *der/die;* Deputierte, *der/die;* **Chamber of Deputies** Abgeordnetenkammer, *die;* **d)** *(Brit.: coal-mine overseer)* Steiger, *der*
derail [dɪˈreɪl, diːˈreɪl] *v.t. usu. in pass.* zum Entgleisen bringen; **be** ~**ed** entgleisen
derailment [dɪˈreɪlmənt, diːˈreɪlmənt] *n.* Entgleisung, *die;* **cause the** ~ **of sth.** etw. zum Entgleisen bringen
derange [dɪˈreɪndʒ] *v.t.* **a)** *(throw into confusion, put out of order)* durcheinanderbringen; *(make insane)* geistig verwirren; **b)** *(disturb, interrupt)* stören
deranged [dɪˈreɪndʒd] *adj.* **[mentally]** ~: geistesgestört
derangement [dɪˈreɪndʒmənt] *n.* **a)** Unordnung, *die;* **cause** ~ **of** durcheinanderbringen; **b) [mental]** ~: Geistesgestörtheit, *die*
Derby [ˈdɑːbɪ] *n.* **a)** *(annual horse-race at Epsom)* Derby [in Epsom], *das; (other race or contest)* Derby, *das;* ~ **Day** Tag des Derbys [in Epsom]; **local** ~: Lokalderby, *das;* **b)** *(Amer.: bowler hat)* Melone, *die*
deregulation [diːregjʊˈleɪʃn] *n.* ~ **of prices/ fares** Aufhebung der Preiskontrolle
derelict [ˈderɪlɪkt] **1.** *adj.* **a)** *(abandoned)* verlassen und verfallen; aufgegeben ⟨Schiff⟩; **b)** *(Amer.: negligent)* nachlässig. **2.** *n.* **a)** *(abandoned property)* herrenloses Gut; *(ship)* aufgegebenes Schiff; *(wreck)* [treibendes] Wrack; **b)** *(person)* Ausgestoßene, *der/die*
dereliction [derɪˈlɪkʃn] *n.* **a)** *(abandoning)* Vernachlässigung, *die;* *(state)* verkommener Zustand; **the building is in a state of** ~: das Gebäude ist verkommen; **b)** *(neglect)* ~ **of duty** Pflichtverletzung, *die*

derestrict

derestrict [diːrɪˈstrɪkt] v.t. [wieder] freigeben; ~ed road Straße ohne Geschwindigkeitsbeschränkung
derestriction [diːrɪˈstrɪkʃn] n. Freigabe, die
deride [dɪˈraɪd] v.t. (treat with scorn) sich lustig machen über (+ Akk.); (laugh scornfully at) verlachen
de rigueur [də rɪˈɡɜː(r)] pred. adj. de rigueur nicht attr. (veralt.); unerläßlich
derision [dɪˈrɪʒn] n. Spott, der; **be an object of ~:** Zielscheibe des Spottes sein; **bring sb./sth. into ~:** jmdn./etw. zum Gespött od. lächerlich machen
derisive [dɪˈraɪsɪv] adj. (ironical) spöttisch; (scoffing) verächtlich
derisively [dɪˈraɪsɪvlɪ] adv. see **derisive**: spöttisch; verächtlich
derisory [dɪˈraɪsərɪ, dɪˈraɪzərɪ] adj. **a)** (ridiculously inadequate) lächerlich; **b)** (scoffing) verächtlich; (ironical) spöttisch
derivation [derɪˈveɪʃn] n. **a)** (obtaining from a source) Herleitung, die; **b)** (extraction, origin) Herkunft, die; (descent) Abstammung, die; **c)** (Ling.) Ableitung, die; Derivation, die (fachspr.); (origin) Ursprung, der; Herkunft, die
derivative [dɪˈrɪvətɪv] **1.** adj. abgeleitet; (lacking originality) nachahmend; epigonal; (secondary) indirekt. **2.** n. **a)** Abkömmling, der; (word) Ableitung, die; Derivat[iv], das (Sprachw.); (chemical substance) Derivat, das; **b)** (Math.) Ableitung, die
derive [dɪˈraɪv] **1.** v.t. **a)** (get, obtain, form) ~ sth. from sth. etw. aus etw. gewinnen; he ~s much of his earnings from free-lance work er bezieht einen großen Teil seines Einkommens aus freiberuflicher Tätigkeit; the river ~d its name or the name of the river is ~d from a Greek god der Name des Flusses geht auf eine griechische Gottheit zurück; he ~s pleasure from his studies er hat Freude an seinem Studium; ~ profit/advantage from sth. aus etw. Nutzen/seinen Vorteil ziehen; **b)** (deduce) ableiten; herleiten; ~ one's origin/ancestry/pedigree from sth. aus etw. stammen. **2.** v.i. ~ from beruhen auf (+ Dat.); the word ~s from Latin das Wort stammt od. kommt aus dem Lateinischen
dermatitis [dɜːməˈtaɪtɪs] n. (Med.) Hautentzündung, die; Dermatitis, die (fachspr.)
dermatologist [dɜːməˈtɒlədʒɪst] n. (Med.) Hautarzt, der/-ärztin, die; Dermatologe, der/Dermatologin, die
dermatology [dɜːməˈtɒlədʒɪ] n. (Med.) Dermatologie, die
dern [dɜːn], **derned** [dɜːnd] (Amer.) see ²**darn**, **darned**
derogate [ˈderəɡeɪt] v.i. (formal) ~ from sth. etw. schmälern
derogation [derəˈɡeɪʃn] n. (formal) Schmälerung, die (from Gen.)
derogatory [dɪˈrɒɡətərɪ] adj. **a)** (depreciatory) abfällig; abschätzig; ~ sense [of a word] abwertende Bedeutung [eines Wortes]; **b)** (tending to detract) **be ~ to sth.** einer Sache (Dat.) abträglich sein; **be regarded as ~:** als etwas Ehrenrühriges angesehen werden
derrick [ˈderɪk] n. **a)** (for moving or hoisting) [Derrick]kran, der; **b)** (over oil-well) Bohrturm, der
derring-do [derɪŋˈduː] n. (literary) Wagemut, der; **a deed of ~:** eine wagemutige Tat
derv [dɜːv] n. (Brit. Motor Veh.) Diesel[kraft]stoff, der
dervish [ˈdɜːvɪʃ] n. Derwisch, der
desalination [diːsælɪˈneɪʃn] n. Entsalzung, die
descale [diːˈskeɪl] v.t. entkalken
descant 1. [ˈdeskænt] n. **a)** (Mus.) Diskant, der; **b)** (poet.: melody) Weise, die; Melodie, die. **2.** [dɪˈskænt] v.i. **a)** (formal: talk lengthily) ~ **upon sth.** sich über etw. (Akk.) verbreiten; **b)** (sing descant) Diskant singen

'**descant recorder** n. (Mus.) Sopranflöte, die
descend [dɪˈsend] **1.** v.i. **a)** (go down) hinuntergehen/-steigen/-klettern/-fahren; (come down) herunterkommen; (sink) niedergehen (**on** auf + Dat.); the lift ~ed der Aufzug fuhr nach unten; ~ in the lift mit dem Aufzug nach unten fahren; ~ into hell zur Hölle hinabsteigen od. niederfahren; ~ on sb. (fig.) über jmdn. hereinbrechen; night ~ed upon the village die Nacht senkte sich auf das Dorf herab; **b)** (slope downwards) abfallen; the hill ~s into/towards the sea der Hügel fällt zum Meer hin ab; **c)** (in quality, thought, etc.) herabsinken; ~ from the general to the particular vom Allgemeinen zum Besonderen gehen od. kommen; **d)** (in pitch) fallen; sinken; tiefer werden; ~ to a low note auf einen tiefen Ton hinuntergehen; **e)** (make sudden attack) ~ on sth. über etw. (Akk.) herfallen; ~ on sb. (lit., or fig.: arrive unexpectedly) jmdn. überfallen; ~ on a country in ein Land einfallen; **f)** (fig.: lower oneself) ~ to sth. sich zu etw. erniedrigen; **g)** (pass by inheritance) vererbt werden (**to** an + Akk.); **h)** (derive) abstammen (**from** von); (have origin) zurückgehen (**from** auf + Dat.); **i)** (go forward in time) weitergehen. **2.** v.t. **a)** (go/come down) hinunter-/heruntergehen/-steigen/-klettern/-fahren; hinab-/herabsteigen (geh.); **b)** (go along) hinuntergehen/-fahren ⟨Straße⟩
descendant [dɪˈsendənt] n. Nachkomme, der; **be ~s/a ~ of** abstammen von
descended [dɪˈsendɪd] adj. **be ~ from sb.** von jmdm. abstammen
descent [dɪˈsent] n. **a)** (going or coming down) (of person) Abstieg, der; (of parachute, plane, bird, avalanche) Niedergehen, das; **the ~ of the mountain took us a few hours** für den Abstieg vom Berg brauchten wir einige Stunden; **the D~ from the Cross** die Kreuzabnahme; **b)** (way) Abstieg, der; **the ~ leading to the river** der Weg hinunter zum Fluß; **c)** (slope) Abfall, der; **the road made a sharp ~ into the valley** die Straße fiel zum Tal hin steil ab; **the ~ was very steep** das Gefälle war sehr stark; **d)** (sudden attack) **the Danes made numerous ~s upon the English coast** die Dänen fielen mehrfach an der englischen Küste ein; **e)** (decline, fall) Abstieg, der; **f)** (lineage) Abstammung, die; Herkunft, die; **be of Russian/noble ~:** russischer/adliger Abstammung sein; **g)** (transmission by inheritance) Herkunft, die; **jazz traces its ~ from African music** der Jazz hat seine Ursprünge in afrikanischer Musik
describable [dɪˈskraɪbəbl] adj. beschreibbar; **be ~:** zu beschreiben sein; **it's not ~ in words** es ist unbeschreiblich od. nicht mit Worten zu beschreiben
describe [dɪˈskraɪb] v.t. **a)** (set forth in words) beschreiben; schildern; (distinguish) bezeichnen; **it can't be ~d in words** es ist unbeschreiblich od. nicht mit Worten zu beschreiben; ~ [oneself] as ...: [sich] als ... bezeichnen; **sth. can hardly be ~d as ...:** etw. ist kaum ... zu nennen; **b)** (move in, draw) beschreiben ⟨Kreis, Bogen, Kurve⟩
description [dɪˈskrɪpʃn] n. **a)** (describing, verbal portrait) Beschreibung, die; Schilderung, die; **she is beautiful beyond ~:** sie ist unbeschreiblich schön; **he answers [to] or fits the ~:** er entspricht der Beschreibung (Dat.); **b)** (sort, class) Art, die; **cars of every ~:** Autos aller Art; **c)** (more or less complete definition) Beschreibung, die; (designation) Bezeichnung, die
descriptive [dɪˈskrɪptɪv] adj. **a)** anschaulich; beschreibend ⟨Lyrik⟩; **b)** (not expressing feelings or judgements; also Ling.) deskriptiv
descriptively [dɪˈskrɪptɪvlɪ] adv. anschaulich ⟨schreiben, sprechen⟩; deskriptiv ⟨analysieren⟩

design

descry [dɪˈskraɪ] v.t. (catch sight of) erblicken; erspähen; (fig.: perceive, observe) erkennen
desecrate [ˈdesɪkreɪt] v.t. entweihen; schänden
desecration [desɪˈkreɪʃn] n. Entweihung, die; Schändung, die
desegregate [diːˈseɡrɪɡeɪt] v.t. die Rassentrennung aufheben an (+ Dat.)
desegregation [diːseɡrɪˈɡeɪʃn] n. Aufhebung der Rassentrennung (**of** an + Dat.)
deselect [diːsɪˈlekt] v.t. (Brit. Polit.) nicht mehr als Wahlkandidat vorsehen
desensitize (**desensitise**) [diːˈsensɪtaɪz] v.t. (Med., Phot., Psych.) desensibilisieren
¹**desert** [dɪˈzɜːt] n. **a)** in pl. (what is deserved) Verdienste Pl.; **meet with** or **get one's [just] ~s** das bekommen, was man verdient hat; **b)** (deserving) Verdienst, das
²**desert** [ˈdezət] **1.** n. Wüste, die; (fig.) Einöde, die; **the Sahara D~:** die Wüste Sahara; **a cultural ~:** (fig.) kulturelles Ödland. **2.** adj. öde; Wüsten⟨klima, -stamm⟩
³**desert** [dɪˈzɜːt] **1.** v.t. verlassen; im Stich lassen ⟨Frau, Familie usw.⟩. **2.** v.i. (run away) davonlaufen ⟨Soldat:⟩ desertieren; ~ **to sb.** zu jmdm. überlaufen
deserted [dɪˈzɜːtɪd] adj. verlassen; **the streets were ~:** die Straßen waren wie ausgestorben
deserter [dɪˈzɜːtə(r)] n. Deserteur, der; Fahnenflüchtige, der/die
desertion [dɪˈzɜːʃn] n. Verlassen, das; (of one's duty) Vernachlässigen, das; (Mil.) Desertion, die; Fahnenflucht, die; ~ **to the enemy** Überlaufen zum Feind
desert island [dezət ˈaɪlənd] n. einsame Insel
deserve [dɪˈzɜːv] **1.** v.t. verdienen; **he ~s to win** er verdient [es] zu gewinnen; **he ~s to be punished** er verdient Strafe; **what have I done to ~ this?** womit habe ich das verdient?; **he got what he ~d** er hat es nicht besser verdient. **2.** v.i. (formal) ~ **well of** sich verdient gemacht haben um
deservedly [dɪˈzɜːvɪdlɪ] adv. verdientermaßen; **and ~ so** und das zu Recht; **be ~ punished** zu Recht bestraft werden
deserving [dɪˈzɜːvɪŋ] adj. **a)** (worthy) verdienstvoll; **donate money to a ~ cause** Geld für einen guten Zweck geben; **the ~ poor** die unverschuldet Bedürftigen; **b)** (meritorious) ~ **of** etw. verdienen; **people most ~ of help** Leute, die am ehesten Hilfe verdienen
déshabillé [deɪzæˈbiːeɪ] n. Nachlässigkeit in der Kleidung; **in ~:** nachlässig gekleidet; (partly undressed) halbbekleidet
desiccated [ˈdesɪkeɪtɪd] adj. getrocknet; vertrocknet ⟨Person⟩; ~ **fruit** Dörr- od. Backobst, das
desideratum [dɪzɪdəˈreɪtəm] n., pl. **desiderata** [dɪzɪdəˈreɪtə] (literary) Desiderat, das (geh.); Desideratum, das (geh.)
design [dɪˈzaɪn] **1.** n. **a)** (preliminary sketch) Entwurf, der; ~s of costumes Kostümentwürfe; **a technical ~:** eine technische Zeichnung; **b)** (pattern) Muster, das; **c)** no art. (art) Design, das; Gestaltung, die; **d)** (completed drawing) Entwurf, der; (of machine, engine, etc.) Bauweise, die; **e)** (general idea, construction from parts) Konstruktion, die; **a machine of faulty/good ~:** eine schlecht/gut konstruierte Maschine; **f)** (mental plan) Planung, die; **argument from ~** (Theol.) theologischer Gottesbeweis; **g)** in pl. (scheme of attack) **have ~s on sb./sth.** es auf jmdn./etw. abgesehen haben; **h)** (purpose) Absicht, die; **by ~:** mit Absicht; absichtlich; **i)** (end in view) Ziel, das. **2.** v.t. **a)** (draw plan of) entwerfen ⟨Maschine, Fahrzeug, Flugzeug⟩; **b)** (make preliminary

designate

sketch of) entwerfen; c) *(contrive, plan)* planen; aufstellen ⟨*Lehrplan*⟩; d) *(intend)* beabsichtigen; **be ~ed to do sth.** ⟨*Maschine, Werkzeug, Gerät:*⟩ etw. tun sollen; **the book is ~ed as an aid to beginners** das Buch ist als Hilfe für Anfänger konzipiert; e) *(set apart)* vorsehen; **be ~ed for sb./sth.** für jmdn./etw. gedacht *od.* vorgesehen sein; f) *(destine)* bestimmen. 3. *v. i.* Entwürfe machen
designate 1. ['dezɪgnət] *postpos. adj.* designiert. 2. ['dezɪgneɪt] *v. t.* a) *(serve as name of, describe)* bezeichnen; *(serve as distinctive mark of)* kennzeichnen; **~ sth. A** etw. als A bezeichnen/kennzeichnen; b) *(specify, particularize)* angeben; aufzeigen ⟨*Fehler, Mangel*⟩; c) *(appoint to office)* designieren *(geh.);* **be ~d as sb.'s successor** zu jmds. Nachfolger ernannt werden
designation [dezɪg'neɪʃn] *n.* a) Bezeichnung, *die;* b) *(appointing to office)* Designation, *die*
designedly [dɪ'zaɪnɪdlɪ] *adv.* absichtlich
designer [dɪ'zaɪnə(r)] *n.* Designer, *der/* Designerin, *die; (of machines, buildings)* Konstrukteur, *der/*Konstrukteurin, *die; (of clothes)* Modedesigner, *der/*-designerin, *die; (Theatre: stage ~)* Bühnenbildner, *der/*-bildnerin, *die; attrib.* Modell⟨*kleidung, -jeans*⟩; *see also* **costume designer**
designing [dɪ'zaɪnɪŋ] *adj. (crafty, artful, scheming)* ränkevoll; intrigant
desirability [dɪzaɪərə'bɪlɪtɪ] *n., no pl.* Wünschbarkeit, *die (bes. schweiz.);* **consider the ~ of sth.** erwägen, ob etw. wünschenswert ist
desirable [dɪ'zaɪərəbl] *adj.* a) *(worth having or wishing for)* wünschenswert; **'knowledge of French ~'** „Französischkenntnisse erwünscht"; b) *(causing desire)* attraktiv; begehrenswert ⟨*Frau*⟩
desire [dɪ'zaɪə(r)] 1. *n.* a) *(wish)* Wunsch, *der* (**for** nach); *(longing)* Sehnsucht, *die* (**for** nach); **~ to do sth.** Wunsch, etw. zu tun; **~ for wealth** Verlangen nach Reichtum; **~ for freedom/peace** Freiheits-/Friedenswille, *der;* **his ~ for adventure** seine Abenteuerlust; **I have no ~ to see him** ich habe nicht den Wunsch, ihn zu sehen; **I have no ~ to cause you any trouble** ich möchte Ihnen keine Unannehmlichkeiten bereiten; b) *(request)* Wunsch, *der;* **at your ~** auf Ihren Wunsch; c) *(thing desired)* **she is my heart's ~**: sie ist die Frau meines Herzens; d) *(lust)* Verlangen, *das;* **fleshly ~s** fleischliche Begierden. 2. *v. t.* a) *(wish)* sich (*Dat.*) wünschen; *(long for)* sich sehnen nach; **he only ~d her happiness** er wollte nur ihr Glück; b) *(request)* wünschen; **as ~d, the door has been painted red** die Tür ist, wie gewünscht, rot gestrichen worden; **the furniture can be arranged as ~d** die Einrichtung kann ganz nach Wunsch gestaltet werden; **what do you ~ me to do?** was habe ich zu tun?; c) *(ask for)* leave much to be ~d viel zu wünschen übriglassen; d) *(sexually)* begehren ⟨*Mann, Frau*⟩; e) *(arch.: pray, entreat)* ersuchen *(geh.)*
desirous [dɪ'zaɪərəs] *pred. adj. (formal)* **be ~ to do sth.** den Wunsch haben, etw. zu tun; **be ~ of sth.** etw. wünschen
desist [dɪ'zɪst, dɪ'sɪst] *v. i. (literary)* einhalten *(geh.);* **~ from sth.** von etw. ablassen *(geh.);* **~ in one's efforts to do sth.** von seinen Bemühungen ablassen, etw. zu tun
desk [desk] *n.* a) Schreibtisch, *der; (in school)* Tisch, *der; (teacher's raised ~)* Pult, *das;* **~ unit** Schreibplatz, *der;* **copy** Arbeitsexemplar, *das;* **~ dictionary** Wörterbuch für den Schreibtisch; b) *(compartment) (for cashier)* Kasse, *die; (for receptionist)* Rezeption, *die;* **information ~**: Auskunft, *die;* **sales ~**: Verkauf, *der;* c) *(musicstand)* Notenpult, *das;* d) *(section of newspaper office)* Ressort, *das*
desk: ~-bound *adj.* an den Schreibtisch

gefesselt *(fig.);* **~ calendar, ~ diary** *ns.* Tischkalender, *der;* **~ editor** *n.* Manuskriptbearbeiter, *der/*-bearbeiterin, *die;* Lektor, *der/*Lektorin, *die;* **~ lamp** *n.* Schreibtischlampe, *die;* **~-top publishing** Desktop publishing, *das;* **~-top computer** Tischcomputer, *der*
desolate 1. ['desələt] *adj.* a) *(ruinous, neglected, barren)* trostlos ⟨*Haus, Ort*⟩; desolat ⟨*Zustand*⟩; b) *(solitary)* einsam; c) *(uninhabited)* öde; verlassen; d) *(forlorn, wretched)* trostlos ⟨*Leben*⟩; arm ⟨*Seele*⟩; verzweifelt ⟨*Schrei*⟩. 2. ['desəleɪt] *v. t.* a) *(depopulate)* entvölkern; b) *(devastate)* verwüsten ⟨*Land*⟩; c) *(make wretched)* in Verzweiflung stürzen
desolation [desə'leɪʃn] *n.* a) *(desolating)* Verwüstung, *die;* b) *(neglected, solitary, or barren state)* Öde, *die; (state of ruin)* Verwüstung, *die;* c) *(loneliness, being forsaken)* Verlassenheit, *die;* d) *(grief, wretchedness)* Verzweiflung, *die*
despair [dɪ'speə(r)] 1. *n.* a) Verzweiflung, *die;* **commit suicide in ~**: aus Verzweiflung Selbstmord begehen; **a cry of ~**: ein Verzweiflungsschrei; **his ~ of ever seeing her again** seine aufgegebene Hoffnung, sie je wiederzusehen; b) *(cause)* **be the ~ of sb.** jmdn. zur Verzweiflung bringen *od.* verzweifeln lassen. 2. *v. i.* a) verzweifeln; b) **~ of doing sth.** die Hoffnung aufgeben, etw. zu tun; **~ of sth.** die Hoffnung auf etw. (*Akk.*) aufgeben
despatch *(Brit.) see* **dispatch**
desperado [despə'rɑːdəʊ] *n., pl.* **~es** *(Amer.:* **~s**) Desperado, *der*
desperate ['despərət] *adj.* a) verzweifelt; *(coll.: urgent)* dringend; **get** *or* **become ~**: verzweifelt sein; **feel ~**: verzweifelt sein; **be ~ for sth.** etw. dringend brauchen; **he was ~ for a beer** *(coll.)* er lechzte nach einem Bier; **be ~ to do sth.** verzweifelt versuchen, etw. zu tun; **don't do anything ~**: tun Sie nur nichts Unüberlegtes!; b) *(staking all on a small chance)* extrem ⟨*Maßnahmen, Lösung*⟩; **a ~ disease must have a ~ remedy** *(fig.)* extreme Situationen erfordern extreme Maßnahmen; c) *(extremely dangerous or serious)* verzweifelt ⟨*Lage, Situation*⟩; **things are getting ~**: die Lage wird immer verzweifelter; d) *(extremely bad)* schrecklich; **be in ~ need of sth.** etw. äußerst dringend brauchen
desperately ['despərətlɪ] *adv.* a) verzweifelt; hoffnungslos ⟨*verliebt*⟩; *(urgently)* dringend; *(recklessly, with extreme energy)* verzweifelt; **be ~ ill** *or* **sick** todkrank sein; b) *(appallingly, shockingly, extremely)* schrecklich *(ugs.)*
desperation [despə'reɪʃn] *n.* Verzweiflung, *die;* **out of** *or* **in [sheer] ~**: aus [lauter] Verzweiflung; **be in ~**: verzweifelt sein; **act** *or* **deed of ~**: Verzweiflungstat, *die;* **fight with ~**: verzweifelt kämpfen
despicable ['despɪkəbl] *adj.* **despicably** ['despɪkəblɪ] *adv.* verabscheuungswürdig
despise [dɪ'spaɪz] *v. t.* verachten; verschmähen *(geh.)* ⟨*Geschenke*⟩; **this is not to be ~d** das ist nicht zu verachten
despite [dɪ'spaɪt] *prep.* trotz; **~ what she said** ungeachtet dessen, was sie sagte; **~ his warning** trotz seiner Warnung
despoil [dɪ'spɔɪl] *v. t. (literary)* berauben (**of** *Gen.*); ausplündern
despoliation [dɪspəʊlɪ'eɪʃn] *n.* Plünderung, *die*
despond [dɪ'spɒnd] *n. (arch.)* **Slough of D~** *(literary)* Pfuhl der Verzweiflung *(dichter.)*
despondency [dɪ'spɒndənsɪ] *n., no pl.* Niedergeschlagenheit, *die;* **view a situation with ~**: einer Lage sehr mutlos gegenüberstehen; **fall into ~**: den Mut verlieren; **answer in a tone of ~**: bedrückt antworten
despondent [dɪ'spɒndənt] *adj.* niedergeschlagen; bedrückt; **be ~ about sth.** wegen

etw. *od.* über etw. (*Akk.*) bedrückt sein; **feel ~**: niedergeschlagen sein; **grow** *or* **get ~**: mutlos werden; **don't become ~!** nur Mut!
despondently [dɪ'spɒndəntlɪ] *adv.* niedergeschlagen
despot ['despɒt] *n.* Despot, *der*
despotic [dɪ'spɒtɪk] *adj.,* **despotically** [dɪ'spɒtɪkəlɪ] *adv.* despotisch
despotism ['despətɪzm] *n. (tyranny)* Despotie, *die;* Gewaltherrschaft, *die; (political system)* Despotismus, *der; (fig.: absolute power)* Tyrannei, *die*
dessert [dɪ'zɜːt] *n.* a) süße Nachspeise; b) *(Brit.: after dinner)* Dessert, *das;* Nachtisch, *der*
dessert: ~ apple *n.* Dessertapfel, *der;* **~spoon** *n.* Dessertlöffel, *der;* **~spoonful** *n.* Eßlöffel, *der;* **a ~spoonful** ein Eßlöffel; **~ wine** *n.* Dessertwein, *der*
destabilize [diː'steɪbɪlaɪz] *v. t. (Polit.)* destabilisieren
destination [destɪ'neɪʃn] *n. (of persons)* Reiseziel, *das; (of goods)* Bestimmungsort, *der; (of train, bus)* Zielort, *der;* **arrive at one's ~**: am Ziel ankommen; **place/port of ~**: Bestimmungsort, *der/*-hafen, *der*
destine ['destɪn] *v. t.* bestimmen; **~ sb. for sth.** für etw. bestimmen; ⟨*Schicksal:*⟩ jmdn. für etw. vorbestimmen; **be ~d to do sth.** dazu ausersehen *od.* bestimmt sein, etw. zu tun; **we were ~d [never] to meet again** wir sollten uns [nie] wiedersehen; **be ~d for sth.** für etw. bestimmt sein; **qualities which ~d him for leadership** Eigenschaften, die ihn für Führungsaufgaben prädestinierten
destiny ['destɪnɪ] *n.* a) Schicksal, *das;* Los, *das;* **find one's ~**: seine Bestimmung finden; b) *no art. (power)* das Schicksal
destitute ['destɪtjuːt] *adj.* a) *(without resources)* mittellos; **the ~ [poor]** die Mittellosen; b) *(devoid)* **be ~ of sth.** *(formal)* einer Sache (*Gen.*) bar sein *(geh.)*
destitution [destɪ'tjuːʃn] *n., no pl.* Armut, *die;* Not, *die*
destroy [dɪ'strɔɪ] *v. t.* a) *(demolish)* zerstören; kaputtmachen *(ugs.)*⟨*Tisch, Stuhl, Uhr, Schachtel*⟩; **the paintings were ~ed by fire** die Gemälde wurden durch einen Brand vernichtet; b) *(make useless)* vernichten ⟨*Ernte, Papiere, Dokumente*⟩; c) *(kill, annihilate)* vernichten ⟨*Feind, Insekten*⟩; **the dog will have to be ~ed** der Hund muß eingeschläfert werden; d) *(fig.)* zunichte machen ⟨*Hoffnungen, Chancen*⟩; ruinieren ⟨*Zukunft*⟩; zerstören ⟨*Glück, Freundschaft, Schönheit, Macht*⟩
destroyer [dɪ'strɔɪə(r)] *n.* Zerstörer, *der*
destruct [dɪ'strʌkt] *(Amer.)* 1. *v. t. & i.* zerstören. 2. *n.* Zerstörung, *die*
destruction [dɪ'strʌkʃn] *n.* a) Zerstörung, *die; (of documents, mankind, a regime, an enemy)* Vernichtung, *die; (of toys, small objects)* Kaputtmachen, *das (ugs.);* (*of hopes)* Zunichtemachen, *das;* **bring about one's own ~**: sich selbst zugrunde richten; b) *(cause of ruin)* Untergang, *der*
destructive [dɪ'strʌktɪv] *adj.* a) *(destroying, tending to destroy)* zerstörerisch; verheerend ⟨*Sturm, Feuer, Krieg*⟩; zersetzend ⟨*Einfluß, Haltung, Tendenz*⟩; destruktiv ⟨*Mensch*⟩; *or* **urge** Destruktionstrieb, *der (Psych.);* Zerstörungswut, *die;* b) *(negative)* destruktiv ⟨*Kritik, Vorstellung, Kommentar, Einfluß, Ziel*⟩
destructively [dɪ'strʌktɪvlɪ] *adv.* zerstörerisch; **behave ~**: sich destruktiv aufführen
destructor [dɪ'strʌktə(r)] *n. (Brit.)* Müllverbrennungsanlage, *die*
desuetude [dɪ'sjuːɪtjuːd, 'deswɪtjuːd] *n. (literary)* **fall into ~**: in Vergessenheit geraten; ⟨*Wort, Sitte:*⟩ außer Gebrauch kommen
desultory ['desəltərɪ] *adj.* a) *(going from one subject to another, disconnected)* sprunghaft; zwanglos, ungezwungen ⟨*Gespräch*⟩; b) *(unmethodical)* planlos

197

detach [dɪ'tætʃ] *v.t.* **a)** *(unfasten)* entfernen; ablösen ⟨*Aufgeklebtes*⟩; abbrechen ⟨*Angewachsenes*⟩; abtrennen ⟨*zu Entfernendes*⟩; abnehmen ⟨*wieder zu Befestigendes*⟩; abhängen ⟨*Angekuppeltes*⟩; herausnehmen ⟨*innen Befindliches*⟩; **a couple of pages of the book have become ~ed** einige Seiten des Buches sind los gelöst sind losgelöst; **~ oneself from sb.** sich von jmdm. lösen; **b)** *(Mil., Navy)* abkommandieren (**from** aus); detachieren *(veralt.)*
detachable [dɪ'tætʃəbl] *adj.* abnehmbar; herausnehmbar ⟨*Futter*⟩
detached [dɪ'tætʃt] *adj.* **a)** *(impartial)* unvoreingenommen; *(unemotional)* unbeteiligt; **~ garage** freistehende Garage; **b)** *(separate)* **~ house** Einzelhaus, *das;* **~ retina** abgelöste Netzhaut
detachment [dɪ'tætʃmənt] *n.* **a)** *(detaching)* see **detach a**: Entfernen, *das;* Ablösen, *das;* Abbrechen, *das;* Abtrennen, *das;* Abnehmen, *das;* Abhängen, *das;* Herausnehmen, *das;* **b)** *(Mil., Navy)* Abteilung, *die;* Detachement, *das (veralt.);* **c)** *(being aloof)* Abstand, *der;* Distanz, *die;* **d)** *(independence of judgement)* Unvoreingenommenheit, *die*
detail ['di:teɪl] **1.** *n.* **a)** *(item)* Einzelheit, *die;* Detail, *das;* **enter** or **go into ~s** ins Detail gehen; **auf Einzelheiten eingehen; a minor ~**: eine Kleinigkeit; **leave the ~s to sb. else** die Kleinarbeit [einem] anderen überlassen; **our correspondent will be giving you the ~s** unser Korrespondent wird [Ihnen] im einzelnen darüber berichten; **plan sth. down to the last ~**: etw. bis ins letzte Detail planen; **but that is a ~** *(iron.)* aber was macht das schon?; **b)** *(dealing with things item by item)* **in ~**: Punkt für Punkt; **have too much ~**: zu sehr ins einzelne *od.* Detail gehen; **we haven't discussed anything in ~ yet** wir haben bisher noch nicht im einzelnen darüber gesprochen; **in great** or **much ~**: in allen Einzelheiten; **in greater ~**: [noch] näher; in **minute ~**: haarklein; **go into ~**: ins Detail gehen; auf Einzelheiten eingehen; **attention to ~**: Sorgfalt in den Details; **c)** *(account)* Aufstellung, *die;* **d)** *(in building, picture, etc.)* Detail, *das;* **e)** *(part of picture)* Ausschnitt, *der;* **f)** *(Mil.)* Dienstplan, *der;* **g)** *(body for special duty)* Kommando, *das*. **2.** *v.t.* **a)** *(list)* einzeln aufführen; **be fully ~ed** *(stated, described)* im Detail ausgeführt werden; **b)** *(Mil.)* abkommandieren, einteilen
detailed ['di:teɪld] *adj.* detailliert; eingehend ⟨*Studie*⟩
detain [dɪ'teɪn] *v.t.* **a)** *(keep in confinement)* festhalten; *(take into confinement)* verhaften; **b)** *(delay)* aufhalten; **do not let me ~ you** lassen Sie sich durch mich nicht aufhalten
detainee [di:teɪ'ni:] *n.* Verhaftete, *der/die*
detect [dɪ'tekt] *v.t.* **a)** *(discover presence of)* entdecken; bemerken ⟨*Trauer, Verärgerung*⟩; wahrnehmen ⟨*Bewegung*⟩; aufdecken ⟨*Irrtum, Verbrechen*⟩; durchschauen ⟨*Beweggrund*⟩; feststellen ⟨*Strahlung*⟩; **~ a note of anger in sb.'s voice** eine gewisse Verärgerung aus jmds. Stimme heraushören; **b)** *(reveal guilt of)* **~ sb. in doing sth.** jmdn. bei etw. ertappen
detectable [dɪ'tektəbl] *adj.* feststellbar; wahrnehmbar ⟨*Bewegung*⟩
detection [dɪ'tekʃn] *n.* **a)** see **detect a**: Entdeckung, *die;* Bemerken, *das;* Wahrnehmung, *die;* Aufdeckung, *die;* Durchschauen, *das;* Feststellung, *die;* **in order to escape ~**: nicht entdeckt zu werden; **try to escape ~**: versuchen, unentdeckt zu bleiben; **b)** *(work of detective)* Ermittlungsarbeit, *die*
detective [dɪ'tektɪv] **1.** *n.* Detektiv, *der;* *(policeman)* Kriminalbeamte, *der*/Kriminalbeamtin, *die;* **private ~**: Privatdetektiv, *der*. **2.** *attrib. adj.* Kriminal-; **~ novel** Kriminalroman, *der;* **~ work** Ermittlungsarbeit, *die;* **~ story** Detektivgeschichte, *die*

detector [dɪ'tektə(r)] *n.* **a)** *(device)* Detektor, *der;* *(indicator)* Anzeiger, *der;* **b)** *(Electr.)* [Kristall]detektor, *der*
détente [deɪ'tɑ̃:t] *n.* *(Polit.)* Entspannung, *die*
detention [dɪ'tenʃn] *n.* **a)** Festnahme, *die;* *(confinement)* Haft, *die;* **b)** *(Sch.)* Nachsitzen, *das;* *(Mil.)* Arrest, *der (veralt.);* **give sb. two hours' ~**: jmdn. zwei Stunden nachsitzen lassen; **c)** *(delay)* [unfreiwilliger] Aufenthalt
de'tention centre *n.* *(Brit.)* Jugendstrafanstalt, *die*
deter [dɪ'tɜ:(r)] *v.t.*, **-rr-** abschrecken; **~ sb. from sth.** jmdn. von etw. abhalten; **~ sb. from doing sth.** jmdn. davon abhalten, etw. zu tun; **the danger did not ~ him** er ließ sich durch die Gefahr nicht abschrecken; die Gefahr schreckte ihn nicht *(geh.);* **be ~red by sth.** sich durch etw. abschrecken lassen
detergent [dɪ'tɜ:dʒənt] **1.** *adj.* reinigend. **2.** *n.* Reinigungsmittel, *das;* *(for washing)* Waschmittel, *das;* Detergens, *das (Chemie)*
deteriorate [dɪ'tɪərɪəreɪt] **1.** *v.t.* verschlechtern; verringern, mindern ⟨*Wert*⟩. **2.** *v.i.* sich verschlechtern; ⟨*Haus:*⟩ verfallen, verkommen; ⟨*Holz, Leder:*⟩ verrotten; **his condition** or **he has ~d** sein Zustand hat sich verschlechtert; **his work has ~d** seine Arbeit hat nachgelassen; **~ in value** an Wert verlieren
deterioration [dɪtɪərɪə'reɪʃn] *n.* see **deteriorate 2**: Verschlechterung, *die;* Verfall, *der;* Verrottung, *die;* **preserve paintings from ~**: Gemälde vor Schädigungen schützen
determinable [dɪ'tɜ:mɪnəbl] *adj.* *(capable of being fixed or ascertained)* bestimmbar; **sth. is ~**: etw. läßt sich bestimmen
determinate [dɪ'tɜ:mɪnət] *adj.* **a)** *(limited, finite)* begrenzt; **b)** *(distinct)* bestimmt; **c)** *(definitive)* eindeutig, fest ⟨*Begriff*⟩
determination [dɪtɜ:mɪ'neɪʃn] *n.* **a)** *(ascertainment, definition)* Bestimmung, *die;* **b)** *(resoluteness)* Entschlossenheit, *die;* **with** [**sudden**] **~**: [kurz] entschlossen; **he had an air of ~ about him** er wirkte fest entschlossen; **c)** *(intention)* [feste] Absicht; **d)** *(Law: ending)* Ablauf, *der;* *(judicial decision)* Entscheidung, *die;* **f)** *(fixing beforehand)* Festlegung, *die*
determine [dɪ'tɜ:mɪn] **1.** *v.t.* **a)** *(decide)* beschließen; **~ to do sth.** beschließen, etw. zu tun; sich entschließen, etw. zu tun; **b)** *(make decide)* veranlassen; **~ sb. to do sth.** jmdn. dazu veranlassen, etw. zu tun; **c)** *(be a decisive factor for)* bestimmen; entscheiden über (+ Akk.). **d)** *(ascertain, define)* feststellen; bestimmen; **e)** *(fix beforehand)* festlegen; **f)** *(Law: end)* beenden. **2.** *v.i.* *(decide)* **~ on sth.** sich für etw. entscheiden
determined [dɪ'tɜ:mɪnd] *adj.* **a)** *(resolved)* **be ~ to do** or **on doing sth.** etw. unbedingt tun wollen; fest entschlossen sein, etw. zu tun; **sth. is ~ that ...**: es ist fest im Plan, beschlossene Sache, daß ...; **I am ~ that he shall win** ich werde alles Mögliche tun, daß er siegt; **b)** *(resolute)* entschlossen; resolut ⟨*Person*⟩; **c)** *(fixed)* bestimmt
determinedly [dɪ'tɜ:mɪndlɪ] *adv.* entschlossen
determinism [dɪ'tɜ:mɪnɪzm] *n.* Determinismus, *der*
deterrence [dɪ'terəns] *n.* Abschreckung, *die*
deterrent [dɪ'terənt] **1.** *adj.* abschreckend. **2.** *n.* Abschreckungsmittel, *das* (**to** für); **~ strategy** Strategie der Abschreckung
detest [dɪ'test] *v.t.* verabscheuen; **~ doing sth.** es verabscheuen, etw. zu tun
detestable [dɪ'testəbl] *adj.* verabscheuenswert; verabscheuungswürdig
detestably [dɪ'testəblɪ] *adv.* abscheulich
detestation [di:te'steɪʃn] *n., no pl.* Abscheu, *der* (**of** vor + Dat.)

dethrone [di:'θrəʊn] *v.t. (lit. or fig.)* entthronen
dethronement [di:'θrəʊnmənt] *n. (lit. or fig.)* Entthronung, *die*
detonate ['detəneɪt] **1.** *v.i.* detonieren. **2.** *v.t.* zur Explosion bringen; zünden
detonation [detə'neɪʃn] *n.* **a)** *(detonating)* Detonation, *die;* **b)** *(Motor Veh.)* Klopfen, *das*
detonator ['detənətə(r)] *n.* **a)** *(part of bomb or shell)* Sprengkapsel, *die;* Detonator, *der;* **b)** *(Railw.)* Knallkapsel, *die*
detour ['di:tʊə(r), 'deɪtʊə(r)] *n.* **1.** Umweg, *der;* *(in a road, river)* Bogen, *der;* Schleife, *die;* *(diversion)* Umleitung, *die;* **make a ~**: einen Umweg machen. **2.** *v.t.* umleiten
detract [dɪ'trækt] *v.i.* **~ from sth.** etw. beeinträchtigen; **~ from sb.'s merits** jmds. Verdienste verkleinern
detraction [dɪ'trækʃn] *n.* Beeinträchtigung, *die* (**from** Gen.); *(defamation)* Schmähung, *die*
detractor [dɪ'træktə(r)] *n.* Verleumder, *der*/Verleumderin, *die*
detriment ['detrɪmənt] *n.* Schaden, *der;* **to the ~ of sth.** zum Nachteil *od.* Schaden einer Sache *(Gen.);* **without ~ to** ohne Schaden für; **I know nothing to his ~**: mir ist nichts Nachteiliges über ihn bekannt
detrimental [detrɪ'mentl] *adj.* schädlich; **be ~ to sth.** einer Sache *(Dat.)* schaden *od. (geh.)* abträglich sein
detrimentally [detrɪ'mentəlɪ] *adv.* auf schädliche Weise
detritus [dɪ'traɪtəs] *n., no pl.* **a)** *(debris)* Überbleibsel, *das;* **b)** *(Geol.)* Geröll, *das;* Detritus, *der*
de trop [də'trəʊ] *pred. adj.* fehl am Platz; überflüssig
¹deuce [dju:s] *n.* **a)** *(on dice; arch. Cards)* Zwei, *die;* **b)** *(Tennis)* Einstand, *der*
²deuce *n. (coll.) see* **devil 1c**
deuced [dju:sɪd, dju:st] *adj., adv. (arch.) see* **damned 1 b, c, 2**
deus ex machina [deɪəs eks 'mɑ:kɪnə, di:əs eks 'mækɪnə] *n.* Deus ex machina, *der*
deuterium [dju:'tɪərɪəm] *n.* Deuterium, *das*
Deuteronomy [dju:tə'rɒnəmɪ] *n. (Bibl.)* das fünfte Buch Mose
Deutschmark ['dɔɪtʃmɑ:k] *n.* Deutsche Mark
devaluation [di:væljʊ'eɪʃn] *n.* **a)** Abwertung, *die;* **b)** *(Econ.)* Abwertung, *die;* Devalvation, *die*
devalue [di:'vælju:] *v.t.* **a)** *(reduce value of)* abwerten; **b)** *(Econ.)* abwerten; devalvieren
devastate ['devəsteɪt] *v.t.* verwüsten; verheeren; *(fig.)* niederschmettern
devastating ['devəsteɪtɪŋ] *adj.* verheerend; niederschmetternd ⟨*Nachricht, Analyse*⟩; überwältigend ⟨*Leidenschaft*⟩; vernichtend ⟨*Spielweise, Kritik*⟩
devastation [devə'steɪʃn] *n., no pl.* Verwüstung, *die;* Verheerung, *die*
develop [dɪ'veləp] **1.** *v.t.* **a)** *(bring into existence)* entwickeln; aufbauen ⟨*Handel, Handelszentrum*⟩; **the girl had ~ed a mature figure** die Figur des Mädchens war voll entwickelt; **the machine was ~ed from their plans** die Maschine wurde nach ihren Plänen entwickelt; **~ a business from scratch** ein Geschäft neu aufziehen; **b)** *(bring to more evident form)* entwickeln ⟨*Instinkt, Fähigkeiten, Kräfte*⟩; entfalten ⟨*Persönlichkeit, Individualität*⟩; erschließen ⟨*natürliche Ressourcen*⟩; **c)** *(bring to fuller form)* entwickeln; *(expand; make more sophisticated)* weiterentwickeln; ausbauen ⟨*Verkehrsnetz, System, Handel, Verkehr, Position*⟩; wachsen lassen ⟨*Pflanze, Korn*⟩; **~ sth. further** etw. weiterentwickeln; **~ an essay into a book** einen Essay zu einem Buch ausbauen; **a highly ~ed civilization** eine hochentwickelte Zivilisation; **d)** *(begin to exhibit, begin to suffer from)* annehmen ⟨Ge-

developable

wohnheit); bei sich entdecken ⟨*Vorliebe*⟩; bekommen ⟨*Krankheit, Fieber, Lust*⟩; entwickeln ⟨*Talent, Stärke*⟩; erkranken an (+ *Dat.*) ⟨*Krebs, Tumor*⟩; ~ **a taste for sth.** Geschmack an etw. *(Akk.)* finden; **the car ~ed a fault** an dem Wagen ist ein Defekt aufgetreten; **e)** *(Photog.)* entwickeln; **f)** *(construct buildings etc. on, convert to new use)* erschließen; sanieren ⟨*Altstadt*⟩; aufschließen ⟨*Schacht*⟩; **g)** *(Mus.)* durchführen ⟨*Thema*⟩; **h)** *(Chess)* entwickeln; **i)** *(Amer.: make known)* an den Tag bringen. **2.** *v. i.* **a)** *(come into existence, become evident)* sich entwickeln (**from** aus; **into** zu); ⟨*Defekt, Symptome, Erkrankungen:*⟩ auftreten; **b)** *(become fuller)* sich [weiter]entwickeln (**into** zu); **c)** *(Amer.: become known)* an den Tag kommen; **it ~ed that ...:** es stellte sich heraus, daß ...

developable [dɪˈvelǝpǝbl] *adj.* entwicklungsfähig; erschließungsfähig ⟨*Gebiet*⟩

developer [dɪˈvelǝpǝ(r)] *n.* **a)** *(Photog.)* (chemical agent) Entwickler, *der;* **b)** *(person who develops real estate)* ≈ Bauunternehmer, *der;* **c)** *(person who matures)* **late or slow ~:** Spätentwickler, *der*

deˈveloping country *n.* Entwicklungsland, *das*

development [dɪˈvelǝpmǝnt] *n.* **a)** *(bringing into existence)* Entwicklung, *die* (**from** aus, **into** zu); **b)** *(bringing into more evident form) (of individuality)* Entfaltung, *die; (of heat, gas, vapour)* Entwicklung, *die; (of natural resources etc.)* Erschließung, *die;* **sth. is in the course of ~** etw. befindet sich in der Entwicklung; **c)** *(bringing into fuller form)* Entwicklung, *die; (expansion)* Ausbau, *der;* **be capable of [further] ~:** noch weiter entwicklungsfähig sein; **d)** *(beginning to exhibit)* Entwicklung, *die; (of a talent also)* Entfaltung, *die; (beginning to suffer from)* Beginn, *der;* **e)** *(of land etc.)* Erschließung, *die;* **regional ~:** Regionalplanung, *die;* **f)** *(evolution)* Entwicklung, *die;* **g)** *(full-grown state)* Vollendung, *die;* **h)** *(developed product or form)* **a ~ of sth.** eine Fortentwicklung, od. Weiterentwicklung einer Sache; **at that time tea-bags were a new ~:** damals waren Teebeutel eine Neuerung; **i)** *(Photog.)* Entwickeln, *das;* Entwicklung, *die;* **j)** *(Mus.)* Durchführung, *die;* **k)** *(Chess)* Entwicklung, *die;* **l)** *(developed land)* **[new] ~:** Neubaugebiet, *das*

developmental [dɪvelǝpˈmentl] *adj.* Entwicklungs-

deˈvelopment area *n. (Brit.)* Entwicklungsgebiet, *das*

deviance [ˈdiːvɪǝns], **deviancy** [ˈdiːvɪǝnsɪ] *n.* abweichendes Verhalten; Devianz, *die (Soziol.)*

deviant [ˈdiːvɪǝnt] **1.** *adj.* [von der Norm] abweichend; deviant *(Soziol.).* **2.** *n.* [von der Norm] Abweichende, *der/die/das;* **a sexual ~:** jmd. mit [von der Norm] abweichendem Sexualverhalten; sexuell devianter Mensch *(Soziol.)*

deviate [ˈdiːvɪeɪt] *v. i. (lit. or fig.)* abweichen

deviation [diːvɪˈeɪʃn] *n.* **a)** *(deviating)* Abweichung, *die;* **b)** *(of compass-needle)* Ablenkung, *die;* Deviation, *die;* **c)** *(Statistics)* [**standard**] **~:** [Standard]abweichung, *die*

deviationism [diːvɪˈeɪʃǝnɪzm] *n. (Polit.)* Abweichlertum, *das*

deviationist [diːvɪˈeɪʃǝnɪst] *n. (Polit.)* Abweichler, *der/*Abweichlerin, *die*

device [dɪˈvaɪs] *n.* **a)** *(contrivance)* Gerät, *das; (as part of sth.)* Vorrichtung, *die;* **nuclear ~:** atomarer Sprengkörper; **b)** *(plan, scheme)* List, *die;* **rhetorical ~s** rhetorische Kunstgriffe; **c)** *(drawing, design, figure)* Verzierung, *die;* **d)** *(emblematic or heraldic design)* Emblem, *das;* **e)** *(motto)* Motto, *das;* Devise, *die;* **f)** *in pl. (fancy, will)* **leave sb. to his own ~s** jmdn. sich *(Dat.)* selbst

devil [ˈdevl] **1.** *n.* **a)** *(Satan)* **the D~:** der Teufel; **b)** *(heathen god)* Götze, *der; (evil spirit, Satan's follower)* Teufel, *der;* **the ~ of greed** der Dämon Habgier; **c)** *or* **D~** *(coll.)* **who/where/what** *etc.* **the ~?** wer/wo/was *usw.* zum Teufel? *(salopp);* **the ~ take him! hol' ihn der Teufel!** *(salopp);* **he's got the ~ in him** er hat den Teufel im Leib *(ugs.);* **the ~!** Teufel auch! *(salopp);* **the ~ knows** weiß der Teufel *(salopp);* **there will be the ~ to pay** da ist der Teufel los *(ugs.);* **go to the ~:** zum Teufel gehen *(salopp);* sich zum Teufel scheren *(salopp);* **[you can] go to the ~!** scher dich zum Teufel! *(salopp);* **work/shout like the ~:** wie ein Besessener arbeiten/schreien; **run/fight like the ~:** wie der Teufel rennen/kämpfen *(ugs.);* **between the ~ and the deep [blue] sea** in einer Zwickmühle *(ugs.);* **~ take it!** verdammt noch mal!; **it was ~ take the hindmost** es galt nur noch: Rette sich, wer kann!; **play the ~ with sb./sth.** jmdm./einer Sache übel mitspielen; **better the ~ one knows** lieber das bekannte Übel; **speak** *or* **talk of the ~:** wenn man vom Teufel spricht[, kommt er]; **see also** idle 1 f; needs; **d)** **a** *or* **the ~ of a mess** ein verteufelter Schlamassel *(ugs.);* **be in a ~ of a mess** im dicksten Schlamassel sitzen *(ugs.);* **a** *or* **the ~ of a problem** ein verteufelt schwieriges Problem; **have a ~ of a temper** verteufelt jähzornig sein *(ugs.);* **have the ~ of a time** es verteufelt schwer haben; **be a ~!** sei kein Frosch!; **he is a ~ of a [good] teacher** er ist ein verdammt guter Lehrer *(ugs.);* **this car is the [very] ~ to start** dieses Auto läßt sich verteufelt schwer starten *(ugs.);* **the crossword is a real ~:** das Kreuzworträtsel ist verteufelt schwer *(ugs.);* **e)** *(wicked or cruel person, vicious animal)* Teufel, *der (fig.); (mischievously energetic or selfwilled person)* Teufel, *der (fig. ugs.); (able, clever person)* As, *das (ugs.);* **he's a ~ with the women** er spielt mit den Frauen; **he's a clever ~:** er ist ein schlauer Hund *(ugs.);* **you ~!** *(ugs.)* du Schlingel!; **a poor ~:** ein armer Teufel; **lucky ~:** Glückspilz, *der (ugs.);* **unlucky ~:** Unglücksrabe, *der (ugs.);* **cheeky/naughty ~:** Frechdachs, *der (fam., meist scherzh.);* **queer** *or* **odd ~:** komischer Kauz; **f)** *(fighting spirit)* Kampfgeist, *der;* **g)** *(Law)* [unbezahlter] Gehilfe eines Anwalts; **h)** *(literary hack)* Zuarbeiter eines Schriftstellers; **i)** *(S.Afr.)* [dust] **~:** Sandsturm, *der.* **See also** due 3 b; Tasmanian 1 b. **2.** *v. t., (Brit.)* **-ll-: a)** *(Cookery)* kleingeschnitten und scharf gewürzt braten; **b)** *(Amer. coll.: harass, worry)* piesacken *(ugs.)*

ˈdevil-fish *n.* **a)** *(angler-fish)* Seeteufel, *der;* **b)** *(Amer.: ray)* Teufelsrochen, *der*

devilish [ˈdevǝlɪʃ] **1.** *adj.* **a)** *(of the Devil)* teuflisch ⟨*Künste, Bosheit*⟩; ⟨*Erfindung, Lehre*⟩ des Teufels; **b)** *(damnable)* teuflisch. **2.** *adv. (arch. coll.)* verteufelt *(ugs.)*

devilishly [ˈdevǝlɪʃlɪ] *adv. (diabolically)* teuflisch; *(exceedingly)* verteufelt *(ugs.)*

ˈdevil-may-care *adj.* sorglos-unbekümmert

devilment [ˈdevlmǝnt] *n.* **a)** *(mischief)* Unfug, *der; (wild spirits)* Übermut, *der;* **be up to some ~:** Unfug treiben od. anstellen; **b)** *(devilish phenomenon)* Teufelei, *die*

devilry [ˈdevlrɪ] *n.* **a)** *(black magic)* Teufelskunst, *die;* **b)** *(wickedness, cruelty)* teuflische Bosheit; *(action)* Teufelei, *die;* **c)** *(mischief)* Unfug, *der;* **out of sheer ~:** aus purem Schabernack

devil: ~'s ˈadvocate *n. (RCCh.; also fig.)* Advocatus Diaboli, *der;* **~'s ˈcoachhorse** *n. (Brit. Zool.)* Schwarzer Stinkender Moderkäfer; **~s-on-ˈhorseback** *n. (Gastr.)* Austern in Röllchen aus Frühstücksspeck; Austern auf englische Art;

Dewey system

~'s ˈown *attrib. adj.* **the ~'s own ein/eine verteufelt...** *(ugs.);* **[take] the ~'s own time** eine verteufelt lange Zeit [dauern] *(ugs.);* **he has the ~'s own luck** er hat verteufeltes Glück *(ugs.)*

devious [ˈdiːvɪǝs] *adj.* **a)** *(winding)* verschlungen; **take a ~ route** einen Umweg fahren; **b)** *(unscrupulous, insincere)* verschlagen ⟨*Person*⟩; hinterhältig ⟨*Person, Methode, Tat*⟩

deviously [ˈdiːvɪǝslɪ] *adv.* hinterhältigerweise; **behave ~:** sich hinterhältig verhalten

deviousness [ˈdiːvɪǝsnɪs] *n., no pl.* Hinterhältigkeit, *die;* Verschlagenheit, *die*

devise [dɪˈvaɪz] *v. t. (plan)* entwerfen; schmieden ⟨*Pläne*⟩; kreieren ⟨*Mode, Stil*⟩; ausarbeiten ⟨*Programm*⟩

devoid [dɪˈvɔɪd] *adj.* **~ of sth.** *(lacking)* ohne etw.; bar einer Sache *(Gen.) (geh.); (free from)* frei von etw.

devolution [diːvǝˈluːʃn] *n.* **a)** *(deputing, delegation)* Übertragung, *die;* Delegieren, *das; (Polit.)* Dezentralisierung, *die;* **b)** *(descent of property, power, etc.)* Übergang, *der* (**on** [**to**] auf + *Akk.*); **c)** *(Biol.)* Degeneration, *die;* **d)** *(Brit. Polit.)* Übertragung von administrativer Unabhängigkeit; Devolution, *die (fachspr.)*

devolve [dɪˈvɒlv] *v. i.* **a)** *(be transferred)* **~ [up]on sb.** ⟨*Pflicht, Verantwortung, Aufgabe:*⟩ jmdm. zufallen; **b)** *(descend)* vererbt werden; **~ to sb.** auf jmdn. übergehen

Devonian [dɪˈvǝʊnɪǝn] **1.** *adj. (Geol.)* devonisch. **2.** *n. (Geol.)* Devon, *das*

Devonshire cream [devnʃǝˈkriːm] *n.* sehr fetter Rahm; Dickrahm, *der*

devote [dɪˈvǝʊt] *v. t. (consecrate)* widmen; **~ one's thoughts/energy to sth.** sein Denken/seine Energie auf etw. *(Akk.)* verwenden; **~ sums of money to sth.** Geldsummen für etw. bestimmen

devoted [dɪˈvǝʊtɪd] *adj.* treu; ergeben ⟨*Diener*⟩; aufrichtig ⟨*Freundschaft, Liebe, Verehrung*⟩; **he is very ~ to his work/his wife** er geht in seiner Arbeit völlig auf/liebt seine Frau innig

devotedly [dɪˈvǝʊtɪdlɪ] *adv.* [treu] ergeben; innig ⟨*lieben*⟩

devotee [devǝˈtiː] *n.* **a)** *(enthusiast)* Anhänger, *der/*Anhängerin, *die; (of music, art)* Liebhaber, *der/*Liebhaberin, *die; (of a person)* Verehrer, *der/*Verehrerin, *die;* **b)** *(pious person)* [fanatischer/glühender] Anhänger/[fanatische/glühende] Anhängerin

devotion [dɪˈvǝʊʃn] *n.* **a)** *(addiction, loyalty, devoutness)* **~ to sb./sth.** Hingabe *in* jmdn./etw.; **~ to music/the arts** Liebe zur Musik/Kunst; **~ to duty** Pflichttreue, *die;* **b)** *(devoting)* Weihung, *die* (**to** *Gen.*); **c)** *(divine worship)* Anbetung, *die* (**to** *Gen.*); **d)** *in pl. (prayers)* Gebet, *das;* **be in one's ~s** eine Andacht halten; **book of ~s** Andachtsbuch, *das*

devotional [dɪˈvǝʊʃǝnl] *adj.* fromm; andächtig ⟨*Gebet*⟩; religiös ⟨*Literatur, Lied*⟩; Andachts⟨*buch, -übung*⟩

devour [dɪˈvaʊǝ(r)] *v. t.* **a)** verschlingen; ⟨*Pest:*⟩ dahinraffen *(geh.);* **b)** *(absorb the attention of)* verzehren; **he was ~ed by anxiety** er verzehrte sich vor Angst

devouring [dɪˈvaʊǝrɪŋ] *adj.* verzehrend ⟨*Hunger, Leidenschaft, Feuer*⟩; verschlingend ⟨*Fluten*⟩; menschenfressend, alles verschlingend ⟨*Ungeheuer, Tier*⟩

devout [dɪˈvaʊt] *adj.* fromm; sehnlich ⟨*Wunsch*⟩; inständig ⟨*Hoffnung*⟩

devoutly [dɪˈvaʊtlɪ] *adv.* in [frommer] Andacht ⟨*knien, beten, bekennen*⟩; inständig ⟨*hoffen, wünschen*⟩

dew [djuː] **1.** *n.* Tau, *der.* **2.** *v. t. (poet./literary)* betauen *(geh.)*

dew: **~ˈberry** *n.* Brombeere, *die;* **~-claw** *n.* Afterklaue, *die;* **~-drop** *n.* Tautropfen, *der*

Dewey system [ˈdjuːɪ sɪstǝm] *n. (Bibliog.)* Dezimalklassifikation, *die*

199

dewlap ['dju:læp] *n. (of animal)* Wamme, *die; (of person)* Doppelkinn, *das*
dew: ~-**point** *n. (Phys.)* Taupunkt, *der;* ~-**pond** *n. (Brit.) flacher, künstlich angelegter Teich, in dem sich Tau- und Regenwasser sammelt*
dewy ['dju:ɪ] *adj.* taufeucht; tauig *(geh.)*
'**dewy-eyed** *adj.* naiv; **go all ~** ganz feuchte Augen bekommen
dexter ['dekstə(r)] *adj. (Her.)* recht...; dexter *(fachspr.)*
dexterity [dek'sterɪtɪ] *n., no pl.* **a)** *(skill)* Geschicklichkeit, *die;* ~ **in argument** Redegewandtheit, *die;* **b)** *(right-handedness)* Rechtshändigkeit, *die*
dexterous[ly] *see* **dextr-**
dextrose ['dekstrəʊs] *n. (Chem.)* Traubenzucker, *der;* Dextrose, *die (fachspr.)*
dextrous ['dekstrəs] *adj.* **a)** *(nimble of hand, skilful, clever)* geschickt; **b)** *(using right hand)* rechtshändig
dextrously ['dekstrəslɪ] *adv.* geschickt; mit großem Geschick
dhow [daʊ] *n. (Naut.)* D[h]au, *die*
DHSS *abbr. (Brit. Hist.)* **Department of Health and Social Security** *Amt für Gesundheit und Sozialwesen*
dia. *abbr.* **diameter** D.; Durchm.
diabetes [daɪə'bi:ti:z] *n. pl. same (Med.)* Zuckerkrankheit, *die;* Diabetes, *der (fachspr.)*
diabetic [daɪə'betɪk, daɪə'bi:tɪk] *(Med.)* **1.** *adj.* **a)** *(of diabetes)* diabetisch; **b)** *(having diabetes)* diabetisch *(Med.),* zuckerkrank; **c)** *(for diabetics)* Diabetiker‹nahrung, -schokolade usw.›. **2.** *n.* Diabetiker, *der*/Diabetikerin, *die*
diabolic [daɪə'bɒlɪk], **diabolical** [daɪə'bɒlɪkl] *adj.* **a)** *(cruel, wicked)* teuflisch; diabolisch; *(coll.: extremely bad)* mörderisch *(ugs.)* ‹Hitze›; teuflisch *(ugs.)* ‹Kälte, Wetter›; **this child is a ~ nuisance!** *(coll.)* dieses Kind kann einen zur Weißglut treiben! *(ugs.);* **shopping today was ~** *(coll.)* das Einkaufen heute war die reinste Hölle *(ugs.);* **b)** *(of the Devil)* diabolisch; teuflisch
diabolically [daɪə'bɒlɪkəlɪ] *adv. (coll.)* teuflisch *(ugs.)* ‹kalt, grausam›; mörderisch *(ugs.)* ‹heiß›
diachronic [daɪə'krɒnɪk] *adj.,* **diachronically** [daɪə'krɒnɪkəlɪ] *adv. (Ling.)* diachronisch
diacritic [daɪə'krɪtɪk], **diacritical** [daɪə'krɪtɪkl] **1.** *adj.* **a)** *(distinctive)* distinktiv *(geh.);* **b)** *(Ling.)* ~ **mark** *or* **sign** diakritisches Zeichen. **2.** *n. (Ling.)* diakritisches Zeichen
diadem ['daɪədem] *n.* Diadem, *das; (wreath)* Kranz, *der*
diagnose [daɪəg'nəʊz] *v. t.* diagnostizieren ‹Krankheit›; feststellen ‹Fehler›
diagnosis [daɪəg'nəʊsɪs] *n., pl.* **diagnoses** [daɪəg'nəʊsi:z] **a)** *(of disease)* Diagnose, *die;* **make a ~:** eine Diagnose stellen; **b)** *(of difficulty, fault)* Feststellung, *die*
diagnostic [daɪəg'nɒstɪk] **1.** *adj.* diagnostisch; ~ **sign** *(Med.)* Symptom, *das.* **2.** *n. (Med.)* Symptom, *das*
diagnostics [daɪəg'nɒstɪks] *n. sing.* Diagnostik, *die*
diagonal [daɪ'ægənl] **1.** *adj.* diagonal. **2.** *n.* Diagonale, *die*
diagonally [daɪ'ægənəlɪ] *adv.* diagonal
diagram ['daɪəgræm] **1.** *n.* **a)** *(sketch)* schematische Darstellung; **I'll make a ~ to show you how to get there** ich zeichne Ihnen auf, wie Sie dorthin kommen; **b)** *(graphic or symbolic representation)* Diagramm, *das;* **c)** *(Geom.)* Diagramm, *das.* **2.** *v. t.,* **-mm-** [in einem Diagramm] graphisch darstellen; *(make sketch of)* aufzeichnen
diagrammatic [daɪəgrə'mætɪk] *adj.,* **diagrammatically** [daɪəgrə'mætɪkəlɪ] *adv.* diagrammatisch
dial ['daɪəl] **1.** *n.* **a)** *(of clock or watch)* Zifferblatt, *das;* **b)** *(of gauge, meter, etc., on radio or television)* Skala, *die;* **c)** [sun]~: Sonnenuhr, *die;* **d)** *(Teleph.)* Wählscheibe, *die;* **e)** *(Brit. sl.: face)* Visage, *die (salopp abwertend).* **2.** *v. t., (Brit.)* **-ll-** *(Teleph.)* wählen; ~ **[London] direct** [nach London] durchwählen; ~ **a call to somewhere/to sb.** irgendwo/ bei jmdm. anrufen. **3.** *v. i., (Brit.)* **-ll-** *(Teleph.)* wählen
dialect ['daɪəlekt] *n.* Dialekt, *der;* Mundart, *die; (of class)* Ausdrucksweise, *die; attrib.* ~ **expression** mundartlicher *od.* dialektaler Ausdruck
dialectal [daɪə'lektl] *adj.* dialektal; mundartlich
dialectic [daɪə'lektɪk] **1.** *n. in sing. or pl. constr. as sing.* Dialektik, *die.* **2.** *adj.* **a)** dialektisch; **b)** *(dialectal)* dialektal; dialektisch
dialectical [daɪə'lektɪkl] *adj.* **a)** *see* **dialectic 2 a; b)** ~ **materialism** dialektischer Materialismus
dialling *(Amer.:* **dialing)** ['daɪəlɪŋ]: ~ **code** *n.* Vorwahl, *die;* Ortsnetzkennzahl, *die (Amtsspr.);* ~ **tone** *n.* Freizeichen, *das;* Wählton, *der (fachspr.)*
dialogue *(Amer.:* **dialog)** ['daɪəlɒg] *n.* Dialog, *der;* **written in** ~ **[form]** in der Form eines Dialogs geschrieben
'**dial tone** *(Amer.) see* **dialling tone**
dialysis [daɪ'ælɪsɪs] *n., pl.* **dialyses** [daɪ'ælɪsi:z] **a)** *(Chem.)* Dialyse, *die;* **b)** *(Med.)* [Hämo]dialyse, *die (fachspr.);* Blutwäsche, *die*
diameter [daɪ'æmɪtə(r)] *n.* **a)** Durchmesser, *der;* Diameter, *der (Geom.);* **b)** *(of magnification of* **eight ~s** eine achtfache Vergrößerung; **magnify 2,000 ~s** zweitausendfach vergrößern
diametral [daɪə'metrɪkl] *adj.* diametral; **I hold opinions in ~ opposition to his** meine Ansichten sind seinen diametral entgegengesetzt
diametrically [daɪə'metrɪkəlɪ] *adv.* **a)** *(in direct opposition)* diametral ‹entgegengesetzt, widersprechen›; **b)** *(straight through)* diametrisch
diamond ['daɪəmənd] **1.** *n.* **a)** Diamant, *der;* **it was [a case of]** ~ **cut ~** *(fig.)* da sind die Richtigen aneinandergeraten; **b)** *(figure)* Raute, *die;* Rhombus, *der;* **c)** *(Cards)* Karo, *das; see also* **club 1 d; d)** *(tool)* [Glaser]diamant, *der;* **e)** *(Baseball)* (space enclosed by bases) Innenfeld, *das; (entire field)* Spielfeld, *das. See also* **rough diamond.** **2.** *adj.* **a)** *(made of ~[s])* diamanten; *(set with ~[s])* diamantenbesetzt; Diamant‹ring, -staub, -schmuck›; **b)** *(rhomb-shaped)* rautenförmig
diamond: ~-**drill** *n.* Diamantbohrer, *der;* ~-**field** *n.* Diamantlagerstätte, *die;* '**jubilee** *n.* 60jähriges/75jähriges Jubiläum; ~-**merchant** *n.* Diamantenhändler, *der*/-händlerin, *die;* ~ **mine** *n.* Diamantenbergwerk, *das;* ~-**shaped** *adj.* rautenförmig; '**wedding** *n.* diamantene Hochzeit
dianthus [daɪ'ænθəs] *n. (Bot.)* Nelke, *die*
diaper ['daɪəpə(r)] *n.* **a)** *(Amer.: nappy)* Windel, *die;* **b)** *(fabric)* mit kleinen Rauten o.ä. gemustertes [Jacquard]gewebe
diaphanous [daɪ'æfənəs] *adj.* durchsichtig
diaphragm ['daɪəfræm] *n.* **a)** Diaphragma, *das (fachspr.); (Anat. also)* Zwerchfell, *das; (Zool., Bot. also)* Scheidewand, *die; (Photog. also)* Blende, *die; (contraceptive also)* Pessar, *das; (Mech., Teleph. also)* Membran, *die*
diapositive [daɪə'pɒzɪtɪv] *n. (Photog.)* Diapositiv, *das*
diarist ['daɪərɪst] *n.* Tagebuchautor, *der/* -autorin, *die*
diarrhoea *(Amer.:* **diarrhea)** [daɪə'ri:ə] *n.* Durchfall, *der;* Diarrhö[e], *die (Med.)*
diary ['daɪərɪ] *n.* **a)** Tagebuch, *das;* **keep a ~:** [ein] Tagebuch führen; **b)** *(for appointments)* Terminkalender, *der;* **pocket/desk ~:** Taschen-/Tischkalender, *der*

Diaspora [daɪ'æspərə] *n.* Zerstreuung der Juden; *(persons)* Diaspora, *die*
diastolic [daɪə'stɒlɪk] *adj. (Physiol.)* diastolisch
diatonic [daɪə'tɒnɪk] *adj. (Mus.)* diatonisch
diatribe [daɪətraɪb] *n. (speech)* Schmährede, *die; (piece of writing)* Schmähschrift, *die*
dibber ['dɪbə(r)] *see* **dibble 1**
dibble ['dɪbl] **1.** *n.* Pflanzholz, *das.* **2.** *v. t.* [mit dem Pflanzholz] pflanzen
dice [daɪs] **1.** *n., pl. same* **a)** *(cube)* Würfel, *der;* **throw ~:** würfeln; **throw ~ for sth.** etw. auswürfeln; **no ~!** *(fig. coll.)* kommt nicht in Frage!; **b)** *(in sing. game)* Würfelspiel, *das;* **play ~:** würfeln; **c)** *in pl. (Cookery)* Würfel *Pl.;* **cut into ~:** würfeln. **2.** *v. i.* würfeln (**for** um); ~ **with death** mit seinem Leben spielen. **3.** *v. t. (Cookery)* würfeln
dicey ['daɪsɪ] *adj. (sl.)* riskant; *(unreliable)* unzuverlässig
dichotomy [daɪ'kɒtəmɪ, dɪ'kɒtəmɪ] *n.* Dichotomie, *die*
dick [dɪk] *n.* **a)** *(sl.: detective)* Schnüffler, *der (ugs. abwertend);* **b)** *(coarse: penis)* Schwanz, *der (derb);* Riemen, *der (derb). See also* **clever Dick; Tom a**
dickens ['dɪkɪnz] *n. (coll.)* **what/why/who** *etc.* **the ~ ...:** was/warum/wer *usw.* zum Kuckuck ... *(salopp)*
Dickensian [dɪ'kenzɪən] **1.** *n.* Dickensianer. **2.** *adj.* Dickenssch; ~ **conditions** Zustände, wie man sie aus Dickens' Romanen kennt
'**dicky (dickey)** ['dɪkɪ] *n.* **a)** *see* **dicky-bird; b)** *(Brit. Hist.: seat)* Klappsitz *(im Fond eines Zweisitzers);* **c)** *(shirt-front)* Vorhemd, *das*
²**dicky** *adj. (sl.)* mies *(ugs. abwertend);* klapprig *(ugs.)* ‹Herz›
'**dicky-bird** *n. (child lang./coll.)* Piepvogel, *der (Kinderspr.); (sl.: word)* **not a ~:** kein Sterbenswörtchen
dicta *pl. of* '**do**
dictate 1. [dɪk'teɪt] *v. t. & i.* diktieren; *(prescribe)* vorschreiben; ~ **to** Vorschriften machen (+ *Dat.*); **I will not be ~d to** ich lasse mir keine Vorschriften machen. **2.** ['dɪkteɪt] *n., usu. in pl.* Diktat, *das*
dic'tating-machine *n.* Diktiergerät, *das*
dictation [dɪk'teɪʃn] *n.* Diktat, *das;* **take a ~:** ein Diktat aufnehmen
dictator [dɪk'teɪtə(r)] *n. (lit. or fig.)* Diktator, *der;* **be a ~** *(fig.)* diktatorisch sein
dictatorial [dɪktə'tɔ:rɪəl] *adj.,* **dictatorially** [dɪktə'tɔ:rɪəlɪ] *adv. (lit. or fig.)* diktatorisch
dictatorship [dɪk'teɪtəʃɪp] *n. (lit. or fig.)* Diktatur, *die*
diction ['dɪkʃn] *n.* Diktion, *die (geh.)*
dictionary ['dɪkʃənərɪ] *n.* Wörterbuch, *das; see also* **walking 1**
dictum ['dɪktəm] *n., pl.* ~**s** *or* **dicta** ['dɪktə] **a)** *(pronouncement, maxim)* Spruch, *der;* Diktum, *das (geh.);* **b)** *(Law)* richterliche Meinung
did *see* '**do**
didactic [dɪ'dæktɪk, daɪ'dæktɪk] *adj.* **a)** didaktisch; **b)** *(authoritarian)* schulmeisterlich *(abwertend)*
diddle ['dɪdl] *v. t. (sl.)* übers Ohr hauen *(ugs.);* ~ **sb. out of sth.** jmdm. etw. abluchsen *(saloppp);* ~ **sb. into doing sth.** jmdn. so verschaukeln, daß er etw. tut *(ugs.)*
diddums ['dɪdəmz] *n. (child lang./coll.)* der/ die arme Kleine; **[poor little]** ~! armes Kleines!
didn't ['dɪdnt] *(coll.)* = **did not;** *see* '**do**
dido ['daɪdəʊ] *n.* ~**s** *or* ~**es** *(Amer. coll.)* Mätzchen, *das (ugs.)*
'**die** [daɪ] **1.** *v. i.,* **dying** ['daɪɪŋ] **a)** sterben; ‹Tier, Pflanze:› eingehen, *(geh.)* sterben; ‹Körperteil:› absterben; **be dying** sterben; ~ **from** *or* **of sth.** an etw. *(Dat.)* sterben; ~ **of grief** vor Kummer sterben; ~ **of a heart attack/a brain tumour** einem Herzanfall/

Hirntumor erliegen; ~ **from one's injuries** seinen Verletzungen erliegen; ~ **a rich man** als reicher Mann sterben; ~ **by one's own hand** *(literary)* Hand an sich *(Akk.)* legen *(geh.);* ~ **in one's bed** im Bett sterben; ~ **in one's boots** *(working)* in den Sielen sterben; ⟨Soldat:⟩ im Kampf fallen; **sb. would ~ rather than do sth.** um nichts in der Welt würde jmd. etw. tun; **never say ~** *(fig.)* nur nicht den Mut verlieren; **b)** *(fig.)* **be dying for sth.** etw. unbedingt brauchen; **be dying for a cup of tea** nach einer Tasse Tee lechzen; **be dying to do sth.** darauf brennen, etw. zu tun; **I'm dying to know how she ...**: ich möchte zu gerne wissen, wie sie ...; **be dying of boredom/curiosity** vor Langeweile sterben/vor Neugier platzen; ~ **[laughing]** sich totlachen *(ugs.);* **I [nearly] ~d with** *or* **of embarrassment** es war mir furchtbar peinlich; ~ **with** *or* **of shame** sich zu Tode schämen; **c)** *(disappear)* in Vergessenheit geraten; ⟨*Gefühl, Liebe, Ruhm:*⟩ vergehen; ⟨*Ton:*⟩ verklingen; ⟨*Flamme:*⟩ verlöschen; ⟨*Worte, Lächeln:*⟩ ersterben *(geh.);* **the secret ~d with them** sie haben das Geheimnis mit ins Grab genommen; **d)** *(coll.: cease to function)* ⟨*Zeitschrift, Firma:*⟩ eingehen *(ugs.);* **the engine ~d on me** *(coll.)* der Motor ist mir abgestorben. *See also* **ditch 1; harness 1 b. 2.** *v. t.* **dying:** ~ **a natural/violent death** eines natürlichen/gewaltsamen Todes sterben; **let the matter** ~ **a natural death** die Sache langsam einschlafen lassen; **sth. ~s the death** *(coll.)* mit etw. ist es nichts mehr *(ugs.)*
~ **a'way** *v. i.* ⟨*Laut, Geräusch:*⟩ schwächer werden; ⟨*Wind, Zorn:*⟩ sich legen
~ **'back** *v. i.* absterben
~ **'down** *v. i.* ⟨*Sturm, Wind, Protest, Aufruhr:*⟩ sich legen; ⟨*Flammen:*⟩ kleiner werden; ⟨*Feuer:*⟩ herunterbrennen; ⟨*Lärm:*⟩ leiser werden; ⟨*Kämpfe:*⟩ nachlassen; ⟨*Epidemie:*⟩ abklingen
~ **'off** *v. i.* ⟨*Pflanzen, Tiere:*⟩ [nacheinander] eingehen; ⟨*Blätter:*⟩ [nacheinander] absterben; ⟨*Menschen:*⟩ [nacheinander] sterben
~ **'out** *v. i.* aussterben

²**die** **n.** **a)** *pl.* **dice** [daɪs] *(formal)* Würfel, *der;* **the ~ is cast** die Würfel sind gefallen; **as straight** *or* **true as a ~** schnurgerade ⟨*Weg, Linie*⟩ *(fig.)* grundehrlich; **b)** *pl.* **~s** *(engraved stamp)* Stempel, *der;* **c)** *pl.* **~s** *(Metalw.)* Gußform, *die* (in drop-forging) Gesenk, *das;* **d)** *(for cutting threads)* [Gewinde]schneideisen, *das*

die: **~-casting** *n.* **a)** *(process)* [Kokillen]guß, *der;* **b)** *(product)* Gußstück, *das;* **~-hard 1.** *n.* hartnäckiger Typ; *(reactionary)* Ewiggestrige, *der/die;* **2.** *adj.* hartnäckig; *(dyed-in-the-wool)* eingefleischt; *(reactionary)* ewiggestrig
diesel ['diːzl] *n.* ~ **[engine]** Diesel[motor], *der;* ~ **[lorry/car]** Diesel, *der;* ~ **[train]** *(Railw.)* Dieseltriebwagen, *der;* ~ **[fuel]** Diesel[kraftstoff], *der*
diesel-e'lectric *adj.* dieselelektrisch
'**diesel oil** *n.* Dieselkraftstoff, *der*
¹**diet** [daɪət] *n.* **1.** *n.* **a)** *(for slimming)* Diät, *die;* Schlankheitskur, *die;* **be/go on a ~**: eine Schlankheitskur *od.* Diät machen; **b)** *(Med.)* Diät, *die;* Schonkost, *die;* **c)** *(habitual food)* Kost, *die.* **2.** *v. i.* eine Schlankheitskur *od.* Diät machen
²**diet** *n.* *(Polit.)* Reichstag, *der*
dietary ['daɪətərɪ] *adj.* ~ **rules** Diätvorschriften; ~ **habits** Eßgewohnheiten; ~ **deficiencies** mangelhafte Ernährung
dietetic [daɪəˈtetɪk] *adj.* Diät-; diätetisch
dietetics [daɪəˈtetɪks] *n., no pl.* Ernährungslehre, *die;* Diätetik, *die* *(fachspr.)*
dietitian (dietician) [daɪəˈtɪʃn] *n.* Diätassistent, *der/*-assistentin, *die*
'**diet-sheet** *n.* Diätplan, *der*
differ ['dɪfə(r)] *v. i.* **a)** *(vary, be different)* sich unterscheiden; **the two accounts of what happened ~ed greatly** die beiden Berichte von den Ereignissen wichen stark voneinander ab; **opinions/ideas ~**: die Meinungen/Vorstellungen gehen auseinander; **tastes/temperaments ~**: die Geschmäcker *(ugs.)* /Temperamente sind verschieden; **people ~**: es sind nicht alle Menschen gleich; ~ **from sb./sth. in that ...**: sich von jmdm./etw. dadurch *od.* darin unterscheiden, daß ...; **b)** *(disagree)* anderer Meinung sein; ~ **with sb. over** *or* **on sth.** über etw. *(Akk.)* anderer Meinung sein als jmd.; *see also* **agree 1 a; beg 1 b**
difference ['dɪfərəns] *n.* **a)** Unterschied, *der;* ~ **in age** Altersunterschied, *der;* **have a ~ of opinion [with sb.]** eine Meinungsverschiedenheit [mit jmdm.] haben; **there is a ~ in her now** *(in appearance)* sie sieht jetzt anders aus; *(in character)* sie hat sich geändert; **it makes a ~**: es ist ein *od. (ugs.)* macht einen Unterschied; **what ~ would it make if ...?** was würde es schon ausmachen, wenn ...?; **the new curtains make a big ~ to the room** mit den neuen Vorhängen sieht das Zimmer schon ganz anders aus; **it makes a ~**: es ist ein *od. (ugs.)* macht einen Unterschied; **as if 'that made any ~**: als ob das etwas ändern würde; **make all the ~ [in the world]** ungeheuer viel ausmachen; **I could [as well] have stayed at home for all the ~ it made** da hätte ich auch gleich zu Hause bleiben können; **make no ~ [to sb.]** [jmdm.] nichts ausmachen; **a holiday with a ~**: Urlaub – einmal anders; **same ~** *(coll.)* ein und dasselbe; **b)** *(between amounts)* Differenz, *die;* **pay the ~** den Rest[betrag] bezahlen; **split the ~**: sich *(Dat.)* den Rest[betrag] teilen; *(fig.)* einen Kompromiß machen; **c)** *(dispute)* **have a ~ with sb.** mit jmdm. eine Auseinandersetzung haben; **resolve** *or* **settle one's ~s** seine Differenzen beilegen
different ['dɪfərənt] *adj.* verschieden; *(pred. also)* anders; *(attrib. also)* ander...; **be ~ from** *or (esp. Brit.)* **to** *or (Amer.)* **than ...**: anders sein als ...; **the two sisters are very ~ from each other** die beiden Schwestern sind sehr verschieden; **she was totally ~ from** *or* **to what I'd expected** sie war ganz anders, als ich erwartet hatte; ~ **viewpoints/cultures** unterschiedliche Standpunkte/Kulturen; **how are they ~?** worin *od.* wodurch unterscheiden sie sich?; **I feel a ~ person** ich fühle mich wie neu geboren; **I asked several ~ people** ich habe mehrere *od.* verschiedene Leute gefragt; **wear a ~ dress on every occasion** zu jedem Anlaß ein anderes Kleid tragen; **oh, that's ~**: ach so, das ist was anderes; **a holiday that is ~**: Urlaub einmal anders; **the same, only ~** *(coll.)* fast der-/die-/dasselbe
differential [dɪfəˈrenʃl] **1.** *adj.* **a)** unterschiedlich; ungleich ⟨*Behandlung*⟩; gestaffelt ⟨*Lohn, Kosten*⟩; unterscheidend ⟨*Merkmal*⟩; ~ **tariffs/duties** *(Commerc.)* Differentialtarife/-zölle; **b)** *(Math.)* ~ **calculus** Differentialrechnung, *die;* ~ **equation** Differentialgleichung, *die;* ~ **coefficient** *see* **derivative 2 b. 2.** *n.* **a)** *(Commerc.)* **[wage] ~**: [Einkommens]unterschied, *der;* **price ~s** Preisunterschiede, **b)** *(Motor Veh.)* Differential[getriebe], *das;* Ausgleichsgetriebe, *das*
differentiate [dɪfəˈrenʃɪeɪt] **1.** *v. t.* **a)** unterscheiden; **b)** *(Biol.)* herausbilden; **c)** *(Math.)* differenzieren. **2.** *v. i.* **a)** *(recognize the difference)* unterscheiden; differenzieren; **b)** *(treat sth. differently)* einen Unterschied machen; differenzieren
differentiation [dɪfərenʃɪˈeɪʃn] *n.* **a)** Unterscheidung, *die;* Differenzierung, *die;* **b)** *(Biol., Math.)* Differenzierung, *die*
differently ['dɪfərəntlɪ] *adv.* anders (**from,** *esp. Brit.* **to)** als); ~ **[to** *or* **from each other]** verschieden; *(with different result, at various times)* unterschiedlich; **they reacted ~ to the news** sie reagierten unterschiedlich auf die Nachricht
differing ['dɪfərɪŋ] *adj.* unterschiedlich
difficult ['dɪfɪkəlt] *adj.* **a)** schwer; schwierig; **a ~ writer** ein schwieriger Schriftsteller; **he finds it ~ to do sth.** ihm fällt es schwer, etw. zu tun; **make things ~ for sb.** es jmdm. nicht leicht machen; **the ~ thing is ...**: die Schwierigkeit ist ...; **b)** *(unaccommodating)* schwierig; **he is being ~**: er macht Schwierigkeiten; **he is ~ to get on with** es ist schwer, mit ihm auszukommen
difficulty ['dɪfɪkəltɪ] *n.* **a)** Schwierigkeit, *die;* **with [great] ~**: unter größten Schwierigkeiten; **the greatest ~**: unter größten Schwierigkeiten; **without [great] ~**: ohne große Probleme; mühelos; **have ~ [in] doing sth.** Schwierigkeiten haben, etw. zu tun; **experience** *or* **have [some] ~ in walking** Beschwerden beim Gehen haben; **b)** *usu. in pl. (trouble)* **be in ~** *or* **difficulties** in Schwierigkeiten sein; **under great difficulties** unter großen Schwierigkeiten; **get** *or* **get into difficulties** in Schwierigkeiten kommen *od.* geraten
diffidence ['dɪfɪdəns] *n., no pl.* Zaghaftigkeit, *die; (modesty)* Zurückhaltung, *die*
diffident ['dɪfɪdənt] *adj.* zaghaft; *(modest)* zurückhaltend
diffraction [dɪˈfrækʃn] *n.* *(Phys.)* Beugung, *die;* Diffraktion, *die (veralt.)*
diffuse 1. [dɪˈfjuːz] *v. t.* verbreiten; diffundieren *(fachspr.);* ~ **d lighting/traces** diffuse Beleuchtung/Spuren. **2.** *v. i.* sich ausbreiten **(through** in + *Dat.);* diffundieren *(fachspr.).* **3.** [dɪˈfjuːs] *adj.* **a)** *(dispersed)* diffus; **b)** *(verbose)* weitschweifig; diffus *(fig.)*
diffusion [dɪˈfjuːʒn] *n.* **a)** *(also Anthrop.)* Verbreitung, *die;* **b)** *(Phys.)* Diffusion, *die*
dig [dɪg] **1.** *v. i.,* **-gg-, dug** [dʌg] **a)** graben (**for** nach); **b)** *(Archaeol.: excavate)* Ausgrabungen machen; graben; *(fig.: search)* ~ **for information** versuchen, Informationen zu bekommen; **c)** ~ **at sb.** eine [spitze] Bemerkung über jmdn. machen. **2.** *v. t.,* **-gg-, dug a)** graben; ~ **a hole [in sth.]** ein Loch [in etw. *(Akk.)*] graben; **b)** *(turn up with spade etc.)* umgraben; *(obtain by digging)* **~ potatoes/peat** Kartoffeln ernten *od. (landsch.)* ausmachen/Torf stechen; **c)** *(Archaeol.)* ausgraben; **d)** *(sl.: appreciate)* stark finden *(Jugendspr.);* *(understand)* schnallen *(salopp).* **3.** *n.* **a)** Grabung, *die;* **b)** *(Archaeol. coll.)* Ausgrabung, *die; (site)* Ausgrabungsort, *der;* **c)** *(fig.)* Anspielung, *die* **(at** auf + *Akk.)*; **have** *or* **make a ~ at sb./sth.** eine [spitze] Bemerkung über jmdn./etw. machen; **d)** *see* **rib**
~ **in 1.** *v. i.* **a)** *(Mil.)* sich eingraben; *(fig.)* sich festsetzen; **b)** *(coll.: begin eating, eat)* zulangen *(ugs.).* **2.** *v. t.* **a)** *(Mil.)* eingraben; ~ **oneself in** sich eingraben; *(fig.)* sich etablieren; **b)** *(thrust)* **the cat dug its claws in** die Katze krallte sich fest; ~ **one's heels** *or* **toes in** *(fig. coll.)* sich auf die Hinterbeine stellen *(ugs.);* **c)** *(mix with soil)* eingraben
~ **into** *v. t.* **a)** wühlen in (+ *Akk.*) ⟨*Tasche*⟩; eindringen in (+ *Akk.*) ⟨*Materie*⟩; vordringen in (+ *Akk.*) ⟨*Vergangenheit, Geschichte*⟩; **b)** *(coll.: begin eating)* zulangen bei *(ugs.);* **c)** *(take from)* ~ **into one's savings** seine Ersparnisse angreifen; **have to ~ into one's pocket** in die Tasche greifen müssen; **d)** *(mix with)* ~ **compost into the soil** Kompost untergraben; **e)** *(embed itself in)* sich eingraben in (+ *Akk.*)
~ **'out** *v. t.* *(lit.* or *fig.)* ausgraben; ~ **sb. out from underneath the debris/out of the wreckage** jmdn. aus den Trümmern bergen
~ **'up** *v. t.* **a)** umgraben ⟨*Garten, Rasen, Erde*⟩; ausgraben ⟨*Pflanzen, Knochen, Schatz*⟩; **b)** *(fig.: find)* ausgraben ⟨*Fakten, Informationen*⟩; *(coll. derog.: obtain)* aufgabeln *(ugs.)*
digest 1. [dɪˈdʒest, daɪˈdʒest] *v. t.* **a)** *(assimilate, lit* or *fig.)* verdauen; **b)** *(consider)*

digestible

durchdenken. 2. ['daɪdʒest] *n.* **a)** *(periodical)* Digest, *der od. das (Zeitschrift mit Auszügen aus Büchern od. anderen Zeitschriften);* **b)** *(summary)* Zusammenfassung, *die*
digestible [dɪ'dʒestɪbl, daɪ'dʒestɪbl] *adj.* verdaulich; *(fig.)* verständlich
digestion [dɪ'dʒestʃn, daɪ'dʒestʃn] *n.* Verdauung, *die;* Digestion, *die (Physiol.); (fig.)* [geistige] Verarbeitung
digestive [dɪ'dʒestɪv, daɪ'dʒestɪv] **1.** *adj.* Verdauungs-; ~ **biscuit** *(Brit.) see* **2. 2.** *n. (Brit.:* biscuit*)* Keks *(aus Vollkornmehl)*
digger ['dɪgə(r)] *n.* **a)** *(Archaeol.)* Ausgräber, *der/*Ausgräberin, *die; (miner)* Bergmann, *der; (gold-~)* Goldgräber, *der;* **b)** *(Mech.)* Bagger, *der; (garden tool)* Grabschaufel, *die;* **trench ~** : Grabenbagger, *der;* **c)** *(coll.) (Australian)* Australier, *der/*Australierin, *die; (New Zealander)* Neuseeländer, *der/*Neuseeländerin, *die*
diggings ['dɪgɪŋz] *n. pl.* **a)** *(Mining)* [Gold]lagerstätte, *die;* **b)** *(Archaeol.)* Ausgrabungsort, *der*
digit ['dɪdʒɪt] *n.* **a)** *(numeral)* Ziffer, *die;* **a six-~ number** eine sechsstellige Zahl; **b)** *(Zool., Anat.) (finger)* Finger, *der; (toe)* Zehe, *die*
digital ['dɪdʒɪtl] *adj.* **a)** *(numerical)* digital; ~ **clock/watch** Digitaluhr, *die;* ~ **computer** Digitalrechner, *der;* ~ **recording** Digitalaufnahme, *die;* **b)** *(Zool., Anat.)* digital
digitize (digitise) ['dɪdʒɪtaɪz] *v. t. (Computing)* digitalisieren
dignified ['dɪgnɪfaɪd] *adj.* würdig; *(self-respecting, stately)* würdevoll
dignify ['dɪgnɪfaɪ] *v. t.* **a)** *(make stately)* Würde verleihen (+ *Dat.*); **b)** *(give distinction to)* Glanz verleihen (+ *Dat.*); auszeichnen 〈*Person*〉; **c)** *(give grand title to)* aufwerten *(fig.)*
dignitary ['dɪgnɪtərɪ] *n.* Würdenträger, *der;* **dignitaries** *(notabilities)* Honoratioren; **church** ~ : kirchlicher Würdenträger
dignity ['dɪgnɪtɪ] *n.* Würde, *die;* **speak with quiet ~** : ruhig und würdevoll sprechen; **he is not one to stand on his ~** : er hat keine Angst, sich *(Dat.)* etwas zu vergeben; **be beneath one's ~** : unter seiner Würde sein
digress [daɪ'gres, dɪ'gres] *v. i.* abschweifen (**from** von, **on** zu)
digression [daɪ'greʃn, dɪ'greʃn] *n.* Abschweifung, *die; (passage)* Exkurs, *der*
digs [dɪgz] *n. pl. (Brit. coll.)* Bude, *die (ugs.);* **he's in ~** : er hat eine [eigene] Bude *(ugs.)*
dike [daɪk] *n.* **a)** *(flood-wall)* Deich, *der;* **b)** *(ditch)* Graben, *der;* **c)** *(causeway)* Damm, *der;* **d)** *(Mining, Geol.)* Gang, *der; (of igneous rock)* Eruptivgang, *der*
diktat ['dɪktæt] *n.* **a)** *(decree)* Anordnung, *die;* **b)** *(severe settlement)* Diktat, *das*
dilapidated [dɪ'læpɪdeɪtɪd] *adj.* verfallen 〈*Gebäude*〉; verwahrlost 〈*Äußeres, Erscheinung*〉
dilapidation [dɪlæpɪ'deɪʃn] *n., no pl.* Verfall, *der;* **in a state of ~** : in verwahrlostem Zustand
dilatation [daɪlə'teɪʃn, dɪlə'teɪʃn] *n.* **a)** *see* **dilation; b)** *(Med.)* Dilatation, *die (fachspr.)*
dilate [daɪ'leɪt, dɪ'leɪt] **1.** *v. i.* **a)** sich weiten; **b)** *(discourse)* ~ [**up**]**on** sth. sich über etw. *(Akk.)* verbreiten. **2.** *v. t.* ausdehnen; blähen 〈*Nüstern*〉
dilation [daɪ'leɪʃn, dɪ'leɪʃn] *n.* Dilatation, *die; (Phys. also)* Ausdehnung, *die; (Med. also)* Erweiterung, *die*
dilatory ['dɪlətərɪ] *adj.* langsam; saumselig *(geh.);* zögernd 〈*Antwort, Reaktion*〉; *(causing delay)* **be ~ in** sich *(Dat.)* [viel] Zeit lassen bei
dildo ['dɪldəʊ] *n., pl.* ~**s** Godemiché, *der*
dilemma [dɪ'lemə, daɪ'lemə] *n. (also Logic)* Dilemma, *das;* **be on the horns of** *or* **faced with a ~** : vor einem Dilemma stehen
dilettante [dɪlɪ'tæntɪ] **1.** *n., pl.* **dilettanti** [dɪlɪ'tænti:] *or* ~**s** Dilettant, *der/*Dilettantin, *die;* Laie, *der.* **2.** *adj.* dilettantisch; laienhaft 〈*Interesse*〉
diligence ['dɪlɪdʒəns] *n.* Fleiß, *der; (purposefulness)* Eifer, *der*
diligent ['dɪlɪdʒənt] *adj.* fleißig; *(purposeful)* eifrig; sorgfältig, gewissenhaft 〈*Arbeit, Suche*〉
diligently ['dɪlɪdʒəntlɪ] *adv.* fleißig; *(purposefully)* eifrig; **execute one's duties ~** : seine Pflichten gewissenhaft erfüllen
dill [dɪl] *n. (Bot.)* Dill, *der*
dill: ~ **pickle** *n.* mit Dill eingelegte Gurke *usw.;* ~**-water** *n.* Dillöl, *das (Pharm.)*
dilly ['dɪlɪ] *n. (sl.)* irre Type *(ugs.); (thing)* irres Ding *(ugs.)*
dilly-dally ['dɪlɪdælɪ] *v. i. (coll.)* **a)** *(dawdle)* trödeln; **b)** *(vacillate)* ~ **over the choice of sth.** sich nicht für etw. entscheiden können; **stop ~ing!** entscheide dich endlich!
diluent ['dɪljʊənt] *n.* Verdünnungsmittel, *das*
dilute 1. [daɪ'lju:t, daɪlju:t] *adj.* **a)** verdünnt; **b)** *(washed out)* verwaschen 〈*Farbe*〉; *(faded)* verblaßt, ausgebleicht 〈*Farbe*〉; **c)** *(fig.)* blaß *(geh.).* **2.** [daɪ'lju:t] *v. t.* **a)** verdünnen; **b)** ausbleichen 〈*Farbe*〉; **c)** *(fig.)* abschwächen; entschärfen
dilution [daɪ'lju:ʃn, daɪ'lu:ʃn] *n.* **a)** *(act)* Verdünnen, *das;* **b)** *(state, substance)* Verdünnung, *die;* **c)** *(fig.)* Abschwächung, *die*
dim [dɪm] **1.** *adj.* **a)** schwach, trüb 〈*Licht, Flackern*〉; matt, gedeckt 〈*Farbe*〉; dämmrig, dunkel 〈*Zimmer*〉; undeutlich, verschwommen 〈*Gestalt*〉; **grow ~** : schwächer werden; **b)** *(fig.)* blaß; verschwommen; **in the ~ and distant past** in ferner Vergangenheit; **have a ~ suspicion that ...** : den leisen Verdacht haben, daß ...; **have only a ~ understanding of sth.** nur eine ungefähr *or* vage Vorstellung von etw. haben; **c)** *(indistinct)* schwach, getrübt 〈*Seh-, Hörvermögen*〉; **his eyesight/hearing had grown ~** : seine Augen hatten/sein Gehör hatte nachgelassen; **d)** *(coll.) (stupid)* beschränkt; *(clumsy)* ungeschickt; **e) take a ~ view of sth.** *(coll.)* von etw. nicht erbaut sein. **2.** *v. i.,* **-mm-** : *(lit. or fig.)* schwächer werden. **3.** *v. t.,* **-mm-** : **a)** verdunkeln; verdüstern; *(fig.)* trüben; dämpfen; ~ **the lights** *(Theatre, Cinemat.)* die Lichter langsam verlöschen lassen; **b)** *(Amer. Motor Veh.)* abblenden
~ **'out** *v. t.* **a)** verdunkeln; **b)** *(Theatre)* ~ **out the lights on stage** die Bühne abblenden.
See also **dim-out**
dime [daɪm] *n. (Amer.)* Zehncentstück, *das;* ≈ Groschen, *der (ugs.);* **be a ~ a dozen** *(fig.)* Dutzendware sein *(fig. abwertend);* **it's not worth a ~** *(fig.)* es ist keinen Pfifferling wert *(ugs.);* ~ **novel** Groschenroman, *der (abwertend)*
dimension [dɪ'menʃn, daɪ'menʃn] **1.** *n. (lit. or fig.)* Dimension, *die; (measurement)* Abmessung, *die.* **2.** *v. t.* dimensionieren
-dimensional [dɪ'menʃənl, daɪ'menʃənl] *adj. in comb.* -dimensional
diminish [dɪ'mɪnɪʃ] **1.** *v. i.* nachlassen 〈*Zahl:*〉 sich verringern; 〈*Vorräte, Autorität, Einfluß:*〉 abnehmen; 〈*Wert, Bedeutung, Ansehen:*〉 geringer werden; **in value/number** an Wert verlieren/an Zahl *od.* zahlenmäßig abnehmen. **2.** *v. t.* vermindern; verringern; *(fig.)* herabwürdigen 〈*Person*〉; schmälern 〈*Ansehen, Ruf*〉; beeinträchtigen 〈*Schönheit, Freundschaft*〉
diminished [dɪ'mɪnɪʃt] *adj.* geringer 〈*Wert, Anzahl, Einfluß, Popularität*〉; vermindert 〈*Stärke, Fähigkeit*〉; verkleinert 〈*Reich*〉; **[plead]** ~ **responsibility** *(Law)* [auf] verminderte Zurechnungsfähigkeit [plädieren]; ~ **interval** *(Mus.)* vermindertes Intervall
diminishing [dɪ'mɪnɪʃɪŋ] *adj.* sinkend; abnehmend 〈*Vorräte*〉; schwindend 〈*Kraft, Einfluß, Macht*〉; **law of ~ returns** *(Econ.)*

dinner-jacket

Gesetz vom abnehmenden Ertragszuwachs; Ertragsgesetz, *das*
diminuendo [dɪmɪnjʊ'endəʊ] *(Mus.) n., pl.* ~**s** Diminuendo, *das*
diminution [dɪmɪ'nju:ʃn] *n. (of number, supplies)* Verringerung, *die; (of value)* Minderung, *die; (of strength, influence)* Schwinden, *das; (of reputation, fame)* Schmälerung, *die; (Mus.)* Diminution, *die*
diminutive [dɪ'mɪnjʊtɪv] **1.** *adj.* **a)** winzig; **b)** *(Ling.)* diminutiv. **2.** *n. (Ling.)* Diminutiv[um], *das*
dimly ['dɪmlɪ] *adv.* schwach; undeutlich 〈*sehen*〉; ungefähr 〈*begreifen*〉; **I ~ remember it** ich erinnere mich noch dunkel daran
dimmer ['dɪmə(r)] *n.* **a)** Dimmer, *der;* Helligkeitsregler, *der;* **b)** *(Amer. Motor Veh.:* switch*)* Abblendschalter, *der*
dimness ['dɪmnɪs] *n., no pl.* **a)** Trübheit, *die; (almost darkness)* Halbdunkel, *das;* **b)** *(fig.)* Undeutlichkeit, *die;* Unklarheit, *die*
dimorphic [daɪ'mɔ:fɪk] *adj. (Biol., Chem., Min.)* dimorph
dimorphism [daɪ'mɔ:fɪzm] *n. (Biol., Chem., Min.)* Dimorphie, *die*
'dim-out *n.* **a)** Verdunk[e]lung, *die;* **b)** *(Theatre)* Abblendung, *die*
dimple ['dɪmpl] *n.* Grübchen, *das; (on golfball etc.)* kleine Vertiefung
dim: ~**-wit** *n. (coll.)* Dummkopf, *der (ugs.);* ~**-witted** ['dɪmwɪtɪd] *adj. (coll.)* dusselig *(salopp);* dämlich *(ugs. abwertend)*
din [dɪn] **1.** *n.* Lärm, *der.* **2.** *v. t.,* **-nn-** : ~ **sth. into sb.** jmdm. etw. einhämmern *od.* einbleuen
din-din[s] ['dɪndɪn(z)] *n. (child lang.)* Freßchen, *das (ugs.)*
dine [daɪn] **1.** *v. i. (at midday/in the evening)* [zu Mittag/zu Abend] essen *od. (geh.)* speisen; dinieren *(geh.);* ~ **off/on sth.** etw. [zum Mittag-/Abendessen] verzehren; ~ **off sth.** *(eat from)* von etw. speisen. **2.** *v. t.* bewirten; *see also* **wine and dine**
~ **'out** *v. i.* **a)** auswärts [zu Mittag/Abend] essen; **b)** ~ **out on sth.** wegen etw. zum Essen eingeladen werden
diner ['daɪnə(r)] *n.* **a)** Gast, *der (zum Abendessen);* **b)** *(Railw.)* Speisewagen, *der;* **c)** *(Amer.:* Restaurant*)* Restaurant, *das*
ding-a-ling ['dɪŋəlɪŋ] *see* **ting-a-ling**
ding-dong ['dɪŋdɒŋ] **1.** *n.* **a)** Bimbam, *das;* **b)** *(coll.:* argument*)* Krach, *der (ugs.).* **2.** *adj.* hin- und hergehend. **3.** *adv.* mit Feuereifer
dinghy ['dɪŋɪ, 'dɪŋɡɪ] *n.* Ding[h]i, *das; (inflatable)* Schlauchboot, *das*
dingle ['dɪŋɡl] *n.* waldiges kleines Tal
dingo ['dɪŋɡəʊ] *n., pl.* ~**es a)** *(dog)* Dingo, *der;* **b)** *(Austral. sl.:* rogue*)* [gemeiner] Hund *(salopp)*
dingy ['dɪndʒɪ] *adj.* schmuddelig
dining: ~ **area** *n.* Eßecke, *die;* ~**-car** *n. (Railw.)* Speisewagen, *der;* ~**-chair** *n.* Eßzimmerstuhl, *der;* ~**-hall** *n.* Speisesaal, *der;* ~**-room** *n. (in private house)* Eßzimmer, *das; (in hotel etc.)* Speisesaal, *der;* ~**-table** *n.* Eßtisch, *der*
dinkel ['dɪŋkl] *see* ²**spelt**
dinkum ['dɪŋkəm] *(Austral. and NZ coll.) adj.* astrein *(ugs.);* **fair ~** : echt *(ugs.);* **[the] ~ oil** die Wahrheit
dinky ['dɪŋkɪ] *adj. (coll.)* **a)** *(Brit.:* pretty*)* niedlich; **b)** *(Amer.: trifling)* kümmerlich
dinner ['dɪnə(r)] *n.* Essen, *das; (at midday also)* Mittagessen, *das; (in the evening also)* Abendessen, *das; (formal event)* Diner, *das;* **have** *or* **eat [one's] ~** : zu Mittag/Abend essen; **go out to ~** : [abends] essen gehen; *(to friends)* zum [Abend]essen eingeladen sein; ~**'s ready!** [das] Essen ist fertig!; **be at** *or* **having** *or* **eating [one's] ~** : gerade beim Essen sein; **have people [in] to** *or* **for ~** : Gäste zum Essen haben
dinner: ~**-dance** *n.* Abendessen mit anschließendem Tanz; ~**-gong** *n.* Gong, *der;* ~**-jacket** *n. (Brit.)* Dinnerjacket, *das;*

~ lady *n. (Brit.)* Servíererin beim Mittagessen in der Schule; **~-party** *n.* Abendessen, *das; (more formal)* Abendgesellschaft, *die;* **~-plate** *n.* flacher Teller; Eßteller, *der;* **~-service** *n.* Eßgeschirr, *das;* **~-table** *n.* Eßtisch, *der;* **be at** *or* **seated round the ~-table** bei Tisch sitzen; **~-time** *n.* Essenszeit, *die;* **at ~-time** zur Essenszeit; *(12–2 p.m.)* mittags

dinosaur ['daɪnəsɔː(r)] *n.* Dinosaurier, *der*

dint [dɪnt] *n.* **a) by ~ of** durch; **by ~ of doing sth.** indem jmd. etw. tut; **b)** *see* **dent 1**

diocesan [daɪˈɒsɪsən] *adj. (Eccl.)* diözesan; **~ synod** Diözesansynode, *die*

diocese [ˈdaɪəsɪs] *n. (Eccl.)* Diözese, *die*

dioxide [daɪˈɒksaɪd] *n. (Chem.)* Dioxid, *das (fachspr.);* Dioxyd, *das*

dip [dɪp] **1.** *v. t.,* **-pp-: a)** [ein]tauchen (**in** *in +Akk.*); **she ~ped her hand into the sack** sie griff in den Sack; **b)** *(dye)* in ein Färbemittel tauchen; **c)** *(Agric.)* dippen ⟨*Schaf*⟩; **d)** *(Brit. Motor Veh.)* **~ one's [head] lights** abblenden; [**drive with** *or* **on**] **~ped headlights** [mit] Abblendlicht [fahren]. **2.** *v. i.,* **-pp-: a)** *(go down)* sinken; **the sun ~ped below the horizon** die Sonne versank hinter dem Horizont; **b)** *(Aeronaut.)* aus dem Steigen plötzlich absacken; **c)** *(incline downwards, lit. or fig.)* abfallen; **the magnetic needle ~s** die Magnetnadel neigt sich; **d)** *(go under water)* [ein]tauchen; **~ under** untertauchen; **e)** *(Brit. Motor Veh.)* abblenden. **3.** *n.* **a)** *(dipping)* [kurzes] Eintauchen; **give sb./sth. a ~ in sth.** jmdn./etw. in etw. *(Akk.)* [kurz] eintauchen; *see also* **lucky dip; b)** *(bathe)* [kurzes] Bad; **c)** *(of stratum)* Fallen, *das (Geol.);* *(of road)* Senke, *die;* *(hollow, depression in landscape)* Mulde, *die;* **d)** *(Gastr.)* Dip, *der;* **e)** *(for sheep)* Räudebad, *das;* **f)** *(underworld sl.: pickpocket)* Krebs, *der (Gaunerspr.)*

~ into *v. t.* **a)** greifen in (+ *Akk.*); *(put ladle into)* den Löffel tauchen in (+ *Akk.*); *(fig.)* **~ into one's pocket** *or* **purse** tief in die Tasche greifen; **~ into one's reserves/savings** seine Reserven antasten/Ersparnisse angreifen; **b)** *(look cursorily at)* einen flüchtigen Blick werfen in (+ *Akk.*); **the book is good for ~ping into** man kann das Buch gut in kurzen Abschnitten lesen

Dip. *abbr.* Diploma Dipl.

Dip. Ed. [dɪp 'ed] *abbr.* Diploma in Education Pädagogikdiplom, *das; see also* **B.Sc.**

diphtheria [dɪfˈθɪərɪə] *n. (Med.)* Diphtherie, *die*

diphthong [ˈdɪfθɒŋ] *n. (Phonet.)* Diphthong, *der (fachspr.);* Doppellaut, *der*

diploma [dɪˈpləʊmə] *n.* **a)** *(Educ.)* Diplom, *das;* **b)** *(conferring honour)* [Ehren]urkunde, *die;* **c)** *(charter)* Charte, *die*

diplomacy [dɪˈpləʊməsɪ] *n. (Polit.; also fig.)* Diplomatie, *die;* **use ~** *(fig.)* diplomatisch vorgehen

diplomat [ˈdɪpləmæt] *n. (Polit.; also fig.)* Diplomat, *der*/Diplomatin, *die*

diplomatic [dɪpləˈmætɪk] *adj.,* **diplomatically** [dɪpləˈmætɪkəlɪ] *adv. (Polit.; also fig.)* diplomatisch

diplomatic: ~ 'bag *n.* **~ bags** Kuriergepäck, *das;* **~ corps** *n.* diplomatisches Korps; **~ imˈmunity** *n.* diplomatische Immunität; **~ service** *n.* diplomatischer Dienst

diplomatist [dɪˈpləʊmətɪst] *see* **diplomat**

dipole [ˈdaɪpəʊl] *n. (Electr., Magn., Chem., Radio)* Dipol, *der*

dipper [ˈdɪpə(r)] *n.* **a)** *(excavating machine)* Löffelbagger, *der;* **b)** *(Ornith.)* Wasseramsel, *die;* **c)** *(ladle)* Schöpfkelle, *die;* **d)** *(Amer. Astron.)* **Big/Little D~**: Großer/ Kleiner Wagen *od.* Bär; **e)** *see* **big dipper a**

dippy [ˈdɪpɪ] *adj. (sl.)* übergeschnappt *(ugs.);* **go ~**: überschnappen *(ugs.);* **be ~ about sb./sth.** verrückt nach jmdn./etw. sein

dip: ~-stick *n.* [Öl-/Benzin]meßstab, *der;* **~-switch** *n. (Brit. Motor Veh.)* Abblendschalter, *der*

dire [daɪə(r)] *adj.* **a)** *(dreadful)* entsetzlich; furchtbar; **b)** *(ominous)* unheilvoll; **c)** *(extreme)* **~ necessity** dringende Notwendigkeit; **be in ~ need of sth.** etw. dringend benötigen *od.* brauchen; **in cases of ~ emergency** im äußersten Notfall; **be in ~ [financial] straits** in einer ernsten [finanziellen] Notlage sein

direct [dɪˈrekt, daɪˈrekt] **1.** *v. t.* **a)** *(turn)* richten (**to**[**wards**] auf + *Akk.*); **~ one's steps towards sth.** seine Schritte nach etw. lenken; **~ sb.'s attention to sth.** jmds. Aufmerksamkeit auf etw. *(Akk.)* lenken; **the remark/ wink was ~ed at you** die Bemerkung/das Zwinkern galt dir; **~ a blow at sb.** jmdm. einen Schlag versetzen; **the bomb/missile was ~ed at** die Bombe/das Geschoß galt (+ *Dat.*); **government policy is ~ed at reducing inflation** die Regierungspolitik ist darauf ausgerichtet, die Inflation einzudämmen; **~ sb. to a place** jmdm. den Weg zu einem Ort weisen *od.* sagen; **~ a parcel to sb./an address in L.** ein Paket an jmdn. adressieren/ an eine Adresse in L. senden *od.* schicken; **b)** *(control)* leiten; beaufsichtigen ⟨*Arbeitskräfte, Arbeitsablauf*⟩; lenken ⟨*Volksmassen*⟩; regeln, dirigieren ⟨*Verkehr*⟩; **does fate ~ our actions?** lenkt das Schicksal unser Tun?; **c)** *(order)* anweisen; **~ sb. to do sth.** jmdn. anweisen, etw. zu tun; **~ sth. to be done** *or* **that sth.** [**should**] **be done** anordnen, daß etw. zu tun sei; **as ~ed by the doctor** wie [vom Arzt] verordnet; nach [ärztlicher] Verordnung; **d)** *(Theatre, Cinemat., Televi., Radio)* Regie führen bei; inszenieren; **~ed by Orson Welles** unter der Regie von Orson Welles. **2.** *adj.* **a)** *(straight, without intermediaries; also General, Logic)* direkt; durchgehend ⟨*Zug*⟩; unmittelbar ⟨*Ursache, Gefahr, Auswirkung*⟩; *(immediate)* unmittelbar, persönlich ⟨*Erfahrung, Verantwortung, Beteiligung*⟩; **be in the ~ line of fire** genau in der Schußlinie stehen; **'keep away from ~ heat'** „nicht unmittelbar der Hitze aussetzen!"; **b)** *(diametrical)* genau ⟨*Gegenteil*⟩; direkt ⟨*Widerspruch*⟩; diametral ⟨*Gegensatz*⟩; **c)** *(frank)* direkt, offen; glatt ⟨*Absage*⟩; **he's a very ~ person** er ist immer sehr direkt *od.* geradeheraus; **be ~ with sb.** offen zu jmdm. sein. **3.** *adv.* direkt

direct: ~ 'access *n. (Computing)* direkter Zugriff; Direktzugriff, *der;* **~ 'action** *n.* direkte Aktion; **~ 'current** *n. (Electr.)* Gleichstrom, *der;* **~ 'flight** *n.* Direktflug, *der;* **~-'grant school** *n. (Brit. Hist.)* staatlich unterstützte Privatschule; **~ 'hit** *n.* Volltreffer, *der*

direction [dɪˈrekʃn, daɪˈrekʃn] *n.* **a)** *(guidance)* Führung, *die;* *(of firm, orchestra)* Leitung, *die;* *(of play, film, TV or radio programme)* Regie, *die;* *(of play also)* Spielleitung, *die;* **b)** *usu. in pl. (order)* Anordnung, *die; (instruction)* **~s** [**for use**] Gebrauchsanweisung, *die;* **~s for use** *(of machine)* Bedienungsanleitung, *die;* **on** *or* **by sb.'s ~**: auf jmds. Anordnung *(Akk.)* [hin]; **give sb. ~s to the museum/to York** jmdm. den Weg zum Museum/nach York beschreiben; **c)** *(point moved towards or from, lit. or fig.)* Richtung, *die;* **from which ~?** aus welcher Richtung?; **travel in a southerly ~/in the ~ of London** in südliche[r] Richtung/in Richtung London reisen; **go in the ~ of the tower** in Richtung des Turms gehen; **in the ~ of** *(fig.)* in Richtung auf (+ *Akk.*); **sense of ~**: Orientierungssinn, *der;* *(fig.)* Orientierung, *die;* **lose all sense of ~** *(lit. or fig.)* jede Orientierung verlieren; **complaints poured in from all ~s** *(fig.)* von allen Seiten hagelte es Beschwerden

directional [dɪˈrekʃənl, daɪˈrekʃənl] *adj.* **a)** *(spatial)* Richtungs-; **~ gyro** Kurskreisel, *der;* **b)** *(directorial)* führend ⟨*Rolle*⟩; steuernd ⟨*Kontrolle*⟩; **c)** *(Communications)* Richt-

direction: ~-finder *n. (Communications)* Peilgerät, *das;* **~-indicator** *n. (Motor Veh.)* [Fahrt]richtungsanzeiger, *der*

directive [dɪˈrektɪv, daɪˈrektɪv] *n.* Weisung, *die;* Direktive, *die*

direct 'labour *n.* **do the work by ~**: die Arbeit mit eigenen Arbeitskräften ausführen

directly [dɪˈrektlɪ, daɪˈrektlɪ] **1.** *adv.* **a)** *(in direct manner)* direkt; unmittelbar; *(folgen, verantwortlich sein);* **b)** *(exactly)* direkt; genau; wörtlich ⟨*zitieren, abschreiben*⟩; **c)** *(at once)* direkt; umgehend; **d)** *(shortly)* gleich; sofort. **2.** *conj. (Brit. coll.)* sowie

directness [dɪˈrektnɪs, daɪˈrektnɪs] *n., no pl.* **a)** *(of route, course)* Geradheit, *die;* **~ of aim** Zielgenauigkeit, *die;* **b)** *(fig.)* Direktheit, *die;* **he replied with ~ and honesty** er antwortete offen und ehrlich

diˈrect object *n. (Ling.)* direktes Objekt

director [dɪˈrektə(r), daɪˈrektə(r)] *n.* **a)** *(Commerc.)* Direktor, *der*/Direktorin, *die;* *(of project)* Leiter, *der*/Leiterin, *die;* **board of ~s** Aufsichtsrat, *der;* **b)** *(Theatre, Cinemat., Televi., Radio)* Regisseur, *der*/Regisseurin, *die;* *(Mus. esp. Amer.)* Dirigent, *der*/Dirigentin, *die*

directorate [dɪˈrektərət, daɪˈrektərət] *n.* **a)** *(position, period of service)* Direktorat, *das;* *(of project)* Leitung, *die;* **b)** *(board of directors)* Direktorium, *das*

director-ˈgeneral *n., pl.* **directors-general** Generaldirektor, *der*/-direktorin, *die;* *(Televi., Radio)* ≈ Intendant, *der*/Intendantin, *die*

directorial [dɪrekˈtɔːrɪəl, daɪrekˈtɔːrɪəl] *adj.* **a)** direktorial; **b)** *(Theatre, Cinemat., Televi., Radio)* als Regisseur/Regisseurin nachgestellt

directorship [dɪˈrektəʃɪp, daɪˈrektəʃɪp] *n. (Commerc.)* Leitung, *die;* **hold two ~s in** in zwei Aufsichtsräten sein

directory [dɪˈrektərɪ, daɪˈrektərɪ] *n. (of local residents)* Adreßbuch, *das;* *(telephone ~)* Telefonbuch, *das;* *(for firms etc.)* Fernsprechbuch, *das (postamtl.);* *(of tradesmen etc.)* Branchenverzeichnis, *das;* **~ enquiries** *(Brit.),* **~ information** *(Amer.)* [Fernsprech]auskunft, *die*

direct: ~ proˈportion *n.* direkte Proportionalität; **~ question** *n. (Ling.)* direkter Fragesatz; **~ speech** *n. (Ling.)* direkte Rede; **~ tax** *n.* direkte Steuer; **~ taxation** *n.* direkte Besteuerung

direly [ˈdaɪəlɪ] *adv.* **be ~ in need of sth.** etw. dringend brauchen

dirge [dɜːdʒ] *n.* **a)** *(for the dead)* Grabgesang, *der;* **b)** *(mournful song)* Klagegesang, *der;* Klage, *die (dichter.)*

dirigible [ˈdɪrɪdʒɪbl, dɪˈrɪdʒɪbl] **1.** *adj.* lenkbar. **2.** *n.* Luftschiff, *das*

dirk [dɜːk] *n.* [längerer] Dolch

dirndl [ˈdɜːndl] *n.* Dirndl[kleid], *das;* [**skirt**] Dirndlrock, *der*

dirt [dɜːt] *n., no pl.* **a)** Schmutz, *der;* Dreck, *der;* **be covered in ~**: ganz schmutzig sein; *(stronger)* vor Schmutz starren; **~ cheap** spottbillig; **treat sb. like ~**: jmdn. wie [den letzten] Dreck behandeln *(salopp);* **do sb. ~** *(fig. sl.)* jmdm. eins auswischen *(ugs.);* **b)** *(soil)* Erde, *die;* **c)** *(fig.)* *(lewdness)* Schmutz, *der;* *(worthless thing)* Dreck, *der (salopp abwertend);* Schund, *der (ugs.); (person)* Abschaum, *der;* **give me the ~ on sb.** *(coll.)* sag mir, wo er Dreck am Stecken hat *(ugs.)*

ˈdirt-farmer *n. (Amer.)* [richtiger] Farmer *(der selbst sein Land bestellt)*

dirtiness [ˈdɜːtɪnɪs] *n., no pl.* Schmutzigkeit, *die*

dirt: ~ road *n. (Amer.)* unbefestigte Straße; **~-track** *n. (Sport)* Aschenbahn, *die;* *(made of earth)* ≈ Sandbahn, *die*

203

dirty ['dɜːtɪ] **1.** *adj.* **a)** schmutzig; dreckig *(ugs.);* **get one's shoes/hands ~:** sich *(Dat.)* die Schuhe/Hände schmutzig machen; **get sth. ~:** etw. schmutzig machen; **~ money** Schmutzzulage, *die;* **b)** *(with dark tinge)* schmutzig ⟨*Farbe*⟩; **~ grey** color schmutziggraue Farbe; **c)** **~ weather** stürmisches Wetter; Dreckwetter, *das (ugs. abwertend);* **d)** *(coll.: causing fall-out)* ⟨*Kernwaffe:*⟩ mit starkem Fallout; schmutzig *(fig.);* **e)** **~ look** *(coll.)* giftiger Blick; **give sb. a ~ look** jmdm. giftig ansehen; **f)** *(ill-gotten)* schmutzig ⟨*Geld*⟩; **g)** *(fig.: obscene)* schmutzig; schlüpfrig; *(sexually illicit)* **spend a ~ weekend together** ein Liebeswochenende zusammen verbringen; *(lascivious)* **have a ~ mind** eine schmutzige Phantasie haben; **~ old man** alter Lustmolch *(ugs. abwertend);* **h)** *(despicable, sordid)* schmutzig ⟨*Lüge, Gerücht, Geschäft*⟩; dreckig *(salopp abwertend),* gemein ⟨*Lügner, Betrüger*⟩; *(unsportsmanlike)* unfair; **do the ~ on sb.** *(coll.)* jmdm. [he]reinlegen *(ugs.);* **~ dog** *(fig. sl.)* Schwein, *das (ugs. abwertend);* **~ trick** gemeiner Trick; **play sb. a ~ trick** jmdm. ganz gemein übers Ohr hauen *(ugs.);* **~ work [at the crossroads]** *(coll.)* schmutziges Geschäft; **do sb.'s/the ~ work** sich *(Dat.)* für jmdn./sich *(Dat.)* die Finger schmutzig machen; **get the ~ end of the stick** *(coll.)* der Dumme sein *(ugs.).* **2.** *adv. (sl.)* **~ great** riesig *(ugs.).* **3.** *v. t.* schmutzig machen; beschmutzen

dirty 'word *n.* unanständiges Wort; *(fig.)* Schimpfwort, *das*

disability [dɪsə'bɪlɪtɪ] *n.* **a)** Behinderung, *die; (inability to be gainfully employed)* Invalidität, *die;* Erwerbsunfähigkeit, *die;* **suffer from** *or* **have a ~:** behindert/erwerbsunfähig sein; **b)** *(cause of inability)* Behinderung, *die*

disability: ~ allowance *n.* Erwerbsunfähigkeitsentschädigung, *die;* **~ pension** *n.* Erwerbsunfähigkeitsrente, *die*

disable [dɪ'seɪbl] *v. t.* **a)** **~ sb. [physically]** jmdn. zum Invaliden machen; **be ~d by sth.** durch etw. behindert sein; **be permanently ~d by sth.** eine bleibende Behinderung bei etw. davontragen; **strikes which ~ the economy** Streiks, die die Wirtschaft lahmlegen; **b)** *(make unable to fight)* kampfunfähig machen ⟨*Feind, Schiff, Panzer, Flugzeug*⟩; kampfunfähig schlagen ⟨*Boxer*⟩; unbrauchbar machen ⟨*Gewehr, Kanone*⟩

disabled [dɪ'seɪbld] **1.** *adj.* **a)** behindert; **~ ex-serviceman** Kriegsinvalide, *der;* **physically/mentally ~:** körperbehindert/geistig behindert; **b)** *(unable to fight)* kampfunfähig ⟨*Schiff, Panzer, Flugzeug, Boxer*⟩; unbrauchbar ⟨*Kanone, Gewehr*⟩. **2.** *n. pl.* **the [physically/mentally] ~:** die [Körper]behinderten/[geistig] Behinderten

disablement [dɪ'seɪblmənt] *n., no pl.* Behinderung, *die*

disabuse [dɪsə'bjuːz] *v. t.* **~ sb. of sth.** jmdn. von etw. abbringen

disadvantage [dɪsəd'vɑːntɪdʒ] **1.** *n.* **a)** Nachteil, *der; (state of being disadvantaged)* Benachteiligung, *die;* **be at a ~:** im Nachteil sein; benachteiligt sein; **his inexperience put him at a ~:** er war durch seine mangelnde Erfahrung benachteiligt; *no pl. (damage)* Schaden, *der;* **be to sb.'s/sth.'s ~:** sich zu jmds. Nachteil/zum Nachteil einer Sache auswirken. **2.** *v. t.* benachteiligen

disadvantaged [dɪsəd'vɑːntɪdʒd] *adj.* benachteiligt

disadvantageous [dɪsædvən'teɪdʒəs] *adj.* **a)** nachteilig; ungünstig ⟨*Zeitpunkt*⟩; **be ~ to sb./sth.** für jmdn./etw. von Nachteil sein; **b)** *(unflattering)* unvorteilhaft

disaffected [dɪsə'fektɪd] *adj.* **a)** *(disloyal)* illoyal **(to** gegenüber**); b)** *(estranged)* entfremdet **(from** *Dat.*)

disaffection [dɪsə'fekʃn] *n., no pl.* Entfremdung, *die* **(from** von**)**

disagree [dɪsə'griː] *v. i.* **a)** anderer Meinung sein; **~ with sb.** mit jmdm. nicht übereinstimmen; anderer Meinung als jmd. sein; **~ with sth.** mit etw. nicht übereinstimmen; **~ [with sb.] about** *or* **over sth.** sich [mit jmdm.] über etw. *(Akk.)* nicht einig sein; *see also* **agree 1 a; b)** *(quarrel)* eine Auseinandersetzung haben; **c)** *(be mutually inconsistent)* nicht übereinstimmen; **d)** **~ with sb.** *(have bad effects on)* jmdm. nicht bekommen

disagreeable [dɪsə'grɪəbl] *adj.* unangenehm; unappetitlich ⟨*Nahrungsmittel*⟩

disagreeably [dɪsə'grɪəblɪ] *adv.* **a)** unangenehm; **b)** *(bad-tempered)* übellaunig

disagreement [dɪsə'griːmənt] *n.* **a)** *(difference of opinion)* Uneinigkeit, *die; (refusal to agree)* **be in ~:** geteilter Meinung sein; **be in ~ with sb./sth.** mit jmdm./etw. nicht übereinstimmen; **b)** *(strife, quarrel)* Meinungsverschiedenheit, *die;* **c)** *(discrepancy)* Diskrepanz, *die*

disallow [dɪsə'laʊ] *v. t.* nicht gestatten; abweisen ⟨*Antrag, Anspruch, Klage*⟩; *(refuse to admit)* nicht anerkennen; nicht gelten lassen; *(Sport)* nicht geben ⟨*Tor*⟩

disambiguate [dɪsæm'bɪɡjʊeɪt] *v. t.* eindeutig machen; disambiguieren ⟨*Sprachw.*⟩

disappear [dɪsə'pɪə(r)] *v. i.* verschwinden ⟨*Brauch, Kunst, Tierart:*⟩ aussterben ⟨*Angst, Ärger, Laune:*⟩ verfliegen; **do a ~ing act** *or* **trick** *(fig.)* spurlos verschwinden

disappearance [dɪsə'pɪərəns] *n.* Verschwinden, *das; (of customs; extinction)* Aussterben, *das*

disappoint [dɪsə'pɔɪnt] *v. t.* enttäuschen; **be ~ed in** *or* **by** *or* **with sb./sth.** von jmdm./etw. enttäuscht sein; **he was ~ed at** *or* **by** *or* **with having failed/the way things had changed** er war enttäuscht [darüber], daß er durchgefallen war/darüber, wie sich die Dinge verändert hatten

disappointing [dɪsə'pɔɪntɪŋ] *adj.* enttäuschend; **how ~!** so eine Enttäuschung!

disappointingly [dɪsə'pɔɪntɪŋlɪ] *adv.* enttäuschend; **~, he only came fourth** enttäuschenderweise wurde er nur vierter

disappointment [dɪsə'pɔɪntmənt] *n.* Enttäuschung, *die;* **come as a ~ to sb.** eine Enttäuschung für jmdn. sein

disapprobation [dɪsæprə'beɪʃn], **disapproval** [dɪsə'pruːvl] *ns.* Mißbilligung, *die;* **show one's/cause ~:** sein Mißfallen zeigen/ Mißfallen erregen; **with ~:** mißbilligend; mit Mißbilligung

disapprove [dɪsə'pruːv] **1.** *v. i.* dagegen sein; **~ of sb./sth.** jmdn. ablehnen/etw. mißbilligen; **~ of sb. doing sth.** es mißbilligen, wenn jmd. etw. tut. **2.** *v. t.* mißbilligen

disapproving [dɪsə'pruːvɪŋ] *adj.,* **disapprovingly** [dɪsə'pruːvɪŋlɪ] *adv.* mißbilligend

disarm [dɪ'sɑːm] **1.** *v. t.* **a)** entwaffnen; entschärfen ⟨*Bombe*⟩; **b)** *(fig.)* entwaffnen; verstummen lassen ⟨*Kritik*⟩; abbauen ⟨*Feindseligkeit*⟩. **2.** *v. i.* abrüsten

disarmament [dɪ'sɑːməmənt] *n.* Abrüstung, *die;* **~ talks** Abrüstungsgespräche

disarming [dɪ'sɑːmɪŋ] *adj.* entwaffnend

disarmingly [dɪ'sɑːmɪŋlɪ] *adv.* entwaffnend

disarrange [dɪsə'reɪndʒ] *v. t.* durcheinanderbringen; zerzausen ⟨*Haar*⟩

disarray [dɪsə'reɪ] **1.** *n.* Unordnung, *die; (confusion)* Wirrwarr, *der;* **fall into ~:** durcheinandergeraten; **be in ~:** in Unordnung sein. **2.** *v. t.* in Unordnung bringen

disassemble [dɪsə'sembl] *v. t.* auseinandernehmen ⟨*Maschine*⟩; abbauen ⟨*Gebäude, Anlage*⟩

disassembly [dɪsə'semblɪ] *n. (of machine)* Auseinandernehmen, *das; (of structure)* Abbau, *der*

disassociation [dɪsəsəʊsɪ'eɪʃn] *see* **dissociation a**

disaster [dɪ'zɑːstə(r)] *n.* **a)** Katastrophe, *die;* **air ~:** Flugzeugunglück, *das; (with many deaths also)* Flugzeugkatastrophe, *die;* **a railway/mining ~:** ein Eisenbahn-/Grubenunglück; **natural ~:** Naturkatastrophe, *die;* **motorway ~:** schwerer Unfall auf der Autobahn; **end in ~:** in einer Katastrophe enden; **b)** *(complete failure)* Fiasko, *das;* Katastrophe, *die;* **lead to ~:** zu einem Fiasko *od.* einer Katastrophe führen; **prove a ~:** sich als katastrophal erweisen

disaster: ~ area *n.* Katastrophengebiet, *das;* **he/she is a [walking] ~ area** *(fig. coll.)* er/sie ist eine wandelnde Katastrophe *(fig.);* **~ fund** *n.* Nothilfefonds, *der*

disastrous [dɪ'zɑːstrəs] *adj.* katastrophal; verhängnisvoll ⟨*Irrtum, Entscheidung, Politik*⟩; verheerend ⟨*Überschwemmung, Wirbelsturm, Feuer*⟩

disastrously [dɪ'zɑːstrəslɪ] *adv.* katastrophal

disavow [dɪsə'vaʊ] *v. t.* verleugnen; nicht anerkennen ⟨*Rechtsprechung, Vereinbarung*⟩; **~ responsibility for sth.** die Verantwortung für etwas von sich weisen

disavowal [dɪsə'vaʊəl] *n.* Verleugnung, *die*

disband [dɪs'bænd] **1.** *v. t.* auflösen; **the ~ed soldiers** die entlassenen Soldaten. **2.** *v. i.* sich auflösen

disbar [dɪs'bɑː(r)] *v. t.* **-rr-** *(Law)* die Zulassung entziehen (+ *Dat.*)

disbelief [dɪsbɪ'liːf] *n.* Unglaube, *der;* **be met with ~:** auf Unglauben stoßen; **in ~:** ungläubig

disbelieve [dɪsbɪ'liːv] **1.** *v. t.* **~ sb./sth.** jmdm. nicht glauben *od. (geh.)* keinen Glauben schenken/etw. nicht glauben. **2.** *v. i.* nicht glauben; **~ in sth.** nicht an etw. *(Akk.)* glauben

disbeliever [dɪsbɪ'liːvə(r)] *n.* Ungläubige, *der/die;* **be a ~ in sth.** nicht an etw. *(Akk.)* glauben

disburden [dɪs'bɜːdn] *see* **unburden**

disburse [dɪs'bɜːs] *v. t.* ausgeben

disbursement [dɪs'bɜːsmənt] *n.* Auszahlung, *die; (expenditure)* Ausgabe, *die*

disc [dɪsk] *n.* **a)** Scheibe, *die;* **b)** *(gramophone record)* [Schall]platte, *die; see also* **compact disc; c)** *(Computing)* **[magnetic] ~:** Magnetplatte, *die;* **floppy ~:** Floppy disc, *die;* Diskette, *die;* **hard ~** *(exchangeable)* [harte] Magnetplatte; *(fixed)* Festplatte, *die;* **d)** *(Anat.)* Bandscheibe, *die;* **slipped disc; e)** *(Bot.)* Körbchen, *das*

discard [dɪ'skɑːd] *v. t.* **a)** wegwerfen; ablegen ⟨*Kleidung*⟩; fallenlassen ⟨*Vorschlag, Idee, Mensch*⟩; **b)** *(Cards)* abwerfen. **2.** ['dɪskɑːd] *n.* Ausschuß, *der; (person)* Ausgestoßene, *der/die*

disc: ~ brake *n.* Scheibenbremse, *die;* **~ drive** *n. (Computing)* Diskettenlaufwerk, *das*

discern [dɪ'sɜːn] *v. t.* wahrnehmen; **sth. can be ~ed** etw. ist zu erkennen; **~ from sth. whether ...:** an etw. *(Dat.)* erkennen, ob ...; **a pattern has emerged** ein Schema ist erkennbar geworden

discernible [dɪ'sɜːnɪbl] *adj.* erkennbar; wahrnehmbar ⟨*Stimme, Geruch*⟩; **as ~:** soweit erkennbar

discerning [dɪ'sɜːnɪŋ] *adj.* fein ⟨*Gaumen, Ohr, Geschmack*⟩; scharf ⟨*Auge*⟩; urteilsfähig ⟨*Richter, Kritiker*⟩; kritisch ⟨*Leser, Kunde, Zuschauer, Kommentar*⟩; scharfsichtig ⟨*Kritik*⟩

discernment [dɪ'sɜːnmənt] *n., no pl. (act of discerning)* Wahrnehmung, *die; (faculty of discerning)* Urteilsfähigkeit, *die*

discharge 1. [dɪs'tʃɑːdʒ] *v. t.* **a)** *(dismiss, allow to leave)* entlassen ⟨*from* aus⟩; freisprechen ⟨*Angeklagte*⟩; *(exempt from liabilities)* befreien **(from** von**); the patient ~d himself from hospital** der Patient verließ eigenmächtig das Krankenhaus; **b)** *(send out)* abschießen ⟨*Pfeil, Torpedo*⟩; ablassen ⟨*Flüssigkeit, Gas*⟩; absondern ⟨*Eiter*⟩; *(unload*

disc harrow

from ship) ausschiffen; löschen ⟨*Ladung*⟩; *(Electr.)* entladen; **c)** *(relieve of load)* entladen; löschen ⟨*Schiff*⟩; *(fire)* abfeuern ⟨*Gewehr, Kanone*⟩; **d)** *(acquit oneself of, pay)* erfüllen ⟨*Pflicht, Verbindlichkeiten, Versprechen*⟩; bezahlen ⟨*Schulden*⟩. **2.** *v. i.* **a)** entladen werden; ⟨*Schiff auch:*⟩ gelöscht werden; ⟨*Batterie:*⟩ sich entladen; ⟨*Gewehr:*⟩ losgehen; **b)** *(flow)* münden (into in + Akk.); **c)** ⟨*Wunde, Geschwür:*⟩ eitern. **3.** [dɪsˈtʃɑːdʒ, ˈdɪstʃɑːdʒ] *n.* **a)** *(dismissal)* Entlassung, *die (from aus); (of defendant)* Freispruch, *der; (exemption from liabilities)* Befreiung, *die; (written certificate of release)* Entlassungsschein, *der; (written certificate of exemption)* Entlastungsschein, *der;* **be granted a full ~ [by the court]** [vom Gericht] in allen Punkten freigesprochen werden; **b)** *(emission)* Ausfluß, *der; (of gas)* Austritt, *der; (of pus)* Absonderung, *die; (Electr.)* Entladung, *die; (of gun)* Abfeuern, *das;* **vaginal ~:** [Scheiden]ausfluß, *der;* **c)** *(of debt)* Begleichung, *die; (of duty)* Erfüllung, *die*

'**disc harrow** *n. (Agric.)* Scheibenegge, *die*
disciple [dɪˈsaɪpl] *n.* **a)** *(Relig.)* Jünger, *der;* **b)** *(follower)* Anhänger, *der*/Anhängerin, *die;* Jünger, *der (geh., oft scherzh.)*
disciplinarian [dɪsɪplɪˈneərɪən] *n.* Zuchtmeister, *der*/-meisterin, *die (veralt., noch scherzh.); (in school, family also)* [strenger] Erzieher; **he is a poor ~:** er kann nicht für Disziplin sorgen
disciplinary [ˈdɪsɪplɪnərɪ, dɪsɪˈplɪnərɪ] *adj.* Disziplinar-; disziplinarisch; **~ action** Disziplinarmaßnahme, *die;* **~ proceedings** Disziplinarverfahren, *das*
discipline [ˈdɪsɪplɪn] **1.** *n.* **a)** *(order, branch)* Diszplin, *die;* **maintain ~:** die Disziplin aufrechterhalten; **lack of ~:** Mangel an Diszplin; **change ~s** die Disziplin *od.* das Fach wechseln; **b)** *(mental training)* Schulung, *die;* **the ~ of adversity** die strenge Schule der Not; **c)** *(system of rules)* Kanon, *der;* **d)** *(punishment)* Strafe, *die; (physical also)* Züchtigung, *die (geh.); (Relig.)* Kasteiung, *die.* **2.** *v. t.* **a)** disziplinieren; *(train in military exercises)* ausbilden; **you must ~ yourself to eat less** Sie müssen sich zwingen, weniger zu essen; **~ one's emotions/feelings** *etc.* seine Emotionen/Gefühle *usw.* unter Kontrolle halten; **b)** *(punish)* bestrafen; *(physically also)* züchtigen *(geh.); (Relig.)* kasteien
disciplined [ˈdɪsɪplɪnd] *adj.* diszipliniert; **highly/well ~:** sehr diszipliniert; **badly ~:** undiszipliniert
'**disc jockey** *n.* Diskjockey, *der*
disclaim [dɪsˈkleɪm] *v. t.* **a)** abstreiten; **b)** *(Law)* verzichten auf (+ Akk.)
disclaimer [dɪsˈkleɪmə(r)] *n.* Gegenerklärung, *die; (Law)* Verzichterklärung, *die*
disclose [dɪsˈkləʊz] *v. t.* **a)** *(expose to view)* den Blick freigeben auf (+ Akk.); **b)** *(make known)* enthüllen; bekanntgeben ⟨*Information, Nachricht*⟩; **research ~d that ...:** Nachforschungen ergaben, daß ...; **he didn't ~ why he'd come** er verriet nicht, warum er gekommen war
disclosure [dɪsˈkləʊʒə(r)] *n.* Enthüllung, *die; (of information, news)* Bekanntgabe, *die;* **for fear of possible ~:** aus Furcht vor einer möglichen Enthüllung; **the newspaper's ~ of bribery** die Enthüllungen der Zeitung über Bestechung
disco [ˈdɪskəʊ] *n., pl.* **~s** *(coll.)* **a)** *(discothèque, party)* Disko, *die;* **b)** *(equipment)* **travelling ~:** rollende Disko
'**disco dancing** *n.* Diskotanz, *der*
discolor *(Amer.) see* **discolour**
discoloration [dɪskʌləˈreɪʃn] *n.* Verfärbung, *die*
discolour [dɪsˈkʌlə(r)] *(Brit.)* **1.** *v. t.* verfärben; *(fade)* ausbleichen. **2.** *v. i.* sich verfärben; *(fade)* ausbleichen

discolouration *(Brit.) see* **discoloration**
discombobulate [dɪskəmˈbɒbjʊleɪt] *v. t. (Amer. joc.)* durcheinanderbringen
discomfit [dɪsˈkʌmfɪt] *v. t.* **a)** *(baffle, disconcert)* verunsichern; **b)** *(arch.: overwhelm, thwart)* schlagen
discomfiture [dɪsˈkʌmfɪtʃə(r)] *n.* Verunsicherung, *die*
discomfort [dɪsˈkʌmfət] **1.** *n.* **a)** *no pl. (uneasiness of body)* Beschwerden *Pl.;* **cause/give sb. ~:** jmdm. Beschwerden machen; **b)** *no pl. (uneasiness of mind)* Unbehagen, *das;* **c)** *(hardship)* Unannehmlichkeit, *die.* **2.** *v. t.* zu schaffen machen (+ Dat.)
discompose [dɪskəmˈpəʊz] *v. t.* aus der Fassung bringen; **appear ~d** einen verstörten Eindruck machen
discomposure [dɪskəmˈpəʊʒə(r)] *n., no pl.* Verstörtheit, *die*
'**disco music** *n.* Diskomusik, *die*
disconcert [dɪskənˈsɜːt] *v. t.* verstören; irritieren; **I was ~ed to find the gates locked** ich war verwirrt, als ich vor verschlossenen Toren stand
disconcerted [dɪskənˈsɜːtɪd] *adj.* verstört; irritiert
disconcerting [dɪskənˈsɜːtɪŋ] *adj.,* **disconcertingly** [dɪskənˈsɜːtɪŋlɪ] *adv.* irritierend
disconnect [dɪskəˈnekt] *v. t.* **a)** abtrennen; abhängen ⟨*Wagen*⟩; **b)** *(Electr., Teleph.)* **the electricity from a house** ein Haus von der Stromversorgung abtrennen; **~ the TV** den Stecker des Fernsehers herausziehen; **the loudspeakers have become ~ed** die Lautsprecher sind nicht mehr angeschlossen; **if you don't pay your telephone bill you will be ~ed** wenn Sie Ihre Telefonrechnung nicht bezahlen, wird Ihr Telefon abgestellt; **operator, I've been ~ed** hallo, Vermittlung, die Verbindung ist unterbrochen; **~ a call** ein Gespräch unterbrechen
disconnected [dɪskəˈnektɪd] *adj.* **a)** abgetrennt; abgestellt ⟨*Telefon*⟩; **is the cooker/TV ~?** ist der Stecker beim Herd/Fernseher herausgezogen?; **b)** *(incoherent)* unzusammenhängend ⟨*Rede, Worte*⟩
disconnectedly [dɪskəˈnektɪdlɪ] *adv.* unzusammenhängend
disconnection, *(Brit.)* **disconnexion** [dɪskəˈnekʃn] *n.* Abtrennung, *die*
disconsolate [dɪsˈkɒnsələt] *adj.,* **disconsolately** [dɪsˈkɒnsələtlɪ] *adv.* untröstlich
discontent [dɪskənˈtent] **1.** *n.* Unzufriedenheit, *die.* **2.** *v. t.* unzufrieden machen
discontented [dɪskənˈtentɪd] *adj.* unzufrieden (**with, about** mit)
discontentment [dɪskənˈtentmənt] *n., no pl.* Unzufriedenheit, *die*
discontinuance [dɪskənˈtɪnjʊəns], **discontinuation** [dɪskəntɪnjʊˈeɪʃn] *n.* Einstellung, *die; (of subscription)* Abbestellung, *die; (of treatment)* Abbruch, *der; (of habit)* Aufgabe, *die*
discontinue [dɪskənˈtɪnjuː] *v. t.* **a)** einstellen; abbestellen ⟨*Abonnement*⟩; abbrechen ⟨*Behandlung*⟩; aufgeben ⟨*Gewohnheit*⟩; **b)** *(Commerc.)* **a ~d range** *or* **line** eine auslaufende Serie
discontinuity [dɪskɒntɪˈnjuːɪtɪ] *n.* Bruch, *der;* **a ~ of style** ein stilistischer Bruch
discontinuous [dɪskənˈtɪnjʊəs] *adj.* nicht kontinuierlich; diskontinuierlich
discontinuously [dɪskənˈtɪnjʊəslɪ] *adv.* mit Unterbrechungen; nicht kontinuierlich
discord [ˈdɪskɔːd] *n.* **a)** Zwietracht, *die; (quarrelling)* Streit, *der;* **b)** *(Mus.) (chord)* Dissonanz, *die; (interval)* Disharmonie, *die; (single note)* Mißton, *der; (harsh noise)* Mißklang, *der*
discordant [dɪsˈkɔːdənt] *adj.* **a)** gegensätzlich; **b)** *(dissonant)* mißtönend
discordantly [dɪsˈkɔːdəntlɪ] *adv.* **a)** gegensätzlich; **b)** *(dissonantly)* mißtönend
discothèque [ˈdɪskətek] *n.* Diskothek, *die*

discredit

discount 1. [ˈdɪskaʊnt] *n. (Commerc.)* Rabatt, *der; (on bill of exchange)* Diskont, *der; (discounting)* Diskontierung, *die;* **give** *or* **offer [sb.] a ~ on sth.** [jmdm.] Rabatt auf etw. *(Akk.)* geben *od.* gewähren; **~ for cash** Skonto, *der od. das;* Rabatt bei Barzahlung; **at a ~:** mit Rabatt; *(St. Exch.)* unter dem Nennwert; *(fig.)* nicht gefragt; **the books were sold at a [big] ~:** die Bücher wurden [weit] unter dem normalen Preis verkauft. **2.** [dɪˈskaʊnt] *v. t.* **a)** *(disbelieve)* unberücksichtigt lassen; *(discount)* widerlegen ⟨*Beweis, Theorie*⟩; *(underrate)* zu gering einschätzen; *(lessen)* schmälern ⟨*Wert*⟩; *(reduce effect of)* schwächen; **b)** *(Commerc.)* diskontieren ⟨*Wechsel*⟩
'**discount broker** *n. (Commerc.)* Wechselmakler, *der*
'**discount: ~ house** *n. (Commerc.)* Diskontbank, *die;* **~ shop, ~ store** *ns.* Diskontladen, *der;* Discountgeschäft, *das*
discourage [dɪˈskʌrɪdʒ] *v. t.* **a)** *(dispirit)* entmutigen; **be** *or* **become ~d [by sth.** *or* **because of sth.]** sich [durch etw.] entmutigen lassen; **be ~d because ...:** sich entmutigt fühlen, weil ...; **b)** *(advise against)* abraten; **~ sb. from sth.** jmdm. von etw. abraten; **~ sb. from doing sth.** jmdm. davon abraten, etw. zu tun; **c)** *(act against)* zu unterbinden suchen; **d)** *(disapprove of)* nicht gutheißen; **sth. must be ~d** man darf etw. nicht gutheißen; **e)** *(stop)* abhalten ⟨*Person*⟩; verhindern ⟨*Handlung*⟩; **~ sb. from doing sth.** jmdn. davon abhalten, etw. zu tun; **not ~d by fear of reprisals** ohne Furcht vor Vergeltungsmaßnahmen
discouragement [dɪˈskʌrɪdʒmənt] *n.* **a)** Entmutigung, *die;* **b)** *(deterrent)* Abschreckung, *die;* **act as a ~ to sb.** eine abschreckende Wirkung auf jmdn. haben; **c)** *(depression)* Mutlosigkeit, *die*
discouraging [dɪˈskʌrɪdʒɪŋ] *adj.* **a)** *(dispiriting)* entmutigend; **paint a ~ picture of sth.** ein düsteres Bild von etw. malen; **he was rather ~:** er hat mir/ihm/ihr *usw.* wenig Mut gemacht; **the article makes ~ reading** die Lektüre des Artikels ist entmutigend; **b)** *(deterring)* abschreckend
discouragingly [dɪˈskʌrɪdʒɪŋlɪ] *adv.* entmutigend
discourse 1. [ˈdɪskɔːs] *n.* Diskurs, *der;* **hold a ~** *or* **be in ~ with sb.** einen Diskurs mit jmdm. haben *od.* führen. **2.** [dɪˈskɔːs] *v. i.* **~ [upon sth.]** sich über etw. *(Akk.)* ausführlich äußern; *(converse)* [über etw.] ausführlich reden
discourteous [dɪsˈkɜːtɪəs] *adj.,* **discourteously** [dɪsˈkɜːtɪəslɪ] *adv.* unhöflich
discourtesy [dɪsˈkɜːtɪsɪ] *n.* Unhöflichkeit, *die;* **he did her a ~:** er beging ihr gegenüber eine Unhöflichkeit
discover [dɪˈskʌvə(r)] *v. t.* **a)** *(find, notice, get knowledge of, realize)* entdecken; **b)** *(by search)* herausfinden; **~ a meaning in life** entdecken, daß das Leben einen Sinn hat; **it was never ~ed how ...:** es kam nie heraus, wie ...; **~ sb.'s identity** herausfinden, wer jmd. ist; **as far as I can ~:** soweit ich feststellen kann; **c)** *(Chess)* **~ed check** Abzugsschach, *das*
discoverable [dɪˈskʌvərəbl] *adj.* auffindbar
discoverer [dɪˈskʌvərə(r)] *n.* Entdecker, *der*/Entdeckerin, *die*
discovery [dɪˈskʌvərɪ] *n.* Entdeckung, *die;* **voyage of ~:** Entdeckungsreise, *die;* **for fear of ~:** aus Angst, entdeckt zu werden
'**disc parking** *n. (Brit.)* Parken mit Parkscheibe
discredit [dɪsˈkredɪt] **1.** *n.* **a)** *no pl.* Mißkredit, *der;* **bring ~ on sb./sth., bring sb./sth. into ~:** jmdn./etw. in Mißkredit *(Akk.)* bringen; **be to the ~ of sb.** jmdm. keine Ehre machen; **without any ~ to the firm** ohne die Firma in Mißkredit zu bringen; **b)** *(sb.*

205

discreditable

or sth. that ~s) be a ~ to sb./sth. jmdm./einer Sache keine Ehre machen; **c)** *no pl. (doubt)* throw ~ on sth. etw. unglaubwürdig erscheinen lassen; **fall into ~:** ins Zwielicht geraten. **2.** *v. t.* **a)** *(disbelieve)* keinen Glauben schenken (+ *Dat.*); *(discount as unreliable)* anzweifeln; *(cause to be disbelieved)* unglaubwürdig machen; **careful research has ~ed this theory** sorgfältige Untersuchungen haben diese Theorie zweifelhaft werden lassen; **b)** *(disgrace)* diskreditieren *(geh.);* in Verruf bringen; **be ~ed** diskreditiert werden *(geh.);* in Verruf geraten
discreditable [dɪsˈkrɛdɪtəbl] *adj.* unehrenhaft
discreditably [dɪsˈkrɛdɪtəblɪ] *adv.* unehrenhaft; **perform ~ in the examination** bei der Prüfung unrühmlich abschneiden
discreet [dɪˈskriːt] *adj.,* **~er** [dɪˈskriːtə(r)], **~est** [dɪˈskriːtɪst] diskret; taktvoll; *(unobtrusive)* diskret; dezent ⟨*Parfüm, Kleidung*⟩
discreetly [dɪˈskriːtlɪ] *adv.* diskret; dezent ⟨*gekleidet*⟩
discreetness [dɪˈskriːtnɪs] *n., no pl.* Diskretheit, *die*
discrepancy [dɪˈskrɛpənsɪ] *n.* Diskrepanz, *die;* **there is wide ~ between the statements of the two witnesses** die beiden Zeugenaussagen stimmen bei weitem nicht überein
discrepant [dɪˈskrɛpənt] *adj.* [voneinander] abweichend
discrete [dɪˈskriːt] *adj.* eigenständig; *(Math., Phys.)* diskret; **a ~ whole** ein Ganzes aus eigenständigen Teilen
discreteness [dɪˈskriːtnɪs] *n., no pl.* Eigenständigkeit, *die*
discretion [dɪˈskrɛʃn] *n.* **a)** *(prudence)* Umsicht, *die; (reservedness)* Diskretion, *die;* **use ~:** diskret sein; **reach years of the age of ~:** mündig werden; **~ is the better part of valour** *(prov.)* Vorsicht ist besser als Nachsicht *(ugs. scherzh.);* Vorsicht ist die Mutter der Weisheit; **b)** *(liberty to decide)* Ermessen, *das;* **leave sth. to sb.'s ~:** etw. in jmds. Ermessen *(Akk.)* stellen; etw. jmds. Entscheidung *(Dat.)* überlassen; **at sb.'s ~:** nach jmds. Ermessen; **be within or at or left to sb.'s ~:** in jmds. Ermessen *(Dat.)* liegen; **use one's ~:** nach eigenem Ermessen *od.* Gutdünken handeln; **at ~** *(as one pleases)* nach Gutdünken *od.* Belieben
discretionary [dɪˈskrɛʃənərɪ] *adj.* Ermessens-; **a ~ grant** ein Stipendium, das nach Ermessen *der Behörden* vergeben wird; **~ powers** Entscheidungsgewalt, *die*
discriminate [dɪˈskrɪmɪneɪt] **1.** *v. t.* unterscheiden. **2.** *v. i.* **a)** *(distinguish, use discernment)* unterscheiden; **~ between [two things]** unterscheiden zwischen [zwei Dingen]; **b)** **~ against sb.** jmdn. diskriminieren; **in favour of sb.** jmdn. bevorzugen
discriminating [dɪˈskrɪmɪneɪtɪŋ] *adj.* kritisch ⟨*Urteil, Auge, Kunde, Kunstsammler*⟩; fein ⟨*Geschmack, Gaumen, Ohr*⟩
discriminatingly [dɪˈskrɪmɪneɪtɪŋlɪ] *adv.* kritisch; scharfsichtig ⟨*kritisieren*⟩
discrimination [dɪskrɪmɪˈneɪʃn] *n.* **a)** *(act of discriminating)* Unterscheidung, *die;* **b)** *(discernment)* [kritisches] Urteilsvermögen; **c)** *(differential treatment)* Diskriminierung, *die* **(against** *Gen.***); ~ against Blacks/women** Diskriminierung von Schwarzen/Frauen; **~ against foreign imports** die Erschwerung von ausländischen Importen; **~ in favour of** Bevorzugung (+ *Gen.*); **racial ~:** Rassendiskriminierung, *die*
discriminatory [dɪˈskrɪmɪnətərɪ] *adj.* diskriminierend
discursive [dɪˈskɜːsɪv] *adj.,* **discursively** [dɪˈskɜːsɪvlɪ] *adv.* weitschweifig
discursiveness [dɪˈskɜːsɪvnɪs] *n., no pl.* Weitschweifigkeit, *die*
discus [ˈdɪskəs] *n. (Sport)* **a)** Diskus, *der;* **b)** *(event)* Diskuswerfen, *das*
discuss [dɪˈskʌs] *v. t.* **a)** *(talk about)* bespre-

chen; **~ sth. with sb.** etw. mit jmdm. besprechen; **the children were ~ing the wedding** die Kinder sprachen über die Hochzeit; **I'm not willing to ~ this matter at present** ich möchte jetzt nicht darüber sprechen; **b)** *(debate)* diskutieren über (+ *Akk.*); *(examine)* erörtern; diskutieren
discussion [dɪˈskʌʃn] *n.* **a)** *(conversation)* Gespräch, *das; (more formal)* Unterredung, *die;* **after much ~:** nach langen Gesprächen/Unterredungen; **let's have a ~ about it** wir wollen darüber reden *od.* sprechen; **there was some ~ before they ...:** sie besprachen sich miteinander, bevor sie ...; **b)** *(debate)* Diskussion, *die; (examination)* Erörterung, *die;* **come up for ~:** zur Diskussion gestellt werden; **be under ~:** zur Diskussion stehen; **matter** *or* **topic for ~:** Thema *od.* Gegenstand der Diskussion; **hold** *or* **have a ~ with sb.** mit jmdm. diskutieren
discussion: ~ group *n.* Diskussionsrunde, *die;* **~ programme** *n. (Radio, Telev.)* Diskussionssendung, *die*
disdain [dɪsˈdeɪn] **1.** *n.* Verachtung, *die;* **with ~:** verächtlich; **a look of ~:** ein verächtlicher *od.* geringschätziger Blick. **2.** *v. t.* verachten; verächtlich ablehnen ⟨*Rat, Hilfe*⟩; **~ to do sth.** zu stolz sein, etw. zu tun
disdainful [dɪsˈdeɪnfl] *adj.* verächtlich, geringschätzig ⟨*Lachen, Ton, Blick, Kommentar*⟩; **look ~:** verächtlich dreinblicken; **be ~ of advice/simple pleasures** Ratschläge verächtlich ablehnen/einfache Freuden verachten
disdainfully [dɪsˈdeɪnfəlɪ] *adv.* verächtlich; geringschätzig; voll Verachtung ⟨*ignorieren*⟩; **look ~ at sb./sth.** jmdn./etw. verächtlich *od.* geringschätzig ansehen
disease [dɪˈziːz] *n. (lit. or fig.)* Krankheit, *die;* **suffer from a ~:** an einer Krankheit leiden; **the spreading of ~:** die Ausbreitung von Krankheiten
diseased [dɪˈziːzd] *adj. (lit. or fig.)* krank
disembark [dɪsɪmˈbɑːk] **1.** *v. t.* ausschiffen. **2.** *v. i.* von Bord gehen; **wait a long time to ~:** lange auf die Ausschiffung warten
disembarkation [dɪsɛmbɑːˈkeɪʃn] *n. (of troops)* Landung, *die; (of cargo, passengers)* Ausschiffung, *die*
disembodied [dɪsɪmˈbɒdɪd] *adj.* körperlos ⟨*Seele, Geist*⟩; geisterhaft ⟨*Stimme*⟩
disembowel [dɪsɪmˈbaʊəl] *v. t., (Brit.)* -**ll**- die Eingeweide herausnehmen (+ *Dat.*); *(by violence)* den Bauch aufschlitzen (+ *Dat.*)
disenchant [dɪsɪnˈtʃɑːnt] *v. t.* **a)** entzaubern *(geh.);* **b)** *(disillusion)* ernüchtern; **he became ~ed with sb./sth.** jmd./etw. hat ihn desillusioniert
disenchantment [dɪsɪnˈtʃɑːntmənt] *n. see* **disenchant:** Entzauberung, *die (geh.);* Ernüchterung, *die* **(with** in bezug auf**)**
disenfranchise [dɪsɪnˈfræntʃaɪz] *see* **disfranchise**
disengage [dɪsɪnˈgeɪdʒ] **1.** *v. t.* lösen **(from** aus, von**); ~ one's hand** seine Hand frei bekommen; **b)** *(Mech.)* **~ the clutch** auskuppeln; **~ the gear** den Gang herausnehmen; **c)** *(Mil.)* abziehen. **2.** *v. i.* sich zurückziehen **(from** aus**);** ⟨*Kupplung:*⟩ sich lösen; **b)** *(Mil.)* sich zurückziehen **(from** aus**); c)** *(Fencing)* lösen [aus der gegnerischen Bindung] lösen
disengaged [dɪsɪnˈgeɪdʒd] *adj.* **a)** frei; **b)** *(uncommitted)* nicht [politisch] engagiert
disentangle [dɪsɪnˈtæŋgl] **1.** *v. t. (extricate)* befreien **(from** aus**);** *(fig.)* herauslösen **(from** aus**); b)** *(unravel)* entwirren *(fig.)* ordnen ⟨*Gedanken*⟩; entwirren ⟨*Handlung, Hinweise*⟩. **2.** *v. i.* sich entwirren
disentanglement [dɪsɪnˈtæŋglmənt] *n. (lit. or fig.)* Entwirrung, *die*
disentomb [dɪsɪnˈtuːm] *v. t.* ausgraben; freilegen
disequilibrium [dɪsiːkwɪˈlɪbrɪəm] *n., no pl.*

disgusted

gestörtes Gleichgewicht; Ungleichgewicht, *das*
disestablishment [dɪsɪˈstæblɪʃmənt] *n.* **the ~ of the Church** die Trennung der Kirche vom Staat
disfavour *(Brit.; Amer.:* **disfavor)** [dɪsˈfeɪvə(r)] **1.** *n.* **a)** *(displeasure, disapproval)* Mißfallen, *das; (condition of being out of favour)* Ungnade, *die;* **bring ~ on sb.:** Unwillen erregen; **b)** *(disadvantage)* **in sb.'s ~:** zu jmds. Ungunsten. **2.** *v. t.* mißbilligen
disfigure [dɪsˈfɪgə(r)] *v. t.* entstellen; verunstalten ⟨*Landschaft*⟩
disfigurement [dɪsˈfɪgəmənt] *n.* Entstellung, *die; (of countryside)* Verunstaltung, *die*
disfranchise [dɪsˈfræntʃaɪz] *v. t.* die Privilegien entziehen (+ *Dat.*); *(of right to vote)* das Wahlrecht entziehen (+ *Dat.*)
disgorge [dɪsˈgɔːdʒ] *v. t.* **a)** ausspucken; ausspeien *(geh.); (fig.)* ausspeien *(geh.);* herausgeben ⟨*Gefangene, Beute, Eigentum*⟩; **b)** *(discharge)* ergießen ⟨*Wasser*⟩
disgrace [dɪsˈgreɪs] **1.** *n., no pl.* **a)** *(ignominy)* Schande, *die;* Schmach, *die (geh. emotional); (deep disfavour)* Ungnade, *die;* **bring ~ on sb./sth.** Schande über jmdn./ etw. bringen; **send sb. home in ~:** jmdn. wegen ungebührlichen Verhaltens nach Hause schicken; **he had to resign in ~:** er mußte unehrenhaft zurücktreten; **b) be a ~ [to sb./sth.]** [für jmdn./etw.] eine Schande sein. **2.** *v. t.* **a)** *(bring shame on)* ⟨*Person:*⟩ Schande machen (+ *Dat.*); ⟨*Person, Handlung:*⟩ Schande bringen über (+ *Akk.*); **~ oneself** sich blamieren; ⟨*Kind, Hund:*⟩ sich danebenbenehmen *(ugs.);* **b) be ~d** *(be put out of favour)* in Ungnade fallen; *(be held up to reproach)* bloßgestellt werden
disgraceful [dɪsˈgreɪsfl] *adj.* erbärmlich; miserabel ⟨*Handschrift*⟩; skandalös ⟨*Benehmen, Enthüllung, Bedingungen, Verstoß, Behandlung, Tat*⟩; **what a ~ thing to say/do!** wie kann man nur so etwas Schändliches sagen/tun!; **it's [absolutely** *or* **really** *or* **quite] ~:** es ist [wirklich] ein Skandal; **how ~!** was für eine Schande!; **you look ~:** du siehst ja furchtbar aus! *(ugs.)*
disgracefully [dɪsˈgreɪsflɪ] *adv.* erbärmlich; schändlich ⟨*verraten, betrügen, behandeln*⟩; **behave ~:** sich schändlich *od. (geh.)* schimpflich benehmen; **arrive ~ late** *(coll.)* furchtbar spät eintreffen; **she neglected her duties quite ~:** sie vernachlässigte ihre Pflichten geradezu sträflich
disgruntled [dɪsˈgrʌntld] *adj.* verstimmt; **be in a ~ mood** verstimmt sein
disguise [dɪsˈgaɪz] **1.** *v. t.* **a)** verkleiden ⟨*Person*⟩; verstellen ⟨*Stimme*⟩; tarnen ⟨*Gegenstand*⟩; **~ oneself** sich verkleiden; **he ~d himself with a false beard** er tarnte sich mit einem falschen Bart; **b)** *(misrepresent)* verschleiern; **there is no disguising the fact that ...:** es läßt sich nicht verheimlichen, daß ...; **a ~d tax** eine versteckte Steuer; **c)** *(conceal)* verbergen; hinter dem Berg halten mit ⟨*Ansichten, Mißbilligung*⟩; **the herbs ~ the taste of the meat** die Kräuter überdecken den Geschmack des Fleisches. **2.** *n.* Verkleidung, *die; (fig.)* Maske, *die;* **adopt/ wear a ~:** eine Verkleidung wählen/verkleidet sein; **wear sth. as a ~:** etw. zur Tarnung tragen; **in the ~ of** verkleidet als; **in ~:** verkleidet; **without any attempt at ~:** ohne irgendeinen Versuch, sich zu tarnen; *see also* **blessing c**
disgust [dɪsˈgʌst] **1.** *n. (nausea)* Ekel, *der* **(at** vor + *Dat.*); *(revulsion)* Abscheu, *der* **(at** vor + *Dat.*); *(indignation)* Empörung, *die* **(at** über + *Akk.*); **in/with ~:** angewidert; *(with indignation)* empört. **2.** *v. t.* anwidern; *(fill with nausea)* anwidern; ekeln; *(fill with indignation)* empören
disgusted [dɪsˈgʌstɪd] *adj.* angewidert; *(nauseated)* angewidert; angeekelt; *(indig-*

disgustedly

nant) empört; **feel** ~ **at sth./with sb.** angewidert/angeekelt von etw./empört über etw./jmdn. sein

disgustedly [dɪs'gʌstɪdlɪ] *adv.* voller Ekel; angewidert; *(with nausea)* angewidert, angeekelt; *(indignantly)* empört

disgusting [dɪs'gʌstɪŋ] *adj.* widerlich; widerwärtig; *(nauseating also)* ekelhaft; miserabel *(ugs. abwertend)* ⟨*Prüfungsergebnis, schulische Leistungen*⟩; **don't be** ~ **:** sei nicht so geschmacklos

disgustingly [dɪs'gʌstɪŋlɪ] *adv.* widerlich; *(causing nausea also)* ekelhaft; unmöglich *(ugs.)* ⟨*sich kleiden*⟩; *(iron.)* unverschämt ⟨*gut aussehen, reich*⟩

dish [dɪʃ] **1.** *n.* **a)** *(for food)* Schale, *die; (flatter)* Platte, *die; (deeper)* Schüssel, *die;* **b)** *in pl. (crockery)* Geschirr, *das;* **wash** *or* **(coll.) do the** ~**es** Geschirr spülen; abwaschen; **c)** *(type of food)* Gericht, *das;* **it is [not] my/ everybody's** ~ *(fig. sl.)* darauf steh' ich [nicht]/darauf steht [nicht] jeder *(ugs.);* **d)** *(coll.: person)* ⟨*woman, girl*⟩ klasse Frau *(ugs.);* ⟨*man*⟩ klasse Typ *(ugs.);* **be quite a** ~ **:** eine Wucht sein *(salopp);* **e)** *(receptacle)* Schale, *die; (concavity)* Mulde, *die;* **f)** *(Radio, Telev.)* Parabolantenne, *die.* **2.** *v. t.* **a)** anrichten ⟨*Essen*⟩; **b)** *(coll.) (outmanœuvre)* austricksen *(ugs.); (ruin)* kleinkriegen *(ugs.);* zunichte machen ⟨*Hoffnung, Chancen*⟩

~ **out** *v. t.* **a)** austeilen ⟨*Essen*⟩; **b)** *(coll.: distribute)* verteilen

~ **'up** *v. t.* **a)** auftragen, servieren ⟨*Essen*⟩; *(fig.)* auftischen *(ugs. abwertend)*

dishabille [dɪsə'biːl] *see* **déshabillé**

disharmony [dɪs'hɑːmənɪ] *n. (lit. or fig.)* Disharmonie, *die*

dish: ~**cloth** *n.* **a)** *(for washing)* Abwaschlappen, *der;* Spültuch, *das;* **b)** *(Brit.: for drying)* Geschirrtuch, *das;* ~-**cover** *n.* Cloche, *die (Gastr.); (against flies etc.)* Fliegenglocke, *die*

dishearten [dɪs'hɑːtn] *v. t.* entmutigen; **be** ~**ed** den Mut verlieren/verloren haben

disheartening [dɪs'hɑːtənɪŋ] *adj.,* **dishearteningly** [dɪs'hɑːtənɪŋlɪ] *adv.* entmutigend

dished [dɪʃt] *adj.* konkav

dishevelled *(Amer.:* **disheveled**) [dɪ-'ʃevld] *adj.* unordentlich ⟨*Kleidung*⟩; zerzaust ⟨*Haar, Bart*⟩; ungepflegt ⟨*Erscheinung*⟩

'dish-mop *n.* ≈ Spülbürste, *die*

dishonest [dɪ'sɒnɪst] *adj.* unehrlich ⟨*Person*⟩; unaufrichtig ⟨*Person, Antwort*⟩; unlauter *(geh.)* ⟨*Geschäftsgebaren, Vorhaben*⟩; unredlich ⟨*Geschäftsmann*⟩; unreell ⟨*Geschäft, Gewinn*⟩; ~ **goings-on** undurchsichtige Vorgänge; **be** ~ **with sb.** unehrlich *od.* unaufrichtig gegen jmdn. sein

dishonestly [dɪ'sɒnɪstlɪ] *adv.* unehrlich; unaufrichtig; unlauter *(geh.)* ⟨*handeln*⟩; unredlich ⟨*sich verhalten*⟩

dishonesty [dɪ'sɒnɪstɪ] *n.* Unehrlichkeit, *die;* Unaufrichtigkeit, *die; (of methods)* Unlauterkeit, *die (geh.)*

dishonor *etc. (Amer.) see* **dishonour** *etc.*

dishonour [dɪ'sɒnə(r)] **1.** *n.* Schande, *die;* **bring** ~ **[up]on the nation/sb.** Schande über die Nation/jmdn. bringen. **2.** *v. t.* **a)** beleidigen; **b)** *(disgrace)* entehren; ~ **one's family** seiner Familie *(Dat.)* Schande machen; **c)** *(Commerc.)* nicht honorieren ⟨*Wechsel*⟩; nicht einlösen, zurückgeben lassen ⟨*Scheck*⟩; nicht bezahlen ⟨*Schulden*⟩

dishonourable [dɪ'sɒnərəbl] *adj.* unehrenhaft

dishonourably [dɪ'sɒnərəblɪ] *adv.* in unehrenhafter Weise

dish: ~-**rack** *n.* Abtropfgestell, *das; (in dishwasher)* Geschirrwagen, *der;* ~-**towel** *n.* Geschirrtuch, *das;* ~**washer** *n.* **a)** Geschirrspülmaschine, *die;* Geschirrspüler, *der (ugs.);* **b)** *(person)* Geschirrspüler,

der/-spülerin, *die;* ~-**washing** *n.* Geschirrspülen, *das;* ~-**washing machine** *see* ~**washer** *a;* ~-**water** *n.* Abwaschwasser, *das;* Spülwasser, *das;* **this tea's like** ~-**water** der Tee schmeckt wie Spülwasser *(ugs.)*

dishy ['dɪʃɪ] *adj. (Brit. sl.)* klasse *(ugs.)*

disillusion [dɪsɪ'ljuːʒn, dɪsɪ'luːʒn] **1.** *n., no pl.* Desillusion, *die (with* + *Akk.).* **2.** *v. t.* ernüchtern; **I don't want to** ~ **you, but ...:** ich möchte dir nicht deine Illusionen rauben, aber ...

disillusioned [dɪsɪ'ljuːʒnd, dɪsɪ'luːʒnd] *adj.* desillusioniert; **become** ~ **with sth.** seine Illusionen über etw. *(Akk.)* verlieren

disillusionment [dɪsɪ'ljuːʒnmənt, dɪsɪ-'luːʒnmənt] *n.* Desillusionierung, *die*

disincentive [dɪsɪn'sentɪv] *n.* Hemmnis, *das;* **act as** *or* **be a** ~ **to sb. to do sth.** jmdn. davon abhalten, etw. zu tun

disinclination [dɪsɪnklɪ'neɪʃn] *n.* Abneigung, *die* **(for, to** gegen)

disincline [dɪsɪn'klaɪn] *v. t.* abgeneigt machen **(for, to** gegen)

disinclined [dɪsɪn'klaɪnd] *adj.* abgeneigt

disinfect [dɪsɪn'fekt] *v. t.* desinfizieren

disinfectant [dɪsɪn'fektənt] **1.** *adj.* desinfizierend. **2.** *n.* Desinfektionsmittel, *das*

disinfection [dɪsɪn'fekʃn] *n.* Desinfektion, *die;* Desinfizierung, *die*

disinfest [dɪsɪn'fest] *v. t.* von Ungeziefer befreien; entwesen *(fachspr.)*

disinformation [dɪsɪnfə'meɪʃn] *n.* Desinformation, *die*

disingenuous [dɪsɪn'dʒenjʊəs] *adj.* unaufrichtig

disingenuously [dɪsɪn'dʒenjʊəslɪ] *adv.* in unaufrichtiger Weise

disinherit [dɪsɪn'herɪt] *v. t.* enterben; *(fig.)* entrechten

disinheritance [dɪsɪn'herɪtəns] *n.* Enterbung, *die*

disintegrate [dɪs'ɪntɪgreɪt] **1.** *v. i.* zerfallen; ⟨*Straßenbelag:*⟩ aufbrechen; ⟨*Gestein:*⟩ zerbröckeln, zerfallen; *(shatter suddenly)* zerbersten; *(fig.)* sich auflösen; **b)** *(Phys.)* zerfallen. **2.** *v. t.* zerstören; *(by weathering also)* zerfressen; *(by exploding)* sprengen; *(fig.)* auflösen; **b)** *(Phys.)* spalten

disintegration [dɪsɪntɪ'greɪʃn] *n.* Zerfall, *der; (of road surface)* Aufbrechen, *das; (fig.)* Auflösung, *die; (of personality)* [allmählche] Zerstörung, *die; (of hopes)* Zusammenbruch, *der;* **b)** *(Phys.)* Zerfall, *der*

disinter [dɪsɪn'tɜː(r)] *v. t.,* **-rr-: a)** ausgraben; **b)** *(fig.)* ans Licht bringen

disinterest [dɪs'ɪntrəst, dɪs'ɪntrɪst] *see* **disinterestedness**

disinterested [dɪs'ɪntrəstɪd, dɪs'ɪntrɪstɪd] *adj.* **a)** *(impartial)* unvoreingenommen; unparteiisch; *(free from selfish motive)* selbstlos; uneigennützig; **b)** *(coll.: uninterested)* desinteressiert

disinterestedly [dɪs'ɪntrəstɪdlɪ, dɪs'ɪntrɪstɪdlɪ] *adv. see* **disinterested:** unvoreingenommen; unparteiisch; selbstlos; uneigennützig; desinteressiert

disinterestedness [dɪs'ɪntrəstɪdnɪs, dɪs-'ɪntrɪstɪdnɪs] *n., no pl. see* **disinterested:** Unvoreingenommenheit, *die;* Selbstlosigkeit, *die;* Uneigennützigkeit, *die;* Desinteresse, *das* **(in an** + *Dat.)*

disinterment [dɪsɪn'tɜːmənt] *n.* **a)** Ausgrabung, *die;* **b)** *(fig.)* Ausgraben, *das*

disinvestment [dɪsɪn'vestmənt] *n. (Econ.)* Desinvestition, *die*

disjoin [dɪs'dʒɔɪn] *v. t.* [voneinander] trennen

disjointed [dɪs'dʒɔɪntɪd] *adj.,* **disjointedly** [dɪs'dʒɔɪntɪdlɪ] *adv.* unzusammenhängend; zusammenhanglos

disjunctive [dɪs'dʒʌŋktɪv] *adj.* **a)** trennend; **b)** *(Ling., Logic)* disjunktiv

disk *see* **disc**

diskette [dɪs'ket] *n. (Computing)* Diskette, *die*

dismissively

dislike [dɪs'laɪk] **1.** *v. t.* nicht mögen; *(a little stronger)* nicht leiden können; ~ **sb./sth.** greatly *or* intensely jmdn./etw. ganz und gar nicht leiden können; **I don't** ~ **it** ich finde es nicht schlecht; ~ **doing sth.** es nicht mögen/nicht leiden können, etw. zu tun; etw. ungern tun; **I** ~ **your having to stay late** ich sehe es nicht gern, daß du lange bleiben mußt. **2.** *n.* **a)** *no pl.* Abneigung, *die* **(of, for** gegen); **she took an instant** ~ **to him/the house** sie empfand sofort eine Abneigung gegen ihn/das Haus; **have a** ~ **for sb./sth.** eine Abneigung gegen jmdn./etw. haben *od. (geh.)* hegen; **feel** ~ **for sb./sth.** jmdn./ etw. nicht leiden können; **b)** *(object)* **one of my greatest** ~**s is ...:** zu den Dingen, die ich am wenigsten leiden kann, gehört ...

dislocate ['dɪsləkeɪt] *v. t.* **a)** *(Med.)* luxieren *(fachspr.);* ausrenken; auskugeln ⟨*Schulter, Hüfte*⟩; **b)** *(fig.)* beeinträchtigen

dislocation [dɪslə'keɪʃn] *n.* **a)** *(Med.)* Luxation, *die (fachspr.);* Ausrenkung, *die; (of shoulder, hip)* Auskugelung, *die;* **b)** *(fig.)* Beeinträchtigung, *die*

dislodge [dɪs'lɒdʒ] *v. t.* entfernen **(from** aus); *(detach)* lösen **(from** von); *(Mil.: drive out)* vertreiben **(from** aus)

disloyal [dɪs'lɔɪəl] *adj.* illoyal **(to** gegenüber); treulos ⟨*Freund, Ehepartner*⟩; **be** ~ **:** nicht loyal sein

disloyalty [dɪs'lɔɪəltɪ] *n.* Illoyalität, *die* **(to** gegenüber); *(to spouse, friend)* Treulosigkeit, *die*

dismal ['dɪzməl] *adj.* trist; düster; trostlos ⟨*Landschaft, Ort*⟩; bedrückend ⟨*Niedergang*⟩; *(coll.: feeble)* kläglich ⟨*Zustand, Leistung, Versuch*⟩; **in a** ~ **manner/tone of voice** düster/mit bedrückter Stimme; **a** ~ **failure** ein völliger Reinfall *(ugs.)*

dismally ['dɪzməlɪ] *adv.* trostlos; trübe ⟨*beleuchtet*⟩; kläglich ⟨*fehlschlagen, jammern*⟩

dismantle [dɪs'mæntl] *v. t.* zerlegen; demontieren *(fig.);* demontieren; abbauen ⟨*Schuppen, Gerüst*⟩; *(permanently)* abreißen, niederreißen ⟨*Gebäude*⟩; schleifen ⟨*Befestigungsanlage*⟩; abwracken ⟨*Schiff*⟩

dismast [dɪs'mɑːst] *v. t. (Naut.)* entmasten

dismay [dɪs'meɪ] **1.** *v. t.* bestürzen; **he was** ~**ed to hear that ...:** mit Bestürzung hörte er, daß ...; **he was** ~**ed at the news** er war bestürzt über die Nachricht. **2.** *n.* Bestürzung, *die* **(at** über + *Akk.);* **he was filled with** ~ **at the news** die Nachricht erfüllte ihn mit Bestürzung; **watch in** *or* **with** ~ **:** bestürzt zusehen

dismember [dɪs'membə(r)] *v. t.* **a)** verstümmeln; **b)** *(partition)* zersplittern

dismemberment [dɪs'membəmənt] *n.* **a)** Verstümmelung, *die;* **b)** *(partitioning)* Zersplitterung, *die*

dismiss [dɪs'mɪs] *v. t.* **a)** *(send away, ask to leave or disperse)* entlassen; auflösen, aufheben ⟨*Versammlung*⟩; ~ **!** *(Mil.)* weggetreten!; **b)** *(from employment)* entlassen; **c)** *(from the mind)* verwerfen; *(treat very briefly)* abtun; **d)** *(Law)* abweisen ⟨*Klage*⟩; entlassen ⟨*Geschworene*⟩; ~ **with costs** kostenpflichtig abweisen; **e)** *(Cricket)* ausscheiden lassen

dismissal [dɪs'mɪsl] *n.* **a)** Entlassung, *die; (of committee, gathering, etc.)* Auflösung, *die;* Aufhebung, *die;* **with a wave of her hand of** ~ **to the servant** sie entließ den Diener mit einer Handbewegung; **b)** *(from employment)* Entlassung, *die;* **give sb. his/her** ~ **:** jmdn. entlassen; **c)** *(from the mind)* Aufgabe, *die; (rejection)* Ablehnung, *die; (very brief treatment)* Abtun, *das;* **d)** *(Law) (of a case)* Abweisung, *die; (of jury)* Entlassung, *die;* **e)** *(Cricket)* Ausscheiden, *das*

dismissive [dɪs'mɪsɪv] *adj.* abweisend; *(disdainful)* abschätzig; **be** ~ **about sth.** etw. abtun *od.* nicht würdigen

dismissively [dɪs'mɪsɪvlɪ] *adv.* abweisend; *(disdainfully)* abschätzig

dismount [dɪsˈmaʊnt] 1. v.i. absteigen. 2. v.t. abwerfen ⟨Reiter⟩
disobedience [dɪsəˈbiːdɪəns] n. Ungehorsam, der; act of ~: ungehorsames Verhalten; Ungehorsam, der; ~ to orders Nichtbefolgen der Anordnungen
disobedient [dɪsəˈbiːdɪənt] adj. ungehorsam; be ~ to orders/to sb. Anordnungen nicht befolgen/jmdm. nicht gehorchen
disobediently [dɪsəˈbiːdɪəntlɪ] adv. ungehorsam; act/behave ~: ungehorsam sein
disobey [dɪsəˈbeɪ] v.t. nicht gehorchen (+ Dat.); nicht befolgen, mißachten ⟨Befehl, Vorschrift usw.⟩; übertreten ⟨Gesetz⟩; (Mil.) den Gehorsam verweigern (+ Dat.)
disoblige [dɪsəˈblaɪdʒ] v.t. ~ sb. jmds. Wunsch nicht nachkommen
disobliging [dɪsəˈblaɪdʒɪŋ] adj. ungefällig; be very/most ~: wenig/kein bißchen entgegenkommend sein
disorder [dɪsˈɔːdə(r)] 1. n. a) Unordnung, die; Durcheinander, das; everything was in [complete] ~: alles war ein einziges[, heilloses] Durcheinander; the meeting broke up in ~: die Versammlung endete in einem heillosen Durcheinander; throw sth. into ~: etw. in Unordnung bringen; the marchers were thrown into ~: die Marschierenden gerieten aus der Reihe; the troops fled in ~: die Soldaten flohen in ungeordneten Haufen; leave the house in a state of ~: das Haus in großer Unordnung hinterlassen; b) (rioting, disturbance) Unruhen Pl.; c) (Med.) [Funktions]störung, die; suffer from a mental ~: geisteskrank sein; a stomach/liver ~: ein Magen-/Leberleiden; a blood ~: eine Blutkrankheit. 2. v.t. a) in Unordnung bringen; durcheinanderbringen; b) verwirren ⟨Geist⟩
disordered [dɪsˈɔːdəd] adj. a) unordentlich; ungeordnet ⟨Wortschwall, Gedanken[gang]⟩; wirr ⟨Phantasie⟩; b) (Med.) gestört; angegriffen ⟨Organ⟩; (mentally unbalanced) geistesgestört
disorderly [dɪsˈɔːdəlɪ] adj. a) (untidy) unordentlich; ungeordnet ⟨Denkweise, Anordnung⟩; b) (unruly) undiszipliniert, disziplinlos; zügellos, unsolide ⟨Lebensweise⟩; aufrührerisch ⟨Mob⟩; ~ conduct ungebührliches od. ungehöriges Benehmen
disˈorderly house n. (brothel) öffentliches Haus (verhüll.); (gambling-den) Spielhölle, die (abwertend)
disorganization [dɪsɔːgənaɪˈzeɪʃn] n., no pl. Desorganisation, die; (muddle) Durcheinander, das; cause ~ of sth. etw. durcheinanderbringen
disorganize [dɪsˈɔːgənaɪz] v.t. durcheinanderbringen; desorganisieren (geh.)
disorganized [dɪsˈɔːgənaɪzd] adj. chaotisch; unsystematisch, chaotisch ⟨Arbeiter, Person⟩; he's completely ~: er geht völlig unsystematisch vor
disorient [dɪsˈɔːrɪənt, dɪsˈɒrɪənt], **disorientate** [dɪsˈɒrɪənteɪt, dɪsˈɔːrɪənteɪt] v.t. die Orientierung nehmen (+ Dat.); (fig.) verwirren
disorientated [dɪsˈɒrɪənteɪtɪd, dɪsˈɔːrɪəntɪd] adj. verwirrt; desorientiert
disorientation [dɪsɔːrɪənˈteɪʃn, dɪsɒrɪənˈteɪʃn] n. (lit. or fig.) Verwirrung, die; Desorientiertheit, die
disoriented [dɪsˈɔːrɪəntɪd, dɪsˈɒrɪəntɪd] see **disorientated**
disown [dɪsˈəʊn] v.t. a) (repudiate) verleugnen; if you do that I'll ~ you (joc.) wenn du das tust, sind wir geschiedene Leute; b) (renounce allegiance to) nicht anerkennen (+ Akk.)
disparage [dɪˈspærɪdʒ] v.t. a) herabsetzen; b) (discredit) in Verruf bringen; diskreditieren (geh.)
disparagement [dɪˈspærɪdʒmənt] n. Herabsetzung, die; speak with ~ of sth./sb. sich verächtlich über etw./jmdn. äußern
disparaging [dɪˈspærɪdʒɪŋ] adj. abschätzig

disparagingly [dɪˈspærɪdʒɪŋlɪ] adv. abschätzig
disparate [ˈdɪspərət] adj. [völlig] verschieden; disparat (geh.)
disparity [dɪˈspærɪtɪ] n. Disparität, die (geh.); (difference also) Unterschied, der; (lack of parity) Ungleichheit, die
dispassionate [dɪˈspæʃənət] adj. leidenschaftslos; ~ sb. [to do sth.] unvoreingenommen
dispassionately [dɪˈspæʃənətlɪ] adv. leidenschaftslos; (impartially) unvoreingenommen
dispatch [dɪˈspætʃ] 1. v.t. a) (send off) schicken; ~ sb. [to do sth.] jmdn. entsenden (geh.) [um etw. zu tun]; b) (get through) erledigen; abschließen ⟨Geschäft⟩; erfüllen ⟨Pflicht⟩; c) (kill) töten; d) (eat) verschlingen; verputzen (ugs.). 2. n. (official report, Journ.) Bericht, der; Depesche, die (veralt.); they were mentioned in ~es (Mil.) ≈ ihnen wurde förmliche Anerkennung ausgesprochen; b) (sending off) Absenden, das; (of troops, messenger, delegation) Entsendung, die (geh.); c) (killing) Tötung, die; d) (prompt execution) Erledigung, die; e) (prompt efficiency) act with ~: prompt handeln
dispatch: ~-box, ~-case ns. Aktenkoffer, der
dispatcher [dɪˈspætʃə(r)] n. Verkehrsbetriebsregler, der
dispatch: ~ note n. Versandanzeige, die; ~-rider n. Bote, der; (Mil.) Meldefahrer, der
dispel [dɪˈspel] v.t., -ll- vertreiben; zerstreuen ⟨Besorgnis, Befürchtung⟩; verdrängen, unterdrücken ⟨Gefühl, Erinnerung, Vorahnung⟩
dispensable [dɪˈspensəbl] adj. entbehrlich
dispensary [dɪˈspensərɪ] n. (Pharm.) Apotheke, die; (in hospital) Krankenhausapotheke, die
dispensation [dɪspenˈseɪʃn] n. a) (distribution) Verteilung, die (to an + Akk.); (of grace) Zuteilwerdenlassen, das; (of favours) Gewährung, die; ~ of justice Rechtsprechung, die; b) (management) Verfügung, die; (Theol.: by Providence) divine ~: göttliche Fügung; c) (exemption) Sonderregelung, die; ~ from the examination Erlaß der Prüfung; d) (Eccl.) Dispens, die
dispense [dɪˈspens] 1. v.i. ~ with verzichten auf (+ Akk.); (set aside) außer acht lassen; (do away with) überflüssig machen. 2. v.t. a) (distribute, administer) verteilen (to an + Akk.); gewähren ⟨Gastfreundschaft⟩; zuteil werden lassen ⟨Gnade⟩; spenden ⟨Sakrament⟩; ~ justice Recht sprechen; the machine ~s hot drinks der Automat gibt heiße Getränke aus; the device ~s liquid soap/toilet-paper aus der Vorrichtung kommt flüssige Seife/Toilettenpapier; b) (Pharm.) dispensieren (fachspr.); bereiten und abgeben
dispenser [dɪˈspensə(r)] n. a) (Pharm.) Apotheker, der/Apothekerin, die; b) (vending-machine) Automat, der; (container) Spender, der
dispensing ˈchemist n. Apotheker, der/Apothekerin, die
dispersal [dɪˈspɜːsl] n. a) (scattering) Zerstreuung, die; (diffusion) Ausbreitung, die; (of mist, oil slick) Auflösung, die; (Mil.) Auseinanderziehen, das; b) (Bot., Zool.) Verbreitung, die
disperse [dɪˈspɜːs] 1. v.t. a) (scatter) zerstreuen; (dispel) auflösen ⟨Dunst, Öl⟩; vertreiben ⟨Wolken, Gase⟩; (Mil.) auseinanderziehen; b) (Phys.) dispergieren (fachspr.); verteilen; zerlegen ⟨Lichtstrahl⟩. 2. v.i. sich zerstreuen; sich verteilen
dispersion [dɪˈspɜːʃn] n. a) (scattering) Zerstreuung, die; (diffusion) Ausbreitung, die; (Mil.) Auseinanderziehen, das; b) D~ (Jewish Hist.) see **Diaspora**; c) (Phys.) Disper-

sion, die; (system) Dispersoid, das; d) (Statistics) Streuung, die; Dispersion, die (fachspr.)
dispirit [dɪˈspɪrɪt] v.t. entmutigen
dispirited [dɪˈspɪrɪtɪd] adj. entmutigt; mutlos ⟨Gesichtsausdruck⟩; halbherzig ⟨Versuch⟩
dispiritedly [dɪˈspɪrɪtɪdlɪ] adv. entmutigt
dispiriting [dɪˈspɪrɪtɪŋ] adj. entmutigend
displace [dɪsˈpleɪs] v.t. a) (move from place) verschieben; (force to flee) vertreiben; (remove from office) entlassen; b) (supplant) ersetzen; (crowd out) verdrängen; c) (Phys.: take the place of) verdrängen
displaced ˈperson n. Vertriebene, der/die
displacement [dɪsˈpleɪsmənt] n. a) (moving) Verschiebung, die; (removal from office) Entlassung, die; b) (supplanting) Ersetzung, die; c) (Phys.: amount taking the place of sth.) Verdrängung, die; (Naut.: weight displaced) [Wasser]verdrängung, die; e) (Psych.) Verschiebung, die; f) (Motor Veh.) Hubraum, der
display [dɪˈspleɪ] 1. v.t. a) tragen ⟨Abzeichen⟩; vorzeigen ⟨Fahrkarte, Einladung⟩; aufstellen ⟨Trophäe⟩; (to public view) ausstellen; (on notice-board) aushängen; (standing) aufstellen ⟨Schild⟩; (attached) aufhängen ⟨Schild, Fahne⟩; (make manifest) zeigen; (depict) zeigen, darstellen; b) (flaunt) zur Schau stellen; c) (Commerc.) ausstellen; d) (reveal involuntarily) zeigen; e) (Printing) hervorheben. 2. n. a) Aufstellung, die; (to public view) Ausstellung, die; (manifestation) Demonstration, die; a ~ of ill-will/courage eine Demonstration von jmds. Übelwollen/Mut; b) (exhibition) Ausstellung, die; (Commerc.) Auslage, die; Display, das (Werbespr.); a military ~: eine öffentliche militärische Veranstaltung; a fashion ~: eine Modenschau; a ~ of flowers ein Blumenarrangement; an air ~: eine Flugschau; be on ~: ausgestellt werden; [be] for ~: zur Ansicht [sein]; put a house on ~: ein Haus als Musterhaus herrichten; c) (ostentatious show) Zurschaustellung, die; make a ~ of one's knowledge/affection sein Wissen/seine Gefühle zur Schau stellen; d) (Communications) optische Darstellung, die; (on radar screen) Schirmbilddarstellung, die; (device) Display, das; e) (Printing) Hervorhebung, die; ~ advertising Zeitungsanzeige, die; f) (Ornith.) Imponiergehabe, das; (courtship ~) Balzverhalten, das
display: ~ cabinet, ~ case see ²case 1 d; ~ window n. Schaufenster, das
displease [dɪsˈpliːz] v.t. a) (earn disapproval of) ~ sb./the authorities jmds. Mißfallen/das Mißfallen der Behörden erregen; b) (annoy) verärgern; be ~d [with sb./at sth.] [über jmdn./etw.] verärgert sein; she was most ~d to see that ...: sie war sehr ärgerlich, als sie sah, daß ...
displeasing [dɪsˈpliːzɪŋ] adj. unangenehm; unerfreulich ⟨Anblick, Aussicht⟩; unschön ⟨Akzent⟩; be ~ to sb./to the eye/ear jmdm. mißfallen/keine Freude für das Auge/ein Ohr sein
displeasure [dɪsˈpleʒə(r)] n., no pl. Mißfallen, das (at über + Akk.); arouse/cause ~: Mißfallen erregen
disport [dɪˈspɔːt] v. refl. & i. (literary) sich vergnügen
disposable [dɪˈspəʊzəbl] 1. adj. a) (to be thrown away after use) Wegwerf-; b) bottle/container/syringe Einwegflasche/-behälter/-spritze; be ~: nach Gebrauch weggeworfen werden; b) (available) verfügbar; (Finance also) disponibel (fachspr.). 2. n. Wegwerfartikel, der
disposable: ~ ˈassets n. pl. (Finance) frei verfügbares od. disponibles Vermögen; ~ ˈincome n. (Finance) verfügbares Einkommen
disposal [dɪˈspəʊzl] n. a) (getting rid of, kill-

dispose

ing) Beseitigung, die; (of waste) Entsorgung, die; ~ of sewage Abwasserbeseitigung, die; b) (putting away) Forträumen, das; c) (eating up) Aufessen, das; d) (settling) Erledigung, die; (of argument) Beilegung, die; e) (treating) Abhandlung, die; f) (bestowal) Übertragung, die (to auf + Akk.); g) (sale) Veräußerung, die; h) (control) Verfügung, die; place or put sth./sb. at sb.'s [complete] ~: jmdm. etw./jmdn. [ganz] zur Verfügung stellen; have sth./sb. at one's ~: etw./jmdn. zur Verfügung haben; be at sb.'s ~: jmdm. zur Verfügung od. zu jmds. Verfügung stehen; i) see disposition a
dispose [dɪ'spəʊz] 1. v. t. a) (make inclined) ~ sb. to sth. jmdn. zu etw. veranlassen; ~ sb. to do sth. jmdn. dazu veranlassen, etw. zu tun; b) (arrange) anordnen; (Mil.) aufstellen ⟨Truppen⟩. 2. v. i. (determine course of events) entscheiden; man proposes, God ~s (prov.) der Mensch denkt, Gott lenkt (Spr.)
~ of v. t. a) (do as one wishes with) ~ of sth./sb. über etw./jmdn. frei verfügen; b) (kill, get rid of) beseitigen ⟨Rivalen, Leiche, Abfall⟩; erlegen ⟨Gegner, Drachen⟩; she ~d of the tea-leaves down the sink sie hat die Teeblätter in den Ausguß getan od. den Ausguß hinuntergespült; c) (put away) wegräumen; d) (eat up) aufessen, verputzen (ugs.); e) (settle, finish) erledigen; ~ of the business das Geschäftliche erledigen od. regeln; f) (disprove) widerlegen
disposed [dɪ'spəʊzd] adj. be ~ to sth. zu etw. neigen; be ~ to do sth. dazu neigen, etw. zu tun; be ~ to anger leicht zornig werden; I'm not ~/don't feel ~ to help that lazy fellow ich bin nicht geneigt/fühle mich nicht veranlaßt, diesem Faulpelz zu helfen; feel ~ to make a complaint meinen, daß man sich beschweren muß; be well/ill ~ towards sb. jmdm. wohl/übel gesinnt sein; be well/ill ~ towards sth. einer Sache (Dat.) positiv/ablehnend gegenüberstehen
disposition [dɪspə'zɪʃn] n. a) (arrangement; also Mil.: attack plan) Aufstellung, die (of guards etc.) Aufstellung, die; Postierung, die; (of seating, figures) Anordnung, die; ~ of troops Truppenaufstellung, die; b) in pl. (preparations; also Mil.) Vorbereitungen Pl.; c) (ordinance of Providence, fate, or God) Fügung, die; d) (temperament) Veranlagung, die; Disposition, die; his boastful ~: seine prahlerische Art; she has a/is of a rather irritable ~: sie ist ziemlich reizbar; e) (inclination) Hang, der; Neigung, die (towards zu); have a ~ to do sth./to[wards] sth. dazu neigen, etw. zu tun/zu etw. neigen
dispossess [dɪspə'zes] v. t. a) (oust) verdrängen; entthronen ⟨Monarchen⟩; stürzen ⟨Diktator⟩; enterben ⟨Kind⟩; b) (deprive) ~ sb. of sth. jmdm. etw. entziehen; (fig.) jmdm. etw. rauben
disproportion [dɪsprə'pɔːʃn] n. Mißverhältnis, das
disproportionate [dɪsprə'pɔːʃənət] adj. a) (relatively too large/small) vom Normalen abweichend; unangemessen; be [totally] ~ to sth. in einem [völligen] Mißverhältnis zu etw. stehen; b) (lacking proportion) unproportioniert
disproportionately [dɪsprə'pɔːʃənətlɪ] adv. unverhältnismäßig
disprove [dɪs'pruːv] v. t. widerlegen; ~ sb.'s innocence jmds. Schuld beweisen
disputable [dɪ'spjuːtəbl, 'dɪspjʊtəbl] adj. strittig; disputabel (geh.)
disputant [dɪ'spjuːtənt] n. Disputant, der/Disputantin, die
disputation [dɪspjʊ'teɪʃn] n. a) no pl. (argument) Meinungsverschiedenheiten Pl.; Streit, der; (arch.: academic debate) Disputation, die
disputatious [dɪspjʊ'teɪʃəs] adj. streitlustig; streitbar

dispute [dɪ'spjuːt] 1. n. a) no pl. (controversy) Streit, der; there have been some ~ as to what ...: es hat Streit darüber gegeben, was ...; be a matter/subject of much ~: eine sehr umstrittene Frage/ein sehr umstrittenes Thema sein; it is a matter of ~ whether ...: man kann darüber streiten, ob ...; that is [not] in ~: darüber wird [nicht] gestritten; be beyond ~: außer Frage stehen; b) (argument) Streit, der (over um); a ~ arose as to whether ...: wegen der Frage, ob ..., kam es zum od. zu einem Streit; see also demarcation dispute; industrial dispute. 2. v. t. a) (discuss) streiten über (+ Akk.); ~ whether .../how ...: sich darüber streiten, ob .../wie ...; b) (oppose) bestreiten; anfechten ⟨Rechtsanspruch⟩; c) (resist) [an]kämpfen gegen; d) (contend for) streiten um; they are disputing the leadership of the party sie machen sich (Dat.) gegenseitig die Parteiführung streitig. 3. v. i. (argue) streiten; ~ with sb. on or about sth. mit jmdm. über etw. (Akk.) diskutieren
disqualification [dɪskwɒlɪfɪ'keɪʃn] n. a) (disqualifying) Ausschluß, der (from von); (Sport) Disqualifikation, die; b) (thing that disqualifies) Grund zum Ausschluß
disqualify [dɪs'kwɒlɪfaɪ] v. t. a) (debar) ausschließen (from von); (Sport) disqualifizieren; b) (make unfit) ungeeignet machen; ~ sb./sth. for sth. jmdn./etw. für etw. ungeeignet machen; c) (incapacitate) verbieten (+ Dat.)
disquiet [dɪs'kwaɪət] n. Unruhe, die
disquisition [dɪskwɪ'zɪʃn] n. Abhandlung, die; (long speech) Vortrag, der; Sermon, der (abwertend)
disregard [dɪsrɪ'gɑːd] 1. v. t. ignorieren; nicht berücksichtigen ⟨Tatsache⟩; ~ a request einer Bitte (Dat.) nicht nachkommen. 2. n. Mißachtung, die (of, for Gen.); (of wishes, feelings) Gleichgültigkeit, die (for, of gegenüber); he shows a total ~ of or for other people's/others' feelings/wishes ihm sind andere/die Gefühle anderer/die Wünsche anderer völlig gleichgültig
disrepair [dɪsrɪ'peə(r)] n. (of building) schlechter [baulicher] Zustand; Baufälligkeit, die; (of furniture etc.) schlechter Zustand; the house is in a state of/has fallen into ~: das Haus ist baufällig
disreputable [dɪs'repjʊtəbl] adj. zwielichtig; übelbeleumdet ⟨Person⟩; verrufen ⟨Etablissement, Gegend⟩; schäbig ⟨Aussehen, Kleidung⟩
disrepute [dɪsrɪ'pjuːt] n. Verruf, der; (of area) Verrufenheit, die; bring sb./sth. into ~: jmdn./etw. in Verruf bringen; fall into ~: in Verruf kommen od. geraten
disrespect [dɪsrɪ'spekt] n. Mißachtung, die; show [only] ~ for sb./sth. [überhaupt] keine Achtung od. keinen Respekt vor jmdm./etw. haben; I meant no ~ [to you] ich wollte [Ihnen gegenüber] nicht respektlos sein
disrespectful [dɪsrɪ'spektfl] adj. respektlos; be ~ towards sb. vor jmdm. keinen Respekt od. keine Achtung haben
disrespectfully [dɪsrɪ'spektfəlɪ] adv. respektlos
disrobe [dɪs'rəʊb] (formal) 1. v. t. a) (divest of robe) das Gewand abnehmen (+ Dat.); b) (undress) ausziehen; entkleiden (geh.). 2. v. i. a) (divest oneself of robe, coat, etc.) ablegen; b) (undress) sich ausziehen; sich entkleiden (geh.)
disrupt [dɪs'rʌpt] v. t. a) (break up) zerschlagen ⟨Regierung, Partei, System⟩; b) (interrupt) unterbrechen; stören ⟨Klasse, Sitzung⟩
disruption [dɪs'rʌpʃn] n. a) (break-up) Zerschlagung, die; b) (interruption) Unterbrechung, die; (of class, meeting) Störung, die
disruptive [dɪs'rʌptɪv] adj. a) (breaking up)

dissipated

zerstörerisch; b) (violently interrupting) störend
diss [dɪs] v. t. (Amer. coll.) verächtlich machen; dissen (Jugendspr.)
dissatisfaction [dɪsætɪs'fækʃn] n., no pl. Unzufriedenheit, die (with, at mit)
dissatisfied [dɪ'sætɪsfaɪd] adj. be ~ with or at sb./sth. mit jmdm./etw. unzufrieden sein
dissect [dɪ'sekt] v. t. a) (cut into pieces) zerschneiden, zerlegen (into in + Akk.); b) (Med., Biol.) präparieren; sezieren, präparieren ⟨Leiche⟩; c) (analyse) zergliedern
dissection [dɪ'sekʃn] n. a) (cutting into pieces) Zerlegung, die; b) (Med., Biol.) Präparation, die; (of body) Sektion, die; Präparation, die; c) (Med.: thing cut up) Präparat, das; d) (analysis) Zergliederung, die
dissemble [dɪ'sembl] 1. v. t. (disguise) verbergen ⟨Gefühle, Absichten⟩; verheimlichen ⟨Liebe⟩. 2. v. i. a) (conceal one's motives) sich verstellen; b) (talk or act hypocritically) heucheln
disseminate [dɪ'semɪneɪt] v. t. (lit. or fig.) verbreiten; verstreuen ⟨Samen, Truppen, Flüchtlinge⟩; see also sclerosis a
dissemination [dɪsemɪ'neɪʃn] n. Verbreitung, die
dissension [dɪ'senʃn] n. Dissens, der; Streit, der (on about + Akk.); ~s Streitigkeiten; Meinungsverschiedenheiten
dissent [dɪ'sent] 1. v. i. a) (refuse to assent) nicht zustimmen; ~ from sth. mit etw. nicht übereinstimmen; b) (disagree) ~ from sth. von etw. abweichen. 2. n. a) (difference of opinion) Ablehnung, die; (from majority) Abweichung, die; b) (refusal to accept) Ablehnung, die
dissenter [dɪ'sentə(r)] n. Andersdenkende, der/die; be a ~ from sth. etw. ablehnen
dissentient [dɪ'senʃɪənt, dɪ'senʃənt] 1. adj. andersdenkend ⟨Person, Minderheit⟩; abweichend ⟨Meinung, Vorstellung, Standpunkt⟩. 2. n. Andersdenkende, der/die
dissertation [dɪsə'teɪʃn] n. (spoken) Vortrag, der; (written) Abhandlung, die; (for bachelor's degree) Diplomarbeit, die; (for master's degree) Magisterarbeit, die; (for Ph. D.) Dissertation, die
disservice [dɪs'sɜːvɪs] n. do sb. a ~: jmdm. einen schlechten Dienst erweisen
dissidence ['dɪsɪdəns] n., no pl. Uneinigkeit, die; Meinungsverschiedenheit, die
dissident ['dɪsɪdənt] 1. adj. a) (disagreeing) andersdenkend; a ~ person ein Andersdenkender; a ~ group/faction eine Dissidentengruppe; b) (dissentient) hold a ~ view or opinion eine abweichende Meinung vertreten. 2. n. Dissident, der/Dissidentin, die; Regimekritiker, der/-kritikerin, die
dissimilar [dɪ'sɪmɪlə(r)] adj. unähnlich; unterschiedlich, verschieden ⟨Ideen, Ansichten, Geschmäcker⟩; be [highly] ~ to sth./sb. [ganz] anders als etw./jmd. sein
dissimilarity [dɪsɪmɪ'lærɪtɪ] n. Unähnlichkeit, die
dissimulate [dɪ'sɪmjʊleɪt] v. t. verbergen ⟨Gefühle⟩; verheimlichen ⟨Tatsache, Wahrheit, Ideale⟩; verleugnen ⟨Identität⟩
dissipate ['dɪsɪpeɪt] 1. v. t. a) (dispel) auflösen ⟨Nebel, Dunst⟩; vertreiben ⟨Angst, Sorgen, Wolken⟩; zerstreuen ⟨Befürchtungen, Zweifel⟩; zunichte machen ⟨Begeisterung, Illusion⟩; aufhellen, heben ⟨düstere Stimmung⟩; b) (bring to nothing) zerstören; c) (break up) auseinandertreiben ⟨Gruppe, Truppen, Menge⟩; auseinanderbrechen lassen ⟨Familie, Gemeinde, Volk⟩; d) (fritter away) vergeuden ⟨Vermögen, Erbschaft⟩; verschwenden ⟨Geld⟩; ~ sb.'s energy jmdn. entkräften; jmds. Energien aufzehren. 2. v. i. a) (disperse) ⟨Nebel, Dunst:⟩ sich auflösen; b) (break up) ⟨Menge:⟩ sich zerstreuen
dissipated ['dɪsɪpeɪtɪd] adj. ausschweifend; zügellos; ~ morals lockere Moral

209

dissipation [dɪsɪˈpeɪʃn] *n.* a) *(scattering)* Auflösung, *die;* b) *(intemperate living)* Ausschweifung, *die;* c) *(wasteful expenditure)* Verschwendung, *die; (of fortune, inheritance)* Vergeudung, *die;* ~ **of money/energy** Geld-/Energieverschwendung, *die;* d) *(frivolous amusement)* Amüsement, *das*

dissociate [dɪˈsəʊʃɪeɪt, dɪˈsəʊsɪeɪt] *v.t.* a) *(disconnect)* trennen; ~ **oneself from sth./sb.** sich von etw./jmdm. distanzieren; ~ **oneself from all responsibility** alle Verantwortung ablehnen; b) *(Chem.)* dissoziieren

dissociation [dɪsəʊsɪˈeɪʃn] *n.* a) Distanzierung, *die (of von);* b) *(of ideas)* Abgrenzung, *die;* b) *(Chem.)* Dissoziation, *die*

dissolute [ˈdɪsəlu:t, ˈdɪsəljuːt] *adj. (licentious)* ausschweifend; *(against morality)* lasterhaft; freizügig ⟨Mode⟩; zügellos ⟨Benehmen⟩

dissolutely [ˈdɪsəluːtlɪ, ˈdɪsəljuːtlɪ] *adv.* lasterhaft ⟨leben⟩; zügellos ⟨sich benehmen⟩

dissolution [dɪsəˈluːʃn, dɪsəˈljuːʃn] *n.* a) *(disintegration)* Zersetzung, *die;* b) *(undoing, dispersal)* Auflösung, *die;* ~ **of a bond** Lösung einer Bindung

dissolve [dɪˈzɒlv] 1. *v.t.* auflösen; abbrechen ⟨Freundschaft⟩; **acid** ~**s protein** Säure zersetzt Eiweiß. 2. *v.i.* a) sich auflösen *(in acid)* sich zersetzen; ⟨Vorstellung:⟩ vorbeigehen; ~ **into tears/laughter** in Tränen/Gelächter ausbrechen; ~ **into thin air** sich in Luft auflösen; b) *(Cinemat.)* überblenden. 3. *n. (Cinemat.)* Überblendung, *die*

dissonance [ˈdɪsənəns] *n. (Mus.)* Dissonanz, *die; (fig.)* Disharmonie, *die*

dissonant [ˈdɪsənənt] *adj. (Mus.)* dissonant; *(fig.)* disharmonisch; voneinander abweichend ⟨Meinungen⟩

dissuade [dɪˈsweɪd] *v.t.* ~ **sb. from sth.** jmdn. von etw. abbringen; ~ **sb. from doing sth.** jmdn. davon abbringen, etw. zu tun

dissuasion [dɪˈsweɪʒn] *n.* Abbringen, *das*

distance [ˈdɪstəns] 1. *n.* a) *(length)* Entfernung, *die* **(from** zu**); their** ~ **from each other** die räumliche Entfernung zwischen ihnen; **keep [at] a [safe]** ~ **[from sb./sth.]** jmdm./einer Sache nicht zu nahe kommen; **maintain a safe** ~ **from the car in front** einen Sicherheitsabstand zum Vordermann einhalten; b) *(fig.: aloofness)* Abstand, *der;* **keep one's** ~ **or at a** ~ **[from sb./sth.]** Abstand [zu jmdm./etw.] wahren; c) *(way to cover)* Strecke, *die;* Weg, *der; (gap)* Abstand, *der;* **accompany sb. for part of the** ~: jmdn. einen Teil des Weges *od.* ein Stück begleiten; **from this** ~: aus dieser Entfernung; von hier aus; **at a** ~ **of** ... **[from sb./sth.]** in einer Entfernung von ... [von jmdm./etw.]; **a short** ~ **away** ganz in der Nähe; **fall a** ~ **of one metre** einen Meter tief fallen; **that's no [great]** ~: das ist nicht weit; das ist keine Entfernung; d) *(remoter field of vision)* Ferne, *die;* **in/into the** ~: in der/die Ferne; **run off into the** ~: weit weglaufen; **the car vanished into the** ~: das Auto verschwand in der Ferne; **middle** ~ *(Art)* Mittelgrund, *der;* e) *(distant point)* Entfernung, *die;* **at a** ~**/[viewed] from a** ~: von weitem; *(fig.)* oberflächlich betrachtet; **they remained at a** ~: sie blieben in einiger Entfernung stehen; f) *(space of time)* Abstand, *der;* **at a** ~ **of 20 years** aus einem Abstand von 20 Jahren; nach [einem Zeitraum von] 20 Jahren; g) *(Racing, Boxing)* Distanz, *die;* **go or stay the** ~: über die volle Distanz gehen; *(fig.)* [bis zum Schluß] durchhalten. See also ²**hail 1a**; **striking-distance**. 2. *v.t.* a) *(leave behind in race)* hinter sich *(Dat.)* lassen; b) *(fig.)* entfremden; ~ **oneself from sb./sth.** sich von jmdm./etw. distanzieren

distance: ~ **learning** *n.* Fernstudium, *das;* ~ **runner** *n.* Langstreckenläufer, *der/*-läuferin, *die*

distant [ˈdɪstənt] *adj.* a) *(far)* fern; **from nearby and** ~ **parts** von *od.* aus nah und fern; **be** ~ **[from sb.]** weit [von jmdm.] weg sein; **about three miles** ~ **from here** ungefähr drei Meilen von hier [entfernt]; b) *(fig.: remote)* entfernt ⟨Ähnlichkeit, Verwandtschaft, Verwandte, Beziehung⟩; **it's a** ~ **prospect/possibility** das ist Zukunftsmusik; ~ **memories/recollections** weit zurückreichende Erinnerungen; **have a** ~ **memory of sth.** sich an etw. (Akk.) vage erinnern; c) *(in time)* fern; **in the** ~ **past/future** in ferner Vergangenheit/Zukunft; **in some** ~ **era** in fernen Zeiten; d) *(cool)* reserviert, distanziert ⟨Mensch, Haltung⟩; **be** ~ **with sb.** jmdm. gegenüber reserviert sein

distantly [ˈdɪstəntlɪ] *adv.* a) *(far)* fern; b) *(fig.: remotely)* entfernt; ~ **resemble each other** eine entfernte Ähnlichkeit aufweisen; c) *(coolly)* reserviert

distaste [dɪsˈteɪst] *n.* Abneigung, *die;* **[have] a** ~ **for sb./sth.** eine Abneigung gegen jmdn./etw. [haben]; **in** ~: aus Abneigung; **turn away in** ~: sich angewidert abwenden

distasteful [dɪsˈteɪstfl] *adj.* unangenehm; **be** ~ **to sb.** jmdm. zuwider sein

distastefully *adv.* geschmacklos; **look** ~ **at sth.** etw. angewidert betrachten

distastefulness *n., no pl.* Widerwärtigkeit, *die*

¹**distemper** [dɪˈstempə(r)] 1. *n.* a) *(paint)* Temperafarbe, *die;* b) *(method)* Temperamalerei, *die.* 2. *v.t.* mit Temperafarbe bemalen

²**distemper** *n. (animal disease)* Staupe, *die*

distend [dɪˈstend] *v.t.* aufblähen, auftreiben ⟨Leib, Bauch⟩; blähen ⟨Nüstern⟩; aufblasen ⟨Backen, Ballon⟩; erweitern ⟨Gefäße, Darm, Ader⟩; aufschwellen ⟨Euter⟩

distension [dɪˈstenʃn] *n.* Aufblähung, *die;* Auftreiben, *das; (of blood-vessel, intestine)* Erweiterung, *die*

distich [ˈdɪstɪk] *n. (Pros.)* Distichon, *das*

distil *(Amer.:* **distill)** [dɪˈstɪl] *v.t.,* -**ll**-: a) *(lit. or fig.)* destillieren; brennen ⟨Branntwein⟩; ~ **sth. from sth.** *(fig.)* etw. aus etw. [heraus]destillieren; b) *(give forth in drops)* tröpfeln

distillate [ˈdɪstɪleɪt] *n.* Destillat, *das*

distillation [dɪstɪˈleɪʃn] *n.* Destillation, *die; (fig.)* Herausdestillieren, *das; (result)* Destillat, *das*

distiller [dɪˈstɪlə(r)] *n.* Destillateur, *der;* Branntweinbrenner, *der*

distillery [dɪˈstɪlərɪ] *n.* [Branntwein]brennerei, -destillation, *die;* Destille, *die*

distinct [dɪˈstɪŋkt] *adj.* a) *(different)* verschieden; **keep two things** ~: zwei Dinge auseinanderhalten; **as** ~ **from** im Unterschied zu; b) *(clearly perceptible, decided)* deutlich, klar ⟨Stimme, Sicht⟩; ausgeprägt ⟨Falten, Charme⟩; c) *(separate)* unterschiedlich; d) *(particular)* bestimmt ⟨Gegend, Gebiet⟩

distinction [dɪˈstɪŋkʃn] *n.* a) *(making a difference)* Unterscheidung, *die;* **by way of** ~, **for** ~: zur Unterscheidung; b) *(difference)* Unterschied, *der;* **there is a clear** ~ **between A and B** es besteht ein deutlicher Unterschied zwischen A und B; **make or draw a** ~ **between A and B** einen Unterschied zwischen A und B machen; **draw a sharp/clear** ~ **between A and B** streng/klar zwischen A und B trennen; ~ **without a difference** ein nomineller Unterschied; c) *(being different)* Andersartigkeit, *die;* d) *(distinctive feature)* besonderes Merkmal; **the** ~ **of being ...**: sich dadurch auszeichnen, daß man ... ist; e) *(showing of special consideration)* Ehrung, *die;* **be mentioned with special** ~: besonders lobend erwähnt werden; **a mark of** ~: eine Ehre *od.* Auszeichnung; *(mark of honour)* Auszeichnung, *die;* **gain or get a** ~ **in one's examination** das Examen mit Auszeichnung bestehen; g) *(excellence)* hoher Rang; **a scientist of** ~: ein Wissenschaftler von Rang [und Namen]

distinctive [dɪˈstɪŋktɪv] *adj.* unverwechselbar; **be** ~ **of sth.** für etw. typisch *od.* charakteristisch sein

distinctively [dɪˈstɪŋktɪvlɪ] *adv.* unverwechselbar

distinctly [dɪˈstɪŋktlɪ] *adv.* a) *(clearly)* deutlich; **we couldn't see** ~ **in the mist** in dem Nebel konnten wir nichts deutlich erkennen; b) *(decidedly)* merklich; **be** ~ **aware of sth.** etw. deutlich spüren; c) *(markedly)* ausgeprägt

distinctness [dɪˈstɪŋktnɪs] *n., no pl.* a) *(difference)* Verschiedenheit, *die;* b) *(separateness)* Getrenntheit, *die*

distinguish [dɪˈstɪŋgwɪʃ] 1. *v.t.* a) *(make out)* erkennen; *(hear)* verstehen; *(read)* lesen; entziffern; b) *(differentiate)* unterscheiden; *(characterize)* kennzeichnen; ~ **sth./sb. from sth./sb.** etw./jmdn. von etw./jmdm. unterscheiden; ~ **things/persons into ...**: Dinge/Personen einteilen in (+ *Akk.*); d) *(make prominent)* ~ **oneself [by sth.]** sich (durch etw.) hervortun; ~ **oneself by doing sth.** sich dadurch hervortun, daß man etw. tut; ~ **oneself in an exam** in einem Examen glänzen *(ugs.);* **you've really** ~**ed yourself, haven't you?** *(iron.)* na, da hast du ja vielleicht 'ne Glanzleistung vollbracht!; e) *(characterize)* auszeichnen. 2. *v.i.* unterscheiden; ~ **between persons/things** Personen/Dinge auseinanderhalten *od.* voneinander unterscheiden; **one can barely** ~ **between the original and the copy** man kann das Original kaum von der Kopie unterscheiden

distinguishable [dɪˈstɪŋgwɪʃəbl] *adj.* a) *(able to be made out)* erkennbar; *(audible)* hörbar; *(readable)* lesbar; *(decipherable)* entzifferbar; b) *(able to be differentiated)* erkennbar; unterscheidbar; c) *(able to be divided)* einteilbar

distinguished [dɪˈstɪŋgwɪʃt] *adj.* a) *(eminent)* namhaft, angesehen ⟨Persönlichkeit, Schule, Firma⟩; glänzend ⟨Laufbahn⟩; hervorragend ⟨Qualität⟩; **a** ~ **politician** ein Politiker von Rang [und Namen]; b) *(looking eminent)* vornehm, *(geh.)* distinguiert ⟨Aussehen, Mensch⟩; c) *(remarkable)* ~ **for/by sth.** sich [durch etw.] auszeichnen

distort [dɪˈstɔːt] *v.t.* a) verzerren ⟨Gesicht, Stimme, Musik⟩; verformen ⟨Gegenstand⟩; ⟨Schmerz, Krankheit⟩: entstellen; b) *(misrepresent)* entstellt *od.* verzerrt wiedergeben; verdrehen ⟨Worte, Wahrheit⟩

distortion [dɪˈstɔːʃn] *n.* a) Verzerrung, *die; (by disease)* Entstellung, *die;* b) *(misrepresentation)* Entstellung, *die; (of words, truth)* Verdrehung, *die*

distract [dɪˈstrækt] *v.t.* a) *(divert)* ablenken; ~ **sb.'s attention/concentration/mind from sth.** jmdn. [von etw.] ablenken; b) *usu. in pass. (make mad or angry)* wahnsinnig machen; **grow** ~**ed** außer sich geraten; **be** ~**ed with joy/worry** außer sich vor Freude/Sorge; c) *(bewilder)* irritieren

distracted [dɪˈstræktɪd] *adj. (mad)* von Sinnen *nachgestellt;* außer sich *nachgestellt; (worried)* besorgt; beunruhigt; **run round like one** ~: wie von Sinnen umherlaufen; b) *(mentally far away)* abwesend

distraction [dɪˈstrækʃn] *n.* a) *(frenzy)* Wahnsinn, *der;* **love sb. to** ~: jmdn. wahnsinnig *od.* bis zur Raserei lieben; **drive sb. to** ~: jmdn. wahnsinnig machen *od.* zum Wahnsinn treiben **or** to be ~ **with.** sich (Dat.) wegen etw. wahnsinnige *(ugs.)* Sorgen machen; b) *(confusion)* Unruhe, *die;* c) *(diversion)* Ablenkung, *die;* d) *(interruption)* Störung, *die;* **I don't want any** ~**s** ich möchte nicht gestört werden; **be a** ~: ein Störfaktor sein; e) *(amusement)* Zerstreuung, *die; (pastime)* Zeitvertreib, *der*

distrain [dɪˈstreɪn] *v.i. (Law)* ~ **[upon sb./sth.]** jmdn. *od.* bei jmdm./etw.] pfänden

distraint [dɪˈstreɪnt] *n. (Law)* Pfändung, *die*

distraught [dɪˈstrɔːt] *adj.* aufgelöst ⟨with vor + *Dat.*⟩; verstört ⟨*Blick, Gesichtsausdruck*⟩; **tearful and** ~: in Tränen aufgelöst
distress [dɪˈstres] **1.** *n.* **a)** *(anguish)* Kummer, *der* (at über + *Akk.*); **suffer** ~: Leid erdulden; Kummer ertragen; **be in [a state of]** ~: in Sorge sein; **cause sb. much** ~: jmdm. viel Kummer zufügen *od.* bereiten; **b)** *(suffering caused by want)* Not, *die;* Elend, *das;* **c)** *(danger)* Not, *die;* Gefahr, *die;* **an aircraft/a ship in** ~: ein Flugzeug in Not/ein Schiff in Seenot; **d)** *(exhaustion)* Erschöpfung, *die;* **e)** *(misfortune)* Unglück, *das;* Schicksalsschlag, *der;* **f)** *(Law) see* **distraint. 2.** *v.t.* **a)** *(worry)* bedrücken; bekümmern; *(cause anguish to)* ängstigen; *(upset)* nahegehen (+ *Dat.*); mitnehmen; **don't** ~ **yourself/try not to** ~ **yourself** ängstigen Sie sich nicht; **we were most** ~**ed** wir waren zutiefst betroffen *od.* bestürzt; **b)** *(exhaust)* erschöpfen; **c)** *(afflict)* plagen; heimsuchen
distressed [dɪˈstrest] *adj.* **a)** *(anguished)* leidvoll; betrübt; *(desperate)* gequält; verzweifelt; **b)** *(impoverished)* notleidend ⟨*Volkswirtschaft, Dritte Welt*⟩; verarmt ⟨*Adel*⟩; armselig ⟨*Verhältnisse*⟩
distressed area *n.* *(Brit.)* Notstandsgebiet *(mit hoher Arbeitslosigkeit)*
distressing [dɪˈstresɪŋ] *adj.* **a)** *(upsetting)* erschütternd; **be** ~ **to sb.** jmdn. sehr belasten; **b)** *(regrettable)* beklagenswert
di'stress signal *n.* Notsignal, *das*
distribute [dɪˈstrɪbjuːt] *v.t.* verteilen (**to** an + *Akk.,* **among** unter + *Akk.*); austeilen ⟨*Sakramente*⟩; **b)** *(divide, classify)* aufteilen; ~ **sth. into parts/categories/groups** etw. in Absätze/Kategorien unterteilen/in Gruppen aufteilen; **c)** *(Printing)* ablegen
distribution [dɪstrɪˈbjuːʃn] *n.* **a)** Verteilung, *die* (**to** an + *Akk.,* **among** unter + *Akk.*); *(of seeds)* [Aus]streuen, *das;* *(Econ.: of goods)* Distribution, *die (fachspr.);* Vertrieb, *der; (of films)* Verleih, *der;* ~ **of weight** Gewichtsverteilung, *die;* **the** ~ **of wealth** die Vermögensverteilung, *die;* **b)** *(division)* Aufteilung, *die; (classification)* Einteilung, *die*
distributive [dɪˈstrɪbjʊtɪv] *(Ling.)* **1.** *n.* Distributivum, *das.* **2.** *adj. see* **pronoun**
distributor [dɪˈstrɪbjʊtə(r)] *n.* **a)** Verteiler, *der*/Verteilerin, *die;* (*Econ.)* Vertreiber, *der;* (*firm*) Vertrieb, *der;* (*of films*) Verleih[er], *der;* **b)** *(Motor Veh.)* [Zünd]verteiler, *der*
district [ˈdɪstrɪkt] *n.* **a)** *(administrative area)* Bezirk, *der;* **b)** *(Brit.: part of county)* Distrikt, *der;* **c)** *(Amer.: political division)* Wahlkreis, *der;* **d)** *(tract of country, area)* Gegend, *die;* **country** ~**s** ländliche Gegenden; **residential** ~: Wohngebiet, *das*
district: ~ **at'torney** *n. (Amer. Law)* [Bezirks]staatsanwalt, *der*/-anwältin, *die;* ~ **'court** *n. (Amer. Law)* [Bundes]bezirksgericht, *das;* ~ **'heating** *n.* Fernheizung, *die;* ~ **'nurse** *n. (Brit.)* Gemeindeschwester, *die*
distrust [dɪsˈtrʌst] **1.** *n.* Mißtrauen, *das* (**of** gegen); **show** ~ **of sb.** jmdm. Mißtrauen entgegenbringen. **2.** *v.t.* mißtrauen (+ *Dat.*); *(because of bad experiences)* mit Argwohn *od.* Mißtrauen begegnen (+ *Dat.*); **I rather** ~ **his driving ability/his motives** ich traue seinen Fahrkünsten nicht so recht/ich bezweifle seine Motive
distrustful [dɪsˈtrʌstfl] *adj.* mißtrauisch; **be** ~ **of sb./sth.** jmdm./einer Sache nicht trauen
disturb [dɪˈstɜːb] *v.t.* **a)** *(break calm of)* stören; aufscheuchen ⟨*Vögel*⟩; aufhalten, behindern ⟨*Fortschritt*⟩; **'do not** ~!' „bitte nicht stören!"; ~**ing the peace** Ruhestörung, *die;* **sorry to** ~ **you at this late hour** entschuldigen Sie bitte die späte Störung; **if you find that the noise** ~**s you** wenn Sie sich durch den Lärm gestört fühlen; ~ **sb.'s sleep** jmdn. im Schlaf stören; **don't let us** ~ **you** lassen Sie sich [durch uns] nicht stören; **they hoped they would not be** ~**ed** sie hofften, ungestört zu sein; **b)** *(move from settled position)* durcheinanderbringen; bewegen ⟨*Blätter*⟩; **could I** ~ **you for a minute?** dürfte ich Sie einen Augenblick stören?; **c)** *(worry)* beunruhigen; *(agitate)* nervös machen; **be greatly** ~**ed by the fact that...:** sehr darüber beunruhigt sein, daß ...; **don't be** ~**ed** beunruhigen Sie sich nicht
disturbance [dɪˈstɜːbəns] *n.* **a)** *(interruption)* Störung, *die;* *(nuisance)* Belästigung, *die;* **be a** ~ **to sth.** etw. stören; **I don't want any** ~**s** ich möchte nicht gestört werden; **b)** *(agitation, tumult)* Unruhe, *die;* **social/political** ~**s** soziale/politische Unruhen; **racial** ~[**s**] Rassenunruhen
disturbed [dɪˈstɜːbd] *adj.* **a)** *(worried)* besorgt ⟨*Eindruck, Ausdruck*⟩; *(restless)* unruhig ⟨*Nacht*⟩; **b)** *(Psych.)* [**mentally**] ~: geistig gestört sein; **a** ~ **person** ein Geistesgestörter/eine Geistesgestörte
disunity [dɪsˈjuːnɪtɪ] *n.* Uneinigkeit, *die*
disuse [dɪsˈjuːs] *n.* **a)** *(discontinuance)* Außer-Gebrauch-Kommen, *das;* *(disappearance)* Verschwinden, *das;* *(abolition)* Abschaffung, *die;* **the bicycle was rusty from** ~: das Fahrrad war rostig, weil es nicht benutzt wurde; **b)** *(disused state)* **fall into** ~: außer Gebrauch kommen
disused [dɪsˈjuːzd] *adj.* stillgelegt ⟨*Bergwerk, Eisenbahnlinie*⟩; leerstehend ⟨*Gebäude*⟩; ausrangiert *(ugs.)* ⟨*Fahrzeug, Möbel*⟩
disyllabic [dɪsɪˈlæbɪk, daɪsɪˈlæbɪk] *adj. (Ling.)* zweisilbig
ditch [dɪtʃ] **1.** *n.* Graben, *der;* *(at side of road)* Straßengraben, *der;* **be driven to the last** ~ *(fig.)* in die Enge getrieben werden; **die in a** ~ *(lit. or fig.)* in Straßengraben sterben. **2.** *v.t.* *(sl.)* **a)** *(abandon)* sitzenlassen ⟨*Familie, Freunde*⟩; sausenlassen *(ugs.)* ⟨*Plan*⟩; **b)** *(make forced sea-landing with)* im Bach landen mit *(salopp)*
'ditchwater *n.* stehendes, fauliges Wasser; [**as**] **dull as** ~ sterbenslangweilig
dither [ˈdɪðə(r)] **1.** *v.i.* schwanken; **I'm** ~**ing** ich bin noch am Schwanken; ~ **about doing sth.** lange hin und her überlegen, ob man etw. tun soll [oder nicht]. **2.** *n. (coll.)* **be all of a** ~ **or in a** ~: am Rotieren *(ugs.)* sein
dithery [ˈdɪðərɪ] *adj.* unentschlossen
ditto [ˈdɪtəʊ] *n., pl.* ~**s**: p. 5 is missing, p. 19 ~: S. 5 fehlt, ebenso S. 19 ~; ~ **marks** Unterführungszeichen, *das;* **I'm hungry. – D**~: Ich habe Hunger. – Dito *(ugs.)*
ditty [ˈdɪtɪ] *n.* Weise, *die*
'ditty bag *n. (Naut.)* Segeltuchtasche für Werkzeug, Nähzeug, Rasierzeug usw. des Seemanns
diuretic [daɪjʊəˈretɪk] *(Med.)* **1.** *adj.* diuretisch *(fachspr.);* harntreibend; ~ **drug/substance/remedy** *see* **2. 2.** *n.* Diuretikum, *das (fachspr.);* harntreibendes Mittel
diurnal [daɪˈɜːnl] *adj.* **a)** *(of the day)* Tages-; **b)** *(daily)* täglich
diva [ˈdiːvə] *n.* Primadonna, *die;* Göttin, *die (fig. geh.)*
divan [dɪˈvæn] *n.* **a)** *(couch, bed)* [Polster]liege, *die;* **b)** *(long seat)* Chaiselongue, *die*
di'van bed *see* **divan a**
dive [daɪv] **1.** *v.i.* ~**d** *or (Amer.)* **dove** [dəʊv] **a)** *(plunge into water)* tauchen; *(from divingboard, rock, etc.)* einen Kopfsprung machen; **b)** *(plunge downwards)* *(Vogel, Flugzeug usw.):* einen Sturzflug machen; ⟨*Unterseeboot usw.:*⟩ abtauchen *(Seemannsspr.),* tauchen; ⟨*Achterbahn usw.:*⟩ hinunterschießen; **c)** *(dart down)* sich hinwerfen; ~ **under the table for protection** schnell unter den Tisch Schutz suchen *(dart)* ~ [**out of sight**] sich schnell verstecken; *(when frightened)* sich flüchten *od.* verkriechen; *(rush)* hechten; springen; ~ **into the nearest pub** gleich in die nächste Kneipe stürzen; ~ **into bed** ins Bett springen; **f)** *(plunge with hand)* ~ **into sth.** in etw. *(Akk.)* mit der Hand greifen *od.* fassen; *(fig.: begin to eat)* über etw. *(Akk.)* herfallen; **g)** *(begin to work)* ~ **into a job** sich auf eine Arbeit stürzen. **2.** *n.* **a)** *(plunge)* Kopfsprung, *der;* *(of bird, aircraft, etc.)* Sturzflug, *der* (**towards** auf + *Akk.*); *(of submarine etc.)* [Unter]tauchen, *das;* **b)** *(sudden darting movement)* Sprung, *der;* Satz, *der;* **make a** ~ **for cover** schnell in Deckung gehen; **c)** *(coll.: disreputable place)* Spelunke, *die (abwertend)*
~ **in** *v.i.* [mit dem Kopf voraus] hineinspringen; *(fig.: help oneself)* zulangen
dive: ~-**bomb** *v.t. (Mil.)* im Sturzflug bombardieren; ~-**bomber** *n. (Mil.)* Sturzkampfflugzeug, *das*
diver [ˈdaɪvə(r)] *n.* **a)** *(Sport)* Kunstspringer, *der*/-springerin, *die;* **b)** *(as profession)* Taucher, *der*/Taucherin, *die;* **c)** *(diving bird)* Taucher, *der*
diverge [daɪˈvɜːdʒ, dɪˈvɜːdʒ] *v.i.* **a)** auseinandergehen; **here the road** ~**s from the river** hier entfernt die Straße sich vom Fluß; **b)** *(fig.)* ⟨*Berufswege, Pfade:*⟩ sich trennen; *(from norm etc.)* abweichen; **c)** *(differ)* ⟨*Meinungen, Ansichten:*⟩ voneinander abweichen, *(geh.)* divergieren
divergence [daɪˈvɜːdʒəns, dɪˈvɜːdʒəns] *n.* **a)** Divergenz, *die (fachspr.);* Auseinandergehen, *das;* **b)** *(fig.)* Abweichung, *die;* *(of careers, life-styles)* Auseinanderstreben, *das;* ~ **of opinions/views** Meinungsverschiedenheit, *die* (**over** über + *Akk.*)
divergent [daɪˈvɜːdʒənt, dɪˈvɜːdʒənt] *adj.* divergent *(fachspr.);* auseinandergehend, -laufend ⟨*Routen, Wege*⟩; *(fig.)* auseinanderstrebend ⟨*Berufswege*⟩; ~ **lens** *(Optics)* Zerstreuungslinse, *die;* **b)** *(differing)* unterschiedlich, voneinander abweichend ⟨*Ansichten, Methoden*⟩
diverse [daɪˈvɜːs, dɪˈvɜːs] *adj.* *(unlike)* verschieden[artig]; unterschiedlich; **be [very]** ~ **from sth.** [ganz] anders sein als etw.; **b)** *(varied)* vielseitig, breit gefächert ⟨*[Aus]bildung, Interessen, Kenntnisse*⟩; umfassend ⟨*Wissen*⟩; vielfältig ⟨*Arbeitsgebiet*⟩; bunt [gewürfelt] ⟨*Mischung*⟩
diversification [daɪvɜːsɪfɪˈkeɪʃn, dɪvɜːsɪfɪˈkeɪʃn] *n.* **a)** *(varying)* [Auf]fächerung, *die;* breite Fächerung; **b)** *(Econ.)* Streuung, *die;* ~ **[of production]** Diversifikation, *die*
diversify [daɪˈvɜːsɪfaɪ, dɪˈvɜːsɪfaɪ] **1.** *v.t.* *(vary)* abwechslungsreich[er] gestalten; Abwechslung bringen in (+ *Akk.*); **b)** *(Econ.)* diversifizieren *(fachspr.).* **2.** *v.i.* sich auf neue Produktions-/Produktbereiche umstellen
diversion [daɪˈvɜːʃn, dɪˈvɜːʃn] *n.* **a)** *(diverting of attention)* Ablenkung, *die;* **b)** *(feint)* Ablenkungsmanöver, *das;* **create a** ~: ein Ablenkungsmanöver durchführen; **c)** *no pl.* *(recreation)* Unterhaltung, *die;* *(distraction)* Zerstreuung, *die;* Abwechslung, *die;* **d)** *(amusement)* [Möglichkeit der] Freizeitbeschäftigung; **the** ~**s of the big city** das Unterhaltungsangebot der Großstadt; **e)** *(deviating (of river, traffic)* Ableitung, *die;* **f)** *(Brit.: alternative route)* Umleitung, *die;* **there is a traffic** ~ **on the road** der Verkehr auf der Straße wird umgeleitet
diversionary [daɪˈvɜːʃənərɪ, dɪˈvɜːʃənərɪ] *adj.* Ablenkungs⟨*angriff, -manöver*⟩
diversity [daɪˈvɜːsɪtɪ, dɪˈvɜːsɪtɪ] *n.* Vielfalt, *die;* ~ **of opinion,** ~ **in opinions** *or* **views** Meinungsvielfalt, *die*
divert [daɪˈvɜːt, dɪˈvɜːt] *v.t.* **a)** umleiten ⟨*Verkehr, Fluß, Fahrzeug*⟩; ablenken ⟨*Aufmerksamkeit, Gedankengang, Blick*⟩; ableiten ⟨*Lavastrom, Blitz*⟩; lenken ⟨*Energien, Aggressionen*⟩; ~ **sb.'s attention/gaze from sth. to sth.** else jmds. Aufmerksamkeit/Blick von etw. auf etw. anderes lenken; **b)** *(distract)* ablenken; **c)** *(entertain)* unterhalten
diverting [daɪˈvɜːtɪŋ, dɪˈvɜːtɪŋ] *adj.* *(entertaining)* unterhaltsam

divest [daɪ'vest, dɪ'vest] v. t. a) (formal: unclothe) entkleiden (geh.); ~ sb. of sth. jmdm. etw. abnehmen; ~ sth. of sth. etw. einer Sache (Gen.) entkleiden; ~ oneself of one's clothing/jewellery seine Kleidung/seinen Schmuck ablegen; b) ~ sb./sth. of sth. (deprive) jmdn./etw. einer Sache (Gen.) berauben; (rid) jmdn./etw. von einer Sache befreien; ~ sb. of a responsibility jmdn. einer Verantwortung (Gen.) entheben; ~ oneself of sth. sich einer Sache (Gen.) entledigen

divide [dɪ'vaɪd] 1. v. t. a) teilen; (subdivide) aufteilen; (with precision) einteilen; (into separated pieces) zerteilen; ~ sth. in[to] parts (separate) etw. [in Stücke (Akk.)] aufteilen; ~ sth. into halves/quarters etw. halbieren/vierteln; ~ sth. in two etw. [in zwei Teile] zerteilen; b) (by marking out) ~ sth. into sth. etw. in etw. (Akk.) unterteilen; c) (part by marking) trennen; ~ sth./sb. from or and sth./sb. etw./jmdn. von etw./jmdm. trennen; d) (mark off) ~ sth. from sth. else etw. von etw. anderem abgrenzen; **dividing line** Trennungslinie, die; e) (distinguish) unterscheiden; f) (classify) einteilen ‹Lebewesen, Gegenstände, Gesellschaft›; g) (cause to disagree) entzweien; be ~d over an issue in einer Angelegenheit nicht einig sein; opinion is ~d die Meinungen sind geteilt; be ~d against itself zerstritten sein; h) (distribute) aufteilen; ~ sth. among/between persons/groups etw. unter Personen/Gruppen (Akk. od. Dat.) aufteilen; i) (share) teilen; j) (Math.) dividieren (fachspr.), teilen (by durch); ~ three into nine neun durch drei dividieren od. teilen; k) (part for voting) [durch Hammelsprung] abstimmen lassen. 2. v. i. a) (separate) ~ [in or into parts] sich [in Teile] teilen; ‹Buch, Urkunde usw.:› sich [in Teile] gliedern od. [in Teile] gegliedert sein; we ~d into groups for discussion wir bildeten Diskussionsgruppen; ~ into two sich in zwei Teile teilen; b) ~ [from sth.] von etw. abzweigen; c) (Math.) ~ [by a number/amount] sich [durch eine Zahl/einen Betrag] dividieren (fachspr.) od. teilen lassen; 3 ~s into 36 to give 12 3 geht zwölfmal in 36; d) (be parted in voting) **the council ~d and a vote was taken** der Rat stimmte [durch Hammelsprung] ab. 3. n. a) (Geog.) Wasserscheide, die; (fig.) Grenze, die; (gulf) Kluft, die; (rift) Riß, der; **the Great D~**: die Scheidelinie; (euphem.) die Schwelle des Todes (geh.).
~ **'off** 1. v. t. trennen; ~ **off an area** einen Bereich abtrennen od. abteilen. 2. v. i. ~ **off from sth.** sich von etw. trennen
~ **'out** v. t. ~ **sth. out** [among/between persons] etw. unter Personen (Akk. od. Dat.) aufteilen; (distribute) etw. an Personen (Akk.) verteilen
~ **'up** 1. v. t. aufteilen; ~ **persons up into groups** Personen in Gruppen einteilen. 2. v. i. ~ **up into sth.** sich in etw. (Akk.) aufteilen lassen

divided [dɪ'vaɪdɪd] : ~ **'highway** n. (Amer.) see **dual carriageway**; ~ **'skirt** n. Hosenrock, der

dividend ['dɪvɪdend] n. a) (Commerc., Finance) Dividende, die; b) in pl. (fig.: benefit) Vorteil, der; **your studying will pay** ~ **s** Ihr Studium wird sich auszahlen od. rentieren; **reap the** ~**s** die Früchte ernten od. den Nutzen daraus ziehen

dividend: ~ **stripping** n. (Finance) Rosinenpickerei, die (abwertend); ~**-warrant** n. (Brit. Finance) Dividendenschein, der

divider [dɪ'vaɪdə(r)] n. a) (screen) Trennwand, die; (other means) Abgrenzung, die; b) ~s pl. Stechzirkel, der

divination [dɪvɪ'neɪʃn] n. a) (foreseeing) Ahnung, die; **powers of** ~: Gabe der Weissagung, die; b) (discovering) Deutung, die

divine [dɪ'vaɪn] 1. adj., ~**r** [dɪ'vaɪnə(r)], ~**st** [dɪ'vaɪnɪst] a) göttlich; (devoted to God) gottgeweiht; ~ **service** Gottesdienst, der; **the** ~ **right of kings** das Gottesgnadentum; **have no** ~ **right to do sth.** kein gottgewolltes Recht haben, etw. zu tun; b) (superhumanly excellent) überragend ‹Begabung›; göttlich ‹Schönheit, Musik›; (superhumanly gifted) gottbegnadet; c) (coll.: delightful) traumhaft. 2. n. Geistliche, der/die. 3. v. t. a) (discover) deuten; (guess) erraten; ~ **what sb. is thinking** or **sb.'s thoughts** jmds. Gedanken lesen; b) (locate) aufspüren; c) (foresee) vorhersehen; (foretell) weissagen; ~ **the future** in die Zukunft sehen

divinely [dɪ'vaɪnlɪ] adv. a) (by God/a god) von Gott/von einem Gott; b) (with superhuman excellence) genial; virtuos; (with superhuman giftedness) gottbegnadet; c) (coll.: excellently, extremely well) traumhaft

diving ['daɪvɪŋ] n. (Sport) Kunstspringen, das

diving: ~**-bell** n. Taucherglocke, die; ~**-board** n. Sprungbrett, das; ~**-suit** n. Taucheranzug, der

divining-rod [dɪ'vaɪnɪŋrɒd] see **dowsing-rod**

divinity [dɪ'vɪnɪtɪ] n. a) (god) Gottheit, die; b) no pl. (being a god) Göttlichkeit, die; c) no pl. (theology) Theologie, die

divisible [dɪ'vɪzɪbl] adj. a) (separable) aufteilbar; (capable of being marked out) [unter-, ein]teilbar; **be** ~ **into ...**: sich in ... aufteilen lassen; b) (Math.) **be** ~ **[by a number/an amount]** [durch eine Zahl/einen Betrag] teilbar sein

division [dɪ'vɪʒn] n. a) see **divide 1 a**: Teilung/Auf-/Ein-/Zerteilung, die; b) (parting) (of things) Abtrennung, die; (of persons) Trennung, die; (marking off) Abgrenzung, die; c) (distinguishing) Unterscheidung, die; Abgrenzung, die (from gegenüber); d) (classifying) Einteilung, die; e) (distributing) Verteilung, die (between/among an + Akk.); (sharing) Teilen, das; ~ **of labour** Arbeitsteilung, die; f) (disagreement) Unstimmigkeit, die; g) (Math.) Teilen, das; Dividieren, das; Division, die (fachspr.); **do** ~: dividieren; **long** ~: ausführliche Division (mit Aufschreiben der Zwischenprodukte); **short** ~: verkürzte Division (ohne Aufschreiben der Zwischenprodukte); h) (separation in voting) Abstimmung [durch Hammelsprung]; i) (dividing line) Grenze, die; (between states) Grenze, die; (partition) Trennwand, die; j) (part) Unterteilung, die; Abschnitt, der; (of drawer) Fach, das; k) (section) Abteilung, die; l) (group) Gruppe, die; m) (Mil. etc.) Division, die; (of police) Einheit, die; n) (of High Court) Kammer, die; o) (Footb. etc.) Liga, die; Spielklasse, die; (in British football) Division, die; p) (administrative district) [Verwaltungs]bezirk, der

divisional [dɪ'vɪʒənl] adj. (of section) Abteilungs-

division: ~**-bell** n. (Parl.) Abstimmungsklingel, die; ~ **sign** n. Divisionszeichen, das

divisive [dɪ'vaɪsɪv] adj. a) (dividing in opinion etc.) strittig; umstritten ‹Vorschlag›; b) (dividing) spalterisch; **have a** ~ **effect on sth.** etw. spalten

divisor [dɪ'vaɪzə(r)] n. (Math.) Divisor, der; Teiler, der

divorce [dɪ'vɔːs] 1. n. a) [Ehe]scheidung, die; attrib. ~ **court** Scheidungsgericht, die; ~ **proceedings** [Ehe]scheidungsverfahren, das; **want a** ~: sich scheiden lassen wollen; **get** or **obtain a** ~: geschieden werden; **grounds for** ~: Scheidungsgründe; b) (fig.) Trennung, die. 2. v. t. a) (dissolve marriage of) ‹Ehepartner›; **they were** ~**d last year** sie wurden letztes Jahr geschieden od. ließen sich letztes Jahr scheiden; b) ~ **one's husband/wife** sich von seinem Mann/seiner Frau scheiden lassen; **her husband refused to** ~ **her** ihr Mann willigte nicht in die Scheidung ein; c) (fig.) ~ **sth./sb. from sth.** etw. von etw. loslösen; **keep sth.** ~**d from sth.** etw. von etw. getrennt halten

divorcee [dɪvɔː'siː] n. Geschiedene, der/die; **be a** ~: geschieden sein

divot ['dɪvət] n. (Golf) ausgehacktes Rasenstück

divulge [daɪ'vʌldʒ, dɪ'vʌldʒ] v. t. preisgeben; enthüllen ‹Identität›; bekanntgeben ‹Nachrichten›; lüften ‹Geheimnis›; verraten ‹Alter›

divvy ['dɪvɪ] (coll.) 1. n. a) (share) Anteil, der; b) (distribution) Verteilung, die

Dixie ['dɪksɪ] n. a) die Südstaaten [der USA]; b) (Mus.) Dixie, der

dixie n. (Brit.) Kochkessel, der

'Dixieland n. a) (Mus.) Dixie[land], der; b) see **Dixie a**

DIY abbr. **do-it-yourself**

dizzily ['dɪzɪlɪ] adv. a) (giddily) taumelnd; schwankend; (fig.) benommen; b) (so as to cause giddiness) auf schwindelerregende Weise

dizziness ['dɪzɪnɪs] n., no pl. Schwindelgefühl, das

dizzy ['dɪzɪ] adj. a) (giddy) schwind[e]lig; **I feel** ~: mir ist schwindlig; **he felt** ~: ihm wurde schwindlig; b) (making giddy) schwindelerregend; **the** ~ **heights of fame** die schwindelerregenden Höhen des Ruhms

DJ [diː'dʒeɪ] abbr. a) (disc jockey) Diskjockey, der; b) (Brit.: dinner-jacket) Smokingjacke, die

D. Litt. [diː 'lɪt] abbr. **Doctor of Letters** ≈ Dr. habil.; see also **B. Sc.**

DM, D-mark ['diːmɑːk] abbr. **Deutschmark** DM; D-Mark, die

D. Mus. [diː 'mʌz] abbr. **Doctor of Music** Doktor der Musikwissenschaften; see also **B.Sc.**

DNA abbr. **deoxyribonucleic acid** DNS

D-notice ['diː nəʊtɪs] n. (Brit.) **the government had issued a** ~ **to the media** die Regierung hatte den Medien die Veröffentlichung [aus Sicherheitsgründen] untersagt

'do [də, stressed duː] 1. v. t., neg. coll. **don't** [dəʊnt], pres. t. **he does** [dʌz], neg. (coll.) **doesn't** ['dʌznt], p. t. **did** [dɪd], neg. (coll.) **didn't** ['dɪdnt], pres. p. **doing** ['duːɪŋ], p. p. **done** [dʌn] a) (impart) tun; **do sb. a favour** jmdm. einen Gefallen tun; b) (perform) machen ‹Hausaufgaben, Hausarbeit, Examen, Striptease, Handstand›; vollbringen ‹Tat›; tun, erfüllen ‹Pflicht›; tun, verrichten ‹Arbeit›; ausführen ‹Malerarbeiten›; vorführen ‹Trick, Nummer, Tanz›; durchführen ‹Test›; aufführen ‹Stück›; singen ‹Lied›; mitmachen ‹Rennen, Wettbewerb›; spielen ‹Musikstück, Rolle›; tun ‹Buße›; **do the shopping / washing-up / cleaning / gardening** einkaufen gehen/abwaschen/saubermachen/die Gartenarbeit erledigen; **do a test on sb.** jmdm. einem Test unterziehen; **do a lot of reading/walking etc.** viel lesen/spazierengehen usw.; **do a dance/the foxtrot** tanzen/Foxtrott tanzen; **do one's round** seine Runde machen; **is there anything we can do to help?** können wir [Ihnen] irgendwie helfen od. behilflich sein?; **have nothing to do** nichts zu tun haben; **what are you going/planning to do?** was hast du vor?; **what does he do for a living?** was macht er beruflich?; **what is 'he/'that doing here?** was hat er/das hier zu suchen?; **Don't just sit there! Do something!** Sitz nicht so tatenlos herum! Tu od. Unternimm doch etwas!; **have ethn. [already] done etw.** fertig haben od. mit etw. fertig sein; **what are you doing this evening?** was machst du heute abend?; **what am I going to do?** (baffled) was mach' ich bloß?; **do sth. to sth./sb.** etw. mit etw./jmdm. machen; **what have you done to yourself/the**

cake? was hast du bloß mit dir/dem Kuchen gemacht?; **do one or two things to the car** noch ein oder zwei Dinge am Wagen in Ordnung bringen; **how could you do this to me?** wie konntest du mir das nur antun!; **he/it does something** *or* **things to me** *(fig. coll.)* er/das macht mich an *(salopp)*; **do sth. for sb./sth.** etw. für jmdn./etw. tun; **what can I do for you?** was kann ich für Sie tun?; *(in shop)* was darf's sein?; **this dress does something/nothing for you** *(coll.)* dieses Kleid steht dir gut/nicht [gut]; **do sth. about sth./sb.** etw. gegen etw./jmdn. unternehmen; **there's nothing we can do about the noise** wir können nichts gegen den Lärm tun *od.* machen; **why don't you do something about your hair?** tu doch mal was für dein Haar!; **what are you going to do about money while you're on holiday?** wie machst du das mit dem Geld, wenn du im Urlaub bist?; **what shall we do for food?** was machen wir mit dem Essen?; **can you do anything with these apples?** kannst du etwas mit diesen Äpfeln anfangen?; **what's to do?** was ist zu tun?; **not know what to do with oneself** nicht wissen, was man machen soll; **that does it** jetzt reicht's *(ugs.)*; **that's done it** das war der ausschlaggebende Faktor; *(caused a change for the worse)* das hat das Faß zum Überlaufen gebracht; *(caused a change for the better)* das hätten wir; **that will/should do it** so müßte es gehen; *(is enough)* das müßte genügen; **he's [really] done it** *(ruined things)* er hat es [wahrlich] geschafft; *(achieved something)* er hat es [wirklich] geschafft; **do a Garbo** *(coll.)* es der Garbo *(Dat.)* gleichtun; **how many miles has this car done?** wie viele Kilometer hat der Wagen gefahren?; **the car does** *or* **can do/was doing about 100 m.p.h./does 45 miles to the gallon** das Auto schafft/fuhr mit ungefähr 160 Stundenkilometer/frißt *(ugs.) od.* braucht sechs Liter pro 100 Kilometer; **c)** *(spend)* **do a spell in the armed forces** eine Zeitlang bei der Armee sein; **how much longer have you to do at college?** wie lange mußt du noch aufs College gehen?; **d)** *(produce)* machen ⟨*Übersetzung, Kopie*⟩; schreiben ⟨*Gedicht, Roman, Brief*⟩; anfertigen ⟨*Bild, Skulptur*⟩; herstellen ⟨*Artikel, Produkte*⟩; schaffen ⟨*Pensum*⟩; **e)** *(provide)* haben ⟨*Vollpension, Mittagstisch*⟩; *(coll.: offer for sale)* führen; *(effect)* erreichen; **f)** *(deal with)* *(prepare)* machen ⟨*Bett, Frühstück*⟩; *(work on)* machen *(ugs.)*, fertig machen ⟨*Garten, Hecke*⟩; *(clean)* saubermachen; putzen ⟨*Schuhe, Fenster*⟩; machen *(ugs.)* ⟨*Treppe*⟩; *(arrange)* [zurecht]machen ⟨*Haare*⟩; fertig machen ⟨*Korrespondenz, Akten, Zimmer*⟩; *(make up)* schminken ⟨*Lippen, Augen, Gesicht*⟩; machen *(ugs.)* ⟨*Nägel*⟩; *(cut)* schneiden ⟨*Nägel*⟩; schneiden ⟨*Gras, Hecke, Blumen*⟩; *(paint)* machen *(ugs.)* ⟨*Zimmer*⟩; streichen ⟨*Haus, Möbel*⟩; *(attend to)* sich kümmern um ⟨*Bücher, Rechnungen, Korrespondenz*⟩; abfertigen ⟨*Patienten*⟩; *(repair)* in Ordnung bringen; machen ⟨*Garten*⟩; *(wash)* abwaschen ⟨*Geschirr*⟩; **a living-room done in blue** ein blau gestrichenes Wohnzimmer; **g)** *(cook)* braten; **how do you like your meat done?** wie hätten Sie gern das Fleisch?; **well done** durch[gebraten]; **the meat isn't/the potatoes aren't done [enough] yet** das Fleisch ist/die Kartoffeln sind noch nicht richtig durch *od.* gar; **h)** *(solve)* lösen ⟨*Problem, Rätsel*⟩; machen ⟨*Puzzle, Kreuzworträtsel*⟩; **i)** *(translate)* übersetzen; **j)** *(study, work at)* machen; machen ⟨*Abiturfach*⟩; durchnehmen ⟨*Wissensgebiet*⟩; **do history at university** Geschichte studieren; **k)** *(play the part of)* spielen; *(impersonate)* imitieren; nachmachen; *(act like)* spielen; mimen *(ugs.)*; **l)** *(sl.: rob)* einsteigen in (+ *Akk.*) ⟨*Haus*⟩ *(ugs.)*; **m)** *(sl.: prosecute)* **do sb. [for sth.]** jmdn. wegen etw. rankriegen *(ugs.)*; **n)** *(sl.: with sexual intercourse)* **do sb.** jmdn. bumsen *(salopp)*; **do it [with sb.]** es [mit jmdm.] machen *(salopp)*; **o)** *(sl.: swindle)* reinlegen *(ugs.)*; **do sb. out of sth.** jmdn. um etw. bringen; **p)** *(sl.) (defeat, kill)* fertigmachen *(ugs.)*; *(ruin)* erledigen *(ugs.)*; **q)** *(coll.: exhaust)* schaffen *(ugs.)*; fertigmachen *(ugs.)*; **we were completely done [in** *or* **up]** wir waren total geschafft *(ugs.) od.* fix und fertig *(ugs.)*; **r)** *(traverse)* schaffen ⟨*Entfernung*⟩; **s)** *(sl.: undergo)* absitzen, *(salopp)* abreißen ⟨*Strafe*⟩; **t)** *(coll.: visit)* besuchen; **do Europe in three weeks** Europa in drei Wochen absolvieren *od.* abhaken *(ugs.)*; **u)** *(Brit. coll.: provide sth. for)* versorgen; **do oneself well** es sich *(Dat.)* gutgehen lassen; **v)** *(satisfy)* zusagen (+ *Dat.*); *(suffice for, last)* reichen (+ *Dat.*); **do sb. very nicely/better** jmdn. voll und ganz/mehr zusagen; **we've got enough food here to do us for a week** wir haben genug Essen für eine Woche hier. **2.** *v. i., forms as* **1: a)** *(act)* tun; *(perform)* spielen; **you can do just as you like** du kannst machen, was du willst; **do as they do** mach es wie sie; **b)** *(perform deeds)* **do or die** kämpfen oder untergehen; **do-or-die** verzweifelt ⟨*Versuch, Angriff*⟩; wild entschlossen ⟨*Gesichtsausdruck*⟩; **c)** *(fare)* **how are you doing?** wie geht's dir?; **d)** *(get on)* vorankommen; *(in exams)* abschneiden; **how are you doing at school?** wie geht es in der Schule?; was macht die Schule?; **do well/badly at school** gut/schlecht in der Schule sein; **e) how do you do?** *(formal)* guten Tag/Morgen/Abend!; **f)** *(coll.: manage)* **how are we doing for time** *or* **as regards time?** wie steht es mit der Zeit aus?; **g)** *(finish)* **have done with** see **done e**; **h)** *(serve purpose)* es tun; *(suffice)* [aus]reichen; *(be suitable)* gehen; **would that do?** tut's das [auch]?; **that won't do** das geht nicht; **that will never do** das geht einfach nicht; **you won't do, Peter** du bist nicht gut genug, Peter; **nothing but the best will do for her** das Beste ist gerade gut genug für sie; **that will do!** jetzt aber genug!; **it doesn't/wouldn't do to tell lies/be late for work/believe all that one is told** es ist/wäre nicht gut zu lügen/zu spät zur Arbeit zu kommen/alles zu glauben, was einem gesagt wird; **i)** *(be usable)* **do for** *or* **as sth.** als etw. benutzt werden können; **make do** see **make 1 t**; **j)** *(happen)* **what's doing?** was ist los?; **what's doing at your place?** was ist bei euch los?; was läuft bei euch? *(ugs.)*; **there's nothing doing on the job market** es tut sich nichts auf dem Arbeitsmarkt *(ugs.)*; **Nothing doing. He's not interested** Nichts zu machen *(ugs.)*. Er ist nicht interessiert; **what's to do?** was ist los? *See also* **doing; done. 3.** *v. substitute, forms as* **1: a)** *replacing v.: usually not translated*; **you mustn't act as he does** du darfst nicht so wie er handeln; **if you drank as much water as you do coffee** wenn du soviel Wasser trinken würdest, wie du Kaffee trinkst; **b)** *replacing v. and obj. etc.* **he read the Bible every day as his father did before him** er täglich in der Bibel, wie es schon sein Vater vor ihm getan hatte *od.* wie schon vor ihm sein Vater; **as they did in the Middle Ages** wie sie es im Mittelalter taten; wie im Mittelalter; **if I ate as much chocolate as you do** wenn ich soviel Schokolade äße wie du; **you might not want to ..., but if you do, ...:** du willst vielleicht nicht ..., falls aber doch, ...; **c)** *as ellipt. aux.* **You went to Paris, didn't you? – Yes, I did** Du warst doch in Paris, oder *od.* nicht wahr? – Ja[, stimmt *od.* war ich]; **d)** *with 'so', 'it', 'which', etc.* **I knew John Lennon. – So did I** Ich kannte John Lennon. – Ich auch; **if you want to go abroad then do so** wenn du ins Ausland reisen willst, tu es [ruhig]; **go ahead and do it** nur zu; **then please do so within 10 days** dann [tun Sie das] bitte innerhalb von 10 Tagen; **e)** *in emphatic repetition* **come in, do!** komm doch herein!; **take a seat, do!** nehmen Sie doch Platz!; **f)** *in tag questions* **I know you from somewhere, don't I?** wir kennen uns doch irgendwoher, nicht?; **he doesn't by any chance play the guitar, does he?** er spielt nicht zufällig Gitarre, oder?; **so you enjoyed yourself in Spain, did you?** es hat Ihnen also in Spanien gefallen, ja?. **4.** *v. aux.* + *inf. as pres. or past, forms as* **1: a)** *for special emphasis* **I do love Greece** Griechenland gefällt mir wirklich gut; ich liebe Griechenland ganz einfach; **I do apologize** es tut mir wirklich leid; **you do look glum** du siehst ja so bedrückt aus; **you do smoke a lot** du rauchst ja wirklich viel; **so we did go after all** also gingen wir schließlich doch; **but I tell you, I did see him** aber ich sage dir doch, daß ich ihn gesehen habe; **b)** *for inversion* **little did he know that ...:** er hatte keine Ahnung, daß ...; **rarely do such things happen** so etwas passiert nur selten; **did he but realize it** wenn ihm das bloß klar wäre!; **c)** *in questions* **do you know him?** kennst du ihn?; **what does he want?** was will er?; **doesn't/didn't he want** *or* **does/did he not want to accompany us?** will/wollte er uns nicht begleiten?; **didn't they look wonderful?** haben sie nicht wunderhübsch ausgesehen?; **d)** *in negation* **I don't** *or* **do not wish to take part** ich möchte nicht teilnehmen; **e)** *in neg. commands* **don't** *or* **do not expect to find him in a good mood** erwarten Sie nicht, daß Sie ihn in guter Stimmung antreffen; **children, do not forget ...:** Kinder, vergeßt [ja] nicht ...; **don't be so noisy!** seid [doch] nicht so laut!; **don't worry yourselves** macht euch keine Sorgen; **don't!** tu's/tut's/tun Sie's nicht!; **f)** + *inf. as imper. for emphasis etc.* **do sit down, won't you?** bitte setzen Sie sich doch!; wollen Sie sich nicht setzen?; **do let us know how you ...:** sag uns aber Bescheid, wie du ...; **do be quiet, Paul!** Paul, sei doch mal ruhig!; **do hurry up** beeil dich doch!; **do cheer up!** Kopf hoch!

do a'way with *v. t.* abschaffen

'**do by** *v. t.* **do well by sb.** jmdn. gut behandeln; **he felt hard done by** er fühlte sich zurückgesetzt *od.* schlecht behandelt; **do as you would be done by** handle so, wie du behandelt werden möchtest

do 'down *v. t.* **a)** *(coll.)* **a)** *(get the better of)* ausstechen; **b)** *(speak ill of)* schlechtmachen; heruntermachen *(ugs.)*

'**do for** *v. t.* **a)** *see* **'do 2 i; b)** *(coll.: destroy)* **do for sb.** jmdn. fertigmachen *od.* schaffen *(ugs.)*; **do for sth.** etw. kaputtmachen *(ugs.)*; **be done for** *(exhausted)* fix und fertig *(ugs.) od.* ganz geschafft *(ugs.)* sein; **if we don't do better next time we're done for** wenn wir das nächste Mal nicht besser sind, sind wir erledigt; **c)** *(Brit. coll.: keep house for)* **do for sb.** für jmdn. sorgen; ⟨*Putzfrau*⟩ für *od.* bei jmdm. putzen

do 'in *v. t. (sl.)* kaltmachen *(salopp)*; alle machen *(derb)*; *see also* '**do 1 q**

do 'out *v. t.* **a)** *(clean)* saubermachen; **b)** *(redecorate)* streichen; *(in wallpaper)* tapezieren; *(decorate, furnish)* herrichten

do 'over *v. t.* **a)** *(sl.: beat)* zusammenschlagen; **b)** *(Amer. coll.: do again)* noch einmal machen

do 'up 1. *v. t.* **a)** *(fasten)* zumachen; binden ⟨*Schnürsenkel, Fliege*⟩; **b)** *(wrap)* einpacken; verpacken; *(arrange)* zurechtmachen; **she did her hair up in a bun** sie machte sich *(Dat.)* einen Knoten; **c)** *(adorn)* zurechtmachen ⟨*Menschen*⟩; schmücken ⟨*Kutsche, Pferd, Haus*⟩; dekorieren ⟨*Haus*⟩. **2.** *v. i.* ⟨*Kleid, Reißverschluß, Knopf usw.:*⟩ zugehen

'**do with** *v. t.* **a)** *(get by with)* auskommen

mit; *(get benefit from)* **I could do with a glass of orange-juice** ich könnte ein Glas Orangensaft vertragen *(ugs.)*; **he could do with a good hiding** eine Tracht Prügel würde ihm nicht schaden; **b) have to do with** zu tun haben mit; **have something/nothing/little to do with sth./sb.** etwas/nichts/wenig mit etw./jmdm. zu tun haben; **it's to do with that job I applied for** es geht um die Stelle, für die ich mich beworben habe
'**do without** *v. t.* **do without sth.** ohne etw. auskommen; auf etw. *(Akk.)* verzichten; **he could not do without her** er konnte nicht ohne sie leben; **he can't do without drink** er kann das Trinken nicht lassen; *abs.* **you've never had to do with'out** du hast nie auf etwas verzichten müssen
²**do** [du:] *n., pl.* **dos** *or* **do's** [du:z] **a)** *(sl.: swindle)* Schwindel, *der;* krumme Sache *(ugs.);* **b)** *(Brit. coll.: festivity)* Feier, *die;* Fete, *die (ugs.);* **c)** *in pl.* **the dos and don'ts** die Ge- und Verbote (**of** *Gen.*); **the dos and don'ts of bringing up children** was man bei der Kindererziehung tun und lassen sollte; **d)** *in pl. (Brit. coll.)* **fair dos!** gleiches Recht für alle
³**do** *see* **doh**
do. *abbr.* ditto do.; dto.
doc [dɒk] *n. (coll.)* Doktor, *der (ugs.); as address* Herr/Frau Doktor
docile ['dəʊsaɪl] *adj.* sanft; *(submissive)* unterwürfig
docilely ['dəʊsaɪlɪ] *adv.* unterwürfig ⟨*sich verhalten*⟩
docility [də'sɪlɪtɪ] *n., no pl.* Sanftmut, *die; (submissiveness)* Unterwürfigkeit, *die*
¹**dock** [dɒk] **1.** *n.* **a)** *(Naut.)* Dock, *das;* **the ship came into ~:** das Schiff ging in[s] Dock; **be in ~:** im Dock liegen; *(coll.: in hospital)* im Krankenhaus liegen; **b)** *usu. in pl. (area)* Hafen, *der;* **at the ~s in Hull** im Hafen von Hull; **down by the ~[s]** unten im Hafen; **c)** *(Amer.) (ship's berth)* Kai, *der; (for trucks etc.)* Laderampe, *die.* **2.** *v. t.* **a)** *(bring into ~)* [ein]docken; **b)** *(Astronaut.)* docken. **3.** *v. i.* **a)** *(come into ~)* anlegen; **b)** *(Astronaut.)* docken
²**dock** *n. (in lawcourt)* Anklagebank, *die;* **stand/be in the ~** *(lit. or fig.)* ≈ auf der Anklagebank sitzen; **put sb. in the ~** *(lit. or fig.)* ≈ jmdn. auf die Anklagebank bringen
³**dock** *n. (Bot.)* Ampfer, *der*
⁴**dock** *v. t.* **a)** *(cut short)* kupieren ⟨*Hund, Pferd, Schwanz*⟩; **b)** *(lessen)* kürzen ⟨*Lohn, Stipendium usw.*⟩; **he had his pay ~ed by £14, he had £14 ~ed from his pay** sein Lohn wurde um 14 Pfund gekürzt
docker ['dɒkə(r)] *n.* Hafenarbeiter, *der;* Schauermann, *der;* Docker, *der*
docket ['dɒkɪt] **1.** *n.* **a)** *(Brit. Commerc.: list)* Liste, *die;* **b)** *(Brit.: custom-house warrant)* Zollquittung, *die;* **c)** *(voucher)* Bestellschein, *der; (delivery note)* Lieferschein, *der;* **d)** *(endorsement on documents etc.)* [Register mit] Inhaltsangabe. **2.** *v. t. (endorse)* mit Inhaltsangabe versehen; *(label)* etikettieren
dock: ~-land *n.* das Hafenviertel; **~-yard** *n.* Schiffswerft, *die*
doctor ['dɒktə(r)] **1.** *n.* **a)** *(physician)* Arzt, *der*/Ärztin, *die;* Doktor, *der (ugs.); as title* ~**'s orders** ärztliche Anweisung; **just what the ~ ordered** [ganz] genau das richtige!; **an apple a day keeps the ~ away** *(prov.)* [iß] täglich einen Apfel, und du bleibst gesund; **you're the ~** *(coll.)* Sie sind der Fachmann; **works ~:** Werksarzt, *der;* **b)** *(Amer.: dentist)* Zahnarzt, *der*/-ärztin, *die;* **c)** *(Amer.: veterinary surgeon)* Tierarzt, *der*/-ärztin, *die;* **d)** *(holder of degree)* Doktor, *der* der Medizin/Theologie; **D~ of Divinity** Doktor der Medizin/Theologie; **graduate as ~, do one's ~'s degree** promovieren; seinen Doktor machen *(ugs.).* **2.** *v. t. (coll.)* **a)** *(falsify)* verfälschen

⟨*Dokumente, Tonbänder*⟩; frisieren *(ugs.)* ⟨*Bilanzen, Bücher*⟩; *(adulterate)* panschen *(ugs.)* ⟨*Wein*⟩; verwürzen ⟨*Gericht*⟩; *(improve by altering)* verfeinern ⟨*Gericht*⟩; verschönern ⟨*Aussehen*⟩; **her punch had been ~ed with something** ihrem Punsch war etwas beigemischt worden; **b)** *(treat)* behandeln ⟨*Patienten*⟩; **~ oneself** sein eigener Arzt sein; **c)** *(patch up)* zusammenflicken *(ugs.);* **d)** *(sterilize)* sterilisieren ⟨*Tier*⟩
doctoral ['dɒktərl] *adj.* Doktor-; **~ thesis** Dissertation, *die*
doctorate ['dɒktərət] *n.* Doktorwürde, *die;* **do a ~:** seinen Doktor machen *(ugs.);* promovieren
doctrinaire [dɒktrɪ'neə(r)] *adj.* doktrinär
doctrinal [dɒk'traɪnl, 'dɒktrɪnl] *adj.,* **doctrinally** [dɒk'traɪnəlɪ, 'dɒktrɪnəlɪ] *adv.* doktrinell
doctrine ['dɒktrɪn] *n.* **a)** *(principle)* Lehre, *die;* **the ~ of free speech/equality** der Grundsatz der Redefreiheit/der Gleichheitsgrundsatz; **educational ~s** pädagogische Grundsätze; **b)** *(body of instruction)* Doktrin, *die;* Lehrmeinung, *die*
document 1. ['dɒkjʊmənt] *n.* Dokument, *das;* Urkunde, *die;* **all the necessary ~s** die erforderlichen Unterlagen. **2.** ['dɒkjʊment] *v. t.* **a)** *(prove by document[s])* dokumentieren; [mit Dokumenten] belegen; **b)** *(furnish with document[s])* **be well ~ed** ⟨*Leben, Zeit usw.:*⟩ gut belegt sein
documentary [dɒkjʊ'mentərɪ] **1.** *adj.* **a)** *(pertaining to documents)* dokumentarisch, urkundlich ⟨*Beweis*⟩; **b)** *(factual)* dokumentarisch; **~ film** Dokumentarfilm, *der.* **2.** *n. (film)* Dokumentarfilm, *der*
documentation [dɒkjʊmen'teɪʃn] *n.* **a)** *(documenting)* Dokumentation, *die;* **b)** *(material)* Dokument, *das;* Beweisstücke
dodder ['dɒdə(r)] *v. i.* **a)** *(totter)* wacklig gehen; **b)** *(tremble)* zittern
dodderer ['dɒdərə(r)] *n.* Tattergreis, *der (ugs.)*
doddery ['dɒdərɪ] *adj.* tatterig *(ugs.)* ⟨*alter Mann*⟩; zittrig ⟨*Beine, Bewegungen*⟩
doddle ['dɒdl] *n. (Brit. coll.)* Kinderspiel, *das (fig.)*
dodecaphonic [dəʊdekə'fɒnɪk] *adj. (Mus.)* Zwölfton-
dodge [dɒdʒ] **1.** *v. i.* **a)** *(move quickly)* ausweichen; **~ [out of sight]** schnell verschwinden; **~ behind the hedge/the trees** hinter die Hecke/die Bäume springen *od.* schlüpfen; **~ out of the way/to the side** zur Seite springen; **b)** *(move to and fro)* ständig in Bewegung sein; **~ through the traffic** sich durch den Verkehr schlängeln. **2.** *v. t.* **a)** *(elude by movement)* ausweichen (+ *Dat.*) ⟨*Schlag, Hindernis usw.*⟩; entkommen (+ *Dat.*) ⟨*Polizei, Verfolger*⟩; *(avoid)* sich drücken vor (+ *Dat.*) ⟨*Wehrdienst*⟩; umgehen ⟨*Steuer*⟩; aus dem Weg gehen (+ *Dat.*) ⟨*Frage, Problem*⟩; *(evade by trickery)* austricksen *(ugs.);* **~ doing sth.** es umgehen, etw. zu tun; sich davor drücken, etw. zu tun; *see also* **column. 3.** *n.* **a)** *(move)* Sprung zur Seite; **b)** *(trick)* Trick, *der;* **he's up to all the ~s** er ist mit allen Wassern gewaschen
dodgem ['dɒdʒəm] *n.* [Auto]skooter, *der; in pl.* [Auto]skooterbahn, *die;* **have a ride/go on the ~s** Autoskooter fahren
dodger ['dɒdʒə(r)] *n.* Drückeberger, *der (ugs. abwertend)*
dodgy ['dɒdʒɪ] *adj.* **a)** *(cunning)* gerissen *(ugs.);* ausgekocht *(ugs.);* **b)** *(Brit. coll.) (unreliable)* unsicher; schwach ⟨*Knie, Herz usw.*⟩; *(awkward)* verzwickt; vertrackt; *(tricky)* knifflig; *(risky)* gewagt; heikel; **the car's a bit ~** sometimes das Auto hat hin und wieder seine Mucken *(ugs.)*
dodo ['dəʊdəʊ] *n. (Zool.)* Dodo, *der;* Dronte, *die;* **[as] dead as the** *or* **a ~:** völlig ausgestorben
doe [dəʊ] *n. (Zool.)* **a)** *(deer)* Damtier, *das;*

Damgeiß, *die;* **b)** *(hare)* Häsin, *die;* **c)** *(rabbit)* [Kaninchen]weibchen, *das*
DOE *abbr. (Brit.)* **Department of the Environment** Umweltministerium, *das*
does [dʌz] *see* ¹**do**
'**doe-skin** *n.* **a)** Rehfell, *das;* **b)** *(leather)* Rehleder, *das;* **c)** *(fine cloth)* Doeskin, *der*
doesn't ['dʌznt] *(coll.)* = **does not**; *see* '**do**
doff [dɒf] *v. t.* sich entledigen (+ *Gen.*) ⟨*Kleidung*⟩; abnehmen ⟨*Hut*⟩
dog [dɒg] **1.** *n.* **a)** Hund, *der;* **not [stand** *or* **have] a ~'s chance** nicht die geringste Chance [haben]; **I was as sick as a ~:** mir war hundeelend; *(fig.)* ich hätte heulen können; **it shouldn't happen to a ~:** das würde man seinem ärgsten Feind nicht wünschen; **dressed up/done up like a ~'s dinner** *(coll.)* aufgeputzt wie ein Pfau *(ugs.); (Frau:)* aufgetakelt wie eine Fregatte *(ugs.);* **a hair of the ~ [that bit one]** ein Schluck gegen den Kater; **give a ~ a bad name [and hang him]** einmal in Verruf gekommen, bleibt man immer verdächtig; **go to the ~s** vor die Hunde gehen *(ugs.);* **help a lame ~ over a stile** einem Bedürftigen unter die Arme greifen; **love me, love my ~:** man muß mich so nehmen, wie ich bin; **a ~ in the manger** ein Biest, das keinem was gönnt; **~-in-the-manger** mißgünstig ⟨*Benehmen*⟩; **put on ~** *(coll.)* angeben; **be like a ~ with two tails** sich freuen wie ein Schneekönig *(ugs.);* **see a man about a ~:** etwas erledigen; *(visit lavatory)* hingehen, wo auch der Kaiser zu Fuß hingeht *(scherzh.);* **there's life in the old ~ yet** er ist noch ganz schön fit für sein Alter *(ugs.);* er gehört noch nicht zum alten Eisen *(ugs.);* **you can't teach an old ~ new tricks** alte Menschen können sich nicht mehr umstellen; **the ~s** *(Brit. coll.: greyhound-racing)* das Windhundrennen; **try it on the ~:** als Versuchskaninchen benutzen; *see also* **cat a; day e; hot; sleeping; b)** *(Hunting)* [Jagd]hund, *der;* **[you must] let the ~ see the rabbit** *(fig.)* laß mich mal ran *(ugs.); (sb. must be given a fair chance)* du mußt ihn usw. ranlassen; **c)** *(male ~)* Rüde, *der;* **d)** *(despicable person; coll.: fellow)* Hund, *der (derb);* **you ~!** du Hund[esohn]! *(derb);* **wise old ~/clever old ~/sly ~/cunning ~:** schlauer Fuchs *(ugs.).* **2.** *v. t.,* **-gg-** *(follow)* verfolgen; *(fig.)* heimsuchen; verfolgen; **~ sb.'s steps** jmdm. hart auf den Fersen bleiben
dog: ~-biscuit *n.* Hundekuchen, *der;* **~-breeder** *see* **breeder; ~-cart** *n.* Dogcart, *der;* **~-collar** *n.* **a)** [Hunde]halsband, *das;* **b)** *(joc.: clerical collar)* Kollar, *das;* **~ days** *n. pl.* Hundstage *Pl.;* **~-dirt** *n. (coll.)* Hundedreck, *der (ugs.)*
doge [dəʊdʒ] *n. (Hist.)* Doge, *der*
dog: ~-eared *adj.* **~-eared book** ein Buch mit Eselsohren; **~-eat-'~** *adj.* gnadenlos; **~-end** *n. (sl.)* Kippe, *die (ugs.);* **~-fight** *n.* **a)** Hundekampf, *der;* *(fig.)* Handgemenge, *das;* **b)** *(between aircraft)* Luftkampf, *der;* **~-fish** *n.* **[spotted/spiny] ~:** Katzen-/Dornhai, *der*
dogged ['dɒgɪd] *adj.* hartnäckig ⟨*Weigerung, Verurteilung*⟩; zäh ⟨*Durchhaltevermögen, Ausdauer*⟩; beharrlich ⟨*Haltung, Kritik*⟩
doggedly ['dɒgɪdlɪ] *adv. see* **dogged:** hartnäckig; zäh; beharrlich
doggerel ['dɒgərəl] **1.** *adj.* holp[e]rig, unbeholfen ⟨*Übersetzung, Geschreibsel*⟩; **~ verse** *or* **rhyme** Knittelvers, *der.* **2.** *n.* Knittelvers, *der*
doggie ['dɒgɪ] *n. (coll.)* Hündchen, *das*
'**doggie-bag** *n. (coll.)* Tüte, in der man Essensreste [bes. von einer Mahlzeit im Restaurant] mit nach Hause nimmt
doggo ['dɒgəʊ] *adv. (coll.)* **lie ~:** sich nicht mucksen *(ugs.) od.* rühren
doggone ['dɒgɒn] *adj., adv. (Amer. sl.)* verdammt

doggy see doggie
dog: ~house *n.* a) *(Amer.)* Hundehütte, *die;* b) be in the ~house *(sl.: in disgrace)* in Ungnade sein; verschissen haben *(derb);* he is in the ~house *(in family life)* bei ihm hängt der Haussegen schief; ~-**leg** *n.* Knick, *der;* ~ **licence** *n.* Hundesteuerbescheinigung, *die;* ~**like** *adj.* hundeähnlich ⟨*Aussehen*⟩; hündisch ⟨*Ergebenheit*⟩
dogma ['dɒgmə] *n.* Dogma, *das*
dogmatic [dɒg'mætɪk] *adj.* dogmatisch; ~ **theology** Dogmatik, *die;* **be ~ about sth.** in etw. (Dat.) dogmatisch sein
dogmatically [dɒg'mætɪkəlɪ] *adv.* dogmatisch
dogmatism ['dɒgmətɪzm] *n.* Dogmatismus, *der*
do-gooder [du:'gʊdə(r)] *n.* Wohltäter, *der (iron.);* (*reformer*) Weltverbesserer, *der (iron.)*
dog: ~-**paddle** *v. i.* Hundepaddeln machen; ~**rose** *n. (Bot.)* Hundsrose, *die;* ~**sbody** *n. (Brit. coll.)* Mädchen für alles; ~'**s breakfast** *n. (sl.)* Bockmist, *der (salopp);* make a ~'s breakfast of sth. etw. verbocken *(ugs.);* ~'**s life** *n.* a ~'s life ein Hundeleben *(ugs.);* give *or* lead sb. a ~'s life jmdn. schäbig behandeln; ~-**star** *n.* Sirius, *der;* Hundsstern, *der;* ~-**tag** *n. (lit. or fig.)* Hundemarke, *die;* ~-'**tired** *adj.* hundemüde; ~-**tooth** *n. (Archit.)* Hundszahnornament, *das;* ~-**trot** *n.* gemächlicher Trott; ~-**violet** *n. (Bot.)* Hundsveilchen, *das;* ~-**watch** *n. (Naut.) (from 4 p.m. to 6 p.m./ from 6 p.m. to 8 p.m.)* 1./2. Plattfuß, *der (Seemannsspr.);* ~-**wood** *n. (Bot.)* Hartriegel, *der;* Hornstrauch, *der*
doh [dəʊ] *n. (Mus.)* do
doily ['dɔɪlɪ] *n.* [Spitzen-, Zier]deckchen, *das*
doing ['du:ɪŋ] 1. *pres. p. of* ¹**do. 2.** *n.* a) *vbl. n. of* ¹**do;** b) *no pl.* Tun, *das;* **be [of] sb.'s ~:** jmds. Werk sein; **it was not [of]** *or* **none of his ~:** er hatte nichts damit zu tun; **that takes a lot of/some ~:** da gehört sehr viel/ schon etwas dazu; c) *in pl.* sb.'s ~s *(actions)* jmds. Tun und Treiben; **the ~s** *(sl.)* die Dinger *(ugs.);* *(thing with unknown name)* die Dings *(ugs.)*
do-it-yourself [du:ɪtjə'self] 1. *adj.* Do-it-yourself-; ~ **equipment** Heimwerkerausrüstung, *die.* 2. *n.* Heimwerken, *das;* Do-it-yourself, *das*
doldrums ['dɒldrəmz] *n. pl.* a) *(low spirits)* Niedergeschlagenheit, *die;* Trübsinn, *der;* **in the ~:** niedergeschlagen; b) *(Naut.)* **in the ~:** ohne Wind; *(fig.)* in einer Flaute
dole [dəʊl] 1. *n. (coll.)* the ~: Stempelgeld, *das (ugs.);* Stütze, *die (ugs.);* **draw the ~:** Stempelgeld *od.* Stütze kriegen; **be/go on the ~:** stempeln gehen *(ugs.).* 2. *v. t.* ~ **out** [in kleinen Mengen] verteilen; [sparsam] austeilen
doleful ['dəʊlfl] *adj.* traurig ⟨*Augen, Blick, Gesichtsausdruck*⟩
dolefully ['dəʊlfəlɪ] *adv. (sadly)* traurig; trübselig
doll [dɒl] 1. *n.* a) *(small model of person, dummy)* Puppe, *die;* b) *(pretty but silly woman)* Dummchen, *das (ugs.);* Püppchen, *das (ugs.); (sl.: young woman)* Mieze, *die (ugs.).* 2. *v. t.* ~ **up** herausputzen; herausstaffieren *(abwertend);* ⟨*Frau*⟩ *(abwertend);* she was all ~ed up sie war so richtig aufgedonnert *(abwertend)*
dollar ['dɒlə(r)] *n.* Dollar, *der;* **feel/look like a million ~s** *(coll.)* sich pudelwohl fühlen *(ugs.)*/tipptopp aussehen *(ugs.);* **sixty-four thousand] ~ question** *(lit. or fig.)* Preisfrage, *die; see also* **bottom 2 b**
dollar: ~ '**bill** *n.* Dollarnote, *die;* ~ **sign** *n.* Dollarzeichen, *das*
'**dollhouse** *(Amer.) see* **doll's house**
dollop ['dɒləp] 1. *n. (coll.)* Klacks, *der (ugs.).* 2. *v. t. (coll.)* klatschen *(ugs.)*
doll's house *n.* Puppenhaus, *das*

dolly ['dɒlɪ] *n.* a) Puppe, *die;* Püppchen, *das; (child language)* Püppi, *die (Kinderspr.);* b) *see* **dolly-bird**
'**dolly-bird** *n. (coll.)* Mieze, *die (ugs.)*
dolmen ['dɒlmən] *n. (Archaeol.)* Dolmen, *der*
Dolomites ['dɒləmaɪts] *pr. n. pl.* the ~: die Dolomiten
dolorous ['dɒlərəs] *adj. (literary/dated)* a) *(dismal)* düster; trist; schwermütig ⟨*Klang*⟩; *(distressing)* bedrückend ⟨*Nachricht, Vorstellung*⟩; b) *(distressed)* gequält ⟨*Blick, Ausdruck, Seufzer*⟩
dolphin ['dɒlfɪn] *n. (Zool., Her., Sculpture)* Delphin, *der*
dolt [dəʊlt] *n.* Tölpel, *der;* Tolpatsch, *der*
domain [də'meɪn] *n.* a) *(estate)* Gut, *das;* Ländereien *Pl.; (of the State; also fig.)* Domäne, *die; see also* **public domain;** b) *(field)* Domäne, *die (geh.);* ⟨*Arbeits-, Wissens-, Aufgaben*⟩gebiet, *das*
dome [dəʊm] *n.* Kuppel, *die; (fig.)* Gewölbe, *das*
Domesday [Book] ['du:mzdeɪ (bʊk)] *n.* das Reichsgrundbuch Englands aus dem Jahre 1086
domestic [də'mestɪk] 1. *adj.* a) *(household)* häuslich ⟨*Verhältnisse, Umstände*⟩; *(family)* familiär ⟨*Atmosphäre, Angelegenheit, Reibereien*⟩; ⟨*Wasserversorgung, Ölverbrauch*⟩ der privaten Haushalte; ~ **servant** Hausangestellte, *der/-*gehilfin, *die;* ~ **help** Haushaltshilfe, *die;* ~ **waste** Hausmüll, *der;* ~ **life** Familienleben, *das;* b) *(of one's own country)* inländisch; einheimisch ⟨*Produkt, Tier-/ Pflanzenart*⟩; innenpolitisch ⟨*Problem, Auseinandersetzungen*⟩; *(home-produced)* im Inland hergestellt; ~ **economy/trade** Binnenwirtschaft, *die*/Binnenhandel, *der;* c) *(kept by man)* ⟨*Tier*⟩ **animal** Haustier, *das;* ~ **rabbit/cat** Hauskaninchen, *das*/Hauskatze, *die;* d) *(fond of home life)* häuslich [veranlagt]. 2. *n.* Domestik, *der (veralt.);* Hausangestellte, *der/die*
domesticate [də'mestɪkeɪt] *v. t.* a) *(make fond of home life or work)* fürs häusliche Leben begeistern; *(accustom to home life or work)* an häusliches Leben gewöhnen; b) *(naturalize)* einbürgern ⟨*Tier, Pflanze*⟩; c) *(tame)* zähmen; domestizieren *(fachspr.)*
domesticated [də'mestɪkeɪtɪd] *adj.* a) *(fond of home life or work)* häuslich; b) *(naturalized)* eingebürgert; c) *(tamed)* domestiziert *(fachspr.);* gezähmt
domesticity [dəʊmes'tɪsɪtɪ, dɒmes'tɪsɪtɪ] *n., no pl. (being domestic)* Häuslichkeit, *die*
do,mestic 'science *n., no pl.* Hauswirtschaftslehre, *die*
domicile ['dɒmɪsaɪl, 'dɒmɪsɪl] (**domicil** ['dɒmɪsɪl]) 1. *n.* a) *(home)* Heimat, *die;* b) *(Law) (place of residence)* [ständiger] Wohnsitz; *(fact of residing)* Aufenthalt, *der.* 2. *v. t.* ansiedeln
dominance ['dɒmɪnəns] *n., no pl.* Dominanz, *die;* Vorherrschaft, *die* (**over** über + Akk.); *(of colours etc.)* Vorherrschen, *das*
dominant ['dɒmɪnənt] 1. *adj.* a) dominierend *(geh.);* beherrschend; hervorstechend; herausragend ⟨*Wesens*⟩**merkmal**, Eigenschaft⟩; vorherrschend ⟨*Kultur, Farbe, Geschmack*⟩; **have a ~ position** eine beherrschende Stellung einnehmen; **be ~ over** dominieren über (+ Akk.); b) *(imposing)* beherrschend ⟨*Gebäude, Berg usw.*⟩; c) *(Mus.)* **seventh** Dominantseptakkord, *der;* d) *(Genetics)* dominant. 2. *n. (Mus.)* Dominante, *die*
dominate ['dɒmɪneɪt] 1. *v. t.* beherrschen. 2. *v. i.* ~ **over sb./sth.** jmdn./etw. beherrschen; ⟨*großer Mensch, Turm:*⟩ jmdn./etw. überragen; b) *(be the most influential)* dominieren
domination [dɒmɪ'neɪʃn] *n., no pl.* [Vor]herrschaft, *die* (**over** über + Akk.); **under Roman ~:** unter römischer Herr-

schaft; **X's ~ of the car market** die Vorherrschaft von X auf dem Automarkt
domineer [dɒmɪ'nɪə(r)] *v. i.* despotisch herrschen; ~ **over sb./sth.** jmdn./etw. tyrannisieren
domineering [dɒmɪ'nɪərɪŋ] *adj.* herrisch, herrschsüchtig ⟨*Person*⟩
Dominican [də'mɪnɪkən] 1. *adj.* dominikanisch. 2. *n.* Dominikaner[mönch], *der*
Dominican Re'public *pr. n.* the ~: die Dominikanische Republik
dominion [də'mɪnjən] *n.* a) *(control)* Herrschaft, *die* (**over** über + Akk.); [**be**] **under Roman ~:** unter römischer Herrschaft [stehen]; **have ~ over sb./a country** Macht über jmdn. haben/ein Land beherrschen; b) *usu. in pl. (feudal domains)* Ländereien *Pl.; (territory of sovereign or government)* Reich, *das;* c) *(Commonwealth Hist.)* Dominion, *das;* **the D~ of Canada** das Dominion Kanada
domino ['dɒmɪnəʊ] *n., pl.* ~**es** a) *(piece for game)* Dominostein, *der;* ~**es** *sing. (game)* Domino[spiel], *das;* **play ~es** Domino spielen; b) *(cloak)* Domino, *der*
'**domino effect** *n.* Dominoeffekt, *der*
¹**don** [dɒn] *n.* a) **Don** *(Spanish title)* Don; b) *(Spanish gentleman)* spanischer Edelmann; c) *(Univ.)* [Universitäts]dozent, *der (bes. in Oxford und Cambridge)*
²**don** *v. t.,* -**nn-** anlegen *(geh.);* anziehen ⟨*Mantel usw.*⟩; aufsetzen ⟨*Hut*⟩
donate [də'neɪt] *v. t.* spenden ⟨*Organe*⟩; stiften, spenden ⟨*Geld, Kleidung*⟩; stiften ⟨*Land*⟩; ~ **money to charity** Geld für wohltätige Zwecke stiften; **he ~d his body to science** er stellte seinen Körper der Wissenschaft zur Verfügung
donation [də'neɪʃn] *n.* Spende, *die* (**to-[wards]** für); Schenkung, *die (Rechtsspr.); (large-scale)* Stiftung, *die;* **a ~ of money/ clothes** eine Geld-/Kleiderspende; **make a ~ of £1,000 [to charity]** 1 000 Pfund [für wohltätige Zwecke] spenden *od.* stiften
done [dʌn] *adj.* a) *p.p. of* ¹**do;** **what's ~ is ~:** geschehen ist geschehen; **well ~!** großartig!; b) *(coll.: acceptable)* **it's not ~ [in this country]** das macht man [hierzulande] nicht; **it's [not] the ~ thing** es ist [nicht] üblich; c) *as int. (accepted)* abgemacht!; einverstanden!; d) *(finished)* **be ~:** vorbei sein; **be ~ with.** mit etw. fertig sein; *(fed up)* etw. satt haben; **she's ~ with him** sie ist fertig mit ihm; *(be~)* **with alcohol/cigarettes** das Trinken/Zigarettenrauchen aufgegeben haben; **is your plate ~ with?** brauchen Sie Ihren Teller noch?; **when the operation was ~ with** als die Operation vorbei *od.* beendet war; e) **have ~ [doing sth.]** aufgehört haben, etw. zu tun; **have ~ with sth./ doing sth.** mit etw. aufhören/aufhören, etw. zu tun
donjon ['dɒndʒən, 'dʌndʒən] *n.* Hauptturm, *der;* Wachtturm, *der*
donkey ['dɒŋkɪ] *n. (lit. or fig.)* Esel, *der;* **she could talk the hind leg[s] off a ~!** *(fig.)* die kann einem die Ohren abreden! *(ugs.)*
donkey: ~ **jacket** *n.* dicke, wasserundurchlässige Jacke; ~**'s years** *n. pl. (coll.)* eine Ewigkeit *(ugs.);* **for** *or* **in ~'s years** eine Ewigkeit *(ugs.);* ~-**work** *n.* Schwerarbeit, *die*
donnish ['dɒnɪʃ] *adj.* a) *(of college don)* akademisch; professoral *(oft abwertend);* b) *(pedantic)* oberlehrerhaft *(abwertend);* professoral *(abwertend)*
donor ['dəʊnə(r)] *n.* a) *(of gift)* Schenker, *der*/Schenkerin, *die; (to institution etc.)* Stifter, *der*/Stifterin, *die;* b) *(of blood, organ, etc.)* Spender, *der*/Spenderin, *die;* **be a ~ of sth.** etw. spenden; **blood ~:** Blutspender, *der*/-spenderin, *die*
Don Quixote [dɒn 'kwɪksət] *pr. n.* Don Quichotte
don't [dəʊnt] 1. *v. i. (coll.)* = **do not;** *see* ¹**do.**

215

don't-care / **double**

2. *n.* Nein, *das;* Verbot, *das;* **dos and ~s** *see* ²**do c**
don't: ~-'care *n.* Gleichgültige, *der/die;* **~-'know** *n.* jmd., der keine Meinung hat; **be a ~-know** zu etw. unentschieden sein
doodad ['du:dæd] *n. (Amer.)* **a)** *(fancy article, trivial ornament)* Spielerei, *die;* in *pl.* Kinkerlitzchen *Pl. (ugs.);* Firlefanz, *der (ugs.);* **b)** *(gadget)* Dingsbums, *das (ugs.);* Apparillo, *der (ugs.)*
doodah ['du:dɑ:] *n. (sl.)* **a)** *(gadget) see* **doodad b; b)** *(thingamy) (thing)* Dings, *das (ugs.);* Dingsbums, *das (ugs.); (person)* Dingsbums, *der/die;* Dingsda, *der/die;* **c) be all of a ~:** ganz aus dem Häuschen sein *(ugs.)*
doodle ['du:dl] **1.** *v.i.* ≈ Männchen malen; [herum]kritzeln; doodeln. **2.** *n.* Kritzelei, *die;* in *pl.* Gekritzel, *das;* Kritzeleien *Pl.*
'**doodle-bug** *n.* **a)** *(Amer. Zool.) (tigerbeetle)* Ameisenjungfer, *die; (larva)* Ameisenlöwe, *der;* **b)** *(Hist. coll.: flying bomb)* V1-Rakete, *die*
doom [du:m] **1.** *n.* **a)** *(fate)* Schicksal, *das; (ruin)* Verhängnis, *das;* **meet one's ~:** vom Schicksal heimgesucht od. *(geh.)* ereilt werden; **b)** *no pl., no art. (Last Judgement)* das Jüngste Gericht; *see also* **crack. 2.** *v.t.* verurteilen; verdammen; **~ sb./sth. to sth.** jmdn./eine Sache zu etw. verdammen *od.* verurteilen; **~ sb. to die** jmdn. dem Tode weihen *(geh.);* **be ~ed to fail** *or* **failure** zum Scheitern verurteilt sein; **be ~ed to exile** ins Exil verbannt werden; **be ~ed to** verloren sein
doomsday ['du:mzdeɪ] *n.* der Jüngste Tag; **till ~** *(fig.)* bis zum Jüngsten Tag; noch Ewigkeiten
door [dɔ:(r)] *n.* **a)** Tür, *die; (of castle, barn)* Tor, *das; (of car, coach)* Tür, *die;* [Wagen]schlag, *der;* **'~s open at 7'** „Einlaß ab 7 Uhr"; **he popped** *(coll.)* **or put his head round the ~:** er streckte den Kopf durch die Tür; **just pop a note through the ~** *(coll.)* wirf einfach einen Zettel durch den Briefschlitz; **walk sb. right to the ~:** jmdn. bis vor die *od.* bis zur Haustür begleiten; **I'll drop you at the ~:** ich bringe dich vorbei; **milk is delivered to the ~:** Milch wird an die Haustür geliefert; **lay sth. at sb.'s ~** *(fig.)* jmdm. etw. anlasten *od.* zur Last legen; **next ~:** nebenan; **the boy/girl next ~:** der Junge/das Mädchen von nebenan; **two/three ~s away [from ...]** zwei/drei Türen *od.* Häuser entfernt [von ...]; **live next ~ to sb.** neben jmdm. *od.* nebenan wohnen; **next ~ to** *(fig.) (beside)* neben (+ *Dat.); (almost) fast;* beinahe; **from ~ to ~:** von Haus zu Haus; **go from ~ to ~:** von Tür zu Tür gehen; Klinken putzen *(ugs. abwertend);* **b)** *(fig.: entrance)* Zugang, *der* (to zu); **all ~s are open/closed to him** ihm stehen alle Türen offen/sind alle Türen verschlossen; **close the ~ to sth.** etw. unmöglich machen; **have/get one's foot/keep a foot in the ~:** mit einem Fuß *od.* Bein drin sein/hineinkommen/drinbleiben; **leave the ~ open for sth.** die Tür für *od.* zu etw. offenhalten; **leave the ~ open for sb. to do sth.** jmdm. die Tür offenhalten, zu tun; **open the ~ to** *or* **for sth.** etw. möglich machen; **packed to the ~s** voll [besetzt]; gerammelt voll *(ugs.);* **show sb. the ~:** jmdm. die Tür weisen; jmdn. vor die Tür setzen *(ugs.);* **c)** *(~way)* [Tür]eingang, *der;* **walk through the ~:** zur Tür hineingehen/hereinkommen; **shop ~:** Geschäftseingang, *der;* **d) out of ~s** im Freien; draußen; **go out of ~s** nach draußen gehen; ins Freie gehen. *See also* **darken 1 b;** **indoors**
door: ~bell *n.* Türklingel, *die;* **~ chimes** *n. pl.* Türglocke, *die;* **~-handle** *n.* Türklinke, *die;* **~-keeper** *n.* Pförtner, *der;* Portier, *der;* **~-knob** *n.* Türknopf, -knauf, *der;* **~-knocker** *see* **knocker a; ~man** *n.* Portier, *der;* **~mat** *n.* Fußmatte, *die; (fig.)*

Fußabtreter, *der;* Putzlappen, *der;* **~-nail** *n.* Türnagel, *der;* Tornagel, *der; see also* **dead 1 a; ~post** *n.* Türpfosten, *der;* **~step** *n.* Eingangsstufe, *die;* Türstufe, *die; (sl.: slice)* dicke Scheibe Brot; **on one's/the ~step** *(fig.)* vor jmds./der Tür; **have sth. right on the ~step** *(fig.)* etw. direkt vor der [Haus]tür haben; **~stop.** *n.* Türanschlag, *der; (stone, wedge, etc.)* Türstopper, *der;* **~-to-~** *adj.* **~-to-~ collection** Haussammlung, *die;* **~-to-~ journey** von Haus zu Haus; **~-to-~ selling** Hausverkauf, *der;* **~-to-~ salesman** Vertreter, *der;* Hausierer, *der (abwertend);* **~way** *n.* Eingang, *der;* **~yard** *n. (Amer.) (garden-patch)* Vorgarten, *der; (yard)* Vorhof, *der*
dope [dəʊp] **1.** *n.* **a)** *(stimulant)* Aufputschmittel, *das; (sl.: narcotic)* Stoff, *der (salopp);* **~ test** Dopingkontrolle, *die;* **b)** *(sl.) (information)* Informationen *Pl.; (misleading information)* Märchen *Pl. (ugs.);* **c)** *(coll.: fool)* Dussel, *der (ugs.);* **I felt such a ~:** ich kam mir ziemlich dußlig vor *(ugs.).* **2.** *v.t. (administer stimulant to)* dopen *⟨Pferd, Athleten⟩; (administer narcotic to)* Rauschgift verabreichen (+ *Dat.); (stupefy)* betäuben. **3.** *v.i.* Rauschgift *od.* Drogen nehmen
~ 'out *v.t. (sl.)* rauskriegen *(ugs.)*
dopey ['dəʊpɪ] *adj.* **a)** benebelt *(ugs.);* **b)** *(stupid)* blöd; dämlich; bekloppt
dorm [dɔ:m] *n. (coll.) see* **dormitory a, c**
dormant ['dɔ:mənt] *adj.* untätig *⟨Vulkan⟩;* ruhend *⟨Tier, Pflanze⟩;* verborgen, schlummernd *⟨Talent, Fähigkeiten⟩;* **lie ~** *⟨Tier:⟩* schlafen *⟨Pflanze, Ei:⟩* ruhen; *⟨Talent, Fähigkeiten:⟩* schlummern; **be** *or* **lie ~** *⟨Regel, Gesetz, Anspruch:⟩* ruhen
dormer ['dɔ:mə(r)] *n.* **~ [window]** *n.* Mansardenfenster, *das*
dormitory ['dɔ:mɪtərɪ] *n.* **a)** Schlafsaal, *der;* **b)** *(commuter area)* **~ suburb** *or* **town** Schlafstadt, *die;* **c)** *(Amer.: student hostel)* Studentenwohnheim, *das*
dormouse ['dɔ:maʊs] *n., pl.* **dormice** ['dɔ:maɪs] Haselmaus, *die*
dorsal ['dɔ:sl] *adj. (Anat., Zool., Bot.)* dorsal *(fachspr.);* Rücken-
dory *n. (Naut.)* Dory, *das (fachspr.)*
dos *pl. of* **do**
dosage ['dəʊsɪdʒ] *n.* **a)** *(giving of medicine)* Dosierung, *die;* **b)** *(size of dose)* Dosis, *die*
dose [dəʊs] **1.** *n.* **a)** *(amount of medicine)* Dosis, *die;* **1.** *n.* Dosis, *die;* Quantum, *das;* **take a ~ of medicine** Medizin [ein]nehmen; **in small ~s** *(fig.)* in kleinen Mengen; **like a ~ of salts** *(sl.)* in Null Komma nichts *(ugs.);* **b)** *(amount of radiation)* Strahlen-, Bestrahlungsdosis, *die;* **c)** *(sl.: venereal infection)* Tripper, *der.* **2.** *v.t. (give medicine to)* Arznei geben (+ *Dat.);* **~ sb. with sth.** jmdm. etw. geben *od.* verabreichen
doss [dɒs] *(Brit. sl.)* **1.** *n. (bed)* was zum Pennen *(salopp); (of down-and-out)* Platte, *die (salopp).* **2.** *v.i.* pennen *(salopp);* **b) ~ down** sich hinhauen *(salopp)*
doss-house *n. (Brit. sl.)* Nachtasyl, *das*
dossier ['dɒsɪə(r), 'dɒsɪeɪ] *n.* Akte, *die; (bundle of papers)* Dossier, *das;* **compile a ~ of information** ein Dossier anlegen
dot [dɒt] **1.** *n.* **a)** Punkt, *der; (smaller)* Pünktchen, *das;* **b) on the ~:** auf den Punkt genau; **at 5 on the ~,** on the **~** of 5 Punkt 5 Uhr; **[in] the year ~** *(Brit. coll.)* Anno dunnemals *(ugs. scherzh.).* **2.** *v.t.,* **-tt-: a)** *(mark with ~)* mit Punkten/einem Punkt markieren; **~ted with white** weiß gepunktet; **b)** *(place [diacritical] ~ over)* **~ one's i's/j's** i-/j-Punkte setzen; **dot the i's and cross the t's** *(fig.)* peinlich genau sein; **c)** *(Mus.)* punktieren; **d)** *(mark as with ~s)* [be]sprenkeln; **the sky was ~ted with stars** der Himmel war von Sternen übersät; **e)** *(scatter)* **be ~ted about the place** über den ganzen Ort verstreut sein
dotage ['dəʊtɪdʒ] *n.* Senilität, *die (abwer-*

tend); Altersblödsinn, *der (fachspr.);* **be in one's ~:** senil sein
dotard ['dəʊtəd] *n.* seniler Mensch *(abwertend);* **that old ~:** der/die senile Alte
dote [dəʊt] *v.i.* **[absolutely] ~ on sb./sth.** jmdn./etw. abgöttisch lieben
doting ['dəʊtɪŋ] *adj.* vernarrt; **her ~ father/husband** ihr in sie vernarrter Vater/Mann
'**dot matrix** *n. (Computing)* Punktmatrix, *die;* **~ printer** Nadeldrucker, *der*
dotted ['dɒtɪd] *adj.* gepunktet *⟨Kleid, Linie⟩; (Mus.)* punktiert *⟨Note usw.⟩;* **sign on the ~ line** *(fig.)* unterschreiben
dotty ['dɒtɪ] *adj. (coll.)* **a)** *(silly)* dümmlich; **a ~ female** ein Dumm[er]chen *(ugs.);* **be ~ over** *or* **about sb./sth.** für jmdn./etw. schwärmen; **b)** *(feeble-minded)* schrullig *(ugs. abwertend);* vertrottelt *(ugs. abwertend);* **go ~:** vertrotteln; **c)** *(absurd)* blödsinnig *(ugs.);* verrückt *⟨Idee⟩;* **that was a ~ thing to do** das war Blödsinn *(ugs.)*
double ['dʌbl] **1.** *adj.* **a)** *(consisting of two parts etc.)* doppelt *⟨Anstrich, Stofflage, Sohle⟩;* **~ wall** Doppelwand, *die;* **b)** *(twofold)* doppelt *⟨Sandwich, Futter, Fenster, Boden⟩;* **win a ~ gold** zwei Goldmedaillen gewinnen; **give a ~ ring on the phone** das Telefon zweimal klingeln lassen; **underline sth. with a ~ line** doppelt unterstreichen; **~ sink** Doppelspüle, *die;* **sleep with a ~ layer of blankets** unter zwei Bettdecken schlafen; **c)** *(with pl.: two)* zwei *⟨Punkte, Klingen⟩;* **d)** *(for two persons)* Doppel-; **~ seat** Doppelsitz, *der;* **~ bed/room/cabin** Doppelbett, *das/*-zimmer, *das/*-kabine, *die;* **e)** *folded:* ~ einmal *od.* einfach gefaltet; **be bent ~ with pain** sich vor Schmerzen krümmen; **f)** *(having some part ~)* Doppel- *⟨adler, -heft, -stecker⟩;* **~ flower** *(Bot.)* gefüllte *od.* doppelte Blüte; **~ domino/six** Pasch/Sechserpasch, *der;* **g)** *(dual)* doppelt *⟨Sinn, [Verwendungs]zweck⟩;* **have a ~ meaning** einen doppelten Sinn haben; doppeldeutig sein; **h)** *(twice as much)* doppelt *⟨Anzahl⟩;* **a room ~ the size of this** ein doppelt so großes Zimmer wie dieses; **that's ~ what I usually eat** das ist doppelt soviel, wie ich sonst esse; **be ~ the height/width/length/area/time** doppelt so hoch/breit/lang/groß/lang sein; **be ~ the breadth/weight/cost** doppelt so breit/schwer/teuer sein; **~ the heat/strength** doppelt so heiß/stark; **at ~ the cost** zum doppelten Preis; **have ~ the responsibility** doppelt so große Verantwortung haben; **i)** *(twice as many)* doppelt so viele; **j)** *(of twofold size etc.)* doppelt *⟨Portion, Lautstärke, Kognak, Whisky⟩;* **k)** *(of extra size etc.)* doppelt so groß *⟨Anstrengung, Mühe, Schwierigkeit, Problem, Anreiz⟩;* **l)** *(deceitful)* falsch *⟨Spiel⟩.* **2.** *adv. (to twice the amount)* doppelt. **3.** *n.* **a)** *(quantity)* Doppelte, *das;* **(~ measure of whisky etc.)** Doppelte, *der;* **~ room** Doppelzimmer, *das;* **c)** *(twice as much)* das Doppelte; **b) ~ as many** doppelt so viele; **~ or quits** doppelt oder nichts; **d)** *(duplicate person)* Doppelgänger, *der*/-gängerin, *die;* **I saw somebody today who was your ~:** ich habe heute jemanden gesehen, der Ihnen zum Verwechseln ähnlich sah; **e)** *(duplicate thing)* Gegenstück, *das* (of zu); **f) at the ~:** unverzüglich; *(Mil.)* aufs schnellste; **g)** *(pair of victories)* Doppelerfolg, *der;* **b)** *(part of championships)* Double, *der;* Doppel, *das;* **i)** *(Bridge)* Verdopplung, *die;* **j)** in *pl. (Tennis etc.)* Doppel, *das;* **women's** *or* **ladies'/men's/mixed ~s** Damen-/Herrendoppel, *das/*gemischtes Doppel; **k)** *(Darts)* Wurf mit doppeltem Punktwert; **l)** *(Racing)* Doppelwette, *die.* **4.** *v.t.* **a)** verdoppeln; **(make ~)** doppelt nehmen *⟨Decke⟩;* **b)** *(Bridge, Mus.)* verdoppeln; **c)** *(Naut.)* umschiffen *⟨Kap usw.⟩;* **d)** *(clench)* ballen

⟨Faust⟩; e) *(bend over upon itself)* ~ [over] doppelt nehmen. **5.** *v. i.* **a)** sich verdoppeln; **b)** *(run)* laufen; *(turn sharply)* einen Haken schlagen; **c)** *(have two functions)* doppelt verwendbar sein; **the sofa ~s as a bed** man kann das Sofa auch als Bett benutzen
~ '**back** *v. i.* kehrtmachen *(ugs.)*
~ '**up 1.** *v. i.* **a)** sich krümmen; ~ **up with pain** sich vor Schmerzen *(Dat.)* krümmen; **b)** *(fig.)* ~ **up with laughter/mirth** sich vor Lachen/Heiterkeit krümmen; **c)** *(share quarters)* sich *(Dat.)* eine Unterkunft teilen; *(in hotel etc.)* sich *(Dat.)* ein Zimmer teilen. **2.** *v. t.* **a)** in die Knie zwingen; *(fig.)* **the sight ~d us up with laughter/mirth** bei dem Anblick krümmten wir uns vor Lachen/Heiterkeit; **be ~d up with laughter/pain** *etc.* sich vor Lachen/Schmerzen *usw.* krümmen; **b)** *(fold)* einmal falten
double: ~-'**acting** *adj.* doppelt wirkend; ~ '**agent** *n.* Doppelagent, *der*/-agentin, *die*; ~-**barrelled** *(Amer.:* ~-**barreled)** ['dʌblbærəld] *adj.* **a)** doppelläufig; ~-**barrelled |shot|gun|rifle** Doppelflinte,-büchse, *die*; **b)** *(fig.: twofold)* doppelt; Doppel-; zweifach; **c)** *(fig.: with two parts)* Doppel-; ~-**barrelled surname** *(Brit.)* Doppelname, *der*; ~-**bass** [dʌbl'beɪs] *n. (Mus.)* Kontrabaß, *der*; ~-**bedded** [dʌbl'bedɪd] *adj.* ⟨Zimmer⟩ mit Doppelbett/mit zwei Einzelbetten; ~ '**bend** *n.* S-Kurve, *die*; ~ '**bill** *n.* Doppelprogramm, *das*; ~ '**bind** *n.* Zwickmühle, *die*; **be in a** ~ **bind** in einer Zwickmühle stecken; ~-'**blind** *(Med., Psych.)* **1.** *adj.* Doppelblind-; **2.** *n.* Doppelblindversuch, *der*; ~ '**boiler** *n. (Cookery)* Wasserbadtopf, *der*; ~-'**book** *v. t.* doppelt reservieren; *(fig.)* sich zuviel vornehmen für; ~-**breasted** [dʌbl'brestɪd] *adj. (Tailoring)* zwei- *od.* doppelreihig; ~-**breasted jacket** Zweireiher, *der*; ~-'**check 1.** *v. t.* **a)** *(verify twice)* zweimal kontrollieren; ~-**check sb.'s statements** jmds. Aussagen zweimal überprüfen; **b)** *(verify in two ways)* zweifach überprüfen; ~ '**chin** *n.* Doppelkinn, *das*; ~ '**cream** *n.* Sahne mit hohem Fettgehalt; ~-'**cross 1.** *n.* Doppelspiel, *das*; **2.** *v. t.* ein Doppelspiel treiben mit; reinlegen *(ugs.)*; ~-'**dealer** *n.* Betrüger, *der*; ~-'**dealing 1.** [-'--] *n.* Betrügerei, *die*; **2.** ['----] *adj.* betrügerisch; ~-'**decker** [dʌbldekə(r)] **1.** ['----] *adj.* Doppeldecker-; Doppelstock- *(Amtsspr.)*; ~-**decker bus** Doppeldeckerbus, *der*; ~-**decker train** Doppelstockzug, *der*; **a** ~-**decker sandwich** ein doppelter Sandwich; ein Doppeldecker *(ugs.)*; **2.** [--'--] *n.* Doppeldecker, *der*; *(train)* Doppelstockzug, *der*; ~-'**de'clutch** *see* declutch; ~ '**door** *n. (door with two parts)* Flügeltür, *die*; *(twofold door)* Doppeltür, *die*; ~-'**Dutch** *see* Dutch 2 c; ~-'**dyed** *adj. (Textiles)* doppelt gefärbt; *(fig.)* Erz⟨schurke, -ganove⟩; unverbesserlich ⟨Heuchler⟩; ~-'**edged** *adj. (lit. or fig.)* zweischneidig
double entendre [du:bl ã'tãdr] *n.* Zweideutigkeit, *die*
double: ~ '**entry** *see* entry h; ~ **ex'posure** *n. (Photog.)* Doppelbelichtung, *die; (result)* doppelt belichtetes Foto; ~ '**fault** *see* fault 1 d; ~ '**feature** *n.* Doppelprogramm, *das*; ~ '**figures** *see* figure 11; ~-'**glazed** *adj.* Doppel⟨fenster⟩; ~ '**glazing** *n.* Doppelverglasung, *die*; ~ '**harness** *n.* **a)** *(fig.: matrimony)* Ehe, *die*; **b)** *(fig.: close partnership)* enge Zusammenarbeit; ~ '**header** *n. (Amer.)* zwei Spiele zwischen denselben Gegnern an einem Tag; ~ '**jointed** *adj.* sehr gelenkig; ~ '**life** *n.* Doppelleben, *das*; ~-'**lock** *v. t.* zweimal abschließen; ~ '**meaning** *see* double meaning; ~-'**negative** *n.* doppelte Verneinung; ~-'**page spread** *see* spread 3 k; ~-**park** *v. t. & i.* in der zweiten Reihe parken; ~ '**parking** *n.* Parken in der zweiten Reihe; ~ '**play** *n.*

(Baseball) doppeltes Ausmachen; ~-**quick 1.** ['---] *adj.* **a)** in ~-**quick time/at a** ~-**quick pace** in Laufschritt; *(fig.)* ganz schnell; **2.** [-'-] *adv. (Mil.)* im Laufschritt; *(fig.)* ganz schnell; ~ '**room** *n.* Doppelzimmer, *das*; ~ '**saucepan** *see* ~ 'boiler; ~-'**spaced** *adj.* mit doppeltem Zeilenabstand nachgestellt; ~ '**spread** *see* spread 3 k; ~ '**standard** *n. (rule)* Doppelmoral, *die*; ~ '**star** *n. (Astron.)* Doppelstern, *der*; ~-**stop** *v. i. (Mus.)* mit Doppelgriff spielen
doublet ['dʌblɪt] *n.* **a)** *(Hist.: garment)* Wams, *das*; **b)** *(one of pair)* Dublette, *die*
double: ~ '**take** *n.* **he did a** ~ **take** a moment after he saw her walk by nachdem sie vorbeigegangen war, stutzte er und sah er ihr nach; ~-**talk** *n.* Doppeldeutigkeiten; ~-**think** *n.* zwiespältiges Denken; ~ '**time** *n.* **a)** *(Econ.)* doppelter Stundenlohn; **be on** ~ **time** 100 % Zuschlag bekommen; **b)** *(Mil.: running pace)* Laufschritt, *der*; ~ '**track** *see* track 1 e; ~ '**vision** *n. (Med.)* Doppeltsehen, *das*; ~ '**wedding** *n.* Doppelhochzeit, *die*
doubloon [dʌ'blu:n, də:blu:n] *n. (Hist.)* Dublone, *die*
doubly ['dʌblɪ] *adv.* doppelt; **make** ~ **sure that ...:** [ganz] besonders darauf achten, daß ...; **this response made him** ~ **angry/upset** diese Antwort hat ihn sehr *od.* besonders geärgert/bestürzt
doubt [daʊt] **1.** *n.* **a)** Zweifel, *der*; ~[s] **|about** *or* **as to sth./as to whether ...|** *(as to future)* Ungewißheit, *(as to fact)* Unsicherheit [über etw. *(Akk.)*/darüber, ob ...]; **there was no** ~ *or* **there were no ~s in our minds about** *or* **as to ...:** uns war ... klar; wir waren uns über ... *(Akk.)* im klaren; ~[s] **about** *or* **as to sth.,** ~ **of sth.** *(inclination to disbelieve)* Zweifel an etw. *(Dat.)*; **there's no** ~ **that ...:** es besteht kein Zweifel daran, daß ...; ~[s] *(hesitations)* Bedenken *Pl.*; **have** ~ **about doing sth., have |one's|** ~**s about doing sth.** [seine] Bedenken haben, ob man etw. tun soll [oder nicht]; **he's now having ~s |about whether ...|** ihm kommen jetzt Bedenken[, ob ...]; **have one's** ~**s |about sb./sth.|** seine Bedenken [gegen jmdn./etw.] haben; **have one's** ~**s about whether ...:** bezweifeln *od.* daran zweifeln, daß ...; **be in** ~ **about** *or* **as to sth.** *(disbelieve)* über etw. *(Akk.)* im Zweifel sein; **be in no** ~ **about** *or* **as to sth.** nicht an etw. *(Dat.)* zweifeln; **be in** ~ **about** *or* **as to whether to do sth.** *(have reservations)* Bedenken haben, ob man etw. tun soll; **when** *or* **if in** ~**:** im Zweifelsfall; **no** ~ *(certainly)* gewiß; *(probably)* sicherlich; *(admittedly)* wohl; **there's no** ~ **about it** daran besteht kein Zweifel; das steht fest; **cast** ~ **on sth.** etw. in Zweifel ziehen; **b)** *no pl. (uncertain state of things)* Ungewißheit, *die*; **be** ~ **ungewiß sein; beyond [all]** ~**, without [a]** ~**:** ohne [jeden] Zweifel; **it is beyond [all]** ~ **that ...:** es steht [völlig] außer Zweifel, daß ...; **without a shadow of |a|** ~**:** ohne den geringsten Zweifel. **2.** *v. i.* zweifeln; ~ **of sth./sb.** an etw./jmdn. zweifeln. **3.** *v. t.* anzweifeln; zweifeln an (+ *Dat.*); **she** ~**ed him** sie zweifelte an ihm; **I don't** ~ **that** *or* **it** bezweifle ich nicht daran; ~ **whether** *or* **if** *or* **that ...:** ich bezweifle, daß ...; **ich zweifele daran, daß ...; not** ~ **that** *or* **but that** *or* **but nicht daran zweifeln, daß ...; nicht bezweifeln, daß ...** ~ **whether** *or* **if** *or* **that ...:** ich bezweifle, daß ...; *(be unsure)* sich *(Dat.)* nicht sicher sein, ob ...; **be** ~ **about sth.** hinsichtlich einer Sache unsi-

cher sein; **d)** *(causing doubt)* fraglich; **the situation looks** ~**:** die Lage ist unsicher; **e)** *(uncertain in meaning etc.)* ungewiß ⟨Ergebnis, Ausgang, Herkunft, Aussicht⟩; *(questionable)* zweifelhaft ⟨Ruf, Charakter, Organisation, Wert, Tugend, Autorität, Kräfte, Potential⟩; *(ambiguous)* unklar ⟨Bedeutung⟩; *(unsettled)* unsicher ⟨Lage⟩; **f)** *(unreliable)* zweifelhaft ⟨Person, Maßstab, Stütze⟩; **g)** *(giving reason to suspect evil)* bedenklich ⟨Gewohnheit, Spiel, Botschaft⟩
doubtfully ['daʊtfəlɪ] *adv.* **a)** *(with doubt)* skeptisch; **b)** *(ambiguously)* mißverständlich
doubting Thomas [daʊtɪŋ 'tɒməs] *n.* ungläubiger Thomas
doubtless ['daʊtlɪs] *adv.* **a)** *(certainly)* gewiß; **b)** *(probably)* sicherlich; **c)** *(admittedly)* wohl
douche [du:ʃ] *n.* **a)** *(jet)* Dusche, *die; (Med.)* Spülung, *die*; **b)** *(device)* Dusche, *die; (Med.)* Spülapparat, *der*
dough [dəʊ] *n.* **a)** Teig, *der*; Teig, *der*; **b)** *(sl.: money)* Knete, *die (salopp)*
'**doughnut** *n.* [Berliner] Pfannkuchen, *der*; Berliner, *der (landsch.)*
doughtily ['daʊtɪlɪ] *adv.*, **doughty** ['daʊtɪ] *adj. (arch./joc.)* kühn; wacker *(veralt./ scherzh.)*
doughy ['dəʊɪ] *adj.* teigig ⟨Konsistenz, Finger, Schüssel, Masse⟩
dour [dʊə(r)] *adj.* hartnäckig ⟨Person, Charakter, Arbeiten⟩; düster ⟨Blick, Gesicht⟩; finster ⟨Miene, Stirnrunzeln⟩
douse [daʊs] *v. t.* **a)** *(extinguish)* ausmachen ⟨Licht, Laterne, Kerze, Feuer⟩; **b)** *(throw water on)* übergießen ⟨Feuer, Flamme, Menschen⟩; ~ **sth. with water** etw. mit Wasser übergießen
¹**dove** [dʌv] *n. (Ornith., Polit., Relig.)* Taube, *die*
²**dove** [dəʊv] *see* dive 1
dove: ~-**coloured** *adj.* taubengrau; ~**cot, -cote** *n.* Taubenschlag, *der*; **flutter the ~cots** *(fig.)* für einige Aufregung sorgen; ~-**grey** *see* ~-**coloured;** ~-**tail 1.** *n. (Carpentry)* **a)** *(joint)* Schwalbenschwanzverbindung, *die*; **b)** *(tenon)* Schwalbenschwanz, *der*; **2.** *v. t.* **a)** *(fig.: fit together)* aufeinander abstimmen ⟨Pläne, Verabredungen, Termine⟩; **b)** *(put together with ~tails)* verschwalben (**into,** with mit); **3.** *v. i. (fig.: fit together)* ⟨Vorbereitungen, Zeitpläne:⟩ aufeinander abgestimmt sein
dovish ['dʌvɪʃ] *adj.* gemäßigt; kompromißbereit
dowager ['daʊədʒə(r)] *n.* **a)** *(widow with title or property)* Witwe von Stand; **Queen ~/~ duchess** Königin-/Herzoginwitwe, *die*; **b)** *(coll.: dignified elderly lady)* Matrone, *die*
dowdily ['daʊdɪlɪ] *adv.* schäbig
dowdiness ['daʊdɪnɪs] *n.* Unansehnlichkeit, *die; (shabbiness)* Schäbigkeit, *die*
dowdy ['daʊdɪ] *adj. (unattractively dull)* unansehnlich; *(shabby)* schäbig
dowel ['daʊəl] *(Carpentry)* **1.** *n.* [Holz]dübel, *der*; **2.** *v. t., (Brit.)* -**ll-:** ~ [**together**] zusammendübeln
doweling, *(Brit.)* **dowelling** ['daʊəlɪŋ] *n.* Verdübelung, *die*
'**dower house** *n. (Brit.)* Haus einer Witwe (Teil des Wittums)
Dow-Jones index [daʊ'dʒəʊnz ɪndeks] *n. (Econ.)* Dow-Jones-[Aktien]index, *der*
¹**down** [daʊn] *n. (Geog.)* [baumloser] Höhenzug; *in pl.* **Downs** *Pl.* für die Süd- und Südostküste Englands); **the North/South D~s** die North/South Downs
²**down** *n.* **a)** *(of bird)* Daunen *Pl.*; Flaum, *der*; **chicks covered in** ~**:** Vogeljunge im Daunenkleid; **b)** *(hair)* Flaum, *der*; **have a covering of** ~**:** mit Flaum bedeckt sein; **c)** *(fluffy substance)* Flausch, *der; (of thistle, dandelion)* Flaum, *der*
³**down 1.** *adv.* **a)** *(to lower place)* runter *(bes.*

ugs.); heruntér/hinunter *(bes. schriftsprachlich); (in lift)* abwärts; *(in crossword puzzle)* senkrecht; **[right]** ~ **to sth.** [ganz] bis zu etw. her-/hinunter; **come on ~!** komm [hier/weiter] herunter!; **b)** *(to ~stairs)* runter *(bes. ugs.);* heruntér/hinunter *(bes. schriftsprachlich);* **c)** *(of money: at once)* sofort; **pay ~ for sth., pay for sth. cash ~:** etw. [in] bar bezahlen; **d)** *(into prostration)* nieder⟨fallen, -geschlagen werden⟩; **shout the place/house ~** *(fig.)* schreien, daß die Wände zittern; **e)** *(on to paper)* **copy sth. ~ from the board** etw. von der Tafel abschreiben; **f)** *(on programme)* **put a meeting ~ for 2 p.m.** ein Treffen für *od.* auf 14 Uhr ansetzen; **put oneself ~ for a dental appointment** sich *(Dat.)* einen Termin beim *od.* vom Zahnarzt geben lassen; **g)** *(to place regarded as lower)* runter *(bes. ugs.);* heruntér/hinunter *(bes. schriftsprachlich);* **go ~ to the shops/the end of the road** zu den Läden/zum Ende der Straße hinuntergehen; **h)** *(with current)* stromab[wärts]; *(with wind)* mit/vor dem Wind; **brought ~ by river** flußabwärts befördert; **i)** *(to place regarded as less important)* **go ~ to one's cottage in the country for the weekend** zum Wochenende in sein Ferienhaus auf dem Land *od. (DDR)* seine Datsche fahren; **j)** *(southwards)* runter *(bes. ugs.);* heruntér/hinunter *(bes. schriftsprachlich);* **come ~ from Edinburgh to London** von Edinburgh nach London [he]runterkommen; **k)** *(Brit.: from capital)* raus *(bes. ugs.);* heraús/hinaus *(bes. schriftsprachlich);* **get ~ to Reading from London** von London nach Reading raus-/hinausfahren; **l)** *(Brit.: from university)* **come ~ [from Oxford]** das Studium [in Oxford] abschließen; **m)** *(Naut.: with rudder to windward)* in Lee; **put the helm ~:** das Ruder in Lee legen; **n)** *as int.* runter! *(bes. ugs.);* *(to dog)* leg dich!; nieder!; *(Mil.)* hinlegen!; **~ with imperialism/the president!** nieder mit dem Imperialismus/dem Präsidenten!; **o)** *(in lower place)* unten; **~ on the floor** auf dem Fußboden; **low/lower ~:** tief/tiefer unten; **~ at the bottom of the hill** [unten] am Fuß des Berges; **~ under the table** unter dem Tisch; **wear one's hair ~:** sein Haar offen tragen; **~ below the horizon** hinter *od.* unter dem Horizont; **~ at the bottom of the sea/pool** [tief] auf dem Meeresgrund/Grund des Schwimmbeckens; **~ there/here** da/hier unten; **X metres ~:** X Meter tief; **his flat is on the next floor ~:** seine Wohnung ist ein Stockwerk tiefer; **p)** *(facing ~wards, bowed)* zu Boden; **keep one's eyes ~:** zu Boden sehen; **q)** *(~stairs)* unten; **r)** *(in fallen position)* unten; **~ [on the floor]** *(Boxing)* am Boden; auf den Brettern; **~ and out** *(Boxing)* k. o.; *(fig.)* fertig *(ugs.); see also* **down-and-out; s)** *(prostrate)* auf dem Fußboden/der Erde; **be ~ with an illness** eine Krankheit haben; **t)** ausgefallen ⟨Computer⟩; **u)** *(on paper)* nieder-; **be ~ in writing/on paper/in print** niedergeschrieben/zu Papier gebracht/gedruckt sein; **v)** *(on programme)* angesetzt ⟨Termin, Treffen⟩; **be ~ for an appointment** einen Termin haben; **be ~ to speak** als Redner vorgesehen sein; **be ~ to run in a race** für ein Rennen gemeldet sein; **w)** *(in place regarded as lower)* unten; **~ at the bottom of the garden** am unteren Ende des Gartens; **~ at the doctor's/social security office** beim Arzt/Sozialamt; **x)** *(brought to the ground)* **be ~:** am Boden liegen; **y)** *(in place regarded as less important)* **~ in Wales/in the country** weit weg in Wales/draußen auf dem Lande; **~ on the farm** auf dem Bauernhof; **z)** **~ [south]** unten [im Süden] *(ugs.);* **aa)** *(Brit.: not in capital)* draußen *(ugs.);* **bb)** *(Brit.: not in university)* nicht mehr im Studium; *(for vacation)* nicht an der Universität; **how long have you been ~ from Oxford?** seit wann sind Sie nicht mehr an der Universität Oxford?; **cc)** *(Amer.)* **~ south/east** in den Südstaaten/im Osten; **dd)** *(in depression)* **~ [in the mouth]** niedergeschlagen; **are you [feeling] ~ about something?** bedrückt Sie etwas?; **ee) be ~ on sb./sth.** *(dislike)* etwas gegen jmdn./etw. haben; **be very ~ on sb./sth.** jmdn./einer Sache gegenüber sehr kritisch eingestellt sein; **ff) ~ to the ground** *see* ¹**ground 1 b**; **gg)** *(now cheaper)* [jetzt] billiger; **prices have gone/are ~:** die Preise sind gesunken; **hh) be ~ to ...** *(have only ... left)* nichts mehr haben außer ...; **we're ~ to our last £100** wir haben nur noch 100 Pfund; **strip off ~ to one's underwear** sich bis auf der Unterwäsche ausziehen; **be [left] ~ to sb.** an jmdn. hängenbleiben; **now it's ~ to you to do something** nun liegt es bei *od.* an ihm, etwas zu tun; **ii)** *(to reduced consistency or size)* **thin gravy ~:** Soße verdünnen; **the water had boiled right ~:** das Wasser war fast verdampft; **wear the soles ~:** die Sohlen ablaufen; **jj)** *(to smoother state)* **sand sth. ~:** etw. abschmirgeln; **kk)** *(including lower limit)* **from ... ~ to ...:** von ... bis zu ... hinunter; **ll)** *(from earlier time)* weiter-; **last ~ to the present day/our time** bis zum heutigen Tag/bis in unsere Zeit weitergegeben werden; **mm)** *(more quietly)* leiser; **put the sound/TV ~:** den Ton/Fernseher leiser stellen; **nn)** *(in position of lagging or loss)* weniger; **be three points/games ~:** mit drei Punkten/Spielen zurückliegen; **start the second half 1-0 ~:** mit einem 1 : 0-Rückstand in die zweite Halbzeit gehen; **we're £3,000 ~ on last year, in terms of profit** was unseren Gewinn angeht, so liegt er um 3000 Pfund unter dem des letzten Jahres; **be ~ on sb's earnings of the previous year** weniger verdienen als im Vorjahr; **be ~ on one's luck** eine Pechsträhne haben. *See also* ¹**heel 1 b**; *up* **1 aa. 2. prep. a)** *(~wards along)* runter *(bes. ugs.);* heruntér/hinunter *(bes. schriftsprachlich);* **lower ~ the river** weiter unten an Fluß; **~ the stairs/steps** die Treppe/Stufen hinunterstürzen; **fall ~ the ladder** die Leiter runter-/herunterrutschen; **walk ~ the hill/road** den Hügel/die Straße hinuntergehen; **lower sb. ~ a cliff** jmdn. an einem Felsen herunterlassen; **b)** *(~wards through)* durch; *(~wards into)* rein in (+ Akk.) *(bes. ugs.);* hinein in (+ Akk.) *(bes. schriftsprachlich);* **fall ~ a hole/well/ditch** in ein Loch/einen Brunnen/einen Graben fallen; **trickle ~ the plug-hole** in Abflußloch tröpfeln; **d)** *(~wards over)* über (+ Akk.); **ivy grew ~ the wall** Efeu wuchs an der Mauer herunter; **spill water all ~ one's skirt** sich *(Dat.)* Wasser über den Rock gießen; **condensation running ~ the windows** an den Fenstern herunterlaufendes Kondenswasser; **e)** *(from top to bottom of the page)* runter *(bes. ugs.);* heruntér/hinunter *(bes. schriftsprachlich);* **his eye travelled ~ the list** sein Auge wanderte über die Liste; **draw a line ~ the page** eine Linie längs über die Seite ziehen; **f)** *(~wards in time)* weiter-; **the tradition has continued ~ the ages** die Tradition ist von Generation zu Generation weitergegeben worden; **g)** *(along)* **go ~ the road/corridor/track** die Straße/den Korridor/den Weg hinunter- *od.* entlang- *od. (ugs.)* langgehen; **come ~ the street** die Straße herunter- *od.* entlangkommen; **turn ~ a sidestreet** in eine Seitenstraße einbiegen; **part one's hair ~ the middle** einen Mittelscheitel tragen; **h)** *(Brit. sl.: to)* **go ~ the pub/disco** in die Kneipe/Disko gehen; **i)** *(at or in a lower position in or on)* [weiter] unten; **further ~ the ladder/coast** weiter unten an der Leiter/der Küste; **live ~ in a hut ~ the mountain/hill** in einer Hütte weiter unten an Berg wohnen; **live just ~ the road** ein Stück weiter unten in der Straße wohnen; **a place just ~ the river** eine Stelle etwas weiter flußabwärts; *see also* **downtown; j)** *(from top to bottom along)* an (+ Dat.); **~ the stem of a plant/the side of a house** am Stiel einer Pflanze/an der Seite eines Hauses; **the lines ~ the page** die senkrechten Linien auf der Seite; **the buttons ~ the back of the dress** die senkrechte Knopfreihe auf dem Rücken des Kleides; **there were festivities ~ every road** auf allen Straßen wurde gefeiert; **k)** *(all over)* überall auf (+ Dat.); **I've got coffee [all] ~ my skirt** mein ganzer Rock ist voll Kaffee; **leave marks ~ sb.'s face** in jmds. ganzem Gesicht Spuren hinterlassen; **l)** *(Brit. sl.: in, at)* **~ the pub/café/town** in der Kneipe/im Café/in der Stadt; **be ~ the shops** einkaufen sein *(ugs.). See also* **stage 1 a; up 2 d. 3.** *adj.* *(directed ~wards)* nach unten ⟨Rohr, Kabel⟩; ⟨Rolltreppe⟩ nach unten; nach unten gerichtet ⟨Kolbenhub, Sog⟩; ~ **train/line/journey** *(Railw.)* Zug/Gleis/Fahrt Richtung Stadt. **4.** *v. t. (coll.)* **a)** *(knock ~)* auf die Bretter schicken ⟨Boxer⟩; **b)** *(fig.: defeat)* fertigmachen *(ugs.)* ⟨Gegner⟩; **c)** *(drink ~)* leer machen *(ugs.)* ⟨Flasche, Glas⟩; schlucken *(ugs.)* ⟨Getränk⟩; **d)** *(throw ~)* *(Tier:)* abschmeißen *(ugs.)* ⟨Reiter, Last⟩; **~ tools** *(cease work)* zu arbeiten aufhören; *(make a break)* die Arbeit unterbrechen; *(finish work)* Feierabend machen; *(go on strike)* die Arbeit niederlegen; **e)** *(shoot ~)* abschießen, runterholen *(ugs.)* ⟨Flugzeug⟩; **f)** *(stop by shot etc.)* zusammenschießen *(ugs.);* **g)** *(Footb.)* legen *(Sportjargon)* ⟨Gegenspieler⟩. **5.** *n.* **a)** *(Wrestling)* Wurf, *der;* **b)** *(Amer. and Can. Footb.)* Versuch, *der;* **c)** **ups and ~s** *see* **up 4; d)** *(coll.)* **have a ~ on sb./sth.** jmdn./etw. auf dem Kieker haben *(ugs.).*

down: ~-and-out *n.* Stadtstreicher, *der*/Stadtstreicherin, *die* *(ugs.);* Penner, *der*/Pennerin, *die* *(ugs.);* **~beat 1.** *n. (Mus.)* erster/betonter Taktteil; **2.** *adj. (coll.)* **a)** *(relaxed)* ungezwungen; **b)** *(pessimistic)* düster ⟨Film usw.⟩; **~cast** *adj.* **a)** *(dejected)* niedergeschlagen ⟨Blick, Gesicht⟩; **b)** *(directed ~wards)* gesenkt ⟨Blick, Kopf⟩; **with one's head ~cast** mit gesenktem Kopf; **~draught** *n.* [Luft]zug von oben; **~fall** *n. (ruin)* Untergang, *der;* **be *or* mean sb.'s ~fall** jmds. Untergang *od.* Ruin sein; **~grade** *n.* Gefällstrecke, *die;* **he was on the ~ grade** es ging bergab mit ihm; **~grade** *v. t.* niedriger einstufen; **~'hearted** *adj.* niedergeschlagen ⟨Blick, Gesicht⟩; **~hill 1.** ['--] *adj.* bergab führend ⟨Fahrt⟩; ⟨Strecke, Weg⟩ bergab; **the journey was ~hill** die Reise führte bergab mit ihm; **a ~hill trend** *(fig.)* ein Abwärtstrend; **the ~hill course of the economy** *(fig.)* die Talfahrt der Wirtschaft; **be ~hill all the way** *(fig.)* ganz einfach sein; **2.** [-'-] *adv.* bergab; **come ~hill den Berg** herunterkommen; **sb./sth. is going ~hill** *(fig.)* es geht bergab mit jmdn./etw.; **3.** ['--] *n.* *(~ward slope)* Gefällstrecke, *die;* **b)** *(Skiing)* Abfahrtslauf, *der;* **~land** *n.* [baumloses] Hügelland; **~-market** *adj.* weniger anspruchsvoll; **~ payment** *Anzahlung, die;* **~pipe** *n.* [Regenab]fallrohr, *das;* **~pour** *n.* Regenguß, *der;* **~right 1.** *adj.* **a)** *(utter)* ausgemacht ⟨Frechheit, Dummheit, Idiot, Lügner⟩; glatt ⟨Lüge⟩; **b)** *(straightforward)* ehrlich ⟨Rat, Darstellung, Person⟩; offen ⟨Wort⟩; **2.** *adv.* geradezu; ausgesprochen; **it would be ~right stupid to do that** es wäre eine ausgemachte Dummheit, das zu versuchen; **~stage** *(Theatre)* **1.** *adv.* im Vordergrund der Bühne; **move ~stage** sich zum Vordergrund der Bühne bewegen; **2.** *adj.* im Vordergrund der Bühne; **~ door/entrance** eine Vordertür/ein Vordereingang zur Bühne; **~stairs 1.** [-'-] *adv.* die Treppe hinunter ⟨gehen, fallen, kommen⟩; unten ⟨wohnen, sein⟩; **2.** ['--] *adj.* im Par-

downstream

terre *od.* Erdgeschoß *nachgestellt;* Parterre(wohnung); **3.** [-'-] *n.* Untergeschoß, *das;* **~stream 1.** [-'-] *adv.* flußabwärts; **2.** [-'-] *adj.* flußabwärts gelegen ⟨*Ort*⟩; **the ~stream** voyage die Reise flußabwärts; **~-stroke** *n.* **a)** *(in writing)* Abstrich, *der;* **b)** *(Mech.: of piston)* Abwärtshub, *der;* **~-swing** *n. (Golf, Commerc.)* Abschwung, *der;* **~ time** *n. (Computing)* Ausfallzeit, *die;* **~-to-earth** *adj.* praktisch, nüchtern ⟨*Person*⟩; realistisch ⟨*Plan, Vorschlag*⟩; sachlich ⟨*Bemerkung, Antwort*⟩; **~town** *(Amer.)* **1.** *adj.* im Stadtzentrum *nachgestellt;* in der Innenstadt *nachgestellt;* **~town Manhattan** das Stadtzentrum Manhattan; **2.** *adv.* ins Stadtzentrum, in die Innenstadt ⟨*gehen, fahren*⟩; im Stadtzentrum, in der Innenstadt ⟨*leben, liegen, sein*⟩; **3.** *n.* Stadtzentrum, *das;* Innenstadt, *die;* **~trodden** *adj.* geknechtet; unterdrückt; **~turn** *n. (Econ., Commerc.)* Abschwung, *der;* **~ under** *(coll.)* **1.** *adv.* in/(*to*) nach Australien/Neuseeland; **2.** *n. (Australia)* Australien *(das); (New Zealand)* Neuseeland *(das)*
down·ward ['daυnwəd] **1.** *adj.* nach unten *nachgestellt;* nach unten gerichtet; **~ movement/trend** *(lit. or fig.)* Abwärtsbewegung, *die/*-trend, *der;* **~ gradient** *or* **slope** Gefälle, *das;* **move in a ~ direction** sich abwärts *od.* nach unten bewegen; **he was on a/the ~ path** *(fig.)* mit ihm ging es bergab. **2.** *adv.* abwärts ⟨*sich bewegen*⟩; nach unten ⟨*sehen, gehen*⟩; *see also* **face down[ward]**
down·wards ['daυnwədz] *see* **downward 2**
down·wind 1. *adv.* mit dem Wind; vor dem Wind ⟨*segeln*⟩; **be ~ of sb./sth.** in jmds. Windschatten/im Windschatten einer Sache *(Gen.)* sein. **2.** *adj.* in Windrichtung liegend; **the ~ side** die windabgewandte Seite
downy ['daυnι] *adj.* flaumig; flaumweich ⟨*Haar, Haut*⟩; Flaum⟨*haar, -bart*⟩
dowry ['daυrι] *n.* Mitgift, *die (veralt.);* Aussteuer, *die*
¹dowse *see* **douse**
²dowse [daυz] *v. i.* mit der Wünschelrute suchen **(for** nach)
dowser ['daυzə(r)] *n. (person)* Wünschelrutengänger, *der/-*gängerin, *die*
dowsing-rod ['daυzιŋrɒd] *n.* Wünschelrute, *die*
doxology [dɒk'sɒlədʒι] *n. (Eccl.)* Doxologie, *die*
doyen ['dɔιən, 'dwɑːjæ] *n.* Doyen, *der*
doyenne [dɔι'en, dwɑː'jen] *n.* Doyenne, *die*
doyley *see* **doily**
doz. *abbr.* **dozen** Dtzd.
doze [daυz] **1.** *v. i.* dösen *(ugs.);* [nicht tief] schlafen; **lie dozing** im Halbschlaf liegen. **2.** *n.* Nickerchen, *das (ugs.);* **fall into a ~:** eindösen *(ugs.)*
~ off *v. i.* eindösen *(ugs.)*
dozen ['dʌzn] *n.* **a)** *pl.* same *(twelve)* Dutzend, *das;* **six ~ bottles of wine** sechsmal zwölf Flaschen Wein; **there were several/a few ~ [people]** there Dutzende von Leuten/ein paar Dutzend Leute waren da; **a ~ times/reasons** *(fig. coll.: many)* dutzendmal/Dutzende von Gründen; **half a ~:** sechs; ein halbes Dutzend *(veralt.);* **b)** *pl.* **~s** *(set of twelve)* Dutzende, *das;* **by the ~** *(in twelves)* im Dutzend, *(fig. coll.: in great numbers)* in großen Scharen; **do one's daily ~** *(coll.)* Frühsport machen; **c)** *in pl. (coll.: many)* Dutzende *Pl.;* **in [their] ~s** *(in great numbers)* in großen Scharen; **~s of times** dutzendmal
dozy ['daυzι] *adj. (drowsy)* dösig *(ugs.);* schläfrig
D. Phil. [diː'fιl] *abbr.* **Doctor of Philosophy** Dr. phil.; *see also* **B. Sc.**
DPP *abbr. (Brit.)* **Director of Public Prosecutions** ≈ Generalstaatsanwalt, *der*
Dr *abbr.* **a) doctor** *(as prefix to name)* Dr.; **b) debtor** Sch.
drab [dræb] *adj.* **a)** *(dull brown)* gelblich braun; sandfarben; *(dull-coloured)* matt; **b)** *(dull, monotonous)* langweilig ⟨*Ort, Gebäude*⟩; trostlos, öde ⟨*Landschaft, Umgebung*⟩; grau, trist ⟨*Stadt*⟩; farblos ⟨*Person*⟩; **c)** *(fig.)* eintönig, trist ⟨*Leben*⟩
drabness ['dræbnιs] *n., no pl.* **a)** *(of surroundings)* Trostlosigkeit, *die;* Ödheit, *die;* **b)** *(fig.: of life, existence)* Eintönigkeit, *die*
drachma ['drækmə] *n. pl.* **~s** *or* **drachmae** ['drækmiː] Drachme, *die*
Draconian [drə'kəυnιən] *adj.* drakonisch
draft [drɑːft] **1.** *n.* **a)** *(rough copy)* *(of speech)* Konzept, *das;* *(of treaty, parliamentary bill)* Entwurf, *der;* **~ letter** Entwurf eines Briefes; **b)** *(plan of work)* Skizze, *die;* [Bau-, Riß-]zeichnung, *die;* **c)** *(Mil.: detaching for special duty)* Sonderkommando, *das; (Brit.: those detached)* Abkommandierte *Pl.;* Sonderkommando, *das;* **d)** *(Amer. Mil.: conscription)* Einberufung, *die; (those conscripted)* Wehrpflichtige *Pl.;* Einberufene *Pl.;* **e)** *(Commerc.)* Abhebung, *die;* Abheben, *das; (cheque drawn)* Wechsel, *der;* Tratte, *die;* **f)** *(Amer.) see* **draught. 2.** *v. t.* **a)** *(make rough copy of)* entwerfen; **b)** *(Mil.)* abkommandieren; **c)** *(Amer. Mil.: conscript)* einberufen; **be ~ed** eingezogen *od.* einberufen werden; **d)** *(fig.) (call upon)* berufen; *(select)* auswählen
'draft-dodger *n. (Amer. Mil.) jmd., der sich dem Wehrdienst entzieht*
draftee [drɑːf'tiː] *n. (Amer. Mil.)* Wehrpflichtige, *der*
draftsman ['drɑːftsmən] *n., pl.* **draftsmen** ['drɑːftsmən] **a)** *jemand, der Gesetzesvorlagen usw. verfaßt;* ≈ Schreiber, *der;* **b)** *see* **draughtsman**
drafty *(Amer.) see* **draughty**
drag [dræg] **1.** *n.* **a)** *(dredging apparatus)* Suchanker, *der;* **b)** *see* **drag-net; c)** *(Hunting) (artificial scent)* Fuchs, *der; (club)* Schleppjagd, *die;* Reitjagd, *die;* **d)** *(difficult progress)* **it was a long ~ up the hill** der Aufstieg auf den Hügel war ein ganz schöner Schlauch *(ugs.);* **e)** *(Aeronaut.)* Strömungswiderstand, *der;* **~ coefficient** *or* **factor** [Luft]widerstandszahl, *die;* **f)** *(obstruction)* Hindernis, *das* (**on** für); Hemmnis, *das* (**on** für); **be a ~ on sb./sth.** jmdm./für etw. wie eine Last sein; **g)** *(boring thing)* langweilige Sache, *die;* **be a ~:** langweilig sein; **h)** *(sl.: at cigarette)* Zug, *der;* **i)** *no pl. (sl.: women's dress worn by men)* Frauenkleider *Pl.;* **j)** *(Amer. sl.: road)* **the main ~:** die Hauptstraße; **k)** *(Amer. sl.: influence)* Einfluß, *der.* **2.** *v. t.,* **-gg-: a)** [herum]schleppen; **~ one's feet** *or* **heels** *(fig.)* sich *(Dat.)* Zeit lassen (**over, in** mit); **b)** *(move with effort)* **~ oneself** sich schleppen; **~ one's feet** [mit den Füßen] schlurfen; **I could scarcely ~ myself out of bed** ich konnte mich kaum aufraffen aufzustehen; **c)** *(fig. coll.: take despite resistance)* **he ~ged me to a dance** er schleifte mich *(ugs.)* zu einer Tanzveranstaltung; **~ the children away from the television** die Kinder [mit Gewalt] vom Fernsehen losreißen; **he ~s her about with him everywhere** er schleppt sie überall mit sich herum; **~ sb. into sth.** jmdn. in etw. *(Akk.)* hineinziehen; **~ sb. into doing sth.** jmdn. dazu drängen, etw. zu tun; **d)** *(search)* [mit einem Schleppnetz] absuchen ⟨*Fluß-, Seegrund*⟩; **e)** *(Naut.)* **the ship ~s her anchor** das Schiff treibt vor Anker. **3.** *v. i.,* **-gg-: a)** schleifen; **~ on** *or* **at a cigarette** an einer Zigarette ziehen; **b)** *(fig.: pass slowly)* sich [hin]schleppen
~ 'down *v. t.* nach unten ziehen; **~ sb. down to one's own level** *(fig.)* jmdn. auf sein Niveau herabziehen
~ 'in *v. t.* hineinziehen
~ 'on *v. i. (continue)* sich [da]hinschleppen; **time ~ged on** die Zeit verstrich; **~ on for months** sich über Monate hinziehen
~ 'out *v. t. (protract unduly)* hinziehen; in

dramatis personae

die Länge ziehen; **~ out [one's days/existence]** [sein Leben/Dasein] fristen
~ 'up *v. t. (coll.)* wieder ausgraben ⟨*alte Geschichte, Skandal*⟩
drag: ~-hounds *n. pl.* Hunde für die Schleppjagd; **~-net** *n. (lit. or fig.)* Schleppnetz, *das; (fig.)* Netz, *das*
dragon ['drægn] *n.* Drache, *der; (fig.: fearsome person)* Drachen, *der*
'dragon-fly *n. (Zool.)* Libelle, *die*
dragoon [drə'guːn] *n. (Mil.)* Dragoner, *der.* **2.** *v. t.* zwingen; **~ sb. into doing sth.** jmdn. zwingen, etw. zu tun
'drag racing *n.* Beschleunigungsrennen *Pl.*
dragster ['drægstə(r)] *n.* Dragster, *der; für Beschleunigungsrennen gebautes Fahrzeug*
drain [dreιn] **1.** *n.* **a)** Abflußrohr, *das; (underground)* Kanalisationsrohr, *das; (grating at roadside)* Gully, *der;* **open ~:** Abflußrinne, *die;* **down the ~** *(fig. coll.)* für die Katz *(ugs.);* **go down the ~** *(fig. coll.)* umsonst *od.* vergeblich *od. (ugs.)* für die Katz sein; **that was money [thrown] down the ~** *(fig. coll.)* das Geld war zum Teufel *(salopp) od.* zum Fenster hinausgeworfen *(ugs.);* **be going down the ~:** vor die Hunde gehen *(geh.);* **laugh like a ~** *(fig. coll.)* schallend lachen; sich vor Lachen ausschütten wollen; **b)** *(fig.: constant demand)* Belastung, *die* (**on** *Gen.*); **be a ~ on sb.'s strength** an jmds. Kräften zehren. **2.** *v. t.* **a)** trockenlegen ⟨*Teich*⟩; entwässern ⟨*Land*⟩; ableiten ⟨*Wasser*⟩; **b)** *(Cookery)* abgießen ⟨*Wasser, Kartoffeln, Gemüse*⟩; **c)** *(Geog.)* **the river ~s the valley** der Fluß nimmt das Wasser des ganzen Tales auf; **d)** *(drink all contents of)* austrinken; **e)** *(fig.: deprive)* **~ a country of its manpower/wealth** *or* **resources** ein Land ausbluten/auslaugen; **~ sb. of his energy** jmdn. auslaugen. **3.** *v. i.* **a)** *(Geschirr, Gemüse:)* abtropfen; ⟨*Flüssigkeit:*⟩ ablaufen; **b) the colour ~ed from her face** *(fig.)* die Farbe wich aus ihrem Gesicht
drainage ['dreιnιdʒ] *n.* **a)** *(draining)* Entwässerung, *die;* Trockenlegung, *die; (fig.)* Ausbeutung, *die;* **b)** *(Geog.: natural ~)* [natürliche] Entwässerung, *die; (artificial ~ of fields etc.)* Entwässerung, *die;* Dränung *od.* Dränage, *die (fachspr.); (city, house, etc.)* Entwässerungssystem, *das; (of city, house, etc.)* Kanalisation, *die*
draining-board ['dreιnιŋ bɔːd] (*Brit.; Amer.:* **'drainboard**) *n.* Abtropfbrett, *das*
drain: ~-pipe *n.* **a)** *(to carry off rain-water)* Regen[abfall]rohr, *das;* **b)** *(to carry off sewage)* Abwasserleitung, *die; (underground)* Kanalisationsleitung, *die;* **~-pipes, ~-pipe 'trousers** *ns. (Fashion)* Röhrenhosen
drake [dreιk] *n.* Enterich, *der;* Erpel, *der; see also* **¹duck 1 a**
dram [dræm] *n.* **a)** *(Pharm.) (weight)* Drachme, *die; (fluid ~) (Brit.)* 3,5515 cm³; *(Amer.)* 3,6967 cm³; **b)** *(small drink)* Schlückchen, *das (ugs.)*
drama ['drɑːmə] *n.* **a)** *(play, lit. or fig.)* Drama, *das;* **b)** *no pl. (genre)* Drama, *das; (dramatic art)* Schauspielkunst, *die;* Dramatik, *die; (fig.: episode as in play)* Schauspiel, *das; attrib.* **~ critic** Theaterkritiker, *der;* **~ school** Schauspielschule, *die*
dramatic [drə'mætιk] *adj.* **a)** *(Theatre)* dramatisch; **~ art** Dramatik, *die;* **a ~ critic** ein Theaterkritiker; **b)** *(fig.)* dramatisch; *(exaggerated)* theatralisch; bühnenreif
dramatically [drə'mætιkəlι] *adv.* dramatisch; *(in exaggerated way)* theatralisch
dramatic 'irony *n.* tragische Ironie *(Literaturwiss.)*
dramatics [drə'mætιks] *n., no pl.* **a)** Theater[spiel], *das;* **amateur ~:** Laientheater, *das;* **b)** *(fig. derog.)* Theatralik, *die (geh. abwertend)*
dramatisation, dramatise *see* **dramatiz-**
dramatis personae [dræmətιs pə'səυniː,

dramatist　　**drawn**

drǽmətɪs pə'sǝʊnaɪ/ *n. pl., often constr. as sing.* dramatis personae; die Personen; *(fig.)* Hauptpersonen *Pl.*
dramatist ['dræmətɪst] *n.* Dramatiker, *der*/Dramatikerin, *die*
dramatization [ˌdræmətaɪ'zeɪʃn] *n.* **a)** Dramatisierung, *die*; **a television/stage ~:** eine Fernseh-/Bühnenbearbeitung; **b)** *(fig.)* Dramatisieren, *das*
dramatize ['dræmətaɪz] *v. t.* **a)** dramatisieren; [für die Bühne/das Fernsehen usw.] bearbeiten; **b)** *(fig.)* dramatisieren; [künstlich] hochspielen; *(emphasize)* betonen
drank *see* **drink 2, 3**
drape [dreɪp] **1.** *v. t.* **a)** *(cover, adorn)* ~ oneself/sb. in sth. sich/jmdn. in etw. *(Akk.)* hüllen; ~ **an altar/walls with sth.** einen Altar/Wände mit etw. behängen; **b)** *(put loosely)* ~ **sth. over/round sth.** etw. über etw. *(Akk.)*/um etw. legen *od.* drapieren; **c)** *(rest casually)* legen; hängen. **2.** *n.* **a)** *(cloth)* Tuch, *das*; **b)** *usu. in pl. (Amer.: curtain)* Vorhang, *der*
draper ['dreɪpə(r)] *n. (Brit.)* Textilkaufmann, *der*; **the ~'s [shop]** das Textilgeschäft; *see also* **baker**
drapery ['dreɪpərɪ] *n.* **a)** *(Brit.: cloth)* Stoffe; Textilien *Pl.*; **b)** *(Brit.: trade)* Textilgewerbe, *das*; ~ **shop** Textilgeschäft, *das*; **c)** *(arrangement of cloth)* Draperie, *die*; **d)** *(cloth artistically arranged)* Faltenwurf, *der*; *usu. in pl. (Amer.: curtain)* Vorhang, *der*
drastic ['dræstɪk, 'drɑːstɪk] *adj.* drastisch; erheblich ⟨Wandel, Verbesserung⟩; durchgreifend, rigoros ⟨Mittel⟩; dringend ⟨Bedarf⟩; einschneidend ⟨Veränderung⟩; erschreckend ⟨Mangel⟩; bedrohlich ⟨Lage⟩; **something ~ will have to be done** drastische Maßnahmen müssen ergriffen werden
drastically ['dræstɪkəlɪ, 'drɑːstɪkəlɪ] *adv.* drastisch; erheblich; rigoros, hart ⟨durchgreifen⟩; **be ~ in need of sth.** dringenden Bedarf an etw. *(Dat.)* haben
drat [dræt] *v. t. (coll.)* ~ **[it]/him/the weather!** verflucht!/verfluchter Kerl!/verfluchtes Wetter! *(salopp)*
dratted ['drætɪd] *adj. (coll.)* verflucht
draught [drɑːft] *n.* **a)** *(of air)* [Luft]zug, *der*; **where is the ~ coming from?** woher zieht es?; **be [sitting] in a ~:** im Zug sitzen; **there's a ~ [in here]** es zieht [hier]; **feel the ~** *(fig. sl.)* [finanziell] in der Klemme sitzen *(ugs.)*; **b)** [beer] **on ~:** [Bier] vom Faß; **c)** *(swallowing) (act)* Zug, *der*; *(amount)* Schluck, *der*; **d)** *(Naut.)* Tiefgang, *der*
draught: ~ **animal** *n.* Zugtier, *das*; ~ **'beer** *n.* Faßbier, *das*; ~ **board** *n. (Brit.)* Damebrett, *das*; ~ **excluder** *n.* Abdichtvorrichtung, *die*; Zugluft-Verhinderer, *der*; ~ **horse** *n.* Zugpferd, *der*; ~ **proof 1.** *adj.* winddicht; **2.** *v. t.* winddicht machen
draughts [drɑːfts] *n., no pl. (Brit.)* Damespiel, *das*; **have a game of ~:** eine Partie Dame spielen; **play ~:** Dame spielen
draughtsman ['drɑːftsmən] *n., pl.* **draughtsmen** ['drɑːftsmən] *(Brit.)* **a)** Zeichner, *der*/Zeichnerin, *die*; **b)** *(in game)* Damestein, *der*
draughtsmanship ['drɑːftsmənʃɪp] *n. (art and practice)* Zeichenkunst, *die*; *(skill)* zeichnerisches Können
draughty ['drɑːftɪ] *adj.* zugig
Dravidian [drə'vɪdɪən] *(Ethnol.)* **1.** *adj.* drawidisch. **2.** *n.* **a)** *(person)* Drawide, *der*/Drawidin, *die*; **b)** *(language)* Drawidisch, *das*
draw [drɔː] **1.** *v. t.*, **drew** [druː], **drawn** [drɔːn] **a)** *(pull)* ziehen; einholen ⟨Fangnetz⟩; spannen ⟨Bogen⟩; ~ **the curtains/blinds** *(open)* die Vorhänge aufziehen/die Jalousien hochziehen; *(close)* die Vorhänge zuziehen/die Jalousien herunterlassen; ~ **the bolt** *(fasten)* den Riegel vorschieben; *(unfasten)* den Riegel zurückschieben; ~ **sth. towards one** etw. zu sich heran- *od.* hin-

ziehen; **b)** *(attract, take in)* anlocken ⟨Publikum, Menge, Kunden⟩; **all eyes were ~n to him** alle Blicke waren auf ihn gerichtet; ~ **the fresh air into one's lungs** die frische Luft tief einatmen; ~ **criticism upon oneself** Kritik auf sich *(Akk.)* ziehen; **be ~n to sb.** von jmdm. angezogen werden; **feel ~n to sb.** sich von jmdm. angezogen *od.* zu jmdm. hingezogen fühlen; ~ **sb. into sth.** jmdn. in etw. *(Akk.)* mit hineinziehen; **he refused to be ~n** *(be provoked)* er ließ sich nichts entlocken; ~ **sb. out of himself** jmdn. aus sich herauslocken; ~ **the enemy's/**/(fig.)/ **sb.'s fire** das feindliche Feuer/jmds. Kritik auf sich ziehen; *see also* **breath a, b; c)** *(take out)* herausziehen; ziehen (from aus); aufstöbern, aufjagen ⟨Fuchs, Dachs⟩; ~ **money from the bank/one's account** Geld bei der Bank holen/von seinem Konto abheben; ~ **a pistol on sb.** eine Pistole auf jmdn. richten; ~ **the cork from the bottle** die Flasche entkorken; ~ **water from a well** Wasser an einem Brunnen holen *od.* schöpfen; ~ **beer from a barrel** Bier vom Faß zapfen; *see also* **blood 1a;** ~ **trumps** Trümpfe ziehen; ~ **cards from a pack** Karten von einem Haufen abheben; **d)** *(derive, elicit)* finden; ~ **an example from a book** ein Beispiel einem Buch entnehmen; ~ **a response from sb.** von jmdm. eine Antwort bekommen; *(interested)* Echo bei jmdm. finden; ~ **comfort/sustenance from sth.** Trost/Halt in etw. *(Dat.)* finden; ~ **reassurance/encouragement from sth.** Zuversicht/Mut aus etw. schöpfen; ~ **inspiration from sth.** sich von etw. inspirieren lassen; Anregungen bei *od.* in etw. *(Dat.)* finden; ~ **applause/a smile [from sb.]** Applaus/ein Lächeln [bei jmdm.] hervorrufen; *see also* **conclusion d; e)** *(get as one's due)* erhalten; bekommen; beziehen ⟨Gehalt, Rente, Arbeitslosenunterstützung⟩; **f)** *(select at random)* ~ **[straws]** [Lose] ziehen; losen; ~ **[for partners]** [die Partner] auslosen; **Italy has been ~n against Spain in the World Cup** Italien ist als Gegner für Spanien im Weltmeisterschaftsspiel ausgelost worden; ~ **a winner** ein Gewinnlos ziehen; **g)** *(trace)* ziehen ⟨Strich⟩; zeichnen ⟨geometrische Figur, Bild⟩; *(fig.: represent in words)* darstellen; **do you ~?** kannst du zeichnen?; ~ **the line at sth.** bei etw. nicht mehr mitmachen; **the line has to be ~n somewhere** *or* **at some point** *(fig.)* irgendwo muß Schluß sein; **it's difficult to ~ the line** *(fig.)* es ist schwierig, die Grenze zu ziehen; **h)** *(Commerc.: write out)* ziehen ⟨Wechsel⟩ (on auf + *Akk.*); ~ **a cheque on one's bank for £100** einen Scheck über 100 Pfund auf seine Bank ausstellen; **i)** *(formulate)* ziehen ⟨Parallele, Vergleich⟩; herstellen ⟨Analogie⟩; herausstellen ⟨Unterschied⟩; *see also* **distinction b; j)** *(end with neither side winner)* unentschieden beenden ⟨Spiel⟩; **the match was ~n** das Spiel ging unentschieden aus; *abs.* **they drew three-all** sie spielten 3 : 3 unentschieden. **k)** *(disembowel)* ausnehmen ⟨Geflügel, Fisch⟩; ausweiden ⟨Wild⟩; **l)** *(extend)* [aus]dehnen; ziehen ⟨Draht⟩; **long ~n death agony** lang dauernder Todeskampf; **m)** *(Naut.)* ~ **3 m.** [of water] 3 m Tiefgang haben; **n)** *(Hunting)* ~ **a covert** [ein Tier aus seinem Versteck] aufjagen. *See also* **blank 2 c; hang 1 f; lot g. 2.** *v. i.*, **drew, drawn a)** *(make one's way, move)* ⟨Person:⟩ gehen; ⟨Fahrzeug:⟩ fahren; ⟨Flugzeug:⟩ fliegen; ~ **into sth.** ⟨Zug:⟩ in etw. *(Akk.)* einfahren; ⟨Schiff:⟩ in etw. *(Akk.)* einlaufen; ~ **towards sth.** sich einer Sache *(Dat.)* nähern; ~ **together** zusammenkommen; ~ **closer together** enger zusammenrücken; ~ **to an end** zu Ende gehen; **b)** *(allow draught)* ⟨Kamin, Zigarette:⟩ ziehen; **c)** *(infuse)* ⟨Tee:⟩ ziehen. **3.** *n.* **a)** **well/badly** ~**n** einen guten/schlechten Zug haben; **c)** *(infuse)* ⟨Tee:⟩ ziehen. **3.** *n.* **a)** *(raffle)* Tombola, *die*; *(for matches, con-*

tests) Auslosung, *die*; **be the luck of the ~** *(fig.)* Glück[s]sache sein; **b)** *([result of] drawn game)* Unentschieden, *das*; *(Chess)* Remis, *das*; **end in a ~:** mit einem Unentschieden enden; **c)** Attraktion, *die*; *(film, play)* Publikumserfolg, *der*; **d)** **be quick/slow on the ~:** den Finger schnell/zu langsam am Abzug haben; *(fig.)* sich geistesgegenwärtig zeigen/nicht geistesgegenwärtig genug sein; ⟨Quizteilnehmer:⟩ schlagfertig sein/nicht schlagfertig genug sein; **e)** *(Amer.: in smoking)* Zug, *der*
~ **a'side** *v. t.* zur Seite ziehen; ~ **sb. aside** jmdn. beiseite nehmen
~ **a'way 1.** *v. i.* **a)** *(move ahead)* ~ **away from sth./sb.** sich von etw. entfernen/jmdm. davonziehen; **b)** *(set off)* losfahren; **c)** *(recoil)* zurückweichen **(from** vor + *Dat.*). **2.** *v. t.* wegnehmen; wegziehen; weglocken ⟨Person⟩
~ '**back 1.** *v. t.* zurückziehen; aufziehen ⟨Vorhang⟩. **2.** *v. i.* zurückweichen; *(fig.)* sich zurückziehen
~ '**in 1.** *v. i.* **a)** *(move in and stop)* einfahren; **the car drew in to the side of the road** das Auto fuhr an den Straßenrand heran; **b)** ⟨Tage:⟩ kürzer werden; ⟨Abende, Nächte:⟩ länger werden. **2.** *v. t.* **a)** hineinziehen ⟨Person⟩; zum Mitmachen überreden; **I refuse to be ~n in** ich will nicht mit hineingezogen werden
~ '**off** *v. t.* ausziehen ⟨Kleidung⟩; ablassen ⟨Flüssigkeit⟩
~ **on 1.** [' ̄] *v. i.* ⟨Zeit:⟩ vergehen, *(geh.)* fortschreiten; *(approach)* ⟨Winter, Nacht:⟩ nahen. **2.** *v. t.* **a)** ['̄] anziehen ⟨Kleidung⟩; **b)** ['̄] *(induce)* bewegen; **c)** *(rely on)* ~ **on sth.** von etw. zehren; **you may** ~ **on my account** du kannst von meinem Konto abheben
~ '**out 1.** *v. t. (extend)* ausdehnen; in die Länge ziehen; **long** ~**n out** ausgedehnt; in die Länge gezogen. **2.** *v. i.* **a)** abfahren; **the train/bus drew out of the station** der Zug fuhr aus dem Bahnhof aus/der Bus verließ den Busbahnhof; **b)** ⟨Tage:⟩ länger werden; ⟨Abende:⟩ kürzer werden
~ '**up 1.** *v. t.* **a)** *(formulate)* abfassen; aufsetzen ⟨Vertrag⟩; entwerfen ⟨Liste⟩; ~ **up a Plan, Budget⟩; b)** heranziehen; ~ **up a chair!** hol dir Sich doch einen Stuhl!; **c)** ~ **oneself up [to one's full height]** sich zu seiner vollen Größe aufrichten; **d)** aufstellen ⟨Truppen, Fahrzeuge⟩. **2.** *v. i.* [an]halten
~ **upon** *see* ~ **on 2 c**
draw: ~**back** *n. (snag)* Nachteil, *der*; ~ **bridge** *n.* Zugbrücke, *die*
drawee [drɔː'iː] *n. (Commerc.)* Bezogene, *der*; Trassat, *der (fachspr.)*
drawer *n.* **a)** [drɔː(r), 'drɔː.ə(r)] *(in furniture)* Schublade, *die*; **b)** ['drɔː.ə(r)] *(maker of drawings)* Zeichner, *der*/Zeichnerin, *die*; **c)** *(Commerc.)* Aussteller, *der*; Trassant, *der (fachspr.)*; **d)** *in pl.* [drɔːz, 'drɔːəz] *(dated/ joc.: underpants)* Unterhosen *Pl.*; *(coll.)* Schlüpfer *Pl.*
drawing ['drɔːɪŋ] *n.* **a)** *(activity)* Zeichnen, *das*; **be good at ~:** gut zeichnen können; **b)** *(sketch)* Zeichnung, *die*
drawing: ~**-board** *n.* Zeichenbrett, *das*; **so it's back to the ~-board, I'm afraid** müssen wir wohl wieder von vorne beginnen, fürchte ich; ~**-office** *n.* Konstruktionsbüro, *das*; ~**-paper** *n.* Zeichenpapier, *das*; ~**-pin** *n. (Brit.)* Reißzwecke, *die*; ~**-room** *n.* Salon, *der*
'drawknife *n.* Zugmesser, *das*
drawl [drɔːl] **1.** *v. i.* gedehnt *od. (ugs.)* breit sprechen. **2.** *v. t.* dehnen; gedehnt *od. (ugs.)* breit aussprechen. **3.** *n.* gedehntes *od. (ugs.)* breites Sprechen; **speak with a ~:** gedehnt sprechen
drawn [drɔːn] **1.** *p.p. of* **draw. 2.** *adj.* verzogen ⟨Gesicht⟩; **look ~:** *(from tiredness)* angespannt aussehen; *(from worries)* abge-

härmt aussehen; c) *(Sport)* unentschieden; ~ **game** Unentschieden, *das; (Chess)* Remis, *das*
'**draw-string** *n.* Durchziehband, *das*
dray [dreɪ] *n.* Tafelwagen, *der;* Rollwagen, *der*
dread [dred] **1.** *v. t.* sich sehr fürchten vor (+ *Dat.*); große Angst haben vor (+ *Dat.*); **the ~ed day/moment** der gefürchtete *od.* mit Schrecken erwartete Tag/Augenblick; **I ~ the moment when ...**: ich fürchte mich vor dem Augenblick, wenn ...; **I ~ to think [what may have happened]** ich mag gar nicht daran denken[, was passiert sein könnte]; **I ~ the thought of ...**: mich schreckt der Gedanke an (+ *Akk.*) ... **2.** *n., no pl. (terror)* Angst, *die;* **be** *or* **live** *or* **stand in ~ of sth./sb.** in [ständiger] Furcht vor etw./jmdm. leben. **3.** *adj. (literary)* fürchterlich
dreadful [dredfl] *adj.* schrecklich; furchtbar; *(coll.: very bad)* fürchterlich; **I feel ~** *(unwell)* ich fühle mich scheußlich *(coll.); (embarrassed)* es ist mir furchtbar peinlich
dreadfully ['dredfəlɪ] *adv.* **a)** schrecklich; entsetzlich, furchtbar *(leiden); (coll.: very badly)* grauenhaft, fürchterlich; **b)** *(coll.: extremely)* schrecklich; furchtbar
dream [driːm] **1.** *n.* **a)** Traum, *der;* **sweet ~s!** träume süß!; **have a ~ about sb./sth.** von jmdm./etw. träumen; **I had a bad ~ last night** letzte Nacht habe ich schlecht geträumt; **it was all a bad ~**: das ganze war wie ein böser Traum; **in a ~**: im Traum; **go/work like a ~** *(coll.)* wie eine Eins fahren/funktionieren *(ugs.);* **b)** *(fig.: reverie)* **go** *or* **walk around/be/live in a [complete] ~**: in einer [perfekten] Traumwelt leben; **c)** *(ambition, vision)* Traum, *der;* **have ~s of doing sth.** davon träumen, etw. zu tun; **never in one's wildest ~s** nicht in seinen kühnsten Träumen; **d)** *(perfect person)* **a ~ [man/woman]** Traummann, *der*/-frau, *die; (perfect thing)* Traum, *der, attrib.* Traum(haus, -auto, -urlaub). *See also* **wet dream. 2.** *v. i., ~t* [dremt] *or* **~ed** träumen; *(while awake)* vor sich *(Akk.)* hin träumen; **~ about** *or* **of sb./sth.** von jmdm./etw. träumen; **~ of doing sth.** *(fig.)* davon träumen, etw. zu tun; **he wouldn't ~ of doing it** *(fig.)* er würde nicht im Traum daran denken *od.* es würde ihm nicht im Traum einfallen, das zu tun. **3.** *v. t., ~t* or **~ed** träumen; **she never** or **little ~t that she'd win** sie hätte sich *(Dat.)* nie träumen lassen, daß sie gewinnen würde
~ 'up *v. t.* sich *(Dat.)* ausdenken; sich *(Dat.)* einfallen lassen
dreamer ['driːmə(r)] *n. (in sleep)* Träumende, *der/die; (day-dreamer)* Träumer, *der*/Träumerin, *die*
dreamily ['driːmɪlɪ] *adv.* verträumt
'**dream-land** *n.* Traumland, *das;* Reich der Träume, *das*
dreamless ['driːmlɪs] *adj.* traumlos
dreamlike ['driːmlaɪk] *adj.* traumhaft
dreamt *see* **dream 2, 3**
dreamy ['driːmɪ] *adj.* **a)** verträumt ⟨*Person, Blick*⟩; träumerisch ⟨*Stimmung*⟩; **b)** *(dreamlike)* traumhaft; **c)** *(coll.: delightful)* traumhaft [schön]
'**dreamy-eyed** *adj.* ⟨*Verliebte, Mädchen, Kind*⟩ mit verträumten Augen
drearily ['drɪərɪlɪ] *adv. see* **dreary**: monoton; düster
dreary ['drɪərɪ] *adj.* trostlos; monoton ⟨*Musik*⟩; langweilig ⟨*Unterricht, Lehrbuch*⟩; düster ⟨*Gemüt, Gedanken*⟩
dredge [dredʒ] *v. t.* ausbaggern; *(fig.)* ausgraben; **~ up** *(fig.)* ausgraben
dredger ['dredʒə(r)] *n.* Bagger, *der; (boat)* Schwimmbagger, *der;* Naßbagger, *der*
dregs [dregz] *n. pl.* **a)** [Boden]satz, *der;* **drain one's glass to the ~**: sein Glas bis zur Neige *od.* bis zum letzten Tropfen leeren; **b)** *(fig.)* Abschaum, *der*

drench [drenʃ] *v. t.* durchnässen; **get completely ~ed, get ~ed to the skin** naß bis auf die Haut werden
drenching ['drenʃɪŋ] **1.** *n.* **get a ~**: bis auf die Haut naß werden. **2.** *adj.* **~ rain** strömender Regen
Dresden ['drezdn] *pr. n.* Dresden *(das);* **~ china** *or* **porcelain** Meißner Porzellan
dress [dres] **1.** *n.* **a)** *(woman's or girl's frock)* Kleid, *das;* **b)** *no pl. (clothing)* Kleidung, *die;* **be in native/formal ~**: nach Art der Einheimischen/formell gekleidet sein; **articles of ~**: Kleidungsstücke; **c)** *no pl. (manner of dressing)* Kleiden, *das;* **she's rather slovenly in her ~**: sie kleidet sich sehr nachlässig; **d)** *(external covering)* Kleid, *das. See also* **evening dress; full dress; morning dress. 2.** *v. t.* **a)** *(clothe)* anziehen; **be ~ed** angezogen sein; **be well ~ed** gut gekleidet sein; **the bride was ~ed in white** die Braut trug Weiß; **get ~ed** sich anziehen; **b)** *(provide clothes for)* einkleiden ⟨*Familie*⟩; **c)** *(deck, adorn)* schmücken; beflaggen ⟨*Schiff*⟩; dekorieren ⟨*Schaufenster*⟩; **d)** *(arrange)* herrichten, versorgen ⟨*Wunde*⟩; **f)** *(Cookery)* zubereiten; **g)** *(treat, prepare)* hobeln ⟨*Holz*⟩; gerben ⟨*tierische Häute, Felle*⟩; schleifen ⟨*Tontöpfe, Metall, Stein*⟩; *(put finish on)* appretieren ⟨*Gewebe, Holz, Leder*⟩; polieren ⟨*Tontöpfe, Metall, Stein*⟩; **h)** *(Mil.)* ranks die Front ausrichten; **i)** *(Agric.: manure)* düngen. **3.** *v. i.* *(wear clothes)* sich anziehen; sich kleiden; *(get dressed)* sich ankleiden *(geh.);* **I like to ~ in dark colours** ich trage gerne dunkle Farben; **~ for dinner** sich zum Abendessen umziehen
~ 'down *v. t. (fig.)* zurechtweisen
~ 'up 1. *v. t.* **a)** *(in formal clothes)* feinmachen; fein anziehen; **sb. is all ~ed up and nowhere to go** *(fig.)* jmds. ganzer Aufwand ist umsonst *(ugs.);* **b)** *(disguise)* verkleiden; *(elaborately as a game)* maskieren; **c)** *(smarten)* verschönern. **2.** *v. i.* **a)** *(wear formal clothes)* sich feinmachen; **b)** *(disguise oneself)* sich verkleiden; *(elaborately as a game)* sich herausputzen
dressage ['dresɑːʒ] *n.* Dressurreiten, *das*
dress: **~ circle** *n. (Theatre)* erster Rang; **~ coat** *n.* Frack, *der;* **~-conscious** *adj.* modebewußt; **~-designer** *n.* Modeschöpfer, *der*/-schöpferin, *die;* Modedesigner, *der*/-designerin, *die*
¹**dresser** ['dresə(r)] *n.* **a)** *(sideboard)* Anrichte, *die;* Büfett, *das;* **b)** *(Amer.) see* **dressing-table**
²**dresser** *n.* **a) he's a careless/elegant/tasteful ~**: er kleidet sich nachlässig/elegant/geschmackvoll; **b)** *(Theatre)* Garderobier, *der*/Garderobiere, *die;* **c)** *(Med.)* Operationsassistent, *der*/-assistentin, *die*
dressing ['dresɪŋ] *n.* **a)** *no pl.* Anziehen, *das;* Ankleiden, *das (geh.);* **b)** *(Cookery)* Dressing, *das;* **c)** *(Med.)* Verband, *der;* **d)** *(Agric.)* Dünger, *der*
dressing: **~-case** *n.* Kosmetikkoffer, *der;* **~ 'down** *n.* **give sb. a ~ down** jmdm. einen Rüffel verpassen *od.* eine Standpauke halten *(ugs.);* **get a ~ down** zurechtgewiesen *od.* heruntergemacht werden *(ugs.);* eins auf den Deckel kriegen *(ugs.);* **~-gown** *n.* Bademantel, *der;* **~-room** *n.* **a)** *(of actor or actress)* [Schauspieler]garderobe, *die;* [Künstler]garderobe, *die;* **b)** *(for games-players)* Umkleidekabine, *die;* **c)** *(in house)* Ankleideraum, *der;* Ankleidezimmer, *das;* **~-table** *n.* Frisierkommode, *die; (with knee-hole)* Frisiertoilette, *die*
dress: **~ length** *n.* Stoffstück, *das für ein Kleid ausreicht;* **~-maker** *n.* Damenschneider, *der*/-schneiderin, *die;* **~-making** *n.* Damenschneiderei, *die;* **~ rehearsal** *n. (lit. or fig.)* Generalprobe, *die;* **~ sense** *n.* **she hasn't much ~ sense** sie hat nicht viel Sinn für Mode; **~ 'shirt** *n.* Smokinghemd,

das; **~-shop** *n.* Geschäft für Damenbekleidung; Kleiderladen, *der (ugs.);* **~ 'suit** *n.* Abendanzug, *der;* **~-uniform** *n. (Mil.)* Paradeuniform, *die*
dressy ['dresɪ] *adj.* **a) be ~** ⟨*Person:*⟩ immer schick angezogen sein; **b)** *(smart)* fein, elegant ⟨*Kleidung*⟩; **c)** *(grand, formal)* vornehm ⟨*Veranstaltung*⟩
drew *see* **draw 1, 2**
dribble ['drɪbl] **1.** *v. i.* **a)** *(trickle)* tropfen; **b)** *(slobber)* ⟨*Baby:*⟩ sabbern; **c)** *(Sport)* dribbeln. **2.** *v. t.* **a)** ⟨*Baby:*⟩ kleckern; **b)** *(Sport)* dribbeln mit ⟨*Ball*⟩. **3.** *n. (trickle)* Tröpfeln, *das*
driblet ['drɪblɪt] *n.* Tropfen, *der;* **in** *or* **by ~s** in kleinen Mengen; kleckerweise *(ugs.)*
dribs *n. pl.* **~ and drabs** [drɪbz n 'dræbz] kleine Mengen; **in ~ and drabs** kleckerweise *(ugs.)*
dried [draɪd] *adj.* getrocknet; **~ fruit[s]** Dörr- *od.* Backobst, *das;* **~ milk/egg/meat** Trockenmilch, *die od.* Milchpulver, *das*/Trockenei, *das od.* Eipulver, *das*/Trockenfleisch, *das*
¹**drier** *see* **dry 1**
²**drier** ['draɪə(r)] *n. (for hair)* Trockenhaube, *die; (hand-held)* Fön ®, *der;* Haartrockner, *der; (for laundry)* [Wäsche]trockner, *der*
driest *see* **dry 1**
drift [drɪft] **1.** *n.* **a)** *(flow, steady movement)* Wanderung, *die;* **b)** *(fig.: trend, shift, tendency)* Tendenz, *die;* **c)** *(flow of air or water)* Strömung, *die;* **the North Atlantic D~**: der Nordatlantische Strom; **d)** *(Naut., Aeronaut.: deviation from course)* Abdrift, *die (fachspr.);* Abweichung vom Sollkurs; **e)** *(Motor Veh.: controlled slide)* Driften, *das;* **f)** *(wind-propelled mass)* ⟨*of snow or sand*⟩ Verwehung, *die;* ⟨*of leaves*⟩ zusammengewehter Haufen; **g)** *(fig.: gist, import)* das Wesentliche; **get** *or* **catch the ~ of sth.** etw. im wesentlichen verstehen; **I don't get your ~**: ich kann Ihnen nicht ganz folgen *od.* verstehe nicht ganz, worauf Sie hinauswollen; **h)** *(Geol.: deposits)* Geschiebe, *das;* **glacial ~**: [Glazial]geschiebe, *das.* **2.** *v. i.* **a)** *(be borne by current; fig.: move passively or aimlessly)* treiben ⟨*Wolke:*⟩ ziehen; **~ out to sea** aufs Meer hinaustreiben; **~ off course** abtreiben; vom Kurs abgelenkt werden; **come ~ing along** angetrieben kommen; **the mist ~ed away** der Nebel verwehte; **the smoke ~ed to the east** der Rauch zog nach Osten ab; **his thoughts ~ed** *or* schweifte mit seinen Gedanken ab; **let things ~**: die Dinge treiben lassen; den Dingen ihren Lauf lassen; **~ along** *(fig.)* sich treiben lassen; **~ into crime** in die Kriminalität [ab]driften; **~ into unconsciousness** in Bewußtlosigkeit versinken; **months ~ed by** die Monate vergingen; **b)** *(coll.: come or go casually)* **~ in** hereinschneien *(ugs.);* **~ out** abziehen *(ugs.);* **~ in at 1 a. m.** um ein Uhr nachts eintrudeln *(ugs.);* **c)** *(form ~s)* zusammengeweht werden; **~ing sand** Treibsand, *der*
~ a'part *v. i.* sich *(Dat.)* fremd werden; *(in marriage)* sich auseinanderleben
drifter ['drɪftə(r)] *n. (Naut.)* Drifter, *der;* **b)** *(person)* jmd., der sich treiben läßt; *(vagrant)* Gammler, *der (ugs.);* **be a ~**: sich treiben lassen
drift: **~-ice** *n.* Treibeis, *das;* **~-net** *n.* Treibnetz, *das;* **~-wood** *n.* Treibholz, *das*
¹**drill** [drɪl] **1.** *n.* **a)** *(tool)* Bohrer, *der; (Dent.)* Bohrinstrument, *das; (Metalw.)* Drillbohrer, *der; (Carpentry, Building)* Bohrmaschine, *die;* **b)** *(Mil.: training)* Drill, *der;* **c)** *(Educ.: also fig.)* Übung, *die;* **lifeboat ~**: Rettungsbootübung, *die;* **(Brit. coll.: agreed procedure)** Prozedur, *die;* **know the ~**: wissen, wie es gemacht wird; **what's the ~?** wie wird das gemacht? **2.** *v. t.* **a)** *(bore)* bohren ⟨*Loch, Brunnen*⟩; an-, ausbohren ⟨*Zahn*⟩; **~ sth. (right through)** etw. durch-

221

drill bohren; b) *(Mil.: instruct)* drillen; c) *(Educ.; also fig.)* ~ sb. in sth., ~ sth. into sb. mit jmdm. etw. systematisch einüben; jmdm. etw. eindrillen *(ugs.) od. (abwertend)* einpauken. 3. *v. i.* **a)** *(bore)* bohren *(for nach);* ~ **deep/50 ft. into the ground** tief/15 m tief bohren; **finish ~ing** die Bohrung/Bohrungen beenden; ~ **through sth.** etw. durchbohren; **b)** *(Mil.)* exerzieren

²**drill** *n. (Agric.)* **a)** *(furrow)* Saatrille, *die;* **b)** *(machine)* Drillmaschine, *die*

³**drill** *n. (Textiles)* Drillich, *der*

drill: ~-**bit** *n.* Bohrer, *der;* ~-**chuck** *n.* Bohrfutter, *das*

drilling ['drɪlɪŋ]: ~ **platform** *n.* Bohrturmplattform, *die;* ~ **rig** *n.* Bohrturm, *der; (in offshore ~)* Bohrinsel, *die*

drily *see* **dryly**

drink [drɪŋk] **1.** *n.* **a)** *(type of liquid)* Getränk, *das; (class of liquids)* Getränke *Pl.;* **many different sorts of ~s** viele verschiedene Getränke; **b)** *(quantity of liquid)* Getränk, *das;* **have a ~:** [etwas] trinken; **would you like a ~ of milk?** möchten Sie etwas Milch [trinken]?; **take a long ~ from sth.** einen großen Schluck aus etwas nehmen; **give sb. a ~** [of fruit-juice] jmdm. etwas [Fruchtsaft] zu trinken geben; **c)** *(glass of alcoholic liquor)* Glas, *das; (not with food)* Drink, *der;* Gläschen, *das;* **have a ~:** ein Glas trinken; **let's have a ~!** trinken wir einen!; **she likes a ~ now and then** hin und wieder trinkt sie ganz gern einen *od.* ein Glas; **I think we all need a ~!** ich glaube, wir können alle einen vertragen *(ugs.);* **he has had a few ~s** er hat schon einige getrunken *(ugs.);* **d)** *no pl., no art. (intoxicating liquor)* Alkohol, *der;* [**strong**] ~: scharfe *od.* hochprozentige Getränke; **in ~, the worse for ~:** betrunken; **take to ~:** zu trinken anfangen; ~ **was his ruin** der Alkohol war sein Verderben; **the ~ problem** der Alkoholismus *od.* Alkoholmißbrauch; **have a ~ problem** Probleme mit [dem] Alkohol haben; **drive sb. to ~:** jmdn. zum Trinker werden lassen; **e)** *(coll.: sea)* **the ~:** der große Bach *(Flieger-, Seemannsspr.).* **2.** *v. t.,* **drank** [dræŋk], **drunk** [drʌŋk] **a)** trinken ⟨Kaffee, Glas Milch, Flasche Whisky⟩; ~ **down** *or* **off** [**in one gulp**] [in einem *od.* auf einen Zug] austrinken; **b)** *(absorb)* ⟨Pflanze, poröses Material:⟩ aufsaugen; **the car ~s petrol** *(fig.)* das Auto schluckt viel Benzin; ~ **oneself to death** sich zu Tode trinken; ~ **sb. under the table** jmdn. unter den Tisch trinken. **3.** *v. i.,* **drank, drunk** trinken; ~ **from a bottle** aus einer Flasche trinken; ~ **of sth.** *(literary)* von etw. trinken; ~[**ing and**] **driving** Alkohol am Steuer; ~ **under** Alkoholeinfluß fahren; ~ **to sb./sth.** auf jmdn./etw. trinken; **I'll ~ to that** *(coll.)* dem kann ich nur zustimmen; *see also* **fish 1 a** ~ **'in** *v. t.* **a)** *(readily take in)* einsaugen ⟨Luft; fig.: Schönheit⟩; ⟨Pflanze:⟩ aufsaugen ⟨Wasser⟩; **b)** *(absorb eagerly)* begierig aufnehmen ⟨Worte, Geschichten⟩
~ **up** *v. t. & i.* austrinken; ⟨Pflanze:⟩ aufsaugen

drinkable ['drɪŋkəbl] *adj.* **a)** *(suitable for drinking)* trinkbar ⟨Wasser⟩; **b)** *(pleasant to drink)* trinkbar *(ugs.)* ⟨Wein⟩

drinker ['drɪŋkə(r)] *n.* Trinker, *der*/Trinkerin, *die*

drinkie ['drɪŋkɪ] *n. (coll.)* was zu trinken *(ugs.);* **have ~s** trinken

drinking ['drɪŋkɪŋ]: ~-**bout** *n.* Trinkgelage, *das;* ~ **fountain** *n.* Trinkbrunnen, *der;* ~-**glass** *n.* Glas, *das;* ~-**song** *n.* Trinklied, *das;* ~-**up time** *n. (Brit.)* Zeit zwischen Ende des Ausschanks und der Schließung der Gaststätte (meist 10 Minuten); ~-**vessel** *see* **vessel a;** ~-**water** *n.* Trinkwasser, *das*

drip [drɪp] **1.** *v. i.,* -**pp**-: **a)** tropfen; *(overflow in drops)* triefen; **be ~ping with water/moisture** triefend naß sein; **the windows were ~ping with condensation** an den Fenstern lief Kondenswasser herunter; ~ **off/down sth.** von etw. [herunter]tropfen *(fig.)* **be ~ping with** überladen sein mit ⟨Schmuck⟩; überlaufen vor (+ *Dat.*) ⟨Gefühlen⟩; triefen von *od.* vor ⟨Ironie, Sentimentalität usw.⟩. **2.** *v. t.,* -**pp**- tropfen lassen. **3.** *n.* **a)** *(act)* Tropfen, *das;* **b)** *(liquid)* Tropfen, *der;* **c)** *(Med.)* Tropfinfusion, *die;* **the patient was on a ~:** der Patient hing am Tropf; **d)** *(coll.: feeble, spineless person)* Schlappschwanz, *der (salopp abwertend)*

drip: ~-**dry** *(Textiles)* **1.** [-'-] *v. i.* knitterfrei trocknen; **2.** ['--] *adj.* bügelfrei; schnelltrocknend; ~-**feed** *v. t. (Med.)* durch parenterale Tropfinfusion ernähren

dripping ['drɪpɪŋ] **1.** *adj.* tropfend ⟨Wasserhahn⟩; ~ **bathing-costumes** tropfnasse Badeanzüge. **2.** *adv.* ~ **wet** tropf- *od. (ugs.)* patsch- *od. (ugs.)* klitschnaß. **3.** *n.* **a)** Tropfen, *das;* **b)** *(Cookery)* Schmalz, *das;* **bread and ~:** Schmalzbrot, *das*

drive [draɪv] **1.** *n.* **a)** *(trip)* Fahrt, *die;* **take sb. for a ~:** jmdn. *od.* mit jmdm. spazierenfahren; **b)** *(distance travelled)* [Auto]fahrt, *die;* **a ~ of 40 kilometres, a 40-kilometre ~:** eine [Auto]fahrt von 40 Kilometern; **a nine-hour ~, a ~ of nine hours** eine neunstündige Autofahrt; **within an hour's ~ of sth.** eine Autostunde von etw. entfernt; **be an hour's ~ from sth.** eine Autostunde von etw. entfernt sein; **have a long ~ to work** eine lange Anfahrt zur Arbeit haben; **c)** *(street)* Straße, *die;* **d)** *(private road)* Zufahrt, *die; (entrance to small building)* Einfahrt, *die; (to large building)* Auffahrt, *die;* **e)** *(energy to achieve)* Tatkraft, *die;* **a salesman with ~:** ein dynamischer Vertreter; **f)** *(Commerc., Polit., etc.: vigorous campaign)* Aktion, *die;* Kampagne, *die;* **export/sales/recruiting/charity ~:** Export-/Verkaufs-/Anwerbe-/Wohltätigkeitskampagne, *die;* **g)** *(Mil.: offensive)* Vorstoß, *der;* **h)** *(Psych.)* Trieb, *der;* **i)** *(Motor Veh.: position of steering-wheel)* **left-hand/right-hand ~:** Links-/Rechtssteuerung *od.* -lenkung, *die;* **be left-hand ~:** Linkssteuerung haben; ein Linkslenker sein *(Kfz-W.);* **j)** *(Motor Veh., Mech. Engin.: transmission of power)* Antrieb, *der;* **belt/front-wheel/rear-wheel ~:** Riemen-/Front-/Heckantrieb, *der;* **fluid ~:** hydraulische Kupplung, *die;* **k)** *(Cards plays.)* **whist/bridge ~:** Whist-/Bridge-Runde mit vielen Teilnehmern; **l)** *(Sport)* Drive, *der (fachspr.);* Treibschlag, *der.* **2.** *v. t.,* **drove** [drəʊv], **driven** ['drɪvn] **a)** fahren ⟨Auto, Lkw, Route, Strecke, Fahrgast⟩; lenken ⟨Kutsche, Streitwagen⟩; führen ⟨Tier⟩; führen ⟨Pflug⟩; **this is a nice car to ~/this car is easy to ~:** dieses Auto fährt sich gut/leicht; ~ **a carriage** *or* **coach and four through** *(fig.)* zerfetzen *(fig.);* **b)** *(as job)* ~ **a lorry/train** Lkw-Fahrer/Lokomotivführer sein; **c)** *(compel to move)* vertreiben; ~ **sb. out of** *or* **from a place/country** jmdn. von einem Ort/aus einem Land vertreiben; ~ **sb. out of** *or* **from the house** jmdn. aus dem Haus jagen; **d)** *(chase, urge on)* treiben ⟨Vieh, Wild⟩; **e)** *(fig.)* ~ **sb. to sth.** jmdn. zu etw. treiben; ~ **sb. to** *or* **into doing sth.** jmdn. dazu treiben, etw. zu tun; ~ **sb. to suicide** jmdn. zum *od.* in den Selbstmord treiben; ~ **sb. out of his mind** *or* **wits** jmdn. in den Wahnsinn treiben *od.* um den Verstand bringen; **f)** ⟨Wind, Wasser:⟩ treiben; **be ~n off course** abgetrieben werden; **g)** *(cause to penetrate)* ~ **sth. into sb.'s head** *(fig.)* jmdm. etw. einbleuen *od.* einhämmern *(ugs.);* **h)** *(power)* antreiben ⟨Mühle, Maschine⟩; **be steam-~n** *or* **~n by steam** dampfgetrieben sein; **be ~n by electricity** [einen] Elektroantrieb haben; **i)** *(incite to action)* antreiben; **he was hard ~n** er wurde hart herangenommen; **be ~n by ambition** von Ehrgeiz getrieben werden; **j)** *(overwork)* ~ **oneself [too] hard** sich [zu sehr] schinden; **k)** *(transact)* ~ **a good bargain** ein gutes Geschäft machen; *see also* **hard 1 a. 3.** *v. i.,* **drove, driven a)** *(conduct motor vehicle)* fahren; **in Great Britain we ~ on the left** bei uns in Großbritannien ist Linksverkehr; **he ~s to see her every weekend** er besucht sie jedes Wochenende mit dem Auto; ~ **at 30 m.p.h.** mit 50 km/h fahren; **learn to ~:** [Auto]fahren lernen; **den Führerschein machen** *(ugs.);* **can you ~?** kannst du Auto fahren?; ~ **past** vorbeifahren; ~ **into a bollard/the back of a lorry** gegen einen Poller fahren/auf einen Lastwagen fahren; **b)** *(travel)* mit dem [eigenen] Auto fahren; **c)** *(rush, dash violently)* ⟨Hagelkörner, Wellen:⟩ schlagen; **clouds were driving across the sky** Wolken jagten über den Himmel
~ **at** *v. t.* hinauswollen auf (+ *Akk.*); **what are you driving at?** worauf wollen Sie hinaus?
~ **a'way 1.** *v. i.* wegfahren. **2.** *v. t.* **a)** wegfahren, wegbringen ⟨Ladung, Fahrzeug⟩; *(chase away)* wegjagen; **b)** *(fig.)* zerstreuen ⟨Bedenken, Befürchtungen, Verdacht⟩
~ **'back** *v. t. (force to retreat)* zurückschlagen ⟨Eindringlinge⟩; **be ~n back on doing sth.** *(fig.)* keine andere Wahl haben, als etw. zu tun
~ **'off 1.** *v. i.* **a)** wegfahren; **b)** *(Golf)* abschlagen. **2.** *v. t. (repel)* zurückschlagen ⟨Angreifer⟩
~ **'on 1.** *v. i.* weiterfahren. **2.** *v. t. (impel)* treiben (to zu)
~ **'out** *v. t.* **a)** hinauswerfen ⟨Person⟩; hinausjagen ⟨Hund⟩; hinausblasen ⟨Luft⟩; **b)** *(fig.)* vertreiben ⟨Sorgen⟩; austreiben ⟨bösen Geist⟩
~ **'up** *v. i.* vorfahren (to vor + *Dat.*); **she drove up to the starting line** sie fuhr an die Startlinie heran. **2.** *v. t.* hochtreiben ⟨Kosten⟩

drive: ~-**belt** *n. (Mech. Engin.)* Treibriemen, *der;* ~-**in** *adj.* Drive-in-; ~-**in bank** *n.* (Amer.) movie [theater] Autokino, *das*

drivel ['drɪvl] **1.** *n.* Gefasel, *das (ugs. abwertend);* **talk ~:** faseln *(ugs. abwertend).* **2.** *v. i., (Brit.)* -**ll**-: **a)** *(talk stupidly)* faseln *(ugs. abwertend);* **b)** *(slaver)* geifern

driven *see* **drive 2, 3**

'**drive-on** *adj.* ~ **car ferry** Autofährschiff, *das*

driver ['draɪvə(r)] *n.* **a)** Fahrer, *der*/Fahrerin, *die;* Führer, *der (Amtsspr.); (of locomotive)* Führer, *der*/Führerin, *die; (of horse-drawn carriage)* Kutscher, *der;* **be in the ~'s seat** *(fig.)* das Steuer *od.* die Zügel in der Hand haben *(fig.);* **b)** *(Golf)* Driver, *der (fachspr.);* Holz 1, *das*

driverless ['draɪvəlɪs] *adj.* führerlos

driver's license (Amer.) see **driving-licence**

drive: ~-**shaft** *n.* Antriebswelle, *die;* ~-**way** *n.* see **drive 1 d**

driving ['draɪvɪŋ] **1.** *n., no pl.* Fahren, *das;* **his ~ is awful** er fährt furchtbar. **2.** *adj.* **a)** ~ **rain** peitschender Regen; **b)** *(fig.)* treibend; ~ **ambition** brennender Ehrgeiz

driving: ~-**gloves** *n. pl.* Autohandschuhe; ~-**instructor** *n.* Fahrlehrer, *der*/-lehrerin, *die;* ~-**lesson** *n.* Fahrstunde, *die;* [**take**] ~-**lessons** Fahrunterricht [nehmen]; ~-**licence** *n.* Führerschein, *der;* ~-**mirror** *n.* Rückspiegel, *der;* ~-**range** *n. (Golf)* Drivingrange, *das;* ~-**school** *n.* Fahrschule, *die;* ~-**seat** *n.* **a)** Fahrersitz, *der;* **b)** *(fig.)* **be in the ~-seat** *=* **be in the driver's seat** *see* **driver a;** ~-**test** *n.* Fahrprüfung, *die;* **take/pass/fail one's ~-test** die Fahrprüfung ablegen/bestehen/nicht bestehen; ~-**wheel** *n.* Treibrad, *das*

drizzle ['drɪzl] 1. *n.* Sprühregen, *der;* Nieseln, *das;* **there was light ~** : es hat leicht genieselt. 2. *v. i.* **it's drizzling** es nieselt; **drizzling rain** Nieselregen, *der*
droll [drɒʊl] *adj.* a) *(amusing)* drollig; b) *(odd)* komisch
dromedary ['drɒmɪdərɪ, 'drʌmɪdərɪ] *n.* *(Zool.)* Dromedar, *das*
drone [drəʊn] *n.* a) *(of bees, flies)* Summen, *das;* (of machine) Brummen, *das;* b) *(derog.: monotonous tone of speech)* Geleier, *das;* c) *(Zool.: bee;* Aeronaut.*)* Drohne, *die; (fig.: idler)* Müßiggänger, *der;* d) *(of bagpipe)* Bordunpfeife, *die.* 2. *v. i.* a) *(buzz, hum)* ⟨*Biene:*⟩ summen; ⟨*Maschine:*⟩ brummen; b) *(derog.: monotonously)* ⟨*Rezitator:*⟩ leiern; ⟨*Rede, Predigt:*⟩ in einförmigem Tonfall vorgetragen werden. 3. *v. t.* leiern
drool [dru:l] *v. i.* a) *(show excessive delight)* ~ **over sb./sth.** über jmdn./etw. in Verzückung geraten; b) *(slaver)* geifern
droop [dru:p] 1. *v. i.* a) herunterhängen; ⟨*Blume:*⟩ den Kopf hängen lassen; ⟨*Stiel:*⟩ sich beugen, sich biegen; **his shoulders ~** : seine Schultern hängen; **her head ~ed forwards** ihr Kopf sank nach vorn; **his eyelids were ~ing** ihm fielen die Augen zu; **the dog's tail ~ed** der Hund ließ den Schwanz hängen; b) *(fig.: flag)* ⟨*Mut, Moral:*⟩ sinken; ⟨*Mensch:*⟩ ermatten. 2. *v. t.* [herunter]hängen lassen
drop [drɒp] 1. *n.* a) *(of liquid)* Tropfen, *der;* **~s of rain/dew/blood/sweat** Regen-/Tau-/Bluts-/Schweißtropfen; **~ by ~, in ~s** tropfenweise; **be a ~ in the ocean** *or* **in the** *or* **a bucket** *(fig.)* ein Tropfen auf einen heißen Stein sein; b) *(fig.: small amount)* **[just] a ~** : [nur] ein kleiner Tropfen; **a ~ too much** *(of flavouring etc.)* eine Idee zuviel; c) *(fig. coll.: of alcohol)* Gläschen, *das;* **have had a ~ too much** ein Glas über den Durst getrunken haben *(ugs.);* **take a ~** : sich *(Dat.)* einen genehmigen *(ugs.);* **that's a nice ~ of beer/wine** das ist ein feines Bierchen/Weinchen *(ugs.);* d) *in pl. (Med.)* Tropfen *Pl.;* e) *(sweet)* Drops, *der;* f) *(vertical distance)* **there was a ~ of 50 metres from the roof to the ground below** vom Dach bis zum Boden waren es 50 Meter; g) *(abrupt descent of land)* plötzlicher Abfall; Absturz, *der;* **there was a sheer** *or* **steep ~ of some 500 ft.** das Gelände fiel etwa 150 m steil ab; h) *(Aeronaut.)* (*of men*) Absetzen, *das;* (*of supplies*) Abwurf, *der;* i) *(fig.: decrease)* Rückgang, *der;* **~ in temperature/prices/outgoings** Temperatur- / Preis- / Ausgabenrückgang, *der;* **a ~ in the price of coffee/in house prices** ein Preisrückgang bei Kaffee/bei Häusern; **a ~ in the cost of living** ein Sinken der Lebenshaltungskosten; **a ~ in salary/wages/income** eine Gehalts-/Lohn-/Einkommensminderung; **a ~ in value** eine Wertminderung; ein Wertverlust; **a ~ in atmospheric pressure/the voltage/power output** *(Phys.)* ein Druck-/Spannungs-/Leistungsabfall; **a ~ in crime** ein Rückgang der Kriminalität; **a ~ in turnover/sales/production** ein Umsatz-/Absatz-/Produktionsrückgang; j) *(coll.: advantage)* **get** *or* **have the ~ on sb.** jmdm. zuvorkommen; k) *(pendant, hanging ornament)* Gehänge, *das;* (*of ear-ring*) Ohrgehänge, *das;* l) *(underworld sl.: hidingplace)* Versteck, *das.* See also **hat b.** 2. *v. i., -pp-* a) *(fall) (accidentally)* [herunter]fallen; *(deliberately)* sich [hinunter]fallen lassen; *(have abrupt descent)* abstürzen (**to** zu); **~ out of** *or* **from sb.'s hand** jmdm. aus der Hand fallen; **let sth. ~** : etw. fallen lassen; b) *(sink to ground)* ⟨*Mensch:*⟩ fallen; **~ to the ground** umfallen; zu Boden fallen; **~ like flies** wie die Fliegen umfallen; **[down] dead** tot umfallen; **~ dead!** *(sl.)* scher dich zum Teufel!; **~ into bed/an armchair** ins Bett/in einen Sessel sinken; **be fit** *or* **ready to ~** *(coll.)* zum Umfallen *od.* Umsinken

müde sein; **~ on** *or* **to one's knees** auf die Knie fallen; c) *(in amount etc.)* sinken; ⟨*[An]zahl:*⟩ abnehmen, sinken; ⟨*Preis, Wert, Verkaufsziffern:*⟩ sinken, fallen; ⟨*Wind:*⟩ abflauen, sich legen; ⟨*Stimme:*⟩ sich senken; ⟨*Kinnlade:*⟩ herunterfallen *od.* -klappen; **the record has ~ped a place/to third place** die Schallplatte ist um einen Platz/auf Platz drei gefallen; d) *(move, go)* **~ down stream** [sich] stromabwärts treiben [lassen]; **~ back** *(Sport)* zurückfallen; **~ behind in one's work** mit seiner Arbeit in Rückstand geraten; **~ behind schedule** hinter dem Zeitplan zurückbleiben; **~ astern** *(Naut.)* achtern sacken; e) *(fall in drops)* ⟨*Flüssigkeit:*⟩ tropfen (**from** aus); f) *(pass into some condition)* **~ [back] into one's old routine** in den alten Trott verfallen *od.* zurückfallen; **~ into the habit** *or* **way of doing sth.** die Gewohnheit annehmen *od.* haben, etw. zu tun; **~ into a dialect** in einen Dialekt fallen; g) *(cease)* **the affair was allowed to ~**: man ließ die Angelegenheit auf sich *(Dat.)* beruhen; **and there the matter ~ped** und dabei blieb es; h) **let ~** : beiläufig erwähnen ⟨*Termin, Tatsache, Bemerkung*⟩; **let [it] ~ that/when ...**: beiläufig erwähnen, daß/wann ... See also **pin 1 a.** 3. *v. t., -pp-* a) *(let fall)* fallen lassen; abwerfen ⟨*Bomben, Flugblätter, Nachschub*⟩; absetzen ⟨*Fallschirmjäger, Truppen*⟩; **~ a letter in the letter-box** einen Brief einwerfen *od.* in den Briefkasten stecken; **~ the curtain** *(Theatre)* den Vorhang herablassen; **~ the latch on the door** den Türriegel vorlegen; b) *(by mistake)* fallen lassen; **she ~ped crumbs on the floor/juice on the table** ihr fielen Krümel auf den Boden/tropfte Saft auf den Tisch; **he ~ped the glass/ball** ihm fiel das Glas/der Ball herunter; c) *(let fall in ~s)* tropfen ⟨*Dat.*⟩; d) *(utter casually)* fallenlassen ⟨*Namen*⟩; **~ a hint [about sth.]** eine Anspielung machen; **~ a word in sb.'s ear [about sth.]** einmal mit jmdm. [über etw.] sprechen; e) *(send casually)* **~ sb. a note** *or* **line** [ein paar Zeilen] schreiben; **~ sb. a postcard** jmdm. eine Karte schreiben; f) *(set down, unload from car)* absetzen ⟨*Mitfahrer, Fahrgast*⟩; *(from ship)* an Land gehen lassen; *(from aircraft)* von Bord gehen lassen; g) *(omit)* (*in writing*) auslassen; *(in speech)* nicht aussprechen; **one's h's das h** [im Anlaut] nicht aussprechen; **~ a subject from the syllabus/a name from a list** ein Fach aus dem Lehrplan/einen Namen von einer Liste streichen; h) *(discontinue, abandon)* fallenlassen ⟨*Plan, Thema, Schlagzeile, Anklage*⟩; einstellen ⟨*Untersuchung, Ermittlungen*⟩; ablegen ⟨*Titel*⟩; absetzen ⟨*Fernsehsendung*⟩; beiseite lassen ⟨*Formalitäten*⟩; **~ it!** laß das!; **~ everything!, ~ whatever you're doing!** laß alles stehen und liegen!; **shall we ~ the subject?** lassen Sie uns [lieber] das Thema wechseln; **~ a case** *(Law)* einen Fall zu den Akten legen; *(stop associating with)* fallenlassen ⟨*Freund, Freundin*⟩; *(exclude)* **~ sb. from a team** jmdn. aus einer Mannschaft nehmen; **~ sb. from a committee** jmdn. aus einem Ausschuß entlassen; j) **~ one's voice** die Stimme senken; k) *(lower)* tiefer hängen ⟨*Lampe*⟩; auslassen ⟨*Rocksaum*⟩; **~ped handlebars** Rennlenker, *der;* l) *(knock down, fell)* zu Boden strecken; m) *(lose by gambling or in business)* verlieren. See also **brick 1 a; clanger; curtsy 1**

~ a'way *v. i.* *(Mitgliedschaft, Einnahmen:)* sinken; ⟨*Gelände:*⟩ abfallen

~ by 1. [-'-] *v. i.* vorbeikommen. 2. ['--] *v. t.* **~ by sb.'s house** bei jmdm. vorbeigehen *od.* hereinschauen

~ 'in 1. *v. t. (deliver)* vorbeibringen. 2. *v. i.* a) *(visit)* hereinkommen; vorbeikommen; **~ in on sb.** *or* **at sb.'s house** bei

jmdm. hereinschauen; **~ in for a pint** auf ein Bier vorbeikommen

~ 'off 1. *v. i.* a) *(fall off)* abfallen; *(become detached)* abgehen; b) *(fall asleep)* einnicken; c) *(decrease)* ⟨*Teilnahme, Geschäft:*⟩ zurückgehen; ⟨*Unterstützung, Interesse:*⟩ nachlassen; ⟨*Absatz:*⟩ rückläufig sein. 2. *v. t.* a) *(fall off)* abfallen von; **~ off a truck** von einem Lkw herunterfallen; b) *(set down)* absetzen ⟨*Fahrgast*⟩; **the ship ~ped off the cargo** das Schiff hat seine Ladung gelöscht; **~ a package/the shopping off at sb.'s house** ein Paket/die Einkäufe bei jmdm. vorbeibringen

~ 'out *v. i.* a) *(fall out)* herausfallen (**of** aus); **your teeth will ~ out** Ihnen werden die Zähne ausfallen; b) *(withdraw beforehand)* seine Teilnahme absagen; *(withdraw while in progress)* aussteigen *(ugs.)* (**of** aus); *(abandon sth.)* ausscheiden (**of** aus); *(disappear from one's place in a series or group)* ausfallen; **~ out of the bidding** aussteigen *(ugs.);* nicht mehr mitbieten; *(cease to take part)* aussteigen *(ugs.)* (**of** aus); ⟨*Student:*⟩ das Studium abbrechen *od.* aufgeben; **~ out of university/the course** das Studium abbrechen *od.* aufgeben; **~ out [of society]** aussteigen *(ugs.);* d) *(be omitted)* aus-, weggelassen werden (**of** aus). See also **drop-out vb.**

~ 'round *v. i.* vorbeikommen

drop: ~-forging *n.* *(Metalw.)* Gesenkschmieden, *das;* **~-head** *n.* *(Brit. Motor Veh.)* Klappverdeck, *das;* (*vehicle*) Kabriolett, *das;* **~-kick** *n.* *(Football)* Dropkick, *der;* (*Rugby*) Sprungtritt, *der;* **~-leaf table** *n.* Klapptisch, *der*

droplet ['drɒplɪt] *n.* Tröpfchen, *das*

'drop-out *n.* *(coll.)* a) *(act of withdrawing)* Aussteigen, *das* *(ugs.);* *(from expedition or trip)* Ausfall, *der;* Rücktritt, *der;* **the ~ rate** die Aussteigerquote; *(among students or trainees)* die Zahl der Abbrecher; b) *(person) (from college etc.)* Abbrecher, *der*/Abbrecherin, *die;* *(from society)* Aussteiger, *der*/Aussteigerin, *die* *(ugs.)*

dropper ['drɒpə(r)] *n.* *(esp. Med.)* Tropfer, *der;* Guttiole, *die* *(fachspr.)*

droppings ['drɒpɪŋz] *n. pl.* Mist, *der;* (*of horse*) Pferdeäpfel *Pl.;* (*of cattle*) Kuhfladen *Pl.*

'drop-shot *n.* *(Tennis etc.)* Stoppball, *der*

dropsy ['drɒpsɪ] *n.* Wassersucht, *die*

dross [drɒs] *n.* a) Abfall, *der;* b) *(Metallurgy)* Gekrätz, *das;* c) *(fig.)* Tand, *der* *(geh. veralt.);* **human ~** *(derog.)* Abschaum, *der* *(abwertend)*

drought [draʊt] *(Amer., Scot., Ir./poet.:* **drouth** [draʊθ]) *n.* Dürre, *die;* **a period of ~** : eine Dürreperiode; b) *(shortage)* Mangel, *der* (**of** an + *Dat.*)

¹drove see **drive 2, 3**

²drove [drəʊv] *n.* a) *(herd)* Herde, *die;* b) *usu. in pl. (fig.: of people)* Schar, *die;* **in ~s** scharenweise; in Scharen

drover ['drəʊvə(r)] *n.* Viehtreiber, *der*

drown [draʊn] 1. *v. i.* ertrinken. 2. *v. t.* ertränken; **be ~ed** ertrinken; b) *(fig.)* **~ one's sorrows [in liquor]** seine Sorgen [im Alkohol] ertränken; c) *(submerge, flood)* überfluten; überschwemmen; verwässern ⟨*Whisky, Brandy*⟩; **~ed valley** *(Geog.)* überflutetes Tal; Ria[s]tal, *das;* d) *(make inaudible)* übertönen ⟨*Geräusch, Musik*⟩. See also **rat 1 a**

~ 'out *v. t.* *(make inaudible)* übertönen; niederschreien ⟨*Redner*⟩

drowse [draʊz] *v. i.* [vor sich hin]dösen; **~ off** eindösen; einnicken

drowsily ['draʊzɪlɪ] *adv.* *(while falling asleep)* schläfrig; *(on just waking)* verschlafen

drowsiness ['draʊzɪnɪs] *n., no pl.* Schläfrigkeit, *die;* **cause ~** : müde *od.* schläfrig machen

drowsy ['draʊzɪ] *adj.* a) *(half asleep)* schläf-

223

drub

rig; *(on just waking)* verschlafen; **feel ~:** sich schläfrig fühlen; **b)** *(soporific)* einschläfernd
drub [drʌb] *v. t.,* **-bb-** *(thrash)* verprügeln; verdreschen *(ugs.); (beat in fight)* schlagen
drubbing ['drʌbɪŋ] *n.* **a)** *(thrashing)* Tracht Prügel, *die;* **b)** *(fig.)* Niederlage, *die*
drudge [drʌdʒ] **1.** *n.* Schwerarbeiter, *der (fig.);* Kuli, *der (ugs. abwertend).* **2.** *v. i.* schuften; sich abplacken
drudgery ['drʌdʒərɪ] *n.* Schufterei, *die;* Plackerei, *die*
drug [drʌg] **1.** *n.* **a)** *(Med., Pharm.)* Medikament, *das;* [Arznei]mittel, *das;* **(as ingredient)** Mittel, *das;* **this patient is on ~s** dieser Patient muß Medikamente nehmen; **b)** *(narcotic, opiate, etc.)* Droge, *die;* Rauschgift, *das;* **take ~s** Drogen *od.* Rauschgift nehmen; **be on ~s** [regelmäßig] Drogen *od.* Rauschgift nehmen; *(Commerc. fig.)* **a ~ on the market** unverkäufliche Ware; ein Ladenhüter *(ugs.).* **2.** *v. t.,* **-gg-** **a)** *(administer ~ to)* **he was ~ged and kidnapped** er wurde betäubt und entführt; **b)** *(add ~ to)* **~ sb.'s food/drink** jmds. Essen/Getränk *(Dat.)* ein Betäubungsmittel beimischen
drug: **~ addict** *n.* Drogen- *od.* Rauschgiftsüchtige, *der/die;* **~ addiction** *n.;* Drogen- *od.* Rauschgiftsucht, *die*
druggist ['drʌgɪst] *n.* Drogist, *der/*Drogistin, *die*
drug: **~-peddler** *n.* Dealer, *der (Drogenszene);* Drogen- *od.* Rauschgifthändler, *der;* **~-pusher** Pusher, *der (Drogenszene);* Drogen- *od.* Rauschgifthändler, *der;* **~store** *n. (Amer.)* Drugstore, *der;* **~ taking** *n., no pl.* Drogeneinnahme, *die*
Druid ['druːɪd] *n.* Druide, *der*
drum [drʌm] **1.** *n.* **a)** Trommel, *die;* **b)** *in pl. (in jazz or pop)* Schlagzeug, *das;* (*section of band etc.)* Trommeln *Pl.;* **c)** *(sound)* Trommeln, *das;* **d)** *(Anat.)* see **ear-drum;** **e)** *(container for oil etc.)* Faß, *das;* **~ of paint** Farbenhobbock, *der.* **2.** *v. i.* **-mm-** trommeln. **3.** *v. t.,* **-mm-:** **~ one's fingers on the desk** mit den Fingern auf den Tisch trommeln
~ into *v. t.* **~ sth. into sb.** jmdm. etw. einhämmern *(ugs.) od.* einbleuen *(ugs.)*
~ 'out *v. t. (Mil.)* **~ sb. out** jmdn. ausstoßen *(veralt.); (fig.)* jmdn. [mit Schimpf und Schande] ausstoßen; **he was ~med out of town** er wurde aus der Stadt gejagt
~ 'up *v. t. (Mil.)* zusammentrommeln *(fig.)* auftreiben ⟨*Kunden, Unterstützung*⟩; erwecken ⟨*Enthusiasmus*⟩; zusammentrommeln *(ugs.)* ⟨*Helfer, Anhänger*⟩ anbahnen ⟨*Geschäfte*⟩
drum: **~-beat** *n.* Trommelschlag, *der;* **~ brake** *n.* Trommelbremse, *die;* **~fire** *n. (Mil.; also fig.)* Trommelfeuer, *das;* **~head** *n.* **a)** *(Mus.)* [Trommel]fell, *das;* **b)** *attrib.* **~head court martial** Standgericht, *das*
drumlin ['drʌmlɪn] *n. (Geol.)* Drumlin, *der*
drum: **~ 'major** *n. (Mil.)* Tambourmajor, *der;* **~ majo'rette** *n.* Tambourmajorette, *die*
drummer ['drʌmə(r)] *n.* **a)** Schlagzeuger, *der;* **b)** *(Amer.: representative)* Vertreter, *der/*Vertreterin, *die*
'drumstick *n.* **a)** *(Mus.)* Trommelschlegel, *der;* **b)** *(of fowl)* Keule, *die;* Schlegel, *der (südd., österr., schweiz.)*
drunk [drʌŋk] **1.** *adj.* **be ~:** betrunken sein; **be half ~:** angetrunken sein; **get ~ [on gin]** [von Gin] betrunken werden; *(intentionally)* sich [mit Gin] betrunken machen; **get sb. ~:** jmdn. betrunken machen; **be ~ as a lord** *(coll.)* voll wie eine Haubitze sein *(ugs.);* **be ~ in charge [of a vehicle]** betrunken am Steuer. **2.** *n.* Betrunkene, *der/die*
drunkard ['drʌŋkəd] *n.* Trinker, *der/*Trinkerin, *die;* Säufer, *der/*Säuferin, *die (derb abwertend)*
drunken ['drʌŋkən] *attrib. adj.* **a)** betrunken; besoffen *(derb);* **b)** *(habitually drunk)* versoffen *(derb);* **b)** **a ~ brawl** or **fight** eine Schlägerei zwischen Betrunkenen; **in a ~ stupor** im Vollrausch; **~ driving** Trunkenheit am Steuer
drunkenness ['drʌŋknnɪs] *n., no pl.* **a)** *(temporary)* Betrunkenheit, *die;* **b)** *(habitual)* Trunksucht, *die*
drupe [druːp] *n. (Bot.)* Steinfrucht, *die*
Druze [druːz] *n.* Druse, *der/*Drusin, *die*
dry [draɪ] **1.** *adj.,* **drier** ['draɪə(r)], **driest** ['draɪɪst] **a)** trocken; *(very ~)* herb ⟨*Wein*⟩; ausgetrocknet ⟨*Fluß, Flußbett*⟩; **get** or **become ~:** trocken werden; trocknen; **~ bread** trocken[es] Brot; **go ~:** austrocknen; **my throat is** or **feels ~:** meine Kehle ist wie ausgetrocknet; **~ work** Arbeit, die durstig macht; **as ~ as a bone** völlig trocken; **there wasn't a ~ eye in the house** da blieb kein Auge trocken; **store sth. in a ~ place** etw. trocken lagern; **~ (not using liquid)** Trocken-; **~ shave/shampoo** Trockenrasur, *die/*-shampoo, *das;* **c)** *(not rainy)* trocken ⟨*Wetter, Klima*⟩; **I'm a bit ~:** ich habe eine trockene Kehle; **e) go ~:** ⟨*Flüssigkeit:*⟩ verdunsten; ⟨*Suppe usw.:*⟩ verkochen; **f)** *(not yielding)* ausgetrocknet, versiegt ⟨*Brunnen*⟩; **g)** *(teetotal)* **go ~:** das Alkoholverbot *od.* die Prohibition einführen; **h)** *(fig.)* ⟨*Humor*⟩; *(impassive, cold)* kühl ⟨*Art, Bemerkung usw.*⟩; **i)** *(fig.: meagre, bare)* nüchtern ⟨*Fakten, Dankesworte*⟩; nackt ⟨*Tatsachen*⟩; *(dull)* trocken ⟨*Stoff, Bericht, Vorlesung*⟩; **be as ~ as dust** sterbenslangweilig *od. (ugs.)* stinklangweilig sein. **2.** *n.* *(coll.)* **a)** **give it a good ~:** trockne es gut ab; **b)** *(place)* **in the ~:** im Trock[e]nen. **3.** *v. t.* **a)** trocknen ⟨*Haare, Wäsche*⟩; abtrocknen ⟨*Geschirr, Baby*⟩; **~ oneself** sich abtrocknen; **~ one's eyes** or **tears/hands** sich *(Dat.)* die Tränen abwischen/die Hände abtrocknen; **b)** *(preserve)* trocknen ⟨*Kräuter, Holz, Blumen*⟩; dörren ⟨*Obst, Fleisch*⟩. **4.** *v. i.* trocknen, trocken werden; **~ hard on sth.** ⟨*Schlamm:*⟩ an etw. *(Dat.)* an- *od.* festtrocknen
~ 'out 1. *v. t.* **a)** trocknen; **b)** einer Entziehungskur unterziehen ⟨*Alkoholiker, Drogenabhängigen*⟩; trockenlegen *(ugs.)* ⟨*Alkoholiker*⟩; ausnüchtern ⟨*Betrunkenen*⟩. **2.** *v. i.* **a)** trocknen; ⟨*Alkoholiker, Drogenabhängiger:*⟩ eine Entziehung[skur] machen; ⟨*Alkoholiker:*⟩ trocken werden *od.* ⟨*Betrunkener:*⟩ ausnüchtern
~ 'up 1. *v. t.* **a)** abtrocknen ⟨*Geschirr*⟩; austrocknen ⟨*Fluß, Teich*⟩; versiegen lassen ⟨*Brunnen*⟩. **2.** *v. i.* **a)** *(~ the dishes)* abtrocknen; *see also* **drying-up;** **b)** ⟨*Brunnen, Quelle:*⟩ versiegen; ⟨*Fluß, Teich:*⟩ austrocknen; **a dried-up person** ein vertrockneter Typ; **c)** *(fig.)* ⟨*Initiative, Ideen, Erfindergeist:*⟩ versiegen; ⟨*Renten, Ersparnisse:*⟩ schrumpfen; **d)** *(be unable to continue)* steckenbleiben; **e)** *(coll.: stop talking)* **~ up!** halt die Klappe! *(ugs.);* hör auf zu sülzen! *(salopp)*
dryad ['draɪæd] *n. (Mythol.)* Dryade, *die*
dry: **~ 'battery** *n. (Electr.)* Trockenbatterie, *die;* **~ cell** *n. (Electr.)* Trockenelement, *das;* **~-clean** *v. t.* chemisch reinigen; **have sth. ~-cleaned** etw. in die Reinigung geben; **'~-clean only** „chemisch reinigen"; **~-cleaners** *n. pl.* chemische Reinigung; **~-cleaning** *n.* chemische Reinigung; **'dock** *n.* Trockendock, *das*
dryer *see* **²drier**
dry: **~-eyed** *adj.* ohne Rührung; **~ goods** *n. pl. (Commerc.)* Textilwaren *Pl.;* Kurzwaren *Pl.;* **~ 'ice** *n.* Trockeneis, *das*
drying ['draɪɪŋ]: **~-cupboard** *n.* Wäschetrockenschrank, *der;* **~-up** *n.* Abtrocknen, *das;* **do the ~-up** abtrocknen
dry 'land *n.* Festland, *das;* **be back on ~:** wieder festen Boden unter den Füßen haben

duck

dryly ['draɪlɪ] *adv. (fig.)* **a)** *(coldly)* kühl; **b)** *(with dry humour)* trocken; **sb. is ~ humorous** jmd. hat einen trockenen Humor
'dry measure *n.* Trocken[hohl]maß, *das*
dryness ['draɪnɪs] *n., no pl.* **a)** Trockenheit, *die;* **b)** *(fig.: coldness)* Kühle, *die;* **c)** *(fig.: of humour)* Trockenheit, *die;* **d)** *(fig.: dullness)* Trockenheit, *die;* Langweiligkeit, *die*
dry: **~ 'rot** *n.* **a)** Trockenfäule, *die;* *(fungi)* Polyparus, *der (fachspr.);* Hausschwamm, *der;* Holzschwamm, *der;* **~ 'run** *n. (coll.)* Probelauf, *der;* **~stone** *adj.* **~stone wall** Trockensteinmauer, *die*
D. Sc. [diː.es'siː] *abbr.* **Doctor of Science** Dr. rer. nat.; *see also* **B. Sc.**
DSS *abbr. (Brit.)* **Department of Social Security** Amt für Sozialwesen
DTs [diː'tiːz] *n. pl. (coll.)* Delirium, *das;* **have the ~:** [vom Trinken] das Zittern haben *(ugs.)*
dual [djuːəl] *adj.* **a)** doppelt; Doppel-; **~ status/role/function** Doppelstatus, *der/-*rolle, *die/-*funktion, *die (Psych.);* **~ personality** gespaltene Persönlichkeit
dual: **~ 'carriageway** *n. (Brit.)* zweispurige Straße; **~ con'trol** *n. (Aeronaut.)* Doppelsteuerung, *die; (Motor Veh.)* doppelte Bedienungselemente
dualism ['djuːəlɪzm] *n. (Philos., Theol.)* Dualismus, *der*
duality [djuː'ælɪtɪ] *n.* Dualität, *die*
dual-'purpose *adj.* zweifach verwendbar
¹dub [dʌb] *v. t.,* **-bb-** *(Cinemat.)* synchronisieren
²dub *v. t.,* **-bb-:** **a)** **~ sb. [a] knight** jmdn. zum Ritter schlagen; **b)** *(call, nickname)* titulieren
³dub *n. (sl.: novice)* Flasche, *die (ugs.)*
dubbin ['dʌbɪn] *n.* Lederfett, *das*
dubious ['djuːbɪəs] *adj.* **a)** *(doubting)* unschlüssig; **feel ~ of sb.'s honesty** an jmds. Ehrlichkeit *(Dat.)* zweifeln; **I'm ~ about accepting the invitation** ich weiß nicht recht, ob ich die Einladung annehmen soll; **b)** *(suspicious)* dubios, zweifelhaft; **c)** *(questionable)* zweifelhaft; fragwürdig; **d)** *(of doubtful result)* ungewiß; **e)** *(unreliable)* zweifelhaft
dubiously ['djuːbɪəslɪ] *adv.* **a)** *(doubtingly)* unschlüssig; **b)** *(suspiciously)* dubios
ducal ['djuːkl] *adj.* herzoglich; Herzogs⟨*titel, -krone*⟩
duchess ['dʌtʃɪs] *n.* Herzogin, *die*
duchy ['dʌtʃɪ] *n.* Herzogtum, *das*
¹duck [dʌk] **1.** *n.* **a)** *(~ or collect.) same (Ornith.; as food)* Ente, *die;* **wild ~:** Wildente, *die;* **toy ~:** Schwimmente, *die;* Spielzeugente, *die;* **can a ~ swim?** *(iron.)* und ob!; **it was [like] water off a ~'s back** *(fig.)* das lief alles an ihm/ihr *usw.* ab; **take to sth. like a ~ to water** bei etw. gleich in seinem Element sein; **fine weather for ~s** *(joc./iron.)* bei dem Wetter könnte man Flossen gebrauchen *(scherzh.);* **play [at] ~s and drakes** [flache] Steine über die Wasseroberfläche springen lassen; titschern; **play ~s and drakes with, make ~s and drakes of** *(fig.)* verschwenden; durchbringen ⟨*Ersparnisse, Vermögen*⟩; **ein Fenster hinauswerfen** ⟨*Geld*⟩; **b)** *(Brit. coll.: dear)* [my] ~: Schätzchen; **c)** *(Cricket)* **be out for a ~:** ohne einen Punkt zu machen aus sein; **break one's ~:** den ersten Punkt holen. *See also* **dead duck; lame duck.** **2.** *v. i.* **a)** *(bend down)* sich [schnell] bücken; **[down]** *(out of sight)* sich ducken, um nicht gesehen zu werden; **b)** *(under water)* tauchen; **c)** *(coll.: move hastily)* türmen *(ugs.).* **3.** *v. t.* **a)** **~ sb. [in water]** jmdn. untertauchen; jmdn. tunken *(landsch.);* **b)** **~ one's head** den Kopf einziehen; *(ugs.);* **c)** *(coll.: evade)* ausweichen ⟨*einer Frage, einem Problem*⟩
~ 'out *v. i. (coll.)* **~ out [of sth.]** sich [vor etw. *(Dat.)*] drücken *(ugs.);* [vor etw. *(Dat.)*] kneifen *(ugs. abwertend)*

²**duck** *n. (Textiles)* Segeltuch, *das*
duck: ~-**bill,** ~-**billed** '**platypus** *see* **platypus;** ~-**boards** *n. pl.* Lattenrost, *der;* ~-**egg** *n.* Entenei, *das;* ~-**egg** '**blue** *n.* zartes Blaugrau
duckie ['dʌkɪ] *see* ¹**duck 1 b**
ducking ['dʌkɪŋ] *n. (immersion)* [Ein-, Unter]tauchen, *das;* **give sb. a** ~: jmdn. untertauchen; jmdn. tunken *(landsch.)*
'**ducking-stool** *n. (Hist.)* Tauchstuhl, *der*
duckling ['dʌklɪŋ] *n.* Entenküken, *das; (as food)* junge Ente; *see also* **ugly a**
'**duck-pond** *n.* Ententeich, *der*
ducks [dʌks] *see* ¹**duck 1 b**
'**duckweed** *n. (Bot.)* Wasserlinse, *die;* Entengrütze, *die*
duct [dʌkt] **1.** *n.* **a)** *(for fluid, gas, cable)* [Rohr]leitung, *die;* Rohr, *das; (for air)* Ventil, *das;* **b)** *(Anat.)* Gang, *der;* **hepatic/cystic/acoustic** ~: Leber-/Gallenblasen-/Gehörgang, *der;* **spermatic** ~: Samenleiter, *der;* **tear-**~: Tränenkanal, *der;* **c)** *(Bot.)* Gang, *der;* Kanal, *der.* **2.** *v. t.* leiten
ductile ['dʌktaɪl] *adj.* dehnbar, *(fachspr.)* duktil ⟨*Metall*⟩
ducting ['dʌktɪŋ] *n.* Leitungssystem, *das*
dud [dʌd] *(coll.)* **1.** *n.* **a)** *(useless thing)* Niete, *die (ugs.); (counterfeit)* Fälschung, *die; (banknote)* Blüte, *die (ugs.); (failure)* Reinfall, *der (ugs.); (Cards)* Lusche, *die (ugs.);* **this battery/light-bulb/watch/ball-point is a** ~: diese Batterie/Glühlampe/Uhr/dieser Kugelschreiber taugt nichts; **that cheque was a** ~: der Scheck war faul *(ugs.);* **b)** *(bomb etc.)* Blindgänger, *der;* **c)** *(ineffectual person)* Niete, *die (ugs.);* Versager, *der.* **2.** *adj.* **a)** *mies (ugs.);* schlecht; *(fake)* gefälscht; geplatzt ⟨*Scheck*⟩; **b) a** ~ **bullet/shell/bomb** ein Blindgänger
dude [djuːd, duːd] *n. (Amer. sl.)* **a)** *(dandy)* feiner Pinkel aus der Stadt *(ugs.);* **b)** *(fellow, guy)* Typ, *der (ugs.)*
'**dude ranch** *n. (Amer.)* Ferienranch, *die*
dudgeon ['dʌdʒən] *n.* **in high** ~: äußerst empört
due [djuː] **1.** *adj.* **a)** *(owed)* geschuldet; zustehend ⟨*Eigentum, Recht usw.*⟩; **the share/reward** ~ **to him** der ihm zustehende Anteil/die ihm zustehende Belohnung; der Anteil, der/die Belohnung, die ihm zusteht; **the amount** ~ **to me, I've got it.** **the** ~, **I'm** ~ **for sth.** mir steht etw. zu; **b)** *(immediately payable, lit. or fig.)* fällig; **be more than** ~ *(fig.)* überfällig sein; **c)** *(that it is proper to give)* gebührend, geziemend *(geh.);* erforderlich ⟨*Hilfe*⟩; entsprechend ⟨*Ermutigung*⟩; angemessen ⟨*Belohnung*⟩; **be** ~ **to sb.** jmdm. gebühren; **recognition** ~ **to sb.** Anerkennung, die jmdm. gebührt; **respect** ~ **from sb.** die von jmdm. geschuldet; **with all** ~ **respect, madam** bei allem gebotenen Respekt, meine Dame; **with** ~ **allowance** *or* **regard** unter gebührender Berücksichtigung **(for Gen.);** **d)** *(that it is proper to use)* gebührend, geziemend *(geh.);* nötig; reiflich ⟨*Überlegung*⟩; **with** ~ **caution/care** mit der nötigen Vorsicht/Sorgfalt; **they were given** ~ **warning** sie wurden hinreichend gewarnt; **in** ~ **time** rechtzeitig; ~ **process of law** ordentliches Gerichtsverfahren; **e)** *(attributable)* ~ **to negligence** auf Grund von Nachlässigkeit; **the mistake was** ~ **to negligence** der Fehler war durch Nachlässigkeit verursacht; **the discovery is** ~ **to Newton** die Entdeckung ist Newton *(Dat.)* zu verdanken; **it's** ~ **to her that we missed the train** ihretwegen verpaßten wir den Zug; es lag an ihr, daß wir den Zug verpaßten; **his death was** ~ **to a heart attack** Ursache seines Todes war ein Herzanfall; **the difficulty is** ~ **to our ignorance** die Schwierigkeit ergibt sich aus unserer Unwissenheit; **be** ~ **to the fact that ...:** darauf zurückzuführen sein, daß ...;

f) *(scheduled, expected, under engagement or instructions)* **be** ~ **to do sth.** etw. tun sollen; **I'm** ~ *(my plan is)* **to leave tomorrow** ich werde morgen abfahren; **be** ~ [**to arrive**] ankommen sollen; **the train is now** ~: der Zug müßte jetzt planmäßig ankommen; **when are we** ~ **to land/dock?** wann landen wir/laufen wir ein?; **I'm** ~ **in Paris tonight** ich muß heute abend in Paris sein; **the baby is** ~ **in two weeks' time** das Baby kommt in zwei Wochen; **g)** *(likely to get, deserving)* **be** ~ **for sth.** etw. verdienen; **he is** ~ **for promotion** seine Beförderung ist fällig. *See also* **course 1 c. 2.** ~ **north** genau nach Norden; ~ **north wind** Wind direkt von Norden; **the town is** ~ **north of us** die Stadt liegt genau nördlich von uns; **b)** ~ **of** auf Grund **(+ Gen.);** aufgrund **(+ Gen.). 3.** *n.* **a)** *in pl. (debt)* Schulden *Pl.;* **pay one's** ~**s** seine Schulden bezahlen; **b)** *no pl. (fig.)* **give sb. his** ~ *(get, deserving)* **sb.'s** ~: das, was jmdm. zusteht; **that was no more than his** ~: das stand ihm auch zu; **give sb. his** ~: jmdm. Gerechtigkeit widerfahren lassen; **but to give him** *or* **the Devil his** ~ **he ...:** aber das muß man ihm lassen, er ...; **c)** *usu. in pl. (fee)* Gebühr, *die; (toll)* Zoll, *der;* **membership** ~**s** Mitgliedsbeiträge *Pl.*
duel ['djuːəl] **1.** *n.* **a)** Duell, *das; (Univ.)* Mensur, *die;* **fight a** ~: ein Duell/eine Mensur austragen; **b)** *(fig.: contest)* Kampf, *der;* ~ **of wits** geistiger Wettstreit; ~ **of words** Wortgefecht, *das;* Rededuell, *das;* **propaganda** ~: Propagandagefecht, *das.* **2.** *v. i., (Brit.)* -**ll**- sich duellieren; *(Univ.)* eine Mensur austragen *od.* schlagen
duet [djuː'et] *n. (Mus.) (for voices)* Duett, *das; (instrumental)* Duo, *das*
duettist [djuː'etɪst] *n.* [Duett]partner, *der/*[Duett]partnerin, *die*
duff [dʌf] *adj. (Brit.)* mies *(ugs.)*
duffel bag, duffel coat *see* **duffle bag, duffle coat**
duffer ['dʌfə(r)] *n.* Trottel, *der (ugs. abwertend);* **be a** ~ **at football/school** im Fußball/in der Schule eine Niete sein *(ugs.)*
duffle ['dʌfl]: ~ **bag** *n.* Matchbeutel, *der; (waterproof also)* Seesack, *der;* ~ **coat** *n.* Dufflecoat, *der*
dug *see* **dig 1, 2**
'**dug-out** *n.* **a)** *(canoe)* Einbaum, *der;* **b)** *(Mil.: shelter)* Unterstand, *der*
duke [djuːk] *n.* Herzog, *der;* **royal** ~: Herzog und Mitglied des Königshauses; **b)** *in pl. (sl.: fists)* Flossen *Pl. (salopp):* **put up your** ~**s** Fäuste hoch! *(salopp)*
dukedom ['djuːkdəm] *n.* **a)** *(territory)* Herzogtum, *das;* **b)** *(rank)* Herzogwürde, *die*
dulcet ['dʌlsɪt] *adj.* lieblich; **sb.'s** ~ **tones** *(iron.)* jmds. zarte Stimme *(iron.)*
dulcimer ['dʌlsɪmə(r)] *n. (Mus.)* Hackbrett, *das;* Zimbal, Zymbal, *das*
dull [dʌl] **1.** *adj.* **a)** *(stupid)* beschränkt; *(slow to understand)* begriffsstutzig *(abwertend);* **b)** *(boring)* langweilig; stumpfsinnig ⟨*Arbeit, Routine*⟩; ⟨*Eindruck*⟩; **c)** *(gloomy)* trübe ⟨*Wetter, Tag*⟩; **d)** *(not bright)* matt, stumpf ⟨*Farbe, Glanz, Licht, Metall*⟩; trübe ⟨*Augen*⟩; blind ⟨*Spiegel*⟩; *(not sharp)* dumpf ⟨*Geräusch, Aufprall, Schmerz, Gefühl*⟩; **e)** *(not keen)* unscharf; schwach ⟨*Augen, Gehör*⟩; **grow** ~ ⟨*Geisteskräfte*⟩: nachlassen; **f)** *(sluggish)* träge; **g)** *(listless)* lustlos; *(dejected)* niedergeschlagen; bedrückt; **h)** *(blunt)* stumpf; **i)** *(Commerc.)* flau. *See also* **ditchwater. 2.** *v. t.* **a)** *(make less acute)* schwächen, trüben; betäuben ⟨*Schmerz*⟩; **b)** *(make less bright or sharp)* stumpf werden lassen; verblassen lassen ⟨*Farbe*⟩; **c)** *(blunt)* stumpf machen; **d)** *(fig.)* dämpfen ⟨*Freude, Enthusiasmus*⟩; ~ **the edge of sth.** *(fig.)* einer Sache *(Dat.)* ihren Reiz nehmen

dullard ['dʌləd] *n.* Dummkopf, *der (ugs.)*
dullness ['dʌlnɪs] *n., no pl.* **a)** *(stupidity)* Beschränktheit, *die;* Begriffsstutzigkeit, *die (abwertend);* [geistige] Trägheit, *die;* **b)** *(boringness)* Langweiligkeit, *die; (of work, life, routine)* Stumpfsinn, *der;* **c)** *(of weather)* Trübheit, *die;* **d)** *(of colour, light, metal)* Stumpfheit, *die;* Mattheit, *die;* **e)** *(of sight, hearing etc.)* Schwächung, *die; (of sight, mind, senses)* Trübung, *die;* **f)** *(sluggishness)* Trägheit, *die*
dull-witted [dʌl'wɪtɪd] *see* **dull 1 a**
dully ['dʌlɪ] *adv.* **a)** *(dimly, indistinctly)* trübe ⟨*scheinen*⟩; dumpf ⟨*fühlen, aufprallen, tönen, schmerzen*⟩; **his arm was aching** ~: er spürte einen dumpfen Schmerz im Arm; **b)** *(sluggishly)* träge; **c)** *(listlessly)* lustlos; *(dejectedly)* niedergeschlagen; bedrückt
duly ['djuːlɪ] *adv.* **a)** *(rightly, properly)* ordnungsgemäß; **b)** *(sufficiently)* ausreichend; hinreichend; **he was** ~ **punished** er wurde gehörig bestraft; **c)** *(punctually)* pünktlich
dumb [dʌm] **1.** *adj.* ~**er** [dʌmə(r)], ~**est** ['dʌmɪst] **a)** stumm; **a** ~ **person** ein Stummer/eine Stumme; ~ **animals** *or* **creatures** die Tiere; **die stumme Kreatur** *(dichter.);* ~ **friend** vierbeiniger Freund; **b)** *(temporarily speechless)* stumm; **he was** [**struck**] ~ **with fright/amazement** vor Furcht/Staunen verschlug es ihm die Sprache; **c)** *(inarticulate)* sprachlos ⟨*Massen, Millionen*⟩; *(saying nothing)* schweigend; **d)** *(coll.: stupid)* doof *(ugs.);* **act** ~: sich dumm stellen *(ugs.);* **a** ~ **blonde** eine dümmliche Blondine *(ugs.).* **2.** *n. pl.* **the** ~**s:** **the deaf and** ~: die Taubstummen
'**dumb-bell** *n.* **a)** Hantel, *die;* **b)** *(sl.: stupid person)* Dummkopf, *der (ugs.);* Dümmling, *der (ugs.)*
dumbfound [dʌm'faʊnd] *v. t.* sprachlos machen; verblüffen
dumbfounded [dʌm'faʊndɪd] *adj.* sprachlos; verblüfft; **be** ~: sprachlos sein
dumbly ['dʌmlɪ] *adv.* stumm
dumb: ~ **show** *n.* **in** ~ **show** durch Mimik; ~ **waiter** *n.* **a)** *(trolley)* stummer Diener; **b)** *(lift)* Speisenaufzug, *der*
dumdum ['dʌmdʌm] *n.* ~ [**bullet**] Dumdum[geschoß], *das*
dummy ['dʌmɪ] **1.** *n.* **a)** *(of tailor)* Schneiderpuppe, *die; (in shop)* Modepuppe, *die;* Schaufensterpuppe, *die; (of ventriloquist)* Puppe, *die; (figurehead, person acting for another)* Strohmann, *der; (stupid person)* Dummkopf, *der (ugs.);* Doofi, *der (ugs.);* **like a stuffed** ~: wie ein Ölgötze *(ugs.);* **b)** *(imitation)* Attrappe, *die;* Dummy, *der; (Commerc.)* Schaupackung, *die;* **c)** *(esp. Brit.: for baby)* Schnuller, *der;* **d)** *(Bridge etc.) (person)* Strohmann, *der; (hand)* Tisch, *der;* **e)** *(Rugby coll.)* **sell sb. the** *or* **a** ~: jmdn. antäuschen. **2.** *attrib. adj.* unecht; blind ⟨*Tür, Fenster*⟩; Übungs- *(Mil.);* ~ **gun** Gewehrattrappe, *die;* ~ **run** Probelauf, *der*
dump [dʌmp] **1.** *n.* **a)** *(place)* Müllkippe, *die; (heap)* Müllhaufen, *der; (permanent)* Müllhalde, *die; (Mil.)* Depot, *das;* Lager, *das;* **c)** *(coll. derog.: unpleasant place)* Schweinestall, *der (derb abwertend); (bad place)* Drecksloch, *das (salopp abwertend); (boring town)* Kaff, *das (ugs. abwertend);* Nest, *das (ugs. abwertend).* **2.** *v. t.* **a)** *(dispose of)* werfen; *(deposit)* abladen, kippen ⟨*Sand, Müll usw.*⟩; *(leave)* lassen; *(place)* abstellen; **b)** *(Commerc.: send abroad)* zu Dumpingpreisen verkaufen; **c)** *(fig. coll.: abandon)* abladen *(ugs.)*
dumper ['dʌmpə(r)] *n.* Kipper, *der*
dumping ['dʌmpɪŋ] *n.* **a)** [Schutt]abladen, *das;* '**no** ~ [**of refuse**]' „Schuttabladen verboten"; **b)** *(Commerc.: sending abroad)* Dumping, *das*
'**dumping-ground** *n.* Müllkippe, *die;* Schuttabladeplatz, *der; (fig.)* Abstellplatz, *der*

dumpling ['dʌmplɪŋ] *n.* **a)** *(Gastr.)* Kloß, *der;* **apple ~:** Apfel im Schlafrock; **b)** *(coll.: short, plump person)* Tönnchen, *das (ugs.)*
dumps [dʌmps] *n. pl. (coll.)* **be** or **feel [down] in the ~:** ganz down sein *(ugs.)*
'**dump truck** *n.* Kipper, *der*
dumpy ['dʌmpɪ] *adj.* pummelig *(ugs.)*
¹**dun** [dʌn] **1.** *adj.* graubraun. **2.** *n.* Graubraun, *das*
²**dun** *v. t.*, **-nn-** *(demand money due from)* [Geld] anmahnen bei; **~ sb. for sth.** bei jmdm. etw. anmahnen
dunce [dʌns] *n.* Null, *die (ugs. abwertend);* Niete, *die (ugs. abwertend);* **the ~ of the class** das Schlußlicht der Klasse *(ugs.);* **~'s cap** *(Hist.)* Spotthut, *der (für schlechte Schüler)*
dunderhead ['dʌndəhed] *n.* Schwachkopf, *der (ugs. abwertend)*
dune [dju:n] *n.* Düne, *die*
dung [dʌŋ] **1.** *n.* Dung, *der;* Mist, *der.* **2.** *v. t.* mit Mist düngen
dungaree [dʌŋɡə'ri:] *n.* **a)** *(fabric)* grober Kattun; **b)** *in pl. (garment)* Latzhose, *die;* **a pair of ~s** eine Latzhose
'**dung-beetle** *n.* Mistkäfer, *der*
dungeon ['dʌndʒən] *n.* Kerker, *der;* Verlies, *das*
'**dunghill** *n.* Misthaufen, *der*
dunk [dʌŋk] *v. t.* **a)** tunken; stippen *(bes. nordd.);* **b)** *(immerse)* tauchen
Dunkirk [dʌn'kɜ:k] *pr. n.* Dünkirchen *(das);* **~ spirit** Durchhaltevermögen, *das*
dunlin ['dʌnlɪn] *n. (Ornith.)* Alpenstrandläufer, *der*
duo ['dju:əʊ] *n., pl.* **~s a)** *(Theatre)* Paar, *das;* **comedy ~:** Komikerpaar, *das;* **b)** *(Mus.)* Duo, *das;* **c)** *(coll.: couple)* Duo, *das (oft iron.);* **an odd ~:** ein komisches Gespann *(ugs.)*
duodenal [dju:ə'di:nl] *adj. (Anat.)* duodenal *(fachspr.);* **~ ulcer** *(Med.)* Zwölffingerdarmgeschwür, *das*
duodenum [dju:ə'di:nəm] *n. (Anat.)* Duodenum, *das (fachspr.);* Zwölffingerdarm, *der*
dupe [dju:p] **1.** *v. t.* düpieren *(geh.);* übertölpeln; **be ~d [into doing sth.]** sich übertölpeln lassen [und etw. tun]; **be ~d into believing sth.** auf etw. *(Akk.)* hereinfallen. **2.** *n.* Düpierte, *der/die (geh.);* Dumme, *der/die;* Gelackmeierte, *der/die (salopp scherzh.)*
duple ['dju:pl] *adj.* **~ time** *(Mus.)* gerader Takt
duplex ['dju:pleks] **1.** *adj.* **a)** *(twofold)* doppelt; zweifach; **b)** *(esp. Amer.: two-storey)* zweistöckig *(Wohnung);* **c)** *(esp. Amer.: two-family)* Zweifamilien⟨haus⟩. **2.** *n. (esp. Amer.)* zweistöckige Wohnung
duplicate 1. ['dju:plɪkət] *adj.* **a)** *(identical)* Zweit-; **~ key** Nach- *od.* Zweitschlüssel, *der;* **~ copy** Zweit- *od.* Abschrift, *die;* **b)** *(twofold)* doppelt; **c)** *(Cards)* **~ bridge/whist** Form des Bridge/Whists, bei der das Spiel mit derselben Verteilung der Karten, aber mit anderen Spielern wiederholt wird. **2.** *n.* Kopie, *die; (second copy of letter/document/key)* Duplikat, *das;* **b) prepare/complete sth. in ~:** etw. in doppelter Ausfertigung machen/ausfüllen; **make sth. in ~:** etw. doppelt anfertigen; **c)** *(Cards)* **~ bridge** *etc.; see* **1 c. 3.** ['dju:plɪkeɪt] *v. t.* **a)** *(make a copy of, make in duplicate)* **~ sth.** eine zweite Anfertigung von etw. machen; etw. nachmachen *(ugs.);* **they have tried to ~ his results** sie haben versucht, zu denselben Ergebnissen wie er zu kommen; **b)** *(be exact copy of)* genau gleichen (+ *Dat.);* **c)** *(on machine)* duplizieren; **d)** *(unnecessarily)* [unnötigerweise] noch einmal tun
duplicating ['dju:plɪkeɪtɪŋ] **~ machine** *see* **duplicator;** **~ paper** *n. (Printing)* Vervielfältigungspapier, *das*
duplication [dju:plɪ'keɪʃn] *n.* **a)** Wiederholung, *die;* **b)** *(on machine)* Vervielfältigung, *die;* **c)** *(unnecessary)* [unnötige] Wiederholung; **avoid unnecessary ~!** vermeiden Sie unnötige Wiederholungen!; **~ of effort** doppelte Arbeit
duplicator ['dju:plɪkeɪtə(r)] *n. (Printing)* Vervielfältigungsgerät, *das*
duplicity [dju:'plɪsɪtɪ] *n.* Falschheit, *die*
durability [djʊərə'bɪlɪtɪ] *n., no pl.* **a)** *(permanence) (of friendship, peace, etc.)* Dauerhaftigkeit, *die;* **b)** *(of person)* Unverwüstlichkeit, *die;* **b)** *(resistance to wear or decay) (of garment, material)* Haltbarkeit, *die;* Strapazierfähigkeit, *die; (of metal, rock, component)* Widerstandsfähigkeit, *die*
durable ['djʊərəbl] **1.** *adj.* **a)** *(lasting)* dauerhaft ⟨*Friede, Freundschaft usw.*⟩; **b)** *(resisting wear or decay)* solide; strapazierfähig; haltbar ⟨*Kleidung, Stoff*⟩; widerstandsfähig ⟨*Metall, Fels, Bauelement*⟩; **~ goods** *see* **2. 2.** *n. in pl. (Econ.)* **consumer ~s** langlebige *od.* dauerhafte Konsumgüter
duration [djʊə'reɪʃn] *n.* Dauer, *die;* **be of short/long ~:** von kurzer/langer Dauer sein; **the courses are of three years' ~:** die Kurse dauern drei Jahre; **for the ~ of sth.** für die Dauer *od.* während [der Dauer] einer Sache *(Gen.);* **for the ~ of war)** auf Kriegsdauer; **I'm afraid we're here for the ~** *(fig. coll.)* wir werden wohl bis zum Ende ausharren müssen, fürchte ich
duress [djʊə'res, 'djʊəres] *n., no pl.* Zwang, *der;* **under ~:** unter Zwang
during ['djʊərɪŋ] *prep.* während; *(at a point in)* in (+ *Dat.);* **the rehearsal/wedding ceremony** während *od.* bei der Probe/Trauung; **~ the night** während *od.* bei der Nacht; **~ the journey** während *od.* auf der Reise
dusk [dʌsk] *n. (twilight)* [Abend]dämmerung, *die;* Einbruch der Dunkelheit; **at/after/until ~:** bei/nach/bis zum Einbruch der Dunkelheit
dusky ['dʌskɪ] *adj. (dark-coloured)* dunkel; dunkelhäutig ⟨*Person, Schönheit*⟩; **a ~ blue/red** ein dunkles Blau/Rot
dust [dʌst] **1.** *n., no pl.* Staub, *der; (pollen)* Blütenstaub, *der;* **be covered in ~:** ⟨*Erde:*⟩ staubbedeckt sein; ⟨*Gegenstände:*⟩ eingestaubt *od.* verstaubt sein; **the ~ of ages** *od.* Staub der Jahrhunderte; **make a great deal of ~:** sehr stauben; **throw ~ in sb.'s eyes** *(fig.)* jmdm. Sand in die Augen streuen; **shake the ~ off one's feet** *(fig.)* den Staub von den Füßen schütteln *(geh.);* **turn to ~ and ashes** Staub werden; *(fig.)* zunichte werden; **wait till the ~ has settled** *(fig.)* warten, bis sich die Wogen geglättet haben; **you couldn't see him for ~** *(fig.)* man konnte nur noch seine Staubwolke sehen; **b)** *(coll.: ~ing)* Staubwischen, *das;* **give sth. a ~:** etw. abstauben. *See also* **bite 1; raise 1 b. 2.** *v. t.* **a)** *(clear of ~)* abstauben ⟨*Möbel*⟩; **~ a room/house** in einem Zimmer/Haus Staub wischen; **the house/the furniture needs ~ing** *or* **to be ~ed** in dem Haus muß Staub gewischt werden/die Möbel müssen abgestaubt werden; **b)** *(sprinkle, also Cookery)* **~ sth. with sth.** etw. mit etw. bestäuben; *(with talc etc.)* etw. mit etw. pudern; *(with grated material)* etw. mit etw. bestreuen; **~ sth. over** *or* **on [to] sth.** *(using powder)* etw. auf etw. *(Akk.)* stäuben, *(using grated material)* etw. auf etw. *(Akk.)* streuen. **3.** *v. i.* Staub wischen
~ 'off *v. t.* abstauben, *(fig. derog.)* aus der Mottenkiste hervorholen
dust: ~bin *n. (Brit.)* Mülltonne, *die;* Abfalltonne, *die;* **relegate sth. to the ~bin** *(fig.)* etw. in *od.* dem Müll wandern lassen *(ugs.);* **~ bowl** *n. (Geog.)* Trockengebiet, *das (mit häufigen Staubstürmen) (Brit.)* Müllwagen, *der;* **~-cloth** *n.* Schonbezug, *der; (duster)* Staubtuch, *die;* **~-coat** *n. (Brit.)* Staubmantel, *der;* **~-cover** *n. (on record-player)* Abdeckhaube, *die; (for clothes)* Staubschutz, *der; (on book) see* **~-jacket; ~ devil** *see* **devil 1 i**
duster ['dʌstə(r)] *n.* **a)** *(cloth)* Staubtuch, *das;* **b)** *(coat)* Staubmantel, *der*
dusting ['dʌstɪŋ] *n.* **a)** *(removal of dust) see* **dust 2 a:** Abstauben, *das;* Staubwischen, *das;* **give a room a ~:** in einem Zimmer Staub wischen; **b)** *(sprinkling)* Bestreuen, *das; see also* **crop-dusting**
dust: ~-jacket *n.* Schutzumschlag, *der;* **~man** ['dʌstmən] *n., pl.* **~men** ['dʌstmən] *(Brit.)* Müllwerker, *der (Berufsbez.);* Müllmann, *der;* **~-pan** *n.* Kehrschaufel, *die;* **~-proof** *adj.* staubdicht; **~-sheet** *n.* Staubdecke, *die;* **~ storm** *n.* Staubsturm, *der;* **~-trap** *n.* Staubfänger, *der (abwertend);* **~-up** *n. (coll.)* Krach, *der (ugs.);* **~-wrapper** *see* **~-jacket**
dusty ['dʌstɪ] *adj.* staubig ⟨*Straße, Stadt, Zimmer*⟩; verstaubt ⟨*Bücher, Möbel*⟩; **the house is/has got very ~:** das Haus ist sehr verstaubt; im Haus hat sich viel Staub angesammelt; **b)** *(dull)* schmutzig ⟨*Rosa, Blau, Grün*⟩; **c)** *(vague)* vage; **d)** *(bad-tempered)* schroff ⟨*Antwort*⟩; **e)** **not so ~** *(Brit. dated sl.)* gar nicht so übel *(ugs.)*
Dutch [dʌtʃ] **1.** *adj.* holländisch; niederländisch; **b)** *(coll.)* **go ~ [with sb.] [on sth.]** getrennte Kasse [mit jmdm.] [bei etw.] machen; **talk to sb. like a ~ uncle** jmdm. ordentlich ins Gewissen reden. *See also* **English 1. 2.** *n.* **a)** *constr. as pl.* **the ~:** die Holländer *od.* Niederländer; **b)** *(language)* Niederländisch, *das; (Cape)* **~:** Kapholländisch, *das;* **c)** **it was all double ~ to him** das waren alles böhmische Dörfer für ihn. *See also* **English 2 a**
dutch *n. (Brit. sl.)* **my old ~:** meine gute Alte
Dutch: ~'auction *see* **auction 1 a; ~'barn** *n.* offene Scheune; **~'courage** *n.* angetrunkener Mut; **give oneself** *or* **get ~ courage** sich *(Dat.)* Mut antrinken; **~'doll** *n.* holländische Gliederpuppe; **~'door** *n. (Amer.)* quergeteilte Tür; **~'elm disease** *n. (Bot.)* Ulmensterben, *das;* **~'hoe** *n. (Agric.)* Schuffel, *die;* **~man** ['dʌtʃmən] *n., pl.* **~men** ['dʌtʃmən] **a)** Holländer, *der;* Niederländer, *der;* **b)** *(fig. coll.)* **or I'm a ~man** oder ich will für Emil heißen; **c)** *(ship)* holländisches Schiff; **The Flying ~man** Der Fliegende Holländer; **~'oven** *n. (Cookery)* **a)** *(box)* Backgefäß mit mehreren Fächern; **b)** *(pot)* Schmortopf, *der;* **~'treat** *n.* gemeinsames Vergnügen, bei dem jeder für sich selbst bezahlt; **~woman** *n.* Holländerin, *die;* Niederländerin, *die*
dutiable ['dju:tɪəbl] *adj. (Customs)* zollpflichtig; abgabenpflichtig
dutiful ['dju:tɪfʊl] *adj.* pflichtbewußt ⟨*Ehefrau, Arbeiter, Bürger*⟩; gehorsam ⟨*Tochter, Sklave*⟩; ehrerbietig ⟨*Antwort*⟩
dutifully ['dju:tɪfʊlɪ] *adv.* pflichtbewußt ⟨*handeln*⟩; treu ⟨*dienen*⟩
duty ['dju:tɪ] *n.* **a)** *no pl. (moral or legal obligation)* Pflicht, *die;* Verpflichtung, *die;* **~ calls** die Pflicht ruft; **have a ~ to do sth.** die Pflicht haben, etw. zu tun; **have a ~ to sb.** jmdm. gegenüber eine Verpflichtung haben; **one's ~ to** *or* **towards sb./sth.** seine Pflicht gegenüber jmdm./einer Sache; **do one's ~ [by sb.]** [jmdm. gegenüber] seine Pflicht [und Schuldigkeit] tun; **make it one's ~ to do sth.** es sich *(Dat.)* zur Pflicht machen, etw. zu tun; **be/feel in ~ bound to do sth.** verpflichtet sein/sich verpflichtet fühlen, etw. zu tun; **in ~ bound** pflichtschuldigst; **b)** *(specific task, esp. professional)* Aufgabe, *die;* Pflicht, *die;* **do one's ~:** seine Pflicht tun; **take up one's duties** seinen Dienst antreten; **your duties will consist of ...:** zu Ihren Aufgaben gehören ...; **[purely] in [the] line of ~:** [rein] dienstlich; **the ~-nurse/-porter** die diensthabende Schwester/der diensthabende Pförtner; **on**

duty-bound

~: im Dienst; **be on ~:** Dienst haben; **while on ~:** während des Dienstes; im Dienst; **go/come on ~ at seven p.m.** um 19 Uhr seinen Dienst antreten; **off ~:** nicht im Dienst; **be off ~:** keinen Dienst haben; 〈*ab... Uhr*〉 dienstfrei sein; **go/come off ~ at eight a.m.** seinen Dienst um acht Uhr beenden; **Dr Smith is off ~ tomorrow** Dr. Smith hat morgen dienstfrei; *see also* **off-duty; c)** *(Econ.: tax)* Zoll, *der;* **pay ~ on sth.** Zoll für etw. bezahlen; etw. verzollen; **be liable to ~:** zollpflichtig sein; **~ on alcohol** Branntweinsteuer, *die;* **free of ~:** zollfrei 〈*Ware, Preis*〉; **~ free of ~** zollfrei 〈*Ware, Preis*〉; **d) do ~ as/for sth.** *(serve as)* als/zu etw. dienen; **e)** *(arch. respect, respectful conduct)* Ehrerbietung, *die (geh.)*
duty: **~-bound** *adj.* **be/feel [oneself] ~-bound to do sth.** verpflichtet sein/sich verpflichtet fühlen, etw. zu tun; *see also* **duty a; ~-free** *adj.* zollfrei 〈*Ware, Preis*〉; **~-frees** *n. pl. (coll.)* zollfreie Waren; **~-free 'shop** *n.* Duty-free-Shop, *der;* **~ officer** *n. (Mil.)* Offizier vom Dienst; **~-paid** *adj. (Econ.)* verzollt 〈*Ware*〉; **~ visit** *n.* Pflichtbesuch, *der*
duvet ['du:veɪ] *n.* Federbett, *das*
dwarf [dwɔ:f] **1.** *n., pl.* **~s** *or* **dwarves** [dwɔ:vz] **a)** *(person)* Liliputaner, *der*/Liliputanerin, *die;* Zwerg, *der*/Zwergin, *die (auch abwertend);* **b)** *(tree)* Zwergbaum, *der;* *(plant)* Zwergpflanze, *die; (animal)* Zwergtier, *das;* **c)** *(Mythol.)* Zwerg, *der*/Zwergin, *die;* **d)** *(Astron.)* Zwerg[stern], *der.* **2.** *adj.* **a)** Zwerg〈*baum, -stern*〉; **b)** *(stunted)* winzig. **3.** *v. t.* **a)** *(stunt in growth)* verkümmern lassen; **b)** *(cause to look small)* klein erscheinen lassen; verzwergen *(geh.);* **c)** *(fig.)* in den Schatten stellen; verzwergen *(geh.)*
dwarfish ['dwɔ:fɪʃ] *adj.* zwergenhaft 〈*Gestalt*〉; sehr klein 〈*Tier, Pflanze*〉
dwell [dwel] *v. i.,* dwelt [dwelt] *(literary; lit. or fig.)* wohnen; weilen *(geh.)*
~ [up]on *v. t.* **a)** *(in discussion)* sich länger *od.* ausführlich befassen mit; *(in thought)* in Gedanken verweilen bei; **don't ~ upon the past** halten Sie sich nicht bei *od.* mit der Vergangenheit auf; **b)** *(prolong)* gedehnt aussprechen 〈*Wort, Silbe*〉; *(Mus.)* [aus]halten 〈*Note*〉
dweller ['dwelə(r)] *n., esp. in comb.* Bewohner, *der*/Bewohnerin, *die;* **city-~s** Großstädter *Pl.;* **caravan-~s** [ständige] Caravaner *Pl.*
dwelling ['dwelɪŋ] *n. (Admin. lang./literary)* Wohnung, *die;* **council ~:** Sozialwohnung, *die*
dwelling: **~-house** *n.* Wohnhaus, *das;* **~-place** *n.* Wohnsitz, *der*
dwelt *see* **dwell**
dwindle ['dwɪndl] *v. i.* **a)** [**away**] abnehmen; 〈*Unterstützung, Interesse:*〉 nachlassen; 〈*Güter, Vermögen:*〉 zusammenschrumpfen; 〈*Vorräte, Handel, Hoheitsgebiet:*〉 schrumpfen; 〈*Macht, Einfluß, Tageslicht:*〉 schwinden *(geh.);* 〈*Gewinn, Umsatz:*〉 rückläufig sein; 〈*Bodenschätze:*〉 zur Neige gehen *(geh.);* 〈*Ruhm:*〉 verblassen *(geh.);* **~ in importance** an Bedeutung abnehmen *od.* verlieren; **~ away to nothing** dahinschwinden; **b)** *(fig.: degenerate)* heruntergekommen **(into zu)**
dye [daɪ] **1.** *n.* **a)** *(substance)* Färbemittel, *das;* **eyelash ~:** Wimperntusche, *die;* **b)** *(colour)* Farbe, *die.* **2.** *v. t.,* **~ing** ['daɪɪŋ] färben; **~d blond hair** blondgefärbtes Haar; **~d-in-the-wool** *(fig.)* eingefleischt, *(ugs.)* in der Wolle gefärbt 〈*Konservativer, Gewerkschaftler, Reaktionär*〉. **3.** *v. i.,* **~ing** sich färben lassen
dyer ['daɪə(r)] *n.* Färber, *der*/Färberin, *die*
'**dyestuff** *see* **dye 1 a**
dying ['daɪɪŋ] **1.** *adj.* **a)** sterbend 〈*Person, Tier*〉; eingehend 〈*Pflanze*〉; absterbend 〈*Baum*〉; verendend 〈*Tier*〉; aussterbend 〈*Kunst, Kultur, Tradition, [Tier]art, Men-*

schenschlag〉; zuendegehend 〈*Jahr*〉; erlöschend 〈*Glut, Leidenschaft*〉; **he's a ~ man** *(will not recover)* er lebt nicht mehr lange; **b)** *(related to time of death)* letzt...; **to my ~ day** bis an mein Lebensende. **2.** *n. pl.* **the ~:** die Sterbenden. *See also* ¹**die**
dyke *see* **dike**
dynamic [daɪ'næmɪk] *adj.,* **dynamically** [daɪ'næmɪkəlɪ] *adv. (lit. or fig.; also Mus.)* dynamisch
dynamics [daɪ'næmɪks] *n., no pl.* **a)** *(Mech.)* Dynamik, *die (fachspr.);* Kräftelehre, *die;* **b)** *(in other sciences)* -dynamik, *die*
dynamism ['daɪnəmɪzm] *n.* Dynamik, *die*
dynamite ['daɪnəmaɪt] **1.** *n.* **a)** *(explosive)* Dynamit, *das;* **b)** *(fig.: politically dangerous person or thing)* Sprengstoff, *der;* **these revelations are ~:** diese Enthüllungen sind [politisch] brisant; **c)** *(fig.: sensational person or thing)* **be ~** 〈*Person:*〉 eine Wucht sein *(salopp);* 〈*Sache:*〉 eine Sensation sein. **2.** *v. t.* mit Dynamit sprengen
dynamo ['daɪnəməʊ] *n., pl.* **~s a)** Dynamomaschine, *die; (of car)* Lichtmaschine, *die; (of bicycle)* Dynamo, *der;* **b)** *(fig.)* **[human] ~:** Energiebündel, *das (ugs.)*
dynastic [dɪ'næstɪk] *adj.* dynastisch; 〈*Regierung, Herrschaft, Diktator*〉 einer Dynastie; **~ families** Familiendynastien *Pl.*
dynasty ['dɪnəstɪ] *n. (lit. or fig.)* Dynastie, *die*
dyne [daɪn] *n. (Phys.)* Dyn, *das*
dysentery ['dɪsəntərɪ] *n. (Med.)* Ruhr, *die;* Dysenterie, *die (fachspr.)*
dyslexia [dɪs'leksɪə] *n. (Med., Psych.)* Dyslexie, *die (fachspr.);* Lesestörung, *die*
dyslexic [dɪs'leksɪk] *adj., n.* **1.** *adj.* dyslektisch *(fachspr.);* **a ~ child** ein Kind mit einer Lesestörung. **2.** *n.* Dyslektiker, *der*/Dyslektikerin, *die (fachspr.);* Mensch mit einer Lesestörung
dyspepsia [dɪs'pepsɪə] *n. (Med.)* Dyspepsie, *die (fachspr.);* Verdauungsstörung, *die*
dystrophy ['dɪstrəfɪ] *n. (Med.)* Dystrophie, *die (fachspr.);* Ernährungsstörung, *die;* **muscular ~:** Muskeldystrophie, *die; (fortschreitender)* Muskelschwund

E

E, e [i:] *n., pl.* **Es** *or* **E's a)** *(letter)* E, e, *das;* **b)** **E** *(Mus.)* E, e, *das;* **E flat** es, Es, *das;* **c) E** *(Sch., Univ.: mark)* Fünf, *die;* **he got an E** er bekam „mangelhaft" *od.* eine Fünf
E. *abbr.* **a) east** O; **b) eastern** ö.
each [i:tʃ] **1.** *adj.* jeder/jede/jedes; **there's cream between ~ layer** zwischen den einzelnen Schichten ist Sahne; **we have two votes ~, we have two votes** jeder von uns hat zwei Stimmen; **they cost** *or* **are a pound ~:** sie kosten ein Pfund pro Stück *od.* je[weils] ein Pfund; **they ~ have ...:** sie haben jeder von ihnen ... ; **books at £1 ~:** Bücher zu je einem Pfund *od.* für je ein Pfund; **two teams with 10 players ~:** zwei Mannschaften mit je 10 Spielern; **I gave**

them a book ~ *or* **a book ~** ich habe jedem von ihnen ein Buch gegeben; **~ one of them** jeder/jede/jedes einzelne von ihnen; **~ and every employee** jeder einzelne Mitarbeiter; **I travelled 10 miles ~ way every day** ich habe jeden Tag 16 km pro Weg zurückgelegt; **back a horse ~ way** *(Brit. Racing)* auf Sieg oder Platz eines Pferdes wetten; **the houses ~ have their own garage[s]** die Häuser haben alle ihre eigene Garage. **2.** *pron.* **a)** jeder/jede/jedes; **they are ~ of them ...** jeder usw. von ihnen ist ... ; **~ despises the other** jeder verachtet den anderen; sie verachten sich [gegenseitig]; **have some of ~:** von jedem etwas nehmen/haben usw.; **b) ~ other** sich [gegenseitig]; einander *(meist geh.);* **they are ~ cross with ~ other** sie sind böse aufeinander; **we have not seen ~ other in years** wir haben uns jahrelang nicht gesehen; **they wore ~ other's hats** jeder trug den Hut des anderen; **be in love with ~ other** ineinander verliebt sein; **live next door to ~ other** Tür an Tür wohnen
eager ['i:gə(r)] *adj.* eifrig 〈*Person, Arbeiter, Art*〉; rege, lebhaft 〈*Interesse*〉; brennend, sehnlich 〈*Wunsch*〉; erwartungsvoll 〈*Ton, Gesichtsausdruck, Lächeln*〉; begeistert 〈*Anhänger einer Partei*〉; **be ~ to do sth.** etw. unbedingt tun wollen; **be ~ to make a good impression** eifrig bemüht sein, einen guten Eindruck zu machen; **be ~ to learn** lernbegierig *od.* -eifrig sein; **be ~ for sth.** etw. unbedingt haben wollen; *see also* **beaver 1 a**
eagerly ['i:gəlɪ] *adv.* eifrig 〈*ja sagen, zustimmen*〉; bereitwillig 〈*Auskunft geben*〉; gespannt, ungeduldig 〈*warten, Ausschau halten, aufblicken*〉; erwartungsvoll 〈*lächeln, aufblicken*〉; begierig 〈*ergreifen*〉; **look forward ~ to sth.** sich sehr auf etw. *(Akk.)* freuen; **~ seize an opportunity** eine Gelegenheit beim Schopf ergreifen
eagerness ['i:gənɪs] *n., no pl.* Eifer, *der;* **~ to learn** Lerneifer, *der;* Lernbegier[de], *die;* **~ to succeed** Erfolgshunger, *der;* **~ to assist** Hilfsbereitschaft, *die*
eagle ['i:gl] *n.* **a)** *(bird)* Adler, *der;* **b)** *(Golf)* Eagle, *das*
eagle: **~ 'eye** *n.* Falkenauge, *das (geh.);* **have/keep/fix one's ~ eye on sb./sth.** ein wachsames Auge *od.* einen wachsamen Blick auf jmdn./etw. haben; **~-eyed** *adj.* adleräugig
eaglet ['i:glɪt] *n. (Ornith.)* Adlerjunge, *das*
¹**ear** [ɪə(r)] *n.* **a)** Ohr, *das; (of red deer)* Lauscher, *der; (of red fox)* Gehör, *das; (of rabbit, hare)* Löffel, *der; (of hound)* Behang, *der (Jägerspr.);* **his good/bad ~:** sein besseres/schlechteres Ohr; **~, nose, and throat hospital/specialist** Hals-Nasen-Ohren-Klinik, *die*/-Arzt, *der*/-Ärztin, *die;* **smile from ~ to ~:** von einem Ohr zum anderen strahlen *(ugs.);* **have nothing between one's ~s** *(fig. coll.)* nichts im Kopf haben *(ugs.);* **be out on one's ~** *(fig. coll.)* auf die Straße stehen *(ugs.);* **this brought a storm of criticism about his ~s** das setzte ihn einem Sturm der Kritik aus; **sb. would give his/her ~s to do sth.** jmd. würde alles darum geben, etw. zu tun; **over head and ~s, head over ~s** *(fig. coll.)* bis über die *od.* beide Ohren; **up to one's ~s in work/debt** bis zum Hals in Arbeit/Schulden; **be pleasing to the ~[s]** sich angenehm anhören; **come to** *or* **reach sb.'s ~s** jmdm. zu Ohren kommen; **have a word in sb.'s ~:** jmdm. ein Wort im Vertrauen sagen; **listen with half an ~:** [nur] mit halbem Ohr zuhören; **keep one's ~s open** *(fig.)* die Ohren offenhalten; **have/keep an ~ to the ground** sein Ohr ständig am Puls der Masse haben *(ugs. scherzh.);* **be[come] all ~s** *(fig.: plötzlich)* ganz Ohr sein; **go in [at] one ~ and out [at] the other** *(coll.)* zum einen Ohr herein, zum anderen wieder hinausgehen; **lend an ~ to sb.** jmdm. Gehör schenken; **give ~ to** ein geneigtes Ohr haben für *(geh.);* **have**

227

ear

sb.'s ~/**get** *or* **win the ~ of sb.** bei jmdm. Gehör *od.* ein offenes Ohr finden; **b)** *n pl. (faculty of discriminating sound)* Gehör, *das;* **have an ~** *or* **a good ~/no ~ for music** ein [gutes]/kein Gehör für Musik haben; **play by ~** *(Mus.)* nach dem Gehör spielen; **play it by ~** *(fig.)* es auf sich *(Akk.)* zukommen lassen *(ugs.)*

²**ear** *n. (Bot.)* Ähre, *die;* **~ of corn** Kornähre, *die*

ear: ~ache *n. (Med.)* Ohrenschmerzen *Pl.;* **~-clip** *n.* Ohr[en]klipp, *der;* **~-drops** *n. pl.* **a)** *(Med.)* Ohrentropfen *Pl.;* **b)** *(earrings)* Ohrgehänge, *das;* **~-drum** *n. (Anat.)* Trommelfell, *das*

-eared [ɪəd] *adj. in comb.* **long-/short-~** lang-/kurzohrig

'**ear-flap** *n.* Ohrenklappe, *die*

earful ['ɪəfʊl] *n. (coll.)* **get an ~:** ordentlich was zu hören bekommen *(ugs.);* **give sb. an ~ about sth.** jmdm. ein paar Takte [über etw.] erzählen *(ugs.)*

earl [ɜːl] *n.* Graf, *der*

earldom ['ɜːldəm] *n.* **a)** *(territory)* Grafschaft, *die;* **b)** *(rank)* Grafenwürde, *die*

'**ear-lobe** *n.* Ohrläppchen, *das*

early ['ɜːlɪ] **1.** *adj.* **a)** früh; **they had an ~ lunch** sie aßen früh zu Mittag; **I am a bit ~:** ich bin etwas zu früh gekommen *od. (ugs.)* dran; **the train was 10 minutes ~:** der Zug kam 10 Minuten zu früh; **an ~ train** *(earlier than one usually takes)* ein früherer Zug; **have an ~ night** früh ins Bett gehen; **~ riser** Frühaufsteher, *der/*-aufsteherin, *die;* **~ to bed, ~ to rise [makes a man healthy, wealthy, and wise]** *(prov.)* früh zu Bette und auf zu früher Stund', macht den Menschen glücklich, reich, gesund *(Spr.);* **an ~ reply** eine baldige Antwort; **at the earliest** frühestens; **the ~ part of** der Anfang + *Gen.);* **in the afternoon/evening** am frühen Nachmittag/Abend; **into the ~ hours** bis in die frühen Morgenstunden; **at/from an ~ age** in jungen Jahren/von klein auf; **from one's earliest years** von frühester Kindheit an; **at an ~ stage, in its ~ stages** im Frühstadium; **~ Gothic** Frühgotik, *die;* **an ~ work/the ~ writings of an author** ein Frühwerk/die Frühschriften eines Autors; **~ Christian times** die frühchristliche Zeit; **b)** *(of the distant past)* vorgeschichtlich *(Fund, Fossilien);* *(prehistoric)* frühgeschichtlich *(Fund, Fossilien);* **the earliest records of a civilization** die frühesten Spuren einer Zivilisation; **at a very ~ date** schon sehr früh; **c)** *(forward in flowering, ripening, etc.)* frühblühend *(Pflanze);* früh *(Gemüse, -obst).* **2.** *adv.* früh; **~ next week** Anfang der nächsten Woche; **~ next Wednesday** nächsten Mittwoch früh; **~ in June** Anfang Juni; **the earliest I can come is Friday** ich kann frühestens Freitag kommen; **I cannot come earlier than Thursday** ich kann nicht vor Donnerstag kommen; **from ~ in the morning till late at night** von früh [morgens] bis spät [nachts]; **~ on** schon früh; **earlier on this week/year** früher in der Woche/im Jahr

early: ~ bird *n. (joc.)* jmd., der etw. frühzeitig tut; *(getting up)* Frühaufsteher, *der/*-aufsteherin, *die;* **~ bird catches the worm** *(prov.)* Morgenstunde hat Gold im Munde *(Spr.);* **~ 'closing** *n.* **it is ~ closing** die Geschäfte haben nachmittags geschlossen; **~-'closing day** *n.* Tag, an dem die Geschäfte nachmittags geschlossen haben; **~ 'days** *n. pl.* **in the ~ days** am Anfang *(of Gen.);* **it is ~ days [yet]** es ist noch zu früh; **~-'warning** *attrib. adj.* Frühwarn-

ear: ~mark 1. *n.* Ohrmarke, *die; (fig.)* Kennzeichen, *das;* **2.** *v. t.* **a)** *(mark, lit. or fig.)* [kenn]zeichnen; **b)** *(assign to definite purpose)* bestimmen; vorsehen; **~-muffs** *n. pl.* Ohrenschützer *Pl.*

earn [ɜːn] *v. t.* **a)** *(Person, Tat, Benehmen:)* verdienen; **~ed income** Einkommen aus Arbeit; **it ~ed him much respect** es trug ihm viel Respekt ein; **b)** *(bring in as income or interest)* einbringen; **c)** *(incur)* eintragen; einbringen; **he ~ed nothing but ingratitude** er erntete nur Undank

earner ['ɜːnə(r)] *n.* **be a nice little ~** *(coll.)* ganz schön was einbringen *(ugs.)*

¹**earnest** ['ɜːnɪst] **1.** *adj.* **a)** *(serious, zealous)* ernsthaft; **be ~ in one's endeavour to do sth.** sich ernsthaft bemühen, etw. zu tun; **b)** *(ardent)* innig *(Wunsch, Gebet, Hoffnung);* leidenschaftlich *(Appell).* **2.** *n.* **in ~:** mit vollem Ernst; **this time I'm in [about it]** diesmal ist es mir Ernst *od.* meine ich es ernst [damit]; **it's raining in ~ now** jetzt regnet es richtig

²**earnest** *n.* **a)** *(money)* Handgeld, *das;* **b)** *(foretaste)* Vorgeschmack, *der* (**of** von)

earnestly ['ɜːnɪstlɪ] *adv.* ernsthaft

earning ['ɜːnɪŋ] *n.* **a)** *(Erreichen, des;* *(of money)* Verdienen, *das;* **b)** *in pl. (money earned)* Verdienst, *der;* *(of business etc.)* Ertrag, *der*

ear: ~phone *n.* Kopfhörer, *der;* **~-piece** *n.* Hörmuschel, *die;* **~-piercing 1.** *adj.* durch Mark und Bein gehend *(Lärm);* **2.** *n.* Durchstechen der Ohrläppchen; **~-plug** *n.* Ohropax, *das* Ⓦ; **~-ring** *n.* Ohrring, *der;* **~-shot** *n.* **out of/within ~shot** außer/in Hörweite; **~-splitting** *adj.* ohrenbetäubend

earth [ɜːθ] **1.** *n.* **a)** *(land, soil)* Erde, *die;* *(ground)* Boden, *der;* **be brought/come down** *or* **back to ~ [with a bump]** *(fig.)* [schnell] wieder auf den Boden der Tatsachen zurückgeholt werden/zurückkommen; **b)** *or* **E~** *(planet)* Erde, *die;* **c)** *(abode of man)* Erde, *die;* **on ~** *(existing anywhere)* auf der Welt; auf Erden *(geh.);* **nothing on ~ will stop me** keine Macht der Welt kann mich aufhalten; **how/what** *etc.* **on ~ ...?** wie/was *usw.* in aller Welt ...?; **who on ~ is that?** wer ist das bloß?; **what on ~ do you mean?** was meinst du denn nur?; **where on ~ has she got to?** wo ist sie nur bloß hingegangen?; **look like nothing on ~:** *(be unrecognizable)* nicht zu erkennen sein; *(look repellent)* furchtbar aussehen; **be like nothing on ~:** *(feel like nothing on ~)* sich ganz mies fühlen *(ugs.);* **on ~** *(Relig.)* auf Erden; **d)** *(land and sea together)* Erde, *die;* Welt, *die;* **e)** *(of animal)* Bau, *der;* **run to ~:** in seinen Unterschlupf hetzen *(Tier);* **have gone to ~** *(fig.)* untergetaucht sein; **f)** *(coll.)* **charge/cost/pay the ~:** ein Vermögen *od. (ugs.)* eine ganze Stange Geld verlangen/kosten/bezahlen; **it won't cost the ~:** das kostet nicht die Welt *(ugs.);* **promise sb. the ~:** jmdm. das Blaue vom Himmel versprechen *(ugs.);* **g)** *(Chem.)* Erde, *die;* **h)** *(Brit. Electr.)* Erde, *die;* Erdung, *die.* **2.** *v. t.* *(Brit. Electr.)* erden

~ 'up *v. t.* mit Erde bedecken

'**earth-closet** *n. (Brit.)* Humustoilette, *die*

earthen ['ɜːθn] *adj. (made of clay)* irden; Ton-

earthenware ['ɜːθnweə(r)] **1.** *n.,* *no pl.* **a)** *(vessels etc.)* Tonwaren *Pl.;* Irdenware, *die;* *(selten)* **b)** *(clay)* Ton, *der.* **2.** *adj.* Ton-; tönernen

earthiness ['ɜːθɪnɪs] *n., no pl.* **a)** Erdigkeit, *die;* **b)** *(of person)* Derbheit, *die*

earthly ['ɜːθlɪ] *adj.* irdisch; **no ~ use** *etc.* *(coll.)* nicht der geringste Nutzen *usw.;* **this is no ~ use to me** *(coll.)* das nützt mir nicht im geringsten *od.* überhaupt nicht; **not an ~** *(sl.)* nicht die geringste Chance

earth: ~-moving **1.** *n.* Erdarbeiten *Pl.;* **2.** *adj.* **~-moving vehicle** Fahrzeug für Erdarbeiten; **~quake** *n.* Erdbeben, *das;* **~ sciences** *n. pl.* Geowissenschaften *Pl.;* **~-shaking, ~-shattering** *adjs. (fig.)* weltbewegend; **not of ~-shattering importance** nicht von Weltbedeutung; **~ tremor** *n.* leichtes Erdbeben, *das;* **~work**

n. **a)** *(bank)* Wall, *der;* **b)** *(raising of bank)* Erdarbeiten *Pl.;* **~worm** *n.* Regenwurm, *der*

earthy ['ɜːθɪ] *adj.* **a)** erdig; **b)** derb *(Person)*

ear: ~-trumpet *n.* Hörrohr, *das;* **~-wax** *n.* Ohrenschmalz, *das*

earwig ['ɪəwɪg] *n.* Ohrwurm, *der*

ease [iːz] **1.** *n.* **a)** *(freedom from pain or trouble)* Ruhe, *die;* **set sb. at ~:** jmdn. beruhigen; **b)** *(leisure)* Muße, *die;* *(idleness)* Müßiggang, *der;* **a life of ~:** ein Leben in Muße; **c)** *(freedom from constraint)* Entspanntheit, *die;* **at [one's] ~:** entspannt; behaglich; **she sat there taking her ~:** sie machte es sich gemütlich *od.* behaglich; **be** *or* **feel at [one's] ~:** sich wohl fühlen; **put** *or* **set sb. at his ~:** jmdm. die Befangenheit nehmen; **he is always at his ~** *(never embarrassed)* er ist immer unbefangen *od.* ungezwungen; **d)** **with ~** *(without difficulty)* mit Leichtigkeit; **e)** *(relief from pain)* Linderung, *die;* **f)** *(Mil.)* **[stand] at ~!** rührt euch! *See also* ll 3 c. **2.** *v. t.* **a)** *(relieve)* lindern *(Schmerz, Kummer);* *(make lighter, easier)* erleichtern *(Last, Arbeit);* entspannen *(Lage, Person);* verringern *(Belastung, Druck);* **~ sb. of a burden** jmdm. eine Last abnehmen; **b)** *(give mental ~ to)* erleichtern; **~ sb.'s mind** jmdn. beruhigen; **c)** *(relax, adjust)* lockern *(Griff, Knoten);* verringern *(Druck, Spannung, Geschwindigkeit);* beruhigen *(Verkehr);* **d)** *(joc.: rob)* erleichtern *(ugs. scherzh.);* **~ sb. of sth.** jmdn. um etw. erleichtern; **e)** *(cause to move)* behutsam bewegen; **~ the clutch in** die Kupplung langsam kommen lassen; **~ the cap off a bottle** eine Flasche vorsichtig öffnen. **3.** *v. i.* **a)** *(Belastung, Druck, Wind, Sturm:)* nachlassen; **b)** **~ off** *or* **up** *(begin to take it easy)* sich entspannen; **~ off, you're going much too fast** fahre ein bißchen langsamer, du bist viel zu schnell; **c)** *(Aktien usw.:)* nachgeben

easel ['iːzl] *n.* Staffelei, *die*

easily ['iːzɪlɪ] *adv.* **a)** *(without difficulty)* leicht; **more ~ said than done** leichter gesagt als getan; **b)** *(without doubt)* zweifelsohne; **it is ~ a hundred metres deep** es ist gut und gerne 100 m tief; **c)** *(quite possibly)* leicht; **that may ~ be the case** das kann leicht der Fall sein

easiness ['iːzɪnɪs] *n.* Leichtigkeit, *die*

east [iːst] **1.** *n.* **a)** *(Met., Seew.)* Osten, *der;* **the ~ Ost** *(Met., Seew.);* **in/to[wards]/from the ~:** im/nach *od. (geh.)* gen/von Osten; **to the ~ of** östlich von; östlich (+ *Gen.);* **~, west, home's best** *(prov.)* ob Osten oder Westen, zu Hause ist's zum besten; **b)** *usu.* **E~** *(part lying to the ~)* Osten, *der; (Geog., Polit.:)* world lying **~ of Europe)** *(dicht.);* **from the E~:** aus dem Osten; **the E~ part of US)** der Osten; *see also* **Far East; Middle East; Near East; c)** *(Cards)* Ost. **2.** *adj.* östlich; Ost-*(side, -wind, -grenze, -tor).* **3.** *adv.* ostwärts; nach Osten; **~ of** östlich von; östlich (+ *Gen.);* **~ and west** nach Osten und Westen *(verlaufen, sich erstrecken);* **~ by north/south** *see* ¹**by** 1 d

east: E~ 'Africa *pr. n.* Ostafrika *(das);* **E~ 'Anglia** *pr. n.* **~ Anglia** *ist* *(gelegene) englische Grafschaften Norfolk und Suffolk;* **E~ Ber'lin** *pr. n.* Ost-Berlin *(das);* Berlin, *das* (DDR); **~-bound** *adj. (Zug, Verkehr usw.)* in Richtung Osten; **E~ 'End** *n. (Brit.)* Londoner Osten; **E~-Ender** [iːst'endə(r)] *n. (Brit.)* Bewohner/Bewohnerin des Londoner Ostens

Easter ['iːstə(r)] *n.* Ostern, *das od. Pl.;* **at ~:** [zu *od.* an] Ostern; **next/last ~:** nächste/letzte Ostern

Easter: ~ 'Day *n.* Ostersonntag, *der;* **~ egg** *n.* Osterei, *das*

easterly ['iːstəlɪ] **1.** *adj.* **a)** *(in position or direction)* östlich; **in an ~ direction** nach Osten; **b)** *(from the east)* *(Wind:)* aus östlichen Richtungen; **the wind was ~:** der Wind

eastern — **economy**

kam aus östlichen Richtungen. 2. *adv.* **a)** *(in position)* östlich; *(in direction)* ostwärts; **b)** *(from the east)* aus *od.* von Ost[en]. 3. *n.* Ost[wind], *der*
eastern ['i:stən] *adj.* östlich; Ost⟨grenze, -hälfte, -seite, -fenster, -wind⟩; *see also* **bloc; Far Eastern; Middle Eastern; Near Eastern**
Eastern: ~ '**Europe** *pr. n.* Osteuropa *(das);* ~ **Euro'pean** 1. *adj.* osteuropäisch; 2. *n.* Osteuropäer, *der/*-europäerin, *die;* ~ **Germany** *pr. n.* Ostdeutschland *(das)*
easternmost ['i:stənməʊst] *adj.* östlichst...
Easter: ~ '**Sunday** *see* ~ **Day;** ~ **term** *n.* *(Brit.)* **a)** *(Univ.) see* **Trinity term; b)** *(Law)* Sitzungsperiode von Ostern bis Pfingsten; ~**tide** *n.* *(arch.)* [Tage *Pl.* nach] Ostern; ~ **week** *n.* Osterwoche, *die*
east: **E**~ '**German** *(Hist.)* 1. *adj.* ostdeutsch; 2. *n.* Ostdeutsche, *der/die;* **E**~ '**Germany** *pr. n.* *(Hist.)* Ostdeutschland *(das);* **E**~ '**Indies** *see* **Indies** b; ~**-north-'~:** 1. *n.* Ostnordost[en], *der;* 2. *adj.* ostnordöstlich; 3. *adv.* nach Ostnordost[en]; **E**~ '**Prussia** *pr. n.* Ostpreußen *(das);* **E**~ **Side** *n.* *(Amer.)* Ostteil von Manhattan; ~**-south-'~:** 1. *n.* Ostsüdost[en]; 2. *adj.* ostsüdöstlich; 3. *adv.* nach Ostsüdost[en]
eastward ['i:stwəd] 1. *adj.* nach Osten gerichtet; *(situated towards the east)* östlich; **in an** ~ **direction** nach Osten; [in] Richtung Osten. 2. *adv.* ostwärts; **they are** ~ **bound** sie fahren nach *od.* [in] Richtung Osten. 3. *n.* Osten, *der*
eastwards ['i:stwədz] *see* **eastward** 2
easy ['i:zɪ] 1. *adj.* **a)** *(not difficult)* leicht; ~ **to clean/learn/see** *etc.* leicht zu reinigen/lernen/sehen *usw.;* **it is** ~ **to eat** *etc.:* es ist offensichtlich, daß ...; man sieht sofort, daß ...; **it's as** ~ **as falling off a log** *or* **as** ~ **as pie** *or* **as** ~ **as anything** *(coll.)* es ist kinderleicht; **be an** ~ **winner** mit Leichtigkeit siegen; **the** ~ **fit of a coat** *etc.* der bequeme Sitz eines Mantels *usw.;* **it is** ~ **for him to talk** *or* **hat leicht** *od.* **gut reden; it's** ~ **for him to complain** er kann sich gut beklagen; **on** ~ **terms** auf Raten ⟨*kaufen*⟩; **b)** *(free from pain, anxiety, etc.)* sorglos, angenehm ⟨*Leben, Zeit*⟩; **make life** ~ **for oneself** sich *(Dat.)* das Leben leichtmachen; **make it** *or* **things** ~ **for sb.** es jmdm. leichtmachen; [**not**] ~ **in one's mind** be(un)ruhigt; **I do not feel altogether** ~ **about it/her** ich mache mir deswegen/ihretwegen doch Sorgen; ~ **circumstances** *(coll.)* Wohlstand, *der; see also* **conscience; c)** *(free from constraint, strictness, etc.)* ungezwungen; unbefangen ⟨*Art*⟩; **at an** ~ **pace** in einem gemütlichen *od.* gemächlichen Tempo; **he is an** ~ **person** *or* **is** ~ **to get on with/work with** mit ihm kann man gut auskommen/zusammenarbeiten; **I'm** ~ *(coll.)* es ist mir egal; **be** ~ **on the eye** *(coll.)* ansprechend aussehen; **woman** *or* **lady of** ~ **virtue** *(euphem.)* Freudenmädchen, *das (verhüll.).* 2. *adv.* leicht; **easier said than done** leichter gesagt als getan; ~ **come** ~ **go** *(coll.)* wie gewonnen, so zerronnen *(Spr.);* ~ **does it** immer langsam *od.* sachte; **go** ~: vorsichtig sein; **go** ~ **on** *or* **with** sparsam sein *od.* umgehen mit; **be** *or* **go** ~ **on** *or* **with sb.** mit jmdm. nachsichtig sein; **take it** ~**!** beruhige dich!; **take it** *or* **things** *or* **life** ~: sich nicht übernehmen; **stand** ~**!** *(Brit. Mil.)* rührt euch!
easy: ~**-care** *attrib. adj.* pflegeleicht; ~ '**chair** *n.* Sessel, *der;* ~**-going** *adj. (calm, placid)* gelassen; *(casually pleasant, comfortable)* gemütlich; *(informal)* ungezwungen; *(lax)* nachlässig; *(careless)* unbekümmert; ~ '**meat** *n.* *(coll.)* leichte Beute; **sth./sb. is** ~ **meat** man hat [ein] leichtes Spiel mit etw./jmdm.; ~ '**money** *n.* leicht verdientes Geld; ~ '**option** *n.* leichter Weg; **E**~ **Street** *n.* **be on E**~ **Street** im Wohlstand leben

eat [i:t] 1. *v. t.*, **ate** [et, eɪt], **eaten** ['i:tn] **a)** ⟨*Mensch.:*⟩ essen; ⟨*Tier.:*⟩ fressen; **I've had enough to** ~: ich habe genug gegessen; ich bin satt *od.* gesättigt; **I could** ~ **a horse!** ich habe einen Bärenhunger! *(ugs.);* **you should** ~ **regular meals** du solltest regelmäßig essen; **don't be afraid – he won't** ~ **you!** *(fig.)* keine Angst, er wird dich schon nicht fressen *(ugs.);* **I could** ~ **you** du siehst zum Fressen aus *(ugs.);* **she looks nice enough to** ~: sie sieht zum Anbeißen aus *(ugs.);* ~ **sb. out of house and home** jmdm. die Haare vom Kopf fressen *(ugs.);* **what's** ~**ing you?** *(coll.)* was hast du denn?; ~ **one's words** seine Worte zurücknehmen; **b)** *(destroy, consume, make hole in)* fressen; ~ **its way into/through sth.** sich in etw./durch etw. hindurchfressen. *See also* **bread 1 b; dirt a; hat b; heart 1 a; humble 1 a.** 2. *v. i.*, **ate**, **eaten** ⟨*Person.:*⟩ essen; ⟨*Tier.:*⟩ fressen; ~ **out of sb.'s hand** *(lit. or fig.)* jmdm. aus der Hand fressen *(ugs.);* **b)** *(make a way by gnawing or corrosion)* ~ **into** sich hineinfressen in (+ *Akk.*); ~ **through sth.** sich durch etw. durchfressen
~ '**out** *v. i.* essen gehen
~ '**up** 1. *v. t.* **a)** *(consume)* ⟨*Person.:*⟩ aufessen; ⟨*Tier.:*⟩ auffressen; **the chickens were** ~**en up by the fox** die Hühner wurden vom Fuchs gefressen; **the car** ~**s up a lot of petrol** das Auto verbraucht *od. (ugs.)* frißt viel Benzin; **be** ~**en up with sth.** *(fig.)* vor etw. [fast] vergehen; **b)** *(traverse rapidly)* **our car** ~**s up the miles** unser Auto frißt die Meilen nur so *(ugs.).* 2. *v. i.* ~ **up!** essen!
eatable ['i:təbl] 1. *adj.* genießbar; eßbar. 2. *n. in pl.* Lebensmittel *Pl.;* **have no** ~**s with one** nichts zu essen dabeihaben
'**eat-by date** *n.* Verfallsdatum, *das*
eaten *see* **eat**
eater ['i:tə(r)] *n.* **a)** *(person)* Esser, *der/*Esserin, *die;* **a big** ~: ein guter Esser; **b)** *(apple)* Eßapfel, *der*
eating ['i:tɪŋ] *n.* Essen, *das;* **make good** ~: ein gutes Essen sein; **not for** ~: nicht zum Essen [geeignet]
eating: ~ **apple** *n.* Eßapfel, *der;* ~**-house** *n.* Restaurant, *das;* Speisehaus, *das;* ~**-place** *n.* Eßgelegenheit, *die*
eats [i:ts] *n. pl.* *(coll.)* Fressalien *Pl.* *(ugs.);* **what's for** ~**?** was gibt's zu essen? *(ugs.)*
eau-de-Cologne [əʊdəkə'ləʊn] *n.* Eau de Cologne, *das;* Kölnisch Wasser, *das*
eaves [i:vz] *n. pl.* Dachgesims, *das*
eaves~**drop** *v. i.* lauschen; ~**drop on sth./sb.** etw./jmdn. belauschen; ~**dropper** *n.* Lauscher, *der/*Lauscherin, *die*
ebb [eb] 1. *n.* **a)** *(of tide)* Ebbe, *die;* **the tide is on the** ~: es ist Ebbe; **b)** *(decline, decay)* Niedergang, *der;* **their morale was at its lowest** ~: ihre Moral war auf dem Tiefpunkt angelangt; **my funds are at a low** ~: in meinem Geldbeutel ist Ebbe *(ugs.);* **the** ~ **and flow** das Auf und Ab; **the** ~ **and flow of life** die Höhen und Tiefen des Lebens. 2. *v. i.* **a)** *(flow back)* zurückgehen; **b)** *(recede, decline)* ~ **away** dahinschwinden; **his life is** ~**ing out** mit ihm geht es zu Ende
'**ebb-tide** *n.* Ebbe, *die*
ebony ['ebənɪ] 1. *n.* Ebenholz, *das.* 2. *adj.* Ebenholz⟨*baum*⟩; ebenholzfarben ⟨*Haar, Haut*⟩; ~ **box** *etc.* Kiste *usw.* aus Ebenholz
ebullience ['ɪbʌlɪəns, ɪ'bʊlɪəns] *n.* Überschwenglichkeit, *die;* ~ **of youth** jugendlicher Überschwang
ebullient [ɪ'bʌlɪənt, ɪ'bʊlɪənt] *adj. (exuberant)* überschwenglich; übersprudelnd, überschäumend ⟨*Temperament, Laune*⟩
EC *abbr.* **European Community** EG
eccentric [ɪk'sentrɪk] 1. *adj.* **a)** *(odd, whimsical)* exzentrisch ⟨*Person*⟩; *(differing from the usual)* ausgefallen, ungewöhnlich ⟨*Person*⟩; **b)** *(not placed centrally, irregular)* exzentrisch; einseitig ⟨*Belastung*⟩. 2. *n.* Exzentriker, *der/*Exzentrikerin, *die*

eccentrically [ɪk'sentrɪkəlɪ] *adv.* exzentrisch
eccentricity [eksən'trɪsɪtɪ] *n.* Exzentrizität, *die*
Eccles cake ['eklz keɪk] *n.* *(Brit.)* rundes Rosinengebäck
Ecclesiastes [ɪkli:zɪ'æsti:z] *n.* *(Bibl.)* Ekklesiastes, *der;* Prediger Salomo
ecclesiastic [ɪkli:zɪ'æstɪk] *n.* Kleriker, *der/*Klerikerin, *die;* Geistliche, *der/die*
ecclesiastical [ɪkli:zɪ'æstɪkl] *adj.* kirchlich; Kirchen⟨*recht, -amt, -jahr*⟩; ~ **music** geistliche Musik; Kirchenmusik, *die*
ECG *abbr.* **electrocardiogram** EKG
echelon ['eʃəlɒn, 'eɪʃəlɒn] *n.* **a)** *(of troops)* Echelon *od.* Staffelstellung, *die* **in** ~: in Staffelstellung; **b)** *(of ships, aircraft, etc.)* Staffel, *die;* **in** ~: in staffelförmiger Formation; **c)** *(group in an organization)* Stab, *der;* **the lower** ~**s** die niedrigeren Ränge
echinoderm [ɪ'kaɪnədə:m, 'ekɪnədə:m] *n.* *(Zool.)* Echinoderme, *der (fachspr.);* Stachelhäuter, *der*
echo ['ekəʊ] 1. *n., pl.* ~**es a)** Echo, *das;* **cheer sb. to the** ~: jmdn. begeistert *od.* stürmisch feiern; **b)** *(fig.)* Anklang, *der* (**of** an + *Akk.*). 2. *v. i.* **a)** ⟨*Ort:*⟩ hallen (**with** von); **it** ~**es in here** hier gibt es ein Echo; **b)** *(Geräusch.:*⟩ widerhallen. 3. *v. t.* **a)** *(repeat)* zurückwerfen; **b)** *(repeat words of)* echoen, wiederholen; *(imitate words or opinions of)* widerspiegeln
éclair ['eɪkleə(r), eɪ'kleə(r)] *n.* Eclair, *das*
eclectic [ɪ'klektɪk] 1. *adj.* eklektisch. 2. *n.* Eklektiker, *der*
eclipse [ɪ'klɪps] 1. *n.* **a)** *(Astron.)* Eklipse, *die (fachspr.);* Finsternis, *die;* ~ **of the sun**, **solar** ~: Sonnenfinsternis, *die;* ~ **of the moon**, **lunar** ~: Mondfinsternis, *die;* **in** ~: verfinstert; **b)** *(deprivation of light)* Dunkelheit, *die;* Finsternis, *die;* **c)** *(fig.)* Niedergang, *der;* **his fame suffered a total** ~: sein Ruhm verblaßte völlig; **in** ~: im Dunkel. 2. *v. t.* **a)** verfinstern ⟨*Sonne, Mond*⟩; **b)** *(fig.: outshine, surpass)* in den Schatten stellen
ecliptic [ɪ'klɪptɪk] *n.* *(Astron.)* Ekliptik, *die*
eco- ['i:kə] *in comb.* öko-/Öko-
ecological [i:kə'lɒdʒɪkl] *adj.* ökologisch
ecologist [i:'kɒlədʒɪst] *n.* Ökologe, *der/* Ökologin, *die*
ecology [i:'kɒlədʒɪ] *n.* Ökologie, *die*
economic [i:kə'nɒmɪk, ekə'nɒmɪk] *adj.* **a)** *(of economics)* Wirtschafts⟨*politik, -abkommen, -system, -modell*⟩; ökonomisch, wirtschaftlich ⟨*Entwicklung, Zusammenbruch*⟩; ~ **cycle** Konjunkturzyklus, *der;* Konjunkturablauf, *der;* **b)** *(giving adequate return)* wirtschaftlich ⟨*Miete*⟩; **c)** *(maintained for profit)* wirtschaftlich; gewinnbringend
economical [i:kə'nɒmɪkl, ekə'nɒmɪkl] *adj.* wirtschaftlich; ökonomisch; sparsam ⟨*Person*⟩; **be** ~ **with sth.** mit etw. haushalten; **the car is** ~ **to run** das Auto ist wirtschaftlich; ~ **use of words** knappe Ausdrucksweise
economically [i:kə'nɒmɪkəlɪ, ekə'nɒmɪkəlɪ] *adv.* **a)** *(with reference to economics)* wirtschaftlich; **b)** *(in a saving manner)* sparsam; **be** ~ **minded** wirtschaftlich denken
economics [i:kə'nɒmɪks, ekə'nɒmɪks] *n., no pl.* **a)** Wirtschaftswissenschaft, *die/-*wissenschaftlerin, *die (meist Pl.);* [politische] Ökonomie; **b)** *(application of the science)* wirtschaftlicher Aspekt; **the** ~ **of the situation** die wirtschaftliche *od.* finanzielle Seite der Situation; **c)** *(condition of a country)* Wirtschaft, *die*
economise *see* **economize**
economist [ɪ'kɒnəmɪst] *n.* Wirtschaftswissenschaftler, *der/-*wissenschaftlerin, *die;* **political** ~: Wirtschaftspolitiker, *der/-*politikerin, *die*
economize [ɪ'kɒnəmaɪz] *v. i.* sparen; ~ **on sth.** etw. sparen
economy [ɪ'kɒnəmɪ] *n.* **a)** *(frugality)* Sparsamkeit, *die; (of effort, motion)* Wirtschaftlichkeit, *die; (of style)* Kürze, *die;* Knapp-

economy class | **effect**

heit, *die;* **b)** *(instance)* Einsparung, *die;* **make economies** zu Sparmaßnahmen greifen; **c)** *(of country etc.)* Wirtschaft, *die*
economy: ~ **class** *n.* Touristenklasse, *die;* Economyklasse, *die;* ~ **size** *n.* Haushaltspackung, *die;* Sparpackung, *die;* **an ~-size packet of salt** eine Haushaltspackung Salz
ecstasy ['ɛkstəsɪ] *n.* Ekstase, *die;* Verzückung, *die;* **be in/go into ecstasies** [over sth.] in Ekstase [über etw. *(Akk.)*] sein/geraten
ecstatic [ɪk'stætɪk] *adj.,* **ecstatically** [ɪk'stætɪkəlɪ] *adv.* ekstatisch; verzückt
ECT *abbr.* **electroconvulsive therapy** EKT
ECU, ecu ['eɪkjuː] *abbr.* **European currency unit** Ecu, *der od. die*
Ecuador [ɛkwə'dɔː(r)] *pr. n.* Ekuador *(das)*
Ecuadorean [ɛkwə'dɔːrɪən] **1.** *adj.* ecuadorianisch; ekuadorianisch; **sb. is ~:** jmd. ist Ekuadorianer/Ekuadorianerin. **2.** *n.* Ekuadorianer, *der/*Ekuadorianerin, *die*
ecumenical [iːkjʊ'mɛnɪkl, ɛkjʊ'mɛnɪkl] *adj.* **a)** *(Relig.)* ökumenisch; **E~ Council** Ökumenisches Konzil; **b)** *(world-wide)* [welt]umfassend; [welt]umspannend
ecumenicalism [iːkjʊ'mɛnɪkəlɪzm, ɛkjʊ-'mɛnɪkəlɪzm] *n. (Relig.)* ökumenische Bewegung, *die;* Ökumenismus, *der (kath. Kirche)*
ecumenism [iː'kjuːmənɪzm] *n. (Relig.)* Ökumene, *die;* ökumenische Bewegung
eczema ['ɛkzɪmə, 'ɛksɪmə] *n. (Med.)* Ekzem, *das (fachspr.);* Hautausschlag, *der*
ed. *abbr.* **a) edited [by]** hg.; hrsg.; **b) edition** Ausg.; **c) editor** Hrsg.; **d) editor's note** Anm. d. Hrsg.; *(in newspaper)* Anm. d. Red.
Edam ['iːdæm] *n.* Edamer [Käse], *der*
eddy ['ɛdɪ] **1.** *n.* **a)** *(whirlpool)* Strudel, *der;* **b)** *(of wind, fog, smoke)* Wirbel, *der;* **eddies of dust** Staubwirbel *Pl.* **2.** *v. i.* ⟨*Blätter:*⟩ wirbeln; ⟨*Wasser:*⟩ sprudeln
edelweiss ['ɛdlvaɪs] *n.* Edelweiß, *das*
edema *(Amer.) see* **oedema**
Eden ['iːdn] *n.* Eden *(das); (fig.)* Paradies, *das;* **the Garden of ~** der Garten Eden
edge [ɛdʒ] **1.** *n.* **a)** *(of knife, razor, weapon)* Schneide, *die; (sharpness)* Schärfe, *die; (fig.: effectiveness)* Schärfe, *die;* Beißende, *das;* Schneidende, *das;* **the knife has lost its ~/has no ~:** das Messer ist stumpf geworden *od.* ist nicht mehr scharf/ist stumpf *od.* schneidet nicht; **take the ~ off sth.** etw. stumpf machen; *(fig.)* etw. abschwächen; **that took the ~ off our hunger** das nahm uns erst einmal den Hunger; **be on ~ [about sth.]** [wegen etw.] nervös *od.* gereizt sein; **her nerves have been all on ~ lately** in letzter Zeit ist sie schrecklich nervös; **set sb.'s teeth on ~:** jmdn. nervös machen; **give sb. the rough** *or* **sharp ~ of one's tongue** jmdm. gehörig Bescheid sagen *(ugs.);* **have/get the ~ [on sb./sth.]** *(coll.)* jmdm./einer Sache überlegen *od. (ugs.)* über sein/jmdn./etw. übertreffen; **b)** *(of solid, bed, brick, record, piece of cloth)* Kante, *die; (of dress)* Saum, *der;* ~ **of a table** Tischkante, *die;* **roll off the ~ of the table** vom Tisch hinunterrollen; **a book with gilt ~s** ein Buch mit Goldschnitt; **c)** *(boundary) (of sheet of paper, road, forest, desert, cliff)* Rand, *der; (of sea, lake, river)* Ufer, *das; (of estate)* Grenze, *die;* ~ **of the paper/of a road** Papierrand, *der/*Straßenrand, *der;* **platform ~:** Bahnsteigkante, *die;* **the ~ of the kerb** die Bordsteinkante; **at the ~ of a precipice** am Rande eines Abgrundes; **fall off the ~ of the cliff** die Klippe hinunterfallen; **on the ~ of sth.** *(fig.)* am Rande einer Sache *(Gen.);* **be on the ~ of disaster/bankruptcy** am Rande des Untergangs/Bankrotts stehen; **go over the ~** *(fig. coll.)* verrückt werden *(salopp).* **2.** *v. i. (move cautiously)* sich schieben; ~ **along sth.** an etw. *(Dat.)* entlangschieben; ~ **away** sich davonstehlen; sich wegschleichen; ~ **away from sb./sth.** sich allmählich von jmdm./

etw. entfernen; ~ **up to sb.** sich an jmdn. heranmachen *(ugs.);* ~ **out of the room** sich aus dem Zimmer stehlen. **3.** *v. t.* **a)** *(furnish with border)* säumen ⟨*Straße, Platz*⟩; besetzen ⟨*Kleid, Hut*⟩; einfassen ⟨*Garten, Straße*⟩; ~ **with fur** mit Pelz verbrämen ⟨*Kragen*⟩; **b)** *(push gradually)* [langsam] schieben; ~ **oneself** *or* **one's way through a crowd** sich [langsam] durch eine Menschenmenge schieben *od.* drängen; **he ~d his chair nearer to the fire** er rückte mit seinem Stuhl etwas näher ans Feuer; **c)** *(Cricket)* mit der Kante des Schlägers schlagen ⟨*Ball*⟩
edged [ɛdʒd] *adj.* mit einer Schneide versehen; **an ~ blade/tool** eine scharfe Klinge/ein Werkzeug mit einer Schneide; **double- or two-~ blade** zweischneidige Klinge; **sharp-/dull-~:** scharf/stumpf; **black-/rough-~:** schwarzrandig/mit einem unebenen Rand
edgeways ['ɛdʒweɪz], **edgewise** ['ɛdʒwaɪz] *adv.* **a)** *(with edge uppermost or foremost)* hochkant voran; **stand sth. ~:** etw. hochkant stellen; **b)** *(edge to edge)* Kante an Kante; **c)** *(fig.)* **I can't get a word in ~!** ich komme überhaupt nicht zu Wort!
edging ['ɛdʒɪŋ] *n. (border, fringe) (of dress)* Borte, *die; (of lawn, garden, flower-bed)* Einfassung, *die; (lace, ribbon)* Paspel, *die;* **fur ~:** Pelzbesatz, *der*
'**edging-shears** *n. pl.* Kantenschneider, *der*
edgy ['ɛdʒɪ] *adj.* nervös
edible ['ɛdɪbl] **1.** *adj.* eßbar; genießbar. **2.** *n. in pl.* Nahrungsmittel *Pl.;* Lebensmittel *Pl.*
edict ['iːdɪkt] *n.* Erlaß, *der;* Edikt, *das (hist.)*
edification [ɛdɪfɪ'keɪʃn] *n.* Erbauung, *die;* **for the ~ of ...:** zur Erbauung (+ *Gen.*)
edifice ['ɛdɪfɪs] *n.* Gebäude, *das; (fig.)* Gefüge, *das;* Gebäude, *das*
edifying ['ɛdɪfaɪɪŋ] *adj.* erbaulich
edit [ɛdɪt] *v. t.* **a)** *(act as editor of)* herausgeben ⟨*Zeitung*⟩; **b)** *(see in print for publication)* redigieren ⟨*Buch, Artikel, Manuskript*⟩; **c)** *(prepare an edition of)* bearbeiten; ~ **the works of Homer** die Werke Homers neu herausgeben; **d)** *(take extracts from and collate)* schneiden, cutten, montieren ⟨*Film, Bandaufnahme*⟩; **e)** ~ **sth. out** etw. weglassen
edition [ɪ'dɪʃn] *n.* **a)** *(form of work, one copy; also fig.)* Ausgabe, *die;* **paperback ~:** Taschenbuchausgabe, *die;* **first ~:** Erstausgabe, *die;* **he is a second ~ of his father** er gleicht seinem Vater aufs Haar; **b)** *(from same types or at one time)* Auflage, *die;* **the book is in its fourth ~:** das Buch erscheint in seiner vierten Auflage; **the work has already gone through six ~s** die Arbeit erscheint schon in der sechsten Auflage; **morning/evening ~ of a newspaper** Morgen-/Abendausgabe einer Zeitung
editor ['ɛdɪtə(r)] *n.* **a)** *(who prepares the work of others)* Redakteur, *der/*Redakteurin, *die; (of particular work)* Bearbeiter, *der/*Bearbeiterin, *die; (scholarly)* Herausgeber, *der/-*geberin, *die; (who conducts a newspaper or periodical)* Herausgeber, *der/-*geberin, *die;* **chief/sports/business ~:** Chef-/Sport-/Wirtschaftsredakteur, *der;* **c)** *(of films etc.)* Cutter, *der/*Cutterin, *die*
editorial [ɛdɪ'tɔːrɪəl] **1.** *n.* Leitartikel, *der.* **2.** *adj. (of an editor)* redaktionell; Redaktions-⟨*assistent*⟩; ~ **staff** Redaktion[sangestellte *Pl.*], *die;* **department** Redaktion, *die;* ~ **job/work** Lektorenstelle, *die/*Lektorentätigkeit, *die;* ~ **article** Leitartikel, *der*
editorship ['ɛdɪtəʃɪp] *n.* Chefredaktion, *die;* Schriftleitung, *die;* **under the [general] ~ of Mr X** unter Herrn X als Herausgeber
EDP *abbr.* **electronic data processing** EDV
EDT *abbr. (Amer.)* **Eastern Daylight Time** östliche Sommerzeit
educable ['ɛdjʊkəbl] *adj.* erziehbar
educate ['ɛdjʊkeɪt] *v. t.* **a)** *(bring up)* erzie-

hen; ~ **sb. in sth.** jmdm. etw. beibringen; **b)** *(provide schooling for)* **he was ~d at Eton and Cambridge** er hat seine Ausbildung in Eton und Cambridge erhalten; **c)** *(give intellectual and moral training to)* bilden; ~ **oneself** sich [weiter]bilden; **the public must be ~d how to save energy** die Öffentlichkeit muß aufgeklärt werden, wie man Energie spart; **d)** *(train)* schulen ⟨*Geist, Körper*⟩; [aus]bilden ⟨*Geschmack*⟩; dressieren, abrichten ⟨*Tier*⟩; ~ **oneself to do sth.** sich dazu erziehen, etw. zu tun
educated ['ɛdjʊkeɪtɪd] *adj.* gebildet; **make an ~ guess** eine wohlbegründete *od.* fundierte Vermutung anstellen
education [ɛdjʊ'keɪʃn] *n.* **a)** *(instruction)* Erziehung, *die; (course of instruction)* Ausbildung, *die; (system)* Erziehungs- und Ausbildungs]wesen, *das; (science)* Erziehungswissenschaften *Pl.;* Pädagogik, *die;* ~ **is free** die Schulausbildung ist kostenlos; **Ministry of E~:** Ministerium für Erziehung und Unterricht; Kultusministerium, *das;* **be a man of ~:** ein gebildeter Mensch sein; **receive a good ~:** eine gute Ausbildung genießen; **sb. with school/a higher/university ~:** jmd. mit Schulbildung/mit einer höheren Schulbildung/Universitätsausbildung; **literary/scientific ~:** literarische/naturwissenschaftliche Bildung; **lecturer in ~:** Dozent/Dozentin für Pädagogik; **science/methods of ~:** Erziehungswissenschaften *Pl./-*methoden *Pl.;* **b)** *(development of character or mental powers)* Schulung, *die.* See also **College of Education**
educational [ɛdjʊ'keɪʃənl] *adj.* pädagogisch; erzieherisch; Lehr⟨*film, -spiele, -anstalt*⟩; Erziehungs⟨*methoden, -arbeit*⟩; ~ **equipment** Unterrichtsmittel *Pl.;* **for ~ purposes** zu Lehr- *od.* Unterrichtszwecken
educationalist [ɛdjʊ'keɪʃənəlɪst] *n.* Pädagoge, *der/*Pädagogin, *die;* Erziehungswissenschaftler, *der/-*wissenschaftlerin, *die*
educationally [ɛdjʊ'keɪʃənlɪ] *adv.* pädagogisch; ~ **subnormal** lernbehindert; **be ~ backward** ein niedriges Bildungsniveau haben
educationist [ɛdjʊ'keɪʃənɪst] *see* **educationalist**
educative ['ɛdjʊkətɪv] *adj. (educational)* erzieherisch, pädagogisch ⟨*Fragen, Gründe*⟩; *(instructive)* erzieherisch; Erziehungs-; lehrreich ⟨*Film, Buch*⟩
educator ['ɛdjʊkeɪtə(r)] *n.* Pädagoge, *der/*Pädagogin, *die;* Erzieher, *der/*Erzieherin, *die; (fig.)* Erzieher, *der*
Edward ['ɛdwəd] *pr. n. (Hist., as name of ruler etc.)* Eduard *(der)*
Edwardian [ɛd'wɔːdɪən] **1.** *adj.* Edwardianisch. **2.** *n.* Edwardianer, *der*
EEC *abbr.* **European Economic Community** EWG
eel [iːl] *n.* Aal, *der;* **be as slippery as an ~:** aalglatt sein
e'en [iːn] *(arch./poet.) see* ¹,²**even**
e'er [ɛə(r)] *(poet.) see* **ever**
eerie ['ɪərɪ] *adj.* unheimlich ⟨*Ort, Gebäude, Form*⟩; schaurig ⟨*Klang*⟩; schauerlich ⟨*Schrei*⟩; **give sb. an ~ feeling** jmdn. schaudern lassen
eerily ['ɪərɪlɪ] *adv. see* **eerie:** unheimlich; schaurig
eff [ɛf] *v. i. (sl.)* ~ **and blind** fluchen
efface [ɪ'feɪs] **1.** *v. t.* **a)** *(rub out)* beseitigen ⟨*Inschrift*⟩; **b)** *(fig.: obliterate)* tilgen *(geh.).* **2.** *v. refl.* sich im Hintergrund halten
effect [ɪ'fɛkt] **1.** *n.* **a)** *(result)* Wirkung, *die* (**on** auf + *Akk.*); **her words had little ~ on him** ihre Worte erzielten bei ihm nur eine geringe Wirkung; **the ~s of sth. on sth.** die Auswirkungen einer Sache *(Gen.)* auf etw. *(Akk.);* die Folgen einer Sache *(Gen.)* für etw.; **the ~ of this was that ...:** das hatte zur Folge, daß ...; **be of no** *or* **to no ~:** erfolglos

od. ergebnislos sein; **with the ~ that ...**: mit der Folge *od.* dem Resultat, daß ...; **take ~**: wirken; die erwünschte Wirkung erzielen; **in ~**: in Wirklichkeit; praktisch; **b)** *no art. (impression)* Wirkung, *die;* Effekt, *der;* solely *or* only for **~**: nur des Effekts wegen; aus reiner Effekthascherei *(abwertend);* **c)** *(meaning)* Inhalt, *der;* Sinn, *der;* or words to that **~**: oder etwas in diesem Sinne; **a letter to the following ~**: ein Brief folgenden Inhalts; **we received a letter to the ~ that ...**: wir erhielten den Schreiben des Inhalts, daß ...; **all families received instructions to that ~**: alle Familien bekamen entsprechende Anweisungen; **to the same ~**: desselben Inhalts; **d)** *(operativeness)* Kraft, *die;* Gültigkeit, *die;* **be in ~**: gültig *od.* in Kraft sein; **come into ~**: gültig *od.* wirksam werden; *(bes. Gesetz:)* in Kraft treten; **bring** *or* **carry** *or* **put into ~**: in Kraft setzen ⟨*Gesetz*⟩; verwirklichen ⟨*Plan*⟩; verwerten ⟨*Erfahrung, Kenntnisse*⟩; **give ~ to sth.** etw. in Kraft treten lassen; **take ~**: in Kraft treten; **with ~ from 2 November/Monday** mit Wirkung vom 2. November/von Montag; **e)** *in pl.* (in play, film, broadcast) light **~s** Lichteffekte *Pl.;* **f)** *in pl.* *(property)* Vermögenswerte *Pl.;* Eigentum, *das;* **personal ~s**: persönliches Eigentum, Privateigentum, *das;* **household ~s**: Hausrat, *der.* **2.** *v.t.* durchführen; herbeiführen ⟨*Einigung*⟩; erzielen ⟨*Übereinstimmung, Übereinkommen*⟩; tätigen ⟨*Umsatz, Kauf*⟩; abschließen ⟨*Versicherung*⟩; leisten ⟨*Zahlung*⟩; **~ one's purpose** *or* **intention/desire** seine Absicht verwirklichen *od.* in die Tat umsetzen/sich *(Dat.)* einen Wunsch erfüllen; **payment was ~ed in dollars** die Zahlung erfolgte in Dollar
effective [ɪˈfektɪv] *adj.* **a)** *(having an effect)* wirksam ⟨*Mittel*⟩; effektiv ⟨*Maßnahmen*⟩; gleichwertig ⟨*Ersatz*⟩; **the measures have not been ~**: die Maßnahmen blieben ohne Wirkung *od.* waren wirkungslos; **b)** *(having come into operation)* gültig; **~ from/as of** mit Wirkung vom; **the law is no longer ~/is ~ as from 1 September** das Gesetz hat keine Gültigkeit mehr *od.* ist außer Kraft/tritt ab 1. September in Kraft *od.* wird ab 1. September wirksam; **c)** *(powerful in effect)* überzeugend ⟨*Rede, Redner, Worte*⟩; kraftvoll ⟨*Stimme*⟩; **d)** *(striking)* wirkungsvoll; effektvoll; **e)** *(existing)* wirklich, tatsächlich ⟨*Hilfe*⟩; effektiv ⟨*Gewinn, Umsatz*⟩; **the ~ strength of the army** die Ist-Stärke der Armee
effectively [ɪˈfektɪvlɪ] *adv.* **a)** *(in fact)* effektiv; *(with effect)* wirkungsvoll; effektvoll; **they are ~ the same thing/is ~ as from 1** ist dies so gleich
effectiveness [ɪˈfektɪvnɪs] *n., no pl.* Wirksamkeit, *die;* Effektivität, *die*
effectual [ɪˈfektjʊəl] *adj.* **a)** *(sufficient)* wirksam ⟨*Mittel, Maßnahmen*⟩; **b)** *(valid)* [rechts]gültig, bindend ⟨*Vertrag, Dokument*⟩
effectually [ɪˈfektjʊəlɪ] *adv.* erfolgreich
effectuate [ɪˈfektjʊeɪt] *v.t.* bewirken; herbeiführen ⟨*Änderung*⟩; erzielen ⟨*Übereinstimmung*⟩
effeminate [ɪˈfemɪnət] *adj.* unmännlich, *(geh.)* effeminiert ⟨*Mann*⟩
effervesce [efəˈves] *v.i.* sprudeln; effervesziren *(fachspr.); (fig.)* übersprudeln; **be effervescing with sth.** vor etw. übersprudeln *od.* überschäumen
effervescence [efəˈvesəns] *n., no pl.* Sprudeln, *das; (fig.)* Übersprudeln, *das;* Überschäumen, *das*
effervescent [efəˈvesənt] *adj.* sprudelnd *(fig.),* übersprudelnd, überschäumend ⟨*Freude, Verhalten*⟩; überschwenglich ⟨*Stimme*⟩; **~ tablets** Brausetabletten
effete [eˈfiːt] *adj.* *(exhausted, worn out)* verbraucht; saft- und kraftlos ⟨*Person*⟩; überlebt ⟨*System*⟩; *(soft, decadent)* verweichlicht
efficacious [efɪˈkeɪʃəs] *adj.* wirksam ⟨*Methode, Mittel, Medizin*⟩

efficaciousness [efɪˈkeɪʃəsnɪs], **efficacy** [ˈefɪkəsɪ] *ns., no pl.* Wirksamkeit, *die*
efficiency [ɪˈfɪʃənsɪ] *n.* **a)** *(of person)* Fähigkeit, *die;* Tüchtigkeit, *die; (of machine, factory, engine)* Leistungsfähigkeit, *die; (of organization, method)* Rationalität, *die;* Effizienz, *die (geh.);* **b)** *(Mech., Phys.)* Wirkungsgrad, *der*
efficient [ɪˈfɪʃənt] *adj.* effizient *(geh.);* fähig ⟨*Person*⟩; tüchtig ⟨*Arbeiter, Sekretärin*⟩; leistungsfähig ⟨*Maschine, Abteilung, Fabrik*⟩; rationell ⟨*Methode, Organisation*⟩
efficiently [ɪˈfɪʃəntlɪ] *adv.* einwandfrei; gut; effizient *(geh.)*
effigy [ˈefɪdʒɪ] *n.* Bildnis, *das;* **hang/burn sb. in ~**: jmdn. in effigie hängen/verbrennen *(geh.)*
effing [ˈefɪŋ] *adj.* *(sl.)* Scheiß- *(salopp)*
effluent [ˈeflʊənt] **1.** *adj.* abfließend ⟨*Fluß, Wasser*⟩; effluent *(geh.)* **2.** *n.* **a)** *(stream)* Abfluß, *der;* **b)** *(outflow from sewage tank, waste etc.)* Abwässer *Pl.*
effluvium [eˈfluːvɪəm] *n., pl.* **effluvia** [eˈfluːvɪə] Ausdünstung, *die*
effort [ˈefət] *n.* **a)** *(exertion)* Anstrengung, *die,* Mühe, *die;* **make an/every ~**: *(physically)* sich anstrengen, *(mentally)* sich bemühen; **without [any]/only with the greatest ~**: ohne Anstrengung *od.* mühelos/nur mit äußerster Anstrengung *od.* größter Mühe; **for all his ~s** trotz all seiner Bemühungen; **vain ~s** vergebliche Bemühungen; **it is an ~ for me to get up in the mornings** es kostet [mich] einige Mühe *od.* Anstrengung, morgens aufzustehen; **[a] waste of time and ~**: verlorene *od.* vergebliche Liebesmüh; **make every possible ~ to do sth.** jede nur mögliche Anstrengung unternehmen *od.* machen, etw. zu tun; **he makes no ~ at all** er bemüht sich überhaupt nicht; er gibt sich überhaupt keine Mühe; **b)** *(attempt)* Versuch, *der;* **in an ~ to do sth.** beim Versuch, etw. zu tun; **make no ~ to be polite to sb.** *(Dat.)* nicht die Mühe machen, höflich zu sein; **make one last ~**: einen letzten Versuch unternehmen; **~s are being made to do sth.** es sind Bestrebungen im Gange, etw. zu tun; **c)** *(activity)* **research ~[s]** Einsatz in der Forschungsarbeit; **business ~s** geschäftliche Unternehmungen; **d)** *(coll.: result)* Leistung, *die;* **he made a pretty poor ~ of the job** er hat ziemlich nachlässige Arbeit geleistet; **the book was one of his first ~s** das Buch war einer seiner ersten Versuche
effortless [ˈefətlɪs] *adj.* mühelos; leicht; flüssig, leicht ⟨*Stil*⟩
effortlessly [ˈefətlɪslɪ] *adv.* mühelos; ohne Anstrengung; flüssig ⟨*schreiben*⟩
effrontery [ɪˈfrʌntərɪ] *n.* Dreistigkeit, *die;* **have the ~ to do sth.** die Frechheit *od. (geh.)* Stirn besitzen, etw. zu tun
effusion [ɪˈfjuːʒn] *n.* **a)** *(pouring forth) (of light, sound)* Ausströmen, *das;* Entströmen, *das; (of the Holy Spirit)* Ausgießung, *die;* **b)** *(utterance)* Überschwang, *der;* **literary/romantic ~s** literarische/romantische Ergüsse
effusive [ɪˈfjuːsɪv] *adj.* überschwenglich; exaltiert *(geh.)* ⟨*Mensch, Stil, Charakter*⟩
effusively [ɪˈfjuːsɪvlɪ] *adv.* **see effusive**: überschwenglich; exaltiert *(geh.)*
effusiveness [ɪˈfjuːsɪvnɪs] *n., no pl. (of speech, action, greeting)* Überschwenglichkeit, *die; (of style)* Exaltiertheit, *die (geh.)*
Efta [ˈeftə], **EFTA** *n. abbr.* **European Free Trade Association** EFTA
e.g. [iːˈdʒiː] *abbr.* **for example** z. B.
egalitarian [ɪgælɪˈteərɪən] **1.** *adj.* egalitär *(geh.)* ⟨*Person, Einstellung, Gruppe*⟩; Gleichheits[*prinzipien*]. **2.** *n.* Verfechter/Verfechterin des Egalitarismus
¹egg [eg] *n.* Ei, *das;* **a bad ~** *(fig. coll.) (person)* eine üble Person; **a good/tough ~** *(sl.) (person)* ein feiner *od. (veralt.)* famoser/harter Kerl *(ugs.);* **good ~!** *(dated coll.)* famos!

(veralt.); **have** *or* **put all one's ~s in one basket** *(fig. coll.)* alles auf eine Karte setzen; **it's like teaching your grandmother to suck ~s** da will das Ei wieder klüger sein als die Henne; **as sure as ~s is** *or* **are ~s** *(coll.)* so sicher wie das Amen in der Kirche *(ugs.)*
²egg *v.t.* anstacheln (**to** zu); **~ sb. on [to do sth.]** jmdn. anstacheln *od.* aufhetzen[, etw. zu tun]
egg: **~-and-'spoon race** Eierlaufen, *das;* **~-beater** *n.* **a)** *(device)* Rührbesen, *der;* **b)** *(Amer. sl.: helicopter)* Hubschrauber, *der;* **~-cosy** *n. (Brit.)* Eierwärmer, *der;* **~-cup** *n.* Eierbecher, *der;* **~-flip** *n.* Eierlikör, *der;* **'custard** *n.* Eierkrem, *die;* **'flip** *n.* Eierlikör, *der;* **~-head** *n. (coll.)* Eierkopf, *der (abwertend);* Egghead, *der (geh. oft scherzhaft od. abwertend);* **~-'nog** *see* **~-flip;** **~-plant** *n.* Aubergine, *die; (fruit also)* Eierfrucht, *die; (plant also)* Eierpflanze, *die;* **~-powder** *n.* Eipulver, *das;* **~-shaped** *adj.* eiförmig; **~-shell** *n.* **a)** Eierschale, *die;* **b)** *attrib. (fragile)* **~-shell china** Eierschalenporzellan, *das;* **~-shell glaze** Mittelglanzglasur, *die;* **~-slice** *n.* ≈ Wender, *der;* **~-spoon** *n.* Eierlöffel, *der;* **~-timer** *n.* Eieruhr, *die;* **~-whisk** *n.* Schneebesen, *der;* **~-white** *n.* Eiweiß, *das;* **~ yolk** *n.* Eigelb, *das;* Eidotter, *der/das*
ego [ˈegəʊ, ˈiːgəʊ] *n., pl.* **~s** **a)** *(Psych.)* Ego, *das; (Metaphys.)* Ich, *das;* **b)** *(self-esteem)* Selbstbewußtsein, *das;* **inflated ~** übersteigertes Selbstbewußtsein; **boost sb.'s ~**: jmds. Selbstbewußtsein stärken; jmdm. Auftrieb geben
egocentric [egəʊˈsentrɪk] *adj.* egozentrisch; ichbezogen
egoism [ˈegəʊɪzm] *n., no pl.* **a)** *(systematic selfishness)* Egoismus, *der;* Selbstsucht, *die (abwertend);* **b)** *(self-opinionatedness)* Selbstherrlichkeit, *die;* **c)** *see* **egotism a**
egoist [ˈegəʊɪst] *n.* Egoist, *der*/Egoistin, *die*
egoistic [egəʊˈɪstɪk], **egoistical** [egəʊˈɪstɪkl] *adj.* **a)** *(self-regarding, selfish)* egoistisch; selbstsüchtig; eigennützig; **b)** *see* **egotistic a**
egotism [ˈegətɪzm] *n., no pl.* **a)** Egotismus, *der (fachspr.);* Ichbezogenheit, *die;* **b)** *(self-conceit)* Selbstgefälligkeit, *die;* **c)** *see* **egoism a**
egotist [ˈegətɪst] *n.* Egotist, *der*/Egotistin, *die (fachspr.);* (one who thinks or talks too much of himself/herself) Egozentriker, *der*/Egozentrikerin, *die*
egotistic [egəˈtɪstɪk], **egotistical** [egəˈtɪstɪkl] *adj.* **a)** ichbezogen ⟨*Rede, Gespräch*⟩; **b)** selbstsüchtig, selbstgefällig *(abwertend)* ⟨*Person*⟩
egregious [ɪˈgriːdʒəs] *adj.* ungeheuer[lich]; ausgemacht ⟨*Trottel*⟩
egress [ˈiːgres] *n. (formal)* Ausgang, *der* (**to, into** zu)
egret [ˈiːgrɪt, ˈegrɪt] *n. (Ornith.)* Reiher, *der*
Egypt [ˈiːdʒɪpt] *pr. n.* Ägypten *(das)*
Egyptian [ɪˈdʒɪpʃn] **1.** *adj.* ägyptisch; **sb. is ~**: jmd. ist Ägypter/Ägypterin; *see also* **English 1. 2.** *n.* **a)** *(person)* Ägypter, *der*/Ägypterin, *die;* **b)** *(language)* Ägyptisch, *das; see also* **English 2 a**
Egyptologist [iːdʒɪpˈtɒlədʒɪst] *n.* Ägyptologe, *der*/Ägyptologin, *die*
Egyptology [iːdʒɪpˈtɒlədʒɪ] *n., no pl.* Ägyptologie, *die*
eh [eɪ] *int. (coll.) expr. inquiry or surprise* wie?; bitte?; *(inviting assent)* nicht [wahr]?; *(asking for sth. to be repeated or explained)* was?; hä? *(salopp);* **wasn't that good, eh?** war das nicht gut?; **let's not have any more fuss, eh?** Schluß mit dem Theater, ja? *(ugs.)*
eider [ˈaɪdə(r)] *n.:* **~ [duck]** *n.* Eiderente, *die;* **~-[down]** *n.* [Eider]daunen *Pl.;* Flaumfedern *Pl.*
eiderdown [ˈaɪdədaʊn] *n.* Daunenbett, *das;* Federbett, *das*

eight [eɪt] 1. *adj.* acht; **at** ~: um acht; **it's ~ [o'clock]** es ist acht [Uhr]; **half past ~**: halb neun; ~ **thirty** acht Uhr dreißig; ~ **ten/fifty** zehn nach acht/vor neun; *(esp. in timetable)* acht Uhr zehn/fünfzig; **around** *or* **at about ~**: gegen acht [Uhr]; **half ~** *(coll.)* halb neun; **girl of ~**: Mädchen von acht Jahren; **~-year-old boy** achtjähriger Junge; **an ~-year-old** ein Achtjähriger/eine Achtjährige; **be ~ [years old]** acht [Jahre alt] sein; **at [the age of] ~, aged ~**: mit acht Jahren; im Alter von acht Jahren; **he won ~-six** er hat acht zu sechs gewonnen; **Book/Volume/ Part/Chapter E~**: Buch/Band/Teil/Kapitel acht; achtes Buch/achter Band/achter Teil/ achtes Kapitel; **~-figure number** achtstellige Zahl; **~-page** achtseitig; **~-storey[ed] building** achtstöckiges *od.* achtgeschossiges Gebäude; **~-sided polygon** achtseitiges Vieleck; **bet at ~ to one** acht zu eins wetten; **~ times** achtmal. 2. *n.* **a)** *(number, symbol)* Acht, *die;* **the first/last ~**: die ersten/letzten acht; **there were ~ of us present** wir waren [zu] acht; **~ of us attended the lecture** wir waren [zu] acht bei der Vorlesung; **come ~ at a time/in ~s** acht auf einmal kommen/zu je acht kommen; **arabic/Roman ~**: arabische/römische Acht; **stack the boxes in ~s** die Kisten zu acht stapeln; **the [number] ~ [bus]** die Buslinie Nr. 8; der Achter *(ugs.);* **two-~ time** *(Mus.)* Zweiachteltakt, *der;* **behind the ~ ball** *(Amer.) (at a disadvantage)* im Nachteil; *(in a baffling situation)* in einer mißlichen Lage; **b)** *(8-shaped figure)* **[figure of] ~**: Achter, *der (ugs.);* Acht, *die;* **c)** *(Cards)* **~ of hearts/trumps** Herz-/Trumpfacht, *die;* **d)** *(size)* **a size ~ dress** ein Kleid [in] Größe 8; **wear size ~ shoes** [Schuh]größe 8 haben *od.* tragen; **wear an ~, be size ~**: Größe 8 tragen *od.* haben; **e)** *(Rowing (crew)* Achtermannschaft, *die; (boat)* Achter, *der;* **the E~s** *(boat-races)* Achterrennen, *das;* **f) have had one over the ~** *(sl.)* einen über den Durst getrunken haben *(ugs.)*
eighteen [eɪ'tiːn] 1. *adj.* achtzehn; *see also* **eight** 1. 2. *n.* Achtzehn, *die;* **in the ~ seventies** in den siebziger Jahren des neunzehnten Jahrhunderts; **~ hundred hours** *see* **hundred** 1 a; *see also* **eight** 2 a, d
eighteenth [eɪ'tiːnθ] 1. *adj.* achtzehnt...; *see also* **eighth** 1. 2. *n. (fraction)* Achtzehntel, *das; see also* **eighth** 2
eightfold ['eɪtfəʊld] 1. *adj.* achtfach; **an ~ increase** ein Anstieg um das Achtfache. 2. *adv.* achtfach; **multiply ~**: sich verachtfachen; **increase ~**: sich auf das Achtfache erhöhen
eighth [eɪtθ] 1. *adj.* acht...; **be/come ~**: achter sein/als achter ankommen; **an ~ part/ share** ein Achtel; **~ largest** achtgrößt... 2. *n. (in sequence)* achte, *der/die/das; (in rank)* Achte, *der/die/das; (fraction)* Achtel, *das;* **be the ~ to do sth.** der/die/das achte sein, der/die/das etw. tut; **(day) the ~ of May** der achte Mai; **the ~ [of the month]** der Achte [des Monats]
'eighth-note *n. (Amer. Mus.)* Achtel, *das;* Achtelnote, *die*
eightieth ['eɪtɪɪθ] 1. *adj.* achtzigst...; *see also* **eighth** 1. 2. *n. (fraction)* Achtzigstel, *das; see also* **eighth** 2
eighty ['eɪtɪ] 1. *adj.* achtzig; **one-and-~** *(arch.) see* **~-one** 1; *see also* **eight** 1. 2. *n.* Achtzig, *die;* **be in one's eighties** in den Achtzigern sein; **be in one's early/late eighties** Anfang/Ende Achtzig sein; **the eighties** *(years)* die achtziger Jahre; **the temperature will be rising [well] into the eighties** die Temperatur steigt auf [gut] über 80 Grad Fahrenheit; **one-and-~** *(arch.) see* **~-one** 2; *see also* **eight** 2 a
eighty: ~-'first *etc. adj.* einundachtzigst... *usw.; see also* **eighth** 1; **~-'one** *etc.* 1. *adj.* einundachtzig *usw.; see also* **eight** 1; 2. *n.* Einundachtzig *usw., die; see also* **eight** 2 a

Eire ['eərə] *pr. n.* Irland *(das);* Eire *(das)*
eisteddfod [aɪ'steðvəd] *n., pl.* **~s** *or* **~au** [aɪ-'steðvədaɪ] **a)** *(of Welsh bards)* Eisteddfod, *das;* **b)** *(gathering for competitions)* Dichter- und Sängerfest, *das*
either ['aɪðə(r), 'iːðə(r)] 1. *adj.* **a)** *(each)* **at ~ end of the table** an beiden Enden des Tisches; **on ~ side of the road** auf beiden Seiten der Straße; **~ way** *see* **way** 1 c; **b)** *(one or other)* [irgend]ein ... [von beiden]; **take ~ one** nimm einen/eine/eins von [den] beiden. 2. *pron.* **a)** *(each)* beide *Pl.;* **~ is possible** beides ist möglich; **I can't cope with ~**: ich kann mit keinem von beiden fertig werden; **I don't like ~ [of them** *or* **of the two]** ich mag beide nicht *od.* keinen von beiden; **b)** *(one or other)* einer/eine/ein[e]s [von beiden]; **~ of the buses** jeder der beiden Busse; beide Busse. 3. *adv.* **a)** *(any more than the other)* auch [nicht]; **I don't like that ~**: auch das mag ich nicht; **she plays the piano badly and she can't sing ~**: sie spielt schlecht Klavier, und singen kann sie auch nicht; **b)** *(moreover, furthermore)* noch nicht einmal; **there was a time, and not so long ago ~**: früher, noch gar nicht einmal so lange her. 4. *conj.* **~ ... or ...**: entweder ... oder ...; *(after negation)* weder ... noch ...; **I've never been to ~ Berlin or Munich** ich bin weder in Berlin noch in München gewesen
'either-or 1. *adj.* Entweder-Oder-⟨*Problem*⟩. 2. *n.* Entweder-Oder, *das*
ejaculate [ɪ'dʒækjʊleɪt] 1. *v. t.* **a)** *(utter suddenly)* ausstoßen ⟨*Fluch, Gebet*⟩; **b)** *(eject)* ausstoßen; ejakulieren ⟨*Samen*⟩. 2. *v. i. (eject semen)* ejakulieren
ejaculation [ɪdʒækjʊ'leɪʃn] *n.* **a)** *(utterance)* Ausbruch, *der; (cry)* Ausruf, *der;* **b)** *(ejection)* Ausstoß, *der; (of semen)* Ejakulation, *die;* Samenerguß, *der*
eject [ɪ'dʒekt] 1. *v. t.* **a)** *(expel) (from committee, hall, meeting)* hinauswerfen (from us); *(from machine-gun)* auswerfen; *(from aircraft)* hinausschleudern; **b)** *(dispossess)* hinauswerfen; exmittieren *(Amtsspr.).* 2. *v. i.* sich hinauskatapultieren
ejection [ɪ'dʒekʃn] *n. (of intruder etc.)* Vertreibung, *die; (of heckler, troublesome drunk)* Hinauswurf, *der; (of empty cartridge)* Ausstoß, *der;* Auswerfen, *das; (of pilot)* Hinausschleudern, *das*
ejector [ɪ'dʒektə(r)] *n. (of firearm)* Auswerfer, *der*
e'jector seat *n.* Schleudersitz, *der*
eke [iːk] *v. t.* **~ out** strecken ⟨*Vorräte, Essen, Einkommen*⟩; **~ out a living** *or* **an existence** sich *(Dat.)* seinen Lebensunterhalt [notdürftig *od.* mühsam] verdienen
elaborate [ɪ'læbərət] *adj.* kompliziert; ausgefeilt ⟨*Stil*⟩; durchorganisiert ⟨*Studium, Forschung*⟩; kunstvoll [gearbeitet] ⟨*Arrangement, Stickerei, Verzierung, Kleidungsstück*⟩; üppig, umfangreich ⟨*Menü*⟩. 2. [ɪ'læbəreɪt] *v. t.* weiter ausarbeiten; weiter ausführen ⟨*Arbeit, Plan, Thema*⟩. 3. *v. i.* mehr ins Detail gehen; **could you ~?** könnten Sie das näher ausführen?; **~ on sth.** etw. ausführlicher erläutern; etw. näher ausführen
elaborately [ɪ'læbərətlɪ] *adv.* anspruchsvoll ⟨*sich kleiden*⟩; kompliziert ⟨*ausarbeiten, planen*⟩; kunstvoll ⟨*entwerfen, verzieren*⟩; umfangreich ⟨*vorbereiten*⟩
elaboration [ɪlæbə'reɪʃn] *n. (of plan, theory, etc.)* Ausarbeitung, *die (meist Pl.); (of style)* Ausfeilung, *die; (that which elaborates)* Elaborat, *das (abwertend)*
élan [eɪlɑ̃] *n., no pl.* Energie, *die;* Schwung, *der*
eland ['iːlənd] *n. (Zool.)* Elantilope, *die*
elapse [ɪ'læps] *v. i. (Zeit:)* vergehen, ins Land gehen
elastic [ɪ'læstɪk, ɪ'lɑːstɪk] 1. *adj.* **a)** elastisch; **b)** *(springy)* geschmeidig ⟨*Bewegung*⟩; federnd ⟨*Gang*⟩; elastisch ⟨*Muskel*⟩; **c)** *(fig.:*

flexible) flexibel; weit ⟨*Gewissen*⟩; weit auslegbar ⟨*Klausel, Bestimmung*⟩; Gummi⟨*begriff, -paragraph*⟩ *(ugs.).* 2. *n.* **(~ band)** Gummiband, *das; (fabric)* elastisches Material
elasticated [ɪ'læstɪkeɪtɪd, ɪ'lɑːstɪkeɪtɪd] *adj.* elastisch
elastic 'band *n.* Gummiband, *das*
elasticity [elæs'tɪsɪtɪ, iːlæs'tɪsɪtɪ] *n., no pl.* **a)** *(of material etc.)* Elastizität, *die;* **b)** *(springiness)* Geschmeidigkeit, *die;* **c)** *(fig.: flexibility)* Flexibilität, *die; (of rules, laws)* [weite] Auslegbarkeit, *die;* **d)** *(Econ.)* Anpassungsfähigkeit, *die*
elastic 'stocking *n.* Gummistrumpf, *der*
elate [ɪ'leɪt] *v. t.* erfreuen; erbauen *(geh.);* **be ~d by/over sth.** aufgrund einer Sache *(Gen.)/*über etw. *(Akk.)* hocherfreut sein. in Hochstimmung sein
elated [ɪ'leɪtɪd] *adj.* freudig erregt; **~ mood** *or* **state of mind** Hochstimmung, *die;* **be** *or* **feel ~**: in Hochstimmung sein
elation [ɪ'leɪʃn] *n., no pl.* freudige Erregung; **feel ~ at one's success** über seinen Erfolg hocherfreut sein
elbow ['elbəʊ] 1. *n.* **a)** Ell[en]bogen, *der;* **b)** *(of piping)* Knie, *das;* **c)** *(bend, corner)* Knick, *der; (of river)* Biegung, *die;* Knie, *das; (of road)* Biegung, *die;* **d)** *(of garment)* Ellbogen, *der;* **e) at one's ~**: bei sich; in Reichweite; **sth./sb. is at sb.'s ~**: etw. ist in Reichweite/jmd. ist in jmds. Nähe; **bend** *or* **lift one's ~** *(coll.: drink)* einen heben *(ugs.);* **give sb. the ~** *(coll.)* jmdm. den Laufpaß geben *(ugs.);* **out at ~s** an den Ellbogen abgetragen *od.* durchgewetzt ⟨*Mantel*⟩; heruntergekommen ⟨*Person*⟩; **be up to one's** *or* **the ~s in sth./work** mit etw. alle Hände voll zu tun haben/bis über die Ohren in Arbeit stecken. 2. *v. t.* **~ one's way** sich mit den Ellenbogen einen Weg bahnen; sich drängeln *(ugs.);* **~ sb. aside** jmdn. mit den Ellenbogen zur Seite stoßen; **~ sb. out** *(fig.)* jmdn. hinausdrängeln
elbow: ~-grease *n., no pl. (joc.)* Muskelkraft, *die;* **~ patch** *n.* [Ellbogen]flicken, *der;* Ellbogenverstärkung, *die (Textilw.);* **~-room** *n. (lit. or fig.)* Ell[en]bogenfreiheit, *die*
¹elder ['eldə(r)] 1. *attrib. adj.* älter...; **Pliny the E~, the ~ Pliny** Plinius der Ältere. 2. *n.* **a)** *(senior)* Ältere, *der/die;* **he is my ~ by several years** er ist mehrere Jahre älter als ich; **b) in pl.** Alten *Pl.;* **our ~s and betters** die Älteren mit mehr Lebenserfahrung; **the village ~s** die Dorfältesten; **the ~s of the tribe** die Stammesältesten; **c)** *(official in Church)* [Kirchen]älteste, *der/die*
²elder *n. (Bot.)* Holunder, *der*
elder: ~-berry *n.* Holunderbeere, *die;* **~-berry wine** *n.* Holunderbeerwein, *der;* **~-flower** *n.* Holunderblüte, *die;* **~-flower wine** *n.* Holunderblütenwein, *der*
elderly ['eldəlɪ] *adj.* älter. 2. *n. pl.* **the ~**: ältere Menschen
elder: ~ 'statesman *n.* Elder statesman, *der (Politik);* **~ 'wine** *see* **elderberry wine**
eldest ['eldɪst] *adj.* ältest...
eldorado [eldə'rɑːdəʊ] *n., pl.* **~s** Eldorado, *das*
elect [ɪ'lekt] 1. *adj.* **a)** *postpos. (chosen but not installed)* gewählt; **the President ~**: der gewählte *od.* designierte Präsident; **b)** *(choice)* auserlesen, exklusiv ⟨*Gruppe*⟩; *(chosen)* [aus]erwählt. 2. *v. t.* **a)** *(choose by vote)* wählen; **~ sb. chairman/MP** *etc.* jmdn. zum Vorsitzenden/Abgeordneten *usw.* wählen; **~ sb. to the chair/to the Senate** jmdn. zum Vorsitzenden/in den Senat wählen; **b)** *(choose)* **~ to do sth.** sich dafür entscheiden, etw. zu tun
election [ɪ'lekʃn] *n.* Wahl, *die;* **presidential ~s** *(Amer.)* Präsidentschaftswahlen *Pl.;* **general/local ~**: allgemeine/kommunale Wahlen; **~ as chairman** Wahl zum Vorsitz-

election campaign / **eligibility**

zenden; ~ **results** Wahlergebnisse *Pl.*; ~ **day** Wahltag, *der*; see also **by-election**
e'**lection campaign** *n.* Wahlkampf, *der*; *(in US presidential election)* Wahlkampagne, *die*
electioneer [ɪlekʃəˈnɪə(r)] *v.i.* **be/go** ~**ing** Wahlkampf machen
electioneering [ɪlekʃəˈnɪərɪŋ] *n.* Agitation, *die* (**for/against** für/gegen)
elective [ɪˈlektɪv] *adj.* **a)** *(chosen or filled by election)* gewählt; **an** ~ **office** ein Amt, das durch Wahl besetzt wird/wurde; **b)** *(having the power to elect)* wahlberechtigt; **c)** *(optional)* wahlfrei, fakultativ ⟨*Kursus, Fach*⟩
elector [ɪˈlektə(r)] *n.* **a)** Wähler, *der*/Wählerin, *die*; Wahlberechtigte, *der/die*; **b)** E~ *(Hist.: prince)* Kurfürst, *der*
electoral [ɪˈlektərl] *adj.* Wahl⟨*liste, -zettel, -system, -bezirk, -berechtigung*⟩; Wähler⟨*liste, -verzeichnis, -wille, -gruppe*⟩
electoral 'college *n.* Wahlmännergremium, *das*; Wahlausschuß, *der*
electorate [ɪˈlektərət] *n.* Wähler *Pl.*; Wählerschaft, *die*
electric [ɪˈlektrɪk] **1.** *adj.* elektrisch ⟨*Strom, Feld, Licht, Orgel usw.*⟩; Elektro⟨*kabel, -motor, -karren, -herd, -kessel*⟩; Elektrizitäts⟨*lehre, -erzeuger, -werk*⟩; Strom⟨*versorgung*⟩; *(fig.)* spannungsgeladen ⟨*Atmosphäre*⟩; elektrisierend ⟨*Wirkung*⟩. **2.** *n. in pl.* elektrische Geräte; Elektrogeräte *Pl.*; *(whole system)* Elektrik, *die*
electrical [ɪˈlektrɪkl] *adj.* elektrisch ⟨*Defekt, Kontakt*⟩; Elektro⟨*abteilung, -handel, -geräte*⟩
electrical: ~ **engi'neer** *n.* Elektroingenieur, *der/*-ingenieurin, *die*; ~ **engi'neering** *n.* Elektrotechnik, *die*
electrically [ɪˈlektrɪkəlɪ] *adv.* elektrisch; *(fig.)* [wie] elektrisiert
electric: ~ **'blanket** *n.* Heizdecke, *die*; ~ **'blue** *n.* Stahlblau, *das*; ~ **'chair** *n.* elektrischer Stuhl; ~ **cooker** *n.* Elektroherd, *der*; ~ **eel** *n.* Zitteraal, *der*; ~ **'eye** *n.* Photozelle, *die*; ~ **fan** *n.* Ventilator, *der*; ~ **'fence** *n.* elektrischer Zaun; Elektrozaun, *der*; ~ **'fire** *n.* [elektrischer] Heizofen; Heizstrahler, *der*; ~ **gui'tar** *n.* elektrische Gitarre; E-Gitarre, *die*
electrician [ɪlekˈtrɪʃn, elekˈtrɪʃn] *n.* Elektriker, *der*/Elektrikerin, *die*; *(who sets up electrical apparatus)* Elektromechaniker, *der/* -mechanikerin, *die*
electricity [ɪlekˈtrɪsɪtɪ, elekˈtrɪsɪtɪ] *n., no pl.* **a)** Elektrizität, *die*; **b)** *(supply)* Strom, *der*; **install** ~: Stromanschlüsse legen; **c)** *(fig.)* Spannung, *die*
electricity: ~ **bill** *n.* Stromrechnung, *die*; ~ **man** *n. (fitter)* Elektroinstallateur, *der*; *(meter-reader, collector)* Stromableser, *der*; Stromann, *der (ugs.)*; ~ **meter** *n.* Stromzähler, *der*
electric: ~ **'shock** *n.* Stromschlag, *der*; [elektrischer] Schlag; *(Med.)* Elektroschock, *der*; ~ **'storm** *n.* Gewitter, *das*; Gewittersturm, *der*
electrification [ɪlektrɪfɪˈkeɪʃn] *n.* **a)** *(charging)* Unter-Strom-Setzen, *das*; **b)** *(conversion)* Elektrifizierung, *die*; **c)** *(fig.)* Elektrisierung, *die*
electrify [ɪˈlektrɪfaɪ] *v.t.* **a)** *(charge)* an das Stromnetz anschließen ⟨*Maschine*⟩; unter Strom setzen ⟨*Kabel, Leiter*⟩; **b)** *(convert)* elektrifizieren ⟨*Eisenbahnstrecke*⟩; **c)** *(fig.)* elektrisieren
electro- [ɪlektrəʊ] *in comb.* elektro-/Elektro-
electro'cardiogram *n.* Elektrokardiogramm, *das*
electro'chemical *adj.* elektrochemisch
electrocon'vulsive *adj.* Elektrokrampf-; ~ **shock/treatment** or **therapy** Elektroschock, *der*/Elektroschockbehandlung, *die*
electrocute [ɪˈlektrəkjuːt] *v.t.* durch Stromschlag töten

electrocution [ɪlektrəˈkjuːʃn] *n.* **a)** *(execution)* Hinrichtung auf dem elektrischen Stuhl; **b)** *(death)* Tod durch Stromschlag
electrode [ɪˈlektrəʊd] *n.* Elektrode, *die*
electrolyse [ɪˈlektrəlaɪz] *v.t.* **a)** *(Chem.)* elektrolysieren; **b)** *(Med.)* elektroresezieren
electrolysis [ɪlekˈtrɒlɪsɪs, elekˈtrɒlɪsɪs] *n., pl.* **electrolyses** [ɪlekˈtrɒlɪsiːz, elekˈtrɒlɪsiːz] **a)** *(Chem.)* Elektrolyse, *die*; **b)** *(Med.)* Elektroresektion, *die*
electrolyte [ɪˈlektrəlaɪt] *n.* Elektrolyt, *der*
electrolytic [ɪlektrəˈlɪtɪk] *adj. (Chem.)* elektrolytisch
electrolyze *(Amer.)* see **electrolyse**
electro'magnet *n.* Elektromagnet, *der*
electromag'netic *adj.* elektromagnetisch
electro'magnetism *n.* Elektromagnetismus, *der*
electron [ɪˈlektrɒn] *n.* Elektron, *das*
electron: ~ **'beam** *n.* Elektronenstrahl, *der*; ~ **'gun** *n.* Elektronenkanone, *die*
electronic [ɪlekˈtrɒnɪk, elekˈtrɒnɪk] *adj.* elektronisch; Elektronen⟨*uhr, -orgel*⟩
electronic: ~ **'brain** *n. (coll.)* Elektronen[ge]hirn, *das (ugs.)*; ~ **com'puter** *n.* Computer, *der*; Elektronenrechner, *der*; ~ **'flash** *n.* Elektronenblitz, *der*; ~ **mail** *n.* elektronische Post
electronics [ɪlekˈtrɒnɪks, elekˈtrɒnɪks] *n., no pl.* Elektronik, *die*
electron: ~ **'microscope** *n.* Elektronenmikroskop, *das*; ~ **'optics** *n.* Elektronenoptik, *die*
e'lectroplate *v.t.* galvanisieren
electro'static *adj.* elektrostatisch
elegance ['elɪgəns] *n., no pl.* Eleganz, *die*; *(of life-style)* Kultiviertheit, *die*
elegant ['elɪgənt] *adj.* elegant; kultiviert ⟨*Lebensstil*⟩
elegantly ['elɪgəntlɪ] *adv.* elegant
elegiac [elɪˈdʒaɪək] **1.** *adj.* elegisch. **2.** *n. in pl.* elegische Verse
elegy ['elɪdʒɪ] *n.* Elegie, *die*
element ['elɪmənt] *n.* **a)** *(component part)* Element, *das*; **a novel with a strong** ~ **of religion** ein Roman mit einem stark religiösen Element; **have all the** ~**s of a real scandal** alle Voraussetzungen für einen richtigen Skandal tragen; **an** ~ **of truth** ein Körnchen Wahrheit; **an** ~ **of chance/danger in sth.** eine gewisse Zufälligkeit/Gefahr bei etw.; **when reduced to its** ~**s** im Grunde [genommen]; **b)** *(Chem.)* Element, *das*; Grundstoff, *der*; **c)** *in pl. (atmospheric agencies)* Elemente *Pl.*; **d)** *(Philos.)* **the four** ~**s** die vier Elemente; **be in one's** ~ *(fig.)* in seinem Element sein; **be out of one's** ~ *(fig.)* sich fehl am Platz fühlen; **e)** *(Electr.)* Heizelement, *das*; *(electrode)* Elektrode, *die*; **f)** *in pl. (rudiments of learning)* Grundlagen *Pl.*; Elemente *Pl.*; **g)** *(Relig.)* Brot und Wein; **h)** *(Math., Logic)* Element, *das*
elemental [elɪˈmentl] *adj.* **a)** *(of the four elements)* urgewaltig; elementar; **b)** Natur⟨*gottheit, -religion*⟩; Elementar⟨*geist*⟩; **c)** *(fig.)* elementar; natürlich ⟨*Größe*⟩; **d)** *(essential)* grundlegend
elementary [elɪˈmentrɪ] *adj.* **a)** elementar; grundlegend ⟨*Fakten, Wissen*⟩; schlicht ⟨*Fabel, Stil*⟩; Grundschul⟨*lehrer, -bildung*⟩; Grund⟨*stufe, -kurs, -ausbildung, -rechnen, -kenntnisse*⟩; Ausgangs⟨*text, -thema*⟩; Anfangs⟨*stadium*⟩; **course in** ~ **German** Grundkurs in Deutsch; **my knowledge is** ~: ich habe nur Anfängerkenntnisse; **be still in its** ~ **stages** noch in den Anfängen stecken; **an** ~ **mistake** ein grober Fehler; **b)** *(Chem.)* elementar; Elementar-
elementary: ~ **'particle** *n. (Phys.)* Elementarteilchen, *das*; ~ **school** *n.* Grundschule, *die*
elephant ['elɪfənt] *n.* Elefant, *der*; see **pink** ~**s** weiße Mäuse sehen; **white** ~ *(fig.)* nutz-

loser Besitz; *(costly thing)* ≈ Faß ohne Boden *(fig.)*; **a white** ~ **stall** eine Bude, an der Sachen angeboten werden, die deren ehemalige Besitzer gern loswerden wollen
elephantine [elɪˈfæntaɪn] *adj.* **a)** *(of elephants)* Elefanten-; **b)** *(huge)* massig ⟨*Körper, Mensch, Ringer, Boxer*⟩; gigantisch ⟨*Masse*⟩; **c)** *(clumsy)* schwerfällig
elevate ['elɪveɪt] *v.t.* **a)** *(bring higher)* erhöhen ⟨*Temperatur*⟩; aufschütten ⟨*Boden*⟩; [empor]heben ⟨*Gerät, Gegenstand*⟩; *(fig.)* aufwerten ⟨*Stellung*⟩ (**into** zu); **b)** *(Eccl.)* emporheben, zeigen ⟨*Hostie*⟩; **c)** *(raise)* heben ⟨*Stimme, Blick*⟩; aufrichten ⟨*Blick, Geschützrohr*⟩; auf einer Hochtrasse führen ⟨*Bahn*⟩; **d)** *(in rank)* befördern; ~ **sb. to top management/a professorship/the peerage** jmdn. in die Unternehmensspitze berufen/ auf einen Lehrstuhl berufen/in den Adelsstand erheben; **e)** *(morally, intellectually)* erbauen ⟨*Geist, Person*⟩; aufrichten ⟨*Mut*⟩; erheben ⟨*Seele, Gemüt*⟩
elevated ['elɪveɪtɪd] *adj.* **a)** *(raised)* gehoben ⟨*Stellung*⟩; erhöht ⟨*Lage, Plazierung*⟩; hochgelegen ⟨*Land*⟩; aufgeschüttet ⟨*Damm, Straße*⟩; erhoben ⟨*Stimme, Blick, Bein, Arm*⟩; **keep one's arm in an** ~ **position** den Arm erhoben halten; **b)** *(above ground level)* Hoch⟨*bahn, -straße*⟩; **c)** *(noble, refined)* erhaben; edel; **feel** ~: sich aufgerichtet fühlen; **d)** *(formal, dignified)* gehoben ⟨*Stil, Rede, Wortwahl*⟩
elevation [elɪˈveɪʃn] *n.* **a)** *(position of house, building, land)* erhöhte Lage; **b)** *(Eccl.: of the Host)* Elevation, *die*; **c)** *(of temperature)* Ansteigen, *das*; Anstieg, *der*; **d)** *(of voice)* Heben, *das*; Hebung, *die*; **e)** *(in rank)* Beförderung, *die*; *(to the peerage)* Erhebung, *die*; *(to top management, professorship)* Berufung, *die*; *(of mind, thought)* Erhebung, *die*; *(state)* Erhabenheit, *die*; **the** ~ **of his style** sein gehobener Stil; **f)** *(height)* Höhe, *die*; ~ **of the ground** Bodenerhebung *od.* Anhöhe *die*; **h)** *(angle)* Elevation, *die*; **angle of** ~: Elevationswinkel, *der*; Erhöhungswinkel, *der*; **i)** *(drawing, diagram)* Aufriß, *der*
elevator ['elɪveɪtə(r)] *n.* **a)** *(machine)* Förderwerk, *das*; Elevator, *der*; **b)** *(storhouse)* Getreidesilo, *der od. das*; **c)** *(Amer.)* see **lift** 3 b; **d)** *(Aeron.)* Höhenruder, *das*
eleven [ɪˈlevn] **1.** *adj.* elf; see also **eight 1.** **2.** *n. (number, symbol; also Sport)* Elf, *die*; see also **eight 2 a, d**
eleven-'plus *n. (Brit. Educ. Hist.)* ~ [examination] Prüfung der elf- bis zwölfjährigen Schüler [vor Fortsetzung der schulischen Laufbahn an höherer Schule]
elevens [ɪˈlevnz], **elevenses** [ɪˈlevnzɪz] *n. sing. or pl. (Brit. coll.)* ≈ zweites Frühstück [gegen elf Uhr]
eleventh [ɪˈlevnθ] **1.** *adj.* elft...; **at the** ~ **hour** im letzten Augenblick; in letzter Minute; **an** ~-**hour change of plan** eine Planungsänderung in letzter Minute; see also **eighth 1.** **2.** *n. (fraction)* Elftel, *das*; see also **eighth 2**
elf [elf] *n., pl.* **elves** [elvz] **a)** *(Mythol.)* Elf, *der*/Elfe, *die*; **b)** *(mischievous creature)* [boshafter] Schelm; Kobold, *der*
elfin ['elfɪn] *adj.* elfenhaft
elfish ['elfɪʃ] *adj.* **a)** elfenhaft; *(mischievous)* schalkhaft; koboldhaft
elicit [ɪˈlɪsɪt] *v.t.* entlocken ⟨*Antwort, Auskunft, Wahrheit, Geheimnis*⟩ (**from** *Dat.*); hervorrufen ⟨*Begeisterung, Zustimmung*⟩; gewinnen ⟨*Unterstützung*⟩ (**amongst** bei); **the discussion has** ~**ed some very important facts** die Diskussion brachte einige interessante Einzelheiten ans Tageslicht
elide [ɪˈlaɪd] *v.t. (Ling.)* elidieren *(fachspr.)*; auslassen
eligibility [elɪdʒɪˈbɪlɪtɪ] *n., no pl. (fitness)* Qualifikation, *die*; *(for a job)* Eignung, *die*; *(entitlement)* Berechtigung, *die* (**for** zu)

233

eligible ['elɪdʒɪbl] *adj.* **a)** be ~ **for sth.** *(fit)* für etw. qualifiziert *od.* geeignet sein; *(entitled)* zu etw. berechtigt sein; **be** ~ **for membership/a pension/an office** mitglieds-/pensionsberechtigt sein/für ein Amt in Frage kommen; **be** ~ **to do sth.** etw. tun dürfen; **become** ~ **to vote** das Wahlrecht erhalten; **b)** *(marriageable)* begehrt ⟨*Junggeselle*⟩
eliminate [ɪ'lɪmɪneɪt] *v. t.* **a)** *(remove)* beseitigen ⟨*Zweifel, Fehler*⟩; ausschließen ⟨*Möglichkeit*⟩; eliminieren, beseitigen ⟨*Gegner*⟩; **b)** *(exclude)* ausschließen; *(Sport)* aus dem Wettbewerb werfen; **the team was ~d at the end of the third round** die Mannschaft schied nach der dritten Runde aus; **c)** *(Physiol.)* ausscheiden
elimination [ɪlɪmɪ'neɪʃn] *n.* **a)** *(removal)* *(of doubt, error)* Beseitigung, *die;* *(of opponent)* Eliminierung, *die;* Beseitigung, *die;* **process of** ~: Ausleseverfahren, *das;* **b)** *(exclusion)* Ausschluß, *der;* *(Sport)* Ausscheiden, *das;* **c)** *(Physiol.)* Ausscheidung, *die*
elision [ɪ'lɪʒn] *n.* *(Ling.)* Elision, *die (fachspr.);* Auslassung, *die*
élite [eɪ'liːt] *n.* *(the best)* Elite, *die;* *(of society, club)* Spitze, *die;* Crème, *die;* *(group, class)* Elite, *die;* **the** ~ *(high society)* die oberen Zehntausend *(ugs.)*
élitism [eɪ'liːtɪzm] *n.* Elitedenken, *das*
élitist [eɪ'liːtɪst] **1.** *adj.* elitär; Elite⟨*denken*⟩. **2.** *n.* Anhänger/Anhängerin des Elitedenkens; elitär Denkender/Denkende
elixir [ɪ'lɪksə(r)] *n.* Heilmittel, *das;* ~ **[of life]** [Lebens]elixier, *das*
Elizabeth [ɪ'lɪzəbəθ] *pr. n.* *(Hist., as name of ruler etc.)* Elisabeth
Elizabethan [ɪlɪzə'biːθn] **1.** *adj.* elisabethanisch. **2.** *n.* elisabethanischer Zeitgenosse
elk [elk] *n., pl.* **~s or same a)** *(deer)* Elch, *der;* **b)** *(moose)* Riesenelch, *der*
'elk-hound *n.* Jämthund, *der*
¹ellipse [ɪ'lɪps] *n.* *(Math.)* Ellipse, *die*
ellipsis [ɪ'lɪpsɪs] (**²ellipse**) *n., pl.* **ellipses** [ɪ'lɪpsiːz] **a)** *(Ling., Lit.)* Ellipse, *die;* **b)** *(set of dots etc.)* Auslassungszeichen *Pl.*
elliptic [ɪ'lɪptɪk], **elliptical** [ɪ'lɪptɪkl] *adj.* **a)** *(of ellipses; also Ling.)* elliptisch; Ellipsen⟨*bogen, -bahn*⟩; **b)** *(Lit.)* kryptisch *(geh.);* **c)** *(brief, concise)* komprimiert; knapp
elliptically [ɪ'lɪptɪkəlɪ] *adv.* *(Ling., Lit.)* in elliptischen Sätzen
elm [elm] *n.* Ulme, *die*
'elmwood *n.* Ulmen- *od.* Rüsternholz, *das*
elocution [elə'kjuːʃn] *n.* **a)** *no pl.* *(art)* Sprechkunst, *die;* Vortragskunst, *die;* **teacher of** ~: Sprecherzieher, *der/*-erzieherin, *die;* **give lessons in** ~ Sprechunterricht geben; **b)** *(style of speaking)* Redeweise, *die;* Diktion, *die*
elocutionary [elə'kjuːʃənərɪ] *adj.* deklamatorisch ⟨*Sprechweise, Fertigkeit, Effekt*⟩
elocutionist [elə'kjuːʃənɪst] *n.* Vortragskünstler, *der/*-künstlerin, *die*
elongate ['iːlɒŋgeɪt] *v. t.* länger werden lassen ⟨*Schatten*⟩; strecken ⟨*Körper*⟩; recken ⟨*Hals*⟩
elongated ['iːlɒŋgeɪtɪd] *adj.* langgestreckt ⟨*Gestalt, Gliedmaße*⟩; langgereckt ⟨*Hals*⟩
elongation [iːlɒŋ'geɪʃn] *n.* Verlängerung, *die;* *(of limbs, neck)* [Aus]recken, *das;* *(of forms, shapes)* Strecken, *das*
elope [ɪ'ləʊp] *v. i.* weglaufen; durchbrennen *(ugs.)*
elopement [ɪ'ləʊpmənt] *n.* Weglaufen, *das;* Durchbrennen, *das (ugs.)*
eloquence ['eləkwəns] *n.* Beredtheit, *die;* Eloquenz, *die (geh.);* **he is a man of great** ~: er ist ein sehr beredter Mann
eloquent ['eləkwənt] *adj.* **a)** eloquent *(geh.);* gewandt ⟨*Sprechweise, Ausdruck, Stil, Redner*⟩; beredt ⟨*Person*⟩ *(fig.)* beredt ⟨*Blick, Schweigen*⟩
eloquently ['eləkwəntlɪ] *adv.* **a)** gewandt ⟨*sprechen, schreiben, sich ausdrücken, formulieren*⟩; **b)** *(fig.)* beredt ⟨*schauen*⟩

else [els] *adv.* **a)** *(besides, in addition)* sonst [noch]; **anybody/anything** ~? sonst noch jemand/etwas?; **don't mention it to anybody** ~: erwähnen Sie es gegenüber niemandem sonst; **somebody/something** ~: [noch] jemand anders/noch etwas; **everybody/everything** ~: alle anderen/alles andere; **nobody** ~: sonst niemand; sonst niemand; **nothing** ~: sonst *od.* weiter nichts; **will there be anything** ~, **sir?** *(asked by salesperson)* darf es sonst noch etwas sein[, der Herr]?; *(asked by butler)* haben Sie sonst noch einen Wunsch, Herr ...?; **nothing** ~, **thank you** das ist alles, danke; **that is something** ~ **again** das ist wieder etwas anderes; **be something** ~ *(Amer. coll.: very good)* schon was Besonderes sein *(ugs.);* **anywhere** ~? anderswo? *(ugs.);* **woanders?; not anywhere** ~: sonst nirgendwo; **somewhere** ~: anderswo *(ugs.);* **woanders; go somewhere** ~: anderswohin *(ugs.) od.* woandershin gehen; **everywhere** ~: auch sonst überall; **go everywhere** ~: sonst überallhin gehen; **nowhere** ~: sonst nirgendwo; **go nowhere** ~: sonst nirgendwohin gehen; **little** ~: kaum noch etwas; nur noch wenig; **much** ~: [noch] vieles andere *od.* mehr; **not much** ~: nicht mehr viel; nur noch wenig; **who/what/when/how** ~? wer/was/wann/wie sonst noch?; **where** ~? wo/wohin sonst noch?; **why** ~? warum sonst?; **b)** *(instead)* ander...; **sb.** ~**'s hat** der Hut von jmd. anders *od.* jmd. anderem *(ugs.);* **anybody/anything** ~? [irgend] jemand anders/etwas anderes?; **anyone** ~ **but Joe would have realized that** jeder [andere] außer Joe hätte das bemerkt; **somebody/something** ~: jemand anders/etwas anderes; **everybody/everything** ~: alle anderen/alles andere; **nobody/nothing** ~: niemand anders/nichts anderes; **no one** ~ **but** he nur er; niemand außer ihm; **nothing** ~ **but** the best nur das Beste; **there's nothing** ~ **for it** es hilft nichts; **anywhere** ~? anderswo? *(ugs.);* woanders?; **somewhere** ~: anderswo *(ugs.);* woanders; **go somewhere** ~: woandershin gehen; **his mind was/his thoughts were somewhere** ~: im Geist/mit seinen Gedanken war er woanders; **everywhere** ~: überall anders; überall sonst; **nowhere** ~: nirgendwo sonst; **go nowhere** ~: nirgendwo sonst hingehen; **there's not much** ~ **we can do but** ...: wir können kaum etwas anderes tun, als ...; **who – [but]?** wer anders [als]?; **it was John – who** ~? es war John – wer [denn] sonst? **what** ~ **can I do?** was kann ich sonst anderes machen?; **why** ~ **would I have done it?** warum hätte ich es sonst getan?; **when/where** ~ **can we meet?** wann/wo können wir statt dessen treffen?; **where** ~ **could we go?** wohin könnten wir statt dessen gehen?; **how** ~ **would you do it?** wie würden Sie es anders *od.* sonst machen?; **c)** *(otherwise)* sonst; andernfalls; **or** ~: oder aber; **do it or** ~ ...! tun Sie es, sonst ...!; **do it or** ~! *(coll.)* tu es gefälligst!
'elsewhere *adv.* woanders; **go** ~ woandershin gehen; **his mind was/his thoughts were** ~: im Geist/mit seinen Gedanken war er woanders
elucidate [ɪ'luːsɪdeɪt, ɪ'ljuːsɪdeɪt] *v. t.* erläutern; aufklären ⟨*Geheimnis*⟩
elucidation [ɪljuːsɪ'deɪʃn, ɪluːsɪ'deɪʃn] *n.* Erläuterung, *die; (of mystery)* Aufklärung, *die*
elude [ɪ'ljuːd, ɪ'luːd] *v. t.* sich entziehen (+ *Dat.);* mißachten ⟨*Befehl, Gesetz, Forderung*⟩; umgehen ⟨*Verpflichtung*⟩; *(avoid)* ausweichen (+ *Dat.)* ⟨*Person, Schlag, Angriff, Blick, Frage, Gefahr*⟩; *(escape from)* entkommen (+ *Dat.);* **the causes of this disease have so far ~d medical science** die Mediziner konnten die Ursachen dieser Krankheit noch nicht herausfinden; ~ **the police** sich dem Zugriff der Polizei entziehen; **sleep ~s me** der Schlaf flieht mich *(ver-*

alt. geh.); ich kann keinen Schlaf finden; **the name ~s me at the moment** der Name ist mir im Moment entfallen *od.* fällt mir im Moment nicht ein; **the significance of his remark ~s me** die Bedeutung seiner Bemerkung ist mir nicht klar
elusive [ɪ'ljuːsɪv, ɪ'luːsɪv] *adj.* **a)** *(avoiding grasp or pursuit)* schwer zu erreichen ⟨*Person*⟩; schwer zu fassen ⟨*Straftäter*⟩; scheu ⟨*Fuchs, Waldbewohner*⟩; **I have phoned every day but she has been very** ~: ich habe jeden Tag angerufen, aber sie ist sehr schwer zu erreichen; **b)** *(incapable of being prolonged)* flüchtig ⟨*Freude, Glück*⟩; **c)** *(tending to escape from memory)* schwer zu behalten; *(präd.)* schwer zu behalten ⟨*Gedanke, Wort*⟩; ~ **memory** schwache Erinnerung; **d)** *(avoiding definition)* schwer definierbar ⟨*Begriff, Sinn*⟩; **e)** *(hard to pin down or identify)* schwer zu bestimmend, *(präd.)* schwer zu bestimmen ⟨*Geruch*⟩; schwer durchschaubar ⟨*Mensch*⟩; **f)** *(evasive)* ausweichend ⟨*Antwort*⟩
elver ['elvə(r)] *n.* *(Zool.)* Glasaal, *der*
elves *pl. of* **elf**
elvish ['elvɪʃ] *see* **elfish**
Elysium [ɪ'lɪzɪəm] *n.* **a)** *(Greek Mythol.)* Elysium, *das;* **b)** *(fig.: place of ideal happiness)* Paradies, *die;* Elysium, *das (dichter.)*
em [em] *n.* *(Printing)* Cicero, *der*
'em [əm] *pron. (coll.)* se *(Akk.) (ugs.);* ihnen *(Dat.)*
emaciated [ɪ'meɪsɪeɪtɪd, ɪ'meɪʃɪeɪtɪd] *adj.* ausgemergelt; abgezehrt; **become** ~: abmagern
emaciation [ɪmeɪsɪ'eɪʃn] *n., no pl.* Ausmergelung, *die;* Abzehrung, *die*
e-mail *abbr.* **electronic mail**
emanate ['emaneɪt] *v. i.* **a)** *(originate)* ausgehen (from von); **b)** *(proceed, issue)* ausgestrahlt werden (from von); ausstrahlen; **c)** *(formal: be sent out)* ⟨*Befehle:*⟩ erteilt *od.* erlassen werden; ⟨*Briefe, Urkunden:*⟩ ausgestellt *od.* ausgefertigt werden
emanation [emə'neɪʃn] *n.* **a)** *(Theol.)* Emanation, *die* (from aus); **b)** *no pl.* *(issuing)* Ausstrahlen, *das;* **c)** *(sth. proceeding from source)* Ausströmung, *die;* **d)** *(fig.)* Ausfluß, *der;* **be an** ~ **of** etw. sein *od.* von etw. ausgehen; ~ **of grace/love from God** Ausgehen von Gnade/Liebe von Gott
emancipate [ɪ'mænsɪpeɪt] *v. t.* emanzipieren; unabhängig machen; ~ **sb. from slavery** jmdn. aus der Sklaverei befreien; ~ **oneself from sth./sb.** sich von etw. emanzipieren *od.* frei machen/sich von jmdm. frei machen
emancipated [ɪ'mænsɪpeɪtɪd] *adj.* emanzipiert ⟨*Frau, Vorstellung, Einstellung*⟩; **become** ~ sich emanzipieren; ~ **slave** freigelassener Sklave
emancipation [ɪmænsɪ'peɪʃn] *n.* Emanzipation, *die; (of slave)* Freilassung, *die;* ~ **from servitude/superstition** Befreiung aus der Knechtschaft/vom Aberglauben
emasculate [ɪ'mæskjʊleɪt] *v. t.* **a)** *(Med.: castrate)* entmannen; emaskulieren *(fachspr.);* kastrieren ⟨*Tier*⟩; **b)** *(weaken)* schwächen; kastrieren *(ugs. scherzh.);* verwässern ⟨*Plan, Vorschlag, Gesetzentwurf*⟩
emasculation [ɪmæskjʊ'leɪʃn] *n.* **a)** *(Med.: castration)* Entmannung, *die;* Emaskulation, *die (fachspr.); (of animal)* Kastration, *die;* **b)** *(weakening)* Schwächung, *die;* Kastration, *die; (of plan, proposal)* Verwässerung, *die*
embalm [ɪm'bɑːm] *v. t.* einbalsamieren
embankment [ɪm'bæŋkmənt] *n.* Damm, *der;* ~ **of a river** Uferdamm, *der;* ~ **of earth/stone** Erd-/Steindamm, *der;* ~ **of a road** Straßendamm, *der;* Böschung, *die;* ~ **of a track/railway** Bahndamm, *der;* **the Thames E~** die Themse-Uferstraße *(in London)*
embargo [em'bɑːgəʊ, ɪm'bɑːgəʊ] **1.** *n., pl.* **~es a)** Embargo, *das;* **be under an** ~: mit

embark

einem Embargo belegt sein; **put** *or* **lay an ~ on sth., place** *or* **lay sth. under an ~:** etw. mit einem Embargo belegen; **lift** *or* **raise** *or* **remove an ~ [from sth.]** ein Embargo [für etw.] aufheben; **b)** *(impediment)* Stopp, *der;* **~ on new appointments** Einstellungsstopp, *der;* Einstellungssperre, *die;* **~ on further spending** Ausgabenstopp, *der.* **2.** *v. t.* mit einem Embargo belegen
embark [ɪmˈbɑːk] **1.** *v. t.* einschiffen ⟨Passagiere, Waren⟩. **2.** *v. i.* **a)** sich einschiffen (**for** nach); **the troops were ~ed at night** die Truppen wurden nachts eingeschifft; **b)** *(engage)* **~ [up]on sth.** etw. in Angriff nehmen; **~ [up]on a war** einen Krieg anfangen *od.* beginnen
embarkation [embɑːˈkeɪʃn] *n.* Einschiffung, *die;* **port of ~:** Einschiffungshafen, *der;* **~ leave** Einschiffungsurlaub, *der*
embarrass [ɪmˈbærəs] *v. t.* **a)** *(make feel awkward)* in Verlegenheit bringen; **become seriously ~ed** in ernste Verlegenheit kommen; **be ~ed by lack of money** in Geldverlegenheit sein; **b)** *(arch.: encumber)* behindern
embarrassed [ɪmˈbærəst] *adj.* verlegen ⟨Person, Blick, Lächeln, Benehmen, Schweigen⟩; **be** *or* **feel/look/get ~:** verlegen sein/aussehen/werden; **now don't be ~!** geniere dich nicht!; **make sb. feel ~:** jmdn. verlegen machen
embarrassing [ɪmˈbærəsɪŋ] *adj.* peinlich ⟨Benehmen, Schweigen, Situation, Augenblick, Frage, Thema⟩; beschämend ⟨Großzügigkeit⟩; verwirrend ⟨Auswahl⟩; **~ person** jmd., der andere blamiert; **I find it very ~ to have to say this, but ...:** es ist mir sehr peinlich, so etwas sagen zu müssen, aber ...
embarrassingly [ɪmˈbærəsɪŋlɪ] *adv.* peinlich; irritierend ⟨freimütig⟩; unerhört ⟨grob⟩; beschämend ⟨großzügig⟩
embarrassment [ɪmˈbærəsmənt] *n.* Verlegenheit, *die; (instance)* Peinlichkeit, *die;* **much to his ~:** zu seiner großen Verlegenheit; **cause sb. ~:** jmdn. verlegen machen; **cause sb. a great deal of ~:** jmdn. in große Verlegenheit bringen; **he was a source of ~ to his family** seine Familie mußte sich seinetwegen schämen; **financial ~[s]** Geldverlegenheit, *die;* **~ of riches** verwirrende [Über]fülle
embassy [ˈembəsɪ] *n.* Botschaft, *die*
embattled [ɪmˈbætld] *adj.* kampfbereit ⟨Armee⟩; befestigt ⟨Turm, Wall, Gebäude⟩
embed [ɪmˈbed] *v. t.,* **-dd- a)** *(fix)* einlassen; **stones ~ded in rock** in Fels eingelassene Steine; **a brick firmly ~ded in mortar** ein fest in Mörtel gefügter Ziegelstein; **~ sth. in cement/concrete** etw. einzementieren/einbetonieren; **the bullet ~ded itself in the ground** die Kugel bohrte sich in den Boden; **~ded in the mud** im Schlamm versunken; **~ded sentences** *(Ling.)* eingeschobene Sätze; **b)** *(fig.)* **be firmly ~ded in sth.** fest in etw. *(Dat.)* verankert sein
embellish [ɪmˈbelɪʃ] *v. t.* **a)** *(beautify)* schmücken; beschönigen ⟨Wahrheit⟩; **b)** ausschmücken ⟨Geschichte, Bericht⟩
embellishment [ɪmˈbelɪʃmənt] *n.* *no pl. (ornamentation) (of church, room)* Verschönerung, *die; (of story)* Ausschmückung, *die; (of truth)* Beschönigung, *die;* **b)** *(sth. that embellishes)* Verzierung, *die; (in narrative)* Mittel der Ausschmückung; **c)** *(Mus.)* Verzierung, *die;* Ornament, *das (fachspr.)*
ember [ˈembə(r)] *n., usu. in pl. (lit. or fig.)* Glut, *die;* **dying ~s** verlöschende Glut; *see also* ¹**fan 2**
ˈ**ember day** *n. (Eccl.)* Quatember, *der*
embezzle [ɪmˈbezl] *v. t.* unterschlagen; veruntreuen
embezzlement [ɪmˈbezlmənt] *n.* Unterschlagung, *die;* Veruntreuung, *die*
embitter [ɪmˈbɪtə(r)] *v. t.* verschlimmern; verschärfen ⟨Kampf⟩; verschlechtern, trüben ⟨Beziehungen⟩; verbittern ⟨Person⟩

emblazon [ɪmˈbleɪzn] *v. t.* **a)** *(Her.)* verzieren; blasonieren *(fachspr.);* **b)** *(mark boldly)* **the book-covers were ~ed with his name** sein Name prangte auf den Umschlägen
emblem [ˈembləm] *n.* **a)** *(Her.)* Wappenbild, *das;* **b)** *(symbol)* Emblem, *das;* Wahrzeichen, *das; (on national flag etc.)* Hoheitszeichen, *das;* **~ of peace** Friedenssymbol, *das*
emblematic [emblɪˈmætɪk], **emblematical** [emblɪˈmætɪkl] *adj.* emblematisch; sinnbildlich; **be ~ of sth.** das Sinnbild einer Sache *(Gen.)* sein
embodiment [ɪmˈbɒdɪmənt] *n.* **a)** *(act, state)* Verkörperung, *die;* **b)** *(incarnation)* Inbegriff, *der;* **c)** *(incorporation)* Eingliederung, *die;* Integration, *die (geh.)*
embody [ɪmˈbɒdɪ] *v. t.* **a)** *(express tangibly)* Ausdruck verleihen (+ *Dat.*); **his ideas are embodied in this letter** seine Vorstellungen kommen in diesem Brief zum Ausdruck *od.* erhalten in diesem Brief Form und Gestalt; **b)** *(give concrete form to)* verkörpern ⟨Vorstellungen, Gefühle, Ideale⟩; **c)** *(be incarnation of)* personifizieren; verkörpern; **der Inbegriff** (+ *Gen.*) sein; **d)** *(include)* enthalten
embolden [ɪmˈbəʊldn] *v. t.* ermutigen; **~ sb. to do sth.** jmdn. [dazu] ermutigen, etw. zu tun
embolism [ˈembəlɪzm] *n. (Med.)* Embolie, *die*
emboss [ɪmˈbɒs] *v. t.* prägen ⟨Metall, Papier, Leder usw.⟩; *(with heat)* gaufrieren ⟨Papier, Gewebe usw.⟩; **~ed design** ein erhabenes Muster; **~ed notepaper** geprägtes Briefpapier; **~ed stamp** im Prägedruck hergestellte Brief-/Wertmarke
embrace [ɪmˈbreɪs] **1.** *v. t.* **a)** *(hold in arms)* umarmen; **they ~ed [each other]** sie umarmten sich *od. (geh.)* einander; **b)** *(fig.: surround)* umgeben; **c)** *(accept)* wahrnehmen, ergreifen ⟨Gelegenheit⟩; annehmen ⟨Angebot⟩; **d)** *(adopt)* annehmen; **~ a cause** eine Sache zu seiner eigenen machen; **~ Catholicism** sich zum Katholizismus bekennen; **e)** *(include)* umfassen. **2.** *n.* Umarmung, *die;* **he held her to him in a close ~:** er hielt sie eng umschlungen
embrasure [ɪmˈbreɪʒə(r)] *n.* **a)** *(of door, window)* [abgeschrägte] Laibung; **b)** *(in parapet)* Schießscharte, *die*
embrocation [embrəˈkeɪʃn] *n.* Einreibemittel, *das;* Liniment, *das (fachspr.)*
embroider [ɪmˈbrɔɪdə(r)] *v. t.* sticken ⟨Blumen, Muster⟩; besticken ⟨Tuch, Kleid⟩; *(fig.)* ausschmücken ⟨Erzählung, Wahrheit⟩
embroiderer [ɪmˈbrɔɪdərə(r)] *n.* Sticker, *der/*Stickerin, *die*
embroidery [ɪmˈbrɔɪdərɪ] *n.* **a)** Stickerei, *die;* **b)** *no pl. (embroidering)* Sticken, *das;* **c)** *(fig.: ornament)* Ausschmückungen *Pl.;* schmückendes Beiwerk
embroil [ɪmˈbrɔɪl] *v. t.* **~ sb. in sth.** jmdn. in etw. *(Akk.)* hineinziehen; **become/be ~ed in a war** in einen Krieg verwickelt werden/sein; **~ oneself in a dispute** sich in einen Streit einmischen
embryo [ˈembrɪəʊ] *n., pl.* **~s** Embryo, *der;* **in ~:** im Keim, in nuce *(geh.);* **the plans are as yet in ~:** die Planungen befinden sich erst im Anfangsstadium
embryology [embrɪˈɒlədʒɪ] *n. (Biol.)* Embryologie, *die*
embryonic [embrɪˈɒnɪk] *adj. (Biol., fig.)* Embryonal⟨-entwicklung, -struktur, -zustand, -stadium⟩; unausgereift ⟨Vorstellung⟩; **~ membrane** Eihülle, *die;* **~ plan** Plan im Embryonalstadium
ˈ**em dash** *n. (Printing)* Geviertstrich, *der*
emend [ɪˈmend] *v. t. (Lit.)* emendieren *(fachspr.);* berichtigen
emendation [iːmenˈdeɪʃn] *n. (Lit.)* Emendation, *die (fachspr.);* Berichtigung, *die*

emerald [ˈemərəld] **1.** *n.* **a)** Smaragd, *der;* **b)** *see* **emerald green. 2.** *adj.* **a)** smaragdgrün; **b)** **~ ring** Smaragdring, *der;* **c) the E~ Isle** die Grüne Insel
emerald ˈgreen *n.* Smaragdgrün, *das*
emerge [ɪˈmɜːdʒ] *v. i.* **a)** *(come up out of liquid, come into view, crop up)* auftauchen (**from** aus, **from behind** hinter + *Dat.,* **from beneath** *or* **under** unter + *Dat.* hervor); **the sun ~d from behind the clouds** die Sonne trat hinter den Wolken hervor; **~ from the shadow into bright daylight** aus dem Schatten ans helle Tageslicht treten *od.* kommen; **the river ~s from the mountains** der Fluß tritt aus dem Gebirge heraus; **the caterpillar ~d from the egg/as a beautiful butterfly** die Raupe schlüpfte aus dem Ei/ wurde zu einem wunderschönen Schmetterling; **difficulties may ~ in this venture** bei diesem Unterfangen können sich Schwierigkeiten einstellen; **b)** *(come out, become known, arise by evolution)* hervorgehen (**from** aus); ⟨*Leben:*⟩ entstammen (**from** + *Dat.*); ⟨*Wahrheit:*⟩ an den Tag kommen; ⟨*Virus usw.:*⟩ entstehen; **it ~s that ...:** es zeigt sich *od.* stellt sich heraus, daß ...; **it ~s from this that ...:** hieraus geht hervor, daß ...; **two essential points ~d from the discussion** aus der Diskussion haben sich zwei wesentliche Punkte ergeben
emergence [ɪˈmɜːdʒns] *n.* **a)** *(rising out of liquid)* Auftauchen, *das;* **b)** *(coming forth)* Hervortreten, *das; (of mode, school of thought, new ideas)* Aufkommen, *das*
emergency [ɪˈmɜːdʒnsɪ] **1.** *n.* **a)** *(serious happening)* Notfall, *der;* **in an** *or* **in case of ~:** im Notfall; **be prepared for any ~:** auf den Notfall vorbereitet sein; *(Med.)* Notfall, *der;* **be called out on an ~:** zu einem Notfall gerufen werden; **b)** *(Polit.)* Ausnahmezustand, *der;* **declare a state of ~:** den Ausnahmezustand ausrufen *od.* erklären. **2.** *adj.* **~ brake, -ruf, -ausgang, -landung;* **~ ward** Unfallstation, *die*
emergent [ɪˈmɜːdʒnt] *adj.* **a)** *(rising out)* aufragend ⟨Insel, Felsen, Baum⟩ (**from** aus); jung, sprießend ⟨Vegetation⟩; **b)** jung, aufstrebend ⟨Volk⟩
emeritus [ɪˈmerɪtəs] *adj.* emeritiert ⟨Professor⟩; **professor ~:** Professor emeritus
emery [ˈemərɪ] *n.* Schmirgel, *der*
emery: ~-board *n.* Schleifbrett, *das; (strip for finger-nails)* Sandblattfeile, *die;* **~-paper** *n.* Schmirgelpapier, *das*
emetic [ɪˈmetɪk] *(Med.)* **1.** *adj.* emetisch *(fachspr.);* Brechreiz erregend; **be ~:** Brechreiz erregen. **2.** *n.* Emetikum, *das;* Brechmittel, *das*
EMF *abbr.* **electromotive force** EMK
emigrant [ˈemɪɡrənt] **1.** *adj.* auswandernd; emigrierend; **~ birds** Zugvögel *Pl;* **the ~ population in the USA** die Einwanderer in den USA. **2.** *n. (person)* Auswanderer, *der/*Auswanderin, *die;* Emigrant, *der/*Emigrantin, *die; (plant)* Wanderpflanze, *die*
emigrate [ˈemɪɡreɪt] *v. i.* auswandern, emigrieren (**to** nach, **from** aus)
emigration [emɪˈɡreɪʃn] *n.* Auswanderung, Emigration, *die* (**to** nach, **from** aus)
émigré [ˈemɪɡreɪ] *n.* Emigrant, *der/*Emigrantin, *die*
eminence [ˈemɪnəns] *n.* **a)** *no pl. (distinguished superiority)* hohes Ansehen; **person of great ~:** bedeutender *od.* hochangesehener Mensch; **win/reach/attain ~:** hohes Ansehen erwerben/erreichen/erlangen; **rise to** *or* **reach ~:** zu hohem Ansehen gelangen; **b)** *(person)* angesehener Mensch; **c)** *(rising ground)* Erhebung, *die;* **d) E~** *(Eccl.)* Eminenz, *die*
éminence grise [eɪmiːnɑːs ˈɡriːz] *n.* graue Eminenz
eminent [ˈemɪnənt] *adj.* **a)** *(exalted, distinguished)* bedeutend, hochangesehen ⟨Redner, Gelehrter, Künstler⟩; **~ guest** hoher

235

eminently | **encamp**

Gast; **the most ~ citizens** die angesehensten Bürger; **be ~ in one's field** eine Koryphäe auf seinem Gebiet sein; **b)** *(remarkable)* ausnehmend ⟨*Eigenschaft*⟩
eminently ['emɪnəntlɪ] *adv.* ausnehmend; vorzüglich ⟨*geeignet*⟩; überaus ⟨*erfolgreich*⟩; **~ respectable** hochangesehen
emir [e'mɪə(r)] *n.* Emir, *der*
emirate ['emɪərət] *n.* Emirat, *das*
emissary ['emɪsərɪ] *n.* Emissär, *der*/Emissärin, *die*; Abgesandte, *der/die*; **special ~:** Sonderbotschafter, *der*/-botschafterin, *die*
emission [ɪ'mɪʃn] *n.* **a)** *(giving off or out)* Aussendung, *die*; *(of vapour)* Ablassen, *das*; *(of liquid)* Ausscheidung, *die*; *(of sparks)* Versprühen, *das*; **~ of light/heat** Licht-/Wärmeausstrahlung, *die*; **~ of fumes** Abgasemission, *die*; **~ of smell/gas** Geruchs-/Gasausströmung, *die*; **~ of rays** Strahlenaussendung, *die*; *(effluvium)* Ausdünstung, *die*; **~ of sound** Geräuschabgabe, *die*; **~ of smoke/lava** Rauch-/Lavaausstoß, *der*; **b)** *(thing given off)* Abstrahlung, *die*; *(effluvium)* Ausdünstung, *die*; *(of semen)* Samenerguß, *der*
emit [ɪ'mɪt] *v.t.*, **-tt-** aussenden ⟨*Strahlen*⟩; ausstrahlen ⟨*Wärme, Licht*⟩; ausstoßen ⟨*Lava, Asche, Rauch, Schrei*⟩; ausscheiden ⟨*Flüssigkeit*⟩; abgeben ⟨*Geräusch*⟩; versprühen ⟨*Funken*⟩; ausströmen ⟨*Geruch, Gas*⟩; ablassen ⟨*Dampf*⟩
emolument [ɪ'mɒljʊmənt] *n., usu. in pl.* Vergütung, *die*; Bezüge *Pl.*
emotion [ɪ'məʊʃn] *n.* **a)** *(state)* Ergriffenheit, *die*; Bewegtheit, *die*; **speak with deep ~:** tief ergriffen *od.* bewegt sprechen; **charged with ~:** gefühlsgeladen; **be overcome with ~:** von Gefühl übermannt sein; **be touched with/full of ~:** ergriffen/bewegt sein; **show no ~:** keine Gefühlsregung *od.* Emotionen zeigen; **b)** *(feeling)* Gefühl, *das*; **conflicting ~s** widerstrebende Gefühle
emotional [ɪ'məʊʃənl] *adj.* **a)** *(of emotions)* emotional; Gefühls⟨*ausdruck, -leben, -erlebnis, -reaktion*⟩; Gemüts⟨*zustand, -störung*⟩; seelisch ⟨*Belastung*⟩; psychologisch ⟨*Erpressung*⟩; gefühlsgeladen ⟨*Worte, Musik, Geschichte, Film*⟩; gefühlsbetont, emotional ⟨*Verhalten*⟩; gefühlsmäßig ⟨*Einschätzung, Entscheidung*⟩; gefühlvoll ⟨*Stimme, Ton*⟩; **~ appeal** Appell an die Gefühle *od.* Emotionen; **b)** *(liable to excessive emotion)* emotiv *(geh.)*; leicht erregbar ⟨*Person*⟩; **~ character** *or* **nature** *or* **disposition** leichte Erregbarkeit; **get ~ over sth.** sich über etw. *(Akk.)* erregen
emotionalism [ɪ'məʊʃənəlɪzm] *n., no pl.* Gefühlsbetontheit, *die*; Rührseligkeit, *die (abwertend)*
emotionally [ɪ'məʊʃənəlɪ] *adv.* emotional; gefühlvoll ⟨*sprechen, sich verhalten*⟩; gefühlsmäßig, emotional ⟨*reagieren*⟩; gefühlsbetont ⟨*denken*⟩; **thank sb. ~:** [sich bei] jmdm. von Herzen [be]danken; **be ~ exhausted/worn out/disturbed** seelisch erschöpft/ausgelaugt/gestört sein; **get ~ involved with sb.** eine gefühlsmäßige Bindung mit jmdm. eingehen
emotionless [ɪ'məʊʃnlɪs] *adj.* emotionslos; emotionsfrei; ausdruckslos ⟨*Gesicht*⟩; gleichgültig ⟨*Stimme*⟩
emotive [ɪ'məʊtɪv] *adj.* emotional; gefühlsbetont; emotiv *(Psych., Sprachw.)*
empathy ['empəθɪ] *n.* Empathie, *die (Psych.)*; Einfühlung, *die*
emperor ['empərə(r)] *n.* Kaiser, *der*; **~ penguin** Kaiserpinguin, *der*
emphasis ['emfəsɪs] *n., pl.* **emphases** ['emfəsiːz] **a)** *(in speech etc.)* Betonung, *die*; **the ~ is on ...:** die Betonung liegt auf ...; **lay** *or* **place** *or* **put ~ on sth.** etw. betonen; **b)** *(intensity)* Nachdruck, *der*; **do sth. with ~:** etw. nachdrücklich tun; **c)** *(importance attached)* Gewicht, *das*; **lay** *or* **place** *or* **put [considerable] ~ on sth.** [großes] Gewicht auf etw. *(Akk.)* legen; **the school's ~ is on**

languages die Schule legt das Schwergewicht auf die [Fremd]sprachen; **the ~ has shifted** der Akzent hat sich verlagert; **with particular** *or* **special ~ on sth.** unter besonderer Berücksichtigung einer Sache *(Gen.)*
emphasize (emphasise) ['emfəsaɪz] *v.t.* *(lit. or fig.)* betonen; *(attach importance to)* Gewicht auf etw. *(Akk.)* legen; **sth. cannot be too strongly ~d** etw. kann nicht genug betont werden
emphatic [ɪm'fætɪk] *adj.* nachdrücklich; emphatisch; eindringlich, emphatisch *(geh.)*; ⟨*Redner*⟩; *(forcible)* demonstrativ ⟨*Rückzug, Ablehnung*⟩; **make sth. more ~:** einer Sache *(Dat.)* Nachdruck verleihen; **be quite ~ that ...:** durchaus darauf bestehen, daß ...
emphatically [ɪm'fætɪkəlɪ] *adv.* nachdrücklich; emphatisch *(geh.)*; eindringlich ⟨*sprechen*⟩; *(decisively)* entschieden ⟨*bestreiten usw.*⟩
emphysema [emfɪ'siːmə] *n. (Med.)* Emphysem, *das*
empire ['empaɪə(r)] **1.** *n.* **a)** Reich, *das*; **the E~** *(Hist.)* *(British)* das Empire; das britische Weltreich; *(Holy Roman)* das Heilige Römische Reich; **b)** *(commercial organization)* Imperium, *das (fig.)*
empire: ~-builder *n. (fig.)* **be an ~-builder** seinen Einflußbereich ausweiten wollen; **~-building** *n. (fig.)* **it is just ~-building** es geht dabei nur um den Aufbau eines kleinen Imperiums
empirical [ɪm'pɪrɪkl] *adj.* empirisch; empirisch begründet ⟨*Entscheidung, Argument, Wissen, Schlußfolgerung*⟩
empirically [ɪm'pɪrɪkəlɪ] *adv.* empirisch
empiricism [ɪm'pɪrɪsɪzm] *n., no pl.* **a)** *(method)* Empirie, *die*; **b)** *(Philos.)* Empirismus, *der*
emplacement [ɪm'pleɪsmənt] *n. (Mil.)* Geschützstand, *der*
employ [ɪm'plɔɪ] **1.** *v.t.* **a)** *(take into one's service)* einstellen; *(keep in one's service)* beschäftigen; **are you ~ed in London/as a teacher?** arbeiten Sie in London/als Lehrer?; **be ~ed by** *or* **with a company** bei einer Firma arbeiten; **b)** *(use services of)* **~ sb. in** *or* **on sth.** jmdn. für etw. einsetzen; **~ sb. in** *or* **on doing sth.**, **~ sb. to do sth.** jmdn. dafür einsetzen, etw. zu tun; **c)** *(use)* einsetzen **(for, in, on** für); unternehmen ⟨*Anstrengungen*⟩; anwenden ⟨*Methode, Liste*⟩ **(for, in, on** bei); **~ sth. to do sth.** etw. anwenden, um etwas zu tun; **~ [one's] time on sth./ [on] doing sth.** [seine] Zeit mit etw. verbringen/damit verbringen, etw. zu tun; **d)** *(busy)* **~ oneself/ sb. doing sth./in sth.** sich damit beschäftigen, etw. zu tun/mit etw. beschäftigen. **2.** *n., no pl., no indef. art.* Arbeit, *die*; Beschäftigung, *die*; **be in the ~ of sb.** bei jmdm. beschäftigt sein; in jmds. Diensten stehen *(veralt.)*; **the firm has 500 people in its ~:** bei der Firma sind 500 Leute beschäftigt
employable [ɪm'plɔɪəbl] *adj.* **a)** *(fit to be taken into service)* **be ~:** zu beschäftigen sein; **b)** *(usable)* verwendbar; **be ~ as/for sth.** verwendet werden können
employee (*Amer.:* **employe**) [emplɔɪ'iː, em'plɔɪiː] *n.* Angestellte, *der/die*; *(in contrast to employer)* Arbeitnehmer, *der*/-nehmerin, *die*; **the firm's ~s** die Belegschaft der Firma
employer [ɪm'plɔɪə(r)] *n.* Arbeitgeber, *der*/-geberin, *die*; **the firm is only a small ~:** die Firma hat nur wenige Beschäftigte
employment [ɪm'plɔɪmənt] *n.* **a)** *(work)* Arbeit, *die*; **there's no ~ available** es gibt keine freien Stellen *od.* keine Arbeit; **be in gainful ~:** erwerbstätig sein; **be in ~ with sb.** bei jmdm. arbeiten; **be in/without regular ~:** eine/keine feste Anstellung haben; **b)** *(regular trade or profession)* Beschäftigung, *die*; **what is your ~?** welchen

Beruf üben Sie aus?; **c)** *no art. (amount of work available)* **full ~:** Vollbeschäftigung, *die*; **d) Secretary for E~** *(Brit.)* Arbeitsminister, *der*/-ministerin, *die*
employment: ~ agency *n.* Stellenvermittlung, *die*; **~ exchange**, **~ office** *ns. (Brit.)* Arbeitsamt, *das*
emporium [em'pɔːrɪəm] *n., pl.* **~s** *or* **emporia** [em'pɔːrɪə] **a)** *(market)* Handelszentrum, *das*; **b)** *(shop)* Kaufhaus, *das*
empower [ɪm'paʊə(r)] *v.t.* *(authorize)* ermächtigen; *(enable)* befähigen
empress ['emprɪs] *n.* Kaiserin, *die*
emptiness ['emptɪnɪs] *n., no pl. (lit. or fig.)* Leere, *die*
empty ['emptɪ] **1.** *adj.* **a)** leer; **find an ~ seat/parking-place** einen freien Sitz-/Parkplatz finden; **~ of sth.** ohne etw.; **~ of people** menschenleer; **the street is ~ of traffic** in der Straße herrscht kein Verkehr; *see also* **stomach 1 a**; **b)** *(coll.: hungry)* **I feel a bit ~:** ich bin ein bißchen hungrig; **an hour later you feel quite ~:** eine Stunde später hat man schon wieder Hunger; **c)** *(fig.) (foolish)* dumm; hohl ⟨*Kopf*⟩; *(meaningless)* leer. **2.** *n.* *(vehicle)* Leerfahrzeug, *das*; *(bottle)* leere Flasche; *(container)* leerer Behälter. **3.** *v.t.* **a)** *(remove contents of)* leeren; *(finish using contents of)* aufbrauchen; *(remove people from)* räumen; *(eat/drink whole contents of)* leer essen/leeren; **~ one's bladder/bowels** die Blase/den Darm entleeren; **b)** *(transfer)* umfüllen **(into in** + *Akk.*); *(pour)* schütten **(over** über + *Akk.*); **~ sth. into/down the sink** etw. in den Ausguß schütten. **4.** *v.i.* **a)** *(become ~)* sich leeren; **b)** *(discharge)* **~ into** ⟨*Fluß, Abwasserkanal:*⟩ münden in (+ *Akk.*)
empty: ~-'handed *pred. adj.* mit leeren Händen; **~-headed** *adj.* hohlköpfig *(abwertend)*
EMS *abbr.* **European Monetary System** EWS
emu ['iːmjuː] *n. (Ornith.)* Emu, *der*
emulate ['emjʊleɪt] *v.t.* **a)** *(try to equal or excel)* nacheifern (+ *Dat.*); **b)** *(imitate zealously)* nachahmen
emulation [emjʊ'leɪʃn] *n.* **a)** *(attempt at equalling or excelling)* **~ of sb.** Bestreben, es jmdm. gleichzutun; **b)** *(zealous imitation)* Nachahmung, *die*
emulsifier [ɪ'mʌlsɪfaɪə(r)] *n.* Emulgator, *der*
emulsify [ɪ'mʌlsɪfaɪ] *v.t.* emulgieren
emulsion [ɪ'mʌlʃn] *n.* **a)** Emulsion, *die*; **b)** *see* **emulsion paint**
e'mulsion paint *n.* Dispersionsfarbe, *die*
en [en] *n. (Printing)* Halbgeviert, *das*
enable [ɪ'neɪbl] *v.t.* **~ sb. to do sth.** es jmdm. ermöglichen, etw. zu tun; **~ sth. [to be done] made** eine Untersuchung ermöglichen; **enabling act** *(Law)* Ermächtigungsgesetz, *das*; *(Amer. Law: legalizing)* gesetzliche Sonderregelung
enact [ɪ'nækt] *v.t.* **a)** *(ordain, make law)* erlassen; **~ that ...:** verfügen, daß ...; **b)** *(act out)* aufführen ⟨*Theaterstück*⟩; spielen ⟨*Rolle*⟩; mitwirken bei ⟨*Feier*⟩; **be ~ed** ⟨*Geschehen, Szene:*⟩ sich abspielen
enamel [ɪ'næml] **1.** *n.* **a)** Emaille, *die*; Email, *das*; *(paint)* Lack, *der*; *(on pottery)* Glasur, *die*; **b)** *(~ painting)* Email[le]malerei, *die*; **c)** *(Anat.)* [Zahn]schmelz, *der*. **2.** *attrib. adj.* **a)** *(containing ~)* Email[le]-; **b)** *(with ~ coating and/or design)* emailliert; Email[le]⟨*geschirr*⟩. **3.** *v.t.*, *(Brit.)* **-ll-:** emaillieren; glasieren ⟨*Ton, Steinzeug*⟩
enamoured *(Brit.; Amer.:* **enamored**) [ɪ'næməd] *adj.* **~ of sb.** *(in love with)* in jmdn. verliebt; *(liking)* von jmdm. angetan; **[not exactly** *or* **particularly] ~ of sth.** von etw. [nicht gerade] begeistert
en bloc [ã 'blɒk] *adv.* en bloc
encamp [ɪn'kæmp] *(Mil.)* **1.** *v.t.* **the troops**

were ~ed near the border die Truppen bezogen ein Lager nahe der Grenze. 2. *v.i.* ein Lager aufschlagen

encampment [ɪnˈkæmpmənt] *n.* **a)** *no pl.* Lagern, *das;* **b)** *(place)* Lager, *das*

encapsulate [ɪnˈkæpsjʊleɪt] *v.t.* **a)** *(in capsule)* einkapseln ⟨Medikament⟩; in eine[r] Kapsel einschließen; *(as in capsule)* einschließen; **b)** *(fig.)* festhalten; einfangen *(geh.)*

encase [ɪnˈkeɪs] *v.t.* einschließen; fassen ⟨Edelstein⟩; **the watch was ~d in metal** die Armbanduhr hatte ein Metallgehäuse; **~ in plaster** eingipsen ⟨Bein, Arm⟩

encash [ɪnˈkæʃ] *v.t.* *(Brit.)* *(realize)* [in bar] einnehmen; sich *(Dat.)* [bar] auszahlen lassen ⟨Gewinn⟩; *(convert into cash)* [bar] einlösen

encephalitis [ensefəˈlaɪtɪs] *n.* *(Med.)* Enzephalitis, *die (fachspr.);* Gehirnentzündung, *die*

enchant [ɪnˈtʃɑːnt] *v.t.* **a)** *(bewitch)* verzaubern; **she ~s men with her beauty** *(fig.)* sie bezaubert die Männer mit ihrer Schönheit; **b)** *(delight)* entzücken; **be ~ed by sth.** von etw. entzückt sein; **we were ~ed by the place** wir waren von dem Ort bezaubert

enchanted [ɪnˈtʃɑːntɪd] *adj.* **a)** *(bewitched)* verzaubert; **~ forest** Zauberwald, *der;* **~ evening** *(fig.)* zauberischer Abend *(geh.);* **b)** *(delighted)* entzückt

enchanting [ɪnˈtʃɑːntɪŋ] *adj.* **a)** zauberisch *(veralt.);* **~ power** Zauberkraft, *die;* **b)** *(delightful)* entzückend; bezaubernd

enchantingly [ɪnˈtʃɑːntɪŋlɪ] *adv.* bezaubernd

enchantment [ɪnˈtʃɑːntmənt] *n.* **a)** Verzauberung, *die; (fig.)* Zauber, *der;* **world of ~**: Zauberwelt, *die;* **b)** *(delight)* Entzücken, *das* (**with** über + *Akk.*)

enchantress [ɪnˈtʃɑːntrɪs] *n. (lit. or fig.)* Zauberin, *die*

encipher [ɪnˈsaɪfə(r)] *v.t.* verschlüsseln; chiffrieren

encircle [ɪnˈsɜːkl] *v.t.* **a)** umgeben; **the enemy ~d us** der Feind kreiste uns ein *od.* umstellte uns; **~d with** *or* **by bodyguards** von Leibwächtern umringt; **his arms ~d her waist** seine Arme umschlangen ihre Taille; **b)** *(mark with circle)* einkreisen ⟨Buchstabe, Antwort⟩

encirclement [ɪnˈsɜːklmənt] *n.* *(Mil.)* Einkreisung, *die*

encl. *abbr.* **enclosed a, enclosure[s]** Anl.

enclave [ˈenkleɪv] *n. (lit. or fig.)* Enklave, *die*

enclitic [ɪnˈklɪtɪk] *(Ling.)* **1.** *adj.* enklitisch. **2.** *n.* Enklitikon, *das*

enclose [ɪnˈkləʊz] *v.t.* **a)** *(surround)* umgeben; *(shut up or in)* einschließen; **be ~d in a cell/tomb/coffin** in einer Zelle/einem Grab/Sarg eingeschlossen sein; **~d in this casing is ...**: in diesem Gehäuse befindet sich ...; **~ land in** *or* **with barbed wire** Land mit Stacheldraht einzäunen; **b)** *(put in envelope with letter)* beilegen (**with, in** *Dat.*); **I [herewith] ~ the completed application form** anbei die ausgefüllte Bewerbungsbogen; **your passport is ~d herewith** Ihr Paß liegt als Anlage bei; **please find ~d, I ~ please find** als Anlage übersenden wir Ihnen; anbei erhalten Sie; **a cheque for £10 is ~d** beiliegend finden Sie einen Scheck über 10 Pfund; **c)** *(Math.)* einschließen; **d)** *(Hist.: make private)* zur privaten Nutzung einfrieden

enclosed [ɪnˈkləʊzd] *adj.* **a)** *(in a container)* darin enthalten; *(included with letter)* beigelegt; beigefügt; **from the ~ you will see that ...**: aus der Anlage werden Sie ersehen, daß ...; **b)** *(closed off)* eingefriedet; *(by fence)* eingezäunt

enclosure [ɪnˈkləʊʒə(r)] *n.* **a)** *(action)* Einfriedung, *die; (with fence)* Einzäunung, *die;* **b)** *(place)* eingefriedeter/eingezäunter Be-

reich; *(in zoo)* Gehege, *das; (paddock)* Koppel, *die;* **c)** *(fence)* Umzäunung, *die; (wall etc.)* Einfriedung, *die;* **d)** *(with letter in envelope)* Anlage, *die*

encode [ɪnˈkəʊd] *v.t.* verschlüsseln; chiffrieren

encomium [enˈkəʊmɪəm] *n., pl.* **~s** *or* **encomia** [enˈkəʊmɪə] Lobpreisung, *die (geh.);* **give sb. an ~**: jmdn. lobpreisen *(geh.)*

encompass [ɪnˈkʌmpəs] *v.t.* **a)** *(encircle)* umgeben; *(surround)* umringen; **b)** *(take in)* umfassen; *(contain)* einhüllen

encore [ɒŋˈkɔː(r), ˈɒŋkɔː(r)] **1.** *int.* Zugabe! **2.** *n.* Zugabe, *die;* **receive three ~s** drei Zugaben geben müssen; **give an ~** ⟨Band, Orchester:⟩ eine Zugabe spielen. **3.** *v.t.* als Zugabe verlangen ⟨Lied, Tanz usw.⟩; um eine Zugabe bitten ⟨Sänger, Tänzer, Künstler⟩

encounter [ɪnˈkaʊntə(r)] **1.** *v.t.* **a)** *(as adversary)* treffen auf (+ *Akk.*); **b)** *(by chance)* begegnen (+ *Dat.*); **c)** *(meet with, come across)* stoßen auf (+ *Akk.*) ⟨Problem, Schwierigkeit, Kritik, Widerstand usw.⟩. **2.** *n.* **a)** *(in combat)* Zusammenstoß, *der;* **have an ~ with the authorities over a matter** mit den Behörden wegen einer Angelegenheit aneinandergeraten; **I had a slight ~ with another car yesterday** *(coll. iron.)* ich hatte gestern eine etwas heftige Begegnung mit einem anderen Auto *(iron.);* **verbal ~**: Wortgefecht, *das;* **this was not his first ~ with the law** das war nicht das erste Mal, daß er mit dem Gesetz in Konflikt kam; **b)** *(chance meeting, introduction)* Begegnung, *die;* **have a chance ~ with sb.** jmdm. zufällig begegnen

en'counter group *n.* Encountergruppe, *die (Psych.)*

encourage [ɪnˈkʌrɪdʒ] *v.t.* **a)** *(stimulate, incite)* ermutigen; **bread ~s rats and mice** Brot lockt Ratten und Mäuse an; **b)** *(promote)* fördern; beleben ⟨Verkauf⟩; **~ a smile/a response from sb.** jmdm. ein Lächeln/eine Reaktion entlocken; **~ bad habits** schlechte Angewohnheiten unterstützen; **we do not ~ smoking in this office** wir unterstützen es nicht, daß in diesem Büro geraucht wird; **c)** *(urge)* **~ sb. to do sth.** jmdn. dazu ermuntern, etw. zu tun; **d)** *(cheer)* **be [much] ~d by sth.** durch etw. neuen Mut schöpfen; **we were ~d to hear** *or* **felt ~d when we heard ...**: wir schöpften neuen Mut, als wir hörten ...

encouragement [ɪnˈkʌrɪdʒmənt] *n.* **a)** *(support, incitement)* Ermutigung, *die* (**from** durch); **b)** *(urging)* Ermunterung, *die;* **c)** *(stimulus)* Ansporn, *der;* **be an ~ to rats/moths** *etc.* Ratten/Motten *usw.* anlocken

encouraging [ɪnˈkʌrɪdʒɪŋ] *adj.* ermutigend; **the teacher is very ~** *(by nature)* der Lehrer hat eine sehr ermutigende Art

encouragingly [ɪnˈkʌrɪdʒɪŋlɪ] *adv.* ermutigend

encroach [ɪnˈkrəʊtʃ] *v.i. (lit. or fig.)* **~ [on sth.]** [in etw. (*Akk.*)] eindringen; **the shadows began ~ing on the lawn** die Schatten drangen allmählich auf den Rasen vor; **the sea is ~ing [on the land]** das Meer dringt vor; **~ on sb.'s time** jmds. Zeit immer mehr in Anspruch nehmen

encroachment [ɪnˈkrəʊtʃmənt] *n. (lit. or fig.)* Eindringen, *das* (**on** + *Akk.*); **make ~s eindringen**; **make ~s on sb.'s time** jmds. Zeit immer mehr in Anspruch nehmen

encrust [ɪnˈkrʌst] *v.t.* überkrusten; **be ~ed with diamonds/beads/gold** über und über mit Diamanten/Perlen besetzt/mit Gold überzogen sein

encumber [ɪnˈkʌmbə(r)] *v.t.* **a)** *(hamper)* behindern; **~ oneself/sb. with sth.** sich/jmdn. mit etw. belasten; **b)** *(burden)* **~ sb. with debt** jmdn. mit Schulden belasten

encumbrance [ɪnˈkʌmbrəns] *n.* **a)** *(burden)* Last, *die; (nuisance)* Belastung, *die;* **b)** *(im-*

pediment) Hindernis, *das* (**to** für); **be without ~** *(without family)* ohne Anhang sein; **c)** *(on property)* Belastung, *die*

encyclic [enˈsɪklɪk], **encyclical** [enˈsɪklɪkl] **1.** *adj.* **~ letter** Enzyklika, *die.* **2.** *n.* Enzyklika, *die*

encyclopaedia [ensaɪkləˈpiːdɪə, ɪnsaɪkləˈpiːdɪə] *n.* **a)** Lexikon, *das;* Enzyklopädie, *die;* **b)** *(Hist.)* **the E~**: die Enzyklopädie. *See also* **walking 1**

encyclopaedic [ensaɪkləˈpiːdɪk, ɪnsaɪkləˈpiːdɪk] *adj.* enzyklopädisch

encyclopedia *etc. see* **encyclopaedia** *etc.*

end [end] **1.** *n.* **a)** *(extremity, farthest point, limit)* Ende, *das; (of nose, hair, tail, branch, finger)* Spitze, *die;* **go to the ~s of the earth** bis ans Ende der Welt gehen; **that was the ~** *(coll.) (no longer tolerable)* da war Schluß *(ugs.); (very bad)* das war das Letzte *(ugs.);* **you are the ~** *(coll.)* das ist [einfach] unmöglich; **he beat him all ~s up** er hat ihn vernichtend geschlagen; **at an ~**: zu Ende; **come to an ~**: enden *(see also* **1 g**)**; my patience has come to** *or* **is now at an ~**: meine Geduld ist jetzt am Ende; **our supplies have come to an ~**: unsere Vorräte sind erschöpft; **come to/be coming to the ~ of sth.** etw. aufbrauchen/fast aufgebraucht haben; **turn sth. ~ on** *(fig.)* etw. umdrehen; **look at a building/a pencil ~ on** ein Gebäude von der Schmalseite/einen Bleistift von der Spitze her betrachten; **~ on against** *or* **to sth.** mit dem Ende gegen etw.; **from ~ to ~**: von einem Ende zum anderen; **~ to ~**: längs hintereinander; **lay ~ to ~**: aneinanderreihen; **keep one's ~ up** *(fig.)* seinen Mann stehen; **make an ~ of sth.** etw. abschaffen; **make [both] ~s meet** *(fig.)* [mit seinem Geld] zurechtkommen; **no ~** *(coll.)* unendlich viel; **it's been criticized no ~**: es ist über die Maßen kritisiert worden; **have no ~ of trouble/a surprise** nichts als Ärger haben/maßlos überrascht sein; **no ~ of a fuss** ein wahnsinniges Theater *(ugs.);* **there is no ~ to sth.** *(coll.)* etw. nimmt kein Ende; **there's no ~ to what you can achieve/learn** du kannst unendlich viel erreichen/lernen; **put an ~ to sth.** einer Sache *(Dat.)* ein Ende machen; **not know** *or* **not be able to tell one ~ of sth. from the other** bei etw. nicht wissen, wo hinten und vorne ist *(ugs.);* **b)** *(of box, packet, tube, etc.)* Ende, *das; (top/bottom surface)* Ober-/Unterseite, *die;* **on ~** *(upright)* hochkant; **sb.'s hair stands on ~** *(fig.)* jmdm. stehen die Haare zu Berge *(ugs.); see also* **g; c)** *(remnant)* Rest, *der; (of cigarette, candle)* Stummel, *der;* **tie up the/a few [loose] ~s** *(fig.)* ein paar Einzelheiten erledigen; **d)** *(side)* Seite, *die;* **how are things at the business/social/at your ~?** wie sieht es geschäftlich/in den sozialen Kontakten/bei dir aus?; **be on the receiving ~ of sth.** etw. abbekommen *od.* einstecken müssen; **he was on the receiving ~ in the fight** er mußte in dem Kampf einiges einstecken; **e)** *(half of sports pitch or court)* Spielfeldhälfte, *die;* **change ~s** die Seiten wechseln; **choice of ~s** Seitenwahl, *die;* **f)** *(of swimming-pool)* **deep/shallow ~ [of the pool]** tiefer/flacher Teil [des Schwimmbeckens]; **go in/be thrown in at the deep ~** *(fig.)* ins kalte Wasser springen/geworfen werden; **go [in] off the deep ~** *(fig. coll.)* aus der Haut fahren *(ugs.);* **g)** *(conclusion, lit. or fig.)* Ende, *das; (of lesson, speech, story, discussion, meeting, argument, play, film, book, sentence)* Schluß, *der;* Ende, *das;* **the ~ is not yet** ein Ende ist noch nicht abzusehen; *(there is still hope)* es ist noch nicht aller Tage Abend; **by the ~ of the hour/day/week** *etc.* **we were exhausted** als die Stunde/der Tag/die Woche *usw.* herum war, waren wir erschöpft; **at the ~ of 1987/March** Ende 1987/März; **by the ~ of the meeting** als die Versammlung zu Ende war; **until** *or* **till the ~ of time** bis ans Ende aller Tage; **read to the ~ of the page** die Seite zu Ende lesen; **leave before the ~ of the film** gehen, ehe der Film zu Ende ist; **that's the ~ of sth.** *(coll.: sth. is used up)* etw. ist alle *(ugs.)*; **that's the ~ of** *'that (fig.)* damit ist die Sache erledigt; **will there never be an ~ to all this?** wird das alles nie ein Ende nehmen?; **want [to see] an ~ to sth.** das Ende einer Sache *(Gen.)* wollen; **I shall never hear the ~ of it** *(joc.)* das werde ich noch lange zu hören bekommen; **I wonder if there's an ~ to it all** ich frage mich, ob das denn gar kein Ende nimmt; **be at an ~:** zu Ende sein; **bring a meeting/discussion/lesson to an ~:** eine Versammlung/Diskussion/Unterrichtsstunde beenden; **his education/journey was brought to an abrupt ~:** seine Ausbildung/Reise fand ein plötzliches Ende; **come to an ~:** ein Ende nehmen (*see also* 1 a); **have come to the ~ of sth.** mit etw. fertig sein; **be coming to the ~ of sth.** mit etw. fast fertig sein; **when you come to the ~ of the page** wenn Sie mit der Seite fertig sind; **in the ~:** schließlich; **on ~:** ununterbrochen; *see also* b; h) *(downfall, destruction)* Ende, *das; (death)* Ende, *das (geh. verhüll.)*; **meet one's ~:** den Tod finden *(geh.)*; **meet its ~** ⟨Sache:⟩ sein Ende finden *(fig.)*; **sb. is nearing his ~:** mit jmdm. geht es zu Ende *(verhüll.)*; **this will be the ~ of him** das bedeutet das Ende für ihn; **drink will be the ~ of him** der Alkohol wird ihn noch ins Grab bringen; **sb. comes to a bad** *or* **sticky ~:** es nimmt ein böses *od.* schlimmes Ende mit jmdm.; i) *(purpose, object)* Ziel, *das;* Zweck, *der;* **in itself** Selbstzweck, *der;* **be an ~ in itself** *(likewise a purpose)* auch ein lohnendes Ziel sein; *(the only purpose)* das eigentliche Ziel sein; **the ~ justifies the means** der Zweck heiligt die Mittel; **with this ~ in view** mit diesem Ziel vor Augen; **as a means to an ~:** als Mittel zum Zweck; **for material ~s** aus materiellen Gründen; **gain** *or* **win** *or* **achieve one's ~s** seine Ziele erreichen; **to** *or* **for this ~:** zu diesem Zweck *od. (veralt.)* Ende; **to** *or* **for what ~[s]** zu welchem Zweck *od. (veralt.)* Ende; **to no ~:** vergebens; ohne Erfolg. *See also* **bitter** 1 b; **East End; tether** 1 b; **West End; without** 1 a; **world** a. 2. *v. t.* a) *(bring to an ~)* beenden; kündigen ⟨*Abonnement*⟩; *(spend last part of life)* sein Leben/seine Tage beschließen; b) *(put an ~ to, destroy)* ein Ende setzen (+ *Dat.*); **it [all]** *(coll.: kill oneself)* mit dem Leben Schluß machen *(ugs.)*; c) *(stand as supreme example of)* **a car/feast/race etc. to ~ all cars/feasts/races etc.** ein Auto/Fest/Rennen *usw.,* das alles [bisher Dagewesene] in den Schatten stellt. 3. *v. i.* enden; **where does it ~?** wo soll das noch hinführen?; **~ by doing sth.** schließlich etw. tun; **the project ~ed in chaos/disaster** das Vorhaben endete im Chaos/in einer Katastrophe; **the discussion ~ed in a quarrel** die Diskussion endete mit einem Streit; **the match ~ed in a draw** das Spiel ging unentschieden aus

~ 'up *v. i.* enden; **we ~ed up in a ditch** *(coll.)* wir landeten in einem Graben *(ugs.)*; **he'll ~ up in prison** *(coll.)* er wird im Gefängnis landen *(ugs.)*; **we ~ed up at his place** *(coll.)* wir landeten schließlich bei ihm zu Hause *(ugs.)*; **~ up [as] a teacher/an alcoholic** *(coll.)* schließlich Lehrer/zum Alkoholiker werden; **I always ~ up doing all the work** *(coll.)* am Ende bleibt die ganze Arbeit immer an mir hängen

'**end-all** *see* **be** 4
endanger [ɪnˈdeɪndʒə(r)] *v. t.* gefährden
endangered [ɪnˈdeɪndʒəd] *adj.* **an ~ species** eine vom Aussterben bedrohte Art
'**en dash** *n. (Printing)* Halbgeviertstrich, *der*
endear [ɪnˈdɪə(r)] *v. t.* **~ sb./sth./oneself to sb.** jmdn./etw./sich bei jmdm. beliebt machen
endearing [ɪnˈdɪərɪŋ] *adj.* reizend; gewinnend ⟨*Lächeln, Art*⟩
endearingly [ɪnˈdɪərɪŋlɪ] *adv.* reizend; gewinnend ⟨*lächeln*⟩
endearment [ɪnˈdɪəmənt] *n.* Zärtlichkeit, *die;* **term of ~:** Kosename, *der*
endeavour *(Brit.;* **endeavor** *(Amer.)* [ɪnˈdevə(r)] 1. *v. i.* **~ to do sth.** sich bemühen, etw. zu tun. 2. *n.* Bemühung, *die; (attempt)* Versuch, *der (geh.);* **make every ~ to do sth.** alle Anstrengungen unternehmen, um etw. zu tun; **make an ~** *or* **make ~s to do sth.** *or* **at doing sth.** sich bemühen, etw. zu tun; **despite his best ~s** obwohl er sich nach Kräften bemühte; **human ~:** das Streben des Menschen
endemic [enˈdemɪk] *adj. (Biol., Med.)* endemisch; einheimisch ⟨*Pflanze, Tier*⟩; örtlich begrenzt auftretend ⟨*Infektionskrankheit*⟩; *(regularly found)* verbreitet ⟨*Krankheit*⟩; *[allgemein]* verbreitet ⟨*Gewalt, Alkoholismus, Rastlosigkeit*⟩
endemically [enˈdemɪkəlɪ] *adv.* endemisch
'**end-game** *n.* Endspiel, *das*
ending [ˈendɪŋ] *n.* Schluß, *der; (of word)* Endung, *die; see also* **happy ending**
endive [ˈendɪv] *n.* a) Endivie, *die;* b) *(Amer.: chicory crown)* Brüsseler Endivie; Chicorée, *der od. die*
endless [ˈendlɪs] *adj.* a) endlos; *(coll.: innumerable)* unzählig; *(eternal)* unendlich; **have an ~ wait, wait an ~ time** endlos lange warten; **the journey seemed ~:** die Reise schien kein Ende zu nehmen; b) *(infinite)* unendlich; endlos ⟨*Straße*⟩; b) *(infinite)* unendlich; endlos ⟨*Straße*⟩; unbegrenzt ⟨*Auswahl*⟩; unendlich lang ⟨*Straße, Liste*⟩
endless 'cable *n.* Umlaufseil, *das*
endlessly [ˈendlɪslɪ] *adv. (incessantly)* unaufhörlich ⟨*streiten, schwatzen*⟩; *(interminably)* endlos lange ⟨*warten*⟩; b) *(infinitely)* endlos ⟨*sich erstrecken, lang*⟩
endmost [ˈendməʊst] *adj.* letzt...; **the ~ leaves on the branches** die Blätter an den Spitzen der Zweige/Äste
endocrine [ˈendəʊkrɪn] *adj. (Physiol.)* endokrin
endorse [ɪnˈdɔːs] *v. t.* a) *(write on back of)* auf die Rückseite beschriften; **~ sth. with one's signature** auf die Rückseite signieren; **~ sth. on the [back of the] document** etw. auf die Rückseite des Dokuments schreiben; b) *(sign one's name on back of)* indossieren ⟨*Scheck, Wechsel*⟩; **~ a cheque etc. [over] to sb.** einen Scheck *usw.* durch Indossament an jmdn. übertragen; c) *(support, declare approval of)* beipflichten (+ *Dat.*) ⟨*Meinung, Aussage*⟩; billigen, gutheißen ⟨*Entscheidung, Handlung, Einstellung*⟩; unterstützen ⟨*Antrag, Vorschlag, Kandidaten, Kandidatur*⟩; d) *(Brit.: make entry regarding offence on one's driving licence)* einen Strafvermerk machen auf (+ *Akk. od. Dat.*)
endorsement [ɪnˈdɔːsmənt] *n.* a) *(writing on back)* Beschriftung auf der Rückseite; **the ~ of a document with one's signature** das Unterzeichnen eines Dokuments auf der Rückseite; b) *(of cheque)* Indossament, *das;* **~ to sb.** Übertragung durch Indossament auf jmdn.; c) *(support, declaration of approval)* Billigung, *die; (of proposal, move, candidate)* Unterstützung, *die;* d) *(Brit.: entry regarding offence)* Strafvermerk, *der* (**of** auf + *Akk. od. Dat.*)
endow [ɪnˈdaʊ] *v. t.* a) *(give permanent income to)* [über Stiftungen/eine Stiftung] finanzieren ⟨*Einrichtung, Krankenhaus usw.*⟩; mit Geld ausstatten ⟨*Person*⟩; stiften ⟨*Preis, Lehrstuhl*⟩; **~ed school** durch Stiftungen finanzierte Schule; b) *(fig.)* **nature has ~ed her with great beauty** die Natur hat sie mit großer Schönheit ausgestattet; **be ~ed with charm/a talent for music etc.** Charme/musikalisches Talent *usw.* besitzen; **be well ~ed** ⟨*Frau:*⟩ Holz vor der Hütte haben *(ugs.)*; ⟨*Mann:*⟩ stark gebaut sein *(verhüll.)*
endowment [ɪnˈdaʊmənt] *n.* a) *(endowing, property, fund, etc.)* Stiftung, *die;* b) *(talent etc.)* Begabung, *die*
endowment: ~ assurance *n.* abgekürzte *od.* gemischte Lebensversicherung; **~ mortgage** *n.* ≈ Tilgungslebensversicherung, *die;* **~ policy** *see* **~ assurance**
end: ~-paper *n.* Vorsatz, *der;* Vorsatzblatt, *das;* **~-point** *n.* a) *(Chem.)* Umschlagspunkt, *der;* b) *(fig.)* Endpunkt, *der;* **~-product** *n. (lit. or fig.: also Chem.)* Endprodukt, *das; (fig.)* Resultat, *das*
endue [ɪnˈdjuː] *v. t. (literary)* a) *(clothe)* bekleiden (**with** mit); b) *(furnish) see* **endow** b
endurable [ɪnˈdjʊərəbl] *adj.* erträglich
endurance [ɪnˈdjʊərəns] *n.* a) Widerstandskraft, *die* (**of** gegen); *(ability to withstand strain)* Ausdauer, *die; (patience)* Geduld, *die;* **the material's ~** *[of wear and tear]* die Strapazierfähigkeit des Materials; **past** *or* **beyond ~:** unerträglich; b) *(lastingness)* Dauerhaftigkeit, *die*
en'durance test *n.* Belastungsprobe, *die*
endure [ɪnˈdjʊə(r)] 1. *v. t. (undergo, tolerate)* ertragen; *(submit to)* über sich ergehen lassen; *(suffer)* erleiden ⟨*Verlust, Unrecht*⟩; **~ to do sth.** es ertragen, etw. zu tun; **I can't ~ the thought of** *or* **to think of him alone there** der Gedanke, daß er allein dort ist, ist mir unerträglich. 2. *v. i.* fortdauern; **Shakespeare is a name which will ~:** der Name Shakespeares wird die Zeit überdauern
enduring [ɪnˈdjʊərɪŋ] *adj. (lasting)* dauerhaft ⟨*Glaube, Tradition*⟩
'**end user** *n. (Econ.)* Endverbraucher, *der*
endways [ˈendweɪz]**, endwise** [ˈendwaɪz] *advs.* a) *(with end towards spectator)* **turn sth. ~ towards sb.** jmdm. die Schmalseite einer Sache *(Gen.)* zuwenden; b) *(with end foremost)* **[on]** let's have the bed facing that wall **~ [on]** laß uns das Bett mit der Schmalseite an die Wand stellen!; c) *(with end uppermost)* **[on]** hochkant; d) *(end to end)* der Länge nach hintereinander
ENE [iːstnəʊˈθiːst] *abbr.* **east-north-east** ONO
enema [ˈenɪmə] *n., pl.* **~s** *or* **enemata** [enɪˈmɑːtə] *(Med.)* a) *(injection, substance)* Einlauf, *der;* Klistier, *das (Med.);* b) *(syringe)* Klistierspritze, *die (Med.)*
enemy [ˈenəmɪ] 1. *n.* a) *(lit. or fig.)* Feind, *der* (**of,** to *Gen.*); **make enemies** sich *(Dat.)* Feinde machen *od.* schaffen; **make an ~ of sb.** sich *(Dat.)* jmdn. zum Feind machen; **~ of the people/state** Volks-/Staatsfeind, *der;* **the ~ at the gate/within** der Feind vor den Toren/in den eigenen Reihen; **the E~:** der böse Feind *(verhüll.);* **how goes the ~?** *(dated fig. coll.: the time)* wie spät ist es?; **be one's own worst ~,** be nobody's **~ but one's own** niemandem schaden als sich *(Dat.)* selbst; b) *(member of hostile army or nation, hostile force)* Feind, *der;* *(ship)* feindliches Schiff. 2. *adj.* feindlich; **destroyed by ~ action** durch Feindeinwirkung zerstört
energetic [enəˈdʒetɪk] *adj.* a) *(strenuously active)* energiegeladen; schwungvoll ⟨*Redner*⟩; tatkräftig ⟨*Mitarbeiter*⟩; lebhaft ⟨*Kind*⟩; **be an ~ person** sehr tatkräftig sein; **I don't feel ~ enough** ich habe nicht genug Energie; b) *(vigorous)* schwungvoll; entschieden, energisch ⟨*Zustimmung, Ablehnung*⟩; kräftig ⟨*Rühren, Schlag, Beifall*⟩
energetically [enəˈdʒetɪkəlɪ] *adv.* schwungvoll; entschieden ⟨*sich äußern*⟩
energize (energise) [ˈenədʒaɪz] *v. t.* a) *(infuse energy into)* in Schwung bringen *(ugs.)*; b) *(Electr.)* mit Strom versorgen
energy [ˈenədʒɪ] *n.* a) *(vigour)* Energie, *die; (active operation)* Kraft, *die;* **save your ~:** schone deine Kräfte!; **I've no ~ left** ich ha-

be keine Energie mehr; **build up one's ~**: Kräfte sammeln; **b)** *in pl. (individual's powers)* Kraft, *die;* **c)** *(Phys.)* Energie, *die;* **sources of ~**: Energiequellen; *see also* **conservation b; potential 1**
energy: ~ **crisis** *n.* Energiekrise, *die;* **~-giving** *adj.* energiespendend; ~ **value** *n.* Nährwert, *der*
enervate ['enəveɪt] *v. t.* schwächen
enervation [enə'veɪʃn] *n.* Schwächung, *die; (state)* Schwäche, *die*
enfant terrible [ɑ̃fɑ̃ te'riːbl] *n., pl.* **enfants terribles** [ɑ̃fɑ̃ te'riːbl] Enfant terrible, *das*
enfeeble [ɪn'fiːbl] *v. t.* schwächen
enfeeblement [ɪn'fiːblmənt] *n.* Schwächung, *die; (state)* Schwäche, *die*
enfold [ɪn'fəʊld] *v. t.* **a)** *(wrap up)* ~ **sb. in or with sth.** jmdn. in etw. *(Akk.)* einhüllen *od.* mit etw. umhüllen; **b)** *(clasp)* umschließen; **he ~ed her in his arms** er schloß sie in seine Arme
enforce [ɪn'fɔːs] *v. t.* **a)** erzwingen; ~ **sth.** [up]on **sb.** jmdm. etw. aufzwingen; ~ **the law** dem Gesetz Geltung verschaffen; das Gesetz durchsetzen; **b)** *(give more force to)* Nachdruck verleihen *(+ Dat.)*
enforceable [ɪn'fɔːsəbl] *adj.* durchsetzbar
enforcement [ɪn'fɔːsmənt] *n.* Erzwingung, *die; (of law)* Durchsetzung, *die*
enfranchise [ɪn'fræntʃaɪz] *v. t.* **a)** *(invest with municipal rights)* einen Parlamentssitz verleihen *(+ Dat.)*; **b)** *(give vote to)* das Wahlrecht verleihen *(+ Dat.)*; **be ~d** das Wahlrecht erhalten
enfranchisement [ɪn'fræntʃɪzmənt] *n.* **a)** *(investing with municipal rights)* Verleihung eines Parlamentssitzes **(of an** *+ Akk.)*; **b)** *(giving of vote to)* Verleihung des Wahlrechts **(of an** *+ Akk.)*
ENG *abbr.* **electronic news-gathering** elektronische Berichterstattung; EB
Engadine ['eŋɡədiːn] *pr. n.* **the ~:** das Engadin
engage [ɪn'ɡeɪdʒ] **1.** *v. t.* **a)** engagieren; **a singer was ~d to sing at the wedding** ein Sänger/eine Sängerin wurde engagiert *od.* verpflichtet, der/die bei der Hochzeit singen sollte; **b)** *(hire)* einstellen; **we have ~d his services** er arbeitet für uns, wir nehmen seine Dienste in Anspruch; **c)** *(employ busily)* beschäftigen **(in** mit); *(involve)* verwickeln **(in in** *+ Akk.);* ~ **oneself in sth.** sich mit etw. befassen *od.* beschäftigen; ~ **sb. in conversation** jmdn. ins Gespräch ziehen; *(more absorbingly)* jmdn. in ein Gespräch verwickeln; **d)** *(attract and hold fast)* wecken [und wachhalten] *(Interesse);* auf sich *(Akk.)* ziehen *(Aufmerksamkeit);* fesseln *(Person);* in Anspruch nehmen *(Konzentration);* gewinnen *(Sympathie, Unterstützung);* **e)** *(arrange to occupy)* mieten; **f)** *(enter into conflict with)* angreifen; *(bring into conflict)* ~ **sb. in a duel** jmdn. in einen Zweikampf verwickeln; **g)** *(Mech.)* ~ **one cog with another** die Zahnräder ineinandergreifen lassen; ~ **the clutch/gears** einkuppeln/einen Gang einlegen; **h)** *(Fencing)* ~ **[foils]** [die Klingen] kreuzen. **2.** *v. i.* **a)** ~ **in sth.** sich an etw. *(Dat.)* beteiligen; ~ **in politics** sich politisch engagieren; ~ **in various sports** verschiedene Sportarten betreiben; **b)** *(pledge)* ~ **to do sth.** sich verpflichten, etw. zu tun; *(vow)* geloben, etw. zu tun; ~ **that ...:** versprechen, daß ...; **c)** *(Mech.)* ineinandergreifen; **the clutch would not ~:** die Kupplung ließ sich nicht einrücken *od.* faßte nicht; **d)** *(come into conflict)* ~ **with the enemy** den Feind angreifen
engaged [ɪn'ɡeɪdʒd] *adj.* **a)** *(to be married)* verlobt; **be ~ [to be married] [to sb.]** [mit jmdm.] verlobt sein; **become or get ~ [to be married] [to sb.]** sich [mit jmdm.] verloben; **b)** *(bound by promise)* verabredet; **be otherwise ~:** etwas anderes vorhaben; **are you ~ this evening?** bist du für heute abend verabredet?; **c)** *(occupied with business)* beschäftigt; **be or have become** ~ **in sth./in doing sth.** mit etw. befaßt *od.* beschäftigt sein/ damit befaßt *od.* beschäftigt sein, etw. zu tun; **d)** *(occupied or used by person)* besetzt *(Toilette, Taxi);* **the telephone [line]/number is** ~ der [Telefon]anschluß/die Nummer ist besetzt; ~ **signal or tone** *(Brit. Teleph.)* Besetztzeichen, *das*
engagement [ɪn'ɡeɪdʒmənt] *n.* **a)** *(to be married)* Verlobung, *die* **(to** mit); **have a long ~:** lange verlobt sein; **b)** *(appointment made with another)* Verabredung, *die;* **have a previous or prior ~:** schon anderweitig festgelegt sein; *(social)* gesellschaftliche Verpflichtung; **lunch/dinner** ~ Verabredung zum Mittag-/Abendessen; **c)** *(booked appearance)* Engagement, *das;* **d)** *(hiring, appointment)* Einstellung, *die;* **e)** *(Mil.)* Kampfhandlung, *die*
en'gagement ring *n.* Verlobungsring, *der*
engaging [ɪn'ɡeɪdʒɪŋ] *adj.* bezaubernd; gewinnend *(Lächeln);* einnehmend *(Persönlichkeit, Art)*
engagingly [ɪn'ɡeɪdʒɪŋlɪ] *adv.* gewinnend *(lächeln)*
engender [ɪn'dʒendə(r)] *v. t.* zur Folge haben; erzeugen; *(Person:)* hervorrufen
engine ['endʒɪn] *n.* **a)** *(mechanical contrivance)* Motor, *der; (of spacecraft, jet aircraft)* Triebwerk, *das;* **b)** *(locomotive)* Lok[omotive], *die*
'**engine-driver** *n. (Brit.)* Lok[omotiv]führer, *der*
engineer [endʒɪ'nɪə(r)] **1.** *n.* **a)** Ingenieur, *der*/Ingenieurin, *die; (service ~, installation ~)* Techniker, *der*/Technikerin, *die; see also* **chemical engineer; civil engineer; electrical engineer; mechanical engineer; sound engineer; b)** *(maker or designer of engines)* Maschinenbauingenieur, *der;* **c) [ship's]** ~ Maschinist, *der;* **d)** *(Amer.: engine-driver)* Lok[omotiv]führer, *der;* **e)** *(Mil.) (designer and constructor of military works)* technischer Offizier; *(soldier)* Pionier, *der; see also* **Royal Engineers. 2.** *v. t.* **a)** *(coll.: contrive)* arrangieren; entwickeln *(Plan);* **b)** *(manage construction of)* konstruieren
engineering [endʒɪ'nɪərɪŋ] *n., no pl.* **a)** Technik, *die;* **career in** ~ Ingenieurlaufbahn, *die;* **b)** *attrib.* technisch *(Arbeiten, Fähigkeiten);* ~ **science** Ingenieurwesen, *das;* ~ **company or firm** Maschinenbaufirma, *die*
'**engine-room** *n.* Maschinenhaus, *das;* Maschinenraum, *der*
England ['ɪŋɡlənd] *pr. n.* England *(das)*
Englander ['ɪŋɡləndə(r)] *n. (Hist.)* **Little ~:** Gegner der imperialistischen Politik Englands
English ['ɪŋɡlɪʃ] **1.** *adj.* englisch; **he/she is ~:** er ist Engländer/sie ist Engländerin; *see also* **hub h. 2. a)** *(language)* Englisch, *das;* **grammar of ~:** englische Grammatik; Grammatik der englischen Sprache; **say sth. in ~:** etw. auf englisch sagen; **speak ~:** Englisch sprechen; **be speaking ~:** englisch sprechen; **I [can] speak/read ~:** ich spreche Englisch/kann Englisch lesen; **I cannot or do not speak/read ~:** ich spreche kein Englisch/kann Englisch nicht lesen; **translate into/from [the] ~:** ins Englische/aus dem Englischen übersetzen; **speak a very pure [form of] ~:** ein sehr reines Englisch sprechen; **write sth. in ~:** etw. [auf *od.* in] englisch schreiben; **is that [good** *or* **correct] ~?** ist das gutes Englisch?; **what you've written is just not ~!** was du da geschrieben hast, ist einfach kein Englisch!; **her ~ is very good** sie schreibt/spricht ein sehr gutes Englisch; **the King's/Queen's ~:** die englische Hochsprache; **British/American ~:** britisches/ amerikanisches Englisch; **Northern/Southern ~:** in Nordengland/Südengland gesprochenes Englisch; **Middle ~:** Mittelenglisch, *das;* **Old ~:** Altenglisch, *das;* **in plain ~:** in einfachen Worten; **say sth. in plain ~:** etw. frei heraussagen; **now put it into plain ~:** ≈ nun sag es noch mal auf deutsch; **b)** *pl.* **the ~:** die Engländer; **c)** *(Amer. Billiards) see* **side 1 k.** *See also* **pidgin English**
English: ~ '**breakfast** *n.* englisches Frühstück; ~ '**Channel** *pr. n.* **the ~ Channel** der [Ärmel]kanal; ~ '**horn** *n. (Mus.)* Englischhorn, *das;* Englisch Horn, *das (fachspr.);* **~man** ['ɪŋɡlɪʃmən] *n., pl.* **~men** ['ɪŋɡlɪʃmən] Engländer, *der; see also* **castle 1 a**
Englishness ['ɪŋɡlɪʃnɪs] *n., no pl.* englische Eigenart
'**Englishwoman** *n.* Engländerin, *die*
engrave [ɪn'ɡreɪv] *v. t.* **a)** gravieren *(Platte, Porträt, Illustration);* **the brass plate had been ~d with his name** sein Name war in die Messingplatte eingraviert worden; **b)** *(carve)* ~ **figures** *etc.* **[up]on a surface** Figuren *usw.* in eine Oberfläche eingravieren; ~ **sth.** [up]on **a stone** etw. in einen Stein meißeln; **b)** ~ **one's name on a tree** seinen Namen in einen Baum schnitzen; **the memory of that day has been or is ~d indelibly on my mind** *(fig.)* die Erinnerung an diesen Tag hat sich mir unauslöschlich eingeprägt *od.* eingegraben
engraver [ɪn'ɡreɪvə(r)] *n. (of metal)* Graveur, *der;* Stecher, *der; (of wood)* Holzschneider, *der; (of stone)* Steinschneider, *der;* Graveur, *der*
engraving [ɪn'ɡreɪvɪŋ] *n.* **a)** *(action)* Gravieren, *das;* **b)** *(design, marks)* Gravur, *die;* Gravierung, *die;* **c)** *(Art) (form)* Gravierkunst, *die;* Kupferstich, *der; (print)* Stich, *der; (print from wood)* Holzschnitt, *der*
engross [ɪn'ɡrəʊs] *v. t. (fully occupy)* fesseln; völlig in Anspruch nehmen *(Zeit, Kraft usw.);* **be ~ed in sth.** in etw. *(Akk.)* vertieft sein; **become or get ~ed in sth.** sich in etw. *(Akk.)* vertiefen
engrossing [ɪn'ɡrəʊsɪŋ] *adj.* fesselnd
engulf [ɪn'ɡʌlf] *v. t.* verschlingen *(auch fig.);* *(wrap up)* einhüllen; **the house was ~ed in flames** das Haus stand in hellen Flammen
enhance [ɪn'hɑːns] *v. t.* erhöhen *(Wert, [An]reiz, Macht, Aussichten, Schönheit);* verstärken *(Wirkung);* steigern *(Qualität, Wirkung);* heben *(Stimmung, Aussehen);* betonen *(Augen)*
enhancement [ɪn'hɑːnsmənt] *n. see* **enhance:** Erhöhung, *die;* Verstärkung, *die;* Steigerung, *die;* Hebung, *die;* Betonung, *die*
enigma [ɪ'nɪɡmə] *n.* Rätsel, *das*
enigmatic [enɪɡ'mætɪk], **enigmatical** [enɪɡ'mætɪkl] *adj.* rätselhaft
enjambment (enjambement) [en'dʒæmmənt] *n. (Pros.)* Enjambement, *das*
enjoin [ɪn'dʒɔɪn] *v. t.* ~ **a duty/restriction on sb.** jmdm. eine Pflicht/Einschränkung auferlegen; ~ **silence/obedience [on sb.]** [jmdn.] zum Schweigen ermahnen/Gehorsam [von jmdm.] fordern; **notices on the wall ~ed silence** Schilder an der Wand mahnten zur Ruhe; ~ **caution on sb.** jmdn. zur Vorsicht ermahnen; ~ **sb. [not] to do sth.** jmdn. eindringlich ermahnen, etw. [nicht] zu tun; ~ **that sth. should be done** nachdrücklich fordern, daß etw. getan wird
enjoy [ɪn'dʒɔɪ] **1.** *v. t.* **a) I ~ed the book/film/ work** das Buch/der Film/die Arbeit hat mir gefallen; **are you ~ing your meal?** schmeckt dir das Essen?; **he ~s reading/travelling** er liest/reist gern; **he ~s music and drama** er mag Musik und Theater; **we really ~ed seeing you again** wir haben uns wirklich gefreut, euch wiederzusehen; **as a rule, people don't actually ~ going to the dentist** im allgemeinen geht man nicht gerade gern zum Zahnarzt; **b)** *(have use of)* genießen *(Rechte, Privilegien, Vorteile);* sich erfreuen *(+ Gen.) (hohen Einkommens);* ~ **the right**

enjoyable — **entablature**

to vote das Wahlrecht ausüben können; c) *(experience)* sich erfreuen (+ *Gen.*) ⟨*Respekts, guter Gesundheit*⟩; genießen ⟨*Achtung*⟩. 2. *v. refl.* sich amüsieren; **you look as if you're ~ing yourself** du siehst ganz vergnügt aus; **we thoroughly ~ed ourselves in Spain** wir hatten viel Spaß in Spanien; **~ yourself at the theatre** viel Spaß im Theater!; **the children ~ed themselves making sandcastles** die Kinder vergnügten sich damit, Sandburgen zu bauen

enjoyable [ɪnˈdʒɔɪəbl] *adj.* schön; angenehm ⟨*Empfindung, Unterhaltung, Arbeit*⟩; unterhaltsam ⟨*Buch, Film, Stück*⟩

enjoyably [ɪnˈdʒɔɪəblɪ] *adv.* angenehm

enjoyment [ɪnˈdʒɔɪmənt] *n. (delight)* Vergnügen, *das* (at an + *Dat.*); **don't spoil other people's ~**: verdirb anderen nicht die Freude

enlarge [ɪnˈlɑːdʒ] 1. *v. t.* vergrößern; *(widen)* verbreitern ⟨*Straße, Durchgang*⟩; weiter machen ⟨*Kleidungsstück*⟩; erweitern ⟨*Wissen*⟩; **the tumour had become ~d** der Tumor war größer geworden. 2. *v. i.* a) sich vergrößern; größer werden; *(widen)* sich verbreitern; b) **~ [up]on sth.** etw. weiter ausführen

enlargement [ɪnˈlɑːdʒmənt] *n.* a) Vergrößerung, *die; (making or becoming wider)* Verbreiterung, *die;* b) *(further explanation)* weitere Ausführung

enlarger [ɪnˈlɑːdʒə(r)] *n. (Photog.)* Vergrößerungsapparat, *der*

enlighten [ɪnˈlaɪtn] *v. t.* aufklären (**on, as to** über + *Akk.*); **let me ~ you on the matter** laß mich dir die Sache erklären; **be ~ing** erhellend sein

enlightened [ɪnˈlaɪtnd] *adj.* aufgeklärt

enlightenment [ɪnˈlaɪtnmənt] *n., no pl.* Aufklärung, *das* (a + **[spiritual]** ~: [geistige] Erleuchtung, *die;* **the E~** *(Hist.)* die Aufklärung; **the Age of E~:** das Zeitalter der Aufklärung

enlist [ɪnˈlɪst] 1. *v. t.* a) *(Mil.)* anwerben; **~ed person** *(Amer.) (soldier)* Soldat, *der; (sailor)* Matrose, *der;* b) *(secure as means of help)* gewinnen. 2. *v. i.* ~ **[for the army/navy]** in die Armee/Marine eintreten; ~ **[as a soldier]** Soldat werden

enlistment [ɪnˈlɪstmənt] *n.* a) *(Mil.)* Anwerbung, *die;* b) *(securing as means of help)* Gewinnung, *die*

enliven [ɪnˈlaɪvn] *v. t.* beleben; anregen ⟨*Phantasie*⟩; in Schwung bringen *(ugs.)* ⟨*Person, Schulklasse usw.*⟩; lebhafter gestalten ⟨*Tanz, Unterricht*⟩

en masse [ɑ̃ ˈmæs] *adv.* a) *(all together)* alle zusammen; **taken ~:** alles in allem; b) *(in a crowd)* in Massen

enmesh [ɪnˈmeʃ] *v. t.* ~ **sb./sth. [in sth.]** jmdn./etw. [mit etw.] fangen; *(fig.)* jmdn./etw. [in etw. *(Akk.)*] verstricken; **a fly had become ~ed in the spider's web** eine Fliege hatte sich in dem Spinnennetz verfangen

enmity [ˈenmɪtɪ] *n.* Feindschaft, *die*

ennoble [ɪˈnəʊbl] *v. t.* a) adeln; b) *(elevate)* erheben

ennui [ˈɒnwiː] *n.* Ennui, *der (geh.)*

enormity [ɪˈnɔːmɪtɪ] *n.* a) *(atrocity)* Ungeheuerlichkeit, *die (abwertend);* b) *see* enormousness

enormous [ɪˈnɔːməs] *adj.* a) enorm; riesig, gewaltig ⟨*Figur, Tier, Meer, Kathedrale, Fluß, Wüste, Menge*⟩; gewaltig, enorm ⟨*Veränderung, Unterschied, Liebe, Haß, Widerspruch, Größe, Ausgabe, Kraft*⟩; ungeheuer ⟨*Mut, Charme, Schmerz, Problem, Gefahr*⟩; b) *(fat)* ungeheuer dick

enormously [ɪˈnɔːməslɪ] *adv.* ungeheuer, enorm, ungeheuer ⟨*groß, hoch, sich ändern, wachsen, sich bessern*⟩

enormousness [ɪˈnɔːməsnɪs] *n., no pl.* ungeheure Größe; Riesengröße, *die; (of size, length, height)* ungeheures Ausmaß

enough [ɪˈnʌf] 1. *adj.* genug; genügend;

that's **~ arguing for one evening** für heute [abend] haben wir uns genug gestritten; **there's ~ room** *or* **room ~:** es ist Platz genug *od.* genügend Platz; **be man/fool/miser** *etc.* **~ to do sth.** Manns/dumm/geizig *usw.* genug sein, etw. zu tun; **he made ~ fuss about getting it/having got it** *(iron.)* er hat so einen Wirbel darum gemacht, daß es haben wollte/er das bekommen hatte; **more than ~:** mehr als genug; **~ noise to wake the dead** ein Lärm, um Tote aufzuwecken. 2. *n., no pl., no art.* genug; **be ~ to do sth.** genügen, etw. zu tun; **she says she's not getting ~ out of her marriage** sie sagt, ihre Ehe gebe ihr nicht genug *od.* fülle sie nicht aus; **are there ~ of us to lift this heavy weight?** sind wir genug [Leute], um diese schwere Last zu heben?; **four people are quite ~:** vier Leute genügen völlig; **he's had quite ~** *(is drunk)* er hat genug; **that [amount] will be ~ to go round** das reicht für alle; **you [already] have ~ to do looking after the baby** du hast schon genug damit zu tun, auf das Baby aufzupassen; ~ **of ...:** genug von ...; **have you had ~ of the meat?** hast du genug Fleisch gehabt?; **I've seen ~ of Bergman's films** ich habe genug Bergman-Filme gesehen; **are there ~ of these books to go round?** reichen diese Bücher für alle?; **~ of that!** genug davon!; **[that's] ~ [of that]!** [jetzt ist es] genug!; **~ of your nonsense!** Schluß mit dem Unsinn!; **have had ~ [of sb./sth.]** genug [von jmdm./etw.] haben; **I've had ~:** jetzt reicht's mir aber!; jetzt habe ich genug genug!; **haven't you had ~ of travelling?** hast du nicht langsam genug vom Reisen?; **more than ~, ~ and to spare** mehr als genug; **[that's] ~ about ...:** genug über ... *(Akk.)* geredet; **but ~ about politics** aber Schluß mit der Politik; **~ about that** genug davon!; **~ said** mehr braucht man dazu nicht zu sagen; **~ is ~:** mal muß es auch genug sein *(ugs.)*; **it's ~ to make you weep** es ist zum Weinen; **it's ~ to make you sick** da wird einem ganz schlecht; **~ is as good as a feast** allzuviel ist ungesund *(Spr.);* **cry '~'** *(fig.)* aufgeben; **as if that were not ~:** als ob das noch nicht genügte; **be ~ to do a man/fool/miser** *etc.* **to do sth.** Manns/dumm/geizig *usw.* genug sein, etw. zu tun. 3. *adv.* genug; **the meat is not cooked ~:** das Fleisch ist nicht genügend durch; **you don't express your views ~:** du sagst zu wenig über deine Ansichten; **he is not trying hard ~:** er gibt sich nicht genug *od.* genügend Mühe; **they were friendly ~ towards us** sie waren soweit recht nett zu uns; **she's a pretty ~ girl** sie ist doch ein recht hübsches Mädchen; **you know well ~ what we're referring to** du weißt recht gut, was wir meinen; **oddly/strangely/funnily ~:** merkwürdiger-/seltsamer-/*(ugs.)* komischerweise; **sure ~:** natürlich; **be good/kind ~ to do sth.** so gut sein, etw. zu tun; *see also* ²**fair 1 a; right 1 b; true 1 a**

en passant [ɑ̃ ˈpæsɑ̃] *adv.* en passant *(geh.);* beiläufig; **just ~:** ganz nebenbei

enquire *etc. see* **inquir-**

enrage [ɪnˈreɪdʒ] *v. t.* wütend machen; reizen ⟨*wildes Tier*⟩; **be ~d by sth.** über etw. *(Akk.)* wütend werden/von etw. gereizt werden; **be ~d at** *or* **with sb./sth.** auf jmdn./etw. wütend sein; **become** *or* **get ~d** wütend werden (**at, with ...: auf** + *Akk.*); **I was ~d to hear that ...:** ich war wütend, als ich erfuhr, daß ...

enrapture [ɪnˈræptʃə(r)] *v. t.* entzücken ⟨*Gesang, Musik:*⟩ bezaubern; **be ~d by sth./sb.** von etw./jmdm. entzückt sein

enraptured [ɪnˈræptʃəd] *adj.* verzückt

enrich [ɪnˈrɪtʃ] *v. t.* a) *(make wealthy)* reich machen; bereichern *(veralt.);* b) *(fig.)* bereichern; anreichern ⟨*Nahrungsmittel, Boden,*

Uran⟩; verbessern ⟨*Haut, Qualität, Gewebe*⟩; erweitern ⟨*Kenntnisse*⟩; **we were greatly ~ed by the experience** diese Erfahrung hat uns sehr bereichert

enrichment [ɪnˈrɪtʃmənt] *n. (lit. or fig.)* Bereicherung, *die; (of soil, food, uranium)* Anreicherung, *die*

enrol *(Amer.:* **enroll)** [ɪnˈrəʊl] 1. *v. i.*, **-ll-** sich anmelden; sich einschreiben *od.* eintragen [lassen]; *(Univ.)* sich einschreiben; sich immatrikulieren; **~ in sth.** in etw. *(Akk.)* eintreten; **~ for a course/test** sich zu einem Kurs/einer Prüfung anmelden. 2. *v. t.*, **-ll-** einschreiben ⟨*Studenten, Kursteilnehmer*⟩; anwerben ⟨*Rekruten*⟩; aufnehmen ⟨*Schüler, Mitglied, Rekrut*⟩; **~ sb. in sth.** jmdn. in etw. *(Akk.)* aufnehmen; **~ sb. for a course/in the army** jmdn. für einen Kurs annehmen/in die Armee aufnehmen; **State E~led Nurse** *(Brit.)* ≈ Krankenpflegehelfer, *der/*-helferin, *die*

enrolment *(Amer.:* **enrollment)** [ɪnˈrəʊlmənt] *n.* a) Anmeldung, *die; (Univ.)* Immatrikulation, *die;* Einschreibung, *die; (in army)* Eintritt, *der;* b) *(Amer.: number of students)* Studentenzahl, *die*

en route [ɑ̃ ˈruːt] *adv.* unterwegs; auf dem Weg; **~ to Scotland/for Edinburgh** unterwegs *od.* auf dem Weg nach Schottland/Edinburgh; **~ [for] home/to school** auf dem Heim-/Schulweg

ensconce [ɪnˈskɒns] *v. t.* **~ oneself in sth.** sich in etw. *(Dat.)* niederlassen; *(hide)* sich in etw. *(Dat.)* verbergen; **be ~d in/behind sth.** sich in/hinter etw. *(Dat.)* niedergelassen haben

ensemble [ɑ̃ˈsɑ̃bl] *n.* Ensemble, *das*

enshrine [ɪnˈʃraɪn] *v. t. (lit. or fig.)* bewahren

ensign [ˈensaɪn, ˈensn] *n.* a) *(banner)* Hoheitszeichen, *das;* b) *(Brit.)* **blue/red/white ~:** Flagge der britischen Marinereserve/britischen Handelsmarine/britischen Marine; c) *(standard-bearer)* Fähnrich, *der; (Hist.: infantry officer)* Fahnenjunker, *der;* d) *(Amer.: naval officer)* Fähnrich zur See

enslave [ɪnˈsleɪv] *v. t.* a) versklaven; b) *(fig.)* **marriage had ~d her to the kitchen sink** die Ehe hatte sie an den Spülstein gekettet; **become ~d to a habit** zum Sklaven einer Gewohnheit werden

ensnare [ɪnˈsneə(r)] *v. t. (lit. or fig.)* fangen; **the questions were designed to ~ him** *(fig.)* die Fragen waren als Falle für ihn gedacht

ensue [ɪnˈsjuː] *v. i.* folgen (**from**, aus); **the discussion which ~d** die anschließende *od.* folgende Diskussion; **points/problems ensuing from this** Punkte/Probleme, die sich hieraus ergeben

ensuing [ɪnˈsjuːɪŋ] *adj.* darauffolgend

en suite [ɑ̃ ˈswiːt] *adv.* daran anschließend; **rooms arranged ~:** miteinander verbundene Zimmer; **with ...** ~ **to sth. with [daran] anschließendem** *od.* anschließender *od.* anschließendes ...

ensure [ɪnˈʃʊə(r)] *v. t.* ~ **that ...** *(satisfy oneself that)* sich vergewissern, daß ...; *(see to it that)* gewährleisten, daß ...; b) *(secure)* ~ **sth.** etw. Gewährleisten; **this will ~ victory for the Labour Party** dies wird der Labour Party den Sieg sichern; **I cannot ~ you a good seat** ich kann dafür nicht garantieren, daß Sie einen guten Platz bekommen; c) *(make safe)* ~ **sb./sth. against sth.** jmdn./etw. vor etw. *(Dat.)* od. gegen etw. schützen; **they ~d themselves against possible disappointment/criticism/hostility** sie sicherten sich gegen eine eventuelle Enttäuschung/Kritik/Anfeindung ab; *abs.* **proper insulation will ~ against loss of heat** sorgfältige Isolierung schützt gegen Wärmeverlust

ENT *abbr. (Med.)* **ear, nose, and throat** HNO

entablature [ɪnˈtæblətʃə(r)] *n. (Archit.)* Gebälk, *das*

entail [ɪnˈteɪl] 1. v. t. a) (involve) mit sich bringen; **what exactly does your job ~?** worin besteht Ihre Arbeit ganz genau?; **sth. ~s doing sth.** etw. bedeutet, daß man etw. tun muß; b) (impose) ~ **sth. [on sb.]** etw. [für jmdn.] mit sich bringen; jmdm. etw. [für jmdn.] etw. aufbürden; ~ **disgrace on sb./one's family** jmdm./seiner Familie Schande machen; c) (Law) in ein Fideikommiß umwandeln; (leave) als Fideikommiß vererben. 2. n. (Law) Fideikommiß, das
entailment [ɪnˈteɪlmənt] n. (Law) Umwandlung in ein Fideikommiß
entangle [ɪnˈtæŋgl] v. t. a) (catch) einfangen; sich verfangen lassen; **he got bits of straw ~d in his hair** Strohhalme verfingen sich in seinem Haar; **he got his trouser-leg ~d in his bicycle chain** sein Hosenbein hat sich in der Fahrradkette verfangen; **get [oneself] or become ~d in or with sth.** sich in etw. (Dat.) verfangen; **get [oneself] or become ~d in a mass of details** (fig.) sich in einer Unmenge von Einzelheiten verlieren; **be ~d in sth.** sich in etw. (Dat.) verfangen haben; b) (fig.: involve) verwickeln; **don't ~ yourself in obligations you cannot meet** laß dich nicht auf Verpflichtungen (Akk.) ein, die du nicht erfüllen kannst; **get [oneself] ~d in sth.** sich in etw. (Akk.) verwickeln lassen; **be/become ~d in sth.** in etw. (Akk.) verwickelt sein/werden; **get [oneself]/be ~d with** sich einlassen/eingelassen haben auf (+ Akk.) ⟨Probleme⟩; in Konflikt geraten/ sein mit ⟨Gesetz⟩; sich einlassen/eingelassen haben mit ⟨Frau, Mann, politischer Gruppe⟩; c) (make tangled) völlig durcheinanderbringen; **get sth. ~d [with sth.]** etw. [mit etw.] durcheinanderbringen; **the threads have become** or **are ~d [with each other]** die Fäden haben sich verwirrt
entanglement [ɪnˈtæŋglmənt] n. a) Verwicklung, die; Verfangen, das; b) (fig.: involvement) **his ~ in a divorce case** seine Verwicklung in eine Scheidungsaffäre; **get oneself into an ~ with sb.** sich mit jmdm. einlassen; c) (thing that entangles) Verwicklung, die; (entangled things) Durcheinander, das; (Mil.) [Draht]verhau, der
entente [ɒ̃ˈtɑ̃t] n. Entente, die; ~ **cordiale** [ɒ̃tɑ̃t kɔːdiˈɑːl] (Hist.) Entente cordiale, die
enter [ˈentə(r)] 1. v. i. a) (go in) hineingehen; ⟨Fahrzeug:⟩ hineinfahren; (come in) hereinkommen; (walk into room) eintreten; (cross border into country) einreisen; (drive into tunnel etc.) hineinfahren; (come on stage) auftreten; ~ **Macbeth** (Theatre) Auftritt Macbeth; ~ **into a building/another world** ein Gebäude/eine andere Welt betreten; ~ **into the world of entertainment** in die Unterhaltungsbranche eintreten; **someone called 'E~!'** jemand rief: „Herein!"; **only a small amount of light ~ed through the windows** durch die Fenster fiel od. kam nur wenig Licht; b) (penetrate) eindringen; c) (announce oneself as competitor in race etc.) sich zur Teilnahme anmelden (for an + Dat.). 2. v. t. a) (go into) [hinein]gehen in (+ Akk.); ⟨Fahrzeug:⟩ [hinein]fahren in (+ Akk.); ⟨Flugzeug:⟩ [hinein]fliegen in (+ Akk.); betreten ⟨Gebäude, Zimmer⟩; eintreten in (+ Akk.) ⟨Zimmer⟩; einlaufen in (+ Akk.) ⟨Hafen⟩; einreisen in (+ Akk.) ⟨Land⟩; (drive into) hineinfahren in (+ Akk.); (come into) [herein]kommen in (+ Akk.); ~ **a bus/train** in einen Bus/Zug [ein]steigen; ~ **the ship/plane** (go/come into) an Bord [des Schiffes/Flugzeugs] gehen/kommen; **a small amount of light ~ed the room** in den Raum fiel od. kam wenig Licht; **the poison ~ed the blood** das Gift gelangte ins Blut; **it would never ~ his mind or head to cheat you** es käme ihm nie in den Sinn, dich zu betrügen; **has it ever ~ed your mind or head that ...?** ist dir nie der Gedanke gekommen, daß ...?; ~ **sb.'s heart/soul** von jmdm. Besitz ergreifen (geh.); b) (penetrate) eindringen in (+ Akk.); c) (become a member of) beitreten in (+ Dat.) ⟨Verein, Klub, Organisation, Partei⟩; eintreten in (+ Akk.) ⟨Kirche⟩; ergreifen ⟨Beruf⟩; ~ **the army/[the] university** zum Militär/auf die od. zur Universität gehen; ~ **school** in die od. zur Schule kommen; ~ **the legal profession/the medical profession/teaching** die juristische Laufbahn einschlagen/den Arztberuf ergreifen/den Lehrberuf ergreifen; Jurist/Arzt/Lehrer werden; ~ **a monastery/nunnery** Mönch/Nonne werden; in ein Kloster eintreten; ~ **the House of Commons** Mitglied od. Abgeordneter des Unterhauses werden; d) (participate in) sich beteiligen an (+ Dat.) ⟨Diskussion, Unterhaltung⟩; teilnehmen an (+ Dat.) ⟨Rennen, Wettbewerb⟩; e) (procure admission for) **be ~ed in a school** an einer Schule zugelassen werden; f) (write) ~ **sth. in a book/register etc.** etw. in ein Buch/Register usw. eintragen; ~ **a name in** or **on a list** einen Namen in eine Liste eintragen od. auf eine Liste setzen; ~ **sth. in a dictionary/an index** etw. in ein Wörterbuch/ein Register aufnehmen; g) (record) ~ **an action against sb.** gegen jmdn. Klage einreichen od. erheben; ~ **a caveat** Einspruch einlegen od. erheben; ~ **a judgement** ein Urteil fällen; ~ **one's protest** Protest od. Widerspruch erheben; ~ **a bid** ein Gebot abgeben; h) ~ **sb./sth. for** jmdn./etw. anmelden für ⟨Rennen, Wettbewerb, Prüfung⟩; ~ **one's name for** sich anmelden für ⟨Rennen, Wettbewerb, Prüfung⟩
~ **into** v. t. a) (engage in) anknüpfen ⟨Gespräch⟩; sich beteiligen an (+ Dat.) ⟨Diskussion, Debatte, Wettbewerb⟩; aufnehmen ⟨Beziehung, Verhandlungen⟩; (bind oneself by) eingehen ⟨Verpflichtung, Ehe, Beziehung⟩; schließen ⟨Vertrag⟩; ~ **into details/long-drawn-out explanations** ins Detail gehen/sich in langatmigen Erklärungen ergehen; **it's not worth ~ing into a discussion about it** es lohnt sich nicht, eine Diskussion darüber anzufangen; ~ **into an understanding with sb.** mit jmdm. eine Vereinbarung treffen od. eingehen; ~ **into the pros and cons** auf das Für und Wider eingehen; b) (sympathize with) nachempfinden ⟨jmds. Gefühle⟩; nachvollziehen ⟨jmds. Gedanken⟩; sich hineinversetzen, einfühlen in (+ Akk.) ⟨Person, Rolle, Stimmung⟩; ~ **into the spirit of Christmas** in Weihnachtsstimmung kommen; **she really ~s into anything she does** sie ist bei allem, was sie tut, ganz bei der Sache; **b) (from part of) Bestandteil sein von;** ~ **into sb.'s considerations** bei jmds. Überlegungen eine Rolle spielen; **having children doesn't ~ into our plans** Kinder sind [bei uns] nicht geplant; **that doesn't ~ into it at all** das hat damit gar nichts zu tun
~ **on** v. t. a) (Law: assume possession of) in Besitz nehmen; b) (begin) beginnen ⟨Karriere, Laufbahn, Amtsperiode⟩; aufnehmen ⟨Studium⟩; in Angriff nehmen ⟨Aufgabe, Projekt⟩
~ **'up** v. t. eintragen; ~ **up the books** die Bücher auf den letzten Stand bringen
~ **upon** see ~ **on**
enteric [enˈterɪk] adj. a) (Anat.) Darm-; b) ~ **fever** (Med.) Typhus, der; Typhus abdominalis, der (fachspr.)
enteritis [entəˈraɪtɪs] n. (Med.) Enteritis, die (fachspr.); Dünndarmzündung, die
enterprise [ˈentəpraɪz] n. a) (undertaking) Unternehmen, das; commercial ~: Handelsunternehmen, das; **free/private ~:** freies/privates Unternehmertum, das; b) no indef. art. (readiness to undertake new ventures) Unternehmungsgeist, der
enterprising [ˈentəpraɪzɪŋ] adj. unternehmungslustig; rührig ⟨Geschäftsmann⟩; kühn ⟨Reise, Gedanke, Idee⟩

entertain [entəˈteɪn] v. t. a) (amuse) unterhalten; **we were greatly ~ed by ...:** wir haben uns köstlich über ... (Akk.) amüsiert; b) (receive with hospitality) bewirten; **they enjoy ~ing** sie haben gern Gäste; **do some or a bit of/a lot of ~ing** manchmal/sehr oft Gäste einladen; ~ **sb. to lunch/dinner** (Brit.) jmdn. zum Mittag-/Abendessen einladen; c) (have in the mind) haben ⟨Meinung, Vorstellung⟩; hegen (geh.) ⟨Gefühl, Vorurteil, Verdacht, Zweifel, Groll⟩; (consider) in Erwägung ziehen; **he would never ~ the idea of doing that** er würde es nie ernstlich erwägen, das zu tun; ~ **ambitions/ideas** or **thoughts of doing sth.** den Ehrgeiz haben/sich mit dem Gedanken tragen, etw. zu tun; ~ **hopes of achieving sth.** sich (Dat.) Hoffnungen machen, etw. zu erreichen
entertainer [entəˈteɪnə(r)] n. Entertainer, der/Entertainerin, die; Unterhalter, der/Unterhalterin, die
entertaining [entəˈteɪnɪŋ] 1. adj. unterhaltsam. 2. n., no pl., no indef. art. **she does a lot of ~:** sie bewirtet häufig Gäste; **she's not very good at ~:** sie ist keine sehr gute Gastgeberin
entertainment [entəˈteɪnmənt] n. a) (amusement) Unterhaltung, die; **much to our ~, to our great ~:** zu unserem großen Vergnügen; **get ~ from sth.** etw. unterhaltsam finden; **the world of ~:** die Welt des Showbusineß; ~ **value** Unterhaltungswert, der; **have [great] ~ value** [sehr] unterhaltsam sein; **provide ~ for the children** für die Unterhaltung der Kinder sorgen; b) (public performance, show) Veranstaltung, die
enthral (Amer.: **enthrall**) [ɪnˈθrɔːl] v. t., -ll-: a) (captivate) gefangennehmen (fig.); b) (delight) begeistern; entzücken
enthrone [ɪnˈθrəʊn] v. t. inthronisieren; **he was ~d [as] King** er bestieg den Königsthron
enthronement [ɪnˈθrəʊnmənt] n. Inthronisation, die; Thronbesteigung, die
enthuse [ɪnˈθjuːz, ɪnˈθuːz] (coll.) 1. v. i. [about or over sth./sb.] [über etw./jmdn.] in Begeisterung ausbrechen. 2. v. t. begeistern
enthusiasm [ɪnˈθjuːzɪæzəm, ɪnˈθuːzɪæzəm] n. a) no pl. Begeisterung, die; Enthusiasmus, der; ~ **for** or **about sth.** Begeisterung für od. über etw. (Akk.); **for this job we want someone with ~:** wir brauchen einen begeisterungsfähigen Menschen für diese Arbeit; **I've no ~ about going out shopping** ich habe keine Lust, einkaufen zu gehen; b) (object) Leidenschaft, die
enthusiast [ɪnˈθjuːzɪæst, ɪnˈθuːzɪæst] n. Enthusiast, der; (for sports, pop music) Fan, der; **a great DIY/cookery ~:** ein begeisterter Heimwerker/Koch; **be a great ~ for sth.** sich sehr für etw. begeistern
enthusiastic [ɪnθjuːzɪˈæstɪk, ɪnθuːzɪˈæstɪk] adj. begeistert; enthusiastisch; begeistert ⟨Applaus, Empfang, Lob⟩; **be ~ about sth.** von etw. begeistert sein; **not be very ~ about doing sth.** keine große Lust haben, etw. zu tun; **become ~ about sth.** sich für etw. begeistern
enthusiastically [ɪnθjuːzɪˈæstɪkəlɪ, ɪnθuːzɪˈæstɪkəlɪ] adv. begeistert; enthusiastisch, begeistert ⟨empfangen, applaudieren, loben⟩
entice [ɪnˈtaɪs] v. t. locken (into in + Akk.); ~ **sb. [away] from sb./sth.** jmdn./etw. von jmdm./etw. fortlocken; **mice from their holes** Mäuse aus ihren Mauselöchern [heraus]locken; ~ **sb. into doing or to do sth.** jmdn. dazu verleiten, etw. zu tun
enticement [ɪnˈtaɪsmənt] n. a) no pl. Lockung, die; (into depravity, immorality) Verleitung, die (into zu); ~ **from sth.** Fortlockung von etw.; b) (thing) Lockmittel, das
enticing [ɪnˈtaɪsɪŋ] adj., **enticingly** [ɪnˈtaɪsɪŋlɪ] adv. verlockend
entire [ɪnˈtaɪə(r)] adj. a) (whole) ganz; **take an ~ fortnight for one's holiday** volle vier-

zehn Tage Urlaub machen; **b)** *(intact)* vollständig ⟨*Buch, Manuskript, Service, Ausgabe*⟩; **remain ~:** unversehrt bleiben
entirely [ɪn'taɪəlɪ] *adv.* **a)** *(wholly)* völlig; ganz ⟨*wach*⟩; **not ~ suitable for the occasion** dem Anlaß nicht ganz angemessen; **b)** *(solely)* ganz ⟨*für sich behalten*⟩; allein, voll ⟨*verantwortlich sein*⟩; **it's up to you ~:** es liegt ganz bei dir; **it's your responsibility ~:** du allein hast die Verantwortung
entirety [ɪn'taɪərətɪ] *n., no pl. (completeness)* Uneingeschränktheit, *die;* **in its ~:** als Ganzes; in seiner Gesamtheit
entitle [ɪn'taɪtl] *v. t.* **a)** *(give title of)* **~ a book/film ...:** einem Buch/Film den Titel ... geben; **b)** *(give rightful claim)* berechtigen (**to** *zu*); **~ sb. to do sth.** jmdn. berechtigen *od.* jmdm. das Recht geben, etw. zu tun; **your degree does not ~ you to more pay** auf Grund Ihres akademischen Grades haben Sie noch keinen Anspruch auf höhere Bezahlung; **she is ~d to a bit of respect from you** sie kann ein wenig Respekt von dir verlangen; **be ~d to [claim] sth.** Anspruch auf etw. *(Akk.)* haben; **be ~d to do sth.** das Recht haben, etw. zu tun
entitlement [ɪn'taɪtlmənt] *n. (rightful claim)* Anspruch, *der* (**to** auf + *Akk.*); **your leave ~ is four weeks** Sie haben Anspruch auf vier Wochen Urlaub
entity ['entɪtɪ] *n.* **a)** *no pl. (existence)* Entität, *die (Philos.);* Existenz, *die;* **b)** *(independence)* Eigenständigkeit, *die;* **b)** *(thing that exists)* [**separate**] *od.* eigenständiges Gebilde
entomb [ɪn'tu:m] *v. t. (place in tomb)* beisetzen *(geh.); (fig.)* einkerkern
entombment [ɪn'tu:mmənt] *n.* Beisetzung, *die (geh.); (fig.)* Einkerkerung, *die*
entomological [entəmə'lɒdʒɪkl] *adj.* entomologisch
entomologist [entə'mɒlədʒɪst] *n.* Entomologe, *der*/Entomologin, *die*
entomology [entə'mɒlədʒɪ] *n.* Entomologie, *die;* Insektenkunde, *die*
entourage [ɒntʊ'rɑ:ʒ] *n.* Gefolge, *das;* **have a permanent ~ of beautiful women** ständig von schönen Frauen umgeben sein
entr'acte ['ɒntrækt] *n. (Theatre)* **a)** *(interval)* Zwischenakt, *der;* **b)** *(performance in interval)* Entreakt, *der*
entrails ['entreɪlz] *n. pl.* Eingeweide; Gedärm, *das; (fig.)* Innere, *das;* **read the ~** *(fig.)* die Zukunft deuten
¹**entrain** [ɪn'treɪn] *v. t.* **a)** *(result in)* nach sich ziehen; **b)** *(carry along in flow)* mitführen ⟨*Tröpfchen, Dampf*⟩
²**entrain 1.** *v. t.* (in einen/den Zug) verladen. **2.** *v. i.* (in einen/den Zug) einsteigen; **~ for London** in den Zug nach London einsteigen
¹**entrance** ['entrəns] *n.* **a)** *(entering)* Eintritt, *der* (**into** + *Akk.*); *(of troops)* Einzug, *der; (of vehicle)* Einfahrt, *die; (into office, position)* Antritt, *der* (**into, upon** *Gen.*); **before his ~ into the room** bevor er das Zimmer betrat *od.* ins Zimmer trat; [**ceremonial**] **~:** [feierlicher] Einzug; **b)** *(on to stage, lit. or fig.)* Auftritt, *der;* **make an** *od.* **one's ~:** seinen Auftritt haben; **she likes to make a dramatic ~** *(fig.)* sie setzt sich gern in Szene; **c)** *(way in)* Eingang, *der* (**to** *Gen. od.* zu); *(for vehicle)* Einfahrt, *die;* **factory ~:** Fabrik *od.* Werk[s]tor, *das; (fig.)* **the ~ to the cellar/city is through a trapdoor/large gates** man gelangt durch eine Falltür/große Tore in den Keller/die Stadt; **d)** *no pl. (right of admission)* Aufnahme, *die* (**to** in + *Akk.*); **gain ~ to/apply for ~ at a school/university** an einer Schule/Universität aufgenommen werden/sich um die Aufnahme an einer Schule/Universität bewerben; **~ to the concert is by ticket only** man kommt nur mit einer Eintrittskarte in das Konzert; *see also* **common entrance; e)** *(fee)* Eintritt, *der*
²**entrance** [ɪn'trɑ:ns] *v. t.* **a)** *(throw into trance)* in Trance versetzen; **b)** *(carry away as in trance)* hinreißen; bezaubern; **become ~d** verzaubert werden; **be ~d by** *or* **with sth.** von etw. hingerissen *od.* bezaubert sein
entrance ['entrəns]: **~ examination** *n.* Aufnahmeprüfung, *die;* **~ fee** *n.* Eintrittsgeld, *das; (for competition)* Teilnahmegebühr, *die; (on joining club)* Aufnahmegebühr, *die;* **~ hall** *n.* Eingangshalle, *die;* **~ money** *see* **~ fee;** **~ requirement** *n.* Aufnahmebedingung, *die*
entrancing [ɪn'trɑ:nsɪŋ] *adj.* bezaubernd; hinreißend
entrant ['entrənt] *n.* **a)** Eintretende, *der/die; (into country)* Einreisende, *der;* **b)** *(immigrant)* Einwanderer, *der;* **illegal ~s into the country** illegale Einwanderer; **c)** *(into a profession etc.)* Anfänger, *der*/Anfängerin, *die;* **d)** *(for competition, race, etc.)* Teilnehmer, *der*/Teilnehmerin, *die* (**for** *Gen.*, an + *Dat.*)
entrap [ɪn'træp] *v. t.*, **-pp-: a)** *(catch in trap)* fangen; **be ~ped** gefangen sein; in der Falle sitzen; **b)** *(enclose and retain)* einschließen; **c)** *(beguile)* locken (**to in** + *Akk.*); **~ sb. into doing sth./into sth.** jmdn. verlocken *(geh.) od.* verleiten, etw. zu tun/jmdn. zu etw. verlocken *(geh.) od.* verleiten
entreat [ɪn'tri:t] *v. t. (ask)* inständig bitten; *(beseech)* anflehen; **~ sb. to do sth.** jmdn. inständig bitten/jmdn. anflehen, etw. zu tun
entreating [ɪn'tri:tɪŋ] *adj.,* **entreatingly** [ɪn'tri:tɪŋlɪ] *adv.* flehentlich
entreaty [ɪn'tri:tɪ] *n. see* **entreat:** inständige/flehentliche Bitte; **make an ~ to sb. to do sth.** jmdn. inständig/flehentlich bitten, etw. zu tun
entrecôte ['ɒntrəkəʊt] *n. (Gastr.)* **~ [steak]** Entrecote, *das*
entrée ['ɒntreɪ, 'ɑ̃treɪ] *n.* **a)** *(right of admission)* Zutritt, *der* (**of, to, into** zu); **give sb. an/the ~ to sth.** jmdm. Zutritt zu etw. verschaffen; **b)** *(Gastr.) (Brit.)* Entree, *das;* Zwischengericht, *das; (Amer.: main dish)* Hauptgericht, *das*
entrench [ɪn'trenʃ] *v. t.* **a)** *(place in safety)* in Sicherheit bringen ⟨*Person, Besitz;*⟩ **~ oneself in/behind sth.** *(lit. or fig.)* sich in/hinter etw. *(Dat.)* verschanzen; **become ~ed** *(fig.)* ⟨*Vorurteil, Gedanke:*⟩ sich festsetzen; ⟨*Tradition:*⟩ sich verwurzeln; **b)** *(apply extra safeguards to)* verankern ⟨*Rechte, Privilegien*⟩
entrenchment [ɪn'trenʃmənt] *n. (lit. or fig.)* Verschanzung, *die*
entre nous [ɒntrə 'nu:] *adv.* unter uns; **well, ~, what really happened was ...:** nun, unter uns gesagt, was wirklich geschah, war ...
entrepôt ['ɒntrəpəʊ] *n.* **a)** *(commercial centre)* Umschlagplatz, *der;* **b)** *(storehouse)* Speicher, *der*
entrepreneur [ɒntrəprə'nɜː(r)] *n.* **a)** Unternehmer, *der*/Unternehmerin, *die;* **b)** *(middleman)* Vermittler, *der*
entrepreneurial [ɒntrəprə'nɜːrɪəl] *adj.* unternehmerisch
entropy ['entrəpɪ] *n. (Phys.)* Entropie, *die*
entrust [ɪn'trʌst] *v. t.* **~ sb. with sth.** jmdm. etw. anvertrauen; **he could not be ~ed with such responsibility** man konnte ihm keine solche Verantwortung übertragen; **~ sb./sth. to sb./sth.** jmdn./etw. jmdm./einer Sache anvertrauen; **~ a task to sb.** jmdm. mit einer Aufgabe betrauen; **~ sth. to sb.'s safe keeping** jmdm. etw. zur Aufbewahrung anvertrauen
entry ['entrɪ] *n.* **a)** Eintritt, *der* (**into** + *Akk.*); *(of troops)* Einzug, *der; (of foreign matter into wound etc.)* Eindringen, *das; (into organization, cartel)* Beitritt, *der* (**into** zu); *(into country)* Einreise, *die; (ceremonial entrance)* [feierlicher] Einzug; **~ into Britain** bei der Einreise nach Großbritannien; **gain ~ to the house** ins Haus gelangen; **gain ~ to the EEC** der EG beitreten; **force an ~:** sich *(Dat.)* [gewaltsam] Zutritt *od.* Zugang verschaffen; *see also* ¹**port 1 a; b)** *(on to stage)* Auftritt, *der;* **c)** *no pl., no art. (liberty to enter) (into car-park)* Einfahrt, *die* (**into** in + *Akk.*); *(into building)* Zutritt, *der* (**into** zu); *(into country)* Einreise, *die* (**to** in + *Akk.*); *see also* **'no entry'; d)** *(Law: taking possession)* Inbesitznahme, *die;* **make ~ of** *or* **on** in Besitz nehmen; **e)** *(way in)* Eingang, *der; (for vehicle)* Einfahrt, *die;* **f)** *(passage between buildings)* Durchgang, *der;* **g)** *(Mus.)* Einsatz, *der;* **h)** *(registration, item registered)* Eintragung, *die* (**in, into** in + *Akk. od. Dat.*); *(in dictionary, encyclopaedia, yearbook, index)* Eintrag, *der;* **make an ~:** eine Eintragung vornehmen; **double/single ~** *(Bookk.)* doppelte/einfache Buchführung; **i)** *(body of entrants) (for race etc.)* Teilnehmerfeld, *das; (for university/school)* [Zahl der] Studienanfänger/Schulanfänger; **j)** *(person or thing in competition)* Nennung, *die; (set of answers etc.)* Lösung, *die;* **latest date for entries** Einsendeschluß, *der; (for sporting event)* Meldeschluß, *der;* **entry: ~ fee** *see* **entrance fee; ~ form** *n.* Anmeldeformular, *das; (for competition)* Teilnahmeschein, *der;* **~ permit** *n.* Einreiseerlaubnis, *die;* Einreisegenehmigung, *die;* **E~phone, (P)** *n.* Sprechanlage, *die;* **~ visa** *n.* Einreisevisum, *das*
entwine [ɪn'twaɪn] *v. t.* **a)** *(interweave, lit. or fig.)* verflechten (**with** mit); **~ one's hair with ribbons** sich *(Dat.)* Bänder ins Haar flechten; **b)** *(wreathe)* **~ sth. about** *or* **round sth./sth.** etw. um jmdn./etw. schlingen *od. (geh.)* winden; **~ sth. with sth.** etw. mit etw. umschlingen *od. (geh.)* umwinden
enumerable [ɪ'nju:mərəbl] *adj.* zählbar
'E number *n. (Commerc.)* E-Nummer, *die*
enumerate [ɪ'nju:məreɪt] *v. t.* **a)** *(count)* zählen; **b)** *(mention one by one)* [einzeln] aufzählen *od.* aufführen
enumeration [ɪnjuːmə'reɪʃn] *n.* **a)** *(counting)* Zählung, *die;* **b)** *(mentioning one by one)* Aufzählung, *die;* Auflistung, *die;* **c)** *(list)* Auflistung, *die*
enunciate [ɪ'nʌnsɪeɪt] *v. t.* **a)** *(pronounce)* artikulieren; **b)** *(express)* formulieren ⟨*Idee, Theorie*⟩; zum Ausdruck bringen ⟨*Überzeugung, Wahrheit*⟩
enunciation [ɪnʌnsɪ'eɪʃn] *n.* **a)** *(pronunciation)* Artikulation, *die;* [deutliche] Aussprache; **b)** *(expression)* Formulierung, *die*
enure *see* **inure**
envelop [ɪn'veləp] *v. t.* [ein]hüllen (**in** in + *Akk.*); **be ~ed in flames** ganz von Flammen umgeben sein; **he ~ed her in his arms** er schloß sie in die Arme
envelope ['envələʊp, 'ɒnvələʊp] *n.* **a)** *(for letter)* [Brief]umschlag, *der;* **b)** *(Aeronaut.: gas-container)* Hülle, *die*
enviable ['envɪəbl] *adj.* beneidenswert; **be ~ for sth.** um etw. zu beneiden sein
envious ['envɪəs] *adj.* neidisch (**of** auf + *Akk.*); **speak in ~ tones** in neiderfülltem Ton sprechen; **I'm so ~ of you!** wie sich dich beneide!
enviously ['envɪəslɪ] *adv.* neidisch; neiderfüllt
environment [ɪn'vaɪərənmənt] *n.* **a)** *(natural surroundings)* **the ~:** die Umwelt; **the Department of the E~** *(Brit.)* das Umweltministerium; **b)** *(surrounding objects, region)* Umgebung, *die; (surrounding circumstances)* Umwelt, *die;* Umfeld, *das (bes. Psych., Soziol.); (social surroundings)* Milieu, *das;* **physical/working/metropolitan ~:** Umwelt, *die*/Arbeitswelt, *die*/Großstadtmilieu, *das;* **home/family ~:** häusliches Milieu/Familienverhältnisse *Pl.*
environmental [ɪnvaɪərən'mentl] *adj.* Umwelt⟨*verschmutzung, -schutz, -einflüsse*⟩; **for ~ reasons** aus Gründen des Umweltschutzes; **~ group** Umweltschutzorganisation, *die*

environmentalist [ɪnvaɪərən'mentəlɪst] *n.* Umweltschützer, *der*/-schützerin, *die*

environs [ɪn'vaɪərənz, 'envɪrənz] *n. pl.* Umgebung, *die*; **Oxford and its ~**: Oxford und Umgebung

envisage [ɪn'vɪzɪdʒ], **envision** [ɪn'vɪʒn] *v. t.* (*imagine, contemplate*) sich (*Dat.*) vorstellen; **what do you ~ for the future of the department?** wie siehst du die Zukunft der Abteilung?; **what do you ~ doing [about it]?** was gedenkst du [in der Sache] zu tun?; **she doesn't ~ staying in London for much longer** sie hat nicht vor, noch länger in London zu bleiben

envoy ['envɔɪ] *n.* (*messenger*) Bote, *der*/Botin, *die*; (*Diplom. etc.*) Gesandte, *der*/Gesandtin, *die*

envy ['envɪ] 1. *n.* **a)** Neid, *der*; **feelings of ~**: Neidgefühle; **they could not conceal their ~ of her** sie konnten nicht verbergen, daß sie neidisch auf sie waren; **b)** (*object*) **his new sports car was the ~ of all his friends** alle seine Freunde beneideten ihn um seinen neuen Sportwagen; **you'll be the ~ of all your friends** alle deine Freunde werden dich beneiden. 2. *v. t.* beneiden; **~ sb. sth.** jmdn. um etw. beneiden; **I don't ~ you your job** ich beneide dich nicht um deine Tätigkeit

enwrap [ɪn'ræp] *v. t.*, **-pp-** **~ sb./sth. in sth.** jmdn./etw. in etw. (*Akk.*) [ein]hüllen

enzyme ['enzaɪm] *n.* (*Chem.*) Enzym, *das*

Eocene ['i:əsi:n] (*Geol.*) 1. *adj.* eozän; Eozän-. 2. *n.* Eozän, *das*

eon *see* **aeon**

EP *abbr.* **extended-play [record]** EP

epaulette (*Amer.*: **epaulet**) ['epɔ:let, 'epəlet, epə'let] *n.* **a)** Epaulette, *die*; **b)** (*shoulder-strap*) Schulterklappe, *die*

épée [epeɪ] *n.* (*Fecht*)degen, *der*

ephemeral [ɪ'fi:mərl, ɪ'femərl] *adj.* **a)** (*short-lived*) ephemer[isch] (*geh.*); kurzlebig; **b)** (*lasting only a day*) eintägig

epic ['epɪk] 1. *adj.* **a)** episch; **~ poet** epischer Dichter; Epiker, *der*; **~ subject** Stoff für ein Epos; **b)** (*of heroic type or scale, lit. or fig.*) monumental; **~ film** Filmepos, *das*; **~ book** monumentaler Roman; Epos, *das (fig.)*; **an ~ voyage** eine waghalsige Reise. 2. *n.* Epos, *das*; (*film*) [Film]epos, *das*; (*book*) monumentaler Roman; Epos, *das (fig.)*; **folk-/national ~**: Volks-/Nationalepos, *das*

epicentre (*Brit.*; *Amer.*: **epicenter**) ['epɪsentə(r)] *n.* Epizentrum, *das*

epicure ['epɪkjʊə(r)] *n.* Feinschmecker, *der*; Gourmet, *der*

epicurean [epɪkjʊə'ri:ən] 1. *adj.* (*devoted to pleasure*) epikureisch (*geh.*); **~ person** *see* 2. 2. *n.* (*person devoted to pleasure*) Epikureer, *der (geh.)*; Genußmensch, *der*

epidemic [epɪ'demɪk] (*Med.*; *also fig.*) 1. *adj.* epidemisch. 2. *n.* Epidemie, *die*

epidermal [epɪ'dɜ:ml] *adj.* (*Anat.*, *Biol.*) epidermal

epidermis [epɪ'dɜ:mɪs] *n.* (*Anat.*, *Biol.*) Epidermis, *die (fachspr.)*; Oberhaut, *die*

epidiascope [epɪ'daɪəskəʊp] *n.* Epidiaskop, *das*

epidural [epɪ'djʊərəl] *n.* (*Med.*) Epiduralanästhesie, *die*

epiglottis [epɪ'glɒtɪs] *n.* (*Anat.*) Epiglottis, *die (fachspr.)*; Kehldeckel, *der*

epigram ['epɪgræm] *n.* (*Lit.*) **a)** (*short poem*) Epigramm, *das*; Sinngedicht, *das*; **b)** (*pointed saying*) Sinnspruch, *der*; **c)** (*mode of expression*) epigrammatischer Ausdruck

epigrammatic [epɪgrə'mætɪk] *adj.* (*Lit.*) epigrammatisch

epigraph ['epɪgrɑ:f] *n.* **a)** (*inscription*) Epigraph, *der*; **b)** (*motto*) Motto, *das*

epilepsy ['epɪlepsɪ] *n.* (*Med.*) Epilepsie, *die*

epileptic [epɪ'leptɪk] (*Med.*) 1. *adj.* epileptisch; *see also* ¹**fit a**. 2. *n.* Epileptiker, *der*/Epileptikerin, *die*

epilogue (*Amer.*: **epilog**) ['epɪlɒg] *n.* (*Lit.*) Epilog, *der*; (*concluding part of literary work also*) Nachwort, *das*

Epiphany [ɪ'pɪfənɪ] *n.* (*Relig.*) Epiphanie, *die*; [**Feast of the**] **~**: Epiphanias, *das*; Dreikönigsfest, *das*; **at ~**: am Dreikönigstag

episcopal [ɪ'pɪskəpl] *adj.* episkopal; bischöflich; Episkopal⟨*system*, *-kirche*⟩; Bischofs⟨*ornat*, *-mütze*⟩

episcopalian [ɪpɪskə'peɪlɪən] 1. *adj.* (*of episcopal church*) der Episkopalkirche nachgestellt. 2. *n.* **a)** (*member of episcopal church*) Episkopale, *der/die*; **b)** (*adherent of episcopacy*) Episkopalist, *der*/Episkopalistin, *die*

episcopate [ɪ'pɪskəpət] *n. see* **bishopric a**

episode ['epɪsəʊd] *n.* **a)** (*also Mus.*) Episode, *die*; **b)** (*instalment of serial*) Folge, *die*; **read next week's exciting ~**: lesen Sie die spannende Fortsetzung in der nächsten Woche!

episodic [epɪ'sɒdɪk], **episodical** [epɪ'sɒdɪkl] *adj.* episodisch; episodenhaft ⟨*Szene*, *Ereignis*⟩

epistemology [epɪstɪ'mɒlədʒɪ] *n.* (*Philos.*) Epistemologie, *die (fachspr.)*; Erkenntnislehre, *die*

epistle [ɪ'pɪsl] *n.* (*Bibl.*, *Lit.*, *or usu. joc.*) (*letter*) Epistel, *die*

epistolary [ɪ'pɪstələrɪ] *adj.* epistolarisch (*veralt.*); **~ style** Briefstil, *der*

epitaph ['epɪtɑ:f] *n.* Epitaph, *das*; Grab[in]schrift, *die*

epithet ['epɪθet] *n.* **a)** (*expressing quality or characteristic*) Beiname, *der*; (*as term of abuse*) Schimpfname, *der*; **b)** (*Ling.*) Epitheton, *das (fachspr.)*; Beiwort, *das*

epitome [ɪ'pɪtəmɪ] *n.* **a)** (*of quality, type, etc.*) Inbegriff, *der*; **b)** (*thing representing another in miniature*) Widerspiegelung im kleinen; **be the ~ of sth.** etw. im kleinen widerspiegeln

epitomize [ɪ'pɪtəmaɪz] *v. t.* **a)** (*fig.*: *represent in miniature*) im kleinen widerspiegeln; **b)** (*fig.*: *embody*) **~ sth.** der Inbegriff einer Sache (*Gen.*) sein

epoch ['i:pɒk, 'epɒk] *n.* (*also Geol.*) Epoche, *die*; **a new ~ in British politics** eine neue Ära in der britischen Politik

epochal [ɪ'pɒkl, 'epɒkl] *adj.* **a)** (*of epoch[s]*) der Epoche(n) nachgestellt; **b)** *see* **epoch-making**

'**epoch-making** *adj.* epochal ⟨*Bedeutung*⟩; epochemachend ⟨*Entdeckung*⟩

eponymous [ɪ'pɒnɪməs] *adj.* namengebend

epoxy [ɪ'pɒksɪ] (*Chem.*) 1. *adj.* Epoxyd-; Epoxid- (*fachspr.*); **~ resin** *see* 2. 2. *n.* Epoxydharz, *das*; Epoxidharz, *das (fachspr.)*

epsilon ['epsɪlən] *n.* Epsilon, *das*

Epsom salt [epsəm 'sɔ:lt, epsəm 'sɒlt] *n.* **~[s]** (*Med.*) Bittersalz, *das*

equable ['ekwəbl] *adj.* **a)** (*uniform*) gleichförmig ⟨*Stil*⟩; **b)** (*balanced*) ausgeglichen ⟨*Wesen*, *Person*, *Klima*⟩; **c)** (*equally proportioned*) ausgewogen ⟨*Maße*, *System*, *Proportionen*⟩; **d)** (*fair-minded*) sachlich ⟨*Einstellung*, *Art*⟩

equably ['ekwəblɪ] *adv.* **a)** (*in uniform style*) gleichförmig; **b)** (*in balanced manner*) **~ [disposed or tempered]** ausgeglichen; **c)** (*in equal proportions*) gleichmäßig; **d)** (*in fair-minded manner*) sachlich

equal ['i:kwl] 1. *adj.* **a)** gleich; **~ in or of ~ height/weight/size/importance/strength etc.** gleich hoch/schwer/groß/wichtig/stark *usw.*; **add flour and cornflour in ~ measure or amounts** gleich viel Mehl und Stärkemehl hinzufügen; **marry sb. of ~ rank** standesgemäß heiraten; **not ~ in length** verschieden lang; **~ rights** gleiche Rechte; Gleichberechtigung, *die*; **divide a cake into ~ parts/portions** einen Kuchen in gleich große Stücke/Portionen aufteilen; **~ amounts of milk and water** gleich viel Milch und Wasser; **she had ~ success with her second novel** mit ihrem zweiten Roman hatte sie ebenso großen Erfolg; **she does both jobs with ~ pleasure/enjoyment** beide Tätigkeiten machen ihr gleich viel Spaß; **all men were created ~**: alle Menschen sind gleich geschaffen; **some are more ~ than others** (*joc.*) einige sind gleicher; **his salary is ~ to mine** er verdient genausoviel wie ich; **be ~ in size to sth.** ebenso groß wie etw. sein; **three times four is ~ to twelve** drei mal vier ist [gleich] zwölf; **none was ~ to her in beauty/elegance** keine kam ihr an Schönheit/Eleganz gleich; **Britain is now ~ with France in terms of medals won** Großbritannien ist *od.* liegt jetzt im Medaillenspiegel gleichauf mit Frankreich; **Michael came third** *or* **third ~ with Richard in the class exams** bei den Klassenprüfungen kam Michael zusammen mit Richard auf den dritten Platz; **~ pay [for ~ work]** gleicher Lohn für gleiche Arbeit; **have ~ standing [with sb.]** [jmdm.] gleichgestellt sein; **be on ~ terms [with sb.]** [mit jmdm.] gleichgestellt sein; **meet each other/discuss matters on ~ terms** als Gleichgestellte zusammenkommen/Angelegenheiten als Gleichgestellte erörtern; **all/other things being ~**: wenn nichts dazwischen kommt; *see also* **equal opportunity**; **b) ~ to** (*adequate for*): **be ~ to sth./sb.** (*strong*, *clever*, *etc.* *enough*) einer Sache/jmdm. gewachsen sein; **a job ~ to sb.'s abilities** eine Arbeit, die jmds. Fähigkeiten entspricht; **be ~ to doing sth.** imstande sein, etw. zu tun; **c)** (*impartial*) gerecht; **they were all given ~ treatment** sie wurden alle gleich behandelt; **d)** (*evenly balanced*) ausgeglichen; **the battle was not ~**: es war ein ungleicher Kampf. 2. *n.* Gleichgestellte, *der/die*; **be among [one's] ~s** unter seinesgleichen sein; **talk to sb. as [if he were] one's ~**: mit jmdm. wie mit seinesgleichen sprechen; **be sb.'s/sth.'s ~**: jmdm. ebenbürtig sein/einer Sache (*Dat.*) gleichkommen; **he/she/it has no or is without ~**: er/sie/es hat nicht seines-/ihresgleichen; **he has met an** *or* **his ~ in her** in ihr hat er jemanden gefunden, der ihm ebenbürtig ist. 3. *v. t.*, (*Brit.*) **-ll- a)** (*be equal to*) **~ sb./sth. [in sth.]** jmdm./einer Sache [in etw. (*Dat.*)] entsprechen; **three times four is ~ to twelve** drei mal vier ist [gleich] zwölf; **she easily ~s him in intelligence** so intelligent wie er ist sie allemal; **the square on the hypotenuse is ~ to the sum of the squares on the other two sides** das Quadrat über der Hypotenuse ist gleich der Summe der Quadrate über den Katheten; **no pop group has ~led the Beatles in terms of success** keine Popgruppe ist je an den Erfolg der Beatles herangekommen; **b)** (*do sth. equal to*) **~ sb.** es jmdm. gleichtun; **I don't know if I could ever ~ such a high score/your success/such an achievement** ich weiß nicht, ob ich je eine so hohe Punktzahl erreichen könnte/so erfolgreich sein könnte wie Sie/eine solche Leistung vollbringen könnte

equalisation, **equalise**, **equaliser** *see* **equaliz-**

equality [ɪ'kwɒlɪtɪ] *n.* Gleichheit, *die*; (*equal rights*) Gleichberechtigung, *die*; **~ between the races/the religions**, **racial/religious ~**: Gleichberechtigung der Rassen/Konfessionen; **~ between the sexes** Gleichheit von Mann und Frau; **women are campaigning for ~ with men** die Frauen kämpfen für ihre Gleichstellung mit den Männern gegenüber

equalization [i:kwəlaɪ'zeɪʃn] *n.* Angleichung, *die* (**to**, *with* an + *Akk.*)

equalize ['i:kwəlaɪz] 1. *v. t.* ausgleichen ⟨*Druck*, *Temperatur*⟩; angleichen ⟨*Maßstäbe*, *Einkommen*, *Chancen*⟩ (**with** *Dat.*); gleichstellen ⟨*Personen*, *gesellschaftliche Gruppen*⟩ (**to**, **with** *Dat. od.* mit). 2. *v. i.* **a)** (*become equal*) sich ausgleichen; **~ with sth.** sich einer Sache (*Dat.*) angleichen; **b)** (*Footb. etc.*) den Ausgleich[streffer] erzielen

243

equalizer ['i:kwəlaɪzə(r)] *n.* (*Footb. etc.*) Ausgleich[streffer], *der*

equally ['i:kwəlɪ] *adv.* a) ebenso; **rank ~ [with one another]** den gleichen Rang einnehmen; **be ~ close to a and b** von a und b gleich weit entfernt sein; **the two are ~ gifted** die beiden sind gleich begabt; b) (*in equal shares*) in gleiche Teile ⟨*aufteilen*⟩; gleichmäßig ⟨*verteilen*⟩; **consist ~ of A and B** zu gleichen Teilen aus A und B bestehen; c) (*according to the same rule and measurement*) in gleicher Weise; gleich ⟨*behandeln*⟩

equal oppor'tunity *n.* Chancengleichheit, *die;* **an ~** *or* **equal opportunities employer** ein Arbeitgeber, der jedem die gleiche Chance gibt (*unabhängig von Geschlecht, Rasse usw.*)

'equals sign *n.* (*Math.*) Gleichheitszeichen, *das*

equanimity [ekwə'nɪmɪtɪ, i:kwə'nɪmɪtɪ] *n., no pl.* a) (*composure, resignation*) Gelassenheit, *die;* b) (*evenness of mind, temper*) Gleichmut, *der*

equate [ɪ'kweɪt] *v. t.* **~ sth. [to** *or* **with sth.]** etw. [einer Sache (*Dat.*) *od.* mit etw.] gleichsetzen

equation [ɪ'kweɪʒn] *n.* a) (*Math.*) Gleichung, *die;* b) (*Chem.*) [chemische] Gleichung; [Reaktions]gleichung, *die*

equator [ɪ'kweɪtə(r)] *n.* (*Geog., Astron.*) Äquator, *der*

equatorial [ekwə'tɔ:rɪəl, i:kwə'tɔ:rɪəl] *adj.* (*Geog., Astron.*) äquatorial ⟨*Hitze, Klima*⟩; Äquatorial⟨*gegend, -strom*⟩; Äquator⟨*linie, -durchmesser, -gürtel, -sonne*⟩; **~ telescope** (*Astron.*) Äquatoreal, *das*

equerry ['ekwərɪ] *n.* a) (*in charge of horses*) königlicher Stallmeister; b) (*of royal household*) Kammerherr, *der*

equestrian [ɪ'kwestrɪən] **1.** *adj.* a) (*of horse-riding*) reiterlich; Reit⟨*turnier, -talent*⟩; b) (*on horseback*) Reiter⟨*standbild, -bildnis*⟩; c) (*of knights*) Ritter-. **2.** *n.* Reiter, *der*/Reiterin, *die;* **circus ~s** Zirkusreiter

equestrianism [ɪ'kwestrɪənɪzm] *see* horsemanship

equidistant [i:kwɪ'dɪstənt] *adj.* gleich weit entfernt (**from** von)

equilateral [i:kwɪ'lætərl] *adj.* (*Math.*) gleichseitig ⟨*Dreieck, Rechteck, Hyperbel*⟩

equilibrium [i:kwɪ'lɪbrɪəm] *n., pl.* **equilibria** [i:kwɪ'lɪbrɪə] *or* **~s** Gleichgewicht, *das;* (*sense of balance*) Gleichgewichtssinn, *der;* **lose/keep one's ~** das Gleichgewicht verlieren/nicht verlieren; **mental/emotional ~:** geistige/emotionale Ausgeglichenheit; **in ~:** im Gleichgewicht; **maintain/restore ~:** das Gleichgewicht halten/wiederfinden; **~ of power** (*fig.*) Gleichgewicht der Kräfte; **stable/unstable/neutral ~** (*Phys.*) stabiles/labiles/indifferentes Gleichgewicht

equine ['ekwaɪn, 'i:kwaɪn] *adj.* a) (*of horse*) Pferde⟨*körper*⟩; b) (*like horse*) pferdeähnlich ⟨*Gang, Haltung, Gesichtszüge, Augen*⟩

equinoctial [i:kwɪ'nɒkʃl, ekwɪ'nɒkʃl] *adj.* (*Astron., Geog.*) Äquinoktial⟨*punkt, -kreis, -stürme*⟩; **~ line** Himmelsäquator, *der*

equinox ['i:kwɪnɒks, 'ekwɪnɒks] *n.* a) Tagundnachtgleiche, *die;* Äquinoktium, *das* (*fachspr.*); **spring** *or* **vernal ~:** Frühjahrs-Tagundnachtgleiche, *die;* **autumn** *or* **autumnal ~:** Herbst-Tagundnachtgleiche, *die;* b) (*Astron.: equinoctial point*) Äquinoktialpunkt, *der; see also* precession

equip [ɪ'kwɪp] *v. t.,* **-pp-** ausrüsten ⟨*Fahrzeug, Armee*⟩; ausstatten ⟨*Zimmer, Küche*⟩; **fully ~ped** komplett ausgerüstet/ausgestattet; **~ sb./oneself [with sth.] [for a journey etc.]** jmdn./sich [für eine Reise *usw.*] [mit etw.] ausrüsten; **be ~ped with sth.** (*fig.*) über etw. (*Akk.*) verfügen; **he is well ~ped for the job** (*fig.*) er bringt gute Voraussetzungen für den Job mit

equipment [ɪ'kwɪpmənt] *n.* a) Ausrüstung, *die;* (*of kitchen, laboratory, etc.*) Ausstattung, *die;* (*sth. needed for activity*) Geräte; **breathing ~:** Sauerstoffgerät, *das;* **climbing/diving ~:** Bergsteiger-/Taucherausrüstung, *die;* **fighting/skiing ~:** Kampf-/Skiausrüstung, *die;* **gardening/gymnastics/recording ~:** Garten-/Turn-/Aufnahmegeräte; **mining ~:** Bergbauausrüstung, *die;* **playground ~:** Spielgeräte (*auf einem Spielplatz*); **riding ~:** Reitzeug, *das* (*ugs.*); **writing ~:** Schreibutensilien; b) (*fig.: intellectual resources*) **mental/intellectual ~:** geistiges Rüstzeug

equitable ['ekwɪtəbl] *adj.* a) (*fair*) gerecht; **in an ~ manner** gerecht; b) (*valid*) billig; **~ jurisdiction** Rechtsprechung nach dem Billigkeitsrecht

equitably ['ekwɪtəblɪ] *adv.* gerecht

equity ['ekwɪtɪ] *n.* a) (*Law*) billiges *od.* natürliches Recht; **in ~:** billigermaßen; **acknowledge a claim in ~:** einen Anspruch billigerweise anerkennen; b) (*fairness*) Gerechtigkeit, *die;* **with ~:** gerecht; c) (*use of justice as well as law*) Billigkeit, *die;* **on the basis of ~:** auf der Grundlage der Billigkeit; d) **E~:** (*Brit. Theatre*) britische Schauspielergewerkschaft; e) *in pl.* (*stocks and shares without fixed interest*) [Stamm]aktien; f) (*value of shares*) Eigenkapital, *das;* g) (*net value of mortgaged property*) Wert eines Besitzes nach Abzug der Belastungen

equivalence ['ɪ'kwɪvələns], **equivalency** ['ɪ'kwɪvələnsɪ] *n.* a) (*being equivalent*) **~ [of value]** Gleichwertigkeit, *die;* (*of two amounts*) Wertgleichheit, *die;* b) (*having equivalent meaning*) **~ [in meaning]** Äquivalenz, *die* (*bes. Logik*); Bedeutungsgleichheit, *die;* c) (*correspondence*) Entsprechung, *die;* d) (*Chem.*) Äquivalenz, *die*

equivalent ['ɪ'kwɪvələnt] **1.** *adj.* a) (*equal, having same result*) gleichwertig; **be ~ to sth.** einer Sache (*Dat.*) entsprechen; **be ~ to doing sth.** dasselbe sein, wie wenn man etw. tut; **something of ~ value** etwas Gleichwertiges; **an ~ amount [of money]** ein entsprechender *od.* gleich hoher Betrag; **an ~ amount of flour** gleich viel Mehl; b) (*meaning the same*) äquivalent (*Sprachw.*); entsprechend; **these two words are [not] ~ in meaning** diese beiden Wörter sind [nicht] bedeutungsgleich; c) (*corresponding*) entsprechend; **be ~ to sth.** einer Sache (*Dat.*) entsprechen; d) (*Chem.*) äquivalent. **2.** *n.* a) (*equivalent or corresponding thing or person*) Pendant, *das;* Gegenstück, *das;* **be the ~ of sb./sth.** das Pendant *od.* Gegenstück zu jmdm./einer Sache sein; b) (*word etc. having same meaning*) Entsprechung, *die* (**of** zu); Äquivalent, *das* (**of** für); c) (*thing having same result*) **be the ~ of sth.** einer Sache (*Dat.*) entsprechen; d) (*Chem.*) Äquivalent, *das*

equivocal [ɪ'kwɪvəkl] *adj.* a) (*ambiguous*) zweideutig; **~ meaning** Zweideutigkeit, *die;* b) (*questionable*) zweifelhaft ⟨*Person, Erfolg, Glück, Ruf*⟩

equivocally [ɪ'kwɪvəkəlɪ] *adv.* (*ambiguously*) zweideutig

equivocate [ɪ'kwɪvəkeɪt] *v. i.* zweideutige Aussagen machen; ausweichen

equivocation [ɪkwɪvə'keɪʃn] *n.* zweideutige Formulierungen

ER *abbr.* King Edward/Queen Elizabeth

er [ɜ:(r)] *int.* äh

era ['ɪərə] *n.* a) (*system of chronology*) Ära, *die;* b) (*period*) Zeit; **the Adenauer ~:** die Ära Adenauer; **Byzantine/computer ~:** byzantinische Zeit/(*ugs.*) Computerzeitalter, *das;* **the Renaissance/Beatles ~:** die Zeit der Renaissance/Beatles; **Roman/Viking ~:** Römer-/Wikingerzeit, *die;* **a new ~ in fashion began in the** in der Mode begann eine neue Ära; c) (*Geol.*) Ära, *die* (*fachspr.*); Erdzeitalter, *das*

eradicate [ɪ'rædɪkeɪt] *v. t.* (*remove*) ausrotten; gründlich beseitigen ⟨*Ursache*⟩

eradication [ɪrædɪ'keɪʃn] *n.* Ausrottung, *die*

eradicator [ɪ'rædɪkeɪtə(r)] *n.* Tintenentferner, *der*

erase [ɪ'reɪz] *v. t.* a) (*rub out*) auslöschen; (*with rubber, knife*) ausradieren; b) (*obliterate*) tilgen (*geh.*) (**from** aus); c) (*remove recorded signal from; also Computing*) löschen

eraser [ɪ'reɪzə(r)] *n.* **[pencil] ~:** Radiergummi, *der;* **[blackboard] ~:** Block mit Filzbelag *o. ä.* zum Löschen von Kreideschrift; (*sponge*) Tafelschwamm, *der*

erasure [ɪ'reɪʒə(r)] *n.* a) (*rubbing out*) Auslöschen, *das;* (*with rubber*) Ausradieren, *das;* b) (*obliteration*) Tilgung, *die* (**from** aus); c) (*removal of recorded signal*) Löschen, *das;* (*place*) gelöschte Stelle

ere [eə(r)] (*poet./arch.*) **1.** *prep.* vor (+ *Dat.*); **~ long** binnen kurzem; **~ now** bereits; **~ then** bis dann. **2.** *conj.* ehe

erect [ɪ'rekt] **1.** *adj.* a) (*upright, vertical; also fig.*) aufrecht; gerade ⟨*Rücken, Wuchs*⟩; **stand ~:** ⟨*Soldat:*⟩ strammstehen; **with head ~:** mit hocherhobenem Kopf; b) (*Physiol.: enlarged and rigid*) erigiert; c) (*raised*) aufgestellt ⟨*Ohren*⟩. **2.** *v. t.* a) (*build*) errichten; aufbauen ⟨*Gerüst*⟩; aufstellen ⟨*Standbild, Mast, Verkehrsschild*⟩; aufschlagen, aufstellen ⟨*Zelt*⟩; konstruieren ⟨*Theorie*⟩; b) (*Physiol.*) Anschwellen, *das;* (*of penis*) Erektion, *die*

erectly [ɪ'rektlɪ] *adv.* (*in upright manner, vertically; also fig.*) aufrecht

erectness [ɪ'rektnɪs] *n., no pl.* (*uprightness*) **~ [of stance** *or* **bearing** *or* **posture]** aufrechte Haltung

erg [ɜ:g] *n.* (*Phys.*) Erg, *das*

ergo ['ɜ:gəʊ] *adv.* (*literary*) ergo

ergonomic [ɜ:gə'nɒmɪk] *adj.* ergonomisch

ergonomics [ɜ:gə'nɒmɪks] *n., no pl.* Ergonomie, *die;* Ergonomik, *die*

ergot ['ɜ:gət] *n.* a) (*disease*) Mutterkornbefall, *der;* b) (*fungus*) Mutterkornpilz, *der;* (*dried mycelium*) Mutterkorn, *das*

erica ['erɪkə, ɪ'rɪ:kə] *n.* (*Bot.*) Erika, *die*

ermine [ɜ:mɪn] *n.* a) (*pl. also Her.*) Hermelin, *der;* b) (*Zool.*) Hermelin, *das*

Ernie ['ɜ:nɪ] *n.* (*Brit. coll.; abbr. of* Electronic Random Number Indicator Equipment) Gerät zur Ziehung der Gewinnzahlen für Prämienanleihen; **have you ever won anything on ~?** haben Sie je etwas mit Prämienanleihen gewonnen?

erode [ɪ'rəʊd] **1.** *v. t.* a) ⟨*Säure, Rost:*⟩ angreifen; ⟨*Wasser, Regen, Meer:*⟩ auswaschen; ⟨*Wind:*⟩ verwittern lassen; ⟨*Wasser, Regen, Meer, Wind:*⟩ erodieren (*Geol.*); b) (*fig.*) unterminieren ⟨*Grundlage, Fundament, Beziehung*⟩. **2.** *v. i.* a) verwittern; (*fig.*) unterminiert werden

erogenous [ɪ'rɒdʒɪnəs] *adj.* erogen ⟨*Zone*⟩; **~ stimulation** sexuelle Stimulation

erosion [ɪ'rəʊʒn] *n.* a) *see* erode **1 a:** Angreifen, *das;* Auswaschung, *die;* Verwitterung, *die;* Erosion, *die* (*Geol.*); b) (*fig.*) Unterminierung, *die*

erosive [ɪ'rəʊsɪv] *adj.* (*Geol.*) erodierend

erotic [ɪ'rɒtɪk] *adj.* erotisch

erotica [ɪ'rɒtɪkə] *n., no pl.* Erotika

erotically [ɪ'rɒtɪkəlɪ] *adv.* erotisch

eroticism [ɪ'rɒtɪsɪzm] *n.* Erotik, *die*

err [ɜ:(r)] *v. i.* sich irren; **to ~ is human** (*prov.*) Irren ist menschlich; **you ~ in your opinion of him** Sie schätzen ihn falsch ein; **let's ~ on the right** *or* **safe side and ...:** um sicher zu gehen, wollen wir ...

errand ['erənd] *n.* **a)** Botengang, *der; (shopping)* Besorgung, *die;* **go on** *or* **run an ~:** einen Botengang/eine Besorgung machen; **go** *or* **run ~s** Botengänge/Besorgungen machen; **send sb. on an ~:** jmdn. auf einen Botengang schicken/jmdn. etwas besorgen lassen; **go on an ~ of mercy [for sb.]** Hilfe für jmdn. holen; **send sb. on an ~ of mercy** jmdn. auf eine Rettungsmission entsenden; *see also* **fool's errand; b)** *(object of journey)* Auftrag, *der;* **c)** *(purpose)* Zweck, *der*
errand: ~-boy *n.* Laufbursche, *der;* Bote[njunge], *der;* **~-girl** *n.* Laufmädchen, *das;* Botin, *die*
errant ['erənt] *adj.* irrig, falsch ⟨*Prinzip, Maßstab, Meinung, Vorstellung*⟩; fehlgeleitet ⟨*Person, Verhalten*⟩; untreu ⟨*Ehemann, Ehefrau*⟩; *see also* **knight errant**
errata *pl. of* **erratum**
erratic [ɪ'rætɪk] **1.** *adj.* unregelmäßig; sprunghaft ⟨*Wesen, Person, Art*⟩; unbeständig ⟨*Charakter, Leistung, Wetter*⟩; launenhaft ⟨*Verhalten*⟩; ungleichmäßig ⟨*Bewegung, Verlauf*⟩; **the ~ moods of the weather** die wechselnden Launen des Wetters; **he is rather ~ in the standard of work he produces** das Niveau seiner Arbeiten ist recht unterschiedlich. **2.** *n. see* **erratic block**
erratically [ɪ'rætɪkəlɪ] *adv.* unregelmäßig; launenhaft ⟨*sich verhalten*⟩; ungleichmäßig ⟨*sich bewegen, verlaufen*⟩
erratic 'block *n. (Geol.)* erratischer Block *(fachspr.);* Findling, *der*
erratum [e'reɪtəm, e'rɑːtəm] *n., pl.* **errata** [e'reɪtə, e'rɑːtə] *(Bibliog., Printing)* Erratum, *das (fachspr.);* Druckfehler, *der*
erroneous [ɪ'rəʊnɪəs] *adj.* falsch; irrig ⟨*Schlußfolgerung, Eindruck, Ansicht, Auffassung, Annahme*⟩
erroneously [ɪ'rəʊnɪəslɪ] *adv.* fälschlich; irrigerweise
error ['erə(r)] *n.* **a)** *(mistake)* Fehler, *der;* **gross ~ of judgement** grobe Fehleinschätzung; **printing/typographical ~:** Druck-/Setzfehler, *der;* **b)** *(wrong opinion)* Irrtum, *der;* **lead sb. into ~:** jmdn. irreleiten; **realize the ~ of one's ways** seine Fehler einsehen; **in ~:** irrtümlich[erweise]; **be in ~ in one's calculations** sich verrechnen; **c)** *(Math. etc.)* Abweichung, *die*
erstwhile ['ɜːstwaɪl] *adj.* einstig; einstmalig *(veralt.)*
erudite ['erʊdaɪt] *adj.* gelehrt ⟨*Abhandlung, Vortrag*⟩; gebildet, gelehrt ⟨*Person*⟩
erudition [erʊ'dɪʃn] *n., no pl.* Gelehrsamkeit, *die (geh.)*
erupt [ɪ'rʌpt] *v.i.* **a)** ⟨*Vulkan, Geysir:*⟩ ausbrechen; **ashes and lava ~ed from the volcano** Asche und Lava wurden aus dem Vulkan geschleudert; **~ with anger/into a fit of rage** *(fig.)* einen Wutanfall bekommen; **b)** *(appear)* ⟨*Hautausschlag:*⟩ ausbrechen
eruption [ɪ'rʌpʃn] *n.* **a)** *(of volcano, geyser)* Ausbruch, *der;* Eruption, *die (Geol.);* **b)** *(rash)* Eruption, *die (Med.);* Hautausschlag, *der;* **c)** *(fig.)* Ausbruch, *der*
eruptive [ɪ'rʌptɪv] *adj.* eruptiv; **~ rocks** *(Geol.)* Eruptivgestein, *das*
erythema [erɪ'θiːmə] *n. (Med.)* Erythem, *das (fachspr.);* Hautrötung, *die*
erythrocyte [ɪ'rɪθrəsaɪt] *n. (Anat.)* Erythrozyt, *der (fachspr.);* rotes Blutkörperchen
escalate ['eskəleɪt] **1.** *v.i.* sich ausweiten **(into** zu); eskalieren *(geh.)* **(into** zu); ⟨*Löhne, Preise, Kosten:*⟩ [ständig] steigen. **2.** *v.t.* ausweiten **(into** zu); eskalieren *(geh.)* **(into** zu); beschleunigen ⟨*Anstieg*⟩
escalation [eskə'leɪʃn] *n. (of rioting, war)* Ausweitung, *die;* Eskalation, *die (geh.); (of wages, prices, costs)* Anstieg, *der*
escalator ['eskəleɪtə(r)] *n.* **a)** Rolltreppe, *die;* **b)** *(Commerc.)* **~ clause** Gleitklausel, *die*
escalope ['eskələʊp] *n. (Gastr.)* Schnitzel, *das*

escapade [eskə'peɪd] *n.* Eskapade, *die (geh.)*
escape [ɪ'skeɪp] **1.** *n.* **a)** *(lit. or fig.)* Flucht, *die* **(from** aus); *(from prison or mental hospital also)* Ausbruch, *der* **(from** aus); *(of large wild animal)* Ausbruch, *der; (of small animal)* Entlaufen, *das; (of bird)* Entfliegen, *das;* **there is no ~** *(lit. or fig.)* es gibt kein Entkommen; **~ vehicle** Fluchtfahrzeug, *das;* **~ route** *(lit. or fig.)* Fluchtweg, *der;* **make one's ~ [from sth.]** [aus etw.] entkommen; **have a narrow/miraculous ~:** gerade noch einmal/wie durch ein Wunder davonkommen; **have a lucky ~:** glücklich davonkommen; noch einmal Glück haben; **that was a narrow ~** *(joc.)* gerade noch mal davongekommen; **you had a lucky ~** *(joc.)* da haben Sie aber noch mal Glück gehabt; **~ from reality** Flucht vor der Realität; **b)** *(leakage of gas etc.)* Austritt, *der;* Entweichen, *das;* **c)** *(plant)* verwilderte Pflanze. *See also* **fire-escape. 2.** *v.i.* **a)** *(lit. or fig.)* fliehen **(from** aus); entfliehen *(geh.)* **(from** *Dat.*); *(successfully)* entkommen **(from** *Dat.*); *(from prison or mental hospital also)* ausbrechen **(from** aus); ⟨*Großtier:*⟩ entlaufen **(from** *Dat.*); ⟨*Kleintier:*⟩ entlaufen **(from** *Dat.*); ⟨*Vogel:*⟩ entfliegen **(from** *Dat.*); **~ to freedom** in die Freiheit entkommen; **while trying to ~:** auf der Flucht; **~d prisoner/convict** entflohener Gefangener/Sträfling; **~ to one's room** sich in sein Zimmer zurückziehen; **~ into a dream world** *(fig.)* in eine Traumwelt flüchten; **b)** *(leak)* ⟨*Gas:*⟩ ausströmen; ⟨*Flüssigkeit:*⟩ auslaufen; **c)** *(avoid harm)* davonkommen; **he ~d, but she was killed** er überlebte, während sie getötet wurde. **3.** *v.t.* **a)** entkommen **(+** *Dat.*) ⟨*Verfolger, Angreifer, Feind*⟩; entkommen **(+** *Dat.*) ⟨*Bestrafung, Gefangennahme, Tod, Entdeckung, Schicksal*⟩; verschont bleiben von ⟨*Katastrophe, Krankheit, Zerstörung, Reduzierung, Auswirkungen*⟩; **~ observation/a duty** sich der Beobachtung/einer Pflicht entziehen; **he ~d the consequences** ihm blieben die Konsequenzen erspart; **~ being seen** nicht gesehen werden; **she narrowly ~d being killed** sie wäre fast getötet worden; **the car ~d damage** der Wagen blieb unbeschädigt; **one can't ~ the fact that ...:** es läßt sich nicht leugnen, daß ...; **b)** *(not be remembered by)* entfallen sein **(+** *Dat.*); **c)** **~ sb.['s notice]** *(not be seen)* jmdm. entgehen; **~ notice** nicht bemerkt werden; **~ sb.'s attention** jmds. Aufmerksamkeit *(Dat.)* entgehen; *see also* **memory b; d)** *(not be understood by)* **~ sb.** sich jmds. Verständnis *(Dat.)* entziehen; **e)** *(be uttered involuntarily by)* entfahren **(+** *Dat.*)
escape: ~ artist *see* **escapologist; ~ clause** *n. (Law)* Ausweichklausel, *die*
escapee [ɪskeɪ'piː, e'skeɪpiː] *n.* Entflohene, *der/die*
escape: ~-hatch *n. (Naut., Aeronaut.)* Notausstieg, *der; (fig.)* Rettungsanker, *der;* **~ mechanism** *n. (Psych.)* Abwehrmechanismus, *der*
escapement [ɪ'skeɪpmənt] *n. (Horol.)* Hemmung, *die*
e'scape-proof *adj.* ausbruchsicher
escaper [ɪ'skeɪpə(r)] *n.* Entflohene, *der/die*
escape: ~-road *n.* Auslaufstrecke, *die;* **~ route** *n.* Fluchtweg, *der;* **~ valve** *n.* Sicherheitsventil, *das*
escapism [ɪ'skeɪpɪzm] *n. (Psych.)* Eskapismus, *der (fachspr.);* Realitätsflucht, *die*
escapist [ɪ'skeɪpɪst] *n. (Psych.)* **1.** *n.* Eskapist, *der (fachspr.);* Aussteiger, *der/*Aussteigerin, *die (ugs.).* **2.** *adj.* eskapistisch *(fachspr.);* Aussteiger- *(ugs.)*
escapologist [eskə'pɒlədʒɪst] *n. (Brit.)* Entfesselungskünstler, *der*
escarpment [ɪ'skɑːpmənt] *n. (Geog.)* Steilhang, *der*

eschatology [eskə'tɒlədʒɪ] *n. (Theol.)* Eschatologie, *die*
eschew [ɪs'tʃuː] *v.t. (literary)* meiden *(geh.)*
escort 1. ['eskɔːt] *n.* **a)** *(armed guard)* Eskorte, *die;* Geleitschutz, *der (Milit.);* **police ~:** Polizeieskorte, *die;* **with an ~, under ~:** mit einer Eskorte; **fighter ~:** Jagdschutz, *der;* **b)** *(person[s] protecting or guiding)* Begleitung, *die;* **be sb.'s ~:** jmdn. begleiten; **c)** *(man accompanying woman socially)* Begleiter, *der/*Begleiterin, *die; (woman also)* ≈ Hostess, *die.* **2.** [ɪ'skɔːt] *v.t.* **a)** begleiten; *(lead)* führen; geleiten *(geh.); (as guard of honour; also Mil.)* eskortieren; **~ sb. to safety** jmdn. in Sicherheit bringen; **b)** *(take forcibly)* bringen
escort [e'skɔːt]: **~ agency** *n.* Agentur für Begleiter/Begleiterinnen; **~ carrier** *n. (Navy)* Geleitflugzeugträger, *der;* **~ duty** *n.* **be on ~ duty** als Geleitschutz eingesetzt sein; **~ vessel** *n. (Navy)* Geleitschiff, *das*
escritoire [eskrɪ'twɑː(r)] *n.* Sekretär, *der*
escutcheon [ɪ'skʌtʃn] *n. (Her.)* Schild, *der;* **be a blot on sb.'s ~** *(fig.)* jmds. Ehre beflecken
ESE [iːstsaʊθ'iːst] *abbr.* **east-south-east** OSO
Eskimo ['eskɪməʊ] **1.** *adj.* Eskimo-; *see also* **English 1. 2.** *n.* **a)** *no pl. (language)* Eskimoisch, *das; see also* **English 2 a; b)** *pl.* **~s** *or same* Eskimo, *der/*Eskimofrau, *die;* **the ~[s]** die Eskimos
'Eskimo dog *n.* Eskimohund, *der*
ESN *abbr.* **educationally subnormal**
esophagus *(Amer.) see* **oesophagus**
esoteric [esə'terɪk, iːsə'terɪk] *adj.* esoterisch *(geh.)*
ESP *abbr. (Psych.)* **extra-sensory perception** ASW
espalier [ɪ'spælɪə(r)] *n.* **a)** *(trellis)* Spalier, *das;* **b)** *(tree)* Spalierbaum, *der*
esparto [ɪ'spɑːtəʊ] *n.* **~ [grass]** *(Bot.)* Esparto, *der;* Espartogras, *das*
especial [ɪ'speʃl] *attrib. adj.* [ganz] besonder...; **have ~ talent** besonders begabt sein; **for your ~ benefit** gerade um deinetwillen
especially [ɪ'speʃəlɪ] *adv.* besonders; **more ~ because ...:** um so eher, als ...; **what ~ do you want to see?** was möchten Sie insbesondere sehen?; **~ as** zumal; **more ~:** ganz besonders
Esperanto [espə'ræntəʊ] *n., no pl.* Esperanto, *das; see also* **English 2 a**
espionage ['espɪənɑːʒ, 'espɪənɑːʒ] *n.* Spionage, *die;* **carry out ~ for sb.** für jmdn. spionieren; *see also* **industrial espionage**
esplanade [esplə'neɪd, esplə'nɑːd] *n.* Esplanade, *die (geh.)*
espousal [ɪ'spaʊzl] *n.* Eintreten, *das (of* für*)*
espouse [ɪ'spaʊz] *v.t.* **a)** eintreten für; **b)** *(arch.) (marry)* ehelichen *(veralt.); (give in marriage)* vermählen *(veralt.)* **(to** mit**)**
espresso [e'spresəʊ] *n., pl.* **~s** *(coffee)* Espresso, *der*
e'spresso bar *n.* Espressobar, *die;* Espresso, *der*
esprit de corps [esprɪ də 'kɔː] *n.* Korpsgeist, *der;* Gemeinschaftsgeist, *der*
espy [ɪ'spaɪ] *v.t. (dated/joc.)* entdecken
Esq. *abbr.* **Esquire** ≈ Hr.; *(on letter)* ≈ Hrn.; **Jim Smith, ~:** Hr./Hrn. Jim Smith
essay 1. ['eseɪ] *n.* Essay, *der;* Aufsatz, *der (bes. Schulw.).* **2.** ['seɪ] *v.t.* sich versuchen an **(+** *Dat.*); **~ to do sth.** sich bemühen, etw. zu tun
essayist ['eseɪɪst] *n.* Essayist, *der/*Essayistin, *die*
essence ['esns] *n.* **a)** Wesen, *das; (gist)* Wesentliche, *das; (of problem, message, teaching)* Kern, *der;* **she is the [very] ~ of grace/kindness** sie ist der Inbegriff der Anmut/der Liebenswürdigkeit; **in ~:** im wesentlichen; **be of the ~:** von entscheidender Bedeutung sein; **b)** *(Cookery)* Essenz, *die*

essential [ɪˈsenʃl] **1.** *adj.* **a)** *(fundamental)* wesentlich ⟨*Unterschied, Merkmal, Aspekt*⟩; entscheidend ⟨*Frage*⟩; zentral ⟨*Thema*⟩; **b)** *(indispensable)* unentbehrlich; lebenswichtig ⟨*Versorgungseinrichtungen, Nahrungsmittel, Güter, Organe*⟩; unabdingbar ⟨*Erfordernis, Qualifikation, Voraussetzung*⟩; unbedingt notwendig ⟨*Bestandteile, Maßnahmen, Ausrüstung*⟩; wesentlich, entscheidend ⟨*Rolle*⟩; **the ~ thing is for her to be happy** die Hauptsache ist, daß sie glücklich ist; **~ to life** lebensnotwendig *od.* -wichtig; **it is [absolutely** *or* **most] ~ that ...:** es ist unbedingt notwendig, daß ...; **these measures are ~:** diese Maßnahmen sind unbedingt erforderlich; **~ oil** see **ethereal oil**. **2.** *n., esp. in pl.* **a)** *(indispensable element)* Notwendigste, *das*; **be an ~ for sth.** für etw. unentbehrlich sein; **the ~s of life** die lebensnotwendigsten Güter; **the bare ~s** das Allernotwendigste; **b)** *(fundamental element)* Wesentliche, *das*; **confine oneself to the ~:** sich auf das Wesentliche beschränken; **the ~s of French grammar** die Grundzüge der französischen Grammatik

essentially [ɪˈsenʃəlɪ] *adv.* im Grunde; **my opinion does not ~ differ from yours** ich bin nicht grundsätzlich anderer Meinung als Sie

establish [ɪˈstæblɪʃ] **1.** *v. t.* **a)** *(set up, create, found)* schaffen ⟨*Einrichtung, Frieden, Präzedenzfall, Ministerposten*⟩; gründen ⟨*Organisation, Institut*⟩; stiften ⟨*Krankenhaus, Frieden*⟩; errichten ⟨*Reich, Geschäft, Lehrstuhl, System*⟩; einsetzen, bilden ⟨*Regierung, Ausschuß*⟩; einsetzen ⟨*Sakrament*⟩; herstellen ⟨*Kontakt, Beziehungen*⟩ **(with** zu**)**; aufschlagen ⟨*Hauptquartier*⟩; aufstellen ⟨*Rekord*⟩; erlassen ⟨*Gesetz*⟩; einführen ⟨*Mode, Steuer, neue Methoden*⟩; ins Leben rufen, begründen ⟨*Bewegung*⟩; **~ a routine** Routine entwickeln; **~ one's authority** *(Dat.)* Autorität verschaffen; **~ law and order** Recht und Ordnung herstellen; **b)** *(settle, place)* unterbringen; **be ~ed in one's new home** sich in seinem neuen Heim eingerichtet haben; **~ sb. in business** jmdm. zum Start im Geschäftsleben verhelfen; **~ sb. in a business of his/her own** jmdm. zur Gründung eines eigenen Geschäfts verhelfen; **c)** *(appoint)* einsetzen; **d)** *(secure acceptance for)* etablieren; **become ~ed** sich einbürgern; **be firmly ~ed** einen festen Platz haben; **~ one's reputation** sich einen Namen machen; **e)** *(prove)* nachweisen ⟨*Schuld, Unschuld, Tatsache*⟩; unter Beweis stellen ⟨*Können*⟩ nachweisen ⟨*Anspruch*⟩; **an inspection ~ed that ...:** eine Prüfung ergab, daß ...; **f)** *(discover)* feststellen; ermitteln ⟨*Umstände, Aufenthaltsort*⟩. **2.** *v. refl.* *(take up one's quarters)* **~ oneself [at** *or* **in a place]** sich [an einem Ort] niederlassen; **the practice has ~ed itself** der Brauch hat sich eingebürgert; **~ oneself as a carpenter** sich *(Dat.)* als Tischler einen festen Kundenkreis gewinnen

established [ɪˈstæblɪʃt] *adj.* **a)** *(entrenched)* eingeführt ⟨*Geschäft usw.*⟩; bestehend ⟨*Ordnung*⟩; etabliert ⟨*Schriftsteller*⟩; **long-~ company** alteingeführte *od.* -eingesessene Firma; **this firm has an ~ reputation** diese Firma ist sehr renommiert; **~ civil servant** ≈ Beamter auf Lebenszeit; **b)** *(accepted)* üblich; etabliert ⟨*Stilrichtung, Gesellschaftsordnung*⟩; geltend ⟨*Norm*⟩; fest ⟨*Brauch*⟩; feststehend ⟨*Tatsache*⟩; überkommen ⟨*Glaube*⟩; **become ~:** sich durchsetzen; **c)** *(Eccl.)* **~ church/religion** Staatskirche/-religion, *die*

establishment [ɪˈstæblɪʃmənt] *n.* **a)** *(setting up, creation, foundation)* Gründung, *die*; *(of government, committee)* Einsetzung, *die*; *(of democracy, empire)* Errichtung, *die*; *(of movement)* Begründung, *die*; *(of peace, relations)* Schaffung, *die*; **b)** *(settlement, placement)* Unterbringung, *die*; **c)** *(appointment)* Einsetzung, *die*; **d)** *(proving)* Nachweis, *der*; **e)** *(institution)* **[business] ~:** Unternehmen, *das*; **commercial/industrial ~:** Handels-/Industrieunternehmen, *das*; **educational ~:** Schule, *die*; **f)** *(household, residence)* Haus, *das*; **g)** *(organized body)* Truppe, *die*; *(quota)* Personalbestand, *der*; **peace[-time]/war ~** *(Mil.)* Friedens-/Kriegsstärke, *die*; **h)** *(Brit.)* **the E~** *(social group)* das Establishment

estate [ɪˈsteɪt] *n.* **a)** *(landed property)* Gut, *das*; **family/private ~:** Familien-/Privatbesitz, *der*; *(Brit.: area with buildings)* *(housing ~)* [Wohn]siedlung, *die*; *(industrial ~)* Industriegebiet, *das*; *(trading ~)* Gewerbegebiet, *das*; **live on an ~:** in einer Wohnsiedlung leben; **on the industrial/trading ~:** im Industrie-/Gewerbegebiet; **c)** *(plantation)* Plantage, *die*; **d)** *(total assets)* *(of deceased person)* Erbmasse, *die* *(Rechtsspr.)*; Nachlaß, *der* *(of bankrupt)* Konkursmasse, *die* *(Wirtsch., Rechtsspr.)*; **e)** *(Law: person's interest in landed property)* Eigentumsrecht, *das*; *see also* **personal estate; real estate; f)** *(political class)* Stand, *der*; **the Three E~s [of the Realm]** die drei [Reichs]stände; **the fourth ~** *(joc.)* die Zunft der Journalisten *(scherzh.)*; **g)** *(arch.: condition)* Stand, *der*; **reach man's ~:** in den Mannesstand treten *(veralt.)*; **the [holy] ~ of matrimony** der heilige Stand der Ehe *(geh.)*; **h)** *(Brit.) see* **estate car**

estate: ~ agent *n. (Brit.)* **a)** Grundstücksmakler, *der*; Immobilienmakler, *der*; **b)** *(steward)* Gutsverwalter, *der*; **~ car** *n. (Brit.)* Kombiwagen, *der*; **~ duty** *(Brit.)*, **~ tax** *(Amer.) ns.* Erbschaftsteuer, *die*

esteem [ɪˈstiːm] **1.** *n., no pl.* Achtung, *die* **(for** vor + *Dat.*); Wertschätzung, *die* *(geh.)* **(for** *Gen.*, für); **hold sb./sth. in [high** *or* **great] ~:** [hohe *od.* große] Achtung vor jmdm./etw. haben; **go up** *or* **rise/go down** *or* **sink in sb.'s ~:** in jmds. Achtung steigen/sinken; **[as a] token** *or* **mark of my ~ [als] Zeichen meiner Hochachtung** *od. (geh.)* Wertschätzung. **2.** *v. t.* **a)** *(think favourably of)* schätzen; **highly** *or* **much** *or* **greatly ~ed** hochgeschätzt; sehr geschätzt; **b)** *(consider)* **~ [as]** erachten für *(geh.)*; ansehen als; **~ it an honour** sich *(Dat.)* etw. zur Ehre anrechnen *(geh.)*

ester [ˈestə(r)] *n. (Chem.)* Ester, *der*

esthetic *etc. (Amer.) see* **aesthetic** *etc.*

estimable [ˈestɪməbl] *adj.* schätzenswert

estimate 1. [ˈestɪmət] *n.* **a)** *(of number, amount, etc.)* Schätzung, *die*; **at a rough ~:** grob geschätzt; **b)** *(of character, qualities, etc.)* Einschätzung, *die*; **form an ~ of sb.'s abilities** jmds. Fähigkeiten beurteilen; **c)** *(Commerc.)* Kostenvoranschlag, *der*; **give an ~ of £50** die Kosten auf 50 Pfund veranschlagen; **d)** *(Brit. Parl.)* **the E~s** der Etat. **2.** [ˈestɪmeɪt] *v. t.* schätzen ⟨*Größe, Entfernung, Zahl, Umsatz*⟩ *(at* auf + *Akk.*)*; einschätzen ⟨*Fähigkeiten, Durchführbarkeit, Aussichten*⟩; **how far would you ~ the distance to be?** wie groß ist nach Ihrer Schätzung die Entfernung

estimation [estɪˈmeɪʃn] *n.* Schätzung, *die*; *(of situation etc.)* Einschätzung, *die*; Beurteilung, *die*; *(esteem)* Wertschätzung, *die* *(geh.)*; **in sb.'s ~:** nach jmds. Einschätzung; **go up/down in sb.'s ~:** in jmds. Achtung steigen/sinken

estimator [ˈestɪmeɪtə(r)] *n.* Kalkulator, *der*

Estonia [eˈstəʊnɪə] *pr. n.* Estland *(das)*

Estonian [eˈstəʊnɪən] **1.** *adj.* estländisch; estnisch; *see also* **English 1**. **2.** *n.* **a)** *(language)* Estnisch[e], *das*; *see also* **English 2 a**; **b)** *(person)* Este, *der*/Estin, *die*; Estländer, *der*/Estländerin, *die*

estrange [ɪˈstreɪndʒ] *v. t.* entfremden **(from** *Dat.)*; **be/become ~d from sb.** jmdm. entfremdet sein/sich jmdm. entfremden; **they are ~d** sie sind einander fremd geworden; *(married couple also)* sie haben sich auseinandergelebt; **her ~d husband/his ~d wife** ihr ihr fremd gewordener Mann/seine ihm fremd gewordene Frau; **the ~d couple** die einander fremd gewordenen Ehepartner

estrangement [ɪˈstreɪndʒmənt] *n.* Entfremdung, *die* **(from** von**)**; **since their ~:** seit sie sich fremd geworden sind; *(of married couple also)* seit sie sich auseinandergelebt haben

estrogen *(Amer.) see* **oestrogen**

estuary [ˈestjʊərɪ] *n. (Geog.)* Ästuar, *das* *(fachspr.)*; [Trichter]mündung, *die*; **the Thames ~** die Mündung der Themse

ETA *abbr.* estimated time of arrival voraussichtliche Ankunftszeit

et al. [et ˈæl] *abbr.* **and others** et al.

etc. *abbr.* et cetera usw.

et cetera, etcetera [etˈsetərə, ɪtˈsetərə] und so weiter; et cetera

etch [etʃ] **1.** *v. t.* **a)** ätzen **(on** auf *od.* in + *Akk.*); *(on metal also)* ⟨*bes. Künstler:*⟩ radieren; **b)** *(fig.)* einprägen **(in, on** *Dat.*); **~ed in** *or* **on sb.'s mind/memory** sich jmdm. eingeprägt haben/ins Gedächtnis eingegraben haben. **2.** *v. i.* ätzen; *(on metal also)* ⟨*bes. Künstler:*⟩ radieren

etching [ˈetʃɪŋ] *n.* Ätzung, *die*; *(piece of art)* Radierung, *die*; **come up and see my ~s** *(joc.)* komm mit rauf, ich zeig' dir meine Briefmarkensammlung *(ugs. scherzh.)*

eternal [ɪˈtɜːnl, iˈtɜːnl] *adj.* **a)** ewig; **be called to one's ~ rest** in die Ewigkeit abberufen werden *(geh. verhüll.)*; **the ~ life** das ewige Leben; **~ triangle** Dreiecksverhältnis, *das*; **b)** *(coll.: unceasing)* ewig *(ugs.)*; **you'll have my ~ thanks** *or* **gratitude** ich werde Ihnen ewig dankbar sein

eternally [ɪˈtɜːnəlɪ, iˈtɜːnəlɪ] *adv.* **a)** ewig; **be ~ damned** auf ewig verdammt sein; **b)** *(coll.: unceasingly)* ewig *(ugs.)*

eternity [ɪˈtɜːnɪtɪ, iˈtɜːnɪtɪ] *n.* **a)** Ewigkeit, *die*; **for** *or* **in all** *or* **throughout ~, from here to ~:** [bis] in alle Ewigkeit; **b)** *(coll.: long time)* Ewigkeit, *die (ugs.)*; **wait for [what seemed] an ~:** [scheinbar] eine Ewigkeit warten

ether [ˈiːθə(r)] *n.* **a)** *(Chem.)* Äther, *der*; **b)** *(Phys.; also fig.)* Äther, *der*

ethereal [ɪˈθɪərɪəl] *adj.* **a)** *(delicate, light, airy; also Phys., Chem.)* ätherisch; **b)** *(poet.: heavenly)* ätherisch *(veralt.)*; himmlisch

ethereal oil *n. (Chem.)* ätherisches Öl

ethic [ˈeθɪk] **1.** *n.* Ethik, *die (geh.)*; Ethos, *das (geh.)*. **2.** *adj.* *see* **ethical a, b, d**

ethical [ˈeθɪkl] *adj.* **a)** *(relating to morals)* ethisch; **~ philosophy** Ethik, *die*; **~ philosopher** Ethiker, *der*/Ethikerin, *die*; **b)** *(morally correct)* moralisch einwandfrei; **it is not ~ for a doctor ...:** es entspricht nicht dem Berufsethos eines Arztes ...; **c)** *(Med.)* verschreibungspflichtig ⟨*Medikament*⟩; **d)** *(Ling.)* **~ dative** Dativus ethicus, *der*

ethicality [eθɪˈkælɪtɪ] *n., no pl.* *(moral correctness)* Sittlichkeit, *die*

ethically [ˈeθɪkəlɪ] *adv.* **a)** *(according to ethical rules)* ethisch; **be ~ obliged** *or* **bound to do sth.** die moralische Verpflichtung haben, etw. zu tun; **b)** *(in a morally correct way)* moralisch einwandfrei

ethics [ˈeθɪks] *n., no pl.* **a)** Moral, *die*; *(moral philosophy)* Ethik, *die*; **b)** *usu. constr. as pl.* *(moral code of person, group, etc.)* Ethik, *die (geh.)*; Ethos, *das (geh.)*; **medical ~:** ärztliche Ethik; **professional ~:** Berufsethos, *das*; **legal ~:** Standespflichten der Juristen; **c)** *constr. as pl.* *(moral correctness)* ethische Berechtigung

Ethiopia [iːθɪˈəʊpɪə] *pr. n.* Äthiopien *(das)*

Ethiopian [iːθɪˈəʊpɪən] **1.** *adj.* äthiopisch; **sb. is ~:** jmd. ist Äthiopier/Äthiopierin. **2.** *n.* Äthiopier, *der*/Äthiopierin, *die*

ethnic ['eθnɪk] *adj.* a) *(ethnological)* ethnisch; Volks⟨gruppe, -musik, -tanz⟩; ~ **mix** Völkergemisch, *das;* ~ **minority** ethnische Minderheit, *die;* ~ **cleansing** ethnische Säuberung, *die;* b) *(from specified group)* Volks⟨chinesen, -deutsche⟩
ethnology [eθ'nɒlədʒɪ] *n.* Ethnologie, *die;* vergleichende Völkerkunde
ethology [i:'θɒlədʒɪ] *n.* a) *(science of animal behaviour)* Verhaltensforschung, *die;* Ethologie, *die;* b) *(science of character-formation)* Charakterkunde, *die*
ethos ['i:θɒs] *n.* *(guiding beliefs)* Gesinnung, *die;* ⟨fundamental values⟩ Ethos, *das (geh.);* ⟨characteristic spirit⟩ Geist, *der*
ethyl ['eθɪl, 'i:θaɪl] *n. (Chem.)* Äthyl, *das*
ethyl 'alcohol *n. (Chem.)* Äthylalkohol, *der*
ethylene ['eθɪli:n] *n. (Chem.)* Äthylen, *das;* ~ **'glycol** Äthylenglykol, *das*
etiology *(Amer.)* see **aetiology**
etiquette [etɪ'ket, 'etɪket] *n.* a) *(social convention, court ceremonial)* Etikette, *die;* **breach of** ~: Verstoß gegen die Etikette; **book of** ~: Buch mit Verhaltensregeln; **that's** ~: das gehört sich so; **it's not** ~: das gehört sich nicht; b) *(professional code)* **professional** ~ [**of the law**] Berufspraxis [der Juristen]; **medical/legal** ~: Berufspraxis der Ärzte/Juristen
Etna ['etnə] *pr. n.* **[Mount]** ~: der Ätna
Etonian [i:'təʊnɪən] *n.* Etonschüler, *der*
Etruscan [ɪ'trʌskn] *(Ethnol.)* **1.** *adj.* etruskisch. **2.** *n.* a) *(language)* Etruskisch, *das;* b) *(person)* Etrusker, *der*/Etruskerin, *die*
étude ['eɪtju:d, eɪ'tju:d] *n. (Mus.)* Etüde, *die*
etymological [etɪmə'lɒdʒɪkl] *adj.* **etymologically** [etɪmə'lɒdʒɪkəlɪ] *adv. (Ling.)* etymologisch
etymologist [etɪ'mɒlədʒɪst] *n. (Ling.)* Etymologe, *der*/Etymologin, *die*
etymology [etɪ'mɒlədʒɪ] *n. (Ling.)* Etymologie, *die;* see also **folk etymology**
EU *abbr.* European Union EU
eucalypt ['ju:kəlɪpt], **eucalyptus** [ju:kə'lɪptəs] *n.* a) ~ **[oil]** *(Pharm.)* Eukalyptusöl, *das;* b) *(Bot.)* Eukalyptus[baum], *der*
Eucharist ['ju:kərɪst] *n. (Eccl.)* Eucharistie, *die*
eugenics [ju:'dʒenɪks] *n., no pl.* Eugenik, *die (fachspr.);* Erbgesundheitslehre, *die*
eulogise see **eulogize**
eulogistic [ju:lə'dʒɪstɪk] *adj.* lobrednerisch
eulogize ['ju:lədʒaɪz] *v. t.* preisen *(geh.)*
eulogy ['ju:lədʒɪ] *n.* a) *(speech, writing)* Lobrede, *die;* Eloge, *die (geh.); (Amer.: funeral oration)* Grabrede, *die;* b) *(praise)* Lobspruch, *der*
eunuch ['ju:nək] *n.* Eunuch, *der; (fig. derog.)* Schwächling, *der (abwertend)*
euonymus [ju:'ɒnɪməs] *n. (Bot.)* Spindelstrauch, *der;* Evonymus, *der od. das;* *(Euonymus europaeus)* Pfaffenhütchen, *das*
euphemism [ju:fəmɪzm] *n.* Euphemismus, *der (bes. Sprachw.);* verhüllende Umschreibung; **resort to** ~: zu Euphemismen greifen
euphemistic [ju:fə'mɪstɪk] *adj.,* **euphemistically** [ju:fə'mɪstɪkəlɪ] *adv.* euphemistisch *(bes. Sprachw.);* verhüllend
euphonious [ju:'fəʊnɪəs] *adj.* a) *(pleasant-sounding)* wohlklingend *(geh.);* b) *(Ling., Phonet.)* euphonisch
euphonium [ju:'fəʊnɪəm] *n. (Mus.)* Euphonium, *das*
euphony ['ju:fənɪ] *n.* a) *(pleasing sound)* Wohlklang, *der (geh.);* b) *(Ling., Phonet.)* Euphonie, *die*
euphorbia [ju:'fɔ:bɪə] *n. (Bot.)* Euphorbia[pflanze], *die (fachspr.);* Wolfsmilch, *die*
euphoria [ju:'fɔ:rɪə] *n., no pl.* Euphorie, *die (geh.); (elation also)* Hochstimmung, *die*
euphoric [ju:'fɒrɪk] *adj.* euphorisch *(geh.)*
Euphrates [ju:'freɪti:z] *pr. n.* Euphrat, *der*
Eurasia [jʊə'reɪʒə] *pr. n.* Eurasien *(das)*
Eurasian [jʊə'reɪʒn] **1.** *adj.* eurasisch. **2.** *n.* Eurasier, *der*/Eurasierin, *die*

eureka [jʊə'ri:kə] *int.* heureka *(geh.);* ich hab's *(ugs.)*
Euro- ['jʊərəʊ] *in comb.* euro-/Euro-
Eurocrat ['jʊərəkræt] *n.* Eurokrat, *der*/Eurokratin, *die*
'Eurodollar *n. (Econ.)* Eurodollar, *der*
Europe ['jʊərəp] *pr. n.* a) *(the continent of* ~*)* der europäische Kontinent; b) *(Brit. coll.: EEC)* EG, *die;* **go into** ~: der EG beitreten; c) *(Brit. coll.: mainland* ~*)* Kontinent, *der*
European [jʊərə'pi:ən] **1.** *adj.* europäisch; **sb. is** ~: jmd. ist Europäer/Europäerin; **win** ~ **recognition** europäische Anerkennung finden. **2.** *n.* Europäer, *der*/Europäerin, *die*
European: ~ **'Cup** *n. (Footb.)* Europacup, *der;* Europapokal, *der;* ~ **Eco'nomic Community** *n.* Europäische Wirtschaftsgemeinschaft; ~ **Free Trade Association** *n.* Europäische Freihandelsassoziation
Europeanise see **Europeanize**
Europeanism [jʊərə'pi:ənɪzm] *n.* Europäertum, *das; (ideal of the unification of Europe)* europäischer Gedanke
Europeanize [jʊərə'pi:ənaɪz] *v. t.* europäisieren
European: ~ **'Monetary System** *n.* Europäisches Währungssystem; ~ **Parliament** *n.* Europäisches Parlament; ~ **plan** *n. (Amer. Hotel Managem.)* Unterkunft ohne Verpflegung
'Eurovision *n. (Telev.)* Eurovision, *die*
Eustachian tube [ju:s'teɪʃn tju:b] *n. (Anat.)* Eustachische Röhre
euthanasia [ju:θə'neɪzɪə] *n.* Euthanasie, *die;* Sterbehilfe, *die; (painless death)* Gnadentod, *der (geh.)*
evacuate [ɪ'vækjʊeɪt] *v. t.* a) *(remove from danger, clear of occupants)* evakuieren *(from aus);* b) *(esp. Mil.: cease to occupy)* räumen; c) *(Physiol.)* entleeren ⟨Darm⟩
evacuation [ɪvækjʊ'eɪʃn] *n.* a) *(removal of people or things, clearance of place)* Evakuierung, *die (from aus);* b) *(esp. Mil.: withdrawal from occupation)* **the** ~ **of a territory** die Räumung eines Gebietes; **the** ~ **of the army** der Abzug der Armee; c) *(Physiol.)* Entleerung, *die*
evacuee [ɪvækjʊ'i:] *n.* Evakuierte, *der/die; attrib.* ~ **children** evakuierte Kinder
evade [ɪ'veɪd] *v. t.* a) *(avoid)* ausweichen (+ *Dat.*) ⟨Angriff, Angreifer, Schlag, Blick, Problem, Schwierigkeit, Tatsache, Frage, Hindernis, Thema⟩; sich entziehen (+ *Dat.*) ⟨Verhaftung, Ergreifung, Wehrdienst, Einberufung, Gerechtigkeit, Pflicht, Verantwortung, Liebkosung⟩; entkommen (+ *Dat.*) ⟨Polizei, Verfolger, Verfolgung, Gegner⟩; hinterziehen ⟨Steuern, Zölle⟩; umgehen ⟨Schlangsverpflichtung⟩; ~ **recognition** nicht erkannt werden; ~ **doing sth.** vermeiden, etw. zu tun; ~ **giving an answer** der Beantwortung einer Frage ausweichen; b) *(circumvent)* umgehen ⟨Gesetz, Vorschrift⟩; c) *(elude)* **the significance of his remark** ~**s me** die Bedeutung seiner Bemerkung ist mir nicht klar; ~ **definition** sich einer Definition entziehen
evaluate [ɪ'væljʊeɪt] *v. t.* a) *(value)* schätzen ⟨Wert, Preis, Schaden, Kosten⟩; b) *(quantify, express numerically)* in Zahlen ausdrücken; quantifizieren; c) *(appraise)* einschätzen; *(judge)* beurteilen
evaluation [ɪvæljʊ'eɪʃn] *n.* a) Schätzung, *die; (quantification)* Berechnung, *die;* Quantifizierung, *die;* b) *(appraisal)* Einschätzung, *die; (of data)* Auswertung, *die*
evanescent [i:və'nesnt, evə'nesnt] *adj.* flüchtig ⟨Erscheinung, Vision, Glück⟩; vergänglich ⟨Reiz⟩
evangelical [i:væn'dʒelɪkl] *adj.* a) *(of the Gospels)* ~ **texts/preaching** Texte/Verkündigung des Evangeliums; b) *(Protestant)* evangelikal; c) *(evangelizing, crusading)* missionarisch *(fig.)*

evangelicalism [i:væn'dʒelɪkəlɪzm] *n., no pl.* evangelikale Lehre
evangelise see **evangelize**
evangelism [ɪ'vændʒəlɪzm] *n.* a) *(preaching the Gospel)* Evangelisation, *die;* b) *(evangelicalism)* evangelikale Lehre; c) *(crusading zeal)* Bekehrungseifer, *der*
evangelist [ɪ'vændʒəlɪst] *n.* a) *(Gospelwriter)* Evangelist, *der;* b) *(Gospel-preacher)* Evangelist, *der;* Prediger, *der; (itinerant preacher)* Wanderprediger, *der*
evangelize [ɪ'vændʒəlaɪz] *v. t.* evangelisieren
evaporate [ɪ'væpəreɪt] **1.** *v. i.* a) *(become vapour)* verdunsten; b) *(lose liquid)* eindicken; *(completely)* eintrocknen; c) *(fig.)* sich in Luft auflösen; dahinschwinden *(geh.);* ⟨Furcht, Begeisterung:⟩ verfliegen. **2.** *v. t.* a) *(turn into vapour)* verdunsten lassen; b) *(cause to lose liquid)* evaporieren *(Chem.);* eindampfen *(Chem.)*
evaporated 'milk *n.* Kondensmilch, *die*
evaporation [ɪvæpə'reɪʃn] *n.* a) *(changing into vapour)* Verdunstung, *die;* b) *(losing liquid)* Eindickung, *die; (completely)* Eintrocknung, *die*
evasion [ɪ'veɪʒn] *n.* a) *(avoidance)* Umgehung, *die; (of duty)* Vernachlässigung, *die; (of responsibility, question)* Ausweichen, *das (of vor +* *Dat.); tax* ~: Steuerhinterziehung, *die;* b) *(evasive statement)* Ausrede, *die;* ~**s** Ausflüchte *Pl.; (prevarication)* Ausflüchte *Pl.*
evasive [ɪ'veɪsɪv] *adj.* a) **be/become [very]** ~: [ständig] ausweichen; **be** ~ **about sth.** um etw. herumreden; b) *(aimed at evasion)* ausweichend ⟨Antwort⟩; **take** ~ **action** ein Ausweichmanöver machen
evasively [ɪ'veɪsɪvlɪ] *adv.* ausweichend
Eve [i:v] *pr. n. (Bibl.)* Eva *(die)*
eve *n.* a) Vorabend, *der; (day)* Vortag, *der;* **the** ~ **of** der Abend/Tag vor (+ *Dat.*); der Vorabend/Vortag (+ *Gen.);* see also **Christmas Eve; New Year's Eve;** b) *(fig.)* **[be] on the** ~ **of sth.** kurz vor etw. *(Dat.)* [stehen]; c) *(arch.: evening)* Abend, *der*
¹even ['i:vn] **1.** *adj.,* ~**er** ['i:vənə(r)], ~**est** ['i:vənɪst] a) *(smooth, flat)* eben ⟨Boden, Fläche⟩; glatt ⟨Faser, Gewebe⟩; **make sth.** ~: etw. ebnen/glätten; b) *(level)* gleich hoch ⟨Stapel, Stuhl-, Tischbein⟩; gleich lang ⟨Vorhang, Stuhl-, Tischbein usw.⟩; **be** ~ **with height/length** gleich hoch/lang sein; ~ **with** genauso hoch/lang wie; **on an** ~ **keel** *(Naut., Aeronaut.)* auf ebenem Kiel *(Seemannsspr.);* ≈ ausgetrimmt *(Seemannsspr., Fliegerspr.); (fig.)* ausgeglichen; **keep the firm on an** ~ **keel** die Firma über Wasser halten; c) *(straight)* gerade ⟨Saum, Kante⟩; d) *(parallel)* parallel **(with** zu); e) *(regular)* regelmäßig ⟨Zähne⟩; ebenmäßig ⟨Gesichtszüge⟩; *(steady)* gleichmäßig ⟨Schrift, Rhythmus, Atmen, Schlagen⟩; stetig ⟨Fortschritt⟩; f) *(equal)* gleich ⟨groß⟩ ⟨Menge, Abstand⟩; ausgewogen ⟨Kräfteverhältnis⟩; gleichmäßig ⟨Verteilung, Aufteilung⟩; gleich ⟨Punktestand⟩; **start out** ~: mit den gleichen Voraussetzungen beginnen; **the teams are/the score is** ~: die Mannschaften sind punktgleich/die Punktzahl ist dieselbe *od.* gleich; **we need another goal to make it** ~: wir brauchen noch ein Tor zum Ausgleich; **the match is still** ~: die Begegnung steht noch unentschieden; ~**s** *(Brit.),* ~ **money** *(Betting)* eins zu eins *od.* ~ **money favourite** [**to win**] ein 1 : 1-Favorit; **I have an** ~ **chance of getting there on time** meine Chancen, pünktlich anzukommen, stehen fünfzig zu fünfzig *od. (ugs.)* fifty-fifty; **the odds are** ~**, it's** ~ **odds or an** ~ **bet the chances** stehen fünfzig zu fünfzig *od. (ugs.)* fifty-fifty; ~ **Stephen** [i:vn 'sti:vn] *(coll.)* ≈ fifty-fifty *(ugs.);* g) *(balanced)* im Gleichgewicht; **with an** ~ **hand** *(fig.)* gerecht; h) *(quits, fully revenged)* **be** *or* **get** ~ **with sb.**

247

es jmdm. heimzahlen; i) *(uniform)* gleichmäßig; j) *(calm)* ausgeglichen; **have an ~ temper** ausgeglichen sein; k) *(divisible by two, so numbered)* gerade ⟨*Zahl, Seite, Hausnummer*⟩; **the ~ syllables** die zweite, vierte usw. Silbe; l) *(exact)* **an ~ dozen** ein rundes Dutzend *(ugs.)*; **let's make it an ~ ten** sagen wir rund zehn *(ugs.)*; **break even.** 2. *adv.* a) sogar; selbst; **~ perhaps...**: vielleicht sogar ...; **hard, unbearable ~**: hart, sogar od. wenn nicht gar unerträglich; **does he ~ suspect the danger?** ahnt er überhaupt die Gefahr?; **do sth. ~ without being told** etw. auch ohne Aufforderung tun; **~ afterwards** selbst od. sogar danach; **~ before[hand]** auch schon vorher; **~ today** selbst od. sogar heute noch; b) *with negative* **not** *or* **never ~ ...**: [noch] nicht einmal ...; **without ~ saying goodbye** ohne wenigstens auf Wiedersehen zu sagen; c) *with compar. adj. or adv.* sogar noch ⟨*komplizierter, weniger, schlimmer usw.*⟩; d) **~ if** *or* **though Arsenal win** selbst wenn Arsenal gewinnt; **~ if Arsenal won** selbst wenn Arsenal gewinnen würde; *(fact)* obgleich Arsenal gewann; **~ supposing we had been present** selbst wenn wir dabeigewesen wären; **~ were she to appear** selbst wenn sie auftauchen sollte; **~ as** *(just when)* gerade als; *(in just the way that)* geradeso wie; *(during the period that)* während ... noch; **~ so** [aber] trotzdem *od.* dennoch; *(arch.: that is correct)* so ist es; **~ now/then** *(as well as previously)* selbst od. sogar jetzt/dann; *(at this/that very moment)* gerade in diesem Augenblick. 3. *v.t.* ebnen; *(smooth)* glätten **~ 'out** 1. *v.t.* a) *(make smooth)* glätten; b) *(distribute more equally)* gleich verteilen; ausgleichen ⟨*Unterschiede*⟩. 2. *v.i.* a) *(become smooth)* ⟨*Boden:*⟩ sich einebnen; b) *(become more equal)* sich ausgleichen **~ 'up** 1. *v.t.* ausgleichen; **so as to ~ things up** zum Ausgleich. 2. *v.i. (settle debt, get revenge)* abrechnen

²**even** *n. (poet.)* Abend, *der*
even-'handed *adj.* gerecht
evening ['iːvnɪŋ] *n.* a) Abend, *der*; *attrib.* Abend⟨*vorstellung, -ausgabe, -messe*⟩; **this/tomorrow ~** heute/morgen abend; **during the ~**: am Abend; **[early/late] in the ~**: am [frühen/späten] Abend; *(regularly)* [früh/spät] abends; **at eight in the ~**: um acht Uhr abends; **on the ~ of 2 May** am Abend des 2. Mai; **on Wednesday ~s/~**: Mittwoch abends/am Mittwoch abend; **one ~**: eines Abends; **every ~**: jeden Abend; **~ came to an ~** es wurde Abend; **~s, of an ~**: abends; **two ~s ago** vorgestern abend; **the other ~**: neulich abends; **a good ~'s viewing** ein gutes Abendprogramm [im Fernsehen]; **the cool of the ~** die Abendkühle; **an ~ of cards** ein Abend beim Kartenspiel; *see also* **good 1 m; b)** *(coll: greeting)* 'n Abend! *(ugs.)*; *(soirée)* Abend, *der;* **discussion ~**: Diskussionsabend, *der;* d) *(fig.)* Abend, *der (geh.)*; *(of life)* Lebensabend, *der*
evening: ~ class *n.* Abendkurs, *der;* **take** *or* **do ~ classes in pottery** *etc.* Abendkurse im Töpfern *usw.* besuchen; **~ 'dress** *n.* Abendkleidung, *die,* **in [full] ~ dress** in Abendkleidung, *die;* **~ dress, ~ gown** *ns.* Abendkleid, *das;* **~ 'meal** *n.* Abendessen, *das;* **~ 'paper** *n.* Abendzeitung, *die;* **~ 'primrose** *n.* Nachtkerze, *die;* **~ school** *n.* Abendschule, *die;* **~ 'service** *n. (Eccl.)* Abendandacht, *die; (mass)* Abendgottesdienst, *der;* **~ 'star** *n.* Abendstern, *der*
evenly ['iːvnlɪ] *adv.* gleichmäßig; **say sth. ~**: etw. in ruhigem Ton sagen; **be ~ spaced** den gleichen Abstand voneinander haben; **the runners are ~ matched** die Läufer sind einander ebenbürtig
even-numbered ['iːvnʌmbəd] *adj.* gerade; **the houses are ~**: die Häuser haben gerade Hausnummern

'**evensong** *n. (Eccl.)* Abendandacht, *die*
event [ɪ'vent] *n.* a) **in the ~ of his dying** *or* **death** im Falle seines Todes; **falls er stirbt; in the ~ of rain** bei Regenwetter; **in the ~ of sickness/war** im Falle einer Krankheit/im Kriegsfalle; **in that ~**: in dem Falle; **in such an ~**: in solch einem Falle; **in the unlikely ~ of sb. doing sth.** falls, was nicht sehr wahrscheinlich ist, jmd. etw. tut; **in the ~ that** *(Amer.)* im Falle, daß; b) *(outcome)* **in any/either ~** = **in any case** *see* ¹**case** a; **at all ~s** auf jeden Fall; **in the ~**: letzten Endes; c) *(occurrence)* Ereignis, *das;* **~s have proved ...**: die Ereignisse haben gezeigt ...; **the dramatic ~s in Rome** das dramatische Geschehen in Rom; **~s are taking place in Argentina** die ..., es geschehen Dinge in Argentinien, die ...; **sth. is [quite] an ~**: etw. ist schon ein Ereignis; *see also* **course 1 a;** **wise;** d) *(Sport)* Wettkampf, *der;* **showjumping ~**: Jagdspringen, *das;* Springprüfung, *die;* **three-day ~**: Military, *die;* Vielseitigkeitsprüfung, *die*
even-'tempered *adj.* ausgeglichen
eventful [ɪ'ventfl] *adj.* ereignisreich ⟨*Tag, Zeiten*⟩; ⟨*Leben, Jugend, Zeiten*⟩
'**eventide** *n. (arch.)* Abendzeit, *die (geh.)*
eventual [ɪ'ventjʊəl] *adj.* **predict sb.'s ~ downfall** vorhersagen, daß jmd. schließlich zu Fall kommen wird; **lead to sb.'s ~ downfall** schließlich zu jmds. Sturz führen; **the career of Napoleon and his ~ defeat** der Aufstieg Napoleons und schließlich seine Niederlage; **we are heading towards ~ destruction** wir steuern letztlich auf den Untergang zu
eventuality [ɪventjʊ'ælɪtɪ] *n.* Eventualität, *die;* **the ~ of war** der mögliche Kriegsfall; **in certain eventualities** in bestimmten [möglichen] Fällen; **be ready for all eventualities** auf alle Eventualitäten gefaßt sein
eventually [ɪ'ventjʊəlɪ] *adv.* schließlich; **she'll ~ get married** sie wird irgendwann *od.* eines Tages heiraten; **I'll do that ~**: ich mache das irgendwann [noch]
eve-of-'poll *adj.* **~ [survey]** [Umfrage] kurz vor der Wahl
ever ['evə(r)] *adv.* a) *(always, at all times)* immer; stets; **for ~**: für immer ⟨*weggehen, gelten*⟩; ewig ⟨*lieben, dasein, leben*⟩; auf ewig ⟨*dichter.*⟩ ⟨*unerreichbar*⟩; **go on for ~**: immer so bleiben; *(derog.)* ewig dauern; **it is for ~ changing** es ändert sich dauernd; **the traffic-lights took for ~ to change** *(coll.)* die Ampeln schalteten ein Ewigkeit um; **Arsenal for ~!** es lebe Arsenal!; **for ~ and ~**: immer und ewig; *(in the Lord's Prayer)* für ~ **and a day** eine Ewigkeit; **~ since [then]** seit [dieser Zeit]; **~ after[wards]** seitdem; **I've been frightened of dogs ~ 'since** *or* **'after** seitdem *od.* seit diesem Tag habe ich Angst vor Hunden; **~ since he inherited it** von dem Tag an, an dem er das erbt hat; **~ since I've known her** solange ich sie kenne; **~ since I can remember** soweit ich zurückdenken kann; **~ since she was a child** von Kindheit an; **~ yours** *or* **yours ~,** Ethel Deine/Eure Ethel; immer die Deine/Eure, Ethel *(veralt.)*; b) *in comb. with compar. adj. or adv.* noch; immer; **get ~ deeper into debt** sich noch *od.* immer mehr verschulden; **~ further** noch immer weiter; c) *in comb. with participles etc.* **~-increasing** ständig zunehmend; **~-recurring** immer wiederkehrend; **~-present** allgegenwärtig; **~-youthful** ewig jugendlich; **~-changing rules** sich ständig ändernde Vorschriften; **an ~-patient mother** eine Mutter, die nie die Geduld verliert; **go round in ~-decreasing circles** *(fig. coll.)* [mit immer größeren Anstrengungen] immer weniger erreichen; d) *(at any time)* je[mals]; **not ~**: noch nie; **~ before** je zuvor; **never ~**: nie im Leben; **never ~ before** noch nie zuvor; **nothing ~ happens** es passiert nie etwas; **his best performance ~**: seine beste Vorstellung überhaupt; **it hardly ~ rains** es regnet so gut wie nie; **don't you ~ do that again!** mach das bloß nicht noch mal!; **did you ~?** *(coll.)* hast du Töne? *(salopp)*; **he's a devil if ~ there was one** *(coll.)* er ist ein Teufel, alles, was recht ist *(ugs.)*; **better than ~**: besser denn je; **more frequently than ~**: häufiger als je zuvor; **the same as ~** *or* **as it ~ was** das gleiche wie immer; **as ~**: wie gewöhnlich; **yours as ~,** Bob *(in letter)* wie immer, Dein Bob; **as ... as ~**: unverändert ...; **I'm as stupid as ~**: ich bin immer noch nicht schlauer; **he's as kind a man as ~ lived** er ist der freundlichste Mensch, den es je gegeben hat; **if I ~ catch you doing that again** wenn ich dich dabei noch einmal erwische; **seldom, if ~,** *(coll.)* **seldom ~**: so gut wie nie; **as if I ~ would!** ich möchte!; **a fool if ~ there was one** *(coll.)* er ist der größte Narr, den man sich *(Dat.)* vorstellen kann; **is he ~ conceited** *(Amer. coll.)* ist der vielleicht eingebildet!; **the first men ~** *or* **the first ~ men to reach the moon** die ersten, die je auf dem Mond waren; **you're the first ~**: du bist der/die allererste; **the greatest tennis-player ~**: der größte Tennisspieler, den es je gegeben hat; **the hottest day ~**: der heißeste Tag seit Menschengedenken; e) *(coll.) emphasizing question* **what ~ does he want?** was will er nur?; **who/which ~ could it be?** wer/welcher könnte das nur sein?; **how ~ did I drop it?/could I have dropped it?** wie konnte ich es nur fallen lassen?; **when ~ did he do it?** wann hat er es nur getan?; **where ~ in the world have you been?** wo in aller Welt hast du bloß gesteckt?; **why ~ not?** warum denn nicht?; f) *intensifier before* **~ he opened his mouth** noch bevor er seinen Mund aufmachte; **as soon as I can** so bald wie ich irgend möglich; **I'm ~ so sorry** *(coll.)* mir tut es ja so leid; **~ so nice** *(coll.)* so ungemein schön; **~ so slightly drunk** *(coll.)* ein ganz klein wenig betrunken; **thanks ~ so [much]** *(coll.)* vielen herzlichen Dank; **he liked her ~ so** *(coll.)* er mochte sie so sehr; **it was ~ such a shame** *(coll.)* es war so schade; g) *(arch.: always)* all[e]zeit *(veralt.)*; **it was ~ thus** so ist es immer; h) **~ and again** *or (literary)* anon dann und wann
'**everglade** *n. (Amer. Geog.)* Sumpfgebiet, *das;* **the E~s** die Everglades
'**evergreen** 1. *adj.* a) immergrün ⟨*Baum, Strauch, Landschaft*⟩; b) *(fig.)* immer wieder aktuell ⟨*Problem, Thema*⟩; immer wieder gern gehört ⟨*Lied, Schlager, Sänger*⟩; ~ song Evergreen, *der.* 2. *n.* immergrüne Pflanze/immergrüner Baum
ever'lasting *adj.* a) *(eternal)* immerwährend; ewig ⟨*Leben, Gesetz, Höllenqualen, Gott, Gedenken, Berge, Fels*⟩; unvergänglich ⟨*Ruhm, Ehre*⟩; b) *(incessant)* ewig *(ugs.)*; endlos
ever'lastingly [evə'lɑːstɪŋlɪ] *adv.* a) *(eternally)* ewig ⟨*leben, leiden*⟩; b) *(incessantly)* ewig *(ugs.);* ständig
'**ever-loving** *adj.* **your ~ wife/husband** *(in letter)* Deine Dich ewig liebende Frau/Dein Dich ewig liebender Mann
ever'more *adv.* auf ewig; **for ~**: in [alle] Ewigkeit
every ['evrɪ] *adj.* a) *(each single)* jeder/jede/jedes; **~ man will do his duty** jeder [einzelne] wird seine Pflicht tun; **have ~ reason** allen Grund haben; **~ [single] time/on ~ [single] occasion** [aber auch] jedesmal; **~ [single] time we ...** [aber auch] jedesmal, wenn wir ...; **there was one man for ~ three women** auf einen Mann kamen drei Frauen; **he ate ~ last** *or* **single biscuit** er hat die ganzen Kekse aufgegessen *(ugs.);* **she's spent ~ last penny** *(coll.)* sie hat das ganze Geld ausgegeben; **~ one** jeder/jede/jedes [einzelne]; **~ time** *(coll.: without any hesita-*

tion) jederzeit; **give me** *or* **I prefer Switzerland ~ time** *(coll.)* es geht doch nichts über die Schweiz; **~ which way** *(Amer.)* in alle Richtungen; **b)** *after possessive adj.* **your ~ wish** all[e] deine Wünsche; **his ~ thought** all[e] seine Gedanken; **c)** *(indicating recurrence)* **she comes [once] ~ day** sie kommt jeden Tag [einmal]; **~ three/few days** alle drei/paar Tage; **~ third day** jeder dritte/jeden dritten Tag; **~ other** *(every second, or fig.: almost every)* jeder/jede/jedes zweite; **~ now and then** *or* **again, ~ once in a while** hin und wieder; **d)** *(the greatest possible)* unbedingt, uneingeschränkt ⟨*Vertrauen*⟩; voll ⟨*Beachtung*⟩; all ⟨*Respekt, Aussicht*⟩; **there's ~ prospect of a victory for England** alles deutet auf einen Sieg Englands hin; **I wish you ~ happiness/success** ich wünsche dir alles Gute/viel Erfolg; **there's ~ likelihood of their coming** aller Wahrscheinlichkeit nach kommen sie

'**everybody** *n. & pron.* jeder; **has ~ seen it?** haben es alle *od.* hat es jeder gesehen?; **~ else** alle anderen; **~ knows ~ else round here** hier kennt jeder jeden; **he asked ~ to be quiet** er bat alle um Ruhe; **hello, ~!** *(coll.)* Tag, zusammen! *(ugs.)*; **would ~ be quiet please?** würden Sie bitte alle ruhig sein?; **it's not ~ who can ...**: nicht jeder kann ...; **it's ~'s duty** es ist jedermanns Pflicht; jeder[mann] ist verpflichtet; **opera isn't [to] ~'s taste** Oper ist nicht jedermanns Sache; **holidays to suit ~'s purse** Urlaub für jeden Geldbeutel; *see also* **anybody c**

'**everyday** *attrib. adj.* alltäglich; Alltags- ⟨*kleidung, -sprache*⟩; routinemäßig ⟨*Geschäftsführung*⟩; **in ~ life** im Alltag; im täglichen Leben; **an ~ story of country folk** eine Geschichte über den Alltag der Leute vom Lande; **~ reality** Alltag, *der;* **~ expressions** Ausdrücke der Alltagssprache; **it is a matter of ~ knowledge that ...** jedermann weiß, daß ...

'**Everyman** *n., no pl.* der Durchschnittsbürger; [Herr] Jedermann *(veralt.)*

'**everyone** ['ɛvrɪwʌn, 'ɛvrɪwən] *see* **everybody**

'**everyplace** *(Amer.) see* **everywhere**

'**everything** *n. & pron.* **a)** alles; **~ [that] you have** alles, was du hast; **~ else** alles andere; **some pupils are good at ~**: manche Schüler sind in allen Fächern gut; **~ comes to him who waits** *(prov.)* mit Geduld und Spucke fängt man eine Mucke *(ugs.)*; **the man who has ~**: der Mann, der schon alles hat; **~ interesting/valuable** alles Interessante/Wertvolle; **there's a [right] time for ~**: alles zu seiner Zeit; **they bought the house and ~ in it** sie kauften das Haus mit allem Inventar; **he is ~ a man should be** er hat alle Qualitäten, die ein Mann besitzen sollte; **b)** *(coll.: all that matters)* alles; **looks aren't ~**: das Aussehen [allein] ist nicht alles; **her child is ~ to her** das Kind ist ihr ein und alles; **have ~**: [einfach] alles haben

'**everyway** *adv.* in jeder Beziehung

'**everywhere 1.** *adv.* **a)** *(in every place)* überall; **b)** *(to every place)* **go ~**: überall hingehen/-fahren; **~ you go/look** wohin man auch geht/sieht. **2.** *n.* **from ~**: überallher; von überall [her]; **~ is quiet in Holland on a Sunday** überall in Holland ist es sonntags ruhig

evict [ɪ'vɪkt] *v. t.* exmittieren *(Rechtsspr.);* **~ a family [from the house]** eine Familie zur Räumung [des Hauses] zwingen

eviction [ɪ'vɪkʃn] *n.* Zwangsräumung, *die;* Exmission, *die (Rechtsspr.);* **~ of the tenant** die zwangsweise Vertreibung des Mieters [aus seiner Wohnung]; **action for ~** *(Law)* Räumungsklage, *die;* **~ order** *(Law)* Räumungsbefehl, *der*

evidence ['ɛvɪdəns] **1.** *n.* **a)** Beweis, *der;* *(indication)* Anzeichen, *das;* Beweis, *der;* **be ~ of sth.** etw. beweisen; **provide ~ of sth.** den

Beweis *od.* Beweise für etw. liefern; **as ~ of sth.** als *od.* zum Beweis für etw.; **we do not have any ~ for this** wir haben nicht einen einzigen Beweis *od.* keinerlei Anhaltspunkte dafür; **there was no ~ of a fight** nichts deutete auf einen Kampf hin; **give ~ of having been damaged** offensichtlich beschädigt worden sein; **hard ~**: durchschlagende Beweise; *see also* **external 1 f**; **internal evidence**; **b)** *(Law)* Beweismaterial, *das;* *(object)* Beweisstück, *das;* *(testimony)* [Zeugen]aussage, *die;* **give ~**: [als Zeuge] aussagen; **give ~ under oath/for sb./against sb.** unter Eid/für jmdn./gegen jmdn. aussagen; **refuse to give ~** die Aussage verweigern; **hear** *or* **take ~**: Zeugen vernehmen; **hearing** *or* **taking of ~**: Beweisaufnahme, *die;* **because of insufficient ~**: aus Mangel an Beweisen; mangels Beweise *(Amtsspr.);* **piece of ~**: Beweisstück, *das; (statement)* Beweis, *der;* **incriminating ~**: Belastungsmaterial, *das;* **[turn] King's/Queen's ~** *(Brit.)* or *(Amer.)* **State's ~**: [als] Kronzeuge auftreten]; **the witness said in ~ that ...**: der Zeuge sagte aus, daß ...; **call sb. in ~**: jmdn. als Zeugen benennen *od.* anrufen; **submit sth. in ~**: etw. als Beweis vorlegen; *see also* **circumstantial a**; **presumptive**; **c) be** [much] **in ~**: [stark] in Erscheinung treten; **he was nowhere in ~**: er war nirgends zu sehen; **sth. is very much in ~**: überall sieht man etw. **2.** *v. t.* zeugen von

evident ['ɛvɪdənt] *adj.* offensichtlich; deutlich ⟨*Verbesserung*⟩; **the effect is still ~**: die Wirkung ist [immer] noch deutlich sichtbar; **be ~ to sb.** jmdm. klar sein; **it soon became ~ that ...**: es stellte sich bald heraus, daß ...

evidently ['ɛvɪdəntlɪ] *adv.* offensichtlich

evil ['iːvl, 'iːvɪl] **1.** *adj.* **a)** böse; schlecht ⟨*Charakter, Beispiel, Einfluß, System*⟩; übel, verwerflich ⟨*Praktiken*⟩; **with ~ intent** *od.* aus böser Absicht; **the E~ One** der Böse; **~ doings** Missetaten *Pl.*; **~ tongue** böse Zunge; Lästerzunge, *die (abwertend);* **the ~ eye** der böse Blick; **b)** *(unlucky)* verhängnisvoll, unglücklich ⟨*Tag, Stunde*⟩; böse, schlecht ⟨*Zeichen*⟩; schwer, schlimm ⟨*Schicksal*⟩; **~ days** *or* **times** schlechte *od.* schlimme Zeiten; **fall on ~ days** ins Unglück geraten; **c)** *(disagreeable)* übel ⟨*Geruch, Geschmack*⟩; *(coll.: unattractive)* mies *(ugs.)* ⟨*Kneipe, Wetter*⟩. **2.** *n.* **a)** *no pl. (literary)* Böse, *das;* **the root of all ~**: die Wurzel allen Übels; **deliver us from ~** *(Relig.)* erlöse uns von dem Übel *(bibl.);* **he saw the ~ of his ways** erkannte, daß er auf dem Pfad der Sünde wandelte *(geh.);* **speak ~ of sb.** schlecht über jmdn. reden; **do ~**: Böses tun; sündigen; **b)** *(bad thing)* Übel, *das;* **necessary** *or* **inescapable ~**: notwendiges Übel; **social ~s** soziale Mißstände; **the lesser ~**: das kleinere Übel; **choose the lesser of two ~s** von zwei Übeln das kleinere wählen

'**evil-doer** *n.* Übeltäter, *der/-*täterin, *die*

evil: ~-minded *adj.* bösartig, böswillig; **~-smelling** *adj.* übelriechend; **~-tasting** *adj.* widerlich schmeckend

evince [ɪ'vɪns] *v. t.* ⟨*Person:*⟩ an den Tag legen; ⟨*Äußerung, Handlung:*⟩ zeugen von

eviscerate [ɪ'vɪsəreɪt] *v. t.* ausweiden ⟨*Wild*⟩; ausnehmen ⟨*Geflügel, Fisch*⟩; *(fig.)* der Substanz berauben

evocation [ɛvə'keɪʃn] *n.* Heraufbeschwören, *das;* Evokation, *die;* **the film is an ~ of Edwardian England** in dem Film lebt das England unter Edward VII noch einmal auf

evocative [ɪ'vɒkətɪv] *adj.* evokativ *(geh.); (thought-provoking)* aufrüttelnd *(fig.);* **be ~ of sth.** an etw. *(Akk.)* erinnern; etw. heraufbeschwören; **an ~ scent** ein Duft, der Erinnerungen weckt

evoke [ɪ'vəʊk] *v. t.* **a)** evozieren *(geh.);* heraufbeschwören; **b)** *(elicit, provoke)* hervor-

rufen ⟨*Bewunderung, Überraschung, Wirkung*⟩; erregen ⟨*Interesse*⟩

evolution [iːvə'luːʃn, ɛvə'luːʃn] *n.* **a)** *(development)* Entwicklung, *die;* **b)** *(Biol.: of species etc.)* Evolution, *die;* **theory of ~**: Evolutionstheorie, *die;* **c)** *(Mil., Naut.)* Formierung, *die;* Evolution, *die (veralt.); (Dancing etc.)* Figur, *die;* Evolution, *die (veralt.);* **d)** *(of heat, gas, etc.)* Entstehung, *die*

evolutionary [iːvə'luːʃənərɪ, ɛvə'luːʃənərɪ] *adj.* **a)** evolutionär; sich entwickelnd; **the ~ process** der Entwicklungsprozeß; **b)** *(Biol.)* evolutionär; **~ theory** Evolutionstheorie, *die*

evolutionism [iːvə'luːʃənɪzm, ɛvə'luːʃənɪzm] *n., no pl.* Evolutionismus, *der*

evolutionist [iːvə'luːʃənɪst, ɛvə'luːʃənɪst] *n.* Evolutionist, *der/*Evolutionistin, *die*

evolve [ɪ'vɒlv] **1.** *v. i.* **a)** *(develop)* sich entwickeln (**from** aus); **b)** *(Biol.)* sich entwickeln (**into** zu); **~ out of** entstehen aus; sich entwickeln aus. **2.** *v. t.* **a)** entwickeln; **b)** *(Biol.)* entwickeln ⟨*Art usw.*⟩ (**from** aus)

ewe [juː] *n.* Mutterschaf, *das*

ewer ['juːə(r)] *n.* [Wasch]krug, *der*

¹**ex** [ɛks] *n. (coll.)* Verflossene, *der/die (ugs.)*

²**ex** *prep.* **a)** *(Commerc.)* **ex works/store ⟨*Güter*⟩** ab Werk/Lager; **b)** *(Finance)* ohne

ex- *pref.* Ex-⟨*Freundin, Präsident, Champion*⟩; Alt⟨[*bundes*]*kanzler, -bundespräsident, -bürgermeister*⟩; ehemalig

exacerbate [ɛk'sæsəbeɪt] *v. t.* verschlimmern ⟨*Schmerz, Krankheit, Wut*⟩; steigern ⟨*Unzufriedenheit, Feindschaft*⟩; verschlechtern ⟨*Zustand*⟩; verschärfen ⟨*Lage*⟩

exact [ɪg'zækt] **1.** *adj.* **a)** genau; exakt, genau ⟨*Daten, Berechnung*⟩; **those were his ~ words** das waren genau seine Worte; **an ~ copy of the painting/inscription** eine perfekte Kopie des Gemäldes/eine wortgetreue Wiedergabe der Inschrift; **on the ~ spot where ...**: genau an der Stelle, wo ...; **could you give me the ~ money?** könnten Sie mir das Geld passend geben?; **11 to be ~**: 11, um genau zu sein; **be ~ in one's work** es mit der Arbeit genau nehmen; **b)** *(rigorous)* streng; **c)** **~ science** exakte Wissenschaft. **2.** *v. t.* fordern, verlangen; erheben ⟨*Gebühr, Zoll*⟩; **~ from sb. a promise of sth.** von jmdm. verlangen, daß er etw. verspricht; **b)** *(call for)* ⟨*Sache:*⟩ erfordern, verlangen

exacting [ɪg'zæktɪŋ] *adj.* anspruchsvoll; streng ⟨*Prüfer, Lehrer, Maßstab*⟩; hoch ⟨*Anforderung, Maßstab*⟩; **be ~ about punctuality** großen Wert auf Pünktlichkeit legen

exaction [ɪg'zækʃn] *n.* Forderung, *die (of* nach*)*

exactitude [ɪg'zæktɪtjuːd] *n., no pl.* Genauigkeit, *die;* **with complete ~**: mit letzter Genauigkeit

exactly [ɪg'zæktlɪ] *adv.* **a)** genau; **when ~** *or* **~ when did he leave?** wann genau ging er?; wann ging er genau?; **~ what happened we'll never know** was genau geschehen ist, werden wir nie erfahren; **at ~ the right moment** genau im richtigen Moment; **~! genau!**; **a year ago today** heute vor genau einem Jahr; **I'm not ~ sure** ich bin nicht ganz sicher; **at four o'clock ~**: Punkt vier Uhr; **as ~[so] wie;** **~ as you wish** ganz wie du willst; **not ~** *(coll. iron.)* nicht gerade; **I'll tell her ~ what I think of her** ich werde ihr ganz genau sagen, was ich von ihr halte; **b)** *(with perfect accuracy)* [ganz] genau; **so ~**: mit solcher Genauigkeit

exactness [ɪg'zæktnɪs] *n., no pl.* Genauigkeit, *die;* **doubt the ~ of the figure** bezweifeln, daß die Zahl genau stimmt

exaggerate [ɪg'zædʒəreɪt] *v. t.* **a)** übertreiben; **you are exaggerating his importance/its worth** du machst ihn wichtiger, als er ist/so wertvoll ist/war es nun auch wieder nicht; **the story had been grossly ~d** die Sache war gewaltig aufgebauscht worden *(ab-*

wertend); **you always ~:** du mußt immer übertreiben; **b)** *(accentuate)* unterstreichen; betonen

exaggerated [ɪgˈzædʒəreɪtɪd] *adj.* übertrieben; **grossly** or **highly ~:** stark übertrieben; **he has an ~ opinion of himself** er hat eine übertrieben hohe Meinung von sich selbst

exaggeratedly [ɪgˈzædʒəreɪtɪdlɪ] *adv.* übertrieben

exaggeration [ɪgzædʒəˈreɪʃn] *n.* Übertreibung, *die;* **it is a wild/is no ~ to say that ...:** es ist stark/nicht übertrieben, wenn man sagt, daß ...; **no ~!** ohne Übertreibung!; **he's prone to ~:** er übertreibt gern; **that, of course, is an ~:** das ist natürlich übertrieben; **that's a bit of an** or **a slight ~:** das ist leicht übertrieben

exalt [ɪgˈzɔːlt] *v.t.* **a)** *(praise)* [lob]preisen; **~ sb. to the skies** jmdn. in den Himmel heben *(ugs.);* **b)** *(raise in rank or power)* erheben; *(raise in estimation)* hochachten

exaltation [egzɔːlˈteɪʃn, eksɔːlˈteɪʃn] *n.* **a)** *(fig.: elevation)* Erhebung, *die;* **b)** *(elation)* Begeisterung, *die*

exalted [ɪgˈzɔːltɪd] *adj.* **a)** *(high-ranking)* hoch; **those in ~ positions** hochgestellte Persönlichkeiten; **b)** *(lofty, sublime)* hoch ⟨*Ideal*⟩; erhaben ⟨*Thema, Stil, Stimmung, Gedanke*⟩

exam [ɪgˈzæm] *(coll.) see* **examination** c

examination [ɪgzæmɪˈneɪʃn] *n.* **a)** *(inspection)* Untersuchung, *die;* *(of accounts)* [Über]prüfung, *die;* **on ~ it was found to contain drugs** bei der Untersuchung ergab, daß es Drogen enthielt; **on closer** or **further ~:** bei genauerer *od.* näherer Untersuchung *od.* Überprüfung; **be under ~:** untersucht *od.* überprüft werden; **give sth. a thorough ~:** etw. gründlich untersuchen *od.* überprüfen; **carry out an ~ of sth./into sth.** etw. untersuchen *od.* überprüfen/eine Untersuchung über etw. *(Akk.)* anstellen *od.* durchführen; **b)** *(Med.)* Untersuchung, *die;* **give sb. a thorough ~:** jmdn. gründlich untersuchen; **undergo an ~:** sich untersuchen lassen; **c)** *(test of knowledge or ability)* Prüfung, *die;* *(final ~ at university)* Examen, *das; attrib.* Prüfungs-/Examens-; **~ nerves** Prüfungsangst, *die;* **d)** *(Law) (of witness, accused)* Verhör, *das;* Vernehmung, *die;* *(of case)* Untersuchung, *die;* **he is still under ~:** er wird noch verhört *od.* vernommen; **be subjected to ~:** einem Verhör *od.* einer Vernehmung unterzogen werden

exami'nation-paper *n.* **a)** ~[s] schriftliche Prüfungsaufgaben; **b)** *(with candidate's answers)* ≈ Klausurarbeit, *die*

examine [ɪgˈzæmɪn] *v.t.* **a)** *(inspect)* untersuchen (**for** auf + *Akk.*); prüfen ⟨*Dokument, Gewissen, Gefühle, Geschäftsbücher*⟩; kontrollieren ⟨*Ausweis, Gepäck*⟩; **b)** *(Med.)* untersuchen; **c)** *(test knowledge or ability of)* prüfen (**in** in + *Dat.*); **~ sb. on his knowledge of French** jmds. Französischkenntnisse prüfen; **d)** *(Law)* verhören; vernehmen

examinee [ɪgzæmɪˈniː] *n.* Prüfungskandidat, *der/*-kandidatin, *die;* (*Univ. also*) Examenskandidat, *der/*-kandidatin, *die;* (*to qualify for higher education also*) Abiturient, *der/*Abiturientin, *die*

examiner [ɪgˈzæmɪnə(r)] *n.* Prüfer, *der/*Prüferin, *die;* **board of ~s** Prüfungsausschuß, *der*

examining body [ɪgˈzæmɪnɪŋ bɒdɪ] *n.* ≈ Prüfungsamt, *das*

example [ɪgˈzɑːmpl] *n.* **a)** Beispiel, *das;* **by way of** [an] **~:** als Beispiel; **she is a perfect ~ of how ...:** sie ist das beste Beispiel dafür, wie ...; **take sth. as an ~:** etw. zum Beispiel nehmen; **just to give** [you] **an** or **one ~:** um [dir] nur ein Beispiel zu nennen; **for ~:** zum Beispiel; **she's an ~ to us all** sie gibt uns *(Dat.)* allen ein Beispiel; **set an ~** or **a good ~ to sb.** jmdm. ein Beispiel geben; **follow sb.'s ~** [**in doing sth.**] sich *(Dat.)* an jmdm.

ein Beispiel nehmen [und etw. tun]; *(in a particular action)* jmds. Beispiel folgen; **b)** *(as warning)* [abschreckendes] Beispiel; **make an ~ of sb.** ein Exempel an jmdm. statuieren; **punish sb. as an ~ to others** jmdn. exemplarisch bestrafen; **let that be an ~ to you** laß dir das eine Lehre sein

exasperate [ɪgˈzæspəreɪt, ɪgˈzɑːspəreɪt] *v.t.* *(irritate)* verärgern; *(infuriate)* zur Verzweiflung bringen; **be ~d at** or **by sb./sth.** über jmdn./etw. verärgert/verzweifelt sein; **feel ~d** verärgert/verzweifelt sein; **become** or **get ~d** [**with sb.**] sich [über jmdn.] ärgern

exasperating [ɪgˈzæspəreɪtɪŋ, ɪgˈzɑːspəreɪtɪŋ] *adj.* ärgerlich; ⟨*Aufgabe*⟩ die einen zur Verzweiflung bringt; **be ~:** einen zur Verzweiflung bringen

exasperatingly [ɪgˈzæspəreɪtɪŋlɪ, ɪgˈzɑːspəreɪtɪŋlɪ] *adv.* zum Verzweifeln

exasperation [ɪgzæspəˈreɪʃn, ɪgzɑːspəˈreɪʃn] *n. see* **exasperate**: Ärger, *der/*Verzweiflung, *die* (**with** über + *Akk.*); **in ~:** verärgert/verzweifelt

excavate [ˈekskəveɪt] *v.t.* **a)** ausschachten; *(with machine)* ausbaggern; fördern, abbauen ⟨*Erz, Metall*⟩; **b)** *(Archaeol.)* ausgraben; *abs.* Ausgrabungen vornehmen

excavation [ekskəˈveɪʃn] *n.* **a)** Ausschachtung, *die;* *(with machine)* Ausbaggerung, *die;* *(of ore, metals)* Förderung, *die;* Abbau, *der;* **b)** *(Archaeol.)* Ausgrabung, *die;* **~ work** Ausgrabungsarbeiten *Pl.;* **c)** *(place)* [Bau]grube, *die;* *(Archaeol.)* Ausgrabungsstätte, *die*

excavator [ˈekskəveɪtə(r)] *n.* **a)** *(machine)* Bagger, *der;* **b)** *(Archaeol.: person)* Ausgräber, *der/*Ausgräberin, *die*

exceed [ɪkˈsiːd] *v.t.* **a)** *(be greater than)* übertreffen (**in** an + *Dat.*); ⟨*Kosten, Summe, Anzahl:*⟩ übersteigen (**by** um); **not ~ing** *bis zu;* **b)** *(go beyond)* überschreiten; hinausgehen über (+ *Akk.*) ⟨*Auftrag, Befehl*⟩; *(surpass)* übertreffen (**in** in + *Dat.*)

exceedingly [ɪkˈsiːdɪŋlɪ] *adv.* äußerst; ausgesprochen ⟨*häßlich, dumm*⟩; **fit ~ well** ausgezeichnet passen; **a joke in ~ bad taste** ein ausgesprochen geschmackloser Witz; **it was ~ obvious that she was pregnant** es war überdeutlich zu sehen, daß sie schwanger war

excel [ɪkˈsel] **1.** *v.t.,* **-ll-** übertreffen; **~ oneself** *(lit.* or *iron.)* sich selbst übertreffen. **2.** *v.i.* sich hervortun (**at, in** in + *Dat.*); **~ as an orator** ein hervorragender Redner sein; **she ~s at cookery** sie ist eine glänzende Köchin

excellence [ˈeksələns] *n.* hervorragende Qualität; *(merit)* hervorragende Leistung; **an unusual degree of ~:** eine außergewöhnlich hohe Qualitätsstufe/ein außergewöhnlich hohes Leistungsniveau; **moral/academic ~:** höchster moralischer/wissenschaftlicher Rang; **this school is known for its standards of ~:** diese Schule ist für ihr außerordentliches Niveau bekannt

excellency [ˈeksələnsɪ] *n.* Exzellenz, *die*

excellent [ˈeksələnt] *adj.* ausgezeichnet; hervorragend; exzellent *(geh.);* vorzüglich ⟨*Wein, Koch, Speise*⟩; **be in an ~ mood** bester Laune sein; **he's an ~ chap** er ist ein Prachtkerl *(ugs.)*

excellently [ˈeksələntlɪ] *adv.* ausgezeichnet; hervorragend; exzellent

except [ɪkˈsept] **1.** *prep.* ~ [*(coll.)* **for**] außer (+ *Dat.*); **~ for** *(in all respects other than)* bis auf (+ *Akk.*); **~ that ...,** *(coll.)* **~ ...:** |for the fact] that ..., *(coll.)* ~ ...: abgesehen davon, daß ...; **I know little of her ~ that she ...** or *(coll.)* **~ ...** ich weiß wenig über sie, nur daß sie ...; **I should buy a new car ~ that** or *(coll.)* **~ I've no money** ich würde mir ein neues Auto kaufen, ich habe nur kein Geld; **I'd come, ~ that** or *(coll.)* **~ I have no time** ich würde kommen, doch ich habe keine Zeit; **there was nothing to be done ~** [**to**] **stay there** man konnte nichts anderes tun

als dableiben; **where could he be ~ in the house?** wo könnte er [denn] sonst sein, wenn nicht im Haus?; **she's everywhere ~ where she ought to be** sie ist überall, nur nicht da, wo sie sein soll. **2.** *v.t.* ausnehmen (**from** bei); **~ed** ausgenommen; **nobody ~ed** alle ohne Ausnahme; **errors ~ed** Irrtümer vorbehalten; **present company ~ed** Anwesende ausgenommen

excepting [ɪkˈseptɪŋ] *prep.* außer (+ *Dat.*); **not ~ Peter** Peter nicht ausgenommen; **~ that ..., (coll.) ~ ...:** abgesehen davon, daß ...

exception [ɪkˈsepʃn] *n.* **a)** Ausnahme, *die;* **with the ~ of** mit Ausnahme (+ *Gen.*); **with the ~ of her/myself** mit Ausnahme von ihr/mir; **the ~ proves the rule** *(prov.)* Ausnahmen bestätigen die Regel; **this case is an ~ to the rule** dieser Fall ist die Ausnahme von der Regel; **be no ~** [**to the rule**] durchaus keine Ausnahme sein; **there's an ~ to every rule** keine Regel ohne Ausnahme; **make an ~** [**of/for sb.**] [bei jmdm.] eine Ausnahme machen; **by way of an ~:** ausnahmsweise; **b)** *no pl., no art.* **take ~ to sth.** *(be offended by sth., object to sth.)* an etw. *(Dat.)* Anstoß nehmen; **great ~ is taken to sth.** etw. erregt großen Unwillen

exceptional [ɪkˈsepʃənl] *adj.* außergewöhnlich; **in ~ cases** in Ausnahmefällen

exceptionally [ɪkˈsepʃənəlɪ] *adv.* **a)** *(as an exception)* ausnahmsweise; **b)** *(remarkably)* ungewöhnlich; außergewöhnlich

excerpt **1.** [ˈeksɜːpt] *n.* Auszug, *der* (**from,** of aus); *(from book also)* Exzerpt, *das* (*geh.*); *(from film, speech)* Ausschnitt, *der;* *(from record)* Stück, *das.* **2.** [ɪkˈsɜːpt] *v.t.* exzerpieren (**from** aus)

excess 1. [ɪkˈses] *n.* **a)** *(inordinate degree or amount)* Übermaß, *das* (**of** an + *Dat.*); **produce an ~ of sth.** einen Überschuß an etw. *(Dat.)* produzieren; **such ~ of detail** ein solches Übermaß an Details; **eat/drink/be generous to ~:** übermäßig essen/trinken/großzügig sein; **don't do anything to ~:** man soll nichts übertreiben; **carry sth. to ~:** etw. bis zum Exzeß treiben; **in ~:** im Übermaß; **b)** *esp. in pl. (act of immoderation, overindulgence)* Exzeß, *der;* *(sexual or gluttonous also)* Ausschweifung, *die;* *(savage also)* Ausschreitung, *die;* **c) be in ~ of sth.** etw. übersteigen; **a figure in ~ of a million** eine Zahl von über einer Million; **a speed in ~ of ...:** eine Geschwindigkeit von mehr als ...; **d)** *(surplus)* Überschuß, *der;* **~ weight** Übergewicht, *das;* **e)** *(esp. Brit. Insurance)* Selbstbeteiligung, *die;* Selbstbehalt, *der* *(fachspr.)*

excess [ˈekses]: **~ ˈbaggage** *n.* Mehrgepäck, *das;* **~ ˈfare** *n.* Zuschlag, *der*

excessive [ɪkˈsesɪv] *adj.* übermäßig; exzessiv; übertrieben ⟨*Forderung, Lob, Ansprüche*⟩; zu stark ⟨*Schmerz, Belastung*⟩; unmäßig ⟨*Esser, Trinker*⟩; **~ drinking of alcohol** übermäßiger Alkoholgenuß; **an ~ talker/eater** ein Schwätzer *(abwertend)/* Vielfraß *(ugs.);* **sb. is being rather ~:** jmd. ist ziemlich extrem

excessively [ɪkˈsesɪvlɪ] *adv.* **a)** *(immoderately)* übertrieben; exzessiv; unmäßig ⟨*trinken, essen*⟩; **~ cautious** übervorsichtig; **talk/spend ~:** [all]zuviel reden/ausgeben; **b)** *(exceedingly)* ausgesprochen

excess [ˈekses]: **~ ˈluggage** *see* **~ baggage;** **~ ˈpostage** *n.* Nachgebühr, *die*

exchange [ɪksˈtʃeɪndʒ] **1.** *v.t.* **a)** tauschen ⟨*Plätze, Zimmer, Ringe, Küsse*⟩; umtauschen, wechseln ⟨*Geld*⟩; austauschen ⟨*Adressen, [Kriegs]gefangene, Erinnerungen, Gedanken, Erfahrungen*⟩; wechseln ⟨*Blicke, Worte, Ringe*⟩; [**no**] **shots were ~d** es fand [k]ein Schußwechsel statt; **the two men ~d letters** die beiden Männer führten einen Briefwechsel; **~ blows/insults** sich schlagen/sich gegenseitig beleidigen; **b)** *(give in place of another)* eintauschen (**for** für, ge-

exchangeable

gen); umtauschen ⟨[gekaufte] Ware⟩ (for gegen); austauschen ⟨Spion⟩ (for gegen); (interchange) austauschen (for gegen). 2. *v. i.* tauschen. 3. *n.* **a)** Tausch, *der;* (of prisoners, spies, compliments, greetings, insults) Austausch, *der;* **an ~ of ideas/blows** ein Meinungsaustausch/Handgreiflichkeiten *Pl.;* **in ~:** dafür; **in ~ for sth.** für etw.; **fair ~ is no robbery** (prov.: joc./iron.) so kann jeder zufrieden sein (scherzh./iron.); **b)** (Educ.) Austausch, *der;* **an ~ of pupils** ein Schüleraustausch; **an ~ student** ein Austauschstudent/eine Austauschstudentin; **the pupils are going on [an] ~ to Paris** die Schüler fahren im Rahmen eines Austauschprogramms nach Paris; **c)** (quarrel) Wortwechsel, *der;* **d)** (of money) Umtausch, *der;* **bill of ~:** Wechsel, *der;* Tratte, *die* (Bankw.); ~ [rate], **rate of ~:** Wechsel- *od.* Umrechnungskurs, *der;* **e)** see **telephone exchange; f)** (Commerc.: building) Börse, *die.* See also **employment exchange; foreign exchange; Labour Exchange; stock exchange**

exchangeable [ɪks'tʃeɪndʒəbl] *adj.* austauschbar (**for** gegen); **these goods are not ~:** diese Waren sind vom Umtausch ausgeschlossen

exchequer [ɪks'tʃekə(r)] *n.* **a)** (Brit.) Schatzamt, *das;* Finanzministerium, *das; see also* **chancellor a; b)** (royal or national treasury) Staatsschatz, *der*

¹**excise** ['eksaɪz] *n.* Verbrauchsteuer, *die;* **Customs and E~ Department** (Brit.) Amt für Zölle und Verbrauchsteuern

²**excise** [ɪk'saɪz] *v. t.* **a)** (from book, article) entfernen (**from** aus); (from film also) herausschneiden (**from** aus); **b)** (Med.) entfernen; exzidieren (fachspr.)

excision [ɪk'sɪʒn] *n.* **a)** Entfernung, *die* (**from** aus); **b)** (Med.) Entfernung, *die;* Exzision, *die* (fachspr.)

excitable [ɪk'saɪtəbl] *adj.* leicht erregbar; **have an ~ temper** reizbar sein

excite [ɪk'saɪt] *v. t.* **a)** (thrill) begeistern; **she was/became ~d by the idea** die Idee begeisterte sie; **it greatly ~d the children** es machte die Kinder ganz aufgeregt; **b)** (agitate) aufregen; **be/become ~d by sth.** sich über etw. (Akk.) aufregen *od.* erregen; **c)** (elicit) erregen; **d)** (stimulate; also Physiol.) anregen; (sexually) erregen; **e)** (provoke) aufstacheln (**to** zu)

excited [ɪk'saɪtɪd] *adj.* **a)** (pleasurably) aufgeregt (**at** über + Akk.); **you don't seem very ~ [about it]** du scheinst [davon] nicht sehr begeistert zu sein; **I'm ~ to see what happens next** ich bin gespannt, was als nächstes geschieht; **it's nothing to get ~ about** es ist nichts Besonderes; **don't get ~:** sei nicht gleich so aufgeregt; **b)** (agitated) erregt; **it's nothing to get ~ about** es besteht kein Grund zur Aufregung; **don't get ~, it's only Tom** keine Aufregung, es ist nur Tom; **don't get so ~:** reg dich nicht so auf; **get all ~** (coll.) sich furchtbar aufregen (ugs.); **c)** (Physiol.) angeregt; (sexually) erregt

excitedly [ɪk'saɪtɪdlɪ] *adv.* aufgeregt; gespannt ⟨warten⟩; **look forward ~ to the holidays** den Ferien entgegenfiebern

excitement [ɪk'saɪtmənt] *n.* **a)** *no pl.* Aufregung, *die;* (enthusiasm) Begeisterung, *die;* (suspense) Spannung, *die;* **in [a state of] ~:** aufgeregt; **in all the ~/in his ~ he forgot to say thank you** in der Aufregung vergaß er, sich zu bedanken; **full of ~:** ganz aufgeregt; **wild with ~:** wie toll vor Aufregung *od.* Erregung; **b)** (incident) Aufregung, *die;* **c)** (Physiol.: sexual) Erregung, *die*

exciting [ɪk'saɪtɪŋ] *adj.* aufregend; (full of suspense) spannend; **it isn't exactly ~:** es ist nicht gerade berauschend (ugs.)

exclaim [ɪk'skleɪm] **1.** *v. t.* ausrufen; **~ that ...:** rufen, daß ... **2.** *v. i.* aufschreien; **~ in delight** vor Freude aufschreien

exclamation [eksklə'meɪʃn] *n.* Ausruf, *der;* **utter an ~ of pain/delight** vor Schmerz aufschreien/einen Freudenschrei ausstoßen

exclamation: ~ mark, (Amer.) **~ point** *ns.* Ausrufezeichen, *das*

exclude [ɪk'sklu:d] *v. t.* **a)** (keep out, debar) ausschließen (**from** von); **sb. is ~d from a profession/the Church/a room** jmdm. ist die Ausübung eines Berufes/die Zugehörigkeit zur Kirche/der Zutritt zu einem Raum verwehrt; **the public were ~d from the courtroom** die Verhandlung fand unter Ausschluß der Öffentlichkeit statt; **~ noise/draughts from a room** Lärm von einem Zimmer fernhalten/ein Zimmer gegen Zugluft abdichten; **~ sb. from one's will/the Party** jmdn. im Testament nicht bedenken/aus der Partei ausschließen; **b)** (make impossible, preclude) ausschließen; **this ~s any [further] question of sth.** damit ist etw. völlig ausgeschlossen; **c)** (leave out of account) nicht berücksichtigen (**from** bei)

excluding [ɪk'sklu:dɪŋ] *prep.* **~ drinks/VAT** Getränke ausgenommen/ohne Mehrwertsteuer

exclusion [ɪk'sklu:ʒn] *n.* Ausschluß, *der;* **[talk about sth.] to the ~ of everything else** ausschließlich [über etw. (Akk.) sprechen]

exclusive [ɪk'sklu:sɪv] **1.** *adj.* **a)** (not shared) alleinig ⟨Besitzer, Kontrolle⟩; ungeteilt ⟨Aufmerksamkeit⟩; einzig ⟨Beschäftigung⟩; Allein⟨eigentum, ⟩; (Journ.) Exklusiv⟨bericht, -interview⟩; (Fashion) Modell⟨kleid usw.⟩; **~ right** Alleinrecht, *das;* (Journ.) Exklusivrecht, *das;* **have ~ rights** die Alleinrechte/Exklusivrechte haben; **b)** (select, privileged) exklusiv; (unwilling to mix) unnahbar; distanziert; **c)** (excluding) ausschließlich; **~ of** ohne; **~ of drinks** Getränke ausgenommen; **the price is ~ of postage** Versandkosten sind im Preis nicht inbegriffen; **be mutually ~:** sich gegenseitig ausschließen. **2.** *n.* (Journ.) Exklusivbericht, *der*

exclusively [ɪk'sklu:sɪvlɪ] *adv.* ausschließlich; (Journ.) exklusiv

exclusiveness [ɪk'sklu:sɪvnɪs] *n., no pl.* Exklusivität, *die*

excommunicate [ekskə'mju:nɪkeɪt] *v. t.* (Eccl.) exkommunizieren

excommunication [ekskəmju:nɪ'keɪʃn] *n.* (Eccl.) Exkommunikation, *die*

excoriate [eks'kɔ:rɪeɪt] *v. t.* (fig.: censure) vernichtend kritisieren

excrement ['ekskrɪmənt] *n. in sing. or pl.* Exkremente *Pl.* (bes. Med.); Kot, *der* (geh.)

excrescence [ɪk'skresns] *n.* **a)** Auswuchs, *der;* Wucherung, *die;* Exkreszenz, *die* (fachspr.); **b)** (fig.) Auswuchs, *der*

excreta [ɪk'skri:tə] *n. pl.* Ausscheidungen *Pl.*

excrete [ɪk'skri:t] *v. t.* ausscheiden

excretion [ɪk'skri:ʃn] *n.* Ausscheidung, *die*

excretory [ɪk'skri:tərɪ] *adj.* Ausscheidungs-

excruciating [ɪk'skru:ʃɪeɪtɪŋ] *adj.* unerträglich; qualvoll ⟨Tod⟩; quälend ⟨Frage⟩; **it is ~:** es ist unerträglich *od.* nicht auszuhalten; **be in ~ pain** unerträgliche Schmerzen haben; **an ~ pun** ≈ ein schlimmer Kalauer

excruciatingly [ɪk'skru:ʃɪeɪtɪŋlɪ] *adv.* entsetzlich; furchtbar; wahnsinnig ⟨lustig⟩

exculpate ['ekskʌlpeɪt] *v. t.* freisprechen; **he was ~d** seine Unschuld wurde festgestellt; **~ oneself** sich rechtfertigen (**from** gegenüber)

exculpation [ekskʌl'peɪʃn] *n., no pl.* Entlastung, *die;* (vindication) Rechtfertigung, *die*

excursion [ɪk'skɜ:ʃn] *n.* **a)** Ausflug, *der;* **day ~:** Tagesausflug, *der;* **go on/make an ~:** einen Ausflug machen; **~ rates/fares** Sonderpreis [für Ausflüge] (Akk.); **b)** (fig.: digression) Ausflug, *der;* Exkurs, *der* (geh.)

excursionist [ɪk'skɜ:ʃənɪst] *n.* Ausflügler, *der*/Ausflüglerin, *die*

excursion: ~ ticket *n.* Ausflugskarte, *die;* **~ train** *n.* (Amer.) Sonderzug, *der*

excusable [ɪk'skju:zəbl] *adj.* entschuldbar; verzeihlich

excusably [ɪk'skju:zəblɪ] *adv.* verständlicherweise

excuse 1. [ɪk'skju:z] *v. t.* **a)** (forgive, exonerate) entschuldigen; **~ oneself** (apologize) sich entschuldigen; **~ me** Entschuldigung; Verzeihung; **please ~ me** bitte entschuldigen Sie; **~ me[, what did you say]?** (Amer.) Verzeihung[, was haben Sie gesagt]?; **~ me if I don't get up** entschuldigen Sie, wenn ich nicht aufstehe; **~ sth. in sb., ~ sb. sth.** etw. bei jmdm. entschuldigen; **I can be ~d for confusing them** es ist verzeihlich, daß ich sie verwechselt habe; **sb. can be ~d for that** das ist verzeihlich; **acts which nothing can ~:** Taten, für die doch nichts zu entschuldigen sind; **b)** (release, exempt) befreien; **~ sb. [from] sth.** jmdn. von etw. befreien; **they were ~d payment of all taxes** ihnen wurden alle Steuern erlassen; **~ oneself from doing sth.** sich erlauben, etw. nicht zu tun; **c)** (allow to leave) entschuldigen; **~ oneself** sich entschuldigen; **and now, if I may be ~d or if you will ~ me** wenn Sie mich jetzt bitte entschuldigen wollen; **you are ~d** ich laß dich gehen; **may I be ~d?** (wishing to leave the table) darf ich aufstehen?; (euphem.: wishing to go to the toilet) darf ich mal verschwinden *od.* austreten? **2.** [ɪk'skju:s] *n.* **a)** Entschuldigung, *die;* **give or offer an ~ for sth.** sich für etw. entschuldigen; **there is no ~ for what I did** was ich getan habe, ist nicht zu entschuldigen; **what did he give as his ~ this time?** welche Entschuldigung hatte er diesmal?; **I'm not trying to make ~s, but ...:** das soll keine Entschuldigung sein, aber ...; **make one's/sb.'s ~ to sb.** sich/jmdn. bei jmdm. entschuldigen; **any ~ for a drink!** zum Trinken gibt es immer einen Grund; **be as good an ~ as any** ein willkommener Anlaß sein; **b)** (evasive statement) Ausrede, *die;* **seek to ~ oneself** sich herausreden; **c)** (pathetic specimen) **this is an ~ for a pencil/letter** *etc.,* **isn't it!** das kann man wohl kaum als Bleistift/Brief *usw.* bezeichnen

ex-di'rectory *adj.* (Brit. Teleph.) Geheim⟨nummer, -anschluß⟩; **famous people are usually ~:** berühmte Leute stehen gewöhnlich nicht im Telefonbuch

ex 'dividend (Finance) *adv.* abzüglich Dividende

execrable ['eksɪkrəbl] *adj.,* **execrably** ['eksɪkrəblɪ] *adv.* abscheulich

execration [eksɪ'kreɪʃn] *n.* **a)** (act) Fluchen, *das;* **b)** (curse) Fluch, *der;* Verwünschung, *die;* **c)** *no pl.* (abhorrence) Abscheu, *der;* **hold sth. in ~:** etw. verabscheuen

execute ['eksɪkju:t] *v. t.* **a)** (kill) hinrichten; exekutieren (Milit.); **b)** (put into effect, perform) ausführen; durchführen ⟨Vorschrift, Gesetz⟩; **c)** (Law: give effect to) vollstrecken; (make legally valid) rechtsgültig machen; unterzeichnen ⟨Urkunde⟩

execution [eksɪ'kju:ʃn] *n.* **a)** (killing) Hinrichtung, *die;* Exekution, *die* (Milit.); **b)** (putting into effect, performance) Ausführung, *die;* Durchführung, *die;* (of will, verdict) Vollstreckung, *die;* **put sth. into ~:** etw. aus- *od.* durchführen/vollstrecken; **in the ~ of one's duty/duties** bei Erfüllung seiner Pflicht; **in [treuer] Pflichterfüllung; c)** (Mus.) Vortrag, *der;* **d)** (Law: seizure of property, carrying out) Vollstreckung, *die;* (rendering legally valid) [rechtsgültige] Unterzeichnung

executioner [eksɪ'kju:ʃənə(r)] *n.* Scharfrichter, *der*

executive [ɪg'zekjʊtɪv] **1.** *n.* **a)** (person) leitender Angestellter/leitende Angestellte; **b)** (administrative body) **the ~** (of government) die Exekutive; (of political organization, trade union) der Vorstand. **2.** *adj.* **a)** (Commerc.) leitend ⟨Stellung, Funktion⟩; geschäftsführend ⟨Vorsitzende[r]⟩; **~ powers**

executive committee — **exonerate**

executive Vollmacht, die; (Commerc. Law) Prokura, die; ~ **ability** Führungsqualitäten Pl.; b) (relating to government) exekutiv; ~ **powers** Exekutivgewalt, die
executive: ~ **com'mittee** n. [geschäftsführender] Vorstand; ~ **'council** n. Ministerrat, der
executor [ɪgˈzekjʊtə(r)] n. (Law) Testamentsvollstrecker, der; the ~ **of his will** sein Testamentsvollstrecker; **literary** ~: Verwalter/Verwalterin des literarischen Nachlasses
exegesis [eksɪˈdʒiːsɪs] n., pl. **exegeses** [eksɪˈdʒiːsiːz] Auslegung, die; Exegese, die (auch Theol.)
exemplary [ɪgˈzemplərɪ] adj. a) (model) vorbildlich; b) (deterrent) exemplarisch; ~ **damages** (Law) Buße, die; c) (illustrative) beispielhaft; exemplarisch
exemplification [ɪgzemplɪfɪˈkeɪʃn] n. Veranschaulichung, die; Exemplifikation, die (geh.)
exemplify [ɪgˈzemplɪfaɪ] v. t. veranschaulichen; exemplifizieren (geh.); (serve as example of) als Beispiel dienen für
exempt [ɪgˈzempt] 1. adj. [von etw.] befreit [sein]; **make sb.** ~ **from sth.** jmdn. von etw. befreien. 2. v. t. befreien; **be** ~**ed from sth.** von etw. befreit werden
exemption [ɪgˈzempʃn] n. Befreiung, die; ~ **from payment of a fine** Erlaß einer Geldstrafe
exercise [ˈeksəsaɪz] 1. n. a) no pl., no indef. art. (physical exertion) Bewegung, die; (of dog also) Auslauf, der; (fig.) Training, das; **get** ~: Bewegung haben; **take** ~: sich (Dat.) Bewegung verschaffen; **provide** ~ **for sth.** etw. trainieren; eine gute Übung für etw. sein; b) (task set, activity; also Mus., Sch.) Übung, die; **the object of the** ~: der Sinn der Übung; c) (to improve fitness) [Gymnastik]übung, die; **morning** ~**s** Morgengymnastik, die; d) no pl. (employment, application) Ausübung, die; **the** ~ **of tolerance is essential** Toleranz zu üben ist sehr wichtig; e) usu. in pl. (Mil.) Übung, die; **go on** ~**s** eine Übung machen; f) in pl. (Amer.: ceremony) Feierlichkeiten Pl.. 2. v. t. a) ausüben ⟨Recht, Macht, Einfluß⟩; walten lassen ⟨Vorsicht⟩; ~ **restraint/discretion/patience** sich in Zurückhaltung/Diskretion/Geduld üben; ~ **one's right of veto** von seinem Vetorecht Gebrauch machen; ~ **tact** taktvoll sein; ~ **great care** sehr vorsichtig sein; b) (tax the powers of) in Anspruch nehmen; (perplex, worry) beschäftigen; ~ **the mind** die geistigen Fähigkeiten herausfordern; c) (physically) trainieren; d) (Mil.) drillen. 3. v. i. sich (Dat.) Bewegung verschaffen
'exercise book n. [Schul]heft, das
exerciser [ˈeksəsaɪzə(r)] n. (device) Trainingsgerät, das
exert [ɪgˈzɜːt] 1. v. t. aufbieten ⟨Kraft, Beredsamkeit⟩; ausüben ⟨Einfluß, Druck, Macht⟩; ~ **all one's force on the door** sich mit aller Kraft gegen die Tür stemmen. 2. v. refl. sich anstrengen; **don't** ~ **yourself** (iron.) überanstrenge dich nur nicht
exertion [ɪgˈzɜːʃn] n. a) no pl. (exerting) (of strength, force) Aufwendung, die; (of influence, pressure, force) Ausübung, die; **by the** ~ **of all sb.'s strength** unter Aufbietung aller Kräfte; b) (effort) Anstrengung, die; **by her own** ~**s she managed ...**: durch eigene Anstrengung gelang es ihr, ...
exeunt [ˈeksɪənt] v. i. (Theatre: as stage direction) ab; ~ **omnes** [ˈɒmniːz] alle ab
ex gratia [eks ˈgreɪʃə] adj. freiwillig; ohne Anerkennung einer Rechtspflicht
exhalation [ekshəˈleɪʃn] n. a) (breathing out) Ausatmung, die; (of smoke, gas; also Med.) Exhalation, die; b) (puff of breath) Atemzug, der; c) (gas etc. emitted) exhalierte Dämpfe/Gase

exhale [eksˈheɪl] 1. v. t. a) (from lungs) ausatmen; exhalieren (Med.); b) (emit) verströmen ⟨Duft⟩; ausstoßen ⟨Rauch, Gas⟩. 2. v. i. ausatmen; exhalieren (Med.)
exhaust [ɪgˈzɔːst] 1. v. t. a) (use up) erschöpfen; erschöpfend behandeln ⟨Thema⟩; (try out fully) ausschöpfen; **she** ~**ed her ideas in her first novel** sie hat den Vorrat ihrer Ideen bereits in ihrem ersten Roman erschöpft; b) (drain of strength, resources, etc.) erschöpfen; **have been** ~**ed by sth./have** ~**ed oneself von etw.** erschöpft sein/sich völlig erausgabt haben; **this work is** ~**ing me** diese Arbeit strengt mich sehr an; c) (draw off) herauspumpen; ~ **sth. from sth.** etw. aus etw. [heraus]pumpen; d) (empty) auspumpen. 2. n. a) ~ **[system]** Abgasrohr, das; (Motor Veh.) Auspuff, der; (of train) Abgasleitung, die; b) (what is expelled) Abgase Pl.; (of car) Auspuffgase Pl.
exhausted [ɪgˈzɔːstɪd] adj. erschöpft
exhausting [ɪgˈzɔːstɪŋ] adj. anstrengend; beschwerlich ⟨Husten⟩; ermüdend ⟨Wetter⟩; **he is** ~ **company** or ~ **to be with** er ist sehr anstrengend
exhaustion [ɪgˈzɔːstʃn] n., no pl. Erschöpfung, die
exhaustive [ɪgˈzɔːstɪv] adj. umfassend
exhaustively [ɪgˈzɔːstɪvlɪ] adv.; **treat a subject** ~: ein Thema erschöpfend od. umfassend behandeln
ex'haust-pipe n. Abzugsrohr, das; Auspuffrohr, das; (of car)
exhibit [ɪgˈzɪbɪt] 1. v. t. a) (display) vorzeigen; (show publicly) ausstellen; **he has** ~**ed in London** er hat in London ausgestellt; ~ **in court** (Law) dem Gericht vorlegen; b) (manifest) zeigen ⟨Mut, Verachtung, Symptome, Neigung, Angst⟩; beweisen ⟨Mut, Können⟩. 2. n. a) Ausstellungsstück, das; b) (Law: in court; also fig.) Beweisstück, das
exhibition [eksɪˈbɪʃn] n. a) (public display) Ausstellung, die; ~ **catalogue** Ausstellungskatalog, der; b) (act) Vorführung, die; (manifestation) **give an** ~ **of one's skills** sein Können demonstrieren; **her** ~ **of grief** die Zurschaustellung ihrer Trauer; c) (derog.) **make an** ~ **of oneself** sich unmöglich aufführen; **what an** ~! ein unmögliches Benehmen!; d) (Brit. Univ.: scholarship) Stipendium, das
exhibitioner [eksɪˈbɪʃənə(r)] n. (Brit. Univ.) Stipendiat, der
exhibitionism [eksɪˈbɪʃənɪzm] n. Exhibitionismus, der
exhibitionist [eksɪˈbɪʃənɪst] n. Exhibitionist, der/Exhibitionistin, die
exhibitor [ɪgˈzɪbɪtə(r)] n. Aussteller, der/Ausstellerin, die
exhilarate [ɪgˈzɪləreɪt] v. t. erfrischen, beleben; (gladden) fröhlich stimmen; (stimulate) anregen
exhilarated [ɪgˈzɪləreɪtɪd] adj. erfrischt; belebt; (gladdened) fröhlich gestimmt; (stimulated) angeregt; **feel** ~: sich erfrischt/angeregt fühlen/fröhlich gestimmt sein
exhilarating [ɪgˈzɪləreɪtɪŋ] adj. belebend; fröhlich stimmend ⟨Nachricht, Musik, Anblick⟩; ~ **feeling** erhebendes Gefühl
exhilaration [ɪgzɪləˈreɪʃn] n. [feeling of] ~: Hochgefühl, das; **the** ~ **of hang-gliding** das Hochgefühl beim Drachenfliegen
exhort [ɪgˈzɔːt] v. t. ~ **sb. to do sth.** jmdn. [ernsthaft] ermahnen, etw. zu tun
exhortation [eksɔːˈteɪʃn] n. (exhorting) Ermahnung, die; (formal address) Appell, der; Exhortation, die (kath. Rel.)
exhumation [eksjʊˈmeɪʃn] n. Exhumierung, die
exhume [ɪgˈzjuːm] v. t. exhumieren; (fig.) ausgraben
exigence [ˈeksɪdʒəns], **exigency** [ˈeksɪdʒənsɪ] n. a) usu. in pl. (urgent demand) Erfordernis, das; b) (emergency) Notlage, die;

(Polit. also) Krisensituation, die; c) (urgency) Dringlichkeit, die
exigent [ˈeksɪdʒənt] adj. a) (exacting) anspruchsvoll; b) (urgent) dringend ⟨Fall, Lage⟩; zwingend ⟨Grund, Notwendigkeit, Umstand⟩
exiguous [egˈzɪgjʊəs] adj. gering; schmal (geh.) ⟨Gehalt, Budget⟩; dürftig ⟨Kost⟩
exile [ˈeksaɪl, ˈegzaɪl] 1. n. a) (forcible also) Verbannung, die (from aus); **order sb.'s** ~: jmdn. ins Exil schicken; **live/be in** ~: im Exil leben/sein; **go into** ~: ins Exil gehen; **internal** ~: Verbannung, die (an einen Ort innerhalb des eigenen Landes); **the E**~ (Jewish Hist.) die Babylonische Gefangenschaft; b) (exiled person, lit. or fig.) Verbannte, der/die; Exilierte, der/die (geh.). 2. v. t. verbannen; exilieren (geh.); ~**d Russian** Exilrusse, der/-russin, die
exist [ɪgˈzɪst] v. i. a) (be in existence) existieren; ⟨Zweifel, Gefahr, Problem, Zusammenarbeit, Brauch, Einrichtung:⟩ bestehen; **ever since records have** ~**ed ...**: seit es Aufzeichnungen gibt, ...; **fairies do** ~: es gibt Feen; **the biggest book that has ever** ~**ed** das größte Buch aller Zeiten; **the conditions that** ~ **in the Third World** die Bedingungen, die man in der dritten Welt vorfindet; **does life** ~ **on Venus?** gibt es Leben auf der Venus?; b) (survive) existieren; überleben; ~ **on sth.** von etw. leben; c) (be found) **sth.** ~**s only in Europe** es gibt etw. nur in Europa
existence [ɪgˈzɪstəns] n. a) (existing) Existenz, die; **doubt sb.'s** ~**/the** ~ **of sth.** bezweifeln, daß es jmdn./etw. gibt; **the continued** ~ **of this tradition** das Fortbestehen dieser Tradition; **be in** ~: existieren; **the only such plant [which is] in** ~: die einzige Pflanze dieser Art, die es gibt; **come into** ~: entstehen; **bring sth. into** ~: etw. einführen; **go out of** ~: verschwinden; b) (mode of living) Dasein, das; (survival) Existenz, die; **struggle for** ~: Existenzkampf, der; **means of** ~: Existenzgrundlage, die
existent [ɪgˈzɪstənt] see **existing**
existential [egzɪˈstenʃl] adj. existentiell
existentialism [egzɪˈstenʃəlɪzm] n., no pl. (Philos.) Existentialismus, der
existentialist [egzɪˈstenʃəlɪst] n. (Philos.) Existentialist, der/Existentialistin, die; attrib. existentialistisch
existing [ɪgˈzɪstɪŋ] adj. existierend; (present) bestehend ⟨Ordnung, Schwierigkeiten⟩; gegenwärtig ⟨Lage, Führung, Stand der Dinge⟩
exit [ˈeksɪt] 1. n. a) (way out) Ausgang, der (from aus); (from drive, motorway) Ausfahrt, die; (from stage) Abgang, der; **make one's** ~: abgehen; c) (from room) Hinausgehen, das; (from group) Weggehen, das; **make a speedy** ~: schnell hinausgehen/weggehen; **she made a dramatic** ~: ihr Abgang war dramatisch; d) (departure) **right of** ~ **from a country** Recht, ein Land zu verlassen. 2. v. i. a) (make one's) ~ hinausgehen (from aus); (from stage) abgehen (from von); b) (Theatre: as stage direction) ab: ~ **Hamlet** Hamlet ab
exit: ~ **permit** n. Ausreiseerlaubnis, die; ~ **poll** n. Befragung der ein Wahllokal verlassenden Wähler; ~ **visa** n. Ausreisevisum, das
exodus [ˈeksədəs] n. Auszug, der; Exodus, der (geh.); **general** ~: allgemeiner Aufbruch; **[the Book of] E**~: das zweite Buch Mose
ex officio [eks əˈfɪʃɪəʊ] 1. adv. ex officio (geh.); von Amts wegen. 2. adj. ~ **chairman** Vorsitzender von Amts wegen od. ex officio (geh.); **be an** ~ **member** kraft seines Amtes Mitglied sein
exonerate [ɪgˈzɒnəreɪt] v. t. entlasten; ~ **from a duty/task** jmdn. von einer Pflicht/Aufgabe befreien; ~ **sb. from blame** jmdn. von der Schuld freisprechen

252

exoneration [ɪgzɒnə'reɪʃn] *n.* Entlastung, *die; (from task, obligation)* Befreiung, *die*
exorbitance [ɪg'zɔːbɪtəns] *n., no pl.* Maßlosigkeit, *die;* Exorbitanz, *die (geh.)*
exorbitant [ɪg'zɔːbɪtənt] *adj.* [maßlos] überhöht ⟨*Preis, Miete, Gewinn, Anforderung, Rechnung*⟩; maßlos ⟨*Ehrgeiz, Forderung*⟩; exorbitant *(geh.);* £10 – that's ~! 10 Pfund – das ist unverschämt viel! *(ugs.);* be ~ in one's demands [maßlos] überhöhte Ansprüche stellen
exorcise *see* exorcize
exorcism ['eksɔːsɪzm] *n.* Exorzismus, *der;* Teufelsaustreibung, *die*
exorcist ['eksɔːsɪst] *n.* Exorzist, *der*
exorcize ['eksɔːsaɪz] *v. t.* austreiben; exorzieren; be ~d from or out of sb./sth. jmdm./ einer Sache ausgetrieben werden
exotic [ɪg'zɒtɪk] 1. *adj.* exotisch. 2. *n.* Exot[e], *der*/Exotin, *die*
exotica [ɪg'zɒtɪkə] *n. pl.* Exotika *Pl.*
exotically [ɪg'zɒtɪkəlɪ] *adv.* exotisch; ~ named ...: mit dem exotischen Namen ...
expand [ɪk'spænd] 1. *v. i.* a) *(get bigger)* sich ausdehnen; ⟨*Unternehmen, Stadt, Staat:*⟩ expandieren; ⟨*Verkehrsaufkommen, Wissen:*⟩ zunehmen; ⟨*Institution:*⟩ erweitert werden; ⟨*geistiger Horizont:*⟩ sich erweitern; ~ into sth. zu etw. anwachsen; ~ing watch-strap elastisches Gliederband; b) *(Commerc.)* expandieren; ~ into a large organization zu einer großen Organisation heranwachsen; ~ into other areas of production die Produktion um andere Sektoren erweitern; c) ~ on a subject ein Thema weiter ausführen; d) *(spread out)* sich öffnen; e) *(become genial)* freundlich werden. 2. *v. t.* a) *(enlarge)* ausdehnen; erweitern ⟨*Horizont, Wissen*⟩; dehnen ⟨*Körper*⟩; aufblasen ⟨*Ballon*⟩; aufpumpen ⟨*Reifen*⟩; ~ sth. into sth. etw. zu etw. erweitern; ~ed metal Streckmetall, *das (Bauw.);* b) *(Commerc.: develop)* erweitern; ~ the economy das Wirtschaftswachstum fördern; c) *(amplify)* weiter ausführen ⟨*Gedanken, Notiz, Idee*⟩
expandable [ɪk'spændəbl] *adj.* [aus]dehnbar; *(Commerc.)* entwicklungsfähig
expanse [ɪk'spæns] *n.* [weite] Fläche, *die;* ~ of water Wasserfläche, *die;* surrounded by a huge ~ of desert umgeben von einer sich weithin erstreckenden Wüste; she was swathed in an ~ of red silk sie war in weite Bahnen roter Seide gehüllt
expansion [ɪk'spænʃn] *n.* a) Ausdehnung, *die; (of territorial rule also)* Expansion, *die; (of sphere of influence)* Ausweitung, *die; (of knowledge, building)* Erweiterung, *die;* ~ of the volume of traffic on the roads die zunehmende Verkehrsdichte auf den Straßen; b) *(Commerc.)* Expansion, *die;* the ~ of this small business into a huge organization die Erweiterung dieses kleinen Betriebes zu einer großen Firma; c) *(amplification)* Erweiterung, *die;* further ~ of the ideas weitere Ausführung der Ideen
expansionary [ɪk'spænʃənərɪ] *adj. (also Commerc.)* expansionistisch
ex'pansion joint *n.* Dehnungsfuge, *die*
expansive [ɪk'spænsɪv] *adj. (effusive)* offen; *(responsive)* zugänglich; be ~: aus sich herausgehen
expatiate [ɪk'speɪʃɪeɪt] *v. i.* ~ [up]on sth. etw. ausführlich erörtern; sich über etw. *(Akk.)* verbreiten *(oft abwertend)*
expatiation [ɪkspeɪʃɪ'eɪʃn] *n.* [ausführliche] Erörterung, *die* (up]on *Gen.)*
expatriate 1. [eks'pætrɪeɪt, eks'peɪtrɪeɪt] *v. t. (exile)* ausbürgern; expatriieren. 2. [eks'pætrɪət, eks'peɪtrɪət] *adj.* im Ausland lebend; ~ community Kolonie, *die.* 3. *n. (exile)* Exilant, *der*/Exilantin, *die; (foreigner)* Ausländer, *der*/Ausländerin, *die; (emigrant)* Auswanderer, *der*/Auswanderin, *die*
expatriation [ekspætrɪ'eɪʃn, ekspeɪtrɪ'eɪʃn] *n. (forcible)* Ausbürgerung, *die;* Expatriation, *die; (voluntary)* [freiwilliges] Exil
expect [ɪk'spekt] *v. t.* a) *(regard as likely, anticipate)* erwarten; ~ to do sth. damit rechnen, etw. zu tun; ~ sth. from sb. etw. von jmdm. erwarten; ~ sb. to do sth. damit rechnen, daß jmd. etw. tut; I ~ you'd like something to eat ich nehme an, daß du gern etwas essen möchtest; don't ~ me to help you out von mir hast du keine Hilfe zu erwarten; it is ~ed that ...: man erwartet, daß ...; that was [not] to be ~ed das war [auch nicht] zu erwarten; I ~ed as much das habe ich erwartet; it is everything one ~s es erfüllt alle Erwartungen; it is all one can ~: mehr kann man [auch] nicht erwarten; ~ the worst mit dem Schlimmsten rechnen; be ~ing a baby/ child ein Baby/Kind erwarten; be ~ing abs. schwanger sein; is he/she ~ing you? werden Sie erwartet?; I/we shall not ~ you till I/we see you wenn du kommst, bist du da *(ugs.);* ~ me when you see me *(coll.)* wenn ich komme, bin ich da *(ugs.);* b) *(require)* erwarten; ~ sb. to do sth. von jmdm. erwarten, daß er etw. tut; ~ sth. from or of sb. etw. von jmdm. erwarten; they are ~ed to be present man erwartet [von ihnen], daß sie da sind; c) *(coll.: think, suppose)* glauben; I ~ so ich glaube schon; I rather ~ not ich glaube kaum; I don't ~ so ich glaube nicht; I ~ it was/he did *etc.* das glaube ich gern
expectancy [ɪk'spektənsɪ] *n.* a) no pl. Erwartung, *die;* with an air and a look of ~: mit erwartungsvoller Miene; mood of ~: erwartungsvolle Stimmung; b) *(prospective chance)* an ~ of another 28 years of life eine Lebenserwartung von noch 28 Jahren; *see also* life expectancy
expectant [ɪk'spektənt] *adj.* a) erwartungsvoll; b) ~ mother werdende Mutter
expectantly [ɪk'spektəntlɪ] *adv.* erwartungsvoll; gespannt ⟨*warten*⟩
expectation [ekspek'teɪʃn] *n.* a) *no pl. (expecting)* Erwartung, *die;* in the ~ of sth. in Erwartung einer Sache *(Gen.);* b) *usu. in pl. (thing expected)* Erwartung, *die;* have great ~s for sb./sth. große Erwartungen in jmdn./etw. setzen; come up to ~[s]/sb.'s ~s den/jmds. Erwartungen entsprechen; contrary to ~ or to all ~s wider Erwarten; be a success beyond all ~s über alles Erwarten erfolgreich sein; c) ~ of life *see* life e; d) *in pl. (prospects of inheritance)* have great ~s ein großes Erbe in Aussicht haben
expectorate [ɪk'spektəreɪt] *v. t. & i.* aushusten; *(spit)* [aus]spucken
expedience [ɪk'spiːdɪəns], **expediency** [ɪk'spiːdɪənsɪ] *n.* Zweckmäßigkeit, *die;* he has sacrificed his integrity for ~: er hat seine Integrität den sogenannten Sachzwängen geopfert
expedient [ɪk'spiːdɪənt] 1. *adj., usu. pred.* a) *(appropriate, advantageous)* angebracht; b) *(politic)* zweckmäßig. 2. *n.* Mittel, *das*
expediently [ɪk'spiːdɪəntlɪ] *adv.* zweckmäßigerweise; act ~: handeln, wie man es für zweckmäßig hält
expedite ['ekspɪdaɪt] *v. t. (hasten)* beschleunigen; vorantreiben; *(execute promptly)* umgehend ausführen
expedition [ekspɪ'dɪʃn] *n.* a) Expedition, *die;* b) *(Mil.)* Feldzug, *der;* Expedition, *die (veralt.);* send an ~ to Egypt Truppen nach Ägypten schicken; c) *(excursion)* Ausflug, *der;* go on a ~ for hunting/shopping ~: einen Jagdausflug/eine Einkaufstour machen; d) *no pl. (speed)* Eile, *die*
expeditionary [ekspɪ'dɪʃənərɪ] *adj.* ~ force *(Mil.)* Expeditionskorps, *das*
expeditious [ekspɪ'dɪʃəs] *adj. (doing or done speedily)* schnell; *(speedy for speedy performance)* schnell durchführbar
expeditiously [ekspɪ'dɪʃəslɪ] *adv.* schnell
expel [ɪk'spel] *v. t.,* -ll-: a) ausweisen; ~ sb. from school [for misconduct] jmdn. [wegen schlechten Betragens] von der Schule verweisen; ~ sb. from a country jmdn. aus einem Land ausweisen; ~ from a club aus einem Verein ausschließen; b) *(with force)* vertreiben (from aus); auswerfen ⟨*Patrone*⟩; absaugen ⟨*Küchendunst*⟩; c) *(from substance; also Med.)* austreiben ⟨*Gas, Wasser usw.*⟩
expend [ɪk'spend] *v. t.* a) aufwenden ([up]on für); ~ much care in doing sth. etw. mit viel Sorgfalt tun; b) *(use up)* aufbrauchen ([up]on für)
expendable [ɪk'spendəbl] *adj.* a) *(inessential)* entbehrlich; be ~ *(Mil.; also fig.)* geopfert werden können; b) *(used up in service)* zum Verbrauch bestimmt
expenditure [ɪk'spendɪtʃə(r)] *n.* a) *(amount spent)* Ausgaben *Pl.* (on für); *(of fuel, effort, etc.)* Aufwand, *der;* b) *(spending)* Ausgabe, *die; (using up of fuel or effort)* Aufwand, *der* (of an + *Akk.*); ~ of money/time Geldausgabe, *die*/Zeitaufwand, *der*
expense [ɪk'spens] *n.* a) Kosten *Pl.;* regardless of ~: ungeachtet der Kosten; those who can afford the ~: diejenigen, die es sich leisten können; at little ~: preiswert; at great ~ to sb./sth. unter großen Kosten für jmdn./etw.; at sb.'s ~: auf jmds. Kosten *(Akk.);* at one's own ~: auf eigene Kosten; go to the ~ of travelling first-class sogar noch das Geld für die erste Klasse ausgeben; go to some/great ~: sich in Unkosten/ große Unkosten stürzen; put sb. to ~: jmdm. Kosten verursachen; put sb. to the ~ of sth./of doing sth. jmdm. die Kosten für etw. zumuten/dafür zumuten, etw. zu tun; b) *(expensive item)* teure Angelegenheit; be or prove a great or big ~: mit großen Ausgaben verbunden sein; c) *usu. in pl. (Commerc. etc.: amount spent [and repaid])* Spesen *Pl.;* with [all] ~s paid auf Spesen; the ~s incurred die anfallenden Spesen; he has to claim ~s er kann sich *(Dat.)* seine Spesen erstatten lassen; put sth. on ~s etw. auf die Spesenabrechnung setzen; it all goes on to ~s das geht alles auf Spesen; d) *(fig.)* Preis, *der;* [be] at the ~ of sth. auf Kosten von etw. [gehen]; at considerable ~ in terms of human lives unter großem Verlust an Menschenleben; he achieved it, but at the ~ of his life er erreichte es, aber es kostete ihn das Leben; at sb.'s ~: auf jmds. Kosten *(Akk.)*
ex'pense account *n.* Spesenabrechnung, *die; attrib.* ⟨*Essen, Leben*⟩ auf Spesen
expensive [ɪk'spensɪv] *adj.* teuer; prove ~ to sb. jmdm. teuer zu stehen kommen
expensively [ɪk'spensɪvlɪ] *adv.* teuer; ~ priced teuer
experience [ɪk'spɪərɪəns] 1. *n.* a) *no pl., no indef. art.* Erfahrung, *die;* have ~ of sth./sb. Erfahrung in etw. *(Dat.)* /mit jmdm. haben; have ~ of doing sth. Erfahrung darin haben, etw. zu tun; several years' ~: mehrjährige Erfahrung; learn by *or* through *or* from ~: durch eigene *od.* aus eigener Erfahrung lernen; he learnt through *or* by ~ that ...: die Erfahrung hat ihn gelehrt, daß ...; his first ~ of war/freedom seine erste Begegnung mit dem Krieg/der Freiheit; a man of your ~: ein Mann mit deiner Erfahrung; in/from my [own] [previous] ~: nach meiner/aus eigener Erfahrung; know from *or* by ~ that ...: aus Erfahrung wissen, daß ...; ~ has shown that ...: die Erfahrung hat gezeigt, daß ...; chalk *or* charge it up *or* put it down to ~: durch Schaden wird man klug; ~ of life Lebenserfahrung, *die;* b) *(incident)* Erfahrung, *die;* Erlebnis, *das;* have an [unpleasant/odd] ~: eine [unangenehme/merkwürdige] Erfahrung machen; he went through some terrible wartime ~s er hat im Krieg Schreckliches mitgemacht; it's quite an ~! das ist [schon] ein Erlebnis!; c) the American ~ shows how ...: das Beispiel Amerika

experienced

zeigt, wie ... **2.** *v. t.* erleben; stoßen auf (+ *Akk.*), haben ⟨*Schwierigkeiten*⟩; kennenlernen ⟨*Lebensweise*⟩; verspüren, empfinden ⟨*Hunger, Kälte, Schmerz, Freude, Trauer, Gefühl*⟩; **he is unable to ~ things deeply** er ist nicht fähig, etwas tief zu empfinden; **only he who has himself ~d poverty** nur wer Armut selbst erfahren hat

experienced [ɪkˈspɪərɪənst] *adj.* erfahren; **be ~ in sth.** in etw. *(Dat.)* erfahren sein; mit etw. Erfahrung haben; **an ~ eye** ein geschulter Blick

experiment 1. [ɪkˈsperɪmənt] *n.* **a)** Experiment, *das* (**on** an + *Dat.*); **do an ~:** ein Experiment machen; **series of ~s** Versuchsreihe, *die;* **b)** *(fig.)* Experiment, *das;* **by ~:** experimentell; **as an ~:** versuchsweise. **2.** [ɪkˈsperɪment] *v. i.* experimentieren; Versuche anstellen; **~ on sb./sth.** an jmdm./etw. experimentieren *od.* Versuche anstellen; **~ with sth.** mit etw. experimentieren

experimental [ɪkˌsperɪˈmentl] *adj.* **a)** experimentell; *(based on experiment)* Experimental⟨*physik, -psychologie*⟩; *(used for experiments)* Experimentier⟨*theater, -kino*⟩; Versuchs⟨*labor, -bedingungen*⟩; *(used in experiment)* Versuchs⟨*tier*⟩; **at the/an ~ stage** im Versuchsstadium; im Experimentierstadium; **b)** *(fig.: tentative)* vorläufig; **~ drilling/flight** Probebohrung, *die*/-flug, *der;* **on an ~ basis** versuchsweise

experimentalist [ɪkˌsperɪˈmentəlɪst] *n.* Experimentator, *der*

experimentally [ɪkˌsperɪˈmentəlɪ] *adv.* **a)** *(as an experiment)* versuchsweise; **b)** *(by experiment)* experimentell

experimentation [ɪkˌsperɪmenˈteɪʃn] *n.* Experimentieren, *das*

experimenter [ɪkˈsperɪmentə(r)] *n.* Experimentator, *der*

expert [ˈekspɜːt] **1.** *adj.* **a)** ausgezeichnet; **be ~ in** *or* **at sth.** Fachmann *od.* Expertin in etw. *(Dat.)* sein; sich in etw. *(Dat.)* sehr gut auskennen; **be ~ in** *or* **at doing sth.** etw. ausgezeichnet können; **b)** *(of an ~)* fachmännisch; **~ witness** sachverständiger Zeuge; **an ~ opinion** die Meinung eines Fachmanns; **~ knowledge** Fachkenntnis, *die;* **cast one's ~ eye over sth.** etw. fachmännisch begutachten; **do an ~ job** fachmännisch arbeiten. **2.** *n.* Fachmann, *der*/Expertin, *die;* Experte, *der*/Expertin, *die; (Law)* Sachverständige, *der/die;* **among ~s** unter Fachleuten; **be an ~ in** *or* **at** *or* **on sth.** Fachmann *od.* Experte in etw. *(Dat.)*/für etw. sein; **an ~ on the subject** ein Fachmann *od.* Experte auf dem Gebiet; **she's an ~ at solving riddles** sie ist eine Expertin im Rätsellösen; **forensic/mining ~:** Gerichts-/Bergbausachverständige, *der/die*

expertise [ˌekspɜːˈtiːz] *n.* Fachkenntnisse; *(skill)* Können, *das;* **area of ~:** Fachgebiet, *das*

expertly [ˈekspɜːtlɪ] *adv.* meisterhaft; fachmännisch ⟨*reparieren, beraten, beurteilen*⟩

expiate [ˈekspɪeɪt] *v. t.* sühnen

expiation [ˌekspɪˈeɪʃn] *n.* Sühne, *die (geh.)*; Buße, *die;* **in ~ of** zur *od.* als Buße für

expiatory [ˈekspɪeɪtərɪ] *adj.* **an ~ act** ein Akt der Sühne; **~ sacrifice** Sühneopfer, *das*

expiration [ˌekspɪˈreɪʃn] *n.* **a)** *see* **expiry; b)** *(of air)* Ausatmung, *die*

expire [ɪkˈspaɪə(r)] **1.** *v. i.* **a)** *(become invalid)* ablaufen, ⟨*Patent, Titel:*⟩ erlöschen; ⟨*Gesetz, Statut:*⟩ außer Kraft treten; ⟨*Gutschein:*⟩ verfallen, ⟨*Vertrag, Amtszeit:*⟩ auslaufen; **b)** *(literary) (die)* versterben *(geh.).* **2.** *v. t. (exhale)* ausatmen

expiry [ɪkˈspaɪərɪ] *n. see* **expire 1 a:** Ablauf, *der;* Erlöschen, *das;* Außerkrafttreten, *das;* Verfall, *der;* **before/at** *or* **on the ~ of sth.** vor/nach Ablauf einer Sache *(Gen.);* **the ~ date** *or* **date of ~ is the ...:** der Vertrag/die Pacht *usw.* läuft am ... ab *usw.*

explain [ɪkˈspleɪn] **1.** *v. t., also abs.* erklären; erläutern ⟨*Grund, Motiv, Gedanken*⟩; darlegen ⟨*Absicht, Beweggrund*⟩; aufklären ⟨*Geheimnis*⟩; **I need to have it ~ed [to me]** ich brauche eine Erklärung; **be good at ~ing [things]** gut erklären können; **how do you ~ that?** wie erklären Sie sich *(Dat.)* das? **2.** *v. refl.* **a)** *often abs. (justify one's conduct)* **please ~ [yourself]** bitte erklären Sie mir das; **he refused to ~:** er wollte mir keine Erklärung dafür geben; **let me ~ [myself]** lassen Sie mich Ihnen das erklären; **I'd better ~ [myself]** ich sollte Ihnen das erklären; **you've got some ~ing to do** Sie müssen mir da einiges erklären; **b)** *(make one's meaning clear)* **please ~ yourself** bitte erklären Sie [näher]

~ aˈway *v. t.* eine [plausible] Erklärung finden für

explainable [ɪkˈspleɪnəbl] *adj.* zu erklären nicht präd.; **be ~:** sich erklären lassen

explanation [ˌekspləˈneɪʃn] *n.* Erklärung, *die;* **need ~:** einer Erklärung bedürfen; **in ~ [of sth.]** zur Erklärung [einer Sache *(Gen.)*]; **what is the ~ of this?** wie soll ich mir das erklären?; **some ~ is called for** es bedarf einer Erklärung *(Gen.)*

explanatory [ɪkˈsplænətərɪ] *adj.* erklärend; erläuternd ⟨*Bemerkung*⟩

expletive [ɪkˈspliːtɪv, ekˈspliːtɪv] **1.** *n.* **a)** *(oath)* Kraftausdruck, *der;* **b)** *(Ling.)* Füllwort, *das;* Expletiv, *das (fachspr.).* **2.** *adj. (Ling.)* füllend; **~ word** Füllwort, *das*

explicable [ɪkˈsplɪkəbl] *adj.* erklärbar

explicate [ˈeksplɪkeɪt] *v. t.* **a)** *(explain)* erläutern, explizieren *(geh.);* aufklären ⟨*Geheimnis*⟩; **b)** *(develop meaning of)* ausführen

explicit [ɪkˈsplɪsɪt] *adj.* **a)** *(stated in detail)* ausführlich; *(openly expressed)* offen; unverhüllt; *(definite)* klar; ausdrücklich ⟨*Zustimmung, Erwähnung*⟩; **please would you be more ~:** bitte drücken Sie sich etwas deutlicher aus; **he did not make his meaning very ~:** er wurde nicht sehr deutlich; **make ~ mention of sth.** etw. ausdrücklich erwähnen; **b)** *(Theol.)* **~ faith** Fides explicita, *die*

explicitly [ɪkˈsplɪsɪtlɪ] *adv.* ausdrücklich; deutlich ⟨*beschreiben, ausdrücken*⟩; *(in openly expressed manner)* unverhüllt

explicitness [ɪkˈsplɪsɪtnɪs] *n., no pl.* Deutlichkeit, *die;* (*open expression*) **with less ~:** weniger deutlich

explode [ɪkˈspləʊd] **1.** *v. i.* **a)** explodieren; **b)** *(fig.)* explodieren; ⟨*Bevölkerung:*⟩ rapide zunehmen; **~ with laughter** in Gelächter ausbrechen. **2.** *v. t.* **a)** zur Explosion bringen; **b)** *(fig.)* widerlegen ⟨*Vorstellung, Doktrin, Theorie*⟩

exploded ˈview *n.* Explosionsdarstellung, *die;* auseinandergezogene Darstellung

exploit 1. [ˈeksplɔɪt] *n. (feat; also joc.: deed)* Heldentat, *die.* **2.** [ɪkˈsplɔɪt] *v. t.* **a)** *(derog.)* ausbeuten ⟨*Arbeiter, Kolonie usw.*⟩; ausnutzen ⟨*Gutmütigkeit, Freund, Unwissenheit*⟩; **b)** *(utilize)* nutzen; nützen; ausnutzen ⟨*Gelegenheit, Situation*⟩; ausbeuten ⟨*Grube*⟩

exploitation [ˌeksplɔɪˈteɪʃn] *n.* **a)** *(derog.) (of the working classes)* Ausbeutung, *die;* *(of genius, good nature)* Ausnutzung, *die;* **b)** *(utilization)* Nutzung, *die*

exploitative [ɪkˈsplɔɪtətɪv], **exploitive** [ɪkˈsplɔɪtɪv] *adj. (derog.)* ausbeuterisch

exploration [ˌeksplɔːˈreɪʃn] *n.* **a)** Erforschung, *die;* *(of town, house)* Erkundung, *die;* **in the course of his ~s** im Verlauf seiner Erforschung/Erkundung; **voyage of ~:** Entdeckungsreise, *die;* **b)** *(fig.)* Untersuchung, *die;* **c)** *(Med.)* Untersuchung, *die;* Exploration, *die (fachspr.)*

explorative [ɪkˈsplɔːrətɪv], **exploratory** [ɪkˈsplɔːrətərɪ] *adjs.* Forschungs-; **~ talks** Sondierungsgespräche; **~ drilling** Suchbohrung, *die;* **~ operation** *(Med.)* explorative Operation; Operation zu diagnostischen Zwecken

explore [ɪkˈsplɔː(r)] *v. t.* **a)** erforschen; erkunden ⟨*Stadt, Haus*⟩; **go exploring/out to ~:** auf Entdeckungsreise gehen; **b)** *(fig.)* untersuchen; **~ every avenue** alle möglichen Wege prüfen; **~ how the land lies** das Terrain sondieren

explorer [ɪkˈsplɔːrə(r)] *n.* **a)** Entdeckungsreisende, *der/die;* **Arctic ~:** Arktisforscher, *der*/-forscherin, *die;* **~s of the Nile** Erforscher des Nils; **b)** *(Amer.: Scout)* Pfadfinder, *der*

explosion [ɪkˈspləʊʒn] *n.* **a)** Explosion, *die;* *(noise)* [Explosions]knall, *der;* **b)** *(fig.: of anger etc.)* Ausbruch, *der;* **if the boss gets to hear of this there will be an ~:** wenn das der Chef erfährt, explodiert er; **c)** *(rapid increase)* Explosion, *die;* explosionsartiger Anstieg; **~ of population** Bevölkerungsexplosion, *die*

explosive [ɪkˈspləʊsɪv, ɪkˈspləʊzɪv] **1.** *adj.* **a)** explosiv; **highly ~:** hochexplosiv; **~ substance** Explosivstoff, *der;* **~ device** Sprengkörper, *der;* **b)** *(fig.)* explosiv; brisant ⟨*Thema*⟩. **2.** *n.* Sprengstoff, *der;* **high ~:** hochexplosiver Stoff; **~s expert** Sprengstoffexperte, *der*/-expertin, *die*

explosively [ɪkˈspləʊsɪvlɪ, ɪkˈspləʊzɪvlɪ] *adv.* *(lit. or fig.)* explosionsartig

exponent [ɪkˈspəʊnənt] *n.* **a)** *(of doctrine)* Vertreter, *der*/Vertreterin, *die;* *(representative also)* Exponent, *der*/Exponentin, *die;* *(of cause)* Verfechter, *der*/Verfechterin, *die;* **b)** *(Math.)* Exponent, *der;* Hochzahl, *die;* **c)** *(Mus.)* Interpret, *der*/Interpretin, *die*

exponential [ˌekspəˈnenʃl] *adj.* exponentiell; Exponential-; **~ function** *(Math.)* Exponentialfunktion, *die*

exponentially [ˌekspəˈnenʃlɪ] *adv.* exponentiell

export 1. [ɪkˈspɔːt, ˈekspɔːt] *v. t.* exportieren; ausführen; **~ing country** Ausfuhrland, *das;* **~ to other nations/to South Africa** in andere Länder/nach Südafrika exportieren; **oil-~ing countries** [erd]ölexportierende Länder. **2.** [ˈekspɔːt] *n.* **a)** *(process, amount exported)* Export, *der;* Ausfuhr, *die;* *(exported articles)* Exportgut, *das;* Ausfuhrgut, *das;* **boost ~s** den Export *od.* die Ausfuhr ankurbeln; **ban on the ~ of grain** Ausfuhrverbot für Getreide; **~s of sugar** Zuckerexporte *od.* -ausfuhren; **b)** *attrib.* Export-⟨*leiter, -handel, -markt, -kaufmann*⟩

exportation [ˌekspɔːˈteɪʃn] *n.* Export, *der;* Ausfuhr, *die*

export [ˈekspɔːt]: **~ drive** *n.* Exportkampagne, *die;* **~ duty** *n.* Exportzoll, *der;* Ausfuhrzoll, *der*

exporter [ɪkˈspɔːtə(r), ˈekspɔːtə(r)] *n.* Exporteur, *der;* *(person also)* Exporthändler, *der;* *(firm also)* Exportfirma, *die;* *(country)* **be an ~ of coal** Kohle exportieren

export [ˈekspɔːt]: **~ licence** *n.* Ausfuhrlizenz, *die;* **~ permit** *n.* Exportlaubnis, *die;* Ausfuhrerlaubnis, *die;* **~ ˈreject** *n.* [wegen ungenügender Qualität] nicht exportfähige Ware; **~ surplus** *n.* Exportüberschuß, *der*

expose [ɪkˈspəʊz] **1.** *v. t.* **a)** *(uncover)* freilegen; bloßlegen ⟨*Draht, Nerv*⟩; entblößen ⟨*Haut, Körper, Knie*⟩; **to view** freilegen; sichtbar machen; **b)** *(make known)* offenbaren ⟨*Schwäche, Tatsache, Geheimnis, Plan*⟩; aufdecken ⟨*Irrtum, Mißstände, Verbrechen, Verrat*⟩; entlarven ⟨*Täter, Verräter, Spion*⟩; **c)** *(subject)* **~ to sth.** einer Sache *(Dat.)* aussetzen; **~ to ridicule** der Lächerlichkeit *(Dat.)* preisgeben; **d)** *(Photog.)* belichten; **e)** *(leave out of doors to die)* aussetzen. **2.** *v. refl.* sich [unsittlich] entblößen

exposé [ekˈspəʊzeɪ] *n.* **a)** *(of facts)* Exposé, *das;* **b)** *(of sth. discreditable)* Enthüllung, *die;* *(of crime)* Aufdeckung, *die*

exposed [ɪkˈspəʊzd] *adj.* **a)** *(unprotected)* ungeschützt; **~ to the wind/elements** dem

Wind/den Elementen ausgesetzt; ~ **position** (*lit. or fig.*) exponierte Stellung; **b)** (*visible*) freigelegt; sichtbar ⟨*Körperteil*⟩; **c)** (*Photog.*) belichtet
exposition [ɛkspə'zɪʃn] *n.* **a)** (*statement, presentation*) Darstellung, *die;* (*commentary*) Kommentar, *der* (**of** zu); (*explanation*) Erläuterung, *die* (**of** zu); (*act of expounding*) ~ **of heretical views** Verbreitung ketzerischer Ansichten; **b)** (*Mus., Lit.: of principal themes*) Exposition, *die;* **c)** (*exhibition*) Ausstellung, *die*
expostulate [ɪk'spɒstjʊleɪt] *v.i.* protestieren; ~ **with sb. about** *or* **on sth.** mit jmdm. über etw. (*Akk.*) debattieren
expostulation [ɪkspɒstjʊ'leɪʃn] *n.* Protest, *der*
exposure [ɪk'spəʊʒə(r)] *n.* **a)** (*to air, cold, etc.*) (*being exposed*) Ausgesetztsein, *das;* (*exposing*) Aussetzen, *das;* (*of goods etc.*) Ausstellung, *die;* (*of children*) Aussetzung, *die;* **die of/suffer from** ~ [**to cold**] an Unterkühlung (*Dat.*) sterben/leiden; ~ **to infection** Kontakt mit Krankheitserregern; **indecent** ~: Entblößung in schamverletzender Weise; **media** ~: Publicity, *die;* **b)** (*unmasking*) (*of fraud etc.*) Enthüllung, *die;* (*of criminal*) Entlarvung, *die;* (*of hypocrite or hypocrisy*) Bloßstellung, *die;* (*Photog.*) (*exposing time*) Belichtung, *die;* (*picture*) Aufnahme, *die*
ex'posure meter *n.* (*Photog.*) Belichtungsmesser, *der*
expound [ɪk'spaʊnd] *v.t.* **a)** darlegen ⟨*These, Theorie, Doktrin*⟩ (**to** *Dat.*); **b)** (*explain*) auslegen ⟨*Schriften, Gesetz*⟩ (**to** *Dat.*)
express [ɪk'spres] **1.** *v.t.* **a)** (*indicate*) ausdrücken; **b)** (*put into words*) äußern, zum Ausdruck bringen ⟨*Meinung, Wunsch, Dank, Bedauern, Liebe*⟩; ~ **sth. in another language** etw. in einer anderen Sprache ausdrücken; ~ **oneself** sich ausdrücken; **he** ~**ed himself strongly on that subject** er äußerte sich sehr entschieden zu diesem Thema; ~ **one's willingness** *or* **readiness to do sth.** sich bereit erklären, etw. zu tun; **c)** (*represent by symbols*) ausdrücken ⟨*Zahl, Wert*⟩; **d)** (*squeeze*) [heraus]drücken, [heraus]pressen; **e)** (*send by* ~ *delivery*) als Schnellsendung schicken. **2.** *attrib. adj.* **a)** Eil⟨*brief, -bote usw.*⟩; Schnell⟨*paket, -sendung*⟩; *see also* ~ **train;** **b)** (*particular*) besonder...; bestimmt; ausdrücklich ⟨*Absicht*⟩; **c)** (*stated*) ausdrücklich ⟨*Wunsch, Befehl usw.*⟩. **3.** *adv.* als Eilsache (*veralt.*). **4.** *n.* **a)** (*train*) Schnellzug, *der;* D-Zug, *der;* (*messenger*) Eilbote, *der;* **by** ~: durch Eilboten; **b)** (*Amer.: company*) Transportunternehmen, *das*
express: ~ **company** *n.* (*Amer.*) Transportunternehmen, *das;* ~ **de'livery** *n.* Eilzustellung, *die*
expression [ɪk'spreʃn] *n.* **a)** Ausdruck, *der;* **find** ~ **in sth.** in etw. (*Dat.*) Ausdruck finden *od.* zum Ausdruck kommen; **give** ~ **to one's gratitude** seine Dankbarkeit zum Ausdruck bringen; seiner Dankbarkeit (*Dat.*) Ausdruck verleihen (*geh.*); **manner** *or* **mode of** ~: Ausdrucksweise, *die;* **profuse** ~**s of gratitude** überschwengliche Dankesbezeugungen; **the** ~ **on his face** *or* **his facial** ~ **was one of deepest hatred** sein Gesichtsausdruck zeugte von tiefstem Haß; tiefster Haß stand ihm im Gesicht geschrieben; **full of/without** ~: ausdrucksvoll/-los; **devoid of all** ~: völlig ausdruckslos; **she put a martyred** ~ **on her face** sie setzte ihre Duldermiene auf; **b)** (*Art, Mus., Math.*) Ausdruck, *der;* **play/sing with** ~: ausdrucksvoll *od.* -stark spielen/singen
expressionism [ɪk'spreʃənɪzm] *n., no pl.* Expressionismus, *der*
expressionist [ɪk'spreʃənɪst] *n.* Expressionist, *der*/Expressionistin, *die; attrib.* expressionistisch ⟨*Kunst usw.*⟩

expressionistic [ɪkspreʃə'nɪstɪk] *adj.* expressionistisch
expressionless [ɪk'spreʃnlɪs] *adj.* ausdruckslos
ex'pression-mark *n.* (*Mus.*) Vortragsbezeichnung, *die*
expressive [ɪk'spresɪv] *adj.* **a) be** ~ **of sth.** etw. ausdrücken; **b)** (*significant*) ausdrucksvoll; vielsagend ⟨*Schweigen*⟩; expressiv (*geh.*), ausdrucksvoll ⟨*Geste*⟩
expressively [ɪk'spresɪvlɪ] *adv.* ausdrucksvoll
express: ~ '**letter** *n.* Eilbrief, *der;* ~ '**lift** *n.* Schnellaufzug, *der*
expressly [ɪk'spreslɪ] *adv.* **a)** (*particularly*) ausdrücklich; **b)** (*definitely*) eindeutig; ausdrücklich
express: ~ '**train** *n.* Schnellzug, *der;* D-Zug, *der;* ~**way** *n.* (*Amer.*) Schnell[verkehrs]straße, *die*
expropriate [eks'prəʊprɪeɪt] *v.t.* enteignen; ⟨*Staat usw.:*⟩ verstaatlichen
expropriation [eksprəʊprɪ'eɪʃn] *n.* Enteignung, *die;* Expropriation, *die* (*veralt.*); (*esp. by State*) Verstaatlichung, *die*
expulsion [ɪk'spʌlʃn] *n.* (*from school, college*) Verweisung, *die* (**from** von); Relegation, *die* (**from** von); (*from home*) Vertreibung, *die* (**from** von); (*from country*) Ausweisung, *die* (**from** aus); (*from club*) Ausschluß, *der* (**from** aus); (*Med.: from the body*) Austreibung, *die* (**from** aus); (*of gas, water, etc. from substance*) Austreiben, *das* (**from** aus)
expunge [ɪk'spʌndʒ] *v.t.* [aus]streichen (**from** aus); (*fig.*) tilgen (**from** aus)
expurgate ['ekspəgeɪt] *v.t.* (*purify*) zensieren, (*verhüll.*) säubern ⟨*Text, Buch, Theaterstück*⟩; ~**d version/edition** zensierte *od.* (*verhüll.*) bereinigte Fassung/Ausgabe
exquisite ['ekskwɪzɪt, ɪk'skwɪzɪt] *adj.* **a)** erlesen, exquisit, bezaubernd ⟨*Aussicht, Landschaft, Muster, Melodie, Frau, Anmut*⟩; ausgesucht ⟨*Höflichkeit*⟩; **b)** (*acute*) heftig ⟨*Schmerz, Freude*⟩; riesig ⟨*Triumph*⟩; unerträglich ⟨*Leiden, Schmerzen*⟩
exquisitely ['ekskwɪzɪtlɪ, ɪk'skwɪzɪtlɪ] *adv.* **a)** (*excellently, beautifully*) vorzüglich; kunstvoll ⟨*verziert, geschnitzt*⟩; **b)** (*acutely*) äußerst; außerordentlich
ex-'service *adj.* (*Brit.*) Veteranen-; ~**man** ehemaliger Soldat
ext. *abbr.* **a)** exterior; **b)** external; **c)** [telephone] extension App.
extant [ek'stænt, 'ekstənt] *adj.* [noch] vorhanden *od.* existent
extemporaneous [ɪkstempə'reɪnɪəs] *adj.* improvisiert; ~ **translation** Stegreifübersetzung, *die*
extempore [ɪk'stempərɪ] **1.** *adv.* aus dem Stegreif; ex tempore (*Theater, geh.*); **speak** ~: frei sprechen; extemporieren. **2.** *adj.* improvisiert ⟨*Gedicht, Lied*⟩; **give an** ~ **speech** eine Rede aus dem Stegreif *od.* eine Stegreifrede halten
extemporisation, extemporise *see* **extemporiz-**
extemporization [ɪkstempəraɪ'zeɪʃn] *n.* Improvisation, *die;* Extempore, *das*
extemporize [ɪk'stempəraɪz] *v.t. & i.* improvisieren; extemporieren
extend [ɪk'stend] **1.** *v.t.* **a)** (*stretch out*) ausstrecken ⟨*Arm, Bein, Hand*⟩; ausziehen ⟨*Leiter, Teleskop*⟩; spannen ⟨*Segel*⟩; ausbreiten ⟨*Flügel*⟩; ~ **one's hand to sb.** jmdm. die Hand reichen *od.* entgegenstrecken; **the table can be** ~**ed** ein der Tisch ist ausziehbar; **b)** (*make longer*) (*in space*) verlängern ⟨*Grenze*⟩; ausbauen ⟨*Bahnlinie, Straße*⟩; (*in time*) verlängern ⟨*Leihbuch, Visum*⟩; ~ **a credit** Kreditverlängerung gewähren; ~ **the time limit** den Termin hinausschieben; **c)** (*enlarge*) ausdehnen ⟨*Einfluß, Macht, Forschungs[ge-*

biet]⟩; erweitern ⟨*Wissen, Wortschatz, Bedeutung, Freundeskreis, Besitz, Geschäft*⟩; verlängern ⟨*Aufsatz, Referat*⟩; ausbauen, vergrößern ⟨*Haus, Geschäft, Fabrik, Unternehmen*⟩; **d)** (*offer*) gewähren, zuteil werden lassen ⟨[*Gast*]*freundschaft, Schutz, Gunst, Hilfe, Kredit*⟩ (**to** *Dat.*); erweisen ⟨*Freundlichkeit, Gefallen*⟩ (**to** *Dat.*); (*accord*) aussprechen ⟨*Dank, Einladung, Glückwunsch*⟩ (**to** *Dat.*); ausrichten ⟨*Gruß*⟩ (**to** *Dat.*); ~ **a welcome to sb.** jmdn. willkommen heißen; **e)** (*tax*) fordern; ~ **oneself** sich verausgaben. **2.** *v.i.* sich erstrecken; **the wall** ~**s for miles** die Mauer zieht sich meilenweit hin; **the bridge** ~**s over the river** die Brücke führt über den Fluß; **the road** ~**s from X to Y** die Straße führt von X nach Y; **the winter season** ~**s from November to March** die Wintersaison währt von November bis März; **negotiations** ~**ed over weeks** die Verhandlungen zogen sich über Wochen *od.* wochenlang hin; **the problem** ~**s to other fields as well** das Problem berührt auch andere Bereiche
extended [ɪk'stendɪd] ~ '**family** *n.* Großfamilie, *die;* ~**play** *n.* EP-⟨*Platte, Band*⟩
extendible [ɪk'stendɪbl], **extensible** [ɪk'stensɪbl] *adjs.* [aus]dehnbar ⟨*Stoff*⟩; ausziehbar ⟨*Fernrohr, Leiter*⟩; erweiterungsfähig ⟨*Gebäude, Gewerbe, Firma, Industrie*⟩
extension [ɪk'stenʃn] *n.* **a)** (*stretching out*) (*of arm, leg, hand*) [Aus]strecken, *das;* (*of wings*) Ausbreiten, *das;* (*of muscle*) Streckung, *die;* **b)** (*extent*) Umfang, *der;* (*range*) Reichweite, *die;* (*prolonging*) Verlängerung, *die;* (*of road, railway*) Ausbau, *der;* ~ **of time** Fristverlängerung, *die;* **ask for an** ~: um Verlängerung bitten; **be granted** *or* **get an** ~: Verlängerung bekommen; **d)** (*enlargement*) (*of power, influence, research, frontier*) Ausdehnung, *die;* (*of enterprise, trade, knowledge*) Erweiterung, *die;* (*of house, estate*) Ausbau, *der;* **e)** (*additional part*) (*of house*) Anbau, *der;* (*of office, university, hospital, etc.*) Erweiterungsbau, *der;* **build an** ~ **to a hospital** einen Erweiterungsbau zu einem Krankenhaus errichten; ein Krankenhaus ausbauen; **the** ~ **has two Anbauten; f)** (*telephone*) Nebenanschluß, *der;* Fernsprechnebenstelle, *die* (*fachspr.*); (*number*) Apparat, *der;* **g)** ~ **course** (*correspondence course*) Fernstudium, *das*
extension: ~ **cord** (*Amer.*) *see* ~ **lead;** ~ **ladder** *n.* Ausziehleiter, *die;* ~ **lead** *n.* (*Brit.*) Verlängerungsschnur, *die*
extensive [ɪk'stensɪv] *adj.* ausgedehnt ⟨*Ländereien, Reisen, Staat, Wald, Besitz[tümer], Handel, Forschungen*⟩; extensiv ⟨*Wirtschaft*⟩; weit ⟨*Land*[*strich*], *Meer*[*esfläche*], *Blick*⟩; umfangreich ⟨*Reparatur, Investitionen, Wissen, Nachforschungen, Studien, Auswahl, Angebot, Sammlung*⟩; beträchtlich ⟨*Schäden, Geldmittel, Anstrengungen*⟩; weitreichend ⟨*Änderungen, Reformen, Einfluß, Machtbefugnis, Unterstützung*⟩; langwierig ⟨*Operation, Unternehmung, Suche*⟩; ausführlich ⟨*Bericht, Einleitung*⟩; **make** ~ **use of sth.** von etw. ausgiebig Gebrauch machen
extensively [ɪk'stensɪvlɪ] *adv.* beträchtlich ⟨*ändern, beschädigen*⟩; gründlich ⟨*reparieren*⟩; ausführlich ⟨*berichten, schreiben*⟩; **they used these rooms** ~: sie machten ausgiebig von diesen Räumen Gebrauch
extent [ɪk'stent] *n.* **a)** (*space over which sth. extends*) Ausdehnung, *die;* (*of wings*) Spannweite, *die;* **b)** (*scope*) (*of damage, debt, knowledge, power, authority*) Umfang, *der;* (*of influence, genius*) Größe, *die;* (*of damage, loss, disaster, power, authority*) Ausmaß, *das;* **losses to the** ~ **of £100** Verluste in Höhe von 100 Pfund; **to what** ~?: inwieweit?; in welchem Maße?; **the full** ~ **of his power** seine ganze Machtfülle; **to a great**

or **large/small** *or* **slight ~**: in hohem/geringem Maße; **to some** *or* **a certain ~**: in gewissem Maße; **to the same ~ as ...**: im selben Maße wie ...; **to a greater/lesser ~**: in höherem/geringerem Maße; **to a greater or lesser ~**: mehr oder weniger; **to such an ~ that ...**: in solchem Maße, daß ...; **her condition has not improved to any [great] ~**: ihr Zustand hat sich [fast] überhaupt nicht gebessert; c) *(area of sea, land)* Weite, *die;* **you can see the whole ~ of the park** man kann den Park in seiner ganzen Ausdehnung sehen

extenuate [ɪkˈstenjʊeɪt] *v. t.* verharmlosen, beschönigen ⟨*Vergehen, Verbrechen, Fehler, Schuld*⟩; entschuldigen ⟨*Benehmen*⟩; **extenuating circumstances** mildernde Umstände

extenuation [ɪkstenjʊˈeɪʃn] *n. (of crime, offence, fault, guilt)* Verharmlosung, *die;* Beschönigung, *die;* **in ~ of sth./sb.** als Entschuldigung für etw./jmdn.

exterior [ɪkˈstɪərɪə(r)] **1.** *adj.* **a)** äußer...; Außen⟨*fläche, -wand, -anstrich*⟩; **~ varnish** Lack für Außenanstriche; **b)** *([coming from] outside)* äußer...; außerhalb gelegen; **c)** *(Cinemat.)* **~ scene** Außenaufnahme, *die.* **2.** *n.* **a)** Äußere, *das;* *(of house)* Außenwände *Pl.;* **b)** *(appearance)* Äußere, *das;* **a man with a pleasant/rough ~**: ein Mann von angenehmem/ungeschlachtem Äußeren; **judge people by their ~**: Menschen nach ihrem Äußeren beurteilen; **c)** *(Cinemat.)* Außenaufnahme, *die*

exterminate [ɪkˈstɜːmɪneɪt] *v. t.* ausrotten; vertilgen, vernichten ⟨*Ungeziefer*⟩

extermination [ɪkstɜːmɪˈneɪʃn] *n.* Ausrottung, *die; (of pests)* Vertilgung, *die;* Vernichtung, *die*

external [ɪkˈstɜːnl] **1.** *adj.* **a)** äußer...; Außen⟨*fläche, -wirkung, -druck, -winkel, -durchmesser, -abmessungen*⟩; **give the ~ appearance of ease** äußerlich einen ungezwungenen Eindruck machen; **purely ~**: nur *od.* rein äußerlich; **b)** *(applied to outside)* äußerlich ⟨*Heilmittel*⟩; **for ~ use only** nur äußerlich anzuwenden; nur zur äußerlichen Anwendung; **c)** *(of foreign affairs)* Außen⟨*minister, -handel, -wirtschaft, -politik*⟩; **Ministry of E~ Affairs** Außenministerium, *das;* Ministerium für auswärtige Angelegenheiten *od.* des Auswärtigen; *(Univ.)* extern; **~ student** Externe, *der/die;* **do ~ studies/an ~ degree** ein Fernstudium absolvieren; **e)** *(of world of phenomena)* äußer...; **the ~ world** die Welt der Erscheinungen; **f) ~ evidence** sich auf äußere Umstände gründender Beweis. **2.** *n. in pl.* Äußerlichkeiten *Pl.*

externalize (externalise) [ɪkˈstɜːnəlaɪz] *v. t.* nach außen projizieren, *(Philos.)* veräußerlichen; *(Psych.)* externalisieren

externally [ɪkˈstɜːnəlɪ] *adv.* äußerlich; **the medicine is only to be used ~**: die Medizin ist nur zur äußerlichen Anwendung [bestimmt]; **be ~ calm** äußerlich *od.* nach außen hin ruhig sein; **the work is done ~**: die Arbeit wird außer Haus[e] erledigt

extinct [ɪkˈstɪŋkt] *adj.* erloschen ⟨*Vulkan, Feuer, Leidenschaft, Liebe, Hoffnung*⟩; ausgestorben ⟨*Art, Rasse, Volk, Gattung, Leben*⟩; untergegangen ⟨*Volk, Dynastie, Reich, Kultur, Sitte, Brauch*⟩; abgeschafft ⟨*Einrichtung, Amt, Posten, System, Gesetz*⟩; tot ⟨*Sprache*⟩; **become ~** ⟨*Art, Rasse, Volk, Gattung:*⟩ aussterben; ⟨*Vulkan, Hoffnung, Adelstitel:*⟩ erlöschen

extinction [ɪkˈstɪŋkʃn] *n., no pl. (of fire, light)* Löschen, *das; (being extinguished)* Erlöschen, *das; (abolition) (of religion, system, institution, law, custom)* Abschaffung, *die; (of debt)* Tilgung, *die; (of independence etc.)* Aufhebung, *die;* **threatened with ~**: vom Aussterben bedroht

extinguish [ɪkˈstɪŋgwɪʃ] *v. t.* **a)** löschen; erlöschen lassen ⟨*Leidenschaft, Hoffnung*⟩; auslöschen ⟨*Leben*⟩; **b)** *(destroy)* beseitigen

extinguisher [ɪkˈstɪŋgwɪʃə(r)] *n.* **a)** *(for fire)* Feuerlöscher, *der;* **b)** *(for candle)* Löschhütchen, *das*

extirpate [ˈekstɜːpeɪt] *v. t.* [mit der Wurzel] ausreißen ⟨*Pflanze, Haare*⟩; entfernen ⟨*Tumor*⟩; ausrotten ⟨*Rasse, Volk, Sekte, Gattung*⟩; aufräumen mit, ausmerzen ⟨*Ketzerei, Unsitten, Vorurteil*⟩

extol [ɪkˈstəʊl, ɪkˈstɒl] *v. t.,* -ll- rühmen; preisen

extort [ɪkˈstɔːt] *v. t.* erpressen **(out of, from** von); **~ a secret/confession from sb.** ein Geheimnis/Geständnis aus jmdm. herauspressen

extortion [ɪkˈstɔːʃn] *n.* **a)** *(of money, taxes)* Erpressung, *die;* **£50? This is sheer ~!** 50 Pfund? Das ist ja Wucher!; **b)** *(illegal exaction)* Erpressung im Amt

extortionate [ɪkˈstɔːʃənət] *adj.* **a)** *(excessive, exorbitant)* Wucher⟨*preis, -zinsen usw.*⟩; horrend ⟨*Gebühr, Steuer*⟩; maßlos überzogen ⟨*Forderung*⟩; **b)** *(using extortion)* erpresserisch ⟨*Methode*⟩

extortioner [ɪkˈstɔːʃənə(r)] *n.* Erpresser, *der*/Erpresserin, *die*

extra [ˈekstrə] **1.** *adj.* **a)** *(additional)* zusätzlich; Mehr⟨*arbeit, -kosten, -ausgaben, -aufwendungen*⟩; Sonder⟨*bus, -zug*⟩; **~ hours of work** Überstunden; **all we need is an ~ hour/three pounds** wir brauchen nur noch eine Stunde/drei Pfund [zusätzlich]; **without any ~ charge** ohne Aufschlag; **drinks are ~**: Getränke werden extra bezahlt *od.* *(ugs.)* gehen extra; **make an ~ effort** sich besonders anstrengen; **take ~ care** besonders vorsichtig sein; **for ~ safety** als zusätzliche *od.* besondere Sicherheitsvorkehrung; **can I have an ~ helping?** kann ich noch eine Portion haben?; **b)** *(more than is necessary)* überzählig ⟨*Exemplar, Portion*⟩; **an ~ pair of gloves** noch ein zweites Paar Handschuhe; **have an ~ bed** noch ein Bett frei *od.* ein unbenutztes Bett haben; **we have an ~ ten minutes to kill** wir müssen noch zehn Minuten mehr totschlagen. **2.** *adv.* **a)** *(more than usually)* besonders; extra ⟨*lang, stark, fein*⟩; überaus ⟨*froh*⟩; **an ~ large blouse** eine Bluse in Übergröße; **on a special occasion** eine ganz besondere Gelegenheit; **b)** *(additionally)* extra; **packing and postage ~**: zuzüglich Verpackung und Porto. **3.** *n.* **a)** *(added to services, salary, etc.)* zusätzliche Leistung; *(on car etc. offered for sale)* Extra, *das; (adornment on dress etc.)* besondere Note; *(outside normal school curriculum)* zusätzliches Angebot; **b)** *(sth. with ~ charge)* **be an ~**: zusätzlich berechnet werden; **c)** *(in play, film, etc.)* Statist, *der*/Statistin, *die;* Komparse, *der*/Komparsin, *die;* **d)** *(Cricket)* Lauf, *der* nicht durch Schlag erzielt wird

extra- [ˈekstrə] *pref.* außer-; extra- *(mit Fremdwörtern lateinischen Ursprungs)*

extract **1.** [ˈekstrækt] *n.* **a)** Extrakt, *der (fachspr. auch: das);* **an ~ of certain plants** ein Auszug *od.* Extrakt aus bestimmten Pflanzen; **b)** *(from book, music, etc.)* Auszug, *der;* Extrakt, *der; (geh.)* **in ~s** auszugsweise; **in ~ fact** *(geh.).* **2.** [ɪkˈstrækt] *v. t.* **a)** ziehen, *(fachspr.)* extrahieren ⟨*Zahn*⟩; herausziehen ⟨*Dorn, Splitter usw.*⟩; **~ a bullet from a wound** eine Kugel aus einer Wunde entfernen; **she ~ed herself from his embrace** sie befreite *od.* löste sich aus seiner Umarmung; **~ sth. from sb.** *(fig.)* etw. aus jmdm. herausholen; **~ a promise from sb.** jmdm. ein Versprechen abnötigen; **b)** *(obtain)* extrahieren ⟨*Saft*⟩; **~ the juice of apples** Äpfel entsaften; **~ sugar from beet** aus Rüben Zucker gewinnen; **~ oil from the earth** Erdöl fördern; **~ metal from ore/honey from the honeycomb** Metall aus Erz/Honig aus der Wabe gewinnen; **~ papers from a folder** einem Aktenordner Unterlagen entnehmen; **c)** *(derive)* erfassen ⟨*Bedeutung, Hauptpunkte*⟩; **~ happiness/pleasure/comfort from sth.** Fröhlichkeit/Freude/Trost aus etw. schöpfen; **~ much pleasure from life** dem Leben viel Freude abgewinnen; **d)** *(Math.)* ziehen ⟨*Wurzel*⟩

extraction [ɪkˈstrækʃn] *n.* **a)** *(of tooth; also Chem.)* Extraktion, *die; (of thorn, splinter, etc.)* Herausziehen, *das; (of bullet)* Entfernen, *das; (of juice, honey, metal)* Gewinnung, *das; (of oil)* Förderung, *die;* **b)** *(descent)* Abstammung, *die;* Herkunft, *die;* **be of German ~**: deutscher Abstammung *od.* Herkunft sein

extractive [ɪkˈstræktɪv] *adj.* **~ industries** Rohstoffindustrie, *die;* **~ processes** Extraktionsverfahren *Pl.*

extractor [ɪkˈstræktə(r)] *n. (for extracting juice)* Entsafter, *der*

exˈtractor fan *n.* Entlüfter, *der;* Exhaustor, *der*

extra-curricular [ekstrəkəˈrɪkjʊlə(r)] *adj.* extracurricular *(fachspr.);* ⟨*Aktivität*⟩ außerhalb des Lehrplans

extraditable [ekstrəˈdaɪtəbl] *adj.* **this is an ~ offence** für dieses Vergehen kann man ausgeliefert werden

extradite [ˈekstrədaɪt] *v. t.* **a)** ausliefern ⟨*Verbrecher*⟩; **b)** *(obtain extradition of)* **~ sb.** jmds. Auslieferung erwirken

extradition [ekstrəˈdɪʃn] *n.* Auslieferung, *die;* **~ treaty** Auslieferungsvertrag, *der*

extra-ˈmarital *adj.* außerehelich

extraˈmural *adj. (Univ.)* außerhalb der Universität nachgestellt; außeruniversitär; **~ courses** *or* **classes** Hochschulkurse außerhalb der Universität; Fernkurse

extraneous [ɪkˈstreɪnɪəs] *adj.* **a)** *(from outside)* von außen; *(Med.)* körperfremd; **free from ~ matter** frei von Fremdstoffen; **b)** *(irrelevant)* belanglos; **be ~ to sth.** für etw. ohne Belang sein

extraordinarily [ɪkˈstrɔːdɪnərɪlɪ, ekstrəˈɔːdɪnərəlɪ] *adv.* außergewöhnlich; überaus, ungemein ⟨*merkwürdig*⟩

extraordinary [ɪkˈstrɔːdɪnərɪ, ekstrəˈɔːdɪnərɪ] *adj.* **a)** *(exceptional)* außergewöhnlich; *(unusual, peculiar)* ungewöhnlich ⟨*Gabe*⟩; merkwürdig, eigenartig ⟨*Zeichen, Benehmen, Angewohnheit*⟩; außerordentlich ⟨*Verdienste, Einfluß*⟩; *(additional)* außerordentlich ⟨*Versammlung*⟩; **how ~!** wie seltsam!; **b)** *(more than ordinary)* ungewöhnlich; **~ powers** außerordentliche Vollmachten; **c)** *(specially employed)* außerordentlich ⟨*Gesandte[r], Professor[in]*⟩; **~ ambassador** Sonderbotschafter, *der*

extrapolate [ɪkˈstræpəleɪt] *(Math. etc.)* **1.** *v. t.* extrapolieren (**to** auf + *Akk.,* **from** aus); *(fig.)* ableiten (extrapolieren *(geh.).* **2.** *v. i.* extrapolieren

extra- **~-ˈsensory** *adj.* außersinnlich; **~-sensory perception** außersinnliche Wahrnehmung; **~-terˈrestrial** *adj. (fachspr.);* **~terriˈtorial** *adj.* exterritorial

extra ˈtime *n. (Sport)* **after ~**: nach einer Verlängerung; **the match went to ~**: das Spiel wurde verlängert; **play ~**: in die Verlängerung gehen

extravagance [ɪkˈstrævəgəns] *n.* **a)** *no pl. (being extravagant)* Extravaganz, *die; (of claim, wish, order, demand)* Übertriebenheit, *die; (of words, thoughts, ideas, etc.)* Verstiegenheit, *die; (with money)* Verschwendungssucht, *die;* **the ~ of her tastes** ihr teurer Geschmack; **b)** *(extravagant thing)* Luxus, *der*

extravagancy [ɪkˈstrævəgənsɪ] *see* **extravagance a**

extravagant [ɪkˈstrævəgənt] *adj.* **a)** *(wasteful)* verschwenderisch; aufwendig ⟨*Lebensstil*⟩; teuer ⟨*Geschmack*⟩; **b)** *(immoderate)*

extravagantly [ɪkˈstrævəgəntlɪ] *adv.* extravagant ⟨*einrichten, ausstatten, sich kleiden*⟩; verschwenderisch ⟨*benutzen, verbrauchen*⟩; luxuriös, aufwendig ⟨*leben*⟩; außergewöhnlich ⟨*sich benehmen*⟩; überschwenglich ⟨*loben*⟩; **spend money ~**: mit vollen Händen Geld ausgeben

extravaganza [ɪkstrævəˈgænzə] *n.* *(composition) (Lit.)* phantastische Dichtung; *(Mus.)* phantastische Komposition; *(Theatre)* Ausstattungsstück, *das*

extreme [ɪkˈstriːm] **1.** *adj.* **a)** *(outermost, utmost)* äußerst... ⟨*Spitze, Rand, Ende*⟩; extrem, kraß ⟨*Gegensätze*⟩; **the ~ end of the finger** die Fingerspitze od. -kuppe; **the ~ points of a line/scale** die Endpunkte einer Linie/Skala; **at the ~ edge/left** ganz am Rand/ganz links; **in the ~ North** im äußersten Norden; **b)** *(reaching high degree)* extrem; gewaltig ⟨*Entfernung, Unterschied*⟩; höchst... ⟨*Gefahr*⟩; äußerst... ⟨*Notfall, Grenzen, Höflichkeit, Bescheidenheit*⟩; stärkst... ⟨*Schmerzen*⟩; heftigst... ⟨*Zorn*⟩; tiefst... ⟨*Haß, Dankbarkeit*⟩; größt... ⟨*Überraschung, Wichtigkeit, Wunsch*⟩; stürmisch ⟨*Begeisterung*⟩; **c)** *(not moderate)* extrem ⟨*Person, Einstellung, Gesinnung, Forderungen, Ideen, Tendenzen, Kritik*⟩; **~ right-wing views** rechtsextreme Ansichten; **d)** *(RC & Orthodox Ch.)* **~ unction** die Letzte Ölung; **e)** *(severe)* drastisch ⟨*Maßnahme*⟩; **take ~ action against sb.** rigoros gegen jmdn. vorgehen. **2.** *n.* Extrem, *das*; [krasser] Gegensatz; **~s of heat and cold** extreme Hitze und Kälte; **the ~s of wealth and poverty** größter Reichtum und äußerste Armut; **~s of passion** extreme Pole der Leidenschaft; **~s of temperature** extreme Temperaturunterschiede; **go to the ~ of doing sth.** bis zum Äußersten gehen und etw. tun; **go to ~s** *or* **to any ~** *or* **to the last ~**: vor nichts zurückschrecken; **go to the other ~**: ins andere Extrem verfallen; **go from one ~ to another** von od. aus einem Extrem ins andere fallen; **annoying/monotonous in the ~**: äußerst unangenehm/extrem od. äußerst eintönig; **run to ~s** einen Hang zum Extremen haben; *see also* **carry 1 g**

extremely [ɪkˈstriːmlɪ] *adv.* äußerst; **Did you enjoy the party? – Yes, ~**: Hat dir die Party gefallen? – Ja, sehr sogar!

extremeness [ɪkˈstriːmnɪs] *n., no pl.* *(of views, actions, policies)* Extremität, *die*; *(of measures)* Härte, *die*

extremism [ɪkˈstriːmɪzm] *n., no pl.* Extremismus, *der*

extremist [ɪkˈstriːmɪst] *n.* **a)** Extremist, *der*/Extremistin, *die*; **right-wing ~**: Rechtsextremist, *der*/-extremistin, *die*; **b)** *attrib.* extremistisch

extremity [ɪkˈstremɪtɪ] *n.* **a)** *(of branch, path, road)* äußerstes Ende; *(of region)* Rand, *der*; **the southernmost ~ of a continent** die Südspitze eines Kontinents; **b)** *in pl.* *(hands and feet)* Extremitäten *Pl.*; **c)** *(adversity)* äußerste od. höchste Not; *(intensity)* Heftigkeit, *die*; **be reduced to ~**: in eine Notlage geraten

extricate [ˈekstrɪkeɪt] *v. t.* **~ sth. from sth.** etw. aus etw. herausziehen; **~ oneself/sb. from sth.** sich/jmdn. aus etw. befreien

extrinsic [ekˈstrɪnsɪk] *adj.* **a)** äußer...; äußerlich ⟨*Wert*⟩; extrinsich ⟨*Philos.*⟩; **be ~ to sth.** einer Sache (*Dat.*) fremd sein; **b)** *(not essential)* irrelevant (**to** für)

extrovert [ˈekstrəvɜːt] **1.** *n.* extravertierter Mensch; Extravertierte, *der/die*; **be an ~**: extravertiert sein. **2.** *adj.* extravertiert; **have ~ tendencies** zur Extravertiertheit neigen

extroverted [ˈekstrəvɜːtɪd] *adj.* extravertiert

extrude [ɪkˈstruːd] *v. t.* ausstoßen; ausstrecken ⟨*Fühler*⟩; extrudieren *(fachspr.)* ⟨*Metall, Kunststoff*⟩; *(Geol.)* auswerfen ⟨*Gestein*⟩; *(fig.: expel)* ausschließen (**from** aus)

extrusion [ɪkˈstruːʒn] *n.* *(of metal, plastic, etc.)* Extrudieren, *das (fachspr.)*; *(article extruded)* Formstück, *das*

exuberance [ɪgˈzjuːbərəns] *n.* **a)** *(vigour)* Überschwang, *der*; *(of health)* Robustheit, *die*; **~ of joy/spirits** überschwengliche Freude/Stimmung; **~ of youth** jugendlicher Überschwang; **b)** *(of language, style)* Lebendigkeit, *die*

exuberant [ɪgˈzjuːbərənt] *adj.* **a)** *(overflowing, abounding)* strotzend ⟨*Gesundheit*⟩; überschäumend ⟨*Kraft, Freude, Eifer, Heiterkeit*⟩; **b)** *(effusive)* überschwenglich sehr lebhaft ⟨*Farbe*⟩; **he was ~ when ...**: er freute sich überschwenglich, als ...

exuberantly [ɪgˈzjuːbərəntlɪ] *adv.* überschwenglich ⟨*begrüßen, beschreiben*⟩; **~ happy** überglücklich

exude [ɪgˈzjuːd] **1.** *v. i.* abgesondert werden (**from** aus); ⟨*Blut*⟩ fließen (**from** aus); *(fig.)* ausgehen (**from** von). **2.** *v. t.* absondern ⟨*Flüssigkeit, Harz*⟩; ausströmen ⟨*Geruch*⟩; *(fig.)* ausstrahlen ⟨*Charme, Zuversicht*⟩

exult [ɪgˈzʌlt] *v. i.* **a)** *(literary: rejoice)* jubeln, frohlocken *(geh.)* (**in, at, over** über + *Akk.*); **~ to find that ...**: darüber frohlocken, daß ...; **with joy** vor Freude jubeln; **b)** *(triumph)* triumphieren (**over** über + *Akk.*)

exultant [ɪgˈzʌltənt] *adj.* **a)** *(literary: exulting)* jubelnd ⟨*Person, Menge, Lachen*⟩; unbändig ⟨*Freude*⟩; **be ~**: in ~ mood in Hochstimmung sein; **b)** *(triumphant)* triumphierend ⟨*Sieger*⟩

exultantly [ɪgˈzʌltəntlɪ] *adv.* überglücklich

exultation [egzʌlˈteɪʃn] *n.* Jubel, *der*

eye [aɪ] **1.** *n.* **a)** Auge, *das*; **as far as the ~ can see** soweit das Auge reicht; **~** *(look, glance, gaze)* Blick, *der*; **a pair of blue ~s** zwei blaue Augen; **close** *or* **shut/open one's ~s** die Augen schließen/öffnen; **that will make him open his ~s** *(fig.)* da wird er Augen machen; **open sb.'s ~s to sth.** *(fig.)* jmdm. die Augen über etw. *(Akk.)* öffnen; **shut** *or* **close one's ~s to sth.** *(fig.)* die Augen vor etw. *(Dat.)* verschließen; **the sun/light is [shining] in my ~s** die Sonne/das Licht blendet mich; **I've got the sun in my ~s** die Sonne blendet mich; **out of the corner of one's ~**: aus den Augenwinkeln; **lift up one's ~s** die Augen erheben; aufblicken; **drop** *or* **lower one's ~s** die Augen niederschlagen; den Blick senken; **with one's own** *or* **very ~s** mit eigenen Augen; **under/before sb.'s very ~s** unter/vor *(Dat.)* jmds. Augen; **measure a distance by ~** *or* **with one's ~[s]** einen Abstand nach Augenmaß schätzen; **judge sth. by ~**: etw. nach dem Augenschein beurteilen *(geh.)*; **paint/draw sth. by ~**: etw. nach der Natur malen/zeichnen; **with the ~ of an artist, with an artist's ~**: mit den Augen eines Künstlers; **look sb. in the ~**: jmdm. gerade in die Augen sehen; **not be able to look sb. in the ~**: jmdm. nicht ins Gesicht sehen können; **have ~[only] for sb.** sich [nur] für jmdn. interessieren; **be unable to take one's ~s off sb./sth.** die Augen od. den Blick nicht von jmdm./etw. abwenden können; **make [bes.'s] ~s at sb.** jmdm. [schöne] Augen machen; **keep an ~ on sb./sth.** auf jmdn./etw. aufpassen; ein Auge auf jmdn./etw. haben; **keep a sharp** *or* **close** *or* **strict ~ on sb./sth.** scharf auf jmdn./etw. aufpassen; streng auf jmdn./etw. achten; **keep one's ~[s] on sb./sth.** jmdn./etw. im Auge behalten; **have [got] an** *or* **one's ~[s] on sb./sth.** ein Auge auf jmdn./etw. geworfen haben; **I've got my ~ on you!** ich lasse dich nicht aus den Augen!; **keep an ~ open** *or* **out [for sb./sth.]** [nach jmdm./etw.] Ausschau halten; **keep one's ~s open** die Augen offenhalten; **keep one's ~s skinned** *or* **peeled** *(coll.)* wie ein Schießhund aufpassen *(ugs.)*; **keep one's ~s open** *or (coll.)* **peeled** *or (coll.)* **skinned for sth.** nach etw. Ausschau halten; **keep one's ~s and ears open** Augen und Ohren offenhalten; **with one's ~s open** *(fig.)* mit offenen Augen; bewußt; **with one's ~s shut** *(fig.) (without full awareness)* blind; *(with great ease)* im Schlaf; **with a friendly/jealous/eager/critical ~**: freundlich/eifersüchtig/erwartungsvoll/kritisch; **have you no ~s in your head?** hast du keine Augen im Kopf? *(ugs.)*; **bist du blind?**; **where are your ~s?, use your ~s!** wo hast du deine Augen?; **I haven't [got] ~s at** *or* **in the back of my head** ich habe hinten keine Augen; **in the ~s of God/the law** vor Gott/nach dem Gesetz; **in sb.'s ~s** in jmds. Augen *(Dat.)*; **see sb.'s/sth. through sb.'s ~s** jmdn./ etw. mit jmds. Augen sehen; **look at sth. through the ~s of sb.** etw. mit jmds. Augen betrachten; **pore one's ~s out over a book** über einem Buch sitzen, bis die Augen ermüden; **tire one's ~s out** seine Augen ermüden; **be all ~s** gespannt zusehen; **[all] my ~** *(sl.)* [alles] Schnickschnack *(ugs. abwertend)*; **do sb. in the ~** *(coll.)* jmdn. übers Ohr hauen *(ugs.)*; **[an] ~ for [an] ~**: Auge um Auge; **~s front!/right!/left!** *(Mil.)* Augen geradeaus/rechts/links!; **have an ~ to sth./doing sth.** auf etw. *(Akk.)* bedacht sein/darauf bedacht sein, etw. zu tun; **with an ~ to sth.** im Hinblick auf etw. *(Akk.)*; **with an ~ to doing sth.** mit dem Gedanken, etw. zu tun; **hit sb. in the ~** *(fig.)* jmdm. ins Auge springen od. fallen; **that was one in the ~ for him** *(coll.)* das war ein Schlag ins Kontor *(ugs.)* für ihn; **see ~ to ~ [on sth. with sb.]** [mit jmdm.] einer Meinung [über etw. *(Akk.)*] sein; **not see ~ to ~ with sb. on sth.** über etw. *(Akk.)* anderer Meinung als jmd. sein; **be up to one's ~s** *(fig.)* bis über beide Ohren drinstecken *(ugs.)*; **be up to one's ~s in work/debt** bis über beide Ohren in der Arbeit/in Schulden stecken *(ugs.)*; **have an ~ for sth.** ein Auge od. einen Blick für etw. haben; **have an ~ for sb.** jmdn. gern haben; **a man with an ~ for the ladies** ein Mann, der die Frauen gern hat; **have a keen/good ~ for sth.** einen geschärften/einen sicheren od. den richtigen Blick für etw. haben; **see with half an ~ that ...**: auf den ersten Blick sehen, daß ...; **get one's ~ in** *(bes. in shooting/tennis)* sich einschießen/sich einspielen; **b)** *(sth. like an ~)* Auge, *das*; *(of peacock's tail)* Pfauenauge, *das*; *(on butterfly's wing)* Augenfleck, *der*; *(of needle, fish-hook)* Öhr, *das*; *(metal loop)* Öse, *die*. **2.** *v. t.*, **-ing** *or* **eying** [ˈaɪɪŋ] beäugen; **~ sb. up and down/from head to foot** jmdn. von oben bis unten/von Kopf bis Fuß mustern

eye-: **~-ball** *n.* Augapfel, *der*; **~-ball to ~-ball** *(coll.)* hautnah ⟨*Konfrontation*⟩; **be** *or* **meet ~-ball to ~-ball** sich *(Dat.)* Auge in Auge gegenüberstehen; **~-bath** *n.* Augenbadewanne, *die*; **~-black** *n. (dated)* schwarze Wimperntusche; **~-bright** *n. (Bot.)* Augentrost, *der*; **~-brow** *n.* Augenbraue, *die*; **raise** *or* **lift an ~-brow** *or* **one's ~-brows [at sth.]** die [Augen]brauen [wegen etw.] hochziehen; *(fig.) (in surprise)* die Stirn runzeln (**at** über + *Akk.*); *(superciliously)* die Nase rümpfen (**at** über + *Akk.*); **it will raise a few ~-brows** das wird einiges Stirnrunzeln hervorrufen; **up to the** *or* **one's ~-brows [in sth.]** bis über beide Ohren [in etw. *(Dat.)*]; **~-brow pencil** Augenbrauenstift, *der*; **~-catching** *adj.* ins Auge springend od. fallend ⟨*Inserat, Plakat, Buchhülle usw.*⟩; **be [very] ~-catching** ein [wirkungsvoller] Blickfang sein; **she is very ~-catching** sie zieht die Augen aller auf sich *(Akk.)*; **~-contact** *n.* Blickkontakt, *der*

-eyed [aɪd] *adj. in comb.* -äugig; **big-~/bright-~**: groß-/helläugig; **fierce-~/sad-~**: mit grimmigen/traurigen Augen *od.* grimmigem/traurigem Blick *nachgestellt*; **be sad-~**: traurige Augen haben
eye: **~-dropper** *n. (Med.)* Augentropfer, *der;* **~-drops** *n. pl. (Med.)* Augentropfen *Pl.*
eyeful ['aɪfʊl] *n. (coll.) (woman)* Klassefrau, *die (ugs.); (sight)* get an ~ [of sth.] einiges [von etw.] zu sehen bekommen
eye: **~glass** *n. (dated)* Augenglas, *das (veralt.);* **~ hospital** *n.* Augenklinik, *die;* **~lash** *n.* Augenwimper, *die; see also* flutter 2 a
eyeless ['aɪlɪs] *adj.* blind ⟨*Person, Tier*⟩
eyelet ['aɪlɪt] *n.* **a)** Öse, *die; (Naut.)* Auge, *das;* **b)** *(to look through)* Guckloch, *das*
eye: **~-level** *n.* Augenhöhe, *die; attrib.* in Augenhöhe *nachgestellt*; **~-lid** *n.* Augenlid, *das;* **~-liner** *n.* Eyeliner, *der;* Lidstrich, *der;* **~-opener** *n. (surprise, revelation)* Überraschung, *die;* **the book was an ~-opener to the public** das Buch hat der Öffentlichkeit die Augen geöffnet; **~-patch** *n.* Augenklappe, *die;* **~-piece** *n. (Optics)* Okular, *das;* **~-shade** *n.* Augenschirm, *der;* **~-shadow** *n.* Lidschatten, *der;* **~sight** *n.* Sehkraft, *die;* **have good ~sight** gute Augen haben; gut sehen können; **his ~sight is poor** er hat schlechte Augen; **~sore** *n.* Schandfleck, *der (abwertend);* **the building is an ~sore** das Gebäude beleidigt das Auge; **~-strain** *n.* Überanstrengung der Augen; **be a cause of ~-strain** die Augen überanstrengen; **~ test** *n.* Sehtest, *der;* **~-tooth** *n.* Eckzahn, *der;* **cut one's ~-teeth** *(fig.)* Erfahrungen sammeln; **she would give her ~-teeth for it/to do it** sie würde alles dafür geben/darum geben, es zu tun; **~wash** *n.* **a)** *(Med.: lotion)* Augenwasser, *das;* **b)** *(coll.) (nonsense)* Gewäsch, *das (ugs. abwertend); (concealment)* Augen[aus]wischerei, *die (ugs.);* **~witness** *n.* Augenzeuge, *der/*-zeugin, *die;* **~witness account** *or* **report** Augenzeugenbericht, *der;* **be an ~witness of sth.** Augenzeuge einer Sache *(Gen.)* sein
eyrie ['ɪərɪ] *n. (nest)* Horst, *der*

F

F, f [ef] *n., pl.* **Fs** *or* **F's** **a)** *(letter)* F, f, *das;* **b)** F *(Mus.)* F, f, *das;* **F sharp** fis, Fis, *das;* **c)** F *(Sch., Univ.: mark)* Sechs, *die;* **he got an F** bekam „ungenügend" *od.* eine Sechs
F. *abbr.* **a)** *(Fahrenheit)* F; **b)** *(on pencil)* firm F; **d)** franc F; **e)** *(Phys.)* farad[s] F
f. *abbr.* **a)** female weibl.; **b)** feminine f.; **c)** focal length f; **f/8** *(Photog.)* Blende 8; **d)** following [page] f.; **e)** forte f; **f)** folio F.
FA *abbr. (Brit.)* Football Association *(Britischer Fußballverband)*
fa *see* **fah**
fab [fæb] *adj. (Brit. coll.)* fabelhaft *(ugs.);* dufte, toll *salopp)*

Fabian ['feɪbɪən] *adj.* Hinhalte-; Verzögerungs⟨*taktik, -manöver*⟩
fable ['feɪbl] *n.* **a)** *(story of the supernatural, myth, lie)* Märchen, *das;* **land of ~**: Märchen- *od.* Fabelland, *das;* **separate fact from ~**: Dichtung und Wahrheit unterscheiden; **b)** *(thing that does not really exist, brief story)* Fabel, *die*
fabled ['feɪbld] *adj.* **a)** *(told as in fable)* **it is ~ that ...**: es heißt, daß ...; **b)** *(mythical)* Fabel⟨*land, -wesen, -tier*⟩; **c)** *(celebrated)* berühmt (**for** für)
fabric ['fæbrɪk] *n.* **a)** *(material, construction, texture)* Gewebe, *das;* **woven/knitted/ribbed/coarse/mixed ~**: Web-/Strickware, *die/*Rips, *der/*Grob-/Mischgewebe, *das;* **b)** *(thing put together)* Gebilde, *das;* **c)** *(fig.: frame)* Gefüge, *das;* **destroy the ~ of sb.'s life** jmds. Welt zerstören; **d)** *(of building)* bauliche Substanz; Bausubstanz, *die*
fabricate ['fæbrɪkeɪt] *v. t.* **a)** *(invent)* erfinden; *(forge)* fälschen; **b)** *(construct, manufacture)* herstellen
fabrication [fæbrɪ'keɪʃn] *n.* **a)** *(of story etc., falsehood)* Erfindung, *die;* **the story is [a] pure ~**: die Geschichte ist frei erfunden; **b)** *(construction, manufacture)* Herstellung, *die*
fabulous ['fæbjʊləs] *adj.* **a)** *(unhistorical, legendary, celebrated)* sagenhaft; **~ animal/creature** *or* **being** Fabeltier/-wesen, *das;* **b)** *(exaggerated)* phantastisch ⟨*Geschichte*⟩; **c)** *(coll.: marvellous)* fabelhaft *(ugs.)*
façade [fə'sɑːd] *n. (lit. or fig.)* Fassade, *die;* **that's just a ~** *(fig.)* das ist alles nur Fassade
face [feɪs] **1.** *n.* **a)** Gesicht, *das;* **wash one's ~**: sich *(Dat.)* das Gesicht waschen; **blush/be smiling all over one's ~**: bis über die Ohren rot werden/über das ganze Gesicht strahlen; **go purple** *or* **black in the ~** *(with strangulation)*, **go blue in the ~** *(with cold)* blau im Gesicht werden; **go red** *or* **purple in the ~** *(with exertion or passion or shame)* rot im Gesicht werden; **the stone struck me on my ~** *or* **in the ~**: der Stein traf mich ins Gesicht; **the ~ of an angel/a devil/a criminal** ein Engels-/Teufels-/Verbrechergesicht; **bring A and B ~ to ~**: A und B einander *(Dat.)* gegenüberstellen; **stand ~ to ~** *(Dat.)* gegenüberstehen; **meet sb. ~ to ~**: jmdn. persönlich kennenlernen; **come** *or* **be brought ~ to ~ with sb.** mit jmdm. konfrontiert werden; **come ~ to ~ with the fact that ...**: vor der Tatsache stehen, daß ...; **fly in the ~ of sb./sth.** jmdn. mit Verachtung strafen/sich über etw. *(Akk.)* hinwegsetzen; **in [the] ~ of sth.** *(despite)* trotz, *(confronted with)* vor *(+ Dat.);* **cowardice in the ~ of the enemy** Feigheit vor dem Feind; **slam the door in sb.'s ~**: jmdm. die Tür vor der Nase zuknallen *(ugs.);* **shine in sb.'s ~**: jmdm. ins Gesicht scheinen; **fall [flat] on one's ~** *(lit. or fig.)* auf die Nase fallen *(ugs.);* **look sb./sth. in the ~**: jmdm./einer Sache ins Gesicht sehen; **put one's ~ on** *(coll.)* sich anmalen *(ugs.);* **set one's ~ against sb./sth.** sich jmdm./einer Sache entgegenstellen; **show one's ~**: sich sehen *od.* blicken lassen; **tell sb. to his ~**: jmdm. [offen] ins Gesicht sagen, was ...; **use sb.'s nickname to his ~**: jmds. Spitznamen in seiner Gegenwart benutzen; **talk/scream/complain etc. till one is blue in the ~**: reden/schreien/klagen *usw.* bis man verrückt wird *(ugs.);* **shut one's ~** *(sl.)* die *od.* seine Klappe halten *(salopp);* **have the ~ to do sth.** die Stirn haben, etw. zu tun; **save one's ~**: das Gesicht wahren *od.* retten; **lose ~ [with sb.]** *(wegen etw.)* verlieren; **sth. makes sb. lose ~**: etw. kostet jmdn. das Ansehen; **the look on sb.'s ~ that ...**: es jmdm. [am Gesicht] *od.* es jmds. Gesicht *(Dat.)* ansehen, daß ...; **make** *or* **pull a ~/~s [at sb.]** *(to show dislike)* ein Gesicht/Gesichter machen *od.* ziehen; *(to amuse or*

-faced

frighten) eine Grimasse/Grimassen schneiden; **don't make a ~**! mach nicht so ein Gesicht!; **with a ~ like thunder** *or* **as black as thunder** schwarz vor Ärger; **on the ~ of it** dem Anschein nach; **change the ~ of sth.** einer Sache *(Dat.)* ein neues Gesicht geben; **put a brave** *or* **good** *or* **bold ~ on it/the matter/the affair** *etc.* gute Miene zum bösen Spiel machen; **b)** *(front) (of mountain, cliff)* Wand, *die;* *(of building)* Stirnseite, *die;* *(of clock, watch)* Zifferblatt, *das;* *(of dice)* Seite, *die;* *(of coin, medal, banknote, playing-card)* Vorderseite, *die;* *(of tool)* Bahn, *die;* *(of golfclub, cricket-bat, hockey-stick, tennis-racket)* Schlagfläche, *die;* **c)** *(surface)* **the ~ of the earth** die Erde; **disappear off** *or* **from the ~ of the earth** spurlos verschwinden; **be wiped off the ~ of the earth** ausradiert werden; **d)** *(Geom.; also of crystal, gem)* Fläche, *die;* **e)** *see* **type-face**; **f)** *see* **coal-face**. *See also* **face down[ward]**; **face up[ward]**; **fall 2 n**; **laugh 2**; **¹long 1 b**; **²smack 1 b**; **straight face**. **2.** *v. t.* **a)** *(look towards)* sich wenden zu; **sb. ~s the front** jmd. sieht nach vorne; **[stand] facing one another** sich *(Dat.) od. (meist geh.)* einander gegenüber [stehen]; **the house facing the church** das Haus gegenüber der Kirche; **the window ~s the garden/front** das Fenster geht zum Garten/zur Straße hin; **~s the sea** liegt zum Garten/zur Straße hin; **travel/sit facing the engine** mit dem Gesicht in Fahrtrichtung fahren/in Fahrtrichtung sitzen; **sit facing the stage** vor der Bühne *od.* mit dem Gesicht zur Bühne sitzen; **b)** *(fig.: have to deal with)* ins Auge sehen *(+ Dat.)* ⟨*Tod, Vorstellung*⟩; gegenübertreten *(+ Dat.)* ⟨*Kläger*⟩; sich stellen *(+ Dat.)* ⟨*Anschuldigung, Kritik*⟩; stehen vor *(+ Dat.)* ⟨*Ruin, Entscheidung*⟩; eingehen ⟨*Risiko*⟩; **~ trial for murder**, **~ a charge of murder** wegen Mordes vor Gericht verantworten müssen; **c)** *(not shrink from)* ins Auge sehen *(+ Dat.)* ⟨*Tatsache, Wahrheit*⟩; mit Fassung gegenübertreten *(+ Dat.)* ⟨*Kläger*⟩; **~ sth. out** etw. durchstehen; **~ sb. down** jmdn. demoralisieren *od. (ugs.)* kleinkriegen; **refuse to be ~d down by threats** sich von Drohungen nicht kleinkriegen lassen *(ugs.);* **~ the music** *(fig.)* die Suppe auslöffeln *(ugs.);* **let's ~ it** *(coll.)* machen wir uns *(Dat.)* doch nichts vor *(ugs.);* **d)** **~d with these facts** mit diesen Sachen konfrontiert; **be ~d with sth.** sich einer Sache *(Dat.)* gegenübersehen; **he was ~d with the possibility** für ihn ergab sich die Möglichkeit; **he is ~d with a lawsuit** gegen ihn wird ein Prozeß eingeleitet; **the problems/questions that we are ~d with** die Probleme/Fragen, vor denen wir stehen; **e)** *(coll.: bear)* verkraften; abkönnen *(nordd. salopp, meist verneint)*; **f)** *(dress, trim)* besetzen ⟨*Kleidungsstück*⟩; verkleiden, verblenden ⟨*Wand*⟩; **a cloak ~d with white** ein Umhang mit weißem Besatz. **3.** *v. i.* **a)** *(look)* **~ forwards/backwards** ⟨*Person/Bank, Sitz:*⟩ in/entgegen Fahrtrichtung sitzen/aufgestellt sein; **in which direction was he facing?**, in welche Richtung blickte er?; **~ [from sb.]** das Gesicht [von jmdm.] abwenden; **stand facing away from sb.** mit dem Rücken zu jmdm. stehen; **~ away from/on to the road/east[wards]** *or* **to[wards] the east** ⟨*Fenster, Zimmer:*⟩ nach hinten/Osten liegen; **one side of the house ~s to[wards] the sea** eine Seite des Hauses liegt zum Meer; **b)** *(Amer. Mil.)* **~ about/to the right/left** eine Kehrt-/Rechts-/Linkswendung machen; **left/right ~**! ganze Abteilung rechts/links um!
~ up to *v. t.* ins Auge sehen *(+ Dat.);* sich abfinden mit ⟨*Möglichkeit*⟩; auf sich nehmen ⟨*Verantwortung*⟩
face: **~ card** *see* **court card**; **~-cloth** *n. (cloth for ~)* Waschlappen [für das Gesicht]; **~-cream** *n.* Gesichtscreme, *die*
-faced [feɪst] *adj. in comb.* -gesichtig

face: ~ 'down[ward] adv. mit der Vorderseite nach unten; **put one's cards ~ down on the table** seine Karten verdeckt auf den Tisch legen; **lie ~ down[ward]** ⟨Person:⟩ auf dem Bauch liegen; ⟨Buch:⟩ auf dem Gesicht liegen; see also **face 2c**; **~-flannel** (Brit.) see **~-cloth**
faceless ['feɪslɪs] adj. a) (without face) gesichtslos; b) (anonymous) anonym (fig.)
face: ~-lift n. a) Facelifting, das; **have or get a ~-lift** sich (Dat.) die Gesichtshaut liften od. straffen lassen; b) (fig.: improvement in appearance) Verschönerung, die; **~-off** n. (Ice Hockey) Bully, das; **~-powder** n. Gesichtspuder, das; **~-saving 1.** adj. zur Wahrung des Gesichts nachgestellt; **as a ~-saving gesture** um das Gesicht zu retten od. zu wahren; **2.** n. Wahrung des Gesichts
facet ['fæsɪt] n. a) (of many-sided face, esp. of cut stone) Facette, die; b) (aspect) Seite, die; **every ~**: alle Seiten od. (geh.) Facetten
faceted ['fæsɪtɪd] adj. facettiert ⟨Edelstein, Diamant, Linse⟩
facetious [fə'siːʃəs] adj. [gewollt] witzig; (impudently) frech; [not] **be ~ [about sth.]** [keine] Witze [über etw. (Akk.)] machen (ugs.)
facetiously [fə'siːʃəslɪ] adv. [gewollt] witzig
face: ~-to-face adj. unmittelbar ⟨Gegenüberstellung⟩; **~ 'up[ward]** adv. mit der Vorderseite nach oben; **lie ~ up[ward]** ⟨Karte:⟩ offen od. aufgedeckt liegen; ⟨Person:⟩ auf dem Rücken liegen; (open) ⟨Buch:⟩ aufgeschlagen liegen; **~ value** n. (Finance) Nominalwert, der (fachspr.); Nennwert, die; **accept sth. at [its] ~ value** (fig.) etw. für bare Münze nehmen; **take sb. at [his/her] ~ value** (fig.) jmdn. nach seinem Äußeren beurteilen; **~-worker** n. (Mining) Untertagearbeiter, der
facia ['feɪʃə] n. a) (plate) **~ [board]** Firmenschild, das; b) (Motor Veh.) **~ [board or panel]** Armaturenbrett, das
facial ['feɪʃl] 1. adj. Gesichts-. 2. n. Gesichtsmassage, die; **have a ~**: sich (Dat.) das Gesicht massieren lassen
facile ['fæsaɪl, 'fæsɪl] adj. (often derog.) leicht ⟨Sieg, Arbeit, Aufgabe⟩; einfach ⟨Art, Methode, Technik⟩; gewandt ⟨Lügner, Schriftsteller⟩; nichtssagend, banal ⟨Bemerkung⟩; oberflächlich, (abwertend) flach ⟨Person, Einstellung⟩
facilitate [fə'sɪlɪteɪt] v.t. erleichtern
facility [fə'sɪlɪtɪ] n. a) esp. in pl. Einrichtung, die; **cooking/washing facilities** Koch-/Waschgelegenheit, die; **sports facilities** Sportanlagen, die; **drying facilities** (indoor) Trockenraum, der; (outdoor) Trockenplatz, der; **postal facilities** Postdienste, die; **shopping facilities** Einkaufsmöglichkeiten, die; **banking facilities** Banken; **travel facilities** Verkehrsmittel, die; b) (unimpeded opportunity) Möglichkeit, die; c) (ease, aptitude, freedom from difficulty) Leichtigkeit, die; (dexterity) Gewandtheit, die; **~ in speech/writing** Rede-/Schreibgewandtheit, die
facing ['feɪsɪŋ] n. a) (on garment) Aufschlag, der; Besatz, der; b) in pl. (cuffs, collar, etc. of jacket) [Uniform]aufschläge Pl.; c) (covering) Verblendung, die; Verkleidung, die
facsimile [fæk'sɪmɪlɪ] n. a) Faksimile, das; b) (system) Bildfunk, der
fact [fækt] n. a) (true thing) Tatsache, die; **~s and figures** Fakten und Zahlen; **the ~ remains that ...**: Tatsache bleibt: ...; **the true ~s of the case or matter** der wahre Sachverhalt; **know for a ~ that ...**: genau od. sicher wissen, daß ...; **is that a ~?** (coll.) Tatsache? (ugs.); **and that's a ~**: und daran gibt's nichts zu zweifeln (ugs.); **the value/reason lies in the ~ that ...**: der Nutzen/Grund besteht darin, daß ...; **look the ~s in the face, face [the] ~s** den Tatsachen ins Gesicht sehen; **it is a proven/established/an undisputed/an accepted ~ that ...**: es ist erwiesen/steht fest/ist unbestritten/man geht davon aus, daß ...; **the ~ [of the matter] is that ...**: die Sache ist die, daß ...; **[it is a] ~ of life** [das ist die] harte od. rauhe Wirklichkeit; **tell or teach sb. the ~s of life** (coll. euphem.) jmdn. [sexuell] aufklären; b) (reality) Wahrheit, die; Tatsachen Pl.; **distinguish ~ from fiction** Fakten und Fiktion (geh.) od. Dichtung und Wahrheit unterscheiden; **in ~**: tatsächlich; **I don't suppose you did/would do it? – In ~, I did/would** Ich nehme an, Sie haben es nicht getan/würden es nicht tun. – Doch[, ich habe es tatsächlich getan/würde es tatsächlich tun]; **I was planning to go to your party and in ~ had bought a bottle of wine** ich wollte zu deiner Party kommen und hatte sogar od. auch schon eine Flasche Wein gekauft; **he was supposed to arrive before eight, but he didn't in ~ get here till after twelve** er sollte vor acht Uhr ankommen, ist dann aber doch erst nach 12 Uhr hier eingetroffen; **he has left us; in ~ he is not coming back** er hat uns verlassen, und er kommt auch nicht mehr zurück; **I don't think he'll come back; in ~ I know he won't** ich glaube nicht, daß er zurückkommt, ich weiß es sogar; c) (thing assumed to be ~) Faktum, das; **deny the ~ that ...**: [die Tatsache] abstreiten, daß ...; d) (Law: crime) [Straf]tat, die; **be an accessory before/after the ~**: jmdm. Beihilfe leisten/Begünstigung gewähren. See also **matter 1 d**
'fact-finding adj. Erkundungs⟨fahrt, -flug, -trupp⟩; **~ committee/trip/study** Untersuchungsausschuß, der/Informationsreise, die/Ermittlungsarbeit, die
faction ['fækʃn] n. a) (party or group) Splittergruppe, die; Fraktion, die (veralt.); b) no pl. (party strife) Parteihader, die
factional ['fækʃənl] adj. parteiintern ⟨Konflikt, Uneinigkeit, Streit⟩; **a ~ group/splinter group** eine Gruppierung/Splittergruppe
factious ['fækʃəs] adj. faktiös; parteisüchtig ⟨Absicht⟩
factitious [fæk'tɪʃəs] adj., **factitiously** [fæk'tɪʃəslɪ] adv. künstlich
factor ['fæktə(r)] n. a) (Math.; also fact, circumstance) Faktor, der; b) (Biol.) Erbfaktor, der; c) (merchant) Kommissionär, der; d) (Scot.: land-agent, steward) Gutsverwalter, der; e) (agent, deputy) Vertreter, der. See also **common factor**. 2. v.t. a) (Math.) **in Faktoren zerlegen**. b) (resolve into components) zerlegen
factoring ['fæktərɪŋ] n. (Commerc.) Factoring, das
factorize (factorise) ['fæktəraɪz] (Math.) 1. v.t. in Faktoren zerlegen. 2. v.i. sich in Faktoren zerlegen lassen
factory ['fæktərɪ] n. Fabrik, die; Werk, das; **a ~ for assembling cars/machines** ein Kraftfahrzeug[montage]werk/eine Maschinenfabrik
factory: ~ farm n. (Agric.) [voll]automatisierter landwirtschaftlicher Betrieb; **~-made** adj. fabrik- od. serienmäßig hergestellt; **~-made clothes/furniture** Konfektion[skleidung]/Serienmöbel Pl.; **~ ship** n. Fabrikschiff, das; **~ work** n. Fabrikarbeit, die; **~ worker** n. Fabrikarbeiter, der/-arbeiterin, die
factotum [fæk'təʊtəm] n. Faktotum, das
factual ['fæktʃʊəl] adj. sachlich ⟨Bericht, Darlegung, Stil⟩; auf Tatsachen beruhend ⟨Aspekt, Punkt, Beweis⟩; wahr ⟨Geschichte⟩; **~ error** Sachfehler, der
factually ['fæktʃʊəlɪ] adv. sachlich; mit Tatsachen od. Fakten (beweisen)
faculty ['fækəltɪ] n. a) (physical capability) Fähigkeit, die; Vermögen, das; **~ of sight/speech/hearing/thought** Seh-/Sprach-/Hör-/Denkvermögen, das; b) (mental power) **mental ~, ~ of the mind** geistige Kraft; Geisteskraft, die; **in [full] possession of [all] one's faculties** im [Voll]besitz [all] seiner [geistigen] Kräfte; **all one's creative faculties** seine ganze Kreativität od. schöpferische Kraft; c) (aptitude) Begabung, die; Fähigkeit, die; **have a ~ for doing sth.** die Fähigkeit od. das Talent haben, etw. zu tun; d) (Univ.: department) Fakultät, die; Fachbereich, der; **~ of arts/sciences/medicine** philosophische/naturwissenschaftliche/medizinische Fakultät; e) (Amer. Sch., Univ.: staff) Lehrkörper, der; f) (members of particular profession) Berufsstand, der; **the [medical] ~**: die Ärzteschaft; der Ärztestand
fad [fæd] n. Marotte, die; Spleen, der (ugs.); **the latest fashion ~**: die neueste Modetorheit; **a ~ for doing sth.** die Marotte od. der Spleen, etw. zu tun
faddish ['fædɪʃ] n. ,**faddy** ['fædɪ] adjs. heikel ⟨Person, Geschmack⟩
fade [feɪd] 1. v.i. a) (droop, wither) ⟨Blätter, Blumen, Kränze:⟩ [ver]welken, welk werden; b) (lose freshness, vigour) verblassen; [v]erlöschen; ⟨Läufer:⟩ langsamer werden; ⟨Frau, Schönheit:⟩ verblühen; c) (lose colour) bleichen; **~ [in colour]** [ver]bleichen; verschießen; **guaranteed not to ~**: garantiert farbecht; d) (grow pale, dim) **the light ~d [into darkness]** es dunkelte; **the fading light of evening** die dämmrige Abendlicht (dichter.); die Abenddämmerung; e) (fig.: lose strength) ⟨Erinnerung:⟩ verblassen; ⟨Eingebung, Kreativität, Optimismus:⟩ nachlassen; ⟨Freude, Lust, Liebe:⟩ erlöschen; ⟨Ruhm:⟩ verblassen; ⟨Traum, Hoffnung:⟩ zerrinnen; schwinden; **~ from sb.'s mind** jmds. Gedächtnis (Dat.) entfallen; f) (disappear, depart, leave) weichen; ⟨Metapher, Bedeutung, Stern:⟩ verschwinden; (blend) übergehen **(into** in + Akk.); (grow faint) ⟨Laut:⟩ verklingen; **~ into the distance** in der Ferne verschwinden; ⟨Laut, Stimme:⟩ in der Ferne verklingen; **~ from sight or sb.'s eyes** den Blick entschwinden (geh.); **his smile ~d from his face** das Lächeln schwand aus seinem Gesicht; g) (lose power) ⟨Bremskraft, Bremse:⟩ nachlassen; h) (Radio, Televi., Cinemat.) **~ [down]** ausgeblendet werden; **~ up** eingeblendet werden; i) (deviate) ⟨Golfball usw.:⟩ einen Bogen beschreiben. 2. v.t. a) (cause to ~) ausbleichen ⟨Vorhang, Gobelin, Teppich, Farbe⟩; b) (Radio, Televi., Cinemat.) einblenden **(into** in + Akk.); **~ one scene into another** eine Szene in eine andere überblenden; **~ a sound down/up** ein Geräusch aus-/einblenden. 3. n. (Radio, Televi., Cinemat., Motor Veh.) Fading, das (fachspr.)
~ a'way a) (v.i.) schwinden; ⟨Farbe:⟩ verblassen; ⟨Laut:⟩ verklingen **(into** in + Dat.); ⟨Erinnerung, Augenlicht, Kraft:⟩ nachlassen; ⟨Kranke[r]:⟩ immer schwächer werden; ⟨Interesse, Hoffnung:⟩ erlöschen (joc.); ⟨dünne Person:⟩ immer weniger werden (scherzh.); **the daylight ~d away** es dämmerte; b) (depart, leave) gehen
~ 'in (Radio, Televi., Cinemat.) 1. v.i. eingeblendet werden. 2. v.t. einblenden. See also **fade-in**
~ 'out 1. v.i. a) (Radio, Televi., Cinemat.) ausgeblendet werden; b) (disappear, depart) **~ out of sb.'s life/mind** aus jmds. Leben/Bewußtsein verschwinden. 2. v.t. (Radio, Televi., Cinemat.) ausblenden. See also **fade-out**
faded ['feɪdɪd] adj. welk ⟨Blume, Blatt, Laub⟩; verblichen ⟨Stoff, Jeans, Farbe, Gemälde, Ruhm, Teppich⟩; verblüht ⟨Schönheit⟩; verblaßt ⟨Erinnerung⟩
'fade-in n. (Radio, Televi., Cinemat.) Einblendung, die
fadeless ['feɪdlɪs] adj. farbecht ⟨Stoff⟩; echt ⟨Farbe⟩
'fade-out n. a) (Radio, Televi., Cinemat.) Ausblendung, die; b) (Radio: by ionospheric

fading *disturbances)* Fading, *das (fachspr.);* Schwund, *der;* **c)** *(fig.: disappearance)* Niedergang, *der*
fading ['feɪdɪŋ] *n. (Radio)* Fading, *das (fachspr.);* Schwund, *der*
faecal ['fiːkl] *adj. (Physiol.)* Kot-; kotig; fäkal *(fachspr.)*
faeces ['fiːsiːz] *n. pl.* Fäkalien *Pl.*
faff about [fæf ə'baʊt] *v. i. (Brit. coll.)* herummachen *(ugs.);* **stop faffing about!** reg dich ab! *(ugs.)*
¹**fag** [fæg] **1.** *v. i.,* -gg- **a)** *(toil)* sich [ab]schinden *(ugs.),* sich abrackern *(salopp)* (**away at** mit); **b)** *(Brit. Sch.)* ~ **for a senior** einen älteren Schüler bedienen. **2.** *v. t.,* -gg-: ~ **sb. [out]** jmdn. schlauchen *(ugs.);* **be ~ged out** sich [ab]schinden *(ugs.);* **be ~ged out** geschunden sein *(ugs.).* **3.** *n.* **a)** *(Brit. coll.)* Schinderei, *die (ugs. abwertend);* **b)** *(Brit. Sch.)* Diener, *der;* Internatsschüler, *der einem älteren bestimmte Dienste leistet;* **c)** *(sl.: cigarette)* Glimmstengel, *der (ugs. scherzh.)*
²**fag** *n. (sl.: homosexual)* Schwule, *der (ugs.)*
fag-end *n.* **a)** *(remnant)* Schluß, *der;* Ende, *das;* **b)** *(sl.: cigarette-end)* Kippe, *die (ugs.)*
faggot *(Amer.* = **fagot**) ['fægət] *n.* **a)** *(sticks, twigs)* Reisigbündel, *das;* **b)** *usu. in pl. (Gastr.)* Leberknödel, *der;* **c)** *(woman)* Weib, *das (abwertend);* **d)** *(sl.: homosexual)* Schwule, *der*
fah [fɑː] *n. (Mus.)* fa
Fahr. *abbr.* **Fahrenheit** F
Fahrenheit ['færənhaɪt] *adj.* Fahrenheit; ~ **scale** Fahrenheitskala, *die*
fail [feɪl] **1.** *v. i.* **a)** *(not succeed)* scheitern; ~ **in sth.** mit etw. scheitern; **he ~ed in doing it** es gelang ihm nicht, es zu tun; ~ **in one's duty** seine Pflicht vernachlässigen; ~ **as a human being/a doctor** als Mensch/Arzt versagen; **he ~ed in his attempts to escape** seine Fluchtversuche schlugen fehl *od.* mißlangen; **b)** *(miscarry, come to nothing)* scheitern; fehlschlagen; **if all else ~s** wenn alle Stricke *od.* Stränge reißen *(ugs.);* **c)** *(become bankrupt)* Bankrott machen; bankrott gehen; **d)** *(in examination)* nicht bestehen (**in** + *Dat.);* durchfallen *(ugs.)* (**in** + *Dat.);* **e)** *(be rejected)* ⟨Bewerber, Kandidat, Bewerbung:⟩ abgelehnt werden; **f)** *(become weaker)* ⟨Augenlicht, Gehör, Gedächtnis, Stärke, Eifer, Entschlossenheit:⟩ nachlassen; ⟨Atem:⟩ schwächer werden; ⟨Mut...⟩ sinken; **his voice ~ed** ihm versagte die Stimme; **he** *or* **his health is ~ing** sein Gesundheitszustand verschlechtert sich; **the light was ~ing** *(fig. literary)* es dämmerte; **g)** *(break down, stop)* ⟨Versorgung:⟩ zusammenbrechen; ⟨Motor, Radio:⟩ aussetzen; ⟨Generator, Batterie, Pumpe:⟩ ausfallen; ⟨Bremse, Herz:⟩ versagen; **h)** *(prove misleading)* ⟨Prophezeiung, Vorhersage:⟩ sich nicht bewahrheiten; **i)** *(be insufficient)* ⟨Ernte:⟩ schlecht ausfallen; **j)** *(formal: fall short)* **sth.** ~**s of its intended effect** etw. erreicht die beabsichtigte Wirkung nicht. **2.** *v. t.* **a)** ~ **to do sth.** *(not succeed in doing)* etw. nicht tun [können]; ~ **to reach a decision** zu keinem Entschluß kommen; ~ **to achieve one's purpose/aim** seine Absicht/sein Ziel verfehlen; ~ **to pass an exam** eine Prüfung nicht bestehen, in einer Prüfung durchfallen *(ugs.);* ~ **to remember sth.** etw. vergessen; **his hopes ~ed to materialize** seine Hoffnungen haben sich nicht verwirklicht; **the letter ~ed to reach its destination** der Brief ist nicht an seinem Bestimmungsort eingetroffen; **b)** *(be unsuccessful in)* nicht bestehen; durchfallen in (+ *Dat.) (ugs.)* ⟨Prüfung⟩; **c)** *(reject)* durchfallen lassen *(ugs.)* ⟨Prüfling⟩; **d)** ~ **to do sth.** *(not do)* etw. nicht tun; *(neglect to do)* es versäumen, etw. zu tun; **not** ~ **to do sth.** etw. tun; **he never ~s to send me a card** er schreibt mir immer eine Karte *od.* versäumt es nie, mir eine Karte zu schreiben; **I** ~ **to see the reason why ...:** ich sehe nicht ein, warum ...; **e)** *(not suffice for)* im Stich lassen; **his legs ~ed him** seine Beine ließen ihn im Stich *od. (geh.)* versagten ihm den Dienst; **his heart** *or* **courage ~ed him** ihn verließ der Mut; **words ~ sb.** jmdm. fehlen die Worte; jmd. findet keine Worte; **f)** *the* **wind ~ed us** *(did not blow)* wir hatten keinen Wind; *(was blowing the wrong way)* die Windrichtung war ungünstig. **3.** *n.* **without** ~: auf jeden Fall; garantiert
failed [feɪld] *attrib. adj.* nicht bestanden ⟨Prüfung⟩; durchgefallen *(ugs.)* ⟨Prüfling⟩; gescheitert ⟨Person, Geschäft, Ehe, Versuch⟩
failing ['feɪlɪŋ] **1.** *n.* Schwäche, *die.* **2.** *prep.* ~ **that** *or* **this** andernfalls; wenn nicht; ~ **which** widrigenfalls *(Papierdt.);* ..., ~ **which you can ...:** ..., ansonsten können Sie ... **3.** *adj.* sich verschlechternd ⟨Gesundheitszustand⟩; nachlassend ⟨Kraft⟩; sinkend ⟨Mut⟩; dämmrig ⟨Licht⟩
¹**fail-safe** *adj.* ausfallsicher; abgesichert ⟨Methode⟩; Failsafe-⟨Vorkehrung, Prinzip⟩ *(fachspr.)*
failure ['feɪljə(r)] *n.* **a)** *(omission, neglect)* Versäumnis, *das;* ~ **to do sth.** das Versäumnis, etw. zu tun; ~ **to observe** *or* **follow the rule** Nichtbeachtung *od.* Übertretung der Regel; ~ **to appear in court** Nichterscheinen *(Amtsspr.)* vor Gericht; ~ **to deliver goods** Nichtlieferung von Waren; ~ **to pass an exam** Nichtbestehen einer Prüfung *(ugs.)* Durchfall bei einer Prüfung; **b)** *(lack of success)* Scheitern, *das; (of an application)* Ablehnung, *die;* **be doomed to** ~; **end in** ~: zum Scheitern verurteilt sein; **end in** ~: scheitern; **c)** *(unsuccessful person or thing)* Versager, *der;* **the party/play/film was a** ~: das Fest/Stück/der Film war ein Mißerfolg; **our plan/attempt was a** ~: unser Plan/Versuch war fehlgeschlagen; **the cake/dish turned out a** ~: der Kuchen/das Gericht mißlang; **be a** ~ **as a doctor/teacher** als Arzt/Lehrer versagen; **be a** ~ **at sth.** keine glückliche Hand bei etw. haben; **d)** *(non-occurrence of a process)* **the** ~ **of the medicine to have the desired effect** das Ausbleiben der Wirkung der Arznei; **my** ~ **to understand his motives** mein fehlendes Verständnis für seine Motive; **his** ~ **to keep in touch/to contact us was ...:** daß er es unterlassen hat, uns nicht hören zu lassen/mit uns Kontakt aufzunehmen, war ...; **e)** *(running short, breaking down) (of supply)* Zusammenbruch, *der; (of engine, generator)* Ausfall, *der;* **signal/pump/engine/generator** ~: Ausfall des Signals/der Pumpe/des Motors/des Generators; **power** *or* **electricity** ~: Stromausfall, *der;* **brake** ~: Versagen der Bremsen; **crop** ~, ~ **of crops** Mißernte, *die;* **f)** *(Med.)* Versagen, *das;* Insuffizienz, *die (fachspr.);* **g)** *(deterioration, weakening) (of health)* Verschlechterung, *die; (of hearing, eyesight, strength)* Nachlassen, *das; (of energy)* Erlahmen, *das; (of courage)* Sinken, *das;* **h)** *(absence, non-existence)* Fehlen, *das;* ~ **of justice** Versagen der Justiz; **i)** *(bankruptcy)* Zusammenbruch, *der;* **a bank** ~: der Zusammenbruch einer Bank
fain [feɪn] *(arch.)* **1.** *adv.* [zu] gern. **2.** *pred. adj.* bereit; geneigt; **be** ~ **to do** *or* **of doing sth.** geneigt sein, etw. zu tun
faint [feɪnt] **1.** *adj.* **a)** *(dim, indistinct, pale)* matt ⟨Licht, Farbe, Stimme, Lächeln⟩; schwach ⟨Geruch, Duft⟩; leise ⟨Flüstern, Geräusch, Stimme, Ton, Ruf, Schritt⟩; entfernt ⟨Ähnlichkeit⟩; undeutlich ⟨Umriß, Linie, Gestalt, Spur, Stimme, Fotokopie⟩; **b)** *(weak, vague)* leise ⟨Wunsch, Hoffnung, Verdacht, Ahnung⟩; gering ⟨Chance⟩; **not have the ~est idea** *or* **notion** nicht die geringste *od.* blasseste Ahnung haben; **Where is he? – I haven't the ~est idea** *or (coll.)* **~est Wo ist er? – Keine Ahnung!** *(ugs.);* **c)** *(giddy, weak)* matt; schwach; **she felt/ looked** ~: sie fühlte sich/schien einer Ohnmacht nahe; ihr war schwindelig/ihr schien schwindelig zu sein; **be** ~ **with** *or* **feel** ~ **from hunger** *etc.* vor Hunger *usw.* matt *od.* schwach sein; **his breathing grew** ~: sein Atem wurde schwächer; **d)** *(timid)* gering, schwach ⟨Mut⟩; ~ **heart never won fair lady** *(prov.)* wer nicht wagt, der nicht gewinnt *(Spr.);* **e)** *(feeble)* schwach ⟨Lob, Widerstand⟩; zaghaft ⟨Versuch, Bemühung⟩; *see also* **damn 1 a; f)** *see* ²**feint. 2.** *v. i.* ohnmächtig werden, in Ohnmacht fallen *(ugs.)* (**with** *or* **from** + *Dat.).* **3.** *n.* Ohnmacht, *die;* **in a [dead]** ~: ohnmächtig; **go off in** *or* **fall into a** ~: ohnmächtig werden; in Ohnmacht fallen
faint: ~**-heart** *n.* Hasenherz, *das (abwertend);* ~**-hearted** *adj.* hasenherzig *(abwertend);* ~**-heartedly** hasenherzig *(abwertend)*
faintly ['feɪntlɪ] *adv.* **a)** *(indistinctly)* undeutlich ⟨markieren, hören⟩; kaum ⟨sichtbar⟩; schwach ⟨riechen, scheinen⟩; entfernt ⟨sich ähneln⟩; **b)** *(slightly)* leise ⟨hoffen, verdächtigen⟩; wenig ⟨interessiert⟩; leicht ⟨enttäuschen, herablassend⟩; **c)** *(feebly)* zaghaft ⟨versuchen, lächeln⟩
faintness ['feɪntnɪs] *n., no pl.* **a)** *(dimness, feebleness) (of marking, outline, voice)* Undeutlichkeit, *die; (of resemblance)* Entferntheit, *die; (of colour)* Mattheit, *die; (of photograph)* Verblaßtheit, *die;* **the** ~ **of the smell/light** der schwache Geruch/das schwache Licht; **the** ~ **of his smile/recollection** sein schwaches Lächeln/seine schwache Erinnerung; **b)** *(dizziness)* Schwäche, *die;* Mattigkeit, *die;* **feeling of** ~: Schwächegefühl, *das;* **c)** *(cowardice)* ~ **of spirits** Verzagtheit, *die;* ~ **of heart** *(literary)* Zagheit, *die (geh.)*
¹**fair** [feə(r)] *n.* **a)** *(gathering)* Markt, *der; (with shows, merry-go-rounds)* Jahrmarkt, *der; (village/cattle)* Dorf-/Viehmarkt, *der;* **a day after the** ~ *(fig.)* zu spät; **b)** *see* **fun-fair; c)** *(exhibition)* Ausstellung, *die;* Messe, *die;* **agricultural/world/industries** ~: Landwirtschafts-/Welt-/Industrieausstellung, *die;* **book/antiques/trade** ~: Buch-/Antiquitäten-/Handelsmesse, *die*
²**fair 1.** *adj.* **a)** *(just)* gerecht; begründet ⟨Beschwerde, Annahme⟩; fair ⟨Spiel, Kampf, Prozeß, Preis, Beurteilung, Handel⟩; *(representative, typical)* typisch, markant ⟨Beispiel, Kostprobe⟩; **be** ~ **with** *or* **to sb.** gerecht gegen jmdn. *od.* zu jmdn. sein; **it's only** ~ **to do sth./for sb. to do sth.** es ist nur recht und billig, etw. zu tun/daß jmd. etw. tut; **strict but** ~: streng, aber gerecht; **a day's wages for a day's work** anständiger Lohn für anständige Arbeit; **that's not** ~, **you're not** ~: das ist ungerecht *od.* unfair; **[well, that's]** ~ **enough!** *(coll.)* dagegen ist nichts einzuwenden; *(OK)* na gut; **by** ~ **means or foul** egal wie *(ugs.);* **on** ~ **and ehrliche** oder unehrliche Weise; **all's** ~ **in love and war** in der Liebe und im Krieg ist alles erlaubt; ~ **play** Fairneß, *die;* Fair play, *das; (fig.)* faires und anständiges Geschäftsgebaren; **and square** ehrlich; *see also* **crack 1 a; ¹deal 3 a;** ²**do d; field 1 e; ¹game 1 g; share 1 a; b)** *(not bad, pretty good)* ganz gut ⟨Bilanz, Vorstellung, Anzahl, Menge, Kenntnisse, Chance⟩; ziemlich ⟨Maß, Geschwindigkeit⟩; **a** ~ **amount of work** ein schönes Stück Arbeit; **she has a** ~ **amount of sense** sie ist ganz vernünftig; **not all, but a** ~ **number** nicht alle, aber doch recht viele; **be a** ~ **judge of character** ein recht guter Menschenkenner sein; *see also* **middling 1 b; c)** *(favourable)* schön ⟨Wetter, Tag, Abend⟩; günstig ⟨Wetterlage, Wind⟩; heiter ⟨Wetter, Tag, Himmel, Morgen⟩; **the barometer/weather is** ~: das Barometer steht auf Schönwetter/das schöne Wetter hält an; **be in a** ~ **way to doing sth.** gute Aus-

sichten haben, etw. zu tun; **be in a ~ way to succeed/winning** gute Erfolgs-/Gewinnchancen haben; **d)** *(considerable, satisfactory)* ansehnlich ⟨*Erbe, Vermögen*⟩; **e)** *(specious)* groß ⟨*Rede, Worte, Versprechung*⟩; schön ⟨*Geschichte*⟩; **f)** *(complimentary)* schön ⟨*Rede, Worte*⟩; **g)** *(blond)* blond ⟨*Haar, Person*⟩; *(not dark)* hell ⟨*Teint, Haut*⟩; hellhäutig ⟨*Person*⟩; **very ~:** hellblond; **a ~ head** ein Blondkopf; **h)** *(poet. or literary: beautiful)* fair *(dichter. veralt.)* ⟨*Kind, Mädchen, Maid, Prinz, Gesicht*⟩; schön ⟨*Stadt*⟩; *(pure, unsullied)* gut, unbescholten ⟨*Name, Ruf*⟩; **the ~ sex** das schöne Geschlecht; **with her own ~ hands** *(iron.)* mit ihren zarten Händen; **i)** *(clean, clear)* rein *(meist geh.)* ⟨*Wasser*⟩; schön ⟨*Handschrift*⟩; **~ copy** Reinschrift, *die*; **make a ~ copy of sth.** etw. ins reine schreiben. **2.** *adv.* **a)** *(in a fair manner)* fair ⟨*kämpfen, spielen*⟩; gerecht ⟨*behandeln*⟩; **b)** *(coll.: completely)* völlig; **the sight ~ took my breath away** der Anblick hat mir glatt *(ugs.)* den Atem verschlagen; **c)** *(... and square (honestly)* offen und ehrlich; *(accurately)* voll, genau ⟨*schlagen, treffen*⟩. *See also* **bid 2 a**; **dinkum**; **play 2 a**. **3.** *n.* **~'s** *(coll.)* Gerechtigkeit muß sein
fair: **~-faced** *adj.* *(having light complexion)* hellhäutig; **~ground** *n.* Festplatz, *der*; **~-haired** *adj.* blond; **~-haired boy** *(Amer. fig.)* Liebling, *der*; Favorit, *der*
fairing *n.* *(structure)* Verkleidung, *die*
fairish ['fεərɪʃ] *adj.* passabel
Fair Isle *attrib. adj.* *(Textiles)* für die Insel Fair Isle typisch; ≈ Shetland⟨*pullover, -muster*⟩
fairly ['fεəlɪ] *adv.* **a)** fair ⟨*kämpfen, spielen*⟩; gerecht ⟨*bestrafen, beurteilen, behandeln*⟩; **come by sth. ~:** auf ehrliche Weise zu etw. kommen; **b)** *(tolerably)* ziemlich; **c)** *(completely)* völlig, heftig, sehr ⟨*bestürmen, bedrängen*⟩; **it ~ took my breath away** es hat mir glatt *(ugs.)* den Atem verschlagen; **d)** *(actually)* richtig; **I ~ jumped for joy** ich habe eine regelrechten Freudensprung gemacht; **e)** *(... and squarely (honestly)* offen und ehrlich; *(accurately)* voll, genau ⟨*schlagen, treffen*⟩; **look at a situation ~ and squarely** eine Lage nüchtern betrachten; **beat sb. ~ and squarely** jmdn. nach allen Regeln der Kunst *(ugs.)* besiegen
fair-minded *adj.* unvoreingenommen
fairness ['fεənɪs] *n., no pl.* Gerechtigkeit, *die*; **sense of ~:** Gerechtigkeitsgefühl, *das*; **in all ~ [to sb.]** fairerweise; um fair [gegen jmdn.] zu sein
fair: **~way** *n.* **a)** *(channel)* Fahrrinne, *die*; **b)** *(Golf)* Fairway, *das*; **~-weather friend** *n.* Freund, der/Freundin, die nur in guten Zeiten treu ist
fairy ['fεərɪ] **1.** *n.* **a)** *(Mythol.)* Fee, *die*; *(in a household)* Kobold, *der*; **b)** *(sl.: homosexual)* Tunte, *die (salopp)*; Warme, *der (salopp).* **2.** *attrib. adj.* feenhaft ⟨*Stimme, Wesen*⟩; *(geh., reich)*
fairy: **~ 'godmother** *n.* *(lit. or fig.)* gute Fee; **F~land** *n.* *(land of fairies)* Feenland, *das*; *(enchanted region)* Märchenland, *das*; **winter ~land** winterliche Märchenlandschaft; **~ lights** *n. pl.* kleine farbige Lichter; **~ 'ring** *n.* *(Bot.)* Hexenring, *der*; **~ story** *see* **~tale 1**; **~-tale 1.** *n.* *(lit. or fig.)* Märchen, *das.* **2.** *adj.* Märchen⟨*landschaft*⟩; *(fig.)* märchenhaft ⟨*Szene, Wirkung, Kleid, Ball*⟩; märchenhaft ⟨*Schönheit*⟩
fait accompli [feɪt æˈkɒpliː, feɪt əˈkɒmplɪ] *n.* vollendete Tatsache; Fait accompli, *das (geh.)*
faith [feɪθ] *n.* **a)** *(reliance, trust)* Vertrauen, *das*; **have ~ in sb./sth.** Vertrauen zu jmdm./ etw. haben; auf jmdn./etw. vertrauen; **~ in oneself** Selbstvertrauen haben; **lose ~ in sb./sth.** das Vertrauen zu jmdm./etw. ver-

lieren; **pin one's ~ on** *or* **put one's ~ in sb./ sth.** sein Vertrauen auf ein. in jmdn./etw. setzen; **b)** *(belief)* Glaube, *der*; **on ~:** in gutem Glauben; **c)** *(religious belief)* Glaube, *der*; **the ~:** der [christliche] Glaube; **different Christian ~s** verschiedene christliche Glaubensrichtungen; **a matter of ~:** eine Glaubenssache; **d)** *(promise)* [Ehren]wort, *das*; *(pledge of fidelity)* Treue, *die*; **pledge one's ~ to sb.** jmdm. Treue geloben; **to do that would be breaking ~:** das zu tun, wäre [ein] Wortbruch; **break ~ with an ally** an einem Verbündeten treubrüchig werden; **keep ~ with sb.** jmdm. die Treue halten; **good/bad ~:** Vertrauen/Mißtrauen, *das*; **in good ~:** ohne Hintergedanken; *(unsuspectingly)* in gutem Glauben; guten Glaubens; **in all good ~:** auf Treu und Glauben; **in bad ~:** in böser Absicht
faithful ['feɪθfl] **1.** *adj.* **a)** *(showing faith, loyal)* treu; **remain ~ to sb./sth.** jmdm./einer Sache treu bleiben; **remain ~ to one's promise** [sein] Wort halten; sein Versprechen halten; **b)** *(conscientious)* pflichttreu; treu ⟨*Briefschreiber*⟩; [ge]treu ⟨*Diener*⟩; **c)** *(accurate)* [wahrheits]getreu; originalgetreu ⟨*Wiedergabe, Kopie*⟩. **2.** *n. pl.* **the ~:** die Gläubigen; *(fig.)* treue Anhänger der Partei
faithfully ['feɪθfəlɪ] *adv.* **a)** *(loyally)* treu ⟨*dienen*⟩; pflichttreu ⟨*überbringen, zustellen*⟩; gewissenhaft ⟨*hüten, halten*⟩; hoch und heilig, fest ⟨*versprechen*⟩; **promise [me] ~ that ...** *(coll.)* emphatically) versprich mir ganz fest, daß ...; **b)** *(accurately)* wahrheitsgetreu ⟨*erzählen*⟩; originalgetreu ⟨*wiedergeben*⟩; genau ⟨*befolgen*⟩; **c) yours ~:** *(in letter)* mit freundlichen Grüßen; *(more formally)* hochachtungsvoll
faith: **~-healer** *n.* Gesundbeter, *der*/-beterin, *die*; **~-healing** *n.* Gesundbeten, *das*
faithless ['feɪθlɪs] *adj.* **a)** *(perfidious, unreliable)* untreu ⟨*Geliebte[r], Mann, Frau*⟩; treulos ⟨*Untertan, Diener, Freund, Handeln, Verhalten*⟩; **be ~ to sb./sth.** jmdm./einer Sache untreu sein; **b)** *(unbelieving)* ungläubig
fake [feɪk] **1.** *adj.* unecht; gefälscht ⟨*Dokument, Banknote, Münze*⟩; **~ money** Falschgeld, *das.* **2.** *n.* **a)** *(thing ~ d up)* Imitation, *die*; *(painting)* Fälschung, *die*; **b)** *(trick)* Finte, *die*; *(fig.)* Schwindel, *der (abwertend)*; **c)** *(spurious person)* Schwindler, *der*/Schwindlerin, *die.* **3.** *v.t.* **a)** *(feign, contrive)* nachahmen ⟨*Akzent*⟩; fälschen ⟨*Unterschrift*⟩; vortäuschen ⟨*Krankheit, Einbruch, Unfall*⟩; **b)** *(make plausible)* **~ [up]** imitieren ⟨*Diamanten*⟩; fälschen ⟨*Gemälde*⟩; erfinden ⟨*Geschichte*⟩; **c)** *(alter so as to deceive)* frisieren *(ugs.)*; verfälschen. **4.** *v.i.* simulieren
faker ['feɪkə(r)] *n.* *(swindler)* Schwindler, *der*/Schwindlerin, *die*; *(pretender)* Heuchler, *der*/Heuchlerin, *die*
fakir ['feɪkɪə(r), fəˈkɪə(r)] *n.* Fakir, *der*
falcon ['fɔːlkən, 'fɒlkən] *n.* *(Ornith.)* Falke, *der*
falconer ['fɔːlkənə(r), 'fɒlkənə(r)] *n.* *(Hunting)* Falkner, *der*/Falknerin, *die*
falconry ['fɔːlknrɪ, 'fɒlknrɪ] *n., no pl., no indef. art.* Falknerei, *die*
fall [fɔːl] **1.** *n.* **a)** *(act or manner of falling)* Fallen, *das*; *(of a person)* Sturz, *der*; *(of leaves/snow/rain)* Blatt- od. Laub-/Schnee-/ Regenfall, *der*; **in a ~:** bei einem Sturz; **have a ~:** stürzen; **a ten-inch ~ of rain/snow** eine Niederschlagsmenge von 254 mm/25 cm Schnee[fall]; **b)** *(collapse, defeat)* Fall, *der*; *(of culture, dynasty, empire)* Untergang, *der*; *(of government)* Sturz, *der*; **~ from power** Entmachtung, *die*; **a ~** *(lapse into sin)* [Sünden]fall, *der*; **the F~ [of man]** *(Theol.)* der Sündenfall, *der*; **d)** *(slope)* Abfall, *der* **(to** *(go, nach)*; **e)** *usu. in pl. (waterfall)* [Wasser]fall, *der*; **Niagara F~s** Niagarafälle, *pl.*; **f)** *(fig.: decrease) see* **drop 1 i**; **g)** *(of*

night etc.) Einbruch, *der*; **h)** *(Amer.: autumn)* Herbst, *der*; **i)** *(Wrestling)* (throw) Schulterwurf, *der*; *(wrestling-bout)* Ringkampf, *der*; *(fig.)* **try a** *or* **one's ~ with sb.** es auf eine Kraftprobe mit jmdm. ankommen lassen. *See also* **ride 2 c. 2.** *v. i.,* **fell** [fel], **~en** ['fɔːln] **a)** *(drop)* fallen; **~ off sth.**, **~ down from sth.** von etw. [herunter]fallen; **~ down [into] sth.** in etw. *(Akk.)* [hinein]fallen; **~ out of sth.** aus etw. [heraus]fallen; **~ to the ground** zu Boden *od.* auf den Boden fallen; **she let sth. ~ [from her hand]** *(deliberately)* sie hat etw. [aus der Hand] fallen lassen; *(by mistake)* ihr ist etw. aus der Hand gefallen; **~ down dead** tot umfallen; **~ down the stairs** *or* **downstairs** die Treppe herunter-/hinunterfallen; **~ into the trap** in die Falle gehen; **always ~ on one's feet** *(fig.)* immer [wieder] auf die Beine *(ugs.)* od. Füße fallen; **nearly** *or* **almost ~ off one's chair** *(lit. or fig.)* fast vom Stuhl fallen *(ugs.)*; **~ to earth** auf die Erde *od.* zur Erde fallen; **the blossom ~s** die Blüte fällt ab; **the land ~s to sea level** das Gelände fällt auf Meeresspiegelhöhe ab; **~ from a great height** aus großer Höhe abstürzen; **~ing star** *(Astron.)* Sternschnuppe, *die*; **rain/snow is ~ing** es regnet/schneit; **b)** *(fig.)* ⟨*Nacht, Dunkelheit*⟩ hereinbrechen; ⟨*Abend*⟩ anbrechen; ⟨*Stille*⟩ eintreten; **night began to ~:** die Nacht brach herein; **c)** *(fig.: swoop)* **~ upon** ⟨*Katastrophe, Unglück, Seuche*⟩ hereinbrechen über (+ *Akk.*) *(geh.)*; ⟨*Rache*⟩ treffen; ⟨*Furcht:*⟩ befallen; **d)** *(fig.: be uttered)* ⟨*Worte, Bemerkungen*⟩ fallen; **~ from sb.'s lips** *or* **mouth** über jmds. Lippen *(Akk.)* kommen; **let ~ a remark** eine Bemerkung fallenlassen; **e)** *(lose high position)* fallen; **~ from power** entmachtet werden; **~ from one's high estate** seinen hohen Rang einbüßen; **~en angel** gefallener Engel; **~en arch** *(Med.)* Senkfuß, *der*; **f)** *(lose chastity)* fallen; *(become pregnant)* **~ [with child]** schwanger werden; **a ~en woman** ein gefallenes Mädchen; **g)** *(become detached)* ⟨*Blätter*⟩ [ab]fallen; **~ out** ⟨*Haare, Federn*⟩ ausfallen; **h)** *(hang down)* fallen; **a lock fell over her face** eine Locke fiel *od.* hing ihr ins Gesicht; **i)** *(be born)* ⟨*Lamm, Kalb usw.*⟩ geworfen werden; **j)** *(sink to lower level)* ⟨*Barometer*⟩ fallen; ⟨*Absatz, Verkauf:*⟩ zurückgehen; *(in pitch)* ⟨*Musik:*⟩ fallen; **~ by 10 per cent/from 10[°C] to 0[°C]** um 10%/von 10[°C] auf 0[°C] sinken; **[make sb.]** **~ in sb.'s esteem** *or* **estimation/eyes** *(fig.)* [jmdn.] in jmds. Achtung/Augen *(Dat.)* sinken [lassen]; **~ into error/sin/temptation** einen Fehler/eine Sünde begehen/der Versuchung er- *od.* unterliegen; **k)** *see* **~ away b**; **l)** *(issue)* *(Fluß:)* münden **(into** in + *Akk.*); **m)** *(subside)* ⟨*Wasserspiegel, Gezeitenhöhe:*⟩ fallen; ⟨*Wind, Sturm:*⟩ sich legen; **n)** *(show dismay)* **his/her face** *or* **countenance fell** er/sie machte ein langes Gesicht *(ugs.)*; **o)** *(look down)* **his/her glance/ eyes fell** *or* **sie senkte den Blick/die Augen; **p)** *(no longer stand)* fallen; ⟨*Baum:*⟩ umstürzen; ⟨*Pferd:*⟩ stürzen; **~ to the ground** zu Boden fallen; ⟨*Plan, Verabredung usw.:*⟩ ins Wasser fallen; ⟨*Argument, These:*⟩ in sich zusammenfallen; **~ into one another's arms** einander in die Arme fallen *od.* sinken; **~ on one's knees** auf die Knie fallen; sich auf die Knie werfen; **~ at sb.'s feet** *or* **down before sb.** jmdm. zu Füßen fallen; **~ [flat] on one's face** *(lit. or fig.)* auf die Nase fallen *(ugs.)*; **q)** *(be defeated)* ⟨*Festung, Stadt:*⟩ fallen; ⟨*Monarchie, Regierung:*⟩ gestürzt werden; ⟨*Reich:*⟩ untergehen; **the fortress fell to the enemy** die Festung fiel dem Feind in die Hände; **r)** *(fail)* untergehen; **united we stand, divided we ~:** Einigkeit macht stark *(Spr.)*; **s)** *(perish)* ⟨*Soldat:*⟩ fallen; **the ~en [soldiers]** die Gefallenen, *pl.*; **t)** *(collapse, break)* einstürzen;

261

fallacious   **familiar**

cause a building to ~: ein Gebäude zum Einsturz bringen; ~ **to pieces,** ~ **apart** ⟨*Buch, Wagen:*⟩ auseinanderfallen; *(fig.)* ⟨*Unternehmen, jmds. Welt:*⟩ zusammenbrechen; ~ **in two** entzweigehen; ~ **apart at the seams** an den Nähten aufplatzen; *(fig.)* ⟨*Plan:*⟩ ins Wasser fallen *(ugs.);* **u)** *(Cricket)* **a wicket** ~s ein Schlagmann wird ausgeschlagen; **v)** *(come by chance, duty, etc.)* fallen **(to** an + *Akk.*); **it fell to me** *or* **to my lot to do it** das Los, es tun zu müssen, hat mich getroffen; ~ **[in] sb.'s way** jmdm. zufallen; ~ **among thieves** unter die Räuber fallen; ~ **into an ambush** in einen Hinterhalt fallen; **he has ~en into the role of a mere spectator** er ist in die Rolle des Zuschauers gedrängt worden; ~ **into bad company** in schlechte Gesellschaft geraten; ~ **into conversation with sb.** mit jmdm. ins Gespräch kommen; ~ **into decay** ⟨*Gebäude:*⟩ verfallen; *(fig.)* ⟨*Monarchie, Reich, Institution:*⟩ zerfallen; ⟨*Gesetz:*⟩ seine Bedeutung verlieren; ~ **into parts/sections** in Teile/Abschnitte zerfallen; ⟨*Roman:*⟩ sich in Teile/Abschnitte gliedern; ~ **into different categories** in *od.* unter verschiedene Kategorien fallen; ~ **to doing sth.** anfangen *od.* beginnen, etw. zu tun; **they fell to fighting among themselves** es kam zu einer Schlägerei zwischen ihnen; *abs.* ~ **to** zu beginnen, drauflos zu essen/arbeiten *usw.; see also* **on; w)** *(take specified direction)* ⟨*Auge, Strahl, Licht, Schatten:*⟩ fallen **(upon** auf + *Akk.*); **x)** *(have specified place)* liegen **(on, to** auf + *Dat.,* **within in** + *Dat.*); ~ **into** *or* **under a category** in *od.* unter eine Kategorie fallen; **y)** *(pass into specified state)* ~ **into a rage** einen Wutanfall bekommen; ~ **into despair** verzweifeln; ~ **into a deep sleep** in tiefen Schlaf fallen *od. (geh.)* versinken; ~ **ill** krank werden; ~ **into a swoon** *or* **faint** in Ohnmacht fallen; **z)** *(occur)* fallen **(on** auf + *Akk.*) ⟨*Datum:*⟩; **Easter** ~ **is late this year** Ostern fällt dieses Jahr spät. *See also* **asleep a; astern;** ²**flat 1 a, b; foul 1 f; grace 1 e; hand 1 c;** ¹**line 1 f; love 1 a; place 1 j; prey 1 b; push 1 a; short 2 c; silent a; victim a; wayside**

~ **a'bout** *v. i.* ~ **about [laughing** *or* **with laughter]** sich [vor Lachen] kringeln *(ugs.)*

~ **a'way** *v. i.* **a)** abfallen **(from** von); *(from allegiance)* sich lösen **(from** aus); ⟨*Mitgliedschaft, Einnahmen:*⟩ sinken; *(from friend, truth)* sich abwenden **(from** von); **b)** *(have slope)* abfallen **(to** zu)

~ **back** *v. i.* zurückweichen; ⟨*Armee:*⟩ sich zurückziehen; *(lag)* zurückbleiben; *see also* **fall-back**

~ **back on** *v. t.* zurückgreifen auf (+ *Akk.*)

~ **behind** 1. [---] *v. t.* zurückfallen hinter (+ *Akk.*). 2. [-'-] *v. i.* zurückbleiben; **behind with sth.** mit etw. in Rückstand *(Akk.)* geraten

~ **down** *v. i.* **a)** *see* ~ **2 a; b)** *(collapse)* ⟨*Brücke, Gebäude:*⟩ einstürzen; ⟨*Person:*⟩ hinfallen; ~ **down [on sth.]** *(fig. coll.)* [bei etw.] versagen; **the argument ~s down on one point** das Argument sticht an einem Punkt nicht; **the theory fell down for** *or* **on lack of evidence** die Theorie war nicht haltbar, weil es an Beweisen fehlte; ~ **down on a job** einer Aufgabe nicht gewachsen sein

~ **for** *v. t. (coll.)* **a)** *(~ in love with)* sich verknallen in *(ugs.);* **b)** *(be persuaded by)* hereinfallen auf (+ *Akk.*) *(ugs.)*

~ **in** *v. i.* **a)** hineinfallen; **b)** *(Mil.)* antreten **(for** zu); **c)** **in!** angetreten!; **c)** *(collapse)* ⟨*Gebäude, Wand usw.:*⟩ einstürzen

~ **in with** *v. t.* **a)** *(meet and join)* stoßen zu; **b)** *(agree)* beipflichten (+ *Dat.*) ⟨*Person, Meinung, Vorschlag usw.:*⟩; eingehen auf (+ *Akk.*) ⟨*Plan, Person, Bitte, Forderung*⟩; entsprechen (+ *Dat.*) ⟨*Forderung, Bitte*⟩; einstimmen in (+ *Akk.*) ⟨*Ton*⟩

~ **off** *v. i.* **a)** *see* ~ **2 a; b)** ⟨*Nachfrage, Produktion, Aufträge, Anzahl:*⟩ zurückgehen; **c)** ⟨*Mut, Niveau:*⟩ sinken; ⟨*Dienstleistungen, Gesundheit, Geschäft:*⟩ sich verschlechtern; ⟨*Begeisterung, Eifer, Interesse:*⟩ nachlassen. *See also* **fall-off**

~ **on** *v. t.* **a)** *(lit., or fig.: attack)* herfallen über; **b)** *(be borne by)* ~ **on sb.** jmdm. zufallen; ⟨*Verdacht, Schuld, Los:*⟩ auf jmdn. fallen

~ **'out** *v. i.* **a)** herausfallen; **b)** *see* ~ **2 g; c)** *(quarrel)* ~ **out [with sb. over sth.]** sich [mit jmdm. über etw.] [zer]streiten; **d)** *(come to happen)* vonstatten gehen; **see how things** ~ **out** abwarten, wie sich die Dinge entwickeln; **it [so] fell out that ...** *(literary)* es begab sich *(geh.),* daß ...; **e)** *(Mil.)* wegtreten; ~ **out!** weggetreten! *See also* **fall-out**

~ **over** 1. [---] *v. t.* **a)** *(stumble over)* fallen über (+ *Akk.*); **they were ~ing over each other to get the sweets** sie drängelten sich, um die Süßigkeiten zu bekommen; ~ **over oneself** *or* **one's own feet** über seine eigenen Füße stolpern; **b)** ~ **over oneself to do sth.** *(fig. coll.)* sich vor Eifer überschlagen, um etw. zu tun *(ugs.).* 2. [-'--] *v. i.* umfallen; *(in faint)* hinfallen; ~ **over on to sth.** auf etw. *(Akk.)* fallen; *see also* **backwards a**

~ **'through** *v. i. (fig.)* ins Wasser fallen *(ugs.);* ⟨*Einigungsversuch:*⟩ fehlschlagen

~ **upon** *v. t. see* ~ **on; b)** *see* ~ **2 c, w**

fallacious [fəˈleɪʃəs] *adj.* **a)** *(containing a fallacy)* irrig; ~ **conclusion/syllogism** Fehlod. Trugschluß, *der;* **b)** *(deceptive, delusive)* irreführend ⟨*Methode, Bericht*⟩; trügerisch ⟨*Hoffnung, Plan*⟩

fallacy [ˈfæləsɪ] *n.* **a)** *(delusion, error)* Irrtum, *der;* **b)** *(unsoundness, delusiveness)* Irrigkeit, *die;* **c)** *(Logic)* Trugschluß, *der*

'**fall-back** *adj.* ~ **pay** Überbrückungsgeld, *das;* ~ **job** *(for seasonal worker)* Nebenerwerb, *der (zur Überbrückung außerhalb der Saison)*

fallen *see* **fall 2**

'**fall guy** *n. (sl.)* **a)** *(victim)* Lackierte, *der/die (salopp);* **b)** *(scapegoat)* Prügelknabe, *der (ugs.);* **be the** ~ **for sb.** den Prügelknaben für jmdn. abgeben

fallibility [fælɪˈbɪlɪtɪ] *n., no pl.* Fehlbarkeit, *die*

fallible [ˈfælɪbl] *adj.* **a)** *(liable to err)* fehlbar ⟨*Person*⟩; ~ **human nature** die Fehlbarkeit des Menschen; **b)** *(liable to be erroneous)* nicht unfehlbar

'**fall-off** *n. (in quality)* [Ver]minderung, *die* **(in** *Gen.*); *(in quantity)* Rückgang, *der* **(in** *Gen.*); ~ **in quality/exports** Qualitäts[ver]minderung, *die*/Exportrückgang, *der*

Fallopian tube [fəˈləʊpɪən tjuːb] *n. (Anat.)* Eileiter, *der*

'**fall-out** *n.* radioaktiver Niederschlag; *(fig.: side-effects)* Abfallprodukte, *die;* ~ **shelter** Atombunker, *der*

¹**fallow** [ˈfæləʊ] 1. *n. (Agric.)* Brache, *die.* 2. *adj. (lit. or fig.)* brachliegend; ~ **ground** *or* **field/land** Brache, *die*/Brachland, *das;* **lie** ~ *(lit. or fig.)* brachliegen

²**fallow** *adj. (in colour)* rotbraun

'**fallow deer** *n.* Damhirsch, *der*

false [fɔːls, fɒls] 1. *adj.* **a)** falsch, Fehl⟨*deutung, -urteil*⟩; Falsch⟨*meldung, -eid, -aussage, -geld*⟩; treulos ⟨*Geliebte[r]*⟩; ~ **gefälscht** ⟨*Urkunde, Dokument*⟩; ~ **doctrine** Irrlehre, *die;* **be** ~ **to one's wife** seine Frau betrügen; **to one's wife** *(Dat.)* untreu sein; **b)** *(sham)* falsch ⟨*Scham, Bescheidenheit, Stolz*⟩; künstlich ⟨*Wimpern, Auge*⟩; *(deliberate)* geheuchelt ⟨*Bescheidenheit*⟩; gekünstelt ⟨*Tränen, Lächeln*⟩; **distinguish the real from the** ~ zwischen Echtem und Falschem *od.* Echtem und Unechtem unterscheiden; **under a** ~ **name** unter falschem Namen; **c)** *(deceptive)* falsch ⟨*Hoffnung, Sparsamkeit*⟩; unberechtigt ⟨*Furcht*⟩; trügerisch ⟨*Wärme, Licht*⟩. 2. *adv.* unehrlich; **play sb.** ~: mit jmdm. ein falsches Spiel treiben

false: ~ **a'larm** *n.* Fistelstimme, *die*; ~ **'bot-tom** *n.* doppelter Boden; ~ **'card** *n.* zwecks Irreführung des Gegners gespielte Karte; ~ **'colours** *n. pl.* **sail under** ~ **colours** *(fig.)* unter falscher Flagge segeln; ~ **'dawn** *n. (Astron.)* ≈ Zodiakallicht, *das; (fig.)* Täuschung, *die;* ~ **'hair** *n.* falsches Haar

falsehood [ˈfɔːlshʊd, ˈfɒlshʊd] *n.* **a)** *no pl. (falseness)* Unrichtigkeit, *die;* **b)** *(untrue thing)* Unwahrheit, *die;* **tell a** ~: die Unwahrheit sagen

false keel *n. (Naut.)* Schutzkiel, *der*

falsely [ˈfɔːlslɪ, ˈfɒlslɪ] *adv.* **a)** *(dishonestly)* ⟨*sprechen*⟩; falsch ⟨*schwören*⟩; **b)** *(incorrectly, unjustly)* falsch ⟨*auslegen, verstehen*⟩; fälschlich[erweise] ⟨*annehmen, glauben, behaupten, anklagen, beschuldigen, verurteilen*⟩; **c)** *(insincerely)* gekünstelt ⟨*lächeln*⟩

false 'move *see* **false step**

falseness [ˈfɔːlsnɪs, ˈfɒlsnɪs] *n., no pl.* **a)** *(incorrectness)* Unrichtigkeit, *die,* Falschheit, *die;* **b)** *(faithlessness)* Treulosigkeit, *die* **(to** gegenüber); **c)** *(insincerity)* Unaufrichtigkeit, *die*

false: ~ **po'sition** *n.* Lage, in der man scheinbar entgegen seinen Prinzipien handeln muß; **he was put in a** ~ **position** er wurde in ein schiefes Licht gerückt; ~ **pre'tences** *n. pl.* Vorspiegelung falscher Tatsachen; ~ **'start** *n. (Sport; also fig.)* Fehlstart, *der;* ~ **'step** *n. (lit. or fig.)* falscher Schritt; **make a** ~ **step** einen falschen Schritt tun; ~ **'teeth** *n. pl.* [künstliches] Gebiß, *das,* Prothese, *die*

falsetto [fɔːlˈsetəʊ, fɒlˈsetəʊ] *n., pl.* ~**s** *(voice)* Kopfstimme, *die; (Mus.: of man)* Falsett, *das;* Fistelstimme, *die*

falsies [ˈfɔːlsɪz, ˈfɒlsɪz] *n. pl. (coll.)* Gummibusen, *der (salopp)*

falsification [fɔːlsɪfɪˈkeɪʃn, fɒlsɪfɪˈkeɪʃn] *n.* **a)** *(alteration)* Fälschung, *die; (of fact, event, truth, history)* Verfälschung, *die;* **lies and** ~**s** Lügen und Unwahrheiten; **b)** *(showing that sth. is false)* Widerlegung, *die*

falsify [ˈfɔːlsɪfaɪ, ˈfɒlsɪfaɪ] *v. t.* **a)** *(alter)* fälschen; *(misrepresent)* verfälschen ⟨*Tatsache, Geschichte, Ereignis, Wahrheit*⟩; **b)** *(show to be false)* widerlegen; falsifizieren *(geh.)*

falsity [ˈfɔːlsɪtɪ, ˈfɒlsɪtɪ] *n., no pl.* **a)** *(incorrectness)* Falschheit, *die;* **b)** *(falsehood)* Unwahrheit, *die;* **c)** *(error)* Unrichtigkeit, *die;* **d)** *(deceitfulness, unfaithfulness)* Treulosigkeit, *die;* **d)** *(artificiality)* Unnatürlichkeit, *die*

falter [ˈfɔːltə(r), ˈfɒltə(r)] *v. i.* **a)** *(waver)* stocken; ⟨*Mut, Hoffnung:*⟩ sinken; ~ **in one's resolve/wish/determination** in seinem Entschluß/Wunsch/seiner Entschlossenheit schwankend werden; **their courage/hopes did not** ~: sie verloren nicht den Mut/die Hoffnung; **b)** *(stumble, stagger)* wanken; **with** ~**ing steps** mit [sch]wankenden Schritten. 2. *v. t.* ~ **[out]** etw. stammeln

fame [feɪm] *n.* Ruhm, *der;* **rise to** ~: zu Ruhm kommen *od.* gelangen; **win** ~ **for oneself** Ruhm gewinnen; **a man of [great] literary/political** ~: ein [sehr] berühmter Literat/Politiker; **is that Erich Segal of 'Love Story'** ~? ist das der Erich Segal, der mit „Love Story" berühmt geworden ist?; **ill** ~: schlechter Ruf; *see also* **house 1 e**

famed [feɪmd] *adj.* berühmt **(for** für, **wegen**); *see also* **far-famed**

familiar [fəˈmɪljə(r)] 1. *adj.* **a)** *(well acquainted)* bekannt; **be** ~ **with sb.** jmdn. näher kennen; **we never really got** ~: wir lernten uns *(Akk.)* nie richtig kennen *od. (ugs.)* wurden nie so richtig warm miteinander; **b)** *(having knowledge)* vertraut; **are you** ~ **with Ancient Greek?** können Sie Altgriechisch?; **c)** *(well known)* vertraut ⟨*Gesicht, Name, Lied*⟩; gewohnt ⟨*Geruch*⟩; *(common, usual)* geläufig ⟨*Ausdruck*⟩; gängig ⟨*Vorstellung*⟩; **be on** ~ **ground** *(fig.)* Bescheid wissen; **he looks** ~: er kommt mir bekannt vor;

familiarity

his name seems ~ [to me] sein Name kommt mir bekannt vor; **the word is ~ to me** das Wort ist mir geläufig; **d)** *(informal)* familiär, freundschaftlich ⟨*Ton, Begrüßung*⟩; ungezwungen ⟨*Sprache, Art, Stil*⟩; **are you on ~ terms with him?** kennt ihr euch gut?; **a ~ term of address** eine vertrauliche Anrede; **e)** *(presumptuous)* plump-vertraulich *(abwertend);* **f)** *(intimate)* intim; **make oneself** *or* **become** *or* **get too ~ with sb.** mit jmdm. zu vertraulich werden; **be on ~ terms with sb.** enge Beziehungen zu jmdm. unterhalten. **2.** *n. (literary: friend, associate)* Vertraute, *der/ die (geh.)*
familiarity [fəmɪlɪˈærɪtɪ] *n.* **a)** *no pl. (acquaintance)* Vertrautheit, *die;* **b)** *no pl. (relationship)* ungezwungenes Verhältnis; familiäres Verhältnis; **c)** *(of action, behaviour)* Vertraulichkeit, *die;* **the ~ of their greeting** ihre freundschaftliche Begrüßung; **~ breeds contempt** *(prov.)* zu große Vertraulichkeit erzeugt Verachtung; **d)** *no pl. (sexual intimacy)* Intimität, *die;* Vertraulichkeiten *Pl.;* **attempts at ~:** plumpe Annäherungsversuche; **e)** *in pl. (caresses)* Intimitäten *Pl.;* Vertraulichkeiten *Pl.*
familiarize (familiarise) [fəˈmɪljəraɪz] *v. t.* vertraut machen; einweisen ⟨*neuen Mitarbeiter*⟩; **~ oneself with a/one's new job** sich einarbeiten
familiarly [fəˈmɪljəlɪ] *adv.* **a)** *(informally)* ungezwungen; **b)** *(intimately)* näher ⟨*kennen*⟩; **c)** *(presumptuously)* plump-vertraulich *(abwertend);* **d)** *(commonly)* **~ known as …:** allgemein … genannt; **more ~ known as** besser bekannt als
family [ˈfæmɪlɪ] *n.* **a)** Familie, *die;* **be one of the ~:** zur Familie gehören; **give my regards to Mr and Mrs Brown and ~:** grüßen Sie Familie Brown von mir; **run in the ~:** in der Familie liegen; **be in the** *or* **a ~ way** *(coll.)* in anderen Umständen sein *(verhüll.);* **b)** *(ancestry)* **of [good] ~:** aus guter Familie; **c)** *(group, race)* Geschlecht, *das;* **the ~ of human beings** das Menschengeschlecht; **d)** *(brotherhood)* [große] Familie; **the ~ of Christians/of man** die Christenheit/die Menschheit; **the ~ of nations** die Völkerfamilie *(geh.);* **e)** *(group of things; also Biol.)* Familie, *die; (Ling.)* [Sprach]familie, *die;* **f)** *attrib.* Familien-; familiär ⟨*Hintergrund*⟩; **in the ~ circle** im Kreis der Familie; *see also* **council a**
family: ~ al'lowance *n.* Kindergeld, *das;* **~ 'Bible** *n.* Familienbibel, *die;* **F~ Division** *n. (Brit. Law)* Abteilung für Familienrecht im obersten Gericht; **~ 'doctor** *n.* Hausarzt, *der;* **~ 'income supplement** *n. (Brit.)* ≈ Familienzulage, *die;* **~ man** *n.* **a)** *(home-loving man)* häuslich veranlagter Mann; **~ 'name** *n.* Familienname, *der;* Nachname, *der;* **~ 'planning** *n.* Familienplanung, *die;* **~ 'planning clinic** *n.* ≈ Familienberatung[sstelle], *die;* **~ 'tree** *n.* Stammbaum, *der*
famine [ˈfæmɪn] *n.* **a)** Hungersnot, *die;* **b)** *(shortage)* Knappheit, *die;* **~-stricken** von Hunger betroffen
famish [ˈfæmɪʃ] *v. i.* hungern; **I'm ~ing!** *(coll.)* ich sterbe vor Hunger *(ugs.)*
famished [ˈfæmɪʃt] *adj.* ausgehungert; halb verhungert; **I'm absolutely ~** *(coll.)* ich sterbe vor Hunger *(ugs.)*
famous [ˈfeɪməs] *adj.* **a)** *(well-known)* berühmt; **a ~ victory** ein rühmlicher Sieg; **b)** *(coll.: excellent)* prima *(ugs.);* famos *(ugs. veralt.)*
famously [ˈfeɪməslɪ] *adv. (coll.)* prima *(ugs.);* famos *(ugs. veralt.)*
¹fan [fæn] **1.** *n.* **a)** Fächer, *der;* **b)** *(sth. spread out)* Fächer, *der; (of peacock)* Rad, *das;* **c)** *(apparatus)* Ventilator, *der.* **2.** *v. t.* **-nn-:** fä-

cheln ⟨*Gesicht*⟩; anfachen ⟨*Feuer*⟩; **~ oneself/sb.** sich/jmdm. Luft zufächeln; **~ one's face** *(Dat.)* das Gesicht fächeln; **~ the fire into a brisk blaze** das Feuer anfachen, bis es hell lodert; **~ the flame[s]** *or* **embers** *(fig.)* das Feuer schüren; Öl ins Feuer gießen; **~ dissatisfaction/hate** Unzufriedenheit/Haß schüren
~ 'out 1. *v. t.* fächern; auffächern ⟨*Spielkarten*⟩. **2.** *v. i.* fächern; ⟨*Soldaten:*⟩ ausfächern
²fan *n. (devotee)* Fan, *der;* **she is a Garbo ~:** sie ist ein Garbo-Fan; **I'm quite a ~ of yours!** ich bewundere Sie!
fanatic [fəˈnætɪk] **1.** *adj.* fanatisch. **2.** *n.* Fanatiker, *der*/Fanatikerin, *die*
fanatical [fəˈnætɪkl] *see* **fanatic 1**
fanatically [fəˈnætɪklɪ] *adv.* fanatisch
fanaticism [fəˈnætɪsɪzm] *n.* Fanatismus, *der*
'fan belt *n. (Motor Veh.)* Keilriemen, *der*
fancier [ˈfænsɪə(r)] *n.* Liebhaber, *der*/Liebhaberin, *die;* **be a rose-/pigeon-~:** Rosen/Tauben züchten
fanciful [ˈfænsɪfl] *adj.* **a)** *(whimsical)* versponnen ⟨*Person*⟩; abstrus, übersponnt ⟨*Vorstellung, Gedanke*⟩; **b)** *(fantastically designed)* phantastisch ⟨*Gemälde, Design*⟩; ausgefallen ⟨*Kleid, Kostüm*⟩
fancifully [ˈfænsɪflɪ] *adv.* phantasievoll ⟨*erzählen*⟩; phantastisch ⟨*[aus]geschmückt*⟩
fan: ~ club *n.* Fanklub, *der;* **~-cooled** *adj.* gebläsegekühlt
fancy [ˈfænsɪ] **1.** *n.* **a)** *(taste, inclination)* **have a ~ for sth.** eine augenblickliche Schwäche für etw. haben; **have a ~ for a drink/some ice cream** Lust auf einen Drink/ ein Eis haben; **he has taken a ~ to our plan/a new car/her** unser Plan/ein neues Auto/sie hat es ihm angetan; **take** *or* **catch sb.'s ~:** jmdm. gefallen; jmdn. ansprechen; **b)** *(whim)* Laune, *die;* **I just go where the ~ takes me** ich fahre einfach drauf los *od.* ins Blaue; **just as the ~ takes me** ganz nach Lust und Laune; **he only paints when the ~ takes him** er malt nur, wenn ihm [gerade] danach ist; **a passing ~:** eine [vorübergehende] Laune; nur so eine Laune; **tickle sb.'s ~:** jmdn. reizen; **c)** *(notion)* merkwürdiges Gefühl; *(delusion, belief)* Vorstellung, *die;* **a mere ~:** bloße Einbildung; **have a ~ that something is wrong** so ein Gefühl haben, daß etwas nicht stimmt; **d)** *(faculty of imagining)* Phantasie, *die;* **let one's ~ roam** seine Phantasie schweifen lassen *(geh.);* seiner Phantasie *(Dat.)* freien Lauf lassen; **in ~ he saw himself as …:** in Gedanken sah er sich als …; **e)** *(mental image)* Phantasievorstellung, *die;* **just a ~:** nur Einbildung; **f)** *(cake)* fein[st]es Gebäck; **g)** *constr. as pl. (fanciers)* Liebhaber *Pl.;* Kreis der Kenner. **2.** *attrib. adj.* **a)** *(ornamental)* kunstvoll ⟨*Arbeit, Muster, Dribbling*⟩; ausgefallen ⟨*Artikel, Design*⟩; schick ⟨*Auto, Laden*⟩; raffiniert ⟨*Gerät*⟩; fein[st] ⟨*Kuchen, Spitzen*⟩; **jewellery** Modeschmuck, *der;* **nothing ~:** etwas ganz Schlichtes; **the meal will be nothing ~:** es gibt nichts Besonderes *od.* nur etwas ganz Einfaches zu essen; **b)** *(whimsical)* überspannt; **c)** *(extravagant)* stolz *(ugs.);* **~ prices** Phantasiepreise *(ugs.);* gepfefferte Preise *(ugs.);* **d)** *(based on imagination)* phantasievoll; **e)** *(specially bred)* speziell gezüchtet ⟨*Tier*⟩; **f)** *(Amer.: high-quality)* feinst... ⟨*Lebensmittel*⟩; Delikateß⟨*gurke, -senf*⟩. **3.** *v. t. (imagine)* sich *(Dat.)* einbilden; **~ oneself [to be] clever** sich klug zu sein klug dünken; **a fancied resemblance** eine eingebildete Ähnlichkeit; **b)** *(coll. in imper. as excl. of surprise* **~ meeting you here!** so etwas, Sie hier zu treffen!; **~ his still being so naïve** nicht zu fassen, daß er noch so naiv ist; **~ that!** sieh mal einer an!; also so etwas!; **just ~, she's run off with …:** stell dir

far

vor, sie ist mit … durchgebrannt!; **c)** *(suppose)* glauben; denken; **…, I ~:** …, möchte ich meinen; **d)** *(wish to have)* mögen; **what do you ~ for dinner?** was hättest du gern zum Abendessen?; **I don't ~ this house at all** mir gefällt dieses Haus überhaupt nicht; **he fancies [the idea of] doing sth.** er würde gern etw. tun; er hätte Lust, etw. zu tun; **I don't ~ a secretarial job** eine Sekretärinnenstelle reizt mich überhaupt nicht; **~ a walk?** hast du Lust zu einem Spaziergang?; **do you think she fancies him?** glaubst du, sie mag ihn?; **e)** *(coll.: have high opinion of)* **~ oneself** von sich eingenommen sein; **~ oneself as a singer** sich für einen [großen] Sänger halten; **~ one's/sb.'s chances** seine/jmds. Chancen hoch einschätzen; **he fancies his chances with her** er glaubt, bei ihr landen zu können *(ugs.)*
fancy: ~ 'dress *n.* [Masken]kostüm, *das;* **in ~ dress** kostümiert; **~-dress party** Kostümfest, *das;* **~-dress ball** *or* **dance** Maskenball, *der;* *see also* **footloose; ~ 'free** *adj.* frei und ungebunden; **~ 'goods** *n. pl.* Geschenkartikel; **~ man** *n. (sl. derog.)* **a)** *(woman's lover)* Liebhaber, *der;* **b)** *(pimp)* Zuhälter, *der;* **~ 'woman** *n. (sl. derog.)* Geliebte, *die;* **~-work** *n.* feine Handarbeit
fanfare [ˈfænfeə(r)] *n.* Fanfare, *die;* **a ~ of trumpets** Trompetenstöße *Pl.*
fang [fæŋ] *n.* **a)** *(canine tooth)* Reißzahn, *der;* Fang[zahn], *der; (of boar; joc.: of person)* Hauer, *der; (of vampire)* Vampirzahn, *der;* **draw sb.'s/sth.'s ~s** *(fig.)* jmdn./etw. unschädlich machen; **b)** *(of snake)* Giftzahn, *der;* **c)** *(root of tooth)* Zahnwurzel, *die*
fan: ~ heater *n.* Heizlüfter, *der;* **~ light** *n.* Oberlicht, *das; (fan-shaped)* Fächerfenster, *das (Archit.);* **~ mail** *n.* Fanpost, *die;* Verehrerpost, *die*
fanny [ˈfænɪ] *n.* **a)** *(Amer. sl.: buttocks)* Po, *der (fam.);* **b)** *(Brit. coarse: vulva)* Möse, *die (vulg.)*
fan: ~ palm *n.* Fächerpalme, *die;* **~-shaped** *adj.* fächerförmig; **~tail** *n.* Fächerschwanz, *der; (pigeon)* Pfautaube, *die*
fantasia [fænˈteɪzɪə, fæntəˈziːə] *n. (Mus.)* Fantasia, *die (fachspr.);* Fantasie, *die*
fantastic [fænˈtæstɪk] *adj.* **a)** *(grotesque, quaint)* bizarr; skurril; *(fanciful)* phantastisch; *(eccentric)* absurd ⟨*Gerücht, Plan, Geschichte*⟩; **b)** *(coll.: magnificent, excellent, extraordinary)* phantastisch *(ugs.)*
fantastically [fænˈtæstɪklɪ] *adv.* **a)** phantastisch; **b)** *(coll.: excellently, extraordinarily)* phantastisch *(ugs.)*
fantasy [ˈfæntəzɪ] *n.* **a)** Phantasie, *die; (mental image, day-dream)* Phantasiegebilde, *das;* **b)** *(Lit.)* Fantasie, *die; (Mus.) see* **fantasia**
fan: ~ 'tracery *n. (Archit.)* fächerförmiges Maßwerk, *das;* **~ 'vaulting** *n. (Archit.)* Fächergewölbe, *das*
far [fɑː(r)] **1.** *adv.,* **farther, further; farthest, furthest a)** *(in space)* weit; **~ away** weit entfernt *(see also* **d)**; **~ [away] from** weit entfernt von; **see sth. from ~ away** etw. aus der Ferne sehen; **have you come [from] ~** *or* **from ~ off** *or* **away?** hatten Sie einen weiten Weg?; kommen Sie von weiter her?; **how ~ have you come?** wieviel Kilometer mußten Sie zurücklegen?; **he travelled ~ into Russia/the desert/the jungle** er reiste bis tief ins Innere Rußlands/in die Wüste/in den Dschungel; **I won't be ~ off** *or* **away** ich werde ganz in der Nähe sein; **~ above/below** hoch über/tief unter *(+ Dat.) adv. (see also* **d)**; **fly as ~ as Munich** bis [nach] München fliegen; **~ and near** fern und nah; **~ and wide** weit und breit; **from ~ and near** *or* **wide** von fern und nah; **b)** *(in time)* weit; **~ into the night** bis spät *od.* tief in die Nacht; **the day** *or* **time is not ~ off** *or* **distant when …:** es dauert nicht mehr lange, bis …;

as ~ back as I can remember soweit ich zurückdenken kann; c) *(by much)* weit; ~ too viel zu; ~ different from ganz od. völlig anders als; ~ longer/better weit[aus] länger/besser; the rent is ~ beyond what I can afford to pay die Miete übersteigt bei weitem meine Mittel; they were not ~ wrong sie hatten gar nicht so unrecht; you were/I was not ~ out du lagst/ich lag gar nicht so falsch *(ugs.)*; your guess wasn't ~ out deine Vermutung war gar nicht so abwegig; your shot/guess wasn't ~ off du hast fast getroffen/richtig vermutet; d) *(fig.)* as ~ as *(to whatever extent, to the extent of)* so weit [wie]; I haven't got as ~ as phoning her ich bin noch nicht dazu gekommen, sie anzurufen; not as ~ as I know nicht, daß ich wüßte; your plans are all right as ~ as they go Ihre Pläne sind soweit gut; as ~ as I remember/know soweit ich mich erinnere/weiß; go so ~ as to do sth. so weit gehen und etw. tun; he's gone so ~ as to collect the material er sammelt immerhin schon Material; in so ~ as insofern als; so ~ *(until now)* bisher; bis jetzt; so ~ so good so weit, so gut; ~ away *(in thought)* weit weg; ~ and away bei weitem; weitaus; by ~: bei weitem; better by ~: weitaus besser; by ~ the best der/die/das weitaus beste/*(in rank)* Beste; ~ from easy/good alles andere als leicht/gut; ~ from admiring his paintings, I dislike them intensely nicht nur, daß ich seine Gemälde nicht bewundere, sie gefallen mir ganz und gar nicht; ~ from it! ganz im Gegenteil!; ~ be it from me/us *etc.* to do that es liegt mir/uns *usw.* fern, das zu tun; go ~: weit kommen; I am ~ from doing sth. ich bin weit davon entfernt, etw. zu tun; he will go ~ in life er wird es im Leben weit bringen; go ~ to *or* towards sth./doing sth. viel zu etw. beitragen/dazu beitragen, etw. zu tun; not go ~: nicht weit *od.* lange reichen; one pound won't go ~: ein Pfund ist schnell alle *(ugs.)* weg; go too ~: zu weit gehen; this has gone ~ enough damit ist jetzt Schluß; carry *or* take sth. too ~: etw. zu weit treiben; that's carrying the joke too ~: da hört der Spaß auf; you are carrying things too ~ by saying that ...: du übertreibst, wenn du sagst, daß ...; how ~ [can she be trusted]? inwieweit [kann man ihr trauen]?; he's too ~ gone er ist noch nicht in der Lage, etw. zu tun; *(drunk)* er hat zuviel intus *(ugs.)*; *(delirious)* er ist nicht mehr ganz bei Sinnen *od.* klar im Kopf. *See also* few 1 a; further 2; furthest 2. 2. *adj.* farther, further; farthest, furthest a) *(remote)* weit entfernt; *(remote in time)* fern; in the ~ distance in weiter Ferne; b) *(more remote)* weiter entfernt; the ~ bank of the river/side of the road das andere Flußufer/die andere Straßenseite; the ~ door/wall *etc.* die hintere Tür/Wand *usw. See also* cry 1 a; further 1; furthest 1

'far-away *attrib. adj.* a) *(remote in space)* entlegen; abgelegen; *(remote in time)* fern; b) *(dreamy)* verträumt 〈Stimme, Blick, Augen〉

farce [fɑ:s] *n.* a) Farce, *die;* become nothing but a ~: zur reinen Farce werden; b) *(Theatre)* Posse, *die;* Farce, *die*

farcical ['fɑ:sɪkl] *adj.* a) *(absurd)* farcenhaft; absurd; b) *(Theatre)* possenhaft 〈Stück, Element〉

farcically ['fɑ:sɪkəlɪ] *adv. (absurdly)* absurd

fare [feə(r)] 1. *n.* a) *(price)* Fahrpreis, *der;* *(money)* Fahrgeld, *das;* train/boat ~: Bahnpreis/Preis für die Überfahrt; how much is the ~? was kostet die Fahrt/*(by air)* der Flug/*(by boat)* die Überfahrt?; have the exact ~: den Fahrpreis passend haben; have one's ~ ready das Fahrgeld bereithalten; [all] ~s, please, any more ~s? noch jemand zugestiegen? noch jemand ohne [Fahrschein]?; b) *(passenger)* Fahrgast, *der;* c) *(food)* Kost, *die; see also* ³bill 1 d. 2. *v. i. (get on)* I don't know how he is faring/how he ~d on his travels ich weiß nicht, wie es ihm geht/wie es ihm auf seinen Reisen ergangen ist; ~ thee well *(arch.)* leb[e] wohl *(veralt.)*

Far: ~ 'East *n.* the ~ East der Ferne Osten; Fernost *o. Art.*; ~ 'Eastern *adj.* fernöstlich; des Fernen Ostens *nachgestellt*; 〈Person〉 aus dem Fernen Osten

'fare-stage *n.* Teilstrecke, *die; (end of section)* Zahlgrenze, *die* (Verkehrsw.)

farewell [feə'wel] 1. *int.* leb[e] wohl *(veralt.);* say ~ to sth. von etw. Abschied nehmen. 2. *n.* a) a few words of ~: ein paar Worte des Abschieds *od. (veralt.)* Lebewohls; make one's ~s sich verabschieden; *(by visiting)* Abschiedsbesuche machen; *see also* bid 1 e; b) *attrib.* ~ speech/gift *etc.* Abschiedsrede, die/-geschenk, *das usw.*

far: ~-famed *adj.* weithin berühmt; ~-fetched *adj.* weit hergeholt; an *od.* bei den Haaren herbeigezogen *(ugs.)*; ~-flung *adj. (widely spread)* weit ausgedehnt; *(distant)* weit entfernt; abgelegen

farm [fɑ:m] 1. *n.* a) *(buildings)* [Bauern]hof, *der;* [Land]wirtschaft, *die;* *(larger)* Gut, *das;* Gutshof, *der;* *(in English-speaking countries outside Europe)* Farm, *die;* poultry/chicken ~: Geflügel-/Hühnerfarm, *die;* ~ bread/eggs Landbrot, *das*/Landeier *Pl.*; ~ animals Nutzvieh, *das; see also* dairy farm; b) *(for breeding animals)* Zucht, *die;* trout ~: Forellenzucht, *die.* 2. *v. t.* a) bebauen, bewirtschaften 〈Land〉; züchten 〈Lachs, Forellen〉; be engaged in sheep-~ing Schafzucht betreiben; *(take proceeds of)* pachten; c) *see* ~ out. 3. *v. i.* Landwirtschaft betreiben; he ~s in Africa er ist Landwirt in Afrika; er hat eine Farm in Afrika

~ 'out *v. t.* a) verpachten 〈Land〉; b) vergeben 〈Arbeit〉 (to an + Akk.); c) *(hire out)* verdingen *(veralt.)* 〈Arbeitskräfte〉; in Lohnarbeit geben 〈Arbeitskräfte〉; d) in Pflege geben 〈Kinder〉 (to Dat., bei)

farmer ['fɑ:mə(r)] *n.* Landwirt, *der*/-wirtin, *die;* Bauer, *der*/Bäuerin, *die;* poultry ~: Geflügelzüchter, *der*/-züchterin, *die*

farm: ~-hand *n.* Landarbeiter, *der*/-arbeiterin, *die; (on a small farm)* Knecht, *der*/Magd, *der; (larger)* Gutshaus, *das*

farming ['fɑ:mɪŋ] *n, no pl., no indef. art.* Landwirtschaft, *die;* ~ of crops Ackerbau, *der;* ~ of animals Viehzucht, *die;* ~ community Landwirtschaft betreibende Gemeinde; ~ implement Ackergerät, *das;* ~ landwirtschaftliches Gerät; go into ~: Landwirt *od.* Bauer werden

farm: ~-stead *n.* Bauernhof, *der;* Gehöft, *das;* ~-worker *n.* Landarbeiter, *der*/-arbeiterin, *die;* ~-yard *n.* Hof, *der*

Faroes ['feərəʊz] *pr. n. pl.* Färöer *Pl.*

'far-off *adj. (in space)* [weit] entfernt; *(in time)* fern

'far-out *adj.* a) *(distant)* [weit] entfernt; b) *(fig. coll.: excellent)* toll *(ugs.)*; super *(ugs.)*

farrago [fə'rɑ:gəʊ] *n., pl.* ~s *(Amer.:* ~es) *(mixture)* Gemisch, *das; (disordered assemblage)* Allerlei, *das*

'far-reaching *adj.* ausgedehnt 〈Wälder, Felder〉; weitreichend 〈Konsequenzen, Bedeutung, Wirkung〉

farrier ['færɪə(r)] *n. (Brit.: smith)* Hufschmied, *der*

farrow ['færəʊ] 1. *n.* Wurf, *der (von Ferkeln, Frischlingen).* 2. *v. t.* werfen 〈Ferkel, Frischling〉. 3. *v. i.* 〈Sau〉 ferkeln; 〈Bache〉 frischen

far: ~-seeing *adj.* weitblickend; ~sighted *adj.* a) *(able to see a great distance)* scharfsichtig; b) *(having foresight)* weitblickend

fart [fɑ:t] *(coarse)* 1. *v. i.* a) furzen *(derb);* b) *(fool)* ~ about *or* around sich mit Scheißdreck aufhalten *(derb).* 2. *n.* a) Furz, *der (derb);* b) *(person)* Scheißer, *der (derb)*

farther ['fɑ:ðə(r)] *see* further 1 a, 2 a

farthermost ['fɑ:ðəməʊst] *see* furthermost

farthest ['fɑ:ðɪst] *see* furthest

farthing ['fɑ:ðɪŋ] *n.* a) *(Brit. Hist.)* Farthing, *der;* that old bike isn't worth a ~: das alte Fahrrad ist keinen [roten] Heller wert; to the last ~: auf Heller und Pfennig; b) *(fig.)* it doesn't matter a ~: es macht nicht das geringste *od. (ugs.)* nicht die Bohne aus; he doesn't care a ~ for her er kümmert sich keinen Deut um sie; sie ist ihm völlig schnuppe *(ugs. abwertend); see also* brass farthing

Far 'West *n. (Amer.)* the ~: der Westen der USA

fascia ['feɪʃɪə, 'feɪʃə] *n.* a) *(Archit.)* Faszie, *die;* b) *see* facia

fascicle ['fæsɪkl] *n.* Lieferung, *die;* Faszikel, *der* (Buchw.)

fascinate ['fæsɪneɪt] *v. t.* a) fesseln; bezaubern; faszinieren *(geh.);* it ~s me how ...: ich finde es erstaunlich *od.* faszinierend, wie ...; b) *(deprive of power)* hypnotisieren 〈Beute〉

fascinated ['fæsɪneɪtɪd] *adj. (enchanted)* fasziniert; the audience watched ~: das Publikum sah gebannt zu

fascinating ['fæsɪneɪtɪŋ] *adj.* faszinierend *(geh.);* bezaubernd; hochinteressant 〈Thema, Faktum, Meinung〉; spannend, fesselnd 〈Buch〉; there is something ~ about her sie hat etwas Faszinierendes [an sich *(Dat.)*]

fascinatingly ['fæsɪneɪtɪŋlɪ] *adv.* faszinierend *(geh.);* hochinteressant, fesselnd 〈erzählen, beschreiben〉; berauschend, hinreißend 〈schön〉

fascination [fæsɪ'neɪʃn] *n., no pl.* Faszination, *die (geh.); (quality of fascinating)* Zauber, *der;* Reiz, *der;* find a certain ~ in: einen gewissen Reiz an einer Sache verspüren; have a ~ for sb. einen besonderen Reiz auf jmdn. ausüben

Fascism ['fæʃɪzm] *n.* Faschismus, *der;* Italian ~: der italienische Faschismus

Fascist ['fæʃɪst] 1. *n.* Faschist, *der*/Faschistin, *die.* 2. *adj.* faschistisch

fashion ['fæʃn] 1. *n.* a) Art [und Weise]; talk/behave in a peculiar ~: merkwürdig sprechen/sich merkwürdig verhalten; dress in a similar ~: sich ähnlich kleiden; she will do it in her own ~: sie wird es auf ihre [eigene] Art [und Weise] tun; in the Japanese ~: im japanischen Stil; in the usual ~: in der üblichen Art; *as sentence-modifier* so; lich; in this ~: auf diese Weise; so; he expresses himself in a striking ~: er hat eine bemerkenswerte Ausdrucksweise *od.* einen bemerkenswerten Ausdruck; walk crab-/in a zigzag ~: im Krebsgang/Zickzack gehen; German-~: nach deutscher Sitte; nach Art der Deutschen; after *or* in the ~ of im Stil *od.* nach Art von; in the best British ~: nach guter, alter britischer Art; after *or* in a ~: schlecht und recht; einigermaßen; after *or* in one's/its ~: auf seine/ihre Art; Were you successful? – Well yes, after *or* in a ~: Hast du Erfolg gehabt? – Na ja, so einigermaßen *od.* es geht *(ugs.);* b) *(custom, esp. in dress)* Mode, *die;* be dressed in the height of *or* the latest ~: hochmodern *od.* nach der neuesten Mode gekleidet sein; the latest summer/autumn ~s die neusten Sommer-/Wintermodelle; ~s for men's clothes/women's clothes die Herrenmode/Damenmode; the Paris ~s die Pariser Mode; it is the ~: es ist Mode *od.* modern; hats are the ~ this summer in diesem Sommer sind Hüte in Mode; be all the ~: große Mode sein; in Mode sein; in ~: in Mode; modern; she always follows the/every ~: sie geht immer nach *od.* mit der Mode/sie macht immer je-

de Mode mit; **be out of** ~: nicht mehr modern *od.* in Mode sein; **come into/go out of** ~: in Mode/aus der Mode kommen; **bring sth. into** ~: etw. in Mode bringen; **lead** *or* **set the** ~: die Mode vorschreiben; **the** ~**s in literature/music/art** die Richtungen in der Literatur/Musik-/Kunstrichtungen; **c)** *(usages of society)* Sitte, *die;* Brauch, *der;* **it was the** ~ das war damals Sitte *od.* Brauch; **men/women of** ~: Herren/Damen der Gesellschaft. *See also* **old-fashioned. 2.** *v. t.* **a)** formen, gestalten **(after, according to** nach; **out of, from** aus; [in|to zu); ~ **sth. after sth.** etw. einer Sache *(Dat.)* nachbilden; **b)** *(shape to leg)* in Paßform bringen ⟨Strümpfe⟩
fashionable ['fæʃənəbl] *adj.* modisch ⟨*Kleider, Person, Design*⟩; modern ⟨*Sitte*⟩; vornehm ⟨*Gegend, Hotel, Restaurant*⟩; zur Zeit bevorzugt ⟨*Tätigkeit*⟩; Mode⟨*farbe, -krankheit, -wort, -autor*⟩; **it isn't** ~ **any more** es ist nicht mehr modern *od.* in Mode; **all the** ~ **people** die Schickeria
fashionably ['fæʃənəblɪ] *adv.* modisch ⟨*sich kleiden*⟩; modern ⟨*leben*⟩
fashion: ~-**conscious** *adj.* modebewußt; ~ **designer** *n.* Modeschöpfer, *der/*-schöpferin, *die;* ~ **magazine** *n.* Modezeitschrift, *die;* Modemagazin, *das;* ~ **parade** *n.* Mode[n]schau, *die;* ~-**plate** *n.* **a)** *(picture)* Modezeichnung, *die;* **b)** *(fig.: man/woman)* Modegeck, *der/*-puppe, *die (abwertend);* ~ **show** *n.* Mode[n]schau, *die*
¹**fast** [fɑːst] **1.** *v. i.* fasten; **a day of** ~**ing** ein Fast[en]tag, *der;* **a** ~ *(going without food)* Fasten, *das; (hunger-strike)* Hungerstreik, *der; (day)* Fast[en]tag, *der; (season)* Fastenzeit, *die;* **break one's** ~: das Fasten brechen; **a 40-day** ~: eine Fastenzeit von 40 Tagen
²**fast 1.** *adj.* **a)** *(fixed, attached)* fest; **the rope is** ~: das Tau ist fest[gemacht]; **make [the boat]** ~: das Boot festmachen *od.* vertäuen; **hard** *and* ~: klar ⟨*Entscheidung*⟩; verbindlich ⟨*Regeln*⟩; **b)** *(steady, close)* fest ⟨*Freundschaft*⟩; unzertrennlich, treu ⟨*Freunde*⟩; **c)** *(not fading)* farbecht ⟨*Stoff*⟩; echt, beständig ⟨*Farbe*⟩; *(against light)* lichtecht; *(against washing)* waschecht; **d)** *(rapid)* schnell; tempogeladen, aktionsreich ⟨*Krimi, Film*⟩; ~ **train** Schnellzug, *der;* D-Zug, *der;* ~ **speed** hohe Geschwindigkeit, *die;* **he is a** ~ **worker** *(in or fig.)* er arbeitet schnell; *(in amorous activities)* er geht mächtig ran *(ugs.);* **I say, that was** ~ **work** na, das ging ja sehr schnell; **pull a** ~ **one [on sb.]** *(sl.)* jmdm. übers Ohr hauen *od.* reinlegen *(ugs.);* **e) be** ~ **[by ten minutes], be [ten minutes]** ~ ⟨*Uhr:*⟩ [zehn Minuten] vorgehen; **f)** schnell ⟨*Tennisplatz, Billardtisch usw.*⟩; ~ **road** Straße, auf der man schnell vorankommt; ~ **line** *(Railw.)* Schnellverkehrsgleis, *das;* **g)** *(immoral)* flott ⟨*Person, Leben*⟩; locker ⟨*Lebenswandel*⟩; leichtlebig ⟨*Frau*⟩; **h)** *(Photog.)* hochempfindlich ⟨*Film*⟩; lichtstark ⟨*Objektiv*⟩. *See also* **furious. 2.** *adv.* **a)** *(lit. or fig.)* fest; **the wall stood** ~: die Mauer blieb stehen; **hold** ~ **to sth.** sich an etw. *(Dat.)* festhalten; *(fig.)* an etw. *(Dat.)* festhalten; **stand** ~ **in one's belief** an seiner Meinung festhalten; **stand** ~ **by sth./sb.** zu etw./jmdm. stehen; **b)** *(soundly)* **be** ~ **asleep** fest schlafen; *(when one should be awake)* fest eingeschlafen sein; **c)** *(quickly)* schnell; **not so** ~! nicht so hastig!; **d)** *(ahead)* **that clock is running** ~: diese Uhr geht vor; **play** ~ **and loose with sb.** mit jmdm. ein falsches *od.* doppeltes Spiel treiben
fast: ~**back** *n. (back of car)* Fließheck, *das;* Fastback, *das; (car)* Wagen mit Fließheck; **'baller** *n. (Cricket)* schneller Werfer; ~ **'breeder [reactor]** *n.* schneller Brüter; ~ **'buck** *see* ⁴**buck;** ~ **day** *n.* Fast[en]tag, *der*
fasten ['fɑːsn] **1.** *v. t.* **a)** festmachen, befestigen **(on, to** an + *Dat.);* festmachen, vertäuen **(to** an + *Dat.)*⟨*Boot*⟩; festziehen, anziehen ⟨*Kleid, Spange, Knöpfe, Jacke*⟩; [ab]schließen, [ver]schließen ⟨*Tür*⟩; schließen ⟨*Fenster*⟩; anstecken ⟨*Brosche*⟩ **(to** an + *Akk.);* ~ **sth. together with a clip** etw. zusammenheften; ~ **the rope to a post** das Tau an einem Pfosten anbinden *od.* festmachen; ~ **sth. up with string** etw. zu- *od.* verschnüren; ~ **one's safety-belt** sich anschnallen; seinen Sicherheitsgurt anlegen; ~ **up one's shoes** seine Schuhe binden *od.* schnüren; **she** ~**ed her hair back** sie band ihre Haare zurück; ~ **off a thread** einen Fadens vernähen; **b)** heften ⟨*Blick*⟩ (|up|on auf + *Akk.);* richten ⟨*Aufmerksamkeit, Gedanken*⟩ (|up|on auf + *Akk.);* setzen ⟨*Erwartungen, Hoffnungen*⟩ (|up|on auf + *Akk.);* ~ **one's attention/affections on sb.** jmdm. seine Aufmerksamkeit zuwenden/Zuneigung schenken; **c)** *(assign)* anhängen, beilegen ⟨*Spottnamen*⟩ (|up|on + *Dat.);* ~ **the blame/charge |up|on sb.** die Schuld auf jmdn. schieben; jmdm. die Schuld in die Schuhe schieben *(ugs.).* **2.** *v. i.* **a)** sich schließen lassen; **the skirt** ~**s at the back** der Rock wird hinten zugemacht; **the hook and the eye** ~ **together** der Haken und die Öse werden miteinander verbunden; **b)** ~ **|up|on sth.** *(lay hold of)* festhalten ⟨*Person*⟩; *(fig.) (single out)* etw. herausgreifen; *(seize upon)* etw. aufs Korn nehmen *(ugs.)*
fastener ['fɑːsnə(r)] *n.* Verschluß, *der*
fastening ['fɑːsnɪŋ] *n. (device)* Verschluß, *der*
'**fast food** *n.* im Schnellrestaurant angebotenes Essen; Fast food, *das;* ~ **restaurant** Schnellrestaurant, *das*
fastidious [fæ'stɪdɪəs] *adj. (hard to please)* heikel, *(ugs.)* pingelig **(about** in bezug auf + *Akk.);* *(carefully selective)* wählerisch **(about** in bezug auf + *Akk.)*
fastidiously [fæ'stɪdɪəslɪ] *adv.* **behave** ~: pingelig *(ugs.)/*wählerisch sein; **dress** ~: in seiner/ihrer Kleidung untadelig sein; ~ **clean** peinlich sauber
fast: ~ **lane** *n.* Überholspur, *die;* **life in the** ~ **lane** *(fig.)* schnelles, lockeres Leben; Leben auf vollen Touren *(ugs.);* ~-**moving** *adj.* schnell; spannend, tempogeladen ⟨*Film, Drama*⟩; **a** ~-**moving train** ein schnell fahrender Zug
fastness ['fɑːstnɪs] *n.* **a)** *no pl. (of colour, dye)* Farbechtheit, *die; (against light)* Lichtechtheit, *die; (against washing)* Waschechtheit, *die;* **b)** *no pl. (of vehicle, person, etc.)* Schnelligkeit, *die;* **c)** *(stronghold)* Feste, *die*
fat [fæt] **1.** *adj.* **a)** *(deadly)* dick; fett *(abwertend)* rund ⟨*Wangen, Gesicht*⟩; fett ⟨*Schwein*⟩; **grow** *or* **get** ~: dick werden; **grow** ~ *(fig.)* reich werden; **you won't get** ~ **on that** *(fig. coll.)* das wird dir nicht viel einbringen; **b)** ~ **cattle** Mast- *od.* Schlachtvieh, *das;* **c)** *(containing meat)* fett ⟨*Essen, Fleisch, Brühe*⟩; **d)** *(fig.)* dick ⟨*Bündel, Buch, Briefasche, Zigarre*⟩; umfangreich ⟨*Filmrolle, Band*⟩; üppig ⟨*Gewinn, Gehalt, Bankkonto, Scheck*⟩; **e)** *(sl. iron.)* ~ **lot of good 'you are** du bist mir 'ne schöne Hilfe *(iron.);* **a** ~ **lot [of good it would do me]** [das würde mir] herzlich wenig [helfen]; ~ **lot he knows** was der nicht alles weiß *(iron.);* **a** ~ **chance** herzlich wenig Aussicht *(iron.)* '**he's got a** ~ **chance** der hat er ja Mordschancen *(iron.).* **2.** *n.* Fett, *das;* **low in** ~: fettarm ⟨*Nahrungsmittel*⟩; **put on** ~: Fett ansetzen; **the** ~ **is in the fire** *(fig.)* der Teufel ist los *(ugs.);* **live off** *or* **on the** ~ **of the land** *(fig.)* wie die Made im Speck leben *(ugs.). See also* **chew 1. 3.** *v. t.* -**tt**- mästen, herausfüttern; ~**ted cattle** Schlacht- *od.* Mastvieh, *das;* **kill the** ~**ted calf [for sb.]** [jmdm.] ein Festessen zum Empfang geben

fatal ['feɪtl] *adj.* **a)** *(ruinous, disastrous)* verheerend **(to** für); fatal; schicksalsschwer ⟨*Tag, Moment*⟩; **it would be** ~: das wäre das Ende; **it is a** ~ **to assume that ...:** es ist ein verhängnisvoller Irrtum anzunehmen, daß ...; **b)** *(deadly)* tödlich ⟨*Unfall, Verletzung*⟩; **that sort of thing in her present state would be** ~: das würde in ihrem augenblicklichen Zustand den sicheren Tod für sie bedeuten; **deal sb. a** ~ **blow** jmdm. einen vernichtenden Schlag versetzen; **be** *or* **come as a** ~ **blow to sb.** *(fig.)* ein schwerer Schlag für jmdn. sein; **c)** *(inevitable)* unabwendbar; unvermeidlich ⟨*Tag*⟩; **d)** *(of destiny)* schicksalhaft; Schicksals-
fatalism ['feɪtlɪzm] *n., no pl.* Fatalismus, *der (geh.);* Schicksalsergebenheit, *die*
fatalist ['feɪtlɪst] *n.* Fatalist, *der/*Fatalistin, *die*
fatalistic [feɪtl'ɪstɪk] *adj.* fatalistisch; schicksalsergeben ⟨*Person*⟩
fatality [fə'tælɪtɪ] *n. (death)* Todesfall, *der; (in car crash, war, etc.)* [Todes]opfer, *das*
fatally ['feɪtlɪ] *adv.* tödlich ⟨*verwunden, enden*⟩; *(disastrously)* verhängnisvoll; auf verhängnisvolle Weise ⟨*Tag*⟩; *(attractive)* unwiderstehlich ⟨*attraktiv*⟩; **be** ~ **wrong** *or* **mistaken** einem verhängnisvollen Irrtum unterliegen; **be** ~ **ill** todkrank sein
'**fat cat** *n. (Amer. sl.)* Geldsack, *der (ugs.) (mit politischem Einfluß)*
fate [feɪt] *n.* **a)** Schicksal, *das;* **an accident** *or* **stroke of** ~: eine Fügung des Schicksals; ~ **decided otherwise** das Schicksal hat es anders bestimmt *od.* wollte es anders; **as sure as** ~: todsicher; **b)** *(Mythol.)* **the F**~**s** die Parzen. *See also* **death a**
fated ['feɪtɪd] *adj. (doomed)* zum Scheitern verurteilt ⟨*Plan, Projekt*⟩; **be** ~ **to fail** *or* **to be unsuccessful** zum Scheitern verurteilt sein; **it was** ~ **that we should never meet again** es war uns *(Dat.)* bestimmt, uns nie wiederzusehen; **be** ~: unter einem ungünstigen Stern stehen
fateful ['feɪtfl] *adj.* **a)** *(important, decisive)* schicksalsschwer ⟨*Tag, Stunde, Entscheidung*⟩; entscheidend ⟨*Worte*⟩; **b)** *(controlled by fate)* schicksalhaft ⟨*Begegnung, Treffen, Ereignis*⟩; **c)** *(prophetic)* schicksalskündend; *(of misfortune)* unheilverkündend; prophetisch ⟨*Worte, Äußerung*⟩
fat: ~-**head** *n.* Dummkopf, *der (ugs.);* Schafskopf, *der (ugs. abwertend);* ~-**headed** *adj.* dumm; blöd *(ugs.)*
father ['fɑːðə(r)] **1.** *n.* **a)** Vater, *der;* **become a** ~: Vater werden; **he is a** ~ **of six** er hat sechs Kinder; **be** ~ **to sb.** jmds. Vater sein; **be [like] a** ~ **to sb.** wie ein Vater zu jmdm. sein; **he is his** ~'s **son** er ist ganz der Vater; **like** ~ **like son** der Apfel fällt nicht weit vom Stamm *(ugs. scherzhaft, Spr.);* **the wish is** ~ **to the thought** der Wunsch ist der Vater des Gedankens; **the** ~ **and mother of a row/beating** *(coll.)* ein furchtbarer Krach/eine furchtbare Tracht Prügel *(ugs.); see also* **child; b)** *in pl. (forefathers)* Väter *Pl.;* **c)** *(originator)* Vater, *der;* Urheber, *der;* **F**~**s |of the Church|** Kirchenväter *Pl.;* **d)** *(revered person)* Vater, *der;* ~ **of his country** Landesvater, *der;* **e)** *(God)* **|our heavenly| F**~: [unser himmlischer] Vater; **God the F**~, **the Son, and the Holy Ghost** der Vater, der Sohn und der Heilige Geist; **the Our F**~: das Vaterunser; **f)** *(confessor)* Beichtvater, *der; (priest)* Pfarrer, *der; (monk)* Pater, *der;* **F**~ *(as title: priest)* Herr Pfarrer; *(as title: monk)* Pater; **the Holy F**~: der Heilige Vater; **Right/Most Reverend F**~ **|in God| F**~: Ehrwürdiger Vater; **F**~ **Superior** Prior, *der;* **g)** **F**~ *(venerable person, god)* Vater, *der;* **F**~ **Thames** die Themse; **[Old] F**~ **Time** der Chronos *(geh.);* **h)** *(oldest member)* [Dienst]älteste, *der;* **F**~ **of the House of Commons** *(Brit. Polit.)* der Alterspräsident des Unterhauses. *See also* **city fathers; Pil-**

Father Christmas — **fawning**

grim Fathers. 2. *v. t.* **a)** *(beget)* zeugen; **b)** *(originate)* ins Leben rufen
father: F~ 'Christmas *n.* der Weihnachtsmann; **~-figure** *n.* Vaterfigur, *die*
fatherhood ['fɑːðəhʊd] *n., no pl.* Vaterschaft, *die*
father: ~-in-law *n., pl.* **~s-in-law** Schwiegervater, *der;* **~land** *n.* Vaterland, *das*
fatherless ['fɑːðəlɪs] *adj.* vaterlos; **be ~:** keinen Vater haben
fatherly ['fɑːðəlɪ] **1.** *adj.* väterlich; **~ responsibilities** Vaterpflichten *Pl.;* **~ words of advice** väterliche Ratschläge. **2.** *adv.* wie ein Vater; väterlich ⟨*belehren*⟩
'Father's Day *n.* Vatertag, *der*
fathom ['fæðəm] **1.** *n.* *(Naut.)* Fathom, *das (geh.);* Faden, *der.* **2.** *v. t.* **a)** *(measure)* mit dem Lot messen; **b)** *(fig.: comprehend)* verstehen; **~ sb./sth. out** jmdn./etw. ergründen; **I just cannot ~ him out** er ist mir ein Rätsel
fathomless ['fæðəmlɪs] *adj. (immeasurable)* unermeßlich; grenzenlos, unendlich ⟨*Liebe Gottes*⟩; bodenlos ⟨*Abgrund*⟩
fatigue [fə'tiːg] **1.** *n.* **a)** Ermüdung, *die;* Erschöpfung, *die;* **fight against ~:** gegen die Müdigkeit ankämpfen; **extreme ~:** Übermüdung, *die;* **b)** *(of metal etc.)* Ermüdung, *die;* **c)** *(of muscle, organ, etc.)* Überanstrengung, *die;* **d)** *(task)* mühselige Arbeit; Mühsal, *die (geh.);* **e)** *(Mil.)* Arbeitsdienst, *der;* **be put on ~ duty** zum Arbeitsdienst eingeteilt werden; **~s** *see* **fatigue-dress. 2.** *v. t.* ermüden; **with a ~d look** mit müdem Blick; **feel ~d** sich müde *od.* abgespannt fühlen; **look ~d** erschöpft aussehen; **too ~d to do sth.** zu erschöpft, etw. zu tun
fatigue: ~-dress *n. (Mil.)* Arbeitsanzug, *der;* **~-party** *n. (Mil.)* Arbeitskommando, *das*
fatless ['fætlɪs] *adj.* ohne Fett *nachgestellt;* mager ⟨*Fleisch*⟩
fatness ['fætnɪs] *n., no pl. (corpulence)* Dicke, *die;* Beleibtheit, *die (verhüll.);* Fettheit, *die (abwertend)*
'fatstock *n., no pl.* Mastvieh, *das*
fatted ['fætɪd] *adj. see* fat 3
fatten ['fætn] **1.** *v. t.* herausfüttern ⟨*Person*⟩; mästen ⟨*Tier*⟩; **~ oneself on sth.** *(fig.)* sich an etw. *(Akk.)* bereichern. **2.** *v. i.* ⟨*Tier:*⟩ fett werden; ⟨*Person:*⟩ dick werden; fett werden *(abwertend);* **~ on sth.** sich mästen mit etw.; *(fig.)* profitieren von etw.; Nutzen ziehen aus etw.
fattening ['fætnɪŋ] *adj.* dick machend ⟨*Nahrungsmittel*⟩; **~ foods** Dickmacher *Pl. (ugs.);* **be ~:** dick machen
fatty ['fætɪ] **1.** *adj.* **a)** fett ⟨*Fleisch, Soße*⟩; fetthaltig ⟨*Speise, Nahrungsmittel*⟩; fettig ⟨*Substanz*⟩; **b)** *(consisting of fat)* Fett-; **~ tissue/tumour** Fettgewebe, *das*/Fettgeschwulst, *die.* **2.** *n. (coll.)* Dicke, *der/die;* Dickerchen, *das (scherzh.)*
fatty 'acid *n. (Chem.)* Fettsäure, *die*
fatuous ['fætjʊəs] *adj.* albern; töricht; einfältig ⟨*Grinsen*⟩
fatuously ['fætjʊəslɪ] *adv.* albern; töricht ⟨*handeln*⟩; einfältig ⟨*bewundern*⟩
faucet ['fɔːsɪt] *n.* **a)** *(for barrel)* Faßzapfen, *der;* **b)** *(Amer.: tap)* Wasserhahn, *der*
fault [fɔːlt, fɒlt] *n.* **a)** *(defect)* Fehler, *der;* **we all have our little ~s** wir alle haben unsere Schwächen; **confess one's ~s** seine Sünden bekennen; **be at ~:** allzu übertrieben; übermäßig; **meticulous to a ~:** peinlich genau; **find ~ [with sb./sth.]** etw. [an jmdm./ etw.] auszusetzen haben; **find ~ with goods** Mängel an Waren feststellen; **[sold] with all ~s** ohne Mängelgewähr [verkauft]; **free from** *or* **without ~:** mangelfrei; **b)** *(responsibility)* Schuld, *die;* Verschulden, *das; whose ~ was it?* wer war schuld [daran]?; **it's all your own ~!** das ist deine eigene Schuld!; du bist selbst schuld *(ugs.);* **it isn't my ~:** ich habe keine Schuld; es ist nicht meine Schuld; **not through any ~ of mine** nicht durch meine Schuld; **the ~ lies with him** die Schuld liegt bei ihm; **be at ~:** im Unrecht sein *(see also* g*);* **my memory was at ~:** mein Gedächtnis hat mich getrogen *(geh.);* **it is difficult to determine who is at ~:** es ist schwierig zu sagen, wer die Schuld daran trägt *od.* wer dafür verantwortlich ist; **c)** *(thing wrongly done)* Fehler, *der;* **commit a ~:** einen Fehler begehen; **double ~:** Doppelfehler, *der;* **e)** *(in gas or water supply; also Electr.)* Defekt, *der;* **f)** *(Geol.)* Verwerfung, *die;* **g)** *(Hunting)* Verlieren der Fährte; **be at ~:** die Fährte verloren haben; *(fig.)* vor einem Rätsel stehen; nicht mehr weiter wissen *(see also* b*).* **2.** *v. t.* **a)** Fehler finden an (+ *Dat.);* etwas auszusetzen haben an (+ *Dat.);* **he/his argument had been ~ed** er/seine Argumentation war bemängelt *od.* kritisiert worden; **b)** *(declare faulty)* bemängeln
fault: ~-finder *n.* Krittler, *der*/Krittlerin, *die (abwertend);* **~finding 1.** *n.* Krittelei, *die (abwertend);* **~finding critic/criticism** Krittler, *der*/Krittelei, *die*
faultily ['fɔːltɪlɪ, 'fɒltɪlɪ] *adv.* fehlerhaft; mangelhaft
faultless ['fɔːltlɪs, 'fɒltlɪs] *adj.* einwandfrei; tadellos ⟨*Erscheinung*⟩; fehlerlos, fehlerfrei ⟨*Übersetzung, Englisch*⟩; untadelig ⟨*Betragen*⟩; ausgezeichnet ⟨*Ruf*⟩
faultlessly ['fɔːltlɪslɪ, 'fɒltlɪslɪ] *adv.* fehlerfrei; fehlerlos; makellos ⟨*schön*⟩; **the dress fits ~:** das Kleid hat einen tadellosen Sitz
faulty ['fɔːltɪ, 'fɒltɪ] *adj.* fehlerhaft; unzutreffend ⟨*Argument*⟩; defekt ⟨*Gerät usw.*⟩; **~ design/calculation** Fehlkonstruktion, *die*/Fehlkalkulation, *die*
faun [fɔːn] *n. (Mythol.)* Faun, *der*
fauna ['fɔːnə] *n., pl.* **~e** [fɔːniː] *or* **~s** *(Zool.)* Fauna, *die*
faute de mieux [fəʊt də 'mjɜː] *adv.* faute de mieux *(geh.);* in Ermangelung eines Besseren; im Notfall
faux pas [fəʊ 'pɑː] *n., pl. same* [fəʊ 'pɑːz] Fauxpas, *der*
favor *etc. (Amer.) see* **favour** *etc.*
favour ['feɪvə(r)] *(Brit.)* **1.** *n.* **a)** Gunst, *die;* Wohlwollen, *das;* **look with ~ on** mit Wohlwollen betrachten; wohlwollend gegenüberstehen (+ *Dat.)* ⟨*Person, Plan, Idee usw.*⟩; **find ~ in the eyes of sb.** *or* **in sb.'s eyes** *(literary)* vor jmds. Augen (21.) Gnade finden; **find/lose ~ with sb.** ⟨*Sache:*⟩ bei jmdm. Anklang finden/jmdm. nicht mehr gefallen ⟨*Person:*⟩ jmds. Wohlwollen gewinnen/verlieren; **as a mark of her ~:** als *od.* zum Zeichen ihrer Wertschätzung *od.* Anerkennung; **be in ~ [with sb.]** [bei jmdm.] beliebt *od. (ugs.)* gut angeschrieben sein ⟨*Idee, Kleidung usw.:*⟩ [bei jmdm.] in Mode sein; **be out of ~ [with sb.]** [bei jmdm.] unbeliebt *od. (ugs.)* schlecht angeschrieben sein; [bei jmdm.] in Ungnade sein *(oft spött.);* ⟨*Idee, Kleidung usw.:*⟩ [bei jmdm.] nicht mehr in Mode sein; **get back in[to] sb.'s ~:** jmds. Gunst *od.* Wohlwollen wiedergewinnen; **b)** *(kindness)* Gefallen, *der;* Gefälligkeit, *die;* **sb. requests the ~ of your company** *(formal)* jmd. gibt sich *(Dat.)* die Ehre, Sie einzuladen; **ask a ~ of sb.** jmdn. um einen Gefallen bitten; **do sb. a ~, do a ~ for sb.** jmdm. einen Gefallen tun; **do me the ~ of shutting up** *(iron.)* tu mir den Gefallen und halt den Mund; **as a ~:** aus Gefälligkeit; **as a ~ to sb.** jmdm. zuliebe; **get special ~s** besondere Vergünstigungen genießen; **c)** *(aid, support)* **be in ~ of sth.** für etw. sein; **in ~ of** zugunsten (+ *Gen.);* **in sb.'s ~:** zu jmds. Gunsten; **the exchange rate is in our ~:** der Wechselkurs steht *od.* ist günstig für uns; **d)** *(partiality)* Begünstigung, *die;* **show ~ to[wards]** sb. jmdn. begünstigen; **e)** *(ornament, badge)* Andenken, *das; (ribbon, cockade)* Abzeichen, *das;* Plakette, *die. See also* **fear 1a. 2.** *v. t.* **a)** *(approve)* für gut halten, gutheißen ⟨*Plan, Idee, Vorschlag*⟩; *(think preferable)* bevorzugen; **I ~ the first proposal** ich bin für den ersten Vorschlag; **b)** **~ sb.** *(treat sb. kindly)* jmdm. günstig gesinnt sein; jmdm. wohlwollen; *(encourage or sponsor sb.)* jmdn. unterstützen; jmdn. fördern; **c)** *(oblige)* beehren **(with** mit) *(geh.);* **~ sb. with a smile/glance/an interview** jmdm. ein Lächeln/einen Blick schenken/ein Interview gewähren *(geh.);* **he ~ed me with a visit** *(iron.)* er beglückte mich mit einem Besuch; **d)** *(treat with partiality)* helfen (+ *Dat.);* **e)** *(aid, support)* helfen (+ *Dat.);* **f)** *(confirm)* bekräftigen, bestätigen ⟨*Ansicht, Meinung, Theorie*⟩; **g)** *(prove advantageous to)* begünstigen; **the weather ~ed our journey** das Wetter trug zum Gelingen unserer Reise [wesentlich] bei
favourable ['feɪvərəbl] *adj. (Brit.)* **a)** günstig ⟨*Eindruck, Licht*⟩; gewogen ⟨*Haltung, Einstellung*⟩; wohlmeinend ⟨*Blick, Urteil*⟩; **~ attitude towards sth.** positive Einstellung einer Sache gegenüber; **be ~ to[wards] sth.** einer Sache *(Dat.)* positiv gegenüberstehen; **b)** *(praising)* freundlich ⟨*Erwähnung, Empfehlung*⟩; positiv, günstig ⟨*Bericht[erstattung], Bemerkung*⟩; **c)** *(promising)* vielversprechend; gut ⟨*Omen, Zeichen*⟩; **d)** *(helpful)* günstig (**to** für) ⟨*Wetter, Wind, Umstand*⟩; **be ~ for doing sth.** günstig sein, etw. zu tun; **e)** *(giving consent)* zustimmend; **give sb. a ~ answer** jmdm. eine Zusage geben
favourably ['feɪvərəblɪ] *adv. (Brit.)* **a)** wohlwollend ⟨*ansehen, anhören, denken, urteilen*⟩; günstig ⟨*stimmen*⟩; **be ~ impressed with sb./sb.'s ideas** von jmdm./jmds. Ideen sehr angetan sein; **be ~ disposed towards sb./sth.** jmdm./einer Sache positiv gegenüberstehen; **b)** *(in praising manner)* lobend ⟨*erwähnen*⟩; positiv ⟨*vermerken*⟩; **c)** *(promisingly)* vielversprechend; **d)** *(helpfully)* günstig; **e)** *(with consent)* **answer ~:** eine positive Antwort geben
favoured ['feɪvəd] *adj. (Brit.)* *(privileged)* bevorzugt; *(well-liked)* Lieblings⟨*platz, -buch, -gericht*⟩; **the ~ few** die kleine Gruppe der Auserwählten *(iron.);* **most-~ nation** meistbegünstigter Staat; **most-~-nation treatment** Meistbegünstigung, *die (Wirtsch.)*
favourite ['feɪvərɪt] *(Brit.)* **1.** *adj.* Lieblings-; **~ son** *(Amer. Polit.)* Favorit, *der;* Spitzenkandidat, *der;* Liebling. **2.** *n.* **a)** *(film/food/country/pupil etc.)* Lieblingsfilm, *der*/-essen, *das*/-land, *das*/-schüler, *der usw.;* *(person in general)* Liebling, *der;* **this/he is my ~:** das/ihn mag ich am liebsten; **she's a great ~ with the children** sie wird von den Kindern sehr geliebt; **b)** *(Sport)* Favorit, *der*/Favoritin, *die;* **start ~:** als Favorit an den Start gehen; **c)** *(unduly favoured intimate)* Günstling, *der*
favouritism ['feɪvərɪtɪzm] *n., no pl. (Brit.)* Begünstigung, *die; (when selecting sb. for a post etc.)* Günstlingswirtschaft, *die*
¹**fawn** [fɔːn] **1.** *n.* **a)** *(fallow deer)* [Dam]kitz, *das; (buck)* Bockkitz, *das; (party-badge)* *das;* **b)** *(colour)* Rehbraun, *das.* **2.** *adj.* rehfarben; **~ colour** Rehbraun, *das*
²**fawn** *v. i.* **a)** *(show affection)* seine Freude zeigen; ⟨*Hund:*⟩ [bellen und] mit dem Schwanz wedeln; **~ up[on] sb.** um jmdn. herumstreichen; **b)** *(cringe)* **~ [on** *or* **upon sb.]** sich [bei jmdm.] einschmeicheln *(vor* jmdn.*)* katzbuckeln *(abwertend)*
'fawn-coloured *adj.* rehfarben
fawning ['fɔːnɪŋ] *adj. (showing affection)* schwanzwedelnd [und bellend] ⟨*Hund*⟩; *(cringing)* sich einschmeichelnd; katzbuckelnd *(abwertend)*

fax [fæks] 1. *n.* Fax, *das;* Fernkopie, *die.* 2. *v. t.* faxen; fernkopieren
'**fax machine** *n.* Fernkopierer, *der*
FBI *abbr.* (*Amer.*) **Federal Bureau of Investigation** FBI, *das*
FC *abbr.* **Football Club** FC, *der*
FCO *abbr.* (*Brit.*) **Foreign and Commonwealth Office** [Britisches] Außen- und Commonwealthministerium; ≈ AA
fealty ['fi:əltɪ] *n.* (*Hist.*) Lehnstreue, *(fig.)* Treue, *die*
fear [fɪər] 1. *n.* **a)** Furcht, Angst, *die* (**of** vor + *Dat.*); (*instance*) Befürchtung, *die;* **out of ~:** aus Angst; **~ of death** *or* **dying/heights/open spaces** Todes-/Höhen-/Platzangst, *die;* **~ of flying** Flugangst, *die;* Angst vorm Fliegen (*ugs.*); **~ of doing sth.** Angst *od.* Furcht davor, etw. zu tun; **have a [terrible] ~ of sth./sb.** [furchtbare] Angst vor etw./jmdm. haben; **have a ~** *or* **have ~s of doing sth.** Angst davor haben, etw. zu tun; **in ~:** angstvoll; angsterfüllt; **be in ~:** Angst haben; **in ~ of being caught** in der Angst, gefaßt zu werden; **in ~ and trembling** zitternd und zagend (*geh.*); mit schlotternden Knien (*ugs.*); **for ~ of waking** *or* **[that] we should wake** *or* **lest we [should] wake the others** aus Angst [davor], die anderen zu wecken *od.* daß wir die anderen wecken könnten; **without ~** *or* **favour** völlig unparteiisch *od.* unvoreingenommen; **b)** (*object of* ~) Furcht, *die;* **in pl.** Befürchtungen *Pl.;* **what are your main ~s?** wovor haben Sie am meisten Angst?; **c)** (*dread and reverence*) [Ehr]furcht, *die* (**of** + *Dat.*); **put the ~ of God into sb.** (*fig.*) jmdm. fürchterlich erschrecken; jmdm. gehörig Angst einjagen; **d)** (*anxiety for sb.'s/sth.'s safety*) Angst, *die* (**for** um); **go** *or* **be in ~ of one's life** Angst um sein Leben haben; in Todesangst sein; **e)** (*coll.: risk*) Gefahr, *die;* **no** *or* **not any ~ of sth./'that happening** meine Gefahr, daß etw./dies geschieht; **there's no ~ of 'that [ever happening]!** (*iron.*) das Gefahr besteht bestimmt nicht! (*iron.*); **no ~!** (*coll.*) keine Bange! (*ugs.*). 2. *v. t.* **a)** (*be afraid of*) **~ sb./sth.** vor jmdm./etw. Angst haben; sich vor jmdm./etw. fürchten; **~ to do** *or* **doing sth.** Angst haben *od.* sich fürchten, etw. zu tun; **you have nothing to ~:** Sie haben nichts zu befürchten; **the worst** das Schlimmste befürchten; **b)** (*be worried about*) befürchten; **~ [that ...]** fürchten[, daß ...]; **it is to be ~ed that ...:** es steht zu befürchten, daß ...; **we need not ~ that/but [that] he will come** wir brauchen uns keine Sorgen zu machen, daß er kommt/nicht kommt. 3. *v. i.* sich fürchten; **~ for sb./sth.** um jmdn./etw. bangen (*geh.*) *od.* fürchten; **never ~** (*also joc. iron.*) keine Bange (*ugs.*)
fearful ['fɪəfl] *adj.* **a)** (*terrible*) furchtbar; grauenhaft ⟨*Erfahrung, Anblick, Tod, Untier*⟩; (*coll.: extreme*) fürchterlich; scheußlich ⟨*Farbe, Wetter*⟩; **we had a ~ wait** wir mußten furchtbar lange warten; **b)** (*frightened*) ängstlich; (*apprehensive*) **~ of sth./sb.** erfüllt vor etw./jmdm.; **be ~ of sth./sb.** vor etw./jmdm. Angst haben; **be ~ of doing sth.** Angst davor haben, etw. zu tun; **be ~ [that** *or* **lest] ...:** Angst haben, daß ...
fearfully ['fɪəfəlɪ] *adv.* **a)** (*terribly*) furchtbar; (*coll.: extremely*) fürchterlich; schrecklich; furchtbar ⟨*nett, gut, laut, heiß*⟩; **b)** (*in frightened manner*) ängstlich
fearless ['fɪəlɪs] *adj.* furchtlos; (*through skill*) kühn; **be ~ [of sth./sb.]** keine Angst [vor etw./jmdm.] haben *od.* kennen
fearlessly ['fɪəlɪslɪ] *adv.* furchtlos; ohne Angst
fearsome ['fɪəsəm] *adj.* furchteinflößend; furchterregend; gräßlich ⟨*Anblick*⟩; **he/it is a ~-looking man/weapon** er/die Waffe sieht furchterregend aus
feasibility [fi:zɪ'bɪlɪtɪ] *n., no pl.* (*practicability*) Durchführbarkeit, *die;* (*of method*) Tauglichkeit, *die;* Anwendbarkeit, *die;* (*possibility*) Möglichkeit, *die;* **b)** (*coll.*) (*manageability*) Machbarkeit, *die;* (*convenience*) Annehmlichkeit, *die*
feasi'bility study *n.* Tauglichkeitsstudie, *die;* Eignungsstudie, *die*
feasible ['fi:zɪbl] *adj.* **a)** (*practicable*) durchführbar ⟨*Plan, Vorschlag*⟩; anwendbar ⟨*Methode*⟩; erreichbar ⟨*Ziel*⟩; gangbar ⟨*Weg, Lösung*⟩; (*possible*) möglich; **b)** (*coll.*) (*manageable*) machbar; (*convenient*) möglich
feast [fi:st] 1. *n.* **a)** (*Relig.*) Fest, *das;* **the ~ of Christmas/Easter/Epiphany** das Weihnachts-/Oster-/Erscheinungsfest; **movable/immovable ~:** beweglicher/unbeweglicher Feiertag; **breakfast is a movable ~ in our family** (*joc.*) wir frühstücken nicht zu festen Zeiten; **b)** (*banquet*) Festessen, *das;* Bankett, *das* (*geh.*); (*fig.*) Labsal, *das* (*geh.*); **a ~ for the eyes/ears** eine Augenweide/ein Ohrenschmaus; *see also* **enough 2.** 2. *v. i.* **a)** schlemmen; schwelgen; **~ on sth.** sich an etw. (*Dat.*) gütlich tun; (*fig.*) sich an etw. (*Dat.*) laben (*geh.*); sich an etw. (*Dat.*) weiden (*geh.*); **b)** (*celebrate with festivities*) Feste/ein Fest begehen; feiern. 3. *v. t.* festlich bewirten; **he ~ed his eyes on her beauty** seine Augen labten *od.* weideten sich an ihrer Schönheit (*geh.*)
'**feast-day** *n.* [kirchlicher] Feiertag
feat [fi:t] *n.* (*action*) Meisterleistung, *die;* Bravourleistung, *die;* (*thing*) Meisterwerk, *das;* **a ~ of intellect/strength** eine intellektuelle/physische Meisterleistung; **no mean** *or* **small ~:** eine beachtliche Leistung
feather ['feðə(r)] 1. *n.* **a)** Feder, *die;* (*on arrow*) [Pfeil]feder, *die;* (*for hat*) [Hut]feder, *die;* **as light as a ~:** federleicht; herrlich locker ⟨*Kuchen*⟩; **show the white ~** (*fig.*) es mit der Angst [zu tun] kriegen (*ugs.*); kneifen (*ugs.*); **fine ~s make fine birds** (*prov.*) Kleider machen Leute (*Spr.*); **a ~ in sb.'s cap** (*fig. coll.*) ein Grund für jmdn., stolz zu sein; **ruffle sb.'s ~s** jmdn. reizen *od.* aufregen; **you could have knocked me down with a ~:** ich war völlig aus den Socken (*ugs.*); **make ~s fly** = **make the fur fly** *see* **fur 1 a; b)** (*collect.* (*plumage*)) Gefieder, *das;* Federkleid, *das* (*geh.*); **in high** *or* **full** *or* **fine ~** (*fig.*) in guter Form. *See also* **bird a.** 2. *v. t.* **a)** (*furnish with ~s*) mit Federn versehen; befiedern; **~ one's nest** (*fig.*) auf seinen finanziellen Vorteil bedacht sein; **b)** (*turn edgeways*) aufdrehen ⟨*Paddel, Ruder*⟩. *See also* ¹**tar 2**
feather: **~'bed** *n.* mit Federn gefüllte Matratze; **~-bed** *v. t.* [ver]hätscheln; **~'boa** *n.* Federboa, *die;* **~-brain** *n.* Schwachkopf, *der* (*ugs.*); **~-brained** ['feðəbreɪnd] *adj.* schwachköpfig (*ugs.*); **~'duster** *n.* Federwisch, *der*
feathered ['feðəd] *adj.* gefiedert
feather: **~-stitch** *n.* Federstich, *der;* **~weight** *n.* **a)** (*very light thing/person*) Fliegengewicht, *das;* **be a ~weight** federleicht sein; **b)** (*Boxing etc.*) Federgewicht, *das;* (*person also*) Federgewichtler, *der*
feathery ['feðərɪ] *adj.* **a)** (*covered with feathers*) befiedert; gefiedert; **b)** (*adorned with feathers*) federngeschmückt; ⟨*Hut, -schmuck*⟩; **c)** (*feather-like in quality*) federnartig; gefiedert ⟨*Blatt*⟩; (*in weight*) federleicht ⟨*Kuchenteig*⟩
feature ['fi:tʃə(r)] *n.* **a)** *usu. in pl.* (*part of face*) Gesichtszug, *der;* **facial ~s** Gesichtszüge, *die;* **b)** (*distinctive characteristic*) Charakteristikum, *das;* [charakteristisches] Merkmal; Charakteristikum, *das;* **be a ~ of sth.** charakteristisch für etw. sein; **c)** (*most prominent part*) Hauptmerkmal, *das;* **what ~ of city life attract you most?** was zieht dich am Stadtleben besonders an?; **a/one particular ~:** ein besonderes Merkmal; **make a ~ of sth.** etw. [sehr] betonen *od.* herausstellen; **c)** (*Journ. etc.*) Reportage, *die;* Dokumentarbericht, *der;* Feature, *das;* **d)** (*Cinemat.*) **~ [film]** Hauptfilm, *der;* Spielfilm *der;* **e)** (*Radio, Telev.*) **~ [programme]** Feature, *das.* 2. *v. t.* (*make attraction of*) vorrangig vorstellen; den Vorrang geben (+ *Dat.*); (*give special prominence to*) (*in film*) in der Hauptrolle zeigen; (*in show*) als Stargast präsentieren. 3. *v. i.* **a)** (*be ~*) vorkommen; **b)** (*be [important] participant*) **~ in sth.** eine [bedeutende] Rolle bei etw. spielen; **~ in a film** die Hauptrolle in einem Film spielen
featureless ['fi:tʃəlɪs] *adj.* eintönig; ereignislos ⟨*Zeit*⟩
Feb. *abbr.* **February** Febr.
febrile ['fi:braɪl] *adj.* fiebrig; Fieber- ⟨*schweiß, -schlaf, -zustand*⟩
February ['februərɪ] *n.* Februar, *der; see also* **August**
feces (*Amer.*) *see* **faeces**
feckless ['feklɪs] *adj.* (*feeble*) schwächlich ⟨*Person*⟩; (*futile*) vergeblich ⟨*Versuch, Anstrengung*⟩; nutzlos, vertan ⟨*Leben*⟩; (*inefficient*) untauglich; (*aimless*) ziellos
fecund ['fi:kənd, 'fekənd] *adj.* (*fertile, fertilizing, lit. or fig.*) fruchtbar
fecundity [fɪ'kʌndɪtɪ] *n., no pl.* (*fertility, fertilizing power, lit. or fig.*) Fruchtbarkeit, *die*
fed [fed] 1. *see* **feed 1, 2. pred. adj.** (*sl.*) **be/get ~ up with sb./sth.** jmdn./etw. satt haben (*ugs.*); **you're looking rather ~ up** du siehst aus, als hättest du die Nase voll (*ugs.*); **be/get ~ up with doing sth.** es satt haben, etw. zu tun (*ugs.*); **be/get ~ up to the [back] teeth with sb./sth.** jmdn./etw. zum Kotzen finden (*derb*)
federal ['fedərl] *adj.* **a)** Bundes-; föderativ ⟨*System*⟩; bundesweit ⟨*Feiertag*⟩; bundeseigen ⟨*Betrieb*⟩; **~ district/territory** *etc.* Bundesdistrikt, *der/*-territorium, *das usw.;* **~ legislation/representative** Gesetzgebung/Abgeordneter des Bundes; **b)** (*relating to or favouring the central government*) föderalistisch ⟨*Partei usw.*⟩; **~ supporter/tendency** Anhänger des/Neigung zum Föderalismus; **c) F~** (*Amer. Hist.: of Northern States in Civil War*) der Unionisten *nachgestellt;* **d)** (*having largely independent units*) föderiert
federate ['fedəreɪt] 1. *v. t.* **a)** (*organize on federal basis*) föderalistisch organisieren; föderalisieren; **b)** (*band together in league*) zu einem Bund zusammenschließen; föderieren. 2. *v. i.* sich [zu einem Bund] zusammenschließen
federation [fedə'reɪʃn] *n.* **a)** (*federating*) Zusammenschluß, *der;* **b)** (*group of states*) Bündnis, *das;* Föderation, *die;* (*society*) Bund, *der;* Verband, *der*
fee [fi:] *n.* **a)** Gebühr, *die;* **b)** (*of doctor, lawyer, etc.*) Honorar, *das;* (*of performer*) Gage, *die;* **what ~ do you charge?** was verlangen Sie als Honorar/Gage?; **c)** *in pl.* (*of company director etc.*) Bezüge *Pl.;* **d)** *see* **transfer fee; e)** (*entrance money*) Gebühr, *die;* **f)** (*matriculation/registration ~)** Einschreibe-/Aufnahmegebühr, *die;* **f)** (*administrative charge*) Bearbeitungsgebühr, *die;* **g)** *in pl.* (*regular payment for instruction*) **school ~s** Schulgeld, *das;* **tuition ~s** *see* **tuition b**
feeble ['fi:bl] *adj.* **a)** (*weak*) schwach; (*deficient*) schwächlich; (*in resolve, argument, commitment*) halbherzig; **c)** (*lacking energy*) schwach ⟨*Leistung, Kampf, Stimme, Applaus*⟩; wenig überzeugend ⟨*Argument, Entschuldigung, Erklärung, Vorstellung*⟩; zaghaft, kläglich ⟨*Versuch, Bemühung*⟩; kraftlos ⟨*Drohung*⟩; lahm (*ugs.*) ⟨*Witz*⟩; **d)** (*indistinct*) schwach ⟨*[Licht]schein, Herzschlag*⟩
'**feeble-minded** *adj.* **a)** töricht; **b)** (*Psych.*) geistesschwach; **~ person** Schwachsinnige, *der/die*
feebly ['fi:blɪ] *adv.* **a)** (*weakly*) mühsam ⟨*gehen, sich bewegen*⟩; **b)** (*deficiently*) schwach; kaum ⟨*reagieren*⟩; **c)** (*without*

feed

energy⟩ schwach ⟨widerstehen, unterstützen, applaudieren⟩; zaghaft ⟨versuchen, ablehnen, widersprechen, behaupten⟩
feed [fi:d] **1.** *v.t.*, **fed** [fed] **a)** *(give food to)* füttern; ~ **sb./an animal with sth.** jmdm. etw. zu essen/einem Tier [etw.] zu essen geben; ~ **a baby/an animal/an invalid on or with sth.** ein Baby/Tier/einen Invaliden mit etw. füttern; **the dog is fed every evening at 6 o'clock** der Hund bekommt jeden Abend um 6 Uhr sein Fressen; ~ **intravenously/at the breast]** intravenös ernähren; ~ [at the breast] stillen; **b)** *(provide food for)* ernähren; satt machen; ~ **sb./an animal on or with sth.** jmdn./ein Tier mit etw. ernähren; **c)** *(put food into mouth of)* füttern; ~ **oneself** allein od. ohne Hilfe essen; **can the child ~ herself with a spoon yet?** kann das Kind schon mit dem Löffel essen?; **be ~ing one's face** *(coll. derog.)* fressen *(abwertend);* **d)** *(graze)* weiden lassen; weiden; **e)** *(produce food for)* ~ **sb. [with sth.]** jmdn. [mit etw.] versorgen; **f)** *(nourish)* mit Nährstoffen versorgen; *(fig.)* verstärken; **g)** *see* ~ **up; h)** *(give out)* verfüttern ⟨*Viehfutter*⟩; **i)** *(keep supplied)* speisen ⟨*Wasserreservoir*⟩; unterhalten ⟨*Feuer*⟩; am Brennen halten ⟨*Ofen*⟩; *(supply with material)* versorgen; *(supply)* ~ **a film into the projector** einen Film in das Vorführgerät einlegen; ~ **data into the computer** Daten in den Computer eingeben; den Computer mit Daten füttern; ~ **sth. to sb.,** ~ **sb. sth.** *(fig.)* jmdn. mit etw. füttern; ~ **sth. to the flames** etw. den Flammen übergeben; *see also* ¹**meter 1 b; j)** *(lead)* ~ **sth. through sth.** etw. durch etw. hindurchführen; **k)** *(Theatre sl.)* ~ **the actor [with] his cues or the cues to the actor** dem Schauspieler das Stichwort geben; **l)** *(Football etc.)* zuspielen (to *Dat.*). *See also* **fed 2. 2.** *v.i.* ⟨*Tier:*⟩ fressen (from aus); ⟨*Person:*⟩ essen (off von); ~ **on sth.** ⟨*Tier:*⟩ etw. fressen, mit etw. gefüttert werden; ⟨*Person:*⟩ sich von etw. [er]nähren, etw. essen, etw. futtern *(ugs.); (fig.)* von etw. leben; ~ **off sth.** sich von etw. ernähren; *(fig.)* von etw. leben. **3.** *n.* **a)** *(instance of eating) (of animals)* Fressen, *das; (of baby)* Mahlzeit, *die;* **when is the baby's next ~ due?** wann muß das Baby wieder gefüttert werden?; **on the ~** *(feeding)* am od. beim Fressen; bei der Nahrungsaufnahme; *(looking out for food)* auf Nahrungssuche; **b)** *(pasture)* Viehfutter, *das;* **out at ~:** auf der Weide; **c)** *(horse's oats etc.)* [Futter]ration, *die; (fodder)* [cattle/sheep/pig] ~: [Vieh-/Schaf-/Schweine]futter, *das;* **be off its ~** ⟨*Tier:*⟩ schlecht fressen; **be off one's ~** ⟨*Person:*⟩ schlecht essen; keinen Appetit haben; **d)** *(coll.) (meal)* Mahlzeit, *das; (feast)* Mahl, *das;* **have [quite] a ~:** [ordentlich] futtern *(ugs.);* **[kräftig] zulangen; e)** *(of machine)* Versorgung, *die; (of furnace)* Begichtung, *die; (supplying of material)* Einspeisung, *die;* **f)** *(material supplied to machine)* Nachschub, *der; (amount supplied)* Nachschub, *der;* Nachfüllmenge, *die; (into computer)* Einspeisung, *die;* **g)** *(hopper)* Trichter, *der*

~ **'back 1.** *v.t.* ~ **sth. back** weiterleiten, -geben ⟨*Informationen*⟩; **be fed back** zurückfließen; **b)** *(Electr.)* rückkoppeln. **2.** *v.i.* ~ **back into sth.** in etw. *(Akk.)* zurückfließen; ~ **back to sth./sb.** an etw./jmdn. weitergeleitet werden. *See also* **feedback**
~ **'up** *v.t. (fatten)* mästen; *(fill up with food)* vollstopfen *(ugs.); see also* **fed 2**
feedback *n.* **a)** *(information about result, response)* Reaktion, *die;* Feedback, *das (fachspr.);* **b)** *(Electr.)* [positive/negative] ~: [positive/negative] Rückkopplung; **c)** *(Biol., Psych., etc.)* Reafferenz, *die (fachspr.)* Rückkopplung, *die*
feeding ['fi:dɪŋ] ~**-bottle** *n.* [Saug]flasche, *die;* ~**-time** *n.* **a)** Fütterungszeit, *die;* **b)** *(fig. joc.)* Essenszeit, *die;* ~**-time!** Essen!

feed: ~lot *n.* Weide, *die;* ~**-pipe** *n.* Zuleitungsrohr, *das;* Füllrohr, *das;* ~**stock** *n.* Einsatz- od. Ausgangsmaterial, *das*
feel [fi:l] **1.** *v.t.* **felt** [felt] **a)** *(explore by touch)* befühlen; ~ **sb.'s pulse** jmdm. den Puls fühlen; *(fig.)* bei jmdm. vorfühlen; jmdm. auf den Zahn fühlen *(ugs.)* (on, about hinsichtlich); ~ **one's way** sich *(Dat.)* seinen Weg ertasten; *(fig.: try sth. out)* vorsichtig vorgehen; sich vorsichtig vor[an]tasten; **be ~ing one's way** vorsichtig vorgehen, sich zurechtzufinden; ~ **one's way along the corridor/towards the door** sich den Flur entlangtasten/sich zur Tür tasten; **b)** *(perceive by touch)* fühlen; *(become aware of)* bemerken; *(be aware of)* merken; *(have sensation of)* spüren; ~ **sb.'s temperature** fühlen, ob jmd. Fieber hat; **c)** *see* ~ **up; d)** *(be conscious of)* empfinden ⟨*Mitleid, Dank, Eifersucht*⟩; verspüren ⟨*Drang, Wunsch*⟩; spüren ⟨*Gefühle anderer*⟩; ~ **the cold/heat** unter der Kälte/Hitze leiden; ~ **one's age** sein Alter spüren; ~ **pride in sb./sth.** stolz auf jmd./ etw. sein; ~ **bitterness/amazement** verbittert/erstaunt sein; ~ **the temptation** sich versucht fühlen; **make itself felt** sich bemerkbar machen; *(have effect)* sich bemerkbar machen; **make one's presence felt** sich bemerkbar machen; **e)** *(experience)* empfinden; *(be affected by)* zu spüren bekommen; **f)** *(be emotionally affected by)* leiden unter (+ *Dat.*); **he felt it terribly when his dog died** er litt ganz furchtbar, als sein Hund starb; **g)** *(have vague or emotional conviction)* ~ **[that] ...:** das Gefühl haben, daß ...; **h)** *(think)* **if that's what you ~ about the matter** wenn du so darüber denkst; ~ **it to be one's duty to ...:** es für seine Pflicht halten, zu ...; ~ **oneself hard done by** sich schlecht behandelt fühlen; ~ **[that] ...:** glauben, daß ...; **if you ~ [that] you would like to know more** wenn Sie gern mehr wissen möchten. *See also* **bone 1 a; draught a. 2.** *v.i.* felt **a)** *(search with hand etc.)* ~ **[about]** in sth. [for sth.] in etw. *(Dat.)* [nach etw.] [herum]suchen; ~ **[about]** in one's bag/pocket **to see whether ...** in seiner Tasche [herum]kram[en, um festzustellen, ob ...] *(ugs.);* ~ **[about]** [after or for sth.] [nach etw.] [umher]tasten; **b)** *(have sense of touch)* fühlen; **c)** *(be conscious that one is)* sich ... fühlen; ~ **angry/miserable/sure/ delighted/disappointed** böse/begeistert/sicher/froh/enttäuscht sein; **she felt quite sick/horrified at the idea** der Gedanke machte sie ganz krank/widerte sie an; **I felt such a fool** ich kam mir wie ein Idiot vor; ~ **[the] better for it.** *(in mind)* sich erleichtert fühlen; *(in body)* sich besser fühlen; ~ **inclined to do sth.** dazu neigen, etw. zu tun; ~ **committed to sth.** sich einer Sache *(Dat.)* verschrieben haben; **the child did not ~ loved/wanted/needed** das Kind hatte das Gefühl, ungeliebt/unerwünscht/überflüssig zu sein; **I ~ dubious about doing that** ich weiß nicht recht, ob ich das machen soll; ~ **quite hopeful** guter Hoffnung sein; **I felt sorry for him** er tat mir leid; ~ **hard done by** sich schlecht behandelt fühlen; ~ **to sich.** *(Dat.)* vorkommen wie etw.; **he makes you ~ like a fool/lady** bei ihm kommt man sich wie ein Idiot vor/gibt einem das Gefühl, eine Dame zu sein; ~ **like a new man/woman** sich wie neugeboren fühlen; **what do you ~ like doing today?** wie fühlst du dich od. wie geht es dir heute?; **what would you ~ like or how would you ~ if someone said such a thing to you?** wie würdest du empfinden od. denken, wenn jemand so etwas zu dir sagte?; **let's see what we ~ like or how we ~ when ...:** warten wir ab, in welcher Verfassung wir sind od. *(what we should like to do)* wie uns der Sinn steht, wenn ...; ~ **like sth./doing sth.** *(coll.: wish to have/do)* auf etw. *(Akk.)* Lust ha-

feeling

ben/Lust haben, etw. zu tun; **do you ~ like a cup of tea?** möchtest du eine Tasse Tee?; **I ~ like a new hairdo** ich könnte eine neue Frisur gebrauchen; **we ~ as if** or **as though ...:** es kommt uns vor, als ob ...; *(have the impression that)* wir haben das Gefühl, daß ...; **how do you ~ about him now/the idea?** was empfindest du jetzt für ihn/was hältst du von der Idee?; **if that's how** or **the way you ~ about it** wenn du so darüber denkst; **she just didn't ~ that way about him** sie hatte nun einmal nicht solche Gefühle für ihn; ~ **the same [way] about each other** für einander die gleiche empfinden; ~ **[quite] one'self** sich wohl fühlen; **d)** *(be emotionally affected)* ~ **passionately/bitterly about sth.** *(Akk.)* verbittert sein; ~ **kindly towards sb.** jmdm. wohlgesonnen sein; **e)** *(be consciously perceived as)* sich ... anfühlen; ~ **like sth.** sich wie etw. anfühlen; **it ~s funny/ strange/nice/uncomfortable** es ist ein komisches/seltsames/angenehmes/unangenehmes Gefühl; **it ~s so good to be away from the hustle** es tut gut, der Hetze entronnen zu sein; **it ~s so strange here** es kommt einem hier alles so seltsam vor. *See also* **cheap 1 c. 3.** *n.* **a)** *(sense of touch)* [Be]tasten, *das;* **be dry/soft** *etc.* **to the ~:** sich trocken/ weich *usw.* anfühlen; **b)** *(act of feeling)* Abtasten, *das;* **c)** *(sensation when touched)* Gefühl, *das;* **d)** *(sensation characterizing a situation, place, etc.)* Atmosphäre, *die;* **there is a mysterious/ghostly ~ about the place** der Ort hat etwas Mysteriöses/Gespenstisches [an sich]; **get a [real]/the ~ of sth.** ein [wirkliches] Gespür für etw. bekommen; **get the ~ of things in a firm/of a new job** sich in einer Firma zurechtfinden/sich in eine neue Arbeit hineinfinden; **have a ~ for sth.** *(fig.)* ein Gespür od. einen Blick für etw. haben; *(talent)* eine Ader für etw. haben ~ **for** *i.c.* ~ **for sb.** mit jmdm. Mitleid haben ~ **'out** *v.t. (sound out)* ~ **sb. out** jmds. Ansichten feststellen; **b)** *(test practicability of)* zur Diskussion stellen; austesten ~ **'up** *v.t. (sl.)* befummeln *(salopp)*
~ **with** *v.t.* Mitgefühl haben mit; mitfühlen; **I ~ with her** haben mein Mitgefühl
feeler ['fi:lə(r)] *n.* Fühler, *der;* **put out ~s** *(fig.)* seine Fühler ausstrecken
feeling ['fi:lɪŋ] **1.** *n.* **a)** *(sense of touch)* [sense of] ~: Tastsinn, *der;* **have no ~ in one's legs** kein Gefühl in den Beinen haben; **b)** *(physical sensation)* Gefühl, *das;* **you'll have a painful ~:** es wird weh tun; **c)** *(emotion)* Gefühl, *das;* **what are your ~s for each other?** was empfindet ihr füreinander?; **say sth. with ~:** etw. mit Nachdruck sagen; ~**s were running high** Emotionen wurden geweckt; **have strong ~s about it** es gab sehr entschiedene Ansichten darüber; **bad ~** *(jealousy)* Neid, *der; (annoyance)* Verstimmung, *die;* **a)** in pl. *(sensibilities)* Gefühle; **hurt sb.'s ~s** jmdn. verletzen; **e)** *(sympathy)* Mitgefühl, *das;* Einfühlungsvermögen, *das;* **f)** *(consciousness)* **a ~ of hopelessness/harmony** *etc.* ein Gefühl der Hoffnungslosigkeit/Harmonie *usw.;* **there was a ~ of mystery/peace about the place** der Ort hatte etwas Mysteriöses/Friedvolles [an sich *(Dat.)*] od. mutete mysteriös/friedvoll an; **I have a funny ~ that ...:** ich habe das komische Gefühl, daß ... *(ugs.);* **g)** *(belief)* Gefühl, *das;* **have a ~ [that] ...:** das Gefühl haben, daß ...; **h)** *(sentiment)* Ansicht, *die;* **air one's ~s** seinem Herzen Luft machen; **the general ~ was that ...:** man war allgemein der Ansicht, daß ...; *see also* **mixed a; i)** *(general emotional effect)* Eindruck, *der.* **2.** *adj.* **a)** *(sensitive)* empfindlich; **b)** *(sympathetic)* einfühlsam; **be ~ about other people** sich in andere Leute einfühlen können; **c)** *(showing emotion)* gefühlvoll

feelingly ['fi:lɪŋlɪ] *adv.* **a)** *(sympathetically)* mitfühlend ⟨*reagieren*⟩; **b)** *(in manner showing emotion)* gefühlvoll; **say sth. ~:** etw. mit Nachdruck sagen

feet *pl. of* **foot**

feign [feɪn] *v. t.* vorspiegeln; vortäuschen; **~ ignorance** völlig dumm stellen; **~ that one is ...:** vorgeben, ... zu sein; **~ to do sth.** vorgeben, etw. zu tun

¹feint [feɪnt] **1.** *n.* **a)** *(Boxing, Fencing)* Finte, *die;* **make a ~:** eine Finte ausführen; fintieren; **b)** *(Mil.)* Scheinangriff, *der;* **make a ~ [at or of attacking sth./sb.]** einen Scheinangriff [auf jmdn./etw.] ausführen. **2.** *v. i.* **a)** *(Boxing, Fencing)* ~ **at sb./sth.** eine Finte gegen jmdn./etw. ausführen; **b)** *(Mil.)* ~ **at or [up]on sb./sth.** einen Scheinangriff auf jmdn./etw. durchführen

²feint *adj. (Commerc.)* ~ **lines** feine Linierung; **ruled ~:** fein liniert

feldspar ['feldspɑ:(r)] *see* **felspar**

felicitate [fɪ'lɪsɪteɪt] *v. t. (literary)* ~ **sb. [on sth.]** jmdn. [zu etw.] beglückwünschen

felicitation [fɪlɪsɪ'teɪʃn] *n.* **a)** Glückwunsch, *der;* Gratulation, *die;* **give sb. one's ~s on sth.** jmdm. zu etw. beglückwünschen; jmdm. zu etw. gratulieren

felicitous [fɪ'lɪsɪtəs] *adj.* glücklich ⟨*Zufall, Nachricht, Umstand, Wahl*⟩; nett ⟨*Bemerkung, Art*⟩; *(Formulierung, Kommentar, Anspielung)*; geeignet, passend ⟨*Worte*⟩

felicitously [fɪ'lɪsɪtəslɪ] *adv.* glücklich

felicity [fɪ'lɪsɪtɪ] *n.* **a)** *no pl. (happiness)* Glück, *das;* **b)** *(thing or person causing happiness)* Glück, *das;* **c)** *(fortunate trait)* glückliche Gabe; **d)** *(in choice of words)* Formulierungskunst, *die;* ~ **of expression** glückliche Wahl des Ausdrucks

feline ['fi:laɪn] **1.** *adj.* **a)** *(of cat[s])* Katzen-; *(catlike)* katzenartig; katzenhaft. **2.** *n.* Katze, *die;* **the ~s** die Katzen *od. (fachspr.)* Feliden

¹fell *see* **fall 2**

²fell [fel] *v. t.* **a)** *(cut down)* fällen ⟨*Baum*⟩; **b)** *(strike down)* niederstrecken ⟨*Gegner*⟩

³fell *n. (Brit.) (in names: hill)* Berg, *der;* **b)** *(stretch of high moorland)* Hochmoor, *das*

⁴fell *adj.* **a) at or in one ~ swoop** auf einen Schlag; **b)** *(poet./rhet.) (fierce)* wild; grimmig ⟨*Drohung, Feind*⟩; *(destructive)* vernichtend

fellatio [fə'lɑ:tɪəʊ] *n.* Fellatio, *die*

fellow ['feləʊ] **1.** *n.* **a)** *usu. in pl. (comrade)* Kamerad, *der;* ~**s at school/work** Schulkameraden/Arbeitskollegen; **a good ~:** ein guter Kumpel *(ugs.);* **b)** *usu. in pl. (equal)* Gleichgestellte, *der/die;* **be among one's ~s** unter seinesgleichen sein; **c)** *(contemporary)* Zeitgenosse, *der/-*genossin, *die;* **d)** *(counterpart)* Gegenstück, *das;* **e)** *(Brit. Univ.)* Fellow, *der; (elected graduate)* graduierter Stipendiat/graduierte Stipendiatin; *(member of governing body)* Mitglied des Verwaltungsrats; **f)** *(member of academy or society)* Fellow, *der;* Mitglied, *das;* **g)** *(coll.: man, boy)* Bursche, *der (ugs.);* Kerl, *der;* **f)** *(boy-friend)* Freund, *der;* **the ~s** die Jungs *(ugs.);* **well, young ~:** nun, junger Mann; **old or dear ~:** alter Junge *od.* Knabe *(ugs.);* **a ~ (anyone)** ein Mann; **young ~-my-lad** junger Mann; **I'm not the sort of ~ who ...:** ich bin nicht der Typ, der ...; **a devil of a ~:** ein Teufelskerl; **the other ~** *(fig.)* der andere; **h)** *(derog.: despised person)* Kerl, *der (abwertend). See also* ²**hail 4; stout 1 c. 2.** *attrib. adj.* Mit-; ~ **lodger/worker** Mitbewohner/Kollege, *der/*Mitbewohnerin/Kollegin, *die;* ~ **man or human being** Mitmensch, *der;* ~ **sufferer** Leidensgenosse, *der/-*genossin, *die;* **my ~ teachers/workers** meine Lehrer-/Arbeitskollegen *usw.;* ~ **member of the party** Parteigenosse, *der/-*genossin, *die;* ~ **member of the club** Klubkamerad, *der/-*kamera-

din, *die;* ~ **student** Kommilitone, *der/*Kommilitonin, *die*

fellow: ~ '**countryman** *see* **countryman a;** ~-'**feeling** *n.* **a)** *(sympathy)* Mitgefühl, *das;* **have a ~-feeling for sb.** mit jmdm. fühlen; **b)** *(mutual understanding)* Zusammengehörigkeitsgefühl, *das*

fellowship ['feləʊʃɪp] *n.* **a)** *no pl. (companionship)* Gesellschaft, *die;* **in a spirit of good ~:** von Gemeinschaftsgeist erfüllt; **b)** *no pl. (community of interest)* Zusammengehörigkeit, *die;* **c)** *(association)* Verbundenheit, *die;* **d)** *(brotherhood)* [Glaubens]gemeinschaft, *die;* **e)** *(Univ. etc.)* Status eines Fellows; Fellowship, *die*

fellow-'traveller *n.* **a)** *(who travels with another)* Mitreisende, *der/die;* **b)** *(with Communist sympathies)* Sympathisant, *der/*Sympathisantin, *die*

felonious [fə'ləʊnɪəs] *adj.* verbrecherisch

felony ['felənɪ] *n.* Kapitalverbrechen, *das*

felspar ['felspɑ:(r)] *n. (Min.)* Feldspat, *der*

¹felt [felt] *n. (cloth)* Filz, *der;* ~ **hat/slippers/mat** Filzhut, *der/-*pantoffeln *Pl. /-*matte, *die*

²felt *see* **feel 1, 2**

felt[-tipped] 'pen *n.* Filzstift, *der*

female ['fi:meɪl] **1.** *adj.* **a)** weiblich ⟨*Stimme, -station, -chor, -verein*⟩; ~ **animal/bird/fish/insect** Weibchen, *das;* ~ **child/doctor** Mädchen, *das/*Ärztin, *die;* ~ **elephant/whale** [Elefanten-/Wal]kuh, *die;* **a ~ engineer/student/slave** eine Ingenieurin/Studentin/Sklavin; ~ **impersonator** Frauendarsteller, *der;* **b)** ~ **screw/thread** [Schrauben]mutter, *die/*Innengewinde, *das.* **2.** *n.* **a)** *(person)* Frau, *die; (foetus, child)* Mädchen, *das; (animal)* Weibchen, *das;* **b)** *(derog.: woman)* Weib[sbild], *das (ugs. abwertend)*

feminine ['femɪnɪn] **1.** *adj.* **a)** *(of women)* weiblich; Frauen⟨*angelegenheit, -problem, -leiden*⟩; Damen⟨*mode*⟩; *(womanly)* fraulich; feminin; feminin, *(abwertend)* weibisch ⟨*Mann*⟩; **she is so very ~ [in her ways]** sie gibt sich so betont fraulich; **b)** *(Ling.)* weiblich; feminin *(fachspr.).* **2.** *n. (Ling.)* Femininum, *das*

feminine 'rhyme *n. (Pros.)* weiblicher Reim

femininity [femɪ'nɪnɪtɪ] *n., no pl.* Weiblichkeit, *die; (more mature)* Fraulichkeit, *die*

feminism ['femɪnɪzm] *n.* Feminismus, *der*

feminist ['femɪnɪst] **1.** *n.* Feministin, *die/* Feminist, *der;* Frauenrechtlerin, *die/-*rechtler, *der.* **2.** *adj.* feministisch; Feministen⟨*bewegung, -blatt, -gruppe*⟩

femme fatale [fæm fæ'tɑl] *n.* Femme fatale, *die (geh.)*

femoral ['femərl] *adj. (Anat.)* femoral *(fachspr.);* Oberschenkel[knochen]-

femur ['fi:mə(r)] *n., pl.* ~**s** *or* **femora** ['femərə] **a)** *(Anat.)* Oberschenkelknochen, *der;* Femur, *der (fachspr.);* **b)** *(Zool.)* Femur, *der*

fen [fen] *n.* Sumpfland, *das;* Fenn, *das;* Fehn, *das (nordd.);* **the Fens** die Fens *die*

fence [fens] **1.** *n.* **a)** Zaun, *der;* **sunk ~:** Sicherungsgraben, *der;* **mend one's ~s** *(fig.)* das Kriegsbeil begraben *(ugs.);* **sit on the ~** *(fig.)* sich nicht einmischen; sich neutral verhalten; **b)** *(for horses to jump)* Hindernis, *das;* **c)** *(sl.: receiver)* Hehler, *der/*Hehlerin, *die.* **2.** *v. i. (Sport)* fechten. **3.** *v. t. (surround with fence)* einzäunen; *(surround)* umgeben; *(fig.)* absichern **(with** durch)

~ **in** *v. t.* einzäunen; *(fig.)* einengen **(with** durch)

~ **off** *v. t.* abzäunen; *(fig.)* absperren

fencer ['fensə(r)] *n.* Fechter, *der/*Fechterin, *die*

fencing ['fensɪŋ] *n., no pl.* **a)** Einzäunen, *das;* **b)** *(Sport/Hist.)* Fechten, *das; attrib.* Fecht-; **c)** *(enclosure)* Zaun, *der;* Einzäunung, *die;* **d)** *(fences)* Zäune *Pl.;* Umfriedung, *die (geh.);* **e)** *(material for fences)* Zaun, *der*

fend [fend] *v. i.* ~ **for sb.** für jmdn. sorgen; ~ **for oneself** für sich selbst sorgen; *(in hostile surroundings)* sich allein durchschlagen

~ **off** *v. t.* abwehren; von sich fernhalten; ~ **off these criticisms/the flies/fans** sich gegen diese Kritik wehren/sich (*Dat.*) die Fliegen/Fans vom Leib halten

fender ['fendə(r)] *n.* **a)** Schutz, *der, o. Pl.;* Schutzvorrichtung, *die;* **b)** *(for fire)* Kaminschutz, *der;* **c)** *(for dock-wall etc.)* Fender, *der;* Dalbe, *die (Seemannsspr.);* **d)** *(on ship)* Fender, *der;* **e)** *(Brit.: car bumper)* Stoßstange, *die;* **f)** *(Amer.) (train bumper)* Rammbohle, *die; (car mudguard or wing)* Kotflügel, *der; (bicycle mudguard)* Schutzblech, *das*

fenland ['fenlənd] *n.* Marschland, *das*

fennel ['fenl] *n. (Bot.)* Fenchel, *der*

fenugreek ['fenjʊgri:k] *n. (Bot.)* Griechisch-Heu, *das;* Bockshornklee, *der*

feral ['fɪərl, 'ferl] *adj.* **a)** *(wild)* wildwachsend ⟨*Pflanze*⟩; **b)** *(after escape)* verwildert; **become ~:** verwildern

ferment 1. [fə'ment] *v. i.* **a)** *(undergo fermentation)* gären; **cause to ~:** in *od.* zur Gärung bringen; **begin to ~:** in Gärung übergehen; **b)** *(be in state of agitation)* gären; ⟨*Plan, Idee*⟩ reifen; ⟨*Wut, Frustration*⟩ rumoren, brodeln. **2.** *v. t.* **a)** *(subject to fermentation)* zur Gärung bringen; **b)** *(excite)* heraufbeschwören ⟨*Gewalt, Unzufriedenheit, Unruhe*⟩. **3.** ['fɜ:ment] *n.* **a)** *(fermenting agent)* Enzym, *das;* **b)** *(fermentation)* Gärung, *die;* Fermentation, *die (fachspr.);* **c)** *(agitation)* Unruhe, *die;* Aufruhr, *der;* **in [a] ~:** in Unruhe *od.* Aufruhr

fermentation [fɜ:men'teɪʃn] *n.* **a)** Gärung, *die;* Fermentation, *die (fachspr.);* **be under** *or* **undergo ~:** gären; sich in Gärung befinden; **b)** *(agitation) (political)* Unruhe, *die; (of ideas)* Reifen, *das*

fern [fɜ:n] *n.* Farnkraut, *das; collect.* Farn, *der*

ferocious [fə'rəʊʃəs] *adj.* wild ⟨*Tier, Person, Aussehen, Blick, Lachen*⟩; grimmig ⟨*Stimme*⟩; heftig ⟨*Schlag, Kampf, Stoß*⟩; *(fig.)* scharf ⟨*Kritik, Angriff*⟩; heftig ⟨*Bemerkung, Äußerung, Streit, Auseinandersetzung*⟩; ~-**looking** furchterregend

ferociously [fə'rəʊʃəslɪ] *adv.* wütend ⟨*bellen, knurren*⟩; grimmig ⟨*blicken, lachen, sagen*⟩; heftig ⟨*kämpfen, streiten*⟩; *(fig.)* scharf, heftig ⟨*angreifen, kritisieren*⟩

ferociousness [fə'rəʊʃəsnɪs], **ferocity** [fə'rɒsɪtɪ] *ns., no pl. see* **ferocious:** Wildheit, *die;* Grimmigkeit, *die;* Heftigkeit, *die;* Schärfe, *die*

ferrel ['ferl] *see* **ferrule**

ferret ['ferɪt] **1.** *n.* Frettchen, *das.* **2.** *v. i.* ~ **[about or around]** herumstöbern *(ugs.);* herumschnüffeln *(abwertend);* ~ **for sth.** nach etw. stöbern *(ugs.) od. (abwertend)* schnüffeln

~ **out** *v. t.* aufspüren; aufstöbern *(ugs.)*

Ferris wheel ['ferɪs wi:l] *n.* Riesenrad, *das*

ferro- [ferəʊ] *in comb.* Ferro-

ferro'concrete *n.* Stahlbeton, *der*

ferrous ['ferəs] *adj. (containing iron)* eisenhaltig; Eisen-

ferrule ['feru:l, 'ferl] *n.* Zwinge, *die*

ferry ['ferɪ] **1.** *n.* **a)** Fähre, *die;* **b)** *(service)* Fährverbindung, *die;* Fähre, *die (ugs.).* **2.** *v. t.* **a)** *(convey in boat)* übersetzen; **~ [across** *or* **over]** übersetzen; **b)** *(transport)* befördern, bringen ⟨*Güter, Personen*⟩; ~ **the children back and forth to school** die Kinder zur Schule und wieder nach Hause fahren

ferry: ~-**boat** *n.* Fährboot, *das; (punt)* Stakfähre, *die;* Kahnfähre, *die;* ~**man** ['ferɪmən] *n., pl.* ~**men** ['ferɪmən] Fährmann, *der;* ~ **service** *n.* **a)** Fährverbindung, *die;* **b)** *(business)* Fährbetrieb, *der*

fertile ['fɜ:taɪl] *adj.* **a)** *(fruitful)* fruchtbar **(in** an + *Dat.*); *(fig.)* produktiv; schöpferisch; **have a ~ imagination** viel Phantasie haben;

269

fertilisation | **fibre**

b) *(capable of developing)* befruchtet; c) *(able to become parent)* fortpflanzungsfähig
fertilisation, fertilise, fertiliser *see* **fertiliz-**
fertility [fɜ'tɪlɪtɪ] *n., no pl.* a) Fruchtbarkeit, *die (auch fig.);* Fertilität, *die;* b) *(ability to become parent)* Fortpflanzungsfähigkeit, *die*
fertility: ~ **drug** *n. (Med.)* Hormonpräparat, *das (zur Steigerung der Fruchtbarkeit);* ~ **symbol** *n. (Anthrop.)* Fruchtbarkeitssymbol, *das*
fertilization [fɜːtɪlaɪ'zeɪʃn] *n.* a) *(Biol.)* Befruchtung, *die;* b) *(Agric.)* Düngung, *die*
fertilize ['fɜːtɪlaɪz] *v. t.* a) *(Biol.)* befruchten; b) *(Agric.)* düngen
fertilizer ['fɜːtɪlaɪzə(r)] *n.* Dünger, *der*
fervency ['fɜːvənsɪ] *n., no pl. see* **fervent:** Leidenschaftlichkeit, *die;* Inbrunst, *die;* Glut, *die*
fervent ['fɜːvənt] *adj.* leidenschaftlich; inbrünstig ⟨*Gebet, Wunsch, Hoffnung*⟩; glühend ⟨*Leidenschaft, Verehrer, Liebe, Haß*⟩
fervently ['fɜːvəntlɪ] *adv. see* **fervent:** leidenschaftlich; inbrünstig; glühend
fervour *(Brit.; Amer.:* **fervor)** ['fɜːvə(r)] *n. (of discussion, feeling, person, campaign)* Leidenschaftlichkeit, *die; (of love, belief)* Inbrunst, *die; (of passion)* Glut, *die*
fess[e] [fes] *n. (Her.)* Balken, *der*
fest [fest] *n. (Amer.)* Fest, *das*
fester ['festə(r)] *v. i.* a) *(lit. or fig.)* eitern; schwären *(geh.);* b) *(putrefy)* verfaulen
festival ['festɪvl] 1. *n.* a) *(feast day)* Fest, *das;* the ~ of Christmas/Easter das Weihnachts-/Osterfest; b) *(special performance)* Festival, *das;* Festspiele *Pl.;* **the Bayreuth F~:** die Bayreuther Festspiele; **the Edinburgh F~:** das Edinburgh-Festival. 2. *attrib. adj.* Fest-
festive ['festɪv] *adj.* a) *(joyous)* festlich; fröhlich; b) *(of a feast)* Fest-; **the ~ season** die Weihnachtszeit; c) *(convivial)* gesellig
festivity [fe'stɪvɪtɪ] *n.* a) *no pl. (gaiety)* Feststimmung, *die;* b) *(festive celebration)* Feier, *die;* **festivities** Feierlichkeiten *Pl.*
festoon [fe'stuːn] 1. *n.* a) *(chain of flowers)* Girlande, *die;* b) *(carved ornament)* Feston, *das.* 2. *v. t.* schmücken (with mit)
fetal *(Amer.) see* **foetal**
fetch [fetʃ] 1. *v. t.* a) holen; *(collect)* abholen (from von); ~ sb. sth., ~ sth. for sb. jmdm. etw. holen; *(be sold for)* erzielen *(Preis);* **my car ~ed £500** ich habe für den Wagen 500 Pfund bekommen; c) ~ **a sigh** aufseufzen; ~ **a deep breath** tief Atem od. Luft holen; **just give me time to ~ my breath** laß mich erst mal wieder zu Atem kommen; d) *(deal)* ~ **sb. a blow/punch** jmdm. einen Schlag versetzen; e) *(draw forth)* erregen ⟨*Bewunderung, Ärger*⟩; entlocken ⟨*Tränen, Lachen*⟩ (from + *Dat.*). 2. *v. i.* ~ **and carry [for sb.]** [bei jmdm.] Mädchen für alles sein *(ugs.);* **he is always there to ~ and carry for her** *(does every little thing)* er bedient sie vorn und hinten *(ugs.)*
~ **'up** *(coll.)* 1. *v. t.* erbrechen; wieder von sich geben; *(fig.)* speien. 2. *v. i.* landen *(ugs.)*
fetching ['fetʃɪŋ] *adj.* einnehmend, gewinnend ⟨*Lächeln, Stimme, Wesen, Benehmen*⟩; schick ⟨*Kleidung*⟩; **that suit looks very ~ on you** das Kostüm steht dir ausgezeichnet
fetchingly ['fetʃɪŋlɪ] *adv.* einnehmend ⟨*lächeln, sich benehmen*⟩; ausgesprochen ⟨*hübsch*⟩; schick, geschmackvoll ⟨*gekleidet, eingerichtet*⟩
fête [feɪt] 1. *n.* a) [Wohltätigkeits]basar, *der;* b) *(festival)* Fest, *das;* Feier, *die.* 2. *v. t.* feiern
fetid ['fetɪd] *adj.* stinkend; übelriechend; ~ **smell/odour/stench** Gestank, *der*
fetish ['fetɪʃ] *n.* a) Manie, *die (geh.);* Fetisch, *der; (Fimmel, der (ugs.);* **she** **makes something of a ~ of** *or* **has a ~ about tidiness** Sauberkeit ist bei ihr zur Manie geworden; sie hat einen richtigen Sauberkeitsfimmel *(ugs.);* b) *(inanimate object of worship; also Psych.)* Fetisch, *der*
fetishism ['fetɪʃɪzm] *n.* Fetischismus, *der*
fetishist ['fetɪʃɪst] *n.* Fetischist, *der*/Fetischistin, *die*
fetlock ['fetlɒk] *n.* Köte, *die*
fetter ['fetə(r)] 1. *n.* a) *(shackle)* Fußfessel, *die;* b) *usu. in pl. (bond)* Fesseln *Pl.;* **in pl.** *(fig.: captivity)* Gefangenschaft, *die;* Fesseln *Pl.;* c) *in pl. (restraint)* Fesseln *Pl..* 2. *v. t.* a) *(bind [as] with ~s)* fesseln; **be ~ed to sth./sb.** *(fig.)* an etw./jmdn. gekettet sein; b) *(impede)* einengen ⟨*Freiheit, Rechte, Souveränität, Personen*⟩; hemmen ⟨*Fortschritt, Entwicklung, Wachstum, Entfaltung*⟩; lähmen ⟨*Phantasie*⟩
fettle ['fetl] *n.* **be in good** *or* **fine/poor ~:** sich in guter/schlechter Verfassung befinden; ⟨*Sache:*⟩ sich in gutem/schlechtem Zustand befinden
fetus *(Amer.) see* **foetus**
feud [fjuːd] 1. *n.* Zwist, *der;* Zwistigkeiten *Pl.; (Hist./fig.)* Fehde, *die;* **carry on a ~ with sb.** eine Fehde mit jmdm. austragen. 2. *v. i.* [**with sb./each other**] [mit jmdm./miteinander] im Streit liegen
feudal ['fjuːdl] *adj.* a) *(of [holding of] fief)* Leh[e]ns-; b) *(of or according to feudal system)* Feudal-; feudalistisch; ~ **overlord** Feudal- *od.* Lehnsherr, *der;* ~ **rights** Lehensherrlichkeit, *die;* **in ~ Britain** im feudalistischen England
feudalism ['fjuːdəlɪzm] *n., no pl.* Feudalismus, *der*
'feudal system *n. (Hist.)* Feudalsystem, *das*
fever ['fiːvə(r)] *n.* a) *no pl. (Med.: high temperature)* Fieber, *die;* **have a** *or* **suffer from a** [**high**] ~: [hohes] Fieber haben; **a ~ of 105°F** 40,5 °C Fieber; b) *(Med.: disease)* Fieberkrankheit, *die;* c) *(nervous excitement)* Erregung, *die;* Aufregung, *die;* **the crowd was in a ~ of excitement** die Menge befand sich in heller Aufregung; **in a ~ of anticipation** im Fieber der Erwartung
fevered ['fiːvəd] *adj.* fiebrig ⟨*Stirn, Gesicht, Haut usw.*⟩
fever: ~ **heat** *n.* a) *(high temperature)* Fieberhitze, *die;* b) *(fig.) see* **fever pitch;** ~ **hospital** *n.* Seuchenkrankenhaus, *das*
feverish ['fiːvərɪʃ] *adj. (Med.)* having symptoms of fever) fiebrig; Fieber⟨*zustand, -schweiß, -traum*⟩; **be ~:** fiebern; Fieber haben; **spend a ~ night** eine Nacht im Fieber verbringen; b) *(excited)* erregt, aufgeregt ⟨*Geschrei, Lachen*⟩; fiebrig ⟨*Erwartung, Nervosität*⟩; heftig ⟨*Andrang*⟩; fieberhaft ⟨*Aufregung, Eifer, Kampf, Eile*⟩; **make ~ attempts to do sth.** fieberhaft versuchen, etw. zu tun
feverishly ['fiːvərɪʃlɪ] *adv. (Med.)* im Fieber; **toss and turn ~:** sich im Fieber hin und her wälzen; b) *(excitedly)* fieberhaft ⟨*kämpfen, gestikulieren*⟩
'fever pitch *n.* Siedepunkt, *der (fig.);* **reach ~:** auf dem Siedepunkt angelangt sein; **at ~:** auf dem Siedepunkt
few [fjuː]: 1. *adj.* a) *(not many)* wenige; **abs.** nur wenige; ~ **people** [nur] wenige [Leute]; **these ~ marks** die paar Mark; **openings for sociologists are ~:** freie Stellen für Soziologen sind knapp *od.* rar; **trees were ~ in that barren region** es gab nur wenige Bäume in dieser kargen Gegend; **the responsibility of these ~ men** die Verantwortung dieser wenigen Ausnahmen; **very ~ exceptions** mit ganz wenigen Ausnahmen; **very ~ housewives know that** das wissen die wenigsten Hausfrauen; **his ~ belongings** seine wenige Habseligkeiten; **how could those ~ people have achieved such a thing?** wie konnten so wenige Leute das nur erreicht haben?; [**all**] **too ~ people** [viel] zu wenig Leute; ~ **and far between** rar; **they were ~ in number** sie waren nur sehr wenige *od.* nur ein kleines Häuflein; **these stamps are ~ in number** diese Briefmarken sind selten; **a ~ ...:** wenige ...; **not a ~ ...:** eine ganze Reihe ...; **they made not a ~ criticisms of the idea** sie übten nicht wenig Kritik an der Idee; [**just** *or* **only**] **a ~ trouble-makers** einige [wenige] Störenfriede; **just a ~ words from you** nur ein paar Worte von dir; b) *(some)* wenige; **he said his ~ words** er sagte nur ein paar Worte; **a ~ ...:** einige *od.* ein paar ...; **a very ~:** nur wenige; **a ~ more ...:** noch einige *od.* ein paar ...; **some ~ [...]** einige wenige [...]; **every ~ minutes** alle paar Minuten; **a good ~ [...]/quite a ~ [...]** *(coll.)* eine ganze Menge [...]/ziemlich viele [...]; **there are a ~ which ...:** es gibt welche *od.* ein paar, die ... 2. *n.* a) *(not many)* wenige; **these are the beliefs of ~:** das glauben nur wenige; **a ~:** wenige; **the ~:** die wenigen; **the wealthy ~:** die wenigen Reichen; ~ **of us/them** nur wenige von uns/nur wenige [von ihnen]; ~ **of the people** nur wenige [Leute]; ~ **of the words meant anything to him** er konnte mit nur wenigen Wörtern etwas anfangen; **they are among** *or* **some of the very ~ who ...:** sie gehören zu den wenigen, die ...; **only a ~ of them/the applicants** nur wenige [von ihnen]/[der] Bewerber; **just a ~ of you/her friends** nur ein paar von euch/ihrer Freunde; **the privilege of [only] a ~:** das Vorrecht von nur wenigen *od.* einiger weniger; **not a ~ of them** eine ganze Reihe von ihnen; **not a ~:** nicht wenige; ziemlich viele; b) *(some)* **the/these/those ~ who** diejenigen, die; **there were a ~ of us who ...:** es gab einige unter uns, die ...; **with a ~ of our friends** mit einigen *od.* ein paar unserer Freunde; **a ~** [**more**] **of these biscuits** [noch] ein paar von diesen Keksen; **a** [**who**] **einige**[**, die**]; **some ~:** einige wenige [Leute]; **some ~ of us/the members** einige wenige von uns/[der] Mitglieder; **a good ~/quite a ~** *(coll.)* eine ganze Menge/ziemlich viele [Leute]; **a good ~ of us/quite a ~ of us** *(coll.)* eine ganze Menge von uns/ziemlich viele von uns; **have had a ~** *(coll.: be drunk)* einen sitzen haben *(salopp). See also* **fewer; fewest**
fewer ['fjuːə(r)] 1. *adj.* weniger; **become ~ and ~:** immer weniger werden; **smokers are ~ in number than twenty years ago** es gibt weniger Raucher als vor zwanzig Jahren. 2. *n.* **of the apples/of us** weniger Äpfel/von uns
fewest ['fjuːɪst] 1. *adj.* [**the**] **~ [...]** die wenigsten [...]. 2. *n.* [**of us/them**] die wenigsten [von uns/ihnen]; **at** [**the**] **~:** mindestens
fey [feɪ] *adj.* a) *(disordered in mind)* versponnen; b) *(clairvoyant)* hellseherisch; *(otherworldly)* entrückt
fez [fez] *n., pl.* **~zes** Fes, *der*
ff *abbr.* fortissimo ff
ff. *abbr.* a) **and following pages** ff.; b) **folios** Bl.
fiancé [fɪ'ɒnseɪ] *n.* Verlobte, *der*
fiancée [fɪ'ɒnseɪ] *n.* Verlobte, *die*
fiasco [fɪ'æskəʊ] *n., pl.* ~**s** Fiasko, *das*
fiat ['fiːæt, 'fiːət] *n.* a) *(authorization)* Genehmigung, *die;* b) *(decree)* Anordnung, *die*
fib [fɪb] 1. *n.* Flunkerei, *die (ugs.);* **tell ~s** flunkern *(ugs.);* **that was a ~:** das war geschwindelt. 2. *v. i.,* **-bb-** schwindeln; flunkern *(ugs.).* 3. *v. t.,* **-bb-** ~ **one's way out [of sth.]** sich [aus etw.] herausschwindeln
fibber ['fɪbə(r)] *n.* Flunkerer, *der (ugs.);* Schwindler, *der*/Schwindlerin, *die*
fibre *(Brit.; Amer.:* **fiber)** ['faɪbə(r)] *n.* a) Faser, *die;* **with every ~ of his being** *(fig.)* mit jeder Faser seines Herzens; b) *(substance consisting of fibres)* [Faser]gewebe, *das;* c) *(substance that can be felted)* Faserstoff, *der;* d) *(roughage)* Ballaststoffe

fibreboard | **fiercely**

Pl.; e) *(fibrous structure)* Fasergefüge, *das;* Faserstruktur, *die;* f) *(character)* Wesensart, *die; (strength)* Festigkeit, *die; (essence)* Grundstruktur, *die;* moral ~: Charakterstärke, *die.* See also optical fibre
fibre: ~**board** n. Holzfaserplatte, *die;* ~**glass** *(Amer.:* **fiber glass)** n. *(fibrous glass)* Glasfaser, *die; (plastic)* glasfaserverstärkter Kunststoff; ~**glass boat** Kunststoffboot, *das;* ~ '**optics** n. Faseroptik, *die*
fibrillation [fɪbrɪ'leɪʃn] n. *(Med.)* Zucken, *das; (esp. of heart-muscle)* Flimmern, *das*
fibrin ['faɪbrɪn] n. *(Med.)* Fibrin, *das*
fibrositis [faɪbrə'saɪtɪs] n. *(Med.)* Rheumatismus der Weichteile; Fibrositis, *die (fachspr.)*
fibrous ['faɪbrəs] adj. faserig ⟨*Aufbau, Beschaffenheit, Eigenschaft*⟩; Faser⟨*gewebe, -holz, -stoff*⟩
fibula ['fɪbjʊlə] n., *pl.* ~**e** ['fɪbjʊli:] *or* ~**s** a) *(Anat.)* Wadenbein, *das;* b) *(Hist.: brooch)* Fibel, *die*
fiche [fi:ʃ] n., *pl.* same *or* ~**s** see **microfiche**
fickle ['fɪkl] adj. unberechenbar, launisch ⟨*Glück, Schicksal, Person*⟩
fiction ['fɪkʃn] n. a) *(literature)* erzählende Literatur; b) *(thing feigned or imagined)* a ~/~**s** eine Erfindung; **be pure** ~ *or* **a mere** ~: [eine] reine Erfindung sein; *(conventionally accepted falsehood)* kleine Unaufrichtigkeit. See also **fact b; legal fiction**
fictional ['fɪkʃənl] adj. belletristisch; fiktional *(fachspr.);* erfunden ⟨*Inhalt, Geschichte*⟩; ~ **literature** erzählende Literatur; Belletristik, *die (ohne Lyrik);* ~ **characters** fiktive Figuren
fictionalize ['fɪkʃənəlaɪz] v. t. als Fiktion darstellen
'**fiction-writer** n. Belletrist, *der*/Belletristin, *die*
fictitious [fɪk'tɪʃəs] adj. a) *(counterfeit)* fingiert; vorgetäuscht ⟨*Ohnmacht, Verletzung*⟩; Schein⟨*schwangerschaft*⟩; unwahr ⟨*Behauptung, Darstellung*⟩; b) *(assumed)* falsch ⟨*Name, Identität*⟩; angenommen ⟨*Rolle*⟩; c) *(imaginary)* [frei] erfunden ⟨*Person, Figur, Geschichte*⟩; d) *(regarded as what it is called by legal or conventional fiction)* Schein-; fiktiv; ~ **character** *or* **person** erfundene *od.* fiktive Person; ~ **person** *(legal entity)* juristische Person; e) *(of or in novels)* fiktiv
fiddle ['fɪdl] 1. n. a) *(Mus.) (coll./derog.)* Fidel, *die; (violin for traditional or folk music)* Geige, *die;* Fidel, *die;* [**as**] **fit as a** ~: kerngesund; **a face as long as a** ~ *(fig.)* ein Gesicht wie drei *od.* sieben Tage Regenwetter *(ugs.);* **play first/second** ~ *(fig.)* die erste/zweite Geige spielen *(ugs.);* **play second** ~ **to sb.** in jmds. Schatten *(fig.).* b) *(sl.: swindle)* Gaunerei, *die;* **it's some sort of** ~: an der Sache ist was faul *(ugs.);* **it's all a** ~: das ist alles Schiebung *(ugs.);* **get sth. by a** ~: sich *(Dat.)* etw. ergaunern; **be on the** ~: krumme Dinger machen *(ugs.).* 2. v. i. a) *(coll.: play the* ~) Geige spielen; b) ~ **about** *(coll.: waste time)* herumtrödeln *(ugs.); (be frivolous)* [herum]schludern *(ugs.);* ~ **about with** *or* **away at sth.** *(work on to adjust etc.)* an etw. *(Dat.)* herumfummeln *(ugs.); (tinker with)* an etw. *(Dat.)* herumbasteln *(ugs.);* ~ **at sth.** an etw. *(Dat.)* herumspielen *od.* herumfingern; ~ **with sth.** *(play with)* mit etw. herumspielen; c) *(sl.: deceive)* krumme Dinger drehen *(ugs.);* **he** ~**d, lied, and cheated** er hat geschoben, gelogen und betrogen. 3. v. t. *(sl.) (falsify)* frisieren *(ugs.)* ⟨*Bücher, Rechnungen*⟩; *(get by cheating)* [sich] ergaunern *(ugs.);* ~ **one's way into sth.** [**by lying/cheating**] sich [mit Lügen/Betrügereien] in etw. *(Akk.)* einschleichen
fiddle-de-dee [fɪdldɪ'di:] 1. int. Schnickschnack. 2. n. Schnickschnack, *der (ugs.)*
fiddle-faddle ['fɪdlfædl] n. Unsinn, *der;* Unfug, *der*

fiddler ['fɪdlə(r)] n. a) *(player)* Geiger, *der*/Geigerin, *die;* b) *(sl.: swindler etc.)* Gauner, *der*/Gaunerin, *die (abwertend)*
'**fiddler crab** n. Winkerkrabbe, *die*
'**fiddlestick** *(coll.)* 1. n. Geigenbogen, *der.* 2. int. ~**s** dummes Zeug *(ugs.);* Schnickschnack *(ugs.)*
fiddling ['fɪdlɪŋ] adj. a) *(petty)* belanglos; b) *(coll.)* see **fiddly**
fiddly ['fɪdlɪ] adj. *(coll.)* a) *(awkward to do)* knifflig; b) *(awkward to use)* umständlich
fidelity [fɪ'delɪtɪ] n. a) *(faithfulness)* Treue, *die* (**to** zu); **oath of** ~: Treueid, *der;* **breach of** ~: Treubruch, *der;* b) *(conformity to truth or fact)* Glaubwürdigkeit, *die;* c) *(exact correspondence to the original) (of photograph, imitation)* Naturtreue, *die; (of translation)* [Wort]treue, *die;* d) *(Radio, Telev., etc.)* Wiedergabetreue, *die;* [original]getreue Wiedergabe; *(of sound)* Klangtreue, *die; (of picture)* Bildtreue, *die*
fidget ['fɪdʒɪt] 1. n. a) [**be**] **in a** [**terrible**] ~: [ganz] zappelig [sein] *(ugs.);* **put sb. in a** ~: jmdn. unruhig machen; **have/get the** ~**s** jmdn. zappelig sein/werden *(ugs.);* **give sb. the** ~**s** jmdn. zappelig *od.* unruhig machen *(ugs.);* b) *(restless mood)* Unrast, *die;* **be [all] in a** ~: [sehr] unruhig sein; **have/get the** ~**s** ruhelos sein/werden *(ugs.);* c) *(person)* Zappelphilipp, *der (ugs.).* 2. v. i. a) ~ [**about**] [herum]zappeln *(ugs.);* herumrutschen; b) **be uneasy**) nervös sein; **make sb.** ~: jmdn. unruhig machen
fidgety ['fɪdʒɪtɪ] adj. unruhig ⟨*Person, Pferd, Stimmung*⟩; nervös ⟨*Bewegungen, Zuckungen*⟩
fiduciary [fɪ'dju:ʃərɪ] adj. a) treuhänderisch; ~ **money** Giralgeld, *das;* b) *(Finance: depending on public confidence or securities)* ungedeckt ⟨*Papiergeld*⟩
fief [fi:f] n. a) *(feudal benefice)* Lehen, *das;* b) *(sphere of control)* Machtbereich, *der*
field [fi:ld] 1. n. a) *(cultivated)* Feld, *der;* Acker, *der; (for grazing)* Weide, *die; (meadow)* Wiese, *die;* **wheat/tobacco/poppy** ~: Weizen-/Tabak-/Mohnfeld, *das;* **work in the** ~**s** auf dem Feld arbeiten; ~**s of rye** Roggenfelder; b) *(area rich in minerals etc.)* Lagerstätte, *die;* **coal-**~: Gasfeld, *das;* c) *(battlefield)* Schlachtfeld, *das; (fig.)* Feld, *das;* **leave sb. a clear** *or* **the** ~ *(fig.)* jmdm. das Feld überlassen; **hold the** ~: das Feld behaupten; d) *(scene of campaign)* [Kriegs]schauplatz, *der;* **enter the** ~ *(fig.)* eingreifen; auf der Bildfläche erscheinen *(ugs.);* **in the** ~: im Feld; an der Front; *(fig.)* ⟨*Vertreter*⟩ im Außendienst; ⟨*Student*⟩ in der Praxis; **be sent into the** ~: [hin]ausgeschickt werden; **keep the** ~: weiterkämpfen; **take the** ~: in den Kampf ziehen *(see also f);* e) *(battle)* **a hard-fought/hard-won** ~: eine erbitterte Schlacht/ein schwer erkämpfter Sieg; **win/lose the** ~: siegreich sein/die Schlacht verlieren; f) *(playing* ~*)* Sportplatz, *der; (ground marked out for game)* Platz, *der;* [Spiel]feld, *das;* **send sb. off the** ~: jmdn. vom Platz schicken; **take the** ~: das Spielfeld betreten *(see also* d); g) *(Sport: area for defence or attack)* [Spiel]feld, *das;* h) *(competitors in sports event)* Feld, *das; (fig.)* Teilnehmerkreis, *der;* **play the** ~ *(fig. coll.)* sich nicht festlegen [wollen]; alles nehmen, wie es kommt; *(take advantage of all chances offered)* alle gebotenen Chancen wahrnehmen; i) *(Hunting)* Feld, *das;* Gruppe, *die;* **lead the** ~ *(lit. or fig.)* das Feld anführen; j) *(airfield)* Flugplatz, *der;* Flugfeld, *das (veralt.);* k) *(expanse)* Fläche, *die; (fig.)* Gebiet, *das;* l) *(Her.)* Feld, *das;* Grund, *der;* m) *(of picture etc.)* Feld, *das;* n) *(area of operation, subject areas, etc.)* Fach, *das;* [Fach]gebiet, *das; (range of vision or view)* Sichtfeld, *das;* **his researches range over a wide** ~: seine Forschungen, die sich über ein großes Ge-

biet erstrecken; **in the** ~ **of medicine** auf dem Gebiet der Medizin; **workers in the** ~: die Leute vom Fach; **he's working in his own** ~: er arbeitet in seinem [erlernten] Beruf; **that is outside my** ~: das fällt nicht in mein Fach; ~ **of vision** *or* **view** Blickfeld, *das;* o) *(Phys.)* **magnetic/gravitational** ~: Magnet-/Gravitationsfeld, *das;* p) attrib. *(found in open country)* Feld-; ~-**marigold** [Saat]wucherblume, *die;* ~-**mushroom** Wiesenchampignon, *der;* ~-**poppy** Klatschmohn, *der;* q) attrib. *(carried out in natural environment; light and mobile)* Feld⟨*studie, -forschung, -artillerie, -ausrüstung*⟩. See also **airfield; coalfield; gold-field; minefield; oilfield.** 2. v. i. *(Cricket, Baseball, etc.)* als Fänger spielen; **he** ~**s well** er ist ein guter Fänger. 3. v. t. a) *(Cricket, Baseball, etc.) (stop)* fangen ⟨*Ball*⟩; *(stop and return)* auffangen und zurückwerfen; b) *(put into* ~*)* aufstellen, aufs Feld schicken ⟨*Mannschaft, Spieler*⟩; c) *(fig.: deal with)* fertig werden mit; parieren ⟨*Fragen*⟩
'**field-day** n. a) *(Mil.)* Feldübung, *die;* Manöver, *das;* b) *(fig.)* großer Tag; **have a** ~-**day** seinen großen Tag haben
fielder ['fi:ldə(r)] n. *(Cricket, Baseball, etc.)* Feldspieler, *der*
'**field events** n. pl. *(Sport)* technische Disziplinen
fieldfare ['fi:ldfeə(r)] n. *(Ornith.)* Wacholderdrossel, *die*
field: ~-**glasses** n. pl. Feldstecher, *der;* ~ **hockey** *(Amer.)* see **hockey a;** ~ **hospital** n. *(Mil.)* Feldlazarett, *das;* **F**~ '**Marshal** n. *(Brit. Mil.)* Feldmarschall, *der;* ~ **mouse** n. Brandmaus, *die;* ~ **officer** n. *(Mil.)* Stabsoffizier, *der;* ~**sman** ['fi:ldzmən] n., pl. ~**smen** ['fi:ldzmən] see **fielder;** ~ **sports** n. pl. Sport im Freien *(bes. Jagen und Fischen);* ~-**test** 1. n. see ~-**trial;** 2. v. t. in der Praxis erproben; ~-**trial** n. Feldversuch, *der;* ~-**trip** n. Exkursion, *die;* ~-**work** n. a) *(Mil.: temporary fortification)* Feldbefestigung, *die;* b) *(outdoor work) (of surveyor etc.)* Arbeit im Gelände; *(of sociologist, collector of scientific data, etc.)* Feldforschung, *die;* ~-**worker** n. Feldforscher, *der*/-forscherin, *die*
fiend [fi:nd] n. a) *(very wicked person)* Scheusal, *die;* Unmensch, *der;* **b) the F**~: der Teufel *od.* Satan; c) *(evil spirit)* böser Geist; d) *(coll.) (mischievous or tiresome person)* Plagegeist, *der; (artful person)* Schlaufuchs, *der;* e) *(devotee)* Fan, *der;* **travel/theatre** ~: Reise-/Theaternarr, *der*/-närrin, *die;* **motor-bike/health-food** ~: Motorrad-/Naturkostfreak, *der;* **fresh-air** ~: Frischluftfanatiker, *der*/-fanatikerin, *die*
fiendish ['fi:ndɪʃ] adj. a) *(deviously treacherous)* niederträchtig; b) *(coll.: artful)* gerissen *(ugs.);* ausgefuchst *(ugs.);* c) *(extremely awkward)* höllisch; d) *(coll.: terrible)* teuflisch
fiendishly ['fi:ndɪʃlɪ] adv. a) *(in deviously treacherous manner)* niederträchtig; auf niederträchtige Weise; b) *(coll.: artfully)* auf gerissene Weise; ~ **clever** gerissen und schlau; c) *(extremely awkwardly)* höllisch; d) *(in fiendlike manner)* teuflisch
fierce [fɪəs] adj. a) *(violently hostile)* wild; erbittert ⟨*Widerstand, Kampf*⟩; wuchtig ⟨*Schlag*⟩; heftig ⟨*Bomben*]*angriff*⟩; feindselig ⟨*Benehmen*⟩; b) *(raging)* wütend; tobend ⟨*Wind*⟩; grimmig ⟨*Haß, Wut*⟩; grausam ⟨*Krankheit, Tyrannei*⟩; scharf ⟨*Kritik, Verurteilung*⟩; wild ⟨*Tier*⟩; c) *(ardent)* ungestüm ⟨*Leidenschaft, Verlangen*⟩; heftig ⟨*Andrang, Streit*⟩; heiß ⟨*Wettbewerb*⟩; hitzig ⟨*Kampagne*⟩; leidenschaftlich ⟨*Ehrgeiz, Stolz, Wille*⟩; wild ⟨*Entschlossenheit, Jagd*⟩; d) *(unpleasantly strong or intense)* unerträglich; **the heat is a bit** ~: die Hitze ist ein bißchen zu stark; e) *(violent in action)* hart ⟨*Bremsen, Ruck*⟩
fiercely ['fɪəslɪ] adv. a) *(with violent hos-*

fiery

tility) heftig ⟨angreifen, Widerstand leisten⟩; wütend, grimmig ⟨brüllen⟩; b) (with raging force) wütend ⟨toben⟩; aufs heftigste ⟨kritisieren, bekämpfen⟩; **the fire burnt ~ for several hours** der Brand wütete mehrere Stunden; c) (ardently) äußerst ⟨stolz, unabhängig sein⟩; wild ⟨entschlossen, kämpfen⟩; d) (with unpleasant strength or intensity) unerträglich; e) (with violent action) heftig; scharf ⟨bremsen⟩

fiery ['faɪərɪ] adj. a) (consisting of or flaming with fire) glühend, feurig ⟨Atem⟩; b) (looking like fire) feurig, (blazing red) feuerrot; glutrot; c) (hot as fire) glühendheiß; **~ temperature** Gluthitze, die; d) (producing burning sensation) brennend, juckend ⟨Ausschlag⟩; feurig ⟨Geschmack, Gewürz⟩; scharf ⟨Getränk⟩; e) (fervent, full of spirit) feurig ⟨Liebhaber, Pferd⟩; (irascible, impassioned) hitzig ⟨Temperament, Debatte⟩; feurig ⟨Rede, Redner⟩; **~ zeal** Feuereifer, der; **have a ~ temper** ein Hitzkopf sein

fiery 'cross n. a) (Hist.: rallying-signal of Scottish Highlanders) Feuerkreuz, das; b) (Amer.: of Ku Klux Klan) Flammenkreuz, das

fiesta [fi:'estə] n. Fest, das

FIFA ['fi:fə] abbr. International Football Federation FIFA, die; Fifa, die

fife [faɪf] n. Pfeife, die

fifteen [fɪf'ti:n] 1. adj. fünfzehn; see also **eight** 1. 2. n. a) Fünfzehn, die; see also **eight** 2 a, d; **eighteen** 2; b) (Rugby Football) [Rugby]mannschaft, die

fifteenth [fɪf'ti:nθ] 1. adj. fünfzehnt...; see also **eighth** 1. 2. n. (fraction) Fünfzehntel, das; see also **eighth** 2

fifth [fɪfθ] 1. adj. fünft...; see also **eighth** 1. 2. n. a) (in sequence) fünfte, der/die/das; (in rank) fünfte, der/die/das; (fraction) Fünftel, das; b) (~ form) fünfte [Schul]klasse, (Schuljargon) fünfte, die; c) (Mus.) Quinte, die; d) (day) **the ~ of May** der fünfte Mai; **the ~** [of the month] der Fünfte [des Monats]; e) (Amer. coll.) (bottle) ≈ Dreiviertelliterflasche, die; (of a gallon) ca. dreiviertel Liter. See also **eighth** 2

fifth: ~ 'column n. fünfte Kolonne; ~-'columnist n. Mitglied der fünften Kolonne; ~ form see form 1 d

fiftieth ['fɪftɪɪθ] 1. adj. fünfzigst...; see also **eighth** 1. 2. n. (fraction) Fünfzigstel, das; see also **eighth** 2

fifty ['fɪftɪ] 1. adj. a) fünfzig; **one-and-~** (arch.) see **fifty-one** 1; b) (large indefinite number) ~ **times** hundertmal; zigmal (ugs.). See also **eight** 1. 2. n. Fünfzig, die; **one-and-~** (arch.) see **fifty-one** 2; see also **eight** 2 a; **eighty** 2

fifty: ~~ adv., adj. fifty-fifty (ugs.); halbehalbe (ugs.); **go ~~~:** fifty-fifty od. halbpart machen; **on a ~~~ basis** auf der Basis, daß fifty-fifty geteilt wird; ~-'**first** etc. adj. einundfünfzigst... usw.; see also **eighth** 1; ~**fold** ['fɪftɪfəʊld] adj., adv. fünfzigfach; see also **eightfold**; ~-'**one** etc. N. 1. adj. einundfünfzig usw.; see also **eight** 1; 2. n. Einundfünfzig usw., die; see also **eight** 2 a

¹**fig** [fɪg] n. a) Feige, die; (valueless thing) **it's not worth a ~:** das ist keinen Pfifferling od. keine müde Mark wert (ugs.); **not care or give a ~ about** or **for sth.** sich nicht um die Bohne (ugs.) od. keinen Deut für etw. interessieren

²**fig** n. (attire) Staat, der; (legal, academic, etc.) Ornat, der; **in full ~:** in vollem Staat

fig. abbr. figure Abb.

fight [faɪt] 1. v. i., **fought** [fɔ:t] a) (lit. or fig.) kämpfen; (with fists) sich schlagen; ~ **to do sth.** etw. tun zu tun; ~ **to save sb.'s life** um jmds. Leben kämpfen; **watch animals/people** ~**ing** Tieren/Menschen beim Kampf zusehen; ~ **shy of sth./sb.** jmdm./einer Sache aus dem Weg gehen; ~ **shy of doing sth.** sich davor scheuen, etw. zu

tun (ugs.); es vermeiden, etw. zu tun; b) (squabble) [sich] streiten, [sich] zanken (**about** wegen). See also **cat** a; ¹**cock** 1 a; **hand** 1 a; **tooth** a. 2. v. t., **fought** a) (in battle) ~ **sb./sth.** gegen jmdn./etw. kämpfen; (using fists) ~ **sb.** sich mit jmdm. schlagen; ⟨Boxer:⟩ gegen jmdn. boxen; b) (seek to overcome) bekämpfen; (resist) ~ **sb./sth.** gegen jmdn./etw. ankämpfen; c) (contend in) durchfechten; durchkämpfen; ~ **a battle** einen Kampf austragen; **be ~ing a losing battle** (fig.) auf verlorenem Posten stehen od. kämpfen; ~ **sb.'s battles for him** (fig.) jmdm. alle Schwierigkeiten aus dem Weg räumen; ~ **the good fight** (fig.) für die gute od. gerechte Sache kämpfen; d) ausfechten ⟨Problem⟩; führen ⟨Kampagne⟩; kandidieren bei ⟨Wahl⟩; e) ~ **one's way** sich (Dat.) den Weg freikämpfen; (fig.) sich (Dat.) seinen Weg bahnen; ~ **one's way to the top** (fig.) sich an die Spitze kämpfen; ~ **one's way up** (fig.) sich nach oben kämpfen; sich hochkämpfen. 3. n. a) (combat, campaign, boxing-match) Kampf, der (**for** um); (brawl) Schlägerei, die; (literary: battle) Schlacht, die; **their ~ for freedom** ihr Freiheitskampf; **make a ~ of it, put up a ~:** sich wehren; (fig.) sich zur Wehr setzen; **give in without a ~** (fig.) klein beigeben; **aren't you going to make a ~ of it?** (fig.) willst du dir das etwa gefallen lassen?; **world championship title ~:** Titelkampf um die Weltmeisterschaft; b) (squabble) Streit, der; **they are always having ~s** zwischen ihnen gibt es dauernd Streit; **he likes a good ~:** er hat nichts gegen einen guten Streit; c) (ability to ~ing) Kampffähigkeit, die; (appetite for ~ing) Kampfgeist, der; **have no ~ left in one** nicht mehr zum Kampf fähig sein; (fig.) erledigt od. fertig sein; **all the ~ had gone out of him** (fig.) sein Kampfgeist war erloschen; **show ~** (lit. or fig.) Stärke demonstrieren

~ **against** v. t. a) (in war) kämpfen gegen; (in boxing-match) antreten gegen; b) (resist) kämpfen gegen; ankämpfen gegen ⟨Wellen, Wind, Gefühle⟩; bekämpfen ⟨Krankheit, Analphabetentum⟩

~ '**back** 1. v. i. zurückschlagen; sich zur Wehr setzen. 2. v. t. a) (suppress) zurückhalten; b) (resist) zurückdrängen; aufhalten ⟨Vormarsch⟩

~ '**down** v. t. zurückhalten

~ **for** v. t. (lit. or fig.) kämpfen für; ~ **for one's life** um sein Leben kämpfen

~ '**off** v. t. (lit. or fig.) abwehren; abwimmeln (ugs.) ⟨Reporter, Fans, Bewunderer⟩; widerstehen (+ Dat.) ⟨Versuchung⟩; bekämpfen ⟨Erkältung⟩; ~ **off the desire** dem Wunsch widerstehen

~ '**out** v. t. (lit. or fig.) ausfechten; ~ **it out amongst yourselves** macht das unter euch (Dat.) aus

~ **over** v. t. a) (~ with regard to) [sich] streiten über (+ Akk.); b) (~ to gain possession of) kämpfen um; (squabble to gain possession of) [sich] streiten um; [sich] zanken um

~ **with** v. t. a) kämpfen mit; b) (squabble with) [sich] streiten mit; [sich] zanken mit; c) (~ on the side of) kämpfen [zusammen] mit

fighter ['faɪtə(r)] n. a) Kämpfer, der/Kämpferin, die; (warrior) Krieger, der; (boxer) Fighter, der; b) (aircraft) Kampfflugzeug, das; ~ **pilot** Jagdflieger, der

fighting ['faɪtɪŋ] 1. adj. Kampf⟨truppen, -schiff, -flugzeug⟩; see also ¹**cock** 1 a. 2. n. Kämpfe; **be in a ~ mood** kämpferisch gestimmt sein

fighting: ~ '**chance** n. **have a ~ chance of succeeding/of doing sth.** Aussicht auf Erfolg haben/gute Chancen haben, etw. zu tun; ~ '**drunk** adj. (coll.) betrunken und streitsüchtig; ~ **fish** n. Kampffisch, der; ~ '**fit** adj. topfit (ugs.); ~ **fund** n. Geldmittel

figure

[aus einer Spendenaktion] zur Durchführung einer Kampagne; **raise a ~ fund** eine Spendenaktion durchführen; ~ '**mad** adj. [vor Wut] rasend; ~ '**words** n. pl. (coll.) Kampfparolen

'**fig-leaf** n. (lit. or fig.) Feigenblatt, das

figment ['fɪgmənt] n. (imagined thing) Hirngespinst, das; **a ~ of one's** or **the imagination** pure Einbildung

'**fig-tree** n. Feigenbaum, der

figurative ['fɪgjʊrətɪv, 'fɪgərətɪv] adj. a) (metaphorical) bildlich, übertragen; figurativ (Sprachw.); b) (metaphorically so called) im übertragenen Sinne; (**with many figures of speech**) bilderreich; d) (emblematic) symbolisch; **be ~ of sth.** symbolisch für etw. stehen

figuratively ['fɪgjʊrətɪvlɪ, 'fɪgərətɪvlɪ] adv. a) (metaphorically) im übertragenen [Sinne]; figurativ (Sprachw.); b) (**with many figures of speech**) bilderreich; c) (emblematically) symbolisch

figure ['fɪgə(r)] 1. n. a) (shape) Form, die; b) (Geom.) Figur, die; c) (one's bodily shape) Figur, die; **have to worry about one's ~:** auf seine Figur achten müssen; **keep one's ~:** sich (Dat.) seine Figur bewahren; schlank bleiben; **lose one's ~:** dick werden; d) (person as seen) Gestalt, die; (literary ~) Figur, die; (historical etc. ~) Persönlichkeit, die; **a fine ~ of a man/woman** eine stattliche Erscheinung; **~ of fun** eine Spottfigur; **make** or **cut a brilliant/poor** etc. **~:** eine glänzende/erbärmliche usw. Figur machen od. abgeben; e) (image) Bild, das; **she looked a ~ of misery** sie bot ein Bild des Jammers; f) (three-dimensional representation) Figur, die; (two-dimensional representation) Gestalt, die; g) (emblem) Symbol, das; **a ~ of peace** ein Friedenssymbol; h) (simile etc.) ~ [**of speech**] Redewendung, die; (Rhet.) Redefigur, die; **it's just a ~ of speech** das habe ich nicht wirklich gemeint; i) (illustration) Abbildung, die; j) (decorative pattern) Muster, das; k) (Dancing, Skating) Figur, die; l) (numerical symbol) Ziffer, die; (number not expressed) Zahl, die; (amount of money) Betrag, der; (amount paid for sth.) Erlös, der; (value) [Zahlen]wert, der; **double ~s** zweistellige Zahlen; **membership is in double ~s** die Mitgliederzahl ist zweistellig; **three/four** etc. ~**s** drei-/vierstellige Zahlen; **go** or **run into three ~s** sich auf dreistellige Zahlen belaufen; (three-/vierstellig usw.; m) in pl. (arithmetical calculations) Rechnen, das; (accounts, result of calculations) Zahlen Pl.; **can you check my ~s?** kannst du mal nachrechnen?; **do the ~s** den [Jahres-, Rechnungs]abschluß durchführen; **last month's ~s** die Zahlen/Werte des Vormonats; **he is good at ~s** er kann gut rechnen; see also **head** 1 b; n) (Ling.) [grammatische] Figur. 2. v. t. a) (represent pictorially) darstellen; b) (picture mentally) sich (Dat.) vorstellen; ~ **oneself as sth.** sich selbst als etw. [an]sehen; c) (be symbol of) versinnbildlichen; d) (embellish) verzieren; e) (Mus.) beziffern; f) (mark with number[s]) mit einer Zahl versehen; g) (calculate) schätzen; sagen; h) (Amer.: understand) verstehen; i) (Amer.: ascertain) herausfinden. See also ³**bass** 2 c. 3. v. i. a) (make appearance) vorkommen; erscheinen; (in play) auftreten; **children don't ~ in her plans for the future** Kinder spielen in ihren Zukunftsplänen keine Rolle; **this image often ~d in her dreams** dieses Bild tauchte in ihren Träumen häufig auf; ~ **prominently on the music scene/in world politics** in der Musikszene/Weltpolitik eine bedeutende Rolle spielen; b) (do arithmetic) rechnen; c) (coll.: be likely, understandable) **it ~s that ...:** es kann gut sein, daß ...; **that ~s** das kann gut sein od. stimmt sicher

~ **on** *v. t.* rechnen mit; ~ **on doing sth.** damit rechnen, etw. zu tun
~ '**out** *v. t.* **a)** *(work out by arithmetic)* ausrechnen; **b)** *(Amer.: estimate)* ~ **out that ...**: damit rechnen, daß ...; **c)** *(understand)* verstehen; **I can't ~ him out** ich werde nicht schlau aus ihm; **d)** *(ascertain)* herausfinden; **it's difficult to ~ out whether ...**: es ist schwer zu sagen, ob ...; **I can't ~ out where we've met before** ich weiß nicht, wo wir uns schon gesehen haben
figure: ~-**head** *n.* *(lit. or fig.)* Galionsfigur, *die;* ~-**skating** *n.* Eiskunstlauf, *der;* ~-**work** *n., no pl.* **do some** ~-**work** ein paar Berechnungen anstellen
Fiji ['fi:dʒi:] *pr. n.* Fidschi *(das);* Fidschiinseln *Pl.*
filament ['fɪləmənt] *n.* **a)** Faden, *der;* *(Chem.)* Filament, *das (fachspr.);* Faser, *die;* **b)** *(conducting wire or thread)* Glühfaden, *der;* **c)** *(Bot.)* Staubfaden, *der;* Filament, *das (fachspr.)*
filbert ['fɪlbət] *n.* **a)** *(cultivated hazel)* Haselnußstrauch, *der;* **b)** *(nut)* Haselnuß, *die*
filch [fɪltʃ] *v. t.* stibitzen *(ugs.)*
¹**file** [faɪl] *n.* **1. a)** Feile, *die; (nail-~)* [Nagel]feile, *die.* **2.** *v. t.* feilen ⟨Fingernägel⟩; mit der Feile bearbeiten ⟨Holz, Eisen⟩; ~ **sth. to make it smooth** etw. glatt feilen
~ **a'way** *v. t.* abfeilen
~ '**down** *v. t.* abfeilen
²**file 1.** *n.* **a)** *(holder)* Ordner, *der; (box)* Kassette, *die;* [Dokumenten]schachtel, *die;* **on** ~: in der Kartei/in den Akten; **on or in sb.'s** ~**s** in jmds. Kartei/in od. bei jmds. Akten; **put sth. on** ~: etw. in die Akten/Kartei aufnehmen; *(set of papers)* Ablage, *die; (as cards)* Kartei, *die;* **open/keep a** ~ **on sb./sth.** eine Akte über jmdn./etw. anlegen/führen; **c)** *(series of issues of newspaper etc.)* [Zeitungs]bündel, *das (von aufeinanderfolgenden Nummern);* **d)** *(Computing)* Datei, *die;* **e)** *(stiff wire)* Zettelspieß, *der;* **f)** *(Law)* Akten *Pl.;* **reopen/close the** ~ **on a case** einen Fall wiederaufnehmen/abschließen. **2.** *v. t.* **a)** *(place on a* ~*)* [in die Kartei] einordnen/[in die Akten] aufnehmen; ablegen *(Bürow.);* *(place among public records)* archivieren; ~ **sth. in drawers** etw. [geordnet] in Schubladen aufbewahren; **b)** *(submit)* einreichen ⟨Antrag⟩; **c)** *(Journalist.)* einsenden ⟨Bericht⟩
~ **a'way** *v. t.* ablegen *(Bürow.)*
³**file 1.** *n.* **a)** *(Mil. etc.)* Reihe, *die;* **stand in** ~: in Reih und Glied stehen; **[in] single** *or* **Indian** ~: [im] Gänsemarsch; **b)** *(row of persons or things)* Reihe, *die.* **2.** *v. i.* in einer Reihe gehen; nacheinander gehen
~ **a'way** *v. i.* [einer nach dem anderen weggehen; [nacheinander] fortgehen
~ '**off** *see* ~ **away**
file: ~ **card** *n.* Karteikarte, *die;* ~ **copy** *n.* Belegexemplar, *das; (of letter)* Kopie für die Akten
filet ['fileɪ] *n. (Gastr.)* Filet, *das*
filial ['fɪliəl] *adj.* **a)** *(of or due from son or daughter)* kindlich ⟨Gehorsam, Achtung, Treue⟩; Kindes-, Sohnes-/Tochter⟨liebe, -pflicht⟩; **b)** *(Biol.)* ~ **generation** Filialgeneration, *die*
filibuster ['fɪlɪbʌstə(r)] *n.* **1.** *(obstructionist)* Verschleppungstaktiker, *der;* *(obstruction)* Verschleppungstaktik, *die;* Filibuster, *das.* **2.** *v. i.* obstruieren; Dauerreden halten
filigree ['fɪlɪgri:] *n. (lit. or fig.)* Filigran, *das*
¹**filing** ['faɪlɪŋ] *n.* ~**s** *(particles)* Späne *Pl.;* **iron** ~**s** Eisen[feil]späne
²**filing** *n. (action of* ²**file 2 a)** Ablage, *die*
filing: ~ **cabinet** *n.* Aktenschrank, *der;* ~ **clerk** *n.* Archivkraft, *die;* ~ **system** *n.* Ablagesystem, *das*
Filipino [fɪlɪ'pi:nəʊ] **1.** *adj.* philippinisch. **2.** *n., pl.* ~**s** Filipino, *der*/Filipina, *die*
fill [fɪl] **1.** *v. t.* **a)** *(make full)* ~ **sth. [with sth.]** etw. [mit etw.] füllen; **the room was** ~**ed**

(with people) der Raum war fast voll besetzt; ~ **the walls with photos** die Wände mit Fotos vollhängen; ~ **sb./sb.'s heart with fear** jmdm. Furcht einflößen; ~**ed with** voller ⟨Reue, Bewunderung, Neid, Verzweiflung⟩ (at über + *Akk.*); **be** ~**ed with envy at sb.'s success** auf jmds. Erfolg *(Akk.)* neidisch sein; **b)** *(distend)* blähen ⟨Segel⟩; **c)** *(stock abundantly)* füllen, *(fig.)* anfüllen; **be** ~**ed with people/flowers/fish** *etc.* voller Menschen/Blumen/Fische *usw.* sein; **the journey had** ~**ed his mind with new ideas** die Reise hatte ihm zahlreiche neue Anregungen gegeben; **d)** *(occupy whole capacity of, spread over)* füllen; besetzen ⟨Sitzplätze⟩; *(fig.)* ausfüllen ⟨Gedanken, Zeit⟩; **the room was** ~**ed to capacity** der Raum war voll besetzt *od. (ugs.)* [proppen]voll; **tears suddenly** ~**ed her eyes** plötzlich standen ihr Tränen in den Augen; **when you've** ~**ed this notebook ...**: wenn dein Heft voll ist ...; **the fat lady** ~**ed two seats** die dicke Dame brauchte zwei Plätze; **enough cake to** ~ **three large plates** genug Kuchen für drei große Teller; ~ **the bill** *(fig.)* den Erwartungen entsprechen; *(be appropriate)* angemessen sein; **e)** *(pervade)* erfüllen; **light/silence** ~**ed the room** Licht strömte in das Zimmer/ Schweigen breitete sich im Zimmer aus; **f)** *(block up)* füllen ⟨Lücke⟩; füllen, *(veralt.)* plombieren ⟨Zahn⟩; **g)** *(Cookery)* [stuff] füllen; *(put layer of sth. solid in)* belegen; *(put layer of sth. spreadable in)* bestreichen; **h)** *(satisfy)* sättigen; satt machen; **i)** *(hold)* innehaben ⟨Posten⟩; versehen ⟨Amt⟩; *(take up)* ausfüllen ⟨Position⟩; **j)** *(execute)* ausführen ⟨Auftrag⟩; **k)** *(appoint to)* besetzen ⟨Posten, Lehrstuhl⟩. **2.** *v. i.* **a)** *(become full)* ~ **[with sth.]** füllen [mit etw.] füllen, *(fig.)* sich [mit etw.] erfüllen; **b)** *(be distended by wind)* sich blähen. **3.** *n.* **a)** *(as much as one wants)* **eat/drink one's** ~: sich satt essen/ trinken; **have had one's** ~ **[of food and drink]** seinen Hunger und Durst gestillt haben; **weep one's** ~: sich ausweinen; **have had one's** ~ **of sth./doing sth.** genug von etw. haben/etw. zur Genüge getan haben; **b)** *(enough to* ~ *sth.)* **he needs a** ~ **of tobacco for his pipe/of petrol/of ink** er muß seine Pfeife stopfen/tanken/Tinte nachfüllen
~ '**in 1.** *v. t.* **a)** füllen; zuschütten, auffüllen ⟨Erdloch⟩; **b)** *(complete)* ausfüllen; ergänzen ⟨Auslassungen⟩; **c)** *(insert)* einsetzen; **d)** *(find occupation during)* überbrücken ⟨Zeit⟩; **how did you** ~ **your evenings?** was hast du abends unternommen?; **e)** *(coll.: inform)* ~ **sb. in [on sth.]** jmdn. [über etw. *(Akk.)*] unterrichten *od.* ins Bild setzen. **2.** *v. i.* ~ **in for sb.** für jmdn. einspringen
~ '**out 1.** *v. t.* **a)** *(enlarge to proper size or extent)* ausfüllen; vervollständigen ⟨Essay, Aufsatz⟩; **b)** *(Amer.: complete)* ausfüllen ⟨Formular *usw.*⟩. **2.** *v. i.* **a)** *(become enlarged)* sich ausdehnen; *(become plumper)* [Fett] ansetzen; voller werden
~ '**up 1.** *v. t.* **a)** *(make full)* ~ **sth. up [with sth.]** etw. [mit etw.] füllen; **put a little milk into the cup and then** ~ **it up with water** gießen Sie etwas Milch in die Tasse und füllen Sie mit Wasser auf; ~ **oneself/sb. up [with sth.]** sich/jmdn. [mit etw.] vollstopfen; **their mother tried to** ~ **them up** ihre Mutter versuchte, sie satt zu kriegen; **that will** ~ **you up!** davon wirst du satt!; **b)** *(put petrol into)* ~ **up [the tank]** tanken; ~ **her up!** voll[tanken]!; **c)** auffüllen ⟨Loch⟩; zuschmieren ⟨Riß⟩; **d)** *(complete)* ausfüllen ⟨Formular *usw.*⟩. **2.** *v. i.* ⟨Theater, Zimmer, Zug *usw.*⟩ sich füllen; ⟨Becken, Spülkasten⟩ vollaufen
filled *adj.* gefüllt; **a cream-**~ **cake** ein Kuchen mit Cremefüllung
filler ['fɪlə(r)] *n.* **a)** *(to fill cavity)* Füllmasse, *die;* Spachtelmasse, *die;* **b)** *(to increase bulk)* Sättmacher, *der*

'**filler cap** *n.* Tankverschluß, *der*
fillet ['fɪlɪt] **1.** *n.* **a)** *(Gastr.)* Filet, *das;* ~ [**steak**] *(slice)* Filetsteak, *das; (cut)* Filet, *das;* ~ **of pork/beef/cod/halibut** Schweine-/Rinder-/Kabeljau-/Heilbuttfilet, *das;* **b)** *(Archit.) (narrow flat band)* Leiste, *die; (between flutes of column)* Kannelüre, *die;* **c)** *(headband)* Haarband, *das.* **2.** *v. t.* **a)** *(divide into fillets)* filetieren; **b)** *(remove bones from)* entgräten ⟨Fisch⟩; ausbeinen ⟨Fleisch⟩
filling ['fɪlɪŋ] **1.** *n.* **a)** *(for teeth)* Füllung, *die;* Plombe, *die (veralt.);* **b)** *(for pancakes etc.)* Füllung, *die; (for sandwiches etc.)* Belag, *der; (for spreading)* Aufstrich, *der.* **2.** *adj.* sättigend
'**filling station** *n.* Tankstelle, *die*
fillip ['fɪlɪp] *n.* Anreiz, *der;* Ansporn, *der;* **give sb. a** ~: jmdn. anspornen; **give** *or* **be a** ~ **to the economy** die Wirtschaft beleben
filly ['fɪlɪ] *n.* **a)** junge Stute; Stutfohlen, *das;* **b)** *(sl.: young woman)* Käfer, *der (ugs. veralt.);* Biene, *die (ugs.)*
film [fɪlm] **1.** *n.* **a)** *(thin layer)* Schicht, *die;* ~ |**of varnish/dust**| [Lack-/Staub]schicht, *die;* ~ |**of oil/slime**| [Öl-/Schmier]film, *der;* **b)** *(Photog.)* Film, *der;* **put sth. on** ~: etw. ablichten; **the events are all on** ~: die Vorgänge sind alle gefilmt worden; **c)** *(Cinemat. story etc.)* Film, *der;* Streifen, *der (ugs.);* **make/direct a** ~: einen Film drehen/bei einem Film Regie führen; **d)** *in pl. (cinema industry)* Kino, *das;* Film, *der;* **go into** ~**s** zum Kino *od.* Film gehen; **she is in** ~**s** sie ist beim Film; **e)** *no pl. (as art-form)* der Film; **are you interested in** ~? interessieren Sie sich für [den] Film? **2.** *v. t. (Cinemat. etc.)* **a)** *(record on motion* ~*)* filmen; *(for motion picture)* drehen ⟨Kinofilm, Szene⟩; **b)** *(make cinema etc.* ~ *of)* verfilmen ⟨Buch *usw.*⟩. **3.** *v. i.* ⟨Szene:⟩ sich filmen lassen ⟨Buch, Geschichte:⟩ sich verfilmen lassen
~ '**over** *v. i.* ⟨Spiegel, Glas:⟩ anlaufen; **her eyes** ~**ed over with tears** Tränen traten ihr in die Augen
film: ~ **clip** *see* ²**clip 2 b;** ~ **crew** *n.* Kamerateam, *das;* ~ **director** *n.* Filmregisseur, *der/*-regisseurin, *die;* ~ **editor** *n.* Cutter, *der*/Cutterin, *die;* ~-**goer** *n.* Kinogänger, *der/*-gängerin, *die;* ~ **library** *n.* Filmarchiv, *das;* ~ **projector** *n.* Projektor, *der;* ~ **script** *n.* Drehbuch, *das;* ~ **set** *n.* Dekoration, *die;* ~-**setting** *n. (Printing)* Lichtsatz, *der;* ~ **show** *n.* Filmvorführung, *die;* ~ **star** *n.* Filmstar, *der;* ~-**strip** *n.* Filmstreifen, *der*
filmy ['fɪlmɪ] *adj.* hauchdünn
Filofax, (P) ['faɪləʊfæks] *n.* ≈ Terminplaner, *der*
filter ['fɪltə(r)] **1.** *n.* **a)** Filter, *der;* **b)** *(Brit.) (route)* Abbiegespur, *die; (light)* grünes Licht für Abbieger. **2.** *v. t.* filtern. **3.** *v. i.* **a)** *(flow through filter)* ⟨Flüssigkeit:⟩ sickern; ⟨Luft *usw.*:⟩ durch einen Filter strömen; **b)** *(make way gradually)* ~ **through/into/down sth.** durch etw. hindurch-/in etw. *(Akk.)* hinein-/etw. hinuntersickern; **c)** *(at road junction)* sich einfädeln; ~ **off** sich ausfädeln
~ '**out 1.** *v. t. (lit. or fig.)* herausfiltern. **2.** *v. i.* durchsickern
~ '**through** *see* ~ **out 2**
filter: ~-**bed** *n.* Filterkies, *der;* Filtersand, *der;* ~ **coffee** *n.* Filterkaffee, *der;* ~ **lane** *n. (Brit.)* Abbiegespur, *die;* ~ **paper** *n.* Filterpapier, *das;* ~-**tip** *n.* Filter, *der;* ~-**tip [cigarette]** Filterzigarette, *die*
filth [fɪlθ] *n., no pl.* **a)** *(disgusting dirt)* Dreck, *der;* *(pollution)* Schmutzigkeit, *die;* **b)** *(moral corruption)* Verderbtheit, *die;* *(vileness)* Abscheulichkeit, *die;* **c)** *(obscenity)* Schmutz [und Schund] *der;* **d)** *(foul language)* unflätige Sprache; Schweinereien *(ugs.)*
filthiness ['fɪlθɪnɪs] *n., no pl.* **a)** Schmutzig-

273

filthy

keit, *die;* Verdrecktheit, *die (ugs.);* b) *(obscenity)* Unzüchtigkeit, *die*
filthy ['fɪlθɪ] 1. *adj.* a) *(disgustingly dirty)* dreckig *(ugs.);* schmutzig; *(fig.)* widerlich ⟨Angewohnheit⟩; *(fond of filth)* im Dreck lebend ⟨Tiere⟩; b) *(vile)* widerlich; gemein ⟨Lügner, Trick⟩; schmutzig ⟨Phantasie, Gedanken⟩; ~ lucre schnöder Mammon *(abwertend, auch scherzh.);* c) *(very unpleasant)* ekelhaft; scheußlich; ~ **weather** scheußliches Wetter; **Dreckwetter**, *das (ugs.);* d) *(obscene)* schweinisch *(ugs.);* obszön, unflätig ⟨Sprache⟩; **he is** ~, **he is a** ~ **devil** er ist ein Schweinigel *(ugs.);* **a** ~**-minded person** ein Mensch mit einer schmutzigen Phantasie. 2. *adv.* ~ **dirty** völlig verdreckt *(ugs.);* ~ **rich** *(coll.)* stinkreich *(ugs.)*
filtrate ['fɪltreɪt] *n.* Filtrat, *das*
filtration [fɪl'treɪʃn] *n.* Filtrierung, *die;* (*percolation)* Durchsickern, *das*
fin [fɪn] *n.* a) *(Zool.; on boat)* Flosse, *die;* *(flipper)* [Schwimm]flosse, *die;* *(on car)* Heckflosse, *die;* b) *(in internal-combustion engine)* Kühlrippe, *die;* *(on radiator etc.)* Rippe, *die.* See also **tail-fin**
final ['faɪnl] 1. *adj.* a) *(ultimate)* letzt...; End⟨spiel, -stadium, -stufe, -ergebnis⟩; Schluß⟨bericht, -szene, -etappe, -phase⟩; ~ **examination** Abschlußprüfung, *die;* **have a** ~ **swim** ein letztes Mal schwimmen gehen; **give a** ~ **wave** noch einmal *od.* ein letztes Mal winken; **what will be the** ~ **outcome of this crisis?** wie wird diese Krise letztendlich ausgehen?; b) *(conclusive)* endgültig ⟨Urteil, Entscheidung⟩; **have the** ~ **word** das letzte Wort haben; **is this your** ~ **decision/word/verdict?** ist das Ihr letztes Wort?; **the** ~ **solution** *(euphem.)* die Endlösung; **I'm not coming with you, and that's** ~! ich komme nicht mit, und damit basta! *(ugs.);* c) *(concerned with goal)* ~ **cause** Endziel, *das;* ~ **clause** *(Ling.)* Finalsatz, *der.* 2. *n.* a) *(Sport etc.)* Finale, *das;* *(of ball game also)* Endspiel, *das;* *(of quiz game)* Endrunde, *die;* **in sing. or pl.** *(examination)* Abschlußprüfung, *die;* *(at university)* Examen, *das;* c) *(newspaper)* Spätausgabe, *die*
final 'drive *n.* *(Motor Veh.)* Achsantrieb [mit Gelenkwelle]
finale [fɪ'nɑːlɪ] *n.* a) *(Mus.)* Finale, *das;* b) *(close of drama)* Schlußszene, *die;* c) *(conclusion)* Schluß, *der*
finalise see **finalize**
finalist ['faɪnəlɪst] *n.* Teilnehmer/Teilnehmerin in der Endausscheidung; *(Sport)* Finalist, *der/*Finalistin, *die*
finality [faɪ'nælɪtɪ] *n., no pl.* Endgültigkeit, *die;* *(of tone of voice)* Entschiedenheit, *die*
finalize ['faɪnəlaɪz] *v. t.* [endgültig] beschließen; unter Dach und Fach bringen ⟨Geschäft, Vertrag⟩; *(complete)* zum Abschluß bringen; ~ **sth. with sb.** etw. mit jmdm. [endgültig] absprechen
finally ['faɪnəlɪ] *adv.* a) *(in the end)* schließlich; *(expressing impatience etc.)* endlich; b) *(in conclusion)* abschließend; zum Schluß; c) *(conclusively)* bestimmt, entschieden ⟨sagen⟩; *(once for all)* ein für allemal
finance [faɪ'næns, fɪ'næns, 'faɪnæns] 1. *n.* a) **in pl.** *(resources)* Finanzen *Pl.;* b) *(management of money)* Geldwesen, *das;* **high** ~: Hochfinanz, *die;* **be in** ~: im Finanz- und Geldwesen tätig sein; c) *(support)* Gelder *Pl. (ugs.);* Geldmittel *Pl.* 2. *v. t.* finanzieren; finanziell unterstützen ⟨Person⟩; **how are you going to** ~ **yourself at university?** wie willst du dein Studium finanzieren?
finance: ~ **company** *n.* Finanzierungsgesellschaft, *die;* ~ **director** *n.* Leiter der Finanzabteilung; ~ **house** see ~ **company**
financial [faɪ'nænʃl, fɪ'nænʃl] *adj.* finanziell; Finanz⟨mittel, -quelle, -experte, -lage⟩; Geld⟨mittel, -geber, -sorgen⟩; Finanzierungs⟨last, -geschäft⟩; Wirtschafts⟨nachrichten, -bericht⟩

financially [faɪ'nænʃəlɪ, fɪ'nænʃəlɪ] *adv.* finanziell; **be** ~ **rewarded for sth.** für etw. mit Geld entlohnt werden
financial 'year *n.* Geschäftsjahr, *das;* *(im öffentlichen Haushalt)* Rechnungsjahr, *das*
financier [faɪ'nænsɪə(r), fɪ'nænsɪə(r)] *n.* a) *(expert)* Finanzexperte, *der/*-expertin, *die;* b) *(capitalist)* Finanzier, *der*
fin-back 'whale see **rorqual**
finch [fɪntʃ] *n.* *(Ornith.)* Fink[envogel], *der*
find [faɪnd] 1. *v. t.,* **found** [faʊnd] a) *(get possession of by chance)* finden; *(come across unexpectedly)* entdecken; ~ **that** ...: herausfinden *od.* entdecken, daß ...; **hope this letter** ~**s you well** [ich] hoffe, daß dieser Brief Dich gesund antreffen wird; **he was found dead/injured** er wurde tot/verletzt aufgefunden; b) *(obtain)* finden ⟨Zustimmung, Erleichterung, Rückendeckung, Trost, Gegenliebe⟩; stoßen auf (+ Akk.) ⟨Kritik, Ablehnung⟩; erlangen ⟨Popularität⟩; **have found one's feet** *(be able to walk)* laufen können; *(be able to act by oneself)* selbständig sein; auf eigenen Füßen stehen; c) *(recognize as present)* sehen ⟨Veranlassung, Schwierigkeit⟩; feststellen ⟨Ähnlichkeit⟩; *(acknowledge or discover to be)* finden; ~ **no difficulty in doing sth.** etw. nicht schwierig finden; **these plants are found nowhere else** diese Pflanzen findet man sonst nirgendwo; **you don't** ~ **many flowers here** es gibt hier nicht viele Blumen; ~ **sb. in/out** jmdn. antreffen/nicht antreffen; ~ **sb./sth. to be** ...: feststellen, daß jmd./etw. ... ist/war; ~ **oneself somewhere** sich irgendwo wiederfinden; **when I came in, I found him opening his/my letters** als ich hineinkam, war er gerade dabei, seine Briefe zu öffnen/ertappte ich ihn dabei, wie er meine Briefe öffnete; ~ **oneself doing sth.** sich dabei ertappen, wie man etw. tut; **you must** *or* **will have to take us as you** ~ **us** du darfst dich nicht daran stören, wie es bei uns aussieht/zugeht *usw.;* **you won't** ~ **me doing 'that** das wirst du nicht erleben, daß ich das tue; d) *(discover by trial or experience to be or do)* für ... halten; **do you** ~ **him easy to get on with?** finden Sie, daß sich gut mit ihm auskommen läßt?; **she** ~**s it hard to come to terms with his death** es fällt ihr schwer, sich mit seinem Tod abzufinden; **she** ~**s it impossible to discuss the subject** es ist ihr unmöglich, das Thema zu erörtern; ~ **sth. necessary** etw. für nötig befinden *od.* erachten; ~ **sth./sb. to be** ...: herausfinden, daß etw./jmd. ... ist/war; **sth. has been found to be** ...: man hat herausgefunden, daß etw. ... ist; **I found that it was already noon** ich stellte fest, daß es schon mittag war; **we** ~ **[that] we are struggling all the time** wir sehen, wie wir uns die ganze Zeit abmühen; **you will** ~ **[that]** ...: Sie werden sehen *od.* feststellen, daß ...; e) *(discover by search)* finden; **want to** ~ **sth.** suchen; ~ **[again]** wiederfinden; f) *(Hunting)* aufstöbern; *abs.* Wild aufstöbern; g) *(reach by natural or normal process)* [heraus]finden; ~ **one's place in society** seinen Platz in der Gesellschaft finden; h) *(succeed in obtaining)* finden ⟨Zeit, Mittel und Wege, Worte⟩; auftreiben ⟨Geld, Gegenstand⟩; aufbringen ⟨Kraft, Energie⟩; **when I** ~ **the opportunity** bei passender Gelegenheit; ~ **it in oneself** *or* **one's heart to do sth.** es über sich *od.* übers Herz bringen, etw. zu tun; ~ **its mark** sein Ziel finden *od.* treffen; i) *(ascertain by study or calculation or inquiry)* finden; **love will** ~ **a way** der Liebe ist kein Ding unmöglich *(veralt.);* ~ **what time the train leaves** herausfinden, wann der Zug [ab]fährt; ~ **one's way to/into sth.** [zu etw.] hinfinden/[in etw. *(Akk.)*] hineinfinden; *(accidentally)* [zu etw.] hingelangen/[in etw. *(Akk.)*] hineingeraten; ~ **one's way home** nach Hause zurückfinden; ~ **one's way into journalism/films** zum Jour-

fine

nalismus/Film kommen; **she found her way into teaching quite by accident** eher zufällig war sie Lehrerin geworden; ~ **its way** [**into sth.**] in etw. *(Akk.)* gelangen; **the disease found its way into other organs** sich die Krankheit griff auf andere Organe über; j) *(Law)* ~ **sb. guilty/not guilty** jmdn. schuldig sprechen/freisprechen; ~ **a verdict of guilty/innocent** [im Urteil] auf schuldig/nicht schuldig erkennen; **the jury found him not guilty of murder** die Geschworenen entschieden, daß er des Mordes nicht schuldig war; k) *(supply)* besorgen; ~ **sb. sth.** *or* **sth. for sb.** jmdm. mit etw. versorgen; ~ **sb. in sth.** jmdn. mit etw. versehen; jmdm. etw. verschaffen; **all found** bei freier Kost und Logis; bei freier Station *(veralt.).* 2. *v. refl.,* **found** a) *(provide for one's own needs)* ~ **oneself [in sth.]** sich selbst [mit etw.] versorgen; b) *(discover one's vocation)* zu sich selbst finden; seine wahre Bestimmung finden. 3. *n.* a) Fund, *der;* **make a** ~/**two** ~**s** fündig/zweimal fündig werden; b) *(person)* Entdeckung, *die*
~ **for** *v. t.* *(Law)* ~ **for the defendant/plaintiff** zugunsten der Verteidigung/des Klägers entscheiden; ~ **for the accused** auf Freispruch erkennen
~ **'out** *v. t.* a) *(discover, devise)* herausfinden; bekommen ⟨Informationen⟩; ~ **out new ways** einen neuen Weg finden; **manage to** ~ **out how** ...: herausbekommen, wie ...; ~ **out about** *(get information on)* sich informieren über (+ Akk.); *(learn of)* erfahren von; b) *(detect in offence, act of deceit, etc.)* erwischen, ertappen ⟨Dieb usw.⟩; ~ **out a liar** einem Lügner auf die Schliche kommen; einen Lügner durchschauen; **your sins will** ~ **you out** deine Sünden werden an den Tag kommen
findable ['faɪndəbl] *pred. adj.* **be [easily]** ~: [leicht] zu finden sein
finder ['faɪndə(r)] *n.* a) *(of sth. lost)* Finder, *der/*Finderin, *die;* *(of sth. unknown)* Entdecker, *der/*Entdeckerin, *die;* ~**s keepers** *(coll.)* wer's findet, dem gehört's *(ugs.);* b) *(Photog.)* Sucher, *der*
fin de siècle [fæ̃ də 'sjekl] *adj.* Fin-de-siècle-⟨Architektur, Atmosphäre *usw.*⟩
finding ['faɪndɪŋ] *n.* a) Finden, *das;* ~ **is keeping** wer's findet, dem gehört's *(ugs.);* b) *usu. in pl. (conclusion[s])* Ergebnis, *das;* *(verdict)* Urteil, *das;* **what were the** ~**s of the investigations?** was haben die Ermittlungen ergeben?; c) *in pl. (Amer.)* *(small parts or tools)* Handwerkszeug, *das;* *(sewing essentials)* Nähzeug, *das*
¹**fine** [faɪn] 1. *n.* a) Geldstrafe, *die;* *(for minor offence)* Bußgeld, *das;* b) *(literary)* **in** ~ *(finally)* zu guter Letzt; *(to sum up)* kurzum; *(in short)* kurz und gut. 2. *v. t.* mit einer Geldstrafe belegen; **we were** ~**d £10** wir mußten ein Bußgeld von 10 Pfund bezahlen; **be** ~**d for speeding** ein Bußgeld wegen überhöhter Geschwindigkeit zahlen müssen

²**fine** 1. *adj.* a) *(of high quality)* gut; hochwertig ⟨Qualität, Lebensmittel⟩; fein ⟨Besteck, Gewebe, Spitze⟩; edel ⟨Pferd, Holz, Wein⟩; b) *(pure)* rein ⟨Öl, Metall, Wein⟩; c) *(containing specified proportion of pure metal)* fein; **gold 18 carats** ~: 18karätiges Gold; d) *(delicately beautiful)* zart ⟨Porzellan, Spitze⟩; ansprechend ⟨Beleuchtung, Manuskript⟩; fein ⟨Muster, Kristall, Stickerei, Gesichtszüge⟩; e) *(refined)* edel ⟨Empfindungen⟩; fein ⟨Taktgefühl, Geschmack⟩; **a man of** ~ **feelings** ein Mann mit viel Feingefühl; **sb.'s** ~**r feelings** das Gute in jmdm.; f) *(delicate in structure or texture)* fein; g) *(thin)* fein; hauchdünn; **cut** *or* **run it** ~: knapp kalkulieren; **we'd be cutting it** ~ **if there are only three minutes to spare** es wird etwas knapp werden, wenn wir nur drei Minuten Zeit haben; h) *[in] small particles*

fine art | **finish**

[hauch]fein ⟨*Sand, Staub*⟩; ~ **rain** Nieselregen, *der;* **i)** *(sharp, narrow-pointed)* scharf ⟨*Spitze, Klinge*⟩; spitz ⟨*Nadel, Schreibfeder*⟩; **j)** ~ **print** *see* **small print; k)** *(capable of delicate perception, discrimination)* fein ⟨*Gehör*⟩; scharf ⟨*Auge*⟩; genau ⟨*Waage, Werkzeug*⟩; empfindlich ⟨*Meßgerät*⟩; **l)** *(perceptible only with difficulty)* fein ⟨*Unterschied, Nuancen*⟩; *(precise)* klein ⟨*Detail*⟩; **the ~r points** die Feinheiten; **m)** *(excellent)* schön; gut ⟨*Ruf, Charakter, Stimmung, Hotel*⟩; edel ⟨*Gesinnung*⟩; ausgezeichnet ⟨*Sänger, Schauspieler*⟩; nett ⟨*Person*⟩; **a ~ time to do sth.** *(iron.)* ein passender Zeitpunkt, etw. zu tun *(iron.);* **well, that's a ~ thing to say** *(iron.)* das ist wirklich nett *od.* reizend, so was zu sagen *(iron.);* **that's a ~ excuse/way to treat your father** *(iron.)* das ist ja eine schöne Entschuldigung/feine Art, seinen Vater zu behandeln *(iron.);* **you 'are a ~ one!** *(iron.)* du bist mir vielleicht einer! *(ugs.);* **[this/that is] all very ~, but ...:** [das ist ja] alles schön und gut, aber ...; **n)** *(satisfactory)* schön; gut; **that's ~ with** *or* **by me** ja, ist mir recht; **everything is ~:** es ist alles in Ordnung; **o)** *(well conceived or expressed)* schön ⟨*Rede, Übersetzung usw.*⟩; gelungen ⟨*Rede, Übersetzung usw.*⟩; **p)** *(of handsome appearance or size)* schön; stattlich ⟨*Mann, Baum, Tier*⟩; **~-looking** gutaussehend; **a ~ body of men** eine vortreffliche Gruppe; **q)** *(in good health or state)* gut; **feel ~:** sich wohl fühlen; **she is ~ there now** sie fühlt sich jetzt wohl dort; **they had a few problems, but they're ~ now** es gab Probleme zwischen ihnen, aber jetzt kommen sie klar; **How are you? – F~, thanks. And you?** Wie geht es Ihnen? – Gut, danke. Und Ihnen?; **the car is ~ now** das Auto ist jetzt wieder in Ordnung *od.* läuft wieder; **r)** *(bright and clear)* schön ⟨*Wetter, Sommerabend*⟩; **~ and sunny** heiter und sonnig; **one ~ day ...:** eines schönen Tages ...; **one of these ~ days ...:** eines [schönen] Tages ...; **s)** *(ornate)* prächtig ⟨*Kleidung*⟩; **~ feathers** prächtiges Gefieder; *(fig.)* prächtige Gewänder; *see also* **feather 1 a; t)** *(fastidious)* vornehm, fein ⟨*Dame, Herr, Art, Manieren*⟩; *(affectedly ornate)* geziert; schönklingend ⟨*Worte*⟩; gewählt ⟨*Ausdrucksweise*⟩; **his ~ sensibilities** sein Feingefühl; **she's too ~ to associate with us** sie ist sich *(Dat.)* zu fein für uns. *See also* **dandy 2;** **point 1 b. 2.** *n. (fine weather)* schönes Wetter; **in rain** *or* **~:** bei Regen oder Sonnenschein; **in the ~:** bei schönem Wetter. **3.** *adv.* **a)** *(in small particles)* fein ⟨*mahlen, raspeln, hacken*⟩; **b)** *(elegantly)* gewählt ⟨*sich ausdrücken*⟩; **c)** *(delicately)* fein ⟨*gewebt, gesponnen usw.*⟩; **d)** *(coll.: well)* gut

fine: ~ '**art** *n.* **a)** *(subject)* bildende Kunst; **b)** *(skill)* **get** *or* **have [got] sth. [down] to a ~ art** etw. zu einer richtigen Kunst entwickeln; etw. aus dem Effeff beherrschen *(ugs.);* **c) the ~ arts** die Schönen Künste; **~-drawn** *adj.* sehnig, hager ⟨*Gestalt*⟩; fein geschnitten ⟨*Gesichtszüge*⟩; *(subtle)* feinsinnig; **~-grained** *adj.* fein gekörnt ⟨*Sand, Salz, Papier*⟩; fein genarbt ⟨*Leder*⟩; fein gemasert ⟨*Holz*⟩

finely ['faɪnlɪ] *adv.* **a)** *(exquisitely)* ~ **executed** *or* **crafted jewellery** fein gearbeiteter Schmuck; **b)** *(delicately)* fein ⟨*gewebt, gekelkt usw.*⟩; genau ⟨*ausbalanciert*⟩; **c)** *(to a fine point or edge)* **a ~-sharpened blade** eine sorgfältig geschärfte Klinge; **a ~-pointed needle** eine feinspitzige Nadel; eine Nadel mit feiner Spitze; **a ~-drawn line** eine fein *od.* dünn [aus]gezogene Linie; **d)** *(into small particles)* fein ⟨*mahlen*⟩; **e)** *(subtly)* fein[sinnig]

fine 'print *see* **small print**

finery ['faɪnərɪ] *n., no pl.* Pracht, *die;* (*garments etc.*) Staat, *der;* **in all her wedding ~:** in ihrem Hochzeitsstaat

finesse [fɪ'nes] **1.** *n.* **a)** *(refinement)* Feinheit, *die;* (*of diplomat*) Gewandtheit, *die;* (*delicate manipulation*) Finesse, *die;* **b)** *(artfulness)* Raffinesse, *die;* **the ~ of the negotiators** das Geschick der Verhandlungspartner; **c)** *(Cards)* Schneiden, *das.* **2.** *v. i.* **a)** mit aller Raffinesse vorgehen; **b)** *(Cards)* schneiden. **3.** *v. t.* (*Cards*) schneiden mit

fine-tooth 'comb *n.* feingezähnter Kamm; **go through a manuscript** *etc.*/**house etc. with a ~** *(fig.)* ein Manuskript usw. Punkt für Punkt durchgehen/ein Haus usw. durchkämmen

finger ['fɪŋgə(r)] **1.** *n.* **a)** Finger, *der;* **sb.'s ~s itch [to do sth.]** es juckt jmdm. in den Fingern[, etw. zu tun] *(ugs.);* **lay a ~ on sb.** *(fig.)* jmdm. ein Härchen krümmen *(ugs.);* **they never lift** *or* **move** *or* **raise a ~ to help her** *(fig.)* sie rühren keinen Finger, um ihr zu helfen; **they didn't lift** *or* **move** *or* **raise a ~** *(fig.)* sie haben keinen Finger krumm gemacht; **get** *or* **pull** *or* **take one's ~ out** *(fig. sl.)* Dampf dahinter machen *(ugs.);* **point a ~ at one's ~ at sb./sth.** mit dem Finger/(*fig. ugs.*) mit Fingern auf jmdn./etw. zeigen; **put the ~ on sb.** *(fig. sl.)* jmdn. verpfeifen *(ugs. abwertend);* **have a ~ in it** *(fig.)* die Finger in etw. *(Dat.)* haben; **put** *or* **lay one's ~ on sth.** *(fig.)* etw. genau ausmachen; **I can't put my ~ on it** *(fig.)* ich kann es nicht genau ausmachen; **sth. slips through sb.'s ~s** etw. gleitet jmdm. durch die Finger; *(fig.)* etw. geht jmdm. durch die Lappen *(ugs.);* **let sth. slip through one's ~s** *(fig.)* sich *(Dat.)* etw. entgehen *od.* *(ugs.)* durch die Lappen gehen lassen; **his ~s are [all] thumbs, he is all ~s and thumbs** er hat zwei linke Hände *(ugs.);* **count the things/people on the ~s of one hand** die Dinge/Menschen an einer Hand abzählen; **b)** *(of glove etc.)* Finger, *der;* **c)** *(finger-like object)* chocolate ~: Löffelbiskuit mit Schokoladeüberzug; **a ~ of toast** ein Streifen Toast; **sponge ~s** schmale Stücke Rührkuchen; **d)** *(sl.: amount of liquor)* Fingerbreit, *der;* **a ~ of whisky** ein Fingerbreit Whisky. *See also* **bone 1 a; 'burn 1 c; cross 2 a; fish finger; forefinger; green 1 a; index finger; little finger; middle finger; pie; ring-finger. 2.** *v. t.* **a)** *(touch with ~s)* berühren ⟨*Ware*⟩; greifen ⟨*Akkord*⟩; *(turn about with ~s)* anfassen; *(toy or meddle with)* befingern; herumfingern an (+ *Dat.*); **b)** *(Amer. sl.: indicate)* ~ **sb./sth. to the police** jmdn. bei der Polizei verpfeifen/etw. der Polizei stecken *(ugs. abwertend)*

finger: ~**-board** *n.* Griffbrett, *das;* ~**-bowl** *n.* Fingerschale, *die;* ~**-end** Fingerspitze, *die;* ~**-glass** *see* ~**bowl**

fingering ['fɪŋgərɪŋ] *n. (Mus.)* Fingersatz, *der;* (*proper method*) Fingertechnik, *die*

finger: ~**-mark** *n.* Fingerabdruck, *der;* ~**-nail** *n.* Fingernagel, *der;* ~**-paint** *n.* Fingerfarbe, *die;* ~**-post** *n.* Wegweiser, *der;* ~**print 1.** *n.* Fingerabdruck, *der;* **leave one's ~prints** *(fig.)* seine Fingerabdrücke hinterlassen; *see also* **take 1 i; 2.** *v. t.* einen Fingerabdruck nehmen von; ~**print sb.** jmdm. die Fingerabdrücke abnehmen; ~**-stall** *n.* Fingerling, *der;* ~**tip** *n.* Fingerspitze, *die;* **have sth. at one's ~tips** *(fig.)* etw. aus dem Effeff können *od.* im kleinen Finger haben *(ugs.);* **to the ~tips** *(fig.)* durch und durch; **he's a Spaniard to the very ~tips** er ist durch und durch Spanier

finial ['fɪnɪəl] *n. (Archit.)* Kreuzblume, *die*

finical ['fɪnɪkl], **finicking** ['fɪnɪkɪŋ] *adjs.* heikel; **she's so ~ about her appearance** sie ist so heikel, wenn es um ihr Äußeres geht; **she's so ~ about what she eats** in puncto Essen ist sie nur sehr wählerisch

finicky ['fɪnɪkɪ] *adj.* **a)** *see* **finical; b)** *(needing much attention to detail)* knifflelig ⟨*Arbeit, Stickerei*⟩

finish ['fɪnɪʃ] **1.** *v. t.* **a)** *(bring to an end)* beenden ⟨*Unterhaltung*⟩; erledigen ⟨*Arbeit*⟩; abschließen ⟨*Kurs, Ausbildung*⟩; **have you ~ed the letter/book?** hast du den Brief/das Buch heute fertig[geschrieben]?; **have ~ed sth.** etw. fertig haben; mit etw. fertig sein; **have ~ed doing one's homework** seine Hausaufgaben fertig haben; mit seinen Hausaufgaben fertig sein; **~ writing/reading sth.** etw. zu Ende schreiben/lesen; **have you ~ed eating yet?** hast du noch nicht zu Ende gegessen *od.* fertiggegessen?; *abs.* **please let me ~ [speaking]** bitte lassen Sie mich ausreden; **have you quite ~ed?** sind Sie fertig?; *(iron.)* nun, bist du jetzt endlich fertig?; **b)** *(get through)* aufessen ⟨*Mahlzeit*⟩; auslesen ⟨*Buch, Zeitung*⟩; austrinken ⟨*Flasche, Glas*⟩; **I should ~ the book by this evening** ich müßte das Buch bis heute abend durchhaben *(ugs.);* **c)** *(kill)* umbringen; *(destroy)* vernichten ⟨*Ernte*⟩; *(coll.: overcome)* schaffen *(ugs.);* *(overcome completely)* bezwingen ⟨*Feind*⟩; *(ruin)* zugrunde richten; **any more stress would ~ him** noch mehr Streß würde ihn kaputtmachen *(ugs.);* **a cold would ~ her** eine Erkältung würde das Ende für sie bedeuten; **it almost ~ed me!** das hat mich fast geschafft! *(ugs.);* **this scandal ~ed her as an actress** dieser Skandal bedeutete das Ende ihrer Schauspielerkarriere; **d)** *(perfect)* vervollkommnen; den letzten Schliff geben (+ *Dat.*); ~ **a seam** einen Saum vernähen; **e)** *(complete education of)* ausbilden; *(make highly accomplished)* mit allen Fertigkeiten ausstatten; *(make polished)* verfeinern ⟨*Umgangsformen*⟩; ausfeilen ⟨*Sprechweise*⟩; **f)** *(complete manufacture of by surface treatment)* eine schöne Oberfläche geben (+ *Dat.*); glätten ⟨*Papier, Holz*⟩; appretieren ⟨*Gewebe, Leder*⟩; glasieren ⟨*Tonwaren*⟩; polieren ⟨*Metall*⟩; verputzen ⟨*Mauerwerk*⟩; ~ **sth. with a coat of varnish/waterproof coating/by polishing it** etw. zum Schluß lackieren/imprägnieren/polieren; **the ~ed article** *or* **product** das fertige Produkt. **2.** *v. i.* **a)** *(reach the end)* aufhören; ⟨*Geschichte, Episode*⟩: enden; ⟨*Sturm, Unwetter*⟩: sich legen; **when does the concert ~?** wann ist das Konzert aus?; **coffee to ~:** Kaffee zum Abschluß; **b)** *(come to end of race)* das Ziel erreichen; **~ first** als erster durchs Ziel gehen; erster werden; **~ badly/well** nicht durchhalten/einen guten Endspurt haben; **c)** ~ **in sth.** mit etw. enden; ~ **by doing sth.** zum Schluß etw. tun. **3.** *n.* **a)** *(termination, cause of ruin)* Ende, *das;* **fight to a ~:** bis zur Entscheidung kämpfen; **it would be the ~ of him as a politician** das würde das Ende seiner Karriere als Politiker bedeuten; **b)** *(Hunting)* Ende der Jagd; **be in at the ~:** beim Halali dabeisein; *(fig.)* das Ende *od.* den Schluß miterleben; *(fig.) (point at which race etc. ends)* Ziel, *das;* **arrive at the ~:** das Ziel erreichen; durchs Ziel gehen; **d)** *(what serves to give completeness)* letzter Schliff; **a ~ to sth.** die Vervollkommnung *od.* Vollendung einer Sache; **form a perfect ~ to a memorable evening** einen krönenden Abschluß eines unvergeßlichen Abends bilden; **e)** *(accomplished or completed state)* Schliff, *der;* **have ~:** Schliff haben; **f)** *(mode of finishing)* [technische] Ausführung; Finish, *das;* *(of paper)* Oberflächenfinish, *das;* *(of material, fabric)* Appretur, *die;* *(of metal)* Politur, *die;* **paintwork with a matt/gloss ~:** Matt-/Hochglanzlack, *der;* **kitchen furniture with a vinyl ~:** vinylbeschichtete Küchenmöbel

~ '**off** *v. t.* **a)** *see* **~ 1 c, d; b)** *(provide with ending)* abschließen; beenden; **~ off a story** eine Geschichte zu Ende schreiben/erzählen; **c)** *(finish or trim neatly)* sauber verarbeiten

~ '**up** *v. i.* **a)** *see* ~ **2 c; b)** **= end up; c)** *(complete all outstanding work)* alles erledigen

275

finisher — firm

~ with *v. t.* **a)** *(complete one's use of)* **have you ~ed with the sugar?** brauchen Sie den Zucker noch?; **have ~ed with a book** ein Buch aus- *od.* fertiggelesen *od.* zu Ende gelesen haben; **are you ~ed with your plate?** hast du deinen Teller leergegessen?; **if these clothes are ~ed with, then throw them away** wenn du diese Sachen nicht mehr brauchst, wirf sie weg; **b)** *(end association with)* brechen mit; **she ~ed with her boyfriend** sie hat mit ihrem Freund Schluß gemacht; **c) have ~ed with doing sth.** es aufgegeben haben, etw. zu tun

finisher ['fɪnɪʃə(r)] *n.* **a)** *(person)* Fertigbearbeiter, *der*/-bearbeiterin, *die;* **metal-~:** Polierer, *der*/Poliererin, *die;* **cloth-~:** Appretierer, *der*/Appretiererin, *die;* **b)** *(coll.) (crushing blow)* vernichtender Schlag; **be a ~ to sb.** jmdn. schaffen *od.* jmdm. den Rest geben *(ugs.)*

finishing: ~-post *n.* Zielpfosten, *der;* **~-school** *n.* Mädchenpensionat, *das (veralt.) (besonders zur Vorbereitung auf das gesellschaftliche Leben);* **~ 'touch** *n.* **as a ~ touch to sth.** zur Vollendung *od.* Vervollkommnung einer Sache; um eine Sache abzurunden; **put the ~ touches to sth.** einer Sache *(Dat.)* den letzten Schliff geben

finite ['faɪnaɪt] *a)* *(bounded)* begrenzt; **~ number** *(Math.)* endliche Zahl; **b)** *(Ling.)* finit

Finland ['fɪnlənd] *pr. n.* Finnland *(das)*

Finn [fɪn] *n.* Finne, *der*/Finnin, *die*

Finnish ['fɪnɪʃ] **1.** *adj.* finnisch; **sb. is ~:** jmd. ist Finne/Finnin; **the ~ language** das Finnische; *see also* **English 1.** **2.** *n.* Finnisch, *das; see also* **English 2 a**

fin whale *see* **rorqual**

fiord [fjɔːd] *n.* Fjord, *der*

fir [fɜː(r)] *n.* **a)** *(tree)* Tanne, *die;* **b)** *(wood)* Tanne, *die;* Tannenholz, *das. See also* **Scotch fir; silver fir**

'fir-cone *n.* Tannenzapfen, *der*

fire ['faɪə(r)] **1.** *n.* **a)** Feuer, *das; (flame)* Flamme, *die;* **set ~ to sth.** 〈*Person:*〉 etw. anzünden; **set ~ to oneself** sich anzünden; **strike ~ from sth.** Funken aus etw. schlagen; **be on ~:** brennen *(auch fig.);* **in Flammen stehen; catch *or* take ~,** *(Scot., Ir.)* **go on ~** *(lit. or fig.)* Feuer fangen; 〈*Wald, Gebäude:*〉 in Brand geraten; **set sth. on ~** etw. anzünden; *(in order to destroy)* etw. in Brand stecken; *(deliberately)* Feuer an etw. *(Akk.)* legen; **he won't/it's not going to set the Thames** *(Brit.)* /*(Amer.)* **the world on ~:** er hat das Pulver nicht erfunden *(ugs.)*/es ist nichts Weltbewegendes *od.* Welterschütterndes; **b)** *(in grate)* [offenes] Feuer; *(electric or gas)* Heizofen, *der; (in the open air)* Lagerfeuer, *das;* **open ~:** Kaminfeuer, *das;* **round *or* by the ~:** am warmen Ofen; **over a low ~:** auf kleinem Feuer; **make up the ~:** nachlegen; **turn up the ~** *(electric)* die Heizung/*(gas)* das Gas höher drehen *od.* aufdrehen; **switch on another bar of the ~:** einen weiteren Heizstab einschalten; **have ~ in one's belly** *(ambition)* Ehrgeiz haben; *(enthusiasm)* begeisterungsfähig sein; **play with ~** *(lit. or fig.)* mit dem Feuer spielen; **light the ~:** *(in grate)* den Ofen anstecken; *(in grate)* das [Kamin]feuer anmachen; **lay a ~:** Feuer anlegen; **make a ~:** ein Feuer [an]machen; **c)** *(destructive burning)* Brand, *der;* **in case of ~,** **follow these instructions bei Feuer** *od.* im Brandfall ist diesen Anweisungen Folge zu leisten; **insure sth. against ~:** etw. gegen Feuer versichern; **where's the ~?** *(coll. iron.)* wo brennt's denn? *(ugs.);* **F~! Feuer!;** es brennt!; **go through ~ and water [to help sb.]** *(fig.)* [für jmdn.] durchs Feuer gehen; **d)** *(fervour)* Feuer, *die; the ~ with which he speaks* die Leidenschaft, mit der er spricht; **his speech was full of ~:** er hielt eine glühende *od.* feurige *od. (geh.)* flammende Rede; **e)** *(firing of*

guns) Schießen, *das;* Schießerei, *die;* **pistol ~:** [Pistolen]schüsse; **cannon ~:** Kanonenfeuer, *das;* **be exposed to the ~ of critics** *(fig.)* im Kreuzfeuer der Kritik stehen; von den Kritikern unter Beschuß genommen werden; **line of ~** *(lit. or fig.)* Schußlinie, *die;* **running ~** *(lit. or fig.)* Trommelfeuer, *das;* **between two ~s** *(lit. or fig.)* zwischen zwei Feuern; **be/come under ~:** beschossen werden/unter Beschuß geraten; *(fig.)* heftig angegriffen werden/unter Beschuß geraten. *See also* **cease 2 b; coal b; draw 1 b; fat 2; frying-pan; fuel 1; hang 1 i; hold 1 t; iron 1 b; open 3 c; smoke 1 a.** **2.** *v. t.* **a)** *(set fire to)* anzünden; *(in)* zünden 〈*Sprengladung*〉; **c)** *(fig.: stimulate)* beflügeln 〈*Phantasie*〉; anregen 〈*Ehrgeiz*〉; erregen 〈*Interesse*〉; inspirieren, anregen 〈*Person*〉; *(fill with enthusiasm)* begeistern, in Begeisterung versetzen 〈*Person*〉; **d)** *(bake)* brennen 〈*Tonwaren, Ziegel*〉; **e)** *(supply with fuel)* befeuern 〈*Ofen*〉; [be]heizen 〈*Lokomotive*〉; **f)** *(cause to explode)* zünden 〈*Sprengladung*〉; [in die Luft] sprengen 〈*Mine*〉; **g)** *(discharge)* abschießen 〈*Gewehr*〉; abfeuern 〈*Kanone*〉; **~ one's gun/pistol/rifle at sb.** auf jmdn. schießen; **~ produce with guns?** **a 21-gun salute** 21 Salutschüsse abgeben; **i)** *(propel from gun etc.)* abgeben, abfeuern 〈*Schuß*〉; *(fig.)* vom Stapel lassen *(ugs.)*〈*Kritik, Bemerkungen*〉; **~ a bullet/cartridge** einen Schuß abgeben; **~ blank cartridges** mit Platzpatronen schießen; **two shots were ~d/~d by sb.** es fielen zwei Schüsse/zwei Schüsse wurden von jmdm. abgegeben; **~ questions at sb.** jmdn. mit Fragen bombardieren; Fragen auf jmdn. abfeuern; **j)** *(coll.: dismiss)* feuern *(ugs.)*〈*Angestellten*〉. **3.** *v. i.* **a)** *(shoot)* schießen; feuern; **~! [gebt] Feuer!;** **be the first to ~:** das Feuer eröffnen; **~ at/on sth./sb.** auf etw./jmdn. schießen; **~ into the air/at the ground/into the crowd** in die Luft/in den Boden/in die Menge schießen; **~ on sth.** **from above** etw. aus der Luft beschießen; **b)** 〈*Motor:*〉 zünden; **the engine is not firing properly** der Motor läuft nicht richtig

~ a'way *v. i.* *(fig. coll.)* losschießen *(fig. ugs.);* **~ away!** schieß los!; fang an!

~ fire: ~-alarm *n.* Feuermelder, *der;* **~arm** *n.* Schußwaffe, *die;* **~-axe** *n.* Feuerwehraxt, *die;* **~ ball** *n.* **a)** *(large meteor)* Feuerkugel, *die;* **b)** *(ball of flame)* Feuerball, *der;* **c)** *(globular lightning)* Kugelblitz, *der;* **d)** *(energetic person)* Energiebündel, *das (ugs.);* **~-bell** *n.* Feuerglocke, *die;* **~brand** *n.* Feuerfackel, *die; (fig.)* Unruhestifter, *der*/-stifterin, *die;* Aufwiegler, *der*/Aufwieglerin, *die;* **~-break** *n.* Brandschneise, *die;* **~-breathing** *adj.* feuerspeiend; **~-brick** *n.* Schamottestein, *der;* **~ brigade** *n. (Brit.)* Feuerwehr, *die;* **~-bucket** *n.* Löscheimer, *der;* **~ chief** *n. (Amer.)* Branddirektor, *der;* **~-clay** *n.* Schamotte, *die;* **~-damaged** *adj.* durch Brand beschädigt; **~ damp** *n.* Grubengas, *das;* **~ department** *(Amer.) see* **~ brigade; ~ door** *n.* Feuerschutztür, *die;* **~-drill** *n. (for firemen)* Feuerwehrübung, *die; (for others)* Probe[feuer]alarm, *der;* **~-eater** *n.* **a)** *(conjurer)* Feuerschlucker, *der;* **b)** *(fond of fighting)* Kampfhahn, *der (ugs.); (fond of quarrelling)* Streithahn, *der (ugs.);* **~-engine** *n.* Löschfahrzeug, *das;* **~-escape** *n. (staircase)* Feuertreppe, *die; (ladder)* Feuerleiter, *die;* **~-extinguisher** *n.* Feuerlöscher, *der;* **portable ~ extinguisher** Handfeuerlöscher, *der;* **~-fighter** *n.* Feuerwehrmann, *der*/-frau, *die;* **~-fighting** *n.* Feuerbekämpfung, *die;* Brandbekämpfung, *die;* **~-fighting equipment** Feuerlöscheinrichtung, *die (ugs.);* **~-fly** *n.* Leuchtkäfer, *der;* Glühwürmchen, *das (ugs.);* **~-guard** *n.* Schutzgitter, *das;* Kamingitter, *das;* **~ hazard** *n.*

Brandrisiko, *das;* **~-hose** *n.* Feuerwehrschlauch, *der;* **~ insurance** *n.* Feuerversicherung, *die;* **~-irons** *n. pl.* Kaminbesteck, *das;* **~light** *n.* Schein des Feuers; Schein der Flammen; **~-lighter** *n. (Brit.)* Feueranzünder, *der;* **~-man** ['faɪəmən] *n., pl.* **~-men** ['faɪəmən] **a)** *(member of fire brigade)* Feuerwehrmann, *der;* **~'s lift** Feuerwehrgriff, *der;* **b)** *(Railw.)* Heizer, *der;* **~-place** *n.* Kamin, *der;* **~-power** *n.* Feuerkraft, *die;* **~-practice** *see* **~-drill; ~ precautions** *n. pl.* Feuerschutz, *der;* **~-proof** **1.** *adj.* feuerfest; **2.** *v. t.* feuerfest machen; **~-raiser** *n. (Brit.)* Brandstifter, *der*/-stifterin, *die;* **~-raising** *n. (Brit.)* Brandstiftung, *die;* **~-resistant** *adj.* feuerbeständig; **~ risk** *see* **~ hazard; ~-screen** *n.* Ofenschirm, *der;* **F~ Service** *n.* Feuerwehr, *die;* **~side** *n.* Kaminecke, *die;* **at *or* by the ~side** am Kamin; **at *or* by one's own ~side** am heimischen Herde; **~side chat** Plauderei am Kamin; **~ station** *n.* Feuerwache, *die;* **~-tender** *n.* Gerätewagen, *der (Feuerwehr);* **~-tongs** *n. pl.* Feuerzange, *die;* **a pair of ~-tongs** eine Feuerzange, *die;* **~-trap** *n.* Feuerfalle, *die;* **~-walker** *n. jmd., der barfüßig über glühende Steine läuft;* Feuerläufer, *der*/-läuferin, *die;* **~-watcher** *n.* Feuerposten, *der;* **~ward[en]** *n.; (in war)* Luftschutzwart, *der;* **~-water** *n. (coll.)* Feuerwasser, *das (ugs.);* **~-wood** *n.* Brennholz, *das;* **~work** *n.* **a)** Feuerwerkskörper, *der;* **~work display** Feuerwerk, *das;* **b)** *in pl. (display)* Feuerwerk, *das; (fig.: display of wit)* Feuerwerk des Geistes; **intellectual ~works** ein geistiges *od.* intellektuelles Feuerwerk; **there were *or* it caused ~works** *(fig.)* da war was los *od.* flogen die Funken *(ugs.)*

firing ['faɪərɪŋ] *n.* **a)** *(of houses)* Anzünden, *das; (of pottery)* Brennen, *das;* **b)** *(fuel)* Feuerung, *die;* **the ~ for these furnaces was coal** diese Öfen wurden mit Kohle befeuert; **c)** *no pl. (of guns)* Abfeuern, *das;* **we could hear ~ in the distance** in der Ferne konnten wir Schüsse hören; **the ~ in the streets** die Schießerei in den Straßen

firing: ~-line *n. (lit. or fig.)* Feuerlinie, *die;* **~-party, ~-squad** *ns. (at military funeral)* Ehrensalutkommando, *das; (at military execution)* Exekutionskommando, *das*

¹**firm** [fɜːm] *n.* **a)** *(carrying on a business)* Firma, *die;* **~ of architects/decorators** Architektenbüro, *das*/Malerbetrieb, *der;* **b)** *(group working together)* Team, *das;* Arbeitsgemeinschaft, *die*

²**firm 1.** *adj.* **a)** fest; stabil 〈*Verhältnis, Konstruktion, Stuhl*〉; straff 〈*Busen*〉; stramm 〈*Bäckchen*〉; verbindlich 〈*Angebot*〉; **be on ~ ground again** *(lit. or fig.)* wieder festen Boden unter den Füßen haben; **do sth. to make a chair/bench ~:** etw. tun, damit ein Stuhl/eine Bank feststeht; **as ~ as a rock** felsenfest; **they are ~ friends** sie sind gut befreundet; **have a ~ grip on sth.** etw. fest in der Hand haben; **the chair is not ~:** der Stuhl wackelt ist wacklig; **make a ~ date** eine feste Zeit vereinbaren; **b)** *(resolute)* entschlossen 〈*Blick*〉; bestimmt, entschieden 〈*Ton*〉; stark 〈*Widerstand*〉; **in ~ pursuit of his goal** in energischer *od.* entschiedener Verfolgung seines Ziels; **be a ~ believer in sth.** fest an etw. *(Akk.)* glauben; **be ~ when you speak to him** sei bestimmt, wenn du mit ihm sprichst; **be ~ in one's beliefs** fest auf seiner Überzeugung beharren; an seiner Überzeugung festhalten; **~ insistence** Beharrlichkeit, *die;* **she has a ~ character** sie besitzt Charakterstärke; **c)** *(insisting on obedience etc.)* bestimmt; **be ~ with sb.** jmdm. gegenüber bestimmt auftreten; **a ~ hand** eine feste *od.* harte Hand; **d)** *(Commerc.)* fest; stabil 〈*Markt*〉; **oil is not ~:** der Ölmarkt ist nicht stabil. **2.** *adv.* **stand ~!** *(fig.)* sei stand-

276

firmament

haft!; laß dich nicht davon abbringen!; **stand ~ in sth.** *(fig.)* fest *od.* unerschütterlich bei etw. bleiben; **hold ~ to sth.** *(fig.)* an einer Sache festhalten. **3.** *v. t.* **a)** *(make firm or solid)* fest werden lassen; festigen, straffen ⟨*Muskulatur, Körper*⟩; **b)** fest [ein]pflanzen ⟨*Pflanzen*⟩. ~ **'up 1.** *v. t.* konkretisieren ⟨*Plan, Geschäft, Vereinbarung*⟩. **2.** *v. i.* ⟨*Plan, Geschäft, Vereinbarung:*⟩ sich konkretisieren

firmament ['fɜːməmənt] *n. (literary)* Firmament, *das*

firmly ['fɜːmlɪ] *adv.* **a)** fest; **the jelly has set ~**: der Gelee ist fest geworden; **a ~-built structure** eine stabile Konstruktion; **sth. is ~ under lock and key** etw. ist sicher weggeschlossen; **b)** *(resolutely)* beharrlich ⟨*unterstützen, sich widersetzen*⟩; bestimmt, energisch ⟨*reden*⟩; **deal with** *or* **treat sb. ~**: jmdm. gegenüber bestimmt auftreten

firmness ['fɜːmnɪs] *n., no pl.* **a)** *(solidity)* Festigkeit, *die;* (*of foundations, building*) Stabilität, *die;* (*of offer*) Verbindlichkeit, *die;* **b)** *(resoluteness)* Entschlossenheit, *die;* (*of voice*) Bestimmtheit, *die;* (*of support, belief*) Beständigkeit, *die;* Beharrlichkeit, *die;* **the ~ of his resolve** seine feste Entschlossenheit; **c)** *(insistence on obedience etc.)* Bestimmtheit, *die;* **use ~ with sb., treat sb. with ~**: jmdm. gegenüber bestimmt auftreten

first [fɜːst] **1.** *adj.* erst...; *(for the ~ time ever)* Erst⟨*aufführung, -besteigung*⟩; *(of an artist's ~ achievement)* Erstlings⟨*film, -roman, -stück, -werk*⟩; **he was ~ to arrive** er kam als erster an; **who was ~?** wer war erster?; **for the [very] ~ time** zum [aller]ersten Mal; **there's always a ~ time** *(coll.)* irgendwann passiert's dann eben doch *(ugs.);* ~ **thing you know** *(coll.)* ehe du dich's versiehst; **just buy the ~ thing one sees** das erste beste kaufen; **I'll do it at the ~ opportunity** ich tue es bei der erstbesten Gelegenheit; **say the ~ thing that comes into one's head** das sagen, was einem zuerst einfällt; **the ~ two** die ersten beiden *od.* zwei; **come in ~** *(win race)* [das Rennen] gewinnen; **head/feet ~**: mit dem Kopf/den Füßen zuerst *od.* voran; ~ **thing after breakfast** *(coll.)* gleich nach dem Frühstück; ~ **thing in the morning** gleich morgens; *(coll.: tomorrow)* gleich morgen früh; ~ **thing on arrival** *(coll.)* gleich nach der Ankunft; **the ~ thing [to do]** *(coll.)* das erste [, was man tun muß]; ~ **things ~** *(coll.)* eins nach dem anderen; immer [hübsch] der Reihe nach; **have [the] ~ claim to sth.** eine Option auf etw. *(Akk.)* haben; **she is ~ in the class** sie ist Klassenbeste *od.* die Beste in der Klasse; **he's always [the] ~ to help** er ist immer als erster zur Stelle, wenn Hilfe benötigt wird; **not know the ~ thing about a matter** von einer Sache nicht das geringste verstehen; ~ **soprano/cello** *(Mus.)* erster Sopran/Cellist; *see also* **eighth 1**. **2.** *adv.* **a)** *(before anyone else)* zuerst; als erster/erste ⟨*sprechen, ankommen*⟩; *(before anything else)* an erster Stelle ⟨*stehen, kommen*⟩; *(when listing: firstly)* zuerst; als erstes; **women and children ~** Frauen und Kinder zuerst; **ladies ~!** Ladies first!; den Damen der Vortritt!; **you** [go] **~** *(as invitation)* Sie haben den Vortritt; bitte nach Ihnen; ~ **come ~ served** wer zuerst kommt, mahlt zuerst *(Spr.);* **we must put our children's education ~**: die Schulbildung unserer Kinder muß für uns an erster Stelle stehen; **this matter is ~ on the agenda** diese Angelegenheit ist der erste Punkt unserer Tagesordnung; **come ~ with sb.** *(fig.)* bei jmdm. zuerst kommen; **say ~ one thing and then another** erst so und dann wieder so sagen *(ugs.);* **b)** *(beforehand)* vorher; ... **but ~ we must ...**: ... aber zuerst od. erst müssen wir ...; **c)** *(for the ~ time)* zum ersten Mal; das erste Mal; erstmals *(bekanntgeben, sich durchsetzen);* **d)** *(in pref-*

erence) eher; lieber; **I'd [rather] die ~**: eher *od.* lieber würde ich sterben; **I wouldn't give him a penny. I'd see him damned ~**: ich würde ihm keinen Pfennig geben, soll er zum Teufel gehen! *(ugs.);* **e)** ~ **of all** zuerst; *(in importance)* vor allem; ~ **of all let me express my gratitude to you** zu [aller]erst *od.* als erstes möchte ich Ihnen meinen Dank aussprechen; ~ **and foremost** *(basically)* zunächst einmal; *(in importance)* vor allem; ~ **and last** *(almost entirely)* in erster Linie; *(reckoned altogether)* insgesamt; **f)** *(~-class)* **travel ~**: erster Klasse reisen. **3.** *n.* **a) the ~** *(in sequence)* der/die/das erste; *(in rank)* der/die/das Erste; **the ~ shall be last** *(Bibl.)* die Ersten werden die Letzten sein; **be the ~ to arrive** als erster/erste ankommen; **she is ~ in the class** sie ist Klassenbeste *od.* die Beste in der Klasse; ~ **among equals** Primus inter pares *(geh.);* **this is the ~ I've heard of it** ich höre ich zum ersten Mal; **b) at ~**: zuerst; anfangs; **from the ~**: von Anfang an; **from ~ to last** von Anfang bis Ende; **I've always said from ~ to last that ...**: ich habe schon immer gesagt, daß ...; **it took five years, from ~ to last** es hat alles in allem fünf Jahre gedauert; **c)** *(day)* **the ~ of May** der erste Mai; **the ~ [of the month]** der Erste [des Monats]; **d)** *(Brit. Univ.)* Eins, *die;* (*person*) **he's a ~ [in** History**]** er hat eine Eins [in Geschichte] bekommen; **get be awarded a ~ in one's finals** sein Examen mit [der Note] Eins bestehen; **e)** *(~ form)* erste [Schul]klasse; Erste, *die (Schulsprache);* **f)** *(Motor Veh.)* erster Gang; **in ~**: im ersten [Gang]; **change down to ~**: in den ersten [Gang] runterschalten; **g)** *(pioneering feat)* Pioniertat, *die;* **h)** *in pl. (best-quality goods)* erstklassige Ware; Ware von erster *od.* bester Qualität. *See also* **eighth 2**

first: ~ **'aid** *n.* Erste Hilfe; **give [sb.]** ~ **aid** [jmdm.] Erste Hilfe leisten; **~-aid tent/post** *or* **station** Sanitätszelt, *das*/-wache, *die;* **~-aid box/kit** Verbandkasten, *der*/Erste-Hilfe-Ausrüstung, *die;* ~ **'base** *see* **'base 1 c;** ~ **'blood** *see* **blood 1 a;** ~-**born 1**. *adj.* erstgeboren. **2.** *n.* Erstgeborene, *der/die;* ~ **'class** *n.* **a)** erste Kategorie; *(for produce)* Klasse A; **b)** *(Transport)* erste Klasse; **travel in the ~ class** erster Klasse reisen; **c)** *(Brit. Univ.) see* **first 3 d; d)** *(Brit.)* bevorzugt beförderte Post; **~-class 1.** ['--] *adj.* **a)** *(of the ~ class)* **~-class carriage** Erste[r]-Klasse-Wagen, *der;* **~-class ticket** Fahrkarte erster Klasse; **~-class compartment** Erste[r]-Klasse-Abteil, *das;* Abteil erster Klasse; **~-class honours degree** *(Brit. Univ.)* Prädikatsexamen, *das;* **~-class mail** *or* **post** bevorzugt beförderte Post; **~-class stamp** Briefmarke für bevorzugt beförderte Post; **b)** *(excellent)* erstklassig; **a ~-class idiot** *(iron.)* ein Volldiot; **2.** [-'-] *adv.* **a)** *(by the ~ class)* erster Klasse ⟨*reisen*⟩; **send a letter ~-class** einen Brief bevorzugt befördern lassen; **b)** *(coll.: excellently)* prima *(ugs.);* großartig; ~ **'coat** *n. (of paint)* erster Anstrich; ~ **'cousin** *n.* Cousin, *der*/Cousine, *die;* ~ **e'dition** *n.* Erstausgabe, *die;* ~ **'floor** *see* **floor 1 b;** ~ **'form** *see* **form 1 d;** **~-'fruits** *n. pl.* Erstlinge; *(fig.)* erste Ergebnisse; ~ **'gear** *n., no pl. (Motor Veh.)* erster Gang; *see also* **gear 1 a;** **~hand** *adj.* aus erster Hand nachgestellt; **from ~-hand experience** aus eigener Erfahrung; **have ~-hand knowledge of sth.** etw. aus erster Hand wissen; **have ~-hand acquaintance with suffering** viel Leid erfahren haben; *see also* **hand 1 j;** **F~ 'Lady.** First Lady, *die;* ~ **lieu'tenant** *see* **lieutenant a;** ~ **'light** *n.* **at ~ light** im *od.* beim Morgengrauen

firstly ['fɜːstlɪ] *adv.* zunächst [einmal]; *(followed by 'secondly')* erstens

first: ~ **name** *n.* Vorname, *der;* **be on ~-name terms with sb.** jmdm. mit Vornamen anreden; **~-named** *attrib. adj.* erstge-

fish-farm

nannt...; ~ **'night** *n. (Theatre)* Premiere, *die;* **~-night nerves/audience** Premierenfieber, *das*/-publikum, *das;* **off** *adv. (coll.)* zuerst; ~ **of'fender** *n.* Ersttäter, *der;* ~ **'officer** *n. (Naut.)* Erster Offizier; ~ **'person** *see* **person d;** ~ **'proof** *see* **proof 1 f;** **~-rate 1.** ['--] *adj.* **a)** *(excellent)* erstklassig; **b)** *(coll.)* **feel a ~-rate fool** *(iron.)* sich *(Dat.)* wie ein Dummkopf ersten Ranges vorkommen; **2.** [-'-] *adv. (coll.)* prima *(ugs.);* großartig; ~ **'reading** *see* **reading g;** ~ **refusal** *see* **refusal;** ~ **school** *(Brit.)* ≈ Grundschule, *die;* **F~ 'Secretary** *n.* Erster Sekretär; ~ **'strike** *n. (Mil.)* Erstschlag, *der;* Präventivschlag, *der;* **~-strike capability** Präventivschlagkapazität, *die;* ~ **'string** *see* **string 1 b;** **~-time** *attrib. adj.* **~-time voter** Erstwähler, *der;* **~-time buyer** *jmd., der zum ersten Mal ein eigenes Haus/eine Eigentumswohnung kauft;* ~ **'water** *see* **water 1 d**

firth [fɜːθ] *n.* Förde, *die*

'fir tree *see* **fir a**

fiscal ['fɪskl] *adj.* fiskalisch; finanzpolitisch; ~ **policy** Fiskal- *od.* Finanzpolitik, *die;* ~ **year** *(Brit.)* Geschäftsjahr, *das;* Rechnungsjahr, *das; (Amer.)* Finanzjahr, *das;* Etatjahr, *das;* ~ **autonomy** Finanzhoheit, *die*

fiscally ['fɪskəlɪ] *adv.* fiskalisch; finanzpolitisch

fish [fɪʃ] **1.** *n., pl.* same *or (esp. child lang./poet.)* **~es a)** Fisch, *der;* ~ **and chips** Fisch mit Pommes frites; ~ **and chip shop** ≈ Fischbraterei, *die;* **a big ~ in a little pond** *(fig.)* ein Großer bei den Kleinen; **a little ~ in a big pond** *(fig.)* nur einer von vielen; **[be] like a ~ out of water** [sich] wie ein Fisch auf dem Trockenen [fühlen]; **drink like a ~** *(coll.)* wie ein Loch saufen *(derb);* **have other ~ to fry** *(fig. coll.)* Wichtigeres zu tun haben; **neither ~ nor fowl** *(fig. coll.)* weder Fisch noch Fleisch *(ugs.);* **there are plenty more ~ in the sea** *(fig. coll.)* es gibt noch andere in der Welt; **b)** *(Astrol.)* **the F~[es]** die Fische; *see also* **archer c; c)** *(coll.: person)* **queer ~**: komischer Kauz; **big ~**: großes Tier; **gro-ßer** *od.* **dicker Fisch** *(ugs., scherzh.);* **cold ~**: kalter Fisch *(ugs.);* **the poor ~!** der arme Tropf! **2.** *v. i.* **a)** fischen; *(with rod)* angeln; **go ~ing** fischen/angeln gehen; **go trout-ing** *or* **for trout** zum Forellenfang gehen; ~ **in troubled waters** *(fig.)* im trüben fischen; **b)** *(fig. coll.)* *(try to get information)* auf Informationen aussein; *(delve)* ~ **around in one's bag** in der Tasche herumsuchen. **3.** *v. t.* **a)** fischen; fangen ⟨*Fisch*⟩; *(with rod)* angeln; ~ **a river/lake** in einem Fluß/See fischen/angeln; **b)** *(fig.: take, pull)* [heraus]fischen *(ugs.)* **(out of** aus**)**

~ **for** *v. t.* **a)** fischen/angeln; fischen/angeln auf (+ *Akk.*) *(Anglerjargon);* **b)** *(fig. coll.)* suchen nach; **be ~ing for sth.** auf etw. *(Akk.)* aussein *(ugs.)*

~ **out** *v. t. (fig. coll.)* herausfischen *(ugs.);* ~ **sb./a dead body out of the river** jmdn./eine Leiche aus dem Fluß fischen *(ugs.)*

~ **up** *v. t.* herausfischen

fish: **~-bone** *n.* [Fisch]gräte, *die;* **~-bowl** *n.* Fischglas, *das;* ~ **cake** *n. (Cookery)* Fischfrikadelle, *die;* ~ **course** *n.* Fischgang, *der*

fisherman ['fɪʃəmən] *n., pl.* **fishermen** ['fɪʃəmən] Fischer, *der; (angler)* Angler, *der;* **~'s story** Seemannsgarn, *das*

fishery ['fɪʃərɪ] *n.* **a)** *no pl., no indef. art. (fishing)* Fischfang, *der;* Fischerei, *die;* **b)** *(fishing-grounds)* Fischfanggebiet, *das;* Fischereigewässer, *das;* **in-shore fisheries** Küstenfischerei, *die;* **deep-sea fisheries** Hochseefischerei, *die*

fishery pro'tection vessel *n. (Naut.)* Fischereischutzboot, *das*

fish: **~-eye lens** *n. (Photog.)* Fischaugenobjektiv, *das;* **~-farm** *n.* Fischzucht[anla-

277

fish-farming ... **fix**

ge], die; ~-**farming** n. Fischzucht, die; ~ **finger** n. Fischstäbchen, das; ~-**fork** n. Fischgabel, die; ~-**glue** n. Fischleim, der; ~-**hook** n. Angelhaken, der
fishing ['fɪʃɪŋ] n. (occupation) Fischen, das; (with rod) Angeln, das; attrib. Fischerei-; **freshwater ~**: Süßwasserfischerei, die; ~ **craft** pl. Fischereifahrzeuge
fishing: ~ **boat** n. Fischerboot, das; ~ **expedition** n. a) Fangfahrt, die; **go on a ~ expedition** auf Fischfang gehen; b) (fig.) Schnüffeltour, die (ugs.); ~ **fleet** n. Fischereiflotte, die; ~-**grounds** n. pl. Fischgründe Pl.; ~ **limits** n. pl. Fischereigrenze, die; ~-**line** n. Angelschnur, die; ~-**net** n. Fischernetz, das; ~ **rights** n. pl. Fischereirecht, das; ~-**rod** n. Angelrute, die; ~-**smack** n. Fischkutter, der; ~ **story** n. Seemannsgarn, das; ~-**tackle** n. Angelgeräte; ~-**vessel** n. Fischereifahrzeug, das; ~ **village** n. Fischerdorf, das
fish: ~-**kettle** n. Fischkessel, der; ~-**knife** n. Fischmesser, das; ~-**knife and -fork** Fischbesteck, das; ~-**ladder** n. Fischleiter, die; Fischpaß, der; ~**like** adj. fischartig; ~-**meal** n. Fischmehl, das; ~-**monger** ['fɪʃmʌŋgə(r)] n. (Brit.) Fischhändler, der/-händlerin, die; **a ~monger's** ein Fischgeschäft; see also **baker**; ~-**net** n. Fischnetz, das; ~-**net stockings** Netzstrümpfe; ~ **paste** n. Fischpaste, die; ~-**pond** n. Fischteich, der; ~ **shop** n. Fischgeschäft, das; ~-**slice** n. Wender, der; (carving-knife) Fischvorlegemesser, das; ~-**tank** n. Fischkasten, der; Fischbehälter, der; ~**wife** n. (derog.) Fischweib, das (veralt.)
fishy ['fɪʃɪ] adj. a) fischartig; ~ **smell/taste** Fischgeruch/-geschmack, der; b) (coll.: questionable) verdächtig; zweifelhaft, fragwürdig ⟨Umstände⟩; nicht ganz astrein (ugs.) ⟨Sache⟩; **there's something ~ about this whole business** an der ganzen Sache ist was faul (ugs.)
fissile ['fɪsaɪl] adj. (Nucl. Phys.) fissil (fachspr.); spaltbar
fission ['fɪʃn] 1. n. a) (Nucl. Phys.) [Kern]spaltung, die; Fission, die (fachspr.); b) (Biol.) [Zell]teilung, die; Fission, die (fachspr.)
fissionable ['fɪʃənəbl] adj. (Nucl. Phys.) spaltbar; fissil (fachspr.)
fissure ['fɪʃə(r)] n. Riß, der; (Geol.) Erdspalte, die; Bodenriß, der
fist [fɪst] n. a) Faust, die; b) (coll.: hand) Hand, die; Pfote, die (salopp); (joc.: handwriting) Handschrift, die; Klaue, die (ugs. abwertend)
'fist-fight n. Schlägerei, die
fistful ['fɪstful] n. Handvoll, die; **a ~ of coins** eine Handvoll Münzen
fisticuffs ['fɪstɪkʌfs] n. pl. Handgreiflichkeiten Pl.; **the quarrel ended in ~**: der Streit endete mit einer Schlägerei
fistula ['fɪstjʊlə] n. (Med., Zool.) Fistel, die
¹fit [fɪt] n. a) Anfall, der; ~ **of coughing** Hustenanfall, der; **fainting ~**: Ohnmachtsanfall, der; **collapse in a ~**: einen Kollaps od. Anfall erleiden; zusammenbrechen; **epileptic ~**: epileptischer Anfall; b) (fig.) [plötzliche] Anwandlung; **give sb. a ~** (startle sb.) jmdn. einen Schrecken einjagen; (outrage sb.) jmdn. aus der Haut fahren lassen (ugs.); [almost] have or throw a ~: [fast] Zustände kriegen (ugs.); **she'll have a ~ when she hears that** (fig. coll.) sie kriegt einen Anfall, wenn sie das erfährt (ugs.); **have forty ~s** (coll.) Zustände kriegen (ugs.); einen Anfall bekommen (ugs.); **be in ~s of laughter** sich vor Lachen biegen; **sb./sth. has sb. in ~s [of laughter]** jmd. ruft dröhnendes Gelächter bei jmdm. hervor/etw. löst dröhnendes Gelächter bei jmdm. aus; **in a ~ of ...**: in einem Anfall od. einer Anwandlung von ...; **in or by ~s [and starts]** mit [häufigen] Unterbrechungen

²fit 1. adj. a) (suitable) geeignet; ~ **to eat** or **to be eaten/for human consumption** eßbar/zum Verzehr geeignet; **be ~ to be seen** sich sehen lassen können; see also **survival** a; b) (worthy) würdig; wert; **a man not ~ to hold high office** ein Mann, der eines hohen Amtes nicht würdig ist; see also **candle** 1 a; c) (right and proper) richtig; **as is only ~ [and proper]** wie es sich gehört od. (geh.) gebührt; **see** or **think ~ [to do sth.]** es für richtig od. angebracht halten[, etw. zu tun]; **do as you see** or **think ~**: tun, was du für richtig hältst; d) (ready) **be ~ to drop** zum Umfallen müde sein; e) (healthy) gesund; fit (ugs.); **in ~ Form** fit; **keep** or **stay ~**: sich fit halten; fit bleiben; **get ~ again after an illness** nach einer Krankheit wieder zu Kräften kommen; **be ~ and well in guter körperlicher Verfassung sein**; ~ **for duty** or **service** dienstfähig od. -tauglich; ~ **for work/travel** arbeits-/reisefähig; **as ~ as a fiddle** 1 a. **2.** n. Paßform, die; **it is a good/bad ~**: es sitzt gut od. nicht gut; **be an excellent ~**: einen tadellosen Sitz haben; **wie angegossen sitzen od. passen; the coat is a tight ~**: das Jackett ist stramm od. eng; **three in the back seat is a tight ~**: drei auf dem Rücksitz ist sehr eng; **I can just get it in the suitcase, but it's a tight ~** (fig.) ich kriege es noch in den Koffer, aber nur gerade so (ugs.). **3.** v. t., **-tt-**: a) ⟨Kleider⟩ passen (+ Dat.); ⟨Schlüssel⟩ passen in (+ Akk.); ⟨Deckel, Bezug⟩ passen auf (+ Akk.); **the suit ~s him properly** der Anzug paßt ihm gut od. sitzt gut; **make sth. to ~**: etw. passend machen; b) (Dressm. etc.) anpassen ⟨Kleidungsstück, Brille⟩; **when may I come to be ~ted?** wann kann ich zur Anprobe kommen?; c) (correspond to, suit) entsprechen (+ Dat.); (make correspond) abstimmen (to auf + Akk.); anpassen (to an + Akk.); **the description ~s this man** die Beschreibung paßt auf diesen Mann od. trifft auf diesen Mann zu; **the translation ~s the context** die Übersetzung wird dem Kontext gerecht; ~ **the bill** = **fill the bill** see **fill** 1 d; d) (put into place) anbringen (to an + Dat. od. Akk.); einbauen ⟨Motor, Ersatzteil⟩; einsetzen ⟨Scheibe, Tür, Schloß⟩; (equip) ausstatten; e) (make competent) befähigen (for zu); **the experience helped to ~ her for the task** die Erfahrung trug dazu bei, daß sie für die Aufgabe gerüstet war. **4.** v. i., **-tt-** passen; (agree) zusammenpassen; übereinstimmen; ~ **well** ⟨Kleidungsstück⟩ gut sitzen; **the two pieces ~ together to form a screwdriver** die beiden Teile zusammen ergeben einen Schraubenzieher; **we must find a lid that ~s** wir müssen einen passenden Deckel finden; see also **cap** 1 a; **glove a**
~ **in** 1. v. t. a) unterbringen; b) (install) einbauen; c) (to a schedule) einen Termin geben (+ Dat.); unterbringen, einschieben ⟨Treffen, Besuch, Sitzung⟩; **I could ~ you in just before lunch** so kurz vor Mittag hätte ich Zeit für Sie; **the hairdresser usually manages to ~ me in** gewöhnlich kann mich der Friseur zwischendurch drannehmen (ugs.); ~ **sth. in with sth.** etw. mit etw. abstimmen. **2.** v. i. a) hineinpassen; b) (be in accordance) ~ **in**: mit etw. übereinstimmen; ~ **in with sb.'s plan/ideas** in jmds. Plan/Konzept (Akk.) passen; **how does that ~ in?** wie paßt das dazu od. ins Ganze?; **it didn't ~ in with our plans** es ließ sich nicht mit unseren Plänen vereinbaren; **I'll just ~ in with you/your arrangements** ich richte mich ganz nach dir/euren Plänen; c) (settle harmoniously) ⟨Person:⟩ sich anpassen (with an + Akk.); ~ **in easily with a group** sich leicht in eine Gruppe einfügen; **he ~s in well here/with the others** er paßt gut hierher/mit den anderen zusammen
~ **out** v. t. ausstatten; (for expedition etc.) ausrüsten

~ **up** v. t. (fix) anbringen ⟨Lampe, Waschbecken⟩; (install, mount) aufstellen ⟨Arbeitsbank usw.⟩; ~ **sb./sth. up with sth.** jmdn./etw. mit einer Sache versehen od. ausstatten; ~ **a room up as an office** ein Zimmer als Büro einrichten
fitful ['fɪtfl] adj. unbeständig; unruhig ⟨Schlaf⟩; vereinzelt ⟨Schüsse⟩; ungleichmäßig ⟨Fortgang, Arbeitsweise⟩; launisch ⟨Brise⟩
fitfully ['fɪtfəlɪ] adv. unregelmäßig; sporadisch ⟨arbeiten⟩; unruhig ⟨schlafen⟩; **the sun shone ~**: die Sonne kam vereinzelt durch
fitfulness ['fɪtflnɪs] n., no pl. Unbeständigkeit, die; (of sleep) Unregelmäßigkeit, die
fitment ['fɪtmənt] n. (piece of furniture) Einrichtungsgegenstand, der; (piece of equipment) Zubehörteil, das; Ausstattung, die
fitness ['fɪtnɪs] n., no pl. a) (physical) Fitneß, die; ~ **for active service** (Mil.) Wehrdiensttauglichkeit, die; b) (suitability) Eignung, die; (appropriateness) Angemessenheit, die; **have a sense of the ~ of things** ein Gefühl dafür haben, was angebracht ist angemessen ist
fitted ['fɪtɪd] adj. a) (suited) geeignet (**for** für, zu); b) (shaped) tailliert, auf Taille gearbeitet ⟨Kleider⟩; ~ **carpet** Teppichboden, der; ~ **sheet** Spannbettuch, das; ~ **kitchen/cupboards** Einbauküche, die/Einbauschränke
fitter ['fɪtə(r)] n. a) Monteur, der; (of pipes) Installateur, der; (of machines) Maschinenschlosser, der; **electrical ~**: Elektriker, der; Elektroinstallateur, der; b) (of clothes) Schneider, der/Schneiderin, die (als Zuschneider u. für Änderungen)
fitting ['fɪtɪŋ] **1.** adj. (appropriate) passend; angemessen; geeignet ⟨Moment, Zeitpunkt⟩; günstig, passend ⟨Gelegenheit⟩; (becoming) schicklich (geh.) ⟨Benehmen⟩; **I thought it ~ to inform him** ich hielt es für angebracht, ihn zu informieren; **it is not ~ for a young woman ...**: es schickt sich nicht für eine junge Dame, ... **2.** n. a) usu. in pl. (fixture) Anschluß, der; (connecting piece used for installations) Fitting, das (Technik); ~**s** (furniture) Ausstattung, die; **a car with luxurious ~s** ein Wagen mit Luxusausstattung; **electrical ~s** Elektroinstallation, die; see also **fixture** a; b) (of clothes) Anprobe, die; **go to the tailor's for a ~**: zur Anprobe gehen; c) (Brit.: size) Größe, die; **shoes of a wide/narrow ~**: weite/enge Schuhe
fittingly ['fɪtɪŋlɪ] adv. passend ⟨sich kleiden⟩; angemessen ⟨enden⟩; schicklich ⟨sich benehmen⟩
fitting: ~-**room** n. Anprobe, die; ~-**shop** n. Montagehalle, die
five [faɪv] **1.** adj. a) fünf; see also **eight** 1; b) ~-**finger exercise** (Mus.: also fig.) Fingerübung, die; ~ **o'clock shadow** [nachmittäglicher] Stoppelbart (ugs.); see also **week. 2.** n. (number, symbol) Fünf, die; see also **eight 2 a, c, d**
five-and-'ten n. (Amer.) Billigkaufhaus, das
fivefold ['faɪvfəʊld] adj., adv. fünffach; see also **eightfold**
fiver ['faɪvə(r)] n. (coll.) (Brit.) Fünfpfundschein, der; (Amer.) Fünfdollarschein, der
fives [faɪvz] n. sing.: ein Wandballspiel; **Eton** ['i:tn] ~: Wandballspiel; **Rugby** ~: Wandballspiel mit vier Wänden
five: ~-**star** adj. Fünf-Sterne-⟨Hotel, General⟩; (fig.) ausgezeichnet; ~-'**year plan** n. Fünfjahresplan, der
fix [fɪks] **1.** v. t. a) (place firmly, attach, prevent from moving) befestigen; festmachen; (fig.: imprint) einprägen; ~ **a post in[to] the ground** einen Pfosten im Boden verankern; ~ **a stone firmly into position** einen Stein an der vorgesehenen Stelle einsetzen; ~ **sth. to/on sth.** etw. an/auf etw. (Dat.) befestigen od. festmachen; ~ **shelves to the wall/a**

fixate ... flair

handle on the door Regale an der Wand/eine Klinke an der Tür anbringen; ~ bayonets Bajonette aufpflanzen; ~ sth. in one's mind sich *(Dat.)* etw. fest einprägen; **b)** *(direct steadily)* richten ⟨Blick, Gedanken, Augen⟩ (up|on auf + *Akk.*); setzen ⟨Hoffnung⟩ (up|on auf + *Akk.*); **her mind was [firmly] ~ed on her work** sie war ganz auf ihre Arbeit fixiert; **his thoughts were ~ed elsewhere** er war mit seinen Gedanken [ganz] woanders; **c)** *(decide, specify)* festsetzen, festlegen ⟨Termin, Preis, Strafe, Grenze⟩; *(settle, agree on)* ausmachen; *(allocate)* übertragen ⟨Verantwortung⟩; ⟨Schuld⟩ (up|on + *Dat.*); ~ **the price at £50** den Preis auf 50 Pfund festsetzen; **nothing's been ~ed yet** es ist noch nichts fest [ausgemacht *od.* beschlossen]; **it was ~ed that ...:** es wurde beschlossen *od.* vereinbart, daß ...; **d)** *(repair)* in Ordnung bringen; reparieren; **need ~ing** repariert werden müssen; **e)** *(arrange)* arrangieren; ~ **a rehearsal for Friday** eine Probe für *(Akk.)* ansetzen; **they tried to ~ things so that ...:** sie versuchten es so zu arrangieren, daß ...; **have you anything ~ed for Saturday evening?** hast du [für] Samstagabend schon etwas vor?; **nothing definite has been ~ed yet** es ist noch nichts Endgültiges vereinbart *od.* ausgemacht; **f)** *(manipulate fraudulently)* manipulieren ⟨Rennen, Kampf⟩; bestechen ⟨Zeugen⟩; **the whole thing was ~ed** das war ein abgekartete Sache; **g)** *(Amer. coll.: prepare)* machen ⟨Essen, Kaffee, Drink⟩; ~ **one's hair** sich frisieren; ~ **one's face** sich schminken; **h)** *(sl.: deal with)* in Ordnung bringen; regeln; ~ **sb.** *(get even with)* es jmdm. heimzahlen; *(kill)* jmdn. kaltmachen *(salopp);* **Don't bother about that. I'll ~ things with her** Mach dir deswegen keine Sorgen. Ich regle das mit ihr *od.* bringe das mit ihr in Ordnung; **I'll soon ~ that** *(prevent)* das werd' ich zu verhindern wissen; **that'll ~ her** dann kann sie nichts mehr machen; **i)** *(make permanent)* fixieren ⟨Farben, Photo, Gewebe⟩; **j)** *(coll.: castrate)* kastrieren; **k)** *(Bot.: assimilate)* ⟨Pflanze:⟩ binden. **2.** *v. i.* **a)** *(coll.: arrange)* ~ **for sb. to do sth.** es arrangieren, daß jmd. etw. tun kann; **b)** *(Amer. coll.: intend)* vorhaben; **be ~ing to do sth.** vorhaben, etw. zu tun; **c)** *(sl.: inject narcotics)* fixen *(Drogenjargon).* **3.** *v. refl.* see **2 c. 4.** *n.* **a)** *(predicament)* Patsche, *die* (ugs.); Klemme, *die* (ugs.); **be in a ~:** in der Klemme sein (ugs.); **get oneself in[to] a ~:** sich *(Dat.)* eine schöne Suppe einbrocken (ugs.); **b)** *(Naut.)* Standort, *der;* Position, *die;* **radio ~:** Funkortung, *die;* **c)** *(sl.: of narcotics)* Fix, *der (Drogenjargon);* **d)** *(Amer. sl.: bribery)* Bestechung, *die; (illicit arrangement)* abgekartete Sache (ugs.)
~ **on** *v. t.* **a)** [-'-] anbringen; **b)** [--] *(decide on)* sich entscheiden für; *(determine)* festsetzen, festlegen ⟨Termin⟩; ~ **on doing sth.** beschließen, etw. zu tun
~ **up** *v. t.* **a)** *(arrange)* arrangieren; festsetzen, ausmachen ⟨Termin, Treffpunkt⟩; **we've nothing ~ed up for tonight** wir haben noch nichts vor [für] heute abend; **let's ~ up when and where we'll next meet** machen wir aus, wann und wo wir uns das nächste Mal treffen; **we ~ed up that ...:** wir vereinbarten, daß ...; **I'll ~ up for you to accompany me** ich werde es arrangieren, daß du mich begleiten kannst; **b)** *(provide)* versorgen; *(provide with accommodation)* unterbringen; ~ **sb. up with sth.** jmdm. etw. verschaffen *od.* besorgen; ~ **sb. up [with a bed] for the night** jmdn. für die Nacht unterbringen; **c)** *(establish)* **get oneself ~ed up** sich etablieren; **you can stay with us until you get yourself ~ed up** du kannst bei uns wohnen, bis du ein Zimmer/eine Wohnung usw. hast; ~ **sb. up in the spare room** jmdn. im Gästezimmer unterbringen; **d)** *(furnish)* einrichten

fixate [fɪkˈseɪt] *v. t. (Psych.)* fixieren (**upon** auf + *Akk.*)
fixation [fɪkˈseɪʃn] *n. (fixing, being fixed, obsession, Psych.)* Fixierung, *die;* **he has a ~ about his mother** er ist zu stark auf seine Mutter fixiert
fixed [fɪkst] *adj.* **a)** *pred. (coll.: placed)* **how are you/is he** *etc.* ~ **for cash/fuel?** wie sieht's bei dir/ihm usw. mit dem Geld/Treibstoff aus? (ugs.); **they are better ~ financially than we** are sie stehen finanziell besser da als wir; **how are you ~ for this evening?** was hast du [für] heute abend vor?; **b)** *(not variable)* fest; starr ⟨Lächeln, Gesichtsausdruck⟩; ~ **assets** Anlagevermögen, *das;* ~ **cost** Fixkosten *Pl.;* ~ **price** Festpreis, *der;* ~**-interest stocks** festverzinsliche Wertpapiere; ~ **capital** Anlagekapital, *das;* ~ **focus** *(Photog.)* Fixfokus, *der;* ~ **idea** fixe Idee; **have no ~ ideas on sth.** keine feste Vorstellung von etw. haben; ~ **income** festes Einkommen; ~**-income investments** Festgeldanlagen; ~ **odds** feste *od.* gleichbleibende Gewinnchancen; ~ **salary** Fixum, *das;* ~ **star** Fixstern, *der;* ~**-wing aircraft** Starrflügelflugzeug, *das;* Starrflügler, *der;* see also ¹**abode; address 2 a; c)** *(firm, resolute)* fest ⟨Absicht⟩; **be ~ in one's determination** fest entschlossen sein; **with the ~ intention of doing sth.** in *od.* mit der festen Absicht, etw. zu tun
fixedly [ˈfɪksɪdlɪ] *adv.* starr, unverwandt ⟨blicken, lächeln⟩; **stare ~ out of the window** aus dem Fenster starren
fixed ˈpoint *n.* **a)** *(Phys.)* Fixpunkt, *der;* Festpunkt, *der;* **b)** *(Computing)* Festkomma, *das*
fixer [ˈfɪksə(r)] *n.* **a)** *(Photog.)* Fixiermittel, *das;* **b)** *(coll.: person)* Organisator, *der; (derog.)* Mittelsmann, *der durch Schmiergeldzahlungen unlautere geschäftliche Transaktionen ermöglicht*
fixings [ˈfɪksɪŋz] *n. pl. (Amer. Cookery: trimmings)* Beilagen *Pl.*
fixity [ˈfɪksɪtɪ] *n., no pl.* Beständigkeit, *die;* ~ **of purpose** Zielstrebigkeit, *die*
fixture [ˈfɪkstʃə(r)] *n.* **a)** *(furnishing)* eingebautes Teil; *(pipe etc.)* fest verlegtes Rohr usw.; *(accessory)* festes Zubehörteil; ~ *(Law)* unbewegliches Inventar; ~**s and fittings** Ausstattung und Installationen; **lighting** ~ Beleuchtungskörper; **b)** *(Sport)* Veranstaltung, *die;* **the Derby is an annual** ~ das Derby findet jedes Jahr statt; ~ **list** Spielplan, *der;* **c)** *(fig. joc.: established person or thing)* [lebendes] Inventar *(scherzh.);* **be a ~:** zum Inventar gehören *(scherzh.)*
fizz [fɪz] **1.** *v. i.* ⟨Sekt usw.:⟩ sprudeln. **2.** *n.* **a)** *(effervescence)* Sprudeln, *das;* **the lemonade has lost its ~:** die Limonade sprudelt nicht mehr; **b)** *(coll.: effervescent drink)* Sprudel, *der; (flavoured)* Brause[limonade], *die* (ugs.); **gin ~:** Gin-Fizz, *der*
fizzle [ˈfɪzl] *v. i.* zischen
~ **'out** *v. i.* ⟨Feuerwerk:⟩ zischend verlöschen; ⟨Begeisterung:⟩ sich legen; ⟨Kampagne:⟩ im Sande verlaufen
fizzy [ˈfɪzɪ] *adj.* sprudelnd; ~ **lemonade** Brause[limonade], *die;* ~ **drinks** kohlensäurehaltige Getränke; **be ~:** sprudeln
fjord see **fiord**
fl. *abbr.* **a)** *floor* OG; **b)** *fluid* fl.
flab [flæb] *n. (coll.)* Fett, *das;* Speck, *der* (ugs.)
flabbergast [ˈflæbəgɑːst] *v. t.* verblüffen; umhauen (ugs.); **I was [absolutely] ~ed** ich war [völlig] verblüfft; es hat mich [einfach] umgehauen (ugs.); **she looked at them, ~ed** sie sah sie völlig verblüfft an
flabby [ˈflæbɪ] *adj.* schlaff ⟨Muskeln, Bauch, Fleisch, Hände, Wangen, Brüste⟩; wabbelig (ugs.), schwammig ⟨Bauch, Fleisch⟩; *(fig.)* schwammig, schwach ⟨Willenskraft⟩
flaccid [ˈflæksɪd] *adj.* schlaff; *(fig.)* lasch
¹**flag** [flæg] **1.** *n.* Fahne, *die; (small paper etc.*

device) Fähnchen, *das; (national* ~, ~ **on ship)** Flagge, *die;* **red/white** ~: rote/weiße Fahne; **yellow** ~: Quarantäneflagge, *die;* ~ **of convenience** billige Flagge *(Seew.);* ~ **of truce** Parlamentärflagge, *die;* **keep the** ~ **flying** *(fig.)* die Fahne hochhalten; **show the** ~ *(fig.)* seiner Repräsentationspflicht nachkommen; **put the** ~**[s] out** *(fig. coll.)* drei Kreuze machen (ugs.). **2.** *v. t.,* **-gg-: a)** beflaggen ⟨Gebäude⟩; *(mark with* ~**s)** [mit Fähnchen] markieren; *(Computing)* markieren; kennzeichnen; **b)** *(communicate by* ~**-signals)** [mit Fahne *od.* Fähnchen] signalisieren; **c)** see ~ **down**
~ **'down** *v. t.* [durch Winken] anhalten
²**flag** *v. i.,* **-gg-: a)** *(lose vigour)* erlahmen; **business is ~ging** die Geschäfte lassen nach; **b)** ⟨Blume:⟩ den Kopf hängen lassen; ⟨Pflanze:⟩ schlappen (ugs.), die Blätter hängen lassen
³**flag 1.** *n.* see **flagstone. 2.** *v. t.,* **-gg-** mit Fliesen/Steinplatten belegen; fliesen ⟨Fußboden⟩
flag: ~**-captain** *n. (Navy)* Kommandant des Flaggschiffs; ~**-day** *n.* **a)** *(Brit.)* Tag der Straßensammlung für wohltätige Zwecke; **b) F~ Day** *(Amer.)* 14. Juni als Gedenktag der Einführung der amerikanischen Nationalflagge
flagella *pl. of* **flagellum**
¹**flagellate** [ˈflædʒəleɪt] *v. t.* geißeln
²**flagellate** [ˈflædʒəleɪt] *(Zool.)* **1.** *adj.* geißelförmig; ~ **organism** see **2. 2.** *n.* Flagellat, *der (fachspr.);* Geißeltierchen, *das*
flagellation [flædʒəˈleɪʃn] *n.* Flagellation, *die;* Geißelung, *die*
flagellum [fləˈdʒeləm] *n., pl.* **flagella** [fləˈdʒelə] **a)** *(Bot.: runner)* Ausläufer, *der;* **b)** *(Biol.)* Flagellum, *das;* Geißel, *die*
flageolet [flædʒəˈlet, ˈflædʒəlet] *n. (Mus.)* Flageolett, *das*
flag: ~**-lieutenant** *n. (Navy)* Flaggleutnant, *der;* ~**-officer** *n. (Navy)* Flaggoffizier, *der*
flagon [ˈflægən] *n.* **a)** *(with handle and spout; for Eucharist)* Kanne, *die;* **b)** *(big bottle)* [bauchige] Weinflasche *(in Bocksbeutelform)*
ˈ**flag-pole** see **flagstaff**
flagrancy [ˈfleɪgrənsɪ] *n., no pl.* Schändlichkeit, *die; (of disregard, defiance)* Schamlosigkeit, *die*
ˈ**flag-rank** *n. (Navy)* Rang eines Flaggoffiziers; ≈ Admiralsrang, *der*
flagrant [ˈfleɪgrənt] *adj.* eklatant; flagrant ⟨Verstoß⟩; *(scandalous)* ungeheuerlich; himmelschreiend ⟨Unrecht⟩; schamlos ⟨Verbrecher, Sünder⟩
flagrante delicto see **in flagrante [delicto]**
flagrantly [ˈfleɪgrəntlɪ] *adv.* eklatant; flagrant ⟨verstoßen⟩; unverhohlen ⟨beleidigen⟩; **a ~ criminal act** ein ungeheuerliches Verbrechen
flag: ~**-ship** *n. (Navy)* Flaggschiff, *das; (fig. attrib.)* führend...; ~**-staff** *n.* Flaggenmast, *der;* Fahnenmast, *der; (horizontal)* Fahnenstange, *die; (on ship)* Flaggenstock, *der (Seemannsspr.);* ~**stone** *n.* Steinplatte, *die; (for floor)* Fliese, *die, in pl. (pavement)* Straßenpflaster, *das;* ~ **stop** *(Amer.)* see **request stop**
flail [fleɪl] **1.** *v. i.* [wild] um sich schlagen; ⟨Propeller:⟩ sich rasend drehen; **with arms ~ing** he tried to keep his balance mit den Armen fuchtelnd, versuchte er, das Gleichgewicht zu halten. **2.** *v. t. (strike with* ~**)** dreschen; *(strike as if with* ~**)** [wild] einschlagen auf (+ *Akk.*). **3.** *n.* Dreschflegel, *der*
flair [fleə(r)] *n.* Gespür, *das; (special ability)* Talent, *das;* [natürliche] Begabung; **have ~** *(talent)* Talent haben; talentiert sein; *(for dress)* Stil *od.* Geschmack haben; **have a ~ for sth.** *(talent)* ein Talent *od.* eine Begabung für etw. haben; *(instinct)* ein [feines] Gespür für etw. haben; **have [quite] a ~ for**

writing/[learning] languages schriftstellerisch [recht] begabt sein/[recht] sprachbegabt sein; **he has a ~ for making money** er weiß, wie man zu Geld kommt
flak [flæk] *n.* Flakfeuer, *das (Milit.);* (gun) Flak, *die (Milit.);* **get a lot of ~ for sth.** *(fig.)* wegen etw. [schwer] unter Beschuß geraten; **give sb. a lot of ~ for sth.** *(fig.)* jmdn. wegen etw. [schwer] unter Beschuß nehmen
flake [fleɪk] 1. *n.* a) *(of snow, soap, cereals)* Flocke, *die;* (of dry skin) Schuppe, *die;* (of plaster) ≈ Bröckchen, *das;* (of metal) ≈ Span, *der;* (of enamel, paint) ≈ Splitter, *der;* (of pastry, rust) ≈ Krümel, *der;* (of chocolate, coconut) Raspel, *die;* b) (of fish's flesh) ≈ Stück, *das;* c) (shark as food) Seeaal, *der.* 2. *v. i.* ⟨Stuck, Verputz, Stein:⟩ abbröckeln; ⟨Farbe, Rost, Emaille:⟩ abblättern; ⟨Haut:⟩ sich schuppen
~ **'off** *v. i.* ⟨Farbe, Rost, Emaille:⟩ abblättern; ⟨Stuck, Verputz, Stein:⟩ abbröckeln
~ **'out** *v. i. (coll.)* umkippen *(ugs.);* **be ~d out** total erschöpft sein
'**flak jacket** *n.* kugelsichere Weste
flaky ['fleɪkɪ] *adj.* bröcklig ⟨Farbe, Gips, Rost⟩; blättrig ⟨Kruste⟩; schuppig ⟨Haut⟩; **~ pastry** Blätterteig, *der*
flambé ['flɒbeɪ] *(Cookery)* 1. *adj.* flambiert. 2. *v. t.* flambieren
flamboyance [flæm'bɔɪəns], **flamboyancy** [flæm'bɔɪənsɪ] *n.* Extravaganz, *die;* (of plumage) Pracht, *die;* (of clothes, lifestyle) Pracht, *die;* Pomp, *der (abwertend)*
flamboyant [flæm'bɔɪənt] *adj.* a) extravagant; prächtig ⟨Farben, Federkleid⟩; *(derog.)* großspurig ⟨Wesen, Verhalten, Geste⟩; b) *(Archit.)* ~ **style** Flamboyantstil, *der*
flamboyantly [flæm'bɔɪəntlɪ] *adv.* extravagant; prächtig, extravagant ⟨schmücken, kleiden⟩
flame [fleɪm] 1. *n.* a) Flamme, *die;* **be in ~s** in Flammen stehen; **burst into ~** in Brand geraten; **go up in ~s** in Flammen aufgehen; b) (colour) ≈ Rotorange, *das;* c) (joc.: sweetheart) Flamme, *die (ugs.);* **old ~** alte Flamme *(ugs. veralt.).* See also ¹**fan 2; feed 1 i.** 2. *v. i.* a) brennen; b) (glow) glühen
~ '**up** *v. i. (lit. or fig.)* aufflammen; ⟨Fett:⟩ anfangen zu brennen
flame: ~-**coloured** *adj.* feuerfarben; ~ **gun** *n.* Flämmgerät, *das*
flameless ['fleɪmlɪs] *adj.* ohne offene Flamme nachgestellt
flamenco [flə'meŋkəʊ] *n., pl.* ~**s** Flamenco, *der*
flame: ~-**proof** see **proof 2 b, 3 c;** ~-**thrower** *n.* Flammenwerfer, *der*
flaming ['fleɪmɪŋ] 1. *adj.* a) (bright-coloured) feuerrot; flammend ⟨Rot, Abendhimmel⟩; hochrot ⟨Wangen⟩; b) (very hot) glühend heiß; *(coll.: passionate)* heftig, leidenschaftlich ⟨Auseinandersetzung⟩; **be in a ~ temper** *(coll.)* geladen sein *(salopp);* kochen *(ugs.);* ~ **June** der heiße Juni; c) *(coll.: damned)* verdammt. 2. *adv.* a) ~ **red** feuerrot; b) *(coll.: damned)* **he is too ~ idle or lazy** er ist, verdammt noch mal, einfach zu faul *(ugs.);* **who does he ~ well think he is?** verdammt noch mal, für wen hält er sich eigentlich? *(ugs.)*
flamingo [flə'mɪŋgəʊ] *n., pl.* ~**s** *or* ~**es** *(Ornith.)* Flamingo, *der*
flammability [flæmə'bɪlɪtɪ] see **inflammability**
flammable ['flæməbl] see **inflammable a**
flan [flæn] *n.* [fruit] ~: [Obst]torte, *die;* [cheese] ~: flache Pastete mit [Käse]füllung oder -belag
'**flan case** *n.*
Flanders ['flɑːndəz] *pr. n.* Flandern *(das)*
flange [flændʒ] *n.* Flansch, *der;* (of wheel) Spurkranz, *der*
flanged [flændʒd] *adj.* mit Flansch/Spurkranz versehen

flank [flæŋk] 1. *n.* (of person) Seite, *die;* (of animal; also Mil.) Seite, *die,* Flanke, *die;* (of mountain, building) Seite, *die,* Flanke, *die* (selten); (of beef) Dünnung, *die;* **attack sb.'s ~** *(Mil.)* jmdm. von der Flanke her angreifen; ~ **forward** (Rugby) Außenstürmer, *der.* 2. *v. t.* a) flankieren; **a road ~ed by** *or* **with trees** eine von Bäumen flankierte Straße; b) ~**ing movement** Flankenangriff, *der*
flannel ['flænl] 1. *n.* a) (fabric) Flanell, *der;* b) *in pl.* (trousers) Flanellhose, *die;* (garments) Flanellsachen *Pl.;* **cricketing ~s** Krickekleidung [aus Flanell]; c) *(Brit.)* (for washing oneself) Waschlappen, *der;* (for washing the floor) Aufwischlappen, *der;* d) *(Brit. sl.)* (verbose nonsense) Geschwafel, *das,* (ugs. abwertend); (flattery) Schmeicheleien. 2. *attrib. adj.* Flanell-
flannelette [flænə'let] *n.* [Baumwoll]flanell, *der*
flap [flæp] 1. *v. t.,* -pp- schlagen; ~ **its wings** mit den Flügeln schlagen; *(at short intervals)* mit den Flügeln flattern. 2. *v. i.,* -pp- a) ⟨Flügel:⟩ schlagen; ⟨Segel, Fahne, Vorhang:⟩ flattern; b) **sb.'s ears were ~ping** *(fig. coll.)* jmd. hat mitgehört; (was very interested) jmd. spitzte die Ohren; c) *(fig. coll.: panic)* die Nerven verlieren; **stop ~ing** reg dich ab *(ugs.).* 3. *n.* a) Klappe, *die;* (of leather shorts) Hosenlatz, *der;* (of saddle) Seitenblatt, *das;* (envelope-seal, tongue of shoe) Lasche, *die;* (of table) klappbarer Teil; b) *(fig. coll.: panic)* **be in a ~:** furchtbar aufgeregt sein; **get [oneself] in[to] a ~:** sich furchtbar aufregen; durchdrehen *(ugs.);* **there's a ~ on** es herrscht große Aufregung
flapjack ['flæpdʒæk] *n.* a) (oatcake) süßer Haferkeks; b) (pancake) Pfannkuchen, *der*
flare [fleə(r)] 1. *v. i.* a) (blaze) flackern; *(fig.)* ausbrechen; **tempers ~d** die Gemüter erhitzen sich; b) (widen) sich erweitern; *(Dressm., Tailoring)* ausgestellt sein; c) (billow) sich bauschen. 2. *n.* a) (as signal) Leuchtsignal, *das;* (from pistol) Leuchtkugel, *die;* *(Aeronaut.:* to illuminate target) Leuchtbombe, *die;* b) (blaze of light) Lichtschein, *der;* c) (widening) **skirt/trousers with ~s** ausgestellter Rock/ausgestellte Hose; d) *in pl.* (trousers) ausgestellte Hose
~ '**up** *v. i.* a) (burn more fiercely) aufflackern; auflodern; b) (break out) [wieder] ausbrechen; ~ **up again** ⟨Kampf, Streit:⟩ wieder aufflackern; c) (become angry) aufbrausen; aus der Haut fahren *(ugs.).* See also **flare-up**
flared [fleəd] *adj. (Dressm., Tailoring)* ausgestellt
flare: ~-**path** *n. (Aeronaut.)* Anflugbefeuerung, *die;* ~-**up** *n.* a) (of fire) Auflackern, *das;* Auflodern, *das;* b) (of violence, rioting) Ausbruch, *der;* **a new ~-up** ein erneutes Aufflackern; c) (of rage) Aufregung, *die*
flash [flæʃ] 1. *n.* a) (of light) Aufleuchten, *das;* Aufblinken, *das;* (as signal) Lichtsignal, *das;* Blinkzeichen, *das;* **~s from a gun** Mündungsfeuer eines Gewehrs; **did you see the ~?** hast du es aufblitzen od. aufleuchten sehen?; ~ **of lightning** Blitz, *der;* [as] **quick as a ~** *(coll.)* schnell wie ein Blitz *(ugs.);* **reply as quick as a ~** *(coll.)* wie aus der Pistole geschossen antworten *(ugs.);* **give a ~ of the headlamps** *(Motor Veh.)* aufblenden; die Lichthupe betätigen; ~ **in the pan** *(fig. coll.)* Zufallstreffer, *der;* *(Photog.)* Blitzlicht, *das;* **use [a] ~:** mit Blitzlicht fotografieren; ~ **photo** Blitzlichtaufnahme, *die;* *(fig.)* ~ **of genius** *or* **inspiration** *or* **brilliance** Geistesblitz, *der;* ~ **of wit** geistreicher Einfall, *der;* ~ **of insight** *or* **intuition** Eingebung, *die;* ~ **of temper** *or* **rage** Wutausbruch, *der;* d) (instant) **be over in a ~:** gleich od. im Nu vorbei sein; **the answer came to me in a ~:** blitzartig kam mir die Antwort; **it all happened in a ~:** es geschah alles blitzschnell; e) *(Radio, Telev.)* see **news flash;** f) [kurze] Einblendung; g) *(Brit. Mil.: insignia)* Abzeichen, *das.* 2. *v. t.* a) aufleuchten lassen; ~ **a torch in sb.'s face** jmdm. mit einer Taschenlampe ins Gesicht leuchten; ~ **a signal/warning** blinken/zur Warnung blinken; ~ **a message** eine Botschaft blinken; ~ **the/one's headlights** aufblenden; die Lichthupe betätigen; ~ **sb. with one's headlamps** jmdn. anblinken od. mit der Lichthupe anblenden; b) *(fig.)* **her eyes ~ed fire** ihre Augen sprühten Feuer od. funkelten böse; **her eyes ~ed back defiance** ihre Augen funkelten trotzig; c) *(give briefly and suddenly)* ~ **sb. a smile/glance** jmdm. ein Lächeln/einen Blick zuwerfen; d) *(display briefly)* kurz zeigen; *(flaunt)* zur Schau tragen ⟨Reichtum⟩; funkeln lassen ⟨Diamanten⟩; ~ **one's money about** *or* **around** mit [dem] Geld um sich werfen *(ugs.);* e) *(Communications)* durchgeben; ~ **news across the world** Nachrichten in die ganze Welt ausstrahlen. 3. *v. i.* a) aufleuchten; **the lightning ~ed** es blitzte; **a signal was ~ing** ein Lichtsignal blitzte; **the lighthouse ~es once a minute** der Leuchtturm gibt einmal in der Minute ein Signal; ~**ing light** Blinklicht, *das;* *(device)* *(Naut.)* Blinkfeuer, *das;* *(Motor Veh.)* Blinkleuchte, *die;* ~ **at sb. with one's headlamps** jmdn. anblinken od. mit der Lichthupe anblenden; b) *(fig.)* **her eyes ~ed in anger** ihre Augen blitzten vor Zorn; c) *(move swiftly)* ~ **by** *or* **past** vorbeiflitzen *(ugs.);* *(fig.)* ⟨Zeit, Ferien:⟩ wie im Fluge vergehen; d) *(burst suddenly into perception)* sth. ~**ed through my mind** etw. schoß mir durch den Kopf; **the truth ~ed upon me** die Wahrheit kam über mich; **his whole life ~ed before his eyes** sein ganzes Leben rollte vor seinen Augen ab; e) *(Brit. sl.: expose oneself)* sich [unsittlich] entblößen. 4. *adj. (coll.)* protzig *(ugs. abwertend);* ~ **Harry** *(Brit.)* Stenz, *der (ugs. abwertend)*
~ '**over** *v. i. (Electr.)* überspringen
flash: ~-**back** *n. (Cinemat. etc.)* Rückblende, *die* (**to** auf + *Akk.*); ~ **bulb** *n. (Photog.)* Blitzbirnchen, *das;* ~ **card** *n.* als Lernhilfe verwendete Karte, mit der dem Schüler ein Wort, Buchstabe oder sonstiges Zeichen kurz gezeigt wird; ~-**cube** *n. (Photog.)* Blitzwürfel, *der;* Würfelblitz, *der*
flasher ['flæʃə(r)] *n.* a) (in advertising) blinkende Leuchtreklame, *die;* *(Motor Veh.)* Blinker, *der;* ~ **headlamp** *n.* Lichthupe, *die;* *(Brit. sl.:* who exposes himself) Exhibitionist, *der*
flash: ~-**flood** *n.* Überschwemmung, *die* (durch heftige Regenfälle); ~-**gun** *n. (Photog.)* Blitz[licht]gerät, *das*
flashily ['flæʃɪlɪ] *adv.* auffällig; protzig *(ugs. abwertend)*
flashing ['flæʃɪŋ] *n. (Building)* Dichtungsblech, *das*
flash: ~-**lamp** *n.* Blinklampe, *die;* ~**light** *n.* a) (for signals) Blinklicht, *das;* (in lighthouse) Leuchtfeuer, *das;* b) *(Photog.)* Blitzlicht, *das;* c) *(Amer.)* Taschenlampe, *die;* ~-**point** *n.* Flammpunkt, *der;* *(fig.)* Siedepunkt, *der*
flashy ['flæʃɪ] *adj.* auffällig; protzig *(ugs. abwertend);* **he's a ~ dresser** er kleidet sich [sehr] auffällig; ~ **young men** großspurige junge Männer
flask [flɑːsk] *n.* a) see **Thermos; vacuum flask;** b) (for wine, oil) [bauchige Flasche; *(Chem.)* Kolben, *der;* c) (hip-flask) Taschenflasche, *die;* Flachmann, *der (ugs. scherzh.)*
¹**flat** [flæt] *n. (Brit.: dwelling)* Wohnung, *die*
²**flat 1.** *adj.* a) (Bauw.) flach; eben *(Fläche);* ⟨Nase, Reifen⟩; (uniform) gleichmäßig ⟨Tönung, Farbton⟩; **knock sb. ~:** jmdn. niederstrecken; **the rug is not ~:** der Teppich liegt nicht glatt; **spread the blanket ~ on the**

flat-bottomed

ground die Decke glatt auf dem Boden ausbreiten; fall ~ on the ground der Länge nach hinfallen; fall ~ on one's back auf den Rücken fallen; lie ~ on one's stomach flach auf dem Bauch liegen; b) *(fig.) (monotonous)* eintönig; *(dull)* lahm *(ugs.)*; fade; *(stale)* schal, abgestanden ⟨Bier, Sekt⟩; *(Electr.)* leer ⟨Batterie⟩; *(Commerc.: inactive)* flau; fall ~: nicht ankommen *(ugs.)*; seine Wirkung verfehlen; go ~: schal werden; feel ~: erschöpft sein; c) *(downright)* glatt *(ugs.)* ⟨Absage, Weigerung, Widerspruch⟩; [and] that's ~: und damit basta *(ugs.)*; d) *(Mus.)* [um einen Halbton] erniedrigt ⟨Note⟩; e) *(Phonet.)* kurz und offen ⟨Vokal⟩. 2. *adv.* a) flach; b) *(outright)* rundweg; glattweg *(ugs.)*; *(Mus.)* zu tief ⟨spielen, singen⟩; d) *(coll.: completely)* ~ broke total pleite; e) *(coll.: exactly)* in two hours ~: in genau zwei Stunden; in no time ~: in Null Komma nichts *(ugs.)*. 3. *n.* a) flache Seite; ~ of the hand Handfläche, *die;* b) *(level ground)* Ebene, *die;* *(shoal)* Untiefe, *die;* walk on the ~: auf ebener Strecke gehen; c) *(Mus.)* erniedrigter Ton; *(symbol)* Erniedrigungszeichen, *das;* d) *(Horse-racing)* the ~: das Flachrennen; *(season)* die Saison für Flachrennen; on the ~: bei Flachrennen; e) *(Brit. coll.)* Plattfuß, *der (ugs.)*; Plattfüße, *der (ugs.)*; f) *(Theatre)* Kulisse, *die*
flat: ~**-bottomed** ['flætbɒtəmd] *adj.* flach; ~**car** *n. (Amer. Railw.)* Flachwagen, *der;* ~**-chested** [flætˈtʃestɪd] *adj.* flachbrüstig; flachbusig; ~**feet** *n. pl.* Plattfüße; ~**-fish** *n.* Plattfisch, *der;* ~**-footed** [flætˈfʊtɪd] *adj.* plattfüßig; *(fig. coll.) (uninspired)* phantasielos; platt *(abwertend);* *(unprepared)* unvorbereitet; ~**-heeled** *adj.* ⟨Schuh⟩ mit flachem Absatz; flach ⟨Schuh⟩; ~**-hunting** *n. (Brit.)* Wohnungssuche, *die;* ~**-iron** *n.* Bügeleisen, *das;* Plätteisen, *das*
flatlet ['flætlɪt] *n. (Brit.)* Appartement, *das*
flatly ['flætlɪ] *adv.* rundweg; glatt *(ugs.)*
flat-mate *n. (Brit.)* Mitbewohner, *der/*Mitbewohnerin, *die;* they were ~s sie haben zusammengewohnt
flatness ['flætnɪs] *n., no pl.* a) Flachheit, *die; (of nose)* Plattheit, *die;* b) *(uniformity)* Gleichmäßigkeit, *die;* c) *(fig.: monotony)* Eintönigkeit, *die;* *(dullness)* Fadheit, *die*
flat: ~ '**out** *adv.* a) *(at top speed)* he ran/worked ~ out er rannte/arbeitete, so schnell er konnte; drive ~ out mit Vollgas fahren; go ~ out ⟨Fahrzeug:⟩ mit Höchstgeschwindigkeit fahren; b) *(exhausted)* total erledigt; total erschöpft; ~**pack** *adj.* ⟨Möbel⟩ zum Selbstbauen, *das;* ~ racing *n., no pl., no indef. art.* Flachrennen, *das;* ~ rate *n.* Einheitstarif, *der;* ~ '**spin** *n. (Aeronaut.)* Flachtrudeln, *das;* go into a ~ spin ins Flachtrudeln kommen; *(fig. coll.)* durchdrehen *(ugs.)*
flatten ['flætn] 1. *v. t.* a) flach od. platt drücken ⟨Schachtel⟩; dem Erdboden gleichmachen ⟨Stadt, Gebäude⟩; umknicken ⟨Bäume, Kornähren⟩; ~ed against the door *n.* od. platt gegen die Tür gedrückt; b) *(humiliate)* feel ~ed sich niedergedrückt od. niedergeschlagen fühlen; c) *(Mus.)* erniedrigen. 2. *v. refl.* ~ oneself against sth. sich flach od. platt gegen etw. drücken
~ '**out** 1. *v. i.* a) flacher werden; b) *(Aeronaut.)* in die Waagerechte gehen. 2. *v. t.* ganz flach drücken
flatter ['flætə(r)] 1. *v. t.* a) schmeicheln (+ *Dat.);* I'm not just ~ing [you] das ist keine bloße Schmeichelei; feel ~ed sich geschmeichelt fühlen; be ~ed [by sth.] sich [durch etw.] geschmeichelt fühlen; the portrait ~s her/him das Porträt ist geschmeichelt; b) *(falsely encourage)* sth. ~s sb. into doing sth. etw. verleitet jmdn. dazu, etw. zu

tun. 2. *v. refl.* ~ oneself [on being/having sth.] sich *(Dat.)* einbilden[, etw. zu sein/haben]
flatterer ['flætərə(r)] *n.* Schmeichler, *der/* Schmeichlerin, *die*
flattering ['flætərɪŋ] *adj.* schmeichelhaft; schmeichelnd, schmeichlerisch ⟨Person⟩; vorteilhaft ⟨Kleid, Licht, Frisur⟩
flattery ['flætərɪ] *n.* Schmeichelei, *die;* ~ will get you nowhere mit Schmeicheleien erreichst du gar nichts
flat 'tyre *n.* Reifenpanne, *die; (the tyre itself)* platter Reifen
flatulence ['flætjʊləns] *n.* Blähungen; Flatulenz, *die (Med.);* suffer from ~: Blähungen haben
flat: ~**ware** *n., no pl. (dishes)* Geschirr, *das; (Amer.: cutlery)* Besteck, *das;* ~**worm** *n.* Plattwurm, *der*
flaunt [flɔ:nt] 1. *v. t.* zur Schau stellen. 2. *v. i.* ⟨Fahne:⟩ [stolz] flattern; ⟨Blume:⟩ sich wiegen, prangen
flautist ['flɔ:tɪst] *n.* Flötist, *der/*Flötistin, *die*
flavor etc. *(Amer.) see* **flavour** etc.
flavour ['fleɪvə(r)] *(Brit.)* 1. *n.* a) Aroma, *das; (taste)* Geschmack, *der;* the dish lacks ~: das Gericht schmeckt fade; add ~ to sth. einer Sache *(Dat.)* Geschmack geben; different ~s verschiedene Geschmacksrichtungen; b) *(fig.)* Touch, *der (ugs.)* Anflug, *der; nostalgic* ~: nostalgischer Touch; Anflug von Nostalgie. 2. *v. t.* a) abschmecken; würzen; orange-~ed sweets Bonbons mit Orangengeschmack; b) *(fig.)* Würze verleihen (+ *Dat.)*
flavouring ['fleɪvərɪŋ] *n. (Brit.)* Aroma, *das;* add [more] ~ to sth. etw. [stärker] würzen
flavourless ['fleɪvəlɪs] *adj. (Brit.)* fade
flavoursome ['fleɪvəsəm] *adj. (Brit.)* schmackhaft
flaw [flɔ:] 1. *n.* a) *(imperfection)* Makel, *der; (in plan, argument, character, or logic)* crack in china, glass, or jewel) Fehler, *der; (in workmanship, or goods)* Mangel, *der;* b) *(Law)* Formfehler, *der.* 2. *v. t.* entstellen ⟨Gesicht, Schönheit⟩; beschädigen ⟨Porzellan, Glas⟩
flawed [flɔ:d] *adj.* fehlerhaft
flawless ['flɔ:lɪs] *adj.* a) makellos ⟨Schönheit⟩; untadelig ⟨Verhalten⟩, einwandfrei, fehlerlos ⟨Aussprache, Verarbeitung⟩; b) *(masterly)* vollendet ⟨Auführung, Wiedergabe⟩; c) lupenrein ⟨Edelstein⟩
flawlessly ['flɔ:lɪslɪ] *adv. see* **flawless** a, b: makellos [gut]; untadelig, einwandfrei, fehlerlos; vollendet
flax [flæks] *n.* a) *(Bot.)* Flachs, *der;* b) *(Textiles: fibre)* Flachsfaser, *die;* Flachs, *der*
flaxen ['flæksn] *adj.* flachsfarben; *(made of flax)* flächsern; she's a ~ blonde sie ist
'flaxen-haired *adj.* flachsblond
flay [fleɪ] *v. t.* a) häuten; abziehen ⟨Haut⟩; abschlachten ⟨Rinde⟩; ~ sb. alive jmdm. bei lebendigem Leibe die Haut abziehen; *(fig. coll.)* jmdm. das Fell gerben *(salopp);* b) *(fig.)* he was ~ed by them sie ließen kein gutes Haar an ihm *(ugs.)*
flea [fli:] *n.* Floh, *der;* send sb. away *or* off with a ~ in his/her ear *(fig. coll.)* jmdn. abblitzen lassen *(ugs.);* as fit as a ~ *(coll.)* kerngesund
flea: ~**-bite** *n.* Flohbiß, *der;* it's just a ~-bite *(fig.)* es ist nur eine Kleinigkeit od. *(ugs.)* ein Klacks; ~**-circus** *n.* Flohzirkus, *der;* ~ market *n. (coll. joc.)* Flohmarkt, *der;* ~**-pit** *n. (Brit. sl. derog.)* Flohkino, *das (ugs.)*
fleck [flek] 1. *n.* a) Tupfen, *der; (small)* Punkt, *der; (blemish on skin)* Fleck, *der;* b) *(speck)* Flocke, *die.* 2. *v. t.* sprenkeln; the sky is ~ed with wispy clouds der Himmel ist mit Wölkchen übersät; green eyes ~ed with brown braungesprenkelte grüne Augen

fleur-de-lis

fled *see* **flee**
fledg[e]ling ['fledʒlɪŋ] *n.* Jungvogel, *der; (fig.)* Anfänger, *der/*Grünschnabel, *der (abwertend);* ~ writer Jungautor, *der/-*autorin, *die;* ~ actor Nachwuchsschauspieler, *der/-*schauspielerin, *die*
flee [fli:] 1. *v. i.,* fled [fled] a) fliehen; ~ from sth./sb. aus etw./vor jmdm. flüchten *od.* fliehen; ~ abroad [sich] ins Ausland flüchten; ~ before *or* from the storm vor dem Sturm flüchten *od.* fliehen; ~ from sth. *(fig.)* einer Sache *(Dat.)* entfliehen; the police arrived and the thieves fled als die Polizei kam, ergriffen die Diebe die Flucht; be ~ing from justice auf der Flucht vor den Richtern sein; b) *(vanish)* sich verflüchtigen; ⟨Jugend, Zeit:⟩ vergehen. 2. *v. t.,* fled a) fliehen aus; ~ the country aus dem Land fliehen *od.* flüchten; b) *(avoid, shun)* sich entziehen (+ *Dat.);* fliehen *(geh.)* ⟨Gesellschaft, Personen⟩
fleece [fli:s] 1. *n.* Vlies, *das;* [Schaf]fell, *das; (quantity shorn)* Schur, *die; (woollen fabric)* Flausch, *der; (artificial fabric)* Webpelz, *der; see also* **Golden Fleece**. 2. *v. t. (fig.)* ausplündern; *(charge excessively)* neppen *(ugs. abwertend);* be ~d of one's money um sein Geld gebracht werden
fleecy ['fli:sɪ] *adj.* flauschig; ~ cloud Schäfchenwolke, *die*
¹fleet [fli:t] *n.* a) *(Navy)* Flotte, *die;* the F~: die Marine; *see also* **admiral a**; b) *(in operation together) (vessels)* Flotte, *die; (aircraft)* Geschwader, *das; (vehicles)* ≈ Kolonne, *die;* a fishing ~: eine Fischfangflotte; *see also* **merchant fleet**; c) *(under same ownership)* Flotte, *die (fig.);* he owns a ~ of cars ihm gehört ein ganzer Wagenpark
²fleet *adj. (poet./literary)* flink; ~ of foot, ~-footed leichtfüßig; schnellfüßig
fleeting ['fli:tɪŋ] *adj.* flüchtig; vergänglich ⟨Natur, Schönheit⟩; ~ visit Stippvisite, *die (ugs.)*
fleetingly ['fli:tɪŋlɪ] *adv.* flüchtig; she was here ~: sie war kurz hier
'Fleet Street *pr. n. (Brit. fig.)* die [überregionale britische] Presse
Fleming ['flemɪŋ] *n.* Flame, *der/*Flämin, *die*
Flemish ['flemɪʃ] 1. *adj.* flämisch; *see also* **English 1**. 2. *n.* Flämisch, *das; see also* **English 2 a**
flesh [fleʃ] *n., no pl., no indef. art.* 1. a) Fleisch, *das;* he's got no ~ on him er hat kein Fleisch auf den Rippen; ~ and blood Fleisch und Blut; it's more than a human can stand ist nicht mehr, als ein Mensch ertragen kann; one's own ~ and blood sein eigen[es] Fleisch und Blut *(geh.);* *see also* **creep 1 b**; *(of fruit, plant)* [Frucht]fleisch, *das;* c) *(fig.: body)* Fleisch, *das (geh.);* and the Word was made ~ *(Bibl.)* und das Wort ist Fleisch geworden; go the way of all ~: den Weg allen Fleisches gehen *(geh.);* in the ~: in natura; in Leib und im Seele; sins of the ~: fleischliche Sünden; *see also* **spirit 1 d**; *(as food)* Fleisch, *das;* human ~: Menschenfleisch, *das.* 2. *v. t.* ~ out ausstatten; untermauern ⟨Plan⟩. 3. *v. i.* ~ out Fleisch ansetzen
flesh: ~**-colour** *n.* Fleischfarbe, *die;* ~**-coloured** *adj.* fleischfarben; ~**-eating** *adj.* fleischfressend
fleshly ['fleʃlɪ] *adj. (carnal)* fleischlich; *(mortal, worldly)* irdisch
flesh: ~**-pots** *n. pl.* a) *(high living)* wallow in the ~-pots wie die Made im Speck leben; b) *(strip-tease clubs etc.)* einschlägige Lokale; ~ **tints** *n. pl. (Art)* Fleischtöne; ~**-wound** *n.* Fleischwunde, *die*
fleshy ['fleʃɪ] *adj.* a) *(fat, boneless)* fett; fleischig ⟨Hände⟩; the ~ parts of a fish die grätenlosen Stücke eines Fisches; b) *(Bot.)* fleischig; c) *(like flesh)* fleischartig
fleur-de-lis [flɜ:dəˈli:] *n., pl.* **fleurs-de-lis** [flɜ:dəˈli:] a) *(Her.)* Lilie, *die;* b) *in sing. or*

281

pl. (Hist.: arms of France*)* bourbonische Lilie; **c)** *(Bot.)* Lilie, *die*
flew see ²**fly** 1, 2
¹**flex** [fleks] *n. (Brit. Electr.)* Kabel, *das*
²**flex** *v. t.* **a)** *(Anat.)* beugen ⟨*Arm, Knie*⟩; **b)** ~ **one's muscles** *(lit. or fig.)* seine Muskeln spielen lassen
flexibility ['fleksɪ'bɪlɪtɪ] *n., no pl.* **a)** Biegsamkeit, *die;* Elastizität, *die* **b)** *(fig.)* Flexibilität, *die*
flexible ['fleksɪbl] *adj.* **a)** elastisch; **b)** *(fig.)* flexibel; dehnbar ⟨*Vorschriften*⟩; schwach ⟨*Wille*⟩; ~ **working hours** *or* **time** gleitende Arbeitszeit
flexibly ['fleksɪblɪ] *adv.* **a)** elastisch; **b)** *(fig.)* flexibel
flexitime ['fleksɪtaɪm] *(Brit.),* **flextime** ['flekstaɪm] *(Amer.) ns. (Office Managem.)* Gleitzeit, *die;* **be on** *or* **work ~:** gleitende Arbeitszeit haben
flibbertigibbet [flɪbətɪ'dʒɪbɪt] *n.* Leichtfuß, *der (ugs.); (gossipy person)* Klatschbase, *die (ugs.)*
flick [flɪk] **1.** *n.* **a)** ~ **of the wrist** kurze, schnelle Drehung des Handgelenks; **a ~ of the switch** ein einfaches Klicken des Schalters; **a ~ with the whip** ein Schnalzen mit der Peitsche; **with a ~ of its tongue/tail** mit vorschnellender Zunge/mit einem Schlag des Schwanzes; **he removed the piece of dirt with a ~ of his finger[s]** er schnippte den Schmutz mit den Fingern weg; **give the room a quick ~ with the duster** *(coll.)* kurz mit dem Staubtuch durchs Zimmer gehen; **b)** *(sound) (of switch)* Klicken, *das; (of whip)* Schnalzen, *das; (of fingers)* Schnipsen, *das.* See also **flicks. 2.** *v. t.* schnippen; anknipsen ⟨*Schalter*⟩; verspritzen ⟨*Tinte*⟩; ~ **one's fingers/whip** mit den Fingern schnipsen/ mit der Peitsche schnalzen; ~ **sth. from** *or* **off sth.** *(with fingers)* etw. schnippen; *(with duster)* etw. von etw. wischen; **the cow ~ed her tail** die Kuh schlug mit dem Schwanz; **would you just ~ the duster round the room?** *(coll.)* würdest du bitte eben mit dem Staubtuch durchs Zimmer gehen? *(ugs.).* **3.** *v. i.* **the lizard's tongue ~ed out** die Eidechse ließ die Zunge hervorschnellen
~ **through** *v. t.* durchblättern
flicker ['flɪkə(r)] **1.** *v. i.* **a)** flackern; ⟨*Fernsehapparat:*⟩ flimmern; **shadows ~ed on the wall** Schatten huschten über die Wand; **a smile ~ed round her lips** ein Lächeln spielte um ihre Lippen; **b)** *(quiver)* ⟨*Zunge:*⟩ züngeln; ⟨*Fahne, Lid:*⟩ flattern; ⟨*Blatt:*⟩ zittern. **2.** *n.* **a)** Flackern, *das; (of TV)* Flimmern, *das; (of shadow)* Huschen, *das; (fig.)* Aufflackern, *das; (of smile)* Anflug, *der; (of hope, life)* Funke, *der;* **b)** *(of bird's tail)* Wippen, *das; (of eyelid)* Flattern, *das*
~ **'out** *v. i. (lit. or fig.)* verlöschen
'**flick-knife** *n. (Brit.)* Schnappmesser, *das*
flicks [flɪks] *n. pl. (coll.)* **the ~** das Kino; **what's on at the ~?** was gibt's im Kino?
flier *see* **flyer**
¹**flight** [flaɪt] **1.** *n.* **a)** *(flying)* Flug, *der;* **in ~:** im Flug; **whilst in ~:** während des Fluges; **b)** *(journey, passage)* Flug, *der; (migration of birds)* Zug, *der;* **the six o'clock ~ to ...:** die 6-Uhr-Maschine nach ...; **on [board] a ~ to ...:** an Bord eines Flugzeugs nach ...; **the ~ from Paris to Rome takes about two hours** die Flugzeit von Paris nach Rom beträgt etwa zwei Stunden; **c)** *(fig.: of thought)* Höhenflug, *der;* **d)** *(of stairs)* ~ **of stairs** *or* **steps]** Treppe, *die;* **live two ~s up** zwei Treppen hoch wohnen; **e)** *(flock of birds)* Schwarm, *der; (Jägerspr.)* Flug, *der; (of arrows)* [Pfeil]hagel, *der; (Air Force)* ≈ Staffel, *die;* **in the first** *or* **top ~** *(fig.)* in der Spitzengruppe; **f)** *(tail of dart)* Befiederung, *die.* **2.** *v. t. (Cricket etc.)* ~ **the ball** den Ball mit unberechenbarer Flugbahn werfen

²**flight** *n.* **a)** *(fleeing)* Flucht, *die;* **take [to] ~:** die Flucht ergreifen; **put to ~:** in die Flucht schlagen; **b)** *(Econ.)* **the ~ from the dollar** die Flucht aus dem Dollar
flight: ~ **attendant** *n.* Flugbegleiter, *der/*-begleiterin, *die;* ~ **bag** *n.* ≈ Reisetasche, *die;* ~ **control** *n.* **a)** *(Aeronaut.)* ≈ Flugsicherung, *die;* **b)** *(system of levers, cables, etc.)* Steuerung, *die;* ~ **controller** *n. (Aeronaut.)* Fluglotse, *der;* ~**-deck** *n.* **a)** *(of aircraft-carrier)* Flugdeck, *das;* **b)** *(of aircraft)* Cockpit, *das;* ~ **engineer** *n.* Flugingenieur, *der*
flightless ['flaɪtlɪs] *adj.* flugunfähig
flight: ~ **lieutenant** *n. (Air Force)* Hauptmann [der Luftwaffe]; ~ **mechanic** *n.* Bordmechaniker, *der;* Bordwart, *der;* ~ **number** *n.* Flugnummer, *die;* ~ **officer** *n.* **a)** *(Brit. Air Force)* [weiblicher] Hauptmann; **b)** *(Amer. Air Force)* Stabsfeldwebel, *der;* ~ **path** *n. (Aeronaut.)* Flugweg, *der; (Astronaut.)* Flugbahn, *die;* ~ **plan** *n.* Flugplan, *der;* ~**-recorder** *n.* Flugschreiber, *der;* ~ **simulator** *n.* Flugsimulator, *der;* ~**-test** *v. t.* [im Flug] testen
flighty ['flaɪtɪ] *adj.* **a)** *(fickle)* flatterhaft; **b)** *(capricious)* kapriziös
flimsily ['flɪmzɪlɪ] *adv.* dünn; hastig *⟨errichtet⟩*; schlecht ⟨*gebunden, erzogen*⟩; ~ **built** *or* **constructed raft** ein flüchtig zusammengezimmertes Floß
flimsy ['flɪmzɪ] **1.** *adj.* **a)** dünn; *(very thin)* hauchdünn ⟨*Seide, Papier*⟩; fadenscheinig ⟨*Kleidung, Vorhang*⟩; *(of inadequate material or workmanship)* nicht [sehr] haltbar ⟨*Verpackung*⟩; nicht [sehr] stabil ⟨*Konstruktion, Haus, Schiff*⟩; **b)** *(fig.)* fadenscheinig ⟨*abwertend*⟩ ⟨*Entschuldigung, Argument*⟩; dürftig ⟨*abwertend*⟩ ⟨*Entwurf, Handlung*⟩. **2.** *n. (thin paper)* Durchschlagspapier, *das; (document)* Durchschlag, *der*
flinch [flɪntʃ] *v. i.* **a)** zurückschrecken; ~ **from sth./doing sth.** vor einer Sache zurückschrecken/davor zurückschrecken, etw. zu tun; ~ **from one's responsibilities** sich seinen Pflichten entziehen; **don't ~ from the facts** man muß den Tatsachen ins Auge sehen; **b)** *(wince)* zusammenzucken
fling [flɪŋ] **1.** *v. t. (throw)* **give sth. a ~:** etw. werfen; **a ~** *(fig.: attempt)* **have a ~ at sth.,** **give sth. a ~:** es mit etw. versuchen; **have a ~ at doing sth.** es damit versuchen, etw. zu tun; **c)** *(fig.: indulgence)* **have one's ~:** sich ausleben; **youth must have its ~:** die Jugend muß sich austoben [können]; **have one last ~:** sein Leben noch einmal richtig genießen; *(by going on a drinking spree)* noch einmal einen draufmachen. **2.** *v. t.,* **flung** [flʌŋ] **a)** werfen; ~ **open/shut** aufreißen/zuwerfen; ~ **back one's head** den Kopf zurückwerfen; ~ **one's arms round sb.'s neck** jmdm. die Arme um den Hals werfen; ~ **sth. away** *(lit. or fig.)* fortwerfen; ~ **down the money** das Geld hinschmeißen *(ugs.);* ~ **off one's attacker** seinen Angreifer wegstoßen; ~ **off one's clothes** die Kleider von sich werfen; ~ **on one's jacket** [sich *(Dat.)*] die Jacke überwerfen; **the horse flung him off** das Pferd warf ihn ab; *(fig.)* ~ **sb. into jail** jmdn. ins Gefängnis werfen; ~ **sb. into confusion** jmdn. in Verwirrung stürzen; ~ **sb. a despairing look** jmdm. einen verzweifelten Blick zuwerfen; ~ **down a challenge to sb.** jmdn. herausfordern; ~ **caution/prudence to the winds/~ aside one's scruples** alle Vorsicht/alle Umsicht/seine Skrupel über Bord werfen; ~ **off restraints** Fesseln abwerfen. **3.** *v. refl.* **flung a)** ~ **oneself at sb.** sich auf jmdn. stürzen; ~ **oneself in front of/upon** *or* **on to sth.** sich vor/auf etw. *(Akk.)* werfen; ~ **oneself at sb.'s feet** sich jmdm. zu Füßen werfen; ~ **oneself into a chair** sich in einen Sessel fallen lassen *od.* werfen; ~ **oneself into sb.'s arms** in jmds. Arme stürzen; **b)** *(fig.)* ~ **oneself into sth.**

sich in etw. *(Akk.)* stürzen; ~ **oneself at sb.** sich jmdm. an den Hals werfen *(ugs.)*
flint [flɪnt] *n.* Feuerstein, *der;* Flint, *der (veralt.);* **as hard as ~:** hart wie Stein
flint: ~ **glass** *n.* Flintglas, *das;* ~**lock** *n. (Hist.)* Steinschloßgewehr, *das*
flinty ['flɪntɪ] *adj.* **a)** *(containing flint)* feuersteinhaltig; **b)** *(resembling flint)* feuersteinartig; **c)** *(fig.)* unbeugsam; **have a ~ heart** ein Herz aus Stein haben
¹**flip** [flɪp] **1.** *n.* **a)** Schnipsen, *das;* **give sth. a ~:** etw. hochschnipsen; **b)** *(coll.: outing)* [kurzer] Ausflug. **2.** *adj. (coll.)* schnodderig *(ugs.).* **3.** *v. t.,* **-pp-** schnipsen; ⟨*turn over*⟩ umdrehen; ~ **one's lid** *(fig. sl.)* ausflippen *(ugs.).* **4.** *v. i.,* **-pp-: a)** *(sl.)* ausflippen; **b)** *(turn over)* **the plane ~ped [over] on to its back** das Flugzeug drehte sich auf den Rücken
~ **through** *see* **flick through**
²**flip** *n. (drink)* Flip, *der; see also* **egg-flip**
'**flip chart** *n.* Flip-chart, *die*
'**flip-flops** *n. pl.* [Plastik-/Gummi]sandalen
flippancy ['flɪpənsɪ] *n., no pl.* Unernst, *der;* Leichtfertigkeit, *die*
flippant ['flɪpənt] *adj.,* **flippantly** ['flɪpəntlɪ] *adv.* unernst; leichtfertig
flipper ['flɪpə(r)] *n.* **a)** *(Zool.)* Flosse, *die;* **b)** *(of swimmer)* [Schwimm]flosse, *die*
flipping ['flɪpɪŋ] *(Brit. sl.)* **1.** *adj.* **it's a ~ nuisance/waste of time** das ist schon verflixt ärgerlich/eine blöde Zeitvergeudung *(ugs.);* **you're a ~ idiot** du bist wirklich ein Idiot!; ~ **heck!** Scheibe! *(ugs. verhüll.).* **2.** *adv.* verflixt *(ugs.);* ⟨*lästig, ärgerlich, kalt*⟩; ganz schön *(ugs.)* ⟨*schlimm, wütend*⟩
'**flip side** *n.* B-Seite, *die*
flirt [flɜːt] **1.** *n.* **he/she is just a ~:** er/sie will nur flirten; **she looks a bit of a ~:** sie scheint einem Flirt nicht abgeneigt zu sein. **2.** *v. i.* **a)** ~ **[with sb.]** [mit jmdm.] flirten; **b)** *(fig.)* ~ **with sth.** mit etw. liebäugeln; ~ **with the idea of doing sth.** mit dem Gedanken liebäugeln, etw. zu tun; ~ **with danger/ death** die Gefahr [leichtfertig] herausfordern/mit dem Leben spielen
flirtation [flɜː'teɪʃn] *n.* Flirt, *der;* **there's a lot of ~ between the two of them** die beiden flirten ganz schön miteinander; **it was merely innocent ~:** es war nur ein unschuldiger Flirt
flirtatious [flɜː'teɪʃəs] *adj.* kokett ⟨*Blick, Art*⟩; **their ~ involvement** ihr Flirt; **she's a ~ woman** sie flirtet gern
flirtatiousness [flɜː'teɪʃəsnɪs] *n., no pl.* Koketterie, *die*
flit [flɪt] **1.** *v. i.,* **-tt-: a)** huschen; **thoughts/recollections ~ted through his mind** Gedanken/Erinnerungen schossen ihm durch den Kopf; **his mind ~ted from one thing to another** seine Gedanken eilten von einem Thema zum anderen; **b)** *(depart)* ~ **northward** nach Norden ziehen; ~ **away** verschwinden; *(esp. Scot., N. Engl.: move house)* umziehen. **2.** *n.* **do a ~** *(coll.)* sich absetzen *(ugs.); see also* **moonlight**
flitch [flɪtʃ] *n.* ~ **[of bacon]** Speckseite, *die*
float [fləʊt] **1.** *v. i.* **a)** *(on water)* treiben; ⟨*gestrandetes Schiff:*⟩ flott werden; ~ **away** wegtreiben; **she just ~ed for some time** sie ließ sich eine Weile treiben; ~ **to the surface** an die Oberfläche treiben; **b)** *(through air)* schweben; ~ **across sth.** ⟨*Wolke, Nebel:*⟩ über etw. *(Akk.)* ziehen; ~ **away** fortschweben; ~ **about** *or* **[a]round** umgehen; im Umlauf sein; **thoughts ~ through my mind** Gedanken gehen mir durch den Kopf; **d)** *(sl.: move casually)* ~ **[around** *or* **about]** herumziehen *(ugs.);* ~ **in and out** rein- und rausgehen *(ugs.);* ~ **about the area** sich in der Gegend herumtreiben *(ugs.); (Finance)* floaten. **2.** *v. t.* **a)** *(convey by water, on rafts)* flößen; *(set afloat)* flott machen ⟨*Schiff*⟩; *(through air)* schweben lassen; **the ship was ~ed by the tide** das Schiff kam bei

floating — flow

Flut wieder flott; ~ **the cream on top of the soup** die Sahne [vorsichtig] auf die Suppe geben; **b)** *(fig.: circulate)* in Umlauf bringen; **c)** *(Finance)* floaten lassen; freigeben; **d)** *(Commerc.)* ausgeben, auf den Markt bringen ⟨Aktien⟩; gründen ⟨Unternehmen⟩; lancieren ⟨*Plan, Idee*⟩; lancieren, auflegen ⟨*Anleihe*⟩. **3.** *n.* **a)** *(for carnival)* Festwagen, *der;* *(Brit.: delivery cart)* Wagen, *der; see also* **milk-float;** **b)** *(petty cash)* Bargeld, *das;* *(to provide change)* Wechselgeld, *das;* **c)** *(Angling)* Floß, *das (fachspr.);* Schwimmer, *der;* *(on net)* Schwimmkörper, *der;* **d)** *(in cylinder, carburettor; also Aeronaut.)* Schwimmer, *der;* **e)** *(of fish)* Schwimmblase, *die;* **f)** *in sing. or pl. (Theatre: footlights)* Rampenlicht, *das;* **g)** *(of plasterer)* Reibebrett, *das*

floating ['fləʊtɪŋ] *adj.* treibend; schwimmend ⟨*Hotel*⟩; **the ~ population** *(fig.)* die mobile Bevölkerung

floating: ~ ˈ**bridge** *n. (bridge)* Pontonbrücke, *die;* ~ *(ferry)* Kettenfähre, *die;* ˈ**capital** *n.* frei verfügbares Kapital; ~ ˈ**debt** *n. (Finance)* schwebende Schuld; ~ ˈ**dock** *n.* Schwimmdock, *das;* ~ ˈ**kidney** *n. (Med.)* Wanderniere, *die;* ~ ˈ**point** *n. (Computing)* Fließkomma, *die;* ~ ˈ**rib** *n. (Anat.)* freie Rippe; ~ ˈ**voter** *n.* Wechselwähler, *der/*-wählerin, *die*

¹**flock** [flɒk] **1.** *n.* **a)** *(of sheep, goats; also Eccl.)* Herde, *die;* *(of birds)* Schwarm, *der;* **b)** *(of people)* Schar, *die;* **in ~s** [in großen *od.* hellen] Scharen; scharenweise; **c)** *(of things)* Reihe, *die.* **2.** *v. i.* strömen; ~ **round sb.** sich um jmdn. scharen; ~ **in/out/together** [in Scharen] hinein-/heraus-/zusammenströmen; ~ **to Mecca/the seaside** [in Scharen] nach Mekka/ans Meer strömen; ~ **/come ~ing to hear sb. speak** herbeiströmen/herbeigeströmt kommen, um jmdn. reden zu hören

²**flock** *n.* **a)** *(of wool, cotton, etc.)* Flocke, *die;* **b)** *in pl. (material)* Reißwolle, *die*

flock: ~-**mattress** *n.* mit Reißwolle gefüllte Matratze; ~ ˈ**wallpaper** *n.* Velourstapete, *die;* Flocktapete, *die (fachspr.)*

floe [fləʊ] *n.* Eisscholle, *die*

flog [flɒg] *v. t.,* -**gg-: a)** *(beat as punishment)* auspeitschen; *(urge on)* [mit der Peitsche] antreiben; ~ **a dead horse** *(fig.)* seine Kraft und Zeit verschwenden; ~ **sth. to death** *(fig.)* etw. zu Tode reiten; ~ **oneself to death** *(fig.)* sich fast zu Tode arbeiten; **b)** *(Brit. sl.: sell)* verscheuern *(salopp)*

flood [flʌd] **1.** *n.* **a)** Überschwemmung, *die;* **the river is in ~** der Fluß führt Hochwasser; **the F~** *(Bibl.)* die Sintflut; *attrib.* ~ **area** Überschwemmungsgebiet, *das;* **b)** *(fig.)* Flut, *die;* **in voller Stärke;** **in ~s of tears** tränenüberströmt; **c)** *(Theatre coll.) see* **floodlight 1; d)** *(of tide)* Flut, *die;* *(poet.: river)* Strom, *der;* ~ **and field** *(literary)* Wasser und Land; **the tide is at the ~** es ist Flut. **2.** *v. i.* ⟨*Fluß:*⟩ über die Ufer treten; **there's danger of ~ing** es besteht Überschwemmungsgefahr; **there's been a lot of ~ing in the area** es ist in dem Gebiet schon zu zahlreichen Überschwemmungen gekommen; **b)** *(fig.)* strömen; ~ **through sb.** jmdn. durchströmen *od.* -fluten; **light ~ed into the room** Licht flutete ins Zimmer; **applications for the job ~ed in** eine Flut von Bewerbungen ging ein. **3.** *v. t.* **a)** überschwemmen; *(with moving liquid)* überfluten; *(deluge, irrigate)* unter Wasser setzen; **the cellar was ~ed** der Keller stand unter Wasser; **be ~ed out** durch eine Überschwemmung obdachlos werden; **b)** *(fig.)* überschwemmen; **~ed with light** lichtdurchflutet

flood: ~ **control** *n.* Hochwasserschutz, *der;* ~**gate** *n. (Hydraulic Engin.)* Schütze, *die;* **open the ~gates to sth.** *(fig.)* einer Sache *(Dat.)* Tür und Tor öffnen; ~**light 1.** *n.*

Scheinwerfer, *der;* *(illumination in a broad beam)* Flutlicht, *das.* **2.** *v. t.,* ~**lit** ['flʌdlɪt] anstrahlen ⟨*Bauwerk*⟩; beleuchten ⟨*Weg, Straße*⟩; mit Flutlicht erhellen ⟨*Stadion*⟩; ~**lighting** *n., no indef. art. (lights)* Flutlichtanlage, *die;* ~-**tide** *n.* Flut, *die;* ~ **warning** *n.* Hochwasserwarnung, *die;* *(at the seaside)* Flutwarnung, *die;* ~ **water** *n.* Hochwasser, *das;* *(in motion)* anflutendes Wasser

floor [flɔː(r)] **1.** *n.* **a)** Boden, *der;* *(of room)* [Fuß]boden, *der;* **built-in ~-to-ceiling cupboards** raumhohe Einbauschränke; **wipe the ~ with sb.** *(fig. sl.)* jmdn. auseinandernehmen *(salopp);* **take the** *(dance)* sich aufs Parkett begeben; *see also* **c; b)** *(storey)* Stockwerk, *das;* **first ~** *(Amer.)* Erdgeschoß, *das;* **first ~** *(Brit.),* **second ~** *(Amer.)* erster Stock; **on the top ~:** im obersten Stock; **ground ~:** Erdgeschoß, *das;* Parterre, *das;* **get in on the ground ~ [of sth.]** *(fig. coll.)* [bei etw.] von Anfang an dabeisein; **c)** *(in debate, meeting)* Sitzungssaal, *der;* *(Parl.)* Plenarsaal, *der;* **cross the ~** *(Brit.)* mit der Gegenpartei stimmen; **from the ~:** seitens des Anwesenden; *(Parl.)* seitens des Plenums; **be given** *or* **have the ~:** das Wort haben; **take the ~** *(Amer.: speak)* das Wort ergreifen; *see also* **a;** ²**hold 1 n; d)** *(fig.: of prices/wages)* Mindestpreis/-lohn, *der.* **2.** *v. t.* **a)** *(confound)* verblüffen; *(overcome, defeat)* besiegen; **her rejoinder ~ed him completely** mit ihrer Antwort war sie es ihm ganz schön gegeben *(ugs.);* **b)** *(knock down)* zu Boden schlagen *od.* strecken; **c)** *(pave)* **[with sth.]** mit einem Boden [aus etw.] versehen

floor: ~ **area** *n.* Grundfläche, *die;* ~**board** *n.* Dielenbrett, *das;* ~-**cloth** *n. (Brit.)* Scheuertuch, *das;* ~-**covering** *n.* Fußbodenbelag, *der*

flooring ['flɔːrɪŋ] *n.* Fußboden[belag], *der;* **parquet ~:** Parkettfußboden, *der*

floor: ~ **lamp** *n. (Amer.)* Stehlampe, *die;* ~ **manager** *n.* **a)** *(Telev.)* Aufnahmeleiter, *der;* **b)** *(in shop)* ≈ Abteilungsleiter, *der;* ~ **plan** *n.* Grundriß eines/des Stockwerks; ~ **polish** *n.* Bohnerwachs, *das;* ~-**polisher** *n.* Bohnermaschine, *die;* Bohner, *der (DDR);* ~ **show** *n.* ≈ Unterhaltungsprogramm, *das;* ~ **space** *n.* Grundfläche, *die;* ~-**tile** *n.* Fliese, *die;* ~-**walker** *n. (Amer.)* ≈ Abteilungsleiter, *der*

floozie (floosie) ['fluːzɪ] *n. (coll.)* Flittchen, *das (ugs. abwertend)*

flop [flɒp] **1.** *v. i.,* -**pp-: a)** plumpsen; *(flap)* flattern; **she ~ped into a chair** sie ließ sich in einen Sessel plumpsen; **the fish ~ped about in the boat** der Fisch zappelte im Boot; **he ~ped down on his knees** er ließ sich auf die Knie fallen; **b)** *(coll.: fail)* fehlschlagen; ein Reinfall sein *(ugs.);* ⟨*Theaterstück, Show:*⟩ durchfallen. **2.** *n.* **a)** *(coll.: failure)* Reinfall, *der (ugs.);* Flop, *der (ugs.);* **b)** *(motion, sound)* Plumps, *der*

floppy ['flɒpɪ] *adj.* weich und biegsam; ~ **disc** *see* **disc c;** ~ **ears/hat** Schlappohren/Schlapphut, *der*

flora ['flɔːrə] *n., pl.* ~**e** ['flɔːriː] *or* ~**s** Flora, *die;* *(list, treatise)* **a ~ of North America** eine Übersicht/Abhandlung über die Flora Nordamerikas

floral ['flɔːrl, 'flɒrl] *adj.* **a)** geblümt ⟨*Kleid, Stoff, Tapete*⟩; Blumen⟨*gesteck, -arrangement, -muster*⟩; ~ **perfumes** nach Blumen duftende Parfüms; **a ~ tribute to sb.** ein Blumengruß für jmdn.

Florence ['flɒrəns] *pr. n.* Florenz *(das)*

Florentine ['flɒrəntaɪn] **1.** *adj.* florentinisch. **2.** *n.* Florentiner, *der*/Florentinerin, *die*

floret ['flɔːrɪt] *n. (Bot.)* Einzelblüte eines Blütenstandes

florid ['flɒrɪd] *adj.* **a)** *(over-ornate)* schwülstig *(abwertend);* blumig ⟨*Stil, Redeweise*⟩; überladen ⟨*Architektur, Stil, Ornament*⟩; **b)** *(high-coloured)* gerötet ⟨*Teint*⟩

florist ['flɒrɪst] *n.* Florist, *der*/Floristin, *die;* *(grower of flowers)* ≈ Gärtner, *der*/Gärtnerin, *die;* ~**'s [shop]** Blumenladen, *der*

floss [flɒs] *n.* **a)** *(silk, thread)* Rohseide, *die;* *(loosely twisted, of silk or cotton)* ≈ Sticktwist, *der;* **b)** *(on cocoon)* Flockseide, *die.* *See also* **candy-floss; dental floss**

flotation [fləʊ'teɪʃn] *n.* **a)** *(Phys.)* Auftrieb, *der;* **b)** *(Metall.)* Schwimmaufbereitung, *die;* Flotation, *die;* **c)** *(Commerc.) see* **float 2 d:** Ausgabe, *die;* Gründung, *die;* Lancierung, *die*

flotilla [flə'tɪlə] *n.* Flottille, *die*

flotsam ['flɒtsəm] *n.* ~ **[and jetsam]** Treibgut, *das;* ~ **and jetsam** *(fig.: of society)* menschliches Treibgut

¹**flounce** [flaʊns] *v. i.* stolzieren

²**flounce** *(Dressm.)* **1.** *n.* Volant, *der.* **2.** *v. t.* mit einem Volant besetzen

¹**flounder** ['flaʊndə(r)] *v. i.* taumeln; *(stumble, lit. or fig.)* stolpern; *(struggle)* sich quälen; ~ **through a speech** eine Rede zusammenstottern

²**flounder** *n. (Zool.)* Flunder, *die*

flour [flaʊə(r)] **1.** *n.* Mehl, *das; see also* **cornflour.** **2.** *v. t. (Cookery)* mit Mehl bestäuben; bemehlen *(fachspr.)*

flourish ['flʌrɪʃ] **1.** *v. i.* **a)** gedeihen, ⟨*Handel, Geschäft:*⟩ florieren, gutgehen, ⟨*Kunst, Musik, Kirche:*⟩ eine Blütezeit erleben *od.* haben; ⟨*Zeitung, Firma:*⟩ sich gut entwickeln; **b)** *(be active)* seine Blütezeit erleben *od.* haben, ⟨*Künstler:*⟩ seine beste Schaffensperiode haben. **2.** *v. t.* schwingen; ~ **one's cane at sb.** vor jmdm. mit dem Stock herumfuchteln *(ugs.).* **3.** *n.* **a)** **do sth. with a ~:** etw. schwungvoll *od.* mit einer schwungvollen Bewegung tun; **with a ~ of his stick/hand** seinen Stock schwingend/ mit einer schwungvollen Handbewegung; **b)** *(in writing)* Schnörkel, *der;* **c)** *(ornate language)* Ausschmückung, *die;* **a ~ of fine words** ein Feuerwerk von schönen Worten; **d)** *(Mus.: fanfare)* Fanfare, *die;* *(florid passage)* Verzierung, *die;* ~ **of trumpets** Fanfarenstoß, *der*

floury ['flaʊərɪ] *adj.* mehlig

flout [flaʊt] *v. t.* sich hinwegsetzen über (+ *Akk.*) ⟨*Ratschlag, Wunsch, öffentliche Meinung*⟩

flow [fləʊ] **1.** *v. i.* **a)** fließen; ⟨*Körner, Sand:*⟩ rinnen, rieseln; ⟨*Gas:*⟩ strömen; **two rivers ~ into each other/into the sea** zwei Flüsse fließen zusammen/münden ins Meer; **the river ~ed over its banks** der Fluß trat über die Ufer; **the oil has ~ed out** das Öl ist ausgelaufen; **lava ~ed across the valley** Lava ergoß sich *od.* strömte ins Tal; **blood will ~** *(fig.)* es wird Blut fließen; **b)** *(fig.)* fließen; *(Personen:)* strömen; **keep the traffic ~ing smoothly** den Verkehr fließend halten; **keep the conversation ~ing** das Gespräch in Fluß halten; **the writing does not ~:** der Text ist nicht flüssig geschrieben; **talk ~ed freely** das Gespräch war sehr lebhaft; **is the work ~ing smoothly?** geht die Arbeit gut von der Hand?; **c)** *(abound)* ~ **freely** *or* **like water** reichlich *od.* in Strömen fließen; **d)** ~ **from** *(be derived from)* sich ergeben aus; *(be produced from)* fließen aus ⟨*Feder*⟩; fließen von ⟨*Lippen*⟩; **e)** *(rise)* ⟨*Flut, Wasser:*⟩ steigen; **the tide ~s twice a day** Flut kommt zweimal am Tag. **2.** *n.* **a)** Fließen, *das;* *(progress)* Fluß, *der;* *(volume)* Flußmenge, *die;* ~ **of water/blood/air/gas/lava/money/people** Wasser-/Blut-/Luft-/Gas-/Lava-/Geld-/Menschenstrom, *der;* ~ **of electricity/traffic/capital/conversation** Strom-/Verkehrs-/Kapital-/Gesprächsfluß, *der;* ~ **of information/news/ideas/thoughts/words** Informations-/Nachrichten-/Ideen-/Gedanken-/Redefluß, *der;* **the elegant ~ of**

283

his prose der elegante Fluß seiner Prosa; **improve the work** ~: den Arbeitsablauf verbessern; *see also* **cash-flow**; **b)** *(of tide, river)* Flut, *die*; **the tide is on the** ~: die Flut kommt; es ist Flut; **c)** *(Phys.: of solid)* Fließen, *das*

~ **a'way** *v. i.* abfließen

'flow chart *n.* Flußdiagramm, *das*

flower [flaʊə(r)] **1.** *n.* **a)** *(blossom)* Blüte, *die*; *(plant)* Blume, *die*; **send sb.** ~**s** jmdm. Blumen schicken; **'no** ~**s [by request]'** „es wird gebeten, von Blumenspenden abzusehen"; **say it with** ~**s** es mit Blumen sagen; Blumen sprechen lassen; **[be] in [full]** ~: in [voller] Blüte [stehen]; **come into** ~: zu blühen beginnen; **b)** *no pl. (fig.: best part)* Zierde, *die*; *(prime)* Blüte, *die*; **in the** ~ **of youth/ her age** in der Blüte der Jugend/ihrer Jahre. **2.** *v. i.* blühen; *(fig.)* erblühen **(into** zu)

flower: ~ **arrangement** *n.* **a)** *see* **flower-arranging**; **b)** *(result)* Blumenarrangement, *das*; *(smaller also)* Gesteck, *das*; ~**-arranging** *n.* Blumenstecken, *das*; ~~**-bed** *n.* Blumenbeet, *das*

flowered [flaʊəd] *adj.* geblümt 〈*Stoff, Teppich, Tapete*〉; **purple-**~ purpurblühend 〈*Pflanze*〉

flower: ~~**-garden** *n.* Blumengarten, *der*; ~~**-girl** *n.* Blumenverkäuferin, *die*; ~~**-head** *n.* Köpfchen, *das (Bot.)*; *(of composite)* Körbchen, *das (Bot.)*

flowering ['flaʊərɪŋ] *adj.* ~ **cherry/shrub/ currant** Zierkirsche, *die*/Blütenstrauch, *der*/Goldjohannisbeere, *die*

flowerless ['flaʊəlɪs] *adj.* blütenlos 〈*Pflanze*〉; ~ **gardens** Gärten ohne Blumen

flower: ~ **people** *n. pl.* Blumenkinder; ~**pot** *n.* Blumentopf, *der*; ~~**-shop** *n.* Blumenladen, *der*; ~~**-show** *n.* Blumenschau, *die*

flowery ['flaʊərɪ] *adj.* 〈*Wiese*〉 voller Blumen; 〈*Garten*〉 voller Blumen/Blüten; geblümt 〈*Stoff, Muster*〉; blumig 〈*Duft, Wein*〉; *(fig.)* blumig 〈*Sprache, Ausdruck*〉

flowing ['flaʊɪŋ] *adj.* fließend; wallend 〈*Haar, Bart, Gewand*〉; flüssig 〈*Handschrift*〉

'flow-meter *n.* Durchflußmeßgerät, *das*

flown *see* ²**fly** 1, 2

flow: ~ **rate** *n.* Durchflußmenge, *die*; ~**-sheet** *see* **flow chart**

flu [fluː] *n. (coll.)* Grippe, *die*; **get** *or* **catch [the]** ~: Grippe bekommen

fluctuate [flʌktjʊeɪt] *v. i.* schwanken; fluktuieren *(bes. Wirtsch., Soziol.)*; **the level of attendance** ~**s** die Teilnehmerzahl schwankt *od.* ist schwankend

fluctuation [flʌktjʊ'eɪʃn] *n.* Schwankung, *die*; Fluktuation, *die (bes. Wirtsch., Soziol.)*

flue [fluː] *n.* **a)** *(in chimney)* Rauchabzug, *der*; Feuerzug, *der (Technik)*; **b)** *(for passage of hot air)* Luftkanal, *der*; **c)** *(in boiler)* Flammrohr, *das (Technik)*

fluency ['fluːənsɪ] *n.* Gewandtheit, *die*; *(in speaking)* Redegewandtheit, *die*; **I was complimented on the** ~ **of my Greek** mein flüssiges *od.* gutes Griechisch wurde gelobt

fluent ['fluːənt] *adj.* gewandt 〈*Stil, Redeweise, Redner, Schreiber, Erzähler*〉; **be** ~ **in Russian, speak** ~ **Russian, be a** ~ **speaker of Russian** fließend Russisch sprechen; **you'll soon become** ~: du wirst bald fließend sprechen [können]; **my Arabic is** ~: ich spreche fließend Arabisch

fluently ['fluːəntlɪ] *adv.* fließend 〈*sprechen, lesen*〉; flüssig 〈*schreiben*〉; gewandt 〈*sich ausdrücken*〉; ununterbrochen 〈*fluchen*〉

fluff [flʌf] **1.** *n.* **a)** Flusen, Fusseln; *(on birds, rabbits, etc.)* Flaum, *der*; **there are pieces of** ~ **all over my trousers** meine Hose ist voller Fusseln; **the carpet is covered in** ~: der Teppich ist mit Flusen bedeckt; **bit of** ~ *(coll.: young woman)* Mieze, *die*; *(ugs. mistake)* Patzer, *der (ugs.)*. **2.** *v. t.* **a)** ~ **out** *or* **up** aufschütteln 〈*Kissen*〉; **the bird** ~**ed itself/its feathers** der Vogel plusterte sich/seine Federn auf; **b)** *(sl.: bungle)* verpatzen *(ugs.)*; ~ **one's lines** seinen Text verpatzen

fluffy ['flʌfɪ] *adj.* [flaum]weich 〈*Kissen, Küken, Haar*〉; flauschig 〈*Spielzeug, Stoff, Decke*〉; locker 〈*Haar, Omelett, Brot*〉; flockig 〈*Schnee*〉; schaumig 〈*Eiweiß*〉

flugelhorn ['fluːglhɔːn] *n. (Mus.)* Flügelhorn, *das*

fluid ['fluːɪd] **1.** *n.* **a)** *(liquid)* Flüssigkeit, *die*; **b)** *(liquid or gas)* Fluid, *das (Technik, Chemie)*. **2.** *adj.* **a)** *(liquid)* flüssig; *see also* **dram a**; **b)** *(liquid or gaseous)* fluid *(Technik, Chemie)*; **c)** *(flowing)* flüssig 〈*Stil*〉; fließend 〈*Linie, Form*〉; **d)** *(fig.)* ungewiß, unklar 〈*Lage*〉; [noch] nicht fest umrissen 〈*Plan*〉

fluid: ~ **'clutch** *n. (Motor Veh.)*, ~ **'coupling** *n. (Mech. Engin.)* hydraulische Kupplung; Flüssigkeitskupplung, *die*

fluidity [fluː'ɪdɪtɪ] *n., no pl.* Flüssigkeit, *die*; Fluidität, *die (Technik, Chemie)*

fluid: ~ **'ounce** *n.* (Brit.) 28,41 cm³; ~**-'ounce** *n.* (Amer.) 29,57 cm³; ~ **pressure** *n.* hydrostatischer Druck *(Physik)*

¹**fluke** [fluːk] *n.* **a)** *(piece of luck)* Glücksfall, *der*; **by a** *or* **some [pure]** ~: [nur] durch einen glücklichen Zufall; **by some extraordinary** ~: durch außergewöhnliches Glück; **it was a bit of a** ~: es war ein bißchen Glück dabei

²**fluke** *n.* **a)** *(Vet. Med.: flatworm)* Saugwurm, *der*; Trematode, *die (fachspr.)*; **liver** ~: Leberegel, *der*; **b)** *(fish)* Flunder, *die*

³**fluke** *n.* **a)** *(of whale's tail)* Fluke, *die (Zool.)*; Schwanzflosse, *die*; **b)** *(of anchor)* Flunke, *die (Seemannsspr.)*; Ankerarm, *der*; **c)** *(of lance, harpoon, etc.)* Widerhaken, *der*

fluky ['fluːkɪ] *adj.* glücklich 〈*Zufall, Zusammentreffen, Sieg*〉; zufällig 〈*Ergebnis, Relikt*〉; Zufalls〈*treffer, -ergebnis*〉

flummox ['flʌməks] *v. t. (coll.)* aus der Fassung bringen; durcheinanderbringen; **be** ~**ed by sth.** durch etw. verwirrt sein

flung *see* **fling** 2, 3

flunk [flʌŋk] *(Amer. coll.)* **1.** *v. i.* durchfallen *(ugs.)*. **2.** *v. t.* verhauen *(ugs.)* 〈*Prüfung, Examen*〉; durchfallen lassen *(ugs.)* 〈*Kandidaten*〉; ~ **the exam** im Examen *od.* bei der Prüfung durchfallen *(ugs.)*; **get** ~**ed** durchfallen *(ugs.)*

~ **'out** *v. i.* rausfliegen *(salopp)*; [hinaus]fliegen *(ugs.)*; ~ **out of school** von der Schule fliegen *(ugs.)*

flunkey, flunky ['flʌŋkɪ] *n. (usu. derog.)* Lakai, *der (abwertend)*

fluoresce [flʊə'res] *v. i.* fluoreszieren

fluorescence [flʊə'resəns] *n.* Fluoreszenz, *die*

fluorescent [flʊə'resənt] *adj.* fluoreszierend; ~ **material** Leuchtstoff, *der*; ~ **display** Leuchtanzeige, *die*

fluorescent: ~ **'lamp**, ~ **'light** *ns.* Leuchtstofflampe, *die (Elektrot.)*; ≈ Neonlampe, *die*; ~ **'lighting** *n.* Neonbeleuchtung, *die*; Neonlicht, *das*; ~ **'screen** *n.* Leuchtschirm, *der*; ~ **'tube** *n.* Leucht[stoff]röhre, *die*

fluoridate ['flʊərɪdeɪt] *v. t.* fluori[si]eren

fluoridation [flʊərɪ'deɪʃn] *n.* Fluori[si]erung, *die*

fluoride ['flʊəraɪd] *n.* Fluorid, *das*; ~ **toothpaste** fluorhaltige Zahnpasta

fluorine ['flʊəriːn] *n. (Chem.)* Fluor, *das*

fluorspar ['flʊəspɑː(r)] *n. (Min.)* Flußspat, *der*; Fluorit, *der*

flurried ['flʌrɪd] *adj.* nervös

flurry ['flʌrɪ] **1.** *n.* **a)** Aufregung, *die*; **there was a sudden** ~ **of activity** es herrschte plötzlich rege Betriebsamkeit; **a** ~ **of excitement** helle *od.* große Aufregung; **b)** *(of rain/snow)* [Regen-/Schnee]schauer, *der*; ~ **[of wind]** Windstoß, *der*. **2.** *v. t.* durcheinanderbringen; **don't let yourself be flurried** laß dich nicht nervös *od. (ugs.)* verrückt machen

¹**flush** [flʌʃ] **1.** *v. i. (blush)* rot werden; erröten **(with** vor + *Dat.*); ~ **hotly/bright red** puter-/knallrot anlaufen *od.* werden. **2.** *v. t.* ausspülen 〈*Becken*〉; durch-, ausspülen 〈*Rohr*〉; ~ **the toilet** *or* **lavatory** spülen; ~ **sth. down the toilet** etw. die Toilette hinunterspülen. **3.** *n.* **a)** *(blush)* Erröten, *das*; *(in fever, menopause)* Flush, *der (Med.)*; fliegende Hitze; **glow of light or colour** 〈*das*; **hot** ~**es** Hitzewallungen; **b)** *(elation)* **in the [first]** ~ **of victory** *or* **conquest** im [ersten] Siegestaumel; ~ **of excitement** Woge der Begeisterung; ~ **of enthusiasm** Begeisterungstaumel, *der*; **c)** *(bloom, vigour)* Blüte, *die*; **in the first** ~ **of youth/romance** in der ersten Blüte der Jugend/in der ersten Liebesglut; **d)** *(of lavatory, drain, etc.)* Spülung, *die*; **e)** *(sudden abundance)* Flut, *die*

²**flush** *adj.* **a)** *(level)* bündig; **be** ~ **with sth.** mit etw. bündig abschließen; *(horizontally)* auf gleicher Ebene mit etw. liegen; **b)** *usu. pred. (plentiful)* reichlich vorhanden *od.* im Umlauf 〈*Geld*〉; **be** ~ **[with money]** gut bei Kasse sein *(ugs.)*

³**flush** *v. t.* aufscheuchen 〈*Vögel, Wild*〉

~ **'out** *v. t.* aufscheuchen *(fig.)* 〈*Spion, Verbrecher*〉

⁴**flush** *n. (Cards)* Karten derselben Farbe; *(Poker)* Flush, *der*; **straight** ~: Straight Flush, *der*; Farbsequenz, *die*; **royal** ~: Royal Flush, *der*; höchste Farbsequenz

flushed [flʌʃt] *adj.* gerötet 〈*Wangen, Gesicht*〉; **you're extremely** ~: du bist ganz rot [im Gesicht]; ~ **with pride** vor Stolz glühend

flush 'toilet *n.* Toilette mit Wasserspülung

fluster ['flʌstə(r)] **1.** *v. t.* aus der Fassung bringen; **she is not easily** ~**ed** sie ist nicht leicht aus der Fassung zu bringen. **2.** *n.* **[all] in a** ~: [völlig] durcheinander *od.* verstört sein

flustered ['flʌstəd] *adj.* be/become ~: nervös werden/werden

flute [fluːt] *n.* **a)** *(Mus.)* Flöte, *die*; **b)** *(Archit.)* Kannelüre, *die*; ~**s** Kannelierung, *die*; **c)** *(wineglass)* [Sekt]flöte, *die*

fluted ['fluːtɪd] *adj.* gerüscht 〈*Stoff, Manschette*〉; gerillt 〈*Griff, Tischbein, Stiel*〉; *(Archit.)* kanneliert

flutist ['fluːtɪst] *see* **flautist**

flutter ['flʌtə(r)] **1.** *v. i.* 〈*Vogel, Motte, Papier usw.*:〉 flattern; ~ **down** hinunter-/herunterflattern; **a leaf** ~**ed down** ein Blatt taumelte zur Erde; ~ **about** umherflattern; **she was** ~**ing about** *(fig.)* sie lief unruhig hin und her; **b)** *(flap)* 〈*Vorhang, Fahne, Segel, Drachen, Flügel*:〉 flattern; 〈*Blumen, Gräser usw.*:〉 schaukeln; **c)** *(beat abnormally)* 〈*Herz*:〉 schneller *od.* höher schlagen; *(Med.)* 〈*Puls, Herz*:〉 flattern. **2.** *v. t.* **a)** flattern mit 〈*Flügel*〉; ~ **one's eyelashes** mit den Wimpern klimpern; ~ **one's eyelashes at sb.** jmdm. mit den Wimpern zuklimpern; **b)** *(agitate)* erregen; *see also* **dovecot**. **3.** *n.* **a)** Flattern, *das*; **b)** *(fig.) (stir)* [leichte] Unruhe; *(nervous state)* Aufregung, *die*; **put sb. in a** ~: jmdn. in Aufregung versetzen; **be in a [great]** ~: ganz aufgelöst sein; **be all of a** ~: vor Aufregung fast vergehen; **c)** *(Brit. sl.: bet)* Wette, *die*; *(small speculative venture)* kleine Spekulation; **have a** ~: ein paar Scheinchen riskieren *(ugs.)*; **I enjoy an occasional** ~: hin und wieder riskiere ich gern ein paar Scheinchen *(ugs.)*; **d)** *(Med.)* **heart/ventricular** ~: Herz-/Kammerflattern, *das*; **e)** *(Mus.)* Flatterzunge, *die*; **f)** *(Electronics) (in pitch)* rasches Schwanken der Tonhöhe; *(in loudness)* rasches Schwanken der Tonstärke

flux [flʌks] *n.* **a)** *(change)* **be in a state of** ~: im Fluß sein; sich verändern; **b)** *(Metalw.)* Flußmittel, *das*; **c)** *(Phys.)* Fluß, *der*; *(amount of radiation or particles)* Fluß, *der*

¹**fly** [flaɪ] *n. (Zool.)* Fliege, *die*; **the only** ~ **in the ointment** *(fig.)* der einzige Haken [bei

der Sache] *(ugs.);* **he wouldn't hurt a ~** *(fig.)* er kann keiner Fliege etwas zuleide tun; **[die** *or* **drop** *or* **fall] like flies** *(fig.)* [sterben *od.* umfallen] wie die Fliegen; **I'd like to be a ~ on the wall of his classroom** in seiner Klasse möchte ich gern Mäuschen sein *od.* spielen *(ugs.);* **[there are] no flies on him** *(fig. sl.)* ihm kann man nichts vormachen *(ugs.); see also* **breed 2 a; b)** *(Angling)* Fliege, *die* ²**fly 1.** *v. i.,* flew [flu:], flown [fləʊn] **a)** fliegen; **~ about/away** *or* **off** umher-/weg- *od.* davonfliegen; **~ high** *(fig.)* (be ambitious) hoch hinauswollen; *(prosper)* Karriere machen; *see also* **crow 1 a; high-flown; b)** *(as or in aircraft or spacecraft)* fliegen; *(in balloon)* fliegen; fahren; **~ into Heathrow** in Heathrow landen; **~ under a bridge** unter einer Brücke hindurchfliegen; **~ past [sth.]** [an etw. *(Dat.)*] vorbeifliegen; **c)** *(float, flutter)* fliegen; **rumours are ~ing about** *(fig.)* es gehen Gerüchte um; **d)** *(move quickly)* fliegen; **glass was ~ing everywhere** überall flogen Glassplitter herum; **come ~ing towards sb.** jmdm. entgegengeflogen kommen; **~ to sb.'s assistance** jmdm. zu Hilfe eilen; **~ open** auffliegen; *(be opened)* aufgerissen werden; **knock** *or* **send sb./sth. ~ing** jmdn./ etw. umstoßen; **send sb. ~ing to the other side of the room** etw. quer durchs Zimmer schleudern; **~ to arms** *(arch.)* zu den Waffen eilen; **e)** *(fig.)* **~ [by** *or* **past] wie im Fluge vergehen; **dahinfliegen** *(dichter.);* **how time flies!, doesn't time ~!** wie die Zeit vergeht!; **f)** *(wave in the air)* (Fahne:) gehißt sein; *see also* ¹**flag 1; g)** *(attack angrily, react violently)* **~ at sb.** (lit. or fig.) über jmdn. herfallen; **let ~** zuschlagen; *(fig.: become angry)* außer sich geraten; *(fig.: use strong language)* losschimpfen; **let ~ with** abschießen ⟨Pfeil, Rakete, Gewehr⟩; werfen ⟨Stein⟩; **let ~ at sb. with a gun/hammer** auf jmdn. schießen/mit einem Hammer auf jmdn. losgehen; **~ into a temper** *or* **rage** *or* **tantrum** einen Wutanfall bekommen; *see also* **face 1 a; handle 1 a; h)** *(flee)* fliehen; *(coll.: depart hastily)* eilig aufbrechen; **~ for one's life** um sein Leben rennen/fahren *usw.;* **I really must ~** *(coll.)* jetzt muß ich aber schnell los. **2.** *v. t.,* flew, flown **a)** *(operate, transport or perform by ~ing)* fliegen ⟨Flugzeug, Fracht, Einsatz⟩; fliegen über (+ *Akk.*) ⟨Strecke⟩; *(travel over)* überfliegen; überqueren; **~ sb./sth. to and from Berlin** jmdn./etw. nach Berlin fliegen und aus Berlin ausfliegen; **~ sth. into Gatwick** etw. nach Gatwick fliegen; **~ Concorde/ Lufthansa** mit ~) Concorde/Lufthansa fliegen; **b)** *(cause to ~)* gehißt haben, *(as mark of nationality etc.)* führen ⟨Flagge⟩; fliegen lassen ⟨Taube, Falke⟩; **~ a kite** einen Drachen steigen lassen; *(fig.)* einen Versuchsballon steigen lassen; **go ~ a kite!** *(sl.)* hau ab! *(salopp);* **c)** *(flee)* **~ the country** aus dem Land fliehen; **one's pursuers** vor seinen Verfolgern fliehen; **the bird has flown its cage** der Vogel ist aus seinem Käfig entflogen; **~ the coop** *(Amer. fig. coll.)* sich aus dem Staube machen *(ugs.); (leave home)* durchbrennen *(ugs.).* **3.** *n.* **a)** *in sing.* or *pl. (on trousers)* Hosenschlitz, *der;* **b)** *(of flag)* Flugseite, *die;* fliegendes Ende; **c)** *in pl. (Theatre)* Schnürboden, *der*

~ 'in 1. *v. i. (arrive in aircraft)* [mit dem Flugzeug] eintreffen **(from** aus); *(come in to land)* landen. **2.** *v. t. (cause to land)* landen; *(bring by aircraft)* einfliegen

~ 'off *v. i.* **a)** abfliegen; **b)** *(become detached)* abgehen *(Hut:)* wegfliegen

~ 'out 1. *v. i.* abfliegen **(of** von); **~ out there** dort hinfliegen. **2.** *v. t.* ausfliegen; **~ troops out to the disaster area** Truppen in das Katastrophengebiet fliegen

³**fly** *adj. (esp. Brit. sl.)* clever

fly: ~ 'agaric *n.* Fliegenpilz, *der;* **~-away** *adj.* widerspenstig ⟨Haar⟩; **~-blown** *adj.*

(infested with flies' eggs) ≈ von Fliegenlarven befallen; *(fig.)* befleckt; **~-by** *n. (Astronaut.)* Vorbeiflug, *der;* **~-by-night 1.** *adj.* zwielichtig; **2.** *n.* jmd., der sich nachts heimlich aus dem Staub macht; **~-by-wire** *adj. (Aeronaut.)* elektronische Flugsteuerung; **attrib.** a **~-by-wire aircraft** ein Flugzeug mit elektronischer Flugsteuerung; **~catcher** *n. (Ornith.)* Schnäpper, *der*

flyer ['flaɪə(r)] *n.* **a)** *(bird)* Flieger, *der;* **b)** *(pilot)* Flieger, der/Fliegerin, *die;* **c)** *(fast-moving vehicle or animal)* Flitzer, der *(ugs.); (train)* Expreß, *der;* **the horse is a ~:** das Pferd ist pfeilschnell; **d)** *see* **high-flyer; e)** *(handbill)* Handzettel, *der;* *(Police)* Steckbrief, *der;* **f)** *(Amer.: investment)* Spekulation, *die;* **take a ~:** spekulieren

fly: ~-fish *v. i.* mit [künstlichen] Fliegen fischen; **~-fishing** *n.* Fliegenfischerei, *die;* **~-'half** *n. (Rugby)* Halbspieler, *der*

flying ['flaɪɪŋ] **1.** *adj.* Kurz-; *(designed for rapid action)* fliegend ⟨Verband, Kolonne, Ambulanz⟩; **~ visit** Stippvisite, *die (ugs.).* **2.** *n.* Fliegen, *das; attrib.* Flug⟨wetter, -zeit, -geschwindigkeit, -erfahrung⟩; **an hour's ~ time** eine Flugstunde; **be frightened of ~:** Angst vor dem Fliegen haben

flying: ~ 'bomb *n.* V-Waffe, *die;* ~ 'buttress *n. (Archit.)* Strebebogen, *der;* Schwibbogen, *der;* **~ 'doctor** *n.* Arzt, der seine Patienten mit dem Flugzeug besucht; **F~ Dutchman** *see* **Dutchman c; ~ field** *n.* Flugfeld, *das;* **~ 'fish** *n.* fliegender Fisch; **~ 'fox** *n. (Zool.)* Flugfuchs, *der;* Fliegender Hund; **~ instructor** *n.* Fluglehrer, *der;* **~ 'jump, ~ 'leap** *ns.* Sprung mit Anlauf gefolgter Satz *(ugs.);* **take a ~ jump** *or* **leap** Anlauf nehmen; **~ machine** *n.* Luftfahrzeug, *das;* Flugmaschine, *die (veralt.);* **~ 'mare** *n. (Wrestling)* Schulterschwung, *der;* **~ officer** *n. (Brit. Air Force)* Oberleutnant, *der;* **~ 'picket** *n.* mobiler Streikposten, *der;* **~ 'saucer** *n.* fliegende Untertasse, *die;* **~ school** *n.* Fliegerschule, *die;* **~ squad** *n. (Police)* Überfallkommando, *das;* **~ 'start** *n. (Sport)* fliegender Start; **get off to** *or* **have a ~ start** *(fig.) (begin successfully)* einen glänzenden Start haben; *(have an advantage)* die besten Voraussetzungen haben *(fig.);* **have got a ~ start over others** anderen gegenüber im Vorteil sein; **~-'suit** *n.* Fliegerkombination, *die;* **~ 'tackle** *n. (Rugby, Amer. Footb.)* Fassen, *das (im Lauf oder Sprung)*

fly: ~leaf *n.* Vorsatzblatt, *das;* Vorsatz, *der;* **~over** *n. (Brit.)* [Straßen]überführung, *die;* Fly-over, *der;* **~paper** *n.* Fliegenfänger, *der;* **~past** *n.* Luftparade, *die;* **~post 1.** *v. t.* illegal Plakate kleben für; **2.** *v. i.* illegal Plakate kleben; **~screen** *n.* Fliegengitter, *das;* **~sheet** *n.* Prospekt, *der;* **~spray** *n.* Insektenspray, *der od. das;* **~swatter** *n.* Fliegenklappe, *die;* **~-tipping** *n., no pl., no indef. art.* illegales Entsorgen von Bauschutt; **~-trap** *n. (trap)* Fliegenfänger, *der;* *(plant)* ⟨Venus⟩fliegenfalle, *die;* **~weight** *n. (Boxing etc.)* Fliegengewicht, *das; (person also)* Fliegengewichtler, *der;* **~wheel** *n.* Schwungrad, *das;* **fluid ~wheel** *(Motor Veh.)* Flüssigkeitskupplung, *die;* **~whisk** *n.* Fliegenwedel, *der*

FM *abbr.* **a)** Field Marshal FM; **b)** frequency modulation FM

f-number ['efnʌmbə(r)] *n. (Photog.)* Blende[nzahl], *die*

FO *abbr. (Brit. Hist.)* Foreign Office ≈ AA

foal [fəʊl] **1.** *n.* Fohlen, *das;* **in** *or* **with ~:** trächtig. **2.** *v. i.* fohlen

foam [fəʊm] **1.** *n.* **a)** Schaum, *der;* **b)** *see* **foam plastic; c)** *see* **foam rubber. 2.** *v. i. (lit. or fig.)* schäumen **(with** vor + *Dat.);* **~ at the mouth** Schaum vorm Mund haben; *(fig. coll.)* [vor Wut] schäumen

foam: ~-backed *adj.* schaumstoffver-

stärkt; **~ bath** *n.* Schaumbad, *das;* **~ extinguisher** *n.* Schaumlöscher, *der;* Schaumlöschgerät, *das;* **~ 'mattress** *n.* Schaumgummimatratze, *die;* **~ 'plastic** *n.* Schaumstoff, *der;* **~ 'rubber** *n.* Schaumgummi, *der*

foamy ['fəʊmɪ] *adj.* schaumig; schäumend ⟨Brandung⟩

¹**fob** [fɒb] *v. t.,* **-bb-: ~ sb. off with sth.** jmdn. mit etw. abspeisen *(ugs.);* **~ sth. off on [to] sb.** jmdm. etw. andrehen *(ugs.)*

²**fob** *n.* Uhrtasche, *die*

f. o. b. *abbr.* free on board fob

focal ['fəʊkl] *adj.* **~ 'distance, ~ 'length** *ns.* Brennweite, *die;* **~ plane** *n.* Brennebene, *die;* **~ point** *n.* Brennpunkt, *der (auch fig.);* Fokus, *der;* **become the ~ point of interest** *or* **attention** in den Brennpunkt des Interesses rücken

foc's'le ['fəʊksl] *see* **forecastle**

focus ['fəʊkəs] **1.** *n., pl.* **~es** *or* **foci** ['fəʊsaɪ] **a)** *(Optics, Photog.)* Brennpunkt, *der; (focal length)* Brennweite, *die; (adjustment of eye or lens)* Scharfeinstellung, *die;* **depth of ~:** *(adjustment)* Schärfentiefe, *die; (focal length)* Brennweite, *die;* **out of/in ~:** unscharf/scharf eingestellt ⟨Kamera, Teleskop⟩; unscharf/scharf ⟨Foto, Film, Vordergrund usw.⟩; *(fig.)* unklar *od.* verschwommen/klar; **see things in ~** *(fig.)* die Gegebenheiten klar erkennen; **get sth. in ~** *(fig.)* etw. klarer erkennen; **bring into ~:** scharf einstellen; *(fig.)* deutlich machen; **come into ~:** scharf werden; *(fig.)* sich herauskristallisieren; **b)** *(fig.: centre, central object)* Mittelpunkt, *der; (of storm)* Zentrum, *das; (of earthquake)* Herd, *der;* Hypozentrum, *das (Geol.); (Med.: of disease)* Herd, *der;* **be the ~ of attention** im Brennpunkt des Interesses stehen; **the principal ~ of research is ...:** im Mittelpunkt der Forschung steht ...; **c)** *(Geom.)* Brennpunkt, *der.* **2.** *v. t.,* **-s-** *or* **-ss-: a)** *(Optics, Photog.)* einstellen **(on** auf + *Akk.);* fokussieren *(fachspr.);* **~ a camera properly** *or* **correctly** eine Kamera auf die richtige Entfernung einstellen; **badly ~ed picture** unscharfes Bild; **~ one's eyes on sth./sb.** die Augen auf etw./jmdn. richten; **b)** *(concentrate)* bündeln ⟨Licht, Strahlen⟩; *(fig.)* konzentrieren **(on** auf + *Akk.).* **3.** *v. i.,* **-s-** *or* **-ss-: a) the camera ~es automatically** die Kamera hat automatische Scharfeinstellung; **he can't** *or* **his eyes don't ~ properly** er sieht nicht klar *od.* nicht verschwommen; **I can't ~ on print at that distance** ich kann Gedrucktes auf diese Entfernung nicht klar erkennen; **his eyes ~ed [up]on the window** sein Blick war auf das Fenster gerichtet; **b)** ⟨Licht, Strahlen:⟩ sich bündeln; *(fig.)* sich konzentrieren **(on** auf + *Akk.)*

fodder ['fɒdə(r)] *n.* [Vieh]futter, *das; (fig.)* Futter, *das;* **~ plant** Futterpflanze, *die; see also* **cannon-fodder**

foe [fəʊ] *n. (poet./rhet.)* Feind, *der*

¹**foeman** ['fəʊmən] *n., pl.* **-men** ['fəʊmən] *(arch./literary)* Widersacher, *der (geh.)*

foetal ['fi:tl] *adj.* fötal; fetal; **the ~ position** die Fötuslage

foetid ['fi:tɪd] *see* **fetid**

foetus ['fi:təs] *n.* Fötus, *der;* Fetus, *der*

fog [fɒg] **1.** *n.* **a)** Nebel, *der;* **there are ~s in winter** es herrscht oft dichter Nebel im Winter; **drive in ~:** bei *od.* im Nebel fahren; **London was blanketed in ~:** über London lag eine Nebeldecke; **be in a [complete] ~** *(fig.)* [völlig] verunsichert sein; **be in a ~ about sth./as to what to do** sich *(Dat.)* im unklaren über etw. *(Akk.)* sein/darüber sein, was zu tun ist; **b)** *(Photog.)* Schleier, *der.* **2.** *v. t.,* **-gg-: a)** in Nebel hüllen; *(bewilder)* verwirren; **~ [up]** *(obscure as if with ~, make confusing)* vernebeln ⟨Aussicht, Straße, Sachverhalt⟩; **b)** *(Photog.)* **the negative is ~ged** das Negativ hat einen

fog-bank ... **follow**

Schleier. 3. *v. i.*, **-gg-**: a) ~ |up| *(become blurred)* beschlagen; b) *(Photog.)* einen Schleier bekommen
fog: ~-**bank** *n.* Nebelbank, *die*; ~-**bound** *adj.* **a)** *(surrounded)* in Nebel gehüllt; **b)** *(immobilized)* durch Nebel festgehalten
fogey *see* **fogy**; *see also* **young fogey**
foggy ['fɒgɪ] *adj.* **a)** neblig; **b)** *(fig.)* nebelhaft ⟨*Vorstellung, Sprache, Bewußtsein*⟩; [I] **haven't the foggiest** [idea *or* notion] *(coll.)* [ich] hab' keinen blassen Schimmer *(ugs.)*
fog: ~-**horn** *n.* *(Naut.)* Nebelhorn, *das*; **a voice like a ~-horn** *(fig.)* eine dröhnende *od.* durchdringende Stimme; ~-**lamp**, ~-**light** *ns.* *(Motor Veh.)* Nebelscheinwerfer, *der*; ~-**signal** *n.* *(Railw.)* Knallsignal, *das*; **b)** *(Naut.)* Nebelsignal, *das*
fogy ['fəʊgɪ] *n.* [old] ~: [alter *od.* rückständiger] Opa *(salopp)*/[alte *od.* rückständige] Oma *(salopp)*
föhn [fɜ:n] *n.* *(Meteorol.)* Föhn, *der*
foible ['fɔɪbl] *n.* **a)** Eigenheit, *die*; **b)** *(Fencing)* ≈ Klingenschwäche, *die*
¹**foil** [fɔɪl] *n.* **a)** *(metal as thin sheet)* Folie, *die*; **tin** ~: Stanniol[papier], *das*; **aluminium** ~: Alu[minium]folie, *die*; **b)** *(to wrap or cover food etc.)* Folie, *die*; **c)** *(behind mirror-glass)* Spiegelbelag, *der* *(Technik)*; **d)** *(sb./sth. contrasting)* ≈ Kontrast, *der*
²**foil** *v. t.* **a)** *(frustrate)* vereiteln ⟨*Versuch, Plan, Flucht*⟩; durchkreuzen ⟨*Vorhaben, Plan*⟩; **they were ~ed in their attempts to escape** ihre Fluchtversuche wurden zunichte gemacht *od.* vereitelt; [I've been] ~ed again es war wieder nichts; **b)** *(parry)* parieren *(auch fig.)*; abwehren
³**foil** *n.* *(sword)* Florett, *das*
⁴**foil** *n.* *(hydrofoil)* Tragflächenboot, *das*; Gleitboot, *das*
foist [fɔɪst] *v. t.* **a)** *(introduce surreptitiously)* ~ **sth./sb. into sth.** etw./jmdn. in etw. *(Akk.)* einschmuggeln; **b)** *(palm)* ~ [off] **on to or** [up]**on sb.** jmdn. andrehen *(ugs.)* ⟨*schlechte Waren*⟩; jmdm. zuschieben ⟨*Schuld, Verantwortung*⟩; auf jmdn. abwälzen ⟨*Probleme, Verantwortung*⟩; ~ **oneself on** [**to**] **sb.** sich jmdm. aufdrängen
¹**fold** [fəʊld] *v. t.* **a)** *(double over on itself)* [zusammen]falten; zusammenlegen ⟨*Laken, Wäsche*⟩; **b)** *(collapse)* zusammenklappen; **c)** *(embrace)* ~ **sb. in one's arms** jmdn. in die Arme schließen; **d)** *(wind)* ~ **one's arms about or** [a]**round sb.** die Arme um jmdn. schlingen *od.* legen; **e)** ~ **one's arms** die Arme verschränken; ~ **one's hands** die Hände falten; **the crow ~ed its wings** die Krähe legte die Flügel an; **f)** *(envelop)* ~ **sth./sb. in sth.** etw./jmdn. in etw. *(Akk.)* einhüllen; ~**ed in a handkerchief** in ein Taschentuch eingewickelt. 2. *v. i.* **a)** *(become ~ed)* sich zusammenlegen; sich zusammenfalten; **b)** *(collapse)* zusammenklappen; *(fig.)* *(cease to function)* eingehen *(ugs.)*; *(go bankrupt)* Konkurs *od.* Bankrott machen; **c)** *(be able to be ~ed up)* sich falten lassen; **it ~s easily** es ist leicht zu falten; es läßt sich leicht falten; **d)** *(be collapsible)* sich zusammenklappen lassen. 3. *n.* **a)** *(doubling)* Falte, *die*; **the baggy ~s of skin under his eyes** die Tränensäcke unter seinen Augen; ~**s of flesh** Fettwülste; **b)** *(hollow, nook in mountain, etc.)* Falte, *die (Geol.)*; [Tal]mulde, *die*; **c)** *(coil of serpent, string, etc.)* Windung, *die*; **d)** *(act of ~ing)* Faltung, *die*; *(line made by ~ing)* Kniff, *der*; **f)** *(Geol.)* [Gebirgs]faltung, *die*
~ **a'way** 1. *v. t.* zusammenklappen. 2. *v. i.* zusammenklappbar sein; sich zusammenklappen lassen. *See also* **foldaway**
~ **'back** 1. *v. t.* zurückschlagen, aufschlagen ⟨*Laken*⟩; zurückklappen ⟨*Rücksitz*⟩; umknicken ⟨*Papier*⟩. 2. *v. i.* zurückschlagen lassen
~ **'down** 1. *v. t.* **a)** *(make more compact)* zusammenklappen; **b)** *(bend back part of)* *see* ~ **back** 1; **c)** *(open out)* ausklappen. 2. *v. i.*

see 1: sich zusammenklappen lassen; sich zurückschlagen lassen
~ **'in** *v. t.* **a)** *(double over and inwards)* nach innen umlegen; **b)** *(Cookery)* unterrühren, unterheben, unterziehen ⟨*Eischnee*⟩
~ **into** *v. t.* *(Cookery)* unterrühren unter (+ *Akk.*); unterheben unter (+ *Akk.*), unterziehen ⟨*Eischnee*⟩ unter (+ *Akk.*)
~ **'out** *v. i.* ⟨*Landkarte:*⟩ sich auseinanderfalten lassen; ⟨*Tisch:*⟩ sich hochklappen lassen; **the settee ~s out to become a double bed** das Sofa läßt sich zu einem Doppelbett ausklappen; *see also* **fold-out**
~ **'over** *v. t.* umlegen ⟨*Saum*⟩; umknicken ⟨*Seiten*⟩
~ **'up** 1. *v. t.* **a)** *(make more compact by ~ing)* zusammenfalten; zusammenlegen ⟨*Laken, Wäsche*⟩; **b)** *(collapse)* zusammenklappen. 2. *v. i.* **a)** *(be able to be ~ed up)* sich zusammenfalten lassen; **b)** *(collapse)* sich zusammenklappen lassen; **how does this table ~ up?** wie wird dieser Tisch zusammengeklappt?; *(fig.) see* '**fold 2 b** *(fig.)*
²**fold** *n.* **a)** *see* **sheep-fold**; **b)** *(fig.: body of believers)* Gemeinde, *die*; Herde, *die (geh.)*; **he has left the ~:** er hat den Schoß der Kirche verlassen *(geh.)*
-fold 1. *adj. in comb.* **a)** *(times)* -fach; **b)** *(having so many parts etc.)* -fältig. 2. *adv. in comb.* -fach
'foldaway *adj.* zusammenklappbar; Klapp⟨*tisch, -stuhl, -fahrrad, -bett*⟩
folder ['fəʊldə(r)] *n.* **a)** *(cover, holder for loose papers)* Mappe, *die*; **b)** *(folded circular etc.)* Faltblatt, *das*; *(map also)* Faltkarte, *die*
folding ['fəʊldɪŋ] *adj. see* **foldaway**
folding: ~ **'door** *n.* Falttür, *die*; ~ **'doors** *n. pl.* Falttür, *die*; *(of hangar, barn, etc.)* Falltor, *das*
'fold-out *n.* ausfaltbare Seite
foliage ['fəʊlɪɪdʒ] *n., no pl.* **a)** *(leaves)* Blätter *Pl.*; *(of tree also)* Laub, *das*; **b)** *(Art)* Laubwerk, *das*
foliage: ~ **leaf** *n.* [Laub]blatt, *das*; ~ **plant** *n.* Blattpflanze, *die*
folio ['fəʊlɪəʊ] 1. *n., pl.* ~**s a)** *(leaf of paper etc.)* [nur auf der Vorderseite numeriertes] Blatt; **b)** *(leaf- or page-number of printed book)* Seitenzahl, *die*; **c)** *(sheet folded once)* Doppelbogen, *der*; **in ~:** in Folio; im Folioformat; **d)** *(book)* Foliant, *der*; **First F~:** erste Folioausgabe. 2. *adj.* Folio-
folk [fəʊk] *n., pl. same or* ~**s a)** *(a people)* Volk, *das*; **b)** *in pl.* ~[s] *(people)* Leute *Pl.*; *(people in general)* die Leute; **some** ~[**s**] manche [Leute]; **c)** *in pl.* ~**s** *(coll., as address: people, friends)* Leute *Pl. (ugs.)*; **d)** *in pl. (people of a particular class)* [**the**] **rich/poor** ~: die Reichen/Armen; **old** ~[**s**] alte Leute; **e)** *in pl.* ~**s** *(coll.)* *(one's relatives)* Verwandte *Pl.*; Leute *Pl. (ugs.)*; *(one's parents)* Alte Herrschaften *(ugs.)*; **f)** *see* **folk-music**; **g)** *attrib.* *(of the people, traditional)* Volks-; ~ **handicrafts** Volkskunst, *die*; ~ **museum** Heimatmuseum, *das*
folk: ~-**dance** *n.* Volkstanz, *der*; ~-**dancing** *n.* Volkstanz, *der*; ~ **etymology** *n.* Volksetymologie, *die*; ~-**hero** *n.* Volksheld, *der*; ~-**lore** *n.* **a)** *(traditional beliefs)* [volkstümliche] Überlieferung, *die*; Folklore, *die*; **b)** *(study)* Volkskunde, *die*; Folklore, *die*; ~-**memory** *n.* mündliche Überlieferung, *die*; ~-**music** *n.* Volksmusik, *die*; ~-**singer** *n.* Sänger/Sängerin von Volksliedern, *der*/-sängerin, *die*; ~-**singing** *n.* Singen von Volksliedern *od. (modern)* Folksongs; ~-**song** *n.* Volkslied, *das*; *(modern)* Folksong, *der*
folksy ['fəʊksɪ] *adj.* **a)** *(sociable, informal)* gesellig; **b)** *(having characteristics of folk art)* volkstümlich
~-**tale** *n.* Volksmärchen, *das*; ~-**ways** *n. pl.* traditionelle Lebensweise; ~**weave** *n.* grobgewebter Stoff

folky ['fəʊkɪ] *see* **folksy b**
follicle ['fɒlɪkl] *n.* Follikel, *der (Biol., Med.)*
follow ['fɒləʊ] 1. *v. t.* **a)** folgen (+ *Dat.*); **you're being ~ed** Sie werden verfolgt; **b)** *(go along)* folgen (+ *Dat.*); entlanggehen/-fahren ⟨*Straße usw.*⟩; **c)** *(come after in order or time)* folgen (+ *Dat.*); folgen auf (+ *Dat.*); **A is ~ed by B** auf A folgt B; **d)** *(accompany)* [nach]folgen (+ *Dat.*); **e)** *(provide with sequel)* ~ **sth. with sth.** einer Sache *(Dat.)* etw. folgen lassen; ~ **your meal with a brandy** schließen Sie Ihr Essen mit einem Kognak ab; **his first novel was ~ed by a string of best-sellers** auf seinen ersten Roman folgte eine ganze Reihe von Bestsellern; **that's a hard act to ~** *(fig.)* das kann ihm keiner so leicht nach; ~ **that!** *(coll.)* das mach mir erst mal nach!; **f)** *(go after as admirer or suitor)* verehren, nachlaufen *(geh.)* (+ *Dat.*); **g)** *(result from)* die Folge sein von; hervorgehen aus; **a stroke is often ~ed by permanent paralysis** die Folge eines Schlaganfalls ist oft eine dauernde Lähmung; **h)** *(treat or take as guide or leader)* folgen (+ *Dat.*); sich orientieren an (+ *Dat.*); **i)** *(adhere to)* anhängen (+ *Dat.*); sich bekennen zu; **j)** *(act according to)* folgen (+ *Dat.*) ⟨*Prinzip, Instinkt, Trend*⟩; befolgen ⟨*Vorschrift, Regel, Anweisung, Rat, Warnung*⟩; handeln nach ⟨*Gefühl, Wunsch*⟩; sich halten an (+ *Akk.*) ⟨*Konventionen, Diät, Maßstab*⟩; ~ **one's heart** der Stimme des Herzens folgen; *see also* **example 1 b**; **fashion 1 b**; ²**lead 3 a**; **nose 1 a**; **j)** *(practise)* ausüben ⟨*Beruf, Handwerk, eine Kunst*⟩; ~ **the teaching/medical profession/the arts** Lehrer/Arzt/Künstler sein; **k)** *(keep up with mentally, grasp meaning of)* folgen (+ *Dat.*); **I can't** ~ **what he says** ich kann ihm nicht folgen; **do you ~ me?**, **are you ~ing me?** verstehst du, was ich meine?; **I don't** ~ **your meaning** ich verstehe nicht/verstehe nicht, was Sie meinen; ~ **the music from the score** die Partitur mitlesen; **l)** *(be aware of the present state or progress of)* verfolgen ⟨*Ereignisse, Nachrichten, Prozeß*⟩; ~ **a TV serial** eine Fernsehserie regelmäßig sehen. 2. *v. i.* **a)** *(go, come)* ~ **after sb./sth.** jmdm./einer Sache folgen; **b)** *(go or come after person or thing)* folgen; **you go ahead in the car and I'll ~ on my bike** du fährst mit dem Auto voraus, und ich komme mit dem Fahrrad nach; ~ **in the wake of sth.** etw. ablösen; auf etw. *(Akk.)* folgen; **c)** *(come next in order or time)* folgen; **in the years that ~ed** in den darauffolgenden Jahren; **as ~s** wie folgt; **the details are as ~s** die Einzelheiten lauten folgendermaßen; **there are two options, as ~s:** ...: es gibt zwei Möglichkeiten, und zwar folgende: ...; **would you like coffee to ~?** hätten Sie danach *od.* anschließend gerne [einen] Kaffee?; **what ~s next?** was kommt danach?; **d)** *(ensue)* folgen; **e)** ~ **from sth.** *(result)* die Folge von etw. sein; *(be deducible)* aus etw. folgen; **it ~s [from this] that ...:** daraus folgt, daß ...; das heißt, daß ...
~ **'on** 1. *v. i.* **a)** *(continue)* ~ **on from sth.** die Fortsetzung von etw. sein; **b)** *(Cricket)* sofort zum zweiten Mal schlagen; *see also* **follow-on**
~ **'out** *v. t.* **a)** *(pursue to the end)* durchführen ⟨*Plan, Projekt*⟩; sich *(Dat.)* erfüllen ⟨*Wunsch*⟩; zu Ende verfolgen ⟨*Ziel, Politik, Idee*⟩; **b)** *(carry out)* [genau] befolgen ⟨*Regel, Anweisung*⟩
~ **'through** 1. *v. t.* zu Ende verfolgen; durchziehen *(ugs.)*. 2. *v. i.* *(Sport)* durchschwingen; *see also* **follow-through**
~ **'up** *v. t.* **a)** *(pursue steadily)* stetig verfolgen; **b)** *(add further action etc. to)* ausbauen ⟨*Erfolg, Sieg*⟩; **c)** *(investigate further)* nachgehen (+ *Dat.*) ⟨*Hinweis*⟩; *(consider further)* berücksichtigen ⟨*Bitte, Angebot*⟩; *see also* **follow-up**

follower ['fɒləʊə(r)] *n.* Anhänger, *der*/Anhängerin, *die;* **be a dedicated ~ of fashion** immer mit der Mode gehen
following ['fɒləʊɪŋ] **1.** *adj.* a) *pres. p. of* follow; **on the ~ day** am Tag danach *od.* darauf; **on the ~ Monday** am nächsten Montag; b) *(now to be mentioned)* folgend; **the ~ items** folgende Gegenstände; **in the ~ way** folgendermaßen; **for the ~ reasons** aus folgenden Gründen; **the ~:** folgendes; *(persons)* folgende; c) *(blowing in one's direction of travel)* **~ wind** Rückenwind, *der.* **2.** *prep.* nach. **3.** *n.* Anhängerschaft, *die*
follow: ~-my-'leader *(Amer.:* **~-the-'leader)** *n.* Spiel, bei dem die Mitspieler das nachmachen, was einer vormacht; **~-on** *n. (Cricket)* ≈ sofortiger zweiter Durchgang *(nachdem man im ersten nicht nahe genug an die Punktzahl des Gegners herangekommen ist);* **~-through** *n. (Sport)* Durchschwung, *der;* **~-up** *n.* Fortsetzung, *die; (Med.)* Nachuntersuchung, *die;* **there's never any ~-up to his promises** er erfüllt *od.* hält seine Versprechen nie; **as a ~-up** im Anschluß **(to an +** *Akk.);* **~-up letter/visit** Nachfaßbrief, *der*/-besuch, *der (Werbespr.)*
folly ['fɒlɪ] *n.* a) Torheit, *die (geh.);* **it would be [sheer] ~:** es wäre [äußerst] töricht *(geh.);* **an act of ~:** eine Torheit *(geh.);* b) *(costly structure considered useless)* nutzloser Prunkbau; c) *in pl. (Theatre)* Revue mit Glamourgirls
foment [fə'ment, fəʊ'ment] *v. t.* a) *(foster)* schüren; b) *(bathe)* mit feuchter Wärme behandeln
fomentation [fəʊmen'teɪʃn] *n.* a) *(fostering)* Schüren, *das;* b) *(warm cloth[s])* heißer Umschlag; c) *(application of warm cloth[s])* Behandlung mit feuchter Wärme *od.* mit heißen Umschlägen
fond [fɒnd] *adj.* a) *(tender)* zärtlich; *(affectionate)* liebevoll ⟨Blick⟩; lieb ⟨Erinnerung⟩; *(in letters)* **~[est]** love mit liebe Grüßen; **alles Liebe; say a ~ farewell** sich überschwenglich verabschieden; **be ~ of sb.** jmdn. mögen; gern haben; **be ~ of doing sth.** etw. gern tun; **she's very ~ of Greece/the theatre** sie liebt Griechenland/das Theater; **I'm not very ~ of sweets** ich mache mir nicht viel aus Süßigkeiten; **he's become very ~ of living in Spain** es hat ihm mittlerweile sehr gut in Spanien; b) *(foolishly credulous or hopeful)* kühn ⟨Hoffnung, Traum⟩; gutgläubig ⟨Person⟩; allzu gutwillig ⟨Glaube⟩; voreingenommen ⟨Eltern⟩; **he had ~ hopes of becoming an ambassador one day** er glaubte allen Ernstes daran, einmal Botschafter zu werden; c) *(over-affectionate)* übertrieben liebevoll
fondant ['fɒndənt] *n.* Fondant, *der od. das*
fondle ['fɒndl] *v. t.* streicheln
fondly ['fɒndlɪ] *adv.* a) *(tenderly)* zärtlich; *(with affection)* liebevoll; **he looks ~ back upon his days at university** er erinnert sich gern an seine Studienzeit; b) *(with foolish credulousness or hopefulness)* allzu zuversichtlich
fondness ['fɒndnɪs] *n., no pl.* a) *(tenderness)* Zärtlichkeit, *die;* (*affection*) Liebe, *die;* **look back with great ~ on sth.** sich sehr gern an etw. *(Akk.)* erinnern; **~ for sth./doing sth.** *(special liking)* Vorliebe für etw./dafür, etw. zu tun; **~ for sb./art/the sea** Liebe zu jmdm./zur Kunst/zum Meer; b) *(foolish credulousness or hopefulness)* allzu große Gutgläubigkeit; törichte Zuversicht
fondue ['fɒndju:, -; 'fɒndu:] *n. (Gastr.)* Fondue, *das od. die*
¹font [fɒnt] *n.* Taufstein, *der*
²font *(Amer.) see* **¹fount**
food [fu:d] *n.* a) *no pl., no art.* Nahrung, *die; (for animals)* Futter, *das;* **take ~:** Nahrung zu sich nehmen; **lack of ~:** Nahrungsmangel, *der;* **nutritious ~:** nahrhafte Kost; **be ~ for [the] worms** tot sein; b) *no pl., no art. (as commodity)* Lebensmittel *Pl.;* **one's week's shopping for ~** *or* **~ shopping** der wöchentliche Lebensmitteleinkauf; c) *no pl. (in solid form)* Essen, *das;* **some ~:** etwas zu essen; **there was plenty of ~ and drink** es gab reichlich zu essen und zu trinken; **she had prepared some delicious ~ for the party** für die Party hatte sie einige leckere Sachen vorbereitet; **he likes his ~ too much for that!** dazu ißt er viel zu gern; **he's very keen on Italian ~:** er mag die italienische Küche; er ißt gern italienisch; d) *(particular kind)* Nahrungsmittel, *das;* **~ for animals)** Futter, *das;* **nuts are a very nutritious ~:** Nüsse sind sehr nahrhaft; **canned ~s** Konserven *Pl.;* **preserved/imported ~:** eingemachte/importierte Nahrungsmittel; e) *(nutriment)* Nahrung, *die;* f) *(fig.: material for mental work)* Stoff, *der;* **~ for thought** Stoff zum Nachdenken; **~ for discussion** Diskussionsstoff, *der*
food: ~-chain *n. (Ecol.)* Nahrungskette, *die;* **~ fish** *n.* Speisefisch, *der*
foodie ['fu:dɪ] *n. (Brit. coll.)* ≈ Feinschmecker, *der*/-schmeckerin, *die*
food: ~ parcel *n.* Lebensmittelpaket, *das;* **~ poisoning** *n.* Lebensmittelvergiftung, *die;* **~-processor** *n.* Küchenmaschine, *die;* **~ rationing** *n.* Rationierung [von Lebensmitteln]; **~ shop** *see* **~ store;** **~ stamps** *n. pl. (Amer.)* Lebensmittelgutscheine; **~ store** *n.* Lebensmittelgeschäft, *das;* **~-stuff** *n.* Nahrungsmittel, *das;* **perishable ~stuffs** leicht verderbliche Lebensmittel; **~ supplies** *n. pl.* Vorräte; **~ value** *n.* Nährwert, *der*
¹fool [fu:l] **1.** *n.* a) Dummkopf, *der (ugs.);* **look a ~:** unmöglich *(ugs.)* aussehen; *(as regards behaviour)* dumm dastehen *(ugs.);* **he's a ~ to believe stories like that** er ist ein Narr *od. (ugs.)* er ist schön dumm, wenn er solche Geschichten glaubt; **what a ~ I was!** wie dumm von mir!; **oh, you 'are a ~!** wie kannst du nur so dumm sein!; **he makes you feel like a ~:** er ihm kommt man sich *(Dat.)* wie ein Narr vor; **be no** *or* **nobody's ~:** nicht dumm *od. (ugs.)* nicht auf den Kopf gefallen sein; **I would never be such a ~:** so dumm wäre ich nie; **be ~ enough to do sth.** so dumm *od. (ugs.)* so blöd sein *od.* dumm genug sein, etw. zu tun; **make a ~ of oneself** sich lächerlich machen; **there's no ~ like an old ~:** Alter schützt vor Torheit nicht[, ganz im Gegenteil]; **a ~ and his money are soon parted** ein Dummkopf ist sein Geld bald wieder los; **a ~'s bolt is soon shot** ein Dummkopf hat sein Pulver bald verschossen *(ugs.);* **not suffer ~s gladly** Dummheit nicht ertragen können; **~s rush in where angels fear to tread** blinder Eifer schadet nur *(Spr.);* b) *(Hist.: jester, clown)* Narr, *der;* **act** *or* **play the ~:** herumalbern *(ugs.);* **den Clown spielen** *(abwertend);* c) *(dupe)* **make a ~ of sb.** jmdn. blamieren. *See also* **all ¹1;** **April. 2.** *v. i.* herumalbern *(ugs.);* **you're ~ing!** mach keine Witze! *(ugs.).* **3.** *v. t.* a) *(cheat)* **~ sb. out of sth.** jmdn. um etw. betrügen; **~ sb. into doing sth.** jmdn. [durch Tricks] dazu bringen, etw. zu tun; b) *(dupe)* täuschen; hereinlegen *(ugs.);* *(play tricks on)* foppen; **don't be ~ed by him** laß dich von ihm nicht täuschen *od. (ugs.)* hereinlegen; **you could have ~ed me** *(iron.)* laß das mal ja nicht!
~ a'bout, ~ a'round *v. i.* (play the ~) herumalbern *(ugs.);* Unsinn machen; *(idle)* herumtrödeln *(ugs.);* *(trifle)* Zeit vergeuden; **~ about** *or* **around with sth./sb.** mit etw./jmdm. herumspielen
~ a'way *v. t.* verschwenden; vergeuden
~ with *v. t.* [herum]spielen mit
²fool *n. (Gastr.)* Süßspeise aus Kompott, *das* mit Sahne *o. ä.* verrührt ist
foolery ['fu:lərɪ] *n., no pl.* Alberei, *die*

foolhardy ['fu:lhɑ:dɪ] *adj.* tollkühn ⟨Handlung, Behauptung, Person⟩; draufgängerisch ⟨Person⟩; **that was a ~ thing to say** es war sehr riskant, das zu sagen
foolish ['fu:lɪʃ] *adj.* a) töricht; verrückt *(ugs.)* ⟨Idee, Vorschlag⟩; **we were ~ to expect miracles** es war töricht von uns, Wunder zu erwarten; **~ minds** Dummköpfe *(ugs.);* **don't do anything ~:** mach keinen Unsinn; **what a ~ thing to do/say** wie kann man nur so etwas Dummes tun/sagen; b) *(ridiculous)* albern *(ugs.)* ⟨Verhalten⟩; blöd, dumm *(ugs.)* ⟨Grinsen, Bemerkung⟩; lächerlich ⟨Aussehen⟩
foolishly ['fu:lɪʃlɪ] *adv.* a) *(in foolish manner)* törichterweise; b) *(in ridiculous manner)* lächerlich ⟨sich benehmen⟩; blöd, dumm *(ugs.)* ⟨grinsen⟩
fool: ~-proof *adj. (not open to misuse)* wasserdicht *(fig.); (not open to misinterpretation)* unmißverständlich; *(infallible)* absolut sicher; *(that cannot break down)* narrensicher *(ugs.);* **~scap** ['fu:lskæp] *n.* a) *(size of paper)* Kanzleiformat, *das;* b) *(paper of this size)* Kanzleipapier, *das;* **~'s 'errand** *n.* nutzloses Unternehmen; **go on a ~'s errand** sich vergeblich bemühen; **I was sent on a ~'s errand** man hat mich völlig umsonst losgeschickt; **~'s 'paradise** *n.* Traumwelt, *die;* **be** *or* **live in a ~'s paradise** in einer Traumwelt leben; sich *(Dat.)* Illusionen machen; **~'s 'parsley** *n. (Bot.)* Hundspetersilie, *die*
foot [fʊt] **1.** *n., pl.* **feet** [fi:t] a) Fuß, *der;* **at sb.'s feet** zu jmds. Füßen; **be at sb.'s feet** *(fig.)* jmdm. zu Füßen liegen *(geh.);* **fall/sit at sb.'s feet** jmdm. zu Füßen fallen/sitzen; **sit at sb.'s feet** *(fig.)* jmds. Jünger sein; **lay the blame for sth. at sb.'s feet** jmdm. etw. anlasten *od.* zur Last legen; **put one's best ~ forward** *(fig.)* sein Bestes tun; **please wipe your feet** bitte Schuhe abtreten; **do sth. with both feet** *(fig.)* sich voll in etw. *(Akk.)* reinknien *(ugs.);* **feet of clay** *(fig.)* eine Schwachstelle; **feet first** mit den Füßen zuerst *od.* voran; **go into sth. feet first** *(fig.)* sich Hals über Kopf *(ugs.)* in etw. hineinstürzen; **have one ~ in the grave** *(fig.)* mit einem Fuß im Grabe stehen; **have both [one's] feet on the ground** *(fig.)* mit beiden Beinen [fest] auf der Erde stehen; **keep one's feet** *(fig.)* nicht hinfallen; **have a ~ in both camps** *(fig.)* auf beiden Schultern Wasser tragen; **my ~!** *(coll.)* beileibe nicht!; **on ~:** zu Fuß; **set sth. on ~:** etw. in Gang bringen *od.* setzen; **on one's/its feet** *(lit. or fig.)* auf den Beinen; **you'll be back on your feet again before long** *(fig.)* bald wirst du wieder auf den Beinen kommen; **put** *or* **get sb. [back] on his feet** *(fig.)* jmdn. auf die Beine bringen; **put** *or* **get** *or* **set sth. [back] on its feet** *(fig.)* etw. [wieder] auf die Beine bringen *od.* stellen; **get on one's feet again** sich erheben; aufstehen; **put one's ~ down** *(fig.) (be firmly insistent* or *repressive)* energisch werden; *(accelerate motor vehicle)* [Voll]gas geben; **put one's ~ in it** *(fig. coll.)* ins Fettnäpfchen treten *(ugs.);* einen Fauxpas begehen; **put one's feet up** die Beine hochlegen; **start [off]** *or* **get off** *or* **begin on the right/wrong ~** *(fig.)* einen guten/schlechten Start haben; **set ~ in/on sth.** etw. betreten; **go away and never set ~ in here** *or* **in this place again** geh fort und setze keinen Fuß mehr über diese Schwelle; **he had never set ~ in Britain/outside London** er hatte noch nie einen Fuß auf britischen Boden gesetzt/er war noch nie aus London herausgekommen; **be rushed off one's feet** *(fig.)* in Trab gehalten werden *(ugs.);* **stand on one's own [two] feet** *(fig.)* auf eigenen Füßen stehen; **sweep sb. off his/her feet** *(fig.)* jmdn. *od.* jmds. Herz im Sturm erobern; **rise** *or* **get to one's feet** sich erheben; aufstehen; **help sb. to his feet** jmdm. aufhelfen; **it's a bit muddy under ~:** der Bo-

den ist ein bißchen matschig; **tread sth./sb. under ~**: auf etw./jmdn. treten; *(fig.)* etw./ jmdn. unterdrücken; **get under sb.'s feet** *(fig.)* jmdm. vor die Füße laufen; **with four children under her feet** mit vier Kindern, die ihr vor den Füßen herumlaufen; **get one's feet wet** *(fig.)* sich hineinfinden; **never put a ~ wrong** *(fig.)* nie etwas falsch machen; **b)** *(step)* **swift/light of ~**: schnell-/leichtfüßig; **c)** *pl.* **same** *(Brit. Hist.)* Infanterie, *die (Milit.)*; **five hundred ~**: fünfhundert Infanteristen *(Milit.)* od. Fußsoldaten; **d)** *(far end)* unteres Ende; *(of bed)* Fußende, *das*; *(lowest part)* Fuß, *der*; *(of sail)* Unterliek, *das*; **at the ~ of the list/page** unten auf der Liste/Seite; **the compost heap is at the ~ of the garden** der Komposthaufen ist im hinteren Teil des Gartens; **e)** *(of stocking etc.)* Fuß, *der*; Füßling, *der*; **f)** *(Pros.: metrical unit)* [Vers]fuß, *der*; **g)** *(Phonet.: unit of speech)* ≈ Akzentgruppe, *die*; **h)** *pl.* **feet** *or* **same** *(linear measure)* Fuß, *der* (30,48 cm); **7 ~** *or* **seven feet 7** Fuß; **i)** *(base)* Fuß, *der*; *(of statue, pillar)* Sockel, *der*; Basis, *die*; **j)** *(Zool.: of invertebrate)* Fuß, *der*; **k)** *(Bot.)* Ansatzstelle, *die*. *See also* **ball 1 b; cold feet; cubic b; door b; drag 2 a; fall 2 a, p; find 1 b; hand 1 a; square 2 b; walk 2 b**. **2.** *v. t.* **a)** **~ it** *(dance)* tanzen; *(walk)* zu Fuß gehen; **b)** *(pay)* **~ the bill** die Rechnung bezahlen

footage ['fʊtɪdʒ] *n.* Filmmaterial, *das*
foot-and-'mouth [disease] *n.* Maulund Klauenseuche, *die*
football ['fʊtbɔːl] *n.* **a)** Fußball, *der*; *(elongated)* [ovaler] Ball; *(fig.)* Spielball, *der*; **b)** *(Brit.: soccer)* Fußball, *der*; *(Amer.: American ~)* Football, *der*. *See also* **American football; Rugby football**
'**football boot** *n.* Fußballschuh, *der*
footballer ['fʊtbɔːlə(r)] *n.* **a)** *(Brit.: soccer player)* Fußballspieler, *der*; Fußballer, *der (ugs.)*; **b)** *(Amer.: American football player)* Footballspieler, *der*
football: **~ pitch** *n.* Fußballplatz, *der*; **~ pools** *n. pl.* **the ~ pools** das Fußballtoto; *see also* ²**pool 1 a**
foot: **~-bath** *n.* **a)** *(washing of feet)* Fußbad, *das*; **b)** *(small bath)* Fußwanne, *die*; **~-brake** *n.* Fußbremse, *die*; **~-bridge** *n.* Steg, *der*; *(across road, railway, etc.)* Fußgängerbrücke, *die*
-footed ['fʊtɪd] *adj. in comb.* -füßig; **nimble-~**: leichtfüßig; **large-/small-~**: mit großen/kleinen Füßen nachgestellt
footer ['fʊtə(r)] *(Brit. sl.) see* **football 1 b**
-footer ['fʊtə(r)] *n. in comb.* **she is a six-~**: sie ist sechs Fuß groß; **the boat was a nine-~**: das Boot war neun Fuß lang
foot: **~-fall** *n.* Schritt, *der*; **~-fault** *(Lawn Tennis)* **1.** *n.* Fußfehler, *der*. **2.** *v. i.* einen Fußfehler machen; **~-hill** *n., usu. pl.* [Gebirgs]ausläufer, *der*; **~-hold** *n.* Halt, *der*; *(fig.)* Stützpunkt, *der*; **get a ~-hold** *(fig.)* Fuß fassen

footing ['fʊtɪŋ] *n.* **a)** *(fig.: status)* Stellung, *die*; **be on an equal ~ [with sb.]** [jmdm.] gleichgestellt sein; **put A on an equal ~ with B** A mit B auf die gleiche Stufe stellen; **place sth. on a firm ~**: etw. auf eine feste Basis stellen; **be on a friendly ~ with sb.** ein freundschaftliches Verhältnis zu jmdm. haben; **be on a war ~**: sich im Kriegszustand befinden; **b)** *(foothold)* Halt, *der*; **lose/miss/ keep one's ~**: den Halt finden/keinen Halt finden/sich halten; **c)** *(surface for standing on)* Grund, *der*; *(fig.)* Stellung, *die*; **gain a ~ as a journalist** sich *(Dat.)* eine Position als Journalist schaffen; als Journalist Fuß fassen; **d)** *(Building)* Bankett, *das*

footle ['fuːtl] *v. i. (sl.)* **~ about** *(trifle)* herumtrödeln *(ugs.)*; *(play the fool)* Unfug treiben
'**footlights** *n. pl. (Theatre)* Rampenlicht, *das*

footling ['fuːtlɪŋ] *adj.* läppisch *(abwertend)*; albern *(ugs.)*
foot: **~-loose** *adj.* ungebunden; **~-loose and fancy-free** frei und ledig; **~-man** ['fʊtmən] *n., pl.* **~-men** ['fʊtmən] *(servant)* Lakai, *der*; Diener, *der*; **~-mark** *see* **~-print**; **~-muff** *n.* Fußsack, *der*; **~-note** *n.* Fußnote, *die*; **~-path** *n. (path)* Fußweg, *der*; *(Brit.: pavement)* Gehsteig, *der*; Bürgersteig, *der*; **~-plate** *n. (Brit. Railw.)* Führerstand, *der*; **~-plate workers** Lokomotivführer und Heizer; **~-print** *n.* Fußabdruck, *der*; **~-prints in the snow** Fußspuren im Schnee; **~-race** *n.* Wettlauf, *der*; Wettrennen, *das*; **~-rest** *n.* Fußstütze, *die*; *(on bicycle or motor cycle)* Fußraste, *die*; **~-rot** *n. (Vet. Med.)* Stoppellähme, *die*; **~-rule** *n.* [einen Fuß langes] Lineal; **~-scraper** *n.* Fußabstreifer, *der*; Abtreter, *der*

footsie ['fʊtsɪ] *n. (coll.)* **play ~ [with sb.]** [mit jmdm.] füßeln
foot: **~-slog** *(coll.)* **1.** *v. i.* latschen *(salopp)*; **2.** *n.* Gelaufe, *das*; **~-soldier** *n.* Infanterist, *der (Milit.)*; Fußsoldat, *der*; **~-sore** *pred. adj.* **be ~-sore** wunde Füße haben; **~-step** *n.* Schritt, *der*; **follow** *or* **tread in sb.'s ~-steps** *(fig.)* in jmds. Fußstapfen *(Akk.)* treten; **~-stool** *n.* Fußbank, *die*; Fußschemel, *der*; **~-way** *n.* Fußweg, *der*; **~-wear** *n., no pl.* Schuhwerk, *das*; Fußbekleidung, *die (Kaufmannsspr.)*; **~-work** *n., no pl. (Sport, Dancing)* Beinarbeit, *die*
fop [fɒp] *n.* Dandy, *der*; Geck, *der*
foppish ['fɒpɪʃ] *adj.* dandyhaft *(geh.)*; geckenhaft *(abwertend)*
for [fə(r), *stressed* fɔː(r)] **1.** *prep.* **a)** *(representing, on behalf of, in exchange against)* für; *(in place of)* für, anstelle von; **what is the German ~ 'buzz'?** wie heißt „buzz" auf Deutsch?; **I. Smith ~ B. Jones** *(as signature)* B. Jones, i. A. I. Smith; *see also* **eye 1 a**; **b)** *(in defence, support, or favour of)* für; **be ~ doing sth.** dafür sein, etw. zu tun; **the voting was 5 ~ and 10 against** es stimmten 5 dafür und 10 dagegen; **it's each [man]** *or* **every man ~ himself** jeder ist auf sich selbst gestellt; **c)** *(to the benefit of)* für; **do sth. ~ sb.** für jmdn. etw. tun; **die ~ one's country** für sein Land sterben; *(with a view to)* für; *(conducive[ly] to)* zu; **they invited me ~ Christmas/Monday/supper** sie haben mich zu Weihnachten/für Montag zum Abendessen eingeladen; **meet ~ a discussion** sich zu einer Besprechung treffen; **what is it ~?** wofür/wozu ist das?; **that's what I'm there ~**: dafür/dazu bin ich da; **be saving up ~ sth.** auf etw. *(Akk.)* sparen; **he did everything ~ his family's well-being** er tat alles für das Wohlergehen der Familie; **e)** *(being the motive of)* für; *(having as purpose)* zu; **reason ~ living** Grund zu leben; **a dish ~ holding nuts** eine Schale für Nüsse; **f)** *(to obtain, win, save)* **a request ~ help** eine Bitte um Hilfe; **study ~ a university degree** auf einen Hochschulabschluß hin studieren; **go/ run ~ a doctor** gehen/laufen, um einen Arzt zu holen; **phone ~ a doctor** nach einem Arzt telefonieren; **take sb. ~ a ride in the car/a walk** jmdn. im Auto spazierenfahren/mit jmdn. einen Spaziergang machen; **work ~ a living** für den Lebensunterhalt arbeiten; **draw on sb. ~ money** jmdn. um Geld angehen; **oh ~ a few minutes' peace!** wäre hier doch *od.* hätte ich doch einmal ein paar Minuten Ruhe!; **run/jump etc. ~ it** loslaufen/-springen *usw.*; *see also* **life a**; **g)** *(to reach)* nach; **set out ~ England/the north/an island** nach England/Norden/zu einer Insel aufbrechen; **7.30 ~ 8** zwischen halb acht und acht; **h)** *(to be received by)* für; **there's ~** *or* **that's gratitude ~ you!** *(iron.)* na und das nennt sich Dankbarkeit *usw.!*; **that's Jim ~ you** das sieht Jim mal wieder ähnlich; **i)** *(as regards)* **checked ~ accuracy** auf Richtigkeit geprüft; **be dressed/ready ~ dinner** zum Dinner angezogen/fertig sein; **open ~ business** eröffnet; **open ~ lunch [from ... to ...]** Mittagstisch [von ... bis ...]; **have sth. ~ breakfast/pudding** etw. zum Frühstück/Nachtisch haben; **whether you should do it is not ~ me to say** ob du es tun sollst, kann ich dir nicht sagen; **enough ... ~**: genug ... für; **that's quite enough ~ me** das reicht mir völlig; **too ... ~**: zu ... für; **sb. is not long ~ this world** jmd. wird nicht mehr lange unter uns *(Dat.)* weilen; **there is nothing ~ it but to do sth.** es gibt keine andere Möglichkeit, als etw. zu tun; **be '~ it** *(sl.: face trouble)* dran sein *(ugs.)*; **j)** *(Cricket)* **be out ~ a duck/59** ohne Punktgewinn/mit 59 Punkten aus sein; **65 ~ 3 [wickets]** 65 Punkte mit drei Schlägern ausgeschlagen; **k)** *(to the amount of)* **cheque/ bill ~ £5** Scheck/Rechnung über *od.* in Höhe von 5 Pfund; **the voucher is good ~ 50p** der Gutschein ist 50 p wert; **l)** *(to affect, as if affecting)* für; **things don't look very promising ~ the business** was die Geschäfte angeht, sieht das alles nicht sehr vielversprechend aus; **learn to do things ~ oneself** lernen, die Dinge selbständig zu erledigen; **I think it would work out ~ us to meet some time** ich glaube, es läßt sich machen, daß wir uns einmal treffen; **it is wise/advisable ~ sb. to do sth.** es ist vernünftig/ratsam, daß jmd. etw. tut; **it's always nice ~ us to know that you're well** wir hören immer wieder gern, daß es dir gutgeht; **it's hopeless ~ me to try and explain the system** es ist sinnlos, dir das System erklären zu wollen; **m)** *(as being)* für; **what do you take me ~?** wofür hältst du mich?; **I/you** *etc.* **~ one** ich/ du *usw.* für mein[en]/dein[en] *usw.* Teil; **see sb. ~ what he really is** jmdn. als das erkennen, was er wirklich ist; **n)** *(on account of, as penalty of)* wegen; **famous/well-known ~ sth.** berühmt/bekannt wegen *od.* für; **live ~ one's work** für seine *od.* die Arbeit leben; **~ love of his wife** aus Liebe zu seiner Frau; **jump/ shout ~ joy** vor Freude in die Luft springen/schreien; **this is ~ being good** das kriegst du, weil du so artig warst; **had it not been ~ him** wäre er nicht gewesen; **but ~ you/your kindness** wir möchten nicht hier sein nur deinetwegen/nur dank deiner Güte sind wir heute hier; **were it not ~ you/ your help, I should not be able to do it** ohne dich/deine Hilfe wäre ich nicht dazu in der Lage; **o)** *(on the occasion of)* **~ the first time** zum ersten Mal; **why can't you help ~ once?** warum kannst du nicht einmal helfen?; **you are mistaken ~ once** nun hast du dich aber mal geirrt; **what shall I give him ~ his birthday?** was soll ich ihm zum Geburtstag schenken?; **p)** *(in spite of)* **~ all ...**: trotz ...; **~ all that ...**: trotzdem ...; **~ all that he ...**: obwohl er ...; **q)** *(on account of the hindrance of)* **~ fear of ...**: aus Angst vor (+ *Dat.*); **he couldn't see the ring ~ looking at it** *(iron.)* er sah den Ring einfach nicht, obwohl er doch gerade auf ihn blickte; **but ~ ..., except ~ ...**: wenn nicht ... gewesen wäre, [dann] ...; **but ~ the captain's carelessness** wenn der Kapitän nicht so leichtfertig gewesen wäre; **were it not ~ the children** wenn die Kinder nicht wären; *see also* **wood a; r)** *(corresponding to)* für; **~ every cigarette you smoke you are reducing your life expectancy by one day** je de Zigarette, die du rauchst, verkürzt deine Lebenserwartung um einen Tag; **~ fifty fish eggs that die, a hundred survive auf** fünfzig Fischeier, die absterben, kommen hundert, die sich weiterentwickeln; **man ~ man** Mann für Mann; **s)** *(for the purpose of)* **~ all I know/care ...**: möglicherweise/was mich betrifft, ...; **~ my part** *or* **myself, I ...**: ich für mein[en] Teil ...; **~ one thing, ...**: zunächst einmal ...; **t)** *(considering the usual*

nature of) für; **not bad ~ a first attempt** nicht schlecht für den ersten Versuch; **very active ~ a man of eighty** sehr rege für einen Achtziger; **u)** *(during)* seit; **we've/we haven't been here ~ three years** wir sind seit drei Jahren hier/nicht mehr hier gewesen; **we waited ~ hours/three hours** wir warteten stundenlang/drei Stunden lang; **we have been waiting ~ hours [on end]** wir warten schon seit Stunden; **how long are you here ~?** *(coll.)* wie lange bleiben Sie hier?; **stay here ~ a week/some time** eine Woche/einige Zeit hier bleiben; **sit here ~ now** *or* **~ the moment** *or* **~ the present** bleiben Sie im Augenblick hier sitzen; *see also* **ever a**; **v)** *(to the extent of)* **walk ~ 20 miles/~ another 20 miles** 20 Meilen [weit] gehen/weiter gehen. **2.** *conj. (since, as proof)* denn

forage ['fɒrɪdʒ] **1.** *n.* **a)** *(food for horses or cattle)* Futter, *das;* **b) ~** Nahrungssuche, *die;* Futtersuche, *die;* **on the ~:** auf Nahrungssuche; **c)** *(fig.: search for thing)* auf der Jagd nach etw. *(ugs.).* **2.** *v.i.* auf Nahrungssuche sein; **~ for sth.** auf der Suche nach etw. sein; *(fig.: rummage)* nach etw. stöbern; **~ in sb.'s suitcase/among sb.'s papers** jmds. Koffer/Papiere durchstöbern *od.* -wühlen
'forage cap *n.* Käppi, *das*
forasmuch [fɒrəz'mʌtʃ] *adv. (Law/arch.)* **~ as** insofern [als]
foray ['fɒreɪ] **1.** *n.* Streifzug, *der;* (Mil.) Ausfall, *der;* (brief trip) kurzer Besuch *(iron.)* **(to** bei); *(fig.: venture)* Ausflug, *der (scherzh.);* **go on** *or* **make a ~:** einen Streifzug unternehmen; *(Mil.)* einen Ausfall machen. **2.** *v.i.* plündernd ausziehen
forbad, forbade *see* **forbid**
¹forbear ['fɔːbeə(r)] *n., usu. in pl.* Vorfahr, *der*
²forbear [fɔː'beə(r)] **1.** *v.i.,* **forbore** [fɔː'bɔː(r)], **forborne** [fɔː'bɔːn] **a)** *(refrain)* **~ from doing sth.** davon Abstand nehmen, etw. zu tun; **b)** *(be patient)* sich gedulden; **~ with sth.** etw. geduldig ertragen; **be ~ing** Geduld haben. **2.** *v.t.,* **forbore, forborne: ~ sth./to do** *or* **doing sth.** auf etw. *(Akk.)* verzichten/darauf verzichten, etw. zu tun
forbearance [fɔː'beərəns] *n., no pl.* Nachsicht, *die;* (forbearing nature) Nachsichtigkeit, *die;* **show ~:** sich nachsichtig zeigen; Nachsicht üben
forbid [fə'bɪd] *v.t.,* **-dd-, forbad** [fə'bæd] *or* **forbade** [fə'bæd, fə'beɪd], **forbidden** [fə'bɪdn] **a) ~ sb. to do sth.** jmdm. verbieten, etw. zu tun; **~ [sb.] sth. [jmdm.]** etw. verbieten; **it is ~den [to do sth.]** es ist verboten *od.* nicht gestattet[, etw. zu tun]; **'the taking of photographs is ~den'** „Fotografieren nicht gestattet"; **b)** *(make impossible)* nicht erlauben; **I'd like to do it but time ~s** ich würde es gern tun, finde aber nicht die Zeit dazu; **but decency ~s** aber das verbietet mir der Anstand; **God/Heaven ~ [that ...]!** *(future)* der Himmel verhüte[, daß ...]
forbidden [fə'bɪdn] **1.** *see* **forbid. 2.** *adj.* verboten; **~ fruit** *(fig.)* verbotene Früchte; **~ ground** Gebiet, das nicht betreten werden darf; *(fig.)* **be ~ ground** tabu sein; *see also* **degree e**
forbidding [fə'bɪdɪŋ] *adj.* furchteinflößend ⟨*Aussehen, Stimme*⟩; unwirtlich ⟨*Landschaft*⟩; *(fig.)* düster ⟨*Aussicht*⟩
forbiddingly [fə'bɪdɪŋlɪ] *adv.* drohend ⟨*sich abzeichnen*⟩; entmutigend ⟨*lang, steil, teuer, schwer*⟩
forbore, forborne *see* **²forbear**
¹force [fɔːs] **1.** *n.* **a)** *no pl. (strength, power)* Stärke, *die;* (of bomb, explosion, attack, storm) Wucht, *die;* (physical strength) Kraft, *die;* **[a wind of] ~ 12** *(Meteorol.)* Windstärke 12; **destructive ~ of a bomb** Zerstörungskraft einer Bombe; **achieve sth. by brute ~:** etw. mit roher Gewalt erreichen; **in ~/in**

great ~ *(in large numbers)* zahlreich/in großer Zahl; *see also* **b**; **b)** *no pl. (fig.: power, validity)* Kraft, *die;* (power to convince) Überzeugungskraft, *die;* **by ~ of** auf Grund (+ *Gen.*); **kraft** (+ *Gen.*) *(Papierdt.);* **achieve a victory by ~ of numbers** einen Sieg durch zahlenmäßige Überlegenheit erringen; **~ of conviction/will** Überzeugungs-/Willenskraft, *die;* **~ of arms** Waffengewalt, *die;* **~ of character** Charakterstärke, *die;* **~ of evidence** Beweiskraft, *die;* **have the ~ of law** Gesetzeskraft haben; **argue with much ~:** sehr überzeugend argumentieren; **his dramatic sense comes out with great ~:** seine dramatische Begabung zeigt sich [hier] in voller Stärke; **in ~** *(in effect)* in Kraft; **come into ~** ⟨*Gesetz usw.:*⟩ in Kraft treten; **put in[to] ~:** in Kraft setzen; **the methods currently in ~:** die zur Zeit gängigen Methoden; *see also* **a**; **c)** *(coercion, violence)* Gewalt, *die;* **use** *or* **employ ~ [against sb.]** Gewalt [gegen jmdn.] anwenden; **use of ~:** Gewaltanwendung, *die;* **by ~:** gewaltsam; mit Gewalt; **resort to ~:** zur Gewalt greifen; **with the threat of ~:** unter Androhung von Gewalt; **d)** *(organized group) (of workers)* Kolonne, *die;* Trupp, *der;* (of police) Einheit, *die;* (Mil.) Armee, *die;* Streitmacht, *die (veralt.);* **the ~** *(Police)* die Polizei; **a large ~ of infantry/naval ~:** starke Infanterie-/Marineverbände; **join ~s [with sb.]** *(fig.)* sich [mit jmdm.] zusammentun; *see also* **armed; labour force; police force; sales force; task force; work-force; e)** *(forceful agency or person)* Kraft, *die;* Macht, *die;* **a ~ for evil** ein Handlanger des Bösen; **the ~s of destiny/evil** die Macht des Schicksals/Bösen; **there are ~s in action/at work here ...;** hier walten Kräfte/sind Kräfte am Werk ...; **he is a ~ in the land** *(fig.)/***a ~ to be reckoned with** er ist ein einflußreicher Mann im Land/eine Macht, die nicht zu unterschätzen ist; *see also* **life force;** spent **b**; **f)** *(meaning)* Bedeutung, *die;* **g)** *(Phys.)* Kraft, *die.* **2.** *v.t.* **a)** *(coerce by violent means)* **~ sb. to do sth.** jmdn. zwingen, etw. zu tun; **~ sb. into marriage/compliance** jmdn. zur Heirat zwingen/jmds. Einverständnis erzwingen; **be ~d into war** sich zum Krieg gezwungen sehen; **be ~d to do sth.** sich gezwungen sehen, etw. zu tun; **~ sb. out of the room [at gunpoint]** jmdn. [mit vorgehaltener Waffe] zwingen, das Zimmer zu verlassen; **b)** *(compel by non-violent means)* **~ sb./oneself [to do sth.]** jmdn./sich zwingen[, etw. zu tun]; **~ sb./oneself into sth.** *(fig.)* jmdn./sich zu etw. zwingen; **I was ~d to accept/into accepting the offer** ich fühlte mich verpflichtet/ich war *od.* sah mich gezwungen, das Angebot anzunehmen; **I was ~d to the conclusion** *or* **to conclude that ...** *(fig.)* ich mußte zu dem Schluß gelangen, daß ...; **~ sb.'s hand** *(fig.)* jmdn. zwingen zu handeln; *see also* **issue 1 f**; **c)** *(obtain by ~)* **~ sth. from sb.** jmdm. etw. entreißen; **he ~d it out of her hands** er riß es ihr aus der Hand; **~ a promise out of sb.** *(fig.)* jmdm. ein Versprechen abringen; **~ a confession from sb.** *(fig.)* jmdn. zu einem Geständnis zwingen; **~ a smile from sb.** *(fig.)* jmdm. ein Lächeln entlocken; **d)** *(push)* **~ sth. into sth.** etw. in etw. *(Akk.)* [hinein]zwängen; **~ sth. [up] through an opening** etw. [nach oben und] durch eine Öffnung pressen; **e)** *(impose, inflict)* **~ sth. [up]on sb.** jmdm. etw. aufzwingen; **he ~d his attentions on her** er drängte sich ihr mit seinen Aufmerksamkeiten auf; **f)** *(break open)* **~ [open]** aufbrechen; **g)** *(storm)* stürmen ⟨*Festung*⟩; **h)** *(effect by violent means)* sich *(Dat.)* erzwingen ⟨*Zutritt*⟩; **~ one's way in[to a building]** sich *(Dat.)* mit Gewalt Zutritt [zu einem Gebäude] ver-

schaffen; **I had to ~ my way out** ich mußte Gewalt anwenden, um herauszukommen; **i) ~ the pace** *(lit. or fig.)* das Tempo forcieren; **~ the bidding** das Gebot in die Höhe treiben; **j)** *(produce with effort)* sich zwingen zu; **~ a smile** sich zu einem Lächeln zwingen; **k)** *(put strained sense upon)* Gewalt antun (+ *Dat.*); vergewaltigen ⟨*Sprache*⟩; überstrapazieren ⟨*Vergleich*⟩; **l)** treiben ⟨*Pflanzen*⟩; **m)** *(rape)* **~ a woman** einer Frau *(Dat.)* Gewalt antun *(veralt.).*
~ 'down *v.t.* **a)** drücken ⟨*Preis*⟩; **b)** *(compel to land)* zur Landung zwingen ⟨*Flugzeug*⟩; **c)** *(make oneself eat)* herunterwürgen *(ugs.)* ⟨*Nahrung*⟩
~ 'up *v.t.* hochtreiben ⟨*Preis*⟩
²force *n. (N. Engl.)* Wasserfall, *der*
forced [fɔːst] *adj.* **a)** *(contrived, unnatural)* gezwungen; gewollt ⟨*Geste, Vergleich, Metapher*⟩; gekünstelt ⟨*Benehmen*⟩; **b)** *(compelled by force)* erzwungen; Zwangs⟨*arbeit, -anleihe*⟩; **~-labour camp** Arbeitslager, *das;* **c)** *(produced artificially)* **~ vibration** *(Phys.)* unfreie *od.* erzwungene Schwingung; **~-air ventilation** Zwangslüftung, *die (Technik).*
forced: ~ 'landing *n.* Notlandung, *die;* **~ 'march** *n. (Mil.)* Gewaltmarsch, *der;* **~ 'marriage** *n.* erzwungene Ehe
'force-feed *v.t.* zwangsernähren; *(fig.)* vollstopfen **(on** mit)
forceful ['fɔːsfl] *adj.* stark ⟨*Persönlichkeit, Charakter*⟩; energisch ⟨*Person, Art, Stimme, Maßnahme*⟩; überzeugend ⟨*Darlegung*⟩; schwungvoll ⟨*Rede-, Schreibweise*⟩; eindrucksvoll ⟨*Sprache*⟩; eindringlich ⟨*Worte*⟩
forcefully ['fɔːsfəlɪ] *adv.* eindringlich ⟨*reden, darlegen*⟩; energisch ⟨*verfolgen, umgehen*⟩; nachdrücklich ⟨*erinnern*⟩
force majeure [fɔːs maˈʒɜː(r)] *n.* höhere Gewalt
'forcemeat *n. (Cookery)* Farce, *die*
forceps ['fɔːseps] *n., pl. same* **[pair of] ~:** Zange, *die;* **obstetrical ~:** Geburtszange, *die;* **~ baby/delivery** Zangengeburt, *die*
forcible ['fɔːsɪbl] *adj.* **a)** *(done by force)* gewaltsam; **b)** *see* **forceful**
forcibly ['fɔːsɪblɪ] *adv.* **a)** *(by force)* gewaltsam; mit Gewalt; **b)** *see* **forcefully**
'forcing-house ['fɔːsɪŋhaʊs] *n. (lit. or fig.)* Treibhaus, *das*
ford [fɔːd] **1.** *n.* Furt, *die.* **2.** *v.t.* durchqueren ⟨*wade through*⟩ durchwaten
fore [fɔː(r)] **1.** *adj., esp. in comb.* vorder...; Vorder⟨*teil, -front usw.*⟩. **2.** *n.* **[be/come] to the ~:** im Vordergrund [stehen]/in den Vordergrund [rücken]. **3.** *int. (Golf)* Achtung. **4.** *adv. (Naut.)* vorn; **~ and aft** längs[schiffs]
fore-and-'aft *(Naut.)* **1.** *adj.* Längs-; **~ sail** Schratsegel, *das.* **2.** *adv.* längs[schiffs] **~ rigged** längsschiffs getakelt
¹'forearm *n.* Unterarm, *der*
²fore'arm *v.t.* rüsten; *(fig.)* **be ~ed** gerüstet *od.* vorbereitet sein; *see also* **forewarn**
forebear *see* **¹forbear**
fore'bode *v.t. (portend)* ankündigen; **these clouds ~ a storm** diese Wolken bedeuten *od.* deuten auf Sturm
foreboding [fɔː'bəʊdɪŋ] *n.* Vorahnung, *die;* (unease caused by premonition) ungutes Gefühl; (omen) Vorzeichen, *das;* Omen, *das*
'forecast 1. *v.t.,* **~** *or* **~ed** vorhersagen. **2.** *n.* Voraussage, *die;* Prognose, *die;* (Meteorol.) [Wetter]vorhersage, *die;* Wetterbericht, *der;* **the ~ is for rain** laut Wettervorhersage wird es regnen
'forecaster *n.* Meteorologe, *der/*Meteorologin, *die*
forecastle ['fəʊksl] *n. (Naut.)* Back, *die;* (Hist.: deck) [Vorder]kastell, *das*
foreclose [fɔː'kləʊz] *(Law)* **1.** *v.t.* kündigen; **~ a mortgage** eine Hypothekenforderung geltend machen. **2.** *v.i.* **~ on sb./a mortgage** eine Hypothekenforderung gegenüber jmdm./eine Hypothekenforderung geltend machen

'**forecourt** *n.* Vorhof, *der;* ~ **attendant** ≈ Tankwart, *der;* ~ **service** Service an der Tankstelle
'**foredeck** *n.* (*Naut.*) Vordeck, *das*
fore'doom *v. t.* vorherbestimmen; **be ~ed to failure** zum Scheitern verurteilt sein
'**forefather** *n., usu. in pl.* Vorfahr, *der;* **our ~s** unsere Vorväter
'**forefinger** *n.* Zeigefinger, *der*
'**forefoot** *n.* Vorderfuß, *der*
'**forefront** *n.* [be] **in the ~ of** in vorderster Linie (+ *Gen.*) [stehen]
foregather *see* **forgather**
forego *see* **forgo**
foregoing [ˈfɔːgəʊɪŋ, fɔːˈgəʊɪŋ] *adj.* vorhergehend
'**foregone** *adj.* **be a ~ conclusion** (*be predetermined*) von vornherein feststehen; (*be certain*) so gut wie sicher sein
'**foreground** *n.* Vordergrund, *der*
'**forehand** (*Tennis etc.*) **1.** *adj.* Vorhand-. **2.** *n.* (*also part of horse*) Vorhand, *die*
forehead [ˈfɒrɪd, ˈfɔːhed] *n.* Stirn, *die*
foreign [ˈfɒrɪn] *adj.* **a)** (*from abroad*) ausländisch⟨*herrschaft, -kapital, -sprache*⟩; fremdartig ⟨*Gebräuche*⟩; fremdländisch ⟨*Aussehen*⟩; ~ **word** fremdsprachliches Wort; (*used in English*) Fremdwort, *das;* **talk ~** (*coll.*) auswärts reden *od.* sprechen (*ugs. scherzh.*); ~ **worker** Gastarbeiter, *der*/-arbeiterin, *die;* **he is ~:** er ist Ausländer; **b)** (*abroad*) fremd; Auslands⟨*reise, -niederlassung, -markt*⟩; ~ **country** Ausland, *das;* **from a ~ country** aus einem anderen Land; aus dem Ausland; ~ **travel** Reisen ins Ausland; *see also* **part 1 g; c)** (*related to countries abroad*) außenpolitisch; Außen⟨*politik, -handel*⟩; ~ **affairs** auswärtige Angelegenheiten; **spokesman on ~ affairs** außenpolitischer Sprecher; **d)** (*from outside*) fremd; Fremd⟨*körper, der;* **e)** (*alien, unfamiliar*) fremd; **be ~ to sb./sb.'s nature** jmdm. fremd sein/nicht jmds. Art sein; **be ~ to sth.** (*unrelated*) in keiner Beziehung zu etw. stehen
foreign: ~ **aid** *n.* Entwicklungshilfe, *die;* **F~ and Commonwealth Office** *n.* (*Brit.*) Außenministerium, *das;* ~ **correspondent** *n.* (*Journ.*) Auslandskorrespondent, *der*/-korrespondentin, *die*
foreigner [ˈfɒrɪnə(r)] *n.* Ausländer, *der*/Ausländerin, *die*
foreign: ~ **ex'change** *n.* (*dealings*) Devisenhandel, *der;* (*currency*) fremde Währung; Devisen *Pl.;* ~ **exchange market** Devisenmarkt, *der;* ~ **language** *n.* Fremdsprache, *die; attrib.* ~-**language newspaper/broadcast** fremdsprachige Zeitung/Rundfunksendung, *die;* ~-**language teaching** Fremdsprachenunterricht, *der;* ~ **legion** *n.* Fremdenlegion, *die;* **F~ Minister** *n.* Außenminister, *der;* **F~ Ministry** *n.* Außenministerium, *das;* **F~ Office** *n.* (*Brit. Hist./coll.*) Außenministerium, *das;* Auswärtiges Amt, *das;* ~-**owned** *adj.* ~-**owned subsidiaries** Tochtergesellschaften in ausländischem Besitz; **F~ 'Secretary** *n.* (*Brit.*) Außenminister, *der;* ~ **service** *see* **diplomatic service**
fore'knowledge *n.* vorherige Kenntnis; **with the ~ that …:** im Wissen, daß …
'**forelady** (*Amer.*) *see* **forewoman a**
foreland [ˈfɔːlənd] *n.* (*Geog.*) Kap, *das*
'**foreleg** *n.* Vorderbein, *das;* Vorderlauf, *der* (*Jägerspr.*)
'**forelimb** *n.* Vordergliedmaße, *die*
'**forelock** *n.* Stirnlocke, *die;* **take time etc. by the ~** (*fig.*) die Gelegenheit beim Schopf ergreifen; **touch one's ~** (*coll. joc.*) einen Diener machen (*iron.*)
foreman [ˈfɔːmən] *n., pl.* **foremen** [ˈfɔːmən] **a)** (*chief workman*) Vorarbeiter, *der;* Vormeister, *der;* **b)** (*Law*) Sprecher [der Geschworenen/(*in Germany*) der Schöffen]

'**foremast** *n.* (*Naut.*) Fockmast, *der*
foremost [ˈfɔːməʊst, ˈfɔːməst] **1.** *adj.* **a)** vorderst…; **the two ~ runners** die beiden Läufer an der Spitze; **fall downstairs head ~:** mit dem Kopf zuerst die Treppe hinunterfallen; **b)** (*fig.*) führend; **be in the ~ rank** zur Spitze zählen. **2.** *adv. see* **first 2 e**
'**forename** *n.* Vorname, *der*
'**forenoon** *n.* (*Naut., Law/arch.*) Vormittag, *der;* **in the ~:** am Vormittag
forensic [fəˈrensɪk] *adj.* gerichtlich; forensisch (*fachspr.*); ~ **medicine** Gerichtsmedizin, *die;* ~ **science** Kriminaltechnik, *die;* ~ **laboratory** kriminaltechnisches Labor
'**fore-paw** *n.* Vorderpfote, *die*
'**foreplay** *n.* Vorspiel, *das*
'**forerunner** *n.* **a)** (*predecessor*) Vorläufer, *der*/Vorläuferin, *die;* **b)** (*harbinger, sign*) Vorbote, *der*
foresail [ˈfɔːseɪl, ˈfɔːsl] *n.* (*Naut.*) Focksegel, *das*
foresaw *see* **foresee**
foresee [fɔːˈsiː] *v. t., forms as* ¹**see** voraussehen; **trouble which had not been ~n** unvorhergesehener Ärger; **as far as one can ~ or as can be ~n** aller Voraussicht nach
foreseeable [fɔːˈsiːəbl] *adj.* **a)** vorhersehbar; **b) in the ~ future** in nächster Zukunft; in absehbarer Zeit
foreseen *see* **foresee**
fore'shadow *v. t.* vorausahnen lassen; vorausdeuten auf (+ *Akk.*)
'**foreshore** *n.* Vorland, *das;* (*between high-water and low-water marks*) ≈ Strand, *der*
fore'shorten *v. t.* **a)** (*Art, Photog.*) [perspektivisch] verkürzen; **b)** (*shorten, condense*) verkürzen; verdichten (*fig.*) ⟨*Ereignisse*⟩
'**foresight** *n., no pl.* Weitblick, *der;* Voraussicht, *die;* **act with ~:** vorausschauend handeln; **use ~:** vorausschauend sein; Weitblick zeigen; **have the ~ to do sth.** so vorausschauend sein, etw. zu tun
'**foreskin** *n.* (*Anat.*) Vorhaut, *die*
forest [ˈfɒrɪst] *n.* **a)** Wald, *der;* (*commercially exploited*) Forst, *der; attrib.* Wald⟨*brand, -land*⟩; **covered in ~s** bewaldet; ~ **law** Forstrecht, *das;* ~ **warden** *or* (*Amer.*) ~ **ranger** Förster, *der; see also* **deer-forest; b)** (*fig.*) Wald, *der* (**of** von); (*of ideas etc.*) Gewirr, *das;* (*of hands etc. abwerend*)
fore'stall *v. t.* zuvorkommen (+ *Dat.*); (*prevent by prior action*) vermeiden; (*anticipate*) vorhersehen
'**forestay** *n.* (*Naut.*) Vorstag, *das*
forested [ˈfɒrɪstɪd] *adj.* bewaldet
forester [ˈfɒrɪstə(r)] *n.* **a)** (*warden*) Förster, *der;* **b)** (*dweller*) Waldbewohner, *der*
forestry [ˈfɒrɪstrɪ] *n.* Forstwirtschaft, *die;* (*science*) Forstwissenschaft, *die;* **F~ Commission** (*Brit.*) britische Forstbehörde
'**forest-tree** *n.* Waldbaum, *der;* Forstbaum, *der*
'**foretaste** *n.* Vorgeschmack, *der;* **have a ~ of sth.** einen Vorgeschmack von etw. bekommen
fore'tell *v. t.,* **foretold** vorhersagen; voraussagen
'**forethought** *n.* (*prior deliberation*) [vorherige] Überlegung, *die;* (*care for the future*) Vorausdenken, *das;* (*premeditation*) Vorausplanung, *die*
foretold *see* **foretell**
forever [fəˈrevə(r)] (*Amer.*) = **for ever;** *see* **ever a**
fore'warn *v. t.* vorwarnen; **we were ~ed of the difficulties** man hatte uns vor den Schwierigkeiten gewarnt; ~**ed is forearmed** (*prov.*) wer gewarnt ist, ist gewappnet
fore'warning *n.* Vorwarnung, *die;* **be given adequate ~:** hinreichend vorgewarnt sein
'**forewoman** *n.* **a)** (*chief workwoman*) Vorarbeiterin, *die;* **b)** (*Law*) Sprecherin [der Geschworenen/(*in Germany*) der Schöffen]
'**foreword** *n.* Vorwort, *das*

forfeit [ˈfɔːfɪt] **1.** *v. t.* verlieren (*auch fig.*); einbüßen (*geh., auch fig.*); verlustig gehen (+ *Gen.*) (*Amtsspr.*); verwirken (*geh.*) ⟨*Recht, jmds. Gunst*⟩; **he ~ed the good opinion of his friends** er verscherzte sich (*Dat.*) die Sympathien seiner Freunde. **2.** *n.* **a)** (*penalty*) Strafe, *die;* (*fig.*) Preis, *der;* **b)** (*Games*) Pfand, *das;* **pay/redeem a ~:** ein Pfand geben/einlösen; **c)** (~*ing*) Verlust, *der;* Einbuße, *die.* **3.** *adj.* **be ~:** verfallen (**to** *Dat.*); ⟨*Leben, Recht:*⟩ verwirkt sein (*geh.*)
forfeiture [ˈfɔːfɪtʃə(r)] *n.* Verlust, *der;* Einbuße, *die*
forgather [fɔːˈgæðə(r)] *v. i.* sich treffen; zusammenkommen
forgave *see* **forgive**
¹**forge** [fɔːdʒ] **1.** *n.* **a)** (*workshop*) Schmiede, *die;* **b)** (*blacksmith's hearth*) Esse, *die;* (*furnace for melting or refining metal*) Schmiedeofen, *der.* **2.** *v. t.* **a)** schmieden (**into** zu); **b)** (*fig.*) schmieden ⟨*Plan, Verbindung*⟩; schließen ⟨*Vereinbarung, Freundschaft, Frieden*⟩; prägen ⟨*Charakter*⟩; (*fabricate*) erfinden; sich (*Dat.*) ausdenken; (*counterfeit*) fälschen; ~**d money** Falschgeld, *das*
²**forge** *v. i.* **a)** (*advance rapidly*) ~ **into the lead** die Führung übernehmen; in Führung gehen; ~ **ahead** [das Tempo] beschleunigen; ⟨*Wettläufer:*⟩ vorstoßen; (*fig.*) vorankommen; Fortschritte machen; (*take lead*) sich an die Spitze setzen; die Führung übernehmen; **b)** (*progress steadily*) ~ **on** (*lit. or fig.*) [stetig] vorankommen
forger [ˈfɔːdʒə(r)] *n.* Fälscher, *der*/Fälscherin, *die*
forgery [ˈfɔːdʒərɪ] *n.* Fälschung, *die;* **commit an act of ~:** eine Fälschung begehen
forget [fəˈget] **1.** *v. t.,* -**tt**-, **forgot** [fəˈgɒt], **forgotten** [fəˈgɒtn] *or* (*Amer./arch./poet.*) **forgot a)** vergessen; (~ *learned ability*) verlernen; **these names are easy to ~** *or* **easily forgotten** diese Namen vergißt man leicht; **gone but not forgotten** in bleibender Erinnerung; (*iron.*) aus den Augen, aber schwerlich aus dem Sinn; **never-to-be-forgotten** unvergeßlich; **I was quite ~ting you know her** ich habe ganz vergessen, daß du sie kennst; **I ~ his name** (*have forgotten*) ich habe seinen Namen vergessen; ~ **doing sth./having done sth.** vergessen, daß man etw. getan hat; ~ **to do sth.** vergessen, etw. zu tun; **don't ~ that …:** vergiß nicht *od.* denk[e] daran, daß …; ~ **how to dance** das Tanzen verlernen; **a thrashing he won't ~ in a hurry** eine Tracht Prügel, die er nicht so schnell vergessen wird; **b)** (*leave*) vergessen; **c) and don't you ~ it** (*coll.*) vergiß das ja nicht; ~ **sth.** (*decide to ignore*) etw. beiseite lassen; ~ **it!** (*coll.*) schon gut!; vergiß es! **2.** *v. i.,* -**tt**-, **forgot, forgotten; I almost forgot** fast hätte ich es vergessen; **I quite forgot** ich habe es ganz vergessen; ~ **about sth.** etw. vergessen; ~ **about it!** (*coll.*) schon gut!; **I had forgotten all about his or him coming today** ich hatte ganz vergessen, daß er heute kommt; **I forgot about Joe** ich habe gar nicht an Joe gedacht. **3.** *v. refl.,* -**tt**-, **forgot, forgotten a)** (*act unbecomingly or unworthily*) sich vergessen; **b)** (*neglect one's own interests*) sich selbst vergessen; nicht an sich (*Akk.*) denken
forgetful [fəˈgetfl] *adj.* **a)** (*absent-minded*) vergeßlich; **b) ~ of sth.** ohne an etw. (*Akk.*) zu denken; **be ~ of sth.** etw. vergessen; **be ~ of one's duty** seine Pflicht vernachlässigen
forgetfully [fəˈgetflɪ] *adv.* in Gedanken
forgetfulness [fəˈgetflnɪs] *n., no pl.* Vergeßlichkeit, *die;* Zerstreutheit, *die;* **in a moment of ~:** in einem Moment von Geistesabwesenheit
for'get-me-not *n.* (*Bot.*) Vergißmeinnicht, *das; attrib.* ~ **blue** vergißmeinnichtblau
forgettable [fəˈgetəbl] *adj.* **easily ~:** leicht zu vergessen

forging ['fɔːdʒɪŋ] *n. (object)* Schmiedestück, *das*

forgivable [fə'gɪvəbl] *adj.* verständlich; verzeihlich

forgivably [fə'gɪvəblɪ] *adv.* verständlicherweise

forgive [fə'gɪv] *v. t.,* forgave [fə'geɪv], forgiven [fə'gɪvn] a) vergeben ⟨*Sünden*⟩; verzeihen ⟨*Unrecht*⟩; entschuldigen, verzeihen ⟨*Unterbrechung, Neugier, Ausdrucksweise*⟩; ~ sb. [sth. *or* for sth.] jmdm. [etw.] verzeihen *od. (geh.)* vergeben; ~ sb. for doing sth. jmdm. verzeihen, daß er/sie etw. getan hat; God ~ me möge Gott mir vergeben; am I ~n? verzeihst du mir?; you are ~n ich verzeihe dir; ~ us [for] our sins vergib uns unsere Sünden; I'll never ~ myself for not having offered to help ich werde es mir nie verzeihen, nicht wenigstens meine Hilfe angeboten zu haben; ~ me for saying so, but ...: entschuldigen *od.* verzeihen Sie[, daß ich es sage], [aber] ...; she doesn't ~ easily es fällt ihr schwer zu verzeihen; ~ and forget vergeben und vergessen; b) *(remit, let off)* erlassen; ~ sb. a debt jmdm. eine Schuld erlassen

forgiveness [fə'gɪvnɪs] *n., no pl.* Verzeihung, *die (esp. of sins)* Vergebung, *die (geh.);* ask/beg [sb.'s] ~: [jmdn.] um Verzeihung/*(geh.)* Vergebung bitten; grant sb. [one's] ~: jmdm. verzeihen; ~ of sins Vergebung der Sünden; Sündenvergebung, *die*

forgiving [fə'gɪvɪŋ] *adj.,* **forgivingly** [fə'gɪvɪŋlɪ] *adv.* versöhnlich

forgo [fɔː'gəʊ] *v. t.,* forms as ¹go verzichten auf (+ *Akk.*)

forgone see forgo

forgot, forgotten see forget

fork [fɔːk] 1. *n.* a) *(for eating with)* Gabel, *die;* knife and ~: Messer und Gabel; Besteck, *das;* the knives and ~s das Besteck; ~ lunch Gabelfrühstück, *das (veralt.);* ~ supper ≈ kaltes Büfett; ~ breakfast kaltes Büfett; b) *(Agric.)* Gabel, *die,* Forke, *die (bes. nordd.);* c) *in sing. or pl. (on bicycle)* Gabel, *die;* d) *[point of] division into branches)* Gabelung, *die; (one branch)* Abzweigung, *die; (of tree)* Astgabel, *die.* 2. *v. i.* a) *(divide)* sich gabeln; b) *(turn)* abbiegen; ~ to the] left [for] [nach] links abbiegen [nach]. 3. *v. t.* gabeln; ~ in manure Mist [mit einer Gabel] untergraben. ~ 'out *(sl.)* 1. *v. t.* lockermachen *(ugs.);* ~ out money blechen *(ugs.)* 2. *v. i.* ~ out [for sth.] [für etw.] blechen *(ugs.)*

~ 'over *v. t.* lockern ⟨*Boden*⟩

~ 'up see ~ out

forked [fɔːkt] *adj.* gegabelt; speak with ~ tongue *(fig.)* mit gespaltener *od.* doppelter Zunge sprechen *(geh.)*

forked 'lightning *n., no pl., no indef. art.* Linienblitz, *der*

fork-lift truck *n.* Gabelstapler, *der*

forlorn [fə'lɔːn] *adj.* a) *(desperate)* verzweifelt; ~ hope *(faint hope)* verzweifelte Hoffnung; *(desperate enterprise)* aussichtsloses Unterfangen; b) *(forsaken)* [einsam und] verlassen; *(wretched)* erbärmlich *(auch fig.);* desolat ⟨*Anblick, Zustand*⟩

form [fɔːm] 1. *n.* a) *(type, guise, style)* Form, *die;* ~ of address [Form der] Anrede; ~ of life/government Lebens-/Regierungsform, *die;* the reward will take the ~ of a holiday die Belohnung wird eine Urlaubsreise sein; malaria takes various ~s Malaria äußert sich in verschiedenen Formen; in human ~: in menschlicher Gestalt; in Menschengestalt; in the ~ of in Form von *od.* + *Gen.;* in book ~: in Buchform; als Buch; b) *no pl. (shape, visible aspect)* Form, *die,* Gestalt, *die (Lit., Mus., Art)* Form, *die;* ~ without substance Form ohne Inhalt; take ~ *(lit. or fig.)* Gestalt annehmen *od.* gewinnen; give ~ to sth. einer Sache *(Dat.)* Gestalt geben *od.* verleihen; the ~ and content of a novel Form und Inhalt eines Romans; c) *(printed sheet)* Formular, *das;* d) *(Brit. Sch.)* Klasse, *die;* first/second *etc.* ~: erste/zweite *usw.* Klasse *(an einer weiterführenden Schule);* see also sixth form; e) *(bench)* Bank, *die;* f) *no pl., no indef. art. (Sport: physical condition)* Form, *die;* peak ~: Bestform, *die;* improvement in ~: Formanstieg, *der;* out of ~: außer Form; nicht in Form; in [good] ~ *(lit. or fig.)* [gut] in Form; in top ~/at the top of his *etc.* ~ *(lit. or fig.)* in Höchstform; she was in great ~ at the party *(fig.)* auf der Party war sie groß in Form; on/off ~ *(lit. or fig.)* in/nicht in Form; be slightly off ~: nicht ganz in Form; g) *(Sport: previous record)* bisherige Leistungen; on/judging by [past/present] ~ *(fig.)* nach der Papierform zu urteilen; it's ~ wie üblich *od.* zu erwarten; true to ~ *(fig.)* wie üblich; h) *(set procedure)* in due/proper ~: in angemessener/richtiger Form; matter of ~: Routineangelegenheit *od.* -sache, *die;* as a matter of ~: der Form halber; common ~: übliches Verfahren; what's the ~? was ist das übliche Verfahren?; tell me the ~: wie wird üblicherweise verfahren?; i) *(etiquette)* for the sake of ~: der Form halber; um der Form zu genügen; good/bad ~: gutes/schlechtes Benehmen; it's bad *or* not good ~ to do this so etwas gehört sich nicht; j) *(figure)* Gestalt, *die;* k) *(Ling.)* Form, *die;* plural ~: Pluralform, *die;* Plural, *der;* feminine ~: Femininum, *das;* negative ~: Verneinung, *die;* Negation, *die;* l) *(Philos.)* Form, *die;* m) *no pl. (sl.: criminal record)* Vorstrafe, *die;* have ~: vorbestraft sein; n) *(hare's lair)* Lager, *das,* Sasse, *die (Jägerspr.);* o) see formwork. 2. *v. t.* a) *(make; also Ling.)* bilden; be ~ed from sth. aus etw. entstehen; b) *(shape, mould)* formen, gestalten *(into* zu); *(fig.)* formen ⟨*Charakter usw.*⟩; c) *(construct in the mind)* sich *(Dat.)* bilden ⟨*Meinung, Urteil*⟩; gewinnen ⟨*Eindruck*⟩; fassen ⟨*Entschluß, Plan*⟩; kommen zu ⟨*Schluß*⟩; vornehmen ⟨*Schätzung*⟩; *(acquire, develop)* entwickeln ⟨*Vorliebe, Gewohnheit, Wunsch*⟩; schließen ⟨*Freundschaft*⟩; d) *(constitute, compose, be, become)* bilden; Schleswig once ~ed [a] part of Denmark Schleswig war einmal ein Teil von Dänemark; Joe ~ed one of our party Joe war einer von uns; young people ~ed the bulk of the protesters bestand aus jungen Leuten; e) *(establish, set up)* bilden ⟨*Regierung*⟩; gründen ⟨*Bund, Verein, Firma, Partei, Gruppe*⟩; the men ~ed themselves into a committee die Männer gründeten ein Komitee; f) *(take formation as)* bilden; the dancers ~ed [themselves into] a circle die Tänzer bildeten einen Kreis. 3. *v. i.* a) *(come into being)* sich bilden; ⟨*Idee*⟩ sich formen, Gestalt annehmen; b) *(fully develop)* sich ausformen; c) *(Mil.)* sich aufstellen (in[to] + *Dat.*); sich formieren (in[to] +..; ~ [up] sich formieren

formal ['fɔːml] 1. *adj.* a) formell; förmlich ⟨*Person, Art, Einladung, Begrüßung*⟩; steif ⟨*Person, Begrüßung*⟩; *(official)* offiziell; *(regular)* regelmäßig angelegt ⟨*Garten*⟩; wear ~ dress *or* clothes Gesellschaftskleidung tragen; ~ call Höflichkeitsbesuch, *der;* b) *(explicit)* formell; *(in recognized form)* traditionell; herkömmlich; a 'yes'/'no' eine bindende Zusage/endgültige Absage; ~ education/knowledge ordentliche Schulbildung/reales Wissen; make a ~ apology sich in aller Form entschuldigen; c) *(of the outward form)* formal; äußerlich; *(Philos., Logic)* formal. 2. *n. (Amer.)* a) *(event)* gesellschaftliches Ereignis; b) *(dress)* Gesellschaftskleidung, *die*

formaldehyde [fɔː'mældɪhaɪd] *n. (Chem.)* Formaldehyd, *der*

formalise see formalize

formalism ['fɔːməlɪzm] *n.* Formalismus, *der*

formality [fɔː'mælɪtɪ] *n.* a) *(requirement)* Formalität, *die;* drop the *or* dispense with the formalities sich nicht mit Formalitäten aufhalten; b) *no pl. (being formal, ceremony)* Förmlichkeit, *die*

formalize ['fɔːməlaɪz] *v. t.* a) *(specify and systematize)* formalisieren; b) *(make official)* formell bekräftigen

formally ['fɔːməlɪ] *adv.* a) *(ceremoniously)* formell; förmlich; feierlich ⟨*empfangen*⟩; *(officially)* offiziell; *(regularly)* regelmäßig; b) *(explicitly)* ausdrücklich ⟨*formulieren, wünschen*⟩; in aller Form ⟨*sich entschuldigen*⟩; c) *(in form)* formal; äußerlich

format ['fɔːmæt] 1. *n.* a) *(of book) (general appearance, layout)* Aufmachung, *die; (shape and size)* Format, *das;* b) *(Telev., Radio: of programme)* Aufbau, *der;* c) *(Computing)* Format, *das.* 2. *v. t.,* -tt- *(Computing)* formatieren

formation [fɔː'meɪʃn] *n.* a) *no pl. (forming) (of substance, object)* Bildung, *die; (of character)* Formung, *die; (of handwriting)* Ausbildung, *die;* Ausformung, *die; (of plan)* Entstehung, *die; (Ling.)* Bildung, *die; (establishing)* Gründung, *die;* b) *(thing formed; also Ling.)* Bildung, *die;* c) *(Mil., Aeronaut., Dancing)* Formation, *die; (Footb.)* Aufstellung, *die;* battle ~: Gefechtsordnung, *die;* in close ~: in geschlossener Formation; ~ flying Formationsflug, *der;* ~ dancing Formationstanz, *der;* d) *(Geol.)* Formation, *die;* rock ~s Gesteinsformationen *Pl.;* e) *(structure)* Aufbau, *der;* Struktur, *die*

formative ['fɔːmətɪv] *adj.* a) formend, prägend ⟨*Einfluß*⟩; the ~ years of life die entscheidenden Lebensjahre; b) *(Ling.)* wortbildend; ~ element Wortbildungselement, *das;* Formativ, *das*

former ['fɔːmə(r)] *attrib. adj.* a) *(earlier)* früher; *(ex-)* ehemalig; Ex-; in ~ times früher; b) *(first-mentioned)* the ~: der/die/das ersteren; *pl.* die ersteren; in the ~ case im ersteren Fall

-former ['fɔːmə(r)] *n. in comb. (Brit. Sch.)* -kläßler, *der/*-kläßlerin, *die;* third-~: Drittkläßler, *der/*-kläßlerin, *die; see also* sixth-former

formerly ['fɔːməlɪ] *adv.* früher; Mrs Bloggs, ~ Miss Smith Frau Bloggs, früher Fräulein Smith

Formica, (P) [fɔː'maɪkə] *n.* ≈ Resopal, *das* ⓌⓇ; ~ surfaced with ~: kunststoffbeschichtet

formidable ['fɔːmɪdəbl] *adj.* gewaltig; ungeheuer; bedrohlich, gefährlich ⟨*Herausforderung, Gegner*⟩; *(arousing dread)* furchterregend; *(awe-inspiring)* formidabel; beeindruckend

formless ['fɔːmlɪs] *adj.* formlos; *(having no physical existence)* immateriell; körperlos

form: ~ **letter** *n.* vorgedruckter Brief; ~-**master** *n. (Brit. Sch.)* Klassenlehrer, *der;* ~-**mate** *n. (Brit. Sch.)* Klassenkamerad, *der/*-kameradin, *die;* Mitschüler, *der/*-schülerin, *die;* ~-**mistress** *n. (Brit. Sch.)* Klassenlehrerin, *die;* ~-**room** *n. (Brit. Sch.)* Klassenraum, *der*

formula ['fɔːmjʊlə] *n., pl.* ~s *(esp. as tech. term)* ~e ['fɔːmjʊliː] a) *(Math., Chem., Phys.)* Formel, *die;* b) *(fixed form of words)* Formel, *die;* trite ~s nichtssagende Floskeln; find a ~ *(to reconcile differences)* einen gemeinsamen Nenner finden; c) *(set form)* Schema, *das;* d) *(prescription, recipe)* Rezeptur, *die;* Formel, *die; (fig.)* Rezept, *das;* Formel, *die;* no sure ~ exists es gibt kein Patentrezept; e) *(Motor-racing)* Formel, *die;* f) *(Amer.: infant's food)* Säuglingsmilchpräparat, *das*

formulate ['fɔːmjʊleɪt] *v. t.* formulieren; *(devise)* entwickeln; ~ in words/writing in Worte fassen/schriftlich formulieren

formulation [fɔːmjʊ'leɪʃn] *n.* Formulierung, *die;* the ~ of a question eine Fragestellung

'**formwork** *n.* Schalung, *die*

fornicate ['fɔːnɪkeɪt] *v. i.* Unzucht treiben; huren *(abwertend)*
fornication [fɔːnɪ'keɪʃn] *n.* Unzucht, die; Hurerei, die *(abwertend)*
forsake [fə'seɪk] *v. t.,* **forsook** [fə'sʊk], *~n* [fə'seɪkn] **a)** *(give up)* entsagen *(geh.)* (+ *Dat.*); verzichten auf (+ *Akk.*); **b)** *(desert)* verlassen
forsaken [fə'seɪkn] *adj.* verlassen
forsook *see* **forsake**
forsooth [fə'suːθ] *adv. (arch./iron./derog.)* fürwahr *(geh.)*
forswear [fɔː'sweə(r)] *v. t.,* forms *as* **swear** abschwören (+ *Dat.*); *(deny)* ableugnen; abschwören *(veralt.)*
forswore, forsworn *see* **forswear**
forsythia [fɔː'saɪθɪə] *n. (Bot.)* Forsythie, die
fort [fɔːt] *n. (Mil.)* Fort, *das;* **hold the ~** *(fig.)* die Stellung halten *(fig.)*
¹forte ['fɔːteɪ, fɔːt] *n.* Stärke, *die;* starke Seite *(ugs.)*
²forte ['fɔːtɪ] *(Mus.)* **1.** *adj.* laut; forte *nicht attr.;* forte gespielt/gesungen; forte. **2.** *adv.* forte. **3.** *n.* Forte, *das*
fortepiano [fɔːtɪpɪ'ænəʊ] *n., pl. ~s (Mus.)* Fortepiano, *das*
forth [fɔːθ] *adv.* **a) and so ~:** und so weiter; **b) from this/that day** *etc.* **~:** von diesem/jenem Tag *usw.* an; von Stund an *(geh.); c) (literary)* stretch **~:** ausstrecken; give **~:** von sich geben; go **~:** hinausgehen; *(Befehl:)* ausgehen; *(emerge)* hervorgehen; ride **~:** losreiten; show **~:** zeigen
Forth Bridge [fɔːθ 'brɪdʒ] *n.* **it's like [painting] the ~** *(fig.)* es ist eine Arbeit, mit der man nie zum Ende kommt
forthcoming ['fɔːθkʌmɪŋ, fɔːθ'kʌmɪŋ] *adj.* **a)** *(approaching)* bevorstehend; *(about to appear)* in Kürze zu erwartend; in Kürze anlaufend ⟨*Film*⟩; in Kürze erscheinend ⟨*Ausgabe, Buch usw.*⟩; **be ~:** bevorstehend; *(about to appear)* in Kürze zu erwarten sein/anlaufen/erscheinen; **~ events** *(Journ.)* „Veranstaltungskalender"; **b)** *pred.* *(made available)* **be ~** ⟨*Geld, Antwort:*⟩ kommen ⟨*Ware:*⟩ geliefert werden; ⟨*Hilfe:*⟩ geleistet werden; **not be ~:** ausbleiben; **c)** *(responsive)* mitteilsam, gesprächig ⟨*Person*⟩; **she wasn't very ~ with hard facts** mit der Mitteilung von Tatsachen hielt sie sich ziemlich zurück
forthright ['fɔːθraɪt] *adj.* direkt; offen ⟨*Blick*⟩
forthwith [fɔːθ'wɪθ, fɔːθ'wɪð] *adv.* unverzüglich
fortieth ['fɔːtɪɪθ] **1.** *adj.* vierzigst...; *see also* **eighth 1. 2.** *n.* *(fraction)* Vierzigstel, *das; see also* **eighth 2**
fortification [fɔːtɪfɪ'keɪʃn] *n.* **a)** *no pl. (Mil.: fortifying)* Befestigung, die; **b)** *usu. in pl. (Mil.: defensive works)* Befestigung, *die;* Festungsanlage, *die;* **c)** *(of wine)* Aufspriten, *das*
fortify ['fɔːtɪfaɪ] *v. t.* **a)** *(Mil.)* befestigen; **b)** *(strengthen, lit. or fig.)* stärken; **c)** aufspriten ⟨*Wein*⟩ anreichern ⟨*Nahrungsmittel*⟩
fortissimo [fɔː'tɪsɪməʊ] *(Mus.)* **1.** *adj.* fortissimo *nicht attr.;* fortissimo gespielt/gesungen; Fortissimo-. **2.** *adv.* fortissimo. **3.** *n., pl. ~s or* **fortissimi** [fɔː'tɪsɪmiː] Fortissimo, *das*
fortitude ['fɔːtɪtjuːd] *n., no pl.* innere Stärke
fortnight ['fɔːtnaɪt] *n.* vierzehn Tage; zwei Wochen; **a ~ [from] today** heute in vierzehn Tagen; **a ~['s time]** in vierzehn Tagen; **stay/go away for a ~:** vierzehn Tage [lang] bleiben/[für] vierzehn Tage verreisen; **take a ~'s leave** [sich *(Dat.)*] vierzehn Tage Urlaub nehmen; **once a ~, every ~:** alle vierzehn Tage *od.* zwei Wochen
fortnightly ['fɔːtnaɪtlɪ] *adj.* vierzehntäglich; zweiwöchentlich; **~ magazine** *see* **3; at ~ intervals** in Abständen von zwei Wo-

chen; alle zwei Wochen. **2.** *adv.* alle vierzehn Tage; alle zwei Wochen. **3.** *n.* Halbmonatsschrift, *die*
fortress ['fɔːtrɪs] *n. (lit. or fig.)* Festung, *die*
fortuitous [fɔː'tjuːɪtəs] *adj.,* **fortuitously** [fɔː'tjuːɪtəslɪ] *adv.* zufällig
fortunate ['fɔːtʃʊnət, 'fɔːtʃənət] *adj.* glücklich; **it is ~ that ...** es ist jmds. Glück[, daß ...]; **sb. is ~ to be alive** jmd. kann von Glück sagen *od.* reden, daß er noch lebt; **it was very ~ that ...:** es war ein Glück, daß ...; **how ~!, this is ~!** welch ein Glück!
fortunately ['fɔːtʃʊnətlɪ, 'fɔːtʃənətlɪ] *adv.* **a)** *(luckily)* glücklicherweise; zum Glück; **~ for everybody/me** zum Glück [aller/zu meinem Glück]; **b)** *(favourably, advantageously)* gut ⟨dastehen, gestellt sein⟩
fortune ['fɔːtʃən, 'fɔːtʃuːn] *n.* **a)** *(private wealth)* Vermögen, *das;* **family/private ~:** Familien-/Privatvermögen, *das;* **make one's ~:** sein Glück machen; **come into a ~:** ein Vermögen erben; **his brains are his/her face is her ~** *(fig. joc.)* sein Verstand ist sein/ihr Gesicht ist ihr Kapital; **a [small] ~:** ein [kleines] Vermögen; **make a ~:** ein Vermögen machen. **b)** *(prosperous condition)* Glück, *das; (of country)* Wohl, *das;* **seek one's ~:** sein Glück suchen; **c)** *(luck, destiny)* Schicksal, *das;* **bad/good ~:** Pech/Glück, *das;* **it was a piece of good ~ that ...** es war Glück; **by sheer good ~ there was ...:** es war reines Glück, daß ... war; **he's had a change of ~:** das Blatt hat sich für ihn gewendet *(ugs.);* **thank one's good ~ that ...:** dem Glück dafür danken, daß ...; **F~** *(personified)* das Glück; Fortuna *(die); ~* **favours the brave** *(prov.)* das Glück ist auf der Seite der Mutigen; **~ smiles on sb.** das Glück lächelt *od.* lacht jmdm.; **tell sb.'s ~:** jmdm. sein Schicksal vorhersagen; **tell ~s** wahrsagen; *see also* **soldier 1; d)** *in pl. (ups and downs, good or bad luck befalling sb., sth.)* Schicksal, *das;* **the ~s of war** das Kriegsglück *(geh.);* **the changing ~s of the combatants** der wechselnde Erfolg der Kämpfer
fortune: ~ cookie *n. (Amer. Cookery)* Plätzchen mit einer eingebackenen Weissagung; **~-hunter** *n. (derog.)* Mitgiftjäger, *der (abwertend);* **~-teller** *n.* Wahrsager, *der/*Wahrsagerin, *die;* **~-telling** *n., no pl.* Wahrsagerei, *die*
forty ['fɔːtɪ] **1.** *adj.* vierzig; **have ~ winks** ein Nickerchen *(fam.)* machen *od.* halten; **one-and-~** *(arch.)* see **~-one 1;** *see also* **eight 1. 2.** *n.* **the roaring forties** *(Geog.)* stürmisches Ozeangebiet zwischen dem 40. und 50. Breitengrad; Roaring forties *Pl.;* **the Forties** *(Brit. Geog.)* Seegebiet zwischen der Nordostküste Schottlands und der Südwestküste Norwegens; **one-and-~** *(arch.) see* **~-one 2;** *see also* **eight 2 a; eighty 2**
forty-: ~'first *etc. adj.* einundvierzigst... *usw.; see also* **eighth 1;** **~-'five** *n. (record)* Single[platte], *die;* **~'fold** *adj., adv.* vierzigfach; *see also* **eightfold;** **~-'one** *etc.* **1.** *adj.* einundvierzig *usw., see also* **eight 1; 2.** *n.* Einundvierzig *usw.; see also* **eight 2 a**
forum ['fɔːrəm] *n. (also Roman Hist.)* Forum, *das;* **~ for discussion** [Diskussions]forum, *das;* **~ of public opinion** das Forum der Öffentlichkeit
forward ['fɔːwəd] **1.** *adv.* **a)** *(in direction faced, onwards in progress)* vorwärts; **bend ~:** sich vorbeugen; **take three steps ~:** drei Schritte vortreten; **~ march!** *(Mil.)* vorwärts marsch!; **b)** *(towards end of room etc. faced)* nach vorn; vor⟨laufen, -rücken, -schieben⟩; **work one's way ~:** sich nach vorn durcharbeiten; **the seat is too far ~:** der Sitz ist zu weit vorn; **c)** *(closer)* heran; **rush ~ to help sb.** jmdm. zu Hilfe eilen; **he came ~ to greet me** er kam auf mich zu, um mich zu begrüßen; **d)** *(ahead, in advance)* voraus-

⟨schicken, -gehen⟩; **e)** *(into better state)* **the country began to move ~:** mit dem Land ging es allmählich aufwärts; **f)** *(into future)* voraus⟨schauen, -denken⟩; **from that day/time ~:** von dem *od.* jenem Tag an/von da an; **from this day/time ~:** von heute/jetzt an; **date ~** *(Commerc.)* vordatieren; **g)** *(into prominence)* in den Vordergrund; **come ~** *(present oneself)* ⟨*Zeuge, Helfer:*⟩ sich melden; **h)** *(indicating motion) (Naut.)* nach vorn [zum Bug]; *(Aeronaut.)* nach vorn [in den Bug]; **i)** *(Naut., Aeronaut.: indicating position) (inside)* vorn [im Bug]; *(outside)* vorn [am Bug]; **j)** *(Cricket)* **play ~:** nach vorn treten, um zu schlagen. *See also* **backward 1 b; bring forward; carry forward; go forward; go forward with; look forward to; push forward; put forward; set forward. 2.** *adj.* **a)** *(directed ahead)* vorwärts gerichtet; nach vorn nachgestellt; **~ movement** Vorwärtsbewegung, *die;* **~ pass** *(Rugby)* Vorpaß, *der;* **~ somersault** Salto vorwärts; **b)** *(at or to the front)* Vorder-, vorder...; **c)** *(lying in one's line of motion)* vor einem nachgestellt; **the ~ horizon** der vor einem liegende Horizont; **d)** *(advanced)* frühreif ⟨*Kind, Pflanze, Getreide*⟩; fortschrittlich ⟨*Vorstellung, Ansicht, Maßnahme*⟩; [früh]zeitig, verfrüht ⟨*Frühling, Blüte*⟩; **be well ~ with one's work/in one's plans** mit seiner Arbeit/seinen Plänen gut vorangekommen *od.* weit gediehen sein; **e)** *(bold)* dreist; **f)** *(Commerc.)* Termin⟨geschäft, -verkauf⟩; Zukunfts⟨planung⟩; **g)** *(Naut.)* zum Vor[der]schiff gehörend. **3.** *n. (Sport)* Stürmer, *der*/Stürmerin, *die.* **4.** *v. t.* **a)** *(send on)* nachschicken ⟨*Brief, Paket, Post*⟩ (to an + *Akk.*); *(dispatch)* abschicken ⟨*Waren*⟩ (to an + *Akk.*); **'please ~', 'to be ~ed'** „bitte nachsenden"; **b)** *(pass on)* weiterreichen, weiterleiten ⟨*Vorschlag, Plan*⟩ (to an + *Akk.*); **c)** *(promote)* voranbringen ⟨*Karriere, Vorbereitung*⟩; **~ one's own interests** seine eigenen Interessen verfolgen; **d)** *(accelerate)* beschleunigen ⟨*Wachstum*⟩
forwarding ['fɔːwədɪŋ]: **~ address** *n.* Nachsendeanschrift, *die;* **~ agent** *n.* Spediteur, *der;* **~ instructions** *n. pl.* Anweisung über die Nachsendung/*(for dispatch)* den Versand
forward: ~ line *n. (Sport)* Sturm, *der;* **~-looking** *adj.* vorausschauend
forwardly ['fɔːwədlɪ] *adv.* dreist
forwardness ['fɔːwədnɪs] *n., no pl.* **a)** *(boldness)* Dreistigkeit, *die;* **b)** *(advanced state) (of child, crop)* Frühreife, *die; (of season)* verfrühter *od.* frühzeitiger Beginn
forwards ['fɔːwədz] *see* **forward 1 a, b, c**
forwent *see* **forgo**
fossil ['fɒsɪl] **1.** *n.* **a)** *(Paläont.)* Fossil, *das;* **b)** *(fig. derog.)* *(antiquated person)* Fossil, *das; (antiquated thing)* verstaubtes Relikt; **c)** *(Ling.)* [linguistic] **~** Sprachrelikt, *das.* **2.** *attrib. adj.* fossil *(Paläont.);* **~ fuel** fossiler Brennstoff
fossilisation, fossilise *see* **fossilization, fossilize**
fossilization [fɒsɪlaɪ'zeɪʃn] *n.* Fossilisation, *die (Paläont.)*
fossilize ['fɒsɪlaɪz] **1.** *v. t.* fossilisieren lassen *(Paläont.);* versteinern lassen *(auch fig.);* **become ~d** *see* **2; ~d** fossil *(Paläont.); (fig.)* antiquiert; verstaubt *(abwertend);* **~d remains** Fossilien *Pl.* **2.** *v. i.* fossilisieren *(Paläont.);* versteinern *(auch fig.)*
foster ['fɒstə(r)] **1.** *v. t.* **a)** *(encourage)* fördern; pflegen ⟨*Freundschaft*⟩; *(harbour)* hegen ⟨*Kind*⟩; **b)** *(rear as ~child)* in Pflege haben ⟨*Kind*⟩; **the child was ~ed from the age of two** das Kind war seit seinem dritten Lebensjahr in Pflege *od.* bei Pflegeeltern. **2.** *adj.* **~:** Pflege⟨bruder, -eltern, -sohn *usw.*⟩; **~ home** Pflegestelle, *die;* **put a child into ~ care** ein Kind in Pflege geben; **be in ~ care** in Pflege sein
'foster-child *n.* Pflegekind, *das*

foster-mother *n.* **a)** Pflegemutter, *die;* **b)** *(Brit.: for chickens)* künstliche Glucke
fought *see* **fight 1, 2**
foul [faʊl] **1.** *adj.* **a)** *(offensive to the senses, loathsome)* abscheulich; übel ⟨Geruch, Geschmack⟩; **b)** *(polluted)* verschmutzt ⟨Wasser, Luft⟩; *(putrid)* faulig ⟨Wasser⟩; stickig ⟨Luft⟩; **c)** *(sl.: awful)* scheußlich ⟨ugs.⟩; mies ⟨ugs. abwertend⟩; **d)** *(morally vile)* anstößig, unanständig ⟨Sprache, Gerede⟩; **e)** *(Maul, Mundwerk)*; schmutzig ⟨Phantasie, Gedanke, Gewerbe⟩; niederträchtig ⟨Verleumdung, Tat⟩; feige, abscheulich ⟨Mord⟩; böse, (geh.) übel ⟨Streich⟩; *(Behandlung)*; **~ deed** Schandtat, *die;* **e)** *(unfair)* unerlaubt, unredlich ⟨Mittel⟩; *(Sport)* regelwidrig, verboten ⟨Schlag, Hieb⟩; **~ play** *(Sport)* Foulspiel, *das; (fig.: unfair dealing)* Betrug, *der;* **the police do not suspect ~ play** die Polizei vermutet kein Verbrechen; **there was a lot of ~ play** *(Sport)* es ging recht unfair zu; *see also* ²**fair 1 a; f) fall** *or* **run ~ of** *(Naut.)* zusammenstoßen *od.* kollidieren mit; *(fig.)* kollidieren *od.* in Konflikt geraten mit ⟨Vorschrift, Gesetz, Polizei⟩; aneinanderraten mit ⟨Person⟩; **g)** *(Naut.: entangled)* unklar; **h)** *(clogged up)* verstopft. **2.** *n.* *(Sport)* Foul, *das;* Regelverstoß, *der;* **commit a ~:** foulen; ein Foul *od.* einen Regelverstoß begehen. **3.** *v. t.* **a)** *(make foul)* beschmutzen *(auch fig.)*; verunreinigen *(abwertend)*; verpesten ⟨Luft⟩; *see also* **nest 1 a; b)** *(be entangled with)* sich verfangen in (+ *Dat.*); **c)** *see* **~ up b; d)** *(Sport)* foulen
~ up *v. t.* **a)** *(coll.: spoil)* vermasseln *(salopp)*; verderben ⟨Atmosphäre, Beziehung⟩; **b)** *(block)* blockieren. *See also* **foul-up**
foully ['faʊlɪ] *adv. (wickedly)* skrupellos ⟨ermorden, verurteilen⟩; schlecht ⟨behandeln⟩; böswillig ⟨verleumden⟩
foul-mouthed ['faʊlmaʊðd] *adj.* unanständig; unflätig
foulness ['faʊlnɪs] *n., no pl.* **a)** Abscheulichkeit, *die;* **b)** *(state of being polluted)* Verschmutzung, *die; (putridness)* Fauligkeit, *die*
foul: ~-smelling *adj.* übelriechend; **~-up** *n.* Durcheinander, *das;* Schlamassel, *der (ugs.)*
¹**found** [faʊnd] *v. t.* **a)** *(establish)* gründen; begründen ⟨Wissenschaft, Religion, Glauben, Kirche⟩; **F~ing Fathers** Mitglieder der verfassunggebenden Versammlung der USA von 1787; Gründerväter, *pl. (s.: base)* begründen; **~ sth. [up]on sth.** etw. auf etw. *(Akk.)* gründen; **be ~ed [up]on sth.** [sich] auf etw. *(Akk.)* gründen; auf etw. *(Dat.)* beruhen; *see also* **ill-founded; well-founded**
²**found** *see* **find 1, 2**
³**found** *v. t. (Metallurgy)* gießen; *(Glass-making)* gießen; *(melt)* schmelzen
foundation [faʊn'deɪʃn] *n.* **a)** *(establishing)* Gründung, *die; (of hospital, monastery)* Stiftung, *die; (of school of painting, of religion)* Begründung, *die;* **b)** *(institution)* Stiftung, *die;* **be on the ~** *(Brit.)* ein Stipendium erhalten; **c)** *usu. in pl.* **~[s]** *(underlying part, lit. or fig.) (of building)* Fundament, *das; (of road)* Unterbau, *der;* **lay the ~s** das Fundament legen; *(for road)* den Unterbau legen; **be without** *or* **have no ~** *(fig.)* unbegründet sein; der Grundlage entbehren; **lay the ~ of/for sth.** *(fig.)* das Fundament *od.* die Grundlage zu etw. legen; **shake sth. to its ~s** *(fig.)* etw. in seinen Grundfesten erschüttern; **d)** *(cosmetic)* Grundierung, *die;* **e)** *see* **foundation garment**
foundation: ~ course *n. (Univ. etc.)* Grundkurs, *der;* **~ cream** *n.* Grundierungscreme, *die;* **~ garment** *n.* Mieder, *das;* **~-stone** *n. (lit. or fig.)* Grundstein, *der*
¹**founder** ['faʊndə(r)] *n.* Gründer, *der/*Gründerin, *die; (of hospital, or with an endowment)* Stifter, *der/*Stifterin, *die; (of sect, science, school, religion)* Begründer, *der/*Begründerin, *die;* **~ member** Gründungsmitglied, *das*
²**founder** *v. i.* **a)** ⟨Schiff:⟩ sinken, untergehen; ⟨Pferd:⟩ straucheln, stürzen; ⟨Erdboden, Gebäude:⟩ einstürzen; **b)** *(fig.: fail)* sich zerschlagen
foundling ['faʊndlɪŋ] *n.* Findelkind, *das;* Findling, *der*
foundry ['faʊndrɪ] *n. (Metallurgy)* Gießerei, *die; (Glass-making)* Glashütte, *die*
¹**fount** [faʊnt, font] *n. (Printing)* Schrift, *die*
²**fount** [faʊnt] *n. (poet./rhet.: fountain)* Born, *der (dichter., auch fig. geh.)*
fountain ['faʊntɪn] *n.* **a)** *see* **drinking fountain; b)** *(jet[s] of water)* Fontäne, *die; (structure)* Springbrunnen, *der;* **c)** *(fig.: source)* Quelle, *die;* **~ of youth** Jungbrunnen, *der.* *See also* **soda-fountain**
fountain: ~-head *n.* Quelle, *die;* **~-pen** *n.* Füllfederhalter, *der;* Füller, *der (ugs.)*
four [fɔː(r)] **1.** *adj. see also* **eight 1. 2.** *n.* **a)** *(number, symbol)* Vier, *die;* **b)** *(set of people)* Viergruppe, *die; (Rowing)* Vierer, *der;* **die vier; make up a ~ at tennis/bridge** im Doppel Tennis spielen/der vierte Mitspieler beim Bridge sein; **c) on all ~s** auf allen vieren *(ugs.);* **be/crawl/move on all ~s** auf allen vieren kriechen *(ugs.);* **get down on all ~s** sich auf alle viere begeben *(ugs.). See also* **eight 2 a, c, d**
four: ~-ball *n. (Golf)* Vierball, *der;* **~-door** *attrib. adj.* viertürig ⟨Auto⟩; **~-fold** ['fɔːfəʊld] *adj./adv.* vierfach; *see also* **eight-fold; ~-footed** *adj.* vierfüßig; **~-handed** [fɔːˈhændɪd] *adj.* **a)** *(Spiel)* mit vier Mitspielern; **b)** *(Mus.)* zu vier Händen nachgestellt; vierhändig; **~-in-hand** *adj.* vierspännig; **~-in-hand tie** *(Amer.)* Schlips, *der;* Krawatte, *die;* **~-leaf clover, ~-leaved clover** *n.* vierblättriges Kleeblatt; **~-legged** [fɔːˈlegd, fɔːˈlegɪd] *adj.* vierbeinig; **~-letter 'word** *n.* vulgärer Ausdruck; *(expressing anger)* ≈ Kraftausdruck, *der;* **~-pence** [fɔːpəns] *n. (Brit.)* vier Pence; **~-penny** ['fɔːpənɪ] *adj. (Brit.: costing 4p or 4d)* Vier-Pence-; **~-poster** *n.* Himmelbett, *das;* **~-score** *adj. (arch.)* achtzig; **~-some** ['fɔːsəm] *n.* **a)** Quartett, *das;* **go in** *or* **as a ~some** zu viert gehen; **b)** *(Golf)* Vierer, *der;* **~-square** *adj.* **a)** *(square)* quadratisch; **b)** *(fig.: resolute)* unerschütterlich; tatkräftig ⟨Unterstützung⟩; *(forthright)* direkt ⟨Inangriffnahme⟩; unverblümt ⟨Schilderung⟩; **~-stroke** *adj. (Mech. Engin.)* Viertakt⟨motor, -verfahren⟩
fourteen [fɔːˈtiːn] **1.** *adj.* vierzehn; *see also* **eight 1. 2.** *n.* Vierzehn, *die; see also* **eight 2 a, d; eighteen 2**
fourteenth [fɔːˈtiːnθ] **1.** *adj.* vierzehnt...; *see also* **eighth 1. 2.** *n. (fraction)* Vierzehntel, *das; see also* **eighth 2**
fourth [fɔːθ] **1.** *adj.* **a)** viert...; **the ~ finger** der kleine Finger; *see also* **eighth 1; b) ~ dimension** vierte Dimension; *see also* **estate f. 2.** *n.* **a)** *(in sequence)* vierte, *der/die/das; (in rank)* Vierte, *der/die/das; (fraction)* Viertel, *das,* **b)** *(~ form)* vierte [Schul]klasse; Vierte, *die (Schuljargon);* **c)** *(Motor Veh.)* vierter Gang; **in ~:** im vierten [Gang]; **change up [in]to ~:** in den vierten Gang schalten; **d)** *(Mus.)* Quarte, *die;* **e)** *(person)* vierter Teilnehmer/vierte Teilnehmerin; *(in a game)* vierter Mitspieler/vierte Mitspielerin; **make a ~:** als vierter/vierte mitmachen; **f)** *(day)* **the ~ of May** der vierte Mai; **the ~ [of the month]** der Vierte [des Monats]; **F~ of July** *(Amer.)* Unabhängigkeitstag der USA; **F~ of June** *(Brit.)* jährliche Feier in Eton. *See also* **eighth 2**
fourth: ~ form *see* **form 1 d; ~ 'gear** *n., no pl. (Motor Veh.)* vierter Gang; *see also* **gear 1 d**
fourthly ['fɔːθlɪ] *adv.* viertens

four-wheel 'drive *n. (Motor Veh.)* Vierod. Allradantrieb, *der*
fowl [faʊl] **1.** *n.* **~s** *or same* **a)** Haushuhn, *das; (collectively)* Geflügel, *das;* **b)** *(Gastr.)* Huhn, *das;* **boiling ~:** Suppenhuhn, *das;* **c)** *(literary: bird)* Vogel, *der; see also* **waterfowl; wildfowl. 2.** *v. i.* **go ~ing** auf die Vogeljagd gehen
fowler ['faʊlə(r)] *n.* Vogeljäger, *der*
fox [foks] **1.** *n., pl.* **~es** *or (esp. Hunting) same;* **a)** Fuchs, *der (auch fig. ugs.);* **as cunning as a ~:** schlau wie ein Fuchs; **b)** *(fur)* Fuchs[pelz], *der.* **2.** *v. t.* verwirren; **that's got you ~ed** *or* **that's ~ed you, hasn't it?** jetzt bist du verblüfft, was?
fox: ~ cub *n.* Fuchswelpe, *der;* **~ fur** *n.* Fuchspelz, *der;* **~ glove** *n. (Bot.)* Fingerhut, *der;* **~-hole** *n.* **a)** Fuchsbau, *der;* **b)** *(Mil.)* Schützenloch, *das; (fig.)* Versteck, *das;* **~-hound** *n.* Foxhound, *der; see also* **hunt 1. ~-hunt** *n.* Fuchsjagd, *die;* **2.** *v. i.* **go ~-hunting** auf die Fuchsjagd gehen; **~-hunter** *n.* Fuchsjäger, *der;* **~-hunting** *n.* Fuchsjagd, *die;* **~-tail** *n.* **a)** Fuchsschwanz, *der;* **b)** *(Bot.) (Alopecurus)* Fuchsschwanz, *der; (Hordeum)* Gerste, *die; (Setaria)* Borstenhirse, *die;* **~-'terrier** *n.* Foxterrier, *der;* **~-trot 1.** *n.* Foxtrott, *der;* **2.** *v. i.* Foxtrott tanzen
foxy ['foksɪ] *adj.* **a)** [fuchs]schlau ⟨Augen, Manöver⟩; **b)** *(Amer. sl.: attractive)* dufte *(salopp)*
'foxy-looking *adj.* fuchsgesichtig
foyer ['fɔɪeɪ, 'fwajeɪ] *n.* Foyer, *das*
Fr. *abbr.* **a)** *(Eccl.)* Father P.; **b) French** frz.; fr.; franz.
fr. *abbr.* **franc[s]** fr
fracas ['fræka:] *n., pl. same* ['fræka:z] *[lautstarke]* Auseinandersetzung; Krawall, *der*
fractal ['fræktəl] *adj. (Math.)* fraktal
fraction ['frækʃn] *n.* **a)** *(Math.)* Bruch, *der;* **do ~s** bruchrechnen; *see also* **decimal fraction; improper f.; proper fraction; vulgar f;* **b)** *(small part)* Bruchteil, *der; (tiny bit)* Kleinigkeit, *die (ugs.);* Idee, *die;* **the car missed the pedestrian by a ~ of an inch** das Auto hätte den Fußgänger um Haaresbreite überfahren; **c)** *(Chem.)* Fraktion, *die*
fractional ['frækʃnəl] *adj.* **a)** *(Math.)* Bruch⟨zahl, -rechnen⟩; *(fig.: very slight)* geringfügig; **~ part** Bruchteil, *der;* **b)** *(Chem.)* **~ crystallization/distillation** fraktionierte Kristallisation/Destillation
fractionally ['frækʃənəlɪ] *adv. (fig.: very slightly)* geringfügig
fractious ['frækʃəs] *adj. (unruly)* aufsässig; ungebärdig *(geh.);* störrisch ⟨Pferd⟩; *(peevish)* quengelig ⟨Kind⟩
fracture ['fræktʃə(r)] **1.** *n. (also Med., Min.)* Bruch, *der;* **nose ~:** Nasenbeinbruch, *der.* **2.** *v. t.* brechen; *(break up)* aufspalten; **~ one's jaw etc.** sich *(Dat.)* den Kiefer *usw.* brechen; **~ one's skull** sich *(Dat.)* einen Schädelbruch zuziehen; **have a ~d jaw etc.** sich *(Dat.)* den Kiefer *usw.* gebrochen haben. **3.** *v. i. (Med.)* brechen
fragile ['frædʒaɪl] *adj.* zerbrechlich; zart ⟨Teint, Hand⟩; '**~ – handle with care**' „Vorsicht, zerbrechlich!"; **feel ~** *(coll.: ill, esp. because of hangover)* sich ganz elend fühlen; **b)** *(fig.)* fadenscheinig ⟨Entschuldigung, Grund⟩; heikel ⟨Situation⟩; unsicher ⟨Frieden⟩; zart ⟨Glück, Gesundheit, Konstitution⟩; gebrechlich ⟨alte Frau⟩; schwach ⟨Selbstvertrauen⟩
fragility [frə'dʒɪlɪtɪ] *n., no pl.* Zerbrechlichkeit, *die; (of health, constitution, frame, beauty)* Zartheit, *die; (fig. of peace, situation)* Unsicherheit, *die*
fragment 1. ['frægmənt] *n.* Bruchstück, *das; (of conversation)* Fetzen, *der; (of china)* Scherbe, *die; (of rock)* Brocken, *der; (Lit., Mus.)* Fragment, *das;* Bruchstück, *das;* **it was in ~s** es war zerbrochen. **2.** [fræg'ment] *v. t. & i.* zersplittern

293

fragmentary ['frægməntəri] *adj.* bruchstückhaft; fragmentarisch
fragmentation [frægmən'teɪʃn] *n.* Zersplitterung, *die*
fragmen'tation bomb *n.* (Mil.) Splitterbombe, *die*
fragmented [fræg'mentɪd] *adj.* bruchstückhaft
fragrance ['freɪgrəns] *n.* Duft, *der*
fragrant ['freɪgrənt] *adj.* duftend; *(fig.)* angenehm ⟨Erinnerung, Gefühl⟩; ~ **odour** *or* **smell** *or* **aroma** Wohlgeruch, *der;* **be ~ with sth.** nach etw. duften
frail [freɪl] *adj.* zerbrechlich; zart ⟨Gesundheit⟩; gebrechlich ⟨Greis, Greisin⟩; *(lacking force)* schwach ⟨Stimme⟩; *(morally weak)* schwach, labil ⟨Mensch, Natur, Charakter⟩; *(transient)* vergänglich ⟨Leben, Glück⟩; *(slender)* schwach ⟨Hoffnung⟩; gering ⟨Verständnis⟩
frailty ['freɪlti] *n.* **a)** *no pl.* Zerbrechlichkeit, *die; (of health)* Zartheit, *die; (moral weakness)* Schwachheit, *die; (transience)* Vergänglichkeit, *die;* **b)** *esp. in pl. (fault)* Schwäche, *die*
frame [freɪm] **1.** *n.* **a)** *(of vehicle, bicycle)* Rahmen, *der; (of easel, rucksack, bed, umbrella)* Gestell, *das; (of ship, aircraft)* Gerüst, *das; (of building)* Tragwerk, *das* (Bauw.); **timber ~:** Fachwerk, *das;* Gebälk, *das; see also* **climbing-frame; b)** *(border)* Rahmen, *der;* **[spectacle] ~s** [Brillen]gestell, *das;* **c)** *(fig.: ordered system)* Struktur, *die;* ~ **of government/society** Regierungs-/ Gesellschaftsform, *die;* ~ **of reference** *(Phys., Sociol.)* Bezugssystem, *das;* **d)** *(of person, animal)* Körper, *der;* **a man of gigantic ~:** ein Mann von hünenhafter Gestalt; **e)** *(Photog., Cinemat.)* [Einzel]bild, *das; (Telev.)* [einzelnes Fernseh]bild; **f)** *(of comic strip)* [Einzel]bild, *das;* **g)** *(Hort.)* Frühbeet, *das;* **h)** *(Snooker) (triangle)* [dreieckiger] Rahmen; *(round of play)* Spiel, *das;* [Spiel]runde, *die. See also* **mind 1 e. 2.** *v. t.* **a)** rahmen ⟨Bild, Spiegel⟩; umrahmen ⟨Text usw. mit Verzierungen⟩; **a face ~d in curls** ein von Locken umrahmtes Gesicht; **b)** *(compose)* formulieren ⟨Frage, Antwort, Satz⟩; aufbauen ⟨Rede, Aufsatz⟩; entwerfen ⟨Gesetz, Politik, Plan⟩; ausarbeiten ⟨Plan, Methode, Denksystem⟩; aufstellen ⟨Regel, Theorie⟩; *(shape)* konstruieren ⟨Bau[werk]⟩; gestalten ⟨[Um]welt, Leben⟩; ~ **one's words** sich ausdrücken; **her lips ~d a curse** ihre Lippen formten einen Fluch; **c)** *(sl.: incriminate unjustly)* ~ sb. jmdm. etwas anhängen *(ugs.)*
~ 'up *v. t. (Amer. sl.)* manipulieren; türken *(ugs.); see also* **frame-up**
'**frame house** *n.* Haus mit Holzgerüst
framer ['freɪmə(r)] *n.* Rahmenschreiner, *der;* **picture-~:** Bildereinrahmer, *der*
frame: ~**up** *n. (coll.)* abgekartetes Spiel *(ugs.);* ~**work** *n. (of ship etc.)* Gerüst, *das; (of building)* Fachwerk, *das;* Gebälk, *das; (fig. of project)* Gerüst, *das; (of novel)* Rahmen, *der;* Gliederung, *die; (of society, government, system)* [Grund]struktur, *die;* Grundlagen *Pl.;* **[with]in the ~work of** *(as part of)* im Rahmen (+ *Gen.); (in relation to)* im Zusammenhang mit; **outside the ~work of** *(not as part of)* außerhalb (+ *Gen.*)
framing ['freɪmɪŋ] *n. (Building)* Fachwerk, *das*
franc [fræŋk] *n. (Swiss)* Franken, *der; (French, Belgian, Luxemburg)* Franc, *der*
France [frɑːns] *pr. n.* Frankreich *(das)*
franchise ['fræntʃaɪz] **1.** *n.* **a)** Stimmrecht, *das; (esp. for Parliament)* Wahlrecht, *das;* **b)** *(Commerc.)* Lizenz, *die.* **2.** *v. t. (Commerc.)* [die] Lizenz erteilen (+ *Dat.*)
Francis ['frɑːnsɪs] *pr. n. (Hist., as name of ruler etc.)* Franz (*der*); **St ~:** der hl. Franziskus

Franciscan [fræn'sɪskn] **1.** *n.* Franziskaner, *der*/Franziskanerin, *die.* **2.** *adj.* franziskanisch/Franziskaner⟨*mönch, -kloster*⟩
Franco- ['fræŋkəʊ] *in comb.* französisch-; franko⟨*kanadisch*⟩; Franko⟨*kanadier*⟩; **~-German** deutsch-französisch; **~-Prussian War** der Deutsch-Französische Krieg
Franconia [fræŋ'kəʊnɪə] *pr. n.* Franken, *das*
Franconian [fræŋ'kəʊnɪən] **1.** *adj.* fränkisch. **2.** *n. (person)* Franke, *der*/Fränkin, *die; (dialect)* Fränkisch, *das*
francophone ['fræŋkəfəʊn] **1.** *adj.* frankophon. **2.** *n.* Frankophone, *der/die*
franglais ['frɒŋgleɪ] *n.* von englischen Ausdrücken durchsetztes Französisch; Franglais, *das*
Frank [fræŋk] *n. (Hist.)* Franke, *der*/Fränkin, *die*
¹**frank** *adj.* **a)** *(candid)* offen ⟨Bekenntnis, Aussprache, Blick, Gesicht, Mensch⟩; freimütig ⟨Geständnis, Äußerung⟩; *(undisguised)* offen ⟨Abneigung, Widerwille⟩; unverhohlen ⟨Bewunderung, Neugier, Verlangen⟩; *(uninhibited)* unbefangen; **give me your ~ opinion** sagen Sie mir offen Ihre Meinung; **be ~ with sb.** zu jmdm. offen sein; **to be [quite] ~** *(as sentence-modifier)* offen gesagt; **~ and open** offen und ehrlich ⟨Gesicht⟩; frei und ungezwungen ⟨Benehmen⟩; **b)** *(Med.)* eindeutig; manifest *(fachspr.)*
²**frank 1.** *v. t. (Post)* **a)** *(in lieu of postage stamp)* freistempeln; **b)** *(put postage stamp on)* frankieren. **2.** *n.* Vermerk über Gebührenfreiheit
³**frank** *n. (Amer. coll.: frankfurter)* Frankfurter [Würstchen]
Frankenstein ['fræŋkɪnstaɪn] ~['s '**monster**] *n. seinen Schöpfer vernichtendes Ungeheuer;* ≈ Monster, *das*
frankfurter ['fræŋkfɜːtə(r)] *(Amer.* **frankfurt** ['fræŋkfɜːt]) *n.* Frankfurter [Würstchen]
frankincense ['fræŋkɪnsens] *n.* Weihrauch, *der; (turpentine)* Terpentin, *das*
franking-machine ['fræŋkɪŋməʃiːn] *n. (Brit. Post)* Frankiermaschine, *die;* Freistempler, *der*
Frankish ['fræŋkɪʃ] *adj. (Hist.)* fränkisch
frankly ['fræŋklɪ] *adv. (candidly)* offen; frank und frei; *(honestly)* offen od. ehrlich gesagt; *(openly, undisguisedly)* unverhohlen ⟨kritisch, materialistisch usw.⟩; *(uninhibitedly)* unbefangen
frankness ['fræŋknɪs] *n., no pl.* Offenheit, *die;* Freimütigkeit, *die; (uninhibitedness)* Unbefangenheit, *die*
frantic ['fræntɪk] *adj.* **a)** *(nearly mad)* **be ~ with fear/rage** *etc.* außer sich *(Dat.)* sein vor Angst/Wut usw.; **drive sb. ~:** jmdn. in den Wahnsinn treiben *od.* wahnsinnig machen; **she was getting ~:** sie war am Durchdrehen *(ugs.);* sie geriet außer sich; **b)** *(very anxious, noisy, uncontrolled)* hektisch ⟨Aktivität, Suche, Getriebe⟩; heftig ⟨Protest⟩; rasend, stürmisch, (geh.) frenetisch ⟨Beifall⟩; **c)** *(showing that sb. is ~)* erregt ⟨Schrei, Wort, Gebärde⟩
frantically ['fræntɪkəlɪ], **franticly** ['fræntɪklɪ] *adv.* verzweifelt ⟨schreien, suchen, protestieren⟩; stürmisch, (geh.) frenetisch ⟨applaudieren⟩; wie angestochen, wie wild *(ugs.)* ⟨herumrennen⟩; **the shops are ~ busy** in den Läden herrscht hektische Betriebsamkeit
frappé [fræpeɪ] *adj.* geeist
fraternal [frə'tɜːnl] *adj.* brüderlich; **~ twins** zweieiige Zwillinge
fraternisation, fraternise *see* **fraternization, fraternize**
fraternity [frə'tɜːnɪtɪ] *n.* **a)** *(set of men with common interest)* Vereinigung, *die;* (*guild*) Gilde, *die* (hist.); Zunft, *die* (hist.); **the teaching/medical/legal ~:** die Lehrer-/Ärzte-/Juristen, *Pl.;* **b)** *(Relig.)* Bruderschaft, *die;* Fraternität, *die (kath. Kirche);* **c)** *(Amer. Univ.: society)* [studentische] Verbindung; **d)** *no pl. (brotherliness)* Brüderlichkeit, *die*
fraternization [frætənaɪ'zeɪʃn] *n.* Verbrüderung, *die;* ~ **[with sb.]** *(Mil.)* Fraternisierung [mit jmdm.]
fraternize ['frætənaɪz] *v. i.* ~ **[with sb.]** sich verbrüdern [mit jmdm.]; *(Mil.)* fraternisieren [mit jmdm.]
Frau [fraʊ] *n.* Deutsche, *die;* deutsche Frau
fraud [frɔːd] *n.* **a)** *no pl. (cheating, deceit)* Betrug, *der;* Täuschung, *die;* [arglistige] Täuschung; **b)** *(trick, false thing)* Schwindel, *der; (Law)* Betrug, *der;* **~s** Betrügereien, *Pl.;* **pious ~:** frommer Betrug; **c)** *(person) (impostor, sham)* Betrüger, *der*/Betrügerin, *die;* Schwindler, *der*/Schwindlerin, *die; (hypocrite)* Heuchler, *der*/Heuchlerin, *die;* **you [old] ~!** *(coll.)* du alter Schlawiner! *(ugs.)*
fraudulent ['frɔːdjʊlənt] *adj.* betrügerisch; **with ~ intent** in betrügerischer Absicht; **~ name** falscher Name
fraudulently ['frɔːdjʊləntlɪ] *adv.* in betrügerischer Weise
fraught [frɔːt] *adj.* **a)** **be ~ with danger** voller Gefahren *od.* sehr gefahrvoll sein; **~ with tension** spannungsgeladen; **~ with meaning/memories** bedeutungsschwer/mit Erinnerungen befrachtet; **~ with obstacles/difficulties** voller Hindernisse/Schwierigkeiten; **silence ~ with menace** bedrohliche Stille; **b)** *(coll.: distressingly tense)* stressig *(ugs.)* ⟨Atmosphäre, Situation, Diskussion⟩; gestreßt *(ugs.)* ⟨Person⟩
Fräulein ['frɔɪlaɪn] *n.* [junge] Deutsche; deutsche [junge] Frau
¹**fray** [freɪ] *n. (fight)* [Kampf]getümmel, *das; (noisy quarrel)* Streit, *der;* **in the thick of the ~:** mitten im dicksten Getümmel; **plunge into the ~:** sich ins [Kampf]getümmel stürzen; **in the heat of the ~** *(fig.)* in der Hitze des Gefechts *(fig.);* **be eager/ready for the ~** *(lit. od. fig.)* kampflustig/kampfbereit sein; **enter** *or* **join the ~** *(lit. od. fig.)* sich in den Kampf *od.* ins Getümmel stürzen
²**fray 1.** *v. t.* [sich] durchscheuern; ⟨Hosenbein, Teppich, Seilende⟩ ausfransen; **our nerves/tempers began to ~** *(fig.)* wir verloren langsam die Nerven/unsere Gemüter erhitzten sich. **2.** *v. i.* durchscheuern; ausfransen ⟨Hosenbein, Teppich, Seilende⟩; *(fig.)* belasten; strapazieren
frayed [freɪd] *adj.* durchgescheuert; ausgefranst ⟨Hosenbein, Teppich, Seilende⟩; *(fig.)* strapaziert ⟨Nerven, Geduld⟩; erregt, erhitzt ⟨Gemüt⟩; **his politeness was by now somewhat ~:** die Höflichkeit war inzwischen etwas verkrampft
frazzle ['fræzl] *n. (coll.)* **to a ~:** völlig; total *(ugs.);* **my nerves were worn to a ~:** ich war mit den Nerven völlig am Ende
freak [friːk] **1.** *n.* **a)** *(monstrosity) (person, animal)* Mißgeburt, *die; (plant)* mißgebildete Pflanze; Mutation, *die;* ~ **of nature** Laune der Natur; **b)** *(freakish thing or occurrence)* Laune, *der; (attrib.)* ungewöhnlich ⟨Wetter, Ereignis⟩; völlig überraschend ⟨Sieg, Ergebnis⟩; **c)** *(sl.: fanatic)* Freak, *der;* **health ~:** Gesundheitsfanatiker, *der;* **health-food ~:** Reformköstler, *der (ugs.);* Körnerfresser, *der (salopp);* **d)** *(coll.: eccentric person)* Freak, *der;* Ausgeflippte, *der/die (salopp); (derog.)* komischer Vogel *(ugs.);* **e)** *(caprice)* Laune, *die.* **2.** *v. i.* **~ [out]** *(sl.) (with fury)* die Nerven verlieren; durchdrehen *(ugs.); (with ecstasy)* vor Freude [ganz] außer sich *(Dat.)* sein
freakish ['friːkɪʃ] *adj. (capricious)* launisch; verrückt *(ugs.); (abnormal)* absonderlich; **~ trick of fortune** Laune des Schicksals
freaky ['friːkɪ] *adj.* **a)** *see* **freakish; b)** *(sl.: bizarre)* irre *(salopp);* verrückt *(ugs.)*

freckle ['frekl] n. Sommersprosse, die **freckled** ['frekld], **freckle-faced** ['freklfeɪst], **freckly** ['freklɪ] adjs. sommersprossig

Frederick ['fredrɪk] pr. n. (Hist., as name of ruler etc.) Friedrich

free [fri:] 1. adj., **freer** ['fri:ə(r)], **freest** ['fri:ɪst] a) frei; get ~: freikommen; sich befreien; **her heart is** ~ (fig.) ihr Herz ist noch frei; **go** ~ (escape unpunished) straffrei ausgehen; **let sb. go** ~ (leave captivity) jmdn. freilassen; (unpunished) jmdn. freisprechen; **set** ~: freilassen; (fig.) erlösen; **as** ~ **as air** or **a bird** or **the wind** frei wie ein Vogel; b) (Polit.) frei; **it's a** ~ **country** (coll.) wir leben in einem freien Land; c) (unrestricted, unconstrained, unrepressed) frei; (untrammelled) frei; ungebunden; (frank, open) offen; freimütig; (improper) freizügig; (forward, familiar) ungezwungen; ~ **of sth.** (outside) außerhalb etw.; (without) frei von etw.; ~ **of prejudice/imperfections** vorurteils-/fehlerfrei; ~ **of debts/tax/charge/cost** schulden-/steuer-/gebührenfrei/kostenlos; **be glad to be** ~ **of sth./sb.** froh sein, etw./jmdn. los zu sein; ~ **and easy** ungezwungen; locker (ugs.); **give sb. a** ~ **rein to do sth.** jmdm. freie Hand lassen, etw. zu tun; **give** ~ **rein to sth.** einer Sache (Dat.) freien Lauf lassen; **make** ~ **with sth.** mit etw. sehr großzügig umgehen; (help oneself) etw. ungeniert benutzen; **make [rather too]** ~ **with sb.** sich (Dat.) jmdm. gegenüber etwas [zuviel] herausnehmen; **be** ~ **with one's hands** (hitting) eine lockere Hand haben; (stroking) sich (Dat.) Freiheiten herausnehmen; d) (Commerc., Econ.) frei (Wirtschaft, Wettbewerb); e) (not fixed, untied) frei; lose; **work** ~: (Teil.) sich lösen; **she wrenched herself** ~ **from his arms** sie entwand sich seinen Armen; **get one hand** ~: eine Hand freibekommen; f) (having liberty) **sb. is** ~ **to do sth.** es steht jmdm. frei, etw. zu tun; **you're** ~ **to choose** du kannst frei [aus]wählen; **leave sb.** ~ **to do sth.** es jmdm. ermöglichen, etw. zu tun; **he's not** ~ **to marry** er kann/darf nicht heiraten; **our thoughts are** ~ **to roam** die Gedanken sind frei; **feel** ~! nur zu! (ugs.); **Do you mind if I smoke? - Feel** ~! Stört es Sie, wenn ich rauche? - Nein, ganz und gar nicht!; **feel** ~ **to correct me du darfst mich gerne korrigieren; **make sb.** ~ **of sth.** jmdm. etw. zur Verfügung stellen; ~ **from sth.** frei von etw.; ~ **from pain/troubles** schmerz-/sorgenfrei; g) (provided without payment) kostenlos; frei (Überfahrt, Unterkunft, Versand, Verpflegung); Frei- (karte, -exemplar, -fahrt); Gratis(probe, -vorstellung); **they get** ~ **lunches** sie haben freies Mittagessen; **'admission** ~ **frei"; **have a** ~ **ride on the train** umsonst mit der Bahn fahren; **have a** ~ **ride at sb.'s expense** (fig. coll.) auf jmds. Kosten faulenzen; **be out for a** ~ **ride** (fig. coll.) Trittbrettfahrer sein (abwertend); **for** ~ (coll.) umsonst; **publicity for** ~ (coll.) kostenlose Werbung; h) (not occupied, not reserved, not being used) frei; ~ **time** Freizeit, die; **when would you be** ~ **to begin?** wann könnten Sie mit der Arbeit anfangen?; **have a** ~ **period** (Sch.) eine Freistunde haben; **he's** ~ **in the mornings** er hat morgens Zeit; **when can you arrange to be** ~? wann könnten Sie sich freimachen?; i) (generous) **be** ~ **with sth.** mit etw. großzügig umgehen; **be a** ~ **spender** sein Geld mit vollen Händen ausgeben; j) (not strict) frei (Übersetzung, Interpretation, Bearbeitung); **draw a** ~ **likeness of sb.** jmdn. mit künstlerischer Freiheit zeichnen; k) (Chem., Phys.) frei (Elektron, Energie). 2. adv. a) (without cost or payment) gratis; umsonst; **he gets his accommodation** ~: er hat freies Logis; b) (freely) frei; c) (Naut.) auf raumem Kurs. 3. v. t. (set at liberty) freilassen; (disentangle) befreien (of, from von); ~ **sb./oneself from jmdn./sich befreien von (Tyrannei, Unterdrückung, Tradition); jmdn./sich befreien aus (Gefängnis, Sklaverei, Umklammerung); jmdn./sich schützen vor (+ Dat.) (Gefahr, Infektion); ~ **sb./oneself from debt/obligations** sich seiner Schulden/Verpflichtungen entledigen; ~ **sb.** (unburden) **of sth.** jmdn./sich befreien od. freimachen von

-free [fri:] in comb. -frei

freebie ['fri:bɪ] (Amer. coll.) 1. n. Gratisgeschenk, das. 2. adj. Gratis(essen, -getränk); ~ **ticket** Freikarte, die

'freeboard n. (Naut.) Freibord, der

freebooter ['fri:bu:tə(r)] n. Freibeuter, der (hist.)

free: ~**-born** adj. frei (hist.); **F**~ **'Church** n. Freikirche, die

freedom ['fri:dəm] n. a) Freiheit, die; **give sb. his** ~: jmdn. freigeben; (from prison, slavery) jmdn. freilassen; ~ **of the press** Pressefreiheit, die; ~ **of action/speech/movement** Handlungs-/Rede-/Bewegungsfreiheit, die; ~ **from taxes/pain** Steuer-/Schmerzfreiheit, die; b) (frankness) Ungezwungenheit, die; (over-familiarity) Vertraulichkeit, die; c) (ease) ~ **of operation of the mechanism** Leichtgängigkeit des Mechanismus; d) (privilege) [give sb. or present sb. with] **the** ~ **of the city** [jmdm.] die Ehrenbürgerrechte [verleihen]; e) (use) **give sb. the** ~ **of sth.** jmdm. etw. zur freien Verfügung überlassen. See also conscience

'freedom fighter n. Freiheitskämpfer, der/-kämpferin, die

free: ~ **'enterprise** n. freies Unternehmertum; ~ **'fall** n. freier Fall; ~**-fall parachuting** Fallschirmspringen mit freiem Fall; ~ **'fight** n. Kampf jeder gegen jeden; ~**-for-all** 1. n. (allgemeine) Schlägerei; (less violent) [allgemeines] Gerangel; **the discussion soon became a** ~**-for-all** bei der Diskussion redeten bald alle wild durcheinander. 2. adj. a) allgemein (Schlägerei, Gerangel); b) (observing no rules) wild (Diskussion, Schlägerei); (Spiel) ohne [feste] Regeln; ~ **'gift** n. Gratisgabe, die; **'hand** n. a) **I picked it up with my** ~ **hand** ich hob es mit der freien Hand auf; b) (fig.) freier [Handlungs]spielraum; **give sb. a** ~ **hand** jmdm. freie Hand lassen; c) **with a** ~ **hand** (generously) großzügig; ~**-hand** adj. freihändig; ~ **'hit** n. (Hockey, Polo) Freischlag, der; ~**hold** 1. n. Besitzrecht, das; 2. adj. Eigentums-; ~**hold land** freier Grundbesitz; ~**holder** n. Grundeigentümer, der; ~**house** n. (Brit.) brauereiunabhängiges Wirtshaus; ~ **'kick** n. (Footb.) Freistoß, der; ~**lance** 1. n. a) freier Mitarbeiter/freie Mitarbeiterin, die; b) (Hist.: mercenary) Söldner, der; 2. adj. freiberuflich; ~ **translating freiberufliche Arbeit als Übersetzer; 3. v. i. freiberuflich arbeiten; ~**'loader** n. (sl.) Nassauer, der (ugs., meist abwertend); ~ **'love** n. freie Liebe

freely ['fri:lɪ] adv. a) (willingly) großzügig; freimütig (eingestehen); b) (without restriction, loosely) frei; c) (frankly) offen; d) (abundantly) reichlich

free: ~**man** ['fri:mən] n., pl. ~**men** ['fri:mən] a) Freie, der (hist.); b) (who has freedom of city etc.) Ehrenbürger, der; ~ **'market** n. (Econ.) freier Markt; **F**~**mason** n. Freimaurer, der; ~**masonry** n. a) F~**masonry** Freimaurerei, die; b) (fig.: corporate feeling) Zusammengehörigkeitsgefühl, das; ~ **on board** 1. adv. frei Schiff; 2. adj. frei Schiff geliefert; ~ **'pass** n. Freikarte, die; Freifahrschein, der; ~ **'play** n. a) (Mech.) Spiel, das; b) (fig.) **give** ~ **play to sth.** etw. sich frei entfalten lassen; **allow one's imagination** ~ **play** der Phantasie freien Lauf lassen; ~ **port** n. Freihafen, der; ~**post** n. (Brit.) '~**post** „Gebühr zahlt Empfänger"

freer see free 1

'free-range adj. freilaufend (Huhn); ~ **eggs** Eier von freilaufenden Hühnern

freesia ['fri:zɪə] n. (Bot.) Freesie, die

free: ~ **'speech** n. Redefreiheit, die; ~**-spoken** adj. freimütig

freest see free 1

free: ~**-standing** adj. frei stehend; ~**style** n. (Sport) Freistil, der; ~**thinker** n. Freidenker, der; ~**thinking** 1. n. Freidenkertum, das; 2. adj. freidenkerisch; ~ **'trade** n. Freihandel, der; ~ **'verse** n. (Lit.) freie Verse; ~ **'vote** n. (Brit. Parl.) [dem Fraktionszwang nicht unterworfene] freie Stimmabgabe; ~**way** n. (Amer.) Autobahn, die; ~ **'wheel** n. Freilauf, der; ~**-wheel** v. i. im Freilauf fahren; (fig.: drift) sich treiben lassen; ~ **'will** n. a) no art. (power) Willensfreiheit, die; b) (choice) **do sth. of one's own** ~ **will** etw. aus freiem Willen tun; **be left to sb.'s own** ~ **will** jmds. freier Entscheidung (Dat.) überlassen sein; ~ **'world** n. freie Welt

freeze [fri:z] 1. v. i., **froze** [frəʊz], **frozen** ['frəʊzn] a) frieren; **it will** ~ (Meteorol.) es wird Frost geben; **it froze hard last night** heute nacht war starker Frost; b) (become covered with ice) (See, Fluß, Teich:) zufrieren; (Straße:) vereisen; c) (solidify) (Flüssigkeit:) gefrieren (geh.); **the pond has frozen solid** der Teich ist ganz zugefroren; d) (become rigid) steif frieren; (fig.) (Lächeln:) gefrieren (geh.); e) (become fastened) festfrieren (to an + Dat.); ~ **together** aneinanderfestfrieren; f) (be or feel cold) sehr frieren; (fig.) erstarren (with vor + Dat.); (Blut:) gefrieren (geh.); **he is freezing** er od. ihm friert sehr; **my hands are freezing** meine Hände sind eiskalt; ~ **to death** erfrieren; (fig.) bitterlich frieren; g) (make oneself motionless) erstarren; ~! keine Bewegung!. 2. v. t., **froze, frozen** a) zufrieren lassen (Teich, Fluß); gefrieren lassen (Rohr); (fig.) erstarren lassen; ~ **sb.'s blood** (fig.) jmdm. das Blut in den Adern gefrieren lassen (geh.); **you look absolutely frozen** (fig.) du siehst ganz durchgefroren aus; **we were frozen stiff** (fig.) wir waren steif gefroren; b) (preserve) tiefkühlen, tiefgefrieren (Lebensmittel); c) (make unrealizable or unchangeable) einfrieren (Kredit, Guthaben, Gelder, Löhne, Preise usw.); d) (Cinemat.) in einem Stehkader festhalten; e) (stiffen) gefrieren lassen (Erdboden); festfrieren lassen (Wäsche) (to an + Dat.); f) (deaden) (Spritze:) taub machen; (Spray:) vereisen; g) (kill) erfrieren lassen (Pflanzen); h) (fig.) erstarren lassen; gefrieren lassen (Lächeln). 3. n. a) see **freeze-up a**; b) (fixing) Einfrieren, das (on Gen.); **price/wage/nuclear** ~: Preis-/Lohn-/Atomwaffenstopp, der; c) (Cinemat.) ~**-[frame] 'out** v. t. (socially) hinausekeln; ~ **'over** v. i. (Teich, Fluß:) zufrieren; (Fenster-, Windschutzscheibe, Straße:) vereisen; ~ **'up** v. i. (Fluß, Teich:) zufrieren; (Schloß, Rohr:) einfrieren; (Fenster:) vereisen. 2. v. t. see 1: zufrieren/einfrieren/vereisen lassen. See also **frozen**

'freeze-dry v. t. gefriertrocknen

freezer ['fri:zə(r)] n. (deep-freeze) Tiefkühltruhe, die; Gefriertruhe, die [upright]; ~: Tiefkühlschrank, der; Gefrierschrank, der; ~ **compartment** Tiefkühlfach, das; Gefrierfach, das; [room] Kühlraum, der; [ice-cream] ~: Eismaschine, die

'freeze-up n. a) (period) Dauerfrost, der; Frostperiode, die; b) (fig.) Stillstand, der

freezing ['fri:zɪŋ] 1. adj. (lit. or fig.) frostig; ~ **temperatures** Temperaturen unter null Grad; **it is** ~ es ist eiskalt hier drinnen. 2. n. a) no pl. (~**-point**) **above/below** ~: über/unter dem/den Gefrierpunkt; b) (of food) Einfrieren, das

'freezing-point n. Gefrierpunkt, der

freight [freɪt] 1. *n.* a) Fracht, *die;* ~ **charges** Frachtgeld, *das;* Frachtkosten *Pl.;* b) *(transport)* Frachtsendung, *die;* **send goods ~**: Waren als Frachtgut senden; c) *(hire)* Charter, *die.* 2. *v.t.* a) befrachten; b) *(hire)* chartern; *(hire out)* vermieten
freightage ['freɪtɪdʒ] *n., no pl.* Frachtkosten *Pl.*
'freight car *n. (Amer. Railw.)* Güterwagen, *der*
freighter ['freɪtə(r)] *n.* a) *(ship)* Frachter, *der;* Frachtschiff, *das; (aircraft)* Frachtflugzeug, *das;* b) *(Amer. Railw.)* Güterwagen, *der*
freight: ~-**liner** *n. (Railw.)* [Container]güterzug, *der;* ~ **train** *n. (Railw.)* Güterzug, *der*
French [frentʃ] 1. *adj.* französisch; **he/she is ~**: er ist Franzose/sie ist Französin; **the ~ people** die Franzosen; ~ **lessons** *(lit. or euphem.)* Französischstunden; *see also* **English** 1. 2. *n.* a) Französisch, *das;* b) *(euphem.: bad language)* **pardon** *or* **excuse my ~**: entschuldigen Sie die Ausdrucksweise!; c) *constr. as pl.* **the ~**: die Franzosen. *See also* **English 2 a**
French: ~ '**bean** *n. (Brit.)* Gartenbohne, *die;* [grüne] Bohne; ~ '**bread** *n.* französisches [Stangen]weißbrot; ~ **Ca'nadian** *n.* Frankokanadier, *der/*-kanadierin, *die;* ~-**Ca'nadian** *adj.* frankokanadisch; ~ '**chalk** *n.* Schneiderkreide, *die;* ~ '**dressing** *n.* Vinaigrette, *die;* ~ **fried po'tatoes,** ~ '**fries** *n. pl.* Pommes frites *Pl.;* ~ '**horn** *n. (Mus.)* [Wald-]horn, *das*
Frenchified ['frentʃɪfaɪd] *adj.* französiert
French: ~ '**kiss** *n.* französischer Kuß *(ugs.);* Zungenkuß, *der;* ~ '**leave** *n.* **take ~ leave** *(without giving notice)* sich [auf] französisch empfehlen *od.* verabschieden *(ugs.); (without permission)* sich heimlich davonstehlen; ~ '**letter** *n. (Brit. coll.)* Pariser, *der (salopp);* ~**man** ['frentʃmən] *n., pl.* ~**men** ['frentʃmən] Franzose, *der;* ~ '**mustard** *n. (Brit.)* französischer Senf; ~ '**polish** *n. (also)* Schellackpolitur, *die;* ~ '**polish** *v.t.* [mit Schellackpolitur] polieren; ~ **Re'volution** *n. (Hist.)* Französische Revolution; ~ '**toast** *n.* a) *(toasted)* einseitig geröstete Toastscheibe; b) *(fried)* arme Ritter; ~ **ver'mouth** *n.* trockener Wermut; ~ '**window** *n., in sing. or pl.* französisches Fenster; ~**woman** *n.* Französin, *die*
Frenchy ['frentʃɪ] *(coll.)* 1. *adj.* [betont] französisch. 2. *n.* Franzose, *der;* Franzmann, *der (ugs. veraltend)*
frenetic [frɪ'netɪk] *adj.* a) *(frantic)* verzweifelt ⟨*Hilferuf, Versuch*⟩; b) *(fanatic)* frenetisch, rasend ⟨*Beifall*⟩; fanatisch ⟨*Sekte*⟩
frenzied ['frenzɪd] *adj.* rasend; wahnsinnig ⟨*Tat*⟩
frenzy ['frenzɪ] *n.* a) *(derangement)* Wahnsinn, *der;* b) *(fury, agitation)* Raserei, *die;* **in a ~ of despair/passion** in einem Anfall von Verzweiflung/von wilder Leidenschaft übermannt
frequency ['fri:kwənsɪ] *n.* a) Häufigkeit, *die;* b) *(of pulse)* Puls, *der;* [Puls]frequenz, *die (Med.);* c) *(Phys., Statistics)* Frequenz, *die*
'frequency modulation *n. (Radio, Telev.)* Frequenzmodulation, *die*
frequent 1. ['fri:kwənt] *adj.* a) häufig; **it's a ~ practice/occurrence** es ist üblich/kommt häufig vor; **become less ~**: seltener werden; b) *(habitual, constant)* eifrig ⟨*[Kino-, Theater]besucher, Briefschreiber*⟩; **he is a ~ visitor to our restaurant** er ist Stammgast in unserem Restaurant; c) *(abundant)* zahlreich. 2. [frɪ'kwent] *v.t.* besuchen *(geh.);* häufig aufsuchen ⟨*Futterplatz*⟩; **much ~ed** stark frequentiert *(geh.);* vielbefahren ⟨*Straße*⟩
frequently ['fri:kwəntlɪ] *adv.* häufig

fresco ['freskəʊ] *n., pl.* ~**es** *or* ~**s** a) *no pl., no art. (method)* Freskomalerei, *die;* b) *(a painting)* Fresko, *das*
fresh [freʃ] 1. *adj.* a) neu; frisch, ausgeruht ⟨*Truppen*⟩; frisch, neu ⟨*Energie, Mut*⟩; *(lately made or arrived)* frisch; *(raw, inexperienced)* [jung und] unerfahren; **a ~ series of attacks** eine neuerliche Serie von Angriffen; **make a ~ start** noch einmal von vorn anfangen; *(fig.)* neu beginnen; ~ **from school/India** frisch von der Schule/gerade aus Indien gekommen; ~ **from** *or* **off the press** druckfrisch; frisch aus der Presse; ~ **from the oven** frisch aus dem Ofen; b) *(not preserved or stale or faded)* frisch ⟨*Obst, Fisch, Gemüse, Fleisch, Eier, Tee, Blumen usw.*⟩; c) *(clean, bright)* frisch ⟨*Aussehen, Gesichtsfarbe, Hemd, Wäsche*⟩; d) *(pure, cool)* frisch ⟨*Luft, Wasser, Wind*⟩; **go out for some ~ air** frisch draußen gehen, um Luft zu schöpfen *(geh.);* **the wind became ~**: der Wind frischte auf; e) *(vigorous, fit)* frisch; *(refreshed)* erfrischt; **as ~ as a daisy/as paint** ganz frisch; *(in appearance)* frisch wie der junge Morgen *(meist scherzh.);* f) *(cheeky)* keck; **get ~ with sb.** jmdm. frech kommen *(ugs.). See also* '**ground 1 b.** 2. *adv.* **we're ~ out of eggs** *(coll.)* wir sind gerade die Eier ausgegangen; ~-**ground/**-**painted** frisch gemahlen/gestrichen
freshen ['freʃn] 1. *v.i.* a) frisch[er] werden; *(increase)* ⟨Wind:⟩ auffrischen; b) *(brighten)* ein frisch[er]es Aussehen bekommen. 2. *v.t.* a) *(ventilate)* durchlüften ⟨*Zimmer*⟩; ~ **up** 1. *v.i.* sich frisch machen. 2. *v.t.* erfrischen; ~ **oneself/sb. up** sich/jmdn. frisch machen
fresher ['freʃə(r)] *(Brit. Univ. sl.) see* **freshman a**
freshly ['freʃlɪ] *adv.* frisch
freshman ['freʃmən] *n., pl.* **freshmen** ['freʃmən] a) Erstsemester, *das;* Frischling, *der (scherzh.);* b) *(Amer.) (in school)* Anfänger, *der*/Anfängerin, *die; (person beginning)* Neuling, *der*
freshness ['freʃnɪs] *n., no pl.* Frische, *die; (of idea, metaphor, etc.)* Neuartigkeit, *die; (originality)* Originalität, *die*
fresh 'water *n.* Süßwasser, *das*
'freshwater *adj.* Süßwasser-; ~ **sailor** Binnenschiffer, *der*
¹fret [fret] 1. *v.i., -tt-* *(worry)* beunruhigt sein; besorgt sein; **don't ~**: sei unbesorgt!; ~ **at** *or* **about** *or* **over sth.** sich über etw. *(Akk.) od.* wegen etw. aufregen; ~ **and fume** *(anxiously/impatiently)* voller Unruhe/Ungeduld sein. 2. *v.t., -tt-* a) *(distress)* beunruhigen, quälen; ~ **oneself** sich beunruhigen; sich *(Dat.)* Sorgen machen **(about** wegen); b) *(chafe)* ⟨wund⟩ scheuern. 3. *n.* Ärger, *der;* **be in a ~**: voll Verdruß sein
²fret *n. (Mus.)* Bund, *der*
fretful ['fretfl] *adj. (peevish)* verdrießlich; mürrisch; quengelig *(ugs.)* ⟨*Kleinkind*⟩; *(restless)* unruhig; *(impatient)* ungeduldig; *(ill-humoured)* übellaunig
fret: ~**saw** *n.* Laubsäge, *die;* ~**work** *n.* a) *(Archit.)* durchbrochene Arbeit; b) *(wood)* Laubsägearbeit, *die*
Freudian ['frɔɪdɪən] *adj.* freudianisch; ~ **interpretation** Freudsche Interpretation; ~ **slip** Freudsche Fehlleistung; Freudscher Versprecher *(ugs.)*
Fri. *abbr.* **Friday** Fr.
friable ['fraɪəbl] *adj.* bröck[e]lig
friar ['fraɪə(r)] *n.* Ordensbruder, *der;* **Black/Grey/White F~**: Dominikaner/Franziskaner/Karmeliter, *der;* **F~ Peter** Bruder Peter
fricassee ['frɪkəsi:, ˌfrɪkə'si:] *(Cookery)* 1. *n.* Frikassee, *das*
fricative ['frɪkətɪv] *(Phonet.)* 1. *adj.* frikativ. 2. *n.* Frikativ, *der (fachspr.);* Reibelaut, *der*
friction ['frɪkʃn] *n.* a) Reibung, *die; attrib.* Reibungs-; b) *(fig.: between persons)*

Reibereien; c) *(of body or scalp)* Einreibung, *die;* Friktion, *die (Med.)*
Friday ['fraɪdeɪ, 'fraɪdɪ] 1. *n.* Freitag, *der;* **on ~**: [am] Freitag; **on a ~, on ~s** freitags; **we got married on a ~** wir haben an einem Freitag geheiratet; ~ **13 August** Freitag, der 13. August; *(at top of letter etc.)* Freitag, den 13. August; ~ **on** ~ **13 August** am Freitag, den *od.* dem 13. August; **next/last** ~: [am] nächsten/letzten *od.* vergangenen Freitag; [**on**] ~ **next/last** kommenden/vergangenen Freitag; **we were married a year [ago] last/next ~**: vergangenen/kommenden Freitag vor einem Jahr haben wir geheiratet; [**last**] ~**'s mail/newspaper** die Post/Zeitung vom [letzten] Freitag; **our ~ session** unsere Freitagssitzung; *(this ~)* unsere Sitzung am Freitag; **Good ~**: Karfreitag, *der;* **man/girl ~**: Mädchen für alles *(ugs.).* 2. *adv. (coll.)* a) *[week]* Freitag [in einer Woche]; b) ~**s** freitags; Freitag *(ugs.);* **she comes ~s** sie kommt freitags
fridge [frɪdʒ] *n. (Brit. coll.)* Kühlschrank, *der;* ~-**freezer** Kühl- und Gefrier-Kombination, *die*
fried *see* **¹fry 2, 3**
friend [frend] *n.* a) Freund, *der/*Freundin, *die;* ~**s and relations** Verwandte und Freunde; **be ~s with sb.** mit jmdm. befreundet sein; **I'm not ~s with you any more!** *(joc. or child language)* du bist nicht mehr mein Freund!; **let's be ~s again** wir wollen uns wieder vertragen; **make ~s [with sb.]** [mit jmdm.] Freundschaft schließen; **he makes ~s easily** er findet leicht Anschluß; **make a ~ of sb.** sich mit jmdm. anfreunden; **a ~ in need is a ~ indeed** *(prov.)* Freunde in der Not gehn hundert auf ein Lot *(Spr.);* **between ~s** unter Freunden; b) *(helper, patron)* Freund, *der* **(of, to** *Gen.);* ~**s in high places** *or* **at court** einflußreiche Freunde; Freunde höheren Orts; **the F~s of Covent Garden** der Freundes- *od.* Förderkreis des Covent Garden; c) *(Quaker)* the **Society of F~s** die Quäker; die Gesellschaft der Freunde; d) **my honourable/noble ~**: *(Brit. Parl.)* mein verehrter Freund; **my learned ~** *(Law)* mein verehrter *od.* werter Kollege
friendless ['frendlɪs] *adj.* ohne Freund[e] *nachgestellt*
friendliness ['frendlɪnɪs] *n., no pl.* Freundlichkeit, *die*
friendly ['frendlɪ] 1. *adj.* a) freundlich (zu); freundschaftlich ⟨*Rat, Beziehungen, Wettkampf, Gespräch*⟩; **be on ~ terms** *or* **be ~ with sb.** mit jmdm. auf freundschaftlichem Fuße stehen; **we're very ~ with our neighbours** wir sind mit unseren Nachbarn sehr gut befreundet; **a ~ neighbourhood** d; b) *(not hostile)* freundlich [gesinnt] ⟨*Bewohner*⟩; befreundet ⟨*Staat*⟩; zutraulich ⟨*Tier*⟩; ~ **game** *(Sport)* Freundschaftsspiel, *das;* d) *(well-wishing)* wohlwollend ⟨*Erwähnung*⟩; günstig gestimmt ⟨*Götter*⟩. 2. *n. (Sport)* Freundschaftsspiel, *das*
'Friendly Society *n. (Brit.)* Versicherungsverein auf Gegenseitigkeit
friendship ['frendʃɪp] *n.* Freundschaft, *die;* [**feelings of**] ~: freundschaftliche Gefühle; **strike up a ~ with sb.** sich mit jmdm. anfreunden
frier *see* **fryer**
Friesian ['fri:zɪən, 'fri:ʒən] *(Agric.)* 1. *adj.* schwarzbunt. 2. *n.* Schwarzbunte, *die*
¹frieze [fri:z] *n. (Textiles)* Fries, *der;* Friese, *die (fachspr.)*
²frieze *n. (Archit.)* Fries, *der*
frigate ['frɪgət] *n. (Naut.)* Fregatte, *die*
fright [fraɪt] *n.* a) Schreck, *der;* Schrecken, *der;* **in his ~**: vor Schreck; **take ~**: erschrecken; **the ~ of one's life** der Schock seines Lebens; **give sb. a ~**: jmdm. einen Schreck[en] einjagen; **get** *or* **have a ~**: einen Schreck[en] bekommen; b) *(grotesque per-*

frighten

son or thing) **be** or **look a ~:** zum Fürchten aussehen (ugs.)
frighten ['fraɪtn] v. t. ⟨Explosion, Schuß:⟩ erschrecken; ⟨Gedanke, Drohung:⟩ angst machen (+ Dat.); **be ~ed at** or **by sth.** vor etw. (Dat.) erschrecken; **she is not easily ~ed** sie fürchtet sich nicht so schnell; **~ sb. out of his wits/life** jmdn. furchtbar/zu Tode erschrecken; **~ sb. to death** (fig.) jmdn. zu Tode erschrecken; **be ~ed to death** (fig.) zu Tode erschrocken sein; **~ sb. into doing sth.** jmdn. solche Angst machen, daß er etw. tut
~ a'way, **~ 'off** v. t. vertreiben; (put off) abschrecken
frightened ['fraɪtnd] adj. verängstigt; angsterfüllt ⟨Stimme⟩; **be ~ [of sth.]** [vor etw. (Dat.)] Angst haben
frightening ['fraɪtnɪŋ] adj. furchterregend
frightful ['fraɪtfl] adj. furchtbar; schrecklich; (coll.: terrible) furchtbar (ugs.)
frightfully ['fraɪtfəlɪ] adv. furchtbar; schrecklich; (coll.: extremely) furchtbar (ugs.)
frigid ['frɪdʒɪd] adj. a) (very cold) eisig kalt; b) (formal, unfriendly) frostig; (sexually unresponsive) frigid
frigidity [frɪ'dʒɪdɪtɪ] n., no pl. a) (coldness) eisige Kälte; b) (formality, unfriendliness) Frostigkeit, die; (of woman) Frigidität, die
frill [frɪl] n. a) (ruffled edge) Rüsche, die; b) (on animal, plant) Kragen, der; (on bird) Halskrause, die; c) in pl. (embellishments) Beiwerk, das; Ausschmückungen (fig.); **with no ~s** ⟨Ferienhaus, Auto⟩ ohne besondere Ausstattung
frilly ['frɪlɪ] 1. adj. mit Rüschen besetzt; Rüschen⟨kleid, -bluse⟩. 2. n. in pl. (coll.) Rüschenunterwäsche, die
fringe [frɪndʒ] 1. n. a) (bordering) Fransen, Fransenkante, die (**on an** + Dat.); b) (hair) Pony⟨fransen (ugs.); Pony, der; c) (edge) Rand, der; attrib. Rand⟨geschehen, -gruppe, -gebiet⟩; **~ benefits** zusätzliche Leistungen; **live on the ~[s] of the city** am Stadtrand od. in den Randgebieten der Stadt wohnen; **lunatic ~:** Extremisten. 2. v. t. säumen (auch fig. geh.)
frippery ['frɪpərɪ] n. Putz, der; Zierat, der (geh.); (knick-knacks, trifles) Tand, der (geh.); Kinkerlitzchen Pl. (ugs.)
Frisco ['frɪskəʊ] pr. n. (Amer. sl.) San Francisco ⟨das⟩
Frisian ['frɪzɪən] 1. adj. friesisch; see also **English 1.** 2. n. a) (language) Friesisch, das; b) (person) Friese, der/Friesin, die. See also **English 2 a**
frisk [frɪsk] 1. v. i. ~ [about] [herum]springen; ~ **away** davonspringen. 2. v. t. (coll.) filzen (ugs.). 3. n. a) (frolic) Hüpfer, der; b) (coll.: body search) Filzung, die (ugs.)
frisky ['frɪskɪ] adj. munter; **as ~ as a kitten** so ausgelassen wie ein Füllen (geh.)
frisson ['friːsɔ̃] n. Schauer, der
fritillary [frɪ'tɪlərɪ] n. a) (Bot.) Fritillaria, die (fachspr.); Kaiserkrone, die; b) (Zool.) Fleckenfalter, der
¹**fritter** ['frɪtə(r)] n. (Cookery) apple/sausage ~s Apfelstücke/Würstchen in Pfannkuchenteig
²**fritter** v. t. ~ **away** vergeuden; verplempern (ugs.)
frivolity [frɪ'vɒlɪtɪ] n. a) no pl. Oberflächlichkeit, die; Leichtfertigkeit, die; b) (thing) Tand, der (geh.); (act) **he watched these frivolities with contempt** er verachtete dieses leichtfertige Treiben mit Verachtung
frivolous ['frɪvələs] adj. a) (not serious) frivol; extravagant ⟨Kleidung⟩; b) (trifling, futile) belanglos
frivolously ['frɪvələslɪ] adv. frivol; extravagant (gekleidet)
frizzle ['frɪzl] 1. v. i. brutzeln; braten. 2. v. t. brutzeln (ugs.); braten
frizzy ['frɪzɪ] adj. kraus
fro [frəʊ] adv. see **to 2 b**

frock [frɒk] n. a) Kleid, das; b) (Mil.) Uniformrock, der
'**frock-coat** n. Gehrock, der
¹**frog** [frɒg] n. a) Frosch, der; **have a ~ in the** or **one's throat** (coll.) einen Frosch im Hals haben (ugs.); b) (sl. derog.: Frenchman) Franzmann, der (ugs., veralt.)
²**frog** n. a) (coat-fastening) Posamentenverschluß, der; b) (on belt) Schlaufe, die
froggy ['frɒgɪ] 1. adj. Frosch⟨gesicht, -stimme⟩. 2. n. (sl. derog.) see ¹**frog b**
frog: ~man ['frɒgmən] n., pl. **~men** ['frɒgmən] Froschmann, der; **~-march** v. t. (carry) zu viert an Händen und Füßen [mit dem Gesicht nach unten] tragen; (hustle) ~ im Polizeigriff abführen; **~-spawn** n. Froschlaich, der
frolic ['frɒlɪk] 1. v. i. -ck-: ~ [about or around] [herum]springen. 2. n. (prank, lark) Spaß, der; (fun, merriment) Ausgelassenheit, die
frolicsome ['frɒlɪksəm] adj. (dated) ausgelassen
from [frəm, stressed frɒm] prep. a) expr. starting-point von; (~ within) aus; **[come] ~ Paris/Munich** aus Paris/München [kommen]; **~ Paris to Munich** von Paris nach München; **where have you come ~?** woher kommen Sie?; wo kommen Sie her? b) expr. beginning von; **~ the year 1972 we never saw him again** seit 1972 haben wir ihn nie mehr [wieder]gesehen; **~ tomorrow [until ...]** von morgen an [bis ...]; **start work ~ 2 August** am 2. August anfangen zu arbeiten; vom 2. August an arbeiten; **~ now on** von jetzt an; ab jetzt; **~ then on** seitdem; (relating to a place) von da an; see also **as 4**; c) expr. lower limit von; **blouses [ranging] ~ £2 to £5** Blusen [im Preis] zwischen 2 und 5 Pfund; **dresses ~ £20 [upwards]** Kleider von 20 Pfund aufwärts od. ab 20 Pfund; **~ 4 to 6 eggs** 4 bis 6 Eier; **~ the age of 18 [upwards]** ab 18 Jahre od. Jahren; **~ a child** (since childhood) schon als Kind; d) expr. distance von; **be a mile ~ sth.** eine Meile von etw. entfernt sein; **away ~ home** von zu Hause weg; e) expr. removal, avoidance von; expr. escape vor (+ Dat.); **release the bomb ~ the aircraft** die Bombe aus dem Flugzeug ausklinken; f) expr. change von; **~ ... to ...:** von ... zu ...; (relating to price) von ... auf ...; **~ crisis to crisis, ~ one crisis to another** von einer Krise zur anderen; g) expr. source, origin aus; **pick apples ~ a tree** Äpfel vom Baum pflücken; **buy everything ~ Harrods/the same shop** alles bei Harrods/im selben Laden kaufen; **where do you come ~?, where are you ~?** woher kommen Sie?; **~ the country/another planet** vom Land/von einem anderen Planeten; h) expr. viewpoint von [... aus]; expr. giver, sender von; **take it ~ me that ...:** laß dir gesagt sein, daß ...; j) (after the model of) **painted ~ life/nature** nach dem Leben/nach der Natur gemalt; k) expr. reason, cause **she was weak ~ hunger/tired ~ so much work** sie war schwach vor Hunger/müde von der vielen Arbeit; **~ this looks you might think ...:** so wie er aussieht, könnte man denken ...; **~ what I can see/have heard ...:** wie ich das sehe/wie ich gehört habe, ...; **~ the look of things ...:** wie es aussieht, ...; l) with adv. von ⟨unten, oben, innen, außen⟩; m) with prep. **~ behind/under[neath] sth.** hinter/unter etw. (Dat.) hervor; **~ amidst the trees** zwischen den Bäumen hervor; **~ before the marriage** aus der Zeit vor der Heirat; **the cries came ~ inside/outside the house** die Schreie kamen aus dem Inneren des Hauses/von draußen
frond [frɒnd] n. (Bot.) Wedel, der; Blatt, das
front [frʌnt] n. a) Vorderseite, die; (of door) Außenseite, die; (of house) Vorderfront, die; Frontseite, die; (of dress) Vorderteil, das; (of queue) vorderes Ende, das; (of procession) Spitze, die; (of book) vorderer

front runner

Deckel, der; (of cloth) rechte Seite, die; **in** or **at the ~ [of sth.]** vorn [in etw. position: Dat., movement: Akk.]; **sit in the ~ of the car** vorne sitzen; **the index is at the ~:** das Register ist vorn; **to the ~:** nach vorn; **the living-room is at** or **in the ~ of the house** das Wohnzimmer liegt zur Straße hin od. (ugs.) nach vorn[e] raus; **lie on one's ~:** auf dem Bauch liegen; **a spot on the ~ of her dress** ein Fleck vorne am Kleid; **in ~:** vorn[e]; **be in ~ of sth./sb.** vor etw./jmdm. sein; **walk in ~ of sb.** (preceding) vor jmdm. gehen; (to position) vor jmdn. gehen; **look in ~ of one** nach vorn sehen; **he was murdered in ~ of his wife** er wurde vor den Augen seiner Frau ermordet; b) (Mil.; also fig.) Front, die; **on the Western ~:** an der Westfront; **send sb. to the ~:** jmdn. an die Front schicken; **be attacked on all ~s** an allen Fronten/(fig.) von allen Seiten angegriffen werden; **change of ~** (fig.) Gesinnungswandel; Frontwechsel (Politik); **on the international/home ~:** im Ausland/Inland; **on the sports ~:** im sportlichen Bereich; **on the entertainment ~:** auf dem Unterhaltungssektor; **the workers'/people's ~:** die Arbeiter-/Volksfront; c) (promenade) (at seaside) Strandpromenade, die; (inland) Uferpromenade, die; d) (Theatre) **~ of [the] house** Foyer und Zuschauerraum; e) (Archit.) ⟨West-, Garten- usw.⟩seite, die; f) (Meteorol.) Front, die; **cold/warm ~:** Kalt-/Warmluftfront, die; g) see **shirt-front;** h) (outward appearance) Aussehen, das; (bluff) Fassade, die (oft abwertend); (pretext, façade) Tarnung, die; **put on** or **show** or **present a bold/brave ~:** sich nach außen unerschrocken zeigen/nach außen hin gefaßt bleiben; **preserve a calm ~:** nach außen hin ruhig bleiben; **it's all a ~:** das ist alles nur Fassade (abwertend); i) (used as cover) (person) Strohmann, der; (organization) Tarnorganisation, die. 2. adj. a) vorder...; Vorder⟨rad, -zimmer, -zahn, -eingang, -ansicht⟩; **~ garden** Vorgarten, der; **the ~ four coaches of a train** die ersten vier od. vier vorderen Wagen eines Zuges; **~ row** erste Reihe; b) (Phonet.) **~ vowel** Vorderzungenvokal, der. 3. v. i. **~ on to the street/upon the lake** zur Straße/zum See hin liegen; b) (sl.: act as cover) **~ for sb.** für jmdn. den Strohmann spielen. 4. v. t. (furnish with façade) **a building with stone** ein Gebäude mit einer Fassade aus Stein versehen

frontage ['frʌntɪdʒ] n. a) (land) Grundstück[steil] zwischen Gebäude und Straße; **river/street ~:** an den Fluß/die Straße grenzender Teil des Grundstücks; b) (extent) Frontbreite, die; c) (façade) Fassade, die

frontal ['frʌntl] adj. a) Frontal-; b) (Art) frontal ⟨Darstellung⟩; **[full] ~:** frontal dargestellt ⟨Akt⟩; c) (Anat.) Stirn⟨bein, -hirn, -höhle, -lappen⟩

frontally ['frʌntəlɪ] adv. frontal

front: ~ 'bench n. (Brit. Parl.) vorderste Bank; **~-bencher** [frʌnt'bentʃə(r)] n. (Brit. Parl.) führender Politiker; **~ 'door** n. (of flat) Wohnungstür, die; (of house; also fig.) Haustür, die

frontier ['frʌntɪə(r)] n. a) (lit. or fig.) Grenze, die; attrib. Grenz⟨stadt, -posten, -streitigkeiten⟩; **at** or **on the ~:** an der Grenze; **push the ~s of science forward** (fig.) wissenschaftliches Neuland erobern; b) (Amer.: borders of civilization) Grenzland, das

frontispiece ['frʌntɪspiːs] n. Frontispiz, das; Titelbild, das

front: ~ 'line n. Front[linie], die; **~ man** n. Strohmann, der; **~ 'page** n. Titelseite, die; **make the ~ page** auf die Titelseite kommen; **~-page** adj. ⟨Artikel⟩ auf der ersten Seite; **~ passage** n. (Anat. coll.) Scheide, die; **~-rank** adj. (fig.) herausragend; **~ runner** n. a) (in race) Läufer, der gern an der Spitze

front seat — **fulfilment**

läuft; **b)** *(in any competition)* Spitzenkandidat, *der;* ~ **'seat** *n. (in theatre)* Platz in den ersten Reihen; *(in car)* Vordersitz, *der; (in bus, coach)* vorderer Sitzplatz
frost [frɒst] **1.** *n.* **a)** Frost, *der; (frozen dew or vapour)* Reif, *der;* **windows covered with** ~: vereiste Fensterscheiben; **white/black** ~: Frost mit/ohne Reif; *(esp. Autumn)* ~**s** Herbst-/Frühlingsfröste; **ten degrees of** ~ *(Brit.)* zehn Grad minus; **there is still** ~ **in the ground** der Boden ist noch gefroren; **b)** *(fig.: hostility)* Frostigkeit, *die;* **c)** *(sl.: failure)* Reinfall, *der (ugs.);* Pleite, *die (salopp).* **2.** *v. t.* **a)** *(esp. Amer. Cookery)* mit Zucker bestreuen; *(ice)* glasieren; **b)** *(give ~like surface to)* mattieren ⟨*Glas, Metall*⟩; ~**ed glass** Mattglas, *das*
~ **'over 1.** *v. t.* **be** ~**ed over** vereist sein. **2.** *v. i.* vereisen
frost: ~**-bite** *n.* Erfrierung, *die;* ~**-bitten** *adj.* durch Frost geschädigt; **sb. is** ~**-bitten** jmd. hat Erfrierungen; **his toes are** ~**-bitten** er hat Frost *od.* Erfrierungen in den Zehen
frostily ['frɒstɪlɪ] *adv.* frostig
frosting ['frɒstɪŋ] *n. (esp. Amer. Cookery)* Zucker, *der; (icing)* Glasur, *die*
frosty ['frɒstɪ] *adj. (lit. or fig.)* frostig; *(covered with hoar-frost)* bereift; *(fig.: white)* schneeweiß
froth [frɒθ] **1.** *n.* **a)** *(foam)* Schaum, *der;* **b)** *(worthless matter)* Tand, *der (geh.).* **2.** *v. i.* schäumen; ~ **at the mouth** Schaum vor dem Mund haben; ~ **at the mouth with rage** *(fig.)* vor Wut schäumen *(geh.).* **3.** *v. t. (Cookery)* [**beat and**] ~ **the eggs** die Eier schaumig schlagen
frothy ['frɒθɪ] *adj.* schaumig; schäumend ⟨*Bier, Brandung, Maul*⟩; *(fig.: empty, shallow)* oberflächlich ⟨*Mensch*⟩; seicht *(abwertend)* ⟨*Unterhaltung, Roman*⟩
frown [fraʊn] **1.** *v. i.* **a)** die Stirn runzeln; ~ **at sth./sb.** etw./jmdn. stirnrunzelnd ansehen; **b)** *(express disapproval)* die Stirn runzeln **(at, [up]on** über + *Akk.);* ~ [**up]on a suggestion** über einen Vorschlag die Nase rümpfen; **gambling is very much** ~**ed upon here** das Glücksspiel ist hier streng verpönt; **c)** *(present gloomy aspect)* ~ [**down**] düster herabblicken *(upon auf + Akk.).* **2.** *n.* Stirnrunzeln, *das;* **with a [deep/worried/ puzzled]** ~: mit [stark/sorgenvoll/verwirrt] gerunzelter Stirn; **a** ~ **of disapproval** ein mißbilligender Blick
froze see **freeze** 1, 2
frozen ['frəʊzn] **1.** see **freeze** 1, 2. **2.** *adj.* **a)** gefroren, zugefroren ⟨*Fluß, See*⟩; erfroren ⟨*Tier, Mensch, Pflanze*⟩; eingefroren ⟨*Wasserleitung*⟩; **I am** ~ **stiff/through** *(fig.)* ich bin ganz steif gefroren/völlig durchgefroren; **my hands are** ~ *(fig.)* meine Hände sind eiskalt; **b)** *(to preserve)* tiefgekühlt; ~ **food** Tiefkühlkost, *die*
FRS *abbr.* **Fellow of the Royal Society**
fructose ['frʌktəʊs] *n. (Chem.)* Fructose, *die (fachspr.);* Fruchtzucker, *der*
frugal ['fruːgl] *adj.* **a)** *(careful, economical)* sparsam ⟨*Hausfrau*⟩; genügsam ⟨*Lebensweise, Mensch, Wesen*⟩; **b)** *(costing little)* frugal, karg ⟨*Mahl*⟩; einfach, karg ⟨*Zimmer, Einrichtung*⟩
frugally ['fruːgəlɪ] *adv.* frugal, genügsam ⟨*leben, essen*⟩; einfach ⟨*eingerichtet*⟩
fruit [fruːt] **1.** *n.* **a)** Frucht, *die; (collectively)* Obst, *das;* Früchte; ~**s of the earth** Früchte des Feldes; **bear** ~ *(lit. or fig.)* Früchte tragen; **b)** *(Bot.: seed with envelope)* Frucht, *die;* **c)** *(fig.) (product of action)* Frucht, *die (geh.).* ~**s** *(revenues produced)* Früchte *(geh.);* **this book is the** ~ **of long study** dieses Buch ist die Frucht langjähriger Arbeit *(geh.);* **d)** *(Bibl.: offspring)* Frucht, *die (geh.);* **the** ~ **of her womb/his loins** die Frucht ihres Leibes/seiner Lenden *(geh.).* **2.** *v. i.* [Früchte] tragen; *(fig.)* Früchte tragen

fruit: ~**-cake** *n.* englischer Teekuchen; **he is as nutty as a** ~**-cake** *(sl.) (eccentric)* er ist ein verrücktes Huhn *(ugs.); (insane)* er ist völlig übergeschnappt *(ugs.);* ~ **'cocktail** *n.* Früchtecocktail, *der*
fruiterer ['fruːtərə(r)] *n.* Obsthändler, *der/*-händlerin, *die*
fruitful ['fruːtfl] *adj.* **a)** fruchtbar; *(fig.)* fruchtbar ⟨*Diskussion, Lebensabschnitt, Anregung*⟩; erfolgreich ⟨*Karriere, Leben, Bemühungen*⟩; **be** ~ **and multiply** *(Bibl.)* seid fruchtbar und mehret euch; **b)** *(beneficial)* ertragreich ⟨*Beschäftigung*⟩; nützlich ⟨*Entdeckung*⟩
fruitfully ['fruːtfəlɪ] *adv.* nutzbringend
fruition [fruːˈɪʃn] *n. (of plan, aim)* Verwirklichung, *die; (of hope)* Erfüllung, *die;* **bring to** ~: verwirklichen ⟨*Plan, Ziel*⟩; **come to** ~ ⟨*Plan:*⟩ Wirklichkeit werden; ⟨*Hoffnung:*⟩ sich erfüllen
fruit: ~ **juice** *n.* Fruchtsaft, *der;* ~**-knife** *n.* Obstmesser, *das*
fruitless ['fruːtlɪs] *adj. (unprofitable)* nutzlos ⟨*Versuch, Gespräch*⟩; fruchtlos ⟨*Verhandlung, Bemühung, Suche*⟩; **the investigation was** ~: die Untersuchung verlief ergebnislos; **it is** ~ **to ...**: es ist nutzlos zu ...
fruitlessly ['fruːtlɪslɪ] *adv.* umsonst ⟨*versuchen, sich bemühen, suchen*⟩; fruchtlos, ergebnislos ⟨*verhandeln, diskutieren*⟩
fruit: ~ **machine** *n. (Brit.)* Spielautomat, *der;* ~ **salad** *n.* Obstsalat, *der;* ~ **salts** *n. pl.* Magenpulver, *das;* ~**-tree** *n.* Obstbaum, *der*
fruity ['fruːtɪ] *adj.* **a)** fruchtig ⟨*Duft, Geschmack, Wein*⟩; **b)** *(coll.) (rich in tone)* volltönend ⟨*Stimme*⟩; herzhaft ⟨*Lachen*⟩; *(full of scandalous interest)* saftig *(ugs.)* ⟨*Geschichte, Buch, Witz*⟩
frump [frʌmp] *n. (derog.)* Vogelscheuche, *die (ugs.)*
frumpy ['frʌmpɪ] *adj. (derog.)* ohne jeden Schick nachgestellt
frustrate [frʌˈstreɪt, ˈfrʌstreɪt] *v. t.* vereiteln, durchkreuzen ⟨*Plan, Vorhaben, Versuch*⟩; zunichte machen ⟨*Hoffnung, Bemühungen*⟩; enttäuschen ⟨*Erwartung, Hoffnung*⟩; **he was** ~**d in his attempts/efforts** seine Versuche/Bemühungen waren vergebens
frustrated [frʌˈstreɪtɪd, ˈfrʌstreɪtɪd] *adj.* frustriert
frustrating [frʌˈstreɪtɪŋ, ˈfrʌstreɪtɪŋ] *adj.* frustrierend; ärgerlich ⟨*Angewohnheit*⟩; **he is a** ~ **person to deal with** es ist frustrierend, mit ihm zu tun zu haben
frustration [frʌˈstreɪʃn] *n.* Frustration, *die; (defeat)* Enttäuschung, *die; (of plans, efforts)* Scheitern, *das*
¹**fry** [fraɪ] **1.** *n.* **a)** Pfannengericht, *das;* **b)** *(internal parts of animals)* [gebratene] Innereien; **see also lamb's fry;** **c)** *(Amer.: social gathering)* Grillparty, *die.* **2.** *v. t.* braten; **fried eggs/potatoes** Spiegeleier/Bratkartoffeln; **see also fish 1 a.** **3.** *v. i.* braten; *(coll.: burn)* ~ **in the sun** in der Sonne schmoren *(ugs.)*
~ **'up** *v. t.* aufbraten ⟨*Reste*⟩; **let's** ~ **up something** laß uns schnell was brutzeln *(ugs.);* see also **fry-up**
²**fry** *n. (young fishes etc.)* Brut, *die;* '**small** ~ *(fig.)* unbedeutende Leute; *(children)* junges Gemüse *(ugs.);* **compared with him all the others are 'small** ~ *(fig.)* im Vergleich mit ihm sind alle anderen unbedeutend
fryer ['fraɪə(r)] *n.* **a)** *(vessel)* Friteuse, *die;* **b)** *(Amer.: chicken)* Brathühnchen, *das;* Brathähnchen, *das*
frying-pan ['fraɪɪŋpæn] *n.* Bratpfanne, *die;* [**fall/jump] out of the** ~ **into the fire** vom Regen in die Traufe [kommen] *(ugs.)*
fry: ~**-pan** *(Amer.)* see **frying-pan;** ~**-up** *n.* Pfannengericht, *das*
ft. *abbr.* **feet, foot** ft.
fuchsia ['fjuːʃə] *n. (Bot.)* Fuchsie, *die*
fuck [fʌk] *(coarse)* **1.** *v. t.* ficken *(vulg.);* **b)** *(damn)* ~ ...: zum Teufel mit ... *(derb);* ~ **you!** leck mich am Arsch! *(derb).* **2.** *v. i.* ficken *(vulg.).* **3.** *n.* **a)** *(act)* Fick, *der (vulg.);* **b)** *(person)* **be a good** ~: gut ficken *(vulg.);* **c)** *(damn)* **I don't give/care a** ~: es ist mir scheißegal *(derb)*
~ **about,** ~ **around** *(coarse)* **1.** *v. i.* rumgammeln *(ugs.);* ~ **about** *or* **around with sth.** an etw. *(Dat.)* rumfummeln *(ugs.).* **2.** *v. t.* verarschen *(derb)*
~ **'off** *v. i. (coarse)* ~ **off!** verpiß dich! *(salopp)*
~ **'up** *(coarse)* *v. t.* versauen *(derb)*
fucking ['fʌkɪŋ] *(coarse)* **1.** *adj.* Scheiß- *(salopp);* **what the** ~ **hell's that for?** wofür ist das denn, verdammte Scheiße? *(derb).* **2.** *adv.* verdammt *(ugs.)*
fuddle ['fʌdl] *v. t.* **a)** *(intoxicate)* benebeln ⟨*Sinne*⟩; **they were slightly** ~**d** sie waren [leicht] beschwipst *od.* angesäuselt *(ugs.);* **b)** *(confuse)* verwirren
fuddy-duddy ['fʌdɪdʌdɪ] *(sl.)* **1.** *adj.* verkalkt *(ugs.).* **2.** *n.* Fossil, *das (ugs.)*
¹**fudge** [fʌdʒ] *n. (sweet)* Karamelbonbon, *der od. das;* [weiche] Karamelle, *die*
²**fudge** **1.** *v. t.* frisieren *(ugs.)* ⟨*Geschäftsbücher*⟩; ausweichen (+ *Dat.*) ⟨*Problem*⟩; sich *(Dat.)* aus den Fingern saugen ⟨*Ausrede, Geschichte, Entschuldigung*⟩. **2.** *v. i.* ausweichen. **3.** *n.* Schwindel, *der*
fuel ['fjuːəl] **1.** *n.* Brennstoff, *der; (for vehicle)* Kraftstoff, *der; (for ship, aircraft, spacecraft)* Treibstoff, *der; (for cigarette-lighter)* Gas, *das; (petrol)* Benzin, *das; (Nucl. Engin.)* Kernbrennstoff, *der;* Spaltstoff, *der;* **add** ~ **to the flames** *or* **fire** *(fig.)* Öl ins Feuer gießen. **2.** *v. t., (Brit.)* -**ll**- beheizen ⟨*Ofen*⟩; beschicken ⟨*Hochofen*⟩; auftanken ⟨*Schiff, Flugzeug*⟩; betreiben ⟨*Kraftwerk, Motor*⟩; *(fig.: stimulate)* Nahrung geben (+ *Dat.*) ⟨*Verdacht, Hoffnung, Spekulationen*⟩; anheizen ⟨*Inflation*⟩; fördern ⟨*Entwicklung*⟩. **3.** *v. i., (Brit.)* -**ll**- auftanken
fuel: ~ **cell** *n.* Brennstoffzelle, *die;* ~ **consumption** *n.* Brennstoffverbrauch, *der; (of vehicle)* Kraftstoffverbrauch, *der; (of aircraft, rocket)* Treibstoffverbrauch, *der;* ~ **element** *n. (Nucl. Engin.)* Brenn[stoff]element, *das;* ~ **injection** *n. (in vehicle)* Benzineinspritzung, *die;* ~ **oil** *n.* Heizöl, *das;* ~ **pump** *n.* Kraftstoffpumpe, *die;* ~ **tank** *n. (of motor cycle, vehicle)* Kraftstofftank, *der; (of aircraft, spacecraft)* Treibstofftank, *der; (of ship)* Treiböltank, *der; (for storage)* Kraftstoffbehälter, *der*
fug [fʌg] *n. (coll.)* Mief, *der (salopp)*
fugitive ['fjuːdʒɪtɪv] **1.** *adj. (lit. or fig.)* flüchtig; **b)** *(flitting, shifting)* unstet ⟨*Wesen, Charakter*⟩. **2.** *n.* **a)** Flüchtige, *der/die;* **be a** ~ **from justice/from the law** auf der Flucht vor der Justiz/dem Gesetz sein; **b)** *(exile)* Flüchtling, *der*
fugue [fjuːg] *n. (Mus.)* Fuge, *die*
fulcrum ['fʊlkrəm] *n., pl.* **fulcra** ['fʊlkrə] **a)** *(Mech.)* Drehpunkt, *der;* **b)** *(fig.: factor)* [Dreh- und] Angelpunkt, *der*
fulfil (*Amer.:* **fulfill**) [fʊlˈfɪl] *v. t.,* -**ll**- erfüllen; stillen ⟨*Verlangen, Bedürfnisse*⟩; entsprechen (+ *Dat.*) ⟨*Erwartungen*⟩; erhören ⟨*Gebet*⟩; ausführen ⟨*Befehl*⟩; beenden ⟨*Arbeit, Werk*⟩; halten ⟨*Versprechen*⟩; **be fulfilled** ⟨*Traum:*⟩ in Erfüllung gehen; ⟨*Wunsch, Hoffnung, Prophezeiung:*⟩ sich erfüllen; ~ **oneself** sich selbst verwirklichen; **be** *or* **feel fulfilled** [**in one's job**] [in seinem Beruf] Erfüllung finden
fulfilling [fʊlˈfɪlɪŋ] *adj. (giving satisfaction)* befriedigend
fulfilment ⟨*Amer.:* **fulfillment**⟩ [fʊlˈfɪlmənt] *n.* see **fulfil:** Erfüllung, *die;* Erhörung, *die;* Ausführung, *die;* Beendigung, *die;* **bring sth. to** ~: etw. erfüllen; **sth. reaches** ~: etw. erfüllt sich; **find** ~ **in one's work** Erfüllung in seiner Arbeit finden

¹**full** [fʊl] **1.** *adj.* **a)** voll; **the jug is ~ of water** der Krug ist voll Wasser; **his pockets are ~ of money** er hat die Taschen voller Geld; **the bus was completely ~**: der Bus war voll besetzt; **~ of hatred/holes** voller Haß/Löcher; **my heart is too ~ for words** mir ist das Herz so voll, daß ich keine Worte finde; **be ~ up** *(coll.)* voll [besetzt] sein; ⟨*Behälter:*⟩ randvoll sein; ⟨*Liste:*⟩ voll sein; ⟨*Flug:*⟩ völlig ausgebucht sein; **b)** **~ of** *(engrossed with):* **be ~ of oneself/one's own importance** sehr von sich eingenommen sein/sich sehr wichtig nehmen; **ever since this event she's been ~ of it** seit diesem Ereignis spricht sie von nichts anderem [mehr]; **the newspapers are ~ of the crisis** die Zeitungen sind voll von Berichten über die Krise; **he is ~ of his subject** er geht völlig in seinem Fachgebiet auf; **c)** *(replete with food)* voll ⟨*Magen*⟩; satt ⟨*Person*⟩; **I'm ~ [up]** *(coll.)* ich bin voll [bis obenhin] *(ugs.)*; **d)** *(comprehensive)* ausführlich, umfassend ⟨*Bericht, Beschreibung*⟩; *(abundant, satisfying)* vollwertig ⟨*Mahlzeit*⟩; erfüllt ⟨*Leben*⟩; *(complete)* geschlagen *(ugs.)*, ganz ⟨*Stunde*⟩; ganz ⟨*Jahr, Monat, Semester, Seite*⟩; voll ⟨*Gehalt, Bezahlung, Unterstützung, Mitgefühl, Verständnis*⟩; **weigh a ~ ten tons** volle zehn Tonnen wiegen; **the event received ~ TV coverage** das Fernsehen berichtete in aller Ausführlichkeit über das Ereignis; **with illustrations in ~ colour** durchgehend farbig illustriert; **the ~ details of the case** alle Einzelheiten des Falls; **in ~ daylight** am hellichten Tag; **the moon is ~**: es ist Vollmond; **in ~ bloom** in voller Blüte; **they were in ~ flight** *(fleeing)* sie flohen, so schnell sie konnten; *(impressive)* sie waren in Hochform; **this will require a ~ day's work** dazu braucht man einen ganzen Tag; **~ member** Vollmitglied, *das*; **~ membership** Vollmitgliedschaft, *die*; **in ~ possession of one's faculties** im Vollbesitz seiner Kräfte; **in ~ view of sb.** [direkt] vor jmds. Augen; **we were in ~ view of the house** wir konnten vom Haus aus ohne weiteres gesehen werden; **the ship came into ~ view** man konnte das Schiff allmählich richtig sehen; **at ~ speed** mit Höchstgeschwindigkeit; **~ speed** *or* **steam ahead!** *(lit. or fig.)* volle Kraft *od.* Volldampf voraus!; **the machine was operating at ~ capacity** die Maschine lief auf Hochtouren; **the team/cabinet was at ~ strength** die Mannschaft spielte in ihrer besten Besetzung/das Kabinett war vollzählig; **bound in ~ leather** in Ganzleder gebunden; **pay the ~ fare** voll bezahlen; den vollen Fahrpreis bezahlen; **~ name** voller Name; **~ sister/brother** leibliche Schwester/ leiblicher Bruder; **e)** *(intense in quality)* hell, voll ⟨*Licht*⟩; satt ⟨*Farbe*⟩; voll ⟨*Klang, Stimme, Aroma*⟩; **f)** *(rounded, plump)* voll ⟨*Gesicht, Busen, Lippen, Mund*⟩; füllig ⟨*Figur*⟩; weit geschnitten ⟨*Rock*⟩; voll ⟨*Segel*⟩; **be ~ in the face** ein volles Gesicht haben. **2.** *n.* **a) in ~**: vollständig; **write your name [out] in ~**: schreiben Sie Ihren Namen aus; **b) satisfy sb./enjoy sth. to the ~**: jmdn. vollauf zufriedenstellen/etw. in vollen Zügen genießen; **c) the moon is at/past the ~**: es ist Vollmond/abnehmender Mond. **3.** *adv.* **a)** *(very)* **know ~ well that ...**: ganz genau *od.* sehr wohl wissen, daß ...; **b)** *(exactly, directly)* genau; voll *(ugs.)*; **~ in the face** direkt ins Gesicht ⟨*schlagen, scheinen*⟩; **look sb. ~ in the face** jmdn. voll ansehen

²**full** *v. t.* *(Textiles)* walken ⟨*Tuche*⟩

full: **~ 'age** *n.* Volljährigkeit, *die*; **~ back** *n.* *(Sport)* Verteidiger, *der*/Verteidigerin, *die*; **~-blooded** ['fʊlblʌdɪd] *adj.* **a)** *(pure-bred)* reinrassig ⟨*Tier*⟩; reinblütig ⟨*Mensch*⟩; **b)** *(vigorous, hearty, sensual)* vollblütig; **~-blown** *adj.* **a)** *(at height of bloom)* voll aufgeblüht; **b)** *(fig.)* ausgewachsen ⟨*Skandal*⟩; ausgereift ⟨*Theorie*, *Plan, Gedanke*⟩; umfassend ⟨*Bericht*⟩; **'board** *n.* Vollpension, *die*; **~-bodied** *adj.* vollmundig, *(fachspr.)* weinreich ⟨*Wein*⟩; voll ⟨*Ton, Klang*⟩; **~-cream** *adj.* **~-cream milk/cheese** Vollmilch, *die*/Vollfettkäse, *der*; **~ 'dress** *n.* Gesellschaftsanzug, *der*; **~-dress** *adj.* Gala⟨*uniform, -diner*⟩; *(fig.)* großangelegt ⟨*Veranstaltung*⟩; **~-dress occasion** feierliche Veranstaltung; **~ em'ployment** *n.* Vollbeschäftigung, *die*

fuller's earth [fʊləz 'ɜːθ] *n.* *(Min.)* Fullererde, *die*; Walkerde, *die*

full: **~ face** *n.* *(Art, Photog.)* **in ~ face** en face; **~-face** *adj.* *(Art, Photog.)* En-face-; **2.** *adj.* **a)** *(Art, Photog.)* En-face-; **b)** **~-face helmet** Integralhelm, *der*; **~-faced** *adj.* mit vollem Gesicht *nachgestellt*; **~-grown** *adj.* ausgewachsen ⟨*Mensch, Tier*⟩; **~ 'house** *n.* **a)** *(Theatre)* ausverkauftes *od.* volles Haus; **play to ~ houses every night** jeden Abend vor ausverkauftem Haus spielen; **b)** *(Poker)* Full house, *das*; *(Bingo)* Voll, *das*; **~ 'length 1.** *n.* **at ~ length** *(in ~ detail)* in aller Ausführlichkeit; *(unabridged)* ungekürzt; **[stretched out] at ~ length** der Länge nach *od. (ugs.)* längelang ausgestreckt; **2.** *adv.* längelang *(ugs.)*, der Länge nach ⟨*hinfallen, liegen*⟩; **~-length** *adj.* abendfüllend ⟨*Film, Theaterstück*⟩; **~-length** größerer Roman; **~-length mirror** großer Spiegel *(in dem man sich ganz sehen kann)*; **~-length portrait** Ganzporträt, *das*; **~-length dress** langes Kleid; **~ 'marks** *n. pl., no art.* die höchste Bewertung; *(Sch., Univ.)* die besten Noten; **~ marks!** *(fig. coll.)* ausgezeichnet!; **you get ~ marks for observation** das hast du ausgezeichnet beobachtet; **give sb. ~ marks** *(fig.)* jmdm. höchstes Lob zollen; **~ 'moon** *n.* Vollmond, *der*

fullness ['fʊlnɪs] *n., no pl.* *(of skirt)* weiter Schnitt; *(of figure)* Fülligkeit, *die*; *(of face)* Rundheit, *die*; **a feeling of ~**: ein Völlegefühl, *das*; **in the ~ of time** *(literary)* wenn die Zeit dafür gekommen ist/als die Zeit dafür gekommen war

full: **~-page** *adj.* ganzseitig; **~ pitch** *see* **toss**; **~ 'play** *n.* **give sb. ~ play** einer Sache *(Dat.)* freien Lauf lassen; **give sb. ~ play** jmdn. völlig freie Hand lassen; **~ 'point** *n.* Punkt, *der*; **~ pro'fessor** *n.* ordentlicher Professor; **~-scale** *adj.* **a)** in Originalgröße *nachgestellt*; **b)** großangelegt ⟨*Werbekampagne, Untersuchung, Suchaktion*⟩; umfassend ⟨*Umarbeitung, Revision*⟩; **a ~-scale war/novel** ein richtiger Krieg/größerer Roman; **~ 'score** *n.* *(Mus.)* Partitur, *die*; **~-size** *see* **-size**; **~ 'stop** *n.* Punkt, *der*; **b)** *(fig. coll.)* **come to a ~ stop** zum Stillstand kommen; **I'm not going, ~ stop** ich gehe nicht, [und damit] basta! *(ugs.)*; **~ 'time 1.** *adv.* ganztags ⟨*arbeiten*⟩; **2.** *n.* *(Sport)* Spielende, *das*; **~-time** *adj.* ganztägig; Ganztags⟨*arbeit, -beschäftigung*⟩; **sb. is ~-time** jmd. arbeitet ganztags; **~-time teacher** Lehrer mit vollem Deputat; **this is a ~-time job** *(fig.)* das hält einen den ganzen Tag auf Trab *(ugs.)*; **~-'timer** *n.* Ganztagsbeschäftigte, *der/die*; **become a ~-timer** anfangen, ganztags zu arbeiten; **~ 'toss** *(Cricket)* *n.* Ball, der den Schlagmann erreicht, ohne den Boden zu berühren

fully ['fʊlɪ] *adv.* **a)** voll [und ganz]; fest ⟨*entschlossen*⟩; reich ⟨*belohnt*⟩; ausführlich ⟨*erklären usw.*⟩; **~ convinced** restlos überzeugt; **b)** *(at least)* **~ two hours** volle zwei Stunden; **~ three weeks ago** vor gut drei Wochen

fully: **~-fledged** *attrib. adj.* flügge ⟨*Vogel*⟩; *(fig.)* [ganz] selbständig; **~-qualified** *attrib. adj.* vollqualifiziert

fulmar ['fʊlmə(r)] *n.* *(Ornith.)* Eissturmvogel, *der*

fulminate ['fʌlmɪneɪt] *v. i.* *(protest)* **~ against sb./sth.** gegen jmdn./etw. Sturm laufen

fulsome ['fʊlsəm] *adj.* übertrieben, *(ugs. abwertend)* dick aufgetragen ⟨*Lob, Kompliment, Schmeichelei*⟩

fulsomely ['fʊlsəmlɪ] *adv.* übertrieben ⟨*loben, schmeicheln*⟩

fumble ['fʌmbl] **1.** *v. i.* **~ at** *or* **with** [herum]fingern an *(+ Dat.)*; **~ with one's papers** in seinen Papieren kramen *(ugs.)*; **~ in one's pockets for sth.** in seinen Taschen nach etw. fingern *od. (ugs.)* kramen; **~ for the lightswitch** nach dem Lichtschalter tasten; **~ [about** *or* **around] in the dark** im Dunkeln herumtasten; **~ [about] for the right words** *(fig.)* nach den richtigen Worten suchen. **2.** *v. t.* **a)** nesteln an *(+ Dat.)*; **b)** *(Games)* nicht sicher fangen ⟨*Ball*⟩

fume [fjuːm] **1.** *n.* **a)** *in pl.* **petrol/ammonia ~s** Benzin-/Ammoniakdämpfe; **~s of wine/ whisky** Alkohol-/Whiskydunst, *der*; [cigarette/cigar] **~**: [Zigaretten-/Zigarren]rauch, *der*; **b)** *(fit of anger)* **be in a ~**: vor Wut schäumen. **2.** *v. i.* **a)** ⟨*Feuer, Ofen:*⟩ rauchen; **b)** *(be angry)* vor Wut schäumen; **~ at** *or* **over sb.** auf *od.* über jmdn. wütend sein; **~ at** *or* **over** *or* **about sth.** wegen etw. wütend sein. **3.** *v. t.* **~d oak** geräuchertes Eichenholz *(Holzverarb.)*

fumigate ['fjuːmɪɡeɪt] *v. t.* **a)** ausräuchern; **b)** *(apply fumes to)* begasen ⟨*Pflanzen*⟩

fumigation [fjuːmɪ'ɡeɪʃn] *n. see* **fumigate:** Ausräucherung, *die*; Begasung, *die*

fun [fʌn] **1.** *n.* Spaß; **be half the ~**: [mit] das Schönste sein; **have ~ doing sth.** Spaß daran haben, etw. zu tun; **I/we had great ~ playing with the dog** es hat [mir/uns] viel Spaß gemacht, mit dem Hund zu spielen; **have ~!** viel Spaß!; **[are you] having ~?** *(iron.)* macht Spaß, was? *(ugs. iron.)*; **we'll have great ~**: es wird bestimmt sehr lustig; **I was just having a bit of ~**: ich habe nur Spaß gemacht; **be full of ~**: ein fröhliches Wesen haben; ⟨*Tier:*⟩ sehr verspielt sein; **make ~ of** *or* **poke ~ at sb./sth.** sich über jmdn./etw. lustig machen; **in ~**: im Spaß; **the things he said were only in ~**: was er gesagt hat, war nur Spaß; **for ~, for the ~ of it** zum Spaß; **what ~!** toll!; wie schön!; **spoil the** *or* **sb.'s ~**: jmdm. den Spaß verderben; **sounds like ~!** das wird sicher toll werden!; **like ~** *(very much)* wie verrückt *(salopp)*; *(iron.: not at all)* von wegen!; **sth. is [good** *or* **great/no]** **~**: etw. macht [keinen/keinen] Spaß; **he is [good** *or* **great] ~ to have at a party** eine Party mit ihm ist immer sehr lustig; **sb. is [great] /no ~ to be with** es macht [großen] Spaß/keinen Spaß, mit jmdm. zusammenzusein; **it's no ~ being unemployed** es ist kein Vergnügen, arbeitslos zu sein; **~ and games** *(coll.)* Vergnügungen, *pl.*; **we had the usual ~ and games with him** *(iron.: trouble)* wir hatten wieder das übliche Theater mit ihm *(ugs.)*; **enjoy** *or* **have the ~ of the fair** *(fig.)* sich vergnügen; *see also* **figure 1 d**. **2.** *adj. (coll.)* lustig; amüsant; **have a ~ time at a party** sich auf einer Party gut amüsieren

function ['fʌŋkʃn] **1.** *n.* **a)** Aufgabe, *die*; **in his ~ as surgeon** in seiner Funktion *od.* Eigenschaft als Chirurg; **b)** *(mode of action)* Funktion, *die*; **c)** *(formal event)* Veranstaltung, *die*; *(reception)* Empfang, *der*; *(official ceremony)* Feierlichkeit, *die*; **d)** *(Math.)* Funktion, *die*. **2.** *v. i.* ⟨*Maschine, System, Organisation:*⟩ funktionieren; ⟨*Organ:*⟩ arbeiten; **~ as** *(have the ~ of)* fungieren als; *(serve as)* dienen als; **I just don't ~ early in the morning** *(coll.)* am frühen Morgen bin ich zu nichts zu gebrauchen

functional ['fʌŋkʃənl] *adj.* **a)** *(with regard mainly to use)* funktionell; funktional ⟨*Erziehung*⟩; **~ building** Zweckbau, *der*; **b)** *(able to operate* or *work)* funktionsfähig; **~ again** wieder funktionieren; **c)** *(Physiol.)* **~ disease** Funktionsstörung eines Organs

functionalism ['fʌŋkʃənəlɪzm] *n.* Funktionalismus, *der*

functionally ['fʌŋkʃənəlɪ] adv. funktionell
functionary ['fʌŋkʃənərɪ] n. Funktionär, der/Funktionärin, die
fund [fʌnd] 1. n. a) (collection of money) Fonds, der; b) (fig.: stock, store) Fundus, der (of von, an + Dat.); c) in pl. (resources) Mittel Pl.; Gelder Pl.; **public ~s** öffentliche Mittel; **be in ~s** bei Kasse sein (ugs.); **be pressed for** or **short of ~s** knapp od. schlecht bei Kasse sein (ugs.). 2. v. t. a) finanzieren; b) (invest) anlegen; investieren
fundamental [fʌndə'mentl] 1. adj. a) grundlegend (to für); fundamental, grundlegend ⟨Unterschied, Bedeutung, Bestandteil⟩; elementar ⟨Bedürfnisse⟩; (primary, original) Grund⟨struktur, -form, -typus⟩; b) (Mus.) ~ **note** Grundton, der; (Acoustics) ~ **tone** Grundton, der. 2. n. a) in pl. Grundlage, die; Fundament, das; b) (Mus.) (note) Grundton, der; (tone) Fundamentalbaß, der
fundamentalism [fʌndə'mentəlɪzm] n. Fundamentalismus, der
fundamentalist [fʌndə'mentəlɪst] n. Fundamentalist, der/Fundamentalistin, die
fundamentally [fʌndə'mentəlɪ] adv. grundlegend; von Grund auf ⟨verschieden, ehrlich⟩; völlig ⟨abhängig⟩; **I am ~ opposed to this** ich bin grundsätzlich dagegen; **man is ~ good/evil** der Mensch ist von Natur aus gut/böse
fundamental 'particle see **elementary particle**
funeral ['fju:nərl] n. a) Beerdigung, die; Beisetzung, die (geh.); b) (procession) Leichenzug, der (geh.); Trauerzug, der; c) attrib. ~ **director** Bestattungsunternehmer, der; ~ **home** (Amer.) or **parlour** Bestattungsunternehmen, das; ~ **march** Trauermarsch, der; ~ **procession** Leichenzug, der (geh.) Trauerzug, der; ~ **service** Trauerfeier, die; ~ **pile** or **pyre** Scheiterhaufen, der; ~ **expenses** Bestattungskosten Pl.; d) (sl.: one's concern) **that's his/not my ~**: das ist sein/ nicht mein Problem; e) (Amer.: service) Trauerfeier, die; **preach sb.'s ~**: die Trauerfeier für jmdn. abhalten
funereal [fju:'nɪərɪəl] adj. a) (of funeral) Trauer-; b) (gloomy) düster; ~ **voice** Grabesstimme, die (ugs.); ~ **expression** Trauermiene, die (ugs.); trauervolle Miene; ~ **pace** Geschwindigkeit eines Trauerzuges
'fun-fair n. (Brit.) Jahrmarkt, der
fungal ['fʌŋgl] see **fungous**
fungicide ['fʌndʒɪsaɪd] n. (Hort.) Fungizid, das; (Pharm.) Antimykotikum, das
fungous ['fʌŋgəs] adj. pilzartig; (Med.) ~ **infection** Pilzinfektion, die
fungus ['fʌŋgəs] n., pl. **fungi** ['fʌŋgaɪ, 'fʌndʒaɪ] or **~es** a) Pilz, der; b) (Med.) Hautpilz, der; (disease of fish) Fischschimmel, der; d) (sl.: beard) **[face-] ~**: Sauerkohl, der (salopp scherzh.)
funicular [railway] [fju:'nɪkjʊlə(r) (reɪlweɪ)] n. [Stand]seilbahn, die
funk [fʌŋk] (sl.) 1. n. Bammel, der (salopp); Schiß, der (salopp); **be in/go into a [blue] ~**: [mächtig] Bammel od. Schiß haben/kriegen (salopp); **put sb. in a [blue] ~**: jmdm. Angst einjagen. 2. v. t. kneifen vor (+ Dat.) (ugs.); **he ~ed it** er hat gekniffen (ugs.)
funky ['fʌŋkɪ] adj. (sl.) irre (salopp) ⟨Musik⟩
'fun-loving adj. lebenslustig
funnel ['fʌnl] 1. n. a) (cone) Trichter, der; b) (of ship etc.) Schornstein, der. 2. v. t. (Brit.) -ll- konzentrieren ⟨Aufmerksamkeit, Anstrengung, Bemühungen⟩; schleusen ⟨Daten, Verkehr⟩; lenken ⟨Verkehr⟩. 3. v. i. (Brit.) -ll- strömen
funnily ['fʌnɪlɪ] adv. komisch; ~ **enough** komischerweise (ugs.)
funny ['fʌnɪ] adj. a) (comical) komisch; lustig; witzig ⟨Mensch, Einfall, Bemerkung⟩; **are you being** or **trying to be ~?** das soll wohl ein Witz sein?; b) (strange) komisch; seltsam; **don't get any ~ ideas** (coll.)

komm bloß nicht auf komische Gedanken! (ugs.); **be ~ about money** in Gelddingen komisch od. eigen sein; **that's ~, he's gone** komisch, er ist weg; **the ~ thing 'is that ...**: das Komische [daran] ist, daß ...; **have a ~ feeling that ...**: das komische Gefühl haben, daß ...; **there's something ~ going on here** hier ist doch was faul (ugs.); c) (coll.: unwell) **I feel ~**: mir ist komisch od. (ugs.) blümerant; **he's a bit ~ in the head** er ist nicht ganz richtig im Kopf (ugs.). 2. n. (coll.) **a)** in pl. (comic section) Comicseite, die; b) (joke) Witz, der
funny: **~-bone** n. (Anat.) Musikantenknochen, der; ~ **business** n. a) (comic behaviour) Alberei, die; b) (sl.: misbehaviour, deception) krumme Touren (ugs.); ~**-face** n. (joc./coll.) Krümel, der (fam.); ~**-ha-'ha** adj. (coll.) [zum Lachen] komisch; ~ **man** n. Komiker, der; ~**-pe'culiar** adj. (coll.) seltsam
fur [fɜ:(r)] 1. n. a) (coat of animal) Fell, das; (for or as garment) Pelz, der; **trimmed/lined with ~**: mit Pelz besetzt od. verbrämt/gefüttert; **make the ~ fly** (fig.) hohe Wellen schlagen; attrib. ~ **coat/hat** Pelzmantel, der/-mütze, der; ~ **rug** Fell, das (als Vorleger); b) (coating) Belag, der; (formed by hard water) Wasserstein, der; (in kettle) Kesselstein, der. 2. v. t. -**rr**-: **hard water will ~ [up] the kettle/pipes** bei hartem Wasser bildet sich Kesselstein im Kessel/Wasserstein in den Rohren. 3. v. i. **-rr-: the kettle has/pipes have ~red [up]** im Kessel hat sich Kesselstein/in den Rohren hat sich Wasserstein gebildet
furbelow ['fɜ:bɪləʊ] n. **frills** and **~s** (lit. or fig.) Kinkerlitzchen Pl. (ugs. abwertend)
furbish ['fɜ:bɪʃ] v. t. blank reiben; polieren
'fur-clad adj. in Pelz gekleidet
furious ['fjʊərɪəs] adj. wütend; heftig ⟨Streit, Kampf, Sturm, Lärm⟩; wild ⟨Tanz, Sturm, Tempo, Kampf⟩; **be ~ with sb./at sth.** wütend auf jmdn./über etw. (Akk.) sein; **the fun was fast and ~**: der Spaß war in vollem Gange
furiously ['fjʊərɪəslɪ] adv. wütend; wild ⟨kämpfen, tanzen⟩; wie wild (ugs.)⟨arbeiten, in die Pedale treten⟩; heftig ⟨erröten, kämpfen⟩
furl [fɜ:l] v. t. einrollen ⟨Segel, Flagge⟩; zusammenrollen ⟨Schirm⟩
furlong ['fɜ:lɒŋ] n. Achtelmeile, die
furlough ['fɜ:ləʊ] n. (Mil.) Urlaub, der; **be/go on ~** Urlaub haben/in Urlaub gehen
furnace ['fɜ:nɪs] n. Ofen, der; (blast-~) Hochofen, der; (smelting-~) Schmelzofen, der; (pottery-kiln) Brennofen, der; **this room is like a ~**: hier ist eine Hitze wie im Treibhaus od. Backofen
furnish ['fɜ:nɪʃ] v. t. a) möblieren; **live in ~ed accommodation** möbliert wohnen; ~**ing fabrics** Möbel- und Vorhangstoffe; b) (provide, supply) liefern ⟨Vorräte⟩; ~ **sb. with sth.** jmdm. etw. liefern; **the army was ~ed with supplies** die Armee wurde mit Vorräten versorgt od. beliefert
furnishings ['fɜ:nɪʃɪŋz] n. pl. Einrichtungsgegenstände, including ~ **and fittings** mit kompletter Einrichtung
furniture ['fɜ:nɪtʃə(r)] n., no pl. Möbel Pl.; **piece of ~**: Möbel[stück], das; **the house has hardly any ~**: das Haus ist kaum eingerichtet; **a bed and a chair were all the ~**: ein Bett und ein Stuhl waren das ganze Mobiliar; **be [a] part of the ~** (fig. coll.) zum lebenden Inventar gehören (scherzh.)
furniture: ~ **beetle** n. Totenuhr, die; ~ **polish** n. Möbelpolitur, die; ~ **van** n. Möbelwagen, der
furore [fjʊə'rɔ:rɪ] n. (Amer.: **furor** ['fjʊərɔ:(r)]) n. **create** or **cause a ~**: Furore machen; (cause a scandal) einen Skandal verursachen; **when the ~ died down** als allmählich Gras über die Sache gewachsen war

furred [fɜ:d] adj. (Med.) belegt ⟨Zunge⟩
furrier ['fʌrɪə(r)] n. (dresser) Kürschner, der/Kürschnerin, die; (dealer) Pelzhändler, der/-händlerin, die
furrow ['fʌrəʊ] 1. n. (lit. or fig.) Furche, die; **cut a ~ through the waves** ⟨Schiff:⟩ hohe Wellen durchpflügen; see also **plough** 2c. 2. v. t. a) (plough) pflügen; b) (make ~s in) durchpflügen; c) (mark with wrinkles) ~**ed face** zerfurchtes Gesicht
furry ['fɜ:rɪ] adj. haarig; flauschig ⟨Mantel, Stofftier⟩; belegt ⟨Zunge⟩; **it has a ~ feel** es fühlt sich weich und flauschig an
further ['fɜ:ðə(r)] adj. compar. of **far**: a) (of two) ander...; (in space) weiter entfernt; **on the ~ bank of the river/side of town** am anderen Ufer/Ende der Stadt; b) (additional) weiter...; **till ~ notice/orders** bis auf weiteres; **I could eat this until ~ orders** (fig. joc.) ich könnte das bis in alle Ewigkeit essen (ugs.); **will there be anything ~?** darf es noch etwas sein?; **haben Sie sonst noch einen Wunsch?**; ~ **details** or **particulars** weitere od. nähere Einzelheiten. 2. adv. compar. of **far**: a) weiter; **before it goes any ~**: bevor es sich weiter ausbreitet; **not let it go any ~**: es nicht weitersagen; **one could go ~ and fare worse** es gibt Schlimmeres; **he never got ~ than secondary school** er ist über die Hauptschule nicht hinausgekommen; **until you hear ~ from us** bis Sie wieder von uns hören; **nothing was ~ from my thoughts** nichts lag ihm ferner; b) (moreover) außerdem; c) (euphem.: in hell) **I'll see you/him etc. ~ first!** ich denke nicht im Traum daran! 3. v. t. fördern; **in order to ~ one's career** um beruflich voranzukommen
furtherance ['fɜ:ðərəns] n., no pl. Förderung, die; Unterstützung, die; **in ~ of sth.** zur Förderung od. Unterstützung einer Sache (Gen.)
further edu'cation n. Weiterbildung, die; (for adults also) Erwachsenenbildung, die
furthermore [fɜ:ðə'mɔ:(r)] adv. außerdem; überdies
furthermost ['fɜ:ðəməʊst] adj. äußerst...; entlegenst...; **to the ~ ends of the earth** bis ans Ende der Welt
furthest ['fɜ:ðɪst] 1. adj. superl. of **far** am weitesten entfernt; **take sb. to ~ Siberia** jmdn. ins hinterste Sibirien bringen; **to the ~ ranks of the kingdom** bis in die entferntesten Winkel des Königreichs; **ten miles at the ~**: höchstens zehn Meilen. 2. adv. superl. of **far** am weitesten entfernt ⟨springen, laufen⟩; am weitesten entfernt ⟨sein, wohnen⟩
furtive ['fɜ:tɪv] adj. verstohlen; **the fox is ~ in its movements** der Fuchs bewegt sich unauffällig; **he is a ~ person** er wirkt schuldbewußt und bemüht, nicht aufzufallen
furtively ['fɜ:tɪvlɪ] adv. verstohlen
fury ['fjʊərɪ] n. a) Wut, die; (of storm, sea, battle, war) Wüten, das; ~: wütend; **in a terrible ~**: in heller Wut; **in a blind ~**: blindwütig; **fly into a/be in a ~**: einen Wutanfall bekommen/haben; **exposed to the ~ of the elements** dem Wüten der Elemente ausgeliefert; b) **like ~** (coll.) wie (ugs.); c) **Furies** (Mythol.) Furien, die; **[avenging] furies** Rachegeister
furze [fɜ:z] n. (Brit. Bot.) Stechginster, der
¹fuse [fju:z] 1. v. t. a) (blend) verschmelzen (into zu); b) (melt) schmelzen. 2. v. i. a) (blend) ~ **together** miteinander verschmelzen; ~ **with sth.** (fig.) sich mit etw. verbinden; b) (melt) schmelzen
²fuse 1. n. [time-]~: [Zeit]zünder, der; (cord) Zündschnur, die; **be on a short ~** (fig.) leicht explodieren (fig.). 2. v. t. ~ **a bomb** etc. einen Zünder an einer Bombe usw. anbringen
³fuse (Electr.) 1. n. Sicherung, die. 2. v. t. a) ~ **the lights** die Sicherung durchbrennen lassen; b) (provide with ~) mit einer Siche-

fuse-box n. (Electr.) Sicherungskasten, der
fuselage ['fju:zəlɑ:ʒ] n. (Aeronaut.) [Flugzeug]rumpf, der
fusible ['fju:zɪbl] adj. schmelzbar
fusillade [fju:zɪ'leɪd] n. Gewehrfeuer, das
fusion ['fju:ʒn] n. **a)** (blending) Verschmelzung, die; (fig.) (of political groups, enterprises) Verbindung, die; Fusion, die; (of ideas, ideologies, races) Verschmelzung, die; **b)** (melting) Schmelzen, das; **c)** (Phys.) Fusion, die
fuss [fʌs] **1.** n. Theater, das (ugs.); **stop this silly ~!** hör mit dem Theater auf! (ugs.); **~ and bother** Rummel, der (ugs.); **without any ~:** ohne großes Theater (ugs.); **kick up a ~ [about sth.]** Aufhebens [von etw.] od. einen Wirbel [um etw.] machen; **make a ~ of** or **over** [einen] Wirbel machen um ⟨Person, Tier⟩; **he is made a ~ of** um ihn wird Wirbel gemacht. **2.** v. i. Wirbel machen; (get agitated) sich [unnötig] aufregen; **she is always ~ing over sb./sth.** sie macht immer ein Theater mit jmdm./etw. (ugs.). **3.** v. t. **don't ~~ me!** mach mich nicht verrückt! (ugs.)
fussily ['fʌsɪlɪ] adv. **a)** (bustlingly) übereifrig; rührig; **b)** (fastidiously) mäklig (ugs.); **c)** (with undue detail) überladen
'**fuss-pot** n. (coll.) **be a ~:** Theater machen (ugs.); **don't be a ~:** mach kein Theater! (ugs.)
fussy ['fʌsɪ] adj. **a)** (bustling) übereifrig; rührig; (easily flustered) reizbar; überempfindlich; **don't be so ~!** mach nicht so ein Theater! (ugs.); **b)** (fastidious) eigen; penibel; **be ~ about one's food** or **what one eats** mäklig im Essen sein (ugs.); **I'm not ~** (in answer: I don't mind) ich bin nicht wählerisch; **c)** (full of undue detail) überladen, (full of unnecessary decoration) verspielt
fusty ['fʌstɪ] adj. **a)** (mouldy) schimmelig; **b)** (stuffy) muffig; **c)** (old-fashioned) verstaubt
futile ['fju:taɪl] adj. vergeblich ⟨Versuch, Bemühungen, Vorschlag usw.⟩; zum Scheitern verurteilt ⟨Plan, Vorgehen usw.⟩
futilely ['fju:taɪlɪ] adv. vergeblich
futility [fju:'tɪlɪtɪ] n., no pl. (of effort, attempt, etc.) Vergeblichkeit, die; (of plan) Zwecklosigkeit, die; (of war) Sinnlosigkeit, die
futon ['fu:tɒn] n. Futon, der
future ['fju:tʃə(r)] **1.** adj. **a)** [zu]künftig; **at some ~ date** zu einem späteren Zeitpunkt; **b)** (Ling.) futurisch; **~ tense** Futur, das; Zukunft, die; see also **perfect 1 h**; **c)** the **~ life** das Leben im Jenseits; das Leben nach dem Tod. **2.** n. **a)** Zukunft, die; **sth. is a thing of the ~:** etw. ist Zukunftsmusik; **what will her ~ be?** wie wird ihre Zukunft aussehen?; **a man with a ~:** ein Mann mit Zukunft; **in ~:** in Zukunft; künftig; **in the distant ~:** in ferner Zukunft; **sth. is still very much in the ~:** etw. liegt noch in weiter Ferne; **see sb. in the near ~:** jmdn. demnächst sehen; **there's no/little ~ in it** das hat keine/ wenig Zukunft; **b)** (Ling.) Futur, das; Zukunft, die; **c)** in pl. (Commerc.) Terminware, die; (contracts) Lieferungsverträge
future 'shock n. Zukunftsschock, der
futurism ['fju:tʃərɪzm] n. Futurismus, der
futuristic [fju:tʃə'rɪstɪk] adj. futuristisch
futurology [fju:tʃə'rɒlədʒɪ] n. Futurologie, die
fuze (Amer.) see ²**fuse**
fuzz [fʌz] n. **a)** (fluff) Flaum, der; **b)** (frizzy hair) Kraushaar, das; **a ~ of black curls** schwarzes Kraushaar; **c)** no pl. (sl.) (police) Polente, die (salopp); (policeman) Polyp, der (salopp)
fuzzy ['fʌzɪ] adj. **a)** (like fuzz) flaumig; **b)** (frizzy) kraus; wuschelig (ugs.); **c)** (blurred) verschwommen; unscharf
fuzzy-wuzzy ['fʌzɪwʌzɪ] n. (sl. derog.) Krauskopf, der

G

G, g [dʒi:] n., pl. **Gs** or **G's a)** (letter) G, g, das; **b) G** (Mus.) G, g, das; **G sharp** gis, Gis, das; **G flat** ges, Ges, das
g. abbr. **a) gram[s]** g; **b) gravity** g
gab [gæb] (coll.) **1.** n. Gequatsche, das (ugs. abwertend); **have the gift of the ~:** reden können. **2.** v. i. **-bb-** quatschen (salopp)
gabardine ['gæbədi:n] n. Gabardine, der; **~ [coat/suit]** Gabardinemantel/-anzug, der
gabble ['gæbl] **1.** v. i. (inarticulately) brabbeln (ugs.); (volubly) schnattern (fig.). **2.** v. t. herunterschnurren (salopp) ⟨Gebet, Gedicht⟩; herunterhaspeln (ugs.) ⟨Entschuldigung⟩. **3.** n. Gebrabbel, das (ugs.)
gable ['geɪbl] n. **a)** Giebel, der; **b)** see **gable-end**
gabled ['geɪbld] adj. giebelt; Giebel⟨dach, -haus⟩
'**gable-end** n. Giebelseite, die
Gabon [gə'bɒn] pr. n. Gabun (das)
¹**gad** [gæd] int. **[by] ~!** bei Gott!
²**gad** v. i. **-dd-** (coll.) **~ about** or **around** herumziehen; sich herumtreiben (ugs. abwertend); **~ about** or **around the country** im Land herumreisen
'**gadabout** (coll.) n. Herumtreiber, der/ -treiberin, die (ugs. abwertend)
'**gadfly** n. Bremse, die
gadget ['gædʒɪt] n. Gerät, das; (larger) Apparat, der; **~s** (derog.: knick-knack) [technischer] Krimskrams (ugs.)
gadgetry ['gædʒɪtrɪ] n., no pl. [hochtechnisierte] Ausstattung
Gael [geɪl] n. Gäle, der/Gälin, die
Gaelic ['geɪlɪk, 'gælɪk] **1.** adj. gälisch; see also **English 1**. **2.** n. Gälisch, das; see also **English 1**
Gaelic 'coffee n. Irish coffee, der
¹**gaff** [gæf] **1.** n. **a)** (Fishing) Speer, der; (stick with iron hook) Gaff, der; **b)** (Naut.) Gaffel, die. **2.** v. t. mit dem Speer/Gaff erlegen
²**gaff** n. (sl.) **blow the ~:** plaudern **(on** über + Akk.); **I'm not going to blow the ~:** ich werde dichthalten (ugs.); **stand the ~** (Amer.) durchhalten; **stand the ~ for sth.** etw. büßen
gaffe [gæf] n. Fauxpas, der; Fehler, der; **make** or **commit a ~:** einen Fauxpas begehen; ins Fettnäpfchen treten (ugs. scherzh.)
gaffer ['gæfə(r)] n. (coll.) **a)** (old fellow) Alte, der; **some old ~:** so'n alter Typ (ugs.); **b)** (Brit.: foreman) Vorarbeiter, der
gag [gæg] **1.** n. **a)** Knebel, der; (Med.) Mundsperrer, der; **b)** (joke) Gag, der. **2.** v. t. **-gg-: a) ~ sb.** jmdn. knebeln; (Med.) jmdm. einen Mundsperrer anlegen; (fig.: silence sb.) jmdn. zum Schweigen bringen; **b)** (cause to choke or retch) **~ sb.** jmdn. würgen. **3.** v. i. **-gg-: a)** Späße machen, witzeln; **b)** (choke, retch) würgen
gaga ['gɑ:gɑ:] adj. (sl.) übergeschnappt (ugs.); (senile) senil, (ugs.) verkalkt; **be [a bit] ~:** nicht mehr ganz dicht sein (ugs.); **go ~:** überschnappen (ugs.); (become senile) senil werden, (ugs.) verkalken; **she is really ~ about him** sie ist total vernarrt in ihn (ugs.)
gage (Amer./Naut.) see **gauge**
gaggle ['gægl] n. **a) ~ [of geese]** Schar [Gänse], die; (fig.: disorderly group) Schwarm, der; Pulk, der
gaiety ['geɪətɪ] n., no pl. **a)** Fröhlichkeit, die; **b)** (merry-making) Festivität, die; Vergnügung, die
gaily ['geɪlɪ] adv. **a)** (merrily) fröhlich; **b)** (brightly, showily) in leuchtenden Farben ⟨gekleidet, bemalt, geschmückt⟩; **~ coloured** farbenfroh; **c)** (airily, without thinking) fröhlich; unbekümmert
gain [geɪn] **1.** n. **a)** Gewinn, der; **be to sb.'s ~:** für jmdn. von Vorteil sein; **ill-gotten ~s** unrechtmäßig erworbener Besitz; see also **capital gain**; **b)** (increase) Zunahme, die (**in** an + Dat.); **a ~ of ten kilograms in weight** eine Gewichtszunahme von zehn Kilogramm; **a ~ in efficiency/value** eine Effektivitäts-/Wertsteigerung, die. **2.** v. t. **a)** (obtain) gewinnen, finden ⟨Zugang, Zutritt⟩; sich (Dat.) schaffen ⟨Feind⟩; erwerben ⟨Wissen, Ruf⟩; sich einen ⟨Vorteil, Punkte⟩; verdienen ⟨Lebensunterhalt, Geldsumme⟩; erreichen ⟨Ziel⟩; **~ possession of sth.** in den Besitz einer Sache (Gen.) kommen; **~ nothing** nichts erreichen; **~ time** Zeit gewinnen; **b)** (win) gewinnen ⟨Preis, Schlacht⟩; erringen ⟨Sieg⟩; **c)** (obtain as increase) **~ weight/five pounds [in weight]** zunehmen/fünf Pfund zunehmen; **~ speed** schneller werden; **~ momentum** in Schwung kommen; ⟨Idee:⟩ an Boden gewinnen; **d)** (reach) gewinnen (geh.), erreichen ⟨Gipfel, Ufer⟩; **e)** (become fast by) ⟨Uhr:⟩ vorgehen um ⟨zwei Minuten täglich⟩. See also ¹**ground 1 b**; **upper 1 a**. **3.** v. i. **a)** (make a profit) **~ by sth.** von etw. profitieren; bei etw. gewinnen; **~ in influence/prestige** an Einfluß/Prestige gewinnen; **~ in health/speed/wealth/wisdom** gesünder/schneller/reicher/weiser werden; **~ in knowledge** sein Wissen vergrößern; **~ in weight** zunehmen; **b)** (be improved) gewinnen; **~ by comparison** durch einen Vergleich gewinnen; **c)** (become fast) ⟨Uhr:⟩ vorgehen; **d) ~ [up]on sb.** (come closer) jmdm. [immer] näher kommen; (increase lead) den Vorsprung zu jmdm. vergrößern
gainful ['geɪnfl] adj. bezahlt; (profitable) gewinnbringend; **~ employment** Erwerbstätigkeit, die
gainfully ['geɪnfəlɪ] adv. **~ employed** erwerbstätig
gainsay [geɪn'seɪ] v. t., **gainsaid** [geɪn'seɪd, geɪn'sed] (arch./literary) leugnen
gait [geɪt] n. **a)** Gang, der; **with a slow ~:** mit langsamen Schritten; **b)** (of horse) Gangart, die
gaiter ['geɪtə(r)] n. **a)** Gamasche, die; **b)** (Amer.) see **galosh**
gal [gæl] n. (sl.) Mädchen, das; **you're a nice ~:** du bist ein nettes Mädchen (ugs.)
gal. abbr. **gallon[s]** gal.; gall.
gala ['gɑ:lə, 'geɪlə] n. **a)** (fête) Festveranstaltung, die; attrib. Gala⟨abend, -diner, -vorstellung⟩; **b)** (Brit.: sports festival) Sportfest, das; **swimming ~:** Schwimmfest, das
galactic [gə'læktɪk] adj. (of a galaxy) galaktisch; (of the Galaxy) Milchstraßen-
Galahad ['gæləhæd] n. edler Ritter
galantine ['gælənti:n] n. (Cookery) Galantine, die
galaxy ['gæləksɪ] n. **a)** (Milky Way) **the G~:** die Galaxis (Astron.); die Milchstraße; **b)** (independent system of stars) Galaxie, die; **c)** (fig.: outstanding group) illustre Schar (geh.)

301

gale [geɪl] *n.* **a)** *(Storm, der;* it's blowing a ~ outside draußen stürmt es *od.* tobt ein Sturm; ~ force Sturmstärke, *die;* **b)** *(fig.: outburst)* Sturm, *der;* ~s of laughter Lachsalven

¹Galicia [gəˈlɪʃə] *pr. n. (in Spain)* Galicien *(das)*

²Galicia *pr. n. (in SW Poland and W. Russia)* Galizien *(das)*

Galilee [ˈgælɪliː] *pr. n.* Galiläa *(das);* Sea of ~: See Genezareth, *der*

¹gall [gɔːl] *n.* **a)** *(Physiol.)* Galle, *die;* **b)** *(fig.: bitterness)* Bitternis, *die (geh.);* be ~ and wormwood [bitter wie] Galle und Wermut sein; **c)** *(sl.: impudence)* Unverschämtheit, *die;* Frechheit, *die*

²gall 1. *n. (sore)* Schürfwunde, *die.* **2.** *v.t.* **a)** *(fig.) (annoy)* ärgern; *(vex)* schmerzen; be ~ed by sth. unter etw. *(Dat.)* leiden

³gall see **gall-nut**

gallant [ˈgælənt] **1.** *adj.* **a)** *(brave)* tapfer; *(chivalrous)* ritterlich; **b)** *(grand, stately)* stattlich ⟨*Schiff*⟩; **c)** [ˈgælənt, gəˈlænt] *(attentive to women, amatory)* galant; say ~ things Galanterien *od.* Artigkeiten sagen *(geh.).* **2.** [ˈgælənt, gəˈlænt] *n. (dated: ladies' man)* Kavalier, *der (veralt.)*

gallantly [ˈgæləntlɪ] *adv.* **a)** *(bravely)* tapfer; **b)** *(grandly)* stattlich; **c)** [ˈgæləntlɪ, gəˈlæntlɪ] *(with courtesy)* galant

gallantry [ˈgæləntrɪ] *n.* **a)** *(bravery)* Tapferkeit, *die;* **b)** *(courtliness, polite act or speech)* Galanterie, *die (geh.)*

gall-bladder *n. (Anat.)* Gallenblase, *die*

galleon [ˈgælɪən] *n. (Hist.)* Galeone, *die*

gallery [ˈgælərɪ] *n.* **a)** Galerie, *die;* see also **shooting-gallery;** **b)** *(Theatre)* dritter Rang; Olymp, *der (ugs. scherzh.); (esp. Golf: group of spectators)* Zuschauer; play to the ~ *(fig. coll.)* für die Galerie spielen; **c)** *(displaying works of art) (building)* Galerie, *die; (room)* Ausstellungsraum, *der;* **d)** *(Mining)* Stollen, *der*

'gallery tray *n.* Galerietablett, *das*

galley [ˈgælɪ] *n.* **a)** *(Hist.)* Galeere, *die;* **b)** *(kitchen) (of ship)* Kombüse, *die; (of aircraft)* Bordküche, *die;* **c)** *(Printing)* Satzschiff, *das;* ~ [proof] [Druck]fahne, *die*

'galley-slave *n.* Galeerensklave, *der*

Gallic [ˈgælɪk] *adj.* **a)** *(of the Gauls)* gallisch; **b)** *(often joc.: French)* französisch; gallisch ⟨*Witz*⟩

Gallicism [ˈgælɪsɪzm] *n.* **a)** *(word or idiom)* Gallizismus, *der;* **b)** *(characteristic)* französische Eigenart

galling [ˈgɔːlɪŋ] *adj.* äußerst unangenehm

gallivant [ˈgælɪvænt] *v.i. (coll.)* herumziehen *(ugs.);* ~ about *or* around the country/Europe im Lande/in Europa herumziehen

'gall-nut *n. (Bot.)* Gallapfel, *der*

gallon [ˈgælən] *n.* Gallone, *die;* [imperial] ~ *(Brit.)* britische Gallone (4,546 l); wine ~ *(Brit.),* ~ *(Amer.)* amerikanische Gallone (3,785 l); drink ~s of water etc. *(fig. coll.)* literweise *od.* eimerweise Wasser *usw.* trinken

galloon [gəˈluːn] *n.* Galone, *die;* Galon, *der*

gallop [ˈgæləp] **1.** *n.* **a)** Galopp, *der;* at a ~/at full ~: im Galopp/in vollem Galopp; **b)** *(ride)* Galoppritt, *der;* **c)** *(track)* Galopp[renn]bahn, *die.* **2.** *v.i.* **a)** *⟨Pferd, Reiter:⟩* galoppieren **b)** *(fig.)* ~ through im Galopp *(ugs.)* durchlesen ⟨*Buch*⟩; rasch herunterspielen ⟨*Musikstück*⟩; im Galopp *(ugs.)* erledigen ⟨*Arbeit*⟩; ~ing consumption/inflation *(fig.)* galoppierende Schwindsucht/Inflation

gallows [ˈgæləʊz] *n. sing.* Galgen, *der;* be sent to the ~: zum [Tod am] Galgen verurteilt werden

gallows: ~-bird *n.* Galgenvogel, *der (ugs. abwertend);* ~ humour *n.* Galgenhumor, *der*

'gallstone *n. (Med.)* Gallenstein, *der*

Gallup poll [ˈgæləp pəʊl] *n.* Meinungsumfrage, *die*

galop [ˈgæləp] *n. (Mus.)* Galopp, *der*

galore [gəˈlɔː(r)] *adv.* im Überfluß; in Hülle und Fülle

galosh [gəˈlɒʃ] *n.* [Gummi]überschuh, *der;* [Gummi]galosche, *die*

galumph [gəˈlʌmf] *v.i. (coll.)* **a)** *(in triumph)* stolzieren; **b)** *(noisily, clumsily)* stapfen

galvanic [gælˈvænɪk] *adj. (fig.) (sudden remarkable)* elektrisierend; Blitz⟨*wirkung, -reaktion*⟩; *(stimulating, full of energy)* mitreißend ⟨*Aufführung, Rede, Persönlichkeit*⟩

galvanize (galvanise) [ˈgælvənaɪz] *v.t.* **a)** *(fig.: rouse)* wachrütteln ⟨*Volk, Partei usw.*⟩; ~ sb. into action/activity jmdn. veranlassen, sofort aktiv zu werden; ~ sb. into life jmdn. aufrütteln; **b)** *(noisily, clumsily)* stapfen; **b)** *(coat with zinc)* verzinken

Gambia [ˈgæmbɪə] *pr. n.* Gambia *(das)*

gambit [ˈgæmbɪt] *n. (Chess)* Gambit, *das; (fig.: trick, device)* Schachzug, *der;* [opening] ~ *(fig.)* einleitender Schachzug; *(in a conversation)* einleitende Bemerkung; **conversational** ~ *(fig.)* Gesprächseinstieg *od.* -aufhänger, *der*

gamble [ˈgæmbl] **1.** *v.i.* **a)** [um Geld] spielen; ~ at cards/on horses mit Karten um Geld spielen/auf Pferde wetten; **b)** *(fig.)* spekulieren; ~ on the Stock Exchange/in oil shares an der Börse/in Öl[aktien] spekulieren; ~ on sth. sich auf etw. *(Akk.)* verlassen; auf etw. *(Akk.)* spekulieren *(ugs.).* **2.** *v.t.* **a)** verspielen; ~ money on horses Geld für Pferdewetten einsetzen; **b)** *(fig.)* riskieren, aufs Spiel setzen ⟨*Vermögen*⟩. **3.** *n. (lit. or fig.)* Glücksspiel, *das;* he likes the occasional ~: er spielt gelegentlich ganz gern; take a ~: ein Wagnis eingehen *od.* auf sich *(Akk.)* nehmen

~ a'way *v.t.* verspielen ⟨*Vermögen, Geld, Geschäft, Haus*⟩; *(on the Stock Exchange)* verspekulieren ⟨*Vermögen*⟩

gambler [ˈgæmblə(r)] *n.* Glücksspieler, *der; (risk-taker)* Glücksritter, *der;* born ~: Spieler- *od.* Abenteurernatur, *die*

gambling [ˈgæmblɪŋ] *n.* Spiel[en], *das;* Glücksspiel, *das; (on horses, dogs)* Wetten, *das*

gambling: ~ debts *n. pl.* Spielschulden, *Pl.;* ~-den *n.* Spielhölle, *die (abwertend);* ~-machine *n.* Spielautomat, *der*

gambol [ˈgæmbl] **1.** *n.* Herumspringen, *das.* **2.** *v.i. (Brit.)* -ll- ⟨*Kind, Lamm:*⟩ herumspringen

¹game [geɪm] **1.** *n.* **a)** *(form of contest)* Spiel, *das; (contest) (with ball)* Spiel, *das; (at [table-]tennis, chess, cards, billiards, cricket)* Partie, *die;* have *or* play a ~ of tennis/chess etc. [with sb.] eine Partie Tennis/Schach *usw.* [mit jmdm.] spielen; give sb. a ~ of tennis/chess etc. eine Partie Tennis/Schach *usw.* mit jmdm. spielen; have *or* play a ~ of football [with sb.] Fußball [mit jmdm.] spielen; play a good/poor ~ [of cards etc.] gut/schlecht [Karten *usw.*] spielen; ein guter [Karten-*usw.*]spieler sein; be back in/get back into the ~ again *(have a chance of winning)* wieder Gewinnchancen haben/bekommen; it's all in the ~: das ist alles dabei möglich; das kann alles dazugehören; be on/off one's ~: gut in Form/nicht in Form sein; beat sb. at his own ~ *(fig.)* jmdn. mit seinen eigenen Waffen schlagen *od.* besiegen; play the ~ *(fig.)* sich an die Spielregeln halten *(fig.);* I'll show her that two can play [at] that ~ *or* that it's a ~ that two can play [at] was sie kann, kann ich auch; *see also* **name 1 a;** **b)** *(fig.: scheme, undertaking)* Vorhaben, *das;* **sb.'s ~ is to do sth.** jmd. führt etw. im Schilde; *(policy)* jmds. Taktik ist es, etw. zu tun; play a [double] ~: in [falsches] Spiel treiben; play sb.'s ~: jmdm. in die Hände arbeiten; *(for one's own benefit)* jmds. Spiel mitspielen; the ~ is up *(coll.)* das Spiel ist aus; give the ~ away alles verraten; so that's your little ~! ach, das führst du im Schilde!; what's his ~? *(coll.)* was hat er vor?; what's the ~? *(coll.)* was soll das?; **c)** *(policy, line of action)* Gewerbe, *das;* Branche, *die;* the ~ of politics die Politik; the publishing/newspaper ~: das Verlags-/Zeitungs- *od.* Pressewesen; be new to the ~ *(fig.)* neu im Geschäft sein *(auch fig. ugs.);* go [out]/be on the ~ *(Brit. sl.)* ⟨*Dieb, Prostituierte:*⟩ anschaffen *od.* auf die Anschaffe gehen *(salopp); see also* **candle 1 a;** **d)** *(diversion)* Spiel, *das; (piece of fun)* Scherz, *der;* Spaß, *der;* don't play ~s with me versuch nicht, mich auf den Arm zu nehmen *(ugs.);* make ~ of sb./sth. *(dated)* sich über jmdn./etw. lustig machen; jmdn./etw. zum Gelächter machen *(geh. veralt.);* **e)** *in pl. (athletic contests)* Spiele; *(in school) (sports)* Schulsport, *der; (athletics)* Leichtathletik, *die;* good at ~s gut im Sport; **f)** *(portion of play)* Spiel, *das; (winning score)* 21 points is ~: zum Gewinn eines Spiels sind 21 Punkte erforderlich; ~ all zwei beide; eins zu eins; two ~s all *(Tennis)* zwei zu zwei; ~ to Graf *(Tennis)* Spiel Graf; ~, set, and match *(Tennis)* Spiel, Satz und Sieg; *(fig.: complete and decisive victory)* voller Erfolg *(to für);* Sieg auf der ganzen Linie *(to für);* **g)** *no pl. (Hunting, Cookery)* Wild, *das;* fair ~: jagdbares Wild *(fig.);* Freiwild, *das;* easy ~ *(fig. coll.)* leichte Beute; big ~: Großwild, *das.* **2.** *i.n.* [um Geld] spielen

²game *adj.* mutig; ~ spirit/manner Unverzagtheit, *die;* remain ~: sich nicht entmutigen lassen; be ~ to do sth. *(be willing)* bereit sein, etw. zu tun; are you ~? machst du mit?; be ~ for sth./anything zu etw./allem bereit sein

³game *adj. (crippled)* lahm ⟨*Arm, Bein*⟩

game: ~-bag *n.* Tragetasche, *die;* ~ bird *n.* the pheasant is a ~ bird Fasane sind Federwild; ~ birds Federwild, *das;* ~-cock *n.* Kampfhahn, *der;* ~-keeper *n.* Wildheger, *der*

gamely [ˈgeɪmlɪ] *adv.* mutig ⟨*kämpfen*⟩

game: ~ park *n.* Wildreservat, *das;* ~ point *n. (Sport)* Spielpunkt, *der;* ~ reserve *n.* Wildreservat, *das*

gamesmanship [ˈgeɪmzmənʃɪp] *n., no pl.* Gerissen *od.* Gewieftheit *(ugs.)* beim Spiel

gamete [ˈgæmiːt] *n. (Biol.)* Gamet, *der;* Geschlechtszelle, *die*

'game-warden *n.* Wildhüter, *der*

gamin [ˈgæmɪn, ˈgæmæ̃] *n.* Gamin, *der (veralt.);* Gassenjunge, *der (abwertend)*

gamine [gəˈmiːn] *n. (small mischievous young woman)* schelmisches Mädchen; kesse Motte *(salopp)*

gaming [ˈgeɪmɪŋ] *n.:* ~-house *n.* Spielbank, *die;* ~-machine *n.* Münzspielgerät, *das;* ~-table *n.* Spieltisch, *der*

gamma [ˈgæmə] *n.* **a)** *(letter)* Gamma, *das;* **b)** *(Sch., Univ.: mark)* Drei, *die*

gamma: ~ radiation *n. (Phys.)* Gammastrahlung, *die;* ~ rays *n. pl. (Phys.)* Gammastrahlen *Pl.*

gammon [ˈgæmən] *n. (ham cured like bacon)* Räucherschinken, *der*

gammy [ˈgæmɪ] *adj. (sl.)* lahm ⟨*Arm, Bein, Fuß*⟩

gamut [ˈgæmət] *n.* **a)** *(Mus.) (series of notes, compass)* Tonumfang, *der; (recognized scale)* Skala, *die;* Tonleiter, *die;* **b)** *(fig.: range)* Skala, *die;* run the whole ~ of ...: die ganze Skala von ... durchgehen

gamy [ˈgeɪmɪ] *adj.* **a)** *(having flavour or scent of game)* nach Wild ⟨*schmecken*⟩; ~ taste Wildgeschmack, *der;* **b)** *(spirited)* mutig; **c)** *(Amer.: scandalous)* pikant

gander [ˈgændə(r)] *n.* **a)** *(Ornith.)* Gänserich, *der;* what's sauce for the goose is sauce for the ~ *(prov.)* was dem einen recht ist, ist dem andern billig *(Spr.);* **b)** *(sl.: look, glance)* Blick, *der;* take *or* have a ~ at/round sth. sich *(Dat.)* etw. ansehen

¹gang [gæŋ] **1.** *n.* **a)** *(of workmen, slaves, prisoners)* Trupp, *der;* **b)** *(of criminals)* Bande, *die; (Jugend-, auch:)* Gang, *die;* **c)** *(coll.: band causing any kind of disapproval)* Gang, *die;* Bande, *die (abwertend, oft scherzh.);* **d)** *(coll.: group of friends etc.)* Haufen, *der;* Bande, *die (scherzh.).* **2.** *v. i.* **a)** ~ **up [with sb.]** *(join)* sich [mit jmdm.] zusammentun *(ugs.);* **b)** ~ **up against** or **on** *(coll.: combine against)* sich verbünden gegen
²gang *v. i. (Scot.: go)* gehen; ~ **agley** [ə'gleɪ] ⟨Plan:⟩ scheitern
'gang-bang *n. (sl.)* Bandenfick, *der (derb)*
ganger ['gæŋə(r)] *n. (Brit.)* Vorarbeiter, *der*
gangling ['gæŋglɪŋ] *adj.* schlaksig *(ugs.)* ⟨Person, Gang, Gestalt⟩
ganglion ['gæŋglɪən] *n., pl.* **ganglia** ['gæŋglɪə] or ~**s** *(Anat.)* Ganglion, *das (fachspr.);* Nervenknoten, *der*
gangly ['gæŋglɪ] see **gangling**
gang: ~ **plank** *n. (Naut.)* Laufplanke, *die;* ~ **rape** *n.* Vergewaltigung durch eine Gruppe
gangrene ['gæŋgriːn] *n.* **a)** *(Med.)* Gangrän, *die od. fachspr. das;* [Faul]brand, *der;* **b)** *(fig.: corruption)* Krebsgeschwür, *das (fig.)*
gangrenous ['gæŋgrɪnəs] *adj. (Med.)* gangränös *(fachspr.);* brandig
gangster ['gæŋstə(r)] *n.* Gangster, *der (abwertend); attrib.* Gangster⟨film⟩
'gang warfare *n.* Bandenkrieg, *der*
'gangway 1. *n.* Gang, *der; (Brit.: between rows of seats)* Gang, *der;* **leave a** ~ *(fig.)* einen Durchgang freilassen. **2.** *int.* Platz
ganja ['gændʒə] *n. (Bot.)* Indischer Hanf
gannet ['gænɪt] *n.* **a)** *(Ornith.)* Tölpel, *der;* **b)** *(sl.: greedy person)* Raffke, *der (salopp abwertend)*
gantlet ['gæntlɪt] *(Amer.)* see ²**gauntlet**
gantry ['gæntrɪ] *n. (crane)* Portal, *das; (on road)* Schilderbrücke, *die; (Railw.)* Signalbrücke, *die; (Astronaut.)* Startrampe, *die*
gaol [dʒeɪl] *n., v. t. (Brit. in official use)* see **jail**
gaoler ['dʒeɪlə(r)] *(Brit. in official use)* see **jailer**
gap [gæp] *n.* **a)** Lücke, *die; (in sparking plug)* Elektrodenabstand, *der;* **a** ~ **in the curtains** ein Spalt im Vorhang; **b)** *(Geog.: gorge, pass)* Joch, *das;* **c)** *(fig.: contrast, divergence in views etc.)* Kluft, *die;* **that is a** ~ **in his education/knowledge** er hat hier eine Bildungs-/Wissenslücke; **fill a** ~: eine Lücke füllen *od.* schließen; **stop** or **close** or **bridge a** ~: eine Kluft überbrücken *od.* überwinden; **close the** ~ **[on sb.]** den Abstand [zu jmdm.] aufholen
gape [geɪp] **1.** *v. i.* **a)** *(open mouth)* den Mund aufsperren; *([be] open wide)* ⟨Schnabel, Mund:⟩ aufgesperrt sein; ⟨Loch, Abgrund, Wunde:⟩ klaffen; **gaping** klaffend ⟨Wunde⟩; gähnend ⟨Loch⟩; ~ **at the seams** ⟨Kleid:⟩ in den Nähten aufgeplatzt sein; **b)** *(stare)* Mund und Nase aufsperren *(ugs.);* ~ **at sb./sth.** jmdn./etw. mit offenem Mund anstarren *od.* anstieren; **what are you gaping at?** worauf stierst du so?; **gaping** erstaunt starrend ⟨Person⟩. **2.** *n.* stierer Blick
gap-toothed ['gæptuːθt] *adj.* ⟨Person⟩ mit Zahnlücken
gar [gɑː(r)] see **garfish**
garage ['gæraːʒ, 'gærɪdʒ] **1.** *n.* **a)** *(for parking)* Garage, *die;* **bus** ~: Busdepot, *das;* **b)** *(for selling petrol)* Tankstelle, *die;* **c)** *(for selling/repairing cars)* [Kfz-]Werkstatt, *die; (for selling cars)* Autohandlung, *die.* **2.** *v. t.* die Garage stellen ⟨Fahrzeug⟩; **be kept** ~**d** in der Garage stehen; **where do you** ~ **your car?** wo parken Sie Ihr Auto?
garb [gɑːb] **1.** *n.* Tracht, *die;* **strange** ~: seltsame Kleidung; **official** ~: Amtstracht, *die.* **2.** *v. t.* kleiden; *(fig.: invest)* verleihen *(Dat.);* ~**ed in white robes** in Weiß gekleidet
garbage ['gɑːbɪdʒ] *n.* **a)** Abfall, *der;* Müll, *der;* **b)** *(fig.: foul or rubbishy literature)* Schund, *der;* **c)** *(coll.: nonsense)* Quatsch, *der (salopp);* ~ **in,** ~ **out** *(Computing fig. coll.)* wenn der Input nichts taugt, ist auch der Output entsprechend
garbage: ~ **can** *(Amer.)* see **dustbin;** ~ **collection** *n. (Amer.)* Müllabfuhr, *die;* ~ **collector** *(Amer.)* see **dustman;** ~ **dis-'posal unit,** ~ **disposer** *ns.* Abfallvernichter, *der;* Müllwolf, *der*
garble ['gɑːbl] *v. t.* verstümmeln, entstellen ⟨Bericht, Korrespondenz, Tatsache⟩; *(confuse)* durcheinanderbringen; durcheinanderwerfen; **get** ~**d** durcheinandergeraten
garden [ˈgɑːdn] **1.** *n.* **a)** Garten, *der;* **everything in the** ~ **is lovely** *(fig. coll.)* es ist alles in Butter *(ugs.);* **lead sb. up the** ~ **[path]** *(fig. coll.)* jmdn. an der Nase herumführen *(ugs.);* **tea** ~: Gartencafé, *das;* **a small amount of** ~: ein kleines Stück Garten; *b) usu. in pl.,* **with name prefixed** *(Brit.) (park)* -park, *der; (street, square)* -garten, *der;* **c)** *(land for raising crops)* Plantage, *die;* **d)** *(Amer.: large hall)* Halle, *die;* **e)** *attrib. (Bot.: cultivated)* Garten⟨pflanze, -kresse, -gemüse⟩. See also **kitchen garden; market garden; zoological garden[s].** **2.** *v. i.* gärtnern
garden: ~ **centre** *n.* Gartencenter, *das;* ~ **chair** *n.* Gartenstuhl, *der;* ~ **'city** *n.* Gartenstadt, *die*
gardener ['gɑːdnə(r)] *n.* Gärtner, *der/*Gärtnerin, *die*
garden 'gnome *n.* Gartenzwerg, *der*
gardenia [gɑːˈdiːnɪə] *n. (Bot.)* **a)** *(tree, shrub)* Gardenie, *die;* **b)** *(flower)* Gardenienblüte, *die*
gardening ['gɑːdnɪŋ] *n.* Gartenarbeit, *die; attrib.* ⟨Gerät, -buch, -handschuh⟩; **he likes** ~: er gärtnert gern
garden: ~ **party** *n.* Gartenfest, *das;* ~ **'shed** *n.* Geräteschuppen, *der;* ~ **'suburb** *n. (Brit.)* Gartenstadt, *die*
garfish ['gɑːfɪʃ] *n., pl. same (Zool.) (needlefish)* Hornhecht, *der; (gar)* Knochenhecht, *der; (halfbeak)* Halbschnabelhecht, *der*
gargantuan [gɑːˈgæntjʊən] *adj.* gigantisch; riesig ⟨Mensch, Hunger, Gelächter⟩; Riesen⟨größe, -hunger, -gebrüll⟩
gargle ['gɑːgl] **1.** *v. i.* gurgeln. **2.** *n. (liquid)* Gurgelmittel, *das;* Gargarisma, *das (fachspr.);* **b)** *(act)* Gurgeln, *das*
gargoyle ['gɑːgɔɪl] *n. (Archit.)* Wasserspeier, *der*
garish ['geərɪʃ] *adj.* **a)** *(bright, showy)* grell ⟨Farbe, Licht, Beleuchtung⟩; ⟨Kleidung, Verzierung⟩; protzig *(abwertend)* ⟨Lebensstil⟩; **b)** *(over-decorated)* protzig *(abwertend)* ⟨Gebäude, Baustil, Aussehen⟩; grellbunt, knallbunt ⟨Muster⟩
garishly ['geərɪʃlɪ] *adv.* grell ⟨beleuchten⟩; protzig *(abwertend)* ⟨einrichten⟩; grellbunt, knallbunt ⟨kleiden, tapezieren⟩; grell-, knall⟨bunt⟩
garland ['gɑːlənd] **1.** *n. (wreath of flowers etc.; Art: festoon)* Girlande, *die; (of laurel)* Kranz, *der;* ~ **of flowers/laurel/oak-leaves** Blumen-/Lorbeer-/Eichenkranz, *der.* **2.** *v. t.* bekränzen
garlic ['gɑːlɪk] *n.* Knoblauch, *der*
garlicky ['gɑːlɪkɪ] *adj.* nach Knoblauch riechend ⟨Atem⟩; nach Knoblauch ⟨riechen, schmecken⟩
garment ['gɑːmənt] *n.* **a)** Kleidungsstück, *das; in pl. (clothes)* Kleidung *die;* Kleider *(pl.);* **b)** *(fig.: covering of sth.)* Gewand, *das (geh.)*
garner ['gɑːnə(r)] *v. t.* speichern ⟨Getreide⟩; *(fig.: collect)* sammeln ⟨Kenntnisse usw.⟩
garnet ['gɑːnɪt] *n. (Min.)* Granat, *der*
garnish ['gɑːnɪʃ] **1.** *v. t. (lit. or fig.)* garnieren. **2.** *n. (Cookery)* Garnierung, *die*
garotte see **garrotte**
garret ['gærɪt] *n. (room on top floor)* Dachkammer, *die;* Mansarde, *die; (attic)* [Dach]boden, *der*
garrison ['gærɪsn] **1.** *n.* Garnison, *die.* **2.** *v. t. (furnish with ~)* in Garnison legen; garnisonieren *(fachspr.); (occupy as ~)* mit einer Garnison belegen; garnisonieren *(fachspr.)*
garrison: ~ **duty** *n.* Garnison[s]dienst, *der;* ~ **town** *n.* Garnison[s]stadt, *die*
garrotte [gəˈrɒt] *v. t.* **a)** garrottieren; **b)** *(throttle to rob)* [er]würgen [und ausrauben]
garrulous ['gærʊləs] *adj.* **a)** *(talkative)* gesprächig; geschwätzig; **b)** *(wordy)* wortreich; weitschweifig, langatmig ⟨Rede, Kommentar⟩
garrulously ['gærʊləslɪ] *adv.* geschwätzig
garter ['gɑːtə(r)] *n.* **a)** Strumpfband, *das;* **b) the [Order of the] G**~ *(Brit.)* der Hosenbandorden; **c)** *(Amer.: suspender)* Sockenhalter, *der*
'garter stitch *n.* Kraus[gestrick], *das;* **knit in** ~: kraus rechts stricken
gas [gæs] **1.** *n., pl.* ~**es** [ˈgæsɪz] **a)** Gas, *das;* **natural** ~: Erdgas, *das;* **cook by** or **with** ~: mit Gas kochen; **on a low/high** ~: auf kleiner/großer Flamme; **b)** *(Amer. coll.: petrol)* Benzin, *das;* **step on the** ~: Gas geben; *(fig.: hurry)* einen Zahn zulegen *(salopp);* **c)** *(anaesthetic)* Narkotikum, *das;* Lachgas, *das;* **d)** *(for lighting)* Leuchtgas, *das;* **e)** *(to fill balloon)* [Trag]gas, *das;* **f)** *(Mining)* Grubengas, *das;* **g)** *(coll.: idle talk)* leeres Geschwätz *(abwertend);* Blabla, *das (salopp);* **h)** *(sl.: sb./sth. attractive and impressive)* Wucht, *die (salopp).* **3.** *v. i.* ~**-ss-** *esp. in p.p.* mit Gas vergiften; *(in Third Reich)* vergasen; ~ **oneself** den Gashahn aufdrehen *(ugs. verhüll.).* **3.** *v. i.* ~**-ss-** *(coll.)* schwatzen *(abwertend),* schwafeln *(ugs. abwertend)* *(about von)*
gas: ~**bag** *n.* **a)** Gaszelle, *die;* **b)** *(derog. talker)* Schwätzer, *der/*Schwätzerin, *die (abwertend);* Schwafler, *der/*Schwaflerin, *die (ugs. abwertend);* ~ **chamber** *n.* Gaskammer, *die;* ~**-cooled** *adj.* gasgekühlt; ~ **cylinder** *n.* Gasflasche, *die*
gaseous ['gæsɪəs, 'geɪsɪəs] *adj.* gasförmig
gas: ~ **'fire** *n.* Gasofen, *der;* ~**-fired** ['gæsfaɪəd] *adj.* mit Gas betrieben; Gas⟨boiler, -ofen usw.⟩; ~**-fitter** *n.* Gasinstallateur, *der*
gash [gæʃ] **1.** *n. (slash, cut)* Schnittwunde, *die; (cleft)* [klaffende] Spalte; *(in sack etc.)* Schlitz, *der.* **2.** *v. t.* eine Schnittwunde beibringen (+ *Dat.);* aufschlitzen ⟨Haut⟩; aufschlitzen ⟨Sack⟩; ~ **one's finger/knee** sich *(Dat. od. Akk.)* in den Finger schneiden/ sich *(Dat.)* das Knie aufschlagen
gas: ~ **heater** *n.* Gasofen, *der;* ~ **holder** *n.* Gasometer, *der;* Gasbehälter, *der;* ~ **jet** *n.* Gasflamme, *die; (burner)* Gasbrenner, *der*
gasket ['gæskɪt] *n.* **a)** *(sheet, ring)* Dichtung, *die;* **b)** *(packing)* Packung, *die*
gas: ~ **lamp** *n.* Gaslampe, *die; (in street etc.)* Gaslaterne, *die;* ~**light** *n.* **a)** see ~ **lamp;** **b)** *no pl. (illumination)* Gaslicht, *das;* Gasbeleuchtung, *die;* ~ **lighter** *n.* **a)** [Gas]anzünder, *der;* **b)** *(cigarette-lighter)* Gasfeuerzeug, *das;* ~ **main** *n.* Hauptgasleitung, *die;* ~**man** *n. (fitter)* Gasinstallateur, *der; (meter-reader, collector)* Gasableser, *der;* Gasmann, *der (ugs.);* ~**-mantle** *n.* Glühstrumpf, *der;* ~ **mask** *n.* Gasmaske, *die;* ~ **meter** *n.* Gaszähler, *der*
gasoline (gasolene) ['gæsəliːn] *n. (Amer.)* Benzin, *das*
gasometer [gæˈsɒmɪtə(r)] *n.* Gasometer, *der*
'gas oven *n.* **a)** see **gas stove;** **b)** see **gas chamber**
gasp [gɑːsp] **1.** *v. i.* nach Luft schnappen **(with** vor); **make sb.** ~ *(fig.)* jmdm. den Atem nehmen; **leave sb.** ~**ing [with sth.]** jmdn. [vor etw.] den Atem verschlagen *od.*

303

rauben; **he was ~ing for air** or **breath/under the heavy load** er rang nach Luft/keuchte unter der schweren Last. **2.** v. t. **~ out** hervorstoßen ⟨*Bitte, Worte*⟩; **~ [one's] life away, ~ [one's] breath away** sein Leben aushauchen *(geh.).* **3.** *n.* Keuchen, *das;* **give a ~ of fear/surprise** vor Furcht/Überraschung die Luft einziehen; **she gave a ~ of joy** es verschlug ihr vor Freude den Atem; **be at one's last ~:** in den letzten Zügen liegen *(ugs.);* **sth. is at its last ~:** etw. tut's nicht mehr lange *(ugs.);* **fight** etc. **to the last ~** *(fig.)* bis zum letzten Atemzug kämpfen *usw.*
gas: ~-pipe *n.* Gasleitung, *die;* **~ pistol** *n.* Gasanzünder, *der;* **~ poker** *n.* Gasanzünder, *der (für Kohle);* **~-proof** *adj.* gasdicht; **~ ring** *n.* Gasbrenner, *der;* **~ station** *n. (Amer.)* Tankstelle, *die;* **~ stove** *n.* a) Gasherd, *der;* b) *(portable)* Gaskocher, *der*
gassy ['gæsɪ] *adj.* a) gasig; *(containing gas)* gashaltig; b) *(fizzy)* sprudelnd ⟨*Bier*⟩; **be ~:** sprudeln
gas: ~ tank *n.* a) Gastank, *der;* b) *(Amer.: petrol tank)* Benzintank, *der;* **~ tap** *n.* Gashahn, *der;* **~-tight** *adj.* gasdicht
gastric ['gæstrɪk] *adj.* gastrisch *(fachspr.);* Magen⟨*beschwerden, -wand, -säfte usw.*⟩
gastric: ~ 'flu *(coll.),* **~ influ'enza** *ns.* Darmgrippe, *die;* **'ulcer** *n.* Magenschwür, *das*
gastritis ['gæˈstraɪtɪs] *n. (Med.)* Magenschleimhautentzündung, *die;* Gastritis, *die (fachspr.)*
gastro-enteritis [gæstrəʊentəˈraɪtɪs] *n. (Med.)* Gastroenteritis, *die (fachspr.);* Magen-Darm-Katarrh, *der*
gastronomic [gæstrəˈnɒmɪk] *adj.* gastronomisch; kulinarisch ⟨*Genüsse*⟩
gastronomy [gæˈstrɒnəmɪ] *n.* Gastronomie, *die;* **French ~:** französische Küche
gastropod ['gæstrəpɒd] *n. (Zool.)* Gastropode, *der*
gas: ~ turbine *n.* Gasturbine, *die;* **~works** *n. sing., pl. same* Gaswerk, *das*
gate [geɪt] *n.* a) *(lit. or fig.)* Tor, *das; (barrier)* Sperre, *die; (of animal pen)* Gatter, *das; (in garden fence)* [Garten]pforte, *die; (of lift)* [Scheren]gitter, *das; (Railw.: of level crossing)* [Bahn]schranke, *die; (in airport)* Flugsteig, *der;* **the ~s of heaven/hell** die Himmelspforte *(dichter.)*/die Pforten der Hölle *(geh.);* **pay at the ~:** am Eingang bezahlen; b) *(Sport)* (number to see match) Besucher[zahl], *die; (money see* **gate-money**; c) *(Amer. sl.: dismissal)* **give sb. the ~:** jmdn. vor die Tür setzen *(ugs.);* jmdn. rausschmeißen *(salopp);* **get the ~:** vor die Tür gesetzt werden *(ugs.);* rausgeschmissen werden *(salopp);* d) *(of gear in vehicle)* Kulisse, *die;* e) *(Cinemat.)* Bildfenster, *das*
gateau [ˈgætəʊ] *n., pl.* **~s** or **~x** [ˈgætəʊz] Torte, *die*
gate: ~crash 1. *v. t.* ohne Einladung einfach hingehen zu; **2.** *v. i.* ohne Einladung einfach hingehen; **~crasher** *n.* Eindringling, *der; (at party)* ungeladener Gast; **~house** *n.* Torhaus, *das;* **~keeper** *n. (attendant)* Torwächter, *der;* Pförtner, *der;* **~leg[ged]** [ˈgeɪtleg(d)] *adj.* **~leg[ged] table** Klapptisch, *der;* **~man** *see* **~keeper;** **~money** *n.* Eintrittsgelder *Pl.;* Einnahmen *Pl.;* **~post** *n.* Torpfosten, *der;* **between you and me and the ~post** *(coll.)* unter uns *(Dat.)* gesagt; **~way** *n.* a) *(gate)* Tor, *das;* b) *(Archit.)* *(structure)* Torbau, *der; (frame)* Torbogen, *der;* c) *(fig.)* Tor, *das* **(to** zu)
gather [ˈgæðə(r)] **1.** *v. t.* a) *(bring together)* sammeln; zusammentragen ⟨*Informationen*⟩; pflücken ⟨*Obst, Blumen*⟩; **~ sth. [together]** zusammensuchen od. -sammeln; **~ [in] potatoes/the harvest** Kartoffeln ernten/die Ernte einbringen; **be ~ed to one's fathers** zu seinen Vätern versammelt werden *(veralt., scherzh.);* b) *(infer, deduce)*

schließen **(from** aus); **~ from sb. that ...:** von jmdm. erfahren, daß ...; **I ~ he's doing a good job** ich höre, daß er gute Arbeit leistet; **not much can be ~ed from the facts/his statement** aus den Fakten/seiner Erklärung läßt sich nicht viel entnehmen; **as far as I can ~:** soweit ich weiß; **as you will have ~ed** wie Sie sicherlich vermutet haben; c) **it is just ~ing dust** das ist bloß ein Staubfänger; **~ speed/momentum** or **force/strength** schneller/stärker werden/zu Kräften kommen; d) *(summon up)* **~ [together]** zusammennehmen ⟨*Kräfte, Mut*⟩; **~ oneself [together]** sich zusammennehmen; **~ one's thoughts** seine Gedanken ordnen; **~ one's breath/strength** [wieder] zu Atem kommen/Kräfte sammeln; e) *(draw)* **~ sb. into one's arms** jmdn. in die Arme nehmen *(geh.)* schließen; **she ~ed her shawl round her neck** sie schlang den Schal um den Hals; **~ oneself for a jump** sich zum Sprung sammeln; f) *(Sewing)* ankrausen. **2.** *v. i.* a) sich versammeln; ⟨*Wolken:*⟩ sich zusammenziehen; ⟨*Staub:*⟩ sich ansammeln; ⟨*Schweißperlen:*⟩ sich ansammeln; **be ~ed [together]** versammelt sein; **~ round** zusammenkommen; **~ round sb./sth.** sich um jmdn./etw. versammeln; **tears/beads of perspiration ~ed in her eyes/on her forehead** Tränen/Schweißperlen traten ihr in die Augen/auf die Stirn; b) *(increase)* zunehmen; **~ing dangers** wachsende Gefahren; **it grew darker as ~ing round him** es wurde dunkler um ihn [herum]; c) *(Sewing)* angekraust sein; d) *(Med.)* ⟨*Furunkel:*⟩ reif werden. **3.** *n. in pl. (Sewing)* Kräusel[falten]
~ 'up *v. t.* a) *(bring together and pick up)* aufsammeln; auflesen; zusammenpacken ⟨*Habseligkeiten, Werkzeug*⟩; **be left to ~ up the pieces of one's life** *(fig.)* vor dem Scherbenhaufen seines Lebens stehen; b) *(draw)* hochraffen ⟨*Rock*⟩; **~ oneself up to one's full height** sich zu seiner vollen Größe aufrichten; c) *(sum up)* zusammentragen ⟨*Fakten*⟩; d) *(summon)* sammeln ⟨*Kräfte, Gedanken usw.*⟩
gathering [ˈgæðərɪŋ] *n.* a) *(group)* Gruppe, *die;* b) *(assembly, meeting)* Versammlung, *die; (in Scottish Highlands)* Volksfest, *das;* **social ~:** gesellschaftliches Ereignis; c) *(Sewing)* Kräusel[falten]
GATT [gæt] *abbr.* General Agreement on Tariffs and Trade GATT, *das*
gauche [gəʊʃ] *adj.* linkisch; *(clumsy)* schwerfällig; *(tactless)* plump
gaucheness [ˈgəʊʃnɪs] *n., no pl. see* **gauche:** Linkische, *das;* Schwerfälligkeit, *die;* Plumpheit, *die;* **~ of manner** linkische Art
gaucherie [ˈgəʊʃərɪ:] *n.* a) *no pl. (manner)* linkische Art; b) *(action)* Plumpheit, *die*
gaucho [ˈgaʊtʃəʊ] *n., pl.* **~s** Gaucho, *der*
gaudily [ˈgɔːdɪlɪ] *adv.* prunkvoll ⟨*dekoriert*⟩; übertrieben aufwendig; protzig *(abwertend);* **~ coloured** knallbunt
¹gaudy [ˈgɔːdɪ] *adj.* protzig *(abwertend);* grell, *(ugs.)* knallig ⟨*Farben*⟩
²gaudy *n. (Brit. Univ.)* jährliches [College]fest
gauge [geɪdʒ] **1.** *n.* a) *(standard measure)* [Normal]maß, *das; (of textile)* Gauge, *das (fachspr.); (of bullet)* Kaliber, *das; (of rail)* Spurweite, *die;* **standard/broad/narrow ~:** Normal- od. Regel-/Breit-/Schmalspur, *die;* b) *(instrument)* Meßgerät, *das; (to measure water-level)* Pegel, *der;* Wasserstandsanzeiger, *der; (for dimensions of tools or wire)* Lehre, *die; see also* **oil-gauge;** **petrol-gauge;** c) *(Naut.)* Schiffsposition in bezug auf den Wind; **have the weather ~ [of sb.]** in Luv von jmdm.] liegen; *(fig.)* die Oberhand [über jmdn.] haben; d) *(fig.: criterion, test)* Kriterium, *das;* Maßstab, *der.* **2.** *v. t.* a) *(measure)* messen; b) *(fig.)* beurteilen **(by** nach)

Gaul [gɔːl] *n. (Hist.)* a) *(country)* Gallien, *das;* b) *(person)* Gallier, *der*/Gallierin, *die*
gauleiter [ˈgaʊlaɪtə(r)] *n.* a) *(Hist.)* Gauleiter, *der;* b) *(fig.: local or petty tyrant)* Ortsyrann, *der*
gaunt [gɔːnt] *adj.* a) *(haggard)* hager; *(from suffering)* verhärmt; b) *(grim, desolate)* öde; kahl ⟨*Baum*⟩; karg ⟨*Landschaft*⟩
¹gauntlet [ˈgɔːntlɪt] *n.* a) Stulpenhandschuh, *der;* b) *(wrist-part of glove)* Stulpe, *die;* c) *(Hist.: armoured glove)* Panzerhandschuh, *der;* d) **fling** or **throw down the ~** *(fig.)* jmdm. den Fehdehandschuh hinwerfen od. vor die Füße werfen; **pick** or **take up the ~** *(fig.)* den Fehdehandschuh aufnehmen od. aufheben
²gauntlet *n.* **run the ~:** Spießruten laufen
gauss [gaʊs] *n., pl. same* or **~es** *(Phys.)* Gauß, *das*
gauze [gɔːz] *n.* a) Gaze, *die;* b) *(of wire etc.)* Drahtgeflecht, *das;* Gaze, *die*
gave *see* **give 1, 2**
gavel [ˈgævl] *n.* Hammer, *der*
gavotte [gəˈvɒt] *n. (Mus.)* Gavotte, *die*
gawk [gɔːk] *v. i. (coll.)* gaffen *(abwertend);* **~ at sb./sth.** jmdn. beglotzen
gawky [ˈgɔːkɪ] *adj.* linkisch; unbeholfen; *(with disproportionately long limbs)* schlaksig *(ugs.)*
gawp [gɔːp] *see* **gawk**
gay [geɪ] **1.** *adj.* a) fröhlich; *(sportive)* fidel *(ugs.);* ⟨*Person, Gesellschaft*⟩; *(showy, bright-coloured)* farbenfroh ⟨*Stoff, Ausstattung*⟩; fröhlich, lebhaft ⟨*Farbe*⟩; **~ with flowers/flags** mit Blumen/Fahnen fröhlich geschmückt; c) *(coll.: homosexual)* schwul *(ugs.);* Schwulen⟨*lokal, -blatt*⟩; d) *(euphem.: immoral)* locker; **a ~ dog** ein lockerer Vogel *(salopp, oft scherzh.).* **2.** *n. (coll.)* Schwule, *der (ugs.)*
gayety *(Amer.) see* **gaiety**
gayness [ˈgeɪnɪs] *see* **gaiety**
Gaza [strip] [ˈgɑːzə (strɪp)] *pr. n.* Gazastreifen, *der*
gaze [geɪz] **1.** *v. i. (more fixedly)* starren; **~ at sb./sth.** jmdn./etw. anstarren od. ansehen; **~ after sb./sth.** jmdm./einer Sache hintersehen; **~ around** or **about** um sich blicken. **2.** *n.* Blick, *der*
gazelle [gəˈzel] *n.* Gazelle, *die*
gazette [gəˈzet] **1.** *n.* a) *(Brit.: official journal)* **London G~:** Londoner Amtsblatt; b) *(newspaper)* Anzeiger, *der.* **2.** *v. t. (Brit.: announce)* [amtlich] bekanntgeben
gazetteer [gæzɪˈtɪə(r)] *n.* alphabetisches [Orts]verzeichnis
gazump [gəˈzʌmp] *v. t. (sl.)* durch nachträgliches Überbieten um die Chance bringen, ein Haus zu kaufen
GB *abbr.* Great Britain GB
GC *abbr. (Brit.)* George Cross
GCE *abbr. (Brit. Hist.)* General Certificate of Education
GCSE *abbr. (Brit.)* General Certificate of Secondary Education
GDP *abbr.* gross domestic product BIP
GDR *abbr. (Hist.)* German Democratic Republic DDR, *die*
gear [gɪə(r)] **1.** *n.* a) *(Motor Veh.)* Gang, *der; (transmission)* Übersetzung, *die;* **first/second** etc. **~** *(Brit.)* der erste/zweite *usw.* Gang; **top/bottom ~** *(Brit.)* der höchste/erste Gang; **high/low ~:** hoher/niedriger Gang; **change** or **shift ~:** schalten; **change** or **shift [up] a ~** *(fig.)* einen Gang zulegen *(ugs.);* **change into second/a higher/lower ~:** in den zweiten Gang/in einen höheren/niedrigeren Gang schalten; **a bicycle with ten-speed ~s** ein Fahrrad mit Zehngangschaltung; **put** or **get** or **shift the car into ~:** den Wagen in Gang setzen; einen Gang einlegen; **in ~** *(fig.)* in Ordnung; im Gleis; **out of ~:** im Leerlauf; *(fig.)* in Unordnung; aus dem Gleis [geraten]; **the car is in/out of ~:** es ist ein/kein Gang eingelegt; **leave the**

gearbox / **genetic**

car in ~: den Gang drin lassen; b) *(combination of wheels, levers, etc.)* Getriebe, *das*; c) *(clothes)* Aufmachung, *die*; travelling ~: Reisekleidung, *die*; see also headgear; d) *(equipment, tools)* Gerät, *das*; Ausrüstung, *die*; e) *(apparatus)* Vorrichtung, *die*; f) *(harness)* [Sielen]geschirr, *das*. 2. *v.t.* *(adjust, adapt)* anpassen (to *Dat.*); abstimmen, ausrichten (to auf + *Akk.*)
gear: ~**box**, ~**case** *ns.* Getriebekasten, *der*; **five-speed** ~**box** Fünfganggetriebe, *das*; ~-**change** *n.* *(Brit.)* **an upward/a downward** ~-**change** ein Hoch-/Herunterschalten; **have a smooth/awkward** ~-**change** ⟨*Fahrrad, Auto.*⟩ sich leicht/schlecht schalten
gearing ['gɪərɪŋ] *n.* a) Getriebe, *das*; b) *(Brit. Finance)* Verhältnis von Ausschüttung auf Vorzugsaktien zu Ausschüttung auf Stammaktien
gear: ~-**lever**, *(Amer.)* ~-**shift**, ~-**stick** *ns.* Schalthebel, *der*; Schaltknüppel, *der*; ~**wheel** *n.* Zahnrad, *das*
gecko ['gekəʊ] *n., pl.* ~**s** *(Zool.)* Gecko, *der*
geddit ['gedɪt] *v.i. (sl.)* ~? verstanden? *(ugs.)*; kapiert? *(salopp)*
¹**gee** [dʒiː] *int.* *(to horse)* hü
²**gee** *int. (coll.)* Mann *(salopp)*; Mensch [Meier] *(salopp)*
'**gee-gee** *n. (Brit. coll.: horse)* Hottehü, *das* *(Kinderspr.)*
geese *pl. of* goose
'**gee-up** *int.* *see* ¹gee
gee 'whiz *int. (coll.) see* ²gee
geezer ['giːzə(r)] *n.* a) *(sl.: old man)* Opa, *der (ugs. scherzh. od. abwertend)*; b) *(coll.: fellow)* Typ, *der (ugs.)*
Geiger counter ['gaɪgə kaʊntə(r)] *n.* *(Phys.)* Geigerzähler, *der*
geisha ['geɪʃə] *n., pl.* ~**s** *or same* Geisha, *die*
gel [dʒel] 1. *n.* Gel, *das.* 2. *v.i.,* -**ll-:** a) gelatinieren; gelieren; b) *(fig.)* Gestalt annehmen
gelatin ['dʒelətɪn] *n.,* *(esp. Brit.)* **gelatine** ['dʒelətiːn] *n.* Gelatine, *die*; ~ **blasting** ~: Sprenggelatine, *die*
gelatinous [dʒɪ'lætɪnəs] *adj.* a) *(resembling gelatin)* gelatineartig; b) *(consisting of gelatin)* gelatinös
geld [geld] *v.t.* kastrieren; *(spay)* sterilisieren
gelding ['geldɪŋ] *n.* kastriertes Tier; *(male horse)* Wallach, *der*
gelignite ['dʒelɪgnaɪt] *n.* Gelatinedynamit, *das*
gem [dʒem] *n.* a) Edelstein, *der*; *(cut also)* Juwel, *das od. der*; *([semi-]precious stone with engraved design)* Gemme, *die*; b) *(fig.)* Juwel, *das*; Perle, *die*; *(choicest part)* Glanzstück, *das*
Geminean [dʒɛmɪ'niːən] *n.* *(Astrol.)* Zwilling, *der*
Gemini ['dʒemɪnaɪ, 'dʒemɪniː] *n.* *(Astrol., Astron.)* Zwillinge *Pl.*; Gemini *Pl.; see also* Aries
'**gemstone** *n.* Edelstein, *der*
gen [dʒen] *(Brit. sl.)* 1. *n.* notwendige Angaben; **give sb. the** ~ **on** *or* **about sth.** jmdn. über etw. *(Akk.)* informieren. 2. *v.t.,* -**nn-:** ~ **oneself/sb. up on** *or* **about sth.** sich/jmdn. über etw. *(Akk.)* informieren. 3. *v.i.,* -**nn-:** ~ **up on** *or* **about sth.** sich über etw. *(Akk.)* informieren
Gen. *abbr.* **General** Gen.
gendarme ['ʒɒndɑːm] *n.* Gendarm, *der*
gender ['dʒendə(r)] *n.* a) *(Ling.)* [grammatisches] Geschlecht; Genus, *das*; b) *(joc.: one's sex)* Geschlecht, *das*
gene [dʒiːn] *n. (Biol.)* Gen, *das*
genealogical [dʒiːnɪə'lɒdʒɪkl, dʒɛnɪə-'lɒdʒɪkl] *adj.* genealogisch; ~ **tree** Stammbaum, *der*
genealogist [dʒiːnɪ'ælədʒɪst, dʒɛnɪ'ælə-dʒɪst] *n.* Genealoge, *der*/Genealogin, *die*; Ahnenforscher, *der*/-forscherin, *die*
genealogy [dʒiːnɪ'ælədʒɪ, dʒɛnɪ'ælədʒɪ] *n.*
a) Genealogie, *die (fachspr.)*; *(pedigree)* Ahnentafel, *die (geh.)*; *(investigation)* Ahnenforschung, *die*; b) *(Zool., Bot.)* Stammbaum, *der*
genera *pl. of* genus
general ['dʒenrl] 1. *adj.* a) allgemein; **the** ~ **public** weite Kreise der Öffentlichkeit *od.* Bevölkerung; **in** ~ **use** allgemein verbreitet; **be in** ~ **use as sth.** allgemein als etw. benutzt werden; **not for** ~ **use** *(not to be used by everybody)* nicht für den allgemeinen Gebrauch bestimmt; **his** ~ **health/manner** sein Allgemeinbefinden/sein Benehmen im allgemeinen; **he has had a good** ~ **education** er hat eine gute Allgemeinbildung; **a** ~ **view of the building** eine Gesamtansicht des Gebäudes; **come to a** ~ **agreement** sich grundsätzlich einigen; **reach a** ~ **decision** eine grundsätzliche Entscheidung treffen; **in a** ~ **state of decay** in einem Zustand allgemeinen Verfalls; ~ **matters** allgemeine Angelegenheiten; **the cold weather has been** ~ **in England** es hat in ganz England kalt gewesen; b) *(prevalent, widespread, usual)* allgemein; weitverbreitet ⟨*Übel, Vorurteil, Aberglaube, Ansicht*⟩; häufig ⟨*Leiden*⟩; **it is the** ~ **custom** *or* **rule** es ist allgemein üblich *od.* ist Sitte *od.* Brauch; c) *(not limited in application)* allgemein; *(true of [nearly] all cases)* allgemeingültig; generell; **as a** ~ **rule** im allgemeinen; **in the** ~ **way [of things]** normalerweise; **in** ~: im allgemeinen; ʻG~ En-quiriesʼ „Auskunft"; d) *(not detailed, vague)* allgemein; ungefähr, vage ⟨*Vorstellung, Beschreibung, Ähnlichkeit*⟩; oberflächlich ⟨*Ähnlichkeit*⟩; *in its* ~ **form** im großen und ganzen; **in the most** ~ **terms, in a very** ~ **way** nur ganz allgemein; **the** ~ **idea** *or* **plan is that we...**: wir haben uns das so vorgestellt, daß wir ...; **yes, that was the** ~ **idea** ja, so war es gedacht; e) *(Mil.)* Generals⟨*rang, -streifen usw.*⟩; ~ **officer** General, *der*; f) *(chief, head)* General-⟨*direktor, -vertretung*⟩. 2. *n.* *(Mil.)* General, *der*; *(tactician, strategist)* Stratege, *der*; ~ **of the army/air force** *(Amer.)* Fünfsternegeneral, *der*
general: **G~ A'merican** *n.* General American, *das*; amerikanische Standardsprache; ~ **anaes'thetic** *n. see* anaesthetic 2; **G~ As'sembly** *n.* Generalversammlung, *die*; Vollversammlung, *die*; **G~ Certificate of Edu'cation** *n.* *(Brit. Hist.) (ordinary level)* ≈ mittlere Reife; *(advanced level)* ≈ Abitur; ~ **Certificate of Secondary Edu'cation** *n.* *(Brit.)* Abschluß der Sekundarstufe; ~ **dealer** *n.* Gemischtwarenhändler, *der*; ~ **de'livery** *n.* *(Amer.)* Schalter für postlagernde Sendungen; **written in address postlagernd**; ~ **e'lection** *n. see* election; ~ **head'quarters** *n. sing.* or *pl.* Generalkommando, *das*; ~ **hospital** *n.* Allgemeinkrankenhaus, *das*; *(Mil.)* Lazarett, *das*
generalist ['dʒenrlɪst] *n.* Generalist, *der*
generality [dʒenə'rælɪtɪ] *n.* a) *(applicability)* allgemeine Anwendbarkeit; *(of conclusion)* Allgemeingültigkeit, *die*; **a method of great** ~: eine vielseitig anwendbare Methode; b) *(vagueness)* Allgemeinheit, *die*; c) **talk in/of generalities** verallgemeinern/über Allgemeines sprechen; d) *(main, body, bulk, majority)* *(of mankind, electorate, etc.)* Großteil, *der*; *(of voters, individuals, etc.)* Mehrheit, *die*
generalisation, generalise *see* generaliz-
generalization [dʒenrəlaɪ'zeɪʃn] *n.* Generalisierung, *die*; Verallgemeinerung, *die*; **hasty** ~: voreilige Verallgemeinerung
generalize ['dʒenrəlaɪz] 1. *v.t.* a) generalisieren; verallgemeinern; b) *(infer)* ableiten; c) *(base general statement on)* eine allgemeingültige Feststellung treffen anhand
von; d) *(Math., Philos.)* generalisieren; e) *(bring into use)* verbreiten. 2. *v.i.* ~ [about sth.] [etw.] verallgemeinern; ~ **about the French people** die Franzosen alle in einen Topf werfen *(ugs.) od.* über einen Kamm scheren; **you can't** ~; **each one is different** man soll nicht verallgemeinern – jeder einzelne ist wieder anders
general 'knowledge *n.* Allgemeinwissen, *das*; **it is** ~ **that ...**: es ist allgemein bekannt, daß ...; ~ **exam/questions** das Allgemeinwissen betreffende Prüfung/Fragen
generally ['dʒenrəlɪ] *adv.* a) *(extensively)* allgemein; ~ **available** überall erhältlich; b) ~ **speaking** im allgemeinen; c) *(usually)* im allgemeinen; normalerweise; d) *(summarizing the situation)* ganz allgemein
general: ~ '**manager** *n.* [leitender] Direktor/[leitende] Direktorin; ~ '**meeting** *n.* Generalversammlung, *die*; Hauptversammlung, *die*; **G~** '**Post Office** *n.* *(Brit.)* Hauptpost[amt, *das*], *die*; ~ '**practice** *n.* *(Med.)* Allgemeinmedizin, *die*; ~ **practi'tioner** *n.* *(Med.)* Arzt/Ärztin für Allgemeinmedizin, *die*; ~ '**public** *n.* Öffentlichkeit, *die*; Allgemeinheit, *die*; **the lecture is open to the** ~ **public** die Vorlesung *od.* der Vortrag ist öffentlich; ~ **reader** *n.* Durchschnittsleser, *der*/-leserin, *die*
generalship ['dʒenrlʃɪp] *n., no pl. (strategy)* Führung, *die*; Kommando, *das*; *(fig.)* Leitung, *die*
general: ~ **shop** *see* ~ **store**; ~ '**staff** *n.* Generalstab, *der*; ~ **store** *n.* Gemischtwarenhandlung, *die (veralt.)*; ~ '**strike** *n.* Generalstreik, *der*
generate ['dʒenəreɪt] *v.t.* *(produce)* erzeugen *(from* aus*)*; *(result in)* führen zu
generating station ['dʒenəreɪtɪŋ steɪʃn] *n.* Elektrizitätswerk, *die*
generation [dʒenə'reɪʃn] *n.* a) Generation, *die*; **the present/rising** ~: die heutige/heranwachsende *od.* junge Generation; ~ **gap** Generationsunterschied, *der*; **first-/second-** ~ **computers** *etc.* Computer *usw.* der ersten/zweiten Generation; b) *(production)* Erzeugung, *die*; ~ **of electricity** Stromerzeugung, *die*; c) *(procreation)* **organs of** ~: Geschlechtsorgane; Fortpflanzungsorgane
generative ['dʒenərətɪv] *adj.* generativ; Zeugungs⟨*fähigkeit, -kraft usw.*⟩
generator ['dʒenəreɪtə(r)] *n.* a) Generator, *der*; *(in motor car also)* Lichtmaschine, *die*; b) *(originator)* Schöpfer, *der*; **be a** ~ **of new ideas** neue Ideen entwickeln
generic [dʒɪ'nerɪk] *adj.* a) gattungsmäßig; generisch *(fachspr.)*; ~ **term** *or* **name** *or* **heading** Ober- *od.* Sammelbegriff, *der*; b) *(Biol.)* Gattungs⟨*name, -bezeichnung*⟩
generosity [dʒenə'rɒsɪtɪ] *n.* Großzügigkeit, *die*; *(geh.)*; *(magnanimity)* Großmut, *die*; Generosität, *die (geh.)*
generous ['dʒenərəs] *adj.* a) großzügig; generös *(geh.)*; *(noble-minded)* edel *(geh.)*; großmütig; **he is** ~ **with compliments** er spart nicht mit Komplimenten; b) *(ample, abundant)* großzügig; reichhaltig ⟨*Mahl*⟩; üppig ⟨*Figur, Formen, Mahl*⟩; weit ⟨*Ärmel, Kleidungsstück*⟩; breit ⟨*Saum*⟩; ~ **size 12** groß ausgefallene Größe 12
generously ['dʒenərəslɪ] *adv.* großzügig; generös *(geh.)*; *(magnanimously)* großmütig; ʻ**please give** ~ʼ „wir bitten um großzügige Spendenʼʼ
genesis ['dʒenɪsɪs] *n., pl.* **geneses** ['dʒenɪsiːz] a) **G~** *no pl.* das erste Buch Mose; Schöpfungsgeschichte, *die*; b) *(origin)* Ursprung, *der*; Herkunft, *die*; *(development into being)* Entstehung, *die*
genetic [dʒɪ'netɪk] *adj.* a) genetisch; ~ **code** genetischer Code; ~ **engineering** Gentechnologie, *die*; b) *(concerning origin)* entwicklungsgeschichtlich; ~ **development** Entwicklungsgeschichte, *die*

305

genetically [dʒɪ'netɪkəlɪ] *adv.* a) *(according to genetics)* genetisch; b) *(according to origin)* entwicklungsgeschichtlich
geneticist [dʒɪ'netɪsɪst] *n.* Genetiker, *der*/Genetikerin, *die*
genetics [dʒɪ'netɪks] *n., no pl.* Genetik, *die;* Erbbiologie, *die*
Geneva [dʒɪ'niːvə] 1. *pr. n.* Genf *(das);* Lake ~: der Genfer See. 2. *attrib. adj.* Genfer
genial ['dʒiːnɪəl] *adj. (mild)* angenehm; mild ⟨*Klima, Luft*⟩; *(jovial, kindly)* freundlich; *(sociable)* jovial, leutselig ⟨*Person, Art*⟩; *(amiable)* liebenswürdig; *(cheering, enlivening)* anregend; belebend
geniality [dʒiːnɪ'ælɪtɪ] *n., no pl.* Freundlichkeit, *die;* hearty ~: Herzlichkeit, *die*
genially ['dʒiːnɪəlɪ] *adv.* freundlich; be ~ disposed towards sb. jmdm. freundlich gesinnt sein
genie ['dʒiːnɪ] *n., pl.* genii ['dʒiːnɪaɪ] Flaschenteufel, *der*
genital ['dʒenɪtl] 1. *n. in pl.* Geschlechtsorgane; Genitalien. 2. *adj.* Geschlechts⟨*teile, -organe, -drüse*⟩
genitalia [dʒenɪ'teɪlɪə] *n. pl. see* genital 1
genitival [dʒenɪ'taɪvl] *adj. (Ling.)* genitivisch; Genitiv-
genitive ['dʒenɪtɪv] *(Ling.)* 1. *adj.* Genitiv-; genitivisch; ~ case Genitiv, *der.* 2. *n.* Genitiv, *der; see also* absolute c
genius ['dʒiːnɪəs] *n., pl.* ~es *or* genii ['dʒiːnɪaɪ] a) *pl.* ~es *(person)* Genie, *das;* b) *(natural ability; also iron.)* Talent, *das;* Begabung, *die; (extremely great)* Genius, *der (geh.);* Genie, *das;* a man of ~: ein genialer Mensch; ein Genie; ~ for languages Sprachbegabung, *die;* c) *(special character; prevalent feeling, opinions, or taste)* Geist, *der; (of people)* Charakter, *der;* Wesen, *das;* d) *(spirit)* ⟨*Schutz*⟩geist, *der;* Genius, *der; (of place, country)* Geist, *der;* Genius, *der;* good/evil ~: guter/böser Geist
Genoa [dʒ'ɜːr] *pr. n.* Genua *(das)*
genocide ['dʒenəsaɪd] *n.* Völkermord, *der;* Genozid, *der (geh.)*
genre [ʒɑːr] *n.* a) *(general)* Genre, *das;* Gattung, *die;* b) *see* ~-painting a
'genre-painting *n.* a) Genremalerei, *die;* b) *(picture)* Genrebild, *das*
gent [dʒent] *n.* a) *(coll./joc.)* Gent, der *(iron.);* b) *(in shops etc.)* ~s' Herren⟨*friseur, -ausstatter*⟩; c) the G~s *(Brit. coll.)* die Herrentoilette
genteel [dʒen'tiːl] *adj.* vornehm; fein; they lived in ~ poverty sie lebten in vornehmer Armut
genteelly [dʒen'tiːllɪ] *adv.* vornehm
gentian ['dʒenʃn, 'dʒenʃɪən] *n. (Bot.)* Enzian, *der*
Gentile ['dʒentaɪl] 1. *n.* Nichtjude, *der/*-jüdin, *die;* (*Bibl.*) Heide, *der/*Heidin, *die.* 2. *adj.* nichtjüdisch; *(Bibl.)* heidnisch
gentility [dʒen'tɪlɪtɪ] *n., no pl.* a) *(condition)* Zugehörigkeit zum niederen Adel; b) *(members)* niederer Adel; c) *(superiority)* Vornehmheit, *die;* appearance of ~: vornehme Erscheinung
gentle ['dʒentl] *adj.* ~r [dʒentlə(r)], ~st [dʒentlɪst] a) sanft; sanftmütig ⟨*Wesen*⟩; liebenswürdig, freundlich ⟨*Person, Verhalten, Ausdrucksweise*⟩; *(not stormy, rough, or violent)* sanft, schwach ⟨*Brise*⟩; ruhig ⟨*Fluß, Wesen*⟩; *(not loud)* leise ⟨*Geräusch*⟩; *(moderate)* gemäßigt ⟨*Tempo*⟩; mäßig ⟨*Hitze*⟩; gemächlich ⟨*Tempo, Schritte, Spaziergang*⟩; *(gradual)* sanft ⟨*Abhang usw.*⟩; *(mild, not drastic)* mild ⟨*Reinigungsmittel, Shampoo usw.*⟩; wohlig ⟨*Wärme*⟩; *(easily managed)* zahm, lammfromm ⟨*Tier*⟩; be ~ with sb./sth. sanft mit jmdm./etw. umgehen; with ~ care äußerst vorsichtig od. behutsam; a ~ reminder/hint ein zarter Wink/eine zarte Andeutung; the ~ sex das zarte Geschlecht *(ugs. scherzh.);* the ~ art *or* craft die edle Kunst; b) *(dated: honourable, well-born)*

edel *(veralt.);* of ~ birth von hoher od. edler Geburt; c) ~ reader *(arch.)* lieber od. geneigter Leser
'gentlefolk[s] *n. pl.* feine Leute; vornehme Leute
gentleman ['dʒentlmən] *n., pl.* gentlemen ['dʒentlmən] a) *(man of good manners and breeding)* Herr, *der;* Gentleman, *der;* ~ scholar Privatgelehrter; a country ~: ein Landedelmann; b) *(man)* Herr, *der;* Gentlemen! meine Herren!; Ladies and Gentlemen! meine Damen und Herren!; Gentlemen, ... *(in formal, business letter)* Sehr geehrte Herren!; the gentlemen of the jury/press die Herren Geschworenen/von der Presse; gentlemen's Herren⟨*schneider, -friseur*⟩; c) *(man attached to household of sovereign etc.)* Höfling, *der;* d) *pl., constr. as sing.* the Gentlemen['s] *(Brit.)* die Herrentoilette; 'Gentlemen' „Herren"
gentleman 'farmer *n.* Gutsherr, *der*
gentlemanly ['dʒentlmənlɪ] *adj.* gentlemanlike *nicht attrib.;* eines Gentlemans nachgestellt; ~ person Gentleman, *der*
gentleman's *or* **gentlemen's agreement** *n.* Gentleman's od. Gentlemen's Agreement, *das;* Vereinbarung auf Treu und Glauben
gentleness ['dʒentlnɪs] *n., no pl.* Sanftheit, *die; (of nature)* Sanftmütigkeit, *die; (of nurse, words, action)* Behutsamkeit, *die; (of shampoo, cleanser, etc.)* Milde, *die; (of animal)* Zahmheit, *die*
'gentlepeople *see* gentlefolk[s]
'gentlewoman *n. (arch.)* a) *(woman of good birth or breeding)* Dame von Stand; b) *(lady)* Dame, *die*
gently ['dʒentlɪ] *adv. (tenderly)* zart; zärtlich; *(mildly)* sanft; *(carefully)* vorsichtig; behutsam; *(quietly, softly)* leise; *(moderately)* sanft; *(slowly)* langsam; she ~ broke the news to him sie brachte ihm die Nachricht schonend bei; a ~ teasing/sarcastic manner eine leicht neckende/sarkastische Art; she took things very ~: sie ließ es langsam angehen *(ugs.);* ~ does it! immer sachte! *(ugs.);* ~! *[*sachte] sachte!
gentrification [dʒentrɪfɪ'keɪʃn] *n.* Einzug von sozial Höherstehenden in heruntergekommene Wohnviertel
gentry ['dʒentrɪ] *n. pl.* a) niederer Adel; Gentry, *die;* b) *(derog.: people)* Leute *Pl.;* light-fingered ~: Taschendiebe *Pl.*
genuflect ['dʒenjuːflekt] *v. i.* niederknien; das Knie od. die Knie beugen
genuflection, genuflexion [dʒenjuː'flekʃn] *n.* Kniefall, *der;* [Nieder]knien, *das*
genuine ['dʒenjʊɪn] *adj.* a) *(actually from reputed source or author)* echt; authentisch ⟨*Text*⟩; the ~ article die echte Ausgabe *(fig.);* b) *(true)* aufrichtig; wahr ⟨*Zuneigung, Grund, Not*⟩; echt ⟨*Tränen*⟩; ernsthaft, ernstgemeint ⟨*Angebot*⟩; echt, überzeugt ⟨*Skeptiker, Kommunist usw.*⟩
genuinely ['dʒenjʊɪnlɪ] *adv.* wirklich; it is ~ antique es ist echt antik
genus ['dʒiːnəs, 'dʒenəs] *n., pl.* genera ['dʒenərə] a) *(Biol., Logic)* Gattung, *die;* b) *(in popular use)* Gattung, *die;* Art, *die*
geodesic [dʒiːə'desɪk, dʒiːə'diːsɪk] *adj.* geodätisch
geodesy [dʒiː'ɒdɪsɪ] *n.* Geodäsie *die*
geodetic [dʒiːə'detɪk, dʒiːə'diːtɪk] *see* geodesic
geographer [dʒɪ'ɒgrəfə(r)] *n.* Geograph, *der*/Geographin, *die*
geographic [dʒiːə'græfɪk], **geographical** [dʒiːə'græfɪkl] *adj.* geographisch; ~ latitude [geographische] Breite
geographically [dʒiːə'græfɪkəlɪ] *adv.* geographisch
geography [dʒɪ'ɒgrəfɪ] *n.* Geographie, *die;* Erdkunde, *die (Schulw.);* physical/political/regional ~: physische Geographie od. Na-

turgeographie, *die*/politische Geographie od. Staatengeographie, *die*/Landeskunde, *die;* show sb. the ~ of the house *(coll.)* jmdm. zeigen, wo sich die einzelnen Räume befinden; *(location of WC)* jmdm. zeigen, wo das [gewisse] Örtchen ist *(fam. verhüll.)*
geological [dʒiːə'lɒdʒɪkl] *adj.,* **geologically** [dʒiːə'lɒdʒɪkəlɪ] *adv.* geologisch
geologist [dʒɪ'ɒlədʒɪst] *n.* Geologe, *der/*Geologin, *die*
geology [dʒɪ'ɒlədʒɪ] *n.* Geologie, *die; (features)* geologische Beschaffenheit
geometric [dʒiːə'metrɪk], **geometrical** [dʒiːə'metrɪkl] *adj.* geometrisch; geometric mean geometrisches Mittel; geometrical progression *or* series geometrische Reihe
geometrically [dʒiːə'metrɪkəlɪ] *adv.* geometrisch
geometry [dʒɪ'ɒmɪtrɪ] *n.* Geometrie, *die*
ge'ometry set *n.* Reißzeug, *das*
geophysical [dʒiːə'fɪzɪkl] *adj.* geophysikalisch
geophysics [dʒiːə'fɪzɪks] *n., no pl.* Geophysik, *die*
Geordie ['dʒɔːdɪ] *n. (Brit.)* Geordie, *der;* Einwohner von Tyneside
George [dʒɔːdʒ] *n.* a) *(Hist., as name of ruler etc.)* Georg; b) by ~! *(Brit. dated coll.)* potz Blitz!; bei Gott!
George: ~ 'Cross *n. (Brit.)* Georgskreuz, *das;* ~ 'Medal *n. (Brit.)* Georgsmedaille, *die*
georgette [dʒɔː'dʒet] *n. (Textiles)* [Crêpe] Georgette, *der*
Georgia ['dʒɔːdʒɪə] *pr. n. (in USSR)* Georgien *(das); (in US)* Georgia *(das)*
¹Georgian ['dʒɔːdʒɪən] *adj. (Brit. Hist.)* georgianisch
²Georgian *adj. (USSR)* georgisch; *(US)* aus/in/von Georgia *nachgestellt*
geostationary [dʒiːə'steɪʃənərɪ] *adj.* geostationär
Ger. *abbr.* German dt.
geranium [dʒə'reɪnɪəm] *n.* a) *(in popular use)* Geranie, *die;* Pelargonie, *die;* b) *(herb or shrub Geranium)* Storchschnabel, *der;* Geranie, *die;* Geranium, *das*
gerbil ['dʒɜːbɪl] *n. (Zool.)* Wüstenmaus, *die;* Rennmaus, *die*
gerfalcon *see* gyrfalcon
geriatric [dʒerɪ'ætrɪk] 1. *adj.* geriatrisch. 2. *n. (also zoo.)* Greis, *der/*Greisin, *die*
geriatrician [dʒerɪə'trɪʃn] *n.* Geriater, *der/*Geriaterin, *die*
geriatrics [dʒerɪ'ætrɪks] *n., no pl.* Geriatrie, *die;* Altersheilkunde, *die*
germ [dʒɜːm] *n. (lit. or fig.)* Keim, *der;* I don't want to catch your ~s ich möchte mich nicht bei dir anstecken; I don't want you to spread your ~s around behalte deine Bazillen für dich!; wheat ~: Weizenkeim, *der;* a ~ of truth is contained in this legend *(fig.)* diese Legende enthält einen wahren Kern
German ['dʒɜːmən] 1. *adj.* deutsch; a ~ person ein Deutscher/eine Deutsche; the ~ people die Deutschen; he/she is ~: er ist Deutscher/sie ist Deutsche; have a ~ degree *(in subject)* einen Universitätsabschluß in Germanistik haben; *(from country)* einen akademischen Grad von einer deutschen Universität haben; he is a native ~ speaker seine Muttersprache ist Deutsch; he is a ~ translator *(translator from German)* er ist Übersetzer für Deutsch; '~ teacher/student Deutschlehrer/-student, *der;* ~ 'teacher/ student deutscher Lehrer/Student; ~ studies Germanistik, *die;* ~ department Germanistisches Institut. *See also* East German 1; English 1; West German 1. 2. *n.* a) *(person)* Deutsche, *der/die;* he/she is a ~: er ist Deutscher/sie ist Deutsche; b) *(language)* Deutsch, *das;* High ~: Hochdeutsch, *das;* Low ~: Niederdeutsch, *das. See also* East German 2; English 2 a; West German 2

german *adj. postpos.* leiblich
German Democratic Re'public *pr. n. (Hist.)* Deutsche Demokratische Republik
germane [dʒɜːˈmeɪn] *adj.* ~ **to** von Bedeutung für
Germanic [dʒɜːˈmænɪk] **1.** *adj.* germanisch; *(having German characteristics)* deutsch; ~ **Confederation/Empire** *(Hist.)* Deutscher Bund/Deutsches Reich; ~ **people** Germanen. **2.** *n. (Ling.)* **East/North/West** ~: Ost-/Nord-/Westgermanisch, *das*
Germanise *see* Germanize
Germanism [ˈdʒɜːmənɪzm] *n.* **a)** *(word or idiom)* Germanismus, *der;* **b)** *(German ideas or actions)* deutsche Eigenart, *die*
Germanist [ˈdʒɜːmənɪst] *n.* Germanist, *der/*Germanistin, *die*
germanium [dʒɜːˈmeɪnɪəm] *n. (Chem.)* Germanium, *das*
Germanize [ˈdʒɜːmənaɪz] **1.** *v. t.* eindeutschen; germanisieren *(abwertend).* **2.** *v. i.* deutsch werden
German: ~ **'measles** *n. sing.* Röteln *Pl.;* ~ **'sausage** *n.* ≈ Fleischwurst, *die;* ~ **'shepherd [dog]** *n.* [deutscher] Schäferhund; ~ **'silver** *n.* Neusilber, *das*
Germany [ˈdʒɜːmənɪ] *pr. n.* Deutschland *(das);* **Federal Republic of** ~: Bundesrepublik Deutschland, *die; see also* **East Germany; West Germany**
'germ-cell *n.* Keimzelle, *die*
germicide [ˈdʒɜːmɪsaɪd] *n.* keimtötendes Mittel; Bakterizid, *das (fachspr.)*
germinal [ˈdʒɜːmɪnl] *adj.* **a)** *(in earliest stage of development)* noch unentwickelt; ~ **form** Anfangsstadium, *das;* **b)** *(of germ)* germinal *(Bot.);* Keim-
germinate [ˈdʒɜːmɪneɪt] **1.** *v. i.* keimen; *(fig.)* entstehen. **2.** *v. t.* zum Keimen bringen; *(fig.)* hervorbringen
germination [dʒɜːmɪˈneɪʃn] *n.* Keimung, *die;* Keimen, *das; (fig.)* Entstehung, *die*
germ 'warfare *n.* Bakterienkrieg, *der;* biologische Kriegführung
gerrymander [ˈdʒerɪˈmændə(r)] **1.** *v. t.* willkürlich in Wahlbezirke aufteilen, um einer politischen Partei Vorteile zu verschaffen. **2.** *n.* Wahlkreisschiebungen *Pl. (ugs.)*
gerund [ˈdʒerənd] *n. (Ling.)* Gerundium, *das*
Gestapo [geˈstɑːpəʊ] *n.* Gestapo, *die*
gestation [dʒeˈsteɪʃn] *n.* **a)** *(of animal)* Trächtigkeit, *die; (of woman)* Schwangerschaft, *die;* ~ **period** Tragezeit, *die/*Zeit der Schwangerschaft, *die;* **b)** *(fig.)* Reifung, *die;* Heranreifen, *das*
gesticulate [dʒeˈstɪkjʊleɪt] *v. i.* gestikulieren; **he** ~ **d to the lorry-driver to stop reversing** er signalisierte dem Lkw-Fahrer, nicht weiter rückwärts zu fahren
gesticulation [dʒestɪkjʊˈleɪʃn] *n.* Gesten, *Pl.;* **wild** ~: wildes Gestikulieren
gesture [ˈdʒestʃə(r)] **1.** *n.* Geste, *die (auch fig.);* Gebärde, *die (geh.);* **a** ~ **of resignation** eine resignierte Geste. **2.** *v. i.* gestikulieren; ~ **to sb. to do sth.** jmdm. zu verstehen geben *od. (geh.)* jmdm. bedeuten, etw. zu tun. **3.** *v. t.* zu verstehen geben; ~ **sb. to do sth.** jmdm. zu verstehen geben *od. (geh.)* jmdm. bedeuten, etw. zu tun
get [get] **1.** *v. t.,* **-tt-,** *p. t.* **got** [gɒt], *p. p.* **got** *or* (*in comb./arch./ Amer. except in sense* **m**) **gotten** [ˈgɒtn] (**got** *also coll. abbr. of* **has got** *or* **have got**) **a)** *(obtain)* bekommen; kriegen *(ugs.); (by buying)* kaufen; sich *(Dat.)* anschaffen ⟨*Auto usw.*⟩*; (by one's own effort for special purpose)* sich *(Dat.)* besorgen ⟨*Visum, Genehmigung, Arbeitskräfte*⟩*; (find)* ⟨*Geld*⟩ einholen *(Gutachten); (by contrivance)* kommen zu *(find)* finden ⟨*Zeit*⟩*; (extract)* fördern ⟨*Kohle, Öl*⟩; ~ **an income from sth.** ein Einkommen aus etw. beziehen; **where did you** ~ **that?** wo hast du das her?; **the bogy man will come and** ~ **you** der schwarze Mann kommt und holt dich; **he got him by the leg/arm** er kriegte ihn am Bein/Arm zu fassen; ~ **sb. a job/taxi,** ~ **a job/taxi for sb.** jmdm. einen Job verschaffen/ein Taxi besorgen *od.* rufen; ~ **oneself sth./a rich man/a job** sich *(Dat.)* zulegen/einen reichen Mann finden/einen Job finden; **I need to** ~ **some bread** ich muß Brot besorgen *od.* holen; **you can't** ~ **this kind of fruit in the winter months** dieses Obst gibt es im Winter nicht zu kaufen; ~ **water from a well** das Wasser vom Brunnen holen; *see also* **best 3 c; better 3 a; kick 1 c; upper 1 a;** ¹**wind 1 f; worst 3 a;** **b)** *(fetch)* holen; **what can I** ~ **you?** was kann ich Ihnen anbieten?; **is there anything I can** ~ **you in town?** soll ich dir etwas aus der Stadt mitbringen?; ~ **sb. from the station** jmdn. vom Bahnhof abholen; **c)** ~ **the bus** *etc. (be in time for, catch)* den Bus *usw.* erreichen *od. (ugs.)* kriegen; *(travel by)* den Bus nehmen; **d)** *(prepare)* machen *(ugs.),* zubereiten ⟨*Essen*⟩; **e)** *(coll.: eat)* essen; zu sich nehmen ⟨*Imbiß*⟩; ~ **something to eat** etwas zu essen holen; *(be given)* etwas zu essen bekommen; **f)** *(gain)* erreichen; **what do I** ~ **out of it?** was habe ich davon?; **g)** *(by calculation)* erhalten; **h)** *(receive)* bekommen; erhalten, *(ugs.)* kriegen ⟨*Geldsumme, Belohnung*⟩; erhalten ⟨*Lob*⟩; **the country** ~**s very little sun/rain** in dem Land scheint/regnet es nur sehr wenig in dem Land; **he got the full force of the blow** er bekam die volle Wucht des Schlages ab; **she got some bruises from the fall** sie hat sich *(Dat.)* mehrere Prellungen bei dem Sturz zugezogen; **he got his jaw broken in a fight** bei einer Schlägerei wurde ihm der Kiefer gebrochen; ~ **nothing but ingratitude** nichts als Undank ernten; **i)** *(receive as penalty)* bekommen, *(ugs.)* kriegen ⟨*6 Monate Gefängnis, lebenslänglich, Geldstrafe, Tracht Prügel*⟩*; that's what I* ~ **for trying to be helpful** *(iron.)* das hat man nun davon, daß man helfen will; **you'll** ~ **it** *(coll.)* du kriegst Prügel *(ugs.);* es setzt was *(ugs.); (be scolded)* du kriegst was zu hören *(ugs.);* **you'll really** ~ **it this time** diesmal wirst du nicht ungeschoren davonkommen; *see also* **best 3 d; boot 1 a; neck 1 a;** ¹**sack 1 b; j)** *(kill)* töten; erlegen ⟨*Wild*⟩*; (hit, injure)* treffen; **I'll** ~ **you for that** das wirst du mir büßen; **they've got me** jetzt haben sie mich; ich bin getroffen *(Milit.);* ~ **him, boy!** *(to dog)* faß!; **k)** *(win)* bekommen; finden ⟨*Anerkennung*⟩; sich *(Dat.)* verschaffen ⟨*Ansehen*⟩; erzielen ⟨*Tor, Punkt, Treffer*⟩; gewinnen ⟨*Spiel, Preis, Belohnung*⟩; belegen ⟨*ersten usw. Platz*⟩; ~ **fame** berühmt werden; ~ **permission** die Erlaubnis erhalten; **he got his fare paid by the firm** seine Firma hat [ihm] die Fahrt bezahlt; **l)** *(come to have)* finden ⟨*Schlaf, Ruhe*⟩; bekommen ⟨*Einfall, Vorstellung, Gefühl*⟩; gewinnen ⟨*Eindruck*⟩*; (contract)* bekommen ⟨*Kopfschmerzen, Grippe, Malaria*⟩; ~ **some rest** ausruhen; ~ **one's freedom** seine Freiheit wiedererlangen; ~ **an idea/a habit from sb.** von jmdm. eine Idee/Angewohnheit übernehmen; **I hope I don't** ~ **the flu from you** hoffentlich steckst du mich nicht mit deiner Grippe an; *see also* **brain 1 a; religion b; m) have got** *(coll.: have)* haben; **give it all you've got** gib dein Bestes; **have got a toothache/a cold** Zahnschmerzen/eine Erkältung haben *od.* erkältet sein; **have got to do sth.** etw. tun müssen; **something has got to be done [about it]** dagegen muß etwas unternommen werden; **n)** *(succeed in bringing, placing, etc.)* bringen; kriegen *(ugs.);* ~ **sth. through the door** *etc.* etw. durch die Tür *usw.* bekommen; **she could hardly** ~ **herself out of bed** sie kam kaum aus dem Bett hoch; **that bike won't** ~ **you very far** mit dem Fahrrad wirst du nicht weit kommen; **I must** ~ **a message to her** ich muß ihr eine Nachricht zukommen lassen; **he's got you where he wants you** er hat dich genau da[hin] gekriegt, wo er dich hin haben wollte *(ugs.);* **o)** *(bring into some state)* **this music will** ~ **the party going** diese Musik wird Schwung in die Party bringen; ~ **a project going** ein Projekt in Gang bringen; ~ **a machine going** eine Maschine in Gang setzen *od.* bringen; ~ **things going** *or* **started** die Dinge in Gang bringen; ~ **everything packed/prepared** alles [ein]packen/vorbereiten; ~ **sth. ready/done** etw. fertig machen; ~ **oneself talked about** sich ins Gerede bringen; ~ **one's feet wet** nasse Füße kriegen; ~ **one's hands dirty** sich *(Dat.)* die Hände schmutzig machen; **I want to** ~ **the work done** ich möchte die Arbeit fertig haben; **I didn't** ~ **much done today** ich habe heute nicht viel geschafft; ~ **with child** *(dated)* schwängern; **he's got his sums right** er hat richtig gerechnet; **I need to** ~ **my house painted** ich muß mein Haus streichen lassen; **you'll** ~ **yourself thrown out/arrested** du schaffst es noch, daß du rausgeworfen/verhaftet wirst; **I got myself lost** ich habe mich verlaufen; ~ **sb. talking/drunk/interested** jmdn. zum Reden bringen/betrunken machen/jmds. Interesse wecken; ~ **one's hair cut/clothes dry-cleaned** sich *(Dat.)* die Haare schneiden lassen/seine Sachen reinigen lassen; **p)** *(induce)* ~ **sb. to do sth.** jmdn. dazu bringen, etw. zu tun; ~ **sth. to do sth.** es schaffen, daß etw. etw. tut; **I can never** ~ **you to listen to me** nie hörst du mir zu; **I can't** ~ **the car to start/the door to shut** ich kriege das Auto nicht in Gang/die Tür nicht zu; **q)** *(bring in)* einbringen ⟨*Ernte*⟩; **r)** *(Radio, Telev.: pick up)* empfangen ⟨*Sender*⟩; **he's trying to** ~ **BBC 2** er versucht, BBC 2 reinzukriegen *(ugs.);* **s)** *(get in touch with by telephone)* ~ **sb.** [**on the phone**] jmdn. [telefonisch] erreichen; **please** ~ **me this number** bitte verbinden Sie mich mit dieser Nummer; **t)** *(answer)* **I'll** ~ **it!** ich geh' schon!; *(answer doorbell)* ich mach' auf; *(answer the phone)* ich geh ran *(ugs.).* nehme ab; **u)** *(coll.: perplex)* in Verwirrung bringen; **this question will** ~ **him** mit dieser Frage kriegen wir ihn *(ugs.);* **you've got me there; I don't know** da bin ich überfragt – ich weiß es nicht; **v)** *(coll.) (understand)* kapieren *(ugs.);* verstehen ⟨*Personen*⟩*; (hear)* mitkriegen *(ugs.);* ~ **it?** alles klar? *(ugs.);* **w)** *(coll.: annoy)* aufregen *(ugs.);* **x)** *(coll.: attract, involve emotionally)* packen. **2.** *v. i.,* **-tt-, got, gotten** *p. p. (succeed in coming or going)* kommen; ~ **to London/the top before dark** London/den Gipfel vor Einbruch der Dunkelheit erreichen; **we got as far as Oxford** wir kamen bis Oxford; **we have got as far as quadratic equations** wir sind bis zu quadratischen Gleichungen gekommen; **how did that** ~ **here?** wie ist das hierher gekommen?; **b)** *(come to be)* ~ **working** sich an die Arbeit machen; ~ **talking [to sb.]** [mit jmdm.] ins Gespräch kommen; ~ **to talking about sth./sb.** auf etw./jmdn. zu sprechen kommen; **I got [to] thinking how nice ...:** ich habe mir überlegt, wie nett ...; ~ **going** *or* **started** *(coll.)* losgehen; aufbrechen; *(start talking)* loslegen *(ugs.);* *(become lively or operative)* in Schwung kommen; ohne **he** ~**s going** wenn er einmal anfängt; ~ **going on** *or* **with sth.** mit etw. anfangen; sich hinter etw. *(Akk.)* klemmen *(ugs.);* ~ **going on sb.** jmdn. bearbeiten; **I can't** ~ **started in the mornings** ich komme morgens nicht in Gang; *see also* **way 1 f; c)** ~ **to know sb.** jmdn. kennenlernen; ~ **to like/hate her** mit der Zeit mochte er sie/begann er sie, zu hassen; ~ **to hear of sth.** von etw. erfahren; **I never** ~ **to see you any more** dich sieht man ja gar nicht mehr *od.* bekommt man ja gar nicht mehr zu Gesicht; ~ **to do sth.** *(succeed in doing)* etw. tun

get

können; dazu kommen, etw. zu tun; **d)** *(become)* werden; **~ ready/washed** sich fertigmachen/waschen; **~ frightened/hungry** Angst/Hunger kriegen; **the time is ~ting near** die Zeit naht; **~ excited about sth.** sich auf etw. *(Akk.)* freuen; **~ interested in sth.** sich für etw. interessieren; **~ caught in the rain** vom Regen überrascht werden; **~ well soon!** gute Besserung!; *see also* **better 1**; **e)** *(sl.: be off, clear out)* verschwinden *(ugs.)*
~ a'bout *v. i.* **a)** *(move)* sich bewegen; *(travel)* herumkommen; **b)** *(spread)* sich herumsprechen; ⟨*Gerücht:*⟩ sich verbreiten
~ a'cross 1. [--'-] *v. i.* **a)** *(to/from other side)* rüberkommen *(ugs.)*; **b)** *(coll.: be communicated)* rüberkommen *(ugs.)*; **~ across [to sb.]** ⟨*Person:*⟩ sich [jmdm.] verständlich machen; ⟨*Witz, Idee:*⟩ [bei jmdm.] ankommen. **2.** *[stress varies]* *v. t.* **a)** *(cross)* überqueren; **~ sb./sth. across [sth.]** *(transport to/from other side)* jmdn./etw. [über etw. *(Akk.)*] hin-/herüberbringen; **b)** *(coll.: communicate)* vermitteln, klarmachen *(to Dat.)*; **~ a joke across to sb.** mit einem Witz bei jmdm. ankommen
~ a'long 1. *v. i.* **a)** *(advance, progress)* **~ along well** [gute] Fortschritte machen; **how is he ~ting along with his work/is his work ~ting along?** wie kommt er mit seiner Arbeit voran/kommt seine *od.* geht es mit seiner Arbeit voran?; **the patient is ~ting along very well** mit dem Patienten geht es aufwärts; **b)** *(manage)* zurechtkommen; **c)** *(agree or live sociably)* auskommen; **~ along with each other** *or* **together** miteinander auskommen; **d)** *(leave)* sich auf den Weg machen; **~ along with you!** *(fig. coll.)* ach, geh *od.* komm! *(ugs.)*; *(referring to)* ach, erzähl mir doch nichts! *(ugs.)*
~ a'round 1. *v. i.* **a)** *see* **~ round 1 b**; **b)** *see* **~ about a. 2.** *v. t. see* **~ round 2 a, b, d**
~ at *v. t.* **a)** herankommen an (+ *Akk.*); **let sb. ~ at sth.** jmdn. an etw. *(Akk.)* [heran]lassen; **woodworm has got at the wardrobe** in dem Schrank ist der Holzwurm; **b)** *(coll.: start work on)* sich machen an (+ *Akk.*); **c)** *(~ hold of; ascertain)* [he]rausfinden ⟨*Wahrheit, Ursache usw.*⟩; **d)** *(coll.)* **what are you/is he getting at?** worauf wollen Sie/will er hinaus?; *(referring to)* worauf spielen Sie/spielt er jetzt an?; **e)** *(sl.: tamper with)* sich zu schaffen machen an (+ *Dat.*); *(bribe)* bestechen; *(influence)* unter Druck setzen; **f)** *(sl.: attack, taunt)* anmachen *(salopp)*; **I have the feeling that I'm being got at** ich habe das Gefühl, daß man mich anpflaumen will *(ugs.)*
~ a'way 1. *v. i.* **a)** wegkommen; *(stand back)* zurücktreten; **you need to ~ away [from here]** du müßtest einmal [von hier] fort; **I can't ~ away from work** ich kann nicht von der Arbeit weg; **~ away from the field** *(Racing)* sich vom Feld absetzen; **there is no ~ting away from the fact that ...**: darum herum, daß ...; **~ away from it all** *see* **all 1 a**; **b)** *(escape)* entkommen; entwischen *(ugs.)*; **that's the one that got away** *(fig.)* das/der/die ist mir/dir *usw.* durch die Lappen gegangen *(ugs.)*; **c)** *(start)* aufbrechen; ⟨*Läufer:*⟩ losrennen; ⟨*Schwimmer:*⟩ losschwimmen; **d)** *in imper.* **~ away [with you]!** ach, geh *od.* komm! *(ugs.)*. **2.** *v. t.* **a)** *(remove, move)* wegnehmen; entfernen *(ugs.)*; ⟨*Fleck*⟩; wegräumen ⟨*Besteck, Geschirr*⟩; **~ sth. away from sb.** jmdm. etw. wegnehmen; **we've got to ~ her away from here/his influence/her boy-friend** wir müssen sie von hier fortbringen/seinem Einfluß entziehen/von ihrem Freund fernhalten; **b)** *(post)* zur Post bringen; abschicken; wegkriegen *(ugs.)*. *See also* **get-away**
~ a'way with *v. t.* **a)** *(steal and escape with)* entkommen mit; **b)** *(as punishment)* davon-

get

kommen mit; **c)** *(coll.: go unpunished for)* ungestraft davonkommen mit; **the things he ~s away with!** was der sich *(Dat.)* erlauben kann!; **~ away with it** es sich *(Dat.)* erlauben können; *(succeed)* damit durchkommen; **he can ~ away with anything** *or* *(fig.)* **murder** er kann sich *(Dat.)* alles erlauben

~ 'back 1. *v. i.* **a)** *(return)* zurückkommen; **~ back home** nach Hause kommen; **b)** *(stand away)* zurücktreten. **2.** *v. t.* **a)** *(recover)* wieder- *od.* zurückbekommen; wieder- *od.* zurückkriegen *(ugs.)*; zurückgewinnen ⟨*Kraft, Ehefrau, Freund usw.*⟩; **~ one's strength back** wieder zu Kräften kommen; **b)** *(return)* zurücktun; **I can't ~ the lid back on it** ich kriege den Deckel nicht wieder drauf *(ugs.)*; **~ the children back home** die Kinder nach Hause zurückbringen; **c)** **~ one's 'own back [on sb.]** *(sl.)* sich [an jmdm.] rächen

~ 'back at *v. t.* *(coll.)* **~ back at sb. for sth.** jmdm. etw. heimzahlen

~ 'back to *v. t.* **~ back to sb./sb.'s question** auf jmdn./jmds. Frage zurückkommen; **I'll ~ back to you on that** ich komme darauf noch zurück; **~ back to one's work/to work/to the office** wieder an seine Arbeit/an die Arbeit/ins Büro gehen; **~ting back to what I was saying ...**: um [noch einmal] auf das, was ich gesagt habe, zurückzukommen

~ be'hind 1. [--'-] *v. i.* zurückbleiben; ins Hintertreffen geraten; *(with payments)* in Rückstand geraten. **2.** *[stress varies]* *v. t.* **a)** **~ behind sb./sth.** sich hinter jmdn./etw. stellen; **b)** *(not progress as fast as)* **~ behind sb./sth.** hinter jmdn./etw. zurückbleiben

~ 'by 1. *v. i.* **a)** *(move past)* passieren, vorbeikommen; **let sb. ~ by** jmdn. vorbeilassen; **b)** *(coll.: be acceptable, adequate)* **she should [just about] ~ by in the exam** sie müßte die Prüfung [gerade so] schaffen; **his essay isn't very good but it will ~ by** sein Aufsatz ist nicht sehr gut, aber es reicht noch; **c)** *(coll.: survive, manage)* über die Runden kommen *(ugs.)* (on mit). **2.** *v. t.* **a)** *(move past)* **~ by sb./sth.** an jmdm./etw. vorbeikommen; **he got by the car in front** er überholte den vorderen Wagen; **b)** *(pass unnoticed)* entgehen (+ *Dat.*); unbemerkt vorbeikommen an (+ *Dat.*)

~ 'down 1. [-'-] *v. i.* **a)** *(come down)* heruntersteigen; *(go down)* hinuntersteigen; *(from bus etc.)* aussteigen (**from** aus); *(from horse)* absteigen (**from** von); **help sb. ~ from the horse/bus** jmdm. vom Pferd/aus dem Bus helfen; **b)** *(leave table)* aufstehen; **c)** *(bend down)* sich bücken; **~ down on one's knees** niederknien; sich hinknien. **2.** *[stress varies]* *v. t.* **a)** *(come down)* heruntersteigen; *(go down)* hinuntersteigen; hinuntergehen; **~ sb./sth. down** *(manage to bring down)* jmdn./etw. hin-/herunterbringen; *(with some difficulty)* jmdn./etw. hin-/herunterbekommen; *(take down from above)* jmdn./etw. herunterholen; **c)** **~ one's trousers ~**: die Hose herunterziehen; **d)** *(swallow)* hinunterschlucken; **e)** *(write, record)* schriftlich festhalten *od.* zu Papier bringen; **f)** *(coll.: depress)* fertigmachen *(ugs.)*; **g)** *(reduce)* kürzen ⟨*Aufsatz*⟩ (**to** auf + *Akk.*); senken ⟨*Fieber, Preis*⟩; *(by bargaining)* herunterdrücken ⟨*Preis*⟩; **I got him down [to £40]** ich habe ihn [auf 40 Pfund] heruntergehandelt

~ 'down to *v. t.* **~ down to sth.** sich an etw. *(Akk.)* machen; **~ down to writing a letter** sich hinsetzen und einen Brief schreiben; **let's ~ down to the facts now** wenden wir uns nun den Fakten zu!; *see also* **brass tacks; business** f

~ 'in 1. *v. i.* **a)** *(enter)* *(into bus etc.)* einsteigen; *(into bath)* hineinsteigen; *(into bed)* sich hinlegen; *(into room, house, etc.)* ein-

get

treten; *(intrude)* eindringen; **b)** *(arrive)* ankommen; *(get home)* heimkommen; **c)** *(be elected)* gewählt werden; **~ in for Islington** als Abgeordneter für Islington ins Unterhaus einziehen; **d)** *(obtain place)* *(at institution etc.)* angenommen werden; *(at university)* einen Studienplatz bekommen; *(as employee)* genommen werden; **e)** *(coll.: gain an advantage)* **~ in first/before sb.** die Nase vorn haben *(ugs.)*/schneller als jmd. sein. **2.** *v. t.* **a)** *(bring in)* einbringen ⟨*Ernte*⟩; hineinbringen, ins Haus bringen ⟨*Einkäufe, Kind*⟩; einlagern ⟨*Kohlen, Kartoffeln*⟩; hineinfahren, in die Garage fahren ⟨*Auto*⟩; reinholen ⟨*Wäsche*⟩; einholen ⟨*Netze, Hummerkörbe*⟩; *(Brit.: fetch and pay for)* holen ⟨*Getränke*⟩; **b)** *(coll.: enter)* einsteigen in (+ *Akk.*) ⟨*Auto, Zug*⟩; **c)** *(submit)* abgeben ⟨*Artikel, Hausarbeit*⟩; einreichen ⟨*Bewerbung, Bericht*⟩; **d)** *(receive)* erhalten; reinkriegen *(ugs.)*; **e)** *(send for)* holen; rufen ⟨*Arzt, Polizei*⟩; hinzuziehen ⟨*Spezialist*⟩; **f)** *(plant, sow)* in die Erde bringen *(ugs.)*; auspflanzen ⟨*Blumenzwiebeln*⟩; aussäen ⟨*Samen*⟩; **g)** *(fit in)* reinkriegen *(ugs.)*; einschieben ⟨*Unterrichtsstunde*⟩; **try to ~ in a word about sth.** sich zu etw. äußern wollen; *see also* **edgeways** c; **h)** *(cause to be admitted)* **~ sb. in** (as member, pupil, etc.) jmdm. die Aufnahme ermöglichen; jmdn. reinbringen *(ugs.)*; **his good results should ~ him in** mit seinen guten Noten müßte er reinkommen; **you can ~ him in as a guest** du kannst ihn als Gast mitbringen; **i)** *(Boxing)* **~ a blow/punch in** einen Schlag *od.* Treffer landen; *(fig. coll.)* jmdm. einen Schlag versetzen. *See also* **eye 1 a**; **hand 1 k**

~ in on *v. t.* *(coll.)* sich beteiligen an (+ *Dat.*); *see also* **act 1 e**

~ 'into *v. t.* **a)** *(bring into)* fahren (+ *Akk.*) ⟨*Garage*⟩; bringen in (+ *Akk.*) ⟨*Haus, Bett, Hafen*⟩; **b)** *(enter)* gehen/*(as intruder)* eindringen in (+ *Akk.*) ⟨*Haus*⟩; [ein]steigen in (+ *Akk.*) ⟨*Auto usw.*⟩; [ein]treten in (+ *Akk.*) ⟨*Zimmer*⟩; steigen in (+ *Akk.*) ⟨*Wasser*⟩; **the coach ~s into the station at 9 p.m.** der Bus kommt um 21.00 Uhr am Busbahnhof an; **it's getting into the hundreds** das geht schon in die Hunderte; **c)** *(gain admission to)* eingelassen werden in (+ *Akk.*); angenommen werden in (+ *Dat.*) ⟨*Schule*⟩; einen Studienplatz erhalten in (+ *Dat.*) ⟨*Universität*⟩; genommen werden von ⟨*Firma*⟩; **~ sb. into a school/firm/club** dafür sorgen, daß jmd. von einer Schule angenommen/einer Firma genommen/einem Verein aufgenommen wird; **~ into Parliament** ins Parlament einziehen; **d)** *(coll.: make put on)* hineinkriegen in (+ *Akk.*); **~ into one's clothes** sich anziehen; **I can't ~ into these trousers** ich komme in diese Hose nicht mehr rein *(ugs.)*; **e)** *(penetrate)* [ein]dringen in (+ *Akk.*); **sand got into my eyes** ich habe Sand in die Augen bekommen; **how did the fly ~ into the jam?** wie ist die Fliege in die Marmelade gekommen?; **f)** *(begin to undergo)* geraten in (+ *Akk.*); kommen in (+ *Akk.*) ⟨*Schwierigkeiten*⟩; *(cause to undergo)* stürzen in (+ *Akk.*) ⟨*Schulden, Unglück*⟩; bringen in (+ *Akk.*) ⟨*Schwierigkeiten*⟩; **g)** *(accustom to, become accustomed to)* annehmen ⟨*Gewohnheit*⟩; **~ into the job/work** sich einarbeiten; **once you've got into the book, ...**: wenn man sich einmal eingelesen hat, ...; *see also* **habit 1 a**; **way 1 l, o**; **h)** *(change in mood to)* geraten in (+ *Akk.*) ⟨*Wut, Panik*⟩; *(cause to change in mood to)* bringen in (+ *Akk.*) ⟨*Verzweiflung, Panik*⟩; **i)** **what's got into him?** was ist nur in ihn gefahren?; **something must have got into him** irgend etwas muß in ihn gefahren sein. *See also* **act 1 e**

~ 'in with *v. t.* *(coll.)* **~ in [well] with sb.** sich mit jmdm. gut stellen; **he got in with a bad crowd** er geriet in schlechte Gesellschaft; **he got in with a pretty girl** er bändelte mit einem hübschen Mädchen an

~ **off 1.** [-'-] *v. i.* **a)** *(alight)* aussteigen; *(dismount)* absteigen; **tell sb. where he ~s off** *or* **where to ~ off** *(fig. coll.)* jmdn. in seine Grenzen verweisen; **she told him where to ~ off in no uncertain terms** sie machte ihm unmißverständlich klar, daß er zu weit gegangen war; **b)** *(not remain on sb./sth.)* runtergehen; *(from chair)* aufstehen *(from ladder, tree, table, lawn, carpet)* herunterkommen; *(let go)* loslassen; **~ off, you filthy dog!** verschwinde, du dreckiger Köter!; **c)** *(start)* aufbrechen; **~ off to school/to work** zur Schule/Arbeit losgehen/-fahren; **we hope to ~ off before seven** wir hoffen, noch vor sieben wegzukommen; **~ off to an early start** früh aufbrechen *od.* wegkommen; **~ off to a good** *etc.* **start** einen guten *usw.* Start haben; *see also* **foot 1 a**; **d)** *(be sent)* *(Brief:)* abgeschickt werden; *(Paket, Telegramm:)* aufgegeben werden; **e)** *(escape punishment or injury)* davonkommen; **~ off lightly** glimpflich davonkommen; **f)** *(fall asleep)* einschlafen; **g)** *(leave)* [weg]gehen; **~ off early** [schon] früh [weg]gehen. **2.** *[stress varies]* *v. t.* **a)** *(dismount from)* [ab]steigen von ⟨*Fahrrad*⟩; steigen von ⟨*Pferd*⟩; *(alight from)* aussteigen aus ⟨*Bus, Zug usw.*⟩; steigen aus ⟨*Boot*⟩; **b)** *(not remain on)* herunterkommen von ⟨*Rasen, Teppich, Mauer, Leiter, Tisch*⟩; aufstehen von ⟨*Stuhl*⟩; verschwinden von, verlassen ⟨*Gelände*⟩; **~ off my toes!** geh von meinem Fuß runter! *(ugs.)*; **~ off the subject** vom Thema abkommen; **c)** *(cause to start)* [los]schicken; **it takes ages to ~ the children off to school** es dauert eine Ewigkeit, die Kinder für die Schule fertigzumachen; **~ sth. off to a good** *etc.* **start** einer Sache *(Dat.)* zu einem guten *usw.* Start verhelfen; **d)** *(remove)* ausziehen ⟨*Kleidung usw.*⟩; entfernen ⟨*Fleck, Farbe usw.*⟩; abbekommen ⟨*Deckel, Ring*⟩; **~ sth. off sth.** etw. von etw. entfernen/abbekommen; **~ sb./an animal off [sth.]** jmdn./ein Tier [von etw.] wegjagen; **I can't ~ my shoes off** ich kriege die Schuhe nicht aus *(ugs.)*; **~ that cat off my desk/me!** schaff mir die Katze vom Tisch/Leib!; **~ sb. off a subject** jmdn. von einem Thema abbringen; **e)** *(send, dispatch)* abschicken; aufgeben ⟨*Telegramm, Paket*⟩; **f)** *(cause to escape punishment)* davonkommen lassen; **the lawyer got his client off with a small fine** der Rechtsanwalt konnte für seinen Klienten ein niedriges Bußgeld durchsetzen; **g)** *(not have to do, go to, etc.)* frei haben; **~ off school/doing one's homework** nicht zur Schule zu gehen/keine Hausaufgaben zu machen brauchen; **~ time/a day off [work]** frei/einen Tag frei bekommen; **~ off work [early]** [früher] Feierabend machen; **I have got the afternoon off** ich habe den Nachmittag frei; **h)** *(cause to fall asleep)* zum Einschlafen bringen; **i)** *(coll.: obtain from)* bekommen von; kriegen von *(ugs.)*; **I got that recipe off my mother** das Rezept habe ich von meiner Mutter

~ **'off with** *v. t. (Brit. coll.)* aufreißen *(salopp)*; anbändeln mit *(ugs.)*; **~ off with sb.** jmdn. mit jmdn. zusammenbringen *od.* verkuppeln

~ **on 1.** [-'-] *v. i.* **a)** *(climb on)* *(on bicycle)* aufsteigen; *(on horse etc.)* aufsitzen; *(enter vehicle)* einsteigen; **you can't ~ on, the bus is full** Sie können nicht mehr rein *(ugs.)*, der Bus ist voll; **b)** *(make progress)* vorankommen; **~ on in life/the world** so zu etwas [im Leben] bringen; **you're ~ting on very nicely** Sie machen gute Fortschritte; **c)** *(fare)* **how did you ~ on there?** wie ist es dir dort ergangen?; **he's ~ting on well** es geht ihm gut; **I didn't ~ on too well in my exams** meine Prüfungen sind nicht besonders gut gelaufen *(ugs.)*; **d)** *(become late)* vorrücken; **it's ~ting on for five** es geht auf fünf zu; **it's ~ting on for six months since ...**: es sind bald sechs Monate, seit ...; **time is ~ting on** es wird langsam spät; **e)** *(advance in age)* älter werden; **be ~ting on in years/for seventy** langsam älter werden/auf die Siebzig zugehen; **f) there were ~ting on for fifty people** es waren an die fünfzig Leute da; **g)** *(manage)* zurechtkommen; **h)** *see* **~ along c. 2.** *[stress varies]* *v. t.* *(coll.)* **a)** *(climb on)* steigen auf (+ *Akk.*) ⟨*Fahrrad, Pferd*⟩; *(cause to climb on)* steigen lassen auf (+ *Akk.*) ⟨*Zug, Bus, Flugzeug*⟩; gehen auf (+ *Akk.*) ⟨*Schiff*⟩; *(cause to enter or board)* setzen in (+ *Akk.*) ⟨*Bus, Zug, Flugzeug*⟩; bringen auf (+ *Akk.*) ⟨*Schiff*⟩; **b)** *(put on)* anziehen ⟨*Kleider, Schuhe*⟩; aufsetzen ⟨*Hut, Kessel*⟩; *(load)* [auf]laden auf (+ *Akk.*); **~ the cover [back] on** den Deckel [wieder] drauftun; *(with some difficulty)* den Deckel [wieder] draufbekommen; **c)** **~ something on sb.** *(discover sth. incriminating)* etwas gegen jmdn. in der Hand haben. *See also* **foot 1 a; nerve 1 b**

~ '**on to** *v. t.* **a)** *see* **~ on 2 a**; **b)** *(contact)* sich in Verbindung setzen mit; *(by telephone)* anrufen; *(more insistently)* **~ on to sb.** jmdn. auf die Pelle rücken *(ugs.)*; **c)** *(trace, find)* ausfindig machen; **~ on to sb.'s trail/scent** jmdn. auf die Spur kommen/jmds. Fährte aufnehmen; **d)** *(realize)* **~ on to sth.** hinter etw. *(Akk.)* kommen; **~ on to the fact that ...**: dahinterkommen, daß ...; **e)** *(move or pass to)* übergehen zu; *(unintentionally in conversation)* kommen auf (+ *Akk.*); **we don't ~ on to anatomy until next year** zur Anatomie kommen wir erst im nächsten Jahr

~ '**on with** *v. t.* **a)** weitermachen mit; **let sb. ~ on with it** *(coll.)* jmdn. [allein weiter]machen lassen; **enough to be ~ting on with** genug für den Anfang *od.* fürs erste; **b)** **~ along with** *see* **~ along a, c**

~ '**out 1.** *v. i.* **a)** *(go away)* *(walk out)* rausgehen *(of* aus); *(drive out)* rausfahren *(of* aus); *(alight)* aussteigen *(of* aus); *(climb out)* rausklettern *(of* aus); **~ out from under** *(fig. coll.)* noch einmal davonkommen; **~ out [of my room]!** raus [aus meinem Zimmer]!; **we'd better ~ out, and quick!** wir verschwinden hier besser, und zwar schnell!; **you need to ~ out a bit more** du müßtest hier öfter mal raus; **she likes to ~ out for a breath of fresh air** sie geht gern mal vor die Tür, um frische Luft zu schnappen; **b)** *(leak)* austreten *(of* aus); *(escape from cage, jail)* ausbrechen, entkommen *(of* aus); *(fig.)* *(Geheimnis:)* herauskommen; ⟨*Nachrichten:*⟩ durchsickern; **~ out [of it]! oh!**; ach, erzähl mir doch nichts! *(ugs.)*; **d)** *(Cricket)* ausgeschlagen werden. **2.** *v. t.* **a)** *(cause to leave)* rausbringen *(of* aus); *(send out)* rausschicken *(of* aus); *(throw out)* rauswerfen *(of* aus); **~ all the passengers out** alle Passagiere aussteigen lassen; **~ a nail out/out of the wall** einen Nagel herauskriegen aus/aus der Wand kriegen *(ugs.)*; **~ a stain out/out of sth.** einen Fleck rausbekommen aus/aus etw. herausbekommen; **b)** *(bring or take out)* herausholen *(of* aus); herausziehen ⟨*Korken*⟩; *(drive out)* herausfahren *(of* aus); **you only ~ out what you put in** *(fig.)* man kriegt nur raus, was man reingesteckt hat *(ugs.)*; **c)** *(withdraw)* abheben ⟨*Geld*⟩ *(of* von); **d)** *(publish)* herausbringen; **e)** *(speak, utter)* herausbringen ⟨*Entschuldigung, Gruß usw.*⟩; herausbringen ⟨*Wort*⟩; **f)** *(Cricket)* ausschlagen; **g)** *(work out)* herausbekommen ⟨*Rechenaufgabe, Summe, Rätsel*⟩. *See also* **get-out**

~ '**out of** *v. t.* **a)** *(leave)* verlassen ⟨*Zimmer, Haus, Stadt, Land*⟩; *(cause to leave)* entfernen aus; *(extract from)* herausziehen aus; *(bring or take out of)* herausholen aus; *(leak from)* austreten aus; *(withdraw from)* abheben von; **~ a book out of the library** ein Buch aus der Bibliothek ausleihen; **~ a lazy person out of bed** einen Faulpelz aus dem Bett kriegen *(ugs.)*; **I got him out of my sight!** schaff ihn mir aus den Augen!; **~ me out of this mess** hol mich aus diesem Schlamassel heraus! *(ugs.)*; **~ sth. out of one's head** *or* **mind** sich *(Dat.)* etw. aus dem Kopf schlagen; **he can't ~ the idea out of his head** er wird den Gedanken nicht los; *see also* **~ out 1 a, b, c, 2 a, b, c**; **b)** *(draw out of)* herausbringen *(ugs.)* *od.* herausholen ⟨*Wahrheit, Worte*⟩ aus; **c)** *(escape)* herauskommen aus; *(avoid)* herumkommen um *(ugs.)*; sich drücken vor (+ *Dat.*) ⟨*Arbeit*⟩; **I can't ~ out of it now** jetzt muß ich mich auch daran halten; **d)** *(gain from)* herausholen ⟨*Geld*⟩ aus; erzielen ⟨*Gewinn*⟩ bei; **I couldn't ~ much out of this book** das Buch hat mir nicht viel gegeben; **~ a word/the truth/a confession out of sb.** aus jmdm. ein Wort/die Wahrheit/ein Geständnis herausbringen; **~ the best/most/utmost out of sb./sth.** das Beste/Meiste/Äußerste aus jmdm./etw. herausholen. *See also* **bed 1 a; depth d; habit 1 a; hand 1 b; way 1 l**

~ **outside [of]** *v. t. (sl.: eat)* sich reinziehen *(ugs.)*

~ '**over 1.** *v. i.* **a)** *(cross)* **~ over to the other side** auf die andere Seite gehen; **manage to ~ over to the other side** es schaffen, auf die andere Seite zu kommen; **I need to talk to you. When can you ~ over here?** ich muß dich sprechen - wann kannst du mal vorbeikommen?; **b)** *(coll.)* *see* **across 1 b. 2.** *v. t.* **a)** *(cross)* gehen über (+ *Akk.*); setzen über (+ *Akk.*) ⟨*Fluß*⟩; *(climb)* klettern über (+ *Akk.*); *(cause to cross)* [hinüber]bringen über (+ *Akk.*); **we got ourselves safely over the river** wir kamen sicher über den Fluß; **manage to ~ over the road** es schaffen, über die Straße zu kommen; **b)** *see* **across 2 b**; **c)** *(surmount)* überwinden; **d)** *(overcome)* überwinden; hinwegkommen über (+ *Akk.*); **e)** *(recover from)* überwinden; hinwegkommen über (+ *Akk.*) *(geh.)* ⟨*Verlust*⟩; sich erholen von ⟨*Krankheit*⟩; **f)** *(fully believe)* **I can't ~ over his cheek/the fact that ...**: solche Frechheit kann ich nicht begreifen/ich kann gar nicht fassen, daß ...; **g)** *(travel over)* zurücklegen ⟨*Strecke*⟩; **h)** *(coll.)* *so as not to have still to come)* hinter sich bringen; **you might as well ~ it over and done with** je eher du es tust, desto schneller hast du es hinter dir

~ '**over with** *v. t. (coll.)* **~ sth. over with** etw. hinter sich bringen

~ '**past 1.** *v. i.* *see* **~ by 1 a. 2.** *v. t.* *see* **~ by 2 a, b**

~ '**round 1.** *v. i.* **a)** *see* **~ about; b)** **~ round to doing sth.** dazu kommen, etw. zu tun. **2.** *v. t.* **a) she got round the shops very quickly** sie erledigte ihre Besorgungen sehr schnell; **b)** *(avoid)* umgehen ⟨*Gesetz, Bestimmungen*⟩; **c)** **~ sb. round, ~ round sb.** *(get one's way with)* jmdn. herumkriegen *(zu von)*; **d)** *(persuade)* jmdn. überzeugen *(to von)*; **d)** *(overcome)* lösen ⟨*Problem usw.*⟩; überwinden ⟨*Hindernis usw.*⟩; ⟨*Schwierigkeit usw.*⟩. *See also* **table 1 a; tongue c**

~ '**there** *v. i.* **a)** *(reach a place)* dorthin kommen; **b)** *(sl.: succeed)* es schaffen; **c)** *(understand)* verstehen, was gemeint ist; dahinterkommen *(ugs.)*

~ '**through 1.** [-'-] *v. i.* **a)** *(pass obstacle)* durchkommen; *(make contact by radio or telephone)* durchkommen *(ugs.)*; Verbindung bekommen *(to* mit); **b)** *(be transmitted)* durchkommen *(ugs.)*; durchdringen *(to* bis *od.* nach); **c)** *(win heat or round)* gewinnen; **~ through to the finals** in die Endrunde kommen; **d)** **~ through [to**

309

get-at-able | **gigantic**

sb.] *(make sb. understand)* sich [jmdm.] verständlich machen; e) *(pass)* bestehen; durchkommen *(ugs.)*; f) ~ **through** on auskommen mit ⟨Gehalt⟩; g) *(be approved)* angenommen werden; durchkommen *(ugs.)*. **2.** *[stress varies]* v.t. a) *(pass through)* [durch]kommen durch; ~ **sth. through sth.** etw. durch etw. [durch]bekommen od. *(ugs.)* [durch]kriegen; b) *(help to make contact)* ~ **sb. through to** jmdn. verbinden mit; c) *(bring)* [durch]bringen; übermitteln ⟨Nachricht⟩ (**to** Dat.); ~ **food/a message through to sb.** jmdm. Nahrungsmittel/eine Nachricht zukommen lassen; d) *(bring as far as)* ~ **a team through to the finals** eine Mannschaft in die Endrunde bringen; e) *(communicate)* ~ **sth. through to sb.** jmdm. etw. klarmachen; f) *(pass)* durchkommen bei *(ugs.)*, bestehen ⟨Prüfung⟩; *(help to pass)* durchbringen ⟨Prüfling⟩; g) *(Parl.: cause to be approved)* durchbringen; h) *(consume, use up)* verbrauchen; verqualmen *(ugs. abwertend)* ⟨Zigaretten⟩; aufessen ⟨Essen⟩; ablatschen *(salopp)* ⟨Schuhe⟩; abtragen ⟨Kleidung⟩; *(spend)* durchbringen ⟨Geld, Vermögen⟩; **i)** *(survive)* durchkommen; kommen durch; **j)** *(manage to deal with)* fertig werden mit, erledigen ⟨Arbeit⟩; durchkriegen ⟨Buch⟩; **let me ~ through this work first** laß mich erst diese Arbeit fertigmachen!; ~ **through reading a book/writing a letter** ein Buch auslesen/einen Brief fertigschreiben
~ **'through with** v.t. a) *(finish)* fertig werden mit ⟨Arbeit⟩; erledigen ⟨Formalitäten⟩; auslesen ⟨Buch⟩; b) *(coll.: finish dealing with sb.)* **wait till I ~ through with him!** warte, bis ich mit ihm fertig bin!
~ **to** v.t. a) *(reach)* kommen zu ⟨Gebäude⟩; erreichen ⟨Person, Ort⟩; **I've got to here** ich bin bis hierher gekommen; **he is ~ting to the age when ...**: er wird bald das Alter erreicht haben, in dem ...; **where have you got to in German/in this book?** wie weit bist du gekommen in Deutsch/mit od. in dem Buch?; **I haven't got to the end [of the novel] yet** ich habe [den Roman] noch nicht zu Ende gelesen; **where has the child/the book got to?** wo ist das Kind hin/das Buch hingekommen?; **b)** *(begin)* ~ **to doing sth.** anfangen, etw. zu tun; **c)** *(annoy)* ~ **to sb.** *(coll.)* jmdm. auf die Nerven gehen *(ugs.)*; **don't let him ~ to you!** laß dir von ihm nicht auf den Nerven rumtrampeln! *(salopp)*
~ **to'gether 1.** v.i. zusammenkommen; **we must ~ together again sometime** wir müssen uns mal bald wiedersehen; **why not ~ together after work?** wollen wir uns nach Feierabend treffen? **2.** v.t. a) *(collect)* zusammenbringen; ~ **one's things together** seine Sachen zusammenpacken; ~ **one's thoughts together** seine Gedanken sammeln; **b)** *(sl.: organize)* ~ **it** or **things together** die Dinge or die Reihe kriegen *(ugs.)*; ~ **oneself together** sich am Riemen reißen *(ugs.)*; **see also get-together**
~ **'under** v.t. *(shelter)* gehen unter (+ Akk.); kriechen unter (+ Akk.) ⟨Decke, Bett⟩; ~ **sth. under sth.** unter etw. *(Akk.)* tun; **how did my passport manage to ~ under your books?** wie ist mein Paß nur unter die Bücher gekommen?
~ **up 1.** [-'-] v.i. a) *(rise from bed, chair, floor; leave table)* aufstehen; **please don't ~ up!** bitte bleiben Sie sitzen!; **b)** *(climb)* [auf]steigen, aufsitzen (**on** auf + Dat. od. Akk.); **c)** *(rise, increase in force)* zunehmen; **the sea is ~ting up** die See wird immer wilder; **d)** *(Cricket)* ⟨Ball:⟩ steil hochfliegen; **e)** ~ **up and go** *(coll.)* in Gang kommen. **2.** *[stress varies]* v.t. a) *(call, awaken)* wecken; *(cause to leave bed)* aus dem Bett holen; ~ **oneself up** aufwachen; *(leave bed)* aus dem Bett kommen; **b)** *(cause to stand up)* aufhelfen (+ Dat.); hochkriegen *(ugs.)*; **c)** *(cause to*

mount)* ~ **sb. up on the horse** jmdm. aufs Pferd helfen; **d)** *(climb)* hinaufsteigen; **your car will not ~ up that hill** dein Auto kommt den Berg nicht hinauf od. schafft den Berg nicht; **water got up my nose** ich habe Wasser in die Nase gekriegt *(ugs.)*; **e)** *(carry up)* ~ **sb./sth. up [sth.]** jmdn./etw. [etw.] her-/hinaufbringen; *(with some difficulty)* jmdn. etw. [etw.] her-/hinaufkommen; **f)** *(organize)* organisieren; auf die Beine stellen; auf die Beine bringen ⟨Personen⟩; **g)** *(arrange appearance of, dress up)* zurechtmachen; herrichten ⟨Zimmer⟩; hübsch aufmachen ⟨Buch, Geschenk⟩. See also **back 1 a; get-up; get-up-and-go; steam v.i.**; ¹**wind 1 e**
~ **'up to** v.t. a) *(reach)* erreichen ⟨Leistungsniveau⟩; *(cause to reach)* bringen auf (+ Akk.); **b)** *(indulge in)* aussein auf (+ Akk.); ~ **up to mischief** etwas anstellen; **what have you been ~ting up to?** was hast du getrieben od. angestellt?
get: ~**-'at-able** adj. zugänglich; ~**-away** n. Flucht, die; attrib. Flucht⟨plan, -wagen⟩; **make one's ~-away** entkommen; ~**-out** n. a) *(coll.: evasion)* Ausweg, der; **b) as** or **like [all]** ~**-out** *(sl.)* wie nur irgend etwas; ~**-rich-'quick.** ~**-rich-quick manual/methods** Handbuch/Methoden, wie man schnell reich wird
gettable ['getəbl] adj. erhältlich
get: ~**-together** n. *(coll.)* Zusammenkunft, die; *(informal social gathering)* gemütliches Beisammensein; **have a ~-together** sich treffen; zusammenkommen; ~**-up** n. *(coll.)* Aufmachung, die; **buy a new ~-up** sich neu einkleiden; ~**-up-and-'go** n. *(coll.)* Elan, der; Schwung, der
geyser n. a) ['gi:zə(r), 'geɪzə(r)] *(hot spring)* Geysir, der; **b)** ['gi:zə(r)] *(Brit.: waterheater)* Durchlauferhitzer, der
Ghana ['gɑ:nə] pr.n. Ghana *(das)*
Ghanaian [gɑ:'neɪən] **1.** adj. ghanaisch; **sb. is ~**: jmd. ist Ghanaer/Ghanaerin. **2.** n. Ghanaer, der/Ghanaerin, die
ghastly ['gɑ:stlɪ] adj. a) grauenvoll; gräßlich; entsetzlich ⟨Verletzungen⟩; schrecklich ⟨Geschichte, Fehler, Irrtum⟩; **b)** *(coll.: objectionable, unpleasant)* scheußlich *(ugs.)*; gräßlich *(ugs.)*; **I feel ~**: ich fühle mich scheußlich; **c)** *(pale)* leichenblaß; leichenhaft ⟨Blässe⟩; gespenstisch ⟨Weiß⟩; **d)** *(forced)* verzerrt ⟨Grinsen, Grimasse⟩
Ghent [gent] pr.n. Gent *(das)*
gherkin ['gɜ:kɪn] n. Essiggurke, die
ghetto ['getəʊ] n., pl. ~**s** Getto, das
ghetto-blaster ['getəʊblɑ:stə(r)] n. *(sl.)* [lauter] Radiorecorder
ghost [gəʊst] **1.** n. a) Geist, der; Gespenst, das; **b) give up the ~**: den od. seinen Geist aufgeben *(veralt., scherzh.)*; *(fig.: give up hope)* die Hoffnung aufgeben; **c)** *(shadowy outline)* Schatten, der; *(trace)* Spur, die; ~ **of a smile** der Anflug eines Lächelns; **not have the** or **a ~ of a chance/an idea** nicht die geringste Chance/Ahnung haben; **d)** *(Telev.)* Geisterbild, das. **2.** v.i. ~ **sb.'s speech** etc. für jmdn. eine Rede usw. [als Ghostwriter] schreiben. **3.** v.i. ~ **[for sb.]** [für jmdn.] als Ghostwriter arbeiten
ghosting ['gəʊstɪŋ] n., no pl. *(Telev.)* ein Geisterbild
'ghostlike adj. gespenstisch
ghostly ['gəʊstlɪ] adj. gespenstisch; geisterhaft; **a ~ presence** die Anwesenheit eines Geistes
ghost: ~ **story** n. Gespenstergeschichte, die; ~ **town** n. Geisterstadt, die; ~ **train** n. Geisterbahn, die; ~ **writer** n. Ghostwriter, der
ghoul [gu:l] n. Mensch mit einem Hang zum Makaberen
ghoulish ['gu:lɪʃ] adj. teuflisch ⟨Freude⟩; schaurig ⟨Gelächter⟩; makaber ⟨Geschichte⟩
GHQ abbr. **General Headquarters** HQ, H.-Qu.

GI ['dʒi:'aɪ, dʒi:'aɪ] **1.** adj. GI-⟨Uniform, Haarschnitt⟩; ~ **bride** Ambraut, die *(ugs.)*; ~ **Joe** Amisoldat, der *(ugs.)*. **2.** n. GI, der
giant ['dʒaɪənt] **1.** n. a) *(legendary being)* Riese, der; *(Greek Mythol.)* Gigant, der; **b)** *(person)* Riese, der; *(ugs.)* besonders großes Exemplar; **a ~ of a man/plant** ein Riese von einem Mann/eine riesengroße Pflanze; **c)** *(person of extraordinary ability)* Größe, die; **he was one of the ~s of his time** er war einer der Großen seiner Zeit; **d)** *(sth. with power)* Koloß, der; **a ~ among rivers** ein gigantischer Strom; **e)** *(Astron.)* Riese, der. **2.** attrib. adj. riesig; Riesen- *(ugs.)*; Riesen⟨tier, -pflanze⟩
giantess ['dʒaɪəntɪs] n. Riesin, die
giant: ~**-killer** n. Riesenbezwinger, der; ~ **'panda** n. Bambusbär, der; Riesenpanda, der; ~ **'slalom** n. Riesenslalom, der
Gib. [dʒɪb] pr. n. *(coll.)* Gibraltar *(das)*
gibber ['dʒɪbə(r)] v.i. plappern; *(Affe:)* schnattern; **I just stood there like a ~ing idiot** ich stand da wie ein Idiot
gibberish ['dʒɪbərɪʃ] n. a) *(unintelligible chatter)* Kauderwelsch, das; **b)** *(nonsense)* Geschwafel, das *(ugs.)*; **talk ~**: schwafeln *(ugs.)*
gibbet ['dʒɪbɪt] n. *(Hist.)* Galgen, der
gibbon ['gɪbən] n. *(Zool.)* Gibbon, der
gibe [dʒaɪb] **1.** n. Spöttelei, die *(ugs.)*; Stichelei, die *(ugs.)*; **make ~s at sb.** jmdn. verspotten; gegen jmdn. sticheln *(ugs.)*. **2.** v.i. ~ **at sb./sth.** über jmdn./etw. spötteln *(ugs.)*; sich über jmdn./etw. lustig machen
giblets ['dʒɪblɪts] n. pl. [Geflügel]klein, das
Gibraltar [dʒɪ'brɔ:ltə(r)] pr. n. Gibraltar *(das)*, **the Rock/Straits of ~**: der Felsen/die Straße von Gibraltar
giddiness ['gɪdɪnɪs] n., no pl. Schwindel, der; **a feeling of ~**: ein Schwindelgefühl; **fits of ~**: Schwindelanfälle
giddy ['gɪdɪ] adj. a) *(dizzy)* schwind[e]lig; **I feel ~, I have a ~ feeling** mir ist schwindlig; mir schwindelt; **b)** *(causing vertigo)* schwindelerregend ⟨Höhe, Abgrund⟩; atemberaubend ⟨Geschwindigkeit⟩; **c)** *(fig.: frivolous)* ausgelassen; verrückt *(ugs.)*; **d)** **my ~ aunt!** *(fig. sl.)* ach, du dicker Vater! *(ugs.)*; ach, du dickes Ei! *(ugs.)*; see also **goat a**
gift [gɪft] n. a) *(present)* Geschenk, das; Gabe, die *(geh.)*; *(to an organization)* Schenkung, die; **make sb. a ~ of sth., make a ~ of sth. to sb.** jmdm. etw. schenken od. zum Geschenk machen; **it was given to me as a ~**: ich habe es geschenkt bekommen; **a ~ box/pack** eine Geschenkpackung; **I wouldn't [even] have it as a ~**: das würde ich nicht mal geschenkt nehmen; **b)** *(money given to charity)* Spende, die; **c)** *(talent etc.)* Begabung, die; **a person of many ~s** ein vielseitig begabter Mensch; **have a ~ for languages/mathematics** sprachbegabt/mathematisch begabt sein; see also **gab 1; tongue c; d)** *(easy task etc.)* Leichtigkeit, die; **e)** *(right to give)* **sth. is in the ~ of sb.** jmd. hat das Recht, etw. zu vergeben; etw. kann von jmdm. vergeben werden; **f)** *(Law)* Schenkung, die
gifted ['gɪftɪd] adj. begabt (**in, at** für); highly ~: hochbegabt; begnadet ⟨Künstler⟩; **be ~ in** or **at languages** sprachbegabt sein
gift: ~**-horse** n. never or don't look a ~**-horse in the mouth** *(prov.)* einem geschenkten Gaul schaut man nicht ins Maul *(Spr.)*; ~ **shop** n. Geschenkboutique, die; Geschenkladen, der; ~ **tax** n. *(Amer.)* Schenkungssteuer, die; ~ **token,** ~ **voucher** n. Geschenkgutschein, der; ~**-wrap** v.t. als Geschenk einpacken; in Geschenkpapier einpacken
gig [gɪg] n. *(boat, vehicle)* Gig, der
²**gig** n. *(coll.: performance)* Gig, der
giga- ['gɪgə] pref. giga-/Giga-
gigantic [dʒaɪ'gæntɪk] adj. gigantisch; riesig; enorm; gewaltig ⟨Verbesserung, Appetit,

giggle

Portion⟩; **a ~ success/effort** ein Riesenerfolg/eine Riesenanstrengung; **grow to a ~ size** riesengroß werden
giggle ['gɪgl] **1.** *n.* **a)** Kichern, *das;* Gekicher, *das;* **have a ~ about sth.** über etw. *(Akk.)* kichern; **with a ~:** kichernd; **[a fit of] the ~s** ein Kicheranfall; **get/have the ~s** kichern müssen; **b)** *(coll.) (amusing person)* Witzbold, *der; (amusing thing, joke)* Spaß, *der;* **it was a bit of a ~:** es war ganz amüsant; **for a ~:** aus Spaß; **we did it for a ~:** wir wollten unseren Spaß haben. **2.** *v. i.* kichern
¹**gild** [gɪld] *v. t.* vergolden; *(with gold-coloured paint)* mit Goldbronze überziehen; **~ed cage** *(fig.)* goldener Käfig *(fig.);* **~ed youth** Jeunesse dorée, *die (veralt.);* **~ the lily** etwas Vollkommenes [unnötigerweise] noch vervollkommnen [wollen]; des Guten zuviel tun
²**gild** *see* **guild**
gilding ['gɪldɪŋ] *n.* Goldauflage, *die; (process)* Vergoldung, *die; (paint)* Goldfarbe, *die*
¹**gill** [gɪl] *n., usu. in pl.* **a)** *(of fish etc.)* Kieme, *die;* **green about the ~s** *(fig.)* grün od. blaß um die Nase[nspitze] *(ugs.);* **b)** *(of mushroom etc.)* Lamelle, *die*
²**gill** *n.* *(ravine)* [bewaldete] Schlucht; **b)** *(torrent)* Wildbach, *der*
³**gill** [dʒɪl] *n.* Viertelpint, *das (0,142 l)*
gillie [gɪlɪ] *n. (Hunting)* Jagdgehilfe, *der*
gilt [gɪlt] **1.** *n.* **a)** *(gilding)* Goldauflage, *die; (paint)* Goldfarbe, *die;* **take the ~ off the gingerbread** *(fig.)* dem Ding den Reiz nehmen; **b)** *in pl.* **= gilt-edged securities** *see* **gilt-edged. 2.** *adj.* vergoldet
gilt-edged *adj. (Commerc.)* **~ securities/stocks** mündelsichere Wertpapiere
gimcrack ['dʒɪmkræk] *adj.* schäbig
gimlet ['gɪmlɪt] *n.* [Hand]bohrer, *der;* **~ eye** Luchsauge, *das; (fig.)* Scharfblick, *der*
gimme ['gɪmɪ] *(coll.)* = **give me**
gimmick ['gɪmɪk] *n. (coll.)* Gag, *der;* **a publicity/public relations/promotional ~:** ein Werbegag
gimmickry ['gɪmɪkrɪ] *n. (coll.)* Firlefanz, *der (ugs.);* Pipifax, *der (ugs.);* **advertising ~:** Werbetricks *od.* -gags
gimmicky ['gɪmɪkɪ] *adj. (coll.)* vergagt; **publicity stunts** verrückte Werbegags
¹**gin** [dʒɪn] *n. (drink)* Gin, *der;* **~ and tonic** Gin [und] Tonic, *der;* **~ and it** *(Brit. coll.)* Gin und [italienischer] Wermut; **pink ~:** Gin und Angostura
²**gin** *n. (trap)* Falle, *die; (snare)* Schlinge, *die*
ginger ['dʒɪndʒə(r)] **1.** *n.* **a)** Ingwer, *der;* **b)** *(colour)* Rötlichgelb, *das;* **his hair was a bright shade of ~:** er hatte helles rötliches Haar; **c)** *(vigour)* Feuer, *das;* Schwung, *der.* **2.** *adj.* **a)** *(flavour)* Ingwer⟨gebäck, -geschmack⟩; **b)** *(colour)* rötlichgelb; rotblond ⟨Bart, Haare⟩. **3.** *v. t.* **~ up** *(fig.)* in Schwung bringen
ginger: ~-'**ale** *n.* Ginger-ale, *das;* ~-'**beer** *n.* Ingwerbier, *das;* Ginger-beer, *das;* **~-beer plant** Mischung aus Hefe und Bakterie zur Gärung von Ginger-beer; **~bread** **1.** *n.* **a)** Pfefferkuchen, *der; see also* **gilt 1 a; b)** *(Archit. etc.)* überflüssiger [geschmackloser] Schmuck; **2.** *adj. (fig.)* überladen; zuckerbäckerhaft ⟨[Bau]stil⟩; **~ group** *n. (Brit.)* Initiative, *die;* Aktionsgruppe, *die*
gingerly ['dʒɪndʒəlɪ] *adv.* behutsam; [übertrieben] vorsichtig
ginger: ~-**nut** *n.* Pfeffernuß, *die;* ~-**snap** *n.* Ingwerkeks, *der;* ~'**wine** *n.* Ingwerwein, *der*
gingery ['dʒɪndʒərɪ] *adj.* ingwerartig
gingham ['gɪŋəm] *n. (Textiles)* Gingan, *der*
gingivitis [dʒɪndʒɪ'vaɪtɪs] *n. (Med.)* Zahnfleischentzündung, *die (fachspr.)*
ginormous [dʒaɪ'nɔ:məs] *adj. (Brit. sl.)* elefantös *(ugs. scherzh.)*

gin: ~-**palace** *n.* auffällig aufgemachte Kneipe; ~'**rummy** *n.* Rommé mit Zehn
ginseng ['dʒɪnseŋ] *n. (Bot., Med.)* Ginseng, *der*
gin 'sling *n.* Gin-Sling, *der*
gippy tummy [dʒɪpɪ 'tʌmɪ] *n. (sl.)* Durchfall, *der;* Durchmarsch, *der (salopp)*
gipsy *see* **gypsy**
giraffe [dʒɪ'rɑ:f, dʒɪ'ræf] *n.* Giraffe, *die*
gird [gɜ:d] *v. t.,* ~**ed** *or* **girt** [gɜ:t] **a)** *(encircle)* **~ sb./sb.'s waist with sth.** jmdm./jmds. Taille mit etw. gürten; etw. um jmdn./jmds. Taille als Gürtel legen; **b)** *(surround)* umgeben; **c)** *(secure)* **~ on one's armour/sword** seine Rüstung anlegen/sich *(Dat.)* sein Schwert umgürten; **d)** *(prepare)* **~ oneself for sth.** sich zu etw. rüsten; **be ~ed for sth.** für etw. gewappnet sein
~ up *v. t.* gürten; **~ up one's loins** *(literary)* seine Lenden gürten *(veralt.)*/sich gürten
girder ['gɜ:də(r)] *n.* [Eisen-/Stahl]träger, *der*
¹**girdle** ['gɜ:dl] **1.** *n.* **a)** *(corset)* Hüfthalter, *der;* Hüftgürtel, *der;* **b)** *(belt, cord, etc.)* Gürtel, *der; (sash)* Schärpe, *die;* **a ~ of trees/forests** eine Baumkette *od.* ein Gürtel von Bäumen/ein Waldgürtel; **c)** *(Anat.)* ⟨Schulter-, Becken⟩gürtel, *der.* **2.** *v. t.* umgeben; ⟨*Bäume:*⟩ umstehen; ⟨*Fluß, Wasser:*⟩ umfließen, umströmen
²**girdle** *(Scot.) see* **griddle**
girl [gɜ:l] *n.* **a)** Mädchen, *das; (teenager)* junges Mädchen; *([young] woman)* Frau, *die; (daughter)* Mädchen, *das (ugs.);* Tochter, *die;* **baby ~:** kleines Mädchen; **~s' school** Mädchenschule, *die;* **a ~'s name** ein Mädchenname; **a little Italian ~:** eine kleine Italienerin; ein kleines italienisches Mädchen; **[my] ~** *(as address)* [mein] Mädchen; **the ~s** *(female friends)* meine/ihre *usw.* Freundinnen; **the Smiths ~s** die Mädchen von Smiths; *see also* **old girl; b)** *(worker)* Mädchen, *das; (secretary)* Sekretärin, *die; (maid)* [Haus-/Dienst]mädchen, *das;* **the ~ at the cash-desk/switchboard** die Kassiererin/Telefonistin; **c)** *(sweetheart)* Mädchen, *das;* Freundin, *die*
girl: ~ 'Friday *n. see* **Friday 1; ~-friend** *n.* Freundin, *die;* **~ 'guide** *see* **guide 1 e**
girlhood ['gɜ:lhʊd] *n.* Kindheit, *die*
girlie ['gɜ:lɪ] **1.** *adj.* mit nackten Mädchen nachgestellt. **2.** *n.* [kleines] Mädchen
girlish ['gɜ:lɪʃ] *adj. (coll.)* mädchenhaft; **a ~ voice** eine Mädchenstimme; **~ laughter** Mädchenlachen, *das*
girl scout *n. (Amer.)* Pfadfinderin, *die*
giro ['dʒaɪərəʊ] *n., pl.* ~**s** Giro, *das; attrib.* Giro⟨bank, -geschäft, -konto, -scheck⟩; **post office/bank ~:** Postgiro- *od. (veralt.)* Postscheck-/Giroverkehr, *der*
girt *see* **gird**
girth [gɜ:θ] *n.* **a)** *(circumference)* Umfang, *der; (at waist)* Taillenumfang, *der; (at belly)* Bauchumfang, *der; (of ship)* Spantumfang, *der;* **in ~:** im Umfang *usw.;* **b)** *(band round horse)* Bauchgurt, *der*
gismo ['gɪzməʊ] *n. (sl.)* Ding, *das (ugs.)*
gist [dʒɪst] *n.* Wesentliche, *das; (of tale, argument, question, etc.)* Kern, *der;* **this is the ~ of what he said** das hat er im wesentlichen gesagt; **get the ~ of sth.** das Wesentliche einer Sache mitbekommen; **could you give me the ~ of it/what's been going on?** könntest du mir sagen, worum es hier geht?/was losgewesen ist?
git [gɪt] *n. (Brit. sl. derog.)* Idiot, *der (salopp);* **stupid ~:** Blödmann, *der (derb); (woman)* blöde Kuh *(derb)*
give [gɪv] **1.** *v. t.,* **gave** [geɪv], **given** ['gɪvn] **a)** *(hand over, pass)* geben; *(transfer from one's authority, custody, or responsibility)* überbringen; **~ sth. to sb.** etw. (an + *Akk.*) abgeben; **she gave him her bag to carry** sie gab ihm ihre Tasche zum Tragen; **G~ it to me! I'll do it** Gib her! Ich mache das; **~ me ...** *(on telephone)* geben Sie mir ...; verbinden Sie

give

mich mit ...; **b)** *(as gift)* schenken; *(donate)* spenden; geben; *(bequeath)* vermachen; **~ sb. sth.** *or* **sth. [to] sb. as a present** jmdm. etw. schenken; *(sth. of great value)* jmdm. etw. zum Geschenk machen; **each of the boys was ~n a book** die Jungen bekamen jeder ein Buch [geschenkt]; **the book was ~n me by my son** das Buch hat mir mein Sohn geschenkt; **I was ~n it by my son** mein Sohn hat es mir geschenkt; ich habe es von meinem Sohn [geschenkt] bekommen; *abs.* **I wouldn't have it if it was ~n [to] me** ich würde es nicht mal geschenkt nehmen; **it is more blessed to ~ than to receive** *(Bibl.)* Geben ist seliger denn Nehmen *(Spr.);* **~ alms/to the poor** Almosen/den Armen geben; **~ towards sth.** zu etw. beisteuern; **~ blood** Blut spenden; **~ [a donation] to charity** für wohltätige Zwecke spenden; **'please ~ generously'** „wir bitten um großzügige Spenden"; **~ and take** *(fig.)* Kompromisse eingehen; *(in marriage etc.)* geben und nehmen; **c)** *(sell)* verkaufen; geben; *(pay)* zahlen; geben *(ugs.); (sacrifice)* geben; **~ £2 for 2 Pfund gebe ich dir** *od.* hast du die Maschine; **what will you ~ me for this watch?** was *od.* wieviel geben Sie mir für diese Uhr?; **I'll ~ you anything you ask for it** ich zahle Ihnen jeden Preis dafür; **~ sb. sth. [in exchange] for sth.** jmdm. etw. für etw. [im Tausch] geben; **I would ~ anything** *or* **my right arm/a lot to be there** ich würde alles/viel darum geben, wenn ich dort sein könnte; **d)** *(assign)* aufgeben ⟨Hausaufgaben, Strafarbeit *usw.*⟩; *(sentence to)* geben ⟨10 Jahre Gefängnis *usw.*⟩; **~ sb. a translation to do/an essay to write for homework** jmdm. eine Übersetzung/einen Aufsatz aufgeben; **he was ~n ten years** er bekam zehn Jahre; **e)** *(grant, award)* geben ⟨Erlaubnis, Arbeitsplatz, Interview, Rabatt, Fähigkeit, Kraft⟩; verleihen ⟨Preis, Titel, Orden *usw.*⟩; **be ~n sth.** etw. bekommen; **he was ~n the privilege/honour of doing it** ihm wurde das Vorrecht/die Ehre zuteil, es zu tun; **~ me strength to do it** gib mir Kraft, es zu tun; **it is ~n to few/her** es ist wenigen/ihr gegeben *od. (geh.)* beschieden; **~ sb. to understand** *or* **believe that ...:** jmdn. glauben lassen, daß ...; **he gave me to understand** *or* **believe that ...** *(unintentionally)* was er sagte, ließ mich glauben, daß ...; **f)** *(entrust sb. with)* übertragen ⟨*Dat.*⟩; **~ sb. the power to do sth.** jmdn. ermächtigen, etw. zu tun; **g)** *(allow sb. to have)* geben ⟨Recht, Zeit, Arbeit⟩; überlassen ⟨*seinen Stuhl*⟩; lassen ⟨*Wahl, Zeit*⟩; **be ~n little freedom** wenig Freiheit haben; **~ sb./a horse a rest** jmdm./einem Pferd eine Pause gönnen; **they gave ~e [the use of] their car for the weekend** sie überließen mir übers Wochenende ihr Auto; **~ it time and it will work out well** gut Ding will Weile haben *(Spr.);* **I will ~ you a day to think it over** ich lasse dir einen Tag Bedenkzeit; **I can ~ you an hour. Then I must go** Ich habe [für Sie] eine Stunde Zeit. Dann muß ich gehen; **~ yourself time to think about it** laß dir Zeit, und denk darüber nach; **~ me the good old times** *(fig. coll.)* es geht doch nichts über die guten alten Zeiten; **~ me London any day** *or* **time** *or* **every time** *(fig. coll.)* London ist mir zehnmal lieber; **I['ll] ~ you/him** *etc.* **that** *(fig. coll.: grant)* das gebe ich zu; zugegeben; **you've got to ~ it to him** *(fig. coll.)* das muß man ihm lassen; **~ or take** *(coll.)* mehr oder weniger; **it cost £5, ~ or take a few pence** es hat fünf Pfund gekostet, vielleicht ein paar Pence mehr oder weniger; **~ or take a few errors, this book is ...:** abgesehen von ein paar Fehlern ist dieses Buch ...; **~ oneself to sb.** *(yield sexually)* sich jmdm. hingeben; **~n that** *(because)* da; *(if)* wenn; **~n the right**

311

tools mit dem richtigen Werkzeug; ~n time/the cash, I'll do/buy it wenn ich Zeit/das nötige Geld habe, mache/kaufe ich es; h) (offer to sb.) geben, reichen ⟨Arm, Hand usw.⟩; ~ sb. one's attention/confidence jmdm. seine Aufmerksamkeit/sein Vertrauen schenken; please ~ me your attention ich bitte um Ihre Aufmerksamkeit; ~ sb. in marriage jmdn. verheiraten; my heart is ~n to another mein Herz gehört einer/einem anderen; she gave him an infection/a cold sie hat ihn angesteckt/mit ihrer Erkältung angesteckt; she gave him four sons sie hat ihm vier Söhne geschenkt (geh.); see also ~ way; i) (cause sb./sth. to have) geben; verleihen ⟨Charme, Reiz, Gewicht, Nachdruck⟩; bereiten, machen ⟨Freude, Mühe, Kummer⟩; bereiten, verursachen ⟨Schmerz⟩; bieten ⟨Abwechslung, Schutz⟩; leisten ⟨Hilfe⟩; gewähren ⟨Unterstützung⟩; erteilen ⟨Absolution⟩; ~ sb. sth./be ~n sth. to eat jmdm. etw. zu essen geben/etw. zu essen bekommen; ~ sb. some refreshment jmdm. eine Erfrischung reichen; ~ sb. pork for dinner jmdm. Schweinefleisch zum Abendessen geben od. reichen; I was ~n the guestroom man gab mir das Gästezimmer; ~ a clear picture/~ good reception (Telev.) ein gutes Bild/einen guten Empfang haben; the answer was ~n me in a dream die Antwort kam mir im Traum; her words gave me much pain/quite a shock ihre Worte schmerzten/schockierten mich sehr; ~ hope to sb. jmdm. Hoffnung machen; ~ sb. the name of Jim jmdn. Jim nennen; jmdm. den Namen Jim geben; the village gave its name to the battle die Schlacht wurde nach dem Dorf benannt; Latin, which has ~n the English language so many words das Lateinische, aus dem so viele englische Wörter stammen; ~ sb. something to cry for/to complain about jmdm. einen Grund zum Weinen/Klagen geben; ~ one's labour [free of charge] unbezahlt arbeiten; seine Arbeit unentgeltlich machen; ~ sb. what for (sl.) es jmdm. geben (ugs.); j) (convey in words, tell, communicate) angeben ⟨Namen, Anschrift, Alter, Grund, Zahl⟩; nennen ⟨Grund, Einzelheiten, Losungswort⟩; geben ⟨Rat, Beispiel, Befehl, Anweisung, Antwort⟩; fällen ⟨Urteil, Entscheidung⟩; sagen ⟨Meinung⟩; erlassen ⟨Gesetze⟩; bekanntgeben ⟨Nachricht, Ergebnis⟩; machen ⟨Andeutung⟩; erteilen ⟨Verweis, Rüge⟩; (present, set forth) ⟨Wörterbuch, Brief⟩; enthalten ⟨Zeitung⟩; bringen ⟨Bericht⟩; ~ details of sth. Einzelheiten einer Sache (Gen.) darlegen; ~ sth. a mention etw. erwähnen; ~ a brief history of sth. einen kurzen Abriß der Geschichte einer Sache (Gen.) geben; ~ sb. the facts jmdm. mit den Fakten vertraut od. bekannt machen; she gave us the news/the news of her engagement sie teilte es uns mit/teilte uns ihre Verlobung mit; ~ it as one's opinion that …: die Meinung äußern, daß …; ~ sb. a decision jmdm. eine Entscheidung mitteilen; ~ sb. the right time jmdm. die genaue Zeit sagen; ~ him my best wishes richte ihm meine besten Wünsche aus; the average wage is ~n at £6,000 der Durchschnittslohn wird mit 6 000 Pfund angegeben; don't ~ me 'that (coll.) erzähl mir [doch] nichts! (ugs.); don't ~ me that legal jargon laß mich mit deinem Juristenkauderwelsch in Ruhe!; ~! (coll.: disclose what you know) [nun] red schon!; ~n (in formal dating) ausgefertigt; k) ~n (specified) gegeben; l) (perform, read, sing, etc.) halten ⟨Vortrag, Seminar⟩; vorlesen ⟨Gedicht, Erzählung⟩; singen ⟨Lied⟩; spielen ⟨Schauspiel, Oper, Musikstück⟩; ~ us a song sing mal was; m) (in speeches) ausbringen ⟨Toast, Trinkspruch⟩; (as toast) ladies and gentlemen, I ~ you the Queen meine Damen, meine Herren, auf die Königin od.

das Wohl der Königin; (as speaker) I ~ you the Lord Mayor das Wort hat der Oberbürgermeister; n) (produce) geben ⟨Licht, Milch⟩; tragen ⟨Früchte⟩, ergeben ⟨Zahlen, Resultat⟩; erbringen ⟨Ernte⟩; ~ your answer to the third decimal place berechnen Sie das Ergebnis auf die dritte Stelle hinter dem Komma; ~ a high yield sehr ertragreich sein; reichen Ertrag bringen; o) (cause to develop) machen; sth. ~s me a headache von etw. bekomme ich Kopfschmerzen; running ~s me an appetite Laufen macht mich hungrig; he did this to ~ himself courage er tat das, um sich (Dat.) Mut zu machen; p) (make sb. undergo) geben; versetzen ⟨Schlag, Stoß⟩; verabreichen (geh.), geben ⟨Arznei⟩; ~ sb. a hammering (Sport) jmdm. eine schwere Schlappe beibringen; ~ sb. a [friendly] look jmdm. einen [freundlichen] Blick zuwerfen; he gave her hand a squeeze er drückte ihr die Hand; ~ it to sb. (thrash or scold him) es jmdm. geben (ugs.); ~ as good as one gets (coll.) mit gleicher Münze heimzahlen; q) (execute, make, show) geben ⟨Zeichen, Stoß, Tritt⟩; machen ⟨Satz, Ruck⟩; ausstoßen ⟨Schrei, Seufzer, Pfiff⟩; ~ a [little] smile [schwach] lächeln; the flame gave a final flicker die Flamme flackerte noch einmal auf; ~ sth. to sth./sb. a look sich (Dat.) etw./jmdn. ansehen; r) (devote, dedicate) widmen; be ~n to sth./doing sth. zu etw. neigen/etw. gern tun; ~ [it] all one's got (coll.) sein möglichstes tun; s) (be host at) geben ⟨Party, Ball, Empfang, Essen usw.⟩; t) (predict time remaining as) ~ sb./sth. two months/a year jmdm./einer Sache zwei Monate/ein Jahr geben; u) ~ birth, ~ chase, etc. see the nouns. 2. v. i., gave, given a) (yield, bend) nachgeben (auch fig.); ⟨Knie:⟩ weich werden; ⟨Bett:⟩ federn; (break down) zusammenbrechen; ⟨Eisdecke, Boden:⟩ einbrechen; ⟨Brücke:⟩ einstürzen; (fig.) nachgeben; something's got to ~: irgendwo muß man zurückstecken; b) (lead) ~ on to the street/garden/into a room ⟨Tür usw.:⟩ auf die Straße hinaus-/in den Garten/ein Zimmer führen; c) what ~s [with you]? (coll.) was ist los [bei dir]?; d) ~ of sth. etw. opfern; ~ of oneself sich [auf]opfern. 3. n. a) Nachgiebigkeit, die; (elasticity) Elastizität, die; have [no] ~ [nicht] nachgeben; b) ~ and take (exchange of ideas) Gedankenaustausch, der; (compromise) Kompromiß, der; Entgegenkommen, das; (exchange of benefits or mutual concessions) Geben und Nehmen, das; with a bit of ~ and take mit etwas Kompromißbereitschaft

'give-away n. (coll.) a) (without charge, as gift) verschenken; (fig.: lose by negligence) verschenken ⟨Punkt, Tor usw.⟩; vergeben ⟨Chance, Tor, Elfmeter⟩; b) (in marriage) dem Bräutigam zuführen; c) (distribute) verteilen, vergeben ⟨Preise⟩; d) (fig.: betray) verraten. See also ¹game 1 b; give-away

~ 'back v. t. (lit. or fig.) zurückgeben, wiedergeben

~ 'forth see forth c

~ in 1. [~] v. t. abgeben; ~ sb.'s name in for sth. jmdn. zu etw. anmelden. 2. [~ ~] v. i. nachgeben (to Dat.); (in guessing-game) aufgeben; ~ in to temptation/blackmail/a superior force der Versuchung (Dat.) erliegen/auf Erpressung (Akk.) eingehen/sich einer Übermacht (Dat.) ergeben; ~ in to persuasion sich überzeugen lassen

~ 'off v. t. ausströmen ⟨Rauch, Geruch⟩; aussenden ⟨Strahlen⟩

~ 'out 1. [~] v. t. a) (distribute) verteilen ⟨Prospekte, Flugblätter, Karten, Preise⟩; austeilen ⟨Stifte, Hefte, Papier usw.⟩; vergeben ⟨Arbeit⟩; b) (declare) bekanntgeben ⟨Nachricht⟩; (pretend) vorgeben; ~ oneself out to be …: sich als … ausgeben. 2. [~ ~] v. i. ⟨Vorräte:⟩ ausgehen; ⟨Maschine:⟩ versagen;

⟨Kraft:⟩ nachlassen; my patience/voice gave out ich war mit meiner Geduld am Ende/mir versagte der Rest des Tages war ~n over to pleasure der Rest des Tages war dem Vergnügen gewidmet; b) (abandon) ~ sth./sb. over to sb. etw./jmdn. überlassen/jmdn. ausliefern; ~ oneself over to sb./sth. sich jmdm./einer Sache ergeben od. hingeben; ⟨Person:⟩ jmdm./einer Sache verfallen; c) (coll.: stop) ~ over [doing sth.] aufhören[, etw. zu tun]

~ 'up 1. v. i. aufgeben. 2. v. t. a) (abandon, renounce) aufgeben; ablegen ⟨Gewohnheit⟩; abschaffen ⟨Auto, Fernsehgerät, Putzfrau⟩; widmen ⟨Zeit⟩; (stop using) verzichten auf (+ Akk.) ⟨Territorium, Kinder, Süßigkeiten⟩; ~ sth. up/~ up doing sth. (abandon habit) sich (Dat.) etw. abgewöhnen/sich abgewöhnen, etw. zu tun; ~ sb./sth. up as a bad job (coll.) jmdn./etw. abschreiben (ugs.); ~ oneself up to sth. sich einer Sache (Dat.) hingeben; b) ~ sb. up (as not coming) jmdn. nicht mehr erwarten; mit jmdm. nicht mehr rechnen; (as beyond help) jmdn. aufgeben; ~ up for lost/dead verloren geben/für tot halten; c) (hand over to police etc.) übergeben (to Dat.); ausliefern ⟨Spion usw.⟩; ~ oneself up [to sb.] [jmdm.] stellen

~ 'way v. i. a) (yield, lit. or fig.) nachgeben; (collapse) ⟨Brücke, Balkon:⟩ einstürzen; his legs gave way under him er knickte [in den Knien] ein; ~ way to sth. einer Sache (Dat.) nachgeben; ~ way to tears seinen Tränen freien Lauf lassen; ~ way to anger seinem Ärger Luft machen; ~ way to persuasion sich überzeugen lassen; ~ way to fear der Angst erliegen; his health gave way under this stress seine Gesundheit hielt dieser Belastung nicht stand; b) (in traffic) ~ way [to traffic from the right] [dem Rechtsverkehr] die Vorfahrt lassen; 'G~ Way' „Vorfahrt beachten"; c) (be succeeded by) ~ way to sth. einer Sache (Dat.) weichen; von etw. abgelöst werden; winter gives way to spring auf den Winter folgt der Frühling

'give-away n. (coll.) a) (what betrays) the tremble in her voice gave ~ away mit ihrer zitternden Stimme hat sie sich verraten; it was a dead ~: es verriet alles; b) attrib. (Commerc.) ~ prices Schleuderpreise

given see give 1, 2

'given name n. (Amer.) Vorname, der

giver ['gɪvə(r)] n. Geber, der/Geberin, die; (donor) Spender, der/Spenderin, die

give-'way sign n. (Brit.) Vorfahrtsschild, das

gizmo see gismo

gizzard ['gɪzəd] n. (of bird) Muskelmagen, der; (of insect, fish, etc.) Kaumagen, der; stick in sb.'s ~ (fig.) jmdm. gegen den Strich gehen (ugs.)

Gk. abbr. Greek griech./Griech.

glacé ['glæseɪ] adj. a) glasiert ⟨Früchte⟩; (candied) kandiert; b) ~ leather Glacéleder, das; ~ kid gloves Glacéhandschuhe

glacial ['gleɪsɪəl, 'gleɪʃl] adj. a) (icy) eisig; (fig.) eiskalt; b) (Geol.) Gletscher-; ~ epoch or period Eiszeit, die; Glazialzeit, die (fachspr.)

glaciation [gleɪsɪ'eɪʃn, glæsɪ'eɪʃn] n. (Geol.) Vergletscherung, die

glacier ['glæsɪə(r)] n. Gletscher, der

glad [glæd] adj. a) pred. froh; be ~ about sth. sich über etw. (Akk.) freuen; be ~ that …: sich freuen, daß …; (be relieved) froh sein [darüber], daß …; [I'm] ~ to meet you es freut mich od. ich freue mich, Sie kennenzulernen; be ~ to hear sth. froh sein, etw. zu hören; (relieved) froh sein, etw. zu hören; I am always ~ to see her ich freue mich jedesmal, wenn ich sie sehe; Don't mention it. I was ~ to be of assistance Keine

Ursache. Das habe ich doch gern [für Sie] getan; **I'm ~ to know that ...**: zu meiner Freude erfahre ich, daß ...; **he's ~ to be alive** er ist froh, daß er lebt; **..., you'll be ~ to know/hear**: ..., das freut Sie sicherlich; **I'd be ~ to [help you]** aber gern [helfe ich Ihnen]; **we shall be ~ to come/give further information** wir werden gern kommen/wir geben Ihnen gerne weitere Informationen; **be ~ of sth.** über etw. *(Akk.)* froh sein; für etw. dankbar sein; **Take your gloves. You'll be ~ of them** Nimm deine Handschuhe mit. Du wirst sie gebrauchen können; **a sight which makes one ~ to be alive** ein Anblick, der einem Freude am Leben gibt; **I'd be ~ if you'd do some work** *(iron.)* ich hätte nichts dagegen, wenn du dich jetzt etwas nützlich machst *(iron.)*; b) *(giving joy)* froh ⟨*Botschaft*⟩; freudig ⟨*Nachricht, Ereignis, Tag usw.*⟩; *(marked by joy)* fröhlich; *(bright, beautiful)* herrlich ⟨*Morgen*⟩
gladden ['glædn] *v. t.* erfreuen
glade [gleɪd] *n.* Lichtung, *die*
glad 'eye *n.* **give sb. the ~** *(coll.)* jmdm. schöne Augen machen *(ugs.)*
glad 'hand *n.* **give sb. the ~** *(coll.)* jmdm. die Hand schütteln
gladiator ['glædieɪtə(r)] *n. (Roman Ant.)* Gladiator, *der*
gladiolus [glædɪ'əʊləs] *n., pl.* **gladioli** [glædɪ'əʊlaɪ] or **~es** *(Bot.)* Gladiole, *die*
gladly ['glædlɪ] *adv.* a) *(willingly)* gern; b) *(with joy)* freudig
gladness ['glædnəs] *n., no pl.* Freude, *die; (of voice etc.)* Fröhlichkeit, *die*
'glad rags *n. pl.* *(coll.)* Festkleidung, *die*
Gladstone bag ['glædstən 'bæg] *n.* zweiteiliger Reisehandkoffer
glamor *(Amer.)* see **glamour**
glamorize (glamorise) ['glæməraɪz] *v. t. (add glamour to)* [mehr] Glanz verleihen (+ *Dat.*); *(idealize)* verherrlichen (**into** zu); glorifizieren
glamorous ['glæmərəs] *adj.* glanzvoll, glamourös ⟨*Filmstar, Lebenswandel usw.*⟩; schillernd ⟨*Name, Persönlichkeit*⟩; mondän ⟨*Kleidung*⟩; **a ~ job** ein Traumberuf
glamorously ['glæmərəslɪ] *adv.* mondän ⟨*gekleidet sein*⟩
glamour ['glæmə(r)] *n.* Glanz, *der; (of person)* Ausstrahlung, *die*
glamour: ~ boy *n.* Schönling, *der;* **~ girl** *n.* Glamourgirl, *das*
glamourize *(Brit.)* see **glamorize**
'glamour puss *n. (sl.)* Filmmieze, *die*
glance [glɑːns] 1. *n.* a) *(quick look)* Blick, *der;* **cast** or **take** or **have a [quick] ~ at sth./sb.** einen [kurzen] Blick auf etw./jmdn. werfen; **cast** etc. **a quick ~ at the newspaper/letter** die Zeitung durchblättern/den Brief überfliegen; **cast** etc. **a hasty ~ round the room** sich hastig im Zimmer umsehen; **give sb. a [knowing/quick** etc.**] ~**: jmdm. einen [wissenden/kurzen *usw.*] Blick zuwerfen; **not give sb./sth. so much as a ~**: jmdn./eine Sache keines Blickes würdigen; **at a ~**: auf einen Blick; **at first/a casual ~**: auf den ersten Blick/wenn man flüchtig hinsieht; b) *(Cricket)* Streifschlag, *der.* 2. *v. i.* a) blicken; schauen; **~ at sb./sth.** jmdn./etw. anblicken; **~ at one's watch** auf seine Uhr blicken; **she ~d at herself in the mirror** sie warf einen Blick in den Spiegel; **~ over/across at sb. [nervously** etc.**]** jmdm. einen [nervösen *usw.*] Blick zuwerfen; **~ down/up [at sth.]** [auf etw. *(Akk.)*] hinunter-/[zu etw.] aufblicken; **~ over** or **through the newspaper** etc. die Zeitung *usw.* durchblättern; **~ at the newspaper** etc. einen Blick in die Zeitung *usw.* werfen; **~ round [the room]** sich [im Zimmer] umsehen; **~ around/from one thing to another** ⟨*Augen, Blick:*⟩ umherwandern; b) *(allude briefly)* **~ at sth.** etw. nur kurz streifen *od.* ansprechen; c) **~ [off sth.]** abprallen [an etw. *(Dat.)*]; ⟨*Messer, Schwert:*⟩ abgleiten [an etw. *(Dat.)*]; **strike sb. a glancing blow** jmdn. nur streifen
¹gland [glænd] *n.* Drüse, *die*
²gland *n. (Mech.)* Dichtung, *die*
glandular ['glændjʊlə(r)] *adj.* Drüsen-; **~ swelling** geschwollene Drüse/Drüsen
glandular 'fever *n.* Drüsenfieber, *das*
glans [glænz] *n.* **~ [penis]** *(Anat.)* Eichel, *die*
glare [gleə(r)] 1. *n.* a) *(dazzle)* grelles Licht; **shine with a ~**: grell scheinen; **the ~ of the sun** die grelle Sonne; das grelle Sonnenlicht; **amidst the ~/in the full ~ of publicity** *(fig.)* im Rampenlicht der Öffentlichkeit; b) *(hostile look)* feindseliger Blick; **with a ~**: feindselig; c) *(gaudiness)* Grellheit, *die.* 2. *v. i.* a) *(glower)* [finster] starren; **~ at sb./sth.** jmdn./etw. anstarren; b) ⟨*Licht:*⟩ grell scheinen; *(shine by reflection)* ⟨*Strand, Straße:*⟩ flimmern; **~ down** ⟨*Sonne:*⟩ herunterbrennen. 3. *v. t.* **~ contempt/defiance/hate** etc. **at sb.** jmdn. verächtlich/herausfordernd/haßerfüllt *usw.* anstarren
glaring ['gleərɪŋ] *adj. (dazzling)* grell ⟨strahlend/scheinend *usw.*⟩; gleißend hell ⟨*Licht*⟩; *(fig.: conspicuous)* schreiend; eklatant; grob ⟨*Fehler*⟩; kraß ⟨*Gegensatz*⟩
glaringly ['gleərɪŋlɪ] *adv.* a) grell; **~ bright** gleißend hell; b) *(fig.)* **be ~ obvious** überdeutlich sein
glasnost ['glæsnɒst] *n.* Glasnost, *die*
glass [glɑːs] 1. *n.* a) *no pl. (substance)* Glas, *das;* **pieces of/broken ~**: Glasscherben *Pl.; (smaller)* Glassplitter *Pl.;* **a pane/sheet of ~**: eine Glasscheibe/Glasplatte; b) *(drinking ~)* Glas, *das;* **a ~ of milk** ein Glas Milch; **a friendly ~**: ein Gläschen unter Freunden; **he's fond of his ~**: er trinkt gern ein Gläschen; **wine by the ~**: offener Wein; **raise one's ~ [to sb.]** *(fig.)* [auf jmdn.] das Glas erheben; c) *(of spectacles, watch)* Glas, *das; (pane, of covering picture)* [Glas]scheibe, *die;* d) *in pl. (spectacles)* **[a pair of] ~es** eine Brille; **she wears thick ~es** sie trägt eine Brille mit dicken Gläsern; **driving-/reading-~es** Fahr-/Lesebrille, *die,* e) *(binoculars)* Fernglas, *das;* **~es** *Pl.* ein Fernglas; f) *(barometer)* Barometer, *das;* g) see **looking-glass**. See also **dark glasses; eyeglass; fieldglasses; ground glass; hourglass; magnifying glass; opera-glasses; plate glass; water-glass.** 2. *attrib. adj.* Glas-; **people who live in ~ houses should not throw stones** *(prov.)* wer im Glashaus sitzt, soll nicht mit Steinen werfen *(Spr.).* 3. *v. t., usu. in p.p.* verglasen; **~ed in** verglast
glass: ~-blower *n.* Glasbläser, *der*/Glasbläserin, *die;* **~-blowing** *n.* Glasblasen, *das;* **~ 'case** *n.* Vitrine, *die;* Glaskasten, *der;* **~cloth** *n.* Gläsertuch, *das;* **'~fibre** *n.* Glasfaser, *die*
glassful ['glɑːsfʊl] *n.* Glas, *das* (**of** von); **a ~ of milk** ein Glas Milch
glass: ~house *n.* a) *(~works)* Glashütte, *die;* b) *(Brit.: greenhouse)* Gewächshaus, *das;* Glashaus, *das;* c) *(Brit. sl.: military prison)* Bunker, *der (Soldatenspr. salopp);* **~-making** *n.* Glasherstellung, *die;* **~-paper** *n.* Glaspapier, *das;* **~ware** *n.* Glas, *das;* **~ wool** *n.* Glaswolle, *die;* **~works** *n. sing.* Glashütte, *die*
glassy ['glɑːsɪ] *adj.* gläsern; *(fig.)* glasig ⟨*Blick*⟩; spiegelglatt ⟨*Wasseroberfläche*⟩
'glassy-eyed *adj.* glasig ⟨*Person*⟩ mit glasigem Blick; **begin to look ~**: einen glasigen Blick bekommen
Glaswegian [glæz'wiːdʒn] 1. *adj.* Glasgower. 2. *n.* Glasgower, *der*/Glasgowerin, *die*
glaucoma [glɔː'kəʊmə] *n. (Med.)* Glaukom, *das (fachspr.);* grüner Star
glaze [gleɪz] 1. *n. (on food or pottery)* Glasur, *die; (of paint)* Lasur, *die; (on paper, fabric)* Appretur, *die.* 2. *v. t.* a) *(cover with ~)* glasieren ⟨*Eßwaren, Töpferwaren*⟩; satinieren ⟨*Papier, Leder, Kunststoff, Tuch*⟩; lasieren ⟨*Farbe, bemalte Fläche*⟩; **~d tile** Kachel, *die;* b) *(fit with glass)* **~ [in]** verglasen ⟨*Fenster, Haus usw.*⟩; hinter Glas setzen ⟨*Bild*⟩. 3. *v. i.* **~ [over]** ⟨*Augen:*⟩ glasig werden
glazed [gleɪzd] *adj.* glasig ⟨*Blick*⟩
glazier ['gleɪzɪə(r), 'gleɪʒə(r)] *n.* Glaser, *der*
glazing ['gleɪzɪŋ] *n. (pane)* [Glas]scheibe, *die; (layer)* Glasur, *die;* see also **double glazing**
gleam [gliːm] 1. *n.* a) Schein, *der; (fainter, transient, or more subdued)* Schimmer, *der;* **~ of light** Lichtschein, *der;* b) *(fig.: faint trace)* Anflug, *der* (**of** von); **~ of hope** Hoffnungsschimmer, *der*/Funke Wahrheit; **there was a ~ of anticipation in his eyes** seine Augen leuchteten erwartungsvoll. 2. *v. i.* ⟨*Sonne, Licht:*⟩ scheinen; ⟨*Fußboden, Fahrzeug, Stiefel:*⟩ glänzen; ⟨*Zähne:*⟩ blitzen; ⟨*Augen:*⟩ leuchten
gleaming ['gliːmɪŋ] 1. *adj.* glänzend ⟨*Wasser, Metall, Fahrzeug*⟩; schimmernd ⟨*Licht*⟩; leuchtend ⟨*Augen*⟩. 2. *adv.* **~ white** leuchtend *od.* strahlend weiß; blendend *od.* blitzend weiß ⟨*Zähne*⟩
glean [gliːn] *v. t.* a) zusammentragen ⟨*Angaben, Informationen, Nachrichten usw.*⟩; heraussuchen ⟨*Inhalt eines Briefes, Gesprächs usw.*⟩; **~ sth. from sth.** einer Sache *(Dat.)* etw. entnehmen; b) *(Agric.)* nachlesen ⟨*Getreide, Feld*⟩. 2. *v. i.* Ähren lesen
gleaner ['gliːnə(r)] *n.* Ährenleser, *der*/Ährenleserin, *die*
gleanings ['gliːnɪŋz] *n. pl.* a) *(of news)* zusammengeklaubte Informationen; *(of research, study)* Ausbeute, *die;* b) *(of corn* etc.*)* Nachlese, *die*
glee [gliː] *n.* a) Freude, *die; (gloating joy)* Schadenfreude, *die;* Häme, *die;* **do sth. with** or **in ~**: etw. voll [Schaden]freude tun; b) *(Mus.)* Glee, *der*
'glee club *n.* Gesangverein, *der*
gleeful ['gliːfl] *adj.* vergnügt; *(gloatingly joyful)* schadenfroh; hämisch; **be ~**: sich [hämisch] freuen
gleefully ['gliːfəlɪ] *adv.* freudig; vor Freude ⟨*lachen usw.*⟩; *(gloatingly)* schadenfroh; hämisch
glen [glen] *n.* [schmales] Tal
glib [glɪb] *adj. (derog.)* aalglatt ⟨*Person*⟩; *(impromptu, offhand)* leicht dahingesagt, unbedacht ⟨*Antwort*⟩; *(unreflecting)* vorschnell ⟨*Schluß, Verallgemeinerung*⟩; *(voluble)* gewandt, geschickt ⟨*Redner, Politiker, Verkäufer*⟩; *(facile in the use of words)* zungenfertig ⟨*Person*⟩; flink ⟨*Zunge*⟩ flinkzüngig ⟨*Antwort*⟩; **be ~ in finding excuses** schnell Entschuldigungen bei der Hand haben
glide [glaɪd] 1. *v. i.* a) gleiten; *(through the air)* schweben; *(slip, steal, creep)* schleichen; ⟨*Gespenst:*⟩ huschen; b) *(Aeronaut.)* ⟨*Segelflugzeug:*⟩ gleiten, schweben; ⟨*Flugzeug:*⟩ im Gleitflug fliegen; **~ down** im Gleitflug niedergehen. 2. *n.* a) *(Dancing)* Schleifschritt, *der;* b) *(Mus.)* Portamento, *das (fachspr.);* c) *(Phonet.)* Gleitlaut, *der*
'glide path *n. (Aeronaut.)* Gleitflugbahn, *die*
glider ['glaɪdə(r)] *n.* Segelflugzeug, *das;* **~ [pilot]** Segelflieger, *der*/-fliegerin, *die*
gliding ['glaɪdɪŋ] *n. (Sport)* Segelfliegen, *das; attrib.* Segelflug-
glimmer ['glɪmə(r)] 1. *n. (of light* etc.*)* [schwacher] Schein; Schimmer, *der;* Schimmer, *der* (**of** von) *(auch fig.); (of fire, candle)* Glimmen, *das;* **~ of light** Lichtschimmer, *der;* **~ of hope** Hoffnungsschimmer, *der.* 2. *v. i.* glimmen; ⟨*Satin usw.:*⟩ schimmern
glimmering ['glɪmərɪŋ] *n. (lit. or fig.)* Schimmer, *der* (**of** von)
glimpse [glɪmps] 1. *n.* [kurzer] Blick; **catch** or **have** or **get a ~ of sb./sth.** jmdn./etw. [kurz] zu sehen bekommen *od.* zu Gesicht bekommen

glint

(fig.) einen Eindruck von jmdm./Einblick in etw. *(Akk.)* bekommen; **it gives us a ~ of what life must have been like then** es gibt uns einen Einblick in das damalige Leben. **2.** *v. t.* flüchtig sehen; *(fig.)* einen Eindruck bekommen in (+ *Akk.*); einen Eindruck gewinnen von
glint [glɪnt] **1.** *n.* Schimmer, *der; (reflected flash)* Glitzern, *das; (of eyes)* Funkeln, *das; (of knife, dagger)* Blitzen, *das.* **2.** *v. i.* blinken; glitzern
glissando [glɪˈsændəʊ] *n., pl.* **glissandi** [glɪˈsændiː] *or* ~s *(Mus.)* Glissando, *das*
glisten [ˈglɪsn] *v. i.* glitzern; *see also* **glitter 1 a**
glitch [glɪtʃ] *n. (sl.)* Panne, *die*
glitter [ˈglɪtə(r)] **1.** *v. i.* **a)** glitzern; ⟨Augen, Juwelen, Sterne:⟩ funkeln; **the sky ~s with stars**, **stars ~ in the sky** am Himmel funkeln Sterne; **all that ~s** *or* **glistens is not gold** *(prov.)* es ist nicht alles Gold, was glänzt *(Spr.);* **b)** *esp. in pres. p. (fig.)* glänzen; **~ing prizes** verlockende *od.* attraktive Preise. **2.** *n.* **a)** Glitzern, *das; (of diamonds)* Funkeln, *das;* **b)** *(fig.: ~ing attractiveness)* verlockende Aussicht (**of** auf + *Akk.*); **c)** *(tinsel etc.)* Flitterwerk, *das;* Glitzerwerk, *das*
glitz [glɪts] *n.* Glanz, *der*
glitzy [ˈglɪtsɪ] *adj.* glanzvoll
gloaming [ˈgləʊmɪŋ] *n., no pl.* **the ~**: die Abenddämmerung
gloat [gləʊt] *v. i.* **~ over sth.** *(look at with selfish delight)* sich an etw. *(Dat.)* weiden *od.* ergötzen; *(derive sadistic pleasure from)* sich hämisch über etw. *(Akk.)* freuen
gloatingly [ˈgləʊtɪŋlɪ] *adv. (with delight)* selbstgefällig; genüßlich; *(with sadistic pleasure)* hämisch
global [ˈgləʊbl] *adj.* **a)** *(world-wide)* global; weltweit; weltumspannend ⟨Kommunikationssystem⟩; **~ warming** globaler Temperaturanstieg; **~ peace/warfare** Weltfrieden/ -krieg, *der;* **~ strategy** Globalstrategie, *die;* **the ~ village** das Weltdorf; **b)** *(comprehensive)* Gesamt-; umfassend ⟨Berichterstattung⟩; **take a ~ view** die Dinge global betrachten
globally [ˈgləʊbəlɪ] *adv.* **a)** *(on a world-wide basis)* global; weltweit; **b)** *(comprehensively)* umfassend
globe [gləʊb] *n.* **a)** *(sphere)* Kugel, *die;* **b)** *(sphere with map)* Globus, *der;* **c)** *(world)* **the ~**: der Globus; der Erdball; **d)** *(spherical object)* Kugel, *die*
globe-: **˜artichoke** *see* **artichoke;** **˜-fish** *n.* Kugelfisch, *der;* **˜-flower** *n.* Trollblume, *die;* **˜-trotter** *n.* Globetrotter, *der;* Weltenbummler, *der;* **˜-trotting** *n.* Globetrotten, *das;* Weltreisen, *das*
globular [ˈglɒbjʊlə(r)] *adj.* kugelförmig
globule [ˈglɒbjuːl] *n.* Kügelchen, *das; (of liquid)* Tröpfchen, *das*
globulin [ˈglɒbjʊlɪn] *n. (Biochem.)* Globulin, *das*
glockenspiel [ˈglɒkənspiːl, ˈglɒkənʃpiːl] *n. (Mus.)* Glockenspiel, *das*
gloom [gluːm] *n.* **a)** *(darkness)* Dunkel, *das (geh.);* **b)** *(despondency)* düstere Stimmung; **cast a ~ over sth.** einen Schatten auf etw. *(Akk.)* werfen *(fig.)*
gloomily [ˈgluːmɪlɪ] *adv.* finster; düster
gloomy [ˈgluːmɪ] *adj.* **a)** *(dark)* düster; finster; dämmrig ⟨Tag, Nachmittag usw.⟩; **b)** *(depressing)* düster, finster [stimmend]; bedrückend ⟨Person⟩; bedrückt ⟨Gesicht⟩; **he always tends to see the ~ side of things** er sieht immer gleich schwarz; **have a ~ outlook on life** dem Leben erwartungslos *od.* pessimistisch gegenüberstehen; **feel ~ about the future** der Zukunft pessimistisch entgegensehen; **be in a ~ mood** düsterer Stimmung *od.* niedergeschlagen sein; **look ~**: niedergeschlagen *od.* bedrückt aussehen; ein niedergeschlagenes Gesicht machen

glorification [ˌglɔːrɪfɪˈkeɪʃn] *n.* **a)** *(praise)* Verherrlichung, *die;* Glorifizierung, *die;* **b)** *(worship)* Verehrung, *die;* Anbetung, *die;* **c)** *(exaltation)* Verehrung, *die*
glorify [ˈglɔːrɪfaɪ] *v. t.* **a)** *(extol)* verherrlichen; glorifizieren; *(misrepresent thus)* **glorified** besser *(ugs.);* **he's no more than a glorified messenger-boy** er ist nichts weiter als *od.* doch nur ein besserer Botenjunge; **b)** *(worship)* verehren; anbeten; **c)** *(exalt)* verehren; **it was ~ fun** es war ein prächtiger *od.* köstlicher Spaß
glorious [ˈglɔːrɪəs] *adj.* **a)** *(illustrious)* ruhmreich ⟨Held, Sieg, Geschichte⟩; rühmlich ⟨Tat, Rolle⟩; verehrungswürdig ⟨Heilige⟩; **b)** *(honourable)* ehrenhaft ⟨Sache, Angelegenheit⟩; ehrenvoll, rühmlich ⟨Tod, Kampf, Sieg, Tat⟩; glorreich, glanzvoll ⟨Ende einer Karriere, Errungenschaft⟩; **c)** *(delightful)* wunderschön; herrlich; *(iron.)* schön; **it was ~ fun** es war ein prächtiger *od.* köstlicher Spaß
gloriously [ˈglɔːrɪəslɪ] *adv.* **a)** *(honourably)* rühmlich; *(illustriously)* glorreich; **die ~**: in Ehren sterben; **b)** *(splendidly)* wunderschön; herrlich
glory [ˈglɔːrɪ] **1.** *n.* **a)** *(splendour)* Schönheit, *die; (majesty)* Herrlichkeit, *die;* **the Empire at the height of its ~**: das Imperium auf dem Höhepunkt seiner Macht; **a lily in all its ~**: eine Lilie in ihrer vollen Pracht; **in all one's ~** *(iron.)* in all seiner Pracht und Herrlichkeit *(iron.);* **b)** *(honour)* Ehre, *die; (credit)* Verdienst, *das; (fame)* Ruhm, *der;* **they did all the work and he got all the ~**: sie haben die ganze Arbeit getan, und ihm wird es als Verdienst angerechnet; **cover oneself with ~**: sich mit Ruhm bedecken *(geh.);* sich mit Ruhm bekleckern *(ugs., iron.);* **c)** *(worshipful praise)* Ehre, *die;* Ruhm, *der;* **~ be to God in the highest** Ehre sei Gott in der Höhe; **[built] to the ~ of God** [erbaut] zur Ehre/zum Ruhme Gottes; **~ be!** *(dated sl.) expr. surprise* ach du lieber Himmel! *(ugs.); expr. annoyance* Himmel noch mal! *(ugs.); expr. delight* himmlisch!; **d)** *(source of distinction)* Größe, *die; (deed)* Ruhmestat, *die; (achievement)* Glanzleistung, *die;* **be the ~ of a nation** der Stolz *od.* die Zierde eines Volkes sein; *see also* **Old Glory; e)** *(heavenly bliss)* ewige Seligkeit; **Christ in ~**: Christus in seiner Herrlichkeit; **go/send to ~** *(arch. sl.)* abfahren *(veralt.)/*ins Jenseits befördern *(salopp).* **2.** *v. i.* **~ in sth./doing sth.** *(be pleased by)* etw. genießen/es genießen, etw. zu tun; *(be proud of)* sich einer Sache *(Gen.)* rühmen/sich rühmen, etw. zu tun; **~ in the name/title of ...**: den stolzen Namen/Titel ... führen
ˈ**glory-hole** *n. (sl.)* Rumpelkammer, *die*
¹**gloss** [glɒs] **1.** *n.* **a)** *(sheen)* Glanz, *der;* **~ paint** Lackfarbe, *die;* **~ finish** Glanz, *der;* **paper/photo with a ~ finish** Glanzpapier, *das*/Glanzabzug, *der;* **give sth. a high ~**: einer Sache *(Dat.)* Hochglanz verleihen; **b)** *(fig.)* Anstrich, *der.* **2.** *v. t.* polieren; auf Hochglanz bringen
~ over *v. t.* bemänteln; beschönigen ⟨Fehler⟩; *(conceal)* unter den Teppich kehren *(ugs.)*
²**gloss** **1.** *n.* **a)** *(comment)* [Wort]erklärung, *die; (Ling.)* Glosse, *die (fachspr.);* **b)** *(misrepresentation of another's words)* [bewußt] falsche Auslegung; **c)** *(glossary)* Glossar, *das; (translation)* Interlinearübersetzung, *die; (continuous explanation)* Kommentar, *der.* **2.** *v. t.* glossieren
glossary [ˈglɒsərɪ] *n.* Glossar, *das*
glossy [ˈglɒsɪ] **1.** *adj.* **a)** glänzend; *(printed on ~ paper)* Hochglanz-; auf Hochglanzpapier gedruckt; **~ paper**, **paper with a ~ finish** Glanzpapier, *das;* **~ [photographic] print** Glanzabzug, *der;* **b)** *(fig.)* glanzvoll. **2.** *n. (coll.)* **a)** *(magazine)* auf [Hoch]glanzpapier gedruckte Zeitschrift; Hochglanzzeit-schrift, *die;* **b)** *(photograph)* Glanzabzug, *der*
glottal [ˈglɒtl] *adj. (Phonet.)* glottal; Stimmritzen⟨laut, -verschluß usw.⟩
glottal ˈstop *n. (Phonet.)* Glottisschlag, *der;* Knacklaut, *der*
glottis [ˈglɒtɪs] *n. (Anat.)* Glottis, *die*
glove [glʌv] *n.* **a)** Handschuh, *der;* **sth. fits sb. like a ~**: etw. paßt jmdm. wie angegossen *(ugs.); (fig.)* etw. trifft auf jmdn. haargenau zu; **throw down/take up the ~** *(fig.)* den Fehdehandschuh werfen/aufnehmen *(geh.);* **b)** *see* **boxing-glove; argue sth. with the ~s off** sich in allem Ernst *od.* offen und ehrlich über etw. *(Akk.)* auseinandersetzen. *See also* **hand 1 a**
glove-: **~ box** *n.* **a)** *see* **~ compartment; b)** *(for toxic material etc.)* Handschuhkasten, *der;* **~ compartment** *n.* Handschuhfach, *das*
gloved [glʌvd] *adj.* behandschuht
ˈ**glove puppet** *n.* Handpuppe, *die*
glow [gləʊ] **1.** *v. i.* **a)** glühen; ⟨Lampe, Leuchtfarbe:⟩ schimmern, leuchten; **b)** *(fig.) (with warmth or pride)* ⟨Gesicht, Wangen:⟩ glühen (**with** vor + *Dat.*); *(with health or vigour)* strotzen (**with** vor + *Dat.*); *(with pleasure or excitement)* strahlen (**with** vor + *Dat.*); *(with rage or fervour)* glühen (**with** vor + *Dat.*); **c)** *(be suffused with warm colour)* [warm] leuchten; **~ with the tints of autumn** in allen Herbstfarben leuchten. **2.** *n.* **a)** Glühen, *das; (of candle, lamp)* Schein, *der; (of embers, lava, sunset)* Glut, *die;* **b)** *(fig.)* Glühen, *das;* **feel a ~ of pride** vor Stolz glühen; **his cheeks had a healthy ~**: seine Wangen hatten eine blühende Farbe; **~ of youth/health** blühende Jugend/Gesundheit *(Gen.);* **feel a ~ of happiness/passion** ein warmes Glücksgefühl/glühende Leidenschaft verspüren
glower [ˈglaʊə(r)] *v. i.* finster dreinblicken; **~ at sb.** jmdn. finster anstarren
glowing [ˈgləʊɪŋ] *adj.* glühend *(auch fig.);* [warm] leuchtend ⟨Herbstfarben⟩; *(fig.: enthusiastic)* begeistert ⟨Bericht, Beschreibung⟩; überschwenglich ⟨Lob⟩; **be in ~ health** sich blühender Gesundheit *(Gen.)* erfreuen; **describe sth. in ~ colours/terms** *(fig.)* etw. in glühenden *od.* leuchtenden Farben/glühenden Worten beschreiben; **~ promises** glänzende Versprechungen
glow-: **~-lamp** *n. (Electr.)* Glühlampe, *die;* **~-worm** *n.* Glühwürmchen, *das*
gloxinia [glɒkˈsɪnɪə] *n. (Bot.)* Gloxinie, *die*
glucose [ˈgluːkəʊs, ˈgluːkəʊz] *n.* Glucose, *die; (powder) (Med.)* Traubenzucker, *der*
glue [gluː] **1.** *n.* Klebstoff, *der;* Leim, *der;* Kleber, *der (ugs.);* **like ~** *(fig.)* wie festgeklebt; **cling like ~ to sth./sb.** *(fig.)* an etw./ jmdm. kleben *(ugs.).* **2.** *v. t.* **a)** kleben; leimen; **~ sth. together/on** etw. zusammen-/ festkleben; **~ sth. to sth.** etw. an etw. *(Dat.)* an- *od.* festkleben; **as though ~d to the spot** wie angewurzelt; **b)** *(fig.)* **be ~d to sth./sb.** an etw./jmdm. kleben *(ugs.);* **their eyes** *or* **they were ~d to the TV screen** sie starrten auf den Bildschirm
glue-: **~-pot** *n.* Leimtopf, *der;* **~-sniffing** *n.* Schnüffeln, *das (ugs.);* Sniefen, *das (ugs.)*
glug [glʌg] *v. i.,* -**gg**- gluckern; glucksen
glum [glʌm] *adj.,* **glumly** [ˈglʌmlɪ] *adv.* verdrießlich; mißgelaunt
glut [glʌt] **1.** *n. (Commerc.)* Überangebot, *das* (**of** an, von + *Dat.*); **a ~ of apples/talent** eine Apfelschwemme/eine Menge Talente. **2.** *v. t.,* -**tt**- **a)** *(Commerc.)* überschwemmen *(od.* gorge) **~ oneself** sich vollstopfen *(ugs.)* (**with**, **on** mit); **be ~ted with sth.** *(fig.)* einer Sache *(Gen.)* überdrüssig sein

glutamate [ˈgluːtəmeɪt] *n. (Chem.)* Glutamat, *das;* **monosodium ~**: [Mono]natriumglutamat, *das*

gluten ['glu:tən] *n.* Gluten, *das;* Kleber, *der (fachspr.);* ~ **bread** Glutenbrot, *das*
glutinous ['glu:tɪnəs] *adj.* klebrig
glutton ['glʌtn] *n.* **a)** Vielfraß, *der (ugs.);* a ~ **for books/punishment** *(iron.)*/**work** *(fig.)* eine Leseratte *(ugs.)*/ein Masochist *(fig.)*/ein Arbeitstier *(fig.);* **b)** *(Zool.)* Vielfraß, *der*
gluttonous ['glʌtənəs] *adj.* gefräßig
gluttony ['glʌtənɪ] *n.* Gefräßigkeit, *die*
glycerine ['glɪsəri:n] *(Amer.:* **glycerin** ['glɪsərɪn] *n.* Glyzerin, *das*
glycogen ['glaɪkədʒən] *n. (Med., Biol.)* Glykogen, *das*
glycol ['glaɪkɒl] *n. (Chem.)* Glykol, *das*
gm. *abbr.* **gram[s]** g
G-man ['dʒi:mæn] *n., pl.* **G-men** ['dʒi:men] *(Amer. sl.)* G-man, *der*
GMT *abbr.* **Greenwich mean time** GMT; WEZ
gnarled [nɑ:ld], **gnarly** ['nɑ:lɪ] *adjs.* knorrig; knotig ⟨*Finger, Hand*⟩
gnash [næʃ] *v. t.* ~ **one's teeth [in anger]** [vor Zorn] mit den Zähnen knirschen; ~**ing of teeth** Zähneknirschen, *das*
gnat [næt] *n.* [Stech]mücke, *die;* see also ¹**stink 3 b**
gnaw [nɔ:] **1.** *v. i.* **a)** ~ **[away] at sth.** an etw. *(Dat.)* nagen; ~ **through sth.** durch etw. ein Loch nagen; *(of rat etc.)* an etw. fressen; **b)** *(fig.)* ~ **[away] at sth./sb.'s savings** an etw. *(Dat.)* nagen/an jmds. Ersparnissen zehren. **2.** *v. t.* **a)** nagen an (+ *Dat.);* abnagen ⟨*Knochen*⟩; kauen an od. auf *(Dat.)* ⟨*Fingernägeln*⟩; ~ **a hole in sth.** ein Loch in etw. *(Akk.)* nagen; **b)** *(fig.)* nagen an (+ *Dat.)* ⟨*Gewissen*⟩; zehren an ⟨*Herzen*⟩
gnawing ['nɔ:ɪŋ] *adj.* nagend ⟨*Hunger, Schmerz, Zweifel, Kummer usw.*⟩; quälend ⟨*Zahnschmerzen, Angst*⟩
gneiss [gnaɪs, naɪs] *n. (Geol.)* Gneis, *der*
gnome [nəʊm] *n.* **a)** Gnom, *der; (in garden)* Gartenzwerg, *der;* **b)** *(fig. coll.)* **the ~s of Zurich** die Zürcher Gnome; die Schweizer Bankiers
gnomic ['nəʊmɪk] *adj.* gnomisch
gnostic ['nɒstɪk] **1.** *adj.* **a)** *(relating to or having knowledge)* kognitiv; *(Relig.)* erleuchtet; **b)** **G~** *(Relig. Hist.)* gnostisch. **2.** *n.* **G~** *(Relig. Hist.)* Gnostiker, *der*
Gnosticism ['nɒstɪsɪzm] *n. (Relig. Hist.)* Gnostizismus, *der*
GNP *abbr.* **gross national product** BSP
gnu [nu:, nju:] *n. (Zool.)* Gnu, *das*
¹**go** [gəʊ] **1.** *v. i., pres.* **he goes** [gəʊz], *p. t.* **went** [went], *pres. p.* **going** ['gəʊɪŋ], *p. p.* **gone** [gɒn, gɔ:n] **a)** gehen; ⟨*Fahrzeug:*⟩ fahren; ⟨*Flugzeug:*⟩ fliegen; ⟨*Vierfüßer:*⟩ laufen; ⟨*Reptil:*⟩ kriechen; *(on horseback etc.)* reiten; *(on skis, roller-skates)* laufen; *(in wheelchair, pram, lift)* fahren; **go by bicycle/car/bus/train** *or* **rail/boat** *or* **sea** *or* **ship** mit dem [Fahr]rad/Auto/Bus/Zug/Schiff fahren; **go by plane** *or* **air** fliegen; **go by Lufthansa/Concorde** mit der Lufthansa/der Concorde fliegen; **go on foot** zu Fuß gehen; laufen *(ugs.);* **as one goes [along]** *(fig.)* nach und nach; **do sth. as one goes [along]** *(lit.)* etw. beim Gehen *od.* unterwegs tun; **go on a journey** eine Reise machen; verreisen; **go first-class/at 50 m.p.h.** erster Klasse reisen *od.* fahren/80 Stundenkilometer fahren; **go with sb.** mit jmdm. gehen; jmdn. begleiten; ⟨*Hund:*⟩ jmdm. folgen; **have far to go** weit zu gehen *od.* zu fahren haben; es weit haben; **the doll/dog goes everywhere with her** sie hat immer ihre Puppe/ihren Hund dabei; **who goes there?** *(sentry's challenge)* wer da?; **there you go** *(coll., giving sth.)* bitte!; da! *(ugs.);* **b)** *(proceed as regards purpose, activity, destination, or route)* ⟨*Bus, Zug, Lift, Schiff:*⟩ fahren; *(fly)* fliegen; *(proceed on outward journey)* weg-, abfahren; *(travel regularly)* ⟨*Verkehrsmittel:*⟩ verkehren **(from ... to** zwischen + *Dat.* ... und); **know where one is going** *(fig.)* wissen, was man will; **his hand went to his pocket** er griff nach seiner Tasche; **go to the toilet/cinema/moon/a museum/a funeral** auf die Toilette/ins Kino gehen/zum Mond fliegen/ins Museum/zu einer Beerdigung gehen; **go to a dance** tanzen gehen; **go [along] to the doctor['s]** *etc.* zum Arzt *usw.* gehen; **go [over] to China** nach China gehen; **go [over] to America** nach Amerika [hinüber]fliegen/-fahren; **go [off] to London** nach London [ab]fahren/[ab]fliegen; **go [over or across] to the mainland** zum Festland [hinüber]fahren/-fliegen; **last year we went to Italy** letztes Jahr waren wir in Italien; **go this/that way** hier/da entlanggehen/-fahren; **go out of one's way** keine Mühe scheuen; **go towards sth./sb.** auf etw./jmdn. zugehen; **don't go on the grass** geh nicht auf den Rasen; **go by sth./sb.** ⟨*Festzug usw.:*⟩ an etw./jmdm. vorbeiziehen; ⟨*Bus usw.:*⟩ an etw./jmdm. vorbeifahren; **go in/out** hinein-/hinausgehen; **go in and out [of sth.]** [in etw. *(Dat.)*] ein- und ausgehen; **go into sth.** in etw. *(Akk.)* [hinein]gehen; **I'd never go on motorways** ich würde niemals [auf der] Autobahn fahren; **go out for some fresh air** frische Luft schöpfen gehen; **go out to the post-box** zum Briefkasten gehen; **go [out] for a walk** einen Spaziergang machen; spazierengehen; **go bathing** baden gehen; **go cycling** radfahren; **go looking for sb.** jmdn. suchen gehen; **go chasing after sth./sb.** hinter etw./jmdm. herrennen *(ugs.);* **go to do sth.** gehen, um etw. zu tun; *(while standing still)* etw. tun wollen; **go to live in Berlin** nach Berlin ziehen; **go to sea** in See stechen; *(become sailor)* zur See gehen *(ugs.);* **go to see sb.** jmdn. aufsuchen; **I went to water the garden** ich ging den Garten sprengen; **go and do sth.** [gehen und] etw. tun; **you ought to go and find a flat** du solltest dir eine Wohnung suchen; **I'll go and get my coat** ich hole jetzt meinen Mantel; **I'll just go and put my shoes on** ich ziehe mir nur eben Schuhe an; **go and see whether ...:** nachsehen [gehen], ob ...; **go on a pilgrimage** *etc.* eine Pilgerfahrt *usw.* machen; **go on TV/the radio** im Fernsehen/Radio auftreten; **I'll go!** ich geh schon!; *(answer phone)* ich geh ran *od.* nehme ab; *(answer door)* ich mach auf; **'you go (to the phone)** geh du mal ran!; **c)** *(start)* losgehen; *(in vehicle)* losfahren; **let's go!** *(coll.)* fangen wir an!; **here we go!** *(coll.)* dann mal los!; **whose turn is it to go?** *(in game)* wer ist an der Reihe?; **go first** *(in game)* anfangen; **d)** *(pass, circulate, be transmitted)* gehen; **a shiver went up** *or* **down my spine** ein Schauer lief mir über den Rücken *od.* den Rücken hinunter; **go to** *(be given to)* ⟨*Preis, Sieg, Gelder, Job:*⟩ gehen an (+ *Akk.);* ⟨*Titel, Krone, Besitz:*⟩ übergehen auf (+ *Akk.);* ⟨*Ehre, Verdienst:*⟩ zuteil werden *(Dat.);* **go towards sth.** *(be of benefit to)* zugute kommen (+ *Dat.);* **go according to** *(be determined by)* sich richten nach; *see also* **head 1 a;** **e)** *(make specific motion, do something specific)* **go round** ⟨*Rad:*⟩ sich drehen; **there he** *etc.* **goes again** *(coll.)* da, schon wieder!; **here we go again** *(coll.)* jetzt geht das wieder los!; **f)** *(act, work, function effectively)* gehen; ⟨*Mechanismus, Maschine:*⟩ laufen; **get the car to go** das Auto ankriegen *(ugs.) od.* starten; **at midnight we were still going** um Mitternacht waren wir immer noch dabei *od.* im Gange; **go by electricity** mit Strom betrieben werden; **the clock doesn't go** die Uhr geht nicht; **go to it!** *(coll.)* an die Arbeit!; **keep going** *(in movement)* weitergehen/-fahren; *(in activity)* weitermachen; *(not fail)* sich aufrecht halten; **the car still keeps going** das Auto läuft noch immer; **keep oneself going** durchhalten; **keep sb. going** *(enable to continue)* jmdn. aufrecht halten; **that'll keep me going** das reicht mir; damit komme ich aus; **keep sth. going** etw. in Gang halten; **make sth. go, get/set sth. going** etw. in Gang bringen; **set sb. going** *(iron.)* jmdn. aufs Thema bringen *(ugs.);* jmdn. in Fahrt bringen *(ugs.);* **g) go to** *(attend)* **go to work** zur Arbeit gehen; **go to church/kindergarten/school** in die Kirche/den Kindergarten/die Schule gehen; **go to Eton/Oxford** Eton besuchen/in Oxford studieren; **go to a comprehensive school** eine Gesamtschule besuchen; **auf eine Gesamtschule gehen; go as a witch** *etc.* als Hexe *usw.* gehen; **what should I go in?** was soll ich anziehen?; **h)** *(have recourse)* **go to the police** zur Polizei gehen; **go to the originals** auf die Quellen zurückgreifen; **go to the relevant authority/UN** sich an die zuständige Behörde/UN wenden; **go on hunger strike** in den Hungerstreik treten; **go into the army** zur Armee gehen; **where do we go from here?** *(fig.)* und was nun? *(ugs.);* **i)** *(depart)* gehen; ⟨*Bus, Zug:*⟩ [ab]fahren; ⟨*Post:*⟩ rausgehen *(ugs.); (resign)* zurücktreten; *(abdicate)* abdanken; **go away** weggehen; *(move away)* wegziehen; **he/the bus has gone** er/der Bus ist schon weg; **I must go** ich muß gehen; **I must be going now** ich muß allmählich gehen; **time to go!** wir müssen/ihr müßt usw. gehen!; **'gone away'** *(on envelope)* „verzogen"; **Oh no! There goes my quiet weekend** Oh nein, jetzt ist mein geruhsames Wochenende dahin!; **to go** *(Amer.)* ⟨*Speisen, Getränke*⟩ zum Mitnehmen; **my headache has gone** mein Kopfweh ist weg; **j)** *(euphem.: die)* sterben; **be dead and gone** tot sein; **after I go** wenn ich einmal nicht mehr bin; **k)** *(fail)* ⟨*Gehör:*⟩ [dahin]schwinden; nachlassen; *(cease to function)* kaputtgehen; ⟨*Maschine, Computer usw.:*⟩ ausfallen; ⟨*Sicherung:*⟩ durchbrennen; *(break)* brechen; ⟨*Seil usw.:*⟩ reißen; *(collapse)* einstürzen; ⟨*Mast:*⟩ umstürzen; *(fray badly)* ausfransen; **the jacket has gone at the elbows** die Jacke ist an den Ellbogen durchgescheuert *od.* abgewetzt; **his memory is going** sein Gedächtnis läßt nach; **l)** *(disappear)* weggehen; ⟨*Mantel, Hut, Fleck:*⟩ verschwinden; ⟨*Zahn:*⟩ ausfallen; ⟨*Kultur:*⟩ vergehen; ⟨*Geruch, Rauch:*⟩ vergehen; ⟨*Geld, Zeit:*⟩ draufgehen *(ugs.)* **(in, on** für); *(be relinquished)* aufgegeben werden; ⟨*Absatz usw.:*⟩ gestrichen werden; ⟨*Unterrichtsfach:*⟩ entfallen; ⟨*Tradition:*⟩ abgeschafft werden; *(be dismissed)* ⟨*Arbeitskräfte:*⟩ entlassen werden; ⟨*Cricket:*⟩ **be out)** aussein; **be gone from sight** außer Sicht geraten sein; **my coat/the stain has gone** mein Mantel/der Fleck ist weg; **where has my hat gone?** wo ist mein Hut [geblieben]?; **I don't know where my money goes** ich weiß nicht, wo das Geld bleibt; **that aid to developing countries goes on the growing of food** diese Entwicklungshilfe wird auf den Anbau von Nahrungsmitteln verwendet; **this paragraph will have to go** dieser Absatz muß gestrichen werden; **all his money goes on women** er gibt sein ganzes Geld für Frauen aus; **all hope has gone** alle Hoffnung ist dahin; **m)** *(elapse)* ⟨*Zeit:*⟩ vergehen; ⟨*Interview usw.:*⟩ vorüber-, vorbeigehen; **that has all gone by** das ist jetzt alles vorbei; **in days gone by** in längst vergangenen Zeiten; **n)** **to go** *(still remaining)* **have sth. [still] to go** [noch] etw. übrig haben; **he has two years to go before he can retire** an der Rente fehlen ihm noch zwei Jahre; **there's hours to go** es dauert noch Stunden; **one week** *etc.* **to go to ...:** noch eine Woche *usw.* bis ...; **there's another mile to go** [es ist] nur noch eine Meile; **have still a mile to go** noch eine Meile vor sich *(Dat.)* haben; **one down, two to go** einer ist bereits erledigt, bleiben noch zwei

go

übrig *(salopp)*; o) *(be sold)* weggehen *(ugs.)*; verkauft werden; **it went for £1** es ging für 1 Pfund weg; **I shan't let it go for less than** weniger gebe ich es nicht her; **go to sb.** an jmdn. gehen; **going! going! gone!** zum ersten! zum zweiten! zum dritten!; p) *(run)* ⟨*Grenze, Straße usw.:*⟩ verlaufen, gehen; *(afford access, lead)* führen; *(extend)* reichen; *(fig.)* gehen; **go high[er]** ⟨*Preis:*⟩ [noch weiter] steigen, [noch weiter] in die Höhe gehen; **the line goes across the page/to the corner/upwards** der Strich geht quer über die Seite/bis in die Ecke/verläuft nach oben; **my holiday goes from ... to ...:** ich habe Urlaub von ... bis ...; **as or so far as he/it goes** soweit; **sth. is correct as or so far as it goes** etw. ist soweit in Ordnung; **go a long way** ⟨*Geld, Vorräte:*⟩ lange reichen; **he will go a long way** *(fig.)* er wird es weit bringen; **go some/a long way to[wards] achieving sth.** ein kleines/ganzes Stück weiterhelfen *od.* einiges/eine Menge dazu beitragen, etw. zu erreichen; **ten pounds in those days went a long way** damals waren zehn Pfund noch etwas wert; **a little of his company goes a long way** *(coll. derog.)* wenn man nur kurze Zeit mit ihm verbracht hat, reicht das erst mal für eine Weile *od.* *(salopp)* man erst mal für eine Weile bedient; q) *(fig.: advance)* **we'll go half-way to meet the cost** wir kommen ihnen bei den Kosten halbwegs entgegen; **I'll go as high as £100** *(at auction)* ich gehe *od.* biete bis zu 100 Pfund [mit]; *see also* **bother 3b**; **expense 1a; trouble a; way 1e;** r) *(turn out, progress)* ⟨*Ereignis, Projekt, Interview, Abend:*⟩ verlaufen; **go for/against sb./sth.** ⟨*Wahl, Kampf:*⟩ zu jmds./einer Sache Gunsten/ Ungunsten ausgehen; ⟨*Entscheidung, Urteil:*⟩ zu jmds./einer Sache Gunsten/Ungunsten ausfallen; ⟨*Rechtsfall:*⟩ zu jmds./ einer Sache Gunsten/Ungunsten entschieden werden; **how did your holiday/party go?** wie war Ihr Urlaub/Ihre Party?; **how is the book going?** was macht [denn] das Buch?; **how are the rehearsals going?** was machen die Proben?; wie läuft es mit den Proben?; **go according to plan** nach Plan gehen; planmäßig verlaufen; **things have been going well/badly/smoothly** *etc.* **of late** in der letzten Zeit läuft alles gut/schief/glatt *usw.*; **the way things are going, ...:** so wie es aussieht *od.* so wie die Dinge liegen, ...; **how are things going?, how is it going?,** *(coll. joc.)* **how goes it?** wie stehen die Aktien? *(ugs. scherzh.)*; wie steht's?; s) *(be, have form or nature, be in temporary state)* sein; ⟨*Sprichwort, Gedicht, Titel:*⟩ lauten; **this is how things go, that's the way it goes** so ist es nun mal; **go against sth.** mit etw. nicht übereinstimmen; **go against one's principles** gegen seine Prinzipien gehen; **go against logic** der Logik widersprechen; gegen alle Logik sein; **go armed/naked** bewaffnet sein/nackt herumlaufen; **go in rags** in Lumpen *od.* zerlumpt gehen; **go hungry** hungern; hungrig bleiben; **go without food/water** es ohne Essen/Wasser aushalten; **go in fear of one's life** in beständiger Angst um sein Leben leben; **may the blessings of God go with you** möge der Segen des Herrn dich begleiten; der Segen des Herrn sei mit dir; **how does the tune/song/wording go [now]?** wie geht die Melodie/das Lied/lauten die Worte [denn nun]?; **the argument goes like this** das Argument ist folgendes; **now the tale/rumour/theory goes that ...:** es wird erzählt/es geht das Gerücht/die Theorie vertreten, daß ...; **go to the tune of ...:** der Melodie von ... folgen; **this noun/verb goes like ...:** dieses Substantiv/Verb geht genauso wie ...; **as things/canteens/actors** *etc.* **go** verglichen mit anderen Dingen/Kantinen/ Schauspielern *usw.*; **as things go, it's not expensive** das ist verhältnismäßig billig; **go by or under the name of ...:** unter dem Namen ... bekannt sein; t) *(become)* werden; **the tyre has gone flat** der Reifen ist platt; **the phone has gone dead** die Leitung ist tot; **go on the blink** kaputtgehen *(ugs.)*; **go all freaky/Indian** *etc.* völlig ausflippen *(ugs.)*/ganz auf indisch *usw.* machen; **go serious/arty on sb.** jmdm. auf die ernste/ Künstlertour kommen *(ugs.)*; **go nuclear/ metric** *(coll.)* zur Atommacht werden/das metrische System einführen; **the constituency/York went Tory** der Wahlkreis/York ging an die Tories; u) *(have usual place)* kommen; *(belong)* gehören; **where does the box go?** wo kommt *od.* gehört die Kiste hin?; **where do you want this chair to go?** wo soll *od.* kommt der Stuhl hin?; **that chair will go nicely in the corner** dieser Stuhl macht sich gut *od.* paßt gut in die Ecke; **this goes under a different heading** das gehört unter eine andere Überschrift; **each drink goes or all drinks go on the bill** alle Getränke kommen *od.* gehen auf die Rechnung; **the cheque is to go in[to] my account** der Scheck geht auf mein Konto; v) *(fit)* passen; **go in[to] sth.** in etw. (Akk.) gehen *od.* [hinein]passen; **it won't go [in]** es geht nicht rein *(ugs.)*; **go through sth.** durch etw. [hindurch]gehen *od.* [hindurch]passen; **six into twelve goes twice** sechs geht zweimal in zwölf; **five goes into forty exactly** vierzig durch fünf geht auf; w) *(harmonize, match)* passen (with zu); **the two colours don't go** die beiden Farben passen nicht zusammen *od.* beißen sich; x) *(serve, contribute)* dienen; **the qualities that go to make a leader** die Eigenschaften, die einen Führer ausmachen; **the sounds that go to make up a language** die Laute, aus denen eine Sprache besteht; **this fact goes to prove that ...** folgende Tatsache belegt, daß ...; **it just goes to show that ...:** daran zeigt sich, daß ...; y) *(make sound of specified kind)* machen; *(emit sound)* ⟨*Turmuhr, Gong:*⟩ schlagen; ⟨*Glocke:*⟩ läuten; **There goes the bell. School is over** Es klingelt. Die Schule ist aus; **the fire alarm went at 3 a.m.** der Feueralarm ging um 3 Uhr morgens los; **a police car with its siren going** ein Polizeiwagen mit eingeschalteter Sirene; z) *as intensifier (coll.)* **don't go making or go and make him angry** verärgere ihn bloß nicht; **he might go and hang himself** nachher hängt er sich womöglich auf; **don't go and make a fool of yourself** mach dich doch nicht lächerlich; **don't go looking for trouble** such keinen Streit; **don't go thinking ...:** glaube doch ja nicht, daß ....; **I gave him a £10 note and, of course, he had to go and lose it** ich gab ihm einen 10-Pfund-Schein, und er mußte ihn natürlich prompt verlieren; **now you've been and gone and done it** *(sl.)* du hast ja was Schönes angerichtet! *(ugs. iron.)*; **go tell him I'm ready** *(coll./Amer.)* geh und sag ihm, daß ich fertig bin; **she said to her dog 'Go fetch it'** sie sagte zu ihrem Hund: „Los, hol's!"; **let's go get ourselves a drink** *(coll./ Amer.)* holen wir uns was zu trinken; aa) *(coll.: be acceptable or permitted)* erlaubt sein; gehen *(ugs.)*; **everything/anything goes** es ist alles erlaubt; **it/that goes without saying** es/das ist doch selbstverständlich; es/das versteht sich von selbst; **what he** *etc.* **says, goes** was er *usw.* sagt, gilt; wenn er *usw.* etwas sagt, dann gilt es auch; *see also* **'let 1a; bb)** *(coll. euphem.: defecate or urinate)* auf die Toilette gehen; **really have to go** wirklich müssen *(ugs.)*; **I want to go somewhere** ich muß mal wohin *od.* verschwinden *(ugs.)*; cc) *(go astray, go into action, go blackberrying, go to the country,* etc. *see the noun, adverb, etc. See also going; gone.* 2. *v. t., forms as* 1: a) *(Cards)* spielen; b) *(sl.)* **go it** es toll treiben; *(work hard)* rangehen; **he has been going it a bit too hard** er hat es etwas zu weit getrieben; **go it!** los!; weiter!; **100 m.p.h.? That's really going it!** 160 km/h? Das ist wirklich ein tolles Tempo; *see also* **alone 1. 3.** *n., pl.* **goes** [gəʊz] *(coll.)* a) *(attempt, try)* Versuch, *der;* *(chance)* Gelegenheit, *die;* **have a go** es versuchen *od.* probieren; **have a go at doing sth.** versuchen, etw. zu tun; **have a go at sth.** sich an etw. (Dat.) versuchen; **someone has had a go at this lock** jmd. hat sich an dem Schloß zu schaffen gemacht; **he's had several goes at the driving test** er hat schon mehrere Anläufe genommen, den Führerschein zu bekommen; **have a good go with the vacuum cleaner** gründlich saugen; **let me have/can I have a go?** laß mich [auch ein]mal/kann ich [auch ein]mal? *(ugs.)*; **it's my go** ich bin an der Reihe *(ugs.)*; dran; **I've had my go already** ich hab[e] schon *(ugs.)*; ich war schon dran *(ugs.)*; **it's your turn to have a go** du bist jetzt dran *(ugs.)*; **now 'you have a go** jetzt mach du mal; **you missed one go** du hast einmal ausgesetzt; du hast einmal übersprungen worden; **in two/three goes** bei zwei/drei Versuchen; **at one go** auf einmal; **at the first go auf Anhieb**; **give sth. a go** etw. mal versuchen *(ugs.)*; b) **have a go at sb.** *(scold)* sich (Dat.) jmdn. vornehmen *od.* vorknöpfen *(ugs.)*; *(attack)* über jmdn. herfallen; **have a go at a policeman** sich mit einem Polizisten anlegen *(ugs.)*; c) *(period of activity)* **in one go** auf einmal; **he downed his beer in one go** er trank sein Bier in einem Zug aus; **the dentist said he'd fill the teeth in two goes** der Zahnarzt meinte, daß er die Füllungen in zwei Sitzungen machen würde; d) *(energy)* Schwung, *der;* Elan sein; **have plenty of or a lot of go** einen enormen Schwung *od.* Elan haben; e) *(vigorous activity)* **it's all go** es ist alles eine einzige Hetzerei *(ugs.)*; **it's all go at work** es ist ganz schön was los bei der Arbeit; wir müssen ganz schön ran bei der Arbeit; **be on the go** auf Trab sein *(ugs.)*; **keep sb. on the go** jmdn. auf Trab halten *(ugs.)*; **have two jobs** *etc.* **on the go** zwei Jobs *usw.* gleichzeitig haben; f) *(success)* Erfolg, *der;* **make a go of sth.** *(turn sth. into a success)* etw. Erfolg haben; *(not let sth. be a failure)* das Beste aus etw. machen; **it's no go** da ist nichts zu machen; *(it is agreed) (coll.)* [es ist] abgemacht; *see also* **no-go;** g) **be all the go** der letzte Schrei sein *(ugs.)*; groß in Mode sein; h) **that was a near go** das war knapp; das wäre beinahe schiefgegangen; i) *(dated coll.: incident)* Geschichte, *die;* **a rum go** eine komische Geschichte. 4. *adj.* *(coll.)* **all systems go** alles in Ordnung; alles klar

go about 1. [-ˈ-] *v. i.* a) *(move from place to place)* herumgehen; *(by vehicle)* herumfahren; **go about in groups** in Gruppen herumziehen; **go about in leather gear/dressed like a tramp** in Lederkleidung/wie ein Landstreicher herumlaufen; **go about sth.** etw. immer tun; b) *(circulate)* ⟨*Gerücht, Geschichte, Grippe:*⟩ umgehen; c) *(Naut.)* wenden. 2. [-ˈ--] *v. t.* a) *(set about)* erledigen ⟨*Arbeit*⟩; angehen ⟨*Problem*⟩; **how does one go about it?** wie geht man da vor?; wie stellt man das an denen an?; **go about it [in] the right way** es richtig angehen; **go about it tactfully** *etc.* taktvoll vorgehen; b) *(busy oneself with)* nachgehen (+ Dat.) ⟨*Arbeit usw.*⟩

ˈ**go after** *v. t.* *(hunt)* jagen; zu stellen versuchen; *(try to obtain)* sich bemühen um ⟨*Job*⟩; **decide what you want and go after it** werd dir darüber klar, was du willst, und dann versuche, es auch zu bekommen

ˈ**go against** *v. t.* zuwiderhandeln (+ Dat.); handeln gegen ⟨*Prinzip, Gesetz*⟩; **go against sb.** sich jmdm. in den Weg stellen *od.* widersetzen; *see also* ˈ**go 1 r, s**

go a'head *v. i.* **a)** *(in advance)* vorausgehen (of *Dat.*); *(Sport)* an die Spitze gehen; die Führung übernehmen; **the runner went ahead of the others** der Läufer zog an den anderen vorbei; **You go ahead. I'll meet you there** Geh mal schon vor. Wir treffen uns dann dort; **b)** *(proceed)* weitermachen; *(make progress)* ⟨*Arbeit:*⟩ fortschreiten, vorangehen; **go ahead with a plan** einen Plan durchführen; **go ahead and do it** es einfach machen; **go ahead!** nur zu!; **May I explain it to you? – OK. Go ahead** Darf ich es Ihnen erklären? – Ja, schießen Sie nur los *(ugs.)*. *See also* **go-ahead**

go a'long 1. *v. i.* dahingehen/-fahren; *(attend)* hingehen. **2.** *v. t.* entlanggehen/-fahren

go a'long with *v. t.* **a)** go along with sth. *(share sb.'s opinion)* einer Sache *(Dat.)* zustimmen; *(agree to)* sich einer Sache *(Dat.)* anschließen; **b)** go along with you! *(coll.)* ach, geh *od.* komm *(ugs.);* ach, erzähl mir doch nichts! *(ugs.)*

go a'round *see* go about 1 a, b; go round

'go at *v. t.* **go at sb.** *(attack)* über jmdn. herfallen; auf jmdn. losgehen; **go at sth./it** *(work at)* sich hinter etw. *(Akk.)* klemmen/ sich dahinterklemmen *(ugs.);* sich an etw. *(Akk.)* machen/sich dranmachen

go a'way *v. i.* weggehen; *(on holiday or business)* wegfahren; verreisen; **what did the bride wear to go away in?** was trug die Braut, als sie auf Hochzeitsreise ging?; **the problem won't go away** das Problem kann man nicht einfach ignorieren; *see also* ¹**go 1 i**; **going-away**

go 'back *v. i.* **a)** *(return)* zurückgehen/-fahren; *(restart)* ⟨*Schule, Fabrik:*⟩ wieder anfangen; *(fig.)* zurückgehen; **I wouldn't want to go back to that place** dorthin wollte ich auf keinen Fall wieder zurück; **go back to a subject** auf ein Thema zurückkommen; **go back to the beginning** noch mal von vorne anfangen; **there'll be/there's no going back** da gibt es kein Zurück mehr; **b)** *(be returned)* zurückgegeben werden; ⟨*Waren:*⟩ zurückgehen (**to** an + *Akk.*); **c)** *(be put back)* ⟨*Uhren:*⟩ zurückgestellt werden

go 'back on *v. t.* nicht [ein]halten ⟨*Versprechen, Wort*⟩

go before 1. [--¹] *v. i.* (live before) vorhergehen; *(happen before)* vorher *od.* früher geschehen. **2.** [¹--] *v. t.* **a)** *(live before)* **go before sb.** vor jmds. Zeit *(Dat.)* leben; **b)** *(appear before)* **go before sth./sb.** ⟨*Person:*⟩ vor etw./jmdn. erscheinen; ⟨*Sache:*⟩ vor etw./ jmdn. kommen

'go by *v. t.* **go by sth.** sich nach etw. richten; *(adhere to)* sich an etw. *(Akk.)* halten; **if the report is anything to go by** wenn man nach dem Bericht gehen kann; **go by appearances** nach dem Äußeren gehen *od.* urteilen; *see also* ¹**go 1 b, m; go-by**

go 'down *v. i.* **a)** hinuntergehen/-fahren; ⟨*Taucher:*⟩ [hinunter]tauchen; *(set)* ⟨*Sonne:*⟩ untergehen; *(sink)* ⟨*Schiff:*⟩ sinken, untergehen; *(drown)* ⟨*Person:*⟩ untergehen, ertrinken; *(fall to ground)* ⟨*Flugzeug usw.:*⟩ abstürzen; **go down to the bottom of the garden/to the doctor/to the beach** zum hinteren Ende des Gartens gehen/zum Arzt gehen/ an den Strand gehen; **b)** *(be digested)* verdaut werden; *(be swallowed)* hinuntergeschluckt werden; **go down the wrong way** in die falsche Kehle geraten; **sugar helps the medicine go down** mit Zucker kriegt man die Arznei besser hinunter *(ugs.);* **c)** *(become less)* sinken; ⟨*Umsatz, Schwellung:*⟩ zurückgehen; ⟨*Vorräte usw.:*⟩ abnehmen; ⟨*Währung:*⟩ fallen; *(become lower)* fallen; *(subside)* ⟨*Wind usw.:*⟩ nachlassen; **go down in sb.'s estimation/in the world** in jmds. Achtung *(Dat.)* sinken/sich verschlechtern; **d)** *(go down well/all right etc.* [with sb.] [mit jmdm.] gut *usw.* klarkommen; ⟨*Film,*

Schauspieler, Vorschlag:⟩ [bei jmdm.] gut *usw.* ankommen *(ugs.);* **that didn't go down [at all] well with his wife** das hat ihm seine Frau nicht abgenommen; **e)** *(be defeated)* unterliegen; **go down to sb.** gegen jmdn. verlieren; **f)** *(be recorded in writing)* niedergeschrieben werden; schriftlich vermerkt werden; **g)** *(Bridge)* den Kontrakt nicht erfüllen; *(Cards)* [seine Karten] aufdecken; **h)** *(Brit. Univ.)* abgehen; *(at end of term)* in die Semesterferien gehen; **i)** ⟨*Maschine, Computer usw.:*⟩ ausfallen

go 'down with *v. t.* bekommen ⟨*Krankheit*⟩; *see also* go down d

'go for *v. t.* **a)** *(go to fetch)* go for sb./sth. jmdn./etw. holen; **b)** *(apply to)* go for sb./sth. für jmdn. gelten; **that goes for me too** das gilt auch für mich; ich auch; **what goes for me goes for you too** was für mich gilt, gilt auch für dich; *(attack)* go for sb. [with a knife etc.] [mit einem Messer usw.] auf jmdn. losgehen; **d)** *(pass for)* go for sth. als etw. durchgehen; **e)** *(like)* go for sb./sth. jmdn./etw. gut finden; **I could ~ for 'him** der könnte mir gefallen; **f)** *(count for)* go for nothing/little nichts/wenig gelten *od.* zählen; **g)** *(aim at)* es abgesehen haben auf (+ *Akk.*); *See also* ¹**go 1 o, r**

go 'forth *see* forth c

go 'forward *v. i.* weitergehen/-fahren; *(fig.)* voranschreiten; ⟨*Uhren:*⟩ vorgestellt werden

go 'forward with *v. t.* weiter durchführen; weiter verfolgen ⟨*Plan usw.*⟩

go 'in *v. i.* **a)** *(go indoors)* hineingehen; reingehen *(ugs.);* **b)** *(be covered by cloud)* verschwinden, weggehen *(ugs.);* *(be learnt)* [in den Kopf] reingehen *(ugs.);* **it just won't go in** es will einfach nicht in den Kopf; **d)** *(Cricket)* zum Schlagen drankommen; **go in and win!** Bangemachen gilt nicht! *(fam.);* nur Mut! *See also* ¹**go 1 b, v**

go 'in for *v. t.* **go in for sth.** *(choose as career)* etw. [er]lernen wollen; *(enter)* an etw. *(Dat.)* teilnehmen; *(indulge in, like)* für etw. zu haben sein; *(have as one's hobby, pastime, etc.)* sich auf etw. *(Akk.)* verlegen; **so you'd like to go in for teaching** du willst also Lehrer/ Lehrerin werden; **I don't really go in for jogging** ich habe nicht viel übrig fürs Joggen; **go in for wearing loud colours** gern knallige Farben tragen

'go into *v. t.* **a)** *(join)* eintreten in (+ *Akk.*) ⟨*Streitkräfte, Orden, Geschäft usw.*⟩; gehen in (+ *Akk.*) ⟨*Industrie, Politik*⟩; gehen zu ⟨*Film, Fernsehen*⟩; beitreten (+ *Dat.*) ⟨*Bündnis*⟩; **go into law/the church** Jurist/ Geistlicher werden; **go into nursing** Krankenschwester/-pfleger werden; **go into publishing** ins Verlagswesen gehen; **go into general practice** *(Med.)* sich als allgemeiner Mediziner niederlassen; **b)** *(go and live in)* gehen in (+ *Akk.*) ⟨*Krankenhaus, Heim usw.*⟩; ziehen in (+ *Akk.*) ⟨*Wohnung, Heim*⟩; **go into digs/lodgings** sich *(Dat.)* eine Bude (ein Zimmer nehmen; **c)** *(consider)* eingehen auf *(Akk.);* *(investigate, examine)* sich befassen mit; *(explain)* darlegen (+ *Akk.*); **d)** *(crash into)* [hinein]fahren in (+ *Akk.*); fahren gegen ⟨*Baum usw.*⟩; **e)** *(pass into specified state)* verfallen in (+ *Akk.*); **go into hysterics/a fit** hysterisch werden/einen Anfall bekommen; **go [off] into laughter etc.** in Lachen *usw.* ausbrechen; **the book is going into paperback/its fifth edition** das Buch erscheint als Paperback/in der fünften Auflage; **f)** *[begin to] (wear)* tragen. *See also* ¹**go 1 b, v**

go 'in with *v. t.* go in with sb. [mit jmdm.] mitmachen

go off 1. [-¹] *v. i.* **a)** *(Theatre)* abgehen; **b)** go off with sb./sth. sich mit jmdn./etw. auf- und davonmachen *(ugs.);* **his wife has gone off with the milkman** seine Frau ist mit dem Milchmann durchgebrannt *(ugs.);* **c)**

⟨*Alarm, Schußwaffe, Klingel:*⟩ losgehen; ⟨*Wecker:*⟩ klingeln; ⟨*Bombe:*⟩ hochgehen; **d)** *(turn bad)* schlecht werden; *(turn sour)* sauer werden; *(fig.)* sich verschlechtern; **e)** ⟨*Licht, Gas, Wasser:*⟩ ausfallen; **f)** go off [to sleep] einschlafen; **g)** *(be sent)* abgehen (**to** an + *Akk.*); **h)** go off well *etc.* gut *usw.* verlaufen. *See also* ¹**go 1 b. 2.** [¹--, -¹-] *v. t.* **a)** *(begin to dislike)* go off sth. von etw. abkommen; **go off sb.** jmdn. nicht mehr mögen; **go off beer/the cinema** sich *(Dat.)* nichts mehr aus Bier/Kino machen; **b)** go off the gold standard vom Goldstandard abgehen; **c)** go off *see* go into f

go off 1. [-¹] *v. i.* **a)** weitergehen/-fahren; *(by vehicle)* die Reise/Fahrt *usw.* fortsetzen; *(go ahead)* vorausgehen; *(drive ahead)* vorausfahren; **b)** *(continue)* weitergehen; ⟨*Kämpfe:*⟩ anhalten; ⟨*Verhandlungen, Arbeiten:*⟩ [an]dauern; *(continue to act)* weitermachen; *(continue to live)* weiterleben; **I can't go on** ich kann nicht mehr; ich weiß nicht mehr weiter; **go on for weeks etc.** Wochen *usw.* dauern; **this has been going on for months** das geht schon seit Monaten so; **the case went on for years** der Prozeß hat sich jahrelang hingezogen; **go on to say etc.** fortfahren und sagen *usw.;* **'moreover', he went on, ...**: "außerdem", fuhr er fort, ...; **go on and on** dauern und dauern; kein Ende nehmen wollen; sich endlos hinziehen; **go [and on]** *(coll.)* *(chatter)* reden und reden; **she does go on so** sie redet unaufhörlich; **go on about sb./sth.** stundenlang von jmdm./ etw. erzählen; *(complain)* sich ständig über jmdn./etw. beklagen; **go on at sb.** *(coll.)* auf jmdm. herumhacken *(ugs.);* **c)** *(elapse)* ⟨*Zeit:*⟩ vergehen; **as time/the years went on** im Laufe der Zeit/Jahre; **d)** *(happen)* passieren; vor sich gehen; **there's more going on in the big cities** in den großen Städten ist mehr los; **the things that go on there** die Dinge, die da vor sich gehen; **what's going on?, what goes on?** was geht vor?; was ist los?; **e)** be going on [for] ... *(be nearly)* fast ... sein; **he is going on [for] ninety** er geht auf die Neunzig zu; **he is seven going on [for] eight** er ist fast acht; **it is going on [for] ten o'clock** es geht auf 10 Uhr zu; **f)** *(behave)* sich benehmen; sich aufführen; **g)** ⟨*Kleidung:*⟩ passen; **my dress wouldn't go on** ich kriegte mein Kleid nicht an *(ugs.);* ich kam nicht in mein Kleid rein *(ugs.);* **this hat won't go on** diesen Hut kriege ich nicht auf *(ugs.);* **h)** *(Theatre)* auftreten; *(Cricket)* mit dem Werfen beginnen; **i)** *see* go forward; **j)** *(be lit)* ⟨*Licht:*⟩ angehen; *(be supplied)* ⟨*Strom, Wasser:*⟩ kommen; **go on again** ⟨*Strom, Gas, Wasser:*⟩ wiederkommen; **k)** **go on!** *(proceed)* los, mach schon! *(ugs.);* *(resume)* fahren Sie fort!; *(coll.: stop talking nonsense)* ach, geh *od.* komm nicht! *(ugs.);* ach, erzähl mir doch nichts! *(ugs.);* *see also* **goings-on. 2.** [¹--] *v. t.* **a)** *(ride on)* fahren mit; **go on the roundabout/swings/Big Dipper** Karussell/Schiffschaukel/Achterbahn fahren; **b)** *(continue)* **go on working/talking** *etc.* weiterarbeiten/weiterreden *usw.;* **go on trying** es weiter[hin] versuchen; **c)** *(coll.: be guided by)* sich stützen auf (+ *Akk.*); **there's little evidence to go on** es gibt wenig Beweismaterial, auf das man sich stützen kann; **d)** *(begin to receive)* bekommen, erhalten ⟨*Arbeitslosengeld, Sozialfürsorge*⟩; *see also* **dole 1; e)** *see* go off 1 b; **f)** *(start to take)* nehmen ⟨*Medikament, Drogen*⟩; **go on a diet** eine Abmagerungs- *od.* Schlankheitskur machen; *see also* **much 2**. *See also* ¹**go 1 l; stage 1 b**

go 'on for *see* go on 1 e

go 'on to *v. t.* **a)** *(proceed to)* übergehen zu; **he went on to become ...**: er wurde schließlich ...; **b)** *(change working arrangements to)* übergehen zu ⟨*Kurzarbeit, Überstunden*⟩

go 'on with *v. t.* **a)** go on with sth. mit

etw. weitermachen; **something/enough to go on with** *or* **be going on with** etwas/genug für den Anfang *od.* fürs erste; **here's something to be going on with** hiermit kann man schon [ein]mal anfangen; **here's £10 to be going on with** hier sind erst [ein]mal 10 Pfund [für den Anfang] *(ugs.);* **here's a cup of tea to be going on with** hier hast du erst einmal eine Tasse Tee; **b)** *see* **go along with b**
go 'out *v.i.* **a)** *(from home)* ausgehen; **go out to work/go out charring/for a meal** arbeiten/putzen/essen gehen; **go out and about** unterwegs sein; auf den Beinen sein; **out you go!** hinaus *od. (ugs.)* raus mit dir!; **go out with sb.** *(regularly)* mit jmdm. gehen *(ugs.);* **b) go out [on strike]** in den Ausstand treten; **c)** *(be extinguished)* ⟨*Feuer, Licht, Zigarre usw.:*⟩ ausgehen; **go out like a light** *(fig. coll.: fall asleep)* sofort weg sein *(ugs.) od.* einschlafen; **d)** *(ebb)* ⟨*Ebbe, Wasser.:*⟩ ablaufen, zurückgehen; **the tide has gone out** es ist Ebbe; **e)** *(Polit.)* [aus der Regierung] ausscheiden; *(Regierung:)* abgelöst werden; **f)** *(be issued)* verteilt werden; *(Radio, Telev.:* be transmitted*)* übertragen werden; ausgestrahlt werden; **g)** *(euphem.: die)* [hinüber]gehen *(verhüll.);* **he went out peacefully in his sleep** er ist sanft entschlafen *(geh.);* **h)** *(end)* ⟨*Monat, Jahr.:*⟩ zu Ende gehen; **i)** *(of fashion)* unmodern werden; *(Brauch.:* Sport: *be defeated*)* unterliegen **(to** *Dat.).* *See also* ¹**go 1 b;** business b; walk 3 a
go 'out to *v.t.* ⟨*Sympathie.:*⟩ sein mit; **my heart/sympathy goes out to them** ich fühle mit ihnen mit. *See also* **go out j**
go over 1. [-'-] *v.i.* **a)** he went over to the fireplace/man in the corner er ging zum Kamin/zu dem Mann in der Ecke hinüber; **we're going over to our friends** wir fahren zu unseren Freunden; **I'm just going over to the shop** ich gehe kurz ins Geschäft hinüber; **b)** *(be received)* ⟨*Rede, Ankündigung, Plan.:*⟩ ankommen **(with** bei); **c)** *(Radio, Telev.)* **go over to sb./sth./Belfast** zu jmdm./ in etw. *(Akk.)* /nach Belfast umschalten. *See also* ¹**go 1 b. 2.** [-'--] *v.t.* **a)** *(re-examine, think over, rehearse)* durchgehen; **go over sth./the facts in one's head** *or* **mind** etw. im Geiste durchgehen/die Fakten überdenken; **b)** *(clean)* saubermachen; *(inspect and repair)* durchsehen ⟨*Maschine, Auto usw.*⟩; **go over the house with the Hoover/duster** durchsaugen/mit dem Staubtuch durchs Haus gehen; **c)** *(survey)* begutachten; sich *(Dat.)* ansehen; **d) go over sth. with a pen** etw. mit dem Stift nachziehen. *See also* **goad (over) b**
go 'over to *v.t.* **a)** hinübergehen zu; übertreten zu ⟨*Glauben, Partei*⟩; überwechseln zu ⟨*Revolutionären*⟩; *(Verräter:)* überlaufen zu ⟨*Feind*⟩; überlaufen zu (+ *Akk.*) ⟨*Lager des Feindes*⟩; **b)** *(change to)* übergehen zu. *See also* ¹**go 1 b**
go round 1. [-'-] *v.i.* **a)** *(call)* **go round and** *or* **to see sb.** jmdn. besuchen; bei jmdm. vorbeigehen *(ugs.);* **b) go round to sb.'s house** *(call at)* jmdn. aufsuchen; **c)** *(look round)* sich umschauen; **c)** *(suffice)* reichen; langen *(ugs.);* **enough coffee to go round** genug Kaffee für alle; **d)** *(spin)* sich drehen; **my head is going round** mir dreht sich alles; **e)** *(circulate)* **the word went round that ...:** es ging die Parole um, daß ...; **f)** *(Golf)* **go round in 70** die 70er Runde spielen. **2.** [-'--] *v.t.* **a)** *(inspect)* besichtigen; **b)** *(encompass)* ⟨*Gürtel:*⟩ herumreichen um ⟨*Taille*⟩; **the trousers won't go round my waist** die Hose paßt mir nicht in der Taille *od.* um die Taille herum; **c) have enough food to go round [so many people]** [für so viele Leute] genügend zu essen haben
go through 1. [-'-] *v.i.* ⟨*Ernennung, Gesetzesvorlage:*⟩ durchkommen; ⟨*Geschäft:*⟩ [erfolgreich] abgeschlossen werden; ⟨*Antrag, Bewerbung:*⟩ durchgehen; **go through to the final** in die Endrunde kommen; **as soon as his divorce has gone through** sobald seine Scheidung durch ist. **2.** ['--] *v.t.* **a)** *(execute, undergo)* erledigen ⟨*Formalität, Anforderung*⟩; abwickeln ⟨*Geschäft*⟩; absolvieren ⟨*Kurs, Lehre*⟩; durchziehen *(ugs.)* ⟨*Programm*⟩; **go through a marriage ceremony/divorce proceedings** sich trauen lassen/die Scheidung durchmachen; **b)** *(rehearse)* durchgehen; **c)** *(examine)* durchsehen ⟨*Post, Unterlagen*⟩; *(search)* durchsuchen ⟨*Taschen*⟩; **d)** *(endure)* durchmachen ⟨*schwere Zeiten*⟩; durchstehen ⟨*Belastung*⟩; *(suffer)* erleiden ⟨*Schmerzen*⟩; **e)** *(use up)* verbrauchen; durchbringen ⟨*Erbschaft*⟩; aufbrauchen ⟨*Vorräte*⟩; **f)** *(be published in)* erleben ⟨*Auflagen*⟩. *See also* ¹**go 1 v**
go 'through with *v.t.* zu Ende führen; ausführen ⟨*Hinrichtung*⟩; **she realized that she would have to go through with it** sie sah ein, daß sie jetzt nicht mehr zurückkonnte; **she told him that she couldn't go through with the wedding** sie sagte ihm, daß aus der Hochzeit nichts würde
go to'gether *v.i.* **a)** *(coincide)* zusammengehen; **b)** *(match)* zusammenpassen; **c)** *(date regularly)* miteinander gehen *(ugs.)*
go 'under *v.i.* **a)** *(sink below surface)* untergehen; *(fig.: fail)* ⟨*Geschäftsmann:*⟩ scheitern; ⟨*Unternehmen:*⟩ eingehen; **~ under to sth.** einer Sache *(Dat.)* zum Opfer fallen
go 'up *v.i.* **a)** hinaufgehen/-fahren; ⟨*Ballon:*⟩ aufsteigen; ⟨*Flugzeug, Flieger*⟩ fliegen; *(Theatre)* ⟨*Vorhang:*⟩ aufgehen, hochgehen; ⟨*Lichter:*⟩ angehen; **b)** *(increase)* ⟨*Bevölkerung, Zahl:*⟩ wachsen; ⟨*Preis, Wert, Zahl, Niveau:*⟩ steigen; **everything is going up these days** heutzutage wird alles teurer; **c)** *(be constructed)* ⟨*Gebäude, Barrikade:*⟩ errichtet werden; **d)** *(be destroyed)* in die Luft fliegen *(ugs.);* hochgehen *(ugs.); see also* **flame 1 a; smoke 1 a; e)** *(Brit. Univ.)* sein Studium aufnehmen; **go up to Oxford** sein Studium in Oxford aufnehmen; *(at beginning of term)* nach den Semesterferien nach Oxford zurückkehren; **f) go up to sb.** *(approach for talk)* auf jmdn. zugehen; **g) go up in the world** [gesellschaftlich] aufsteigen
'go with *v.t.* **a)** *(be concomitant with)* einhergehen mit; **b)** *(be included with)* gehören zu; **c)** *(date regularly)* gehen mit *(ugs.). See also* ¹**go 1 a, w**
go without. ['---] *v.t.* verzichten auf (+ *Akk.*); **have to go without sth.** ohne etw. auskommen müssen. **2.** [-'-] *v.i.* *(receive nothing)* **if you won't eat that dinner, you'll have to go without** wenn du das Essen nicht ißt, mußt du eben ohne auskommen
²**go** *n. (game)* Go, *das*
goad [gəʊd] **1.** *v.t.* **a) ~ sb. into sth./doing sth.** jmdn. zu etw. anstacheln/dazu anstacheln, etw. zu tun; **~ sb. into a fury** jmdn. in Wut bringen; **b)** anstacheln ⟨*Vieh usw.*⟩. **2.** *n.* Stachelstock, *der; (fig.)* Stachel, *der; (stimulus)* Ansporn, *der*
~ 'on *v.t.* **~ sb. on** jmdn. anstiften
'go-ahead 1. *adj. (enterprising)* unternehmungslustig; *(progressive)* fortschrittlich; **~ spirit** Unternehmungsgeist, *der.* **2.** *n.* grünes Licht *(fig.);* **give sb./sth. the ~:** jmdm./ einer Sache grünes Licht geben
goal [gəʊl] *n.* **a)** *(aim)* Ziel, *das;* **what do you have as your ~?** welches Ziel hast du dir gesetzt?; **attain** *or* **reach** *or* **accomplish one's ~:** sein Ziel erreichen; **b)** *(Assoc. Footb., Hockey)* Tor, *das; (Rugby)* Mal, *das;* **keep ~:** das Tor hüten; **[play] in ~:** im Tor [stehen]; **score/kick a ~:** einen Treffer erzielen; **win by two ~s to one** zwei zu eins gewinnen; **c)** *(of race)* Ziellinie, *die;* Ziel, *das*
goal: ~ area *n.* Torraum, *der;* **~ average** *n.* **on ~ average** nach Toren; **~ difference** *n.* Tordifferenz, *die*
goalie ['gəʊlɪ] *n. (coll.)* Tormann, *der;* Schlußmann, *der (ugs.)*
goal: ~-keeper *n.* Torwart, *der;* **~-'kick** *n. (Assoc. Footb.)* Abstoß, *der; (Rugby)* Tritt nach dem Mal
goalless ['gəʊlɪs] *adj.* torlos; **end in a ~ draw** torlos [unentschieden] enden
goal: ~-line *n. (Assoc. Footb., Hockey)* Torlinie, *die; (Rugby)* Mallinie, *die;* **~-minder** *n. (Amer.)* Torwart, *der;* **~-mouth** *n.* Raum unmittelbar vor dem Tor; **~-post** *n.* Torpfosten, *der;* **move the ~-posts** *(fig. coll.)* sich nicht an die vereinbarten Bedingungen halten; **~-tender** *n. (Amer.)* Torwart, *der*
go-as-you-'please *adj.* ungezwungen
goat [gəʊt] *n.* **a)** Ziege, *die;* **act** *or* **play the [giddy] ~:** den Clown spielen; herumalbern; **get sb.'s ~** *(sl.)* jmdn. aufregen *(ugs.);* **b)** *(Astrol.)* **the ~:** der Steinbock; *see also* **archer b; c)** *(coll.: fool)* Idiot, *der (ugs. abwertend);* Esel, *der (ugs.);* **d)** *(fig.: licentious man)* **old ~:** alter [geiler] Bock *(salopp);* **e)** *(Amer.: scapegoat)* Sündenbock, *der (ugs.)*
goatee [gəʊ'tiː] *n.* **~ [beard]** Kinnbart, *der;* Spitzbart, *der*
'goatherd *n.* Ziegenhirt[e], *der*
'goatish ['gəʊtɪʃ] *adj.* geil
goat: ~-skin *n.* Ziegenleder, *das; (bottle)* Ziegenlederflasche, *die;* **~'s milk** *n.* Ziegenmilch, *die;* **~-sucker** *see* **nightjar**
¹**gob** [gɒb] *n. (sl.)* Gosche, *die (landsch. derb);* Schnauze, *die (derb abwertend);* Maul, *das (derb abwertend);* **shut your ~!** halt's Maul! *(derb);* **halt die Schnauze!** *(derb)*
²**gob** *v.i. (coarse: spit)* rotzen *(derb)*
'gobble ['gɒbl] **1.** *v.t.* **~ [down** *or* **up]** hinunterschlingen. **2.** *v.i.* schlingen
~ up *v.t. (fig. coll.)* verschlingen ⟨*Land, Imperium:*⟩ sich *(Dat.)* einverleiben ⟨*kleineres Land usw.*⟩
²**gobble** *v.i. (make sound)* kollern
gobbledegook, gobbledygook ['gɒbldɪgʊk, 'gɒbldɪgu:k] *n.* Kauderwelsch, *das*
'go-between *n.* Vermittler, *der* /Vermittlerin, *die; (in love affair)* Postillon d'amour, *der*
Gobi ['gəʊbɪ] *pr. n.* **the ~ [Desert]** die [Wüste] Gobi
goblet ['gɒblɪt] *n.* Kelchglas, *das*
goblin ['gɒblɪn] *n.* Kobold, *der*
'gob-stopper *n. (Brit.)* Riesenlutscher, *der;* Maulstopfer, *der (ugs.)*
goby ['gəʊbɪ] *n. (Zool.)* Grundel, *die*
'go-by *n.* **give the ~ to sb., give sb. the ~:** jmdn. schneiden
'go-cart *n.* **a)** *(handcart)* Handwagen, *der;* **b)** *(for child)* Sport[kinder]wagen, *der*
god [gɒd] *n.* **a)** *(God)* the drink of the ~s der Göttertrank; **be** *or* **lie in the lap** *or* **on the knees of the ~s** im Schoß der Götter liegen; **a feast [fit] for the ~s** ein göttliches Mahl; **a gift from the ~s** ein Geschenk des Himmels; **a sight [fit] for the ~s** eine Augenweide; *(with grandeur)* ein majestätischer Anblick; *(iron.)* ein Bild für die Götter *(ugs. scherzh.);* **ye ~s [and little fishes]!** mein Gott!; **b) God** *no pl. (Theol.)* Gott; **Almighty God** der allmächtige Gott; **God the Father, Son, and Holy Ghost** Gott Vater, Sohn und Heiliger Geist; **God moves in a mysterious way** *(prov.)* die Wege des Herrn sind unerforschlich; **God helps those who help themselves** *(prov.)* hilf dir selbst, so hilft dir Gott *(Spr.);* **God knows** *(as God is witness)* weiß Gott *(ugs.);* **God knows, I tried** ich habe es, weiß Gott, versucht; **God [only] knows** *(nobody knows)* weiß der Himmel *(ugs.);* **God willing, it is God's will** so Gott will; **an act of God** höhere Gewalt; **before God** bei Gott; **play God** sich zum Gott aufwerfen; **under God** auf Erden *(geh.);* **God's gift** ein Geschenk Gottes; in Gottesgeschenk; **she thinks she's God's gift to men** sie denkt, sie ist der Traum aller Männer; **God's truth** [nichts als] die reine Wahrheit *(geh.);* **be with God** bei Gott sein *(bibl.);* **God's [own]**

God-awful

country Paradies auf Erden; **God's earth** Gottes [weite] Erde; **God!/good God!/my God!/oh God!/God in Heaven!** [ach] Gott!/großer *od.* allmächtiger *od.* guter Gott!/mein Gott!/o Gott!/[guter] Gott im Himmel!; **dear God!** lieber Gott!; **for God's sake!** um Himmels *od.* Gottes willen!; **I hope to God that ...**: ich hoffe bei Gott, daß ...; **God be with you** Gott mit euch; **God, he's so stupid!** [mein] Gott, ist er dumm!; **by God** bei Gott; **thank God!** Gott sei Dank!; **God damn it!** zum Teufel noch mal! *(ugs.)*; **God damn you/him** *etc.* Gott verfluche dich/ihn *usw.*; **God help you/him** *etc.* möge Gott dir/ihm *usw.* helfen; **God grant ...**: Gott gebe ...; **please God!** so es Gott gefällt; **as God is my witness/judge** Gott ist mir Zeuge; *see also* **bless** a; **forbid** b; **help** 1 e; **man** 1 a, b; **name** 1 d; c) *(fig.)* Gott, *der;* Götze, *der (geh., abwertend); see also* **tin god**; d) *(Theatre)* the ~s der Olymp *(ugs. scherzh.)*
'**God-awful** *adj. (sl.)* fürchterlich
god: ~**child** *n.* Patenkind, *das;* ~**-dam,** ~**-damn,** ~**-damned 1.** *adj.* gottverdammt *(derb);* **[it is] none of your** ~**-dam business** das geht dich einen Dreck an *(salopp);* **2.** *adv.* gottverdammt *(derb);* **you're** ~**-dam right!** du hast, verdammt noch mal, recht! *(derb);* ~**-daughter** *n.* Patentochter, *die*
goddess ['gɒdɪs] *n.* Göttin, *die*
'**godfather** *n.* a) Pate, *der;* Patenonkel, *der;* **my ~!** [ach] du meine *od.* liebe Güte!; b) *(fig.)* Boß, *der (ugs.); (of Mafia sense)* Pate, *der*
'**God-fearing** *adj.* gottesfürchtig
'**God-forsaken** *adj.* gottverlassen
'**God-given** *adj.* gottgegeben
godhead ['gɒdhed] *n.* Göttlichkeit, *die;* the **G~:** die Gottheit; Gott, *der*
godless ['gɒdlɪs] *adj.* gottlos
godlike ['gɒdlaɪk] *adj.* göttlich; göttergleich *(geh.)*
godliness ['gɒdlɪnɪs] *n., no pl.* Gottgefälligkeit, *die*
godly ['gɒdlɪ] *adj.* gottgefällig; gottergeben
god: ~**mother** *n.* Patin, *die;* Patentante, *die;* ~**parent** *n. (male)* Pate, *der; (female)* Patin, *die;* ~**send** *n.* Gottesgabe, *die;* **be a** ~**send to sb.** für jmdn. ein Geschenk des Himmels sein; ~**son** *n.* Patensohn, *der*
God'speed *n. (dated)* **wish** *or* **bid sb.** ~: jmdm. eine glückliche Reise wünschen
godwit ['gɒdwɪt] *n. (Ornith.)* Pfuhlschnepfe, *die*
goer ['gəʊə(r)] *n.* a) *(horse)* Geher, *der;* **a good ~:** gut gehen; b) *(active person)* Energiebündel, *das (ugs.);* c) *in comb.* -gänger, *der;* -besucher, *der; see also* **church-goer, film-goer,** *etc.*
goes *see* '**go** 1, 2
Goethian (Goethean) ['gɜːtɪən] *adj. (of Goethe)* Goethisch; Goethesch; *(having characteristics of Goethe)* goethisch; goethesch
'**go-getter** *n. (coll.)* Ellbogenmensch, *der (abwertend);* Draufgänger, *der*
'**go-getting** *adj.* draufgängerisch; Ellbogen gebrauchend
goggle ['gɒgl] **1.** *n. in pl.* [**a pair of**] ~**s** eine Schutzbrille **2.** *adj.* ~ **eyes** Glupschaugen *(norddt.);* Froschaugen *(ugs.).* **3.** *v. i.* glotzen *(ugs.);* ~ **at sb./sth.** jmdn./etw. anglotzen *(ugs.)*
goggle: ~**-box** *n. (sl.)* Glotze, *die (salopp);* Glotzkiste, *die (salopp);* ~**-eyed** *adj.* glotzäugig *(ugs.)*
'**go-go** *adj. (coll.)* Go-go-; ~ **dancer** *or* **girl** Go-Go-Girl, *das*
going ['gəʊɪŋ] **1.** *n.* a) *vbl. n. of* '**go** 1; b) *(progress)* Vorankommen, *das; (Horse-racing, Hunting, etc.)* Geläuf, *das;* **150 miles in two hours, that is good ~:** 150 Meilen in zwei Stunden, das ist wirklich gut; **the ~ was**

slow/heavy man kam nur langsam/schwer voran; **the journey was slow ~:** die Reise zog sich [in die Länge]; **interviewing her is heavy ~:** ein Gespräch mit ihr ist ganz schön mühsam *od.* ein schwieriges Geschäft; **this book is heavy ~:** dieses Buch liest sich schwer; **while the ~ is good** solange noch Zeit dazu ist *od.* es noch geht. **2.** *adj.* a) *pres. p. of* '**go** 1, 2; b) *(available)* erhältlich; **there is sth. ~:** es gibt etw.; **take any job ~:** jede Arbeit annehmen, die es gibt; **this cabbage was the best one ~:** das war der beste Kohl, den man bekommen konnte; c) **be ~ to do sth.** etw. tun [werden/wollen]; **he's ~ to be a ballet-dancer when he grows up** wenn er groß ist, wird er Ballettänzer; **I was ~ to say** ich wollte sagen; **I was not ~** *(did not intend)* **to do sth.** ich hatte nicht die Absicht, etw. zu tun; **it's ~ to snow** es wird schneien; d) *(current)* üblich; **the ~ rate of exchange** der augenblickliche Wechselkurs; e) **a ~ concern** eine gesunde Firma; f) **have a lot/nothing** *etc.* ~ **for one** *(coll.)* viel/ nichts *usw.* haben, was für einen spricht; g) **to be ~ on with** *see* **go on with; set/keep sth. ~, keep sb.** ~ *see* '**go** 1 f; **get ~** *see* **get** 1 o, 2 b; **be ~ on fifteen** *etc. see* **go on** 1 e; **~ strong** *see* **strong** 2; ~ **great guns** *see* **gun** 1 a
going-: ~**a'way** *attrib. adj.* ⟨*Ausstattung, Kleid*⟩ für die Hochzeitsreise; ~**-over** *n.* a) *(coll.: overhaul) (of list etc.)* Durchsicht, *die; (of engine etc.)* Überholung, *die;* Überprüfung, *die;* **give sth. a [good] ~-over** eine Sache gründlich *usw.*] durchgehen *od.* durchsehen; **give the room a ~-over with the Hoover/duster** das Zimmer durchsaugen/ im Zimmer Staub wischen; b) *(sl.: thrashing)* **give sb. a [good] ~-over** jmdn. [ordentlich] verprügeln *(ugs.);* c) *(Amer. coll.: scolding)* **give sb. a [good] ~-over** sich (Dat.) jmdn. [einmal ordentlich] vorknöpfen *(ugs.)*
goings-on [gəʊɪŋz'ɒn] *n. pl.* Ereignisse; Vorgänge; **there have been some strange ~:** seltsame Dinge sind da passiert; **be disgusted by sb.'s ~:** empört über jmds. Treiben *od.* Geschichten *(Akk.)* sein
goitre *(Brit.;Amer.:* **goiter)** ['gɔɪtə(r)] *n. (Med.)* Kropf, *der*
'**go-kart** *n.* Go-Kart, *der*
gold [gəʊld] **1.** *n.* a) *(no pl., no indef. art.* Gold, *das;* **the price of ~:** der Goldpreis; **be worth one's weight in ~:** nicht mit Gold aufzuwiegen sein; **a heart of ~:** ein goldenes Herz; **she is pure ~:** sie ist Gold wert; b) *no pl., no indef. art. (wealth)* Geld, *das; (coins)* Goldmünzen *Pl.;* **a crock** *or* **pot of ~ at the end of the rainbow** Krug/Topf voll Gold am Ende des Regenbogens *(ein unerfüllbarer Wunsch);* c) *(colour)* Gold, *das;* **the ~ of her hair** ihr goldenes Haar; d) *(medal)* Gold, *das;* **win six Olympic ~s** sechsmal olympisches Gold gewinnen; e) *(Archery)* Gold, *das. See also* **glitter** 1 a; **good** 1 f. **2.** *attrib. adj.* golden; Gold⟨*münze, -stück, -kette, -krone usw.*⟩
gold: ~**brick** *n.* a) *(sl.: fraud)* Schwindel, *der;* **sell sb. a ~brick** jmdn. übers Ohr hauen *(ugs.);* b) *(Amer. sl.: shirker)* Drückeberger, *der (ugs. abwertend);* ~**-coloured** *adj.* goldfarben; ~**crest** *n. (Ornith.)* Wintergoldhähnchen, *das;* ~**digger** *n.* Goldgräber, *der;* **she's a ~-digger** *(fig. sl.)* sie lebt nur auf das Geld der Männer aus; ~ '**disc** *n.* Goldene Schallplatte; ~**dust** *n.* a) Goldstaub, *der;* **be like ~-dust** eine Rarität sein; b) *(Bot.)* Felsensteinkraut, *das*
golden ['gəʊldn] *adj.* a) golden; ~ **brown/ yellow** goldbraun/goldgelb; b) *(fig.)* golden; einmalig *(Gelegenheit)*
golden: ~ '**age** *n.* goldenes Zeitalter; ~ **boy** *n.* Goldjunge, *der;* ~ '**calf** *n.* Goldenes Kalb; ~ '**disc** *see* **gold disc;** ~ '**eagle** *n.* Steinadler, *der;* **G~** '**Fleece** *n. (Greek Mythol.)* Goldenes Vlies; **G~** '**Gate** *pr. n.*

(Geog.) Goldenes Tor; **the ~ Gate Bridge** die Golden-Gate-Brücke; ~ '**girl** *n.* Goldmädchen, *das;* ~**-haired** *adj.* mit goldenem Haar *nachgestellt (dichter.);* ~ '**hamster** *n.* Goldhamster, *der;* ~ '**handshake** *n.* Abfindung[ssumme], *die;* ~ '**jubilee** *n.* goldenes Jubiläum; ~ '**mean** *n.* goldene Mitte; ~ **re'triever** *n.* Golden Retriever, *der;* ~ **rod** *n. (Bot.)* Goldrute, *die;* ~ '**rule** *n.* goldene Regel; ~ '**syrup** *n. (Brit.)* Sirup, *der;* ~ '**wedding** *n.* goldene Hochzeit
gold: ~**-fever** *n.* Goldrausch, *der;* ~**-field** *n.* Goldfeld, *das;* ~**finch** *n.* Stieglitz, *der;* Distelfink, *der;* ~**fish** *n.* Goldfisch, *der;* ~**fish bowl** *n.* Goldfischglas, *das;* **like being in a ~fish bowl** *(fig.)* wie auf dem Präsentierteller; ~ '**foil** *n.* Goldfolie, *die*
goldilocks ['gəʊldɪlɒks] *n.* Blondkopf, *der*
gold: ~ '**leaf** *n.* Blattgold, *das;* ~ '**medal** *n.* Goldmedaille, *die;* ~ '**medallist** *n.* Goldmedaillengewinner, *der*/-gewinnerin, *die;* ~**-mine** *n.* Goldmine, *die; (fig.)* Goldgrube, *die;* ~ '**plate** *n., no pl., no indef. art.* a) vergoldete Ware; *(coating)* Goldauflage, *die;* **be ~ plate** vergoldet sein; b) *(vessels, tableware)* Goldgeschirr, *das;* ~**-plate** *v. t.* vergolden; ~ **reserve** *n.* Goldreserve, *die;* ~**-rush** *n.* **the ~-rush to Alaska** der Strom von Goldgräbern nach Alaska; ~**smith** *n.* Goldschmied, *der*/-schmiedin, *die;* ~ **standard** *n.* Goldstandard, *der; see also* **go off** 2 b; ~ '**thread** *n.* Goldfaden, *der*
golf [gɒlf] **1.** *n.* a) *no pl.* Golf, *das; attrib.* Golf⟨*platz, -schlag usw.*⟩. **2.** *v. i.* Golf spielen; **his ~ing friends** seine Golffreunde
golf: ~**-bag** *n.* Golftasche, *die;* ~ **ball** *n.* a) Golfball, *der;* b) *(coll.: in typewriter)* Kugelkopf, *der;* ~**-club** *n.* a) *(implement)* Golfschläger, *der;* b) *(association)* Golfclub, *der;* ~**-course** *n.* Golfplatz, *der*
golfer ['gɒlfə(r)] *n.* Golfer, *der*/Golferin, *die;* Golfspieler, *der*/Golfspielerin, *die*
golf-links *n. pl.* Golfplatz, *der*
Goliath [gə'laɪəθ] *n. (lit. or fig.)* Goliath, *der*
golliwog ['gɒlɪwɒg] *n.* Negerpuppe, *die;* **have hair like a ~:** wie ein Struwwelpeter aussehen
'**golly** ['gɒlɪ] *see* **golliwog**
²**golly** *int.* meine Güte!; **by ~:** Menschenskind!
golosh *(Brit.) see* **galosh**
gonad ['gəʊnæd] *n. (Anat., Zool.)* Gonade, *die*
gondola ['gɒndələ] *n.* a) *(boat)* Gondel, *die;* b) *(Amer. Railw.)* ~ [**car**] offener Güterwagen; offener Flachwagen; c) *(of ski-lift, airship)* Gondel, *die;* d) *(in shop)* Verkaufsregal, *das*
gondolier [gɒndə'lɪə(r)] *n.* Gondoliere, *der*
gone [gɒn, gɔːn] **1.** *p. p. of* '**go** 1. **2.** *pred. adj.* a) *(away)* weg; **it's time you were ~:** es ist *od.* wird Zeit, daß du gehst; **he has been ~ ten minutes** *(coll.)* er ist seit zehn Minuten fort *od.* weg; **he will be ~ a year** er wird ein Jahr lang weg sein; **no, it's ~ again** *(fig.: forgotten)* es ist mir schon wieder entfallen; b) *(of time: after)* nach; **not be back until ~ ten o'clock** erst nach zehn Uhr zurückkommen; **it's ~ ten o'clock** es ist zehn Uhr vorbei; **at ~ midnight** nach Mitternacht; c) *(used up)* **be all ~:** alle sein *(ugs.);* d) *(coll.: pregnant)* **be six** *etc.* **months ~:** im sechsten *usw.* Monat sein; e) **be ~ on sb./sth.** *(sl.)* ganz weg von jmdm./etw. sein *(ugs.). See also* **far** 1 d; **forget** 1 a; '**go** 1 k
goner ['gɒnə(r)] *n.* **he is a ~:** er hat die längste Zeit gelebt *(ugs.);* **the ship is a ~:** das Schiff macht es nicht mehr lange *od.* wird bald seinen Geist aufgeben *(ugs.)*
gong [gɒŋ] *n.* a) Gong, *der;* b) *(sl.: medal)* Orden, *der; in pl.* Blech, *das (ugs.);* Lametta, *das (ugs.)*
gonna ['gɒnə] *(sl./Amer. coll.)* = **going to;** *see* **going** 2 c

gonorrhoea

gonorrhoea (*Amer.:* **gonorrhea**) [gɒnə-'rɪə] *n.* (*Med.*) Gonorrhöe, *die* (*fachspr.*); Tripper, *der*
goo [gu:] *n.* (*coll.*) Schmiere, *die* (*ugs.*); (*fig.*) Gefühlsduselei, *die* (*ugs. abwertend*); (*in film etc.*) Schmalz, *der* (*ugs. abwertend*)
good [gʊd] 1. *adj.*, **better** ['betə(r)], **best** [best] **a)** (*satisfactory*) gut; (*reliable*) gut; zuverlässig; (*sufficient*) gut; ausreichend ⟨*Vorrat*⟩; ausgiebig ⟨*Mahl*⟩; (*competent*) gut; geeignet; **his ~ eye/leg** sein gesundes Auge/Bein; **in ~ health** bei guter Gesundheit; **come in a ~ third** einen guten dritten Platz belegen; **come ~** (*sl.*) groß rauskommen (*ugs.*); **Late again! It's just not ~ enough** (*coll.*) Schon wieder zu spät. So geht es einfach nicht!; **your excuse is not ~ enough** diese Entschuldigung reicht nicht; **in ~ time** frühzeitig; **all in ~ time** alles zu seiner Zeit; **take ~ care of** gut für jmdn. sorgen; **be ~ at sth.** in etw. (*Dat.*) gut sein; **be ~ at doing sth.** etw. gut können; **speak ~ English** gut[es] Englisch sprechen; **be ~ with people etc.** mit Menschen *usw.* gut *od.* leicht zurechtkommen; **the ship 'Victory'** die gute, alte „Victory"; **b)** (*favourable, advantageous*) gut; günstig ⟨*Gelegenheit, Augenblick, Angebot*⟩; **a ~ chance of succeeding** gute Erfolgschancen; **too ~ to be true** zu schön, um wahr zu sein; **in the ~ sense** im positiven Sinn; **I've heard so many ~ things about you** ich habe schon soviel Gutes von Ihnen gehört; **the ~ thing about it is that ...:** das Gute daran ist, daß...; **be on to a ~ thing** was Gutes aufgetan haben (*ugs.*); **be too much of a ~ thing** zuviel des Guten sein; **you can have too much of a ~ thing** man kann es auch übertreiben; **be ~ for sb./sth.** gut für jmdn./etw. sein; **apples are ~ for you** Äpfel sind gesund; **eat more than is ~ for one** mehr essen, als einem guttut; **know what is ~ for one** wissen, was sich gehört; **it's a ~ thing you told him** nur gut, daß du es ihm gesagt hast; **make a ~ death** *or* **end** einen schönen Tod haben; **the water isn't ~ to drink** das Wasser kann man nicht trinken; **c)** (*prosperous*) gut; **have it ~:** es gut haben; **d)** (*enjoyable*) schön ⟨*Leben, Urlaub, Wochenende*⟩; **the ~ things in life** Annehmlichkeiten; **the ~ old days** die gute alte Zeit; **the ~ life** das angenehme[, sorglose] Leben; **have a ~ time!** viel Spaß *od.* Vergnügen!; **did you have a ~ time in Spain?** war es schön in Spanien?; **be after a ~ time** auf sein Vergnügen aussein; **have a ~ journey!** gute Reise!; **it's ~ to be alive** es ist eine Lust zu leben; **it's ~ to be home again** es ist schön, wieder zu Hause zu sein; **ox liver is not very ~ to eat** Rinderleber ist nicht gut zum Verzehr geeignet; **Did you have a ~ day at the office?** Wie war es heute im Büro?; **e)** (*cheerful*) gut; angenehm ⟨*Patient*⟩; **~ humour** *or* **spirits** *or* **mood** gute Laune; **feel ~:** sich wohl fühlen; **I'm not feeling too ~** (*coll.*) mir geht es nicht sehr gut; **f)** (*well-behaved*) gut; brav; **be ~!, be a ~ girl/boy!** sei brav *od.* lieb!; **[as] ~ as gold** ganz artig *od.* brav; **g)** (*virtuous*) rechtschaffen; (*kind*) nett; gut ⟨*Absicht, Wünsche, Benehmen, Tat*⟩; **the ~ guy** der Gute; **be ~ to sb.** gut zu jmdn. sein; **would you be so ~ as to** *or* **~ enough to do that?** wären Sie so freundlich *od.* nett, das zu tun?; **how ~ of you!** wie nett von Ihnen!; **that/it is ~ of you** das/es ist nett *od.* lieb von dir; **a ~ nature** Gutmütigkeit, *die*; **he has a very ~ nature** er ist sehr gutmütig; **~ works** gute Taten *od.* Werke; *see also* **turn 11**; **h)** (*commendable*) gut; **~ for 'you etc.** (*coll.*), **'on you etc.** (*esp. Austral. and NZ coll.*) bravo!; **~ old Jim etc.** (*coll.*) der gute alte Jim *usw.* (*ugs.*); **~ man!** (*coll.*) mein lieber Mann!; **alle Achtung!**; **my ~ man/friend** (*coll.*) mein lieber Herr/Freund (*ugs.; auch iron.*); **the ~ man/woman** (*dated*) der werte Herr/die werte Dame (*geh.*); **your ~ man/lady** Ihr lieber Mann/Ihre liebe Frau; **Ihr werter Gatte/Ihre werte Gattin**; **~ men and true** rechtschaffene Leute; **that's a ~ one** (*sl.*) das ist'n Ding! (*ugs.*); (*iron.*); *see also* **fellow 1 a**; **i)** (*attractive*) schön; gut ⟨*Figur, Haltung*⟩; gepflegt ⟨*Erscheinung, Äußeres*⟩; wohlgeformt ⟨*Nase, Beine*⟩; **look ~:** gut aussehen; **~ looks** gutes Aussehen; **j)** (*thorough*) gut; **take a ~ look round** sich gründlich umsehen; **give sb. a ~ beating/scolding** jmdn. tüchtig verprügeln/ausschimpfen; **give sth. a ~ polish** etw. ordentlich polieren; **have a ~ weep/rest/sleep** sich richtig ausweinen/ausruhen/[sich] richtig ausschlafen; **a ~** (*considerable*) [recht] ansehnlich ⟨*Menschenmenge*⟩; ganz schön, ziemlich (*ugs.*) ⟨*Stück Wegs, Entfernung, Zeitraum, Strecke*⟩; hoch ⟨*Alter*⟩; **a ~ bit better** (*coll.*) ein ganzes Stück besser; **a ~ dose of ...:** eine gute Dosis ...; (*fig.*) eine gehörige Portion ...; **take a ~ long time** ziemlich *od.* recht lange dauern; **seine Zeit brauchen**; **have a ~ long sleep** [sich] richtig ausschlafen; **live to a ~ old age** ein recht hohes Alter erreichen; **a ~ four hours etc.** volle *od.* ganze vier Stunden *usw.*; gut vier Stunden *usw.*; **a ~ half pound** ein gutes halbes Pfund; **he is a ~ seventy** (*coll.*) er ist gute siebzig (*ugs.*); **k)** (*sound, valid*) gut ⟨*Grund, Rat, Gedanke*⟩; berechtigt ⟨*Anspruch*⟩; (*Commerc.*) solide ⟨*Kunde*⟩; sicher ⟨*Anleihe, Kredit*⟩; gedeckt ⟨*Scheck*⟩; **~ sense** Vernunft, *die*; **have the ~ sense to do sth.** so vernünftig sein, etw. zu tun; **be ~ for a year** ein Jahr machen; ⟨*Gerät usw.:*⟩ ein Jahr halten; ⟨*Ticket:*⟩ ein Jahr gelten; **~ for five journeys** gültig für fünf Fahrten; **I'm ~ for another hour's walk** ich kann noch eine Stunde weiterlaufen; **he's ~ for £5,000** er wird bestimmt 5 000 Pfund geben (*ugs.*); **how much is he ~ for?** wieviel wird er wohl geben? (*ugs.*); **the draft is ~ for ...:** der Wechsel ist auf ... (*Akk.*) ausgestellt; **m)** in greeting gut; **~ afternoon/day** guten Tag!; **~ evening/morning** *or* (*Brit. arch.*) morrow guten Abend/Morgen!; **~ night** gute Nacht!; **a ~-night kiss** ein Gutenachtkuß; **n)** in exclamation gut; **very ~,** sehr wohl!; **~ God/Lord etc.** *see the nouns*; **o)** (*best*) gut ⟨*Geschirr, Anzug*⟩; **p)** (*serious*) ernst ⟨*Musik*⟩; schön ⟨*Künste*⟩; **q)** (*orthodox*) gut ⟨*Christ, Moslem*⟩; **r)** (*correct, fitting*) gut; (*appropriate*) angebracht; ratsam; **s)** (*socially prestigious*) gut; **be of a /very ~ family** aus guter Familie/bestem Hause stammen; **t)** **as ~ as** so gut wie; *see also* **give 1 p**; **u)** **make ~** (*succeed*) erfolgreich sein; (*effect*) in die Tat umsetzen; ausführen ⟨*Plan*⟩; erfüllen ⟨*Versprechen*⟩; (*compensate for*) wiedergutmachen ⟨*Fehler*⟩; (*indemnify*) ersetzen ⟨*Schaden, Ausgaben*⟩; (*prove*) belegen ⟨*Behauptung, Anschuldigung*⟩; **the film made ~ at the box office** der Film war ein Kassenerfolg; **they soon made ~ in Australia** sie brachten es bald zu was in Australien (*ugs.*). *See also* **best 2; better 1; 'egg; form 1 f, h; luck a; temper 1 a.** 2. *adv.* **a)** (*coll.*) **~ and ...:** richtig ...; **~ and angry** (*Amer.*) richtig böse; **hit sb. ~ and proper** jmdn. ordentlich verprügeln; **it was raining ~ and hard** es hat [so] richtig gegossen; **they quizzed him ~ and proper** sie haben ihn in die Mangel genommen (*ugs.*); **b)** (*Amer. coll. well*) gut; **get along ~:** gut zurechtkommen; **he's doing pretty ~ these days** es geht ihm in letzter Zeit sehr gut. *See also* **best 2; better 2.** 3. *n.* **a)** (*use*) Nutzen, *der*; **be some ~ to sb./sth.** jmdm./einer Sache nützen; **he'll never be any ~:** aus dem wird nie was werden; **is this book any ~?** taugt dieses Buch etwas?; **you're a lot of ~, I must say!** (*iron.*) du bist mir vielleicht einer! (*ugs.*); **be no ~ to sb./sth.** für jmdn./etw. nicht zu gebrauchen sein; **not be any ~ for work** nicht zur Arbeit taugen *od.* geeignet sein; **it is no/not much ~ doing sth.** es hat keinen/kaum einen Sinn, etw. zu tun; **what's the ~ of ...?, what ~ is ...?** was nützt ...?; **what's the ~ of knowing Latin?** was nützt einem Latein?; wozu ist Latein gut?; *see also* **no-good**; **b)** (*benefit*) **for your/his etc. own ~** zu deinem/seinem *usw.* Besten *od.* eigenen Vorteil; **for the ~ of mankind/the country** zum Wohl[e] der Menschheit/des Landes; **for ~ or ill** *see* **ill 2 a**; **do no/little ~:** nichts/wenig helfen *od.* nützen; **do sb./sth. ~:** jmdm./einer Sache nützen; ⟨*Ruhe, Erholung:*⟩ jmdm./einer Sache guttun; ⟨*Arznei:*⟩ jmdm./einer Sache helfen; **I'll tell him, but what ~ will that do?** ich sag es ihm, aber was nützt *od.* hilft das schon?; **do sb. a lot/a world of ~:** jmdm. sehr guttun; **just sitting there won't do you any ~:** einfach dasitzen hilft dir auch nicht weiter; **you aren't doing yourself any ~:** du tust dir keinen Gefallen; **much ~ may it do you** (*iron.*) [na, dann] viel Vergnügen; **look what ~ or a lot of ~ or much ~ it did him** (*iron.*) [und] was hat es ihm genützt?; und das ist er nun davon gehabt (*iron.*); **to the ~** (*for the best*) zum Guten; (*in profit*) plus; **this development was all to the ~:** diese Entwicklung war nur von Vorteil; **the delay was partly to the ~:** die Verspätung hatte auch ihr Gutes; **end up [a game etc.] £10 to the ~:** [bei einem Spiel *usw.*] 10 Pfund gutmachen; **be 4 points/wins to the ~:** 4 Punkte/Siege voraus *od.* im Vorteil sein; **finish the work with two days to the ~:** zwei Tage früher mit der Arbeit fertig sein; **come to no ~:** kein gutes Ende nehmen; **c)** (*goodness*) Gute, *das*; **the highest ~** (*Philos.*) das Höchste Gut; **there's ~ and bad in everyone** in jedem steckt Gutes und Böses; **the difference between ~ and bad** *or* **evil** der Unterschied zwischen Gut und Böse; **d)** (*kind acts*) Gute, *das*; **be up to** *or* **after no ~:** nichts Gutes im Sinn haben *od.* im Schilde führen; **do ~:** Gutes tun; **for ~ [and all]** (*finally*) ein für allemal; (*permanently*) für immer [und ewig]; endgültig; **f)** *constr. as pl.* (*virtuous people*) **the ~:** die Guten; *in pl.* (*wares etc.*) Waren, *die*; (*belongings*) Habe, *die*; (*Brit. Railw.*) Fracht, *die*; *attrib.* Fracht[büro, -tarif, -schiff, -flugzeug, -zettel *usw.*]; Güter[abfertigung, -produktion, -verkehr, -wagen *usw.*]; **~s and chattels** Sachen; **canned/manufactured ~s** Konserven/Fertigwaren; **stolen ~s** gestohlene Waren; Diebesgut, *das*; **by ~s** per Bahnfracht; **als Frachtgut**; **h)** *in pl.* **the ~s** (*coll.*: *what is wanted*) das Gewünschte; das Verlangte; **deliver the ~s** (*fig.*) halten, was man versprichet; **sb. is the ~s** ist jmd. ist der richtige Mann

good: **~'bye** (*Amer.:* **~'by**) [gʊd'baɪ] 1. *int.* auf Wiedersehen!; (*on telephone*) auf Wiederhören!; 2. *n., pl.* **~byes** (*Amer.:* **~bys**) (*farewell remark or gesture*) Lebewohl, *das* (*geh.*); (*taking of leave*) Abschied, *der*; **say ~bye to sb.** jmdn. auf Wiedersehen sagen; **say ~bye, say ~byes** sich verabschieden; **nod/wave ~bye** zum Abschied nicken/winken; **kiss sb. ~bye** jmdm. einen Abschiedskuß geben; **say ~bye to sth.** Abschied nehmen von etw.; **say ~bye to sth., kiss sth. ~bye** (*fig.*: *have lost it*) etw. abschreiben (*ugs.*); **~'fellowship** *n.* Kameradschaftlichkeit, *die*; **~-for-nothing** (*derog.*) 1. *adj.* nichtsnutzig; 2. *n.* Taugenichts, *der*; **G~ 'Friday** *see* **Friday 1**; **~-hearted** ['gʊdhɑ:tɪd] *adj.* gutherzig; gutgemeint ⟨*Bemühungen*⟩; **~-humoured [gʊd'hju:məd]** *adj.,* **~-humouredly [gʊd'hju:mədlɪ]** *adv.* gutmütig

goodies ['gʊdɪz] *n. pl. (coll.) (food)* Naschereien; *(sweets)* Süßigkeiten; *(attractive things)* Attraktionen; tolle Sachen
goodish ['gʊdɪʃ] *adj.* **a)** *(quite good)* ganz gut; recht gut; **b)** *(considerable)* ganz schön
good: ~-**looker** *n.* flotte Erscheinung *(ugs.);* **be a** ~-**looker** gut aussehen; ~-'**looking** *adj.*
goodly ['gʊdlɪ] *adj.* stattlich; ansehnlich
good: ~-'**natured** *adj.* gutwillig; gutmütig; ~-**naturedly** [gʊd'neɪtʃədlɪ] *adv.* gutmütig; ~-'**neighbour** *attrib. adj.* gutnachbarlich; **a** ~-**neighbour policy** eine Politik der guten Nachbarschaft
goodness ['gʊdnɪs] **1.** *n., no pl.* **a)** *(virtue)* Güte, *die;* **have the** ~ **to do sth.** die Güte haben, etw. zu tun *(geh., auch iron.);* **b)** *(of food)* Nährgehalt, *der;* Güte, *die;* *(of soil)* Fruchtbarkeit, *die;* Güte, *die.* **2.** *int.* |my| ~ *expr.* surprise meine Güte *(ugs.);* [oh] my ~ *expr.* shock lieber Himmel!; ~ **gracious** *or* **me!** [ach] du lieber Himmel *od.* liebe Güte! *(ugs.);* **for** ~' **sake** um Himmels willen; ~ **[only] knows** weiß den Himmel *(ugs.);* **I hope to** ~ **that ...**: gebe Gott, daß ...; **I wish to** ~ **I'd never met him** wenn ich doch bloß nie kennengelernt hätte!; **surely to** ~ **you don't mean that** das kann doch wohl nicht dein Ernst?; **thank** ~: Gott sei Dank
good: ~-**o,** ~-**oh** *int. (coll.)* toll! prima!
goods *see* **good 3g, h**
good: ~-**sized** *comb. form* -**sized**; ~**s station** *n. (Brit. Railw.)* Güterbahnhof, *der;* ~**s train** *n. (Brit. Railw.)* Güterzug, *der;* ~**s vehicle** *n.* Nutzfahrzeug, *das;* ~**s yard** *n. (Brit. Railw.)* Güterbahnhof, *der;* ~-'**tempered** *adj.* ausgeglichen; gutmütig; verträglich ⟨*Person*⟩; ~-**time** *adj.* **a** ~-**time girl** ein leichtes Mädchen *(abwertend);* ~'**will** *n.* gute Absicht; ~'**will** *n.* **a)** *(friendly feeling)* guter Wille; *attrib.* Goodwill *(botschaft, -reise usw.);* **men of** ~**will** Menschen, die guten Willens sind; **b)** *(willingness)* Bereitwilligkeit, *die;* **with** ~**will** bereitwillig; **c)** *(Commerc.)* Goodwill, *der*
¹**goody** ['gʊdɪ] *n. (coll.: hero)* Gute, *der/die; see also* **goodies**
²**goody** *int. (coll.)* toll; prima; ~, ~ **gumdrops!** juhu!; juchhe!
goody: ~-**goody 1.** *n.* Tugendbold, *der (iron.);* **2.** *adj.* [scheinheilig] tugendhaft; musterhaft *(iron.);* ~-'**two-shoes** *n.* Tugendlamm, *das (iron.)*
gooey ['gu:ɪ] *adj.,* **gooier** ['gu:ɪə(r)], **gooiest** ['gu:ɪɪst] *(coll.)* klebrig; *(fig.)* rührselig; schnulzig *(ugs. abwertend)*
goof [gu:f] *(sl.)* **1.** *n.* **a)** *(fool)* Döskopp, *der (salopp);* Doofi, *der (ugs.);* **b)** *(gaffe)* Schnitzer, *der (ugs.);* Patzer, *der (ugs.).* **2.** *v. i.* Mist machen *od.* bauen *(salopp).* **3.** *v. t.* vermasseln *(salopp);* Murks machen bei *(salopp)*
~ **about,** ~ **around** *v. i. (sl.)* herumpfuschen *(ugs. abwertend);* *(spend time idly)* herumhängen *(salopp);* herumtrödeln
goofy ['gu:fɪ] *adj. (sl.)* **a)** doof *(ugs.);* bescheuert *(ugs.);* **b)** vorstehend ⟨*Zähne*⟩
googly ['gu:glɪ] *n. (Cricket)* (zur Täuschung des Schlagmanns) gedrehter Ball
gook [gu:k, gʊk] *n. (Amer. sl. derog.)* Schlitzauge, *das (salopp abwertend)*
goon [gu:n] *n. (sl.)* **a)** *(hatchet man)* Schläger, *der (abwertend);* **b)** *(fool)* Blödmann, *der (salopp)*
goosander [gu:'sændə(r)] *n. (Ornith.)* Gänsesäger, *der*
goose [gu:s] *n., pl.* **geese** [gi:s] **a)** Gans, *die;* **all mothers think their geese are swans** jede Mutter glaubt, ihre Kinder seien etwas Besonderes; **kill the** ~ **that lays the golden eggs** *(fig.)* das Huhn, das goldene Eier legt, schlachten; **roast** ~: Gänsebraten, *der; see also* **boo 1; cook 2 a; b)** *(simpleton)* Gans, *die*
gooseberry ['gʊzbərɪ] *n.* **a)** *(berry, shrub)*

gooseberry bush *n.* Stachelbeerstrauch, *der;* **we found you under a** ~ *(fig.)* dich hat uns der Klapperstorch gebracht *(Kinderspr.)*
goose: ~ **bumps** *n. pl. (Amer.)* Gänsehaut, *die;* ~-**egg** *n.* Gänseei, *das;* ~-**flesh** *n., no pl.* Gänsehaut, *die;* ~-**foot** *n., pl.* ~-**foots** *(Bot.)* Gänsefuß, *der;* ~-**grass** *n.* Klebkraut, *das;* ~-**neck** *n.* Schwanenhals, *der (fig.);* ~-**pimples** *n. pl.* **have** ~-**pimples** eine Gänsehaut haben; ~ **step 1.** *n.* Stechschritt, *der;* **2.** *v. i.* im Stechschritt marschieren
gopher ['gəʊfə(r)] *n. (Zool.)* **a)** Taschenratte, *die;* **b)** *(squirrel)* Ziesel, *der*
gorblimey [gɔ:'blaɪmɪ] *int. (Brit. sl.)* Mensch! *(salopp)*
Gordian knot [gɔ:dɪən 'nɒt] *n.* gordischer Knoten; **cut the** ~: den gordischen Knoten durchhauen
¹**gore** [gɔ:(r)] *v. t.* [mit den Hörnern] aufspießen *od.* durchbohren; **be** ~**d to death by a bull** von den Hörnern eines Stieres durchbohrt [und tödlich verletzt] werden
²**gore** *n. (blood)* Blut, *das*
³**gore** *n.* Keil, *der;* *(of skirt)* [Rock]bahn, *die*
gorge [gɔ:dʒ] **1.** *n.* **a)** Schlucht, *die;* Klamm, *die;* **b) sb.'s** ~ **rises at sth.** *(fig.)* jmdm. wird schlecht *od.* übel von *od.* bei etw.; **c)** *(rhet.: throat)* *(of person)* Kehle, *die;* *(of animal)* Schlund, *der.* **2.** *v. i.* sich vollstopfen (**on** mit) *(ugs.);* ⟨*Tier:*⟩ sich vollfressen (**on** mit). **3.** *v. t. (satiate)* vollstopfen *(ugs.);* ~ **oneself with** *or* **on sth.** sich mit etw. vollstopfen *(ugs.);* **b)** *(fill full)* vollfüllen (**with** mit)
gorgeous ['gɔ:dʒəs] *adj.* **a)** *(magnificent)* prächtig; hinreißend ⟨*Frau, Mann, Lächeln*⟩; *(richly coloured)* farbenprächtig; **the** ~ **colours of sth.** die Farbenpracht einer Sache; **b)** *(coll.: splendid)* sagenhaft *(ugs.)*
gorgeously ['gɔ:dʒəslɪ] *adv.* **a)** prächtig; hinreißend ⟨*lächeln*⟩; **b)** *(coll.: splendidly)* sagenhaft
gorgon ['gɔ:gən] *n.* **a)** *(Greek Mythol.)* Gorgo, *die;* **b)** *(person)* Drachen, *der (ugs. abwertend)*
gorilla [gə'rɪlə] *n.* Gorilla, *der*
gormandize (gormandise) ['gɔ:məndaɪz] *v. i.* prassen; schlemmen
gormless ['gɔ:mlɪs] *adj. (Brit. coll.)* dämlich *(ugs.)*
gorse [gɔ:s] *n.* Stechginster, *der*
gory [gɔ:rɪ] *adj.* **a)** blutbefleckt ⟨*Hände*⟩; blutbeschmiert ⟨*Waffe*⟩; blutig ⟨*Schlacht*⟩; **b)** *(fig. sensational)* blutrünstig
gosh [gɒʃ] *int. (coll.)* Gott
goshawk ['gɒshɔ:k] *n. (Ornith.)* [Hühner]habicht, *der*
gosling ['gɒzlɪŋ] *n.* Gänseküken, *das;* Gössel, *das (nordd.)*
'**go-slow** *n. (Brit.)* Bummelstreik, *der*
gospel ['gɒspl] *n.* **a)** *(Relig.)* Evangelium, *das;* *(reading)* Lesung, *die;* **b)** *(fig.)* Evangelium, *das;* **take sth. for** *or* **as** ~: etw. für bare Münze nehmen; **preach the** ~ **of nonviolence** Gewaltlosigkeit predigen
gospel: ~ **oath** *n.* Eid auf die Bibel; ~ **singer** *n.* Gospelsänger, *der/*-sängerin, *die;* ~ **truth** *n.* absolute *od.* reine Wahrheit
gossamer ['gɒsəmə(r)] *n.* **a)** Altweibersommer, *der;* **like** ~: wie Spinnfäden; **b)** *(fig.)* Spinnfäden *(fig.); attrib.* hauchdünn ⟨*Flügel*⟩
gossip ['gɒsɪp] **1.** *n.* **a)** *(person)* Klatschweib, *das (ugs. abwertend);* **b)** *(talk)* Schwatz, *der; (malicious)* Klatsch, *der (ugs. abwertend);* **the latest** ~ **is that ...**: seit neuestem klatscht man sich ..., dass ... **2.** *v. i.* schwatzen; *(maliciously)* klatschen *(ugs. abwertend)*
gossip: ~ **column** *n.* Klatschspalte, *die (ugs. abwertend);* ~ **columnist** *n.* Klatsch-

spaltenkolumnist, *der/*-kolumnistin, *die (abwertend)*
gossiper ['gɒsɪpə(r)] *see* **gossip 1 a**
'**gossip-monger** *n. (derog.)* Klatschmaul, *das (ugs. abwertend)*
gossipy ['gɒsɪpɪ] *adj.* geschwätzig *(abwertend);* *(conversational)* plaudernd ⟨*Ton, Stil*⟩; im Plauderton geschrieben ⟨*Buch, Brief*⟩
got *see* **get**
Goth [gɒθ] *n.* Gote, *der*
Gothic ['gɒθɪk] **1.** *adj.* **a)** gotisch; **b)** *(Lit.)* für den Schauerroman charakteristisch; ~ **novel** Schauerroman, *der;* **c)** *(Printing)* gotisch. **2.** *n.* **a)** *(Ling.)* Gotisch[e], *das;* **b)** *(Archit.)* Gotik, *die;* **c)** *(type, script)* Gotisch, *das*
Gothic Re'vival *n. (Archit.)* Neugotik, *die*
gotta ['gɒtə] *(coll.)* = **got to, got a; I['ve]** ~ **go** ich muß gehen; **I['ve]** ~ **present for you** ich habe da ein Geschenk für dich
gotten *see* **get**
gouache [gu:'ɑ:ʃ] *n. (Art)* Gouache, *die*
gouge [gaʊdʒ, gu:dʒ] **1.** *v. t.* **a)** aushöhlen; ausmeißeln; ~ **a channel** ⟨*Fluß*⟩ eine Rinne auswaschen; **b)** *(Amer.: overcharge)* betrügen. **2.** *n.* **a)** Hohleisen, *das;* Hohlmeißel, *der;* **b)** *(Amer.: overcharging)* Betrug, *der;* ~ **out** *v. t.* ausschneiden; ausstechen; ~ **sb.'s eye out** jmdm. ein Auge ausstechen
goulash ['gu:læʃ] *n. (Gastr.)* Gulasch, *das od. der*
gourd [gʊəd] *n.* **a)** *(fruit, plant)* [Flaschen]kürbis, *der;* **b)** *(bottle, bowl)* Kürbisflasche, *die;* Kalebasse, *die*
gourmand ['gʊəmənd] *n. (glutton)* Gourmand, *der*
gourmet ['gʊəmeɪ] *n.* Gourmet, *der; attrib.* ~ **meal/restaurant** Feinschmeckergericht, *das/*-lokal, *das*
gout [gaʊt] *n. (Med.)* Gicht, *die*
gouty ['gaʊtɪ] *adj. (Med.)* gichtkrank; gichtig
Gov. *abbr.* **a) Government** Reg.; Rg.; **b) Governor** Gouv.
govern ['gʌvn] **1.** *v. t.* **a)** *(rule)* regieren ⟨*Land, Volk*⟩; *(administer)* verwalten ⟨*Provinz, Kolonie*⟩; **b)** *(dictate)* bestimmen; **be** ~**ed by sth.** sich von etw. leiten lassen; **self-interest** ~**s all his actions** Eigennutz bestimmt all sein Tun; **c)** *(regulate proceedings of)* leiten ⟨*Geschäft, Unternehmen*⟩; ⟨*Vorschriften:*⟩ regeln; **d)** *(be in command of)* den Befehl haben über (+ Akk.) ⟨*Festung, Stadt*⟩; **e)** *(restrain)* zügeln ⟨*Temperament, Leidenschaften*⟩; **f)** *(constitute a law or principle for)* ⟨*Prinzipien:*⟩ die Grundlage bilden für; **the laws which** ~ **the animal kingdom** die Gesetze, denen das Tierreich unterworfen ist; **g)** *(Ling.)* verlangen; regieren ⟨*Kasus*⟩. **2.** *v. i.* regieren
governable ['gʌvnəbl] *adj.* regierbar
governance ['gʌvnəns] *n.* Regieren, *das;* *(office, function)* Regierungsgewalt, *die;* *(control)* Herrschaft, *die*
governess ['gʌvnɪs] *n.* Gouvernante, *die (veraltet);* Hauslehrerin, *die*
governing ['gʌvnɪŋ] *adj.* **a)** *(ruling)* regierend; **b)** *(guiding)* dominierend ⟨*Einfluß*⟩; geltend ⟨*Vorschriften*⟩; **sb.'s** ~ **principle** Prinzip, von dem jmd. sich leiten läßt; ~ **body** leitendes Gremium
government ['gʌvnmənt] *n.* **a)** Regierung, *die;* **form a G**~: die Regierung bilden; **b)** *(system, form)* Regierungsform, *die;* **c)** *(an administration or ministry)* [central] ~: Zentralregierung, *die; attrib.* Regierungs-; ~ **money** Staatsgelder *Pl.;* ~ **securities** *or* **stocks** Staatspapiere *od.* -anleihen; ~-**controlled establishment** staatlich kontrollierte Einrichtung; *see also* **body 1 d**
governmental [gʌvn'mentl] *adj.* Regierungs-
government: ~ **de'partment** *n.* Regierungsstelle, *die;* ~ '**surplus** *n.* Waren aus

governor — **grammatical**

Regierungsbeständen; *attrib.* ~ **surplus radio** Radio aus Regierungsbeständen
governor ['gʌvənə(r)] *n.* **a)** *(ruler)* Herrscher, *der;* **b)** *(of province, town, etc.)* Gouverneur, *der;* Statthalter, *der (hist.);* **c)** *(of State of US)* Gouverneur, *der;* **d)** *(of institution)* Direktor, *der/*Direktorin, *die;* [**board of**] ~s Vorstand, *der; (of school)* Schulleitung, *die; (of bank, company)* Direktorium, *das;* Direktion, *die;* **e)** *(of prison)* Gefängnisdirektor, *der/*-direktorin, *die;* **f)** *(commandant)* Kommandant, *der;* Gouverneur, *der;* **g)** *(sl.) (employer)* Boß, *der (ugs.); (father)* Alte, *der (salopp);* **hey,** ~! *(as voc.: mister)* hallo, Chef! *(salopp);* **h)** *(Mech.)* Regler, *der*
Governor-'General *n.* Generalgouverneur, *der*
governorship ['gʌvənəʃɪp] *n.* Gouverneursamt, *das*
Govt. *abbr.* Government Reg.; Rg.
gown [gaʊn] *n.* **a)** [elegantes] Kleid; **bridal/baptismal ~:** Braut-/Taufkleid, *das;* **b)** *(official or uniform robe)* Talar, *der;* Robe, *die;* **town and ~:** Bürger und Studenten; **c)** *(surgeon's overall)* [Operations]kittel, *der*
GP *abbr.* **a)** general practitioner; **b)** Grand Prix
GPO *abbr.* **a)** *(Hist.)* General Post Office Post, *die;* **b)** *(Amer.)* Government Printing Office Staatsdruckerei, *die*
gr. *abbr.* **a)** grain[s] Gran, *der (veralt.);* **b)** gram[s] g; **c)** gross bto.
grab [græb] **1.** *v.t.,* **-bb-: a)** greifen nach; *(seize)* packen; *(capture, arrest)* schnappen *(ugs.);* **~ sth. away from sb.** jmdm. etw. entreißen; **~ sb. by the arm** *etc.* jmdm. am Arm *usw.* packen; **should we ~ some food or a bite to eat?** *(coll.)* sollen wir schnell etwas essen?; **could you ~ a table while I ...** *(coll.)* versuch du, einen Tisch zu ergattern, während ich ... *(ugs.);* **I managed to ~ her before she got on the bus** *(stop her)* ich konnte sie gerade noch aufhalten, bevor sie in den Bus stieg; **~ the chance** die Gelegenheit ergreifen; **I would ~ an offer like that** ein solches Angebot würde ich mir nicht entgehen lassen; **~ hold of sb./sth.** sich *(Dat.)* jmdn./etw. schnappen *(ugs.);* **b)** *(sl.: impress)* **how does that ~ you?** wie findest du das?; **this doesn't [really] ~ me** das läßt mich [im Grunde] kalt. **2.** *v.i.,* **-bb- a) ~ at sth.** nach etw. greifen; **don't ~ like that!** grapsch nicht so! *(ugs.);* **b)** *(act jerkily)* ⟨*Bremse:*⟩ ruckartig greifen. **3.** *n.* **a) make a ~ at or for sb./sth.** nach jmdm./etw. greifen *od. (ugs.)* grapschen; **be up for ~s** *(sl.)* zu haben sein; ⟨*Posten:*⟩ frei sein; **b)** *(sl.: robbery)* Raubüberfall, *der; (burglary)* Bruch, *der (ugs.);* **c)** *(Mech.)* Greifer, *der. See also* **smash-and-grab** [**raid**]
grab: ~-bag *n. (Amer.)* Grabbelsack, *der (ugs.);* **~ handle** *n.* Haltegriff, *der;* **~ rail** *n.* Haltestange, *die*
grace [greɪs] **1.** *n.* **a)** *(charm)* Anmut, *die (geh.);* Grazie, *die;* **b)** *(attractive feature)* Charme, *der;* **airs and ~s** vornehmes Getue *(ugs. abwertend);* affektiertes Benehmen; **c)** *(accomplishment)* **social ~s** Umgangsformen *Pl.;* **d)** *(decency)* Anstand, *der;* **have the ~ to do sth.** so anständig sein und etw. tun; **he didn't even have the ~ to apologize** er brachte es nicht einmal fertig, sich zu entschuldigen; *(civility)* **with [a] good/bad ~:** bereitwillig/widerwillig; **he accepted my criticism with good/bad ~:** er trug meine Kritik mit Fassung/nahm meine Kritik mit Verärgerung hin; **e)** *(favour)* Wohlwollen, *das;* Gunst, *die; (Theol.)* Gnade, *die;* **be in sb.'s good ~** in jmds. Gunst stehen; bei jmdm. gut angeschrieben sein *(ugs.);* **~ and favour house/residence** *etc.* von der Regierung *od.* Krone zur Verfügung gestelltes Haus/gestellte Residenz *usw.;* **act of ~:** Gnadenakt, *der;* **there, but for the ~ of God,**

go I es hätte leicht auch mich erwischen können; **by the ~ of God Queen of ...:** state of ~ *(Theol.)* Stand der Gnade; **he fell from ~:** er fiel in Ungnade; **in the year of ~ 1892** *(literary)* im Jahr des Herrn 1892; **f)** *(favour shown by granting delay)* Frist, *die; (Commerc.)* Zahlungsfrist, *die;* **give sb. a day's ~:** jmdm. einen Tag Aufschub gewähren; **we will grant you two weeks' ~:** wir lassen Ihnen zwei Wochen Zeit; **g)** *(prayers)* Tischgebet, *das;* **say ~:** das Tischgebet sprechen; **h)** **in address Your G~;** **i)** *(Mus.) see* **grace-note; j)** *(Greek Mythol.)* **the G~s** die Grazien. *See also* **saving grace. 2.** *v.t.* **a)** *(adorn)* zieren *(geh.);* schmücken; **b)** *(honour)* auszeichnen; ehren; **~ a première by** *or* **with one's presence** eine Premiere mit seiner Anwesenheit beehren *(geh.)*
graceful ['greɪsfl] *adj.* elegant; graziös ⟨*Bewegung, Eleganz*⟩; geschmeidig ⟨*Katze, Pferd*⟩
gracefully ['greɪsfəlɪ] *adv.* elegant; graziös ⟨*tanzen, sich bewegen*⟩; **grow old ~:** mit Würde alt werden
gracefulness ['greɪsflnɪs] *n., no pl.* Eleganz, *die; (of movement, form, style)* Grazie, *die*
graceless ['greɪslɪs] *adj. (lacking sense of decency)* taktlos; *(lacking charm and elegance)* ungehobelt, schroff ⟨*Benehmen, Person*⟩
'grace-note *n. (Mus.)* Verzierung, *die;* Manier, *die (fachspr.)*
gracious ['greɪʃəs] **1.** *adj.* **a)** liebenswürdig; freundlich; *(iron./joc.)* gütig; **~ living** kultivierter Lebensstil; **our ~ Queen** unsere gnädige Königin; **b)** *(merciful)* gnädig. **2.** *int.* **~!, good[ness] ~!, [goodness] ~ me!** [ach] du meine *od.* liebe Güte!
graciously ['greɪʃəslɪ] *adv.* liebenswürdig; freundlich; *(with condescension)* gnädig
gradation [grə'deɪʃn] *n.* **a)** *usu. in pl. (stage)* **~ s of madness/an illness** Stufen *od.* Grade des Wahnsinns/einer Krankheit; **b)** *(degree in rank, merit, intensity, etc.)* Stufung, *die;* **~s of colour** Farbskala, *die;* **~ on a thermometer** Gradeinteilung, *die*
grade [greɪd] **1.** *n.* **a)** Rang, *der; (Mil.)* Dienstgrad, *der; (salary ~)* Gehaltsstufe, *die; (in things: degree of quality, size, or value)* [Handels-, Güte]klasse, *die; (of textiles)* Qualität, *die; (position, level)* Stufe, *die; (intensity of illness)* Grad, *der;* **what ~ is your job?** in welcher Gehaltsklasse sind Sie?; **a high ~ of intelligence** ein hohes Maß an Intelligenz; **b)** *(Amer. Sch.: class)* Klasse, *die;* **c)** *(Sch., Univ.: mark)* Note, *die;* Zensur, *die;* **attain ~ B or a higher ~:** eine Zwei *oder* eine bessere Note erreichen; **d)** *(Amer.: gradient) (ascent)* Steigung, *die; (descent)* Neigung, *die;* **at ~:** auf gleicher Höhe; ebenerdig ⟨*Wohnung usw.*⟩; **e) on the up/down ~** *(lit.)* ansteigend/abfallend; *(fig.)* auf dem auf-/absteigenden Ast; **make the ~:** es schaffen. **2.** *v.t.* **a)** einstufen ⟨*Arbeit nach Gehalt, Schüler nach Fähigkeiten, Leistungen*⟩; [nach Größe/Qualität] sortieren ⟨*Eier, Kartoffeln*⟩; **b)** *(mark)* benoten; zensieren. **3.** *v.i. (pass gradually)* übergehen (**into** *in* + *Akk.*)
'grade crossing *n. (Amer.)* Kreuzung, *die; (of railroad tracks and road)* schienengleicher Bahnübergang
grader ['greɪdə(r)] *n. (Amer. Sch.)* **a ninth/tenth-~:** ein Schüler der 9./10. Klasse; ein Neunt-/Zehntklässler *(südd., schweiz.)*
'grade school *n. (Amer.)* Grundschule, *die*
gradient ['greɪdɪənt] *n.* **a)** *(amount of slope) (ascent)* Steigung, *die; (descent)* Gefälle, *das; (inclined part of road)* Neigung, *die;* **~ of 1 in 10** eine Steigung/ein Gefälle von 10%; **b)** *(rate of) rise or fall of temperature etc.)* Gradient, *der (bes. Math.); (ascent)* Anstieg, *der; (descent)* Abfall, *der*

gradual ['grædʒʊəl] *adj.* allmählich; sanft ⟨*Steigung, Gefälle usw.*⟩
gradually ['grædʒʊəlɪ] *adv.* allmählich; sanft ⟨*ansteigen, abfallen*⟩
graduate 1. ['grædʒʊət] *n.* **a)** Graduierte, *der/die; (who has left university)* Akademiker, *der/*Akademikerin, *die;* **university ~:** Hochschulabsolvent, *der/*-absolventin, *die;* **he is an Oxford ~:** er hat seinen Universitätsabschluß in Oxford gemacht; **b)** *(Amer. Sch.)* Schulabgänger, *der/*-abgängerin, *die.* **2.** ['grædʒʊeɪt] *v.i.* **a)** einen akademischen Grad/Titel erwerben; **he ~d from Oxford University** er schloß sein Studium an der Universität von Oxford ab; **b)** *(Amer. Sch.)* die [Schul]abschlußprüfung bestehen (**from** *an* + *Dat.*); **c)** *(move up)* **he's ~d from comics to detective stories** er hat sich vom Comicleser zum Krimileser entwickelt; **d)** *(pass by degrees)* **~ into** allmählich übergehen in (+ *Akk.*). **3.** ['grædʒʊeɪt] *v.t.* **a)** *(mark out)* mit Gradeinteilung versehen; graduieren *(bes. Technik)* ⟨*Thermometer*⟩; *(arrange in gradations)* gradweise abstufen; **b)** *(Amer. Univ.)* graduieren; *(Amer. Sch.)* aus der Schule entlassen
graduated ['grædʒʊeɪtɪd] *adj. (marked with lines)* mit einer Skala versehen; *(arranged in grades)* abgestuft; **~ markings** unterteilte Markierung
graduate school ['grædʒʊət sku:l] *n. (Amer.)* Hochschulabteilung für Fortgeschrittenenstudium
graduation [grædʒʊ'eɪʃn] *n. (Univ.)* Graduierung, *die;* **b)** *(Amer. Sch.)* Entlassung, *die;* **c)** *attrib.* Abschluß-; **d)** *(mark on a scale)* Graduierung, *die (bes. Technik)*
graffiti [grə'fi:ti:] *n. sing. or pl.* Graffiti *Pl.*
¹graft [grɑ:ft] **1.** *n.* **a)** *(Bot.) (shoot, scion)* Edelreis, *das;* Pfropfreis, *das; (process)* Pfropfung, *die; (place)* Pfropfstelle, *die;* **b)** *(Med.)* Transplantat, *das;* **c)** *(Brit. sl.: work)* Plackerei, *die (ugs.).* **2.** *v.t.* **a)** *(Bot.)* pfropfen; **b)** *(fig.)* **~ sth. on to sth.** etw. einer Sache *(Dat.)* aufpfropfen; **c)** *(Med.)* transplantieren *(fachspr.);* verpflanzen. **3.** *v.i.* **a)** *(Bot.)* pfropfen; **b)** *(Brit. sl.: work)* schuften *(ugs.)*
²graft *(coll.)* **1.** *n. (dishonesty)* Gaunerei, *die; (profit)* Fischzug, *der.* **2.** *v.i.* mit kleinen Gaunereien Geld machen
grafter ['grɑ:ftə(r)] *n. (Brit. coll.)* **a)** *(dishonest person)* Gauner, *der;* **b)** *(worker)* Wühler, *der (ugs.);* Arbeitstier, *das (ugs.)*
Grail [greɪl] *n.* [**Holy**] **~:** [Heiliger] Gral
grain [greɪn] **1.** *n.* **a)** Korn, *das; (collect.: [species of] corn)* Getreide, *das;* Korn, *das;* **b)** *(particle)* Korn, *das; (unit of weight)* Gran, *das (veralt.); (fig.: small amount)* **a ~ of truth** ein Gran *od.* Körnchen Wahrheit; **not a ~ of love/sense** kein Fünkchen Liebe/Funke [von] Verstand; **d)** *(texture)* Korn, *das (fachspr.);* Griff, *der; (of fibre in wood)* Maserung, *die; (in paper)* Faser, *die;* Faserverlauf, *der; (in leather)* Narbung, *die;* **go against the ~** [**for sb.**] *(fig.)* jmdm. gegen den Strich gehen *(ugs.).* **2.** *v.t.* körnen ⟨*Papier*⟩; masern ⟨*Holz*⟩; narben ⟨*Leder*⟩
grained [greɪnd] *adj.* gekörnt ⟨*Papier*⟩; genarbt ⟨*Leder*⟩; maserig, gemasert ⟨*Holz*⟩
'grain elevator *n.* Getreideheber, *der*
grainy ['greɪnɪ] *adj.* körnig; gemasert ⟨*Holz*⟩; genarbt ⟨*Leder*⟩
gram [græm] *n.* Gramm, *das*
grammar ['græmə(r)] *n.* **a)** *(also book)* Grammatik, *die;* **b)** **sth. is [bad] ~:** etw. ist grammat[ikal]isch [nicht] richtig *od.* korrekt; **b)** *(Brit. coll.) see* **grammar school a**
'grammar book *n.* Grammatik, *die;* Sprachlehre, *die*
grammarian [grə'meərɪən] *n.* Grammatiker, *der/*Grammatikerin, *die*
'grammar school *n. (Brit.)* ≈ Gymnasium, *das;* **b)** *(Amer.)* ≈ Realschule, *die*
grammatical [grə'mætɪkl] *adj.* **a)** gram-

322

grammatically

mat[ikal]isch richtig *od.* korrekt; **b)** *(of grammar)* grammatisch
grammatically [grə'mætɪkəlɪ] *adv.* grammat[ikal]isch *(richtig, falsch);* **speak English ~:** grammatisch richtiges *od.* korrektes Englisch sprechen
gramme *see* **gram**
gramophone ['græməfəʊn] *n.* Plattenspieler, *der*
'gramophone record *n.* Schallplatte, *die*
gran [græn] *n. (coll./child lang.)* Oma, *die (Kinderspr./ugs.)*
granary ['grænərɪ] *n.* **a)** Getreidesilo, *der od. das;* Kornspeicher, *der;* **b) ~ [loaf]** Vollkornbrot, *das (mit in die Kruste eingebackenen Getreidekörnern)*
grand [grænd] **1.** *adj.* **a)** *(in official titles: chief)* Groß‹meister, *-herzog usw.*›; *see also* **cross 1 g; lodge 1 c; b)** *(most or very important)* groß; **c)** *(final)* **~ total** Gesamtsumme, *die;* **d)** *(main)* Haupt‹eingang, *-raum, -halle usw.*›; **e)** *(great)* groß ‹*Armee, Leidenschaft usw.*›; **f)** *(splendid)* grandios; *(impressive)* eindrucksvoll ‹*Erscheinung, Figur, Person*›; *(conducted with solemnity, splendour, etc.)* glanzvoll; **live in ~ style** auf großem Fuß leben; **g)** *(distinguished)* vornehm; **put on a ~ air** die Nase hoch tragen *(ugs. abwertend);* **h)** *(dignified, lofty)* erhaben; groß ‹*Versprechungen, Pläne, Worte*›; *(noble, admirable)* ehrwürdig; **i)** *(coll.: excellent)* großartig. **2.** *n.* **a)** *(piano)* Flügel, *der;* **b)** *pl.* same *(sl.: thousand pounds or (Amer.) dollars)* Riese, *der (salopp)*
grand: ~aunt *n.* Großtante, *die;* **~child** *n.* Enkel, *der/*Enkelin, *die;* Enkelkind, *das;* **~dad[dy]** ['grændæd(ɪ)] *n. (coll./child lang.)* Großpapa, *der (fam.);* Opa, *der (Kinderspr./ugs.);* **~daughter** *n.* Enkelin, *die;* Enkeltochter, *die;* **~ 'duchess** *n.* Großherzogin, *die;* **~ 'duchy** *n.* Großherzogtum, *das;* **~ 'duke** *n.* Großherzog, *der*
grandee [græn'di:] *n.* Grande, *der*
grandeur ['grændʒə(r), 'grændjə(r)] *n.* **a)** Erhabenheit, *die;* **b)** *(splendour of living, surroundings, etc.)* Großartigkeit, *die;* Glanz, *der;* **live a life of ~:** in Glanz und Herrlichkeit leben; **c)** *(nobility of character)* Größe, *die;* Erhabenheit, *die;* **d)** *(power, rank)* Größe, *die;* Macht, *die*
'grandfather *n.* Großvater, *der;* **~ clock** Standuhr, *die*
grandiloquence [græn'dɪləkwəns] *n., no pl.* Großsprecherei, *die (abwertend);* *(of style)* Pathos, *das*
grandiloquent [græn'dɪləkwənt] *adj.* großtönend *(geh. abwertend);* hochtrabend *(abwertend)* ‹*Stil, Worte, Rede*›
grandiose ['grændɪəʊs] *adj.* **a)** *(impressive)* grandios; **b)** *(pompous)* bombastisch *(abwertend);* großtönend *(geh. abwertend)* ‹*Worte, Art*›
grand 'jury *n. (Hist./Amer.)* Großes Geschworenengericht
grandly ['grændlɪ] *adv.* großartig; aufwendig ‹*sich kleiden*›; in großem Stil ‹*leben*›
grand: ~ma[ma] *n. (coll./child lang.)* Großmama, *die (fam.);* Oma, *die (Kinderspr./ugs.);* **~ 'master** *n.* Großmeister, *der;* **~mother** *n.* Großmutter, *die; see also* **'egg; G~ 'National** *n. (Brit. Horse-racing)* Grand National, *das;* **~nephew** *n.* Großneffe, *der*
grandness ['grændnɪs] *n., no pl.* Großartigkeit, *die;* *(pomp)* Pracht[fülle], *die*
grand: ~niece *n.* Großnichte, *die;* **~ old man** *n.* Grand Old Man, *der;* älteste bedeutende männliche Persönlichkeit in einem bestimmten Bereich; **G~ Old Party** *n. (Amer.)* Republikanische Partei; **~ 'opera** *n.* große Oper; **~pa[pa]** *n. (coll./child lang.)* Großpapa, *der (fam.);* Opa, *der (Kinderspr./ugs.);* **~parent** *n. (male)* Großvater, *der; (female)* Großmutter, *die;* **~parents**

Großeltern *Pl.;* **~ pi'ano** *n.* [Konzert]flügel, *der;* **G~ Prix** [grã 'pri:] *n.* Grand Prix, *der;* **~sire** *n. (arch.) (grandfather)* Großvater, *der; (ancestor)* Ahne, *der (geh.);* **~son** *n.* Enkel, *der/*Enkelson, *der;* **~stand** *n.* [Haupt]tribüne, *die;* **~stand finish** packendes Finish; **~stand view** guter Überblick **(of** über + *Akk.*); **~stand play** *(Amer.)* Effekthascherei, *die;* **~ 'tour** *n.* **a)** *(Hist.)* Bildungsreise, *die;* Kavalierstour, *die;* **b)** *(fig.)* große Fahrt *od.* Reise *(scherzh.);* **make the ~ tour of** auf große Fahrt *od.* Reise gehen zu *(scherzh.);* **~uncle** *n.* Großonkel, *der*
grange [greɪndʒ] *n.* Gutshof, *der;* Landsitz, *der*
granite ['grænɪt] *n.* **a)** Granit, *der;* **b)** *(fig.: unyieldingness)* Unnachgiebigkeit, *die*
granny (grannie) ['grænɪ] *n.* **a)** *(coll./child lang.)* Großmama, *die (fam.);* Oma, *die (Kinderspr./ugs.);* **b) ~ knot** granny knot
granny: ~ flat *n.* Einliegerwohnung, *die;* **~ knot** *n.* Altweiberknoten, *der (Seemannsspr.)*
grant [grɑ:nt] **1.** *v.t.* **a)** *(consent to fulfil)* erfüllen ‹*Wunsch*›; erhören ‹*Gebet, Flehen*›; stattgeben (+ *Dat.*) ‹*Gesuch*›; gewähren ‹*Gunst*›; **~ sb. his wish** jmdm. seinen Wunsch erfüllen; **b)** *(concede, give)* gewähren; gestatten ‹*Blick*›; geben ‹*Zeit*›; bewilligen ‹*Geldmittel*›; verleihen ‹*akademischen Grad, Auszeichnung*›; zugestehen ‹*Recht*›; erteilen ‹*Erlaubnis*›; *(transfer legally)* übertragen (**to** auf + *Akk.*); **c)** *(in argument)* zugeben, einräumen ‹*Pkt.*›; **~ed that** ...; **~ing this to be true or that this is true** nehmen wir einmal an, daß das stimmt; **take sb./sth. for ~ed** *(Dat.)* jmds. [allzu] sicher sein/etw. für [allzu] selbstverständlich halten; **he's a good fellow, [that] I ~ you** er ist so gesehen ein Kumpel *od.* Kerl, das gebe ich zu; **I beg your pardon - G~ed** Entschuldigen Sie! - Bitte; **nobody has to be taken for ~ed** keiner mag es, wenn man sich nicht um ihn bemüht. **2.** *n.* **a)** *(sum of money)* Zuschuß, *der;* *(financial aid [to student])* [Studien]beihilfe, *die;* *(scholarship)* Stipendium, *das;* **b)** *(conceding, allowing) (of request, respite)* Gewährung, *die; (of pension, holiday)* Bewilligung, *die; (of award, degree)* Verleihung, *die; (of permission)* Erteilung, *die*
grant-aided school *n. (Brit.)* subventionierte Schule
grant-in-'aid *n., pl.* **grants-in-aid** *(Educ.)* [staatlicher Schul]zuschuß
granular ['grænjələ(r)] *adj.* körnig; granulös *(Med.)*
granulate ['grænjʊleɪt] *v.t.* granulieren *(bes. Technik);* **~d sugar** [Zucker]raffinade, *die;* Kristallzucker, *der*
granule ['grænju:l] *n.* Körnchen, *das*
grape [greɪp] *n.* Weintraube, *die;* Weinbeere, *die;* **a bunch of ~s** eine Traube; **the juice of the ~** *(literary)* der Saft der Rebe[n]*(dichter.);* **[it's] sour ~s** *(fig.)* die Trauben hängen zu hoch
grape: ~fruit *n., pl.* same Grapefruit, *die;* **~ harvest** *n.* Weinlese, *die;* **~ 'hyacinth** *n.* Traubenhyazinthe, *die; (many)* Traubensaft, *der;* **~-shot** *n., pl.* same *(Mil. Hist.)* Kartätsche, *die;* **~vine** *n.* **a)** Wein, *der;* **b)** *(fig.)* **the ~vine** die Flüsterpropaganda; **I heard [it] on the ~vine that they were getting married** es wird geflüstert, daß sie heiraten wollen
graph [græf, grɑ:f] **1.** *n.* graphische Darstellung; Graph, *der (Math.).* **2.** *v.t.* graphisch darstellen
graphic ['græfɪk] **1.** *adj.* **a)** graphisch; **~ art** Graphik, *die;* **~ artist** Graphiker, *der/*Graphikerin, *die;* **b)** *(clear, vivid)* plastisch; anschaulich; **in ~ detail** see allen Einzelheiten. **2.** *n.* **a)** *(product)* Graphik, *die;* **b)** *in pl. see* **graphics**
graphical ['græfɪkl] *see* **graphic 1**

graphically ['græfɪkəlɪ] *adv.* **a)** *(clearly, vividly)* plastisch; anschaulich; **b)** *(by use of graphic methods)* graphisch
graphic 'arts *n. pl.* Graphik, *die*
graphics ['græfɪks] *n. (design and decoration)* graphische Gestaltung; *(use of diagrams)* graphische Darstellung; **computer ~:** Computergraphik, *die*
graphite ['græfaɪt] *n.* Graphit, *der*
graphologist [grə'fɒlədʒɪst] *n.* Graphologe, *der/*Graphologin, *die*
graphology [grə'fɒlədʒɪ] *n.* Graphologie, *die*
'graph paper *n.* Diagrammpapier, *das*
grapnel ['græpnl] *n.* Draggen, *der (bes. Seew.);* Dreghaken, *der; (to seize ship)* Enterhaken, *der*
grapple ['græpl] **1.** *v.i. (in fighting)* handgemein werden; **they ~d together** *(Wrestling)* sie rangen miteinander; **~ with** *(fig.)* sich auseinandersetzen *od. (ugs.)* herumschlagen mit; **~ with death** mit dem Tode ringen. **2.** *v.t.* **a)** *(seize, fasten)* [mit Haken] festhaken ‹*Schiff*›; *(drag)* [mit Dreghaken] absuchen ‹*Fluß*›; **b)** *(grip with hands)* packen
grappling ['græplɪŋ] *n.:* **~-hook, ~-iron** *ns. see* **grapnel**
grasp [grɑ:sp] **1.** *v.i.* **~ at** *(lit. or fig.)* ergreifen; sich stürzen auf (+ *Akk.*) ‹*Angebot*›; *see also* **straw b. 2.** *v.t.* **a)** *(clutch at, seize)* ergreifen *(auch fig.);* **manage to ~:** zu fassen bekommen; **b)** *(hold firmly)* festhalten; **~ sb. in one's arms** jmdn. [fest] in den Armen halten; **~ the nettle** *(fig.)* das Problem beherzt anpacken; **c)** *(understand)* verstehen; erfassen ‹*Bedeutung*›. **3.** *n.* **a)** *(firm hold)* Griff, *der;* **twist from sb.'s ~:** sich jmds. Griff *(Dat.)* entwinden; **he had my hand in a firm ~:** er hielt meine Hand mit festem Griff; **tighten/loosen one's ~:** fester zupacken/den Griff lockern; **sth. is within/beyond sb.'s ~:** etwas ist in/außer jmds. Reichweite; **success was almost within/was completely beyond his ~** *(fig.)* der Erfolg war zum Greifen nah/in unerreichbarer Ferne; **b)** *(mental hold)* **have a good ~ of sth.** etw. gut beherrschen; **his ~ of this subject is remarkable** er beherrscht das Thema außergewöhnlich gut; **sth. is beyond/within sb.'s ~:** etw. überfordert jmds. [intellektuelle] Fähigkeiten/kann von jmdm. verstanden werden
graspable ['grɑ:spəbl] *adj. (fig.)* verständlich
grasping ['grɑ:spɪŋ] *adj. (greedy)* habgierig
grass [grɑ:s] **1.** *n.* **a)** Gras, *das;* **be green as ~** *(fig.)* noch feucht hinter den Ohren sein *(ugs.);* **not let the ~ grow under one's feet** *(fig. coll.)* die Sache nicht auf die lange Bank schieben *(ugs.);* **the ~ is always greener on the other side [of the hill or fence]** *(prov.)* die Kirschen in Nachbars Garten schmecken immer viel besser; **b)** *no pl. (lawn)* Rasen, *der;* **c)** *no pl. (grazing, pasture)* Weide, *die; (pasture land)* Wideland, *das;* **be out at ~:** auf die Weide sein; **put or turn out to ~:** auf die Weide treiben *od.* führen; *(fig.)* aus dem Ruhestand versetzen; nicht mehr zur Arbeit einsetzen ‹*Pferd*›; **d)** *(sl.: marijuana)* Grass, *das (ugs.);* **e)** *(Brit. sl.: police informer)* Spitzel, *der.* **2.** *v.t.* **a)** *(cover with turf)* mit Rasen bedecken; **b)** *(Brit. sl.: betray)* verpfeifen *(ugs.).* **3.** *v.i. (Brit. sl.: inform police)* singen *(salopp);* **~ on sb.** jmdn. verpfeifen *(ugs.)*
grass: ~-box *n.* Grasfangkorb, *der;* **~ 'court** *n.* Rasenplatz, *der;* Grasplatz, *der;* **~-green** *adj.* grasgrün; **~hopper** *n.* Grashüpfer, *der; see also* **knee-high; ~land** *n.* Grasland, *das; (for grazing)* Weideland, *das;* **~-root[s]** *attrib. adj. (Polit.)* Basis-; **~ roots** *n. pl. (fig.) (source)* Wurzeln, *(Polit.)* Basis, *die;* **~-seed** *n.* Grassamen, *der;* **~ 'skirt** *n.* Baströckchen, *das*

grass snake

~ snake n. **a)** (Brit.: ringed snake) Ringelnatter, die; **b)** (Amer.: green snake) Grasnatter, die; **~ widow** n. Strohwitwe, die (ugs. scherzh.); **~ widower** n. Strohwitwer, der (ugs. scherzh.)
grassy ['grɑːsɪ] adj. mit Gras bewachsen
¹grate [greɪt] n. Rost, der; (fireplace) Kamin, der
²grate 1. v. t. **a)** (reduce to particles) reiben; (less finely) raspeln; **b)** (grind) ~ one's teeth in anger/in one's sleep vor Wut/im Schlaf mit den Zähnen knirschen; **c)** (utter in harsh tone) [durch die Zähne] knirschen. **2.** v. i. **a)** (rub) knirschen; **the door ~s [up]on its hinges** die Tür knirscht in den Angeln; **b)** (have irritating effect) **~ [up]on sb./sb.'s nerves** jmdm. auf die Nerven gehen; **c)** (sound harshly) knirschen; **her shrill voice ~d [up]on our ears** ihre schrille Stimme gellte uns in den Ohren
grateful ['greɪtfl] adj. **a)** dankbar (to Dat.); **a ~ word of thanks** ein herzliches Wort des Dankes; **b)** (pleasant, agreeable) wohltuend
gratefully ['greɪtfəlɪ] adv. dankbar; **thank sb. ~:** jmdm. aufrichtig danken
grater ['greɪtə(r)] n. Reibe, die; (less fine) Raspel, die
gratification [grætɪfɪ'keɪʃn] n. **a)** (pleasure) Genugtuung, die; **the ~ of doing sth.** die Genugtuung, etw. zu tun; **b)** (satisfaction) see **gratify b:** Befriedigung, die; Erfüllung, die; Stillung, die
gratify ['grætɪfaɪ] v. t. **a)** (please) freuen; **be gratified by or with or at sth.** über etw. (Akk.) erfreut sein; **I was gratified or it gratified me to hear that ...:** mit Genugtuung erfuhr ich, daß ...; **b)** (satisfy) befriedigen ⟨Neugier, Bedürfnis, Eitelkeit⟩; erfüllen ⟨Wunsch⟩; stillen ⟨Sehnsucht, Verlangen⟩
gratifying ['grætɪfaɪɪŋ] adj. erfreulich
gratin ['grætæ̃] n. (Cookery) Gratin, das; **cauliflower au ~** [əʊ 'grætæ̃] gratinierter Blumenkohl
grating ['greɪtɪŋ] n. (framework) Gitter, das
gratis ['greɪtɪs, 'grætɪs, 'grɑːtɪs] **1.** adv. gratis, kostenlos ⟨bekommen, abgeben⟩; umsonst, unentgeltlich ⟨tun⟩. **2.** adj. gratis nicht attr.; Gratis⟨mahlzeit, -vorstellung usw.⟩
gratitude ['grætɪtjuːd] n., no pl. Dankbarkeit, die (to gegenüber); **show one's ~ to sb.** sich jmdm. gegenüber dankbar zeigen
gratuitous [grə'tjuːɪtəs] adj. **a)** (uncalled-for, motiveless) grundlos; unnötig; (without logical reason) unbegründet; **b)** (got or given free) unentgeltlich ⟨Dienstleistung⟩
gratuitously [grə'tjuːɪtəslɪ] adv. **a)** (without motive or reason) ohne Grund; **b)** (free of cost) unentgeltlich
gratuity [grə'tjuːɪtɪ] n. **a)** (formal: tip) Trinkgeld, das; **b)** (Brit.: bounty) Sonderzuwendung, die
graunch [grɔːnʃ] **1.** v. t. **~ the gears** knirschend schalten. **2.** v. i. (make grinding sound) knirschen
¹grave [greɪv] n. Grab, das; **the house was as quiet or silent or still as the ~:** im Haus herrschte Grabesstille; **dig one's own ~** (fig.) sich (Dat.) selbst sein Grab graben (fig.); **he would turn in his ~** (fig.) er würde sich im Grabe herumdrehen; **sb. is walking on or over my/his etc. ~** (fig.) es überläuft mich/ihn usw. eiskalt; **carry a scar etc. to one's ~:** eine Narbe usw. bis an sein Lebensende tragen; **a message from beyond the ~:** eine Botschaft aus dem Jenseits; **take a secret to the ~:** ein Geheimnis mit ins Grab nehmen; see also **cradle 1 a; foot 1 a**
²grave adj. **a)** (important, dignified, solemn) ernst; **b)** (formidable, serious) schwer, gravierend ⟨Fehler, Irrtum, Verfehlung⟩; ernst ⟨Situation, Lage, Schwierigkeit⟩; groß ⟨Gefahr, Risiko, Verantwortung⟩; schlimm ⟨Nachricht, Zeichen⟩
³grave [grɑːv, greɪv] adj. (Ling.) **~ accent** Accent grave, der; Gravis, der

grave-digger ['greɪvdɪɡə(r)] n. Totengräber, der
gravel ['grævl] **1.** n. **a)** (small stones) Kies, der; attrib. **~ path/pit** Kiesweg, der/-grube, die; **b)** (Geol., Mining) Geröll, das; **c)** (Med.) **[bladder/kidney] ~:** Harn-/Nierengrieß, der. **2.** v. t., (Brit.) **-ll-** kiesen
gravelly ['grævəlɪ] adj. **a)** kieshaltig ⟨Boden⟩; **b)** rauh, heiser ⟨Stimme⟩
gravely ['greɪvlɪ] adv. **a)** (in grave manner) ernst; **b)** (seriously) ernstlich; **be ~ mistaken** sich schwer irren (ugs.)
graven image [greɪvn 'ɪmɪdʒ] n. Götzenbild, das
grave [greɪv]: **~side** n. **at the ~side** am Grab; **~stone** n. Grabstein, der; **~yard** n. Friedhof, der; **be a ~yard of reputations** manch einen guten Ruf zerstört haben
graving dock ['greɪvɪŋ dɒk] see **dry dock**
gravitas ['grævɪtɑːs] n. (literary) Gravität, die (veralt.)
gravitate ['grævɪteɪt] v. i. gravitieren (Phys., Astron., geh.); **young people ~ to[wards] the cities** junge Leute zieht es in die Städte
gravitation [grævɪ'teɪʃn] n. Gravitation, die; Schwerkraft, die; (fig.) Streben, das
gravitational [grævɪ'teɪʃənl] adj. Gravitations⟨feld, -energie usw.⟩; **~ pull** Anziehungskraft, die; **~ force** Schwerkraft, die
gravity ['grævɪtɪ] n. **a)** (solemnity) Feierlichkeit, die; **b)** (importance) (of mistake, offence) Schwere, die; (of situation) Ernst, der; **c)** (seriousness, staidness) Ernst, der; **the ~ of his manner** seine Ernsthaftigkeit; **keep or preserve one's ~:** ernst bleiben; **d)** (Phys., Astron.) Gravitation, die; Schwerkraft, die; **the law/force of ~:** das Gravitationsgesetz/die Schwerkraft; **centre of ~** (lit. or fig.) Schwerpunkt, der; **specific ~** (Phys.) spezifisches Gewicht; Wichte, die (fachspr.)
gravity feed n. Schwerkraftzufuhr, die (Technik)
gravy ['greɪvɪ] n. **a)** (juices) Bratensaft, der; **b)** (dressing) [Braten]soße, die; **c)** (sl.: money) Nebenverdienst, der; (tip) Trinkgeld, das
gravy: **~-boat** n. Sauciere, die; Soßenschüssel, die; **~ train** n. **ride/board the ~ train** (sl.) leichtes Geld machen (ugs.)
gray etc. (Amer.) see **grey** etc.
grayling ['greɪlɪŋ] n., pl. same (Zool.) Äsche, die
¹graze [greɪz] **1.** v. i. grasen; weiden. **2.** v. t. **a)** (feed) weiden ⟨Schafe, Rinder⟩; **b)** (feed on) abweiden ⟨Feld, Wiese⟩
²graze 1. n. Schürfwunde, die. **2.** v. t. **a)** (touch lightly) streifen; **b)** (scrape) abschürfen ⟨Haut⟩; zerkratzen ⟨Oberfläche⟩; **one's knee/elbow** sich (Dat.) das Knie/den Ellbogen aufschürfen. **3.** v. i. **~ against/by or past the wall** an der Mauer entlang-/vorbeischrammen
grazier ['greɪzɪə(r), 'greɪʒə(r)] n. **a)** Viehzüchter, der; **b)** (Austral.: sheep-farmer) Schafzüchter, der
grazing ['greɪzɪŋ] **1.** n. (feeding) Weiden, das; (land) Weide, die; Weideland, das. **2.** adj. weidend; **~ land** Weideland, das. **3. ~ rights** Weiderecht, das
grease 1. [griːs] n. Fett, das; (lubricant) Schmierfett, das. **2.** [griːz, griːs] v. t. einfetten; einreiben ⟨Haut, Rücken usw.⟩; (lubricate) schmieren; **like ~d lightning** (coll.) wie ein geölter Blitz (ugs.); **~ sb.'s palm or hand** jmdm. schmieren (salopp abwertend); **~ the wheels** (fig.) der Sache (Dat.) nachhelfen
grease: **~-gun** n. Fettpresse, die (Technik); **~ monkey** n. (sl.) Schmiermaxe, der (ugs.); **~-paint** n. [Fett]schminke, die; **~-proof** adj. fettdicht; **~-proof paper** Pergament- od. Butterbrotpapier, das
greasy ['griːzɪ, 'griːsɪ] adj. **a)** fettig; fett ⟨Essen⟩; speckig ⟨Kleidung⟩; **b)** (lubricated) geschmiert; (slippery, dirty) with lubricant

Greek

schmierig; **b)** (fig.: unctuous) schmierig (abwertend)
great [greɪt] **1.** adj. **a)** (large) groß; **~ big** (coll.) riesengroß (ugs.); **~ thick** (coll.) mordsdick (ugs.); **give sb. a ~ big hug** (coll.) jmdn. mit großer Herzlichkeit umarmen; **~ many** sehr viele; **a ~ amount of patience** eine Menge Geduld (ugs.); see also **²deal; b)** (beyond the ordinary) groß; sehr gut ⟨Freund⟩; sehr schwer ⟨Krise⟩; **a ~ [old] age** ein hohes Alter; **take ~ care of/a ~ interest in** sich sehr kümmern um/interessieren für; **c)** (important) groß ⟨Tag, Ereignis, Attraktion, Hilfe⟩; (powerful, influential, of remarkable ability) groß ⟨Person, Komponist, Schriftsteller⟩; (impressive) großartig; **the ~ thing is** die Hauptsache ist; **in titles or names Peter the G~:** Peter der Große; **in excl. G~ Scott!** großer Gott!; (having much skill) **be ~ at sth.** in etw. (Dat.) ganz groß sein (ugs.); (having much knowledge) **be ~ on modern music** in zeitgenössischer Musik sehr beschlagen sein (ugs.); **be a ~ one for sth.** etw. sehr gern tun; see also **spirit 1 h; d)** (coll.: splendid) großartig; **e)** (in relationship) Groß⟨onkel, -tante, -neffe, -nichte⟩; Ur⟨großmutter, -großvater, -enkel, -enkelin⟩; **~~-:** Urgroß⟨onkel, -tante, -neffe, -nichte⟩; Urur⟨großmutter, -großvater, -enkel, -enkelin⟩. **2.** n. **a)** (person) Größe, die; **literary/football ~s** literarische Größen/Fußballgrößen; **as pl. the ~:** die Großen [der Geschichte/Literatur usw.]; **the ~est** (ugs.); **b) G~s** (Brit. Univ.) klassische Philologie
Great: **~ 'Bear** n. (Astron.) Großer Bär; **'Britain** pr. n. Großbritannien (das); **g~coat** n. [Winter]mantel, der; **'Dane** n. deutsche Dogge
Greater: **~ 'London** pr. n. Groß-London; **~ London 'Council** n. (Hist.) Stadtrat von Groß-London
great: **~-hearted** adj. hochherzig; großmütig; **~ 'house** n. Gutshaus, das; Herrenhaus, das; **~ the houses of England** englische Schlösser und Adelssitze; **G~ 'Lakes** pr. n. pl. Große Seen Pl.
greatly ['greɪtlɪ] adv.; höchst ⟨verärgert⟩; stark ⟨beeinflußt, beunruhigt⟩; weit ⟨überlegen⟩; bedeutend ⟨verbessert⟩; **sth. is ~ to be feared** etw. muß ernstlich befürchtet werden; **it doesn't ~ matter** es ist nicht so wichtig
greatness ['greɪtnɪs] n., no pl. Größe, die; (extent, degree) Ausmaß, das; **~ of heart/mind/soul** Hochherzigkeit, die/Großmut, die/Seelengröße, die
Great: **~ 'Power** n. Großmacht, die; **~ Salt 'Lake** pr. n. Großer Salzsee; **g~ tit** n. (Ornith.) Kohlmeise, die; **g~ 'toe** n. großer Zeh; **~ 'War** n. erster Weltkrieg
grebe [griːb] n. (Ornith.) Lappentaucher, der
Grecian ['griːʃn] **1.** adj. griechisch. **2.** n. Grieche, der/Griechin, die
Greece [griːs] pr. n. Griechenland (das)
greed [griːd] n. Gier, die (**for** nach); (gluttony) Gefräßigkeit, die (abwertend); (of animal) Freßgier, die; **~ for money/power** Geld-/Machtgier, die
greedily ['griːdɪlɪ] adv. gierig
greediness ['griːdɪnɪs] n., no pl. Gier, die
greedy ['griːdɪ] adj. gierig; (gluttonous) gefräßig (abwertend); (eager) begierig; **be ~ for sth.** nach etw. gieren; **~ for money/power/success** geldgierig/machthungrig/erfolgshungrig; **be ~ to get sth.** etw. unbedingt tun/bekommen wollen
greedy-guts n. sing. (coll.) Vielfraß, der (ugs.)
Greek [griːk] **1.** adj. griechisch; **sb. is ~:** jmd. ist Grieche/Griechin; see also **calends; English 1. 2.** n. **a)** (person) Grieche, der/Griechin, die; **b)** (language) Grie-

chisch, *das;* **modern ~:** Neugriechisch, *das;* **it's all ~ to me** *(fig.)* das sind mir *od.* für mich böhmische Dörfer; *see also* **English 2 a**

Greek: ~ 'Church *see* **~ Orthodox Church**; **~ 'god** *n. (fig.)* Adonis, *der;* **~ Orthodox 'Church** *n.* griechisch-orthodoxe Kirche

green [griːn] **1.** *adj.* **a)** grün; **have ~ fingers** *or* **a ~ thumb** *(fig.)* eine grüne Hand haben *(ugs.);* **~ vegetables** Grüngemüse, *das;* **b)** *(Polit.)* grün; **he/she is ~:** er ist ein Grüner/sie ist eine Grüne; **the G~s** in *pl.* die Grünen, **c)** *(environmentally safe)* ökologisch; **d)** *(unripe, young, tender)* grün ⟨*Obst, Apfel, Banane, Zweig*⟩; **e)** *(not dried, seasoned, smoked, or tanned)* grün ⟨*Holz, Speck, Heringe*⟩; nicht gegerbt ⟨*Fell*⟩; **f)** *(pale)* **his face turned ~ at the sight of the blood** beim Anblick des Blutes wurde er ganz grün im Gesicht; **be/turn ~ with envy/jealousy** vor Neid/Eifersucht grün sein/werden; **g)** *(immature, naïve)* unreif; *(gullible)* naiv; einfältig; *(inexperienced)* grün. **2.** *n.* **a)** *(colour)* Grün, *das;* **b)** *(piece of land)* Grünfläche, *die;* **village ~:** Dorfanger, *der;* **c)** in *pl. (green vegetables)* Grüngemüse, *das;* **d)** *(verdure, vegetation)* Grün, *das;* **e)** *(Snooker)* grüne Kugel; **f)** *(~ clothes)* **dressed in ~:** grün gekleidet; **g)** *(traffic-light)* Grün, *das;* **the traffic-light is at ~:** die Ampel steht auf Grün. **3.** *v. i.* grünen

green: ~back *n. (Amer.)* [Geld]schein, *der;* **~ 'belt** *n.* Grüngürtel, *der;* **~ 'card** *n. (Insurance)* grüne Karte (Verkehrsw.)

greenery ['griːnəri] *n., no pl.* Grün, *das*

green: ~-eyed *adj.* grünäugig; *(fig.)* neidisch; **be ~-eyed** mit grünen Augen haben; **~-'field site** *n.* Bauplatz im Grünen; **~finch** *n.* Grünfink, *der;* **~fly** *n. (Brit.)* grüne Blattlaus; **~gage** *n.* Reineclaude, *die;* **~grocer** *n. (Brit.)* Obst- und Gemüsehändler, *der/*-händlerin, *die; see also* **baker; ~grocery** *n. (Brit.)* **a)** Obst- und Gemüsehandlung, *die;* **b)** in *sing. or* in *pl. (goods)* Obst und Gemüse; **~horn** *n.* Greenhorn, *das;* **~house** *n.* Gewächshaus, *das;* **~house effect** *(Ecol.)* Treibhauseffekt, *der*

greenish ['griːnɪʃ] *adj.* grünlich

greenkeeper *n. (Golf)* Golfwart, *der*

Greenland ['griːnlənd] *pr. n.* Grönland *(das)*

Greenlander ['griːnləndə(r)] *n.* Grönländer, *der/*Grönländerin, *die*

green 'light *n.* **a)** grünes Licht; *(as signal)* Grün, *das;* **it's a ~ light** die Ampel ist grün; **b)** *(fig. coll.)* **give sb./get the ~ light** jmdm. grünes Licht geben/grünes Licht erhalten

greenness ['griːnnɪs] *n., no pl.* **a)** *(of colour)* Grün, *das;* grüne Farbe; **b)** *(of sth. covered with herbage)* Grün, *das;* **c)** *(unripeness)* grüner Zustand; **d)** *(fig.: youth, immaturity)* Unreife, *die;* *(inexperience)* Unerfahrenheit, *die;* *(gullibility)* Naïvität, *die;* Einfalt, *die*

green: G~ 'Paper *n. (Brit.)* öffentliches Diskussionspapier über die Regierungspolitik; **G~ Party** *n. (Polit.)* die Grünen; **~ 'pepper** *see* **pepper 1 b; ~ revo'lution** *n.* grüne Revolution; **~-room** *n. (Theatre)* Konversationszimmer, *das;* **~sward** *n. (literary)* Grünfläche, *die*

Greenwich ['grɪnɪdʒ, 'grenɪdʒ, 'grɪnɪtʃ, 'grenɪtʃ] *n.* **~ [mean] time** Greenwicher Zeit; [mittlere] Greenwich-Zeit

greenwood *n.* grüner] Wald

greet [griːt] *v. t.* **a)** begrüßen; *(in passing)* grüßen; *(receive)* empfangen; **~ sb. with sth.** jmdn. mit etw. begrüßen/grüßen/empfangen; **b)** *(meet)* empfangen; **~ sb.'s eyes/ears** sich jmds. Augen *(Dat.)* darbieten/in jmds. Ohr *(Akk.)* dringen

greeting ['griːtɪŋ] *n.* Begrüßung, *die;* *(in passing)* Gruß, *der;* *(words)* Grußformel, *die;* *(reception)* Empfang, *der;* **please give my ~s to your parents** grüßen Sie bitte Ihre Eltern von mir; **my husband also sends his ~s** mein Mann läßt auch grüßen

greeting: ~[s] card *n.* Grußkarte, *die;* *(for anniversary, birthday)* Glückwunschkarte, *die;* **~[s] telegram** *n.* Glückwunschtelegramm, *das*

gregarious [grɪ'geərɪəs] *adj.* **a)** *(Zool.)* gesellig; Herden⟨*tier, -trieb*⟩; **b)** *(fond of company)* gesellig

gregariousness [grɪ'geərɪəsnɪs] *n., no pl.* **a)** *(Zool.)* Herdenleben, *das;* **b)** *(of person)* Geselligkeit, *die*

Gregorian [grɪ'gɔːrɪən] *adj.* gregorianisch; **~ calendar/chant** Gregorianischer Kalender/Gesang

Gregory ['gregərɪ] *pr. n. (Hist., as name of pope)* Gregor

gremlin ['gremlɪn] *n. (coll. joc.)* ≈ Kobold, *der*

grenade [grɪ'neɪd] *n.* Granate, *die; see also* **hand-grenade**

Grenadier Guards [grenədɪə(r) 'gɑːdz] *n. pl. (Brit.)* Grenadiergarde, *die*

grew *see* **grow**

grey [greɪ] **1.** *adj.* **a)** *(lit. or fig.)* grau; **he or his hair went** *or* **turned ~:** er ergraute; **grow ~ in sb.'s service** *(fig.)* in jmds. Diensten ergrauen; **~ area** *(fig.)* Grauzone, *die;* **b)** *(anonymous)* gesichtslos ⟨*Person*⟩. **2.** *n.* **a)** Grau, *das;* **b)** *(~ clothes)* **dressed in ~:** grau gekleidet; **c)** *(horse)* Grauschimmel, *der*

grey: ~beard *n.* Graubart, *der (ugs.);* **~ cells** *n. pl.* graue Substanz *(Anat.);* **~ 'eminence** *n.* éminence grise; **G~ 'Friar** *n.* Franziskaner, *der;* **~ 'goose** *n.* Graugans, *die;* **~-haired, ~-headed** *adjs.* grauhaarig; **~-hen** *n.* Birkhenne, *die*

greyhound *n.* Windhund, *der*

greyhound-racing *n.* Windhundrennen, *das*

greyish ['greɪɪʃ] *adj.* gräulich

greylag ['greɪlæg] *n.* **~ [goose]** Graugans, *die*

grey: ~ matter *n.* graue Substanz *(Anat.);* *(fig.: intelligence)* graue Zellen; **~ 'squirrel** *n.* Grauhörnchen, *das*

grid [grɪd] *n.* **a)** *(grating)* Rost, *der;* **b)** *(of lines)* Gitter[netz], *das;* **c)** *(for supply)* [Versorgungs]netz, *das;* **d)** *(Motor-racing)* Startmarkierung, *die;* **f)** *(of town streets)* rechtwinkliges Straßennetz; **~ pattern** rechtwinkliges Straßensystem; **g)** *(Electronics)* Gitter, *das*

griddle ['grɪdl] *n. [beheizbare]* runde Eisenplatte zum Backen; **~ cake** Crêpe, *die*

gridiron *n.* **a)** *(Cookery)* Bratrost, *der;* **b)** *(Amer.: football field)* Footballfeld, *das*

grief [griːf] *n.* **a)** Kummer, *der* (**over, at** über + *Akk.*, **um**); *(at loss of sb.)* Trauer, *die* (**for um**); **she felt [real] ~:** sie bekümmerte sie sehr; **be a [great] ~ to sb.** jmdm. großen *od.* viel Kummer machen; **come to ~** *(fail)* scheitern; **the car came to ~:** das Auto wurde beschädigt *(ugs. scherzh.);* **b)** *good or great ~!* guter *od.* großer Gott!

'grief-stricken *adj.* untröstlich (**at** über + *Akk.*); **say sth. in a ~ voice** etw. mit vor Kummer erstickter Stimme sagen; **the ~ look on his face** sein gramvolles Gesicht

grievance ['griːvəns] *n. (complaint)* Beschwerde, *die;* Klage, *die;* *(resentment, grudge)* Groll, *der;* **air one's ~s** seine Beschwerden vorbringen/seinem Groll Luft machen; **I have no ~s against him personally** ich habe nichts gegen ihn persönlich

'grievance procedure *n.* Schlichtungsverfahren, *das*

grieve [griːv] **1.** *v. t.* betrüben; bekümmern. **2.** *v. i.* trauern (**for** um); **my heart ~s** *or* **I ~ for you** *(sympathize)* ich trauere mit dir; **~ over sb./sth.** jmdn./einer Sache nachtrauern

grievous ['griːvəs] *adj.* **a)** *(causing grief)* schmerzlich; **b)** *(flagrant, heinous)* schwer; **~ wrong[s]** schreiendes Unrecht; **c)** *(severe)* schwer ⟨*Verwundung, Krankheit*⟩; groß ⟨*Schmerz*⟩; **d)** *(bringing serious trouble)* folgenschwer ⟨*Irrtum, Dummheit*⟩; schwer ⟨*Autounfall*⟩; **~ bodily harm** *(Law)* schwere Körperverletzung

grievously ['griːvəslɪ] *adv.* **a)** *(seriously)* schwer ⟨*verletzt, benachteiligt*⟩; **b)** *(strongly, exceedingly)* stark, ernstlich ⟨*beunruhigt*⟩

griffin ['grɪfɪn] *n.* Greif, *der*

'grill [grɪl] **1.** *v. t.* **a)** *(cook)* grillen; **b)** *(fig.: question)* in die Mangel nehmen *(ugs.).* **2.** *v. i.* grillen; **be ~ing in the hot sun** *(fig.)* sich von *od.* in der heißen Sonne braten lassen *(ugs.).* **3.** *n.* **a)** *(Gastr.)* Grillgericht, *das;* **mixed ~:** Mixed Grill, *der;* gemischte Grillplatte, *die;* **b)** *(restaurant)* Grillrestaurant, *das;* **c)** *(on cooker)* Grill, *der;* **d)** *see* **gridiron a**

grille (²**grill**) *n.* **a)** *(grating)* Gitter, *das;* **b)** *(Motor Veh.)* [Kühler]grill, *der*

'grill-room *see* **¹grill 3 b**

grim [grɪm] *adj.* *(stern)* streng, grimmig ⟨*Lächeln, Gesicht, Blick, Schweigen, Humor*⟩; furchterregend ⟨*Krieger*⟩; *(unrelenting, merciless, severe)* erbittert ⟨*Widerstand, Kampf, Schlacht*⟩; grimmig ⟨*Entschlossenheit, Winter*⟩; eisern ⟨*Vorsatz*⟩; *(sinister, ghastly)* grauenvoll ⟨*Aufgabe, Anblick, Nachricht*⟩; grausig ⟨*Wetter, Zeiten*⟩; trostlos ⟨*Wetter, Winter, Tag, Landschaft, Aussichten*⟩; *(mirthless)* grimmig ⟨*Humor, Spaß*⟩; **hold** *or* **hang** *or* **cling on [to sth.] like ~ death** sich mit aller Kraft [an etw. *(Dat.)*] festklammern; *see also* **reaper b**

grimace [grɪ'meɪs] **1.** *n.* Grimasse, *die;* **make a ~:** eine Grimasse machen *od.* schneiden. **2.** *v. i.* Grimassen machen *od.* schneiden; **~ with pain/disgust** vor Schmerz/Ekel das Gesicht verziehen

grime [graɪm] *n.* Schmutz, *der;* *(soot)* Ruß, *der*

grimly ['grɪmlɪ] *adv.* grimmig; eisern ⟨*entschlossen sein, sich festhalten*⟩; verbissen, erbittert ⟨*kämpfen*⟩

Grimm's Law ['grɪmz lɔː] *n. (Ling.)* germanische *od.* erste Lautverschiebung

grimy ['graɪmɪ] *adj.* schmutzig; schwarz *(ugs.);* **buildings ~ with soot** rußgeschwärzte Gebäude

grin [grɪn] **1.** *n.* Grinsen, *das.* **2.** *v. i.,* **-nn-** grinsen; **~ at sb.** jmdn. angrinsen; **~ and bear it** gute Miene zum bösen Spiel machen; *see also* **Cheshire cat. 3.** *v. t.,* **-nn-:** **~ approval/satisfaction** *etc.* beifällig/zufrieden *usw.* grinsen

grind [graɪnd] **1.** *v. t.,* **ground** [graʊnd] **a)** *(reduce to small particles)* **~ [up]** zermahlen; pulverisieren ⟨*Metall*⟩; mahlen ⟨*Kaffee, Pfeffer, Getreide*⟩; **~ sth. to dust/[a] powder/ into flour** *etc.* etw. zu Staub/[einem] Pulver/ zu Mehl *usw.* zermahlen; **b)** *(sharpen)* schleifen ⟨*Schere, Messer*⟩; schärfen ⟨*Klinge*⟩; *(smooth, shape)* schleifen ⟨*Linse, Edelstein*⟩; **~ sth. to a sharp edge** etw. scharf schleifen; *see also* **axe 1 a**; **c)** *(rub harshly)* zerquetschen; **~ a cigarette-end into the ground** einen Zigarettenstummel austreten; **~ facts into pupils** Schülern Fakten einhämmern; **~ dirt into sth.** Schmutz in etw. *(Akk.)* treten; **~ one's teeth** mit den Zähnen knirschen; **d)** *(produce by grinding)* mahlen ⟨*Mehl*⟩; **e)** *(turn, cause to work)* drehen ⟨*Leier*⟩; **~ the coffee-mill** die Kaffeemühle mahlen; **~ a barrel-organ** eine Drehorgel spielen; **f)** *(fig.: oppress, harass)* auspressen *(fig.);* **~ the faces of the poor** *(literary)* die Armen [grausam] ausbeuten; **~ing poverty/ tyranny** erdrückende Armut/Tyrannei. **2.** *v. i.* **ground a)** *(toil)* hart arbeiten; *(study)* büffeln *(ugs.);* **b)** *(rub gratingly)* knirschen (**on** auf + *Dat.*); **bring sth. ~ing to a halt** etw. lahmlegen; **~ to a halt, come to a ~ing halt** ⟨*Fahrzeug:*⟩ quietschend zum Stehen kommen; *(fig.)* ⟨*Verkehr:*⟩ zum Erliegen kommen; ⟨*Maschine:*⟩ stehenbleiben; ⟨*Projekt:*⟩ sich festfahren. **3.** *n.* Plackerei, *die*

325

(ugs.); **the daily ~** (coll.) der alltägliche Trott
~ a'way 1. v. t. abschleifen. **2.** v. i. (fig.) hart arbeiten (**at** an + Dat.); (study) büffeln (ugs.) (**at** Akk.)
~ 'down v. t. **a)** zermahlen; pulverisieren ⟨Metall⟩; mahlen ⟨Kaffee⟩; **b)** (fig.: oppress) ⟨Tyrann, Regierung:⟩ unterdrücken; ⟨Armut, Verantwortung:⟩ erdrücken; **c)** (sharpen) abschleifen
~ 'in v. t. **a)** (Mech.) einschleifen ⟨Ventil⟩; **b)** **~ the dirt in** den Schmutz ein- od. festtreten; **~ in facts** (fig. coll.) Fakten einhämmern
~ 'on v. i. sich mühsam voranarbeiten
~ 'out v. t. (fig.) sich (Dat.) abquälen ⟨Verse, Melodie, Ausrede⟩
grinder ['graɪndə(r)] n. **a)** Schleifmaschine, die; (pulverizing machine) Mühle, die; **b)** in comb. (person) ⟨Messer-, Scheren⟩schleifer, der; **c)** (tooth) Mahlzahn, der; **d)** (millstone) Läufer, der. See also **organ-grinder**
'grindstone n. Schleifstein, der; **hold** or **keep one's/sb.'s nose to the ~** (fig.) sich dahinterklemmen (ugs.)/dafür sorgen, daß jmd. sich dahinterklemmt (ugs.); **get back to the ~:** sich wieder an die Arbeit machen
gringo ['grɪŋɡəʊ] n., pl. **~s** (often derog.) Gringo, der (abwertend)
grip [grɪp] **1.** n. **a)** (firm hold) Halt, der; (fig.: power) Umklammerung, die; **hold sth. with a firm ~:** etw. mit festem Griff halten; **have a ~ on sth.** etw. festhalten; **loosen one's ~:** loslassen; **take a ~:** sich festhalten (**on** Akk.); **get** or **take a ~ on oneself** (fig.) sich zusammenreißen (ugs.); **gain a ~:** einen Halt finden; ⟨Reifen:⟩ greifen; **have/get a ~ on sth.** (fig.) etw. im Griff haben/in den Griff bekommen; **winter tightened its ~:** der Winter wurde noch strenger; **come** or **get to ~s with sth./sb.** (fig.) mit etw. fertigwerden/sich (Dat.) jmdn. vorknöpfen od. vornehmen (ugs.); **be in the ~ of** (fig.) beherrscht werden von ⟨Angst, Leidenschaft, Furcht⟩; heimgesucht werden von ⟨Naturkatastrophe, Armut, Krieg⟩; **lose one's ~** (fig.) nachlassen; **lose one's ~ on reality** (fig.) den Bezug zur Realität verlieren; **the Prime Minister is losing his ~** (fig.) der Premierminister hat die Situation nicht mehr richtig im Griff; **b)** (strength or way of ~ping) Griff, der; **shorten/lengthen one's ~:** den Schläger o. ä. kürzer/länger fassen; **c)** (holding-device) Klammer, die; (part which is held) Griff, der; (of oar) Holm, der; **d)** see **hair-grip**; **e)** (bag) Reisetasche, die. **2.** v. t., -pp- greifen nach; ⟨Reifen:⟩ greifen; (fig.) ergreifen; fesseln ⟨Publikum, Aufmerksamkeit⟩; **~ sb.'s collar/hand** or **sb. by the collar/hand** jmdn. am Kragen packen/ sich an jmds. Hand klammern; **~ sb.'s imagination** (fig.) jmdn. fesseln. **3.** v. i., -pp- ⟨Räder, Bremsen usw.:⟩ greifen; **~ at** greifen nach
gripe [ɡraɪp] **1.** n. **a)** (sl.: complaint) Meckern, das (ugs. abwertend); **one more ~ about my driving ...:** noch ein Wort über meinen Fahrstil ...; **his favourite ~ is ...:** am liebsten schimpft er über (+ Akk.) ...; **have a good ~ about sth./at sb.** sich über etw. (Akk.) ausschimpfen/jmdn. tüchtig ausschimpfen; **the ~s** (colic) (get)/**have the ~s** Bauchschmerzen od. (ugs.) Bauchweh bekommen/haben. **2.** v. i. (sl.) meckern (ugs. abwertend) (**about** über + Akk.)
gripping ['ɡrɪpɪŋ] adj. (fig.) packend
grisly ['ɡrɪzlɪ] adj. grausig
Grisons ['griːzɔ̃] pr. n. Graubünden (das)
grist [ɡrɪst] n. **a)** Mahlgut, das; (Brewing) Malzschrot, der od. das; **b)** (fig.) **it's all ~ to the/sb.'s mill** man kann aus allem etwas machen/jmd. versteht es, aus allem etwas zu machen
gristle ['ɡrɪsl] n. Knorpel, der
gristly ['ɡrɪslɪ] adj. knorp[e]lig

grit [ɡrɪt] **1.** n. **a)** Sand, der; **b)** see **gritstone**; **c)** (coll.: courage, endurance) Schneid, der (ugs.). **2.** v. t., -tt- **a)** streuen ⟨vereiste Straßen⟩; **b)** **~ one's teeth** die Zähne zusammenbeißen (ugs.)
grits [ɡrɪts] n. pl. **a)** (oats) geschälte Haferkörner; **b)** (oatmeal) Haferschrot, der od. das
'gritstone n. (Geol.) Grit, der (fachspr.); Sandstein, der
gritty ['ɡrɪtɪ] adj. **a)** (containing grit) sandig ⟨Weg, Boden, Butterbrot⟩; **b)** (full of hard particles) grobkörnig ⟨Struktur, Sand⟩; **b)** (fig.: courageous) **be ~** Schneid haben
grizzle ['ɡrɪzl] v. i. (Brit. coll.) quengeln (ugs.)
grizzled ['ɡrɪzld] adj. grau ⟨Haar, Bart⟩; grauhaarig ⟨Person⟩; (partly grey) graumeliert ⟨Haar⟩
grizzly ['ɡrɪzlɪ] n. [**bear**] Grislybär, der
groan [ɡrəʊn] **1.** n. (of person) Stöhnen, das; (of thing) Ächzen, das (fig.); **give a ~ of pain** vor Schmerz stöhnen; **a ~ rose from the crowd** die Menge stöhnte auf. **2.** v. i. **a)** ⟨Person:⟩ [auf]stöhnen (**at** bei); ⟨Tisch, Planken:⟩ ächzen (fig.); **a ~ing board** (literary) ein reichgedeckter Tisch; **b)** (fig.: be oppressed) stöhnen. **3.** v. t. **~** Schneid haben
groats [ɡrəʊts] n. pl. (hulled) geschälte [Hafer]körner; (hulled and crushed) [Hafer]grütze, die
grocer ['ɡrəʊsə(r)] n. Lebensmittelhändler, der/-händlerin, die; see also **baker**
grocery ['ɡrəʊsərɪ] n. **a)** in pl. (goods) Lebensmittel Pl.; **b)** [**store**] Lebensmittelgeschäft, das; **c)** (trade) Lebensmittelhandel, der
grog [ɡrɒɡ] n. Grog, der; (Austral. and NZ coll.: alcoholic liquor) Schnaps, der (ugs.)
groggily ['ɡrɒɡɪlɪ] adv. benommen ⟨sprechen, gehen⟩; auf unsicheren od. (ugs.) auf wackeligen Beinen ⟨gehen⟩
groggy ['ɡrɒɡɪ] adj. wackelig auf den Beinen (ugs.) präd.; groggy (ugs.) präd.
groin [ɡrɔɪn] n. **a)** (Anat.) Leistengegend, die; (euphem.: genitals) Weichteile, die (verhüll.); **b)** (Archit.) Grat, der (fachspr.)
grommet see **grummet**
groom [ɡruːm, ɡrʊm] **1.** n. **a)** (stable-boy) Stallbursche, der; Stallknecht, der (veralt.); (stable-girl) Stallgehilfin, die; **b)** (bride) Bräutigam, der; **c)** (Brit.: officer of Royal Household) Bediensteter des britischen Hofes. **2.** v. t. **a)** striegeln ⟨Pferd⟩; (smarten) pflegen ⟨Kleidung⟩; **~ oneself** sich zurechtmachen; **well/badly ~ed** gepflegt/ungepflegt; **b)** (fig.: prepare) **~ sb. for/as sth.** jmdn. für/als etw. aufbauen; **~ sb. for a career** jmdn. auf od. für eine Laufbahn vorbereiten
groove [ɡruːv] **1.** n. **a)** (channel) Nut, die (bes. Technik); (of gramophone record) Rille, die; **b)** (fig.: routine) **get into a ~** ⟨Arbeit:⟩ routinemäßig ablaufen; ⟨Person:⟩ zum Gewohnheitsmenschen werden; **be stuck in a ~:** aus dem Trott nicht mehr herauskommen; **c)** **be in the ~** (dated sl.) gut drauf sein (salopp); (perform excellently) groß in Form sein (ugs.); (be appreciative) ⟨Publikum:⟩ begeistert mitgehen. **2.** v. t. nuten
groovy ['ɡruːvɪ] adj. (dated sl.) (excellent, very good) klasse (ugs.); **be ~** (Jazz) in Form sein (ugs.); gut drauf sein (salopp)
grope [ɡrəʊp] **1.** v. i. **~** tasten (**for** nach); **~ for the right word/truth** nach dem richtigen Wort/der Wahrheit suchen; **~ after sth.** (fig.) etw. herauszufinden versuchen. **2.** v. t. **a)** **~ one's way [along]** sich [entlang]tasten; (fig.) [sich durch]lavieren (ugs. abwertend); **b)** (sl.: caress) **~ sb.** jmdn. betatschen (ugs. abwertend)
grosgrain ['ɡrəʊɡreɪn] n. (Textiles) grob gerippter Stoff; Grosgrain, der (fachspr.)
gros point ['ɡrəʊ pwæ̃] n. **a)** (embroidery) Kreuzstichstickerei, die; **b)** (stitch) Kreuzstich, der
¹gross [ɡrəʊs] **1.** adj. **a)** (flagrant) grob ⟨Fahrlässigkeit, Fehler, Irrtum⟩; übel ⟨Laster, Beleidigung⟩; schwer ⟨Verbrechen, Beleidigung⟩; (Ungerechtigkeit); **b)** (obese) fett (abwertend); (luxuriant) üppig, dicht ⟨Vegetation⟩; **c)** (coarse, rude) ordinär (abwertend); (coll.: disgusting) **that's really ~!** das ist wirklich ekelhaft!; **d)** (total) Brutto-; Gesamt⟨umsatz, -absatz⟩; **~ national product** Bruttosozialprodukt, das; **e)** (dull, not delicate) grob ⟨Person, Geschmack⟩; **f)** (coarse) deftig ⟨Mahlzeit, Essen⟩. **2.** v. t. **a)** (yield) [insgesamt] einbringen ⟨Geld⟩; **b)** **~ up** einbeziehen; **~ed up** Brutto⟨dividende, -gewinn⟩
²gross n., pl. same Gros, das; **by the ~:** en gros
grossly ['ɡrəʊslɪ] adv. **a)** (flagrantly) äußerst; grob ⟨übertreiben⟩; schwer ⟨beleidigen⟩; **b)** (coarsely, rudely) ordinär ⟨sich benehmen, sprechen⟩; ohne Manieren ⟨essen⟩
grotesque [ɡrəʊ'tesk] **1.** adj. grotesk. **2.** n. **a)** (decoration) Groteske, die; **b)** (Printing) Groteske, die
grotesquely [ɡrəʊ'tesklɪ] adv. grotesk
grotto ['ɡrɒtəʊ] n., **~es** or **~s** Grotte, die
grotty ['ɡrɒtɪ] adj. (Brit. sl.) mies (ugs.); (dirty) dreckig (ugs.); **the bathroom looks ~:** das Bad ist total versifft (salopp)
grouch [ɡraʊtʃ] (coll.) **1.** v. i. schimpfen, mosern (ugs.). **2.** n. **a)** (person) Miesepeter, der (ugs.); **b)** (cause) Ärger, der; **have a ~ against sb.** auf jmdn. sauer sein (salopp)
grouchy ['ɡraʊtʃɪ] adj. (coll.) griesgrämig
¹ground [ɡraʊnd] **1.** n. **a)** Boden, der; **work above/below ~:** über/unter der Erde arbeiten; **1,000 feet above the ~:** 1 000 Fuß über dem Erdboden; **deep under the ~:** tief unter der Erde; **uneven, hilly ~:** unebenes, hügeliges Gelände; **on high ~:** in höheren Lagen; **cover much ~** (distance) eine weite Strecke zurücklegen; **b)** (fig.: be above/below ~:** am Leben sein. **unter den Lebenden sein/unter der Erde sein** od. **liegen; cut the ~ from under sb.'s feet** jmdm. den Wind aus den Segeln nehmen; **be** or **suit sb. down to the ~** (coll.) genau das richtige für jmdn. sein; **Friday suits me down to the ~:** Freitag paßt mir prima (ugs.); **that's Billy down to the ~** (coll.) das ist typisch Billy (ugs.); **fall to the ~:** zunichte werden; **be dashed to the ~:** [mit einem Schlag] zunichte werden; **from the ~ up** (coll.) (thoroughly) von der Pike auf; (entirely anew) ganz von vorne ⟨anfangen⟩; **get off the ~** (coll.) konkrete Gestalt annehmen; **get sth. off the ~** (coll.) in die Tat umsetzen; **go to ~:** ⟨Fuchs usw.:⟩ im Bau verschwinden; ⟨Person:⟩ untertauchen; **run to ~:** aufstöbern; **run sb./oneself into the ~** (coll.) jmdn./sich kaputtmachen (ugs.); **run sth. into the ~** (coll.: overdo sth.) es mit etw. übertreiben; **on the ~** (in practice) an Ort und Stelle; **be/not be on firm** or **solid ~:** sich auf sicherem/schwankendem Boden bewegen; **thin/thick on the ~:** dünn/dicht gesät; **break fresh** or **new ~:** Neuland betreten; **cover much** or **a lot of ~:** weit vorankommen; **cover the ~** ⟨Student:⟩ den Stoff erarbeiten; ⟨Buch:⟩ eine umfassende Darstellung geben; **cover the same ~** ⟨Vorträge, Buch:⟩ denselben Stoff behandeln; **gain** or **make ~:** Boden gewinnen (**on** gegenüber); (become established) Fuß fassen; **give** or **lose ~:** an Boden verlieren; **hold** or **keep** or **stand one's ~:** nicht weichen; **shift one's ~:** umschwenken; see also **foot 1a**; **c)** (special area) Gelände, das [**sports**]: Sportplatz, der; [**cricket**] **~:** Cricketfeld, das; see also **common ground; forbidden 2**; **d)** in pl. (attached to house) Anlage, die; **e)** (Brit.: floor)

Boden, *der;* **f)** *(motive, reason)* Grund, *der;* **on the ~[s] of, on ~s of** auf Grund (+ *Gen.*); *(giving as one's reason)* unter Berufung auf (+ *Akk.*); **on the ~s that ...:** unter Berufung auf die Tatsache, daß ...; **on health/religious** *etc.* **~s** aus gesundheitlichen/religiösen *usw.* Gründen; **on what ~s do you suspect him?** mit welcher Begründung verdächtigen Sie ihn?; **the ~s for divorce are ...:** als Scheidungsgrund gilt ...; **there are no ~s for this assumption** es besteht kein Grund zu dieser Annahme; **have/give [no] ~s for sth.** [k]einen Grund für etw. haben/[keine] Gründe für etw. angeben; **have no ~s for sth./to do sth.** keinen Grund für etw. haben/keinen Grund haben, etw. zu tun; **have no ~s for complaint** keinen Grund zur Klage haben; **have good ~s for doing sth.** allen Grund haben, etw. zu tun; **g)** *(in embroidery, painting, etc.)* Grund, *der;* **on a white ~:** auf weißem Grund; **h)** *in pl.* *(sediment)* **~s** Satz, *der;* *(of coffee)* Kaffeesatz, *der;* **i)** *(Electr.)* Schukostecker, *der;* **j)** *(bottom of sea)* Grund, *der;* **touch ~** *(fig.)* wieder Grund unter die Füßen bekommen. **2.** *v. t.* **a)** *(cause to run ashore)* auf Grund setzen; **be ~ed** auf Grund gelaufen sein; **b)** *(base, establish)* gründen (on auf + *Akk.*); **be ~ed on** gründen auf (+ *Dat.*); **well ~ed** wohlbegründet; **c)** *(instruct)* **~ sb. [in the essentials]** jmdn. in die Anfangsgründe einführen; **be well/not well ~ed in a subject** über gute/keine guten Grundkenntnisse auf einem Gebiet verfügen; **d)** *(Mil.)* niederlegen; **e)** *(Aeronaut.)* am Boden festhalten; *(prevent from flying)* nicht fliegen lassen ⟨*Piloten*⟩; **be ~ed by bad weather/owing to a defect** etc. wegen schlechten Wetters/eines Defekts *usw.* nicht starten können; **f)** *(Electr.)* erden. **3.** *v. i.* *(run ashore)* ⟨*Schiff:*⟩ auf Grund laufen
²**ground 1.** *see* **grind** 1, 2. **2.** *adj.* gemahlen ⟨*Kaffee, Getreide*⟩; pulverisiert ⟨*Holz, Gummi*⟩; **~ meat** *(Amer.)* Hackfleisch, *das;* **~ coffee** Kaffeepulver, *das;* **fine-/coarse-/medium-~** Kaffee fein-/grobgemahlener/mittelfein gemahlener Kaffee
ground: ~-bait *n.* Grundköder, *der;* **~ bass** [ˈgraʊnd beɪs] *n.* *(Mus.)* Basso ostinato, *der;* Ground, *der;* **~ control** *n.* *(Aeronaut.)* **a)** *(personnel, equipment etc.)* Flugsicherungskontrolldienst, *der;* **b)** *(directing)* **~ control approach** GCA-Verfahren, *das;* **~ crew** *n.* *(Aeronaut.)* Bodenpersonal, *das;* **~ effect** *n.* Bodeneffekt, *der* *(Technik.);* ¹**floor** *see* **floor 1 b; ~ forces** *n. pl.* Bodentruppen *Pl.;* **~ frost** *n.* Bodenfrost, *der;* **~ glass** *n.* Mattglas, *das*
grounding [ˈgraʊndɪŋ] *n.* **a)** Grundkenntnisse *Pl.;* Grundwissen, *das;* **b)** *(Aeronaut.)* **the ~ of the plane was ordered** dem Flugzeug wurde Startverbot erteilt
ground: ~ ivy *n.* Gundelrebe, *die;* **~keeper** *(Amer.) see* **groundsman**
groundless [ˈgraʊndlɪs] *adj.* unbegründet; **these reports/rumours/statements are ~:** diese Berichte/Gerüchte/Aussagen entbehren jeder Grundlage
ground: ~ ¹**level** *n.* **above/below ~ level** oberhalb/unterhalb der ebenen Erde; **on or at ~ level** ebenerdig; ⟨*Wohnung, Fenster*⟩ zu ebener Erde; **~ nut** *n.* *(Brit.)* Erdnuß, *die;* **~-plan** *n.* Grundriß, *der;* *(fig.)* Grundstruktur, *die;* **~-rent** *n.* Grundrente, *die;* **~** ¹**rice** *n.* Reismehl, *das;* **~ rule** *n.* **a)** *(Sport)* Platzregel, *die;* **b)** *(basic principle)* Grundregel, *die*
groundsel [ˈgraʊnsl] *n.* *(Bot.)* Greiskraut, *das*
ground: ~sheet *n.* Bodenplane, *die;* **~sman** [ˈgraʊndzmən] *n., pl.* **~smen** [ˈgraʊndzmən] *(Sport)* Platzwart, *der;* **~ speed** *n.* *(Aeronaut.)* Grundgeschwindigkeit, *die;* **~-squirrel** *n.* Erdhörnchen, *das;* **~ staff** *n.* *(Aeronaut.)* Bodenpersonal, *das;* **~ station** *n.* *(Astronaut., Communications)* Bodenstation, *die;* **~ swell** *n.* schwere Dünung; **the ~ swell of public opinion** *(fig.)* der wachsende Druck der öffentlichen Meinung; **~ traffic** *n.* Bodenverkehr, *der;* **~ water** *n.* Grundwasser, *das;* **~work** *n.* Vorarbeiten; *(fig.)* Grundlage, *die;* **do the ~work for sth.** die Vorarbeiten für etw. machen; **~work of sth.** die Vorarbeiten für etw.
group [gruːp] **1.** *n.* **a)** Gruppe, *die,* *attrib.* Gruppen⟨*verhalten, -dynamik, -bewußtsein*⟩; **the Germanic ~ of languages** die germanische Sprachfamilie; **b)** *(Commerc.)* [Unternehmens]gruppe, *die;* **c)** *(Polit.)* Gruppe, *die;* *(Parl.)* Fraktion, *die;* **d)** *see* **pop group; e)** *(Math., Chem.)* Gruppe, *die.* **2.** *v. t.* gruppieren; **~ books according to their subjects** Bücher nach ihrer Thematik ordnen; **~ flowers together** Blumen zusammenstellen; **you can't ~ all criminals together** man kann nicht alle Verbrecher in einen Topf werfen; **be ~ed into classes** Klassen zugeordnet werden
group: ~ captain *n.* *(Air Force)* Oberst der Luftwaffe; **~ discussion** *n.* Gruppendiskussion, *die*
groupie [ˈgruːpɪ] *n.* *(sl.)* Groupie, *das*
grouping [ˈgruːpɪŋ] *n.* *(placing in groups)* Gruppierung, *die;* *(classification)* Klassifizierung, *die;* **blood ~:** Bestimmung der Blutgruppe; *([belonging to a] blood group)* Blutgruppe[nzugehörigkeit], *die*
group: ~ practice *n.* Gemeinschaftspraxis, *die;* **~ sex** *n.* Gruppensex, *der;* **~ therapy** *n.* Gruppentherapie, *die*
¹**grouse** [graʊs] *n.* **a)** *same* Rauhfußhuhn, *das;* [red] ~ *(Brit.)* Schottisches Moorschneehuhn; **b)** *no pl.* *(as food)* Waldhuhn, *das;* schottisches Moorhuhn
²**grouse** *(coll.)* **1.** *v. i.* meckern *(ugs.),* mosern *(ugs.)* (**about** über + *Akk.*). **2.** *n.* Meckerei, *die* *(ugs.);* Moserei, *die* *(ugs.);* **my only ~ is that ...:** mir stinkt nur, daß ... *(salopp)*
grouser [ˈgraʊzə(r)] *n.* *(coll.)* Meckerer, *der;* Meckerfritze, *der/*-liese, *die* *(ugs.)*
¹**grouse-shooting** *n.* Jagd auf Moorhühner
grout [graʊt] **1.** *n.* Mörtelschlamm, *der.* **2.** *v. t.* verstreichen ⟨*Fugen, Löcher*⟩; [aus]fugen ⟨*Mauer, Fliesen*⟩
grove [graʊv] *n.* Wäldchen, *das;* Hain, *der* *(dichter. veraltet.)*
grovel [ˈgrɒvl] *v. i.,* **-ll-: a)** *(lie prone)* auf dem Bauch liegen; *(go down on one's knees)* sich auf die Knie werfen; **be ~ling on the floor auf dem Fußboden kriechen; b)** *(fig.: be subservient)* katzbuckeln *(abwertend);* *(in apology)* zu Kreuze kriechen *(abwertend)* (**before** vor + *Dat.*)
grovelling *(Amer.:* **groveling**) [ˈgrɒvlɪŋ] *adj.* kriechend; *(fig.)* kriecherisch *(abwertend)*
grow [graʊ] **1.** *v. i.,* **grew** [gruː], **grown** [graʊn] **a)** *(sprout)* ⟨*Pflanze:*⟩ wachsen; **leaves are beginning to ~ on the trees** an den Bäumen bilden sich allmählich Blätter; **b)** *(in size etc.)* wachsen; **haven't you ~n!** du bist aber gewachsen *od.* groß geworden!; **~ing lad** Junge, der noch im Wachsen ist *od.* noch wächst; **it just ~ed** *(coll.)* es hat sich einfach so entwickelt; **c)** *(develop, expand)* wachsen; *(increase numerically)* ⟨*Bevölkerung:*⟩ zunehmen, wachsen; **~ out of** *or* **from sth.** sich aus etw. entwickeln; *(from sth. abstract)* aus etw. erwachsen; von etw. herrühren; ⟨*Situation, Krieg usw.:*⟩ die Folge von etw. sein; ⟨*Plan:*⟩ aus etw. erwachsen; **~ in** zunehmen *od.* gewinnen an (+ *Dat.*) ⟨*Größe, Bedeutung, Autorität, Ansehen, Weisheit*⟩; gewinnen an (+ *Dat.*) ⟨*Popularität, Format*⟩; **d)** *(become)* werden; **~ used to sth./sb.** sich an etw./jmdn. gewöhnen; **~ like sb.** jmdm. ähnlich werden; **~ apart** *(fig.)* sich auseinanderleben; **~ away from sb.** *(fig.)* sich jmdm. entfremden; **~ to be sth.** allmählich etw. werden; **he grew to be a man** er wuchs zum Manne heran *(geh.);* **~ to love/hate** etc. **sb./sth.** jmdn./etw. liebenlernen/hassenlernen *usw.;* **~ old [gracefully]** [mit Würde] alt werden; **~** *see also* **growing; grown 2. 2.** *v. t.* **a)** *(cultivate)* *(on a small scale)* ziehen; *(on a large scale)* anpflanzen; ⟨*Blumen*⟩; *(produce)* züchten ⟨*Kristalle*⟩; **b)** **~ one's hair [to a great length]** sich (*Dat.*) die Haare [sehr lang] wachsen lassen; **~ a beard** sich (*Dat.*) einen Bart wachsen lassen; **the lizard will ~ a new tail** der Eidechse wächst ein neuer Schwanz
~ into *v. t.* **a)** *(become)* werden zu; **b)** *(become big enough for)* hineinwachsen in (+ *Akk.*) ⟨*Kleidungsstück*⟩
~ on *v. t.* **it ~s on you** man findet mit der Zeit Geschmack *od.* Gefallen daran; **he grew on us** wir haben ihn schätzengelernt
~ 'out of *v. t.* **a)** *(become too big for)* herauswachsen aus ⟨*Kleidungsstück*⟩; **b)** *(lose in the course of time)* ablegen ⟨*Angewohnheit*⟩; entwachsen (+ *Dat.*) ⟨*Kindereien*⟩; überwinden ⟨*Zustand*⟩; *see also* **~ 1 c**
~ 'up *v. i.* **a)** *(spend early years)* aufwachsen; *(become adult)* erwachsen werden; **she grew up to be a gifted pianist** sie wuchs zu einer begabten Pianistin heran; **what do you want to be or do when you ~ up?** was willst du denn mal werden, wenn du groß bist?; **b)** *(fig.: become mature)* erwachsen werden; **~ up!** werde endlich erwachsen!; **c)** *(develop)* ⟨*Freundschaft, Feindschaft, Streit:*⟩ sich entwickeln; ⟨*Legende:*⟩ entstehen, sich bilden; ⟨*Tradition, Brauch:*⟩ sich herausbilden
~ 'up into *v. t.* werden *od.* sich entwickeln zu
grower [ˈgraʊə(r)] *n.* **a)** *usu. in comb.* *(person)* Produzent, *der/*Produzentin, *die;* **fruit-/apple-/vegetable-~:** Obst-/Apfel-/Gemüsebauer, *der;* **coffee-/tobacco-~:** Kaffee-/Tabakpflanzer, *der;* **b)** *(plant)* **be a slow-/free-~:** langsam/schnell wachsen; eine langsam/schnell wachsende Pflanze sein
growing [ˈgraʊɪŋ] **1.** *adj.* wachsend; sich verdichtend ⟨*Anzeichen*⟩; immer umfangreicher werdend ⟨*Sachgebiet*⟩; sich immer mehr verbreitend ⟨*Praktik*⟩. **2.** *n.* Anbau, *der;* *attrib.* **~ season** Vegetationsperiode, *die;* **good/bad ~ weather** dem Pflanzenwachstum förderliches/abträgliches Wetter
ˈ**growing pains** *n. pl.* Wachstumsschmerzen *Pl.;* *(fig.)* Anfangsschwierigkeiten *Pl.*
growl [graʊl] **1.** *n.* *(of dog, lion)* Knurren, *das;* *(of bear)* Brummen, *das;* **a ~ of disapproval** ein mißbilligendes Knurren. **2.** *v. i.* **a)** ⟨*Hund, Löwe:*⟩ knurren; ⟨*Bär:*⟩ [böse] brummen; **~ at sb.** jmdn. anknurren/anbrummen; **b)** *(murmur angrily)* knurren. **3.** *v. t.* **~ [out]** knurren
grown [graʊn] **1.** *see* **grow. 2.** *adj.* erwachsen; **fully ~:** ausgewachsen
ˈ**grown-up 1.** *n.* Erwachsene, *der/die.* **2.** *adj.* erwachsen; **~ books/clothes** Bücher/Kleider für Erwachsene; **act in a ~ way** sich wie ein Erwachsener verhalten
growth [graʊθ] *n.* **a)** *(of industry, economy, population)* Wachstum, *das* (**of, in** *Gen.*); *(of interest, illiteracy)* Zunahme, *die* (**of, in** *Gen.*); *attrib.* ⟨*growth hormon, -rate*⟩; **b)** *(growing of organisms, crystals)* Wachstum, *das;* *(cultivation)* Anbau, *der;* **c)** *(amount grown)* Wachstum, *das;* **d)** *(thing grown)* Vegetation, *die;* Pflanzenwuchs, *der;* *(in classification of vineyards)* Lage, *die;* **a thick ~ of weeds** dicht wucherndes Unkraut; **cut away the old ~:** die alten Triebe ab- *od.* wegschneiden; **a four days' [of beard]** ein vier Tage alter Bart; **e)** *(Med.)* Geschwulst, *die;* Gewächs, *das*

327

growth: ~ **industry** n. Wachstumsindustrie, die; ~ **stock** n. Wachstumsaktien Pl.
groyne [grɔɪn] n. Buhne, die
grub [grʌb] 1. n. a) Larve, die; (maggot) Made, die; (ugs.) Wurm, der; (caterpillar) Raupe, die (larva of cockchafer etc.) Engerling, der; b) (sl.: food) Futterage, die (ugs.); Fressen, das (salopp); (victuals) Fressalien Pl. (ugs.); ~['s] **up!** ran an die Futterkrippe! (ugs.); **lovely ~!** ein Spitzenfraß! (salopp); **pub ~** (Brit.) Kneipenessen, das (ugs.). 2. v. i., **-bb-:** a) (dig) wühlen, buddeln (ugs.) **(for** nach); b) (search) (in bag, cupboard, etc.) wühlen, kramen **(for** nach); ~ **about** [herum]wühlen; [herum]kramen; ~ **about for sth.** nach etw. wühlen od. kramen. 3. v. t., **-bb-** a) (dig) umgraben (Land, Boden); ⟨Tier:⟩ aufwühlen; (remove roots or stumps from) roden ⟨Land⟩; (extract by digging) ausgraben; (uproot) [aus]roden ⟨Buschwerk, Baum⟩; b) (fig.) **barely ~bing a subsistence** gerade eben in der Lage zu existieren
~ **out** v. t. roden ⟨Land⟩; [aus]roden ⟨Wurzelstock⟩; (fig.) zutage fördern
~ **'up** v. t. ausgraben; [aus]jäten ⟨Unkraut⟩; [aus]roden ⟨Wurzelstock⟩
grubby ['grʌbɪ] adj. (dirty) schmudd[e]lig (ugs. abwertend); (slovenly) schlampig (ugs. abwertend)
'grub-screw n. (Mech. Engin.) Gewindestift, der
grudge [grʌdʒ] 1. v. t. ~ **sb. sth.** jmdm. etw. mißgönnen od. nicht gönnen; **I don't ~ him his success** ich gönne ihm seinen Erfolg; ~ **every penny that is taken in tax** der Steuer jeden Pfennig mißgönnen; ~ **doing sth.** (be unwilling to do sth.) nicht bereit sein, etw. zu tun; (do sth. reluctantly) etw. ungern tun; **I ~ paying £20 for this** es geht mir gegen den Strich, dafür 20 Pfund zu zahlen (ugs.). 2. n. Groll, der; **have or hold a ~ against sb.** einen Groll od. (ugs.) Haß auf jmdn. haben; jmdm. grollen; **I owe him a ~:** ich habe ich gefressen (ugs.); see also ²**bear 1 h**
grudging ['grʌdʒɪŋ] adj. widerwillig ⟨Lob, Bewunderung, Unterstützung⟩; widerwillig gewährt ⟨Zuschuß⟩; **be ~ in one's approval** nur widerwillig zustimmen
grudgingly ['grʌdʒɪŋlɪ] adv. widerwillig
gruel ['gru:əl] n. [Hafer]schleim, der; Schleimsuppe, die
gruelling (Amer.: **grueling**) ['gru:əlɪŋ] 1. adj. aufreibend; zermürbend; [äußerst] strapaziös ⟨Reise, Marsch⟩; mörderisch (ugs.) ⟨Tempo, Rennen⟩. 2. n. (Brit.) **the boxer got a ~:** der Boxer bezog tüchtig Prügel (ugs.); **take a ~ from sth.** durch etw. sehr leiden
gruesome ['gru:səm] adj., **gruesomely** ['gru:səmlɪ] adv. grausig; schaurig
gruff [grʌf] adj. barsch; schroff; ruppig, bärbeißig ⟨Benehmen, Wesen⟩; (low-pitched, hoarse) rauh ⟨Stimme, Lachen⟩
grumble ['grʌmbl] 1. v. i. a) murren; ~ **at sb. about** or **over sth.** sich bei jmdm. über etw. (Akk.) od. wegen etw. beklagen; **put up with sth. without grumbling** etw. ohne Murren ertragen; b) (rumble) ⟨[Geschütz]donner:⟩ grollen. 2. n. a) (act) Murren, das; (complaint) Klage, die; **without a ~:** ohne Murren; **she's always full of ~s** sie hat immer etwas zu murren; **my chief ~ is that ...:** vor allem mißfällt mir, daß ...; am meisten stört mich, daß ...; b) (rumble of thunder, cannon) Grollen, das
grumbler ['grʌmblə(r)] n. Querulant, der/Querulantin, die
grumbling a'ppendix n. (Med.) Blinddarmreizung, die
grummet ['grʌmɪt] n. a) (Naut.) Grummet, das; Grummetstropp, der; b) (washer) Durchführung, die; c) (in cap) Versteifungsring, der
grumpily ['grʌmpɪlɪ] adv. unleidlich; grantig (ugs.)

grumpiness ['grʌmpɪnɪs] n., no pl. Unleidlichkeit, die; Grantigkeit, die (ugs.)
grumpy ['grʌmpɪ] adj. unleidlich; grantig (ugs.)
grunt [grʌnt] 1. n. Grunzen, das; **give a ~:** grunzen. 2. v. i. grunzen; **he only ~ed in answer** er gab nur ein Grunzen zur Antwort. 3. v. t. ~ **[out]** grunzen
gruyère ['gru:jeə(r)] n. Gruyère[käse], der; Greyerzer [Käse], der
gryphon ['grɪfn] see **griffin**
'**G-string** n. a) (Mus.) G-Saite, die; b) (garment) (of showgirl) ≈ Cache-sex, das; G-String, die od. der; (of tribesman) Lendenschurz, der
'**G-suit** n. (Aeronaut.) Anti-g-Anzug, der
Gt. abbr. **Great** Gr.
guano ['gwa:nəʊ] n., pl. ~**s** Guano, der
guarantee [gærən'ti:] 1. v. t. a) garantieren; garantieren für; bürgen für ⟨Echtheit usw.⟩; ~ **sth. to sb.** jmdm. etw. zusichern; b) (by formal agreement) garantieren für; [eine] Garantie geben auf (+ Akk.); ~ **sth. for a year** auf etw. (Akk.) ein Jahr Garantie geben; **is the clock ~d?** hat die Uhr Garantie?; **gibt es auf die Uhr Garantie?**; **the clock is ~d for a year** die Uhr hat ein Jahr Garantie; ~ **sb. regular employment** jmdm. eine Beschäftigungsgarantie geben; ~**d wage** Garantielohn, der; ~**d genuine** etc. garantiert echt usw.; c) (Law: take responsibility for) bürgen für ⟨Darlehen, Schuld usw.⟩; d) (in popular use) (promise) garantieren (ugs.); (ensure) bürgen für ⟨Qualität⟩; garantieren ⟨Erfolg⟩; **be ~d to do sth.** etw. garantiert tun; **there's no ~ing he'll get a work permit** es ist gar nicht gesagt, daß er eine Arbeitserlaubnis kriegt. 2. n. a) (Commerc. etc.) Garantie, die; (document) Garantieschein, der; (Law) Bürgschaft, die; **there's a year's ~ on this radio, this radio has or carries a year's ~:** auf dieses Radio gibt es od. dieses Radio hat ein Jahr Garantie; **it is still under ~?** ist noch Garantie darauf?; **come under or be covered by the ~:** unter die Garantie fallen; b) (guarantor) Garant, der (Law) Bürge/Bürgin, die; c) (in popular use: promise) Garantie, die (ugs.); **give sb. a ~ that ...:** jmdm. garantieren, daß ...; **you have my ~:** das garantiere ich dir; **be a ~ of sth.** eine Garantie für etw. sein
guarantor [gærən'tɔ:(r), gærən'tɔ:(r)] n. Bürge, der/Bürgin, die; **be or stand ~ for sb., sb.'s ~** eine Bürgschaft für jmdn. übernehmen; für jmdn. bürgen
guaranty ['gærəntɪ] n. a) (undertaking) Garantie, die; (to pay another's debt) Bürgschaft, die; b) (basis of security) Garantie, die; Gewähr, die
guard [gɑ:d] 1. n. a) (Mil.: guardsman) Wachtposten, der; no pl. (group of soldiers) Wache, die; Wachmannschaft, die; ~ **of honour** Ehrenwache, die; Ehrengarde, die; **change ~:** Wachablösung machen; **relieve ~:** die Wache ablösen; **mount ~:** Wache haben; see also **old guard**; **G~s** (Brit. Mil.: household troops) Garderegiment, das; Garde, die; see also **Foot Guards**; **Horse Guards**; **Life Guards**; b) (watch; also Mil.) Wache, die; **be on ~:** Wache haben; **keep or stand ~:** Wache halten od. stehen; **keep or mount or stand ~ over sth./sb.** etw./jmdn. bewachen; **be on [one's] ~ [against sb./sth.]** (lit. or fig.) [vor jmdm./etw.] auf der Hut sein; sich [vor jmdm./etw.] hüten; **be off [one's] ~** (fig.) nicht auf der Hut sein; **be caught or taken off [one's] ~ [by sth.]** (fig.) überrascht werden; **put sb. on [his/her] ~:** jmdn. mißtrauisch machen; **put or throw sb. off [his/her] ~** jmdn. überrumpeln; **be kept/held under ~:** unter Bewachung sein; **be under ~:** unter Bewachung stehen; **keep or hold/put under ~:** bewachen; unter Bewachung stellen; **put a ~ on sb./sth.**

jmdn./etw. bewachen lassen; e) (Brit. Railw.) [Zug]schaffner, der/-schaffnerin, die; f) (Amer.: prison warder) [Gefängnis]wärter, der/-wärterin, die; g) (safety device) Schutz, der; Schutzvorrichtung, die; (worn on body) Schutz, der; Schützer, der; (crossbar on sword) Parierstange, die; (of rapier) Stichblatt, das; (Fencing: of weapon) Glocke, die; h) (posture) (Boxing, Fencing) Deckung, die; (Cricket) Abwehrhaltung, die; **on ~!** En garde!; **take ~:** in Verteidigungsstellung gehen; **drop or lower one's ~:** die Deckung fallen lassen; (fig.) seine Reserve aufgeben; **have one's ~ down** (fig.) sich ungezwungen verhalten od. bewegen. See also **security guard**. 2. v. t. a) (watch over) bewachen; (keep safe) hüten ⟨Geheimnis, Schatz, Juwelen⟩; schützen ⟨Leben⟩; beschützen ⟨Blinden, Schwächeren, Prominenten⟩; ~ **oneself against sth.** jmdn. vor etw. (Dat.) beschützen/sich vor etw. (Dat.) schützen; b) (keep in check) hüten, im Zaum halten ⟨Zunge⟩; mäßigen ⟨Worte⟩
~ **against** v. t. sich hüten vor (+ Dat.); verhüten ⟨Unfall⟩; vorbeugen (+ Dat.) ⟨Krankheit, Gefahr, Irrtum⟩; ~ **against doing sth.** sich [davor] hüten, etw. zu tun
guard: ~ **dog** n. Wachhund, der; ~ **duty** n. Wachdienst, der; **be on or do ~ duty** Wachdienst haben
guarded ['gɑ:dɪd] adj., **guardedly** ['gɑ:dɪdlɪ] adv. zurückhaltend; vorsichtig
'**guardhouse** n. (Mil.) Wache, die; Wach[t]haus, das
guardian ['gɑ:dɪən] n. a) Hüter, der; Wächter, der; b) (Law) Vormund, der; **place sb. under the care of a ~:** jmdn. einen Vormund geben
guardian 'angel n. Schutzengel, der
guardianship ['gɑ:dɪənʃɪp] n. a) no pl. Schutz, der; b) (Law) Vormundschaft, die; **have [legal] ~ of sb.** jmds. Vormund sein
guard: ~**-rail** n. Geländer, das; (Railw.) Radlenker, der; ~**room** n. (Mil.) Wachstube, die (Mil.) Wachlokal, das
guardsman ['gɑ:dzmən] n., pl. **guardsmen** ['gɑ:dzmən] (belonging to guard) Wachtposten, der; (belonging to Guards) Gardist, der; Gardesoldat, der
'**guard's van** n. (Brit. Railw.) Gepäckwagen (mit Dienstabteil)
Guatemala [gwætɪ'mɑ:lə] pr. n. Guatemala (das)
Guatemalan [gwætɪ'mɑ:lən] 1. adj. guatemaltekisch; **sb. is ~:** jmd. ist Guatemalteke/Guatemaltekin. 2. n. Guatemalteke/Guatemaltekin, die
guava ['gwɑ:və] n. a) (fruit) Guave, die; Guajave, die; b) (tree) Guajavabaum, der
gubbins ['gʌbɪnz] n. (Brit.) a) no pl. (trash) Schund, der (ugs. abwertend); Ramsch, der (ugs. abwertend); (personal effects) Kram, der (ugs.); Krempel, der (ugs.); (gadgetry) Zeug, das; b) (coll.: fool) Simpel, der (ugs.)
gubernatorial [gju:bənə'tɔ:rɪəl] adj. (Amer.) Gouverneurs-
gudgeon ['gʌdʒn] n. (Zool.) Gründling, der
'**gudgeon-pin** n. (Mech. Engin.) Kolbenbolzen, der
'**guelder rose** ['geldə rəʊz] n. (Bot.) Schneeball, der
guerilla see **guerrilla**
Guernsey ['gɜ:nzɪ] n. a) pr. n. Guernsey (das); b) (animal) Guernseyrind, das
guerrilla [gə'rɪlə] n. Guerillakämpfer, der/-kämpferin, die; (in Latin America) Guerillero, der/Guerillera, die; attrib. Guerilla-
guess [ges] 1. v. t. a) (estimate) schätzen; (surmise) raten; (conjecture correctly) erraten ⟨Rätsel⟩; **I ~ her [age] to be ten** ich schätze sie auf zehn; **can you ~ his weight?** schätz mal, wieviel er wiegt; ~ **who's here!** rate mal, wer da ist!; ~ **what!** (coll.) stell dir

guessing-game

vor!; **he ~ed from their manner that ...:** er entnahm aus ihrem Verhalten, daß ...; **you'd never ~ that ...:** man würde nie vermuten, daß ...; **I ~ed as much** das habe ich mir schon gedacht; **b)** (*esp. Amer.: suppose*) **I ~:** ich glaube; ich denke (*ugs.*); **I ~ I ought to apologize** ich sollte mich wohl entschuldigen; **I ~ we'll have to** wir müssen wohl; **I ~ so/not** ich glaube schon od. ja/nicht od. kaum. **2.** *v. i.* (*estimate*) schätzen; (*make assumption*) vermuten; (*surmise correctly*) es erraten; **~ at sth.** etw. schätzen; (*surmise*) über etw. (*Akk.*) Vermutungen anstellen; **I'm just ~ing** das ist nur eine Schätzung/eine Vermutung; **you've ~ed right/wrong** deine Vermutung ist richtig/falsch; **Do you know what he said? – No, but I can ~:** Weißt du, was er gesagt hat? – Nein, aber ich kann es mir denken; **well, ~!** na, rate mal!; **keep sb. ~ing** (*coll.*) jmdn. im unklaren od. ungewissen lassen; **how did you ~?** wie hast du das nur erraten?; **you'll never ~!** darauf kommst du nie!. **3.** *n.* Schätzung, *die;* **at a ~:** schätzungsweise; **what's your ~?** was schätzen Sie?; **make** *or* **have a ~:** schätzen; **have a ~!** rate mal!; **my ~ is [that] ...:** ich schätze, daß ...; **miss one's ~** (*Amer.*) sich verschätzen; **I'll give you three ~es** (*coll.*) dreimal darfst du raten (*ugs.*); **have another ~ coming** (*coll.*) sich verrechnet haben (*ugs.*); *see also* **anybody b**

guessing-game ['gesɪŋgeɪm] *n.* Ratespiel, *das*

guesstimate ['gestɪmət] *n.* (*coll.*) grobe Schätzung

guesswork *n., no pl., no indef. art.* **be ~:** eine Vermutung sein; **rely largely on ~** [weitgehend] auf Vermutungen angewiesen sein; **How did you know? – Oh, it was only [by] ~:** Woher wußtest du das? – Ach, ich habe nur geraten

guest [gest] *n.* Gast, *der; attrib.* Gast*(auftritt, -spiel, -vortrag, -redner)*; Gäste*(handtuch)*; **be my ~** (*fig. coll.*) tun Sie sich/tu dir keinen Zwang an; **as [the] ~ of** als Gast (+ *Gen.*); **~ of honour** Ehrengast, *der*

guest: ~-house *n.* Pension, *die;* **~ list** *n.* Gästeliste, *die* (at *Gen.*); **~-night** *n.* Gästeabend, *der;* **~-room** *n.* Gästezimmer, *das;* **~ worker** *n.* Gastarbeiter, *der/*-arbeiterin, *die*

guff [gʌf] *n.* (*sl.*) Mumpitz, *der* (*ugs.*)

guffaw [gʌ'fɔː, gʌ'fɔ:] **1.** *n.* brüllendes Gelächter; **give a [great] ~:** in brüllendes Gelächter ausbrechen. **2.** *v. i.* brüllend lachen

guidance ['gaɪdəns] *n., no pl., no indef. art.* **a)** (*leadership, direction*) Führung, *die;* (*by teacher, tutor, etc.*) [An]leitung, *die;* **pray for God's ~:** Gott bitten, einem den rechten Weg zu weisen; **b)** (*advice*) Rat, *der;* **turn to sb. for ~** jmdn. um Rat fragen od. bitten; **give sb. ~ on sth.** jmdn. in etw. (*Dat.*) beraten; **financial/vocational ~:** Finanz-/Berufsberatung, *die*

guide [gaɪd] **1.** *n.* **a)** Führer, *der/*Führerin, *die;* (*Tourism*) [Fremden]führer, *der/*-führerin, *die;* (*professional mountain-climber*) [Berg]führer, *der/*-führerin, *die;* **b)** (*fig. mentor*) Lehrer, *der/*Lehrerin, *die;* **God is my ~:** Gott leitet mich; **c)** (*directing principle*) Richtschnur, *die;* **always let your conscience be your ~:** laß dich stets von deinem Gewissen leiten; **d)** (*indicator*) **be a [good/bad] ~ to sth.** ein [guter/schlechter] Anhaltspunkt für etw. sein; **be no/little ~ to sth.** keine/nur begrenzte Rückschlüsse auf etw. (*Akk.*) zulassen; **e)** (*Brit.: member of girls' organization*) **[Girl] G~:** Pfadfinderin, *die;* **the G~s** (*organization*) die Pfadfinderinnen; **King's/Queen's G~:** (*im Britischen Commonwealth*) Pfadfinderin der höchsten Rangstufe; **f)** (*handbook*) Handbuch, *das;* **a ~ to healthier living** ein Ratgeber für ein gesünderes Leben; **g)** (*book for tourists*) [Reise]führer, *der;* (*on entertainment, with dates*) Veranstaltungskalender, *der;* **a ~ to York/the cathedral/the museum** ein Führer für od. durch York/für die Kathedrale/ein Museumsführer; **h)** (*Mech. Engin.*) Führung, *die.* **2.** *v. t.* **a)** führen ⟨*Personen, Pflug, Maschinenteil usw.*⟩; **b)** (*fig.*) bestimmen ⟨*Handeln, Urteil*⟩; anleiten ⟨*Schüler, Lehrling*⟩; **be ~d by sth./sb.** sich von etw./jmdm. leiten lassen; **guiding star** (*fig.*) Leitstern, *der* (geh.); **guiding hand** (*fig.*) leitende Hand; **c)** (*conduct affairs of*) führen, lenken ⟨*Land, Staat*⟩; lenken ⟨*Angelegenheit*⟩; führen ⟨*Finanzen*⟩

guidebook *see* **guide 1 g**

guided missile [gaɪdɪd 'mɪsaɪl] *n.* Lenkflugkörper, *der*

¹**guide-dog** *n.* **~ [for the blind]** Blinden[führ]hund, *der*

guided tour [gaɪdɪd 'tʊə(r)] *n.* Führung, *die* (of durch)

guide: ~-line *n.* (*fig.*) Richtlinie, *die;* (*model*) Vorlage, *die;* **~-post** *n.* Wegweiser, *der*

Guider ['gaɪdə(r)] *n.* (*Brit.*) Pfadfinderführerin, *die*

guild [gɪld] *n.* **a)** Verein, *der;* Vereinigung, *die;* **b)** (*Hist.*) (*of merchants*) Gilde, *die;* (*of artisans*) Zunft, *die*

¹**guild-hall** *n.* **a)** (*town hall*) Rathaus, *das;* **[the] Guildhall** (*Brit.*) die Guildhall (*in London*); **b)** (*Hist.*) (*for merchants*) Gildehaus, *das;* (*for artisans*) Zunfthaus, *das*

guile [gaɪl] *n., no pl.* Arglist, *die* (geh.); Hinterlist, *die;* (*wiliness*) List, *die;* **be without ~:** ohne Arg od. Falsch sein (geh.)

guileful ['gaɪlfl] *adj.* arglistig (geh.); hinterlistig; (*wily*) listig

guileless ['gaɪllɪs] *adj.* arglos

guillemot ['gɪlɪmɒt] *n.* (*Ornith.*) (*Uria*) Lumme, *die;* (*Cepphus*) Teiste, *die*

guillotine ['gɪlətiːn] **1.** *n.* **a)** Guillotine, *die;* Fallbeil, *das;* **b)** (*for paper*) Papierschneidemaschine, *die;* (*for metal*) Schlagschere, *die;* **c)** (*Brit. Parl.*) Begrenzung der Beratungszeit (*im Gesetzgebungsverfahren*). **2.** *v. t.* **a)** (*behead*) guillotinieren; mit der Guillotine hinrichten; **b)** (*cut*) schneiden

guilt [gɪlt] *n., no pl.* **a)** Schuld, *die* (of, for an + *Dat.*); **bear the ~ of** *or* **for sth.** die Schuld für etw. auf sich (*Akk.*) tragen; **b)** (*awareness of being in the wrong*) Schuldbewußtsein, *das;* (*guilty feeling*) Schuldgefühle *Pl.;* **feel [full of] ~:** [starke] Schuldgefühle haben; **~ was written all over his face** man sah ihm sein schlechtes Gewissen im Gesicht geschrieben; **~ complex** (*Psych.*) Schuldkomplex, *der;* **~ feelings** Schuldgefühle

guiltily ['gɪltɪlɪ] *adv.* schuldbewußt

guiltless ['gɪltlɪs] *adj.* unschuldig (of an + *Dat.*)

guilty ['gɪltɪ] *adj.* **a)** schuldig; **the ~ person** der/die Schuldige; **be ~ of murder** des Mordes schuldig sein; **find sb. ~/not ~ [of sth.]** jmdn. [an etw. (*Dat.*)] schuldig sprechen/[von etw.] freisprechen; **~ thoughts** böse Gedanken; **return** *or* **find a verdict of ~/not ~:** [auf] „schuldig"/„nicht schuldig" [erkennen]; **feel ~ about sth./having done sth.** (*coll.*) ein schlechtes Gewissen haben wegen etw./, weil man etw. getan hat; **everyone is/we're all ~ of that** (*coll.*) das tun wir alle; **I've often been ~ of that myself** (*coll.*) das habe ich auch schon oft gemacht; **be ~ of bad taste** eine Geschmacklosigkeit begangen haben; **b)** (*prompted by guilt*) schuldbewußt ⟨*Miene, Blick, Schweigen*⟩

Guinea ['gɪnɪ] *pr. n.* Guinea (*das*)

guinea *n.* (*Hist.*) Guinee, *die*

guinea: ~-fowl, ~-hen *ns.* Perlhuhn, *das*

Guinean ['gɪnɪən] **1.** *adj.* guineisch. **2.** *n.* Guineer, *der/*Guineerin, *die*

¹**guinea-pig** *n.* **a)** (*animal*) Meerschweinchen, *das;* **b)** (*fig.: subject of experiment*) (*person*) Versuchsperson, *die;* Versuchskaninchen, *das* (*ugs. abwertend*); (*thing*) Versuchsobjekt, *das;* **act as ~:** Versuchskaninchen spielen

guise [gaɪz] *n.* **a)** (*semblance*) Gestalt, *die;* **in** *or* **under the ~ of** in Gestalt (+ *Gen.*); **b)** (*pretence*) Vorwand, *der;* **c)** (*external appearance*) Äußere, *das*

guitar [gɪ'tɑː(r)] *n.* Gitarre, *die; attrib.* Gitarren⟨*musik, -spieler, -konzert*⟩; **electric ~:** elektrische Gitarre; Elektrogitarre, *die*

guitarist [gɪ'tɑːrɪst] *n.* Gitarrist, *der/*Gitarristin, *die*

Gujarati [guːdʒə'rɑːtɪ] **1.** *adj.* gudscharatisch. **2.** *n.* **a)** (*person*) Gudscharate, *der/*Gudscharatin, *die;* **b)** (*language*) Gudscharati, *das*

gulch [gʌltʃ] *n.* (*Amer.*) Schlucht, *die;* Klamm, *die*

gules [gjuːlz] (*esp. Her.*) **1.** *n.* Rot, *das.* **2.** *adj.* rot

gulf [gʌlf] *n.* **a)** (*portion of sea*) Golf, *der;* Meerbusen, *die;* **the [Arabian** *or* **Persian] G~:** der Persische Golf; **the G~ of Bothnia/Mexico** der Bottnische Meerbusen/der Golf von Mexiko; **b)** (*wide difference, impassable gap*) Kluft, *die;* **there is a great ~ between them** es besteht eine tiefe Kluft zwischen ihnen; **c)** (*chasm*) Abgrund, *der*

Gulf: ~ States *pr. n. pl.* Golfstaaten *Pl.;* **~ Stream** *pr. n.* Golfstrom, *der*

gull [gʌl] *n.* Möwe, *die*

gullet ['gʌlɪt] *n.* **a)** (*food-passage*) Speiseröhre, *die;* **b)** (*throat*) Kehle, *die;* Gurgel, *die*

gullible ['gʌlɪbl] *adj.* leichtgläubig; (*trusting*) gutgläubig

gull-wing *adj.* **~ door** Flügeltür, *die*

gully ['gʌlɪ] *n.* **a)** (*artificial channel*) Abzugskanal, *der;* Abzugsrinne, *die;* **b)** (*drain*) Gully, *der;* **c)** (*water-worn ravine*) [Erosions]rinne, *die;* Runse, *die* (*Geol.*); **d)** (*Cricket*) Position/Feldspieler seitlich hinter dem Schlagmann

'gully-hole *see* **gully b**

gulp [gʌlp] **1.** *v. t.* hinunterschlingen; hinuntergießen ⟨*Getränk*⟩. **2.** *v. i.* (*swallow with difficulty*) würgen; (*choke, swallow on account of shock*) schlucken; **~ for air** nach Luft ringen od. schnappen. **3.** *n.* (*act of ~ing, effort to swallow*) Schlucken, *das;* **swallow in** *or* **at one ~:** mit einem Schluck herunterstürzen ⟨*Getränk*⟩; in einem Bissen herunterschlingen ⟨*Speise*⟩; **b)** (*large mouthful*) (*of drink*) kräftiger Schluck; (*of food*) großer Bissen; **c)** (*act of swallowing due to shock*) **give a ~:** schlucken

~ 'back *v. t.* hinunterschlucken ⟨*Tränen*⟩; unterdrücken ⟨*Schluchzer*⟩

~ 'down *v. t.* hinunterschlingen; hinuntergießen ⟨*Getränk*⟩

¹**gum** [gʌm] *n., usu. in pl.* (*Anat.*) **~[s]** Zahnfleisch, *das*

²**gum 1.** *n.* **a)** (*viscous secretion*) Gummi, *das;* (*glue*) Klebstoff, *der;* **b)** (*sweet*) Gummibonbon, *der od. das;* **c)** (*Amer.*) *see* **chewing-gum; d)** (*tree*) *see* **gum-tree. 2.** *v. t.,* **-mm-: a)** (*smear with ~*) mit Klebstoff bestreichen; gummieren ⟨*Briefmarken, Etiketten usw.*⟩; **b)** (*fasten with ~*) kleben

~ 'up *v. t.* aufkleben; **~ up the works** (*fig. sl.*) alles vermasseln (*salopp*)

gum: ~ 'arabic *see* **Arabic 1;** **~boil** *n.* Zahnfleischabszeß, *der;* **~boot** *n.* Gummistiefel, *der*

gummy ['gʌmɪ] *adj.* **a)** (*sticky*) klebrig; **b)** (*covered with gum*) mit Klebstoff verschmiert

gumption ['gʌmpʃn] *n., no pl., no indef. art.* (*coll.*) **a)** (*resourcefulness*) Grips, *der* (*ugs.*); (*enterprising spirit*) Unternehmungsgeist, *der;* **she had the ~ to open the door** sie war clever genug, die Tür zu öffnen; **b)** (*practical sense*) praktische Veranlagung; **have a lot of ~:** sehr praktisch veranlagt sein

gum: ~-**shield** n. Mundschutz, der; ~-**tree** n. Gummiharz liefernder Baum; (eucalyptus) [Australischer] Gummibaum; **be up a ~-tree** (fig.) in der Klemme sitzen (ugs.)

gun [gʌn] 1. n. a) Schußwaffe, die; (piece of artillery) Geschütz, das; (rifle) Gewehr, das; (pistol) Pistole, die; (revolver) Revolver, der; **big ~** (sl.: important person) hohes od. großes Tier (ugs.); **be going great ~s** laufen wie geschmiert (ugs.); **son of a ~** (coll.) Hund, der (salopp); (joc.) alter Hund (salopp); **stick to one's ~s** auf seinem Posten bleiben; (fig.) auf seinem Standpunkt beharren; **give it the ~!** (coll.) drück auf die Tube! **~s or butter** (fig.) Kanonen oder Wohlleben; b) (starting-pistol) Startpistole, die; **wait for the ~:** auf den Startschuß warten; **beat or jump the ~** einen Fehlstart verursachen; (fig.) vorpreschen; (by saying sth.) vorzeitig etwas bekanntwerden lassen; c) (member of shooting-party) Schütze, der. 2. v.t., **-nn-** a) (Amer. coll.) erschießen; umlegen (salopp); b) (coll.) **~ the engine** den Motor hochdrehen
~ 'down v.t. niederschießen
~ for v.t. a) (seek with gun) Jagd machen auf (+ Akk.); b) (fig.) auf den Kieker haben (ugs.)
gun: ~-**battle** n. Schießerei, die; **~boat** n. Kanonenboot, das; **~boat diplomacy** Kanonenbootpolitik, die; **~-carriage** n. [fahrbare] Geschützlafette; **~-cotton** n. Schießbaumwolle, die; **~ crew** n. Geschützbedienung, die; **~ dog** n. Jagdhund, der; **~-fight** n. (Amer. coll.) Schießerei, die; **~fighter** n. Revolverheld, der; **~-fire** n. Geschützfeuer, das; (of small arms) Schießerei, die

gunge [gʌndʒ] (Brit. coll.) 1. n. Schmiere, die. 2. v.i. **~ up** verschmieren; **be/get ~d up** schmierig werden
gung-ho [gʌŋ'həʊ] adj. wild entschlossen; **be very ~ for sth.** ein leidenschaftlicher Verfechter einer Sache (Gen.) sein
gungy ['gʌndʒɪ] adj. (Brit. coll.) schmierig
gunk [gʌŋk] n. (sl.) Schmiere, die
gun: ~-**man** ['gʌnmən] n., pl. ~-**men** ['gʌnmən] [mit einer Schußwaffe] bewaffneter Mann; ~-**metal** n. Geschützbronze, die; (colour) Metallgrau, das; ~ **moll** n. (Amer. sl.) a) (armed woman criminal) Revolverbraut, die (salopp); b) see **moll**
gunnel ['gʌnl] see **gunwale**
gunner ['gʌnə(r)] n. Artillerist, der; (private soldier) Kanonier, der
gunnery ['gʌnərɪ] n., no pl. Geschützwesen, das
gunny ['gʌnɪ] n. Rupfen, die; ~ **cloth** Rupfenleinwand, die; ~-**sack** Rupfensack, der
gun: ~-**play** n., no pl., no indef. art. Schießerei, die; (single fight) Schießerei, die; ~**point** n. see **point 1 b**; ~**powder** n. Schießpulver, das; **Gunpowder Plot** (Hist.) Pulververschwörung, die; ~**room** n. a) (in house) Waffenkammer, die; b) (in warship) Kadettenmesse, die; ~-**runner** n. Waffenschmuggler, der/-schmugglerin, die; ~-**running** n. Waffenschmuggel, der; ~**ship** n. Kampfhubschrauber, der; ~**shot** n. a) (shot) Schuß, der; b) ~**shot wound** Schußwunde, die; **within/out of ~shot** in/außer Schußweite; ~**slinger** see **gunman**; ~**smith** n. Büchsenmacher, der
gunwale ['gʌnl] n. (Naut.) Schandeck, das; Schandeckel, der; (of rowing-boat) Dollbord, der
guppy ['gʌpɪ] n. (Zool.) Guppy, der
gurgle ['gɜːgl] 1. n. Gluckern, das; (of brook) Plätschern, das; (of baby) Lallen, das; (with delight) Glucksen, das. 2. v.i. gluckern; ⟨Bach:⟩ plätschern; ⟨Baby:⟩ lallen/glucksen. 3. v.t. glucksen
Gurkha ['gɜːkə, 'gʊəkə] n. Gurkha, der

gurnard ['gɜːnəd], **gurnet** ['gɜːnɪt] n. (Zool.) Knurrhahn, der
guru ['gʊruː] n. a) Guru, der; b) (mentor) Mentor, der
gush [gʌʃ] 1. n. a) (sudden stream) Schwall, der; b) (effusiveness) Überschwenglichkeit, die; c) (sentimental affectation) Schmalz, der (abwertend). 2. v.i. a) strömen; schießen; (fig.: speak or act effusively) überschwenglich sein; **~ out** herausströmen; herausschießen; **water ~ed down through the ceiling** das Wasser floß in Strömen durch die Decke; b) (fig.: speak or act with sentimental affectation) schwärmen. 3. v.t. a) **~es water/oil/blood** Wasser/Öl/Blut schießt aus etw. hervor; b) **'...' she ~ed** „…", sagte sie begeistert
gusher ['gʌʃə(r)] n. a) (oil-well) [natürlich sprudelnde] Ölquelle; b) (person) exaltierter Mensch
gushing ['gʌʃɪŋ] adj. a) reißend ⟨Strom⟩; strömend ⟨Regen⟩; b) (effusive) exaltiert
gusset ['gʌsɪt] n. (strengthening) Verstärkung, die; (enlarging) Einsatz, der; (triangular) Zwickel, der; Keil, der
gust [gʌst] n. a) (rush of wind) ~ [of wind] Windstoß, der; Böe, die; b) ~ **of rain** Regenböe, die. 2. v.i. böig wehen
gusto ['gʌstəʊ] n., no pl. (enjoyment) Genuß, der; (vitality) Schwung, der
gusty ['gʌstɪ] adj. böig; ~ **rain** Regenböen pl.
gut [gʌt] 1. n. a) (material) Darm, der; (for fishing-line) Seidenwurmdarm, der; (Med.: for stitches) Katgut, das; b) in pl. (bowels) Eingeweide Pl.; Gedärme Pl.; **hate sb.'s ~s** (coll.) jmdn. auf den Tod nicht ausstehen können; **sweat or work one's ~s out** (coll.) sich dumm und dämlich schuften (ugs.); c) in pl. (fig.: substantial contents) Innereien Pl. (scherzh.); (of problem, matter) Kern, der; **sth. has no ~s** in it etw. ist ohne Saft und Kraft; etw. ist fad[e]; d) in pl. (coll.: pluck) Schneid, der (ugs.); Mumm, der (ugs.); e) (intestine) Darm, der; **large/small ~:** Dick-/Dünndarm, der; **bust a ~** (sl.) sich totarbeiten (ugs.); f) (narrow water-passage) (of sea) Meerenge, die; Sund, der; (of river) Fluß-, Stromenge, die. 2. v.t., **-tt-** a) (take out ~s of) ausnehmen; b) (remove or destroy fittings in) ausräumen; **the fire ~ted the house** bei dem Feuer ist das Haus ausgebrannt; **it was ~ted** [by the fire] in Flammen aus; c) (extract essence of) ≈ exzerpieren ⟨Buch⟩. 3. attrib. adj. a) (fundamental) grundlegend ⟨Problem⟩; b) (instinctive) gefühlsmäßig ⟨Reaktion⟩
gutsy ['gʌtsɪ] adj. (coll.: courageous) mutig
gutta-percha ['gʌtə'pɜːtʃə, gʌtə'pɜːkə] n. Guttapercha, die od. das
gutter ['gʌtə(r)] 1. n. a) (below edge of roof) Dach- od. Regenrinne, die; (at side of street) Rinnstein, der; Gosse, die; (open conduit) Rinne, die; die; b) (track worn by water) Rinne, die. 2. v.i. ⟨Kerze:⟩ tropfen; ⟨Flamme:⟩ [immer schwächer] flackern
guttering ['gʌtərɪŋ] n. (on roof) Dachrinnen; (in floor) Rinnen
gutter: ~ **press** n. Sensationspresse, die (abwertend); ~**snipe** n. Gassenjunge, der (abwertend)
guttural ['gʌtərl] 1. adj. a) (from the throat) guttural; kehlig; b) (of the throat) Kehl-; (of the larynx) Kehlkopf-; c) (Phonet.) Kehl-; guttural (Sprachw. veralt.). 2. n. (Phonet.) Gaumensegellaut, der; Guttural[laut], der (Sprachw. veralt.)
guv [gʌv], **guv'nor** ['gʌvnə(r)] (Brit. sl.) see **governor g**
¹guy [gaɪ] n. (rope, wire) Halteseil, das; (for hoisted things) Lenkseil, das
²guy 1. n. a) (sl.: man) Typ, der (ugs.); b) in pl. (Amer.: everyone) **[listen,] you ~s!** [hört mal,] Kinder! (ugs.); c) (Brit.: effigy) Guy-Fawkes-Puppe, die; **Guy Fawkes Day** Festtag (5. November) zum Gedenken an die Pulververschwörung. 2. v.t. (ridicule) sich lustig machen über (+ Akk.)
Guyana [gaɪ'ænə] pr. n. Gu[a]yana (das)
Guyanese [gaɪə'niːz] 1. adj. gu[a]yanisch. 2. n. Gu[a]yaner, der/Gu[a]yanerin, die
guy: ~-**rope** n. Zelt[spann]leine, die; ~-**wire** n. Spanndraht, der; Drahtseilabspannung, die
guzzle ['gʌzl] 1. v.t. (eat) hinunterschlingen; (drink) hinuntergießen; (eat or drink up) wegputzen (ugs.). 2. v.i. schlingen
gybe [dʒaɪb] (Naut.) 1. v.i. a) (swing across) übergehen; b) (change course) halsen; (accidentally) eine Patenthalse machen. 2. n. (change of course) Halse, die; (accidental) Patenthalse, die; (swing of boom) Schwenken, das; **~-oh!** rund achtern!
gym [dʒɪm] n. (coll.) a) (gymnasium) Turnhalle, die; b) no pl., no indef. art. (gymnastics) Turnen, die; ~ **teacher** Turnlehrer, der/Turnlehrerin, die
gymkhana [dʒɪm'kɑːnə] n. a) (meeting) Gymkhana, das; b) (display) Sportfest, das
gymnasium n. a) [dʒɪm'neɪzɪəm] pl. ~s or **gymnasia** [dʒɪm'neɪzɪə] Turnhalle, die; b) [dʒɪm'neɪzɪəm, gɪm'nɑːzɪʊm] pl. ~s (German school) Gymnasium, das
gymnast ['dʒɪmnæst] n. Turner, der/Turnerin, die
gymnastic [dʒɪm'næstɪk] adj. turnerisch ⟨Können⟩; ~ **exercise** gymnastische Übung; (esp. with apparatus) Turnübung, die; ~ **equipment** Turngeräte pl.; (portable) gymnastische Geräte
gymnastics [dʒɪm'næstɪks] n., no pl. a) (exercise) Gymnastik, die; (esp. with apparatus) Turnen, die; attrib. Gymnastik-/Turn⟨stunde, -lehrer⟩; b) (fig.) **mental ~:** Gehirnakrobatik, die (ugs. scherzh.); **verbal ~:** Wortakrobatik, die (ugs. scherzh.)
gym: ~-**shoe** n. Turnschuh, der; ~-**slip**, ~-**tunic** nn. Trägerrock, der (für die Schule)
gynaecological [gaɪnɪkə'lɒdʒɪkl] adj. (Med.) gynäkologisch
gynaecologist [gaɪnɪ'kɒlədʒɪst] n. (Med.) Gynäkologe, der/Gynäkologin, die; Frauenarzt, der/Frauenärztin, die
gynaecology [gaɪnɪ'kɒlədʒɪ] n. (Med.) Gynäkologie, die; Frauenheilkunde, die
gynecological etc. (Amer.) see **gynaec-**
gyp [dʒɪp] n. **give sb. ~** (coll.) (scold sb.) jmdn. zusammenstauchen (ugs.); (pain sb.) jmdm. sehr zu schaffen machen (ugs.)
gypsophila [dʒɪp'sɒfɪlə] n. (Bot.) Gipskraut, das
gypsum ['dʒɪpsəm] n. Gips, der
gypsy, Gypsy ['dʒɪpsɪ] n. Zigeuner, der/Zigeunerin, die; **family of gypsies** Zigeunerfamilie, die
gypsy: ~ **moth** n. (Zool.) Schwammspinner, der; ~ **rose** n. (Bot.) Krätz[en]kraut, das
gyrate [dʒaɪə'reɪt] v.i. sich drehen; kreiseln
gyration [dʒaɪə'reɪʃn] n. Drehung, die; kreiselnde Bewegung
gyratory ['dʒaɪərətərɪ] adj. kreiselnd
gyrfalcon ['dʒɜːfɔːlkn, 'dʒɜːfɒlkn] n. (Ornith.) Gerfalke, der
gyro ['dʒaɪərəʊ] n., pl. ~s (coll.) see **gyroscope**
'gyro-compass n. Kreiselkompaß, der
gyroscope ['dʒaɪərəskəʊp] n. (Phys., Naut., Aeronaut.) Kreisel, der; (for scientific purposes) Gyroskop, das
gyroscopic [dʒaɪərə'skɒpɪk] adj. Kreisel-
gyro-'stabilizer n. Schiffskreisel, der

H, h

¹**H, h** [eɪtʃ] *n., pl.* **Hs** *or* **H's** [ˈeɪtʃɪz] *(letter)* H, h, *das; see also* **drop 3 g**
²**H** *abbr. (on pencil)* hard H
h. *abbr.* **a)** hecto- h; **b)** hour[s] Std[n].; at 17⁰⁰h um 17.00 h
ha [hɑː] **1.** *int. expr.* surprise, triumph ha; *expr.* hesitation hm. **2.** *v. i. see* **hum 1 a**. **3.** *n., pl.* **ha's** *see* **hum 3 b**
ha. *abbr.* hectare[s] ha
habeas corpus [heɪbɪəs ˈkɔːpəs] *n., no pl. (Law)* Anordnung eines Haftprüfungstermins; **Habeas Corpus Act** Habeaskorpusakte, *die*
haberdasher [ˈhæbədæʃə(r)] *n.* **a)** *(Brit.)* Kurzwarenhändler, *der*/-händlerin, *die;* **b)** *(Amer.) (dealer in men's accessories)* Inhaber eines Geschäfts für Herrenartikel; *(dealer in menswear)* Herrenausstatter, *der;* **c)** ~'s *see* **haberdashery b**
haberdashery [ˈhæbədæʃərɪ] *n.* **a)** *(goods) (Brit.)* Kurzwaren *Pl.; (Amer.: men's accessories)* Herrenartikel, *(Amer.: menswear)* Herrenmoden; **b)** *(shop) (Brit.)* Kurzwarengeschäft, *das;* Kurzwarenhandlung, *die; (Amer.)* Geschäft für Herrenartikel/Herrenmodengeschäft, *das;* **c)** *(department) (Brit.)* Kurzwarenabteilung, *die; (Amer.)* Abteilung für Herrenartikel/Herrenmodenabteilung, *die*
habit [ˈhæbɪt] **1.** *n.* **a)** *(set practice)* Gewohnheit, *die;* **good/bad** ~: gute/schlechte [An]gewohnheit; **the** ~ **of smoking** die [gewohnheitsmäßige] Rauchen; **have a** *or* **the** ~ **of doing sth.** die Angewohnheit haben, etw. zu tun; **the sun has a** ~ **of disappearing at the weekend** *(iron.)* zum Wochenende verzieht sich die Sonne regelmäßig; **make a [regular]** ~ **of doing sth.** [es] sich *(Dat.)* angewöhnen, etw. [regelmäßig] zu tun; **you shouldn't make a** ~ **of it** du solltest es nicht zur Gewohnheit werden lassen; **let sth. become** *or (coll.)* **get to be a** ~: etw. zur Gewohnheit werden *od. (ugs.)* einreißen lassen; **out of** *or* **from [force of]** ~: aus Gewohnheit; **old** ~**s die hard** der Mensch ist ein Gewohnheitstier *(ugs.);* **be in the** ~ **of doing sth.** die Gewohnheit haben, etw. zu tun; **not be in the** ~ **of doing sth.** es nicht gewohnt sein, etw. zu tun; **I'm not in the** ~ **of accepting lifts from strangers** ich pflege mich nicht von Fremden im Auto mitnehmen zu lassen; **get** *or* **fall into a** *or* **the** ~ **of doing sth.** [es] sich *(Dat.)* angewöhnen, etw. zu tun; **get into** *or* **form** *or* **acquire good** ~**s** gute Angewohnheiten annehmen; **get out of** *or* **fall into** *or (coll.)* **pick up bad** ~**s** schlechte [An]gewohnheiten annehmen; **get out of** *or* **give up** *or* **stop a/the** ~: sich *(Dat.)* etwas/das Abgewöhnen; eine/die Angewohnheit ablegen; **get out of the** ~ **of doing sth.** [es] sich *(Dat.)* abgewöhnen, etw. zu tun; **b)** *(coll.) (addiction)* Süchtigkeit, *die;* [Drogen]abhängigkeit, *die; (craving)* Sucht, *die;* **have got the** ~: süchtig sein; User sein *(Drogenjargon);* **c)** *(dress)* Habit, *der od. das; (woman's riding-dress)* Reitkostüm, *das; (arch.: clothing)* Gewand, *das;* **d)** *(Psych.)* Habit, *das od. das;* **e)** *(Biol., Chem.)* Habitus, *der.* **2.** *v. t. (formal: clothe)* kleiden
habitable [ˈhæbɪtəbl] *adj.* bewohnbar
habitat [ˈhæbɪtæt] *n.* **a)** *(of animals, plants)*

Habitat, *das (Zool., Bot.);* Lebensraum, *der;* Standort, *der (Bot.); (of humans)* Lebensraum, *der;* **b)** *see* **habitation b**
habitation [hæbɪˈteɪʃn] *n.* **a)** *(inhabiting)* [Be]wohnen, *das;* **fit/unfit** *or* **not fit for human** ~: bewohnbar/unbewohnbar; **b)** *(place)* Wohnstätte, *die (geh.)*
habit-forming [ˈhæbɪtfɔːmɪŋ] *adj.* Abhängigkeit erzeugend; **be** ~: Abhängigkeit erzeugen; abhängig machen; *(fig.)* leicht zur Gewohnheit werden [können]
habitual [həˈbɪtjʊəl] *adj.* **a)** *(customary)* gewohnt; üblich; **b)** *(continual, recurring)* ständig; **that's a** ~ **problem of hers** das ist immer wieder ihr Problem; **c)** *(given to habit)* gewohnheitsmäßig; Gewohnheits- ⟨*trinker*⟩; notorisch *(abwertend),* gewohnheitsmäßig ⟨*Lügner*⟩
habitually [həˈbɪtjʊəlɪ] *adv.* **a)** *(regularly, recurrently)* regelmäßig; **b)** *(incessantly)* ständig
habituate [həˈbɪtjʊeɪt] *v. t.* ~ **sb./oneself to sth./sb.** jmdn./sich an etw./jmdn. gewöhnen; ~ **sb./oneself to doing sth.** jmdn./sich daran gewöhnen, etw. zu tun; **become [too]** ~**d to sth.** sich [zu sehr] an etw. *(Akk.)* gewöhnen
habitué [həˈbɪtjʊeɪ] *n.* Habitué, *der (veralt.);* regelmäßiger Besucher; *(of hotel, casino, etc.)* Stammgast, *der*
Habsburg [ˈhæpsbɜːg] *pr. n.* **a)** *(place)* Habsburg *(das);* **b)** *(family name)* Habsburger, *der;* **the** ~ **family** die Habsburger *Pl.;* **the** ~ **emperors** die habsburgischen Kaiser; die Habsburgerkaiser
¹**hack** [hæk] **1.** *v. t.* **a)** *(cut)* hacken ⟨*Holz*⟩; ~ **sb./sth. to bits** *or* **pieces** jmdn. zerstückeln/etw. in Stücke hacken; ~ **to bits** *or* **pieces** *(fig.)* zerpflücken; kaputtmachen ⟨*Ruf*⟩; verreißen ⟨*Artikel*⟩; ~ **sth. out of sth.** etw. aus etw. heraushacken; **one's way [through/along/out of sth.]** sich *(Dat.)* einen Weg durch etw./etw. entlang/aus etw. heraus] [frei]schlagen; **b)** *(Footb.)* ~ **sb.'s shin** jmdn. *od.* jmdn. vors *od.* gegen das Schienbein treten. **2.** *v. i.* **a)** *(deal blows)* ~ **at** herumhacken auf (+ *Dat.);* **b)** **through the undergrowth** sich *(Dat.)* einen Weg durchs Unterholz schlagen; **c)** ~ **ing cough** trockener Husten; Reizhusten, *der*
~ **a'bout** *v. t.* verpfuschen *(ugs.); (fig.)* zurechtstutzen
~ **a'way 1.** *v. i.* ~ **away at sth.** auf etw. *(Akk.)* einhacken; *(fig.)* etw. aushöhlen. **2.** *v. t.* weghacken
~ **'off** *v. t.* abhacken; abschlagen
~ **'out** *v. t.* heraushauen **(from** aus); *(fig.: work out)* zustande bringen
²**hack 1.** *n.* **a)** *(drudge)* ≈ Gelegenheitsarbeiter, *der;* Mietling, *der (veralt. abwertend); (uninspired worker)* Arbeitstier, *das; (writer)* Schreiberling, *der (abwertend);* **newspaper** ~: Zeitungsschreiber, *der;* **publisher's** ~: Lohnschreiber, *der;* Auftragsschreiber, *der;* **b)** *(hired horse)* Mietpferd, *das;* **d)** *see* **jade 1 a**; **e)** *(Amer.) (taxi)* Taxi, *das; (taxi-driver)* Taxifahrer, *der.* **2.** *adj.* **a)** ~ **writer** Lohnschreiber, *der;* **b)** *(mediocre)* Nullachtfünfzehn- *(ugs. abwertend)*
hacker [ˈhækə(r)] *n. (Computing)* Hacker, *der*
hacking [ˈhækɪŋ] ~ **coat,** ~ **jacket** *ns.* Reitjackett, *das; (sports jacket)* Sportjacke, *die*
hackle [ˈhækl] *n.* **a)** *(long feather/feathers)* Schmuckfeder, *die/*Schmuckfedern, *die* in *pl. (neck plumage)* Kragen, *der;* Kragenfedern, *die* in *pl. (animal's hair)* Nacken[- und Rücken]haare *Pl.;* **a cock's/a dog's** ~**s are up** ein Hahn sträubt die Federn *od.* stellt die Federn auf/einem Hund sträubt sich das Fell; **sb.'s** ~**s rise/are up** *(fig.)* jmd. gerät/ist in Harnisch; **get sb.'s** ~ **up, make sb.'s** ~ **rise** *(fig.)* jmdn. wütend machen; **that kind of**

thing always gets his ~**s up** bei so was sieht er immer rot *(ugs.);* so etwas bringt ihn immer in Harnisch; **c)** *(comb)* Hechel, *die (Landw.)*
hackney [ˈhæknɪ] *n.* [gewöhnliches] Pferd; Gaul, *der (ugs.)*
hackney: ~ **'cab,** ~ **'carriage** *ns.* Droschke, *die (veralt.);* Taxe, *die;* ~ **'coach** *n. (Hist.)* [Pferde]droschke, *die*
hackneyed [ˈhæknɪd] *adj.* abgegriffen; abgedroschen *(ugs.)*
'**hack-saw** *n.* [Metall]bügelsäge, *die*
had *see* **have 1, 2**
haddie [ˈhædɪ] *(Scot.) see* **haddock**
haddock [ˈhædək] *n., pl. same* Schellfisch, *der;* **smoked** ~: Haddock, *der*
Hades [ˈheɪdiːz] *n., no pl.* **a)** *(Greek Mythol.)* Hades, *der;* **to/in** ~: in den/im Hades; **b)** *(coll. euphem.) see* **hell a**
hadji [ˈhædʒɪ] *n.* Hadschi, *der*
hadn't [ˈhædnt] *(coll.)* = **had not;** *see* **have 1, 2**
Hadrian's Wall [heɪdrɪənz ˈwɔːl] *n. (Hist.)* Hadrianswall, *der*
haematology [hiːməˈtɒlədʒɪ] *n. (Med.)* Hämatologie, *die*
haemoglobin [hiːməˈɡləʊbɪn] *n. (Anat., Zool.)* Hämoglobin, *das*
haemophilia [hiːməˈfɪlɪə] *n. (Med.)* Hämophilie, *die (fachspr.);* Bluterkrankheit, *die*
haemophiliac [hiːməˈfɪlɪæk] *n. (Med.)* Bluter, *der/*Bluterin, *die*
haemorrhage [ˈhemərɪdʒ] *(Med.)* **1.** *n.* Hämorrhagie, *die (fachspr.);* Blutung, *die.* **2.** *v. i.* starke Blutungen haben
haemorrhoid [ˈhemərɔɪd] *n., usu. in pl. (Med.)* Hämorrhoide, *die*
haft [hɑːft] *n.* Griff, *der;* Heft, *das (geh.)*
hag [hæɡ] *n.* **a)** *(old woman)* [alte] Hexe; **b)** *(witch)* Hexe, *die;* **c)** *see* **hagfish**
'**hagfish** *n.* Inger, *der;* Schleimaal, *der*
haggard [ˈhæɡəd] *adj. (worn)* ausgezehrt; *(with worry)* abgehärmt; *(tired)* abgespannt
haggis [ˈhæɡɪs] *n. (Gastr.)* Haggis, *der;* gefüllter Schafsmagen
haggle [ˈhæɡl] **1.** *v. i.* sich zanken **(over, about** wegen); *(over price)* feilschen *(abwertend)* **(over, about** um). **2.** *n.* Gezänk, *das (abwertend); (over price)* Gefeilsche, *das (abwertend)*
hagiography [hæɡɪˈɒɡrəfɪ] *n.* Hagiographie, *die*
'**hag-ridden** *adj.* **be** ~ **by sth.** von etw. geplagt *od.* gequält werden; **look** ~: niedergedrückt aussehen
Hague [heɪɡ] *pr. n.* **The** ~: Den Haag *(das);* der Haag *(geh.);* **The** ~ **Conventions** die Haager Konventionen
ha ha [hɑː ˈhɑː] *int.* haha!
ha-ha [ˈhɑːhɑː] *n.* Umfassungsgraben, *der;* Aha, *der (Bauw.)*
haiku [ˈhaɪkuː] *n., pl. same (Lit.)* Haiku, *das*
¹**hail 1.** *n., no indef. art.* **a)** *(Meteorol.)* Hagel, *der;* **b)** *(fig.: shower)* Hagel, *der; (of curses, insults, questions, praise)* Schwall, *der;* Flut, *die;* **a** ~ **of bullets/missiles/stones/arrows** ein Kugel-/Geschoß-/Stein-/Pfeilhagel *od.* -regen. **2.** *v. i.* **a)** *(impers.) (Meteorol.)* **it** ~**s** *or* **is** ~**ing** es hagelt; **b)** *(fig.: descend)* ~ **down** niederprasseln (**on** auf + *Akk.);* ~ **down on sb.** ⟨*Beschimpfungen, Vorwürfe usw.*⟩ auf jmdn. einprasseln. **3.** *v. t.* niederhageln *od.* niederprasseln lassen
²**hail 1.** *v. t.* **a)** *(call out to)* anrufen, *(fachspr.)* anpreien ⟨*Schiff*⟩; *(signal to)* heranwinken, anhalten ⟨*Taxi*⟩; **within/not within** ~**ing distance** in/außer Rufweite; **b)** *(salute)* grüßen; *(receive, welcome)* begrüßen; empfangen; **c)** *(acclaim)* zujubeln (+ *Dat.);* bejubeln ⟨*als*⟩; ~ **sb. king** jmdn. als König zujubeln. **2.** *v. i.* **a)** rufen; **b)** **where does the ship** ~ **from?** woher kommt das Schiff?; **where do you** ~ **from?** woher kommt du?; wo bist du her? *(ugs.).* **3.** *n.* **a)** *(salutation)*

331

Gruß, *der;* (*shout of acclamation*) Jubelruf, *der;* **b)** (*call*) [Zu]ruf, *der;* **within/out of ~**: in/außer Rufweite. **4.** *int.* (*arch.*) sei gegrüßt (*geh.*); **~ Macbeth/to thee, O Caesar** Heil Macbeth/dir, o Cäsar; **H~ Mary** = Ave Maria *see* ave a; **~-fellow-well-met** kumpelhaft; **be ~-fellow-well-met with sb.** jmdn. kumpelhaft behandeln; **say ~ and farewell to sb.** jmdn. begrüßen und von ihm [zugleich] Abschied nehmen; *see also* **all 1 a**
hail: **~stone** *n.* (*Meteorol.*) Hagelkorn, *das;* **~storm** *n.* (*Meteorol.*) heftiger Hagelfall; Hagelschauer, *der*
hair [heə(r)] *n.* **a)** (*one strand*) Haar, *das;* **a dog's ~**: ein Hundehaar; **without turning a ~** (*fig.*) ohne eine Miene zu verziehen; **not harm a ~ of sb.'s head** (*fig.*) jmdm. kein Haar krümmen; *see also* **dog 1 a; hang 2 a; short 1 a; split 3 b;** **b)** *collect., no pl.* (*many strands, mass*) Haar, *das;* Haare *Pl.; attrib.* Haar-; (*horse~*) Roßhaar-; **the cat has a lovely coat of black ~**: die Katze hat ein wunderschönes schwarzes Fell; **do one's/sb.'s ~**: sich/jmdm. das Haar machen (*ugs.*); **do one's own ~**: sich (*Dat.*) das Haar selbst machen (*ugs.*); **have or get one's ~ done** sich (*Dat.*) das Haar *od.* die Haare machen (*ugs.*) lassen; **where did you get your ~ done?** bei welchem Friseur warst du?; **pull sb.'s ~**: jmdn. an den Haaren ziehen; **he's losing his ~**: ihm gehen die Haare aus; **he has still not lost his ~**: er hat seine Haare noch [alle]; **keep your ~ on!** (*sl.*), **don't lose your ~!** (*coll.*) geh [mal] nicht gleich an die Decke! (*ugs.*); **let one's ~ down** sein Haar aufmachen *od.* lösen; (*fig. coll.*) [ganz] locker sein (*ugs.*); let [ganz] locker geben (*ugs.*); (*give free expression to one's feelings etc.*) aus sich herausgehen; (*have a good time*) auf den Putz hauen (*ugs.*); die Sau rauslassen (*salopp*); **sb.'s ~ stands on end** (*fig.*) jmdm. stehen die Haare zu Berge (*ugs.*); **get in sb.'s ~** (*fig. coll.*) jmdm. auf die Nerven *od.* den Wecker gehen *od.* fallen (*ugs.*); **get out of my ~!** (*coll.*) laß mich in Ruhe! (*ugs.*); **keep out of sb.'s ~** (*coll.*) jmdn. in Ruhe lassen; *see also* **curl 1 a, 2 a;** **¹tear 2 b; c)** (*Bot.*) Haar, *das;* **d)** (*thin filament*) Faden, *der;* (*minute amount*) **a ~**: eine Idee; **by a ~**: knapp (*gewinnen*); **to a ~**: haargenau; (*in every detail*) haarklein
hair: ~breadth 1. *n.* winzige Kleinigkeit; **by [no more than] a ~breadth** [nur] um Haaresbreite (*verfehlen*); nur knapp (*gewinnen*); **the firm was within a ~breadth of bankruptcy** die Firma wäre um ein Haar (*ugs.*) bankrott gegangen; **2.** *adj.* minimal; hauchdünn (*Chance*); **that was a ~breadth escape** das war äußerst *od.* (*ugs.*) verdammt knapp; **~brush** *n.* Haarbürste, *die;* **~-conditioner** *n.* Frisiermittel, *das;* **~-cream** *n.* Haarcreme, *die;* Pomade, *die;* **~-curler** *n.* Lockenwickler, *der;* **~cut** *n.* **a)** (*act*) Haarschneiden, *das;* **go for/need a ~cut** zum Friseur gehen/müssen; **give sb. a ~cut** jmdm. die Haare schneiden; **get/have a ~cut** sich (*Dat.*) die Haare schneiden lassen; **b)** (*style*) Haarschnitt, *der;* **~-do** *n.* (*coll.*) **a) get a ~do** sich (*Dat.*) die Haare machen lassen; **b)** (*style*) Frisur, *die;* **~-dresser** *n.* (*Brit.*) Friseur, *der/*Friseuse, *die;* **men's ~dresser** Herrenfriseur, *der/-*friseuse, *die;* **ladies' ~dresser** Damenfriseur, *der/-*friseuse, *die;* **go to the ~dresser['s]** zum Friseur gehen; **b)** (*Amer.: for women*) Damenfriseur, *der/-*friseuse, *die;* **~dresser's** Damen[friseur]salon, *der;* **go to the ~dresser['s]** zum Friseur gehen; **~dressing** *n.* der Friseurberuf; *attrib.* **~dressing salon** Friseursalon, *der;* **~-drier** *n.* Haartrockner, *der;* Fön ⓦ, *der;* (*with a hood*) Trockenhaube, *die;* **~-dye** *n.* Haarfärbemittel, *das;* **use ~-dye** sich (*Dat.*) das Haar färben

-haired [heəd] *adj. in comb.* **black-/dark-/frizzy-~**: schwarz-/dunkel-/kraushaarig; **greasy-~**: mit fettigem Haar *nachgestellt*
hair: ~ follicle *n.* Haarbalg, *der;* **~-grip** *n.* (*Brit.*) Haarklammer, *die;* **~ lacquer** *see* **~spray**
hairless ['heəlɪs] *adj.* unbehaart ⟨*Körper[teil], Pflanze, Blatt*⟩; kahlköpfig ⟨*Person*⟩; kahl ⟨*Kopf*⟩
hair: **~-line** *n.* **a)** (*edge of hair*) Haaransatz, *der;* **his ~-line is receding, he has a receding ~-line** er bekommt eine Stirnglatze; **b)** (*narrow line*) haarfeine Linie; haarfeiner Strich; **c)** (*crack*) haarfeiner Riß; **~-line crack** (*esp. Metallurgy, Mech. Engin.*) Haarriß, *der;* **~-line fracture** (*Med.*) Fissur, *die;* **d)** (*in writing or printing*) Haarstrich, *der;* **~-net** *n.* Haarnetz, *das;* **~-piece** *n.* Haarteil, *das;* **~-pin** *n.* Haarnadel, *die;* **~pin 'bend** *n.* Haarnadelkurve, *die;* **~-raising** ['heəreɪzɪŋ] *adj.* furchterregend; (*very bad*) haarsträubend; mörderisch ⟨*Rennstrecke*⟩; **Abstieg vom Berg** *usw.*⟩; **~-restorer** *n.* Haarwuchsmittel, *das;* **~'s breadth** *see* **~breadth**; **~ 'shirt** *n.* härenes Hemd (*geh.*); Härenhemd, *das* (*veralt.*); (*worn as a penance*) Büßerhemd, *das;* **~-slide** *n.* (*Brit.*) Haarspange, *die;* **~-space** *n.* (*Printing*) Haarspatium, *das;* **~-splitting** (*derog.*) **1.** *adj.* haarspalterisch (*abwertend*); **2.** *n.* Haarspalterei, *die* (*abwertend*); **~-spray** *n.* Haarspray, *das;* **~-spring** *n.* (*Horol.*) Unruhfeder, *die;* **~-style** *n.* Frisur, *die;* **~-stylist** *n.* Frisur, *der/*Friseuse, *die;* Hair-Stylist, *der/-*Stylistin, *die;* **~-trigger** *n.* (*Arms*) Stecher, *der*
hairy ['heərɪ] *adj.* **a)** (*having hair*) behaart, flauschig ⟨*Schal, Pullover, Teppich*⟩; **you're beginning to get a ~ chest** du bekommst Haare auf die Brust; **a very ~ dog** ein Hund mit einem dichten Fell; (*having very long hair*) ein sehr langhaariger Hund; **be all ~**: voller Haare sein; **b)** (*made of hair*) aus Haar (*nachgestellt*) ⟨hären (*geh.*)⟨*Gewand*⟩; **c)** (*sl.: difficult, dangerous*) haarig; **d)** (*sl.: unpleasant, frightening*) eklig (*ugs.*); **e)** (*sl.: crude, clumsy*) unmöglich (*ugs.*)
Haiti [hɑːˈiːtɪ, ˈheɪtɪ] *pr. n.* Haiti (*das*)
Haitian [hɑːˈiːʃn, ˈheɪʃn] **1.** *adj.* haitianisch; **sb. is ~**: jmd. ist Haitianer/Haitianerin. **2.** *n.* Haitianer, *der/*Haitianerin, *die*
hajji *see* **hadji**
hake [heɪk] *n., pl. same* (*Zool.*) Seehecht, *der*
halal [hɑːˈlɑːl] (*Islam*) **1.** *v. t.* nach muslimischem Ritus schlachten. **2.** *n.* Fleisch von einem nach muslimischem Ritus geschlachteten Tier. **3.** *adj.* ⟨*Fleisch*⟩ von einem nach muslimischem Ritus geschlachteten Tier
halberd [ˈhælbəd] *n.* (*Arms Hist.*) Hellebarde, *die*
halbert [ˈhælbət] *see* **halberd**
'halcyon days [ˈhælsɪən deɪz] *n. pl.* (*happy days*) glückliche Tage *Pl.*; glückliche Zeiten *Pl.*
¹hale [heɪl] *adj.* kräftig ⟨*Körper, Konstitution*⟩; rege ⟨*Geist*⟩; **~ and hearty** gesund und munter
²hale *v. t.* (*literary*) **~ sb. to prison** jmdn. ins Gefängnis werfen (*geh.*); **~ sb. before the magistrate** jmdn. vor den Friedensrichter *od.* das Schiedsgericht zerren
half [hɑːf] **1.** *n., pl.* **halves** [hɑːvz] **a)** (*part*) Hälfte, *die;* **~ [of sth.]** die Hälfte [von etw.]; **~ of Europe** halb Europa; **I've only ~ left** ich habe nur noch die Hälfte; **[of] that the Hälfte [davon]; I don't believe ~ of it!** ich glaube nicht die Hälfte davon; **cut sth. in ~ or into [two] halves** etw. in zwei Hälften schneiden; **divide sth. in ~ or into halves** etw. halbieren; **one/two and a ~, one hour/two hours and a ~**: anderthalb *od.* eineinhalb/zweieinhalb Stunden; **she is three and a ~**: sie ist dreieinhalb; **that was a performance/game/job and a ~** (*fig. coll.*) das

war vielleicht eine Vorstellung/ein Spiel/eine Arbeit (*ugs.*); **an idiot/a joker/a fool/a woman and a ~** (*fig. coll.*) ein Oberidiot/-witzbold/-trottel (*ugs.*)/eine Superfrau (*ugs.*); **not/never do anything/things by halves** keine halben Sachen machen; **you don't do things by halves, do you?** (*iron.*) du meinst wohl, wenn schon, denn schon?; **be too cheeky/big by ~**: entschieden zu frech/groß sein; **be too clever by ~** (*iron.*) oberschlau (*ugs. iron.*) *od.* superklug (*ugs. iron.*) sein; **go halves** *or* **go ~ and ~ [with sb.] in** *or* (*coll.*) **on sth.** sich (*Dat.*) etw. [mit jmdm.] teilen; etw. halbe-halbe [mit jmdm.] machen (*ugs.*); **how the other ~ lives** wie andere Leute leben; **that's only** *or* **just** *or* **not the ~ of it** das ist noch nicht alles; **you don't know the ~ of it** [ja,] wenn es nur das wäre!; **my other ~** (*coll.*) meine bessere Hälfte (*ugs.*); *see also* **better 1; b)** (*coll.: ~ pint*) kleines Glas; (*of beer*) kleines Bier; Kleine, *die* (*ugs.*); **a ~ of bitter/lager/cider** ein kleines Bitter/ein kleines Lager/ein kleiner Apfelwein; **c)** (*Brit. Hist. coll.:* **~ a new penny**) Halbe, *der* (*ugs.*); **d)** (*child's ticket*) Fahrkarte zum halben Preis; halbe Fahrkarte; **one and a ~ to Oxford** eineinhalbmal nach Oxford; **two halves to Oxford** zwei halbe [Fahrkarten] nach Oxford; **e)** (*Brit. Sch. term*) Halbjahr, *das;* **f)** (*Footb. etc.*) (*period*) Halbzeit, *die;* (*of pitch*) [Spielfeld]hälfte, *die;* (*coll.:* **~-back**) Läufer, *der/*Läuferin, *die;* **g)** (*Golf*) halbiertes Loch; **the outward/inward ~**: die Löcher 1–9/10–18. **2.** *adj.* **a)** (*equal to a ~*) halb; **~ the house/books/staff/time** die Hälfte des Hauses/der Bücher/des Personals/der Zeit; **~ the world** die halbe Welt; **he is drunk ~ the time** (*very often*) er ist fast immer betrunken; **she knits ~ the time/the day** (*a lot of, a good deal of*) sie strickt die ganze Zeit/den halben Tag; **~ an hour** eine halbe Stunde; **be only ~ the man/woman one used to be** (*fig.*) längst nicht mehr der/die alte sein; **b)** (*forming a ~*) **they each have a ~ share in the boat** das Boot gehört jedem von ihnen] zur Hälfte; **be given a ~ day's holiday** einen halben Tag freibekommen; **c)** (*Bookbinding*) Halb⟨*leder, -leinen*⟩; *see also* **battle 1c; ¹ear a; eye 1 a; mind 1 b. 3.** *adv.* **a)** (*to the extent of ~*) zur Hälfte; halb ⟨*öffnen, schließen, aufessen, fertig, voll, geöffnet*⟩; (*almost*) fast ⟨*fallen, ersticken, tot sein*⟩; **our journey was now ~ done** die Hälfte der Reise lag hinter uns; **~ as much/many/big/heavy** halb so viel/viele/groß/schwer; **~ run [and] ~ walk** teils laufen, teils gehen; **~ cough and ~ sneeze** halb husten, halb niesen; **we had only ~ entered the room when ...**: wir waren noch nicht ganz eingetreten, als ...; **I ~ wished/hoped that ...**: ich wünschte mir/hoffte fast, daß ...; **only ~ hear what ...**: nur zum Teil hören, was ...; **~ listen for/to** mit halbem Ohr horchen auf (+ *Akk.*)/zuhören (+ *Dat.*); **I ~ laughed** (*almost*) ich hätte fast [los]gelacht; **I felt ~ dead** (*fig.*) ich war halbtot; **be only ~ ready** *or* **done** (*Cookery*) erst halb gar sein; **~ cook sth.** etw. halb gar werden lassen; **be ~ happy, ~ worried about sth.** teils glücklich, teils besorgt über etw. (*Akk.*) sein; **leave the food ~ eaten** die Hälfte von dem Essen übriglassen; **go ~ crazy/wild** halb verrückt (*ugs.*) werden; **not ~ cooked yet** noch lange nicht gar; **not ~ finished yet** noch lange nicht fertig; **not ~ long/strong enough** bei weitem nicht lang/stark genug; **not ~** (*sl.*) (*most certainly*) und ob!; (*extremely*) irrsinnig (*ugs.*); **not ~ bad** (*coll.*) toll (*ugs.*); **not ~ a bad fellow/meal** (*coll.*) kein toller Typ/ein tolles Essen (*ugs.*); **not ~ he wouldn't!** (*coll.*) und ob er das wäre/tun würde!; **it wasn't ~ a problem** (*coll.*) es war ein großes *od.* (*ugs.*) wahnsinniges Problem; **she can't ~ be stubborn**

half-   **hallway**

(coll.) sie ist wahnsinnig *(ugs.)* dickköpfig; **there won't ~ be trouble** *(coll.)* es wird einen Riesenkrach geben; *see also* **again a; b)** *(by the amount of a ~-hour)* halb; **at ~ past the hour** um halb; **from eight o'clock till ~ past** von acht bis halb neun; **~ past one** *(or (coll.)* ~ **one/two/three** *etc.* halb zwei/drei/vier *usw.;* **~ past twelve** halbeins; **~ past midday/midnight** halb eins mittags/nachts

half- *in comb.* halb ⟨*gar, verbrannt, betrunken, voll, leer*⟩; **~-cold** fast kalt; **~-starved** halb verhungert; **a ~-dozen** ein halbes Dutzend; **~-pound bag/~-litre glass** Halbpfundtüte, *die*/-literglas, *das;* **a ~-mile** eine halbe Meile; **~-year** Halbjahr, *das;* halbes Jahr

half- **~-and-'~ 1.** *n.* Does it contain a or b? – H~-and-~: Enthält es a oder b? – Halb und halb; **it is all silver, not ~-and-~**: es ist reines Silber, nicht halb Silber und halb etwas anderes; **settle for ~-and-~**: sich für eine Kombination aus beidem entscheiden; **2.** *adj.* **a)** *(equal)* **take a ~-and-~ share in the duties** sich mit jmdm. in die Pflichten teilen; **~-and-~ mixture of a and b** Mischung, die je zur Hälfte aus a und b besteht; **b)** *(indecisive)* halb ⟨*Maßnahme*⟩; **3.** *adv.* zu gleichen Teilen; **they divide their earnings/share the duties ~-and-~**: sie teilen ihre Einkünfte/die Pflichten gleichmäßig untereinander auf; **~-arse[d]** [ˈhɑːfɑːs(t)] *adj.* *(sl.)* bescheuert *(salopp)*, beknackt *(salopp)*; **do a ~-arse[d] job** Murks machen *(ugs.)*; pfuschen *(ugs.)*; **~-back** *n.* *(Footb., Hockey)* Läufer, *der*/Läuferin, *die;* **~-baked** [hɑːfˈbeɪkt] *adj.* **a)** *(Cookery)* nicht richtig durchgebacken; **b)** *(fig.)* *(not thorough[ly] planned)* unausgegoren *(abwertend)*, unausgereift ⟨*Plan, Aufsatz*⟩; *(not earnest, lacking in strength of purpose)* lasch ⟨*Haltung, Person*⟩; **c)** *(~-witted)* nicht ganz gar *od.* dicht *(ugs.)*; **~-binding** *n.* *(Bookbinding)* Halbledereinband, *der;* Halbfranzeinband, *der;* **~-blood** *adj.* **~-breed a; ~-'blue** *n.* *(Brit. Univ.)* **get a or one's ~-blue** die Universität bei weniger wichtigen Sportwettkämpfen oder als Reservespieler vertreten; **~-'board** *n.* Halbpension, *die;* **~-board accommodation** [Unterkunft mit] Halbpension; **~-boot** *n.* Halbstiefel, *der;* **~-breed** *n.* **a)** Mischling, *der;* Halbblut, *das;* **b)** *see* **cross-breed 1;** **~-brother** *n.* Halbbruder, *der;* **be ~-brother to sb.** jmds. Halbbruder sein; **~-caste 1.** *n.* Mischling, *der;* Halbblut, *das;* **2.** *adj.* Mischlings-; **~ 'cock** *see* **cock 1e;** **~-cocked** [hɑːfˈkɒkt] *adj., adv.* *(Amer.)* = **at ~ cock** *see* **cock 1e;** **~-'crown** *n.* *(Brit. Hist.)* Half-crown, *die;* **~-'hardy** *adj.* *(Hort.)* [bedingt] winterhart; **~-hearted** *adj.* **~ heartedly** [hɑːfˈhɑːtɪdlɪ] *adv.* halbherzig; **~ hitch** *see* **hitch 3 b;** **~ 'holiday** *n.* halber freier Tag; **I'll take a ~ holiday on Wednesday** ich werde [am] Mittwoch einen halben Tag Urlaub nehmen; **there will be a ~ holiday in May** im Mai wird es einen halben Tag frei; **~-hose** *see* **hose 1 b;** **~-'hour** *n.* halbe Stunde; **at the ~-hour** um halb; **the clock chimes at the ~-hour** die Uhr schlägt jeweils um halb; **~-'hourly 1.** *adj.* halbstündlich; halbstündlich verkehrend ⟨*Bus usw.*⟩; **the bus service is ~-hourly** der Bus verkehrt halbstündlich; **2.** *adv.* jede halbe Stunde; **~-'inch 1.** *n.* halber Inch; halber Zoll; *attrib.* ['--] halbzollig; Halbzoll*bohrer, -schraube*⟩; **2.** *v. t.* *(Brit. sl.)* klauen *(ugs.)*; klemmen *(salopp)*; **~-'landing** *n.* Treppenabsatz, *der;* Zwischenpodest, *das* *(Bauw.)*; **~-life** *n.* *(Phys.)* Halbwertszeit, *die;* **~-light** *n.* Halblicht, *das;* **~-'mast** *n.* **be [flown] at ~-mast** ⟨*Flagge*⟩: auf halbmast gehißt sein *od.* stehen; **raise/lower to ~-mast** auf halbmast hissen/setzen ⟨*Flagge*⟩; **~**

measure *n.* **a)** **a ~ measure of whisky** ein halber Whisky; **b)** *in pl.* halbe Maßnahme; Halbheit, *die* *(abwertend)*; **there are no ~ measures with him** er macht keine halben Sachen *(ugs.);* bei ihm gibt es keine Halbheiten; **~ 'moon** *n.* **a)** Halbmond, *der;* **b)** *(Anat.)* Möndchen, *das;* **the ~ moons of his nails** seine Nagelmöndchen; **~ 'nelson** *n.* *(Wrestling)* Halbnelson, *der;* **get/have got a ~ nelson on sb./sth.** *(fig.)* jmdn./etw. unter Kontrolle bringen/haben; ⟨*Erpresser usw.:*⟩ jmdn./etw. in die Hand kriegen/in der Hand haben; **~-note** *(Amer. Mus.)* *see* **minim a; ~ 'pay** *n.* Ruhegehalt, *das;* Pension, *die;* **be on ~ pay** Ruhegehalt *od.* Pension beziehen; **~-penny** [ˈheɪpnɪ], *pl. usu.* **~-pennies** [ˈheɪpnɪz] *for separate coins,* **~-pence** [ˈheɪpəns] *for sum of money* *(Brit. Hist.)* *(coin)* Halfpenny, *der;* *(sum)* halber Penny; **~-pennyworth** [ˈheɪpəθ] *n.* *(Brit.)* **a)** *(Hist.: amount)* **a ~pennyworth of ...**: für einen halben Penny ...; **b)** *(fig.: small amount)* **not a ~ or one ~pennyworth of** nicht für fünf Pfennig *(ugs.)* ⟨*Verstand*⟩: nicht das kleinste bißchen ⟨*Ruhe, Gastfreundschaft, Entgegenkommen usw.*⟩; **~-'pint** *n.* **a)** *(quantity)* halbes Pint; **b)** *(coll.: small or insignificant person)* halbe Portion *(ugs. spött.)*; **~-'price** *n.* **a)** halber Preis; **all articles are at ~-price** alle Artikel gibt es zum halben Preis; **bring sth. down** *or* **reduce sth. to ~-price** etw. um die Hälfte heruntersetzen *od.* reduzieren; **2.** *adj.* zum halben Preis nachgestellt; **~-price air fares** um die Hälfte herabgesetzte Flugpreise; **3.** *adv.* zum halben Preis; **~-seas-over** [hɑːfsiːˈzəʊvə(r)] *adj.* *(sl.)* angesäuselt *(ugs.)*; **~-shell** *n.* Austernschale, *der;* **lobster on the ~-shell** *(Gastr.)* auf einer Austernschale servierter Hummer; **~-'sister** *n.* Halbschwester, *die;* **be ~-sister to sb.** jmds. Halbschwester sein; **~-'size 1.** *n.* Zwischengröße, *die;* halbe Größe; **a ~-size larger** eine halbe Nummer größer; **2.** *adj.* halb ⟨*Portion*⟩; klein ⟨*Blumentopf, Spaten*⟩; **~-'staff** *(Amer.)* *see* **~-mast; ~-step** *(Amer. Mus.)* *see* **semitone; ~-'term** *n.* *(Brit.)* **a)** **it is nearly ~-term** das Trimester ist fast zur Hälfte vorüber; **by/at/towards ~-term** bis zur/in der/gegen die Mitte des Trimesters; **b)** *(holiday)* **~-term [holiday/ break]** Ferien in der Mitte des Trimesters; **before ~-term** in der ersten Trimesterhälfte; **~-timbered** [hɑːfˈtɪmbəd] *adj.* Fachwerk⟨*haus, -bauweise*⟩; **be ~-timbered** ein Fachwerkbau sein; **~-'time 1.** *n.* **a)** *(Sport)* Halbzeit, *die; attrib.* ['--] Halbzeit⟨*pfiff, -stand*⟩; **blow the whistle for ~-time** die erste Halbzeit abpfeifen; **by/to ~-time** bis zur Halbzeit; **at ~-time** bei *od.* bis zur Halbzeit; *(during interval)* in der Halbzeitpause; **b)** *(Industry)* Kurzarbeit, *die* (mit um 50 Prozent gekürzter Arbeitszeit); **~-time working put on ~-time** in mehreren Baumwollspinnereien wurde Kurzarbeit eingeführt; **1,150 workers were put on ~-time** *or* **had to go on ~-time schedules** 1 150 Arbeiter mußten kurzarbeiten; **2.** *adv.* *(Industry)* kurz⟨*arbeiten*⟩; **~-title** *n.* *(Printing)* **a)** Schmutztitel, *der;* Vortitel, *der;* **b)** *(section title)* Zwischentitel, *der;* **~-tone** *n.* **a)** *(Printing etc.)* Rasterbild, *das;* **b)** *(Amer. Mus.)* *see* **semitone; ~-track** *n.* **a)** *(system)* Halbkettenantrieb, *der;* **b)** *(vehicle)* Halbkettenfahrzeug, *das;* **~-truth** *n.* Halbwahrheit, *die;* **you've only told us a ~-truth** du hast uns nur die halbe Wahrheit gesagt; **~-'volley** *see* **volley 1 c;** **~-'way 1.** *adj.* halb ⟨*Maßnahme*⟩; **~-way point** Mitte, *die;* **we're well over the ~-way mark** wir haben gut die Hälfte geschafft; **~-way house** Gasthaus auf halbem Weg; *(fig.: compromise)* Kompromiß, *der;* Mittelweg, *der;* **~-way line** *(Footb.)* Mittellinie, *die;* **2.** *adv.* die Hälfte des Weges ⟨*be-*

gleiten, fahren⟩; **not ~-way satisfactory** nicht einmal halbwegs zufriedenstellend; **by midday they had climbed ~-way up the mountain** bis zum Mittag hatten sie den halben Aufstieg hinter sich; *see also* ¹**go 1 q;** ¹**meet 1 b;** **~-wit** *n.* Schwachkopf, *der;* *(scatter-brain)* Schussel, *der;* **~-witted** [ˈhɑːfwɪtɪd] *adj.* dumm; *(mentally deficient)* debil; schwachsinnig; **~-witted person** Schwachkopf, *der;* **~-'yearly 1.** *adj.* halbjährlich; **at ~-yearly intervals** in halbjährigen Abständen; halbjährlich; **2.** *adv.* halbjährlich; jedes halbe Jahr

halibut [ˈhælɪbət] *n., pl. same* *(Zool.)* Heilbutt, *der*

halide [ˈheɪlaɪd, ˈhælaɪd] *n.* *(Chem.)* Halogenid, *das;* Halid, *das*

halitosis [hælɪˈtəʊsɪs] *n., pl.* **halitoses** [hælɪˈtəʊsiːz] *(Med.)* Halitose, *die (fachspr.);* schlechter Atem

hall [hɔːl] *n.* **a)** *(large [public] room)* Saal, *der;* *(public building)* Halle, *die;* *(for receptions, banquets)* Festsaal, *der;* *(in medieval house: principal living-room)* Wohnsaal, *der;* **school/church ~**: Aula, *die*/Gemeindehaus, *das; see also* **servants' hall; b)** *(mansion)* Herrenhaus, *das;* Herrensitz, *der;* **c)** *(Univ.)* *(residential building)* ~ **[of residence]** Studentenwohnheim, *das;* *(Hist.: college)* Kolleg, *das;* **live in ~**: im [Studenten]wohnheim wohnen; **d)** *(Univ.: dining-room)* Speisesaal, *der;* Mensa, *die;* **in ~**: im Speisesaal; in der Mensa; **e)** **no art.** *(dinner taken in ~)* Abendessen in der Mensa; **f)** *see* **guild-hall b; g)** *in pl.* *(music~)* Varieté, *das;* **be on the ~s** im Varieté auftreten; **do a turn on the ~s** mit einer Nummer im Varieté auftreten; **h)** *(entrance-passage)* Diele, *die;* Flur, *der;* **i)** *(Amer.: corridor)* Korridor, *der;* Flur, *der*

hallal *see* **halal**

halliard *see* **halyard**

'hallmark 1. *n.* [Feingehalts]stempel, *der;* Repunze, *die;* *(fig.: distinctive mark)* Kennzeichen, *das;* **be the ~ of quality/perfection** *(fig.)* für Qualität/Vollkommenheit bürgen *od.* stehen. **2.** *v. t.* stempeln; repunzieren

hallo [həˈləʊ] **1.** *int.* **a)** *(to call attention)* hallo!; **b)** *(Brit.) see* **hello. 2.** *n., pl.* **~s** Hallo, *das;* Halloruf, *der;* **give a ~**: hallo rufen. **3.** *v. i.* hallo rufen; **~ to sb.** jmdn. anrufen

hall of 'fame *n.* Ruhmeshalle, *die*

halloo [həˈluː] **1.** *int.* **a)** *(Hunting)* horrido!; **b)** *see* **hallo 1 a. 2.** *n.* **a)** *(Hunting)* Horrido, *das;* **b)** *see* **hallo 2. 3.** *v. i.* *(Hunting)* horrido rufen. **4.** *v. t.* *(Hunting)* anfeuern ⟨*Jagdhund*⟩

hallow [ˈhæləʊ] **1.** *n.* All H~s, H~mas = **All Saints' Day** *see* **all 1 b. 2.** *v. t.* **a)** *(sanctify)* heiligen; **~ed** geheiligt *(auch fig.)*; heilig ⟨*Boden*⟩; **b)** *(honour)* als heilig verehren; **~ed be Thy Name** *(in Lord's Prayer)* geheiligt werde Dein Name

Hallowe'en [hæləʊˈiːn] *n.* Halloween, *das;* Abend vor Allerheiligen; **on** *or* **at ~**: [an] Halloween

hall: **~ 'porter** *n.* *(Brit.)* [Hotel]portier, *der;* **~-stand** *n.* [Flur]garderobe, *die*

hallucinant [həˈluːsɪnənt] **1.** *adj. see* **hallucinogenic. 2.** *n. see* **hallucinogen**

hallucinate [həˈluːsɪneɪt] *v. i.* halluzinieren *(Med., Psych.);* Halluzinationen haben

hallucination [həluːsɪˈneɪʃn] *n.* *(act)* Halluzinieren, *das;* *(instance, imagined object)* Halluzination, *die;* Sinnestäuschung, *die*

hallucinatory [həˈluːsɪnətərɪ] *adj.* **a)** *(producing hallucinations) see* **hallucinogenic; b)** *(associated with hallucinations)* halluzinatorisch *(Med., Psych.);* **c)** *(unreal)* imaginär *(geh.);* **be purely ~**: reine Einbildung sein

hallucinogen [həˈluːsɪnədʒən] *n.* *(Med.)* Halluzinogen, *das*

hallucinogenic [həluːsɪnəˈdʒɛnɪk] *adj.* *(Med.)* halluzinogen

'hallway *n.* **a)** *see* **hall h; b)** *(corridor)* Flur,

halm

der; Korridor, *der;* Gang, *der (bes. südd., österr., schweiz.)*
halm *see* **haulm**
halo ['heɪləʊ] *n., pl.* ~es **a)** *(Meteorol.)* Halo, *der (fachspr.);* Hof, *der;* **there was a ~ round** *or* **a ~ surrounded the moon** der Mond hatte einen Hof *od. (fachspr.)* Halo; **b)** *(circle)* Ring, *der;* **(of light)** Lichthof, *der;* **c)** *(around head)* Heiligen-, Glorienschein, *der;* **d)** *(fig.: aura)* Nimbus, *der;* **put a romantic ~ about sth.** etw. mit einer romantischen Gloriole umgeben
halogen ['hælədʒən] *n. (Chem.)* Halogen, *das (fachspr.);* Salzbildner, *der*
¹**halt** [hɒlt, hɔːlt] **1.** *n.* **a)** *(temporary stoppage)* Pause, *die;* **(on march or journey)** Rast, *die;* Pause, *die; (esp. Mil. also)* Halt, *der;* **make a ~ :** Rast/eine Pause machen/ haltmachen; **call a ~ :** eine Pause machen lassen/haltmachen lassen; **let's call a ~ :** machen wir eine Pause!; **b)** *(interruption)* Unterbrechung, *die;* **come to a ~ = come to a standstill** *see* **standstill**; *see also* **call 2 f**; **come 1 h**; **grind 2 b**; **c)** *(Brit. Railw.)* Haltepunkt, *der.* **2.** *v. i.* **a)** *(stop)* **(Fußgänger, Tier:)** stehenbleiben; **(Fahrer:)** anhalten; **(for a rest)** eine Pause machen; **(esp. Mil.)** haltmachen; **~, who goes there?** *(Mil.)* halt, wer da?; **b)** *(end)* eingestellt werden. **3.** *v. t.* **a)** *(cause to stop)* anhalten; haltmachen lassen **(Marschkolonne usw.);** **he could not be ~ed** *(fig.)* er war nicht aufzuhalten *od. (ugs.)* zu bremsen; **b)** *(cause to end)* stoppen **(Inflation, Diskussion);** beenden **(Herrschaft);** einstellen **(Projekt)**

²**halt** *v. i. (not progress smoothly)* **(Argument:)** schwach sein **(Verse, Übersetzung:)** holprig sein; **~ing** schleppend **(Stimme, Redeweise, Fortschritt);** holprig **(Verse);** zögernd **(Antwort);** schwach **(Argument);** **in a ~ing way** *or* **manner** schleppend **(sprechen)**
halter ['hɒltə(r), 'hɔːltə(r)] *n.* **a)** *(for horse)* Halfter, *das; (for cattle)* **(rope) ~ :** Strick, *der;* **b)** *(for hanging)* Strick, *der;* Strang, *der;* **you'll find a ~ round your neck if ...:** du findest dich am Galgen wieder, wenn ...; **the ~** *(arch./literary: hanging)* Strang, *der (geh.);* **c)** *(Dressmaking: strap)* Nackenträger, *der;* Nackenband, *das;* **(top with a ~)** Oberteil *od.* Top mit Nackenträger; **~ dress/bodice/top/bra** Kleid/Mieder/Oberteil *od.* Top/Büstenhalter mit Nackenträger; **~ neck** Nackenband, *das*
halting *see* ²**halt**
haltingly ['hɒltɪŋlɪ, 'hɔːltɪŋlɪ] *adv.* schleppend **(vorankommen);** **(with uncertain steps)** mit unsicheren Schritten **(gehen);** **(hesitantly)** zögernd; **come ~ to the point** nur auf Umwegen zur Sache kommen
halve [hɑːv] *v. t.* **a)** *(divide)* halbieren; **b)** *(share)* [ehrlich] teilen; **they ~d the cake [between them]** sie haben sich *(Dat.)* den Kuchen ehrlich geteilt; **c)** *(reduce)* halbieren; auf *od.* um die Hälfte verringern; **'sale – all prices ~!'** „Ausverkauf – alles zum halben Preis!"; **~ the amount of beer one drinks/ number of nights one goes out** nur noch halb soviel Bier trinken/halb soooft abends ausgehen; **d)** *(Golf)* mit der gleichen Anzahl von Schlägen erreichen **(Loch)** **(with wie);** durchspielen **(Runde);** beenden **(Spiel);** **the hole was ~d in 5** beide Spieler erreichten das Loch mit fünf Schlägen; **be ~d** **(Spiel:)** unentschieden enden
halves *pl. of* **half**
halyard ['hæljəd] *n. (Naut.)* Fall, *das; (for flag)* Flagg[en]leine, *die*
ham [hæm] **1.** *n.* **a)** *([meat from] thigh of pig)* Schinken, *der;* **b)** *usu. in pl. (back of thigh)* Hintere die Oberschenkel; **squat** *or* **sit on one's ~s** in der Hocke sitzen; **c)** *(sl.) (amateur)* Amateur, *der; (poor actor)* Schmierenkomödiant, *der (abwertend);* **radio ~ :** Funkamateur, *der;* **b)** *no pl., no art.*

(sl.: inexpert acting) Schmierentheater, *das (abwertend).* **2.** *adj. (sl.)* überzogen; **a very ~ performance** ein ziemliches Schmierentheater *(abwertend).* **3.** *v. i.*, -mm- *(sl.)* überziehen. **4.** *v. t.*, -mm- *(sl.)* überzogen spielen
~ **'up** *v. t. (sl.)* überzogen spielen **(Stück);** **it up** überziehen
hamadryad [hæməˈdraɪæd] *n.* **a)** *(Greek and Roman Mythol.)* Hamadryade, *die;* **b)** *(Zool.: cobra)* Königskobra, *die;* **c)** *(Zool.: baboon)* Mantelpavian, *der*
Hamburg ['hæmbɜːg] **1.** *pr. n.* Hamburg *(das).* **2.** *attrib. adj.* Hamburger
hamburger ['hæmbɜːgə(r)] *n.* **a)** *(beef cake)* Hacksteak, *das; (filled roll)* Hamburger, *der;* **b)** **H~** *(person)* Hamburger, *der*/Hamburgerin, *die*
Hamelin ['hæməlɪn] *pr. n.* Hameln *(das)*
ham: ~**-fisted** [hæmˈfɪstɪd], ~**-handed** [hæmˈhændɪd] *adjs. (sl.)* tolpatschig *(ugs.)* **(Mensch, Art);** dilettantisch **(Bearbeitung, Vorgehensweise);** plump *(abwertend)* **(Vorstellung, Humor);** ~**-fisted** *or* ~**-handed actions** Tolpatschigkeiten
Hamitic [həˈmɪtɪk] *adj. (Ling.)* hamitisch
hamlet ['hæmlɪt] *n.* Weiler, *der*
hammer ['hæmə(r)] **1.** *n.* **a)** *(tool; also Anat.)* Hammer, *der;* **the H~ and Sickle** Hammer und Sichel; **go** *or* **be at sth. ~ and tongs** sich bei etw. schwer ins Zeug legen *(ugs.);* **go** *or* **be at it ~ and tongs** *(quarrel)* sich streiten, daß die Fetzen fliegen; **b)** *(of gun)* Hahn, *der;* **c)** *(auctioneer's mallet)* Hammer, *der;* **come under the ~ :** unter den Hammer kommen; **d)** *(Athletics)* [Wurf]hammer, *der;* **throwing the ~** *(event)* das Hammerwerfen. **2.** *v. t.* **a)** *(strike with ~)* hämmern; *(fig.)* hämmern auf *(Akk.)* **(Tasten, Tisch);** einhämmern auf *(Akk.)* **(Gegner, Opfer);** **~ a nail into sth.** einen Nagel in etw. *(Akk.)* hämmern *od.* schlagen; **~ sth. into sb.['s head]** *(fig.)* jmdm. etw. einhämmern; **~ home** einschlagen **(Nagel, Bolzen usw.);** **He must not do that. We'll ~ it home** Er darf das nicht tun. Wir werden es ihm einbleuen; **b)** *(coll.: inflict heavy defeat on)* observieren **(Gegner);** vernichtend schlagen **(Feind);** ausstechen **(Konkurrenten);** **c)** *(St. Exch.)* für zahlungsunfähig erklären. **3.** *v. i.* **a)** *(give blows)* hämmern; klopfen; **~ at sth.** an etw. *(Dat.)* [herum]hämmern; **~ at** *or* **on the door** an die Tür hämmern; **b)** *(fig. coll.: travel fast)* düsen *(ugs.);* kacheln *(salopp)*
~ **a'way** *v. i.* hämmern; **~ away at** herumhämmern. *(ugs.)* -kloppen auf (+ *Dat.*); *(fig.: work hard at)* sich hineinknien in (+ *Akk.*) *(ugs.)* **(Arbeit);** [herum]bosseln an (+ *Dat.*) *(ugs.)* **(Aufsatz)**
~ **'down** *v. t.* festhämmern, -klopfen
~ **'out** *v. t.* **a)** *(make smooth)* ausklopfen **(Delle, Beule);** ausbeulen **(Kotflügel usw.);** glatt klopfen **(Blech usw.);** **b)** *(fig.: devise)* ausarbeiten **(Plan, Methode, Vereinbarung);** kommen zu **(Entscheidung, Entschluß)**
hammock ['hæmək] *n.* Hängematte, *die*
hammy ['hæmɪ] *adj.* **a)** *(resembling ham)* schinkenartig; Schinken **(-geschmack, -geruch);** **have a ~ taste** nach Schinken schmecken; **b)** *(sl.: of ham actors)* theatralisch *(abwertend)* **(Nummer, Rolle, Aufführung, Darstellung)**
¹**hamper** ['hæmpə(r)] *n.* **a)** *(basket)* [Deckel]korb, *der;* **b)** *(consignment of food)* Präsentkorb, *der;* **Christmas ~ :** Weihnachtsgeschenkkorb, *der*
²**hamper** *v. t.* behindern; hemmen **(Entwicklung, Wachstum usw.);** **~ sb.'s progress** *(Hindernis:)* jmdn. aufhalten; **~ sb. in his movements** jmdn. in seiner Bewegungsfreiheit beeinträchtigen
hamster ['hæmstə(r)] *n.* Hamster, *der; see also* **golden hamster**
¹**hamstring 1.** *n. (Anat.)* **a)** *(in man, ape)*

hand

Kniesehne, *die;* **b)** *(in quadruped)* Achillessehne, *die.* **2.** *v. t.*, **hamstrung** *or* ~ed **a)** *(cripple)* die Kniesehnen/Achillessehnen durchtrennen (+ *Dat.*); **b)** *(fig.: destroy efficiency of)* lähmen
hand [hænd] **1.** *n.* **a)** *(Anat., Zool.)* Hand, *die;* **eat from** *or* **out of sb.'s ~** *(lit. or fig.)* jmdm. aus der Hand fressen; **I need an extra/a strong pair of ~s** ich brauche noch jmdn., der/die eine kräftige Person, die mir hilft; **get one's ~s dirty, dirty** *or* **soil one's ~s** *(lit. or fig.)* sich *(Dat.)* die Hände schmutzig machen; **give sb. one's ~** *(reach, shake)* jmdm. die Hand geben *od.* reichen; **give** *or* **lend [sb.] a ~ [with** *or* **in sth.]** [jmdm.] [bei etw.] helfen; **not/never do a ~'s turn** keine/ niemals eine Hand rühren *(ugs.);* keinen/ niemals einen Finger krumm machen *(ugs.);* **pass** *or* **go through sb.'s ~s** *(fig.)* durch jmds. Hände gehen; **pass through many/several ~s** durch viele/etliche Hände gehen; **many ~s make light work** *(prov.)* viele Hände machen der Arbeit bald ein Ende *(Spr.);* **~ in ~ :** Hand in Hand; **go ~ in ~ [with sth.]** *(fig.)* [mit etw.] Hand in Hand gehen; **the problem/project/matter in ~:** das vorliegende Problem/Projekt/die vorliegende Angelegenheit; *see also* **d**; **hold ~s** Händchen halten *(ugs. scherzh.);* sich bei den Händen halten; **hold sb.'s ~:** jmds. Hand halten; jmdm. die Hand halten; *(fig.: give sb. close guidance)* jmdn. bei der Hand nehmen; *(fig.: give sb. moral support* or *backing)* jmdn. moralisch unterstützen; jmdm. das Händchen halten *(iron.);* **take one's child's/big brother's ~ :** **(Erwachsener:)** sein Kind an die Hand nehmen/ **(Kind:)** sich von seinem großen Bruder an die Hand nehmen lassen; **~s off!** Hände *od.* Finger weg!; **~s off my wife/Chile!** Hände weg von meiner Frau/Chile!; **take/ keep one's ~s off sb./sth.** jmdn./etw. loslassen/nicht anfassen; **take your ~s off me this instant!** nimm sofort die Finger weg!; **keep one's ~s off sth.** *(fig.)* die Finger von etw. lassen *(ugs.);* **show of ~s** Handzeichen, *das;* **~s up [all those in favour]** *(as sign of assent)* wer dafür ist, hebt die Hand!; **~s up!** *(as sign of surrender)* Hände hoch!; **~s down** *(fig.) (easily)* mit links *(ugs.); (without a doubt, by a large margin)* ganz klar *(ugs.);* eindeutig *(ugs.);* **be good with one's ~s [handwerklich]** geschickt sein; **change** *or (coll.)* **swap ~s** die Hand wechseln; die andere Hand nehmen; *see also* **c**; **turn one's ~ to sth.** sich einer Sache *(Dat.)* zuwenden; **put** *or* **set one's ~ to** sich machen an (+ *Akk.)* **(Arbeit, Aufgabe);** *see also* **l**; **put** *or* **set one's ~ to doing sth.** sich daran machen, etw. zu tun; **have sth. at ~ :** etw. zur Hand haben; **have sb. at ~ :** jmdn. bei sich haben; *(be nearby)* in der Nähe sein; *(be about to happen)* unmittelbar bevorstehen; **out of ~** *(without delay)* unverzüglich; *(summarily)* kurzerhand; *see also* **b**; **be to ~** *(be readily available, within reach)* zur Hand sein; *(be received)* **(Brief, Notiz, Anweisung:)** vorliegen; **come to ~** *(turn up)* sich finden; *(be received)* **(Brief, Mitteilung:)** eingehen; **she uses whatever comes to ~ :** sie nimmt, was gerade da ist; **fight ~ to ~ :** Mann gegen Mann kämpfen; **go/pass from ~ to ~ :** von Hand zu Hand gehen; **~ over ~** *or* **fist** Zug um Zug **(hinaufklettern, einziehen);** **~ over fist** *(fig.) (with steady progress)* laufend; *(with rapid progress)* rapide; **live from ~ to mouth** von der Hand in den Mund leben; **be ~ in glove [with]** unter einer Decke stecken [mit]; **bind sb. ~ and foot** jmdn. an Händen und Füßen fesseln; **wait on** *or* **serve sb. ~ and foot** *(fig.)* jmdn. vorn und hinten bedienen *(ugs.);* **on [one's] ~ and knees** auf Händen und Knien; **crawl [one's] ~s and knees** auf allen vieren kriechen *(ugs.);* **get down on one's ~s and knees**

hand-

auf die Knie gehen; **his ~s are tied** *(fig.)* ihm sind die Hände gebunden; **have one's ~s full** die Hände voll haben; *(fig.: be fully occupied)* alle Hände voll zu tun haben *(ugs.);* ~ **on** *or* **over heart** *(fig.)* Hand aufs Herz; **get one's ~s on sb./sth.** jmdn. erwischen *od. (ugs.)* in die Finger kriegen/etw. auftreiben; **lay** *or* **put one's ~ on sth.** etw. finden; **lay [one's] ~s on sth.** sich einer Sache bemächtigen; **everything** *or* **anything** *or* **all they could lay [their] ~s on** alles, wessen sie habhaft werden konnten; **lay ~s on sb.** jmdn. etw. tun; Hand an jmdn. legen *(geh.); (violate)* sich an jmdn. vergreifen; **by** ~ *(manually)* mit der *od.* von Hand; *(in handwriting)* handschriftlich; *(by messenger)* durch Boten; **be made by ~;** Handarbeit sein; **bring up by ~;** mit der Flasche aufziehen; *see also* **banana a; clean 1 b; finger 1 a; hand-to-hand; hand-to-mouth; join 1 a; shake 2 a; sit 1 b; wash 1 a; b)** *(fig.: authority)* **with a strict/firm/iron ~;** mit fester/starker Hand/eiserner Faust *(regieren);* **with a heavy ~;** mit eiserner Strenge; **he needs a father's ~;** er braucht die väterliche Hand; **hold one's ~;** abwarten; **hold one's ~ and not do sth.** davon Abstand nehmen, etw. zu tun; **keep in ~;** unter Kontrolle behalten ⟨*Schüler, Demonstranten*⟩ *(see also* d); **get out of ~;** außer Kontrolle geraten; *see also* **a;** *see also* **free hand; take 1 a; upper 1 a; c)** *in pl. (custody)* **in sb.'s ~s, in the ~s of sb.** *(in sb.'s possession)* in jmds. Besitz; *(in sb.'s care)* in jmds. Obhut; **I am in your ~s** die Entscheidung ich überlasse ich Ihnen; **put oneself in sb.'s ~s** sich jmdm. anvertrauen; **be in the ~s of the police** ⟨*Verdächtiger:*⟩ in Polizeigewahrsam befinden; **may I leave the matter in your ~s?** darf ich die Angelegenheit Ihnen überlassen?; **the matter/the decision is now out of my ~s** ich bin für die Angelegenheit/die Entscheidung nicht mehr zuständig; **take sth. out of sb.'s ~s** *(withdraw sth. from sb.)* jmdm. etw. entziehen *od.* aus der Hand nehmen; *(relieve sb. of sth.)* jmdm. etw. abnehmen; **fall into sb.'s ~s** ⟨*Person, Geld:*⟩ jmdm. in die Hände fallen; ⟨*Verantwortung:*⟩ jmdm. zufallen; **be in good/bad ~s** in guter/schlechten Händen sein; **have [got] sth./sb. on one's ~s** sich um etw./jmdn. kümmern müssen; **he's got such a lot/enough on his ~s at the moment** er hat augenblicklich so viel/genug um die Ohren *(ugs.);* **suddenly we had a riot on our ~s** plötzlich sahen wir uns mit Ausschreitungen konfrontiert; **have time on one's ~s** [viel] Zeit haben; *(too much)* mit seiner Zeit nichts anzufangen wissen; **they are off our ~s at last** endlich sind wir sie los *(ugs.);* **have [got] sth./sb. off one's ~s** jmdn. lossein *(ugs.);* **take sth./sb. off sb.'s ~s** jmdm. jmdn./etw. abnehmen; **change ~s** jmdm. den Besitzer wechseln; *see also* **a;** **d)** *(disposal)* **have sth. in ~;** etw. zur Verfügung haben; *(not used up)* etw. [übrig] haben; **keep in ~;** in Reserve halten ⟨*Geld*⟩ *(see also* b); **have on ~;** dahaben; **be on ~;** dasein; **e)** *(share)* **have a ~ in sth.** bei etw. seine Hände im Spiel haben; **take a ~ [in sth.]** sich [an etw. *(Dat.)*] beteiligen; **take a ~ [at bridge]** [Bridge] mitspielen; *see also* ²**bear 1 k; f)** *(agency)* Wirken, *das (geh.);* **the ~ of a thief/artist/craftsman has been at work here** hier war ein Dieb/Künstler/Handwerker am Werk; **the ~ of God** die Hand Gottes; **these two paintings are by the same ~;** diese beiden Gemälde stammen von derselben Hand; **suffer/suffer injustice at the ~s of sb.** unter jmdm./jmds. Ungerechtigkeit zu leiden haben; **die by one's own ~[s]** *(literary)* Hand an sich *(Akk.)* legen *(geh.);* **ask for** *or* **seek sb.'s ~ [in marriage]** um jmds. Hand bitten *od. (geh.)* anhalten; um jmdn. anhalten *(geh.);* **ask sb. for his daughter's ~;** jmdn. um die

Hand seiner Tochter bitten; bei jmdm. um die Hand seiner Tochter anhalten *(geh.);* **win sb.'s ~;** jmdn. zur Frau *od.* jmds. Hand gewinnen; **h)** *(worker)* Arbeitskraft, *die;* Arbeiter, *der;* **(Naut.: seaman)** Hand, *die (fachspr.);* Matrose, *der;* **the ship sank with all ~s** das Schiff sank mit der gesamten Mannschaft; **i)** *(person having ability)* **be a good/poor/rotten ~ at [playing] tennis** ein guter/schwacher/miserabler Tennisspieler sein; **I'm no ~ at painting** ich kann nicht malen; *see also* **old 1 b; j)** *(source)* Quelle, *die;* **at first/second/third ~;** aus erster/zweiter/dritter Hand; *see also* **firsthand; second-hand; k)** *(skill)* Geschick, *das; (characteristic style)* Handschrift, *die;* **get one's ~ in** wieder in Übung kommen *od. (ugs.)* reinkommen; **get one's ~ in at sth.** etw. lernen; **keep one's ~ in [at singing/dancing]** [im Singen/Tanzen] in der Übung bleiben *od.* nicht aus der Übung kommen; *see also* **try 2 b; l)** *(style of handwriting)* Handschrift, *die;* Hand, *die (veralt.); (signature)* Unterschrift, *die;* **witness the ~ of J. C.** laut eigener Unterschrift – J. C.; **set one's ~ to sth.** seine Unterschrift unter etw. *(Akk.)* setzen; *see also* **a; m)** *(of clock or watch)* Zeiger, *der;* **n)** *(side)* Seite, *die;* **on the right/left ~;** rechts/links; rechter/linker Hand; **on sb.'s right/left ~;** rechts/links von jmdm.; zu jmds. Rechten/Linken; **on either ~;** zu *od.* auf beiden Seiten; **on every ~, on all ~s** von allen Seiten ⟨*umringt sein*⟩; ringsum ⟨*etw. sehen*⟩; von überallher ⟨*eintreffen*⟩; **on the one ~ ..., [but] on the other [~] ...:** einerseits ..., anderseits ...; auf der einen Seite ..., auf der anderen Seite ...; **[but] on the other ~** aber andererseits *od.* auf der anderen Seite; *see also* **left-hand; right-hand; o)** *(measurement)* Handbreit, *die;* **p)** *(Cards)* Karte, *die; (player)* Mitspieler, *der;*-spielerin, *die; (period of play)* Runde, *die;* **have a good/bad ~;** ein gutes/schlechtes Blatt haben; ein gute/schlechte Karte haben; **play a good ~;** gut spielen; *see also* ¹**force 2 b; play 2 a; show 2 a; q)** *(coll.: applause)* Beifall, *der;* Applaus, *der;* **give him a big ~, let's have a big ~ for him** viel Applaus *od.* Beifall für ihn! **2.** *v. t.* **a)** *(deliver)* geben; ⟨*Überbringer:*⟩ übergeben ⟨*Sendung, Lieferung*⟩; **~ sth. from one to another** etw. von einem zum anderen weitergeben *od.* reichen; **~ sth. [a]round [to sb.]** *(offer for distribution)* [jmdm.] etw. anbieten; **~ sth. [a]round** *(pass round, circulate)* etw. herumgeben *od.* -reichen; *(among group)* etw. herumgehen lassen; **you've got to ~ it to them/ her** *etc. (fig. coll.)* das muß man ihnen/ihr *usw.* lassen; **b)** *(help)* helfen; **~ sb. out of/ into/over sth.** jmdm. aus etw./in etw. *(Akk.)*/über etw. *(Akk.)* helfen

~ '**back** *v. t. (return)* zurückgeben

~ '**down** *v. t.* **a)** *(pass on)* überliefern ⟨*Geschichte, Information, Tradition*⟩ **(to** an + *Akk.);* [weiter]vererben ⟨*Erbstück*⟩ **(to** an + *Akk.);* **that ring has been ~ed down from your great-great-grandmother** der Ring ist ein Erbstück von deiner Urgroßmutter; **b)** *(Law)* verhängen ⟨*Strafe*⟩ **(to** über + *Akk.);* fällen ⟨*Entscheidung*⟩; verkünden ⟨*Urteil*⟩; **~ down a fine to sb.** jmdn. mit einer Geldstrafe belegen; **c)** *(give to person below)* hinunter-/herunterreichen

~ '**in** *v. t.* abgeben ⟨*Klausur, Arbeit, Aufsatz*⟩ **(to,** at bei); einreichen ⟨*Petition, Bewerbung*⟩ **(to,** at bei)

~ '**on** *v. t.* weitergeben ⟨*Rundschreiben, Nachricht, Erfahrungen, Information*⟩ **(to** an + *Akk.);* **at 65 he ~ed the business on to his son** mit 65 hat er das Geschäft seinem Sohn übergeben

~ '**out** *v. t.* aus-, verteilen **(to** an + *Akk.,* **among** unter + *Dat.);* geben ⟨*Ratschläge, Tips, Winke*⟩ **(to** an + *Akk.);* verteilen

handicapped

⟨*Komplimente, Lob*⟩ **(to** an + *Akk.);* *see also* **hand-out**

~ '**over 1.** *v. t.* **a)** *(deliver)* übergeben **(to** *Dat.);* freilassen ⟨*Geisel*⟩; **~ over your guns/ money!** Waffen/Geld her!; gebt eure Waffen/euer Geld her!; **he ~ed the housekeeping money over to his wife** er händigte seiner Frau das Haushaltsgeld aus; **b)** *(transfer)* übergeben *od.* -reichen **(to** *Dat.);* *(pass)* herüber- *od.* rübergeben *od.* -reichen **(to** *Dat.);* *(allow to have)* abgeben **(to** *Dat.).* **2.** *v. i.* *(to next speaker/one's successor)* das Wort/die Arbeit übergeben **(to** an + *Akk.)*

~ '**up** *v. t.* heraufreichen **(to** *Dat.)*

hand- *in comb.* **a)** *(operated by hand, held in the hand)* Hand⟨*hammer, -hebel, -gepäck, -werkzeug, -mixer*⟩; **b)** *(done by hand)* hand⟨*gestickt*⟩; mit der Hand *od.* von Hand ⟨*glasiert, verziert, gebacken*⟩

hand: **~bag** *n.* Handtasche, *die;* **~baggage** *n.* Handgepäck, *das;* **~bell** *n.* Handglocke, *die; (musical instrument)* Glocke, *die;* **~bill** *n.* Handzettel, *der;* **~book** *n.* Handbuch, *das; (guidebook)* Führer, *der;* **set one's ~ to sth.** seine Unterschrift unter etw. *(Akk.)* setzen; **~brake** *n.* Handbremse, *die*

h & c *abbr.* hot and cold running water fl. h. u. k. W.

hand: **~cart** *n.* Handwagen, *der;* **~clap** *n.* **a)** *(single clap)* In-die-Hände-Klatschen, *das;* **give three ~claps** dreimal in die Hände klatschen; **b)** *(applause)* [Hände]klatschen, *das;* *see also* **slow handclap; ~clasp** *n.* Händedruck, *der;* **~craft 1.** *n.* *see* **handicraft a; 2.** *v. t.* in Handarbeit herstellen; **~cream** *n.* Handcreme, *die;* **~cuff 1.** *n.,* *usu. in pl.* Handschelle, *die;* **2.** *v. t.* jmdm. Handschellen *(Akk.)* legen ⟨*Hände*⟩; **~cuff sb.** jmdm. Handschellen anlegen

handed-'down *adj.* abgelegt ⟨*Kleidungsstück*⟩; *(to posterity)* überliefert

hand-'finished *adj.* *see* **finish 1 f:** mit der Hand *od.* von Hand geglättet/appretiert/ glasiert/poliert/lackiert *usw.*

handful ['hændfʊl] *n.* **a)** *(quantity,* or *fig.: small number)* Handvoll, *die;* **a few ~s of nuts** ein paar Handvoll *od.* eine Hände voll Nüsse; **they picked them up by the ~s** sie sammelten ganze Hände voll davon auf; **come out in ~s** *or* **by the ~** *(Haar:)* büschelweise ausgehen; **b)** *(fig. coll.: troublesome person[s]* or *thing[s]);* **these children are/this dog is a real ~;** die Kinder halten/ der Hund hält einen ständig auf Trab *(ugs.);* **it's quite a ~ looking after the children** mit der Versorgung der Kinder hat man alle Hände voll zu tun; **that car is quite a ~ to steer** das Auto zu lenken ist Schwerarbeit *(ugs.)*

hand: **~-grenade** *n. (Mil.)* Handgranate, *die;* **~-gun** *n. (Arms)* Faustfeuerwaffe, *die;* **~-held camera** Handkamera, *die;* **~hold** *n.* Halt, *der;* **provide ~holds/a ~hold for sb.** jmdm. Halt bieten; **use sth. as a ~hold** sich an etw. *(Dat.)* festhalten

handicap ['hændɪkæp] **1.** *n.* **a)** *(Sport)* (*advantage*) Handikap, *das (fachspr.);* Vorgabe, *die; (disadvantage)* Last, *die;* ⟨*Jockey:*⟩ ein Ergänzungsgewicht mitführen; ⟨*Pferd:*⟩ ein Ergänzungsgewicht tragen; **b)** *(race, competition)* Handikaprennen, *das;* Ausgleichsrennen, *das;* **c)** *(fig.: hindrance)* Handikap, *das;* **have a mental/physical ~;** geistig behindert/körperbehindert sein; **be a ~/more of a ~ than a help** hinderlich/eher hinderlich als eine Hilfe sein; **don't let the child become a ~ to you** laß dich durch das Kind nicht zu sehr einschränken. **2.** *v. t.,* **-pp- a)** *(Sport: impose a ~ on)* ein Handikap festlegen für; **b)** *(fig.: put at a disadvantage)* benachteiligen; handikapen *(ugs.); (fig.: obstruct)* ein Hemmnis darstellen für

handicapped ['hændɪkæpt] **1.** *adj.* behindert; **mentally/physically ~;** geistig behindert/körperbehindert. **2.** *n. pl.* **the [mentally/physically] ~:** die [geistig/körperlich]

Behinderten; **a home for the ~:** ein Heim für Behinderte; ein Behindertenheim
handicapper ['hændɪkæpə(r)] *n.* (*Sport*) (*person*) Handikapper, *der*/Handikapperin, *die*; Ausgleicher, *der*/Ausgleicherin, *die*
handicraft ['hændɪkrɑːft] *n.* **a)** (*craft*) [Kunst]handwerk, *das*; (*knitting, weaving, needlework*) Handarbeit, *die*; **b)** *no pl.* (*manual skill*) Handfertigkeit, *die*
handily ['hændɪlɪ] *adv.* praktisch; günstig ⟨*gelegen*⟩; deutlich ⟨*gewinnen, schlagen*⟩
handiness ['hændɪnɪs] *n., no pl.* **a)** (*convenience*) Vorteil, *der*; (*nearness*) günstige Lage; **b)** (*adroitness*) Geschicklichkeit, *die*
handiwork ['hændɪwɜːk] *n., no pl., no indef. art.* **a)** (*working*) handwerkliche Arbeit; **he enjoys ~:** er arbeitet gern handwerklich; **a nice piece of ~!** (*fig.*) gute Arbeit!; **b)** (*piece of work*) [Hand]arbeit, *die*; **this painting is the ~ of a master** dieses Bild ist das Werk eines Meisters *od.* ein Meisterwerk; **this ring/newly decorated kitchen is all my own ~:** diesen Ring habe ich selbst gemacht *od.* (*geh.*) gearbeitet/diese Küche habe ich selbst renoviert; **c)** (*derog.: bad piece of work*) Werk, *das* (*ugs.*); **whose ~ is this?** wer hat das [denn] verbrochen? (*ugs.*)
handkerchief ['hæŋkətʃɪf, 'hæŋkətʃiːf] *n., pl.* **~s** *or* **handkerchieves** ['hæŋkətʃiːvz] Taschentuch, *das*
handle ['hændl] **1.** *n.* **a)** (*part held*) [Hand]griff, *der*; (*of bag etc.*) [Trag]griff, *der*; (*of knife, chisel*) Heft, *das*; Griff, *der*; (*of axe, brush, comb, broom, saucepan*) Stiel, *der*; (*of handbag*) Bügel, *der*; (*of door*) Klinke, *die*; (*of bucket, watering-can, cup, jug*) Henkel, *der*; (*of pump*) Schwengel, *der*; **fly off the ~** (*fig. coll.*) an die Decke gehen (*ugs.*); ausflippen (*salopp*); **b)** (*coll.: title*) Titel, *der*; **have a ~ to one's name** einen Titel haben; **c)** (*fact used against one*) Handhabe, *die*; **d)** (*feel*) Griff, *der*; **have a natural/give a warm ~:** sich natürlich/warm anfühlen. **2.** *v. t.* **a)** (*touch, feel*) anfassen; **'Fragile!' H~ with care!'** „Vorsicht! Zerbrechlich!"; **mind how you ~ those glasses** geh bitte vorsichtig mit den Gläsern um; **b)** (*deal with*) umgehen mit ⟨*Person, Tier, Situation*⟩; führen ⟨*Verhandlung*⟩; erledigen ⟨*Korrespondenz, Telefonat usw.*⟩; (*cope with*) fertigwerden *od.* zurechtkommen mit ⟨*Person, Tier, Situation*⟩; **train sb. to ~ dogs** jmdn. zum Hundeführer ausbilden; **c)** (*control*) handhaben ⟨*Fahrzeug, Flugzeug*⟩; **d)** (*treat*) behandeln ⟨*Person*⟩; **e)** (*process, transport*) umschlagen ⟨*Fracht*⟩; **Heathrow ~s x passengers per year** in Heathrow werden pro Jahr x Passagiere abgefertigt; **the railway ~s x tons of coal a week** die Bahn befördert wöchentlich x Tonnen Kohle; **f)** (*discuss*) behandeln ⟨*Thema, Ansicht, Frage*⟩; **g)** (*deal in*) handeln mit. **3.** *v. i.* ⟨*Gerät:*⟩ sich handhaben lassen; ⟨*Fahrzeug, Boot:*⟩ sich fahren lassen; ⟨*Flugzeug:*⟩ sich fliegen
handlebar ['hændlbɑː(r)] *n.* Lenkstange, *die*; Lenker, *der*; **~ moustache** Schnauzbart, *der*
handler ['hændlə(r)] *n.* **a)** (*of police-dog*) Hundeführer, *der*/-führerin, *die*; **b)** (*dealer*) **be a ~ of sth.** mit etw. handeln; **a ~ of stolen goods** ein Hehler
handling ['hændlɪŋ] *n., no pl.* **a)** (*management*) Handhabung, *die*; (*of troops, workforce, bargaining, business*) Führung, *die*; (*of situation, class, crowd*) Umgang, *der* (*of mit*); **b)** (*use*) Handhabung, *die* ⟨*Motor Veh.*⟩; **what's your car's ~ like?** wie fährt sich dein Auto?; **c)** (*treatment*) Behandlung, *die*; **the child needs firm/considerate ~** das Kind braucht eine feste Hand/muß rücksichtsvoll behandelt werden; **come in for some rough ~** ⟨*Sache:*⟩ schlecht werden; ⟨*Person:*⟩ ganz schön etwas abbekommen (*ugs.*); **d)** (*processing*) Beförderung, *die*; (*of passengers*) Abfertigung, *die*

hand: ~list *n.* Aufstellung, *die*; Liste, *die*; **~ luggage** *n.* Handgepäck, *das*; **~made** *adj.* handgearbeitet; in Handarbeit hergestellt; handgeschöpft ⟨*Papier*⟩; **~maid, ~maiden** *ns.* **a)** (*arch.: female attendant*) Kammerfrau, *die*; [Kammer]zofe, *die*; **b)** (*fig.: subordinate*) Dienerin, *die*; **~-me-down 1.** *n.* **a)** (*garment ~ed down*) abgelegtes *od.* getragenes *od.* (*Gen.*); **I got the hat/ring as a ~-me-down from my aunt** den Hut/Ring habe ich von meiner Tante übernommen *od.* (*scherz.*) geerbt; **b)** (*ready-made garment*) [billiges] Kleidungsstück von der Stange; **2.** *adj.* gebraucht; alt; **~-out** *n.* **a)** (*alms*) Almosen, *das*; Gabe, *die*; **b)** (*information*) Handout, *das*; (*press release*) Presseerklärung, *die*; **~-painted** *adj.* handbemalt ⟨*Gegenstand*⟩; handgemalt ⟨*Muster, Bild*⟩; **~-'picked** *adj.* sorgfältig ausgewählt; handverlesen (*ugs. scherzh.*); **~rail** *n.* Geländer, *das*; Handlauf, *der* (*Bauw.*); (*on ship*) Handläufer, *der*; **~set** *n.* (*Teleph.*) Handapparat, *der*; **~shake** *n.* Händedruck, *der*; Handschlag, *der*; *see also* **golden handshake**
handsome ['hænsəm] *adj.*, **~r** ['hænsəmə(r)], **~st** ['hænsəmɪst] **a)** (*good-looking*) gutaussehend ⟨*Mann, Frau*⟩; schön, edel ⟨*Tier, Möbel, Vase usw.*⟩; **~ is as ~ does** (*prov.*) man soll nicht auch dem Äußeren urteilen; **b)** (*generous*) großzügig ⟨*Geschenk, Belohnung, Mitgift*⟩; nobel ⟨*Behandlung, Verhalten, Empfang*⟩; (*considerable*) stattlich, ansehnlich ⟨*Vermögen, Summe, Preis*⟩; stolz ⟨*Preis, Summe*⟩
handsomely ['hænsəmlɪ] *adv.* großzügig; mit großem Vorsprung ⟨*gewinnen*⟩
hand: ~s-'on *adj.* praktisch; **~spring** *n.* Handstandüberschlag, *der*; **~stand** *n.* Handstand, *der*; **~-to-~** *adj.* **~-to-~ combat** ein Kampf Mann gegen Mann; **~-to-mouth** *adj.* **a)** (*meagre*) kärglich, kümmerlich ⟨*Leben, Dasein*⟩; **eke out/lead a ~-to-mouth life/existence** von der Hand in den Mund leben; **b)** (*precarious*) Gelegenheits⟨*arbeit*⟩; **operate on a ~-to-mouth basis** von der Hand in den Mund leben (*fig.*); **~-towel** *n.* [Hände]handtuch, *das*; **~work** *n., no pl.* Handarbeit, *die*; **~writing** *n.* [Hand]schrift, *die*; **his style of ~writing** seine [Hand]schrift; **~-'written** *adj.* handgeschrieben; handschriftlich
handy ['hændɪ] *adj.* **a)** (*ready to hand*) griffbereit; greifbar; **keep/have sth. ~:** etw. griffbereit *od.* parat haben; **there is a ~ socket just by my bed** ich habe direkt am Bett eine Steckdose; **the house is very ~ for the market/town centre** *etc.* von dem Haus aus ist man sehr schnell am Markt/in der Stadt *usw.*; **b)** (*useful*) praktisch, nützlich; **come in ~:** praktisch sein; **that'll come in ~!** das kann ich gebrauchen!; **c)** (*adroit*) geschickt; **be ~ about the house** handwerklich geschickt sein; **be [quite/very] ~ with sth.** [ganz gut/sehr gut] mit etw. umgehen können; **he is too ~ with his gun/fists** er greift zu schnell zur Gewehr/ihm sitzen die Fäuste allzu locker
'handyman *n.* Handwerker, *der*; [home]~: Heimwerker, *der*; **be a ~:** handwerklich geschickt sein

hang [hæŋ] **1.** *v. t.*, hung [hʌŋ] (*see also* **f**): **a)** (*support from above*) hängen; aufhängen ⟨*Gardinen*⟩; **~ sth. from sth.** etw. an etw. (*Dat.*) aufhängen; **~ sth. on sth.** (*fig. sl.*) jmdm. etw. anhängen (*ugs. abwertend*); (*place on wall*) aufhängen ⟨*Bild, Gemälde, Zeichnung*⟩; **~ a picture from a nail** ein Bild an *od.* mit einem Nagel aufhängen; (*paste up*) ankleben ⟨*Tapete*⟩; **~ [the] wallpaper** tapezieren; **d)** (*install*) einhängen ⟨*Tür, Tor*⟩; **e)** (*Cookery*) abhängen lassen ⟨*Fleisch, Wild*⟩; **be well hung** gut abgehangen sein; **f)** *p. t., p.p.* hanged (*execute*) hängen, (*ugs.*) aufhängen (*for wegen*); **~ oneself** sich erhängen *od.* (*ugs.*) aufhängen; **be ~ed, drawn, and quartered** gehängt werden(, *die Eingeweide herausgenommen bekommen*) und geviertelt werden; **I'll be** *or* **I am ~ed if ...** (*fig.*) der Henker soll mich holen, wenn ...; **[well,] I'm ~ed!** beim *od.* zum Henker! (*derb*); **I'm ~ed if I will** (*said as a retort*) den Teufel werd' ich (*salopp*); **~ it!** zum Henker! (*derb*); **~ the expense!** die Kosten interessieren mich nicht; **g)** (*let droop*) **~ one's head in** *or* **for shame** beschämt den Kopf senken; **h)** (*decorate*) schmücken; **i)** **~ fire** ⟨*Schußwaffe:*⟩ mit Verzögerung losgehen; **he won't ~ fire in doing it** (*fig.*) er wird keinen Augenblick zögern, es zu tun. **2.** *v. i.* **a)** (*be supported from above*) hängen; ⟨*Kleid usw.*⟩ fallen; **~ from the ceiling** an der Decke hängen; von der Decke [herab]hängen; **~ by a rope** an einem Strick hängen; **~ in folds** ⟨*Haut, Segel, Markise, Zelt:*⟩ Falten werfen; **~ loose** lose sein; **~ tough** (*coll.*) hart bleiben; **~ in there!** halte durch!; **~ by a hair** (*fig.*) an einem Faden hängen; **he had the threat of prison ~ing over his head** ihm drohte eine Gefängnisstrafe; **time ~s heavily** *or* **heavy** die Zeit wird einem lang; **time ~s heavily** *or* **heavy on sb.** die Zeit wird jmdm. lang; *see also* **balance 1 c**; **lip a**; **thereby**; **thread 1 b**; **b)** (*be executed*) hängen (*coll.*); **let sth. go ~** (*coll.*) etw. schleifen lassen (*ugs.*); **alles schleifen lassen** (*ugs.*); **let sb. go ~:** jmdn. abschreiben (*ugs.*); **c)** (*droop*) **the dog's ears and tail hung [down]** der Hund ließ die Ohren und den Schwanz hängen; **his head hung** er hielt den Kopf gesenkt; **with his head ~ing** mit gesenktem Kopf. **3.** *n., no pl.* **a)** (*how sth. ~s*) Sitz, *der*; **the ~ of those clothes is perfect** die Kleider sitzen perfekt; **get the ~ of** (*fig. coll.*) den Knack *of, understand*) klarkommen mit (*ugs.*) ⟨*Gerät, Arbeit*⟩; (*see the meaning of*) kapieren (*ugs.*) ⟨*Sprache, Argument*⟩; **you'll soon get the ~ of it/doing it** du wirst den Bogen bald raushaben (*ugs.*)/wirst bald raushaben, wie man es macht; **b)** **I don't give** *or* **care a ~ about that/him** (*coll.*) das/er kümmert mich nicht (*ugs.*)

~ about (*Brit.*), **~ around 1.** [-'-] *v. i.* **a)** (*loiter about*) herumlungern (*salopp*); **we ~ about** *or* **around there all evening** wir hängen da den ganzen Abend rum (*ugs.*); **b)** (*coll.: wait*) warten; **keep sb. ~ing about** *or* **around** jmdn. warten lassen; **don't ~ about, get a move on!** trödel nicht, beeile dich!; **~ about!** (*sl.*) wart mal!; Sekunde mal! (*ugs.*). **2.** [---] *v. t.* herumlungern an/in *usw.* (+ *Dat.*) (*salopp*); **~ about the exit** am Ausgang herumlungern

~ 'back *v. i.* **a)** (*be reluctant*) sich zieren; **don't ~ back!** na komm schon!; **b)** (*keep rearward position*) zurückbleiben

~ on 1. [-'-] *v. i.* **a)** (*hold fast*) sich festhalten; **~ on to** (*lit.: grasp*) sich festhalten an (+ *Dat.*) ⟨*Gegenstand*⟩; (*fig. coll.: retain*) behalten ⟨*Eigentum, Stellung*⟩; **b)** (*stand firm, survive*) durchhalten; **c)** (*sl.: wait*) warten; **~ on [a minute]!** Moment *od.* (*ugs.*) Sekunde mal!; **d)** (*coll.: not ring off*) dranbleiben (*ugs.*). **2.** [--'] *v. t.* **~ on sth.** (*fig.*) von etw. abhängen; **~ on sb.'s words** jmdm. gespannt zuhören

~ 'out 1. *v. t.* **a)** (*suspend*) aufhängen ⟨*Wäsche*⟩; **b)** (*cause to protrude*) hängen lassen ⟨*Zunge, Tentakel*⟩. **2.** *v. i.* **a)** (*protrude*) heraushängen; **the dog's tongue hung out** dem Hund hing die Zunge heraus; **let it all ~ out** (*fig. sl.*) die Sau rauslassen (*ugs.*); **just let it all ~ out!** mach einfach das, wozu du lustig bist! (*ugs.*); **b)** (*sl.*) (*reside*) wohnen; seine Bude haben (*ugs.*); (*be often pres-*

ent) sich herumtreiben *(ugs.);* rumhängen *(ugs.)*
~ to'gether *v. i.* **a)** *(be coherent)* 〈*Handlung:*〉 stimmig sein; 〈*Teile eines Ganzen:*〉 sich zusammenfügen; 〈*Aussagen:*〉 zusammenstimmen; **b)** *(be or remain associated)* zusammenhalten
~ **up 1.** *v. t.* **a)** *(suspend)* aufhängen; ~ **up sth. on a hook** etw. an einen Haken hängen *od.* an einem Haken aufhängen; **b)** *(fig.: put aside)* an den Nagel hängen *(ugs.);* **c)** *(postpone)* aufschieben, vertagen 〈*Entscheidung*〉; *(indefinitely)* auf die lange Bank schieben; **d)** *(cause delay to)* aufhalten 〈*Person*〉; **the negotiations were hung up for a week** die Verhandlungen kamen für eine Woche zum Stillstand; **e)** *(sl.: cause inhibition to)* **be hung up about sth.** ein gestörtes Verhältnis zu etw. haben. *See also* **hang-up.** **2.** *v. i.* *(Teleph.)* einhängen; auflegen; ~ **up on sb.** einfach einhängen; auflegen
hangar ['hæŋə(r), 'hæŋɡə(r)] *n.* Hangar, *der;* Flugzeughalle, *die*
'**hangdog** *adj.* zerknirscht
hanger ['hæŋə(r)] *n.* **a)** *(for clothes)* Bügel, *der;* **b)** *(loop on clothes etc.)* Aufhänger, *der*
hanger-'on *n.* **there are many hangers-on in every political party** in jeder politischen Partei gibt es viele, denen es nur um den persönlichen Vorteil geht; **the rock group with its usual [crowd of] hangers-on** die Rockgruppe mit ihrem üblichen Anhang
hang: ~-**glider** *n.* Hängegleiter, *der;* Drachen, *der;* ~-**glider pilot** Drachenflieger, *der*/-fliegerin, *die;* ~-**gliding** *n.* Drachenfliegen, *das*
hanging ['hæŋɪŋ] **1.** *n.* **a)** *see* **hang 1:** [Auf]hängen, *das;* Ankleben, *das;* Einhängen, *das;* Abhängen, *das;* **b)** *(execution)* Hinrichtung [durch den Strang]; ~ **is too good for sb.** der Strang wäre noch zu eine milde Strafe [für jmdn.]; **this is a** ~ **matter** *or* **crime** darauf steht der Tod durch Erhängen; **it's/that's not a** *or* **no** ~ **matter** *(fig.)* das ist doch kein Beinbruch! *(ugs.);* **c)** *in pl.* *(drapery)* Behang, *der.* **2.** *adj.* ~ **basket/staircase/balcony** Hängekorb, *der*/freitragende Treppe/vorstehender Balkon
hanging: ~ '**gardens** *n. pl.* hängende Gärten; ~ **judge** *n.* Richter, *der,* schnell mit der Todesstrafe bei der Hand ist; ~ '**paragraph** *n.* *(Printing)* Absatz mit ausgerückter erster Zeile; ~ '**valley** *n.* *(Geog.)* Hängetal, *das;* ~ '**wardrobe** *n.* Kleiderschrank, *der*
hang: ~**man** ['hæŋmən] *n., pl.* ~**men** ['hæŋmən] Henker, *der;* ~-**over** *n.* **a)** *(after-effects)* Kater, *der (ugs.);* **b)** *(remainder)* Relikt, *das;* ~-**up** *n.* *(sl.)* **a)** *(difficulty)* Problem, *das;* **we have no** ~-**ups about morals** die Moral ist bei uns kein Thema; **b)** *(inhibition)* Macke, *die (ugs.);* **have a** ~-**up about sth.** ein gestörtes Verhältnis zu etw. haben; **c)** *(fixation)* Komplex, *der* (**about wegen**); **he has a** ~-**up about his mother** er hat einen Mutterkomplex
hank [hæŋk] *n.* Strang, *der*
hanker ['hæŋkə(r)] *v. i.* ~ **after** *or* **for** ein [heftiges] Verlangen haben nach 〈*Person, etwas Neuem, Zigarette*〉; sich *(Dat.)* sehnlichst wünschen 〈*Gelegenheit*〉
hankering ['hæŋkərɪŋ] *n.* *(craving)* Verlangen, *das* (**after, for** nach); *(longing)* Sehnsucht, *die* (**after, for** nach)
hanky ['hæŋkɪ] *n.* *(coll.)* Taschentuch, *das*
hanky-panky [hæŋkɪ'pæŋkɪ] *n., no pl., no indef. art.* *(sl.)* **a)** *(underhand dealing)* Mauschelei, *die (abwertend);* **there's been some** ~/**there was some** ~ **going on** es ist gemauschelt worden *(ugs. abwertend);* **b)** *(love affair)* Techtelmechtel, *das;* **be involved in some** ~ **with sb.** ein Techtelmechtel mit jmdm. haben; **c)** *(illicit sexual activity)* Knutscherei, *die (ugs.);* Gefummel, *das (ugs. abwertend);* **there was some** ~ **going on** es wurde geknutscht *od.* gefummelt *(ugs.)*

Hanover ['hænəʊvə(r)] *pr. n.* Hannover *(das);* **the House of** ~ *(Hist.)* das Haus Hannover
Hanoverian [hænə'vɪərɪən] **1.** *n.* *(Hist.)* Hannoveraner, *der*/Hannoveranerin, *die;* **be a** ~**:** aus dem Haus Hannover sein. **2.** *adj.* hannoversch
Hansard ['hænsɑːd] *n.* Hansard, *der; die britischen Parlamentsberichte*
Hanse ['hæns] *n.* *(Hist.)* Hanse, *die*
Hanseatic [hænsɪ'ætɪk] *adj.* **Hansisch;** ~ **town** Hansestadt, *die;* **the** ~ **League** der Hansebund
hansom [cab] ['hænsəm (kæb)] *n.* *(Hist.)* Hansom, *der*
Hants *abbr.* **Hampshire**
haphazard [hæp'hæzəd] **1.** *adj.* willkürlich 〈*Auswahl*〉; unbedacht 〈*Bemerkung*〉; **arranged in a** ~ **fashion** willkürlich *od.* wahllos angeordnet; **the whole thing was rather** ~: das Ganze geschah ziemlich planlos. **2.** *adv.* *(at random)* willkürlich; wahllos
haphazardly [hæp'hæzədlɪ] *adv.* willkürlich; wahllos; ~ **planned** planlos
hapless ['hæplɪs] *adj.* unglücklich
ha'p'orth ['heɪpəθ] *see* **halfpennyworth**
happen ['hæpn] *v. i.* **a)** *(occur)* geschehen; 〈*Vorhergesagtes:*〉 eintreffen; **these things [do]** ~: das kommt vor; **it was the only thing that 'could** ~: es konnte [gar] nicht anders kommen; **what's** ~**ing?** was ist los?; **what's** ~**ing this evening?** was ist für heute abend geplant?; **I can't** *or* **don't see 'that** ~**ing as** **this ...:** das war so ...; **nothing ever** ~**s here** hier ist nichts los; **don't let it** ~ **again!** daß mir das nicht wieder vorkommt!; **that's what** ~**s!** das kommt davon!; ~ **to sb.** jmdm. passieren; **what has** ~**ed to him/her arm?** was ist mit ihm/ihrem Arm?; **what can have** ~**ed to him?** was mag mit ihm los sein?; **it all** ~**ed so quickly that ...:** es ging alles so schnell, daß ...; **it's all** ~**ing** *(sl.)* es ist was los *(ugs.);* **it's all** ~**ing for him** *(sl.)* es läuft gut bei ihm *(ugs.);* **b)** *(chance)* ~ **to do sth./be sb.** zufällig etw. tun/jmd. sein; **as it** ~**s** *or* **as it** ~**s I have ...:** zufällig habe ich *od.* habe ich zufällig ...; **how does it** ~ **that ...?** wie kommt es, daß ...?; **do you** ~ **to know him?** kennen Sie ihn zufällig?
~ '**by** *v. i.* zufällig vorbeikommen
~ **[up]on** *v. i.* zufällig treffen 〈*Person*〉; zufällig finden 〈*Arbeit, Gegenstand*〉
happening ['hæpnɪŋ] *n.* **a)** *usu. in pl.* *(event)* Ereignis, *das;* **a regrettable** ~: ein bedauerlicher Vorfall; **such** ~**s cannot be tolerated** solche Vorfälle können nicht tolieriert werden; **b)** *(improvised performance)* Happening, *das*
happenstance ['hæpnstæns, 'hæpnstɑːns] *n.* *(Amer.)* Zufall, *der*
happily ['hæpɪlɪ] *adv.* **a)** glücklich 〈*lächeln*〉; fröhlich, vergnügt 〈*spielen, lachen*〉; gut 〈*zurechtkommen*〉; **they lived** ~ **ever after[wards]** *(at end of fairy-tale)* sie lebten fortan glücklich und zufrieden[, und wenn sie nicht gestorben sind, dann leben sie noch heute]; **b)** *(gladly)* mit Vergnügen; **c)** *(aptly)* gut; treffend *(ausdrücken, formulieren);* **d)** *(fortunately)* glücklicherweise; zum Glück; **it ended** ~: es ging gut aus
happiness ['hæpɪnɪs] *n., no pl. see* **happy a:** Glück, *das;* Heiterkeit, *die;* Zufriedenheit, *die;* **I wish you every** ~: [ich wünsche Ihnen] alles Gute
happy ['hæpɪ] *adj.* **a)** *(joyful)* glücklich; heiter 〈*Bild, Veranlagung, Ton*〉; *(contented)* zufrieden; *(causing joy)* froh 〈*Gedanke, Erinnerung, Szene*〉; glücklich 〈*Zeiten*〉; **I'm not** ~ **with her work** ich bin mit ihrer Arbeit nicht zufrieden; **not be** ~ **about sth./doing sth.** nicht froh über etw. *(Akk.)* sein/etw. nicht gern tun; **are you** ~? *(not needing help)* kommen Sie allein zurecht?; ~ **birthday!** herzlichen Glück-

wunsch zum Geburtstag!; ~ **anniversary!** herzlichen Glückwunsch! [*zum Jahrestag*]; ~ **Christmas!** frohe Weihnachten!; ~ **New Year!** ein glückliches neues Jahr!; ~ **days/landings!** *(dated coll.)* viel Glück!; ~ **event** *(euphem.: birth)* freudiges Ereignis *(verhüll.);* **[strike] a** ~ **medium** den goldenen Mittelweg [wählen]; ~ **release** *(death)* Erlösung, *die; see also* **day a;** '**lark; return 3 a; sandboy; b)** *(glad)* **be** ~ **to do sth.** etw. gern *od.* mit Vergnügen tun; **I'm** ~ **to meet you** [es] freut mich, Sie kennenzulernen; **I'm** ~ **for you** das freut mich für dich; **make sb.** ~: jmdn. zufriedenstellen; **yes, I'd be** ~ **to** *(as reply to request)* ja, gern *od.* mit Vergnügen; **I'd be only too** ~ **to do that** ich würde das nur zu gern tun; **c)** *(lucky)* glücklich; **by a** ~ **chance/accident/coincidence** durch einen glücklichen Zufall; **d)** *(apt)* glücklich 〈*Einfall*〉; gut 〈*Wahl, Methode*〉; **e)** *in comb.* *(quick to use sth.)* **bomb-**~: mit Bomben schnell bei der Hand *nur präd.;* **gun-**~: schießwütig *(ugs.); see also* **slap-happy; trigger-happy**
happy: ~ '**ending** *n.* Happy-End, *das;* ~ '**families** *n. sing.* *(Cards)* Quartett, *das;* ~-**go-**'**lucky** *adj.* sorglos; unbekümmert; ~ **hour** *n.* Zeitspanne am frühen Abend, in der die Getränke in einer Bar o. ä. billiger verkauft werden; ~ '**hunting-ground[s]** *n. [pl.]* **a)** *(N. Amer. Ind. Mythol.)* **the** ~ **hunting-grounds** die ewigen Jagdgründe; **b)** *(fig.)* Eldorado, *das*
hara-kiri [hærə'kɪrɪ] *n.* Harakiri, *das*
harangue [hə'ræŋ] **1.** *n.* Tirade, *die (abwertend).* **2.** *v. t.* eine Ansprache halten an (+ *Akk.*); **stop haranguing me about how ...:** hör auf, mir ständig zu predigen *(ugs.),* wie ...
harass ['hærəs] *v. t.* schikanieren; **constantly** ~ **the enemy** den Feind nicht zur Ruhe kommen lassen; ~ **sb. with complaints** jmdn. mit [ständigen] Beschwerden belästigen; ~ **sb. into doing sth.** jmdm. so lange zusetzen, daß er etw. tut
harassed ['hærəst] *adj.* geplagt (**with** von); gequält 〈*Blick, Ausdruck*〉
harassment ['hærəsmənt] *n.* Schikanierung, *die;* constant ~ **of the enemy** ständiger Kleinkrieg mit dem Feind; **sexual** ~: [sexuelle] Belästigung
harbinger ['hɑːbɪndʒə(r)] *n.* Vorbote, *der*/Vorbotin, *die*
harbour *(Brit.;* **Amer.:** *harbor)* ['hɑːbə(r)] **1.** *n.* **a)** *(for ships)* Hafen, *der;* **in** ~: im Hafen; **b)** *(shelter)* Unterschlupf, *der.* **2.** *v. t.* beherbergen; Unterschlupf gewähren (+ *Dat.*) 〈*Verbrecher, Flüchtling*〉; *(fig.)* hegen *(geh.)* 〈*Hoffnung, Groll, Verdacht*〉
'**harbour-master** *n.* Hafenmeister, *der*
hard [hɑːd] **1.** *adj.* **a)** hart, fest 〈*Gelee, Eiskrem, Preis*〉; stark, heftig 〈*Regen*〉; hart, streng 〈*Frost*〉; gesichert 〈*Beweis, Zahlen, Daten, Information*〉; ~ **water area** Gebiet mit hartem Wasser; **drive a** ~ **bargain** hart verhandeln; **a drop of the** ~ **stuff** *(coll.)* ein Hochprozentiges; **the** ~ **fact is that ...:** es ist einfach eine Tatsache, daß ...; ~ **facts** nackte *od.* unumstößliche Tatsachen; *see also* **cheese c; iron 1 a; liquor a; nail 1 b; nut a;** **b)** *(difficult)* schwer; schwierig; **this is** ~ **to believe** das ist kaum zu glauben; **it is** ~ **to do sth.** es ist schwer, etw. zu tun; **he's** ~ **to get on with** mit ihm ist schwer auszukommen; **this is a [very]** ~ **thing [for me] to say** es fällt mir [sehr] schwer, das zu sagen; **make it** ~ **for sb. [to do sth.]** es jmdm. schwermachen[, etw. zu tun]; **make sth.** ~ **for sb.** jmdm. etw. schwermachen; **[choose to] go about/do sth. the** ~ **way** es sich *(Dat.)* nicht unnötig einfach machen; **learn sth. the** ~ **way** etw. durch schlechte Erfahrungen lernen; **be [a]** ~ **[person] to please/prove wrong/catch out** schwer zufriedenzustellen/zu widerlegen/zu über-

337

führen sein; **be ~ to convince** [**of sth.**] schwer [von etw.] zu überzeugen sein; **be ~ to understand** schwer zu verstehen sein; **have a ~ row to hoe** *(fig. dated)* es nicht leicht haben; **be ~ of hearing** schwerhörig sein; **be ~ going** ⟨*Buch:*⟩ sich schwer lesen; ⟨*Arbeit:*⟩ anstrengend sein; **play ~ to get** *(coll.)* so tun, als sei man nicht interessiert; **have a ~ time doing sth.** Schwierigkeiten haben, etw. zu tun; **give sb. a ~ time** jmdm. das Leben schwermachen; **it's a ~ life** *(joc.)* das Leben ist schwer; c) *(involving suffering)* hart, anstrengend, beschwerlich ⟨*Marsch*⟩; **it is** [**a bit**] ~ **on him** es ist [schon] schlimm für ihn; ~ **luck** *(coll.)* Pech; *see also* ¹**line 1 a**; d) *(strenuous)* hart; beschwerlich ⟨*Reise*⟩; konzentriert ⟨*Gespräch, Diskussion*⟩; leidenschaftlich ⟨*Spieler*⟩; **be a ~ drinker** viel trinken; **this is really ~ work!** *(coll.)* das ist wirklich nicht leicht; **go in** [**too much**] **for ~ drinking/gambling** zu viel trinken/spielen; **be a ~ worker/campaigner** sehr viel arbeiten/sich im Wahlkampf voll einsetzen; **try one's ~est to do sth.** sich nach Kräften bemühen, etw. zu tun; **I worked my very ~est** ich arbeitete, so hart ich konnte; e) *(vigorous)* heftig ⟨*Angriff, Schlag*⟩; kräftig ⟨*Schlag, Stoß, Tritt, Klaps*⟩; *(severe)* streng ⟨*Winter*⟩; *(strong)* hart, hochprozentig ⟨*alkoholisches Getränk*⟩; f) *(unfeeling)* hart; streng ⟨*Kritiker*⟩; **be** [**up**]**on sb.** streng mit jmdm. sein; **take a ~ line** [**with sb. on sth.**] [in bezug auf etw. *(Akk.)*] eine harte Linie [gegenüber jmdm.] vertreten; *see also* **nail 1 b**; g) *(harsh)* hart; **be ~ on sb./sth.** jmdn./etw. strapazieren; h) *(Phonet.)* hart. **2.** *adv.* a) *(strenuously)* hart ⟨arbeiten, trainieren⟩; schnell ⟨laufen⟩; fleißig ⟨lernen, studieren, üben⟩; genau ⟨überlegen, beobachten, ansehen⟩; scharf ⟨nachdenken⟩; gut ⟨aufpassen, zuhören, sich festhalten⟩; fest ⟨kleben⟩; **he drinks ~**: er ist ein starker Trinker; **concentrate ~/~ at it** sich sehr/mehr konzentrieren; **try ~**: sich sehr bemühen; **work ~ and play ~**: intensiv arbeiten und leben; **be ~ at work on sth.** an etw. *(Dat.)* konzentriert arbeiten; **go ~ at it** sich richtig hineinknien *(ugs.)*; **be ~ 'at it** schwer arbeiten; **we found him already ~ 'at it** wir fanden ihn schon mitten in der Arbeit; **it's freezing ~ outside** es friert Stein und Bein draußen *(ugs.)*; b) *(vigorously)* heftig; herzhaft ⟨küssen⟩; laut ⟨rufen⟩; fest ⟨schlagen, drücken, klopfen⟩; c) *(severely, drastically)* hart; streng ⟨zensieren⟩; **come down ~ on sb.** jmdn. zusammenstauchen *(ugs.)*; **cut back or down ~ on sth.** etw. drastisch einschränken; **he took the news very ~**: die Nachricht traf ihn hart *od.* sehr; **be ~ up** knapp bei Kasse sein *(ugs.)*; **be ~ up for sth.** um etw. verlegen sein; d) *(with difficulty)* **it goes ~ with sb.** jmd. bekommt Schwierigkeiten; **be ~ put to it** [**to do sth.**] große Schwierigkeiten haben[, etw. zu tun]; e) hart ⟨kochen⟩; fest ⟨gefrieren [lassen]⟩; **bake ~**: abbacken; **set ~**: fest werden; f) *(close)* **darkness/trouble is ~ at hand** es wird gleich dunkel/gibt gleich Ärger; **follow ~ upon sth.** unmittelbar auf etw. *(Akk.)* folgen; **~ by** in nächster Nähe; **~ by sth.** nahe an etw. *(Dat.)*; *see also* **heel 1 a**; **trail 1 b**; g) *(Naut.)* hart; **~ a-port!** hart backbord!

hard: **~ and 'fast** *see* ²**fast 1 a**; **~back** *(Printing)* **1.** *n.* gebundene Ausgabe; Hardcover-Ausgabe, *die*; Hard-cover ⟨-Verlag, -Verkäufe⟩; **in ~back** gebunden; mit festem Einband; **2.** *adj.* gebunden; Hard-cover-; **~-backed** ['hɑːdbækt] *adj. see* **~back 2**; **~bitten** *adj.* hartgesotten, abgebrüht *(ugs.)* ⟨Veteran, Journalist, Karrieremacher⟩; **~board** *n.* Hartfaserplatte, *die*; Hartfaser⟨trennwand, -unterlage⟩; *attrib.* **~-boiled** *adj.* a) *(boiled solid)* hartgekocht; b) *(fig.) (shrewd)* ausgekocht *(ugs.)*; *(realistic, unsentimental)* realistisch; *(tough)* hartgesotten; **~ 'case** *n. (intractable person)* ausgebuffter Typ *(ugs.)*; *(criminal)* Gangster, *der*; **~ 'cash** *n.* a) *(coins)* Hartgeld, *das*; b) *(actual money)* Bargeld, *das*; **in ~ cash** in bar ⟨bezahlen⟩; **~ 'coal** *n.* Anthrazit, *der*; ≈ Steinkohle, *die*; **'disc** *n.* *(Computing)* Hardcopy, *die*; Papierausdruck, *der*; **~ 'core** *n.* a) *(nucleus)* harter Kern; b) *(of a problem)* Kern, *der*; *(Brit.: material)* Packlage, *die* ⟨Bauw.⟩; **~-core** *attrib. adj.* hart ⟨Pornographie⟩; zum harten Kern gehörend ⟨Terrorist⟩; **~ 'court** *n.* *(Tennis)* Hartplatz, *der*; **~ 'cover** *n.* Hardcover-Einband, *der*; *attrib.* Hard-cover ⟨-Ausgabe⟩; **in ~ covers** als Hard cover ⟨herauskommen⟩; **~ 'currency** *n. (Econ.)* harte Währung; *attrib.* ⟨Markt, Land⟩ mit harter Währung; **~-currency shop** Geschäft, in dem nur harte Währungen angenommen werden; **~ 'disc** **disc c**; **~-drinking** *attrib. adj.* ⟨Mann/Frau:⟩ der/die viel [Alkohol] trinkt; **~ drug** *n.* harte Droge; **~-earned** *adj.* schwer verdient

harden ['hɑːdn] **1.** *v. t.* a) *(make hard)* härten; b) *(fig.: reinforce)* bestärken (**in** in + Dat.); **~ sb.'s attitude/conviction** jmdn. in seiner Haltung/Überzeugung bestärken; c) *(make robust)* abhärten (**to** gegen); d) *(make tough)* unempfindlich machen (**to** gegen); **~ sb./oneself to sth.** jmdn./sich gegenüber etw. hart machen; **~ sb. to killing** jmdn. an das Töten gewöhnen; **he ~ed his heart against her** er verhärtete sich gegen sie. **2.** *v. i.* a) *(become hard)* hart werden; härten; b) *(become confirmed)* sich verhärten; ⟨Preis:⟩ sich festigen; d) *(become severe)* ⟨Gesicht:⟩ einen harten Ausdruck annehmen; ⟨Gesichtsausdruck:⟩ hart werden; **his face ~ed into anger** sein Gesicht verhärtete sich zornig

~ 'off *v. t.* widerstandsfähig machen ⟨Pflanze⟩

hardened ['hɑːdnd] *adj.* a) verhärtet ⟨Arterie⟩; b) *(grown tough)* abgehärtet, unempfindlich (**to, against** gegen); hartgesotten ⟨Verbrecher, Sünder, Krieger⟩; **be ~ to sth.** gegen etw. unempfindlich sein; **become** *or* **get ~ to sth.** gegen etw. unempfindlich werden; **a ~ drinker** jemand, der viel verträgt; c) *(seasoned)* eingefleischt

hardener ['hɑːdnə(r)] *n.* Härter, *der*

hardening ['hɑːdnɪŋ] *n.* a) *(of steel)* Härten, *das*; *(of arteries)* Verhärtung, *die*; b) *(making callous)* Verhärtung, *die*

hard: **~-featured** *adj. (Person)* mit harten Gesichtszügen; hart ⟨Gesicht⟩; **~ 'feeling**[**s**] *n.* [*pl.*] *(coll.)* **no ~ feelings** schon gut; **make sure there are no ~ feelings** dafür sorgen, daß er/sie/*usw.* nicht mehr böse ist; **with no ~ feelings on either side** ohne daß es einer dem anderen nachträgt; **~-fought** *adj.* heftig ⟨Kampf⟩; hart ⟨Spiel, Wettbewerb⟩; **~ 'hat** *n.* a) *(Brit.: bowler hat)* Bowler, *der*; b) *(protective headgear)* Schutzhelm, *der*; **~-headed** *adj.* sachlich, nüchtern; **be ~-headed about what one wants** genau wissen, was man will; **~-hearted** [hɑːd'hɑːtɪd] *adj.* hartherzig (**towards** gegenüber); **~-'hitting** *adj.* schlagkräftig *(fig.)* aggressiv ⟨Rede, Politik, Kritik⟩

hardiness ['hɑːdɪnɪs] *n., no pl.* Widerstandsfähigkeit, *die*

hard: **~ 'labour** *n.* Zwangsarbeit, *die*; **~ 'landing** *n. (Astronaut.)* harte Landung; **~-line** *adj.* kompromißlos; **~-liner** *n.* Befürworter einer harten Linie ⟨on gegenüber⟩; **~-'luck story** *n.* Leidensgeschichte,

hardly ['hɑːdlɪ] *adv.* kaum; **he can ~ have arrived yet** er kann ihn kaum jetzt schon angekommen sein; **~ anyone** *or* **anybody/anything** kaum jemand/etwas; fast niemand/nichts; **~ any wine/beds** kaum Wein/Betten; fast kein Wein/keine Betten; **~ ever** so gut wie nie; **~ at all** fast überhaupt nicht

hard 'money *n. (Amer.)* Hartgeld, *das*

hardness ['hɑːdnɪs] *n., no pl.* Härte, *die*; *(of blow)* Heftigkeit, *die*; *(of person)* Strenge, *die*; **~ of hearing** Schwerhörigkeit, *die*

hard: **~ 'news** *n. sing.* gesicherte Fakten; **~-nose**[**d**] ['hɑːdnəʊz(d)] *adj. (coll.)* abgebrüht; **~-on** *n. (sl.)* Ständer, *der (ugs.)*; **~ 'palate** *n. (Anat.)* harter Gaumen; **~ 'pressed** *adj.* bedrängt; **be ~ pressed** große Schwierigkeiten haben; **~ 'rock** *n. (Mus.)* Hard Rock, *der*; **~-scrabble** *(Amer.)* **1.** *n.* karger Boden; **2.** *adj.* ertragsarm ⟨Bauernhof⟩; karg ⟨Boden, Feld, Acker⟩; **~ 'sell** *n.* aggressive Verkaufsmethoden; *attrib.* aggressiv ⟨Werbung, [Verkaufs]methode⟩

hardship ['hɑːdʃɪp] *n.* a) *no pl., no indef. art.* Not, *die*; Elend, *das*; **life of ~**: entbehrungsreiches *od.* hartes Leben; b) *(instance)* Notlage, *die*; Entbehrungen; **if it's not too much of a ~ for you** wenn es nicht zuviel verlangt ist; c) *(sth. causing suffering)* Unannehmlichkeit, *die*

hard: **~ 'shoulder** *n.* Standspur, *die*; **~ 'standing** *n.* befestigter Abstellplatz; **~ 'tack** *n.* Schiffszwieback, *der*; **it'll be ~ tack from now on** *(fig.)* von jetzt an gibt es nur noch trocken Brot *(fig.)*; **~-top** *n.* Hardtop, *das*; **~ware** *n., no pl., no indef. art.* a) *(goods)* Eisenwaren *Pl.*; *(for domestic use also)* Haushaltswaren *Pl.*; *attrib.* Eisen-/Haushaltswaren⟨geschäft⟩; **~** *(sl.: weapons)* Schießeisen *(ugs.)*; **military ~ware** Waffen *Pl.*; c) *(Computing)* Hardware, *die*; **~-wearing** *adj.* strapazierfähig; **~ 'wheat** *n.* Hartweizen, *der*; **~-wired** *adj. (Computing)* festverdrahtet; **~-won** *adj.* schwer errungen *od.* erkämpft ⟨Sieg⟩; mühsam gewonnen ⟨Schlacht⟩; schwer erarbeitet ⟨Reichtum⟩; **~wood** *n.* Hartholz, *das*; *attrib.* Hartholz⟨möbel, -fußboden, -baum⟩; **~ 'words** *n. pl.* a) *(difficult to understand)* schwierige Wörter; b) *(angry)* harte Worte; **~-working** *adj.* fleißig ⟨Person⟩

hardy ['hɑːdɪ] *adj.* a) *(robust)* abgehärtet, zäh, robust ⟨Rasse⟩; b) *(Hort.)* winterhart; c) *(bold)* unerschrocken

hardy: **~ 'annual** *n.* a) *(Hort.)* winterharte einjährige Pflanze; b) *(fig. joc.)* nicht totzukriegendes Thema *(scherzh.)*; **~ per'ennial** *n.* a) *(Hort.)* winterharte mehrjährige Pflanze; b) *(fig. joc.)* Dauerbrenner, *der (ugs.)*

hare [heə(r)] **1.** *n.* Hase, *der*; **run like a ~**: wie ein geölter Blitz laufen *(ugs.)*; [**as**] **mad as a March ~** *(fig.)* völlig verrückt *(ugs.)*; **run with the ~ and hunt with the hounds** *(fig.)* auf beiden Schultern *od.* Achseln Wasser tragen *(veralt.)*. **2.** *v. i.* sausen *(ugs.)*; **go haring about** herumsausen *(ugs.)*

hare: **~ and 'hounds** *n. sing.* Schnitzeljagd, *die*; **~ 'bell** *n. (Bot.)* a) *(Scottish bluebell)* Rundblättrige Glockenblume; b) *(English bluebell)* Hasenglöckchen, *das*; **~-brained** *adj.* unüberlegt; **~'lip** *n.* Hasenscharte, *die*

harem ['hɑːriːm, hɑː'riːm] *n.* Harem, *der*

haricot ['hærɪkəʊ] *n. (Cookery)* Ragout, *das*; **~ of veal** Kalbsragout, *die see* **haricot bean**

haricot bean *n.* Gartenbohne, *die*; *(pod also)* grüne Bohne; *(seed also)* weiße Bohne

hark [hɑːk] *v. i.* a) *(arch.: listen)* **~** [**to sb.**] hören [auf jmdn.]; **~!** horch!/horcht!; b) *(coll.)* **just ~ at him!** hör du hin/hört ihn euch nur an!

hark *v. i.* **~ back to** *(come back to)* zurückkommen auf (+ *Akk.*); zurückgreifen auf (+ *Akk.*) ⟨Tradition⟩; wieder anfangen von ⟨alten Zeiten⟩; *(of Idee, Brauch:)* zurückgehen auf (+ *Akk.*)

Harlequin ['hɑːlɪkwɪn] *n.* Harlekin, *der*

harlot ['hɑːlət] *n. (arch./derog.)* Metze, *die (veralt.)*

harlotry ['hɑːlətrɪ] n. (arch./derog.) Prostitution, die

harm [hɑːm] 1. n. Schaden, der; do ~: Schaden anrichten; do ~ to sb., do sb. ~: jmdm. schaden; (injure) jmdm. verletzen; the blow didn't do him any ~: der Schlag war harmlos; the dog won't do you any ~: der Hund tut dir nichts; it will do you no or won't do you any ~ (iron.) es würde dir nichts schaden; do ~ to sth. einer Sache (Dat.) schaden; sb./sth. comes to no ~: jmdm./einer Sache passiert nichts; there is no ~ done nichts ist passiert; there's no ~ in doing sth., it will do no ~ to do sth. (could be of benefit) es kann nicht schaden, etw. zu tun; there's no ~ in asking Fragen kostet nichts; it will do more ~ than good es wird mehr schaden als nützen; where's or what's the ~ in it? was ist denn schon dabei?; see no ~ in it/sth./doing sth. nichts dabei/bei etw. finden/dabei finden, etw. zu tun; let's hope no ~ will come of it wir wollen hoffen, daß es sich nicht negativ auswirkt; stay here, out of ~'s way bleib hier, wo dir nichts passieren kann; keep out of ~'s way der Gefahr fernbleiben; an einem sicheren Ort aufbewahren ⟨Medikamente⟩; von der Gefahr fernhalten ⟨Person⟩; get sb. out of ~'s way jmdn. in Sicherheit bringen; a. 2. ³mean a. 2. v.t. etwas [zuleide] tun (+ Dat.); schaden (+ Dat.) ⟨Beziehungen, Land, Karriere, Ruf⟩
harmful ['hɑːmfl] adj. schädlich (to für); schlecht ⟨Angewohnheit⟩
harmfulness ['hɑːmflnɪs] n., no pl. Schädlichkeit, die
harmless ['hɑːmlɪs] adj. harmlos; make or render ~: unschädlich machen; entschärfen ⟨Bombe⟩
harmlessly ['hɑːmlɪslɪ] adv. ohne Schaden anzurichten
harmlessness ['hɑːmlɪsnɪs] n., no pl. Harmlosigkeit, die
harmonic [hɑːˈmɒnɪk] 1. adj. (also Mus., Math.) harmonisch. 2. n. a) (Mus.) Oberton, der; b) (component frequency) Harmonische (Physik); upper ~s harmonische Oberschwingungen (Physik)
harmonica [hɑːˈmɒnɪkə] n. (Mus.) Mundharmonika, die
harmonious [hɑːˈməʊnɪəs] adj., **harmoniously** [hɑːˈməʊnɪəslɪ] adv. harmonisch
harmonise see harmonize
harmonium [hɑːˈməʊnɪəm] n. (Mus.) Harmonium, das
harmonize ['hɑːmənaɪz] 1. v.t. a) (bring into harmony) aufeinander abstimmen; ~ sth. with sth. etw. mit etw. in Einklang bringen od. auf etw. (Akk.) abstimmen; b) (Mus.) harmonisieren. 2. v.i. (be in harmony) harmonieren (with mit); ⟨Interessen, Ansichten, Wort und Tat:⟩ miteinander im od. in Einklang stehen; ~ well together ⟨Farben, Klänge:⟩ gut harmonieren
harmony ['hɑːmənɪ] n. a) Harmonie, die; live in perfect ~: völlig harmonisch od. in vollkommener Harmonie zusammenleben; peace and ~: Friede und Eintracht, die; be in ~: see harmonize 2; be in ~ with sth. mit etw. im od. in Einklang stehen; be out of ~ with sth. mit etw. nicht im od. in Einklang stehen; b) (Mus.) Harmonie, die; (theory of ~) Harmonielehre, die; sing in ~: mehrstimmig singen; see also sphere c
harness ['hɑːnɪs] 1. n. a) Geschirr, das; (on parachute) Gurtzeug, das; (for toddler, dog) Laufgeschirr, das; (for window-cleaner, steeplejack, etc.) Sicherheitsgürtel, der; in ~ (fig.) (in the daily routine) in der Tretmühle (ugs. abwertend); (together) gemeinsam; die in ~: in den Sielen sterben; out of ~ (fig.) außer Dienst; see also double harness. 2. v.t. (put ~ on) anschirren; ~ a horse to a cart ein Pferd vor einen Wagen spannen; b) (fig.) nutzen

'**harness-racing** Trabrennen, das
harp [hɑːp] 1. n. Harfe, die. 2. v.i. ~ on [about] sth. [immer wieder] von etw. reden; (critically) auf etw. (Dat.) herumreiten (salopp); (complainingly) über etw. (Akk.) lamentieren (ugs.); don't ~ on about it! hör auf damit!
harpist ['hɑːpɪst] n. Harfenist, der/Harfenistin, die; Harfenspieler, der/-spielerin, die
harpoon [hɑːˈpuːn] 1. n. Harpune, die. 2. v.t. harpunieren
harpoon-'gun n. Harpunengeschütz, das
'**harp-seal** n. (Zool.) Sattelrobbe, die
harpsichord ['hɑːpsɪkɔːd] n. (Mus.) Cembalo, das
harpy ['hɑːpɪ] n. a) (grasping person) Hyäne, die (ugs. abwertend); b) (Greek and Roman Mythol.) Harpyie, die
harridan ['hærɪdən] n. Schreckschraube, die (ugs. abwertend)
harrier ['hærɪə(r)] n. a) (Ornith.) Weihe, die; b) (Hunting) Harrier, der (Hund für die Hasenjagd); c) (Sport) Querfeldeinläufer, der/-läuferin, die
Harris tweed [hærɪs 'twiːd] n. Harris-Tweed, der; attrib. Harris-Tweed⟨-Jackett⟩
harrow ['hærəʊ] 1. n. Egge, die. 2. v.t. a) eggen; b) (distress) quälen
harrowing ['hærəʊɪŋ] adj. entsetzlich; (horrific) grauenhaft ⟨Anblick, Geschichte⟩
harry ['hærɪ] v.t. a) ~ [continuously] wiederholt angreifen; b) (harass) bedrängen; be harried by telephone calls von Anrufern belästigt werden
harsh [hɑːʃ] adj. a) rauh ⟨Gewebe, Oberfläche, Gegend, Land, Klima⟩; schrill ⟨Ton, Stimme⟩; grell ⟨Licht, Farbe, Ton⟩; schroff, stark ⟨Kontrast⟩; scharf ⟨Geschmack⟩; stechend ⟨Geruch⟩; hart ⟨Bedingungen, Leben⟩; b) (excessively severe) [sehr] hart; [äußerst] streng ⟨Richter, Disziplin⟩; rücksichtslos ⟨Tyrann, Herrscher, Verhalten, Politik⟩; back to ~ reality zurück zur grauen Wirklichkeit; don't be ~ on him sei nicht zu streng mit ihm
harshly ['hɑːʃlɪ] adv. a) (disagreeably) grell ⟨klingen⟩; in schroffem Ton ⟨reden⟩; b) (extremely severely) [sehr] hart
harshness ['hɑːʃnɪs] n., no pl. a) see harsh a: Rauheit, die; schriller Klang, Grelle, die; Schroffheit, die; Schärfe, die (of life conditions) Härte, die; b) see harsh b: Härte, die; Strenge, die; Rücksichtslosigkeit, die
hart [hɑːt] n. Hirsch, der
harum-scarum [heərəmˈskeərəm] (coll.) 1. adj. unbesonnen. 2. n. Wildfang, der
harvest ['hɑːvɪst] 1. n. a) Ernte, die; timber ~: Holzschlag, der; find/reap a [rich] harvest (fig.) einen [tollen] Fang machen; b) (time) Erntezeit, die. 2. v.t. ernten; schlagen ⟨Holz⟩; lesen ⟨Weintrauben⟩; fangen ⟨Fisch⟩; (fig.) gewinnen ⟨Energie⟩; ansammeln ⟨Vermögen⟩; ~ the crops die Ernte einbringen; ~ the fruits of one's labours (fig.) die Früchte seiner Arbeit ernten
harvester ['hɑːvɪstə(r)] n. a) (machine) Erntemaschine, die; see also combine 3 b; b) (person) Ernteabeiter, der/-arbeiterin, die
harvest: ~ '**festival** n. Erntedankfest, das; ~ '**home** n. Erntefest, das; ~ **man** ['hɑːvɪstmən] n., pl. -men ['hɑːvɪstmən] (Zool.) Weberknecht, der; ~ '**moon** n. Vollmond zur Zeit der Herbst-Tagundnachtgleiche; ~ **mouse** n. Zwergmaus, die
has see have 1, 2
has-been ['hæzbiːn] n. (coll.) be [a bit of] a ~: seine besten Jahre hinter sich haben; a seedy ~ of an actor ein abgetakelter Schauspieler
¹**hash** [hæʃ] 1. n. (Cookery) Haschee, das; (fig.) Aufguß, der (abwertend); make a ~ of sth. (coll.) etw. verpfuschen od. verpatzen (ugs.); settle sb.'s ~ (coll.) jmdn. zur Vernunft bringen; (by forceful methods) jmdn. unschädlich machen; I'll settle his ~: dem werd' ich's zeigen (ugs.). 2. v.t. haschieren; (fig. coll.) verpfuschen (ugs.); verpatzen (ugs.); ~ and rehash sth. etw. x-mal durchkauen (ugs.)
~ '**up** v.t. zerkleinern; (fig. coll.) verpfuschen (ugs.); verpatzen (ugs.)
²**hash** n. (coll.: drug) Hasch, das (ugs.)
hashish ['hæʃɪʃ] n. Haschisch, das
Hasidic [həˈsɪdɪc] adj. chassidisch
hasn't ['hæznt] = has not; see have 1, 2
hasp [hɑːsp] n. Haspe, die; (fastener snapping into a lock) [Schnapp]schloß, das; (fastener for book or cape) Schließe, die
hassle ['hæsl] (coll.) 1. n. ~[s] Krach, der (ugs.); (trouble, problem) Ärger, der; get involved in ~s with sb. mit jmdm. Ärger kriegen (ugs.); no end of ~[s] nichts als Ärger; it's a real ~: das ist ein echtes Problem; it's too much [of a]/such a ~: das macht zuviel/soviel Umstände. 2. v.t. schikanieren; don't ~ me nerv mich nicht (ugs.)
hassock ['hæsək] n. a) (cushion) Kniekissen, das; b) (tuft of grass) Grasbüschel, das
haste [heɪst] n. Hast, die; Eile, die (rush) Hast, die; in his ~: in seiner Hast; no need for ~: kein Grund zur Eile; more ~, less speed (prov.) eile mit Weile (Spr.); do sth. in ~: etw. eilig tun; yours in ~ (at end of letter) in Eile, Dein/Deine; make ~: sich beeilen
hasten ['heɪsn] 1. v.t. (cause to hurry) drängen; (accelerate) beschleunigen. 2. v.i. eilen; (precipitately) hasten (geh.); ~ away davoneilen; ~ to do sth. sich beeilen, etw. zu tun; I ~ to add/say ich muß od. möchte gleich hinzufügen/sagen
hastily ['heɪstɪlɪ] adv. (hurriedly) eilig; (precipitately) hastig; (rashly) übereilt; (quick-tempered) heftig, hitzig; judge sb. too ~: jmdn. vorschnell beurteilen
hasty ['heɪstɪ] adj. (hurried) eilig; flüchtig ⟨Skizze, Blick⟩; (precipitate) hastig; (rash) übereilt; (quick-tempered) heftig, hitzig; beat a ~ retreat sich schnellstens zurückziehen od. (ugs.) aus dem Staub machen; (fig.) schnell einen Rückzieher machen; he's a man of ~ temper/disposition er hat eine recht hitzige Art
hasty 'pudding n. (Brit.) Mehlbrei, der; (Amer.) Maismehlbrei, der
hat [hæt] n. a) Hut, der; [sailor's/woollen/knitted] ~: [Matrosen-/Woll-/Strick]mütze, die; without a ~: ohne Hut/Mütze; doff or raise one's ~ to sb. vor jmdm. den Hut ziehen; take off one's ~, take one's ~ off seinen od. den Hut abnehmen; take one's ~ off to or take off one's ~ to sb. (fig., lit. or fig.) vor jmdm./etw. den Hut ziehen; ~s off to him! Hut ab vor ihm!; b) (fig.) bad ~ (Brit. sl.) übler Kunde (Spr.); at the drop of a ~: auf der Stelle; sb. will/would eat his ~ if ...: jmd. frißt einen Besen/will einen Besen fressen, wenn ...; (salopp); somewhere or a place to hang [up] one's ~: ein Ort, an dem man zu Hause ist; throw one's ~ in the ring seine Kandidatur anmelden; my ~! expr. surprise ist es/[denn] das die Möglichkeit! (ugs.); expr. disbelief daß ich nicht lache! (ugs.); be old ~ (coll.) ein alter Hut sein (ugs.); become old ~ (coll.) aus der Mode kommen; they pulled his name out of a ~: er wurde ganz zufällig ausgewählt; produce sth. out of a ~: etw. aus dem Ärmel schütteln; pass or send round the ~ or the ~ round (coll.) den Hut herumgehen lassen; with ~ in hand demütig; talk through one's ~ (sl.) dummes Zeug reden (ugs.); keep sth. under one's ~: etw. für sich behalten; [when he is] wearing his ... ~: in seiner Rolle als ...; switch ~s die Rollen vertauschen; wear two ~s zwei Interessen gleichzeitig vertreten
hat: ~**band** n. Hutband, das; ~**box** n. Hutschachtel, die
¹**hatch** [hætʃ] n. a) (opening) Luke, die;

under ~es unter Deck; **down the ~!** *(fig. sl.)* runter damit! *(ugs.)*; **b)** *(serving-~)* Durchreiche, *die. See also* **escape-hatch**
²**hatch 1.** *v. t. (lit. or fig.)* ausbrüten. **2.** *v. i.* [aus]schlüpfen; *see also* **chicken 1 a. 3.** *n.* **a)** *(act of ~ing)* Schlüpfen, *das;* **b)** *(brood ~ed)* Brut, *die*
~ 'out 1. *v. i.* ausschlüpfen; **the eggs have ~ed out** die Eier sind ausgebrütet. **2.** *v. t.* ausbrüten
~ 'up *v. t.* ausbrüten *(fig.);* aushecken *(ugs.)*
³**hatch** *v. t. (Art)* schraffieren
'**hatchback** *n.* **a)** *(door)* Heckklappe, *die;* **a ~ model** ein Modell mit Heckklappe; **b)** *(vehicle)* Schrägheckklimousine, *die*
hatchery ['hætʃərɪ] *n. (for birds)* Brutplatz, *der; (for fish)* Laichplatz, *der*
hatchet ['hætʃɪt] *n.* Beil, *das;* **bury the ~** *(fig.)* das Kriegsbeil begraben
hatchet: ~ face *n.* scharfgeschnittenes Gesicht; **~-faced** *adj.* mit scharfen Gesichtszügen nachgestellt; **~ job** *n.* **do a ~ job on sb./sth.** jmdn./etw. in der Luft zerreißen *(salopp);* **~ man a)** *(professional killer)* Killer, *der;* **be a real ~ man** *(fig.)* kein Pardon kennen; **b)** *(henchman)* Erfüllungsgehilfe, *der (fig. abwertend)*
hatchling ['hætʃlɪŋ] *n.* Junge, *das*
hatchment ['hætʃmənt] *n. (Her.)* Totenschild, *der od. das*
hate [heɪt] **1.** *n.* **a)** Haß, *der;* **~ for sb.** Haß auf jmdn. gegen jmdn.; **b)** *(coll.: object of dislike)* **be sb.'s ~:** jmdm. verhaßt sein; **my pet ~ at the moment is ...:** ... hasse ich zur Zeit am meisten. **2.** *v. t.* hassen; **I ~ having to get up at seven** ich hasse es, um sieben Uhr aufstehen zu müssen; **I ~ to say this** *(coll.)* ich sage das nicht gern; **I ~ [having] to trouble you** *(coll.)* tut mir leid, daß ich Sie damit behelligen muß; **I ~ to think what would have happened if .../I ~ the thought of having to leave this job** *(coll.)* ich darf gar nicht daran denken, was geschehen würde, wenn .../wie es wäre, wenn ich die Stelle aufgeben müßte
hateful ['heɪtfl] *adj.* abscheulich; verabscheuenswürdig *(geh.);* **that would be a ~ thing to do** das [zu tun] wäre abscheulich
hatful ['hætfʊl] *n.* **a) a ~ of eggs** ein Hut voll[er] Eier; **b)** *(fig.: considerable number/ amount)* **a ~ of** eine ganze Menge *(ugs.)*
hatless ['hætlɪs] *adj.* ohne Hut *nachgestellt*
hat: ~-peg *n.* Huthaken, *der;* **~-pin** *n.* Hutnadel, *die*
hatred ['heɪtrɪd] *n.* Haß, *der;* **feel ~ for** *or* **of sb./sth.** Haß auf *od.* gegen jmdn./etw. empfinden
'**hat-stand** *n.* Hutständer, *der*
hatter ['hætə(r)] *n.* Hutmacher, *der;* **[as] mad as a ~** *(fig.)* völlig verrückt *(ugs.)*
'**hat trick** *n.* Hattrick, *der;* **make** *or* **score a ~:** einen Hattrick erzielen; **be on a ~:** vor einem Hattrick stehen
haughtily ['hɔːtɪlɪ] *adv.* hochmütig
haughtiness ['hɔːtɪnɪs] *n., no pl.* Hochmut, *der*
haughty ['hɔːtɪ] *adj.* hochmütig
haul [hɔːl] **1.** *v. t.* **a)** *(pull)* ziehen; schleppen; *(Fishing)* einholen ⟨*Netze*⟩; **~ sth. up the wall** etw. die Mauer hochziehen; **the boat was ~ed up on the beach** das Boot auf den Strand ziehen; **be ~ed before the court** *(fig. coll.)* vor Gericht gestellt werden; **~ down** einholen ⟨*Flagge, Segel*⟩; *see also* **coal b; b)** *(transport)* transportieren; befördern; **c)** *(Naut.)* (mit geändertem Kurs) steuern; **~ the ship into the wind** anluven. **2.** *v. i.* ziehen; **~ [up]on** *or* **at sth.** an etw. *(Dat.)* [kräftig] ziehen. **3.** *n.* **a)** Ziehen, *das;* Schleppen, *das; (Fishing)* Einholen, *das;* **b)** *(catch)* Fang, *der (fig.)* Beute, *die;* **c)** *(distance)* Strecke, *die; see also* **long haul; short haul**
haulage ['hɔːlɪdʒ] *n., no pl.* **a)** *(hauling)* Transport, *der;* **b)** *(charges)* Transportkosten *Pl.*

hauler ['hɔːlə(r)] *(Amer.)*, **haulier** ['hɔːlɪə(r)] *(Brit.) n. (person)* Spediteur, *der; (firm)* Spedition[sfirma], *die*
haulm [hɔːm, hɑːm] *n.* **a)** *no pl., no indef. art. (Agric.)* Kraut, *das;* **b)** *(stem) (of grass, straw)* Halm, *der; (of leaf, fruit)* Stiel, *der*
haunch [hɔːnʃ] *n.* **a) sit on one's/its ~es** auf seinem Hinterteil sitzen; **b)** *(Gastr.)* Keule, *die;* **c)** *(Archit.)* [Bogen]schenkel, *der*
haunt [hɔːnt] **1.** *v. t.* **a) ~ a house/castle** in einem Haus/Schloß spuken; **the old farmhouse is ~ed by ghosts** in dem alten Bauernhaus spuken Geister; **b)** *(fig.: trouble) (frequent)* häufig besuchen ⟨*Ort, Lokal*⟩. **2.** *n.* **a favourite ~ of artists** ein beliebter Treffpunkt für Künstler; **these are my old ~s** hier habe ich mich früher immer herumgetrieben *(ugs.)*
haunted ['hɔːntɪd] *adj.* **a) a ~ house** ein Haus, in dem es spukt; **a ~ castle** ein Spukschloß; **b)** *(fig.: troubled)* gehetzt ⟨*Blick, Eindruck*⟩
haunting ['hɔːntɪŋ] *adj.* sehnsüchtig ⟨*Klänge, Musik*⟩; lastend ⟨*Erinnerung*⟩; drückend ⟨*Schuld*⟩
Hausa ['haʊsə] *n., pl. same* **a)** *(person)* Haus[s]a, *der*/Haus[s]afrau, *die;* **b)** *(language)* Hausa, *das*
hausfrau ['haʊsfraʊ] *n.* [biedere] Hausfrau
haute couture [əʊt kuː'tjʊə(r)] *n., no pl.* Haute Couture, *die*
haute école [əʊt eɪ'kɒl] *n., no pl.* [die] Hohe Schule
hauteur [əʊ'tɜː(r)] *n., no pl.* Stolz, *der*
Havana [hə'vænə] *n.* **a)** *(cigar)* Havanna, *die;* **b)** *Pr. n.* Havanna *(das)*
have 1. [hæv] *v. t., pres.* **he has** [hæz], *p. t. & p. p.* **had** [hæd] **a)** *(possess)* haben; **I ~ it!** ich hab's[!]; **and what ~ you** *(coll.)* und so weiter; **I ~ something to say [to you]** ich habe Ihnen etwas zu sagen; **~ nothing to do/ wear/say** nichts zu tun/anzuziehen/zu sagen haben; **they ~ some French** sie können etwas Französisch; **I still ~ some work to do** ich muß noch etwas arbeiten; **you ~ some explaining to do** du schuldest mir eine Erklärung; **you ~ five minutes [in which] to do it** Sie haben fünf Minuten [Zeit], um es zu tun; **b)** *(obtain)* bekommen; **there was no money/help to be had** es war kein Geld/keine Hilfe zu bekommen *(ugs.)* aufzutreiben; **we shall ~ snow** es wird schneien; **let's not ~ any ...:** laß uns ... vermeiden; **come on, let's ~ it!** *(coll.)* rück schon raus damit! *(ugs.)*; **c)** *(take)* nehmen; **~ a cigarette** nehmen Sie eine Zigarette; *see also* **e; d)** *(keep)* behalten; haben; **you can ~ that pencil** Sie können den Bleistift behalten *od.* haben; **e)** *(eat, drink, etc.)* **~ breakfast/dinner/lunch** frühstücken/zu Abend/zu Mittag essen; **a cup of tea** eine Tasse Tee trinken; **~ a cigarette** eine Zigarette rauchen; *see also* **e; f)** *(experience)* haben ⟨*Spaß, Vergnügen*⟩; **g)** *(suffer)* haben ⟨*Krankheit, Schmerz, Enttäuschung, Abenteuer*⟩; erleiden ⟨*Schock*⟩; *(feel)* haben ⟨*Gefühl, Idee*⟩; *(show)* haben ⟨*Güte, Freundlichkeit, Frechheit*⟩; **let him/ them ~ it** *(coll.)* gib's ihm/ihnen *(ugs.)*; **h)** *(engage in)* **~ a game of football** Fußball spielen; **~ a try** es [einmal] versuchen; **~ it [with sb.]** *(sl.: copulate)* es [mit jmdm.] machen *(salopp);* **i)** *(accept)* **I won't ~ it** das lasse ich mir nicht bieten; **I won't ~ him in the house** er kommt mir nicht ins Haus; **I won't ~ you behaving like that** so kannst du dich nicht benehmen; **j)** *(give birth to)* **~ a baby/ children** ein Baby/Kinder bekommen; **~ pups** *etc.* Junge haben; **k)** *(sl.: copulate with)* **he had her on the sofa** er machte es mit ihr auf dem Sofa *(salopp);* **l)** *(coll.: beat)* **you ~ me there** da bringen Sie mich aber in Verlegenheit; **m)** *(coll.: swindle)* **I was had** ich bin [he]reingelegt worden *(ugs.)*; **ever been had!** da bist du ganz schön reingefallen

(ugs.); **n)** *(know)* **I ~ it on good authority that ...:** ich weiß es aus zuverlässiger Quelle, daß ...; **she won't ~ it that ...:** sie will nichts davon hören, daß ...; **rumour/legend/ tradition has it that they escaped** einem Gerücht/der Legende/der Überlieferung zufolge sind sie entkommen; **as Goethe has it** wie Goethe sagt; **o)** *(as guest)* **sb. to stay** jmdn. zu Besuch haben; **thanks for having me** danke für die Einladung; **p)** *(summon)* **he had me into his office** er hat mich in sein Büro beordert; **q)** *(in coll. phrases)* **you've had it now** *(coll.)*; *see also (ugs.);* **if you want another drink, you've had it** *(coll.)* falls du noch was trinken willst, da geht nichts mehr *(ugs.);* **this car/dress has had it** *(coll.)* dieser Wagen/dieses Kleid hat ausgedient. **2.** [həv, əv, *stressed* hæv] *v. aux.,* **he has** [həz, əz, *stressed* hæz], **had** [həd, əd, *stressed* hæd] **a)** *forming past tenses* **I've or I ~/I had read** ich habe/hatte gelesen; **I've or I ~/I had gone** ich bin/war gegangen; **having seen him** *(because)* weil ich ihn gesehen habe/ hatte; *(after)* wenn ich ihn gesehen habe/ nachdem ich ihn gesehen hatte; **if I had known ...:** wenn ich gewußt hätte ...; **b)** *(cause to be)* **~ sth. made/repaired** etw. machen/reparieren lassen; **~ the painters in** die Maler haben; **~ sb. do sth.** jmdn. etw. tun lassen; **~ a tooth extracted** sich *(Dat.)* einen Zahn ziehen lassen; **~ oneself tattooed** sich tätowieren lassen; **c) she had her purse stolen** man hat ihr das Portemonnaie gestohlen; **d)** *expr. obligation* **~ to** müssen; **you don't ~ to** du brauchst *od.* mußt nicht; **I only ~ to do the washing-up** ich muß nur noch den Abwasch machen; **I ~ only to see him for me to feel annoyed** ich brauche ihn nur zu sehen, und ich ärgere mich; **he 'has to be guilty** er ist fraglos schuldig. **3.** [hæv] *n. in pl.* **the ~s and the have-nots** die Besitzenden und die Besitzlosen
~ a'way *see* **~ off b**
~ 'off *v. t.* abmachen; **b)** **~ it off [with sb.]** *(sl.)* [es mit jmdm.] treiben *(salopp)*
~ 'on *v. t.* **a) ~ the light on** das Licht anhaben; **b)** *(wear)* **a dress/hat on** ein Kleid/einen Hut tragen; ein Kleid anhaben/einen Hut aufhaben *(ugs.);* **c)** *(Brit. coll.: deceive)* **~ sb. on** jmdn. auf den Arm nehmen *(ugs.)*
~ 'out *v. t.* **a) ~ a tooth/one's tonsils out** sich *(Dat.)* einen Zahn ziehen lassen/sich *(Dat.)* die Mandeln herausnehmen lassen; **b)** *(discuss and settle)* **~ sth. out** sich über etw. *(Akk.)* offen [mit jmdm.] aussprechen; **~ it out with sb.** mit jmdm. offen sprechen
~ 'up *v. t.* **a)** aufgehängt haben ⟨*Vorhang, Bild*⟩; **b)** *(coll.: bring to court)* **~ sb. up** jmdn. rankriegen *(ugs.)*
haven ['heɪvn] *n.* **a)** *(mooring)* geschützte Anlegestelle, *die; (fig.)* Zufluchtsort, *der;* **b) a ~ of peace** eine Insel des Friedens; **b)** *(arch.: harbour)* Port, *der (veralt.)*
have-not ['hævnɒt] *see* **have 3**
haven't ['hævnt] = **have not**; *see* **have 1, 2**
haver ['heɪvə(r)] *v. i.* **a)** *(talk foolishly)* **~ [on] about sth.** über etw. *(Akk.)* schwafeln *(ugs.);* **b)** *(vacillate)* zögern
haversack ['hævəsæk] *n.* Brotbeutel, *der*
havoc ['hævək] *n., no pl.* **a)** *(devastation)* Verwüstung, *die;* **cause** *or* **create** *or* **wreak ~:** Verwüstungen anrichten; **play ~ with** ruinieren ⟨*Gesundheit, Frisur usw.*⟩; **b)** *(confusion)* Chaos, *das;* **play ~ with sth.** etw. völlig durcheinanderbringen
¹**haw** [hɔː] *n. (Bot.)* **a)** *(tree) (white)* Weißdorn, *der; (red)* Rotdorn, *der;* **b)** *(fruit)* Weißdorn-/Rotdornfrucht, *die*
²**haw** *v. i., see* **hum 1 a, 3 b**
Hawaii [hə'waɪɪ] *pr. n.* Hawaii *(das)*
Hawaiian [hə'waɪən] **1.** *adj.* hawaiisch. **2.** *n.* **a)** *(person)* Hawaiianer, *der*/Hawaiianerin, *die;* **b)** *(language)* Hawaiisch, *das*

hawfinch n. [Kirsch]kernbeißer, der
haw-haw ['hɔːhɔː] 1. int. (laughter) haha. 2. n. let out a loud ~: laut auflachen
¹**hawk** [hɔːk] 1. n. (Ornith., Polit.) Falke, der; watch sb. like a ~: jmdn. mit Argusaugen beobachten. 2. v. i. mit dem Falken jagen; beizen (Jägerspr.)
²**hawk** v.t. (peddle) ~ sth. (at door) mit etw. hausieren [gehen]; (in street) etw. [auf der Straße] verkaufen; ~ sth. around (fig.) mit etw. hausieren [gehen]
³**hawk** 1. v.t. ~ [up] phlegm Schleim auswerfen. 2. v.i. Schleim hochziehen [im Hals]
hawker ['hɔːkə(r)] n. Hausierer, der/Hausiererin, die; (in street) fliegender Händler
hawk-eyed adj. adleräugig; be ~: Falkenaugen od. Adleraugen haben
hawkish ['hɔːkɪʃ] adj. raubvogelartig ⟨Aussehen⟩; (Polit.) militant
hawklike adj. falkenartig
hawk: ~-moth n. (Zool.) Schwärmer, der; ~-nosed adj. hakennasig; be ~-nosed eine Hakennase haben; ~weed n. (Bot.) Habichtskraut, das
hawser ['hɔːzə(r)] n. (Naut.) Trosse, die
hawthorn ['hɔːθɔːn] n. (Bot.) (white) Weißdorn, der; (red) Rotdorn, der
hay [heɪ] n., no pl. Heu, das; make ~: Heu machen; make ~ while the sun shines (prov.) die Zeit nutzen; see also hit 1 i
hay: ~cock n. Heuhaufen, der; ~fever n., no pl. Heuschnupfen, der; ~field n. Heuwiese, die; ~maker n. a) Heumacher, der; b) (coll.) (blow) weit ausholender Schlag; Heumacher, der (Boxen Jargon); ~making n., no pl. Heuernte, die; ~rick see ~stack; ~seed n. a) Heusamen Pl.; b) (Amer. derog.) yokel Bauerntölpel, der; ~stack n. Heuschober, der (südd.); Heudieme, die (nordd.); see also needle 1
haywire ['heɪwaɪə(r)] adj. (coll.) go ~ ⟨Instrument:⟩ verrückt spielen (ugs.); ⟨Plan:⟩ über den Haufen geworfen werden (ugs.); ⟨Person:⟩ durchdrehen (ugs.)
hazard ['hæzəd] 1. n. a) (danger) Gefahr, die; (on road) Gefahrenstelle, die; occupational ~: Berufsrisiko, das; see also fire hazard; b) (chance) Schicksal, das; c) (Golf) Hindernis, das. 2. v.t. a) (endanger) in Gefahr bringen; b) (venture) riskieren; ~ a guess mit Raten probieren
hazardous ['hæzədəs] adj. (dangerous) gefährlich; (risky) riskant
hazardously ['hæzədəslɪ] adv. (dangerously) gefährlich; (riskily) riskant
haze [heɪz] 1. n. Dunst[schleier], der; (fig.) Nebel, der. 2. v.t. vernebeln
hazel ['heɪzl] 1. n. a) (Bot.) Haselnußstrauch, der; (wood) Haselholz, das (veralt.); b) (colour) Haselnußbraun, das. 2. adj. haselnußbraun
hazel-nut n. Haselnuß, die
hazily ['heɪzɪlɪ] adv. (lit. or fig.) verschwommen; unscharf; vage ⟨verstehen⟩; unklar ⟨sich vorstellen⟩
haziness ['heɪzɪnɪs] n., no pl. Dunst, der; (fig.) Vagheit, die
hazy ['heɪzɪ] adj. dunstig, diesig ⟨Wetter, Tag[eszeit]⟩; verschwommen, unscharf ⟨Konturen⟩; (fig.) vage; I have a ~ recollection that ...: ich erinnere mich dunkel, daß ...
H-bomb ['eɪtʃbɒm] n. H-Bombe, die
HE abbr. a) high explosive; b) His Eminence; c) His/Her Excellency
¹**he** [hɪ, stressed hiː] 1. pron. er; referring to personified things or animals which correspond to German feminines/neuters sie/es; it was he (formal) er war es; he who wer; (Games) be 'he' dran sein; see also him; himself; his. 2. n., pl. hes [hiːz] Er, der (ugs.)
²**he** [hiː] int. haha!
he- [hiː-] pref. männlich; he-goat [Ziegen]bock, der
head [hed] 1. n. a) Kopf, der; Haupt, das

(geh.); count ~s die Anzahl feststellen; mind your ~! Vorsicht, dein Kopf!; (on sign) Vorsicht – geringe Durchgangshöhe!; turn sb.'s ~ (fig.) jmdm. den Kopf verdrehen; laugh/scream one's ~ off wie verrückt lachen/schreien; from ~ to foot von Kopf bis Fuß; get one's ~ down (coll.) sich aufs Ohr hauen (ugs.); keep one's ~ down (lit. or fig.) in Deckung bleiben; stand on one's ~: [einen] Kopfstand machen; I could do that [standing] on one's ~: das kann od. mache ich mit links (ugs.); he has a price on his ~: auf seinen Kopf ist eine Belohnung od. ein Preis ausgesetzt; have a [bad] ~ (fig. coll.: headache) einen Brummschädel haben (ugs.); the crowned ~s of Europe die gekrönten Häupter Europas; taller by a ~, a ~ taller einen Kopf größer; win by a ~/short ~: mit einer Kopflänge/Nasenlänge gewinnen; be or stand ~ and shoulders above sb. (fig.) jmdm. haushoch überlegen sein; give a horse its ~: einem Pferd die Zügel schießen lassen; give sb. or let sb. have his/her ~ (fig.) jmdm. freie Hand lassen; go to sb.'s ~: jmdm. in den od. zu Kopf steigen; have a [good] ~ for heights schwindelfrei sein; ~ first mit dem Kopf zuerst/voran; (fig.) kopfüber; not know whether one is [standing] on one's ~ or one's heels nicht wissen, wo einem der Kopf steht; ~ over heels kopfüber; ~ over heels in love bis über beide Ohren verliebt (ugs.); I can hold up my ~ [again] ich brauche mich nicht [mehr] zu schämen; keep one's ~: einen klaren Kopf behalten; keep one's ~ above water (fig.) sich über Wasser halten; put our/your/their ~s together [on sth.] sich [wegen etw.] zusammensetzen; lose one's ~: enthauptet werden; (fig.) den Kopf verlieren; ~ to tail in einer Reihe dicht hintereinander; ~ beside tail) nebeneinander in umgekehrter Richtung; be unable to make ~ or tail of sth./sb. aus etw./jmdm. nicht klug werden; be off one's ~ (coll.) übergeschnappt sein (ugs.); off the top of one's ~ (coll.) aus dem Stegreif; (as estimate) über den Daumen gepeilt; on your ~ [own] ~ be it du hast ihn od. das usw. selbst zu verantworten; promote sb. over sb.'s ~: jmdn. einem Ihm bei der Beförderung vorziehen; go over sb.'s ~: jmdn. übergehen; see also ¹ear 1 a; hole 1 a; raise 1 a; b) (mind) Kopf, der; in one's ~: im Kopf; enter sb.'s ~: jmdm. in den Sinn kommen; two ~s are better than one (prov.) zwei Köpfe sind besser als einer; it went right out of my ~: ich habe das völlig vergessen; take it into one's ~ [to do sth.] auf die Idee kommen[, etw. zu tun]; put sth. into sb.'s ~: jmdn. auf etw. (Akk.) bringen; it went above or over my ~ (fig.) das ging mir für mich (ugs.); talk over sb.'s ~: sich zu kompliziert für jmdn. ausdrücken; I've got a good/bad ~ for figures ich kann gut rechnen/rechnen kann ich überhaupt nicht; use your ~: gebrauch deinen Verstand; not quite right in the ~ (coll.) nicht ganz richtig [im Kopf] (ugs.); get sth. into people's ~: etw. begreifen; get this into your ~! schreib dir das hinter die Ohren! (ugs.); have got it into one's ~ that ...: fest [davon] überzeugt sein, daß ...; the first thing that comes into sb.'s ~: das erste, was jmdm. einfällt; you ought to have your ~ examined (joc.) ich glaube, du mußt mal deinen Kopf untersuchen lassen (ugs. scherzh.); the ~ controls the heart der Verstand kontrolliert die Gefühle; c) (person) a ~ per ~: pro Kopf; d) pl. same (in counting) Stück [Vieh], das; e) (of coin) ~s or tails? Kopf oder Zahl?; ~s [it is] Kopf; ~s I go, tails I stay bei Kopf gehe ich, bei Zahl bleibe ich; ~s I win, tails lose läuft auf dasselbe hinaus; f) (working end etc.; also Mus.) Kopf, der; (of axe) Blatt, das; (of spear) Spitze, die; (of cylinder) Zylinderkopf, der; drilling/cutting ~: Bohr-/

Schneidkopf, der; playback/erasing ~: Wiedergabe-/Löschkopf, der; g) (of plant) Kopf, der; (of grain) Ähre, die; ~ of lettuce Salatkopf, der; h) (on beer) Blume, die; i) (highest part) Kopf, der; (of stairs) oberes Ende; (of list, column) oberste Reihe; (of mast) Topp, der; j) (upper or more important end) Kopf, der; (of table) Kopf, der; Kopfende, das; (of lake, valley) oberes Ende; (of river) Quelle, die; (of bed) Kopfende, das; k) (of boil etc.) Spitze, die; (fig.: crisis) come to a ~: sich zuspitzen; bring matters to a ~: die Sache auf die Spitze treiben; (force a decision) die Entscheidung herbeiführen; l) (leader) Leiter, der/Leiterin, die; (of church, family) Oberhaupt, das; ~ of government Regierungschef, der/-chefin, die; ~ of state Staatsoberhaupt, das; m) see headmaster; headmistress; n) (leadership) Spitze, die; he is at the ~ of his profession er hat eine Spitzenstellung in seinem Beruf; o) (of ship) Bug, der; p) see headland; q) (body of water) gestautes Wasser; Oberwasser, das; (height of liquid) Höhe, die; (pressure) Druck, der; under a full ~ of steam mit vollem Dampf; r) (title) Überschrift, die; (fig.: category) Rubrik, die. 2. attrib. adj. (senior) boy/girl ≈ Schulsprecher, der/-sprecherin, die (vom Lehrkörper eingesetzt); ~ waiter Oberkellner, der; ~ clerk Bürovorsteher, der; (main) ~ office Hauptverwaltung, die; (Commerc.) Hauptbüro, das; (Banking, Insurance) Hauptgeschäftsstelle, die. 3. v.t. a) (provide with heading) überschreiben; betiteln; ~ed notepaper Briefpapier mit Kopf; b) (stand at top of) anführen ⟨Liste⟩; (lead) leiten; führen ⟨Bewegung⟩; (precede) anführen; d) (direct) ~ sth. towards sth. etw. auf etw. zusteuern; we were ~ed towards Plymouth wir fuhren mit Kurs auf Plymouth; e) (Football) köpfen; f) (overtake and stop) ~ sb./sth. [off] jmdn./etw. abdrängen; g) (surpass) überholen. 4. v.i. steuern; ~ for London ⟨Flugzeug, Schiff:⟩ Kurs auf London nehmen; ⟨Auto:⟩ in Richtung London fahren; ~ towards or for sb./the buffet auf jmdn./das Buffet zusteuern; where are you ~ing? wo gehst du hin?; you're ~ing in the wrong direction du bist auf dem Holzweg; you're ~ing for trouble du wirst Ärger bekommen
'up v.t. (Amer.) leiten
head: ~ache n. Kopfschmerzen Pl.; (fig. coll.) Problem, das; ~achy adj. (coll.) drückend ⟨Wetter⟩; feel ~achy einen Druck im Kopf haben; ~band n. Stirnband, das; ~board n. (of bed) Kopfende, das; ~butt 1. n. Kopfstoß, der; 2. v.t. einen Kopfstoß geben (+ Dat.); ~ count n. a) take a ~ count die Anzahl feststellen; b) (number of people) Kopfzahl, die; ~-covering n. Kopfbedeckung, die; ~-dress n. Kopfschmuck, der
-headed ['hedɪd] adj. in comb. -köpfig
header ['hedə(r)] n. a) (Football) Kopfball, der; b) (dive) Kopfsprung, der; c) (Building) Binder, der
head: ~gear n., no pl. a) Kopfbedeckung, die; (hats) Kopfbedeckungen Pl.; b) protective ~gear Kopfschutz, der; b) (Mining) Fördergerüst, das; ~-hunter n. (lit. or fig.) Kopfjäger, der
heading ['hedɪŋ] n. a) (title) Überschrift, die; (in encyclopaedia) Stichwort, das; (fig.: category) Rubrik, die; come under the ~ [of] X unter die Rubrik X fallen; let's discuss these problems under separate ~s diese Probleme sollten gesondert behandelt werden; b) (direction) Kurs, der
head: ~lamp n. Scheinwerfer, der; ~land ['hedlənd, 'hedlænd] n. a) (Geog.) Landspitze, die; b) (Agric.) Vorgewende, das
headless ['hedlɪs] adj. ohne Kopf
head: ~light n. Scheinwerfer, der; ~line n. Schlagzeile, die; be ~line news, make

341

headliner

[the] ~lines, (coll.) hit the ~lines Schlagzeilen machen; the [news] ~lines (Radio, Telev.) die Kurznachrichten; (within news programme) der [Nachrichten]überblick; see also running head[line]; ~liner n. (Amer.) Star (der ständig in den Schlagzeilen ist); ~lock n. (Wrestling) Schwitzkasten, der

'**headlong** 1. adv. a) (head first) fall/plunge ~ into sth. kopfüber in etw. fallen/springen; b) (uncontrollably) blindlings; rush ~ into sth. (fig.) etw. überstürzen. 2. adj. a) (head first) ~ dive Kopfsprung, der; b) (impetuous) überstürzt ⟨Flucht, Entscheidung⟩

head: ~man n. Häuptling, der; ~'master n. Schulleiter, der; (in secondary school) Direktor, der; (in primary school) Rektor, der; ~'mistress n. see ~master: Schulleiterin, die; Direktorin, die; Rektorin, die; ~-on 1. ['--] adj. frontal; offen ⟨Konfrontation, Konflikt⟩; a ~-on collision or crash ein Frontalzusammenstoß; 2. [-'-] adv. frontal; meet sth./sb. ~-on (fig.: resolutely) einer Sache/jmdm. entschieden entgegentreten; ~phones n. pl. Kopfhörer, der; ~'quarters n. sing. or pl. Hauptquartier, das; (of firm) Zentrale, die; police ~quarters Polizeidirektion, die; ~-rest n. Kopfstütze, die; ~room n., no pl. [lichte] Höhe, die; (in car) Kopffreiheit, die; low ~room geringe Durchfahrtshöhe; ~scarf n. Kopftuch, das; ~-set n. Kopfhörer, der

headship ['hedʃɪp] n. Posten des Schulleiters/der Schulleiterin

head: ~shrinker n. a) Kopfjäger, der; b) (sl.: psychiatrist) Seelenklempner, der (salopp); ~square n. [viereckiges] Kopftuch; ~ 'start n. a ~ start [over sb.] eine Vorgabe [gegenüber jmdm.]; ~stock n. Spindelstock, der; ~stone n. a) (gravestone) Grabstein, der; b) (of building) Grundstein, der; (fig.) Grundpfeiler, der; ~strong adj. eigensinnig; störrisch ⟨Pferd, Esel⟩; ~ tax n. (Amer.) Kopfsteuer, die; ~ teacher n. see headmaster; headmistress; ~-voice n. Kopfstimme, die; ~water n., usu. in pl. Quellfluß, der; ~way n., no pl. (progress) make ~way Fortschritte machen; ~ wind n. Gegenwind, der; ~word n. a) Stichwort, das; b) (Ling.) Nukleus, der; ~-work n., no pl. Kopfarbeit, die

heady ['hedɪ] adj. a) vorschnell; unbesonnen; b) (intoxicating) berauschend

¹**heal** [hi:l] 1. v. t. a) (lit. or fig.) heilen; time ~s all (fig.) die Zeit heilt alle] Wunden; b) (arch.) see cure 2 a. 2. v. i. ~ [up] [ver]heilen

²**heal** see hele

healer ['hi:lə(r)] n. (person) Heilkundige, der/die; time is a great ~: die Zeit heilt alle Wunden

healing ['hi:lɪŋ] 1. n. Heilung, die; powers of ~: Heilkräfte. 2. attrib. adj. ~ effect Heilwirkung, die; ~ influence heilsamer Einfluß; ~ ointment Heilsalbe, die

health [helθ] n. a) no pl. (state) Gesundheitszustand, der; (healthiness) Gesundheit, die; in good/very good ~: bei guter/bester Gesundheit; sb. suffers from poor or bad ~: jmdm. geht es gesundheitlich schlecht; be restored to ~: wiederhergestellt sein; be in poor ~: in schlechtem gesundheitlichen Zustand sein; [not] be in the best of ~: [nicht] bei bester Gesundheit sein; in my state of ~: in meinem Gesundheitszustand; I'm not doing it for [the good of] my ~: ich mache das nicht meiner Gesundheit zuliebe od. (fig.) nicht zum Vergnügen; at least you have your ~: du bist wenigstens gesund; b) (toast) drink sb.'s ~ or a ~ to sb. auf jmds. Gesundheit trinken; good or your ~! auf deine Gesundheit!; zum Wohl!; pros[i]t!

health: ~ authority n. Gesundheitsbehörde, die; ~ centre n. medizinisches Versorgungszentrum; Poliklinik, die (DDR); ~ certificate n. Gesundheitszeugnis, das; ~ education n. Gesundheitslehre, die; ~ farm n. Gesundheitsfarm, die (ugs.); ~ food n. Reformhauskost, die; ~-food shop Reformhaus, das; ~-giving adj. gesund

healthily ['helθɪlɪ] adv. gesund

healthiness ['helθɪnɪs] n., no pl. (lit. or fig.) Gesundheit, die

health: ~ insurance n. Krankenversicherung, die; ~ 'physics n. Strahlenhygiene, die; ~ resort n. Kurort, der; ~ salts n. pl. leichtes Magenmittel; ~ service n. Gesundheitsdienst, der; ~ visitor n. Krankenschwester/-pfleger in der Sozialstation

healthy ['helθɪ] adj. a) gesund; b) the engine sounds ~: der Motor hat einen gesunden Klang; a ~ attitude towards sex ein gesundes od. natürliches Verhältnis zum Sex; b) (salutary) gut ⟨Zeichen⟩; ~ living ein gesundes Leben; (safe) stay at a ~ distance in sicherer Entfernung bleiben

heap [hi:p] 1. n. a) (pile) Haufen, der; a ~ of clothes ein Kleiderhaufen; at the bottom/top of the ~ (fig.) bei den Verlierern/Gewinnern; lying in a ~/in ~s auf einem/in Haufen liegen; he was lying in a ~ on the ground er lag zusammengesackt am Boden; b) (fig. coll.: quantity) a [whole] ~ of eine [ganze] Menge; ~s of joke Menge; (fig. coll. derog.: vehicle) Klapperkiste, die (ugs.). 2. v. t. (pile) aufhäufen; a ~ed spoonful of sugar ein gehäufter Löffel Zucker; ~ sth. up etw. aufhäufen; ~ sth. with etw. mit etw. [hoch] beladen; ~ sth. on sb. (fig.) jmdn. mit etw. überhäufen

hear [hɪə] 1. v. t., heard [hɜ:d] a) hören; they ~d the car drive away sie hörten den Wagen abfahren; did you ~ him leaving or leave? hast du ihn weggehen hören od. hören?; I have ~d it said that ...: ich habe sagen hören, daß ...; I can hardly ~ myself think/speak ich kann keinen klaren Gedanken fassen/kann mein eigenes Wort nicht verstehen; let's ~ it! nun sag's schon!; from what one ~s wie man hört; what's this I ~? was muß ich da hören?; you haven't ~d the last of this matter das letzte Wort in dieser Sache ist noch nicht gesprochen; see also end 1g; b) (understand) verstehen; c) (Law) [an]hören; verhandeln ⟨Fall⟩; d) (answer) our prayers have been ~d unsere Gebete sind erhört worden. 2. v. i. heard: ~ about sb./sth. von jmdm./etw. [etwas] hören; I've ~d a ll a'bout you ich habe schon viel von Ihnen gehört; ~ from sb. von jmdm. hören; have you ~d from Tokyo/Smith yet? haben Sie schon Nachricht aus Tokio/von Smith?; I never ~d of such a thing! hat man so was schon gehört!; he was never ~d of again von ihm hat man nie wieder [etwas] gehört; he wouldn't ~ of it er wollte davon nichts hören. 3. int. H~! H~! bravo!; richtig!

~ 'out v. t. ausreden lassen

heard see hear 1, 2

hearer ['hɪərə(r)] n. Hörer, der/Hörerin, die

hearing ['hɪərɪŋ] n. a) no pl., no art. (faculty) Gehör, das; have good ~: gut hören können; be hard of ~: schwerhörig sein; b) no pl. (distance) within/out of ~: in/außer Hörweite; c) no pl. a fair ~: eine faire Chance zu sprechen; get a ~: sich (Dat.) Gehör verschaffen können; d) (Law etc.) Hearing, das

'hearing-aid n. Hörgerät, das

hearken ['hɑ:kn] v. i. (arch./literary) ~ to sb./sth. jmdm./einer Sache lauschen

hearsay ['hɪəseɪ] n., no pl. Gerüchte, das; Klatsch, der (abwertend); ~ evidence (Law) Beweis vom Hörensagen

hearse [hɜ:s] n. Leichenwagen, der

heart [hɑ:t] n. a) (Anat.; also ~-shaped object) Herz, das; he has a weak ~ (Med.) er hat ein schwaches Herz; know/learn sth. by ~: etw. wissen/lernen; b) (seat of feeling) at ~: im Grunde seines/ihres Herzens; sb. has sth. at ~, sth. is near or close to sb.'s ~: jmdm. liegt etw. am Herzen; a matter near or close to sb.'s ~: ein Herzensanliegen; go to sb.'s ~: jmdm. ans Herz gehen; in one's ~ [of ~s] im tiefsten Herzen; from the or one's ~: von Herzen; from the bottom of one's ~: aus tiefstem Herzen; with all one's ~ [and soul] von ganzem Herzen; put one's ~ and soul into sth. etw. mit Leib und Seele tun; put one's ~ into sth. mit ganzem Herzen bei einer Sache sein; cry one's ~ out sich (Dat.) die Augen ausweinen od. den Kopf weinen; eat one's ~ out vor Gram/Sehnsucht/Trauer usw. verzehren; eat your ~ out! da kannst du grün vor Neid werden!; set one's ~ on sth./on doing sth. sein Herz an etw. (Akk.) hängen/daran hängen, etw. zu tun; to one's ~'s content nach Herzenslust; take sth. to ~: sich (Dat.) etw. zu Herzen nehmen; (accept) beherzigen ⟨Rat⟩; take sb. to ~: jmdn. in sein Herz schließen; my ~ goes out to them ich verspüre großes Mitleid mit ihnen; my ~ bleeds for him ich habe tiefstes Mitgefühl mit ihm; (iron.) mir blutet das Herz; it does my ~ good es erfreut mein Herz; somebody after my own ~: jemand ganz nach meinem Herzen; have a ~ to ~ talk offen und ehrlich miteinander sprechen; her ~ is in the right place sie hat das Herz auf dem rechten Fleck; lose one's ~ to sb./sth. sein Herz an jmdn./etw. verlieren; give one's ~: verschenkt sein; with a light/heavy ~: leichten/schweren Herzens; his ~ is not in it er ist nicht mit dem Herzen dabei; all the ~ could desire alles, was das Herz begehrt; bless his/her ~! das liebe Kind!; wear one's ~ [up]on one's sleeve das Herz auf der Zunge tragen; find it in one's ~ to do sth. es übers Herz bringen, etw. zu tun; have a ~! hab' Erbarmen!; not have the ~ to do sth. nicht das Herz haben, etw. zu tun; c) (seat of courage) take ~: Mut schöpfen (from bei); put new ~ into sb. jmdm. neuen Mut geben; in good ~: voll Zuversicht; lose ~: den Mut verlieren; his ~ stood still ihm stand das Herz still; my ~ was in my boots es war am Boden zerstört (ugs.); my ~ sank mein Mut sank; d) (Cards) Herz, das; see also club 1d; e) (centre) of cabbage) Strunk, der; (of lettuce) Herz, das; (of tree) Kernholz, das; the ~ of the matter der wahre Kern der Sache; go to the ~ of a problem zum Kern eines Problems kommen; in the ~ of the forest/England mitten im Wald/im Herzen Englands. See also ¹break 1h, 2a; change 1a; dear 1a; desire 1c; gold 1a; stone 1a

heart: ~ache n. [seelische] Qual; ~ attack n. Herzanfall, der; (fatal) Herzschlag, der; ~beat n. Herzschlag, der; ~['s]-blood n. (fig.) Herzblut, das (geh.); ~break n. Herzeleid, das (geh.); tiefer Kummer; ~breaking adj. herzzerreißend; ~broken adj. she was ~broken ihr Herz war gebrochen; ~burn n., no pl. a) Sodbrennen, das; b) (Med.) Sodbrennen, das; ~ disease n. Herzkrankheit, die

hearten ['hɑ:tn] v. t. ermutigen

heartening ['hɑ:tənɪŋ] adj. ermutigend; ~ news erfreuliche Nachrichten

heart: ~ failure n. Herzversagen, das; ~felt adj. tief empfunden ⟨Beileid⟩; a ~felt wish ein Herzenswunsch

hearth [hɑ:θ] n. a) [gekachelter o. ä.] Platz vor dem Kamin; ~ and home (fig.) der heimische Herd; b) (in furnace) Ofenraum, der; (smith's ~) Esse, die

hearth-rug n. Kaminvorleger, der

heartily ['hɑ:tɪlɪ] adv. von Herzen; eat ~: tüchtig essen; be ~ sick of sth. etw. herzlich leid sein

'**heartland** *n.* Landesinnere, *das*
heartless ['hɑːtlɪs] *adj.,* **heartlessly** ['hɑːtlɪslɪ] *adv.* herzlos; unbarmherzig
heartlessness ['hɑːtlɪsnɪs] *n., no pl.* Unbarmherzigkeit, *die*
heart: ~-**'lung machine** *n. (Med.)* Herz-Lungen-Maschine, *die;* ~-**rending** *adj.* herzzerreißend; ~-**searching** *n.* Gewissenserforschung, *die;* ~**'s-ease** *n. (Bot.)* Veilchen, *das; (Viola tricolor)* Stiefmütterchen, *das;* ~-**shaped** *adj.* herzförmig; ~**sick** *adj.* verzweifelt; ~-**strings** *n. pl.* **touch sb.'s** ~**strings** jmdm. zu Herzen gehen; ~-**throb** *n. (person)* Idol, *das;* ~-**to**-~ *n.* **have a** ~-**to**-~ offen und ehrlich miteinander sprechen; ~ **trouble** *n.* Probleme mit dem Herzen; ~-**warming** *adj.* herzerfreuend; ~**wood** *n. (Bot.)* Kernholz, *das*
hearty ['hɑːtɪ] **1.** *adj.* **a)** *(whole-hearted)* ungeteilt ⟨*Unterstützung, Zustimmung*⟩; *(enthusiastic, unrestrained)* herzlich; begeistert ⟨*Gesang*⟩; **a** ~ **eater** ein guter Esser; **b)** *(large)* herzhaft ⟨*Mahlzeit*⟩; gesund ⟨*Appetit*⟩; **c)** *(vigorous)* herzhaft ⟨*Ruck, Tritt*⟩; *see also* ¹**hale. 2.** *n. (Naut.)* **come on, my hearties!** auf geht's, Jungs!
heat [hiːt] **1.** *n.* **a)** *(hotness)* Hitze, *die; (temperature)* Temperatur, *die; (temperature setting)* Temperaturstufe, *die; (fig.: sensation)* Brennen, *das;* **remove sth. from/return sth. to the** ~: etw. vom Feuer nehmen/wieder erhitzen; **b)** *(Phys.)* Wärme, *die;* **latent** ~: Umwandlungswärme, *die;* **specific** ~: spezifische Wärme, *die;* **c)** *(fig.) (anger)* Erregung, *die;* **generate a lot of** ~/**more** ~ **than light** die Gemüter erregen/mehr Erregung als Erleuchtung erzeugen; **take the** ~ **out of a situation** eine Situation entschärfen; **in the** ~ **of the moment** in der Hitze des Gefechts; *(coll.: pressure)* **the** ~ **is on** die Sache ist heiß *(ugs.);* **put the** ~ **on** Druck machen; **put the** ~ **on sb.** jmdn. unter Druck setzen; **the** ~ **is off** die Lage hat sich entspannt; **d)** *(Zool.)* Brunst, *die;* **come into** *or* **on**/**be in** *or* **on** ~: brünstig werden/sein; ⟨*Stute:*⟩ rossig werden/sein; ⟨*Hündin:*⟩ läufig werden/sein; ⟨*Katze:*⟩ rollig werden/sein; **e)** *(Sport)* Vorlauf, *der; see also* **dead heat. 2.** *v. t.* heizen ⟨*Raum*⟩; erhitzen ⟨*Substanz, Lösung*⟩; vorheizen ⟨*Backofen*⟩. **3.** *v. i.* warm werden
~ **'up** *v. t.* heiß machen ⟨*Essen, Wasser*⟩
heated ['hiːtɪd] *adj.* erhitzt *(fig.: angry)* hitzig; **a** ~ **exchange** ein heftiger Schlagabtausch *(fig.)*
heatedly ['hiːtɪdlɪ] *adv.* hitzig
heater ['hiːtə(r)] *n.* **a)** Ofen, *der;* (for water) Boiler, *der;* **b)** *(sl.: firearm)* Kanone, *die (salopp)*
'**heat-exchanger** *n.* Wärmetauscher, *der*
heath [hiːθ] *n.* **a)** Heide, *die;* **b)** *(Bot.) (Calluna)* Heidekraut, *das; (Erica)* Erika, *die;* Glockenheide, *die*
heathen ['hiːðn] **1.** *adj.* heidnisch. **2.** *n.* Heide, *der*/Heidin, *die; (fig. derog.)* gottloser Mensch
heather ['heðə(r)] *n.* **a)** *(plant)* Heidekraut, *das;* **b)** *(colour)* Erikarot, *das*
heating ['hiːtɪŋ] *n., no pl.* Heizung, *die*
heat: ~-**proof** *adj.* feuerfest; ~-**pump** *n.* Wärmepumpe, *die;* ~-**rash** *n. (Med.)* Hitzebläschen *Pl.;* ~-**resistant** *adj.* hitzebeständig; ~-**shield** *n. (Astronaut.)* Hitzeschild, *der;* ~-**stroke** *n.* Hitzschlag, *der;* ~ **treatment** *n. (Metall., Med.)* Wärmebehandlung, *die;* ~-**wave** *n.* Hitzewelle, *die*
heave [hiːv] **1.** *v. t.* **a)** *(lift)* heben, wuchten *(ugs.);* **b)** *p. t.* & *p. p.* **hove** [həʊv] *(coll.: throw)* werfen, schmeißen *(ugs.); (Naut.: cast, haul up)* hieven; **c)** *(utter)* ~ **a sigh [of relief]** [erleichtert] aufseufzen. **2.** *v. i.* **a)** *(pitch)* [auf und nieder] schwanken ⟨*Schiff:*⟩ stampfen *(Seemannsspr.); (rise)* sich heben; **b)** *(pull)* ziehen; ~ **ho!** hau ruck!; holt auf *(Seemannsspr.);* **c)** *(pant)* keuchen; **d)** *(retch)* sich übergeben; **e)** *p. t.* & *p. p.* **hove** *(move)* ~ **in sight** in Sicht kommen; ~ **to** *(Naut.)* beidrehen. **3.** *n.* **a)** *(pull)* Zug, *der;* **b)** *(throw)* Schwung, *der*
heaven ['hevn] *n.* **a)** Himmel, *der;* **in** ~: im Himmel; ~ **go** *or* **ascend to** ~: in den Himmel kommen; ~ **on earth** *(fig.)* der Himmel auf Erden; **be sent from** ~ *(fig.)* ein Geschenk des Himmels sein; **it was** ~ **[to her]** *(fig.)* es war der Himmel auf Erden [für sie]; **seventh** ~ *(fig.)* der siebte Himmel; **move** ~ **and earth** *(fig.)* Himmel und Erde in Bewegung setzen; **b)** *in pl., (poet.) in sing. (sky)* Firmament, *das;* Himmelszelt, *das (dichter.);* **in the** ~**s** am Himmel; **the** ~**s opened** es prasselte los; **c)** *(God, Providence)* **by H**~! bei Gott; **[good] H**~**s!** gütiger Himmel!; **H**~**s above!** du lieber Himmel!; **H**~ **[only] knows** weiß der Himmel; **H**~ **help us** der Himmel steh uns bei; **for H**~**'s sake** um Gottes willen; **thank H**~**[s]** Gott sei Dank; **I hope to H**~ **that** ...: ich hoffe zu Gott, daß ...; *see also* **forbid b; name 1 d**
heavenly ['hevnlɪ] *adj.* **a)** *(also coll.: delightful)* himmlisch; **b)** ~ **body** Himmelskörper, *der;* **c)** *(of heaven)* himmlisch; **the H**~ **City** das Himmelreich
'**heaven-sent** *adj.* **a** ~ **opportunity** eine Gelegenheit, die der Himmel kommt/kam
heavenward[s] ['hevnwəd(z)] *adv.* himmelwärts
heavily ['hevɪlɪ] *adv.* **a)** *(with great weight, severely, with difficulty)* schwer ⟨*beladen, bestraft, atmen*⟩; **guarded** streng bewacht; **b)** *(to a great extent)* stark; schwer ⟨*bewaffnet*⟩; tief ⟨*schlafen*⟩; dicht ⟨*bevölkert*⟩; **smoke/drink** ~: ein starker Raucher/Trinker sein; **eat too** ~: zu schwer essen; **gamble** ~: ein [leidenschaftlicher] Spieler sein; **rely on sb./sth.** von jmdn./etw. [vollkommen] abhängig sein; **c)** *(with great force)* **it rained/snowed** ~: es regnete/schneite stark; **fall** ~: hart fallen; ~ **underlined** dick unterstrichen; **weigh** ~ **[up]on sb.** *(fig.)* schwer auf jmdm. lasten; ~ **built** kräftig gebaut
heaviness ['hevɪnɪs] *n., no pl.* **a)** *(weight)* Gewicht, *das;* **b)** *(great extent)* Ausmaß, *das; (severity)* Härte, *die;* **c)** *(clinging quality)* Schwere, *die;* **d)** *(tiredness)* Schwerfälligkeit, *die*
heavy ['hevɪ] **1.** *adj.* **a)** *(in weight)* schwer; dick ⟨*Mantel*⟩; fest ⟨*Schuh*⟩; ~ **traffic** Schwerlastverkehr, *der; (dense)* hohes Verkehrsaufkommen; ~ **work** Schwerarbeit, *die;* **a** ~ **crop** *(fig.)* reiche Ernte; **a** ~ **silence** eine atemlose Stille; **b)** *(severe)* schwer ⟨*Schaden, Verlust, Strafe, Kampf*⟩; hoch ⟨*Steuern, Schulden, Anforderungen*⟩; massiv ⟨*Druck, Unterstützung*⟩; ~ **responsibilities** schwere Verantwortungen; **c)** *(excessive)* unmäßig ⟨*Trinken, Essen, Rauchen*⟩; ausgiebig ⟨*Necking, Petting*⟩; **be** ~ **on the sugar/petrol** *(coll.)* viel Zucker nehmen/ viel Benzin verbrauchen; **a** ~ **smoker/ drinker** ein starker Raucher/Trinker; **a** ~ **gambler** ein [leidenschaftlicher] Spieler; **be a** ~ **sleeper** sehr fest schlafen; **d)** *(violent)* schwer ⟨*Schlag, Sturm, Regen, Sturz, Seegang*⟩; hart ⟨*Aufprall*⟩; ~ **weather** ungünstiges Wetter; **make** ~ **weather of sth.** *(fig.)* die Dinge unnötig komplizieren; **e)** *(clinging)* schwer ⟨*Boden; see also* **go 1 b**; **f)** *(hard to digest)* schwer ⟨*Mahlzeit*⟩; **g)** *(overcast)* bedeckt ⟨*Himmel*⟩; **h)** *(in sound)* ~ **footsteps** schwere Schritte; **i)** *(clumsy)* plump; *(intellectually slow)* schwerfällig; **with sleep** schlaftrunken; **our eyes were** ~ **with sleep** wir konnten [vor Müdigkeit] kaum noch die Augen offenhalten; **j)** *(tedious)* schwerfällig; *(serious)* seriös ⟨*Zeitung*⟩; ernst ⟨*Musik, Theaterstück*⟩; *(stern)* streng; gestreng ⟨*Vater, Ehemann*⟩; **lie** ~ **on sb.'s stomach/conscience** jmdm. schwer im Magen liegen/auf der Seele liegen; **time lies** ~ **on my hands** mir wird die Zeit lang; *see also* **hand 1 b; k)** *(Phys.)* ~ **hydrogen/water** schwerer Wasserstoff/schweres Wasser. **2.** *n. (coll.)* **a)** *(newspaper)* seriöse Zeitung; **b)** *(coll.: thug)* Schlägertyp, *der (ugs.)*
heavy: ~-**duty** *adj.* strapazierfähig ⟨*Kleidung, Material*⟩; schwer ⟨*Werkzeug, Maschine*⟩; ~-**'footed** *adj.* schwerfällig; '**goods vehicle** *n.* Schwerlastwagen, *der;* ~-**handed** *adj. (clumsy)* ungeschickt ⟨*Person*⟩; umständlich ⟨*Stil*⟩; *(oppressive)* unbarmherzig ⟨*Tyrannei, Diktatur*⟩; ~-**'hearted** *adj.* traurig; ~ **industry** *n.* Schwerindustrie, *die;* ~ **metal** *n.* **a)** Schwermetall, *das;* **b)** *(Mus.)* Heavy metal, *das;* **a** ~-**metal band** eine Heavy-metal-Band; ~ **'type** *n. (Printing)* fette Schrift; ~**weight** *n. (Boxing etc.)* Schwergewicht, *das; (person also)* Schwergewichtler, *der; (fig.)* Größe, *die*
Hebraic [hiː'breɪɪk] *adj.* hebräisch
Hebrew ['hiːbruː] **1.** *adj.* hebräisch; *see also* **English 1. 2.** *n.* **a)** *(Israelite)* Hebräer, *der*/Hebräerin, *die;* **b)** *no pl. (language)* Hebräisch, *das;* **a** ~ **scholar** ein Hebraist; *see also* **English 2 a**
Hebrides ['hebrɪdiːz] *pr. n. pl.* Hebriden *Pl.;* **Inner/Outer** ~: Innere/Äußere Hebriden
heck [hek] *(coll. euphem.) see* **hell b**
heckle ['hekl] *v. t.* ~ **sb./a speech** jmdn./eine Rede durch Zwischenrufe unterbrechen
heckler ['heklə(r)] *n.* Zwischenrufer, *der*
hectare ['hektɑː(r), 'hekteə(r)] *n.* Hektar, *das od. der*
hectic ['hektɪk] *adj.* hektisch
hecto- ['hektə] *pref.* hekto-/Hekto-
hector ['hektə(r)] **1.** *v. t.* einschüchtern. **2.** *v. i.* bramarbasieren *(geh.)*
hectoring ['hektərɪŋ] *adj.* überheblich
he'd [hiːd, *stressed* hiːd] **a)** = **he had; b)** = **he would**
hedge [hedʒ] **1.** *n. (of bushes, trees, etc.)* Hecke, *die; (fig.: barrier)* Mauer, *die; (fig.: means of protection)* Schutzwall, *der; (against financial loss)* Absicherung, *die.* **2.** *v. t. (surround with)* ~ mit einer Hecke umgeben; ~ **sb. [in** *or* **round]** *(fig.)* jmdn. in seiner Handlungsfreiheit einschränken; **b)** *(protect)* ~ **one's bets** mit verschiedenen Risiko wetten; *(fig.)* nicht alles auf eine Karte setzen. **3.** *v. i. (avoid commitment)* sich nicht festlegen; **stop hedging and give me a straight answer** weich nicht dauernd aus, und gib mir eine klare Antwort
'**hedge-clippers** *n. pl.* Heckenschere, *die*
hedgehog ['hedʒhɒg] *n.* Igel, *der*
'**hedge-hop** *v. i.* im Tiefflug fliegen
hedge: ~**row** *n.* Hecke, *die* [als Feldbegrenzung]; ~-**sparrow** *n.* Heckenbraunelle, *die*
hedonism ['hiːdənɪzm] *n., no pl.* Hedonismus, *der*
hedonist ['hiːdənɪst] *n.* Hedonist, *der*/Hedonistin, *die*
hedonistic [hiːdə'nɪstɪk] *adj.* hedonistisch
heebie-jeebies [hiːbɪ'dʒiːbɪz] *n. pl. (coll.)* **give sb. the** ~: jmdn. kribblig machen *(ugs.)*
heed [hiːd] **1.** *v. t.* beachten; beherzigen ⟨*Rat, Lektion*⟩; ~ **the danger/risk sth.** *(Dat.)* der Gefahr/des Risikos bewußt sein. **2.** *n., no art., no pl.* **give** *or* **pay** ~ **to**, **take** ~ **of** Beachtung schenken (+ *Dat.);* **give** *or* **pay no** ~ **to**, **take no** ~ **of** nicht beachten
heedful ['hiːdfl] *adj.* achtsam; **be** ~ **of sth.** etw. beachten; **be** ~ **of the danger/necessity** *(Gen.)* bewußt sein; **be** ~ **of sb.'s warning** jmds. Warnung beherzigen
heedless ['hiːdlɪs] *adj.* unachtsam; **be** ~ **of sth.** auf etw. *(Akk.)* nicht achten; **be** ~ **of the danger/risks** die Gefahr/Risiken nicht beachten
hee-haw ['hiːhɔː] **1.** *int.* iah. **2.** *n.* Iah, *das.* **3.** *v. i.* iahen; *(fig.)* wiehern
'**heel** [hiːl] **1.** *n.* **a)** Ferse, *die;* ~ **of the hand**

heel

Handballen, *der*; **Achilles' ~** *(fig.)* Achillesferse, *die*; **bring a dog to ~**: einen Hund bei Fuß rufen; **bring sb. to ~** *(fig.)* jmdn. auf Vordermann bringen *(ugs.)*; **come to ~**: bei Fuß gehen; *(fig.)* parieren *(ugs.)*; **[to] ~!** bei Fuß!; **at ~**: bei Fuß; **be on sb.'s ~s** *(fig.)* jmdm. auf den Fersen sein *(ugs.)*; **[hard or close] on or at the ~s of sb./sth.** [dicht] hinter jmdm./etw.; *(in time or quality)* gleich nach jmdm./etw.; **show a clean pair of ~s** *(fig.)* sich aus dem Staub machen *(ugs.)*; **show sb. a clean pair of ~s** *(fig.)* jmdn. abhängen *(ugs.)*; **take to one's ~s** *(fig.)* Fersengeld geben *(ugs.)*; **cool one's ~s** *(fig. coll.)* lange warten [müssen]; **kick one's ~s** *(fig. coll.)* rumhängen *(ugs.)*; **be under the ~ of sb.** *(fig.)* unter jmds. Herrschaft sein; *see also* **dig in 2 b**; **b)** *(of shoe)* Absatz, *der*; *(of stocking)* Ferse, *die*; **down at ~**: abgetreten; *(fig.)* heruntergekommen *(ugs.)*; **turn on one's ~**: auf dem Absatz kehrtmachen; *see also* **high heel**; **c)** *(of violin bow)* Frosch, *der*; *(of golf-club)* Ferse, *die*; *(of ski)* hinteres Ende; *(of loaf)* Endstück, *das*; **d)** *(sl.: person)* Schuft, *der (abwertend)*. 2. *v.t.* **a)** ~ **a shoe** einen Schuh mit einem [neuen] Absatz versehen; **b)** *(Golf)* mit der Ferse schlagen; **c)** *(Rugby)* mit dem Absatz spielen

²**heel** *(Naut.)* 1. *v.i.* krängen. 2. *v.t.* zum Krängen bringen. 3. *n.* Krängung, *die*

³**heel** *see* **hele**

heel-: ~ **bar** *n.* Absatzschnelldienst, *der*; ~ **bone** *n. (Anat.)* Fersenbein, *das*

heelless ['hi:llɪs] *adj.* ⟨Schuhe⟩ ohne Absatz

heft [hɛft] 1. *v.t.* anheben *(und dabei das Gewicht feststellen)*. 2. *n. (Amer.)* Gewicht, *das*

heftily ['hɛftɪlɪ] *adv.* kräftig; *(fig.)* stark

hefty ['hɛftɪ] *adj.* kräftig; *(heavy)* schwer; *(fig.: large)* hoch ⟨Rechnung, Summe, Strafe, Anteil⟩; deutlich ⟨Mehrheit⟩; stark ⟨Erhöhung⟩

Hegelian [he'gi:lɪən, heɪ'gi:lɪən] *(Philos.)* 1. *adj.* hegelianisch. 2. *n.* Hegelianer, *der*/Hegelianerin, *die*

hegemony [hɪ'gɛmənɪ, hɪ'dʒɛmənɪ] *n.* Hegemonie, *die*

hegira ['hɛdʒɪrə] *n.* Hedschra, *die*; *(fig. literary)* Exodus, *der*

heh [heɪ] *int.* he

he-he [hi:'hi:] *int.* haha

heifer ['hɛfə(r)] *n.* Färse, *die*

heigh-ho [heɪ'həʊ] *int.* ach ja

height [haɪt] *n.* **a)** Höhe, *die*; *(of person, animal, building)* Größe, *die*; **lose ~** *(Aeron.)* an Höhe verlieren; **be three metres in ~**: drei Meter hoch sein; **at a ~ of three metres** in einer Höhe von drei Metern; **be six feet in ~** ⟨*Person:*⟩ 1,80 m groß sein; **what is your ~?** wie groß sind Sie?; **b)** *usu. in pl. (high place)* **the ~s** die Anhöhe; **be afraid of ~s** nicht schwindelfrei sein; ~ **of land** *(Amer. Geog.)* Wasserscheide, *die*; **c)** *(fig.: highest point)* Höhepunkt, *der*; **at the ~ of one's fame** auf dem Gipfel seines Ruhms; **the ~ of luxury** das Nonplusultra an Luxus; **the ~ of folly** der Gipfel der Dummheit; **at the ~ of summer** im Hochsommer; *see also* **fashion 1 b**

heighten ['haɪtn] 1. *v.t.* aufstocken; *(fig.: intensify)* verstärken. 2. *v.i. (fig.)* sich verstärken

heinous ['heɪnəs] *adj.* schändlich; ruchlos *(geh., veralt.)*

heir [eə(r)] *n. (lit. or fig.)* Erbe, *der*/Erbin, *die*; **the ~ to the throne** der Thronerbe/die Thronerbin; *see also* **apparent a**; **presumptive**

heiress ['eərɪs] *n.* Erbin, *die (bes. eines Vermögens)*; *see also* **heir**

heirloom ['eəlu:m] *n.* **a)** Erbstück, *das*; *(fig.)* Erbe, *das*; **b)** *(Law)* von einem Erbe nicht abtrennbarer Teil

heist [haɪst] *(Amer. sl.)* 1. *n.* Raubüberfall, *der*. 2. *v.t. (steal)* rauben; *(rob)* ausrauben

hejira *see* **hegira**

held *see* ²**hold 1, 2**

hele [hi:l] *v.t. (Hort.)* ~ **sth. [in]** etw. einpflanzen

Helen ['hɛlən] *pr. n.* ~ **of Troy** [die schöne] Helena

heli- ['hɛlɪ] *in comb.* Heli-

helical ['hɛlɪkl] *adj.* spiralförmig; spiralig; ~ **gear** Schrägstirnrad, *das*; ~ **spring** Schraubenfeder, *die*

helices *pl. of* **helix**

helicopter ['hɛlɪkɒptə(r)] *n.* Hubschrauber, *der*

Heligoland ['hɛlɪɡəlænd] *pr. n.* Helgoland *(das)*

helio- ['hi:lɪə] *in comb.* helio-/Helio-

'**heliograph** 1. *n.* Heliograph, *der*. 2. *v.t.* mit dem Heliographen übermitteln

heliotrope ['hi:lɪətrəʊp, 'hɛlɪətrəʊp] 1. *n.* **a)** *(Bot., Min.)* Heliotrop, *das*; **b)** *(colour)* Bläulichviolett, *das*; Heliotrop, *das*. 2. *adj.* bläulichviolett; heliotrop

heliport ['hɛlɪpɔ:t] *n.* Heliport, *der*

helium ['hi:lɪəm] *n.* Helium, *das*

helix ['hi:lɪks] *n., pl.* **helices** ['hi:lɪsi:z] **a)** Spirale, *die*; **b)** *(Archit.)* Volute, *die*; **c)** *(Anat.)* Helix, *die*

hell [hɛl] *n.* **a)** Hölle, *die*; **suffer the torments of ~**: Höllenqualen erleiden; **make sb.'s life [a] ~, make life ~ for sb.** jmdm. das Leben zur Hölle machen; **all ~ was let loose** *(fig.)* es war die Hölle los; **~ on earth** *(fig.)* die Hölle auf Erden; **b)** *(coll.: imprecations and phrases)* **[oh] ~!** verdammter Mist! *(ugs.)*; **what the ~!** ach, zum Teufel! *(ugs.)*; **to or the ~ with it!** ich hab's satt *(ugs.)*; **who the ~ are you?** wer, zum Teufel, sind Sie? *(ugs.)*; **~'s bells!** *(sl.)* Mensch, Scheiße! *(salopp)*; **get the ~ 'out of here!, go to ~!** scher dich zum Teufel! *(ugs.)*; **play [merry] ~ with sth.** etw. [ganz schön] ins Schleudern bringen *(ugs.)*; **there'll be ~ to pay if you get caught** wenn sie dich erwischen, ist der Teufel los *(ugs.)*; **as tired/angry as ~**: unheimlich müde/wütend; **a or one ~ of a or a helluva [good] party** eine unheimlich gute Party *(ugs.)*; **a ~ of a or a helluva noise** ein Höllenlärm *(salopp)*; **like sb./sth. a ~ of a lot** jmdn./etw. wahnsinnig gern mögen *(ugs.)*; **a ~ of a lot of money** wahnsinnig viel Geld *(ugs.)*; **he thinks he's a ~ of a fellow** er denkt, er ist ein Teufelskerl *(ugs.)*; **that was a ~ of a thing to do** das war ungeheuerlich *(abwertend)/(praising)* grandios; **work/run like ~**: wie der Teufel arbeiten/rennen *(ugs.)*; **like ~!** nie im Leben! *(ugs.)*; **it hurt like ~**: es tat höllisch weh *(ugs.)*; **beat or knock [the] ~ out of sb.** jmdn. windelweich schlagen *(ugs.)*; **give sb. ~**: jmdm. die Hölle heiß machen *(ugs.)*; ⟨*Schmerzen usw.:*⟩ jmdn. verrückt machen *(ugs.)*; **get ~**: großen Ärger kriegen *(ugs.)*; **come ~ or high water** *(völlig)* egal, was passieren sollte *(ugs.)*; **do sth. [just] for the ~ of it** etw. nur so aus Jux und Tollerei tun *(ugs.)*; **~ for leather** wie der Teufel *(ugs.)*; **I'll see you in ~ first** ich denke nicht im Traum daran!; *see also* **hope 1; raise 1 g**

he'll [hɪl, *stressed* hi:l] = **he will**

hell-: **~bender** *n. (Amer. Zool.)* Schlammteufel, *der*; **~-'bent** *adj.* **be ~-bent on doing sth.** *(coll.)* völlig entschlossen sein, etw. zu tun *(ugs.)*; **~-cat** *n. (derog.)* Wildkatze, *die*

hellebore ['hɛlɪbɔ:(r)] *n. (Bot.)* Nieswurz, *die*

Hellenic [hɛ'li:nɪk] *adj.* hellenisch

Hellenist ['hɛlɪnɪst] *n.* Hellenist, *der*/Hellenistin, *die*

Hellenistic [hɛlɪ'nɪstɪk] *adj.* hellenistisch

'**hellfire** *n.* Höllenfeuer, *das*

'**hell-hound** *n.* Höllenhund, *der*; *(fig.)* Teufel, *der*

hellish ['hɛlɪʃ] 1. *adj.* höllisch ⟨Qual, Schmerz⟩; scheußlich ⟨Arbeit, Zeit⟩. 2. *adv. (coll.)* verdammt *(ugs.)*

hellishly ['hɛlɪʃlɪ] *adv.* höllisch; scheußlich; *(coll. as intensive)* verdammt *(ugs.)*

hello [hə'ləʊ, hɛ'ləʊ] 1. *int. (greeting)* hallo!; *(surprise)* holla! 2. *n.* Hallo, *das*

hell's 'angel *n.* Rocker, *der*

helluva ['hɛləvə] = **hell of a**; *see* **hell 1**

¹**helm** [hɛlm] *n. (Naut.)* Ruder, *das*; **be at the ~** *(lit. or fig.)* am Ruder sein; **take the ~** *(lit. or fig.)* das Ruder übernehmen

²**helm** *n. (arch.: helmet)* Helm, *der*

helmet ['hɛlmɪt] *n.* Helm, *der*

helmeted ['hɛlmɪtɪd] *adj.* behelmt

helmsman ['hɛlmzmən] *n., pl.* **helmsmen** ['hɛlmzmən] *(Naut.)* Rudergänger, *der*

helot ['hɛlət] *n.* Helot, *der*

help [hɛlp] 1. *v.t.* **a)** ~ **sb. [to do sth.]** jmdm. helfen[, etw. zu tun]; ~ **[sb.] with sth.** [jmdm.] bei etw. helfen; ~ **oneself** sich *(Dat.)* selbst helfen; **can I ~ you?** was kann ich für Sie tun?; *(in shop also)* was möchten Sie bitte?; **~ sb. over a difficulty** jmdm. über eine Schwierigkeit hinweghelfen; **~ sb. on/off with his coat** jmdm. in den/aus dem Mantel helfen; **every little ~s** auch der kleinste Beitrag hilft weiter; **it would ~ [matters], if ...**: es wäre von Nutzen, wenn ...; **how does that ~?** was sollte *od.* könnte das nützen?; **b)** *(serve)* ~ **oneself** sich *(Dat.)* nehmen; sich bedienen; ~ **oneself to sth.** etw. nehmen; *(coll.: steal)* etw. mitgehen lassen *(ugs.)*; **~ sb. to some soup** jmdm. etwas Suppe geben; **c)** *(avoid)* **if I/you can ~ it** wenn es irgend zu vermeiden ist; **not if I can ~ it** nicht wenn ich es verhindern kann; **it can't be ~ed** es läßt sich nicht ändern; *(remedy)* **I can't ~ it** ich kann nichts dafür *(ugs.)*; **d)** *(refrain from)* **I can't ~ it or myself** ich kann mir nicht helfen; **I can't ~ thinking or can't ~ but think that ...**: ich kann mir nicht helfen, ich glaube, ...; **I couldn't ~ hearing what you said** ich konnte nicht umhin, zu hören, was Sie sagten; **I can't ~ laughing** ich muß einfach lachen; ~ **me [God]** so wahr mir Gott helfe. 2. *n. (in oath)* **so ~ me [God]** so wahr mir Gott helfe; *(in oath)* ⟨*a)*⟩ Hilfe, *die*; **can I be of ~?** kann ich Ihnen behilflich sein?; **a cry for ~** ein Hilferuf; **give sb. some ~**: jmdm. helfen *(with bei)*; **be of [some]/no/much ~ to sb.** jmdm. eine gewisse/keine/große Hilfe sein; **with the ~ of sth./sb.** mit Hilfe einer Sache/mit jmds. Hilfe; mit Hilfe von etw./jmdm.; **walk without the ~ of a stick** ohne Stock gehen; **that's no ~**: das hilft nicht; **there's no ~ for it** daran läßt sich nichts ändern; **be a great ~ to sb.** jmdm. eine große Hilfe sein; **b)** *(employee)* Aushilfskraft, *die*; **home ~** *(Brit.)* Haushaltshilfe, *die*

~ 'out 1. *v.i.* aushelfen. 2. *v.t.* **~ sb. out** jmdm. helfen

helper ['hɛlpə(r)] *n.* Helfer, *der*/Helferin, *die*; *(paid assistant)* Aushilfskraft, *die*

helpful ['hɛlpfl] *adj. (willing)* hilfsbereit; *(useful)* hilfreich; nützlich

helpfully ['hɛlpfəlɪ] *adv.* hilfsbereit

helpfulness ['hɛlpflnɪs] *n., no pl. (willingness)* Hilfsbereitschaft, *die*; *(usefulness)* Nützlichkeit, *die*

helping ['hɛlpɪŋ] 1. *adj.* **lend [sb.] a ~ hand [with sth.]** [jmdm.] bei etw. helfen; **need a ~ hand** jmdn. brauchen, der einem hilft; **be ready with a ~ hand** bereit sein zu helfen. 2. *n.* Portion, *die*

helpless ['hɛlplɪs] *adj.* hilflos; *(powerless)* machtlos

helplessly ['hɛlplɪslɪ] *adv.* hilflos

helplessness ['hɛlplɪsnɪs] *n., no pl.* Hilflosigkeit, *die*; *(powerlessness)* Machtlosigkeit, *die*

helpmate ['hɛlpmeɪt], **helpmeet** ['hɛlpmi:t] *n.* Gefährte, *der*/Gefährtin, *die (geh.)*

helter-skelter [hɛltə'skɛltə(r)] 1. *adv.* in wildem Durcheinander. 2. *adj.* unkontrolliert. 3. *n.* **a)** wildes Durcheinander; **b)** *(in fun-fair)* [spiralförmige] Rutschbahn

helve [hɛlv] *n.* Stiel, *der*

¹**hem** [hem] 1. *n.* Saum, *der.* 2. *v. t.,* -mm- **a)** säumen; **b)** *(surround)* ~ **sb./sth. in** or **about** jmdn./etw. einschließen; **feel ~med in** *(fig.)* sich eingeengt fühlen

²**hem** [hem, həm, hm] 1. *int.* hm! 2. *n.* *(sound)* Räuspern, *das;* **give a loud ~:** sich laut räuspern. 3. *v. i.,* -mm- sich räuspern; **~ and haw** *(coll.)* herumdrucksen *(ugs.)*

he-man ['hi:mæn] *n.* **a real ~:** ein richtiger Mann

hematology *(Amer.)* see **haematology**

hemi- ['hemɪ] *pref.* hemi-/Hemi-

hemiplegia [hemɪ'pli:dʒɪə] *n. (Med.)* Halbseitenlähmung, *die;* Hemiplegie, *die (fachspr.)*

hemiplegic [hemɪ'pli:dʒɪk] *adj. (Med.)* halbseitig gelähmt

¹**hemisphere** *n.* **a)** Halbkugel, *die;* Hemisphäre, *die;* **the Southern ~** *(Geog., Astron.)* die südliche Halbkugel; **b)** *(Anat.)* Hemisphäre, *die*

hemi'spherical *adj.* halbkugelig; halbkugelförmig

¹**hem-line** *n.* Saum, *der;* **~s are up/down** die Röcke sind kurz/lang; **Yves St. Laurent's new ~:** die neue Rocklänge bei Yves St. Laurent

hemlock ['hemlɒk] *n.* Schierling, *der*

hemlock ['fir, 'spruce] *ns. (Amer. Bot.)* Hemlocktanne, *die*

hemo- *(Amer.)* see **haemo-**

hemp [hemp] *n.* **a)** *(Bot., Textiles)* Hanf, *der;* **b)** *(drug)* Haschisch, *das* od. *der*

¹**hem-stitch** 1. *n.* Hohlsaum, *der.* 2. *v. t.* mit Hohlsaum versehen

hen [hen] *n.* **a)** *(Ornith.)* Huhn, *das;* Henne, *die* (bes. im Gegensatz zu „Hahn"); **b)** *(Zool.) (lobster, crab)* weiblicher Hummer/Krebs; *(salmon)* Lachsweibchen, *das*

¹**henbane** *n., no pl. (Bot., Med.)* Bilsenkraut, *das*

hence [hens] *adv.* **a)** *(therefore)* daher; **b)** *(from this time)* **a week/ten years ~:** in einer Woche/zehn Jahren; **c)** *(arch./poet.) (from here)* **[from]** ~: von hinnen *(veralt.)*

hence'forth, hence'forward *advs.* von nun an; fürderhin *(veralt.)*

henchman ['hentʃmən] *n., pl.* **henchmen** ['hentʃmən] *(derog.)* Handlanger, *der*

¹**hen-coop** *n.* Hühnerstall, *der*

hendeca- [hen'dekə] *in comb.* elf-/Elf-

¹**hen-house** *n.* Hühnerhaus, *das;* Hühnerstall, *der*

henna ['henə] *n. (dye)* Henna, *das*

hen: **~-party** *n. (coll.)* [Damen]kränzchen, *das;* **~pecked** ['henpekt] *adj.* **a ~pecked husband** ein Pantoffelheld *(ugs.);* **be ~pecked** unter dem Pantoffel stehen *(ugs.);* **~-run** *n.* [Hühner]auslauf, *der*

Henry ['henrɪ] *pr. n. (Hist., as name of ruler etc.)* Heinrich *(der)*

hep *adj. (dated sl.)* [über alles Moderne] informiert; **be ~ to sth.** über etw. *(Akk.)* auf dem laufenden sein

hepatic [hɪ'pætɪk] *adj. (Anat., Med.)* Leber-

hepatitis [hepə'taɪtɪs] *n. (Med.)* Leberentzündung, *die;* Hepatitis, *die (fachspr.)*

heptagon ['heptəgən] *n. (Geom.)* Siebeneck, *das;* Heptagon, *das (fachspr.)*

heptagonal [hep'tægənl] *adj. (Geom.)* siebeneckig; heptagonal *(fachspr.)*

¹**her** [hə(r), *stressed* hɜ:(r)] *pron.* **sie;** *as indirect object* ihr; *reflexively* sich; *referring to personified things or animals which correspond to German masculines/neuters* ihn/es; *as indirect object* ihm; **it was ~:** sie war's; **~ and me** *(coll.)* sie und ich; **if I were ~** *(coll.)* wenn ich sie wäre

²**her** *poss. pron. attr.* ihr; *referring to personified things or animals which correspond to German masculines/neuters* sein/seine; **she opened ~ eyes/mouth** sie öffnete die Augen/den Mund; **~ father and mother** ihr Vater und ihre Mutter; **she has problems of her own** sie hat ihre eigenen Probleme; **she has a room of ~ own** sie hat ein eigenes Zimmer; **he complained about ~ being late** er beklagte sich darüber, daß sie zu spät kam; er beklagte sich über ihr Zuspätkommen

herald ['herəld] 1. *n.* **a)** Herold, *der;* **b)** *(messenger)* Bote, *der;* *(fig.: forerunner)* Vorbote, *der;* **c)** *(Brit.: official of Heralds' College)* Beamter des Heroldamtes. 2. *v. t. (lit. or fig.)* ankündigen

heraldic [he'rældɪk] *adj.* heraldisch; **~ animal** Wappentier, *das*

heraldry ['herəldrɪ] *n., no pl.* **a)** Wappenkunde, *die;* Heraldik, *die;* **b)** *(armorial bearings)* Wappenschmuck, *der*

herb [hɜ:b] *n.* **a)** Kraut, *das;* *(Cookery)* Gewürzkraut, *das;* **b)** *(Med.)* [Heil]kraut, *das*

herbaceous [hɜ:'beɪʃəs] *adj.* **a)** *(Bot.)* krautartig ⟨*Pflanze*⟩; krautig ⟨*Stiel*⟩; **~ border** Staudenrabatte, *die*

herbage ['hɜ:bɪdʒ] *n., no pl. (Agric.) (herbs)* Weide, *die;* *(succulent parts)* Kraut, *das*

herbal ['hɜ:bl] 1. *attrib. adj.* Kräuter⟨tee, -arznei⟩; ⟨*Behandlung*⟩ mit Heilkräutern. 2. *n.* Pflanzenbuch, *das*

herbalist ['hɜ:bəlɪst] *n.* **a)** Kräuterhändler, *der*/Kräuterhändlerin, *die* [für Heilkräuter]; **b)** *(Hist.)* Herbalist, *der*

herbarium [hɜ:'beərɪəm] *n., pl.* **herbaria** [hɜ:'beərɪə] Herbarium, *das*

¹**herb garden** *n.* Kräutergarten, *der*

herbicide ['hɜ:bɪsaɪd] *n.* Unkrautvertilgungsmittel, *das;* Herbizid, *das*

herbivore ['hɜ:bɪvɔ:(r)] *n. (Zool.)* Pflanzenfresser, *der;* Herbivore, *der (fachspr.)*

herbivorous [hɜ:'bɪvərəs] *adj.* pflanzenfressend; herbivor *(fachspr.)*

¹**herb-tea** *n.* Kräuteraufguß, *der*

herby ['hɜ:bɪ] *adj.* **a ~ taste/smell** ein Geschmack/Geruch nach Kräutern

Herculean [hɜ:kjʊ'li:ən, hɜ:'kju:lɪən] *adj.* übermenschlich ⟨*Anstrengung*⟩; bärenstark ⟨*Person*⟩; herkulisch *(geh.),* ungeheuer ⟨*Kraft*⟩; **~ labour** Herkulesarbeit, *die*

Hercules [hɜ:kjʊli:z] *pr. n.* Herakles, *der;* Herkules, *der (auch fig.);* **the labours of ~:** die zwölf Arbeiten des Herakles

herd [hɜ:d] 1. *n.* **a)** Herde, *die;* *(of wild animals)* Rudel, *das;* **a ~ of sheep/elephants** eine Herde Schafe/Elefanten; **ride ~ on sb.** *(Amer.)* jmdn. im Auge behalten; **b)** *(fig.)* Masse, *die;* **the common ~** *(derog.)* die breite Masse; **the ~ instinct** der Herdentrieb. 2. *v. t.* **a)** *(lit. or fig.)* treiben; **~ [people] together** *(fig.)* [Menschen] zusammenpferchen; **b)** *(tend)* hüten. 3. *v. i.* sich zu einer Herde zusammenschließen; *(fig.)* sich drängen

¹**herdsman** ['hɜ:dzmən] *n., pl.* **~smen** ['hɜ:dzmən] Hirt[e], *der*

here [hɪə(r)] 1. *adv.* **a)** *(in or at this place)* hier; **Schmidt ~** *(on telephone)* Schmidt; **spring is ~:** der Frühling ist da; **stay ~:** hierbleiben; **down/in/up ~:** hier unten/drin/oben; **~ below** *(fig. literary)* hienieden *(geh.);* auf dieser Erde; **~ goes!** *(coll.)* dann mal los! *(ugs.);* **~'s to you!** auf dein Wohl!; **~, there, and everywhere** überall!; **that's neither ~ nor there** *(coll.)* das ist völlig nebensächlich; **~ today and gone tomorrow** *(of traveller)* heute hier, morgen dort; *(of money)* wie gewonnen, so zerronnen; **~ you are** *(coll.: giving sth.)* hier; **~ we are** *(on arrival)* da sind wir od. wären wir; **~ we go again** *(coll.)* jetzt geht das wieder los! *(ugs.);* **b)** *(to this place)* hierher; **in[to] ~:** hierherein; **come/bring ~:** [hier]herkommen/-bringen; **put sth. ~:** etw. hierhin- *od.* hierhertun. 2. *n.* **leave ~:** von hier abreisen; **near ~:** hier in der Nähe; **up to ~, as far as ~:** bis hierhin; **he is ~ in problems** die Probleme sind ihm über den Kopf gewachsen; **from ~ on** von nun an; **where do we go from ~?** *(fig.)* was machen wir jetzt? 3. *int. (attracting attention)* he; *(at roll-call)* hier

here: **~a'bout[s]** *adv.* hier [in dieser Gegend]; **~'after** *adv. (formal)* im folgenden; *(in the future)* fürderhin *(veralt.); (literary: in the next world)* dereinst *(geh.);* **the life ~after** das Leben im Jenseits; **~'at** *adv. (arch.)* daraufhin; **~'by** *adv. (formal)* hiermit

hereditary [hɪ'redɪtərɪ] *adj.* **a)** erblich ⟨*Titel, Amt*⟩; ererbt ⟨*Reichtum*⟩; **~ monarchy/right** Erbmonarchie, *die*/Erbrecht, *das;* **b)** *(Biol.)* angeboren ⟨*Instinkt, Verhaltensweise*⟩; **~ disease** Erbkrankheit, *die;* **c)** *(of a family)* **feud/enemy** Erbfehde, *die*/-feind, *der*

heredity [hɪ'redɪtɪ] *n. (Biol.)* **a)** *(transmission of qualities)* Vererbung, *die;* **b)** *(genetic constitution)* Erbgut, *das*

here: **~'in** *adv. (formal)* hierin; **~in'after** *adv. (formal)* im folgenden; **~'of** *adv. (formal)* davon

heresy ['herəsɪ] *n. (formal)* Ketzerei, *die;* Häresie, *die (geh.)*

heretic ['herətɪk] *n.* Ketzer, *der*/Ketzerin, *die;* Häretiker, *der*/Häretikerin, *die (geh.)*

heretical [hɪ'retɪkl] *adj.* ketzerisch; häretisch *(geh.)*

here: **~'to** [hɪə'tʊ, hɪə'tu:] *adv. (formal)* darauf/hierauf; **~to'fore** *adv. (formal) (up to now)* bisher; *(up until that time)* bis dahin; **~'under** *adv. (formal)* im folgenden; **~u'pon** *adv.* hierauf; **~'with** *adv.* **a)** *(with this)* in der Anlage; **we enclose ~with your cheque** wir legen Ihnen Scheck diesem Schreiben bei; **b)** see **~by**

heritage ['herɪtɪdʒ] *n. (lit. or fig.)* Erbe, *das*

hermaphrodite [hɜ:'mæfrədaɪt] 1. *n.* Zwitter, *der (auch fig.);* Hermaphrodit, *der.* 2. *adj.* zwittrig; hermaphroditisch

hermeneutics [hɜ:mɪ'nju:tɪks] *n., no pl.* Hermeneutik, *die*

hermetic [hɜ:'metɪk] *adj. (airtight)* luftdicht; *(fig.)* hermetisch *(geh.)*

hermetically [hɜ:'metɪkəlɪ] *adv.* hermetisch

hermit ['hɜ:mɪt] *n.* **a)** Einsiedler, *der*/Einsiedlerin, *die;* **b)** *(Relig.)* Eremit, *der*

hermitage ['hɜ:mɪtɪdʒ] *n.* Einsiedelei, *die*

¹**hermit-crab** *n.* Einsiedlerkrebs, *der*

hernia ['hɜ:nɪə] *n., pl.* **~s** or **~e** ['hɜ:nɪi:] *(Med.)* Bruch, *der;* Hernie, *die (Med.)*

hero ['hɪərəʊ] *n., pl.* **~es** Held, *der;* *(demigod)* Heros, *der;* **~ of the hour** Held des Tages

heroic [hɪ'rəʊɪk] *adj.* **a)** heldenhaft; heroisch *(geh.);* **b)** *(Lit.)* **~ epic/legend** Heldenepos, *das*/-legende, *die;* **~ couplet** Heroic couplet, *das;* **~ verse** heroischer Vers; **c)** *(high-flown)* erhaben; *(very large)* gewaltig

heroically [hɪ'rəʊɪkəlɪ] *adv.* heldenhaft

heroics [hɪ'rəʊɪks] *n. pl.* **a)** *(language)* Theatralische, *das;* **b)** *(foolhardiness)* Draufgängertum, *das;* **b)** *(Lit.)* heroischer Vers

heroin ['herəʊɪn] *n., no pl.* Heroin, *das*

heroine ['herəʊɪn] *n.* fem. Heldin, *der;* Heroin, *die (geh.);* Heroine, *die (Theater)*

heroism ['herəʊɪzm] *n., no pl.* Heldentum, *das*

heron ['hern] *n.* Reiher, *der*

hero: **~-worship** 1. *n.* Heldenverehrung, *die;* 2. *v. t.* vergöttern; **~worshipper** *n.* Heldenverehrer, *der*/-verehrerin, *die*

herpes ['hɜ:pi:z] *n. (Med.)* Herpes, *der*

herring ['herɪŋ] *n.* Hering, *der*

herring: **~-bone** 1. *n.* **a)** *(Textiles) (stitch)* Fischgrätenstich, *der;* *(cloth)* Fischgrat, *der;* **b)** *(Archit.)* Fischgrätenverband, *der.* 2. *adj.* **~-bone pattern** *(Textiles)* Fischgrätenmuster, *das;* **~-gull** *n.* Silbermöwe, *die;* **~-pond** *n. (joc.)* Atlantik, *der*

hers [hɜ:z] *poss. pron. pred.* ihrer/ihre/ihres; der/die/das ihre. ihrige *(geh.);* **the book is ~:** das Buch gehört ihr; **that car is ~:** das ist ihr Wagen; **some friends of ~:** ein paar Freunde von ihr; **a book of ~:** ein Buch von ihr; eins ihrer Bücher; **those children of ~:** ihre Gören *(ugs.);*

~ **is a difficult job** sie hat einen schwierigen Job *(ugs.)*
herself [hɜː'self] *pron.* **a)** *emphat.* selbst; **she ~ said so** sie selbst hat das gesagt; **she saw it ~**: sie hat es selbst gesehen; **she wanted to be ~**: sie wollte sich selbst sein; **she was just being ~**: sie gab sich einfach so wie sie ist; **she is [quite] ~ again** sie ist wieder ganz die alte; *(after an illness)* sie ist wieder auf der Höhe *(ugs.)*; **all right in ~**: im wesentlichen gesund; **she's not quite ~**: sie ist nicht ganz in Ordnung; **[all] by ~** *(on her own, by her own efforts)* [ganz] allein[e]; **b)** *refl.* sich; allein[e] *(tun, wählen)*; **she wants it for ~**: sie will es für sich [selbst]; **she won't believe anything that she hasn't seen for ~**: sie glaubt nichts, was sie nicht selbst gesehen hat; **younger than/as heavy as ~**: jünger als/so schwer wie sie selbst; **... she thought to ~**: ... dachte sie [im stillen]; **... dachte sie bei sich**
hertz [hɜːts] *n.*, *pl.* same *(Phys.)* Hertz, *das*
he's [hɪz, *stressed* hiːz] **a)** = **he is**; **b)** = **he has**
hesitance ['hezɪtəns], **hesitancy** ['hezɪtənsɪ] *n.*, *no pl.* Unschlüssigkeit, *die*
hesitant ['hezɪtənt] *adj.* zögernd ⟨*Politik, Reaktion*⟩; stockend ⟨*Rede*⟩; unsicher ⟨*Person, Stimme*⟩; **be ~ to do sth.** *or* **about doing sth.** Bedenken haben, etw. zu tun
hesitantly ['hezɪtəntlɪ] *adv.* zögernd ⟨*handeln, reagieren*⟩; stockend ⟨*sprechen*⟩
hesitate ['hezɪteɪt] *v. i.* **a)** *(show uncertainty)* zögern; **he who ~s is lost** *(prov.)* man muß die Gelegenheit beim Schopfe fassen; **b)** *(falter)* ins Stocken geraten; **c)** *(show reluctance)* **~ to do sth.** Bedenken haben, etw. zu tun
hesitation [hezɪ'teɪʃn] *n.* **a)** *no pl.* *(indecision)* Unentschlossenheit, *die*; **without the slightest ~**: ohne im geringsten zu zögern; **have no ~ in doing sth.** nicht zögern, etw. zu tun; **b)** *(instance of faltering)* Unsicherheit, *die*; **c)** *no pl.* *(reluctance)* Bedenken *Pl.*
Hesse ['hesə] *pr. n.* Hessen *(das)*
Hessian ['hesɪən] **1.** *adj.* hessisch. **2.** *n.* Hesse, *der*/Hessin, *die*
hessian *n.* Sackleinen, *das*; Hessian, *das* *(fachspr.)*
het [het] *adj. (coll.)* **~ up** aufgeregt; **get ~ up over sth.** sich über etw. *(Akk.)* aufregen
hetero- ['hetərə] *in comb.* hetero-/Hetero-
heterodox ['hetərədɒks] *adj.* heterodox
heterodoxy ['hetərədɒksɪ] *n.* Heterodoxie, *die*
heterogeneity [hetərədʒɪ'niːɪtɪ] *n.* Ungleichartigkeit, *die*; Heterogenität, *die*
heterogeneous [hetərə'dʒiːnɪəs, hetərə-'dʒenɪəs] *adj.* ungleichartig; heterogen
heterosexual 1. *adj.* heterosexuell. **2.** *n.* Heterosexuelle, *der/die*
heuristic [hjʊə'rɪstɪk] **1.** *adj.* heuristisch. **2.** *n. (procedure)* heuristische Methode
hew [hjuː] **1.** *v. t.*, *p.p.* **~n** [hjuːn] *or* **~ed** [hjuːd] **a)** *(cut)* hacken ⟨*Holz*⟩; fällen ⟨*Baum*⟩; losschlagen ⟨*Kohle, Gestein*⟩; **~ away** *or* **off** abschlagen; **b)** *(shape)* hauen ⟨*Stufen*⟩; behauen ⟨*Holz, Stein*⟩. **2.** *v. i.*, *p.p.* **~n** *or* **~ed a)** losschlagen; **~ at sth.** auf etw. *(Akk.)* einschlagen; **b)** *(Amer.: conform)* **~ to sth.** sich an etw. *(Akk.)* halten
hex [heks] *(Amer.)* **1.** *n.* **1.** *v. t. (lit. or fig.)* verhexen. **2.** *n.* **a)** **put a ~ on sb./sth.** jmdn./etw. verhexen; **b)** *(witch, lit. or fig.)* Hexe, *die*
hexagon ['heksəgən] *n. (Geom.)* Sechseck, *das*; Hexagon, *das (fachspr.)*
hexagonal [hek'sægənl] *adj. (Geom.)* sechseckig; hexagonal *(fachspr.)*
hexameter [hek'sæmɪtə(r)] *n. (Pros.)* Hexameter, *der*
hey [heɪ] *int.* he!; **~ presto!** simsalabim!
heyday ['heɪdeɪ] *n.*, *no pl.* Blütezeit, *die*
HF *abbr.* **high frequency** HF
hf. *abbr.* **half**
HGV *abbr. (Brit.)* **heavy goods vehicle**

HH *abbr.* **a) Her/His Highness** I. H./S. H.; **b) His Holiness**
hi [haɪ] *int.* hallo *(ugs.)*
hiatus [haɪ'eɪtəs] *n.* **a)** *(gap)* Bruch, *der*; *(interruption)* Unterbrechung, *die*; **b)** *(Ling.)* Hiatus, *der*
hibernate ['haɪbəneɪt] *v. i.* Winterschlaf halten
hibernation [haɪbə'neɪʃn] *n.* Winterschlaf, *der*; **go into/come out of ~**: sich zum Winterschlaf zurückziehen/aus dem Winterschlaf erwachen
Hibernian [haɪ'bɜːnɪən] **1.** *adj.* irisch. **2.** *n.* Ire, *der*/Irin, *die*
hibiscus [hɪ'bɪskəs] *n. (Bot.)* Hibiskus, *der*
hic [hɪk] *int.* hick *(ugs.)*
hiccup ['hɪkʌp] **1.** *n.* **a)** Schluckauf, *der*; **have/get [the] ~s** [den] Schluckauf haben/bekommen; **give a ~**: schlucksen *(ugs.)*; **hick machen** *(ugs.)*; **hicksen** *(landsch.)*; **an attack of [the] ~s** ein Schluckaufanfall; **b)** *(fig.: stoppage)* Störung, *die*; **without any ~s** reibungslos. **2.** *v. i.* schlucksen *(ugs.)*; hicksen *(landsch.)*; hick machen *(ugs.)*; *(many times)* den Schluckauf haben
hick [hɪk] *n. (Amer. coll.)* **[country] ~**: Provinzler, *der*; *(ugs. abwertend)* Hinterwäldler, *der (spött.)*; **~ town** Provinzstadt, *die*; Provinznest, *das (ugs. abwertend)*
hickey ['hɪkɪ] *n. (Amer.)* Dings, *das (ugs.)*
hickory ['hɪkərɪ] *n.* **a)** *(tree)* Hickory[baum], *der*; **b)** *(wood)* Hickory[holz], *das*
hid see ¹**hide 1, 2**
hidden see ¹**hide 1, 2**
hidden re·serve *n. (Econ.)* stille Reserve *od.* Rücklage
¹**hide** [haɪd] **1.** *v. t.*, **hid** [hɪd], **hidden** ['hɪdn] **a)** *(put or keep out of sight)* verstecken ⟨*Gegenstand, Person usw.*⟩ **(from** vor + *Dat.)*; **~ one's head [in embarrassment/shame]** *(fig.)* sich [vor Verlegenheit/Scham] verstecken; **~ one's face in one's hands** sein Gesicht in den Händen bergen; **~ one's light under a bushel; b)** *(keep secret)* verbergen ⟨*Gefühle, Sinn, Freude usw.*⟩ **(from** vor + *Dat.)*; verheimlichen ⟨*Tatsache, Absicht, Grund usw.*⟩ **(from** *Dat.)*; **have nothing to ~**: nichts zu verbergen haben; **the future is hidden from us** die Zukunft ist uns verborgen; **c)** *(obscure)* verdecken; **~ sth. [from view]** etw. verdecken; *(by covering)* etw. verdecken; ⟨*Nebel, Rauch usw.*⟩ etw. einhüllen. **2.** *v. i.*, **hid, hidden** sich verstecken. verbergen **(from** vor + *Dat.)*; **where is he hiding?** wo hält er sich versteckt *od.* verborgen? **3.** *n. (Brit.)* Versteck, *das*; *(hunter's ~)* Ansitz, *der (Jägerspr.)*
~ a'way *v. i.* sich versteckt *od.* verborgen halten; see also **hideaway**
~ 'out, ~ 'up *v. i.* sich versteckt *od.* verborgen halten; see also **hide-out**
²**hide** *n. (animal's skin)* Haut, *die*; *(of furry animal)* Fell, *das*; *(dressed)* Leder, *das*; *(joc.: human skin)* Haut, *die*; Fell, *das*; **tan sb.'s ~**: jmdm. das Fell gerben *od.* versohlen *(salopp)*; **save one's own ~**: die eigene Haut retten *(ugs.)*; **when I returned I could find neither ~ nor hair of them** als ich zurückkam, waren sie spurlos verschwunden
hide: **~-and-'seek** *(Amer.:* **~-and-go-'seek)** *n.* Versteckspiel, *das*; **play ~-and-seek** Verstecken spielen; **~away** see **~-out**; **~bound** *adj.* engstirnig, borniert *(abwertend)* ⟨*Person, Ansicht*⟩
hideous ['hɪdɪəs] *adj.* **a)** *(extremely ugly, offensive to the ear)* scheußlich; *(repulsive, horrific)* entsetzlich, grauenhaft; **b)** *(coll.: unpleasant)* furchtbar *(ugs.)*, schrecklich *(ugs.)*
hideously ['hɪdɪəslɪ] *adv.* **a)** entsetzlich, grauenhaft ⟨*verstümmelt, entstellt, schreien*⟩; **b)** *(coll.: unpleasantly)* furchtbar *(ugs.)* ⟨*langweilig, teuer, kalt, laut usw.*⟩
¹**hide-out** *n.* Versteck, *das*; *(of bandits, par-*

tisans, etc.) Versteck, *das*; Unterschlupf, *der*; *(retreat)* Refugium, *das*
hidey-hole see **hidy-hole**
¹**hiding** ['haɪdɪŋ] *n.* **go into ~**: sich verstecken; *(to avoid police, public attention)* untertauchen; **be/stay in ~**: sich versteckt halten/sich weiterhin versteckt halten; *(to avoid police, public attention)* untergetaucht sein/bleiben; **come out of ~**: aus seinem Versteck kommen; *(no longer avoid police, public attention)* wieder auftauchen
²**hiding** *n. (coll.: beating)* Tracht Prügel; *(fig.)* Schlappe, *die*; **give sb. a [good] ~**: jmdm. eine [ordentliche] Tracht Prügel verpassen; *(fig.)* jmdm. eine [klare] Abfuhr erteilen; **get/be given/take a real ~ [from sb.]** [von jmdm.] gehörige Prügel beziehen *od.* einstecken müssen; *(fig.)* sich *(Dat.)* [von jmdm.] eine klare Abfuhr holen; **be on a ~ to nothing** eine undankbare Rolle haben
¹**hiding-place** *n.* Versteck, *das*
hidy-hole ['haɪdɪhəʊl] *n. (coll.)* Versteck, *das*
hierarchic [haɪə'rɑːkɪk], **hierarchical** [haɪə'rɑːkɪkl] *adj.* hierarchisch
hierarchy [haɪərɑːkɪ] *n.* Hierarchie, *die*
hieroglyph ['haɪərəglɪf] *n.* **a)** Hieroglyphe, *die*; **b)** *in pl. (joc.: scrawl)* Hieroglyphen *(scherzh.)*
hieroglyphic [haɪərə'glɪfɪk] **1.** *adj.* **a)** *(composed of hieroglyphs)* hieroglyphisch; **b)** *(symbolical)* geheimnisvoll ⟨*Zeichen*⟩. **2.** *n. in pl. (also joc.)* Hieroglyphen
hi-fi ['haɪfaɪ] *(coll.)* **1.** *n.* Hi-Fi-. **2.** *a) (equipment)* Hi-Fi-Anlage, *die*; **b)** *(use of ~)* Hi-Fi, *das*; *attrib.* Hi-Fi-⟨*fan usw.*⟩
higgledy-piggledy [hɪgldɪ'pɪgldɪ] **1.** *adv.* wie Kraut und Rüben *(ugs.)*. **2.** *adj.* wirr, kunterbunt ⟨*Ansammlung usw.*⟩
high [haɪ] **1.** *adj.* **a)** *(reaching far up)* hoch ⟨*Berg, Gebäude, Mauer*⟩; **a wall eight feet** *or* **foot ~**: eine acht Fuß hohe Mauer; **I've known him since he was only so ~** *(coll.)* ich kannte ihn schon, als er [noch] **so** [klein] war; **b)** *(above normal level)* hoch ⟨*Stiefel*⟩; **a dress with a ~ neckline** ein hochgeschlossenes Kleid; **the river/water is ~**: der Fluß/das Wasser steht hoch; **~ and dry** ⟨*Boot:*⟩ auf dem Trockenen; hoch und trocken *(Seemannsspr.)*; **be left ~ and dry** *(fig.)* auf dem trock[e]nen sitzen *(ugs.)*; *(be stuck without transport)* festsitzen *(ugs.)*; **c)** *(far above ground or sea level)* hoch ⟨*Gipfel, Punkt*⟩; groß ⟨*Höhe*⟩; Hoch⟨*ebene, -moor*⟩; **be ~** ⟨*Ort:*⟩ hoch stehen; ⟨*Sonne, Mond:*⟩ hoch stehen; **d)** *(to or from far above the ground)* hoch ⟨*Aufstieg, Sprung*⟩; **~ diving** Turmspringen, *das*; **a ~ dive** ein Sprung vom Turm; *see also* ¹**bar 1 b**; **e)** *(of exalted rank)* hoch ⟨*Beamter, Amt, Gericht*⟩; **the most H~** *(Bibl.)* der Allerhöchste; **~ and low** arm und reich *(veralt.)*; **a ~er court** eine höhere Instanz; **~ er mammals/plants** höhere Säugetiere/Pflanzen; **~ and mighty** *(coll.: ~-handed)* selbstherrlich; *(coll.: self-important)* wichtigtuerisch; *(coll.: superior)* hochnäsig; *(arch.: exalted)* hoch ⟨*Adlige*⟩; groß ⟨*Häuptling*⟩; **aim for ~er things** *(fig.)* nach Höherem streben; **be born** *or* **destined for ~er things** zu Höherem geboren *od.* bestimmt sein; **in ~ places** an höherer Stelle; höheren Orts; **people in ~ places** Leute in hohen Positionen; **those in ~ places** die Oberen; **f)** *(great in degree)* hoch; groß ⟨*Gefallen, Bedeutung*⟩; stark ⟨*Wind*⟩; **be ~ in iodine** einen hohen Jodgehalt aufweisen; **be held in ~ regard/esteem** hohes Ansehen/hohe Wertschätzung genießen; **be ~ angesehen/geschätzt sein**; **~ blood pressure** Bluthochdruck, *der*; **~ vacuum** Hochvakuum, *das*; **~ aspiration** im größter Wunsch; **get a nice ~ polish on the car** das Auto auf Hochglanz polieren; **a/his etc. ~ colour** ein/sein *usw.* rotes Gesicht; **have a ~ opinion of sb./sth.** eine hohe Meinung von

high altar   **highway**

jmdm./etw. haben *(geh.)*; viel von jmdm./ etw. halten; **g)** *(extreme in opinion)* extrem; **h)** *(noble, virtuous)* hoch ⟨*Ideal, Ziel, Prinzip, Berufung*⟩; edel ⟨*Charakter*⟩; **of** ~ **birth** von hoher Geburt *(geh.)*; ~ **art/comedy** hohe Kunst/Komödie; **i)** *(Geog.)* ~ **latitudes** hohe Breiten; **j)** *(of time, season)* **it is** ~ **time you left** es ist od. wird höchste Zeit, daß du gehst; ~ **noon** Mittag; **it was** ~ **noon** es war genau Mittag; ~ **summer** Hochsommer, *der*; **k)** *(fully developed)* hoch ⟨*mittelalter, -renaissance usw.*⟩; **l)** *(long since passed)* fern ⟨*Vergangenheit*⟩; **m)** *(luxurious, extravagant)* üppig ⟨*Leben*⟩; **n)** *(enjoyable)* **have a** ~ **[old] time** sich bestens amüsieren; **have a** ~ **[old] time doing sth.** Spaß damit haben, etw. zu tun; **o)** *(coll.) (under the influence) (of a drug)* high nicht attr. *(ugs.)* (**on** von); angeturnt *(ugs.)* (**on** von); *(on cannabis)* bekifft *(ugs.)*; *(on alcohol)* blau *(ugs.)* (**on** von); **get** ~ **on** sich anturnen mit *(ugs.)* ⟨*Haschisch, LSD usw.*⟩; sich besaufen mit *(salopp)* ⟨*Whisky, Bier usw.*⟩; **p)** *(in pitch)* hoch ⟨*Ton, Stimme, Lage, Klang usw.*⟩; **q)** *(slightly decomposed)* angegangen *(landsch.)* ⟨*Fleisch*⟩; ⟨*Wild*⟩ mit Hautgout; **r)** *(Cards)* hoch; **ace is** ~: As ist hoch; **I'm queen** *etc.* ~: Dame usw. ist das Höchste, was ich habe; **s)** *(Ling.)* **see close 1 n.** See also **horse 1 a.** **2.** *adv.* **a)** *(in or to a* ~ *position)* hoch; ~ **on our list of priorities** weit oben auf unserer Prioritätenliste; ~ **up the valley** weiter oben im Tal; **we climbed** ~**er up the cliff** wir kletterten das Kliff ein Stück höher hinauf; **search** *or* **hunt** *or* **look** ~ **and low** überall suchen; **search** *or* **hunt** *or* **look** ~ **and low for sb./sth.** jmdn./etw. suchen wie eine Stecknadel; *see also* **2 a**; **b)** *(to a* ~ *level)* hoch; **prices have gone too** ~: die Preise sind zu stark gestiegen; **I'll go as** ~ **as two thousand pounds** ich gehe bis zweitausend Pfund; **c)** *(at or to a* ~ *pitch)* hoch ⟨*singen*⟩; **d)** *(Cards)* etwas hohes spielen; *(Gambling)* mit hohen Einsätzen spielen. **3.** *n.* **a)** *(*~*est level/figure)* Höchststand, *der*; *see also* **all-time**; **b)** *(Meteorol.)* Hoch, *das*; **c)** *(Amer. coll.:* ~ *school)* Oberschule, *die*; **in junior** ~: in der Unterstufe [der Oberschule]; **d)** *(sl.: drug-induced euphoria)* Rausch[zustand], *der*; **give sb. a** ~ ⟨*Droge:*⟩ jmdn. high machen *(ugs.)*; **e)** *(*~ *position)* **on** ~: hoch oben *od. (geh., südd., österr.)* droben; *(in heaven)* im Himmel; **from on** ~: von hoch oben; *(from heaven)* vom Himmel; *(fig.: from a* ~ *authority)* von oben; **a judgement from on** ~: eine Strafe des Himmels

high: ~ **altar** *n.* *(Eccl.)* Hochaltar, *der*; ~**-altitude** *adj.* Höhen-; ~**ball** *n.* *(Amer.)* **a)** *(drink)* Highball, *der*; **b)** *(Railw.: signal)* Freie-Fahrt-Signal, *das*; ~ **beam** *n.* Fernlicht, *das*; **I was on** ~ **beam most of the time** ich fuhr die meiste Zeit mit Fernlicht; ~**binder** *n.* *(Amer.)* **a)** *(thug)* Schläger, *der*; **b)** *(assassin)* [chinesischer] Killer; **c)** *(swindler)* Schwindler, *der*; Ganove, *der (ugs.)*; ~**born** *adj.* hochgeboren *(veralt.)*; ~**boy** *n.* *(Amer.) (hochbeinige)* hohe Kommode; Highboy, *der (fachspr.)*; ~**brow** *(coll.)* **1.** *n.* Intellektuelle, *der/die*; **2.** *adj.* intellektuell ⟨*Person, Gerede usw.*⟩; hochgestochen *(abwertend)* ⟨*Gerede, Musik, Literatur usw.*⟩; hochgeistig ⟨*Interessen, Beschäftigung, Gerede*⟩; ~ **chair** *n.* *(for baby)* Hochstuhl, *der*; **H**~ **'Church** *n.* High Church, *die*; Hochkirche, *die*; *attrib.* hochkirchlich; ~**-class** *adj.* hochwertig ⟨*Erzeugnis*⟩; erstklassig ⟨*Unterkunft, Konditor usw.*⟩; ~ **com'mand** *n.* *(Mil.)* Oberkommando, *das*; **H**~ **Com'mission** *n.* Hohe Kommission; **H**~ **Com'missioner** *n.* Hoher Kommissar; **H**~ **'Court [of Justice]** *n. (Brit. Law)* oberster Gerichtshof für Zivil- und Strafsachen; ~ **day** *n.* **on** ~ **days and holidays** zu besonderen Anlässen

higher ['haɪə(r)]: ~ **edu'cation** *n., no pl., no art.* Hochschul[aus]bildung, *die*; **he works in** ~ **education** er ist im Hochschulbereich tätig; **more funds are needed for** ~ **education** das Hochschulwesen braucht mehr Mittel; ~ **mathe'matics** *n.* höhere Mathematik
high: ~ **ex'plosive** *see* **explosive 2**; ~**-falutin** [haɪfə'luːtɪn], ~**-faluting** [haɪfə'luːtɪŋ] *adj. (coll. derog.)* hochtrabend ⟨*Gerede, Stil, Sprache usw.*⟩; aufgeblasen *(ugs. abwertend)* ⟨*Person*⟩; ~ **fashion** *see* **haute couture**; ~ **fi'delity** *n.* High-Fidelity, *die*; **reproduce sth. in** ~ **fidelity** etw. in Hi-Fi-Qualität wiedergeben; ~ **fi'nance** *n.* Hochfinanz, *die*; ~**-'flier** *see* **flyer**; ~**-flown** *adj.* geschwollen *(abwertend)* ⟨*Stil, Ausdrucksweise*⟩; ⟨*Ideen, Pläne*⟩; ~**-flyer** *n.* **a)** *(ambitious person)* Ehrgeizling, *der (ugs., abwertend)*; **be a** ~**-flyer** große Rosinen im Kopf haben *(ugs.)*; hoch hinaus wollen; **b)** *(able person)* Hochbegabte, *der/die*; ~**-'flying** *adj.* hoch fliegend; *(fig.: ambitious)* ehrgeizig ⟨*Pläne, Person*⟩; ~ **'frequency** *n.* hohe Frequenz; *(radiofrequency)* Hochfrequenz, *die*; ~**-frequency** *adj.* hochfrequent ⟨*Welle, Schwingung, Strahlung, Strom, Ton, Signal*⟩; Hochfrequenz⟨*welle, -schwingung, -signal, -gerät, -sender usw.*⟩ ⟨*Sendung*⟩ ≈ auf Kurzwelle; ⟨*Verluste*⟩ im Hochfrequenzbereich; ~ **'German** *see* **German 2 b**; ~**-grade** *adj.* hochwertig; ~**-grade ore** hochhaltiges Erz; Reicherz, *das*; ~**-grade steel** Edelstahl, *der*; ~**-handed** [haɪ'hændɪd] *adj.* selbstherrlich; ~ **'hat** *n.* **a)** *(tall hat)* Zylinder, *der*; **b)** *(fig.: snobbish person)* dünkelhafter Mensch; ~ **'heel** *n.* **a)** hoher Absatz; **b)** *in pl. (shoes)* hochhackige Schuhe; ~**-heeled** [haɪ'hiːld] *adj.* ⟨*Schuhe*⟩ mit hohen Absätzen; ~ **'holiday** *n.* *(Relig.)* einer der beiden höchsten jüdischen Feiertage; höchster Feiertag; ~ **'jinks** ['haɪ dʒɪŋks] *n. pl.* ⟨*übermütige*⟩ Ausgelassenheit; ~ **jump** *n., no pl.* **a)** *(Sport)* Hochsprung, *der*; **b)** *(fig.: reprimand, punishment)* **he is for the** ~ **jump, it's the** ~ **jump for him** er kann sich auf was gefaßt machen *(ugs.)*; ~**-jumper** *n.* *(Sport)* Hochspringer, *der/*-springerin, *die*; ~**-'key** *(Photog.)* High-key-⟨*Bild, Aufnahme usw.*⟩ *(fachspr.)*; ~ **'kick** *n.* hoher Beinwurf; ~**-land** ['haɪlænd] **1.** *n., no pl.* Hochland, *das*; **the H**~**lands** *pl. in Scotland*) die Highlands. **2.** *adj.* hochländisch; **H**~**land 'cattle** *n. pl.* schottische Hochlandrinder; **H**~**land 'dress** *n., no pl.* [schottische] Hochlandtracht; ~**lander** ['haɪləndə(r)] *n.* Hochländer, *der/*-länderin, *die*; **H**~**lander** schottischer Hochländer/ schottische Hochländerin; ~**-level** *adj.* ⟨*Verhandlungen usw.*⟩ auf hoher Ebene; ~**-level talks** Spitzengespräche; ~**-level computer language** problemorientierte Programmiersprache; ~ **life** *n., no pl.* **a)** *(life of upper class)* das Leben der Oberschicht; **b)** *(luxurious living)* **the** ~ **life** das Leben auf großem Fuße; ~**light 1.** *n.* **a)** *(outstanding moment)* Höhepunkt, *der*; **the** ~**light of the week's events** das herausragende Ereignis der Woche; **b)** *(bright area)* Licht, *das*; **c)** *(in hair) usu. pl.* Strähnchen, *das*. **2.** *v. t.* ~**lighted** ein Schlaglicht werfen auf *(+ Akk.)* ⟨*Probleme usw.*⟩; ~**lighter** *n.* Textmarker, *der*

highly ['haɪlɪ] *adv.* **a)** *(to a high degree)* sehr; äußerst; hoch⟨*begabt, -interessant, -angesehen, -bezahlt, -gebildet, -modern, -aktuell*⟩; leicht ⟨*entzündlich*⟩; stark ⟨*gewürzt*⟩; **feel** ~ **honoured** sich hoch geehrt fühlen; **I can** ~ **recommend the restaurant** ich kann dieses Restaurant sehr empfehlen; *see also* **polish 1 b**; **b)** *(favourably)* **think** ~ **of sb./sth.**, **regard sb./sth.** ~: eine hohe Meinung von jmdm./etw. haben; **speak/write** ~ **of sb./ sth.** jmdn./etw. sehr loben

'highly-strung *adj.* übererregbar
high: ~ **'mass** *see* **'mass**; ~**-minded** [haɪ'maɪndɪd] *adj.* hochgesinnt ⟨*Person*⟩; hoch, *(geh.)* hehr ⟨*Prinzipien, Dienstauffassung usw.*⟩; ~**-necked** *adj.* hochgeschlossen ⟨*Kleidungsstück*⟩

Highness ['haɪnɪs] *n.* Hoheit, *die*; **His/Her/Your [Royal]** ~: Seine/Ihre/Eure [Königliche] Hoheit

high: ~**-octane** *adj.* hochoktanig; ~**-performance** *adj.* Hochleistungs-; ~**-pitched** *adj.* **a)** hoch ⟨*Ton, Stimme*⟩; **b)** *(Archit.)* steil ⟨*Dach*⟩; **c)** *(lofty)* anspruchsvoll; hochgeistig ⟨*Unterhaltung*⟩; **be too** ~**-pitched intellectually for sb.** jmdm. *od.* für jmdn. zu hoch sein *(ugs.)*; ~ **point** *n.* Höhepunkt, *der*; Gipfelpunkt, *der*; ~**-powered** ['haɪpaʊəd] *adj.* **a)** *(powerful)* stark ⟨*Fahrzeug, Motor, Glühbirne usw.*⟩; **b)** *(forceful)* dynamisch ⟨*Geschäftsmann, Manager usw.*⟩; **c)** *(authoritative)* mit umfangreichen Vollmachten ausgestattet; *(intellectually excellent)* ⟨äußerst⟩ fähig; hochkarätig *(ugs.)* ⟨*Examen*⟩; ~ **pressure** *n.* **a)** *(Meteorol.)* Hochdruck, *der*; **an area of** ~ **pressure** ein Hochdruckgebiet; **b)** *(Mech. Engin.)* Überdruck, *der*; **c)** *(fig.: high degree of activity)* Hochdruck, *der*; **work at** ~ **pressure** mit Hochdruck arbeiten *(ugs.)*; ~**-pressure** *adj.* Hochdruck-; *(fig.: persuasive)* aggressiv ⟨*Verkaufsmethoden*⟩; aufdringlich ⟨*Vertreter*⟩; ~**-priced** [haɪ'praɪst] *adj.* teuer; ~ **'priest** *n.* Hohepriester, *der*; *see also* **profile 1 g**; ~**-ranking** *adj.* hochrangig; von hohem Rang *nachgestellt*; hoch ⟨*Beamter, Offizier*⟩; ~ **re'lief** *see* **'relief a**; ~**-rise** *adj.* Hochhaus-; ~**-rise building** Hochhaus, *das*; ~**-rise [block of] flats/office block** Wohn-/Bürohochhaus, *das*; ~ **road** *n.* Hauptstraße, *die*; **the** ~ **road to ruin** der sichere Weg zum Ruin; **a** ~ **road to happiness** ein sicherer Weg zum Glück; ~ **school** *n.* Oberschule, *die*; ~ **'seas** *n. pl.* **the** ~ **seas** die hohe See; ~ **season** *n.* Hochsaison, *die*; ~ **sign** *n.* *(Amer. coll.)* **give sb. the** ~ **sign** jmdm. signalisieren, daß die Luft rein ist; ~**-sounding** *adj.* hochtönend; hochtrabend *(abwertend)*; ~**-speed** *adj.* schnell[fahrend]; ~**-speed train** Hochgeschwindigkeitszug, *der*; ~**-speed steel** Schnell[arbeits]stahl, *der* *(Photog.)* ²**fast 1 h**; ~**-spirited** *see* **spirited b**; ~ **'spirits** *see* **spirit 1 h**; ~ **spot** *n. (coll.)* Höhepunkt, *der*; ~ **street** *n.* Hauptstraße, *die*; ~**-street shop/office** Geschäft/Büro in der Hauptstraße; ~**-street banks** Großbanken; ~ **'strung** *see* **highly-strung**; ~ **'table** *n.* **a)** *(at public dinner)* erhöhte Speisetafel; **b)** *(table for college fellows)* Dozententisch, *der*; ~ **'tail** *v. i. & t. (Amer. sl.)* ~**-tail [it]** abhauen *(salopp)*; verduften *(ugs.)*; sich aus dem Staub machen *(ugs.)*; ~ **'tea** *see* **tea b**; ~**-tech** *adj. (coll.)* High-Tech-; ~ **'tech** *(coll.)*, ~ **tech'nology** *ns.* Spitzentechnologie, *die*; Hochtechnologie, *die*; ~**-technology** *adj.* hochtechnisiert; High-Tech-; ~ **'tension** ≈ ~ **voltage** *see* **voltage**; ~**-'tension** *see* ~**voltage**; ~ **'tide** *see* **tide** **1 a**; ~ **'treason** *see* **treason a**; ~**-up** *n. (coll.)* hohes Tier *(ugs.)*; ~ **voltage** *n.* Hochspannung, *die*; ~**-'voltage** *adj. (Electr.)* Hochspannungs-; ~ **'water** *n.* Hochwasser, *das*; ~**-'water mark** *n.* **a)** *(level reached by tide)* Hochwassermarke, *die*; **b)** *(maximum value)* höchster Stand; Höchststand, *der*; *(highest point of excellence)* Höhepunkt, *der*; ~ **way** *n.* **a)** *(public road)* öffentliche Straße; *(public path)* öffentlicher Weg; **H**~**ways Department** Straßenbauamt, *das*; **the King's/Queen's** ~**way** *(Brit.)* öffentliche Straße; **b)** *(main route)* Verkehrsweg, *der*; **the spinal cord is the** ~**way for all nervous impulses** das Rückenmark ist die Bahn, die alle Nervenimpulse nehmen; **c)** *(fig.:*

course of action) **the ~way to ruin** der sichere Weg zum Ruin; **H~way 'Code** *n. (Brit.)* Straßenverkehrsordnung, *die;* **~wayman** ['haɪweɪmən] *n., pl.* **~waymen** ['haɪweɪmən] *(Hist.)* Straßenräuber, *der;* Wegelagerer, *der;* ~ **'wire** *n.* [Hoch]seil, *das*

hijack ['haɪdʒæk] **1.** *v. t.* **a)** *(seize)* in seine Gewalt bringen; **they ~ed an aircraft to Cuba** sie haben ein Flugzeug nach Kuba entführt; **he ~ed the lorry to London** er zwang den Fahrer des LKW, nach London zu fahren; **b)** *(coll.: steal)* sich *(Dat.)* unter den Nagel reißen *(ugs.).* **2.** *n. (of aircraft)* Entführung, *die* **(of** Gen.); *(of vehicle)* Überfall, *der* **(of** auf + *Akk.*)

hijacker ['haɪdʒækə(r)] *n.* Entführer, *der; (of aircraft)* Flugzeugentführer, *der;* **be seized by ~s** entführt werden

hike [haɪk] **1.** *n.* **a)** *(long walk)* Wanderung, *die;* **go on a ~:** eine Wanderung machen; wandern gehen; **be on a ~:** auf einer Wanderung sein; eine Wanderung machen; **b)** *(esp. Amer.: increase)* Anstieg, *der;* Erhöhung, *die* **(in** Gen.). **2.** *v. i.* **a)** wandern; eine Wanderung machen; **b)** *(walk vigorously)* wandern; marschieren. **3.** *v. t.* **a)** *(hoist)* hieven *(ugs.);* **b)** *(esp. Amer.: raise)* erhöhen, anheben ⟨*Preise usw.*⟩ **(to** auf + *Akk.*)

~ **'up** *v. i.* ⟨*Kleidungsstück:*⟩ hochrutschen *(ugs.),* sich hochschieben

hiker ['haɪkə(r)] *n.* Wanderer, *der*/Wanderin, *die*

hilarious [hɪ'leərɪəs] *adj.* **a)** *(extremely funny)* urkomisch; rasend komisch *(ugs.);* **b)** *(boisterously merry)* ausgelassen ⟨*Party, Stimmung*⟩

hilariously [hɪ'leərɪəslɪ] *adv.* **be ~ funny** rasend komisch sein *(ugs.);* zum Schreien sein *(ugs.)*

hilarity [hɪ'lærɪtɪ] *n., no pl.* **a)** *(gaiety)* Fröhlichkeit, *die;* **b)** *(merriment)* übermütige Ausgelassenheit; *(loud laughter)* Heiterkeit, *die*

Hilary term [hɪlərɪ 'tɜːm] *n. (Brit. Univ.)* Frühjahrstrimester, *das*

hill [hɪl] *n.* **a)** Hügel, *der; (higher)* Berg, *der;* **walk in the ~s** in den Bergen gehen; **built on a ~:** am Hang gebaut; **be over the ~** *(fig. coll.)* auf dem absteigenden Ast sein *(ugs.); (past the crisis)* über den Berg sein *(ugs.);* **[as] old as the ~s** *(fig.)* uralt; ⟨*Person*⟩ [so] alt wie Methusalem; *see also* **up 2 a; uphill; b)** *(heap)* Hügel, *der; (ant~, dung~, mole~)* Haufen, *der;* **c)** *(sloping road)* Steigung, *die;* **park on a ~:** am Berg parken

hill: ~-billy *n. (Amer.)* **a)** Hinterwäldler, *der*/Hinterwäldlerin, *die* (spött.); Landpomeranze, *die* (*ugs. abwertend, auch scherzh.*); *(of the SE US)* Hillbilly, *der;* **b)** *(Mus.)* Hillbilly, *der;* ~ **climb** *n. (Motor Racing)* Bergrennen, *das;* ~-**fort** *n.* Bergfestung, *die;* (Archaeol.) Hillfort, *das;* ~-**man** *n.* Bergbewohner, *der*

hillock ['hɪlək] *n.* [kleiner] Hügel

hill: ~side *n.* Hang, *der;* ~ **start** *n. (Motor Veh.)* Anfahren am Berg, *das;* **do a ~ start** am Berg anfahren; **~top** *n.* [Berg]gipfel, *der*

hilly ['hɪlɪ] *adj.* hüg[e]lig; *(higher)* bergig

hilt [hɪlt] *n.* Griff, *der;* Heft, *das (geh.; fachspr.);* **[up] to the ~** *(fig.)* voll und ganz ⟨*unterstützen usw.*⟩; schlagend, stichhaltig ⟨*beweisen*⟩

him [ɪm, *stressed* hɪm] *pron.* ihn; *as indirect object* ihm; *reflexively* sich; *referring to personified things or animals which correspond to German feminines/neuters* sie/es; *as indirect object* ihr/ihm; **it was ~:** er war's; *see also* ¹**her**

Himalayan [hɪmə'leɪən] *adj.* Himalaya-
Himalayas [hɪmə'leɪəz] *pr. n. pl.* Himalaya, *der*

himself [hɪm'self] *pron.* **a)** *emphat.* selbst; **b)** *refl.* sich. *See also* **herself**

¹**hind** [haɪnd] *n.* Hirschkuh, *die*

²**hind** *adj.* hinter...; ~ **legs** Hinterbeine; **get up on one's ~ legs** *(fig. joc.)* sich hinstellen; *see also* **donkey**

hinder ['hɪndə(r)] **1.** *v. t. (impede)* behindern; *(delay)* verzögern ⟨*Vollendung einer Arbeit, Vorgang*⟩; **~ sb. in his work** jmdn. bei der Arbeit behindern; **~ sb. from doing sth.** jmdn. daran hindern, etw. zu tun. **2.** *v. i.* **will it help or ~?** bedeutet es eine Erleichterung oder eine Erschwernis?

Hindi ['hɪndɪ]: **1.** *adj.* Hindi-; *see also* **English 1. 2.** *n.* Hindi, *das; see also* **English 2 a**

hind: ~most *adj. (furthest behind)* hinterst...; *see also* **devil 1 c;** ~ **quarters** *n. pl.* Hinterteil, *das; (of large quadruped)* Hinterteil, *das;* Hinterhand, *die (fachspr.)*

hindrance ['hɪndrəns] *n.* **a)** *(action)* Behinderung, *die; see also* ²**let a; b)** *(obstacle)* Hindernis, *das* **(to** für); **he is more of a ~ than a help** er stört mehr, als daß er hilft; **be a ~ to navigation** ein Hindernis für die Schiffahrt sein *od.* darstellen

'hindsight *n.* **in ~, with [the benefit of] ~:** im nachhinein

Hindu ['hɪnduː, hɪn'duː] **1.** *n.* Hindu, *der.* **2.** *adj.* hinduistisch; Hindu⟨*gott, -tempel*⟩

Hinduism ['hɪnduːɪzm] *n., no pl.* Hinduismus, *der*

Hindustani [hɪndə'stɑːniː] **1.** *adj.* **a)** hindustanisch; **b)** *(Ling.)* Hindustani-; hindustanisch; *see also* **English 1. 2.** *n.* Hindustani, *das; see also* **English 2 a**

hinge [hɪndʒ] **1.** *n.* **a)** Scharnier, *die; (continuous)* Klavierband, *das;* **off its ~s** ⟨*Tür*⟩ aus den Angeln gehoben; **b)** *(Zool.: of bivalve)* Schloß, *das;* **c)** *(Philat.)* **[stamp-]~:** Klebefalz, *der.* **2.** *v. t.* mit Scharnieren/einem Scharnier versehen; ~ **sth. to sth.** etw. mit Scharnieren/einem Scharnier an etw. *(Dat.)* befestigen. **3.** *v. i.* **a)** *(hang and turn)* ~ **[up]on sth.** mit Scharnieren/einem Scharnier an etw. *(Dat.)* befestigt sein; **b)** *(fig.: depend)* abhängen (**[up]on** von); hängen *(ugs.)* (**[up]on** an + *Dat.*)

hinged ['hɪndʒd] *adj.* mit Scharnieren/einem Scharnier versehen; ~ **lid** Klappdeckel, *der*

hinny ['hɪnɪ] *n. (Zool.)* Maulesel, *der*

hint [hɪnt] **1.** *n.* **a)** *(suggestion)* Wink, *der;* Hinweis, *der;* **give a ~ that ...:** andeuten, daß ...; **give no ~ that ...:** nicht einmal andeutungsweise zu erkennen geben, daß ...; **is that a ~?** ist das ein Wink mit dem Zaunpfahl? *(scherzh.);* ~ **!** *(joc.)* wenn das kein Wink mit dem Zaunpfahl winken darf *(scherzh.); see also* **broad 1 b; drop 3 d; take 1 v;** **b)** *(slight trace)* Spur, *die* **(of** von); **the ~/no ~ of a smile** der Anflug/nicht die Spur eines Lächelns; **there was a ~ of sadness in his smile** in seinem Lächeln zeigte sich ein Anflug von Traurigkeit; **a ~ of aniseed** ein Hauch von Anis; **c)** *(practical information)* Tip, *der;* **(on** für); **car repair ~s** Tips für die Autoreparatur. **2.** *v. t.* andeuten; **nothing has yet been ~ed about it** darüber hat man noch nichts herausgelassen *(ugs.).* **3.** *v. i.* ~ **at** andeuten

hinterland ['hɪntəlænd] *n.* Hinterland, *das; (area surrounding city)* Umland, *das*

¹**hip** [hɪp] *n.* **a)** Hüfte, *die;* **with one's hands on one's ~s** die Arme in die Hüften gestemmt; **shoot from the ~** *(lit. or fig.)* aus der Hüfte schießen; **b)** *in sing. or pl.* (*~-measurement*) Hüftumfang, *der;* Hüftweite, *die; (of man, boy)* Gesäßumfang, *der;* Gesäßweite, *die;* **have thirty-seven-inch ~s** *or* **a thirty-seven-inch ~:** eine Hüftweite/Gesäßweite von vierundneunzig Zentimetern haben; **how large are your ~s?** welche Hüftweite/Gesäßweite hast du?; **c)** *(Archit.)* Grat, *der*

²**hip** *n. (Bot.)* Hagebutte, *die*

³**hip** *int. see* **hurrah 1**

⁴**hip** *see* **hep**

hip: ~-bath *n.* Sitzbad, *das;* ~-**bone** *n. (Anat.)* Hüftbein, *das;* Hüftknochen, *der;* ~-**flask** *n.* Taschenflasche, *die;* Flachmann, *der (ugs. scherzh.);* ~-**joint** *n. (Anat.)* Hüftgelenk, *das;* ~-**length** *adj.* hüftlang ⟨*Kleidungsstück*⟩; ~-**measurement** *n.* Hüftumfang, *der;* Hüftweite, *die; (of man, boy)* Gesäßumfang, *der;* Gesäßweite, *die*

hippie ['hɪpɪ] *n. (coll.)* Hippie, *der*
hippo ['hɪpəʊ] *n., pl.* **~s** *(coll.) see* **hippopotamus**

hip-'pocket *n.* Gesäßtasche, *die*

Hippocratic oath [hɪpəkrætɪk 'əʊθ] *n. (Med.)* Eid des Hippokrates

hippopotamus [hɪpə'pɒtəməs] *n., pl.* **~es** *or* **hippopotami** [hɪpə'pɒtəmaɪ] *(Zool.)* Nilpferd, *das;* Flußpferd, *das*

hippy ['hɪpɪ] *n. see* **hippie**
hip: ~-roof *n. (Archit.)* Walmdach, *das;* ~-**size** *n. see* ~-**measurement**

hipster ['hɪpstə(r)] **1.** *adj.* auf der Hüfte sitzend ⟨*Hose*⟩. **2.** *n.* Hüfthose, *die*

hire [haɪə(r)] **1.** *n.* **a)** *(action)* Mieten, *das; (of servant)* Einstellen, *das;* **conditions of ~:** Mietbedingungen; **b)** *(condition)* **be on ~ [to sb.]** [an jmdn.] vermietet sein; **for or on ~:** zu vermieten; **'for ~'** „frei"; **there are boats for or on ~:** man kann Boote mieten; **c)** *(amount)* Leihgebühr, *die;* **d)** *(pay: wages)* Lohn, *der;* **the labourer is worthy of his ~** *(prov.)* jede Arbeit ist ihres Lohnes wert *(Spr.).* **2.** *v. t.* **a)** *(employ)* anwerben; engagieren ⟨*Anwalt, Berater usw.*⟩; **~d assassin** gedungener Mörder; **b)** *(obtain use of)* mieten; ~ **sth. from sb.** etw. bei jmdm. mieten; **c)** *(grant use of)* vermieten; ~ **sth. to sb.** etw. jmdm. *od.* an jmdn. vermieten

~ **'out** *v. t.* vermieten
'hire-car *n.* Mietwagen, *der;* Leihwagen, *der*

hired [haɪəd]: ~ **car** *see* **hire-car;** ~ **girl** *n. (Amer.)* Hausmädchen, *das; (on farm)* Magd, *die (veralt.);* ~ **man** *n. (Amer.)* Gehilfe, *der; (on farm)* Knecht, *der (veralt.)*

hireling ['haɪəlɪŋ] *n.* Söldling, *der (abwertend);* Mietling, *der (abwertend)*

hire-'purchase *n., no pl., no art. (Brit.)* Ratenkauf, *der;* Teilzahlungskauf, *der; attrib.* Raten-; Teilzahlungs-; **pay for/buy sth. on ~:** etw. in Raten bezahlen/auf Raten *od.* Teilzahlung kaufen

hirer ['haɪərə(r)] *n.* Mieter, *der*/Mieterin, *die; (who grants use)* Vermieter, *der*/Vermieterin, *die*

hirsute ['hɜːsjuːt] *adj.* behaart; *(unkempt)* zottelig; struppig

hirsuteness ['hɜːsjuːtnɪs] *n., no pl.* starke Behaarung; *(unkempt appearance)* Struppigkeit, *die*

his [ɪz, *stressed* hɪz] *poss. pron.* **a)** *attrib.* sein; *referring to personified things or animals which correspond to German feminines/neuters* ihr/sein; **b)** *pred. (the one[s] belonging to him)* seiner/seine/seins[e]s/des/die/das eine; *seinige (geh.);* **towels labelled '~' and 'hers'** mit „Er" und „Sie" gekennzeichnete Handtücher; *see also* ¹**her**

Hispanic [hɪ'spænɪk] **1.** *adj.* lateinamerikanisch; ~ **studies** Hispanistik, *die;* ~ **Americans** Hispanoamerikaner. **2.** *n.* Lateinamerikaner, *der*/-amerikanerin, *die;* Hispanoamerikaner, *der*/-amerikanerin, *die*

Hispanicist [hɪ'spænɪsɪst], **Hispanist** ['hɪspənɪst] *n.* Hispanist, *der*/Hispanistin, *die*

hiss [hɪs] **1.** *n. (of goose, snake, escaping steam, crowd, audience)* Zischen, *das; (of cat, locomotive)* Fauchen, *das.* **2.** *v. i.* ⟨*Gans, Schlange, Dampf, Publikum, Menge:*⟩ zischen; ⟨*Katze, Lokomotive:*⟩ fauchen. **3.** *v. t.* **a)** *(express disapproval of)* auszischen ⟨*Redner, Schauspieler*⟩; **b)** *(utter with a hiss)* zischen

histamine / hoarding

histamine ['hɪstəmɪn, 'hɪstəmiːn] *n. (Physiol.)* Histamin, *das*
histogram ['hɪstəgræm] *n. (Statistics)* Histogramm, *das*
histology [hɪ'stɒlədʒɪ] *n. (Biol.)* Histologie, *die*
historian [hɪ'stɔːrɪən] *n.* **a)** *(writer of history)* Geschichtsschreiber, *der/*-schreiberin, *die;* **b)** *(scholar of history)* Historiker, *der/*Historikerin, *die*
historic [hɪ'stɒrɪk] *adj.* **a)** *(famous)* historisch; **b)** *(Ling.)* historisch ⟨*Tempus usw.*⟩
historical [hɪ'stɒrɪkl] *adj.* **a)** historisch; geschichtlich ⟨*Belege, Hintergrund*⟩; ~ **research** Geschichtsforschung, *die;* **of** ~ **interest** von historischem *od.* geschichtlichem Interesse; **b)** *(belonging to the past)* in früheren Zeiten üblich ⟨*Methode*⟩; **be** ~**:** der Geschichte angehören
historically [hɪ'stɒrɪkəlɪ] *adv.* **a)** *(with respect to history)* historisch; **b)** *(as a matter of history)* in der Geschichte
history ['hɪstərɪ] *n.* **a)** *(continuous record)* Geschichte, *die;* **histories** historische Darstellungen; **b)** *no pl., no art.* Geschichte, *die; (study of past events)* Geschichte, *die;* Geschichtswissenschaft, *die;* ~ **relates ...:** die Geschichte erzählt ...; **that's [all] [past]** ~ das ist [alles] [längst] vergangen [und vergessen]; das gehört [alles] [längst] der Vergangenheit an; ~ **repeats itself** die Geschichte wiederholt sich; **make [boxing]** ~**:** Geschichte [im Boxen] machen; **go down in** ~**:** in die Geschichte eingehen; **c)** *(train of events)* Geschichte, *die; (of person)* Werdegang, *der;* **have a** ~ **of asthma/shop-lifting** schon lange an Asthma leiden/eine Vorgeschichte als Ladendieb haben; **d)** *(eventful past career)* Geschichte, *die;* **he has quite a** ~**:** er hat eine bewegte Vergangenheit; **e)** *(Theatre)* historisches Drama; **Shakespeare's histories** Shakespeares Historien. *See also* **ancient 1 a**; **case history**; **life history**; **medieval history**; **natural history**
'history book *n.* Geschichtsbuch, *das*
histrionic [hɪstrɪ'ɒnɪk] **1.** *adj.* **a)** schauspielerisch ⟨*Talent, Fähigkeiten*⟩; ~ **art** Schauspielkunst, *die;* **b)** *(stagy)* theatralisch *(abwertend).* **2.** *n. in pl.* **a)** *(theatrical art)* Schauspielkunst, *die;* Schauspielerei, *die;* **b)** *(melodramatic behaviour)* theatralisches Getue *(abwertend);* **forget the** ~**s!** laß die Schauspielerei! *(ugs. abwertend)*
hit [hɪt] **1.** *v.t.,* -tt-, **hit a)** *(strike with blow)* schlagen; *(strike with missile)* treffen; *(Geschoß, Ball usw.:)* treffen; **I've been** ~**!** *(struck by bullet)* ich bin getroffen!; **I could** ~ **him** *(fig. coll.)* ich könnte ihm eine runterhauen *(ugs.);* **the ball** ~ **me in the face** der Ball traf mich ins Gesicht; ~ **sb. over the head** jmdm. eins überziehen *(ugs.);* ~ **one's thumb** sich *(Dat.)* auf den Daumen schlagen; ~ **by lightning** vom Blitz getroffen; ~ **a man when he's down** *(fig.)* jmdn. treten, der schon am Boden liegt; *see also* **belt 1 a**; **nail 1 b**; **note 1 a**; **b)** *(come forcibly into contact with)* ⟨*Fahrzeug:*⟩ prallen gegen ⟨*Mauer usw.*⟩; ⟨*Schiff:*⟩ laufen gegen ⟨*Felsen usw.*⟩; **the aircraft** ~ **the ground** das Flugzeug schlug auf den Boden auf; **the noise of the hammer** ~**ting the anvil** das Geräusch des Hammers beim Auftreffen auf den Amboß; ~ **the roof or ceiling** *(fig. coll.: become angry)* an die Decke *od.* in die Luft gehen *(ugs.);* **c)** *(cause to come into contact)* [an]stoßen; [an]schlagen; ~ **one's head on sth.** mit dem Kopf gegen etw. stoßen; sich *(Dat.)* den Kopf an etw. *(Dat.)* stoßen; **d)** *(deliver)* ~ **a blow at sb.,** ~ **sb. a blow** jmdm. einen Schlag verpassen *(ugs.);* **e)** *(fig.: cause to suffer)* ~ **badly** or **hard** schwer treffen; **I will** ~ **them very hard** *(take severe measures against)* ich werde mit aller Schärfe gegen sie vorgehen; **f)** *(fig.: affect)* treffen; **have been** ~ **by frost/rain** *etc.* durch Frost/Regen

usw. gelitten haben; **g)** *(fig.: light upon)* finden; stoßen *od.* treffen auf (+ *Akk.*); finden ⟨*Bodenschätze*⟩; **you've** ~ **it!** du sagst es!; **h)** *(fig.: characterize) see* ~ **off; i)** *(fig. coll.) (encounter)* Bekanntschaft machen mit (+ *Dat.*) *(ugs.); (arrive at)* erreichen ⟨*Höchstform, bestimmten Ort, bestimmte Höhe, bestimmtes Alter usw.*⟩; **I think we've** ~ **a snag** ich glaube, jetzt gibt's Probleme; ~ **a pool of water** ⟨*Auto:*⟩ in eine [Wasser]pfütze fahren; ~ **an all-time high** ⟨*Preis:*⟩ eine Rekordhöhe erreichen; **the car can** ~ **100 miles an hour** das Auto schafft 100 Meilen in der Stunde *(ugs.);* **they** ~ **all the night-spots** sie statteten allen Nachtlokalen einen Besuch ab *(ugs.);* ~ **town** ankommen; ~ **the trail** *(Amer. sl.)* or **the road** sich auf den Weg *od. (ugs.)* die Socken machen; ~ **the hay** *(sl.)* in die Falle gehen *(ugs.);* ~ **the bottle** *(sl.)* in die Falle neuen *(ugs.);* **j)** *(fig. coll.: indulge in)* zuschlagen bei (+ *Dat.*) *(salopp);* **[begin to]** ~ **the bottle** das Trinken anfangen; **k)** *(Cricket)* erzielen ⟨*Lauf*⟩; ~ **the ball for six** *(Brit.)* sechs Läufe auf einmal erzielen; ~ **sb. for six** *(Brit.)* gegen jmdn. sechs Läufe erzielen; *(fig.: defeat)* jmdn. übertrumpfen; ~ **the enemy for six** *(Brit.)* den Feind zerschmettern. **2.** *v. i.,* -tt-, **hit a)** *(direct a blow)* schlagen; ~ **hard** fest *od.* hart zuschlagen; *(fig.: criticize)* jmdn. kritisieren; ~ **at sth. as being extravagant** etw. als extravagant geißeln; ~ **and run** ⟨*Autofahrer:*⟩ Fahrer- *od.* Unfallflucht begehen; ⟨*Angreifer:*⟩ einen Blitzüberfall machen; *see also* **hit-and-run**; **b)** *(come into forcible contact)* ~ **against** or **upon sth.** gegen *od.* auf etw. *(Akk.)* stoßen. **3.** *n.* **a)** *(blow)* Schlag, *der;* **b)** *(sarcastic remark)* Seitenhieb, *der* (**at** gegen); Spitze, *die* (**at** gegen); *(censure, rebuke)* Angriff, *der;* **that's a** ~ **at me** das geht gegen mich; **c)** *(shot or bomb striking target)* Treffer, *der;* **d)** *(success)* Erfolg, *der;* Knüller, *der (ugs.); (success in entertainment)* Schlager, *der;* Hit, *der (ugs.);* **make a** ~**:** gut ankommen; **make** or **be a** ~ **with sb.** bei jmdm. einschlagen *od.* gut ankommen; **I'm sure she'll be** or **make a [big]** ~**:** ich bin sicher, sie wird [ganz] groß herauskommen *(ugs.);* **e)** *(stroke of luck)* Glückstreffer, *der*
~ **'back 1.** *v. t.* zurückschlagen. **2.** *v. i.* zurückschlagen; *(verbally)* kontern; sich wehren; ~ **back at sb.** *(fig.)* jmdm. Kontra geben
~ **'off** *v. t.* **a)** *(characterize)* genau treffen; treffend charakterisieren; **b)** ~ **it off [with each other]** miteinander auskommen; sich verstehen; ~ **it off with sb.** mit jmdm. auskommen; sich mit jmdm. verstehen
~ **on** *see* ~ **upon**
~ **'out** *v. i.* **a)** *(aim blows)* drauflosschlagen; **b)** ~ **out at** or **against sb./sth.** *(fig.)* jmdn./etw. scharf angreifen *od.* attackieren
~ **upon** *v. t.* stoßen auf (+ *Akk.*); finden ⟨*richtiger Antwort, Methode*⟩; kommen auf (+ *Akk.*) ⟨*Idee*⟩
hit: ~**-and-'miss** *see* ~**-or-miss**; ~**-and-'run** *adj.* **a)** unfallflüchtig ⟨*Fahrer*⟩; ~**-run accident** Unfall mit Fahrerflucht; **b)** Blitz⟨*angriff, -überfall*⟩; ~**-and-run tactics** Taktik des Blitzüberfalls
hitch [hɪtʃ] **1.** *v. t.* **a)** *(move by a jerk)* rücken; **b)** *(fasten)* [fest]binden ⟨*Tier*⟩ (**to** an + *Akk.*); binden ⟨*Seil*⟩ (**round** an + *Akk.*); [an]koppeln ⟨*Anhänger usw.*⟩ (**to** an + *Akk.*); spannen ⟨*Zugtier, -maschine usw.*⟩ (**to** or + *Akk.*); **get** ~**ed** *(sl.)* heiraten; *see also* **wagon a**; **c)** ~ **a lift** or **ride** *(coll.)* per Anhalter fahren; trampen; **he was trying to** ~ **a lift or ride** er wollte mitgenommen werden. **2.** *v. i. see* **hitch-hike 1**. **3.** *n.* **a)** *(jerk)* Ruck, *der;* **give sth. a** ~**:** an etw. *(Dat.)* rucken; **b)** *(Naut.: knot)* Stek, *der (Seemannsspr.);* **half** ~**:** halber Schlag; *see also*

clove hitch; **c)** *(stoppage)* Unterbrechung, *die;* **go off without a** ~**:** glatt *od.* reibungslos über die Bühne gehen; **d)** *(impediment)* Problem, *das;* Schwierigkeit, *die;* **have one** ~**:** einen Haken haben *(ugs.);* **e)** *see* **hitch-hike 2**
~ **'up** *v. t.* **a)** hochheben ⟨*Rock*⟩; ~ **up one's trousers** seinen Hosenbund hochziehen; **b)** *(Amer.: attach)* anspannen
hitch: ~**-hike 1.** *v. i.* per Anhalter fahren; trampen; **2.** *n.* Trampen, *das;* ~**-hiker** *n.* Anhalter, *der*/Anhalterin, *die;* Tramper, *der*/Tramperin, *die;* ~**-hiking** *n.* Trampen, *das*
hitching-post ['hɪtʃɪŋpəʊst] *n.* Pfosten, *der (zum Anbinden von Zug- und Reittieren)*
hi-tech *adj. see* **high-tech**
hither ['hɪðə(r)] *adv. (literary)* hierher; ~ **and thither** or **yon** hierhin und dorthin; *see also* **come-hither**
hitherto ['hɪðətuː, hɪðə'tuː] *adv. (literary)* bisher; bislang; *(up to that time)* bis dahin
hit: ~ **list** *n.* **a)** *(charts) see* ~ **parade**; **b)** *(victims)* Abschußliste, *die (fig.);* ~ **man** *n. (Amer.)* Killer, *der (salopp);* ~**-or-'miss** *adj. (careless) see* ~ **parade**; *(Methode); (careless)* schlampig, schluderig *(ugs. abwertend)* ⟨*Arbeit*⟩; **it was a very** ~**-or-miss affair** das ging alles aufs Geratewohl *(ugs.);* ~ **parade** *n.* Hitparade, *die;* Schlagerparade, *die;* ~ **'record** *n.* Hit, *der (ugs.)*
Hittite ['hɪtaɪt] **1.** *n.* **a)** Hethiter, *der*/Hethiterin, *die;* **b)** *(Ling.)* Hethitisch, *das.* **2.** *adj.* hethitisch
HIV *abbr. (Med.)* **human immunodeficiency virus** HIV; **HIV-positive/-negative** HIV-positiv/-negativ
hive [haɪv] **1.** *n.* **a)** *(Bienen)stock, der; (of straw)* Bienenkorb, *der;* **frame** ~**:** Bienenkasten, *der;* **b)** *(fig.: busy place)* **what a** ~ **of industry!** der reinste Bienenstock! *(ugs.);* **the office is a [regular]** ~ **of industry** in dem Büro geht es zu wie in einem Bienenstock. **2.** *v. t.* in einen Stock bringen, einfangen ⟨*Bienen*⟩
~ **'off** *(Brit.)* **1.** *v. i.* ⟨*Firma, Abteilung:*⟩ sich abspalten (**from** von). **2.** *v. t. (separate and make independent)* verselbständigen; *(assign)* zuweisen, übertragen ⟨*Aufgabe usw.*⟩ (**to** *Dat.*); **the firm was** ~**d off from the parent company** die Firma wurde aus der Muttergesellschaft ausgegliedert
hiya ['haɪjə] *int. (coll.)* hallo!
HM *abbr.* **a)** Her/His Majesty I. M./S. M.; **b)** Her/His Majesty's; **c)** headmaster/headmistress ≈ Dir.
HMG *abbr. (Brit.)* Her/His Majesty's Government
HMI *abbr. (Brit.)* Her/His Majesty's Inspector [of Schools]
HMS *abbr. (Brit.)* Her/His Majesty's Ship H.M.S.
HMSO *abbr. (Brit.)* Her/His Majesty's Stationery Office
HNC *abbr. (Brit.)* Higher National Certificate
HND *abbr. (Brit.)* Higher National Diploma
ho [həʊ] *int.* **a)** *expr. surprise* oh; nanu; *expr. admiration* oh; *expr. triumph* ha; *drawing attention* he; heda; *expr. derision* haha; **land** ~**!** Land in Sicht!; **b)** *(Naut.: rallying cry)* **westward** ~**!** auf nach Westen!
hoard [hɔːd] **1.** *n.* **a)** *(store laid by)* Vorrat, *der;* **make/collect a** ~ **of sth.** etw. horten; **b)** *(fig.: amassed stock)* Sammlung, *die;* **he had accumulated a** ~ **of grievances** bei ihm hatten sich eine Menge Klagen angehäuft *od.* angestaut; **c)** *(Archaeol.)* Hort, *der (fachspr.).* **2.** *v. t.* ~ **[up]** horten ⟨*Geld, Brennmaterial, Lebensmittel usw.*⟩; hamstern ⟨*Lebensmittel*⟩. **3.** *v. i.* horten
hoarder ['hɔːdə(r)] *n.* Hamsterer, *der*/Hamsterin, *die*
'hoarding ['hɔːdɪŋ] *n.* Horten, *das;* Hamstern, *das*

349

²hoarding *n.* **a)** *(fence)* Bretterzaun, *der;* Bretterwand, *die;* *(round building-site)* Bauzaun, *der;* **b)** *(Brit.: for advertisements)* Reklamewand, *die;* Plakatwand, *die*
hoar-frost ['hɔ:frɒst] *n.* [Rauh]reif, *der*
hoarse [hɔ:s] *adj.* **a)** *(rough, husky)* heiser ⟨*Laut*⟩; heiser, rauh ⟨*Stimme*⟩; *(croaking)* krächzend ⟨*Laut*⟩; *(with emotion)* belegt ⟨*Stimme*⟩; **b)** *(having a dry, husky voice)* heiser; **shout oneself ~:** sich heiser schreien
hoarsely ['hɔ:slɪ] *adv.* *(in a hoarse voice)* heiser ⟨*sprechen*⟩; mit heiserer Stimme ⟨*reden, schreien, singen*⟩; *(in an emotional voice)* mit belegter Stimme
hoarseness ['hɔ:snɪs] *n.* Heiserkeit, *die*
hoary ['hɔ:rɪ] *adj.* **a)** *(grey)* grau; ergraut *(geh.);* *(white)* [schloh]weiß; **become ~:** grau werden, *(geh.)* ergrauen/weiß werden; **b)** *(having grey hair)* grauhaarig; ergraut *(geh.);* *(having white hair)* weißhaarig; **c)** *(very old)* altehrwürdig ⟨*Gebäude*⟩; **~ old joke** uralter Witz
hoax [həʊks] **1.** *v.t.* anführen *(ugs.);* foppen; zum besten haben *od.* halten; **I'd been ~ed** ich hatte mich anführen *(ugs.)* od. foppen lassen; **~ sb. into believing sth.** jmdm. etw. weismachen. **2.** *n. (deception)* Schwindel, *der;* *(false report)* Falschmeldung, *die;* Ente, *die (ugs.);* *(practical joke)* Streich, *der;* *(false alarm)* blinder Alarm
hoaxer ['həʊksə(r)] *n.* Schwindler, *der*/Schwindlerin, *die*
hob [hɒb] *n.* **a)** *(of cooker)* Kochmulde, *die* (Fachspr.); [Koch]platte, *die;* Kochstelle, *die;* **b)** *(at side of fireplace)* Kamineinsatz, *der;* **c)** *(peg)* Zielpflock, *der*
hobble ['hɒbl] **1.** *v.i.* **~ [about]** [herum]humpeln *od.* -hinken. **2.** *v.t.* **a)** *(cause to ~)* [beim Gehen] behindern; **b)** *(tie together legs of)* an den Füßen fesseln ⟨*Pferd usw.*⟩; **c)** *(tie together)* fesseln ⟨*Vorderbeine*⟩. **3.** *n.* **a)** *no pl. (uneven gait)* Humpeln, *das;* Hinken, *das;* **b)** *(device for hobbling)* [Fuß]fessel, *die*
¹hobby ['hɒbɪ] *n.* Hobby, *das;* Steckenpferd, *das;* **do sth. as a ~:** etw. als Hobby tun
²hobby *n. (Ornith.)* Baumfalke, *der*
'hobby-horse *n.* **a)** *(wicker horse)* Pferdemaske, *die;* **b)** *(child's toy)* Steckenpferd, *das;* **c)** *see* **rocking-horse; d)** *(favourite topic)* Lieblingsthema, *das;* **get on to/start on one's ~:** anfangen, sein Steckenpferd zu reiten *(scherzh.)*
hob: ~goblin *n.* **a)** *(mischievous imp)* Kobold, *der;* Puck, *der;* **b)** *(bogy)* Schreckgespenst, *das;* **~nail** *n.* [starker] Schuh-, Stiefelnagel, *der;* **nailed** ['hɒbneɪld] *adj.* Nagel⟨*schuh, -stiefel*⟩; **~-nob** *v.i.,* **-bb-: I've seen them ~-nobbing [together] a lot recently** ich habe sie in letzter Zeit viel zusammen gesehen; **he's always ~-nobbing with the aristocracy** er verkehrt viel in adeligen Kreisen
hobo ['həʊbəʊ] *n., pl.* **~es** *(Amer.)* Landstreicher, *der*/-streicherin, *die*
Hobson's choice [hɒbsnz 'tʃɔɪs] *n.* **it was [a case of] ~:** es gab eigentlich gar keine Wahl
¹hock [hɒk] *(joint of quadruped's leg)* Sprunggelenk, *das*
²hock *n. (Brit.: wine)* Rheinwein, *der*
³hock *(Amer. coll.)* **1.** *v.t.* versetzen. **2.** *n.* **be in ~** *(in pawn)* versetzt sein; *(in prison)* [im Kittchen *od.* Knast] sitzen *(ugs.);* *(in debt)* Schulden schieben *(salopp);* *(in debt)* in Schulden stecken; **put sth. in ~:** etw. versetzen; **put sb. in ~** *(in debt)* jmdn. in Schulden stürzen; *(in prison)* jmdn. einlochen *(salopp);* **be in ~ to sb.** bei jmdm. in der Kreide stehen *(ugs.)*
hockey ['hɒkɪ] *n.* **a)** Hockey, *das;* **b)** *(Can.) see* **ice hockey**
hockey: ~-player *n.* Hockeyspieler, *der*/-spielerin, *die;* **~-stick** *n.* Hockeystock, *der;* Hockeyschläger, *der*

hocus-pocus [həʊkəs'pəʊkəs] *n. (deception)* Zauberei, *die*
hod [hɒd] *n.* **a)** *(Building)* Tragmulde, *die;* **b)** *(for coal)* Kohlenschütte, *die*
hodgepodge ['hɒdʒpɒdʒ] *see* **hotchpotch**
hoe [həʊ] **1.** *n.* Hacke, *die; see also* **Dutch hoe. 2.** *v.t.* hacken ⟨*Beet, Acker*⟩; **~ up** wegod. heraushacken ⟨*Unkraut*⟩; **~ down** wegod. umhacken ⟨*Büsche*⟩; **~ in** einhacken; *see also* **hard 1 b. 3.** *v.i.* hacken
'hoe-down *n.* *(Amer.)* **a)** *(dance)* Hoedown, *der;* **b)** *(party)* Schwof, *der (ugs.)*
hog [hɒg] **1.** *n.* **a)** *(domesticated pig)* [Mast]schwein, *das;* **go the whole ~** *(coll.)* Nägel mit Köpfen machen *(ugs.);* **go the whole ~ with sb.** so weit wie jmd. gehen; **live high off or on the ~** *(Amer.)* aus dem vollen leben; **b)** *(Zool.: animal of family Suidae)* Schwein, *das;* **c)** *(fig.: person)* Schwein, *das (derb);* Sau, *die (derb);* Ferkel, *das (derb).* **2.** *v.t.,* **-gg-** *(coll.)* sich *(Dat.)* unter den Nagel reißen; **~ the middle of the road** ⟨*Fahrer:*⟩ die ganze Straße für sich beanspruchen; **~ the bathroom** das Badezimmer mit Beschlag belegen
'hog-back *n. (Geog.)* [scharfer, steiler und langer] Grat
hoggish ['hɒgɪʃ] *adj.* verfressen *(salopp abwertend)*
Hogmanay ['hɒgməneɪ] *n. (Scot., N. Engl.)* Silvester, *der od. das*
hog's back ['hɒgz bæk] *see* **hog-back**
hogshead ['hɒgzhed] *n.* **a)** *(cask)* [großes] Faß; Oxhoftfaß, *das;* **b)** *(measure)* Oxhoft, *das*
hog: ~-tie *v.t. (Amer.)* **a)** *(secure)* an Händen und Füßen fesseln ⟨*Person*⟩; an allen vieren fesseln ⟨*Tier*⟩; **b)** *(fig.: impede)* in ein zu enges Korsett zwängen; **sb. is ~-tied** jmdm. sind Hände und Füße gebunden; **~-wash** *n.* **a)** *(coll.: nonsense)* Quatsch, *der (salopp);* **b)** *(pigswill)* Schweinefutter, *das;* **~weed** *n. (Bot.)* Wiesenbärenklau, *der*
ho-'ho *int. expr.* surprise ach ne!; *expr.* triumph, derision haha!
hoick [hɔɪk] *v.t. (sl.)* wuchten ⟨[schweren] Gegenstand⟩ **(over** über + *Akk.,* **into** in + *Akk.)*
hoi polloi [hɔɪ pɒ'lɔɪ] *n. pl. (literary)* **[the] ~:** das [gemeine] Volk; die Masse; der Pöbel *(abwertend)*
hoist [hɔɪst] **1.** *v.t.* **a)** *(raise aloft)* hoch-, aufziehen, hissen ⟨*Flagge usw.*⟩; heißen *(Seemannsspr.)* ⟨*Flagge usw.*⟩; setzen *(Seemannsspr.)* ⟨*Signal usw.*⟩; **~ sth. up a mast** etw. an einem Mast hoch-/aufziehen/hissen/heißen/setzen; **b)** *(raise by tackle etc.)* hieven ⟨*Last*⟩; setzen ⟨*Segel*⟩. **2.** *n.* **a)** *(act of hoisting)* [Hoch]hieven, *das;* **b)** *(part of flag)* Liek, *das;* **c)** *(goods lift)* [Lasten]aufzug, *der.* **3.** *adj.* **be ~ with one's own petard** sich in seiner eigenen Schlinge fangen
hoity-toity [hɔɪtɪ'tɔɪtɪ] *adj. (coll.)* hochnäsig *(abwertend);* eingebildet; *(petulant)* pikiert
hokum ['həʊkəm] *n. (sl.)* Humbug, *der*
¹hold [həʊld] *n.* *(of ship)* Laderaum, *der;* *(of aircraft)* Frachtraum, *der*
²hold 1. *v.t.,* **held** [held] **a)** *(grasp)* halten; *(carry)* tragen; *(keep fast)* festhalten; **~ sb. by the arm** jmdn. am Arm festhalten; **they held each other tight** sie hielten sich fest umschlungen; **~ one's belly/head** *etc.* sich *(Dat.)* den Bauch/Kopf *usw.* halten; **~ tight!** in bus *etc.* festhalten!; *see also* **baby 1 a; clock 1 a; hand 1 a; nose 1 a; b)** *(support)* ⟨*tragendes Teil:*⟩ halten, stützen, tragen ⟨*Decke, Dach usw.*⟩; aufnehmen ⟨*Gewicht, Kraft*⟩; **c)** *(keep in position)* halten; **~ the door open for sb.** jmdm. die Tür aufhalten; **~ sth. in place** etw. halten; **~ sth. over sb.** *(fig.)* jmdm. ständig mit etw. drohen; *see also* **candle 1 a; d)** *(grasp to control)* halten ⟨*Kind, Hund, Zügel*⟩; **e)** *(keep in particular attitude)* **~ oneself well/badly/straight** sich gut/schlecht/gerade halten; **~ oneself still**

stillhalten; **~ oneself ready or in readiness** sich bereit *od.* in Bereitschaft halten; **~ oneself ready or in readiness to do sth.** jederzeit bereit sein, etw. zu tun; **~ one's head high** *(fig.)* *(be confident)* selbstbewußt sein *od.* auftreten; *(be proud)* den Kopf hoch tragen; **f)** *(contain)* enthalten; bergen ⟨*Gefahr, Geheimnis*⟩; *(be able to contain)* fassen ⟨*Liter, Personen usw.*⟩; **the bag ~s flour** in dem Sack wird Mehl aufbewahrt; **the room ~s ten people** in dem Raum haben 10 Leute Platz; der Raum bietet 10 Leuten Platz; **the box won't ~ these books** diese Bücher gehen nicht in die Kiste; **the disaster may ~ lessons for the future** aus dem Unglück kann man vielleicht Lehren für die Zukunft ziehen; **no one knows what the future will ~:** niemand weiß, was die Zukunft bringt *od.* bringen wird; **~ water** ⟨*Behälter:*⟩ wasserdicht sein; ⟨*Argument, Theorie:*⟩ stichhaltig sein, hieb- und stichfest sein; ⟨*Annahme, Theorie, Alibi:*⟩ haltbar sein; **g)** *(not be intoxicated by)* **he can/can't ~ his drink** *or* **liquor** er kann etwas/nichts vertragen; **h)** *(possess)* besitzen; haben; halten ⟨*Wirtsch.*⟩ ⟨*Aktien, Anteile*⟩; **i)** *(Cards: have in one's hand)* [auf der Hand] haben; **j)** *(have gained)* halten ⟨*Rekord*⟩; haben ⟨*Diplom, Doktorgrad*⟩; **k)** *(keep possession of)* halten ⟨*Stützpunkt, Stadt, Stellung*⟩; *(Mus.: sustain)* [aus]halten ⟨*Ton*⟩; **~ one's own** *(fig.)* sich behaupten; **~ one's position** *(fig.)* auf seinem Standpunkt beharren; **~ the line on the price/over one's demands** den Preis [stabil] halten *od.* in seinen Forderungen hart *od.* fest bleiben; *see also* **l; fort; ground 1 b; l)** *(occupy)* innehaben, *(geh.)* bekleiden ⟨*Posten, Amt, Stellung*⟩; **office** im Amt sein; **~ the line** *(Teleph.)* am Apparat bleiben; *see also* **k; ~ the road** nicht von der Straße abkommen; **~ the road well** ⟨*Auto:*⟩ eine gute Straßenlage haben; **m)** *(engross)* fesseln, *(geh.)* gefangenhalten ⟨*Aufmerksamkeit, Publikum*⟩; **n)** *(dominate)* **~ the stage** *or* **house** das Publikum *od.* ganze Haus in Bann halten *(geh.);* **~ the floor** das Wort führen; das Gespräch/die Diskussion/Debatte *usw.* beherrschen *od.* bestimmen; *see also* **field 1 e; o)** *(keep in specified condition)* halten; **~ the ladder steady** die Leiter festhalten; **~ the audience in suspense** das Publikum in Spannung halten; *see also* **⁴bay 1; ransom 1; p)** *(detain)* *(in custody)* in Haft halten, festhalten; *(imprison)* festsetzen, inhaftieren; *(arrest)* **be held in a prison** in einem Gefängnis einsitzen; **~ a [connecting] train** einen [Anschluß]zug warten lassen; **there was nothing to ~ me there** da hielt mich nichts mehr; **q)** *(oblige to adhere)* **~ sb. to the terms of the contract/to a promise** darauf bestehen, daß jmd. sich an die Vertragsbestimmungen hält/daß jmd. ein Versprechen hält *od.* einlöst; **You can have the car when I go abroad – I'll ~ you to that** Du kannst das Auto haben, wenn ich ins Ausland gehe – Ich werde dich beim Wort nehmen; **r)** *(Sport: restrict)* **~ one's opponent [to a draw]** ein Unentschieden [gegen den Gegner] halten *od.* erreichen; **~ one's opponents to three goals** die Zahl der gegnerischen Tore bei drei halten; **s)** *(cause to take place)* stattfinden lassen; abhalten ⟨*Veranstaltung, Konferenz, Gottesdienst, Sitzung, Prüfung*⟩; veranstalten ⟨*Festival, Auktion*⟩; austragen ⟨*Meisterschaften*⟩; führen ⟨*Unterhaltung, Gespräch, Korrespondenz*⟩; durchführen ⟨*Untersuchung*⟩; geben ⟨*Empfang*⟩; halten ⟨*Vortrag, Rede*⟩; **be held** stattfinden; **~ a conversation with sb.** eine Unterhaltung mit jmdm. führen *od.* haben; sich mit jmdm. unterhalten; *see also* **1 c; t)** *(restrain)* [fest]halten; **~ sb. from doing sth.** jmdn. davon abhalten, etw. zu tun; **~ one's noise** leise sein; **~ one's fire** [noch] nicht schießen; *(fig.: refrain from*

holdall

criticism) mit seiner Kritik zurückhalten; ~ **your fire!** nicht schießen!; *(fig.)* nun mal sachte! *(ugs.)*; **there is/was no ~ing sb.** jmd. ist/war nicht mehr zu halten *od. (ugs.)* bremsen; für jmdn. gibt/gab es kein Halten mehr; *see also* **breath a**; **hand 1 b**; **peace b**; **u)** *(coll.: withhold)* zurückhalten; ~ **one's payments** mit der Abzahlung säumig sein; ~ **it!** [einen] Moment mal!; ~ **everything!** stopp! *(ugs.); see also* **horse 1 a**; **v)** *(think, believe)* **~ a view** *or* **an opinion** eine Ansicht haben (**on** über + *Akk.*); ~ **that ...:** dafürhalten, daß ...; der Ansicht sein, daß ...; ~ **sb. to be ...:** jmdn. für ... halten, dafürhalten, daß jmd. ... ist; ~ **sb./oneself guilty/blameless** jmdn./sich für schuldig/unschuldig halten (**for an** + *Dat.*); ~ **oneself responsible for sth.** sich für etw. verantwortlich fühlen; ~ **sb. in high/low regard** *or* **esteem** viel/wenig von jmdm. halten; jmdn. hochschätzen *(geh.)*/geringschätzen; ~ **sth. against sb.** jmdm. etw. vorwerfen; ~ **it against sb.** daß ...; *see also* **cheap 1 c**; **dear 1 a**; **responsible a**; **w)** *(Law: pronounce)* ~ **that ...:** entscheiden, daß ... **2.** *v. i.* **a)** *(held* **a)** *(not give way)* ⟨*Seil, Nagel, Anker, Schloß, Angeklebtes:*⟩ halten; ⟨*Damm:*⟩ [stand]halten; **b)** *(remain unchanged)* anhalten; [an]dauern; ⟨*Wetter:*⟩ sich halten, so bleiben; ⟨*Angebot, Versprechen:*⟩ gelten; **his luck held** er hatte auch weiterhin Glück; **c)** *(remain steadfast)* ~ **to sth.** bei etw. bleiben; an etw. *(Dat.)* festhalten; ~ **to** *or* **by one's family** zur Familie stehen *od.* halten; ~ **by one's beliefs/convictions** tun, was man für richtig hält; **he still ~s to the view that ...** er ist nach wie vor der Ansicht, daß ...; *see also* **aloof 1**; **d)** *(be valid)* **e)** *[good* or *true*] gelten; Gültigkeit haben; **e)** *(arch.: wait)* einhalten; ~ [**hard**]! halt[et] ein! *See also* ¹**still 1 a**. **3.** *n.* **a)** *(grasp)* Griff, *der;* **grab** *or* **seize ~ of sth.** etw. ergreifen; **get** *or* **lay** *or* **take ~ of sth.** etw. fassen *od.* packen; *(manage to gain a grip on sth.)* etw. zu fassen kriegen *(ugs.) od.* bekommen; *(in order to carry it)* etw. nehmen; **keep ~ of sth.** etw. festhalten; **keep/lose one's ~:** den Halt nicht verlieren/den Halt verlieren; **take ~ on reality** den Sinn für die Realität verlieren; **take ~ of sth.** *(fig.)* sich durchsetzen; ⟨*Krankheit:*⟩ fortschreiten; **come ~ of sth.** *(fig.)* bekommen *od.* auftreiben; **if the newspapers get ~ of the story** wenn die Zeitungen Wind von der Sache bekommen *(ugs.);* **get ~ of sb.** *(fig.)* jmdn. erreichen; **get a ~ on oneself** sich fassen; **have a ~ on sb.** jmdn. in der Hand haben; *see also* **catch 1 a**; **b)** *(influence)* Einfluß, *der* (**on, over** auf + *Akk.*); **lose one's ~:** seinen Einfluß verlieren; **gain a ~:** zu Einfluß gelangen; **c)** *(Sport)* Griff, *der;* **there are no ~s barred** *(fig.)* alles ist erlaubt; **d)** *(thing to hold by)* Griff, *der;* **e)** **put on ~:** auf Eis legen ⟨*Plan, Programm*⟩

~ '**back 1.** *v. t.* **a)** *(restrain)* zurückhalten; ~ **sb. back from doing sth.** jmdn. [daran] hindern, etw. zu tun; **b)** *(impede progress of)* hindern; **nothing can ~ him back** er ist nicht mehr zu halten; **c)** *(withhold)* zurückhalten; ~ **sth. back from sb.** jmdm. etw. vorenthalten. **2.** *v. i.* zögern; ~ **back from doing sth.** zögern, etw. zu tun

~ '**down** *v. t.* festhalten; *(repress)* unterdrücken; niederhalten ⟨*Volk*⟩; *(fig.: keep at low level)* niedrig halten ⟨*Preise, Löhne usw.*⟩; **b)** *(keep)* behalten (+ *Dat.*) ⟨*Stellung, Position*⟩

~ '**forth 1.** *v. t. (offer)* anpreisen. **2.** *v. i.* sich in langen Reden ergehen *(oft abwertend);* ~ **forth about** *or* **on sth.** sich über etw. *(Akk.)* auslassen *(abwertend)*

~ '**in** *v. t.* zügeln ⟨*Pferd, Temperament*⟩; einziehen ⟨*Bauch*⟩; ~ **oneself in** *(temper, emotions)* sich beherrschen; an sich *(Akk.)* halten; *(stomach)* den Bauch einziehen

~ '**off 1.** *v. t. (keep at bay)* von sich fernhalten, *(ugs.)* sich *(Dat.)* vom Leib halten ⟨*Fans, Presse*⟩; in Schach halten ⟨*gegnerische Stürmer*⟩; abwehren ⟨*Angriff*⟩; Einhalt gebieten (+ *Dat.*) ⟨*Inflation, Arbeitslosigkeit*⟩; **he's been ~ing her off for years** er hat sie jahrelang immer wieder abgewiesen; ~ **your dog off!** halten Sie Ihren Hund zurück! **2.** *v. i. (restrain oneself)* ⟨*Käufer usw.:*⟩ sich zurückhalten; ⟨*Feind:*⟩ sich ruhig verhalten; *(be delayed)* ⟨*Regen, Monsun, Winter:*⟩ ausbleiben; auf sich *(Akk.)* warten lassen

~ '**on 1.** *v. t. (keep in position)* [fest]halten. **2.** *v. i.* **a)** *(continue)* andauern; weitergehen; **b)** *(stand firm)* durchhalten; aushalten; ⟨*Regierung:*⟩ sich halten; **c)** ~ **on to sb./sth.** sich an jmdn./etw. festhalten; *(fig.: retain)* jmdn./etw. behalten; **the firm should make every effort to ~ on to him** die Firma sollte alles versuchen, ihn zu halten; **d)** *(Teleph.)* am Apparat bleiben; dranbleiben *(ugs.);* **e)** *(coll.: wait)* warten; ~ **on!** einen Moment!; **just [you] ~ on now!** *(calm yourself)* nun mal ganz ruhig!; Moment mal!

~ '**out 1.** *v. t.* **a)** *(stretch forth)* ausstrecken ⟨*Hand, Arm usw.*⟩; hinhalten ⟨*Tasse, Teller*⟩; **b)** *(fig.: offer)* in Aussicht stellen (**to** *Dat.*); **he did not ~ out much hope of the patient's recovery** er hat mir/uns/ihm *usw.* keine großen Hoffnungen gemacht, daß der Patient wieder gesund wird. **2.** *v. i.* **a)** *(maintain resistance)* sich halten; **b)** *(last)* ⟨*Vorräte:*⟩ vorhalten, ⟨*Motor:*⟩ halten; durchhalten *(ugs.);* ~ **out for sth.** etw. herauszuschinden versuchen *(ugs.);* **d)** ~ **out [on sb.]** *(coll.: withhold knowledge)* [jmdm.] etwas verschweigen

~ '**over** *v. t.* vertagen *(till* auf + *Akk.)*

~ **to**'**gether 1.** *v. t.* zusammenhalten. **2.** *v. i. (lit. or fig.)* zusammenhalten

~ '**under** *v. t.* unter Wasser drücken; *(fig.)* unterdrücken ⟨*Land, Volk, usw.*⟩

~ '**up 1.** *v. t.* **a)** *(raise)* hochhalten; hochheben ⟨*Person*⟩; [hoch]heben ⟨*Hand, Kopf*⟩; ~ **sth. up to the light** etw. ins Licht/*(to see through it)* gegen das Licht halten; ~ **one's head up** *(fig.)* seine Selbstachtung nicht verlieren; **he'd never be able to ~ his head up again** er könnte nie mehr Selbstachtung niemals mehr wiedergewinnen; **b)** *(fig.: offer as an example)* ~ **sb. up as ...:** jmdn. als ... hinstellen; ~ **sb. up as an example** jmdn. als [leuchtendes] Vorbild hinstellen; ~ **sb./sth. up to ridicule/scorn** jmdn./etw. dem Spott/Hohn preisgeben; **c)** *(support)* stützen ⟨*Dach usw.*⟩; *(fig.: give support to)* stützen ⟨*Regime*⟩; ~ **sth. up with sth.** etw. mit etw. abstützen; **d)** *(delay)* aufhalten; behindern ⟨*Verkehr, Versorgung*⟩; verzögern ⟨*Friedensvertrag*⟩; *(halt)* ins Stocken bringen ⟨*Produktion*⟩; **e)** *(rob)* überfallen [und ausrauben]. *See also* **hold-up. 2.** *v. i.* **a)** *(under scrutiny)* sich als stichhaltig erweisen; **b)** ⟨*Wetter:*⟩ schön bleiben; sich halten

~ **with** *v. t. /not* ~ **with sth.** mit etw. einverstanden sein/nicht einverstanden sein

holdall [ˈhəʊldɔːl] *n.* Reisetasche, *die*

holder [ˈhəʊldə(r)] *n.* **a)** *(of post)* Inhaber, *der*/Inhaberin, *die;* **b)** *(of title)* Titelhalter, *der*/Trägerin, *die;* Inhaber, *der*/Inhaberin, *die;* *(Sport)* Titelhalter, -inhaber, *der;* *(shareholder)* Aktionär, *der;* **in the Cup Final, the ~s were beaten** im Pokalendspiel wurden die Pokalverteidiger geschlagen; **c)** ⟨*Zigaretten*⟩spitze, *die;* ⟨*Schirm*⟩ständer, *der;* ⟨*Papier-, Feder-, Zahnputzglas*⟩halter, *der;* **flowerpot-~:** Übertopf, *der*

holding [ˈhəʊldɪŋ] *n.* **a)** *(tenure)* Land-, Grundbesitz, *der;* **b)** *(land held)* Gut, *das;* *see also* **smallholding; c)** *(property held)* Besitz, *der;* *(stocks or shares)* Anteil, *der*

holding: ~ **company** *n. (Commerc.)* Holding[gesellschaft], *die;* ~ **operation** *n.* Aktion zur Schadensbegrenzung

'**hold-up** *n.* **a)** *(robbery)* [Raub]überfall, *der;* **b)** *(stoppage)* Unterbrechung, *die;* *(delay)* Verzögerung, *die;* **run into a traffic ~** in einen [Verkehrs]stau geraten; **there are ~s on the motorway** auf der Autobahn kommt es zu erheblichen Behinderungen

hole [həʊl] **1.** *n.* **a)** *(aperture)* Loch, *das;* **make a ~ in sth.** *(fig.)* eine ganze Menge von etw. verschlingen; **be a round/square peg in a square/round ~** *(fig.)* es nicht gut getroffen haben; **be in ~s** in Löcher machen in (+ *Akk.*) ⟨*Pullover usw.*⟩; *(fig.: find fault with)* zerpflücken *(ugs.);* auseinandernehmen *(ugs.);* machen *(ugs.)* ⟨*Person*⟩; **be full of ~s** *(fig.)* viele Schwächen haben; ~ **in the heart** Loch in der Herzscheidewand; Septumdefekt, *der (fachspr.);* **they need it like a ~ in the head** *(coll.)* das ist das Letzte, was sie gebrauchen können; **b)** *(burrow)* (of fox, badger, rabbit) Bau, *der;* (of mouse) Loch, *das;* **c)** *(coll.: dingy abode)* Loch, *das* *(ugs. abwertend);* *(wretched place)* Kaff, *das* *(ugs. abwertend);* Nest, *das* *(ugs. abwertend);* **d)** *(sl.: awkward situation)* Klemme, *die;* Patsche, *die;* **be in a ~** in der Klemme sein *od.* Patsche sitzen; **e)** *(Golf)* Loch, *das;* *(space between tee and ~)* [Spiel]bahn, *die;* *(point scored)* Loch, *das;* ~ **in one** Hole-in-One, *das;* As, *das. See also* ¹**burn 2 a**. **2.** *v. t.* **a)** Löcher/ein Loch machen in (+ *Akk.*); **b)** ~ Löcher/ein Loch haben; **c)** *(Naut.: pierce side of)* **be ~d** leckschlagen *(Seemannsspr.);* **c)** *(Golf) see* ~ **out**

~ '**out** *v. t.* **(Golf)** einlochen; *abs.* ~ **out in one** ein Hole-in-One *od.* As spielen *(Amer. coll.)* sich verkriechen *(ugs.)*

hole-and-'**corner** *adj.* zwielichtig; anrüchig

holiday [ˈhɒlɪdeɪ, ˈhɒlɪdɪ] **1.** *n.* **a)** *(day of recreation)* [arbeits]freier Tag; *(day of festivity)* Feiertag, *der;* **the whole country was given a ~:** das ganze Land bekam einen Tag [arbeits]frei; **tomorrow is a ~:** morgen ist frei/Feiertag; *see also* **bank holiday**; **national holiday**; **public holiday; b)** *in sing.* or *pl. (Brit.: vacation)* Urlaub, *der;* *(Sch.)* [Schul]ferien *Pl.;* **need a ~:** urlaubsreif sein; **have a good ~:** schönen Urlaub!; *(at Christmas etc.)* schöne Feiertage!; **go to Cornwall for one's ~[s]** im Urlaub/in den Ferien nach Cornwall fahren; in Cornwall urlauben *(ugs.);* **take** *or* **have a/one's ~:** Urlaub nehmen *od.* machen/seinen Urlaub nehmen; **on ~:** im *od.* auf ~ sein *od.* in Urlaub sein; **go on [a] ~** *or* **on one's ~s** in *od.* im *od.* auf Urlaub sein; **go on** [**a**] ~ *or* **on one's ~s** in Urlaub fahren; *see also* **busman**. **2.** *attrib. adj.* ~ **s**/Ferien*(stimmung, -pläne)*. Freizeit*(kleidung)*. **3.** *v. i.* Urlaub/Ferien machen; urlauben *(ugs.)*

holiday: ~ **camp** *n.* Feriendorf, *das;* Ferienpark, *der;* ~ **-maker** *n.* Urlauber, *der*/Urlauberin, *die;* ~ **resort** *n.* Ferienort, *der;* ~ **season** *n.* Urlaubszeit, *die*

holier-than-'**thou** [ˌhəʊlɪəðən'ðaʊ] *adj. (coll.)* selbstgerecht

holiness [ˈhəʊlɪnɪs] *n., no pl.* Heiligkeit, *die;* **His H~:** Seine Heiligkeit

holism [ˈhɒlɪzm, ˈhəʊlɪzm] *n., no pl. (Philos.)* Holismus, *der*

holistic [hɒˈlɪstɪk, həʊˈlɪstɪk] *adj. (Philos.)* holistisch

Holland [ˈhɒlənd] *pr. n.* Holland *(das)*

hollandaise [ˌhɒlənˈdeɪz] *n. (Gastr.)* ~ **[sauce]** holländische Soße; Sauce hollandaise, *die*

holler [ˈhɒlə(r)] *(Amer.)* **1.** *v. i.* schreien; brüllen. **2.** *v. t.* schreien

hollow [ˈhɒləʊ] **1.** *adj.* **a)** *(not solid)* hohl; Hohl⟨*ziegel, -mauer, -zylinder, -kugel*⟩; **have**

hollow-eyed

~ **legs** *(joc.)* nicht satt zu kriegen sein *(ugs.)*; **b)** *(sunken)* eingefallen ⟨*Wangen, Schläfen*⟩; hohl, tiefliegend ⟨*Augen*⟩; nach innen gewölbt ⟨*Stück Blech usw.*⟩; **a ~ place in the ground/road** *etc.* eine Vertiefung im Boden/in der Straße *usw.*; **c)** *(hungry)* **feel ~:** ein Loch im Bauch haben *(ugs.)*; **d)** *(echoing)* hohl ⟨*Ton, Klang*⟩; **speak with a ~ voice** mit Grabesstimme sprechen; **e)** *(fig.: empty)* wertlos; eitel *(geh.)* ⟨*Reichtum*⟩; oberflächlich ⟨*Person*⟩; **f)** *(fig.: cynical)* verlogen; leer ⟨*Versprechen*⟩; gequält ⟨*Lachen*⟩. **2.** *n.* [Boden]senke, *die*; [Boden]vertiefung, *die*; *(area below general level)* Niederung, *die*; **hold sth. in the ~ of one's hand** etw. in der hohlen Hand halten. **3.** *adv.* **beat sb. ~** *(coll.)* jmdn. um Längen schlagen *(ugs.)*. **4.** *v.t.* **~ out** aushöhlen; graben ⟨*Höhle*⟩; bohren, graben ⟨*Tunnel*⟩

'hollow-eyed *adj.* hohläugig

'hollowly ['hɒləʊlɪ] *adv.* hohl ⟨*widerhallen*⟩

hollowness ['hɒləʊnɪs] *n. no pl.* **a)** Hohlheit, *die*; **b)** *(of voice)* Hohlheit, *die*; **c)** *(fig.) (emptiness)* Hohlheit, *die*; *(falseness)* Verlogenheit, *die*

'hollow-ware *n., no pl.* Geschirr, *das*; Gefäße *Pl.*

holly ['hɒlɪ] *n.* **a)** *(tree)* Stechpalme, *die*; Ilex, *der (fachspr.)*; **b)** *(foliage)* Stechpalmenzweige *Pl.*

'hollyhock *n. (Bot.)* Stockrose, *die*

¹holm [həʊm] *n. (Brit.)* **a)** *(islet)* kleine Insel; Holm, *der (nordd.)*; *(in a river)* Werder, *der*

²holm *n.* [oak] *(Bot.)* Steineiche, *die*

holocaust ['hɒləkɔːst] *n.* *(destruction)* Massenvernichtung, *die*; **the H~:** der Holocaust; die Judenvernichtung; **nuclear ~:** atomarer Holocaust

Holocene ['hɒləsiːn] *n. (Geol.)* Holozän, *das*

hologram ['hɒləgræm] *n.* Hologramm, *das*

holography [hə'lɒgrəfɪ] *n., no pl., no art.* Holographie, *die*

hols [hɒlz] *n. pl. (Brit. coll.)* Ferien *Pl.*

holster ['həʊlstə(r)] *n.* [Pistolen]halfter, *die od. das*

holy ['həʊlɪ] *adj.* heilig; fromm ⟨*Zweck*⟩; **~ saints** Heilige; **~ smoke** *or* **cow!** *(coll.)* heiliger Bimbam *(ugs.) od. (salopp)* Strohsack!

holy: H~ **'Bible** *n.* Heilige Schrift; H~ **'City** *n.* Heilige Stadt; H~ **Com'munion** *see* **communion a**; **~ 'cross** *n.* Kreuz Christi, *das*; **the sign of the ~ cross** das Kreuzzeichen; **~ day** *n.* religiöser Feiertag; H~ **'Family** *n.* Heilige Familie; H~ **'Father** *see* **father 1f**; H~ **'Ghost** *see* H~ **Spirit**; H~ **Grail** *see* **Grail**; **~ 'Joe** *n. (sl. derog.)* Pfaffe, *der (abwertend)*; H~ **'Land** *n.* **a)** *(revered land)* geheiligtes *od.* heiliges Land; **~ of 'holies** *n. (inner chamber, fig.: sacred place)* Allerheiligste, *das*; **~ 'orders** *see* **order 1 h**; **~ place** *n.* **a)** Heilige, *das*; **b)** *in pl. (places of pilgrimage)* heilige Stätten *Pl.*; H~ **Roman 'Empire** *see* **Roman Empire**; H~ **'Sacrament** *see* **sacrament a**; H~ **'Saturday** *n.* Karsamstag, *der*; H~ **'Scripture** *see* **scripture**; H~ **'See** *see* **²see**; H~ **'Spirit** *n. (Relig.)* Heiliger Geist; **~ 'terror** *see* **terror c**; H~ **'Trinity** *see* **Trinity a**; **~ 'war** *n.* heiliger Krieg; **~ 'water** *n. (Eccl.)* Weihwasser, *das*; H~ **Week** *n.* Karwoche, *die*

homage ['hɒmɪdʒ] *n.* *(tribute)* Huldigung, *die* (**to** an + *Akk.*); **pay** *or* **do ~ to sb./sth.** jmdm./einer Sache huldigen

Homburg ['hɒmbɜːg] *n.* **~ [hat]** Homburg, *der*

home [həʊm] **1.** *n.* **a)** *(place of residence)* Heim, *das*; *(flat)* Wohnung, *die*; *(house)* Haus, *das*; *(household)* [Eltern]haus, *das*; **my ~ is in Leeds** ich bin zu Hause in Leeds *od.* wohne in Leeds; **a ~ of one's own** ein eigenes Zuhause; **give sb./an animal a ~:** jmdm./einem Tier ein Zuhause geben; **work/be away from ~:** auswärts arbeiten/

nicht zu Hause sein; **leave/have left ~:** aus dem Haus gehen/sein; **have a good ~:** ein gutes Zuhause haben; **live at ~:** im Elternhaus wohnen; **they had no ~/~s [of their own]** sie hatten kein Zuhause; **safety in the ~:** Sicherheit im Haus[halt]; **make one's ~ in the country/abroad** aufs Land ziehen/ins Ausland gehen; **at ~:** zu Hause; *(not abroad)* im Inland; **be at ~ [to sb.]** *(be available to caller)* [für jmdn.] zu sprechen sein *od.* dasein; *(Sport: play on one's own ground)* auf eigenem Platz *od.* zu Hause [gegen jmdn.] spielen; **who/what is X when he's/it's at ~?** *(joc.)* wer/was ist das denn?; **is our next match at ~ or away?** ist unser nächstes Spiel ein Heimspiel oder ein Auswärtsspiel?; **be/feel at ~** *(fig.)* sich wohl fühlen; **make sb. feel at ~:** jmdm. behaglich machen; **make yourself at ~:** fühl dich wie zu Hause; **he is quite at ~ in French** er ist im Französischen ganz gut zu Hause; *see also* **d**; **at-home; there's no place like ~** *(prov.)* es gebt [doch] nichts über das eigene Zuhause; **~ from ~:** zweites Zuhause; **b)** *(fig.)* **this was something very near ~:** das war etwas, das einen sehr direkt betraf; **to take an example nearer ~, ...:** um ein Beispiel zu nehmen, das uns näher liegt, ...; **second ~:** zweites Zuhause; **c)** *(Amer., Austral., NZ: dwelling-house)* Haus, *das*; **d)** *(native country)* die Heimat; **at ~:** zu Hause; in der Heimat; *see also* **a**; **e)** *(place where thing is native)* Heimat, *die*; **f)** *(institution)* Heim, *das*; *(coll.: mental ~)* Anstalt, *die*; *(salopp)* **you ought to be in a ~:** du gehörst in die Klapsmühle; *see also* **mental home; nursing home; g)** *no art.* *(Games: safe place)* das Mal; *(in Ludo etc.)* das Haus; *(finishing-point)* das Ziel; **h)** *(Sport:* **~ win)** Heimsieg, *der*. **2.** *adj.* **a)** *(connected with home)* Haus-; Haushalts⟨*gerät usw.*⟩; **she enjoyed her ~ life** sie genoß das Zuhausesein; **b)** *(done at home)* hausgemacht; Selbst⟨*backen, ~brauen usw.*⟩; **c)** *(in the neighbourhood of home)* nahegelegen; **d)** *(Sport)* Heim⟨*spiel, -sieg, -mannschaft*⟩; ⟨*Anhänger, Spieler*⟩ der Heimmannschaft; **~ ground** *n.* eigener Platz; **e)** *(not foreign)* [ein]heimisch; inländisch; *see also* **trade**. **3.** *adv.* **~ (***to home***)** nach Hause; **find one's way ~:** nach Hause finden; **on one's way ~:** auf dem Weg nach Hause *od.* Nachhauseweg; **get ~:** nach Hause kommen; *(to the finishing-point)* das Ziel erreichen; **get ~ by inches** um eine Nasenlänge gewinnen; **Pierre is going ~ to France tomorrow** Pierre fährt morgen nach Frankreich zurück; **be going ~** *(fig.: be becoming unserviceable)* den Geist aufgeben *(ugs.)*; **he takes ~ £200 a week after tax** er verdient 200 Pfund netto in der Woche; **nothing to write ~ about** *(coll.)* nichts Besonderes *od.* Aufregendes; **b)** *(arrived at home)* zu Hause; **the first competitor ~ was Paul** als erster [Teilnehmer] traf Paul am Ziel ein *od.* ging Paul durchs Ziel; **be ~ and dry** *(fig.)* aus dem Schneider sein *(ugs.)*; **c)** *(Amer.: at home)* zu Hause; **b)** *(to the point aimed at)* **go ~** ⟨*Schlag usw.*⟩ sitzen *(ugs.)*; ⟨*Schuß*⟩ treffen; ⟨*fig.*⟩ ⟨*Bemerkungen usw.*⟩ ins Schwarze treffen, *(ugs.)* sitzen; **e)** *(as far as possible)* **push ~:** [ganz] hineinschieben ⟨*Schublade*⟩; forcieren ⟨*Angriff*⟩; ausnutzen ⟨*Vorteil*⟩; **press ~:** [ganz] hinunterdrücken ⟨*Hebel*⟩; forcieren ⟨*Angriff*⟩; [voll] ausnutzen ⟨*Vorteil*⟩; **drive ~:** [ganz] einschlagen ⟨*Nagel*⟩; **f) come** *or* **get ~ to sb.** *(become fully realized)* jmdm. in vollem Ausmaß bewußt werden; **bring sth. ~ to sb.** jmdm. etw. klarmachen *od.* vor Augen führen; *see also* **roost 1**. **4.** *v. i.* **a)** ⟨*Vogel usw.*⟩ zurückkehren; **b)** *(be guided)* **these missiles ~ [in] on their targets** diese Flugkörper suchen sich *(Dat.)* ihr Ziel; **c)** **~ in/on sth.** *(fig.)* etw. herausgreifen

home: **~ address** *n.* Privatanschrift, *die*;

homicide

~-based ['həʊmbeɪst] *adj.* zu Hause arbeitend; **be ~-based** zu Hause haben; seinen Arbeitsplatz zu Hause haben; **~ bird** *n.* häuslicher Mensch; **~ 'brew** *n.* selbstgebrautes Bier; **~-brewed** ['həʊmbruːd] *adj.* selbstgebraut; **~ 'comforts** *n. pl.* häuslicher Komfort; **~-coming** *n.* Heimkehr, *die*; **~ com'puter** *n.* Heimcomputer, *der*; **H~ Counties** *n. pl. (Brit.)* **the H~ Counties** die Home Counties; *die Grafschaften um London*; **~ eco'nomics** *n. sing. see* **domestic science**; **~ farm** *n. (Brit.)* Herrenhof, *der*; **~ 'ground** *n.* **on [one's] ~ ground** auf heimischem Boden; *(fig.)* zu Hause *(ugs.)*; **~-grown** *adj.* selbstgezogen ⟨*Gemüse, Obst*⟩; H~ **'Guard** *n. (Brit. Hist.)* **a)** *(army)* Bürgerwehr, *die*; **b)** *(person)* Mitglied der Bürgerwehr; **~ 'help** *(Brit.) see* **help 2 b**; **~land** *n.* **a)** *(native land)* Heimat, *die*; Heimatland, *das*; **b)** *(in South Africa)* Homeland, *das*; **~ 'leave** *n.* Heimaturlaub, *der*

homeless ['həʊmlɪs] **1.** *adj.* obdachlos. **2.** *n.* **the ~:** die Obdachlosen

homelessness ['həʊmlɪsnɪs] *n.* Obdachlosigkeit, *die*

'homelike *adj.* wohnlich

'home-loving *adj.* häuslich

homely ['həʊmlɪ] *adj.* **a)** *(unpretentious, simple)* einfach, schlicht ⟨*Worte, Stil, Sprache usw.*⟩; warmherzig ⟨*Person*⟩; bescheiden ⟨*kleines Haus*⟩; **b)** *(Amer.: not attractive)* nicht sehr attraktiv; wenig attraktiv

home: ~-made *adj.* selbstgemacht; selbstgebacken ⟨*Brot*⟩; hausgemacht ⟨*Lebensmittel*⟩; **~-maker** *n.* Hausfrau, *die*; *(man)* Hausmann, *der*; **~ 'movie** *n.* Amateurfilm, *der*; H~ **'Office** *n. (Brit.)* Innenministerium, *das*

homeopathic *etc. (Amer.) see* **homoeohome:** **~ 'perm** *n.* selbstgemachte Dauerwelle; **~ 'plate** *see* **plate 11**; **~ 'port** *n.* Heimathafen, *der*

Homer *pr. n.* Homer *(der)*

Homeric [hə'merɪk, həʊ'merɪk] *adj.* homerisch; *(in the style of Homer)* homerisch

home: **~ 'rule** *n.* Autonomie, *die*; Selbstbestimmung, *die*; **~ run** *n. (Baseball)* Homerun, *der*; H~ **'Secretary** *n. (Brit.)* Innenminister, *der*; **~-sick** *adj.* heimwehkrank; **become ~-sick** Heimweh bekommen/haben; **~-sickness** *n., no pl.* Heimweh, *das*; **~-spun** *adj.* **a)** (spun [and woven] at ~) selbstgesponnen [und -gewoben]; *(of ~ manufacture)* in Heimarbeit gesponnen; **b)** *(unsophisticated)* schlicht, einfach; **~-spun philosophy** Lebensweisheiten; **~stead** *n.* **a)** *(house with land)* Anwesen, *das*; *(farm)* Gehöft, *das*; **b)** *(Austral., NZ: residence)* Herrenhaus, *das*; **c)** *(Amer.: area of land)* Parzelle, *die*; ≈ Heimstätte, *die*; **~ 'straight** *(Amer.:* **~ 'stretch)** *n. (lit. or fig.)* Zielgerade, *die*; **~ 'town** *n.* Heimatstadt, *die*; Vaterstadt, *die* *(geh.)*; *(town of residence)* Wohnort, *der*; **~ 'truth** *n.* unangenehme Wahrheit; **tell** *or* **give sb. a few ~ truths** jmdm. [gehörig] die Meinung sagen; **now you're going to listen to a few ~ truths** jetzt hörst du mir mal zu!

homeward ['həʊmwəd] **1.** *adj.* nach Hause nachgestellt; Nachhause⟨*weg*⟩; *(return)* Rück⟨*fahrt, -reise, -weg*⟩; *see also* **³bound**. **2.** *adv.* nach Hause; heimwärts

homewards ['həʊmwədz] *see* **homeward 2**

'homework *n. (Sch.)* Hausaufgabe, *die*; **Latin ~:** Hausaufgaben in Latein; **be given ~:** Hausaufgaben aufbekommen *od.* aufhaben; **give/set sb. too much ~:** jmdm. zuviel [Hausaufgaben] aufgeben; **for ~:** als Hausaufgabe; **do one's ~** *(fig.)* sich mit der Materie vertraut machen; seine Hausaufgaben machen *(scherzh.)*

homicidal [hɒmɪ'saɪdl] *adj.* gemeingefährlich; **~ tendency** Drang zum Töten

homicide ['hɒmɪsaɪd] *n.* **a)** *(act)* Tötung,

homily

die; (manslaughter) Totschlag, *der;* **b)** *(person)* jemand, der einen Menschen getötet hat
homily ['hɒmɪlɪ] *n.* **a)** *(sermon)* Homilie, *die (Theol.);* **b)** *(tedious discourse)* Moralpredigt, *die;* Predigt, *die (ugs.);* **give sb. a** ~: jmdm. eine [Moral]predigt halten
homing ['həʊmɪŋ] *attrib. adj.* zielsuchend ⟨*Flugkörper, Torpedo*⟩; Zielsuch⟨*einrichtung, -kopf*⟩; ~ **instinct/sense** Heimfindevermögen, *das*
'**homing pigeon** *n.* Brieftaube, *die*
hominid ['hɒmɪnɪd] *(Zool.)* **1.** *adj.* zu den Hominiden gehörend. **2.** *n.* Hominide, *der*
homo ['həʊməʊ] *(coll.)* **1.** *adj.* homosexuell; homo *nicht attr. (ugs.).* **2.** *n., pl.* ~s Homo, *der (ugs.)*
homo- [həʊməʊ, hɒməʊ] *in comb.* homo-/Homo-
homoeopathic [həʊmɪəˈpæθɪk, hɒmɪəˈpæθɪk] *adj.* homöopathisch
homoeopathy [həʊmɪˈɒpəθɪ, hɒmɪˈɒpəθɪ] *n.* Homöopathie, *die*
homogeneity [hɒməʊdʒɪˈniːɪtɪ, həʊməʊdʒɪˈniːɪtɪ] *n., no pl.* Homogenität, *die*
homogeneous [hɒməˈdʒiːnɪəs, həʊməˈdʒiːnɪəs] *adj.* homogen
homogenisation, homogenise, homogeniser *see* **homogeniz-**
homogenization [həmɒdʒɪnaɪˈzeɪʃn] *n.* Homogenisierung, *die*
homogenize [həˈmɒdʒɪnaɪz] *v. t. (lit. or fig.)* homogenisieren
homogenizer [həˈmɒdʒɪnaɪzə(r)] *n.* Homogenisator, *der*
'**homograph** *n. (Ling.)* Homograph, *das*
homologous [həˈmɒləgəs] *adj.* homolog
homonym ['hɒmənɪm] *n. (Ling.)* Homonym, *das*
homonymous [həˈmɒnɪməs] *adj.* homonym
'**homophone** *n. (Ling.)* Homophon, *das*
Homo sapiens [həʊməʊ ˈsæpɪenz] *n., no pl.* Homo sapiens
homoˈsexual **1.** *adj.* homosexuell. **2.** *n.* Homosexuelle, *der/die;* **he is a** ~: er ist homosexuell
homosexuˈality *n.* Homosexualität, *die*
homy ['həʊmɪ] *adj.* wohnlich; heimelig *(veralt.)* ⟨*Zimmer, Haus*⟩; vertraut ⟨*Atmosphäre*⟩
Hon. [ɒn] *abbr.* **a)** Honorary; **b)** Honourable
honcho ['hɒntʃəʊ] *n. (Amer. sl.)* Boß, *der (ugs.)*
Honduran [hɒnˈdjʊərən] **1.** *adj.* honduranisch; **sb. is** ~: jmd. ist Honduraner/Honduranerin. **2.** *n.* Honduraner, *der/* Honduranerin, *die*
Honduras [hɒnˈdjʊərəs] *pr. n.* Honduras *(das)*
hone [həʊn] **1.** *n.* Wetzstein, *der.* **2.** *v. t.* wetzen ⟨*Messer, Klinge usw.*⟩; **a razor to a sharp edge** ein Rasiermesser wetzen, bis die Schneide scharf ist
honest ['ɒnɪst] *adj.* **a)** *(acting fairly)* ehrlich; ~ **broker** ehrlicher Makler; **b)** *(sincere)* ehrlich; **the** ~ **truth** die reine Wahrheit; **to be** ~ [**with you**] offen *od.* ehrlich gesagt; **c)** *(showing righteousness)* redlich; ehrenhaft ⟨*Absicht, Tat, Plan*⟩; ehrlich ⟨*Arbeit*⟩; **d)** *(blameless)* ehrenhaft; **he made an** ~ **woman of her** *(joc.)* er heiratete sie; **e)** *(got by fair means)* ehrlich erworben ⟨*Besitz*⟩; ehrlich verdient ⟨*Geld*⟩; ehrlich erwirtschaftet ⟨*Gewinn*⟩; **make an** ~ **living** sein Leben auf ehrliche Weise verdienen; **earn** *or* **turn an** ~ **penny** sein Brot ehrlich verdienen; **f)** *(unsophisticated)* [gut und] einfach; *(unadulterated)* rein; ~ **bread** gutes, einfaches Brot; **by** ~ **[to God], by** ~ **to goodness!** *(coll.)* ehrlich! *(ugs.);* see also **honest-to-God**
honestly ['ɒnɪstlɪ] *adv.* **a)** *(fairly)* ehrlich; redlich ⟨*handeln*⟩; **b)** *(frankly)* ehrlich; offen; **c)** *(genuinely, really)* ehrlich *(ugs.);* wirklich; ~! ehrlich!; *(annoyed)* also wirklich!

honest: ~-**to-God,** ~-**to-goodness** *adjs.* echt
honesty ['ɒnɪstɪ] *n.* **a)** *(truthfulness)* Ehrlichkeit, *die;* Aufrichtigkeit, *die;* **in all** ~: ganz ehrlich; **in all** ~, **I have to admit ...:** ich muß ehrlicherweise zugeben ...; **b)** *(upright conduct)* Redlichkeit, *die;* Anständigkeit, *die;* ~ **is the best policy** *(prov.)* ehrlich währt am längsten *(Spr.);* **c)** *(Bot.)* Silberblatt, *das*
honey ['hʌnɪ] *n.* **a)** Honig, *der;* **b)** *(colour)* Honiggelb, *das;* **c)** *(fig.: sweetness)* Lieblichkeit, *die;* **d)** **sb. is a** [**real**] ~: jmd. ist ein Schatz *(ugs.);* **e)** *(Amer., Ir.: darling)* Schatz, *der*
honey: ~-**bee** *n.* Honigbiene, *die;* ~-**blonde** *adj.* honigblond; ~-**coloured** *adj.* honigfarben; ~-**comb** *n.* Bienenwabe, *die; (filled with honey)* Honigwabe, *die;* ~**combed** ['hʌnɪkəʊmd] *adj. (with cavities)* wabenartig durchsetzt *od.* durchzogen; ~**dew** *n. (lit. or fig.)* Honigtau, *der;* ~**dew** [**melon**] *n.* Honigmelone, *die*
honeyed *adj.* honigsüß ⟨*Worte*⟩
honey: ~**moon 1.** *n.* **a)** Flitterwochen *Pl.;* Honigmond, *der (scherzh.); (journey)* Hochzeitsreise, *die;* **where did you go for your** ~**moon?** wohin habt ihr eure Hochzeitsreise gemacht?; **be a** ~**moon couple** sich auf der Hochzeitsreise befinden; **b)** *(fig.: initial period)* anfängliche Begeisterung; **the** ~**moon period** die Phase der Begeisterung; **2.** *v. i.* seine Flitterwochen verbringen, flittern *(ugs. scherzh.);* ~-**pot** *n.* Honigtopf, *der;* ~-**suckle** *n. (Bot.)* Geißblatt, *das;* ~-**sweet** *adj.* honigsüß
honk [hɒŋk] **1.** *n.* **a)** *(of horn)* Hupen, *das;* **I gave him a** [**on my horn**] ich hupte ihn an; ~s Hupsignale; **b)** *(of goose or seal)* Schrei, *der.* **2.** *v. i.* **a)** ⟨*Fahrzeug, Fahrer:*⟩ hupen; **b)** ⟨*Gans, Seehund:*⟩ schreien. **3.** *v. t.* ~ **one's horn** *see* **horn 1 d**
honky-tonk ['hɒŋkɪtɒŋk] *n. (coll.)* **a)** *(nightclub)* Schuppen, *der (ugs.);* **b)** *(music)* Ragtime, *der*
honor, honorable, honorably *(Amer.) see* **honour** *etc.*
honorarium [ɒnəˈreərɪəm] *n., pl.* ~s *or* **honoraria** [ɒnəˈreərɪə] Honorar, *das*
honorary ['ɒnərərɪ] *adj.* **a)** ehrenamtlich; Ehren⟨*mitglied, -präsident, -doktor, -bürger*⟩; **b)** *(conferred as an honour)* Ehren-; ~ **degree** ehrenhalber verliehener akademischer Grad; **the position is an** ~ **one** der Posten ist ehrenamtlich
honour ['ɒnə(r)] *(Brit.)* **1.** *n.* **a)** *no indef. art. (reputation)* Ehre, *die;* **win/achieve** ~: zu Ehren kommen; **to his** ~, **he refused es ehrte ihn, daß er abgelehnt hat; do** ~ **to sb./sth.** *(respect)* Hochachtung, *die;* **he was treated with** *or* **shown** ~: ihm wurde große Achtung entgegengebracht; **hold sb./sth. in** ~: jmdn./etw. achten; **do sb.,** ~ **to sb.** jmdm. Ehre erweisen; *(show appreciation of)* jmdn. würdigen; **do** ~ **to sth.** etw. würdigen; **in** ~ **of sb.** zu Ehren jmds.; **in** ~ **of sth.** um etw. gebührend zu feiern; **c)** *(privilege)* Ehre, *die;* **have the** ~ **to do** *or* **of doing sth.** die Ehre haben, etw. zu tun; **may I have the** ~ [**of the next dance**]? darf ich [um den nächsten Tanz] bitten?; **do sb. an** ~: jmdm. eine Ehre erweisen; **you do me too great an** ~: Sie tun mir zuviel Ehre an; **do sb. the** ~ **of doing sth.** jmdm. die Ehre erweisen, etw. zu tun; **d)** *no art. (ethical quality)* Ehre, *die;* **he is a man of** ~ *or* **with a sense of** ~: er ist ein Ehrenmann *od.* Mann von Ehre; **feel** [**in**] ~ **bound to do sth.** sich moralisch verpflichtet fühlen, etw. zu tun; **promise** [**up**]**on one's** ~: sein Ehrenwort geben; **be on one's** ~: sein Ehrenwort gegeben haben; [**up**]**on my** ~! Ehrenwort!; bei meiner Ehre! *(geh.);* **the prisoner was put** [**up**]**on his** ~ **not to escape** der Gefangene mußte sich auf Ehren-

wort verpflichten, nicht zu fliehen; ~ **bright** *(coll.)* großes Ehrenwort! *(ugs.);* [**there is**] ~ **among thieves** [es gibt so etwas wie] Ganovenehre; **e)** *(chastity)* Ehre, *die (veralt.);* **f)** *(distinction)* Auszeichnung, *die; (title)* Ehrentitel, *der; see also* **birthday; new year; g)** *in pl. (recognition)* Auszeichnungen; **h)** *in pl. (Univ.)* **she gained** ~**s in her exam, she passed** [**the exam**] **with** ~**s** sie hat das Examen mit Auszeichnung bestanden; **i)** *in pl.* **do the** ~**s** *(coll.) (introduce guests)* die Honneurs machen; *(serve guests)* den Gastgeber spielen; **j)** *(ceremony)* **funeral** *or* **last** ~**s** **to sb.** jmdm. die letzte Ehre erweisen *(geh.);* **military** ~**s** militärische Ehren; **k)** *in title* **your H**~ *(Brit. Law)* hohes Gericht; Euer Ehren; **l)** *(person or thing that brings credit)* **be an** ~ **to sb./sth.** jmdm./einer Sache Ehre machen; **m)** *(Cards)* Honneur, *das;* ~**s are even** es gibt keinen Verlierer. *See also* **affair f; code 1 a;** ¹**companion c; debt; guard 1 b; guest; legion c; maid of honour; matron b; point 1 c; word 1 c. 2.** *v. t.* ehren; würdigen ⟨*Verdienste, besondere Eigenschaften*⟩; **be** ~**ed as an artist** als Künstler Anerkennung finden; ~ **your father and your mother** du sollst Vater und Mutter ehren; **be** ~**ed with a knighthood** in den Ritterstand erhoben werden; ~ **sb. with one's presence** *(iron.)* jmdn. mit seiner Gegenwart beehren; **b)** *(acknowledge)* beachten ⟨*Vorschriften*⟩; respektieren ⟨*Gebräuche, Rechte*⟩; **c)** *(fulfil)* sich halten an (+ *Akk.); (Commerc.)* honorieren; begleichen ⟨*Rechnung, Schuld*⟩
honourable ['ɒnərəbl] *adj. (Brit.)* **a)** *(worthy of respect)* ehrenwert *(geh.)* ehrbar *(geh.);* **b)** *(bringing credit)* achtbar; *(consistent with honour)* ehrenvoll ⟨*Frieden, Rückzug, Entlassung*⟩; **c)** *(ethical)* rechtschaffen; redlich ⟨*Geschäftsgebaren*⟩; **sb.'s intentions are** ~: jmd. hat ehrliche Absichten; **d)** *in title* **the H**~ ...: ≈ der/die ehrenwerte ...; **the** ~ **gentleman/lady, the** ~ **member** [**for X**] *(Brit. Parl.)* der Herr/die Frau Abgeordnete [für den Wahlkreis X]; ≈ der [verehrte] Herr Kollege/die [verehrte] Frau Kollegin; **the Most H**~ ... *(Brit.)* ≈ der/die höchst ehrenwerte ...; **the Right H**~ ... *(Brit.)* ≈ der/die sehr ehrenwerte ... *See also* **mention 1 b**
honourably ['ɒnərəblɪ] *adv. (Brit.)* **a)** *(with credit)* ehrenvoll; **b)** *(ethically)* ehrenhaft ⟨*handeln*⟩
honours: ~ **degree** *n.* Examen mit Auszeichnung; ~ **list** *n.* **a)** *(Univ.)* Liste der Kandidaten, die das Examen mit Auszeichnung bestanden haben; **b)** *(of sovereign)* Liste der Titel- und Rangverleihungen
Hon. Sec. [ɒn ˈsek] *abbr.* Honorary Secretary
hooch [huːtʃ] *n. (Amer. coll.)* [schwarz gebrannter] Schnaps; Fusel, *der (ugs. abwertend)*
¹**hood** [hʊd] *n.* **a)** Kapuze, *die;* **b)** *(of vehicle) (Brit.: waterproof top)* Verdeck, *das; (Amer.: bonnet)* [Motor]haube, *die; (of pram)* Verdeck, *das;* **drive with the** ~ **down** mit offenem Verdeck fahren; **c)** *(over hearth)* [Rauch]abzug, *der; (over stove)* Abzugshaube, *die*
²**hood** [hʊd, huːd] *n. (sl.: gangster)* Gangster, *der*
hooded ['hʊdɪd] *adj. (wearing hood)* mit einer Kapuze bekleidet; *(with hood attached)* ⟨*Mantel usw.*⟩ mit Kapuze; **a** ~ **figure** eine Gestalt mit [einer] Kapuze
hooded 'crow *n. (Ornith.)* Nebelkrähe, *die*
hoodlum ['huːdləm] *n.* **a)** *(young thug)* Rowdy, *der (abwertend);* **b)** *(Amer.: gangster) see* ²**hood**
hoodoo ['huːduː] *n.* **a)** *(bad spell)* Fluch, *der;* **there is a** ~ **on that house** es liegt ein Fluch über diesem Haus; **put a** ~ **on sb.** ⟨*Hexe:*⟩ jmdn. verwünschen; **b)** *(bringer of bad luck)* **be a** ~: Unglück bringen

hoodwink ['hʊdwɪŋk] *v. t.* hinters Licht führen; täuschen

hooey ['hu:ɪ] *(sl.)* **1.** *n.* Quatsch, *der (ugs.)*; Blödsinn, *der (ugs.).* **2.** *int.* Quatsch [mit Soße]! *(ugs.)*

hoof [hu:f] **1.** *n., pl.* **~s** *or* **hooves** [hu:vz] **a)** Huf, *der;* (sl. derog.: human foot) Pedal, *das (ugs. scherzh.);* **b) buy cattle on the ~** *(for meat)* Lebendvieh kaufen. *See also* **cloven 2. 2.** *v. t. (sl.)* **a)** *(kick)* he ~ed him out of *or* through the door er gab ihm einen Tritt, daß er durch die Tür flog; **get ~ed out of the army** *(fig.)* aus der Armee fliegen *(ugs.);* **b)** *(walk)* ~ **it** tippeln *(ugs.)*

¹**hoofbeat** *n.* Hufschlag, *der*

hoo-ha ['hu:hɑː] *n. (coll.)* Wirbel, *der;* **make a [lot of *or* big] ~ [about sth.]** [viel] Wind [um etw.] machen *(ugs.)*

hook [hʊk] **1.** *n.* **a)** Haken, *der;* (Fishing) [Angel]haken, *der;* ~ **and eye** Haken und Öse; **swallow sth. ~, line, and sinker** *(fig.)* etw. blind glauben; **they fell for it ~, line, and sinker** *(fig.)* sie sind voll und ganz darauf hereingefallen; **get sb. off the ~** *(fig. sl.)* jmdn. herauspauken *(ugs.);* **get oneself off the ~** *(fig. sl.)* den Kopf aus der Schlinge ziehen; **that lets me/him off the ~** *(fig. sl.)* da bin ich/ist er noch einmal davongekommen; verduften *(ugs.);* **by ~ or by crook** mit allen Mitteln; **b)** *(telephone cradle)* Gabel, *die;* **the telephone was off the ~**: das Telefon war ausgehängt; **c)** *(Agric.) (for cutting grass or grain)* Sense, *die;* (for cutting and lopping) Hippe, *die;* **d)** *(Boxing)* Haken, *der;* **e)** *(Baseball, Bowling, Cricket, Golf)* Hook, *der;* **f)** *(Geog., Geol.) (in river)* [scharfe] Krümmung; *(sand-spit)* spitz zulaufende Sandbank; *(projecting land)* gekrümmte Landzunge; **the H~** *(coll.) see* **Hook of Holland**; **g)** *(Mus.)* [Noten]fähnchen, *das.* **2.** *v. t.* **a)** *(grasp)* mit Haken/mit einem Haken greifen; **b)** *(fasten)* mit Haken/mit einem Haken befestigen (**to** an + *Dat.*); festhaken ⟨*Tor*⟩ (**to** an + *Akk.*); haken ⟨*Bein, Finger*⟩ (**over** über + *Akk.,* **in** in + *Akk.*); ~ **a caravan to a car** mit einem Wohnwagen an ein Auto hängen; **c) be ~ed [on sth./sb.]** *(sl.) (addicted harmfully)* [von etw./jmdn.] abhängig sein; *(addicted harmlessly)* [auf etw./jmdn.] stehen *(ugs., bes. Jugendspr.); (captivated)* [von etw./jmdn.] fasziniert sein; **d)** *(catch)* an die Angel bekommen ⟨*Fisch*⟩; *(fig.)* sich *(Dat.)* angeln; **e)** ~ **it** *(sl.: leave)* abhauen *(salopp);* **f)** *(Boxing)* einen Haken versetzen *od.* geben (+ *Dat.*); **g)** *(Rugby)* hakeln; *(Golf)* einen Linksdrall geben (+ *Dat.*) ⟨*Ball*⟩; *(Cricket)* mit waagerechtem Schläger in Schulterhöhe hinter sich schlagen ⟨*Ball*⟩

~ 'on **1.** *v. t.* anhaken (**to** an + *Akk.*); anhängen ⟨*Wagen, Anhänger, Schiff*⟩ (**to** an + *Akk.*). **2.** *v. i.* angehakt werden (**to** an + *Akk.*)

~ 'up **1.** *v. t.* **a)** festhaken (**to** an + *Akk.*); zuhaken ⟨*Kleid*⟩; **b)** *(Radio and Telev. coll.)* zusammenschalten ⟨*Sender*⟩; *see also* **hook-up. 2.** *v. i.* ⟨*Kleid*⟩: mit Haken geschlossen werden

hookah ['hʊkə] *n.* Huka, *die* [indische] Wasserpfeife

hooked [hʊkt] *adj.* **a)** *(hook-shaped)* hakenförmig; ~ **nose** Hakennase, *die;* **b)** *(having hook[s])* mit einem Haken/mit einem Haken versehen. *See also* **hook 2c**

hooker ['hʊkə(r)] *n.* **a)** *(Rugby)* Hakler, *der;* **b)** *(Amer. sl.: prostitute)* Nutte, *die (salopp)*

hookey ['hʊkɪ] *n. (Amer. sl.)* **play ~**: [die] Schule schwänzen *(ugs.)*

hook: **~-'nose** *n.* Hakennase, *die;* **~-nosed** ['hʊknəʊzd] *adj.* mit einer Hakennase *nachgestellt;* hakennasig; **~-nosed** eine Hakennase haben; **H~ of** ¹**Holland** *pr. n.* Hoek van Holland *(das);*

~-up *n. (Radio and Telev. coll.)* Zusammenschaltung, *die (zu einer Gemeinschaftssendung);* **~worm** *n.* **a)** *(worm)* Hakenwurm, *der;* **b)** *no art. (disease)* die Hakenwurmkrankheit

hooky *see* **hookey**

hooligan ['hu:lɪɡən] *n.* Rowdy, *der*

hooliganism ['hu:lɪɡənɪzm] *n., no pl.* Rowdytum, *das*

hoop [hu:p] *n.* **a)** *(circular band)* Reifen, *der;* (of barrel) Faßreifen, *der;* Faßband, *das;* **b)** *(toy)* Reifen, *der;* **c)** *(Croquet)* [Krocket]tor, *das;* **d)** *(in circus, show, etc.)* Springreifen, *der;* **go** *or* **be put/put sb. through the hoop[s]** *(fig.)* durch die Mangel gedreht werden/jmdn. durch die Mangel drehen *(salopp)*

hoop-la ['hu:plɑː] *n.* Ringwerfen, *das*

hoopoe ['hu:pu:] *n. (Ornith.)* Wiedehopf, *der*

hooray *see* **hurray**

Hooray 'Henry *n. (Brit.)* [reicher, extrovertierter] Schickimicki *(ugs.)*

hoosegow ['hu:sɡaʊ] *n. (Amer. sl.)* Knast, *der (ugs.)*

hoot [hu:t] **1.** *v. i.* **a)** *(call out)* johlen; ~ **with laughter** in johlendes Gelächter ausbrechen; **b)** ⟨*Eule:*⟩ schreien; **c)** ⟨*Fahrzeug, Fahrer:*⟩ hupen, tuten; ⟨*Sirene, Nebelhorn usw.:*⟩ heulen, tuten; ~ **at sb./sth.** jmdn./etw. anhupen. **2.** *v. t.* **a)** *(assail with derision)* ausbuhen *(ugs.);* **b)** heulen *od.* tuten lassen ⟨*Sirene, Nebelhorn*⟩; ~ **one's horn** *see* **horn 1 d. 3.** *n.* **a)** *(shout)* **~s of derision/scorn** verächtliches Gejohle; **~s of laughter** johlendes Gelächter; **b)** *(owl's cry)* Schrei, *der;* **c)** *(signal) (of vehicle)* Hupen, *das;* (of siren, fog-horn) Heulen, *das;* **give a ~ of** *or* **on one's horn** ⟨*Fahrer:*⟩ hupen; **d)** *(coll.)* **I don't care** *or* **give a ~** *or* **two ~s what you do** es ist mir völlig piepegal *od.* schnuppe *(ugs.),* was du tust; **not matter a ~** *or* **two ~s [to sb.]** [jmdm.] völlig schnuppe sein *(ugs.);* **e)** *(coll.: cause of laughter)* **what a ~!** zum Kaputtlachen! *(ugs.);* **be a ~**: zum Schießen sein *(ugs.)*

hooter ['hu:tə(r)] *n. (Brit.)* **a)** *(siren)* Sirene, *die;* **b)** *(motor horn)* Hupe, *die;* **sound one's ~**: hupen; **c)** *(sl.: nose)* Zinken, *der (ugs. scherzh.)*

hoots [hu:ts] *int. (Scot., N. Engl.)* ach was!

hoover ['hu:və(r)] *(Brit.)* **1.** *n.* **a) H~** (P) [Hoover]staubsauger, *der;* **b)** *(made by any company)* Staubsauger, *der.* **2.** *v. t. (coll.)* staubsaugen ⟨*Zimmer*⟩; **b)** *(coll.)* absaugen ⟨*Möbel*⟩. **3.** *v. i. (coll.)* [staub]saugen

¹**hop** [hɒp] *n.* **a)** *(Bot.) (plant)* Hopfen, *der;* *in pl.* (cones) Hopfendolden; **b)** *in pl. (Brewing)* Hopfen, *der*

²**hop** **1.** *v. i.,* **-pp- a)** hüpfen; ⟨*Hase:*⟩ hoppeln; **be ~ping mad** [about *or* over sth.] *(coll.)* [wegen etw.] fuchsteufelswild sein *(ugs.);* **b)** *(fig. coll.)* ~ **out of bed** aus dem Bett springen; ~ **into the car/on [to] the bus/train/bicycle** sich ins Auto/in den Bus/Zug/aufs Fahrrad schwingen *(ugs.);* ~ **into bed with sb.** mit jmdm. ins Bett steigen *(ugs.);* ~ **off/out** aussteigen; **c)** *(coll.: change location)* **be always ~ping [about] from place to place/country to country** ständig unterwegs sein. **2.** *v. t.,* **-pp- a)** *(jump over)* springen über (+ *Akk.*); **b)** *(coll.: jump aboard)* aufspringen auf (+ *Akk.*); **c)** ~ **it** *(Brit. sl.: go away)* sich verziehen *(ugs.). See also* **hedgehop**. **3.** *n.* **a)** *(action)* Hüpfer, *der;* Hopser, *der (ugs.);* **~, step, and jump** *see* **triple jump; b) be on the ~** *(Brit. coll.: be bustling about)* im Trab sein *(ugs.);* **keep sb. on the ~** *(Brit. coll.)* jmdn. in Trab halten *(ugs.);* **catch sb. on the ~** *(Brit. coll.) (unprepared)* jmdn. überraschen *od.* überrumpeln; *(in the act)* jmdn. auf frischer Tat ertappen; **d)** *(coll.: dance)* Schwof, *der (ugs.);* **e)** *(distance flown)* Flugstrecke, *die; (stage of journey)* Teilstrecke, *die;* Etappe, *die; (flight)* kurzer Flug; *(trip)* kurze Reise

hope [həʊp] **1.** *n.* Hoffnung, *die;* ~ **springs eternal [in the human breast]** *(prov.)* der Mensch hofft, solange er lebt; **give up ~**: die Hoffnung aufgeben; **that is my [dearest] ~**: darauf setze ich meine [ganze] Hoffnung; **hold out ~ [for sb.]** [jmdm.] Hoffnung machen; **I don't hold out much ~ for his recovery** ich habe nicht viel Hoffnung, daß er sich wieder erholt; **beyond** *or* **past ~**: hoffnungslos; **in the ~/in ~[s] of sth./doing sth.** in der Hoffnung auf etw. *(Akk.)*/ etw. zu tun; **live in ~[s] of sth.** in der Hoffnung auf etw. *(Akk.)* leben; **sb.'s ~[s] of sth.** jmds. Hoffnung auf etw. *(Akk.)*; **I have some ~[s] of success** *or* **of succeeding** *or* **that I shall succeed** es besteht die Hoffnung, daß ich Erfolg habe; **set** *or* **put** *or* **place one's ~s on** *or* **in sth./sb.** seine Hoffnung auf etw./ jmdn. setzen; **raise sb.'s ~s** jmdm. Hoffnung machen; **raise sb.'s ~s too much** *or* **high** jmdm. zu große Hoffnungen machen; **high ~s** große Hoffnungen; **have high ~s of sth./doing sth.** sich *(Dat.)* große Hoffnungen auf etw. *(Akk.)* machen/sich *(Dat.)* große Hoffnungen machen, etw. zu tun; **there is no/some/little ~ that ...**: es besteht keine/einige/wenig Hoffnung, daß ...; **not have a ~ [in hell] [of sth.]** *(coll.)* sich *(Dat.)* [keine[rlei] Hoffnung [auf etw. *(Akk.)*] machen können; **there's not a ~ in hell that ...** *(coll.)* es besteht nicht die leiseste Chance, daß ...; **not a ~ [in hell]!** *(coll. iron.)* völlig ausgeschlossen!; **what a ~!** *(coll.),* **some ~[s]!** *(coll. iron.)* schön wär's!; **be hoping against ~ that ...**: trotz allem die Hoffnung nicht aufgeben, daß ...; **be the great new tennis ~**: die große neue Hoffnung im Tennis sein; **hard work is our only ~ for** *or* **of a better way of life** nur wenn wir hart arbeiten, können wir auf ein besseres Leben hoffen; **my ~ is that ...**: ich hoffe, daß ...; *see also* **alive a; forlorn a**. **2.** *v. i.* hoffen (**for** auf + *Akk.*); **I so/not** hoffentlich/hoffentlich nicht; **~ for the best** das Beste hoffen. **3.** *v. t.* ~ **to do sth./that sth. may be so** hoffen, etw. zu tun/daß etw. so eintrifft; **I ~ to go to Paris** *(am planning)* ich habe vor, nach Paris zu fahren; **I ~ [that] that is true** hoffentlich stimmt das; **hoping to see you soon** in der Hoffnung, Sie bald zu sehen

¹**hope chest** *n. (Amer.)* Aussteuertruhe, *die*

hoped-for ['həʊptfɔː(r)] *attrib. adj.* erhofft

hopeful ['həʊpfl] **1.** *adj.* **a)** zuversichtlich; **I'm ~/not ~ that ...** ich hoffe zuversichtlich/bezweifle, daß ...; **feel ~**: zuversichtlich sein; **be ~ about** *or* **feel ~ about the future** hoffnungsvoll *od.* zuversichtlich in die Zukunft blicken; **if you think he will help you, you are very ~ indeed** wenn du denkst, daß er dir helfen wird, dann bist du wirklich ein Optimist; **be ~ of sth./of doing sth./that sth. may be so** auf etw. *(Akk.)* hoffen/voller Hoffnung sein, etw. zu tun/daß etw. so eintrifft; **b)** *(promising)* vielversprechend; aussichtsreich ⟨*Kapitalanlage, Kandidat*⟩. **2.** *n.* [young] ~: hoffnungsvoller junger Mensch

hopefully ['həʊpflɪ] *adv.* **a)** *(expectantly)* voller Hoffnung; **b)** *(promisingly)* vielversprechend; **c)** *(coll.: it is hoped that)* hoffentlich; **~, all our problems should now be over** wir hoffen, daß unsere ganzen *(ugs.)* Probleme jetzt beseitigt sind; **~, it will be available in the autumn** wir hoffen, daß es im Herbst zur Verfügung steht

hopeless ['həʊplɪs] *adj.* **a)** hoffnungslos; **be ~ in love** *(fig.)* rettungslos verliebt sein *(ugs.);* **b)** *(inadequate, incompetent)* miserabel; **be a ~ case** ein hoffnungsloser Fall sein *(ugs.)* (**at** in + *Dat.*); **be ~ at doing sth.** etw. überhaupt nicht können

hopelessly ['həʊplɪslɪ] *adv.* **a)** hoffnungslos; **be ~ in love** *(fig.)* rettungslos verliebt sein *(ugs.);* **I'm ~ bad at maths** in Mathematik bin ich ein hoffnungsloser Fall *(ugs. scherzh.);* **b)** *(inadequately)* miserabel

hopelessness ['həʊplɪsnɪs] *n., no pl.* Hoffnungslosigkeit, *die*

'**hop-garden** *n.* (Brit. Agric.) Hopfengarten, *der*

hopper ['hɒpə(r)] *n.* (Mech.) Trichter, *der*

hop: ~**sack** *n.* **a)** (bag) Hopfensack, *der;* **b)** (Textiles) Sackleinen, *das;* Sackleinwand, *die;* ~**scotch** *n.* Himmel-und-Hölle-Spiel, *das;* **play** ~**scotch** „Himmel und Hölle" spielen

horde [hɔːd] *n.* (huge number) große Menge; (derog./of wild animals) Horde, *die;* in [their] ~s in Scharen; ~s of tourists Scharen von Touristen

horizon [həˈraɪzn] *n.* **a)** Horizont, *der;* **on/ over the ~:** am Horizont; **the sun dropped below the ~:** die Sonne verschwand hinter dem Horizont; **there is trouble on the ~** (fig.) am Horizont tauchen Probleme auf; **there's nothing on the ~** (fig.) da ist nichts in Sicht (ugs.); *see also* **artificial horizon; b)** (fig.: perceptual limit) Horizont, *der;* Gesichtskreis, *der;* **broaden one's/sb.'s ~s** seinen/jmds. Horizont erweitern; **c)** (Geol.) Horizont, *der;* **d)** (Archaeol.) Kulturschicht, *die;* **e)** (Soil Science) Bodenhorizont, *der*

horizontal [hɒrɪˈzɒntl] **1.** *adj.* horizontal; waagerecht; *see also* '**bar 1 b; integration d. 2.** *n.* Horizontale, *die;* Waagerechte, *die*

horizontally [hɒrɪˈzɒntəlɪ] *adv.* horizontal; (flat) waagerecht; flach (liegen)

hormonal [hɔːˈməʊnl, 'hɔːmənl] *adj.* (Biol., Pharm.) hormonal; hormonell; ~ **deficiency** Hormonmangel, *der*

hormone ['hɔːməʊn] *n.* (Biol., Pharm.) Hormon, *das*

horn [hɔːn] **1.** *n.* **a)** (of animal or devil) Horn, *das;* (of deer) Geweih, *das;* attrib. Horn-; ~s Geweih, *das;* **lock ~s [with sb.]** (fig.) [mit jmdm.] die Klinge[n] kreuzen (geh.); **b)** (substance) Horn, *das;* attrib. Horn-; **c)** (Mus.) Horn, *das;* [**French**] ~: [Wald]horn, *das; see also* **English horn; d)** (of vehicle) Hupe, *die;* (of ship) [Signal]horn, *das;* (of factory) [Fabrik]sirene, *die;* **sound** *or* **blow** *or* **hoot** *or* **honk the** *or* **one's ~** [**at sb.**] (Fahrer:) [jmdn. an]hupen; **e)** (of snail) Horn, *das;* (of insect) Fühler, *der;* **draw in one's ~s** (fig.) sich zurückstecken; (restrain one's ambition) zurückstecken; **f)** (vessel) Horn, *das;* (to drink from) Trinkhorn, *das* (hist.); (for gunpowder) Pulverhorn, *das* (hist.); ~ **of plenty** Füllhorn, *das;* **g)** (loudspeaker) [Schall]trichter, *der;* **h)** (of crescent) Horn, *das;* **the ~s of the moon** die Hörnerspitzen des Mondes; **i)** (Geog.) (of land) Horn, *das* (veralt.); **the H**~: das Kap Hoorn; **j)** (coarse: erect penis) Latte, *die* (salopp). *See also* 'bull 1 a; dilemma; fog-horn; shoehorn. **2.** *v. i.* (sl.) ~ **in** [**on sth.**] sich [in etw. (Akk.)] reinhängen (salopp)

horn: ~**beam** *n.* (Bot.) Hainbuche, *die;* Hornbaum, *der;* ~**bill** *n.* (Ornith.) Nashornvogel, *der*

horned [hɔːnd] *adj.* **a)** gehörnt; (with antlers) geweihtragend; **b)** (poet.: crescent-shaped) sichelförmig

horned: ~ '**owl** *n.* Ohreule, *die;* ~ '**toad** *n.* Texaskrötenechse, *die*

hornet ['hɔːnɪt] *n.* Hornisse, *die;* **stir up** *or* **walk into a ~s' nest** (fig.) in ein Wespennest stechen *od.* greifen (ugs.); **bring a ~s' nest about one's ears** (fig.) sich in ein Wespennest setzen (ugs.)

hornless ['hɔːnlɪs] *adj.* hornlos; (without antlers) geweihlos

'**hornpipe** *n.* (Mus.) Hornpipe, *die*

'**horn-rimmed** *adj.* ~ **spectacles** *or* **glasses** Hornbrille, *die*

horny ['hɔːnɪ] *adj.* **a)** (hard) hornig (Fußsohlen, Haut, Hände); **b)** (made of horn) aus Horn nachgestellt; (like horn) hornartig; **c)** (sl.: sexually aroused) spitz (ugs.); geil (oft nachgestellt)

horology [hɒˈrɒlədʒɪ] *n., no pl.* **a)** (science) Lehre von der Zeitmessung; **b)** (clockmaking) Uhrmacherkunst, *die*

horoscope ['hɒrəskəʊp] *n.* (Astrol.) Horoskop, *das;* **draw up** *or* **cast sb.'s ~:** jmdm. das Horoskop stellen

horrendous [hɒˈrendəs] *adj.* (coll.) schrecklich (ugs.); entsetzlich (ugs.) (Dummheit); horrend (Preis)

horrendously [hɒˈrendəslɪ] *adv.* (coll.) entsetzlich (ugs.); horrend (teuer)

horrible ['hɒrɪbl] *adj.* **a)** grauenhaft; grausig (Monster, Geschichte); schauerlich (Verbrechen, Alptraum); schauerlich (Maske); **I find all insects ~:** mir graust vor jeder Art von Insekten; **b)** (coll.: unpleasant, excessive) grauenhaft (ugs.); horrend (Ausgaben, Kosten); **have a ~ surprise** eine ganz böse Überraschung erleben (ugs.); **don't be so ~ to me** sei nicht so garstig zu mir; **I have a ~ feeling that ...:** ich habe das ungute Gefühl, daß ...

horribly ['hɒrɪblɪ] *adv.* **a)** entsetzlich (entstellt); scheußlich (grinsen); **it was a ~ frightening story** es war eine überaus grausige Geschichte; **b)** (coll.: unpleasantly, excessively) fürchterlich (ugs.) (aufregen); horrend (teuer)

horrid ['hɒrɪd] *adj.* scheußlich; **don't be so ~ to me** (coll.) sei nicht so garstig zu mir

horrific [hɒˈrɪfɪk] *adj.* schrecklich; grausig (Geistergeschichte); (coll.) horrend (Preis)

horrify ['hɒrɪfaɪ] *v. t.* **a)** (excite horror in) mit Schrecken erfüllen; **it horrifies me to think what ...:** ich denke mit Schrecken daran, was ...; **I was horrified to see my car rolling into the river** voller Entsetzen sah ich, wie mein Auto in den Fluß rollte; **b)** (shock, scandalize) **be horrified** entsetzt sein (at, by über + Akk.)

horrifying ['hɒrɪfaɪɪŋ] *adj.* grauenhaft; grausig (Film); **it is ~ to think that ...:** der Gedanke, daß ..., ist schrecklich

horrifyingly ['hɒrɪfaɪɪŋlɪ] *adv.* erschreckend

horror ['hɒrə(r)] **1.** *n.* **a)** Entsetzen, *das* (at über + Akk.); (repugnance) Grausen, *das;* **she screamed in ~:** sie schrie voller Entsetzen; **there was [an expression of] ~ on her face** Entsetzen/Grauen stand ihr im Gesicht geschrieben; **have a ~ of sb./sth./ doing sth.** einen Horror vor jmdm./etw. haben/einen Horror davor haben, etw. zu tun (ugs.); **have a fit of the ~s** weiße Mäuse sehen (ugs.); **spiders gave her the ~s** vor Spinnen hatte sie eine panische Angst; **he gives me the ~s** er ist mir unheimlich; **b)** (coll.: dismay) Entsetzen, *das* (at über + Akk.); **c)** (horrifying quality) Grauenhaftigkeit, *die;* (horrifying thing) Greuel, *der;* (horrifying person) Scheusal, *das;* '**Six Die in Blaze H~'** „Sechs Tote in flammendem Inferno"; **Chamber of H~s** (lit. or fig.) Schreckenskabinett, *das.* **2.** *adj.* Horror(comic, -film, -geschichte). **3.** *int.* ~**s!** wie schrecklich!; **o Graus!** (ugs. scherzh.); ~ **of ~s!** o Schreck, o Graus! (ugs. scherzh.)

horror: ~**-stricken,** ~**-struck** *adjs.* von Entsetzen gepackt; **be ~-stricken** *or* -**struck at sth.** über etw. (Akk.) furchtbar entsetzt sein

hors de combat [ɔː də ˈkɔ̃baː] *pred. adj.* kampfunfähig; **put** *or* **render sb./sth. ~:** jmdn./etw. außer Gefecht setzen

hors-d'œuvre [ɔːˈdɜːvr, ɔːˈdɜːv] *n.* (Gastr.) Horsd'œuvre, *das;* ~ Vorspeise, *die*

horse [hɔːs] **1.** *n.* **a)** Pferd, *das;* (adult male) Hengst, *der;* **be/get on one's high ~** (fig.) auf den hohen Roß sitzen/sich aufs hohe Roß setzen (ugs.); **get [down] off one's high ~** (fig.) von seinem hohen Roß heruntersteigen ...; **-steigen** (ugs.); **hold your ~s!** (fig.) immer sachte mit den jungen Pferden! (ugs.); **he ought to hold his ~s** er sollte erst einmal abwarten; **that's/he is a ~ of a different** *or* **another colour** (fig.) das ist etwas anderes/mit ihm sieht die Sache anders aus; **as strong as a ~:** bärenstark (ugs.); **eat/ work like a ~:** wie ein Scheunendrescher essen (salopp)/wie ein Pferd arbeiten; **I could eat a ~** (coll.) ich habe einen Bärenhunger (ugs.); [**right** *or* **straight**] **from the ~'s mouth** (fig.) aus erster Hand od. Quelle; **change** *or* **swap ~s in midstream** (fig.) auf halbem Wege die Richtung ändern; **to ~!** aufgesessen!; **it's [a question** *or* **matter of] ~s for courses** (fig.) jeder sollte die Aufgaben übernehmen, für die er am besten geeignet ist; **you can lead** *or* **take a ~ to water, but you can't make it drink** (prov.) man kann ein Pferd zur Tränke bringen, aber es nicht zwingen zu trinken; **b)** constr. as pl. (Mil.) Kavallerie, *die;* Reiterei, *die;* **800 ~:** 800 Reiter *od.* Berittene; **c)** (Gymnastics) [vaulting-]~: [Sprung]pferd, *das;* **d)** (framework) Gestell, *das;* (for planks *or* beams) [Auflager]bock, *der;* [**clothes-**]~: Wäscheständer, *der;* **e)** (coll.: horsepower) PS, *das. See also* **cart 1; cart-horse; dark horse; flag a; gifthorse; hobby-horse; light horse;** ²**lock 2 a; marine 2 a; pommel-horse; rocking-horse; sea-horse; Trojan horse; white horse; wild horse; wooden horse. 2.** *v. i.* ~ **about** *or* **around** (coll.) herumalbern (ugs.)

horse: ~**-and-**'**buggy** *adj.* (Amer. fig.) aus der Zeit der Postkutschen (fig.) nachgestellt; ~**back 1.** *n.* **a) on ~back** zu Pferd; **ride on ~back** reiten; **b)** attrib. (Amer.) ~**back riding** Reiten, *das;* **go in for** *or* **enjoy ~back rides** gerne reiten; **2.** *adv.* **go ~back** reiten; ~**box** *n.* (trailer) Pferdeanhänger, *der;* (Motor Veh.) Pferdetransporter, *der;* ~**-brass** *see* **brass 1 c;** ~**-breaker** *n.* Zureiter, *der;* ~**-breeder** *see* **breeder;** ~'**chestnut** *n.* (Bot.) Roßkastanie, *die;* ~**-drawn** attrib. adj. pferdebespannt; von Pferden gezogen; ~**-drawn vehicle** Pferdewagen, *der;* Pferdefuhrwerk, *das;* ~**flesh** *n.* **a)** (meat) Pferdefleisch, *das;* **b)** (horses) Pferde, *die;* ~**-fly** *n.* (Zool.) Pferdebremse, *die;* **H**~ **Guards** *n. pl.* (Brit. Mil.) (brigade) Gardekavallerie, *die;* ~**hair** *n.* **a)** (single hair) Pferdehaar, *das;* **b)** no pl., no indef. art. (mass of hairs) Roßhaar, *das;* **c)** (fabric) Roßhaar, *das;* ~ **latitudes** *n. pl.* (Geog.) Roßbreiten Pl.; ~**-laugh** *n.* laute Lache (ugs.); ~**man** ['hɔːsmən] *n., pl.* ~**men** ['hɔːsmən] **a)** (rider) [guter] Reiter, *der;* **b)** (Amer.: breeder) Pferdezüchter, *der*

horsemanship ['hɔːsmənʃɪp] *n., no pl.* [**skills of**] ~: reiterliches Können

horse: ~ **opera** *n.* (Amer. sl.) Pferdeoper, *die* (ugs.); ~**play** *n.* Balgerei, *die;* Alberei, *die;* ~**power** *n.* (Mech.) Pferdestärke, *die;* **a 40 ~power car** ein Auto mit 40 PS; **what ~power is your car?** wieviel PS hat dein Auto?; ~**-race** *n.* Pferderennen, *das;* ~**-racing** *n.* Pferderennsport, *der;* ~ **radish** *n.* Meerrettich, *der;* ~ **sense** *n.* (coll.) [gesunder Menschen]verstand; ~**shoe** *n.* Hufeisen, *das;* (Archit.) Hufeisenbogen, *der;* attrib. hufeisenförmig; ~**shoe magnet** *n.* Hufeisenmagnet, *der;* ~**shoe crab** *n.* (Amer. Zool.) Königskrabbe, *die;* ~ **show** *n.* Pferdeschau, *die;* ~**tail** *n.* **a)** (Bot.) Schachtelhalm, *der;* **b)** *see* **ponytail;** ~**-trader** *n.* Pferdehändler, *der;* ~**-trading** *n.* **a)** (Amer.: dealing in horses) Pferdehandel, *der;* **b)** (fig.: bargaining) Kuhhandel, *der* (ugs. abwertend); ~**whip 1.** *n.* Reitpeitsche, *die;* **2.** *v. t.* auspeitschen; ~**woman** *n.* Reiterin, *die*

horsy (**horsey**) ['hɔːsɪ] *adj.* **a)** (horselike) pferdeähnlich; ~ **face/laugh** Pferdegesicht, *das*/wieherndes Lachen, *das;* **b)** (much concerned with horses) pferdenärrisch; ~ **people** Pferdenarren

horticultural [hɔːtɪˈkʌltʃərl] *adj.* gartenbaulich; Gartenbau(zeitschrift, -ausstellung); ~ **society** Gesellschaft für Gartenbau; ~ **show** Gartenschau, *die*

horticulture ['hɔːtɪkʌltʃə(r)] *n.* Gartenbau, *der*

horticulturist [hɔːtɪ'kʌltʃərɪst] *n.* Gärtner, *der*/Gärtnerin, *die*

hosanna [həʊ'zænə] *(Bibl.)* **1.** *int.* hosianna. **2.** *n.* Hosianna, *das*

hose [həʊz] **1.** *n.* **a)** *(flexible tube)* Schlauch, *der;* **garden** ~: Gartenschlauch, *der;* **b)** *constr. as pl. (stockings)* Strümpfe; **half-~:** Socken; **c)** *constr. as pl. (Hist.) (tights)* Strumpfhose, *die; (breeches)* Kniehose, *die; see also* **doublet a. 2.** *v. t.* sprengen ~ **'down** *v. t.* abspritzen

'hose-pipe *n. see* hose 1 a

hosiery ['həʊʒərɪ] *n., no pl.* Strumpfwaren *Pl.*

hospice ['hɒspɪs] *n.* **a)** *(Brit.) (for the destitute)* Heim für Mittellose; *(for the terminally ill)* Sterbeklinik, *die;* **b)** *(for travellers or students)* Hospiz, *das*

hospitable ['hɒspɪtəbl] *adj.* **a)** *(welcoming)* gastfreundlich ⟨*Person, Wesensart*⟩; gastlich ⟨*Haus, Hotel, Klima*⟩; freundlich ⟨*Einladung*⟩; **be ~ to sb.** jmdn. gastfreundlich *od.* gastlich aufnehmen; **b)** *(fig.: favourably disposed)* **be ~ to sth.**] aufgeschlossen [gegenüber etw.] sein

hospitably ['hɒspɪtəblɪ] *adv. (welcomingly)* gastlich; gastfreundlich

hospital ['hɒspɪtl] *n.* Krankenhaus, *das;* **in ~** *(Brit.),* **in the ~** *(Amer.)* im Krankenhaus; **into** *or* **to ~** *(Brit.),* **to the ~** *(Amer.)* ins Krankenhaus ⟨*gehen, bringen*⟩; **veterinary/dolls' ~:** Tier-/Puppenklinik, *die*

hospital: ~ bed *n.* Krankenhausbett, *das;* **~ case** *n.* Fall fürs Krankenhaus

hospitalisation, hospitalise *see* hospitaliz-

hospitality [hɒspɪ'tælɪtɪ] *n., no pl. (of person)* Gastfreundschaft, *die; (of thing, action, environment)* Freundlichkeit, *die*

hospitalization [hɒspɪtəlaɪ'zeɪʃn] *n.* Einweisung ins Krankenhaus; **long periods of ~:** lange Krankenhausaufenthalte

hospitalize ['hɒspɪtəlaɪz] *v. t.* ins Krankenhaus einweisen

hospital: ~ nurse *n.* Krankenschwester, *die*/Krankenpfleger, *der;* **~ porter** *n.* ≈ Krankenpflegehelfer, *der*/-helferin, *die;* **~ ship** *n.* Lazarettschiff, *das*

¹host [həʊst] *n.* **a)** *(large number)* Menge, *die;* **in [their] ~s** in Scharen; **he's ~ of people/children** eine Menge Leute/eine Schar von Kindern; **he has ~s** *or* **a ~ of things to do/friends** er hat eine Menge zu erledigen/eine Menge Freunde; **b)** *(arch.: army)* Heer, *das;* **c)** *(Bibl.)* **the Lord [God] of ~s** der Herr der Heerscharen; **the heavenly ~** *(angels)* die himmlischen Heerscharen *(bibl.)*

²host 1. *n.* **a)** Gastgeber, *der*/Gastgeberin, *die;* **be** *or* **play ~ to sb.** jmdn. zu Gast haben; **~ country** Gastland, *das;* **b)** *(landlord)* [Gast]wirt, *der;* **mine ~** *(arch./joc.)* der Herr Wirt; **c)** *(compère)* Moderator, *der;* **your ~ for the show is ...:** durch die Show führt Sie ...; *(for chat show)* Gastgeber ist heute abend ...; **d)** *(Biol.: with parasite)* Wirt, *der;* **e)** *(Biol./Med.: recipient)* Empfänger [eines Transplantats]; *(of organ)* [Organ]empfänger, *der.* **2.** *v. t.* **a)** *(act as host at)* Gastgeber sein bei; **China is to ~ the Olympic Games** China soll die Olympischen Spiele ausrichten; **b)** *(compère)* moderieren; **~ a programme** durch ein Programm führen

³host *n. (Eccl.: bread)* Hostie, *die*

hostage ['hɒstɪdʒ] *n.* Geisel, *die;* **hold/take sb. ~:** jmdn. als Geisel festhalten/nehmen; **a ~ to fortune** etwas, was einem das Schicksal nehmen kann; **give ~s to fortune** *or* **history** *or* **time** sich dem Schicksal in die Hand geben *(geh.)*

hostel ['hɒstl] *n. (Brit.)* **a)** Wohnheim, *das;* **b)** *see* **youth hostel**

hostelry ['hɒstlrɪ] *n. (arch./literary)* Herberge, *die (veralt.)*

hostess ['həʊstɪs] *n.* **a)** Gastgeberin, *die;* **take flowers for the ~:** der Dame des Hauses Blumen mitbringen; **b)** *(in night-club)* Animierdame, *die;* **c)** *(euphem.: prostitute)* Hostess, *die (verhüll.);* **d)** *(in passenger transport)* Hostess, *die; see also* **air hostess; e)** *(compère)* Moderatorin, *die*

'hostess gown *n.* Hausmantel, *der*

hostile ['hɒstaɪl] *adj.* **a)** feindlich; **b)** *(unfriendly)* feindselig (**to[wards]** gegenüber); **give sb. a ~ look** jmdn. feindselig ansehen; **be ~ to** *or* **towards sb.** jmdm. mit Feindseligkeit begegnen; **be ~ to sth.** etw. ablehnen; **a government ~ to change** eine Veränderungen ablehnende Regierung; **c)** *(inhospitable)* unwirtlich; feindselig ⟨*Atmosphäre*⟩; rauh ⟨*Wirklichkeit*⟩

hostility [hɒ'stɪlɪtɪ] *n.* **a)** *no pl. (enmity)* Feindschaft, *die;* **b)** *no pl. (antagonism)* Feindseligkeit, *die* (**to[wards]** gegenüber); **feel no ~ towards anybody** niemandem feindlich gesinnt sein; **show ~ to sth.** einer Sache *(Dat.)* feindlich gegenüberstehen; **b)** *(state of war, act of warfare)* Feindseligkeit, *die;* **an act of ~:** eine feindselige Handlung

hot [hɒt] **1.** *adj.* **a)** heiß; *(cooked)* warm ⟨*Mahlzeit, Essen*⟩; *(fig.: potentially dangerous, difficult)* heiß *(ugs.)* ⟨*Thema, Geschichte*⟩; ungemütlich, gefährlich ⟨*Lage*⟩; **bake in a ~ oven** bei hoher Temperatur backen; **the room is much too ~:** in dem Zimmer ist es viel zu heiß; **~ and cold running water** fließend warm und kalt Wasser; **I've climbed more mountains than you've had ~ dinners** *(coll.)* ich habe schon mehr Berge bestiegen, als du dir vorstellen kannst; **be too ~ to handle** *(fig.)* eine zu heiße Angelegenheit sein *(ugs.);* **things were getting too ~ for him [to handle]** *(fig.)* die Sache wurde ihm zu brenzlig *(ugs.);* **make it** *or* **things [too] ~ for sb.** *(fig.)* jmdm. die Hölle heiß machen *(ugs.);* **b)** *(feeling heat)* **I am/feel ~, I got ~:** mir wurde heiß; **I went ~ and cold all over** es überlief mich heiß und kalt; **c)** *(pungent)* scharf ⟨*Gewürz, Senf usw.*⟩; scharf gewürzt ⟨*Essen*⟩; **d)** *(suggesting heat)* grell, flammend ⟨*Farbe*⟩; **e)** *(passionate, lustful)* glühend ⟨*Begeisterung*⟩; heiß ⟨*Küsse, Tränen, Umarmung*⟩; **be ~ for sth.** heiß auf etw. *(Akk.)* sein *(ugs.);* **be ~ on sth./sb.** *(keen)* auf etw./jmdn. wild sein *(ugs.);* **get ~:** jmdn. versessen sein; **he's really ~ on her** *(sexually)* er ist richtig scharf auf sie *(ugs.);* **have a ~ temper** ein hitziges Temperament haben; **f)** *(agitated, angry)* hitzig; **get ~ over sth.** sich an etw. *(Dat.)* erhitzen; **be [all] ~ and bothered** ganz aufgelöst sein; **get [all] ~ and bothered** [fürchterlich *(ugs.)*] aufregen; **g)** *(intense)* heiß ⟨*[Wett]kampf, Auseinandersetzung*⟩; **h)** *(coll.: expert)* **be ~ at** *or* **on sth.** in etw. *(Dat.)* [ganz] groß sein *(ugs.);* **I'm not too ~ at that** darin bin ich nicht besonders umwerfend *(ugs.);* **be ~ on sth.** *(interested)* sich in *od.* mit etw. *(Dat.)* gut auskennen; **not so** *or* **too ~** *(coll.)* nicht gerade berauschend *(ugs.);* **i)** *(recent) (Hunting)* warm, frisch ⟨*Fährte*⟩; *(fig.)* noch warm ⟨*Nachrichten*⟩; **this is really ~ [news]** das ist wirklich das Neueste vom Neuen; **~ off the press[es]** *(Journ., Printing)* frisch aus der Presse; **j)** *(close)* **you are getting ~/are ~** *(in children's games)* es wird schon wärmer/[jetzt ist es] heiß; **follow ~ on sb.'s heels** jmdm. dicht auf den Fersen folgen *(ugs.);* **be ~ on sb.'s track** *or* **trail** jmdm. dicht auf den Fersen sein *(ugs.);* **in ~ pursuit** dicht auf den Fersen *(ugs.);* **k)** *(Mus.: rhythmical)* schräg *(ugs.)* ⟨*Musik*⟩; **he is a really ~ saxophonist** er spielt ein heißes Saxophon; **l)** *(coll.: in demand)* zugkräftig; **they are the ~test items just now** sie sind die augenblicklichen Renner *(ugs.);* **a ~ property** *(singer, actress, etc.)* eine ertragreiche Zugnummer; *(company, invention, etc.)* eine ertragreiche Geldanlage; **m)** *(sl.: radioactive)* heiß *(Kernphysik);* **n)** *(Sport; also fig.)* heiß *(ugs.)* ⟨*Tip, Favorit*⟩; **o)** *(sl.: illegally obtained)* heiß ⟨*Ware, Geld*⟩. *See also* **'blow 1 b; cake 1 b; collar 1 a; potato a; red-hot; white-hot. 2.** *adv.* heiß. **3.** *n. in pl.* **have the ~s for sb.** *(sl.)* richtig scharf auf jmdn. sein *(ugs.)*

~ 'up *(Brit. coll.)* **1.** *v. t.* **a)** *(heat)* warm machen; **b)** *(excite)* auf Touren bringen *(ugs.);* **c)** *(make more exciting)* in Schwung bringen; *(make more dangerous)* verschärfen; **d)** *(intensify)* anheizen *(ugs.);* *(Motor Veh.)* frisieren *(ugs.).* **2.** *v. i.* **a)** *(rise in temperature)* heiß werden; **the weather ~s up** es wird wärmer; **b)** *(become exciting)* in Schwung kommen; *(become dangerous)* sich verschärfen; **c)** *(become more intense)* sich verstärken; ⟨*Wortgefecht:*⟩ zunehmend heißer *od.* hitziger werden

hot: ~ 'air *n. (sl.: idle talk)* leeres Gerede *(ugs.);* **~ talk ~ air** dummes Gewäsch von sich geben *(ugs. abwertend); see also* **balloon 1a; ~bed** *n. (Hort.)* Mistbeet, *das;* Frühbeet, *das; (fig.: place favouring growth)* Nährboden, *der* (**of** für); *(of vice, corruption, etc.)* Brutstätte, *die* (**of** für); **~-blooded** ['hɒtblʌdɪd] *adj.* heißblütig

hotchpotch ['hɒtʃpɒtʃ] *n. (mixture)* Mischmasch, *der* **(of** aus); **a ~ of people** eine bunte Mischung von Leuten *(scherzh.)*

hot: ~ cross 'bun *n.* mit einem Kreuz aus Teig verzierte Rosinenbrötchen, *das am Karfreitag gegessen wird;* **~ 'dog** *n. (coll.)* Hot dog, *das od. der; attrib.* **a ~-dog stand** ≈ eine Würstchenbude

hotel [hə'tel, həʊ'tel] *n.* **a)** Hotel, *das; see also* **private hotel; b)** *(Austral., NZ: public house)* Wirtshaus, *das*

hotelier [həʊ'telɪə(r)] *n.* Hotelier, *der*

hot: ~ 'flush *n. (Med.)* **suffer from ~ flushes** unter fliegender Hitze leiden; **~foot 1.** *adv.* stehenden Fußes; **2.** *adj.* **in ~foot pursuit** dicht auf den Fersen *(ugs.);* **3.** *v. i. (Amer. coll.)* **~foot home** machen, daß man nach Hause kommt *(ugs.);* **4.** *v. t.* **~foot it** sich hastig davonmachen; **~head** *n.* Hitzkopf, *der; attrib.* **a ~-headed** *adj.* hitzköpfig; **~house** *n.* Treibhaus, *das; attrib. (lit. or fig.)* Treibhaus-; **~ line** *n. (Polit.)* heißer Draht

hotly ['hɒtlɪ] *adv.* heftig; **they were hotly pursued by the police** die Polizei war ihnen dicht auf den Fersen *(ugs.);* **his cheeks flushed ~:** er wurde über und über rot

hot: ~'metal *n. (Printing)* Bleisatz-; **~ 'money** *n. (Finance)* heißes Geld

hotness ['hɒtnɪs] *n., no pl.* **a)** *(temperature)* Hitze, *die;* **test the ~** die Wärme prüfen; **b)** *(hot sensation)* Hitze, *die;* **c)** *(pungency)* Schärfe, *die;* **d)** *(ardour)* Feuer, *das;* Glut, *die (geh.)*

hot: ~plate *n.* Kochplatte, *die; (for keeping food hot)* Warmhalteplatte, *die;* **~pot** *n. (Gastr.)* **[Lancashire] ~pot** Fleischeintopf mit Kartoffeleinlage; **~ rod** *n. (Motor Veh.)* hochfrisiertes Auto *(ugs.);* **~ seat** *n. (sl.)* **a)** *(electric chair)* elektrischer Stuhl; **b)** *(uneasy situation)* Folterbank, *die; (involving heavy responsibility)* **be in the ~ seat** den Kopf hinhalten müssen *(ugs.);* **~ shoe** *n. (Photog.)* [Blitzlicht]mittenkontakt, *der;* **~-shot** *n. (coll.)* As, *das (ugs.);* **~ spot** *n.* **a)** heiße Gegend; **b)** **a ~ spot of political instability** *(fig.)* ein politischer Krisenherd; **c)** *(night-club)* Nachtlokal, *das;* **d)** *(difficult situation)* **find oneself** *or* **be in/get into a ~ spot** in der Bredouille sein/in die Bredouille kommen *od.* geraten *(ugs.);* **~ 'spring** *n.* heiße Quelle; Thermalquelle, *die;* **~ 'stuff** *n., no pl., no art. (sl.)* **sb./sth. is ~ stuff** jmd./ etw. ist große Klasse *(ugs.).*

'hot-tempered *adj.* heißblütig

Hottentot ['hɒtntɒt] *n. (person)* Hottentotte, *der*/Hottentottin, *die; attrib.* ⟨*Gebräuche, Lebensweise*⟩ der Hottentotten

hot: ~ 'water n. (fig. coll.) be in/get into ~ water in der Bredouille sein/in die Bredouille geraten (ugs.); he got into ~ water with the authorities er bekam Ärger mit den Behörden; ~-'water bag (Amer.), ~-'water bottle ns. Wärmflasche, die

hound [haʊnd] 1. n. a) Jagdhund, der; the [pack of] ~s (Brit. Hunting) die Meute (Jägerspr.); ride to ~s mit der Meute jagen; b) (despicable man) Lump, der. 2. v. t. jagen; (fig.) verfolgen; they were ~ed from country to country sie wurden von einem Land ins andere gejagt

~ 'down v. t. (lit. or fig.) zur Strecke bringen

~ 'on v. t. antreiben; ~ sb. on to do sth. jmdn. [dazu] antreiben, etw. zu tun

~ 'out v. t. a) (hunt out) aufspüren; b) (force to leave) vertreiben (of aus); verjagen (of aus)

hound's-tooth n. (Textiles) (pattern) Hahnentritt, der; (fabric) Stoff mit Hahnentrittmuster

hour [aʊə(r)] n. a) Stunde, die; half an ~: eine halbe Stunde; an ~ and a half anderthalb Stunden; be paid by the ~: stundenweise bezahlt werden; it takes her ~s to get ready sie braucht Stunden, bis sie fertig ist; I did two ~s' work ich habe zwei Stunden [lang] gearbeitet; there aren't enough ~s in the day der Tag hat nicht genug Stunden [für all die Dinge, die man erledigen möchte]; an eight-~ day ein Achtstundentag; a two-~ session eine zweistündige Sitzung; the 24-~ clock die Vierundzwanzigstundenuhr; see also lunch-hour; b) (time o'clock) Zeit, die; the ~ grows late (literary) es wird spät; strike the ~: die volle Stunde schlagen; on the ~: zur vollen Stunde; every ~ on the ~: jede volle Stunde; at this late ~: zu so später Stunde (geh.); at an early/a late ~: zu früher/später od. vorgerückter Stunde (geh.); at all ~s zu jeder [Tages- oder Nacht]zeit; (late at night) spät in der Nacht; till all ~s [of the morning/night] bis zum Morgengrauen/bis in die späte Nacht; the small ~s [of the morning] die frühen Morgenstunden; 0100/0200/1700/1800 ~s (on 24-~ clock) 1.00/2.00/17.00/18.00 Uhr; c) in pl. doctor's ~s Sprechstunde, die; post-office ~s Schalterstunden der Post; what ~s do you work?, what are your working ~s? wie ist deine Arbeitszeit?; strike for shorter ~s für eine kürzere Arbeitszeit streiken; work long ~s einen langen Arbeitstag haben; during school ~s während der Schulstunden od. des Unterrichts; out of office ~s (in office, bank, etc.) außerhalb der Dienstzeit; (of doctor) außerhalb der Sprechzeiten; (in pub) außerhalb der Ausschankzeit; (in school) außerhalb der Unterrichtszeit; keep regular/irregular ~s geregelte/keine geregelten Zeiten einhalten; what sort of ~s do you keep? was hast du für einen Tagesrhythmus?; be accustomed to late ~s gewöhnlich lange aufbleiben; d) (particular time) Stunde, die; don't desert me in my ~ of need verlaß mich nicht in der Stunde der Not; ~ of glory Stunde des Ruhmes; sb.'s finest ~: jmds. größte Stunde; one's dying or final ~ or ~ of death jmds. letzte Stunde od. Todesstunde; at an unhappy/a happy ~: in einer unglücklichen/glücklichen Stunde; e) (present) the question etc. of the ~: das Problem usw. der Stunde; f) (distance) Stunde, die; they are two ~s from us by train sie wohnen zwei Bahnstunden von uns entfernt; he lives an ~ from the sea er wohnt eine Stunde vom Meer entfernt; g) in pl. (RC Ch.) (times) Gebetsstunden; (prayers) Stundengebete; book of ~s Stundenbuch, das. See also eleventh 1

hour: ~glass n. Sanduhr, die; Stundenglas, das (veralt.); a woman with an ~glass figure eine kurvenreiche Frau (ugs. scherzh.); ~-hand n. Stundenzeiger, der; kleiner Zeiger

houri ['hʊərɪ] n. (Muslim Mythol.) Huri, die

'**hour-long** 1. attrib. adj. einstündig. 2. adv. eine Stunde [lang]

hourly ['aʊəlɪ] 1. adj. a) (happening every hour) stündlich; at ~ intervals jede Stunde; stündlich; there are ~ trains to London od. alle Stunde fährt ein Zug nach London; the bus service is ~: der Bus verkehrt stündlich; b) (reckoned by the hour) he is paid at a ~ rate of £6 er hat einen Stundenlohn von 6 Pfund; on an ~ basis stundenweise 〈mieten〉; c) (continual) ständig; stündlich. 2. adv. stündlich; be paid ~: stundenweise bezahlt werden

house 1. [haʊs] n., pl. ~s ['haʊzɪz] a) (dwelling, occupants) Haus, das; a collection from ~ to ~: eine Haussammlung; to/at my ~: zu mir [nach Hause]/bei mir [zu Hause]; ~ of cards (lit. or fig.) Kartenhaus, das; H~ of God Gotteshaus, das; ~ and home Haus und Hof; keep ~ [for sb.] [jmdm.] den Haushalt führen; keep open ~: ein offenes Haus haben od. führen; set up ~: einen eigenen Hausstand gründen; put or set one's ~ in order (fig.) seine Angelegenheiten in Ordnung bringen; [as] safe as ~s absolut sicher; [get on] like a ~ on fire (fig.) [miteinander auskommen]; go all [a]round the ~s (fig.) überall herumlaufen; (in discussion) sich lange im Kreise drehen; man/lady or woman of the ~: Hausherr, der/Dame des Hauses; b) (for animals) lion-/reptile-/monkey-~: Löwen-/Reptilien-/Affenhaus, das; c) (Parl.) (building) Parlamentsgebäude, das; (assembly) Haus, das; the H~ (Brit.) das Parlament; H~ of Keys Unterhaus der Insel Man; see also commons a; lord 1c; Lower House; parliament; representative 1b; Upper House; d) (institution) Haus, das; fashion ~: Modehaus, das; Broadcasting H~: das Funkhaus; Congress H~: das Gewerkschaftshaus; e) (inn etc.) Wirtshaus, das; keep a good ~: ein gepflegtes Haus führen; on the ~: auf Kosten des Hauses; ~ of ill fame or repute (arch./joc.), ~ (Amer.) (brothel) öffentliches Haus (verhüll.); see also free house; tied; f) (Relig.) (residence) Ordenshaus, das; (members) Ordensgemeinschaft, die; Orden, der; a ~ of friars ein Mönchskloster; she entered a ~ of nuns sie ging in ein Kloster; g) (Univ.) College, das; h) (Sch.) eine von mehreren Schülergruppen innerhalb einer Privatschule; i) (Theatre) (building) Haus, das; (audience) Publikum, das; (performance) Vorstellung, die; an empty ~: ein leeres Haus; a good/bad ~: eine gut/schlecht besuchte Vorstellung; bring the ~ down, bring down the ~: stürmischen Beifall auslösen; (cause laughter) Lachstürme entfesseln; see also full house; j) (family) Haus, das; Geschlecht, das; the H~ of Windsor das Haus Windsor; k) (Astrol.) Haus, das. 2. [haʊz] v. t. a) (provide with home) ein Heim geben (+ Dat.); be ~d in sth. in etw. (Dat.) untergebracht sein; b) (receive in ~) beherbergen; be ~d by sb. bei jmdm. unterkommen od. Unterkunft finden; c) (keep, store) unterbringen 〈Waren〉; d) (fig.: encase) in sich (Dat.) bergen (geh.)

house [haʊs]: ~-agent n. (Brit.) Häusermakler, der; ~-arrest n. Hausarrest, der; ~-boat n. Hausboot, das; ~-bound adj. ans Haus gefesselt; ~-boy n. Boy, der; ~-breaker n. (burglar) Einbrecher, der; ~-breaking n., no pl. (burglary) Einbruch, der; ~-coat n. Hausmantel, der; Morgenmantel, der; ~-craft n., no art. (Sch.) Hauswirtschaft, die; ~-father n. Hausvater, der; ~-flag n. (Naut.) Hausflagge, die; ~-fly n. Stubenfliege, die

houseful ['haʊsfʊl] n. a ~ of guests ein Haus voll[er] Gäste; we've already got a ~: wir haben das Haus schon voll (ugs.)

house guest ['haʊs gest] n. Logiergast, der

household ['haʊshəʊld] n. attrib. Haushalts-; ~ chores Hausarbeit, die; b) the H~ (Brit.: royal family) die königliche Hofhaltung

household 'cavalry n. (Brit. Mil.) berittene königliche Leibgarde

householder ['haʊshəʊldə(r)] n. a) (home-owner) Wohnungsinhaber, der/-inhaberin, die; b) (head of household) Haushaltsvorstand, der

household: ~ 'gods n. pl. (Roman Ant.; also fig.) Hausgötter; ~ 'management n. Hauswirtschaft, die; ~ 'name n. geläufiger Name; be a ~ name sein Begriff sein; ~ 'troops n. pl. (Brit. Mil.) königliche Leibgarde; ~ 'word n. geläufiger Ausdruck

house [haʊs]: ~-hunter n. Haussuchende, der/die; ~-hunting n., no indef. art. Suche nach einem Haus; go ~-hunting sich nach einem Haus umsehen; ~-husband n. Hausmann, der; ~-keep v. i. (coll.) den Haushalt führen (for Dat.); ~-keeper n. (woman managing household affairs) Haushälterin, die; Wirtschafterin, die; (person running own home) Hausfrau, die/Hausmann, der; (person in charge) Hausmeister, der/-meisterin, die; ~-keeping n. a) (management) Hauswirtschaft, die; Haushaltsführung, die; he does most of/helps with the ~-keeping er besorgt fast den ganzen Haushalt/hilft im Haushalt; ~-keeping money, (coll.) ~-keeping Haushalts- od. Wirtschaftsgeld, das; b) (fig.: maintenance, record-keeping, etc.) Wirtschaften, das; ~-leek n. (Bot.) Hauswurz, die; ~-lights n. pl. (Theatre) Lichter im Zuschauerraum; ~-magazine n. Hauszeitschrift, die; ~-maid n. Hausgehilfin, die; ~-maid's 'knee n. (Med.) Dienstmädchenknie, das; ~-man ['haʊsmən] n., pl. ~-men ['haʊsmən] a) Hausdiener, der; b) (Brit. Med.) Medizinalassistent, der; ~-martin see martin; ~-master n. (Sch.) für ein „house" zuständiger Lehrer; ~-mistress n. (Sch.) für ein „house" zuständige Lehrerin; ~-mother n. Hausmutter, die; ~-painter n. Maler/Malerin, die; Anstreicher, der/Anstreicherin, die; ~-party n. ≈ Gesellschaft, die; mehrtägiges Fest in einem Landhaus; ~-physician n. (in hospital) im Krankenhaus wohnender Arzt; (elsewhere) Hausarzt, der; Anstaltsarzt, der; ~-plant n. Zimmerpflanze, die; ~-prices n. pl. Immobilienpreise, die; ~-proud adj. he/she is ~-proud Ordnung und Sauberkeit [im Haushalt] gehen ihm/ihr über alles; ~-room n., no pl., no indef. art. find ~-room for sth. einen Platz für etw. [in der Wohnung] finden; I wouldn't give it ~-room so etwas wollte ich nicht im Haus haben; ~ 'style n. (Printing, Publishing) hauseigener Stil; ~-surgeon n. (in hospital) im Krankenhaus wohnender Chirurg; (elsewhere) Hauschirurg, der/Anstaltschirurg, der; ~-to-~: 1. adj. make ~-to-~ enquiries von Haus zu Haus gehen und fragen; a ~-to-~ delivery eine Lieferung von Haus zu Haus 〈gehen usw.〉; ~-top n. [Haus]dach, das; cry or proclaim or shout sth. from the ~-tops (fig.) etw. öffentlich verkünden; ~-train v. t. (Brit.) ~-train a cat/child eine Katze/ein Kleinkind dazu bringen, daß sie/es stubenrein/sauber wird; ~-trained adj. (Brit.) stubenrein 〈Hund, Katze〉; sauber 〈Kleinkind〉; ~-training n. (of pet) Stubenreinmachen, das; (of child) Sauberkeitserziehung, die; Sauberkeitsgewöhnung, die; ~-warming n. ~-warming [party] Einzugsfeier, die; ~-wife n. Hausfrau, die; ~-wifely adj. hausfraulich; ~-work n., no pl. Hausarbeit, die

housey[-housey], housie[-housie] ['haʊsɪ (haʊsi)] *n.* Lotto, *das*
housing ['haʊzɪŋ] *n.* **a)** *no pl. (dwellings collectively)* Wohnungen; *(provision of dwellings)* Wohnungsbeschaffung, *die; attrib.* Wohnungs-; **there was insufficient ~**: es gab zuwenig Wohnungen; **this piece of land has been set aside for ~**: auf diesem Stück Land sollen neue Wohnungen gebaut werden; **~ programme** Wohnungsbauprogramm, *das;* **b)** *no pl. (shelter)* Unterkunft, *die;* **c)** *(Mech. Engin.)* Gehäuse, *das*
housing: ~ association *n. (Brit.)* Gesellschaft für sozialen Wohnungsbau; **~ benefit** *n. (Brit.)* Wohngeld, *das;* **~ estate** *n. (Brit.)* Wohnsiedlung, *die*
hove *see* **heave 1 b, 2 e**
hovel ['hɒvl] *n.* [armselige] Hütte; *(joc.)* Bruchbude, *die (ugs. abwertend)*
hover ['hɒvə(r)] *v. i.* **a)** *(hang in air)* schweben; **b)** *(linger)* sich herumdrücken *(ugs.);* **~ about** *or* **round sb./sth.** um jmdn./etw. herumschleichen *(ugs.);* **c)** *(move to and fro)* herumstrolchen *(ugs. abwertend);* **d)** *(waver)* schwanken; **~ between doing this and doing that** schwanken, ob man dieses oder jenes tun soll; **~ between life and death** *(fig.)* zwischen Leben und Tod schweben
hover-: ~craft *n., pl. same* Hovercraft, *das;* Luftkissenfahrzeug, *das;* **~port** *n.* Anlegestelle [für Hovercrafts]; **~train** *n.* Luftsenzug, *der; (magnetic)* Magnetschwebebahn, *die*
how [haʊ] **1.** *adv.* wie; **learn ~ to ride a bike/swim** *etc.* radfahren/schwimmen *usw.* lernen; **this is ~ to do it** so macht man das; **~ do you know that?** woher weißt du das?; **~ to find the answer?** wie soll man die Lösung finden?; **~ should I know?** woher soll ich das wissen?; **~ 'could you?** wie konntest du nur?; **here's ~!** *(as toast)* zum Wohl!; **~ is it/does it happen that ...**: wie kommt es, daß ...; **~'s that?** *(~ did that happen?)* wie kommt das [denn]?; *(is that as it should be?)* ist es so gut?; *(will you agree to that?)* was hältst du davon?; *(Cricket)* ist der Schlagmann aus?; **~'s that for impudence?** ist das nicht eine Unverschämtheit?; **~ so?** wieso [das]?; **~ can that be?** wie kommt das?; **~ would it be if ...?** wie wäre es, wenn ...?; **~ would this dress be?** wie wäre es mit diesem Kleid?; **~ now?** *(arch.)* wie?; **[I know/see] ~ it is** [ich weiß,] wie das ist; **~ is she/the car?** *(after accident)* wie geht es ihr?/was ist mit dem Auto?; **~ 'are you?** wie geht es dir?; *(greeting)* guten Morgen/Tag/Abend!; **~ do you 'do?** *(formal)* guten Morgen/Tag/Abend!; **~ 'do?** *(coll.)* Morgen/Tag/Abend! *(ugs.);* **~ much?** wieviel?; *(joc.: I did not hear)* wie bitte?; **~ many?** wieviel?; wie viele?; **~ many times** wie oft?; **~ crazy** *etc.* **can you get?** verrückter *usw.* geht's wohl nicht! *(ugs.);* **~ far** *(to what extent)* inwieweit; **~ marvellous/perfect!** wie toll *od.* wunderbar!~ **right/wrong you are!** da hast du völlig recht/da irrst du dich gewaltig!; **~ naughty of him** das war aber frech von ihm; **and ~!** *(coll.)* und wie! *(ugs.);* **we must earn a living ~ [best] we can** wir müssen uns unseren Lebensunterhalt, so gut es geht, verdienen; **~ about ...?** wie ist es mit ...?; *(in invitation, proposal, suggestion)* wie wäre es mit ...?; **~ about all the overtime I've done?** wie ist das eigentlich mit meinen ganzen Überstunden?; **~ about having a drink?** wie wäre es mit etwas zu trinken?; **~ about getting up?** wie wäre es, wenn du aufstehst?; **~ about [giving me] a lift?** wie sieht's aus, kannst du mich mitnehmen? *(ugs.);* **~ about tomorrow?** wie sieht's morgen aus? *(ugs.);* **~ about it/that?** na, wie ist das?/wie ist das nun?; *(is that acceptable?)* was hältst du davon?; *see also* **come m; 'do 2 f; ever e; 'go 1 r, s. 2.** *n.* Wie, *das*

howbeit [haʊ'bi:ɪt] *adv. (arch./literary)* nichtsdestominder
howdah ['haʊdə] *n. [baldachinartig überdachter] Sitz auf einem Elefanten*
how-de-do [haʊdɪ'du:], **how-do-you-do** [haʊdjʊ'du:] *ns.* **[this is] a fine** *or* **pretty ~ [we have landed in]** das ist ja eine schöne Bescherung *(ugs. iron.)*
howdy ['haʊdɪ] *int. (Amer.)* **= how do; see how 1**
how-d'ye-do [haʊdjə'du:] *see* **how-de-do**
however [haʊ'evə(r)] *adv.* **a)** wie ... auch, egal, wie *(ugs.);* **it's a long journey ~ you choose to travel, whether by train or by car** es ist eine lange Fahrt, ganz gleich, ob du mit dem Zug oder mit dem Auto fährst; **~ beautiful she is** wie schön sie auch ist; ganz gleich, wie schön sie ist; **I shall never win this race, ~ hard I try** ich werde dieses Rennen nie gewinnen, und wenn ich mich noch so anstrenge; **b)** *(nevertheless)* jedoch; aber; **I don't like him very much. H~**, he has never done me any harm Ich mag ihn nicht sehr. Er hat mir allerdings noch nie etwas getan; **~, the rain soon stopped, and ...**: es hörte jedoch *od.* aber bald auf zu regnen, und ...; **this, ~, seems not to be true** das scheint jedoch *od.* aber nicht wahr zu sein; **c)** *(coll.)* **= how ever** *see* **ever e**
howitzer ['haʊɪtsə(r)] *n. (Mil.)* Haubitze, *die*
howl [haʊl] **1.** *n.* **a)** *(of animal)* Heulen, *das;* *(of distress)* Schrei, *der;* **the repeated ~s of the dog** das wiederholte Heulen des Hundes; **a ~ of pain** *or* **agony** ein Schmerzensschrei; **~s of protest/rage** Protestgeschrei, *das*/wütendes Geschrei; **~s of laughter** brüllendes Gelächter; **~s of delight/merriment** Freudengeheul, *das;* **~s of derision/scorn** verächtliches Gelächter; **b)** *(Electr.)* Pfeifgeräusch, *das.* **2.** *v. i. 〈Tier, Wind〉* heulen; *(with distress)* schreien; **~ in** *or* **with pain/hunger** *etc.* vor Schmerz/Hunger *usw.* schreien; **~ with laughter** vor Lachen brüllen. **3.** *v. t.* [hinaus]schreien
~ down *v. t.* niederbrüllen
howler ['haʊlə(r)] *n.* **a)** *(coll.: blunder)* Schnitzer, *der (ugs.);* **make a ~**: sich *(Dat.)* einen Schnitzer leisten; **b)** *(Zool.) see* **howler monkey**
'howler monkey *n. (Zool.)* Brüllaffe, *der*
howling ['haʊlɪŋ] **1.** *n.* Heulen, *das; (of distress)* Schreien, *das.* **2.** *adj.* **a)** heulend *〈Tier, Wind〉*; *(crying with distress)* schreiend; *(with laughter)* johlend; **the ~ mob** der johlende Pöbel; **five ~ brats/children** fünf Schreihälse *(ugs.);* **hier im Zimmer zieht es höllisch** *(ugs.);* **b)** *(sl.: extreme)* enorm; fürchterlich 〈Katastrophe〉; **a ~ mistake** ein Riesenfehler *(ugs.)*
howso'e'er *(poet.),* **howso'ever** *adv.* **a)** *(arch.)* wie auch immer; **b)** *(to whatsoever extent)* wie ... auch immer
hoy [hɔɪ] *int.* he! *(ugs.)*
HP *abbr.* **a)** [eɪtʃ'pi:] *(Brit.)* **hire-purchase; on ~**: auf Teilzahlungsbasis; **b)** **horsepower** PS; **c)** **high pressure**
HQ *abbr.* **headquarters** HQ
hr[s]. *abbr.* **hour[s]** Std[n].; **at 0800 hrs.** um 8.00 Uhr
HRH *abbr.* Her/His Royal Highness I./S. Kgl. H.
HT *abbr.* **high tension**
hub [hʌb] *n.* **a)** *(of wheel)* [Rad]nabe, *die;* **b)** *(fig.: central point)* Mittelpunkt, *der;* Zentrum, *das;* **the ~ of the universe** *(fig.)* der Nabel der Welt *(geh.)*
hubbub ['hʌbʌb] *n.* **a)** *(din)* Lärm, *der;* **a ~ of conversation/voices** ein Stimmengewirr; **b)** *(disturbance)* Tumult, *der;* **be in a ~**: sich in Aufruhr befinden
hubby ['hʌbɪ] *n. (coll.)* Mann, *der; (iron./joc.)* der Herr des Hauses

'hub-cap *n.* Radkappe, *die*
hubris ['hju:brɪs] *n., no pl.* Überheblichkeit, *die;* Hybris, *die (geh.)*
huckleberry ['hʌklbərɪ] *n. (Bot.)* **a)** *(Gaylussacia)* Gaylussacie, *die (fachspr.);* ≈ Heidelbeere, *die; attrib.* ≈ Heidelbeer-; **b)** *(Vaccinium)* Heidel- *od.* Blaubeere, *die*
huckster ['hʌkstə(r)] *n.* **a)** *(pedlar)* Straßenhändler, *der; (from door to door)* Hausierer, *der;* **b)** *(mercenary person)* Profitjäger, *der (abwertend);* **c)** *(Amer.) (salesman using showmanship)* Werbefachmann, *der;* *(Radio, Telev.: presenter)* Propagandist, *der*
huddle ['hʌdl] **1.** *v. i.* sich drängen; *(curl up, nestle)* sich kuscheln; **~ against each other/together** sich aneinanderdrängen/sich zusammendrängen; **a few cottages ~d on the hillside** ein paar kleine Häuser kauerten sich an den Hang. **2.** *v. t.* **a)** *(put on)* **~ one's coat around one** sich in den Mantel hüllen; **b)** *(crowd together)* [eng] zusammendrängen; **the sheep were ~d against the fence/together** die Schafe drängten sich gegen den Zaun/aneinander. **3.** *v. refl.* **~ oneself against sb./sth.** sich an jmdn./etw. kuscheln; **~ oneself up** sich zusammenkauern. **4.** *n.* **a)** *(tight group)* dichtgedrängte Menge *od.* Gruppe; **[stand] in a ~**: dicht zusammengedrängt [stehen]; **b)** *(coll.: conference)* Besprechung, *die;* **be in a ~/go [off] in[to] a ~**: die Köpfe zusammenstecken *(ugs.)*
~ 'up *v. i. (nestle up)* sich zusammenkauern; *(crowd together)* sich [zusammen]drängen; **~ up to sb./sth.** sich an jmdn./etw. kuscheln
'hue [hju:] *n.* **a)** Farbton, *der;* **his face was of** *or* **had** *or* **looked a very sickly ~**: er hatte eine sehr ungesunde Gesichtsfarbe; **the sky took on a reddish ~**: der Himmel färbte sich rötlich; **b)** *(fig.: aspect)* Schattierung, *die;* Couleur, *die*
²hue *n.* **~ and cry** *(outcry)* lautes Geschrei; *(protest)* Gezeter, *das (abwertend);* **raise a ~ and cry against sb./sth.** ein lautes Geschrei/Gezeter über jmdn./etw. anstimmen
huff [hʌf] **1.** *v. i.* **~ and puff** schnaufen und keuchen; *(fig.: speak threateningly and bombastically)* sich aufblasen *(ugs.).* **2.** *n.* **be in a ~**: beleidigt *od. (ugs.)* eingeschnappt sein; **get into a ~**: einschnappen *(ugs.);* den Beleidigten/die Beleidigte spielen *(ugs.);* **go off in a ~**: beleidigt *od.* eingeschnappt *(ugs.)*
huffy ['hʌfɪ] *adj.* **a)** *(indignant)* ungehalten *(geh.);* **get ~ [about** *or* **over sth.]** [wegen etw.] beleidigt *od. (ugs.)* eingeschnappt sein; *(become irritated)* [über etw. (*Akk.*)] aufgebracht sein; **b)** *(easily offended)* empfindlich; gereizt 〈Stimmung, Laune〉
hug [hʌg] **1.** *n. (squeeze)* Umarmung, *die; (of animal)* Umklammerung, *die;* **give sb. a ~**: jmdn. umarmen. **2.** *v. t.,* **-gg- a)** *(squeeze)* umarmen; 〈*Tier*〉 umklammern; **~ sb./sth. to oneself** jmdn./etw. an sich *(Akk.)* drücken *od.* pressen; **~ one's knees** die Knie umfassen; **the bear ~ged him to death** der Bär drückte ihn zu Tode; **b)** *(keep close to)* sich dicht halten an (+ *Dat.*); 〈*Schiff, Auto usw.*〉 dicht entlangfahren an (+ *Dat.*); **c)** *(fit tightly around)* eng anliegen an (+ *Dat.*); **a pullover that ~s the figure** ein Pullover, der die Figur betont. **3.** *v. refl.,* **-gg-** die Arme um sich schlagen; **we ~ged ourselves for** *or* **on managing to win** *(fig.)* wir beglückwünschten uns dazu, den Sieg errungen zu haben
huge [hju:dʒ] *adj.* riesig; gewaltig 〈Unterschied, Verbesserung, Interesse〉; **the problem is ~**: das Problem ist außerordentlich schwierig; **she is not just fat: she is ~**: sie ist nicht einfach dick: sie ist ein Monstrum; **tell ~ lies** wie geschraubt lügen *(ugs.)*
hugely ['hju:dʒlɪ] *adv.* gewaltig; riesig 〈sich freuen, sich amüsieren〉; außerordentlich 〈intelligent〉; ungeheuer 〈erfolgreich〉
Huguenot ['hju:gənɒt, 'hju:gənəʊ] *pr. n.*

huh

Hugenotte, *der*/Hugenottin, *die;* attrib. Hugenotten-
huh [hʌ] *int. (Amer.)* pah!
hula hoop ['huːlə huːp] *n.* Hula-Hoop-Reifen, *der*
hulk [hʌlk] *n.* **a)** *(body of ship)* [Schiffs]rumpf, *der; (as store etc.)* Hulk, *die od. der (Seew.);* **b)** *(wreck) (of car, machine, etc.)* Wrack, *das; (of house)* Ruine, *die;* **c)** *(unwieldy ship)* dicker Pott *(ugs.);* **d)** *(fig.) (big thing)* Klotz, *der; (big person)* Koloß, *der (ugs. scherzh.);* **a ~ of a man** ein Klotz von [einem] Mann *(fig. ugs.)*
hulking ['hʌlkɪŋ] *adj. (coll.) (bulky)* wuchtig; *(clumsy)* klotzig *(abwertend);* **a ~ great person/thing** ein klobiger Mensch/ein klobiges Etwas; **a ~ great brute of a man/dog** ein grobschlächtiger, brutaler Kerl/ein scheußliches Ungetüm von einem Hund
¹**hull** [hʌl] *n. (Naut.)* Schiffskörper, *der; (Aeronaut.)* Rumpf, *der;* **be ~ down on the horizon** ⟨*Schiff:*⟩ am Horizont entschwinden/auftauchen
²**hull** **1.** *n. (Bot.) (pod, husk)* Hülse, *die; (of peas)* Schote, *die; (of barley, oats, etc.)* Spelze, *die.* **2.** *v. t.* enthülsen ⟨*Erbsen, Bohnen, Korn*⟩; entstielen ⟨*Erdbeeren*⟩
hullabaloo [hʌləbə'luː] *n.* **a)** *(noise)* Radau, *der (ugs.);* **b)** *(of show-business life, city)* Trubel, *der;* **b)** *(controversy)* Aufruhr, *der;* **make a ~ about sth.** viel Lärm um etw. machen; **I don't see what all the ~ is about** ich verstehe nicht, was das ganze Theater *(ugs.)* eigentlich soll
hullo [hə'ləʊ] *see* **hallo; hello**
hum [hʌm] **1.** *v. i.* **-mm- a)** summen; ⟨*Motor, Maschine, Kreisel:*⟩ brummen; **~ and ha or haw** *(coll.)* herumdrucksen *(ugs.);* **the workshop was ~ming with the noise of machinery** die Werkstatt war vom Brummen der Maschinen erfüllt; **b)** *(coll.: be in state of activity)* voller Leben *od.* Aktivität sein; **things are ~ming** die Sache ist in Schwung gekommen *od.* läuft *(ugs.);* **make things ~, set things ~ming** die Sache in Schwung bringen *(ugs.);* **c)** *(Brit. sl.: smell)* riechen. **2.** *v. t.* **-mm-** summen ⟨*Melodie, Lied*⟩. **3.** *n.* **a)** Summen, *das; (of spinning-top, machinery, engine)* Brummen, *das;* **b)** *(inarticulate sound)* Hm, *das;* **~s and ha's or haws** verlegenes Geräusper, *das;* **c)** *(of voices, conversation)* Gemurmel, *das; (of insects and small creatures)* Gesumme, *das; (of traffic)* Brausen, *das;* **d)** *(Electronics)* Brummen, *das;* **e)** *(Brit. sl.: smell)* Geruch, *der.* **4.** *int.* hm
human ['hjuːmən] **1.** *adj.* menschlich; **~ biology** Humanbiologie, *die;* **result in a terrible loss of ~ life** ⟨*Katastrophe:*⟩ erschreckend viele Menschenleben fordern *(geh.);* **untouched by ~ hand** hygienisch verpackt ⟨*Lebensmittel*⟩; **the ~ condition** das Menschsein; **the ~ race** die menschliche Rasse; das Menschengeschlecht *(geh.);* **~ sacrifice** Menschenopfer, *das;* **~ dustbin** *(joc.)* Resteesser, *der;* **they formed a ~ chain** sie bildeten eine Kette; *(as demonstration)* sie bildeten eine Menschenkette; **do everything within ~ power** alles menschenmögliche tun; **that is not ~:** das ist unmenschlich; **I sometimes wonder if he's ~** *(iron.)* manchmal frage ich mich, ob er überhaupt ein Mensch ist; **I'm only ~:** ich bin auch nur ein Mensch; **it's only ~:** es ist menschlich; **~ error** menschliches Versagen; **the ~ element or factor** das menschliche Element; der menschliche Faktor; **lack the ~ touch** menschliche Wärme vermissen lassen; **be ~!** sei kein Unmensch!; *see also* **nature d. 2.** *n.* Mensch, *der*
human: **~ 'being** *n.* Mensch, *der;* **~ 'comedy** *n.* menschliche Komödie *(fig.)*
humane [hjuː'meɪn] *adj.* **a)** human; **b)** *(tending to civilize)* humanistisch
humane 'killer *n.* Instrument zur schmerzlosen Tötung von Tieren *(bes. im Schlachthof)*

humanely [hjuː'meɪnlɪ] *adv.* human
human: ~ engi'neering *n. (Industry)* Human engineering, *das;* Ergonomie, *die;* **~ 'interest** *n., no pl.* **a story full of/an occupation with a lot of ~ interest** eine Geschichte, in der/ein Beruf, in dem das Menschliche eine große Rolle spielt; **~-interest story** Geschichte aus dem Leben
humanise *see* **humanize**
humanism ['hjuːmənɪzm] *n., no pl.* **a)** Humanität, *die;* Menschlichkeit, *die;* **b)** *(literary culture; also Philos.)* Humanismus, *der*
humanist ['hjuːmənɪst] *n.* Humanist, *der*/Humanistin, *die*
humanistic [hjuːmə'nɪstɪk] *adj.* **a)** *(Philos.)* humanistisch; **b)** *(humanitarian)* humanitär ⟨*Einstellung, Zwecke*⟩; Menschlichkeit zeugend ⟨*Äußerung*⟩; **c)** *(of classical study)* humanistisch; *(as opposed to scientific study)* geisteswissenschaftlich
humanitarian [hjuːmænɪ'teərɪən] **1.** *adj.* humanitär. **2.** *n. (philanthropist)* Menschenfreund, *der; (promoter of human welfare)* Humanitarist, *der*/Humanitaristin, *die*
humanitarianism [hjuːmænɪ'teərɪənɪzm] *n., no pl.* Humanitarismus, *der*
humanity [hjuː'mænɪtɪ] *n.* **a)** *no pl.* Menschsein, *das;* **he was a pathetic specimen of ~** er war ein jämmerliches Exemplar der Gattung Mensch; **b)** *no pl., no art. (mankind)* Menschheit, *die; (people collectively)* Menschen, *die;* **c)** *no pl. (being humane)* Humanität, *die;* Menschlichkeit, *die;* **d)** *in pl. (cultural learning)* **[the] humanities** [die] Geisteswissenschaften; *(study of Latin and Greek classics)* [die] Altphilologie; [die] klassische Philologie
humanize [hjuː'mənaɪz] *v. t.* **a)** *(make human)* vermenschlichen; **b)** *(adapt to human use)* den menschlichen Bedürfnissen anpassen; humanisieren ⟨*Industrie*⟩; *(make humane)* humanisieren ⟨*Strafvollzug*⟩; zivilisieren ⟨*Wilde*⟩; geistig bilden ⟨*Gesellschaft*⟩
'humankind *n., no pl., no art.* die Menschheit; **all ~:** die ganze Menschheit
humanly ['hjuːmənlɪ] *adv.* menschlich; *(by human means)* mit menschlichen Mitteln; **do everything ~ possible** alles menschenmögliche tun; **would it be ~ possible to obtain a copy?** wäre es zuviel verlangt, ein Exemplar zu bekommen?
human: **~ re'lations** *n. pl. (Social Psych., Industry)* Human Relations *Pl.;* **~ 'right** *n.* **~ rights** Menschenrechte *Pl.;* **fundamental ~ right** Grundrecht, *das;* **Court of H~ Rights** Europäischer Gerichtshof für Menschenrechte
humble ['hʌmbl] **1.** *adj.* **a)** *(modest)* bescheiden; ergeben ⟨*Untertan, Diener, Gefolgsmann*⟩; bescheiden ⟨*Vorschlag, Meinung*⟩; demütig ⟨*Gebet*⟩; ehrfurchtsvoll ⟨*Bewunderung*⟩; unterwürfig *(oft abwertend)* ⟨*Haltung, Knechtschaft*⟩; **when I look up at the vast universe, it makes me feel very ~:** wenn ich das unermeßliche Universum betrachte, komme ich mir sehr klein und unbedeutend vor; **may I offer or please accept my ~ apologies** ich bitte ergebenst um Verzeihung; **eat ~ pie** klein beigeben; *see also* **servant c;** **b)** *(low-ranking)* einfach; niedrig ⟨*Status, Rang usw.*⟩; **he stems from very ~ stock/origins** er ist von sehr niedriger Geburt *od.* Herkunft; **c)** *(unpretentious)* einfach; bescheiden ⟨*Zuhause, Wohnung, Anfang*⟩; **the meal/gift was a very ~ offering** es war ein sehr einfaches Essen/nur eine bescheidene Gabe. **2.** *v. t.* **a)** *(abase)* demütigen; **feel ~d** sich *(Dat.)* klein vorkommen; **~ oneself** sich demütigen *od.* erniedrigen; **b)** *(remove power of)* entmachten; *(defeat decisively)* [vernichtend] schlagen; **~ oneself** sich [selbst] erniedrigen
'humble-bee *n.* Hummel, *die*
humbly ['hʌmblɪ] *adv.* **a)** *(with humility)* de-

humour

mütig; ergebenst ⟨*um Verzeihung bitten*⟩; ergeben ⟨*dienen*⟩; *(meekly)* unterwürfig; *(in formal address)* höflichst ⟨*bitten, ersuchen*⟩; **b)** *(in low rank)* **~ born** von niedriger Herkunft; **c)** *(unpretentiously)* einfach; bescheiden ⟨*ausgestattet*⟩
humbug ['hʌmbʌg] *n.* **a)** *no pl., no art. (deception, nonsense)* Humbug, *der (ugs. abwertend);* **b)** *(fraud)* Schwindel, *der;* Betrug, *der;* **c)** *(impostor)* Schwindler, *der*/Schwindlerin, *die (abwertend);* **d)** *(Brit.: sweet)* [Pfefferminz]bonbon, *der*
humdinger ['hʌmdɪŋə(r), hʌm'dɪŋə(r)] *n. (sl.)* **be a ~:** Spitze *od.* große Klasse sein *(ugs.);* **she's a real ~:** sie ist absolute Spitze; **when we have a quarrel, it's a real ~:** wenn wir uns streiten, fliegen die Fetzen *(ugs.)*
humdrum ['hʌmdrʌm] *adj.* **a)** alltäglich; eintönig ⟨*Leben*⟩; langweilig ⟨*Person*⟩; **b)** *(monotonous)* stumpfsinnig; **the ~ routine of life/things** das tägliche Einerlei
humerus ['hjuːmərəs] *n., pl.* **humeri** ['hjuːməraɪ] *(Anat., Zool.)* Humerus, *der*
humid [hjuː'mɪd] *adj.* feucht; humid *(Geogr.)*
humidifier [hjuː'mɪdɪfaɪə(r)] *n.* Luftbefeuchter, *der*
humidify [hjuː'mɪdɪfaɪ] *v. t.* befeuchten
humidity [hjuː'mɪdɪtɪ] *n.* **a)** *no pl.* Feuchtigkeit, *die;* **I don't mind the heat but I cannot stand ~:** die Hitze macht mir nichts aus, aber die [hohe] Luftfeuchtigkeit kann ich nicht vertragen; **the ~ of the atmosphere** die [hohe] Luftfeuchtigkeit; **b)** *(degree of moisture)* **~ [of the atmosphere]** Luftfeuchtigkeit, *die (Met.).* Luftfeuchte, *die (bes. fachspr.)*
humiliate [hjuː'mɪlɪeɪt] *v. t.* demütigen; **I was or felt totally ~d** ich war zutiefst beschämt
humiliation [hjuːmɪlɪ'eɪʃn] *n.* Demütigung, *die*
humility [hjuː'mɪlɪtɪ] *n.* Demut, *die; (of servant)* Ergebenheit, *die; (absence of pride or arrogance)* Bescheidenheit, *die*
humming ['hʌmɪŋ]: **~-bird** *n.* Kolibri, *der;* **~-top** *n.* Brummkreisel, *der*
hummock ['hʌmək] *n.* **a)** *(hillock)* [kleiner] Hügel; **b)** *(Amer.: rise)* Waldinsel, *die;* **c)** *(in ice-field)* Eishügel, *der*
humor *(Amer.) see* **humour**
humoresque [hjuːmə'resk] *n. (Mus.)* Humoreske, *die*
humorist ['hjuːmərɪst] *n.* **a)** *(facetious person)* Spaßvogel, *der;* Komiker, *der (fig.);* **b)** *(talker, writer)* Humorist, *der*/Humoristin, *die*
humorless *(Amer.) see* **humourless**
humorous ['hjuːmərəs] *adj.* **a)** *(comic)* lustig, komisch ⟨*Geschichte, Name, Situation*⟩; witzig ⟨*Bemerkung*⟩; **I fail to see anything ~ in the situation** ich finde die Situation überhaupt nicht komisch *od.* lustig; **the ~ side of the situation** das Komische der Situation; **stop trying to be ~:** hör auf damit, komisch wirken zu wollen!; **b)** *(showing sense of humour)* humorvoll ⟨*Person*⟩; **be/not be in a ~ mood** in heiterer Stimmung sein/nicht zum Lachen aufgelegt sein
humorously ['hjuːmərəslɪ] *adv.* **a)** *(comically)* komisch; lustig; **his remarks were meant ~, not offensively** seine Bemerkungen sollten belustigen und nicht verletzen; **~ enough, ...:** lustigerweise ...; **b)** *(with sense of humour)* humorvoll; **look ~ at the problems of life** den Problemen des Alltags mit Humor begegnen
humour ['hjuːmə(r)] *(Brit.)* **1.** *n.* **a)** *no pl., no indef. art. (faculty, comic quality)* Humor, *der; (of situation)* Komische, *das;* **see the ~ of sth.** einer Sache *(Dat.)* die komische Seite abgewinnen; **sense of ~:** Sinn für Humor; **he has no sense of ~:** er hat keinen Humor; **b)** *no pl., no indef. art. (facetiousness)* Witzigkeit, *die;* **a funeral is no place for ~:** bei einer Beerdigung macht man kei-

359

humourless

ne Witze; **c)** *(mood)* Laune, *die;* **his ~ is sometimes melancholy** er ist manchmal [in] melancholisch[er Stimmung]; **be in a good/ bad ~:** in guter Stimmung sein/schlechte Laune haben; **what sort of ~ are you in?** wie ist deine Stimmung?; **in good ~:** gutgelaunt; **be out of ~:** schlechte Laune haben; **a fit of ill ~:** ein Anfall von schlechter Laune; **have recovered one's good ~:** wieder bei Laune sein; **d)** *(disposition)* Temperament, *das;* **be of a pleasant/jovial ~:** eine angenehme/joviale Art haben; **e)** *(Hist.: body fluid)* Körpersaft, *der;* Humor, *der (Med. veralt.);* see also **aqueous humour; vitreous b.** **2.** *v.t. (indulge)* willfahren *(geh.)* (+ *Dat.*); **~ sb.** jmdm. seinen Willen lassen; **~ sb.'s taste** jmds. Geschmack *od.* Vorliebe *(Dat.)* entsprechen; **don't [try to] ~ me!** sei nicht so übertrieben rücksichtsvoll!; **do it just to ~ her/him** tu's doch, damit sie ihren/er seinen Willen hat

humourless ['hju:məlɪs] *adj. (Brit.)* humorlos; todernst ⟨*Gesicht*⟩; trocken ⟨*Buch*⟩

humous ['hju:məs] *n.* humos *(Bodenk.)*

hump [hʌmp] **1.** *n.* **a)** *(human)* Buckel, *der;* Höcker, *der (ugs.); (of animal)* Höcker, *der;* **he has a ~ on his back** er hat einen Buckel; **live on one's ~** *(fig.)* von seinen Reserven leben; **b)** *(mound)* Hügel, *der; (Railw.)* Ablaufberg, *der;* **c)** *(fig.: critical point)* Wendepunkt, *der;* **be over the ~:** über den Berg sein *(ugs.);* **d)** *(Brit. sl.)* **have the ~:** sauer sein *(ugs.);* **get the ~:** [stink]sauer werden *(ugs.).* **2.** *v.t. (Brit. sl.) (carry)* schleppen; *(hoist)* **~ a sack on to one's shoulders** einen Sack buckeln *od.* auf den Buckel nehmen *(ugs.)*

hump: ~back *n.* **a)** see **hunchback; b)** see **~back whale; ~back 'bridge** *n.* gewölbte Brücke; **~backed** ['hʌmpbækt] *adj.* see hunchbacked; **~back 'whale** *n.* Buckelwal, *der;* **'bridge** see **~back bridge**

humph [hmf] **1.** *int.* hm. **2.** *n.* Hm, *das;* Grunzen, *das (ugs.)*

humus ['hju:məs] *n.* Humus, *der*

Hun [hʌn] *n.* **(Hist.)** Hunne, *der*/Hunnin, *die; attrib.* Hunnen-; **b)** *(derog.: German)* Sauerkrautfresser, *der (ugs. abwertend);* **the ~** *(collect.)* der Teutone *(abwertend)*

¹hunch [hʌntʃ] **1.** *v.t.* hochziehen ⟨*Schultern*⟩; **sit ~ed in a corner** zusammengekauert in einer Ecke sitzen; **he/the cat ~ed his/its back** er/die Katze machte einen Buckel. **2.** *v.i. (Amer.)* **a)** *(adopt bent posture)* sich krümmen; *(curl up)* sich zusammenrollen; **~ in a chair** gebeugt *od.* mit krummem Rücken auf einem Stuhl sitzen; **b)** *(rise in hump)* sich buckelartig erheben; sich nach oben wölben; **his shoulders ~ed** er zog die Schultern hoch

~ 'up 1. *v.t.* hochziehen; **don't sit ~ed up like that** sitz nicht so krumm da!; **~ oneself up** einen Buckel machen. **2.** *v.i. (Amer.)* see **~ 2**

²hunch *n. (intuitive feeling)* Gefühl, *das;* **I have a ~ that ..., my ~ is that ...:** ich habe das [leise] Gefühl, daß ...; **the detective followed a ~:** der Detektiv folgte einem inneren Gefühl

hunch: ~back *n.* **a)** *(back)* Buckel, *der;* **b)** *(person)* Bucklige, *der/die;* **be a ~back** einen Buckel haben; **the H~back of Notre Dame** der Glöckner von Notre-Dame; **~backed** ['hʌntʃbækt] *adj.* buck[e]lig; höckerig ⟨*Kamel*⟩

hundred ['hʌndrəd] **1.** *adj.* **a)** hundert; **a** *or* **one ~:** [ein]hundert; **two/several ~:** zweihundert/mehrere hundert; **a** *or* **one ~ and one** [ein]hundert[und]eins; **a** *or* **one ~ and one people** hundertundein Mensch; **the ~ metres race** der Hundertmeterlauf; **the H~ Years War** *(Hist.)* der Hundertjährige Krieg; **eighteen ~ hours** 18.00 Uhr; **b)** **a ~ [and one]** *(fig.: innumerable)*

hundert *(ugs.);* **I've told you a ~ times** ich habe es dir schon hundertmal gesagt; **never** *or* **not in a ~ years** nie im Leben; **I've got a ~ [and one] things to do** ich habe hunderterlei zu tun *(ugs.);* **c)** **a ~** *or* **one ~ per cent** hundertprozentig; **I'm not a ~ per cent at the moment** *(fig.)* momentan geht es mir nicht sehr gut. See also **eight 1; mile a. 2.** *n.* **a)** *(number)* hundert; **a** *or* **one/two ~:** [ein]hundert/ zweihundert; **count up to a** *or* **one ~:** bis hundert zählen; **not if I live to be a ~:** nie im Leben; **in** *or* **by ~s** hundertweise; **the seventeen-~s** *etc.* das achtzehnte *usw.* Jahrhundert; **a ~** *or* **one ~** [ein]hundert[und]eins *usw.;* **a** *or* **one/two ~ of the men died** einhundert/zweihundert der Männer starben; **there are five ~ of us** wir sind zu fünfhundert; **it's a ~ to one that ...:** die Chancen stehen hundert zu eins, daß ...; **b)** *(symbol, written figure)* Hundert, *die;* **in adding numbers by columns** Hunderter, *der (Math.); (set or group of 100)* Hundert, *das; (~-pound etc. note)* Hunderter, *der;* **c)** *(indefinite amount)* **~s** Hunderte *Pl.;* **tourists flock to Rome by the ~[s]** *or* **in their ~s:** die Touristen reisen zu Hunderten nach Rom; **~s of times** hundertmal; **d)** *(Brit. Hist.: county division)* Zent, *die; see also* **Chiltern Hundreds.** See also **eight 2 a**

hundredfold ['hʌndrədfəʊld] **1.** *adv.* hundertfach. **2.** *adj.* hundertfach. **3.** *n.* Hundertfache, *das;* **improve a ~** *(fig.)* sich um ein Vielfaches verbessern; **she had repaid his kindness a ~:** sie hatte seine Güte tausendfach vergolten; **by a ~:** um das Hundertfache. See also **eightfold**

hundreds and 'thousands *n. pl. (sweets)* Liebesperlen *Pl.*

hundredth ['hʌndrədθ] **1.** *adj.* hundertst...; **the one-/two-~** *or* **hundertsten** *or* **[ein]hundertzweihundertste Mensch; a ~ part** ein Hundertstel; *see also* **eighth 1. 2.** *n.* **a)** *(fraction)* Hundertstel, *das;* **a ~ of a second** ein Hundertstelsekunde; **b)** *(in sequence)* hundertste, *der/die/das; (in rank)* Hundertste, *der/ die/das;* **Old H~** *(Eccl.)* der hundertste Psalm. *See also* **eighth 2**

hundredweight ['hʌndrədweɪt] *n., pl.* **same** *or* **~s a)** *(Brit.)* [metric] **~:** 50,8 kg; **b)** *(in metric weight)* [metric] **~:** Zentner, *der;* **c)** *(Amer.)* [short] **~:** 45,36 kg; **~** Zentner, *der* (45,36 kg)

hung *see* **hang 1, 2**

Hungarian [hʌŋ'gɛərɪən] **1.** *adj.* ungarisch; **sb. is ~:** jmd. ist Ungar/Ungarin; *see also* **English 1. 2.** *n.* **a)** *(person)* Ungar, *der*/Ungarin, *die;* **b)** *(language)* Ungarisch, *das; see also* **English 2 a**

Hungary ['hʌŋgərɪ] *pr. n.* Ungarn *(das)*

hunger ['hʌŋgə(r)] **1.** *n.* **a)** *(lit. or fig.)* Hunger, *der;* **pang[s] of ~:** quälender Hunger; **the pangs of ~ were getting stronger** der Hunger plagte mich *usw.* immer mehr; **~ is the best sauce** *(prov.)* Hunger ist der beste Koch *(Spr.);* **die of ~:** verhungern; *(fig.: be very hungry)* vor Hunger sterben *(ugs.);* **~ for sth.** *(lit. or fig.)* Hunger nach etw. *(geh.);* **~ for revenge/knowledge** Rache-/Wissensdurst, *der.* **2.** *v.i. (have craving)* **~ after** *or* **for sb./sth.** [heftiges] Verlangen nach jmdm./etw. haben

hunger: ~-march *n.* Hungermarsch, *der;* **~-marcher** *n.* Hungermarschierer, *der;* **~-strike 1.** *n.* Hungerstreik, *der;* **stage a/go on ~-strike** in den Hungerstreik treten; **2.** *v.i.* in den Hungerstreik treten; **~-striking** sich im Hungerstreik befinden; **~-striker** *n.* Hungerstreikende, *der/die*

hung: ~ 'jury *n.* Geschworenengericht, *das* zu keinem einstimmigen Urteil/keinem Mehrheitsurteil gelangen kann; **~-'over** *adj. (coll.)* verkatert *(ugs.);* **~ 'parliament** *n.* Parlament, *das,* in dem keine Partei die absolute Mehrheit hat

hungrily ['hʌŋgrɪlɪ] *adv.* **a)** hungrig; **my**

hunt

stomach was rumbling/growling ~: mir knurrte vor Hunger der Magen; **b)** *(fig.: longingly)* sehnsüchtig ⟨*an etw. denken*⟩; [be]gierig ⟨*etw. verfolgen*⟩

hungry ['hʌŋgrɪ] *adj.* **a)** *(feeling hunger)* hungrig; *(regularly feeling hunger or lacking food)* hungernd; *(showing hunger)* hungrig, gierig ⟨*Augen, Blick*⟩; **be ~:** Hunger haben; hungrig sein; **we were poor and ~:** wir waren arm und litten Hunger; **[as] ~ as a hunter** *or* **wolf** hungrig wie ein Löwe *od.* Wolf; **go ~:** hungern; hungrig bleiben; **I don't like fish. – Go ~, then!** Ich mag keinen Fisch. – Dann mußt du eben hungern; **~ years** Hungerjahre *Pl.;* **b)** *(inducing hunger)* hungrig machend; **c)** *(fig.: eager, avaricious)* [hab]gierig ⟨*Spekulant*⟩; stürmisch ⟨*Liebhaber*⟩; brennend, glühend ⟨*Verlangen*⟩; hungrig ⟨*Ozean, Kriegsmaschine usw.*⟩; **be ~ for sb./sth.** sich nach jmdm. sehnen/nach etw. hungern *(geh.);* **be ~ to do sth.** darauf brennen, etw. zu tun; **~ for success/power/knowledge/love** erfolgs-/macht-/bildungs-/liebeshungrig; **~ to learn** lernbegierig; **be ~ after sth.** nach etw. hungern *(geh.);* **success-/war-/freedom-~:** erfolgshungrig/kriegslustig/freiheitsdurstig; **d)** *(barren)* karg

hunk [hʌŋk] *n.* **a)** *(large piece)* [großes] Stück, *der; (clumsy piece)* Brocken, *der; (of bread)* Brocken, *der;* Ranken, *der (landsch.);* **~s of wood** große Holzscheite; **b)** *(coll.: large person)* stattliche Erscheinung; **he is a gorgeous great ~:** er ist ein blendend aussehender, stattlicher Mann; **a great ~ of a weight-lifter** ein Koloß *(ugs. scherzh.)* von einem Gewichtheber

hunky ['hʌŋkɪ] *adj. (coll.)* stattlich

hunky-dory [hʌŋkɪ'dɔ:rɪ] *adj. (Amer. sl.)* prima *(ugs.);* **everything's ~, it's all ~:** es ist alles in [bester] Ordnung

hunt [hʌnt] **1.** *n.* **a)** *(pursuit of game)* Jagd, *die;* **the ~ is up** *(Sport)* die Jagd ist eröffnet; **Jagd frei!** ⟨*Jägerspr.*⟩; **badger-/deer-~:** Dachs-/Hirschjagd, *die;* **b)** *(search)* Suche, *die; (strenuous search)* Jagd, *die;* **be on the ~ for sb./sth.** auf der Suche/Jagd nach jmdm./etw. sein; **the ~ is on/up [for sb./sth.]** die Suche/Jagd [nach jmdm./etw.] hat begonnen/die Jagd [nach jmdm./etw.] ist eröffnet; **c)** *(body of fox-hunters)* Jagd[gesellschaft], *die; (association)* Jagdverband, *der;* **the local ~:** der örtliche Jägerverein; *(district)* Jagd, *die;* Jagdrevier, *das.* **2.** *v.t.* **a)** *(game)* Jagd machen auf (+ *Akk.*); **he spends his weekends ~ing foxes** am Wochenende geht er auf die Fuchsjagd; **b)** *(search for)* Jagd machen auf (+ *Akk.*) ⟨*Mörder usw.*⟩; fahnden nach ⟨*vermißter Person*⟩; **~ the thimble/slipper** (Games) Fingerhutversteken, *das*/Pantoffelversteken, *das;* **c)** *(drive, lit. or fig.)* jagen; **he was ~ed from office/out of society** er wurde aus dem Amt gejagt/aus der Gesellschaft ausgestoßen; **d)** *(Amer.: shoot)* schießen ⟨*Wildenten*⟩. **3.** *v.i.* **a)** jagen; **go ~ing** jagen; auf die Jagd gehen; **~ after** *or* **for** Jagd machen auf (+ *Akk.*), jagen ⟨*Tier*⟩; **b)** *(seek)* **~ after** *or* **for sb./sth.** nach jmdm./etw. suchen; **he ~ed through his pockets for a coin** er durchsuchte seine Taschen nach einer Münze; **the police are ~ing for him** die Polizei ist auf der Suche nach ihm; **c)** *(operate irregularly)* abwechselnd zu schnell und zu langsam gehen; pendeln *(Technik)*

~ a'bout, ~ a'round *v.i.* **~ about** *or* **around for sb./sth.** [überall] nach jmdm./etw. suchen

~ 'down *v.t.* **a)** *(bring to bay)* hetzen und stellen; **the animal was finally ~ed down** das Tier wurde schließlich zur Strecke gebracht ⟨*Jägerspr.*⟩; **b)** *(pursue and overcome)* zur Strecke bringen ⟨*Person*⟩; abschießen ⟨*feindliches Flugzeug*⟩; **c)** *(fig.: track down)* aufstöbern

hunt ball

~ **'out** *v. t.* **a)** *(drive from cover)* aufstöbern; **b)** *(seek out)* suchen; **c)** *(fig.: track down)* ausfindig machen ⟨*Tatsachen, Antworten*⟩
~ **'up** *v. t.* aufspüren
hunt 'ball *n.* Ball eines Jagdverbandes
hunted ['hʌntɪd] *adj.* **a)** *(pursued)* gejagt; **the deer is a much ~ beast** der Hirsch ist ein vielbejagtes *od.* intensiv bejagtes Tier; **b)** *(fig.: sought)* gesucht; **c)** *(expressing fear)* gejagt, gehetzt ⟨*Blick, Gesichtsausdruck*⟩
hunter ['hʌntə(r)] *n.* **a)** Jäger, *der;* **big-game ~**: Großwildjäger, *der;* **whale-~**: Walfänger, *der;* **b)** *(fig.: seeker)* **be a ~ after glory/truth** dem Ruhm nachjagen/der Wahrheit nachspüren; **autograph-~**: Autogrammjäger, *der;* **bargain-~s** Leute, die ständig auf der Suche nach Sonderangeboten, nach einem Gelegenheitskauf sind; **treasure-~**: Schatzsucher, *der; see also* **fortune-hunter; c)** *(horse)* Jagdpferd, *das;* **d)** *(dog)* Jagdhund, *der;* **e)** *(watch)* Sprungdeckeluhr, *die;* **half-~**: Sprungdeckeluhr mit teilweise durchsichtigem Deckel
hunter-'killer *n.* zur Jagd auf Schiffe eingesetztes U-Boot
hunter's 'moon *n.* Vollmond nach dem „harvest moon"
hunting ['hʌntɪŋ] **1.** *n., no pl.* **a)** die Jagd (of auf + *Akk.*); das Jagen (of *Gen.*); **there's good ~ or the ~ is good in this forest** dieser Wald ist ein gutes Jagdgebiet; ~, **shooting, [and] fishing,** *(iron.)* **huntin', shootin', and fishin'** Fischen und Jagen; **otter-~**: Otterjagd, *die; see also* **fox-hunting; b)** *(fig.: searching)* Suche, *die* (for nach); **the ~ of a criminal** die Verbrecherjagd; **after months of/much ~**: nach monatelanger/langer Suche; **[I wish you] good ~** *(fig.)* [ich wünsche dir] viel Glück bei der Suche; *see also* **house-hunting; job-hunting; c)** *(searching through)* (of house) Durchsuchen, *das;* (of area) Absuchen, *das;* (in pursuit of game) Jagen, *das* (of in + *Dat.*); **d)** *(Amer.: shooting)* Schießen, *das.* **2.** *adj.* jagend
hunting: ~-box *n. (Brit.)* Jagdhütte, *die;* **~-crop** *see* **crop 1 c; ~-ground** *n. (lit. or fig.)* Jagdrevier, *das; see also* **happy hunting-ground[s]; ~-horn** *n.* Jagdhorn, *das;* **~-lodge** *n.* Jagdhaus, *das;* **~-'pink** *n.* Rot des Jagdrocks
huntsman ['hʌntsmən] *n., pl.* **huntsmen** ['hʌntsmən] **a)** *(hunter)* Jäger, *der;* **b)** *(riding to hounds)* Jagdreiter, *der;* **b)** *(manager of hunt)* Rüdemeister, *der (Jagdw. hist.);* (in fox-hunting) Pikör, *der (Jagdw. hist.)*
huntswoman ['hʌntswʊmən] *n.* Jägerin, *die;* (riding to hounds) Jagdreiterin, *die*
hurdle ['hɜːdl] **1.** *n.* **a)** *(Athletics)* Hürde, *die;* **~ race, ~s** Hürdenlauf, *der;* (for horses) Hürdenrennen, *das;* **the 200 metres ~s** der 200-m-Hürdenlauf; **die 200 m Hürden** *(Sportjargon);* **b)** *(fig.: obstacle)* Hürde, *die;* **fall at the last ~**: an der letzten Hürde scheitern; **get over or negotiate a ~**: eine Hürde nehmen; **c)** *(for fence)* Hürde, *die.* **2.** *v. t.* überspringen ⟨*Zaun, Hecke usw.*⟩
hurdler ['hɜːdlə(r)] *n. (Athletics)* Hürdenläufer, *der/*-läuferin, *die*
hurdy-gurdy ['hɜːdɪɡɜːdɪ] *n.* **a)** *(Mus. Hist.)* Drehleier, *die (hist.);* **b)** *(coll.: barrel-organ)* Drehorgel, *die;* Leierkasten, *der (ugs.)*
hurl [hɜːl] **1.** *v. t.* **a)** *(throw)* werfen; *(violently)* schleudern; *(throw down)* stürzen; **~ sb. [down] into the street** jmdn. auf die Straße hinunterstürzen; **she ~ed herself to her death from a 15th-floor window** sie stürzte sich aus einem Fenster im 15. Stock zu Tode; **b)** *(fig.)* ~ **insults at sb.** jmdm. Beleidigungen ins Gesicht schleudern; **~ defiant looks/glances at sb.** trotzige Blicke auf jmdn. schleudern; **~** *(drive)* werfen; **be ~ed around the ship/against each other** durch das Schiff geschleudert/gegeneinandergeschleudert werden; **~ oneself at** *or* **upon sb.** sich auf jmdn. stürzen; **~ oneself into a new**

job *(fig.)* sich in eine neue Arbeit stürzen. **2.** *n. (throwing)* Stürzen, *das;* (violent) Schleudern, *das*
hurling ['hɜːlɪŋ] *n. (Sport)* Hurling, *das;* irisches Hockey; *attrib.* Hurling-
hurly-burly ['hɜːlɪbɜːlɪ] *n.* Tumult, *der;* **the ~ of city life** der Großstadttrummel *(ugs.)*
hurrah [hə'rɑː, hʊ'rɑː], **hurray** [hə'reɪ, hʊ'reɪ] **1.** *int.* hurra; **~ for sb./sth.!** jmd./etw. lebe hoch!; **~ for the Queen!** ein Hoch der Königin!; **hip, hip, ~! hipp, hipp, hurra!. 2.** Hurra, *das;* **their joyous ~s** ihre freudigen Hurrarufe. **3.** *v. i.* Hurra rufen
hurricane ['hʌrɪkən] *n.* **a)** *(tropical cyclone)* Hurrikan, *der;* (storm, lit. or fig.) Orkan, *der;* **it's/the wind is blowing a ~ outside** draußen tobt ein Orkan; **b)** *(Meteorol.)* Orkan, *der; attrib.* **~ force** Orkanstärke, *die;* **~ force winds** Winde, die Orkanstärke erreichen
hurricane: ~-lamp *n.* Sturmlaterne, *die;* **~ season** *n.* Jahreszeit, in der Hurrikane am häufigsten auftreten
hurried ['hʌrɪd] *adj.* eilig; überstürzt ⟨*Abreise*⟩; eilig *od.* hastig geschrieben ⟨*Brief, Aufsatz*⟩; eilig vollzogen ⟨*Zeremonie*⟩; in Eile ausgeführt ⟨*Arbeit*⟩; **our farewells were ~**: wir verabschiedeten uns eilig
hurriedly ['hʌrɪdlɪ] *adv.* eilig; überstürzt ⟨*abreisen*⟩; in Eile ⟨*ausführen*⟩
hurry ['hʌrɪ] **1.** *n.* **a)** *(great haste)* Eile, *die;* **what is** *or* **why the [big] ~?** warum die Eile?; **amongst all the ~ at the airport** in der allgemeinen Hetze am Flughafen; **in a ~**: eilig; **be in a [great or terrible] ~**: es [furchtbar] eilig haben; **in [großer] Eile sein; do sth. in a ~**: etw. in Eile tun; **leave in a ~**: davoneilen; **I have to get there in a ~**: ich muß so schnell wie möglich dort sein; **I need it in a ~**: ich brauche es dringend; **the handle won't come off again in a ~** *(coll.)* der Griff wird so schnell nicht wieder abgehen; **I shall not ask again in a ~** *(coll.)* ich frage so schnell nicht wieder; **be in a/not be in a** *or* **be in no ~ to do sth.** es eilig/nicht eilig haben, etw. zu tun; **b)** *(urgent requirement)* **there is a ~ for sth.** etw. ist sehr gefragt; **there is a ~ for us to get out** wir müssen uns beeilen, hinauszukommen; **what's the [big] ~?** wozu die Eile?; **there's no ~**: es eilt nicht; es hat keine Eile; **is there any ~ for this letter [to be sent off]?** ist dieser Brief eilig?. **2.** *v. t. (transport fast)* schnell bringen; *(urge to go or act faster)* antreiben; *(quicken process of)* beschleunigen; *(consume fast)* hinunterschlingen ⟨*Essen*⟩; hinunterstürzen ⟨*Getränk*⟩; **~ sb. out of the house** dafür sorgen, daß jmd. bald aus dem Haus herauskommt; **~ dinner** sich mit dem Abendessen beeilen; **~ a soufflé** ein Soufflé zu schnell zubereiten; **~ one's work** seine Arbeit in zu großer Eile erledigen. **3.** *v. i.* sich beeilen; *(from place)* eilen; **~ downstairs/out/in** nach unten/nach draußen/nach drinnen eilen; **she hurried from shop to shop** sie hastete von einem Laden zum andern
~ a'long 1. *v. i. (coll.)* sich beeilen. **2.** *v. t.* Eile antreiben; beschleunigen ⟨*Vorgang*⟩
~ 'on 1. *v. i.* weitereilen; **the teacher is ~ing on too fast** *(fig.)* der Lehrer geht so schnell weiter; **I must ~ on** ich muß [rasch] weiter. **2.** *v. t.* antreiben; beschleunigen ⟨*Vorgang*⟩
~ through *v. t.* **a)** [---] schnell durcheilen; *(fig.)* möglichst schnell durchziehen *(ugs.);* (Parl.) durchpeitschen ⟨*Gesetz*⟩
~ 'up 1. *v. i. (coll.)* sich beeilen. **2.** *v. t.* antreiben; beschleunigen, vorantreiben ⟨*Vorgang*⟩
'hurry-scurry 1. *adv.* in wilder Hast. **2.** *n.* Hektik, *die.* **3.** *v. i.* in wilder Hast laufen
hurt [hɜːt] **1.** *v. t.,* **hurt) a)** *(cause pain)* weh tun (+ *Dat.*); *(injure physically)* verletzen;

hush

~ one's arm/leg/head/back sich *(Dat.)* am Arm/Bein/Kopf/Rücken weh tun; *(injure)* sich *(Dat.)* den Arm/das Bein/am Kopf/am Rücken verletzen; **you are ~ing me/my arm** du tust mir weh/am Arm weh; **my arm is ~ing me** mein Arm tut [mir] weh; mir tut der Arm weh; **it ~s me to move my arm** es tut [mir] weh, wenn ich den Arm bewege; **it ~s my ears to listen to that noise** dieser Lärm tut meinen Ohren weh; **he wouldn't ~ a fly** *(fig.)* er tut keiner Fliege etwas zuleide; **sth. won't** *or* **wouldn't ~ sb.** etw. tut nicht weh; *(fig.)* etw. würde jmdm. nichts schaden *(ugs.);* **~ oneself** sich *(Dat.)* Schaden zufügen; **a)** sich verletzen; **b)** *(damage, be detrimental to)* schaden (+ *Dat.*); **sth. won't** *or* **wouldn't ~ sth.** etw. würde einer Sache *(Dat.)* nichts schaden; **c)** *(distress emotionally)* verletzen, kränken ⟨*Person*⟩; verletzen ⟨*Ehrgefühl, Stolz*⟩; **~ sb.'s feelings** jmdn. verletzen; **it ~s me to have to tell you this** es ist mir schmerzlich, Ihnen dies sagen zu müssen; **~ sb.'s sense of honour** jmdn. in seiner Ehre kränken. **2.** *v. i.,* **hurt) a)** *(cause pain)* weh tun; schmerzen; **b)** *(cause damage, be detrimental)* schaden; **does it ~ to drive the car with the hand-brake on?** schadet es dem Auto, wenn man mit angezogener Handbremse fährt?; **I don't think it really ~s** ich glaube nicht, daß es wirklich etwas schadet; **publicity never ~s** Publicity kann nie schaden *(ugs.);* **sth. won't** *or* **wouldn't ~** *(also iron.)* etw. würde nichts schaden *(ugs.);* **it won't ~ to have another biscuit** noch ein Keks kann doch nichts schaden; **c)** *(cause emotional distress)* weh tun; ⟨*Worte, Beleidigungen:*⟩ verletzen; ⟨*Person:*⟩ verletzt sein; **d)** *(coll.: suffer)* **I ~ all over** es tut mir überall weh; **my leg ~s** mein Bein tut [mir] weh; **does your hand ~?** tut dir die Hand weh?; **I ~ inside** *(emotionally)* es tut mir innerlich weh. **3.** *n.* **a)** *(bodily injury)* Verletzung, *die;* **b)** *(emotional pain)* Schmerz, *der;* *(emotional injury)* Kränkung, *die*
hurtful ['hɜːtfl] *adj.* **a)** *(physically harmful, detrimental)* schädlich (to für); **be ~ to sb./sth.** jmdm./einer Sache schaden; **b)** *(fig.: painful)* schmerzlich; **c)** *(emotionally wounding)* verletzend; **be ~ [in what one says] about sth.** sich in verletzender Form über etw. äußern; **what a ~ thing to say/do!** wie kann man nur so etwas Verletzendes sagen/tun!
hurtle ['hɜːtl] **1.** *v. i.* **a)** *(move rapidly)* rasen *(ugs.);* **he went hurtling down the street/round the corner** er raste die Straße hinunter/um die Ecke; **the car was hurtling along** das Auto brauste *od.* sauste dahin; **b)** *(move with clattering sound)* **the saucepans came hurtling to the floor** die Kochtöpfe fielen mit lautem Klappern auf den Boden. **2.** *v. t.* schleudern
husband ['hʌzbənd] **1.** *n.* Ehemann, *der;* **my/your/her ~**: mein/dein/ihr Mann; **give my regards to your ~**: grüßen Sie Ihren Mann *od. (geh.)* Gatten von mir; **~ and wife** Mann und Frau; **they are a ~-[and-]wife team of interior decorators** als Innenarchitekten arbeiten die Eheleute gemeinsam. **2.** *v. t.* regeln ⟨*Angelegenheiten*⟩; haushalten mit ⟨*Mitteln*⟩; bewirtschaften ⟨*Land*⟩
husbandry ['hʌzbəndrɪ] *n., no pl.* **a)** *(farming)* Landwirtschaft, *die;* (application of farming technique) Bewirtschaftung, *die;* **animal/dairy ~**: Viehzucht, *die/*Milchviehhaltung, *die;* **b)** *(management)* **bad/good ~**: schlechtes/sparsames Wirtschaften; **bad/good ~ of sth.** verschwenderischer/haushälterischer Umgang mit etw.; **c)** *(careful management)* sparsame Wirtschaften
hush [hʌʃ] **1.** *n.* **a)** *(silence)* Schweigen, *das;* **a sudden ~ fell over them** sie verstummten plötzlich; **can we have a bit of ~ now, please?** *(coll.)* ein bißchen mehr Ruhe jetzt,

361

hushabye

wenn ich bitten dürfte!; b) *(stillness)* Stille, *die;* **dead ~:** Totenstille, *die;* c) *(secrecy)* Geheimhaltung, *die;* **why all the ~?** wozu die ganze Geheimnistuerei? *(ugs.).* 2. *v. t. (silence)* zum Schweigen bringen; zum Verstummen bringen ⟨*Vogelgesang, Gerüchte*⟩; *(still)* beruhigen; besänftigen; *(quieten)* dämpfen ⟨*Stimme*⟩; **she tried to ~ her baby to sleep/her baby's crying** sie versuchte, ihr Baby zum Schlafen zu bringen/ihr schreiendes Baby zu beruhigen. 3. *v. i.* still sein; *(become silent)* verstummen; **~!** still!
~ 'up *v. t.* a) *(make silent)* zum Schweigen bringen; b) *(keep secret)* ~ sth. up etw. vertuschen
hushaby[e] ['hʌʃəbaɪ] *int.* eiapopeia
hushed [hʌʃt] *adj.* schweigend ⟨*Publikum*⟩; gedämpft ⟨*Flüstern, Stimme*⟩; **~ atmosphere** Stille, *die;* **there was a ~ silence** alles schwieg; **with ~ respect/attention** mit respektvollem/gespanntem Schweigen
hush: ~-hush *adj. (coll.)* geheim; **strictly/terribly/very ~-hush** streng geheim; **keep sth. ~-hush** etw. geheimhalten; **~ money** *n.* Schweigegeld, *das*
husk [hʌsk] 1. *n.* Schale, *die; (of wheat, grain, rice)* Spelze, *die; (Amer.: of maize)* Hüllblatt, *das;* Liesche, *die (Bot.); (fig.: useless remainder)* Hülse, *die.* 2. *v. t.* schälen
huskily ['hʌskɪlɪ] *adv.* heiser
¹**husky** ['hʌskɪ] 1. *adj.* a) *(hoarse)* heiser; **her voice has a natural/an attractive ~ quality** ihre Stimme ist von Natur aus rauh/sie hat eine anziehende rauchige Stimme; b) *(fig.: tough)* bärenstark *(ugs.).* 2. *n. (Amer. coll.: strong person)* bärenstarker Typ *(ugs.)*
²**husky** *n. (dog)* Eskimohund, *der; (Siberian ~)* Husky, *der; (sledge-dog)* Schlittenhund, *der*
hussar [hʊ'zɑ:(r)] *n. (Mil.)* Husar, *der*
hussy ['hʌsɪ, 'hʌzɪ] *n. fem.* a) *(improper woman)* Flittchen, *das (ugs. abwertend);* b) *(pert girl)* Göre, *die (nordd.);* Fratz, *der (fam.)*
hustings ['hʌstɪŋz] *n. pl.* a) *constr. as sing. or pl. (proceedings)* Wahlveranstaltungen; b) *(Hist.: platform)* Rednerbühne für die Kandidaten einer Wahl; c) *(fig.)* **he gave a good speech from the ~:** er hielt eine gute Wahlrede
hustle ['hʌsl] 1. *v. t.* a) drängen *(into* zu); b) *(jostle)* anrempeln *(salopp);* schubsen *(ugs.); (thrust)* hastig drängen; **the guide ~d the tourists along/from one church to another** der Führer scheuchte die Touristen voran/von einer Kirche zur anderen *(ugs.);* **~ a Budget through the Senate** ein Budget im Senat durchpeitschen; c) *(sl.: exert pressure on)* bedrängen; **~ sb. to do sth.** jmdn. dazu bringen wollen, etw. zu tun. 2. *v. i.* a) *(push roughly)* **~ against sb./sth.** jmdn. anrempeln/gegen etw. stoßen; **~ through the crowds** sich durch die Menge drängeln; b) *(hurry)* hasten; **~ about the house** durchs Haus wirbeln; **we'll have to ~:** wir müssen uns beeilen; **~ and bustle about** geschäftig hin und her eilen *od.* sausen; c) *(sl.: strive for business)* **~ for sth.** etw. zu kriegen versuchen *(ugs.);* d) *(sl.: solicit)* **~ [on the street]** auf den Strich gehen *(salopp);* **he ~s for her** er besorgt ihr die Freier *(ugs.).* 3. *n.* a) *(jostling)* Gedränge, *das;* b) *(hurry)* Hetze, *die;* **~ and bustle** Geschäftigkeit, *die; (in street)* geschäftiges Treiben
hustler ['hʌslə(r)] *n. (sl.: prostitute)* Strichmädchen, *das*/Strichjunge, *der (salopp)*
hut [hʌt] *n.* Hütte, *die; (Mil.)* Baracke, *die*
hutch [hʌtʃ] *n.* a) *(for rabbit)* Stall, *der;* b) *(for guinea-pig)* Käfig, *der;* b) *(derog.: hut, small house)* Hütte, *die*
hyacinth ['haɪəsɪnθ] *n.* a) *(Bot.)* Hyazinthe, *die;* **wild** *or* **wood ~:** Hasenglöckchen, *das; see also* **grape hyacinth;** b) *(colour)* ~ **[blue]** Hyazinthblau, *das*
hybrid ['haɪbrɪd] 1. *n.* a) *(Biol.)* Hybride, *die od. der* **(between** aus); Kreuzung, *die; (Ethnol.)* Mischling, *der;* c) *(fig.: mixture)* Mischung, *die;* d) *(Ling.)* hybride Bildung. 2. *adj.* a) *(Biol.)* hybrid ⟨*Züchtung*⟩; **this is a ~ rose** diese Rose ist eine Hybride; **a ~ species/animal/plant** eine Hybridzüchtung; ein[e] Hybride; b) *(Ethnol.)* mischerbig; c) *(fig.: mixed)* gemischt; Misch⟨*kultur, -sprache*⟩; d) *(Ling.)* hybrid
hybridize (hybridise) ['haɪbrɪdaɪz] *v. t.* a) *(Biol.)* hybridisieren *(fachspr.);* kreuzen; b) *(Ling.)* **~ words** hybride Wörter bilden
hydra ['haɪdrə] *n.* a) *(Greek Mythol.)* Hydra, *die;* b) *(Zool.: polyp)* Süßwasserpolyp, *der;* Hydra, *die*
hydrangea [haɪ'dreɪndʒə] *n. (Bot.)* Hortensie, *die;* Hydrangea, *die (fachspr.)*
hydrant ['haɪdrənt] *n.* Hydrant, *der*
hydrate ['haɪdreɪt] *n. (Chem.)* Hydrat, *das*
hydration [haɪ'dreɪʃn] *n.* a) *(addition of fluid)* Flüssigkeitszufuhr, *die;* b) *(Chem.)* Hydra[ta]tion, *die*
hydraulic [haɪ'drɒ:lɪk] *adj. (Mech. Engin.)* hydraulisch; **~ engineer** Wasserbauingenieur, *der;* **~ engineering** Wasserbau, *der*
hydraulic: ~ 'brake *n. (Mech. Engin.)* hydraulische Bremse; **~ 'fluid** *n. (Mech. Engin.)* hydraulische Flüssigkeit; *(in brake system)* Bremsflüssigkeit, *die;* **~ 'ram** *n. (Mech. Engin.)* a) *(pump)* hydraulischer Widder, *der;* b) *(piston)* Hydraulikkolben, *der*
hydride ['haɪdraɪd] *n. (Chem.)* Hydrid, *das*
hydrocarbon [haɪdrə'kɑ:bən] *n. (Chem.)* Kohlenwasserstoff, *der*
hydrochloric acid [haɪdrəklɒ:rɪk 'æsɪd] *n. (Chem.)* Salzsäure, *die*
hydrodynamics [haɪdrədaɪ'næmɪks] *n., no pl. (Phys.)* Hydrodynamik, *die*
hydroelectric [haɪdrəʊɪ'lektrɪk] *adj. (Electr.)* hydroelektrisch; **~ power plant** *or* **station** Wasserkraftwerk, *das*
hydrofoil ['haɪdrəfɔɪl] *n. (Naut.)* a) *(structure)* Tragfläche, *die;* Tragflügel, *der;* b) *(vessel)* Tragflächenboot, *das;* Tragflügelboot, *das*
hydrogen ['haɪdrədʒən] *n.* Wasserstoff, *der;* Hydrogen[ium], *das (fachspr.);* **a ~-filled balloon** ein mit Wasserstoff gefüllter Ballon; *see also* **peroxide 1 b**
'hydrogen bomb *n.* Wasserstoffbombe, *die*
hydrolyse ['haɪdrəlaɪz] *v. t. (Chem.)* hydrolysieren
hydrolysis [haɪ'drɒlɪsɪs] *n., pl.* **hydrolyses** [haɪ'drɒlɪsi:z] *(Chem.)* Hydrolyse, *die*
hydrolyze *(Amer.) see* **hydrolyse**
hydrometer [haɪ'drɒmɪtə(r)] *n.* Hydrometer, *der*
hydrophobia [haɪdrə'fəʊbɪə] *n.* a) *(Med.: rabies)* Tollwut, *die; (symptom)* Hydrophobie, *die (Med.);* b) *(Psych.)* Hydrophobie, *die (fachspr.);* krankhafte Wasserscheu
hydrophobic [haɪdrə'fəʊbɪk] *adj.* a) tollwutkrank, tollwutinfiziert ⟨*Tier, Person*⟩; tollwütig ⟨*Tier*⟩; **be ~:** Tollwut haben; b) *(water-resistant)* hydrophob *(Chemie, Technik)*
hydroplane ['haɪdrəpleɪn] *n.* a) *(Naut.: finlike device)* Gleitfläche, *die; (of submarine)* Tiefenruder, *das;* b) *(motor boat)* Gleitboot, *das*
hydroponics [haɪdrə'pɒnɪks] *n., no pl. (Hort.)* Hydroponik, *die (fachspr.);* Hydrokultur, *die*
hydrosphere ['haɪdrəsfɪə(r)] *n. (Geog.)* Hydrosphäre, *die*
hydrostatic [haɪdrə'stætɪk] *adj. (Phys.)* hydrostatisch
hydrostatics [haɪdrə'stætɪks] *n., no pl. (Phys.)* Hydrostatik, *die*
hydrous ['haɪdrəs] *adj. (Chem., Min.)* wasserhaltig ⟨*Salz, Substanz*⟩
hydroxide [haɪ'drɒksaɪd] *n. (Chem.)* Hydroxid, *das*
hydrozoan [haɪdrə'zəʊən] *(Zool.)* 1. *adj.* zu den Hydrozoen gehörend; **~ polyp** Hydroidpolyp, *der.* 2. *n.* Hydrozoon, *das*
hyena [haɪ'i:nə] *n.* a) *(Zool.)* Hyäne, *die;* **laughing** *or* **spotted ~:** Tüpfel- *od.* Fleckenhyäne, *die;* **laugh like a ~:** wie eine Hyäne kreischen; ≈ wiehernd lachen; b) *(fig.: person)* Hyäne, *die (ugs. abwertend);* c) *(Austral. Zool.)* Beutelwolf, *der*
hygiene ['haɪdʒi:n] *n., no pl.* a) Hygiene, *die;* **conditions of bad ~:** schlechte hygienische Verhältnisse; **domestic ~:** häusliche Hygiene; **feminine ~:** Monatshygiene, *die;* b) *no art. (science)* Hygiene, *die (Med.);* **dental ~:** Zahnhygiene, *die*
hygienic [haɪ'dʒi:nɪk] *adj.* hygienisch; **not ~:** unhygienisch
hygienically [haɪ'dʒi:nɪkəlɪ] *adv.* hygienisch
hygienist [haɪ'dʒi:nɪst] *n.* Hygieniker, *der*/Hygienikerin, *die;* **dental ~:** Zahnhygieniker, *der*/-hygienikerin, *die*
hygrometer [haɪ'grɒmɪtə(r)] *n. (Meteorol.)* Hygrometer, *das*
hymen ['haɪmen] *n. (Anat.)* Hymen, *das od. der (fachspr.);* Jungfernhäutchen, *das*
hymn [hɪm] 1. *n.* a) *(Relig.)* Hymne, *die;* Loblied, *das; (sung in service)* Kirchenlied, *das;* **Easter ~, ~ for Easter** Osterlied, *das;* b) *(song of praise, lit. or fig.)* Hymne, *die;* **a ~ to nature** eine Hymne an die Natur; **a ~ to Venus/England/the new age** eine Hymne auf Venus/England/das neue Zeitalter. 2. *v. t. (praise with songs)* besingen *(geh.);* lobpreisen *(dichter.)* ⟨*Gott, Werke Gottes*⟩; *(fig.: praise)* preisen *(geh.)*
hymnal ['hɪmnl], **hymnary** ['hɪmnərɪ] *ns.* Gesangbuch, *das;* Hymnar[ium], *das*
'hymn-book *n.* Gesangbuch, *das*
hyoid ['haɪɔɪd] *(Anat.) adj. & n.* ~ **[bone]** Zungenbein, *das*
hype [haɪp] *(sl.)* 1. *n.* a) *(deception)* Schwindel, *der (ugs.);* b) *(misleading publicity)* Reklameschwindel, *der (ugs.);* **media ~:** Medienrummel, *der.* 2. *v. t. (cheat)* reinlegen *(ugs.);* **~ sb. into sth./doing sth.** jmdn. [durch Tricks] zu etw. bringen/jmdn. [durch Tricks] dazu bringen, etw. zu tun; b) **~ [up]** *(publicize excessively)* groß herausbringen
~ up 1. *v. t. (sl.)* hochputschen *(ugs.);* **feel ~d up** überdreht sein *(ugs.)*
hyperactive [haɪpə'ræktɪv] *adj.* überaktiv
hyperbola [haɪ'pɜ:bələ] *n., pl.* **~s** *or* **~e** [haɪ'pɜ:bəli:] *(Geom.)* Hyperbel, *die*
hyperbole [haɪ'pɜ:bəlɪ] *n. (Rhet.)* Hyperbel, *die*
hyperbolic [haɪpə'bɒlɪk] *adj.* a) *(Geom.)* hyperbolisch; b) *see* **hyperbolical a**
hyperbolical [haɪpə'bɒlɪkl] *adj.* a) *(Rhet.)* hyperbolisch ⟨*Stil, Wendung usw.*⟩; b) *see* **hyperbolic a**
hypercritical [haɪpə'krɪtɪkl] *adj.* hyperkritisch; übertrieben kritisch
hypermarket ['haɪpəmɑ:kɪt] *n.* Verbrauchermarkt, *der*
hypersensitive [haɪpə'sensɪtɪv] *adj.* hypersensibel; überempfindlich; **be ~ to sth.** überempfindlich auf etw. *(Akk.)* reagieren
hypersensitivity [haɪpəsensɪ'tɪvɪtɪ] *n., no pl.* Überempfindlichkeit, *die*
hypertension [haɪpə'tenʃn] *n. (Med.)* Hypertonie, *die (fachspr.);* Bluthochdruck, *der*
hypertensive [haɪpə'tensɪv] *adj.* hypertonisch
hypertrophied [haɪ'pɜ:trəfɪd] *adj.* hypertroph ⟨*Organ*⟩; *(fig.: excessive)* hypertroph[isch] *(geh.);* hypertrophiert *(geh.)*
hypha ['haɪfə] *n., pl.* **~e** ['haɪfi:] *(Bot.)* Hyphe, *die (fachspr.);* Pilzfaden, *der*
hyphen ['haɪfn] 1. *n.* a) Bindestrich, *der;* b) *(connecting separate syllables)* Trennungsstrich, *der;* Divis, *das (fachspr.).* 2. *v. t.* mit Bindestrich schreiben
hyphenate ['haɪfəneɪt] *see* **hyphen 2**
hyphenation [haɪfə'neɪʃn] *n., no pl.* Kopplung, *die*

hypnosis [hɪpˈnəʊsɪs] *n.*, *pl.* **hypnoses** [hɪpˈnəʊsiːz] Hypnose, *die;* (*act, process*) Hypnotisierung, *die;* **under ~:** in Hypnose (*Dat.*)

hypnotic [hɪpˈnɒtɪk] **1.** *adj.* hypnotisch; (*producing hypnotism*) hypnotisch; hypnotisierend ⟨Wirkung, Blick⟩; **have a ~ effect on sb.** hypnotisch od. einschläfernd auf jmdn. wirken. **2.** *n.* Schlafmittel, *das;* (*Med. also*) Hypnotikum, *das* (*fachspr.*)

hypnotism [ˈhɪpnətɪzm] *n.* Hypnotik, *die;* (*act*) Hypnotisieren, *das*

hypnotist [ˈhɪpnətɪst] *n.* Hypnotiseur, *der*/Hypnotiseuse, *die*

hypnotize [ˈhɪpnətaɪz] *v.t.* (*lit. or fig.*) hypnotisieren; (*fig.: fascinate*) faszinieren

hypo [ˈhaɪpəʊ] *n.* (*Photog.*) Fixiernatron, *das;* Fixiersalz, *das*

hypocaust [ˈhaɪpəkɔːst] *n.* (*Roman Ant.*) Hypokaustum, *das*

hypochondria [haɪpəˈkɒndrɪə] *n.* Hypochondrie, *die*

hypochondriac [haɪpəˈkɒndrɪæk] **1.** *adj.* hypochondrisch. **2.** *n.* Hypochonder, *der*

hypocrisy [hɪˈpɒkrɪsɪ] *n.* **a)** (*simulation of virtue*) Scheinheiligkeit, *die;* **b)** (*dissimulation*) Heuchelei, *die;* Hypokrisie, *die* (*geh.*)

hypocrite [ˈhɪpəkrɪt] *n.* **a)** (*person feigning virtue*) Scheinheilige, *der/die;* **b)** (*dissembler*) Heuchler, *der*/Heuchlerin, *die;* Hypokrit, *der* (*geh. veralt.*)

hypocritical [hɪpəˈkrɪtɪkl] *adj.* heuchlerisch; scheinheilig; hypokritisch (*geh. veralt.*)

hypodermic [haɪpəˈdɜːmɪk] (*Med.*) **1.** *adj.* subkutan ⟨Injektion⟩; subkutan verabreicht ⟨Medikament⟩; **~ syringe** Injektionsspritze, *die.* **2.** *n.* **a)** (*injection*) subkutane Injektion; **b)** (*syringe*) Injektionsspritze, *die*

hypotension [haɪpəʊˈtenʃn] *n.* (*Med.*) Hypotonie, *die* (*fachspr.*); zu niedriger Blutdruck

hypotensive [haɪpəʊˈtensɪv] *adj.* (*Med.*) hypotonisch; (*tending to lower the blood pressure*) blutdrucksenkend ⟨Medikament⟩

hypotenuse [haɪˈpɒtənjuːz] *n.* (*Geom.*) Hypotenuse, *die;* **square on the ~:** Hypotenusenquadrat, *das*

hypothermia [haɪpəʊˈθɜːmɪə] *n.* (*Med.*) Hypothermie, *die* (*fachspr.*); Unterkühlung, *die*

hypothesis [haɪˈpɒθɪsɪs] *n.*, *pl.* **hypotheses** [haɪˈpɒθɪsiːz] Hypothese, *die;* (*unproved assumption also*) Annahme, *die*

hypothesize (**hypothesise**) [haɪˈpɒθɪsaɪz] **1.** *v.i.* eine Hypothese aufstellen; mutmaßen; spekulieren. **2.** *v.t.* annehmen

hypothetical [haɪpəˈθetɪkl] *adj.* hypothetisch; angenommen; **it will remain ~:** darüber wird man nur mutmaßen od. spekulieren können

hypothetically [haɪpəˈθetɪkəlɪ] *adv.* hypothetisch

hyrax [ˈhaɪəræks] *n.* (*Zool.*) Klippschliefer, *der*

hyssop [ˈhɪsəp] *n.* (*Bot.*) Ysop, *der*

hysterectomy [hɪstəˈrektəmɪ] *n.* (*Med.*) Hysterektomie, *die* (*fachspr.*); operative Entfernung der Gebärmutter

hysteria [hɪˈstɪərɪə] *n.* Hysterie, *die*

hysterical [hɪˈsterɪkl] *adj.* hysterisch

hysterically [hɪˈsterɪkəlɪ] *adv.* hysterisch; **~ funny** urkomisch

hysterics [hɪˈsterɪks] *n. pl.* (*laughter*) hysterischer Lachanfall; (*crying*) hysterischer Weinkrampf; **have ~:** hysterisch lachen/weinen

Hz *abbr.* hertz Hz

I

¹I, i [aɪ] *n.*, *pl.* **Is** *or* **I's a)** (*letter*) I, i, *das;* *see also* **dot 2 b; b)** (*Roman numeral*) I

²I 1. *pron.* ich; **it was I** (*formal*) ich bin es; **it was I who locked the door** (*formal*) ich war es, der die Tür abgeschlossen hat; ich habe die Tür abgeschlossen; *see also* **¹me; ²mine; my; myself. 2.** *n.*, *no pl.* **the I** (*Philos.*) das Ich

I. *abbr.* **a)** Island[s] I.; **b)** Isle[s] I.

iamb [ˈaɪæm] *see* **iambus**

iambic [aɪˈæmbɪk] (*Pros.*) **1.** *adj.* jambisch; **~ pentameter** fünffüßiger Jambus. **2.** *n. in pl.* Jamben

iambus [aɪˈæmbəs] *n.*, *pl.* **~es** *or* **iambi** [aɪˈæmbaɪ] (*Pros.*) Jambus, *der*

IATA [ɪˈɑːtə, aɪˈɑːtə] *abbr.* International Air Transport Association IATA, *die*

IBA *abbr.* (*Brit.*) Independent Broadcasting Authority Kontrollgremium für den privaten Rundfunk und das Privatfernsehen

Iberia [aɪˈbɪərɪə] *pr. n.* (*Hist., Geog.*) Iberische Halbinsel

Iberian [aɪˈbɪərɪən] **1.** *adj.* iberisch. **2.** *n.* (*inhabitant of [ancient] Iberia*) Iberer, *der*/Ibererin, *die*

Iberian Peˈninsula *pr. n.* (*Geog.*) Iberische Halbinsel

ibex [ˈaɪbeks] *n.* (*Zool.*) Steinbock, *der*

ibid. *abbr.* **ibidem** ib.; ibd.; ibid.

ibidem [ˈɪbɪdem, ɪˈbaɪdəm] *adv.* ibidem; ebenda; ebendort

ibis [ˈaɪbɪs] *n.* (*Ornith.*) Ibis, *der*

i/c *abbr.* **a)** in charge; **b)** in command

ICBM *abbr.* intercontinental ballistic missile

ice [aɪs] **1.** *n.* **a)** *no pl.* Eis, *das;* **become ~:** [zu Eis] gefrieren; **feel/be like ~** (*be very cold*) eiskalt sein; **there was ~ over the pond** eine Eisschicht bedeckte den Teich; **fall through the ~:** auf dem Eis einbrechen; **be on ~ a)** (*be held in reserve*) ⟨Plan:⟩ auf Eis (*Dat.*) liegen (*ugs.*); **put on ~** (*coll.*) auf Eis (*Akk.*) legen (*ugs.*); **be on thin ~** (*fig.*) sich auf dünnem Eis bewegen haben; **break the ~** (*fig.: make a beginning*) den Anfang machen; (*break through reserve*) das Eis brechen; *see also* **lolly a; ²skate 2; b)** (*confection*) [Speise]eis, *das;* Eiscreme, *die;* **a ~/two ~s** ein/zwei Eis; **c)** *no pl., no indef. art.* (*Amer. sl.: diamonds*) Diamanten, *Pl.* *v.t.* **a)** (*freeze*) einfrieren, tiefkühlen ⟨Lebensmittel⟩; *see also* **lolly a; b)** (*cool with ~*) [mit Eis] kühlen; **~ coffee/tea** Eiskaffee, *der*/Tee mit Eis; **be ~d** eisgekühlt sein; **c)** glasieren ⟨Kuchen⟩

~ ˈover *v.i.* ⟨Gewässer:⟩ zufrieren; ⟨Straße, Flugzeug:⟩ vereisen

~ ˈup *v.i.* **a)** (*freeze*) ⟨Wasserleitung:⟩ einfrieren; **b)** *see* **~ over**

ice: **~ age** *n.* Eiszeit, *die;* **~-axe** *n.* Pickel, *der*

iceberg [ˈaɪsbɜːg] *n.* Eisberg, *der;* **the tip of the ~** (*fig.*) die Spitze des Eisbergs

ice: **~-blue 1.** [-ˈ-] *adj.* eisblau, *das;* **2.** [ˈ--] *adj.* eisblau; **~-bound** *adj.* eingefroren ⟨Schiff⟩; durch Vereisung abgeschnitten ⟨Hafen, Küste⟩; **~-box** *n.* (*Amer.*) Kühlschrank, *der;* **~-breaker** *n.* (*Naut.*) Eisbrecher, *der;* **~-cap** *n.* Eisdecke, -schicht, *die;* (*polar*) Eiskappe, *die;* **~-cold** *adj.* eiskalt; **~-ˈcream** *n.* Eis, *das;* Eiscreme, *die;* **one ~-cream/two/too many ~-creams** ein/zwei zuviel Eis; **~-cube** *n.* Eiswürfel, *der;* **~-floe** *see* **floe; ~ hockey** *n.* Eishockey, *das*

Iceland [ˈaɪslənd] *pr. n.* Island (*das*)

Icelander [ˈaɪsləndə(r)] *n.* Isländer, *der*/Isländerin, *die*

Icelandic [aɪsˈlændɪk] **1.** *adj.* isländisch; *see also* **English 1. 2.** *n.* Isländisch, *das;* *see also* **English 2 a**

ice: **~ ˈlolly** *see* **lolly a; ~-machine** *n.* Gefrierapparat, *der;* **~-pack** *n.* **a)** (*to relieve pain*) Eispackung, *die;* **b)** (*to keep food cool*) Kälteakku, *der* (*ugs.*); **c)** (*sea ice*) [Pack]eisdecke, *die;* **~-rink** *n.* Schlittschuh-, Eisbahn, *die;* **~-skate 1.** *n.* Schlittschuh, *der;* **2.** *v. i.* Schlittschuh laufen; eislaufen; **~-skater** *n.* Schlittschuhläufer, *der;* **~-skating** *n.* Schlittschuhlaufen, *das;* **~-water** *n.* Eiswasser, *das*

ichthyologist [ɪkθɪˈɒlədʒɪst] *n.* Ichthyologe, *der*/Ichthyologin, *die;* Fischkundler, *der*/-kundlerin, *die*

ichthyology [ɪkθɪˈɒlədʒɪ] *n.* Ichthyologie, *die;* Fischkunde, *die*

icicle [ˈaɪsɪkl] *n.* Eiszapfen, *der*

icily [ˈaɪsɪlɪ] *adv.* eisig; (*fig.*) kalt ⟨ablehnend, lächelnd⟩; eisig, frostig ⟨empfangen, begrüßen, anblicken⟩; **~ cold** eiskalt

iciness [ˈaɪsɪnɪs] *n.*, *no pl.* Eis[es]kälte, *die;* (*of road*) Eisglätte, *die*

icing [ˈaɪsɪŋ] *n.*, *no pl.* Vereisen, *das;* (*cooling*) Kühlen, *das;* (*of cake*) Überziehen mit Zuckerguß; **b)** (*Cookery: sugar coating*) Zuckerguß, *der;* Zuckerglasur, *die;* **the ~ on the cake** (*fig.*) das Tüpfelchen auf dem i

ˈicing sugar *n.* (*Brit.*) Puderzucker, *der*

icon [ˈaɪkən, ˈaɪkɒn] *n.* **a)** (*statue*) Standbild, *das;* **b)** (*Orthodox Ch.*) Ikone, *die*

iconoclast [aɪˈkɒnəklæst] *n.* (*lit. or fig.*) Bilderstürmer, *der*

iconoclastic [aɪkɒnəˈklæstɪk] *adj.* (*lit. or fig.*) bilderstürmerisch

icterus [ˈɪktərəs] *n.* (*Med.*) Ikterus, *der* (*fachspr.*); Gelbsucht, *die*

icy [ˈaɪsɪ] *adj.* **a)** vereist ⟨Berge, Landschaft, Straße, See⟩; eisreich ⟨Region, Land⟩; **in ~ conditions** bei Eis; **b)** (*very cold*) eiskalt; eisig; (*fig.*) frostig ⟨Benehmen, Ton⟩

ID [aɪˈdiː] *n.* **~ card/disc/plate** etc. *see* **identification c; have you [got] some** *or* **any ID?** können Sie sich ausweisen?

id [ɪd] *n.* (*Psych.*) Es, *das*

I'd [aɪd] **a)** = I had; **b)** = I would

idea [aɪˈdɪə] *n.* **a)** (*conception*) Idee, *die;* Gedanke, *der;* **arrive at an ~:** auf eine Idee od. einen Gedanken kommen; **get one's** *or* **the ~ from sth.** sich durch etw. anregen od. inspirieren lassen; **the ~ of going abroad** der Gedanke od. die Vorstellung, ins Ausland zu fahren; **have a good ~ of sth.** über etw. (*Akk.*) Bescheid wissen; **give/get some ~ of sth.** einen Überblick über etw. (*Akk.*) geben/einen Eindruck von etw. bekommen; **get the ~ [of sth.]** verstehen, worum es [bei etw.] geht; **be getting the ~** quickly schnell [damit] zurechtkommen; **sb.'s ~ of sth.** (*coll.*) jmds. Vorstellung von etw.; **not my ~ of ...** (*coll.*) nicht, was ich mir unter ... (*Dat.*) vorstelle; **he has no ~** (*coll.*) er hat keine Ahnung (*ugs.*); **b)** (*mental picture*) Vorstellung, *die;* **what gave you 'that ~?** wie bist du darauf gekommen?; **get the ~ that ...:** den Eindruck bekommen, daß ...; **I don't want her to get the ~ that ...:** ich will nicht, daß sie glaubt od. den Eindruck bekommt, daß ...; **he's got the ~ that ...:** er bildet sich (*Dat.*) ein, daß ...; (*be rebellious*) auf dumme Gedanken kommen (*ugs.*); (*be ambitious*) sich (*Dat.*) Hoffnungen machen; **put ~s into sb.'s head** jmdm. auf dumme Gedanken bringen; **c)** (*vague notion*) Ahnung, *die;* Vorstellung, *die;* **have you any ~ [of] how ...?** weißt du ungefähr, wie ...?; **have no ~ [of] where ...:** keine Ahnung haben, wo ...; **you can have no ~ [of]**

how ...: du kannst dir gar nicht vorstellen, wie ...; **not have the remotest** *or* **slightest** *or* **faintest** *or (coll.)* **foggiest ~**: nicht die entfernteste *od.* mindeste *od.* leiseste Ahnung haben; keinen blassen Schimmer haben *(ugs.);* **I suddenly had the ~ that ...**: mir kam plötzlich der Gedanke, daß ...; **I've an ~ that ...**: ich habe so eine Ahnung, daß ...; **the ~ of his having committed a murder** die Vorstellung, daß er einen Mord begangen hat *od.* er könne einen Mord begangen haben; **the [very] ~!, what an ~!** *(coll.)* unvorstellbar!; allein die Vorstellung!; **d)** *(way of thinking)* Vorstellung, *die;* **e)** *(plan)* Idee, *die;* **man of ~s** kluger Kopf; einfallsreicher Mensch; **have you any ~s for the future?** hast du [irgendwelche] Zukunftspläne?; **be full of good/new ~s** viele gute/neue Ideen haben; voller guter/neuer Ideen sein; **good ~!** [das ist eine] gute Idee!; **'that's an ~** *(coll.)* das ist eine gute Idee; **that gives me an ~**: das hat mich auf eine Idee gebracht; **the ~ was that ...**: der Plan war, daß ...; **have big ~s** große Rosinen im Kopf haben; **what's the big ~?** *(iron.)* was soll das?; was soll der Blödsinn? *(ugs.);* **f)** *(archetype)* Leitgedanke, *der; (Platonic Philos.)* Idee, *die*
ideal [aɪ'dɪəl] **1.** *adj.* **a)** ideal; vollendet ⟨Genuß, Ehemann, Gastgeber, Rittertum⟩; vollkommen ⟨Glück, Welt⟩; **b)** *(embodying an idea, existing only in idea)* ideell; gedacht; **c)** *(visionary)* idealistisch. **2.** *n.* **a)** *(perfect type)* Ideal, *das;* Idealvorstellung, *die;* **b)** *(standard for imitation)* Vorbild, *das*
ideal 'gas *n. (Phys.)* ideales Gas
idealise *see* **idealize**
idealism [aɪ'dɪəlɪzm] *n., no pl.* **a)** Idealismus, *der;* **b)** *(representation of things in idealized form)* Idealisierung, *die*
idealist [aɪ'dɪəlɪst] *n.* Idealist, *der*/Idealistin, *die*
idealistic [aɪdɪə'lɪstɪk] *adj.* idealistisch; **~ young people** junge Idealisten *Pl.*
idealize [aɪ'dɪəlaɪz] *v. t.* **a)** *(exalt)* idealisieren; verklären; **b)** *(represent in ideal form)* idealisieren; idealisierend darstellen
ideally [aɪ'dɪəlɪ] *adv.* ideal; **~, the work should be finished in two weeks** im Idealfalle *od.* idealerweise sollte die Arbeit in zwei Wochen abgeschlossen sein
idée fixe [iːdeɪ 'fiːks] *n., pl.* **idées fixes** [iːdeɪ 'fiːks] fixe Idee; Idée fixe, *die (geh.)*
identical [aɪ'dentɪkl] *adj.* identisch; **the ~ species** dieselbe Art; **he is the ~ convict who ...**: er ist genau der Sträfling, der ...; **b)** *(agreeing in every detail)* gleich; **be ~** *(Dat.)* gleichend; **be ~**: sich *(Dat.)* völlig gleichen; **~ twins** eineiige Zwillinge
identically [aɪ'dentɪkəlɪ] *adv.* völlig, genau ⟨gleich, übereinstimmend⟩; völlig gleich, völlig einheitlich ⟨bauen usw.⟩
identifiable [aɪ'dentɪfaɪəbl] *adj.* erkennbar **(by an +** *Dat.);* nachweisbar ⟨Stoff, Substanz⟩; bestimmbar ⟨Pflanzen-, Tierart⟩; diagnostizierbar ⟨Krankheit⟩
identification [aɪdentɪfɪ'keɪʃn] *n.* **a)** *(treating as identical)* Gleichsetzung, *die;* **b)** *(association)* Identifikation, *die;* Identifizierung, *die;* **c)** *(determination of identity) (of person)* Identifizierung, *die;* Wiedererkennen, *das; (of plants or animals)* Bestimmung, *die;* **means of ~**: Ausweispapiere *Pl.;* **have you any means of ~?** können Sie sich ausweisen?; **~ card** [Personal]ausweis, *der;* **~ disc** Erkennungsmarke, *die;* **~ plate** Kennzeichenschild, *das;* **~ badge** Ausweisplakette, *die;* Legitimationsabzeichen, *das*
identifi'cation parade *n. (Brit.)* Gegenüberstellung [zur Identifizierung], *die*
identify [aɪ'dentɪfaɪ] **1.** *v. t.* **a)** *(treat as identical)* gleichsetzen; **b)** *(associate)* identifizieren; **Guy Fawkes will always be identified with the Gunpowder Plot** bei Guy Fawkes wird jeder sofort an die Pulververschwörung denken; **c)** *(recognize)* identifizieren; bestimmen; **d)** *(establish)* ermitteln. **2.** *v. i.* **~ with sb.** sich mit jmdm. identifizieren

Identikit, (P) [aɪ'dentɪkɪt] *n.* Phantombild, *das*
identity [aɪ'dentɪtɪ] *n.* **a)** *(sameness)* Übereinstimmung, *die;* **b)** *(individuality, being specified person)* Identität, *die;* **proof of ~**: Identitätsnachweis, *der;* **[case of] mistaken ~**: [Personen]verwechslung, *die;* **c)** *(Math.)* Identität, *die;* identische Gleichung; **d)** **~ card/disc/plate** *etc. see* **identification c**
identity: ~ crisis *n.* Identitätskrise, *die;* **~ parade** *see* **identification parade**
ideogram [ɪ'dɪəgræm], **ideograph** ['ɪdɪəgrɑːf] *ns.* Ideogramm, *das;* Begriffszeichen, *das*
ideological [aɪdɪə'lɒdʒɪkl, ɪdɪə'lɒdʒɪkl] *adj.* ideologisch; weltanschaulich
ideologically [aɪdɪə'lɒdʒɪkəlɪ, ɪdɪə'lɒdʒɪkəlɪ] *adv.* ideologisch; weltanschaulich
ideologue ['aɪdɪəlɒg, 'ɪdɪəlɒg] *n.* Ideologe, *der*/Ideologin, *die*
ideology [aɪdɪ'ɒlədʒɪ, ɪdɪ'ɒlədʒɪ] *n.* Ideologie, *die;* Weltanschauung, *die*
ides [aɪdz] *n. pl.* Iden *Pl.;* **the ~ of March** die Iden des März
idiocy ['ɪdɪəsɪ] *n.* **a)** *(foolishness)* Dummheit, *die;* Idiotie, *die (abwertend);* **b)** *no pl. (Med.)* Idiotie, *die;* hochgradiger Schwachsinn
idiolect ['ɪdɪəlekt] *n. (Ling.)* Idiolekt, *der*
idiom ['ɪdɪəm] *n.* **a)** *(set phrase)* [Rede]wendung, *die;* idiomatischer Ausdruck; **b)** *(expression peculiar to a group)* Ausdrucksweise, *die; (expression peculiar to a person)* Stil, *der;* Diktion, *die (geh.);* **the legal ~**: die Juristensprache; **c)** *(national language)* Idiom, *das;* [National]sprache, *die;* **d)** *(style of artistic expression)* Ausdrucksform, *die;* **the New Orleans ~**: der New-Orleans-Stil
idiomatic [ɪdɪə'mætɪk] *adj.*, **idiomatically** [ɪdɪə'mætɪkəlɪ] *adv.* idiomatisch
idiosyncrasy [ɪdɪə'sɪŋkrəsɪ] *n.* **a)** *(mental constitution)* [geistige] Einstellung; **b)** *(view, behaviour)* Eigentümlichkeit, *die;* Eigenheit, *die*
idiosyncratic [ɪdɪəsɪŋ'krætɪk] *adj.*, **idiosyncratically** [ɪdɪəsɪŋ'krætɪkəlɪ] *adv.* eigenwillig
idiot ['ɪdɪət] *n.* **a)** *(coll.: fool)* Idiot, *der (ugs.);* Trottel, *der (ugs.);* **b)** *(Med.)* Schwachsinnige, *der/die;* Idiot, *der*/Idiotin, *die (veralt.)*
idiotic [ɪdɪ'ɒtɪk] *adj.* idiotisch *(ugs. abwertend);* schwachsinnig *(abwertend);* **what an ~ thing to do/say** was für eine Schwachsinn
idiotically [ɪdɪ'ɒtɪkəlɪ] *adv.* idiotisch *(ugs.);* schwachsinnig
idle ['aɪdl] **1.** *adj.* **a)** *(lazy)* faul; träge; **b)** *(not in use)* außer Betrieb nachgestellt; *(unemployed)* unbeschäftigt, arbeitslos ⟨Person⟩; **be ~** ⟨Maschinen, Fabrik:⟩ stillstehen; **be ~ for an hour** eine Stunde lang untätig sein *od.* nichts tun; *see also* ²**lie 2 b**; **c)** *(having no special purpose)* bloß ⟨Neugier⟩; nutzlos, leer ⟨Geschwätz⟩; **d)** *(groundless)* unbegründet ⟨Annahme, Mutmaßung⟩; bloß, rein ⟨Spekulation, Angeberei, Gerücht, Behauptung⟩; **no ~ jest** kein Scherz; **no ~ boast** *or* **jest** *(iron.)* kein leeres Versprechen; **e)** *(ineffective)* sinnlos, *(geh.)* müßig ⟨Diskussion, Streit⟩; fruchtlos, vergeblich ⟨Versuch⟩; leer ⟨Versprechen⟩; **f)** *(unoccupied)* frei ⟨Zeit, Stunden, Tag⟩; **Satan** *or* **the devil finds** *or* **makes work for ~ hands [to do]** *(prov.)* Müßiggang ist aller Laster Anfang *(Spr.).* **2.** *v. i.* **a)** faulenzen; **b)** *(Motor:)* leer laufen, im Leerlauf laufen
idleness ['aɪdlnɪs] *n., no pl. (being unoccupied)* Untätigkeit, *die; (avoidance of work)* Müßiggang, *der (fam.)*
idler ['aɪdlə(r)] *n.* Faulenzer, *der*/Faulenzerin, *die;* Faulpelz, *der (fam.)*

idly ['aɪdlɪ] *adv.* **a)** *(carelessly)* leichtsinnig; gedankenlos; **b)** *(inactively)* untätig; **stand ~ by while ...** *(fig.)* untätig zusehen, wie ...; **c)** *(indolently)* faul; **spend one's time ~**: seine Zeit mit Faulenzen verbringen
idol ['aɪdl] *n.* **a)** *(false god)* Götze, *der; (image of deity)* Götzenbild, *das;* **b)** *(person venerated)* Idol, *das; (thing venerated)* Götze, *der*
idolater [aɪ'dɒlətə(r)] *n.* **a)** *(worshipper of idols)* Götzendiener, *der;* **b)** *(devoted admirer)* Verehrer, *der*/Verehrerin, *die*
idolatrous [aɪ'dɒlətrəs] *adj.* götzendienerisch ⟨Religion, Person⟩; abgöttisch, götzenhaft ⟨Verehrung⟩
idolatry [aɪ'dɒlətrɪ] *n.* **a)** *(worship of false gods)* Götzenverehrung, *die;* **b)** *(veneration of person or thing)* Vergötterung, *die*
idolize (idolise) ['aɪdəlaɪz] *v. t.* **a)** *(make an idol of)* anbeten; verehren; **b)** *(fig.: venerate)* vergöttern; zum Idol erheben
idyll (**idyl**) ['ɪdɪl] *n.* **a)** *(description of scene)* Idylle, *die;* **prose ~**: Idylle in Prosa; **b)** *(episode)* Idyll, *das*
idyllic [aɪ'dɪlɪk, ɪ'dɪlɪk] *adj.* idyllisch
i.e. [aɪ'iː] *abbr.* that is d. h.; i. e.
if [ɪf] **1.** *conj.* **a)** wenn; **if anyone should ask ...**: falls jemand fragt, ...; wenn jemand fragen sollte, ...; **if you were a bird ...**: wenn du ein Vogel wärest; **if you would lend me some money ...**: wenn du mir Geld leihen würdest, ...; **if I knew what to do ...**: wenn ich wüßte, was ich tun soll ...; **if I were you an deiner Stelle; if an** *or* **when ...**: im Falle, daß ...; unter der Voraussetzung, daß ...; **write down the items you wish to buy, if any** schreib auf, welche Artikel du kaufen willst, wenn *od.* falls du etwas möchtest; **better, if anything** vielleicht etwas besser; **tell me what I can do to help, if anything** falls ich irgendwie helfen kann, sag es mir; **if so/not** wenn ja/nicht *od.* nicht; **if then/that/at all** wenn überhaupt; **if only for today** wenn auch nur für heute; **if only because/to ...**: schon allein, weil/um ... zu ...; **as if** *(p)* **he nodded, as if to say ...**: er nickte, als ob er sagen wollte *od.* wie um zu sagen ...; **as if you didn't know!** als ob du es nicht gewußt hättest!; **it isn't** *or* **it's not as if we were** *or (coll.)* **we're rich** es ist nicht etwa so, daß wir reich wären; **b)** *(whenever)* immer] wenn; **c)** *(whether)* ob; **d)** *in excl. of wish* **if I only knew, if only I knew!** wenn ich das nur wüßte!; **das könnte ich nur wüßte!; if only he arrives in time!** wenn er nur rechtzeitig ankommt!; **if only you could** *or* **if you could only have seen it!** wenn du das nur hättest sehen können!; **e)** *expr. surprise etc.* **if it isn't Ronnie!** das ist doch Ronnie!; **and if he didn't try to knock me down!** und er hat doch tatsächlich versucht, mich niederzuschlagen!; **f)** *in polite request* **if you will wait a moment** wenn Sie einen Augenblick warten wollen; **if you wouldn't mind holding the door open** wenn Sie so freundlich wären und die Tür aufhielten; wenn Sie freundlicherweise die Tür aufhielten; **g)** *(though)* und wenn; auch *od.* selbst wenn; **if I'm mistaken, you're mistaken too** wenn ich mich auch irre, du irrst dich genauso; **even if he did say that, ...**: selbst wenn er das gesagt hat, ...; **h)** *(despite being)* wenn auch; **likeable, if somewhat rough** liebenswürdig, wenn auch etwas derb. **2.** *n.* Wenn, *das;* Einschränkung, *die;* **ifs and buts** Wenn und Aber, *die*
iffish ['ɪfɪʃ], **iffy** ['ɪfɪ] *adjs. (coll.)* ungewiß; zweifelhaft
igloo ['ɪgluː] *n.* Iglu, *der od. das*
igneous ['ɪgnɪəs] *adj.* **~ rock** *(Geol.)* Extrusivgestein, *das;* Eruptivgestein, *das*
ignite [ɪg'naɪt] **1.** *v. t.* **a)** anzünden; entzünden *(geh.);* **b)** *(Chem.: heat)* [bis zur Verbrennung] erhitzen. **2.** *v. i.* sich entzünden
ignition [ɪg'nɪʃn] *n.* **a)** *(igniting)* Zünden, *das;* Entzünden, *das (geh.); (being ignited)*

Entzündung, *die;* **we have ~:** wir haben gezündet; **b)** *(Motor Veh.)* Zündung, *die*
ignition: ~ key *n. (Motor Veh.)* Zündschlüssel, *der;* **~ system** *n. (Motor Veh.)* Zündanlage, *die*
ignoble [ɪgˈnəʊbl] *adj.* niedrig ⟨*Geburt, Herkunft*⟩; niederträchtig ⟨*Person*⟩; schändlich ⟨*Tat*⟩
ignominious [ɪgnəˈmɪnɪəs] *adj.* **a)** verwerflich *(geh.)* ⟨*Tat, Idee, Praktik*⟩; schändlich, verworfen ⟨*Person*⟩; **b)** *(humiliating)* schändlich; schmachvoll *(geh.)*
ignominiously [ɪgnəˈmɪnɪəslɪ] *adv. (in a humiliating manner)* auf verwerfliche *od.* erniedrigende Weise; schmachvoll *(geh.)*
ignominy [ˈɪgnəmɪnɪ] *n.* Schande, *die*
ignoramus [ɪgnəˈreɪməs] *n.* Ignorant, *der;* Nichtswisser, *der*
ignorance [ˈɪgnərəns] *n., no pl.* Ignoranz, *die (abwertend)* Unwissenheit, *die;* **keep sb. in ~ of sth.** jmdn. in Unkenntnis über etw. *(Akk.)* lassen; **~ is bliss** das ist das Glück der Unwissenden; was ich nicht weiß, macht mich nicht heiß *(Spr.);* **his ~ of physics** seine mangelnden Kenntnisse in Physik
ignorant [ˈɪgnərənt] *adj.* **a)** *(lacking knowledge)* unwissend; ungebildet; **b)** *(behaving in uncouth manner)* unkultiviert *(abwertend);* **c)** *(uninformed)* **be ~ of sth.** über etw. *(Akk.)* nicht informiert sein; von etw. keine Ahnung haben; **remain ~ of sth.** über etw. *(Akk.)* nie etwas erfahren; **be ~ in or of mathematics** mangelnde Kenntnisse in Mathematik haben *od. (geh.)* aufweisen
ignorantly [ˈɪgnərəntlɪ] *adv.* unwissend; in Unwissenheit; **behave ~:** sich ungehobelt benehmen
ignore [ɪgˈnɔː(r)] *v. t.* ignorieren; nicht beachten; nicht befolgen ⟨*Befehl, Rat*⟩; übergehen, überhören ⟨*Frage, Bemerkung*⟩; **he ~d me in the street** er ist [auf der Straße] einfach an mir vorbeigegangen; **I shall ~ that remark!** ich habe das nicht gehört!
iguana [ɪˈgwɑːnə] *n. (Zool.)* Leguan, *der*
ikon *see* **icon**
Iliad [ˈɪlɪæd] *n.* Ilias, *die*
ilk [ɪlk] *n.* **a)** *(coll.)* **Bill and [others of] his ~:** Bill und seinesgleichen; **... and that ~:** ... und dergleichen; **he's another of the same ~:** er gehört auch zu *od.* ist auch von derselben Sorte; **people of that ~:** solche Leute; **b)** *of that ~ (Scot.)* aus dem Clan/Ort gleichen Namens
ill [ɪl] **1.** *adj.,* **worse** [wɜːs], **worst** [wɜːst] **a)** *(sick)* krank; **be ~ with flu** an Grippe *(Dat.)* erkrankt sein; [die] Grippe haben; **be ~ with worry** vor Sorgen [ganz] krank sein; sich vor Sorgen verzehren *(geh.);* **b)** *(morally bad)* schlecht, zweifelhaft ⟨*Ruf, Ansehen*⟩; *see also* **fame;** *(hostile)* schlimm, böse ⟨*Gerücht*⟩; schlecht, übel ⟨*Laune, Stimmung*⟩; **d)** *(harmful)* üble ⟨*schädliche Wirkungen*⟩; **do an ~ turn to sb.** jmdm. Schaden zufügen; **e)** *(unfavourable)* ungünstig ⟨*Zeitpunkt*⟩; widrig ⟨*Schicksal, Umstand*⟩; **~ fate** *or* **fortune** *or* **luck** Pech, *das;* **it's an ~ wind that blows nobody [any] good** *(prov.)* in einem Leid, des andern Freud' *(Spr.);* **as ~ luck would have it** wie es das Unglück wollte; **f)** *(improper)* schlecht ⟨*Benehmen, Manieren*⟩. **2.** *n.* **a)** *(evil)* Übel, *das;* **for good or ~:** komme, was will; **through good and ~:** im Glück wie im Unglück; **b)** *(harm)* Schlechte, *das;* Unglück, *das;* **wish sb. ~:** jmdm. nichts Gutes *od.* nur das Schlechteste wünschen; **speak ~ of sb./ sth.** Schlechtes über jmdn. *od.* von jmdm./ von etw. sagen; **let's not speak ~ of the dead** die Toten soll man ruhen lassen; **c)** *in pl. (misfortunes)* Mißstände *Pl.;* **the ~s that flesh is heir to** die Leiden, mit denen die Menschheit geschlagen ist. **3.** *adv.,* **worse, worst a)** *(badly)* schlecht, unschicklich ⟨*sich benehmen*⟩; *see also* **take 1 i; b)** *(unfavour-*

ably) ungünstig ⟨*gelegen*⟩; **it goes ~ with sb.** es geht jmdm. schlecht; **c)** *(imperfectly)* schlecht, unzureichend ⟨*versorgt, ausgestattet*⟩; **he can ~ afford it** er kann es sich *(Dat.)* kaum leisten; **it ~ becomes sb. to do sth.** es ist nicht jmds. Sache *od.* steht jmdm. nicht zu, etw. zu tun; **~ at ease** verlegen
I'll [aɪl] **a) = I shall; b) = I will**
ill: ~-advised *adj.* unklug; schlechtberaten ⟨*Kunde*⟩; **be ~-advised** ⟨*Person:*⟩ schlecht beraten sein; **~-adˈvisedly** *adv.* in unüberlegter Weise; unüberlegt, unklug ⟨*handeln*⟩; **~-assorted** *adj.* schlecht zusammenpassend; schlecht harmonierend, unverträglich ⟨*Ehepaar usw.*⟩; bunt zusammengewürfelt ⟨*Sammlung*⟩; **~-behaved** [ˈɪlbɪheɪvd] *adj. see* **behave 1 a; ~-bred** *adj.* schlecht erzogen ⟨*Kind, Jugendlicher*⟩; unkultiviert *(abwertend)* ⟨*Leute, Kerl usw.*⟩; **~-conceived** [ˈɪlkənsiːvd] *adj.* schlecht durchdacht; **~-defined** [ˈɪldɪfaɪnd] *adj.* ungenau definiert, unklar ⟨*Verfahren, Vorgehen*⟩; verschwommen [formuliert] ⟨*Gesetz, Verordnung, Vertrag*⟩; nicht klar *od.* fest umrissen ⟨*Aufgabenbereich*⟩; **~-disposed** [ˈɪldɪspəʊzd] *adj. see* **disposed**
illegal [ɪˈliːgl] *adj.* ungesetzlich; illegal; *(Games, Sport: contrary to rules)* regelwidrig; unerlaubt; **it is ~ to drive a car without a licence** es ist verboten, ohne Führerschein Auto zu fahren
illegality [ɪlɪˈgælɪtɪ] *n.* **a)** *no pl.* Ungesetzlichkeit, *die;* **be unaware of the ~ of sth.** nicht wissen, daß etw. verboten ist; **b)** *(illegal act)* Gesetzesübertretung, *die*
illegally [ɪˈliːgəlɪ] *adv.* illegal; **bring sth. into the country ~:** etw. illegal *od.* auf illegalem Wege einführen
illegibility [ɪledʒɪˈbɪlɪtɪ] *n., no pl.* Unleserlichkeit, *die*
illegible [ɪˈledʒɪbl] *adj.,* **illegibly** [ɪˈledʒɪblɪ] *adv.* unleserlich
illegitimacy [ɪlɪˈdʒɪtɪməsɪ] *n., no pl. see* **illegitimate: a)** Unehelichkeit, *die;* Illegitimität, *die;* **b)** Unrechtmäßigkeit, *die;* **c)** Unzulässigkeit, *die*
illegitimate [ɪlɪˈdʒɪtɪmət] *adj.* **a)** *(not from wedlock)* unehelich, illegitim; **b)** *(not authorized by law)* unrechtmäßig ⟨*Machtergreifung, Geschäft*⟩; mit dem Gesetz unvereinbar ⟨*Maßnahme, Vorgehen, Bewegung*⟩; **c)** *(wrongly inferred)* unzulässig
illegitimately [ɪlɪˈdʒɪtɪmətlɪ] *adv. see* **illegitimate: a)** unehelich; **b)** zu Unrecht; **c)** auf unzulässige Weise
ill: ~ ˈfated *adj.* unglückselig; verhängnisvoll ⟨*Entscheidung, Stunde, Tag*⟩; **~-ˈfavoured** *adj. (unattractive)* unansehnlich ⟨*Person*⟩; **~ ˈfeeling** *n.* Verstimmung, *die;* **cause ~ feeling** böses Blut machen *od.* schaffen; **no ~ feeling[s]?** sind Sie jetzt verstimmt *od. (fam.)* böse?; **no ~ feeling[s]** das macht [doch] nichts; ich nehme es nicht übel; **~-founded** [ˈɪlfaʊndɪd] *adj.* haltlos ⟨*Theorie, Gerücht*⟩; **be ~-founded** völlig haltlos sein; jeder Grundlage entbehren; **~-gotten** *adj.* unrechtmäßig erworben; **~ ˈhealth** *n.* schwache Gesundheit; **~ humour** *n.* schlechte Laune; Gereiztheit, *die;* **~-humoured** [ɪlˈhjuːməd] *adj.* schlecht gelaunt
illicit [ɪˈlɪsɪt] *adj.* verboten ⟨*Glücksspiel*⟩; unerlaubt ⟨*[Geschlechts]verkehr, Beziehung*⟩; Schwarz⟨*handel, -verkauf, -arbeit, -brennerei*⟩; **~ traffic in drugs** illegaler Drogenhandel
illicitly [ɪˈlɪsɪtlɪ] *adv.* illegal ⟨*Handel treiben, Schnaps brennen*⟩
ˈill-informed *adj.* schlecht informiert; auf Unkenntnis beruhend ⟨*Bemerkung, Schätzung, Urteil*⟩
illiteracy [ɪˈlɪtərəsɪ] *n., no pl.* Analphabetentum, *das;* Analphabetismus, *der*
illiterate [ɪˈlɪtərət] **1.** *adj.* **a)** des Lesens und Schreibens unkundig; analphabetisch

⟨*Bevölkerung*⟩; **he is ~:** er ist Analphabet; **b)** *(showing lack of learning)* primitiv *(abwertend);* **musically ~:** auf musikalischem Gebiet *od.* musikalisch völlig unbedarft; **he is politically ~:** er ist ein politischer Analphabet. **2.** *n.* Analphabet, *der*/Analphabetin, *die*
ill: ~-judged [ɪlˈdʒʌdʒd] *adj.* unklug; *(rash)* unüberlegt; leichtfertig; **~-mannered** [ɪlˈmænəd] *adj.* rüpelhaft *(abwertend);* ungezogen ⟨*Kind*⟩; **an ~-mannered fellow** ein Rüpel; **~-matched** *adj.* schlecht zusammenpassend; **~-natured** [ɪlˈneɪtʃəd] *adj.,* **~ naturedly** [ɪlˈneɪtʃədlɪ] *adv.* übellaunig
illness [ˈɪlnɪs] *n.* **a)** *(a disease)* Krankheit, *die;* Erkrankung, *die;* **children's ~:** Kinderkrankheit, *die;* **~ is not a pleasure;** **because of ~:** wegen [einer] Krankheit
illogical [ɪˈlɒdʒɪkl] *adj.* unlogisch; unbegründet ⟨*Ärger, Verstimmung*⟩
illogicality [ɪlɒdʒɪˈkælɪtɪ] *n.* **a)** *no pl.* Unlogik, *die;* **b)** *(illogical thing)* Ungereimtheit, *die;* logischer Fehler
illogically [ɪˈlɒdʒɪkəlɪ] *adv.* auf unlogische Weise; ohne jede Logik
ill: ~-omened [ɪlˈəʊmənd] *adj.* unheilvoll; **~-starred** [ˈɪlstɑːd] *adj.* unglücklich ⟨*Liebesverhältnis*⟩; unheilvoll, verhängnisvoll ⟨*Tag, Jahr, Zufall*⟩; **the trip was ~-starred** die Reise stand unter einem Unstern *od.* ungünstigen Stern; **~ ˈtemper** *see* **ill humour; ~-tempered** [ɪlˈtempəd] *adj. see* **ill-humoured; ~-timed** [ɪlˈtaɪmd] *adj.* [zeitlich] ungelegen [angesetzt]; zeitlich unbesonnen ⟨*Bemerkung*⟩; **~-ˈtreat** *v. t.* mißhandeln ⟨*Lebewesen*⟩; nicht schonend behandeln, schlecht umgehen mit ⟨*Gegenstand*⟩; **~-ˈtreatment** *n., no pl. (of living thing)* Mißhandlung, *die; (of object)* wenig pflegliche Behandlung; **suffer/receive ~-treatment** mißhandelt/wenig schonend *od.* pfleglich behandelt werden
illuminate [ɪˈljuːmɪneɪt, ɪˈluːmɪneɪt] *v. t.* **a)** *(light up)* ⟨*Lampe usw.:*⟩ beleuchten; ⟨*Mond, Sonne:*⟩ erleuchten; **b)** *(give enlightenment to)* erleuchten; *(help to explain)* erhellen; [näher] beleuchten; **~ a period of history** Licht in eine Geschichtsepoche bringen; **d)** *(decorate with lights)* festlich beleuchten; illuminieren; **~d advertisements** Leuchtreklamen, *(fachspr.)* illuminieren ⟨*Handschriften usw.*⟩; **~d initial letters** verzierte *od.* ausgemalte Initialen
illuminating [ɪˈljuːmɪneɪtɪŋ, ɪˈluːmɪneɪtɪŋ] *adj.* aufschlußreich
illumination [ɪljuːmɪˈneɪʃn, ɪluːmɪˈneɪʃn] *n.* **a)** *(lighting)* Beleuchtung, *die;* **b)** *(enlightenment)* Erleuchtung, *die;* **c)** *(decorative lights) often in pl.* **~s** Festbeleuchtung, *die;* Illumination, *die;* **d)** *(of manuscript)* Buchmalerei, *die;* Illumination, *die (fachspr.)*
illumine [ɪˈljuːmɪn, ɪˈluːmɪn] *v. t.* **a)** *(literary)* **a)** *(light up)* erhellen; illuminieren *(geh.);* **b)** *(enlighten)* erleuchten; Erleuchtung bringen (+ *Dat.*)
ill-use 1. [ɪlˈjuːz] *v. t. see* **ill-treat. 2.** [ɪlˈjuːs] *n. see* **ill-treatment**
illusion [ɪˈljuːʒn, ɪˈluːʒn] *n.* **a)** *(false sense-perception)* [Sinnes]täuschung, *die;* Illusion, *die;* **have the ~ of seeing sth.** sich *(Dat.)* einbilden, etw. zu sehen; etw. zu sehen glauben; **the ointment produces an ~ of warmth** die Salbe ruft die Empfindung *od.* Illusion von Wärme hervor; **b)** *(deception)* Wunschbild, *das;* Illusion, *die; (misapprehension)* falsche Vorstellung, Illusion, *die;* **be under an ~:** sich ⟨*Dat.*⟩ hingeben; sich *(Dat.)* Illusionen machen *od.;* **be under the ~ that ...:** sich *(Dat.)* einbilden, daß ...; **have no ~s about sb./sth.** *(Dat.)* über jmdn./etw. keine Illusionen machen *od.* nichts vormachen
illusionist [ɪˈljuːʒənɪst, ɪˈluːʒənɪst] *n. see* **conjurer**

365

illusory [ɪˈljuːsərɪ, ɪˈluːsərɪ] *adj.* **a)** *(deceptive)* illusorisch; trügerisch; **b)** *(of the nature of an illusion)* imaginär *(geh.)* ⟨*Gestalt*⟩; Wahn⟨*bild, -idee, -vorstellung*⟩; irrig ⟨*Lehre, Ansicht, Annahme*⟩

illustrate [ˈɪləstreɪt] *v. t.* **a)** *(serve as example of)* veranschaulichen; illustrieren; **b)** *(elucidate by pictures)* [bildlich] darstellen ⟨*Vorgang, Ablauf*⟩; illustrieren ⟨*Buch, Erklärung*⟩; **c)** *(explain)* verdeutlichen; erläutern; *(make clear by examples)* anschaulicher machen; illustrieren; **d)** *(ornament)* illustrieren; bebildern

illustration [ɪləˈstreɪʃn] *n.* **a)** *(example)* Beispiel, *das* (**of** für); *(drawing)* Abbildung, *die;* bildliche Darstellung; **b)** *(picture)* Abbildung, *die;* Illustration, *die. p. (with example)* Illustration, *die;* Erläuterung, *die; (with picture)* Illustration, *die;* Illustrierung, *die;* **by way of** ~: zur Illustration *od.* Verdeutlichung

illustrative [ˈɪləstrətɪv] *adj.* erläuternd; illustrativ; **be** ~ **of sth.** beispielhaft *od.* typisch für etw. sein; ~ **material** Beispielmaterial, *das*

illustrator [ˈɪləstreɪtə(r)] *n.* Illustrator, *der*/Illustratorin, *die*

illustrious [ɪˈlʌstrɪəs] *adj.* berühmt ⟨*Person*⟩ (**for** wegen); ruhmreich ⟨*Tat, Herrschaft*⟩

ill 'will *n.* Böswilligkeit, *die*

I'm [aɪm] = I am

image [ˈɪmɪdʒ] *n.* **a)** Bildnis, *das (geh.); (statue)* Standbild, *das;* Statue, *die;* **b)** *(Optics, Math.)* Bild, *das; (semblance)* Bild, *das; (counterpart)* Ebenbild, *das (geh.); (archetype)* Verkörperung, *die;* **God created man in his own** ~ *(Bibl.)* Gott schuf den Menschen nach seinem Bilde; **she is the [very]** ~ **of her mother** sie ist das [getreue] Ebenbild ihrer Mutter; **d)** *(Lit.: simile, metaphor)* Bild, *das;* Metapher, *die (fachspr.);* **e)** *(mental representation)* Bild, *das; (conception)* Vorstellung, *die;* **f)** *(perceived character)* Image, *das;* **improve one's** ~: sein Image aufbessern; **public** ~: Image [in der Öffentlichkeit], *das*

imagery [ˈɪmɪdʒərɪ, ˈɪmɪdʒrɪ] *n., no pl.* **a)** *(images)* Bilder *Pl.;* bildliche Darstellungen *Pl.; (statues)* Statuen *Pl.;* **b)** *(mental images)* Vorstellungen *Pl.;* **c)** *(Lit.: figurative illustration)* Metaphorik, *die*

imaginable [ɪˈmædʒɪnəbl] *adj.* erdenklich; **the biggest lie** ~: die unverschämteste Lüge, die man sich *(Dat.)* vorstellen kann

imaginary [ɪˈmædʒɪnərɪ] *adj.* **a)** imaginär *(geh.);* konstruiert ⟨*Bildnis*⟩; eingebildet ⟨*Krankheit*⟩; **b)** *(Math.)* imaginär

imagination [ɪmædʒɪˈneɪʃn] *n.* **a)** *no pl., no art.* Phantasie, *die;* **do/see sth. in one's** ~: sich *(Dat.)* vorstellen, etw. zu tun/etw. vor seinem geistigen Auge sehen; **use your** ~! hab doch ein bißchen Phantasie! *(ugs.);* entwickel doch mal etwas Phantasie! **b)** *no pl., no art. (fancy)* Einbildung, *die;* **catch sb.'s** ~: jmdn. begeistern; **it's just your** ~: das bildest du dir nur ein; **it's all in your** ~: das bildest du dir alles [nur] ein

imaginative [ɪˈmædʒɪnətɪv] *adj.* **a)** imaginativ *(geh.);* ~ **faculties** Vorstellungsvermögen, *das;* **b)** *(given to using imagination)* phantasievoll; **be too** ~: zuviel Phantasie haben; **c)** *(showing imagination)* einfallsreich

imaginatively [ɪˈmædʒɪnətɪvlɪ] *adv.* **a)** einfallsreich; **b)** *(using imagination)* phantasievoll

imagine [ɪˈmædʒɪn] *v. t.* **a)** *(picture to oneself)* sich *(Dat.)* vorstellen; **can you** ~? stell dir vor!; **it cannot be** ~d ist es unvorstellbar; ~ **things** sich *(Dat.)* Dinge einbilden, die gar nicht stimmen; **..., or am I imagining things?** ..., oder bilde ich mir das bloß ein?; **b)** *(think)* sich *(Dat.)* vorstellen; ~ **sb./sth. to be/do ...:** sich *(Dat.)* vorstellen, daß jmd./etw. ... ist/tut; **sth. to be**

easy/difficult *etc.* sich *(Dat.)* etw. leicht/ schwer *usw.* vorstellen; ~ **oneself to be sth.** sich *(Dat.)* einbilden, etw. zu sein; **do not** ~ **that ...:** bilden Sie sich *(Dat.)* bloß nicht ein, daß ...; **c)** *(guess)* sich *(Dat.)* vorstellen; **as you can** ~, **as may be** ~**d** wie du dir denken *od.* vorstellen kannst/wie man sich denken *od.* vorstellen kann; **d)** *(coll.: suppose)* glauben; **e)** *(get the impression)* ~ [**that**] ...: sich *(Dat.)* einbilden[, daß] ...

imago [ɪˈmeɪgəʊ] *n., pl.* **imagines** [ɪˈmeɪdʒɪniːz] *or* ~**s** *or (Amer.)* ~**es** *(Biol., Psych.)* Imago, *die*

imam [ɪˈmɑːm] *n. (Muslim Rel.)* Imam, *der*

imbalance [ɪmˈbæləns] *n.* Unausgeglichenheit, *die*

imbecile [ˈɪmbɪsiːl, ˈɪmbɪsaɪl] **1.** *adj.* **a)** *(stupid)* schwachsinnig *(ugs. abwertend);* **b)** *(Med.)* imbezil[l]. **2.** *n.* **a)** *(stupid person)* Idiot, *der (ugs.);* Schwachkopf, *der;* **b)** *(Med.)* Imbezil[l]e, *der/die*

imbibe [ɪmˈbaɪb] *v. t.* **a)** *(drink)* trinken; **b)** *(fig.: assimilate)* sich in *(Akk.)* aufsaugen

imbroglio [ɪmˈbrəʊljəʊ] *n., pl.* ~**s a)** *a financial* ~: ein finanzielles Chaos; ein Finanzchaos; **b)** *(dramatic situation)* Verwicklungen *Pl.; (political situation)* Wirrwarr, *das*

imbue [ɪmˈbjuː] *v. t.* **a)** *(tinge)* färben; **b)** *(permeate)* durchdringen; ~**d with sth.** von etw. durchdrungen

IMF *abbr.* International Monetary Fund IWF, *der*

imitate [ˈɪmɪteɪt] *v. t.* **a)** *(mimic)* nachahmen; nachmachen *(ugs.);* ~ **sb.** *(follow example of)* es jmdm. gleichtun; **b)** *(produce sth. like)* kopieren; **c)** *(be like)* imitieren

imitation [ɪmɪˈteɪʃn] **1.** *n.* **a)** *(imitating)* Nachahmung, *die;* **Tim's** ~ **of his brother** die Art und Weise, wie Tim seinen Bruder nachahmt/nachmacht; **a style developed in** ~ **of classical models** ein nach klassischen Vorbildern entwickelter Stil; **do** ~**s of sb.** jmdn. imitieren *od.* nachahmen; **he sings, tells jokes, and does** ~**s** er singt, erzählt Witze und ahmt andere Leute nach; ~ **is the sincerest [form of] flattery** nachgeahmt zu werden ist das größte Kompliment; **b)** *(copy)* Kopie, *die;* Nachbildung, *die; (counterfeit)* Imitation, *die.* **2.** *adj.* imitiert; Kunst⟨*leder, -horn*⟩; ~ **marble/ivory/teak/ fur** *etc.* Marmor-/Elfenbein-/Teak-/Pelzimitation *usw., die*

imitative [ˈɪmɪtətɪv, ˈɪmɪteɪtɪv] *adj.* **a)** uneigenständig; epigonal *(geh.);* **be** ~ **of sb./sth.** jmdn./etw. nachahmen; ~ **arts** bildende Künste; **b)** *(prone to copy)* imitativ *(geh.)*

imitator [ˈɪmɪteɪtə(r)] *n.* Nachahmer, *der*/ Nachahmerin, *die; (one who mimics another)* Imitator, *der*/Imitatorin, *die;* **be an** ~ **of sb.** jmdn. nachahmen

immaculate [ɪˈmækjʊlət] *adj.* **a)** *(spotless)* makellos ⟨*Kleidung, Weiß*⟩; **b)** *(faultless)* tadellos

Immaculate Con'ception *n. (RCCh.)* Unbefleckte Empfängnis

immaculately [ɪˈmækjʊlətlɪ] *adv.* **a)** *(spotlessly)* makellos; ~ **white** blütenweiß; **b)** *(faultlessly)* tadellos

immanence [ˈɪmənəns] *n., no pl.* Immanenz, *die*

immanent [ˈɪmənənt] *adj.* **a)** immanent; **be** ~ **in sth.** einer Sache *(Dat.)* innewohnen *(geh.);* **b)** *(Theol.)* allgegenwärtig

immaterial [ɪməˈtɪərɪəl] *adj.* **a)** *(unimportant)* unerheblich; **it's quite** ~ **to me** das ist für mich vollkommen uninteressant; **b)** *(not consisting of matter)* immateriell *(geh.)* ⟨*Wesen*⟩

immature [ɪməˈtjʊə(r)] *adj.* **a)** noch nicht voll entwickelt ⟨*Lebewesen*⟩; noch nicht voll ausgereift ⟨*Begabung, Talent*⟩; noch etwas unausgegoren ⟨*Kunststil*⟩; unreif ⟨*Persönlichkeit, Einstellung*⟩; **b)** *(Biol.: unripe)* unreif; noch nicht voll entwickelt ⟨*Organ*⟩

immaturity [ɪməˈtjʊərɪtɪ] *n., no pl.* Unrei-

fe, *die;* **b)** *no pl. (Biol.: unripeness)* Unreife, *die;* **in** ~: vor der Reife

immeasurable [ɪˈmeʒərəbl] *adj.* unermeßlich; unmeßbar ⟨*Entfernung*⟩

immeasurably [ɪˈmeʒərəblɪ] *adv.* **a)** unmeßbar; unendlich ⟨*lang*⟩; **b)** *(immensely)* ungeheuer

immediate [ɪˈmiːdjət] *adj.* **a)** unmittelbar; *(nearest)* nächst... ⟨*Nachbar[schaft], Umgebung, Zukunft*⟩; engst... ⟨*Familie*⟩; unmittelbar ⟨*Kontakt*⟩; **your** ~ **action must be to ...:** als erstes müssen Sie ...; ~ **inference** direkter Schluß; **his** ~ **plan is to ...:** zunächst einmal will er ...; **b)** *(occurring at once)* prompt; unverzüglich ⟨*Handeln, Maßnahmen*⟩; umgehend ⟨*Antwort*⟩

immediately [ɪˈmiːdjətlɪ] **1.** *adv.* **a)** unmittelbar; direkt; **b)** *(without delay)* sofort. **2.** *conj. (coll.)* sobald

immemorial [ɪmɪˈmɔːrɪəl] *adj.* undenklich; **from time** ~: seit undenklichen Zeiten

immense [ɪˈmens] *adj.* **a)** ungeheuer; immens; **b)** *(coll.: great)* enorm

immensely [ɪˈmenslɪ] *adv.* **a)** ungeheuer; **b)** *(coll.: very much)* unheimlich *(ugs.)*

immensity [ɪˈmensɪtɪ] *n., no pl. (great size)* Ungeheuerlichkeit, *die*

immerse [ɪˈmɜːs] *v. t.* **a)** *(dip)* [ein]tauchen; **he** ~**d his head in cold water** er tauchte den Kopf in kaltes Wasser; **b)** *(cause to be under water)* versenken; *(Eccl.)* untertauchen; ~**d in water** unter Wasser; **c)** **be** ~**d in thought/ one's work** *(fig.: involved deeply)* in Gedanken versunken/in seine Arbeit vertieft sein

immersion [ɪˈmɜːʃn] *n.* **a)** Eintauchen, *das;* **b)** *(Relig.)* Untertauchen, *das;* **c)** *(fig.) (in work)* Vertiefung, *die; (in thought)* Versunkenheit, *die (geh.)*

im'mersion heater *n.* Heißwasserbereiter, *der; (small, portable)* Tauchsieder, *der*

immigrant [ˈɪmɪgrənt] **1.** *n.* Einwanderer, *der*/Einwanderin, *die;* Immigrant, *der*/Immigrantin, *die.* **2.** *adj.* Einwanderer-; ~ **population** Einwanderer *Pl.;* ~ **workers** ausländische Arbeitnehmer

immigrate [ˈɪmɪgreɪt] *v. i.* einwandern, immigrieren (**into** nach, **from** aus)

immigration [ɪmɪˈgreɪʃn] *n.* Einwanderung, *die,* Immigration, *die* (**into** nach, **from** aus); *attrib.* Einwanderungs⟨*kontrolle, -beschränkung, -gesetz*⟩; ~ **officer** Beamter/Beamtin der Einwanderungsbehörde

imminence [ˈɪmɪnəns] *n., no pl.* Bevorstehen, *das*

imminent [ˈɪmɪnənt] *adj.* unmittelbar bevorstehend; drohend ⟨*Gefahr*⟩; **be** ~: unmittelbar bevorstehen/drohen

imminently [ˈɪmɪnəntlɪ] *adv.* unmittelbar; **the President's arrival is expected** ~: die Ankunft des Präsidenten wird jeden Moment erwartet

immiscible [ɪˈmɪsɪbl] *adj.* nicht mischbar

immobile [ɪˈməʊbaɪl] *adj.* **a)** *(immovable)* unbeweglich; *(Mil.)* immobil; **b)** *(motionless)* bewegungslos

immobilisation, immobilise *see* **immobiliz-**

immobility [ɪməˈbɪlɪtɪ] *n., no pl.* **a)** *(immovableness)* Unbeweglichkeit, *die; (of army)* Immobilität, *die;* **b)** *(motionlessness)* Bewegungslosigkeit, *die*

immobilization [ɪməʊbaɪlaɪˈzeɪʃn] *n.* **a)** *(fixing immovably)* Verankerung, *die;* **b)** *(Med.: restricting in movement)* Ruhigstellung, *die*

immobilize [ɪˈməʊbaɪlaɪz] *v. t.* **a)** *(fix immovably)* verankern; *(fig.)* lähmen; **b)** *(restrict movement of)* feststellen ⟨*Tier, Körperteil, Patienten*⟩; **c)** gegen Wegfahren sichern ⟨*Fahrzeug*⟩

immoderate [ɪˈmɒdərət] *adj.* **a)** *(excessive)* unmäßig ⟨*Rauchen, Trinken*⟩; überhöht ⟨*Geschwindigkeit, Preis*⟩; übermäßig ⟨*Lärm*⟩; **b)** *(extreme)* extrem ⟨*Ansichten, Politiker*⟩; maßlos ⟨*Lebensstil*⟩

immoderately [ɪ'mɒdərətlɪ] *adv.* **a)** *(excessively)* übermäßig ⟨hoch⟩; unmäßig ⟨essen, trinken usw.⟩; übertrieben ⟨schnell, laut⟩; **b)** *(to an extreme degree)* extrem
immodest [ɪ'mɒdɪst] *adj.* **a)** *(impudent)* unbescheiden; **b)** *(improper)* unanständig
immodestly [ɪ'mɒdɪstlɪ] *adv.* **a)** *(impudently)* unbescheidenerweise; **b)** *(improperly)* unanständig
immodesty [ɪ'mɒdɪstɪ] *n., no pl.* **a)** *(impudence)* Unbescheidenheit, *die;* **b)** *(impropriety)* Unanständigkeit, *die;* **the ~ of her short skirt** ihr unanständig kurzer Rock
immolate ['ɪməleɪt] *v.t. (literary)* **a)** *(kill)* opfern **(to** *Dat.***); b)** *(fig.: sacrifice)* zum Opfer bringen, aufopfern *(geh.)* **(to** *Dat.***)**
immolation [ɪmə'leɪʃn] *n. (literary)* **a)** Opferung, *die;* **b)** *(fig.)* Aufopferung, *die*
immoral [ɪ'mɒrəl] *adj.* **a)** *(not conforming to morality)* unmoralisch; unsittlich; sittenwidrig *(Rechtsspr.);* **b)** *(morally evil)* pervers; *(unchaste)* sittenlos; **c)** *(dissolute)* zügellos
immoral 'earnings *n. pl. (Law)* Einkünfte aus gewerbsmäßiger Unzucht
immorality [ɪmə'rælɪtɪ] *n.* **a)** *no pl.* Unsittlichkeit, *die;* Unmoral, *die;* Sittenlosigkeit, *die (Rechtsspr.);* **b)** *no pl. (wickedness)* Verdorbenheit, *die; (unchastity)* Sittenlosigkeit, *die;* **c)** *no pl. (dissoluteness)* Zügellosigkeit, *die;* **d)** *(morally evil or unchaste act)* Unsittlichkeit, *die;* **e)** *(dissolute act)* Ausschweifung, *die*
immorally [ɪ'mɒrəlɪ] *adv.* **a)** *(without regard for morality)* unmoralisch; unsittlich; **b)** *(wickedly)* unmoralisch; *(unchastely)* sittenlos; **c)** *(dissolutely)* ausschweifend; zügellos
immortal [ɪ'mɔːtl] **1.** *adj.* **a)** *(living for ever)* unsterblich; **b)** *(divine)* ewig; **~ life, the life ~:** das ewige Leben; **c)** *(incorruptible)* unvergänglich; **d)** *(famous for all time)* unsterblich, unvergänglich ⟨*Kunstwerk*⟩. **2.** *n.* **a)** Unsterbliche, *der/die;* **b)** *in pl. (Greek and Roman Mythol.)* Unsterbliche; Götter
immortality [ɪmɔː'tælɪtɪ] *n., no pl. see* **immortal 1 a, c, d:** Unsterblichkeit, *die;* Unvergänglichkeit, *die*
immortalize [ɪ'mɔːtəlaɪz] *v.t.* unsterblich machen
immortally [ɪ'mɔːtəlɪ] *adv.* **a)** *(eternally)* ewig[lich]; **b)** *(perpetually)* [immer und] ewig
immovable [ɪ'muːvəbl] *adj.* **a)** unbeweglich; **be ~:** sich nicht bewegen lassen; **b)** *(motionless)* bewegungslos; **c)** *(not subject to change)* unveränderbar; *see also* **feast 1 a; d)** *(steadfast)* unerschütterlich; unverrückbar ⟨*Entschluß*⟩; **e)** *(emotionless)* unbewegt; **f)** *(Law)* unbeweglich
immovably [ɪ'muːvəblɪ] *adv.* **a)** fest; **be ~ stuck** feststecken; **b)** *(in a motionless manner)* bewegungslos; **c)** *(unchangeably)* unveränderbar; **d)** *(steadfastly)* unerschütterlich; **be ~ resolved** fest entschlossen sein; **e)** *(in an emotionless manner)* unbewegt
immune [ɪ'mjuːn] *adj.* **a)** *(exempt)* sicher **(from** vor + *Dat.***);** geschützt **(from, against** vor + *Dat.***);** gefeit *(geh.)* **(from, against** gegen**); ~ from criminal liability** nicht strafmündig; **make oneself ~ from criticism** sich gegen Kritik abschirmen; **b)** *(insusceptible)* unempfindlich **(to** für**);** *(to hints, suggestions, etc.)* unempfänglich **(to** für**); c)** *(Med.: resistant to disease)* immun **(to** gegen**); *(relating to immunity)* Immun*⟨defekt, -körper, -schwäche, -serum, -system⟩*
immunisation, immunise *see* **immunization, immunize**
immunity [ɪ'mjuːnɪtɪ] *n.* **a)** *(freedom)* **~ from criminal liability** Strafunmündigkeit, *die;* **~ from prosecution** Schutz vor Strafverfolgung; **give sb. ~ from punishment** ⟨*Person:*⟩ jmdn. von der Bestrafung ausnehmen; ⟨*Umstand:*⟩ jmdn. vor Strafe schützen; **b)** *see* **immune b:** Unempfindlichkeit, *die* **(to**

gegen**);** Unempfänglichkeit, *die* **(to** gegen**); c)** *(Law)* Immunität, *die* **(to** gegen**); d)** *(Med.: capacity to resist disease)* Immunität, *die;* **have ~ to infection** gegen Infektion immun sein
immunization [ɪmjʊnaɪ'zeɪʃn] *n. (Med.)* Immunisierung, *die*
immunize ['ɪmjʊnaɪz] *v.t. (Med.)* immunisieren
immunology [ɪmjʊ'nɒlədʒɪ] *n. (Med.)* Immunologie, *die*
immure [ɪ'mjʊə(r)] *(literary)* **1.** *v.t.* einkerkern *(geh.).* **2.** *v. refl.* **~ oneself** sich abkapseln
immutability [ɪmjuːtə'bɪlɪtɪ] *n., no pl.* Unveränderlichkeit, *die*
immutable [ɪ'mjuːtəbl] *adj.* unveränderlich
imp [ɪmp] *n.* **a)** Kobold, *der;* **b)** *(fig.: mischievous child)* Racker, *der (fam.)*
impact 1. ['ɪmpækt] *n.* **a)** Aufprall, *der* **(on, against** auf + *Akk.***);** *(of shell or bomb)* Einschlag, *der;* *(collision)* Zusammenprall, *der;* **b)** *(fig.: effect)* Wirkung, *die;* **the ~ of plastics on modern life** die Auswirkung von Kunststoffen auf das moderne Leben; **have an ~ on sb./sth.** Auswirkungen auf jmdn./etw. haben; **make an ~ on sb./sth.** Eindruck auf jmdn./etw. machen. **2.** [ɪm'pækt] *v.t.* pressen
impacted [ɪm'pæktɪd] *adj.* **a)** *(Dent.)* impaktiert ⟨*Zahn*⟩; **b)** *(Med.)* **~ fracture** Knocheneinkeilung, *die*
'impact strength *n. (Metallurgy)* Stoßfestigkeit, *die*
impair [ɪm'peə(r)] *v.t.* **a)** *(damage)* beeinträchtigen; schaden (+ *Dat.*) ⟨*Gesundheit*⟩; **b)** *(weaken)* beeinträchtigen; **~ed vision** Sehschwäche, *die;* **~ed hearing** Schwerhörigkeit, *die*
impairment [ɪm'peəmənt] *n.* Beeinträchtigung, *die;* **~ of memory** Gedächtnisschwäche, *die*
impale [ɪm'peɪl] *v.t.* **a)** aufspießen *(Hist.)* pfählen; **b)** *(Her.)* spalten ⟨*Wappen*⟩
impalpable [ɪm'pælpəbl] *adj.* **a)** *(imperceptible to touch)* nicht fühlbar; **b)** *(not easily grasped by the mind)* unfaßbar
impart [ɪm'pɑːt] *v.t.* **a)** *(give)* [ab]geben **(to** an + *Akk.***);** vermachen **(to** *Dat.***); b)** *(communicate)* kundtun *(geh.)* **(to** *Dat.***);** vermitteln ⟨*Kenntnisse*⟩ **(to** *Dat.***)**
impartial [ɪm'pɑːʃl] *adj.* unparteiisch; gerecht ⟨*Entscheidung, Behandlung, Urteil*⟩
impartiality [ɪmpɑːʃɪ'ælɪtɪ] *n., no pl.* Unparteilichkeit, *die*
impartially [ɪm'pɑːʃəlɪ] *adv.* unparteiisch
impassable [ɪm'pɑːsəbl] *adj.* unpassierbar **(to** für**);** unbefahrbar **(to** *vehicles***)**
impasse ['æmpɑːs] *n. (lit. or fig.)* Sackgasse, *die;* **the negotiations have reached an ~:** die Verhandlungen sind in eine Sackgasse geraten
impassioned [ɪm'pæʃnd] *adj.* leidenschaftlich
impassive [ɪm'pæsɪv] *adj.* **a)** ausdruckslos; **b)** *(incapable of feeling emotion)* leidenschaftslos
impassively [ɪm'pæsɪvlɪ] *adv. see* **impassive: a)** ausdruckslos; **b)** leidenschaftslos
impatience [ɪm'peɪʃəns] *n., no pl.* **a)** Ungeduld, *die* **(at** über + *Akk.***); b)** *(intolerance)* Unduldsamkeit, *die* **(of** gegen**); c)** *(eager desire)* ungeduldige Erwartung **(for** *Gen.***)**
impatient [ɪm'peɪʃnt] *adj.* **a)** ungeduldig; **~ at sth./with sb.** ungeduldig über etw. *(Akk.)*/mit jmdm.; **b)** *(intolerant)* unduldsam **(of** gegen**); be ~ of sth.** etw. nicht ertragen können; **c)** *(eagerly desirous)* **be ~ for sth.** etw. kaum erwarten können; **be ~ to do sth.** unbedingt etw. tun wollen
impatiently [ɪm'peɪʃntlɪ] *adv.* **a)** ungeduldig; **b)** *(intolerantly)* unduldsam; **c)** *(with eager desire)* begierig
impeach [ɪm'piːtʃ] *v.t.* **a)** *(call in question)*

in Frage stellen; **b)** **~ sb. with sth.** jmdn. einer Sache *(Gen.)* beschuldigen; **c)** *(find fault with)* anzweifeln; in Zweifel ziehen; **d)** *(Law)* anklagen **(of** *Gen.,* wegen**)**
impeachment [ɪm'piːtʃmənt] *n.* **a)** *(calling in question)* Infragestellung, *die;* **b)** *(finding of fault)* Anzweif[e]lung, *die;* **c)** *(Law)* Impeachment, *das*
impeccable [ɪm'pekəbl] *adj.* makellos; tadellos ⟨*Manieren*⟩
impeccably [ɪm'pekəblɪ] *adv.* tadellos; makellos ⟨*rein*⟩
impecunious [ɪmpɪ'kjuːnɪəs] *adj.* mittellos
impedance [ɪm'piːdəns] *n. (Electr.)* Impedanz, *die*
impede [ɪm'piːd] *v.t.* behindern
impediment [ɪm'pedɪmənt] *n.* **a)** Hindernis, *das* **(to** für**); b)** *(speech defect)* Sprachfehler, *der*
impedimenta [ɪmpedɪ'mentə] *n. pl. (also Mil.)* Gepäck, *das*
impel [ɪm'pel] *v.t.,* **-ll- a)** *(drive by moral action)* treiben; **feel ~ed to do sth.** sich genötigt *od.* gezwungen fühlen, etw. zu tun; **~ sb. to greater efforts** jmdn. zu größeren Bemühungen anspornen; **b)** *(drive forward)* treiben; antreiben ⟨*Turbine usw.*⟩
impend [ɪm'pend] *v.i.* **a)** *(be about to happen)* bevorstehen; **b)** drohen
impenetrable [ɪm'penɪtrəbl] *adj.* **a)** undurchdringlich **(by, to** für**);** unbezwingbar, uneinnehmbar ⟨*Festung*⟩; **b)** *(inscrutable)* unergründlich
impenetrably [ɪm'penɪtrəblɪ] *adv.* **a)** undurchdringlich; **b)** *(inscrutably)* unergründlich; **c)** hoffnungslos ⟨*dumm*⟩
impenitent [ɪm'penɪtənt] *adj.* reu[e]los; **be quite ~:** keine Spur von Reue zeigen
impenitently [ɪm'penɪtəntlɪ] *adv.* reu[e]los
imperative [ɪm'perətɪv] **1.** *adj.* **a)** *(commanding)* gebieterisch *(geh.)* ⟨*Stimme, Geste*⟩; **b)** *(urgent)* dringend erforderlich; **c)** *(obligatory)* zwingend ⟨*Verpflichtung*⟩; **d)** *(Ling.)* imperativisch; **~ mood** Imperativ, *der.* **2.** *n.* **a)** *(command)* Befehl, *der;* **b)** *(Ling.)* Imperativ, *der;* Befehlsform, *die*
imperceptible [ɪmpə'septɪbl] *adj.* nicht wahrnehmbar **(to** für**);** unsichtbar ⟨*Schranke (fig.)*⟩; **be ~ to sb./the senses** von jmdn./den Sinnen nicht wahrgenommen werden können; **b)** *(very slight or gradual)* unmerklich; *(subtle)* kaum zu erkennen *nicht attr.;* kaum zu erkennen *nicht präd.;* minimal ⟨*Unterschied*⟩
imperceptibly [ɪmpə'septɪblɪ] *adv.* **a)** unmerklich; kaum wahrnehmbar ⟨*sich bewegen*⟩; **b)** *(very gradually)* unmerklich; *(very slightly)* geringfügig
imperfect [ɪm'pɜːfɪkt] **1.** *adj.* **a)** *(not fully formed)* unfertig; *(incomplete)* unvollständig; **drainage in this region is ~:** die Entwässerung in dieser Gegend ist mangelhaft; **slightly ~ stockings/pottery** *etc.* Strümpfe/Keramik *usw.* mit kleinen Fehlern; **b)** *(faulty)* mangelhaft; **human beings are ~:** der Mensch ist unvollkommen; **c)** *(Ling.)* Imperfekt-; **the ~ tense** das Imperfekt. **2.** *n. (Ling.)* Imperfekt, *das*
imperfection [ɪmpə'fekʃn] *n.* **a)** *no pl. (incompleteness)* Unvollständigkeit, *die;* **b)** *no pl. (faultiness)* Mangelhaftigkeit, *die; (of human beings)* Unvollkommenheit, *die;* **c)** *(fault)* Mangel, *der*
imperfectly [ɪm'pɜːfɪktlɪ] *adv.* **a)** *(incompletely)* unvollständig; **b)** *(faultily)* fehlerhaft; mangelhaft
imperial [ɪm'pɪərɪəl] *adj.* **a)** kaiserlich; imperial *(geh.);* Reichs*⟨adler, -stadt⟩;* **I~ Rome** das Rom der Kaiserzeit; das kaiserliche Rom; **b)** *(Brit. Hist.)* des Britischen Weltreiches *nachgestellt;* **c)** *(of an emperor)* Kaiser-; **the I~ Court** der Kaiserhof; **kaiserliche Hof; Her I~ Majesty** Ihre Kaiserliche Hoheit; **d)** *(majestic)* majestätisch; *(haughty)* hochmütig; erhaben *(iron.);* **e)**

imperialism | **impose**

(magnificent) fürstlich; glanzvoll ⟨*Stadt*⟩; **f)** *(fixed by statute)* britisch ⟨*Maße, Gewichte*⟩; see also **gallon**
imperialism [ɪmˈpɪərɪəlɪzm] *n., no pl. (derog.)* Imperialismus, *der;* **US/Soviet ~:** der US-/Sowjetimperialismus
imperialist [ɪmˈpɪərɪəlɪst] *n. (derog.)* Imperialist, *der/*Imperialistin, *die;* **~ countries** imperialistische Länder
imperialistic [ɪmpɪərɪəˈlɪstɪk] *adj. (derog.)* imperialistisch
imperil [ɪmˈperɪl] *v. t., (Brit.)* -ll- gefährden
imperious [ɪmˈpɪərɪəs] *adj.* **a)** *(overbearing)* herrisch; **b)** *(urgent)* zwingend; mächtig ⟨*Triebe usw.*⟩
imperiously [ɪmˈpɪərɪəslɪ] *adv.* **a)** *(overbearingly)* herrisch; **b)** *(urgently)* zwingend
imperishable [ɪmˈperɪʃəbl] *adj.* **a)** *(immortal)* unvergänglich; **b)** *(not decaying)* alterungsbeständig ⟨*Material*⟩; unverderblich ⟨*Lebensmittel*⟩
imperishably [ɪmˈperɪʃəblɪ] *adv.* unvergänglich
impermanence [ɪmˈpɜːmənəns] *n., no pl.* Vergänglichkeit, *die*
impermanent [ɪmˈpɜːmənənt] *adj.* vorübergehend; vergänglich ⟨*Leben*⟩
impermeable [ɪmˈpɜːmɪəbl] *adj.* undurchlässig; impermeabel *(fachspr.)*
impermissible [ɪmpəˈmɪsɪbl] *adj.* unzulässig
impersonal [ɪmˈpɜːsənl] *adj.* **a)** *(having no personality)* **an ~ thing** etwas [rein] Dingliches; **b)** *(not connected with any particular person)* unpersönlich ⟨*Art, Zimmer usw.*⟩
impersonality [ɪmpɜːsəˈnælɪtɪ] *n., no pl.* Unpersönlichkeit, *die*
impersonal: **~ 'pronoun** see **pronoun;** **~ 'verb** *n. (Ling.)* unpersönliches Verb; Impersonale, *das (fachspr.)*
impersonate [ɪmˈpɜːsəneɪt] *v. t. (pretend to be) (for entertainment)* imitieren; nachmachen; *(for purpose of fraud)* sich ausgeben als
impersonation [ɪmpɜːsəˈneɪʃn] *n.* **a)** *(personification)* Verkörperung, *die;* **b)** *(imitation)* Imitation, *die;* Nachahmung, *die;* **he does ~s** er ist Imitator; **her ~ of Margaret Thatcher** ihre Margaret-Thatcher-Imitation; **do an ~ of sb.** jmdn. imitieren *od.* nachmachen; **~ of sb.** *(for purpose of fraud)* Auftreten als jmd.
impersonator [ɪmˈpɜːsəneɪtə(r)] *n. (entertainer)* Imitator, *der/*Imitatorin, *die; (sb. with fraudulent intent)* Betrüger, *der/*Betrügerin, *die;* **an ~ posing as a policeman** jemand, der sich als Polizist ausgibt; see also **female 1 a**
impertinence [ɪmˈpɜːtɪnəns] *n.* Unverschämtheit, *die;* Impertinenz, *die (geh.)*
impertinent [ɪmˈpɜːtɪnənt] *adj.* unverschämt; impertinent *(geh.)*
impertinently [ɪmˈpɜːtɪnəntlɪ] *adv.* unverschämterweise; **behave ~:** sich unverschämt benehmen
imperturbability [ɪmpətɜːbəˈbɪlɪtɪ] *n., no pl.* Gelassenheit, *die*
imperturbable [ɪmpəˈtɜːbəbl] *adj.* gelassen; **be completely ~:** durch nichts zu erschüttern sein; die Ruhe weghaben *(ugs.)*
imperturbably [ɪmpəˈtɜːbəblɪ] *adv.* gelassen; **..., he said ~:** ..., sagte er in aller Ruhe
impervious [ɪmˈpɜːvɪəs] *adj.* **a)** undurchlässig; **~ to water/bullets/rain** wasserdicht/kugelsicher/regendicht; **b)** *(fig.: impenetrable)* unergründlich; **c) be ~ to sth.** *(fig.)* unempfänglich für etw. sein; **be ~ to argument** Argumenten unzugänglich sein
impetigo [ɪmpɪˈtaɪɡəʊ] *n. (Med.)* Impetigo, *die (fachspr.);* Eiterflechte, *die*
impetuosity [ɪmpetjʊˈɒsɪtɪ] *n., no pl.* **a)** *(quality)* Impulsivität, *die;* **b)** *(act, impulse)* Ausbruch, *der*
impetuous [ɪmˈpetjʊəs] *adj.* impulsiv ⟨*Person*⟩; überlegt ⟨*Handlung, Entschei-*

dung⟩; *(vehement)* stürmisch; ungestüm ⟨*Person, Angriff*⟩
impetuousness [ɪmˈpetjʊəsnɪs] see **impetuosity a**
impetus [ˈɪmpɪtəs] *n.* **a)** Kraft, *die; (of impact)* Wucht, *die;* **b)** *(fig.: impulse)* Motivation, *die;* **give an ~ to sth.** einer Sache *(Dat.)* Impulse geben; **give sth. new** *or* **fresh ~:** einer Sache *(Dat.)* neuen Auftrieb geben; **the ~ behind the development of nuclear power** die treibende Kraft bei der Entwicklung der Kernkraft
impiety [ɪmˈpaɪətɪ] *n.* **a)** *no pl. (ungodliness)* Gottlosigkeit, *die;* **b)** *no pl. (lack of dutifulness)* Respektlosigkeit, *die;* **c)** *(act)* Pietätlosigkeit, *die*
impinge [ɪmˈpɪndʒ] *v. i.* **a)** *(make impact)* **~ [up]on sth.** auf etw. *(Akk.)* auftreffen; **b)** *(encroach)* **~ [up]on sth.** auf etw. *(Akk.)* Einfluß nehmen
impious [ˈɪmpɪəs] *adj.* **a)** *(wicked)* gottlos; **b)** *(lacking in respect)* respektlos
impish [ˈɪmpɪʃ] *adj.* lausbübisch; diebisch ⟨*Freude*⟩; verschmitzt ⟨*Grinsen, Blick*⟩
impishly [ˈɪmpɪʃlɪ] *adv.* lausbübisch; diebisch ⟨*sich freuen*⟩; verschmitzt ⟨*grinsen*⟩
implacable [ɪmˈplækəbl] *adj.* unversöhnlich; erbittert ⟨*Gegner*⟩; erbarmungslos ⟨*Verfolgung*⟩; unerbittlich ⟨*Schicksal*⟩
implacably [ɪmˈplækəblɪ] *adv.* unerbittlich; unaufhaltsam ⟨*voranschreiten*⟩
implant 1. [ɪmˈplɑːnt] *v. t.* **a)** *(Med.)* implantieren *(fachspr.)*, einpflanzen (**in** *Dat.*); **~ sb./sth. with sth.** jmdm./einer Sache etw. einpflanzen; **b)** *(Physiol.)* **be ~ed** sich einnisten; **c)** *(fig.: instil)* einpflanzen (**in** *Dat.*); **d)** *(plant)* einpflanzen. **2.** [ˈɪmplɑːnt] *n. (Med.)* Implantat, *das*
implantation [ɪmplɑːnˈteɪʃn] *n.* **a)** *(Med.)* Implantation, *die (fachspr.);* **b)** *(fig.: instilling)* Einpflanzung, *die*
implausibility [ɪmplɔːzɪˈbɪlɪtɪ] *n., no pl.* Unglaubwürdigkeit, *die*
implausible [ɪmˈplɔːzɪbl] *adj.,* **implausibly** [ɪmˈplɔːzɪblɪ] *adv.* unglaubwürdig
implement 1. [ˈɪmplɪmənt] *n.* Gerät, *das.* **2.** [ˈɪmplɪment] *v. t.* **a)** *(fulfil, complete)* erfüllen ⟨*Versprechen, Vertrag*⟩; einhalten ⟨*Termin usw.*⟩; vollziehen ⟨*Erlaß usw.*⟩; **b)** *(put into effect)* in die Tat umsetzen ⟨*Politik, Plan usw.*⟩
implementation [ɪmplɪmenˈteɪʃn] *n.* see **implement 2:** Erfüllung, *die;* Einhaltung, *die;* Vollzug, *der;* Umsetzung [in die Tat], *die*
implicate [ˈɪmplɪkeɪt] *v. t.* **a)** *(show to be involved)* belasten ⟨*Verdächtigen usw.*⟩; **be ~d in a scandal** in einen Skandal verwickelt sein; **b)** *(affect)* **be ~d in sth.** von etw. betroffen sein
implication [ɪmplɪˈkeɪʃn] *n.* **a)** *no pl. (implying)* Implikation, *die (geh.);* **by ~:** implizit; implizite *(geh.);* **b)** *no pl. (being involved)* Verwicklung, *die* (**in** + *Akk.*); **c)** *no pl. (being affected)* Betroffenheit, *die* (**in** *von*); **d)** *(thing implied)* Implikation, *die*
implicit [ɪmˈplɪsɪt] *adj.* **a)** *(implied)* implizit *(geh.);* unausgesprochen ⟨*Drohung, Zweifel*⟩; **b)** *(virtually contained)* **be ~ in sth.** in etw. *(Dat.)* enthalten sein; **c)** *(resting on authority)* unbedingt; blind ⟨*Vertrauen*⟩
implicitly [ɪmˈplɪsɪtlɪ] *adv.* **a)** *(by implication)* implizit *(geh.);* **b)** *(unquestioningly)* blind ⟨*vertrauen, gehorchen usw.*⟩
implode [ɪmˈpləʊd] *v. i.* **1.** implodieren. **2.** *v. t.* implodieren lassen; **be ~d** implodieren
implore [ɪmˈplɔː(r)] *v. t.* **a)** *(beg for)* erflehen *(geh.);* flehen um; **'please', she ~d** „bitte", flehte sie; **b)** *(entreat)* anflehen (**for** um); **~ sb. to do/not to do sth.** jmdn. anflehen *od.* inständig bitten, etw. zu tun/nicht zu tun
imploring [ɪmˈplɔːrɪŋ] *adj.* flehend
imploringly [ɪmˈplɔːrɪŋlɪ] *adv.* flehentlich *(geh.)*
imply [ɪmˈplaɪ] *v. t.* **a)** *(involve the existence*

of) implizieren *(geh.); (by inference)* schließen lassen auf (+ *Akk.*); **be implied in sth.** in etw. *(Dat.)* enthalten sein; **silence sometimes implies consent** Schweigen bedeutet manchmal Zustimmung; **b)** *(express indirectly)* hindeuten auf (+ *Akk.*); *(insinuate)* unterstellen; **are you ~ing that ...?** willst du damit etwa sagen, daß ...?
impolite [ɪmpəˈlaɪt] *adj.,* **~r** [ɪmpəˈlaɪtə(r)], **~st** [ɪmpəˈlaɪtɪst] unhöflich; ungezogen ⟨*Kind*⟩
impolitely [ɪmpəˈlaɪtlɪ] *adv.* unhöflich
impoliteness [ɪmpəˈlaɪtnɪs] *n., no pl.* Unhöflichkeit, *die; (of child)* Ungezogenheit, *die*
impolitic [ɪmˈpɒlɪtɪk] *adj. (inexpedient)* unklug; unratsam
imponderable [ɪmˈpɒndərəbl] **1.** *adj.* unwägbar; imponderabel *(geh. veralt.).* **2.** *n.* Unwägbarkeit, *die;* **~s** Unwägbarkeiten; Imponderabilien *(geh.)*
import 1. [ɪmˈpɔːt] *v. t.* **a)** importieren, einführen ⟨*Waren*⟩ (**from** aus, **into** nach); importieren ⟨*Kulturgüter*⟩; **~ing country** Einfuhrland, *das;* **oil-~ing countries** [erd]ölimportierende Länder; **b)** *(signify)* bedeuten. **2.** [ˈɪmpɔːt] *n.* **a)** *(process, amount imported)* Import, *der;* Einfuhr, *die;* **~s of beef/sugar** Zucker-/Rindfleischimporte *od.* -einfuhren; **ban on the ~ of sth.** Einfuhrverbot für etw.; **b)** *(article imported)* Importgut, *das;* **c)** *(meaning)* Bedeutung, *die;* Sinn, *der;* **the ~ of his speech was that ...:** was aus seiner Rede hervorging, war, daß ...; **d)** *(importance)* Bedeutung, *die;* **an event of great ~:** ein sehr bedeutungsvolles Ereignis
importance [ɪmˈpɔːtəns] *n., no pl.* **a)** Bedeutung, *die;* Wichtigkeit, *die;* **be of great ~ to sb./sth.** für jmdn./etw. äußerst wichtig sein; **b)** *(significance)* Bedeutung, *die; (of decision)* Tragweite, *die;* **increase in ~:** an Bedeutung zunehmen; **be of/without ~:** wichtig/unwichtig sein; **c)** *(personal consequence)* Bedeutung, *die;* Gewicht, *das;* **a man of considerable ~:** ein sehr wichtiger Mann; **speak with an air of ~:** mit gewichtiger Miene sprechen; **full of one's own ~:** von seiner eigenen Wichtigkeit überzeugt
important [ɪmˈpɔːtənt] *adj.* **a)** bedeutend; *(in a particular matter)* wichtig (**to** für); **the most ~ thing is ...:** die Hauptsache ist ...; **b)** *(momentous)* wichtig ⟨*Entscheidung*⟩; bedeutsam ⟨*Tag*⟩; **c)** *(having high rank)* wichtig ⟨*Persönlichkeit*⟩; **very ~ person** wichtige Persönlichkeit; VIP; **d)** *(considerable)* beträchtlich; erheblich; **e)** *(pompous)* wichtigtuerisch; gewichtig *(iron.)*
importantly [ɪmˈpɔːtəntlɪ] *adv.* **a)** **bear ~ [up]on sth.** auf etw. bedeutsame Auswirkungen haben; **more/most ~** *as sentencemodifier* was noch wichtiger/am wichtigsten ist; **b)** *(pompously)* wichtigtuerisch
importation [ɪmpɔːˈteɪʃn] *n.* see **import 2 a**
'import duty *n.* Einfuhrzoll, *der*
importer [ɪmˈpɔːtə(r)] *n.* Importeur, *der;* **be an ~ of cotton** Baumwollimporteur sein; ⟨*Land*⟩ Baumwolle importieren
'import permit *n.* Einfuhrerlaubnis, *die*
importunate [ɪmˈpɔːtjʊnət] *adj.* zudringlich
importunately [ɪmˈpɔːtʃʊnətlɪ] *adv.* zudringlich; nachdrücklich ⟨*beharren auf, instruieren*⟩
importune [ɪmpɔːˈtjuːn] **1.** *v. t.* **a)** behelligen; **she ~d her neighbours and relatives for money** sie belästigte ihre Nachbarn und Verwandten mit Bitten um Geld; **b)** *(solicit for immoral purpose)* belästigen. **2.** *v. i.* sich aufdrängen; lästig fallen
importunity [ɪmpɔːˈtjuːnɪtɪ] *n.* Aufdringlichkeit, *die*
impose [ɪmˈpəʊz] **1.** *v. t.* **a)** auferlegen *(geh.)* ⟨*Bürde, Verpflichtung*⟩ (**[up]on** *Dat.*); erheben ⟨*Steuer, Zoll*⟩ (**on** auf + *Akk.*); verhängen ⟨*Kriegsrecht*⟩; anordnen ⟨*Rationie-*

imposing

rung>; ~ **a ban on sth.** etw. mit einem Verbot belegen; ~ **a tax on sth.** etw. mit einer Steuer belegen; ~ **a nervous strain on sb.** jmdn. nervlich belasten; **b)** *(compel compliance with)* ~ **sth. [up]on sb.** jmdm. etw. aufdrängen; ~ **one's company [up]on sb.** sich jmdm. aufdrängen; ~ **restraints [up]on sb.** jmdm. Grenzen setzen; **c)** *(Printing)* ausschießen <*Seiten*>. **2.** *v. i.* **a)** *(exert influence)* imponieren; Eindruck machen; **b)** *(take advantage)* **I would** *or* **do not want** *or* **wish to ~:** ich will nicht aufdringlich sein. **3.** *v. refl.* ~ **oneself on sb.** sich jmdm. aufdrängen
~ **on** *t.* **a)** *(take advantage of)* ausnutzen <*Gutmütigkeit, Toleranz usw.*>; ~ **on sb. for help** jmdn. mit der Bitte um Hilfe belästigen; **b)** *(force oneself on)* ~ **on sb.** sich jmdm. aufdrängen
~ **upon** *see* ~ **on**
imposing [ɪmˈpəʊzɪŋ] *adj.* imposant
imposition [ɪmpəˈzɪʃn] *n.* **a)** *no pl. (action)* Auferlegung, *die;* *(of tax)* Erhebung, *die;* **b)** *no pl. (enforcement)* Durchsetzung, *die;* **c)** *no pl. (Printing)* Ausschießen, *das;* **d)** *(tax)* Abgabe, *die;* Steuer, *die;* **e)** *(piece of advantage-taking)* Ausnützung, *die;* **I am weary of the ~s of my relatives** ich bin es leid, mich von meinen Verwandten ausnützen zu lassen; **I hope it's not too much of an ~:** ich hoffe, es macht nicht zu viele Umstände; **f)** *(Brit. Sch.: work set as punishment)* Strafarbeit, *die*
impossibility [ɪmpɒsɪˈbɪlɪtɪ] *n.* **a)** *no pl.* Unmöglichkeit, *die;* **the ~ of a man's flying** die Tatsache, daß der Mensch nicht fliegen kann *od.* daß es dem Menschen nicht möglich ist zu fliegen; **b) go after impossibilities** das Unerreichbare wollen; **that's an absolute ~:** das ist völlig unmöglich *od.* ausgeschlossen *od.* ein Ding der Unmöglichkeit *(ugs.)*
impossible [ɪmˈpɒsɪbl] **1.** *adj.* **a)** unmöglich; **it is ~ for me to do it** es ist mir nicht möglich, es zu tun; **b)** *(not easy)* schwer; *(not easily believable)* unmöglich *(ugs.);* **his car is becoming ~ to start** sein Auto läßt sich kaum noch starten; **b)** *(coll.: intolerable)* unmöglich *(ugs.).* **2. n. the ~:** das Unmögliche; Unmögliches; **achieve the ~:** das Unmögliche erreichen
impossibly [ɪmˈpɒsɪblɪ] *adv.* **a)** unmöglich; **the stone was ~ heavy to lift** der Stein war so schwer, daß man ihn unmöglich anheben konnte; **b)** *(to an inconvenient degree)* unheimlich *(ugs.)* <*schwierig, teuer usw.*>; **c)** *(coll.: intolerably)* unmöglich *(ugs.);* **he is ~ idealistic** er ist unmöglich mit seinem Idealismus *(ugs.)*
impost [ˈɪmpəʊst] *n.* **a)** *(tax)* Abgabe, *die;* **b)** *(Archit.)* Kämpfer[stein], *der*
impostor [ɪmˈpɒstə(r)] *n.* Hochstapler, *der/*-staplerin, *die;* *(swindler)* Betrüger, *der/*Betrügerin, *die*
imposture [ɪmˈpɒstʃə(r)] *n.* *no pl. (practice of deception)* Hochstapelei, *die;* *(swindling)* Betrügerei, *die;* **b)** *(act of deception)* Betrug, *der;* Schwindel, *der;* **c)** *(fake)* Fälschung, *die*
impotence [ˈɪmpətəns], **impotency** [ˈɪmpətənsɪ] *n.,* *no pl.* **a)** *(powerlessness)* Machtlosigkeit, *die;* **b)** *(helplessness)* Hilflosigkeit, *die;* **c)** *(lack of sexual power; in popular use: sterility)* Impotenz, *die*
impotent [ˈɪmpətənt] *adj.* **a)** *(powerless)* machtlos; kraftlos <*Argument*>; **be ~ to do sth.** nicht in der Lage sein, etw. zu tun; **b)** *(helpless)* hilflos; **c)** *(lacking in sexual power; in popular use: sterile)* impotent
impotently [ˈɪmpətəntlɪ] *adv.* **a)** *(powerlessly)* machtlos; **b)** *(helplessly)* hilflos
impound [ɪmˈpaʊnd] *v. t.* **a)** *(shut up)* einpferchen <*Vieh*>; einsperren <*streunende Hunde usw.*>; *(fig.: confine)* einsperren <*Person*>; **b)** *(take possession of)* beschlagnahmen; requirieren *(Milit.)*

impoverish [ɪmˈpɒvərɪʃ] *v. t.* **a)** verarmen lassen; **be/become ~ed** verarmt sein/verarmen; **b)** *(exhaust)* auslaugen <*Boden*>
impoverishment [ɪmˈpɒvərɪʃmənt] *n., no pl.* **a)** *(making poor)* Verarmung, *die;* *(being poor)* Armut, *die;* **b)** *(exhaustion) (process)* Auslaugung, *die;* *(state)* Ausgelaugtheit, *die*
impracticability [ɪmpræktɪkəˈbɪlɪtɪ] *n.* **a)** *no pl. (of plan)* Undurchführbarkeit, *die;* *(of prediction)* Unmöglichkeit, *die;* **b)** *(thing)* **be an ~:** undurchführbar sein; **it's an ~:** es läßt sich nicht durchführen
impracticable [ɪmˈpræktɪkəbl] *adj.* undurchführbar <*Plan*>; imprakikabel *(geh.)*
impractical [ɪmˈpræktɪkl] *adj.* **a)** *see* **unpractical; b)** *see* **impracticable**
impracticality [ɪmpræktɪˈkælɪtɪ] *see* **impracticability**
imprecation [ɪmprɪˈkeɪʃn] *n.* Verwünschung, *die*
imprecise [ɪmprɪˈsaɪs] *adj.,* **imprecisely** [ɪmprɪˈsaɪslɪ] *adv.* ungenau; unpräzise *(geh.)*
imprecision [ɪmprɪˈsɪʒn] *n.* Ungenauigkeit, *die*
impregnability [ɪmpregnəˈbɪlɪtɪ] *n., no pl.* Uneinnehmbarkeit, *die;* *(of strong-room etc.)* Einbruch[s]sicherheit, *die;* *(fig.)* Unanfechtbarkeit, *die*
impregnable [ɪmˈpregnəbl] *adj.* uneinnehmbar <*Festung, Bollwerk*>; einbruch[s]sicher <*Tresorraum usw.*>; *(fig.)* unanfechtbar <*Ruf, Tugend, Stellung*>
impregnate [ˈɪmpregneɪt, ɪmˈpregneɪt] *v. t.* **a)** imprägnieren; **b)** *(make pregnant)* schwängern; *(Biol.: fertilize)* befruchten; **Mary was ~d by the Holy Ghost** Maria empfing vom Heiligen Geist
impregnation [ɪmpregˈneɪʃn] *n., no pl.* **a)** Imprägnierung, *die;* **b)** *(making pregnant)* Schwängerung, *die;* *(Biol.: fertilization)* Befruchtung, *die*
impresario [ɪmprɪˈsɑːrɪəʊ] *n., pl.* **~s** Intendant, *der/*Intendantin, *die;* Impresario, *der (veralt.)*
impress 1. [ɪmˈpres] *v. t.* **a)** *(apply)* drücken; ~ **a pattern etc. on/in sth.** ein Muster *usw.* auf etw. *(Akk.)* aufdrücken *od.* aufprägen/ in etw. *(Akk.)* eindrücken *od.* einprägen; **b)** *(arouse strong feeling in)* beeindrucken; Eindruck machen auf (+ *Akk.*); *abs.* Eindruck machen (**with** mit); **be ~ed by** *or* **with sth.** von etw. beeindruckt sein; **c)** *(affect favourably)* beeindrucken; *abs.* Eindruck machen; **d)** *(mark)* stempeln <*Dokument*>; ~ **a child with the right attitude** *(fig.)* einem Kind die richtige Einstellung vermitteln; **e)** *(affect)* ~ **sb. favourably/unfavourably** auf jmdn. einen günstigen/ungünstigen Eindruck machen. **2.** [ˈɪmpres] *n.* **a)** Druck, *der;* **b)** *(mark)* Abdruck, *der;* **bear the ~ of sth.** *(fig.)* den Stempel *od. (geh.)* das Gepräge von etw. tragen
~ **[up]on** *v. t.* einprägen, einschärfen (+ *Dat.*); **they have had ~ed [up]on them the danger of doing that** ihnen ist eingeschärft worden, wie gefährlich es sei, das zu tun; ~ **sth. on sb.'s memory** jmdm. etw. einprägen *od.* einschärfen
impression [ɪmˈpreʃn] *n.* **a)** *(impressing)* Druck, *der;* **b)** *(mark)* Abdruck, *der;* **c)** *(print)* Druck, *der;* **take an ~ of sth.** einen Abzug von etw. machen; *(of painting, engraving, etc.)* Druck, *der;* **d)** *(Printing) (quantity of copies)* Auflage, *die;* *(unaltered reprint)* Nachdruck, *der;* **e)** *(effect on persons)* Eindruck, *der* (**of** von); *(effect on inanimate things)* Wirkung, *die;* **make an ~ on sb.** Eindruck auf jmdn. machen; **make a good/bad/strong etc. ~ on sb.** einen guten/ schlechten/starken *usw.* Eindruck auf jmdn. machen; **bei jmdm.** Eindruck hinterlassen; **he had made quite an ~ on the weed-choked flower-bed** nachdem er sich des im Unkraut ersteckenden Blumenbeets ange-

improperly

nommen hatte, war es kaum noch wiederzuerkennen; **first ~/~s** erster Eindruck/ erste Eindrücke; **f)** *(impersonation)* **do ~s** andere Leute imitieren; **g)** *(notion)* Eindruck, *der;* **it's my ~ that …:** ich habe den Eindruck, daß …; **what's your ~ of him?** welchen Eindruck hast du von ihm *od.* macht er auf dich?; **form an ~ of sb.** sich *(Dat.)* ein Bild von jmdm. machen; **it's only an ~:** es ist nur eine Vermutung; **give [sb.] the ~ that …/of being bored** [bei jmdm.] den Eindruck erwecken, als ob …/als ob man sich langweile; **be under the ~ that …:** der Auffassung *od.* Überzeugung sein, daß …; *(less certain)* den Eindruck haben, daß …
impressionable [ɪmˈpreʃnəbl] *adj.* beeinflußbar; **have an ~ mind, be ~:** sich leicht beeinflussen lassen; **children who are at the ~ age** Kinder in dem Alter, in dem sie noch formbar sind
impressionism [ɪmˈpreʃnɪzm] *n., no pl.* Impressionismus, *der*
impressionist [ɪmˈpreʃnɪst] *n.* Impressionist, *der/*Impressionistin, *die; attrib.* impressionistisch <*Kunst usw.*>
impressionistic [ɪmpreʃəˈnɪstɪk] *adj.* impressionistisch
impressive [ɪmˈpresɪv] *adj.* beeindruckend; imponierend; **be ~ on account of** *or* ~ **for sth.** durch etw. beeindrucken
impressively [ɪmˈpresɪvlɪ] *adv.* beeindruckend; imponierend
imprimatur [ɪmprɪˈmɑːtə(r), ɪmpraɪˈmeɪtə(r)] *n.* **a)** *(RC Ch.)* Imprimatur, *das;* **b)** *(fig.: sanction)* **put the ~ of approval on sth.** etw. gutheißen *od.* billigen; **bear the ~ of sb./an institution** jmds. Plazet/das Plazet einer Institution haben *(geh.)*
imprint 1. [ˈɪmprɪnt] *n.* **a)** *(mark)* Abdruck, *der;* **publisher's/printer's ~:** Impressum, *das;* **b)** *(fig.)* Stempel, *der;* **leave one's ~ on sb./sth.** jmdn./einer Sache seinen Stempel aufdrücken; **the ~ of suffering upon sb.'s face** die Spuren des Leidens in jmds. Gesicht. **2.** [ɪmˈprɪnt] *v. t.* **a)** *(stamp)* aufdrucken; aufdrücken <*Poststempel*>; *(on metal)* aufprägen; **b)** *(fix indelibly)* **sth. is ~ed in** *or* **on sb.'s memory** etw. hat sich jmdm. [unauslöschlich] eingeprägt; **c)** *(Ethol.)* ~ **on** *or* **to** prägen auf (+ *Akk.*)
imprison [ɪmˈprɪzn] *v. t.* **a)** in Haft nehmen; **be ~ed** sich in Haft befinden; eine Freiheitsstrafe verbüßen; **be ~ed for three months** eine dreimonatige Freiheitsstrafe erhalten; **b)** *(fig.: confine)* einsperren; *(hold)* festhalten
imprisonment [ɪmˈprɪznmənt] *n.* **a)** Haft, *die;* **a long term** *or* **period of ~:** eine langjährige Haft- *od.* Freiheitsstrafe; **serve a sentence of ~:** eine Gefängnisstrafe verbüßen; **b)** *(fig.: being imprisoned)* Gefangenschaft, *die;* ~ **by sb./sth.** Gefangensein durch jmdn./etw.
improbability [ɪmprɒbəˈbɪlɪtɪ] *n.* Unwahrscheinlichkeit, *die*
improbable [ɪmˈprɒbəbl] *adj.* **a)** *(not likely)* unwahrscheinlich; **b)** *(incongruous)* unmöglich *(ugs.);* **he is an ~ person to be in charge of a large company** es ist eigentlich erstaunlich, daß er der Chef einer großen Firma ist
impromptu [ɪmˈprɒmptjuː] **1.** *adj.* improvisiert; **an ~ speech** eine Stegreifrede; **an ~ visit** ein Überraschungsbesuch; ein unangekündigter Besuch. **2.** *adv.* aus dem Stegreif. **3.** *n.* **a)** Improvisation, *die;* **b)** *(Mus.)* Impromptu, *das*
improper [ɪmˈprɒpə(r)] *adj.* **a)** *(wrong)* unrichtig; ungeeignet <*Werkzeug*>; **b)** *(unseemly)* ungehörig; unpassend; *(indecent)* unanständig; **c)** *(not in accordance with rules of conduct)* unangebracht; unzulässig <*Gebühren*>; **d)** ~ **fraction** *(Math.)* unechter Bruch
improperly [ɪmˈprɒpəlɪ] *adv.* **a)** *(wrongly)*

369

unrichtig; **use sth. ~**: etw. unsachgemäß gebrauchen; **b)** *(in unseemly fashion)* unpassend; *(indecently)* unanständig; **c)** *(in contravention of rules of conduct)* unzulässigerweise; **use sth. ~**: etw. mißbrauchen
impropriety [ɪmprəˈpraɪətɪ] *n.* **a)** *no pl.* Unrichtigkeit, *die;* (*unfitness*) Ungeeignetheit, *die;* **say/state etc. without ~ that ...**: mit Recht sagen/behaupten *usw.,* daß ...; **b)** *no pl.* (*unseemliness*) Unpassende, *das;* (*indecency*) Unanständigkeit, *die;* **the ~ of sb.'s clothing** jmds. unpassende/unschickliche Kleidung; **c)** *no pl.* (*lack of accordance with rules of conduct*) Unredlichkeit, *die;* **see no ~ in doing sth.** nichts Unrechtmäßiges *od.* Unredliches darin sehen, etw. zu tun; **d)** *(instance of improper conduct)* Unanständigkeit, *die;* **moral ~**: moralisches Fehlverhalten
improvable [ɪmˈpruːvəbl] *adj.* verbesserungsfähig
improve [ɪmˈpruːv] **1.** *v.i.* sich verbessern; besser werden; ⟨*Person, Wetter*:⟩ sich bessern; *(become more attractive)* sich zu seinem Vorteil verändern; **he was ill, but he's improving now** er war krank, aber es geht ihm jetzt schon besser; **things are improving** es sieht schon besser aus. **2.** *v.t.* verbessern; erhöhen, steigern ⟨*Produktion*⟩; verschönern ⟨*Haus usw.*⟩; ~**d health** ein besserer Gesundheitszustand; ~ **one's mind** sich [weiter]bilden; ~ **one's situation** sich verbessern. **3.** *v. refl.* ~ **oneself** sich weiterbilden
~ **[up]on** *v.t.* überbieten ⟨*Rekord, Angebot*⟩; verbessern ⟨*Leistung*⟩
improvement [ɪmˈpruːvmənt] *n.* **a)** *no pl.* Verbesserung, *die;* Besserung, *die;* (*in writing*) Steigerung, *die;* **there is need for ~ in your handwriting** deine Handschrift müßte besser werden; **an ~ on or over sth.** eine Verbesserung gegenüber etw.; **b)** *(addition)* Verbesserung, *die;* **make ~s to sth.** Verbesserungen an etw. *(Dat.)* vornehmen
improvidence [ɪmˈprɒvɪdəns] *n., no pl.* **a)** Sorglosigkeit, *die;* **b)** *(heedlessness)* Leichtsinn, *der;* **c)** *(thriftlessness)* Verschwendungssucht, *die*
improvident [ɪmˈprɒvɪdənt] *adj.* **a)** sorglos, leichtsinnig; **he is ~**: er ist ein unbekümmerter Mensch; ~ **action** unbedachtes Handeln; **b)** *(heedless)* leichtsinnig; **c)** *(thriftless)* verschwenderisch
improvidently [ɪmˈprɒvɪdəntlɪ] *adv.* **a)** leichtsinnigerweise; **b)** *(thriftlessly)* verschwenderisch
improvisation [ɪmprəvaɪˈzeɪʃn, ˌɪmprɒvɪˈzeɪʃn] *n.* **a)** *no pl.* Improvisieren, *das;* *(composing while performing)* Improvisation, *die;* **his talent for ~**: sein Improvisationstalent; *(in speaking)* sein Talent für Stegreifreden; **b)** *(thing)* Improvisation, *die;* **the speech was an ~**: die Rede war improvisiert *od.* aus dem Stegreif vorgetragen; **the bench was only an ~**: die Bank war nur ein Provisorium
improvise [ˈɪmprəvaɪz] *v.t.* improvisieren; aus dem Stegreif vortragen ⟨*Rede*⟩
imprudence [ɪmˈpruːdəns] *n.* **a)** *no pl.* Unüberlegtheit, *die;* **with great ~**: sehr unüberlegt; **b)** *(rash act)* Unbesonnenheit, *die*
imprudent [ɪmˈpruːdənt] *adj.* unklug; *(showing rashness)* unbesonnen
imprudently [ɪmˈpruːdəntlɪ] *adv.* unbesonnenerweise; bedenklich ⟨*nah, schnell*⟩
impudence [ˈɪmpjʊdəns] *n.* **a)** Unverschämtheit, *die;* **b)** *(brazenness)* Dreistigkeit, *die*
impudent [ˈɪmpjʊdənt] *adj.,* **impudently** [ˈɪmpjʊdəntlɪ] *adv.* unverschämt; *(brazen)* dreist
impugn [ɪmˈpjuːn] *v.t.* in Zweifel ziehen; anfechten ⟨*Anspruch*⟩
impulse [ˈɪmpʌls] *n.* **a)** *(act of impelling)* Stoß, *der;* Impuls, *der;* *(fig.: motivation)*

Impuls, *der;* **give an ~ to sth.** einer Sache *(Dat.)* neue Impulse geben; **b)** *(mental incitement)* Impuls, *der;* **be seized with an irresistible ~ to do sth.** von einem unwiderstehlichen Drang ergriffen werden, etw. zu tun; **c)** *(tendency to act without reflection)* Impulsivität, *die;* **from pure ~**: rein impulsiv; **be ruled/guided by ~**: impulsiv sein; **be a creature of ~**: ein impulsives Wesen haben; **act/do sth. on [an] ~**: impulsiv handeln/etw. tun; **d)** *(impetus)* Stoßkraft, *die;* **e)** *(Biol., Electr., Phys.)* Impuls, *der*
ˈ**impulse buying** *n.* Spontankäufe *Pl.*
impulsion [ɪmˈpʌlʃn] *n.* **a)** *(impelling push)* Stoß, *der;* **b)** *(mental impulse)* Antrieb, *der;* **c)** *(impetus)* Impuls, *der;* **give an ~ to sth.** einer Sache *(Dat.)* neue Impulse geben
impulsive [ɪmˈpʌlsɪv] *adj.* **a)** impulsiv; **b)** *(driving)* vorwärts treibend; ~ **force** Antriebskraft, *die;* **c)** *(Phys.)* stoßartig
impulsively [ɪmˈpʌlsɪvlɪ] *adv.* impulsiv
impulsiveness [ɪmˈpʌlsɪvnɪs] *n., no pl.* Impulsivität, *die*
impunity [ɪmˈpjuːnɪtɪ] *n., no pl.* Straffreiheit, *die;* **be able to do sth. with ~**: etw. gefahrlos tun können; *(without being punished)* etw. ungestraft tun können
impure [ɪmˈpjʊə(r)] *adj.* **a)** *(dirty)* unsauber; schmutzig ⟨*Wasser*⟩; **b)** *(unchaste)* unrein; unanständig ⟨*Person, Sprache*⟩; schmutzig ⟨*Gedanke*⟩; **c)** *(mixed with extraneous substance)* unrein; *(fig.: of mixed nature)* unrein; uneinheitlich ⟨*Stilform*⟩
impurity [ɪmˈpjʊərɪtɪ] *n.* **a)** *no pl. (being dirty)* Unsauberkeit, *die;* *(of water)* Verschmutzung, *die;* **b)** *no pl. (not being chaste)* Unreinheit, *die;* **moral ~**: moralische Verfehlung, *die;* **c)** *no pl. (being mixed with extraneous substance)* Unreinheit, *die;* **d)** *in pl. (dirt)* Schmutz, *der;* *(foreign matter)* Fremdkörper, *der;* Fremdstoff, *der*
imputation [ɪmpjʊˈteɪʃn] *n.* **a)** *no pl.* Zuschreibung, *die;* *(accusing)* Bezichtigung, *die;* [ungerechtfertigte] Beschuldigung, Imputation, *die (veralt.);* **b)** *(charge)* Anschuldigung, *die;* Beschuldigung, *die*
impute [ɪmˈpjuːt] *v.t.* ~ **sth. to sb./sth.** jmdm./einer Sache etw. zuschreiben; ~ **bad intentions to sb.** jmdm. schlechte Absichten unterstellen
in [ɪn] **1.** *prep.* **a)** *(position; also fig.)* in (+ *Dat.*); **I looked into all the boxes, but there was nothing in them** ich sah in alle Kisten hinein, aber es war nichts darin; **in the 'Mauretania'** auf der „Mauretania"; **in the fields** auf den Feldern; **a ride in a motor car** eine Autofahrt; **shot/wounded in the leg** ins Bein geschossen/am Bein verwundet; **in this heat** bei dieser Hitze; **the highest mountain in the world** der höchste Berg der Welt; *see also* **b 1 a**; **clover**; **country b**; **dark 2 a**; **prison b**; **rage 1 a**; **sky 1**; **sleep 1 b**; **street a**; ²**tear**; **b)** *(wearing as dress)* in (+ *Dat.*); *(wearing as headgear)* mit; **in brown shoes** mit braunen Schuhen; **a lady in black** eine Dame in Schwarz; **a group of youths in leather jackets** eine Gruppe Jugendlicher in *od.* mit Lederjacken; *see also* **shirt-sleeve 1**; **c)** *(with respect to)* **two feet in diameter** mit einem Durchmesser von zwei Fuß; **young in years** jung an Jahren; *see also* **herself a**; **itself a**; **d)** *(as a proportionate part of)* **eight dogs in ten** acht von zehn Hunden; **pay 33 pence in the pound as interest** 33 Prozent Zinsen zahlen; *see also* **gradient 1 a**; *(as a member of)* in (+ *Dat.*); **be in the Scouts** bei den Pfadfindern sein; **be employed in the Civil Service** als Beamter/Beamtin beschäftigt sein; **f)** *(as content of)* **there are three feet in a yard** ein Yard hat drei Fuß; **is there anything in the notion of ...?** ist an der Vorstellung ... etwas dran?; **what is there in this deal for me?** was springt für mich bei dem Geschäft heraus? *(ugs.);* **there is nothing of the hero in him** er hat nichts von einem Hel-

den an sich *(Dat.);* **there is nothing/much** *or* **little in it** *(difference)* da ist kein/kein großer Unterschied [zwischen ihnen]; **there is something in what you say** an dem, was Sie sagen, ist etwas dran *(ugs.);* **g)** *(coll.: as a kind of)* in (+ *Dat.*); **the latest thing in fashion/in luxury** der letzte Modeschrei/der neueste Luxus; **h)** *expr. identity* in (+ *Dat.*); **have a faithful friend in sb.** an jmdm. einen treuen Freund haben; **we have lost a first-rate teacher in Jim** wir haben mit Jim einen erstklassigen Lehrer verloren; **i)** *(concerned with)* in (+ *Dat.*); **what line of business are you in?** in welcher Branche sind Sie?; **he's in politics** er ist Politiker; **she's in insurance** sie ist in der Versicherungsbranche tätig; **j)** **be [not] in it** *(as competitor)* [nicht] dabei *od.* im Rennen sein; **k)** *(Mus.)* in; **in [the key of] D flat** in Des; **l)** *(Ling.) (ending with)* [endend] auf (+ *Akk.*); *(beginning with)* beginnend mit; **m)** *(with arrangement of)* in (+ *Dat.*); **sell eggs in half-dozens** Eier im halben Dutzend verkaufen; *see also* **order 1 a**; **n)** *(with the means of; having as material, colour)* **a message in code** eine verschlüsselte Nachricht; **in writing** schriftlich; **in this way** auf diese Weise; so; **in a few words** mit wenigen Worten; **bind in leather** in Leder binden; **a dress in velvet** ein Kleid aus Samt; **this sofa is also available in leather/blue** dieses Sofa gibt es auch in Leder/Blau; **write sth. in red** etw. in Rot schreiben; **write in red** mit Rot schreiben; **pay in pounds/dollars** in Pfund/Dollars bezahlen; **draw in crayon/ink** *etc.* mit Kreide/Tinte *usw.* zeichnen; **be cast in brass** *etc.* aus Messing *usw.* gegossen sein; *see also* **English 2 a**; **o)** *(while, during)* **in crossing the river** beim Überqueren des Flusses; **in fog/rain** *etc.* bei Nebel/Regen *usw.;* **in the 20th century** im 20. Jahrhundert; **in the eighties/nineties** in den Achtzigern/Neunzigern; **4 o'clock in the morning/afternoon** 4 Uhr morgens/abends; **in 1990** [im Jahre] 1990; **p)** *(after a period of)* in (+ *Dat.*); **in three minutes/years** in drei Minuten/Jahren; **q)** *(within the ability of)* **have it in one [to do sth.]** fähig sein, [etw. zu tun]; **I didn't know you had it in you** das hätte ich dir nicht zugetraut; **he has in him the makings of a good soldier** er hat das Zeug zu einem guten Soldaten; **be in human nature** in der menschlichen Natur liegen; **there is no malice in him** er hat nichts Bösartiges an sich *(Dat.);* **r)** *(into)* in (+ *Dat.*); **get the whole of sth. in a photo** etwas ganz auf ein Foto kriegen *(ugs.) od.* bekommen; **s)** **in that** insofern als; *see also* **face 1 d**; **t)** **in doing this** *(by so doing)* indem jmd. das tut/tat; dadurch; hierdurch. **2.** *adv.* **a)** *(inside)* hinein⟨*gehen usw.*⟩; *(towards speaker)* herein⟨*kommen usw.*⟩; **when the animal is in, shut the cage door** wenn das Tier drin ist, mach die Käfigtür zu; **is everyone in?** sind alle drin?; **in with you!** rein mit dir! *(ugs.);* '**In**' „Einfahrt"; „Eingang"; **the children have been in and out all day** die Kinder sind den ganzen Tag raus- und reingerannt *(ugs.);* **b)** *(at home, work, etc.)* **be in** da sein; **find sb. in** jmdn. antreffen; **ask sb. in** jmdn. hereinbitten; **he's been in and out all day** er war den ganzen Tag über mal da und mal nicht; **c)** *(included)* darin; drin *(ugs.);* **cost £50 all in** 50 Pfund kosten, alles inbegriffen; **the word is not in** das Wort ist nicht aufgeführt; **your article is not in** dein Artikel steht nicht drin *(ugs.);* **d)** *(inward)* innen; **e)** *(in fashion)* in *(ugs.);* in Mode; **f)** *(elected)* **be in** gewählt sein; **the Tories are in** die Tories sind am Ruder; **the Tories are in by three votes** die Tories haben die Wahl mit einer Mehrheit von drei Stimmen gewonnen; **g)** *(Cricket)* **our team is in** unsere Mannschaft ist am Schlag; **h)** *(Brit.: burning)* **be in** ⟨*Feuer*:⟩ ansein, brennen; **keep the fire in** das Feuer brennen lassen; i) *(having arrived)* be in ⟨*Zug, Schiff, Ware, Bewerbung:*⟩ dasein; ⟨*Ernte:*⟩ eingebracht sein; **j)** *(present)* **the coach is not due in for another hour** der Bus wird nicht vor einer Stunde dasein; **j)** *(present)* **be in at the start/climax** beim Start/Höhepunkt dabeisein; **k) sb. is in for sth.** *(about to undergo sth.)* jmdm. steht etw. bevor; *(in competition for sth.)* jmd. nimmt im Wettbewerb um etw. teil; *(taking part in sth.)* jmd. nimmt an etw. *(Dat.)* teil; **we're in for it now!** *(coll.)* jetzt blüht uns was! *(ugs.);* **have it in for sb.** es auf jmdn. abgesehen haben *(ugs.);* **l)** *(coll.* as participant, accomplice, observer, etc.*)* **be in on the secret/discussion** in das Geheimnis eingeweiht sein/bei der Diskussion dabei sein; **be in on the action** dabeisein; **be [well] in with sb.** mit jmdm. [gut] auskommen; **be in with the right/wrong people** mit den richtigen/falschen Leuten verkehren; **m)** *(Sport)* be in ⟨*Ball:*⟩ drin sein. *See also* **all 3; eye 1 a; far 1 d; luck b; penny c; tide 1 a. 3.** *attrib. adj. (fashionable)* Mode-; **the in crowd** die Clique, die gerade in ist *(ugs.);* **in joke** Insiderwitz, *der.* **4.** *n.* **know the ins and outs of a matter** sich in einer Sache genau auskennen; **I don't know the ins and outs of the argument** ich weiß nicht [genau], worum es bei diesem Streit geht

in. *abbr.* **inch[es]**

inability [ɪnəˈbɪlɪtɪ] *n., no pl.* **a)** *(being unable)* Unfähigkeit, *die;* **b)** *(lack of power)* Unvermögen, *das*

in absentia [ɪn æbˈsentɪə, ɪn æbˈsenʃɪə] *adv.* in absentia *(bes. Rechtsw.)*

inaccessibility [ɪnəksesɪˈbɪlɪtɪ] *n., no pl.* **a)** *(unreachableness)* Unzugänglichkeit, *die;* **b)** *(unapproachableness)* Unnahbarkeit, *die*

inaccessible [ɪnəkˈsesɪbl] *adj.* **a)** *(that cannot be reached)* unzugänglich; **b)** *(unapproachable)* unnahbar; unzugänglich

inaccuracy [ɪnˈækjʊrəsɪ] *n.* **a)** *(incorrectness)* Unrichtigkeit, *die;* **an example of ~** in the use of ...: ein Beispiel für den unrichtigen Gebrauch von ...; **b)** *(imprecision)* Ungenauigkeit, *die*

inaccurate [ɪnˈækjʊrət] *adj.* **a)** *(incorrect)* unrichtig; **b)** *(imprecise)* ungenau

inaccurately [ɪnˈækjʊrətlɪ] *adv.* **a)** *(incorrectly)* falsch; **b)** *(imprecisely)* ungenau

inaction [ɪnˈækʃn] *n., no pl. indef. art.* **a)** Untätigkeit, *die;* **b)** *(sluggishness)* Trägheit, *die*

inactive [ɪnˈæktɪv] *adj.* **a)** untätig; **b)** *(sluggish)* träge

inactivity [ɪnækˈtɪvɪtɪ] *n.* **a)** Untätigkeit, *die;* **b)** *(sluggishness)* Trägheit, *die*

inadequacy [ɪnˈædɪkwəsɪ] *n.* **a)** Unzulänglichkeit, *die;* **b)** *(incompetence)* mangelnde Eignung

inadequate [ɪnˈædɪkwət] *adj.* **a)** unzulänglich; **his response was ~ [to the situation]** seine Antwort war [der Situation] nicht angemessen; **the resources are ~ to his needs** die Mittel reichen für seine Bedürfnisse nicht aus; **b)** *(incompetent)* ungeeignet; **feel ~**: sich überfordert fühlen

inadequately [ɪnˈædɪkwətlɪ] *adv.* **a)** unzulänglich; **b)** *(incompetently)* mangelhaft

inadmissibility [ɪnədmɪsɪˈbɪlɪtɪ] *n., no pl.* Unzulässigkeit, *die*

inadmissible [ɪnədˈmɪsɪbl] *adj.* unzulässig

inadvertent [ɪnədˈvɜːtənt] *adj.* ungewollt; versehentlich

inadvertently [ɪnədˈvɜːtəntlɪ] *adv.* versehentlich

inadvisability [ɪnədvaɪzəˈbɪlɪtɪ] *n., no pl.* *(inappropriateness)* Unangebrachtheit, *die;* *(foolishness)* Unvernünftigkeit, *die;* **see the ~ of sth.** sehen, daß etw. nicht ratsam ist

inadvisable [ɪnədˈvaɪzəbl] *adj.* nicht ratsam; unratsam

inalienable [ɪnˈeɪlɪənəbl] *adj.* unveräußerlich ⟨*Recht*⟩

inane [ɪˈneɪn] *adj.,* **inanely** [ɪˈneɪnlɪ] *adv.* dümmlich

inanimate [ɪnˈænɪmət] *adj.* unbelebt

inanity [ɪˈnænɪtɪ] *n.* Dümmlichkeit, *die*

inapplicability [ɪnæplɪkəˈbɪlɪtɪ] *n., no pl.* Nichtanwendbarkeit, *die*

inapplicable [ɪnˈæplɪkəbl, ɪnəˈplɪkəbl] *adj.* nicht anwendbar (**to** auf + *Akk.*)

inappropriate [ɪnəˈprəʊprɪət] *adj.* unpassend; **be ~ for sth.** für etw. nicht geeignet sein; **be ~ to the occasion** dem Anlaß nicht angemessen sein; **this translation is ~**: diese Übersetzung ist nicht angemessen

inappropriately [ɪnəˈprəʊprɪətlɪ] *adv.* unpassend

inapt [ɪnˈæpt] *adj.,* **inaptly** [ɪnˈæptlɪ] *adv.* unpassend

inarticulate [ɪnɑːˈtɪkjʊlət] *adj.* **a)** unverständlich; inartikuliert *(geh.);* **b)** *(dumb)* unfähig zu sprechen

inarticulately [ɪnɑːˈtɪkjʊlətlɪ] *adv.* inartikuliert *(geh.);* unverständlich ⟨*murmeln*⟩

inartistic [ɪnɑːˈtɪstɪk] *adj.* unkünstlerisch ⟨*Person*⟩

inasmuch [ɪnəzˈmʌtʃ] *adv.* **~ as a)** insofern als; **b)** *(because)* da

inattention [ɪnəˈtenʃn] *n., no pl.* Unaufmerksamkeit, *die* (**to** gegenüber); **~ to detail** Ungenauigkeit im Detail

inattentive [ɪnəˈtentɪv] *adj.* unaufmerksam (**to** gegenüber)

inattentiveness [ɪnəˈtentɪvnɪs] *n., no pl.* Unaufmerksamkeit, *die*

inaudible [ɪnˈɔːdɪbl] *adj.,* **inaudibly** [ɪnˈɔːdɪblɪ] *adv.* unhörbar

inaugural [ɪˈnɔːgjʊrl] *adj.* **a)** *(first in series)* Eröffnungs-; **b)** *(given at inauguration)* **~ lecture** *or* **address** Antrittsrede, *die; (of professor)* Antrittsvorlesung, *die*

inaugurate [ɪˈnɔːgjʊreɪt] *v. t.* **a)** *(admit to office)* in sein Amt einführen; inaugurieren *(geh.);* **b)** *(begin)* einführen; aufnehmen ⟨*Frachtverkehr usw.*⟩; in Angriff nehmen ⟨*Projekt*⟩; **c)** *(officially open)* seiner Bestimmung übergeben; *(with ceremony)* einweihen

inauguration [ɪnɔːgjʊˈreɪʃn] *n.* **a)** *(admission to office)* Amtseinführung, *die;* Inauguration, *die (geh.);* **b)** *(beginning)* Einführung, *die; (of service)* Aufnahme, *die; (of project)* Inangriffnahme, *die;* **c)** *(official opening)* Übergabe, *die; (with ceremony)* Einweihung, *die*

inauspicious [ɪnɔːˈspɪʃəs] *adj. (ominous)* unheilverkündend; unheilvoll; **we made an ~ start to the project** schon der Beginn des Projekts verhieß nichts Gutes; **b)** *(unlucky)* unglücklich

'**inboard** *(Naut., Aeronaut., Motor Veh.)* **1.** *adv.* binnenbords. **2.** *adj.* Innen[bord]-

'**inborn** *adj.* angeboren (**in** *Dat.*)

in'bred *adj.* **a)** angeboren; **b)** *(impaired by inbreeding)* **they are/have become ~**: bei ihnen herrscht Inzucht

in'breeding *n.* Inzucht, *die*

'**in-built** *adj.* jmdm./einer Sache eigen

Inc. *abbr. (Amer.)* Incorporated e. G.

Inca [ˈɪŋkə] **1.** *n.* Inka, *der/die.* **2.** *adj.* der Inkas nachgestellt

incalculable [ɪnˈkælkjʊləbl] *adj.* **a)** *(very great)* unermeßlich; **b)** *(unpredictable)* unberechenbar ⟨*Person, Temperament*⟩

in camera *see* **camera b**

incandescent [ɪnkænˈdesnt] *adj.* glühend; **~ lamp** Glühlampe, *die*

incantation [ɪnkænˈteɪʃn] *n.* **a)** *(words)* Zauberspruch, *der;* **b)** *(spell)* Beschwörung, *die*

incapability [ɪnkeɪpəˈbɪlɪtɪ] *n., no pl.* Unfähigkeit, *die;* Unfähigsein, *das*

incapable [ɪnˈkeɪpəbl] *adj.* **a)** *(lacking ability)* **be ~ of doing sth.** außerstande sein, etw. zu tun; **be ~ of sth.** zu etw. unfähig sein; **she is ~ of such an act** sie ist zu einer solchen Tat nicht fähig; **b)** *(not allow)* nicht zulassen ⟨*Beweis, Messung usw.*⟩; **sb. is ~ of any improvement** jmd. ist zu keiner Besserung fähig; **a statement that is ~ of proof** eine Feststellung, die nicht beweisbar ist; **c)** *(incompetent)* unfähig; **he was drunk to the point of being completely ~**: er war so betrunken, daß er zu nichts mehr fähig war

incapacitate [ɪnkəˈpæsɪteɪt] *v. t.* **a)** *(render unfit)* unfähig machen; **~ sb. for** *or* **from doing sth.** es jmdm. unmöglich machen, etw. zu tun; **physically ~d/~d by illness** körperlich/durch Krankheit behindert; **b)** *(disqualify)* ausschließen (**for** von)

incapacity [ɪnkəˈpæsɪtɪ] *n., no pl.* Unfähigkeit, *die* (**for** zu); **civil ~** *(Law)* Geschäftsunfähigkeit, *die*

incarcerate [ɪnˈkɑːsəreɪt] *v. t.* einkerkern *(geh.)*

incarceration [ɪnkɑːsəˈreɪʃn] *n.* Einkerkerung, *die (geh.)*

incarnate [ɪnˈkɑːnət] *adj.* **a) be the devil ~**: der leibhaftige Satan *od.* der Teufel in Person sein; **the Word I~** *(Theol.)* das fleischgewordene Wort; **b)** *(in perfect form)* **be beauty/wisdom** *etc.* **~**: die personifizierte Schönheit/Weisheit *usw.* sein

incarnation [ɪnkɑːˈneɪʃn] *n.* Inkarnation, *die*

incautious [ɪnˈkɔːʃəs] *adj.,* **incautiously** [ɪnˈkɔːʃəslɪ] *adv.* unbedacht

incendiary [ɪnˈsendɪərɪ] **1.** *adj.* **a) ~ attack** Brandstiftung, *die;* **~ device** Brandsatz, *der;* **~ bomb** *see* **2 b;** *(fig.)* aufwieglerisch; Hetz-. **2.** *n.* **a)** *(person)* Brandstifter, *der/*-stifterin, *die; (fig.)* Aufwiegler, *der/*Aufwieglerin, *die;* **b)** *(bomb)* Brandbombe, *die*

¹**incense** [ˈɪnsens] *n.* Weihrauch, *der*

²**incense** [ɪnˈsens] *v. t.* erzürnen; erbosen; **be ~d at** *or* **by sth./with sb.** über etw./jmdn. erbost *od.* erzürnt sein

incentive [ɪnˈsentɪv] *n.* **a)** *(motivation)* Anreiz, *der;* **~ to achievement** Leistungsanreiz, *der; attrib.* **~ payment system** System des finanziellen Anreizes; **b)** *(payment)* finanzieller Anreiz

inception [ɪnˈsepʃn] *n.* Einführung, *die;* **from** *or* **since/at its ~**: von Beginn an/zu Beginn

incessant [ɪnˈsesnt] *adj.,* **incessantly** [ɪnˈsesntlɪ] *adv.* unablässig; unaufhörlich

incest [ˈɪnsest] *n.* Inzest, *der;* Blutschande, *die*

incestuous [ɪnˈsestjʊəs] *adj. (lit. of fig.)* inzestuös

inch [ɪntʃ] **1.** *n.* **a)** Inch, *der;* Zoll, *der (veraltet);* **a 2½-~ map** eine Landkarte im Maßstab 1 Meile : 2½ Inches; **he could hardly see an ~ in front of him** er konnte kaum die Hand vor Augen sehen; **miss sth./sb. by ~es** etw./jmdn. um Haaresbreite verfehlen; *(small amount)* **~ by ~**: Zentimeter um Zentimeter; **by ~es** ≈ zentimeterweise; **escape death by an ~**: dem Tod nur knapper Not entrinnen; **she came within an ~ of winning** sie hätte ihn um ein Haar gewonnen; **give him an ~ and he will take a mile** wenn man ihm den kleinen Finger reicht, nimmt er gleich die ganze Hand; **not give** *or* **yield an ~**: keinen Fingerbreit weichen; keinen Zoll weichen *(geh.);* **he is every ~ a soldier** er ist Zoll für Zoll ein Soldat *(geh.);* **he was flogged within an ~ of his life** er wurde fast zu Tode geprügelt; **c)** *in pl. (stature)* Körpergröße, *die.* **2.** *v. t.* ≈ zentimeterweise bewegen; **~ one's way forward** sich Zoll für Zoll vorwärtsbewegen. **3.** *v. i.* ≈ sich zentimeterweise bewegen; **~ along/forward** sich ganz langsam entlang-/vorwärtsbewegen

inchoate [ˈɪnkəʊət] *adj.* **a)** *(just begun)* beginnend; **b)** *(undeveloped)* unausgereift

incidence [ˈɪnsɪdəns] *n.* **a)** *(occurrence)* Auftreten, *das;* Vorkommen, *das;* **b)** *(man-*

ner or range of occurrence) Häufigkeit, *die;* ~ **of crime/accidents** Verbrechens-/Unfallrate, *die;* **c)** *(Phys.)* Einfall, *der;* **angle of ~:** Einfall[s]winkel, *der;* Inzidenzwinkel, *der (fachspr.)*
incident ['ɪnsɪdənt] **1.** *n.* **a)** *(notable event)* Vorfall, *der; (minor occurrence)* Begebenheit, *die;* Vorkommnis, *das;* **the evening passed without ~:** der Abend verging ohne besondere Vorkommnisse; **b)** *(clash)* Zwischenfall, *der;* **frontier ~:** Grenzzwischenfall, *der;* **c)** *(in play, novel, etc.)* Episode, *die.* **2.** *adj.* **a)** *(attaching)* ~ **to** verbunden mit; **b)** *(falling)* einfallend ⟨*Licht, Strahl*⟩
incidental [ɪnsɪ'dentl] **1.** *adj.* **a)** *(casual)* beiläufig ⟨*Art, Bemerkung*⟩; Neben⟨*ausgaben, -einnahmen, -gewinn*⟩; **b)** *(attaching)* ~ **to** verbunden mit. **2.** *n., in pl.* Nebensächlichkeiten; *(expenses)* Nebenausgaben
incidentally [ɪnsɪ'dentəlɪ] *adv.* **a)** *(by the way)* nebenbei [bemerkt]; **b)** *(by chance)* zufällig; **c)** *(as not essential)* am Rande
inci'dental music *n.* Begleitmusik, *die*
'**incident room** *n. [temporäres] lokales Einsatzzentrum der Polizei*
incinerate [ɪn'sɪnəreɪt] *v.t.* verbrennen
incinerator [ɪn'sɪnəreɪtə(r)] *n.* Verbrennungsofen, *der; (in garden)* Abfallverbrenner, *der*
incipient [ɪn'sɪpɪənt] *adj.* anfänglich; einsetzend ⟨*Schmerzen*⟩; aufkommend ⟨*Zweifel, Angst*⟩
incise [ɪn'saɪz] *v.t.* einschneiden
incision [ɪn'sɪʒn] *n.* **a)** *(cutting)* Einschneiden, *das;* **b)** *(cut)* Einschnitt, *der;* **abdominal ~:** Bauchschnitt, *der*
incisive [ɪn'saɪsɪv] *adj.* schneidend ⟨*Ton*⟩; scharf ⟨*Verstand*⟩; scharfsinnig ⟨*Genie, Kritik, Methode, Frage, Bemerkung, Argument*⟩; präzise ⟨*Sprache, Stil*⟩
incisively [ɪn'saɪsɪvlɪ] *adv.* scharfsinnig; präzise ⟨*sich ausdrücken*⟩
incisor [ɪn'saɪzə(r)] *n. (Anat., Zool.)* Schneidezahn, *der*
incitation [ɪnsɪ'teɪʃn] *n. see* **incitement a**
incite [ɪn'saɪt] *v.t.* anstiften; aufstacheln, aufwiegeln ⟨*Massen, Volk*⟩
incitement [ɪn'saɪtmənt] *n.* **a)** *(act)* Anstiftung, *die; (of masses, crowd)* Aufstachelung, *die;* Aufwiegelung, *die;* **b)** *(encouragement)* Antrieb, *der*
incivility [ɪnsɪ'vɪlɪtɪ] *n.* Unhöflichkeit, *die;* **it is gross ~ to refuse** es ist eine grobe Unhöflichkeit abzulehnen
incl. *abbr.* **including** inkl.; einschl.
inclement [ɪn'klemənt] *adj.* unfreundlich ⟨*Wetter*⟩
inclination [ɪnklɪ'neɪʃn] *n.* **a)** *(slope)* [Ab]hang, *der; (of roof)* Neigung, *die;* **b)** *(preference, desire)* Neigung, *die;* **have a strong ~ to[wards]** *or* **for sth.** eine ausgeprägte Neigung für etw. haben; **my ~ is to let the matter rest** ich neige dazu, die Sache auf sich beruhen zu lassen; **by ~ he tended to be a recluse** er hatte eine Neigung zum Einsiedlertum; **have neither the time nor the ~ to pursue the matter** weder die Zeit noch die Lust haben, die Sache zu verfolgen; **my immediate ~ was to throw him out** mein erster Gedanke war, ihn hinauszuwerfen; **show no ~ to go to bed** keine Anstalten machen, ins Bett zu gehen; **c)** *(liking)* ~ **for sb.** Zuneigung für jmdn.; **d)** *(bow, nod)* Neigung, *die*
incline 1. [ɪn'klaɪn] *v.t.* **a)** *(bend)* neigen; **b)** *(dispose)* veranlassen; **all her instincts ~d her to stay alles in ihr drängte sie zu bleiben. 2.** *v.i.* **a)** *(be disposed)* neigen (to[wards] zu); ~ **to believe that ...:** geneigt sein zu glauben, daß ...; ~ **to suppose that ...:** zu der Annahme neigen, daß ...; **b)** *(lean)* sich neigen. **3.** ['ɪnklaɪn] *n.* Steigung, *die*
inclined [ɪn'klaɪnd] *adj.* **a)** *(disposed)* geneigt; **be mathematically ~:** sich für Mathematik interessieren; **he is not very much ~ to believe me** er zeigt wenig Neigung, mir zu glauben; **they are ~ to be slow** sie neigen zur Langsamkeit; **if you feel [so] ~:** wenn Sie Lust dazu haben; **if you are that way ~:** wenn das Ihren Neigungen entspricht; **he is that way ~:** er neigt dazu; **be ~ to believe that ...:** geneigt sein zu glauben, daß ...; **the door is ~ to bang** die Tür schlägt leicht zu; **b)** *(sloping)* abfallend
inclined 'plane *n. (Phys.)* schiefe Ebene
inclose *see* **enclose**
include [ɪn'kluːd] *v.t.* einschließen; *(contain)* enthalten; **his team ~s a number of people who ...:** zu seiner Mannschaft gehören einige, die ...; ~ **..., [the] children ~d ..., [die] Kinder eingeschlossen; does that ~ 'me?** gilt das auch für mich?; **the list ~d several prominent politicians** die Liste enthielt mehrere prominente Politiker; **your name is not ~d in the list** dein Name steht nicht auf der Liste; **have you ~d the full amount?** haben Sie den vollen Betrag einbezogen?; ~ **sth. in an essay** *etc.* etw. in einen Aufsatz *usw.* aufnehmen; ~**d in the price im Preis inbegriffen; postage ~d** einschließlich Porto
~ **'out** *v.t. (coll. joc.)* auslassen; **[you can] ~ me out** ohne mich!
including [ɪn'kluːdɪŋ] *prep.* einschließlich; **I make that ten ~ the captain** mit dem Kapitän sind das nach meiner Rechnung zehn; **up to and ~ the last financial year** bis einschließlich des letzten Geschäftsjahres; ~ **VAT** inklusive Mehrwertsteuer; **the lights cost me £10,** ~ **the batteries** die Lampen kosteten mich, einschließlich Batterien, 10 Pfund
inclusion [ɪn'kluːʒn] *n.* Aufnahme, *die*
inclusive [ɪn'kluːsɪv] *adj.* **a)** inklusive (*bes. Kaufmannsspr.*); einschließlich; **be ~ of sth.** etw. einschließen; **the rent is not ~ of gas and electricity charges** in der Miete sind Gas und Strom nicht eingeschlossen; **from 2 to 6 January;** **pages 7 to 26** ~: Seite 7 bis 26 einschließlich; **b)** *(including everything)* Pauschal-; Inklusiv-; ~ **terms** Pauschalpreis, *der;* **cost £50 ~:** 50 Pfund kosten, alles inbegriffen
incognito [ɪnkɒg'niːtəʊ] **1.** *adj., adv.* inkognito. **2.** *n.* Inkognito, *das*
incoherent [ɪnkəʊ'hɪərənt] *adj.* zusammenhanglos; ~ **person/talk** sich ohne Zusammenhang ausdrückende Person/zusammenhangloses Gerede
incoherently [ɪnkəʊ'hɪərəntlɪ] *adv.* zusammenhanglos
incombustible [ɪnkəm'bʌstɪbl] *adj.* unbrennbar
income ['ɪnkəm] *n.* Einkommen, *das;* ~**s** *(receipts)* Einkünfte *Pl.;* **live within/beyond one's ~:** entsprechend seinen Verhältnissen/über seine Verhältnisse leben
income: ~ group *n.* Einkommensklasse, *die;* ~**s policy** *n.* Einkommenspolitik, *die;* ~ **support** *n. (Brit.)* zusätzliche Hilfe zum Lebensunterhalt; ~ **tax** *n.* Einkommensteuer, *die; (on wages, salary)* Lohnsteuer, *die;* ~ **tax return** Einkommensteuererklärung, *die*/Lohnsteuererklärung, *die*
'**incoming** *adj.* **a)** *(arriving)* ankommend; einlaufend ⟨*Zug, Schiff*⟩; landend ⟨*Flugzeug*⟩; einfahrend ⟨*Zug*⟩; eingehend ⟨*Telefongespräch, Auftrag*⟩; **the ~ post** *or* **mail** der Posteingang ⟨*Büro*⟩; **the ~ tide** die Flut; **b)** *(succeeding)* neu ⟨*Vorsitzender, Präsident, Mieter, Regierung*⟩
incomings ['ɪnkəmɪŋz] *n. pl. (revenue, income)* Einnahmen *Pl.;* Einkünfte *Pl.*
incommensurable [ɪnkə'menʃərəbl] *adj.* unangemessen
incommensurate [ɪnkə'menʃərət] *adj. (not comparable)* **be ~ with** *or* **to sth.** einer Sache *(Gen.)* unangemessen sein
incommode [ɪnkə'məʊd] *v.t. (formal)* **a)** *(annoy)* belästigen; inkommodieren *(geh. veralt.);* **b)** *(inconvenience)* behindern
incommunicado [ɪnkəmjuːnɪ'kɑːdəʊ] *pred. adj.* von der Außenwelt abgeschnitten; **hold sb.** ~: jmdn. ohne Verbindung zur Außenwelt halten
incomparable [ɪn'kɒmpərəbl] *adj.,* **incomparably** [ɪn'kɒmpərəblɪ] *adv.* unvergleichlich
incompatibility [ɪnkəmpætɪ'bɪlɪtɪ] *n., no pl.* **a)** *(inability to harmonize)* Unverträglichkeit, *die;* **divorce on grounds of ~:** Scheidung wegen unüberwindlicher Abneigung; **b)** *(unsuitability for use together)* Nichtübereinstimmung, *die; (of medicines)* Unverträglichkeit, *die;* **c)** *(inconsistency)* Unvereinbarkeit, *die*
incompatible [ɪnkəm'pætɪbl] *adj.* **a)** *(unable to harmonize)* unverträglich; **they were ~ and they separated** sie paßten nicht zueinander und trennten sich; **b)** *(unsuitable for use together)* nicht kompatibel; inkompatibel ⟨*Technik*⟩; unverträglich ⟨*Medikamente*⟩; **c)** *(inconsistent)* unvereinbar
incompetence [ɪn'kɒmpɪtəns], **incompetency** [ɪn'kɒmpɪtənsɪ] *n.* Unfähigkeit, *die;* Unvermögen, *das*
incompetent [ɪn'kɒmpɪtənt] **1.** *adj.* unfähig; unzulänglich ⟨*Arbeit*⟩; **he was ~ at his job** in seinem Beruf war er völlig unfähig. **2.** *n.* Unfähige, *der/die*
incompetently [ɪn'kɒmpɪtəntlɪ] *adv.* stümperhaft
incomplete [ɪnkəm'pliːt] *adj.,* **incompletely** [ɪnkəm'pliːtlɪ] *adv.* unvollständig
incompleteness [ɪnkəm'pliːtnɪs] *n., no pl.* Unvollständigkeit, *die*
incomprehensible [ɪnkɒmprɪ'hensɪbl] *adj.* unbegreiflich; unverständlich ⟨*Sprache, Rede, Theorie, Argument*⟩
incomprehension [ɪnkɒmprɪ'henʃn] *n., no pl.* Verständnislosigkeit, *die* (**of** gegenüber)
inconceivable [ɪnkən'siːvəbl] *adj.,* **inconceivably** [ɪnkən'siːvəblɪ] *adv.* **a)** *(coll. remarkable/remarkably)* unfaßbar; **b)** *(unimaginable/unimaginably)* unvorstellbar
inconclusive [ɪnkən'kluːsɪv] *adj.* ergebnislos; nicht schlüssig ⟨*Beweis, Argument*⟩; **the result was ~:** das Ergebnis gab keinen Aufschluß
inconclusively [ɪnkən'kluːsɪvlɪ] *adv.* ergebnislos; nicht schlüssig ⟨*argumentieren*⟩
incongruity [ɪnkɒŋ'gruːɪtɪ] *n., no pl.* **a)** *(quality)* Deplaziertheit, *die;* **without ~:** ohne deplaziert zu wirken; **b)** *(instance)* Absurdität, *die*
incongruous [ɪn'kɒŋgrʊəs] *adj.* **a)** *(inappropriate)* unpassend; **b)** *(inharmonious)* nicht vereinbar; nicht zusammenpassend ⟨*Farben, Kleidungsstücke*⟩
incongruously [ɪn'kɒŋgrʊəslɪ] *adv. (inappropriately)* unpassend; *as sentence-modifier* unpassenderweise
incongruousness [ɪn'kɒŋgrʊəsnɪs] *see* **incongruity a**
inconsequent [ɪn'kɒnsɪkwənt] *adj.* **a)** *(irrelevant)* sprunghaft ⟨*Abweichung, Eingebung*⟩; zusammenhanglos ⟨*Bemerkung*⟩; **b)** *(illogical)* unlogisch; **c)** *(disconnected)* unzusammenhängend
inconsequential [ɪnkɒnsɪ'kwenʃl] *adj.* **a)** *(unimportant)* belanglos; **b)** *see* **inconsequent a**
inconsiderable [ɪnkən'sɪdərəbl] *adj.* unbeträchtlich; unerheblich; **the costs were not ~:** die Kosten waren nicht unerheblich
inconsiderate [ɪnkən'sɪdərət] *adj.* **a)** *(unkind)* rücksichtslos; **b)** *(rash)* unbedacht; unüberlegt
inconsiderately [ɪnkən'sɪdərətlɪ] *adv. (unkindly)* rücksichtslos; *as sentence-modifier* rücksichtsloserweise
inconsistency [ɪnkən'sɪstənsɪ] *n.* **a)** *(incompatibility, self-contradiction)* Widersprüchlichkeit, *die* (**with** zu); **b)** *(illogicality)*

Inkonsequenz, *die;* **c)** *(irregularity)* Unbeständigkeit, *die;* Inkonsistenz, *die (geh.)*
inconsistent [ɪnkən'sɪstənt] *adj.* **a)** *(incompatible, self-contradictory)* widersprüchlich; be ~ with sth. zu etw. im Widerspruch stehen; **results** ~ **with the others** Ergebnisse, die nicht zu den anderen passen; **b)** *(illogical)* inkonsequent; **c)** *(irregular)* unbeständig; inkonsistent *(geh.)*
inconsistently [ɪnkən'sɪstəntlɪ] *adv.* **a)** *(in a self-contradictory manner)* widersprüchlich; **b)** *(illogically)* inkonsequent; **c)** *(irregularly)* unbeständig; inkonsistent *(geh.)*
inconsolable [ɪnkən'səʊləbl] *adj.* untröstlich
inconspicuous [ɪnkən'spɪkjʊəs] *adj.* unauffällig; **make oneself** ~: sich so verhalten, daß man nicht auffällt
inconspicuously [ɪnkən'spɪkjʊəslɪ] *adv.* unauffällig
inconstancy [ɪn'kɒnstənsɪ] *n., no pl. see* **inconstant:** Unstetigkeit, *die;* Wankelmut, *der (geh.);* Ungleichmäßigkeit, *die*
inconstant [ɪn'kɒnstənt] *adj.* **a)** *(fickle)* unstet; wankelmütig *(geh.);* **b)** *(irregular)* ungleichmäßig
incontestable [ɪnkən'testəbl] *adj.* unbestreitbar; unwiderlegbar ⟨Beweis⟩
incontinence [ɪn'kɒntɪnəns] *n. (Med.)* Inkontinenz, *die*
incontinent [ɪn'kɒntɪnənt] *adj. (Med.)* inkontinent; **be** ~: an Inkontinenz leiden
incontrovertible [ɪnkɒntrə'vɜːtɪbl] *adj.* unbestreitbar; unwiderlegbar
incontrovertibly [ɪnkɒntrə'vɜːtɪblɪ] *adv.* unbestreitbar; unwiderlegbar ⟨beweisen⟩
inconvenience [ɪnkən'viːnɪəns] **1.** *n. no pl. (discomfort, disadvantage)* Unannehmlichkeiten *(to* für); **put sb. to a lot of** ~: jmdm. große Unannehmlichkeiten bereiten; **go to a great deal of** ~: große Unannehmlichkeiten auf sich *(Akk.)* nehmen; **b)** *(instance)* **if it's no** ~: wenn es keine Umstände macht; **it is rather an** ~ **to have to wait** es ist ziemlich unangenehm, warten zu müssen. **2.** *v. t.* Unannehmlichkeiten bereiten (+ *Dat.*); *(disturb)* stören; **don't** ~ **yourself just for me** *or* **on my account** mach [dir] meinetwegen nur keine Umstände!
inconvenient [ɪnkən'viːnɪənt] *adj.* unbequem; ungünstig ⟨Lage, Standort⟩; unpraktisch ⟨Design, Konstruktion, Schnitt⟩; **a very** ~ **time** eine sehr ungünstige Zeit; **come at an** ~ **time** zu ungelegener Zeit kommen; **if it is not** ~ **[to you]** wenn es Ihnen recht ist
inconveniently [ɪnkən'viːnɪəntlɪ] *adv.* ungünstig ⟨gelegen⟩; unbequem ⟨klein⟩
incorporate [ɪn'kɔːpəreɪt] *v. t.* **a)** *(make a legal corporation)* vereinigen; ~ **a company** eine Gesellschaft gründen; **be** ~**d as a company** zu einer Gesellschaft zusammengeschlossen sein; **b)** *(include)* aufnehmen (in[to], with in + *Akk.*); **your suggestion will be** ~**d in the plan** dein Vorschlag wird in den Plan eingehen; **the new plan** ~**s many of your suggestions** in dem neuen Plan sind viele deiner Vorschläge enthalten; **c)** *(unite)* verbinden (into zu); ~ **one's ideas in an essay** seine Gedanken in einem Essay zusammenfassen
incorporated [ɪn'kɔːpəreɪtɪd] *adj.* eingetragen ⟨[Handels]gesellschaft⟩
incorporation [ɪnkɔːpə'reɪʃn] *n.* **a)** *(formation)* Gründung, *die;* **b)** *(inclusion)* Eingliederung, *die; (of material, chemical)* Aufnahme, *die;* **c)** *(union)* Verbindung, *die* (into zu)
incorporeal [ɪnkɔː'pɔːrɪəl] *adj. (not composed of matter; also Law)* unkörperlich; geisterhaft ⟨Erscheinung, Wesen⟩
incorrect [ɪnkə'rekt] *adj.* **a)** unrichtig; inkorrekt; **be** ~: nicht stimmen; **it is** ~ **to say that ...:** es stimmt nicht, daß ...; **you are** ~ **in believing that ...:** du irrst, wenn du glaubst, daß ...; **b)** *(improper)* inkorrekt; unschicklich

incorrectly [ɪnkə'rektlɪ] *adv.* **a)** unrichtigerweise; falsch ⟨beantworten, aussprechen⟩; **b)** *(improperly)* inkorrekt; unschicklich
incorrectness [ɪnkə'rektnɪs] *n., no pl.* **a)** Unrichtigkeit, *die;* Inkorrektheit, *die;* **b)** *(impropriety)* Inkorrektheit, *die;* Unschicklichkeit, *die*
incorrigible [ɪn'kɒrɪdʒɪbl] *adj.,* **incorrigibly** [ɪn'kɒrɪdʒɪblɪ] *adv.* unverbesserlich
incorruptible [ɪnkə'rʌptɪbl] *adj.* **a)** *(upright)* unbestechlich; **b)** *(not subject to decay)* unzerstörbar
increase 1. [ɪn'kriːs] *v. i.* zunehmen; ⟨Schmerzen:⟩ stärker werden; ⟨Lärm:⟩ größer werden; ⟨Verkäufe, Preise, Nachfrage:⟩ steigen; ~ **in skill** größere Fertigkeit gewinnen; ~ **in weight/size/price** schwerer/größer/teurer werden; ~ **in maturity/value/popularity** an Reife/Wert/Popularität *(Dat.)* gewinnen. **2.** *v. t.* **a)** *(make greater)* erhöhen; vermehren ⟨Besitz⟩; **wages are** ~**d** die Löhne steigen; **b)** *(intensify)* verstärken; ~ **one's efforts/commitment** sich mehr anstrengen/engagieren. **3.** ['ɪnkriːs] *n.* **a)** *(becoming greater)* Zunahme, *die* (in Gen.); *(in measurable amount)* Anstieg, *der* (in Gen.); *(deliberately caused)* Steigerung, *die* (in Gen.); ~ **in weight/size** Gewichtszunahme, *die*/Vergrößerung, *die;* ~ **in popularity** Popularitätsgewinn, *der;* **be on the** ~: [ständig] zunehmen; **b)** *(by reproduction)* Zunahme, *die;* Zuwachs, *der;* **c)** *(amount)* Erhöhung, *die; (of growth)* Zuwachs, *der*
increasing [ɪn'kriːsɪŋ] *adj.* steigend; wachsend; **an** ~ **number of people** mehr und mehr Menschen
increasingly [ɪn'kriːsɪŋlɪ] *adv.* in zunehmendem Maße; **become** ~ **apparent** immer deutlicher werden; **I am** ~ **of the opinion that ...:** ich bin immer mehr der Meinung, daß ...; ~, **the husband looks after the children** immer häufiger kümmert sich der Mann um die Kinder
incredibility [ɪnkredɪ'bɪlɪtɪ] *n., no pl.* Unglaublichkeit, *die*
incredible [ɪn'kredɪbl] *adj.* **a)** *(beyond belief)* unglaublich; **b)** *(coll.) (remarkable)* unglaublich *(ugs.); (wonderful)* toll *(ugs.)*
incredibly [ɪn'kredɪblɪ] *adv.* **a)** unglaublich; **b)** *(coll.: remarkably)* unglaublich *(ugs.);* unwahrscheinlich *(ugs.);* **c)** *as sentence-modifier* es ist/war kaum zu glauben, aber ...
incredulity [ɪnkrɪ'djuːlɪtɪ] *n., no pl.* Ungläubigkeit, *die*
incredulous [ɪn'kredjʊləs] *adj.* ungläubig; **be** ~ **of sth.** einer Sache *(Dat.)* keinen Glauben schenken
incredulously [ɪn'kredjʊləslɪ] *adv.* ungläubig
increment ['ɪnkrɪmənt] *n.* Erhöhung, *die; (amount of growth)* Zuwachs, *der*
incriminate [ɪn'krɪmɪneɪt] *v. t.* belasten; **incriminating evidence** belastendes Material
incriminatory [ɪn'krɪmɪnətərɪ] *adj.* belastend
incrustation [ɪnkrʌs'teɪʃn] *n.* **a)** *(encrusting)* Überkrustung, *die;* **b)** *(deposit)* Inkrustation, *die (Geol.);* Verkrustung, *die*
incubate ['ɪnkjʊbeɪt] **1.** *v. t.* bebrüten; *(to hatching; also fig.)* ausbrüten. **2.** *v. i.* ⟨Henne:⟩ brüten; **b)** *(be developed)* ⟨Kulturen:⟩ brütet werden
incubation [ɪnkjʊ'beɪʃn] *n.* **a)** Inkubation, *die (Biol.);* Bebrütung, *die; (fig.)* Ausbrüten, *das;* **b)** *(Med.)* Inkubation, *die;* ~ **period** Inkubationszeit, *die*
incubator ['ɪnkjʊbeɪtə(r)] *n.* Inkubator, *der (Biol., Med.); (for babies also)* Brutkasten, *der; (for eggs)* Brutapparat, *der*
incubus ['ɪŋkjʊbəs] *n., pl.* ~**es** *or* **incubi** ['ɪŋkjʊbaɪ] **a)** Alpdruck, *der;* **b)** *(spirit)* Inkubus, *der*
inculcate ['ɪnkʌlkeɪt] *v. t.* ~ **sth. in[to] sb.,** ~ **sb. with sth.** jmdm. etw. einpflanzen

inculpate ['ɪnkʌlpeɪt] *v. t.* **a)** *(accuse)* ~ **sb. [for a crime]** jmdn. [eines Verbrechens] beschuldigen; **b)** *(involve)* ~ **sb. [in sth.]** jmdn. der Mittäterschaft *(Gen.)* [bei etw.] beschuldigen
inculpation [ɪnkʌl'peɪʃn] *n.* Beschuldigung, *die*
incumbency [ɪn'kʌmbənsɪ] *n.* Amt, *das*
incumbent [ɪn'kʌmbənt] **1.** *n.* **a)** *(Eccl.)* **the** ~ **of the parish** der Inhaber der Pfarrstelle; **b)** *(office-holder)* Amtsinhaber, *der.* **2.** *adj. (imposed)* **the duty** ~ **on me** die mir obliegende Pflicht; **it is** ~ **on sb. to do it** es ist jmds. Pflicht *od.* obliegt jmdm., es zu tun; **I feel it** ~ **on me** ich sehe es als meine Pflicht an
incur [ɪn'kɜː(r)] *v. t.,* -**rr**- sich *(Dat.)* zuziehen ⟨Unwillen, Ärger⟩; ~ **a loss** einen Verlust erleiden; ~ **debts/expenses/risks** Schulden machen/Ausgaben haben/Risiken eingehen; **they had** ~**red fines** sie waren mit Geldstrafen belegt worden
incurable [ɪn'kjʊərəbl] **1.** *adj.* **a)** *(Med.)* unheilbar; **b)** *(fig.)* unheilbar *(ugs.);* unstillbar ⟨Sehnsucht, Verlangen⟩; unüberwindbar ⟨Scheu, Zurückhaltung⟩. **2.** *n.* unheilbar Kranker/Kranke
incurably [ɪn'kjʊərəblɪ] *adv.* unheilbar ⟨krank⟩
incurious [ɪn'kjʊərɪəs] *adj.* uninteressiert
incursion [ɪn'kɜːʃn] *n. (invasion)* Eindringen, *das; (by sudden attack)* Einfall, *der*
indebted [ɪn'detɪd] *pred. adj.* **a)** **be/feel deeply** ~ **to sb.** tief in jmds. Schuld *(Dat.)* stehen *(geh.);* **he was** ~ **to the book/a friend for this information** er verdankte dem Buch/einem Freund diese Information; **be [much]** ~ **to sb. for sth.** jmdm. für etw. [sehr] verbunden sein *(geh.) od.* zu Dank verpflichtet sein; **b)** *(owing money)* **be** ~ **to the bank for a large sum** bei der Bank mit einer hohen Summe verschuldet sein; **be [heavily]** ~ **to a friend** bei einem Freund [große] Schulden haben
indebtedness [ɪn'detɪdnɪs] *n.* **a)** *(something owed)* Dankesschuld, *die (geh.)* (**to** bei); **b)** *(condition of owing money)* Verschuldung, *die*
indecency [ɪn'diːsənsɪ] *n.* Unanständigkeit, *die*
indecent [ɪn'diːsənt] *adj.* **a)** *(immodest, obscene)* unanständig; *see also* **exposure b); b)** *(unseemly)* ungehörig; **with** ~ **haste** mit unziemlicher Hast *(geh.)*
indecent as'sault *n. (Law)* Notzucht, *die (Rechtsw.)*
indecently [ɪn'diːsəntlɪ] *adv.* unanständig
indecipherable [ɪndɪ'saɪfərəbl] *adj.* unentzifferbar
indecision [ɪndɪ'sɪʒn] *n., no pl.* Unentschlossenheit, *die*
indecisive [ɪndɪ'saɪsɪv] *adj.* **a)** *(not conclusive)* ergebnislos ⟨Streit, Diskussion⟩; nichts entscheidend ⟨Krieg, Schlacht⟩; nichtssagend ⟨Ergebnis, Beobachtung⟩; **b)** *(hesitating)* unentschlossen; **be** ~ **about one's plans** keine festen Pläne haben; ~ **about which line of action to choose** unschlüssig, wie man vorgehen soll
indecisively [ɪndɪ'saɪsɪvlɪ] *adv.* **a)** *(inconclusively)* ohne Entscheidung; **b)** *(hesitatingly)* unentschlossen
indecisiveness [ɪndɪ'saɪsɪvnɪs] *n., no pl.* Ergebnislosigkeit, *die;* Unentschlossenheit, *die;* **b)** *(hesitation)* ~ **over a crucial issue** Unentschlossenheit in einer äußerst wichtigen Sache
indeclinable [ɪndɪ'klaɪnəbl] *adj. (Ling.)* indeklinabel
indecorous [ɪn'dekərəs] *adj. (improper)* ungehörig; *(in bad taste)* unschicklich
indeed [ɪn'diːd] *adv.* **a)** *(in truth)* in der Tat; tatsächlich; ~ **that is correct** das stimmt tatsächlich *od.* in der Tat; **b)** *emphat.* **thank you very much** ~: haben Sie vielen herzli-

373

indefatigable

chen Dank; **it was very kind of you ~**: es war wirklich sehr freundlich von Ihnen; **I shall be very glad ~ when ...**: ich bin wirklich sehr froh, wenn ...; **~ it is** in der Tat; allerdings; **yes ~, it certainly is/I certainly did** *etc.* ja, das kann man wohl sagen; **no, ~**: nein, ganz bestimmt nicht; **c)** *(in fact)* ja sogar; **~, he can ...**: ja, er kann sogar ...; **if ~ such a thing is possible** wenn so etwas überhaupt möglich ist; **I feel, ~ I know, she will come** ich habe das Gefühl, [ja] ich weiß sogar, daß sie kommen wird; **d)** *(admittedly)* zugegebenermaßen; zwar; **e)** *interrog.* **~?** wirklich?; ist das wahr?; **f)** *expr. irony, surprise, interest, etc.* **He expects to win – Does he ~!** Er glaubt, daß er gewinnt – Tatsächlich?; **I want a fortnight off work – [Do you] ~!** Ich möchte 14 Tage freihaben – Ach wirklich?; **smoked salmon, ~!** soso *od.* sieh mal einer an, geräucherter Lachs [also]!; **g)** *echoing question* **Who is this Mr Smith? – Who is he, ~!** *(you may well ask)* Wer ist denn dieser Mr. Smith? – Ja, wer ist er eigentlich?
indefatigable [ɪndɪˈfætɪɡəbl] *adj.* unermüdlich
indefensible [ɪndɪˈfensɪbl] *adj.* **a)** *(insecure)* unhaltbar; **b)** *(untenable)* unvertretbar; unhaltbar; **c)** *(intolerable)* unverzeihlich
indefinable [ɪndɪˈfaɪnəbl] *adj.* undefinierbar; **have a certain ~ something** etwas Gewisses haben
indefinite [ɪnˈdefɪnɪt] *adj.* **a)** *(vague)* unbestimmt; **she was rather ~ about it** sie äußerte sich ziemlich vage darüber; **b)** *(unlimited)* unbegrenzt; **~ leave** Urlaub auf unbestimmte Zeit; **c)** *(Ling.)* unbestimmt; indefinit *(fachspr.)* infinit *(fachspr.)* ⟨*Verbform*⟩; *see also* **article 1 c; pronoun**
indefinitely [ɪnˈdefɪnɪtlɪ] *adv.* **a)** *(vaguely)* unbestimmt; **b)** *(unlimitedly)* unbegrenzt; **it can't go on ~**: es kann nicht endlos so weitergehen; **postponed ~**: auf unbestimmte Zeit verschoben; **it would be easy to prolong the list ~**: die Liste ließe sich beliebig verlängern
indelible [ɪnˈdelɪbl] *adj.* unauslöschlich *(auch fig.)*; nicht zu entfernen ⟨*Fleck*⟩; **~ ink** Wäschetinte, *die*; **~ pencil** Kopierstift, *der*; Tintenstift, *der*
indelibly [ɪnˈdelɪblɪ] *adv.* unauslöschlich
indelicacy [ɪnˈdelɪkəsɪ] *n. see* **indelicate**: Ungehörigkeit, *die*; Geschmacklosigkeit, *die*; Mangel an Feingefühl
indelicate [ɪnˈdelɪkət] *adj. (coarse)* ungehörig; *(almost indecent)* geschmacklos; *(slightly tactless)* nicht sehr feinfühlig
indelicately [ɪnˈdelɪkətlɪ] *adv. see* **indelicate**: ungehörig; geschmacklos; wenig feinfühlend
indemnification [ɪndemnɪfɪˈkeɪʃn] *n.* Entschädigung, *die*
indemnify [ɪnˈdemnɪfaɪ] *v. t.* **a)** *(protect)* **~ sb. against sth.** jmdn. gegen etw. absichern; **b)** *(compensate)* entschädigen
indemnity [ɪnˈdemnɪtɪ] *n.* **a)** *(security)* Absicherung, *die*; **b)** *(compensation)* Entschädigung, *die*
inˈdemnity policy *n.* Haftpflichtversicherung, *die*
¹**indent 1.** [ˈɪndent] *n.* **a)** *(incision)* Einschnitt, *der*; **b)** *(Brit.: requisition)* Requisition, *die;* **c)** [ɪnˈdent] *v. t.* **a)** *(make notches in)* einkerben; **b)** *(form recesses in)* einschneiden in (+ *Akk.*); **an ~ed coastline** eine Küste mit tiefen Einschnitten; **c)** *(from margin)* einrücken; **d)** *(Brit.: order)* requirieren. **3.** *v.i.* *(Brit.: make requisition)* **~ [on sb.] for sth.** etw. [bei jmdm.] requirieren
²**indent** [ɪnˈdent] *v. t. (imprint)* eindrücken
indentation [ɪndenˈteɪʃn] *n.* **a)** *(indenting, notch)* Einkerbung, *die*; **b)** *(recess)* Einschnitt, *der*
indentures [ɪnˈdentʃəz] *n. pl.* Ausbildungsvertrag, *der*

independence [ɪndɪˈpendəns] *n.* Unabhängigkeit, *die;* **declaration of ~**: Unabhängigkeitserklärung, *die;* **~ of mind/spirit** geistige Selbständigkeit
Indeˈpendence Day *n. (Amer.)* Unabhängigkeitstag, *der*
independent [ɪndɪˈpendənt] **1.** *adj.* **a)** unabhängig; **~ income/means** eigenes Einkommen; **b)** *(not wanting obligations)* selbständig. **2.** *n. (Polit.)* Unabhängige, *der/die*
independently [ɪndɪˈpendəntlɪ] *adv.* unabhängig (**of** von); **they work ~**: sie arbeiten unabhängig voneinander
indeˈpendent school *n. (Brit.)* Schule in nichtstaatlicher Trägerschaft
ˈin-depth *adj. see* **depth c**
indescribable [ɪndɪˈskraɪbəbl] *adj.*, **indescribably** [ɪndɪˈskraɪbəblɪ] *adv.* unbeschreiblich
indestructible [ɪndɪˈstrʌktɪbl] *adj.* unzerstörbar; unerschütterlich ⟨*Glaube*⟩
indeterminable [ɪndɪˈtɜːmɪnəbl] *adj.* unbestimmbar
indeterminacy [ɪndɪˈtɜːmɪnəsɪ] *n., no pl.* Unbestimmtheit, *die*
indeterminate [ɪndɪˈtɜːmɪnət] *adj.* **a)** *(not fixed, vague)* unbestimmt ⟨*Form, Menge*⟩; unklar ⟨*Konzept, Bedeutung*⟩; **b)** *(left undecided)* ergebnislos; offen ⟨*Rechtsfrage*⟩; **c)** *(Math.)* unbestimmt
index [ˈɪndeks] **1.** *n.* **a)** *(list)* Index, *der;* Register, *das; see also* **card index; b)** *pl.* **indices** [ˈɪndɪsiːz] *(Phys.)* refractive **~**: Brechzahl, *die;* Brechungsindex, *der;* **c)** *pl.* **indices** *(Math.)* Index, *der; (exponent)* Exponent, *der;* **d)** *(pointer on scale)* Zeiger, *der;* **e)** *(Econ.)* Index, *der;* **f)** *pl.* **indices** *(indication)* [An]zeichen, *das;* **g) the I~** *(Hist.)* der Index; **put on the I~**: auf den Index setzen. **2.** *v. t.* **a)** *(furnish with ~)* mit einem Register *od.* Index versehen; **b)** *(enter in ~)* ins Register aufnehmen; **c)** *(Econ.)* indexieren; **~ pensions** Renten dynamisieren
indexation [ɪndekˈseɪʃn] *n. (Econ.)* Indexierung, *die*
indexer [ˈɪndeksə(r)] *n.* Verfasser eines Registers/von Registern
index: ~ ˈfinger *n.* Zeigefinger, *der;* Index, *der (Anat.);* **~-linked** *adj. (Econ.)* indexiert; dynamisch ⟨*Rente*⟩; **~-linking** *n. (Econ.)* Indexierung, *die;* **~-linking of pensions** ≈ Rentenanpassung, *die;* **~ number** *n.* Indexzahl, *die (bes. Statistik)*
India [ˈɪndɪə] *pr. n.* Indien *(das);* **~ ink** *(Amer.) see* **Indian ink**
Indian [ˈɪndɪən] **1.** *adj.* **a)** indisch; **b) [American] ~**: indianisch. *See also* ³**file 1 a; Red Indian; West Indian 1. 2.** *n.* **a)** Inder, *der*/Inderin, *die;* **b) [American] ~**: Indianer, *der*/Indianerin, *die*
Indian: ~ ˈclub *n.* Keule, *die;* **~ ˈcorn** *n.* Mais, *der;* **~ ˈink** *n. (Brit.)* Tusche, *die;* **~ ˈOcean** *pr. n.* Indischer Ozean; **~ ˈropetrick** *n.* indischer Seiltrick; **~ ˈsummer** *n.* Altweibersommer, *der;* Nachsommer, *der (auch fig.)*
ˈIndia rubber *see* ¹**rubber a, b**
indicate [ˈɪndɪkeɪt] **1.** *v. t.* **a)** *(be a sign of)* erkennen lassen; **this ~s something about his attitude** dies gibt Aufschluss über seine Haltung; **b)** *(state briefly)* andeuten; **~ the rough outlines of a project** ein Projekt kurz umreißen *od.* in groben Umrissen darstellen; **they ~d that they might take action** sie gaben zu verstehen, daß sie Schritte unternehmen könnten; **c)** *(mark, point out)* anzeigen; **d)** *(suggest, make evident)* zum Ausdruck bringen **(to** gegenüber); **e)** *(Med.)* **be ~d** indiziert sein. **2.** *v. i.* blinken *(bes. Verkehrsw.)*
indication [ɪndɪˈkeɪʃn] *n.* **a)** *(sign, guide)* [An]zeichen, *das* **(of** *Gen.*, für); **he gave no ~ that he understood** nichts wies darauf hin, daß er verstand; **there is every/no ~ that ...**:

indignity

alles/nichts weist darauf hin, daß ...; **give a clear ~ of one's intentions** seine Absichten klar zum Ausdruck bringen; **first ~s are that ...**: die ersten Anzeichen deuten darauf hin, daß ...; **some ~ of his feelings/the seriousness of the situation** das läßt seine Gefühle erkennen/das deutet darauf hin, wie ernst die Lage ist; **give me a rough ~ of when you will arrive** sagen Sie mir ungefähr, wann Sie kommen; **b)** *(Med.)* Indikation, *die*
indicative [ɪnˈdɪkətɪv] **1.** *adj.* **a)** *(suggestive)* **be ~ of sth./that ...**: auf etw. *(Akk.)* schließen lassen/darauf schließen lassen ...; **b)** *(Ling.)* indikativisch; **~ mood** Indikativ, *der.* **2.** *n. (Ling.)* Indikativ, *der*
indicator [ˈɪndɪkeɪtə(r)] *n.* **a)** *(instrument)* Anzeiger, *der;* **b)** *(board)* Anzeigetafel, *die;* **c)** *(on vehicle)* Blinker, *der;* **d)** *(fig.: pointer)* Indikator, *der (bes. Wirtsch.);* **e)** *(Chem.)* Indikator, *der*
indices *pl. of* **index 1 b, c, f**
indict [ɪnˈdaɪt] *v. t.* anklagen (**for, on a charge of** *Gen.*)
indictable [ɪnˈdaɪtəbl] *adj.* strafrechtlich verfolgbar ⟨*Person*⟩; strafbar ⟨*Handlung*⟩
indictment [ɪnˈdaɪtmənt] *n.* **a)** *(Law)* Anklageerhebung, *die;* **~ for** *or* **on a charge of murder** Mordanklage, *die;* **bring an ~ against sb.** Anklage gegen jmdn. erheben; **[bill of] ~**: Anklageschrift, *die;* **b)** *(fig.: accusation)* **~ of sth.** Anklage gegen etw. *(geh.)*
Indies [ˈɪndɪz] *pr. n. pl.* **a) the ~** *(arch.)* Indien *(das);* der indische Subkontinent; **b) East ~**: Malaiischer Archipel; Ostindischer Archipel *(veralt.);* **West ~**: Westindische Inseln
indifference [ɪnˈdɪfərəns] *n., no pl.* **a)** *(unconcern)* Gleichgültigkeit, *die* **(to[wards]** gegenüber); **b)** *(neutrality)* Indifferenz, *die;* **c)** *(unimportance)* **a matter of ~**: eine Belanglosigkeit; **this is a matter of complete ~ to** *or* **for him** das ist für ihn völlig belanglos
indifferent [ɪnˈdɪfərənt] *adj.* **a)** *(without concern or interest)* gleichgültig; unbeteiligt ⟨*Beobachter*⟩; **be ~ to[wards] sb./sth.** sich für jmdn./etw. nicht interessieren; **b)** *(not good)* mittelmäßig; *(fairly bad)* mäßig; *(neither good nor bad)* durchschnittlich; **very ~**: schlecht
indifferently [ɪnˈdɪfərəntlɪ] *adv.* **a)** *(unconcernedly)* gleichgültig; **b)** *(badly)* mäßig
indigence [ˈɪndɪdʒəns] *n., no pl.* Armut, *die*
indigenous [ɪnˈdɪdʒɪnəs] *adj.* einheimisch; eingeboren ⟨*Bevölkerung*⟩; **a species ~ to India** eine in Indien heimische *od.* beheimatete Art; **~ inhabitant** Ureinwohner, *der*
indigent [ˈɪndɪdʒənt] *adj.* arm
indigestible [ɪndɪˈdʒestɪbl] *adj. (lit. or fig.)* unverdaulich
indigestion [ɪndɪˈdʒestʃn] *n., no pl., no indef. art.* Magenverstimmung, *die; (chronic)* Verdauungsstörungen
indignant [ɪnˈdɪɡnənt] *adj.* entrüstet (**at, over, about** über + *Akk.*); indigniert ⟨*Blick, Geste*⟩; **grow ~**: sich entrüsten; **it makes me ~**: es regt mich auf; **he was ~ with his wife** er ärgerte sich über seine Frau; **it's no use getting ~**: es hat keinen Zweck, sich aufzuregen
indignantly [ɪnˈdɪɡnəntlɪ] *adv.* entrüstet; indigniert
indignation [ɪndɪɡˈneɪʃn] *n., no pl.* Entrüstung, *die* (**about, at, against, over** über + *Akk.*); **feel great ~ at sb.** sehr entrüstet über jmdn. sein
indignity [ɪnˈdɪɡnɪtɪ] *n.* **a)** *no pl., no art. (humiliation)* Demütigung, *die;* **be treated with great ~**: äußerst demütigend behandelt werden; **b)** *no pl. (lack of dignity)* **the ~ of my position** das Demütigende [an] meiner Situation; **oh, the ~ of it!** o Schmach und Schande!; **the ~ of having to do sth.** die Demütigung, etw. tun zu müssen

indigo ['ɪndɪgəʊ] 1. *n., pl.* ~s a) *(dye)* Indigo, *der od. das;* b) *(plant)* Indigopflanze, *die;* c) *(colour)* ~ [blue] Indigoblau, *das.* 2. *adj.* ~ [blue] indigoblau

indirect [ɪndɪ'rekt, ɪndaɪ'rekt] *adj.* indirekt; *(long-winded)* umständlich; **follow an** ~ **route** nicht den direkten Weg nehmen; **that's the more** ~ **way** das ist der weniger direkte *od.* gradlinige Weg; **that road is rather** ~: diese Straße ist ein ziemlicher Umweg; **by** ~ **means** auf Umwegen *(fig.)*

indirectly [ɪndɪ'rektlɪ, ɪndaɪ'rektlɪ] *adv.* indirekt; auf Umwegen 〈*hören, herausfinden*〉

indirect: ~ 'object *n.* (Ling.) indirektes Objekt; *(in German)* Dativobjekt, *das;* ~ 'question *n.* (Ling.) indirekte Frage; ~ 'speech *n.* (Ling.) indirekte Rede

indiscernible [ɪndɪ'sɜːnɪbl] *adj.* unmerklich; **the sound was virtually** ~: das Geräusch war kaum wahrnehmbar

indiscipline [ɪn'dɪsɪplɪn] *n., no pl., no indef. art.* Disziplinlosigkeit, *die*

indiscreet [ɪndɪ'skriːt] *adj.* indiskret; taktlos 〈*Benehmen*〉; **she was** ~ **to do that** es war indiskret von ihr, das zu tun

indiscreetly [ɪndɪ'skriːtlɪ] *adv.* indiskret; taktlos 〈*sich benehmen*〉

indiscretion [ɪndɪ'skreʃn] *n.* a) *(conduct)* Indiskretion, *die;* b) *(tactlessness)* Taktlosigkeit, *die;* c) *(imprudence)* Unbedachtheit, *die;* c) *(action)* Unbedachtsamkeit, *die;* *(love affair)* Affäre, *die;* d) *(revelation of official secret etc.)* Indiskretion, *die*

indiscriminate [ɪndɪ'skrɪmɪnət] *adj.* a) *(undiscriminating)* unkritisch; **hand out** ~ **condemnations** unterschiedslos alles verurteilen; b) *(unrestrained, promiscuous)* wahllos; willkürlich 〈*Anwendung*〉; unüberlegt 〈*Ausgaben*〉

indiscriminately [ɪndɪ'skrɪmɪnətlɪ] *adv. see* **indiscriminate:** unkritisch; wahllos; willkürlich; unüberlegt

indispensability [ɪndɪspensə'bɪlɪtɪ] *n., no pl.* Unentbehrlichkeit, *die* (**to für**)

indispensable [ɪndɪ'spensəbl] *adj.* unentbehrlich (**to für**); unabdingbar 〈*Voraussetzung*〉; **make oneself** ~: sich unentbehrlich machen

indispose [ɪndɪ'spəʊz] *v. t. (make averse)* einnehmen (**towards gegen**)

indisposed [ɪndɪ'spəʊzd] *adj.* a) *(unwell)* unpäßlich; indisponiert 〈*Sänger, Schauspieler*〉; b) *(disinclined)* **be** ~ **to do sth.** abgeneigt sein, etw. zu tun; **she was** ~**d to be polite** sie war nicht geneigt, höflich zu sein

indisposition [ɪndɪspə'zɪʃn] *n.* a) *(ill health)* Unpäßlichkeit, *die;* (*of singer, actor*) Indisposition, *die;* b) *(disinclination)* **an** ~ **to do sth.** eine Abneigung dagegen, etw. zu tun

indisputable [ɪndɪ'spjuːtəbl] *adj.*, **indisputably** [ɪndɪ'spjuːtəblɪ] *adv.* unbestreitbar

indissoluble [ɪndɪ'sɒljʊbl] *adj.*, **indissolubly** [ɪndɪ'sɒljʊblɪ] *adv.* unauflöslich

indistinct [ɪndɪ'stɪŋkt] *adj.* undeutlich; *(blurred)* verschwommen; **grow** ~ **in the twilight** in der Dämmerung verschwimmen

indistinctly [ɪndɪ'stɪŋktlɪ] *adv.* undeutlich 〈*sprechen*〉; verschwommen 〈*sich erinnern*〉

indistinguishable [ɪndɪ'stɪŋgwɪʃəbl] *adj.* a) *(not distinguishable)* nicht unterscheidbar; **the twins are** ~: die Zwillinge sind nicht voneinander zu unterscheiden; b) *(imperceptible)* nicht erkennbar; nicht wahrnehmbar 〈*Geräusch*〉

individual [ɪndɪ'vɪdjʊəl] 1. *adj.* a) *(single)* einzeln; b) *(special, personal)* besonder... 〈*Vorteil, Merkmal*〉; **give** ~ **attention to one's pupils** seine Schüler individuell betreuen; ~ **case** Einzelfall, *der;* c) *(intended for one)* für eine [einzelne] Person bestimmt; ~ **portions** Einzelportionen, *die;* ~ **pie** Pastete für eine [einzelne] Person; d) *(distinctive)* eigentümlich; individuell; **be** ~ **in one's view** individuelle *od.* eigene Ansichten vertreten; e) *(characteristic)* eigen; individuell. 2. *n.* a) *(one member)* einzelne, *der/die;* *(animal)* Einzeltier, *das;* einzelnes Tier; ~s b) *(one being)* Individuum, *das;* einzelne, *der/die;* **the rights of** ~s die Rechte des Individuums *od.* des einzelnen; c) *(coll.: person)* Individuum, *das (abwertend);* **who is that** ~? wer ist dieses Individuum?

individualise *see* **individualize**

individualist [ɪndɪ'vɪdjʊəlɪst] *n.* Individualist, *der*/Individualistin, *die*

individualistic [ɪndɪvɪdjʊə'lɪstɪk] *adj.* individualistisch

individuality [ɪndɪvɪdjʊ'ælɪtɪ] *n., no pl.* a) *(character)* eigene Persönlichkeit; Individualität, *die;* b) *(separate existence)* individuelle Existenz

individualize [ɪndɪ'vɪdjʊəlaɪz] *v. t.* ~ **sth.** einer Sache *(Dat.)* einen eigenen Charakter geben

individually [ɪndɪ'vɪdjʊəlɪ] *adv.* a) *(singly)* einzeln; b) *(distinctively)* individuell; c) *(personally)* persönlich

indivisibility [ɪndɪvɪzɪ'bɪlɪtɪ] *n., no pl.* Unteilbarkeit, *die*

indivisible [ɪndɪ'vɪzɪbl] *adj.* a) *(not divisible)* unteilbar; b) *(not distributable)* nicht aufteilbar

indivisibly [ɪndɪ'vɪzɪblɪ] *adv.* unteilbar

Indo- [ɪndəʊ] *in comb.* Indo-

Indo-'China *pr. n.* Indochina *(das)*

indoctrinate [ɪn'dɒktrɪneɪt] *v. t.* indoktrinieren *(abwertend)*

indoctrination [ɪndɒktrɪ'neɪʃn] *n.* Indoktrination, *die (abwertend)*

Indo: ~-**Euro'pean,** ~-**Ger'manic** 1. *adjs.* indoeuropäisch; indogermanisch. 2. *ns.* (Ling.) Indogermanisch, *das*

indolence ['ɪndələns] *n., no pl.* Trägheit, *die;* Indolenz, *die (geh.)*

indolent ['ɪndələnt] *adj.*, **indolently** ['ɪndələntlɪ] *adv.* träge; indolent *(geh.)*

indomitable [ɪn'dɒmɪtəbl] *adj.* unbeugsam; unbezähmbar 〈*Begeisterung*〉

Indonesia [ɪndə'niːʃə] *pr. n.* Indonesien *(das)*

Indonesian [ɪndə'niːʃn] 1. *adj.* indonesisch; **sb. is** ~: jmd. ist Indonesier/Indonesierin (*see also* **English 1**). 2. *n.* a) *(person)* Indonesier, *der*/Indonesierin, *die;* b) *(language)* Indonesisch, *das; see also* **English 2 a**

'indoor *adj.* ~ **shoes** Schuhe für zu Hause; ~ **swimming-pool/sports/tennis** Hallenbad, *das*/-sport, *der*/-tennis, *das;* ~ **plants** Zimmerpflanzen, *die;* ~ **games** Spiele im Haus; *(Sport)* Hallenspiele; ~ **aerial** Innenantenne, *die; (in room)* Zimmerantenne, *die;* **I don't enjoy** ~ **work** ich arbeite nicht gern drinnen *od.* im Haus/Büro *usw.;* **he's not one for [the]** ~ **life** er ist lieber draußen als drinnen

indoors [ɪn'dɔːz] *adv.* drinnen; im Haus; **come/go** ~: nach drinnen *od.* ins Haus kommen/gehen

indorse *see* **endorse**

indubitable [ɪn'djuːbɪtəbl] *adj.* unzweifelhaft

indubitably [ɪn'djuːbɪtəblɪ] *adv.* zweifelsohne

induce [ɪn'djuːs] *v. t.* a) *(persuade)* ~ **sb. to do sth.** jmdn. dazu bringen, etw. zu tun; b) *(bring about)* hervorrufen; verursachen; führen zu 〈*Krankheit*〉; c) *(Med.)* einleiten 〈*Wehen, Geburt*〉; herbeiführen 〈*Schlaf*〉; d) *(Electr., Phys., Philos.)* induzieren

inducement [ɪn'djuːsmənt] *n. (incentive)* Anreiz, *der;* **as an added** ~: als besonderer Anreiz *od.* Ansporn; **no** ~ **would persuade her to give up her home** kein noch so verlockendes Angebot könnte sie dazu bewegen, ihr Zuhause aufzugeben

induct [ɪn'dʌkt] *v. t.* a) einführen (**to in** + *Akk.*); b) *(Amer. Mil.)* einziehen; einberufen

inductance [ɪn'dʌktəns] *n. (Electr.)* Induktanz, *die*

inductee [ɪndʌk'tiː] *n. (Amer. Mil.)* Einberufene, *der/die*

induction [ɪn'dʌkʃn] *n.* a) *(formal introduction)* Amtseinführung, *die;* b) *(initiation)* Einführung, *die* (**into in** + *Akk.*); c) ~ **course** Einführungskurs[us], *der;* c) *(Med.)* Einleitung, *die;* *(of sleep)* Herbeiführen, *das;* d) *(Electr., Phys., Math., Philos.)* Induktion, *die;* e) *(Amer. Mil.)* Einberufung, *die*

induction: ~-**coil** *n. (Electr.)* Induktionsspule, *die;* ~ **heating** *n.* Induktionsheizung, *die*

inductive [ɪn'dʌktɪv] *adj.*, **inductively** [ɪn'dʌktɪvlɪ] *adv. (Electr., Phys., Math., Logic)* induktiv

indue *see* **endue**

indulge [ɪn'dʌldʒ] 1. *v. t.* a) *(yield to)* nachgeben (+ *Dat.*) 〈*Wunsch, Verlangen, Verlockung*〉; frönen *(geh.)* (+ *Dat.*) 〈*Leidenschaft, Neigung*〉; b) *(please)* verwöhnen; ~ **sb. in sth.** jmdn. in etw. *(Dat.)* nachgeben; ~ **oneself in** schwelgen in *(geh.)* (+ *Dat.*); sich gütlich tun an (+ *Dat.*) 〈*Speisen, Leckereien*〉. 2. *v. i.* a) *(allow oneself pleasure)* ~ **in** frönen *(geh.)* (+ *Dat.*) 〈*Leidenschaft, Neigung*〉; sich gütlich tun an (+ *Dat.*) 〈*Speisen, Leckereien*〉; b) *(coll.: take alcoholic drink)* sich *(Dat.)* einen genehmigen *(ugs.);* **I'd better not** ~: ich halte mich besser zurück

indulgence [ɪn'dʌldʒəns] *n.* a) Nachsicht, *die; (humouring)* Nachgiebigkeit, *die* (**with gegenüber**); b) **sb.'s** ~ **in sth.** jmds. Hang zu etw.; **constant** ~ **in bad habits** ständiges Nachgeben gegenüber schlechten Gewohnheiten; c) *(thing indulged in)* Luxus, *der;* d) *(privilege)* Vorrecht, *das;* e) *(Relig.: remission)* Ablaß, *der*

indulgent [ɪn'dʌldʒənt] *adj.* nachsichtig (**with, to**|**wards** gegenüber); **she's so** ~ **with that dog of hers** sie verhätschelt ihren Hund so sehr

indulgently [ɪn'dʌldʒəntlɪ] *adv.* nachsichtig

industrial [ɪn'dʌstrɪəl] *adj.* a) industriell; betrieblich 〈*Ausbildung, Forschung*〉; Arbeits〈*unfall, -medizin, -psychologie*〉; b) *(intended for industry)* Industrie〈*alkohol, -diamant usw.*〉; c) *(characterized by industry)* industrialisiert; **the** ~ **nations** die Industrienationen. *See also* **archaeology; estate b**

industrial: ~ 'action *n.* Arbeitskampfmaßnahmen, *die;* **take** ~ **action** in den Ausstand treten; ~ **di'spute** *n.* Arbeitskonflikt, *der;* ~ 'espionage *n.* Industriespionage, *die;* ~ **exhibition** *n.* Industrieausstellung, *die;* ~ 'injury *n.* Arbeitsverletzung, *die*

industrialisation, industrialise *see* **industrializ-**

industrialist [ɪn'dʌstrɪəlɪst] *n.* Industrielle, *der/die*

industrialization [ɪndʌstrɪəlaɪ'zeɪʃn] *n.* Industrialisierung, *die*

industrialize [ɪn'dʌstrɪəlaɪz] *v. i. & t.* industrialisieren

industrially [ɪn'dʌstrɪəlɪ] *adv.* industriell

industrial: ~ **park** *n.* Industriegebiet, *das;* ~ **re'lations** *n. pl.* Industrial relations *Pl.* (Wirtsch.); Beziehungen zwischen Arbeitgebern und Gewerkschaften; **I**~ **Revo'lution** *n.* (Hist.) industrielle Revolution; ~ 'town *n.* Industriestadt, *die;* ~ **un'rest** *n.* Unruhe in der Arbeitnehmerschaft; ~ 'waste *n.* Industriemüll, *der*

industrious [ɪn'dʌstrɪəs] *adj.* fleißig; *(busy)* emsig

industriously [ɪn'dʌstrɪəslɪ] *adv.* fleißig; *(busily)* emsig

industry ['ɪndəstrɪ] *n.* a) Industrie, *die;* **several industries** mehrere Industriezweige; **steel/coal** ~: Stahl-/Kohleindustrie, *die;* **the nation's** ~: die Industrie des Landes; in-

inebriated / **infectious**

centives to ~: Maßnahmen zur Förderung des industriellen Wachstums; **the leaders of** ~: die Industriebosse *(ugs.)*; die Industriemanager; ~ **is thriving** die Industrie blüht; **his experience of** ~: seine Erfahrungen auf dem industriellen Sektor; **the Shakespeare/ abortion** ~ *(coll.)* die Vermarktung Shakespeares/das Geschäft mit der Abtreibung; **b)** *see* **industrious:** Fleiß, *der;* Emsigkeit, *die*
inebriated [ɪˈniːbrɪeɪtɪd] *adj.* **a)** *(drunk)* betrunken; **b)** *(fig.)* berauscht (**with** von); trunken *(geh.)* (**with** von, vor + *Dat.*)
inedible [ɪnˈedɪbl] *adj.* ungenießbar
ineducable [ɪnˈedjʊkəbl] *adj.* lernunfähig
ineffable [ɪnˈefəbl] *adj.* unbeschreiblich
ineffective [ɪnɪˈfektɪv] *adj.* **a)** unwirksam; ineffektiv; fruchtlos ⟨*Anstrengung, Versuch*⟩; ineffizient ⟨*Produktionsmethoden*⟩; wirkungslos ⟨*Argument*⟩; **b)** *(inefficient)* untauglich; **c)** *(lacking artistic effect)* reizlos
ineffectively [ɪnɪˈfektɪvlɪ] *adv.* unwirksam; ineffektiv
ineffectiveness [ɪnɪˈfektɪvnɪs] *n., no pl. see* **ineffective:** Unwirksamkeit, *die;* Ineffizienz, *die;* Fruchtlosigkeit, *die;* Wirkungslosigkeit, *die;* Untauglichkeit, *die;* Reizlosigkeit, *die*
ineffectual [ɪnɪˈfektjʊəl] *adj.* unwirksam; ineffektiv; fruchtlos ⟨*Versuch, Bemühung*⟩; ineffizient ⟨*Methode, Person*⟩
ineffectually [ɪnɪˈfektjʊəlɪ] *adv.* vergebens; ohne Aussagekraft ⟨*schreiben*⟩
inefficacious [ɪnefɪˈkeɪʃəs] *adj.* unwirksam; wirkungslos
inefficacy [ɪnˈefɪkəsɪ] *n., no pl. (of measures)* Unwirksamkeit, *die;* Wirkungslosigkeit, *die*
inefficiency [ɪnɪˈfɪʃənsɪ] *n.* Ineffizienz, *die; (incapability)* Unfähigkeit, *die*
inefficient [ɪnɪˈfɪʃənt] *adj.* ineffizient; *(incapable)* unfähig; **the worker/machine is** ~: der Arbeiter/die Maschine leistet nicht genug
inefficiently [ɪnɪˈfɪʃəntlɪ] *adv.* ineffizient; **do one's job too** ~: zu wenig leisten
inelastic [ɪnɪˈlæstɪk, ɪnɪˈlɑːstɪk] *adj.* **a)** *(not elastic)* unelastisch; **b)** *(unadaptable)* nicht flexibel
inelegance [ɪnˈelɪgəns] *n., no pl.* **a)** *(of dress)* Mangel an Eleganz; *(of gestures, movements, gait)* Schwerfälligkeit, *die;* **b)** *(lack of refinement, polish)* Ungeschliffenheit, *die (abwertend)*
inelegant [ɪnˈelɪgənt] *adj.* **a)** unelegant; schwerfällig ⟨*Bewegung, Gang*⟩; **b)** *(unrefined, unpolished)* ungeschliffen *(abwertend)*
inelegantly [ɪnˈelɪgəntlɪ] *adv.* **a)** unelegant; schwerfällig ⟨*sich bewegen*⟩; **b)** *(without refinement or polish)* ungeschliffen *(abwertend)*
ineligible [ɪnˈelɪdʒɪbl] *adj.* ungeeignet; **be** ~ **for** nicht in Frage kommen für ⟨*Beförderung, Position, Mannschaft*⟩; nicht berechtigt sein zu ⟨*Leistungen des Staats usw.*⟩; **be** ~ **for a pension** nicht pensionsberechtigt sein
ineluctable [ɪnɪˈlʌktəbl] *adj. (literary) (remorseless)* unbarmherzig; *(not to be opposed)* unausweichlich; unentrinnbar *(geh.)* ⟨*Schicksal*⟩
inept [ɪˈnept] *adj.* **a)** *(unskilful, clumsy)* unbeholfen; **b)** *(inappropriate)* unangemessen, unpassend ⟨*Vergleich*⟩; unpassend, unangebracht ⟨*Bemerkung, Eingreifen*⟩; **c)** *(foolish)* albern
ineptitude [ɪˈneptɪtjuːd] *n., no pl.* **a)** *(unskilfulness, clumsiness)* Unbeholfenheit, *die;* **b)** *(inappropriateness) (of comparison)* Unangemessenheit, *die; (of remark, intervention)* Unangebrachtheit, *die;* **c)** *(foolishness)* Albernheit, *die*
ineptly [ɪˈneptlɪ] *adv.* **a)** *(unskilfully, clumsily)* unbeholfen; **b)** *(inappropriately)* inter-

vene ~: in unangebrachter Weise eingreifen; **c)** *(foolishly)* albern
ineptness *see* ineptitude
inequable [ɪnˈekwəbl] *adj.* **a)** *(not uniform)* ungleichmäßig; **b)** *(not fair)* ungleich
inequality [ɪnɪˈkwɒlɪtɪ] *n.* **a)** *(lack of equality)* Ungleichheit, *die;* **great inequalities between rich and poor** große Ungleichheit zwischen arm und reich; **educational** ~: Ungleichheit der Bildungschancen; **the inequalities in income** die ungleiche Einkommensverteilung; **b)** *(variableness)* Veränderlichkeit, *die; (in time)* Unbeständigkeit, *die;* **c)** *(irregularity)* Unebenheit, *die;* **d)** *(Math.)* Ungleichheit, *die; (expression)* Ungleichung, *die*
inequitable [ɪnˈekwɪtəbl] *adj.,* **inequitably** [ɪnˈekwɪtəblɪ] *adv.* ungerecht
inequity [ɪnˈekwɪtɪ] *n.* Ungerechtigkeit, *die*
ineradicable [ɪnɪˈrædɪkəbl] *adj.* unausrottbar ⟨*Vorurteil, Aberglaube*⟩
inert [ɪˈnɜːt] *adj.* **a)** reglos; *(sluggish)* träge; *(passive)* untätig; **b)** *(Chem.: neutral)* inert
inert 'gas *n. (Chem.)* Edelgas, *das*
inertia [ɪˈnɜːʃə, ɪˈnɜːʃɪə] *n. (also Phys.)* Trägheit, *die;* **see also moment c**
inertial [ɪˈnɜːʃl] *adj.* **a)** Trägheits-; **b)** *(performed automatically)* Automatik-
inertia: ~ **reel** *n.* Aufrollautomatik, *die;* ~ **reel seat-belt** Automatikgurt, *der;* ~ **selling** *n.* unverlangte Warenzusendung
inertly [ɪˈnɜːtlɪ] *adv.* reglos; *(sluggishly)* träge; *(passively)* untätig
inescapable [ɪnɪˈskeɪpəbl] *adj.* unausweichlich ⟨*Schlußfolgerung, Logik*⟩; **the facts were** ~: man konnte sich den Tatsachen nicht entziehen
inessential [ɪnɪˈsenʃl] **1.** *adj. (not necessary)* unwesentlich; *(dispensable)* entbehrlich. **2.** *n.* Nebensächlichkeit, *die*
inestimable [ɪnˈestɪməbl] *adj.* unschätzbar
inevitability [ɪnevɪtəˈbɪlɪtɪ] *n., no pl.* Unvermeidlichkeit, *die; (of fate, event)* Unabwendbarkeit, *die*
inevitable [ɪnˈevɪtəbl] *adj.* unvermeidlich; unabwendbar ⟨*Ereignis, Krieg, Schicksal*⟩; zwangsläufig ⟨*Ergebnis, Folge*⟩; **bow to the** ~: sich in das Unvermeidliche fügen
inevitably [ɪnˈevɪtəblɪ] *adv.* zwangsläufig
inexact [ɪnɪɡˈzækt] *adj.* ungenau
inexactitude [ɪnɪɡˈzæktɪtjuːd] *see* inexactness
inexactly [ɪnɪɡˈzæktlɪ] *adv.* ungenau
inexactness [ɪnɪɡˈzæktnɪs] *n.* Ungenauigkeit, *die*
inexcusable [ɪnɪkˈskjuːzəbl] *adj.,* **inexcusably** [ɪnɪkˈskjuːzəblɪ] *adv.* unverzeihlich; unentschuldbar
inexhaustible [ɪnɪɡˈzɔːstɪbl] *adj.* unerschöpflich ⟨*Reserven, Quelle, Energie*⟩; unverwüstlich ⟨*Person*⟩
inexorable [ɪnˈeksərəbl] *adj.,* **inexorably** [ɪnˈeksərəblɪ] *adv.* unerbittlich
inexpediency [ɪnɪkˈspiːdɪənsɪ] *n., no pl.* Unklugheit, *die; (of plan, measure)* Ungeeignetheit, *die*
inexpedient [ɪnɪkˈspiːdɪənt] *adj.* unklug ⟨*Entscheidung, Politik*⟩; ungeeignet ⟨*Plan, Maßnahme*⟩; **she thought it somewhat** ~ **to reveal the names** es erschien ihr wenig ratsam, die Namen preiszugeben
inexpensive [ɪnɪkˈspensɪv] *adj.* preisgünstig; **the car is** ~ **to run** der Wagen ist sparsam im Verbrauch
inexpensively [ɪnɪkˈspensɪvlɪ] *adv.* günstig ⟨*kaufen*⟩; unaufwendig ⟨*leben*⟩; ohne viel Geld ⟨*einrichten*⟩
inexperience [ɪnɪkˈspɪərɪəns] *n.* Unerfahrenheit, *die;* Mangel an Erfahrung; **his** ~ **with this machine** seine mangelnde Vertrautheit mit dieser Maschine
inexperienced [ɪnɪkˈspɪərɪənst] *adj.* unerfahren; ~ **at doing sth.** wenig damit vertraut, etw. zu tun; ~ **in sth.** wenig vertraut mit etw.

inexpert [ɪnˈekspɜːt] *adj.* unerfahren; *(unskilled)* ungeschickt; unsachgemäß ⟨*Behandlung*⟩
inexpertly [ɪnˈekspɜːtlɪ] *adv.* ungeschickt; unsachgemäß ⟨*behandeln*⟩
inexplicable [ɪnekˈsplɪkəbl] *adj.* unerklärlich
inexplicably [ɪnekˈsplɪkəblɪ] *adv.* unerklärlich ⟨*hoch, langsam*⟩; *as sentence-modifier* unerklärlicherweise
inexpressible [ɪnɪkˈspresɪbl] *adj.,* **inexpressibly** [ɪnɪkˈspresɪblɪ] *adv.* unbeschreiblich
inextinguishable [ɪnɪkˈstɪŋɡwɪʃəbl] *adj.* nicht löschbar ⟨*Feuer, Flamme*⟩; unauslöschlich ⟨*Liebe, Hoffnung, Sehnsucht, Verlangen*⟩
in extremis [ɪn ekˈstriːmɪs] *adv.* **a)** *(in great difficulties)* in äußerster Not; **b)** *(at point of death)* in extremis *(Med.);* **be** ~: im Sterben liegen
inextricable [ɪnˈekstrɪkəbl] *adj.* **a)** *(that cannot be unravelled)* unentwirrbar; **b)** *(unüberschaubar* ⟨*Durcheinander*⟩
inextricably [ɪnˈekstrɪkəblɪ] *adv.* **become** ~ **entangled** sich vollkommen verheddern *(ugs.);* [**be**] ~ **linked** untrennbar verbunden [sein]
INF *abbr.* **intermediate-range nuclear force** Mittelstrecken-Nuklearkräfte *Pl.*
infallibility [ɪnfælɪˈbɪlɪtɪ] *n., no pl.* Unfehlbarkeit, *die;* **Papal I**~: päpstliche Unfehlbarkeit, *die;* Infallibilität, *die* (kath. Kirche)
infallible [ɪnˈfælɪbl] *adj.,* **infallibly** [ɪnˈfælɪblɪ] *adv.* unfehlbar
infamous [ˈɪnfəməs] *adj.* **a)** berüchtigt; **of** ~ **repute** verrufen; **b)** *(wicked)* infam; niederträchtig
infamy [ˈɪnfəmɪ] *n.* **a)** Verrufenheit, *die;* **b)** *(wickedness)* Infamie, *die;* Niederträchtigkeit, *die*
infancy [ˈɪnfənsɪ] *n.* **a)** frühe Kindheit; **b)** *(fig.: early state)* Frühzeit, *die;* **be in its** ~: noch in den Anfängen *od.* Kinderschuhen stecken; **c)** *(Law)* Minderjährigkeit, *die*
infant [ˈɪnfənt] **1.** *n.* **a)** kleines Kind; **teach** ~**s** ≈ Vorschulklassen unterrichten; **b)** *(Law)* Minderjährige, *der/die.* **2.** *adj.* **a)** kindlich; **b)** *(fig.: not developed)* in den Anfängen steckend
infanta [ɪnˈfæntə] *n. (Hist.)* Infantin, *die*
infanticide [ɪnˈfæntɪsaɪd] *n.* Kindesmord, *der; (custom)* Kindestötung, *die*
infantile [ˈɪnfəntaɪl] *adj.* **a)** *(relating to infancy)* kindlich; **b)** *(childish)* kindisch *(abwertend)*
infant: ~ **mor'tality** *n.* Säuglingssterblichkeit, *die;* ~ **'prodigy** *n.* Wunderkind, *das*
infantry [ˈɪnfəntrɪ] *n. constr. as sing. or pl.* Infanterie, *die*
infantryman [ˈɪnfəntrɪmən] *n., pl.* **infantrymen** [ˈɪnfəntrɪmən] Infanterist, *der*
'infant school *n. (Brit.)* ≈ Vorschule, *die;* Grundschule für die ersten beiden Jahrgänge
infarction [ɪnˈfɑːkʃn] *n. (Med.)* Infarkt, *der*
infatuated [ɪnˈfætjʊeɪtɪd] *adj.* betört *(geh.);* verzaubert; **be** ~ **with sb./oneself** in jmdn./ sich selbst vernarrt sein
infatuation [ɪnfætjʊˈeɪʃn] *n.* Vernarrtheit, *die* (**with** in + *Akk.*)
infect [ɪnˈfekt] *v. t.* **a)** *(contaminate)* verseuchen; **b)** *(affect with disease) (Med.);* ~ **sb. with sth.** jmdn. mit etw. infizieren *od.* anstecken; **the wound became** ~**ed** die Wunde entzündete sich; **be** ~**ed with sth.** *(fig.)* von etw. infiziert sein; **c)** *(imbue)* anstecken
infection [ɪnˈfekʃn] *n.* Infektion, *die;* **throat/ear/eye** ~: Hals-/Ohren-/Augenentzündung, *die*
infectious [ɪnˈfekʃəs] *adj.* **a)** infektiös *(Med.),* ansteckend ⟨*Krankheit*⟩; **be** ~ ⟨*Person:*⟩ eine ansteckende Krankheit haben; ansteckend sein *(ugs.);* **b)** *(fig.)* ansteckend ⟨*Heiterkeit, Begeisterung, Lachen*⟩

infectiously [ɪnˈfekʃəslɪ] *adv.* ansteckend ⟨*lachen usw.*⟩

infectiousness [ɪnˈfekʃəsnɪs] *n., no pl.* a) Infektiosität, *die (Med.);* Ansteckungsfähigkeit, *die;* b) *(fig.)* the ~ of her enthusiasm ihre ansteckend wirkende *od.* mitreißende Begeisterung

infelicitous [ɪnfɪˈlɪsɪtəs] *adj.*, **infelicitously** [ɪnfɪˈlɪsɪtəslɪ] *adv.* unangebracht

infelicity [ɪnfɪˈlɪsɪtɪ] *n.* Unangebrachtheit, *die;* **infelicities of style** stilistische Ungeschicklichkeiten

infer [ɪnˈfɜ:(r)] *v. t.*, **-rr-** schließen **(from** aus); erschließen ⟨*Voraussetzung*⟩; gewinnen ⟨*Kenntnisse*⟩; ziehen ⟨*Schlußfolgerung*⟩

inference [ˈɪnfərəns] *n.* [Schlußfolgerung, *die;* **make** ~**s** [Schluß]folgerungen ableiten *od.* ziehen; **by** ~: schlußfolgernd

inferential [ɪnfəˈrenʃl] *adj.* a) auf Schluß[folgerungen beruhend; schlußfolgernd; b) *(deduced by inference)* gefolgert

inferior [ɪnˈfɪərɪə(r)] **1.** *adj.* a) *(of lower quality)* minderwertig ⟨*Ware*⟩; minder... ⟨*Qualität*⟩; gering ⟨*Kenntnis*⟩; unter..., nieder... ⟨*Klasse, Kaste*⟩; unterlegen ⟨*Gegner*⟩; ~ **to sth.** schlechter als etw.; **feel** ~: Minderwertigkeitsgefühle haben; **feel** ~ **to sb.** sich jmdm. gegenüber unterlegen fühlen; b) *(having lower rank)* untergeordnet *(to Dat.);* c) *(Printing)* tiefgestellt ⟨*Buchstabe, Zahl*⟩. **2.** *n.* Untergebene, *der/die;* **his** social ~**s** die gesellschaftlich unter ihm Stehenden

inferiority [ɪnfɪərɪˈɒrɪtɪ] *n., no pl.* Unterlegenheit, *die* **(to** gegenüber); *(of goods)* schlechtere Qualität

inferi'ority complex *n. (Psych.)* Minderwertigkeitskomplex, *der*

infernal [ɪnˈfɜ:nl] *adj.* a) *(of hell)* höllisch; ⟨*Regionen, Geister, Götter*⟩ der Unterwelt; b) *(hellish)* teuflisch; c) *(coll.: detestable)* verdammt *(salopp)*

infernally [ɪnˈfɜ:nəlɪ] *adv. (coll.)* verdammt; **he is too** ~ **clever for me** er ist, verdammt noch mal, zu clever für mich *(ugs.)*

inferno [ɪnˈfɜ:nəʊ] *n., pl.* ~**s** Inferno, *das;* **a blazing** ~: ein flammendes Inferno; **the** ~ **of the blazing house** das Flammenmeer des brennenden Hauses

infertile [ɪnˈfɜ:taɪl] *adj.* unfruchtbar

infertility [ɪnfɜ:ˈtɪlɪtɪ] *n., no pl.* Unfruchtbarkeit, *die*

infest [ɪnˈfest] *v. t. ⟨Ungeziefer, Schädlinge:⟩* befallen; ⟨*Unkraut:*⟩ überwuchern; *(fig.)* heimsuchen; ~**ed with** befallen/überwuchert/heimgesucht von

infestation [ɪnfesˈteɪʃn] *n.* ~ **of rats/insects** Ratten-/Insektenplage, *die*

infidel [ˈɪnfɪdəl] *n. (Relig. Hist.)* Ungläubige, *der/die*

infidelity [ɪnfɪˈdelɪtɪ] *n.* Untreue, *die* **(to** gegenüber); **infidelities** *(to lover, wife, husband)* Seitensprünge

'infighting *n.* a) *(in organization)* interne Machtkämpfe; b) *(Boxing)* Nahkampf, *der*

infiltrate [ˈɪnfɪltreɪt] **1.** *v. t.* a) *(penetrate into)* infiltrieren ⟨*feindliche Reihen*⟩; unterwandern ⟨*Partei, Organisation*⟩; b) *(cause to enter)* einschleusen ⟨*Agenten*⟩; *(esp. Biol., Med.:* pass into, permeate*)* infiltrieren. **2.** *v. i.* a) *(penetrate)* einsickern *(fig.);* ~ **into** unterwandern ⟨*Partei, Organisation*⟩; infiltrieren ⟨*feindliche Reihen*⟩; b) *(of liquid)* eindringen

infiltration [ɪnfɪlˈtreɪʃn] *n.* a) *(penetration) (of enemy lines)* Infiltration, *die;* *(of party, organization)* Unterwanderung, *die* **(into** Gen.); b) *(of spies, agents)* Einschleusung, *die;* c) *(of liquid)* Einsickern, *das*

infiltrator [ˈɪnfɪltreɪtə(r)] *n.* Eindringling, *der; (of party, organization)* Unterwanderer, *der*

infinite [ˈɪnfɪnɪt] *adj.* a) *(endless)* unendlich; **I don't have an** ~ **amount of time/money** ich habe nicht unbegrenzt Zeit/keine unbegrenzten Mittel; b) *(very great)* ungeheuer; unendlich groß; c) *(very many)* endlos; **his problems seemed to be** ~: seine Probleme schienen kein Ende zu nehmen; d) *(Math.)* unendlich

infinitely [ˈɪnfɪnɪtlɪ] *adv.* a) *(endlessly)* unendlich ⟨*mitfühlend, dumm usw.*⟩; endlos ⟨*sich erstrecken, teilbar*⟩; b) *(vastly)* unendlich; unendlich viel ⟨*weiser, stärker, besser*⟩

infinitesimal [ɪnfɪnɪˈtesɪml] *adj.* a) *(Math.)* infinitesimal; *see also* **calculus** a; b) *(very small)* äußerst gering; winzig ⟨*Menge*⟩; **be of** ~ **value** so gut wie wertlos sein

infinitive [ɪnˈfɪnɪtɪv] *(Ling.)* **1.** *n.* Infinitiv, *der.* **2.** *adj.* Infinitiv-

infinity [ɪnˈfɪnɪtɪ] *n.* a) *(boundlessness, boundless extent)* Unendlichkeit, *die;* b) *(indefinite amount)* **an** ~ **of** [**stars** *etc.*] unendlich viele [Sterne *usw.*]; c) *(Geom.: infinite distance)* **at** ~: im Unendlichen ⟨*sich schneiden*⟩; **focus on** ~ *(Photog.)* auf unendlich stellen; d) *(Math.: infinite quantity)* unendliche Menge

infirm [ɪnˈfɜ:m] *adj.* a) *(weak)* gebrechlich; b) *(irresolute)* schwach; ~ **of purpose** *(literary)* willensschwach

infirmary [ɪnˈfɜ:mərɪ] *n.* a) *(hospital)* Krankenhaus, *das;* b) *(sick-quarters)* Krankenstation, *die; (room)* Krankenzimmer, *das*

infirmity [ɪnˈfɜ:mɪtɪ] *n., no pl.* a) *(feebleness)* Gebrechlichkeit, *die;* b) *(malady)* Gebrechen, *das (geh.);* c) *(weakness of character)* Schwäche, *die*

in flagrante [delicto] [ɪn flæˈɡræntɪ (deˈlɪktəʊ)] *adv.* in flagranti

inflame [ɪnˈfleɪm] *v. t.* a) *(excite)* entflammen *(geh.);* **with patriotic fever** in patriotischem Fieber entbrannt; b) *(aggravate)* schüren ⟨*Feindschaft, Haß*⟩; c) *(Med.)* **become/be** ~**d** ⟨*Auge, Wunde:*⟩ sich entzünden/entzündet sein; d) *(make hot)* erhitzen; **his face was** ~**d with anger/passion** sein Gesicht glühte vor Zorn/Leidenschaft

inflammability [ɪnflæməˈbɪlɪtɪ] *n., no pl.* Feuergefährlichkeit, *die;* Entflammbarkeit, *die (Chemie)*

inflammable [ɪnˈflæməbl] *adj.* a) *(easily set on fire)* feuergefährlich; leicht entzündlich *od.* entflammbar; **'highly** ~' „feuergefährlich"; b) *explosiv* ⟨*Situation*⟩

inflammation [ɪnfləˈmeɪʃn] *n.* a) *(Med.)* Entzündung, *die;* Inflammation, *die (fachspr.);* b) *(fig.: of feeling etc.)* Entfachung, *die (geh.)*

inflammatory [ɪnˈflæmətərɪ] *adj.* a) aufrührerisch; **an** ~ **speech** eine Hetzrede *(abwertend);* b) *(Med.)* entzündlich

inflatable [ɪnˈfleɪtəbl] **1.** *adj.* aufblasbar; ~ **dinghy** Schlauchboot, *das.* **2.** *n.* a) *(boat)* Schlauchboot, *das;* b) *(to jump around on)* Luftkissen, *das*

inflate [ɪnˈfleɪt] *v. t.* a) *(distend)* aufblasen; *(with pump)* aufpumpen; b) *(Econ.)* in die Höhe treiben ⟨*Preise, Kosten*⟩; inflationieren ⟨*Währung*⟩; ~ **the economy** Inflationspolitik betreiben; c) *(fig.: puff up)* **be** ~**d with pride** von Stolz geschwellt sein

inflated [ɪnˈfleɪtɪd] *adj. (lit of fig.)* aufgeblasen; geschwollen ⟨*Stil*⟩; **have an** ~ **opinion of oneself** aufgeblasen sein *(ugs. abwertend);* **have an** ~ **ego** ein übertriebenes Selbstbewußtsein haben

inflation [ɪnˈfleɪʃn] *n.* a) Aufblasen, *das; (with pump)* Aufpumpen, *das;* b) *(Econ.)* Inflation, *die*

inflationary [ɪnˈfleɪʃənərɪ] *adj. (Econ.)* inflationär; ~ **policies** Inflationspolitik, *die*

in'flation-proofed *adj.* mit Inflationsausgleich nachgestellt

inflect [ɪnˈflekt] *v. t.* a) *(Ling.)* flektieren; beugen; b) *(change pitch)* modulieren ⟨*Stimme*⟩

inflection *see* **inflexion**

inflectional *see* **inflexional**

inflective [ɪnˈflektɪv] *see* **inflexional**

inflexibility [ɪnfleksɪˈbɪlɪtɪ] *n., no pl.* a) *(stiffness)* Unbiegsamkeit, *die;* b) *(obstinacy)* [geistige] Unbeweglichkeit; *(lack of versatility)* mangelnde Flexibilität

inflexible [ɪnˈfleksɪbl] *adj.* a) *(stiff)* unbiegsam; b) *(obstinate)* [geistig] unbeweglich ⟨*Person*⟩; wenig flexibel ⟨*Einstellung, Meinung*⟩

inflexion [ɪnˈflekʃn] *n. (Brit.)* a) *(in voice)* Tonfall, *der;* **a rising** ~: ein Heben der Stimme; b) *(bending)* Biegung, *die;* c) *(Ling.) (form)* Flexionsform, *die; (suffix)* Flexionsendung, *die*

inflexional [ɪnˈflekʃənl] *adj. (Brit. Ling.)* flektierend ⟨*Sprache*⟩; ~ **ending** Flexionsendung, *die*

inflict [ɪnˈflɪkt] *v. t.* zufügen ⟨*Leid, Schmerzen*⟩, beibringen ⟨*Wunde*⟩, versetzen ⟨*Schlag*⟩ **(on** *Dat.);* ~ **punishment** [**on sb.**] eine Strafe [*über jmdn.*] verhängen; [*jmdm.*] eine Strafe auferlegen *(geh.);* ~ **oneself** *or* **one's company on sb.** sich jmdm. aufdrängen

infliction [ɪnˈflɪkʃn] *n.: see* **inflict**: Zufügen, *das;* Beibringen, *das;* Versetzen, *das;* Verhängung, *die*

'in-flight *adj.* Bord⟨*verpflegung, -programm*⟩

inflorescence [ɪnflɔ:ˈresəns] *n. (Bot.)* Blütenstand, *der*

'inflow *n.* Zustrom, *der*

influence [ˈɪnflʊəns] **1.** *n. (also thing, person)* Einfluß, *der;* **exercise** ~: Einfluß ausüben **(over auf** + *Akk.);* **owe sth. to** ~: etw. seinen guten Beziehungen verdanken; **have** ~ **with/over sb.** Einfluß bei jmdm./auf jmdn. haben; **use one's** ~ **to do sth.** seinen Einfluß nutzen, um etw. zu tun; **you have to have** ~ **to get a job** man muß Beziehungen haben, um eine Stelle zu bekommen; **a person of** ~: eine einflußreiche Persönlichkeit; **be a good/bad/major** ~ [**on sb.**] einen guten/schlechten/bedeutenden Einfluß [auf jmdn.] ausüben; **under the** ~ **of alcohol** unter Alkoholeinfluß; **be under the** ~ *(coll.)* betrunken sein; **steal a car while under the** ~ *(coll.)* in betrunkenem Zustand ein Auto stehlen. **2.** *v. t.* beeinflussen; **be too easily** ~**d** sich zu leicht beeinflussen lassen

influential [ɪnflʊˈenʃl] *adj.* einflußreich ⟨*Person*⟩; **be** ~ **in sb.'s decision/on sb.'s career** jmdn. in seiner Entscheidung beeinflussen/jmds. Karriere beeinflussen; **have been** ~ **in the successful outcome of sth.** den erfolgreichen Ausgang einer Sache *(Gen.)* beeinflußt haben

influenza [ɪnflʊˈenzə] *n.* Grippe, *die; see also* **gastric influenza**

influx [ˈɪnflʌks] *n.* Zustrom, *der*

info [ˈɪnfəʊ] *n., pl. (coll.)* Informationen

inform [ɪnˈfɔ:m] **1.** *v. t.* a) informieren **(of, about** über + *Akk.);* **I am pleased to** ~ **you that ...:** ich freue mich, Ihnen mitteilen zu können, daß ...; **keep sb./oneself** ~**ed** jmdn./sich auf dem laufenden halten; **he is not very well** ~**ed** er ist nicht besonders gut informiert; **why wasn't I** ~**ed?** warum wurde ich nicht [darüber] informiert?; b) *(animate, inspire)* durchdringen; *(of give character or essence to)* prägen. **2.** *v. i.* ~ **against** *or* **on sb.** jmdn. anzeigen *od. (abwertend)* denunzieren **(on** bei)

informal [ɪnˈfɔ:ml] *adj.* a) *(without formality)* zwanglos; ungezwungen ⟨*Ton, Sprache*⟩; leger ⟨*Kleidungsstück*⟩; **'dress:** ~' „keine festliche Garderobe"; b) *(unofficial)* informell ⟨*Gespräch, Treffen*⟩

informality [ɪnfɔ:ˈmælɪtɪ] *n., no pl.* Zwanglosigkeit, *die;* Ungezwungenheit, *die*

informally [ɪnˈfɔ:məlɪ] *adv.* a) *(casually)* zwanglos; leger ⟨*gekleidet*⟩; b) *(unofficially)* informell; **talks are proceeding** ~: die Gespräche laufen auf informeller Ebene

informant [ɪnˈfɔ:mənt] *n.* Informant, *der/* Informantin, *die;* Gewährsmann, *der*

377

informatics [ɪnfə'mætɪks] *n. sing. (Brit.)* Informatik, *die*

information [ɪnfə'meɪʃn] *n., no pl.* **a)** *no indef. art.* Informationen; **give ~ on sth.** Auskunft über etw. *(Akk.)* erteilen; **piece** *or* **bit of ~**: Information, *die;* **some/any ~**: einige/irgendwelche Informationen; **source of ~**: Informationsquelle, *die;* **where can we get hold of some ~?** wo können wir uns informieren?; wo können wir Auskunft bekommen?; **have ~ about sth.** über etw. *(Akk.)* informiert sein; **have no ~ on sb.** nichts über jmdn. wissen; **we have ~ that ...**: uns *(Dat.)* liegen Informationen [darüber] vor, daß ...; **for your ~**: zu Ihrer Information; *(iron.)* damit du Bescheid weißt!; **b)** *(Law)* Anklage, *die*

information: **~ bureau**, **~ centre** *ns.* Auskunftsbüro, *das;* **~ desk** *n.* Informationsschalter, *der;* **~ explosion** *n.* Informationsflut, *die;* **~ office** *see* **~ bureau**; **~ retrieval** *n.* Information Retrieval, *das (DV);* Wiederauffinden von Informationen; **~ science** *n.* Informatik, *die;* **~ scientist** *n.* Informatiker, *der*/Informatikerin, *die;* **~ technology** *n.* Informationstechnologie, *die;* Informationstechnik, *die;* **~ theory** *n.* Informationstheorie, *die*

informative [ɪn'fɔːmətɪv] *adj.* informativ; **not very ~**: nicht sehr aufschlußreich *(Dokument, Schriftstück);* **he was not very ~ about his qualifications** er war nicht sehr mitteilsam, was seine Qualifikationen anbelangte

informed [ɪn'fɔːmd] *adj.* **a)** informiert; fundiert *(Schätzung);* **very ~**: sehr gut informiert; *see also* **ill-informed; well-informed**; **b)** *(educated)* kultiviert; **~ opinion suggests that ...**: Kundige meinen, daß ...

informer [ɪn'fɔːmə(r)] *n.* Denunziant, *der/* Denunziantin, *die (abwertend);* Informant, *der/*Informantin, *die;* **police ~**: Polizeispitzel, *der (abwertend)*

infraction [ɪn'frækʃn] *n.* Übertretung, *die;* Regelverstoß, *der (Sport)*

infra dig. [ɪnfrə'dɪɡ] *pred. adj. (coll.)* unter meiner/seiner *usw.* Würde

infra-red [ɪnfrə'red] *adj.* **a)** infrarot; **b)** *(using ~ radiation)* Infrarot-

infrastructure ['ɪnfrəstrʌktʃə(r)] *n.* Infrastruktur, *die*

infrequency [ɪn'friːkwənsɪ] *n., no pl.* Seltenheit, *die*

infrequent [ɪn'friːkwənt] *adj.* **a)** *(uncommon)* selten; **b)** *(sparse)* vereinzelt

infrequently [ɪn'friːkwəntlɪ] *adv.* selten

infringe [ɪn'frɪndʒ] **1.** *v. t.* verstoßen gegen. **2.** *v. i.* **~ [up]on** verstoßen gegen *(Recht, Gesetz usw.);* unbefugt betreten *(Privatgelände usw.);* **~ upon sb.'s privacy** jmds. Privatsphäre verletzen

infringement [ɪn'frɪndʒmənt] *n.* **a)** *(violation)* Verstoß, *der (of gegen);* **~ of the contract** Vertragsverletzung, *die;* Vertragsbruch, *der;* **b)** *(encroachment)* Übergriff, *der (on auf + Akk.); (on privacy)* Eingriff, *der (on in + Akk.)*

infuriate [ɪn'fjʊərɪeɪt] *v. t.* wütend machen; **be ~d** wütend sein *(by über + Akk.)*

infuriating [ɪn'fjʊərɪeɪtɪŋ] *adj.* **she is an ~ person** sie kann einen zur Raserei bringen; **it is ~ when/that ...**: es ist wahnsinnig ärgerlich, wenn/daß ... *(ugs.);* **he has some ~ habits** er hat einige Angewohnheiten, die einen rasend machen können; **~ calmness/ slowness** aufreizende Gelassenheit/Langsamkeit

infuriatingly [ɪn'fjʊərɪeɪtɪŋlɪ] *adv.* aufreizend *(gleichgültig, langsam)*

infuse [ɪn'fjuːz] **1.** *v. t.* **a)** *(instil)* **~ sth. into sb.**, **~ sb. with sth.** jmdm. etw. einflößen *od. (geh.)* eingeben; **~ new life into an ancient institution** eine altehrwürdige Institution mit neuem Leben erfüllen; **~ vitality into** mit Vitalität erfüllen; **be ~d with new hope** neue Hoffnung schöpfen; **b)** *(steep)* aufgießen *(Tee usw.).* **2.** *v. i. (Tee usw.:)* ziehen; **let the tea [stand to] ~**: den Tee ziehen lassen

infusion [ɪn'fjuːʒn] *n.* **a)** *(Med.)* Infusion, *die;* **an ~ of new blood into the organization is essential** *(fig.)* die Organisation braucht dringend frisches Blut; **b)** *(imparting)* Einflößen, *das;* **c)** *(steeping)* Aufgießen, *das;* **d)** *(liquid)* Aufguß, *der*

ingenious [ɪn'dʒiːnɪəs] *adj.* **a)** *(resourceful)* einfallsreich; *(skilful)* geschickt; **b)** *(cleverly constructed)* genial *(Methode, Idee);* raffiniert *(Spielzeug, Werkzeug, Maschine)*

ingeniously [ɪn'dʒiːnɪəslɪ] *adv.* genial; raffiniert *(konstruiert)*

ingénue ['æʒeɪnjuː] *n.* unschuldiges junges Mädchen; *(Theatre)* Naive, *die*

ingenuity [ɪndʒɪ'njuːɪtɪ] *n., no pl.* **a)** *(resourcefulness)* Einfallsreichtum, *der; (skill)* Geschicklichkeit, *die;* **b)** *(cleverness of construction)* Genialität, *die;* **a plan of some ~**: ein recht raffinierter Plan

ingenuous [ɪn'dʒenjʊəs] *adj.* **a)** *(frank)* freimütig; **b)** *(innocent)* naiv; unschuldig *(Augen, Lächeln)*

ingenuously [ɪn'dʒenjʊəslɪ] *adv.* freimütig

ingest [ɪn'dʒest] *v. t.* aufnehmen

ingestion [ɪn'dʒestʃn] *n.* Aufnahme, *die;* **~ of food** Nahrungsaufnahme, *die*

inglenook ['ɪŋɡlnʊk] *n.* Kaminecke, *die*

inglorious [ɪn'ɡlɔːrɪəs] *adj.* unrühmlich; schmählich *(geh.) (Niederlage)*

ingot ['ɪŋɡət] *n.* Ingot, *der (Metall.)*

ingrained ['ɪnɡreɪnd, ɪn'ɡreɪnd] *adj.* **a)** *(embedded)* **the stain was deeply ~ in the fibres** der Fleck war tief in die Fasern eingedrungen; **hands ~ with dirt** stark verschmutzte Hände; **b)** *(fig.)* tief eingewurzelt *(Vorurteil usw.);* **c)** *(thorough)* eingefleischt *(Skeptiker usw.)*

ingrate ['ɪnɡreɪt, ɪn'ɡreɪt] *n. (arch.)* Undankbare, *der/die;* **be an ~** undankbar sein

ingratiate [ɪn'ɡreɪʃɪeɪt] *v. refl.* **~ oneself with sb.** sich bei jmdm. einschmeicheln

ingratiating [ɪn'ɡreɪʃɪeɪtɪŋ] *adj.* schmeichlerisch

ingratitude [ɪn'ɡrætɪtjuːd] *n., no pl.* Undankbarkeit, *die;* **~ [towards]** gegenüber)

ingredient [ɪn'ɡriːdɪənt] *n.* Zutat, *die;* Ingredienz, *die;* **the ~s of a successful marriage** *(fig.)* die Voraussetzungen für eine gute Ehe; **all the ~s of success** *(fig.)* alles, was man zum Erfolg braucht

'in-group *n.* Ingroup, *die (Soziol.);* Eigengruppe, *die (Soziol.)*

ingrowing ['ɪnɡrəʊɪŋ] *adj.* eingewachsen *(Zehennagel usw.)*

inhabit [ɪn'hæbɪt] *v. t.* bewohnen; **the region was ~ed by penguins/the Celts** in der Gegend lebten Pinguine/die Kelten; **a region ~ed by a rich flora** eine Gegend mit einer reichen Flora

inhabitable [ɪn'hæbɪtəbl] *adj.* bewohnbar

inhabitant [ɪn'hæbɪtənt] *n.* Bewohner, *der/*Bewohnerin, *die; (of village etc.)* Einwohner, *der/*Einwohnerin, *die;* **that district has few ~s** in diesem Bezirk leben nur wenige Menschen

inhalant [ɪn'heɪlənt] *n. (Med.)* Inhalationsmittel, *das*

inhalation [ɪnhə'leɪʃn] *n. (Med.)* Inhalation, *die*

inhale [ɪn'heɪl] **1.** *v. t. (breathe in)* einatmen; *(take into the lungs)* inhalieren *(ugs.) (Zigarettenrauch usw.); (Med.)* inhalieren. **2.** *v. i.* einatmen; *(Med.)* inhalieren; *(Raucher:)* inhalieren *(ugs.),* über die Lunge rauchen

inhaler [ɪn'heɪlə(r)] *n. (Med.)* Inhalationsapparat, *der*

inharmonious [ɪnhɑː'məʊnɪəs] *adj.* **a)** disharmonisch; mißtönend; **b)** *(fig.)* unharmonisch

inharmoniously [ɪnhɑː'məʊnɪəslɪ] *adv.* **a)** disharmonisch; **b)** *(fig.)* unharmonisch

inhere [ɪn'hɪə(r)] *v. i.* **~ in sth.** einer Sache *(Dat.)* innewohnen *(geh.);* einer Sache *(Dat.)* inhärieren *(Philos.)*

inherent [ɪn'hɪərənt, ɪn'herənt] *adj. (belonging by nature)* innewohnend *(geh.);* natürlich *(Anmut, Eleganz);* inhärent *(Philos.);* **our ~ indolence** die uns *(Dat.)* innewohnende Trägheit

inherently [ɪn'hɪərəntlɪ, ɪn'herəntlɪ] *adv.* von Natur aus

inherit [ɪn'herɪt] *v. t.* erben

inheritable [ɪn'herɪtəbl] *adj.* erblich; **~ disease** Erbkrankheit, *die*

inheritance [ɪn'herɪtəns] *n.* **a)** *(what is inherited)* Erbe, *das;* **come into one's ~**: sein Erbe antreten; **b)** *no pl. (inheriting)* Erbschaft, *die*

in'heritance tax *n.* Erbschaftssteuer, *die*

inhibit [ɪn'hɪbɪt] *v. t.* hemmen; **~ sb. from doing sth.** jmdn. daran hindern, etw. zu tun

inhibited [ɪn'hɪbɪtɪd] *adj.* gehemmt

inhibition [ɪnhɪ'bɪʃn] *n.* **a)** Unterdrückung, *die;* **b)** *(Psych.)* Hemmung, *die;* **c)** *(coll.: emotional resistance)* Hemmung, *die;* **without ~**: hemmungslos; **have no ~s about doing sth.** keine Hemmungen haben, etw. zu tun

inhomogeneity [ɪnhɒmədʒɪ'niːɪtɪ, ɪnhəʊmədʒɪ'niːɪtɪ] *n.* **a)** *no pl. (lack of homogeneity)* Inhomogenität, *die;* **b)** *(irregularity)* Unregelmäßigkeit, *die*

inhomogeneous [ɪnhɒmə'dʒiːnɪəs, ɪnhəʊmə'dʒiːnɪəs] *adj.* inhomogen

inhospitable [ɪnhɒs'pɪtəbl] *adj.* **a)** ungastlich *(Person, Verhalten);* **b)** unwirtlich *(Gegend, Klima)*

'in-house *adj.* hausintern

inhuman [ɪn'hjuːmən] *adj.* **a)** *(brutal)* unmenschlich *(Tyrann, Grausamkeit, Strenge);* inhuman *(Arbeitgeber, Verhalten);* **b)** *(not human)* nicht menschlich

inhumane [ɪnhjuː'meɪn] *adj.* unmenschlich; inhuman *(Zustände, Behandlung)*

inhumanity [ɪnhjuː'mænɪtɪ] *n. see* **inhumane**: Unmenschlichkeit, *die;* Inhumanität, *die; (geh.)* Menschenunwürdigkeit, *die;* **man's ~ to man** die Unmenschlichkeit unter den Menschen

inimical [ɪ'nɪmɪkl] *adj.* **a)** *(hostile)* feindselig *(Blick, Beziehungen);* feindlich [gesinnt] *(Macht);* **be ~ to sb.** jmdm. feindlich gesinnt sein; jmdm. feind sein *(geh.);* **b)** *(harmful)* abträglich *(to Dat.) (geh.);* nachteilig *(to* für)*;* schädlich *(to* für*)*

inimitable [ɪ'nɪmɪtəbl] *adj.* unnachahmlich *(Gabe, Fähigkeit);* einzigartig *(Persönlichkeit)*

iniquitous [ɪ'nɪkwɪtəs] *adj.* **a)** *(wicked)* schändlich; **b)** *(unjust)* ungerecht *(Urteil);* ungeheuer hoch *(Preis)*

iniquity [ɪ'nɪkwɪtɪ] *n.* **a)** *(wickedness)* Schändlichkeit, *die; (sin)* Missetat, *die;* **b)** *(injustice)* Ungerechtigkeit, *die*

initial [ɪ'nɪʃl] **1.** *adj.* anfänglich; zu Anfang auftretend *(Symptome);* Anfangs*(stadium, -schwierigkeiten);* **~ costs** *or* **expenses** Startkosten. **2.** *n. esp. in pl.* Initiale, *die;* **what do the ~s s.a.e. stand for?** wofür steht *od.* was bedeutet die Abkürzung s.a.e.?. **3.** *v. t., (Brit.)* **-ll-** abzeichnen *(Scheck, Quittung, Beleg);* paraphieren *(Vertrag, Abkommen usw.)*

initial 'letter *n.* Anfangsbuchstabe, *der*

initially [ɪ'nɪʃəlɪ] *adv.* anfangs; am *od.* zu Anfang

initiate 1. [ɪ'nɪʃɪeɪt] *v. t.* **a)** *(admit)* aufnehmen; initiieren *(Soziol., Völkerk.);* *(introduce)* einführen *(into in + Akk.);* **~ sb. into sth.** *(into club, group, etc.)* jmdn. in etw. *(Akk.)* aufnehmen; *(into knowledge, mystery, etc.)* jmdn. in etw. *(Akk.)* einweihen; **b)** *(begin)* initiieren *(geh.);* in die Wege leiten *(Vorhaben);* einleiten *(Verhandlungen, Reformen);* eröffnen *(Diskussion, Ver-*

initiation

handlung, Feierlichkeiten, Feindseligkeiten〉; anstrengen 〈*Prozeß, Klage*〉. **2.** [ɪˈnɪʃɪət] *n.* Eingeweihte, *der/die*
initiation [ɪnɪʃɪˈeɪʃn] *n.* **a)** *(beginning)* Initiierung, *die (geh.); (of hostilities, discussion, negotiation, festivities)* Eröffnung, *die; (of reforms, negotiations)* Einleitung, *die;* **b)** *(admission)* Aufnahme, *die* (**into** in + *Akk.*); *(into knowledge, mystery, etc.)* Einweihung, *die;* Initiation, *die (Soziol., Völkerk.); (introduction)* Einführung, *die* (**into** in + *Akk.*); ~ **ceremony** Aufnahmezeremonie, *die;* Initiationsritus, *der (Soziol., Völkerk.)*
initiative [ɪˈnɪʃətɪv, ɪˈnɪʃɪətɪv] *n.* **a)** *(power)* **the** ~ **is ours/lies with them** die Initiative liegt bei uns/ihnen; **have the** ~ *(Mil.)* den Kampf bestimmen; **b)** *no pl. (ability)* Initiative, *die;* **lack** ~: keine Initiative haben *od.* besitzen; **c)** *(first step)* Initiative, *die;* **take the** ~: die Initiative ergreifen; den ersten Schritt tun; **on one's own** ~: aus eigener Initiative; **d)** *(citizen's right to initiate legislation)* Gesetzesinitiative, *die*
initiator [ɪˈnɪʃɪeɪtə(r)] *n.* Initiator, *der/*Initiatorin, *die*
inject [ɪnˈdʒekt] *v. t.* **a)** [ein]spritzen, injizieren *(Med.);* **b)** *(put fluid into)* ~ **a vein with sth.** etw. in eine Vene spritzen *od. (Med.)* injizieren; ~ **a mould with plastic** Plastik in eine Form spritzen; **c)** *(administer sth. to)* ~ **sb. with sth.** jmdm. etw. spritzen *od. (Med.)* injizieren; ~ **sb. against smallpox** jmdn. gegen Pocken impfen; **d)** *(fig.)* pumpen 〈*Geld*〉; ~ **new life/vigour into sth.** einer Sache *(Dat.)* neues Leben geben/neue Kraft verleihen
injection [ɪnˈdʒekʃn] *n.* **a)** *(injecting)* Einspritzung, *die;* Injektion, *die (Med.);* **give sb. an** ~: jmdm. eine Spritze *od.* Injektion geben; **b)** *(liquid injected)* Injektion, *die;* Injektionslösung, *die;* **c)** *(fig.)* ~ **of money/ capital, financial** ~: Geldzuschuß, *der;* Finanzspritze, *die (ugs.); see also* **fuel injection**
inˈjection moulding *n.* Spritzguß, *der*
injudicious [ɪndʒuːˈdɪʃəs] *adj.* unklug; ungünstig 〈*Moment*〉
Injun [ˈɪndʒən] *n. (coll.)* Indianer, *der/*Indianerin, *die*
injunction [ɪnˈdʒʌŋkʃn] *n.* **a)** *(order)* Verfügung, *die;* **b)** *(Law)* [richterliche] Verfügung; **a court** ~: eine richterliche Verfügung
injure [ˈɪndʒə(r)] *v. t.* **a)** *(hurt)* verletzen; *(fig.)* verletzen 〈*Stolz, Gefühle*〉; kränken 〈*Person*〉; **his leg was** ~**d** er wurde/*(state)* war am Bein verletzt; **six people were badly** ~**d** es gab sechs Schwerverletzte; **b)** *(impair)* schaden (+ *Dat.*); schädigen 〈*Gesundheit*〉; beeinträchtigen 〈*Beziehungen*〉; **c)** *(do harm to)* beeinträchtigen 〈*Ruf, Ansehen*〉
injured [ˈɪndʒəd] *adj.* **a)** *(hurt, lit. or fig.)* verletzt; verwundet 〈*Soldat*〉; **because of his** ~ **hand** wegen seiner Handverletzung; **the** ~: die Verletzten/Verwundeten; **b)** *(wronged)* geschädigt; hintergangen, betrogen 〈*Ehemann*〉; **the** ~ **party** *(Law)* der/die Geschädigte; **c)** *(showing offence)* gekränkt 〈*Stimme, Blick*〉; verletzt, beleidigt 〈*Person*〉; **with an** ~ **air** mit gekränkter Miene; **speak in an** ~ **voice** mit gekränkter Stimme sprechen
injurious [ɪnˈdʒʊərɪəs] *adj.* **a)** *(wrongful)* ungerecht 〈*Behandlung*〉; **b)** *(hurtful)* schädlich; **be** ~ **to sb./sth.** jmdm./einer Sache schaden; **smoking is** ~ **to health** Rauchen schadet der Gesundheit
injury [ˈɪndʒərɪ] *n.* **a)** *(harm)* Verletzung, *die* (**to** *Gen.*); **risk** ~ **to life and limb** Leben und Gesundheit aufs Spiel setzen; **b)** *(instance of harm)* Verletzung, *die* (**to** *Gen.*); *(fig.)* Kränkung, *die* (**to** *Gen.*); **add insult to** ~: das Ganze noch schlimmer machen; **do sb./ oneself an** ~: jmdm./sich weh tun; **I'll do**

him an ~ **if he doesn't shut up!** *(coll.)* ich tu ihm jetzt [gleich] was, wenn er nicht ruhig ist!; *(wrongful action)* Verletzung, *die* (**to** *Gen.*)
ˈ**injury time** *n. (Brit. Footb.)* Nachspielzeit, *die;* **be into/play** ~: nachspielen
injustice [ɪnˈdʒʌstɪs] *n.* **a)** *(unfairness)* Ungerechtigkeit, *die;* **fight against** ~: gegen die Ungerechtigkeit *od.* das Unrecht kämpfen; **protest at the** ~ **of a statement** gegen eine ungerechte Behauptung protestieren; **b)** *(wrong act)* Ungerechtigkeit, *die;* **do sb. an** ~: jmdm. unrecht tun
ink [ɪŋk] **1.** *n.* **a)** Tinte, *die; (for stamp-pad)* Farbe, *die; (for drawing)* Tusche, *die;* **my ball-point has run out of** ~: meine [Kugelschreiber]mine ist leer; **b)** *(in printing)* Druckfarbe, *die; (in duplicating, newsprint)* Druckerschwärze, *die;* **c)** *(Zool.)* Tinte, *die.* **2.** *v. t.* **a)** ~ **in** mit Tinte/Tusche nachziehen 〈*Bleistiftstrich usw.*〉; **b)** ~ **over** mit Tusche ausmalen 〈*Teil eines Bildes*〉; ~ **in** mit Tusche übermalen 〈*Papier, Blatt*〉; **b)** *(apply ink to)* einfärben 〈*Druckform*〉; mit Farbe schwärzen 〈*Stempel*〉
ˈ**ink-bottle** *n.* Tintenfaß, *das*
inkling [ˈɪŋklɪŋ] *n.* Ahnung, *die;* **I haven't an** ~: ich habe nicht die leiseste Ahnung *od. (ugs.)* keinen blassen Schimmer; **have an** ~ **of sth.** etw. ahnen; **get an** ~ **of sth.** etw. merken; Wind von etw. bekommen *(ugs.)*
ink: ~-**pad** *n.* Stempelkissen, *das;* ~**well** *n.* [eingelassenes] Tintenfaß
inky [ˈɪŋkɪ] *adj.* **a)** *(covered with ink)* tintenbeschmiert; tintig; **I have** ~ **fingers** meine Finger sind voller Tinte; **b)** *(black)* tintenschwarz; tintig
inlaid *see* **inlay 1**
inland 1. [ˈɪnlənd, ˈɪnlænd] *adj.* **a)** *(placed* ~*)* Binnen-; binnenländisch; ~ **town** Stadt im Landesinneren; **an** ~ **state** ein Binnenstaat; **b)** *(carried on* ~*)* inländisch; Binnen〈*handel, -verkehr*〉; Inlands〈*brief, -paket, -gebühren*〉. **2.** [ˌ--] *adv.* landeinwärts; im Landesinneren 〈*leben*〉
inland: ~ **naviˈgation** *n.* Binnenschiffahrt, *die;* **I**~ ˈ**Revenue** *n. (Brit.)* ≈ Finanzamt, *das;* ~ ˈ**sea** *n.* Binnenmeer, *das*
ˈ**in-law** *n., usu. in pl.* angeheirateter Verwandter/angeheiratete Verwandte; ~**s** *(parents-in-law)* Schwiegereltern
inlay 1. [ˈ-ˈ-] *v. t.,* **inlaid** *a)* *(embed)* einlassen; **b)** *(ornament)* einlegen. **2.** [ˈ--] *n.* **a)** *(work)* Einlegearbeit, *die;* Intarsie, *die;* **b)** *(Dent. material)* ~**s** Intarsien *Pl.* **(of** aus); **c)** *(Dent.)* Inlay, *das*
inlet [ˈɪnlet, ˈɪnlɪt] *n.* **a)** *(schmale)* Bucht; **b)** *(piece inserted)* eingelegtes Stück; Einsatz, *der;* **c)** *(way of entry)* Einlaßöffnung, *die;* ~ **pipe** Zuleitungsrohr, *das;* Zuleitung, *die;* ~ **valve** Einlaßventil, *das*
ˈ**inmate** *n. (of hospital, prison, etc.)* Insasse, *der/*Insassin, *die; (of house)* Bewohner, *der/*Bewohnerin, *die*
in memoriam [ɪn mɪˈmɔːrɪæm] *n.* Gedenkinschrift, *die*
inmost [ˈɪnməʊst, ˈɪnməst] *adj.* **a)** *(deepest)* tiefst...; **b)** *(fig.: most inward)* innerst... 〈*Gefühle, Wesen*〉
inn [ɪn] *n.* **a)** *(hotel)* Herberge, *die (veralt.);* Gasthof, *der;* **no room at the** ~ *(fig.)* alles ausgebucht *(scherzh.);* **b)** *(pub)* Wirtshaus, *das;* Gastwirtschaft, *die;* ˈ**The Swan Innˈ** „Wirtshaus zum Schwan"
innards [ˈɪnədz] *n. pl. (coll.)* Eingeweide *Pl.; (in animals for slaughter)* Innereien *Pl.*
innate [ɪˈneɪt, ˈɪneɪt] *adj.* **a)** *(inborn)* angeboren; natürlich 〈*Schönheit, Fähigkeit*〉; **be** ~ **in sb.** jmdm. angeboren sein; **we all have an** ~ **desire for happiness** das Streben nach Glück ist uns allen angeboren 〈*Philos.*〉; angeboren 〈*Ideen*〉
inner [ˈɪnə(r)] *adj.* **a)** inner...; Innen〈*hof, -tür, -fläche, -seite usw.*〉; ~ **ear** *(Anat.)* In-

nenohr, *das;* **b)** *(fig.)* inner... 〈*Gefühl, Wesen, Zweifel, Ängste*〉; verborgen 〈*Bedeutung*〉; ~ **life** Seelenleben, *das;* ~ **circle of friends** engster Freundeskreis; *see also* ¹**bar 1 i**
inner: ~ ˈ**city** *n.* Innenstadt, *die;* City, *die;* ~ **city areas** Innenbezirke; Innenstadtgebiete; ~ **man** *n.* **a)** *(soul, mind)* Innere, *das;* **the needs of the** ~ **man** die inneren Bedürfnisse; **b)** *(joc.: stomach)* Magen, *der;* **satisfy the** ~ **man** für sein leibliches Wohl sorgen
innermost [ˈɪnəməʊst] *adj.* innerst...; **one's** ~ **thoughts** seine geheimsten Gedanken; **in the** ~ **depths of the forest** im tiefsten Wald
inner: ~-**spring** *(Amer.) see* **interiorsprung;** ~ **tube** *n.* Schlauch, *der*
ˈ**inner woman** *see* **inner man**
inning [ˈɪnɪŋ] *n. (Amer. Baseball)* Inning, *das*
innings [ˈɪnɪŋz] *n., pl.* **same** *or (coll.)* ~**es a)** *(Cricket)* Durchgang, *der;* Innings, *das (fachspr.);* **b)** *(period of office)* Amtszeit, *die; (dominance of political party)* Legislaturperiode, *die;* **c)** *(period of life etc.)* **a good** ~: eine gute Gelegenheit; **he had a good** ~: er hatte ein langes, ausgefülltes Leben
ˈ**innkeeper** *n.* [Gast]wirt, *der/*-wirtin, *die*
innocence [ˈɪnəsəns] *n., no pl.* **a)** Unschuld, *die;* **a presumption of** ~: eine Unschuldsvermutung; **lose one's** ~: die Unschuld verlieren; **b)** *(freedom from cunning)* Naivität, *die;* **c)** *(lack of knowledge)* Unkenntnis, *die;* **in all** ~: in aller Unschuld; **in all** ~ **of the fact that ...**: ohne die leiseste Ahnung davon zu haben, daß ...
innocent [ˈɪnəsənt] **1.** *adj.* **a)** unschuldig *(of an + Dat.);* **be** ~ **of the charge/accusation** unschuldig sein; **the** ~ **party** der/die Unschuldige; **he is not as** ~ **as he appears** er ist nicht der Unschuldsengel, der er scheint *(ugs.);* **b)** *(simple)* einfältig; naiv 〈*Wortwahl*〉; **c)** *(harmless)* harmlos; **d)** *(naïve)* unschuldig; **he is** ~ **about the ways of the world** er ist völlig unerfahren; **e)** *(pretending to be guileless)* arglos, unschuldig 〈*Blick, Erscheinung*〉; **adopt an** ~ **air** eine Unschuldsmiene aufsetzen. **2.** *n. (innocent person)* Unschuldige, *der/die;* **he was such an** ~ **when he went to London** er war noch so unschuldig *od.* unverdorben, als er nach London ging
innocently [ˈɪnəsəntlɪ] *adv.* unschuldig 〈*blicken*〉; in aller Unschuld 〈*etw. sagen, tun*〉
innocuous [ɪˈnɒkjʊəs] *adj. (not injurious)* unschädlich 〈*Tier, Mittel*〉; *(inoffensive)* harmlos
innocuously [ɪˈnɒkjʊəslɪ] *adv.* harmlos
Inn of ˈCourt *n., pl.* **Inns of Court** *(Brit.) (society)* englischer Anwaltsverband; *(building)* Gebäude dieses Verbandes
innovate [ˈɪnəveɪt] *v. i.* **a)** *(bring in novelties)* Innovationen vornehmen, innovieren *(fachspr.);* **b)** *(make changes)* Änderungen vornehmen
innovation [ɪnəˈveɪʃn] *n.* **a)** *(introduction of something new)* Innovation, *die (geh., fachspr.); (thing introduced)* Neuerung, *die;* **b)** *(change)* [Ver]änderung, *die;* Neuerung, *die;* Innovation, *die (geh., fachspr.)*
innovator [ˈɪnəveɪtə(r)] *n.* Neuerer, *der/* Neuerin, *die*
ˈ**inn-sign** *n.* Gasthausschild, *das*
innuendo [ɪnjuːˈendəʊ] *n., pl.* ~**es** *or* ~**s** versteckte Andeutung, *die;* Innuendo, *das (geh.);* **make** ~**es about sb.** über jmdn. Andeutungen fallenlassen *od.* machen
innumerable [ɪˈnjuːmərəbl] *adj.* unzählig; zahllos; *(uncountable)* unzählbar
innumeracy [ɪˈnjuːmərəsɪ] *n., no pl. (Brit.)* Nicht-Rechnen-Können, *das*
innumerate [ɪˈnjuːmərət] *adj. (Brit.)* **be** ~: nicht rechnen können; des Rechnens unkundig sein *(geh.)*
inoculate [ɪˈnɒkjʊleɪt] *v. t.* **a)** *(treat by injection)* impfen (**against, for** gegen); **b)** *(im-*

plant) einimpfen **(into** in + *Akk.);* ~ **sb. with a virus** jmdm. einen Virus einimpfen
inoculation [ɪnɒkjʊ'leɪʃn] *n.* Impfung, *die,* Inokulation, *die (Med.)* **(against,** for gegen); **give sb. an** ~: jmdm. impfen
inoffensive [ɪnə'fensɪv] *adj.* **a)** *(unoffending)* harmlos; gutartig ⟨*Tier*⟩; **b)** *(not objectionable)* harmlos ⟨*Bemerkung*⟩; unaufdringlich ⟨*Geruch, Art, Person*⟩; **be** ~ **to the eye** dem Auge nicht weh tun
inoffensively [ɪnə'fensɪvlɪ] *adv.* harmlos
inoperable [ɪn'ɒpərəbl] *adj.* **a)** *(Surg.)* inoperabel *(fachspr.);* nicht operierbar; **b)** *(fig.)* undurchführbar ⟨*Politik*⟩
inoperative [ɪn'ɒpərətɪv] *adj.* ungültig; außer Kraft *nicht attr.;* **render sth.** ~: etw. außer Betrieb setzen
inopportune [ɪn'ɒpətjuːn] *adj.* inopportun *(geh.);* unpassend, unangebracht ⟨*Bemerkung*⟩; ungelegen, unpassend ⟨*Augenblick, Besuch*⟩; **it was very** ~ **that ...**: es kam sehr ungelegen, daß ...
inopportunely [ɪn'ɒpətjuːnlɪ] *adv.* zur Unzeit ⟨*kommen*⟩; unpassenderweise, im unpassenden Moment ⟨*vorbringen, äußern*⟩
inordinate [ɪ'nɔːdɪnət] *adj. (immoderate)* unmäßig; ⟨*Menschen*⟩*menge,* -*masse*⟩; überzogen, übertrieben ⟨*Forderung*⟩; **an** ~ **amount of work/money** ungeheuer viel Arbeit/eine Unmenge Geld
inordinately [ɪ'nɔːdɪnətlɪ] *adv.* unmäßig; ungeheuer ⟨*groß, hoch, weit usw.*⟩; **he is** ~ **fond of ...**: seine Zuneigung zu ... ist übertrieben
inorganic [ɪnɔː'gænɪk] *adj.* **a)** *(Chem.)* anorganisch; **b)** *(fig.)* unorganisch *(geh.)*
inorganic ˈchemist *n.* Anorganiker, *der*/Anorganikerin, *die*
ˈin-patient *n.* stationär behandelter Patient/behandelte Patientin; **be an** ~: stationär behandelt werden
ˈinput 1. *n.* **a)** *(esp. Computing: what is put in)* Input, *der od. das; (of capital)* Investition, *die; (of manpower)* [Arbeits]aufwand, *der; (of electricity)* Energiezufuhr, *die;* **b)** *(esp. Computing: place where information etc. enters system)* Eingang, *der.* **2.** *v. t.,* **-tt-,** ~ **or ~ted** *(esp. Computing)* eingeben ⟨*Daten, Programm*⟩; zuführen ⟨*Strom, Energie*⟩; ~ **data to the computer** Daten in den Computer eingeben
input: ~ **circuit** *n.* Eingangsstromkreis, *der;* Primärstromkreis, *der;* ~ **data** *n. pl.* Eingabedaten *Pl.;* Rechnerdaten *Pl.*
inquest ['ɪnkwest, 'ɪŋkwest] *n.* **a)** *(legal inquiry)* gerichtliche Untersuchung; **b)** *(inquiry by coroner's court)* ~ **[into the causes of death]** gerichtliche Untersuchung der Todesursache; **c)** *(coll.: discussion) see* **post-mortem 3 b;** **d)** *(inquisition)* Untersuchung, *die* **(into** *Gen.)*
inquietude [ɪn'kwaɪɪtjuːd, ɪŋ'kwaɪɪtjuːd] *n., no pl.* Unruhe, *die*
inquire [ɪn'kwaɪə(r), ɪŋ'kwaɪə(r)] **1.** *v. i.* **a)** *(make search)* Untersuchungen anstellen **(into** über + *Akk.);* ~ **into a matter** eine Angelegenheit untersuchen *od.* prüfen; **b)** *(seek information)* sich erkundigen **(about,** after nach, **of** bei); **c)** *(ask)* fragen **(for** nach). **2.** *v. t.* sich erkundigen nach, fragen nach ⟨*Weg, Namen*⟩; ~ **how/whether etc. ...**: fragen *od.* sich erkundigen, wie/ob *usw.* ...
inquirer [ɪn'kwaɪərə(r), ɪŋ'kwaɪərə(r)] *n. (for the way, a name, etc.)* Fragende, *der/die; (into a matter)* Untersuchende, *der/die;* Nachforschende, *der/die*
inquiring [ɪn'kwaɪərɪŋ, ɪŋ'kwaɪərɪŋ] *adj.* fragend; forschend ⟨*Geist*⟩
inquiry [ɪn'kwaɪərɪ, ɪŋ'kwaɪərɪ] *n.* **a)** *(asking)* Anfrage, *die;* **on** ~: auf Anfrage; **give sb. a look of** ~: jmdn. fragend ansehen; **b)** *(question)* Erkundigung, *die* **(into** über + *Akk.);* **make inquiries** Erkundigungen einziehen; Nachforschungen anstellen; **c)** *(investigation)* Untersuchung, *die; (research)* For-

schung, *die;* **hold an** ~: eine Untersuchung durchführen **(into** *Gen.);* **court of** ~ *(Mil.)* Untersuchungskommission, *die*
inquiry: ~ **agent** *n. (Brit.)* Privatdetektiv, *der;* ~ **desk,** ~ **office** *ns.* Auskunft, *die*
inquisition [ɪnkwɪ'zɪʃn, ɪŋkwɪ'zɪʃn] *n.* **a)** *(search)* Nachforschung, *die* **(into** über + *Akk.);* **b)** *(judicial inquiry)* gerichtliche Untersuchung; *(fig. coll.)* Verhör, *das;* **c) I~** *(Hist.)* Inquisition, *die*
inquisitive [ɪn'kwɪzɪtɪv, ɪŋ'kwɪzɪtɪv] *adj.* **a)** *(unduly inquiring)* neugierig; **b)** *(inquiring)* wißbegierig; **be** ~ **about sth.** alles über etw. *(Akk.)* wissen wollen; **give sb. an** ~ **look** jmdn. forschend ansehen
inquisitively [ɪn'kwɪzɪtɪvlɪ, ɪŋ'kwɪzɪtɪvlɪ] *adv. see* **inquisitive a, b:** neugierig; wißbegierig
inquisitiveness [ɪn'kwɪzɪtɪvnɪs, ɪŋ'kwɪzɪtɪvnɪs] *n., no pl. see* **inquisitive a, b:** Neugier[de], *die;* Wißbegier[de], *die*
inquorate [ɪn'kwɔːreɪt, ɪŋ'kwɔːreɪt] *adj.* nicht beschlußfähig
ˈinroad *n.* **a)** *(intrusion)* Eingriff, *der* **(on, into** in + *Akk.);* **make ~s into the market** in den Markt eindringen; **make ~s into sb.'s savings** jmds. Ersparnisse angreifen; **b)** *(hostile incursion)* Einfall, *der* **(into** in + *Akk.);* Überfall, *der* **(on** auf + *Akk.);* **make ~s on a country** in ein Land einfallen
ˈinrush *n.* Zustrom, *der; (of water)* Einbruch, *der;* **an** ~ **of air/water** ein Luftzug/ Wassereinbruch
insane [ɪn'seɪn] *adj.* **a)** *(not of sound mind)* geisteskrank; **b)** *(extremely foolish)* wahnsinnig *(ugs.);* irrsinnig *(ugs.)*
insanely [ɪn'seɪnlɪ] *adv.* **a)** *(in a mad manner)* wahnsinnig *(ugs.)* ⟨*eifersüchtig*⟩; irr[e] ⟨*reden*⟩; **b)** *(very foolishly)* verrückt ⟨*sich benehmen*⟩
insanitary [ɪn'sænɪtərɪ] *adj.* unhygienisch
insanity [ɪn'sænɪtɪ] *n.* **a)** Geisteskrankheit, *die;* Wahnsinn, *der;* **b)** *(extreme folly)* Irrsinn, *der;* Wahnsinn, *der (ugs.); (instance)* Verrücktheit, *die*
insatiable [ɪn'seɪʃəbl] *adj.* unersättlich; unstillbar ⟨*Verlangen, Neugierde*⟩; **he has an** ~ **thirst for knowledge** er ist unersättlich in seinem Wissensdurst
inscribe [ɪn'skraɪb] *v. t.* **a)** *(write)* schreiben; *(on ring etc.)* eingravieren; *(on stone, rock)* einmeißeln; ~ **sth. on sth.** etw. auf etw. *(Akk.)* schreiben/in etw. *(Akk.)* eingravieren/einmeißeln; **b)** *(enter)* eintragen ⟨*Namen*⟩ **(on** in + *Akk.);* ~ **one's name in the Visitors' Book** sich in das Gästebuch eintragen; **c)** *(mark)* mit einer Inschrift versehen ⟨*Denkmal, Grabstein*⟩; ~ **a tombstone/locket with a name** einen Namen in einen Grabstein einmeißeln/ein Medaillon eingravieren; **d)** *(with informal dedication)* ~ **sth. to sb.** jmdm. etw. widmen
inscription [ɪn'skrɪpʃn] *n.* **a)** *(words inscribed)* Inschrift, *die; (on coin)* Aufschrift, *die;* **b)** *(informal dedication)* Widmung, *die*
inscrutability [ɪnskruːtə'bɪlɪtɪ] *n., no pl.* Unergründlichkeit, *die; (of facial expression)* Undurchdringlichkeit, *die*
inscrutable [ɪn'skruːtəbl] *adj.* **a)** *(mysterious)* unergründlich; geheimnisvoll ⟨*Lächeln*⟩; undurchdringlich ⟨*Miene*⟩; **he remained** ~: seine Miene *od.* sein Gesichtsausdruck blieb undurchdringlich; **b)** *(incomprehensible)* unerforschlich *(geh.)*
inscrutably [ɪn'skruːtəblɪ] *adv.* unergründlich; geheimnisvoll ⟨*lächeln*⟩
insect ['ɪnsekt] *n.* Insekt, *das;* Kerbtier, *das*
insect: ~ **bite** *n.* Insektenstich, *der;* ~**-borne** *adj.* durch Insekten übertragen ⟨*Krankheit*⟩; ~**-control** *n.* Insektenbekämpfung, *die*
insecticide [ɪn'sektɪsaɪd] *n.* Insektizid, *das*
insectivore [ɪn'sektɪvɔː(r)] *n. (Zool.)* Insektenfresser, *der*
insect: ~**-powder** *n.* Insektenpulver, *das;*

~**-proof** *adj.* insektensicher; ~**-repellent** *n.* Insektenschutzmittel, *das*
insecure [ɪnsɪ'kjʊə(r)] *adj.* **a)** *(unsafe)* unsicher; **b)** *(not firm, liable to give way)* nicht sicher; nicht fest ⟨*Knoten*⟩; unstabil, instabil ⟨*Regal*⟩; **c)** *(Psych.)* unsicher; **feel** ~: sich nicht sicher fühlen
insecurely [ɪnsɪ'kjʊəlɪ] *adv.* nicht sicher ⟨*befestigt*⟩; nicht fest ⟨*verschlossen*⟩
insecurity [ɪnsɪ'kjʊərɪtɪ] *n., no pl. (also Psych.)* Unsicherheit, *die;* **the** ~ **of his job** sein unsicherer Arbeitsplatz
inseminate [ɪn'semɪneɪt] *v. t.* inseminieren *(Med., Zool., Landw.);* befruchten ⟨*Frau*⟩; besamen ⟨*Vieh*⟩
insemination [ɪnsemɪ'neɪʃn] *n.* Insemination, *die (Med., Zool., Landw.); (of woman)* Befruchtung, *die; (of animal)* Besamung, *die; see also* **artificial insemination**
insensibility [ɪnsensɪ'bɪlɪtɪ] *n., no pl.* **a)** *(lack of emotional feeling, indifference)* Gefühllosigkeit, *die* **(to** gegenüber); **b)** *(unconsciousness)* Bewußtlosigkeit, *die;* **c)** *(lack of physical feeling)* Unempfindlichkeit, *die* **(to** gegen); ~ **to pain** Schmerzunempfindlichkeit, *die*
insensible [ɪn'sensɪbl] *adj.* **a)** *(imperceptible)* unmerklich; nicht wahrnehmbar; **b)** *(unconscious)* bewußtlos; **they drank themselves** ~: sie betranken sich bis zur Bewußtlosigkeit; **c)** *(unaware)* **be** ~ **of or** *to* **sth.** sich *(Dat.)* einer Sache *(Gen.)* nicht bewußt sein; **d)** *(deprived of sensation)* unempfindlich **(to** gegen); **be** ~ **to the cold/to pain** keine Kälte/keinen Schmerz empfinden; **e)** *(emotionally)* gefühllos ⟨*Person, Art*⟩; unempfindlich **(to** für)
insensitive [ɪn'sensɪtɪv] *adj. (lacking feeling)* gefühllos ⟨*Person, Art*⟩; **be** ~ **to the needs of others** kein Gefühl für die Bedürfnisse anderer haben; **b)** *(unappreciative)* unempfänglich **(to** für); **c)** *(not physically sensitive)* unempfindlich **(to** gegen); ~ **to light/heat** licht-/hitzeunempfindlich
insensitively [ɪn'sensɪtɪvlɪ] *adv.* gefühllos, ohne Gefühl ⟨*reagieren, sprechen*⟩
insensitiveness [ɪn'sensɪtɪvnɪs], **insensitivity** [ɪnsensɪ'tɪvɪtɪ] *ns., no pl.* **a)** *(lack of feeling)* Gefühllosigkeit, *die* **(to** gegenüber); **b)** *(unappreciativeness)* Unempfänglichkeit, *die* **(to** für); **c)** *(lack of physical sensiveness)* Unempfindlichkeit, *die* **(to** gegen); ~ **to heat** Hitzeunempfindlichkeit, *die*
inseparable [ɪn'sepərəbl] *adj.* untrennbar; *(fig.)* unzertrennlich ⟨*Freunde, Zwillinge usw.*⟩; **sth. is** ~ **from sth.** etw. ist mit etw. untrennbar verbunden; **he is** ~ **from his teddy bear** der Junge und sein Teddybär sind unzertrennlich; **b)** *(Ling.)* untrennbar
inseparably [ɪn'sepərəblɪ] *adv.* untrennbar
insert 1. [ɪn'sɜːt] *v. t.* **a)** einlegen ⟨*Film*⟩; einwerfen ⟨*Münze*⟩; einsetzen ⟨*Herzschrittmacher*⟩; einstecken ⟨*Nadel*⟩; ~ **a piece of paper into the typewriter** ein Blatt Papier in die Schreibmaschine einspannen; ~ **sth. in/ between sth.** etw. in/zwischen etw. *(Akk.)* stecken/legen *usw.;* ~ **the key [into the lock]** den Schlüssel ins Schloß stecken; ~ **a page into a book** ein Blatt in ein Buch einlegen; **b)** *(introduce into)* einfügen ⟨*Wort, Satz usw.*⟩ **(in** in + *Akk.);* ~ **an advertisement in 'The Times'** eine Anzeige in die „Times" setzen; in der „Times" inserieren. **2.** ['ɪnsɜːt] *n. (in magazine)* Beilage, *die; (in garment)* Einsatz, *der; (in book)* Einlage, *die; (printed in newspaper)* Inserat, *das*
insertion [ɪn'sɜːʃn] *n.* **a)** *(inserting) see* **insert 1 a:** Einlegen, *das;* Einwerfen, *das;* Einsetzen, *das;* Einstecken, *das;* **b)** *(thing inserted) (words, sentences in a text)* Einfügung, *die;* Beifügung, *die; (in newspaper)* Inserat, *das;* **c)** *(each appearance of advertisement)* Insertion, *die*
inset 1. ['--] *n. (small map)* Nebenkarte, *die;*

(small photograph, diagram) Nebenbild, *das.* 2. [-'-] *v. t.*, **-tt-**, ~ *or* ~**ted** einfügen ⟨*Karte, Seite*⟩ (**in** in + *Akk.*)
inshore 1. ['--] *adj.* Küsten⟨*fischerei, -gewässer, -schiffahrt*⟩; ~ **currents** sich auf die Küste zubewegende Strömungen. 2. [-'-] *adv.* auf die Küste zu ⟨*treiben*⟩; in Küstennähe ⟨*sein, fischen*⟩; **close** ~: dicht an der Küste ⟨*sein, liegen*⟩; dicht an die Küste ⟨*heranfahren*⟩
inside 1. [-'-, '--] *n.* a) *(internal side)* Innenseite, *die;* **on the** ~: innen; **to/from the** ~: nach/von innen; **overtake sb. on the** ~ *(in driving)* jmdn. auf der falschen Seite überholen; **on the** ~ **of the door** innen an der Tür; **lock the door from the** ~: die Tür von innen abschließen; b) *(inner part)* Innere, *das;* **the** ~ **of the cupboard needs a good clean-out** der Schrank muß innen richtig saubergemacht werden; c) *in sing. or pl. (coll.: stomach and bowels)* Eingeweide *Pl.;* Innere, *das;* **have a pain in one's** ~**[s]** Bauchod. Leibschmerzen haben; d) *(position affording* ~ *information)* **he knows Parliament from the** ~: er kennt das Parlament von innen; **be on the** ~: eingeweiht *od.* ein Insider sein; e) **the wind blew her umbrella** ~ **out** der Wind hat ihren Regenschirm umgestülpt; **wear one's sweater** ~ **out** seinen Pullover verkehrt *od.* falsch herum anhaben; **know sth.** ~ **out** etw. in- und auswendig kennen; **turn a jacket** ~ **out** eine Jacke nach links wenden; **turn sth.** ~ **out** *(fig.)* etw. auf den Kopf stellen *(ugs.).* 2. [--] *adj. (of, on, nearer the* ~) inner...; Innen⟨*wand, -einrichtung, -ansicht, -reparatur, -durchmesser*⟩; *(fig.)* intern; **be on an** ~ **page** im Inneren [der Zeitung] stehen; **give the** ~ **page of sth.** etw. von innen beleuchten *(fig.);* ~ **information** interne Informationen; **the burglary was an** ~ **job** *(coll.)* der Einbruch war das Werk von Leuten, die sich auskannten; ~ **pocket** Innentasche, *die;* ~ **lane** Innenspur, *die;* ~ **track** *(Racing)* Innenbahn, *die.* 3. [-'-] *adv.* a) *(on or in the* ~) innen; *(to the* ~) nach innen hinein/herin; *(indoors)* drinnen; **come** ~: hereinkommen; **take a look** ~: hineinsehen; *(in search of sth.)* innen nachsehen; **go** ~ [in this Haus] hineingehen; **see** ~ **for further details** weitere Informationen finden Sie in diesem Brief/in dieser Broschüre; b) *(sl.: in prison)* ~: sitzen *(ugs.);* **put sb.** ~: jmdn. einlochen *(salopp);* c) ~ **of** *see* **4.** 4.[-'-] *prep. (on inner side of)* [innen] in (+ *Dat.);* *(with direction)* in (+ *Akk.)* hinein· **sit/get** ~ **the house** im Haus sitzen/ins Haus hineinkommen; **what's** ~ **that package?** was ist in diesem Paket?; **leave your shoes just** ~ **the door** laß deine Schuhe gerade [innen] an der Tür stehen; b) *(in less than)* ~ **an hour** innerhalb [von] einer Stunde; in weniger als einer Stunde
inside: ~ **edge** *n. (Skating, Cricket)* Innenkante, *die;* ~ '**forward** *n. (Footb., Hockey)* Halbstürmer, *der;* Innenstürmer, *der;* Inside, *der (schweiz. Fußball);* ~ '**left** *n. (Footb., Hockey)* Halblinke, *der;* ~**-leg** *adj.* ~**-leg measurement** Schrittlänge, *die*
insider [ɪn'saɪdə(r)] *n.* a) *(within a society)* Mitglied, *das;* Zugehörige, *der/die;* b) *(person privy to secret)* Eingeweihte, *der/die;* Insider, *der;* ~ **dealing** *or* **trading** *(Stock Exch.)* Insiderhandel, *der*
inside 'right *n. (Footb., Hockey)* Halbrechte, *der/die*
insidious [ɪn'sɪdɪəs] *adj.* heimtückisch; **an** ~ **disease** eine heimtückische *od. (fachspr.)* insidiöse Krankheit
insidiously [ɪn'sɪdɪəslɪ] *adv.* auf heimtückische Weise
insidiousness [ɪn'sɪdɪəsnɪs] *n., no pl.* Heimtücke, *die*
'**insight** *n.* a) *(penetration, discernment)* Verständnis, *das;* **be lacking in** ~: einen Man-

gel an Verständnis zeigen; ~ **into human nature** Menschenkenntnis, *die;* b) *(instance)* Einblick, *der;* ~ **into sth.** einen Einblick in etw. (*Akk.*) geben; **gain an** ~ **into sth.** [einen] Einblick in etw. (*Akk.*) gewinnen *od.* bekommen
insignia [ɪn'sɪɡnɪə] *n., pl. same* Insigne, *das*
insignificance [ɪnsɪɡ'nɪfɪkəns] *n., no pl.* a) *(unimportance)* Bedeutungslosigkeit, *die;* Unwichtigkeit, *die;* b) *(contemptibility)* Unscheinbarkeit, *die;* c) *(meaninglessness)* Belanglosigkeit, *die*
insignificant [ɪnsɪɡ'nɪfɪkənt] *adj.* a) *(unimportant)* unbedeutend; geringfügig ⟨*Summe*⟩; unbedeutend, geringfügig ⟨*Unterschied*⟩; unscheinbar ⟨*Äußeres*⟩; b) *(contemptible)* unscheinbar ⟨*Person*⟩; c) *(meaningless)* belanglos ⟨*Bemerkung*⟩
insincere [ɪnsɪn'sɪə(r)] *adj.* unaufrichtig; falsch ⟨*Lächeln*⟩
insincerely [ɪnsɪn'sɪəlɪ] *adv.* unaufrichtig; falsch ⟨*lächeln*⟩
insincerity [ɪnsɪn'serɪtɪ] *n.* Unaufrichtigkeit, *die; (of smile, person)* Falschheit, *die*
insinuate [ɪn'sɪnjʊeɪt] *v. t.* a) *(introduce)* [auf geschickte Art] einfließen ⟨*Propaganda*⟩; insinuieren *(veralt.);* ~ **doubts into sb.'s mind** jmdm. geschickt Zweifel einpflanzen; b) *(convey)* andeuten (**to sb.** jmdm. gegenüber); unterstellen, insinuieren *(geh.);* **how dare you** ~ **that ...?** wie können Sie es wagen, zu behaupten, daß ...?; **insinuating remarks** Andeutungen; Unterstellungen; c) ~ **oneself into sb.'s favour** sich bei jmdm. einschmeicheln
insinuation [ɪnsɪnjʊ'eɪʃn] *n.* Anspielung, *die* (**about** auf + *Akk.*); versteckte Andeutung; **by** ~: andeutungsweise
insipid [ɪn'sɪpɪd] *adj.* a) *(tasteless)* fad[e] ⟨*Essen*⟩; schal ⟨*Getränk*⟩; b) *(lacking liveliness)* fad[e] *(ugs.),* geistlos ⟨*Person*⟩; schal, fad[e] *(ugs.)* ⟨*Witz, Spaß*⟩; geistlos ⟨*Gespräch*⟩; langweilig ⟨*Farbe, Musik*⟩
insist [ɪn'sɪst] 1. *v. i.* bestehen (**[up]on** auf + *Dat.*); ~ **on doing sth./on sb.'s doing sth.** darauf bestehen, etw. zu tun/daß jmd. etw. tut; **if you** ~: wenn du darauf bestehst; **they 'will** ~ **on ringing us late at night** er ruft uns beharrlich spätabends an; **she** ~ **on her innocence** sie behauptet beharrlich, unschuldig zu sein. 2. *v. t.* a) ~ **that ...**: darauf bestehen, daß ...; b) *(maintain positively)* **they keep** ~**ing that** ...: sie beharren *od.* bestehen beharrlich darauf, daß ...; **he** ~**ed that he was right** er bestand darauf, daß er recht habe
insistence [ɪn'sɪstəns] *n., no pl.* Bestehen, *das* (**on** auf + *Dat.*); **I only came here at your** ~: ich kam nur auf dein Drängen hierher
insistent [ɪn'sɪstənt] *adj.* a) beharrlich, hartnäckig ⟨*Person*⟩; aufdringlich ⟨*Musik*⟩; nachdrücklich ⟨*Forderung*⟩; **be most** ~ **that .../one said ...** sth. hartnäckig darauf bestehen, daß .../auf etw. (*Dat.*) bestehen; b) *([annoyingly] persistent)* penetrant *(abwertend)*
insistently [ɪn'sɪstəntlɪ] *adv.* a) mit Nachdruck ⟨*betonen, fordern*⟩; b) *(persistently)* penetrant *(abwertend)*
in situ [ɪn 'sɪtjuː] *adv.* in situ; in natürlicher Lage *(Med.);* in originaler Lage *(Archäol.)*
insobriety [ɪnsə'braɪətɪ] *n., no pl.* Trunkenheit, *die*
insofar [ɪnsəʊ'fɑː(r)] *adv.* = **in so far;** *see* **in so far 1 d**
insole ['ɪnsəʊl] *n.* a) Einlegesohle, *die;* b) *(part of shoe or boot)* Brandsohle, *die*
insolence ['ɪnsələns] *n.* Unverschämtheit, *die;* Frechheit, *die;* Insolenz, *die (geh.)*
insolent ['ɪnsələnt] *adj.,* **insolently** ['ɪnsələntlɪ] *adv.* a) *(contemptuous[ly])* anmaßend; überheblich; b) *(insulting[ly])* unverschämt, frech; insolent *(geh.)*

insolubility [ɪnsɒljʊ'bɪlɪtɪ] *n., no pl. see* **insoluble:** Unlösbarkeit, *die;* Unlöslichkeit, *die*
insoluble [ɪn'sɒljʊbl] *adj.* a) unlösbar ⟨*Problem, Rätsel usw.*⟩; b) unlöslich ⟨*Substanz*⟩; insolubel *(Chem.)* ⟨*Verbindung*⟩
insolvency [ɪn'sɒlvənsɪ] *n.* Insolvenz, *die (bes. Wirtsch.);* Zahlungsunfähigkeit, *die*
insolvent [ɪn'sɒlvənt] 1. *adj. (unable to pay debts)* insolvent *(bes. Wirtsch.);* zahlungsunfähig. 2. *n.* zahlungsunfähiger Schuldner
insomnia [ɪn'sɒmnɪə] *n.* Schlaflosigkeit, *die;* Insomnie, *die (Med.)*
insomniac [ɪn'sɒmnɪæk] *n.* an Schlaflosigkeit Leidender/Leidende; **be an** ~: an Schlaflosigkeit leiden
insomuch [ɪnsəʊ'mʌtʃ] *adv.* a) *(to such an extent)* ~ **that** so sehr *od.* dermaßen, daß; b) *(inasmuch)* insofern (**as** als)
insouciance [ɪn'suːsɪəns, æ'suːsjɑ̃ːs] *n., no pl.* Unbekümmertheit, *die;* Sorglosigkeit, *die*
insouciant [ɪn'suːsɪənt, æ'suːsjɑ̃ː] *adj.* unbekümmert; sorglos
inspect [ɪn'spekt] *v. t.* a) *(view closely)* prüfend betrachten; **let me** ~ **your hands** laß mich mal deine Hände sehen; zeig mal deine Hände vor; ~ **a cat for fleas** eine Katze auf Flöhe untersuchen; b) *(examine officially)* überprüfen, inspizieren, kontrollieren ⟨*Räumlichkeiten*⟩; abschreiten ⟨*Ehrenformation*⟩
inspection [ɪn'spekʃn] *n.* Überprüfung, *die; (of premises)* Kontrolle, *die;* Inspektion, *der;* **tour of** ~: Inspektionsrunde, *die; (on foot also)* Inspektionsgang, *der* (**of** durch); **present/show/submit sth. for** ~: etw. zur Prüfung vorlegen; **hold out your hands for** ~: zeige mal Hände vor; **on [closer]** ~: bei näherer Betrachtung *od.* Prüfung
in'spection copy *n.* Ansichtsexemplar, *das; (for teachers)* Lehrerprüfstück, *das*
inspector [ɪn'spektə(r)] *n.* a) *(official) (on bus, train, etc.)* Kontrolleur, *der*/Kontrolleurin, *die;* ~ **[of schools]** Schulrat, *der*/-rätin, *die;* **health** ~: Beamter/Beamtin in der Gesundheitsfürsorge; b) *(Brit.: police officer)* ≈ Polizeiinspektor, *der*
inspector ~ **'general** *n.* Oberinspektor, *der;* ~ **of 'taxes** *n. (Brit.)* Finanzbeamte, *der*/Finanzbeamtin, *die*
inspiration [ɪnspə'reɪʃn] *n.* a) Inspiration, *die (geh.);* **get one's** ~ **from sth.** sich von etw. inspirieren lassen; **I have just had an** ~: ich hatte gerade eine [plötzliche] Eingebung; mir ist gerade eine Erleuchtung gekommen *(oft iron.);* **sth. is an** ~ **to sb.** etw. inspiriert jmdn.; b) *(drawing in of breath)* Inspiration, *die (Med.);* Einatmung, *die*
inspire [ɪn'spaɪə(r)] *v. t.* a) *(instil thought or feeling into)* inspirieren *(geh.);* **in an** ~**d moment** *(coll.)* in einem Augenblick der Erleuchtung; b) *(breathe in)* einatmen ⟨*Luft*⟩; c) *(animate)* inspirieren, anregen; *(encourage)* anspornen; ~ **sb. with hope/confidence/respect** jmdn. mit Hoffnung/Vertrauen/Respekt erfüllen; ~**d playing** beseeltes Spiel; ~**d idea** genialer Gedanke; ~**d guess** intuitiv richtige Vermutung; b) *(instil)* einflößen ⟨*Mut, Angst, Respekt*⟩ (**in** *Dat.*); [er]wecken ⟨*Vertrauen, Gedanke, Hoffnung*⟩ (**in** in + *Dat.*); hervorrufen ⟨*Haß, Abneigung*⟩ (**in** bei); *(incite)* anstiften, anzetteln *(abwertend)* ⟨*Unruhen usw.*⟩; **what** ~**d this piece of music?** woher kamen die Anregungen zu diesem Musikstück?
inspiring [ɪn'spaɪərɪŋ] *adj.* inspirierend *(geh.);* **his speech was not particularly** ~: seine Rede riß einen nicht gerade vom Stuhl *(ugs.)*
inst. *abbr. (Commerc.) instant* d. M.
instability [ɪnstə'bɪlɪtɪ] *n. (mental, physical)* Labilität, *die; (inconstancy)* Instabilität, *die*
install [ɪn'stɔːl] *v. t.* a) *(establish)* ~ **oneself**

installation

sich installieren; *(in a chair etc.)* sich niederlassen; sich pflanzen *(ugs.); (in a house etc.)* sich einrichten; **when we're ~ed in our new house** wenn wir in unserem neuen Haus eingerichtet sind; **b)** *(set up for use)* installieren ⟨*Heizung, Leitung*⟩; anschließen ⟨*Telefon*⟩; einbauen ⟨*Badezimmer*⟩; aufstellen, anschließen ⟨*Herd*⟩; **c)** *(place ceremonially)* installieren *(geh.);* **~ sb. in an office/a post** jmdn. in ein Amt einführen *od.* einsetzen

installation [ɪnstə'leɪʃn] *n.* **a)** *(installing) (in an office or post)* Amtseinsetzung, *die;* Amtseinführung, *die;* Installation, *die (schweiz., sonst veralt.); (of bathroom etc.)* Installation, *die; (of bathroom etc.)* Einbau, *der; (of telephone, cooker)* Anschluß, *der;* **~ charges** Installationskosten; *(etc. installed)* Anlage, *die;* **kitchen ~:** Kücheneinrichtung, *die*

instalment (*Amer.:* **installment**) [ɪn'stɔːlmənt] *n.* **a)** *(part-payment)* Rate, *die;* **pay by** *or* **in ~s** in Raten *od.* ratenweise zahlen; **monthly ~:** Monatsrate, *die;* **b)** *(of serial, novel)* Fortsetzung, *die; (of film, radio programme)* Folge, *die;* **c)** *~* **plan** *(Amer.)* Ratenzahlung, *die;* Teilzahlung, *die;* **buy on an** *~* **plan** auf Raten kaufen

instance ['ɪnstəns] **1.** *n.* **a)** *(example)* Beispiel, *das* (**of** für); **as an** *~* **of ...:** als [ein] Beispiel für ...; **for ~:** zum Beispiel; **b)** *(particular case)* **in your/this ~:** in deinem/diesem Fall[e]; **in many ~s** in vielen Fällen; **isolated ~s** Einzelfälle; **c) at the** *~* **of ...:** auf Ersuchen *od.* Betreiben (+ *Gen.*); **at his ~:** auf seine Veranlassung [hin]; auf sein Betreiben; **court of first** *~* *(Law)* erste Instanz; **d) in the first ~:** zuerst *od.* zunächst einmal; *(at the very beginning)* gleich zu Anfang; **it will be for six months in the first ~:** es ist zunächst auf sechs Monate befristet. **2.** *v. t.* **a)** *(cite as an ~)* anführen; **b)** *usu. in pass. (exemplify)* exemplifizieren

instant ['ɪnstənt] **1.** *adj.* **a)** *(occurring immediately)* unmittelbar; sofortig ⟨*Wirkung, Linderung, Ergebnis*⟩; **these new showers give you ~ hot water** mit diesen neuen Duschen hat man sofort heißes Wasser; **b)** *~* **coffee/tea** Instant- *od.* Pulverkaffee/Instanttee, *der;* *~* **potatoes** fertiger Kartoffelbrei; *~* **cake-mix** fertige Backmischung; *~* **meal** Fertiggericht, *das;* **c)** *(fig.: hurriedly produced)* eilig angefertigt/geschrieben *usw.;* **d)** *(Commerc.)* dieses Monats. **2.** *n.* Augenblick, *der;* **at that very ~:** genau in dem Augenblick; **come here this ~:** komm sofort *od.* auf der Stelle her; **we were just this ~ talking about you** wir haben gerade eben von dir gesprochen; **the ~ he walked in at the door ...:** in dem Augenblick, als er hereintrat, ...; **in an ~:** augenblicklich; sofort; **not [for] an ~:** keinen Augenblick

instantaneous [ɪnstən'teɪnɪəs] *adj.* unmittelbar; **his reaction was ~:** er reagierte sofort; **death was ~:** der Tod trat sofort *od.* unmittelbar ein

instantaneously [ɪnstən'teɪnɪəslɪ] *adv.* sofort; unverzüglich

instantly ['ɪnstəntlɪ] *adv.* sofort; **he is ~ likeable** er ist eine sofort sympathischen

instant replay *n.* *(Sport)* [sofortige] Wiederholung

instead [ɪn'sted] *adv.* statt dessen; **~ of doing sth.** [an]statt etw. zu tun; **~ of sth.** anstelle einer Sache *(Gen.);* **I will go ~** ich gehe an deiner Stelle; **Friday ~ of Saturday** Freitag anstelle von *od.* [an]statt Sonnabend

'**instep** *n.* **a)** *(of foot)* Spann, *der;* Fußrücken, *der;* **b)** *(of shoe)* Blatt, *das*

instigate ['ɪnstɪɡeɪt] *v. t.* **a)** *(urge on)* anstiften (**to zu**); **~ sb. to do sth.** jmdn. dazu anstiften, etw. zu tun; **b)** *(bring about)* initiieren *(geh.)* ⟨*Reformen, Projekt usw.*⟩; anzetteln *(abwertend)* ⟨*Streik usw.*⟩

instigation [ɪnstɪ'ɡeɪʃn] *n.* **a)** *(urging)* Anstiftung, *die;* **at sb.'s ~:** auf jmds. Betreiben *(Akk.);* **b)** *(bringing about)* Anzettelung, *die (abwertend); (of reforms etc.)* Initiierung, *die (geh.)*

instigator ['ɪnstɪɡeɪtə(r)] *n.* **a)** *(of bank raid etc.)* Anstifter, *der/*Anstifterin, *die;* **b)** *(of riot, strike)* Anzettler, *der/*Anzettlerin, *die (abwertend); (of reforms)* Initiator, *der/*Initiatorin, *die (geh.)*

instil (*Amer.:* **instill**) [ɪn'stɪl] *v. t.,* **-ll- a)** *(introduce gradually)* einflößen (**in** *Dat.*); einimpfen (**in** *Dat.*); beibringen ⟨*gutes Benehmen, Wissen*⟩ (**in** *Dat.*); **b)** *(put in by drops)* einträufeln (**in** *or* **into** + *Akk.*)

instinct ['ɪnstɪŋkt] *n.* **a)** Instinkt, *der;* **~ for survival, survival ~:** Überlebenstrieb, *der; see also* **herd 1 b; b)** *(intuition)* Instinkt, *der, (unconscious skill)* natürliche Begabung (**for** für); Sinn, *der* (**for** für); **~ warns them when danger is near** der Instinkt warnt sie bei drohender Gefahr; **have an ~ for business** Geschäftssinn *od.* -instinkt haben; **c)** *(innate impulse)* angeborener *od.* natürlicher *od.* instinktiver Drang

instinctive [ɪn'stɪŋktɪv] *adj.,* **instinctively** [ɪn'stɪŋktɪvlɪ] *adv.* instinktiv

institute ['ɪnstɪtjuːt] **1.** *n.* Institut, *das; see also* **Women's Institute. 2.** *v. t.* einführen ⟨*Reform, Brauch, Beschränkung*⟩; einleiten ⟨*Suche, Verfahren, Untersuchung*⟩; gründen ⟨*Gesellschaft*⟩; anstrengen ⟨*Prozeß, Klage*⟩; schaffen ⟨*Posten*⟩; einrichten ⟨*Ausstellung*⟩; **his wife ~d divorce proceedings against him** seine Ehefrau reichte die Scheidung [gegen ihn] ein

institution [ɪnstɪ'tjuːʃn] *n.* **a)** *(instituting)* Einführung, *die;* **b)** *(law, custom)* Institution, *die;* **c)** *(coll.: familiar object)* Institution, *die;* **become an ~:** zur Institution werden; **he's one of the ~s of the place** er gehört dort/hier schon zum Inventar *(scherzh.);* **charitable/educational ~:** Wohltätigkeitseinrichtung/Erziehungsanstalt, *die*

institutional [ɪnstɪ'tjuːʃənl] *adj.* **a)** *(of, like, organized through institutions)* institutionell *(geh.);* **b)** *(suggestive of typical charitable institutions)* Heim-; Anstalts-; **care/catering ~:** Heim-/Anstaltsfürsorge, *die*/Heim-/Anstaltsverpflegung, *die;* **c)** *(Amer.)* **~ advertising** Prestigewerbung, *die;* institutionelle Werbung *(fachspr.)*

instruct [ɪn'strʌkt] *v. t.* **a)** *(teach)* unterrichten ⟨*Klasse, Fach*⟩; **b)** *(direct, command)* anweisen; die Anweisung erteilen (+ *Dat.*); instruieren; **we were ~ed to do it that way** wir hatten Weisung *(Amtsspr.) od.* Anweisung, es so zu machen; **c)** *(inform)* unterrichten; in Kenntnis setzen; instruieren *(geh.);* **d)** *(Law: appoint)* beauftragen ⟨*Anwalt*⟩

instruction [ɪn'strʌkʃn] *n.* **a)** *(teaching)* Unterricht, *der;* **a course of ~:** ein Lehrgang; **give ~ in judo** Judounterricht erteilen; '**Driver under ~**' ≈ „Fahrschule"; **b)** *esp. in pl. (direction, order)* Anweisung, *die;* Instruktion, *die;* **~ manual/~s for use** Gebrauchsanleitung, *die; (for machine etc.)* Betriebsanleitung, *die;* **they had precise ~s as to where to go** sie hatten genaue Anweisung, wo sie hingehen sollten; **under ~s from** *or* **on the ~s of the committee** auf Anweisung *od.* Anordnung des Komitees; **be under strict ~s to do sth.** strenge Anweisung haben, etw. zu tun; **c)** *(Computing)* Befehl, *der*

instructional [ɪn'strʌkʃənl] *adj.* Schulungs-; lehrreich ⟨*Erfahrung*⟩; **an ~ film** ein Lehrfilm

instructive [ɪn'strʌktɪv] *adj.* aufschlußreich; instruktiv; lehrreich ⟨*Erfahrung, Buch*⟩

instructively [ɪn'strʌktɪvlɪ] *adv.* aufschluß-

insult

reich; instruktiv; **an ~ written book** ein lehrreiches Buch

instructor [ɪn'strʌktə(r)] *n.* **a)** Lehrer, *der/*Lehrerin, *die; (Mil.)* Ausbilder, *der;* **riding ~:** Reitlehrer, *der/*-lehrerin, *die;* **b)** *(Amer. Univ.)* Dozent, *der/*Dozentin, *die*

instrument ['ɪnstrʊmənt] *n.* **a)** *(tool, implement)* Instrument, *das;* **~s of torture** Folterwerkzeuge *od.* -instrumente; **b)** *(measuring-device)* Instrument, *das;* **~ failure** Versagen der Instrumente; **c)** *(Mus.)* Instrument, *das;* **d)** *(person)* Werkzeug, *das;* Instrument, *das (geh.);* **e)** *(means, cause)* Mittel, *das;* **f)** *(Law)* Urkunde, *die;* **~ of abdication** Abdankungsurkunde, *die*

instrumental [ɪnstrʊ'mentl] *adj.* **a)** *(serving as instrument or means)* dienlich (**to** *Dat.*); förderlich (**to** *Dat.*); **he was ~ in finding me a post** er hat mir zu einer Stelle verholfen; **b)** *(Mus.)* instrumental; Instrumental- ⟨*musik, -version, -nummer*⟩; **c)** *(Ling.)* instrumental

instrumentalist [ɪnstrʊ'mentəlɪst] *n.* Instrumentalist, *der/*Instrumentalistin, *die*

instrumentation [ɪnstrʊmen'teɪʃn] *n.* **a)** *(Mus.)* Instrumentation, *die;* **b)** *(provision)* Instrumentierung, *die;* **c)** *(use)* Anwendung von Instrumenten

instrument: **~ board, ~ panel** *ns.* Instrumentenbrett, *das;* Paneel, *das*

insubordinate [ɪnsə'bɔːdɪnət] *adj.* aufsässig; widersetzlich; *(Mil.)* ungehorsam; **~ behaviour** Widersetzlichkeit, *die;* *(Mil.)* Ungehorsam, *der*

insubordination [ɪnsəbɔːdɪ'neɪʃn] *n., no pl.* Aufsässigkeit, *die;* Widersetzlichkeit, *die; (Mil.)* Gehorsamsverweigerung, *die*

insubstantial [ɪnsəb'stænʃl] *adj.* **a)** *(lacking solidity)* wenig substantiell *(geh.);* gegenstandslos ⟨*Anschuldigung*⟩; dürftig ⟨*Essen, Kleidung*⟩; gering[fügig] ⟨*Menge, Betrag*⟩; **b)** *(not real)* unwirklich; gegenstandslos ⟨*Hoffnung, Angst*⟩

insufferable [ɪn'sʌfərəbl] *adj.* **a)** *(unbearably arrogant)* unausstehlich; **b)** *(intolerable)* unerträglich

insufferably [ɪn'sʌfərəblɪ] *adv.* unerträglich

insufficiency [ɪnsə'fɪʃənsɪ] *n.* **a)** Unzulänglichkeit, *die; (of money, provisions, information)* Mangel, *der* (**of** an + *Dat.*); *(inability, incompetence)* Unfähigkeit, *die;* mangelnde Eignung; **an ~ of money** Geldknappheit, *die;* **b)** *(Med.)* Insuffizienz, *die;* **cardiac/renal ~:** Herz-/Niereninsuffizienz, *die*

insufficient [ɪnsə'fɪʃənt] *adj.* nicht genügend ⟨*Arbeit, Gründe, Geld*⟩; unzulänglich ⟨*Beweise*⟩; unzureichend ⟨*Versorgung, Beleuchtung*⟩; **we have ~ membership** wir haben nicht genügend *od.* zuwenig Mitglieder; **~ notice** jmdm. nicht rechtzeitig Bescheid geben

insufficiently [ɪnsə'fɪʃəntlɪ] *adv.* ungenügend; unzulänglich; unzureichend ⟨*versorgen*⟩

insular ['ɪnsjʊlə(r)] *adj.* **a)** *(of an island)* Insel-; insular *(fachspr.);* **an ~ people** *or* **race** ein Inselvolk; **b)** *(fig.: narrow-minded)* provinziell *(abwertend)*

insularity [ɪnsjʊ'lærɪtɪ] *n.* Provinzialität, *die (abwertend)*

insulate ['ɪnsjʊleɪt] *v. t.* **a)** *(isolate)* isolieren (**against, from** gegen); **~ floors against noise** Fußböden schallisolieren *od.* gegen Schall isolieren; **b)** *(detach from surrounding)* isolieren (**from** von)

insulating ['ɪnsjʊleɪtɪŋ] *adj.* **~ material** *n.* Isoliermaterial, *das;* **~ tape** *n.* Isolierband, *das*

insulation [ɪnsjʊ'leɪʃn] *n.* Isolierung, *die;* **put ~ in the loft** den Dachboden isolieren

insulator ['ɪnsjʊleɪtə(r)] *n.* Isolator, *der*

insulin ['ɪnsjʊlɪn] *n. (Med.)* Insulin, *das*

'**insulin shock** *n. (Med.)* Insulinschock, *der*

insult 1. ['ɪnsʌlt] *n.* Beleidigung, *die* (**to**

insulting | **intensify**

Gen.); **fling an ~ in sb.'s face** jmdm. eine Beleidigung an den Kopf werfen *(ugs.); see also* **injury** b. **2.** [ɪnˈsʌlt] *v. t.* beleidigen
insulting [ɪnˈsʌltɪŋ] *adj.* beleidigend
insuperable [ɪnˈsuːpərəbl, ɪnˈsjuːpərəbl] *adj.*, **insuperably** [ɪnˈsuːpərəbli, ɪnˈsjuːpərəbli] *adv.* unüberwindlich
insupportable [ɪnsəˈpɔːtəbl] *adj.* **a)** *(unendurable)* unerträglich; **b)** *(unjustifiable)* nicht zu rechtfertigen *präd.*; nicht zu rechtfertigend *nicht attr.*
insurance [ɪnˈʃʊərəns] *n.* **a)** *(insuring)* Versicherung, *die;* *(fig.)* Sicherheit, *die;* Gewähr, *die;* **take out ~ against/on sth.** eine Versicherung gegen etw. abschließen/etw. versichern lassen; **travel ~:** Reisegepäck- und -unfallversicherung, *die;* **~ against fire/theft/accident** Feuer-/Diebstahl-/Unfallversicherung, *die;* **b)** *(sum received)* Versicherungssumme, *die;* *(sum paid)* Versicherungsbetrag, *der;* **I got £15 ~ when my bike was stolen** ich bekam 15 Pfund von der Versicherung, als mein Fahrrad gestohlen wurde; **I've been paying ~ for the last 15 years** ich zahle jetzt schon 15 Jahre in die Versicherung ein; **claim the ~:** den Versicherungsanspruch geltend machen
insurance: ~ agent Versicherungsvertreter, *der/*-vertreterin, *die;* Versicherungsagent, *der/*-agentin, *die;* **~ broker** *n.* Versicherungsmakler, *der;* **~ company** *n.* Versicherungsgesellschaft, *die;* **~ policy** *n.* Versicherungspolice, *die;* *(fig.)* Sicherheit, *die;* Gewähr, *die;* **take out an ~ policy** eine Versicherung abschließen; **~ stamp** *n. (Brit.)* Versicherungsmarke, *die*
insure [ɪnˈʃʊə(r)] *v. t.* **a)** *(secure payment to)* versichern *(Person)* **(against** gegen); **~ [oneself] against sth.** sich gegen etw. versichern; **the ~d** der/die Versicherte; der Versicherungsnehmer/die Versicherungsnehmerin *(fachspr.);* **b)** *(secure payment for)* ⟨Versicherungsgesellschaft:⟩ versichern; ⟨Versicherungsnehmer:⟩ versichern lassen ⟨Gepäck, Gemälde usw.⟩; **~ one's life** eine Lebensversicherung abschließen; **c)** *(Amer.) see* **ensure**
insurer [ɪnˈʃʊərə(r)] *n.* Versicherer, *der;* Versicherungsgeber, *der (fachspr.)*
insurgent [ɪnˈsɜːdʒənt] **1.** *attrib. adj.* aufständisch. **2.** *n.* Aufständische, *der/die*
insurmountable [ɪnsəˈmaʊntəbl] *adj.* unüberwindlich
insurrection [ɪnsəˈrekʃn] *n. (uprising)* Aufstand, *der*
intact [ɪnˈtækt] *adj.* **a)** *(entire)* unbeschädigt; unversehrt; intakt ⟨Uhr, Maschine usw.⟩; **keep one's capital ~:** sein Kapital unangetastet lassen; **b)** *(unimpaired)* unversehrt; **keep one's reputation ~** sich *(Dat.)* einen guten Ruf bewahren; **c)** *(untouched)* unberührt; unangetastet; **the package was returned to me ~:** das Paket wurde ungeöffnet an mich zurückgesandt
intaglio [ɪnˈtælɪəʊ, ɪnˈtɑːlɪəʊ] *n., pl.* **~s a)** *(engraved design)* eingeschnittene Figur; **b)** *(carving in hard material)* Steinschneidekunst, *die;* Glyptik, *die;* **in ~:** in negativer Gravierung; **c)** *(printing process)* Tiefdruck, *der;* **d)** *(gem with incised design)* Intaglio, *das*
ˈ**intake** *n.* **a)** *(action)* Aufnahme, *die;* **~ of breath** Atemholen, *das;* **b)** *(where water enters channel or pipe)* Einströmungsöffnung, *die;* *(where air or fuel enters engine)* Ansaugöffnung, *die;* *(airway into mine)* Einziehschacht, *der;* **c)** *(persons or things taken in)* Neuzugänge, *Pl.;* *(amount taken in)* aufgenommene Menge; *(number of persons taken in)* Zahl der aufgenommenen Personen; **~ of alcohol** Alkoholkonsum, *der;* **~ of calories** Kalorienzufuhr, *die;* aufgenommene Kalorienmenge; **~ of students** Zahl der Studienanfänger
intangible [ɪnˈtændʒɪbl] *adj.* **a)** *(that cannot*

be touched) nicht greifbar; **feel an ~ presence in the room** spüren, daß etwas Unwirkliches anwesend ist; **b)** *(that cannot be grasped mentally)* unbestimmbar; unbestimmt ⟨Gefühl⟩; vage ⟨Vorstellung⟩; **~ assets** *(Econ.)* immaterielle Anlagewerte
integer [ˈɪntɪdʒə(r)] *n. (Math.)* ganze Zahl
integral [ˈɪntɪgrl] **1.** *adj.* **a)** *(of a whole)* wesentlich, integral ⟨Bestandteil⟩; **b)** *(whole, complete)* vollständig; vollkommen; **c)** *(forming a whole)* ein Ganzes bildend; integrierend; **an ~ group** eine aus verschiedenen integrierenden Teilen zusammengesetzte Gruppe; **2.** *(Math.)* **a)** *(of or denoted by an integer)* ganzzahlig; *(involving only integers)* Integral-; *see also* **calculus** a. **2.** *n. (Math.)* Integral, *das*
integrate [ˈɪntɪgreɪt] **1.** *v. t.* **a)** *(combine into a whole)* integrieren; **an ~d Europe** ein vereintes Europa; **an ~d personality** eine in sich *(Dat.)* ausgewogene Persönlichkeit; **b)** *(into society)* integrieren; **~ sb. into a society** jmdn. in eine Gesellschaft integrieren od. eingliedern; **c)** *(open to all racial groups)* **~ a school/college** eine Schule ein College für alle Rassen zugänglich machen; **an ~d school** eine Schule ohne Rassentrennung; **d)** *(Math.)* integrieren. **2.** *v. i.* integrieren; ⟨Schulen:⟩ auch für Farbige zugänglich werden
integrated ˈ**circuit** *n. (Electronics)* integrierter Schaltkreis
integration [ɪntɪˈgreɪʃn] *n.* **a)** *(integrating; also Math.)* Integration, *die;* **b)** *(ending of segregation)* Integration, *die* **(into** in + *Akk.);* **the ~ of the schools** die Aufhebung der Rassentrennung an den Schulen; **racial ~:** Rassenintegration, *die;* **c)** *(Psych.)* Integration, *die;* **d)** *(Commerc.)* **horizontal ~:** horizontale Integration; **vertical ~:** Vertikalkonzentration, *die*
integrationist [ɪntɪˈgreɪʃənɪst] *n.* Integrationist, *der/*Integrationistin, *die*
integrity [ɪnˈtegrɪtɪ] *n.* **a)** *(uprightness, honesty)* Redlichkeit, *die;* *(of business, venture)* Seriosität, *die;* *(of style)* Echtheit, *die;* Unverfälschtheit, *die;* **intellectual ~:** intellektuelle Redlichkeit od. Integrität; **business ~:** honoriges Geschäftsgebaren; **a writer of ~:** ein redlicher Autor; **b)** *(wholeness) (of country, empire)* Einheit, *die;* *(of person)* Ganzheit, *die;* *(of fossil etc.)* Unversehrtheit, *die;* **territorial ~:** territoriale Integrität; **c)** *(soundness)* Intaktheit, *die*
integument [ɪnˈtegjʊmənt] *n. (Biol.)* Integument, *das*
intellect [ˈɪntəlekt] *n.* **a)** *(faculty)* Verstand, *der;* Intellekt, *der;* **~ distinguishes man from the animals** das Denkvermögen unterscheidet den Menschen vom Tier; **b)** *(understanding)* Intelligenz, *die;* **powers of ~:** Verstandeskräfte; intellektuelle Fähigkeiten; **c)** *(person)* großer Geist
intellectual [ɪntəˈlektjʊəl] **1.** *adj.* **a)** *(of intellect)* intellektuell; geistig ⟨Klima, Interessen, Wahl, Arbeit⟩; abstrakt ⟨Mitgefühl, Sympathie⟩; **~ powers** intellektuelle Fähigkeiten; **b)** *(possessing good understanding or intelligence)* geistig anspruchsvoll ⟨Person, Publikum⟩. **2.** *n.* Intellektuelle, *der/die*
intellectually [ɪntəˈlektjʊəlɪ] *adv.* intellektuell; geistig; **it's ~ stimulating** es regt den Geist an
intelligence [ɪnˈtelɪdʒəns] *n.* **a)** *(quickness of understanding)* Intelligenz, *die;* **have the ~ to do sth.** so intelligent sein, etw. zu tun; **have ~:** intelligent sein; **b)** *(intellect, understanding)* Intelligenz, *die;* **a man of no mean ~:** ein sehr intelligenter Mann; **c)** *(being) (information)* Informationen *Pl.;* *(news)* Nachrichten *Pl.;* Meldungen *Pl.;* **a source of ~:** eine Informationsquelle; **e)** *(persons employed in collecting information)* Nachrichtendienst, *der;* **military ~:** militärischer

Geheimdienst; **be in ~:** dem Nachrichtendienst angehören
intelligence: ~ department *n.* Nachrichtendienst, *der;* **~ officer** *n.* Nachrichtenoffizier, *der;* **~ quotient** *n.* Intelligenzquotient, *der;* **~ service** *n.* Nachrichtendienst, *der;* **~ test** *n.* Intelligenztest, *der*
intelligent [ɪnˈtelɪdʒənt] *adj.* intelligent; intelligent geschrieben, geistreich ⟨Buch⟩; *(clever also)* klug; gescheit; **is there ~ life on other planets?** gibt es intelligente od. vernunftbegabte Lebewesen auf anderen Planeten?
intelligently [ɪnˈtelɪdʒəntlɪ] *adv.* intelligent
intelligentsia [ɪntelɪˈdʒentsɪə] *n.* Intelligentsia, *die (geh.);* Intelligenz, *die*
intelligibility [ɪntelɪdʒɪˈbɪlɪtɪ] *n., no pl.* Verständlichkeit, *die*
intelligible [ɪnˈtelɪdʒɪbl] *adj.* verständlich **(to** für); intelligibel *(Philos.);* **is their language ~ to you?** verstehst du ihre Sprache?
intelligibly [ɪnˈtelɪdʒɪblɪ] *adv.* deutlich
intemperance [ɪnˈtempərəns] *n.* Maßlosigkeit, *die;* Unmäßigkeit, *die;* *(addiction to drinking)* Trunksucht, *die*
intemperate [ɪnˈtempərət] *adj.* **a)** *(immoderate)* maßlos; überzogen, übertrieben ⟨Verhalten, Bemerkung⟩; unmäßig, maßlos ⟨Verlangen, Appetit, Konsum⟩; übermäßig ⟨Eifer⟩; ausschweifend ⟨Leben⟩; **his ~ conduct** seine Maßlosigkeit; **b)** *(addicted to drinking)* trunksüchtig
intemperately [ɪnˈtempərətlɪ] *adv.* unmäßig
intend [ɪnˈtend] *v. t.* **a)** *(have as one's purpose)* beabsichtigen; **~ doing sth.** *or* **to do sth.** beabsichtigen, etw. zu tun; **did you ~ that [to happen]?** hattest du das beabsichtigt?; **we ~ed no harm** wir haben nichts Böses damit bezweckt; *(we didn't mean to cause offence)* wir haben es nicht böse gemeint; **it isn't really what we ~ed** es ist eigentlich nicht das, was wir wollten; **longer than was ~ed** länger als es geplant *od.* beabsichtigt; **b)** *(design, mean)* **we ~ed it as a stopgap** das sollte eine Notlösung sein; **we ~ him to go** wir wollen, daß er geht; er soll gehen; **this dish is ~ed to be cooked slowly** dieses Gericht sollte langsam gekocht werden; **it was ~ed as a joke** das sollte ein Witz sein; **what do you ~ by that remark?** was willst du mit dieser Bemerkung sagen?; **what does the author ~ here?** was will der Autor hier sagen? *See also* **intended**
intended [ɪnˈtendɪd] **1.** *adj.* beabsichtigt ⟨Wirkung⟩; erklärt ⟨Ziel⟩; absichtlich ⟨Beleidigung⟩; **be ~ for sb./sth.** für jmdn./etw. bestimmt *od.* gedacht sein; **~ for adults/beginners** für Erwachsene/Anfänger; **~ for drinking** zum Trinken [gedacht]. **2.** *n. (coll.)* Zukünftige, *der/die (ugs.)*
intense [ɪnˈtens] *adj.*, **~r** [ɪnˈtensə(r)], **~st** [ɪnˈtensɪst] **a)** intensiv; stark ⟨Hitze, Belastung⟩; stark, heftig ⟨Schmerzen⟩; kräftig, intensiv ⟨Farbe⟩; äußerst groß ⟨Aufregung⟩; ungeheuer ⟨Kälte, Helligkeit⟩; **the day before the play opens is a period of ~ activity** am Tag vor der Premiere herrscht große Geschäftigkeit; **b)** ⟨eager, ardent⟩ eifrig, lebhaft ⟨Diskussion⟩; stark, ausgeprägt ⟨Interesse⟩; brennend, glühend ⟨Verlangen⟩; äußerst groß ⟨Empörung, Aufregung, Betrübnis⟩; tief ⟨Gefühl⟩; rasend ⟨Haß, Eifersucht⟩; **c)** *(with strong emotion)* stark gefühlsbetont ⟨Person, Brief⟩; *(earnest)* ernst
intensely [ɪnˈtenslɪ] *adv.* äußerst ⟨schwierig, verärgert, enttäuscht, kalt⟩; ernsthaft, intensiv ⟨studieren⟩; intensiv ⟨fühlen⟩
intensification [ɪntensɪfɪˈkeɪʃn] *n.* Intensivierung, *die*
intensifier [ɪnˈtensɪfaɪə(r)] *n. (Ling.)* intensivierendes Wort
intensify [ɪnˈtensɪfaɪ] **1.** *v. t.* intensivieren. **2.** *v. i.* zunehmen; ⟨Hitze, Schmerzen:⟩ stärker werden; ⟨Kampf:⟩ sich verschärfen

383

intensity [ɪn'tensɪtɪ] *n.* **a)** Intensität, *die; (of feeling also)* Heftigkeit, *die;* **the heat had lost some of its ~:** die Hitze hatte etwas abgenommen *od.* nachgelassen; **b)** *(measurable amount)* Intensität, *die*

intensive [ɪn'tensɪv] **1.** *adj.* **a)** *(vigorous, thorough)* intensiv; Intensiv⟨*kurs*⟩; **b)** *(Ling.)* verstärkend; intensivierend; **c)** *(concentrated, directed to a single point or area)* intensiv; heftig ⟨*Beschuß*⟩; gezielt ⟨*Entwicklung*⟩; **d)** *(Econ.)* intensiv ⟨*Landwirtschaft*⟩; **e)** *in comb.* **capital-~/labour-~:** kapital-/arbeitsintensiv. **2.** *n.* see **intensifier**

intensive 'care *n.* Intensivpflege, *die (Med.);* **be in ~:** auf der Intensivstation sein; **~ unit** Intensivstation, *die*

intensively [ɪn'tensɪvlɪ] *adv.* intensiv

intent [ɪn'tent] **1.** *n.* Absicht, *die;* **by ~:** beabsichtigt; **with good/malicious ~:** in guter/schlechter Absicht; **with ~ to do sth.** *(Law)* in der Absicht *od.* mit dem Vorsatz, etw. zu tun; **do sth. with ~:** etw. vorsätzlich tun; **to all ~s and purposes** im Grunde; praktisch. **2.** *adj.* **a)** *(resolved)* erpicht, versessen (⟨up⟩on auf + *Akk.*); **be ~ on achieving sth.** etw. unbedingt erreichen wollen; **be ~ upon revenge** auf Rache sinnen; **b)** *(attentively occupied)* eifrig beschäftigt (**on** mit); **be ~ on one's work** auf seine Arbeit konzentriert sein; in seine Arbeit vertieft sein; **c)** *(earnest, eager)* aufmerksam; konzentriert; forschend ⟨*Blick*⟩

intention [ɪn'tenʃn] *n.* **a)** Absicht, *die;* Intention, *die;* **have no ~/every ~ of doing sth.** nicht die Absicht haben/die feste Absicht haben, etw. zu tun; **it was my ~ to visit him** ich hatte die Absicht *od.* beabsichtigte, ihn zu besuchen; **with the best of ~s** in den besten Absicht; **the road to hell is paved with good ~s** *(prov.)* der Weg zur Hölle ist mit guten Vorsätzen gepflastert *(Spr.);* **what is the author's ~ here?** was will der Autor hier sagen?; **b)** *(coll.: in respect of marriage)* [Heirats]absichten

intentional [ɪn'tenʃənl] *adj.* absichtlich; vorsätzlich *(bes. Rechtsspr.);* **it wasn't ~:** es war keine Absicht

intentionally [ɪn'tenʃənəlɪ] *adv.* absichtlich; mit Absicht

intently [ɪn'tentlɪ] *adv.* aufmerksam ⟨*zuhören, lesen, beobachten*⟩

inter [ɪn'tɜː(r)] *v. t.,* **-rr-** *(literary)* bestatten *(geh.)* ⟨*Leichnam*⟩

interact [ɪntər'ækt] *v. i.* **a)** ⟨*Ideen:*⟩ sich gegenseitig beeinflussen; ⟨*Chemikalien usw.:*⟩ aufeinander einwirken, miteinander reagieren; **b)** *(Sociol., Psych.)* interagieren

interaction [ɪntər'ækʃn] *n.* **a)** gegenseitige Beeinflussung; *(Chem., Phys.)* Wechselwirkung, *die;* Reaktion, *die;* **b)** *(Sociol., Psych.)* Interaktion, *die*

interactive [ɪntər'æktɪv] *adj.* **a)** *(Chem.)* miteinander reagierend; **b)** *(Sociol., Psych., Computing)* interaktiv

inter alia [ɪntər'eɪlɪə] *adv.* unter anderem

interbreed [ɪntə'briːd] **1.** *v. t.,* **interbred** [ɪntə'bred] bastardieren *(fachspr.);* kreuzen ⟨*Pflanzen, Tiere*⟩. **2.** *v. i.,* **interbred** bastardisieren *(fachspr.);* sich kreuzen

intercede [ɪntə'siːd] *v. i.* sich einsetzen (**with** bei; **for, on behalf of** für)

intercept [ɪntə'sept] *v. t.* **a)** *(seize)* abfangen; **~ the enemy** dem Feind den Weg abschneiden; **b)** *(check, stop)* abwehren ⟨*Schlag, Angriff*⟩; **c)** *(listen in to)* abhören ⟨*Gespräch, Funkspruch*⟩

interception [ɪntə'sepʃn] *n.* see **intercept:** Abfangen, *das;* Abwehren, *das;* Abhören, *das*

interceptor [ɪntə'septə(r)] *n. (Air Force)* Abfangjäger, *der*

intercession [ɪntə'seʃn] *n. (mediation)* Vermittlung, *die, (entreaty)* Fürsprache, *die* (**for, on behalf of** für)

interchange 1. ['ɪntətʃeɪndʒ] *n.* **a)** *(reciprocal exchange)* Austausch, *der;* **b)** *(road junction)* [Autobahn]kreuz, *das.* **2.** [ɪntə'tʃeɪndʒ] *v. t.* **a)** *(exchange with each other)* austauschen; wechseln ⟨*Briefe, Blicke, Worte, Grüße*⟩; **b)** *(put each in the other's place)* [miteinander] vertauschen; **they can be ~d** sie sind austauschbar; **c)** *(alternate)* wechseln; [aus]wechseln ⟨*Kulissen usw.*⟩

interchangeable [ɪntə'tʃeɪndʒəbl] *adj.* austauschbar; synonym ⟨*Wörter, Ausdrücke*⟩

inter-city [ɪntə'sɪtɪ] *adj.* Intercity-; **~ train** Intercity[-Zug], *der*

intercom ['ɪntəkɒm] *n. (coll.)* Gegensprechanlage, *die; (Aeronaut.)* Eigenverständigungsanlage, *die*

intercommunicate [ɪntəkə'mjuːnɪkeɪt] *v. i.* **a)** ⟨*Räume:*⟩ miteinander verbunden sein; **b)** ⟨*Personen, Organisationen:*⟩ Kontakt haben zueinander

interconnect [ɪntəkə'nekt] **1.** *v. t.* miteinander verbinden; zusammenschalten ⟨*Stromkreise, Verstärker, Lautsprecher*⟩; **~ed facts/results** zusammenhängende Tatsachen/Ergebnisse; **the events are ~ed** es besteht ein Zusammenhang zwischen den Ereignissen. **2.** *v. i.* miteinander in Zusammenhang stehen; **~ing rooms** miteinander verbundene Zimmer

interconnection [ɪntəkə'nekʃn] *n. (of parts, components)* Zusammenwirken, *das; (of circuits)* Zusammenschalten, *das; (of facts, events, ideas)* Zusammenhang, *der*

intercontinental [ɪntəkɒntɪ'nentl] *adj.* interkontinental; Interkontinental⟨*rakete, -flug, -reise*⟩

intercourse ['ɪntəkɔːs] *n., no pl.* **a)** *(social communication)* Umgang, *der;* **social ~:** gesellschaftlicher Verkehr; **human ~:** menschliche Kontakte; die Beziehungen der Menschen; **b)** *(sexual ~)* [Geschlechts]verkehr, *der*

interdenominational [ɪntədɪnɒmɪ'neɪʃnl] *adj.* interkonfessionell

interdepartmental [ɪntədɪpɑː't mentl] *adj.* ⟨*Konferenz, Zusammenarbeit, Streit*⟩ zwischen den Abteilungen/Fachbereichen

interdependence [ɪntədɪ'pendəns] *n.* gegenseitige Abhängigkeit; Interdependenz, *die*

interdependent [ɪntədɪ'pendənt] *adj.* voneinander abhängig; interdependent

interdict ['ɪntədɪkt] *n.* **a)** *(authoritative prohibition)* Verbot, *das;* **b)** *(RCCh.)* Interdikt, *das*

interdisciplinary [ɪntədɪsɪ'plɪnərɪ] *adj.* fachübergreifend; interdisziplinär

interest ['ɪntrəst, 'ɪntrɪst] **1.** *n.* **a)** *(concern, curiosity)* Interesse, *das;* Anliegen, *das;* **take** *or* **have an ~ in sb./sth.** sich für jmdn./etw. interessieren; **show/develop a [lively] ~ in sb./sth.** [lebhaftes] Interesse an jmdm./etw. zeigen/entwickeln; **take** *or* **have/show no further ~ in sb./sth.** das Interesse an jmdm./etw. verloren haben/kein Interesse mehr an jmdm./etw. zeigen; **[just] for** *or* **out of ~:** [nur] interessehalber; **be ~ed** *(see also e);* **lose ~ in sb./sth.** das Interesse an jmdm./etw. verlieren; **~ in life/food Lust am Leben/Essen; b)** *(quality of sth.)* Interesse, *das;* Bedeutung, *die;* **this has no great ~ for me** das ist nicht sehr wichtig für mich; **be of ~:** interessant *od.* von Interesse sein (**to** für); **this is of no ~ to me** das ist belanglos für mich; **c)** *(advantage, profit)* Interesse, *das;* **act in one's own/sb.'s ~ [s]** im eigenen/in jmds. Interesse handeln; **it is in your ~ to go** es liegt in deinem Interesse zu gehen; **in the ~[s] of humanity** zum Wohle der Menschheit; **d)** *(thing in which one is concerned)* Angelegenheit, *die;* Belange *Pl.;* **have a wide range of ~s;** **e)** *(Finance)* Zinsen *Pl.;* **rate of ~, ~ rate** Zinssatz, *der;* **on one's capital** Zinsen auf sein Kapital; **~ on a mortgage** Hypothekenzinsen *Pl.;* **at ~:** gegen *od.* auf Zinsen; **at 6 % ~:** zu 6 % Zinsen; **with ~** *(fig.: with increased force etc.)* überreichlich; doppelt und dreifach *(ugs.) (see also* **a); give back** *or* **return blows with ~** *(fig.)* Schläge mit doppelter Härte zurückgeben; **f)** *(financial stake)* Beteiligung, *die;* Anteil, *der;* **have [financial] ~s all over the world** an Firmen *od.* Unternehmungen in der ganzen Welt finanziell beteiligt sein; **American ~s in the Caribbean** amerikanische Interessen in der Karibik; **declare an ~:** seine Interessen darlegen; **g)** *(legal concern)* [Rechts]anspruch, *der;* **h)** *(party having common interest)* Interessengruppe, *die;* **banking ~s** Bankkreise *Pl.;* die Banken; **business ~s** die Großindustrie. *See also* **compound interest; simple interest;** **vested. 2.** *v. t.* interessieren (**in** für); **be ~ed in sb./sth.** sich für jmdn./etw. interessieren; **~ oneself in ...:** sich für ... interessieren; **sb. is ~ed by sb./sth.** jmd./etw. interessiert jmds. Interesse; *see also* **interested**

interested ['ɪntrəstɪd, 'ɪntrɪstɪd] *adj.* **a)** *(taking or showing interest)* interessiert; **be ~ in music/football/sb.** sich für Musik/Fußball/jmdn. interessieren; **I shall be ~ to hear about your trip** ich bin gespannt darauf, von deiner Reise zu hören; **I should be ~ to know why ...:** es würde mich interessieren, warum ...; **be ~ in doing sth.** sich dafür interessieren, etw. zu tun; **he is ~ in buying a car** er würde gern ein Auto kaufen; **not ~ in his work** nicht an seiner Arbeit interessiert; **the ~ parties** die beteiligten Parteien; **he looked ~:** er zeigte sich interessiert; **b)** *(not impartial)* voreingenommen; eigennützig ⟨*Beweggründe*⟩; befangen ⟨*Zeuge*⟩

interest: ~-free *adj.,* unverzinslich; **~ group** *n.* Interessengruppe, *die*

interesting ['ɪntrəstɪŋ, 'ɪntrɪstɪŋ] *adj.* interessant

interestingly ['ɪntrəstɪŋlɪ, 'ɪntrɪstɪŋlɪ] *adv.* interessant; **~ [enough], ...:** interessanterweise ...

'interest rate *n.* Zinssatz, *der;* Zinsfuß, *der*

interface ['ɪntəfeɪs] *n.* **a)** *(surface)* Grenzfläche, *die;* **b)** *(place where interaction occurs)* Nahtstelle, *die;* Schnittstelle, *die; (fig.)* Verbindung, *die;* Kontakt, *der;* **c)** *(Computing)* Schnittstelle, *die*

interfacing ['ɪntəfeɪsɪŋ] *n. (Dressm.)* Einlage, *die*

interfere [ɪntə'fɪə(r)] *v. i.* **a)** *(meddle)* sich einmischen (**in** in + *Akk.*); **~ with sth.** an etw. *(Dat.)* zu schaffen machen; **b)** *(come into opposition)* in Konflikt geraten (**with** mit); **~ with sth.** etw. beeinträchtigen; **~ with sb.'s plans** Pläne durchkreuzen; **c)** *(Radio, Telev.)* stören (**with** *Akk.*); **d)** **~ with sb.** *(sexually)* jmdn. sexuell mißbrauchen; **e)** *(Phys.)* interferieren

interference [ɪntə'fɪərəns] *n.* **a)** *(interfering)* Einmischung, *die;* **b)** *(Radio, Telev.)* Störung, *die;* **~ suppressor** Siebkreis, *der;* Entstörgerät, *das;* **c)** *(sexual)* Notzucht, *die (veralt.);* Mißbrauch, *der;* **d)** *(Phys.)* Interferenz, *die*

interfering [ɪntə'fɪərɪŋ] *attrib. adj.* sich einmischend; **she is an ~ old busybody** sie mischt sich in alles und jedes ein

intergovernmental [ɪntəgʌvn'mentl] *adj.* zwischenstaatlich; **~ agreement/conference** Regierungsabkommen, *das* /-konferenz, *die;* **~ discussions** Gespräche auf Regierungsebene; **~ co-operation** internationale Zusammenarbeit

interim ['ɪntərɪm] **1.** *n.* **in the ~:** in der Zwischenzeit. **2.** *adj.* **a)** *(intervening)* dazwischenliegend; **the ~ period** die Zwischenzeit; **b)** *(temporary, provisional)* vorläufig ⟨*Vereinbarung, Bericht, Anordnung, Zustand, Maßnahme*⟩; Zwischen⟨*lösung, -abkommen, -kredit, -finanzierung, -zinsen*⟩; Übergangs⟨*regierung, -regelung, -hilfe*⟩

interim 'dividend *n. (Finance)* Abschlagsdividende, *die*

interior [ɪn'tɪərɪə(r)] 1. *adj.* a) inner...; Innen(*fläche, -einrichtung, -wand*); b) (*inland*) im Landesinneren befindlich; c) (*internal, domestic*) Inlands-; Binnen(*markt, -handel*); d) (*Cinemat.*) ~ shots/photography Innenaufnahmen *Pl.* 2. *n.* a) (*inland region*) [Landes]innere, *das;* b) (*~ part*) Innere, *das;* redecorate the ~ of the shop den Laden innen renovieren; c) (*[picture of] inside of building, room, etc.*) Innere, *das;* (*picture*) Interieur, *das;* (*Cinemat.*) Innenaufnahme, *die;* (*Theatre*) Szene eines Innenraumes; e) (*home affairs*) Department of the I~ (*US, Canada*), Ministry of the I~ (*France, Germany, etc.*) Innenministerium, *das;* Ministerium des Innern
interior: ~ **deco'ration** *n.* Raumgestaltung, *die;* ~ **'decorator** *n.* Raumgestalter, *der/*-gestalterin, *die;* ~ **de'sign** *n.* Innenarchitektur, *die;* ~ **de'signer** *n.* Innenarchitekt, *der/*-architektin, *die;* ~-**sprung** *adj.* (*Brit.*) ~-sprung mattress Federkernmatratze, *die*
interject [ɪntə'dʒekt] *v. t.* a) (*interpose*) einwerfen ⟨*Behauptung, Bemerkung, Frage*⟩; ~ **remarks** Einwürfe *od.* Zwischenbemerkungen machen; ..., he ~ed ..., rief er dazwischen; b) (*remark parenthetically*) einflechten; nebenbei bemerken
interjection [ɪntə'dʒekʃn] *n.* a) (*exclamation*) Ausruf, *der;* (*Ling.*) Interjektion, *die;* b) (*interposed remark*) Einwurf, *der;* Zwischenbemerkung, *die*
interlace [ɪntə'leɪs] *v. t.* a) (*bind together*) zusammenfügen; b) (*interweave*) [miteinander] verflechten; (*fig.*) [miteinander] verbinden; **cloth ~d with gold threads** mit Goldfäden durchwirktes Tuch; c) (*mingle*) [miteinander] kombinieren ⟨*zwei Muster*⟩; spicken ⟨*Rede, Schreiben*⟩ (**with** mit)
interlard [ɪntə'lɑːd] *v. t.* spicken (**with** mit); **be heavily ~ed with quotations** von Zitaten strotzen
interleave [ɪntə'liːv] *v. t.* (*Printing*) durchschießen (**with** mit); (*fig.*) abwechseln (**with** mit)
inter-library loan [ɪntəlaɪbrərɪ 'ləʊn] *n.* Fernleihe, *die;* **get a book on ~**: ein Buch über die Fernleihe bekommen
interlink [ɪntə'lɪŋk] *v. t.* miteinander verbinden
interlock [ɪntə'lɒk] 1. *v. i.* sich ineinanderhaken; ⟨*Teile eines Puzzles:*⟩ sich zusammenfügen. 2. *v. t.* a) (*lock together*) zusammenfügen; verflechten ⟨*Fasern*⟩; b) (*connect*) (*Railw.*) verriegeln; (*Cinemat.*) synchronisieren
interloper ['ɪntələʊpə(r)] *n.* Eindringling, *der*
interlude ['ɪntəluːd, 'ɪntəljuːd] *n.* a) (*Theatre: break*) Pause, *die;* b) (*occurring in break*) Zwischenspiel, *das;* Intermezzo, *das;* **musical ~**: musikalisches Zwischenspiel; c) (*intervening time*) kurze Phase *od.* Periode; **a few brief ~s of sleep** wenige kurze Schlafpausen; d) (*event interposed*) Intermezzo, *das*
intermarriage [ɪntə'mærɪdʒ] *n.* a) (*between groups*) Mischehen *Pl.;* b) (*within groups*) Heirat untereinander; (*between related persons*) Verwandtenehe, *die*
intermarry [ɪntə'mærɪ] *v. i.* a) (*between groups*) Mischehen schließen; b) (*within groups*) untereinander heiraten; (*between related persons*) Verwandtenehen schließen
intermediary [ɪntə'miːdɪərɪ] *n.* Vermittler, *der/*Vermittlerin, *die*
intermediate [ɪntə'miːdɪət] 1. *adj.* a) Zwischen-; ~ **level/point between ...**: Niveau/Punkt zwischen ...; b) (*Educ.*) Mittel⟨*stufe, -schule*⟩; ~ **education** ≈ Realschulausbildung, *die;* mittlere Reife; ~ **French** Französisch für fortgeschrittene Anfänger. 2. *n.* a) fortgeschrittener Anfänger; b) (*Chem.*) Zwischenprodukt, *das*

intermediate-range [ballistic] 'missile *n.* Mittelstreckenrakete, *die*
interment [ɪn'tɜːmənt] *n.* Bestattung, *die* (*geh.*); Beisetzung, *die* (*geh.*)
intermesh [ɪntə'meʃ] *v. i.* ⟨*Zahnräder:*⟩ ineinandergreifen; ⟨*Fäden, Garne:*⟩ sich ineinanderfügen
intermezzo [ɪntə'metsəʊ] *n., pl.* **intermezzi** [ɪntə'metsiː] *or* **~s** Intermezzo, *das*
interminable [ɪn'tɜːmɪnəbl] *adj.,* **interminably** [ɪn'tɜːmɪnəblɪ] *adv.* (*lit. or fig.*) endlos
intermingle [ɪntə'mɪŋgl] 1. *v. i.* sich vermischen; ⟨*Personen:*⟩ miteinander in Kontakt treten. 2. *v. t.* vermischen
intermission [ɪntə'mɪʃn] *n.* a) (*pause*) Unterbrechung, *die;* b) (*period of inactivity*) Pause, *die;* c) (*Amer.: interval in performance*) Pause, *die*
intermittent [ɪntə'mɪtənt] *adj.* in Abständen auftretend ⟨*Signal, Fehler, Geräusch*⟩; **be ~**: in Abständen auftreten; **there was ~ rain all day** es hat den ganzen Tag mit kurzen Unterbrechungen geregnet; ~ **fever** Wechselfieber, *das;* intermittierendes Fieber (*fachspr.*)
intermittently [ɪntə'mɪtəntlɪ] *adv.* in Abständen
intern 1. [ɪn'tɜːn] *v. t.* gefangenhalten; internieren ⟨*Kriegsgefangenen usw.*⟩. 2. ['ɪntɜːn] *n.* (*Amer.*) a) (*Med.*) Medizinalassistent, *der/*-assistentin, *die;* b) (*teacher*) Lehramtskandidat, *der/*-kandidatin, *die*
internal [ɪn'tɜːnl] *adj.* a) inner...; Innen⟨*winkel, -durchmesser, -fläche, -druck, -gewinde, -abmessungen*⟩; b) (*Physiol.*) inner... ⟨*Blutung, Sekretion, Verletzung*⟩; ~ **temperature** Innentemperatur, *die;* c) (*intrinsic*) inner... ⟨*Logik, Stimmigkeit*⟩; d) (*within country*) inner... ⟨*Angelegenheiten, Frieden, Probleme*⟩; Binnen⟨*handel, -markt*⟩; innenpolitisch ⟨*Angelegenheiten, Streitigkeiten, Probleme*⟩; (*within organization*) [betriebs-/parteilintern ⟨*Auseinandersetzung, Post, Praxis, Verfahren[sweise]*⟩; inner[betrieblich/-kirchlich/-gewerkschaftlich usw.] ⟨*Streitigkeiten*⟩; ~ **telephone** Haustelefon, *das;* e) (*Med.*) innerlich ⟨*Anwendung*⟩; f) (*of the mind*) inner... ⟨*Monolog, Bewegung, Regung, Widerstände, Groll*⟩; g) (*Univ.*) ordentlich ⟨*Student*⟩; ~ **examination** an der Universität, an der man immatrikuliert ist, abgelegte Prüfung
internal: ~ **'clock** *n.* innere Uhr; ~-**com'bustion engine** *n.* Verbrennungsmotor, *der;* ~ **'evidence** *n.* impliziter Beweis
internalize (internalise) [ɪn'tɜːnəlaɪz] *v. t.* (*Psych.*) verinnerlichen; internalisieren (*fachspr.*)
internally [ɪn'tɜːnəlɪ] *adv.* innerlich; (*within organization*) [partei-/betriebs]intern; **not to be taken ~**: nicht zum Einnehmen; nur zur äußerlichen Anwendung; **bleed ~**: innere Blutungen haben; ~ **inconsistent** in sich (*Dat.*) unstimmig
internal: ~ **'medicine** *n.* innere Medizin; ~ **'revenue** *n.* (*Amer.*) Steuereinnahmen *Pl.;* **I~ 'Revenue Service** *n.* (*Amer.*) ≈ Finanzamt, *das;* ~ **'rhyme** *n.* (*Pros.*) Binnenreim, *der*
international [ɪntə'næʃnl] 1. *adj.* international; **it was a very ~ gathering** das Treffen hatte ausgesprochen internationalen Charakter; ~ **travel** Auslandsreisen *Pl.;* ~ **team** (*Sport*) Nationalmannschaft, *die.* 2. *n.* a) (*Sport: contest*) Länderkampf, *der;* (*in team sports*) Länderspiel, *das;* b) (*Sport: participant*) Internationale, *der/die;* (*in team sports*) Nationalspieler, *der/*-spielerin, *die;* c) **I~** (*Polit.*) Internationale, *die*
international: ~ **call** *n.* (*Teleph.*) Auslandsgespräch, *das;* ~ **'code** *n.* (*Naut.*) internationales Signalbuch, *das;* **I~ Court of 'Justice** *n.* Internationaler Gerichtshof;

~ **date-line** *see* date-line; ~ **'driving licence** *or* **permit** *n.* internationaler Führerschein
internationalism [ɪntə'næʃnəlɪzm] *n.* Internationalismus, *der*
internationalize (internationalise) [ɪntə'næʃnəlaɪz] *v. t.* internationalisieren
international 'law *n.* Völkerrecht, *das*
internationally [ɪntə'næʃnəlɪ] *adv.* international
international: **I~ 'Monetary Fund** *n.* Internationaler Währungsfonds; ~ **re'ply coupon** *see* reply coupon; ~ **system of 'units** *n.* (*Phys.*) Internationales Einheitensystem
internecine [ɪntə'niːsaɪn] *adj.* (*mutually destructive*) Zur beide Seiten] vernichtend; (*bloody*) Vernichtungs⟨*krieg, -feldzug*⟩; (*internal*) intern ⟨*Streitigkeiten, Zwist*⟩
internee [ɪntɜː'niː] *n.* Internierte, *der/die*
internist [ɪn'tɜːnɪst] *n.* a) (*specialist*) Facharzt/-ärztin für innere Krankheiten; Internist, *der/*Internistin, *die;* b) (*Amer.: general practitioner*) praktischer Arzt/praktische Ärztin
internment [ɪn'tɜːnmənt] *n.* Internierung, *die;* ~ **camp** Internierungslager, *das*
interpersonal [ɪntə'pɜːsənl] *adj.* interpersonal; interpersonell
interplanetary [ɪntə'plænɪtərɪ] *adj.* (*Astron., Astronaut.*) interplanetar[isch] ⟨*Rakete, Raum, Raumfahrt*⟩
interplay ['ɪntəpleɪ] *n.* a) (*interaction*) Wechselwirkung, *die;* b) (*reciprocal action*) Zusammenspiel, *das*
Interpol ['ɪntəpɒl] *n.* Interpol, *die*
interpolate [ɪn'tɜːpəleɪt] *v. t.* a) (*interpose orally*) einwerfen ⟨*Satz, Bemerkung*⟩; (*in programme*) einschieben ⟨*Warnung usw.*⟩; b) (*introduce by insertion*) einfügen ⟨*Worte*⟩; c) (*Math.*) interpolieren
interpolation [ɪntɜːpə'leɪʃn] *n.* a) Einfügung, *die;* **his ~ of that remark** sein Einwurf; b) (*Math.*) Interpolation, *die*
interpose [ɪntə'pəʊz] 1. *v. t.* a) (*insert*) dazwischenfügen; ~ **sth. between sb./sth. and sb./sth.** etw. zwischen jmdn./etw. und jmdn./etw. bringen; b) (*say as interruption*) einwerfen ⟨*Frage, Bemerkung*⟩; c) (*exercise, advance*) ~ **one's veto** sein Veto einlegen; von seinem Veto[recht] Gebrauch machen; ~ **one's authority** seinen Einfluß geltend machen; ~ **an objection** einen Einwand vorbringen; Einspruch erheben (*Rechtsw.*). 2. *v. i.* a) (*intervene*) ~ **on sb.'s side** *or* **behalf** sich für jmdn. einsetzen; ~ **in sth.** in etw. (*Akk.*) [vermittelnd] eingreifen; b) (*make an interruption*) [kurz] unterbrechen
interpret [ɪn'tɜːprɪt] 1. *v. t.* a) interpretieren; deuten ⟨*Traum, Zeichen*⟩; auslegen ⟨*Heilige Schrift*⟩; b) (*between languages*) dolmetschen; c) (*decipher*) entziffern ⟨*Schrift, Inschrift*⟩. 2. *v. i.* dolmetschen
interpretation [ɪntɜːprɪ'teɪʃn] *n.* a) Interpretation, *die;* (*of dream, symptoms*) Deutung, *die;* (*of biblical passage*) Auslegung, *die;* b) (*deciphering*) Entzifferung, *die*
interpretative [ɪn'tɜːprɪtətɪv] *adj.* erläuternd ⟨*Artikel, Aufsatz*⟩; interpretativ ⟨*Kraft, Talent*⟩; interpretierend ⟨*Künstler*⟩
interpreter [ɪn'tɜːprɪtə(r)] *n.* a) (*between languages*) Dolmetscher, *der/*Dolmetscherin, *die;* b) (*of dreams, hieroglyphics*) Deuter, *der;* c) (*performer on stage etc.*) Interpret, *der/*Interpretin, *die*
interpretive [ɪn'tɜːprɪtɪv] *see* **interpretative**
interregnum [ɪntə'regnəm] *n., pl.* **~s** *or* **interregna** [ɪntə'regnə] a) (*period*) Zwischenregierung, *die;* Interregnum, *das* (*Politik*); b) (*interval*) Unterbrechung, *die*
interrelated [ɪntərɪ'leɪtɪd] *adj.* zusammenhängend ⟨*Tatsachen, Ereignisse, Themen*⟩; verwandt ⟨*Sprachen, Fachgebiete*⟩; **be ~**: zusammenhängen/verwandt sein

interrelation [ɪntərɪ'leɪʃn] *n.* Wechselbeziehung, *die;* (between events) Zusammenhang, *der*
interrogate [ɪn'terəgeɪt] *v. t.* vernehmen ⟨*Zeugen, Angeklagten*⟩; verhören ⟨*Angeklagten, Verdächtigen, Spion, Gefangenen*⟩; ausfragen ⟨*Freund, Kind, Schüler usw.*⟩
interrogation [ɪnterə'geɪʃn] *n.* (*interrogating*) Verhör, *das; attrib.* Verhör-; **under ~:** beim Verhör; **be under ~:** verhört werden
interrogative [ɪntə'rɒgətɪv] *adj.* **a)** *(having question form)* Frage-; fragend ⟨*Tonfall*⟩; **b)** *(inquiring)* fragend ⟨*Ton, Blick*⟩; **c)** *(Ling.)* Interrogativ⟨*pronomen, -adverb, -form*⟩
interrogator [ɪn'terəgeɪtə(r)] *n.* Vernehmer, *der*
interrupt [ɪntə'rʌpt] **1.** *v. t.* unterbrechen; **~ sb.'s sleep** jmds. Schlaf stören; **don't ~ me when I'm busy** stör mich nicht, wenn ich zu tun habe; **~ sb.'s view** jmdm. die Sicht versperren. **2.** *v. i.* stören; unterbrechen; **stop ~ing!** stör *od.* unterbrich nicht dauernd!
interruption [ɪntə'rʌpʃn] *n. (of work etc.)* Unterbrechung, *die;* Störung, *die; (of peace, sleep)* Störung, *die; (of services)* [zeitweiliger] Ausfall, *die;* **without ~:** ohne Unterbrechung; ununterbrochen
intersect [ɪntə'sekt] **1.** *v. t.* **a)** ⟨*Kanäle, Schluchten, [Quarz]adern:*⟩ durchziehen ⟨*Land, Boden*⟩; **streets ~ing each other** einander kreuzende Straßen; **b)** *(Geom.)* schneiden; **~ each other** sich schneiden. **2.** *v. i.* **a)** ⟨*Straßen:*⟩ sich kreuzen; **b)** *(Geom.)* sich schneiden
intersection [ɪntə'sekʃn] *n.* **a)** *(intersecting; road etc. junction)* Kreuzung, *die;* **b)** *(Geom.) [point of]* ~: Schnittpunkt, *der;* **c)** *(Logic, Math.)* Schnittmenge, *die*
intersperse [ɪntə'spɜːs] *v. t.* **a)** *(scatter)* [hier und da] einfügen; **b) be ~d with** durchsetzt sein mit; ⟨*Erzählung, Arbeit, Routine:*⟩ unterbrochen werden durch ⟨*Pausen, Ruhe, Aufregungen*⟩
interstate ['ɪntəsteɪt] *adj.* (Amer.) zwischen den [Bundes]staaten *nachgestellt;* zwischenstaatlich; **~ highway** Fernstraße *(die durch mehrere Bundesstaaten führt)*
interstellar [ɪntə'stelə(r)] *adj.* interstellar ⟨*Materie, Staub, Raum*⟩; **~ travel** [Welt-]raumfahrt, *die*
interstice [ɪn'tɜːstɪs] *n. (intervening space)* Zwischenraum, *der; (of net)* Masche, *die; (between panels etc.)* Fuge, *die*
intertribal [ɪntə'traɪbl] *adj. (Krieg, Streitigkeiten usw.)* zwischen verschiedenen Stämmen
intertwine [ɪntə'twaɪn] **1.** *v. t.* flechten (**in** in + *Akk.*); **he ~d his fingers with hers** er schlang *od.* flocht seine Finger zwischen ihre *od.* die ihren *(geh.).* **2.** *v. i.* sich [ineinander] verschlingen
interval ['ɪntəvl] *n.* **a)** *(intervening space)* Zwischenraum, *die; (intervening time)* [Zeit]abstand, *der;* **at ~s** in Abständen; **at 20-minute ~s** in Abständen von 20 Minuten; **at frequent** *or* **short/wide ~s** in kurzen/weiten Abständen; **at ~s along the road/river** hier und da an der Straße/am Flußufer; **after an ~ of three years** nach [Ablauf von] drei Jahren; **b)** *(break; also Brit. Theatre etc.)* Pause, *die;* **an ~ of silence** eine Schweige- *od.* Gedenkminute; **an ~ in the shooting** eine Unterbrechung der Schießereien; **sunny or bright ~s** *(Meteorol.)* Aufheiterungen *Pl.;* ~ **music** Pausenmusik, *die;* **c)** *(period)* Pause, *die;* ~**s of sanity** lichte Momente; **d)** *(Mus.)* Intervall, *das;* **perfect ~:** reines Intervall
'interval signal *n. (Broadcasting)* Pausenzeichen, *das*
intervene [ɪntə'viːn] *v. i.* **a)** [vermittelnd] eingreifen (**in** in + *Akk.*); *(come between persons)* vermitteln (**between** zwischen + *Dat.*); **if nothing ~s** wenn nichts dazwischenkommt; **if fate had not ~d** wenn das Schicksal nicht eingegriffen hätte; **b)** *(occur)* **the years that ~d, the intervening years** die dazwischenliegenden Jahre; **c)** *(Law)* ~ **in** eintreten in (+ *Akk.*) ⟨*Vertrag usw.*⟩; beitreten (+ *Dat.*) ⟨*Verfahren*⟩
intervention [ɪntə'venʃn] *n.* Eingreifen, *das;* Intervention, *die (bes. Politik);* **surgical ~:** chirurgischer Eingriff; **at my ~:** auf mein Eingreifen/meine Intervention [hin]; **I~ Board** ≈ Interventionsstelle, *die*
interventionist [ɪntə'venʃənɪst] **1.** *n.* Interventionist, *der.* **2.** *adj.* interventionistisch
interview ['ɪntəvjuː] **1.** *n.* **a)** *(for job etc.)* Vorstellungsgespräch, *das;* **b)** *(Journ., Radio, Telev.)* Interview, *das;* **c)** *(discussion)* Gespräch, *das;* Unterredung, *die.* **2.** *v. t.* Vorstellungsgespräch[e] führen mit ⟨*Stellen-, Studienbewerber*⟩; interviewen ⟨*Politiker, Filmstar, Konsumenten usw.*⟩; vernehmen ⟨*Zeugen*⟩
interviewee [ɪntəvju'iː] *n. (for opinion poll)* Befragte, *der/die; (candidate, applicant)* [Stellen-, Studien]bewerber, *der/*-bewerberin, *die; (politician, celebrity, etc.)* Interviewpartner, *der/*-partnerin, *die;* Interviewte, *der/die*
interviewer ['ɪntəvjuːə(r)] *n. (reporter, pollster, etc.)* Interviewer, *der/*Interviewerin, *die; (for job etc.)* Leiter/Leiterin des Vorstellungsgesprächs
inter-war ['ɪntəwɔː(r)] *attrib. adj.* ⟨*Zeit, Jahre*⟩ zwischen den [Welt]kriegen
interweave [ɪntə'wiːv] *v. t.,* **interwove** [ɪntə'wəʊv], **interwoven** [ɪntə'wəʊvn] [miteinander] verweben ⟨*Fäden, Wolle, Seide usw.*⟩; [miteinander] verflechten ⟨*Zweige, Bänder*⟩; **our lives are interwoven** unsere Lebenswege sind miteinander verschlungen
intestacy [ɪn'testəsɪ] *n.* Sterben ohne Hinterlassung eines Testaments
intestate [ɪn'testət] *adj.* Intestat⟨*erbe, -erbfolge, -nachlaß*⟩; **die ~:** ohne Hinterlassung eines Testaments sterben
intestinal [ɪn'testɪnl] *adj. (Med.)* Darm-; intestinal *(fachspr.)*
intestine [ɪn'testɪn] *n. in sing. or pl. (Anat.)* Darm, *der;* Gedärme *Pl.;* **large/small ~:** Dick-/Dünndarm, *der*
intimacy ['ɪntɪməsɪ] *n.* **a)** *(state)* Vertrautheit, *die; (close personal relationship)* enges [Freundschafts]verhältnis, *die;* **b)** *(euphem.: sexual intercourse)* Intimität, *die;* ~ **took place** es kam zu Intimitäten; **c)** *in pl. (caresses)* Intimitäten; Vertraulichkeiten
intimate[1]. ['ɪntɪmət] *adj.* **a)** *(close, closely acquainted)* eng ⟨*Freund, Freundschaft, Beziehung, Verhältnis*⟩; vertraulich ⟨*Ton*⟩; **be on ~ terms with sb.** zu jmdm. ein enges *od.* vertrautes Verhältnis haben; **b)** *(euphem.: having sexual intercourse)* intim ⟨*Beziehungen*⟩; **be/become ~ with sb.** mit jmdm. intim sein/werden; **c)** *(from close familiarity)* ~ **knowledge of sth.** genaue *od.* intime Kenntnis einer Sache; ~ **acquaintance with sth.** enge Vertrautheit mit etw.; **d)** *(closely personal)* persönlich ⟨*Problem*⟩; privat ⟨*Angelegenheit, Gefühl, Dinge*⟩; geheim ⟨*Gedanken*⟩; *(euphem.)* Intim⟨*bereich, -spray*⟩; **e)** innig ⟨*Verbindung, Verschmelzung, Zusammenhang*⟩; **f)** intim ⟨*Tagebuch, Brief, Darstellung, Raum, Theater, Restaurant, Musik, Feier, Treffen*⟩; **the party was a small, ~ affair** die Feier fand im intimsten Kreis statt. **2.** *n. (close friend)* Vertraute, *der/die.* **3.** ['ɪntɪmeɪt] *v. t.* **a)** *(make known)* ~ **sth.** [**to sb.**]**/**[**to sb.**] **that ...** *(make known)* [jmdm.] mitteilen, daß ...; *(show clearly)* [jmdm.] etw. deutlich machen *od.* zu verstehen geben/[jmdm.] zu verstehen geben, daß ...; **b)** *(imply)* andeuten
intimately ['ɪntɪmətlɪ] *adv.* genau[estens] ⟨*kennen*⟩; bestens ⟨*vertraut*⟩; gründlich ⟨*vermischen*⟩; eng ⟨*verbinden*⟩; **he is ~ involved in the planning of the project** er ist an der Planung des Projekts maßgeblich beteiligt; **we know each other, but not ~:** wir kennen uns, aber nicht genau
intimation [ɪntɪ'meɪʃn] *n.* **a)** Mitteilung, *die; (of sb.'s death etc.)* Anzeige, *die;* **give an ~:** eine Mitteilung machen; **b)** *(hint)* Andeutung, *die; (of trouble, anger, pain)* Anzeichen, *das;* **give ~s** Andeutungen machen
intimidate [ɪn'tɪmɪdeɪt] *v. t.* einschüchtern; ~ **sb. into doing sth.** jmdn. einschüchtern *od.* unter Druck setzen, damit er etw. tut; **use intimidating behaviour** zum Mittel der Einschüchterung greifen
intimidation [ɪntɪmɪ'deɪʃn] *n.* Einschüchterung, *die*
into [*before vowel* 'ɪntʊ, *before consonant* 'ɪntə] *prep.* **a)** *expr.* motion or direction in (+ *Akk.*); *(against)* gegen; **I went out ~ the street** ich ging auf die Straße hinaus; **they disappeared ~ the night** sie verschwanden in die Nacht hinein; **you don't have to go ~ London** *(coll.)* du brauchst nicht nach London rein *(ugs.);* **he was [straight] ~ the biscuit-tin** er machte sich über die Keksdose her; **baptized ~ the Catholic Church** katholisch getauft; **they were soon ~ their clothes and on deck** sie waren in kurzer Zeit angekleidet auf Deck; **4 [divided] ~ 20 = 5** 20 [geteilt] durch 4 = 5; **until well ~ this century** bis weit in unser Jahrhundert hinein; **it was 15 minutes ~ the second half before ...:** es war in der 15. Minute der zweiten Halbzeit ...; *b) expr.* change, result **translate sth. ~ English** etw. ins Englische übersetzen; **the book is ~ its third edition** das Buch liegt schon in dritter Auflage vor; **poke the fire ~ a blaze** das Feuer [durch Schüren] zum Auflodern bringen; **c)** *(coll.)* **be ~ sth./sb.** *(interested in)* auf etw./jmdn. stehen *(ugs.);* auf etw./jmdn. abfahren *(salopp);* **be ~ sth.** *(knowledgeable about)* mit etw. vertraut sein; **he's heavily ~ meditation** er ist völlig auf Meditation abgefahren *(salopp)*
intolerable [ɪn'tɒlərəbl] *adj.* unerträglich; **it's ~:** es ist nicht auszuhalten; **an ~ place to live in** ein Ort, an dem das Leben unerträglich ist
intolerably [ɪn'tɒlərəblɪ] *adv.* unerträglich
intolerance [ɪn'tɒlərəns] *n., no pl.* Intoleranz, *die;* Unduldsamkeit, *die (of gegenüber); (Med.)* [Über]empfindlichkeit, *die* **(to, of** gegen**)**
intolerant [ɪn'tɒlərənt] *adj.* intolerant, unduldsam **(of** gegenüber**)**
intonation [ɪntə'neɪʃn] *n. (modulation)* Intonation, *die (Sprachw.);* Sprachmelodie, *die;* **speak with a Russian ~:** in russischem Tonfall sprechen
intone [ɪn'təʊn] *v. t.* intonieren; psalmodieren *(Rel.)*
intoxicant [ɪn'tɒksɪkənt] **1.** *n.* Rauschmittel, *das.* **2.** *adj.* berauschend
intoxicate [ɪn'tɒksɪkeɪt] *v. t.* **a)** *(make drunk)* betrunken machen; **be/become ~d** betrunken sein/werden; **b)** *(excite)* berauschen; **be ~d by/with sth.** durch/von etw. berauscht sein
intoxicating [ɪn'tɒksɪkeɪtɪŋ] *adj.* berauschend ⟨*Wirkung, Schönheit*⟩; mitreißend ⟨*Worte, Rhythmus*⟩; ~ **liquors** alkoholische Getränke
intoxication [ɪntɒksɪ'keɪʃn] *n.* **a)** Rausch, *der;* **in a state of ~:** in betrunkenem Zustand; im Rausch; **b)** *(excitement)* Hochgefühl, *das;* Euphorie, *die (geh.)*
intra- [ɪntrə] *pref. meist-;* ~ *(mit Fremdwörtern meist)* intra-
intractable [ɪn'træktəbl] *adj.* widerspenstig ⟨*Verhalten, Kind, Tier*⟩; aufrührerisch ⟨*[Menschen]menge, -masse*⟩; unbeugsam ⟨*Wille*⟩; hartnäckig ⟨*Krankheit, Schmerzen, Problem*⟩
intra'mural *adj. (Univ.)* innerhalb der Universität; inneruniversitär
intra'muscular *adj. (Med.)* intramuskulär
intransigence [ɪn'trænsɪdʒəns, ɪn'trænzɪ-

intransigent

dʒəns] *n., no pl. see* **intransigent**: Kompromißlosigkeit, die; Unnachgiebigkeit, die; Intransigenz, die (geh.); Unerschütterlichkeit, die

intransigent [ɪnˈtrænsɪdʒənt, ɪnˈtrænzɪdʒənt] **1.** *adj.* kompromißlos, unnachgiebig, (geh.) intransigent ⟨Haltung, Einstellung⟩; unerschütterlich ⟨Wille, Grundsätze, Glaube⟩. **2.** *n. (in politics)* Radikale, der/die

intransitive [ɪnˈtrænsɪtɪv, ɪnˈtrɑːnsɪtɪv] *adj.*, **intransitively** [ɪnˈtrænsɪtɪvlɪ, ɪnˈtrɑːnsɪtɪvlɪ] *adv.* intransitiv

intra-'uterine [ɪntrəˈjuːtəraɪn] *adj. (Med.)* intrauterin; ~ **[contraceptive] device** Intrauterinpessar, das

intra'venous *adj. (Med.)* intravenös

'in-tray *n.* Ablage für Eingänge

intrepid [ɪnˈtrepɪd] *adj.*, **intrepidly** [ɪnˈtrepɪdlɪ] *adv.* unerschrocken

intricacy [ˈɪntrɪkəsɪ] *n.* **a)** *no pl. (quality)* Kompliziertheit, die; **increase the ~ of sth.** etw. [noch] komplizierter machen; **b)** *in pl. (things)* Feinheiten *Pl.*

intricate [ˈɪntrɪkət] *adj.* verschlungen ⟨Pfad, Windung⟩; kompliziert ⟨System, Muster, Fabel, Werkstück, Maschinenteil, Aufgabe⟩; *(obscure)* schwer verständlich

intricately [ˈɪntrɪkətlɪ] *adv.* kompliziert; **an ~ designed pattern** ein kompliziertes Muster

intrigue [ɪnˈtriːg] **1.** *v. t.* faszinieren; **I'm ~d to find out what ...**: ich bin gespannt darauf, zu erfahren, was ... **2.** *v. i.* ~ **against sb.** gegen jmdn. intrigieren; ~ **with sb.** mit jmdm. Ränke schmieden *od.* Intrigen spinnen. **3.** [ɪnˈtriːg, ˈɪntriːg] *n.* Intrige, die; ~s Machenschaften *Pl. (abwertend)*

intriguer [ɪnˈtriːgə(r)] *n.* Intrigant, der/Intrigantin, die

intriguing [ɪnˈtriːgɪŋ] *adj.*, **intriguingly** [ɪnˈtriːgɪŋlɪ] *adv.* faszinierend

intrinsic [ɪnˈtrɪnsɪk, ɪnˈtrɪnzɪk] *adj. (inherent)* innewohnend; inner... ⟨Verdorbenheit, Aufbau, Logik⟩; immanent (geh.); *(essential)* wesentlich (Philos.) essentiell ⟨Eigenschaft, Bestandteil, Mangel⟩; **be ~ in or to a thing** wesentliches Merkmal einer Sache sein; ~ **value** innerer Wert; *(of sth. concrete)* Eigenwert, der

intrinsically [ɪnˈtrɪnsɪkəlɪ, ɪnˈtrɪnzɪkəlɪ] *adv.* im wesentlichen; *(Philos.)* essentiell

intro [ˈɪntrəʊ] *n., pl.* ~**s** *(coll.) (presentation)* Vorstellung, die; *(Mus.)* Einleitung, die; Intro, das *(fachspr.)*

introduce [ɪntrəˈdjuːs] *v. t.* **a)** *(bring in)* [erstmals] einführen ⟨Ware, Tier, Pflanze⟩ (**into** in + *Akk.*, **from ... into** von ... nach); einleiten ⟨Maßnahmen⟩; einflechten ⟨Episoden in Roman⟩; einschleppen ⟨Krankheit⟩; ~ **irrelevancies into the discussion** Unwesentliches in die Diskussion bringen; **b)** einführen ⟨Katheter, Schlauch⟩ (**into** in + *Akk.*); stecken ⟨Schlüssel, Draht, Rohr, Schlauch⟩ (**into** in + *Akk.*); ~ **sth. into the flame** etw. der Flamme aussetzen; **c)** *(bring into use)* einführen ⟨Neuerung, Verfahren, Brauch, Mode, Kalender, Nomenklatur⟩; aufbringen ⟨Gerücht, Schlagwort, Mode⟩; **d)** *(make known)* vorstellen; einführen ⟨Vortragenden⟩; **oneself/sb. [to sb.] sich/jmdn.** [jmdm.] vorstellen; **I ~d them to each other** ich machte sie miteinander bekannt *od.* stellte sie einander vor; **I don't think we've been ~d** ich glaube, wir kennen uns noch nicht; ~ **sb. to a hobby/to drugs** jmdn. in ein Hobby einführen/mit Drogen bekannt machen; **e)** *(usher in, begin, precede)* einleiten ⟨Buch, Thema, Musikstück, Epoche⟩; **f)** *(present)* ankündigen ⟨Programm, Darsteller⟩; **g)** *(Parl.)* einbringen ⟨Antrag, Entwurf, Gesetz⟩; einleiten ⟨Reform⟩

introduction [ɪntrəˈdʌkʃn] *n.* **a)** *(of means, measures, process, machinery)* Einführen, das; Einführung, die *(of rules)* Aufstellung, die; *(of fashion)* Aufbringen,

das; **b)** *(of tube, catheter)* Einführen, das; **c)** **an ~ to London night-life** eine Einführung ins Londoner Nachtleben; ~ **to heroin** erste Bekanntschaft mit Heroin; **d)** *(formal presentation)* Vorstellung, die; *(into society)* Einführung, die; *(of reform)* Einleitung, die; *(of parliamentary bill)* Einbringen, das; **X needs no ~ from me** ich brauche X nicht vorzustellen; **do the ~s** die Anwesenden miteinander bekannt machen; **letter of ~**: Empfehlungsschreiben, das; **e)** *(preliminary matter)* Einführung, die; Introduktion, die *(Musik);* **f)** *(introductory treatise)* Einführung, die (**to** in + *Akk.*); Leitfaden, der (**to** *Gen.*); **g)** *(thing introduced)* Einführung, das; *(exotic plant or animal)* Eingebürgerte, der/die/das; **mechanized sowing was a later ~**: [die] maschinelle Aussaat wurde [erst] später eingeführt

introductory [ɪntrəˈdʌktərɪ] *adj.* einleitend; Einführungs⟨kurs, -vortrag⟩; Einleitungs⟨kapitel, -rede⟩

introspection [ɪntrəˈspekʃn] *n.* Selbstbeobachtung, die; Introspektion, die *(geh., Psych.)*

introspective [ɪntrəˈspektɪv] *adj.* in sich *(Akk.)* gerichtet; verinnerlicht; introspektiv *(geh., Psych.)*

introvert **1.** [ˈɪntrəvɜːt] *n.* Introvertierte, der/die; introvertierter Mensch; **be an ~**: introvertiert sein. **2.** *adj.* introvertiert; **have ~ tendencies** zur Introvertiertheit neigen

introverted [ɪntrəˈvɜːtɪd] *adj.* introvertiert

intrude [ɪnˈtruːd] **1.** *v. i.* stören; ~ **[up]on sb.'s grief/leisure time/privacy** jmds. in seiner Trauer stören/ jmds. Freizeit beanspruchen/in jmds. Privatsphäre *(Akk.)* eindringen; ~ **[up]on sb.'s time** jmds. Zeit in Anspruch nehmen; ~ **in[to] sb.'s affairs/conversation** sich in jmds. Angelegenheiten/ Unterhaltung *(Akk.)* einmischen. **2.** *v. t.* aufdrängen (**into**, **[up]on** *Dat.*); **the idea or thought ~d itself into my mind** der Gedanke drängte sich mir auf; ~ **oneself or one's presence upon sb.** sich jmdm. aufdrängen

intruder [ɪnˈtruːdə(r)] *n.* Eindringling, der; *(Mil.)* Intruder, der

intrusion [ɪnˈtruːʒn] *n.* **a)** *(intruding)* Störung, die; **a ~/numerous ~s upon or into sb.'s privacy** ein/wiederholtes Eindringen in jmds. Privatsphäre *(Akk.);* ~ **on sb.'s leisure time** Inanspruchnahme von jmds. Freizeit; **b)** *(into building, country, etc.)* [gewaltsames] Eindringen, das; *(Mil.)* Einmarsch, der (**into** in + *Akk.*); **c)** *(forcing oneself in)* Einmischung, die (**upon** in + *Akk.*); **d)** *(Geol.)* Intrusion, die

intrusive [ɪnˈtruːsɪv] *adj.* **a)** aufdringlich ⟨Person⟩; aggressiv ⟨Bemerkung, Kultur, Journalismus⟩; **b)** *(Phonet.)* intrusiv; **c)** *(Geol.)* ~ **rock** Intrusivgestein, das

intuition [ɪntjuːˈɪʃn] *n.* Intuition, die; **know sth. by ~**: etw. intuitiv wissen; **have an ~ that ...**: eine Eingebung haben *od.* intuitiv spüren, daß ...

intuitive [ɪnˈtjuːɪtɪv] *adj.* intuitiv; gefühlsmäßig ⟨Ablehnung, Beurteilung⟩; instinktiv ⟨Annahme, Gefühl⟩

intuitively [ɪnˈtjuːɪtɪvlɪ] *adv.* intuitiv; gefühlsmäßig

inundate [ˈɪnʌndeɪt] *v. t.* überschwemmen; ⟨*Meer:*⟩ überfluten; *(fig.) (with inquiries, letters, complaints, goods, information)* überschwemmen; *(with work, praise, advice)* überhäufen; **we've been ~d with letters** eine Flut von Zuschriften ist bei uns eingegangen

inundation [ɪnənˈdeɪʃn] *n.* Überschwemmung, die; *(by the sea)* Überflutung, die; *(fig.)* Flut, die

inure [ɪˈnjʊə(r)] *v. t.* gewöhnen (**to** an + *Akk.*); *(toughen)* abhärten (**to** gegen); **become ~d to/~ oneself to sth.** sich an etw. *(Akk.)* gewöhnen

in vacuo [ɪn ˈvækjʊəʊ] *adv. (fig.)* im luftleeren Raum; *(lit.)* in einem Vakuum

invade [ɪnˈveɪd] *v. t.* **a)** einfallen in ⟨Gebiet, Staat⟩; **Poland was ~d by the Germans** die Deutschen marschierten in Polen *(Akk.)* ein; **b)** *(swarm into)* ⟨*Touristen, Kinder:*⟩ überschwemmen ⟨Land, Strand, Schwimmbad⟩; **c)** *(fig.)* ⟨*unangenehmes Gefühl, Krankheit, Schwäche:*⟩ befallen ⟨Personen, Gewebe, Körper⟩; ⟨*Krankheit, Seuche, Unwetter:*⟩ heimsuchen ⟨Person, Stadt, Gebiet⟩; ⟨*Glücksgefühl, Geruch:*⟩ überströmen ⟨Person, Raum⟩; ⟨*Thema, Vorstellung:*⟩ Eingang finden in (+ *Akk.*) ⟨Literatur, Sprache⟩; **d)** *(encroach upon)* verletzen ⟨Rechte⟩; stören ⟨Ruhe, Frieden⟩; eindringen in (+ *Akk.*) ⟨Haus, Bereich, Privatsphäre⟩

invader [ɪnˈveɪdə(r)] *n. (hostile)* Angreifer, der; Invasor, der *(bes. Milit.); (intruder)* Eindringling, der (**of** in + *Akk.*)

¹invalid 1. [ˈɪnvəlɪd] *n. (Brit.)* Kranke, der/die; *(disabled person)* Körperbehinderte, der/die; *(from war injuries)* Kriegsinvalide der/-invalidin, die. **2.** *adj. (Brit.)* körperbehindert; *(from war injuries)* kriegsbeschädigt; kriegsinvalide. **3.** [ˈɪnvəliː, ɪnvəˈliːd] *v. t.* ~ **home** *or* **out** als dienstuntauglich entlassen; ~ **out of the army** wegen Dienstuntauglichkeit aus der Armee entlassen

²invalid [ɪnˈvælɪd] *adj.* nicht schlüssig ⟨Argument, Behauptung, Folgerung, Theorie⟩; nicht zulässig ⟨Annahme⟩; ungerechtfertigt ⟨Forderung, Vorwurf⟩; nichtig ⟨Entschuldigung⟩; ungültig ⟨Fahrkarte, Garantie, Vertrag, Testament, Ehe⟩

invalidate [ɪnˈvælɪdeɪt] *v. t.* aufheben; widerlegen ⟨Theorie, These, Behauptung⟩

invalid [ˈɪnvəlɪd]: ~ **carriage** *n.* Kranken[fahr]stuhl, der; ~ **chair** *n.* Rollstuhl, der; ~ **diet** *n.* Krankenkost, die

invalidity [ɪnvəˈlɪdɪtɪ] *n., no pl. see* **²invalid**: mangelnde Schlüssigkeit; Unzulässigkeit, die; Ungerechtigkeit, die; Nichtigkeit, die; Ungültigkeit, die

invalidly [ɪnˈvælɪdlɪ] *adv.* nicht ordnungsgemäß

invaluable [ɪnˈvæljʊəbl] *adj.* unbezahlbar; unersetzlich ⟨Mitarbeiter, Person⟩; unschätzbar ⟨Dienst, Verdienst, Hilfe, Bedeutung⟩; außerordentlich wichtig ⟨Rolle, Funktion⟩; außerordentlich wertvoll ⟨Rat[schlag]⟩; **be ~ to sb.** für jmdn. von unschätzbarem Wert sein

invariable [ɪnˈveərɪəbl] *adj.* **a)** *(fixed)* unveränderlich ⟨Wert, Einheit⟩; **b)** *(always the same)* [stets] gleichbleibend ⟨Druck, Temperatur, Höflichkeit, gute Laune⟩; ständig ⟨Pech⟩

invariably [ɪnˈveərɪəblɪ] *adv.* immer; ausnahmslos ⟨falsch, richtig⟩; **it's ~ wet when I am on holiday** wenn ich Urlaub habe, regnet es garantiert

invasion [ɪnˈveɪʒn] *n.* **a)** *(of troops, virus, locusts)* Invasion, die; *(of weeds etc.)* massenweise Ausbreitung; *(intrusion)* [überfallartiges] Eindringen (**of** in + *Akk.*); **the ~ of Belgium by German troops** der Einmarsch deutscher Truppen in Belgien; **the Viking ~ of Britain** der Einfall der Wikinger in Britannien; **b)** *(encroachment) see* **invade**: Verletzung, die; Störung, die; Eindringen, das

invective [ɪnˈvektɪv] *n.* **a)** *(abusive language)* Beschimpfungen *Pl.*; **b)** *(violent attack in words)* Schmähung, die; Invektive, die *(geh.)*

inveigh [ɪnˈveɪ] *v. i.* ~ **against sb./sth.** über jmdn./etw. schimpfen *od.* sich empören; ~ **against fate/the elements** gegen das Schicksal/die Elemente aufbegehren

inveigle [ɪnˈviːgl, ɪnˈveɪgl] *v. t.* **a)** *(entice)* ~ **sb. into sth./doing sth.** jmdn. zu etw. verleiten/dazu verleiten, etw. zu tun; ~ **sb. into the house** jmdn. ins Haus locken; **b)** *(cajole)*

invent

~ **sb. into doing sth.** jmdn. überreden *od. (ugs.)* beschwatzen, etw. zu tun
invent [ɪn'vent] *v. t.* **a)** *(create)* erfinden ⟨*Maschine, Verfahren, Spiel*⟩; ersinnen ⟨*Melodie*⟩; entwickeln ⟨*Schrift*⟩; **b)** *(concoct)* erfinden; sich *(Dat.)* ausdenken
invention [ɪn'venʃn] *n.* **a)** *(thing invented, inventing)* Erfindung, *die;. (concept)* Idee, *die;* **it's a device of my own ~:** das habe ich mir selbst ausgedacht; **a story of his own ~:** eine von ihm [selbst] erfundene Geschichte; **b)** *(inventiveness)* Erfindungsgabe, *die;* [schöpferische] Phantasie; **c)** *(fictitious story)* Erfindung, *die;* Lüge, *die*
inventive [ɪn'ventɪv] *adj.* **a)** schöpferisch ⟨*Person, Kraft, Geist, Begabung*⟩; phantasievoll ⟨*Künstler, Kind*⟩; **b)** *(produced with originality)* originell; einfallsreich
inventiveness [ɪn'ventɪvnɪs] *n., no pl.* Erfindungsgabe, *die;* Kreativität, *die*
inventor [ɪn'ventə(r)] *n.* Erfinder, *der*/Erfinderin, *die*
inventory ['ɪnvəntərɪ] **1.** *n.* **a)** *(list)* Bestandsliste, *die;* **make** *or* **take an ~ of sth.** von etw. ein Inventar aufstellen; Inventur machen; **b)** *(stock)* Lagerbestand, *der;* **~** *(Amer.: trader's stock)* Warenbestand, *der*. **2.** *v. t.* **a)** *(make ~ of)* eine Bestandsliste *od.* ein Inventar aufstellen von; **b)** *(enter in ~)* inventarisieren
inverse [ɪn'vɜːs, 'ɪnvɜːs] **1.** *adj.* umgekehrt ⟨*Reihenfolge*⟩. **2.** *n. (opposite)* Gegenteil, *das; (inversion)* Umkehrung, *die*
inversely [ɪn'vɜːslɪ, 'ɪnvɜːslɪ] *adv.* umgekehrt
inverse: ~ **pro'portion** *n.* umgekehrtes Verhältnis; **be in ~ proportion to sth.** im umgekehrten Verhältnis zu etw. stehen; ~ **'ratio** *n.* umgekehrtes Verhältnis; ~ **'square law** *n. (Phys.)* [quadratisches] Abstandsgesetz
inversion [ɪn'vɜːʃn] *n.* **a)** *(turning upside down)* Umdrehen, *das;* **b)** *(reversal of role, relation)* Umkehrung, *die;* **c)** *(Ling., Meteorol., Mus.)* Inversion, *die*
invert [ɪn'vɜːt] *v. t.* **a)** *(turn upside down)* umstülpen; ~ **sth. over eth.** etw. über etw. *(Akk.)* stülpen; **b)** umkehren ⟨*Wortstellung*⟩; vertauschen ⟨*Wörter, Filmrollen usw.*⟩; **c)** *(Mus.)* umkehren
invertebrate [ɪn'vɜːtɪbrət, ɪn'vɜːtɪbreɪt] **1.** *adj. (Zool.)* wirbellos. **2.** *n.* wirbelloses Tier; Evertebrat, *der (fachspr.)*
inverted: ~ **'commas** *n. pl. (Brit.)* Anführungszeichen *Pl.;* Gänsefüßchen *Pl. (ugs.);* **in** ~ **commas** *(also iron.)* in Anführungszeichen; ~ **'pleat** *n.* Kellerfalte, *die;* ~ **'snob** *n.* Edelproletarier, *der (salopp);* ~ **'snobbery** *n.* Edelproletariertum, *das (salopp)*
invest [ɪn'vest] **1.** *v. t.* **a)** *(Finance)* anlegen (**in in** + *Dat.*); investieren (**in in** + *Dat. od. Akk.*); ~ **time and effort in sth.** Zeit und Mühe in etw. *(Akk.)* investieren; **b)** ~ **sb. with** *(cause to have)* jmdm. übertragen ⟨*Aufgabe, Amt, Leitung*⟩; jmdm. verleihen ⟨*Orden, Titel, Amt, Rechte, Kraft*⟩; jmdm. ausstatten mit ⟨*Geldmitteln, Vollmacht, Insignien*⟩; **c)** ~ **sth. with sth.** einer Sache *(Dat.)* etw. verleihen; **be ~ed with [an air of] mystery** den Anschein des Geheimnisvollen haben; **d)** *(Mil.)* belagern. **2.** *v. i.* investieren (**in in** + *Akk.*, **with** bei); ~ **in sth.** *(coll.: buy)* sich *(Dat.)* etw. zulegen *(ugs.)*
investigate [ɪn'vestɪgeɪt] **1.** *v. t.* untersuchen; überprüfen; prüfen ⟨*Rechtsfrage, Material, Methode*⟩; ermitteln ⟨*Produktionskosten*⟩; ~ **a case** einen Fall untersuchen; in einem Fall ermitteln; ~ **a crime** ein Verbrechen untersuchen; wegen eines Verbrechens ermitteln. **2.** *v. i.* nachforschen; ⟨*Kripo, Staatsanwaltschaft:*⟩ ermitteln; ~ **into sth.** etw. untersuchen
investigation [ɪnvestɪ'geɪʃn] *n. see* **investigate:** Untersuchung, *die;* Überprüfung, *die;* Prüfung, *die;* Ermittlung, *die;* **sth. is under**

~: etw. wird überprüft; **sb. is under ~:** gegen jmdn. wird ermittelt; **a scientific ~:** eine wissenschaftliche Untersuchung
investigative [ɪn'vestɪgətɪv] *adj.* detektivisch; ~ **journalism** Enthüllungsjournalismus, *der*
investigator [ɪn'vestɪgeɪtə(r)] *n.* Ermittler, *der*/Ermittlerin, *die; (government official)* Untersuchungsbeamte, *der*/-beamtin, *die;* [**private**] ~: [Privat]detektiv, *der*/-detektivin, *die*
investigatory [ɪn'vestɪgeɪtərɪ] *adj.* ~ **proceedings/tests/studies** Untersuchungen *Pl.*
investiture [ɪn'vestɪtʃə(r)] *n.* Investitur, *die;* ~ **with the Order of the Garter** Verleihung des Hosenbandordens
investment [ɪn'vestmənt] *n.* **a)** *(of money)* Investition, *die (auch fig.);* Anlage, *die; (fig.)* Einsatz, *der;* Aufwand, *der; attrib.* Investitions-; Anlage-; ~ **of capital** Kapitalanlage, *die;* **make an** ~ [**of £1,000 in sth.**] [1 000 Pfund in etw. *(Akk.)*] investieren; ~ **advice** Anlageberatung, *die;* ~ **income** Kapitaleinkommen, *das;* ~ **capital** Anlagekapital, *das;* ~ **trust** Investmenttrust, *der;* ~ **trust company** Kapitalanlagegesellschaft, *die;* ~ **of capital** *(money invested)* angelegtes Geld; **his large ~ in the company** seine hohe Beteiligung an dem Unternehmen; **c)** *(property)* Kapitalanlage, *die;* **be a good ~** *(fig.)* sich bezahlt machen; eine gute Investition sein; **d)** *see* **investiture; e)** *(Mil.) (siege)* Belagerung, *die; (blockade)* Blockade, *die*
investor [ɪn'vestə(r)] *n.* Investor, *der*/Investorin, *die;* [Kapital]anleger, *der*/-anlegerin, *die;* ~**s in that company** Anteilseigner dieser Firma; **small** ~**s** Kleinanleger
inveterate [ɪn'vetərət] *adj.* **a)** *(deep-rooted)* unüberwindbar ⟨*Vorurteil, Mißtrauen*⟩; unversöhnlich ⟨*Haß*⟩; unverbesserlich ⟨*Trinker, Raucher, Individualist, Spieler*⟩ unverbesserlich ⟨*Lügner*⟩
invidious [ɪn'vɪdɪəs] *adj.* undankbar ⟨*Aufgabe*⟩; unpassend, unfair ⟨*Vergleich, Bemerkung*⟩
invidiously [ɪn'vɪdɪəslɪ] *adv. see* **invidious:** auf eine undankbare/unpassende *od.* unfaire Art; *as sentence-modifier* unfairerweise
invigilate [ɪn'vɪdʒɪleɪt] *v. i. (Brit.: in examination)* Aufsicht führen
invigilation [ɪnvɪdʒɪ'leɪʃn] *n. (Brit.)* Aufsichtführung, *die*
invigilator [ɪn'vɪdʒɪleɪtə(r)] *n. (Brit.)* Aufsichtsperson, *die;* Aufsichtführende, *der*/ *die;* **there were no ~s** es gab keine Aufsicht
invigorate [ɪn'vɪgəreɪt] *v. t.* **a)** *(make vigorous)* stärken; *(physically)* kräftigen; **b)** *(animate)* beleben; anregen ⟨*Phantasie*⟩
invigorating [ɪn'vɪgəreɪtɪŋ] *adj.* kräftigend ⟨*Getränk, Mahlzeit, Klima*⟩; stärkend ⟨*Schlaf, Mittel*⟩; belebend ⟨*Brise, Dusche, Rasierwasser*⟩; *(fig.)* anregend ⟨*Idee, Erfahrung*⟩
invincibility [ɪnvɪnsɪ'bɪlɪtɪ] *n., no pl.* Unbesiegbarkeit, *die*
invincible [ɪn'vɪnsɪbl] *adj.* unbesiegbar; unerschütterlich ⟨*Entschlossenheit, Mut, Überzeugung, Stolz*⟩; unüberwindlich ⟨*Schwierigkeiten, Unwissenheit, Skepsis*⟩
inviolable [ɪn'vaɪələbl] *adj.* **a)** *(not to be violated)* unantastbar; **maintain** ~ **secrecy** unverbrüchliches Stillschweigen bewahren; **b)** *(to be kept sacred)* unantastbar; sakrosankt *(geh.)*
inviolate [ɪn'vaɪələt] *adj.* **a)** *(not violated)* unversehrt; ungeteilt ⟨*Friede, Ruhe*⟩; nicht verletzt ⟨*Abkommen*⟩; **b)** *(unbroken)* ungetrübt ⟨*Freundschaft*⟩; unerschüttert ⟨*Glaube*⟩; **c)** *(unprofaned)* unangetastet
invisibility [ɪnvɪzɪ'bɪlɪtɪ] *n.* Unsichtbarkeit, *die*
invisible [ɪn'vɪzɪbl] *adj. (also Econ.)* unsichtbar; *(hidden because of fog etc.; too*

small) nicht sichtbar; **almost ~:** kaum zu sehen; ~ **mending** Kunststopfen, *das*
invisibly [ɪn'vɪzɪblɪ] *adv.* [für das Auge] nicht sichtbar; ~ **repaired** *or* **mended** so repariert, daß man nichts [davon] sieht; kunstgestopft ⟨*Gewebe*⟩
invitation [ɪnvɪ'teɪʃn] *n. (lit. or fig.)* Einladung, *die;* **at sb.'s ~:** auf jmds. Einladung; **admission by ~ only** Einlaß nur mit Einladung; **an [open] ~ to thieves** eine Aufforderung zum Diebstahl
invite 1. [ɪn'vaɪt] *v. t.* **a)** *(request to come)* einladen; ~ **oneself** *(iron.)* sich selbst einladen; **before an ~d audience** vor geladenen Gästen; ~ **sb. in/over/round** jmdn. hereinbitten/herüberbitten/[zu sich] einladen (**for, to** zu); **b)** *(request to do sth.)* auffordern; **they ~d him to accompany her** sie forderte ihn auf *od.* lud ihn ein, sie zu begleiten; **they ~d him to ascend the throne** sie boten ihm an, den Thron zu besteigen; sie trugen ihm den Thron an *(geh.)*; **c)** *(ask for)* erbitten; bitten um; **d)** *(bring on)* herausfordern ⟨*Kritik, Verhängnis, Spott, Verachtung, Protest*⟩; **you're inviting ridicule** du machst dich lächerlich *od.* zum Gespött; **e)** *(attract)* einladen; ~ **interest in sth.** Interesse an etw. *(Dat.)* wecken. **2.** ['ɪnvaɪt] *n. (coll.)* Einladung, *die*
invitee [ɪnvaɪ'tiː] *n.* geladener Gast
inviting [ɪn'vaɪtɪŋ] *adj.* einladend; verlockend ⟨*Gedanke, Vorstellung, Aussicht*⟩; freundlich ⟨*Klima*⟩; ansprechend ⟨*Anblick, Schriftbild*⟩; **make sth. ~ to sb.** etw. für jmdn. attraktiv machen
invitingly [ɪn'vaɪtɪŋlɪ] *adv.* einladend
invocation [ɪnvə'keɪʃn] *n.* Anrufung, *die;* Invokation, *die*
invoice ['ɪnvɔɪs] **1.** *n. (bill)* Rechnung, *die; (list)* Lieferschein, *der*. **2.** *v. t.* **a)** *(make ~ for)* eine Rechnung ausstellen für; *(enter in ~)* in Rechnung stellen ⟨*Waren*⟩; **b)** *(send ~) sb.* **for sth.** jmdm. eine Rechnung schicken; ~ **sb. for sth.** jmdm. etw. in Rechnung stellen; **be ~d for sth.** für etw. eine Rechnung erhalten
invoke [ɪn'vəʊk] *v. t.* **a)** *(call on)* anrufen; **b)** *(appeal to)* sich berufen auf (+ *Akk.*); ~ **an example/sth. as an example** ein Beispiel/ etw. als Beispiel anführen; ~ **sth. to justify/ explain sth.** etw. bemühen, um etw. zu rechtfertigen/erklären; **c)** *(summon)* beschwören; **d)** *(ask earnestly for)* erbitten; bitten um
involucre ['ɪnvəluːkə(r)] *n. (Bot.)* Hülle, *die*
involuntarily [ɪn'vɒləntərɪlɪ] *adv.,* **involuntary** [ɪn'vɒləntərɪ] *adj.* unwillkürlich
involve [ɪn'vɒlv] *v. t.* **a)** *(implicate)* verwickeln; ~ **sb. in a charge** jmdn. zum Mitangeklagten machen; **b)** *(draw in as a participant)* ~ **sb. in a game/fight** jmdn. an einem Spiel beteiligen/in eine Schlägerei [mit] hineinziehen; **become** *or* **get ~d in a fight** in eine Schlägerei verwickelt *od.* hineingezogen werden; **be ~d in a project** *(employed)* an einem Projekt mitarbeiten; **get ~d with sb.** sich mit jmdm. einlassen; *(sexually, emotionally)* eine Beziehung mit jmdm. anfangen; **sth. is ~d** *(concerned)* etw. kommt mit ins Spiel; **no other vehicle was ~ in the accident** kein anderes Fahrzeug war an dem Unfall beteiligt; **c)** *(include)* enthalten; *(contain implicitly)* beinhalten; **this event ~s us all** dieses Ereignis betrifft uns alle *od.* geht uns alle an; **d)** *(be necessarily accompanied by)* mit sich bringen; *(require as accompaniment)* erfordern; *(cause, mean)* bedeuten
involved [ɪn'vɒlvd] *adj.* verwickelt; *(complicated)* kompliziert; *(complex)* komplex
involvement [ɪn'vɒlvmənt] *n.* **a)** **my ~ in this affair began only recently** ich habe mit dieser Angelegenheit erst seit kurzem zu tun; **his ~ in the company** seine Beteiligung an der Firma; **I don't know the extent of his**

invulnerable // **irrepressible**

~ **in this affair** ich weiß nicht, inwieweit er mit dieser Sache zu tun hat; **b)** *(implication)* ~ **in a conflict** Einmischung in einen Konflikt; **his increasing ~ in public life** die Rolle, die er in zunehmendem Maße im öffentlichen Leben spielt; **have an ~ with sb.** *(sexually)* eine Affäre mit jmdm. haben; **you may not take on any other ~**: Sie dürfen sich nicht anderweitig engagieren
invulnerable [ɪnˈvʌlnərəbl] *adj.* unverwundbar ⟨*Lebewesen, Waffensystem*⟩; *(impregnable)* uneinnehmbar ⟨*Festung, Stadt usw.*⟩; *(fig.)* unantastbar ⟨*Würde, Stellung*⟩; **be ~ to sth.** gegen etw. gefeit sein *(geh.)*
inward [ˈɪnwəd] **1.** *adj.* **a)** *(situated within)* inner...; **b)** *(mental, spiritual)* inner... ⟨*Impuls, Regung, Friede, Kampf*⟩; innerlich *(geh.)* ⟨*Leben*⟩; **his ~ thoughts** seine innersten *od.* geheimsten Gedanken; **c)** *(directed inside)* nach innen gehend; nach innen gerichtet; **'goods ~'** „Eingänge"; **~ slope** Innenneigung, *die;* Neigung nach innen. **2.** *adv.* einwärts *(gerichtet, gebogen);* **open ~**: nach innen öffnen; **an ~-looking person** *(fig.)* ein in sich *(Akk.)* gekehrter Mensch
inwardly [ˈɪnwədlɪ] *adv.* im Inneren; innerlich
inwards [ˈɪnwədz] *see* **inward 2**
iodide [ˈaɪədaɪd] *n.* ⟨*Chem.*⟩ Jodid, *das*
iodine [ˈaɪədiːn, ˈaɪədɪn] *n.* Jod, *das*
IOM *abbr.* **Isle of Man**
ion [ˈaɪən] *n. (Phys., Chem.)* Ion, *das*
ion exˈchange *n.* Ionenaustausch, *der*
ionic [aɪˈɒnɪk] *adj. (Phys., Chem.)* Ionen-; in Ionenform vorliegend ⟨*Grundstoff*⟩; ionisch ⟨*Bindung, Verbindung usw.*⟩
ionisation, ionise *see* **ioniz-**
ionization [aɪənaɪˈzeɪʃn] *n.* Ionisation, *die*
ionize [ˈaɪənaɪz] *v.t.* ionisieren
ionosphere [aɪˈɒnəsfɪə(r)] *n.* Ionosphäre, *die*
iota [aɪˈəʊtə] *n.* **a)** *(smallest amount)* Jota, *das (geh.);* **not an or one ~**: nicht ein Jota *(geh.);* kein Jota *(geh.);* **there's not an ~ of truth in that** daran ist nicht ein Fünkchen Wahrheit; **b)** *(Greek letter)* Jota, *das*
IOU [aɪəʊˈjuː] *n.* Schuldschein, *der*
IOW *abbr.* **Isle of Wight**
IPA *abbr.* **International Phonetic Alphabet/Association** IPA
i.p.s. *abbr.* **inches per second** inch/s
ipso facto [ɪpsəʊ ˈfæktəʊ] *adv.* **a)** *(by that very fact)* eo ipso *(geh.);* eben dadurch; **b)** *(thereby)* auf Grund dessen; **c)** *(by the very nature of the case)* eo ipso; naturgemäß
IQ *abbr.* **intelligence quotient** IQ, *der;* **IQ-test** IQ-Test, *der*
IRA *abbr.* **Irish Republican Army** IRA, *die*
Iran [ɪˈrɑːn] *pr. n.* Iran, *der*
Iranian [ɪˈreɪnɪən] **1.** *adj.* iranisch; **sb. is ~**: jmd. ist Iraner/Iranerin. **2.** *n.* **a)** *(person)* Iraner, *der*/Iranerin, *die;* **b)** *(Ling.)* Iranisch, *das;* **speak ~**: eine iranische Sprache sprechen
Iraq [ɪˈrɑːk] *pr. n.* Irak, *der*
Iraqi [ɪˈrɑːkɪ] **1.** *adj.* irakisch; **sb. is ~**: jmd. ist Iraker/Irakerin. **2.** *n.* **a)** *(person)* Iraker, *der*/Irakerin, *die;* **b)** *(dialect)* Irakisch, *das*
irascible [ɪˈræsɪbl] *adj. (hot-tempered)* aufbrausend; *(irritable)* reizbar
irate [aɪˈreɪt] *adj.* wütend ⟨*Person, Tier, Menge*⟩; erbost *(geh.)* ⟨*Person*⟩
irately [aɪˈreɪtlɪ] *adv.* wütend
ire [aɪə(r)] *n. (rhet./poet.)* Zorn, *der*
Ireland [ˈaɪələnd] *pr. n.* **[Republic of]** ~: Irland *(das)*
iridescence [ɪrɪˈdesns] *n.* Schillern, *das;* Irisieren, *das*
iridescent [ɪrɪˈdesnt] *adj.* regenbogenfarben; *(changing colour with position)* schillernd; irisierend
iridium [ɪˈrɪdɪəm] *n. (Chem.)* Iridium, *das*
iris [ˈaɪərɪs] *n.* **a)** *(Anat.)* Iris, *die;* Regenbogenhaut, *die;* **b)** *(Bot.)* Iris, *die;* Schwertlilie, *die;* **c)** *(Optics)* Irisblende, *die*

Irish [ˈaɪərɪʃ] **1.** *adj.* **a)** irisch; **sb. is ~**: jmd. ist Ire/Irin; **~ joke** Irenwitz, *der; see also* **English 1; b)** *(coll.: contradictory)* komisch. **2.** *n.* **a)** *(language)* Irisch, *das; see also* **English 2 a; b)** *constr. as pl.* **the ~**: die Iren
Irish: ~ **ˈbull** *n.* Widerspruch in sich; Paradox, *das (geh.);* ~ **ˈcoffee** *n.* Irish coffee, *der;* ~ **ˈGaelic** *n.* Irisch-Gälisch, *das;* **~man** [ˈaɪərɪʃmən] *n., pl.* **~men** [ˈaɪərɪʃmən] Ire, *der;* ~ **Reˈpublic** *pr. n.* Irische Republik; ~ **ˈSea** *pr. n.* Irische See; ~ **ˈstew** *n.* Irish-Stew, *das;* ~ **ˈwhisk[e]y** *n.* irischer Whisk[e]y; **~woman** *n.* Irin, *die*
irk [ɜːk] *v.t.* ärgern
irksome [ˈɜːksəm] *adj.* lästig
iron [ˈaɪən] **1.** *n.* **a)** *(metal)* Eisen, *das;* ~ **tablets** Eisentabletten; **man of ~** *(fig.)* stahlharter Mann; **with a grip of ~**: mit eisernem Griff; **as hard as ~**: eisenhart; **will of ~**: eiserner Wille; **strike while the ~ is hot** *(prov.) (Spr.); see also* **pyrites, rod c; b)** *(tool)* Eisen, *das;* **have several ~s in the fire** mehrere Eisen im Feuer haben *(ugs.);* **have too many ~s in the fire** sich verzetteln; sich *(Dat.)* zuviel auf einmal vornehmen; **c)** *(Golf)* Eisen, *das;* Eisenschläger, *der;* **d)** *(for smoothing)* Bügeleisen, *das;* **e)** *usu. in pl.* *(fetter)* Eisen, *das;* **put sb. in ~s** jmdn. in Eisen legen *(dichter., veralt.).* **2.** *attrib. adj.* **a)** *(of iron)* eisern; Eisen⟨*platte usw.*⟩; **b)** *(very robust)* eisern ⟨*Konstitution*⟩; stählern ⟨*Muskeln*⟩; **c)** *(unyielding)* eisern; ehern ⟨*Stoizismus*⟩; ~ **rule/his ~ rule** ein/sein eisernes Regiment. **3.** *v.t.* bügeln. **4.** *v.i.* **a)** *(Kleidungsstück:)* sich bügeln lassen; **b)** *(Person:)* bügeln
~ **ˈon** *v.t.* aufbügeln; *see also* **iron-on**
~ **ˈout** *v.t.* herausbügeln ⟨*Falten*⟩; *(flatten)* glätten ⟨*Papier*⟩; *(fig.)* beseitigen ⟨*Kurve, Unregelmäßigkeit*⟩; aus dem Weg räumen ⟨*Schwierigkeit, Problem*⟩; ausgleichen ⟨*Interessengegensatz*⟩
iron: ~ ˈAge *n.* Eisenzeit, *die;* **~clad 1.** *adj.* **a)** *(clad in iron)* eisenbewehrt; gepanzert ⟨*Schiff*⟩; **b)** *(fig.: rigorous)* eisern; unverbrüchlich ⟨*Eid*⟩; unnachsichtig ⟨*Kontrolle*⟩; **there are no ~clad rules in this matter** dafür gibt es keine starren Regeln; **2.** *n. (Navy Hist.)* Panzerschiff, *das;* **I~ ˈCross** *n.* Eisernes Kreuz; **I~ ˈCurtain** *n. (fig.)* Eiserner Vorhang; **~-grey 1.** *adj.* eisengrau; grau ⟨*Herbsttag*⟩; **2.** *n.* Eisengrau, *das*
ironic [aɪˈrɒnɪk], **ironical** [aɪˈrɒnɪkl] *adj.* ironisch; **it is ~ that ...**: es ist paradox, daß ...
ironically [aɪˈrɒnɪkəlɪ] *adv.* ironisch; *as sentence-modifier* ironischerweise
ironing [ˈaɪənɪŋ] *n.* Bügeln, *das;* **(things [to be] ironed)** Bügelwäsche, *die;* **do the ~**: bügeln
ˈironing-board *n.* Bügelbrett, *das*
iron ˈlung *n.* eiserne Lunge
ironmonger [ˈaɪənmʌŋgə(r)] *n. (Brit.)* Eisenwarenhändler, *der*/-händlerin, *die; see also* **baker**
ironmongery [ˈaɪənmʌŋgərɪ] *n. (Brit.)* **a)** *(hardware)* Eisenwaren *Pl.;* **b)** *(sl.: firearms)* Schießeisen *(ugs.)*
iron: ~-on *adj.* aufbügelbar; zum Aufbügeln nachgestellt; **~ ore** *n.* Eisenerz, *das;* **~ˈration** *n.* eiserne Ration; **~ware** *n., no pl.* Eisenwaren *Pl.;* **(part)** Eisenwerk, *das; (articles)* Eisenwaren *Pl.;* **~work** *n., no pl.* Eisenarbeit, *die; (part)* Eisenwerk, *das; (articles)* Eisenwaren *Pl.;* **~works** *n. sing., pl. same* Eisenhüttenwerk, *das;* Eisenhütte, *die*
irony [ˈaɪərənɪ] *n.* Ironie, *die;* **one of life's [little] ironies** Ironie des Schicksals; **the ~ was that ...**: die Ironie lag darin, daß ...; *see also* **tragic b**
irradiate [ɪˈreɪdɪeɪt] *v.t.* **a)** *(shine upon)* bescheinen; **b)** *(light up)* erstrahlen lassen; zum Leuchten bringen; **c)** *(Phys., Med., Gastr.)* bestrahlen

irradiation [ɪreɪdɪˈeɪʃn] *n.* **a)** *(illumination)* Leuchten, *das;* **b)** *(fig.)* Erleuchtung, *die;* **c)** *(Phys., Med.)* Bestrahlung, *die;* **d)** *(food)* ~: [Lebensmittel]bestrahlung, *die*
irrational [ɪˈræʃənl] **1.** *adj.* **a)** *(unreasonable)* irrational *(geh.);* vernunftwidrig; **b)** *(incapable of reasoning)* nicht vernunftbegabt; **c)** *(Math.)* irrational ⟨*Zahl*⟩
irrationality [ɪræʃəˈnælɪtɪ] *n.* Irrationalität, *die (geh.); (of situation)* Absurdität, *die*
irrationally [ɪˈræʃənəlɪ] *adv.* irrationalerweise *(geh.);* ohne vernünftigen Grund
irreconcilable [ɪˈrekənsaɪləbl] *adj.* **a)** *(implacably hostile)* unversöhnlich; unüberwindlich ⟨*Abneigung*⟩; **b)** *(incompatible)* unvereinbar; unversöhnlich ⟨*Gegensätze*⟩; **theory and practice are completely ~**: Theorie und Praxis widersprechen sich total
irrecoverable [ɪrɪˈkʌvərəbl] *adj.* unwiederbringlich verloren; endgültig ⟨*Verlust*⟩; nicht eintreibbar ⟨*Schuld*⟩; **the situation was ~**: die Situation war nicht mehr zu retten
irredeemable [ɪrɪˈdiːməbl] *adj.* nicht wiedergutzumachend ⟨*Fehler*⟩; **be ~**: nicht wiedergutzumachen sein; **the mistake is not yet ~**: noch kann der Fehler wiedergutgemacht werden
irreducible [ɪrɪˈdjuːsɪbl] *adj.* nicht [mehr *od.* weiter] reduzierbar; Mindest⟨*menge*⟩
irrefutable [ɪˈrefjʊtəbl, ɪrɪˈfjuːtəbl] *adj.* unwiderlegbar
irregular [ɪˈregjʊlə(r)] **1.** *adj.* **a)** *(not conforming)* unkorrekt ⟨*Verhalten, Handlung usw.*⟩; **this is most ~!** das ist eigentlich nicht erlaubt!; **b)** *(uneven in duration, order, etc.)* unregelmäßig; *see also* **hour c; c)** *(abnormal)* sonderbar; eigenartig; **d)** *(not symmetrical)* unregelmäßig; uneben ⟨*Oberfläche, Gelände*⟩; **e)** *(disorderly)* ungeregelt ⟨*Leben[sweise]*⟩; *(lawless)* zwielichtig; **f)** *(Mil.)* irregulär ⟨*Truppen*⟩; **g)** *(Ling., Zool.)* unregelmäßig. **2.** *n. pl. (Mil.)* Irreguläre *Pl.*
irregularity [ɪregjʊˈlærɪtɪ] *n.* **a)** *(lack of conformity)* Unkorrektheit, *die; (instance also)* Unregelmäßigkeit, *die;* **b)** *(unevenness in duration, order, etc.)* Unregelmäßigkeit, *die;* **c)** *(abnormality)* Sonderbarkeit, *die;* Eigenartigkeit, *die;* **d)** *(disorderliness)* Ungeregeltheit, *die; (lawlessness)* Zwielichtigkeit, *die;* **e)** *(lack of symmetry)* Unregelmäßigkeit, *die; (of surface)* Unebenheit, *die*
irregularly [ɪˈregjʊləlɪ] *adv.* **a)** *(not in conformity)* unkorrekt; *(lawlessly)* unzulässigerweise; **b)** *(unevenly)* unregelmäßig
irrelevance [ɪˈreləvəns], **irrelevancy** [ɪˈreləvənsɪ] *n.* **a)** *(being irrelevant)* Belanglosigkeit, *die;* Irrelevanz, *die (geh.); (irrelevant detail, information, etc.)* Belanglosigkeit, *die*
irrelevant [ɪˈreləvənt] *adj.* belanglos; irrelevant *(geh.);* **be ~ to a subject** für ein Thema ohne Belang *od. (geh.)* irrelevant sein
irreligious [ɪrɪˈlɪdʒəs] *adj.* irreligiös *(geh.),* ungläubig ⟨*Person*⟩; gottlos ⟨*Verhaltensweise, Idee, Person*⟩
irremediable [ɪrɪˈmiːdɪəbl] *adj.* nicht wiedergutzumachend *nicht präd.* ⟨*Tat, Verlust, Schaden, Fehler, Irrtum*⟩; nicht wettzumachend *nicht präd.* ⟨*Verschlechterung*⟩; nicht zu behebend *nicht präd.* ⟨*Mangel*⟩; nicht zu verbessernd *nicht präd. (Situation);* **be ~**: nicht wiedergutzumachen/wettzumachen/zu beheben/zu verbessern sein
irreparable [ɪˈrepərəbl] *adj.* nicht wiedergutzumachend *nicht präd.;* irreparabel *(geh., Med.)*
irreparably [ɪˈrepərəblɪ] *adv.* irreparabel *(geh.);* **be ~ damaged** einen nicht behebbaren *od. (geh.)* irreparablen Schaden haben
irreplaceable [ɪrɪˈpleɪsəbl] *adj.* **a)** *(not replaceable)* nicht ersetzbar; nicht nachlieferbar ⟨*Waren*⟩; **b)** *(of which the loss cannot be made good)* unersetzlich
irrepressible [ɪrɪˈpresɪbl] *adj.* nicht zu unterdrücken *nicht präd.;* unbezähmbar ⟨*Neugier, Verlangen*⟩; unerschütterlich ⟨*Op-*

389

timismus⟩; unbändig ⟨*Freude, Entzücken*⟩; unbezwingbar ⟨*Neigung*⟩; sonnig ⟨*Gemüt*⟩; **he/she is ~**: er/sie ist nicht unterzukriegen *(ugs.)*; **an ~ chatterbox** eine unentwegte Quasselstrippe *(ugs.)*
irreproachable [ɪrɪ'prəʊtʃəbl] *adj.* untadelig ⟨*Charakter, Lebenswandel, Benehmen*⟩; unanfechtbar ⟨*Ehrlichkeit*⟩; tadellos ⟨*Kleidung, Manieren*⟩; makellos ⟨*Vergangenheit [eines Menschen]*⟩
irresistible [ɪrɪ'zɪstɪbl] *adj.* unwiderstehlich; bestechend ⟨*Argument*⟩
irresistibly [ɪrɪ'zɪstɪblɪ] *adv.* unwiderstehlich; unaufhaltsam ⟨*näherkommen*⟩
irresolute [ɪ'rezəluːt, ɪ'rezəljuːt] *adj.* **a)** *(undecided)* unentschlossen; unschlüssig; **b)** *(lacking in resoluteness)* unentschlossen
irresolutely [ɪ'rezəlutlɪ, ɪ'rezəljuːtlɪ] *adv.* unentschlossen; unschlüssig
irresoluteness [ɪ'rezəluːtnɪs, ɪ'rezəljuːtnɪs], **irresolution** [ɪrezə'luːʃn, ɪrezə'ljuːʃn] *ns., no pl.* **a)** *(being undecided)* Unentschlossenheit, *die;* Unschlüssigkeit, *die;* **b)** *(lack of resoluteness)* Unentschlossenheit, *die;* Entschlußlosigkeit, *die*
irrespective [ɪrɪ'spektɪv] *adj.* **~ of** ungeachtet (+ *Gen.*); *(independent of)* unabhängig von; **~ of what ...**: unabhängig davon, was ...; **~ of the consequences** ungeachtet der *od.* ohne Rücksicht auf die Folgen
irresponsibility [ɪrɪspɒnsɪ'bɪlɪtɪ] *n., no pl. see* **irresponsible**: Verantwortungslosigkeit, *die;* Unverantwortlichkeit, *die;* **it is sheer ~ to ...**: es ist einfach unverantwortlich, zu ...
irresponsible [ɪrɪ'spɒnsɪbl] *adj.* verantwortungslos ⟨*Person*⟩; unverantwortlich ⟨*Benehmen*⟩; *(mentally inadequate to bear responsibility)* der Verantwortung nicht gewachsen; **[financially] ~**: zahlungsunwillig
irresponsibly [ɪrɪ'spɒnsɪblɪ] *adv.* verantwortungslos; unverantwortlich; in verantwortungsloser Weise
irretrievable [ɪrɪ'triːvəbl] *adj.* nicht mehr wiederzubekommen *nicht attr.*; nicht mehr korrigierbar ⟨*Fehler*⟩; *(irreversible)* endgültig ⟨*Ruin, Verfall, Verlust*⟩; unheilbar ⟨*Zerrüttung einer Ehe*⟩; ausweglos ⟨*Situation*⟩
irretrievably [ɪrɪ'triːvəblɪ] *adv.* unwiederbringlich ⟨*verloren*⟩; *(for ever)* endgültig; für alle Zeiten; **the marriage has ~ broken down** die Ehe ist unheilbar zerrüttet
irreverence [ɪ'revərəns] *n. see* **irreverent**: Respektlosigkeit, *die;* Pietätlosigkeit, *die (geh.);* **an [act of] ~**: eine Respektlosigkeit/Pietätlosigkeit *(geh.)*
irreverent [ɪ'revərənt] *adj.,* **irreverently** [ɪ'revərəntlɪ] *adv.* respektlos; *(towards religious values or the dead)* pietätlos *(geh.)*
irreversible [ɪrɪ'vɜːsɪbl] *adj.* **a)** *(unalterable)* unabänderlich, unumstößlich ⟨*Entscheidung, Entschluß, Tatsache*⟩; unwiderruflich ⟨*Entschluß, Entscheidung, Anordnung, Befehl usw.*⟩; **b)** *(not reversible)* irreversibel *(geh.)* ⟨*Vorgang*⟩; *(inexorable)* unaufhaltsam ⟨*Entwicklung, Verfall*⟩; **~ damage** nicht wiedergutzumachender *od. (geh.)* irreparabler Schaden
irrevocable [ɪ'revəkəbl] *adj.* **a)** *(unalterable, final)* unwiderruflich ⟨*Gelübde, Entscheidung, Entschluß, Befehl*⟩; unabänderlich ⟨*Entschluß*⟩; **b)** *(gone beyond recall)* unwiederbringlich ⟨*Vergangenheit, Augenblick*⟩
irrevocably [ɪ'revəkəblɪ] *adv.* unwiederbringlich, unwiderruflich ⟨*verloren, vorüber*⟩
irrigate ['ɪrɪgeɪt] *v. t.* **a)** bewässern; **b)** *(Med.)* [aus]spülen
irrigation [ɪrɪ'geɪʃn] *n.* **a)** Bewässerung, *die;* **overhead ~**: Beregnung, *die;* **b)** *(Med.)* Spülung, *die;* Irrigation, *die (fachspr.)*
irritability [ɪrɪtə'bɪlɪtɪ] *n. see* **irritable a**: Reizbarkeit, *die;* Gereiztheit, *die*
irritable ['ɪrɪtəbl] *adj.* **a)** *(quick to anger)* reizbar; *(temporarily)* gereizt; **b)** *(of organ)* empfindlich; **~ to the touch** empfindlich gegen Berührung; **c)** *(Biol.)* reizbar
irritably ['ɪrɪtəblɪ] *adv.* gereizt
irritant ['ɪrɪtənt] **1.** *adj.* Reiz-; **be ~**: reizen. **2.** *n.* Reizstoff, *der;* **the spicy food proved to be an ~ to his stomach** sein Magen vertrug das scharf gewürzte Essen nicht; **be an ~ to sb./sb.'s nerves** *(fig.)* jmdm. auf die Nerven gehen *(ugs.)*
irritate ['ɪrɪteɪt] *v. t.* **a)** ärgern; **get ~d** ärgerlich werden; **be ~d** sich ärgern; ungehalten sein *(geh.);* **be ~d by** *or* **feel ~d at sth.** sich über etw. *(Akk.)* ärgern; **be ~d with sb.** sich über jmdn. aufregen *od.* ärgern; **be ~d that ...**: verärgert *od. (geh.)* ungehalten [darüber] sein, daß ...; **she was ~d to hear this** sie war ärgerlich *od. (geh.)* ungehalten, als sie dies hörte; **b)** *(Med., Biol.)* reizen
irritating ['ɪrɪteɪtɪŋ] *adj.* lästig; **I find him ~**: er geht mir auf die Nerven *(ugs.)*
irritatingly ['ɪrɪteɪtɪŋlɪ] *adv.* ärgerlich; *as sentence-modifier* ärgerlicherweise; **the tap was dripping ~**: der Wasserhahn tropfte nervtötend
irritation [ɪrɪ'teɪʃn] *n.* **a)** Ärger, *der;* [*source or cause of*] **~**: Ärgernis, *das;* **b)** *(Med., Biol.)* Reizung, *die*
is *see* **be**
Is. *abbr.* **Island[s]; Isle[s] I[n]**.
Isaac ['aɪzək] *pr. n. (Bibl.)* Isaak *(der)*
Isaiah [aɪ'zaɪə] *pr. n. (Bibl.)* Jesaja *(der)*
ISBN *abbr.* **international standard book number** ISBN
isinglass ['aɪzɪŋglɑːs] *n.* Hausenblase, *die;* Fischleim, *der*
Islam ['ɪzlɑːm, 'ɪzlæm, ɪz'lɑːm] *n.* Islam, *der*
Islamic [ɪz'læmɪk] *adj.* islamisch
island ['aɪlənd] *n. (lit. or fig.)* Insel, *die; see also* **traffic island**
islander ['aɪləndə(r)] *n.* Inselbewohner, *der/*-bewohnerin, *die;* Insulaner, *der/*Insulanerin, *die*
isle [aɪl] *n.* Insel, *die;* Eiland, *das (dichter.)*
Isle of Man [aɪl əv 'mæn] *pr. n.* Insel Man, *die*
Isle of Wight [aɪl əv 'waɪt] *pr. n.* Insel Wight, *die*
islet ['aɪlɪt] *n.* **a)** *(little island)* kleine Insel; kleines Eiland *(dichter.);* **b)** *(isolated spot)* Insel, *die;* **c)** *(Anat.)* Insel, *der*
ism [ɪzm] *n. (derog.)* Ismus, *der (abwertend)*
isn't ['ɪznt] *(coll.)* = **is not;** *see* **be**
ISO *abbr.* **International Organization for Standardization** ISO, *die*
isobar ['aɪsəbɑː(r)] *n. (Meteorol., Phys.)* Isobare, *die*
isolate ['aɪsəleɪt] *v. t.* isolieren; *(Electr.)* vom Stromkreis trennen; **~ sb. from sb.** jmdn. von jmdm. trennen; **he felt completely ~d** er kam sich *(Dat.)* völlig verloren vor
isolated ['aɪsəleɪtɪd] *adj.* **a)** *(single)* einzeln; *(occasional)* vereinzelt; *(unique)* einmalig; **~ instances/cases** Einzelfälle, *die;* **b)** *(solitary)* einsam; *(remote)* abgelegen (**from** von); *(cut off)* abgeschnitten (**from** von)
isolation [aɪsə'leɪʃn] *n.* **a)** *(act)* Isolierung, *die;* Absonderung, *die;* **b)** *(state)* Isoliertheit, *die;* Isolation, *die;* Abgeschnittenheit, *die; (remoteness)* Abgeschiedenheit, *die;* **examine/look at/treat sth. in ~**: etw. isoliert *od.* gesondert betrachten; **~ hospital** Infektionskrankenhaus, *das;* **~ ward** Isolierstation, *die;* Infektionsabteilung, *die*
isolationism [aɪsə'leɪʃənɪzm] *n. (Polit.)* Isolationismus, *der*
isolationist [aɪsə'leɪʃənɪst] *n. (Polit.)* Isolationist, *der/*Isolationistin, *die*
isomer ['aɪsəmə(r)] *n. (Chem.)* Isomer[e], *das*
isometric [aɪsə'metrɪk] *adj. (Geom., Physiol.)* isometrisch
isometrics [aɪsə'metrɪks] *n., no pl.* isometrisches Muskeltraining; Isometrik, *die*
isomorph ['aɪsəmɔːf] *n.* Isomorphe, *die*
isomorphic [aɪsə'mɔːfɪk] *adj.* isomorph
isomorphism [aɪsə'mɔːfɪzm] *n.* Isomorphie, *die; (of crystals)* Isomorphismus, *der*
isomorphous [aɪsə'mɔːfəs] *adj.* isomorph
isosceles [aɪ'sɒsɪliːz] *adj. (Geom.)* gleichschenklig
isotherm ['aɪsəθɜːm] *n. (Meteorol., Phys.)* Isotherme, *die*
isothermal [aɪsə'θɜːml] *adj. (Meteorol., Phys.)* isotherm
isotope ['aɪsətəʊp] *n. (Chem., Phys.)* Isotop, *das*
isotropic [aɪsə'trɒpɪk] *adj. (Phys.)* isotrop
Israel ['ɪzreɪl] *pr. n.* Israel *(das)*
Israeli [ɪz'reɪlɪ] **1.** *adj.* israelisch. **2.** *n.* Israeli, *der/die*
Israelite ['ɪzrɪəlaɪt] *n.* Israelit, *der/*Israelitin, *die*
issue ['ɪʃuː, 'ɪsjuː] **1.** *n.* **a)** *(point in question)* Frage, *die;* **the ~ of the day** das Thema des Tages; *contemporary* **~s** aktuelle Fragen *od.* Themen; **make an ~ of sth.** etw. aufbauschen; **the real ~s in today's world** die Kernprobleme der heutigen Zeit; **become an ~**: zum Problem werden; **evade** *or* **dodge** *or* **duck the ~**: ausweichen; **~ of fact** *(Law)* Tatsachenfrage, *die;* **the point at ~**: der strittige Punkt; worum es geht; **what is at ~ is whether we should stay** es geht darum, ob wir hierbleiben; die Frage ist: sollen wir hierbleiben?; **that's not at ~**: das steht nicht zur Debatte; darum geht es nicht; **be at ~ over sth.** wegen etw. miteinander im Streit liegen; wegen etw. Meinungsverschiedenheiten haben; **join** *or* **take ~ with sb. over sth.** sich mit jmdm. auf eine Diskussion über etw. *(Akk.)* einlassen; **b)** *(giving out)* Ausgabe, *die; (of document)* Ausstellung, *die; (of shares)* Emission, *die;* **date of ~**: Ausgabedatum, *das;* Ausgabetag, *der; (of document)* Ausstellungsdatum, *das;* **(of stamps)** Ausgabetag, *der;* **c)** *(of magazine, journal, etc.)* Ausgabe, *die;* **d)** *(total number of copies)* Auflage, *die;* **e)** *(quantity of coins)* Emissionszahl, *die; (quantity of stamps)* Auflage, *die;* **f)** *(result, outcome)* Ergebnis, *das;* Ausgang, *der;* **decide the ~**: den Ausschlag geben; **force the ~**: eine Entscheidung erzwingen; **g)** *(termination)* Ende, *das;* **h)** *(Law: progeny)* Nachkommen, *die;* **i)** *(outgoing, outflow)* Austritt, *der.* **2.** *v. t.* **a)** *(give out)* ausgeben, ausstellen ⟨*Paß, Visum, Lizenz, Zeugnis*⟩; erteilen ⟨*Lizenz, Befehl*⟩; **~ sb. with sth.** etw. an jmdn. austeilen; **b)** *(publish)* herausgeben ⟨*Publikation*⟩; herausbringen ⟨*Publikation, Münze, Briefmarke*⟩; emittieren ⟨*Wertpapiere*⟩; geben ⟨*Warnung*⟩; **~ (supply)** ausgeben (**to** an + *Akk.*); **~ sb. with sth.** jmdn. mit etw. ausstatten; **be ~d with sth.** etw. erhalten. **3.** *v. i.* **a)** *(go or come out)* herausströmen (**from** aus); heraustreten (**from** aus); ⟨*Gas, Flüssigkeit:*⟩ austreten (**from** aus); ⟨*Rauch:*⟩ heraus-, hervorquellen (**from** aus); ⟨*Ton, Geräusch:*⟩ hervor-, herausdringen (**from** aus); **b)** *(be derived)* entspringen (**from** *Dat.*); **c)** *(result)* sich ergeben (**from** aus)
isthmus ['ɪsməs, 'ɪsθməs] *n. (Geog.)* Landenge, *die;* Isthmus, *der*
IT *abbr.* **information technology**
¹it [ɪt] *pron.* **a)** *(the thing, animal, young child previously mentioned)* er/sie/es; *as direct obj.* ihn/sie/es; *as indirect obj.* ihm/ihr/ihm; **the book was not in the cupboard but behind it** das Buch war nicht im Schrank, sondern dahinter; **the animal turned and snarled at the huntsman behind it** das Tier drehte sich um und knurrte den Jäger hinter sich *(Dat.)* an; **the cathedral and the buildings around it** der Dom und die umliegenden Gebäude; **b)** *(the person in question)* **who is it?** wer ist da?; **it was the children** es waren die Kinder; **is it you, father?** bist du es, Vater?; **Are you the one responsible for all this mess? – No, it's him**

Sind Sie für dieses Durcheinander verantwortlich? – Nein, er; **c)** *subj. of impers. v.* es; **it is snowing/warm** es schneit/ist warm; **it is winter/midnight/ten o'clock** es ist Winter/Mitternacht/zehn Uhr; **it is ten miles to Oxford** es sind zehn Meilen bis Oxford; **it says in the Bible that ...**: in der Bibel heißt es, daß ...; **in der Bibel steht, daß ...**; **had it not been a Sunday ...**: wenn nicht Sonntag gewesen wäre ...; **if it hadn't been for you ...**: wenn du nicht gewesen wärst, ...; **d)** *anticipating subj. or obj.* es; **it is typical of her to do that** es ist typisch für sie, so etwas zu tun; **it is absurd talking** *or* **to talk like that** es ist absurd, so zu reden; **it is a difficult time, winter** es ist eine schwierige Zeit, der Winter; it is not often that we see them wir sehen sie nicht oft; **it was for our sake that he did it** um unseretwillen hat er es getan; **it is to him that you must apply** an ihn mußt du dich wenden; **e)** *as antecedent to relative* es; **it was us who saw him** wir waren es, die ihn gesehen haben; wir haben ihn gesehen; **it was a large sum of money that he found** was er fand, war ein großer Geldbetrag; **f)** *as indef. obj.* es; **I can't cope with it any more** ich halte das nicht mehr länger aus; **have a hard time of it** eine schwere Zeit haben; **what is it?** was ist los?; was ist denn?; **g)** *(exactly what is needed)* That's it! That's exactly what I've been looking for Das ist es! Genau das habe ich gesucht; **a gift that is really 'it** das ideale Geschenk *(ugs.);* **he thinks he's really 'it** er denkt, er ist der Größte *(ugs.);* **h)** *(the extreme limit of achievement)* **this is really 'it** das ist wirklich [einsame *od.* absolute] Spitze *(ugs.);* **i)** *(coll.: sexual appeal)* das gewisse Etwas *(ugs.);* **j)** that's 'it *(coll.)(that's the problem)* das ist es [eben]; *(that's the end)* jetzt ist Schluß; *(that's true)* genau *(ugs.);* **when you've done your stint, that's 'it!** wenn du deinen Anteil geleistet hast, dann hast du genug *od.* dann war's das; **this is 'it** *(coll.) (the time for action)* es ist soweit; *(the real problem)* das ist es [eben]; **k)** *(in children's games)* **you're 'it!** du bist! *(ugs.). See also* **its;** **itself**

²**it** *n. (Brit. coll.)* [italienischer] Wermut

Italian [ɪ'tæljən] **1.** *adj.* italienisch; **sb. is ~**: jmd. ist Italiener/Italienerin; *see also* **English 1. 2.** *n.* **a)** *(person)* Italiener, *der*/Italienerin, *die;* **b)** *(language)* Italienisch, *das; see also* **English 2 a**

Italianate [ɪ'tæljənət, ɪ'tæljəneɪt] *adj.* italienisch beeinflußt

italic [ɪ'tælɪk] **1.** *adj.* kursiv. **2.** *n. in pl.* Kursivschrift, *die;* **in ~s** kursiv; **my ~s** Hervorhebung von mir

italicize (italicise) [ɪ'tælɪsaɪz] *v.t.* kursiv setzen

italic: ~ 'script *n.* Kursive, *die;* **~ 'type** *n. (Printing)* Kursivschrift, *die*

Italy ['ɪtəlɪ] *pr. n.* Italien *(das)*

itch [ɪtʃ] **1.** *n.* **a)** Juckreiz, *der;* Jucken, *das;* **I have an ~**: es juckt mich; ich habe einen Juckreiz; **when you get an ~**: wenn es [dich] juckt; **b)** *(disease)* Krätze, *die;* **c)** *(restless desire)* Drang, *der;* **I have an ~ to do it** es juckt *(ugs.) od.* reizt mich, es zu tun; **an ~ for money/success** ein Verlangen nach Geld/Erfolg. **2.** *v.i.* **a)** einen Juckreiz haben; **I'm ~ing** es juckt mich; **woollen jumpers make me ~**: Wollpullover jucken mich; **this heat makes me ~ all over** bei der Hitze juckt es mich überall; **it ~es us juckt;** **my back ~es** mein Rücken juckt; es juckt mich am Rücken; *see also* **finger 1 a; b)** *(feel a desire)* **~** *or* **be ~ing to do sth.** darauf brennen, etw. zu tun; **~ for sth.** sich nach etw. sehnen

itching-powder ['ɪtʃɪŋpaʊdə(r)] *n.* Juckpulver, *das*

itchy ['ɪtʃɪ] *adj.* kratzig ⟨Socken, Laken⟩; **be ~** ⟨*Körperteil:*⟩ jucken; **I feel ~**: es juckt mich; **I've got ~ feet** *(fig. coll.)* mich hält es

hier nicht länger; *(by temperament)* mich hält es nirgends lange

it'd ['ɪtəd] *(coll.)* **a)** = **it had; b)** = **it would**

item ['aɪtəm] *n.* **a)** Ding, *das;* Sache, *die; (in shop, catalogue)* Artikel, *der; (in variety show, radio, TV)* Nummer, *die;* **~ of clothing/furniture** Kleidungs-/Möbelstück, *das;* **~ of equipment** Ausrüstungsgegenstand, *der;* **b) ~ [of news]** Nachricht, *die;* **c)** *(in account or bill)* Posten, *der; (in list, programme, agenda)* Punkt, *der*

itemize (itemise) ['aɪtəmaɪz] *v.t.* einzeln aufführen; spezifizieren ⟨Rechnung⟩; **~ the stock** den Bestand auflisten

iterative ['ɪtərətɪv] *adj.,* **iteratively** ['ɪtərətɪvlɪ] *adv. (Ling.)* iterativ

itinerant [ɪ'tɪnərənt, aɪ'tɪnərənt] **1.** *adj.* reisend; umherziehend; Wander⟨*prediger, -arbeiter*⟩; fahrend ⟨*Sänger*⟩. **2.** *n.* Landfahrer, *der*/Landfahrerin, *die*

itinerary [aɪ'tɪnərərɪ, ɪ'tɪnərərɪ] *n.* **a)** *(route)* [Reise]route, *die;* [Reise]weg, *der;* **b)** *(record of travel)* Reisebericht, *der;* Reisebeschreibung, *die;* **c)** *(guidebook)* Reiseführer, *der*

it'll [ɪtl] *(coll.)* = **it will**

its [ɪts] *poss. pron. attrib.* sein/ihr/sein; *see also* ²**her**

it's [ɪts] **a)** = **it is; b)** = **it has**

itself [ɪt'self] *pron.* **a)** *emphat.* selbst; **by ~** *(automatically)* von selbst; *(alone)* allein; *(taken in isolation)* für sich; **in ~**: für sich genommen; **which ~ is reason enough** was allein schon Grund genug ist; **he is generosity ~**: er ist die Großzügigkeit in Person; **b)** *refl.* sich; **the rocket destroys ~**: die Rakete zerstört sich selbst; **the machine switches ~ off** die Maschine schaltet sich [von] selbst aus. *See also* **herself**

itsy-bitsy ['ɪtsɪ'bɪtsɪ], **itty-bitty** [ɪtɪ'bɪtɪ] *adjs. (coll.)* klitzeklein *(ugs.);* **~ little** klitzeklitzeklein *(ugs.)*

ITV *abbr. (Brit.)* Independent Television kommerzielles britisches Fernsehprogramm

Ivan ['aɪvn] *pr. n. (Hist., as name of ruler etc.)* Iwan *(der);* **~ the Terrible** Iwan der Schreckliche

I've [aɪv] = **I have**

ivory ['aɪvərɪ] *n.* **a)** *(substance)* Elfenbein, *das; attrib.* elfenbeinern; Elfenbein-; **b)** *(object)* Elfenbeinschnitzerei, *die;* **c)** *(colour)* Elfenbein, *das; attrib.* elfenbeinfarbig; **d) tickle the ivories** *(coll.)* ein bißchen auf dem Klavier spielen

ivory: I~ 'Coast *pr. n.* Elfenbeinküste, *die;* **~ 'tower** *n.* Elfenbeinturm, *der*

ivy ['aɪvɪ] *n.* Efeu, *der; see also* **ground ivy**

'ivy-clad *adj.* efeubewachsen

'Ivy League *n. (Amer.)* Eliteuniversitäten im Osten der USA

J, j [dʒeɪ] *n., pl.* **Js** *or* **J's** J, j, *das*

J. *abbr.* **a)** *(Cards)* jack B; **b)** *(Phys.)* **joule[s]** J

jab [dʒæb] **1.** *v.t.* **-bb- a)** *(poke roughly)* stoßen; **he ~bed my arm with his finger** er pik-

ste mir mit dem Finger in den Arm; **he ~bed his elbow into my side** er stieß mir den Ellbogen in die Seite; **b)** *(stab)* stechen; **he ~bed the needle into my leg** er stach mir mit der Nadel ins Bein; **c)** *(thrust abruptly)* stoßen. **2.** *v.i.* **-bb-: ~ at sb. [with sth.]** auf jmdn. [mit etw.] einhauen; *(stab at)* auf jmdn. [mit etw.] einstechen. **3.** *n.* **a)** *(abrupt blow)* Schlag, *der; (with stick, elbow)* Stoß, *der; (with needle)* Stich, *der; (Boxing)* Jab, *der;* **give sb. a ~**: jmdn. einen Schlag/Stoß/Stich versetzen; **b)** *(Brit. coll.: hypodermic injection)* Spritze, *die;* **give sb./oneself a ~**: jmdn./sich eine Spritze verpassen *(ugs.);* **have you had your cholera ~s yet?** bist du schon gegen Cholera geimpft worden?

jabber ['dʒæbə(r)] **1.** *v.i.* plappern *(ugs.);* **~ at sb.** auf jmdn. einreden. **2.** *v.t.* brabbeln *(ugs.).* **3.** *n.* **a)** *(fast)* Geplapper, *das (ugs.);* **b)** *(unclear)* Gebrabbel, *das (ugs. abwertend);* Kauderwelsch, *das*

jabot ['ʒæbəʊ] *n.* Jabot, *das*

jack [dʒæk] *n.* **1.** **a)** *(Cards)* Bube, *der;* **~ of hearts** Herzbube, *der;* **b)** *(for lifting vehicle wheel)* Wagenheber, *der;* **c)** **J~** *(man)* Hans; **every man ~ [of them]** *(coll.)* mit, alleinander; allesamt; **on one's J~** [Jones] *(sl.)* ganz allein; **all work and no play makes J~ a dull boy** *(prov.)* zuviel Arbeit ist ungesund; **I'm all right, J~** *(fig. coll.)* was kümmern *od.* interessieren mich die anderen?; **d)** *see* **Jack tar; e)** *(for turning spit)* Bratenwender, *der;* **f)** *(on clock)* Glockenschläger, *der;* **g)** *(Teleph. etc.)* Buchse, *die;* Klinke, *die (Postw.);* *(wall socket)* Steckdose, *die;* **h)** *(Bowls)* Malkugel, *die;* **i)** *(Zool.)* Männchen, *das;* **j)** *(ship's flag)* Gösch, *die (Seemannsspr.). See also* **Union Jack. 2.** *v.t.* **a) ~ in** *or* **up** *(Brit. sl.: abandon)* [auf]stecken *(ugs.);* **b) ~ up** *(lift)* aufbocken ⟨*Fahrzeug*⟩; *(fig. sl.: increase)* was draufsatteln auf (+ Akk.) *(ugs.)*

jackal [dʒækl] *n. (Zool.)* Schakal, *der*

jackanapes ['dʒækəneɪps] *n. (arch.: impertinent fellow)* Laffe, *der (veralt. abwertend)*

jackass ['dʒækæs] *n.* **a)** *(male ass)* Eselhengst, *der;* **b)** *(stupid person)* Esel, *der (ugs.);* **c) laughing ~** *(Austral. Ornith.)* Lachender Hans

jack: ~boot *n.* **a)** [Stulpen]stiefel, *der;* **b)** *(fig.)* **be under the ~boot** brutalen *od.* rücksichtslosen Methoden ausgeliefert sein; **~daw** ['dʒækdɔː] *n. (Ornith.)* Dohle, *die*

jacket ['dʒækɪt] *n.* **a)** Jacke, *die; (of suit)* Jackett, *das;* **sports ~**: Sakko, *der;* **a new ~ and trousers** ein neues Jackett und Hosen; eine neue Kombination; **~ pocket** Jackentasche, *die*/Jackettasche, *die;* **b)** *(round a boiler etc.)* Mantel, *der;* **c)** *(of book)* Schutzumschlag, *der;* **d)** *(of a potato)* Schale, *die;* **~ potatoes** in der Schale gebackene Kartoffeln; **e)** *(Amer.) see* **sleeve b**

jack: J~ 'Frost *n.* Väterchen Frost *(scherzh.);* **~-in-the-box** *n.* Schachtelteufel, *der;* Kastenteufel, *der;* **~-knife 1.** *n.* **a)** *(large clasp-knife)* Klappmesser, *das;* **b)** *(dive)* Hechtsprung, *der;* **c)** *(Motor Veh.)* Querstellen des Anhängers; **2.** *v.i.* **the lorry ~knifed** der Anhänger des Lastwagens stellte sich quer; **~ of 'all trades** *n.* Hansdampf [in allen Gassen]; **he is a ~ of all trades and master of none** er versteht von allem ein bißchen was, aber von nichts sehr viel; **~pot** *n.* Jackpot, *der;* **hit the ~pot** *(fig.)* das große Los ziehen; **J~ Robinson** [dʒæk 'rɒbɪnsn] *n.* **before you can/could say J~ Robinson** im Nu *(ugs.);* **in Null Komma nichts** *(ugs.);* **J~ Russell** [dʒæk 'rʌsl] *n.* eine Terrierart; **J~ 'tar** *n.* Teerjacke, *die (scherzh.)*

Jacob ['dʒeɪkəb] *pr. n. (Bibl.)* Jakob *(der);* **~'s ladder** *(Bot.)* Jakobsleiter, *die;* Sperrkraut, *das*

Jacobean [dʒækə'biːən] *adj. (Hist.)* [aus] der Zeit Jakobs I. nachgestellt

Jacobite ['dʒækəbaɪt] *n. (Hist.)* Jakobit, *der*
Jacquard [loom] ['dʒækɑːd (luːm)] *n.* Jacquardwebstuhl, *der*
jacuzzi, *(Amer.:* P) [dʒə'kuːzɪ] *n.* ≈ Whirlpool, *der*
¹jade [dʒeɪd] **1.** *n. (derog.)* **a)** *(horse)* alter Klepper *(abwertend);* Schindmähre, *die (abwertend);* **b)** *(woman)* Weib, *das;* Weibsbild, *das (abwertend).* **2.** *v. t., esp. in p. p. (tire)* ermüden; abstumpfen 〈*Geschmacksnerven*〉; **look ~d** abgespannt *od.* erschöpft aussehen
²jade *n.* **a)** *(stone)* Jade, *der od. die; (carvings)* Jade[arbeiten], *die;* **b)** *(colour)* Jadegrün, *das*
Jaffa ['dʒæfə], **Jaffa orange** [dʒæfə 'ɒrɪndʒ] *n.* Jaffaapfelsine, *die*
Jag [dʒæg] *n. (Brit. coll.: car)* Jaguar, *der*
¹jag *n.* Zacke, *die;* Spitze, *die*
²jag *n. (sl.: drinking-bout)* Besäufnis, *das (salopp);* Sauferei, *die (derb abwertend);* **go on a ~:** saufen *(derb);* **be on a ~:** am Saufen sein *(derb)*
jagged ['dʒægɪd] *adj.* **a)** *(irregularly cut)* gezackt; ausgefranst 〈*Loch/Riß in Kleidungsstücken*〉; 〈*Wunde*〉 mit [unregelmäßig] gezackten Rändern; **b)** *(deeply indented)* zerklüftet 〈*Küste*〉
jaguar ['dʒægjʊə(r)] *n. (Zool.)* Jaguar, *der*
jail [dʒeɪl] **1.** *n.* **a)** *(place)* Gefängnis, *das; (confinement)* Haft, *die;* **in ~:** im Gefängnis; **be sent to ~:** ins Gefängnis kommen; eingesperrt werden; **go to ~:** ins Gefängnis gehen. **2.** *v. t.* ins Gefängnis bringen; einsperren
jail: ~bird *n.* Knastbruder, *der (ugs.);* **~break** *n.* Gefängnisausbruch, *der*
jailer, jailor ['dʒeɪlə(r)] *n.* Gefängniswärter, *der/*Gefängniswärterin, *die*
jalopy [dʒə'lɒpɪ] *n. (coll.)* Klapperkiste, *die (ugs.)*
¹jam [dʒæm] **1.** *v. t.,* **-mm- a)** *(squeeze and fix between two surfaces)* einklemmen; **~ sth. into sth.** etw. in etw. *(Akk.)* zwängen; **the key had become ~med in the lock** der Schlüssel hatte sich im Schloß verklemmt; **b)** *(make immovable)* blockieren *(fig.)* lähmen; lahmlegen; **I seem to ~ the car door every time I lock it** die Autotür verklemmt sich anscheinend jedes Mal, wenn ich sie abschließe; **c)** *(squeeze together in compact mass)* stopfen **(into** in + *Akk.);* **~ together** zusammenpferchen 〈*Personen*〉; **d)** *(thrust into confined space)* stopfen **(into** in + *Akk.);* **e)** *(block by crowding)* blockieren; versperren, blockieren 〈*Eingang*〉; verstopfen, blockieren 〈*Rohr*〉; **the switchboard was ~med with calls** sämtliche Leitungen waren durch Anrufe blockiert; **f)** *(Radio)* stören. **2.** *v. i.,* **-mm- a)** *(become tightly wedged)* sich verklemmen; **b)** *(become unworkable)* 〈*Maschine:*〉 klemmen. **3.** *n.* **a)** *(crush, stoppage)* Blockierung, *die;* Klemme, *das;* **b)** *(crowded mass)* Stau, *der;* **c)** *(coll.: dilemma)* Klemme, *die (ugs.);* Patsche, *die (ugs.);* **be in a ~:** in der Klemme stecken; in der Patsche sitzen; **get into a ~:** in die Klemme geraten; **d)** *see* **jam session.** *See also* **log jam; traffic jam**
~ 'in *v. t.* hineinzwängen; **we were ~med in** wir waren eingepfercht
~ 'on *v. t.* **the brakes [full] on** [voll] auf die Bremse steigen *(ugs.);* eine Vollbremsung machen
~ 'up *v. t.* verstopfen 〈*Straße usw.*〉; lahmlegen 〈*System*〉; verklemmen 〈*Mechanismus*〉
²jam *n.* **a)** Marmelade, *die;* Konfitüre, *die (bes. Kaufmannsspr.);* **make ~:** Marmelade einmachen; **[promises of] ~ tomorrow** *(fig.)* schöne Zukunftsverheißungen; **sb. wants ~ on it** *(fig. coll.)* jmdm. genügt etw. noch nicht; **b)** *(Brit. coll.: sth. easy)* kinderleichte Sache *(fam.);* Kinderspiel, *das; see also* **money a**

Jamaica [dʒə'meɪkə] *pr. n.* Jamaika *(das)*
Jamaican [dʒə'meɪkən] **1.** *adj.* jamaik[an]isch; **sb. is ~:** jmd. ist Jamaikaner/Jamaikanerin. **2.** *n.* Jamaikaner, *der/*Jamaikanerin, *die*
jamb [dʒæm] *n. (of doorway, window)* Pfosten, *der*
jamboree [dʒæmbə'riː] *n.* **a)** fröhliches Beisammensein, Fete, *die (ugs. scherzh.);* **b)** *(carousal)* Zechgelage, *das (veralt.);* **c)** *(large rally of Scouts)* Jamboree, *das*
James [dʒeɪmz] *pr. n. (Hist., as name of ruler etc.)* Jakob *der*
'jam-jar *n.* Marmeladenglas, *das*
'jammy ['dʒæmɪ] *adj.* **a)** *(sticky with jam)* von Marmelade klebrig; marmeladeverklebt; **b)** *(Brit. coll.) (easy)* kinderleicht *(fam.); (lucky)* **that was ~:** das war Schwein *(ugs.);* **~ beggar** Glückspilz, *der (ugs.)*
jam: ~-packed *adj. (coll.)* knallvoll *(ugs.),* proppenvoll **(with** von); **~ session** *n. (Jazz coll.)* Jam session, *die;* **~ 'tart** *n.* Marmeladentörtchen, *das*
Jan. *abbr.* January Jan.
jane [dʒeɪn] *n. (sl.)* Mieze, *die (salopp); see also* **plain 1**
jangle ['dʒæŋgl] **1.** *v. i.* klimpern; 〈*Klingel:*〉 bimmeln. **2.** *v. t.* **a)** *(sound)* rasseln mit; bimmeln mit 〈*Glocke*〉; **b)** *(irritate)* **~ sb.'s nerves** jmdn. nerven *(salopp);* jmdm. auf die Nerven gehen. **3.** *n.* Geklapper, *das; (of bell)* Schrillen, *das*
janitor ['dʒænɪtə(r)] *n.* **a)** *(door-keeper)* Portier, *der;* **b)** *(caretaker)* Hausmeister, *der*
January ['dʒænjʊərɪ] *n.* Januar, *der; see also* **August**
Jap [dʒæp] *n. (coll., often derog.)* Japs, *der (ugs., oft abwertend)*
Japan [dʒə'pæn] *n.* Japan *(das)*
japan 1. *n.* Japanlack, *der.* **2.** *v. t.,* **-nn-** mit Japanlack überziehen; **a ~ned table** ein Lacktisch
Japanese [dʒæpə'niːz] **1.** *adj.* japanisch; **sb. is ~:** jmd. ist Japaner/Japanerin; *see also* **English 1. 2.** *n., pl. same* **a)** *(person)* Japaner, *der/*Japanerin, *die;* **b)** *(language)* Japanisch, *das; see also* **English 2 a**
Japanese: ~ [flowering] 'cherry *n.* Japanische Kirsche, *die;* **~ quince** *n.* Japanische Quitte, *die;* **~ 'silk** *n.* Japanseide, *die*
jape [dʒeɪp] **1.** *v. i.* spotten **(with** über + *Akk.);* **~ at** vespotten. **2.** *n.* Scherz, *der; (practical joke)* Streich, *der*
japonica [dʒə'pɒnɪkə] *n. (Bot.)* Japanische Quitte
¹jar [dʒɑː(r)] **1.** *n.* **a)** *(harsh or grating sound)* Quietschen, *das;* **b)** *(thrill of nerves, shock)* Schlag, *der;* **stop with a ~:** mit einem Ruck halten; **c)** *(lack of harmony)* Mißton, *der.* **2.** *v. i.,* **-rr- a)** *(sound discordantly)* quietschen; *(rattle)* 〈*Fenster:*〉 scheppern *(ugs.);* **~ on** *or* **against sth.** über etw. *(Akk.)* knirschen; **b)** *(have discordant or painful effect)* **~ [up]on sb./sb.'s nerves** jmdm. auf die Nerven gehen; **~ on the ears** durch Mark und Bein gehen *(ugs. scherzh.);* **these two colours ~:** diese beiden Farben beißen sich *(ugs.);* **c)** *(fig.: be out of harmony)* **~ with sth.** sich mit etw. nicht vertragen. **3.** *v. t.,* **-rr- a)** *(cause to vibrate)* erschüttern; **b)** *(send shock through)* **~ sb.'s nerves** jmdm. auf die Nerven gehen; **~ one's elbow** sich *(Dat.)* den Ellbogen anschlagen
²jar *n.* **a)** *(vessel)* Topf, *der; (of glass)* Glas, *das;* **~ of jam** *etc.* Topf/Glas Marmelade *usw.;* **b)** *(Brit. coll.: glass of beer)* Bierchen, *das (fam.)*
³jar *n. (arch./coll.)* **on the ~** *(ajar)* angelehnt
jardinière [ʒɑːdɪ'njeə(r)] *n.* Jardinière, *die;* **à la ~:** nach Gärtnerinart
jarful ['dʒɑːfʊl] *n.* Topf, *der; (contents of glass jar)* Glas, *das;* **a ~ of jam** ein Topf/Glas Marmelade; **a ~ of pebbles** ein Topf/Glas voll Kieselsteine
jargon ['dʒɑːgən] *n.* **a)** *(speech familiar only to a particular group)* Jargon, *der;* **b)** *(unintelligible words)* Gebrabbel, *das (ugs. abwertend)*
Jas. *abbr.* James
jasmin[e] ['dʒæsmɪn, 'dʒæzmɪn] *n.* Jasmin, *der;* **common** *or* **white ~:** echter Jasmin; Kletterjasmin, *der;* **red ~:** rotblühende Plumeria; **winter ~:** Winterjasmin, *der*
jasper ['dʒæspə(r)] *n. (Min.)* Jaspis, *der*
jaundice ['dʒɔːndɪs] **1.** *n. (Med.)* Gelbsucht, *die.* **2.** *v. t.* **a)** *(Med.)* **be [badly] ~d** eine [schwere] Gelbsucht bekommen; **b)** *usu. in p. p. (fig.: affect with bitterness)* verbittern; **~ sb. against sth./towards sb.** jmdn. gegen etw./jmdn. einnehmen; **with [a] ~d eye** *(enviously)* neidvoll; mit Neid; **a very ~d view of life** eine durch große Verbitterung gekennzeichnete Lebenseinstellung
jaunt [dʒɔːnt] **1.** *n.* Ausflug, *der;* **be off on/go for a ~:** einen Ausflug machen. **2.** *v. i.* **~ [about]** herumziehen; **are you ~ing off again on some new trip?** geht es mal wieder auf Tour?
jauntily ['dʒɔːntɪlɪ] *adv.* unbeschwert
jaunty ['dʒɔːntɪ] *adj.* unbeschwert; keck 〈*Hut*〉; **with a ~ gait** beschwingten Schrittes; **he wore his hat at a ~ angle** er hatte sich *(Dat.)* den Hut keck aufs Ohr gesetzt
Java [dʒɑːvə] *pr. n.* Java *(das)*
javelin ['dʒævəlɪn, 'dʒævlɪn] *n.* **a)** Speer, *der;* **throwing the ~** *(Sport)* Speerwerfen, *das;* **b)** *(Sport: event)* Speerwerfen, *das*
jaw [dʒɔː] **1.** *n.* **a)** *(Anat.)* Kiefer, *der;* **his ~ dropped** er ließ die Kinnlade herunterfallen; **upper/lower ~:** Ober-/Unterkiefer, *der;* **set one's ~:** ein entschlossenes Gesicht machen; **b)** *in pl. (of valley, channel)* Schlund, *der;* **c)** *(of machine)* [Klemm]backe, *die;* **d)** *in pl. (large dangerous mouth)* Rachen, *der; (fig.: of fate, death, etc.)* Klauen; **snatch sb. from the ~s of death** jmdn. vor dem sicheren Tod retten; **snatch victory from the ~s of defeat** kurz vor der drohenden Niederlage doch noch den Sieg erringen. **2.** *v. i. (sl.)* quatschen *(ugs.);* **~ at sb.** jmdn. vollquatschen *(ugs.)*
jaw: ~bone *n.* Kieferknochen, *der;* **~-breaker** *n. (coll.)* Zungenbrecher, *der*
jay [dʒeɪ] *n. (Ornith.)* **a)** *(Garrulus glandarius)* Eichelhäher, *der;* **b)** *(Garrulinae)* Häher, *der*
jay: ~-walk *v. i.* verkehrswidrig die Straße überqueren; **~-walker** *n.* verkehrswidrig die Fahrbahn überquerender Fußgänger
jazz [dʒæz] **1.** *n.* **a)** Jazz, *der; attrib.* 〈*musik, -musiker*〉; **b)** *(sl.: nonsense)* Quatsch, *der (ugs. abwertend);* Gewäsch, *das (ugs. abwertend);* **and all that ~** *(ugs.)* und der ganze Kram *(ugs.).* **2.** *v. t.* **~ up** aufpeppen *(ugs.);* aufmotzen *(ugs.)*
'jazz band *n.* Jazzband, *die*
jazzy ['dʒæzɪ] *adj.* poppig; **a ~ sports car** ein aufgemotzter Sportwagen *(ugs.)*
JCR *abbr. (Brit. Univ.)* Junior Common Room; Junior Combination Room
jealous ['dʒeləs] *adj.* **a)** *(feeling resentment)* eifersüchtig **(of** auf + *Akk.);* **b)** *(possessive)* eifersüchtig 〈*Liebe*〉; **be ~ of sth.** eifersüchtig über etw. *(Akk.)* wachen; **be ~ for sth.** peinlich auf etw. *(Akk.)* bedacht sein; **he kept a ~ eye on her** er wachte eifersüchtig über sie
jealously ['dʒeləslɪ] *adv.* eifersüchtig
jealousy ['dʒeləsɪ] *n.* Eifersucht, *die;* **little jealousies** [kleine] Eifersüchteleien
jean [dʒiːn] *n.* **a)** *(cloth)* Baumwolldrell, *der;* **b)** *in pl. (trousers)* Jeans *Pl.;* Jeans, *die;* **a pair of ~s** ein Paar Jeans; eine Jeans; *see also* **blue jeans**
Jeep, (P**)** [dʒiːp] *n.* Jeep ⓦ, *der*
jeer [dʒɪə(r)] **1.** *v. i.* höhnen *(geh.);* **~ at sb.** jmdn. verhöhnen. **2.** *v. t.* verhöhnen; **the crowd ~ed every tackle he made** die Menge johlte höhnisch bei jedem Tackling, das er machte. **3.** *n.* höhnisches Johlen; *(remark)*

höhnische Bemerkung; ~s höhnisches Gejohle/höhnische Bemerkungen
jehad see **jihad**
Jehovah [dʒɪˈhəʊvə] n. (Relig.) Jehovah (der)
Jehovah's 'Witness n. (Relig.) Zeuge Jehovas
jejune [dʒɪˈdʒuːn] adj. **a)** (intellectually unsatisfying) unergiebig; unzulänglich ⟨Erklärung, Begründung, Leistung⟩; **b)** (puerile) läppisch (abwertend); infantil (abwertend)
jejunum [dʒɪˈdʒuːnəm] n. (Anat.) Leerdarm, der
jell [dʒel] v. i. **a)** (set as jelly) fest werden; gelieren; **b)** (fig.: take definite form) Gestalt annehmen; **not ~ as a group** als Gruppe nicht zusammenpassen
jelly [ˈdʒelɪ] **1.** n. **a)** Gelee, das; (dessert) Götterspeise, die; **b)** (substance of similar consistency) gallertartige Masse; **her legs felt like ~**: ihr schlotterten die Knie; sie hatte Pudding in den Knien (ugs.); **c)** (sl.: gelignite) Plastiksprengstoff, der. **2.** v. t. zu einer gallertartigen Masse erstarren lassen; Gelee machen aus ⟨Obst⟩; **b)** jellied eels Aal in Aspik. **3.** v. i. (become ~) gelieren
jelly: ~ **baby** n. ≈ Gummibärchen, das; ~ **bean** n. [bohnenförmiges] Geleebonbon; ~**fish** n. Qualle, die; ~-**like** adj. gallertartig; gallertig ⟨Konsistenz⟩
jemmy [ˈdʒemɪ] n. (Brit.) Brecheisen, das
jeopardize (jeopardise) [ˈdʒepədaɪz] v. t. gefährden
jeopardy [ˈdʒepədɪ] n., no pl. Gefahr, die; **put** or **place sth./sb. in ~**: etw. aufs Spiel setzen/jmdn. in Gefahr bringen; etw./jmdn. gefährden; **in ~**: in Gefahr; gefährdet; **her life is in ~**: sie schwebt in Lebensgefahr
jerbil see **gerbil**
jerboa [dʒɜːˈbəʊə] n. (Zool.) Springmaus, die
Jeremiah [dʒerɪˈmaɪə] n. **a)** (Bibl.) Jeremia[s] (der); **b)** (fig.) Schwarzseher, der
Jericho [ˈdʒerɪkəʊ] pr. n. (Geog.) Jericho (das)
jerk [dʒɜːk] **1.** n. **a)** (sharp sudden pull) Ruck, der; ruckartige Bewegung; **with a series of ~s** ruckartig; ruckend; **with a ~ of his thumb, he indicated the direction in which ...**: mit einer kurzen Daumenbewegung zeigte er die Richtung, in die ...; **give sth. a ~**: einer Sache (Dat.) einen Ruck geben; an etw. (Dat.) rucken; **b)** (involuntary movement) Zuckung, die; Zucken, das; **c)** (sl.: person) Null, die (ugs.); Blödmann, der (ugs.). **2.** v. t. **a)** reißen an (+ Dat.) ⟨Seil usw.⟩; ~ **sth. away/back** etc. etw. weg-/zurückreißen usw.; ~ **sth. off/out of sth.** etc. etw. von etw. [herunter]reißen/aus etw. [heraus]reißen usw.; **he ~ed his thumb in the direction of the town** er zeigte mit einer kurzen Bewegung seines Daumens in Richtung Stadt; **a noise ~ed him out of his reverie** ein Geräusch riß ihn aus seinen Träumereien; **b)** (Weight-lifting) stoßen. **3.** v. i. ruckeln; (move in a spasmodic manner) zucken; **the lever ~ed out of his hand** der Hebel sprang ihm aus der Hand; **his head ~ed back** sein Kopf zuckte zurück
~ **'off** (coarse) **1.** v. t. ~ **sb. off** jmdm. einen abwichsen (vulg.). **2.** v. i. wichsen (derb)
jerkily [ˈdʒɜːkɪlɪ] adv. ruckartig; eckig ⟨gehen, sich verbeugen⟩
jerkin [ˈdʒɜːkɪn] n. ≈ Wams, das; (modern) Weste, die
jerky [ˈdʒɜːkɪ] adj. **a)** abgehackt, holprig ⟨Art zu sprechen/schreiben⟩; holprig ⟨Busfahrt⟩; holpernd ⟨Fahrzeug⟩; ruckartig ⟨Bewegung⟩; **b)** (spasmodic) zuckend; **the ~ movements of a puppet** die eckigen Bewegungen einer Marionette
Jerome [dʒəˈrəʊm] pr. n. **St ~**: der heilige Hieronymus
jerrican see **jerry-can**

Jerry [ˈdʒerɪ] n. (Brit. dated sl.) **a)** (soldier) Deutsche, der; **b)** no pl. (Germans collectively) die Deutsche
jerry: ~-**builder** n. Baupfuscher, der (ugs. abwertend); ~-**building** n. Pfusch am Bau (ugs. abwertend); ~-**built** adj. unsolide gebaut; ~-**can** n. Kanister, der
jersey [ˈdʒɜːzɪ] n. **a)** Pullover, der; (Sport) Trikot, das; Jersey, das; **b)** (vest) Unterhemd, das; **c)** (fabric) Jersey, der; **d)** J~ (cow) Jerseyrind, das; **e)** J~ pr. n. (island) Jersey
Jerusalem [dʒəˈruːsələm] pr. n. Jerusalem (das)
Jerusalem 'artichoke n. Topinambur, der
jest [dʒest] **1.** n. **a)** (joke) Scherz, der; Witz, der; **make ~s** scherzen; Witze machen; **b)** no pl. (fun) Spaß, der; **in ~**: im Scherz. **2.** v. i. scherzen; Witze machen
jester [ˈdʒestə(r)] n. Spaßmacher, der; (at court) Hofnarr, der; (fool) Hanswurst, der
Jesu [ˈdʒiːzjuː] pr. n. voc. Jesu
Jesuit [ˈdʒezjʊɪt] n. Jesuit, der
Jesuitical [dʒezjʊˈɪtɪkl] adj. jesuitisch
Jesus [ˈdʒiːzəs] **1.** pr. n. Jesus (der); **Society of ~**: Jesuitenorden, der. **2.** interj. (sl.) ~ [**Christ**]! Herrgott noch mal! (ugs.)
¹**jet** [dʒet] n. **a)** (stream) Strahl, der; ~ **of flame/steam/water** Feuer-/Dampf-/Wasserstrahl, der; **b)** (spout, nozzle) Düse, die; **c)** (aircraft) Düsenflugzeug, das; Jet, der; (engine) Düsentriebwerk, das. **2.** v. i., **-tt- a)** (spurt out) ⟨Wasser:⟩ herausschießen (from aus); ⟨Gas, Dampf:⟩ ausströmen (from aus); **b)** (coll.: travel by ~ plane) jetten (ugs.); ~ **in/out** or **off** [per Jet] einfliegen/abfliegen
²**jet** n. (Min.) Jett, der od. das; Gagat, der
jet: ~-**black** adj. pechschwarz; kohlrabenschwarz; ~ **engine** n. Düsen- od. Strahltriebwerk, das; ~ **fighter** n. Düsenjäger, der; ~ **lag** n. Zeitverschiebung, die; Jettravel-Syndrom, das (Med.); ~ **plane** n. Düsenflugzeug, das; ~-**propelled** adj. düsen- od. strahlgetrieben; mit Düsen- od. Strahlantrieb nachgestellt; ~ **pro'pulsion** n. Düsen- od. Strahlantrieb, der
jetsam [ˈdʒetsəm] n. sinkendes Seewurfgut (Seew.); (on seashore) Strandgut, das
jet: ~ **set** n. Jet-set, der; ~ **stream** n. **a)** (Meteorol.) Jetstream, der; Strahlstrom, der; **b)** (of jet) Düsenstrahl, der
jettison [ˈdʒetɪsən] v. t. **a)** (from ship) über Bord werfen; (from aircraft) abwerfen ⟨Ballast, Bombe⟩; (discard) wegwerfen; (Astronaut.: separate) abtrennen; (blast off) absprengen; **b)** (fig.: abandon) aufgeben; über Bord werfen ⟨Plan⟩
jetty [ˈdʒetɪ] n. **a)** (protecting harbour or coast) [Hafen]mole, die; **b)** (landing-pier) Landungsbrücke, die; Anleger, der (Seemannsspr.); (smaller) [Landungs]steg, der
Jew [dʒuː] n. **a)** Jude, der/Jüdin, die; **b)** (coll. derog.: person who drives hard bargains) Geldschneider, der (abwertend). See also **wandering Jew**
'Jew-baiting n. Judenhetze, die; Judenverfolgung, die
jewel [ˈdʒuːəl] **1.** n. **a)** (ornament) [kostbares] Schmuckstück; ~s collect. Schmuck, der; Juwelen Pl.; **b)** (precious stone) Juwel, das od. der; [wertvoller] Edelstein; (of watch) Stein, der; **c)** (fig.) (person) Goldstück, das; Juwel, das; (thing) Kleinod, das. **2.** v. t. (Brit.) **-ll-**; esp. in p. p. **a)** (adorn with jewels) mit Juwelen besetzen; ~**led hand** juwelengeschmückte Hand; **b)** (fit with ~s) mit Steinen versehen
jewel: ~-**box**, ~-**case** ns. Schmuckkasten, der
jeweller (Amer.: **jeweler**) [ˈdʒuːələ(r)] n. Juwelier, der; ~'s **rouge** Polierrot, das; see also **baker**
jewellery (Brit.), **jewelry** [ˈdʒuːəlrɪ] n. Schmuck, der

Jewess [ˈdʒuːɪs] n. Jüdin, die
Jewish [ˈdʒuːɪʃ] adj. jüdisch; **he/she is ~**: er ist Jude/sie ist Jüdin
Jewry [ˈdʒʊərɪ] n. Judentum, das; Judenheit, die
Jew's 'harp n. (Mus.) Maultrommel, die
¹**jib** [dʒɪb] n. **a)** (Naut.) (on sailing ship) Stagsegel, das (Seew.); (on sailing yacht or dinghy) Fock, die (Seew.); **I don't like the cut of his ~** (fig.) mir gefällt sein Gesicht od. (ugs.) seine Nase nicht; **b)** (of crane) Ausleger, der
²**jib** v. i., **-bb- a)** (refuse to go on) ⟨Pferd usw.:⟩ bocken; (because of fright) scheuen; **b)** (fig.) sich sträuben; streiken (ugs.); ~ **at sth./at doing sth.** sich gegen etw. sträuben/sich dagegen sträuben, etw. zu tun; **he ~bed at the idea** er wollte nichts davon wissen
¹**jibe** [dʒaɪb] v. i. (Amer.) (fit) sich decken; (match) zusammenpassen
²**jibe** see **gibe**; **gybe**
jiff [dʒɪf], **jiffy** [ˈdʒɪfɪ] n. (coll.) Augenblick, der; Moment, der; **in a ~**: sofort; gleich; **half a ~**: ein Momentchen!
'Jiffy bag, (P) n. gefütterte Versandtasche
jig [dʒɪg] **1.** n. **a)** (dance, music) Jig, die; (movement of suite) Gigue, die; **dance** or **do a ~**: einen Freudentanz vollführen; **b)** (appliance) Einspannvorrichtung, die. **2.** v. i., **-gg-** (dance a ~/gigue) eine Jig/eine Gigue tanzen; (fig.) herumhüpfen; ~ **up and down** herumhüpfen
jigger [ˈdʒɪgə(r)] n. Meßbecher für alkoholische Getränke
jiggered [ˈdʒɪgəd] adj. (coll.) **I'll be ~**: gibt's denn sowas! (ugs.); **I'll be ~ if ...**: der Teufel soll mich holen, wenn ... (salopp)
jiggery-pokery [dʒɪgərɪˈpəʊkərɪ] n. (Brit. coll.) **a)** (underhand scheming) Schmu, der (ugs.); **there is some [sort of] ~ going on** hier ist was faul; **he's up to some [sort of] ~**: er hat 'n krummes Ding vor (ugs.); **b)** (nonsense) Stuß, der (ugs. abwertend)
jiggle [ˈdʒɪgl] **1.** v. t. rütteln an, wackeln an (+ Dat.). **2.** v. i. rütteln; wackeln
'jigsaw n. **a)** Dekupiersäge, die; (electric) Stichsäge, die; **b)** [puzzle] Puzzle, das
jihad [dʒɪˈhæd, dʒɪˈhɑːd] n. (war) Dschihad, der
jilt [dʒɪlt] v. t. sitzenlassen (ugs.)
Jim Crow [dʒɪm ˈkrəʊ] n. (Amer. derog.) **a)** (a Black) Nigger, der (abwertend); **b)** no pl. (racial segregation) Rassentrennung, die; (racial discrimination) Rassendiskriminierung, die
jim-jams [ˈdʒɪmdʒæmz] n. pl. (sl.: fit of depression) Muffe, die (ugs.); **she got [an attack of] the ~**: ihr ging die Muffe
jimmy [ˈdʒɪmɪ] (Amer.) see **jemmy**
jimson [weed] [ˈdʒɪmsən (wiːd)] n. (Amer. Bot.) Stechapfel, der
jingle [ˈdʒɪŋgl] **1.** n. **a)** Klingeln, das; Bimmeln, das (ugs.); (of cutlery, chains, spurs) Klirren, das; (of coins, keys) Geklimper, das; **b)** (repetition) Aneinanderreihen lautähnlicher Wörter; (trivial verse) Wortgeklingel, das (abwertend); (Commerc.) Werbespruch, der; Jingle, der (Werbespr.); **c)** (thing designed to ~) Schelle, die. **2.** v. i. **a)** (Metallgegenstände:) klimpern; ⟨Kasse, Schelle:⟩ klingeln; ⟨Glöckchen:⟩ bimmeln; **b)** (be full of alliterations, rhymes, etc.) ⟨Text:⟩ sich reimen und stabreimen. **3.** v. t. klingeln mit, (ugs.) bimmeln mit ⟨Glöckchen⟩; klimpern mit ⟨Münzen, Schlüsseln, Armreifen⟩
'jingle-jangle n. Geklimper, das (abwertend)
jingo [ˈdʒɪŋgəʊ] n., pl. **-es a)** Chauvinist, der (abwertend); Hurrapatriot, der (ugs. abwertend); **b) by ~!** beim Zeus!; bei Gott!
jingoism [ˈdʒɪŋgəʊɪzm] n., no pl. Chauvinismus, der (abwertend); Hurrapatriotismus, der (ugs. abwertend)
jingoist [ˈdʒɪŋgəʊɪst] see **jingo a**

jink see **high jinks**
jinx [dʒɪŋks] 1. *n.* *(coll.)* Fluch, *der;* there seemed to be a ~ on him er schien vom Pech verfolgt zu sein; break the ~: den Bann brechen. 2. *v. t.* verhexen
jitterbug ['dʒɪtəbʌɡ] 1. *n.* a) Nervenbündel, *das (ugs.);* b) *(dance)* Jitterbug, *der.* 2. *v. i.* Jitterbug tanzen
jitters ['dʒɪtəz] *n. pl. (coll.)* großes Zittern; Bammel, *der (salopp);* an attack *or* a case of the ~: ein Bammel *(salopp);* give sb. the ~: jmdm. Schiß machen *(salopp)*
jittery ['dʒɪtərɪ] *adj.* *(nervous)* nervös; *(frightened)* verängstigt
jive [dʒaɪv] 1. *n.* Jive, *der.* 2. *v. i.* Jive tanzen
Jnr. *abbr.* Junior jr.; jun.
Joan of Arc [dʒəʊn əv 'ɑːk] *pr. n.* die Jungfrau von Orleans
Job [dʒəʊb] *pr. n.* Hiob *(der);* he would try the patience of ~: bei ihm braucht man eine Engelsgeduld; ~'s 'comforter schlechter Trostspender
job [dʒɒb] 1. *n.* a) *(piece of work)* ~ [of work] Arbeit, *die;* we have five ~s to do today wir haben heute fünf Dinge zu erledigen; *(orders to be fulfilled)* wir haben heute fünf Aufträge zu erledigen; I have a little ~ for you ich habe eine kleine Aufgabe *od.* einen kleinen Auftrag für dich; do a ~ for sb., *(fig. coll.)* jmdm. ins Handwerk pfuschen *(ugs.);* it is sb.'s ~ to do sth. es ist jmds. Pflicht, etw. zu tun; you've got a really tough ~ on your hands! da hast du aber eine Heidenarbeit *od.* ein schönes Stück Arbeit!; you're doing an excellent ~! Sie machen das ausgezeichnet; nose ~ *(coll.)* Nasenoperation, *die;* b) *(position of employment)* Stelle, *die;* Anstellung, *die;* Job, *der (ugs.);* he is, after all, only doing his ~! er tut schließlich nur seine Pflicht; he knows his ~: er versteht sein Handwerk gut; ~ vacancies offene Stellen; *(in newspaper)* „Stellenangebote"; have ~ security einen sicheren Arbeitsplatz haben; ~ situation Arbeitsmarktsituation, *die;* it's as much as my ~'s worth es würde mich meinen Job kosten; it's not my ~ *(fig.)* es ist nicht meine Sache *od.* Aufgabe; the man for the ~: der richtige Mann; ~s for the boys *(coll.)* ≈ wer gute Beziehungen hat, kriegt einen Job *(ugs.);* it is a case *or* matter of ~s for the boys die besten Posten *od. (ugs.)* Jobs werden unterderhand vergeben; just the ~ *(fig. sl.)* genau das richtige; die Sache *(ugs.);* on the ~: bei der Arbeit; out of a ~: arbeitslos; ohne Stellung; c) *(sl.: crime)* [krummes] Ding *(ugs.);* do a [bank] ~: ein Ding [in einer Bank] drehen *(ugs.);* this was a professional ~: hier war ein Profi/hier waren Profis am Werk; d) *(result of work)* Ergebnis, *das;* make a [good] ~ of sth. bei etw. gute Arbeit leisten; make a thorough ~ of it ganze Arbeit leisten; be a good etc. ~: gut *usw.* sein; this respray/rebuilt car is a superb ~! diese Neulackierung/dieses restaurierte Auto ist großartig geworden!; e) *(coll.: difficult task)* [schönes] Stück Arbeit; I had a [hard *or* tough] ~ convincing *or* to convince him es war gar nicht so einfach für mich *od.* ich hatte [einige] Mühe, ihn zu überzeugen; f) *(state of affairs)* a bad ~: eine schlimme *od.* üble Sache; it's a bad ~: the company is virtually bankrupt es sieht schlecht aus: die Firma ist praktisch pleite; give sb./sth. up as a bad ~ see give up 2 a; a good ~: ein Glück; we've finished, and a good ~ too! wir sind fertig, zum Glück; what *or* it's a good ~ he doesn't know about it! nur gut, daß er nichts davon weiß! 2. *v. i.* -bb- a) *(do ~s)* Gelegenheitsarbeiten verrichten; jobben *(ugs.);* b) *(deal in stocks)* als Börsenhändler arbeiten; c) *(turn position of trust to private advantage)* sein Amt [zum eigenen Vorteil] mißbrauchen; d) *(buy and sell as middleman)* als Vermittler Geschäfte machen; *(Amer.: trade in wholesale lots)* als Zwischenhändler tätig sein. 3. *v. t.*, -bb- im Zwischenhandel verkaufen; makeln ⟨*Häuser, Grundstücke*⟩
jobber ['dʒɒbə(r)] *n.* a) *(Amer.: wholesaler)* Zwischenhändler, *der;* b) *(stock~)* Börsenod. Effektenhändler, *der*
jobbery ['dʒɒbərɪ] *n.* Schiebung, *die*
jobbing ['dʒɒbɪŋ] *adj.* Gelegenheits-; ~ gardener Aushilfsgärtner, *der;* ~ printer Akzidenzdrucker, *der*
job: ~centre *n. (Brit.)* Arbeitsvermittlungsstelle, *die;* ~ creation *n.* Schaffung von Arbeitsplätzen; ~ description *n.* Arbeitsplatzbeschreibung, *die;* Tätigkeitsbeschreibung, *die;* ~ evaluation *n.* Arbeitsbewertung, *die;* ~-hunt *v. i.* go/be ~-hunting auf Arbeits- *od.* Stellensuche gehen/sein; ~-hunter *n.* Stellen- *od.* Arbeitssuchende, *der/die;* ~-hunting *n.* Arbeitsuche, *die;* Stellensuche, *die*
jobless ['dʒɒblɪs] *adj.* beschäftigungslos; arbeitslos
job: ~ 'lot *n.* Partieware, *die (Kaufmannsspr.); (fig.)* Sammelsurium, *das (abwertend);* ~ satisfaction see satisfaction b; ~-sharing *n.* Job-sharing, *das;* ~-sheet *n.* Arbeitsbericht, *der*
Jock [dʒɒk] *n. (Brit. sl.)* Schotte, *der*
jock *(coll.) see* **jockey**
jockey ['dʒɒkɪ] 1. *n.* Jockei, *der;* Jockey, *der.* 2. *v. i.* rangeln *(for* um*);* ~ for position *(lit. or fig.)* alles daransetzen, eine möglichst gute Position zu erringen; all the ~ing behind the scenes das ganze Gerangel hinter den Kulissen. 3. *v. t.* ~ sb. into/out of doing sth. jmdn. dazu bringen, etw. zu tun/nicht mehr zu tun
jockey: ~ cap *n.* Jockeymütze, *die;* J~ Club *n. (Brit.)* oberste Behörde des Galoppsports in England
jock-strap ['dʒɒkstræp] *n.* [Sport]suspensorium, *das*
jocose [dʒə'kəʊs] *adj.* a) *(playful, fond of joking)* launig ⟨*Stimmung, Bemerkung, Wesensart*⟩; ~ person Spaßvogel, *der;* b) *(waggish)* schalkhaft
jocular ['dʒɒkjʊlə(r)] *adj.* lustig, witzig ⟨*Bemerkung, Antwort*⟩; spaßig, scherzhaft ⟨*Person*⟩; his ~ conversation bored her seine Witze langweilten sie
jocularly ['dʒɒkjʊləlɪ] *adv.* scherzhaft
jocund ['dʒɒkənd] *adj. (literary)* fröhlich
jodhpurs ['dʒɒdpəz] *n. pl.* Reithose, *die;* Jodhpur[hose], *die*
Joe [dʒəʊ] *n.* ~ [Q.] Public *(coll.)* Otto Normalverbraucher *der (ugs.)*
joey ['dʒəʊɪ] *n. (Austral.)* junges Känguruh
jog [dʒɒɡ] 1. *v. t.*, -gg- a) *(shake with push or jerk)* rütteln, schütteln; the horse ~ged its rider up and down das Pferd schüttelte seinen Reiter durch; b) *(nudge)* [an]stoßen; ~ sb.'s elbow *(am Ellbogen)* anstoßen; c) *(stimulate)* ~ sb.'s memory jmds. Gedächtnis *(Dat.)* auf die Sprünge helfen. 2. *v. i.*, -gg- a) *(move up and down)* auf und ab hüpfen; ~ around/about herumhüpfen; his holster was ~ging against his hip sein Halfter schlug ihm im Rhythmus gegen die Hüfte; b) *(move at ~trot)* ⟨*Pferd:*⟩ [dahin]trotten; c) *(run at slow pace)* [im mäßigen Tempo] laufen; traben *(Sport); (for physical exercise)* joggen; [einen] Dauerlauf machen; ~ along *or* on *(fig.)* ⟨*Geschäft, Projekt:*⟩ laufen; seinen Gang gehen; ⟨*Person:*⟩ vor sich hin wursteln *(ugs.).* 3. *n.* a) *(shake, nudge)* Stoß, *der;* Schubs, *der (ugs.);* b) *(slow walk or trot) (of horse)* Trott, *der; (of person for physical exercise)* Dauerlauf, *der;* go for a ~: joggen gehen; he went off at a ~: er trabte davon
jogger ['dʒɒɡə(r)] *n.* Jogger, *der*/Joggerin, *die*

jogging ['dʒɒɡɪŋ] *n.* Jogging, *das;* Joggen, *das*
joggle ['dʒɒɡl] 1. *v. t.* schütteln; wackeln (+ *Dat.*) ⟨*Tisch*⟩. 2. *v. i.* wackeln (to and fro hin und her); wippen (up and down auf und ab); *(in the air)* taumeln. 3. *n. (slight shake)* Holpern, *das*
'**jogtrot** *n. (lit. or fig.)* Trott, *der*
John [dʒɒn] *pr. n. (Hist., as name of ruler etc.)* Johann *(der); see also* **Baptist** b
john *n. (Amer. sl.: lavatory)* Lokus, *der (salopp)*
John: ~ 'Bull *n.* John Bull *(der);* a real ~ Bull ein typischer Engländer; ~ 'Citizen *n.* Otto Normalverbraucher *(der);* ~ 'Doe *n.* a) *(Law)* ≈ Meier *(der);* ≈ die Partei A; fiktiver Name einer Prozeßpartei; b) *(Amer.: average man)* Otto Normalverbraucher *(der)*
johnny ['dʒɒnɪ] *n. (Brit. coll.: chap)* Heini, *der (ugs.)*
Johnny-come-'lately *n. (coll.)* Neuankömmling, *der*
joie de vivre [ʒwɑː də 'viːvr] *n.* Lebensfreude, *die;* Lebenslust, *die*
join [dʒɔɪn] 1. *v. t.* a) *(put together, connect)* verbinden (to mit); ~ two things [together] zwei Dinge miteinander verbinden; zwei Dinge zusammenfügen; ~ hands *(lit.) (Dat.)* die Hände reichen; ~ hands [with sb.] *(fig.)* ⟨*Nation, Partei usw.:*⟩ sich [mit jmdm.] vereinen; ~ sb. [with *or* to sb.] in marriage/in holy matrimony jmdn. [mit jmdm.] ehelich verbinden/durch das heilige Band der Ehe vereinen *(geh.); see also* **force 1 d**; b) *(come into company of)* sich gesellen zu; sich zugesellen (+ *Dat.*); *(meet)* treffen; *(come with)* mitkommen mit; sich anschließen (+ *Dat.*); you go on ahead – I'll ~ you in a minute geh nur schon voraus – ich komme gleich nach; may I ~ you [at the table]? kann ich mich zu euch [an den Tisch] setzen?; do ~ us for lunch iß doch mit uns zu Mittag; would you like to ~ me in a drink? hast du Lust, ein Glas mit mir zu trinken?; if you can't beat them, ~ them wenn man mit dem Gegner nicht fertig wird, läuft man eben zu ihm über; c) *(become member of)* eintreten in (+ *Akk.*) ⟨*Armee, Firma, Orden, Verein, Partei*⟩; beitreten (+ *Dat.*) ⟨*Verein, Partei, Orden*⟩; I thought of ~ing the Army/the Scouts ich dachte daran, zur Armee/zu den Pfadfindern zu gehen; d) *(take one's place in)* sich einreihen in (+ *Akk.*) ⟨*Umzug, Demonstrationszug*⟩; ~ one's ship an Bord seines Schiffes gehen; ~ one's regiment sich seinem Regiment einfinden; e) ⟨*Fluß, Straße:*⟩ münden in (+ *Akk.*). *See also* **battle 1 a**. 2. *v. i.* a) *(come together)* ⟨*Flüsse:*⟩ sich vereinigen, zusammenfließen; ⟨*Straßen:*⟩ sich vereinigen, zusammenlaufen; ⟨*Grundstücke:*⟩ aneinandergrenzen, aneinanderstoßen; ⟨*gebrochener Knochen:*⟩ zusammenwachsen; ⟨*Einzelteile:*⟩ zusammenpassen; b) *(take part)* ~ with sb. sich jmdm. anschließen; my wife ~s with me in wishing you ...: auch meine Frau wünscht Ihnen ...; c) *(become member)* Mitglied werden; *(become employee)* in die Firma eintreten. 3. *n.* Verbindung, *die; (line)* Nahtstelle, *die*
~ in 1. [-'-] *v. i.* mitmachen (with bei); *(in conversation)* sich einstellen (with an + *Dat.*); *(in singing)* einstimmen; mitsingen; they all ~ed in together sie machten/sangen alle mit. 2. ['--] *v. t.* mitmachen in ⟨*Spiel, Spaß*⟩; sich beteiligen an (+ *Dat.*) ⟨*Spiel, Festlichkeiten, Gespräch*⟩; mitsingen ⟨*Refrain*⟩; sich anschließen (+ *Akk.*), sich anschließen (+ *Dat.*) ⟨*Demonstrations-, Umzug*⟩
~ 'on *v. i.* befestigt werden (to an + *Dat.*); ⟨*Grundstück:*⟩ [an]grenzen (to an + *Akk.*)
~ up 1. *v. i.* a) *(Mil.)* einrücken; Soldat werden; b) ⟨*Straßen:*⟩ zusammenlaufen;

⟨*Nebenstraße:*⟩ [ein]münden in (+ *Akk.*); ⟨*Straße:*⟩ zusammenlaufen mit. **2.** *v. t.* miteinander verbinden

joiner ['dʒɔɪnə(r)] *n.* Tischler, *der*/Tischlerin, *die*

joinery ['dʒɔɪnərɪ] *n., no pl.* **a)** *no art. (craft)* Tischlerei, *die;* Tischlerhandwerk, *das;* **b)** *no indef. art. (products)* Tischlerarbeiten

joint [dʒɔɪnt] **1.** *n.* **a)** *(place of joining)* Verbindung, *die; (line)* Nahtstelle, *die; (Building)* Fuge, *die;* **b)** *(Anat.)* Gelenk, *das;* **be out of ~** ⟨*Körperteil:*⟩ ausgerenkt sein; *(fig.: be out of order)* ⟨*Zeit, Welt:*⟩ aus den Fugen sein; *see also* **nose 1 a; c)** *(Bot.)* Knoten, *der;* **d)** *(Mech. Engin. etc.)* Gelenk, *das;* **e)** *(part of carcass)* **a ~ [of meat]** ein Stück Fleisch; *(for roasting, roast)* ein Braten; **a roast ~:** ein Braten; **a ~ of roast beef** ein Rinderbraten; **chicken ~s** Hähnchenteile *Pl.;* **carve/cut sth. into ~s** etw. tranchieren/zerlegen; **f)** *(sl.: place)* Kaschemme, *die (abwertend);* Spelunke, *die (abwertend); (public place)* Laden, *der; (dwelling)* Bude, *die (ugs.);* **jazz ~:** Jazzschuppen, *der (ugs.);* **g)** *(sl.: marijuana cigarette)* Joint, *der;* **h)** *(Amer. sl.: prison)* Knast, *der (ugs.).* **2.** *adj.* **a)** *(of two or more)* gemeinsam ⟨*Anstrengung, Bericht, Besitz, Projekt, Ansicht, Konto*⟩; **~ venture** Gemeinschaftsunternehmen, *das;* Joint-venture, *das (Wirtsch.); see also* **several 1 b; b)** *(connect)* verbinden; **3.** *v. t.* **a)** *(connect)* verbinden; **b)** *(Building)* [aus-, ver-]fugen ⟨*Wand, Decke, Belag*⟩; **c)** *(divide)* zerlegen ⟨*Tier*⟩

jointed ['dʒɔɪntɪd] *adj.* Glieder⟨*puppe, -tier*⟩; knotig ⟨*Stamm*⟩

jointly ['dʒɔɪntlɪ] *adv.* gemeinsam; **he is ~ responsible** er ist mitverantwortlich

joint 'stock *n. (Econ.)* Gesellschafts- *od.* Aktienkapital, *das;* **~ bank/company** Aktienbank, *die*/Aktiengesellschaft, *die*

joist [dʒɔɪst] *n. (Building)* Deckenbalken, *der; (steel)* Deckenträger, *der*

joke [dʒəʊk] **1.** *n.* **a)** *(Witz, Scherz, der;* **sb.'s little ~** *(iron.)* jmds. Scherzchen; **make a ~:** einen Scherz machen; **do sth. for a ~:** etw. spaßeshalber *od.* zum Spaß tun; **tell a ~:** einen Witz erzählen; **have a ~ with sb.** mit jmdm. scherzen *od.* spaßen; **play a ~ on sb.** jmdm. einen Streich spielen; **he can/can't take a ~:** er versteht Spaß/keinen Spaß; **the ~ was on him** er war der Narr; **~ is a ~:** das ist gar nicht so komisch; **this is getting beyond/is** *or* **goes beyond a ~:** da hört der Spaß auf/das ist kein Spaß mehr; **this is no ~:** das ist nicht zum Lachen; **b)** *(ridiculous thing or circumstance)* Witz, *der (ugs.); (ridiculous person)* Witzfigur, *die;* **he/it is a standing ~:** alle Welt lacht nur noch über ihn/darüber; **treat sth. as a ~:** etw. nicht weiter ernst nehmen. **2.** *v. i.* scherzen, Witze machen (**about** über + *Akk.*); **I was only joking** ich habe nur Spaß gemacht *(ugs.);* **joking apart** Scherz *od.* Spaß beiseite!; **you are/must be** *or (coll.)* **have [got] to be joking!** das soll wohl ein Witz sein!; mach keine Witze!

joker ['dʒəʊkə(r)] *n.* **a)** *(person fond of making jokes)* Spaßvogel, *der;* Witzbold, *der (ugs.);* **b)** *(sl.: person)* Vogel, *der (salopp);* **c)** *(Cards)* Joker, *der;* **~ in the pack** *(fig.)* Unsicherheitsfaktor, *der;* **d)** *(Amer.: clause)* versteckte Klausel; **e)** *(unexpected factor)* Pferdefuß, *der;* Haken, *der (ugs.)*

jokey ['dʒəʊkɪ] *adj.* witzig; spaßig

jokingly ['dʒəʊkɪŋlɪ] *adv.* im Scherz; **..., he said ~:** ..., scherzte er

joky *see* **jokey**

jollification [dʒɒlɪfɪ'keɪʃn] *n. (coll.)* Vergnügen, *das*

jollity ['dʒɒlɪtɪ] *n.* Fröhlichkeit, *die;* Lustigkeit, *die; (merry-making, festivity)* Festlichkeit, *die* ~ *n.*

jolly ['dʒɒlɪ] **1.** *adj.* **a)** *(cheerful)* fröhlich; knallig ⟨*Farbe*⟩; **b)** *(multicoloured)* bunt;

(euphem.: drunk) angeheitert; **c)** *(festive)* lustig; **d)** *(coll.: delightful)* klasse *(ugs.);* prima *(ugs.).* **2.** *adv. (Brit. coll.)* ganz schön *(ugs.);* sehr ⟨*nett*⟩; **~ good** wirklich gut; **~ good!** ausgezeichnet! **I should ~ well think so!** das möchte ich auch meinen!; **we ~ well 'are coming!** und ob wir kommen! **3.** *v. t. (coll.)* aufmuntern; **~ sb. into doing sth.** jmdn. dazu überreden, etw. zu tun

~ a'long *v. t.* bei Laune halten

~ 'up *v. t.* aufmuntern

'jolly-boat *n.* Jolle, *die*

Jolly 'Roger *n.* Piratenflagge, *die;* Totenkopfflagge, *die*

jolt [dʒəʊlt] **1.** *v. t.* **a)** *(shake)* ⟨*Fahrzeug:*⟩ durchrütteln, durchschütteln; **~ sb./sth. out of/on to sth.** jmdn./etw. aus ein/auf etw. *(Akk.)* schleudern *od.* werfen; **b)** *(shock)* aufschrecken; **~ sb. into action** jmdn. auf Trab bringen *(ugs.);* **~ sb. into doing sth.** jmdn. so aufschrecken, daß er etw. tut. **2.** *v. i.* ⟨*Fahrzeug:*⟩ holpern, rütteln, rumpeln *(ugs.).* **3.** *n.* **a)** *(jerk)* Stoß, *der;* Ruck, *der;* **b)** *(fig.) (shock)* Schock, *der;* Schreck, *der; (surprise)* Überraschung, *die;* **give sb. a ~:** jmdm. einen Schock versetzen *od.* einen Schreck[en] einjagen/jmdn. überraschen

Jonah ['dʒəʊnə] *n.* **a)** Unglücksvogel, *der;* **b)** *(Bibl.)* Jonas *der*

Joneses ['dʒəʊnzɪz] *see* **keep up 1 a**

jonquil ['dʒɒŋkwɪl] *n. (Bot.)* Jonquille, *die*

Jordan ['dʒɔːdn] *pr. n.* **a)** *(river)* Jordan, *der;* **b)** *(country)* Jordanien *(das)*

Jordanian [dʒɔː'deɪnɪən] **1.** *adj.* jordanisch; **sb. is ~:** jmd. ist Jordanier/Jordanierin. **2.** *n.* Jordanier, *der*/Jordanierin, *die*

josh [dʒɒʃ] *(coll.)* **1.** *v. t.* aufziehen. **2.** *v. i.* scherzen

jostle ['dʒɒsl] **1.** *v. i.* **a)** *(knock)* **~ [against each other]** aneinanderstoßen; **b)** *(struggle)* [sich] streiten (**for** um, **with** mit); **~ with each other** [miteinander *od.* sich] streiten. **2.** *v. t.* **a)** stoßen; **~ sb.'s arm** jmdn. [am Arm] anstoßen; **~ sb. aside/off the pavement** jmdn. zur Seite/vom Bürgersteig stoßen; **the defender ~d the forward off the ball** der Verteidiger trennte den Stürmer mit einem Rempler vom Ball; **b)** *(Racing)* behindern

jot [dʒɒt] **1.** *n.* **[not] a ~** *(coll.)* [k]ein bißchen; *(of truth, sympathy also)* [k]ein Fünkchen; **not one ~ or tittle** *(coll.)* nicht das kleinste bißchen. **2.** *v. t.,* **-tt-** [rasch] aufschreiben *od.* notieren; **~ sth. on a piece of paper** etw. rasch auf einen Zettel schreiben

~ 'down *v. t.* [rasch] aufschreiben *od.* notieren; **~ down notes** [sich *(Dat.)*] rasch Notizen machen

jotter ['dʒɒtə(r)] *n. (pad)* Notizblock, *der; (notebook)* Notizbuch, *das*

jotting ['dʒɒtɪŋ] *n.* Notiz, *die*

joule [dʒuːl] *n. (Phys.)* Joule, *das*

journal ['dʒɜːnl] *n.* **a)** *(newspaper)* Zeitung, *die; (periodical)* Zeitschrift, *die;* **weekly ~:** Wochenzeitung, *die;* **b)** *(Bookk.)* Journal, *das;* Tagebuch, *das;* **c)** *(daily record of events)* Tagebuch, *das;* **d)** *(Naut.)* [captain's/ship's] **~:** Schiffstagebuch, *das;* Journal, *das (veralt.);* **e)** *(part of shaft or axle)* Zapfen, *der*

'journal-bearing *n. (Mech. Engin.)* Zapfenlager, *das*

journalese [dʒɜːnə'liːz] *n. (derog.)* [schlechter] Zeitungsstil

journalism ['dʒɜːnəlɪzm] *n.* Journalismus, *der*

journalist ['dʒɜːnəlɪst] *n.* Journalist, *der*/Journalistin, *die*

journalistic [dʒɜːnə'lɪstɪk] *adj.* journalistisch ⟨*Stil*⟩; **~ circles** Journalistenkreise

journey ['dʒɜːnɪ] **1.** *n.* **a)** *(distance)* Weg, *der;* **London is three hours' ~:** London ist drei Stunden von hier nach London; **a three-hour ~:** eine Fahrt von drei Stunden; *(on foot)* ein dreistündiger Weg; **b)** *(expedition)* Reise,

die; **a fruitless ~:** ein vergeblicher Gang; **a ~ by car/train/ship** eine Auto-/Bahn-/Schiffsreise; eine Reise mit dem Auto/der Bahn/dem Schiff; **go on a ~:** verreisen; eine Reise machen; **~'s end** die Endstation *(fig.);* **go on a train/car ~:** eine Reise mit dem Zug *od.* Zugreise/eine Reise mit dem Auto *od.* Autoreise machen; *(fig.)* Weg, *der;* **~ through life** Lebensreise, *die (geh.);* **a ~ into history** ein Ausflug in die Geschichte; **d)** *(of vehicle)* Fahrt, *der;* **~ time** Fahrtzeit, *die.* **2.** *v. i. (formal/literary)* fahren; ziehen

journeyman ['dʒɜːnɪmən] *n., pl.* **journeymen** ['dʒɜːnɪmən] Geselle, *der;* **a ~ butcher** ein Fleischergeselle

joust [dʒaʊst] **1.** *n.* Tjost, *die.* **2.** *v. i.* tjostieren

Jove [dʒəʊv] *n.* **a)** *(Mythol.)* Jupiter *(der);* **b) by ~!** *(dated coll.) expr.* surprise potztausend! *(veralt.); expr.* approval Hut ab! *(ugs.);* alle Achtung!

jovial ['dʒəʊvɪəl] *adj. (hearty)* herzlich, freundlich ⟨*Gruß*⟩; *(merry)* fröhlich ⟨*Ausdruck, Person*⟩; launig ⟨*Bemerkung*⟩; *(convivial)* lustig ⟨*Versammlung, Gesellschaft*⟩

jovially ['dʒəʊvɪəlɪ] *adv.* fröhlich ⟨*zustimmen, rufen*⟩; herzlich, freundlich ⟨*begrüßen*⟩

jowl [dʒaʊl] *n. (jaw)* Unterkiefer, *der; (lower part of face)* Kinnbacken *Pl.; (double chin)* Doppelkinn, *das; (of cattle)* Wamme, *die; (of bird)* Kehllappen, *der; see also* **cheek 1 a**

joy [dʒɔɪ] *n.* **a)** Freude, *die;* **wish sb. ~:** jmdm. viel Spaß *od.* Vergnügen wünschen; **I wish you ~ of it** *(also iron.)* ich wünsche dir viel Vergnügen damit; **sing for/weep with ~:** vor Freude *(Dat.)* singen/weinen; **we heard with ~ that ...:** wir haben zu unserer Freude erfahren, daß ...; **the ~s of hunting** das Vergnügen des Jagens; **be full of the ~s of spring** *(fig. coll.)* vor Freude ganz aus dem Häuschen sein *(ugs.);* **that is the ~ of the Highlands** das ist der Reiz *od.* das Reizvolle an den Highlands; **it was a ~ to look at** es war eine Augenweide; *see also* **jump 2 c; b)** *no pl., no art. (coll.: success, satisfaction)* Erfolg, *der;* **he did not get much ~ out of it** es hat ihm nicht viel gebracht; **any ~?** Erfolg gehabt?; was erreicht? *(ugs.)*

joyful ['dʒɔɪfl] *adj.* froh[gestimmt] ⟨*Person*⟩; froh ⟨*Gesicht*⟩; freudig ⟨*Blick, Ereignis, Umarmung, Gesang, Beifall*⟩; freudig, froh ⟨*Nachricht, Kunde*⟩; erfreulich ⟨*Nachricht, Ergebnis, Anblick*⟩; Freuden⟨*tag, -schrei*⟩; **she was ~ [at his return]** sie freute sich [über seine Rückkehr]

joyfully ['dʒɔɪflɪ] *adv.* freudig

joyless ['dʒɔɪlɪs] *adj.* traurig ⟨*Ausdruck, Nachricht, Ergebnis, Anlaß*⟩; freudlos ⟨*Zeit, Leben*⟩; verdrossen ⟨*Person*⟩

joyous ['dʒɔɪəs] *adj.* freudig ⟨*Anlaß, Ereignis*⟩; froh ⟨*Lachen, Herz*⟩; Freuden⟨*tag, -schrei*⟩

joy: ~-ride *n. (coll.)* Spritztour [im gestohlenen Auto]; **~-rider** *n.* Autodieb (der den Wagen nur für eine Spritztour gestohlen hat); **~-stick** *n.* **a)** *(Aeronaut. coll.)* Knüppel, *der;* **b)** *(on computer etc.)* Hebel, *der;* Joystick, *der (DV)*

JP *abbr.* Justice of the Peace

Jr. *abbr.* Junior jun.; jr.

jt. *abbr.* joint; *see* **joint 2**

jubilant ['dʒuːbɪlənt] *adj.* jubelnd; *(exultingly glad)* freudestrahlend ⟨*Miene*⟩; *(triumphant)* triumphierend ⟨*Miene*⟩; **be ~** ⟨*Person:*⟩ frohlocken

jubilation [dʒuːbɪ'leɪʃn] *n.* Jubel, *der*

jubilee ['dʒuːbɪliː] *n. (anniversary)* Jubiläum, *das; see also* **diamond jubilee; golden jubilee; silver jubilee**

Judaism ['dʒuːdeɪɪzm] *n., no pl., no art.* Judentum, *das;* Judaismus, *der*

Judas ['dʒuːdəs] *n. (traitor)* Judas, *der*

395

¹Judas-tree *n. (Bot.)* Judasbaum, *der*
judder [ˈdʒʌdə(r)] **1.** *v. i.* rattern. **2.** *n.* Rattern, *das;* **give a ~:** rattern; **with a ~:** ratternd
judge [dʒʌdʒ] **1.** *n.* **a)** Richter, *der*/Richterin, *die;* [**the Book of**] **J~s** *(Bibl.)* das Buch der Richter; **~ and jury** das Gericht; **be ~ and jury** *(fig.)* sich zum alleinigen Richter aufwerfen; *see also* **sober a; b)** *(in contest)* Juror, *der*/Jurorin, *die;* Preisrichter, *der*/-richterin, *die; (Sport)* Kampfrichter, *der*/-richterin, *die;* Schiedsrichter, *der*/-richterin, *die;* (in cycle-racing) Zielrichter, *der*/-richterin, *die;* **c)** *(fig.: connoisseur, critic)* Kenner, *der*/Kennerin, *die;* **~ of character/poetry** Menschen-/Lyrikkenner, *der;* **be a good ~ of sth.** etw. gut beurteilen können; **if I'm any ~/any ~ of sth.** soweit ich das/etw. beurteilen kann. **2.** *v. t.* **a)** *(pronounce sentence on)* richten *(geh.);* **~ sb.** *(Law)* jmds. Fall entscheiden; in jmds. Fall das Urteil fällen; **b)** *(try)* verhandeln ⟨*Fall*⟩; **c)** *(act as adjudicator of)* Juror/Jurorin der Preisrichter/-richterin sein bei; *(Sport)* Kampfrichter/-richterin sein bei; **d)** *(form opinion about)* urteilen *od.* ein Urteil fällen über (+ Akk.); beurteilen; **~ a book to be worth reading** ein Buch für lesenswert erachten *od.* befinden; **~ sth. [to be] necessary** etw. für *od.* als notwendig erachten; **~d by modern standards** nach heutigen Maßstäben; **e)** *(decide)* entscheiden ⟨*Angelegenheit, Frage*⟩; **f)** *(conclude)* **I ~d that the meat was done** ich war der Meinung, daß das Fleisch gar war; **I can't ~ whether it's any good** ich kann nicht beurteilen, ob er/sie/es etwas taugt. **3.** *v. i.* **a)** *(form a judgement)* urteilen; **to ~ by its size, ...:** der Größe nach zu urteilen, ...; **judging or to ~ by the look on his face ...:** nach dem Gesicht zu schließen, das er macht/machte, ...; **judging from what you say, ...:** nach dem, was du sagst, ...; **as far as I can ~, ...:** soweit ich das beurteilen kann, ...; **as near as I could ~, ...:** nach meiner Schätzung ..., ...; **b)** *(act as ~)* **see 1a, b:** Richter/Richterin sein; Kampfrichter/-richterin sein; Schiedsrichter/-richterin sein
judgement, judgment [ˈdʒʌdʒmənt] *n.* **a)** Urteil, *das;* **the J~ of Paris** *(Greek Mythol.)* das Urteil des Paris; **~ was given in favour of/against sb.** das Urteil fiel zu jmds. Gunsten/Ungunsten aus; **pass [a] ~:** ein Urteil abgeben (**on** über + Akk.); **give one's ~:** ein Urteil fällen; **in** *or* **according to my ~:** meines Erachtens; **in the ~ of most people** nach Meinung der meisten Leute; **form a ~:** sich *(Dat.)* ein Urteil *od.* eine Meinung bilden; **against one's better ~:** entgegen seiner/ihrer besseren Einsicht; *see also* **sit 1 b; Solomon; b)** *(critical faculty)* Urteilsfähigkeit, *die;* Urteilsvermögen, *das;* **error of ~:** Fehlurteil, *das;* Fehleinschätzung, *die;* **a man of ~:** ein urteilsfähiger Mann; **critical ~:** Kritikfähigkeit, *die;* **I leave it to your ~:** ich stelle das in Ihr Ermessen; **use your own ~:** verfahren Sie nach Ihrem Gutdünken; **c)** *(trial by God)* Gericht, *das;* **day of ~, J~ Day** Tag des Jüngsten Gerichts; *(fig.)* Stunde der Wahrheit; **the last ~:** das Jüngste *od.* Letzte Gericht; **d)** *(misfortune)* **it's a ~ on you for ...** für ... ist das die Strafe dafür, daß du ...
judicature [ˈdʒuːdɪkətʃə(r)] *n. (Law)* Judikatur, *die (fachspr.);* Rechtsprechung, *die;* **Supreme Court of J~** *(Brit.)* Oberster Gerichtshof
judicial [dʒuːˈdɪʃl] *adj.* **a)** gerichtlich; richterlich ⟨*Gewalt*⟩; Recht sprechend ⟨*Versammlung*⟩; **~ error** Justizirrtum, *der;* **~ murder** Justizmord, *der;* **take** *or* **bring ~**

proceedings against sb. gegen jmdn. gerichtlich vorgehen; **b)** *(of a judge)* richterlich; **in his ~ capacity** in seiner Eigenschaft als Richter; **c)** *(expressing judgement)* kritisch; **d)** *(impartial)* unvoreingenommen
judiciary [dʒuːˈdɪʃəri] *n. (Law)* Richterschaft, *die*
judicious [dʒuːˈdɪʃəs] *adj.* **a)** *(discerning)* klarblickend; **b)** *(sensible)* besonnen
judiciously [dʒuːˈdɪʃəsli] *adv.* mit Bedacht
judo [ˈdʒuːdəʊ] *n., pl.* **~s** Judo, *das*
jug [dʒʌg] **1.** *n.* **a)** Krug, *der;* **(with lid, water-~)** Kanne, *die;* **(small milk-~)** Kännchen, *das;* **a ~ of water** ein Krug/eine Kanne Wasser; **b)** *(sl.: prison)* Loch, *das (salopp);* **put/be in ~:** ins Loch stecken/im Loch sitzen. **2.** *v. t.,* **-gg-** *(Cookery)* schmoren; **~ged hare** Hasenpfeffer, *der*
jugful [ˈdʒʌgfʊl] *n. see* **jug 1 a:** Krug, *der;* Kanne, *die;* Kännchen, *das;* **a ~ of ...:** ein Krug/eine Kanne/ein Kännchen [voll] ...
juggernaut [ˈdʒʌgənɔːt] *n.* **a)** *(institution, notion)* Moloch, *der (geh.);* **b)** *(large object)* Ungetüm, *das;* **~ [lorry]** *(Brit.)* schwerer Brummer *(ugs.)*
juggins [ˈdʒʌgɪnz] *n. (sl.)* Dämel, *der (salopp);* Dämlack, *der (salopp)*
juggle [ˈdʒʌgl] **1.** *v. i.* **a)** jonglieren; *(perform conjuring tricks)* zaubern; **b)** **~ with** *(misrepresent)* jonglieren mit ⟨*Fakten, Zahlen*⟩. **2.** *v. t. (lit., or fig.: manipulate)* jonglieren [mit]
juggler [ˈdʒʌglə(r)] *n.* **a)** Jongleur, *der*/Jongleuse, *die;* **b)** *(conjurer)* Zauber[künstl]er, *der*/Zauber[künstl]erin, *die;* **c)** *(trickster)* Betrüger, *der*/Betrügerin, *die*
Jugoslav, Jugoslavia *see* **Yugoslav** *etc.*
jugular [ˈdʒʌgjʊlə(r)] *(Anat.)* **1.** *adj.* jugular *(fachspr.);* **~ vein** Jugularvene, *die (fachspr.);* Drosselvene, *die.* **2.** *n.* Jugularvene, *die (fachspr.);* Drosselvene, *die;* **go for the ~** *(fig.)* versuchen, den Lebensnerv zu treffen
juice [dʒuːs] *n.* **a)** Saft, *der; see also* **stew 3 a; b)** *(sl.) (electricity)* Saft, *der (salopp); (petrol)* Sprit, *der (ugs.)*
juicy [ˈdʒuːsɪ] *adj.* **a)** saftig; **b)** *(coll.: racy)* saftig *(ugs.)* ⟨*Anekdote, Witz, Geschichte, Skandal*⟩; *(suggestive)* schlüpfrig; *(profitable)* fett *(ugs.)* ⟨*Vertrag, Geschäft usw.*⟩
ju-jitsu [dʒuːˈdʒɪtsuː] *n.* Jiu-Jitsu, *das*
juke-box [ˈdʒuːkbɒks] *n.* Jukebox, *die;* Musikbox, *die*
Jul. *abbr.* July Jul.
julep [ˈdʒuːlep] *n.* Julep, *das od. der*
Julian [ˈdʒuːlɪən] *adj.* **~ calendar** Julianischer Kalender
July [dʒuːˈlaɪ] *n.* Juli, *der; see also* **August**
jumble [ˈdʒʌmbl] **1.** *v. t.* **~ up** *or* **together** *or* **about** durcheinanderbringen; durcheinanderwerfen; **~ sth. up with sth.** etw. mit etw. durcheinanderbringen od. -werfen; **they've got my clothes ~d up with yours** sie haben meine und deine Sachen durcheinandergebracht. **2.** *n.* **a)** Wirrwarr, *der;* Gewirr, *das;* **(muddle)** Durcheinander, *das;* **the cupboard was in a complete ~:** im Schrank herrschte ein heilloses Durcheinander; **a ~ of clothes, books, and toys** ein kunterbuntes Durcheinander von Kleidungsstücken, Büchern und Spielsachen; **b)** *no pl., no indef. art. (Brit.: articles for ~ sale)* alte *od.* gebrauchte Sachen
¹jumble sale *n. (Brit.)* Trödelmarkt, *der; (for charity)* Wohltätigkeitsbasar, *der*
jumbo [ˈdʒʌmbəʊ] **1.** *n., pl.* **~s a)** *(very large specimen)* riesiges Exemplar; **b)** *(jet)* Jumbo, *der.* **2.** *adj.* **~[-sized]** riesig; Riesen- *(ugs.)*
jumbo ¹jet *n.* Jumbo-Jet, *der*
jump [dʒʌmp] **1.** *n.* **a)** Sprung, *der;* **on the ~** *(fig. coll.)* in Aktion sein; **keep sb. on the ~** *(fig. coll.)* jmdn. auf Trab halten *(ugs.);* **take a running ~ [at oneself]** *(fig. coll.)* verschwinden; **get the ~ on sb.** *(sl.)* sich *(Dat.)* einen Vorsprung vor

jmdm. verschaffen; **always be one ~ ahead of sb.** jmdm. immer um eine Nasenlänge voraus sein *(ugs.);* **b)** *(sudden movement)* **give a ~:** zusammenzucken *od.* -fahren; **have got the ~s** *(sl.)* ganz zapp[e]lig *sein (landsch.)* fick[e]rig sein; **give sb. the ~s** *(sl.)* jmdn. ganz zapp[e]lig *od. (landsch.)* fick[e]rig machen; **c)** *(sudden transition)* Sprung, *der;* sprunghafter Wechsel; *(gap)* Lücke, *die;* **d)** *(abrupt rise)* sprunghafter Anstieg; **~ in value/temperature** plötzliche Wertsteigerung/plötzlicher Temperaturanstieg; **there has been a considerable ~ in prices** die Preise sind beträchtlich in die Höhe geschnellt; **e)** *(Sport: obstacle)* *(in steeplechase)* Sprung, *der; (in athletics)* Hindernis, *das;* **set of ~s** Sprungkombination, *die;* **f)** *(Parachuting)* Absprung, *der. See also* **broad jump; high jump; long jump. 2.** *v. i.* **a)** springen; *(Fallschirmspringer:)* abspringen; **~ to one's feet/from one's seat** aufspringen/vom Sitz aufspringen; **~ down sb.'s throat** *(fig. coll.)* jmdn. anblaffen *(salopp);* **~ in the lake** *or* **off a cliff** *(fig. coll.)* sich zum Teufel scheren *(ugs.);* **~ on sb.** *or (Amer.)* **all over sb.** *(fig. coll.)* mit jmdm. Minna machen *(salopp); see also* **skin 1 a; b)** *(fig.: come over-hastily)* voreilig gelangen (**to** zu) ⟨*Annahme, Lösung*⟩; **~ to the conclusion that ...:** den voreiligen Schluß ziehen, daß ...; **~ to conclusions** voreilige Schlüsse ziehen; **c)** *(make sudden movement)* springen; *(start)* zusammenzucken; **~ for joy** einen Freudensprung/Freudensprünge machen; *(fig.)* vor Freude ganz aus dem Häuschen sein; wahre Freudentänze vollführen; **~ up and down with excitement** aufgeregt herumspringen *od.* -hüpfen; **her heart ~d** ihr Herz machte einen Sprung; **d)** *(rise suddenly)* ⟨*Kosten, Preise usw.*⟩ sprunghaft steigen, in die Höhe schnellen; **e)** *(rise in status, prominence)* plötzlich aufsteigen; **f)** **~ to it** *(coll.)* zupacken; **~ to it!** *(coll.)* mach/macht schon! **3.** *v. t.* **a)** springen über (+ Akk.); überspringen ⟨*Mauer, Zaun usw.*⟩; **b)** springen lassen ⟨*Pferd*⟩; **~ one's horse over a fence** mit dem Pferd über einen Zaun setzen; **c)** *(move to point beyond)* überspringen; **d)** *(not stop at)* überfahren ⟨*rote Ampel*⟩; **e)** **~ the rails** *or* **track** ⟨*Zug:*⟩ entgleisen; **f)** **~ ship** ⟨*Seemann:*⟩ [unter Bruch des Heuervertrages vorzeitig] den Dienst quittieren; **g)** **~ the starting signal by half a second** eine halbe Sekunde vor dem Startsignal starten; **the [bus-]queue** *(Brit.)* sich [an der Bushaltestelle] vordrängeln; **h)** *(skip over)* überspringen ⟨*Seite, Kapitel usw.*⟩; **i)** *(attack)* herfallen über (+ Akk.). *See also* **¹bail 1 a; gun 1 b**
~ at *v. t.* **a)** anspringen; *(fig.: rebuke)* anfahren; **b)** *(fig.: seize, accept eagerly)* sofort [beim Schopf] ergreifen ⟨*Gelegenheit*⟩; sofort zugreifen bei *(ugs.)* zuschlagen bei ⟨*Angebot*⟩; sofort aufgreifen *od. (ugs.)* aufspringen auf ⟨*Vorschlag*⟩
~ in *v. i.* reinspringen *(ugs.)*
~ 'off 1. *v. i.* **~** abspringen; **he ~ed off from his horse/bicycle** er sprang vom Pferd/Rad; **b)** *(Show-jumping)* am Stechen teilnehmen; *see also* **jump-off. 2.** *v. t.* **~ off.** von etw. springen
~ on 1. [-ˈ] *v. i.* aufspringen; **~ on to a bus/train** in einen Bus/Zug springen; **~ on to one's bicycle/horse** sich aufs Fahrrad/Pferd schwingen. **2.** [ˈ-ˈ] *v. t.* **a)** **~ on a bus/train** in einen Bus/Zug springen; **b)** **~ on one's bicycle** sich aufs Fahrrad schwingen
~ out *v. i.* hinaus-/herausspringen; **~ out of** springen aus
~ 'up *v. i.* aufspringen *(from* von); **the dog ~ed up at him** der Hund sprang an ihm hoch; **~ up on to sth.** auf etw. *(Akk.)* springen; *see also* **~ 2 c**
jumped-up [ˈdʒʌmptʌp] *adj. (coll.)* emporgekommen

jumper ['dʒʌmpə(r)] n. a) (Brit.: pullover) Pullover, der; Pulli, der (ugs.); b) (loose jacket) Jumper, der; Buseruntje, die (Seemannsspr.); c) (Amer.: pinafore dress) Trägerkleid, das

jumping ['dʒʌmpɪŋ]: ~ **bean** n. Springbohne, die; ~ **jack** n. a) Hampelmann, der; b) (firework) Knallfrosch, der; ~-'**off place** n. Ausgangsbasis, die

jump: ~-**jet** n. (Aeronaut.) Senkrechtstarter, der; ~ **leads** n. pl. (Brit. Motor Veh.) Starthilfekabel; ~-**off** n. (Show-jumping) Stechen, das; ~ **seat** n. (Amer. Motor Veh.) Klappsitz, der; ~ **suit** n. Overall, der

jumpy ['dʒʌmpɪ] adj. nervös; aufgeregt

Jun. abbr. a) June Jun.; b) Junior jun.

junction ['dʒʌŋkʃn] n. a) Verbindungspunkt, der; Verbindungsstelle, die; (of rivers) Zusammenfluß, der; (of railway lines, roads) ≈ Einmündung, die; (of motorway) Anschlußstelle, die; **the** ~ **of two roads** ≈ eine Straßeneinmündung; b) (Electronics) Übergang, der

'**junction box** n. (Electr.) Verteilerkasten, der

juncture ['dʒʌŋktʃə(r)] n. **at this** ~: unter diesen Umständen; (at this point of time) zu diesem Zeitpunkt

June [dʒuːn] n. Juni, der; see also **August**

jungle ['dʒʌŋgl] n. Dschungel, der (auch fig.); Urwald, der; **tropical** ~: tropischer Urwald; ~ **life** das Leben im Dschungel; **the law of the** ~: das Gesetz des Dschungels; **concrete** ~: Betondschungel, der (ugs.)

junior ['dʒuːnɪə(r)] 1. adj. a) (below a certain age) jünger; ~ **team** Juniorenmannschaft, die; ~ **member** ≈ Mitglied der Jugendabteilung; **be** ~ **to sb.** jünger sein als jmd.; b) (of lower rank) rangniedriger ⟨Person⟩; niedriger ⟨Rang⟩; einfach ⟨Angestellter⟩; **be** ~ **to sb.** eine niedrigere Stellung haben als jmd.; **be** ~ **to sb. by two years** zwei Jahre kürzer im Dienst sein als jmd.; c) appended to name (the younger) **Mr Smith J**~: Mr. Smith junior; d) (Brit. Sch.) Grundschul-⟨klasse⟩; Grund⟨schule⟩; e) (Brit. Univ.) ~ **combination** or **common room** Gemeinschaftsraum für Studenten; f) (Amer. Sch., Univ.) ~ **year** vorletztes Jahr vor der Abschlußprüfung. 2. n. a) (younger person) Jüngere, der/die; (person of lower rank) Untergebene, der/die; (in an office) jmd., der in einem Büro die niedrigste Stellung hat; **be sb.'s** ~ **[by six years]** or **[six years] sb.'s** ~: [sechs Jahre] jünger sein als jmd.; b) (Brit. Sch.) (at primary school) Grundschüler, der/-schülerin, die; (at secondary school) Unterstufenschüler, der/-schülerin, die; c) (Amer.) (Univ.) Student/Studentin im vorletzten Studienjahr; (Sch.) Schüler/Schülerin im vorletzten Schuljahr; d) no art. (Amer. coll.: son in the family) der Junge; der Junior (scherzh.); **come on,** ~: komm, Junior (scherzh.) od. Junge!

junior: ~ '**minister** n. (Brit.) ≈ Ministerialdirektor, der/-direktorin, die; ~ '**partner** n. Juniorpartner, der/-partnerin, die

juniper ['dʒuːnɪpə(r)] n. (Bot.) Wacholder, der; **oil of** ~: Wacholderöl, das

¹**junk** [dʒʌŋk] 1. n. a) (discarded material) Trödel, der (ugs.); Gerümpel, das; (trash) Plunder, der (ugs.); Ramsch, der (ugs.); b) (Naut.) (cables or ropes) [altes] Tauwerk; Junk, der (fachspr.); (of ropes) Tampen (fachspr.); c) (sl.: drug, esp. heroin) Junk, der (Drogenjargon). 2. v.t. wegwerfen; ausmisten (ugs.); (fig.) aufgeben

²**junk** n. (ship) Dschunke, die

'**junk bonds** n. pl. Junk bonds Pl. (Wirtsch.)

junket ['dʒʌŋkɪt] 1. n. a) (dessert of set milk) Dickmilchdessert, das; b) (dated: feast) [Fest]schmaus, der (veralt.); Festmahl, das (geh.); c) (Amer.) (pleasure outing) Vergnügungsfahrt, die; (official's tour) Vergnügungsreise auf Kosten des Steuerzahlers. 2. v.i. a) (dated: feast, banquet) schlemmen; b) (esp. Amer.: tour) eine Vergnügungsreise/Vergnügungsreisen machen

junketing ['dʒʌŋkɪtɪŋ] n. a) (dated) Schlemmerei, die; b) (esp. Amer.: by official[s]) Vergnügungsreisen auf Kosten des Steuerzahlers

junk: ~ **food** n. minderwertige Kost; ~-**heap** n. a) see scrap-heap; b) (sl.: old car etc.) Schrotthaufen, der (ugs.)

junkie ['dʒʌŋkɪ] n. (sl.) Junkie, der (Drogenjargon)

junk: ~ **mail** n. Reklame, die; ~-**shop** n. Trödelladen, der (ugs.); ~-**yard** see scrap-yard

junta ['dʒʌntə] n. Junta, die; military ~: Militärjunta, die

Jupiter ['dʒuːpɪtə(r)] pr. n. a) (Astron.) Jupiter, der; b) (Roman Mythol.) Jupiter (der)

Jura ['dʒʊərə] pr. n. Jura, der

Jurassic [dʒʊə'ræsɪk] (Geol.) 1. adj. jurassisch; Jura-. 2. n. Jura, der

juridical [dʒʊə'rɪdɪkl] adj. a) (of judicial proceedings) gerichtlich; b) (of law) juristisch

jurisdiction [dʒʊərɪs'dɪkʃn] n. (authority) Jurisdiktion, die; Gerichtsbarkeit, die; (authority of a sovereign power) Hoheit, die; (extent) Zuständigkeit, die; (territory) Zuständigkeitsbereich, der; **fall** or **come under** or **within the** ~ **of sth./sb.** in den Zuständigkeitsbereich von etw./jmdm. fallen; **have** ~ **over sb./in a matter** für jmdn./in einer Angelegenheit zuständig sein

jurisprudence [dʒʊərɪs'pruːdəns] n., no pl. Rechtswissenschaft, die; Jurisprudenz, die

jurist ['dʒʊərɪst] n. a) Rechtswissenschaftler, der/-wissenschaftlerin, die; Jurist, der/Juristin, die; b) (Amer.: lawyer) [Rechts]anwalt, der/-anwältin, die

juror ['dʒʊərə(r)] n. Geschworene, der/die; (in Germany, in some Austrian courts) Schöffe, der/Schöffin, die

jury ['dʒʊərɪ] n. a) (in court) **the** ~: die Geschworenen; (in Germany, in some Austrian courts) die Schöffen; **sit on the** ~: auf der Geschworenen-/Schöffenbank sitzen; **do** ~ **service** das Amt eines Geschworenen/Schöffen ausüben; **a** ~ **consists of ...**: eine Geschworenen-/Schöffenbank besteht aus ...; **trial by** ~: Schwurgerichtsverfahren, das; **the** ~ **of public opinion** (fig.) die Instanz der öffentlichen Meinung; see also **grand jury**; **judge 1 a**; b) (in competition) Jury, die; Preisgericht, das; (Sport) Schiedsgericht, das; Kampfgericht, das

jury: ~-**box** n. Geschworenenbank, die; (in Germany, in some Austrian courts) Schöffenbank, die; ~-**man** ['dʒʊərɪmən] n., pl. ~-**men** ['dʒʊərɪmən] n. Geschworene, der; (in Germany, in some Austrian courts) Schöffe, der; ~-**woman** n. Geschworene, die; (in Germany, in some Austrian courts) Schöffin, die

just [dʒʌst] 1. adj. a) (morally right, deserved) gerecht; anständig, korrekt ⟨Verhalten, Benehmen⟩; see also ¹desert a; b) (legally right) rechtmäßig; c) (well-grounded) berechtigt ⟨Angst, Zorn, Groll⟩; gerechtfertigt ⟨Verhalten⟩; begründet ⟨Verdacht, Ansicht⟩; d) (right in amount) recht, richtig ⟨Proportion, Maß, Verhältnis⟩. 2. adv. a) (exactly) genau; ~ **then/enough** gerade da/genug; ~ **as** (exactly as, in the same way as) genauso wie; (when) gerade, als; ~ **as you like** or **please** ganz wie Sie wünschen/du magst; ~ **as good/tidy** etc. genauso gut/ordentlich usw.; **come** ~ **as you are** komm, wie du bist; ~ **as fast as I can** so schnell wie ich kann; ~ **about** (coll.) so ziemlich (ugs.); **it'll** ~ **about be enough** (coll.) es wird in etwa reichen; **I've had** ~ **about enough of you** (coll.) ich hab' langsam genug von dir; **that is** ~ '**it** das ist gerade, genau ist es ja; **that's** ~ **like him** das ist typisch für ihn; ~ '**so** (in an orderly manner) ordentlich; (expr. agreement) ganz recht; **be** ~ '**so** (be exactly arranged) tadellos in Ordnung sein; ~ **what ...?** was genau ...?; **I wonder** ~ **how good he is** ich frage mich, wie gut er eigentlich wirklich ist; b) (barely) gerade [eben]; (with very little time to spare) gerade [eben] noch; (no more than) nur; ~ **under £10** nicht ganz zehn Pfund; **we had only** ~ **enough time for a cup of tea** wir hatten gerade [genug] Zeit, eine Tasse Tee zu trinken; **it's** ~ **possible** das ist gerade noch möglich; **there will be enough, but only** ~: es wird reichen, aber [nur] gerade eben od. [nur] gerade so; **it's** ~ **on/before/after 8 a.m.** es ist fast 8 Uhr/es ist kurz vor/nach 8 Uhr; **it's** ~ **after/before the traffic-lights** es ist direkt hinter/vor der Verkehrsampel; c) (exactly or nearly now or then, in immediate past) gerade [eben]; [so]eben; (at this moment) gerade; **I have** ~ **seen him** (Brit.), **I saw him** ~ (Amer.) ich habe ihn gerade [eben] od. eben gesehen; ~ **now** (at this moment) [im Moment] gerade; (a little time ago) gerade eben; **not** ~ **now** im Moment nicht; d) (coll.) (simply) einfach; (only) nur; esp. with imperatives mal eben; **it** ~ **so happens that ...**: es ist ganz zufällig, daß ...; **it is** ~ **that I don't like them** ich mag sie einfach nicht; **I've come here** ~ **to see you** ich bin nur gekommen, um dich zu besuchen; ~ **[you] wait till I catch you!** warte nur od. na warte, wenn ich dich erwische!; ~ **anybody** irgend jemand; ~ **another car** ein ganz gewöhnliches Auto; ~ **look at that!** guck dir das mal an!; **could you** ~ **turn round?** kannst du dich mal [eben] umdrehen?; ~ **come here a moment** komm [doch] mal einen Moment her; ~ **a moment, please** einen Moment mal; ~ **like that** einfach so; ohne weiteres; ~ **in case** für alle Fälle; ~ **in case it rains** falls es regnet; e) (coll.: positively) einfach; echt (ugs.); **that's** ~ **ridiculous/fantastic** das ist einfach lächerlich/phantastisch; f) (quite) not ~ yet noch nicht ganz; **it is** ~ **as well that ...**: [es ist] nur gut od. es ist doch gut, daß ...; **you might** ~ **as well ...**: du könntest genausogut ...; g) (coll.: really, indeed) wirklich; echt (ugs.); **You wouldn't dare do that! - Oh, wouldn't I** ~? Das würdest du nicht wagen! - Und ob!; **That's lovely. - Isn't it** ~? Das ist schön. - Ja, und wie; ~ **the same** (nevertheless) trotzdem; **that's** ~ **too bad** das ist Pech. 3. n. pl. **the** ~: die Gerechten; see also **sleep 3 a**

justice ['dʒʌstɪs] n. a) Gerechtigkeit, die; **administer** ~: Recht sprechen; **poetic[al]** ~: ausgleichende Gerechtigkeit; **treat sb. with** ~: jmdn. gerecht behandeln; **do** ~ **to sth.** einer Sache (Dat.) gerecht werden; (to food or drink) einer Sache (Dat.) gebührend zusprechen; ~ **was done in the end** der Gerechtigkeit wurde schließlich Genüge getan; **do oneself** ~: sich richtig zur Geltung bringen; **in** ~ **to sb.** um jmdn. gerecht zu werden; **with** ~: mit Recht; **in all** ~: um gerecht zu sein; see also **rough justice**; b) (judicial proceedings) **bring sb. to [a court of]** ~: jmdn. vor Gericht bringen od. stellen; **let** ~ **take its course, not interfere with the course of** ~: der Gerechtigkeit ihren Lauf lassen; **Department of J**~ (Amer.) Justizministerium, das; c) (magistrate) Schiedsrichter, der/-richterin, die; Schiedsmann, der/-männin, die; (Brit.: judge of Supreme Court) Richter/Richterin am Obersten Gerichtshofs; **Mr/Mrs J**~ **Smith** (Brit.) Richter/Richterin Smith; **J**~ **of the Peace** Friedensrichter, der/-richterin, die; see also **chief 2 a**

justifiable [dʒʌstɪ'faɪəbl] adj. berechtigt; gerechtfertigt ⟨Maßnahme, Handlung⟩; **it is** ~ **to state that ...**: man kann mit Recht behaupten, daß ...

justifiably [dʒʌstɪ'faɪəblɪ] *adv.* zu Recht; berechtigterweise *(Papierdt.);* **and ~ so** und das zu Recht
justification [dʒʌstɪfɪ'keɪʃn] *n.* **a)** Rechtfertigung, *die; (condition of being justified)* Berechtigung, *die;* **with some ~:** mit einigem Recht; **in sb.'s ~:** zu jmds. Rechtfertigung; **b)** *(Printing)* Randausgleich, *der*
justify ['dʒʌstɪfaɪ] *v.t.* **a)** *(show justice of, vindicate)* rechtfertigen; *(demonstrate correctness of)* belegen, beweisen ⟨*Behauptung, Argument, Darstellung*⟩; *(offer adequate grounds for)* begründen ⟨*Verhalten, Vorstellung, Behauptung*⟩; **~ oneself/sth. to sb.** sich/etw. jmdm. gegenüber *od.* vor jmdm. rechtfertigen; **the end justifies the means** der Zweck heiligt die Mittel; **be justified in doing sth.** etw. zu Recht tun; **this cannot be justified** das ist nicht zu rechtfertigen; **b)** *(Printing)* ausschließen
justly ['dʒʌstlɪ] *adv. (with justice, fairly)* gerecht; *(rightly)* mit *od.* zu Recht
jut [dʒʌt] *v.i.,* **-tt-:** ~ **[out]** [her]vorragen; herausragen; **his chin ~s out rather a lot** er hat ein ziemlich stark vorspringendes Kinn
Jute [dʒuːt] *n. (Ethnol., Hist.)* Jüte, *der/*Jütin, *die*
jute *n.* Jute, *die*
Jutland ['dʒʌtlənd] *pr. n.* Jütland *(das)*
juvenile ['dʒuːvənaɪl] **1.** *adj.* **a)** *(young, characteristic of youth)* jugendlich, *(geh.)* juvenil ⟨*Geschmack, Einstellung*⟩; Jugend- ⟨*literatur, -mode*⟩; **~ crime** Jugendkriminalität, *die;* **b)** *(immature)* kindisch *(abwertend);* infantil *(abwertend).* **2.** *n.* Jugendliche, *der/die; attrib.* **~ lead** *(Theatre)* jugendlicher Held
juvenile: ~ court *n. (Law)* Jugendgericht, *das;* **~ de'linquency** *n.* Jugendkriminalität, *die;* **~ de'linquent** *n.* jugendlicher Straftäter/jugendliche Straftäterin
juxtapose [dʒʌkstə'pəʊz] *v.t.* nebeneinanderstellen **(with,** to und**)**
juxtaposition [dʒʌkstəpə'zɪʃn] *n. (action)* Nebeneinanderstellung, *die; (condition)* Nebeneinander, *das;* **be in ~:** nebeneinandergestellt sein

K

¹**K,** ¹**k** [keɪ] *n., pl.* **Ks** *or* **K's** K, k, *das*
²**K** *abbr.* **a) King['s]** kgl.; **b)** *(Phys.)* **kelvin[s]** K; **c)** *(Computing)* **kilobyte** K; **d)** *(Chess)* **king** K; **e)** *(£1,000)* Tsd. £; **earn 35K a year** 35 000 im Jahr verdienen
²**k** *abbr.* **kilo-** k-
Kaffir ['kæfə(r)] **1.** *n.* **a)** *(Ethnol.)* Kaffer, *der/*Kaffernfrau, *die;* **b)** *(derog.: South African Black)* Kaffer, *der/*Kaffernweib, *das (abwertend).* **2.** *adj.* Kaffern-
Kafkaesque [kæfkə'esk] *adj.* kafkaesk *(geh.)*
kale [keɪl] *n. (Bot.)* **[curly/Scotch] ~:** Grünkohl, *der;* Krauskohl, *der; see also* **sea-kale**
kaleidoscope [kə'laɪdəskəʊp] *n. (lit. or fig.)* Kaleidoskop, *das*
kaleidoscopic [kəlaɪdə'skɒpɪk] *adj. (lit. or fig.)* kaleidoskopisch
kamikaze [kæmɪ'kɑːzɪ] *n. (Hist.)* **a)** *(pilot)* Kamikaze[flieger], *der;* **b)** *(aircraft)* Kamikazeflugzeug, *das*
Kampuchea [kæmpʊ'tʃiːə] *pr. n.* Kamputschea *(das)*
kangaroo [kæŋgə'ruː] *n.* Känguruh, *das*
kanga'roo court *n.* Femegericht, *das*
Kantian ['kæntɪən] *(of Kant)* Kantisch; *(of Kantianism)* kant[ian]isch
kaolin ['keɪəlɪn] *n.* Kaolin, *das od. (fachspr.) der*
kaput [kæ'pʊt] *pred. adj. (sl.)* kaputt *(ugs.)*
karaoke [kærɪ'əʊkɪ] *n.* Karaoke, *das*
karate [kə'rɑːtɪ] *n., no pl., no indef. art.* Karate, *das*
ka'rate chop *n.* Karateschlag, *der;* Handkantenschlag, *der*
karma ['kɑːmə] *n. (Buddhism, Hinduism)* Karma[n], *das*
karst [kɑːst] *n. (Geog.)* Karst, *der*
kart [kɑːt] *see* **gocart**
Kashmir [kæʃ'mɪə(r)] *pr. n.* Kaschmir *(das)*
Katherine ['kæθrɪn] *pr. n. (Hist., as name of ruler etc.)* Katharina *(die)*
kayak ['kaɪæk] *n.* Kajak, *der*
KC *abbr. (Brit.)* **King's Counsel**
kc *abbr.* **kilocycle[s]** kHz
kc/s *abbr.* **kilocycles per second** kHz
kebab [kɪ'bæb] *n. (Cookery)* Kebab, *der*
kedgeree [kedʒəri:, kedʒə'ri:] *n. (Gastr.)* Kedgeree, *das;* indisches Reisgericht mit Hülsenfrüchten, Zwiebeln, Eiern; *(European dish)* Reisgericht mit Fisch und Eiern
keel [kiːl] **1.** *n. (Naut.)* Kiel, *der;* **lay down a ~:** ein Schiff auf Kiel legen; *see also* **even 1 b. 2.** *v.i.* **~ over a)** *(overturn)* umstürzen ⟨*Schiff*⟩: kentern; **b)** *(fall)* ⟨*Person*⟩ umkippen; **he ~ed over on to the bed** er fiel ums Bett. **3.** *v.t.* **~ over** *(Naut.)* zum Kentern bringen; kieloben legen *(Seemannsspr.); (on one side)* kielholen *(Seemannsspr.)*
'**keel-haul** *v.t.* kielholen *(Seemannsspr.); (fig.)* zusammenstauchen *(ugs.)*
¹**keen** [kiːn] *adj.* **a)** *(sharp)* scharf ⟨*Messer, Klinge, Schneide*⟩; *(fig.)* scharf ⟨*Hohn, Spott*⟩; beißend ⟨*Sarkasmus*⟩; **b)** *(piercingly cold)* scharf, schneidend ⟨*Wind, Kälte*⟩; *(penetrating, strong)* grell ⟨*Licht*⟩; durchdringend, stechend ⟨*Geruch*⟩; **c)** *(eager)* begeistert, leidenschaftlich ⟨*Fußballfan, Amateurfotograf, Sportler*⟩; ausgeprägt, lebhaft ⟨*Interesse*⟩; heftig ⟨*Konkurrenz, Verlangen*⟩; **be ~ to do sth.** darauf erpicht sein, etw. zu tun; **he's really ~ to win** er will unbedingt gewinnen; **although he's inexperienced, he's really ~:** obwohl er unerfahren ist, ist er doch wirklich sehr interessiert; **she was not particularly ~ to see the play** sie war nicht besonders scharf darauf, das Stück zu sehen *(ugs.);* **be [as] ~ as mustard** mit Feuereifer dabei sein; **not be very ~ on sth.** nicht gerade begeistert von etw. sein; **I'm not too** *or* **not very** *or* **not madly ~ on it** ich bin nicht so wild darauf *(ugs.);* **my father's very ~ on my going to college** mein Vater will unbedingt, daß ich aufs College gehe; **be ~ on sb.** scharf auf jmdn. sein *(ugs.);* **d)** *(highly sensitive)* scharf ⟨*Augen*⟩; fein ⟨*Sinne*⟩; ausgeprägt ⟨*Sinn für etw.*⟩; **e)** *(intellectually sharp)* scharf ⟨*Verstand, Intellekt*⟩; scharfsinnig, geistreich ⟨*Bemerkung, Frage usw.*⟩; rasch ⟨*Auffassungsgabe*⟩; **~ wit** Scharfsinn, *der;* **f)** *(acute)* heftig, stark ⟨*Schmerzen, Qualen*⟩; **g)** *(Brit.: exceptionally low)* niedrig, günstig ⟨*Preis*⟩; günstig ⟨*Angebot*⟩; **h)** *(coll.: excellent)* [einfach] klasse *(ugs.)*
²**keen 1.** *n.* Totenklage, *die.* **2.** *v.i.* die Totenklage halten *(für)*
keenly ['kiːnlɪ] *adv.* **a)** *(sharply)* scharf ⟨*geschliffen*⟩; **b)** *(coldly)* scharf; **c)** *(eagerly)* eifrig ⟨*arbeiten*⟩; brennend ⟨*interessiert sein*⟩; **look forward ~ to sth.** auf etw. *(Akk.)*
sehr gespannt sein; **d)** *(piercingly)* scharf ⟨*ansehen*⟩; **e)** *(acutely)* **be ~ aware of sth.** sich *(Dat.)* einer Sache *(Gen.)* voll bewußt sein; **feel sth. ~:** etw. deutlich fühlen
keenness ['kiːnnɪs] *n., no pl.* **a)** *(sharpness, coldness, acuteness of sense)* Schärfe, *die;* **b)** *(eagerness)* Eifer, *der;* **c)** *(of intellect)* Schärfe, *die;* **the ~ of his wit** seine Scharfsinnigkeit; **d)** *(of pain etc.)* Heftigkeit, *die*
keep [kiːp] **1.** *v.t.,* **kept** [kept] **a)** *(observe)* halten ⟨*Versprechen, Schwur usw.*⟩; einhalten ⟨*Verabredung, Vereinbarung, Vertrag, Sonntagsruhe, Zeitplan*⟩; begehen, feiern ⟨*Fest*⟩; halten, einhalten ⟨*Sabbat, Fasten*⟩; *see also* **hour c; b)** *(guard)* behüten, beschützen ⟨*Person*⟩; hüten ⟨*Herde, Schafe*⟩; schützen ⟨*Stadt, Festung*⟩; verwahren ⟨*Wertgegenstände*⟩; **may God ~ you!** Gott beschütze dich!; **~ sb. [safe] from sth.** jmdn. vor etw. *(Dat.)* bewahren; **~ sb. safe** jmdn. beschützen; **~ sth. locked away** etw. unter Verschluß halten *od.* aufbewahren; **c)** *(have charge of)* aufbewahren; verwahren; **d)** *(retain possession of)* behalten; *(not lose or destroy)* aufheben ⟨*Quittung, Rechnung*⟩; **I'll give you that book to ~:** ich schenke dir das Buch; **~ one's position** seine Stellung behaupten *od.* halten; **you can ~ it** *(coll.: I do not want it)* das kannst du behalten *od.* dir an den Hut stecken *(ugs.);* **Another talk on architecture? You can ~ it** Noch ein Vortrag über Architektur? Nein danke, kein Bedarf *(ugs.);* **e)** *(maintain)* unterhalten, instandhalten ⟨*Gebäude, Straße usw.*⟩; pflegen ⟨*Garten*⟩; **neatly kept** gut gepflegt; **f)** *(carry on, manage)* unterhalten, führen, betreiben ⟨*Geschäft, Lokal, Bauernhof*⟩; **g)** halten ⟨*Schweine, Bienen, Hund, Katze usw.*⟩; **~** *(Dat.)* halten ⟨*Diener, Auto*⟩; **h)** führen ⟨*Tagebuch, Liste usw.*⟩; **~ an account of expenditure** über seine Ausgaben Buch führen; **~ the books** die Bücher führen; **i)** *(provide for sustenance of)* versorgen, unterhalten ⟨*Familie*⟩; **~ sb./oneself in cigarettes** *etc.* jmdn./sich mit Zigaretten *usw.* versorgen; **~ sb. in luxury** jmdm. ein Leben in Luxus bieten; **~ sb. in the style to which he is accustomed** jmdm. den gewohnten Lebensstil bieten; **she has to ~ herself on £20 a week** sie muß mit 20 Pfund pro Woche auskommen; **j)** sich *(Dat.)* halten ⟨*Geliebte, Mätresse usw.*⟩; sich *(Dat.)* als Geliebte halten ⟨*Frau*⟩; sich *(Dat.)* als Liebhaber halten ⟨*Mann*⟩; **she is a kept woman** sie läßt sich von einem Mann aushalten; **k)** *(have on sale)* führen ⟨*Ware*⟩; **~ a stock of sth.** etw. [am Lager] haben; **we always ~ a bit of cheese** wir haben immer ein bißchen Käse da; **l)** *(maintain in quality, state, or position)* halten ⟨*Rhythmus*⟩; **~ one's hands in one's pockets** die Hände in den Taschen behalten; **~ sth. in one's head** etw. [im Kopf] behalten; sich *(Dat.)* etw. merken; **~ sth. in a cool place** etw. an einem kühlen Ort aufbewahren; **a cold kept her in bed** eine Erkältung zwang sie, im Bett zu bleiben; **~ sb. to his word/promise** jmdn. beim Wort nehmen; **~ sb. waiting** jmdn. warten lassen; **~ the water boiling** das Wasser am Kochen halten; **~ the office running smoothly** dafür sorgen, daß im Büro weiterhin alles reibungslos [ab]läuft; **~ sb. alive** jmdn. am Leben halten; **~ the traffic moving** den Verkehr in Fluß halten; **~ a plant watered** eine Pflanze feucht halten; **~ sth. shut/tidy** etw. geschlossen/in Ordnung halten; **~ the engine running** den Motor laufen lassen; **~ sth. under [the] water** etw. unter Wasser halten; **m)** *(maintain as quality)* **~ silence** schweigen; **~ its shape** seine Form nicht verlieren; **~ one's beauty** sich *(Dat.)* seine Schönheit bewahren; **n)** *(detain)* festhalten; **there was no longer anything to ~ him there** es hielt ihn dort nichts mehr; **what kept you [so long]?** wo bleibst du denn [so lange]?;

keep

don't let me ~ you, I mustn't ~ you laß dich [von mir] nicht aufhalten; ~ **sb. in prison** jmdn. in Haft halten; ~ **sb. in hospital a few days longer** jmdn. noch ein paar Tage länger im Krankenhaus behalten; ~ **sb. indoors** jmdn. nicht aus dem Haus lassen; **the teacher kept Peter behind after the lesson** der Lehrer rief Peter nach der Stunde zu sich; ~ **sb. from doing sth.** jmdn. davon abhalten *od.* daran hindern, etw. zu tun; ~ **sth. from doing sth.** verhindern, daß etw. etw. tut; **to ~ myself from falling** um nicht zu fallen; **I couldn't ~ myself from laughing** [ich konnte mir nicht helfen,] ich mußte einfach lachen; **we must ~ them from seeing each other** wir müssen verhindern, daß sie sich sehen; **o)** *(reserve)* aufheben; aufsparen; **I asked him to ~ a seat for me** ich bat ihn, mir einen Platz freizuhalten; ~ **it for oneself** es für sich behalten; ~ **sth. for later** *etc.* sich *(Dat.)* etw. für später *usw.* aufheben *od.* aufsparen; **let's ~ the business talk for later** verschieben wir das Geschäftliche erst mal auf später; **p)** *(conceal)* ~ **sth. to oneself** etw. für sich behalten; ~ **sth. a mystery** ein Geheimnis aus etw. machen; ~ **sth. from sb.** jmdm. etw. verheimlichen; **he kept the news from them** er verschwieg ihnen die Neuigkeit; **q)** *(continue to follow)* folgen (+ *Dat.*) ⟨*Straße, Weg*⟩; ~ **a straight path** immer geradeaus gehen. **2.** *v. i.,* **kept a)** *(remain in specified place, condition)* bleiben; ~ **warm/clean** sich warm/sauber halten; **how are you ~ing?** *(coll.)* wie geht's [dir] denn so? *(ugs.);* **are you ~ing well?** geht's dir gut?; *see also* **calm 2 a; cool 1 b;** ²**fit 1 e; silent a; b)** *(continue in course, direction, or action)* ~ **[to the] left/[to the] right/straight ahead** *or* **straight on** sich links/rechts halten/immer geradeaus fahren/gehen *usw.;* ~ **on until you get to the traffic lights** geh/fahr *usw.* weiter bis zur Ampel; '~ **left** *(traffic sign)* „links vorbeifahren"; *(sign to pedestrians)* „links gehen"; **traffic in Britain ~s [to the] left** in Großbritannien herrscht Linksverkehr. **c)** fährt man links; **the lorry kept to the middle of the road** der Lastwagen fuhr die ganze Zeit auf der Straßenmitte; ~ **behind me** bleib hinter mir; ~ **doing sth.** *(not stop)* etw. weiter tun; *(repeatedly)* etw. immer wieder tun; *(constantly)* etw. dauernd *od.* immer tun; ~ **talking/working** *etc.* **until ...:** weiterreden/-arbeiten *usw.,* bis ...; *see also* **smile 2; c)** *(remain good)* ⟨*Lebensmittel:*⟩ sich halten; *(fig.)* ⟨*Geheimnis:*⟩ gewahrt bleiben; **that story can ~:** diese Geschichte kann warten *od.* nicht eilen; **your report will have to ~ until the next meeting** mit Ihrem Bericht müssen wir bis zum nächsten Treffen warten; **what I have to say won't ~:** was ich zu sagen habe, ist eilig *od.* eilt; **will your news ~ till tomorrow?** haben ihre Neuigkeiten Zeit bis morgen?. *See also* ¹**go 1 f; touch 3 h. 3.** *n.* **a)** *(maintenance)* Unterhalt, *der;* **you don't earn your ~:** du bist nichts als ein unnützer Esser; **sth. doesn't earn its ~:** etw. lohnt sich nicht aus *(ugs.);* **b) for ~s** *(coll.)* auf Dauer; *(to be retained)* zum Behalten; **you can have it** *or* **it's yours for ~s** du kannst es behalten; **c)** *(Hist.: tower)* Bergfried, *der*

~ '**after** *v. t.* verfolgen; jagen; *(fig.: chivvy)* antreiben

~ **at** *v. t.* **a)** *(work persistently)* weitermachen mit; ~ '**at it!** nicht nachlassen!; **b)** *(cause to work at)* ~ **sb. at sth.** jmdn. dazu anhalten, daß er etw. weitermacht; **c)** [-'-] *(nag)* nicht in Ruhe lassen; [ständig] zusetzen (+ *Dat.*); **don't ~ at me all the time!** laß mich endlich einmal in Ruhe!; **they kept at him for the money he owed** sie lagen ihm ständig wegen des Geldes, das er ihnen schuldete, in den Ohren *(ugs.)*

~ **a**'**way 1.** *v. i.* wegbleiben *(ugs.)* **(from** von); sich fernhalten **(from** von); **I just can't ~ away** es zieht mich immer wieder hin. **2.** *v. t.* **fernhalten (from** von); ~ **them away from each other!** halte sie auseinander!; ~ **him away from me!** halte ihn mir vom Hals! *(ugs.);* **what kept you away?** warum bist du nicht gekommen?

~ '**back 1.** *v. i.* zurückbleiben; ~ **back from sth.** sich von etw. fernhalten; von etw. wegbleiben *(ugs.);* ~ **back!** bleib, wo du bist!; ~ **back and wait your turn** halte dich zurück und warte, bis du an der Reihe bist. **2.** *v. t.* **a)** *(restrain)* zurückhalten ⟨*Menschenmenge, Tränen*⟩; ~ **sb. back from sb./sth.** jmdn. von jmdm./etw. fernhalten; **b)** *(withhold)* verschweigen ⟨*Informationen, Tatsachen*⟩ **(from** *Dat.*); einbehalten ⟨*Geld, Zinsen, Zahlung*⟩; **don't try to ~ any secrets back** versuch nicht, etwas zu verheimlichen

~ '**down 1.** *v. i.* unten bleiben; *(Mil.: lie low in skirmishing)* in Deckung bleiben; ⟨*Wind:*⟩ nicht stärker werden; ~ **down!** bleib unten!; duck dich! **2.** *v. t.* **a)** *(oppress, suppress)* unterdrücken ⟨*Volk, Tränen*⟩; bändigen ⟨*Hund*⟩; niederhalten ⟨*rebellische Person*⟩; **you can't ~ a good man down** *(prov.)* er/sie usw. läßt/lassen sich nicht unterkriegen *(ugs.);* **b)** *(prevent increase of)* niedrig halten ⟨*Steuern, Preise, Zinsen, Ausgaben, usw.*⟩; eindämmen ⟨*Epidemie*⟩; ~ **one's weight down** nicht zunehmen; ~ **the weeds down** dafür sorgen, daß das Unkraut nicht überhandnimmt; **c)** *(not raise)* unten lassen ⟨*Kopf*⟩; ~ **that noise/your voice down** sei/rede nicht so laut; **could you ~ the volume down on your radio?** könntest du dein Radio leiser stellen?; **d)** *(not vomit)* bei sich behalten ⟨*Essen*⟩

~ **from** *v. t.* ~ **from doing sth.** etw. nicht tun; *(avoid doing)* es vermeiden, etw. zu tun; **I couldn't ~ from smiling** ich mußte einfach lächeln *od.* konnte ein Lächeln nicht unterdrücken; **it is impossible to ~ from getting wet** es ist unmöglich zu vermeiden, daß man naß wird

~ '**in 1.** *v. i.* **a)** *(remain indoors)* drinnen bleiben; im Haus bleiben; **b)** *(remain in favour)* ~ **in with sb.** sich mit jmdm. gut stellen; sich *(Dat.)* jmdn. warmhalten *(ugs.).* **2.** *v. t.* **a)** *(confine)* unterdrücken ⟨*Gefühle*⟩; verbergen ⟨*Überraschung*⟩; einziehen ⟨*Bauch*⟩; **b)** *(keep burning)* am Brennen halten ⟨*Feuer*⟩; *(not extinguish)* anlassen ⟨*Feuer*⟩; **c)** *(Sch.)* nachsitzen lassen ⟨*Schüler*⟩; **be kept in [after school]** nachsitzen müssen. *See also* **hand 1 k**

~ '**off 1.** *v. i.* ⟨*Person:*⟩ wegbleiben; ⟨*Regen, Sturm usw.:*⟩ ausbleiben; **let's hope the snow ~s off** hoffen wir, daß es nicht anfängt zu schneien *od.* keinen Schnee gibt; '~ **off** *(on building-site etc.)* „Betreten verboten". **2.** *v. t.* **a)** fernhalten ⟨*Person, Tier*⟩; abhalten ⟨*Sonne*⟩; ~ **sb./sth. off sth.** jmdn./etw. von etw. fernhalten/nicht kommen lassen; ~ **your dog off our lawn** lassen Sie Ihren Hund nicht auf unseren Rasen; **b)** *(not go on)* nicht betreten; nicht begehen/befahren ⟨*Weg, Straße usw.*⟩; ~ **off the flower-beds** nicht in die Blumenbeete treten; '~ **off the grass!** „Betreten des Rasens verboten"; **c)** *(not touch)* ~ **off my whisky!** Hände *od.* Finger weg von meinem Whisky!; **d)** *(not eat or drink)* ~ **off chocolates/brandy** keine Schokolade essen/keinen Brandy trinken; ~ **off cigarettes/drinking** keine Zigaretten rauchen/nicht trinken; **if you don't ~ off drugs...:** wenn du die Finger nicht von den Drogen läßt, ... *(ugs.);* wenn du Drogen nimmst, ...; **e)** *(not mention)* ~ **off a subject** ein Thema vermeiden; **do ~ off religion when the vicar comes to tea** sprich nicht über Religion, wenn der Pfarrer zum Tee kommt

~ '**on 1.** *v. i.* **a)** *(continue, persist)* weitermachen **(with** *Akk.*); ~ **on doing sth.** etw. [immer] weiter tun; *(repeatedly)* etw. immer wieder tun; *(constantly)* etw. dauernd *od.* immer tun; **I ~ on telling you this** das sage ich dir ja immer; ~ **on driving down this road until ...:** fahr diese Straße immer weiter [entlang], bis ...; **I hope you'll ~ on coming to visit us** ich hoffe, du wirst uns auch weiterhin besuchen kommen; **b)** *(Brit.: talk tiresomely)* **he does ~ on** er redet von nichts anderem; ~ **on about sth.** immer wieder von etw. anfangen; ~ **on at sb. about sth.** jmdm. mit etw. ständig in den Ohren liegen *(ugs.).* **2.** *v. t.* **a)** weiterbeschäftigen ⟨*Angestellten*⟩; behalten ⟨*Wohnung, Auto*⟩; verlängern ⟨*Ausstellung, Film*⟩; anlassen, laufen lassen ⟨*Radio, Fernseher*⟩; **the film was kept on for another three months/till Easter** der Film blieb drei weitere Monate/bis Ostern im Programm; **b)** anbehalten, anlassen ⟨*Kleid, Mantel*⟩; aufbehalten ⟨*Hut*⟩; *see also* **hair b**

~ '**out 1.** *v. i.* draußen bleiben; '~ **out** „Zutritt verboten". **2.** *v. t.* **a)** *(not let enter)* nicht hereinlassen ⟨*Person, Tier*⟩; **b)** abhalten ⟨*Kälte*⟩; abweisen ⟨*Nässe*⟩; **central heating helps ~ out the cold** eine Zentralheizung sorgt dafür, daß es nie zu kalt wird

~ '**out of** *v. t.* **a)** *(stay outside)* ~ **out of a room/an area/a country** ein Zimmer/eine Gegend nicht betreten/nicht in ein Land reisen; **b)** *(avoid)* ~ **out of danger** Gefahren meiden; sich nicht in Gefahr begeben; ~ **out of the rain/sun** *etc.* nicht in den Regen/die Sonne *usw.* gehen; ~ **out of a quarrel** sich aus einem Streit heraushalten; ~ **out of sb.'s way** jmdm. aus dem Weg gehen; ~ **out of the way of those boys!** halt dich von diesen Jungen fern!; ~ **out of trouble** zurechtkommen; **c)** *(not enter)* nicht hereinlassen in (+ *Akk.*); **d)** *(cause to avoid)* ~ **him/the dog out of my way** halte mir ihn/den Hund vor Leibe *(salopp);* ~ **sb. out of danger** jmdn. vor Gefahr bewahren; ~ **the plants out of the sun** die Pflanzen vor Sonne schützen; **I want to ~ him out of it** ich möchte ihn da heraushalten; **he wanted his name to be kept out of the papers** er wollte, daß sein Name in den Zeitungen nicht erwähnt wird

~ **to** *v. t.* **a)** *(not leave)* bleiben auf (+ *Dat.*) ⟨*Straße, Weg*⟩; ~ **to the left!** halte dich links!; bleib links!; **b)** *(follow, observe)* sich halten an (+ *Akk.*) ⟨*Regeln, Muster, Gesetz, Diät, usw.*⟩; einhalten ⟨*Zeitplan*⟩; halten ⟨*Versprechen*⟩; ~ **to one's word** Wort halten; **c)** *(remain in)* ~ **to one's bed** im Bett bleiben; **d)** ~ **[oneself] to oneself** für sich bleiben; **they ~ themselves to themselves** sie bleiben unter sich; **he ~s to himself [most of the time]** er bleibt [meist] für sich allein. *See also* ~ **1 l, 2 b**

~ **under** *v. t.* **a)** *(hold in subjection)* unterdrücken; **b)** *(maintain in state of unconsciousness etc.)* unter Narkose halten

~ **up 1.** *v. i.* **a)** *(proceed equally)* ~ **up with sb./sth.** mit jmdm./etw. Schritt halten; **he can't ~ up with the rest** er kommt mit den anderen nicht mit; ~ **up with the Joneses** mit den andern gleichziehen; **b)** *(maintain contact)* ~ **up with sb.** mit jmdm. Kontakt halten; ~ **up with sth.** sich über etw. *(Akk.)* auf dem laufenden halten; ~ **up with fashions/the times** *(follow)* mit der Mode/Zeit gehen; **c)** ⟨*Regen, Wetter:*⟩ anhalten. **2.** *v. t.* **a)** *(prevent from falling)* festhalten ⟨*Leiter, Zelt usw.*⟩; **wear a belt to ~ one's trousers up** einen Gürtel tragen, damit die Hosen nicht rutschen; **b)** *(prevent from sinking)* aufrechterhalten ⟨*Produktion, Standard usw.*⟩; auf gleichem Niveau halten ⟨*Preise, Löhne usw.*⟩; **c)** *(maintain)* aufrechterhalten ⟨*Bräuche, Traditionen, Freundschaft, Lebensstil, Tempo, jmds. Moral*⟩; *(provide means for the maintenance of)* unterhalten ⟨*Anwesen*⟩; *(keep in repair)* instand *od.* *(ugs.)* in Schuß halten ⟨*Haus*⟩; *(keep in*

keeper

proper condition) in Ordnung *od. (ugs.)* in Schuß halten ⟨*Garten*⟩; **d)** *continue)* fortsetzen ⟨*Angriff, Belagerung*⟩; [Halsl] zahlen ⟨*Raten*⟩; **such old customs are no longer kept up** solche alten Bräuche werden nicht mehr gepflegt; ~ **one's courage/spirits up** den Mut nicht sinken lassen; ~ **one's strength up** sich bei Kräften halten; ~ **it up** weitermachen; ~ **it up!** weiter so!; **he'll never be able to** ~ **it up** er wird es nicht durchhalten [können]; **I'm trying to** ~ **up my French** ich versuche, mit meinem Französisch nicht aus der Übung zu kommen; ~ **up one's chess/painting** weiterhin Schach spielen/malen; **they kept up a correspondence for many years** sie haben jahrelang [miteinander] in Briefwechsel gestanden; *see also* **appearance b; chin; end 1 a; e)** *(prevent from going to bed)* am Schlafengehen hindern; **are we ~ing you up?** halten wir dich vom Schlafengehen ab?; **they kept me up all night** sie haben mich die ganze Nacht nicht schlafen lassen; **they were kept up by their baby crying** wegen ihres schreienden Babys kamen sie nicht zum Schlafen
keeper ['kiːpə(r)] *n.* **a)** *see* **gamekeeper; b)** *see* **goalkeeper, wicket-keeper; c)** *(custodian)* Wärter, *der*/Wärterin, *die* (*zoo*~) Tierwärter, *der*/-wärterin, *die*; ~ **of the keys** Schlüsselverwahrer, *der (veralt.);* **am I my brother's ~?** *(Bibl.)* soll ich meines Bruders Hüter sein?; *(bibl.)* **d)** *(fruit that keeps)* **these apples are good ~s** diese Äpfel halten sich gut
keep-'fit class *n.* Fitneßgruppe, *die;* **go to ~es** zu Fitneßübungen gehen
keeping ['kiːpɪŋ] *n., no pl.* **a)** *no art.* **be in ~ with sth.** einer Sache *(Dat.)* entsprechen; *(be suited to sth.)* zu etw. passen; **be out of ~ with sth.** einer Sache *(Dat.)* nicht entsprechen; **the dress she wore was rather out of ~:** das Kleid, das sie anhatte, war ziemlich unpassend; **b)** *(custody)* give sth. into sb.'s ~: jmdm. etw. zur Aufbewahrung [über]geben; **the keys are in his ~:** er bewahrt die Schlüssel auf; **take sth. into sb.'s ~:** in Gewahrsam nehmen; **leave sb. in sb.'s ~:** jmdn. jmds. Obhut anvertrauen; **c) the apples will improve with ~:** die Äpfel werden besser, wenn man sie eine Zeitlang liegen läßt
'**keepsake** *n.* Andenken, *das;* **take it as or for a ~** [to remind you] of me nimm es als *od.* zum Andenken an mich
keg [keg] *n.* **a)** *(barrel)* [kleines] Faß; Fäßchen, *das;* **b)** *attrib.* ~ **beer** aus luftdichten Metallbehältern gezapftes, mit Kohlensäure versetztes Bier; *das*
kelp [kelp] *n.* [See]tang, *der*
kelvin ['kelvɪn] *n. (Phys.)* Kelvin, *das*
'**Kelvin scale** *n. (Phys.)* Kelvinskala, *die*
¹**ken** [ken] *n.* **this is beyond or outside my ~:** das geht über meinen Horizont; das ist zu hoch für mich *(ugs.); (beyond range of knowledge)* das übersteigt mein Wissen
²**ken** *v. t.,* ~**ned** *or* **kent** [kent], ~**ned** *(Scot.) see* **know 1**
kennel ['kenl] *n.* **a)** Hundehütte, *die;* **b)** *in pl.* [**boarding**] **~s** Hundepension, *die;* [**breeding**] **~s** Zwinger, *der*
Kentish ['kentɪʃ] *adj.* kentisch
Kenya ['kenjə, 'kiːnjə] *pr. n.* Kenia *(das)*
Kenyan ['kenjən, 'kiːnjən] **1.** *adj.* kenianisch; **sb. is ~:** jmd. ist Kenianer/Kenianerin. **2.** *n.* Kenianer, *der*/Kenianerin, *die*
kepi ['kepɪ, 'keɪpɪ] *n.* Käppi, *das*
kept *see* **keep 1, 2**
kerb [kɜːb] *n. (Brit.)* Bordstein, *der*
kerb: ~-**crawling** *n. (Brit.)* langsames Fahren mit dem Auto am Straßenrand, um jemanden „aufzureißen"; ~ **drill** *n. (Brit.)* richtiges [Verhalten beim] Überqueren der Fahrbahn; ~**stone** *n. (Brit.)* Bordstein, *der;* ~ **weight** *n. (Brit.)* [Fahrzeug]leergewicht, *das*

kerchief ['kɜːtʃɪf, 'kɜːtʃiːf] *n. (worn on the head)* Kopftuch, *das; (worn around the neck)* [Hals]tuch, *das*
kerfuffle [kəˈfʌfl] *n. (Brit. coll.)* Wirbel, *der;* Affenzeck, *der (ugs. abwertend)*
kernel ['kɜːnl] *n. (lit. or fig.)* Kern, *der;* **a ~ of truth** ein Körnchen Wahrheit
kerosene, kerosine ['kerəsiːn] *n. (Amer., Austral., NZ/as tech. term)* Paraffin[öl], *das; (for jet engines)* Kerosin, *das; (for lamps etc.)* Petroleum, *das;* ~ **lamp** Petroleumlampe, *die*
kestrel ['kestrəl] *n. (Ornith.)* Turmfalke, *der*
ketch [ketʃ] *n. (Naut.)* Ketsch, *die*
ketchup ['ketʃʌp] *n.* Ketchup, *der od. das*
ketone ['kiːtəʊn] *n. (Chem.)* Keton, *das*
kettle ['ketl] *n.* [Wasser]kessel, *der;* **a pretty or fine** ~ **of fish** *(iron.)* eine schöne Bescherung *(ugs. iron.);* **a different** *or* **another ~ of fish** eine ganz andere Sache
kettle: ~**drum** *n. (Mus.)* [Kessel]pauke, *die;* ~**drummer** *n. (Mus.)* Paukist, *der*/Paukistin, *die*
kettleful ['ketlfʊl] *n.* Kessel, *der;* **a ~ of water** ein Kessel [voll] Wasser
¹**key** [kiː] **1.** *n.* **a)** *(lit. or fig.)* Schlüssel, *der;* **the ~ to success** der Schlüssel zum Erfolg; **the ~ to the mystery** des Rätsels Lösung; **der Schlüssel zum Geheimnis; b)** *(place)* Schlüsselstellung, *die (Milit.);* **c)** *(set of answers)* [Lösungs]schlüssel, *der; (to map etc.)* Zeichenerklärung, *die; (to cipher)* Schlüssel, *der;* **d)** *(translation)* [wörtliche] Übersetzung, *die;* **e)** *(on piano, typewriter, etc.)* Taste, *die;* **f)** *(Electr.)* Taste, *die;* **g)** *(Mus.)* Tonart, *die; (fig.: of speech or writing)* Ton, *der;* **sing/play in/off ~:** richtig/falsch singen/spielen; **h)** *(Bot.)* Flügelfrucht, *die;* **i)** *(for grasping screws etc.)* [Schrauben]schlüssel, *der; (for winding a clock etc.)* Schlüssel, *der. See also* **house 1 c. 2.** *attrib. adj.* entscheidend; Schlüssel- ⟨*frage, -position, -rolle, -figur, -industrie*⟩. **3.** *v. t. (Computing)* eintasten
~ **up a)** *(stimulate)* ~ **sb. up to sth./to a state of excitement** jmdn. zu etw. hinreißen/in einen Zustand der Erregung versetzen; **the crowd was ~ed up for the match** die Menge war auf das Spiel eingestimmt; **b)** *(make extremely tense)* **be all ~ed up** ganz aufgeregt sein; **he was all ~ed up for the great event** er fieberte dem großen Ereignis entgegen
²**key** *n. (Geog.)* [Korallen]insel, *die*
key: ~**bar** *n.* Typenhebel, *der;* ~**board 1.** *n. (of piano etc.)* Klaviatur, *die; (of typewriter etc.)* Tastatur, *die.* **2.** *v. t.* tasten; ~**boarder,** ~**board operator** *ns.* Taster, *der*/Tasterin, *die;* ~**hole** *n.* Schlüsselloch, *das;* ~**note 1.** *n.* ⟨*Mus.*⟩ Grundton, *der;* ⟨*fig.*⟩ Grundgedanke, *der;* [Grund]tenor, *der; attrib.* ~**note speech** programmatische Rede; ~**pad** *n.* Tastenfeld, *das;* ~**punch operator** *n.* Locher, *der*/Locherin, *die;* ~**ring** *n.* Schlüsselring, *der;* ~ **signature** *n.* ⟨*Mus.*⟩ Tonartvorzeichnung, *die;* ~**stone** *n. (Archit.)* Schlußstein, *der; (fig.)* Grundpfeiler, *der;* ~**stroke** *n. (Computing)* Anschlag, *der;* ~**word** *n.* ⟨*key to cipher*⟩ Schlüsselwort, *das;* ⟨*significant word in indexing*⟩ Stichwort, *das;* Schlüsselwort, *das (bes. DV)*
KG *abbr. (Brit.)* **Knight [of the Order] of the Garter**
kg. *abbr.* **kilogram[s]** kg
khaki ['kɑːkɪ] **1.** *adj.* khakifarben; ~ **colour/cloth** Khaki, *das*/Khaki, *der.* **2.** *n. (cloth)* Khaki, *der;* ~-**coloured** khakifarben
kHz *abbr.* **kilohertz** kHz
kibbutz ['kɪbʊts] *n., pl.* **kibbutzim** [kɪbʊtˈsiːm] Kibbuz, *der*
kibitzer ['kɪbɪtsə(r), kɪˈbɪtsə(r)] *n. (coll.)* Kiebitz, *der (ugs.); (meddlesome person)* wichtigtuerischer Besserwisser

kibosh ['kaɪbɒʃ] *n. (sl.)* **put the ~ on sth.** etw. vermasseln *(salopp);* **that's put the ~ on his hopes, hasn't it?** damit sind seine Hoffnungen wohl im Eimer, was? *(salopp)*
kick [kɪk] **1.** *n.* **a)** [Fuß]tritt, *der; (Footb.)* Schuß, *der;* **give sb. a ~:** jmdm. einen Tritt geben *od.* versetzen; **give a ~ at sth.,** **give sth. a ~:** gegen etw. treten; **give sb. a ~ in the pants** *(fig. coll.)* jmdm. Feuer unterm Hintern machen *(salopp);* **a ~ in the teeth** *(fig.)* ein Schlag ins Gesicht; **give sb. a ~ in the teeth** *(fig. coll.)* jmdm. vor den Kopf stoßen; **b)** *(Sport: burst of speed)* Spurt, *der;* **c)** *(coll.: sharp effect, thrill)* Feuer, *das;* ⟨*of wine*⟩ Feuer, *das;* **give sb. a ~:** jmdm. Spaß machen; **this beer has plenty of ~ in it** dieses Bier hat es in sich *(Dat.);* **he gets a ~ out of it** er hat Spaß daran; es macht ihm Spaß; **do sth. for ~s** etw. zum Spaß tun; **d)** *(coll.: temporary interest)* Fimmel, *der (ugs. abwertend);* Tick, *der (ugs.);* **be on a ~ for fitness ~:** auf einem *od.* dem Fitneßtrip sein *(ugs.);* **e)** *(recoil of gun)* Rückstoß, *der.* **2.** *v. i.* **a)** treten; ⟨*Pferd:*⟩ ausschlagen; ⟨*Baby:*⟩ strampeln; ⟨*Tänzer:*⟩ das Bein hochwerfen; ~ **at sth.** gegen etw. treten; **you have to ~ with your legs when doing the crawl** beim Kraulen mußt du mit den Beinen schlagen; ~**ing and screaming** *(fig.)* in heftigem *od.* wildem Protest; **b)** *(show opposition)* sich zur Wehr setzen (**at, against** gegen). *See also* **alive d;** ²**trace. 3.** *v. t.* **a)** ⟨*Person, Hund,* ⟩ treten gegen ⟨*Gegenstand*⟩; kicken *(ugs.),* schlagen, schießen ⟨*Ball*⟩; ~ **the door open/shut** die Tür auf-/zutreten; **he ~ed the ball straight at me** er hat den Ball genau in meine Richtung; ~ **sb. in the teeth** *(fig. coll.)* jmdn. vor den Kopf stoßen; ~ **sb. upstairs** *(fig. coll.)* jmdn. eine nach außen bessere Position geben, aber seinen Einflußbereich einschränken; ≈ jmdn. fortloben; ~ **a goal** ein Tor schießen; **I could ~ myself!** *(coll.)* ich könnte mir *od.* mich in den Hintern beißen *(salopp);* **b)** *(sl.: abandon)* ablegen ⟨*schlechte Angewohnheit*⟩; aufgeben ⟨*Rauchen*⟩; ~ **the habit** es aufstecken *(ugs.). See also* **bucket 1 a;** ¹**heel 1 a**
~ **a'bout,** ~ **a'round 1.** *v. t.* **a)** [in der Gegend] herumkicken *(ugs.);* **b)** *(treat badly)* herumstoßen; schikanieren; **c)** *(coll.: discuss unsystematically)* hekakeln *(ugs.);* bequatschen *(salopp).* **2.** *v. i.* **a)** *(coll.: wander about)* rumziehen *(ugs.);* **b)** **be ~ing about** *or* **around** *(coll.: be present, alive)* rumhängen *(ugs.);* **old Thompson is still ~ing around** *(is still alive)* der alte Thompson macht's immer noch *(ugs.);* **c) be ~ing about** *or* **around** *(coll.: lie scattered)* rumliegen *(ugs.);* rumfliegen *(salopp);* **is there a sandwich ~ing around?** gibt's hier irgendwo 'n Sandwich? *(ugs.)*
~ **'back 1.** *v. i.* **a)** ⟨~ *in retaliation*⟩ zurücktreten; *(fig.)* zurückschlagen; **b)** *(recoil)* ⟨*Gewehr:*⟩ zurückschlagen. **2.** *v. t.* **a)** zurückschlagen ⟨*Ball*⟩; mit dem Fuß zurückschlagen ⟨*Bettdecke*⟩; **b)** ⟨~ *in retaliation*⟩ wiedertreten. *See also* **kickback**
~ **'in 1.** *v. t.* ⟨*break, damage*⟩ eintreten
~ **'off 1.** *v. t.* von sich schleudern ⟨*Kleidungsstück, Schuhe*⟩. **2.** *v. i. (Footb.)* anstoßen; ⟨*Spiel:*⟩ beginnen; *(fig. coll.: start)* anfangen; *see also* **kick-off**
~ **'out** *v. t. (force to leave)* hinauswerfen; rausschmeißen *(ugs.);* **get ~ed out** rausfliegen *(ugs.);* **get ~ed out of one's job** [aus der Stellung] fliegen *(ugs.)*
~ **'up 1.** *(raise by ~ing)* [mit den Füßen] aufwirbeln ⟨*Sand, Staub*⟩; ⟨*Autoreifen:*⟩ hochschleudern ⟨*Steine*⟩; mit dem Fuß umschlagen ⟨*Teppich*⟩; **b)** *(coll.: create)* vom Zaun brechen ⟨*Streit*⟩; ~ **up a shindy/stink** Radau machen *(ugs.)*/Stunk machen *od.* anfangen *(ugs.)*
kick: ~**back** *n. (coll.: bribe)* Prozente *(fig.*

kick-down | **kindliness**

ugs.); ~**-down** n. (Motor Veh.) Kickdown, der; ~**-off** n. **a)** (Footb.) Anstoß, der; (fig.: start) Beginn, der; **for a ~-off** (coll.) zunächst einmal; **b)** (inaugural event) Eröffnung, die; ~**-start[er]** n. (Motor Veh.) Kickstarter, der; ~**-turn** n. (Skiing) Spitzkehre, die

kid [kɪd] **1.** n. **a)** (young goat) Kitz, das; Zickel, das; **b)** (leather) Ziegenleder, das; attrib. Ziegenleder-; **c)** (coll.: child) Kind, das; (Amer. coll.: young person) Jugendliche, der/die; **Kid**, das (ugs.); **these ~s are driving me mad today** diese Bälger machen mich heute verrückt (ugs.); **you're still only a ~:** du bist noch ja jung [dazu]; **OK, ~s, let's go** (Amer.) also gut, Leute, gehen wir (ugs.); **college ~** (Amer.) Student, der/Studentin, die; **what a great ~ she is!** (Amer.) sie ist wirklich schwer in Ordnung (ugs.); **it's ~[s'] stuff** (sl.: easy) das ist ein Kinderspiel; **I'm too old for that ~s' stuff** ich bin zu alt für diese Kindereien; **~ brother/sister** (sl.) kleiner Bruder/kleine Schwester; Brüderchen, das/Schwesterchen, das. **2.** v. t., **-dd-** (coll.) (hoax) anführen (ugs.); auf den Arm nehmen (ugs.); (deceive) was vormachen (+ Dat.) (ugs.); (tease) aufziehen (ugs.); **I ~ you 'not** ehrlich!; ~ **oneself** sich (Dat.) etwas vormachen (ugs.). **3.** v. i., **-dd-** (coll.) **be ~ding** Spaß machen (ugs.); **you've got to be ~ding!** das ist doch nicht dein Ernst!; **no ~ding** [ganz] im Ernst od. ohne Scherz

kiddie ['kɪdɪ] (coll.) Kindchen, das; **all right ~s, off to bed with you** okay, Kinder, ab ins Bett (ugs.); **I wish had some ~s of my own to** wünschen, ich hätte selbst kleine Kinder

kid 'glove n. Glacéhandschuh, der; **handle or treat sb. with ~s** (fig.) jmdn. mit Samthandschuhen anfassen (ugs.)

kid-'glove adj. sanft; behutsam; **give sb. the ~ treatment** jmdn. mit Samt- od. Glacéhandschuhen anfassen (ugs.)

kidnap ['kɪdnæp] v. t., (Brit.) **-pp-** entführen ⟨Person⟩; stehlen ⟨Tier⟩; (to obtain ransom) kidnappen (ugs.)

kidnapper ['kɪdnæpə(r)] n. Entführer, der/Entführerin, die; Kidnapper, der/Kidnapperin, die

kidney ['kɪdnɪ] n. **a)** (Anat., Gastr.) Niere, die; **steak and ~ pie/pudding** see **steak**; **b)** (fig.: temperament) [Menschen]schlag, der; **of the same/right** etc. **~:** vom gleichen/richtigen usw. Schlag

kidney: ~ **bean** n. Gartenbohne, die;(scarlet runner bean) Feuerbohne, die; **red ~ bean** Kidneybohne, die; ~ **dish** n. Nierenschale, die; ~ **machine** n. künstliche Niere; Dialysegerät, das; ~**-shaped** adj. nierenförmig; ~ **table** n. Nierentisch, der; ~**-vetch** n. Gemeiner Wundklee; gelber Klee

Kiel Canal [kiːl kəˈnæl] pr. n. Nord-Ostsee-Kanal, der

Kilkenny cat [kɪlkenɪ ˈkæt] n. **fight like ~s** wie zwei Wildkatzen kämpfen; (fig.) sich bis zum letzten Blutstropfen bekämpfen

kill [kɪl] **1.** v. t. **a)** töten; (deliberately) umbringen; ⟨Rauchen usw.:⟩ tödliche Folgen haben (fig.); sterben lassen ⟨Romanfigur usw.⟩; **be ~ed in action/war** im Kampf/Krieg fallen; **shoot to ~:** gezielt schießen; **too much drink can ~ you** zuviel Alkohol kann tödlich sein; **~ or cure sb./sth.** jmdn./ etw. entweder umbringen oder wieder auf die Beine bringen; **be ~ed in a car crash** bei einem Autounfall umkommen od. ums Leben kommen; **grief/the shock almost ~ed her** sie wäre vor Gram/Schreck fast gestorben; **it won't ~ you** (iron.) es wird dich [schon] nicht um Ecken bringen; **that last stretch [nearly] ~ed me!** das letzte Stück hat mich fast umgebracht; **~ oneself** sich umbringen; **I'm ~ing myself with this work** ich arbeite mich [dabei] zu Tode; ~

oneself laughing (fig.) sich totlachen; **b)** (coll.: cause severe pain to) **it is ~ing me** das bringt mich noch um; **c)** abtöten ⟨Krankheitserreger, Schmerz, Ungeziefer, Hefe⟩; erfolgreich bekämpfen ⟨Krankheit⟩; absterben lassen ⟨Bäume, Pflanzen⟩; totschlagen ⟨Geschmack, Farbe⟩; verderben ⟨Witz⟩; (put an end to) [ab]töten ⟨Gefühl⟩; zerstören ⟨Glauben⟩; **~ sb.'s ambition** jmds. Ehrgeiz erkalten lassen (geh.); **d)** ~ **time** sich (Dat.) die Zeit vertreiben; die Zeit tödlich schlagen (abwertend); **I've got such a lot of time to ~ at the moment** ich habe zur Zeit soviel Leerlauf; ~ **an hour** sich (Dat.) eine Stunde lang die Zeit vertreiben; **e)** (obtain meat from) schlachten ⟨Tier⟩; **~ meat** schlachten; **f)** (overwhelm) überwältigen; **dress to ~:** sich herausputzen; **g)** (switch off) ausschalten; (extinguish) ausdrücken, (ugs.) töten ⟨Zigarette⟩; **h)** (coll.) (eat) verdrücken (ugs.); (drink) leer machen ⟨Flasche⟩; **i)** (Footb.) stoppen ⟨Ball⟩; (Tennis) unretournierbar schlagen ⟨Ball⟩; **j)** (defeat, veto) zu Fall bringen; abschmettern (ugs.). See also **bird a. 2.** n. **a)** (~ing of game) Fangbeute, die; **the tiger has made a ~/is on the ~:** der Tiger hat eine Beute geschlagen/ist auf der Jagd; **move in for the ~** ⟨Raubtier:⟩ die Beute anschleichen, zum Sprung auf die Beute ansetzen; (fig.) zum entscheidenden Schlag ausholen; **be in at the ~ = be in at the death** see **death a**; **b)** (Hunting: amount) Strecke, die (Jägerspr.); **c)** (destruction) (of aircraft) Abschuß, der; (of ship) Versenkung, die. ~ **'off** v. t. vernichten ⟨Feinde, Konkurrenz⟩; ausrotten ⟨Tierart⟩; abschlachten ⟨Vieh⟩; sterben lassen ⟨Romanfigur usw.⟩; vertilgen ⟨Ungeziefer, Unkraut⟩; scheitern lassen ⟨Projekt⟩;(Frost:) eingehen lassen ⟨Pflanze⟩

killer ['kɪlə(r)] n. Mörder, der/Mörderin, die; (murderous ruffian) Killer, der (salopp); **be a ~ of** ⟨Krankheit:⟩ tödlich sein; attrib. **the ~ instinct** den Instinkt zum Töten; der Killerinstinkt (Sportjargon); see also **humane killer**

'**killer whale** n. Mörderwal, der

killing ['kɪlɪŋ] **1.** n. **a)** Töten, das; Tötung, die; **the ~ of the three children** der Mord an den drei Kindern; **b)** (fig. coll.: great success) Coup, der (ugs.); **make a ~** (make a great profit) einen [Mords]reibach machen (ugs.). **2.** adj. **a)** tödlich; (ugs.: exhausting) mörderisch (ugs.); **c)** (coll.: attractive, amusing, etc.) umwerfend

killingly ['kɪlɪŋlɪ] adv. ~ **funny** zum Totlachen [komisch] (ugs.)

'**killjoy** n. Spielverderber, der/-verderberin, die

kiln [kɪln] n. (for burning/drying) [Brenn-/ Trocken]ofen, der; (hop-~) Darre, die

'**kiln-dry** v. t. (im Ofen) brennen ⟨Keramik⟩; darren ⟨Hopfen, Getreide usw.⟩

kilo ['kiːləʊ] n., pl. ~**s** Kilo, das

kilo- ['kɪlə] pref. kilo-/Kilo-

'**kilobyte** n. (Computing) Kilobyte, das

'**kilocycle** n. (frequency unit) Kilohertz, das

'**kilogram**, '**kilogramme** n. Kilogramm, das

kilohertz n. (Phys.) Kilohertz, das

kilometre (Brit.; Amer.: **kilometer**) ['kɪləmiːtə(r)] (Brit.), kɪ'lɒmɪtə(r)] n. Kilometer, der

'**kilowatt** n. (Electr., Phys.) Kilowatt, das

'**kilowatt-hour** n. (Electr., Phys.) Kilowattstunde, die

kilt [kɪlt] n. **a)** (Scot.) Kilt, der; **b)** (women's garment) Schottenrock, der; Kiltrock, der

kilted ['kɪltɪd] adj. kiltbekleidet; kilttragend; **be ~:** einen Kilt tragen

kilter ['kɪltə(r)] n. (Amer.) **be out of ~** (out of order) nicht in Ordnung sein; (out of alignment) schief sein

kimono [kɪˈməʊnəʊ] n., pl. ~**s** Kimono, der

kin [kɪn] **1.** n. (ancestral stock) Geschlecht,

das; (relatives) Verwandte; (relation) Verwandte, der/die; see also **kith**; **next 3 c. 2.** pred. adj. verwandt (**to** mit)

¹**kind** [kaɪnd] n. **a)** (class, sort) Art, die; **several ~s of apples** mehrere Sorten Äpfel; **all ~s of things/excuses** alle möglichen Dinge/alle möglichen Ausreden; **all ~s of people enjoy that programme** das Programm gefällt den verschiedensten Leuten; **no ... of any ~:** keinerlei ...; **good of its ~:** auf seine Art ganz gut; **books of every ~:** Bücher aller Art; **be [of] the same ~:** von derselben Sorte od. Art sein; **I know [you and] your ~:** deine Sorte kenne ich; **people/things of this ~:** diese Art Leute/solche Dinge; **she's not the ~ [of person] to talk scandal** es ist nicht ihre Art, zu tratschen; **something/nothing of the ~:** so etwas Ähnliches/nichts dergleichen; **you'll do nothing of the ~!** das kommt gar nicht in Frage!; **two of a ~:** zwei gleiche; **they differ or are different in ~:** sie unterscheiden sich wesentlich; **I suppose it was art of a ~** (derog.) das sollte wohl Kunst sein; **Was there any entertainment? – Well, of a ~** (derog.) Gab es irgendwelche Unterhaltung? – Na ja, es sollte wohl so sein; **what ~ is it?** was für einer/eine/eins ist es?; **what ~ of [a] tree is this?** was für ein Baum ist das?; **what ~ of people are they?** was für Leute sind sie?; **what ~ of thing are you going to wear?** was ziehst du an?; **what ~ of [a] fool do you take me for?** für wie dumm hältst du mich?; **what ~ of [a] person do you think I am?** für wen hältst du mich?; **the ~ of person we need** der Typ, den wir brauchen; **this is exactly the ~ of house we're looking for** genau so ein Haus suchen wir; **they are the ~ of people who ...:** sie gehören zu der Sorte von Leuten, die ...; das sind solche Leute, die ...; **this ~ of food/atmosphere** diese Art Essen od. solch od. so eine Stimmung; **these ~ of people/things** (coll.) solche Leute/Sachen; **b)** (implying vagueness) **a ~ of ...:** [so] eine Art ...; ~ **of interesting/cute** etc. (coll.) irgendwie interessant/niedlich usw. (ugs.). **c)** (race) the **human ~:** die Menschheit; das Menschengeschlecht; **one's own ~:** seinesgleichen; **d) in ~** (not in money) in Sachwerten; **pay in ~:** in Naturalien zahlen/bezahlen; **benefits in ~:** Sachbezüge Pl.; **pay back** or **repay sth. in ~** (fig.) etw. mit od. in gleicher Münze zurückzahlen

²**kind** adj. (of gentle nature) liebenswürdig; (showing friendliness) freundlich; (affectionate) lieb; **if the weather is ~:** bei schönem Wetter; **have a ~ heart** gutherzig sein; **would you be so ~ as to ~ enough to do that?** wären Sie so freundlich od. nett, das zu tun?; **be ~ to animals/children** gut zu Tieren/Kindern sein; **oh, you 'are ~!, that 'is ~ of you** sehr nett od. liebenswürdig von Ihnen; **how ~ !** wie nett [von ihm/ihr/Ihnen usw.]!

kinda ['kaɪndə] (coll.) = **kind of; I ~ like that** ich mag das irgendwie od. (ugs.) irgendwo; **that ~ thing** so was (ugs.)

kindergarten ['kɪndəgɑːtn] n. Kindergarten, der; (forming part of a school) ≈ Vorklasse, die

kind-hearted [kaɪndˈhɑːtɪd] adj. gutherzig; liebenswürdig ⟨Geste, Handlung⟩

kindle ['kɪndl] **1.** v. t. **a)** (light) anzünden, (geh.) entzünden ⟨Holz, Feuer⟩; entfachen (geh.) ⟨Flamme⟩; (fig. inflame) entzünden, entfachen (geh.) ⟨Zorn, Leidenschaft⟩; wecken ⟨Interesse, Gefühl⟩; **b)** (make bright) erglühen lassen (geh.). **2.** v. i. **a)** (catch fire) sich entzünden; (fig.: become animated) aufleben; (fig.: flare up) aufflammen; entbrennen (geh.); (become bright) ⟨Augen:⟩ aufflammen (geh.); (with vor + Dat.); ⟨Licht:⟩ aufscheinen (geh.); (start to glow) erglühen (geh.).

kindliness ['kaɪndlɪnɪs] n., no pl. Freund-

lichkeit, *die;* *(gentleness of nature)* Liebenswürdigkeit, *die*
kindling ['kɪndlɪŋ] *n., no pl., no indef. art. (for lighting fire)* Anmachholz, *das*
kindly ['kaɪndlɪ] **1.** *adv.* **a)** freundlich; nett; ..., **she said ~**: ..., sagte sie freundlich; **b)** *in polite request etc.* freundlicherweise; **c) take sth. ~**: etw. gern annehmen; **take ~ to sth./sb.** sich mit etw./jmdm. anfreunden; **he didn't take at all ~ to the suggestion** er konnte sich mit dem Vorschlag gar nicht recht anfreunden; **I wouldn't take ~ to anything like that** für dergleichen könnte ich mich kaum erwärmen; **d) thank sb. ~**: jmdm. herzlich danken; **thank you ~**: herzlichen Dank. **2.** *adj.* **a)** freundlich; nett; liebenswürdig; *(good-natured, kind-hearted)* gütig; wohlwollend; gut ⟨*Herz, Tat*⟩; **b)** *(pleasant)* angenehm ⟨*Wetter, Klima*⟩; *(favourable)* günstig; gut
kindness ['kaɪndnɪs] *n.* **a)** *no pl. (kind nature)* Freundlichkeit, *die;* Liebenswürdigkeit, *die;* **do sth. out of ~**: etw. aus Gefälligkeit tun; **out of the ~ of one's heart** aus reiner Freundlichkeit; **b)** *(kind act)* Gefälligkeit, *die;* **do sb. a ~**: jmdm. eine Gefälligkeit erweisen *od.* einen Gefallen tun
kindred ['kɪndrɪd] **1.** *n., no pl.* **a)** *(blood relationship)* Blutsverwandtschaft, *die;* Verwandte. **2.** *adj.* **a)** *(related by blood)* blutsverwandt; **b)** *(fig.) (connected)* verwandt; *(similar)* ähnlich
kindred 'spirit *n.* Gleichgesinnte, *der/die;* verwandte Seele *(geh.)*
kinetic [kɪ'netɪk, kaɪ'netɪk] *adj.* kinetisch
king [kɪŋ] *n.* **a)** König, *der;* **live like a ~**: leben wie ein Fürst; **a feast fit for a ~** ein königliches Mahl; **[the First/Second Book of] K~s** *(Bibl.)* [das erste/zweite Buch der] Könige; **K~ of ~s** *(God)* König aller Könige; **K~ of the Castle** ein Kinderspiel, bei dem man versucht, den Gegner von einem Hügel zu verdrängen; **be the ~ of the castle** *(fig.)* das Sagen haben; **~ of beasts/birds** König der Tiere/Vögel; **b)** *(great merchant, player, etc.)* König, *der;* **oil ~**: Ölkönig, *der;* **c)** *(Chess, Cards)* König, *der;* *(Draughts)* Dame, *der;* **~'s bishop/knight/pawn/rook** Königsläufer/-springer/-bauer/-turm, *der;* **~ of hearts** Herzkönig, *der.* See also **bench h; colour 1 j; counsel 1 c; English 2 a; evidence 1 b; guide 1 e; highway a; messenger b; ransom 1; save 1 c; ¹scout 1 a; shilling**
king: ~ 'cobra *n.* Königskobra, *die;* **~-crab** *n.* **a)** Königskrabbe, *die;* **b)** *(Amer.: edible spider-crab)* Steinkrabbe, *die;* **~cup** *n.* *(Bot.)* **a)** *(buttercup)* Hahnenfuß, *der;* **b)** *(Brit.: marsh marigold)* Sumpfdotterblume, *die*
kingdom ['kɪŋdəm] *n.* **a)** Königreich, *das;* **the ~ of Naples** das Königreich Neapel; *see also* **United Kingdom; b)** *(reign of God, sphere of reign)* Reich, *das;* **the ~ of God** das Reich Gottes; **thy ~ come** dein Reich komme; **the ~ of heaven** das Himmelreich; **wait till ~ come** *(sl.)* bis in alle Ewigkeit warten *(ugs.);* **blast sb. to ~ come** *(sl.)* jmdn. umnieten *(salopp);* **c)** *(domain)* Welt, *die;* **the ~ of thought** das Reich der Gedanken; **d)** *(province of nature)* Reich, *das;* **animal/vegetable/mineral ~**: Tier-/Pflanzen-/Mineralreich, *das;* **~ of nature** Naturreich, *das*
king: ~fisher *n.* Eisvogel, *der;* **K~ 'James['s] Bible** *or* **Version** *(Amer.)* = **Authorized Version;** *see* **authorize b**
kingly ['kɪŋlɪ] *adj.* königlich
king: ~maker *n.* Königsmacher, *der;* **~'penguin** *n.* Königspinguin, *der;* **~pin** *n. (lit., or fig.: essential person or thing)* Hauptstütze, *die;* *(most prominent person or organization)* Nummer eins; **he's the ~pin in the team** mit ihm steht und fällt die Mannschaft

402

kingship ['kɪŋʃɪp] *n.* **a)** *no pl., no art. (office of king)* Königsamt, *das;* **b)** *(rule of king)* Königtum, *das*
'king-size[d] *adj.* extragroß; King-size-⟨Zigaretten⟩
kink [kɪŋk] **1.** *n.* **a)** *(in pipe, wire, etc.)* Knick, *der;* *(in rope)* Kink, *der (Seemannsspr.);* *(in hair, wool)* Welle, *die;* **b)** *(fig.: mental peculiarity)* Tick, *der (ugs.);* Spleen, *der.* **2.** *v. i.* Knicke kriegen; ⟨*Haar:*⟩ sich wellen. **3.** *v. t.* knicken; Knicke machen in (+ *Akk.);* einen Kink machen in (+ *Akk.) (Seemannsspr.)*
kinkajou ['kɪŋkədʒu:] *n. (Zool.)* Kinkaju, *der;* Wickelbär, *der*
kinky ['kɪŋkɪ] *adj.* **a)** geknickt; wellig ⟨*Haar*⟩; **b)** *(coll.: bizarre, perverted)* spleenig; *(sexually)* abartig
kinsfolk ['kɪnzfəʊk] *n. pl.* Verwandtschaft, *die;* Verwandte
kinship ['kɪnʃɪp] *n.* **a)** *(blood relationship)* Blutsverwandtschaft, *die;* **b)** *(similarity)* Ähnlichkeit, *die;* *(spiritual)* Verwandtschaft, *die*
kinsman ['kɪnzmən] *n., pl.* **kinsmen** ['kɪnzmən] Verwandte, *der*
kinswoman ['kɪnzwʊmən] *n.* Verwandte, *die*
kiosk ['ki:ɒsk] *n.* **a)** *(outdoor structure)* Kiosk, *der;* *(Brit.: indoor structure)* [Verkaufs]stand, *der;* **b)** *(public telephone booth)* [Telefon]zelle, *die*
kip [kɪp] *(Brit. sl.)* **1.** *n.* **a)** *(sleep)* Schlaf, *der;* **have a** *or* **get some ~**: eine Runde pennen *(salopp);* **b)** *(bed)* Falle, *die (salopp).* **2.** *v. i.* **-pp-** pennen *(salopp);* **~ down** sich hinhauen *(salopp)*
kipper ['kɪpə(r)] **1.** *n.* Kipper, *der;* ≈ Bückling, *der.* **2.** *v. t.* räuchern ⟨*Fisch*⟩; **~ed** Räucher⟨*fisch, -lachs, -hering*⟩
kirk [kɜ:k] *n.* **a)** *(Brit.)* **b)** *(Scot., N. Engl.: church)* Kirche, *die;* **b) the K~ [of Scotland]** die Kirche von Schottland
kirsch[wasser] ['kɪəʃ(vasə(r))] *n.* Kirsch, *der;* Kirschwasser, *das*
kiss [kɪs] **1.** *n.* Kuß, *der;* **the ~ of death** *(apparently friendly act causing ruin)* ein Danaergeschenk; *(act putting an end to sth.)* der Todesstoß; **give sb./**⟨*fig.*⟩ **sth. the ~ of life** *(Brit.)* jmdn. von Mund zu Mund beatmen/versuchen, etw. wiederzubeleben; **by administering the ~ of life** durch Mund-zu-Mund-Beatmung; **the ~ of peace** der Friedenskuß; *see also* **¹blow 2 b. 2.** *v. t.* küssen; **~ sb. good night/goodbye** jmdm. einen Gutenacht-/Abschiedskuß geben; **it hurts, mummy – ~ it better** *(child lang.)* es tut weh, Mami – puste mal; **~ sb.'s hand** jmdm. einen Handkuß geben. **3.** *v. i.* sich küssen; **~ and make up** sich mit einem Kuß versöhnen; **~ a'way** *(fig.)* **~ away sb.'s tears** jmdm. die Tränen wegküssen
kissable ['kɪsəbl] *adj.* **~ lips/mouth** Kußmund, *der*
kisser ['kɪsə(r)] *n. (sl.: mouth, face)* Fresse, *die (derb);* Schnauze, *die (derb)*
kissing ['kɪsɪŋ] **1.** *adj.* Kuß-. **2.** *n.* Küsserei, *die (ugs.);* Geküsse, *das (oft abwertend)*
kissogram ['kɪsəɡræm] *n.* Glückwunsch o. ä., der mit Küssen überbracht wird
'kiss-proof *adj.* kußecht
kit [kɪt] **1.** *n.* **a)** *(personal equipment)* Sachen; **have you got all your ~ together?** hast du deine Siebensachen beisammen? *(ugs.);* **b)** *(Brit.: set of items)* Set, *das;* *(construction/self-assembly ~)* Bausatz, *der;* **repair ~**: Reparatursatz, *der;* Reparaturset, *das;* *see also* **tool-kit; c)** *(Brit.: clothing etc.)* **sports ~**: Sportzeug, *das;* *(Brit.)* Sportsachen *Pl.;* **riding-/skiing-/shooting-~**: Reit-/Ski-/Jagdausrüstung, *die;* *(Brit. Mil.)* Ausrüstung, *die;* *(pack)* [Feld]gepäck, *das;* *(uniform)* Montur, *die.* **2.** *v. t.* **-tt-** *(Brit.)* **~ out** *or* **up** *(equip)* ausrüsten; *(give clothes or uniforms to)* einkleiden

kitbag *n. (knapsack)* Knappsack, *der (veralt.);* Tornister, *der;* *(travelling-bag)* Reisetasche, *die*
kitchen ['kɪtʃɪn] *n.* Küche, *die; attrib.* Küchen-; *see also* **soup-kitchen**
kitchenette [kɪtʃɪ'net] *n.* kleine Küche; Kitchenette, *die;* *(alcove)* Kochnische, *die*
kitchen: ~ 'garden *n.* Küchengarten, *der;* Nutzgarten, *der;* **~-maid** *n.* Küchenmädchen, *das;* Küchenhilfe, *die;* **~ police** *n. pl. (Amer. Mil.)* Küchendienst, *der;* **~ 'sink** *n.* [Küchen]ausguß, *der;* **everything but the ~ sink** *(fig.)* der halbe Hausrat; *attrib. (Brit.)* ≈ neonaturalistisch ⟨*Drama, Kunst usw.*⟩; **~ unit** *n.* Küchenelement, *das;* **~ units** Küchenmöbel; **~ utensil** *n.* Küchengerät, *das;* **~-ware** *n.* Küchengeräte
kite [kaɪt] *n.* **a)** *(toy)* Drachen, *der;* **b)** *(Ornith.)* habichtartiger Greifvogel; *(species)* Roter Milan; Gabelweihe, *die;* **c)** *(Brit. sl.: aeroplane)* Vogel, *der;* Kiste, die *(salopp). See also* **²fly 2 b**
kith [kɪθ] *n.* **~ and kin** Freunde und Verwandte
kitsch [kɪtʃ] *n.* Kitsch, *der;* **it's a piece of ~**: es ist Kitsch
kitschy ['kɪtʃɪ] *adj.* kitschig
kitten [kɪtn] *n.* **a)** *(Brit.)* [Katzen]junge, *der;* Kätzchen, *das;* **the cat has had ~s** die Katze hat Junge bekommen; **as weak as a ~**: schwach und matt; **be as nervous as a ~**: furchtbar ängstlich sein; *(be easily startled)* vor dem eigenen Schatten erschrecken; **b)** *(coll.)* **have ~s** *(be upset)* Zustände kriegen; **be having ~s** *(be nervous)* am Rotieren sein *(ugs.)*
kittenish ['kɪtənɪʃ] *adj.* verspielt; kokett ⟨*junges Mädchen*⟩
kittiwake ['kɪtɪweɪk] *n. (Ornith.)* Dreizehenmöwe, *die*
¹kitty ['kɪtɪ] *n.* *(kitten)* Kätzchen, *das;* *(child lang.)* Miez[e], *die (fam.);* Miezekätzchen, *das (fam.);* **~, ~, ~!** Miez, Miez, Miez!
²kitty *n.* **a)** *(Cards)* [Spiel]kasse, *die;* **b)** *(joint fund)* Kasse, *die;* **raid the ~**: die Kasse plündern *(scherzh.)*
kiwi ['ki:wi:] *n.* **a)** *(Ornith.)* Kiwi, *der;* **b) K~** *(coll.: New Zealander)* Neuseeländer, *der/*Neuseeländerin, *die*
kiwi: ~ berry, ~ fruit *ns.* Kiwi[frucht], *die*
klaxon, (P) ['klæksən] *n.* Horn, *das*
Kleenex, (P) ['kli:neks] *n.* Papier[ta]schen]tuch, *das*
kleptomania [kleptə'meɪnɪə] *n., no pl. (Psych.)* Kleptomanie, *die*
km. *abbr.* **kilometre[s]** km
knack [næk] *n.* **a)** *(faculty)* Talent, *das;* **have a ~ for** *or* **of doing sth.** das Talent haben, etw. zu tun; **get the ~ [of doing sth.]** den Bogen rauskriegen[, wie man etw. macht] *(ugs.);* **there's a [real] ~ in doing sth.** es gehört schon [einiges] Geschick dazu, etw. zu tun; **have lost the ~**: es *(ugs.)* hinkriegen; **b)** *(habit)* **have a ~ of doing sth.** es *(ugs.)* [mit seltenem Talent] verstehen, etw. zu tun *(iron.)*
knacker ['nækə(r)] *n. (Brit.) (horse-slaughterer)* Abdecker, *der;* **~'s yard** Abdeckerei, *die*
knackered ['nækəd] *adj. (Brit. sl.)* geschlaucht *(ugs.)*
knapsack ['næpsæk] *n.* Rucksack, *der;* *(Mil.)* Tornister, *der*
knave [neɪv] *n.* **a)** *(rogue)* Schurke, *der;* **b)** *(Cards) see* **jack 1 a**
knavery ['neɪvərɪ] *n.* Schurkerei, *die*
knavish ['neɪvɪʃ] *adj.* schurkisch
knead [ni:d] *v. t.* **a)** kneten; **~ sth. with sth.** etw. mit etw. verkneten; **~ together** miteinander verkneten; **b)** *(manipulate)* kneten ⟨*Muskeln*⟩
knee [ni:] *n.* **a)** Knie, *das;* **the ~s of his trousers were torn** seine Hose war an den Knien zerrissen; **bend** *or* **bow the ~**: das

knee-breeches — knock

Knie beugen (to vor + *Dat.*); *(fig.: behave humbly)* sich beugen (to *Dat.*); **on one's ~s/on bended ~[s]** auf Knien; **be on one's ~s** knien; *(fig.: be defeated)* in die Knie gezwungen sein *(geh.)*; **bring** *or* **force sb. to his ~s** *(fig.)* jmdn. in die Knie zwingen *(geh.)*; **go down on one's ~s [to** *or* **before sb.]** [vor jmdm.] auf die Knie sinken *(geh.)*; **b)** *(of animal)* Kniegelenk, *das*; **c)** *(thigh)* **hold a child** etc. **on one's ~:** ein Kind usw. auf den Knien *od.* auf dem Schoß haben; **put a child** etc. **over one's ~:** ein Kind usw. übers Knie legen *(ugs.)*

knee: **~-breeches** *n. pl.* Kniebundhose, *die*; **~cap** *n.* **a)** *(Anat.)* Kniescheibe, *die*; **b)** *(protective covering)* Knieschoner, *der*; **~capping** *n.* Knieschuß, *der*; **~-deep** *adj.* **a)** knietief; **b)** *(fig.: deeply involved)* **~-deep in sth.** bis über den Hals in etw. *(Dat.)* stecken *(ugs.)*; **~-high** *adj.* kniehoch; **be ~-high to a grasshopper** *(coll.)* ein Dreikäsehoch sein *(ugs. scherzh.)*; **~-jerk** *n.* Kniesehnenreflex, *der*; *attrib.* **~-jerk reaction** *(fig.)* automatische Reaktion; **~-joint** *n.* Kniegelenk, *das*

kneel [ni:l] *v. i.*, **knelt** [nɛlt] *or (esp. Amer.)* **~ed** knien; **~ down** niederknien; **~ [down] to do sth.** niederknien *od.* sich [hin]knien, um etw. zu tun; **~ to sb.** vor jmdm. [niederknien

'knee-length *adj.* knielang

kneeler ['niːlə(r)] *see* **hassock a**

knees-up ['niːzʌp] *n. (coll.)* Schwof, *der (ugs.)*

knell [nɛl] *n.* Glockengeläut, *das*; *(at funeral)* Totengeläut, *das*; **ring** *or* **sound the ~ of sth.** *(fig.)* das Ende einer Sache *(Gen.)* einläuten

knelt *see* **kneel**

knew *see* **know 1**

knickerbockers ['nɪkəbɒkəz] *n. pl.* Knickerbocker *Pl.*

knickers ['nɪkəz] *n. pl.* **a)** *(Brit.: undergarment)* [Damen]schlüpfer, *der*; **get one's ~ in a twist** *(Brit. fig. sl.)* sich aufregen; **b)** *(Amer.) see* **knickerbockers. 2.** *int. (Brit. sl.)* **was soll's** *(ugs.)*

knick-knack ['nɪknæk] *n.* **a)** *(dainty thing)* **~s** Schnickschnack, *der (ugs.)*; **b)** *(ornament)* Nippfigur, *die*

knife [naɪf] **1.** *n.*, *pl.* **knives** [naɪvz] Messer, *das*; **put a ~ into sb.** einem Messer zwischen die Rippen jagen; **like a ~ through butter** mühelos; **have got one's ~ into sb.** *(fig.)* einen Haß auf jmdn. haben *(ugs.)*; **you could [have] cut the atmosphere** *(fig.)***/air with a ~** *(coll.)* die Atmosphäre war zum Zerreißen gespannt/die Luft war zum Schneiden; **before you can say ~** *(coll.)* ehe man sich's versieht; **turn** *or* **twist the ~ [in the wound]** *(fig.)* Salz in die Wunde streuen; **the knives are out [for sb.]** *(fig.)* das Messer wird [für jmdn.] gewetzt; *see also* **fork 1 a**. **2.** *v. t. (stab)* einstechen auf (+ *Akk.*); *(kill)* erstechen; **~ sb. in the chest** jmdm. ein/das Messer in die Brust stechen

knife: **~-edge** *n.* Schneide, *die*; **be [balanced] on a ~-edge** *(fig.)* auf des Messers Schneide stehen; **~-grinder** *n.* Messerschleifer, *der*; **~-pleat** *n. (Dressm.)* Plisseefalte, *die*; **~-point** *see* **point 1 b**; **~-sharpener** *n.* Messerschärfer, *der*; *(steel)* Wetzstahl, *der*; **~-throwing** *n.*, *no pl.*, *no indef. art.* Messerwerfen, *das*

knifing ['naɪfɪŋ] *n.* **there were three ~s on one day** an einem Tag wurden drei Menschen niedergestochen

knight [naɪt] **1.** *n.* **a)** Träger des Titels „Sir"; **b)** *(Hist.)* Ritter, *der*; **~ in shining armour** *(fig.)* Märchenprinz, *der*; **c)** *(Chess)* Springer, *der*; **~ of the road** *(lorry-driver)* Kapitän der Landstraße *(ugs.)*. *See also* **bachelor c; Templar. 2.** *v. t.* adeln; zum Ritter schlagen *(hist.)*; in den Ritterstand erheben *(hist.)*

knight: **~ 'errant** *n. (lit. or fig.)* fahrender Ritter, *(fig.)* Don Quichotte, *der*; **~ 'errantry** [naɪt'ɛrəntrɪ] *n.*, *no pl.* ≈ höfisches Rittertum; *(fig.: quixotic behaviour)* Donquichotterie, *die*

knighthood ['naɪthʊd] *n.* **a)** *(rank)* Ritterwürde, *die*; **receive one's ~:** geadelt werden; in den Ritterstand erhoben werden *(hist.)*; **b)** *(Hist.: vocation)* Rittertum, *das*; **c)** *(Hist.: body of knights)* Ritterschaft, *die*

knightly ['naɪtlɪ] *adj.* ritterlich

knit [nɪt] **1.** *v. t.*, **-tt-**, **-ted** *or (esp. fig.)* **knit a)** stricken ⟨*Kleidungsstück usw.*⟩; **b)** **~ a stitch** eine [rechte] Masche stricken; **~ 2, purl 2** zwei rechts, zwei links [stricken]; **c)** **~ one's brow** die Stirn runzeln; **d)** *(make compact)* zusammenfügen **(into** zu); **closely** *or* **tightly ~** *(fig.)* festgefügt; hieb- und stichfest ⟨*Argument*⟩; *see also* **well-knit. 2.** *v. i.* sich verbinden; ⟨*Teile:*⟩ zusammenhalten; ⟨*Knochenbruch:*⟩ verheilen; ⟨*Knochen:*⟩ zusammenwachsen. **3.** *n. (garment)* Strickware, *die*; **this pattern is for a heavy ~:** dieses Muster eignet sich für Grobgestricktes

~ to'gether 1. *v. t.* zusammennähen ⟨*Familie, Gemeinschaft*⟩. **2.** *v. i.* ⟨*Knochen:*⟩ zusammenwachsen; ⟨*Knochenbruch:*⟩ zusammenheilen

knitter ['nɪtə(r)] *n.* Stricker, *der*/Strickerin, *die*

knitting ['nɪtɪŋ] *n.*, *no pl.*, *no indef. art.* Stricken, *das*; *(work in process of being knitted)* Strickarbeit, *die*; **carry on with one's ~:** weiterstricken

knitting: **~-machine** *n.* Strickmaschine, *die*; **~-needle** *n.* Stricknadel, *die*; **~-pattern** *n.* Strickmuster, *das*

'knitwear *n.*, *no pl.*, *no indef. art.* Strickwaren *Pl.*

knives *pl. of* **knife 1**

knob [nɒb] *n.* **a)** *(protuberance)* Verdickung, *die*; *(on club, tree-trunk, etc.)* Knoten, *der*; **b)** *(on door, walking-stick, etc.)* Knauf, *der*; *(control on radio etc.)* Knopf, *der*; **the same to you with [brass] ~s on!** *(coll.)* danke gleichfalls! *(iron.)*; **c)** *(of butter, sugar)* Klümpchen, *das*; *(of coal)* Brocken, *der*

knobbly ['nɒblɪ] *adj.* knotig ⟨*Finger, Stock*⟩; knorrig ⟨*Baum*⟩; **knees competition** Knubbelkniewettbewerb, *der*

knock [nɒk] **1.** *v. t.* **a)** *(strike) (lightly)* klopfen gegen *od.* an (+ *Akk.*); *(forcefully)* schlagen gegen *od.* an (+ *Akk.*); *see also* **wood b**; **b)** *(make by striking)* schlagen; **~ two rooms/houses into one** zwei Zimmer/Häuser zu einem umbauen; **~ a hole in sth.** ein Loch in etw. *(Akk.)* schlagen; **c)** *(drive by striking)* **~ sb.'s brains out** jmdm. den Schädel einschlagen; **I'll ~ those ideas out of your head** *(fig.)* diese Flausen werde ich dir austreiben *(ugs.)*; **~ the handle off a cup** von einer Tasse den Henkel abschlagen; **I'd like to ~ their heads together** *(lit.)* ich könnte ihre Köpfe gegeneinanderschlagen; *(fig.: reprove them)* ich möchte ihnen mal gehörig die Leviten lesen; **~ sb. into the middle of next week** *(coll.)* jmdm. ein Ding verpassen, daß ihm Hören und Sehen vergeht *(ugs.)*; **for six = hit for six** *see* **hit 1 k**; *see also* **bottom 1 a**; **'cock 2 c; spot 1 d; d) ~ sb. cold** jmdn. bewußtlos schlagen; *(fig.)* jmdn. am Boden zerstören; **~ sb. on the head** jmdm. eins über *od.* auf den Schädel geben; **~ sth. on the head** *(fig.: put an end to)* einer Sache *(Dat.)* ein Ende setzen; **e)** *(sl.: criticize)* herziehen über (+ *Akk.*) *(ugs.)*; **don't ~ it** halt dich nicht zurück; **f)** *(Brit. sl.: astonish)* umhauen *(salopp)*. **2.** *v. i.* **a)** *(strike) (lightly)* klopfen; *(forcefully)* schlagen; **~ at the door** klopfen (an an + *Akk.*); **b)** *(seek admittance)* klopfen (**at** an + *Akk.*); **c)** *(Mech. Engin.)* klappern; **d)** *(Motor Veh.)* klopfen. **3.** *n.* **a)** *(rap)* Klopfen, *das*; **there was a ~ on** *or* **at the door** es klopfte an der Tür; **give sb. a ~:** bei jmdm. klopfen; **b)** *(blow)* Schlag, *der*; *(gentler)* Stoß, *der*; **have had a ~:** einen Schlag/Stoß abbekommen haben; **he got a bad ~ when he fell** er schlug beim Fallen hart auf; **~ for ~ agreement** *(Insurance)* gegenseitige Regreßverzichtserklärung; **c)** *(fig.: blow of misfortune)* [Schicksals]schlag, *der*; **take a [bad** *or* **hard] ~:** einen [schweren *od.* harten] Schlag erleiden; **d)** *(Mech. Engin.)* Klappern, *das*; **make a ~:** klappern; **e)** *(Motor Veh.: high-pitched explosive sound)* Klopfen, *das*

~ a'bout 1. *v. t.* **a)** schlagen; verprügeln; **be ~ed about** Schläge *od.* Prügel einstecken müssen; **the building has been ~ed about a bit** *(coll.)* das Haus ist ziemlich ramponiert worden; **b)** **~ about the world** in der Welt herumkommen. **2.** *v. i.* herumhängen *(ugs.)*; ⟨*Gegenstand:*⟩ herumfliegen *(ugs.)*; **he's ~ed about a bit** er hat sich in der Welt umgetan; **~ about with sb.** sich mit jmdm. herumtreiben *(ugs.)*. *See also* **knockabout**

~ against *v. t.* stoßen gegen; **~ against each other** gegeneinanderstoßen; gegeneinanderprallen

~ a'round *see* **~ about**

~ 'back *v. t. (coll.)* **a)** *(eat quickly)* verputzen *(ugs.)*; *(drink quickly)* hinunterkippen *(ugs.)*; **b)** *(cost)* **~ sb. back a thousand** jmdn. um einen Tausender ärmer machen; **c)** *(disconcert)* einen Schlag versetzen (+ *Dat.*)

~ 'down *v. t.* **a)** *(strike to the ground)* niederreißen, umstürzen ⟨*Zaun, Hindernis*⟩; *(with fist or weapon)* niederschlagen; *(with car etc.)* umfahren *(ugs.)*; *(demolish)* abreißen; **b)** *(fig.: defeat)* bezwingen; **c)** *(sell by auction)* zuschlagen; **~ sth. down to sb.** jmdm. etw. zuschlagen; **d)** *(coll.: lower)* heruntersetzen *(ugs.)* ⟨*Preis*⟩; **f)** *(Amer. sl.: steal)* mitgehen lassen *(ugs.)*; klauen *(salopp)*. *See also* **feather 1 a; knock-down**

~ 'off 1. *v. t.* **a)** *(leave off)* aufhören mit; **~ off painting** nicht mehr am Malen aufhören; **~ off work** Feierabend machen; **~ it off!** *(coll.)* hör auf [damit]!; **b)** *(coll.) (produce rapidly)* aus dem Ärmel schütteln *(ugs.)*; *(dispatch rapidly)* schnell erledigen *(ugs.)*; **c)** *(deduct)* **~ five pounds off the price** es fünf Pfund billiger machen; **how much will you ~ off for me?** wieviel billiger kriege ich es denn?; **d)** *(sl.) (steal)* mitgehen lassen *(ugs.)*; klauen *(salopp)*; *(rob)* ausräumen ⟨*Bank, Laden, Kasse*⟩; **e)** *(sl.: copulate with)* bumsen *(salopp)*; **f)** *(sl.: kill)* umlegen *(salopp)*. **2.** *v. i.* Feierabend machen; **~ off for an hour/for lunch** eine Stunde aussetzen/ Mittag machen

~ 'on *v. t. (Rugby)* **~ on a pass** bei der Annahme eines Passes ein Vorfallen verursachen; *see also* **knock-on 1**

~ 'out *v. t.* **a)** *(make unconscious)* bewußtlos umfallen lassen; **he collided with a lamp-post and ~ed himself out** er stieß mit einem Laternenpfahl zusammen und fiel bewußtlos um; **b)** *(Boxing)* k.o. schlagen; kampfunfähig schlagen; *(fig.: defeat)* **be ~ed out [of the Cup]** [aus dem Pokal] ausscheiden *od. (ugs.)* rausfliegen; **they ~ed us out of the Cup** sie warfen uns aus dem Pokal; **d)** *(make useless)* außer Funktion setzen; **e)** *(sl.: astonish)* umhauen *(salopp)*; **be [completely** *or* **totally] ~ed out** [völlig] fertig sein *(ugs.)*; **f)** *(sl.: exhaust)* kaputtmachen *(ugs.)*; **g)** *(coll.: produce rapidly)* aus dem Ärmel schütteln; **h)** *(empty)* ausklopfen ⟨*Pfeife*⟩; **~ the ashes out** die Asche herausklopfen; *see also* **knock-out**

~ 'over *v. t.* umstoßen ⟨*Fahrer, Fahrzeug:*⟩ umfahren ⟨*Person*⟩

~ to'gether 1. *v. t.* zusammenzimmern *(ugs.)* ⟨*Hütte, Tisch, Bühne*⟩; *see also* **knock 1 c. 2.** *v. i.* **my knees were ~ing together** mir schlotterten die Knie

~ 'up 1. *v. t.* **a)** *(make hastily)* zusammenzimmern *(ugs.)* ⟨*Hütte, Schrank*⟩; [her]zaubern

403

knockabout

⟨*Mahlzeit, Imbiß*⟩; grob skizzieren ⟨*Plan*⟩; **b)** (*score*) erzielen; **c)** (*Brit.: awaken*) durch Klopfen wecken; (*unexpectedly*) herausklopfen; **d)** (*exhaust*) fertigmachen (*ugs.*); be ~ed up fertig *od.* groggy sein (*ugs.*); **e)** (*sl.: make pregnant*) dick machen (*derb.*). **2.** *v.i.* (*Sport*) sich warmspielen; *see also* **knock-up**

knock: ~about *adj.* **a)** (*boisterous*) Klamauk⟨*film, -stück, -szene*⟩; burlesk ⟨*Komödie, Komik*⟩; wild ⟨*Spiel*⟩; **b)** (*for rough use*) strapazierfähig; **~-down** *adj.* **a)** (*low*) ~~-down cost/prices minimale Kosten/Schleuderpreise; **b)** (*minimum*) Mindest⟨*preis, -gebot*⟩; **c)** (*easily disassembled*) zerlegbar ⟨*Möbelstück, Boot*⟩; **d)** niederschmetternd ⟨*Schlag, Hieb*⟩; (*fig.: conclusive*) hieb- und stichfest, schlagend ⟨*Argument*⟩

knocker ['nɒkə(r)] *n.* **a)** (*on door*) [Tür]klopfer, *der;* **b)** *in pl.* (*coarse: breasts*) [pair of] ~s Vorbau, *der* (*salopp scherzh.*); Titten (*derb*); **c)** (*sl.: critic*) Beckmesser, *der*

'knocking-shop *n.* (*Brit. sl.*) Puff, *der od. das* (*salopp*)

knock: ~-kneed ['nɒkniːd] *adj.* X-beinig ⟨*Person usw.*⟩; kuhhessig ⟨*Pferd*⟩; ~ **'knees** *n. pl.* X-Beine *Pl.;* **~-on 1.** *n.* (*Rugby*) Vorfallen, *das;* **2.** *attrib. adj.* **~-on effect** mittelbare Auswirkung; **~-out 1.** *n.* **a)** (*blow*) Knockout[schlag], *der;* K.-o.[-Schlag], *der;* (*to armed forces*) vernichtender Schlag; **b)** (*competition*) Ausscheidungs[wett]kampf, *der;* **c)** (*sl.: outstanding person or thing*) **sb./sth. is a [real] ~-out** jmd./etw. ist eine Wucht (*salopp*); **2.** *adj.* **a)** (*that stuns*) betäubend; (*that incapacitates*) vernichtend; **~-out blow** K.-o.-Schlag, *der;* **~-out drops** K.-o.-Tropfen (*ugs.*); **b)** Ausscheidungs⟨*spiel, -[wett]kampf, -runde*⟩; **~-up** *n.* (*Sport*) Warmspielen, *das;* **have a ~-up** sich warmspielen

knoll [nəʊl] *n.* Anhöhe, *die*

knot [nɒt] **1.** *n.* **a)** Knoten, *der;* **the wool has got into a [complete] ~:** die Wolle hat sich völlig verheddert; **tie sb. [up] in ~s** (*fig. coll.*) jmdn. in Widersprüche verwickeln; **b)** (*ornament*) Schleife, *die;* (*cockade*) Kokarde, *die;* (*epaulette*) Schulterstück, *das;* **c)** (*problem*) Verwicklung, *die;* Haken, *der* (*ugs.*); **d)** (*cluster*) Pulk, *der;* **e)** (*in wood*) Ast, *der;* **f)** (*speed unit*) Knoten, *der;* **make** *or* **log ten ~s** zehn Knoten machen *od.* fahren; **at a rate of ~s** (*coll.*) mit einem Affenzahn (*salopp*); **g)** (*Naut.: unit of length*) Knotenlänge, *die;* **h)** (*in popular use*) nautical mile; Seemeile, *die;* **i)** (*bond*) Bund, *der;* **tie the ~** (*marry*) den Bund der Ehe eingehen (*geh.*); den Bund fürs Leben schließen (*geh.*); **j)** (*lump*) Knoten, *der;* Verdickung, *die.* **2.** *v.t.,* **-tt- a)** (*tie*) knoten ⟨*Seil, Faden usw.*⟩; knoten ⟨*Schnürsenkel*⟩; knoten, binden ⟨*Krawatte*⟩; **~ threads together** Fäden verknoten; **~ clothes into a bundle** Kleider zu einem Bündel zusammenknoten; **~ a rope** Knoten in ein Seil machen; **b)** (*entangle*) verfilzen; **c) get ~ted!** (*sl.*) rutsch mir den Buckel runter! (*ugs.*); **d)** *see* **knit 1c;** **e)** (*unite closely*) verknüpfen (**into** zu)

knot: ~-garden *n.* Boskettgarten, *der;* **~-hole** *n.* Astloch, *das*

knotty ['nɒtɪ] *adj.* **a)** (*full of knots*) ⟨*Seil, Peitsche*⟩ mit Knoten, knotig ⟨*Stock, Gewebe, Finger*⟩; ineinandergewachsen ⟨*Gestrüpp, Kriechpflanzen, Ausläufer*⟩; knorrig, astig ⟨*Holz, Baumstamm*⟩; **b)** (*fig.: puzzling*) verwickelt

know [nəʊ] **1.** *v.t.,* **knew** [njuː], **~n** [nəʊn] **a)** (*recognize*) erkennen (**by** an + *Dat.,* **for** als + *Akk.*); **b)** (*be able to distinguish*) **~ sth. from sth.** von etw. unterscheiden können; **~ right from wrong, ~ the difference between right and wrong** den Unterschied zwischen Gut und Böse kennen; **he wouldn't ~ the difference** er wüßte den Un-

terschied nicht; *see also* **Adam; c)** (*be aware of*) wissen; kennen ⟨*Person*⟩; **I ~ who she is** ich weiß, wer sie ist; **I ~ for a fact that ...:** ich weiß ganz bestimmt, daß ...; **it is ~n that ...:** man weiß, daß ...; es ist bekannt, daß ...; **they knew they could never become rich** sie wußten [nur zu gut], daß sie niemals reich werden konnten; **~ sb./sth. to be ...:** wissen, daß jmd./etw. ... ist; **I ~ him to be an honest man** ich weiß, daß er ein ehrlicher Mensch ist; **that's/that might be worth ~ing** das ist gut/wäre wichtig zu wissen; **it's worth ~ing whether ...:** es ist wichtig zu wissen, ob ...; **he doesn't want to ~:** er will nichts davon wissen *od.* hören; **not if I ~ it** nicht mit mir; **I 'knew it** ich hab's ja geahnt; **'I ~ what** ich weiß was (*ugs.*); **you ~** (*coll.*) (*as reminder*) weißt du [noch]; (*as conversational filler*) they think we might be, you ~, glamorous *or* something sie meinen, wir wären vielleicht, na ja, superschick oder so (*ugs.*); **I went to see the doctor, you ~:** ich war im Arzt, weißt du; **you ~ something** *or* **what?** weißt du was?; **you never ~:** man kann nie wissen (*ugs.*); **sb. has [never] been ~n to do sth.** jmd. hat bekanntlich [noch nie] etw. getan; **for all** *or* (*arch.*) **aught I ~ they may be looking for us** sie könnte mir gut denken, daß sie uns suchen; **and I don't ~ what [all]** (*coll.*) und ich weiß nicht, was noch alles (*ugs.*); **and he ~s it** und er weiß das auch; **don't I ~ it!** (*coll.*) das weiß ich nur zu gut; **I don't ~ that ...** (*coll.: don't believe*) ich glaube nicht, daß ...; **before sb. ~s where he is** ehe jmd. sich's versieht; **what do you ~ [about that]?** (*coll.: that is surprising*) was sagst du dazu?; **sb. is not to ~** (*is not to be told*) jmd. soll nichts wissen (**about,** of von); (*has no way of learning*) jmd. kann nicht wissen; **I was not to ~ until years later** ich sollte es erst Jahre später davon erfahren; **not ~ what hit one** (*fig.*) gar nicht begreifen, was geschehen ist; **they ~ [about it]** das glaubst du vielleicht; **I'll have you ~ that ...:** ich möchte Sie darauf hinweisen, daß ...; **if you 'must ~:** wenn du es unbedingt wissen willst; **~ different** *or* **otherwise** es besser wissen; **~ what's what** wissen, wie es in der Welt zugeht; **how should I ~?** woher soll ich das wissen?; **I might have ~n** das hätte ich mir denken können; **do you ~, ...:** stell dir [mal] vor, ...; **~ best 2; better 2 d; god b; heaven c; 'let 1 b; lord 1 b; thing c; who a; you a; d)** (*have understanding of*) können ⟨*ABC, Einmaleins, Deutsch usw.*⟩; beherrschen ⟨*Grundlagen, Regeln, Grammatik*⟩; sich auskennen mit ⟨*Gerät, Verfahren, Gesetz*⟩; **they ~ their Latin well** sie haben gute Kenntnisse in Latein; **do you ~ any German?** können Sie etwas Deutsch?; **~ 'how** wissen, wie das geht; **how to mend fuses** wissen, wie man Sicherungen repariert; **~ how to drive a car** Auto fahren können; **~ how to write vividly** [es] verstehen, lebendig zu schreiben; **do all one ~s [how]** sein Bestes geben; *see also* **onion; rope 1c; stuff 1e; e)** (*be acquainted with*) kennen; **we have ~n each other for years** wir kennen uns [schon] seit Jahren; **surely you ~ me better than that** du müßtest mich eigentlich besser kennen; **you don't really ~ him** du kennst ihn nicht gut genug; **you ~ what he/it is** (*is like*) du kennst ihn ja/du weißt ja, wie es ist; **you ~ what it is to be an adolescent** to be an adolescent *see also* **get 2 c; sight 1 a; f)** (*have experience of*) erleben; erfahren; **he ~s no fear,** he doesn't want to ~ **what it is to be afraid** er kennt keine Furcht; **~ what it is to be hungry** wissen, was es heißt, Hunger zu haben. **2.** (*coll.*) **be in the ~:** im Bescheid wissen; **those in the ~:** die Eingeweihten

~ about *v.t.* wissen über (+ *Akk.*); **oh, I didn't ~ about it/that** oh, das habe ich nicht gewußt; **did you ~ about your son's beha-**

koala

viour? haben Sie gehört, wie sich Ihr Sohn benommen hat?; **not much is ~n about some of the tribes** über einige Stämme weiß man fast nichts; **I didn't ~ anything about any committee meeting** ich habe nichts von irgendeiner Ausschußsitzung gewußt; **I don't ~ about** 'that na, ich weiß nicht [so recht]; **I don't ~ about beautiful, but it certainly is old** schön - na, ich weiß nicht, auf jeden Fall ist es alt

~ of *v.t.* wissen von ⟨*Plänen, Vorhaben*⟩; kennen, wissen ⟨*Lokal, Geschäft*⟩; **~ of sb.** von jmdm. gehört haben; **~ of sb. who ...:** wissen, der ...; **not that I ~ of** nicht, daß ich wüßte

knowable ['nəʊəbl] *adj.* [mit dem Verstand] erkennbar

know: ~-all *n.* (*derog.*) Neunmalkluge, *der/die* (*spöttisch*); **~-how** *n.,* **no pl., no indef. art.** praktisches Wissen; (*technical expertise*) Know-how, *das*

knowing ['nəʊɪŋ] **1.** *adj.* **a)** (*shrewd*) verschmitzt ⟨*Blick, Lachen, Lächeln*⟩; ⟨*Person*⟩ mit wachem Verstand; (*indicating possession of inside information*) vielsagend, wissend ⟨*Blick, Lächeln*⟩; beredt (*iron.*) ⟨*Schweigen*⟩; **b)** (*derog.: cunning*) verschlagen (*abwertend*). **2.** *n.* **there is no ~:** niemand weiß; es läßt sich nicht vorhersagen

knowingly ['nəʊɪŋlɪ] *adv.* **a)** (*intentionally*) wissentlich ⟨*lügen, verletzen*⟩; bewußt ⟨*planen*⟩; **b)** (*in a shrewd manner*) verschmitzt ⟨*lachen, blicken*⟩; (*indicating possession of inside information*) vielsagend ⟨*lächeln, anblicken, zwinkern, nicken*⟩; **c)** (*derog.: cunningly*) verschlagen (*abwertend*)

'know-it-all *see* **know-all**

knowledge ['nɒlɪdʒ] *n.,* **no pl. a)** (*familiarity*) Kenntnisse (**of** in + *Dat.*); **a ~ of this field** Kenntnisse auf diesem Gebiet; **a little ~ is a dangerous thing** (*prov.*) Halbwissen ist gefährlich; **gain ~ of sb./sth.** Kenntnisse über jmdn./etw. gewinnen; **~ of human nature** Menschenkenntnis, *die; see also* **carnal knowledge; b)** (*awareness*) Wissen, *das;* **have no ~ of sth.** keine Kenntnis von etw. haben (*geh.*); **she had no ~ of it** sie wußte nichts davon; sie war völlig ahnungslos; **the ~ that it was really important** die Gewißheit, daß es wirklich wichtig war; **sth. came to my ~:** etw. ist mir zu Ohren gekommen; [not] **to my etc. ~:** meines *usw.* Wissens [nicht]; **to my certain ~:** wie ich mit Bestimmtheit weiß; **without sb.'s ~:** ohne jmds. Wissen; **c)** (*understanding*) [**a**] **~ of languages/French** Sprach-/Französischkenntnisse *Pl.;* **sb. with [a] ~ of computers** jmd., der mit Computern auskennt; **d)** *no art.* (*what is known*) Wissen, *das;* **in the present state of ~:** beim derzeitigen Wissensstand; **branch of ~:** Wissenszweig, *der*

knowledgeable ['nɒlɪdʒəbl] *adj.* sachkundig; **be ~ about** *or* **on sth.** viel über etw. (*Akk.*) wissen

known [nəʊn] **1.** *see* **know. 2.** *adj.* bekannt; (*generally recognized*) anerkannt

knuckle ['nʌkl] *n.* **a)** (*Anat.*) [Finger]knöchel, *der;* **b)** (*joint of meat (pork)*) Eisbein, *das;* (*veal or pork*) Hachse, *die,* Haxe, *die* (*südd.*); **c) near the ~** (*coll.*) hart an der Grenze [des guten Geschmacks]. *See also* **'rap 1a, 2a**

~ 'down *v.i.* (*apply oneself*) **~ down to sth.** sich hinter etw. (*Akk.*) klemmen (*ugs.*)

~ 'under *v.i.* klein beigeben (**to** gegenüber)

knuckle: ~-bone *n.* (*Anat.*) Fingerknochen, *der;* **b)** (*Zool.*) Knochen [mit Gelenkkopf]; **~-duster** *n.* Schlagring, *der*

knurled [nɜːld] *adj.* gerieffelt, kordiert (*Technik*)

KO *abbr.* **a)** kick-off; **b)** knock-out K.o., *der;* **knocked out** k.o.

koala [kəʊ'ɑːlə] *n.* [**bear**] (*Zool.*) Koala, *der;* Beutelbär, *der*

KO'd [keɪ'əʊd] see **KO** c
kohlrabi [kəʊl'rɑ:bɪ] n. Kohlrabi, der
kook [ku:k] (Amer. sl.) 1. n. Spinner, der/Spinnerin, die (ugs. abwertend). 2. adj. see **kooky**
kookaburra ['kʊkəbʌrə] n. (Austral. Ornith.) Lachender Hans
kooky ['ku:kɪ] adj. (Amer. sl.) überkandidelt (ugs.); idiotisch (ugs. abwertend) ⟨Leben⟩
Koran [kɔ:'rɑ:n, kə'rɑ:n] n. (Muslim Relig.) Koran, der
Korea [kə'rɪə] pr. n. Korea (das)
Korean [kə'rɪən] 1. adj. koreanisch; sb. is ~: jmd. ist Koreaner/Koreanerin; see also **English** 1. 2. n. a) (person) Koreaner, der/Koreanerin, die; b) (language) Koreanisch, das; see also **English** 2 a
kosher ['kəʊʃə(r), 'kɒʃə(r)] 1. adj. (lit. or fig.) koscher. 2. n., no pl., no art. (food) Koschere, das; **eat ~**: koscher essen
kowtow [kaʊ'taʊ] (kotow [kəʊ'taʊ]) v. i. ~ [to sb./sth.] [vor jmdm./etw.] [s]einen Kotau machen
k.p.h. abbr. **kilometres per hour** km/h
kraal [krɑ:l] n. Kral, der
Kraut [kraʊt] n. & adj. (sl. derog.) angelsächsische abwertende Bez. für „Deutscher" und „deutsch"
Kremlin ['kremlɪn] n. **the K~**: der Kreml
Kremlinology [kremlɪ'nɒlədʒɪ] n., no pl., no indef. art. Sowjetforschung, die; Kremlastrologie, die (ugs.)
krill [krɪl] n., no pl., no indef. art. (Zool.) Krill, der
kris [kri:s] n. Kris, der
krugerrand ['kru:gərɑ:nt] n. Krügerrand, der
krypton ['krɪptɒn] n. (Chem.) Krypton, das
Kt. abbr. **knight**
kudos ['kju:dɒs] n., no pl., no indef. art. (coll.) Prestige, das
kümmel ['kʊml] n. Kümmellikör, der
kung fu [kʊŋ'fu:, kʌŋ'fu:] n. Kung-Fu, das
Kurd [kɜ:d] n. Kurde, der/Kurdin, die
Kurdish ['kɜ:dɪʃ] 1. adj. kurdisch. 2. n. Kurdisch, das
kW abbr. **kilowatt[s]** kW
kWh abbr. **kilowatt-hour[s]** kWh

L

L, l [el] n., pl. **Ls** or **L's** a) (letter) L, l, das; b) (Roman numeral) L
L. abbr. a) **Lake**; b) **Liberal** Lib.~; c) **lire** L
£ abbr. **pound[s]** £; **cost £5** 5 £ od. Pfund kosten
l. abbr. a) **litre[s]** l.; b) **left** l.; c) **line** Z.
LA abbr. **Los Angeles** L. A.
la see **lah**
lab [læb] n. (coll.) Labor, das
Lab. abbr. **Labour**
label ['leɪbl] 1. n. a) (slip) Schildchen, das; (on goods, bottles, jars, in clothes) Etikett, das; (tied/stuck to an object) Anhänger/ Aufkleber, der; b) (on record) Label, das; (record company) Plattenfirma, die; **record on a new ~**: die Plattenfirma od. (Fachjargon) das Label gewechselt haben; c) (fig.: classifying phrase) Etikett, das; **hang the ~ ... on sb.** jmdn. als ... etikettieren; **acquire/be given the ~ of ...**: als ... etikettiert werden. 2. v. t., (Brit.) **-ll-** a) (attach ~ to) etikettieren; (attach price-tag to) auszeichnen ⟨Waren⟩; (write on) beschriften; (attach stamp or sticker to) mit einem Aufkleber versehen; (tie ~ to) mit einem Anhänger versehen; b) (fig.: classify) ~ **sb./sth.** [as] sth. jmdn./etw. als etw. etikettieren; **he doesn't like being ~led** er läßt sich nicht gern etikettieren
labial ['leɪbɪəl] 1. adj. Lippen-; (Anat., Zool., Phonet.) labial; ~ **consonant** see 2. 2. n. (Phonet.) Labial, der; Lippenlaut, der
labia majora/minora [leɪbɪə mə'dʒɔ:rə/ mɪ'nɔ:rə] n. pl. (Anat.) äußere od. große/innere od. kleine Schamlippen
labor (Amer.) see **labour**
laboratory [lə'bɒrətərɪ] n. (lit. or fig.) Labor[atorium], das; ~ **animal** Versuchstier, das; see also **language laboratory**
labored, laborer (Amer.) see **laboured, labourer**
laborious [lə'bɔ:rɪəs] adj. a) mühsam; mühevoll ⟨Forschung, Aufgabe usw.⟩; b) (not fluent) schwerfällig, umständlich ⟨Stil⟩; schleppend ⟨Rede⟩
laboriously [lə'bɔ:rɪəslɪ] adv. a) (with difficulty) mühevoll; b) (not fluently) schwerfällig und schleppend; b) (not fluently) schwerfällig schleppend ⟨vorangehen⟩
laborite (Amer.) see **labourite**
'**labor union** (Amer.) see **trade union**
labour ['leɪbə(r)] (Brit.) 1. n. a) (task) Arbeit, die; **sth. is/they did it as a ~ of love** etw. geschieht/sie taten es aus Liebe zur Sache; **~ of Hercules** Herkulesarbeit, die; b) (exertion) Mühe, die; **in vain, lost ~**: vergebliche od. verlorene Mühe; see also **hard labour**; c) (work) Arbeit, die; **cost of ~**: Arbeitskosten Pl.; **withdraw one's ~**: die Arbeit niederlegen; d) (body of workers) Arbeiterschaft, die; **immigrant ~**: eingewanderte Arbeitskräfte; e) **L~** (Polit.) die Labour Party; f) (childbirth) Wehen Pl.; **be in ~**: in den Wehen liegen; **go into ~**: die Wehen bekommen. See also **intensive** 1 e. 2. v. i. a) (work hard) hart arbeiten (**at, on** an + Dat.); (slave away) sich abmühen (**at, over** with); b) (strive) sich einsetzen (**for** für); ~ **to do sth.** sich bemühen, etw. zu tun; c) (be troubled) leiden, sich quälen (**under** sth.); ~ **under a delusion** sich einer Täuschung (Dat.) hingeben; d) (Naut.: pitch) stampfen (Seemannsspr.); e) (advance with difficulty) quälen od. kämpfen (run too slowly) ⟨Motor⟩; untertourig laufen; ~ **up the stairs** sich die Treppe hinaufquälen. 3. v. t. (elaborate needlessly) auswalzen (ugs.); **I don't want to ~ the point** ich möchte mich über diesen Punkt nicht weiter verbreiten; **I do hate the way he ~s every point** ich hasse es, wie er jeden Punkt auswalzt (ugs.)
labour: ~ camp n. Arbeitslager, das; **L~ Day** n. Tag der Arbeit (in Amerika: erster Montag im September)
laboured ['leɪbəd] adj. (Brit.) mühsam; schwerfällig ⟨Stil⟩; mühsam zusammengetragen ⟨Argumente⟩; **his breathing was ~**: er atmete schwer
labourer ['leɪbərə(r)] n. (Brit.) Arbeiter, der/Arbeiterin, die; (assisting skilled worker) Hilfsarbeiter, der/-arbeiterin, die; **bricklayer's ~**: Maurergehilfe, der; **builder's ~**: Bau[hilfs]arbeiter, der
labour: L~ Exchange (Hist./coll.) see **employment exchange**; **~ force** n. Arbeitskräfte; **a considerable ~ force** eine beträchtliche Anzahl von Arbeitskräften
labourite ['leɪbəraɪt] n. (Brit. Polit.) Anhänger/Anhängerin der Labour Party; (member) Mitglied der Labour Party
labour: ~-market n. Arbeitsmarkt, der; **~ pains** n. pl. Wehenschmerzen; **L~ Party** n. (Polit.) Labour Party; **~ relations** n. pl. Beziehungen zwischen Arbeitgebern und Arbeitnehmern; (within one company) Betriebsklima, das; **~-saving** adj. arbeit[s]sparend ⟨Methode, Vorrichtung⟩
Labrador ['læbrədɔ:] n. ~ [**dog** or **retriever**] Labrador[hund], der
laburnum [lə'bɜ:nəm] n. (Bot.) Goldregen, der
labyrinth ['læbərɪnθ] n. Labyrinth, das
labyrinthine [læbə'rɪnθaɪn] adj. a) labyrinthisch; labyrinthartig; b) (complex) verschachtelt
¹**lac** [læk] n. Stocklack, der; ~ **insect** Lackschildlaus, die
²**lac** see **lakh**
lace [leɪs] 1. n. a) (for shoe) Schuhband, das (bes. südd.); Schnürsenkel, der (bes. nordd.); b) (fabric) Spitze, die; attrib. Spitzen-; c) (braid) **gold/silver ~**: Gold-/Silberlitze, die. 2. v. t. a) (fasten) ~ [**up**] zuschnüren; b) (interlace) durchwirken (geh.); c) (pass through) [durch]ziehen; d) ~ **sth. with alcohol** einen Schuß Alkohol in etw. (Akk.) geben; ~**d with brandy** mit einem Schuß Weinbrand; ~ **sb.'s drink** einen Schuß Alkohol/eine Droge in jmds. Getränk (Akk.) geben
lacerate ['læsəreɪt] v. t. a) (tear) aufreißen; **her arm was badly ~d** sie hatte tiefe Wunden am Arm; b) (fig.: afflict) verletzen
laceration [læsə'reɪʃn] n. a) (Rissverletzung, die (durch Aufreißen); b) (wound) Rißwunde, die; (from glass) Schnittwunde, die
lace: ~-up 1. attrib. adj. zum Schnüren nachgestellt; **~-up boot** Schnürstiefel, der; 2. n. Schnürschuh/-stiefel, der; **~wing** n. (Zool.) Netzflügler, der
lachrymal ['lækrɪml] adj. (Anat.) Tränen-
lachrymose ['lækrɪməʊs] adj. weinerlich; tränenselig, rührselig ⟨Geschichte, Theaterstück, Abschied⟩
lacing ['leɪsɪŋ] n. a) Schnur, die; (on shoes) Schuhband, das (bes. südd.); Schnürsenkel, der (bes. nordd.); (of corset) Schnüre Pl.; b) (quantity of spirits) Schuß, der; **coffee with a ~ of whisky** Kaffee mit einem Schuß Whisky
lack [læk] 1. n. Mangel, der (**of** an + Dat.); **his ~ of enemies makes his task easier** daß er keine Feinde hat, macht seine Aufgabe leichter; **her ~ of aggression makes her easy to live with** da ihr leichte Aggressivität abgeht, kann man gut mit ihr zusammenleben; ~ **of self-consciousness** Unbefangenheit, die; ~ **of obedience** mangelnder Gehorsam; ~ **of work** Arbeitsmangel, der; **there is no ~ of it [for them]** es fehlt [ihnen] nicht daran; **he has no ~ of confidence** an Vertrauen mangelt od. fehlt es ihm nicht; **for ~ of sth.** aus Mangel an etw. (Dat.); **for ~ of time** aus Zeitmangel. 2. v. t. **sb./sth. ~s sth.** jmdm./einer Sache fehlt es an etw. (Dat.); **sb. ~s the creativity/ability to do sth.** jmdm. fehlt die Kreativität/Fähigkeit, etw. zu tun; **what he ~s is ...**: woran er ihm fehlt, ist ...; **his life ~ed something** seinem Leben fehlte etwas; ~ **content** inhaltsarm sein. 3. v. i. **sb. ~s for sth.** (formal) jmdm. fehlt es an etw. (Dat.); **for ~ of sth.** aus Mangel an etw.
lackadaisical [lækə'deɪzɪkl] adj. (unenthusiastic) gleichgültig; desinteressiert; (listless) lustlos
lackadaisically [lækə'deɪzɪkəlɪ] adv. see **lackadaisical**: gleichgültig; desinteressiert; lustlos
lackey ['lækɪ] n. a) (footman) Lakai, der; b) (servant) Diener, der; c) (toady) Speichellecker, der (abwertend); d) (derog.: political follower) Lakai, der (fig.: abwertend)
lacking ['lækɪŋ] adj. a) **be ~** ⟨Geld, Ressourcen usw.⟩: fehlen; **he was found to be ~** (incapable) es erwies sich, daß er den Ansprü-

lacklustre chen nicht genügte; **he is ~ in stamina/confidence** ihm fehlt es an Stehvermögen *(Dat.)*/er hat nicht genug Selbstvertrauen; **b)** *(coll.: deficient in intellect)* **be ~:** [geistig] unterbelichtet sein *(salopp)*
'lacklustre *adj.* trüb; glanzlos ⟨Augen⟩; matt ⟨Lächeln⟩; langweilig ⟨Aufführung, Party⟩
laconic [lə'kɒnɪk] *adj.* **a)** *(concise)* lakonisch; **b)** wortkarg ⟨Person, Naturell⟩
laconically [lə'kɒnɪkəlɪ] *adv.* lakonisch
lacquer ['lækə(r)] **1.** *n.* Lack, *der.* **2.** *v.t.* lackieren; **~ed wood** Lackholz, *das*
lacrosse [lə'krɒs] *n. (Sport)* Lacrosse, *die*
lactation [læk'teɪʃn] *n. (Physiol.)* Laktation, *die*
lactic acid [læktɪk 'æsɪd] *n. (Chem.)* Milchsäure, *die*
lactose ['læktəʊs] *n. (Chem.)* Laktose, *die;* Milchzucker, *der*
lacuna [lə'kju:nə] *n.,* pl. **~e** [lə'kju:ni:] *or* **~s** Lücke, *die; (in text)* Lakune, *die (Sprachw.);* Textlücke, *die*
lacy ['leɪsɪ] *adj.* Spitzen-; *(of metalwork)* spitzenartig; Filigran-
lad [læd] *n.* **a)** *(boy)* Junge, *der;* **young ~:** kleiner Junge; **when I was a ~:** als ich noch ein Junge war; **these are my ~s** das sind meine Jungen *od. (ugs.)* Jungs; **b)** *(man)* Typ, *der;* **the ~s** die Jungs *(ugs.);* **he always goes out for a drink with the ~s** er geht immer mit seinen Kumpels einen trinken *(ugs.);* **my ~:** mein Junge *(ugs.);* **c)** *(spirited person)* he be a bit *or* of quite a **~:** kein Kind von Traurigkeit sein *(ugs.);* **he's a bit of a ~ with the girls** *or* **ladies** *(coll.)* er ist ein Charmeur; **d) see stable-lad**
ladder ['lædə(r)] **1.** *n.* **a)** *(lit. or fig.)* Leiter, *die; (fig.: means of advancement)* Aufstiegsmöglichkeit, *die;* **the ~ to political power** der Weg zur politischen Macht; **have a foot on the ~:** die erste Sprosse auf der Leiter des Erfolgs erklommen haben *(geh.); see also* ¹**rung** *a;* **snake 1 a; step-ladder;** ¹**top 1 a; b)** *(Brit.: in tights etc.)* Laufmasche, *die.* **2.** *v.i. (Brit.)* Laufmaschen bekommen. **3.** *v.t. (Brit.)* Laufmaschen/eine Laufmasche machen in (+ Akk.)
'ladder-proof *adj. (Brit. Textiles)* maschenfest; laufmaschensicher
laddie ['lædɪ] *n.* Jungchen, *das (fam.);* Bubi, *der (bes. südd.)*
lade [leɪd] *v.t., p.p.* **~n** ['leɪdn] *(Naut.)* **a)** *(load with cargo)* laden; **b)** *(load on to ship)* verladen
laden ['leɪdn] **a)** *(loaded)* beladen (with mit); **the air was ~ with moisture** die Luft war schwer von Feuchtigkeit; **trees ~ with blossom** Bäume, schwer von Blüten; **b)** *(burdened)* bedrückt; lastend ⟨Stille⟩; **~ with grief/guilt** gramerfüllt/schuldbeladen *(geh.)*
la-di-da [lɑ:dɪ'dɑ:] *adj.* affektiert; **~ manners** Vornehmtuerei, *die (abwertend)*
ladies' ['leɪdɪz] *n.:* **~ man** *n.* Frauenheld, *der;* **~ night** *n.* Damenabend, *der;* **~ room** *n.* Damentoilette, *die*
ladified see **ladyfied**
lading ['leɪdɪŋ] *n.* **a)** *(loading)* Laden, *das; see also* ³**bill 1 h; b)** *(freight)* Ladung, *die*
ladle ['leɪdl] **1.** *n.* **a)** *(utensil)* Schöpfkelle, *die;* Schöpflöffel, *der;* **b)** *(Metallurgy)* Pfanne, *die.* **2.** *v.t.* schöpfen
~ 'out *v.t. (lit. or fig.)* austeilen
lady ['leɪdɪ] *n.* **a)** Dame, *die; (English, American, etc. also)* Lady, *die;* **~-in-waiting** *(Brit.)* Hofdame, *die;* **ladies' hairdresser** Damenfriseur, *der;* **b)** *in pl. constr. as sing.* **the Ladies[']** *(Brit.)* die Damentoilette; **'Ladies' "Damen"; c)** *as form of address in sing. (poet.)* Herrin *(veralt.); in pl.* meine Damen; **Ladies and Gentlemen!** meine Damen und Herren!; **my dear** *or* **good ~:** meine Gnädigste; **d)** *(Brit.) as title* **L~:** Lady; **my ~:** Mylady; **e)** *(ruling woman)* Herrin, *die;* **~ of the house** Dame des Hauses; **our sovereign ~[, Queen Elizabeth]** *(Brit.)* unsere gnädige Herrin[, Königin Elisabeth]; **Our L~** *(Relig.)* Unsere Liebe Frau; **find the ~ ≈ three-card trick; f)** *(object of a man's devotion)* Angebetete, *die; (~-love)* Herzenskönigin, *die (dichter.);* Liebste, *die (veralt.);* **your/his** *etc.* **~:** die Dame deines/seines *usw.* Herzens; **g)** *(titled married woman)* Gemahlin, *die (geh.);* **my/your ~ wife** meine Frau/Ihre Gattin *od. (geh.)* Frau Gemahlin; **your good ~:** die Frau Gemahlin *(geh.);* **i)** *attrib.* **the ~ ≈ Marianhin,** *die (female)* **~ clerk** Angestellte, *die;* **~ doctor** Ärztin, *die;* **~ friend** Freundin, *die (dichter.);* **~ dog** Hundedame, *die (scherzh.). See also* **easy 1 c; first 2 a; mayoress; old lady; painted lady; young lady**
lady: **~-bird,** *(Amer.)* **~-bug** *ns. (Zool.)* Marienkäfer, *der;* **L~ chapel** *n. (Eccl.)* Marienkapelle, *die;* **L~ Day** *n., no art.* Mariä Verkündigung, *die;* **~-fern** *n. (Bot.)* Waldfrauenfarn, *der*
ladyfied ['leɪdɪfaɪd] *adj.* [aufgesetzt] damenhaft; **be ~:** sich [allzu] damenhaft geben
lady: **~-killer** *n. (coll.)* Herzensbrecher, *der;* Ladykiller, *der (scherzh.);* **~-like** *adj.* **a)** damenhaft; **be ~-like** sich wie eine Dame benehmen; **b)** *(effeminate)* feminin *(abwertend);* **~-love** *n.* Liebste, *die (veralt.);* **L~'s 'bedstraw** *see* **bedstraw**
ladyship ['leɪdɪʃɪp] *n.* **her/your ~/their ~s** Ihre/Eure Ladyschaft/Ihre Ladyschaften
lady: **~'s-maid** *n.* [Kammer]zofe, *die;* **~'s man** *see* **ladies' man;** **~-smock** *see* **cuckoo flower;** **~'s 'slipper** *n. (Bot.)* Frauenschuh, *der*
¹**lag** [læg] **1.** *v.i., -gg- (lit. or fig.)* zurückbleiben; *see also* **behind 1 b, 2 c. 2.** *n.* **a)** *(delay)* Verzögerung, *die; (falling behind)* Zurückbleiben, *das;* **there was a ~ before ...:** es verging einige Zeit, bevor ...; **b)** *(Phys.: retardation)* Verzögerung, *die; (behind opposer)* Verzögerung, *die; (amount of retardation)* Verzögerungszeit, *die;* **time-lag**
²**lag** *n. (sl.: convict)* Knastbruder, *der (ugs.);* Knacki, *der (ugs.);* **old ~:** alter Knastbruder *(ugs.)*
³**lag** *v.t., -gg- (insulate)* isolieren
lager ['lɑ:gə(r)] *n.* Lagerbier, *das;* **a small ~ ≈** eine kleines Helles
laggard ['lægəd] **1.** *n.* Nachzügler, *der; (with work)* Bummelant, *der (ugs. abwertend).* **2.** *adj.* langsam
¹**lagging** *n.* **no ~!** nicht zurückbleiben!
²**lagging** *n. (insulation)* Isolierung, *die*
lagoon [lə'gu:n] *n.* **a)** Lagune, *die;* **b)** *(Amer., Austral., NZ: small lake)* kleiner [abflußloser] See; **c)** *(in sewage-works)* Klärteich, *der*
lah [lɑ:] *n. (Mus.)* la
laid *see* ²**lay 1, 2**
'laid-back *adj. (coll.)* gelassen
lain *see* ²**lie 2**
lair [leə] *n.* *(of wild animal)* Unterschlupf, *der;* Lager, *das (Jägerspr.); (fig.: hiding-place) (of pirates, bandits)* Schlupfwinkel, *der; (of children etc.)* Lager, *das*
laird [leəd] *n. (Scot.)* Gutsbesitzer, *der*
laisser-faire, laissez-faire [leɪseɪ'feə(r)] *n., no art., no adj.* Laisser-faire, *das; attrib.* Laisser-faire⟨-Kapitalismus, -Einstellung⟩
laity ['leɪɪtɪ] *n. pl.* Laien, *pl.;* **many of the ~:** viele aus dem Laienstand
¹**lake** [leɪk] *n.* See, *der;* **the Great L~s** die Großen Seen
²**lake** *n. (pigment from cochineal)* Koschenillerot, *das;* Karmin, *das*
lake: **L~ 'Constance** [leɪk 'kɒnstəns] *pr. n.* der Bodensee; **L~-country, L~ District** *pr. n. (Brit.)* Lake District, *der (Seenlandschaft im Nordwesten Englands);* **L~land** ['leɪklənd] *see* **L~ District; L~ Lucerne** *see* **Lucerne;** **L~ Lugano** [leɪk lu:'gɑ:nəʊ] *pr. n.* der Luganer See; **~-side** *n.* Seeufer, *das;* **by the ~-side** am See[ufer]; **a ~-side hotel/promenade** ein Hotel am See/eine Seeuferpromenade; **L~ Su'perior** *pr. n.* der Obere See
lakh [læk] *n. (Ind.)* Lakh, *der;* **a ~ of rupees** [ein]hunderttausend Rupien
lam [læm] *(sl.)* **1.** *v. i., -mm-:* **~ into sb.** auf jmdn. eindreschen *(ugs.); (verbally)* jmdn. zur Schnecke machen *(ugs.).* **2.** *v. t., -mm-* dreschen *(salopp)* ⟨Ball⟩; verdreschen *(salopp)* ⟨Person⟩
lama ['lɑ:mə] *n.* Lama, *der*
lamasery ['lɑ:məsərɪ] *n.* Lamakloster, *das*
lamb [læm] **1.** *n.* **a)** Lamm, *das;* **as gentle/meek as a ~:** sanft wie ein Lamm; **one may** *or* **might as well be [for] a ~ ~ (fig.)** darauf kommt es jetzt auch nicht mehr an; **like a ~ [to the slaughter]** wie ein Lamm [zur Schlachtbank gehen *(geh.)*]; **b)** *no pl. (flesh)* Lamm[fleisch], *das;* **c)** *(mild person)* Lamm, *das; (dear person)* Schatz, *der (ugs.); (pitiable person)* armes Geschöpf; **the L~ [of God]** *(Bibl.)* das Lamm Gottes. **2.** *v.i.* lammen; **~ing season** Lammzeit, *die*
lambaste [læm'beɪst] **(lambast** [læm'bæst]**)** *v.t. (coll.: thrash, lit. or fig.)* fertigmachen *(ugs.)*
lamb: **~ 'chop** *n.* Lammkotelett, *das;* **~ 'cutlet** *n.* Kammkotelett vom Lamm
Lambda probe ['læmdə prəʊb] *n. (Motor Veh.)* Lambdasonde, *die*
lambkin ['læmkɪn] *n.* **a)** *(animal)* Lämmchen, *das;* **b)** *(person)* Schäfchen, *das (fam.)*
lamb: **~-like** *adj.* sanftmütig ⟨Wesen, Aussehen⟩; **~'s fry** *n., no pl., no indef. art.* Gekröse vom Lamm; **~-skin** *n. (with wool on)* Lammfell, *das; (as leather)* Schafleder, *das;* **~'s 'lettuce** *n., no pl., no indef. art. (Bot.)* Feldsalat, *der;* **~'s-tails** *n. pl. (Bot.)* Haselkätzchen, *die (Textilw.)*
lame [leɪm] **1.** *adj.* **a)** *(disabled)* lahm; **go ~:** lahm werden; **be ~ in one's right leg** ein lahmes rechtes Bein haben; **the horse was ~ in one leg** das Pferd lahmte auf einem Bein; **b)** *(fig.: unconvincing)* lahm *(ugs. abwertend);* **c)** *(fig.: halting)* holprig ⟨Vers, Versmaß⟩. **2.** *v.t.* lahm machen ⟨Pferd *usw.*⟩; *(fig.: hinder)* lähmen ⟨Person, Fähigkeiten, Kraft⟩
lamé ['lɑ:meɪ] *n. (Textiles)* Lamé, *der.* **2.** *adj.* lamé-, Lamé-
lame: **~-brain** *n. (Amer.)* Schwachkopf, *der (abwertend);* **~ dog** *see* **dog 1 a;** **~ 'duck** *n.* **a)** *(incapable person)* Versager, *der/*Versagerin, *die;* **b)** *(firm)* zahlungsunfähige Firma, *die;* **the ducks of industry** die bankrotten Industrieunternehmen; **c)** *(Amer.: official about to retire)* Politiker, *der* nicht wiedergewählt worden ist
lamella [lə'melə] *n.,* **~e** [lə'meli:] Lamelle, *die*
lamely ['leɪmlɪ] *adv.* **a)** hinkend; **the horse walks ~:** das Pferd geht lahm; **b)** *(fig.: unconvincingly)* lahm *(ugs. abwertend);* **she ~ mumbled an excuse** sie murmelte eine lahme Entschuldigung
lameness ['leɪmnɪs] *n., no pl. (lit.: also fig.: unconvincingness)* Lahmheit, *die*
lament [lə'ment] **1.** *n.* **a)** *(expression of grief)* Klage, *die* **(for** um**); his great ~ is ...:** sein großer Kummer ist ...; **b)** *(dirge)* Klagegesang, *die.* **2.** *v.t.* klagen über (+ Akk.) *(geh.);* klagen um *(geh.)* ⟨Freund, Heimat, Glück⟩; **~ that ...:** beklagen, daß ... **3.** *v.i.* klagen *(geh.);* **~ over** *or* **for sth.** etw. beklagen *(geh.);* **~ over** *or* **for sb.** um jmdn. weinen; um jmdn. trauern
lamentable ['læməntəbl] *adj.* beklagenswert; kläglich ⟨Versuch, Leistung⟩
lamentably ['læməntəblɪ] *adv.* beklagenswert; kläglich ⟨Scheitern⟩; **be ~ ignorant of**

lamentation

sth. beklagenswert wenig über etw. *(Akk.)* wissen
lamentation [læmən'teɪʃn] *n.* **a)** *no pl., no art. (lamenting)* Wehklagen, *das (geh.)*; **b)** *(lament)* [Weh]klage, *die (geh.)*; **c)** L~s [of Jeremiah] *(Bibl.)* Klagelieder [Jeremiä]
lamented [lə'mentɪd] *adj.* betrauert; **the late ~ President** der verschiedene Präsident
laminate 1. ['læmɪneɪt] *v. t.* **a)** *(construct)* lamellieren *(Technik)*; **b)** *(make into thin plates)* laminieren *(Metall.)*; **c)** *(split)* in [flache] Platten spalten; **d)** *(overlay)* beschichten; laminieren *(Technik)*. **2.** *v. i.* sich [in flache Platten] spalten. **3.** ['læmɪnət] *n.* Schicht[preß]stoff, *der (Technik)*; Laminat, *das (Technik)*; **fibreglass ~:** Glasfaserschichtstoff, *der (Technik)*
laminated ['læmɪneɪtɪd] *adj.* lamelliert *(Technik)*; **~ glass** Verbundglas, *das*; **~ fibreglass** Glasfasergewebe, *das*
lamination [læmɪ'neɪʃn] *n.* **a)** *(process)* Laminierung, *die (Technik)*; **b)** *(layer of material)* Schicht, *die*
lammergeyer ['læməgaɪə(r)] *n. (Ornith.)* Lämmergeier, *der*; Bartgeier, *der*
lamp [læmp] *n.* Lampe, *die*; *(in street)* [Straßen]laterne, *die*; [Straßen]lampe, *die*; *(of vehicle)* Licht, *das*; *(car headlamp)* Scheinwerfer, *der*; *(fig.: source of hope etc.)* Licht, *das*; see also **fluorescent lamp**; **neon lamp**; **spirit lamp**; **sun-lamp**
lamp: ~black *n.* Lampenruß, *der*; **~-holder** *n.* [Glühlampen]fassung, *die*; **~light** *n.* Lampenlicht, *das*; **~lighter** *n.* Laternenanzünder, *der*
lampoon [læm'puːn] **1.** *n.* Spottschrift, *die*; Pasquill, *das (geh.)*. **2.** *v. t.* verhöhnen; verspotten
'**lamp-post** *n.* Laternenpfahl, *der*; *(taller)* Lichtmast, *der*
lamprey ['læmprɪ] *n. (Zool.)* Neunauge, *das*
lamp: ~shade *n.* Lampenschirm, *der*; **~-standard** *n.* Lichtmast, *der*
Lancastrian [læŋ'kæstrɪən] **1.** *adj.* **a)** *(of Lancashire)* Lancashire-; *(Abstammung)* aus Lancashire; **b)** *(Hist.)* zum Hause Lancaster gehörig; des Hauses Lancaster *nachgestellt*. **2.** *n.* **a)** *(native of Lancashire)* **be a ~:** aus Lancashire stammen; **b)** *(Hist.)* Mitglied/Anhänger des Hauses Lancaster; **the ~s** die Partei der Lancaster
lance [lɑːns] **1.** *n.* **a)** *(weapon)* Lanze, *die*; **b)** *(Fishing)* Stoßharpune, *die*; **c)** *(pipe)* Sprührohr, *das*; *(for burning a hole)* [oxygen] ~: [Sauerstoff]lanze, *die*; **d)** *(Mil.)* see **lancer a. 2.** *v. t.* **a)** *(Med.)* mit der Lanzette öffnen; **b)** *(pierce with ~)* mit der Lanze durchbohren
lance: ~-bombar'dier *n. (Mil.)* Obergefreiter der Artillerie; **~-'corporal** *n. (Mil.)* Obergefreite, *der*
lancer ['lɑːnsə(r)] *n.* **a)** *(Mil. Hist.)* Lanzenreiter, *der*; **b)** *in pl. (dance)* Lancier, *der*
lancet ['lɑːnsɪt] *n.* **a)** *(Med.)* Lanzette, *die*; **b)** *(Archit.)* ~ **[arch/light or window]** Lanzettbogen, *der*/Lanzettfenster, *das*
land [lænd] **1.** *n.* **a)** *no pl., no indef. art. (solid part of the earth)* Land, *das*; **by ~:** auf dem Landweg; **by ~ or by sea** zu Lande oder zu Wasser *(reisen)*; auf dem Landweg oder auf dem Seeweg *(schicken, transportieren)*; **on ~:** zu Lande; *(not in air)* auf dem Boden; *(not in or on water)* an Land; **~ travel** das Reisen zu Lande; **by ~** *no indef. art.* (expanse of country) Land, *das*; **see/find out how the ~ lies** *(fig.)* herausfinden, wie die Dinge liegen; **how does the ~ lie?** *(fig.)* wie ist die Lage?; see also ²**lay 3 b**; ²**lie 1 a**; **c)** *no pl., no indef. art.* (ground for farming or building) Land, *das*; **work the ~:** das Land bebauen; **back to the ~:** zurück aufs Land; **live off the ~:** sich von dem ernähren, was das Land hergibt; **d)** *(country)* Land, *das*; **the greatest in the ~:** der/die Größte im ganzen Land; **out of the ~ of Egypt** *(Bibl.)* aus Ägyptenland *(bibl.)*; **~ of hope and**

glory Land der Hoffnung und des Ruhms; see also **living 1 e**; **promised land**; **e)** *no indef. art. (landed property)* Land, *das*; **have or own ~:** Grundbesitz haben; **~s** *(estates)* Ländereien *Pl.* **2.** *v. t.* **a)** *(set ashore)* [an]landen 〈*Truppen, Passagiere, Waren, Fang*〉; **b)** *(Aeronaut.)* landen 〈[*Wasser*]*flugzeug*〉; **they were ~ed at an airstrip** ihr Flugzeug landete auf einer Piste; **c)** *(bring into a situation)* ~ **oneself in trouble** sich in Schwierigkeiten bringen; sich *(Dat.)* Ärger einhandeln *(ugs.)*; **this will ~ him in bankruptcy** das wird ihn [noch] bankrott machen; **his recklessness ~ed him in danger** durch seinen Leichtsinn hat er sich in Gefahr gebracht; **~ sb. in [the thick of]** jmdn. [ganz schön] reinreiten *(salopp)*; **d)** *(deal)* landen 〈*Schlag*〉; **~ a blow on sb., ~ sb. one** jmdm. einen Schlag versetzen *od. (ugs.)* verpassen; **~ sb. one right in the eye** jmdm. eins aufs Auge geben *(ugs.)*; **e)** *(burden)* **~ sb. with sth., ~ sth. on sb.** jmdm. etw. aufhalsen *(ugs.)*; **~ sb. with sth./sth.** jmdn. auf dem Hals haben *(ugs.)*/etw. aufgehalst bekommen *(ugs.)*; **this ~ed me with a huge problem** dies stellte mich vor ein ungeheures Problem; **f)** ~ **a fish** einen Fisch an Land ziehen; **g)** *(fig.: obtain in face of competition)* an Land ziehen *(ugs.)*. **3.** *v. i.* **a)** 〈*Boot usw.*:〉 anlegen, landen; 〈*Passagier:*〉 aussteigen **(from** aus**)**; **we ~ed at Dieppe** wir gingen in Dieppe an Land; **b)** *(Aeronaut.)* landen; *(on water)* [auf dem Wasser] aufsetzen; wassern; **be about to ~:** zur Landung angesetzt haben; gelandet sein; 〈*alight*〉 landen; 〈*Ball.*〉 aufkommen; **on one's feet** auf den Füßen landen; *(fig.)* [wieder] auf die Füße fallen; **d)** *(find oneself in a situation)* landen *(ugs.)* **(at, in** in + *Dat.*)**; ~ in the middle of a dispute** [mitten] in eine Auseinandersetzung hineingeraten
~ 'back *v. i.* wieder landen *(ugs.)*
~ on *v. t.* **~ on sb.** *(impose oneself)* jmdn. heimsuchen *(ugs.)*
~ 'up *v. i.* landen *(ugs.)*
'**land-agent** *n.* **a)** *(Brit.: steward)* Liegenschaftsverwalter, *der*/-verwalterin, *die*; **b)** *(selling land)* Grundstücksmakler, *der*/-maklerin, *die*
landau ['lændɔː] *n.* Landauer, *der*
land: ~-breeze *n.* Landwind, *der*; **~-crab** *n. (Zool.)* Landkrabbe, *die*
landed ['lændɪd] *adj.* *(having land)* ~ **gentry/aristocracy** Landadel, *der*; **the ~ interest** die Großgrundbesitzer; **b)** *(consisting of land)* Land〈*besitz, -gut*〉
lander ['lændə(r)] *n. (Astronaut.)* Landefahrzeug, *der*; Landefähre *die*
land: ~fall *n. (Naut.)* Landfall, *der*; **~fill** *n.* **a)** *(material)* Müll, *der*; Schutt, *der*; *(zur Geländeauffüllung)*; **b)** *(process)* Geländeauffüllung, *die*; **~ fill site** *(mit Erde wieder aufgefüllte)* Müllgrube, *die*; **~ force** *n.* ~ **force[s** *pl.*]Landstreitkräfte *Pl.*; **~-girl** *n. (Brit.)* Landarbeiterin, *die*; Landwirtschaftsgehilfin, *die*
landing ['lændɪŋ] *n.* **a)** *(of ship)* Landung, *die*; **on** ~ *(disembarkation)* beim Verlassen des Schiffs; **b)** *(of aircraft)* Landung, *die*; **emergency ~:** Notlandung, *die*; **hard landing**; **soft landing**; **c)** *(place for disembarkation)* Anlegestelle, *die*; **d)** *(between flights of stairs)* Treppenabsatz, *der*; *(passage)* Treppenflur, *der*
landing: ~-card *n.* Landekarte, *die*; **~-craft** *n. (Navy)* Landungsboot, *das*; **~-flap** *n.* Landeklappe, *die*; **~-gear** *n.* Fahrwerk, *das*; **~-net** *n.* Kescher, *der*; *see also* **landing c**; **~-stage** *n.* Landungssteg, *der*; Landungsbrücke, *die*; *(floating)* Anlegeponton, *der*; **~-strip** see **airstrip**
land: ~lady *n.* **a)** *(of rented property)* Vermieterin, *die*; *(of flat also)* Hauswirtin, *die*; *(of room also)* Zimmerwirtin, *die*; **b)** *(of*

languidly

public house) [Gast]wirtin, *die*; **c)** *(of lodgings etc.)* [Pensions]wirtin, *die*; **~-line** *n.* Landkabel, *das*; **~-locked** *adj.* vom Land eingeschlossen 〈*Bucht, Hafen*〉; 〈*Staat*〉 ohne Zugang zum Meer; **~lord** *n.* **a)** *(of rented property)* Vermieter, *der*; [Haus]wirt, *der*; **b)** *(of public house)* [Gast]wirt, *der*; **c)** *(of lodgings etc.)* [Pensions]wirt, *der*; **~lubber** ['lændlʌbə(r)] *n. (Naut.)* Landratte, *die (ugs.)*; **~mark** *n.* **a)** *(boundary mark)* Grenzzeichen, *das*; *(stone)* Grenzstein, *der*; **b)** *(conspicuous object)* weithin sichtbares Erkennungszeichen; *(Naut.)* Landmarke, *die*; **c)** *(fig.: significant event)* Markstein, *der*; **stand as a ~mark** einen Meilenstein bedeuten; **~ mass** *n. (Geog.)* Landmasse, *die*; **~-mine** *n. (Mil.)* **a)** *(on ground)* Landmine, *die*; **b)** *(parachute mine)* Fallschirmmine, *die*; **~-owner** *n.* [large or big] **~owner** [Groß]grundbesitzer, *der*/-besitzerin, *die*
landscape ['lændskeɪp, 'lænskeɪp] **1.** *n.* **a)** Landschaft, *die*; **b)** *(picture)* Landschaftsbild, *das*; **c)** *(Art.)* Landschaft, *die*. **2.** *v. t.* landschaftsgärtnerisch gestalten 〈*Garten, Park*〉
landscape: ~ architect *n.* Landschaftsarchitekt, *der*/-architektin, *die*; **~ architecture** *n.* Landschaftsgestaltung, *die*; **~ gardener** *n.* Landschaftsgärtner, *der*/-gärtnerin, *die*; **~ gardening** *n.* Landschaftsgärtnerei, *die*; **~ painter** *n.* Landschaftsmaler, *der*/-malerin, *die*
land: ~slide *n.* **a)** Erdrutsch, *der*; **b)** *(fig.: majority)* Erdrutsch[wahl]sieg, *der*; *attrib.* **a ~slide victory** ein Erdrutsch[wahl]sieg; **~slip** see **~slide**; **~-tax** *n. (Admin.)* Grundsteuer, *die*
landward ['lændwəd] **1.** *adj.* ~ side Landseite, *die*; ~ **view** Blick zur Landseite hin. **2.** *adv.* land[ein]wärts. **3.** *n.* **to** [**the**] ~: zur Landseite hin
landwards ['lændwədz] *see* **landward 2**
'**land-wind** *n.* Landwind, *der*
lane [leɪn] *n.* **a)** *(in the country)* Landsträßchen, *das*; *(unmetalled)* [Hecken]weg, *der*; **it's a long ~ that has no turning** *(prov.)* alles muß einmal ein Ende haben; **b)** *(in town)* Gasse, *die*; **lovers'** ~: Seufzerallee, *die (scherzh.)*; **c)** *(part of road)* [Fahr]spur, *die*; **slow** ~ *(in Britain)* linke Spur; *(on the continent)* rechte Spur; '**get in** ~'' „bitte einordnen''; *see also* **fast lane**; **d)** *(Aircraft)* ~: Flugroute, *die*; **shipping** ~: Schiffahrtsweg, *der*; **ocean** ~: Schiffahrtsstraße, *die*; **e)** *(for race)* Bahn, *die*
-lane[d] [leɪn(d)] *adj. in comb.* -spurig
language ['læŋgwɪdʒ] *n.* **a)** Sprache, *die*; **speak the same** ~: *(fig.)* die gleiche Sprache sprechen; *see also* **artificial language**; **dead language**; **foreign language**; **sign language**; **b)** *no pl. (words, wording)* Sprache, *die*; [style of] ~: [Sprach]stil, *der*; **use of** ~: Sprachgebrauch, *der*; **c)** *(style)* Ausdrucksweise, *die*; Sprache, *die*; **use uncompromising** ~: eine unmißverständliche Sprache sprechen; **mind your** ~: drück dich gefälligst anständig aus; ~ **of the gutter** Gossensprache, *die*; *see also* **bad 1 d**; **strong language**; **d)** *(professional vocabulary)* [Fach]sprache, *die*; ~ **of diplomacy** die Sprache der Diplomatie; **medical** ~: medizinische Fachsprache, *die*; **e)** *(Computing)* Sprache, *die*; **computer** ~**s** Computersprachen; **f)** *no pl., no art. (faculty of speech)* Sprachfähigkeit, *die*
language: ~ course *n.* Sprachkurs[us], *der*; ~ **laboratory** *n.* Sprachlabor, *das*; **~-teacher** *n.* Sprachlehrer, *der*/-lehrerin, *die*
languid ['læŋgwɪd] *adj.* **a)** *(indisposed to exertion, sluggish)* träge; **b)** *(inert)* matt; **c)** *(apathetic)* lahm
languidly ['læŋgwɪdlɪ] *adv.* **a)** *(without vigour, sluggishly)* träge; **b)** *(inertly)* matt; **c)** *(apathetically)* lustlos

407

languish ['læŋgwɪʃ] v. i. a) (lose vitality) ermatten (geh.);⟨Pflanzen:⟩ kümmern; b) (live wretchedly) ~ under sth. unter etw. (Dat.) schmachten (geh.); ~ in prison im Gefängnis schmachten (geh.); c) (pine) dahinvegetieren; ~ for sth. nach etw. schmachten (geh.); ~ for sb. sich nach jmdm. verzehren (geh.)
languor [læŋgə(r)] n. see languorous: Mattigkeit, die; Trägheit, die; Verträumtheit, die
languorous ['læŋgərəs] adj. a) (faint) matt; b) (inert) träge; c) (dreamy) verträumt
lank [læŋk] adj. a) (tall) hager; b) (thin) abgemagert; c) (limp) glatt herabhängend ⟨Haar⟩
lanky ['læŋkɪ] adj. schlaksig (ugs.); [dürr und] lang ⟨Arm, Bein⟩
lanolin ['lænəlɪn] n. Lanolin, das
lantern ['læntən] n. Laterne, die; see also Chinese lantern; magic lantern
lantern: ~-**jawed** ['læntəndʒɔːd] adj. mit langgeschnittenem Gesicht; ~-**slide** n. bemalte Glasplatte oder Dia für die Laterna magica
lanyard ['lænjəd] n. a) (Naut.) Bändsel, das; (in tackle) Taljenreep, das; b) (loop of cord) Kordel, die; c) (to fire gun) Abzugsleine, die
Laos ['laʊs, 'laːɒs] pr. n. Laos (das)
Laotian [laʊʃn] 1. adj. laotisch; sb. is ~; jmd. ist Laote/Laotin. 2. n. a) (person) Laote, der/Laotin, die; b) (language) laotische Sprache
¹**lap** [læp] n. a) (part of body) Schoß, der; **live in the ~ of luxury** (fig.) im Überfluß leben; **fall** or **drop** or **be dropped into sb.'s ~** (fig.) jmdm. in den Schoß fallen; **end up on** or **in sb.'s ~** (fig.) bei jmdm. landen (ugs.); bei jmdm. abgeladen werden (fig.); see also **god a**; b) (flap) [Rock]schoß, der
²**lap** 1. n. a) (Sport) Runde, die on the last ~ (fig. coll.) auf der Zielgeraden (fig.); ~ **of honour** Ehrenrunde, die; b) (amount of overlap) Überlappung, die (of um); (overlapping part) überlappender Teil. 2. v. t., -pp- a) (Sport) überrunden; b) (cause to overlap) überlappen; c) (wrap) wickeln ([a]round um); d) (swathe) umwickeln (in mit); wickeln ⟨Baby⟩ (in in + Akk.). 3. v. i., -pp- ~ over sth. etw. überlappen
³**lap** 1. v. i., -pp- a) (drink) schlappen; schlecken; b) ⟨See, Wasser, Wellen:⟩ plätschern. 2. v. t., -pp- a) (drink) ~ [up] [auf]schlappen; [auf]schlecken; b) see ~ up b; c) see ~ up c; d) ⟨See, Wasser, Wellen:⟩ plätschern an (+ Akk.)
~ 'up v. t. a) (drink) see ~ 2 a; b) (consume greedily) hinunterschütten; c) (fig.: receive eagerly) schlucken (ugs.); begierig aufnehmen ⟨Lob⟩; sich stürzen auf (+ Akk.) ⟨Sensation⟩
lap: ~ **belt** n. Beckengurt, der; ~-**dog** n. Schoßhund, der; Schoßhündchen, das
lapel [lə'pel] n. Revers, das od. (österr.) der
lapidary ['læpɪdərɪ] adj. a) (of gems) ~ **art** (cutting gems) Steinschneidekunst, die; (polishing gems) Kunst des Steinschleifens; b) (engraved in stone) in Stein gehauen; c) (dignified and concise) lapidar
lapis [lazuli] ['læpɪs ('læzjʊlɪ), 'leɪpɪs ('læzjʊlaɪ)] n., pl. indef. art. a) (gem) Lapislazuli, der; Lasurstein, der; b) (pigment, colour) Ultramarin, das; Lasurblau, das
lap-joint n. Überlappung, die; Überlappungsverbindung, die
Lapland ['læplənd] pr. n. Lappland (das)
Laplander ['læplændə(r)] n. Lappländer, der/Lappländerin, die
Lapp [læp] 1. n. a) (person) Lappe, der/Lappin, die; b) (language) lappische Sprache. 2. adj. a) lappisch; lappländisch; b) (of language) lappisch
Lappish ['læpɪʃ] see Lapp 2
lapse [læps] 1. n. a) (interval) a/the ~ of ...: eine/die Zeitspanne von ...; **a ~ in the conversation** eine Gesprächspause; b) (mistake) Fehler, der; Lapsus, der (geh.); ~ **of memory** Gedächtnislücke, die; c) (deviation) Verstoß, der (from gegen); **momentary ~ of concentration** momentane Konzentrationsschwäche; **a ~ from his high standard** eine Abweichung von seinem hohen Standard; ~ **from good taste** Geschmacksverirrung, die; d) (Law: termination of right) (of patent) Erlöschen, das; (of legacy) Heimfall, der. 2. v. i. a) (fail) versagen; ~ **from sth.** etw. vermissen lassen; b) (sink) ~ **into** verfallen in (+ Akk.); fallen in (+ Akk.) ⟨Schlaf, Koma⟩; verfallen (+ Dat.) ⟨Sucht, Ketzerei⟩; c) (become void) ⟨Vertrag, Versicherungspolice usw.:⟩ ungültig werden; ⟨Plan, Projekt:⟩ hinfällig werden; ⟨Anspruch:⟩ verfallen; d) ~ **to sb.** (Law) auf jmdn. übergehen; an jmdn. fallen
lapsed [læpst] adj. a) (disused) in Vergessenheit geraten; b) (having defected) abgefallen ⟨Christ, Katholik usw.⟩; c) abgelaufen, ungültig ⟨Paß, Führerschein, Versicherungspolice⟩; frei geworden ⟨Lehen⟩
lap: ~-**top** 1. adj. tragbar, Laptop⟨gerät, -PC⟩. 2. n. Laptop, der; tragbarer PC; ~-**weld** (Metalw.) 1. n. Überlapp[schweiß]naht, die; 2. v. t. überlappt schweißen; ~-**wing** n. (Ornith.) Kiebitz, der
larboard ['laːbəd] n. see ¹**port 1 c**, 2
larcenous ['laːsənəs] adj. diebisch
larceny ['laːsənɪ] n. (Law) Diebstahl, der
larch [laːtʃ] n. Lärche, die
lard [laːd] 1. n. Schweineschmalz, das; Schweinefett, das. 2. v. t. a) (Cookery) spicken; b) (fig.: garnish) spicken (ugs.)
larder ['laːdə(r)] n. (room) Speisekammer, die; (cupboard) Speiseschrank, der
lardy ['laːdɪ] adj. fett
'**lardy-cake** n. ≈ Rosinenbrot, das
large [laːdʒ] 1. adj. a) groß; **a ~ lady** eine stattliche Dame; ~ **importer/user** Großimporteur, der/Großverbraucher, der; see also **intestine**; **life a**; b) (comprehensive, broad) umfassend; **taking the ~ view** im großen ganzen gesehen. 2. n. **a) at ~** (at liberty) frei; (not in prison etc.) auf freiem Fuß; (at full length) ausführlich; (as a body) insgesamt; (Amer. Polit.: representing whole State) für den ganzen Staat ⟨gewählt⟩; **society at ~:** die Gesellschaft in ihrer Gesamtheit; **the [gesamte] Studenten-/Lehrer-/Ärzteschaft; ambassador at ~** (Amer.) Sonderbotschafter, der/-botschafterin, die; **b) in [the] ~:** im großen. 3. adv. see **bulk 2;** ¹**by 2 d;** ²**loom;** write 2 d
'**large-hearted** adj. großherzig (geh.)
largeness ['laːdʒnɪs] n., no pl. Größe, die; (of person) Stattlichkeit, die
larger-than-'life attrib. adj. überlebensgroß
large: ~-**scale** attrib. adj. großangelegt, groß ⟨Erfolg, Mißerfolg⟩ ⟨Katastrophe⟩ großen Ausmaßes; ⟨Modell⟩ in großem Maßstab; ~-**scale manufacture** Massenproduktion, die; ~-**size** -size
largess[e] [laː'ʒes] n., no pl. a) (gifts) Geschenke; **government** ~: staatliche Geschenke; b) (bestowal) [großzügige] Unterstützung od. Förderung
largish ['laːdʒɪʃ] adj. ziemlich groß; recht stattlich ⟨Person⟩
largo ['laːgəʊ] (Mus.) 1. adv. & adj. largo. 2. n., pl. ~**s** Largo, das
lariat ['lærɪət] n. a) (lasso) (lateinamerikanisches) Lasso; b) (tethering-rope) Seil zum Anpflocken
¹**lark** [laːk] n. (Ornith.) Lerche, die; **be up with the ~:** beim ersten od. mit den ersten Hahnenschrei aufstehen; **gay** or **happy as a ~:** lustig und vergnügt
²**lark** (coll.) 1. n. a) (frolic) Jux, der (ugs.); **they were only having a ~:** sie haben sich (Dat.) nur einen Jux gemacht (ugs.); **be a real ~:** eine Mordsgaudi sein (ugs.); **it'll be a bit of a ~:** es wird bestimmt lustig (ugs.); **for a ~:** etw. aus Jux machen (ugs.); **what a ~!** das ist/war spitze (ugs.); b) (Brit.) (form of activity) Blödsinn, der (ugs.); (affair) Geschichte, die (ugs.); **blow** or (sl.) **sod** or (coarse) **bugger this for a ~!:** zum Teufel!; verdammte Scheiße (derb). 2. v. i. ~ [**about** or **around**] herumalbern (ugs.)
larkspur n. (Bot.) Rittersporn, der
larva ['laːvə] n., pl. ~**e** ['laːviː] Larve, die
larval ['laːvl] adj. Larven- (fachspr.); **a ~ fly/frog** eine Fliegen-/Froschlarve
laryngeal [lə'rɪndʒɪəl] adj. a) (Anat.) Kehlkopf-; laryngeal (fachspr.); b) (Ling.) Kehl[kopf]-; laryngal (fachspr.). 2. n. (Ling.) Kehl[kopf]laut, der; Laryngal, der (fachspr.)
laryngitis [lærɪn'dʒaɪtɪs] n. (Med.) Kehlkopfentzündung, die; Laryngitis, die (fachspr.)
larynx ['lærɪŋks] n., pl. **larynges** [lə'rɪndʒiːz] (Anat.) Kehlkopf, der; Larynx, der (fachspr.)
lasagne [lə'sænjə, lə'saːnjə] n. (Gastr.) Lasagne Pl.
lascivious [lə'sɪvɪəs] adj. a) (lustful) lüstern (geh.); b) (inciting to lust) lasziv
lasciviously [lə'sɪvɪəslɪ] adv. see **lascivious:** lüstern (geh.); lasziv
lasciviousness [lə'sɪvɪəsnɪs] n., no pl. see **lascivious:** Lüsternheit, die (geh.); Laszivität, die
laser ['leɪzə(r)] n. Laser, der
laser: ~ **beam** n. Laserstrahl, der; ~ **printer** n. Laserdrucker, der
lash [læʃ] 1. n. a) (stroke) [Peitschen]hieb, der; b) (part of whip) biegsamer Teil der Peitsche; (whipcord) Peitschenschnur, die; (as punishment) **the ~:** die Peitsche; c) (on eyelid) Wimper, die. 2. v. i. a) (make violent movement) schlagen ⟨Peitsche, Schlange:⟩ zuschlagen; b) (strike) ⟨Welle, Regen:⟩ peitschen (**against** gegen, **on** auf + Akk.); ⟨Person:⟩ [mit der Peitsche] schlagen (**at** nach). 3. v. t. a) (fasten) festbinden (**to an** + Dat.); (Naut.) festzurren (bes. Seemannsspr.); laschen (Seemannsspr.); b) ~ **together** zusammenbinden; (flog) mit der Peitsche schlagen; (as punishment) auspeitschen; ~ **oneself** sich geißeln; c) (rebuke) abkanzeln; geißeln ⟨Mißstand, Laster, Fehler⟩; (satirize) verhöhnen; d) (move violently) schlagen mit; e) (beat upon) peitschen; **the rain ~ed the windows/roof** der Regen peitschte gegen die Fenster/auf das Dach; f) (drive) ~ **sb. into sth.** jmdn. zu etw. anstacheln
~ a'bout v. i. wild um sich schlagen
~ 'down 1. v. t. festbinden; (Naut.) festzurren (bes. Seemannsspr.). **2.** v. i. ⟨Regen:⟩ niederprasseln
~ 'into v. t. ~ **into sb.** über jmdn. herfallen; ⟨Pferd:⟩ ausschlagen; ~ **out at sb.** nach jmdm. schlagen; (fig.) über jmdn. herziehen (ugs.); b) ~ **out on sth.** (coll.) (spend freely) sich (Dat.) etw. leisten od. gönnen; (pay a lot) viel Geld für etw. ausgeben
lashing ['læʃɪŋ] n. a) see **lash 2:** Schlagen, das usw.; b) (cord) Zurring, der (Seemannsspr.); c) in pl. (large amounts) ~**s of sth.** Unmengen von etw.
'**lash-up 1.** adj. behelfsmäßig; ~ **procedures** provisorische Maßnahmen. **2.** n. (improvised structure) Notbehelf, der
lass [læs] n. a) (Scot./N. Engl./poet.: girl) Mädchen, das; Maid, die (dichter.); b) (sweetheart) Liebste, die (veralt.); Mädchen, das (ugs.)
lassie ['læsɪ] n. (Scot., N. Engl.) Mädchen, das; (sweetheart) Schätzchen, das (ugs.)
lassitude ['læsɪtjuːd] n. Mattigkeit, die
lasso [lə'suː, 'læsəʊ] 1. n., pl. ~**s** or ~**es** Lasso, das. 2. v. t. mit dem Lasso fangen

¹**last** [lɑːst] **1.** *adj.* letzt...; **be [the] ~ to arrive** als letzter/letzte ankommen; **for the [very] ~ time** zum [aller]letzten Mal; **who was ~?** wer war letzter?; **the ~ two/three** *etc.* die letzten beiden/drei *usw.*; **he came ~ in the race** er war letzter bei dem Rennen; **second ~, ~ but one** vorletzt...; **~ but not least** last, not least; nicht zuletzt; **~ evening/night was windy** gestern abend/gestern od. heute nacht war es windig; **~ week/month/year was cold** letzte Woche/letzten Monat/letztes Jahr war es kalt; **~ month was a memorable one** der letzte Monat war bedeutungsvoll; **~ evening/week we were out** gestern abend/letzte Woche waren wir aus; **I thought my ~ hour had come** ich dachte, mein letztes Stündlein hätte geschlagen; **sb.'s ~ crust** *(fig.)* jmds. letztes Stück Brot *(fig.)*; **I was down to my ~ crust** *(fig.)* ich war völlig abgebrannt *(ugs.)*; **he would be the '~ person to do such a thing** ich wäre der letzte, der so etwas täte; **the '~ thing** das Letzte; **that would be the '~ thing to do in this situation** das wäre das Letzte, was man in dieser Situation tun würde; *see also* **ditch 1; honour 1j; judgment 1c; leg 1 a; ; quarter 1j; resort 1 a; respect 1 e; straw b. 2.** *adv.* **a)** [ganz] zuletzt; als letzter/letzte ⟨*sprechen, ankommen*⟩; **come ~ with sb.** *(fig.)* für jmdn. an letzter Stelle rangieren; **b)** *(on previous occasion)* das letzte Mal; zuletzt; **when did you ~ see him or see him ~?** wann hast du ihn zuletzt *od.* das letzte Mal gesehen? **3.** *n.* **a)** *(mention, sight)* **I shall never hear the ~ of it** das werde ich ständig zu hören bekommen; **you haven't heard the ~ of this matter** das letzte Wort in dieser Sache ist noch nicht gesprochen; **I hope we shall soon see the ~ of him** wir werden ihn hoffentlich bald zum letzten Mal gesehen haben; **that's the ~ we'll see of that old car** jetzt sehen wir dieses alte Auto wohl zum letzten Mal; **that was the ~ we ever saw of him** das war das letzte Mal, daß wir ihn gesehen haben; **b)** *(person or thing)* letzter...; **these ~:** these; **which ~:** welch letzt...; **I'm always the ~ to be told** ich bin immer der letzte, der etwas erfährt; **she was the ~ to know about it** sie erfuhr es als letzte; **the ~ shall be first** *(Bibl.)* die Letzten werden die Ersten sein; **c)** *(day, moment[s])* **towards or at the ~ he was serene** *(just before his death)* am Ende war er gelassen; **to or till the ~:** bis zuletzt; **d) look one's ~ on** einen letzten Blick werfen auf (+ *Akk.*); *see also* **breathe 2 a; e) at [long] ~:** endlich; schließlich [doch noch]

²**last** *v. i.* **a)** *(continue)* andauern; ⟨*Wetter, Ärger:*⟩ anhalten; **~ all night** die ganze Nacht dauern; **~ till dawn** bis ... **~ from ... to ...:** von ... bis ... dauern; **built to ~:** dauerhaft gebaut; **a book that will ~:** ein Buch, das bleibt; **he will not ~ very much longer** *(live)* er hat nicht mehr lange zu leben; *(in job)* ihm wird bald gekündigt werden; **make one's money ~:** mit seinem Geld haushalten; **it can't/won't ~:** das geht nicht mehr lange so; **it's too good to ~:** es ist zu schön, um von Dauer zu sein; **~ sb.'s time** halten, solange jmd. es braucht; **b)** *(manage to continue)* es aushalten; **c)** *(suffice)* reichen; **while stocks ~:** solange Vorrat reicht; **this knife will ~ [me] a lifetime** dies Messer hält mein ganzes Leben; **memories to ~ a lifetime** Erinnerungen für das ganze Leben
~ out 1. *v.t.* *(complete task)* durchhalten; *(survive)* überstehen; **~ out the winter/journey** ⟨*Vorräte usw.:*⟩ den Winter über/für die Reise ausreichen; **he would probably not ~ out the afternoon** er würde wahrscheinlich den Nachmittag nicht durchhalten. **2.** *v. i.* durchhalten; ⟨*Vorräte usw.:*⟩ ausreichen

³**last** *n.* *(for shoemaker)* Leisten, *der;* **the cobbler should stick to his ~** *(prov.)* Schuster, bleib bei deinem Leisten

Last: ~ 'Day *n. (Relig.)* **the ~ Day** der Jüngste Tag; **l~-ditch** *adj.* **l~-ditch attempt** letzter verzweifelter Versuch
lasting [ˈlɑːstɪŋ] *adj.* **a)** *(permanent)* bleibend; dauerhaft ⟨*Beziehung*⟩; nachhaltig ⟨*Eindruck, Wirkung, Bedeutung*⟩; nicht nachlassend ⟨*Interesse*⟩; **be of no ~ benefit to sb.** sich für jmdn. auf die Dauer nicht auszahlen; **b)** *(durable)* haltbar; **[made] in a ~ material** aus haltbarem Material
lastly [ˈlɑːstlɪ] *adv.* schließlich
last: ~-mentioned *attrib. adj.* letztgenannt; **~ 'minute** *n.* **at the ~ minute** in letzter Minute; **up to the ~ minute** bis zum letzten Augenblick; **~-minute** *attrib. adj.* in letzter Minute vorgebracht ⟨*Plan, Aufruf, Ergänzung, Gesuch, Bewerbung*⟩; ⟨*Sinneswandel*⟩ in letzter Minute; **make a ~-minute dash to the airport** in letzter Minute zum Flughafen rasen; **in the ~-minute rush** kurz vor Torschluß; **~ name** *n.* Zuname, *der;* Nachname, *der;* **~-named** *attrib. adj.* zuletzt genannt; **~ 'rites** *n. pl.* **~ 'sacrament** *n. (Relig.)* Letzte Ölung *(geh.);* **~ 'sleep** *n., no pl. (literary)* ewiger Schlaf *(geh.);* **L~ 'Supper** *n. (Relig.)* **the L~ Supper** das Abendmahl; **~ 'thing** *adv. (coll.)* als letztes; **~ 'trump** *n. (Relig.)* letzte Posaune; **~ 'will** *n.* **~ will [and testament]** letzter Wille; **~ word** *n., no pl., no indef. art.* **a)** letztes Wort; **be the ~ word** *(fig.)* das letzte Wort sein; **have the ~ word** das letzte Wort haben; **let sb. have the ~ word** jmdm. das letzte Wort überbieten sein (**in an +** *Dat.*); das letzte Wort (**in an +** *Dat.*); **sth. is the ~ word on sth.** mit etw. ist das letzte Wort über etw. (*Akk.*) gesprochen; **b)** *(latest fashion)* **the ~ word** der Allerneueste; der letzte Schrei *(ugs.);* **~ 'words** *n. pl.* **he's/her ~ words** ihre/seine letzten Worte; **[there's] famous ~ words [for you]** *(joc. iron.)* das wollen wir erst mal sehen

lat. *abbr.* **latitude** Br.
latch [lætʃ] **1.** *n.* **a)** *(bar)* Riegel, *der;* **b)** *(spring-lock)* Schnappschloß, *das;* **on the ~** *(held by bar)* nur mit einem Riegel verschlossen; *(with lock not in use)* nur eingeklinkt. **2.** *v. t.* zuschnappen lassen. **3.** *v. i.* zuschnappen
~ 'on *v. i. (coll.)* **a)** *(attach oneself)* sich [ungefragt] anschließen; **b)** *(understand)* es mitkriegen *(ugs.)*
~ 'on to *v. t. (coll.)* **a)** *(attach oneself to)* **~ on to sb.** sich an jmdn. hängen *(ugs.);* **b)** *(understand)* kapieren *(ugs.);* **c)** *(be enthusiastic about)* abfahren auf (+ *Akk.*) *(salopp)*
'latchkey *n.* Hausschlüssel, *der;* **~ child** *(fig.)* Schlüsselkind, *das*
late [leɪt] **1.** *adj.* **a)** spät; *(after proper time)* verspätet; **am I ~?** bin ich zu spät? **I am rather ~** ich bin ziemlich spät dran *(ugs.) od.* habe mich etwas verspätet; **be ~ for the train** den Zug verpassen; **the train is [ten minutes] ~:** der Zug hat [zehn Minuten] Verspätung; **spring is ~** this year dieses Jahr haben wir einen späten Frühling; **be [very] ~ for dinner** mit [großer] Verspätung zum Essen kommen; **what makes you so ~ today?** warum kommst du heute so spät?; **~ riser** Spätaufsteher, *der*/-aufsteherin, *die;* **~ entry** verspätete Anmeldung; **~ shift** Spätschicht, *die;* **in the ~ evening** spät am Abend; spätabends; **it is ~:** es ist [schon] spät; **have a ~ dinner** [erst] spät zu Abend essen; **~ summer** Spätsommer, *der;* **~ spring holidays** Ferien im späten Frühjahr; **in ~ July** Ende Juli; **~ Gothic/Victorian** spätgotisch/-viktorianisch; **~ seventeenth-century paintings** Gemälde aus dem späten siebzehnten Jahrhundert; *see also* **hour b; b)** *(deceased)* verstorben; *see also* **lamented; c)** *(former)* ehemalig; vormalig; **d)** *(recent)* letzt...; **in ~ times** in den letzten Jahren; **e)** *(backward in flowering, ripening, etc.)* spät ⟨*Sorte, Nelken*⟩; **be ~** ⟨*Blumen:*⟩ spät blühen. *See also* **later; latest. 2.** *adv.* **a)** *(after proper time)* verspätet; **[too] ~:** zu spät; **they got home very ~:** sie kamen [erst] sehr spät nach Hause; **better ~ than never** lieber spät als gar nicht; **b)** *(far on in time)* spät; **not until quite ~ this year** dieses Jahr erst spät; **~ in August** Ende August; **~ last century** [gegen] Ende des letzten Jahrhunderts; **~ in life** erst spät im Leben; in den fortgeschrittenen Alter; **c)** *(at or till a ~ hour)* spät; **be up/sit up ~:** bis spät in die Nacht *od.* lange aufbleiben; **work ~ at the office** [abends] lange im Büro arbeiten; **wait up ~ for sb./sth.** jmds./einer Sache wegen lange aufbleiben; **d)** *(formerly) ~* **of ...:** ehemals wohnhaft in ...; ehemaliger Mitarbeiter *(einer Firma);* **e)** *(at ~ stage)* **traces remained as ~ as the seventeenth century** Überreste blieben noch bis ins siebzehnte Jahrhundert erhalten; **she was seen as ~ as yesterday** sie wurde gestern noch gesehen; **[a bit or somewhat or rather] ~ in the day** *(fig. coll.)* reichlich spät; **too ~ in the day** *(lit. or fig.)* zu spät. **3.** *n.* **of ~:** in letzter Zeit
late: ~ bird *n. (fig. coll.)* Nachtmensch, *der;* Nachteule, *die (ugs. scherzh.);* **~comer** *n.* Zuspätkommende, *der/die*
lateen [ləˈtiːn] *adj. (Naut.)* **a)** **~ sail** Lateinersegel, *das;* **b)** *(rigged with a ~ sail)* Lateinersegel-; mit Lateinersegel nachgestellt
lately [ˈleɪtlɪ] *adv.* in letzter Zeit; **only ~:** erst vor kurzem; **till ~:** bis vor kurzem
lateness [ˈleɪtnɪs] *n., no pl.* **a)** *(being after due time)* Verspätung, *die;* **b)** *(being far on in time)* **the ~ of the performance** die späte Beginn der Vorstellung; **the ~ of the hour** die späte *od.* vorgerückte Stunde
'late-night *attrib. adj.* Spät⟨*programm, -vorstellung*⟩
latent [ˈleɪtənt] *adj.* **a)** latent [vorhanden]; **b)** *(Med.)* latent. *See also* **heat 1**
latent 'image *n. (Photog.)* latentes Bild
later [ˈleɪtə(r)] **1.** *adv.* später; **~ on** später; **it must be ready no ~ than next week** es muß bis spätestens nächste Woche fertig sein; **[on] the same day** im weiteren Verlauf des Tages; später am Tag; **see you ~:** bis nachher; bis später; *see also* **soon b. 2.** *adj.* später; *(more recent)* neuer; jünger; **at a ~ date/time** zu einem späteren Zeitpunkt; später; **be ~, be of ~ date** neueren *od.* jüngeren Datums sein
lateral [ˈlætərəl] *adj.* **a)** seitlich (**to** von); Seiten⟨*flügel, -ansicht*⟩; **~ thinking** Querdenken, *das;* **b)** *(Anat.)* lateral; **c)** *(Bot.)* seitenständig; **~ shoot** Seitentrieb, *der*
laterally [ˈlætərəlɪ] *adv.* seitlich
latest [ˈleɪtɪst] *adj.* **a)** *(modern)* neu[e]st...; **the very ~ thing** das Allerneu[e]ste; **the ~ in fashion** der letzte Schrei *(ugs.);* die neu[e]ste Mode; **b)** *(most recent)* letzt...; **have you heard the ~?** wissen Sie schon das Neu[e]ste?; **what's the ~?** was gibt's Neues?; **c) at [the] ~/the very ~:** spätestens/allerspätestens
latex [ˈleɪteks] *n., pl.* **~es** *or* **latices** [ˈleɪtɪsiːz] Latex, *der*
lath [lɑːθ] *n., pl.* **~s** [lɑːθs, lɑːðz] Latte, *die;* **~s** *(arrangement)* Lattung, *die;* **~ and plaster** Putzträger und Putz
lathe [leɪð] *n.* Drehbank, *die;* Drehmaschine, *die (Technik)*
lather [ˈlɑːðə(r), ˈlæðə(r)] **1.** *n.* **a)** *(froth)* [Seifen]schaum, *der;* **b)** *(sweat)* Schweiß, *der;* Schaum, *der (veralt.);* **get [oneself] into a ~ [about sth.]** *(fig. coll.)* sich *(Akk.)* [um etw.] aufregen. **2.** *v. t.* **a)** *(cover with froth)* einschäumen; einseifen; **b)** *(coll.: thrash)* verprügeln
Latin [ˈlætɪn] **1.** *adj.* **a)** lateinisch; *see also* **English 1; b)** *(of ancient Romans)* römisch; **c)** *(of RC Ch.)* lateinisch; **d)** *(of Southern Europeans)* romanisch; südländisch ⟨*Temperament, Charme*⟩. **2.** *n.* Latein, *das;* **medieval ~:** Mittellatein, *das;* **modern ~:** Neulatein, *das;* **thieves' ~:** Gaunersprache, *die; see also* **English 2 a**

409

Latin: ~ A'merica *pr. n.* Lateinamerika *(das);* **~-A'merican 1.** *adj.* lateinamerikanisch; **2.** *n.* Lateinamerikaner, *der/*Lateinamerikanerin, *die*
Latinate ['lætɪneɪt] *adj. (derived from Latin)* aus dem Lateinischen stammend
'**Latin Church** *n.* lateinische Kirche
Latinism ['lætɪnɪzm] *n.* Latinismus, *der*
Latinist ['lætɪnɪst] *n.* Latinist, *der/*Latinistin, *die*
Latinize ['lætɪnaɪz] *v. t.* latinisieren
Latino [lə'tiːnəʊ] *n., pl.* **~s** *(Amer.)* Lateinamerikaner/-amerikanerin [in den USA]
Latin: ~ Quarter *n.* Quartier Latin, *das;* **~ rite** *n. (Eccl.)* lateinischer Ritus
latish ['leɪtɪʃ] *adj. & adv.* ziemlich spät
latitude ['lætɪtjuːd] *n.* **a)** *(freedom)* Freiheit, *die;* (for differences) Spielraum, *der;* **b)** *(Geog.)* [geographische] Breite; *(of a place)* Breite, *die;* **~s** *(regions)* Breiten *Pl.;* **~ 40° N.** 40° nördlicher Breite; **c)** *(Astron.)* Breite, *die*
latrine [lə'triːn] *n.* Latrine, *die*
latter ['lætə(r)] *attrib. adj.* **a)** letzter...; **the ~:** der/die/das letztere; *pl.* die letzteren; **b)** *(later)* letzt...; **the ~ half of the century** die zweite Hälfte des Jahrhunderts; **the ~ part of the year** die zweite Jahreshälfte; **the ~ end** das Ende
latter: ~ 'day *n.* Jüngster Tag; **~-day** *adj.* modern; **L~-day 'Saints** *n. pl.* Heilige der Letzten Tage
latterly ['lætəlɪ] *adv.* **a)** *(later)* später; gegen Ende; **b)** *(lately)* in letzter Zeit
lattice ['lætɪs] *n. (also fig., Phys.)* Gitter, *das*
lattice: ~ frame, ~ girder *ns.* Gitterträger, *der;* **~-work** *n.* Gitterwerk, *das*
Latvia ['lætvɪə] *pr. n.* Lettland *(das)*
Latvian ['lætvɪən] **1.** *adj.* lettisch; *see also* **English 1. 2.** *n.* **a)** *(person)* Lette, *der/*Lettin, *die;* **b)** *(language)* Lettisch, *das; see also* **English 2 a**
laud [lɔːd] *v. t. (literary)* preisen *(geh.);* rühmen; **much-~ed** vielgepriesen
laudable ['lɔːdəbl] *adj.* lobenswert
laudably ['lɔːdəblɪ] *adv.* lobenswert; löblich
laudanum ['lɔːdnəm, 'lɒdnəm] *n. (Pharm.)* Laudanum, *das*
laugh [lɑːf] **1.** *n.* **a)** Lachen, *das; (loud and continuous)* Gelächter, *das;* **have a [good] ~ about sth.** [herzlich] über etw. *(Akk.)* lachen; **give a loud ~;** laut auflachen; **this line in the play always gets/raises a ~:** diese Zeile im Stück bringt immer einen Lacher; **join in the ~;** mitlachen; **have the last ~:** derjenige sein, der zuletzt lacht *(fig.);* **have or get the ~ of or on sb.** jmdn. auslachen können; **the ~ is on me** ich stehe dumm da *(ugs.);* **he is always good for a ~:** bei ihm gibt es immer etwas zu lachen; **it should be good for a ~:** dabei ist gewiß etwas zu lachen; **sb./sth. is a ~ a minute** bei jmdm./etw. muß man alle Augenblicke lachen; **that sounds like a ~ a minute** *(iron.)* da wird man sicher viel zu lachen haben; **for ~s** zum *od.* aus Spaß; **play Mephisto for ~s** *(Theatre coll.)* aus Mephisto eine komische Figur machen; **for a ~:** [so] zum Spaß; **anything for a ~:** ich bin für alles *od.* für jeden Spaß zu haben *(ugs.);* **b)** *(type of ~)* Lachen, *das;* Art zu lachen; **c)** *(coll.: comical thing)* **it would be a ~ if ...:** es wäre ja zum [Tot]lachen, wenn ... *(ugs.);* **that's a or what a ~!** das ist ja zum [Tot]lachen! *(ugs.)(iron.)* das ist zum Lachen *(ugs.);* daß ich nicht lache!; **he's a [good] ~:** er ist urkomisch. **2.** *v. i.* lachen; **~ out loud aus lachen; I thought I'd die ~ing** ich hätte mich beinahe totgelacht *(ugs.);* **I ~ed till I cried** ich habe Tränen gelacht; **be ~ing all over one's face/whole face** fein raussein *(ugs.);* **~ at sb./sth.** *(in amusement)* über jmdn./etw. lachen; *(jeer)* jmdn. auslachen/etw. verlachen; **in sb.'s face** jmdm. ins Gesicht lachen; **~ in or up one's sleeve** sich

(Dat.) ins Fäustchen lachen; **he'll ~ on the other side of his face when ...:** ihm wird das Lachen [noch] vergehen, wenn ...; **he who ~s last ~s longest** *(prov.)* wer zuletzt lacht, lacht am besten *(Spr.);* **don't make me ~** *(coll. iron.)* daß ich nicht lache!; **~ and the world ~s with you, weep and you weep alone** *(prov.)* Freunde in der Not gehn hundert *od.* tausend auf ein Lot *(Spr.); see also* **laughing. 3.** *v. t.* lachen; **he was ~ed out of town/off the stage** mit Hohnlachen wurde er aus der Stadt/von der Bühne gejagt; **~ oneself sick** *or* **silly** sich krank- *od.* schieflachen *(ugs.)*
~ 'off *v. t.* mit einem Lachen abtun
laughable ['lɑːfəbl] *adj.* lachhaft *(abwertend);* lächerlich
laughing ['lɑːfɪŋ] **1.** *n.* **be no ~ matter** nicht zum Lachen sein. **2.** *adj. (sl.: fortunate)* **be ~ [all over one's face]** fein raussein *(ugs.); see also* **hyena a; jackass c**
'**laughing-gas** *n.* Lachgas, *das*
laughingly ['lɑːfɪŋlɪ] *adv.* lachend; **what is ~ called ...** *(iron.)* was sich ... nennt *(spött.)*
'**laughing-stock** *n.* **make sb. a ~, make a ~ of sb.** jmdn. zum Gespött machen; **he became the ~ of the whole neighbourhood** er wurde zum Gespött der ganzen Nachbarschaft
laughter ['lɑːftə(r)] *n.* Lachen, *das; (loud and continuous)* Gelächter, *das;* **~ is the best medicine** *(prov.)* Lachen ist die beste Medizin
'**laughter lines** *n. pl.* Lachfältchen
¹**launch** [lɔːnʃ] **1.** *v. t.* **a)** zu Wasser lassen, aussetzen 〈Rettungsboot, Segelboot〉; vom Stapel lassen 〈neues Schiff〉; *(propel)* werfen, abschießen 〈Harpune〉; schleudern 〈Speer〉; abschießen 〈Torpedo〉; **~ a rocket into space** eine Rakete ins All schießen; **b)** *(fig.)* lancieren *(bes. Wirtsch.);* auf den Markt bringen 〈Produkt〉; vorstellen 〈Buch, Schallplatte, Sänger〉; auf die Bühne bringen 〈Theaterstück〉; gründen 〈Firma〉; **~ an attack into** einen Angriff durchführen. **2.** *v. i.* **~ into a song** ein Lied anstimmen; **~ into a long speech/a stream of insults** eine lange Rede/eine Flut von Beschimpfungen vom Stapel lassen. loslassen *(ugs.).* **3.** *n.* **a)** *(of spacecraft)* Start, *der; (of rocket)* Abschuß, *der; (of new ship)* Stapellauf, *der; (of boat)* Aussetzen, *das; (of product)* Lancieren, *das; (of book, record, singer)* Vorstellung, *die; (of play)* Premiere, *die; (of firm)* Gründung, *die*
~ 'out *v. i. (fig.)* **we can really ~ out now** jetzt können wir aus dem vollen schöpfen *od.* brauchen wir nicht zu sparen; **~ out at sb.** jmdn. anfahren
²**launch** *n. (boat)* Barkasse, *die*
launcher ['lɔːnʃə(r)] *n.* **a)** *(rocket)* Trägerrakete, *die;* **b)** *(structure)* Startrampe, *die*
launching: ~ pad *n.* [Raketen]abschußrampe, *die;* **~ site** *n.* [Raketen]abschußbasis, *die*
'**launch pad** *see* **launching pad**
launder ['lɔːndə(r)] *v. t.* **a)** waschen und bügeln; **I have sent the sheets away to be ~ed** ich habe die Bettlaken zum Waschen weggegeben; **b)** *(fig.)* waschen 〈Geld〉
launderette [lɔːn'dret], **laundrette** [lɔːn'dret], *(Amer.)* **laundromat** ['lɔːndrəmæt] *ns.* Waschsalon, *der*
laundry ['lɔːndrɪ] *n.* **a)** *(place)* Wäscherei, *die;* **b)** *(clothes etc.)* Wäsche, *die;* **do the ~:** Wäsche waschen
laundry: ~-bag *n.* Wäschebeutel, *der;* **~-basket** *n.* Wäschekorb, *der;* **~man** *n.* Wäschemann, *der*
laureate ['lɔːrɪət, 'lɒrɪət] *n.* Laureat, *der;* [Poet/L~:] Hofdichter, *der;* Poeta laureatus, *der;* **Nobel ~:** Nobelpreisträger, *der*
laurel ['lɒrl] *n.* **a)** *(emblem of victory)* Lorbeer[kranz], *der;* **win one's ~s** *(fig.)* Lorbeeren ernten; **have to look to one's ~s** *(fig.)*

sich nicht auf seinen Lorbeeren ausruhen dürfen; **rest on one's ~s** *(fig.)* sich auf seinen Lorbeeren ausruhen *(ugs.);* **b)** *(Bot.)* [cherry-l~:] Kirschlorbeer, *der;* Lorbeerkirsche, *die;* **mountain ~:** Lorbeerrose, *die; see also* **spurge laurel**
lav [læv] *n. (coll.)* Klo, *das (ugs.)*
lava ['lɑːvə] *n.* Lava, *die*
lavage ['lævɪdʒ] *n. (Med.)* Spülung, *die*
lavatory ['lævətrɪ] *n.* Toilette, *die; see also* **toilet a**
lavatory: ~-attendant *n.* Toilettenmann, *der/*Toilettenfrau, *die;* **~ humour** *n.* Fäkalhumor, *der;* **~-paper** *see* **toilet-paper;** **~-seat** *see* **toilet-seat**
lavender ['lævɪndə(r)] **1.** *n.* **a)** *(Bot.)* Lavendel, *der;* **b)** *(colour)* Lavendel[blau], *das.* **2.** *adj.* lavendel[blau]
'**lavender-water** *n.* Lavendel[wasser], *das*
lavish ['lævɪʃ] **1.** *adj. (generous)* großzügig; überschwenglich 〈Lob, Liebe〉; verschwenderisch 〈Ausgaben〉; *(abundant)* üppig; **be ~ with sth.** mit etw. geizen; **be ~ with sth.** mit etw. überhäufen *od.* überschütten; **~ too much time and money on a project** zuviel Zeit und Geld an ein Projekt verschwenden; **~ care on sb.** seine ganze Mühe auf etw. *(Akk.)* verwenden
lavishly ['lævɪʃlɪ] *adv.* großzügig; überschwenglich 〈loben, lieben〉; verschwenderisch 〈Geld ausgeben〉; herrschaftlich 〈eingerichtet〉
law [lɔː] *n.* **a)** *no pl. (body of established rules)* Gesetz, *das;* Recht, *das;* **the ~ forbids/allows sth. to be done** nach dem Gesetz ist es verboten/erlaubt, etw. zu tun; **the ~ is an ass** das Gesetz ist absurd; **according to/under British** *etc.* **~:** nach britischem *usw.* Recht; **break the ~:** gegen das Gesetz verstoßen; **be against the ~:** gegen das Gesetz sein; **the ~ is the ~:** Gesetz ist Gesetz; **be well versed in the ~:** gesetzeskundig *od.* rechtskundig sein; sich gut mit den Gesetzen auskennen; **history of ~:** Rechtsgeschichte, *die;* **laid down by [the] ~:** gesetzlich festgelegt; **under the** *or* **by** *or* **in ~:** nach dem Gesetz; **be/become ~:** vorgeschrieben sein/werden; **one ~ for the rich and another for the poor** zweierlei Recht für Reiche und Arme; **his word is ~** *(fig.)* sein Wort ist Gesetz; **lay down the ~ [about politics]** *(fig. coll.)* [in Sachen Politik] den Ton angeben; **lay down the ~ to sb.** *(fig. coll.)* jmdm. Vorschriften machen; **point or issue of ~:** Rechtsfrage, *die (Rechtsw.);* **~ enforcement** Durchführung der Gesetze/des Gesetzes; **b)** *no pl., no indef. art. (control through ~)* Gesetz, *das;* **~ and order** Ruhe und Ordnung; **be above the ~:** über dem Gesetz stehen; **outside the ~:** außerhalb der Legalität; **c)** *(statute)* Gesetz, *das;* **what are the ~s on drinking and driving?** wie sind die gesetzlichen Bestimmungen bei Trunkenheit am Steuer?; **there ought to be a ~ against it/people like you** so etwas sollte/Leute wie du sollten verboten werden; **be a ~ unto itself** seinen eigenen Gesetzen folgen; **be a ~ unto oneself** machen, was man will; **necessity knows or has no ~[s]** *(prov.)* Not kennt kein Gebot *(Spr.);* **d)** *no pl., no indef. art. (litigation)* Rechtswesen, *das;* Gerichtswesen, *das;* **go to ~ [over sth.]** [wegen etw.] vor Gericht gehen; [wegen etw.] den Rechtsweg beschreiten; **have the ~ on sb. [over sth.]** jmdn. [wegen etw.] verklagen; **take the ~ into one's own hands** gegen jmdn. [wegen etw.] gerichtlich vorgehen; *(Dat.)* selbst Recht verschaffen; **e)** *no pl., no indef. art. (profession)* practise **~:** Jurist/Juristin sein; **go into [the] ~:** die juristische Laufbahn einschlagen; Jurist/Juristin werden; **f)** *no pl., no one. (Univ.: jurisprudence)* Jura *o. Art.;* Rechtswissenschaft, *die; attrib.* Rechts-; **Faculty of Law** juristische Fa-

law-abiding | **laziness**

kultät; ~ **school** *(Amer.)* juristische Fakultät; ~ **student** Jurastudent, *der/*-studentin, *die;* **g)** *no indef. art. (branch of ~)* **commercial** ~: Handelsrecht, *das;* ~ **of contract** Vertragsrecht, *das;* ~ **of nations** Völkerrecht, *das;* **bachelor/doctor of** ~**s Bakkalaureus/Doktor der Rechte; h)** *(Sci., Philos., etc.)* Gesetz, *das; (regularity in nature)* Gesetzmäßigkeit, *die;* ~ **of nature, natural** ~ *(lit., or fig. iron.)* Naturgesetz, *das;* ~ **of supply and demand** Gesetz von Angebot und Nachfrage; ~ **of gravity** *or* **gravitation** Gravitationsgesetz, *das;* **i)** *(rule of game, etiquette, or art)* Regel, *die;* ~**s of tennis/chess** Tennis-/Schachregeln; **j)** *(Relig.)* Gebot, *das;* Gesetz, *das;* **Divine/God's** ~: göttliche Gebote/Gebote Gottes; **k)** *(enforcing agent) (coll.: police, policeman)* Polente, *die (salopp);* **be in trouble with the** ~: mit dem Gesetz in Konflikt geraten; **I'll set the** ~ **on you!** ich hole die Polizei!; **the long arm of the** ~ *(rhet./iron.)* der Arm des Gesetzes; **officer of the** ~: Vertreter des Gesetzes
law: ~**-abiding** *adj.* gesetzestreu; ~ **agent** *n. (Scot.)* solicitor a; ~**-breaker** *n.* Gesetzesbrecher, *der/*-brecherin, *die;* Rechtsbrecher, *der/*-brecherin, *die;* ~**court** *n.* Gerichtsgebäude, *das; (room)* Gerichtssaal, *der;* **L**~ **Courts** *n. pl. (Brit.)* Gebäudekomplex von Gerichtshöfen; ~ **firm** *n. (Amer.)* Anwaltskanzlei, *die*
lawful ['lɔːfl] *adj.* rechtmäßig, legitim ⟨*Besitzer, Erbe*⟩; legitim, ehelich ⟨*Tochter, Sohn, Nachkomme*⟩; legal, gesetzmäßig ⟨*Vorgehen, Maßnahme*⟩; **by** ~ **means** mit legitimen Mitteln; *see also* **wife**
lawfully ['lɔːflɪ] *adv.* legal; auf legalem Weg[e] ⟨*erwerben*⟩
¹**lawgiver** *n.* Gesetzgeber, *der*
lawless ['lɔːlɪs] *adj.* **a)** gesetzlos; **b)** *(unbridled)* zügellos
law: L~ **Lord** *n. (Brit.)* Mitglied des obersten brit. Berufungsgerichts; Law Lord, *der;* ~**maker** *n.* Gesetzgeber, *der;* ~**man** *n. (Amer.)* Vertreter des Gesetzes
lawn [lɔːn] *n. (grass)* Rasen, *der;* ~**s** Rasenflächen; **area of** ~: Rasenfläche, *die*
lawn: ~**-mower** *n.* Rasenmäher, *der;* ~**seed** *n.* Grassamen, *der;* ~**sprinkler** *n.* Rasensprenger, *der;* ~ '**tennis** *n.* Rasentennis, *das*
law: ~ **officer** *n.* **a)** Justizbeamte, *der/*Justizbeamtin, *die;* **b)** *(Brit.: member of Government)* Kronanwalt, *der/*Kronanwältin, *die;* ~**suit** *n.* Prozeß, *der*
lawyer ['lɔːjə(r),'lɔɪə(r)] *n.* **a)** *(solicitor etc.)* Rechtsanwalt, *der/*Rechtsanwältin, *die; (expert in law)* Jurist, *der/*Juristin, *die*
lax [læks] *adj.* lax; **the guards are** ~ **about whom they allow to enter** die Wachen nehmen es nicht sehr genau damit, wen sie hineinlassen
laxative ['læksətɪv] *(Med.)* **1.** *adj.* abführend; stuhlgangfördernd. **2.** *n.* Abführmittel, *das;* Laxativ[um] *das (fachspr.)*
laxity ['læksɪtɪ], **laxness** ['læksnɪs] *ns.* Laxheit, *die;* moral ~: laxe Moral
¹**lay** [leɪ] *adj.* **a)** *(Relig.)* laikal; Laien⟨*bruder, -schwester, -predigt*⟩; *see also* **vicar; b)** *(inexpert)* laienhaft; **in** ~ **opinion** nach Ansicht des Laien; **to the** ~ **mind** für den Nichtfachmann *od.* Laien
²**lay 1.** *v. t.,* **laid** [leɪd] **a)** *(deposit, put)* legen, [ver]legen ⟨*Teppichboden, Rohr, Gleis, Steine, Kabel, Leitung*⟩; legen ⟨*Parkett, Fliesen, Fundament*⟩; anlegen ⟨*Straße, Gehsteig*⟩; ~ **to rest** *(euphem.: bury)* zur letzten Ruhe betten *(geh. verhüll.);* ~ **eyes on sb.** jmdn. sehen *od.* erblicken; *see also* **hand 1a; b)** *(fig.)* **feel oneself laid under an obligation** sich verpflichtet fühlen; ~ **one's case before sb.** jmdm. seinen Fall vortragen; ~ **one's plans/ideas before sb.** jmdm. seine Pläne/Vorstellungen unterbreiten;

the facts are laid before us die Fakten liegen vor uns; ~ **sth. before the Commons** *or* **on the table** *(Brit. Parl.)* etw. dem Unterhaus vorlegen; ~ **damages at £900** *(Law)* 900 Pfund Schadensersatz fordern; **c)** *(impose)* auferlegen ⟨*Verantwortung, Verpflichtung, Geldbuße, Steuern*⟩ (**on** *Dat.*); verhängen ⟨*Strafe*⟩ (**on** über + *Akk.*); ~ **a penalty/a tax on sb.** etw. mit einer Strafe/einer Steuer belegen; ~ **a burden of responsibility on sb.'s shoulders** jmdm. Verantwortung aufbürden; **that** ~**s an obligation on me to do it** das verpflichtet mich, es zu tun; ~ **weight on sth.** Gewicht auf etw. *(Akk.)* legen; **d)** *(wager)* **I'll** ~ **you five to one that ...**: ich wette mit dir fünf zu eins, daß ...; **I'll** ~ **you £10 that he'll come** ich wette mit dir um 10 Pfund, daß er kommt; ~ **a wager on sth.** eine Wette auf etw. *(Akk.)* abschließen; auf etw. *(Akk.)* wetten; **e)** *(prepare)* ~ **the table/cloth** den Tisch decken/die Tischdecke auflegen; ~ **three places for lunch** drei Gedecke zum Mittagessen auflegen; ~ [**for**] **breakfast,** ~ **the breakfast things** den Frühstückstisch decken; *see also* **fire 1d; f)** *(Biol.)* legen ⟨*Ei*⟩; **g)** *(apply)* auftragen ⟨*Farbe usw.*⟩ (**on to,** over auf + *Akk.*); *(cover)* ~ **a floor with lino** etc. einen Boden mit Linoleum usw. auslegen; **h)** *(devise)* schmieden, ersinnen ⟨*Plan*⟩; **i)** *(bring into a state)* ~ **idle** stillegen ⟨*Fabrik*⟩; ~ **land under water** Land überfluten; **j)** *(cause to subside)* glätten ⟨*See*⟩; binden ⟨*Staub*⟩; beruhigen ⟨*Sturm*⟩; *(fig.)* zerstreuen ⟨*Bedenken, Befürchtungen*⟩; bannen ⟨*Geist, Gespenst*⟩; **k)** *(bring down)* ~ **one on sb.** *(sl.: hit sb.)* jmdm. eine reinschlagen *(salopp);* **the crops were laid** [**flat**] **by the rain** das Getreide zu Boden gedrückt; **l)** *(sl.: copulate with)* ~ **a woman** eine Frau vernaschen *od.* aufs Kreuz legen *(salopp);* **m)** *(make by twisting)* drehen ⟨*Seil*⟩. **2.** *v. i.,* **laid a)** *(Naut.)* liegen; ~ **at anchor** vor Anker liegen; **b)** *(used erroneously for* 'lie') liegen; ~ **down** sich hinlegen. **3.** *n.* **a)** *(sl.: sexual partner)* **she's a good/an easy** ~: sie ist gut im Bett/steigt mit jedem ins Bett *(ugs.);* **b)** *(way sth. lies)* Lage, *die;* **the** ~ **of the land** *(Amer.)* ≈ **the lie of the land** *see* ²**lie 1a**
~ **a'bout** *v. t. (coll.)* ~ **about sb.** jmdn. einschlagen; *(scold)* jmdn. ausschimpfen; ~ **about one** um sich schlagen; *see also* **layabout**
~ **a'side** *v. t.* beiseite *od.* zur Seite legen, weglegen ⟨*angefangene Arbeit*⟩; *(fig.)* beilegen ⟨*Streit, Differenzen*⟩; beiseite *od.* auf die Seite legen ⟨*Geld*⟩; ablegen ⟨*Gewohnheiten, Untugenden*⟩
~ **'back** *v. t.* zurückstellen ⟨*Autositz, Behandlungsstuhl*⟩; *see also* **laid-back**
~ **'by** *v. t.* beiseite *od.* auf die Seite legen; **have some money laid by** etwas [Geld] auf der hohen Kante haben *(ugs.)*
~ **'down** *v. t.* **a)** hinlegen; ~ **sth. down on the table** etw. auf den Tisch legen; **b)** *(give up)* niederlegen ⟨*Amt, Waffen*⟩; ablegen ⟨*Amtskette*⟩; *(deposit)* hinterlegen ⟨*Geld*⟩; *(wager)* wetten ⟨*Betrag*⟩; ~ **down one's arms** sich ergeben; die Waffen strecken *(geh.);* ~ **down one's life for sth./sb.** sein Leben für etw./jmdn. [hin]geben; **c)** *(build)* bauen auf Kiel legen ⟨*Schiff*⟩; **d)** *(formulate)* festlegen ⟨*Grundsätze, Regeln, Norm*⟩; festsetzen ⟨*Preis*⟩; *(in a contract, constitution)* verankern; **e)** ~ **the field/land down to pasture** das Land/Feld in Weideland umwandeln; **f)** *(store)* einlagern ⟨*Wein*⟩
~ **'in** *v. t.* einlagern; sich eindecken mit
~ **into** *v. t. (coll.)* ~ **into sb.** auf jmdn. losgehen; über jmdn. herfallen; *(fig.)* jmdn. zusammenstauchen *(ugs.)*
~ **'off 1.** *v. t.* **a)** *(from work)* vorübergehend entlassen; **be laid off** [**from one's job**] Feierschichten einlegen müssen; **b)** *(coll.) (stop)*

~ **off shouting!** hör auf zu schreien!; ~ **off it!** laß das!; hör auf damit!; *(stop attacking, lit. or fig.)* ~ **off him!** laß ihn in Ruhe! **2.** *v. i. (coll.: stop)* aufhören. *See also* **lay-off**
~ **'on** *v. t.* **a)** *(provide)* sorgen für ⟨*Getränke, Erfrischungen, Unterhaltung*⟩; bereitstellen ⟨*Auto, Transportmittel*⟩; organisieren ⟨*Theaterbesuch, Stadtrundfahrt*⟩; anschließen ⟨*Gas, Wasser, Strom*⟩; **b)** *(apply)* auftragen ⟨*Farbe usw.*⟩; ~ **it on** *(fig.: exaggerate)* dick auftragen *(ugs.); see also* **thick 1a; trowel a;** *(impose)* erheben ⟨*Steuer, Gebühr*⟩; verhängen ⟨*Strafe*⟩; **d)** ~**ing on of hands** *(Eccl.)* Handauflegung, *die*
~ **'out 1.** *v. t.* **a)** *(spread out)* ausbreiten; *(ready for use)* zurechtlegen; **the books were laid out on the table** die Bücher waren *od.* lagen auf dem Tisch ausgebreitet; ~ **out sth. for sb. to see** etw. vor jmdm. ausbreiten; **b)** *(for burial)* aufbahren; **c)** *(arrange)* anlegen ⟨*Garten, Park, Wege*⟩; das Layout machen für ⟨*Buch*⟩; *see also* **layout; d)** *(coll.: knock unconscious)* ~ **sb. out** jmdn. außer Gefecht setzen; **e)** *(spend)* ausgeben; investieren *(ugs.).* **2.** *v. refl.* ~ **oneself out to do sth.** sich anstrengen *od. (ugs.)* sich mächtig ins Zeug legen, etw. zu tun
~ **'up** *v. t.* **a)** *(store)* lagern; **you're** ~**ing up trouble/problems for yourself later on** *(fig.)* du handelst dir für [später] nur Ärger/Schwierigkeiten ein; **b)** *(put out of service)* [vorübergehend] aus dem Verkehr ziehen ⟨*Fahrzeug*⟩; *(through illness)* außer Gefecht setzen; **I was laid up in bed for a week** ich mußte eine Woche das Bett hüten
³**lay** *n.* **a)** *(of medieval minstrel)* Leich, *der (Literaturw.);* **b)** *(narrative poem, song)* Ballade, *die*
⁴**lay** *see* ²**lie 2**
lay: ~**about** *n. (Brit.)* Gammler, *der (ugs. abwertend);* Nichtstuer, *der (ugs. abwertend);* ~**-by** *n., pl.* ~**-bys** *(Brit.)* Parkbucht, *die;* Haltebucht, *die;* ~ **clerk** *n.* Kantoreisänger, *der*
layer ['leɪə(r)] *n.* **a)** Schicht, *die;* **wear several** ~**s of clothing** mehrere Kleidungsstücke übereinander tragen; **several** ~**s of paper** mehrere Lagen Papier; ~ **of dust** Staubschicht, *die;* **b)** *(Hort.)* Ableger, *der;* **c)** *(poultry)* Leg[e]henne, *die;* **this hen is a poor** ~: dieses Huhn legt schlecht
'**layer cake** *n.* Schichttorte, *die*
layered ['leɪəd] *adj.* stufig ⟨*Haarschnitt*⟩; **three-**~ **cake** dreischichtige Torte; ~ **skirt** Stufenrock, *der;* ~ **clouds** Schichtwolken
layette [leɪ'et] *n.* [**baby's**] ~: Babyausstattung, *die*
lay: ~ **figure** *n.* **a)** *(Art)* Gliederpuppe, *die;* **b)** *(in dramatic work)* Phantom, *das;* ~**man** ['leɪmən] *n., pl.* ~**men** ['leɪmən] Laie, *der;* ~**-off** *n.* **a)** *(temporary dismissal)* vorübergehende Entlassung; **the** ~**-offs lasted longer than expected** es mußten länger als erwartet Feierschichten gefahren werden; **b)** *(Sport; coll.: break from work)* Pause, *die;* **take a** ~**-off** [eine] Pause machen; ~**out** *n. (of house, office)* Raumaufteilung, *die (of garden, park)* Gestaltung, *die;* Anlage, *die (of book, magazine, poster, advertisement)* Gestaltung, *die;* Layout, *das; (of letter)* äußere Form; ~ **reader** *n.* Laie, der Teile des Gottesdienstes halten darf; ≈ Lektor, *der (ev. Kirche);* Diakon, *der (kath. Kirche);* ~**shaft** *n. (Mech. Engin.)* Vorgelegewelle, *die (Technik)*
laze [leɪz] **1.** *v. i.* faulenzen; ~ **around** *or* **about** herumfaulenzen *(ugs.);* **spend the whole day lazing in bed** den ganzen Tag faul im Bett liegen. **2.** *v. t.* ~ **the day/one's life away** den ganzen Tag/sein ganzes Leben vertrödeln *od.* verbummeln *(ugs. abwertend)*
lazily ['leɪzɪlɪ] *adv.* faul; *(sluggishly)* träge
laziness ['leɪzɪnɪs] *n., no pl.* Faulheit, *die; (sluggishness)* Trägheit, *die*

411

lazy ['leɪzɪ] *adj.* faul; träge ⟨*Rhythmus, Musik, Geste, Sprechweise*⟩; träge fließend ⟨*Fluß*⟩; **physically ~:** träge; **mentally ~:** geistig träge; denkfaul; **have a ~ day on the beach** einen Tag am Strand faulenzen; **be in a ~ mood** sich träge fühlen; **be ~ about writing [letters]** schreibfaul sein

lazy: ~-bones *n. sing.* Faulpelz, *der;* **~ 'eye** *n.* Auge mit Sehschwäche, *das [beim Schielen]* weniger belastet wird und deshalb in der Sehkraft weiter nachläßt

lb. *abbr.* **pound[s]** ≈ Pfd.

l.b.w. [ɛlbiː'dʌbljʊ] *abbr. (Cricket)* **leg before wicket**

LCD *abbr.* **liquid crystal display** LCD

L/Cpl. *abbr.* **Lance-Corporal** OG

L-driver ['ɛldraɪvə(r)] *(Brit.) see* **learner-driver**

LEA *abbr.* **Local Education Authority** ≈ Schulamt, *das*

lea [liː] *n. (poet.)* Wiese, *die*

leach [liːtʃ] **1.** *v. t. (make percolate)* durchsickern lassen; *(subject to percolation)* auslaugen; *(remove by percolation)* extrahieren; auslaugen. **2.** *v. i. (percolate through)* durchsickern; *(be removed by percolation)* ausgelaugt werden

¹**lead** [lɛd] **1.** *n.* **a)** *(metal)* Blei, *das;* **white ~:** Bleiweiß, *das;* **[as] heavy as ~:** schwer wie Blei; bleischwer; *see also* **blacklead**; **red lead; b)** *(in pencil)* [Bleistift]mine, *die;* **c)** *(bullets)* Blei, *das (veralt.);* **I'll fill or pump you full of ~:** ich pumpe dich mit Blei voll; **d)** *(Naut.)* Lot, *das;* Senkblei, *das;* **cast or heave the ~:** das Lot [aus]werfen; **swing the ~** *(fig. Brit. sl.)* sich drücken; **e)** *in pl. (window)* Bleifassung, *die;* **f)** *(Printing)* Reglette, *die.* **2.** *attrib. adj.* Blei-. **3.** *v. t.* **a)** in Blei fassen ⟨*Fenster*⟩; **~ed** bleigefaßt; **b) ~ed petrol** bleihaltiges Benzin

²**lead** [liːd] **1.** *v. t.,* **led** [lɛd] **a)** führen; **~ sb. a miserable life** *or* **existence** jmdm. das Leben zur Qual machen; **~ sb. through the procedures** *(fig.)* jmdn. mit dem Verfahren vertraut machen; **~ sb. to do sth.** *(fig.)* jmdn. dazu bringen, etw. zu tun; **~ sb. by the hand** jmdn. an der Hand führen; **~ sb. by the nose** *(fig.)* jmdn. nach seiner Pfeife tanzen lassen; **let oneself be led by the nose** *(fig.)* sich an der Nase herumführen lassen; **~ sb. into trouble/difficulties** *(fig.)* jmdm. Ärger einbringen; **this is ~ing us nowhere** *(fig.)* das führt zu nichts; *see also* **astray 1; dance 3 a; garden 1 a; way 1 b; b)** *(fig.: influence, induce)* **~ sb. to do sth.** jmdn. veranlassen, etw. zu tun; **be easily led** sich leicht beeinflussen lassen; **~ sb. into bad habits** jmdn. zu schlechten Gewohnheiten verleiten; **children are easier led than driven** bei Kindern erreicht man im Guten mehr als im Bösen; **that ~s me to believe that ...:** das läßt mich glauben, daß ...; **I was led to the conclusion that ...:** ich gelangte zu dem Schluß, daß ...; **this leads me to the conclusion that ...:** daraus schließe ich, daß, **...; Is it true that she was married before? – So I am led to believe** Stimmt es, daß sie schon einmal verheiratet war? – Soweit ich weiß, ja; **he led me to suppose/believe that ...:** er gab mir Grund zu der Annahme/er machte mich glauben, daß ...; **c)** führen ⟨*Leben*⟩; **~ a life of misery/a wretched existence** ein erbärmliches Dasein führen/eine kümmerliche Existenz fristen; **d)** *(be first in)* anführen; **~ the world in electrical engineering** auf dem Gebiet der Elektrotechnik in der ganzen Welt führend sein; **Smith led Jones by several yards/seconds** *(Sport)* Smith hatte mehrere Yards/Sekunden Vorsprung vor Jones; *see also* **field 11; e)** *(direct, be head of)* leiten ⟨*Bewegung, Abordnung*⟩; leiten ⟨*Diskussion, Veranstaltung, Ensemble*⟩; ⟨*Dirigent:*⟩ leiten ⟨*Orchester, Chor*⟩; ⟨*Konzertmeister:*⟩ führen ⟨*Orchester*⟩; **~ a party** Vorsitzender/Vorsitzende einer Partei sein; **~ the government** an der Spitze der Regierung stehen; Regierungschef/-chefin sein; **Napoleon led his army into Italy/to a great victory** Napoleon führte seine Armee nach Italien/zu einem großen Sieg; **f)** *(cause to pass)* **~** water through sth. Wasser durch etw. [hindurch]leiten; **~ a rope through a pulley** ein Seil über die Rolle[n] eines Flaschenzugs führen; **g)** *(Cards)* ausspielen; **~ a spade** Pik ausspielen. **2.** *v. i.,* **led a)** ⟨*Straße usw., Tür:*⟩ führen; **~ to the town/to the sea/out of the town** zur Stadt/ans Meer/aus der Stadt führen; **~ to confusion** Verwirrung stiften; **one thing led to another** es kam eins zum anderen; **what will it all ~ to?** wo soll das alles [noch] hinführen?; **b)** *(be first)* führen; *(go in front)* vorangehen; *(fig.: be leader)* an der Spitze stehen; **~ by 3 metres** mit 3 Metern in Führung liegen; 3 Meter Vorsprung haben; **~ in the race** das Rennen anführen; **it's Smith ~ing from Jones and Brown** Smith führt vor Jones und Brown; **c)** *(Journ.)* **a good story to ~ with** eine gute Titelgeschichte; **~ with the latest spy scandal** die jüngste Spionageaffäre groß herausbringen; **d)** *(Cards)* ausspielen; **~ with a spade** Pik ausspielen. **3.** *n.* **a)** *(precedent)* Beispiel, *das;* *(clue)* Anhaltspunkt, *der;* **follow sb.'s ~, take one's ~ from sb.** jmds. Beispiel *(Dat.)* folgen; **give sb. a ~** *(precedent)* jmdm. mit gutem Beispiel vorangehen; *(clue)* jmdm. einen Anhaltspunkt geben; **b)** *(first place)* Führung, *die;* **be in the ~:** in Führung liegen; an der Spitze liegen; **move or go into the ~:** sich an die Spitze setzen; in Führung gehen; **keep one's ~:** sich an der Spitze od. in führender Position behaupten; **we mustn't lose our ~:** wir dürfen unsere Führungsposition nicht verlieren; **hold the ~ in export sales** mit seinen Exportgeschäften die Spitze halten; **take the ~ from sb.** jmdm. den Rang ablaufen; *(in race)* sich vor jmdm. an die Spitze setzen; vor jmdm. in Führung gehen; **c)** *(amount)* Vorsprung, *der;* **have a ~ of two metres/minutes over sb.** einen Vorsprung von zwei Metern/Minuten vor jmdm. haben; **d)** *(leash)* Leine, *die;* **on a ~:** an der Leine; **let a dog off the or the ~:** einen Hund von der Leine losmachen; **put a dog on the ~:** einen Hund anleinen; **e)** *(Electr.)* Kabel, *das;* Leitung, *die;* **f)** *(Theatre)* Hauptrolle, *die;* *(player)* Hauptdarsteller, *der/*-darstellerin, *die;* **g)** *(Cards)* **whose ~ is it?** wer spielt aus?; **the ~ was the jack of clubs** Kreuzbube war gespielt. **4.** *adj.* Lead⟨*gitarre, -gitarrist usw.*⟩

a'way *v. t.* abführen ⟨*Gefangenen, Verbrecher*⟩

~ 'off 1. *v. t.* **a)** *(take away)* abführen; **b)** *(begin)* beginnen. **2.** *v. i.* beginnen

~ 'on 1. *v. t.* **a)** *(entice)* **~ sb. on** jmdn. reizen; **he's ~ing you on** er versucht, dich zu reizen; **b)** *(take further)* **that ~s me on to my next point** das bringt mich zu meinem nächsten Punkt; **~ sb. on to do sth.** jmdn. darauf bringen, etw. zu tun. **2.** *v. i.* *imper. (go first)* **on!** geh vor!; **b) ~ing on from what you have just said, ...:** um fortzufahren, was Sie eben sagten, ...; **~ on to the next topic** *etc.* zum nächsten Thema usw. führen; **~ on to better things** jmdn. weiterbringen

~ 'up to *v. t.* hinführen zu; *(aim at)* hinauswollen auf (+ *Akk.*); **~ up to a very funny punch-line** in einer köstlichen Pointe gipfeln; **just as I was ~ing up to the main point of my speech** gerade als ich zum Hauptpunkt meiner Rede kommen wollte

leaden ['lɛdn] *adj.* **a)** bleiern; **b)** *(fig.) (heavy)* bleiern ⟨*Schlaf, Augenlider, Glieder*⟩; schleppend ⟨*Tempo*⟩; *(fig.)* bleiern ⟨*Herz*⟩; *(oppressive)* drückend ⟨*Atmosphäre*⟩; lähmend ⟨*Einfluß*⟩; starr ⟨*Regeln, Haltung*⟩

leader ['liːdə(r)] *n.* **a)** Führer, *der/*Führerin, *die;* *(of political party)* Vorsitzende, *der/die;* *(of gang, hooligans, rebels)* Anführer, *der/* Anführerin, *die;* *(of expedition, project, troupe)* Leiter, *der/*Leiterin, *die;* *(of deputation)* Sprecher, *der/*Sprecherin, *die;* *(of tribe)* [Stammes]häuptling, *der;* Stammesführer, *der;* **the Egyptian/Labour ~:** der ägyptische Präsident/der Vorsitzende der Labour Party; **union/the Labour ~s** Gewerkschaftsvorsitzende/die Führenden der Labour Party; **L~ of the House of Commons/Lords** *(Brit. Polit.)* Führer des Unterhauses/Oberhauses; **have the qualities of a ~:** Führungsqualitäten haben; *see also* **follow-my-leader; b)** *(one who is first)* **this scientist is a ~ in his field** dieser Wissenschaftler ist eine führende Kapazität auf seinem Gebiet; **be the ~ in a race** in einem Rennen in Führung liegen; **catch up with the ~s** *(in race)* sich an die Spitze des Feldes vorarbeiten; **be no longer amongst the ~s of world tennis** nicht mehr zur internationalen Spitze[nklasse] im Tennis gehören; **c)** *(Brit. Journ.)* Leitartikel, *der;* **d)** *(tab on film or tape)* Startband, *das;* **e)** *(Mus.) (leading performer)* Leader, *der/*Leaderin, *die; (Brit.: principal first violinist)* Konzertmeister, *der/*-meisterin, *die;* *(Amer.: conductor)* Dirigent, *der/*Dirigentin, *die;* **f)** *(Hort.)* Haupttrieb, *der*

leaderless ['liːdəlɪs] *adj.* führerlos

leadership ['liːdəʃɪp] *n.* **a)** Führung, *die;* *(capacity to lead)* Führungseigenschaften *Pl.;* **under the ~ of** unter [der] Führung von; **b)** *(leaders)* Führung[sspitze], *die;* **~ of the party** Parteivorsitz, *der*

'**leader writer** *n.* Leitartikelschreiber, *der/* -schreiberin, *die;* Leitartikler, *der/*-artiklerin, *die* (*Pressejargon*)

lead-free ['lɛdfriː] *adj.* bleifrei

lead-in ['liːdɪn] *n.* Einleitung, *die* (**to** *Gen.*); **as a ~ to the film/programme** zur Einleitung des Films/Programms

leading ['liːdɪŋ] *adj.* führend; *(in first position)* ⟨*Läufer, Pferd, Auto*⟩ an der Spitze; **role** Hauptrolle, *die; (fig.)* führende Rolle

leading: ~ 'article *n.* *(Brit. Journ.)* Leitartikel, *der;* **~ 'counsel** *n.* *(Brit. Law)* Kronanwalt, *der/*-anwältin, *die;* *(of the defence)* Hauptverteidiger, *der/*-verteidigerin, *die;* **~ 'edge** *n.* *(foremost edge)* Vorderkante, *die;* *(of sail)* Vorliek, *das;* **~ 'lady** *n.* Hauptdarstellerin, *die;* **his ~ lady** seine Partnerin *(als Hauptdarstellerin)*; **~ 'light** *n.* herausragende Persönlichkeit; *(expert)* führende Kapazität; **~ 'man** *n.* Hauptdarsteller, *der;* **her ~ man** ihr Partner *(als Hauptdarsteller)*; **~ 'question** *n.* Suggestivfrage, *die;* **~-rein** *n.* Leitzügel, *der*

lead: ~ pencil [lɛd 'pɛnsl] *n.* Bleistift, *der;* **~-poisoning** ['lɛdpɔɪzənɪŋ] *n.* Bleivergiftung, *die;* **~ screw** [liːd skruː] *n.* Spindel, *die (Technik);* **~ shot** [lɛd 'ʃɒt] *n.* **a)** *no pl. (Angling)* Bleikugeln *Pl.;* **b)** *no pl. (for shotgun)* Schrot, *das;* **c)** *(single projectile)* Blei- *od.* Schrotkugel, *die;* **~ singer** [liːd 'sɪŋə(r)] *n.* Leadsänger *der/*-sängerin, *die;* **~ story** ['liːd stɔːrɪ] *n. (Journ.)* Titelgeschichte, *die;* **~ time** ['liːd taɪm] *n. (Econ.)* Entwicklungszeit, *die;* **~-up** ['liːdʌp] *n.* Vorfeld, *das (fig.);* **in/during the ~-up to the election/revolution** im Vorfeld der Wahlen/ der Revolution

leaf [liːf] **1.** *n., pl.* **leaves** [liːvz] **a)** Blatt, *das;* **the falling leaves** die fallenden Blätter; **das fallende Laub;** **shake like a ~:** zittern wie Espenlaub; **be in ~:** grün sein; **come into ~:** grün werden; ausschlagen; **b)** *(of paper)* Blatt, *das;* **a ~ of paper** ein Blatt Papier; **turn over a new ~** *(fig.)* einen neuen Anfang machen; sich ändern; *see also* **book 1 a; c)** *(of door)* Flügel, *der;* *(of table)* **(hinged/sliding flap)** Platte, *die;* *(for inserting)* Einlegebrett, *das.* **2.** *v. i.* **~ through sth.** etw. durchblättern; in etw. (*Dat.*) blättern

leaf: ~-green 1. ['-- --] *adj.* laubgrün; **2.** [-'-]

n. Laubgrün, *das;* ~-**insect** *n.* Wandelndes Blatt

leafless ['liːflɪs] *adj.* blattlos, kahl ⟨*Baum*⟩

leaflet ['liːflɪt] **1.** *n.* **a)** [Hand]zettel, *der; (with manufacturer's instructions)* Gebrauchsanweisung, *die; (advertising)* Reklamezettel, *der; (political)* Flugblatt, *das;* **b)** *(Bot.)* Blättchen, *das.* **2.** *v. t.* [Hand]zettel verteilen an (+ *Akk.*)

leaf: ~-**mould** *n.* Laubkompost, *der;* ~ **spring** *n. (Mech. Engin.)* Blattfeder, *die (Technik);* ~-**stalk** *n.* Blattstiel, *der*

leafy ['liːfɪ] *adj.* belaubt; ~ **vegetable** Blattgemüse, *das;* **a** ~ **country lane** eine baumbestandene Landstraße

¹**league** [liːg] *n.* **a)** *(agreement)* Bündnis, *das;* Bund, *der; (in history)* Liga, *die;* **enter into** *or* **form a** ~: ein Bündnis eingehen *od.* schließen; **in** ~ **with sb.** mit jmdm. im Bunde sein *od.* stehen; **those two are in** ~ **[together]** die beiden stecken unter einer Decke *(ugs.);* **b)** *(Sport)* Liga, *die;* **the** ~ **championship** die Ligameisterschaft; **I am not in his** ~, **he is out of my** ~ *(fig.)* ich komme nicht an ihn heran; mit ihm kann ich mich nicht messen; **be in the big** ~ *(fig.)* es geschafft haben; *see also* **Rugby League**

²**league** *n. (arch.: distance)* ≈ drei Meilen; **travel many a** ~: viele Meilen reisen

league: ~ ˈ**football** *n.* Ligafußball, *der;* ~ **game** *n.* Ligaspiel, *das;* ~ ˈ**leaders** *n. pl. (Sport)* Tabellenführer, *der;* ~ **match** *n.* Ligaspiel, *das;* **L**~ **of** ˈ**Nations** *n. (Hist.)* Völkerbund, *der;* ~ **table** *n.* Tabelle, *die (Sport);* **be at the top/bottom of the** ~ **table** an der Tabellenspitze/am Tabellenende sein *(fig.);* an der Spitze rangieren/das Schlußlicht bilden *(ugs.) (of* unter + *Dat.)*

leak [liːk] **1.** *n.* **a)** *(hole)* Leck, *das; (in roof, ceiling, tent)* undichte Stelle; **there's a** ~ **in the tank** der Tank ist leck; der Tank hat ein Leck; **spring a** ~ ⟨*Schiff:*⟩ leckschlagen *(Seemannsspr.);* ⟨*Gas-, Flüssigkeitsbehälter:*⟩ ein Leck bekommen. **stop the** ~: das Leck abdichten. **stopfen;** **b)** *(escaping fluid/gas)* durch ein Leck austretende Flüssigkeit/austretendes Gas; **I can smell a gas** ~: hier riecht es nach Gas; **c)** *(fig.: of information)* undichte Stelle; **government** ~**s** undichte Stellen in der Regierung; **there has been a** ~ **to the press/from reliable sources** der Presse sind Informationen zugespielt worden/aus verläßlichen Quellen sind Informationen durchgesickert; **who was responsible for the** ~? wer war dafür verantwortlich, daß Informationen durchgesickert sind?; **d)** *(Electr.)* Elektrizitätsverlust, *der; (path or point)* Fehlerstelle, *die;* **e) have a/go for a** ~ *(sl.)* pinkeln/pinkeln gehen *(salopp).* **2.** *v. t.* **a)** austreten lassen; **the pipe is** ~**ing water/gas** aus dem lecken Rohr tritt Wasser/Gas aus; **b)** *(fig.: disclose)* durchsickern lassen; ~ **sth. to sb.** jmdm. etw. zuspielen; **details of the plan have been** ~**ed** man hat Einzelheiten des Plans durchsickern lassen. **3.** *v. i.* **a)** *(escape)* austreten *(from* aus); *(enter)* eindringen (**in** in + *Akk.*); **b)** ⟨*Faß, Tank, Schiff:*⟩ lecken; ⟨*Rohr, Leitung, Dach:*⟩ undicht sein; ⟨*Gefäß, Füller:*⟩ auslaufen; **the roof** ~**s** es regnet durch das Dach; **c)** *(fig.)* [**out**] durchsickern

leakage ['liːkɪdʒ] *n.* **a)** Auslaufen, *das; (of fluid, gas)* Ausströmen, *das; (fig.: of information)* Durchsickern, *das;* **b)** *(substance, amount)* **the** ~ **is increasing** das Leck wird größer; **mop up the** ~: das ausgelaufene Wasser *usw.* aufwischen; ~ **to the Press** *(fig.)* Indiskretion gegenüber der Presse

leaky ['liːkɪ] *adj.* undicht; leck ⟨*Schiff, Boot, Tank*⟩

¹**lean** [liːn] **1.** *adj.* mager; hager ⟨*Person, Gesicht*⟩; **we had a** ~ **time [of it] during the War** es ging uns sehr schlecht während des Krieges. **2.** *n. (meat)* Magere, *das*

²**lean 1.** *v. i.*, ~**ed** [liːnd, lent] *or (Brit.)* ~**t** [lent] **a)** sich beugen; ~ **against the door** sich gegen die Tür lehnen; ~ **out of the window** sich aus dem Fenster lehnen *od.* beugen; ~ **down/forward** sich herab-/vorbeugen; ~ **backwards** sich zurückbeugen; sich nach hinten beugen; ~ **back in one's chair** sich im Sessel zurücklehnen; **b)** *(support oneself)* ~ **against/on sth.** sich gegen/an etw. *(Akk.)* lehnen; ~ **on sth.** sich auf etw. *(Akk.)* lehnen; ~ **on sb.'s arm** sich auf jmds. Arm *(Akk.)* stützen; **c)** *(be supported)* lehnen (**against** an + *Dat.*); **d)** *(fig.: rely)* ~ **[up]on sb.** auf jmdn. bauen; **I** ~ **on my friends for moral support** ich baue auf den Beistand meiner Freunde; **e)** *(stand obliquely)* sich neigen; **the L**~**ing Tower of Pisa** der Schiefe Turm von Pisa; **f)** *(fig.: tend)* ~ **to[wards] sth.** zu etw. neigen; **he** ~**s to the left politically** er tendiert politisch nach links. **2.** *v. t.*, ~**ed** *or (Brit.)* ~**t** lehnen (**against** gegen *od.* an + *Akk.*). **3.** *n.* Neigung, *die;* **have a definite** ~ **to the right** deutlich nach rechts geneigt sein; eine deutliche Neigung nach rechts aufweisen; **be on the** ~: schief sein; **have a** ~ **of 15°** einen Neigungswinkel von 15° haben

~ **on** *v. t. (fig. sl.)* unter Druck setzen; **he just needs** ~**ing on a little** man muß ihm nur ein bißchen gut zureden *(iron.); see also* ²**lean 1 b, d**

~ **over 1.** [---] *v. t.* sich neigen über (+ *Akk.*). **2.** [-ˈ--] *v. i.* ⟨*Person:*⟩ sich hinüberbeugen; *(forwards)* sich verbeugen; ⟨*Gegenstand:*⟩ sich neigen; **he** ~**ed over backwards/sideways** er beugte sich nach hinten/zur Seite; *see also* **backwards a**

lean-burn ˈ**engine** *n. (Motor Veh.)* Mager[mix]motor, *der*

leaning ['liːnɪŋ] *n.* Hang, *der;* Neigung, *die;* **have Marxist/homosexual** ~**s** zum Marxismus tendieren/homosexuelle Neigungen haben

leanness ['liːnnɪs] *n., no pl.* Hagerkeit, *die; (of times)* Dürftigkeit, *die*

leant *see* ²**lean**

lean-to ['liːntuː] *n., pl.* ~**s** Anbau, *der*

leap [liːp] **1.** *v. i.*, ~**ed** [liːpt, lept] *or* ~**t** [lept] **a)** springen; ⟨*Herz:*⟩ hüpfen; ~ **to one's feet** aufspringen; ~ **out of one's chair** aus seinem Sessel/von seinem Stuhl aufspringen; ~ **down off the table** vom Tisch herunterspringen; ~ **back in shock** vor Entsetzen zurückspringen; ~ **up and down in excitement** aufgeregt herumspringen; ~ **around** *or* **about** herumspringen; **b)** *(fig.)* ~ **to conclusions** voreilige Schlüsse ziehen; ~ **to sb.'s defence** jmdm. beispringen *(geh.);* ~ **at the chance** *or* **opportunity** die Gelegenheit beim Schopf packen; ~ **to stardom/into prominence** mit einem Schlag zum Star/berühmt werden; ~ **at an offer** sofort zugreifen; ~ **to the eye** ins Auge *od.* in die Augen springen. *See also* **look 1 a. 2.** *v. t.*, ~**ed** *or* ~**t a)** *(jump over)* überspringen; springen *od.* setzen über (+ *Akk.*); **b)** *(cause to* ~) springen lassen. **3.** *n.* Sprung, *der;* **take a** [**great**] ~ **at the fence** [mit einem großen Satz] am Zaun hochspringen; *(successfully)* einen [großen] Satz über den Zaun machen; **with** *or* **in one** ~: mit einem Satz; **by** ~**s and bounds** *(fig.)* mit Riesenschritten *(vorangehen);* sprunghaft *(zunehmen); see also* **dark 2 c**

¹**leap-frog 1.** *n.* Bockspringen, *das.* **2.** *v. i.,* -**gg**- Bockspringen machen; ~ **over sb.** einen Bocksprung über jmdn. machen. **3.** *v. t.,* -**gg**- *(fig.)* überspringen

²**leap-frog** *see* **leap**

¹**leap year** *n.* Schaltjahr, *das*

learn [lɜːn] **1.** *v. t.*, ~**ed** [lɜːnd, lɜːnt] *or* ~**t** [lɜːnt] **a)** lernen; *(with emphasis on completeness of result)* erlernen; ~ **sth. by** *or* **from** **experience** etw. durch [die] *od.* aus der Erfahrung lernen; ~ **sth. from** *or* **of sb./from a book/an example** etw. von jmdm./aus einem Buch/am Beispiel lernen; ~ **one's craft from** *or* **through hard study** seine beruflichen Fähigkeiten durch fleißiges Lernen erwerben; **have you never** ~**ed any manners/sense?** hat man dir keine Manieren beigebracht/wo hast du nur deinen Verstand?; **I am** ~**ing [how] to play tennis** ich lerne Tennis spielen; **Can you swim? – No, I never** ~**ed how [to]** Kannst du schwimmen? – Nein, ich habe es nie gelernt; *see also* **lesson c**; **rope 1 e**; **b)** *(find out)* erfahren; lernen; *(by oral information)* hören; *(by observation)* erkennen; merken; *(by thought)* erkennen; *(be informed of)* erfahren; **I** ~**ed from the newspaper that ...**: ich habe in der Zeitung gelesen *od.* aus der Zeitung erfahren, daß ...; **I** ~**ed from his manner what sort of person he was** seine Art verriet mir, was für ein Mensch er war; **c)** *(arch./joc./uneducated: teach)* lernen (+ *Dat.*) *(mundartl., ugs. [standardsprachlich nicht korrekt]);* **that'll** ~ **you!** das wird dir 'ne Lehre sein!; **I'll** ~ **you!** *(threat)* ich werd' dir helfen! *(ugs.).* **2.** *v. i.*, ~**ed** *or* ~**t a)** lernen; **be slow to** ~: langsam lernen; **you'll soon** ~: du wirst es bald lernen; **will you never** ~? du lernst es wohl nie!; ~ **from the experience/mistakes of others** aus den Erfahrungen/Fehlern anderer lernen; **some people never** ~: mancher lernt's nie; **by one's mistakes** aus seinen Fehlern lernen; **I had to** ~ **by my mistakes** ich konnte nur aus meinen eigenen Fehlern lernen; ~ **about sth.** etwas über etw. *(Akk.)* lernen; **you're never too old** *or* **it's never too late to** ~: man kann immer noch [etwas] dazulernen; zum Lernen ist es nie zu spät; **b)** *(get to know)* erfahren (**of** von); **I have** ~**t about what you got up to** ich habe erfahren, was du so treibst

~ **up** *v. t.* **a)** ~ **up some law** sich *(Dat.)* einige juristische Kenntnisse aneignen; einiges über das Rechtswesen lernen; **b)** *(refresh knowledge of)* ~ **up one's history** seine Geschichtskenntnisse auffrischen

learned ['lɜːnɪd] *adj.* **a)** gelehrt; **very** ~ **in ancient history** in Alter Geschichte sehr bewandert; **b)** *(associated with* ~ *persons)* wissenschaftlich ⟨*Gesellschaft, Zeitschrift*⟩; akademisch ⟨*Stil*⟩; *see also* **profession a**; **c)** *(Brit. Law: in address or reference)* verehrt; geschätzt; **my** ~ **colleague** *etc.* mein verehrter Herr Kollege/meine verehrte Frau Kollegin *usw.; see also* **friend d**

learnedly ['lɜːnɪdlɪ] *adv.* gelehrt

learner ['lɜːnə(r)] *n.* Lernende, *der/die; (beginner)* Anfänger, *der*/Anfängerin, *die;* **be a slow/quick** ~: langsam/schnell lernen; **the car is driven by a** ~: im Fahrschüler steuert den Wagen; **I'm only a** ~ **still** ich lerne noch

learner-ˈ**driver** *n. (Brit.)* Fahrschüler/-schülerin *(der/die unter Aufsicht fährt)*

learning ['lɜːnɪŋ] *n. (scholarship)* Wissen, *das; (of person)* Gelehrsamkeit, *die;* **the new** ~: der Humanismus

learnt *see* **learn**

lease [liːs] **1.** *n. (of land, business premises)* Pachtvertrag, *der; (of house, flat, office)* Mietvertrag, *der;* **be on [a]** ~: gepachtet/gemietet sein; **have sth. on a 99-year** ~: etw. auf 99 Jahre *usw.* gepachtet/gemietet haben; **take a** ~ **on** pachten ⟨*Grundstück, Geschäft*⟩; mieten ⟨*Haus, Wohnung, Büro*⟩; **enjoy a new** ~ **of** *or (Amer.)* **on life** neuen Auftrieb bekommen; **give sb./sth. a new** ~ **of life** jmdm. Auftrieb geben/etw. wieder in Schuß bringen *(ugs.).* **2.** *v. t.* **a)** *(grant* ~ *on)* verpachten ⟨*Grundstück, Geschäft, Rechte:*⟩; vermieten ⟨*Haus, Wohnung, Büro*⟩; **b)** *(take* ~ *on)* pachten ⟨*Grundstück, Geschäft, Rechte*⟩; mieten ⟨*Haus, Wohnung, Büro*⟩; leasen ⟨*Auto*⟩

lease: ~**back** *n.* Verpachtung an den Ver-

413

käufer; ~**hold** *see* **lease 2: 1.** *n.* have the ~**hold** of or on sth. etw. gepachtet *od.* in Pacht/gemietet haben; **2.** *adj.* gepachtet/ gemietet; **3.** *adv.* own a property ~**hold** einen Besitz in Pacht/gemietet haben; ~**holder** *n. see* **lease 2: Pächter,** *der*/Pächterin, *die;* Mieter, *der*/Mieterin, *die*
leash [li:ʃ] *n.* **a)** *see* ²**lead 3 d; b)** be straining at the ~ **to do sth.** *(fig.)* darauf brennen, etw. zu tun; **he was straining at the** ~: er war voller Ungeduld
least [li:st] **1.** *adj.* **a)** *(smallest)* kleinst...; *(in quantity)* wenigst...; *(in status)* geringst...; **be ~ in size** am kleinsten sein; **every ~ indication** jedes noch so geringe Anzeichen; **I haven't the ~ idea** ich habe nicht die geringste Ahnung; **not the ~ bit hungry** kein bißchen hungrig; **that's the ~ of our problems** das ist unser geringstes Problem; *see also* **common denominator; common multiple;** ¹**last 1; resistance a; b)** *(Bot., Ornith., Zool.)* Zwerg-. **2.** *n.* Geringste, *das;* **the ~ I can do** das mindeste, was ich tun kann; **the ~ he could do would be to apologize** er könnte sich wenigstens entschuldigen; **pay the ~:** den niedrigsten Preis zahlen; **to say the ~ [of it]** gelinde gesagt; ~ **said, soonest mended** *(prov.)* vieles Reden macht die Sache nur schlimmer; **at** ~: mindestens; *(if nothing more; anyway)* wenigstens; **at the [very]** ~: [aller]mindestens; **not [in] the** ~: nicht im geringsten. **3.** *adv.* am wenigsten; ~ **of all** am allerwenigsten; **the ~ likely answer** die unwahrscheinlichste Lösung
leastways ['li:stweɪz], **leastwise** ['li:stwaɪz] *adv. (dial.)* wenigstens
leather ['leðə(r)] **1.** *n.* **a)** Leder, *das; (things made of ~)* Lederwaren *Pl.;* **these shoes are genuine ~**: diese Schuhe sind echt Leder *od.* aus echtem Leder; *see also* **chamois b; hell b; patent leather; b)** *(used for polishing)* Leder, *das;* Lederlappen, *der;* **c)** *(strap)* Lederriemen, *der; (for stirrup)* Steigriemen, *der.* **2.** *adj.* ledern; Leder*(jacke, -mantel. -handschuh).* **3.** *v. t.* **a)** *(polish)* [ab]ledern; **b)** *(thrash, whip)* ~ **sb.** jmdm. das Leder gerben
'**leather-jacket** *n. (Brit. Zool.)* Schnakenlarve, *die*
leathery ['leðərɪ] *adj.* ledern
¹**leave** [li:v] *n., no pl.* **a)** *(permission)* Erlaubnis, *die; (official approval)* Genehmigung, *die;* **grant** *or* **give sb.** ~ **to do sth.** jmdm. gestatten, etw. zu tun; **beg** ~ **to do sth.** um Erlaubnis bitten, etw. tun zu dürfen; **be absent without** ~: sich unerlaubt entfernt haben; **get** ~ **from sb. to do sth.** von jmdm. die Erlaubnis bekommen, etw. zu tun; **by** ~ **of sb.** mit jmds. Genehmigung; **by your** ~ *(formal)* mit Ihrer Erlaubnis; *(iron.)* mit Ihrer gütigen Erlaubnis *(iron.);* **without so much as a by your** ~ *(coll.)* ohne auch nur zu fragen; **take** ~ **to do sth.** sich *(Dat.)* erlauben, etw. zu tun; **b)** *(from duty or work)* Urlaub, *der;* ~ **[of absence]** Beurlaubung, *die;* Urlaub, *der (auch Mil.);* **a fortnight's** ~: vierzehn Tage Urlaub; **book one's** ~: seinen Urlaub anmelden; **when do you intend to go on** ~? wann nehmen Sie Ihren *od.* gehen Sie in Urlaub?; **I've got** ~ **[of absence] for a couple of days** ich bin für einige Tage beurlaubt; **be on** ~: Urlaub haben, in Urlaub sein; **c) take one's** ~ *(say farewell)* sich verabschieden; Abschied nehmen *(geh.);* **take [one's]** ~ **of sb.** sich von jmdm. verabschieden; von jmdm. Abschied nehmen *(geh.);* **have you taken** ~ **of your senses?** bist du noch bei Sinnen?; **he must have taken** ~ **of his senses** er muß von Sinnen sein. *See also* **French leave; sick-leave**
²**leave** *v. t.,* **left** [left] **a)** *(make or let remain, lit. or fig.)* hinterlassen; **may I** ~ **my dog/son with you?** kann ich meinen Hund/Sohn bei dir lassen?; **he left a message with me for Mary** er hat bei mir eine Nachricht für Mary hinterlassen; ~ **sb. to do sth.** es jmdm. überlassen, etw. zu tun; **I am always left to make the decisions** ich muß immer alles entscheiden; **if he likes the work,** ~ **him to get on with it** wenn ihm die Arbeit Spaß macht, überläßt du ihn am besten sich *(Dat.)* selbst; ~ **be** *(coll.)* sich raushalten *(ugs.);* **6 from 10** ~**s 4** 10 weniger 6 ist 4; *(in will)* ~ **sb. sth.,** ~ **sth. to sb.** jmdm. etw. hinterlassen; *see also* **desire 2 c; b)** *(by mistake)* vergessen; **I left my gloves in your car/my umbrella at the butcher's** ich habe meine Handschuhe in deinem Auto liegenlassen *od.* vergessen/meinen Schirm beim Fleischer stehenlassen *od.* vergessen; **c) be left with** nicht loswerden *(Gefühl, Verdacht);* übrigbehalten ⟨Geld⟩; **I was left with the job/ task of clearing up** es blieb mir überlassen, aufzuräumen; **d)** *(refrain from doing, using, etc., let remain undisturbed)* stehenlassen *(Abwasch, Essen);* sich *(Dat.)* entgehen lassen *(Gelegenheit);* ⟨spare⟩ verschonen; **e)** *(let remain in given state)* lassen; ~ **the door open/the light on die Tür** offenlassen/das Licht anlassen; ~ **the curtains drawn/the water running** die Vorhänge zugezogen lassen/das Wasser laufen lassen; ~ **the book lying on the table** das Buch auf dem Tisch liegenlassen; ~ **sb. in the dark** *(fig.)* jmdn. im dunkeln lassen; ~ **sb. unharmed** jmdn. nichts zuleide tun; ~ **one's clothes around** *or* **about/all over the room** seine Kleider überall im Zimmer herumliegen lassen; **this ~s me free to do sth.** das erlaubt mir, etw. zu tun; ~ **sb. alone** *(allow to be alone)* jmdn. allein lassen; *(stop bothering)* jmdn. in Ruhe lassen; ~ **sth. alone** etw. in Ruhe lassen; ~ **sb. be** jmdn. in Ruhe *od.* [in Ruhe]; ~ **go [of] sth.** *(coll.),* ~ **hold of sth.** etw. loslassen; ~ **it at that** *(coll.)* es dabei bewenden lassen; **how shall we** ~ **it?** wie verbleiben wir?; **we left it that he'd phone me tomorrow** wir sind so verblieben, daß er mich morgen anruft; *see also* ²**well 2 b; f)** *(station for a purpose)* postieren; **g)** *(refer, entrust)* ~ **sth. to sb./sth.** etw. jmdm./einer Sache überlassen; **I** ~ **the matter entirely in your hands** ich lege diese Angelegenheit ganz in Ihre Hände; **I** ~ **the decision to** *or* **with you** ich überlasse dir die Entscheidung; **sit back and** ~ **the worrying to me** laß nur mich machen; ~ **it* **sb. to himself** *or* **to his own devices** *or* **resources** *or* **to it** jmdn. sich *(Dat.)* selbst überlassen; **h)** *(go away from)* verlassen; ~ **home at 6 a.m.** um 6 Uhr früh von zu Hause weggehen/-fahren; **the plane ~s Bonn at 6 p.m.** das Flugzeug fliegt um 18 Uhr von Bonn ab; ~ **Bonn at 6 p.m.** *(by car, in train)* um 18 Uhr von Bonn abfahren; *(by plane)* um 18 Uhr von Bonn abfliegen; **please may I** ~ **the room?** *(to go to toilet)* darf ich bitte mal austreten? *(ugs.);* ~ **the rails** *or* **tracks** entgleisen; **the train** ~**s the station** der Zug rollt aus dem Bahnhof; **let's** ~ **here** laß uns hier weggehen; **I left her at the bus stop** *(parted from)* an der Bushaltestelle haben wir uns getrennt; *(set down)* ich habe sie an der Bushaltestelle abgesetzt; **I left her much happier/I left her in tears** als ich ging, war sie schon wieder viel zuversichtlicher/weinte sie; ~ **the table** vom Tisch aufstehen; *abs.* **the train ~s at 8.30 a.m.** der Zug fährt *od.* geht um 8.30 Uhr; ~ **for Paris** nach Paris fahren/fliegen; **it is time to** ~: wir müssen gehen *od.* aufbrechen; **we're just leaving** wir wollen gerade weggehen; ~ **on the 8 a.m. train/flight** mit dem Acht-Uhr-Zug fahren/der Acht-Uhr-Maschine fliegen; **i)** *(quit permanently)* verlassen; ~ **school** die Schule verlassen; *(prematurely)* von der Schule abgehen; ~ **work** aufhören zu arbeiten; ~ **this world for the next** diese Welt verlassen *(geh. verhüll.);* **all my children have left home now** meine Kinder sind jetzt alle aus dem Haus; *abs.* **I am leaving at Easter** ich gehe zu Ostern; **j)** *(desert)* verlassen; ~ **sb. for another man/woman** jmdn. wegen eines anderen Mannes/einer anderen Frau verlassen; ~ **a house to rot** ein Haus dem Verfall überlassen; **she was left at the altar** der Bräutigam erschien nicht zur Trauung; ~ **one's studies half-way through the course** das Studium mittendrin abbrechen; **he was left for dead** man ließ ihn zurück, weil man ihn für tot hielt; *see also* **mercy 1 b;** ¹**post 1 c; k)** *(pass)* **branch off, leaving the farm on one's right** den Bauernhof rechts liegen lassen und abbiegen
~ **a'side** *v. t.* beiseite lassen
~ **be'hind** *v. t.* **a)** zurücklassen; **b)** *(by mistake)* *see* **leave b**
~ '**off** *v. t.* **a)** *(cease to wear)* auslassen *(ugs.);* nicht anziehen; **in summer we can** ~ **off our coats** im Sommer brauchen wir keine Mäntel [anzuziehen]; **b)** *(discontinue)* aufhören mit; *abs.* aufhören; ~ **off smoking** mit dem Rauchen aufhören; aufhören zu rauchen; ~ **off the habit of smoking** sich *(Dat.)* das Rauchen abgewöhnen; **has it left off raining?** hat es aufgehört zu regnen?
~ '**out** *v. t.* auslassen
~ '**over** *v. t.* **a)** *(Brit.: not deal with till later)* zurückstellen; **b) be left over** übrig[geblieben] sein; *see also* **left-over; left-overs**
-**leaved** [li:vd] *adj. in comb.* -blätt[e]rig
leaven ['levn] **1.** *n.* **a)** Treibmittel, *das; (fermenting dough)* Sauerteig, *der;* **b)** *(fig.) (transforming influence)* Sauerteig, *der (geh. veralt.).* **2.** *v. t.* **a)** mit Treibmittel/Sauerteig ansetzen ⟨Teig⟩; **b)** *(fig.: transform)* durchsetzen
'**leave-taking** *n.* Abschied, *der; attrib.* Abschieds-
leaving ['li:vɪŋ] **1.** *n. in pl.* Überbleibsel, *das (ugs.);* Rest, *der.* **2.** *attrib. adj.* Abschieds- ⟨*party, -geschenk*⟩; ~ **certificate** Abschlußzertifikat, *das; (from school)* Abgangszeugnis, *das*
Lebanese [lebə'ni:z] **1.** *adj.* libanesisch; **sb. is** ~: jmd. ist Libanese/Libanesin. **2.** *n., of same* Libanese, *der*/Libanesin, *die*
Lebanon ['lebənən] *pr. n.* [**the**] ~: [der] Libanon; *see also* **cedar a**
lecher ['letʃə(r)] *n.* Wüstling, *der (abwertend)*
lecherous ['letʃərəs] *adj.,* **lecherously** ['letʃəslɪ] *adv.* lüstern *(geh.);* geil *(abwertend)*
lechery ['letʃərɪ] *n.* Wollust, *die (geh.)*
lecithin ['lesɪθɪn] *n. (Chem.)* Lezithin, *das*
lectern ['lektə:n] *n.* **a)** *(in church) (for Bible etc.)* Lektionar[ium], *das; (for singers)* Notenpult, *das;* **b)** *(Amer.: for lecturer etc.)* Katheder, *das od. der;* Pult, *das*
lector ['lektə:(r)] *n.* Lektor, *der*/Lektorin, *die*
lecture ['lektʃə(r)] **1.** *n.* **a)** Vortrag, *der; (Univ.)* Vorlesung, *die;* **give [sb.] a** ~ **on sth.** [vor jmdm.] einen Vortrag/eine Vorlesung über etw. *(Akk.)* halten; **b)** *(reprimand)* Strafpredigt, *die (ugs.);* **give** *or* **read sb. a** ~: jmdm. eine Strafpredigt halten *(ugs.);* jmdm. die Leviten lesen *(ugs.).* **2.** *v. i.* **[to sb.] [on sth.]** *vor jmdm.]* einen Vortrag/ *(Univ.)* eine Vorlesung über etw. *(Akk.)]* halten; **(give** ~**s)** *[vor jmdm.]* Vorträge/ *(Univ.)* Vorlesungen über etw. *(Akk.)]* halten. **3.** *v. t.* *(scold)* ~ **sb.** jmdm. eine Strafpredigt halten *(ugs.);* **he** ~**d me about** *or* **for** *or* **over being lazy** er hielt mir eine Strafpredigt wegen meiner Faulheit; **stop lecturing me all the time!** mach mir nicht dauernd Vorhaltungen!
lecture: ~-**hall** *n.* Hörsaal, *der;* ~ **notes** *n. pl.* Manuskript, *das*
lecturer ['lektʃərə(r)] *n.* **a)** Vortragende, *der/die;* **b)** *(Univ.)* Lehrbeauftragte, *der/*

lecture-room

die; senior ~: Dozent, *der*/Dozentin, *die*; be a ~ in French Dozent/Dozentin für Französisch sein

'lecture-room *n.* Vortragsraum, *der; (Univ.)* Vorlesungsraum, *der*

lectureship ['lektʃəʃɪp] *n.* Dozentur, *die*

lecture: ~ **theatre** *n.* Hörsaal, *der;* ~ **tour** *n.* Vortragsreise, *die;* a ~ **tour of America** eine Vortragsreise durch Amerika

led see ²lead 1, 2

ledge [ledʒ] *n.* **a)** Vorsprung, *der;* Sims, *der od. das;* **b)** *(of rock)* [schmaler] Vorsprung; Band, *das (Bergsteigen)*

ledger ['ledʒə(r)] *n.* **1.** *n. (Commerc.)* Hauptbuch, *das.* **2.** *adj. (Mus.)* ~ **line** Hilfslinie, *die*

lee [liː] *n.* **a)** *(shelter)* Schutz, *der;* **in/under the** ~ **of** im Schutz (+ Gen.); **b)** ~ [**side**] *(Naut.)* Leeseite, *die*

'lee-board *n.* Seitenschwert, *das (Seew.)*

leech [liːtʃ] *n.* **a)** [Blut]egel, *der;* **stick like a** ~ *(fig.)* nicht von der Pelle gehen *(ugs.);* **b)** *(fig.: sponger)* Blutsauger, *der (abwertend)*

leek [liːk] *n.* **a)** Porree, *der;* Lauch, *der;* **(as Welsh emblem)** Lauch, *der;* **I like** ~**s** ich mag Porree *od.* Lauch; **three** ~**s** drei Stangen Porree/Lauch

leek 'soup *n.* Lauch[creme]suppe, *die*

leer [lɪə(r)] **1.** *n.* [**suggestive/sneering**] ~: anzüglicher/spöttischer Blick; **give sb. a** ~ **of desire** jmdn. begehrlich ansehen. **2.** *v. i.* [anzüglich/spöttisch/begehrlich] blicken; **he just** ~**ed in reply** ein anzüglicher/spöttischer/begehrlicher [Seiten]blick war seine ganze Antwort; ~ **at sb.** jmdm. einen anzüglichen/spöttischen/begehrlichen [Seiten]blick zuwerfen

leery ['lɪərɪ] *adj. (sl.)* mißtrauisch (of gegenüber)

lees [liːz] *n. pl.* Bodensatz, *der*

leeward ['liːwəd, *(Naut.)* 'luːəd] *(esp. Naut.)* **1.** *adj.* **to/on the** ~ **side of the ship** nach/in Lee; **to/on the** ~ **side of the mountain** in den/im Windschatten des Berges; **in das Lee/im Lee** *(Geogr.);* **L**~ **Islands** *pr. n. pl.* die Inseln unter dem Winde. **2.** *adv.* leewärts; nach Lee. **3.** *n.* Leeseite, *die;* **to** ~: leewärts; nach Lee

'leeway *n.* **a)** *(Naut.)* Leeweg, *der;* Abdrift, *die;* **b)** *(fig.)* Spielraum, *der;* **allow or give sb.** ~: jmdm. Spielraum lassen; **make up** ~: den Zeitverlust aufholen; **have a great deal of** ~ **to make up** einiges aufzuholen haben

¹left see ²leave

²left [left] **1.** *adj.* **a)** *(opposite of right)* link...; **on the** ~ **side of the left bank** linke Seite; ~ **field** *(Baseball)* linkes Außenfeld; **have two** ~ **feet** *(fig.)* zwei linke Füße haben *(ugs.);* see also **turn 1 b**; ~ *(Polit.)* links...; **her views are very L**~: sie hat sehr linke Ansichten. **2.** *adv.* nach links; ~ **of the road** links von der Straße; see also **right 4 b**. **3.** *n.* **a)** (~-hand side) linke Seite; **move to the** ~: nach links rücken; **crowds lined the street to** ~ **and right** eine Menschenmenge säumte links *od.* rechts die Straße; **on** *or* **to the** ~ **[of sb./sth.]** links [von jmdm./etw.]; **on** *or* **to my** ~, **to the** ~ **of me** links von mir; zu meiner Linken; **b)** *(Polit.)* **the L**~: die Linke; *(radicals)* die Linken; **be on the L**~ **of the Party** dem linken Flügel der Partei angehören; **c)** *(Theatre)* [**stage**] ~: rechte Bühnenseite; **d)** *(Boxing)* Linke, *die;* **e)** *(in marching)* ~, **right**, ~, **right**, ~, ... *(Mil.)* links, zwo, drei, vier, links, ...

left: ~ '**back** *n. (Footb.)* linker Verteidiger/ linke Verteidigerin; ~ '**bank** *n.* linkes Ufer; *(in Paris)* Rive Gauche; ~ '**footed** *adj.* mit dem linken Fuß geschickter; linksfüßig *(Fußballspieler);* ~ '**hand** *n.* **a)** linke Hand *or* Linke, *die;* **b)** *(left side)* **on** *or* **at sb.'s** ~ **hand** zu jmds. Linken; links von jmdm.; **sb.'s** ~ **hand** *(not close)* linker Hand; links; ~-**hand** *adj.* link...; linksgängig,

linksdrehend *(Schraube);* ~-**hand bend** Linkskurve, *die;* **on your** ~-**hand side you see ...:** links *od.* zur Linken sehen Sie ...; **drive on the** ~-**hand side** links *od.* auf der linken Seite fahren; see also **drive 1 i**; ~-**handed** [left'hændɪd] **1.** *adj.* **a)** linkshändig; *(Werkzeug)* für Linkshänder; *(Schlag)* mit der Linken; **be** ~-**handed** Linkshänder/Linkshänderin sein; **b)** *(turning to left)* links angeschlagen *(Tür);* Links-*(gewinde, -drehung);* linksgängig, linksdrehend *(Schraube);* **c)** *(fig.: ambiguous)* zweifelhaft *(Kompliment, Gefallen);* **d)** *(fig.: clumsy)* ungeschickt; unbeholfen; **2.** *adv.* linkshändig; mit der linken Hand; ~-**handedness** [left'hændɪdnɪs] *n.* Linkshändigkeit, *die;* ~-**hander** [left'hændə(r)] *n.* **a)** *(person)* Linkshänder, *der*/-händerin, *die;* **b)** *(blow)* Schlag mit der Linken; *(Boxing)* Linke, *die*

leftie see **lefty**

leftish ['leftɪʃ] *adj. (Polit.)* nach links tendierend; **be** ~, **have** ~ **opinions/views** links angehaucht sein; nach links tendieren

leftism ['leftɪzm] *n., no pl. (Polit.)* linksorientierte Haltung; *(movement)* linke [politische] Strömungen

leftist ['leftɪst] *(Polit.)* **1.** *adj.* linksorientiert. **2.** *n.* Linke, *der/die*

left: ~ '**luggage [office]** *n. (Brit. Railw.)* Gepäckaufbewahrung, *die;* ~-'**over** *attrib. adj.* übriggeblieben; ~-**overs** *n. pl.* Reste, *die; (fig.)* Relikte; Überbleibsel *(ugs.)*

leftward ['leftwəd] **1.** *adv.* [nach] links *(abbiegen);* nach links *(blicken, sich wenden);* **lie** ~ **of sth.** links von etw. liegen. **2.** *adj.* linker Hand *nachgestellt*

leftwards ['leftwədz] see **leftward 1**

left: ~ '**wing** *n.* linker Flügel; ~-**wing** *adj.* **a)** *(Sport)* Linksaußen*(spieler, -position);* **b)** *(Polit.)* link...; linksgerichtet; Links*(intellektueller, -extremist, -radikalismus);* **b)** *(Polit.)* Angehöriger/Angehörige des linken Flügels; **extreme** ~-**winger** Linksaußen, *der/die (Jargon);* Linksradikale, *der/die*

lefty ['leftɪ] *n. (coll.)* **a)** *(Polit.)* Linke, *der/ die;* Rote, *der/die (ugs., oft abwertend);* **b)** see **left-hander a**

leg [leg] **1.** *n.* **a)** Bein, *das;* **upper/lower** ~: Ober-/Unterschenkel, *der;* **artificial** ~: Beinprothese, *die;* **wooden** ~: Holzbein, *das;* **as fast as my** ~**s would carry me** so schnell mich die Füße trugen; **give sb. a** ~ **up on a horse/into the saddle/over the gate** jmdm. auf ein Pferd/in den Sattel/über das Gatter helfen; **give sb. a** ~ **up in his career** *(fig.)* jmds. Karriere fördern; **be on one's last** ~**s** sich kaum noch auf den Beinen halten können; *(be about to die)* mit einem Fuß *od.* Bein im Grabe stehen; **the car is on its last** ~**s** das Auto macht es nicht mehr lange *(ugs.);* **the firm is on its last** ~**s** die Firma liegt in den letzten Zügen; **on one's** ~**s** auf den Beinen; **pull sb.'s** ~: *(fig.)* jmdn. auf den Arm nehmen *(ugs.);* **pull the other** ~, **it's got bells on** *(coll.)* das kannst du einem andern erzählen; **be all** ~**s** staksig sein; **shake a** ~: *(fig. sl.)* das Tanzbein schwingen *(ugs. scherzh.);* **show a** ~! *(sl.)* raus aus den Federn! *(ugs.);* **not have a** ~ **to stand on** *(fig.)* nichts in der Hand haben *(fig.);* **stretch one's** ~**s** sich *(Dat.)* die Beine vertreten; **b)** *(of table, chair, etc.)* Bein, *das;* *(of machine)* Stütze, *die;* **c)** *(of garment)* Bein, *das;* *(of boot)* Schaft, *der;* **trouser-**~**s** Hosenbeine; **d)** *(Gastr.)* Keule, *die;* Schlegel, *der (südd., österr.);* **e)** *(of journey)* Etappe, *die;* Teilstrecke, *die;* **f)** *(of forked object)* Schenkel, *der;* **g)** *(Sport coll.)* Durchgang, *der;* **h)** *(Cricket)* Teilstrecke, *die;* **h)** *(Cricket)* Spielfeldhälfte rechts bzw., bei linkshändigem Schlagmann, links vom Werfer; **i)** *(Geom.)* Schenkel, *der;* **j)** *(straight run)*

(Naut.) Schlag, *der; (Aeronaut.)* Etappe, *die.* **2.** *adj. (Cricket) (Seite, Torstab)* rechts vom Werfer, *(if batsman is left-handed)* links vom Werfer. **3.** *v. t.* **-gg-**: ~ **it** die Beine in die Hand *od.* unter die Arme nehmen *(ugs.)*

legacy ['legəsɪ] *n.* Vermächtnis, *das (Rechtsspr.);* Erbschaft, *die; (fig.)* Erbe, *das;* **leave sb. sth. as a** ~ *(lit. or fig.)* jmdm. etw. hinterlassen; **leave sb. a** ~ **of £30,000** jmdm. 30 000 Pfund vermachen *od.* hinterlassen

legal ['liːgl] *adj.* **a)** *(concerning the law)* juristisch; Rechts*(beratung, -berater, -streit, -experte, -angelegenheit, -schutz);* gesetzlich *(Vertreter);* rechtlich *(Gründe, Stellung); (of the law)* Gerichts*(kosten);* **in** ~ **matters/affairs** in Rechtsfragen/-angelegenheiten; **seek** ~ **advice** sich juristisch beraten lassen; **he is a member of the** ~ **profession** er ist Jurist; **a** ~ **friend of mine** ein Freund von mir, der Jurist ist; **b)** *(required by law)* gesetzlich vorgeschrieben *(Mindestalter, Zeitraum);* gesetzlich *(Verpflichtung);* gesetzlich verankert *(Recht);* **I know my** ~ **rights** ich kenne meine Rechte; **c)** *(lawful)* legal; rechtsgültig *(Vertrag, Testament);* gesetzlich zulässig *(Grenze, Höchstwert);* **it is** ~/**not** ~ **to do sth.** es ist rechtlich zulässig/verboten, etw. zu tun; **it is not** ~ **for children to marry** nach dem Gesetz dürfen Kinder nicht heiraten; **make sth.** ~: etw. legalisieren. See also **proceeding c**; **separation a**; **³tender 3 b**

legal: ~ '**action** *n.* Gerichtsverfahren, *das;* Prozeß, *der;* **take** ~ **action against sb.** gerichtlich gegen jmdn. vorgehen; eine Klage gegen jmdn. anstrengen; **take/have recourse to** ~ **action** den Rechtsweg beschreiten *od.* einschlagen; ~ '**aid** *n.* ≈ Prozeßkostenhilfe, *die;* ~ '**fiction** *n.* juristische Fiktion *(Rechtsw.);* ~ '**holiday** *(Amer.)* see **bank holiday b**

legalistic [liːgə'lɪstɪk] *adj.* legalistisch *(geh.);* stur legalistisch *(abwertend)*

legality [lɪ'gælɪtɪ] *n.* Legalität, *die;* Rechtmäßigkeit, *die*

legalization [liːgəlaɪ'zeɪʃn] *n. (lit. or fig.)* Legalisierung, *die*

legalize ['liːgəlaɪz] *v. t. (lit. or fig.)* legalisieren

legally ['liːgəlɪ] *adv.* rechtlich *(zulässig, verpflichtet, begründet, unhaltbar, möglich);* gesetzlich *(verankert, verpflichtet);* vor dem Gesetz *(verantwortlich);* legal *(durchführen, abwickeln, erwerben);* ~ **and morally** aus rechtlicher und moralischer Sicht; ~ **speaking** rechtlich gesehen; vom rechtlichen Standpunkt aus; ~ **valid/binding** rechtsgültig/-verbindlich; **be** ~ **entitled to sth.** einen Rechtsanspruch auf etw. *(Akk.)* haben

legate ['legət] *n. (RC Ch.)* Legat, *der*

legatee [legə'tiː] *n.* Legatar, *der*/Legatarin, *die;* Vermächtnisnehmer, *der*/-nehmerin, *die (Rechtsw.)*

legation [lɪ'geɪʃn] *n. (Diplom.)* Gesandtschaft, *die; (residence also)* Gesandtschaftsgebäude, *das*

legato [lɪ'gɑːtəʊ] *(Mus.)* **1.** *adj.* Legato-. **2.** *adv.* legato. **3.** *n., pl.* ~**s** Legato, *das*

legend ['ledʒənd] *n.* **a)** *(myth)* Sage, *die; (of life of saint etc.; unfounded belief)* Legende, *die;* **read sb. tales from** *or* **out of Greek** ~: jmdm. aus den griechischen Sagen vorlesen; ~ **has it that ...:** es geht die Sage, daß ...; ~ **become a** ~ **in one's own lifetime** *(fig.)* schon zu Lebzeiten zur Legende werden; **turn sb. into a** ~ *(fig.)* jmdn. legendär machen; **b)** *(inscription)* Inschrift, *die; (Num.)* Randinschrift, *die;* **c)** *(Printing) (caption)* Bildunterschrift, *die; (on map)* Legende, *die*

legendary ['ledʒəndərɪ] *adj.* **a)** legendenhaft; *(described in legend)* sagenhaft; **b)** *(coll.: famous)* sagenhaft *(ugs.);* legendär; **become** ~: zur Legende werden

415

legerdemain ['ledʒədəmeɪn] n. Taschenspielerei, die; **diplomatic ~** (fig.) diplomatische Kunstgriffe

leger line ['ledʒə laɪn] n. (Mus.) Hilfslinie, die

-legged [legd, legɪd] adj. in comb. -beinig; **two-~**: zweibeinig

leggings ['legɪŋz] n. pl. Ledergamaschen (veralt.); (of child) Gamaschenhose, die; (of baby) Strampelhose, die

leggy ['legɪ] adj. langbeinig; hochbeinig; ⟨Junge, Fohlen, Welpe⟩ mit [staksigen] langen Beinen

legibility [ledʒɪ'bɪlɪtɪ] n., no pl. Leserlichkeit, die

legible ['ledʒɪbl] adj. leserlich; **easily/scarcely ~**: leicht/kaum lesbar

legibly ['ledʒɪblɪ] adv. leserlich

legion ['liːdʒn] n. a) (Roman Ant.) Legion, die; b) **[Royal] British L~**: Veteranenvereinigung der britischen Streitkräfte; **American L~**: Veteranenvereinigung der amerikanischen Streitkräfte; c) **L~ of Honour** Ehrenlegion, die; d) (vast number) Legion, die; **they are ~** (rhet.) sie sind Legion (geh.). See also **foreign legion**

legionary ['liːdʒənərɪ] n. a) (Mil.) Legionär, der; b) (of Legion of Honour) Ritter der Ehrenlegion

legionnaire [liːdʒə'neə(r)] n. Legionär, der; (of British or American Legion) ≈ Veteran, der

legion'naires' disease n., no pl., no art. (Med.) Legionärskrankheit, die

legislate ['ledʒɪsleɪt] v. i. Gesetze verabschieden; **it is the job of Parliament to ~**: dem Parlament obliegt die Gesetzgebung od. (fachspr.) Legislatur; **~ for/against sth.** Gesetze zum Schutz von/gegen etw. einbringen; **you cannot ~ for everything** (fig.) man kann nicht für alles Vorschriften erlassen

legislation [ledʒɪs'leɪʃn] n. a) (laws) Gesetze; **in German ~**: in den deutschen Gesetzen; **rent-control ~ was extended for another year** die Gesetze zur Mietkontrolle blieben ein weiteres Jahr in Kraft; b) (legislating) Gesetzgebung, die; Legislatur, die (fachspr.)

legislative ['ledʒɪslətɪv] adj. gesetzgebend; legislativ (fachspr.); (created by legislature) gesetzgeberisch

legislative: ~ as'sembly n. gesetzgebende Versammlung; **~ 'council** n. [gesetzgebender] Rat

legislator ['ledʒɪsleɪtə(r)] n. Mitglied der Legislative; (lawgiver) Gesetzgeber, der

legislature ['ledʒɪsleɪtʃə(r)] n. Legislative, die

legit [lɪ'dʒɪt] adj. (coll.) see **legitimate 1 a**

legitimacy [lɪ'dʒɪtɪməsɪ] n., no pl. a) Rechtmäßigkeit, die; Legitimität, die; b) (of child) Ehelichkeit, die

legitimate 1. [lɪ'dʒɪtɪmət] adj. a) (lawful) legitim; rechtmäßig ⟨Besitzer, Regierung⟩; legal ⟨Vorgehen, Weg, Geschäft, Gewinn⟩; **I've turned ~**: ich bin jetzt ein gesetzestreuer Bürger; b) (valid) berechtigt; stichhaltig; legitim (geh.) ⟨Argument⟩; ausreichend ⟨Entschuldigung⟩; triftig ⟨Grund⟩; c) (from wedlock) ehelich, legitim ⟨Kind⟩; leiblich ⟨Vater⟩. **2.** [lɪ'dʒɪtɪmeɪt] v. t. a) legitimieren; b) (justify) rechtfertigen

legitimately [lɪ'dʒɪtɪmətlɪ] adv. a) (lawfully) legal; **be ~ entitled to sth.** einen legitimen Anspruch auf etw. (Akk.) haben; b) (justifiably) zu Recht; c) (in wedlock) ehelich, legitim ⟨geboren⟩

legitimatize (legitimatise) [lɪ'dʒɪtɪmətaɪz], **legitimize (legitimise)** [lɪ'dʒɪtɪmaɪz] v. t. legitimieren; [durch Heirat] ehelich machen ⟨Kind⟩

legless ['leglɪs] adj. a) (without legs) ohne Beine nachgestellt; b) (sl.: drunk) sternhagelvoll (salopp)

leg: ~man n. (Journ.) Reporter, der; **~-of-mutton** adj. **~-of-mutton sleeve** Keulenärmel, der; **Gigot, das** (Mode); **~-pull** n. (coll.) Jux, der (ugs.); **~-pulling** n., no pl., no indef. art. Aufziehen, das; **~-room** n., no pl., no indef. art. Beinfreiheit, die; **~-show** n. Revue, die

leguminous [lɪ'gjuːmɪnəs] adj. (Bot.) **~ plant** Hülsenfrucht, die; Leguminose, die (fachspr.)

leg: ~-warmer n. Überstrumpf, der; Legwarmer, der; **~work** n., no pl., no indef. art. Lauferei, die (ugs.); (running errands) Botengänge; **do a lot of ~work** viel herumlaufen

leisure ['leʒə(r)] n. Freizeit, die; (for relaxation) Muße, die; attrib. Freizeit⟨kleidung, -beschäftigung, -zentrum, -industrie⟩; **a life/day of ~**: ein Leben/Tag der Muße (geh.); **I haven't a moment's ~**: ich habe keine freie Minute; **have [the] ~ to do sth./for sth.** [die] Zeit haben, etw. zu tun/Zeit für etw. haben; **lady/gentleman of ~**: Müßiggängerin, die/Müßiggänger, der; **she has become a lady of ~**: sie verbringt jetzt ihr Leben im Müßiggang; **do sth. at ~**: etw. in Ruhe tun; **do sth. at one's ~**: sich (Dat.) Zeit mit etw. lassen; **~ time or hours** Freizeit, die

leisured ['leʒəd] adj. müßig (geh.); **the ~ classes** das Müßiggängertum

leisurely ['leʒəlɪ] **1.** adj. gemächlich; **walk in a ~ manner** gemächlich gehen; **work at a more ~ rate** langsamer od. geruhsamer arbeiten; **they made a ~ start** sie ließen es gemächlich angehen. **2.** adv. langsam; ohne Hast

'leisurewear n., no pl., no indef. art. Freizeitkleidung, die

leitmotiv (leitmotif) ['laɪtməʊtiːf] n. (Mus. etc.; also fig.) Leitmotiv, das

lemma ['lemə] n., pl. **~ta** ['lemətə] or **~s** (Math., Logic, etc.) Lemma, das

lemming ['lemɪŋ] n. (Zool.; also fig.) Lemming, der; **rush like ~s** rennen wie die Lemminge

lemon ['lemən] **1.** n. a) (fruit) Zitrone, die; b) (tree) Zitronenbaum, der; c) (colour) Zitronengelb, das; d) (sl.: fool) Trottel, der (ugs. abwertend); e) (dud) Reinfall, der. **2.** adj. a) (in colour) zitronengelb; zitronenfarben; b) (in taste) Zitronen⟨geschmack, -tee⟩. See also **verbena**

lemonade [lemə'neɪd] n. [Zitronen]limonade, die

lemon: ~ 'balm n. (Bot.) Zitronenmelisse, die; **~ 'cheese, ~ 'curd** ns. Zitronencreme, die; **~ 'juice** n. Zitronensaft, der; **~ me'ringue 'pie** n. Zitronenbaisertorte, die; **~ 'sole** n. Seezunge, die; **~ 'squash** n. (Brit.) Zitronensaftgetränk, das; (concentrated) Zitronensaftkonzentrat, das; **~-squeezer** n. Zitronenpresse, die; **~-tree** n. see **lemon 1 b**; **~-yellow** adj. zitronengelb

lemur ['liːmə] n. (Zool.) Lemure, der

lend [lend] **1.** v. t., **lent** [lent] a) leihen; **~ sth. to sb.** jmdm. etw. leihen; b) (give, impart) geben; zur Verfügung stellen ⟨Dienste⟩; verleihen ⟨Würde, Glaubwürdigkeit, Zauber⟩; **~ one's support to sth.** etw. unterstützen; **~ one's name/authority to sth.** seinen Namen/guten Namen für etw. hergeben; see also **credence a**; **'ear a**; **hand 1 a**. **2.** v. refl., **lent**: **~ oneself to sth.** sich für etw. hergeben; (degradingly) sich für etw. hergeben; **the book ~s itself/does not ~ itself to use as a learning aid** das Buch eignet sich/eignet sich nicht als Lehrmittel; **the system ~s itself to manipulation** das System bietet sich zur Manipulation an. **3.** n. (sl.) **give me a ~ of your bicycle** leih mir mal dein Fahrrad

lender ['lendə(r)] n. Verleiher, der/Verleiherin, die

lending ['lendɪŋ] **1.** n. **~ charge** Leihgebühr, die. **2.** adj. **~ library** (esp. Brit.) Leihbücherei, die. See also **public lending right**

length [leŋθ, leŋkθ] n. a) (also Horse-racing, Rowing, Swimming, Phonet., Pros., Tennis, Fashion) Länge, die; **the river was navigable for most of its ~**: der Fluß war fast in seiner ganzen Länge schiffbar; **a road four miles in ~**: eine vier Meilen lange Straße; **be six feet etc. in ~**: sechs Fuß usw. lang sein; **the room is twice the ~ of yours** das Zimmer ist doppelt so lang wie deins; **travel the ~ and breadth of the British Isles** überall auf den Britischen Inseln herumreisen; **walk the ~ of the street** die ganze Straße entlang laufen; **a list the ~ of my arm** (fig.) eine ellenlange Liste; **win by a ~**: mit einer Länge siegen; b) (of time) Länge, die; **a short ~ of time** kurze Zeit; **in that ~ of time** in dieser Zeit; **for some ~ of time** für einige Zeit; **I shouldn't care to live here for any ~ of time** auf die Dauer möchte ich hier nicht wohnen; **spend a ridiculous ~ of time in the bath** unmöglich viel Zeit im Badezimmer verbringen; **the play was three hours in ~**: das Stück dauerte drei Stunden; **depend on ~ of service with the company** von der Dauer der Betriebszugehörigkeit abhängen; c) **at ~** (for a long time) lange; (eventually) schließlich; **at [great] ~** (in great detail) lang und breit; sehr ausführlich; **at some ~**: ziemlich ausführlich; **write at undue ~**: übertrieben ausführlich schreiben; d) **go to any/great etc. ~s** alles nur/alles Erdenkliche tun; **she went to absurd ~s to save money** sie kam auf die seltsamsten Ideen, nur um Geld zu sparen; **carry sth. to dangerous ~s** mit etw. gefährlich weit gehen; **he even went to the ~ of phoning the police** er ging sogar so weit, die Polizei anzurufen; e) (piece of material) Länge, die; Stück, das; **six-foot ~ of wood** sechs Fuß lange Holzstücke; f) (full extent of body) [Körper]länge, die. See also **¹arm a**; **full length**; **measure 1 a, 2 e**

-length adj. in comb. -lang

lengthen ['leŋθən, 'leŋkθən] **1.** v. i. länger werden. **2.** v. t. a) verlängern; länger machen ⟨Kleid⟩; b) (Phonet., Pros.) längen

lengthily ['leŋθɪlɪ, 'leŋkθɪlɪ] adv. ausführlich; lang und gründlich ⟨planen⟩

lengthiness ['leŋθɪnɪs, 'leŋkθɪnɪs] n., no pl. Überlänge, die

lengthways ['leŋθweɪz, 'leŋkθweɪz] adv. der Länge nach

lengthwise ['leŋθwaɪz, 'leŋkθwaɪz] **1.** adv. see **lengthways**. **2.** adj. längs angeordnet/verlaufend usw.

lengthy ['leŋθɪ, 'leŋkθɪ] adj. überlang

leniency ['liːnɪənsɪ] n., no pl. Nachsicht, die; Milde, die; **show ~**: Milde walten lassen; Nachsicht zeigen

lenient ['liːnɪənt] adj. a) (tolerant) nachsichtig; milde, nachsichtig ⟨Richter⟩; **take a ~ view of sth.** Verständnis für etw. haben; b) (mild) mild ⟨Urteil, Strafe⟩

leniently ['liːnɪəntlɪ] adv. nachsichtig; mit Nachsicht

lens [lenz] n. a) (Optics, Phys., Anat.) Linse, die; (in spectacles) Glas, das; b) (Photog.) Objektiv, das; c) (Zool.) Einzelauge, das

lens: ~ cap n. (Photog.) Objektivdeckel, der; **~hood** n. (Photog.) Gegenlichtblende, die

Lent [lent] n. Fastenzeit, die; **~ term** (Brit. Univ.) Frühjahrstrimester, das

lent see **lend 1, 2**

Lenten ['lentən] attrib. adj. Fasten-; **~ fare** Fastenspeise, die

lentil ['lentɪl] n. Linse, die

lentil 'soup n. Linsensuppe, die

Leo ['liːəʊ] n., pl. **~s** (Astrol., Astron.) der Löwe; **the Leo** der Leo; see also **Aries**

leopard ['lepəd] n. (Zool.) Leopard, der; **hunting ~**: Gepard, der; **a ~ can't change or never changes its spots** niemand kann aus seiner Haut heraus (ugs.)

leopard skin n. Leopardenfell, das
leotard ['liːətɑːd] n. Turnanzug, der
leper ['lepə(r)] n. Leprakranke, der/die; Aussätzige, der/die (auch fig.)
leper colony n. Leprakolonie, die
lepidopterist [lepɪ'dɒptərɪst] n. Lepidopterologe, der/Lepidopterologin, die
leprechaun ['leprəkɔːn] n. (Ir. Mythol.) Kobold, der
leprosy ['leprəsɪ] n. a) (Med.) Lepra, die; b) (fig.) Seuche, die
leprous ['leprəs] adj. (Med.) leprös; lepros
lesbian ['lezbɪən] 1. n. Lesbierin, die. 2. adj. lesbisch
lesbianism ['lezbɪənɪzm] n., no pl. lesbische Liebe; Lesbianismus, der (geh.)
lèse-majesté [leɪz'mæʒesteɪ], **lese-majesty** [liːz'mædʒɪstɪ] n. (Law) Majestätsbeleidigung, die (auch scherzh.); (treason) Majestätsverbrechen, das (Rechtsw.)
lesion ['liːʒn] n. (Med.) Läsion, die (fachspr.); Verletzung, die; (abnormal change) krankhafte Veränderung
less [les] 1. adj. weniger; **of ~ value/importance/account** or **note** weniger wertvoll/wichtig/bedeutend; von geringerem Wert/geringerer Wichtigkeit/Bedeutung; **his chances are ~ than mine** seine Chancen sind geringer als meine; **for ~ time** kürzere Zeit; **the pain is getting ~**: der Schmerz läßt nach; **~ talking, please** etwas mehr Ruhe, bitte. 2. adv. weniger; **I like him ~ than I used to** ich mag ihn [heute] weniger als früher; **I think ~/no ~ of him after what he did** ich halte nicht mehr so viel/nicht weniger von ihm, seit er das getan hat; **~ and ~**: immer weniger; **~ and ~ [often]** immer seltener; **~ so** weniger; **the ~ so because ...**: um so weniger, als od. weil ...; **even or still/far or much ~**: noch/viel weniger; **not ..., even or still or far or much ~ ...**: ..., geschweige denn ...; see also **more 3 g**; **no 2 a**; **none 2**. 3. n., no pl., no indef. art. weniger; **~ and ~**: immer weniger; **the ~ said [about it] the better** je weniger man darüber sagt, um so besser; **this is ~ of a house than a cottage** das ist weniger ein Haus als ein Cottage od. Häuschen; **parking is ~ of a problem with a small car** mit einem kleinen Auto ist das Parken weniger problematisch; **in ~ than no time** (joc.) in Null Komma nichts (ugs.); **~ of that!** (coll.) Schluß damit!; **[I'll have] ~ of your clever remarks** (coll.) deine schlauen Bemerkungen kannst du dir sparen (ugs.); **~ of your cheek!** (coll.) sei nicht so frech!; see also **little 3**; **more 2 c**. 4. prep. (deducting) ten **~ three is seven** zehn weniger drei ist sieben; **work every weekend ~ two Saturdays** bis auf zwei Sonnabende an jedem Wochenende arbeiten; **~ £2/tax** abzüglich 2 Pfund/Steuer
-less [lɪs] adj. suf. (without) -los; **error~**: fehlerlos; **parent~**: elternlos; **window~**: fensterlos; **hat~/trouser~**: ohne Hut/Hose
lessee [le'siː] n. see **lease 2**: Pächter, der/Pächterin, die; Mieter, der/Mieterin, die
lessen ['lesn] 1. v. t. (reduce) verringern; lindern ⟨Schmerz⟩; dämpfen ⟨Lärm⟩; abschwächen ⟨Aufprall⟩. 2. v. i. (become less) sich verringern; ⟨Fieber:⟩ sinken, fallen; ⟨Schwierigkeiten:⟩ abnehmen; ⟨Zorn:⟩ sich legen; ⟨Schmerz:⟩ nachlassen
lesser ['lesə(r)] attrib. adj. geringer...; weniger bedeutend... ⟨Schauspieler, Werk⟩; **~ in rank, of ~ rank** rangniedriger; **be a ~ man than ...**: kein so großer Mensch sein wie ...; see also **evil 2 b**
lesson ['lesn] n. a) (class) [Unterrichts]stunde, die; (teaching unit in textbook) Lektion, die; **I like her ~s** mir gefällt ihr Unterricht; **give ~s** Privatstunden od. -unterricht geben; **give Italian ~s** Italienischunterricht od. -stunden geben; **give [sb.] a [riding] ~**: [jmdm.] eine [Reit]stunde geben; **[give] ~s in/on** Unterricht [erteilen] in (+ Dat.); **take piano ~s with sb.** bei jmdm. Klavierstunden nehmen; b) (thing to be learnt) Lektion, die; **the first ~ to be learnt** das erste, was man lernen muß; c) (fig.: example, warning) Lektion, die; Lehre, die; **teach sb. a ~**: jmdm. eine Lektion erteilen; ⟨Vorfall usw.:⟩ jmdm. eine Lehre sein; **he needs to be taught a ~**: er braucht einen Denkzettel; **do that again and I'll teach you a ~ you won't forget!** wenn du das noch mal machst, verpasse ich dir einen Denkzettel, den du nicht vergißt!; **be a ~ to sb.** jmdm. eine Lehre sein; **learn one's** or **a ~ from sth.** aus etw. eine Lehre ziehen; **I have learnt my ~**: das soll mir eine Lehre sein; **let that be a ~ to you** laß dir das eine Lehre sein!; d) (Eccl.) Lesung, die; **read the ~**: die Lesung halten
lessor [le'sɔː(r)] n. see **lease 2**: Verpächter, der/Verpächterin, die; Vermieter, der/Vermieterin, die
lest [lest] conj. (literary) damit ... nicht; [auf] daß ... nicht (geh.); **he ran away ~ he [should] be seen** er rannte weg, um nicht gesehen zu werden; **I was afraid ~ he [should] come back before I was ready** ich fürchtete, daß er zurückkommen würde, bevor ich fertig war
¹let [let] v. t., -tt-, let a) (allow to) lassen; **~ sb. do sth.** jmdn. etw. tun lassen; **don't ~ things get you down/worry you** laß dich nicht entmutigen/mach dir keine Sorgen; **don't ~ him upset you** reg dich seinetwegen nicht auf; **I'll come if you will ~ me** ich komme, wenn ich darf; **~ sb./sth. alone** jmdn./etw. in Ruhe lassen; **~ alone** (far less) geschweige denn; **~ sb. be** jmdn. in Ruhe od. Frieden lassen; **Let it be. We can't alter things** Laß doch! Wir können die Dinge nicht ändern; **~ go [of] sth./sb.** (release hold) etw./jmdn. loslassen; **~ sb. go** (from captivity) jmdn. freilassen; **~ go** (release hold) loslassen; (abandon self-restraint) sich gehenlassen; (neglect) herunterkommen lassen ⟨Haus⟩; (~ pass) durchgehen lassen ⟨Bemerkung⟩; **~ it go [at that]** es dabei belassen od. bewenden lassen; **~ oneself go** (neglect oneself) sich vernachlässigen; (not watch oneself) nicht auf sich achten; (abandon self-restraint) sich gehenlassen; **~ loose** loslassen; b) (cause to) **~ sb. know** jmdn. wissen lassen; **~ sb. think that ...**: jmdn. in dem Glauben lassen, daß ...; **I will ~ you know as soon as ...**: ich gebe Ihnen Bescheid, sobald ...; **I have ~ it be known that ...**: ich habe alle wissen lassen, daß ...; c) (release) ablassen ⟨Wasser⟩ (out of, from aus); lassen ⟨Luft⟩ (out of aus); **~ blood** der Brauch des Aderlasses; d) (Brit.: rent out) vermieten ⟨Haus, Wohnung, Büro⟩; verpachten ⟨Gelände, Grundstück⟩; **~ a flat to sb. for a year** jmdm. od. an jmdn. eine Wohnung für ein Jahr vermieten; **there were plenty of houses to ~**: es gab viele Häuser, die zu vermieten waren; **'to ~'** „zu vermieten"; e) (award) vergeben ⟨Arbeit, Rechte usw.⟩. See ²**fly 1 g**; **¹rip 3 b**; **¹see 1 f, 2 c**; **slip 1 b**; **²well 2 b**. 2. v. aux., -tt-, let a) in exhortations lassen; **~ us [just] suppose that ...**: lassen Sie uns einmal annehmen, daß ...; nehmen wir [nur] einmal an, daß ...; **Let's go to the cinema. – Yes, ~'s/No, ~'s not** or **don't ~'s** Komm/Kommt, wir gehen ins Kino. – Ja, gut/Nein, lieber nicht; **~'s pretend** (coll.) tun wir so, als ob; **~'s have a go on your bike** (coll.) laß mich mal mit deinem Rad fahren; b) in command, challenge, prayer lassen; **~ them come in** sie sollen hereinkommen; lassen Sie sie herein; **~ there be light** (Bibl.) es werde Licht!; **~ the bells be rung** laßt die Glocken erklingen; **~ him go to the devil!** soll er zum Teufel gehen!; **~ it be said that ...**: es muß gesagt werden, daß ...; **never ~ it be thought/said that ...**: keiner soll glauben/sagen, daß ...; [just] **~ him try!** das soll er [nur] mal wagen!; **~ him get well** (in prayer) laß ihn gesund werden; **~ x be equal to 3a + b²** (Math.) x sei 3a + b²; see also **pray 1**. 3. n. (Brit.) holiday **~s** ≈ Ferienwohnungen; **rent a flat on a short ~**: eine Wohnung für kurze Zeit mieten
~ 'down v. t. a) (lower) herunter-/hinunterlassen; herunterkurbeln ⟨Autofenster⟩; **~ sb. down gently** (fig.) es jmdm. schonend beibringen (ugs.); see also **hair b**; b) (deflate) die Luft [heraus]lassen aus; c) (Dressm.) auslassen ⟨Saum, Ärmel, Kleid, Hose⟩; d) (disappoint, fail) im Stich lassen; **~ oneself down** sich unter sein Niveau begeben; **I ~ myself down in the exam** ich habe in der Prüfung enttäuschend abgeschnitten; see also **let-down**
~ 'in v. t. a) (admit) herein-/hineinlassen; (fig.) die Tür öffnen (+ Dat.); **~ oneself/sb. in** sich (Dat.) [die Tür] aufschließen/jmdm. aufmachen; **my shoes are ~ting in water** meine Schuhe sind undicht; b) (Dressm.) enger machen; einnähen; c) **~ oneself in for sth.** sich auf etw. (Akk.) einlassen; **~ oneself in for a lot of work/trouble** sich (Dat.) viel Arbeit aufhalsen (ugs.)/Ärger einhandeln; **~ sb. in for sth.** jmdn. etw. einbrocken (ugs.); d) **~ sb. in on a secret/plan** etc. jmdn. in ein Geheimnis/einen Plan usw. einweihen
~ 'into v. t. a) (admit into) lassen in (+ Akk.); b) (fig.: acquaint with) **~ sb. into a secret** jmdn. in ein Geheimnis einweihen; c) (set into) **a safe ~ into the wall** ein in die Wand eingelassener Safe
~ 'off v. t. a) (excuse) laufenlassen (ugs.); (allow to go) gehen lassen; **~ sb. off lightly/with a fine** jmdn. glimpflich/mit einer Geldstrafe davonkommen lassen; **~ sb. off sth.** jmdm. etw. erlassen; see also **let-off**; b) (fire, explode) abbrennen ⟨Feuerwerk⟩; abfeuern ⟨Kanone, Gewehrsalve⟩; c) (allow to escape) ablassen ⟨Dampf, Flüssigkeit⟩; d) (Brit.: rent out) einzeln vermieten; e) (allow to alight) aussteigen lassen
~ 'on (sl.) 1. v. i. **~ on about sth.** [to sb.] [jmdm.] etwas verraten; **don't ~ on!** nichts verraten! 2. v. t. a) **~ sb. ~ on that ...**: man hat mir gesteckt, daß ... (ugs.); b) (pretend) **~ on that ...**: so tun, als ob ... (ugs.); **she's not as sick as she ~s on** sie ist nicht so krank, wie sie tut (ugs.)
~ 'out v. t. a) (open door for) **~ sb./an animal out** jmdn./ein Tier heraus-/hinauslassen; **Don't get up. I'll ~ myself out** Bleiben Sie sitzen. Ich finde schon allein hinaus; b) (allow out) rauslassen (ugs.); c) (emit) ausstoßen ⟨Schrei⟩; hören lassen ⟨Lachen, Seufzer⟩; **~ out a groan** aufstöhnen; d) (reveal) verraten, ausplaudern ⟨Geheimnis⟩; **~ out that ...**: durchsickern lassen, daß ...; e) (Dressm.) auslassen; f) (Brit.: rent out) see **¹let 1 d**; g) (from duty) **On Saturday? That ~s me out** Samstag? Da falle ich schon mal aus; **that ~s me out of having to go** dann muß ich nicht hin (ugs.); see also **let-out**
~ 'through v. t. durchlassen
~ 'up v. i. (coll.) nachlassen; **don't you ever ~ up?** wirst du überhaupt nicht müde?; see also **let-up**
²let n. **without ~ [or hindrance]** (formal/Law) ohne jede Behinderung; b) (Tennis) Let, der
'let-down n. Enttäuschung, die
lethal [liːθl] adj. tödlich; letal (Med.); (fig.) vernichtend; **that knife looks ~**: das Messer sieht sehr gefährlich aus
lethargic [lɪ'θɑːdʒɪk] adj. a) träge; (apathetic) lethargisch; (causing lethargy) träge machend; einschläfernd ⟨Atmosphäre, Musik⟩; b) (Med.) lethargisch
lethargically [lɪ'θɑːdʒɪkəlɪ] adv. träge; (apathetically) lethargisch

417

lethargy ['leθədʒɪ] n. a) Trägheit, die; (apathy) Lethargie, die; b) (Med.) Lethargie, die

let: ~-**off** n. have a ~-off noch einmal davonkommen; that was a [lucky] ~-off da habe ich/hast du usw. noch einmal Glück gehabt; ~-**out** n. Ausrede, die

Lett [let] n. a) (person) Lette, der/Lettin, die; b) (language) Lettisch, das

letter [letə(r)] 1. n. a) (written communication) Brief, der (to an + Akk.); (official communication) Schreiben, das; a ~ of appointment eine [briefliche] Anstellungszusage; by ~: brieflich; schriftlich; '~s to the editor' „Leserbriefe"; see also credit 1 e; b) (of alphabet) Buchstabe, der; how many ~s are there in the word?; learn one's ~s die Buchstaben lernen; write in capital/small ~s mit Groß-/Kleinbuchstaben schreiben; have ~s after one's name Ehrentitel/einen Ehrentitel haben; c) (fig.) to the ~: buchstabengetreu; aufs Wort; the ~ of the law der Buchstabe des Gesetzes; in ~ and in spirit in Geist und Buchstabe; d) in pl. (literature) Literatur, die; world of ~s literarische Welt; man of ~s Homme de lettres, der; Literat, der; Doctor of L~s Lit[t]erarum Humaniorum Doctor; e) (Printing: type-fount) Letter, die; Type, die; f) (Amer. Sport: mark of proficiency) Leistungsabzeichen, das. 2. v.t. a) (classify alphabetically) mit Buchstaben kennzeichnen; b) (inscribe on) beschriften

letter: ~-**bomb** n. Briefbombe, die; ~-**box** n. Briefkasten, der; (slit) Briefschlitz, der; come or be put through the ~-box in den Briefkasten gesteckt werden; ~-**card** n. Kartenbrief, der

lettered ['letəd] adj. a) (well read, educated) gebildet; b) (inscribed) beschriftet

letter: ~-**head**, ~-**heading** ns. Briefpapier mit Briefkopf; (heading) Briefkopf, der

lettering ['letərɪŋ] n. (letters) Typographie, die; (on book-cover) Aufschrift, die; (carved) Inschrift, die

letter: ~-**pad** n. Briefblock, der; ~-**paper** n. Briefpapier, das; ~ **post** n. (Brit. Post) Briefpost, die (veralt.); ~**press** n. a) (Brit.: text) Text, der; b) (Printing) Hochdruck, der; ~**s page** n. Leserbriefseite; ~**s patent** n. pl. Patent, das; ~-**writer** n. Briefschreiber, der/Briefschreiberin, die

Lettish ['letɪʃ] 1. adj. lettisch. 2. n. see Lett b

lettuce ['letɪs] n. (Kopf)salat, der; [grüner] Salat; a [head of] ~: ein Kopf Salat

'**let-up** n. (coll.) (in fighting) Nachlassen, das; (in work) Pause, die; there was no ~-up in the fighting/bombardment die Kämpfe ließen/der Beschuß ließ nicht nach

leucocyte [luːkəsaɪt] n. (Anat.) Leukozyt, der (fachspr.); weißes Blutkörperchen

leucotomy [luːˈkɒtəmɪ] n. (Med.) Leukotomie, die

leukaemia (Amer.: **leukemia**) [luːˈkiːmɪə] n. (Med.) Leukämie, die

Levant [lɪˈvænt] pr. n. the ~ die Levante

Levantine [lɪˈvæntaɪn, ˈlevəntaɪn] 1. adj. levantinisch. 2. n. Levantiner, der/Levantinerin, die

levee ['levɪ] n. (Amer. Geog.) Fluß-, Uferdamm, der

level ['levl] 1. n. a) Höhe, die; (storey) Etage, die; (fig.: steady state) Niveau, das; (fig.: basis) Ebene, die; the water rose to the ~ of the doorsteps das Wasser stieg bis zur Türschwelle; live on the same ~: in od. auf derselben Etage wohnen; prices are at a high/low ~: die Preise sind hoch/niedrig; be on a ~ [with sb./sth.] sich auf gleicher od. einer Höhe [mit jmdm./etw.] befinden; (fig.) auf dem gleichen Niveau stehen od. der gleichen Stufe stehen [wie jmd./etw.]; on the ~ (fig. coll.) ehrlich; he's on the ~: man kann ihm durchaus trauen; water finds/seeks its ~: Wasser verteilt sich gleichmäßig; find one's ~ (fig.) seinen Platz finden; b) (height) at waist-/roof-top etc. ~: in Taillen-/Dachhöhe usw.; c) (relative amount) sugar/alcohol ~: [Blut]zucker-/Alkoholspiegel, der; noise ~: Geräuschpegel, der; high ~s of CO_2 in the atmosphere ein hoher CO_2-Gehalt in der Atmosphäre; d) (social, moral, or intellectual plane) Niveau, das; (degree of achievement etc.) Grad, der (of an + Dat.); (plane of significance) Ebene, die; the lower ~s die unteren Schichten; on a personal/moral ~: auf persönlicher/moralischer Ebene; expenditure is running at high ~s die Aufwendungen bewegen sich auf einem hohen Niveau; high ~ of intellect hoher Intelligenzgrad; pupils of varying ~s of ability Schüler unterschiedlicher Begabung; he has reached an advanced ~ in his course er hat in seinem Kurs ein fortgeschrittenes Niveau erreicht; talks at the highest ~ [of government] Gespräche auf höchster [Regierungs]ebene; e) (instrument to test horizontal) Wasserwaage, die; f) (Surv.: telescope) Nivellierinstrument, das; g) (Mining) Sohle, die. 2. adj. a) waagerecht; flach ⟨Land⟩; eben ⟨Boden, Land⟩; a ~ **spoonful of flour** ein gestrichener Löffel Mehl; the picture is not ~: das Bild hängt nicht gerade; b) (on a ~) be ~ [with sth./sb.] auf gleicher Höhe [mit etw./jmdm.] sein; (fig.) [mit etw./jmdm.] gleichauf liegen; the two pictures are not ~: die beiden Bilder hängen nicht gleich hoch; **draw/keep ~ with** a rival mit einem Gegner gleichziehen/auf gleicher Höhe bleiben; ~ **race** Kopf-an-Kopf-Rennen, das; see also peg 2 c; c) (fig.: steady, even) ausgeglichen ⟨Leben, Temperament⟩; ausgewogen ⟨Stil⟩; **keep a** ~ **head** einen kühlen Kopf bewahren; **do one's** ~ **best** (coll.) sein möglichstes tun. 3. v.t. (Brit.) -**ll-** a) (make ~ 2 a) ebnen; b) (aim) richten ⟨Blick, Gewehr, Rakete⟩ (at, against auf + Akk.); (fig.) richten ⟨Kritik usw.⟩ (at, against gegen); erheben ⟨Anklage, Vorwurf⟩ (at, against gegen); c) (raze) dem Erdboden gleichmachen ⟨Stadt, Gebäude⟩; d) (knock down) zu Boden schlagen ⟨Person⟩; e) (abolish) aufheben, nivellieren ⟨Unterschiede⟩; f) (Surv.) nivellieren. 4. v.i. (Brit.) -**ll-** (sl.) **I'll ~ with you** ganz im Ernst; ehrlich (ugs.); ~ **with sb.** mit jmdm. ehrlich sein

~ '**down** v.t. herabsetzen; abbauen ⟨Privilegien, Gehälter, Einkommen⟩

~ '**off 1.** v.t. glatt machen. **2.** v.i. (Aeronaut.) die Flughöhe beibehalten

~ '**out 1.** v.t. nivellieren. **2.** v.i. a) see ~ off 2 b) (fig.) sich ausgleichen ⟨Preise, Markt:⟩ sich beruhigen

~ '**up** v.t. anheben ⟨Niveau, Leistungsstand, Gehalt, Einkommen⟩

level 'crossing n. (Brit. Railw.) [schienengleicher] Bahnübergang

leveler (Amer.) see leveller

level-'headed adj. besonnen; **remain** ~: einen kühlen Kopf bewahren

leveller ['levələ(r)] n. Gleichmacher, der

levelling-screw (Amer.: **leveling-screw**) ['levəlɪŋskruː] n. Stellschraube, die

lever ['liːvə(r)] 1. n. a) Hebel, der; (crowbar) Brechstange, die; (Mech.) Hebel[arm], der; b) (fig.: means of persuasion) Druckmittel, das. 2. v.t. ~ **sth.** etw. aufhebeln; ~ **sth. up** etw. anheben

leverage ['liːvərɪdʒ] n. a) Hebelwirkung, die; (action of lever) Hebelkraft, die; (system of levers) Hebelwerk, das; **I need more** ~ **to lift this cupboard** ich brauche einen günstigeren Ansatzpunkt, um den Schrank bewegen zu können; b) (fig.: influence) give **sb.** [a lot of] ~: jmds. Position [sehr] stärken

leveret ['levərɪt] n. (Zool.) Junghase, der

leviathan [lɪˈvaɪəθən] n. a) (sea monster) Seeungeheuer, das; b) (fig.: huge thing) Riese, der; (ship) Ozeanriese, der

Levis, (P) ['liːvaɪz] n. pl. Levis, die ⓌⓏ

levitate ['levɪteɪt] v.i. & t. levitieren

levitation [levɪˈteɪʃn] n. Levitation, die

levity ['levɪtɪ] n. a) (frivolity) Unernst, der; b) (inconstancy) Unbeständigkeit, die; Wankelmut, der (geh.); c) (undignified behaviour) Leichtfertigkeit, die

levy ['levɪ] 1. n. a) [Steuer]erhebung, die; b) (tax) Steuer, die; **make or impose a** ~ **on sth.** eine Steuer auf etw. (Akk.) erheben; c) (Mil.: conscription) Einberufung, die; (number of conscripts) Anzahl von Einberufenen; in pl. (conscripts) Einberufene. 2. v.t. a) (exact) ⟨Steuern, Beträge⟩; (seize) beschlagnahmen; einziehen; (extort) erpressen ⟨Geld⟩; ~ **a fine on sb./a tax on sth.** jmdn. mit einer Geldstrafe/etw. mit einer Steuer belegen; b) (Mil.: conscript) aufstellen ⟨Armee, Truppe⟩; einberufen ⟨Soldat⟩

lewd [ljuːd] adj. geil (oft abwertend), lüstern (geh.) ⟨Person⟩; anzüglich ⟨Blick, Geste⟩; schlüpfrig, unanständig ⟨Lied, Ausdruck, Witz⟩

lewdly ['ljuːdlɪ] adv. lüstern (geh.); anzüglich

lewdness ['ljuːdnɪs] n., no pl. (of person) Geilheit, die (oft abwertend); (of look, remark) Anzüglichkeit, die (geh.); (of language, joke) Schlüpfrigkeit, die

lexical ['leksɪkl] adj. lexikalisch

lexicographer [leksɪˈkɒɡrəfə(r)] n. Lexikograph, der/Lexikographin, die

lexicography [leksɪˈkɒɡrəfɪ] n., no pl. Lexikographie, die

lexicon ['leksɪkən] n. a) (dictionary) Wörterbuch, das; Lexikon, das (veralt.); b) (vocabulary) Wortschatz, der

lexis ['leksɪs] n. Wortschatz, der

l. h. Abbr. left hand l.

liability [laɪəˈbɪlɪtɪ] n. a) no pl. (legal obligation) Haftung, die; **limited** ~ (Brit.) beschränkte Haftung; ~ **to pay tax[es] or for taxation** Steuerpflicht, die; ~ **for military service** Dienstpflicht, die; b) no pl. (proneness) (to disease etc.) Anfälligkeit, die (to für); c) (sth. one is liable for) Verpflichtung, die; **liabilities** (debts) Verbindlichkeiten (Kaufmannsspr.); d) (cause of disadvantage) Belastung, die (to für)

liable ['laɪəbl] pred. adj. a) (legally bound) **be** ~ **for sth.** für etw. haftbar sein od. haften; ~ **for military service** militärdienstpflichtig; **be** ~ **to pay tax[es]** steuerpflichtig sein; b) (prone) **be** ~ **to sth.** ⟨Sache:⟩ leicht etw. haben; ⟨Person:⟩ zu etw. neigen; **be** ~ **to do sth.** ⟨Sache:⟩ leicht etw. tun; ⟨Person:⟩ dazu neigen, etw. zu tun; c) (likely) **difficulties are** ~ **to occur** mit Schwierigkeiten muß man rechnen; **she is** ~ **to change her mind** es kann durchaus sein, daß sie ihre Meinung ändert; **it is** ~ **to be cold there** im allgemeinen ist es dort kalt

liaise [lɪˈeɪz] v.i. (coll.) eine Verbindung herstellen; ~ **on a project** bei einem Projekt zusammenarbeiten; **they** ~ **on a regular basis** sie haben regelmäßig Kontakt

liaison [lɪˈeɪzɒn] n. a) (co-operation) Zusammenarbeit, die; (connection) Verbindung, die; **be in** ~ **with** in Verbindung stehen mit; b) (illicit relation) Verhältnis, das; Liaison, die; **form or enter into a** ~: ein Verhältnis anfangen; c) (Phonet.) Liaison, die

li'aison officer n. Verbindungsmann, der; (Mil.) Verbindungsoffizier, der

liana [lɪˈɑːnə] n. (Bot.) Liane, die

liar ['laɪə(r)] n. Lügner, der/Lügnerin, die

Lib [lɪb] abbr. a) Liberal Lib. b) (coll.) liberation

libation [laɪˈbeɪʃn, lɪˈbeɪʃn] n. Libation, die; Trankopfer, das

libel ['laɪbl] 1. n. a) [schriftliche] Verleumdung; [public] ~: blasphemische, obszöne, aufrührerische od. landesverräterische Verleumdung; b) (misrepresentation that

libellous

discredits) diffamierende Entstellung (**on** Gen.). **2.** *v. t.,* (*Brit.*) **-ll-** [öffentlich] verleumden
libellous (*Amer.:* **libelous**) ['laɪbələs] *adj.* verleumderisch
liberal ['lɪbərl] **1.** *adj.* **a)** *(generous, abundant)* großzügig; freigebig, großzügig ⟨*Person, Wesen*⟩; **a ~ amount of** reichlich; **b)** *(generally educative)* allgemeinbildend; **~ education** *or* **culture** Allgemeinbildung, *die;* **~ studies** geisteswissenschaftliches Nebenfach bei naturwissenschaftlicher, technischer oder berufsspezifischer Ausbildung; **c)** *(not strict)* liberal; frei ⟨*Auslegung*⟩; **d)** *(openminded)* liberal; aufgeschlossen; **e)** *(Polit.)* liberal. **2.** *n.* **a)** liberal denkender Mensch; **b) L~** *(Polit.)* Liberale, *der/die*
liberal 'arts *n. pl.* **a)** *(Hist.)* Artes liberales *Pl.;* die Sieben Freien Künste; **b)** *(Amer.: arts)* Geisteswissenschaften *Pl.*
liberalism ['lɪbərəlɪzm] *n.* **a)** Liberalität, *die;* **L~** *(Polit.)* Liberalismus, *der*
liberality [lɪbə'rælɪtɪ] *n., no pl.* **a)** *(generosity)* Großzügigkeit, *die* (**to** gegenüber); Freigebigkeit, *die;* **b)** *(open-mindedness)* Liberalität, *die;* **c)** *(licentiousness)* Libertinage, *die*
liberalize ['lɪbərəlaɪz] *v. t.* liberalisieren
liberally ['lɪbərəlɪ] *adv. (generously)* großzügig; *(abundantly)* reichlich
liberate ['lɪbəreɪt] *v. t.* **a)** befreien (**from** aus); **b)** *(Chem.)* freisetzen; **c)** *(joc. sl.: steal)* mitgehen lassen *(ugs.)*
liberation [lɪbə'reɪʃn] *n.* **a)** Befreiung, *die;* **~ theology** Theologie der Befreiung; *see also* **Women's Liberation; b)** *(Chem.)* Freisetzung, *die*
liberator ['lɪbəreɪtə(r)] *n.* Befreier, *der/*Befreierin, *die*
Liberia [laɪ'bɪərɪə] *pr. n.* Liberia *(das)*
Liberian [laɪ'bɪərɪən] **1.** *adj.* liber[ian]isch. **2.** *n.* Liberi[an]er, *der/*Liberi[an]erin, *die*
libertine ['lɪbətiːn] *n.* Libertin, *der*
liberty ['lɪbətɪ] *n.* Freiheit, *die;* the Statue of L**~:** die Freiheitsstatue; **you are at ~ to come and go as you please** es steht Ihnen frei, zu kommen und zu gehen, wie Sie wollen; **be at ~:** auf freiem Fuß sein; **set sb. at ~:** jmdn. auf freien Fuß setzen; **~ of the subject** Recht an Staatsbürger, *die;* **~ of action/movement** Handlungs-/Bewegungsfreiheit, *die;* **take the ~ to do** *or* **of doing sth.** sich *(Dat.)* die Freiheit nehmen, etw. zu tun; **take liberties with sb.** sich *(Dat.)* Freiheiten gegen jmdn. herausnehmen *(ugs.);* **take liberties with sth.** mit etw. allzu frei umgehen; **if you'll pardon the ~:** wenn ich mir die Bemerkung erlauben darf; *see also* **conscience**
liberty: L~ Bell *n. (Amer.)* Freiheitsglocke, *die;* **~ boat** *n. (Brit. Naut.)* Boot, mit dem Seeleute zu einem kurzen Landurlaub an Land gebracht werden; **~ horse** *n.* Freiheitsdressurpferd, *das*
libidinal [lɪ'bɪdɪnl] *adj. (Psych.)* libidinös
libidinous [lɪ'bɪdɪnəs] *adj.* triebhaft
libido [lɪ'biːdəʊ] *n. (Psych.)* Libido, *die*
Libra ['liːbrə, 'lɪbrə] *n. (Astrol., Astron.)* die Waage; die Libra; *see also* **Aries**
Libran ['liːbrən, 'lɪbrən] *n. (Astrol.)* Waage, *die*
librarian [laɪ'breərɪən] *n.* Bibliothekar, *der/*Bibliothekarin, *die*
librarianship [laɪ'breərɪənʃɪp] *n.* **a)** *(subject)* Bibliothekswesen, *das;* Bibliothekskunde, *die;* **b)** *(work)* bibliothekarische Tätigkeit
library ['laɪbrərɪ] *n.* **a)** Bibliothek, *die;* Bücherei, *die;* **reference ~:** Präsenzbibliothek, *die;* **public ~:** öffentliche Bücherei; **b)** *(collection of films, records, etc.)* Sammlung, *die. See also* **lending 2; rental library**
library: ~ book *n.* Buch aus der Bibliothek *od.* Bücherei; **~ edition** *n.* Ausgabe mit Bibliothekseinband; **~ school** *n.* Bibliotheksschule, *die;* **~ science** *n.* Biblio-

thekswissenschaft, *die;* **~ ticket** *n.* Lesekarte, *die*
librettist [lɪ'bretɪst] *n.* Librettist, *der/*Librettistin, *die*
libretto [lɪ'bretəʊ] *n., pl.* **libretti** [lɪ'bretiː] *or* **~s** Libretto, *das*
Libya ['lɪbɪə] *pr. n.* Libyen *(das)*
Libyan ['lɪbɪən] **1.** *adj.* libysch; **sb. is ~:** jmd. ist Libyer/Libyerin. **2.** *n.* Libyer, *der/*Libyerin, *die*
lice *pl. of* **louse 1 a**
licence ['laɪsəns] **1.** *n.* **a)** *(official permit)* [behördliche] Genehmigung; Lizenz, *die;* Konzession, *die (Amtsspr.);* **hunting ~:** Jagdschein, *der;* **~ to** *(Waffen)*schein, *der;* **~ to marry** *see* **marriage licence; b)** *(excessive liberty of action)* [uneingeschränkte] Handlungsfreiheit; **c)** *(licentiousness)* Unzüchtigkeit, *die;* Zügellosigkeit, *die;* **d)** *(artist's irregularity)* Freiheit, *die;* **poetic ~:** dichterische Freiheit. **2.** *v. t. see* **license 1**
'licence-dodger *n. (car owner)* Schwarzfahrer, *der; (TV)* Schwarzseher, *der*
license ['laɪsəns] **1.** *v. t.* ermächtigen; **~ a building for use as a theatre** ein Gebäude zur Nutzung als Theater freigeben; **~ to sell alcoholic beverages** *(formal)* [für den Ausschank von alkoholischen Getränken] konzessionieren; **~ to sell tobacco** berechtigt, Tabakwaren zu verkaufen; **the restaurant is ~d to sell drinks** das Restaurant hat eine Schankerlaubnis *od.* -konzession; **~d house** Gastwirtschaft, *die;* **licensing hours** *(in public house)* Ausschankzeiten; **licensing laws** Schankgesetze; **~** Gaststättengesetz, *das;* **~d premises** Gaststätte mit Schankerlaubnis; **~ a book/play** etc. **[for publication]** ein Buch/Stück usw. zur Veröffentlichung freigeben; *see also* **victualler. 2.** *n. (Amer.) see* **licence 1**
licensee [laɪsən'siː] *n.* Lizenzinhaber, *der;* Konzessionsinhaber, *der; (of bar)* Wirt, *der/*Wirtin, *die*
'license plate *n. (Amer.)* Nummernschild, *das*
licentiate [laɪ'senʃɪət] *n.* **a)** *(person)* Inhaber eines Diploms; **b)** *(certificate)* Diplom, *das*
licentious [laɪ'senʃəs] *adj.* zügellos, ausschweifend ⟨*Leben, Person*⟩; unzüchtig ⟨*Benehmen, Reden*⟩; freizügig ⟨*Buch, Theaterstück*⟩
lichen ['laɪkn, 'lɪtʃn] *n.* Flechte, *die*
lich-gate ['lɪtʃgeɪt] *n.* überdachtes Friedhofstor
licit ['lɪsɪt] *adj.* legal
lick [lɪk] **1.** *v. t.* **a)** lecken; **~ a stamp** eine Briefmarke anlecken *od.* belecken; **~ one's chops** *(coll.)* *or* **lips** *(lit. or fig.)* sich *(Dat.)* die Lippen lecken; **~ sth./sb. into shape** *(fig.)* etw./jmdn. auf Vordermann bringen *(ugs.);* **~ sb.'s boots** *(fig.)* jmdm. die Stiefel lecken; **~ sb.'s arse** *(fig. coarse)* jmdm. hinten reinkriechen *(derb);* **~ one's wounds** *(lit. or fig.)* seine Wunden lecken; **b)** *(play gently over)* ⟨*Flammen, Feuer:*⟩ [empor]züngeln an (+ *Akk.*); **c)** *(Wasser, Wellen:*⟩ plätschern über (+ *Akk.*); **c)** *(sl.: beat)* verdreschen *(ugs.); (fig.)* bewältigen, meistern ⟨*Problem*⟩; *(in contest)* sind eine Abfuhr erteilen (+ *Dat.*); **this crossword/problem has [got] me ~ed** ich steck' bei dem Kreuzworträtsel/Problem fest. **2.** *n.* **a)** *(act of licking)* Lecken, *das;* **have a ~ at sth.** an etw. *(Dat.)* lecken; **give a door a ~ of paint** eine Tür [oberflächlich] überstreichen; **give the shoes a ~ of polish** die Schuhe flüchtig putzen; **give sth./oneself a ~ and a promise** *(fig. coll.)* kurz über etw. *(Akk.)* hinhuschen/Katzenwäsche machen *(ugs.);* **b)** *(sl.: fast pace)* **at a great** *or* **at full ~:** mit einem Affenzahn *(ugs.);* **at quite a ~:** mit einem ganz schönen Zahn *(ugs.);* **c)** *see* **salt-lick**
~ 'off *v. t.* ablecken; **~ the cream off the cake** die Sahne vom Kuchen lecken

lie

~ 'up *v. t.* auflecken
lickety-split [lɪkətɪ'splɪt] *adv. (coll.)* wie der Blitz *(ugs.)*
licking ['lɪkɪŋ] *n. (sl.: beating)* Abreibung, *die (ugs.);* **give sb. a good ~:** jmdn. kräftig durchbleuen *(ugs.);* **take a ~:** eine Abreibung kriegen *(ugs.)*
'lickspittle *n.* Speichellecker, *der (abwertend)*
licorice *see* **liquorice**
lid [lɪd] *n.* **a)** Deckel, *der;* **with the ~ off** *(fig.)* unter Aufdeckung aller Mängel/Schwächen/Mißstände; **take the ~ off sth.** *(fig.)* etw. aufdecken; **put the [tin] ~ on sth.** *(Brit. sl.) (be the final blow)* einer Sache *(Dat.)* die Krone aufsetzen; *(put an end to)* etw. stoppen; **that [really] puts the tin ~ on it** das schlägt dem Faß den Boden aus; *see also* **'flip 3; b)** *(eyelid)* Lid, *das*
lido ['liːdəʊ] *n., pl.* **~s** Freibad, *das*
¹lie [laɪ] **1.** *n.* **a)** *(false statement)* Lüge, *die;* **tell ~s/a ~:** lügen; **no, I tell a ~, ...** *(coll.)* nein, nicht daß ich jetzt lüge, ... *(ugs.);* **white ~:** Notlüge, *die;* **tell a white ~:** eine Notlüge gebrauchen; **give sb. the ~ [in his throat]** jmdn. der Lüge bezichtigen; **give the ~ to sth.** etw. Lügen strafen; **b)** *(thing that deceives)* [einzige] Lüge *(fig.);* Schwindel, *der (abwertend);* **he lived a ~:** sein Leben war eine einzige Lüge. **2.** *v. i.,* **lying** ['laɪɪŋ] lügen; **~ to sb.** jmdn. be- *od.* anlügen; **~ through one's teeth** *(ugs.)* das Blaue vom Himmel herunterlügen *(ugs.).* **3.** *v. t.,* **lying: ~ one's way out of sth.** sich aus etw. herauslügen
²lie 1. *n.* **a)** *(direction, position)* Lage, *die;* **the ~ of the land** *(Brit. fig.: state of affairs)* die Lage der Dinge; *(Golf)* Lage [des Balles]. **2.** *v. i.,* **lying** ['laɪɪŋ]**, lay** [leɪ]**, lain** [leɪn] **a)** liegen; *(assume horizontal position)* sich legen; **many obstacles ~ in the way of my success** *(fig.)* viele Hindernisse verstellen mir den Weg zum Erfolg; **~ resting** ruhen; **she lay asleep/resting on the sofa** sie lag auf dem Sofa und schlief/ruhte sich aus; **~ still/dying** still liegen/im Sterben liegen; **~ sick** [krank] daniederliegen; **~ dead/helpless** tot/hilflos [da]liegen; **b)** *(be or remain in specified state)* **~ in prison** im Gefängnis sitzen; **~ idle** ⟨*Feld, Garten:*⟩ brachliegen; ⟨*Maschine, Fabrik:*⟩ stillstehen; ⟨*Gegenstand:*⟩ [unbenutzt] herumstehen *(ugs.);* **the money is lying idle in the bank** das Geld liegt ungenutzt auf der Bank; **let sth./things ~:** etw./die Dinge ruhen lassen; **how do things ~?** wie liegen die Dinge?; *see also* **close 1 k; doggo; ¹fallow 2; heavy 1 j; ¹low 2 e; wait 3 b; waste 4 b; c)** *(be buried)* [begraben] liegen; *see also* **state 1 g; d)** *(be situated)* liegen; **Austria ~s to the south of Germany** Österreich liegt südlich von Deutschland; **our road ~s northwards/along the river** unsere Straße führt nach Norden/verläuft entlang dem Fluß; *see also* **land 3; e)** *(be spread out to view)* **the valley/plain/desert lay before us** vor uns lag das Tal/die Ebene/die Wüste; **a brilliant career lay before him** *(fig.)* eine glänzende Karriere lag vor ihm; **these suggestions now ~ open to discussion** *(fig.)* diese Vorschläge können jetzt diskutiert werden; **f)** *(Naut.)* **~ at anchor/in harbour** vor Anker/im Hafen liegen; **g)** *(fig.)* ⟨*Gegenstand:*⟩ liegen; **her interest ~s in languages** ihr Interesse liegt auf sprachlichem Gebiet; **I will do everything that ~s in my power to help** ich werde alles tun, was in meiner Macht steht, um zu helfen; **I will ... as far as in me ~s** *(literary)* ich werde tun, so will ich ...; **it ~s with you** es liegt bei dir; **h)** *(Law: be admissible or sustainable)* zulässig sein; **no objection will ~:** Einspruch kann nicht erhoben werden; **i)** **~ with sb.** *(arch.: have sexual intercourse)* jmdm. beiliegen *(geh. veraltet)*

~ a'bout, **~ a'round** *v. i.* herumliegen *(ugs.)*

419

~ 'back *v. i. (recline against sth.)* sich zurücklegen; *(in sitting position)* sich zurücklehnen
~ 'down *v. i.* sich hinlegen; **take sth. lying down** *(fig.)* etw. ruhig *od.* tatenlos hinnehmen; *see also* **lie-down**
~ 'in *v. i.* a) *(arch.: labour in childbirth)* in den Wehen liegen *(veralt.);* b) *(Brit. coll.: stay in bed)* liegenbleiben; *see also* **lie-in**
~ 'over *v. i.* ⟨*Arbeit:*⟩ liegenbleiben; ⟨*Tagesordnungspunkt, Entscheidung:*⟩ vertagt werden
~ 'to *v. i. (Naut.)* beidrehen
~ 'up *v. i.* a) *(hide)* sich versteckt halten; b) *(stay in bed)* das Bett hüten
'**lie-abed** *n.* Langschläfer, *der*/-schläferin, *die*
lied [liːt] *n., pl.* ~**er** ['liːdə(r)] Lied, *das; (genre)* Kunstlied, *das*
lie: ~-**detector** *n.* Lügendetektor, *der;* ~-**down** *n. (coll.)* **have a** ~-**down** sich hinlegen
Liège [lɪ'eɪʒ] *pr. n.* Lüttich *(das)*
liege [liːdʒ] *n. (Hist.)* a) *(lord)* Lehnsherr, *der;* **my** ~: *as form of address* mein gnädiger Herr; b) *usu. in pl. (vassal)* Lehnsmann, *der*
'**lie-in** *n. (coll.)* a) *(Brit.: extra time in bed)* **have a** ~ [sich] ausschlafen; b) *(protest) Demonstration, bei der sich die Protestierenden auf den Boden legen;* Lie-in, *das*
lien ['liːən] *n. (Law)* Zurückbehaltungsrecht, *das;* Retentionsrecht, *das*
lieu [ljuː, luː] *n.* **in** ~ **of sth.** anstelle einer Sache *(Gen.);* **get money/holidays in** ~: statt dessen Geld/Urlaub bekommen
Lieut. *abbr.* **Lieutenant**
lieutenant [lef'tenənt, ləf'tenənt] *n.* a) *(Army)* Oberleutnant, *der;* (Navy) Kapitänleutnant, *der;* **first** ~ *(Amer. Air Force)* Oberleutnant, *der;* b) *(Amer.: policeman)* ≈ Polizeioberkommissar, *der*
lieutenant: ~-'**colonel** *n.* Oberstleutnant, *der;* ~-**com**'**mander** *n.* Korvettenkapitän, *der;* ~-'**general** *n.* Generalleutnant, *der;* ~-'**governor** *n.* Vizegouverneur, *der*
life [laɪf] *n., pl.* **lives** [laɪvz] a) Leben, *das;* **sign of** ~: Lebenszeichen, *das;* **essential for** ~: lebensnotwendig; **it is a matter of** ~ **and death** es geht [dabei] um Leben und Tod; *(fig.: it is of vital importance)* es ist äußerst wichtig *(to für);* **come to** ~ ⟨*Bild, Statue:*⟩ lebendig werden; ⟨*die Natur:*⟩ zu neuem Leben erwachen; *(after unconsciousness)* wieder zu sich kommen; **then the match came to** ~: dann kam Leben in das Spiel; **run** *etc.* **for one's** ~: um sein Leben rennen *usw.;* **I cannot for the** ~ **of me** ich kann beim besten Willen nicht; **lay down one's** ~: sein Leben [hin]geben; **lose one's** ~: sein Leben verlieren; **they lost their lives** sie verloren ihr Leben; **many lives were lost** viele Menschen kamen ums Leben; **risk [losing] one's** ~: sein Leben riskieren; **without loss of** ~: ohne Todesopfer; ~ **begins at forty** das Leben beginnt mit 40; ~ **is not worth living** das Leben ist nicht lebenswert; **not on your** ~ *(coll.)* nie im Leben! *(ugs.);* **save one's/sb.'s** ~: sein Leben/jmdm. das Leben retten; **sth. is as much as sb.'s** ~ **is worth** mit etw. setzt jmd. sein Leben aufs Spiel; **take [sb.'s]** ~: jmdn. töten; **take one's [own]** ~: sich *(Dat.)* das Leben nehmen; **take one's** ~ **in one's hands** sein Leben riskieren; **upon my** ~: meiner Treu; **on one's** ~ -**guard** *n.* a) *(soldiers)* Leibwache, *die;* b) *(expert swimmer)* Rettungsschwimmer, *der*/-schwimmerin, *die;* **L**~ **Guards** *n. pl. (Brit.: regiment)* [Leib]garde, *die;* ~-**history** *n.* a) *(of person)* Lebensgeschichte, *die;* b) *(of organism)* Entwicklungsgeschichte, *die;* ~ **insurance** *n.* Lebensversicherung, *die;* ~-**jacket** *n.* Schwimmweste, *die*
lifeless ['laɪflɪs] *adj.* a) leblos; unbelebt ⟨*Gegend, Planet*⟩; b) *(lacking animation)* farblos ⟨*Stimme, Rede, Aufführung*⟩; ⟨*Stadt*⟩ ohne Leben
life: ~**like** *adj.* lebensecht; ~**line** *n.* a) *(rope)* Rettungsleine, *die;* Manntau, *das;* b) *(of diver)* Signalleine, *die;* b) *(fig.)* [lebenswichtige] Verbindung; *(support)* Rettungsanker, *der;* c) *(Palmistry)* Lebenslinie, *die;* ~ **long** *adj.* lebenslang; **sb.'s** ~**long friend** *(future)* jmds. Freund fürs Leben; *(past)* jmds. Freund seit der Kindheit; ~ **member** *n.* Mitglied auf Lebenszeit; ~ **membership** *n.* lebenslange Mitgliedschaft; Mitgliedschaft auf Lebenszeit; ~ **peer** *n.* Peer auf Lebenszeit, *der;* ~ **peerage** *n.* nicht erbliche
book 1 a, lease 1; limb a; price 1 a; sell 1 a; staff 1 g; b) *(energy, animation)* Leben, *das;* **be the** ~ **and soul of the party** der Mittelpunkt der Party sein; **full of** ~: energiegeladen ⟨*Person*⟩; lebendig ⟨*Stadt, Straße*⟩; **there is still** ~ **in sth.** *(Dat.)* steckt noch Leben; **put some** ~ **into it!** *(coll.)* ein bißchen flotter!; c) *(living things and their activity)* Leben, *das;* **is there** ~ **on Mars?** gibt es Leben auf dem Mars?; **support** ~: organisches Leben tragen; **bird/insect** ~: die Vogelwelt/die Insekten; d) *(living form or model)* **draw sb. from** ~: jmdn. nach dem Leben zeichnen; **as large as** ~ *(life-size)* lebensgroß; *(in person)* in voller Schönheit *(ugs. scherzh.);* **larger than** ~: überzeichnet; **larger-than-**~ **faces** überlebensgroße Gesichter; **true to** ~: wahrheitsgetreu; **to the** ~: lebensgetreu; e) *(period from birth to death, from specified time to death)* Leben, *das;* **marry early in** ~: früh heiraten; **sb.'s** ~: erst im fortgeschrittenen Alter; **sb.'s** ~ **and times** jmds. Leben und die Zeit, in der er *usw.* lebte; **for** ~: auf Lebenszeit; ⟨*lebenslänglich (inhaftiert);* **he's doing** ~ *(coll.)* er sitzt lebenslänglich *(ugs.);* **get** ~ *(sl.)* lebenslänglich kriegen *(ugs.);* **expectation of** ~: Lebenserwartung, *die;* **get the fright/shock of one's** ~ *(coll.)* zu Tode erschrecken/den Schock seines Lebens bekommen *(ugs.);* **have the time of one's** ~: sich hervorragend amüsieren; f) *(chance, fresh start)* **a cat has nine lives** eine Katze hat neun Leben; **a player has three lives** *(Sport)* ein Spieler hat drei Versuche; g) *(form of existence)* Leben, *das;* **he will do anything for a quiet** ~: für ihn ist die Hauptsache, daß er seine Ruhe hat; **nothing in** ~: nichts auf der Welt; **make** ~ **easy for oneself/sb.** es sich *(Dat.)*/jmdm. leichtmachen; **make** ~ **difficult for oneself/sb.** sich *(Dat.)*/jmdm. das Leben schwermachen; **this is the** ~! *expr.* **content** so läßt sich's leben!; **what a** ~! *expr.* **discontent** so ein Hundeleben! *(ugs.);* **that's** ~, ~'**s like that** so ist das Leben [nun mal]; h) *(specific aspect)* ⟨*Privat-, Wirtschafts-, Dorf*⟩leben, *das;* **military/national** ~: das militärische/öffentliche Leben; **the bustle of street** ~: das pulsierende Leben in den Straßen; **in this** ~ *(on earth)* in diesem Leben; **the other or the future or the next** ~ *(in heaven)* das zukünftige Leben [nach dem Tode]; **eternal or everlasting** ~: ewiges Leben; *see also* **depart 1 d, 2; simple a;** i) *(biography)* Lebensbeschreibung, *die;* j) *(active part of existence)* Alltagsleben, *das;* **daily** ~: das Alltagsleben; **see** ~: etwas von der Welt sehen; *see also* **high life;** k) *(of battery, lightbulb, etc.)* Lebensdauer, *die*
life: ~-**and-death** *adj.* ⟨*Kampf*⟩ auf Leben und Tod; *(fig.)* überaus wichtig ⟨*Frage, Brief*⟩; ~ **an**'**nuity** *n.* Leibrente, *die;* ~ **assurance** *n. (Brit.)* Lebensversicherung, *die;* ~-**belt** *n.* Rettungsring, *der;* ~-**blood** *n.* Blut, *das;* Lebenssaft, *der (dichter.);* ~-**boat** *n.* Rettungsboot, *das;* ~-**buoy** *n. (ring-shaped)* Rettungsring, *der;* ~ **cycle** *n.* Lebenszyklus, *der;* ~ **expectancy** *n.* Lebenserwartung, *die;* ~ **force** *n.* Elan vital, *der;* ~-**giving** *adj.* lebensspendend *(geh.);* ~-
Peerswürde; ~-**preserver** *n.* a) *(~jacket)* Schwimmweste, *die;* *(~buoy)* Rettungsring, *der;* b) *(stick)* Totschläger, *der*
lifer ['laɪfə(r)] *n. (sl.)* Lebenslängliche, *der/die (ugs.)*
life: ~-**raft** *n.* Rettungsfloß, *das;* ~-**saver** *n.* a) *(Austral., NZ: ~guard)* Rettungsschwimmer, *der;* b) *(thing that saves)* Lebensretter, *der (fig.);* **it's been a** ~-**saver** es war die letzte Rettung; ~-**saving** *n.* Rettungsschwimmen, *das;* ~-**saving** *adj.* lebensrettend ⟨*Medikament*⟩; ~ **sciences** *n. pl.* Biowissenschaften *Pl.;* ~ **sentence** *n.* lebenslängliche Freiheitsstrafe; **get a** ~ **sentence** lebenslänglich bekommen; ~-**size, ~-sized** *adj.* lebensgroß; **in Lebensgröße** nachgestellt; ~-**span** *n.* Lebenserwartung, *die;* *(Biol.)* Lebensdauer, *die;* ~-**story** *n.* Lebensgeschichte, *die;* ~-**style** *n.* Lebensstil, *der;* ~-**support** *n.* ~-**support system** lebenserhaltende Apparate; ~**time** *n.* Lebenszeit, *die;* *(Phys.)* Lebensdauer, *die; attrib.* lebenslang; **once in a** ~**time** einmal im Leben; **during my** ~**time** während meines Lebens; **the chance of a** ~**time** eine einmalige Gelegenheit; **die Chance meines/deines** *usw.* Lebens; ~-**vest** *n.* Schwimmweste, *die;* ~-**work** *n.* Lebenswerk, *das*
lift [lɪft] **1.** *v. t.* a) heben; *(slightly)* anheben; *(fig.)* erheben ⟨*Seele, Gemüt, Geist*⟩; **have one's face** ~**ed** sich *(Dat.)* das Gesicht liften lassen; ~ **sb.'s spirits** jmds. Stimmung heben; **not** ~ **a hand to do sth.** keine Hand rühren *(ugs.);* ~ **a hand against sb.** die Hand gegen jmdn. heben; *see also* **finger 1 a;** b) *(sl.: steal)* klauen *(salopp);* c) *(sl.: plagiarize)* abkupfern *(salopp) (from aus);* d) *(dig up)* ernten ⟨*Kartoffeln*⟩; aus der Erde nehmen ⟨*Blumenzwiebeln, -knollen*⟩; e) *(end)* aufheben ⟨*Verbot, Beschränkung, Blockade*⟩. **2.** *v. i.* a) *(disperse)* sich auflösen; *(fig.)* ⟨*schlechte Stimmung, Unmut:*⟩ verfliegen; b) *(rise)* ⟨*Stimmung:*⟩ sich aufhellen; ⟨*Herz:*⟩ höher schlagen. **3.** *n.* a) *(free ride in vehicle)* Mitfahrgelegenheit, *die;* **get a** ~ [**with** *or* **from sb.**] [von jmdm.] mitgenommen werden; **give sb. a** ~: jmdn. mitnehmen; **would you like a** ~? möchtest du mitfahren?; b) *(Brit.: machine for vertical movement)* Aufzug, *der;* Fahrstuhl, *der;* c) *(emotional boost)* Auftrieb, *der;* **give sb. a** ~: jmdm. Auftrieb geben; *(Droge:)* jmdn. anturnen *(ugs.);* **get a** ~ **from sth.** durch etw. Aufschwung bekommen; f) *(Mech. Engin.)* Hub, *der;* g) *(upward pressure of air)* Auftrieb, *der*
~ 'down *v. t.* herunterheben
~ **off** *v. t. & i.* abheben; *see also* **lift-off**
~ 'up **1.** *v. i.* ⟨*Sitz:*⟩ hochklappbar sein. **2.** *v. t. (raise)* hochheben; *(turn upwards)* heben ⟨*Kopf*⟩; ~ **up one's hands** die Hände erheben *(geh.);* ~ **up your hearts** erhebet die Herzen! *(geh.);* ~ **up one's voice** die Stimme erheben
lift: ~-**attendant, ~-boy, ~-man** *ns. (Brit.)* Aufzugführer, *der;* ~-**off 1.** *adj.* abhebbar; *(from backing)* abnehmbar; **2.** *n. (Aeronaut., Astronaut.)* Abheben, *das;* **soon after** ~-**off** bald nach dem Abheben; **we have** ~-**off** wir haben abgehoben
ligament ['lɪgəmənt] *n. (Anat.)* Band, *das;* Ligament[um], *das*
ligature ['lɪgətʃə(r)] *n.* **1.** *n.* a) Bandage, *die;* *(in surgery)* Ligaturfaden, *der;* b) *(Med.: tying)* Abbinden, *das;* c) *(Mus., Printing)* Ligatur, *die.* **2.** *v. t. (bind)* abbinden
'**light** [laɪt] **1.** *n.* a) Licht, *das;* **in a good** ~: bei gutem Licht; *(fig.)* **I'd like a** ~ **on sb.'s** ~: jmdn. im Licht sein; **get out of my** ~: geh mir aus dem Weg!; **stand in sb.'s** ~: *(fig.)* jmdm. im Weg stehen *(fig.);* **at first** ~: bei Tagesanbruch; **while the** ~ **lasts** solange es

[noch] hell ist; noch bei Tageslicht; ~ of day *(lit. or fig.)* Tageslicht, *das;* **she was the ~ of his life** *(fig.)* sie war die Sonne seines Lebens; **b)** *(electric lamp)* Licht, *das; (fitting)* Lampe, *die;* **~s out** *(in school etc.)* Bettruhe *die; (Mil.)* Zapfenstreich, *der;* **go out like a ~** *(fig.)* sofort weg sein *(ugs.);* **c)** *(signal to ships)* Leuchtfeuer, *das;* **d)** *in sing. or pl. (signal to traffic)* Ampel, *die;* **at the third set of ~s** an der dritten Ampel; *see also* green light; red light; traffic lights; **e)** *(to ignite)* Feuer, *das;* **have you got a ~?** haben Sie Feuer?; **put a/set ~ to sth.** etw. anzünden; **strike a ~** *(produce spark or flame)* Feuer schlagen; *(with match)* ein Streichholz anzünden; *(Brit. dated sl. int.) expr. surprise* potz Blitz! *(veralt.);* **f)** *(eminent person)* Größe, *die;* **be a literary ~:** eine literarische Berühmtheit sein; **lesser ~s** weniger bekannte Personen; *see also* leading light; **g)** *(look in eyes)* Leuchten, *das;* **h)** *(fig.: mental illumination)* **throw or shed ~ up|on sth.** Licht in etw. *(Akk.)* bringen ; **the ~ of nature or reason** natürliche Verstandeskräfte; **bring sth. to ~:** etw. ans [Tages]licht bringen; **come to ~:** ans [Tages]licht kommen; *see also* ¹see 1 a; **i)** *in pl. (beliefs, abilities, convictions)* **according to one's ~s** nach bestem Wissen (und Gewissen]; **j)** *(aspect)* **in that ~:** aus dieser Sicht; **seen in this ~:** so gesehen; **wenn man es so sieht; in the ~ of** *(taking into consideration)* angesichts (+ *Gen.*); **show sb. in a bad ~:** ein schlechtes Licht auf jmdn. werfen; **put sb. in a good/bad ~:** jmdn. in einem guten/schlechten Licht erscheinen lassen; **k)** *(Crosswords)* Lösung, *die;* **l)** *(Theol.)* Erleuchtung, *die;* Licht, *das;* **m)** *(window)* Fenster, *das; (skylight)* Oberlicht, *das; (division in mullion)* Teilfenster, *das.* **2.** *adj.* hell; licht *(geh.);* ~ blau/-braun *usw.; see also* ¹blue 2 e. **3.** *v. t.,* **lit** [lɪt] *or* ~ed *a)* **(ignite)** anzünden; **b)** *(illuminate)* erhellen; ~ **sb.'s/one's way** jmdn./sich leuchten. **4.** *v. i.,* lit *or* ~ed ‹Feuer, Zigarette:› brennen, sich anzünden lassen

'**up 1.** *v. i.* **a)** *(become lit)* erleuchtet werden; **b)** *(become bright)* aufleuchten (with vor); *(become flushed)* aufglühen (with vor); **his face lit up in a smile** sein Gesicht hellte sich zu einem Lächeln auf; **c)** *(begin to smoke)* sich *(Dat.)* eine anstecken *(ugs.).* **2.** *v. t.* **a)** *(illuminate)* erleuchten; ~ **up with floodlights** mit Flutlicht anstrahlen; **b)** *(make bright)* erhellen; **c)** *(ignite)* anzünden ‹Zigarette *usw.*›; **d) lit up** *(sl.: drunk)* blau *(ugs.);* sternhagelvoll *(salopp)*

²**light 1.** *adj.* leicht; Leicht‹metall, -öl, -benzin›; **[for] ~ relief** [als] kleine Abwechslung; **be a ~ sleeper** einen leichten Schlaf haben; **b)** *(small in amount)* gering; **traffic is ~ on these roads** auf diesen Straßen herrscht nur wenig Verkehr; **c)** *(Printing)* mager ‹Schrift›; **d)** *(not important)* leicht; **sth. is no ~ matter** etw. ist keine leichte Sache; **make ~ of sth.** etw. bagatellisieren; **e)** *(jesting, frivolous)* leichtfertig; **f)** *(nimble)* leicht ‹Schritt, Bewegungen›; gewandt ‹Hände›; **be ~ of foot** leichtfüßig sein; **have ~ fingers** *(steal)* gern lange Finger machen *(ugs.);* **g)** *(easily borne)* leicht ‹Krankheit, Strafe›; gering ‹Steuern›; unbedeutend ‹Mißgeschick›; *(Law)* mild ‹Strafe, Urteil›; **h) with a ~ heart** *(carefree)* leichten *od.* frohen Herzens; **i) feel ~ in the head** *(giddy)* leicht bennommen sein. **2.** *adv.* **travel ~:** mit wenig *od.* leichtem Gepäck reisen

³**light** *v. i.,* lit [lɪt] *or* ~ed *a)* **(come by chance)** ~ **up|on sth.** auf etw. *(Akk.)* kommen *od.* stoßen; **b)** *(sl.: attack)* ~ **into sb./sth.** über jmdn./etw. herfallen; **c)** *(sl.: depart)* sich auf den Weg machen **(for** nach/zu)

light: ~-bulb *n.* Glühbirne, *die;* Glühlampe, *die (fachspr.);* ~**-coloured** *adj.* hell

lighted ['laɪtɪd] *adj.* brennend ‹Kerze, Zigarette›; angezündet ‹Streichholz›; beleuchtet ‹Zimmer, Pfad, Schild, Vitrine›

¹**lighten** ['laɪtn] **1.** *v. t.* **a)** *(make less heavy)* leichter machen; leichtern ‹Schiff›; **b)** *(make less oppressive)* lindern ‹Not›; mildern ‹Zorn, Erregung›; leichter machen ‹Arbeit, Aufgabe›; verringern ‹Arbeitslast›; kurzweilig gestalten ‹Weg, Reise›; erleichtern ‹Gewissen›; ~ **sb.'s burden** jmdn. entlasten; ~ **sb.'s duties** jmdm. leichtere Aufgaben zuteilen. **2.** *v. i. (become less heavy)* leichter werden; *(fig.)* ‹Stimmung:› sich aufheitern

²**lighten 1.** *v. t.* **a)** *(make brighter)* aufhellen; heller machen ‹Raum›; **b)** *(arch.: illuminate)* erhellen. **2.** *v. i.* **a)** *(become brighter)* sich aufhellen; ‹Auge:› aufleuchten; **b)** *(emit lightning)* blitzen

¹**lighter** ['laɪtə(r)] *n. (device)* Feuerzeug, *das; (in car)* Zigarettenanzünder, *der*

²**lighter** *n. (boat)* Leichter, *der*

lighterman ['laɪtəmən] *n., pl.* **lightermen** ['laɪtəmən] Leichterschiffer, *der*

light: ~-er-than-'air *adj.* ~-er-than-air aircraft/dirigible Luftfahrzeug *das*/lenkbares Luftschiff *das;* **~-face** see ²light 1 d; **~-fingered** ['laɪtfɪŋɡəd] *adj.* langfing[e]rig; ~ **fitting** *n.* Lampe, *die;* **~-footed** ['laɪtfʊtɪd] *adj.* leichtfüßig; **~-'headed** *adj.* **a)** *(slightly giddy)* leicht bennommen; **b)** *(frivolous)* leichtfertig; **~-hearted** *adj.* **a)** *(gay, humorous)* unbeschwert; heiter; **b)** *(optimistic, casual)* unbekümmert; **~-heartedly** [laɪt'hɑːtɪdlɪ] *adv.* unbeschwert ‹lachen›; unbekümmert ‹sich verhalten›; ~ '**heavyweight** *n. (Boxing)* Halbschwergewicht, *das; (person also)* Halbschwergewichtler, *der;* ~ '**horse** *n., constr. as pl. (Mil.)* leichte Kavallerie; ~ '**horseman** *n. (Mil.)* leichter Kavallerist; **~-house** *n.* Leuchtturm, *der;* **~-house-keeper** *n.* Leuchtturmwärter, *der;* ~ '**industry** *n.* Leichtindustrie, *die;* ~ '**infantry** *n. (Mil.)* leichte Infanterie

lighting ['laɪtɪŋ] *n.* **a)** *(supply of light)* Beleuchtung, *die;* **b)** *(setting alight)* Anzünden, *das*

lighting-'up time *n.* Zeit zum Einschalten der Beleuchtung; **at ~:** ≈ wenn es dunkel wird

lightish ['laɪtɪʃ] *adj.* **a)** *(in colour)* ziemlich hell; hell ‹Farbe, Haare *usw.*›; **~-blue/-skinned** [eher] hellblau/-häutig; **b)** *(in weight)* ziemlich leicht

lightly ['laɪtlɪ] *adv.* **a)** *(not heavily)* leicht; **sleep ~:** einen leichten Schlaf haben; **fall ~:** sacht fallen; **touch ~ on a topic** ein Thema kurz streifen; **b)** *(in a small degree)* leicht; **c)** *(without serious consideration)* leichtfertig; **d)** *(cheerfully, deprecatingly)* leichthin; **not treat sth. ~:** etw. nicht auf die leichte Schulter nehmen; **take sth. ~:** etw. nicht [so] ernst nehmen; **e)** *(nimbly)* behend; **f) get off ~** *(not receive heavy penalty)* glimpflich davonkommen; **let sb. off ~** *(not inflict heavy penalty)* jmdn. mit Nachsicht behandeln

light: ~ **meter** *n.* Lichtmesser, *der; (exposure meter)* Belichtungsmesser, *der;* **~-minded** *adj.* gedankenlos; oberflächlich

¹**lightness** ['laɪtnɪs] *n., no pl.* **a)** *(having little weight, lit. or fig.)* Leichtigkeit, *die;* **the pianist's ~ of touch** der weiche Anschlag des Pianisten; **b)** *(of penalty, weather)* Milde, *die; (of infection)* Geringfügigkeit, *die;* **c)** *(absence of anxiety)* **~ of heart/spirit** Heiterkeit/Unbekümmertheit, *die;* **d)** *(lack of concern)* Leichtfertigkeit, *die;* **e)** *(agility of movement)* Leichtigkeit, *die*

²**lightness** *n. (brightness, paleness of colour)* Helligkeit, *die*

lightning ['laɪtnɪŋ] **1.** *n., no pl., no indef. art.* Blitz, *der;* **flash of ~:** Blitz, *der;* **like ~**

(coll.) wie der Blitz *(ugs.);* **[as] quick as ~** *(coll.)* schnell wie der Blitz *(ugs.);* **like greased ~** *(coll.)* wie ein geölter Blitz *(ugs.); see also* ball lightning; sheet lightning; summer lightning. **2.** *adj.* Blitz-; **with ~ speed** blitzschnell; **events moved with ~ speed** die Ereignisse überschlugen sich

lightning: ~**-bug** *n. (Amer.)* Leuchtkäfer, *der;* Glühwürmchen, *das (ugs.);* ~**-conductor** *n. (lit. or fig.)* Blitzableiter, *der;* **~-rod** *n. (Amer.)* Blitzableiter, *der;* ¹~ **strike** *n.* (~ *hitting object)* Blitzschlag, *der;* ²~ '**strike** *n. (Industry)* überraschender [Kurz]streik

light: ~ '**opera** *see* ¹opera c; ~ **pen** *n.* Lichtstift, *der;* **~-proof** *adj.* lichtundurchlässig; ~ '**railway** *n.* Kleinbahn, *die*

lights [laɪts] *n. pl. (lungs)* Lunge, *die*

light: ~**-ship** *n.* Feuerschiff, *das;* ~ **show** *n.* Light-Show, *die*

light: ~**-tight** *adj.* lichtdicht; **~-weight 1.** *adj.* **a)** leicht; **b)** *(fig.: of little consequence)* unmaßgeblich; **c)** *(Boxing etc.)* Leichtgewichts‹boxer, -kampf›; **2.** *n.* **a)** *(Boxing etc.)* Leichtgewicht, *das; (person also)* Leichtgewichtler, *der;* **b)** *(fig.: person of little ability or importance)* Leichtgewicht, *das;* **~-year** *n.* Lichtjahr, *das;* **~-years** [removed] **from sth.** *(fig.)* meilenweit von etw. entfernt

ligneous ['lɪɡnɪəs] *adj. (Bot.)* holzig; ~ **plants** Holzgewächse

lignite ['lɪɡnaɪt] *n.* Braunkohle, *die*

'**like** [laɪk] **1.** *adj.* **a)** *(resembling)* wie; **your dress is ~ mine** dein Kleid ist so ähnlich wie meins; dein Kleid gleicht meinem *(geh.);* **your dress is very ~ mine** dein Kleid ist meinem sehr ähnlich; **in a case ~ that** in so einem Fall; **there was nothing ~ it** es gab nichts Vergleichbares; **who do you think he's ~?** wem sieht er deiner Ansicht nach ähnlich?; **what is sb./sth. ~?** wie ist jmd./etw.?; **what's he ~ to talk to?** wie redet es sich mit ihm?; **what's it ~ to go up in a balloon?** wie ist es, wenn man im Ballon aufsteigt?; **more ~ twelve** eher zwölf; **that's [a bit] more ~ it** *(coll.: better)* das ist schon [etwas] besser; *(coll.: nearer the truth)* das stimmt schon eher; **a man ~ you** ein Mann [so] wie du; **they are nothing ~ each other** sie sind sich *(Dat.)* nicht im geringsten ähnlich; **nothing ~ as or so good/bad/many** *etc.* **as ...:** bei weitem nicht so gut/schlecht/viele *usw.* wie ...; **no, nothing ~ :** nein, lange nicht. bei weitem nicht; **Have you finished it yet? – Nothing ~ :** Bist du schon damit fertig? – Noch längst nicht; *see also* feel 2 c; look 1 d; something f; **b)** *(characteristic of)* typisch für ‹*dich, ihn usw.*›; **it's just ~ you to be late!** du mußt natürlich wieder so spät kommen!; **it would be [just] ~ her to do that** das sähe ihr [wieder einmal] ähnlich; **just ~ a woman** typisch Frau *(ugs.);* **c)** *(similar)* ähnlich; **in ~ manner** auf die gleiche Weise; **be as ~ as two peas in a pod** sich *(Dat.)* gleichen wie ein Ei dem andern; ~ **father,** ~ **son** *(prov.)* der Apfel fällt nicht weit vom Stamm *(Spr.);* **d)** *(Math., Phys.)* ~ **signs** gleiche Vorzeichen; ~ **charges** gleiche Ladungen; ~ **quantities** gleiche Größen. **2.** *prep. (in the manner of)* wie; **[just]** ~ **that** [einfach] so; **you do it** ~ **so** *(coll.)* so mußt du das machen; *see also* hell b; mad a, f; shot 1 d. **3.** *adv.* **a)** *(coll.)* **[as]** ~ **as not,** ~ **enough** aller Wahrscheinlichkeit; **b)** *(sl.: so to speak)* also; irgendwie; **he kind of hit me,** ~ **:** also, der hat mich irgendwie geschlagen *(ugs.);* **all friendly** ~ **:** ganz freundlich und so *(ugs.).* **4.** *conj. (coll.)* **a)** *(in same or similar manner as)* wie; **he's not shy** ~ **he used to be** er ist nicht mehr so schüchtern wie früher; **b)** *(coll.: for example)* beispielsweise; **c)** *(Amer. as if)* als ob; **d) tell it** ~ **it is** sagen Sie die ganze Wahrheit! **5.** *n.* **a)** *(equal)* **his/her ~:** seines-/ihresgleichen; **the ~ of it so** etwas; dergleichen; **I've never known the ~ [of it]** so etwas habe ich noch nie gehört; ~ **attracts** ~: gleich und gleich gesellt sich gern; **compare** ~ **with** ~: Vergleichbares miteinander vergleichen; **the** ~**s of me/you** *(coll.)* meines-/deinesgleichen; Leute wie ich/du; **if it weren't for the** ~**s of them** ... *(coll.)* wenn solche wie die nicht wären, ... *(ugs.);* **that's not for the** ~**s of us** *(coll.)* das ist nichts für unsereinen *(ugs.);* **I know you and your** ~ *or* **the** ~**s of you** *(coll.)* deine Sorte/Leute von deiner Sorte kenne ich *(ugs.);* **b)** *(similar things)* **the** ~ *or* **the** ~: und dergleichen; **or the** ~: oder so etwas; oder so *(salopp)*

²**like 1.** *v. t. (be fond of, wish for)* mögen; ~ **it or not** ob es dir/ihm *usw.* gefällt oder nicht; ~ **vegetables** Gemüse mögen; gern Gemüse essen; ~ **doing sth.** etw. gern tun; **would you** ~ **a drink/to borrow the book?** möchtest du etwas trinken/dir das Buch leihen?; **would you** ~ **me to do it?** möchtest du, daß ich es tue?; **I'd** ~ **it back soon** ich hätte es gern bald zurück; **I don't** ~ **this affair** die Sache gefällt mir nicht; **I didn't** ~ **to disturb you** ich wollte dich nicht stören; **perhaps you would** ~ **time to consider it** vielleicht brauchst du etwas Bedenkzeit; **I** ~ '**that!** *(iron.)* so was hab' ich gern! *(ugs. iron.);* **I** ~ **his cheek!** *(iron.)* er hat vielleicht Nerven! *(ugs. iron.);* **how do you** ~ **it?** wie gefällt es dir?; **how does he** ~ **living in America?** wie gefällt es ihm in Amerika?; **how would you** ~ **an ice-cream?** was hältst du von einem Eis?; **how would 'you** ~ **it if ...?** wie würdest du es [denn] finden, wenn ...?; **how would you** ~ '**that?** was sagst du *(hier)* dazu?; **but what happens** '**then, I should** ~ **to know** *(iron.)* aber was dann passiert, wüßte ich gern; **I'd** ~ **to see you try!** *(iron.)* das möchte ich sehen!; **I should** ~ **to see them do it** ich möchte mal sehen, wie sie das machen wollen; **if you** ~ *expr. assent* wenn du willst *od.* möchtest; *expr. limited assent* wenn man so will; **if one** ~**s that sort of thing** wenn einem so was gefällt *(ugs.).* **2.** *n., in pl.* ~**s and dislikes** Vorlieben und Abneigungen; **tell me your** ~**s and dislikes** sag mir, was du magst und was nicht

-like *adj. suf.* -artig; **bird**~: wie ein Vogel nachgestellt

likeable ['laɪkəbl] *adj.* nett; sympathisch

likelihood ['laɪklɪhʊd] *n.* Wahrscheinlichkeit, *die;* **what is the** ~ **of this happening?** wie wahrscheinlich ist es, daß dies geschieht?; **there is little** ~ **of his seeing this** *or* **that he will see this** es ist kaum anzunehmen, daß er das sieht; **he saw no** ~ **of the plan being approved** er hielt es für ausgeschlossen, daß der Plan Zustimmung finden könnte; **in all** ~: aller Wahrscheinlichkeit nach

likely ['laɪklɪ] **1.** *adj.* **a)** *(probable)* wahrscheinlich; glaubhaft ⟨*Geschichte*⟩; voraussichtlich ⟨*Bedarf, Zukunft*⟩; **be the** ~ **reason/source** wahrscheinlich der Grund/ die Ursache sein; **do you think it** ~? hältst du es für wahrscheinlich?; **is it** ~ **that he'd do that?** ist ihm so etwas zuzutrauen?; **[that's] a** ~ **story** *(iron.)* du kannst mir viel erzählen! *(ugs.);* **b)** *(to be expected)* wahrscheinlich; **there are** ~ **to be [traffic] hold-ups** man muß mit [Verkehrs]staus rechnen; **he is** ~ **to meet the same fate** er könnte leicht das gleiche Schicksal erleiden; **they are [not]** ~ **to come** sie werden wohl *od.* wahrscheinlich [nicht] kommen; **am I** ~ **to do something like that?** sehe ich aus, als ob ich so etwas tun würde?; **it is** ~ **to rain tomorrow?** wird es morgen wohl regnen?; **this is not** ~ **to happen** es ist unwahrscheinlich, daß das geschieht; **he is** ~ **to be our next president** er wird voraussichtlich unser nächster Präsident sein; **it seems** ~ **to have been an accident** es dürfte wohl ein Unfall gewesen sein; **the candidate most** ~ **to succeed** der Kandidat mit den größten Erfolgsaussichten; **c)** *(promising, apparently suitable)* geeignet ⟨*Person, Ort, Methode, Weg*⟩; **we've looked in all the** ~ **places** wir haben an allen in Frage kommenden Stellen gesucht; **this looks a** ~ **place to find mushrooms** es sieht so aus, als ob man hier Pilze finden könnte; **this restaurant seems a** ~**-looking place** dieses Restaurant sieht ganz annehmbar aus; **d)** *(strong, capable-looking)* fähig; *(showing promise)* vielversprechend ⟨*Kandidat, Anwärter*⟩; begabt ⟨*Student usw.*⟩; **we need a couple of** ~ **lads** wir brauchen ein paar tüchtige Burschen. **2.** *adv. (probably)* wahrscheinlich; **very** *or* **more than** *or* **quite** *or* **most** ~: höchstwahrscheinlich; sehr wahrscheinlich; **as** ~ **as not** höchstwahrscheinlich; **not** ~ ! *(coll.)* auf keinen Fall!

'**like-minded** *adj.* gleichgesinnt; ~ **people** Gleichgesinnte

liken ['laɪkn] *v. t.* ~ **sth./sb. to sth./sb.** etw./ jmdn. mit etw./jmdm. vergleichen

likeness ['laɪknɪs] *n.* **a)** *(resemblance)* Ähnlichkeit, *die* (**to** mit); **b)** *(guise)* Aussehen, *das;* Gestalt, *die;* **take on the** ~ **of a swan** die Gestalt eines Schwanes annehmen; **c)** *(portrait)* Bild, *das;* Bildnis, *das (geh.);* **take sb.'s** ~ *(arch.)* jmdn. porträtieren

likewise ['laɪkwaɪz] *adv.* ebenso; **do** ~: das gleiche tun; **if we all did** ~: wenn [wir] das alle machen würden; **I'm not going – L** ~ : Ich gehe nicht hin – Ich auch nicht

liking ['laɪkɪŋ] *n.* Vorliebe, *die;* **they expressed a** ~ **for her cakes** sie lobten ihre Kuchen; **take a** ~ **to sb./sth.** an jmdn./etw. Gefallen finden; **sth. is [not] to sb.'s** ~: etw. ist [nicht] nach jmds. Geschmack

lilac ['laɪlək] **1.** *n.* **a)** *(Bot.)* Flieder, *der;* **b)** *(colour)* Zartlila, *das.* **2.** *adj.* zartlila; fliederfarben

lilliputian [lɪlɪ'pju:ʃn] **1.** *adj.* Liliput-; winzig ⟨*Format, Figur*⟩. **2.** *n.* Liliputaner, *der/* Liliputanerin, *die*

Lilo, (P) ['laɪləʊ] *n.* Luftmatratze, *die*

lilt [lɪlt] *(Scot./literary)* **1.** *n.* **a)** *(cadence, swing)* schwingender Rhythmus; *(of voice)* singender Tonfall; **speak with a** ~: mit singendem Tonfall sprechen; **b)** *(song, tune)* [fröhliche] Weise; Lied[chen], *das.* **2.** *v. t.* trällern ⟨*Lied, Melodie*⟩

lilting ['lɪltɪŋ] *adj.* heiter, beschwingt ⟨*Melodie, Walzer, Lied*⟩; singend ⟨*Tonfall*⟩

lily ['lɪlɪ] *n.* Lilie, *die;* ~ **of the valley** Maiglöckchen, *das;* see also '**gild**

lily: ~-**livered** ['lɪlɪlɪvəd] *adj. (literary)* feige; ~-**pad** *n.* Seerosenblatt, *das;* ~-**white** *adj.* lilienweiß; *(Amer.: excluding Blacks)* rein weiß

limb [lɪm] *n.* **a)** *(Anat.)* Glied, *das;* ~**s** Glieder; Gliedmaßen; **a danger to life and** ~: eine Gefahr für Leib und Leben; **tear sb.** ~ **from** ~ *(lit. or fig.)* jmdm. alle Glieder einzeln ausreißen; **b)** *(of tree)* Ast, *der;* **be out on a** ~ *(fig.)* exponiert sein; **go out** *or* **put oneself out on a** ~: sich exponieren; **c)** *(of cross, sea)* Arm, *der*

¹**limber** ['lɪmbə(r)] *n. (Mil.)* Protze, *die*

²**limber 1.** *adj.* **a)** *(flexible)* biegsam ⟨*Zweig*⟩; elastisch ⟨*Seil, Leder*⟩; **b)** *(nimble)* geschmeidig; elastisch. **2.** *v. t. & i. see* ~ **up** – **up 1.** *v. t.* warm machen; aufwärmen *(Sport);* ~ **oneself up** *(fig.)* sich fit machen *(fig.)* (**for** für); sich vorbereiten (**for** auf + *Akk.*). **2.** *v. i.* ~ **oneself up** *see* ~ **up 1**

limbless ['lɪmlɪs] *adj.* ⟨*Person, Tier*⟩ ohne Gliedmaßen; ⟨*Baum*⟩ ohne Äste

¹**limbo** ['lɪmbəʊ] *n., pl.* ~**s** *(region)* Vorhölle, *die;* Limbus, *der (Rel.);* **b)** *(fig.)* Vergessenheit, *die;* **vanish into** ~ spurlos verschwinden; **be in** ~ *(be pending)* in der Schwebe sein; *(be abandoned)* abgeschrieben sein; **live in** ~: in einer Art Niemandsland leben

²**limbo** *n., pl.* ~**s** *(dance)* Limbo, *der*

¹**lime** [laɪm] *n.* **a)** [**quick**]~: [ungelöschter] Kalk; **slaked** ~: gelöschter Kalk; Löschkalk, *der;* **b)** *see* **birdlime**

²**lime** *n.* **a)** *(fruit)* Limone, *die;* **b)** *(juice)* Limonensaft, *der;* **c)** *see* **lime-green**

³**lime** *see* **lime-tree**

lime: ~-**green 1.** *adj.* [leuchtend] hellgrün; **2.** *n.* Hellgrün, *das;* ~-**juice** *n.* Limonensaft, *der;* ~-**kiln** *n.* Kalkofen, *der;* ~-**light** *n.* **a)** *(light)* Kalklicht, *das;* **b)** *(fig.: attention)* **be in the** ~**light** im Rampenlicht [der Öffentlichkeit] stehen

limerick ['lɪmərɪk] *n.* Limerick, *der*

lime: ~**stone** *n.* Kalkstein, *der;* ~-**tree** *n.* Linde, *die;* Lindenbaum, *der (geh.);* ~**wood** *n.* Lindenholz, *das*

Limey ['laɪmɪ] *n. (Amer. sl. derog.)* Engländer, *der;* *(esp. soldier)* Tommy, *der; attrib.* englisch

limit ['lɪmɪt] *n.* **a)** *usu. in pl. (boundary)* Grenze, *die;* **within** [**the**] **city** ~**s** innerhalb der Stadtgrenzen; **b)** *(point or line that may not be passed)* Limit, *das; (of ability, love, etc.)* Grenze, *die;* **set** *or* **put a** ~ **on sth.** etw. begrenzen *od.* beschränken; **be over the** ~ ⟨*Autofahrer:*⟩ zu viele Promille haben; ⟨*Reisender:*⟩ Übergepäck haben; **£400 is my upper** ~: 400 Pfund sind für mich das Äußerste; **there is a** ~ **to what I can spend/do** ich kann nicht unbegrenzt Geld ausgeben/ meine Möglichkeiten sind auch nur begrenzt; **there is a** ~ **to everything** alles hat seine Grenzen; **there is a** ~ **to my patience** meine Geduld ist begrenzt; **there is no** ~ **to his impudence, his impudence knows no** ~**s** seine Unverschämtheit kennt keine Grenzen; **lower/upper** ~: Untergrenze/Höchstgrenze, *die;* **without** ~: unbegrenzt; **within** ~**s** innerhalb gewisser Grenzen; '**off** ~**s'** *(esp. Amer.)* „Zutritt [für Soldaten] verboten"; **this bar is off** ~**s** zu dieser Bar haben Soldaten keinen Zutritt; **c)** *(coll.)* **this is the** ~! das ist [doch] die Höhe!; **he/she is the [very]** ~: er/sie ist [einfach] unmöglich *(ugs.);* **d)** *(Math.)* Grenzwert, *der.* **2.** *v. t.* begrenzen (**to** auf + *Akk.*); einschränken ⟨*Freiheit*⟩

limitation [lɪmɪ'teɪʃn] *n.* **a)** *(act)* Beschränkung, *die; (of freedom)* Einschränkung, *die;* **b)** *(condition) (of extent)* Begrenzung, *die; (of amount)* Beschränkung, *die;* **know one's** ~**s** seine Grenzen kennen; **c)** *(restrictive circumstance)* Beschränkung, *die;* **due to** ~**s of space** aus Platzmangel *od.* Platzgründen; **d)** *(Law)* Verjährung, *die*

limited ['lɪmɪtɪd] *adj.* **a)** *(restricted)* begrenzt; ~ **company** *(Brit.)* Gesellschaft mit beschränkter Haftung; ~ **edition** limitierte Auflage; ~ **train** *(Amer.)* ≈ Schnellzug, *der;* **b)** *(intellectually narrow)* beschränkt *(abwertend);* ~ **outlook/mind** beschränkter Horizont/Verstand

limitless ['lɪmɪtlɪs] *adj.* grenzenlos

limo ['lɪməʊ] *n., pl.* ~**s** *(Amer. coll.)* Limousine, *die*

limousine ['lɪmʊzi:n] *n.* Limousine, *die (mit Trennscheibe)*

¹**limp** [lɪmp] **1.** *v. i. (lit. or fig.)* hinken; **the ship managed to** ~ **into port** das Schiff schaffte es mit Müh und Not *od.* gerade zu in den Hafen. **2.** *n.* Hinken, *das;* **walk with a** ~: hinken; **have a slight/pronounced** ~: leicht/stark hinken

²**limp** *adj.* **a)** *(not stiff, lit. or fig.)* schlaff; welk ⟨*Blumen*⟩; **I feel** ~ **at the thought of it** beim bloßen Gedanken daran wird mir schwach *(ugs.);* **b)** *(flexible)* flexibel ⟨*Einband*⟩

limpet ['lɪmpɪt] *n. (Zool.)* Napfschnecke, *die*

'**limpet mine** *n.* Haftmine, *die*

limpid ['lɪmpɪd] *adj.* klar

limply ['lɪmplɪ] *adv.* schlaff; *(weakly)* schwach

limpness ['lɪmpnɪs] *n., no pl.* Schlaffheit, *die; (weakness)* Schwäche, *die*

linchpin ['lɪntʃpɪn] *n.* **a)** *(pin)* Lünse, *die;* Achsnagel, *der;* **b)** *(fig.: essential element)* Kernstück, *das;* **he is the ~ of the company** er ist das Herz der Firma; mit ihm steht und fällt die Firma

linctus ['lɪŋktəs] *n.* *(Med.)* Hustensaft, *der*

linden ['lɪndən] *n.* Linde, *die;* Lindenbaum, *der* (geh.)

¹line [laɪn] **1.** *n.* **a)** *(string, cord, rope, etc.)* Leine, *die;* [fishing-]~: [Angel]schnur, *die;* **the ~s** *(Amer.: reins)* die Zügel; **hard ~s** *(sl.)* ein schwerer Schlag; **[that's] hard ~s, old chap!** Schicksal, alter Junge!; **b)** *(telephone or telegraph cable)* Leitung, *die;* **our company has 20 ~s** unsere Firma hat 20 Anschlüsse; **get me a ~ to Washington** verbinden Sie mich mit Washington; **bad ~:** schlechte Verbindung; **be on the ~:** am Apparat sein; *see also* **cross 2 a; ²hold 1 l; party line a;** **c)** *(long mark; also Math., Phys.)* Linie, *die;* (*less precise or shorter*) Strich, *der;* *(Telev.)* Zeile, *die;* **capture sth. in a few ~s** etw. mit wenigen Strichen einfangen; **the L~:** die Linie *(Seemannsspr.);* der Äquator; **~ of force** *(Phys.)* Kraftlinie, *die;* **~ of life/fortune** *(Palmistry)* Lebenslinie, *die/* Schicksalslinie, *die;* **straight ~:** gerade Linie; *(Geom.)* Gerade, *die;* **walk in a straight ~:** in einer geraden Linie gehen; **~ of sight or vision** Blickrichtung, *die;* **the ~s of her face** ihre Gesichtszüge/*(wrinkles)* ihre Falten; **see yellow line;** *in pl. (outline of car, ship, etc.)* Linien *Pl.;* **e)** *(boundary)* Linie, *die;* *(fig.)* **somewhere on the ~:** irgendwo dazwischen; **lay sth. on the ~ [for sb.]** [jmdm.] etw. rundheraus sagen; **put sth. on the ~:** etw. aufs Spiel setzen; **put oneself on the ~:** ein Risiko eingehen; **your job is on the ~:** deine Stelle steht auf dem Spiel; *see also* **draw 1 g; f)** *(row)* Reihe, *die; (Amer.: queue)* Schlange, *die;* **~ of trees** Baumreihe, *die;* **arrange the chairs in a straight ~:** die Stühle in einer Reihe aufstellen; **bring sb. into ~:** dafür sorgen, daß jmd. nicht aus der Reihe tanzt *(ugs.);* **come** *or* **fall into ~:** sich in die Reihe stellen; *(Gruppe:)* sich nicht mehr aus der Reihe tanzen *(ugs.);* **be in ~ [with sth.]** [mit etw.] in einer Linie liegen; **be in ~ for promotion** Aussicht auf Beförderung haben; **be in/out of ~ with sth.** *(fig.)* mit etw. in/nicht in Einklang stehen; **all along the ~:** auf der ganzen Linie; **somewhere along the ~:** irgendwann einmal; **stand in ~** *(Amer.: queue)* Schlange, *die;* see also **toe 2; g)** *(Naut.)* ~ abreast Dwarslinie, *die;* ~ ahead Kiellinie, *die;* ~ [of battle] [Kampf]linie, *die;* **h)** *(row of words on a page)* Zeile, *die;* **~s** *(actor's part)* Text, *der;* **drop me a ~:** schreib mir ein paar Zeilen; **she has only a few ~s** *(Theatre)* sie hat nur ein paar Worte zu sprechen; **he gave the boy 100 ~s** *(Sch.)* er ließ den Jungen 100 Zeilen abschreiben; *see also* **read 1 c; i)** *(system of transport)* Linie, *die;* (shipping|-|~: Schiffahrtslinie, *die;* **j)** *(series of persons or things)* Reihe, *die;* *(generations of family)* Linie, *die;* **be third in ~ to the throne** dritter in der Thronfolge sein; **k)** *(direction, course)* Richtung, *die;* **on these ~s** in dieser Richtung; **on the ~s of** nach Art (+ *Gen.*); **on similar ~s** auf ähnliche Art; **be on the right/wrong ~s** in die richtige/falsche Richtung gehen; **along** *or* **on the same ~s** in der gleichen Richtung; **be on the same ~s** die gleiche Richtung verfolgen; **~ of thought/march** Gedankengang, *der/*Marschrichtung, *die;* **what ~ shall we take with her?** wie sollen wir uns ihr gegenüber verhalten?; **take a strong ~ with sb.** jmdm. gegenüber energisch *od.* entschieden auftreten; **~ of action** Vorgehensweise, *die;* **get a ~ on sb./sth.** *(coll.)* etwas über jmdn./ etw. herausfinden; *see also* **assembly line; hard 1 f; hard-line; party line b; resistance a;** **l)** *(Railw.)* Bahnlinie, *die;* *(track)* Gleis,

das; **cross the ~:** die Gleise überqueren; **the ~ was blocked** die Strecke war blockiert; **the ~, the ~ to Waterloo** die Linie nach Waterloo; **this is the end of the ~ [for you]** *(fig.)* dies ist das Aus [für dich]; **m)** *(field of activity)* Branche, *die;* *(academic)* Fachrichtung, *die;* **what's your ~?** in welcher Branche sind Sie?/was ist Ihre Fachrichtung?; **he's in the building ~:** er ist in der Baubranche; **that's not my ~:** das ist nicht mein Gebiet; **be in the ~ of duty/business** zu den Pflichten/zum Geschäft gehören; *see also* **shoot 2 d; n)** *(Commerc.: product)* Artikel, *der;* Linie, *die (fachspr.);* **o)** *(Fashion)* Linie, *die;* **p)** *(Mil.: series of defences)* Linie, *die;* **draw the ~s** Stellungen beziehen; **enemy ~s** feindliche Stellungen *od.* Linien; *see also* **²hold 1 k. 2.** *v. t.* *(mark with lines)* linieren *⟨Papier⟩;* **a ~d face** ein faltiges Gesicht; **a face ~d with worry** ein von Sorgen gezeichnetes Gesicht; **b)** *(stand at intervals along)* säumen *(geh.)* *⟨Straße, Strecke⟩*

~ up 1. *v. t.* antreten lassen *⟨Gefangene, Soldaten usw.⟩*; [in einer Reihe] aufstellen *⟨Gegenstände⟩*; *(fig.)* **I've got a nice little job/a surprise ~d up for you** ich hab da eine nette kleine Beschäftigung/eine Überraschung für euch *(ugs.);* **have you got anything ~d up for this evening?** haben Sie heute abend schon etwas vor?; *see also* **line-up. 2.** *v. i. ⟨Gefangene, Soldaten:⟩* antreten; *⟨Läufer:⟩* Aufstellung nehmen; *(queue up)* sich anstellen

²line *v. t.* füttern *⟨Kleidungsstück⟩*; auskleiden *⟨Magen, Nest⟩*; ausschlagen *⟨Schublade usw.⟩*; **~ one's pockets** *(fig.)* sich *(Dat.)* die Taschen füllen

lineage ['lɪnɪɪdʒ] *n.* Abstammung, *die*

lineal ['lɪnɪəl] *adj.* **a)** *(in direct line of descent)* geradlinig *⟨Abstammung⟩;* direkt *⟨Nachkomme, Vorfahr⟩;* **b)** *(linear)* linear

lineament ['lɪnɪəmənt] *n., usu. in pl.* [Gesichts]zug, *der;* *(distinctive feature)* Grundzug, *der*

linear ['lɪnɪə(r)] *adj.* linear; **~ perspective** Linearperspektive, *die;* **~ extent** Längenausdehnung, *die;* **~ measure** Längenmaß, *das*

linear ac·cel·er·ator *n. (Phys.)* Linearbeschleuniger, *der*

line: **~-backer** *n. (Amer. Footb.)* Gedrängehgehspieler, *der;* **~-drawing** *n.* Strichzeichnung, *die;* **~-engraving** *n.* Strichätzung, *die;* **~ fishing** *n.* Angeln, *das;* **~-man** ['laɪnmən] *n., pl.* **linemen** ['laɪnmən] *(Amer. Footb.)* Stürmer, *der*

linen ['lɪnɪn] **1.** *n.* **a)** Leinen, *das;* **b)** *(shirts, sheets, clothes, etc.)* Wäsche, *die;* **wash one's dirty ~ in public** *(fig.)* seine schmutzige Wäsche vor anderen Leuten waschen. **2.** *adj.* Leinen*⟨fade, -bluse, -laken⟩*; Lein*⟨tuch⟩*

linen: **~-basket** *n. (Brit.)* Wäschekorb, *der;* **~ cupboard** *n.* Wäscheschrank, *der*

line: **~-out** *n. (Sport)* Gasse, *die;* **~ printer** *n. (Computing)* Zeilendrucker, *der*

¹liner ['laɪnə(r)] *n.* *(removable metal lining)* Auskleidung, *die;* *(in engine)* Laufbuchse, *die;* **carpet ~:** rutschfeste Teppichunterlage; **[bin-]~:** Müllbeutel, *der*

²liner *n.* *(ship)* Linienschiff, *das;* *(aircraft)* Linienflugzeug, *das;* **ocean ~:** [Ozean-]Liner, *der*

liner train *n.* Containerzug, *der*

linesman ['laɪnzmən] *n., pl.* **linesmen** ['laɪnzmən] **a)** *(Sport)* Linienrichter, *der;* **b)** *(Brit. Railw.)* Streckenarbeiter, *der;* **c)** *see* **lineman**

line-up *n.* **a)** Aufstellung, *die;* **~ of cabaret acts** Zusammenstellung von Kabarettauftritten, *die;* **b)** *(Amer.) see* **identification parade**

¹ling [lɪŋ] *n. (Zool.)* Leng[fisch], *der*

²ling *n. (Bot.)* Heidekraut, *das*

linger ['lɪŋɡə(r)] *v. i.* **a)** *(remain, wait)* verweilen *(geh.);* bleiben; *(persist)* fortbestehen; *⟨Erkältung, Diskussion, Schmerzen:⟩*

andauern; *⟨Lied:⟩* nachklingen; **her scent still ~ed in the room** ihr Duft hing noch im Raum; **b)** *(dwell)* **~ over** *or* **up[on] a subject** *etc.* bei einem Thema *usw.* verweilen; **~ over a meal** lange beim Essen sitzen

lingerie ['læʒəri] *n.* **[women's]** ~: Damenunterwäsche, *die*

lingering ['lɪŋɡərɪŋ] *adj.* anhaltend; verbleibend *⟨Krankheit⟩;* langwierig *⟨Krankheit⟩;* langsam *⟨Tod⟩;* nachklingend *⟨Melodie⟩;* **one last ~ look** ein letzter sehnsuchtsvoller Blick; **any ~ hope was abandoned** alle noch vorhandene Hoffnung schwand dahin *(geh.)*

lingo ['lɪŋɡəʊ] *n., pl.* **~es a)** *(derog./joc.: language)* Sprache, *die;* Kauderwelsch, *das (abwertend);* **b)** *(jargon)* Fachjargon, *der*

lingua franca ['lɪŋɡwə 'fræŋkə] *n.* Lingua franca, *die (geh.);* Verkehrssprache, *die*

linguist ['lɪŋɡwɪst] *n.* **a)** Sprachkundige, *der/die;* **she's a good ~:** sie kann mehrere Sprachen; **I'm no ~:** Sprachen liegen mir nicht; **b)** *(philologist)* Linguist, *der/*Linguistin, *der/*Sprachwissenschaftler, *der/*-wissenschaftlerin, *die*

linguistic [lɪŋˈɡwɪstɪk] *adj.* *(of ~s)* linguistisch; sprachwissenschaftlich; *(of language)* sprachlich; Sprach-; **~ science** *see* **linguistics;** **~ skills** Sprachbegabung, *die;* **~ fluency** Sprachgewandtheit, *die*

linguistically [lɪŋˈɡwɪstɪkəlɪ] *adv.* sprachwissenschaftlich; linguistisch

linguistics [lɪŋˈɡwɪstɪks] *n., no pl.* Linguistik, *die;* Sprachwissenschaft, *die*

liniment ['lɪnɪmənt] *n.* Liniment, *das (Med.);* Einreib[e]mittel, *das*

lining ['laɪnɪŋ] *n. (of clothes)* Futter, *das; (of stomach)* Magenschleimhaut, *die; (of objects, containers, machines, etc.)* Auskleidung, *die*

'lining paper *n.* Schrankpapier, *das*

link [lɪŋk] **1.** *n.* **a)** *(of chain)* Glied, *das;* **b)** *see* **cuff-link;** **c)** *(connecting part)* Bindeglied, *das;* Verbindung, *die;* **radio ~:** Funkverbindung, *die;* **road/rail ~:** Straßen-/Zugverbindung, *die;* **what is the ~ between these two?** was verbindet diese beiden?; **~ between two countries** Verbindung zwischen zwei Ländern; **sever all ~s with sb.** alle Bindungen zu jmdm. lösen; **have ~s with the Mafia** Verbindungen zur Mafia haben; *see also* **cut 1 b;** **d)** *see* **linkman. 2.** *v. t.* **a)** *(connect)* verbinden; **how are these events ~ed?** was haben diese Ereignisse miteinander zu tun?; **~ sb. with sth.** jmdn. mit etw. in Verbindung bringen; **his name has been ~ed with hers** sein Name wurde mit ihrem in Verbindung gebracht; **be ~ed by telephone to Oslo** telefonisch mit Oslo verbunden sein; **b)** *(clasp or hook together)* **~ hands** sich bei den Händen halten; **~ arms** sich unterhaken. **3.** *v. i.* **~ together** sich zusammenfügen; **~ with sth.** sich verbinden mit etw.; **~ up** sich zusammenschließen mit etw. **~ up 1.** *v. t.* miteinander verbinden; ankoppeln *⟨Wagen, Raumschiff usw.⟩* (to an + *Akk.*); miteinander in Verbindung bringen *⟨Fakten usw.⟩;* **~ up A with B** A mit B verbinden. **2.** *v. i.* **~ up with sb.** sich mit jmdm. zusammenschließen; **~ up with American TV** sich dem amerikanischen Fernsehen anschließen; **the spacecraft ~ed up** die Raumschiffe wurden angekoppelt; **this road ~s up with the M3** diese Straße mündet in die M3 *od.* geht in die M3 über. *See also* **link-up**

linkage ['lɪŋkɪdʒ] *n.* **a)** Verbindung, *die;* **b)** *(system of links or bars)* Gestänge, *das;* **steering ~:** Lenkgestänge, *das (Chem.)* Verknüpfung; Verbindung, *die;* **d)** *(Genetics)* Kopplung, *die*

linkman ['lɪŋkmən] *n., pl.* **linkmen** ['lɪŋkmən] **a)** Verbindungsmann, *der;* **b)** *(Radio, Telev.)* Moderator, *der/*Moderatorin, *die;* **c)** *(Hockey, Footb.)* Mittelfeldspieler, *der*

links [lɪŋks] *sing. or pl.* [golf] ~: Golfplatz, *der*

'link-up *n.* Verbindung, *die; (of spacecraft etc.)* Ankopplung, *die*

linnet ['lɪnɪt] *n. (Ornith.)* Hänfling, *der*

lino ['laɪnəʊ] *n., pl.* ~s Linoleum, *das*

linocut *n.* Linolschnitt, *der*

linoleum [lɪˈnəʊlɪəm] *n.* Linoleum, *das*

linseed ['lɪnsiːd] *n.* Leinsamen, *der*

linseed: ~ **cake** *n. (Agric.)* Leinkuchen, *der;* ~ **'oil** *n.* Leinöl, *das*

lint [lɪnt] *n.* **a)** Mull, *der;* **b)** *(fluff)* Fussel, *die*

lintel ['lɪntl] *n. (Archit.)* Sturz, *der*

lion ['laɪən] *n.* **a)** Löwe, *der;* **put one's head into the ~'s mouth** *(fig.)* sich in höchste Gefahr begeben; **the ~'s share** der Löwenanteil; **b)** *(celebrity)* **literary ~** [of the day] literarischer Löwe des Tages *(veralt.);* **c)** *(Astrol.)* **the L~:** der Löwe; *see also* **archer b**

lioness ['laɪənɪs] *n.* Löwin, *die*

lion: ~-**heart** *n.* Löwenherz, *das (dichter. veralt.);* **Richard [the] L~-heart** Richard Löwenherz; ~-**hearted** *adj.* wagemutig; löwenherzig *(dichter. veralt.)*

lionize (lionise) ['laɪənaɪz] *v. t.* [als Berühmtheit] feiern

'lion-tamer *n.* Löwenbändiger, *der*

lip [lɪp] *n.* **a)** Lippe, *die;* **lower/upper ~:** Unter-/Oberlippe, *die;* **bite one's ~** *(lit. or fig.)* sich *(Dat.)* auf die Lippen beißen; **escape sb.'s ~s** jmds. Lippen *(Dat.)* entschlüpfen; **hang on sb.'s ~s** an jmds. Lippen *(Dat.)* hängen; **lick one's ~s** *(lit. or fig.)* sich *(Dat.)* die Lippen lecken; **not let a word pass one's ~s** kein Wort über seine Lippen kommen lassen; **not a morsel passed his ~s** er rührte nichts an; **keep a stiff upper ~** Haltung bewahren; *see also* **button 2**; ²**seal 2 b**; ²**smack 2 b**; **b)** *(of saucer, cup, crater)* [Gieß]rand, *der; (of jug)* Schnabel, *der* Tülle, *die;* **c)** *(sl.: impudence)* **give sb. some ~:** jmdm. gegenüber eine dicke Lippe riskieren *(ugs.);* **none of your ~!** keine frechen Bemerkungen!

liposuction ['laɪpəʊsʌkʃn] *n.* Absaugen von Fettgewebe; Liposuktion, *die (Med.)*

lipped [lɪpt] *adj.* **thick-/thin-~:** dick-/dünnlippig; ~ **vessel** Gefäß mit Gießrand

lippy ['lɪpɪ] *adj. (sl.)* **be ~:** ein freches Mundwerk haben

lip: ~-**read** 1. *v. i.* von den Lippen lesen; 2. *v. t.* **be able to ~-read what sb. says** jmdm. von den Lippen ablesen können, was er/sie sagt; ~-**reading** *n.* Lippenlesen, *das;* ~-**service** *n.* **pay or give ~-service to sth.** ein Lippenbekenntnis zu etw. ablegen; ~-**stick** *n.* Lippenstift, *der*

liquefaction [lɪkwɪˈfækʃn] *n.* Verflüssigung, *die*

liquefier ['lɪkwɪfaɪə(r)] *n.* Verflüssiger, *der*

liquefy ['lɪkwɪfaɪ] 1. *v. t.* verflüssigen. 2. *v. i.* sich verflüssigen

liqueur [lɪˈkjʊə(r)] *n.* Likör, *der*

liqueur: ~ **'brandy** *n.* gut gealterter, hochwertiger Brandy; ~ **'chocolate** *n.* Likörpraline, *die;* ~ **'glass** *n.* Likörglas, *das*

liquid ['lɪkwɪd] 1. *adj.* **a)** flüssig, glänzend ⟨Augen⟩; hellklingend ⟨Töne, Laute⟩; ~ **air** Flüssigluft, *die;* ~ **blue** wasserblau; **b)** *(Commerc.)* liquid; ~ **assets** flüssige Mittel; **c)** *(Phonet.)* ~ **consonant** Fließlaut, *der;* Liquida, *die (fachspr.)*. 2. *n.* **a)** Flüssigkeit, *die;* **he can only take ~s** er kann nur Flüssiges zu sich nehmen; **b)** *(Phonet.)* Fließlaut, *der;* Liquida, *die (fachspr.)*

liquidate ['lɪkwɪdeɪt] 1. *v. t.* **a)** *(Commerc.)* liquidieren; tilgen ⟨Schuld⟩; ~d **damages** *(Law)* Konventionalstrafe, *die;* **b)** *(eliminate, kill)* liquidieren; beseitigen. 2. *v. i. (Commerc.)* liquidieren

liquidation [lɪkwɪˈdeɪʃn] *n.* **a)** *(Commerc.)* Liquidation, *die; (of debt)* Tilgung, *die;* **go into ~:** in Liquidation gehen; **b)** *(eliminating, killing)* Liquidierung, *die*

liquidator ['lɪkwɪdeɪtə(r)] *n. (Commerc.)* Liquidator, *der*

liquid: ~ **'crystal** *n.* Flüssigkristall, *der;* ~ **crystal dis'play** *n.* Flüssigkristallanzeige, *die*

liquidity [lɪˈkwɪdɪtɪ] *n., no pl.* **a)** flüssiger Zustand; **b)** *(Commerc.)* Liquidität, *die*

liquidize ['lɪkwɪdaɪz] *v. t.* auflösen; *(Cookery)* pürieren

liquidizer ['lɪkwɪdaɪzə(r)] *n.* Mixer, *der*

liquid 'measure *n.* Flüssigkeitsmaß, *das*

liquor ['lɪkə(r)] *n.* **a)** *(drink)* Alkohol, *der;* Spirituosen; **be able to carry** or **hold one's ~:** etwas vertragen können; **hard** or **strong ~:** hochprozentiger Alkohol; scharfe Sachen *(ugs.);* **be the worse for ~:** betrunken sein; **b)** *(Industry)* Beize, *die*

~ **'up** *v. t.* besoffen machen *(derb);* **get/be ~ed up** sich *(Dat.)* einen ansaufen/besoffen sein *(derb)*

liquorice ['lɪkərɪs] *n.* **a)** *(root)* Süßholz, *das; (preparation)* Lakritze, *die;* **b)** *(plant)* Süßholzstrauch, *der*

'liquor store *n. (Amer.)* Spirituosenladen, *der*

lira ['lɪərə] *n., pl.* **lire** ['lɪərə, 'lɪərɪ] *or* ~s Lira, *die*

Lisbon ['lɪzbən] *pr. n.* Lissabon *(das)*

lisle [laɪl] *n.* ~ [**thread**] Florgarn, *das (Textilw.)*

lisp [lɪsp] 1. *v. i. & t.* lispeln. 2. *n.* Lispeln, *das;* **speak with a ~:** lispeln; **have a bad ~:** stark lispeln

lissom[e] ['lɪsəm] *adj.* geschmeidig

'list [lɪst] 1. *n.* **a)** Liste, *die;* **active ~** *(Mil.)* Liste der Reserve; **publisher's ~:** Verlagsprogramm, *das;* **shopping ~:** Einkaufszettel, *der;* **b)** *(fig.)* **enter the ~s [against sb./sth.]** *(fig.)* den Kampf [gegen jmdn./etw.] antreten. 2. *v. t.* aufführen; auflisten; *(verbally)* aufzählen; ~**ed securities/stock** an der Börse zugelassene Wertpapiere/Aktien

²**list** 1. *n.* **a)** *(Naut.: tilt)* Schlagseite, *die;* **have/develop a pronounced ~:** deutlich Schlagseite haben/bekommen; **b)** *(of building, fence, etc.)* Neigung, *die;* **develop a ~:** sich neigen. 2. *v. i.* **a)** *(Naut.)* **~** [**to port/starboard**] Schlagseite [nach Backbord/Steuerbord] haben; **b)** ⟨Gebäude, Zaun *usw.*⟩: sich neigen

listed 'building *n. (Brit.)* Gebäude unter Denkmalschutz

listen ['lɪsn] *v. i.* zuhören; ~ **to music/the radio** Musik/Radio hören; **just ~ to the noise they are making!** hör dir bloß mal an, was sie für einen Lärm machen!; ~; **nitwit** hör zu, du Trottel; **they ~ed to his words** sie hörten ihm zu; **you never ~ to what I say** du hörst mir nie zu; **we stopped and ~ed** wir hielten inne und horchten; ~ [**out**] **for sth./sb.** auf etw. *(Akk.)* horchen/horchen, ob jmd. kommt; ~ **to sth./sb.** *(pay heed)* auf etw./jmdn. hören; **he wouldn't ~** *(heed)* er wollte nicht hören; ~ **to sb.'s grievances** sich *(Dat.)* jmds. Beschwerden anhören

~ **'in** *v. i.* **a)** *(Radio)* hören (on, to Akk.); **b)** *(tap line)* mithören; **c)** *(eavesdrop)* mithören (on, to Akk.)

listener ['lɪsnə(r)] *n.* **a)** Zuhörer, *der*/Zuhörerin, *die;* **be a good ~:** ein guter Zuhörer sein; **b)** *(Radio)* Hörer, *der*/Hörerin, *die*

listening-post ['lɪsnɪŋpəʊst] *n. (Mil.; also fig.)* Horchposten, *der*

listing ['lɪstɪŋ] *n.* Aufführung, *die;* Auflistung, *die; (verbal)* Aufzählung, *die*

listless ['lɪstlɪs] *adj.,* **listlessly** ['lɪstlɪslɪ] *adv.* lustlos

listlessness ['lɪstlɪsnɪs] *n., no pl.* Lustlosigkeit, *die*

'list price *n.* Katalogpreis, *der*

lit [lɪt] *see* ²**light 4;** ³**light**

litany ['lɪtənɪ] *n. (lit. or fig.)* Litanei, *die;* **the L~:** die Litanei im Book of Common Prayer

litchi ['laɪtʃɪ, 'lɪtʃɪ] *n.* Litschi, *die*

liter *(Amer.) see* **litre**

literacy ['lɪtərəsɪ] *n., no pl.* Lese- und Schreibfertigkeit, *die;* **adult ~ classes** Kurse für Analphabeten; ~ **is low** das Analphabetentum ist groß

literal ['lɪtərl] 1. *adj.* **a)** wörtlich; **take sth. in a ~ sense** etw. wörtlich nehmen; **b)** *(not exaggerated)* buchstäblich; **the ~ truth** die reine Wahrheit; **c)** *(coll.: with some exaggeration)* wahr; **d)** *(prosaic)* nüchtern; prosaisch; **e)** *(in text)* ~ **error** Tippfehler, *der; (misprint)* Druckfehler, *der.* 2. *n.* **a)** *(error)* Tippfehler, *der; (misprint)* Druckfehler, *der;* **b)** *(Computing)* Literal, *der*

literally ['lɪtərəlɪ] *adv.* **a)** wörtlich; **take sth./was jmd.** sagt, wörtlich nehmen; **b)** *(actually)* buchstäblich; **c)** *(coll.: with some exaggeration)* geradezu

literal: ~-'**minded** *adj.* nüchtern [denkend *nicht präd.*]; ~-**mindedness** [lɪtərlˈmaɪndɪdnɪs] *n., no pl.* Nüchternheit [des Denkens]

literary ['lɪtərərɪ] *adj.* literarisch; *(not colloquial)* gewählt; **be of a ~ turn of mind** sich für Literatur interessieren

literary: ~ **'agent** *n.* Literaturagent, *der*/-agentin, *die;* ~ **'critic** *n.* Literaturkritiker, *der*/-kritikerin, *die;* ~ **ex'ecutor** *n.* Literaturexekutor; ~ **gent** *n. (coll.)* Literat, *der (oft abwertend);* ~ **hi'storian** *n.* Literaturhistoriker, *der*/-historikerin, *die;* ~ **'history** *n.* Literaturgeschichte, *die;* ~ **'luncheon** *n.* literarischer Lunch (mit Schriftstellern und Verlegern); ~ **man** *n.* Schriftsteller, *der; (versed in literature)* Literaturkenner, *der*

literate ['lɪtərət] 1. *adj. (able to read and write)* des Lesens und Schreibens kundig; *(educated)* gebildet; **not be ~:** nicht lesen und schreiben können. 2. *n.* Alphabet, *der*

literature ['lɪtərətʃə(r), 'lɪtrətʃə(r)] *n.* **a)** Literatur, *die;* **b)** *(writings on a subject)* [Fach]literatur, *die (on* zu*);* **c)** *(printed matter)* Literatur, *die;* Informationsmaterial, *das;* **advertising ~:** Werbeschriften *od.* -material

lithe [laɪð] *adj.* geschmeidig

lithium ['lɪθɪəm] *n. (Chem.)* Lithium, *das*

litho ['laɪθəʊ] *(coll.)* 1. *n., pl.* ~s Litho, *das.* 2. *adj.* Litho-; ~ **print/printing** Litho, *das.* 3. *n. v. t.* lithographieren

lithograph ['lɪθəgrɑːf] 1. *n.* Lithographie, *die.* 2. *v. t.* lithographieren

lithographer [lɪˈθɒgrəfə(r)] *n.* Lithograph, *der*/Lithographin, *die*

lithographic [lɪθəˈgræfɪk] *adj.* lithographisch

lithography [lɪˈθɒgrəfɪ] *n.* Lithographie, *die*

Lithuania [lɪθjʊˈeɪnɪə] *pr. n.* Litauen *(das)*

Lithuanian [lɪθjʊˈeɪnɪən] 1. *adj.* litauisch; **sb. is ~:** jmd. ist Litauer/Litauerin; *see also* **English 1.** 2. *n.* **a)** *(person)* Litauer, *der*/Litauerin, *die;* **b)** *(language)* Litauisch, *das; see also* **English 2 a**

litigant ['lɪtɪgənt] 1. *n.* Prozeßpartei, *die.* 2. *adj.* ~ **party** Prozeßpartei, *die*

litigate ['lɪtɪgeɪt] 1. *v. i.* prozessieren. 2. *v. t.* vor Gericht verhandeln

litigation [lɪtɪˈgeɪʃn] *n.* Rechtsstreit, *der;* **in ~:** rechtshängig

litigious [lɪˈtɪdʒəs] *adj.* prozeßsüchtig; **a ~ person** ein Prozeßhansel *(ugs.)*

litmus ['lɪtməs] *n.* Lackmus, *das od. n.*

'litmus-paper *n.* Lackmuspapier, *das*

litotes [laɪˈtəʊtiːz] *n. (Rhet.)* Litotes, *die*

litre ['liːtə(r)] *n. (Brit.)* Liter, *der od. das*

Litt. D. *see* **D. Litt.**

litter ['lɪtə(r)] 1. *n.* **a)** *(rubbish)* Abfall, *der;* Abfälle; **'do not leave ~'** „bitte keine Abfälle zurücklassen"; **her desk was strewn with a ~ of books** ihr Schreibtisch war mit Büchern übersät; **b)** *(vehicle)* Sänfte, *die;* **c)** *(stretcher)* Trage, *der;* Tragbahre, *die;* **d)** *(bedding for animals)* Streu, *die;* Einstreu, *die (Landw.);* **e)** *(young)* Wurf, *der.* 2. *v. t.* verstreuen; **papers were ~ed about the room** im Zimmer lagen überall Zeitungen herum;

litter-basket

~ the room with one's books seine Bücher im Zimmer verstreuen. 3. *v. i.* 'do not ~' „bitte keine Abfälle zurücklassen"
litter: ~-**basket** *n.* Abfallkorb, *der;* ~-**bin** *n.* Abfalleimer, *der;* ~**bug,** ~-**lout** *ns.* Schmutzfink, *der (ugs.)*
little ['lɪtl] 1. *adj.* ~**r** ['lɪtlə(r)], ~**st** ['lɪtlɪst] (*Note: it is more common to use the compar. and superl. forms smaller, smallest*) **a)** *(small)* klein; ~ **town/book/dog** kleine Stadt/kleines Buch/kleiner Hund; *(showing affection or amusement)* Städtchen, *das/* Büchlein, *das/*Hündchen, *das;* ~ **toe** kleine Zehe; **the** ~ **woman** *(coll.: my wife)* mein kleines Frauchen *(ugs.);* **you poor** ~ **thing!** du armes kleines Ding!; **don't worry your** ~ **head** zerbrich dir nicht dein Köpfchen!; **I know your** ~ **ways** ich kenne deine Tricks; **do one's** ~ **best** sein Bestes tun; **L~ Venice** Klein-Venedig, *das;* **the** ~ **people** *(fairies)* die Elfen; *see also* ¹**bear c;** ²**slam a; b)** *(young)* klein; **the** ~ **Joneses** die Jones-Kinder; ~ **man/woman** *(child)* Kleiner/Kleine; **the** ~ **ones** die Kleinen; **my** ~ **sister** meine kleine Schwester; **c)** *(short)* klein ⟨*Zwerg*⟩; **a** ~ **way** ein kleines *od.* kurzes Stück; **after a** ~ **while** nach kurzer Zeit; nach einer kleinen Weile *(veralt.);* **d)** *(not much)* wenig; **you have** ~ **time left** dir bleibt nicht mehr viel Zeit; **there is very** ~ **tea left** es ist kaum noch Tee *od.* nur noch ganz wenig Tee da; **make a nice** ~ **profit** *(coll. iron.)* ein hübschen Gewinn machen *(ugs.);* **a** ~ **...** *(a small quantity of)* etwas ...; ein wenig *od.* bißchen ...; **speak a** ~ **German** etwas Deutsch sprechen; **speak only a** ~ **German** nur wenig Deutsch sprechen; **a** ~ **goes a long way** ein bißchen reicht lange; *(fig.)* ein bißchen hat eine große Wirkung; **no** ~ **...** : nicht wenig...; **e)** *(trivial)* klein; **get annoyed about** ~ **things** sich über Kleinigkeiten aufregen; **of course, this** 'would occur to your ~ **mean** ~ **mind** einem miesen Kleingeist wie dir muß natürlich so etwas einfallen; ~ **things please** ~ **minds** kleine Geister erfreuen sich an kleinen Dingen. **See also Englander; old 1 e; Russian 2 b. 2.** *n.* wenig; **but** ~: nur wenig; ~ **or nothing** kaum etwas; so gut wie nichts; **[do] not a** ~: einiges [tun]; **not a** ~ **angry** *etc.* ziemlich verärgert *usw.;* **there was** ~ **we could do** wir konnten nur wenig tun; **a** ~ *(a small quantity)* etwas; ein wenig *od.* bißchen; *(somewhat)* ein wenig; **too** ~ **too late** zu wenig [und] zu spät; **think of** ~ **else** gering von jmdm. denken; **after a** ~: nach einer Weile; **a** ~ **after eight** kurz nach acht; **for a** ~: ein Weilchen; *(a short way)* ein Stückchen; **we see very** ~ **of one another** wir sehen sehr wenig voneinander; ~ **by** ~: nach und nach; **the** ~ **I know** das wenige, was ich weiß; *see also* **help 1 a; make 1 m; what 6 a. 3.** *adv.,* **less** [les], **least** [liːst] **a)** *(not at all)* **she** ~ **thought that** ...: sie dachte nicht im geringsten daran, daß ...; **he** ~ **suspected/knew what** ...: er hatte nicht die geringste Ahnung/wußte überhaupt nicht, was ...; **b)** *(to only a small extent)* **as he liked it** ~ **so wenig es ihm auch gefiel; he writes** ~ **now** er schreibt nur noch wenig; ~ **more/less than** ...: kaum mehr/weniger als ...; **that is** ~ **less than** ...: das grenzt schon an (+ *Akk.*) ...; **the holiday was** ~ **less than a disaster** der Urlaub war ein ziemlicher Reinfall *(ugs.);* **his behaviour is** ~ **less than disgraceful** sein Benehmen ist schon fast skandalös zu nennen
little: ~ **end** *n. (Brit. Motor Veh.)* Pleuellauge, *das (Technik.);* ~ **finger** *n.* kleiner Finger; **twist sb. round one's** ~ **finger** jmdn. um den [kleinen] Finger wickeln *(ugs.);* ~-**known** *adj.* wenig bekannt
littleness ['lɪtlnɪs] *n., no pl.* Kleinheit, *die*
'**little theatre** *n.* Kleinbühne, *die*
littoral ['lɪtərəl] 1. *adj.* litoral *(Geogr.).* 2. *n.* Litoral, *das (Geogr.);* Küstengebiet, *das*

liturgical [lɪˈtɑːdʒɪkl] *adj.* liturgisch
liturgy ['lɪtədʒɪ] *n.* **a)** Liturgie, *die;* **b)** *(Book of Common Prayer)* **the** ~: das Book of Common Prayer
¹**live** [laɪv] 1. *adj.* **a)** *attrib. (alive)* lebend; **b)** *(Radio, Telev.)* ~ **performance** Live-Aufführung, *die;* ~ **broadcast** Live-Sendung, *die;* Direkt- *od.* Originalübertragung, *die;* **we go** ~ **tomorrow** *(fig.)* morgen machen wir Ernst; **c)** *(topical)* aktuell ⟨*Thema, Frage*⟩; **d)** *(Electr.)* stromführend; **e)** *(unexploded)* scharf ⟨*Munition usw.*⟩; **f)** *(glowing)* glühend ⟨*Kohle*⟩; **g)** *(joc.: actual)* **real** ~: richtig; **h)** *(Mech. Engin.)* Trieb⟨*rad, -feder*⟩; Antriebs⟨*achse, -rad, -welle*⟩. 2. *adv. (Radio, Telev.)* live ⟨*übertragen usw.*⟩
²**live** [lɪv] 1. *v. i.* **a)** leben; ~ **and let** ~: leben und leben lassen; ~ **by sth.** von etw. leben; **will he** ~? wird er am Leben bleiben?; **you'll** ~ *(iron.)* du wirst's [schon] überleben *(iron.);* **as long as I** ~ **I shall never understand why** ...: mein Leben lang werde ich nicht begreifen, warum ...; ~ **to see** [mit]erleben; **she will** ~ **to regret her stupidity** sie wird ihre Dummheit noch bereuen; **you** ~ **and learn** man lernt nie aus; ~ **for sth./sb.** für etw./jmdn. leben; ~ **through sth.** etw. durchmachen *(ugs.); (survive)* etw. überleben; ~ **to a ripe old age/to be a hundred** ein hohes Alter erreichen/hundert Jahre alt werden; **long** ~ **the queen!** lang lebe die Königin!; **they** ~**d violently** they lived in the Zeichen der Gewalt; ~ **beyond one's means** über seine Verhältnisse leben; ~ **well** *(eat well)* es sich *(Dat.)* gutgehen lassen; *see also* **hand 1 a; b)** *(make permanent home)* wohnen; leben; **the room seems** ~**d in** das Zimmer scheint bewohnt zu sein; ~ **together** zusammenleben; ~ **with sb.** mit jmdm. zusammenleben; ~ **with sth.** *(lit. or fig.)* mit etw. leben. 2. *v. t.* **a)** leben; ~ **one's own life** sein eigenes Leben leben; ~ **an honest life** ein ehrbares Leben führen; ~ **it up** das Leben in vollen Zügen genießen; *(have a good time)* einen draufmachen *(ugs.);* **b)** *(express)* ~ **one's convictions** nach seiner Überzeugung leben; **what others were preaching, he** ~**d** was andere nur predigten, lebte er vor
~ 'down *v. t.* Gras wachsen lassen über (+ *Akk.*); **he will never be able to** ~ **it down** das wird ihm ewig anhängen
~ 'in *v. i. (Brit.)* ⟨*Personal, Koch usw.:*⟩ im Haus wohnen; ⟨*Student, Krankenschwester:*⟩ im Wohnheim wohnen
~ 'on 1. [--] *v. t.* leben von; *(fig.)* zehren von ⟨*Ruf*⟩; leben von ⟨*Hoffnung*⟩; ~ **on air** *(joc.)* von der Luft *od. (ugs. scherzh.)* von Luft und Liebe leben; *see also* **fat 2. 2.** [-'-] *v. i.* weiterleben
~ 'out 1. [--] *v. i. (Brit.)* außerhalb wohnen. 2. ['--] *v. t.* **a)** *(survive)* überleben; überstehen ⟨*Winter, Woche*⟩; **b)** *(complete, spend)* verbringen; **they had** ~**d out their lives as fishermen** sie waren ihr Leben lang Fischer gewesen
~ 'up to *v. t.* gerecht werden (+ *Dat.*); ~ **up to one's principles/faith** nach seinen Prinzipien/seinem Glauben leben; **he's a bright lad – I hope he's up to his promise** er ist ein aufgeweckter Bursche – ich hoffe, er hält, was er verspricht; ~ **up to one's reputation** seinem Ruf Ehre machen; ~ **up to one's income** seinen Verhältnissen entsprechend leben
liveable ['lɪvəbl] *adj.* lebenswert, erträglich ⟨*Leben*⟩
live birth [laɪv 'bɜːθ] *n.* Lebendgeburt, *die*
live-in ['lɪvɪn] *attrib. adj.* ~ **cook** Koch *(der im Haus wohnt);* ~ **lover** Geliebter, *der/* Geliebte, *die bei ihm/ihr usw.* wohnt
livelihood ['laɪvlɪhʊd] *n.* Lebensunterhalt, *der;* **gain a** ~ **from sth.** sich *(Dat.)* seinen Lebensunterhalt mit etw. verdienen; **her** ~ **is her painting** sie lebt von der Malerei

liveliness ['laɪvlɪnɪs] *n., no pl.* Lebhaftigkeit, *die*
livelong ['lɪvlɒŋ] *adj. (poet./rhet.)* **all the** ~ **day/night** den lieben langen Tag/die ganze Nacht [hindurch]
lively ['laɪvlɪ] *adj.* **a)** lebhaft; lebendig ⟨*Gegenwart*⟩; rege ⟨*Handel*⟩; **things start to get** ~ **at 9 a.m.** um 9 Uhr wird es lebhaft; **have a** ~ **sense of humour** immer zu Späßen aufgelegt sein; **look** ~ *(coll.)* sich ranhalten *(ugs.);* **b)** *(vivid)* lebendig, anschaulich ⟨*Bericht, Schilderung*⟩; **c)** *(fast: exciting, dangerous, difficult)* **things were getting** ~: die Sache wurde gefährlich; **give sb. a** ~ **time, make things** ~ **for sb.** jmdm. zu schaffen machen; **d)** *(fresh)* lebhaft ⟨*Farbe*⟩
liven *see* ~ **up 1**
liven up [laɪvn ˈʌp] 1. *v. t.* Leben bringen in (+ *Akk.*). 2. *v. i. (Person:)* aufleben; **things will** ~ **when** ...: es wird Leben in die Bude kommen *(ugs.),* wenn ...
¹**liver** ['lɪvə(r)] *n. (Anat., Gastr.)* Leber, *die*
²**liver** *n.* **be a fast/clean** ~: ein flottes/solides Leben führen
'**liver-coloured** *adj.* leberbraun
liveried ['lɪvərɪd] *adj.* livriert
liverish ['lɪvərɪʃ] *adj.* **a)** *(unwell)* elend; unwohl; **b)** *(grumpy)* mürrisch
Liverpudlian [lɪvəˈpʌdlɪən] 1. *adj.* Liverpooler. 2. *n.* Liverpooler, *der/*Liverpoolerin, *die*
liver: ~ **salts** *n. pl. (Brit.)* ≈ Magenmittel, *das;* ~ **sausage** *n.* Leberwurst, *die;* ~-**wort** *n.* Lebermoos, *das;* ~**wurst** ['lɪvəwɜːst] *(Amer.) see* ~ **sausage**
livery ['lɪvərɪ] *n.* Livree, *die;* **in/out of** ~: livriert/nicht livriert
livery: ~ **company** *n. (Brit.)* Londoner Zunft; ~ **stable** *n.* Mietstall, *der*
live [laɪv]: ~**stock** *n. pl.* Vieh, *das;* **large number of** ~**stock** großer Viehbestand; ~ **weight** *n.* Lebendgewicht, *das;* ~ '**wire** *n. (Electr.)* stromführender Draht; *(fig.)* Energiebündel, *das (ugs.)*
livid ['lɪvɪd] *adj.* **a)** *(bluish)* bleigrau; **b)** *(Brit. coll.: furious)* fuchtig *(ugs.)*
living ['lɪvɪŋ] 1. *n.* **a)** Leben, *das; see also* **cost of living; standard 1 b; b)** *(livelihood)* Lebensunterhalt, *der;* **make a** ~: seinen Lebensunterhalt verdienen; **earn one's [own]** ~: sich *(Dat.)* seinen Lebensunterhalt [selbst] verdienen; ~ **out of** ~ **of farming** von der Landwirtschaft leben; **make a good** ~: viel verdienen; **it's a** ~ *(joc.)* man kann davon leben; **c)** *(Brit. Eccl.)* Pfründe, *die;* **d)** *(way of life)* Lebensstil, *der;* **the art of** ~: die Kunst zu leben; **good** ~: üppiges Leben; *(pious)* guter Lebenswandel; **high** ~: hoher Lebensstandard; **e)** *in pl.* **the** ~: die Lebenden; **be still/back in the land of the** ~: unter den Lebenden weilen. 2. *adj.* **a)** lebend; ~ **things** Lebewesen; **not a** ~ **soul** keine Menschenseele; **no man** ~: niemand auf der Welt; **it was a** ~ **death for him** er fühlte sich dort wie lebendig begraben; **within** ~ **memory** seit Menschengedenken; **be the** ~ **image of sb.** jmds. Ebenbild sein; **a** ~ **monument** ein lebendiges Zeugnis *(to Gen.);* **see daylight c; b)** *(uncut, unquarried)* gewachsen ⟨*Stein, Fels*⟩; **c)** *(still in vernacular use)* lebend ⟨*Sprache*⟩
living: ~-**room** *n.* Wohnzimmer, *das;* ~-**space** *n.* **a)** Lebensraum, *der;* **b)** *(in dwelling)* Wohnraum, *der;* ~ '**wage** *n.* Lohn, von dem man leben kann
Livy ['lɪvɪ] *pr. n.* Livius *(der)*
lizard ['lɪzəd] *n.* Eidechse, *die*
'**ll** [l] *(coll.)* = **shall;** '**will**
ll. *abbr.* lines Zz.
llama ['lɑːmə] *n. (Zool., Textiles)* Lama, *das*
LL.B/LL.D/LL.M *abbrs.* Bachelor/Doctor/Master of Laws; *see also* **B. Sc.**
lo [ləʊ] *int.* **a)** ~ **and behold** *(joc.)* sieh[e] da; **b)** *(arch.)* siehe/seh[e]t

loach [ləʊtʃ] *n.* ⟨*Zool.*⟩ Schmerle, *die*
load [ləʊd] 1. *n.* a) ⟨*burden, weight*⟩ Last, *die;* ⟨*amount carried*⟩ Ladung, *die;* **a ~ of hay** eine Ladung Heu; **barrow-~ of apples** Karre voll Äpfel; **a ~ of [old] rubbish** *or* **tripe** (*fig. coll.*) ein einziger Mist (*ugs.*); **talk a ~ of rubbish** eine Menge Blödsinn reden (*ugs.*); **what a ~ of rubbish!** was für ein Quatsch (*ugs.*) *od.* (*ugs. abwertend*) Schmarren!; **get a ~ of this!** (*sl.*) ⟨*listen*⟩ hör einmal gut *od.* genau zu! (*ugs.*); ⟨*look*⟩ guck mal genau hin! (*ugs.*); b) ⟨*weight*⟩ Last, *die* (*Electr.*) Belastung, *die;* c) (*fig.*) Last, *die;* Bürde, *die* (*geh.*); **a heavy ~ of work** eine große Arbeitsbelastung; **take a ~ off sb.'s mind** jmdm. eine Last von der Seele nehmen; **that's a ~ off my mind** damit fällt mir ein Stein vom Herzen; **teaching ~** (*Sch.*) Deputat, *das;* d) *usu. in pl.* (*coll.*) ⟨*plenty*⟩ **~s of** jede Menge *od.* massenhaft (*ugs.*) ⟨*Nahrungsmittel usw.*⟩; **have ~s of sense** sehr vernünftig sein. 2. *v. t.* a) ⟨*put ~ on*⟩ beladen; **~ sb. with work** (*fig.*) jmdm. Arbeit auftragen *od.* (*ugs. abwertend*) aufhalsen *od.* (*geh.*) aufbürden; b) ⟨*put as ~*⟩ laden; c) ⟨*weight with lead*⟩ mit Blei beschweren; **~ed dice** präparierte Würfel; **the dice were ~ed against him** (*fig.*) er hatte schlechte Karten; d) ⟨*charge*⟩ laden ⟨*Gewehr*⟩; **~ a camera with film** [in einen Fotoapparat] einlegen; e) ⟨*insert*⟩ einlegen ⟨*Film, Tonband usw.*⟩ f) ⟨*strain*⟩ schwer belasten; **a table ~ed with food** ein mit Speisen beladener Tisch; g) ⟨*overwhelm*⟩ (**with praise, presents,** *etc.*) überhäufen; (**with abuse**) überschütten. 3. *v. i.* laden (**with** *Akk.*); Ladung übernehmen
~ 'up *v. i.* laden (**with** *Akk.*)
'load-bearing *adj.* tragend ⟨*Wand, Balken, Konstruktion*⟩
loaded ['ləʊdɪd] *adj.* a) (*sl.: rich*) **be ~:** [schwer] Kohle haben (*salopp*); b) (*sl.: drunk*) voll (*ugs.*); c) (*Amer. sl.: drugged*) **high** (*Jargon verhüll.*); **be ~ [up] on heroin** sich mit Heroin vollgepumpt haben (*ugs.*); d) **~ for bear** (*Amer. coll.*) für alles gerüstet; e) **emotionally ~ words** emotional befrachtete Wörter; **a ~ question** eine suggestive Frage. *See also* **load 2**
loader ['ləʊdə(r)] *n.* a) ⟨*person who loads gun*⟩ [Gewehr]lader, *der;* b) ⟨*machine*⟩ Lader, *der;* c) *in comb.* (gun *etc.*) ⟨Vorder-, Hinter⟩lader, *der*
'loading bay *n.* Ladeplatz, *der*
load: **~ line** *n.* Ladelinie, *die* (*Seew.*); **~-shedding** *n.* (*Electr.*) Stromabschaltung, *die;* **~star** *see* **lodestar;** **~stone** *n.* a) (*oxide*) Magnetit, *der;* b) (*piece*) Magnet[eisen]stein, *der;* c) (*fig.*) Magnet, *der*
¹loaf [ləʊf] *n., pl.* **loaves** [ləʊvz] a) Brot, *das;* [Brot]laib, *der;* **a ~** ein Laib Brot; **a brown/white ~:** ein dunkles Brot/Weißbrot; **half a ~ is better than no bread** *or* **none** (*prov.*) wenig ist besser als gar nichts; b) (*sl.: head*) **use one's ~:** seinen Grips anstrengen (*ugs.*); c) **~ sugar** Hutzucker, *der*
²loaf 1. *v. i.* a) **~ round town/the house** in der Stadt/zu Hause herumlungern (*ugs.*); b) (*saunter*) trödeln (*ugs.*). 2. *v. t.* **~ away** vertrödeln ⟨*Zeit*⟩
loafer ['ləʊfə(r)] *n.* a) (*idler*) Faulenzer, *der;* b) **L~,** (P) bequemer [mokassinartiger] Halbschuh
loam [ləʊm] *n.* a) (*paste*) Lehm, *der;* b) (*soil*) Lehmboden, *der*
loamy ['ləʊmɪ] *adj.* lehmig
loan [ləʊn] 1. *n.* a) (*thing lent*) Leihgabe, *die;* b) (*lending*) **let sb. have/give sb. the ~ of sth.** jmdm. etw. leihen; **may I have the ~ of your mower?** kann ich mal Ihren Rasenmäher ausleihen?; **be [out] on ~** ⟨*Buch, Schallplatte*⟩ ausgeliehen sein; **have sth. on ~ [from sb.]** etw. [von jmdm.] geliehen haben; c) (*money lent*) Darlehen, *das;* Kredit, *der;* (*public ~*) Anleihe, *die.* 2. *v. t.* **~ sth. to sb.** jmdm. etw. leihen; etw. an jmdn. verleihen
loan: **~ collection** *n.* Leihgaben; **~ shark** *n.* (*coll.*) Kredithai, *der* (*ugs. abwertend*); **~-translation** *n.* Lehnübersetzung, *die;* **~-word** *n.* Lehnwort, *das*
loath [ləʊθ] *pred. adj.* **be ~ to do sth.** etw. ungern tun; **be nothing ~:** nicht abgeneigt sein
loathe [ləʊð] *v. t.* verabscheuen; nicht ausstehen können; **he ~s eggs** er mag Eier überhaupt nicht; **I ~ ironing** ich kann Bügeln nicht ausstehen; **I ~d having to tell her** ich fand es gräßlich, ihr das sagen zu müssen
loathing ['ləʊðɪŋ] *n.* Abscheu, *der* (**of, for** vor + *Dat.*); **have a ~ of sth.** Abscheu vor etw. (*Dat.*) haben; etw. verabscheuen
loathsome ['ləʊðsəm] *adj.* abscheulich; widerlich; verhaßt ⟨*Tätigkeit, Pflicht*⟩
loaves *pl. of* **¹loaf**
lob [lɒb] 1. *v. t.,* **-bb-** in hohem Bogen werfen; (*Tennis*) lobben. 2. *n.* (*Tennis*) Lob, *der*
lobby ['lɒbɪ] 1. *n.* a) (*pressure group*) Lobby, *die;* Interessenvertretung, *die;* b) (*of hotel*) Eingangshalle, *die;* (*of theatre*) Foyer, *das;* (*anteroom*) (*narrow*) Flur, *der;* (*larger*) Vorraum, *der;* c) (*esp. Brit. Parl.: hall*) Lobby, *die;* Wandelhalle, *die.* 2. *v. t.* (*als Lobby*) zu beeinflussen suchen ⟨*Abgeordnete*⟩. 3. *v. i.* (*als Lobby*) seinen Einfluß geltend machen; **~ for/against sth.** (*als Lobby*) sich für etw. einsetzen/gegen etw. wenden
lobbyist ['lɒbɪɪst] *n.* Lobbyist, *der*/Lobbyistin, *die*
lobe [ləʊb] *n.* (*ear~*) Ohrläppchen, *das;* (*of liver, brain, lung*) Lappen, *der;* Lobus, *der* (*fachspr.*); (*of leaf*) Ausbuchtung, *die*
lobed [ləʊbd] *adj.* gelappt
lobelia [lə'bi:lɪə] *n.* (*Bot.*) Lobelie, *die*
lobotomy [lə'bɒtəmɪ] *see* **leucotomy**
lobster ['lɒbstə(r)] *n.* Hummer, *der*
'lobster-pot *n.* Hummerkorb, *der*
local ['ləʊkl] 1. *adj.* a) lokal (*bes. Zeitungsw.*); Lokal⟨*teil, -nachrichten, -sender*⟩; Kommunal⟨*politiker, -wahl, -abgaben*⟩; (*of this area*) hiesig; (*of that area*) dortig; ortsansässig ⟨*Firma, Familie*⟩; ⟨*Wein, Produkt, Spezialität*⟩ aus der Gegend; (*Bot.*) lokal begrenzt [vorkommend]; lokal [verbreitet]; **~ knowledge** Ortskenntnis, *die;* **go into your ~ branch** gehen Sie zu Ihrer Filiale; **our ~ hairdresser** der Friseur bei uns in der Nähe; (*in village*) der Friseur bei uns im Dorf; **she's a ~ girl** sie ist von hier/dort; **~ resident** Anwohner, *der*/Anwohnerin, *die;* **~ bus** hiesiger/dortiger Bus; (*serving immediate area*) Nahverkehrsbus, *der;* **your ~ candidate** der Kandidat Ihres Wahlkreises; **~ opinion** die Meinung der unmittelbar betroffenen Bevölkerung; b) ⟨*Schmerzen, Entzündung*⟩ örtlich ⟨*Betäubung*⟩; (*Post*) innerstädtisch ⟨*Briefzustellung, Post*⟩. 2. *n.* a) (*inhabitant*) Einheimische, *der/die;* b) (*Brit. coll.: pub*) Stammkneipe, *die*
local: **~ anaes'thetic** *n.* Lokalanästhetikum, *das* (*Med.*); **[be treated] under a ~ anaesthetic** unter örtlicher Betäubung ⟨*Med.*⟩ Lokalanästhesie [behandelt werden]; **~ au'thority** *n.* (*Brit.*) Kommunalverwaltung, *die; attrib.* kommunal; **~ call** *n.* (*Teleph.*) Ortsgespräch, *das;* **~** Nahbereichsgespräch, *das* (*Postw.*); **~ 'colour** *see* **colour 1 g;** **~ 'Derby** *see* **Derby a**
locale [ləʊ'kɑ:l] *n.* Ort, *der;* (*of crime etc.*) Schauplatz, *der*
local 'government *n.* Kommunalverwaltung, *die;* **~ elections/officials** Kommunalwahlen/-beamte
localise *see* **localize**
locality [lə'kælətɪ] *n.* a) (*position*) (*of thing*) Position [im Raum], *die;* (*of person*) Aufenthaltsort, *der;* (*of mineral*) Vorkommen, *das;* b) (*district*) Ort, *der;* Gegend, *die*
localize ['ləʊkəlaɪz] *v. t.* a) (*restrict*) eingrenzen (**to** auf + *Akk.*); lokalisieren (*bes. Politik, Med.*); b) (*decentralize*) lokalisieren
locally ['ləʊkəlɪ] *adv.* im/am Ort; in der Gegend
'local time *n.* Ortszeit, *die;* **[it's] 3 p.m. ~:** [es ist] 15 Uhr Ortszeit
locate [lə'keɪt] *v. t.* a) (*position*) plazieren; **be ~d** liegen; gelegen sein; **the factory is to be ~d on the edge of the town** die Fabrik soll am Stadtrand errichtet werden; b) (*determine position of*) ausfindig machen; lokalisieren (*fachspr.*); orten (*Flugw., Seew.*)
location [lə'keɪʃn] *n.* a) (*position*) Lage, *die;* (*place*) Ort, *der;* (*of ship, aircraft, police car*) Position, *die;* (*of person, building, etc.*) Standort, *der;* **discover the ~ of sth.** etw. ausfindig machen; b) (*positioning*) Positionierung, *die;* c) (*determination of position of*) Lokalisierung, *die;* **succeed in the ~ of the buried treasure** den vergrabenen Schatz ausfindig machen; d) (*Cinemat.*) Drehort, *der;* **be on ~:** bei Außenaufnahmen sein; **shoot on ~:** Außenaufnahmen drehen; e) (*S. Afr.*) [Bantu]siedlung, *die*
loc. cit. [lɒk 'sɪt] *abbr.* **in the passage already quoted** loc. cit.; a. a. O.
loch [lɒx, lɒk] *n.* (*Scot.*) See, *der;* (*in Scotland*) Loch, *der;* (*arm of sea*) Meeresarm, *der* (*in Scotland*) Loch, *der*
Loch Ness [lɒx 'nes, lɒk 'nes] *pr. n.* Loch Ness (*der*); **~ monster** Ungeheuer von Loch Ness
¹lock [lɒk] *n.* a) (*tress of hair*) [Haar]büschel, *das;* [Haar]strähne, *die;* (*ringlet*) Locke, *die;* **b)** *in pl.* Haar, *das;* c) (*of wool, cotton, etc.*) Flocke, *die*
²lock 1. *n.* a) (*of door etc.*) Schloß, *das;* **under ~ and key** unter [strengem] Verschluß; b) (*on canal etc.*) Schleuse, *die;* c) (*on wheel*) Sperrvorrichtung, *die;* Sperre, *die;* d) (*Wrestling*) Fesselgriff, *der;* e) (*of gun*) Schloß, *das;* **~, stock, and barrel** (*fig.*) mit allem Drum und Dran (*ugs.*); **condemn sth. ~, stock, and barrel** (*fig.*) etw. in Bausch und Bogen verurteilen; f) (*Motor Veh.*) Lenkerschlag, *der;* **full [left/right] ~:** voller Lenk[rad]einschlag [nach links/rechts]; g) (*Rugby*) **~ [forward]** Gedrängespieler in der zweiten Reihe; h) *see* **airlock b.** 2. *v. t.* a) (*fasten*) zuschließen, abschließen; **~** *or* **shut the stable-door after the horse has bolted** (*fig.*) den Brunnen erst zudecken, wenn das Kind hineingefallen ist; b) (*shut*) **~ sb./sth. in sth.** jmdn./etw. in etw. (*Akk.*) [ein]schließen; **~ sb./sth. out of sth.** jmdn./etw. aus etw. aussperren; c) (*Mech. Engin.: engage*) befestigen (**in** in + *Dat.*); d) *in p. p.* (*joined*) **the wrestlers were ~ed in combat** die Ringer hielten sich im Fesselgriff; **the lovers were ~ed in an embrace** die Liebenden hielten sich fest umschlungen. *See also* **horn 1 a.** 3. *v. i.* ⟨*Tür, Kasten usw.*⟩ sich ab-/zuschließen lassen
~ a'way *v. t.* einschließen; wegschließen; einsperren ⟨*Person, Tier*⟩; **he ought to be ~ed away** er gehört hinter Schloß und Riegel
~ 'in *v. t.* einschließen; (*deliberately*) einsperren ⟨*Person, Tier*⟩
~ 'on to *v. t.* a) ⟨*Rakete:*⟩ erfassen ⟨*Ziel*⟩; b) ⟨*Teleskop:*⟩ sich einstellen auf (+ *Akk.*) ⟨*Objekt*⟩
~ 'out *v. t.* a) aussperren; **~ oneself out** sich aussperren; b) (*Industry*) aussperren ⟨*Arbeiter*⟩; *see also* **lock-out**
~ 'up 1. *v. i.* abschließen. 2. *v. t.* a) abschließen ⟨*Haus, Tür*⟩; b) einsperren; **he ought to be ~ed up** er gehört hinter Schloß und Riegel; c) (*store inaccessibly*) binden ⟨*Kapital*⟩; b) unterdrücken ⟨*Gefühle*⟩; c) **~ sth. up in one's heart** (*fig.*) etw. ganz für sich behalten. *See also* **lock-up**
locker ['lɒkə(r)] *n.* a) Schließfach, *das;* b) (*Naut.*) Schapp, *das od. der* (*Seemannsspr.*)

locker-room *n.* Umkleideraum, *der*
locket ['lɒkɪt] *n.* Medaillon, *das*
lock: ~**-gate** *n.* Schleusentor, *das;* ~**jaw** *n. (Med.)* Kieferklemme, *die; (disease)* Wundstarrkrampf, *der;* ~**-keeper** *n.* Schleusenwärter, *der;* ~**-nut** *n. (Mech.)* Kontermutter, *die;* ~**-out** *n.* Aussperrung, *die;* ~**-smith** *n.* Schlosser, *der;* ~**-stitch 1.** *n.* Doppelsteppstich, *der;* **2.** *v. t. & i.* steppen; ~**-up 1.** *n.* **a)** *(closing-time)* Toresschluß, *der;* **b)** *(jail)* Gewahrsam, *das (veralt.);* **2.** *adj.* **a)** *(Brit.)* ~**-up shop/garage** Laden in einem Gebäude, in dem der Inhaber nicht wohnt/nicht unmittelbar bei der Wohnung gelegene Garage; **b)** ~**-up time** Toresschluß, *der*
locomotion [ləʊkə'məʊʃn] *n.* Fortbewegung, *die,* Lokomotion, *die (fachspr.)*
locomotive ['ləʊkəməʊtɪv, ˌləʊkə'məʊtɪv] **1.** *n.* Lokomotive, *die.* **2.** *adj.* **a)** *(of locomotion)* lokomotorisch *(fachspr.);* **b)** *(not stationary)* fahrbar ⟨*Kran*⟩; ~ **engine** Lokomotive, *die*
locum ['ləʊkəm] *n., (coll.),* **locum tenens** [ˌləʊkəm 'tenenz] *n., pl.* **locum tenentes** [ˌləʊkəm te'nenti:z] [Stell]vertreter, *der/-*vertreterin, *die*
locus ['ləʊkəs] *n., pl.* **loci** ['ləʊsaɪ] **a)** *(Math.)* geometrischer Ort; **b)** *(Biol.)* Genort, *der*
locust ['ləʊkəst] *n.* **a)** [Wander]heuschrecke, *die;* **b)** *(Amer.: cicada)* Zikade, *die;* **c)** *(Bot.)* ~ [**bean**] Johannisbrot, *das;* ~ [**tree**] *(carob tree)* Johannisbrotbaum, *der; (false acacia)* Robinie, *die*
locution [lə'kju:ʃn] *n.* Lokution, *die (geh.); (style)* Ausdrucksweise, *die; (idiom)* Ausdruck, *der;* Redewendung, *die*
lode [ləʊd] *n. (Min.)* Erzgang, *der*
loden ['ləʊdn] *n. (cloth)* Loden, *der*
lode: ~**star** *n.* Leitstern, *der; (esp.)* Polarstern, *der; (fig.)* Leitbild, *das;* ~**stone** *see* **loadstone**
lodge [lɒdʒ] **1.** *n.* **a)** *(servant's cottage)* Pförtner-/Gärtnerhaus, *das; (Sport)* [Jagd-/Ski]hütte, *die; (hotel)* Hotel, *das;* **b)** *(porter's room)* [Pförtner]loge, *die; (at gate of school etc.)* Pedelloge, *die;* **c)** *(Freemasonry)* Loge, *die;* **grand** ~: Großloge, *die;* **d)** *(lair)* Bau, *der;* **e)** *(of trade union)* Ortsgruppe, *die.* **2.** *v. t.* **a)** *(deposit formally)* einlegen ⟨*Beschwerde, Protest, Berufung usw.*⟩; *(bring forward)* erheben ⟨*Einspruch, Protest*⟩; einreichen ⟨*Klage*⟩; ~ **information against sb.** jmdn. anzeigen; **b)** *(house)* unterbringen; *(receive as guest)* beherbergen; bei sich unterbringen; *(establish as resident)* einquartieren; **c)** *(leave)* ~ **sth. with sb./in a bank** *etc.* etw. bei jmdm./in einer Bank usw. hinterlegen *od.* deponieren; **d)** ~ **power** *etc.* **in the hands of** *or* **with sb.** jmdm. Macht *od.* Befugnis[se] *usw.* übertragen; **e)** *(put, fix)* stecken; [hinein]stoßen ⟨*Schwert, Messer usw.*⟩; **be** ~**d in sth.** in etw. *(Dat.)* stecken; **become** ~**d in sth.** ⟨*Kugel, Messer:*⟩ steckenbleiben in etw. *(Dat.);* **the idea became** ~**d in his mind** der Gedanke setzte sich in ihm fest. **3.** *v. i.* **a)** *(be paying guest)* [zur Miete] wohnen; **b)** *(enter and remain)* steckenbleiben (**in** *or* ~ + *Dat.*); hängenbleiben (**on an** *or* + *Dat.*); ~ **in sb.'s memory** jmdm. im Gedächtnis bleiben; **c)** *(reside)* wohnen; *(pass the night)* übernachten; nächtigen *(geh.)*
lodger ['lɒdʒə(r)] *n.* Untermieter, *der/*Untermieterin, *die; see also* **take in d**
lodging ['lɒdʒɪŋ] *n.* **a)** *usu. in pl. (rented room)* [möbliertes] Zimmer; **b)** *(accommodation)* Unterkunft, *die;* **board** *and* **food and** ~: Unterkunft und Verpflegung; Kost und Logis
lodging-house *n.* Pension, *die*
loess ['ləʊes] *n. (Geol.)* Löß, *der*
loft [lɒft] **1.** *n.* **a)** *(attic)* [Dach]boden, *der; (Amer.: room)* Dachzimmer, *das;* ~ **conversion** Dachausbau, *der;* **b)** *(over stable)* Heuboden, *der;* **c)** *(pigeon-house)* Taubenschlag, *der;* **d)** *(gallery in church)* Empore, *die.* **2.** *v. t. (Sport)* hochspielen ⟨*Ball*⟩; ~ **a ball over sth.** einen Ball über etw. *(Akk.)* heben
loftily ['lɒftɪlɪ] *adv.* **a)** *(grandiosely)* feierlich ⟨*schreiben, sprechen*⟩; **b)** *(haughtily)* hochmütig; überheblich
lofty ['lɒftɪ] *adj.* **a)** *(exalted, grandiose)* hoch; hehr *(geh.);* hochfliegend ⟨*Ideen*⟩; hochgesteckt ⟨*Ziele*⟩; *(fig.: elevated)* feierlich ⟨*Stil*⟩; **b)** *(high)* hoch [aufragend] ⟨*Flug, Raum*⟩; **c)** *(haughty)* hochmütig; überheblich
¹**log** [lɒg] *n.* **a)** *(rough piece of timber)* [geschlagener] Baumstamm; *(part of tree-trunk)* Klotz, *der; (as cut for firewood)* [Holz]scheit, *das;* **be as easy as falling off a** ~: kinderleicht sein; **sleep like a** ~: schlafen wie ein Klotz; **b)** ~[-**book**] Tagebuch, *das; (Naut.)* Logbuch, *das; (Aeronaut.)* Bordbuch, *das;* **c)** *(Naut.: float etc.)* Log, *das.* **2.** *v. t.,* **-gg-** **a)** *(record)* Buch führen *(Akk.); (Naut.)* ins Logbuch eintragen; **b)** *(achieve)* verbuchen
~ **off** *v. i.* sich abmelden
~ **on** *v. i.* sich anmelden
²**log** *n. (Math.)* Logarithmus, *der*
loganberry ['ləʊgnberɪ] *n.* Loganbeere, *die*
logarithm ['lɒgərɪðm] *n. (Math.)* Logarithmus, *der*
logarithmic [ˌlɒgə'rɪðmɪk] *adj. (Math.)* logarithmisch
log: ~**-book** *n.* **a)** *(Brit.: of car)* Zulassung, *die;* **b)** *see* **log 1 b;** ~ **cabin** *n.* Blockhütte, *die;* ~**-fire** *n.* Holzfeuer, *das*
loggerheads ['lɒgəhedz] *n. pl.* **be at** ~ **with sb.** mit jmdm. in Clinch liegen; **they were constantly at** ~: sie lagen ständig miteinander im Clinch
loggia ['lɒdʒɪə, 'lɒdʒə] *n.* Loggia, *die*
logic ['lɒdʒɪk] *n.* Logik, *die*
logical ['lɒdʒɪkl] *adj.* **a)** logisch; **she has a** ~ **mind** sie denkt logisch; **b)** *(clear-thinking)* logisch denkend; klar denkend
logicality [ˌlɒdʒɪ'kælɪtɪ] *n.* Logik, *die*
logically ['lɒdʒɪkəlɪ] *adv.* logisch
logical '**positivism** *n. (Philos.)* logischer Empirismus
logician [lə'dʒɪʃn] *n. (Philos.)* Logiker, *der/* Logikerin, *die*
logistic [lə'dʒɪstɪk] *adj.* logistisch
logistics [lə'dʒɪstɪks] *n. pl.* Logistik, *die*
log jam *n.* Stau von treibendem Holz/Flößholz; **the talks failed to move** *or* **break the** ~ *(fig.)* die Gespräche haben keinen Durchbruch gebracht
logo ['lɒgəʊ, 'ləʊgəʊ] *n., pl.* ~**s** Signet, *das;* Logo, *das*
log tables *n. pl.* Logarithmentafeln
loin [lɔɪn] *n.* **a)** *(Anat.)* Lende, *die; see also* **gird up; b)** *(meat)* Lende, *die*
loincloth *n.* Lendenschurz, *der*
loiter ['lɔɪtə(r)] *v. i.* trödeln; bummeln; *(linger suspiciously)* herumlungern; ~ **with intent** sich mit krimineller Absicht irgendwo aufhalten
~ **a'way** *v. t.* vertrödeln ⟨*Zeit*⟩
loiterer ['lɔɪtərə(r)] *n.* Herumtreiber, *der;* Herumlungerer, *der (salopp)*
loll [lɒl] *v. i.* **a)** *(lounge)* sich lümmeln *(ugs. abwertend);* **don't** ~! lümmel dich nicht so!; **b)** *(droop)* ⟨*Zunge:*⟩ heraushängen ⟨*Kopf:*⟩ hängen
~ **a'bout,** ~ **a'round** *v. i.* sich herumlümmeln *(ugs. abwertend)*
lollipop ['lɒlɪpɒp] *n.* Lutscher, *der*
lollipop: ~ **man/woman** *ns. (Brit. coll.)* Mann/Frau in der Funktion eines Schülerlotsen
lollop ['lɒləp] *v. i. (coll.) (bob up and down)* ⟨*Kaninchen usw.:*⟩ hoppeln; *(proceed by clumsy bounds)* zotteln *(ugs.)* trotten
lolly ['lɒlɪ] *n.* **a)** *(Brit. coll.: lollipop)* Lutscher, *der;* **ice**[**d**] ~: Eis am Stiel; **b)** *no pl., no indef. art. (sl.: money)* Kohle, *die (salopp)*

Lombardy ['lɒmbədɪ] *pr. n.* Lombardei, *die;* ~ **poplar** *(Bot.)* Pyramidenpappel, *die*
London ['lʌndən] **1.** *pr. n.* London *(das).* **2.** *attrib. adj.* Londoner
Londoner ['lʌndənə(r)] *pr. n.* Londoner, *der/*Londonerin, *die*
lone [ləʊn] *attrib. adj.* **a)** *(poet./rhet.: solitary)* einsam; **b)** *(lonesome)* einsam; **c)** ~ **hand** *(Cards: player)* Einzelspieler, *der/* -spielerin, *die;* **play** *or* **hold a** ~ **hand** allein spielen; **play a** ~ **hand** *(fig.)* einen Alleingang machen
loneliness ['ləʊnlɪnɪs] *n., no pl.* Einsamkeit, *die; (remoteness)* Abgeschiedenheit, *die*
lonely ['ləʊnlɪ] *adj.* einsam; *(remote)* abgeschieden; ~ **heart** einsames Herz
loner ['ləʊnə(r)] *n.* Einzelgänger, *der/*-gängerin, *die*
lonesome ['ləʊnsəm] *adj.* einsam; **by** *or* **on one's** ~: ganz allein
lone '**wolf** *n. (fig.)* Einzelgänger, *der/*-gängerin, *die*
¹**long** [lɒŋ] **1.** *adj.,* ~**er** ['lɒŋgə(r)], ~**est** ['lɒŋgɪst] **a)** lang; weit ⟨*Reise, Weg*⟩; **be** ~ **in the tooth** nicht mehr der/die Jüngste sein; **she's getting a bit** ~ **in the tooth** dafür ist sie allmählich vielleicht doch etwas zu alt; **in two days at the** ~**est** in spätestens zwei Tagen; **it will take two hours at the** ~**est** es wird höchstens zwei Stunden dauern; **take a** ~ **view of sth.** etw. auf lange *od.* weite Sicht sehen; **two inches/weeks** ~: zwei Zoll/ Wochen lang; *see also* **law k; way 1e; b)** *(elongated)* länglich; schmal; **pull** *or* **make a** ~ **face** *(fig.)* ein langes Gesicht ziehen *od.* machen *(ugs.);* **c)** *(of extended duration)* lang; ~ **service** *(esp. Mil.)* langjähriger Dienst; **in the '**~ **run** auf die Dauer; **auf lange Sicht; in the '**~ **term** auf lange Sicht; langfristig; **for a '**~ **time** lange; *(still continuing)* seit langem; **what a** ~ **time you've been away!** du warst aber lange [Zeit] fort!; ~ **time no see!** *(coll.)* lange nicht gesehen! *(ugs.);* **d)** *(tediously lengthy)* lang[atmig]; weitschweifig; **e)** *(lasting)* lang; langjährig ⟨*Gewohnheit, Freundschaft*⟩; alt ⟨*Brauch, Gewohnheit*⟩; **f)** klein, gering ⟨*Chance*⟩; **it would be a** ~ **chance that ...** : es ist ziemlich unwahrscheinlich, daß ...; **g)** *(emphatically more than stated)* lang ⟨*Minute, Tag, Jahre usw.*⟩; **h)** *(coll.: tall)* lang *(ugs.)* ⟨*Person*⟩; hoch ⟨*Fenster*⟩; **i)** *(having)* ~ **memory for sth.** etw. nicht so schnell vergessen; **j)** *(qualifying number or measure:)* ~ **dozen** dreizehn [Stück]; ~ **hundred** hundertzwanzig [Stück]; Großhundert, *das (veralt.);* ~ **hundredweight** englischer Zentner; ~ **ton** Longton, *die;* **k)** *(consisting of many items)* lang ⟨*Liste usw.*⟩; hoch ⟨*Zahl*⟩; **l)** *(Phonet., Pros.)* lang; **m)** *(Cards)* ~ **suit** lange Farbe; **be sb.'s** ~ **suit** jmds. Stärke sein; **n) be** ~ **on sth.** *(coll.)* ein Ausbund an etw. *(Dat.)* sein. **2.** *n.* **a)** *(long interval)* **take** ~: lange dauern; **for** ~: lange; *(since* ~ *ago)* seit langem; **before** ~: bald; **it is** ~ **since ...** : es ist lange her, daß ...; **b) the** ~ **and the short of it is ...** : der langen Rede kurzer Sinn ist ... **3.** *adv.,* ~**er,** ~**est a)** lang[e]; **as** *or* **so** ~ **as** solange; **the shop hasn't** ~ **been open** den Laden gibt es noch nicht lange; **you should have finished** ~ **before now** du hättest schon längst viel früher fertig sein sollen; **I knew her** ~ **before I met you** ich kenne sie schon viel länger als dich; **not** ~ **before** I ...: kurz bevor ich ...; ~ **since** [schon] seit langem; **all day/night/ summer** ~: den ganzen Tag/die ganze Nacht/den ganzen Sommer [über *od.* lang]; **a quiet resort,** ~ **the gathering place of ...** : ein ruhiger Ferienort, lange/(*still continuing*) schon lange Versammlungsort von ...; **not be** ~ **for this world** nicht mehr lange zu leben haben; **I shan't be** ~ : ich bin gleich fertig; *(departing)* bis gleich!; **don't be** ~ !

beeil dich!; **don't be ~ about [doing] it!** laß dir nicht zuviel Zeit damit!; **sb. is ~ [in** *or* **about doing sth.]** jmd. braucht lange *od.* viel Zeit[, um etw. zu tun]; **the opportunity was not ~ in coming** es dauerte nicht lange, bis sich die Gelegenheit bot; **much ~er** viel länger; **not wait any/much ~er** nicht mehr länger/viel länger warten; **no ~er** nicht mehr; nicht länger ⟨warten usw.⟩; **we no ~er had any hope** wir hatten keine Hoffnung mehr; **play can't go on much ~er** das Spiel muß bald abgebrochen werden; **how much ~er is he going to sleep?** wie lange schläft er denn noch?; *see also* **ago**; ¹**so 1 a**; **b)** *as or* **so ~ as** *(provided that)* solange; wenn
²**long** *v. i.* **~ for sb./sth.** sich nach jmdm./ etw. sehnen; **~ for the end of sth./for the summer to come** das Ende einer Sache/den Sommer herbeisehnen; **~ for sb. to do sth.** sich *(Dat.)* [sehr] wünschen, daß jmd. etw. tut; **I ~ for you to come home** ich warte sehnsüchtig darauf, daß du nach Hause kommst; **~ to do sth.** sich danach sehnen, etw. zu tun; **he ~ed to ask his mother the meaning of it** es drängte ihn, seine Mutter zu fragen, was das bedeutete; **[much] ~ed-for** [lang]ersehnt

long. *abbr.* **longitude** Lg.

long: ~-ago 1. *n.* längst vergangene Zeit[en]; **2.** *adj.* längst vergangen; **~boat** *n.* Barkasse, *die;* Langboot, *das;* **~bow** *n. (Mil.)* Langbogen, *der;* **~-case 'clock** *n.* Standuhr, *die;* **~-dated** *adj. (Finance)* langfristig; **~-distance 1.** ['---] *adj.* Fern⟨*gespräch, -verkehr usw.*⟩; Langstrecken⟨*lauf, -läufer, -flug usw.*⟩; **~-distance coach** Reise- *od.* Überlandbus, *der;* **~-distance lorry-driver** Fern[last]fahrer, *der;* **2.** ['-'-] *adv.* **phone ~-distance** ein Ferngespräch führen; **~ division** *see* **division g; ~-drawn[-out]** *adj.* langgezogen ⟨*Schrei, Ton*⟩; langatmig ⟨*Erklärung, Diskussion*⟩; ausgedehnt ⟨*Wanderung*⟩; **~ drink** *n.* Longdrink, *der*

long: ~-forgotten *adj.* längst vergessen; **~-haired** *adj.* langhaarig; Langhaar⟨*dackel, -katze*⟩; **~-hand** *n.* Langschrift, *die;* **~ haul** *n.* Langstreckentransport, *der;* [Güter]ferntransport, *der;* **it's a ~ haul** das ist ein weiter Weg; **~-haul** *adj.* Fern⟨*verkehr, -lastwagen*⟩; Langstrecken[flug]⟨*verkehr, -bus, -verbindung*⟩; **~ hop** *n. (Cricket)* kurz aufgesetzter und dann weit fliegender Ball; **~horn** *n.* **a)** *(cattle)* Longhorn, *das;* **b)** *(beetle)* Bockkäfer, *der*

longing ['lɒŋɪŋ] **1.** *n.* Verlangen, *das;* Sehnsucht, *die;* ⟨*craving*⟩ Gelüst, *das (geh.);* **I had a sudden ~ for a cigarette** ich hatte plötzlich Lust auf eine Zigarette. **2.** *adj.* sehnsüchtig

longingly ['lɒŋɪŋlɪ] *adv.* voll Sehnsucht; sehnsüchtig

longish ['lɒŋɪʃ] *adj.* ziemlich lang

longitude ['lɒndʒɪtjuːd, 'lɒŋgɪtjuːd] *n.* **a)** *(Geog.)* [geographische] Länge; *(of a place)* Länge, *die;* **~ 40° E** 40° östlicher Länge; **b)** *(Astron.)* Länge, *die*

longitudinal [lɒndʒɪ'tjuːdɪnl, lɒŋgɪ'tjuːdɪnl] *adj.* **a)** Längen⟨*ausdehnung, -messung*⟩; **b)** *(running lengthwise)* längsgerichtet; **~ stripe** Längsstreifen, *der;* **c)** **~ wave** *(Phys.)* Longitudinalwelle, *die*

long: ~ johns *n. pl. (coll.)* lange Unterhosen; **~ jump** *n. (Brit. Sport)* Weitsprung, *der;* **~-lasting** *adj.* langandauernd; anhaltend ⟨*Niederschläge, Schneefälle usw.*⟩; dauerhaft ⟨*Beziehung, Freundschaft*⟩; **~-legged** *adj.* langbeinig; **'lens** *n. (Photog.)* Fernobjektiv, *das;* **~-life** *adj.* haltbar [gemacht]; **~-life battery** Batterie mit langer Lebensdauer; **~-life milk** H-Milch, *die;* **~-lived** ['lɒŋlɪvd] *adj. (durable)* andauernd; *(having long life)* langlebig; **be ~-lived** sehr alt werden; **a ~-lived**

family eine Familie, in der alle sehr alt werden; **~ 'odds** *n. pl. (Racing, also fig.)* geringe Gewinnchancen; **~ 'player, ~-playing 'record** *ns.* Langspielplatte, *die;* **~-range** *adj.* **a)** *(having a long range)* Langstrecken⟨*flugzeug, -rakete usw.*⟩; ⟨*Geschütz*⟩ mit großer Reichweite; **b)** *(relating to the future)* langfristig; **~-running** *adj.* anhaltend; Langzeit⟨*versuch*⟩; wochen-/monate-/jahrelang ⟨*Debatte, Streit usw.*⟩; lange laufend ⟨*Theaterstück*⟩; **~ ship** *n. (Hist.)* Wikingerschiff, *das;* **~-shoreman** ['lɒnʃɔːmən] *n., pl.* **~-shoremen** ['lɒnʃɔːmən] *n.* Schauermann, *der;* **~ shot** *n.* **a)** *(wild guess)* reine Spekulation; **b)** *(bet at long odds)* gewagter Versuch; **c)** *(Cinemat.)* Fernaufnahme, *die;* **d)** **not by a ~ shot** bei weitem nicht; **~-'sight** *n.* Weitsichtigkeit, *die;* **have ~ sight** weitsichtig sein; **~-sighted** *adj.* weitsichtig; *(fig.)* weitblickend; vorausschauend; **~-sleeved** ['lɒŋsliːvd] *adj.* langärmelig; **~-standing** *attrib. adj.* seit langem bestehend; langjährig ⟨*Freundschaft usw.*⟩; ⟨*Schulden, Rechnung, Streit*⟩; **~ stop** *n. (fig.)* Notnagel, *der;* **~-suffering** *adj.* schwer geprüft; *(meek)* geduldig; **~-term** *adj.* langfristig; ⟨*Zwist, Freund*⟩; **~-time** *adj.* seit langem bestehend; alt ⟨*Zwist, Freund*⟩; **~ va'cation** *n. (Brit.)* Sommer[semester]ferien *Pl.; (Law)* Sommerpause, *die;* **~ wave** *n. (Radio)* Langwelle, *die;* **~-wave** *adj. (Radio)* Langwellen-; **~ways** *adv.* längs; in Längsrichtung; **~-winded** [lɒŋ'wɪndɪd] *adj.* langatmig; weitschweifig

loo [luː] *n. (Brit. coll.)* Klo, *das (ugs. fam.)*

loofah ['luːfə] *n.* **a)** *(sponge)* Luffaschwamm, *der;* **b)** *(Bot.)* Luffa, *die*

look [lʊk] **1.** *v. i.* **~** sehen; gucken *(ugs.);* schauen (*bes. südd., sonst geh.);* **~ down at one's feet** zu Boden blicken; **don't ~ now, but ...:** sieh jetzt nicht hin, aber ...; **~ before you leap** *(prov.)* erst wägen, dann wagen *(Spr.);* **~ the other way** *(fig.)* die Augen verschließen; **not know which way to ~:** nicht wissen, wohin man sehen soll; **as quick** *or* **soon as ~ [at you]** *(coll.: very readily)* ohne zu zögern; *see also* **eye 1 a**; **b)** *(search)* nachsehen; **c)** *(face)* zugewandt sein **(to[wards]** *Dat.);* **the windows ~ north** die Fenster liegen *od.* gehen nach Norden; **the room ~s on to the road/into the garden** das Zimmer liegt zur Straße/zum Garten hin *od.* geht zur Straße/zum Garten; **d)** *(appear)* aussehen; **~ as if** [so] aussehen, als ob; **~ well/ill** gut *od.* gesund/schlecht *od.* krank aussehen; **~ like** aussehen wie; **it ~s like rain** es sieht nach Regen aus; **he ~s like winning** es sieht so aus, als ob er gewinnt; **make sb. ~ small** jmdn. herabsetzen; jmdn. herunterputzen *(salopp);* **~ one's age/alive/a black 1 d;** ¹**fool 1 a**; **e)** *(seem to be)* **she ~s her age/her 40 years** man sieht ihr ihr Alter/die 40 Jahre an; **you ~ yourself again** es scheint dir wieder gut zu gehen; **you don't ~ yourself** du siehst schlecht aus; **~ the part** *(lit. or fig.)* so aussehen; **she ~ed the part to perfection** sie war für die Rolle wie geschaffen; **f)** *(inquire)* **you haven't ~ed deep enough into it** du hast dich nicht eingehend genug damit befaßt; **~ [here]!** *(demanding attention)* hören Sie/hör zu; *(protesting)* passen Sie/paß ja *od.* bloß auf!; **~ sharp** [about sth.] *(hurry up)* sich [mit etw.] beeilen; **~ inwards** in sich *(Akk.)* hineinblicken; nach innen blicken; **g)** *(take care, make sure)* **~ that ...:** dafür sorgen *od.* zusehen *od.* darauf achten, daß ...; **~ to do sth.** *(expect)* erwarten *od.* hoffen, etw. zu tun. **2.** *v. t.* **a)** *(ascertain by sight)* nachsehen; **in exclamation of surprise etc.** sich *(Dat.)* ansehen; **~ what you've done!** sieh [dir mal an], was du getan *od.* angerichtet hast!; **~ who's here!** sieh mal, wer da *od.* gekommen ist!; **b)** *(express by one's ~s)* **~ a question at sb.** jmdn. fragend ansehen; **she ~ed her surprise** die Überra-

schung stand ihr im Gesicht geschrieben; *see also* **dagger a. 3**. *n.* **a)** Blick, *der;* **get a good ~ at sb.** jmdn. gut *od.* genau sehen [können]; **have** *or* **take a ~ at sb./sth.** sich *(Dat.)* etw. ansehen; einen Blick auf jmdn./etw. werfen; **have a ~ at a town** *(Dat.)* eine Stadt ansehen; **let sb. have a ~ at sth.** jmdn. etw. sehen lassen; **if ~s could kill** wenn Blicke töten könnten; **b)** *in sing. or pl. (person's appearance)* Aussehen, *das; (facial expression)* [Gesichts]ausdruck, *der;* **from** *or* **by the ~[s] of sb.** von jmds. Aussehen zu schließen; **good ~s** gutes Aussehen; **she's lost her ~s** sie hat ihre Schönheit verloren; **have a hungry ~:** hungrig aussehen; **have the ~ of an artist** wie ein Künstler aussehen; **put on a ~ of innocence** eine Unschuldsmiene aufsetzen; **there were angry ~s from them** sie guckten *od. (geh.)* blickten böse; *see also* **black 1 f**; **c)** *(thing's appearance)* Aussehen, *das; (Fashion)* Look, *der;* **have a neglected ~:** verwahrlost aussehen; **from** *or* **by the ~ of the furniture** *etc.* [so] wie die Möbel *usw.* aussehen; **by the ~[s] of it** *or* **things** [so] wie es aussieht; **the house is empty, by the ~ of it** das Haus steht allem Anschein nach leer; **I don't like the ~ of this** das gefällt mir gar nicht; **the place has a European ~:** der Ort wirkt europäisch; **for the ~ of the thing** *(coll.)* um den Schein zu wahren

~ a'bout 1. *v. t.* **~ about a room** sich in einem Zimmer umsehen; **~ about one** sich umsehen *od.* umschauen. **2.** *v. i.* **a)** sich umsehen; **~ about everywhere** *(search)* überall gucken; **b)** *(be watchful)* sich vorsehen; **~ about for sth.** sich nach etw. umsehen

~ 'after *v. t.* **a)** *(follow with one's eyes)* nachsehen (+ *Dat.);* **b)** *(attend to)* sich kümmern um; **c)** *(care for)* sorgen für; **~ after oneself** allein zurechtkommen; für sich selbst sorgen; **~ 'after yourself!** paß auf dich auf!

~ a'head *v. i.* **a)** nach vorne sehen; **b)** *(fig.: plan for future)* an die Zukunft denken; vorausschauen; **~ ahead five years/to next year** an die Zeit in fünf Jahren/an nächstes Jahr denken

~ a'round *see* **~ about**

~ at *v. t.* **a)** *(regard)* ansehen; **~ at one's watch** auf seine Uhr sehen; **~ directly at the light** direkt ins Licht sehen; **don't ~ at me like that!** sieh mich nicht so an!; **be pleasing to ~ at** [recht] nett aussehen; **be good/not much to ~ at** gut aussehen/nicht nach etwas/nach nichts *od.* nicht nach viel aussehen *(ugs.);* **to ~ at him, you'd think ...:** wenn man ihn so sieht, würde man meinen, ...; **b)** *(examine)* sich *(Dat.)* ansehen; **c)** *(consider)* betrachten; in Betracht ziehen ⟨*Angebot*⟩; **that's the proper way to ~ at so** muß man es sehen; **I wouldn't even ~ at such an offer** so ein Angebot wäre für mich völlig undiskutabel; **I can't ~ at any more caviare** ich kann Kaviar nicht mehr sehen

~ a'way *v. i.* weggucken *(ugs.);* wegsehen

~ 'back *v. i.* **a)** *(glance behind)* sich umsehen; sich umblicken *(geh.);* **(fig.: hesitate)** zurückschauen; **he's never ~ed back since then** seitdem läuft es bei ihm alles bestens; **b)** *(cast one's mind back)* **~ back [up]on** *or* **to sth.** an etw. *(Akk.)* zurückdenken; auf etw. *(Akk.)* zurückblicken

~ 'down [up]on *v. t.* **a)** herunter-/hinuntersehen, *(fig.)* runtergucken auf (+ *Akk.);* **b)** *(fig.: despise)* herabsehen auf (+ *Akk.)*

~ for *v. t.* **a)** *(expect)* erwarten; **b)** *(seek)* suchen; **~ for the suche** nach etw. ⟨*neuen Ideen*⟩; **~ for trouble** Streit suchen; *(unintentionally)* sich *(Dat.)* Ärger einhandeln

~ 'forward *v. t.* vorausschauen; sich freuen (+ *Akk.);* **~ forward to doing sth.** sich darauf freuen, etw. zu tun

~ 'in *v. i.* **a)** hin-/hereinsehen; *(visit)* vorbeikommen **(on** bei); vorbei- *od.* herein-

schauen (on bei) *(bes. südd. ugs.);* ~ **in at the butcher's** beim Schlachter vorbeigehen; **the doctor** ~**ed in** frequently der Arzt kam häufig vorbei; **the nurse** ~**ed in on the patient every hour** die Schwester sah jede Stunde nach dem Patienten; **b)** *(coll.: watch television)* fernsehen. *See also* **look-in**
~ **into** *v. t.* **a)** sehen in (+ *Akk.*); **b)** *(fig.: investigate)* [eingehend] untersuchen; unter die Lupe nehmen *(ugs.);* prüfen ⟨Beschwerde⟩
~ **on 1.** [-'-] *v. i.* zusehen; zugucken *(ugs.); see also* **looker-on. 2.** ['--] *v. t.* ~ **on sb. as a hero** *etc.* jmdn. als Held[en] *usw.* betrachten; ~ **on sb. with distrust/suspicion** jmdn. mit Mißtrauen/Argwohn betrachten
~ '**out 1.** *v. i.* **a)** hinaus-/heraussehen (of aus); rausgucken *(ugs.);* **b)** *(take care)* aufpassen; **c)** *(have view)* ~ **out on sth.** ⟨Zimmer, Wohnung *usw.*:⟩ zu etw. hin liegen; **the house** ~**s out over the river** von dem Haus hat man einen Blick auf das Fluß, **a room** ~**ing out on the green** ein Zimmer mit Blick auf die Wiese. **2.** *v. t. (Brit.: select)* [her]aussuchen. *See also* **lookout**
~ '**out for** *v. t. (be prepared for)* aufpassen *od.* achten auf (+ *Akk.*); sich in acht nehmen vor (+ *Dat.*) ⟨gefährliche Person, Sturm⟩; *(keep watching for)* Ausschau halten nach ⟨Arbeit, Gelegenheit, Partner, Sammelobjekt *usw.*⟩
~ '**out of** *v. t.* sehen *od. (ugs.)* gucken aus
~ '**over** *v. t.* **a)** sehen über (+ *Akk.*) ⟨Mauer *usw.*⟩; überblicken ⟨Tal *usw.*⟩; **b)** *(survey)* inspizieren, sich *(Dat.)* ansehen ⟨Haus, Anwesen⟩; **c)** *(scrutinize)* mustern ⟨Person⟩; durchsehen ⟨Text⟩
~ '**round** *v. i.* sich umsehen; sich umgucken *(ugs.);* ~ **round in search of sth.** nach etw. Ausschau halten
~ **through** *v. t.* **a)** ~ **through sth.** durch etw. [hindurch] sehen; **b)** *(inspect)* durchsehen ⟨Papiere⟩, prüfen ⟨Antrag, Vorschlag, Aussage⟩; **c)** *(glance through)* sich *(Dat.)* ansehen ⟨Buch, Notizen⟩; **d)** *(fig.: ignore deliberately)* ~ **straight** '**through sb.** durch jmdn. hindurchsehen; jmdn. einfach übersehen; **e)** *(penetrate)* durchschauen ⟨Person, Verhaltensweise⟩
~ **to** *v. t.* **a)** *(rely on, count upon)* ~ **to sb./sth. for sth.** von jmdm./etw. erwarten; ~ **to sb./sth. to do sth.** von jmdm./etw. erwarten, daß er/es etw. tut; **we** ~ **to him for help/to help us** wir zählen auf seine *od.* rechnen mit seiner Hilfe/zählen darauf *od.* rechnen damit, daß er uns hilft; **b)** *(be careful about)* sorgen für; ~ **to it that ...;** zusehen *od.* dafür sorgen, daß ...; ~ **to your manners!** benimm dich! *(ugs.); see also* **laurel a; c)** *(consider)* ~ **to sth.** etw. beachten; einer Sache *(Dat.)* Beachtung schenken; ~ **more to quality than to quantity** mehr auf Qualität als auf Quantität achten; **d)** *(take care of)* sich kümmern um ⟨Wunde, Kind *usw.*⟩
~ **towards** *v. t.* **a)** sehen *od. (ugs.)* gucken nach/zu; **b)** *(face)* **the balcony/room** ~**s towards the sea** der Balkon/das Zimmer liegt zum Meer hin; **c)** *(consider)* ~ **towards the future** an die Zukunft denken; **d)** *(hope for and expect)* sich *(Dat.)* erhoffen; **e)** *(aim at)* abzielen auf (+ *Akk.*)
~ **up 1.** *v. i.* **a)** aufblicken; ~ **up into the sky** in den Himmel [hinauf]blicken; **b)** *(improve)* besser werden; ⟨Aktien, Chancen:⟩ steigen; **things are** ~**ing up again** es geht bergauf; **business is** ~**ing up again** das Geschäft läuft wieder besser. **2.** *v. t.* **a)** *(search for)* nachschlagen ⟨Wort⟩; heraussuchen ⟨Telefonnummer, Zugverbindung *usw.*⟩; **b)** *(coll.: visit)* ~ **sb. up** bei jmdm. reingucken *(ugs.);* bei jmdm. vorbeischauen *(bes. südd. ugs.);* **c)** ~ **sb. up and down** jmdn. von Kopf bis Fuß mustern

~ **upon** *see* ~ **on 2**
~ '**up to** *v. t.* ~ **up to sb.** *(lit. or fig.)* zu jmdm. aufschauen *od.* aufsehen
'**look-alike** *n.* Doppelgänger, *der*/-gängerin, *die;* **be** ~**s wie Zwillinge aussehen**
looker ['lʊkə(r)] *n. (coll.: attractive woman)* gutaussehende Frau; **she's a** ~: sie sieht gut aus; *see also* **good-looker**
looker-'on *n.* Zuschauer, *der*/Zuschauerin, *die*
'**look-in** *n.* **a)** *(visit)* kurzer Besuch; **b)** *(opportunity)* Chance, *die;* **we didn't get a** ~: wir hatten überhaupt keine Chance
-**looking** ['lʊkɪŋ] *adj. in comb.* aussehend. **dirty-**~: schmutzig wirkend; **European-/oriental-**~: europäisch/orientalisch aussehend; *see also* **good-looking**
'**looking-glass** *n.* Spiegel, *der*
'**look-out** *n., pl.* ~**s a)** *(keeping watch) (Naut.)* Ausschauhalten, *das; (guard)* Wache, *die;* **keep a** ~ **or be on the** ~ [**for sth./sb.**] *(wanted)* [nach etw./jmdn.] Ausschau halten; *(not wanted)* [auf etw./jmdn.] aufpassen; **b)** *(observation post)* Ausguck, *der;* Beobachtungsstand, *der; (crow's nest)* Krähennest, *das (Seemannsspr.);* Mastkorb, *der (Seemannsspr.); (belvedere)* Aussichtsturm, *der;* **c)** *(person)* Wache, *die; (Mil.)* Wach[t]posten, *der;* **d)** *(scout, scouts)* Beobachtungsposten, *der;* Wachtposten, *der;* **d)** *(view)* Ausblick, *der; (esp. Brit. fig.: prospect)* Aussichten; **that's a bad** ~: es sind schlechte Aussichten; **it's a poor/bleak** *etc.* ~ **for sb./sth.** es sieht trüb/düster *usw.* aus für jmdn./etw.; **e)** *(concern)* Sache, *die;* Problem, *das;* **that's his** [own] ~: das ist [allein] sein Problem *od.* seine Sache
¹**loom** [lu:m] *n. (Weaving)* Webstuhl, *der*
²**loom** *v. i.* auftauchen; *(as impending occurrence)* sich [bedrohlich] abzeichnen; *(fig.)* eine große Rolle spielen
~ **a'head** *v. i.* **a)** auftauchen (of vor + *Dat.*); **b)** *(Prüfung:)* unausweichlich bevorstehen (of *Dat.*); ⟨Hindernis, Schwierigkeit, Problem:⟩ sich [bedrohlich] abzeichnen (of für)
~ **'up** *v. i.* ~ **up** [**in front of sb.**] [unmittelbar] [vor jmdm.] auftauchen
loon [lu:n] *n.* **a** *(crazy person)* Idiot, *der (ugs. abwertend);* **b)** *(Ornith.)* [See]taucher, *der*
loony [lu:nɪ] **1.** *n.* Verrückte, *der/die (ugs.).* **2.** *adj.* verrückt *(ugs.);* **irr; the** ~ **Left/Right** die hundertfünfzigprozentige Linken/Rechten
'**loony-bin** *n. (sl.)* Klapsmühle, *die (salopp)*
loop [lu:p] **1.** *n.* **a)** Schleife, *die;* **b)** *(cord)* Schlaufe, *die;* **c)** *(for lifting or fastening)* Schlaufe, *die;* **d)** *(eye)* Öse, *die;* **e)** *aerial or (Amer.)* **antenna** Rahmenantenne, *die;* **f)** *(contraceptive coil)* Spirale, *die.* **2.** *v. t.* **a)** *(form into a loop)* zu einer Schlaufe/Öse formen; **b)** *(enclose)* umschlingen; **c)** *(fasten)* **up/together** *etc.* mit einer Schlaufe hoch-/zusammenbinden *usw.;* **d)** *(Aeronaut.)* ~ **the loop** einen Looping fliegen; loopen *(fachspr.)*
'**loophole** *n.* **a)** *(in wall)* Maueröffnung, *die; (for shooting through)* Schießscharte, *die; (fig.)* Lücke, *die;* ~ **in the law** Gesetzeslücke, *die;* Lücke im Gesetz; **tax** ~: Lücke im Steuergesetz
loopy ['lu:pɪ] *adj. (sl.)* verrückt *(ugs.)*
loose [lu:s] **1.** *adj.* **a)** *(unrestrained)* freilaufend ⟨Tier⟩; *(escaped)* ausgebrochen; **b)** *(bolted)* durchgegangen ⟨Pferd⟩; **he finally got one hand** ~: er bekam schließlich eine Hand frei; **run** *or* **be** *or* **turn** ~: freilassen; **cut the boat/dog** ~: das Boot/den Hund losschneiden; **cut** ~ **from sb.** *(fig.)* sich von jmdm. lösen; **cut** ~ *(coll.: behave wildly)* verrückt spielen *(ugs.); see also* **cast 1 a;** ²**fast 1 a;** '**let 1 a;** **b)** *(not firm)* locker ⟨Zahn, Schraube, Mutter, Knopf, Messerklinge⟩; **come/get/work** ~ ⟨Schraube,

Mutter, Knoten, Knopf *usw.*:⟩ sich lockern; *see also* **screw 1 a;** **c)** *(not fixed)* lose ⟨Knopf, Buchseite, Brett, Stein⟩; **the pages have come** ~: die Seiten haben sich gelöst; **d)** *(not bound together)* lose; offen ⟨Haar⟩; **e)** *(slack)* locker; schlaffer ⟨Haut, Gewebe *usw.*⟩; beweglich ⟨Glieder⟩; ~ **tongue** loses Mundwerk *(salopp);* ~ **bowels** [Neigung zu] Durchfall; **f)** *(not dense)* locker ⟨Boden, Gewebe *usw.*⟩; **g)** *(hanging free)* lose; **be at a** ~ **end** *or (Amer.)* **at** ~ **ends** *(fig.)* beschäftigungslos sein; *(not knowing what to do with oneself)* nichts zu tun haben; nichts anzufangen wissen; **tie up the** ~ **ends** *or* **threads** *(fig.)* die letzten Kleinigkeiten erledigen; **h)** *(inexact)* ungenau; schief ⟨Vergleich⟩; frei ⟨Stil⟩; unsauber ⟨Denken⟩; unklar, verwaschen ⟨Aussage⟩; **i)** *(lewd)* lose ⟨Mundwerk, Person⟩; liederlich ⟨Leben[swandel], Person⟩; locker ⟨Moral, Lebenswandel, Mundwerk⟩; **a** ~ **woman** ein leichtes Mädchen; **j)** *in comb.* lose; locker; ~-**flowing hair** locker fallendes Haar. **2.** *v. t.* **a)** loslassen ⟨Hund *usw.*⟩; **b)** *(untie)* lösen; aufmachen *(ugs.);* **c)** ~ [off] abschießen ⟨Pfeil⟩; abfeuern ⟨Feuerwaffe, Salve⟩; abgeben ⟨Schuß, Salve⟩; **d)** *(relax)* lockern; ~ [**one's**] **hold** loslassen; **e)** *(detach from moorings)* losmachen ⟨Schiff⟩; losweren ⟨Seemannsspr.⟩ ⟨Tau⟩. **3.** *n.* **a)** **be on the** ~: frei herumlaufen; **b)** *(Rugby)* **in the** ~: beim offenen Kombinationsspiel
loose: ~ **box** *see* ²**box 1 g;** ~ '**change** *see* **change 1 d;** ~ '**cover** *n. (Brit.)* Überzug, *der;* Schoner, *der;* ~-**fitting** *adj.* bequem geschnitten; ~-**knit** *adj.* lose zusammenhängend ⟨Organisation, Gemeinschaft *usw.*⟩; ~-**leaf** *attrib. adj.* Loseblatt-; ~-**leaf file** Ringbuch, *das;* ~-**limbed** ['lu:slɪmd] *adj.* gelenkig; geschmeidig; *(gawky)* schlaksig; ~-**lipped** ['lu:slɪpt] *adj.* geschwätzig; ~-**living** *adj.* mit lockerem *od.* liederlichem Lebenswandel nachgestellt
loosely ['lu:slɪ] *adv.* **a)** *(not tightly)* locker; lose; **b)** *(not strictly)* locker ⟨gruppieren⟩; lose ⟨zusammenhängen⟩; frei ⟨übersetzen⟩; ~ **speaking** grob gesagt; **use a word** ~: ein Wort in einem weiteren Sinne gebrauchen
loosen ['lu:sn] **1.** *v. t.* **a)** *(make less tight etc.)* lockern; **b)** *(Med.)* lösen ⟨Husten⟩; ~ **the/ sb.'s bowels** abführend wirken; **c)** *(fig.: relax)* lockern ⟨Bestimmungen, Reglement *usw.*⟩; ~ **sb.'s tongue** *(fig.)* jmds. Zunge lösen. **2.** *v. i. (become looser)* sich lockern
~ **up 1.** [---] *v. t.* lockern ⟨Glieder, Muskeln⟩. **2.** [-'-] *v. i.* sich auflockern; *(relax)* auftauen
looseness ['lu:snɪs] *n., no pl.* **a)** Lockerheit, *die;* **b)** *(Med.)* ~ **of the bowels** [Neigung zu] Durchfall
loot [lu:t] **1.** *v. t.* **a)** *(plunder)* plündern; **b)** *(carry off)* rauben. **2.** *n.* **a)** *(war)* [Kriegs]beute, *die;* **b)** *(gain, esp. illicit)* Beute, *die;* **c)** *(sl.: money)* Zaster, *der (salopp);* Knete, *die*
looter ['lu:tə(r)] *n.* Plünderer, *der*
lop [lɒp] *v. t.*, -**pp- a)** stutzen, beschneiden ⟨Baum, Hecke⟩; **b)** ~ **sth.** [off *or* away] etw. abhauen *od.* abhacken
lope [ləʊp] *v. i.* ⟨Hase, Kaninchen:⟩ springen; ⟨Wolf, Fuchs:⟩ laufen; ⟨Person:⟩ beschwungten Schrittes gehen
lop-eared ['lɒpɪəd] *adj.* schlappohrig *(ugs.);* hängeohrig
lopsided [lɒp'saɪdɪd] *adj.* schief; *(fig.)* einseitig
loquacious [lə'kweɪʃəs] *adj.* redselig; schwatzhaft *(abwertend)*
loquacity [lə'kwæsɪtɪ] *n., no pl.* Redseligkeit, *die;* Schwatzhaftigkeit, *die (abwertend)*
lord [lɔ:d] **1.** *n.* **a)** *(master)* Herr, *der;* **the** ~**s of creation** *(fig.: mankind)* die Krone der Schöpfung; ~ **and master** *(joc.)* Herr und Gebieter *od.* Meister *(scherzh.);* **b)** **L**~

429

(Relig.) Herr, *der;* L~ God [Almighty] unser Herr[, der allmächtige Gott]; **the L~** [God] [Gott] der Herr; **Our/the L~** *(Christ)* unser Herr Jesus/der Herr; **in the year of Our L~ ...**: im Jahre des Herrn ...; **the L~'s Prayer** das Vaterunser; **the 'L~'s Day** der Tag des Herrn; **the L~'s Supper** das [Heilige] Abendmahl; L~ **only knows** *(coll.)* weiß der Himmel *(ugs.);* **c)** *(Brit.: nobleman, or as title)* Lord, *der;* **live like a ~** *(fig.)* fürstlich leben; **treat sb. like a ~**: fürstlich bewirten; **the L~s** *(Brit.)* die Lords; das Oberhaus; **the House of L~s** *(Brit.)* das Oberhaus; *see also* **drunk 1; d) My L~** *(Brit.) form of address (to earl, viscount)* Graf; *(to baron)* Baron; *(to bishop)* Exzellenz; *(to ~ mayor, ~ provost)* Herr Oberbürgermeister; *(to judge)* [mlʌd] Herr Richter; **e)** *(Brit.: feudal superior)* Lord, *der;* Lehnsherr, *der.* **2.** *int. (coll.)* **Gott!; oh/good L~!** du lieber Himmel *od.* Gott!; großer Gott!; L~ **bless my soul/me/us** *etc.* allmächtiger Gott! **3.** *v. t.* **~ it** *(rule)* das Zepter *od.* Regiment führen; *(put on airs)* sich groß aufspielen; **~ it over sb.** bei jmdm. den großen Herrn/die große Dame spielen

Lord: ~ **'Advocate** *n. (Scot. Law)* Kronanwalt, *der;* ~ **'Bishop** *n. (Brit.)* Lordbischof, *der;* ~ **'Chamberlain** *n. (Brit.)* Haushofmeister, *der;* ~ **'Chancellor** *n. (Brit.)* Lord[groß]kanzler, *der;* ~ **Chief 'Justice** *see* **chief 2 a;** ~ **Lieu'tenant** *n. (Brit.)* Lord Lieutenant, *der;* Vertreter der Krone in einer Grafschaft

lordly ['lɔːdlɪ] *adj.* **a)** *(grand)* herrschaftlich; edel ⟨*Gegenstand*⟩; herrschaftlich ⟨*Gebäude*⟩; stattlich ⟨*Vermögen*⟩; **b)** *(haughty)* anmaßend; hochmütig

Lord: ~ **'Mayor** *see* **mayor;** ~ **President of the 'Council** *n. (Brit.)* Lordpräsident, *der;* ~ **Privy 'Seal** *n. (Brit.)* Lordsiegelverwalter, *der;* ~ **'Provost** *n. (Scot.)* ≈ Oberbürgermeister, *der*

lordship ['lɔːdʃɪp] *n.* **a)** *(title, estate)* Lordschaft, *die;* **his/your ~/their/your ~s** seine/ Eure Lordschaft/ihre/Eure Lordschaften; **b)** *(dominion)* Herrschaft, *die* (**of, over** über + *Akk.*)

lore [lɔː(r)] *n.* Wissen, *das;* Kunde, *die; (body of traditions)* Überlieferung, *die; (of a people, an area)* Folklore, *die;* **animal/bird/ plant ~**: Tier-/Vogel-/Pflanzenkunde, *die*

lorgnette [lɔːˈnjet] *n. in sing. or pl.* Lorgnette, *die*

Lorraine [lɒˈreɪn] *pr. n.* Lothringen *(das)*

lorry ['lɒrɪ] *n. (Brit.)* Lastwagen, *der;* Lkw, *der;* Laster, *der (ugs.);* **it fell off the back of a ~** *(joc.)* das ist mir/ihm *usw.* zugelaufen *(ugs. scherzh.)*

'lorry-driver *n. (Brit.)* Lastwagenfahrer, *der;* Lkw-Fahrer, *der*

lose [luːz] **1.** *v. t.*, **lost** [lɒst] **a)** verlieren; kommen um, verlieren ⟨*Leben, Mühe*⟩; **sb. has something/nothing to ~ [by doing sth.]** es kann jmdm. schaden/nicht schaden[, wenn er etw. tut]; *see also* **face 1 a; grip 1 a; ¹ground 1 b; hold 3 a; sight 1 b; temper 1 a;** **b)** *(fail to maintain)* verlieren; *(become slow)* ⟨*Uhr:*⟩ nachgehen ⟨*zwei Minuten täglich usw.*⟩; **c)** *(become unable to find)* verlieren; **~ one's way** sich verlaufen/verfahren; **be lost/~ oneself in sth.** *(fig.)* ganz in etw. *(Dat.)* aufgehen; **d)** *(waste)* vertun ⟨*Zeit*⟩; *(miss)* versäumen, verpassen ⟨*Zeitpunkt, Gelegenheit, Ereignis*⟩; *see also* **time 1 b;** **e)** *(fail to obtain)* nicht bekommen ⟨*Preis, Vertrag usw.*⟩; *(fail to hear)* nicht mitbekommen ⟨*Teil einer Rede usw.*⟩; *(fail to catch)* verpassen, versäumen ⟨*Zug, Bus*⟩: **the motion was lost** der Antrag kam nicht durch *od.* scheiterte; **f)** *(forfeit)* verlieren, verlieren, *(geh.)* verwirken ⟨*Recht*⟩; **g)** *(be defeated in)* verlieren ⟨*Kampf, Wette, Prozeß usw.*⟩; *see also* **fight 2 c; toss 3 a; h)** *(cause loss of)* **~ sb. sth.** jmdn. um etw. bringen; **you['ve] lost me** *(fig.)* ich komme nicht mehr mit; **i)** *(get rid of)* abschütteln ⟨*Verfolger*⟩; loswerden ⟨*Erkältung*⟩; **~ weight** abnehmen. *See also* **lost. 2.** *v. i.*, **lost a)** *(suffer loss)* einen Verlust erleiden; *(in business)* Verlust machen (**on** bei); *(in match, contest)* verlieren; **heads you win, tails you ~**: bei Kopf hast du gewonnen, bei Zahl verloren; **~ in freshness** an Frische verlieren; **the story didn't ~ in the telling** die Geschichte wurde beim Weitererzählen eher noch aufgebauscht; **his poetry ~s in translation** seine Gedichte verlieren durch die Übersetzung; **you can't ~** *(coll.)* du kannst nur profitieren *od.* gewinnen; **b)** *(become slow)* ⟨*Uhr:*⟩ nachgehen

~ 'out *v. i.* verdrängt werden (**to** von)

loser ['luːzə(r)] *n.* Verlierer, *der;*/Verliererin, *die; (failure)* Versager, *der;*/Versagerin, *die;* **we'd be the ~s by it** wir wären dabei die Dummen *(ugs.)*

loss [lɒs] *n.* **a)** *(process)* Verlust, *der* (**of** Gen.); **in sing. or pl.** *(not won)* Verlust, *der;* **sell at a ~**: mit Verlust verkaufen; *see also* **cut 1 k;** **c)** *(state)* Verlust, *der;* **be a great/no ~ to sb.** für jmdn. ein großer *od.* schwerer/kein Verlust sein; **d) be at a ~**: nicht [mehr] weiterwissen; **be at a ~ what to do** nicht wissen, was zu tun ist; **be at a ~ [how] to do sth.** nicht wissen, wie man etwas machen soll; **be at a ~ to understand sth.** etw. nicht verstehen können; **be at a ~ for words/an answer** um Worte/eine Antwort verlegen sein. *See also* **dead loss; life a; profit 1 a**

'loss-leader *n. (Commerc.)* [unter dem Selbstkostenpreis angebotener] Lockartikel

lost [lɒst] *adj.* **a)** *(perished)* verloren; ausgestorben ⟨*Kunst[fertigkeit]*⟩; **b)** *(astray)* verloren; vermißt ⟨*Person*⟩; **get ~**: nicht laufen *od.* verirren/verfahren; **get ~!** *(sl.)* verdufte! **he can get ~!** *(sl.)* er soll verduften! **I'm lost** *(fig.)* ich verstehe gar nichts mehr; **feel ~ without sb./sth.** *(fig.)* sich *(Dat.)* ohne jmdn./etw. hilflos vorkommen; **~ generation** verlorene Generation; **Lost generation,** *die (Literaturw.);* *(wasted)* vertan ⟨*Zeit, Gelegenheit*⟩; verschwendet ⟨*Zeit, Mühe*⟩; verpaßt, versäumt ⟨*Gelegenheit*⟩; **d)** *(not won)* verloren; aussichtslos ⟨*Sache*⟩; *see also* **all 2 d; cause 1 d;** **e)** ~ **in admiration** überwältigt; **be ~ [up]on sb.** *(unrecognized by)* bei jmdm. keine Anerkennung finden; von jmdm. nicht gewürdigt werden; **sarcasm was ~ on him** mit Sarkasmus konnte er nicht anfangen; **be ~ to all sense of duty** jedes Pflichtgefühl vermissen lassen. *See also* **lose; property a**

lot [lɒt] *n.* **a)** *(method of choosing)* Los, *das;* **by ~**: durch das Los; **b)** *(destiny)* Los, *das;* **fall to the ~ of sb.** jmdm. bestimmt sein; **c)** *(item to be auctioned)* Posten, *der;* **bad ~** *(fig.: disreputable person)* üble Person; **d)** *(set of persons)* Haufen, *der;* **the ~**: [sie] alle; **our/'your/'their ~** *(coll.)* wir/ihr/die; **not an honest man among the '~** [**of them**] kein einziger anständiger Kerl in dem ganzen Haufen; **I'm bored with the '~ of you** *or* **with 'you ~**: ihr langweilt mich alle; **e)** *(set of things)* Menge, *die;* **we received a new ~ of hats** wir haben eine neue Sendung Hüte erhalten; **divide sth. into five ~s** etw. in fünf Stapel/Haufen *usw.* teilen; **the ~** *(whole set)* alle/alles; **that's the ~** *(coll.)* das ist alles; das wär's *(ugs.);* **'that little '~** *(coll. iron.)* diese Kleinigkeit; **f)** *(coll.: large number or quantity)* **~s** *or* **a ~ of money** *etc.* viel *od.* eine Menge Geld *usw.;* **~s of books/ coins** eine Menge Bücher/Münzen; **~ to learn** noch viel zu lernen; **I have a ~ to be thankful for** ich muß für vieles dankbar sein; **have ~s to do** viel zu tun haben; **we have ~s of time** wir haben viel *od. (ugs.)* massenweise Zeit; **sing** *etc.* **a ~**: viel singen *usw.;* **~s** *or* **a ~ better** viel besser; **be a ~ better** nicht viel besser; **like sth. a ~**: etw. sehr mögen; **Did you like it? – Not a ~**: Hat es dir gefallen? – Nicht sehr; **g)** *(for choosing)* Los, *das;* **draw/cast/throw ~s for sth.**] das Los [über etw. *(Akk.)*] entscheiden lassen; [um etw.] losen; **cast/throw in one's ~ with sb.** sich mit jmdm. zusammentun; **draw ~s to determine sth.** etw. durch das Los entscheiden ; **h)** *(plot of land)* Gelände, *das;* Platz, *der;* *(measured piece of land)* Parzelle, *die;* **building ~** *(Amer.)* Bauplatz, *der;* **across ~s** *(Amer.)* querfeldein

lotion ['ləʊʃn] *n.* Lotion, *die*

lottery ['lɒtərɪ] *n.* Lotterie, *die; (fig.)* Glücksspiel, *das*

lotto ['lɒtəʊ] *n., no pl.* Lotto, *das*

lotus ['ləʊtəs] *n. (Nymphaea)* Seerose, *die;* *(Nelumbo)* Lotusblume, *die*

'lotus position *n.* Lotussitz, *der*

loud [laʊd] **1.** *adj.* **a)** laut; schreiend ⟨*Reklame*⟩; lautstark ⟨*Protest, Kritik*⟩; **he was ~ in his praise/criticism of the government** er lobte die Regierung in höchsten Tönen/er äußerte scharfe Kritik an der Regierung; *see also* **pedal 1 a; b)** *(conspicuous)* aufdringlich; laut, aufdringlich ⟨*Farbe, Muster usw.*⟩; grell, schreiend ⟨*Farbe*⟩. **2.** *adv.* laut; **laugh out ~**: laut auflachen; **laugh and long** in lautes, anhaltendes Gelächter ausbrechen; **say sth. out ~**: etw. aussprechen; *(fig.)* etw. laut verkünden

loud hailer ['laʊd heɪlə(r)] *n.* Megaphon, *das;* Flüstertüte, *die (ugs. scherzh.)*

loudly ['laʊdlɪ] *adv.* **a)** *(in a loud voice, clamorously)* laut; **he insisted ~ on his rights** er bestand entschieden auf seinen Rechten; **b)** *(flashily)* aufdringlich

loud: ~**-mouth** *n.* Großmaul, *das;* ~**-mouthed** ['laʊdmaʊðd] *adj.* großmäulig *(ugs. abwertend);* großsprecherisch *(abwertend)*

loudness ['laʊdnɪs] *n., no pl.* Lautstärke, *die; (flashiness)* Aufdringlichkeit, *die*

'loudspeaker *n.* Lautsprecher, *der*

lough [lɒx, lɒk] *n. (Ir.) See, der*

lounge [laʊndʒ] **1.** *v. i.* **~ [about** *or* **around]** [faul] herumliegen/-sitzen/-stehen; [faul] herumhängen *(ugs.); (in chair etc.)* sich lümmeln *(ugs.).* **2.** *n.* **a)** *(public room)* Lounge, *die;* *(in hotel)* Lounge, *die;* [Hotel]halle, *die;* *(at station)* Wartesaal, *der;* *(in theatre)* Foyer, *das;* *(at airport)* Lounge, *die;* Wartehalle, *die;* **b)** *(sitting-room)* Wohnzimmer, *das;* **c)** *(Brit.: bar)* ≈ **[bar]** *see* **saloon bar**

lounger ['laʊndʒə(r)] *n.* **a)** Nichtstuer, *der;* **b)** *(sun-bed)* Liege, *die*

'lounge suit *n. (Brit.)* Straßenanzug, *der*

lour ['laʊə(r)] *v. i.* mißmutig [drein]blicken; ein finsteres Gesicht machen; *(fig.)* ⟨*Wolken, Gewitter:*⟩ sich [bedrohlich] zusammenziehen; ⟨*Himmel:*⟩ sich [bedrohlich] verfinstern

louse [laʊs] **1.** *n.* **a)** *pl.* **lice** [laɪs] Laus, *die;* **b)** *pl.* **~s** *(sl.: person)* Ratte, *die (derb).* **2.** *v. t.* **~ up** *(sl.)* vermasseln *(salopp)*

lousy ['laʊzɪ] *adj.* **a)** *(infested)* verlaust; **be ~ with money** *(coll.)* im Geld schwimmen *(ugs.);* viel Geld haben *(ugs.);* **places ~ with foreigners** von Ausländern wimmelnde Orte; **b)** *(sl.) (disgusting)* ekelhaft; widerlich; *(very poor)* lausig *(ugs.);* mies *(ugs.);* **feel ~**: sich mies *(ugs.)* miserabel fühlen; **men are ~ at housework** Männer stellen sich bei der Hausarbeit miserabel an

lout [laʊt] *n.* Rüpel, *der;* Flegel, *der; (bumpkin)* Tolpatsch, *der (ugs.);* Tölpel, *der*

loutish ['laʊtɪʃ] *adj.* rüpelhaft; flegelhaft

louver, louvre ['luːvə(r)] *n.* **a)** *(roof-turret)* Laterne, *die (Bauw.);* **b)** *(slat)* Jalousiebrettchen, *das;* **~ window** Jalousiefenster, *das;* **c)** *in pl. (blind)* Jalousie, *die;* *(for cooling engine etc.)* Lüftungslamellen

lovable ['lʌvəbl] *adj.* liebenswert

love [lʌv] 1. *n.* a) *(affection, sexual ~)* Liebe, *die* (for zu); ~ **is blind** *(prov.)* die Liebe ist blind; **~'s young dream** junges Liebesglück; **in ~ [with]** verliebt [in (+ *Akk.*)]; **fall in ~ [with]** sich verlieben [in (+ *Akk.*)]; **be/fall out of ~ with sb.** jmdn. nicht mehr lieben; **be/fall out of ~ with sth.** einer Sache (*Gen.*) überdrüssig sein/etw. nicht mehr mögen; **make ~ to sb.** *(court)* um jmdn. werben; jmdn. den Hof machen *(veralt., noch scherzh.)*; *(have sex)* mit jmdm. schlafen; jmdn. lieben; **they made ~**: sie schliefen miteinander; sie liebten sich; **for ~**: aus Liebe; *(free)* unentgeltlich; umsonst; *(for pleasure)* aus Spaß an der Freude *(ugs.)*; nur zum Vergnügen *od.* Spaß; **not for ~ or money** um nichts in der Welt; [**Happy Christmas,**] ~ **from Beth** [fröhliche Weihnachten und] herzliche Grüße von Beth; **give my ~ to her** grüß sie von mir; **send one's ~ to sb.** jmdn. grüßen lassen; **Peter sends [you] his ~**: Peter läßt [dich] grüßen; **there is no ~ lost between them** sie sind sich *(Dat.)* nicht grün *(ugs.)*; **sb.'s life and ~s** jmds. Lebens- und Liebesgeschichte; see also ²**fair 1 a**; b) *(devotion)* Liebe, *die* (**of, for, to[wards]** zu); ~ **of life/eating/learning** Freude am Leben/Essen/Lernen; **for [the] ~ of sb.** jmdm. zu jmds. willen; **for the ~ of God** um Gottes willen; see also **Mike**; c) *(sweetheart)* Geliebte, *der/die;* Liebste, *der/die (veraltet);* [**my**] ~ *(coll.: form of address)* [mein] Liebling *od.* Schatz; *(to sb. less close)* mein Lieber/meine Liebe; **sth. is sb.'s first ~**: etw. ist jmds. größte Leidenschaft; **can I help you, ~?** *(in shop)* was darf's denn sein?; d) *(Tennis)* **fifteen/thirty ~**: fünfzehn/dreißig null; **win the set six games to ~**: den Satz sechs zu null Spielen gewinnen; ~ **all** null beide; ~ **game/victory** etc. Zu-null-Spiel, *das*/-Sieg, *der usw.* 2. *v. t.* a) lieben; **our/their ~d ones** unsere/ihre Lieben; b) *(like)* **I'd ~ a cigarette** ich hätte sehr gerne eine Zigarette; ~ **to do or doing sth.** etw. [leidenschaftlich] gern tun. 3. *v. i.* lieben

love: ~ **affair** *n.* [Liebes]verhältnis, *das;* Liebschaft, *die;* ~**-bird** *n.* *(Ornith.)* Unzertrennliche, *der/die;* Turteltaube, *die (ugs. scherzh.);* ~**-child** *n.* *(euphem.)* Kind der Liebe *(geh. verhüll.);* uneheliches Kind; ~**-'hate** *adj.* von Haßliebe geprägt; ~**-in-a-'mist relationship** *n.* Haßliebe, *die;* ~**-in-a-'mist** *n.* *(Bot.)* Jungfer im Grünen; Gretel im Busch; ~**-knot** see **true-love knot**

loveless ['lʌvlɪs] *adj.* a) *(unloving)* lieblos; hart; b) *(unloved)* ohne Liebe nachgestellt

love: ~**-letter** *n.* Liebesbrief, *der;* ~**-lies-'bleeding** *n.* *(Bot.)* Fuchsschwanz, *der;* ~**-life** *n.* Liebesleben, *das*

loveliness ['lʌvlɪnɪs] *n., no pl.* Schönheit, *die*

lovelorn ['lʌvlɔːn] *adj.* liebeskrank *(geh.)*

lovely ['lʌvlɪ] 1. *adj.* a) [wunder]schön; herrlich *(Tag, Essen);* b) *(lovable)* liebenswert; c) *(coll.: delightful)* toll *(ugs.);* wunderbar; ~ **and warm/cool** etc. *(coll.)* schön warm/kühl *usw.* 2. *n.* Schönheit, *die;* Schöne, *die*

love: ~**-making** *n.* a) *(courtship)* Liebeswerben, *das (geh.);* b) *(sexual intercourse)* körperliche Liebe; ~**-match** *n.* Liebesheirat, *die;* ~**-nest** *n.* Liebesnest, *das;* ~ **potion** *n.* Liebestrank, *der*

lover ['lʌvə(r)] *n.* a) Liebhaber, *der;* Geliebte, *der;* *(woman)* Geliebte, *die;* **be ~s** ein Liebespaar sein; **~'s knot** see **true-love knot**; b) *(person devoted to sth.)* Liebhaber, *der/*-haberin, *die;* ~ **of the arts** Kunstliebhaber, *der/*-liebhaberin, *die;* Kunstfreund, *der/*-freundin, *die;* **dog-~** Hundefreund, *der/*-freundin, *die*

love: ~**sick** *adj.* an Liebeskummer leidend; liebeskrank *(geh.);* **be ~sick** Liebeskummer haben; liebeskrank sein *(geh.);* ~**-song** *n.* Liebeslied, *das;* ~**-story** *n.* Liebesgeschichte, *die;* ~**-token** *n.* Liebespfand, *das*

lovey ['lʌvɪ] *n.* *(coll.)* usu. *as form of address* Liebling, *der;* Schatz, *der*

lovey-dovey ['lʌvɪ'dʌvɪ] *adj.* **be ~**: den Verliebten/die Verliebte spielen *(ugs.);* **be ~ with sb.** jmdn. umschmeicheln

loving *adj.* a) *(affectionate)* liebend; b) *(expressing love)* liebevoll; **your ~ father** *(in letter)* Dein Dich liebender Vater; **in Liebe Dein Vater**

loving: ~**-cup** *n.* Pokal, *der;* ~**-'kindness** *n.* Güte, *die*

lovingly ['lʌvɪŋlɪ] *adv.* liebevoll; *(painstakingly)* mit viel Liebe

¹**low** [ləʊ] 1. *adj.* a) *(not reaching far up)* niedrig; niedrig, flach ⟨*Absätze, Stirn*⟩; flach ⟨*Relief*⟩; gering ⟨*Körpergröße*⟩; b) *(below normal level)* niedrig; tief ⟨*Flug*⟩; flach ⟨*Welle*⟩; tief ausgeschnitten ⟨*Kleid*⟩; tief ⟨*Ausschnitt*⟩; c) *(not elevated)* tiefliegend ⟨*Wiese, Grund, Land*⟩; tiefhängend ⟨*Wolke*⟩; tiefstehend ⟨*Gestirne*⟩; tief ⟨*Verbeugung*⟩; **the river/water is ~**: der Fluß/das Wasser ist niedrig; **the sun/moon is ~**: die Sonne/der Mond steht tief; d) *(of humble rank)* nieder...; niedrig; see also **high 1 e**; e) *(inferior)* niedrig ⟨*Intelligenz, Bildung*⟩; gewöhnlich ⟨*Geschmack*⟩; *(vulgar)* gewöhnlich; f) *(not fair)* gemein; g) *(Cards)* niedrig; h) *(small in degree)* niedrig; gering ⟨*Sichtweite, Wert*⟩; leicht ⟨*Fieber*⟩; **be ~ in iodine** einen geringen Jodgehalt aufweisen; **have a ~ opinion of sb./sth.** von jmdm./etw. keine hohe Meinung haben; **temperatures will be in the ~ forties** die Temperaturen werden knapp über 40° [Fahrenheit] liegen; see also **common denominator**; i) *(in pitch)* tief ⟨*Ton, Stimme, Lage, Klang*⟩; *(in loudness)* leise ⟨*Ton, Stimme*⟩; j) *(Ling.)* **use open 1 m**; k) *(weak)* schwach; ~ **vitality** Kraftlosigkeit, *die;* **he is very ~** *(physically)* er ist sehr geschwächt; *(emotionally)* er ist sehr niedergeschlagen; **in a ~ state of mind** niedergeschlagen; in gedrückter Stimmung; l) *(nearly gone)* fast verbraucht *od.* aufgebraucht; **run ~**: allmählich ausgehen *od.* zu Ende gehen; **we are ~/getting ~ on petrol** wir haben nur noch wenig/bald kein Benzin mehr; **the bottle is ~**: die Flasche geht allmählich zu Ende *od.* ist bald leer; m) *(Geog.)* ~ **latitudes** niedere Breiten. See also ²**low 1**. 2. *adv.* a) *(in or to a ~ position)* tief; tief ⟨*hängen*⟩; **that comes ~ on my list of priorities** das hat für mich keine hohe Priorität; see also **high 2 a**; b) *(to a ~ degree)* **prices have gone too ~**: die Preise sind zu weit gefallen; **if the temperature drops any ~er** wenn die Temperatur weiter sinkt; c) *(not loudly)* leise; d) *(at ~ pitch)* tief; e) **lay sb. ~** *(prostrate)* jmdn. niederstrecken *(geh.);* *(confine to sick-bed)* jmdn. aufs Krankenlager werfen *(geh.);* **lie ~**: am Boden liegen; *(hide)* untertauchen. See also **bring ~**; ²**lower 2**. 3. *n.* a) *(Meteorol.)* Tief, *das;* b) **hit or reach a new/an all-time ~**: einen neuen/absoluten Tiefststand erreichen

²**low** *v. i.* ⟨*Kuh:*⟩ muhen

low: ~**brow** *(coll.)* 1. *n.* Nichtintellektuelle, *der/die;* 2. *adj.* schlicht ⟨*Person*⟩; *(geistig)* anspruchslos ⟨*Buch, Programm*⟩; **Low Church** *n.* Low Church, *die;* ~**-class** *adj.* *(Brit.: of quality)* drittklassig; *(of ~ social class)* Unterschicht[s]-; ~ **comedy** *n.* Schwank, *der;* Posse, *die;* ~**-cost** *adj.* preisgünstig; **Low Countries** pr. n. pl. *(Hist.)* Niederlande Pl.; ~**-cut** *adj.* [tief] ausgeschnitten ⟨*Kleid*⟩; ~**-cut neck** tiefer Ausschnitt; ~**-cut shoes** Halbschuhe; ~**-down** 1. *adj.* *(coll.: mean)* mies *(ugs.);* 2. *n.* *(coll.)* **give [sb.]/get the ~-down on sb./sth.** [jmdm.] sagen/rauskriegen, was es mit jmdm./etw. [wirklich] auf sich hat

¹**lower** ['ləʊə(r)] 1. *v. t.* a) *(let down)* herab-/hinablassen; zu Wasser lassen ⟨*Boot*⟩; einholen ⟨*Flagge, Segel*⟩; ~ **oneself into** hinuntersteigen in (+ *Akk.*) ⟨*Kanalschacht, Keller*⟩; ~ **oneself into a chair** sich in einen Sessel sinken lassen; *abs.* ~ **[away]** *(Naut.)* (~ *boat)* das Boot aussetzen *od.* zu Wasser lassen; (~ *sail)* das Segel einholen; b) *(reduce in height)* senken ⟨*Blick*⟩; niederschlagen ⟨*Augen*⟩; niedriger machen ⟨*Wand*⟩; absenken ⟨*Zimmerdecke*⟩; tiefer hängen ⟨*Bild*⟩; auslassen ⟨*Saum*⟩; see also **sight 1 h**; c) *(lessen)* senken ⟨*Preis, Miete, Zins usw.*⟩; d) *(degrade)* herabsetzen; verderben ⟨*Geschmack*⟩; ~ **oneself** sich erniedrigen; ~ **oneself to do sth.** sich so weit erniedrigen, etw. zu tun; e) *(weaken)* schwächen; dämpfen ⟨*Licht, Stimme, Lärm*⟩; ~ **one's voice** leiser sprechen; die Stimme senken *(geh.).* 2. *v. i.* a) *(weaken)* ⟨*Stimme:*⟩ leiser werden; ⟨*Licht:*⟩ dunkler werden; b) *(sink)* sinken; ⟨*Wasservorrat:*⟩ weniger werden, abnehmen

²**lower** 1. *compar. adj.* a) unter... ⟨*Nil, Themse usw., Atmosphäre*⟩; ⟨*jura, -devon usw., -arm, -lippe usw.*⟩; **Niederrhein, -kalifornien**; ~ **jaw 1 a**; b) *(in rank)* unter...; ~ **mammals/plants** niedere Säugetiere/Pflanzen; **the ~ orders/classes** die Unterschichten/die unteren Klassen; ~ **middle class** untere Mittelschicht. 2. *compar. adv.* tiefer ⟨*sinken, hängen usw.*⟩

³**lower** ['laʊə(r)] see **lour**

lower: ~ **case** 1. *n.* Kleinbuchstaben *Pl.;* **in ~ case** in Kleinbuchstaben; 2. *adj.* klein ⟨*Buchstabe*⟩; **L~ 'Chamber** *n. (Parl.)* Unterhaus, *das;* ~ **court** *n.* unteres *od.* untergeordnetes Gericht; ~ **deck** *n.* a) *(of ship)* Unterdeck, *das;* *(of bus)* unteres Deck; b) *(Brit.: seamen)* Mannschaft, *die;* **L~ House** *n.* *(Parl.)* Unterhaus, *das;* ~**most** *adj.* unterst...; **be most zuunterst liegen**; ~ **'regions** *n. pl.* *(Mythol.)* Unterwelt, *die;* **L~ 'Saxon** *adj.* niedersächsisch; **L~ 'Saxony** *pr. n.* Niedersachsen *pl.;* ~ **'world** *n.* a) *(the earth)* Erde, *die;* b) *(hell)* Unterwelt, *die*

low: ~**-fat** *adj.* fettarm; ~**-flying** *adj.* tief fliegend; ~**-flying aircraft** Tieffieger, *der;* ~ **frequency** *n.* Niederfrequenz, *die;* ~**-frequency** *adj.* niederfrequent; **Low German** see **German 2 b**; ~**-grade** *adj.* minderwertig; leicht ⟨*Infektion*⟩; ~**-grade steel** Stahl minderer Güte; ~**-heeled** *adj.* flach ⟨*Schuh*⟩ ⟨*Schuhe*⟩ mit flachen Absätzen; ~**-key** *adj.* zurückhaltend; unaufdringlich ⟨*Beleuchtung, Unterhaltung*⟩; unauffällig ⟨*Einsatz*⟩; ~**land** ['ləʊlənd] 1. *n.* Tiefland, *das;* **the Lowlands of Scotland** die Lowlands; das schottische Tiefland; 2. *adj.* tiefländisch; Tiefland⟨*rasse, -farm*⟩; ~ **lander** ['ləʊləndə(r)] *n.* Tieflandbewohner, *der/*-bewohnerin, *die;* *(Scot.)* Bewohner/Bewohnerin der Lowlands

lowly ['ləʊlɪ] *adj.* a) *(modest)* bescheiden; b) *(not highly evolved)* nieder...

low: ~**-lying** *adj.* tiefliegend; ~**-necked** *adj.* [tief] ausgeschnitten; ~**-pitched** *adj.* a) tief ⟨*Stimme*⟩; b) *(Archit.)* wenig geneigt ⟨*Dach*⟩; ~ **point** *n.* Tiefpunkt, *der;* ~**-powered** *adj.* schwach ⟨*Motor, Glühbirne*⟩; ~ **'pressure** Tiefdruck, *der;* **an area of ~ pressure** ein Tiefdruckgebiet; ~**-priced** [ləʊ'praɪst] *adj.* preisgünstig; ~ **'profile** see **profile 1 g**; ~ **re'lief** *n.* Relief *a;* ~ **'rise** *adj.* ⟨*Gebäude*⟩ mit wenigen Stockwerken; ~ **season** *n.* Nebensaison, *die;* ~**-'spirited** *adj.* niedergeschlagen; ~ **tension** see ~ **voltage**; ~**-tension** see ~**-voltage**; ~ **'tide** see **tide 1 a**; ~ **'voltage** see **voltage** *(Electr.)* Niederspannungs-; ~**-voltage** *(Electr.)* Niederspannungs-; ~**-wage** *attrib. adj.* schlechtbezahlt; ~ **water** *n.* Niedrigwasser, *das;* *(fig.)* Tiefpunkt, *der;* ~**-water mark** *n.* Niedrigwassermarke, *die*

431

loyal ['lɔɪəl] *adj. (to person)* treu; *(to government etc.)* treu [ergeben]; loyal; ~ **address** Ergebenheitsadresse, *die*
loyalist ['lɔɪəlɪst] **1.** *n.* Loyalist, *der*/Loyalistin, *die.* **2.** *adj.* loyalistisch
loyally ['lɔɪəlɪ] *adv.* treu; loyal
loyalty ['lɔɪəltɪ] *n.* Treue, *die;* Loyalität, *die;* **brand** ~: Markentreue, *die*
lozenge ['lɒzɪndʒ] *n.* **a)** *(tablet)* Pastille, *die;* **b)** *(diamond shape)* Raute, *die;* Rhombus, *der*
LP *abbr.* **long-playing record** LP, *die*
'L-plate *n. (Brit.)* ,L'-Schild, *das;* ≈ „Fahrschule"-Schild, *das*
LSD *abbr.* **lysergic acid diethylamide** LSD, *das*
LSE *abbr.* **London School of Economics**
Lt. *abbr.* **Lieutenant**
Ltd. *abbr.* **Limited** GmbH; ... **Company** ~: ...gesellschaft mbH
lubricant ['lu:brɪkənt] **1.** *n.* Schmiermittel, *das.* **2.** *adj.* Schmier-
lubricate ['lu:brɪkeɪt] *v. t.* schmieren; einfetten ⟨*Haut*⟩
lubrication [lu:brɪ'keɪʃn] *n.* Schmierung, *die;* Schmier⟨*system, -vorrichtung*⟩
Lucerne [lu:'sɜ:n] *pr. n.* Luzern *(das);* **Lake** ~: der Vierwaldstätter See
lucerne *n. (Brit. Bot.)* [Blaue] Luzerne
lucid ['lu:sɪd] *adj.* klar; [leicht] verständlich; einleuchtend ⟨*Argumentation*⟩; ~ **interval** *(period of sanity)* lichter Augenblick *od.* Moment
lucidity [lu:'sɪdɪtɪ] *n., no pl.* Klarheit, *die*
lucidly ['lu:sɪdlɪ] *adv.* klar [und verständlich] ⟨*formulieren usw.*⟩
luck [lʌk] *n.* **a)** *(good or ill fortune)* Schicksal, *das;* **as** ~ **would have it** wie das Schicksal es wollte; **good** ~: Glück, *das;* **bad** ~: Pech, *das;* **bring [sb.] good/bad** ~: [jmdm.] Glück/Pech bringen; **better** ~ **next time** mehr Glück beim nächsten Mal; **good** ~ [**to you**]! viel Glück!; alles Gute!; viel Erfolg!; **good** ~ **to him, I say** ich wünsche ihm viel Glück; *(iron.)* na, dann viel Glück!; **it's the** ~ **of the game** Glück/Pech gehabt!; **just my** ~: typisch für mich; **try one's** ~: sein Glück versuchen; **you never know your** ~: vielleicht hast du ja Glück; see also ³**down 1 mm;** **draw 3 a;** **hard 1 c;** **push 1 c;** **worse 1;** **b)** *(good fortune)* Glück, *das;* **with [any]** ~: mit ein bißchen od. etwas Glück; ~ **was with us all the way** wir hatten die ganze Zeit Glück; **I was in** ~**'s way** das war wirklich Glück; **wear sth. for** ~: etw. als Glücksbringer tragen; **do sth. for** ~: etw. tun, damit es einem Glück bringen soll; **have the** ~ **to do sth.** das Glück haben, etw. zu tun; **be in/out of** ~: Glück/kein Glück haben; **sb.'s** ~ **is in/out;** *see also* ¹**stroke 1 c**
luckily ['lʌkɪlɪ] *adv.* glücklicherweise; ~ **for her** zu ihrem Glück
luckless ['lʌklɪs] *adj.* glücklos; *(unlucky, unfortunate)* unglücklich
lucky ['lʌkɪ] *adj.* **a)** *(favoured by chance)* glücklich; **be** ~ [**in love/at games**] Glück [in der Liebe/im Spiel] haben; **be** ~ **to be alive** von Glück sagen können, daß man noch am Leben ist; **be** ~ **enough to be rescued** noch [großes] Glück haben, gerettet zu werden; **I should be so** ~: schön wär's; **get** ~: Glück haben; **Could you lend me £100? – 'You'll be** ~: Könntest du mir 100 Pfund leihen? – So siehst du aus!; **it was** ~ [**for you/him etc.**] **the car stopped in time** dein/sein usw. Glück, daß das Auto rechtzeitig gehalten hat; **be** ~ **a dog** *ein* Glückspilz sein *(ugs.);* **b)** *(favouring sb. by chance)* glücklich ⟨*Umstand, Zufall, Zusammentreffen usw.*⟩; *see also* **escape 1 a;** **c)** *(bringing good luck)* Glücks⟨*zahl, -tag usw.*⟩; ~ **charm** Glücksbringer, *der;* **be born under a** ~ **star** ein Glückskind sein; **you can thank your** ~ **stars** du kannst von Glück sagen

lucky: ~ **bag,** *(Brit.)* ~ '**dip** *ns.* Glückstopf, *der; (fig.)* Glücksspiel, *das*
lucrative ['lu:krətɪv] *adj.* einträglich; lukrativ
lucre ['lu:kə(r)] *n. (derog.)* Profit, *der; see also* **filthy 1 b**
Luddite ['lʌdaɪt] *n.* **a)** Maschinenstürmer, *der;* **b)** *(Hist.)* Luddit, *der*
ludicrous ['lu:dɪkrəs] *adj.* lächerlich ⟨*Anblick, Lohn, Argument, Vorschlag, Idee*⟩; lachhaft ⟨*Angebot, Ausrede*⟩; **a** ~ **speed/price** *(low)* eine lächerliche Geschwindigkeit/ein lächerlicher Preis; *(high)* eine haarsträubende Geschwindigkeit/ein haarsträubender Preis
ludicrously ['lu:dɪkrəslɪ] *adv.* lächerlich ⟨*wenig, billig, langsam, klein*⟩; haarsträubend ⟨*schnell, teuer*⟩
ludo ['lu:dəʊ] *n., no pl., no art.* Mensch-ärgere-dich-nicht, *das*
luff [lʌf] *(Naut.)* **1.** *v. t.* **a)** *(bring nearer wind)* luven ⟨*Schiff*⟩; **b)** *(turn)* ~ **the helm** anluven; **c)** *(Yacht-racing)* aus dem Luven den Wind nehmen (+ *Dat.*). **2.** *v. i.* anluven. **3.** *n.* Vorliek, *das*
¹**lug** [lʌg] **1.** *v. t.,* **-gg-** **a)** *(drag)* schleppen; **b)** *(force)* ~ **sb. along** jmdn. mit herumschleppen *(ugs.).* **2.** *v. i.,* **-gg-** ziehen, zerren **(at** an + *Dat.*)
²**lug** *see* **lugworm**
³**lug** *n.* **a)** *(projection)* Henkel, *der;* **b)** *(coll./joc.: ear)* Löffel, *der (ugs.)*
luge [lu:ʒ] *n.* [Rodel]schlitten, *der*
luggage ['lʌgɪdʒ] *n.* Gepäck, *das*
luggage: ~**-carrier** *n.* Gepäckträger, *der;* ~**-locker** *n.* [Gepäck]schließfach, *das;* ~**-rack** *n.* Gepäckablage, *die;* ~ **trolley** *n.* Kofferkuli, *der;* ~**-van** *n.* Gepäckwagen, *der*
lugger ['lʌgə(r)] *n. (Naut.)* Logger, *der*
lughole *n. (sl.: ear)* Löffel, *der (ugs.)*
lugubrious [lu:'gu:brɪəs, lʊ'gu:brɪəs] *adj. (mournful)* kummervoll, traurig; *(dismal)* düster; trübselig
lugubriously [lu:'gu:brɪəslɪ, lʊ'gu:brɪəslɪ] *adv. (mournfully)* kummervoll, traurig; *(dismally)* düster
lugworm *n.* Köderwurm, *der*
Luke [lu:k] *pr. n.* der hl. Lukas
lukewarm ['lu:kwɔ:m, lu:k'wɔ:m] *adj.* **a)** lauwarm; **b)** *(fig.)* lau[warm]; halbherzig
lull [lʌl] **1.** *v. t.* **a)** *(soothe)* lullen; **a child to sleep** ein Kind in den Schlaf lullen; **b)** *(fig.)* einlullen; einschläfern ⟨*Mißtrauen*⟩; ~ **sb. into a false sense of security** jmdn. in einer trügerischen Sicherheit wiegen. **2.** *n.* Pause, *die;* **the** ~ **before the storm** *(fig.)* die Ruhe vor dem Sturm; **a** ~ **in the storm** ein vorübergehendes *od.* kurzes Nachlassen des Sturms
lullaby ['lʌləbaɪ] *n.* Schlaflied, *das;* Wiegenlied, *das*
lulu ['lu:lu:] *n. (sl.) (thing)* Hammer, *der (salopp); (person)* bombige Type *(ugs.)*
lumbago [lʌm'beɪgəʊ] *n., pl.* ~**s** *(Med.)* Hexenschuß, *der;* Lumbago, *die (fachspr.)*
lumbar ['lʌmbə(r)] *adj. (Anat.)* Lenden-; lumbal *(fachspr.);* ~ **puncture** *(Med.)* Lumbalpunktion, *die*
¹**lumber** ['lʌmbə(r)] *v. i.* ⟨*Person:*⟩ schwerfällig gehen; ⟨*Fahrzeug:*⟩ rumpeln
²**lumber 1.** *n.* **a)** *(furniture)* Gerümpel, *das;* **b)** *(useless material)* Kram, *der (ugs. abwertend);* Krempel, *der (ugs. abwertend)* **c)** *(Amer.: timber)* [Bau]holz, *das.* **2.** *v. t.* **a)** *(fill up, encumber)* vollstopfen *(ugs.);* vollstellen ⟨*Zimmer*⟩; überladen ⟨*Stil, Buch*⟩; ~ **sb. with sth./sb. attrib.** jmdm. etw./jmdn. aufhalsen *(ugs.);* **get** ~**ed with sth./sb.** etw./jmdn. aufgehalst kriegen *(ugs.);* ~ **oneself with too many things** *(lit. or fig.)* sich *(Dat.)* zuviel Krempel *(ugs.)* anschaffen
lumbering ['lʌmbərɪŋ] *adj.* schwerfällig; *(graceless in appearance)* plump
lumber: ~**-jack** *n. (Amer.)* Holzfäller, *der;*

~**-jacket** *n.* Lumberjack, *der;* ~~**-man** *see* ~**jack;** ~~**-room** *n.* Abstellkammer, *die;* Rumpelkammer, *die (ugs.)*
luminary ['lu:mɪnərɪ] *n. (person)* Koryphäe, *die*
luminescence [lu:mɪ'nesəns] *n.* Leuchten, *das; (Phys.)* Lumineszenz, *die*
luminescent [lu:mɪ'nesənt] *adj.* leuchtend; *(Phys.)* lumineszierend
luminosity [lu:mɪ'nɒsɪtɪ] *n. (also Astron.)* Helligkeit, *die*
luminous ['lu:mɪnəs] *adj.* **a)** *(bright)* hell ⟨*Feuer, Licht usw.*⟩; [hell] leuchtend; Leucht⟨*anzeige, -zeiger usw.*⟩; ~ **paint** Leuchtfarbe, *die;* **b)** *(of light)* Leucht⟨*kraft, -stärke usw.*⟩; **c)** *(fig.)* brillant; *(enlightening)* erhellend
lummee ['lʌmɪ] *int. (Brit. sl.)* großer Gott
lummox ['lʌməks] *n. (Amer. coll.)* Tölpel, *der;* Tolpatsch, *der (ugs.)*
¹**lump** [lʌmp] **1.** *n.* **a)** *(shapeless mass)* Klumpen, *der; (of sugar, butter, etc.)* Stück, *das; (of wood)* Klotz, *der; (of dough)* Kloß, *der; (of bread)* Brocken, *der;* **a** ~ **of sugar/dough/bread** ein Stück Zucker/ein Teigkloß/ein Brocken Brot; ~ **of wood/clay** ein Holzklotz/ein Klumpen Lehm *od.* Lehmklumpen; **have/get a** ~ **in one's throat** *(fig.)* einen Kloß im Hals haben *(ugs.);* **b)** *(swelling)* Beule, *die; (caused by cancer)* Knoten, *der;* **c)** *(sl.: heap)* Haufen, *der;* **d)** *(thickset person)* Klotz, *der (ugs.);* **a great** ~ **of a woman** ein Koloß von Frau; **e)** **the** ~ *(Brit.: workers)* die Schwarzarbeiter im Baugewerbe; **f) [taken] in the** ~: im ganzen [gesehen]; **get payment in a** ~: die gesamte Summe auf einmal erhalten. **2.** *v. t.* ~ **sth. with sth.** etw. und etw. zusammentun; ~ **sb./sth. with the rest** jmdn./etw. mit dem Rest in einen Topf werfen *(ugs.);* ~ **the archaeology books under History** die Archäologiebücher mit zur Geschichte stellen
~ **to'gether** *v. t.* zusammenfassen
²**lump** *v. t. (coll.)* sich abfinden mit; **he can [like it or]** ~ **it** er muß sich [wohl oder übel] damit abfinden; **if you don't like it you can** ~ **it** du mußt dich wohl oder übel damit abfinden
lumpenproletariat ['lʌmpənprəʊlətɛərɪət] *n. (derog.)* Lumpenproletariat, *das*
lumpish ['lʌmpɪʃ] *adj. (derog.)* **a)** *(clumsy)* plump; *(in movement, speech, action)* schwerfällig; **b)** *(dull)* dumpf; stumpf
lump: ~ **payment** *n.* einmalige Zahlung [einer größeren Summe]; ~**-sucker** *n. (Zool.)* Scheibenbauch, *der;* Lumpfisch, *der; (Cyclopterus lumpus)* Seehase, *der;* '**sugar** *n.* Würfelzucker, *der;* '**sum** *n. (covering several items)* Pauschalsumme, *die; (paid at once)* einmalige Pauschale
lumpy ['lʌmpɪ] *adj.* klumpig ⟨*Brei, Lehm*⟩; ⟨*Kissen, Matratze*⟩ mit klumpiger Füllung
lunacy ['lu:nəsɪ] *n.* **a)** *(insanity)* Wahnsinn, *der; (Law)* geistige Unzurechnungsfähigkeit; **b)** *(mad folly)* Wahnsinn, *der (ugs.);* Irrsinn, *der*
lunar ['lu:nə(r)] *adj.* Mond-; lunar *(fachspr.)*
lunar: ~ **e'clipse** *n. (Astron.)* Mondfinsternis, *die;* ~ '**module** *n.* Mond[lande]fähre, *die*
lunatic ['lu:nətɪk] **1.** *adj.* **a)** *(mad)* wahnsinnig; irre *(veralt.);* *see also* **fringe 1 c;** **b)** *(foolish)* wahnwitzig; Wahnsinns- *(ugs.);* idiotisch *(ugs. abwertend).* **2.** *n.* Wahnsinnige, *der/die;* Irre, *der/die;* **be a** ~: wahnsinnig *od. (veralt.)* irre sein
'**lunatic asylum** *n. (Hist.)* Irrenanstalt, *die (veralt., ugs. abwertend)*
lunch [lʌnʃ] **1.** *n.* Mittagessen, *das;* **have or eat** *or (formal)* **take [one's]** ~: zu Mittag essen; das Mittagessen einnehmen *(geh.);* **get an hour for** ~: eine Stunde Mittag[spause] haben; **have sth. for** ~: etw. zu Mittag essen; **be at** *or* **eating** *or* **having [one's]** ~: gera-

432

lunch-break

de beim Mittagessen sein; zu Tisch sein; **there's no such thing as a free ~** *(fig.)* es wird einem nichts geschenkt. 2. *v. i.* zu Mittag essen
'**lunch-break** see **lunch-hour**
luncheon ['lʌnʃn] *n. (formal)* **a)** *(midday meal)* Mittagessen, *das;* **b)** *(Amer.: light meal)* Imbiß, *der*
luncheon: ~ **meat** *n.* Frühstücksfleisch, *das;* ~ **voucher** *n. (Brit.)* Essenmarke, *die;* Essensbon, *der*
lunch: ~-**hour** *n.* Mittagspause, *die;* ~-**room** *n.* Imbißraum, *der;* ~-**time** *n.* Mittagszeit, *die;* **at** ~-**time** mittags
lung [lʌŋ] *n.* Lunge, *die; (right or left)* Lungenflügel, *der;* **have good/weak** ~**s** eine gute *od.* kräftige/schwache Lunge haben; **the** ~**s of a city** *(fig.)* die grünen Lungen einer Stadt
'**lung cancer** *n. (Med.)* Lungenkrebs, *der*
lunge [lʌndʒ] **1.** *n.* **a)** *(Sport)* Ausfall, *der;* **b)** *(sudden forward movement)* Sprung nach vorn; **make a ~ at sb.** sich auf jmdn. stürzen. **2.** *v. i.* **a)** *(Sport)* einen Ausfall machen **(at** gegen); **b)** ~ **at sb. with a knife** jmdn. mit einem Messer angreifen
~ '**out** *v. i.* einen Ausfall machen **(at** gegen); ~ **out at sb.** *(make sudden forward movement)* sich auf jmdn. stürzen
lung: ~-**fish** *n.* Lungenfisch, *der;* ~-**power** *n.* Stimmkraft, *die*
lupin, '**lupine** ['lu:pɪn] *n.* *(Edel)*lupine, *die*
²**lupine** ['lu:paɪn, 'lju:paɪn] *adj.* Wolfs-; wölfisch; **have** ~ **features/a** ~ **appearance** ein Wolfsgesicht haben/wie ein Wolf aussehen
lupus ['lu:pəs] *n. (Med.)* Zehrflechte, *die;* Lupus, *der (fachspr.)*
¹**lurch** [lɜ:tʃ] *n.* **leave sb. in the** ~: jmdn. im Stich lassen; jmdn. hängenlassen *(ugs.)*
²**lurch 1.** *n.* Rucken, *das; (of ship)* Schlingern, *das;* **give a** ~: rucken; ⟨*Schiff:*⟩ schlingern. **2.** *v. i.* rucken; ⟨*Betrunkener:*⟩ torkeln; ⟨*Schiff:*⟩ schlingern
lurcher ['lɜ:tʃə(r)] *n. (Brit.)* Kreuzung zwischen Collie und Windhund *[besonders als Spürhund eines Wilderers];* ≈ Spürhund, *der*
lure [ljʊə(r), lʊə(r)] **1.** *v. t.* locken; ~ **away from/out of/into sth.** von etw. fortlocken/aus etw. [heraus]locken/in etw. *(Akk.)* [hinein]locken; ~ **sb. away from his duty** jmdn. [durch Lockungen] von seinen Pflichten abbringen. **2.** *n.* **a)** *(Falconry)* Federspiel, *das;* **b)** *(Hunting)* Lockvogel, *der; (fig.: thing)* Lockmittel, *das;* **c) the** ~ **of the sea** der Ruf *od.* die Lockung des Meeres *(geh.)*
lurid ['ljʊərɪd, 'lʊərɪd] *adj.* **a)** *(ghastly)* gespenstisch; *(highly coloured)* grell ⟨*Licht, Schein, Himmel*⟩; **b)** *(fig.: horrifying)* gräßlich, schaurig ⟨*Einzelheiten, Beispiele*⟩; *(sensational)* reißerisch *(abwertend); (showy, gaudy)* reißerisch [aufgemacht] *(abwertend)* ⟨*Umschlag, Bild*⟩
luridly ['ljʊərɪdlɪ, 'lʊərɪdlɪ] *adv.* **a)** *(glaringly)* grell; **b)** *(fig.: horrifyingly)* gräßlich; schaurig; *(showily, gaudily)* reißerisch
lurk [lɜ:k] *v. i.* **a)** lauern; ⟨*Raubtier:*⟩ auf Lauer liegen; **b)** *(fig.)* ~ **in sb.'s or at the back of sb.'s mind** ⟨*Zweifel, Verdacht, Furcht:*⟩ an jmdm. nagen
lurking ['lɜ:kɪŋ] *attrib. adj.* heimlich ⟨*Zweifel, Verdacht, Angst, Mitgefühl*⟩
luscious ['lʌʃəs] *adj.* **a)** *(sweet in taste or smell)* köstlich [süß]; saftig [süß] ⟨*Obst*⟩; **b)** *(excessively sweet)* aufdringlich süß ⟨*Parfüm*⟩; **c)** *(appealing to senses)* üppig ⟨*Figur, Kurven*⟩; knackig *(ugs.)* ⟨*Mädchen*⟩; voll ⟨*Lippen*⟩; satt ⟨*Farbe*⟩
lush [lʌʃ] *adj.* saftig ⟨*Wiese*⟩; grün ⟨*Tal*⟩; üppig ⟨*Vegetation*⟩; *(fig.)* luxuriös, *(ugs.)* feudal ⟨*Atmosphäre, Räumlichkeiten*⟩
lust [lʌst] **1.** *n.* **a)** *(sexual drive)* Sinnenlust, *die;* sinnliche Begierde; **b)** *(passionate desire)* Gier, *die* **(for** nach); ~ **for power/**

glory/of battle Machtgier, *die/*Ruhmsucht, *die/*Kampf[es]lust, *die;* **c)** *(Bibl., Theol.)* Fleischeslust, *die (geh.);* ~**s of the flesh** fleischliche Gelüste *(geh.).* **2.** *v. i.* ~ **after** [lustvoll] begehren *(geh.);* **he** ~**s after ... :** es gelüstet ihn nach ... *(geh.);* ~ **for glory** ruhmbegierig *(geh.) od.* ruhmsüchtig sein
luster *(Amer.)* see **lustre**
lustful ['lʌstfl] *adj.* lüstern *(geh.)*
lustily ['lʌstɪlɪ] *adv.* kräftig; forsch ⟨*sich bewege, etw. angehen*⟩; herzhaft ⟨*lachen, gähnen*⟩; aus voller Kehle ⟨*rufen, singen*⟩; **he tucked** ~ **into his dinner** er langte kräftig *od.* tüchtig od. herzhaft zu
lustre ['lʌstə(r)] *n. (Brit.)* **a)** Schimmer, *der;* [schimmernder] Glanz; **shine with a** ~: einen schimmernden Glanz haben; **b)** *(fig.: splendour)* Glanz, *der;* **add** ~ **to** *or* **shed** ~ **on sth.** einer Sache *(Dat.)* Glanz verleihen; **lack** ~ ⟨*Augen:*⟩ glanzlos sein; ⟨*Lächeln:*⟩ matt sein; **c)** *(glaze)* Glasurglanz, *der;* Lüster, *der (fachspr.)*
lustreless ['lʌstəlɪs] *adj.* glanzlos; stumpf ⟨*Farbe*⟩ ⟨*Geist*⟩
'**lustreware** *n.* Lüsterkeramik, *die*
lustrous ['lʌstrəs] *adj.* schimmernd, *(fig.)* glänzend *(geh.)* ⟨*Geist*⟩
lusty ['lʌstɪ] *adj.* **a)** *(healthy)* gesund; frisch ⟨*Gesichtsfarbe*⟩; *(strong, powerful)* kräftig; **b)** *(vigorous, vibrant)* ⟨*Applaus, Tritt*⟩; tüchtig, zupackend ⟨*Arbeiter*⟩; **a** ~ **girl from the country** ein strammes Landmädchen
lutanist ['lu:tənɪst, 'lju:tənɪst] *n. (Mus.)* Lautenist, *der/*Lautenistin, *die*
lute [lu:t, lju:t] *n. (Mus.)* Laute, *die*
lutenist see **lutanist**
Lutheran ['lu:θərən, 'lu:θrən] **1.** *adj.* lutherisch. **2.** *n.* Lutheraner, *der/*Lutheranerin, *die*
Luxembourg *etc.* see **Luxemburg** *etc.*
Luxemburg ['lʌksəmbɜ:g] *pr. n.* Luxemburg *(die)*
Luxemburger ['lʌksəmbɜ:gə(r)] *n.* Luxemburger, *der/*Luxemburgerin, *die*
Luxemburgian ['lʌksəmbɜ:gɪən] **1.** *adj.* luxemburgisch. **2.** *n.* Luxemburgisch, *das;* Letzeburgesch, *das (fachspr.)*
luxuriance [lʌg'zjʊərɪəns, lʌk'sjʊərɪəns] *n., no pl. (superabundance)* Üppigkeit, *die; (of hair)* Fülle, *die*
luxuriant [lʌg'zjʊərɪənt, lʌk'sjʊərɪənt] *adj.* **a)** *(growing profusely, exuberant)* üppig ⟨*Vegetation, Farbenpracht, Blattwerk*⟩; *(Haar*⟩; ertragreich ⟨*Ernte*⟩; **b)** *(richly ornamented)* reich ausgeschmückt
luxuriantly [lʌg'zjʊərɪəntlɪ, lʌk'sjʊərɪəntlɪ] *adv.* üppig
luxuriate [lʌg'zjʊərɪeɪt, lʌk'sjʊərɪeɪt] *v. i.* ~ **in** sich aalen in (+ *Dat.*) ⟨*Sonne, Bett usw.*⟩; ~ **in the bath** sich genüßlich in der Badewanne rekeln *(ugs.)*
luxurious [lʌg'zjʊərɪəs, lʌk'sjʊərɪəs] *adj.* luxuriös; Luxus-; *(self-indulgent)* verwöhnt; luxuriös, verschwenderisch ⟨*Lebensstil*⟩
luxuriously [lʌg'zjʊərɪəslɪ, lʌk'sjʊərɪəslɪ] *adv.* luxuriös; mit allem Luxus; feudal *(ugs.)* ⟨*wohnen, essen*⟩
luxury ['lʌkʃərɪ] **1.** *n.* **a)** Luxus, *der;* **live** *or* **lead a life of** ~: ein Leben im Luxus führen; *see also* '**lap a; b)** *(article)* Luxusgegenstand, *der;* **luxuries** Luxus, *der;* **c)** *(sth. one enjoys)* Luxus, *der.* **2.** *attrib. adj.* Luxus-
LV *abbr. (Brit.)* luncheon voucher
LW *abbr. (Radio)* long wave LW
lychee ['laɪtʃɪ, 'lɪtʃɪ] *n.* Litschi, *die*
'**lych-gate** see **lich-gate**
lye [laɪ] *n.* Lauge, *die*
lying ['laɪɪŋ] **1.** *adj.* **a)** *(given to falsehood)* verlogen; ~ **scoundrel** Lügenbold, *der;* **b)** *(false, untrue)* lügnerisch; lügenhaft; erlogen ⟨*Geschichte*⟩; falsch, verlogen ⟨*Sentimentalität*⟩. **2.** *n.* Lügen, *das;* **that would be** ~: das wäre gelogen. *See also* '**lie 2, 3**
lymph [lɪmf] *n.* **a)** *(Physiol.)* Lymphe, *die (fachspr.);* Gewebsflüssigkeit, *die;* **b)** *(Med.: exudation from sore)* Blutwasser, *das*

lymphatic [lɪm'fætɪk] **1.** *adj. (Physiol., Anat.)* Lymph-; lymphatisch. **2.** *n. (Anat.)* Lymphgefäß, *das*
lymph: ~ **gland**, ~ **node** *ns. (Anat.)* Lymphknoten, *der*
lymphocyte ['lɪmfəsaɪt] *n. (Anat.)* Lymphozyt, *der*
lynch [lɪntʃ] *v. t.* lynchen
'**lynch law** *n.* Lynchjustiz, *die*
lynx [lɪŋks] *n. (Zool.)* Luchs, *der*
'**lynx-eyed** *adj. (fig.)* luchsäugig; mit Luchsaugen *nachgestellt;* **be** ~: Luchsaugen haben
Lyons ['li:ɔ̃, 'laɪənz] *pr. n.* Lyon *(das)*
lyre ['laɪə(r)] *n. (Mus.)* Lyra, *die;* Leier, *die*
'**lyre-bird** *n. (Ornith.)* Leierschwanz, *der*
lyric ['lɪrɪk] **1.** *adj.* lyrisch; ~ **poet** Lyriker, *der/*Lyrikerin, *die;* ~ **poetry** Lyrik, *die.* **2.** *n.* **a)** *(poem)* lyrisches Gedicht; **b)** *in pl. (verses)* lyrische Passagen; *(of song)* Text, *der*
lyrical ['lɪrɪkl] *adj.* **a)** *see* **lyric 1; b)** *(like lyric poetry)* lyrisch; **c)** *(coll.: enthusiastic)* gefühlvoll; **become** *or* **grow** *or* **wax** ~ **about** *or* **over sth.** über etw. *(Akk.)* ins Schwärmen geraten
lyrically ['lɪrɪkəlɪ] *adv.* lyrisch
lyricism ['lɪrɪsɪzm] *n.* **a)** *(lyric character, a lyrical expression)* Lyrismus, *der;* **b)** *(high-flown sentiments)* Gefühlsbetontheit, *die;* Gefühlsseligkeit, *die;* Schwärmerei, *die*
lyricist ['lɪrɪsɪst] *n.* Texter, *der/*Texterin, *die*

M

M, m [em] *n., pl.* **Ms** *or* **M's a)** *(letter)* M, m, *das;* **b)** *(Roman numeral)* M
M. *abbr.* **a)** Master/Member of/Monsieur M.; **b)** mega- M; **c)** *(Brit.)* motorway A
m. *abbr.* **a)** male Männl., m; **b)** masculine m.; **c)** married verh.; **d)** metre[s] m; **e)** milli- m; **f)** million[s] Mill.; **g)** minute[s] Min.; **h)** mile[s] M.
m' [mə] *poss. pron.* mein
MA *abbr.* **Master of Arts** M. A.; *see also* **B.Sc.**
ma [mɑ:] *n. (coll.)* Mama, *die;* Mutti, *die (fam.)*
ma'am [mɑ:m, mæm] *n.* gnädige Frau; *(in addressing Queen)* Majestät
Mac [mæk] *n. (coll.)* **a)** *(Scotsman)* Schotte, *der; (in address)* Mac; **b)** *(Amer.: fellow)* Kumpel, *der (ugs.);* **hi,** ~**!** Tag, Kumpel!
mac *see* **mack**
macabre [mə'kɑ:br] *adj.* makaber
macaque [mə'kæk] *n. (Zool.)* Makak, *der*
macaroni [mækə'rəʊnɪ] *n.* Makkaroni *Pl.;* ~ **and cheese** *(Amer.) see* **macaroni cheese**
macaroni '**cheese** *n. (Brit.)* Käsemakkaroni *Pl.*
macaroon [mækə'ru:n] *n.* Makrone, *die*
macaw [mə'kɔ:] *n. (Ornith.)* Ara, *der;* Langschwanzpapagei, *der*
'**mace** [meɪs] *n.* **a)** *(Hist.: weapon)* Keule, *die;* **b)** *(staff of office)* Amtsstab, *der*
²**mace** *n. (Bot., Cookery)* Mazis, *der;* Mazisblüte, *die;* Muskatblüte, *die*

433

'**mace-bearer** n. Träger/Trägerin des Amtsstabes
macédoine ['mæsɪdwɑ:n] n. (Cookery) Macedoine, das
Macedonia [mæsɪ'dəʊnɪə] pr. n. Makedonien (das)
macerate ['mæsəreɪt] v. t. aufweichen ⟨Papier⟩
Mach [mæk, mɑ:k] n. (Phys., Aeronaut.) ~ [number] Mach-Zahl, die; Machsche Zahl; ~ one/two etc. Geschwindigkeit von 1/2 usw. Mach
machete [mə'tʃetɪ, mə'tʃeɪtɪ] n. Machete, die; Buschmesser, das
machiavellian [mækɪə'velɪən] adj. machiavellistisch
machination [mækɪ'neɪʃn, mæʃɪ'neɪʃn] n. Machenschaft, die (abwertend)
machine [mə'ʃi:n] n. **1. a)** Maschine, die; **be made by ~**: maschinell hergestellt werden; **b)** (bicycle) [Fahr]rad, das; (motor cycle) Maschine, die (ugs.); **c)** (computer) Computer, der; **d)** (fig.: person) Roboter, der; Maschine, die; **e)** (system of organization) Apparat, der; **party/propaganda ~**: Partei-/Propagandaapparat, der. **2.** v. t. (make with ~) maschinell herstellen; (operate on with ~) maschinell bearbeiten ⟨Werkstück⟩; (sew) mit od. auf der Maschine nähen
machine: ~ **age** n. Maschinenzeitalter, das; ~ **code** n. (Computing) Maschinensprache, die; ~ **gun** n. Maschinengewehr, das; ~**-made** adj. maschinell hergestellt; ~**-minder** n. Maschinenwärter, der; ~**-pistol** n. Maschinenpistole, die; ~**-readable** adj. (Computing) maschinenlesbar; ~**-room** n. Maschinenraum, der
machinery [mə'ʃi:nərɪ] n. **a)** (machines) Maschinen Pl.; **b)** (mechanism) Mechanismus, der; (organized system) Maschinerie, die; **d)** (Lit.) Kunstmittel Pl.
machine: ~ **tool** n. Werkzeugmaschine, die; ~**-wash** v. t. in der Waschmaschine waschen; ~**-washable** adj. waschmaschinenfest
machinist [mə'ʃi:nɪst] n. (who makes machinery) Maschinenbauer, der; (who controls machinery) Maschinist, der/Maschinistin, die; [sewing-]~: [Maschinen]näherin, die/-näher, der
machismo [mə'tʃɪzməʊ, mə'kɪzməʊ] n., no pl. Machismo, der; Männlichkeitswahn, der
macho ['mætʃəʊ] **1.** n., pl. ~s Macho, der. **2.** adj. Macho-; **he is really ~**: er ist wirklich ein Macho
mack [mæk] n. (Brit. coll.) Regenmantel, der; Kleppermantel Ⓦ, der (ugs. veralt.)
mackerel ['mækərl] n., pl. same or ~s (Zool.) Makrele, die
mackerel 'sky n. (Meteorol.) Zirrokumulusbewölkung, die; Schäfchenwolken Pl.
mackintosh ['mækɪntɒʃ] n. Regenmantel, der
macramé [mə'krɑ:mɪ] n. Makramee, das
macro- [mækrəʊ] in comb. makro-/Makro-
macrobiotic [mækrəʊbaɪ'ɒtɪk] adj. makrobiotisch
macron ['mækrɒn] n. übergesetzter waagerechter Strich
macroscopic [mækrəʊ'skɒpɪk] adj. makroskopisch
mad [mæd] adj. **a)** (insane) geisteskrank; irr ⟨Blick, Ausdruck⟩; **you must be ~!** du bist wohl verrückt! (ugs.); **are you ~?** bist du völlig verrückt geworden? (ugs.); **like a ~ thing** (coll.) wie ein Verrückter/eine Verrückte (ugs.); **b)** (frenzied) wahnsinnig verrückt (ugs.); **it's one ~ rush** (coll.) es ist eine einzige Hetze; **make a ~ dash for sth.** sich auf etw. (Akk.) stürzen; **drive sb. ~**: um den Verstand bringen od. (ugs.) verrückt machen; **this noise is enough to drive anyone ~!** dieser Lärm ist ja zum Verrücktwerden! (ugs.); ~ **with joy/fear** außer sich vor Freude/Angst; **c)** (foolish) verrückt (ugs.); **that was a ~ thing to do** das war eine Dummheit od. (ugs.) verrückt; **a ~ hope** eine wahnwitzige Hoffnung; **d)** (very enthusiastic) **be/go ~ about** or **on sb./sth.** auf jmdn./etw. wild sein/werden (ugs.); **be ~ keen on sth.** (sl.) auf etw. (Akk.) ganz scharf od. wild sein (ugs.); **be ~ keen to do sth.** (sl.) ganz scharf od. wild darauf sein, etw. zu tun; **e)** (coll.: annoyed) ~ [**with** or **at sb.**] sauer [auf jmdn.] (ugs.); **be ~ about/at missing the train** wütend sein, weil man den Zug verpaßt hat; **f)** (with rabies) toll[wütig]; ~ **dog** (fig.) Verrückte, der/die (ugs.); [**run** etc.] **like ~**: wie wild od. wie ein Wilder/eine Wilde (ugs.) [laufen usw.]; **g)** (frivolous) ausgelassen, (ugs.) verrückt ⟨Stimmung⟩
Madagascan [mædə'gæskən] **1.** adj. madagassisch. **2.** n. Madagasse, der/Madagassin, die
Madagascar [mædə'gæskə(r)] pr. n. Madagaskar (das)
madam ['mædəm] n. **a)** (formal address) gnädige Frau; **M~ Chairman** Frau Vorsitzende; **Dear M~** (in letter) Sehr verehrte gnädige Frau; **b)** (euphem.: woman brothel-keeper) Bordellwirtin, die; Puffmutter, die (salopp); **c)** (derog.: conceited, pert young woman) Kratzbürste, die (ugs.)
Madame [mə'dɑ:m, 'mædəm] n., pl. **Mesdames** [meɪ'dæm, meɪ'dɑ:m] **a)** (title) Madame, die; [**the**] **Mesdames A and B** Madame A und Madame B; **b)** (formal address) gnädige Frau; meine Dame
'**madcap 1.** adj. unbesonnen. **2.** n. Heißsporn, der
mad 'cow disease n. Rinderwahnsinn, der
madden ['mædn] v. t. **a)** (make mad) wahnsinnig machen (ugs.); um den Verstand bringen; ~**ed with grief/loneliness** wahnsinnig vor Kummer/Einsamkeit; **b)** (irritate) [ver]ärgern; **be ~ed by sth.** sich über etw. (Akk.) [maßlos] aufregen; **it ~s me to think that ...**: es fuchst mich (ugs.), wenn ich daran denke, daß ...
maddening ['mædənɪŋ] adj. **a)** (irritating, tending to infuriate) [äußerst] ärgerlich; **b)** (tending to craze) wahnsinnig
maddeningly ['mædənɪŋlɪ] adv. see **maddening a, b**: [äußerst] ärgerlich; unerträglich
madder ['mædə(r)] n. **a)** (Bot.) Krapp, der; Färberröte, die; **b)** (dye) Krappfarbstoff, der; **c)** (Chem.) synthetisches Alizarin
made see **make 1, 2**
Madeira [mə'dɪərə] **1.** n. Madeira[wein], der. **2.** pr. n. Madeira (das.)
Ma'deira cake n. Madeira-Kuchen, der
madeleine ['mædleɪn] n. Butterkeks in Form einer Muschel
made-to-'measure attrib. adj. Maß-; **a ~ suit** ein Maßanzug od. maßgeschneiderter Anzug; see also **measure 1a**
'**made-up** attrib. adj. erfunden ⟨Geschichte⟩
'**madhouse** n. Irrenanstalt, die; Irrenhaus, das; (fig.) Tollhaus, das
Madison Avenue [mædɪsən 'ævənju:] n. die amerikanische Werbeindustrie
madly ['mædlɪ] adv. **a)** wie ein Verrückter/eine Verrückte (ugs.); **b)** (coll.: passionately, extremely) wahnsinnig (ugs.)
madman ['mædmən] n., pl. **madmen** ['mædmən] Wahnsinnige, der; Irre, der
madness ['mædnɪs] n., no pl. Wahnsinn, der; see also **method b**
madonna [mə'dɒnə] n. Madonna, die
madrigal ['mædrɪgl] n. (Lit., Mus.) Madrigal, das
'**madwoman** n. Wahnsinnige, die; Irre, die
maelstrom ['meɪlstrəm] n. Ma[h]lstrom, der; Strudel, der; Sog, der
maestro ['maɪstrəʊ] n., pl. **maestri** [maɪstrɪ] or ~**s** (Mus.) Maestro, der; (fig.: great performer) Meister, der

Mae West [meɪ 'west] n. aufblasbare Schwimmweste
Mafia ['mæfɪə] n. **a)** (secret criminal organization) Mafia, die; **b)** m~ (organization exerting influence) Mafia, die
mag [mæg] n. (coll.: magazine) Zeitschrift, die; **porno ~**: Pornoheft, das
magazine [mægə'zi:n] n. **a)** (periodical) Zeitschrift, die; (news ~, fashion ~, etc.) Magazin, das; **b)** (Mil.: store) (for arms) Waffenkammer, die; (for ammunition) Munitionsdepot, das; (for provisions) Proviantlager, das; (for explosives) Sprengstofflager, das; **c)** (Arms, Photog.) Magazin, das
magenta [mə'dʒentə] **1. a)** (dye) Fuchsin, das; Rosanilin, das; **b)** (colour) Magenta, das; Purpur, das. **2.** adj. purpurrot
maggot ['mægət] n. Made, die
maggoty ['mægətɪ] adj. madig
Magi ['meɪdʒaɪ] n. pl. **the** [**three**] ~: die drei Weisen aus dem Morgenland; die Heiligen Drei Könige
magic ['mædʒɪk] **1.** n. **a)** (witchcraft, lit. of fig.) Magie, die; **do ~**: zaubern; **as if by ~**: wie durch Zauberei; **black/white ~**: Schwarze/Weiße Magie; **work like ~**: wie ein Wunder wirken; **like ~** (rapidly) blitzartig; **b)** (conjuring tricks) Zauberei, die; **make sth. appear/disappear by ~**: etw. herbei-/wegzaubern; (fig.: charm, enchantment) Zauber, der. **2.** adj. **a)** (of ~) magisch ⟨Eigenschaft, Kraft⟩; (resembling ~) zauberhaft; (used in ~) Zauber⟨spruch, -trank, -wort, -bann⟩; **cast a ~ spell on sb.** jmdn. verzaubern; **b)** (fig.: producing surprising results) wunderbar. **3.** v. t. -**ck**- zaubern; ~ **sth./sb. away** ⟨Zauberspruch:⟩ etw./jmdn. verschwinden lassen; ⟨Person:⟩ etw./jmdn. wegzaubern
magical ['mædʒɪkl] adj. (of magic) magisch; (resembling magic) zauberhaft; **the effect was ~**: das wirkte [wahre] Wunder
magically ['mædʒɪkəlɪ] adv. auf wunderbare Weise ⟨schützen, verwandeln, befördern⟩; zauberhaft ⟨beleuchten⟩
magic: ~ '**carpet** n. fliegender Teppich; ~ '**eye** n. **a)** (Electr.: control device) Photozelle, die; **b)** (Radio) magisches Auge
magician [mə'dʒɪʃn] n. (lit. or fig.) Magier, der/Magierin, die; (conjurer) Zauberer, der/Zauberin, die; **I'm not a ~**: ich kann doch nicht zaubern od. hexen (ugs.)
magic: ~ '**lantern** n. (Optics) Laterna Magica; ~ '**square** n. (Math.) magisches Quadrat; ~ '**wand** n. Zauberstab, der
magisterial [mædʒɪ'stɪərɪəl] adj. **a)** (invested with authority) gebieterisch (geh.); **b)** (dictatorial) diktatorisch (abwertend); herrisch; **c)** (authoritative) maßgebend
magistracy ['mædʒɪstrəsɪ] n., no pl. (position) Amt des Friedensrichters
magistrate ['mædʒɪstreɪt] n. Friedensrichter, der/Friedensrichterin, die; ~**s' court** ≈ Schiedsgericht, das
magma ['mægmə] n., pl. ~**ta** ['mægmətə] or ~**s** (Geol.) Magma, das
Magna Carta, Magna Charta [mægnə 'kɑ:tə] n. (Hist.; also fig.) Magna Charta, die
magnanimity [mægnə'nɪmɪtɪ] n., no pl. Großmut, die; **with ~**: großmütig
magnanimous [mæg'nænɪməs] adj., **magnanimously** [mæg'nænɪməslɪ] adv. großmütig (**towards** gegen)
magnate ['mægneɪt] n. Magnat, der/Magnatin, die; **cotton/steel ~**: Baumwoll-/Stahlmagnat, der
magnesia [mæg'ni:ʃə] n. Magnesiaweiß, das; see also **milk 1**
magnesium [mæg'ni:zɪəm] n. (Chem.) Magnesium, das
magnet ['mægnɪt] n. (lit. of fig.) Magnet, der
magnetic [mæg'netɪk] adj. (lit. or fig.) magnetisch; (fig.: very attractive) sehr anziehend, unwiderstehlich ⟨Person⟩; ~ **power** (fig.) magnetische Anziehungskraft

magnetic: ~ at'traction *n. (Phys.)* magnetische Anziehungskraft; ~ 'compass *n.* Magnetkompaß, *der;* ~ 'disc *see* disc c; ~ 'field *n. (Phys.)* Magnetfeld, *das;* ~ 'mine *n.* Magnetmine, *die;* ~ 'needle *n.* Magnetnadel, *die;* ~ 'north *n.* magnetisch Nord, *das;* ~ 'pole *n. (Phys.)* Magnetpol, *der; (Geog.)* magnetischer Pol; ~ 'storm *n. (Phys.)* erdmagnetischer Sturm; ~ 'tape *n.* Magnetband, *das*
magnetise *see* magnetize
magnetism ['mægnɪtɪzm] *n.* a) *(Phys.) (science)* Magnetik, *die; (force, lit. or fig.)* Magnetismus, *der;* b) *(fig.: personal charm and attraction)* Attraktivität, *die;* Anziehungskraft, *die;* Attraktion, *die*
magnetize ['mægnɪtaɪz] *v. t.* a) *(Phys.)* magnetisieren; b) *(fig.: attract)* in seinen Bann schlagen *od.* ziehen *(geh.);* **be** ~**d by sth.** von etw. ganz gebannt sein
magneto [mæg'niːtəʊ] *n., pl.* ~**s** Magnetzünder, *der*
magnification [mægnɪfɪ'keɪʃn] *n.* Vergrößerung, *die;* **under high/low** ~/**at x** ~**s** in starker/geringer/x-facher Vergrößerung
magnificence [mæg'nɪfɪsəns] *n., no pl. (lavish display)* Pracht, *die;* Üppigkeit, *die; (splendour)* Prunk, *der;* Pracht, *die; (grandeur)* Stattlichkeit, *die;* Großartigkeit, *die; (beauty)* Herrlichkeit, *die*
magnificent [mæg'nɪfɪsənt] *adj.* a) *(stately, sumptuously constructed or adorned)* prächtig; prachtvoll; *(sumptuous)* prunkvoll; grandios, großartig ⟨*Pracht, Herrlichkeit, Anblick*⟩; *(beautiful)* herrlich ⟨*Garten, Umgebung, Kleidung, Vorhang, Kunstwerk, Wetter, Gestalt*⟩; *(lavish)* üppig ⟨*Freigebigkeit, Mahl*⟩; b) *(coll.: fine, excellent)* fabelhaft *(ugs.)*
magnificently [mæg'nɪfɪsəntlɪ] *adv.* a) *(with great stateliness and grandeur)* prächtig; prachtvoll; *(sumptuously)* prunkvoll ⟨*einrichten, schmücken*⟩; *(with lavishness)* üppig ⟨*zubereitet*⟩; b) *(coll.: in fine manner)* fabelhaft *(ugs.)*
magnifier ['mægnɪfaɪə(r)] *n. (Optics)* Lupe, *die*
magnify ['mægnɪfaɪ] *v. t.* a) vergrößern; b) *(exaggerate)* aufbauschen; übertrieben darstellen ⟨*Gefahren*⟩
'magnifying glass *n.* Lupe, *die;* Vergrößerungsglas, *das*
magnitude ['mægnɪtjuːd] *n.* a) *(largeness, vastness)* Ausmaß, *das; (of explosion, earthquake)* Stärke, *die;* b) *(size)* Größe, *die;* **problems of this** ~: Probleme dieser Größenordnung; **order of** ~: Größe, *die;* c) *(importance)* Wichtigkeit, *die; (of person)* Bedeutung, *die;* **sth. of the first** ~: etw. von höchster Wichtigkeit; **a writer of the first** ~: ein sehr bedeutender Schriftsteller; d) *(Astron.)* Helligkeit, *die*
magnolia [mæg'nəʊlɪə] *n. (Bot.)* Magnolie, *die*
magnum ['mægnəm] *n. (bottle)* Magnum, *die; (measure)* 1,5 l; **two** ~**s** 31
magnum 'opus *see* opus b
magpie ['mægpaɪ] *n. (Ornith.)* Elster, *die;* **chatter like a** ~: unaufhörlich schnattern *(ugs.);* **be like a** ~ *(fig.)* alles mögliche sammeln [wie eine Elster]
Magyar ['mægjɑː(r)] 1. *adj.* madjarisch. 2. *n.* a) *(person)* Madjar, *der*/Madjarin, *die;* b) *(language)* Madjarisch
maharaja[h] [mɑːhə'rɑːdʒə] *n. (Ind. Hist.)* Maharadscha, *der*
mah-jong[g] [mɑː'dʒɒŋ] *n.* Mah-Jongg, *das*
mahogany [mə'hɒgənɪ] *n.* a) *(wood)* Mahagoni[holz], *das;* b) *(tree)* Mahagonibaum, *der;* c) *(colour)* Mahagonibraun, *das*
maid [meɪd] *n.* a) *(servant)* Dienstmädchen, *das;* Dienstmagd, *die (veralt.);* ~ **of 'all**

work *(servant)* Hausangestellte, *die;* Hausmädchen, *das; (fig.: person doing many jobs)* Mädchen für alles *(ugs.);* b) *(arch.: unmarried woman)* unverheiratete Frau; Jungfer, *die (veralt., oft abwertend);* c) *(arch./poet.) (girl)* Maid, *die (dichter. veralt.); (young unmarried woman, virgin)* Jungfrau, *die;* d) *(rhet.: young woman)* Maid, *die (dichter. veralt.);* **the M**~ **[of Orleans]** die Jungfrau von Orleans. *See also* **old maid**
maiden ['meɪdn] 1. *n.* a) *see* maid c; **the answer to a** ~'**s prayer** genau das Richtige; *(attractive man)* der Traum aller Frauen; b) *see* maiden over. 2. *adj.* a) *(unmarried)* unverheiratet; *(befitting a maid)* jungfräulich ⟨*Unschuld, Schönheit, Anmut*⟩; mädchenhaft ⟨*Bescheidenheit, Erröten*⟩; b) *(first)* ~ **voyage/speech** Jungfernfahrt/-rede, *die;* c) *(unmated)* nicht gedeckt, nicht begattet ⟨*Tier*⟩; d) *(that has never won)* sieglos; ~ **horse** Maiden, *das;* ~ **race** Maidenrennen, *das*
maiden: ~**hair** *n. (Bot.)* Frauenhaarfarn, *der;* ~**hair tree** Gingko[baum], *der;* Fächerbaum, *der;* ~**head** *n.* a) *(virginity)* Jungfräulichkeit, *die;* b) *(hymen)* Jungfernhäutchen, *das;* ~ **name** *n.* Mädchenname, *der;* ~ '**over** *n. (Cricket)* Serie von sechs Würfen ohne erzielten Lauf
maid: ~ **of 'honour** *n., pl.* ~**s of honour** a) *(attendant of queen or princess)* Hof- *od.* Ehrendame, *die;* b) *(Amer.: chief bridesmaid)* Brautjungfer, *die;* ~**servant** *n. (arch.)* Hausangestellte, *die;* Hausmädchen, *das*
¹**mail** [meɪl] 1. *n.* a) *see* ²**post 1;** b) *(vehicle carrying* ~*)* Postbeförderungsmittel, *das; (train)* Postzug, *der.* 2. *v. t. see* ²**post 2 a**
²**mail** *n.* a) *(armour)* Panzer, *der;* Rüstung, *die; (chain* ~*)* Kettenpanzer, *der;* **coat of** ~: Panzer- *od.* Kettenhemd, *das;* b) *(Zool.)* Panzer, *der*
mail: ~-**bag** *n. (postman's bag)* Zustelltasche, *die; (sack for transporting* ~*)* Postsack, *der;* **my** ~-**bag is full of such requests** *(fig.)* ich habe jede Menge Anfragen dieser Art bekommen; ~-**boat** *n.* Postschiff *od.*-boot, *das;* ~**box** *n.* a) *(Amer.)* Briefkasten, *der; (slot)* Briefschlitz, *der;* ~ **coach** *n.* a) *(Hist.)* Postkutsche, *die;* b) *(Railw.)* Post- *od.* Paketwagen, *der*
mailed [meɪld] *adj.* a) *(armed with mail)* gepanzert; b) ~ **fist** *([threat of] armed force)* gepanzerte Faust
mailing list *n.* Adressenliste, *die*
mail: ~**man** *n. (Amer.)* Briefträger, *der;* Postbote, *der (ugs.);* ~ **order** *n.* postalische Bestellung; Mail-order, *die (Werbespr., Kaufmannsspr.);* **by** ~ **order** durch Bestellung *od.* Mail-order; ~-**order catalogue** *n.* Versandhauskatalog, *der;* ~-**order firm,** ~-**order house** *n.* Versandhaus, *das;* ~ **shot** *n.* Versand von Werbeschriften; ~ **train** *n.* Postzug, *der;* ~ **van** *n. (Railw.)* Post- *od.* Paketwagen, *der*
maim [meɪm] *v. t. (mutilate)* verstümmeln; *(cripple)* zum Krüppel machen; ~ **sb. for life** jmdn. zeitlebens zum Krüppel machen
main [meɪn] 1. *n.* a) *(channel, pipe)* Hauptleitung, *die;* **sewage** ~: Kanalisation, *die;* ~**s [system]** öffentliches Versorgungsnetz; *(of electricity)* Stromnetz, *das;* **turn the gas/ water off at the** ~**[s]** den Haupthahn für Gas/Wasser] abstellen; **turn the electricity off at the** ~**s** [den Strom] am Hauptschalter abschalten; ~-**operated** für Netzbetrieb nachgestellt; **the radio works on battery and on** ~**s** das Radio funktioniert mit Batterie- und Netzstrom; b) **in the** ~: im allgemeinen; im großen und ganzen. 2. *attrib. adj.* Haupt-; **the** ~ **body of troops** das Gros der Truppen; **the** ~ **doubt/principle** der entscheidende Zweifel/oberste Grundsatz; ~

office Zentrale, *die;* ~ **theme** Hauptthema, *das;* **the** ~ **points of the news** die wichtigsten Meldungen; **the** ~ **thing is that** ...: die Hauptsache *od.* das Wichtigste ist, daß ...; **by** ~ **force** gewaltsam; **have an eye to the** ~ **chance** auf den eigenen Vorteil bedacht sein; **he married her with an eye to the** ~ **chance** er war auf seinen eigenen Vorteil bedacht, als er sie heiratete
main: ~ **beam** *n. (Motor Veh.)* **on** ~ **beam** aufgeblendet; ~ **brace** *n. (Naut.)* Großbrasse, *die;* **splice the** ~ **brace** *(Hist.)* eine Extraration Rum austeilen; ~ **clause** *n. (Ling.)* Hauptsatz, *der;* ~**frame** *n. (Computing)* Großrechner, *der;* ~**land** ['meɪnlənd] *n.* Festland, *das;* ~ '**line** *n.* a) *(principal line of a railway)* Hauptstrecke, *die;* ~-**line station/train** Fernbahnhof/-zug, *der;* ~-**line train service** Fernverkehr, *der;* b) *(Amer.: chief road or street)* Hauptstraße, *die;* ~**line** *(sl.)* 1. *v. i.* an der Spritze hängen *(ugs.);* 2. *v. t.* spritzen ⟨*Heroin*⟩
mainly ['meɪnlɪ] *adv.* hauptsächlich; in erster Linie; *(for the most part)* vorwiegend
main: ~**mast** *n. (Naut.)* Großmast, *der;* ~ '**road** Hauptstraße, *die;* ~**sail** ['meɪnseɪl, 'meɪnsl] *n. (Naut.)* Großsegel, *das;* ~**spring** *n.* Hauptfeder, *die; (of clock, watch, etc.; also fig.)* Triebfeder, *die;* ~**stay** *n. (Naut.)* Großstag, *das; (fig.)* [wichtigste] Stütze, *die;* ~ '**stem** *n. (Amer. coll.) (street)* Hauptstraße, *die; (Railw.)* Hauptstrecke, *die;* ~**stream** *n.* a) *(principal current)* Hauptstrom, *der; (fig.)* Hauptrichtung, *die;* **the** ~**stream of fashion** der vorherrschende Trend in der Mode; **be in the** ~**stream** der Hauptrichtung angehören; b) *(Jazz)* Mainstream, *der;* ~ '**street** *n. (Amer.)* '--] Hauptstraße, *die;* **M**~ **Street** *n.., no pl., no art. (Amer. fig.)* Kleinbürgertum, *das*
maintain [meɪn'teɪn] *v. t.* a) *(keep up)* aufrechterhalten; bewahren ⟨*Anschein, Haltung, Einstellung, Frieden, Fassung*⟩; unterhalten ⟨*Beziehungen, Briefwechsel*⟩; [beibe]halten ⟨*Preise, Geschwindigkeit, Standard, Temperatur*⟩; wahren ⟨*Rechte, Ruf*⟩; **in order to** ~ **security** aus Sicherheitsgründen; b) *(provide for)* ~ **sb.** für jmds. Unterhalt aufkommen; c) *(preserve)* instand halten; warten ⟨*Maschine, Gerät*⟩; unterhalten ⟨*Straße*⟩; **the car is too expensive to** ~: der Wagen ist in der Unterhaltung *od.* im Unterhalt zu teuer; d) *(give aid to)* unterstützen ⟨*Partei, Wohlfahrtsorganisation, Sache*⟩; e) *(assert as true)* vertreten ⟨*Meinung, Lehre*⟩; beteuern ⟨*Unschuld*⟩; ~ **that** ...: behaupten, daß ...
main'tained school *n. (Brit.)* staatliche Schule
maintenance ['meɪntənəns] *n.* a) *see* **maintain a**: Aufrechterhaltung, *die;* Bewahrung, *die;* Unterhaltung, *die;* [Beibe]halten, *das;* Wahrung, *die;* b) *(furnishing with means of subsistence)* Unterhaltung, *die; (assertion as true)* Vertretung, *die; (of innocence)* Beteuerung, *die;* d) *(Law: money paid to support sb.)* Unterhalt, *der; see also* **separate maintenance;** e) *(preservation)* Instandhaltung, *die; (of machinery)* Wartung, *die;* ~ **instructions** *(for car)* Wartungs- und Pflegeanleitung, *die;* f) *(aiding)* Unterstützung, *die*
maintenance: ~-'**free** *adj.* wartungsfrei; ~ **manual** *n.* Wartungsbuch, *das;* ~ **order** *n.* Unterhaltsurteil, *die;* ~ **worker** *n.* Wartungsmonteur, *der*
main 'verb *n.* Hauptverb, *das*
maison[n]ette [meɪzə'net] *n.* [zweistöckige] Wohnung; Maison[n]ette, *die*
maître d'hôtel [meɪtr dəʊ'tel] *n.* a) *(head steward)* Haushofmeister, *der;* b) *(head waiter)* Oberkellner, *der*
maize [meɪz] *n.* Mais, *der;* ~ **cob** Maiskolben, *der;* **grain of** ~: Maiskorn, *das;* **field of** ~: Maisfeld, *das*

435

Maj. *abbr.* Major[-] Maj.

majestic [mə'dʒestɪk] *adj.* majestätisch; hoheitsvoll *(geh.)*; erhaben ⟨Erscheinung, Schlichtheit, Schönheit⟩; gemessen ⟨Auftreten, Schritt⟩; getragen ⟨Musik⟩; *(stately)* stattlich; *(possessing grandeur)* grandios

majestically [mə'dʒestɪkəlɪ] *adv.* majestätisch; gemessen[en Schritts] ⟨gehen⟩

majesty ['mædʒɪstɪ] *n.* **a)** Majestät, die *(geh.)*; *(of verse, music)* Erhabenheit, die; *(of appearance)* Stattlichkeit, die; *(of person, bearing)* Würde, die; **b)** *(sovereign power)* Hoheit, die; Majestät, die; **c) Your/His/Her M~:** Eure/Seine/Ihre Majestät

major ['meɪdʒə(r)] **1.** *adj.* **a)** *attrib. (greater of two)* größer...; **~ part** Großteil, der; **b)** *attrib. (important)* bedeutend...; *(serious)* schwer ⟨Unfall, Krankheit, Unglück, Unruhen⟩; größer... ⟨Krieg, Angriff, Durchbruch⟩; **not a ~ poet** kein bedeutender Dichter; kein Dichter von Bedeutung; **of ~ interest/importance** von größerem Interesse/von größerer Bedeutung; **~ road** *(important)* Hauptverkehrsstraße, die; *(having priority)* Vorfahrtsstraße, die; **c)** *attrib. (Med.)* schwer, größer... ⟨Operation⟩; **d)** *(Brit. Sch.)* **Jones ~:** der ältere Jones; Jones Nr. 1 *(ugs.)*; **e)** *(Mus.)* Dur-; **key/scale/chord** Durtonart, die/Durtonleiter, die/Durakkord, der; **C ~:** C-Dur; **in a ~ key** in Dur; **~ third** *etc.* große Terz *usw.* **2.** *n.* **a)** *(Mil.) (officer above captain)* Major, der; *(officer in charge of section of band instruments)* Leiter der Trommler/Trompeter usw. einer Regimentskapelle; *see also* **sergeant-major**; **b)** *(Amer. Univ.)* Hauptfach, das; **with ~ in maths** mit Mathematik als Hauptfach; **be an economics ~:** Wirtschaftswissenschaft als Hauptfach studieren. **3.** *v. i. (Amer. Univ.)* **~ in sth.** etw. als Hauptfach studieren

major 'axis *n.* *(Geom.)* große Achse; Hauptachse, die

Majorca [mə'jɔːkə] *pr. n.* Mallorca *(das)*

major-domo [meɪdʒə'dəʊməʊ] *n., pl.* **~s** *(butler, house-steward)* Haushofmeister, der

majorette [meɪdʒə'ret] *see* **drum majorette**

major-'general *n. (Mil.)* Generalmajor, der

majority [mə'dʒɒrɪtɪ] *n.* **a)** *(greater number or part)* Mehrheit, die; **the great ~:** die überwiegende Mehrheit; der größte Teil; **the ~ of people think ...:** die meisten Menschen denken ...; **be in the ~:** in der Mehrod. Überzahl sein; überwiegen; **b)** *(in vote)* [Stimmen]mehrheit, die; Majorität, die; *(party with greater/greatest number of votes)* Mehrheitspartei, die; **two-thirds ~:** Zweidrittelmehrheit, die; **be elected by a narrow or small ~/a ~ of 3,000** mit knapper Mehrheit/einer Mehrheit von 3 000 Stimmen gewählt werden; **c)** *(full age)* Volljährigkeit, die; **attain or reach one's ~:** volljährig werden; **the age of ~:** das Volljährigkeitsalter

majority: **~ de'cision** *n.* Mehrheitsentscheid, der; **~ 'holding** *n. (Finance)* Mehrheitsanteil Pl.; **~ 'rule** *n.* Mehrheitsregierung, die; **~ 'verdict** *n.* Mehrheitsentscheid, der; **return a ~ verdict** mehrheitlich zu einem Urteil kommen

major: **~ 'league** *n. (Amer.)* Oberliga, die; **~ 'planet** *n.* Riesenplanet, der; **~ 'prophet** *n. (Bibl.)* Großer Prophet; **~ 'suit** *n. (Bridge)* hohe Farbe

make [meɪk] **1.** *v. t.,* **made** [meɪd] **a)** *(construct)* machen, anfertigen (of aus); bauen ⟨Damm, Straße, Flugzeug, Geige⟩; anlegen ⟨See, Teich, Weg⟩; zimmern ⟨Tisch, Regal⟩; basteln ⟨Spielzeug, Vogelhäuschen, Dekoration usw.⟩; nähen ⟨Kleider⟩; durchbrechen ⟨Türöffnung⟩; *(manufacture)* herstellen; *(create)* [er]schaffen ⟨Welt⟩; *(prepare)* zubereiten ⟨Mahlzeit⟩; machen ⟨Frühstück, Grog⟩, kochen ⟨Kaffee, Tee, Marmelade⟩; backen ⟨Brot, Kuchen⟩; *(compose, write)* schreiben, verfassen ⟨Buch, Gedicht, Lied, Bericht⟩; machen ⟨Eintrag, Zeichen, Kopie, Zusammenfassung, Testament⟩; anfertigen ⟨Entwurf⟩; aufsetzen ⟨Bewerbung, Schreiben, Urkunde⟩; **~ a film** einen Film drehen; **as tough/clever/stupid as they ~ them** *(coll.)* zäh/schlau/dumm wie sonstwas *(ugs.)*; **~ a dress out of the material, ~ the material into a dress** aus dem Stoff ein Kleid machen; **~ wine from grapes/a frame with timber** aus Trauben Wein/Holz einen Rahmen machen; **~ milk into butter** aus Milch Butter machen; **~ a sofa into a bed** aus einem Sofa ein Bett machen; **a table made of wood/of the finest wood** ein Holztisch/ein Tisch aus feinstem Holz; **made in Germany** in Deutschland hergestellt; **be German-made** deutsche Ware sein; **show what one is made of** zeigen, was in einem steckt *(ugs.)*; **see what sb. is made of** sehen, was in jmdm. steckt *(ugs.)*; **be [simply] 'made of money** *(coll.)* im [wahren] Krösus sein *(ugs.)*; **be 'made for sth./sb.** *(fig.: ideally suited)* wie geschaffen für etw./jmdn. sein; **'made for one another** wie für einander geschaffen; **that's the way he's made** so ist er nun einmal; **be 'made for doing sth.** *(fig.)* dazu geschaffen sein, etw. zu tun; **be made [so as] to ...:** so beschaffen sein, daß ...; **a made dish** ein aus mehreren Zutaten bereitetes Gericht; **made road** befestigte *od.* gepflasterte Straße; **~ a bed** *(for sleeping)* ein Bett bauen *(ugs.)*; **~ the bed** *(arrange after sleeping)* das Bett machen; **have it made** *(sl.)* ausgesorgt haben *(ugs.)*; **she has it made** *(is sure of success)* hat ist der Erfolg sicher; *see also* **best 3 e**; **¹hash 1**; **hay**; **head 1 e**; **²light 1 f**; **¹meal**; **measure 1 a**; **most 2 c**; **nothing 1 a**; **order 1 e**; **b)** *(combine to)* sich verbinden zu; bilden; **blue and yellow ~ green** aus Blau und Gelb wird Grün; **~ a foursome** eine Vierergruppe bilden; **c)** *(cause to exist)* machen ⟨Ärger, Schwierigkeiten, Lärm, Aufhebens⟩; schaffen *(Dat.)* Feinde machen *od.* schaffen; **~ time for sb./sth.** sich *(Dat.)* für jmdn./etw. Zeit nehmen; **~ time for doing or to do sth.** sich *(Dat.)* die Zeit dazu nehmen, etw. zu tun; *see also* **bone 1 a, d**; **book 1 g**; **conversation**; **friend a**; **fun 1**; **¹game 1 d**; **¹mark 1 a, b**; **name 1 e**; **peace b**; **point 1 g**; **room 1 b**; **sport 1 d**; **¹stir 3 a**; **d)** *(result in, amount to)* machen ⟨Unterschied, Summe⟩; ergeben ⟨Resultat⟩; **it ~s a difference** es ist ein *od.* *(ugs.)* macht einen Unterschied; **two and two ~ four** zwei und zwei ist *od.* macht *od.* sind vier; **twelve inches ~ a foot** zwölf Inches sind ein Fuß; **these two gloves don't ~ a pair** diese beiden Handschuhe ergeben kein Paar; gehören nicht zusammen; **that would ~ a nice Christmas present** das wäre ein schönes Weihnachtsgeschenk; **an unusual sight**; **they ~ a handsome pair** sie geben ein hübsches Paar ab; sie sind ein hübsches Paar; **qualities that ~ a man** Eigenschaften, die einen Mann ausmachen; *see also* **change 1 a, c, d**; **²swallow**; **e)** *(establish, enact)* bilden ⟨Gegensatz⟩; treffen ⟨Unterscheidung, Übereinkommen⟩; ziehen ⟨Vergleich, Parallele⟩; erlassen ⟨Gesetz, Haftbefehl⟩; aufstellen ⟨Regeln, Behauptung⟩; stellen ⟨Forderung⟩; geben ⟨Bericht⟩; schließen ⟨Vertrag⟩; machen ⟨Geschäft, Vorschlag, Geständnis⟩; erheben ⟨Anschuldigung, Protest, Beschwerde⟩; **f)** *(cause to be or become) ~* **angry/happy/known** *etc.* wütend/glücklich/bekannt *usw.* machen; **~ sb. captain/one's wife** jmdn. zum Kapitän/⟨verabt.⟩ zur seiner Frau machen; **~ a good husband of sb.** aus jmdm. einen guten Ehemann machen; **~ a star of sb.** aus jmdm. einen Star machen; **~ a friend of sb.** sich mit jmdm. anfreunden; **~ something of oneself/sth.** etwas aus sich/etw. machen; **~ oneself heard/respected** *(Dat.)* Gehör/Respekt verschaffen; **~ oneself understood** sich verständlich machen; **~ oneself/sb. feared** bewirken, daß man/jmd. gefürchtet ist; **~ a weekend of it** ein Wochenende daraus machen; es zu einem Wochenende verlängern; **he was made director/the heir** er wurde Direktor/zum Erben; **shall we ~ it Tuesday then?** sagen wir also Dienstag?; **that ~s it one pound exactly** das macht genau ein Pfund; **~ it a round dozen** ein rundes Dutzend daraus machen; das Dutzend voll machen; **~ it a shorter journey by doing sth.** die Reise abkürzen, indem man etw. tut; *see also* **example b**; **exhibition c**; **¹fool 1 a**; **habit 1 a**; **night a**; **¹practice a, 2**; **scarce 1 b**; **g) ~ sb. do sth.** *(cause)* jmdn. dazu bringen, etw. zu tun; *(compel)* jmdn. zwingen, etw. zu tun; **he made her cry** seinetwegen mußte sie weinen; er brachte sie zum Heulen *(ugs.)*; **~ sb. repeat the sentence** jmdn. den Satz wiederholen lassen; **be made to do sth.** etw. tun müssen; **you can't ~ me** du kannst mich nicht zwingen; **~ sb. understand sth.** jmdn. etw. verstehen lassen; **what ~s you think that?** wie kommst du darauf?; **~ sth. do sth.** es fertigbringen, daß etw. tut; **h)** *(form, be counted as)* **this ~s the tenth time you've failed** das ist nun [schon] das zehnte Mal, daß du nicht bestanden hast; **~ the tenth time** zum zehnten Mal versagt; **will you ~ one of the party?** wirst du dabei *od. (ugs.)* mit von der Partie sein; **i)** *(serve for)* abgeben; **this story ~s good reading** diese Geschichte ist guter Lesestoff; **j)** *(become by development or training)* **the site would ~ a good playground** der Platz würde einen guten Spielplatz abgeben *od.* würde sich gut als Spielplatz eignen; **he will ~ a good officer/husband** aus ihm wird noch ein guter Offizier/Ehemann; **~ a reliable partner** ein verläßlicher Partner; **k)** *(gain, acquire, procure)* machen ⟨Vermögen, Profit, Verlust⟩; machen *(ugs.)* ⟨Geld⟩; erwerben ⟨Lebensunterhalt⟩; sich *(Dat.)* erwerben ⟨Ruf⟩; *(obtain as result)* kommen zu *od.* auf, herausbekommen ⟨Ergebnis, Endsumme⟩; *(Cricket: score)* erzielen; *(Cards: win)* machen ⟨Stich⟩; erfüllen ⟨Kontrakt⟩; **how much did you ~?** wieviel hast du verdient?; **that ~s one pound exactly** das macht genau ein Pfund; **that ~s a hundred you've scored** damit hast du insgesamt 100 Punkte; **l)** *(execute by physical movement)* machen ⟨Geste, Bewegung, Verbeugung, Knicks, Satz⟩; schlagen ⟨Purzelbaum⟩; *(perform as action)* machen ⟨Reise, Besuch, Ausnahme, Fehler, Angebot, Entdeckung, Witz, Bemerkung⟩; begehen ⟨Irrtum⟩; vornehmen ⟨Änderung, Stornierung⟩; vorbringen ⟨Beschwerde⟩; tätigen, machen ⟨Einkäufe⟩ ⟨Versprechen, Kommentar⟩; halten ⟨Rede⟩ ziehen ⟨Vergleich⟩; durchführen, machen ⟨Experiment, Analyse, Inspektion⟩; *(wage)* führen ⟨Krieg⟩; *(accomplish)* schaffen ⟨Strecke pro Zeiteinheit⟩; **~ a good breakfast** *etc.* *(dated: eat)* gut frühstücken *usw.*; *see also* **back 1 a**; **²bow 3**; **face 1 a**; **love 1 a**; **shift 3 d**; **m) ~ much of sth.** etw. betonen; **~ little of sth.** *(play down)* von etwas herunterspielen; **they could ~ little of his letter** *(understand)* sie konnten mit seinem Brief nicht viel anfangen; **I couldn't ~ much of the book** *(understand)* ich konnte mit dem Buch nicht viel anfangen; das Buch sagte mir nicht viel; **I don't know what to ~ of him/it** ich werde aus ihm/daraus nicht schlau die. klug; **what do you ~ of him?** was hältst du von ihm?; wie schätzt du ihn ein?; **n)** *(arrive at)* erreichen ⟨Bestimmungsort⟩; *(achieve place in)* kommen in (+ *Akk.*) ⟨Hitparade⟩; aufsteigen in (+ *Akk.*) ⟨1. Liga usw.⟩; *(coll.: catch)* [noch] kriegen *(ugs.)* ⟨Zug usw.⟩; *(sl.: se-*

duce) ins Bett kriegen (ugs.); ~ it (succeed in arriving) es schaffen; ~ it in business es geschäftlich zu etwas bringen; ~ it through the winter/night über den Winter/durch die Nacht kommen; I can't ~ it tomorrow (coll.) morgen paßt es mir nicht; ~ it with sb. (sl.: seduce) es mit jmdm. machen (ugs.); mit jmdm. ins Bett steigen (ugs.); o) (frame in mind) ~ a judgement/an estimate of sth. sich (Dat.) ein Urteil über etw. (Akk.) bilden/etw. [ab- od. ein]schätzen; p) (secure advancement of) machen (ugs.) 〈Popstar usw.〉; zum Erfolg verhelfen (+ Dat.); a made man in gemachter Mann; sth. ~s or breaks or mars sb. etw. entscheidet über jmds. Glück oder Verderben (Akk.); ~ sb.'s day jmdm. einen glücklichen Tag bescheren; q) (consider to be) What do you ~ the time? – I ~ it five past eight Wie spät hast du es od. ist es bei dir? – Auf meiner Uhr ist es fünf nach acht; he made the answer/ total £10 er bekam 10 Pfund als Antwort heraus/kam zu einer Gesamtsumme von 10 Pfund; r) (Electr.) herstellen 〈Kontakt〉; schließen 〈Stromkreis〉; s) (Naut.) (discern) sichten 〈Land, Hafen usw.〉; ~ sail Segel setzen; (start on voyage) lossegeln; t) ~ do vorliebnehmen; ~ do and mend mit den vorhandenen Sachen vorliebnehmen und sie ausbessern; ~ do with/without sth. mit/ohne etw. auskommen. 2. v. i., made a) (proceed) ~ toward sth./sb. auf etw./jmdn. zusteuern; b) (act as if with intention) ~ to do sth. Anstalten machen, etw. zu tun; ~ as if or as though to do sth. so tun, als wolle man etw. tun; c) (profit) ~ on a deal bei einem Geschäft Gewinn machen. See also bold b; certain b; free 1 c; good 1 u; merry a; sure 1 e. 3. n. a) (kind of structure) Ausführung, die; (of clothes) Machart, die; b) (type of manufacture) Fabrikat, das; (brand) Marke, die; ~ of car Automarke, die; a camera of Japanese ~ eine Kamera japanischer Herstellung od. Fabrikation; c) on the ~ (sl.: intent on gain) hinter dem Geld her (abwertend)

~ a'way with see ~ off with

~ for v. t. a) (move towards) zusteuern auf (+ Akk.); zuhalten auf (+ Akk.); (rush towards) losgehen auf (+ Akk.); zustürzen auf (+ Akk.); b) ~ for home heimwärts steuern; b) (be conducive to) führen zu, herbeiführen 〈gute Beziehungen, Erfolg, Zuversicht〉

~ 'off v. i. sich davonmachen

~ 'off with v. t. ~ off with sb./sth. sich mit jmdm./etw. [auf und] davonmachen

~ 'out 1. v. t. a) (write) ausstellen 〈Scheck, Dokument, Rechnung〉; aufstellen 〈Liste〉; ausfertigen (Amtsspr.) 〈Schreiben, Antrag〉; b) (claim, assert) behaupten; the novel wasn't as good as the review had made it out to be or made out der Roman war nicht so gut, wie in der Rezension behauptet wurde; ~ out a case for/against sth. für/gegen etw. argumentieren; you've made out a convincing case deine Argumente sind überzeugend; you ~ me out to be a liar du stellst mich als Lügner hin; how do you ~ that out? wie kommst du darauf?; c) (understand) verstehen; ~ out what sb. wants/whether sb. wants help or not herausbekommen, was jmd. will/ob jmd. Hilfe möchte oder nicht; d) (manage to see or hear) ausmachen; (manage to read) entziffern; e) (pretend, assert falsely) vorgeben. 2. v. i. (coll.) (make progress) zurechtkommen (at bei); how are you making out with your girl-friend? wie läuft es denn so mit deiner Freundin? (ugs.)

~ 'over v. t. a) (transfer) übereignen, überschreiben 〈Geld, Geschäft, Eigentum〉 (to Dat.); b) (change, convert) umändern, umarbeiten 〈Kleidung〉; umbauen 〈Haus〉 (into zu); umgestalten 〈Garten, Zimmer〉

~ 'up 1. v. t. a) (replace) ausgleichen 〈Fehlmenge, Verluste〉; ~ up lost ground/ time Boden gut- od. wettmachen (ugs.)/den Zeitverlust aufholen; b) (complete) komplett machen; c) (prepare, arrange) zubereiten 〈Arznei usw.〉; zusammenstellen 〈Picknickkorb usw.〉; zurechtmachen 〈Bett〉; (prepare by mixing) vermischen (into zu); (process material) verarbeiten (into zu); ~ up into bundles bündeln; d) (apply cosmetics etc.) schminken; ~ up one's face/eyes sich schminken/sich (Dat.) die Augen schminken; see also make-up a; e) (assemble, compile) zusammenstellen, aufstellen 〈Liste usw.〉; bilden 〈ein Ganzes〉; f) (Printing) umbrechen; see also make-up d; g) (invent) erfinden; sich (Dat.) ausdenken; you're just making it up! das hast du dir doch nur ausgedacht!; h) (reconcile) beilegen 〈Streit, Meinungsverschiedenheit〉; ~ up the quarrel or ~ it up with sb. sich wieder mit jmdm. vertragen; sich mit jmdm. aus- od. versöhnen; they've made it up [again] sie vertragen sich wieder od. haben sich ausgesöhnt; see also mind 1 b; i) (form, constitute) bilden; ~ up a man's character den Charakter eines Menschen ausmachen; be made up of ...: bestehen aus ...; see also make-up b, c; j) ~ up the fire [Holz usw. aufs Feuer] nachlegen. 2. v. i. a) (apply cosmetics etc.) sich schminken; see also make-up a; b) (be reconciled) sich wieder vertragen

~ 'up for v. t. a) (outweigh, compensate) wettmachen; b) (~ amends for) wiedergutmachen; c) ~ up for lost time Versäumtes nachholen od. (ugs.) wettmachen

~ 'up to v. t. a) (raise to, increase to) bringen auf (+ Akk.); b) (coll.: act flirtatiously towards) sich heranmachen an (+ Akk.) (ugs.); c) (coll.: give compensation to) ~ it/ this up to sb. jmdm. dafür entschädigen

~ with v. t. (Amer. coll.: supply, produce) ~ with the drinks! [los,] her mit den Getränken!; start making with the ideas! laß dir mal was einfallen!

'make-believe 1. n. it's only ~ das ist bloß Phantasie; a world of ~ eine Scheinwelt. 2. adj. nicht echt; a ~ world/story eine Scheinwelt/Phantasiegeschichte

make-or-'break attrib. adj. alles entscheidend

maker ['meɪkə(r)] n. a) (manufacturer) Hersteller, der; b) (of laws/rules/regulations jmd., der Gesetze macht/Regeln aufstellt/ Verordnungen erläßt; b) M~ (God) Schöpfer, der; meet one's M~: vor seinen Schöpfer treten (verhüll.)

-maker n. in comb. -macher, der/-macherin, die; (by machine) -hersteller, der/-herstellerin, die

make: ~shift 1. adj. behelfsmäßig; a ~shift shelter/bridge eine Behelfsunterkunft/-brücke; 2. n. Notbehelf, der; ~-up n. a) (Cosmetics) Make-up, das; (Theatre) Maske, die; put on one's ~-up Make-up auflegen; sich schminken; (Theatre) Maske machen; wear heavy ~-up/one's stage ~-up stark geschminkt/in Maske sein; b) (composition) Zusammensetzung, die; c) (character, temperament) Veranlagung, die; physical ~-up Konstitution, die; national ~-up Nationalcharakter, der; honesty is/is not part of his ~-up or ist in seinem Wesen nach aufrichtig/Aufrichtigkeit liegt nicht in seinem Wesen; d) (Printing: arrangement of type) Umbruch, der; ~weight n. Gewichtszugabe, die; (fig.: insignificant thing or person) Lückenbüßer, der; (unimportant point) unbedeutender Punkt zur Unterstützung eines Arguments; use X as [a] ~weight to Y Y durch X schwerer machen; (fig.) Y durch X mehr Gewicht verleihen

making ['meɪkɪŋ] n. a) (production) Herstellung, die; the ~ of the English working class die Entstehung der englischen Arbeiterklasse; in the ~: im Entstehen, im Werden;

a minister in the ~: ein angehender Minister; be the ~ of victory/sb.'s career/sb.'s future zum Sieg/zu jmds. Karriere führen/ jmds. Zukunft sichern; b) in pl. (profit) Gewinn, der (from aus); (earnings) Verdienst, der (on für); c) in pl. (qualities) Anlagen; Voraussetzungen; have all the ~s of sth. alle Voraussetzungen für etw. haben; have the ~s of a leader über Führerqualitäten verfügen; das Zeug zum Führer haben (ugs.); d) (Amer., Austral.) the ~s for cigarettes Zigarettenpapier und Tabak

malachite ['mæləkaɪt] n. (Min.) Malachit, der; attrib. aus Malachit nachgestellt

maladjusted [mælə'dʒʌstɪd] adj. (Psych., Sociol.) [psychologically/socially] ~: verhaltensgestört

maladjustment [mælə'dʒʌstmənt] n. (Psych., Sociol.) [psychological/social] ~: Verhaltensgestörtheit, die

maladministration [mælədmɪnɪ'streɪʃn] n. Mißwirtschaft, die

maladroit [mælə'drɔɪt, 'mælədrɔɪt] adj. ungeschickt; taktlos 〈Bemerkung〉

malady ['mælədɪ] n. Leiden, das; (fig.: of society, epoch) Übel, das

Malaga ['mæləgə] n. (wine) Malaga, der

Malagasy [mælə'gæsɪ] 1. adj. madagassisch. 2. n. (person) Madagasse, der/Madagassin, die; (language) Malagassi, das; Madagassisch, das

malaise [mə'leɪz] n. (bodily discomfort) Unwohlsein, das; (feeling of uneasiness) Unbehagen, das; Malaise, die (geh.)

malapropism ['mæləprɒpɪzm] n. Malapropismus, der (Literaturw.); irrtümlicher Gebrauch eines [schwierigen] Wortes anstelle eines ähnlich klingenden

malaria [mə'leərɪə] n. Malaria, die

malarkey [mə'lɑːkɪ] n., no pl., no indef. art. (sl.) Blabla, das (salopp); a load of ~: reinstes Geschwafel (ugs.)

Malawi [mə'lɑːwɪ] pr. n. Malawi (das)

Malawian [mə'lɑːwɪən] 1. adj. malawisch. 2. n. Malawier, der/Malawierin, die

Malay [mə'leɪ] 1. adj. malaiisch; sb. is ~: jmd. ist Malaie/Malaiin; see also English 1. 2. n. a) (person) Malaie, der/Malaiin, die; b) (language) Malaiisch, das; see also English 2 a

Malaya [mə'leɪə] pr. n. Malaya (das)

Malayan [mə'leɪən] see Malay 1, 2 a

Malaysia [mə'leɪzɪə] pr. n. Malaysia (das)

Malaysian [mə'leɪzɪən] 1. adj. malaysisch. 2. n. Malaysier, der/Malaysierin, die

malcontent ['mælkəntent] 1. adj. unzufrieden; malkontent (landsch., sonst veralt.). 2. n. Unzufriedener/Nörglerin, die (abwertend)

Maldives ['mɔːldiːvz] pr. n. pl. Malediven Pl.

male [meɪl] 1. adj. a) männlich; Männer-〈stimme, -chor, -verein〉; ~ child/dog/cat/ doctor/nurse/student Junge/Rüde/Kater/ Arzt/Krankenpfleger/Student, der; ~ prostitute Mann, der der Prostitution nachgeht; Strichjunge, der (salopp); Stricher, der (salopp); ~ animal/bird/fish/insect Männchen, das; ~ ward Männerstation, die; b) ~ screw Schraube, die; ~ thread Außengewinde, das. See also chauvinism; chauvinist; menopause a. 2. n. (person) Mann, der; (foetus, child) Junge, der; (animal) Männchen, das

malediction [mælɪ'dɪkʃn] n. Fluch, der; Verwünschung, die

malefactor ['mælɪfæktə(r)] n. Übeltäter, der

maleficent [mə'lefɪsənt] adj. böse 〈Geist, Macht〉

male voice 'choir n. Männerchor, der

malevolence [mə'levələns] n., no pl. see malevolent: Bosheit, die; Übelwollen, das; Böswilligkeit, die; Boshaftigkeit, die; feel ~ towards sb. Mißgunst gegenüber jmdm. empfinden

437

malevolent [məˈlevələnt] *adj.* böse ⟨*Macht, Tat*⟩; übelwollend ⟨*Gott*⟩; boshaft, hämisch ⟨*Gelächter*⟩; böswillig ⟨*Lüge*⟩; boshaft ⟨*Person*⟩

malevolently [məˈlevələntlɪ] *adv.* boshaft ⟨*anstarren*⟩; böswillig ⟨*verhindern, durchkreuzen*⟩; in böser Absicht ⟨*überreden*⟩; hämisch ⟨*lachen*⟩

malformation [mælfɔːˈmeɪʃn] *n.* (Med.) Mißbildung, *die*

malformed [mælˈfɔːmd] *adj.* (Med.) mißgebildet

malfunction [mælˈfʌŋkʃn] 1. *n.* Störung, *die*; (Med.) Dysfunktion, *die* (fachspr.); Funktionsstörung, *die*. 2. *v. i.* ⟨*Mechanismus, System, Gerät:*⟩ nicht richtig funktionieren; ⟨*Prozeß, Vorgang:*⟩ nicht richtig ablaufen; **the nervous system/liver ~s** die Funktion des Nervensystems/der Leber ist gestört

Mali [ˈmɑːlɪ] *pr. n.* Mali *(das)*

Malian [ˈmɑːlɪən] 1. *adj.* malisch. 2. *n.* Malier, *der*/Malierin, *die*

malice [ˈmælɪs] *n.* a) (active ill will) Bosheit, *die*; Böswilligkeit, *die*; (desire to tease) Schalkhaftigkeit, *die* (geh.); **bear ~ to or towards** or **against sb.** jmdm. übelwollen; b) (Law) böse Absicht; Dolus, *der* (fachspr.); böser Vorsatz; *see also* **aforethought**

malicious [məˈlɪʃəs] *adj.* a) böse ⟨*Klatsch, Tat, Person, Wort*⟩; böswillig ⟨*Gerücht, Lüge, Verleumdung*⟩; boshaft ⟨*Person*⟩; hämisch ⟨*Vergnügen, Freude*⟩; b) (Law) böswillig ⟨*Sachbeschädigung, Verleumdung*⟩

maliciously [məˈlɪʃəslɪ] *adv.* a) mit [böser] Absicht; böse ⟨*lächeln*⟩; b) (Law) böswillig

malign [məˈlaɪn] 1. *v. t.* (slander) verleumden; (speak ill of) schlechtmachen; **~ sb.'s character** jmdm. Übles nachsagen; ⟨*Klatsch, Verleumdung:*⟩ jmdn. in Verruf bringen. 2. *adj.* a) (injurious) böse ⟨*Macht, Geist*⟩; schlecht, unheilvoll ⟨*Eigenschaft, Einfluß*⟩; b) (Med.: malignant) maligne (fachspr.) ⟨*Krankheit*⟩; schwer ⟨*Verletzung*⟩; c) (malevolent) böse ⟨*Absicht*⟩; niederträchtig ⟨*Motiv*⟩

malignancy [məˈlɪgnənsɪ] *n.* (Med.) Bösartigkeit, *die*; Malignität, *die* (fachspr.)

malignant [məˈlɪgnənt] *adj.* a) (Med.) maligne (fachspr.) ⟨*Krankheit, Geschwür*⟩; bösartig ⟨*Krankheit, Geschwür*⟩; **~ cancer** Karzinom, *das* (fachspr.); Krebs, *der*; b) (harmful) böse ⟨*Macht*⟩; ungünstig ⟨*Einfluß*⟩; c) (feeling or showing ill will) böse ⟨*Geist, Zunge, Klatsch*⟩; bösartig, boshaft ⟨*Verleumdung*⟩

malinger [məˈlɪŋgə(r)] *v. i.* simulieren

malingerer [məˈlɪŋgərə(r)] *n.* Simulant, *der*/Simulantin, *die*

mall [mæl, mɔːl] *n.* a) (promenade) Promenade, *die*; b) (Amer.: shopping precinct) Einkaufszentrum, *das*; Einkaufsstraße, *die*

mallard [ˈmælɑːd] *n.* (Ornith.) Stockente, *die*

malleable [ˈmælɪəbl] *adj.* formbar ⟨*Material, Person*⟩

mallet [ˈmælɪt] *n.* a) (hammer) Holzhammer, *der*; Schlegel, *der*; (of stonemason) Klöpfel, *der*; (of carpenter) Klopfholz, *das*; b) (Croquet) Hammer, *der*; (Polo) Schläger, *der*

mallow [ˈmæləʊ] *n.* (Bot.) Malve, *die*

malnutrition [mælnjuːˈtrɪʃn] *n.* Unterernährung, *die*

malodorous [mælˈəʊdərəs] *adj.* übelriechend

malpractice [mælˈpræktɪs] *n.* a) (wrongdoing) Übeltat, *die* (geh.); b) (Law, Med.: improper treatment of patient) Kunstfehler, *der*; c) (Law: wrongdoing by official etc.) Amtsvergehen, *das*

malt [mɔːlt, mɒlt] 1. *n.* a) Malz, *das*; b) (coll.: malt whisky) Malzwhisky, *der*. 2. *v. t.* mälzen ⟨*Gerste*⟩

Malta [ˈmɔːltə, ˈmɒltə] *pr. n.* Malta *(das)*

malted [ˈmɔːltɪd, ˈmɒltɪd] *attrib. adj.* Malz-

Maltese [mɔːlˈtiːz, mɒlˈtiːz] 1. *adj.* maltesisch; *sb.* **is ~:** jmd. ist Malteser/Malteserin. 2. *n., pl. same* a) (person) Malteser, *der*/Malteserin, *die*; b) (language) Maltesisch *(das)*

Maltese: **~ 'cat** *n.* blaugraue, kurzhaarige Hauskatze; **~ 'cross** *n.* Malteserkreuz, *das*

malt: **~ 'extract** *n.* Malzextrakt, *der*; **~-house** *n.* Mälzerei, *die*; **~ 'liquor** *n.* Bier, *das*

maltreat [mælˈtriːt] *v. t.* mißhandeln

maltreatment [mælˈtriːtmənt] *n.* Mißhandlung, *die*

malt 'whisky *n.* Malzwhisky, *der*

mam [mæm] *n.* (Brit. coll./child lang.) Mama, *die* (fam.); Mami, *die* (fam.)

mama *see* **mamma**

mamba [ˈmæmbə] *n.* (Zool.) Mamba, *die*

mamma [ˈmɑːmɑː] *n.* (coll./child lang.) Mama, *die* (fam.); Mami, *die* (fam.); **~'s boy** (coll.) Muttersöhnchen, *das* (ugs.)

mammal [ˈmæml] *n.* (Zool.) Säugetier, *das*; Säuger, *der*

mammalian [məˈmeɪlɪən] (Zool.) 1. *adj.* Säugetier-; eines Säugetiers *nachgestellt*. 2. *n.* Säugetier, *das*; Säuger, *der*

mammary [ˈmæmərɪ] *adj.* (Anat., Zool.) Brust-; **~ gland** Brustdrüse, *die*

Mammon [ˈmæmən] *n.* a) (wealth regarded as idol) Mammon, *der*; **ye cannot serve God and ~** (Bibl.) ihr könnt nicht Gott dienen und dem Mammon; b) (the rich) die Reichen

mammoth [ˈmæməθ] 1. *n.* (Zool., Palaeont.) Mammut, *das*. 2. *adj.* Mammut-; riesig ⟨*Menge*⟩; gigantisch ⟨*Vorhaben*⟩

mammy [ˈmæmɪ] *n.* a) (child lang.: mother) Mama, *die* (fam.); Mami, *die* (fam.); b) (Amer.: black nurse) schwarze Kinderfrau

man [mæn] 1. *n., pl. men* [men] a) *no art., no pl.* (human being, person) Mensch, *der*; (the human race) der Mensch; **as a ~:** als Mensch; **God was made ~:** Gott ward Mensch (bibl.); **~ is a political animal** der Mensch ist ein politisches Wesen; **everything a ~ needs** alles, was der Mensch braucht; **what can a ~ do?** was kann man tun?; **every ~ for himself** rette sich, wer kann; **as one ~:** wie ein Mann, [unanimously] geschlossen; **any ~ who ...:** wer ...; jeder, der ...; **no ~:** niemand; **always get one's ~:** den Täter immer finden; [all] to a ~: allesamt; **to the last ~:** bis zum letzten Mann; **they were killed to a ~:** sie wurden bis auf den letzten Mann getötet; **the ~ in** or (Amer.) **on the street** der Mann auf der Straße; **the rights of ~:** die Menschenrechte; **Heidelberg Man** der Homo heidelbergensis; der Heidelbergmensch; **Java/Peking Man** der Java-/Pekingmensch; b) (adult male, individual male) Mann, *der*; **every ~, woman, and child** ausnahmslos jeder od. alle; **the right ~:** der richtige Mann; **the [very] ~ for sth.** der richtige Mann *od.* der Richtige; **he is your ~:** er ist der richtige Mann *od.* der Richtige für dich; **you have arrested the wrong ~:** Sie haben den Falschen verhaftet; **a ~'s life** ein Leben für Männer; **a ~'s ~:** ein Mann, der sich nur in männlicher Gesellschaft wohl fühlt; **make a ~ out of sb.** (fig.) einen Mann aus jmdm. machen; **be only half a ~:** nur ein halber Mann sein; **like a ~:** wie ein Mann; **that's just like a ~:** typisch Mann!; **a ~ of property/great strength** ein vermögender/sehr kräftiger Mann; **that ~ Oakfield** dieser Oakfield; **play the ~:** ein Mann sein; **men's clothing/outfitter** Herrenkleidung, *die*/Herrenausstatter, *der*; **be ~ enough to ...:** Manns genug sein, um zu ...; a '**~'s voice** eine männliche Stimme; '**the deodorant for men**' „das Herrendeodorant"; **I have lived here, ~ and boy** ich habe hier von frühester Jugend an gewohnt; **sth. sorts out** *or* **separates the men from the boys** (coll.) an etw. (Dat.) zeigt sich, wer ein ganzer Kerl ist und wer nicht; **~ of God** Gottesmann, *der* (geh.); **the ~ in the moon** der Mann im Mond; **he's a local ~:** er ist von hier; **a whisky ~:** ein Whiskytrinker; **he's [not] a drinking ~:** er trinkt [nicht]; **be one's own ~:** wissen, was man will; **you've come to the right ~:** bei mir sind Sie richtig; **men's toilet** Herrentoilette, *die*; '**Men**' „Herren"; **my [good] ~:** mein Guter; **fight ~ to ~:** Mann gegen Mann kämpfen; **~ friend** Freund, *der*; c) (husband) Mann, *der*; **be ~ and wife** verheiratet sein; d) (work~) Mann, *der*; e) *usu. in pl.* (soldier, sailor, etc.) Mann, *der*; f) (Chess) Figur, *die*; (Draughts) Stein, *der*; g) (sl.: *as int. of surprise or impatience, as mode of address*) Mensch! (salopp); nonsense, **~!** Unsinn!; **hurry up, ~!** Mensch, beeil dich!; h) (type of ~) Mann, *der*; Typ, *der*; **a ~ of the people/world/of action** ein Mann des Volkes/von Welt/der Tat; **he is not a** *or* **the ~ to do something like that** er ist nicht der Mann *od.* Typ, der so etwas tut; **he is not a ~ I could trust** ihm könnte ich nicht trauen; **be an Oxford ~:** aus Oxford kommen; (Univ.) in Oxford studiert haben; i) (~servant) Diener, *der*. *See also* **action** a; **alive** a; **best man**; **Clapham**; **handyman**; **honour** 1 d; **house** 1 a; **inner man**; **jack** 1 c; **letter** 1 d; **little** 1 b; **moment** a; **old man**; **outer** b; **part** 1 i; **substance** b; **town** a; **word** 1 b; **world** a. 2. *v. t.* -**nn**- bemannen ⟨*Schiff, Spill*⟩; besetzen ⟨*Büro, Stelle, Posten, Pumpe, Kontrollpunkt*⟩; bedienen ⟨*Telefon, Geschütz*⟩; ⟨*Soldaten:*⟩ Stellung beziehen in (+ Dat.) ⟨*Festung*⟩; mit Personal besetzen ⟨*Fabrik, Werk*⟩; **be ~ned by a crew of 50** ⟨*Schiff:*⟩ eine Besatzung von 50 Mann haben

manacle [ˈmænəkl] 1. *n., usu. in pl.* [Hand]fessel, *die*; Kette, *die*. 2. *v. t.* Handfesseln anlegen (+ Dat.)

manage [ˈmænɪdʒ] 1. *v. t.* a) (handle, wield) handhaben ⟨*Werkzeug, Segel, Boot*⟩; bedienen ⟨*Schaltbrett*⟩; **the tool is too heavy for him to ~:** er kommt mit dem schweren Gerät nicht zurecht; b) (conduct, organize) durchführen ⟨*Operation, Unternehmen*⟩; erledigen ⟨*Angelegenheit*⟩; verwalten ⟨*Geld, Grundstück*⟩; leiten ⟨*Geschäft, Büro, Schule, Krankenhaus*⟩; führen ⟨*Haushalt*⟩; c) (Sport etc.: be manager of) managen, betreuen ⟨*Team, Mannschaft*⟩; d) (cope with) schaffen; **I could/couldn't ~ another apple** (coll.) ich könnte noch einen Apfel schaffen/noch einen Apfel schaffe ich nicht; **I can/can't ~ this suitcase** den Koffer kann ich [alleine] tragen/ich werde mit diesem Koffer nicht fertig; **we can ~ another person in the car** eine hat noch Platz im Wagen; **he can't ~ the stairs** er kommt die Treppe nicht rauf/runter; e) (gain one's ends with) für sich gewinnen ⟨*Person*⟩; f) (succeed in achieving) zustandebringen ⟨*Lächeln*⟩; g) (contrive) **~ to do sth.** (also iron.) es fertigbringen, etw. zu tun; **he ~d it, es ist ihm gelang ihm, es zu tun; I don't know how you ~d it** ich weiß nicht, wie du das bewerkstelligt hast; **I'll ~ it somehow** ich werde es schon irgendwie hinkriegen (ugs.); **I ~d to get a word in** ich kam endlich zu Wort; **can you ~ to be there at 10 a.m.?** (coll.) kannst du um 10 Uhr dort sein?; **how could you ~ to eat all that?** (coll.) wie hast du es [bloß] geschafft, das alles zu essen?; **can you ~ 7 [o'clock]?** paßt dir 7 Uhr?; h) (be in charge of) hüten ⟨*Herde*⟩; i) (control) bändigen ⟨*Person, Tier, Haar*⟩. 2. *v. i.* zurechtkommen; **~ without sth.** ohne etw. auskommen; **~ on** zurecht-*od.* auskommen mit ⟨*Geld, Einkommen*⟩; **~ by oneself** allein zurechtkommen; **I can ~:** es geht; **can you ~?** geht's?; geht es?

manageable [ˈmænɪdʒəbl] *adj.* leicht frisierbar ⟨*Haar*⟩; fügsam ⟨*Person, Tier*⟩; regierbar ⟨*Land, Staat*⟩; überschaubar

management

⟨Größe, Menge⟩; zu bewältigend ⟨Portion⟩; lenkbar ⟨Firma⟩
management ['mænɪdʒmənt] *n.* **a)** Durchführung, *die; (of a business)* Leitung, *die;* Management, *das; (of money)* Verwaltung, *die;* ~ **studies** Betriebsführung und -organisation *(als Teilgebiet der Betriebswirtschaftslehre);* **it was bad ~ to ...**: es war ein Fehler der Geschäftsleitung, zu ...; **b)** *(managers)* Leitung, *die;* Management, *das; (of theatre etc.)* Direktion, *die;* **the ~**: die Geschäftsleitung; **'under new ~'** „unter neuer Leitung"; **c)** *(Med.)* Behandlung, *die*
manager ['mænɪdʒə(r)] *n. (of branch of shop or bank)* Filialleiter, *der*/-leiterin, *die;* Geschäftsstellenleiter, *der*/-leiterin, *die; (of football team)* [Chef]trainer, *der*/-trainerin, *die; (of tennis-player, boxer, pop group)* Manager, *der*/Managerin, *die; (of restaurant, shop, hotel)* Geschäftsführer, *der*/-führerin, *die; (of estate, grounds)* Verwalter, *der*/Verwalterin, *die; (of department; sales or publicity* ~) Leiter, *der*/Leiterin, *die; (of theatre)* Direktor, *der*/Direktorin, *die*
manageress ['mænɪdʒəres, mænɪdʒə'res] *n. (of restaurant, shop, hotel)* Geschäftsführerin, *die; see also* **manager**
managerial [mænə'dʒɪərɪəl] *adj.* führend, leitend ⟨*Stellung*⟩; geschäftlich ⟨*Aspekt, Seite*⟩; ⟨*Pflicht, Fähigkeiten*⟩ als Führungskraft; ~ **skills** Führungsqualitäten; **the ~ class** die Führungsschicht
managing ['mænɪdʒɪŋ] *attrib. adj.* geschäftsführend; leitend; ~ **director** Geschäftsführer, *der*
Manchuria [mæn'tʃʊərɪə] *pr. n.* die Mandschurei
Mancunian [mæŋ'kju:nɪən] **1.** *adj.* Manchesterer. **2.** *n.* Manchesterer, *der*/Manchesterin, *die*
mandala ['mændələ] *n. (Hinduism, Buddhism, Psych.)* Mandala, *das*
¹**mandarin** ['mændərɪn] *n.* ~ **[orange]** Mandarine, *die*
²**mandarin** *n.* **a)** *(Hist.: Chinese official)* Mandarin, *der;* **b)** **M~** *(language)* Hochchinesisch, *das;* **c)** *(party leader)* Parteiboß, *der (ugs.);* [Partei]bonze, *der (abwertend);* **d)** *(bureaucrat)* Bürokrat, *der*/Bürokratin, *die (abwertend);* Apparatschik, *der (abwertend)*
mandarin: ~ '**collar** *n.* Mandarinkragen, *der;* ~ '**duck** *n.* Mandarinente, *die*
mandarine ['mændəri:n] *see* ¹**mandarin**
mandarin 'sleeve *n.* Bouffonärmel, *der*
mandate 1. ['mændeɪt] *n.* **a)** *(judicial or legal command)* Verfügung, *die;* **b)** *(commission to act for another)* Mandat, *das;* **c)** *(Polit.)* Mandat, *das;* **electoral** ~ Wählerauftrag, *der.* **2.** [mæn'deɪt] *v. t.* ~ **a territory to a country** ein Gebiet der Verwaltung eines Landes unterstellen
mandatory ['mændətərɪ] *adj.* obligatorisch; **be ~**: Pflicht od. obligatorisch sein; **it is ~ for sb. to do sth.** jmd. muß etw. tun
'**man-day** *n. (Work Study)* Manntag, *der;* Arbeitstag pro Mann
mandible ['mændɪbl] *n. (Zool.)* **a)** *(of mammal, fish)* Unterkiefer, *der;* **b)** *(of bird)* Schnabel, *der;* **lower** ~: Unterschnabel, *der;* **c)** *(of insect)* Zange, *die;* Kiefer, *die*
mandolin, mandoline [mændə'lɪn] *n. (Mus.)* Mandoline, *die*
mandrake ['mændreɪk] *n. (Bot.)* Mandragore, *die;* Alraunwurzel, *die*
mandrel ['mændrəl] *n. (Mech. Engin.)* **a)** *(shaft in lathe)* Drehspindel, *die;* **b)** *(rod)* Horn, *das*
mandril ['mændrɪl] *n. (Zool.)* Mandrill, *der*
mane [meɪn] *n. (lit. or fig.)* Mähne, *die*
man: ~-**eater** *n. (tiger)* menschenfressender Tiger, *der; (shark)* Menschenhai, *der; (cannibal)* Kannibale, *der*/Kannibalin, *die; (fig.: woman)* Frau, die Männer aussaugt; ~-**eating** *adj.* menschenfressend ⟨*Löwe, Tiger*⟩; **a** ~-**eating shark** ein Menschenhai

maneuver, maneuverable *(Amer.) see* **manœuvr-**
man '**Friday** *see* **Friday 1**
manful ['mænfl] *adj.* mannhaft
manfully ['mænfəlɪ] *adv.* mannhaft; wie ein Mann
manganese ['mæŋɡəniːz, mæŋɡə'niːz] *n.* **a)** *(Min.)* Braunstein, *der;* Manganoxid, *das (fachspr.);* **b)** *(Chem.)* Mangan, *das*
mange [meɪndʒ] *n. (Vet. Med.)* Räude, *die*
mangel[-wurzel] ['mæŋɡl(wɜːzl)] *n. (Agric.)* Runkelrübe, *die*
manger ['meɪndʒə(r)] *n.* Futtertrog, *der; (Bibl.)* Krippe, *die; see also* **dog 1 a**
mange-tout [mɒʒ'tuː] *n.* Zuckererbse, *die*
¹**mangle** ['mæŋɡl] **1.** *n.* Mangel, *die.* **2.** *v. t.* mangeln ⟨*Wäsche*⟩
²**mangle** *v. t.* verstümmeln, [übel] zurichten ⟨*Person*⟩; demolieren ⟨*Sache*⟩; verstümmeln, entstellen ⟨*Zitat, Musikstück*⟩
mango ['mæŋɡəʊ] *n., pl.* ~**es** *or* ~**s a)** *(tree)* Mangobaum, *der;* **b)** *(fruit)* Mango[frucht], *die*
mangrove ['mæŋɡrəʊv] *n. (Bot.)* Mangrovebaum, *der*
mangy ['meɪndʒɪ] *adj.* **a)** *(Vet. Med.)* räudig; **b)** *(squalid, shabby)* verwahrlost, schäbig ⟨*Äußeres, Kleidung*⟩; abgenutzt, schäbig ⟨*Teppich, Decke, Stuhl*⟩
man: ~**handle** *v. t.* **a)** *(move by human effort)* von Hand bewegen ⟨*Gegenstand*⟩; **b)** *(handle roughly)* grob behandeln ⟨*Person*⟩; ~-**hater** *n. (misanthrope)* Menschenhasser, *der*/-hasserin, *die; (hater of male sex)* Männerfeind, *der;* ~**hole**, *das; (in tank)* Einstiegsluke, *die; (to cables under pavement)* Kabelschacht, *der*
manhood ['mænhʊd] *n., no pl.* **a)** *(state)* Mannesalter, *das;* **b)** *(courage)* Männlichkeit, *die;* **c)** *(men of a country)* Männer Pl.
man: ~-**hour** *n. (Work Study)* Arbeitsstunde, *die;* ~-**hunt** *n.* Menschenjagd, *die; (for criminal)* Verbrecherjagd, *die*
mania ['meɪnɪə] *n.* **a)** *(madness)* Wahnsinn, *der;* **b)** *(enthusiasm)* Manie, *die;* ~ **for detective novels** Leidenschaft für Krimis; **have a** ~ **for doing sth.** etw. wie besessen *od.* leidenschaftlich gern tun; **there was a** ~ **at that time for wearing ear-rings** damals waren die Leute ganz verrückt nach Ohrringen
-**mania** *n. in comb. (Psych.)* -manie, *die*
maniac ['meɪnɪæk] **1.** *adj.* wahnsinnig, krankhaft, *(geh.)* manisch ⟨*Phantasie, Verlangen*⟩. **2.** *n. (Psych.)* Besessene, *der/die; (madman/-woman)* Wahnsinnige, *der/die;* **b)** *(person with passion for sth.)* Fanatiker, *der*/Fanatikerin, *die;* **a nation of tennis** ~**s** ein Volk von Tennisfanatikern
maniacal [mə'naɪəkl] *adj.* wahnsinnig
manic ['mænɪk] *adj. (Psych.)* manisch
manic-de'pressive *(Psych.)* **1.** *adj.* manisch-depressiv. **2.** *n.* manisch-depressiver Mensch; **be a** ~: manisch-depressiv sein
manicure ['mænɪkjʊə(r)] *n.* Maniküre, *die;* **give sb. a** ~: jmdn. maniküren. **2.** *v. t.* maniküren
manicurist ['mænɪkjʊərɪst] *n.* Maniküre, *die*
manifest ['mænɪfest] **1.** *adj.* offenkundig; offenbar ⟨*Mißverständnis*⟩; sichtbar ⟨*Erfolg, Fortschritt*⟩; sichtlich ⟨*Freude*⟩. **2.** *v. t.* **a)** *(show, display)* zeigen, bekunden *geh.)* ⟨*Interesse, Mißfallen, Begeisterung, Zuneigung*⟩; **b)** *(reveal)* offenbaren *(meist geh.);* ~ **itself** ⟨*Geist:*⟩ erscheinen; ⟨*Natur, Wahrheit:*⟩ sich offenbaren; ⟨*Symptom, Krankheit:*⟩ manifest werden. **3.** *n.* **a)** *(cargo-list)* Frachtgutliste, *die;* Ladeverzeichnis, *das;* **ship's** ~: [Schiffs]manifest, *das;* **b)** *(list) (of passengers in aircraft)* Passagierliste, *die; (of trucks etc. in goods train)* Fahrzeugliste, *die*
manifestation [mænɪfe'steɪʃn] *n. (of illwill, favour, disapproval)* Ausdruck, *der;*

mannerism

Bekundung, *die (geh.);* Bezeugung, *die; (appearance)* Erscheinung, *die; in pl.* Erscheinungsformen; *(visible expression, sign)* [An]zeichen, *das* (**of** von)
manifestly ['mænɪfestlɪ] *adv.* offenkundig; **it is** ~ **unjust that ...**: es ist ganz offensichtlich ungerecht, daß ...
manifesto [mænɪ'festəʊ] *n., pl.* ~**s** Manifest, *das*
manifold ['mænɪfəʊld] **1.** *adj. (literary)* mannigfaltig *(geh.);* vielfältig; vielseitig ⟨*Erzählperspektive, Gehalt, Verwendung*⟩. **2.** *(Mech. Engin.)* Verteilerrohr, *das;* **[inlet]** ~: [Ansaug]krümmer, *der;* **[exhaust]** ~: [Auspuff]krümmer, *der*
manikin ['mænɪkɪn] *n.* **a)** *(dwarf)* Zwerg, *der;* **b)** *(Art)* Gliederpuppe, *die;* **c)** *(Med.)* anatomisches Modell
Manila [mə'nɪlə] *n.* **a)** *(cigar)* Manilazigarre, *die;* **b)** *(fibre)* ~ **[hemp]** *see* **hemp a;** **c)** *(paper)* ~ **[paper]** Manilapapier, *das;* ~ **[envelope]** Briefumschlag aus Manilapapier; brauner Briefumschlag
manioc ['mænɪɒk] *n.* **a)** *(plant)* Maniok, *der;* **b)** *(flour)* Mandioka, *die*
manipulate [mə'nɪpjʊleɪt] *v. t.* **a)** *(also Med.)* manipulieren; ~ **sb. into doing sth.** jmdn. dahin gehend manipulieren, daß er etw. tut; **b)** *(handle)* handhaben
manipulation [mənɪpjʊ'leɪʃn] *n.* **a)** *(also Med.)* Manipulation, *die;* **b)** *(handling)* Handhabung, *die*
manipulative [mə'nɪpjʊlətɪv] *adj.* manipulativ
mankind [mæn'kaɪnd] *n.* Menschheit, *die*
'**manlike** *adj.* **a)** *(like a male, mannish)* männlich; **b)** *(like a human)* menschenähnlich
manly ['mænlɪ] *adj.* männlich; *(brave)* mannhaft *(geh.)*
'**man-made** *adj.* künstlich ⟨*See, Blumen, Schlucht*⟩; vom Menschen geschaffen ⟨*Gesetze*⟩; *(synthetic)* Kunst⟨*faser, -stoff*⟩
manna ['mænə] *n. (Bibl.)* Manna, *das;* **be** ~ **[from heaven]** *(fig.)* ein wahrer Segen sein
manned [mænd] *adj.* bemannt ⟨*Raumschiff usw.*⟩
mannequin ['mænɪkɪn] *n.* **a)** *(person)* Mannequin, *das;* **b)** *(dummy)* Schaufensterpuppe, *die*
manner ['mænə(r)] *n.* **a)** *(way, fashion)* Art, *die;* Weise, *die; (more emphatic)* Art und Weise, *die;* **in this** ~: auf diese Art und Weise; **he did it in a very unorthodox** ~: er machte es auf [eine ganz] unorthodoxe Art; **he acted in such a** ~ **as to offend her** er benahm sich so, daß sie beleidigt war; **in the French** ~: auf französische Art; **celebrate in the grand** ~: im großen Stil feiern; **[as] to the** ~ **born** *(coll.)* wie dafür geschaffen; **in a** ~ **of speaking** mehr oder weniger; **adverb of** ~ *(Ling.)* Umstandsbestimmung der Art und Weise; **b)** *no pl. (bearing)* Art, *die; (towards others)* Auftreten, *das; in pl. (social behaviour)* Manieren *Pl.;* Benehmen, *das;* **teach sb. some** ~**s** jmdm. Manieren beibringen; **forget one's** ~**s** seine guten Manieren zu Hause lassen; **where are your** ~**s?** wo hast du deine Manieren gelassen?; **that's good** ~**s** das gehört sich so; **that's bad** ~**s** das gehört sich nicht; das macht man nicht; **mind** *or* **watch your** ~**s!** benimm dich!; ~**s maketh man** *(prov.)* an seinem Benehmen kann auf gutes Benehmen an; *see also* **mend 1 b;** **d)** *in pl. (modes of life)* Sitten *Pl.;* **e)** *(artistic style)* Stil, *der;* ~**s** *(Ling.)* Stilrichtungen *Pl.;* **f)** *(type)* Art, *die;* **of** *see all* **1 b;** **no** ~ **of** keinerlei; **what** ~ **of man is he?** *(arch.)* was für ein Mensch ist er?; *see also* **means c**
mannered ['mænəd] *adj.* **a)** *(showing mannerism)* manieriert; **b)** *in comb.* ~: mit ... Manieren *nachgestellt;* **be well-**~**/bad-**~: gute/schlechte Manieren haben; **he's a mild-**~ **man** er hat ein sanftes Wesen
mannerism ['mænərɪzm] *n.* **a)** *(addiction to*

439

manning

a manner) Manieriertheit, *die;* **b)** *(trick of style)* Manierismus, *der;* **c)** *(in behaviour)* Eigenart, *die;* **d)** *no pl., no art. (Art)* Manierismus, *der*
manning ['mænɪŋ] *n. (of ship, aircraft)* Bemannung, *die; (of factory, industry, etc.)* Personalausstattung, *die*
mannish ['mænɪʃ] *adj.* männlich; männlich, maskulin ⟨*Kleidung*⟩; **a ~ woman** wie ein Mannweib *(abwertend)*
manœuvrable [mə'nu:vrəbl] *adj. (Brit.)* manövrierfähig ⟨*Schiff, Flugzeug, Auto*⟩; **be easily ~:** leicht zu manövrieren *od.* zu lenken sein
manœuvre [mə'nu:və(r)] *(Brit.)* **1.** *n.* **a)** *(Mil., Navy)* Manöver, *das;* **be/go on ~s** im Manöver sein/ins Manöver ziehen *od.* rücken; **b)** *(deceptive movement, scheme; also of vehicle, aircraft)* Manöver, *das;* **room for ~** *(fig.)* Spielraum, *der.* **2.** *v. t.* **a)** *(Mil., Navy)* führen; dirigieren; **b)** *(bring by ~s)* manövrieren; bugsieren ⟨*Sperriges*⟩; **~ sb./ oneself/sth. into a good position** *(fig.)* jmdn./sich/etw. in eine gute Position manövrieren; **c)** *(manipulate)* beeinflussen; **~ sb. into doing sth.** jmdn. dazu bringen, etw. zu tun; **~ sb. away from sth.** jmdn. von etw. abbringen. **3.** *v. i.* **a)** *(Mil., Navy)* [ein] Manöver durchführen; **b)** *(move, scheme)* manövrieren; **room to ~:** Platz zum Manövrieren; *(fig.)* Spielraum, *der;* **~ for power** auf Machtgewinn hinarbeiten
man-of-'war *n., pl.* **men-of-war** Kriegsschiff, *das; see also* **Portuguese man-of-war**
manor ['mænə(r)] *n.* **a)** *(land)* [Land]gut, *das;* **lord/lady of the ~:** Gutsherr, *der/* Gutsherrin, *die;* **b)** *(house)* Herrenhaus, *das;* **c)** *(Brit. sl.: police area)* Revier, *das*
'manor-house *see* **manor b**
manorial [mə'nɔ:rɪəl] *adj.* Guts⟨*hof, -besitz*⟩; gutsherrschaftlich ⟨*System, Rechte*⟩
'manpower *n.* **a)** *(available power)* Arbeitspotential, *das; (workers)* Arbeitskräfte *Pl.; attrib.* Personal⟨*mangel, -planung*⟩; **b)** *(Mil.)* Stärke, *die*
'man-powered *adj.* **~ flight** Flug mit [menschlicher] Muskelkraft
manqué ['mākeɪ] *adj. postpos.* verhindert ⟨*Poet, Künstler, Intellektueller usw.*⟩
mansard ['mænsɑ:d] *n.* **~** [*roof*] *(Archit.)* Mansard[en]dach, *das*
manse [mæns] *n.* Pfarrhaus, *das*
'manservant *n., pl.* **'menservants** Diener, *der*
mansion ['mænʃn] *n.* Villa, *die; (of lord of the manor)* Herrenhaus, *das*
man: **~-size, ~-sized** *adj. (suitable for a man)* ⟨*Mahlzeit, Steak*⟩ für einen [ganzen] Mann; *(large)* groß; **~slaughter** *n. (Law)* Totschlag, *der*
manta ['mæntə] *n. (Zool.)* Teufelsrochen, *der;* Manta, *die*
mantel ['mæntl] *see* **mantelpiece**
mantel: **~piece** *n.* **a)** *(above fireplace)* Kaminsims, *der od. das;* **b)** *(around fireplace)* Kamineinfassung, *die;* **~shelf** *see* **piece a**
mantis ['mæntɪs] *n., pl.* same *(Zool.)* Fang[heu]schrecke, *die;* **praying ~:** Gottesanbeterin, *die*
mantle ['mæntl] **1.** *n.* **a)** *(cloak)* Umhang, *der; (fig.)* Mantel, *der;* **~ of snow** Schneedecke, *die;* **b)** *(Geol.)* Mantel, *der.* **2.** *v. t. (literary: cover)* bedecken
'man-to-man *adj.* von Mann zu Mann *nachgestellt*
mantra ['mæntrə] *n. (Relig.)* Mantra, *das*
'mantrap *n.* Fußangel, *die*
manual ['mænjʊəl] **1.** *adj.* manuell; **~ work/labour** manuelle Tätigkeit *od.* Handarbeit/körperliche Arbeit *od.* Schwerarbeit; **~ worker/labourer** Handarbeiter/ Schwerarbeiter, *der;* **b)** *(not automatic)* handbetrieben; ⟨*Bedienung, Kontrolle, Schaltung*⟩ von Hand; **~ steering/signals** Handsteuerung, *die/*-zeichen, *die.* **2.** *n. a)*

(handbook) Handbuch, *das;* **b)** *(Mus.)* Manual, *das*
manually ['mænjʊəlɪ] *adv.* manuell; von Hand; mit der Hand; **a ~ operated machine** eine handbetriebene Maschine
manufacture [mænjʊ'fæktʃə(r)] **1.** *n.* Herstellung, *die;* **cost/country of ~:** Herstellungskosten, *Pl./*-land, *das;* **articles of home/foreign/British ~:** inländische/ausländische/britische Erzeugnisse. **2.** *v. t.* **a)** *(Commerc.)* herstellen; **~ iron into steel/ cloth into garments** Eisen zu Stahl verarbeiten/aus Stoff Kleidungsstücke herstellen; **~d goods** Fertigprodukte *Pl.;* **manufacturing costs/firm/fault** Herstellungskosten *Pl./*Herstellerfirma, *die/*Produktionsfehler, *der;* **manufacturing town** Industriestadt, *die;* **b)** *(invent)* erfinden ⟨*Geschichte, Ausrede usw.*⟩
manufacturer [mænjʊ'fæktʃərə(r)] *n.* Hersteller, *der;* **'~'s recommended [retail] price'** „unverbindliche Preisempfehlung"
manure [mə'njʊə(r)] **1.** *n. (dung)* Dung, *der; (fertilizer)* Dünger, *der.* **2.** *v. t.* düngen
manuscript ['mænjəskrɪpt] **1.** *n.* **a)** Handschrift, *die;* **b)** *(not yet printed)* Manuskript, *das;* **the novel is still in ~:** der Roman liegt [erst] im *od.* als Manuskript vor. **2.** *adj.* handschriftlich
'man-week *n. (Work Study)* Mannwoche, *die*
Manx [mæŋks] **1.** *adj.* der Insel Man *nachgestellt.* **2.** *n. (Ling.)* Manx, *das*
Manx: **~ 'cat** *n.* Man[x]katze, *die;* **~man** ['mæŋksmən] *n., pl.* **~men** ['mæŋksmən] Bewohner der Insel Man; Manx, *der*
many ['menɪ] **1.** *adj.* viele; *pred.* zahlreich; **how ~ people/books?** wie viele *od.* wieviel Leute/Bücher?; **as ~ as** so viele wie; **there were as ~ as 50 of them** es waren mindestens *od.* bestimmt 50; **three accidents in as ~ days** drei Unfälle in ebenso vielen *od.* ebensoviel Tagen; **~'s the tale/ the time** so manche Geschichte/so manches Mal; **too ~ people/books** zu viele *od.* zuviel Leute/Bücher; **there were too ~ of them** es waren zu viele *od.* zuviel; **two [copies] too ~:** zwei [Exemplare] zuviel; **one is too ~/there is one too ~:** einer/eine/eins ist zuviel; **he/ she is one too ~ here** er/sie ist hier überflüssig; **he's had one too ~** *(is drunk)* er hat einen im Glas zuviel getrunken; **b)** **~ a man** so mancher; manch einer; **~ a time** so manches Mal. **2.** *n.* viele [Leute]; **there weren't ~ of them** es waren nicht viele da; **~ of us** viele von uns; **a good/great ~ [of them/of the books]** eine Menge/eine ganze Reihe [von ihnen/der Bücher]; **there were a good ~ there** eine Menge war da. **~ waren da**
'many-coloured *adj.* vielfarbig
'man-year *n. (Work Study)* Mannjahr, *das*
'many-sided *adj. (Geom.; also fig.)* vielseitig
Mao [mau] *adj.* ⟨*Jacke, Schirmmütze*⟩ im Mao-Look; Mao-⟨*Jacke, Mütze*⟩
Maoism ['mauɪzm] *n.* Maoismus, *der*
Maoist ['mauɪst] *n.* Maoist, *der; attrib.* maoistisch
Maori ['maurɪ] **1.** *n.* **a)** *(person)* Maori, *der;* **b)** *(language)* Maori, *das.* **2.** *adj.* maorisch
map [mæp] **1.** *n.* **a)** [Land]karte, *die; (street plan)* Stadtplan, *der;* **b)** *(fig. coll.)* **off the ~:** abgelegen; **we're a bit off the ~ up here** wir leben hier ein bißchen hinter dem Mond *(ugs.);* **wipe off the ~:** ausradieren; **[put sth./sb.] on the ~:** [etw./jmdn.] populär [machen]. **2.** *v. t.* **~-pp-** *(make map of)* kartographieren; *(make survey of)* vermessen
~ out *v. t.* im einzelnen festlegen
maple ['meɪpl] *n.* Ahorn, *der*
maple: **~-leaf** *n.* Ahornblatt, *das;* **~ sugar** *n.* Ahornzucker, *der;* **~ syrup** *n.* Ahornsirup, *der*
map: **~-maker** *n.* Kartograph, *der/*Karto-

margin

graphin, *die;* **~-reader** *n.* Kartenleser, *der/*-leserin, *die;* **~-reading** *n., no pl.* Kartenlesen, *das*
mar [mɑ:(r)] *v. t.,* **-rr- a)** *(spoil, disfigure)* verderben; entstellen ⟨*Aussehen*⟩; stören ⟨*Veranstaltung*⟩; **the book was ~red by a number of small mistakes** die Qualität des Buches wurde durch eine Reihe kleiner Fehler beeinträchtigt; **b)** *(ruin) see* **make 1 p**
Mar. *abbr.* March Mrz.
marabou ['mærəbu:] *n. (Ornith.)* **a)** *(African)* Marabu, *der;* **b)** *(feather)* Marabu, *der*
maraschino [mærə'ski:nəʊ] *n.,* **~s** Maraschino, *der;* **~ cherry** Maraschinokirsche, *die*
marathon ['mærəθən] *n.* **a)** *(race)* Marathon[lauf], *der; attrib.* Marathon⟨*läufer*⟩; **b)** *(fig.)* Marathon, *das; attrib.* Marathon⟨*rede, -spiel, -sitzung*⟩; **a chess ~:** ein Schachmarathon
maraud [mə'rɔ:d] **1.** *v. i.* plündern; marodieren *(Soldatenspr.).* **2.** *v. t.* plündern
marauder [mə'rɔ:də(r)] *n.* Plünderer, *der;* Marodeur, *der (Soldatenspr.); (animal)* Räuber, *der*
marble ['mɑ:bl] *n.* **a)** *(stone)* Marmor, *der (auch fig.); attrib.* Marmor-; aus Marmor *nachgestellt;* marmorn *(dichter.; fig.);* **b)** *in pl. (statues)* Marmorskulpturen; **the Elgin M~s** die Elgin Marbles *(Kunstwiss.);* **c)** *(toy)* Murmel, *die;* **[game of] ~s** Murmelspiel, *das;* **play ~s** murmeln; [mit] Murmeln spielen; **d)** *in pl.* **not have all** *or* **have lost one's ~s** *(sl.)* nicht alle Tassen im Schrank haben *(ugs.)*
marbled ['mɑ:bld] *adj.* **a)** marmoriert ⟨*Papier, Seife usw.*⟩; **b)** *(streaked)* durchwachsen ⟨*Fleisch*⟩
March [mɑ:tʃ] *n.* März, *der; see also* **August; hare 1 a**
¹march 1. *n.* **a)** *(Mil., Mus.; hike)* Marsch, *der; (gait)* Marschschritt, *der;* Marschtritt, *der;* **on the ~:** auf dem Marsch; *(fig.)* unterwegs; **~ past** Vorbeimarsch, *der;* Defilee, *das;* **a day's/three days' ~:** ein Tagesmarsch/drei Tagesmärsche; **an hour's ~ away** eine Marschstunde *od.* eine Stunde Marsch entfernt; *see also* **forced march**; **¹line 1 c;** **steal 1 c;** **b)** *(in protest)* [protest] **~:** Protestmarsch, *der;* **c)** *(progress of time, events, etc.)* Gang, *der;* **the onward ~ of science** der Vormarsch der Wissenschaft. **2.** *v. i. (also Mil.)* marschieren; **~ away** abmarschieren; **forward/ quick ~!** vorwärts/im Eilschritt marsch!; **~ing song** Marschlied, *das;* **~ing order** *(Brit.)* Marschordnung, *die;* **~ing orders** Marschbefehl, *der;* **give sb. his/her ~ing orders** *(fig. coll.)* jmdm. den Laufpaß geben *(ugs.).* **3.** *v. t. (Mil.)* marschieren lassen
~ off **1.** *v. i.* losmarschieren. **2.** *v. t.* ⟨*Polizei usw.*⟩ abführen
~ on *v. t. (Mil.)* marschieren gegen ⟨*Feind*⟩; marschieren auf (+ *Akk.*) ⟨*Stadt*⟩
²march *n. (Hist.: frontier)* Mark, *die;* **the Welsh ~es** das Grenzland zwischen Wales und England
marcher ['mɑ:tʃə(r)] *n.* **[protest] ~:** Demonstrant, *der/*Demonstrantin, *die;* **~s on a demonstration** Teilnehmer an einem Demonstrationszug
marchioness [mɑ:ʃə'nes] *n.* Marquise, *die*
Mardi Gras [mɑ:di: 'grɑ:] *n.* **a)** *(Shrove Tuesday)* Fastnachtsdienstag, *der;* **b)** *(carnival)* Karneval, *der*
mare [meə(r)] *n.* Stute, *die*
Margaret ['mɑ:grɪt] *pr. n. (Hist., as name of ruler etc.)* Margarete
margarine [mɑ:dʒə'ri:n, mɑ:gə'ri:n], *(coll.)*
marge [mɑ:dʒ] *ns.* Margarine, *die*
margin ['mɑ:dʒɪn] *n.* **a)** *(of page)* Rand, *der;* **notes [written] in the ~:** Randbemerkungen; Anmerkungen am Rand; **~ release** Randlöser, *der;* Randfreigabe, *die;* **b)** *(extra amount)* Spielraum, *der;* **profit ~:** Gewinn-

marginal

spanne, *die;* **win by a narrow/wide ~:** knapp/mit großem Vorsprung gewinnen; **~ of error** Spielraum für mögliche Fehler; **allow for a considerable ~ of error** eine beachtliche Fehlerzahl mit einkalkulieren; **c)** *(edge)* Rand, *der;* Saum, *der (geh.);* [**be**] **on the ~ of sth.** *(fig.)* am Rande einer Sache (Gen.) [sein]

marginal ['mɑːdʒɪnl] *adj.* **a)** *(barely adequate, slight)* geringfügig; unwesentlich; **of ~ importance/use** von geringer Bedeutung/geringem Nutzen; **b)** *(close to limit)* marginal; *(of profitability)* kaum rentabel; **c)** knapp 〈Wahlergebnis〉; **~ seat/constituency** *(Brit. Polit.)* wackeliger *(ugs.)* od. nur mit knapper Mehrheit gehaltener Parlamentssitz/Wahlkreis; **d) ~ cost** Grenzkosten *Pl.;* **e)** *(of or written in margin)* an den Rand geschrieben; **~ notes/references** Randbemerkungen/-verweise; **f)** *(of or at the edge)* Rand〈*gebiet, -bereich, -besitzung, -bepflanzung usw.*〉

marginalia [mɑːdʒɪˈneɪlɪə] *n. pl.* Marginalien *Pl.*

marginally ['mɑːdʒɪnəlɪ] *adv.* geringfügig; unwesentlich; **only ~ profitable** kaum rentabel

marguerite [mɑːɡəˈriːt] *n. (Bot.)* Margerite, *die*

marigold ['mærɪɡəʊld] *n. (Calendula)* Studentenblume, *die;* Ringelblume, *die;* *(Tagetes)* Studentenblume, *die; see also* **corn marigold; marsh marigold**

marijuana (marihuana) [mærɪˈhwɑːnə] *n.* Marihuana, *das; attrib.* Marihuana〈*zigarette, -raucher, -süchtiger*〉

marimba [məˈrɪmbə] *n. (Mus.)* **a)** *(native xylophone)* Marimba, *die;* **b)** *(modern instrument)* Marimbaphon, *das*

marina [məˈriːnə] *n.* Marina, *die;* Jachthafen, *der*

marinade [mærɪˈneɪd] **1.** *n.* **a)** *(spiced mixture)* Marinade, *die;* **b)** *(marinaded meat)* **a ~ of beef/pork** marinierter Rind-/Schweinefleisch; **a ~ of fish** marinierter Fisch; eine Marinade. **2.** *v. t.* marinieren

marinate ['mærɪneɪt] *see* **marinade 2**

marine [məˈriːn] **1.** *adj.* **a)** *(of the sea)* Meeres-; **~ life** Meeresflora und -fauna; **b)** *(of shipping)* See〈*versicherung, -recht, -schiffahrt*〉; **~ engineering** Schiffsmaschinenbau, *der;* **~ engineer** Schiffbauingenieur, *der;* **c)** *(for use at sea)* Schiffs〈*ausrüstung, -chronometer, -kessel, -turbine usw.*〉. **2.** *n.* **a)** *(person)* Marineinfanterist, *der;* the **M~s** die Marineinfanterie; die Marinetruppen; **tell that/it to the [horse] ~s** *(coll.)* das kannst du deiner Großmutter erzählen *(ugs.); see also* **Royal Marine; b)** *(shipping)* **merchant** *or* **mercantile ~:** Handelsmarine, *die*

mariner [ˈmærɪnə(r)] *n.* Seemann, *der;* **master ~:** Kapitän eines Handelsschiffes; *see also* **compass 1 b**

marionette [mærɪəˈnet] *n.* Marionette, *die*

marital ['mærɪtl] *adj.* ehelich 〈*Rechte, Pflichten, Harmonie*〉; Ehe〈*beratung, -glück, -krach, -krise, -probleme*〉; **~ status** Familienstand, *der*

maritime ['mærɪtaɪm] *adj.* **a)** *(found near the sea)* Küsten〈*bewohner, -gebiet, -stadt, -provinz*〉; **~ climate** Meeresklima, *das;* **b)** *(connected with the sea)* See〈*recht, -versicherung, -volk, -wesen*〉

marjoram ['mɑːdʒərəm] *n. (Bot., Cookery)* Majoran, *der*

Mark [mɑːk] *pr. n.* **St ~:** der hl. Markus

¹mark 1. *n.* **a)** *(trace)* Spur, *die; (of finger, foot also)* Abdruck, *der; (stain etc.)* Fleck, *der; (scratch)* Kratzer, *der;* **dirty ~:** Schmutzfleck, *der;* **make/leave a ~ on sth.** auf etw. *(Dat. od. Akk.)* einen Fleck/einen Kratzer machen/auf etw. *(Dat.)* einen Fleck/eine Spur/einen Kratzer hinterlassen; **leave one's/its ~ on sth.** *(fig.)* einer Sa-

che *(Dat.)* seinen Stempel aufdrücken; **leave its ~ on sb.** Spuren bei jmdm. hinterlassen; **make one's/its ~** *(fig.)* sich *(Dat.)* einen Namen machen *(see also* **b**); **of ~** *postpos.* von Bedeutung nachgestellt; *see also* **birthmark; b)** *(affixed sign, indication, symbol)* Zeichen, *das; (in trade names)* Typ, *der (Technik); (made by illiterate)* Kreuz, *das;* **distinguishing ~:** Kennzeichen, *das;* **M~ version/model** Version/Modell 2; **make one's ~:** ein Kreuz od. drei Kreuze machen *(see also* **a**); **bear the ~ of sth.** *(lit. or fig.)* den Stempel von etw. tragen; **have all the ~s of sth.** alle Anzeichen von etw. haben; **be a ~ of good taste/breeding** ein Zeichen guten Geschmacks/guter Erziehung sein; **sth. is the ~ of a good writer an etw.** *(Dat.)* erkennt man einen guten Schriftsteller; **c)** *(Sch.: grade)* Zensur, *die;* Note, *die; (Sch., Sport.: unit of numerical award)* Punkt, *der;* **get good/bad/35 ~s in** *or* **for a subject** gute/schlechte Noten *od.* Zensuren/35 Punkte in einem Fach bekommen; **there are no ~s for guessing that ...** *(fig. coll.)* es ist ja wohl nicht schwer zu erraten, daß ...; *see also* **black mark; full marks; pass-mark; d)** *(time etc. to indicate position)* Markierung, *die; (Naut.)* Marke, *die (an der Lotleine);* **be up to/below** *or* **not up to the ~** *(fig.)* den Anforderungen entsprechen/nicht entsprechen; **his work hasn't really been up to the ~ lately** seine Arbeit war in letzter Zeit wirklich nicht sonderlich; [**not**] **feel up to the ~:** [nicht] auf der Höhe sein; **e)** *(level)* Marke, *die;* **reach the 15 %/25 million/£300 ~:** die 15 %-Marke/25-Millionen-Marke/300-Pfund-Marke erreichen; **around the 300 ~:** ungefähr 300; **f)** *(Sport: starting position)* Startlinie, *die;* **on your ~s!** [**get set**!] **go!**] auf die Plätze! [Fertig! Los!]; **get off the ~ quickly** *(fig.)* einen guten Start haben; **be quick/slow off the ~:** einen guten/schlechten Start haben; *(fig.)* fix *(ugs.)*/langsam sein; **he is usually the quickest/first off the ~:** er ist gewöhnlich der Schnellste/Erste; **g)** *(Rugby) (spot)* Marke, *die; (fair catch)* Freifang, *der;* **'~!'** „Marke!"; **h)** *(target, desired object)* Ziel, *das; (sl.: intended victim)* Opfer, *das;* **hit/miss the ~** *(fig.)* ins Schwarze treffen/danebenschießen *(ugs.) od.* -treffen; **be wide of the ~** *(lit. or fig.)* danebentreffen; **his calculations were wide of the ~:** mit seinen Berechnungen hat er völlig danebengetroffen; **my guess was off the ~:** mit meiner Schätzung lag ich daneben *(ugs.);* **be close to the ~** *(fig.)* der Sache nahekommen; *see also* **overshoot; overstep. 2.** *v. t.* **a)** *(stain, dirty)* Flecke[n] machen auf (+ *Dat.*); schmutzig machen *(scratch)* zerkratzen; **be ~ed for life** bleibende Narben zurückbehalten; *(fig.)* fürs Leben gezeichnet sein; **b)** *(put distinguishing mark on, signal)* kennzeichnen, markieren (**with**); **the bottle was ~ed 'poison'** die Flasche trug die Aufschrift „Gift"; **~ sb.'s name on sth.** etw. mit jmds. Namen kennzeichnen; **~ an item with its price** eine Ware auszeichnen *od.* mit einem Preisschild versehen; **~ a route on a map** eine Route auf *od.* in einer Landkarte einzeichnen; **ceremonies to ~ the tenth anniversary** Feierlichkeiten aus Anlaß des 10. Jahrestages; **c)** *(Sch.) (correct)* korrigieren; *(grade)* benoten; zensieren; **~ an answer wrong** eine Antwort als falsch bewerten; **d)** **~ time** *(Mil.; also fig.)* auf der Stelle treten; **e)** *(characterize)* kennzeichnen; charakterisieren; **be ~ed by sth.** durch etw. gekennzeichnet sein; **his style is ~ed by a great variety of metaphors** sein Stil zeichnet sich durch eine reiche Metaphorik aus; **f)** *(heed)* hören auf (+ *Akk.*) 〈*Person, Wort*〉; **~ carefully how it is done** paß genau auf, wie gemacht wird; [**you**] **~ my words** höre auf mich; eins kann ich dir sagen; *(as a*

market-place

warning) laß dir das gesagt sein; **~ you, it may not be true** vielleicht stimmt es ja doch gar nicht; **g)** *(manifest)* bekunden 〈*Mißfallen, Zustimmung usw.*〉; **h)** *(record)* notieren, aufschreiben 〈*Spielstand*〉; **~ a pupil absent** einen Schüler als fehlend eintragen; **i)** *(Brit. Sport.* **keep close to)** markieren *(fachspr.),* decken 〈*Gegenspieler*〉; **j)** *(choose as victim) see* **~ down a; k)** *(arch./literary: notice)* bemerken 〈*Vorfall, Vorgang*〉

~ down *v. t.* **a)** *(choose as victim, lit. or fig.)* [sich *(Dat.)*] auswählen; ausersehen *(geh.);* **b)** [im Preis] herabsetzen 〈*Ware*〉; herabsetzen 〈*Preis*〉; *see also* **mark-down**

~ 'off *v. t.* abgrenzen (**from** von, gegen)

~ 'out *v. t.* **a)** *(trace out boundaries of)* markieren 〈*Spielfeld*〉; **~ out a tennis-court** auf einem Tennisplatz die Spielfeldlinien markieren; **b)** *(plan)* festlegen 〈*Strategie, Vorgehen*〉; **c)** *(destine)* vorsehen 〈*Schicksal:*〉 bestimmen, ausersehen

~ 'up *v. t.* [im Preis] heraufsetzen 〈*Ware*〉; heraufsetzen 〈*Preis*〉; *see also* **mark-up**

²mark *n. (monetary unit)* Mark, *die*

'mark-down *n. (Econ.)* Preissenkung, *die;* **there has been a ~ of:** der Preis ist/die Preise sind gesenkt worden

marked [mɑːkt] *adj.* **a)** *(noticeable)* deutlich 〈*Gegensatz, Unterschied, [Ver]besserung, Veränderung*〉; ausgeprägt 〈*Akzent, Sprachfehler, Kennzeichen, Merkmal, Fähigkeit, Neigung*〉; **b)** *(given distinctive mark)* gezinkt 〈*Spielkarte*〉; **c)** **be a ~ man** auf der schwarzen Liste stehen *(ugs.)*

markedly ['mɑːkɪdlɪ] *adv.* eindeutig; deutlich

marker ['mɑːkə(r)] *n.* **a)** *(to mark place)* Markierung, *die;* **b)** *see* **bookmark; c)** *(of examination etc.)* Korrektor, *der*/Korrektorin, *die;* **be a fair/severe ~:** gerecht/streng [korrigieren und] benoten; **d)** *(Aeronaut.: flare)* Marker, *der (fachspr.);* Sichtzeichen, *das*

'marker pen *n.* Markierstift, *der*

market ['mɑːkɪt] **1.** *n.* **a)** Markt, *der; attrib.* Markt〈*händler, -stand*〉; **at the ~:** auf dem Markt; **go to ~:** auf den Markt gehen; **take sth. to ~:** etw. auf den Markt bringen; **there is a ~ every Friday** freitags *od.* jeden Freitag ist Markt; **b)** *(demand)* Markt, *der;* **find a** [**ready**] **~:** [guten] Absatz finden; **price oneself/one's goods out of the ~:** sich/seine Waren durch Übertuerung konkurrenzunfähig machen; **c)** *(area of demand)* Absatzmarkt, *der;* *(persons)* Abnehmer *Pl.;* **d)** *(conditions for buying and selling, trade)* Markt, *der;* **the corn/coffee etc. ~:** der Getreide-/Kaffeemarkt *usw.;* **be in the ~ for** etw. *(Dat.)* interessiert sein; **be on/come into** *or* **on to the ~** 〈*Haus:*〉 zum Verkauf stehen/kommen; 〈*neue Produkte:*〉 auf dem Markt sein/auf den Markt kommen; **put on the ~:** zum Verkauf anbieten 〈*Haus*〉; **bring on to the ~:** auf den Markt bringen 〈*neues Produkt*〉; **make a ~** *(St. Exch.)* [künstlich] Nachfrage erzeugen; **the M~** *(Brit. Polit.)* der Gemeinsame Markt; *see also* **buyer c; Common Market; corner 2 b; play 3 i; seller a. 2.** *v. t.* vermarkten

marketable ['mɑːkɪtəbl] *adj.* **a)** *(suitable for the market)* marktfähig; **b)** *(wanted by purchasers)* marktgängig; **~ securities** börsengängige Effekten

market: ~-day *n.* Markttag, *der;* **~ e'conomy** *n.* Marktwirtschaft, *die;* **~ 'forces** *n. pl.* Kräfte des freien Marktes; **~ 'garden** *n. (Brit.)* Gartenbaubetrieb, *der;* **~ 'gardener** *n. (Brit.)* Gemüsebauer, *der*/-anbauerin, *die;* **~ 'gardening** *n. (Brit.)* Gemüseanbau, *der*

marketing ['mɑːkɪtɪŋ] *n. (Econ.)* Marketing, *das; attrib.* Marketing-; **~ research** Marketing-Research, *das*

market: ~-maker *n. (St. Exch.)* die Preise bestimmender Wertpapierhändler; **~-place**

market price

n. Marktplatz, *der;* (fig.) Markt, *der;* ~ **'price** *n.* Marktpreis, *der;* ~ **'research** *n.* Marktforschung, *die;* ~-**'square** *n.* Marktplatz, *der;* ~ **town** *n.* Marktort, *der;* ~ **value** *n.* Marktwert, *der*
marking ['mɑːkɪŋ] *n.* **a)** *(identification symbol)* Markierung, *die;* Kennzeichen, *das;* **b)** *(on animal)* Zeichnung, *die;* **c)** *(Sch.) (correcting)* Korrektur, *die;* *(grading)* Benotung, *die;* Zensieren, *das;* **I've got some ~ to do** ich muß noch korrigieren
'marking-ink *n.* Wäschetinte, *die*
marksman ['mɑːksmən] *n., pl.* **marksmen** ['mɑːksmən] Scharfschütze, *der*
marksmanship ['mɑːksmənʃɪp] *n., no pl.* Treffsicherheit, *die*
'mark-up *n.* (Econ.) **a)** *(price increase)* Preiserhöhung, *die;* **b)** *(amount added)* Handelsspanne, *die (Kaufmannsspr.)*
marl [mɑːl] *n.* Mergel, *der*
marmalade ['mɑːməleɪd] *n.* [orange] ~: Orangenmarmelade, *die;* **tangerine/lime ~:** Mandarinen-/Limonenmarmelade, *die*
marmalade 'cat *n.* orangefarbene Katze
marmoset ['mɑːməzet] *n.* (Zool.) Marmosette, *die*
marmot ['mɑːmət] *n.* (Zool.) Murmeltier, *das*
¹maroon [mə'ruːn] **1.** *adj.* kastanienbraun. **2.** *n.* Kastanienbraun, *das*
²maroon *v. t.* **a)** *(Naut.: put ashore)* aussetzen; **b)** *(Flut, Hochwasser:)* von der Außenwelt abschneiden; **she was ~ed at home without transport** ohne Transportmittel saß sie zu Hause fest
marque [mɑːk] *n.* Marke, *die; (of cars also)* Fabrikat, *das*
marquee [mɑː'kiː] *n.* **a)** *(large tent)* großes Zelt; *(for public entertainment)* Festzelt, *das;* **b)** *(Amer.: canopy)* Vordach, *das*
marquess *see* **marquis**
marquetry ['mɑːkɪtrɪ] *n.* Marketerie, *die (Kunstw.);* Einlegearbeit, *die;* Intarsie, *die; attrib.* Intarsien⟨arbeit, -schrank⟩
marquis ['mɑːkwɪs] *n.* Marquis, *der*
marriage ['mærɪdʒ] *n.* **a)** Ehe, *die* (to mit); **state of ~:** Ehestand, *der;* **proposal** *or* **offer of ~:** Heiratsantrag, *der;* **his son by a former ~:** sein Sohn aus der früheren Ehe; **related by ~:** verschwägert; **uncle/cousin by ~:** angeheirateter Onkel/Cousin; **take sb. in ~:** jmdn. zur Mann/zur Frau nehmen; *see also* **convenience a; give 1h; b)** *(wedding)* Hochzeit, *die; (act of marrying)* Heirat, *die; (ceremony)* Trauung, *die;* **~ ceremony** Trauzeremonie, *die;* **Eheschließung,** *die;* **church ~:** kirchliche Trauung; *see also* **civil marriage; c)** *(fig.)* Verbindung, *die*
marriageable ['mærɪdʒəbl] *adj.* heiratsfähig; **of ~ age** im heiratsfähigen Alter
marriage: ~-**broker** *n.* Heiratsvermittler, *der/*-vermittlerin, *die;* ~ **bureau** *n.* Eheanbahnungs- *od.* Ehevermittlungsinstitut, *das;* ~ **certificate** *n.* Trauschein, *der; (record of civil marriage also)* Heiratsurkunde, *die;* ~ **'guidance** *n.* Eheberatung, *die;* ~ **licence** *n.* Heirats- *od.* Eheerlaubnis, *die;* ~ **lines** *n. pl.* (Brit.) *see* **certificate;** ~ **market** *n.* Heiratsmarkt, *der;* ~ **settlement** *n.* (Law) Ehevertrag, *der;* ~ **stakes** *n. pl. (joc.)* Heiratsmarkt, *der;* ~ **vows** *n. pl.* Ehegelübde, *das (geh.)*
married ['mærɪd] **1.** *adj.* **a)** verheiratet; ~ **couple** Ehepaar, *das;* **b)** *(marital)* ehelich *(Leben, Liebe);* **~ life, -name, -state** *usw.;* **~ quarters** Verheiratetenquartiere. **2.** *n.* Verheiratete, *der/die;* **young/newly ~s** Jungverheiratete
marron glacé [mærɒn 'glɑːseɪ] *n.* kandierte Kastanie
marrow ['mærəʊ] *n.* [vegetable] ~ Speisekürbis, *der;* **b)** *(Anat.)* [Knochen]mark, *das;* **spinal ~:** Rückenmark, *das;* **to the ~** *(fig.)* durch und durch; **be chilled to the ~** *(fig.)* völlig durchgefroren sein

marrow: ~-**bone** *n.* Markknochen, *der;* ~-**fat** *n.* Markerbse, *die;* ~ **squash** (Amer.) *see* **marrow a**
marry ['mærɪ] **1.** *v. t.* **a)** *(take in marriage)* heiraten; ~ **money** Geld *od.* (ugs.) reich heiraten; *(for financial gain only)* jmds. Geld heiraten; **b)** *(join in marriage)* trauen; **they were** *or* **got married last summer** sie haben letzten Sommer geheiratet; **c)** *(give in marriage)* verheiraten ⟨Kind⟩ (to mit); **d)** *(fig.: unite intimately)* verquicken; eng miteinander verbinden; ~ **sth. with** *or* **to sth.** etw. mit etw. verquicken *od.* eng verbinden. **2.** *v. i.* heiraten; ~ **for money** wegen des Geldes heiraten; ~ **in haste, repent at leisure** *(prov.)* Heirat in Eile bereut man in Weile *(Spr.);* ~ **into a [rich] family** in eine [reiche] Familie einheiraten
~ **'off** *v. t.* verheiraten ⟨Tochter⟩ (to mit)
marrying ['mærɪɪŋ] *adj.* **he's not the ~ sort** *or* **kind** *or* **type** er ist nicht der Typ [von Mann], der heiratet
Mars [mɑːz] *pr. n.* **a)** (Astron.) Mars, *der;* **b)** *(Roman Mythol.)* Mars (der)
Marsala [mɑː'sɑːlə] *n.* Marsala[wein], *der*
Marseillaise [mɑːsə'leɪz, mɑːseɪ'jeɪz] *n.* Marseillaise, *die*
Marseilles [mɑː'seɪlz, mɑː'seɪ] *pr. n.* Marseille *(das)*
marsh [mɑːʃ] *n.* Sumpf, *der; attrib.* (Bot., Zool.) Sumpf⟨klee, -kresse, -[kratz]distel, -krokodil, -hirsch⟩
marshal ['mɑːʃl] **1.** *n.* **a)** *(officer of state)* [Hof]marschall, *der;* **b)** *(officer in army)* Marschall, *der; see also* **Field Marshal; c)** *(Sport)* Ordner, *der;* **d)** *(Amer.) (head of police department)* Polizeipräsident, *der; (head of fire department)* Branddirektor, *der. See also* **provost marshal. 2.** *v. t., (Brit.)* -**ll-** **a)** *(arrange in order)* aufstellen ⟨Truppen⟩; sich *(Dat.)* zurechtlegen ⟨Argumente⟩; ordnen ⟨Fakten⟩; **the teacher ~led the children on to the coach** der Lehrer führte die Kinder zu ihren Plätzen im Bus; **b)** *(Her.)* vereinigen; verbinden ⟨Wappen⟩
'marshalling yard *n.* ['mɑːʃəlɪŋ jɑːd] *n.* (Railw.) Rangierbahnhof, *der*
marsh: ~ **gas** *n.* (Chem.) Sumpfgas, *das;* ~-**'harrier** *n.* (Ornith.) Rohrweihe, *die;* ~-**land** *n.* Sumpfland, *das;* ~ **mallow** *n.* **a)** *(Bot.)* Eibisch, *der;* **b)** *(confection)* Marshmallow, *das;* süßer Sumpf; ~ **'mallow** *n. (sweet)* ≈ Mohrenkopf, *der;* ~ **'marigold** *n.* Sumpfdotterblume, *die;* ~ **tit** *n.* (Ornith.) Nonnenmeise, *die*
marshy ['mɑːʃɪ] *adj.* sumpfig; Sumpf⟨boden, -gebiet, -land⟩
marsupial [mɑː'sjuːpɪəl, mɑː'suːpɪəl] (Zool.) **1.** *adj.* Beutel⟨tier, -frosch, -mulle⟩. **2.** *n.* Beuteltier, *das*
mart [mɑːt] *n.* **a)** *(market-place)* Markt, *der;* **b)** *(auction-room)* Auktionsraum, *der;* **sale ~:** Verkaufsraum, *der*
marten ['mɑːtɪn] *n.* (Zool.) Marder, *der;* **stone ~:** Steinmarder, *der; see also* **pine marten**
martial ['mɑːʃl] *adj.* kriegerisch; *see also* **court martial**
martial: ~ **arts** *n. pl.* (Sport) Kampfsportarten; ~ **law** *n.* Kriegsrecht, *das;* **state of ~ law** Kriegszustand, *der*
martin ['mɑːtɪn] *n.* (Ornith.) [house-]~: Mehlschwalbe, *die*
martinet [mɑːtɪ'net] *n.* Zuchtmeister, *der (veralt., noch scherzh.)*
Martini, (P) [mɑː'tiːnɪ] *n.* Martini, *der;* **dry ~:** Martini dry, *der*
martyr ['mɑːtə(r)] **1.** *n.* (Relig.; *also fig.*) Märtyrer, *der/*Märtyrerin, *die;* **die a ~'s death** den Märtyrertod erleiden *od.* sterben; **a ~ to** *or* **in the cause of sth.** Märtyrer/Märtyrerin einer Sache (Gen.); **be a ~ to rheumatism** entsetzlich unter Rheumatismus leiden; **make a ~ of oneself** den Märtyrer/die Märtyrerin spielen; **make sb. a ~,**

mass

make a ~ of sb. jmdn. zum Märtyrer/zur Märtyrerin machen. **2.** *v. t.* **a)** den Märtyrertod sterben lassen; **be ~ed** den Märtyrertod sterben; **b)** *(fig.: torment)* martern *(geh.);* **a ~ed expression** eine Duldermiene
martyrdom ['mɑːtədəm] *n.* Martyrium, *das;* **suffer ~:** ein Martyrium durchleiden
marvel ['mɑːvl] **1.** *n.* Wunder, *das;* **work ~s** Wunder wirken; **it's a ~ to me** ...: es ist mir schleierhaft, wie ...; **it will be a ~ if** ...: es wäre ein Wunder, wenn ...; **be a ~ of patience/neatness** eine sagenhafte Geduld haben/sagenhaft ordentlich sein *(ugs.).* **2.** *v. i., (Brit.)* -**ll-** *(literary)* **a)** *(be surprised)* ~ **at sth.** über etw. *(Akk.)* staunen; etw. bestaunen; ~ **that** ...: erstaunt sein, daß ...; **b)** *(wonder)* sich wundern; sich fragen; ~ **how/why** *etc.* sich wundern *od. (bes. schweiz.)* sich wundern, wie/warum *usw.*
marvellous ['mɑːvələs] *adj.,* **marvellously** ['mɑːvələslɪ] *adv.* wunderbar
marvelous, marvelously (Amer.) *see* **marvell-**
Marxian ['mɑːksɪən] *see* **Marxist**
Marxism ['mɑːksɪzm] *n.* Marxismus, *der*
Marxist ['mɑːksɪst] **1.** *n.* Marxist, *der/*Marxistin, *die.* **2.** *adj.* marxistisch
Mary ['meərɪ] *pr. n.* (Hist., *as name of ruler, saint, etc.*) Maria (die); *see also* **Bloody Mary**
marzipan ['mɑːzɪpæn] *n.* Marzipan, *das*
mascara [mæ'skɑːrə] *n.* Mascara, *die*
mascot ['mæskɒt] *n.* Maskottchen, *das*
masculine ['mæskjʊlɪn] **1.** *adj.* **a)** *(of men)* männlich; **b)** *(manly, manlike)* maskulin; **c)** *(Ling.)* männlich; maskulin *(fachspr.).* **2.** *n.* (Ling.) Maskulinum, *das*
masculine 'rhyme *n.* (Pros.) männlicher *od.* stumpfer Reim
masculinity [mæskjʊ'lɪnɪtɪ] *n., no pl.* Männlichkeit, *die*
maser ['meɪzə(r)] *n.* (Phys.) Maser, *der*
mash [mæʃ] **1.** *n.* **a)** (Brewing) Maische, *die;* **b)** *(as fodder)* Mischfutter, *das;* **c)** *(pulp)* Brei, *der;* **d)** *(Brit. coll.: mashed potatoes)* Kartoffelbrei, *der.* **2.** *v. t.* zerdrücken, zerquetschen, stampfen ⟨Kartoffeln⟩; zerdrücken, zerquetschen ⟨Gemüse, Obst⟩; ~**ed potatoes** Kartoffelbrei, *der*
mask [mɑːsk] **1.** *n. (also fig., Phot.)* Maske, *die; (worn by surgeon)* Gesichtsmaske, *die;* Mundschutz, *der;* **throw off the ~** *(fig.: abandon pretence)* die Maske fallen lassen. **2.** *v. t.* **a)** *(cover with mask)* maskieren; **b)** *(Mil.)* tarnen *(ft.);* **c)** *(fig.: disguise, conceal)* maskieren; ⟨Wolken, Bäume:⟩ verdecken; überdecken ⟨Geschmack⟩; **d)** *(cover for protection)* abdecken
masked 'ball *n.* Maskenball, *der*
'masking tape *n.* Abdeckband, *das*
masochism ['mæsəkɪzm] *n.* Masochismus, *der*
masochist ['mæsəkɪst] *n.* Masochist, *der/*Masochistin, *die*
masochistic [mæsə'kɪstɪk] *adj.* masochistisch
mason ['meɪsn] *n.* **a)** *(builder)* Baumeister, *der;* Steinmetz, *der;* **b)** **M~** *(Free-)* [Frei]maurer, *der*
Masonic [mə'sɒnɪk] *adj.* [frei]maurerisch; ~ **lodge** [Frei]maurerloge, *die*
masonry ['meɪsnrɪ] *n.* **a)** *(stonework)* Mauerwerk, *das; (work of a mason)* Steinmetzarbeit, *die;* **b)** **M~** *(Free~)* [Frei]maurertum, *das*
masque [mɑːsk] *n.* Maskenspiel, *das*
masquerade [mæskə'reɪd, mɑːskə'reɪd] **1.** *n. (lit. or fig.)* Maskerade, *die.* **2.** *v. i.* ~ **as sb./sth.** sich als jmd./etw. ausgeben; vorgeben, jmd./etw. zu sein
¹mass *n. (Eccl., Mus.)* Messe, *die; attrib.* Meß⟨buch, -gewand⟩; **say/hear ~:** die Messe lesen/hören; **go to** *or* **attend ~:** zur Messe gehen; **high ~:** Hochamt, *das;* **low ~:** stille Messe; *see also* **black mass**

²**mass** [mæs] **1.** *n.* **a)** *(solid body of matter)* Brocken, *der;* *(of dough, rubber)* Klumpen, *der;* **a ~ of rock/stone** ein Felsbrocken/ Steinblock; **b)** *(dense aggregation of objects)* Masse, *die;* **a tangled ~ of threads** ein wirres Knäuel von Fäden; **a ~ of curls** eine Fülle von Locken; **a confused ~ of ideas** ein Wust von Ideen; **c)** *(large number or amount of)* **a ~ of ...:** eine Unmenge von ...; **a ~ of people** eine große Menschenmenge; **~es of ...:** massenhaft ... *(ugs.);* eine Masse ... *(ugs.);* **d)** *(unbroken expanse)* Meer, *das;* **a ~ of blossom/colour/ red** ein Blütenmeer/Farbenmeer/Meer von Rot; **be a ~ of bruises/mistakes/inhibitions** *(coll.)* voll blauer Flecken sein/von Fehlern nur so wimmeln/nur aus Hemmungen bestehen; **e)** *(main portion)* Masse, *die;* **the |great| ~ of people/voters** die Masse des Volkes/der Wähler; **the ~es** die breite Masse; die Massen; **in the ~:** als Ganzes; **f)** *(Phys.)* Masse, *die;* **centre of ~:** Massenmittelpunkt, *der;* **g)** *(bulk)* massige Form; **the huge ~ of the pyramid** die riesige Größe der Pyramide; **h)** *attrib. (for many people)* Massen-. **2.** *v. t.* **a)** anhäufen; **~ed bands** mehrere gleichzeitig spielende Kapellen; **b)** *(Mil.)* massieren, zusammenziehen ⟨Truppen.⟩ **3.** *v. i.* sich ansammeln; ⟨Truppen:⟩ sich massieren, sich zusammenziehen; ⟨Wolken:⟩ sich zusammenziehen

massacre ['mæsəkə(r)] **1.** *n.* **a)** *(slaughter)* Massaker, *das;* **make a ~ of ...:** ein Massaker anrichten unter (+ *Dat.*) ...; **b)** *(coll.: defeat)* völlige Zerstörung. **2.** *v. t.* **a)** *(slaughter)* massakrieren; **b)** *(coll.: defeat heavily)* massakrieren *(ugs., meist scherzh.)*

massage ['mæsɑ:ʒ] **1.** *n.* Massage, *die;* **give sb./sb.'s back a ~:** jmdn./jmds. Rücken massieren; **~ parlour** *(often euphem.)* Massagesalon, *der.* **2.** *v. t.* massieren

mass communi'cations *n. pl.* Massenkommunikation, *die*

masseur [mæ'sɜ:(r)] *n.* Masseur, *der*

masseuse [mæ'sɜ:z] *n. fem.* Masseurin, *die;* Masseuse, *die (oft verhüll.)*

mass: **~ 'grave** *n.* Massengrab, *das;* **~ hy-'steria** *n.* Massenhysterie, *die*

massif [mæ'si:f] *n. (Geog.)* Massiv, *das*

massive ['mæsɪv] *adj. (lit. or fig.)* massiv; wuchtig ⟨Statur, Stirn⟩; kräftig ⟨Augenbrauen, Gesicht⟩; gewaltig ⟨Ausmaße, Aufgabe⟩; enorm ⟨Schulden, Vermögen⟩; **be |conceived| on a ~ scale** groß angelegt sein; **receive aid on a ~ scale** massive Unterstützung erhalten

massively ['mæsɪvlɪ] *adv. (lit. or fig.)* massiv

mass: **~ 'media** *n. pl.* Massenmedien *Pl.;* **~ 'meeting** *n.* Massenversammlung, *die; (Pol.)* Massenkundgebung, *die; (Industry)* Belegschaftsversammlung, *die;* **~ 'murder** *n.* Massenmord, *der;* **~ 'murderer** *n.* Massenmörder, *der;* **~-pro'duced** *adj.* serienmäßig produziert *inv.* hergestellt; Massen⟨artikel⟩; **~-pro'ducer** *n.* Massenproduzent, *der;* **~ pro'duction** *n.* Massenproduktion, *die*

¹**mast** [mɑ:st] *n.* **1.** *(for sail, flag, aerial, etc.)* Mast, *der;* **work or serve or sail before the ~:** als Matrose dienen; **|mooring-|~:** Ankermast, *der; see also* **colour 1 j;** **half-mast**

²**mast** *n. (for fodder)* Mast, *die*

mastectomy [mæ'stektəmɪ] *n. (Med.)* Mastektomie, *die (fachspr.);* Brustamputation, *die*

-masted [mɑ:stɪd] *adj. in comb. (Naut.)* -mastig; **two-~:** zweimastig

master ['mɑ:stə(r)] **1.** *n.* **a)** Herr, *der;* **be ~ of sth./oneself** Herr über etw. (Akk.)/sich selbst sein; **be ~ of the situation/|the| ~ of one's fate** Herr der Lage/seines Schicksals sein; **be one's own ~:** sein eigener Herr sein; **make oneself ~ of sth.** sich zum Herrn über etw. (Akk.) machen; **b)** *(of animal, slave)* Halter, *der; (of dog)* Herrchen, *das; (Hunting)* Master, *der; (of ship)* Kapitän, *der; (of college)* Rektor, *der; (of livery company, masonic lodge)* Meister, *der;* **~ of the house** Hausherr, *der;* **be ~ in one's own house** Herr im eigenen Hause sein; **~'s certificate** *or* **ticket** *(Naut.)* Kapitänspatent, *das; see also* **mariner;** **c)** *(Sch.: teacher)* Lehrer, *der;* **French ~:** Französischlehrer, *der;* **d)** *find or meet* **|in sb. | one's ~:** [in jmdm.] seinen Meister finden; **e)** *(employer)* Herr, *der;* **f)** *in titles* ⟨*Hofkapell-, Schatz-, Ritt-, Waffenusw.*⟩meister, *der;* **M~ of Ceremonies** Zeremonienmeister, *der; (for variety programme etc.)* Conférencier, *der;* **M~ of the Rolls** *(Brit. Law)* Präsident des Berufungsgerichts; **g)** *(original of document, film, etc.)* Original, *das;* **h)** *(expert, great artist)* Meister, *der* (at in + *Dat.*); **be a ~ of sth.** etw. meisterhaft beherrschen; *see also* **grand master; old master; past master; i)** *(skilled workman)* **~:** craftsman/carpenter Handwerks-/Tischlermeister, *der;* **j)** *(Univ.)* Magister, *der;* **~ of Arts/Science** Magister Artium/rerum naturalium; **he got his ~'s degree in 1971** er hat 1971 den *od.* seinen Magister gemacht; **k)** *(boy's title)* ≈ junger Herr *(veralt.);* **M~ Theo/Richard etc.** Master Theo/ Richard usw. **2.** *adj.* **a)** *(commanding)* **the ~ race** die Herrenrasse; **~ card** Leitkarte, *die (DV);* **b)** *(principal)* Haupt⟨strategie, -liste⟩; **~ bedroom** großes Schlafzimmer; ≈ Elternschlafzimmer, *das;* **~ tape/copy** Originalband, *das*/Original, *das;* **~ plan** Gesamtplan, *der.* **3.** *v. t.* **a)** *(learn)* erlernen; **have ~ed a language/subject/instrument** eine Sprache/ein Fach/ein Instrument beherrschen; **b)** *(overcome)* meistern ⟨Probleme usw.⟩; besiegen ⟨Feind⟩; beherrschen ⟨Natur⟩; zügeln ⟨Emotionen, Gefühle⟩

-master *n. in comb. (Naut.)* -master, *der;* **two-~:** Zweimaster, *der*

'master class *n. (Mus. etc.)* Meisterklasse, *die*

masterful ['mɑ:stəfl] *adj.* **a)** *(imperious)* herrisch ⟨Haltung, Ton, Person⟩; **b)** *(masterly)* meisterhaft ⟨Beherrschung, Fähigkeit⟩

masterfully ['mɑ:stəfəlɪ] *adv. see* **masterful:** herrisch; meisterhaft

master: **~-hand** *n. (person)* Meister, *der* (at im + *Dat.*); **~-key** *n.* General- *od.* Hauptschlüssel, *der; (fig.)* Schlüssel, *der*

masterly ['mɑ:stəlɪ] *adj.* meisterhaft

master: **~mind 1.** *n.* führender Kopf; **2.** *v. t.* **~mind the plot/conspiracy** *etc.* der Kopf des Komplotts/der Verschwörung usw. sein; **~piece** *n. (work of art)* Meisterwerk, *das; (production showing masterly skill)* Meisterstück, *das;* **a ~piece of tact/ irony** ein Meisterstück an Takt/Ironie des Taktes/der Ironie; **~singer** *n. (Hist.)* Meistersinger, *der;* **~-stroke** *n.* Meisterstück *od.* Glanzstück, *das;* **~ switch** *n.* Hauptschalter, *der;* **~-work** *see* **~piece**

mastery ['mɑ:stərɪ] *n.* **a)** *(skill)* Meisterschaft, *die;* **b)** *(knowledge)* Beherrschung, *die* (of Gen.); **c)** *(upper hand)* Oberhand, *die;* **gain ~ over sb.** die Oberhand über jmdn. gewinnen; **d)** *(control)* Herrschaft, *die* (of + Akk.).

'masthead *n.* **a)** *(Naut.)* [Mast]topp, *der;* **b)** *(Journ.)* Impressum, *das; (title)* Titel, *der*

mastic ['mæstɪk] *n.* **a)** *(gum, resin, asphalt)* Mastix, *der;* **b)** *(cement)* Mastik, *der*

masticate ['mæstɪkeɪt] *v. t.* zerkauen

mastication [mæstɪ'keɪʃn] *n.* Zerkauen, *das*

mastiff ['mæstɪf] *n. (Zool.)* Mastiff, *der*

mastitis [mæs'taɪtɪs] *n. (Med.)* Mastitis, *die*

mastodon ['mæstədɒn] *n. (Zool., Palaeont.)* Mastodon, *das*

mastoid ['mæstɔɪd] *n. (Anat.)* Mastoid, *das*

masturbate ['mæstəbeɪt] *v. i. & t.* masturbieren

masturbation [mæstə'beɪʃn] *n.* Masturbation, *die*

¹**mat** [mæt] **1.** *n.* **a)** *(on floor, Sport)* Matte, *die;* **pull the ~ from under sb.'s feet** *(fig.)* jmdm. den Boden unter den Füßen wegziehen; **be on the ~** *(sl.: be in trouble)* zusammengestaucht werden *(ugs.);* **b)** *(to protect table etc.)* Untersetzer, *der; (as decorative support)* Deckchen, *das;* **c)** *(tangled mess) (of hair)* Wust, *der (ugs.); (of weeds, foliage)* Gewirr, *das.* **2.** *v. t.* **-tt- a)** *(furnish with mats)* mit Matten belegen ⟨Boden⟩; mit Matten auslegen ⟨Zimmer⟩; *usu. in p.p. (entangle)* verflechten ⟨Äste, Unkraut⟩; verfilzen ⟨Haar⟩; **~ted** verflochten; verfilzt. **3.** *v. i.* **-tt-** ⟨*Äste, Unkraut usw.:*⟩ sich [ineinander] verflechten; ⟨*Haare, Wolle*⟩ verfilzen

²**mat** *see* **matt**

matador ['mætədɔ:(r)] *n.* Matador, *der*

¹**match** [mætʃ] **1.** *n.* **a)** *(equal)* Ebenbürtige, *der/die;* **be a/no ~ for sb.** es mit jmdm. aufnehmen/nicht aufnehmen [können]; sich mit jmdm. messen/nicht messen können; **she is more than a ~ for him** sie ist ihm mehr als gewachsen; **find** *or* **meet one's ~:** einen ebenbürtigen Gegner finden; *(be defeated)* seinen Meister finden; **b)** *(sb./sth. similar or appropriate)* **be a |good** *etc.* **| ~ for sth.** [gut usw.] zu etw. passen; **the colours are a poor ~:** die Farben passen schlecht zueinander *od.* zusammen; **find a ~ for this paint** genau die gleiche Farbe finden; **c)** *(Sport)* Spiel, *das; (Football, Tennis, etc. also)* Match, *das; (Boxing)* Kampf, *der; (Athletics)* Wettkampf, *der;* **d)** *(marriage)* Heirat, *die; (marriage partner)* Partie, *die;* **make a ~:** sich verheiraten; **make a good ~:** eine gute Partie machen. **2.** *v. t.* **a)** *(equal)* **~ sb. at chess/ in shooting/in argument/in originality** es mit jmdm. im Schach/Schießen/Argumentieren/an Originalität *(Dat.)* aufnehmen [können]; **can you ~ that for impudence?** das ist eine Unverschämtheit ohnegleichen!; **~ that if you can!** das mach [mir] erst mal einer nach!; **b)** *(pit)* **~ sb. with** *or* **against sb.** jmdm. jmdn. gegenüberstellen; **be ~ed against sb.** gegen jmdn. antreten; **~ one's skill/strength against sb.** sein Können/seine Kräfte mit jmdm. messen; **c)** **be well ~ed** ⟨*Mann u. Frau:*⟩ gut zusammenpassen; ⟨*Spieler, Mannschaften:*⟩ sich *(Dat.)* ebenbürtig sein; **they are a well ~ed couple/pair** die beiden passen gut zusammen; **d)** *(harmonize with)* passen zu; **a handbag and ~ing shoes** eine Handtasche und [dazu] passende Schuhe; **~ each other exactly** genau zueinander passen; **form a ~ing pair |als Paar|** gut zueinander passen; **e)** *(find matching material etc. for)* **~ sth. with** etw. auf etw. abstimmen; **~ people with jobs** geeignete Personen für die Stellen finden. **3.** *v. i.* **a)** *(correspond)* zusammenpassen; **~ up 1. v. i. a)** *(correspond)* zusammenpassen; **b)** *(be equal)* **~ up to sth.** einer Sache *(Dat.)* entsprechen; **~ up to the situation** der Situation gewachsen sein. **2.** *v. t.* aufeinander abstimmen ⟨Farben usw.⟩; **~** passend zusammenfügen ⟨Teile, Hälften⟩; **~ up one colour with another** eine Farbe auf eine andere abstimmen

²**match** *n. (for lighting)* Streichholz, *das;* Zündholz, *das (südd. österr.)*

match: **~box** *n.* Streichholzschachtel, *die;* **~-fit** *adj. (Sport)* spielfähig

matchless ['mætʃlɪs] *adj.* unvergleichlich; beispiellos

match: **~maker** *n.* Ehestifter, *der*/Ehestifterin, *die;* **~making** *n.* Ehestiftung, *die;* **~ point** *n. (Tennis etc.)* Matchball, *der;* **~stick** *n.* **a)** Streichholz, *das;* Zündholz, *das (südd. österr.);* **b)** **~stick man** *see* **stick figure;** **~wood** *n.* **make ~wood of sth.,** **smash sth. to ~wood** Kleinholz aus etw. machen; **the storm had made ~wood of the boat** der Sturm hatte das Boot zertrümmert

443

¹mate [meɪt] 1. *n.* a) Kumpel, *der (ugs.); (friend also)* Kamerad, *der*/Kameradin, *die; (workmate also)* [Arbeits]kollege, *der*/-kollegin, *die;* b) *(coll.: as form of address)* Kumpel, *der (ugs.);* **look** *or* **listen, ~, ...:** jetzt hör [mir] mal gut zu, Freundchen, ...; c) *(Naut.: officer on merchant ship)* ≈ Kapitänleutnant, *der;* **chief** *or* **first/second ~:** Erster/Zweiter Offizier; d) *(workman's assistant)* Gehilfe, *der;* e) *(spouse)* Lebensgefährte, *der*/-gefährtin, *die (geh.);* f) *(Zool.) (male)* Männchen, *das; (female)* Weibchen, *das.* 2. *v. i.* a) *(for breeding)* sich paaren; b) *(Mech.: fit well)* ~ **with sth.** [genau] auf/in etw. *(Akk.)* passen. 3. *v. t.* paaren 〈*Tiere*〉; ~ **a mare and** *or* **with a stallion** eine Stute von einem Hengst decken lassen
²mate *(Chess) see* **checkmate** 1, 3
material [mə'tɪərɪəl] 1. *adj.* a) *(physical, tangible, bodily)* materiell; b) *(not spiritual)* materiell *(oft abwertend)* 〈*Mensch, Einstellung, Lebensführung*〉; c) *(relevant, important)* wesentlich; **be not ~ to sth.** für etw. nicht relevant sein. 2. *n.* a) *(matter from which thing is made)* Material, *das;* **cost of ~s** Materialkosten *Pl.; see also* **raw material;** b) *in sing. or pl. (elements)* Material, *das; (for novel, sermon also)* Stoff, *der;* c) *(cloth)* Stoff, *der;* d) *in pl.* **building/writing ~s** Bau-/Schreibmaterial, *das;* **cleaning ~s** Reinigungsmaterial, *das;* **reading ~:** Lesestoff, *der;* e) **be leadership/university/officer etc. ~:** das Zeug für einen Führungsposten/zum Hochschulstudium/zum Offizier usw. haben
materialise *see* **materialize**
materialism [mə'tɪərɪəlɪzm] *n., no pl.* Materialismus, *der*
materialist [mə'tɪərɪəlɪst] *n.* Materialist, *der*/Materialistin, *die; attrib.* materialistisch 〈*Philosophie*〉
materialistic [mətɪərɪə'lɪstɪk] *adj.* materialistisch
materialize [mə'tɪərɪəlaɪz] *v. i.* 〈*Hoffnung*:〉 sich erfüllen; 〈*Plan, Idee*:〉 sich verwirklichen; 〈*Treffen, Versammlung*:〉 zustande kommen; **he promised help/money, but it never ~d** aus seiner versprochenen Hilfe/seinem versprochenen Geld wurde nichts; **this idea will never ~:** aus dieser Idee wird nie etwas; **problems kept materializing** dauernd traten Probleme auf; b) *(come into view, appear)* [plötzlich] auftauchen; *(coll.)* 〈*Person:*〉 sich blicken lassen *(ugs.),* kommen
materially [mə'tɪərɪəlɪ] *adv.* a) *(considerably)* wesentlich; b) *(in respect of material interests)* materiell
matériel [mətɪərɪ'el] *n.* Ausrüstung, *die*
maternal [mə'tɜ:nl] *adj.* a) *(motherly)* mütterlich 〈*Liebe, Sorge, Typ*〉; Mutter〈*instinkt*〉; b) *(related)* 〈*Großeltern, Onkel, Tante*〉 mütterlicherseits
maternity [mə'tɜ:nɪtɪ] *n. (motherhood)* Mutterschaft, *die*
maternity: ~ **allowance** *n.* Mutterschaftshilfe, *die;* ~ **benefit** *n.* Mutterschaftsgeld, *das;* ~ **dress** *n.* Umstandskleid, *das;* ~ **home,** ~ **hospital** *ns.* Entbindungsheim, *das;* ~ **leave** *n.* Mutterschaftsurlaub, *der;* ~ **nurse** *n.* Hebamme, *die;* ~ **pay** *n.* Mutterschaftsgeld, *das;* ~ **unit,** ~**ward** *n.* Entbindungsstation, *die;* ~ **wear** *n.* Umstandskleidung, *die*
matey [meɪtɪ] *(Brit. coll.)* 1. *adj.,* **matier** ['meɪtɪə(r)], **matiest** ['meɪtɪɪst] kameradschaftlich 〈*Typ, Atmosphäre*〉; **be/get ~ with sb.** mit jmdm. vertraulich sein/werden. 2. *n.* Kumpel, *der (ugs.);* **watch it, ~!** paß bloß auf, Freundchen!
math [mæθ] *(Amer. coll.) see* **maths**
mathematical [mæθɪ'mætɪkl] *adj.* a) mathematisch; b) *(precise)* mathematisch 〈*Genauigkeit, Exaktheit, Bestimmtheit*〉; mathematisch genau 〈*Beweis*〉

mathematically [mæθɪ'mætɪkəlɪ] *adv.* mathematisch; **prove sth.** ~: etw. mathematisch genau beweisen
mathematician [mæθɪmə'tɪʃn] *n.* Mathematiker, *der*/Mathematikerin, *die*
mathematics [mæθɪ'mætɪks] *n., no pl.* a) *(subject)* Mathematik, *die;* **pure/applied ~:** reine/angewandte Mathematik; b) *constr. as pl. (application)* **the ~ of this problem are complicated** diese Aufgabe ist mathematisch kompliziert; **your ~ are good** du bist gut in Mathematik
maths [mæθs] *n. (Brit. coll.)* Mathe, *die (Schülerspr.)*
matinée *(Amer.:* **matinee**) ['mætɪneɪ] *n.* Matinee, *die;* Frühvorstellung, *die; (in the afternoon)* Nachmittagsvorstellung, *die*
mating ['meɪtɪŋ]: ~ **call,** ~ **cry** *ns.* Paarungsruf, *der;* ~ **season** *n.* Paarungszeit, *die*
matins ['mætɪnz] *n., constr. as sing. or pl.* a) *(RC Ch.)* Matutin, *die;* b) *(Anglican Ch.)* Früh- *od.* Morgenandacht, *die*
matriarchal [meɪtrɪ'ɑ:kl] *adj.* matriarchalisch
matriarchy ['meɪtrɪɑ:kɪ] *n.* Matriarchat, *das*
matrices *pl. of* **matrix**
matricide ['mætrɪsaɪd] *n.* a) *(murder)* Muttermord, *der;* b) *(murderer)* Muttermörder, *der*/-mörderin, *die*
matriculate [mə'trɪkjʊleɪt] *(Univ.)* 1. *v. t.* immatrikulieren **(in** an + *Dat.).* 2. *v. i.* immatrikulieren
matriculation [mətrɪkjʊ'leɪʃn] *n. (Univ.)* Immatrikulation, *die*
matrimonial [mætrɪ'məʊnɪəl] *adj.* Ehe-
matrimony ['mætrɪmənɪ] *n.* a) *(rite of marriage)* Eheschließung, *die;* **sacrament of ~:** Ehesakrament, *das;* b) *(married state)* Ehestand, *der;* **enter into** [**holy**] ~: in den [heiligen] Stand der Ehe treten *(geh.)*
matrix ['meɪtrɪks, 'mætrɪks] *n., pl.* **matrices** ['meɪtrɪsi:z, 'mætrɪsi:z] *or* ~**es** a) *(Geol., Math.)* Matrix, *die;* b) *(mould)* Matrize, *die*
matron ['meɪtrən] *n.* a) *(in school)* ≈ Hausmutter, *die; (in hospital)* Oberin, *die;* Oberschwester, *die;* b) *(arch./literary: married woman)* Matrone, *die;* ~ **of honour** *(verheiratete)* Brautführerin
matronly ['meɪtrənlɪ] *adj.* matronenhaft *(meist abwertend)*
matt [mæt] *adj.* matt; **have a ~ finish** 〈*Fotografie:*〉 auf mattem Papier abgezogen sein
matter ['mætə(r)] 1. *n.* a) *(affair)* Angelegenheit, *die;* **the** ~**s** things; **business ~s** geschäftliche Angelegenheiten *od.* Dinge; **money ~s** Geldangelegenheiten *od.* -fragen; ~**s of state** Staatsangelegenheiten; **raise an important ~:** einen wichtigen Punkt ansprechen; **police investigation into the ~:** polizeiliche Ermittlung in dieser Sache; **it's only a minor** *or* **it's no great ~:** es ist nicht wichtig; **that's another** *or* **a different ~ altogether** *or* **quite another ~:** das ist etwas ganz anderes; **it will only make ~s worse** das macht die Sache nur schlimmer; **and to make ~s worse ...:** und was die Sache noch schlimmer macht/machte, ...; b) *(cause, occasion)* **a/no ~ for** *or* **of ...:** ein/kein Grund *od.* Anlaß zu ...; **it's a ~ of complete indifference to me** es ist mir völlig gleichgültig; c) *(topic)* Thema, *das;* **~ on the agenda** Punkt der Tagesordnung; **it's a ~ for the committee [to decide]** das muß der [zuständige] Ausschuß entscheiden; d) **a ~ of ...** *(something that amounts to)* eine Frage (+ *Gen.*) ...; **it's a ~ of taste/habit** das ist Geschmack-/Gewohnheitssache; **it's a ~ of common knowledge** es ist allgemein bekannt; **it's a ~ of policy with us** das ist für uns eine Grundsatzfrage; **a ~ of how fast I can type** eine Frage, wie schnell ich tippen kann; [**only**] **a ~ of time** [nur noch] eine Fra-

ge der Zeit; **it's a ~ of repairing the switch** der Schalter muß repariert werden; **it's just a ~ of working harder** man muß sich ganz einfach [bei der Arbeit] mehr anstrengen; **it's a ~ of a couple of hours** es wird ein paar Stunden dauern; **das ist eine Sache von ein paar Stunden; in a ~ of minutes** in wenigen Minuten; **it's only a ~ of seconds** das ist eine Sache von Sekunden; **a [plain]** ~ **of fact** eine [schlichte] Tatsache; **That's odd! As a ~ of fact, I was just thinking the same** Das ist komisch! Ich habe nämlich gerade dasselbe gedacht; **Do you know him? – Yes, as a ~ of fact, I do/I know him quite well** Kennst du ihn? – Ja, und ob [ich ihn kenne]/und sogar recht gut; **no, as a ~ of fact, you're wrong** nein, da irrst du dich aber; ~ **of fact** *(Law)* Tatfrage, *die; see also* **course** 1 b; **form** 1 h; e) **what's the ~?** was ist [los]?; **is something the ~?** stimmt irgend etwas nicht?; **ist** [irgend]was *(ugs.)?*; **there's nothing the ~:** gar nichts ist los; **there must be something the ~:** irgend etwas stimmt da nicht; **What's the ~ with you? – There's nothing the ~ with me** Was hast du. – Ich hab gar nichts [los mit dir? – Gar nichts [ist los mit mir]; **there's nothing the ~ with him really, he's just pretending** es fehlt ihm eigentlich gar nichts, er tut nur so; f) **for that ~:** eigentlich; **... and for that ~ so am/do I** ... und ich eigentlich auch; g) **no ~!** [das] macht nichts!; **no ~ how/who/what/why** *etc.* ganz gleich *od.* egal *(ugs.),* wie/wer/was/warum *usw.*; **no ~ how hard he tried** sosehr er sich auch bemühte; h) **in the ~ of sth.** was etw. *(Akk.)* anbelangt; **in the ~ of A versus B** *(Law)* in Sachen *od.* in der Sache A gegen B; i) *(material, as opposed to mind, spirit, od.)* Materie, *die;* [**in**]**organic/solid/vegetable ~:** [an]organische/feste/pflanzliche Stoffe; **the triumph of mind over ~:** der Sieg des Geistes über die Materie; j) *(Physiol.)* Substanz, *die; (pus)* Eiter, *der;* **faecal ~:** Fäzes *Pl.; see also* **grey matter;** k) *no pl., no indef. art. (written or printed material)* **reading ~:** Lesestoff, *der;* **advertising ~:** Reklame, *die;* **[**material for thought *etc.***]** Material, *das;* m) *(content)* Inhalt, *der.* 2. *v. i.* etwas ausmachen; **what does it ~?** was macht das schon?; **was macht's?** *(ugs.);* **what ~s is that ...:** worum es geht, ist ...; **not ~ a damn** vollkommen egal sein; [**it**] **doesn't ~:** [das] macht nichts *(ugs.);* **it ~s a great deal** es macht eine ganze Menge aus; **it doesn't ~ how/when** *etc.* es ist einerlei, wie/wann *usw.;* **does it ~ to you if ...?** macht es dir etwas aus, wenn ...?; **it doesn't ~ at all to me** es ist mir völlig einerlei; **some things ~ rather more than others** manche Dinge sind eben wichtiger als andere; **that's all that ~s** das ist die Hauptsache; **the things which ~ in life** [das,] worauf es im Leben ankommt; **she knows the people who really ~:** sie kennt die Leute, die wirklich etwas gelten
'matter-of-fact *adj.* sachlich; nüchtern
matter-of-'factly [mætərəv'fæktlɪ] *adv.* sachlich, nüchtern
Matthew ['mæθju:] *pr. n.* **St ~:** der hl. Matthäus *od. (ökumen.)* Mattäus
matting ['mætɪŋ] *n. (fabric)* coconut/straw/reed ~: Kokos-/Stroh-/Schilf- *od.* Rohrgeflecht, *das; (as floor-covering)* Kokos-/Stroh-/Schilfmatten, *die;* **a piece of ~:** ein Stück Matte
mattock ['mætək] *n. (Agric.)* Breithacke, *die*
mattress ['mætrɪs] *n.* Matratze, *die; see also* **spring mattress**
maturation [mætjʊ'reɪʃn] *n.* a) *(maturing)* Reifung, *die;* b) *(of fruit)* [Heran]reifen, *das*
mature [mə'tjʊə(r)] 1. *adj.* 〈*Plan, Methode, Stil, Käse, Portwein, Sherry*〉; ~**st** [mə'tjʊərɪst] a) reif; ausgereift durchgegoren 〈*Wein*〉; ausgewachsen 〈*Pflanze, Tier*〉; vollentwickelt 〈*Zellen*〉; ~

student Spätstudierende, *der/die;* **a man of ~ years** ein Mann im reiferen Alter *od.* in reiferen Jahren; **b)** *(Finance)* fällig ⟨*Rechnung, Schuldschein usw.*⟩. **2.** *v. t.* reifen lassen ⟨*Frucht, Wein, Käse*⟩; reifer machen ⟨*Personen*⟩; ausreifen lassen ⟨*Plan*⟩; **port is ~d in oak casks** Portwein reift in Eichenfässern. **3.** *v. i.* **a)** ⟨*Frucht, Wein, Käse usw.:*⟩ reifen; **b)** ⟨*Person:*⟩ reifen, reifer werden; **c)** ⟨*Rechnung, Police usw.:*⟩ fällig werden
maturity [məˈtjʊərɪtɪ] *n.* **a)** Reife, *die;* **reach ~, come to ~** ⟨*Person:*⟩ erwachsen werden; ⟨*Tier:*⟩ ausgewachsen sein; **b)** *(Finance)* Fälligkeit, *die;* **come to ~:** fällig werden
maty *see* **matey**
maudlin [ˈmɔːdlɪn] *adj.* gefühlsselig
maul [mɔːl] **1.** *v. t.* **a)** ⟨*Tiger, Löwe, Bär usw.:*⟩ Pranken-/Tatzenhiebe versetzen (+ *Dat.*); *(fig.)* maltrâtieren; verreißen ⟨*Theaterstück, Buch*⟩; ⟨*Boxer:*⟩ losgehen auf (+ *Akk.*) ⟨*Gegner*⟩; **he was ~ed by a lion** er wurde von einem Löwen angefallen; **b)** *(fondle roughly)* betatschen *(Dat.).* **2.** *n.* **a)** *(brawl)* Schlägerei, *die;* **b)** *(Rugby)* [loose] **~:** offenes Gedränge
Maundy [ˈmɔːndɪ] *n. (Brit.)* Verteilung von Almosen am Gründonnerstag
Maundy: ~ money *n. (Brit.)* englische silberne Sondermünzen, die am Gründonnerstag als Almosen verteilt werden; **Maundy money**, *das;* **~ ˈThursday** *n.* Gründonnerstag, *der*
Mauritania [mɒrɪˈteɪnɪə] *pr. n.* Mauretanien *(das)*
Mauritian [məˈrɪʃn] **1.** *adj.* mauritisch; **sb. is ~:** jmd. ist Mauritier/Mauritierin. **2.** *n.* Mauritier, *der*/Mauritierin, *die*
Mauritius [məˈrɪʃəs] *pr. n.* Mauritius *(das)*
mausoleum [mɔːsəˈliːəm] *n.* Mausoleum, *das*
mauve [məʊv] *adj.* mauve
maverick [ˈmævərɪk] **1.** *n.* Einzelgänger, *der*/Einzelgängerin, *die; (Amer.: politician)* Alleingänger, *der.* **2.** *adj.* einzelgängerisch
maw [mɔː] *n.* **a)** *(stomach)* Magen, *der;* (*of ruminant*) Labmagen, *der;* **b)** *(jaws)* Rachen, *der*
mawkish [ˈmɔːkɪʃ] *adj. (sentimental)* rührselig
max. *abbr.* maximum *(adj.)* max., *(n.)* Max.
maxi [ˈmæksɪ] *n. (coll.) (dress)* Maxi, *das (ugs.); (skirt)* Maxi, *der (ugs.)*
maxi- *in comb.* Maxi⟨*kleid, -rantel, -rock*⟩
maxim [ˈmæksɪm] *n.* Maxime, *die*
maximal [ˈmæksɪml] *adj.,* **maximally** [ˈmæksɪməlɪ] *adv* maximal
maximisation, 1. aximise *see* **maximization, maximize**
maximization [mæksɪmaɪˈzeɪʃn] *n.* Maximierung, *die;* **~ of profit** Profitmaximierung, *die*
maximize [ˈmæksɪmaɪz] *v. t.* maximieren
maximum [ˈmæksɪməm] **1.** *n., pl.* **maxima** [ˈmæksɪmə] Maximum *das;* **a ~ of happiness** ein Maximum an Glück; **production is at a ~:** die Produktion befindet sich auf einem Höchststand. **2.** *adj.* maximal, Maximal-; **~ security prison** Hochsicherheitsgefängnis, *das*
May [meɪ] *n.* **a)** *(month)* Mai, *der; see also* **August; queen** a) **b) may** *(hawthorn)* Weißdorn, *der*
may *v. aux., only in pres.* **may,** *neg. (coll.)* **mayn't** [meɪnt], *past* **might** [maɪt], *neg. (coll.)* **mightn't** [ˈmaɪtnt] **a)** *expr. possibility* können; **it ~ be true** das kann stimmen; **it ~ or ~ not be true** vielleicht stimmt's, vielleicht auch nicht; **I ~ be wrong** vielleicht irre ich mich; **they ~ be related** es kann sein, daß sie verwandt sind; vielleicht sind sie verwandt; **it ~ not be possible** das wird vielleicht nicht möglich sein; **he ~ have missed his train** vielleicht hat er seinen Zug verpaßt; **he ~ have finished already** vielleicht ist er schon fertig; **it ~ or might be true, though I doubt it** das kann schon *od.* könnte stimmen, obwohl ich es bezweifle; **it ~ or might rain** es könnte regnen; **he might come round later** vielleicht kommt er später noch vorbei; **they might decide to stay** womöglich beschließen sie zu bleiben; **he might have been right** vielleicht hat er [ja] recht gehabt; er könnte recht gehabt haben; **he might have agreed if ...:** vielleicht hätte er zugestimmt, wenn ...; **it's not so bad as it might have been** es hätte schlimmer kommen können; **that ~ well be** das ist durchaus möglich; das kann durchaus sein; **it ~ or might well be true** das kann *od.* könnte durchaus stimmen; **it ~ or might well turn out to be quite easy** es ist durchaus möglich, daß es sich als recht einfach herausstellt; **you ~ well say so** das kann man wohl sagen; **as well he ~/might** wozu er [auch] allen Grund hat/hatte; **we ~ or might as well go** wir könnten eigentlich ebensogut [auch] gehen; *(we are not achieving anything here)* dann können wir ja gehen; **that is as '~ be** das kann *od.* mag schon sein; **that as it ~:** wie dem auch sei; **b)** *expr. permission* dürfen; **you ~ go now** du kannst *od.* darfst jetzt gehen; **~ I ask why ...?** darf ich fragen, warum ...?; **if I ~ say so ...:** wenn ich das sagen darf, ...; **~ or might I be permitted to ...?** *(formal)* gestatten Sie, daß ...?; **we ~ safely assert that ...:** wir dürfen wohl behaupten, daß ...; **~ or might I ask** *(iron.)* ..., wenn ich [mal] fragen darf?; *c) expr. wish* mögen; **~ you be happy together!** ich hoffe, ihr werdet glücklich miteinander!; **~ the best man win!** auf daß der Beste gewinnt!; **~ God bless you** Gott segne dich; **d)** *expr. request* **you might help me with this** du könntest mir dabei helfen; **you might offer to help instead of ...:** du solltest lieber helfen, statt ...; **you might at least try** [it] du könntest es wenigstens versuchen; **you might have asked permission** du hättest um Erlaubnis fragen können; **e)** *used concessively* **he ~ be slow but he's accurate** mag sein, daß er langsam ist, aber dafür ist er auch genau; **f)** *in clauses* **so that I ~/might do sth.** damit ich etw. tun kann; **I hope he ~ succeed** ich hoffe, es gelingt ihm; **I wish it might happen** ich wünschte, es würde geschehen; **you never know what ~ happen** man weiß nie, was passieren kann; **come what ~, whatever ~ happen** geschehe was will; was auch geschieht; **whatever you ~ say ...:** ganz gleich, was du sagst ...; **g) who ~ you be?** wer bist du denn *od.* bist du denn?; **how old might she be?** wie alt mag sie *od.* wird sie wohl sein?
maybe [ˈmeɪbɪ, ˈmeɪbɪ] *adv.* vielleicht
ˈ**May Day** *n.* der Erste Mai; **~ celebrations/demonstrations** Maifeiern/-demonstrationen; **the ~ holiday** der Maifeiertag
ˈ**Mayday** *n. (distress signal)* Mayday; **~ signal/call** Maydaysignal, *das*
mayfly *n. (Zool.)* Eintagsfliege, *die*
mayhem [ˈmeɪhem] *n.* **a)** *(confusion, chaos)* Chaos, *das;* **there was ~:** es gab ein Chaos; **cause** *or* **create ~:** ein Chaos verursachen *od.* hervorrufen; **b)** *(Brit. Hist./Amer.)* schwere Körperverletzung
mayn't [meɪnt] *(coll.)* = **may not;** *see* **may**
mayonnaise [meɪəˈneɪz] *n.* Mayonnaise, *die;* **egg/fish ~:** Ei/Fisch in Mayonnaise
mayor [meə(r)] *n.* Bürgermeister, *der;* **Lord M~** *(Brit.)* Lord-Mayor, *der;* ≈ Oberbürgermeister, *der;* **Lord M~'s Show** *(Brit.) Festzug des Lord-Mayor durch die City von London*
mayoral [ˈmeərl] *adj.* des Bürgermeisters *nachgestellt*
mayoralty [ˈmeərltɪ] *n. (office)* Amt des Bürgermeisters; *(period of office)* Amtszeit eines Bürgermeisters
mayoress [ˈmeərɪs] *n. (woman mayor)* Bürgermeisterin, *die; (mayor's wife)* [Ehe]frau des Bürgermeisters; **Lady M~** *(Brit.)* Oberbürgermeisterin, *die/*[Ehe]frau des Oberbürgermeisters
ˈ**maypole** *n.* Maibaum, *der*
ˈ**May queen** *n.* Maikönigin, *die*
maze [meɪz] *n. (lit. or fig.)* Labyrinth, *das*
mazurka [məˈzɜːkə] *n. (Mus.)* Mazurka, *die*
MB *abbr.* **Bachelor of Medicine** ≈ zweites medizinisches Staatsexamen; *see also* **B. Sc.**
MBA *abbr.* **Master of Business Administration** graduierter Betriebswirt; *see also* **B. Sc.**
MBE *abbr. (Brit.)* **Member [of the Order] of the British Empire** Träger des Ordens des British Empire 5. Klasse
MC *abbr.* **a) Master of Ceremonies; b)** *(Brit.)* **Military Cross** militärisches Verdienstkreuz
MCC [emsiːˈsiː] *n.* britischer Kricketverband
McCoy [məˈkɔɪ] **the real ~** *(coll.)* der/die/das Echte; *(not a fake or replica)* das Original
MCP *abbr. (coll.)* **male chauvinist pig**
MD *abbr.* **a) Doctor of Medicine** Dr. med.; *see also* **B. Sc.;** **b) Managing Director** Ltd. Dir.
¹**me** [mɪ, *stressed* miː] *pron.* mich; *as indirect object* mir; **bigger than/as big as me** größer als/so groß wie ich; **silly ~:** ich Dussel! *(salopp);* **why me?** warum ich/mich/mir?; **who, me?** wer, ich?; **not me** ich/mich/mir nicht; **it's me ich bin's; it isn't me** das bin ich nicht; **yes, me** ja, ich/mich/mir; **the real me** mein wahres Ich
²**me** [miː] *n. (Mus.)* mi
¹**mead** [miːd] *n. (drink)* Met, *der*
²**mead** *n. (poet./arch.: meadow)* Aue, *die*
meadow [ˈmedəʊ] *n.* Wiese, *die;* **in the ~:** auf der Wiese
meadow: ~-grass *n.* [Wiesen]rispengras, *das;* **~ pipit** *n. (Ornith.)* Wiesenpieper, *der;* **~ ˈsaffron** *n. (Bot.)* Herbstzeitlose, *die;* **~sweet** *n. (Bot.) (Brit.)* Mädesüß, *das; (Amer.)* Weidenblättriger Spierstrauch
meager, meagerly, meagerness *(Amer.) see* **meagre** *etc.*
meagre [ˈmiːgə(r)] *adj.* **a)** spärlich; dürftig *(auch fig.);* mager ⟨*Boden*⟩; **a ~ attendance** eine geringe Teilnehmerzahl; **b)** mager ⟨*Gesicht, Mensch*⟩; hager ⟨*Gestalt*⟩
meagrely [ˈmiːgəlɪ] *adv.* spärlich; dürftig ⟨*leben, sich ernähren, behandeln*⟩
meagreness [ˈmiːgənɪs] *n., no pl.* Spärlichkeit, *die;* Dürftigkeit, *die*
¹**meal** [miːl] *n.* Mahlzeit, *die;* **stay for a ~:** zum Essen bleiben; **go out for a ~:** essen gehen; **have a [hot/cold/light] ~:** [warm/kalt/etwas Leichtes] essen; **enjoy your ~:** guten Appetit!; **did you enjoy your ~?** hat es Ihnen geschmeckt?; **~s on wheels** *(Brit.)* Essen auf Rädern; **make a ~ of sth.** etw. verzehren *od.* essen; *(fig.)* eine große Sache aus etw. machen
²**meal** *n.* **a)** *(ground grain)* Schrot[mehl], *das;* **b)** *(Scot.: oatmeal)* Hafermehl, *das;* **c)** *(Amer.: maize flour)* Maismehl, *das*
mealies [ˈmiːlɪz] *n. pl. (S. Afr.)* **a)** *(maize)* Mais, *der;* **b)** *(corn-cob)* Maiskolben, *der*
meal: ~-ticket *n.* Essenmarke, *die; (fig. coll.)* melkende Kuh *(ugs.);* **~time** *n.* Essenszeit, *die;* **at ~times** während des Essens; bei Tisch; **my usual ~time is ...:** ich esse um ...
mealy [ˈmiːlɪ] *adj.* mehlig ⟨*Kartoffeln, Äpfel*⟩
mealy-mouthed [ˈmiːlɪmaʊðd] *adj. (derog.)* unaufrichtig
¹**mean** [miːn] *n.* **1.** *n.* **a)** *(middle way)* Mittelweg, *der;* Mitte, *die;* **a happy ~:** der goldene Mittelweg; *see also* **golden mean; b)** *(Math.)* Mittelwert, *der*
²**mean** *adj.* **a)** *(niggardly)* schäbig *(abwertend);* **you ~ old thing!** du alter Geizhals! *(abwertend);* **b)** *(ignoble)* schäbig *(abwertend),* gemein ⟨*Person, Verhalten, Gesinnung*⟩; *(malicious)* hinterhältig ⟨*Blick*⟩; **c)** *(unimpressive)* schäbig *(abwertend)* ⟨*Haus,*

Wohngegend⟩; armselig ⟨*Verhältnisse*⟩; **be no ~ athlete/feat** kein schlechter Sportler/keine schlechte Leistung sein; **d)** (*coll.: ashamed*) **feel ~** [**about sth.**] sich [wegen etw.] schäbig vorkommen; **he made me feel ~:** ich kam mir ihm gegenüber richtig schäbig vor; **e)** (*inferior*) minder... ⟨*Qualität*⟩; **this is clear to the ~est intelligence** das ist selbst dem Dümmsten klar; **f)** (*Amer.: vicious*) bösartig, heimtückisch ⟨*Person, Tier*⟩; **g)** (*Amer. coll.: unwell*) **feel ~:** sich mies fühlen (*ugs.*); **h)** (*coll.: skilful*) spitze (*ugs.*); klasse (*ugs.*); **blow a ~ trumpet** spitze od. klasse Trompete spielen

³**mean** *v.t.*, ~t [ment] **a)** (*have as one's purpose*) beabsichtigen; **~ well** es gut meinen; **~ sb. well, ~ well by** *or* **to** *or* **towards sb.** es gut mit jmdm. meinen; **I ~t no harm to him** ich hab's nicht böse gemeint; **I ~t him no harm** ich wollte ihm nichts Böses; **what do you ~ by [saying] that?** was willst du damit sagen?; **what do you ~ by entering without first knocking?** was fällt dir ein, einfach, ohne anzuklopfen, hereinzukommen? **I ~t it** *or* **it was ~t as a joke** das sollte ein Scherz sein; **~ to do sth.** etw. tun wollen; **I ~ to do it** ich bin fest dazu entschlossen; **I ~ to be obeyed** ich verlange, daß man mir gehorcht; **if he ~s to come ...:** wenn er [schon] unbedingt kommen will, ...; **I ~t to write, but forgot** ich hatte [fest] vor zu schreiben, aber habe es [dann] vergessen; **I only ~t to be helpful** ich wollte [doch] nur helfen; **I didn't ~ to be rude** ich wollte nicht unhöflich sein; **I never ~t to imply that** das habe ich niemals sagen wollen; **do you ~ to say that ...?** willst du damit sagen, daß ...?; *see also* **business f; b)** (*design, destine*) **these plates are ~t to be used** diese Teller sind zum Gebrauch bestimmt *od.* sind da, um benutzt zu werden; **what's this gadget ~t to be?** welche Funktion hat dieses Gerät?; **I ~t it to be a surprise/as a surprise for him** es sollte eine Überraschung für ihn sein; ich wollte ihn damit überraschen; **you were never ~t for a diplomat** du bist eben nicht der geborene Diplomat; **they are ~t for each other** sie sind füreinander bestimmt; **I am ~t for greater things than this** ich bin zu Höherem bestimmt; **is this ~t for me?** soll das für mich sein?; **I ~t you to read the letter** ich wollte, daß du den Brief liest; **be ~t to do sth.** etw. tun sollen; **you are ~t to arrive on time** es wird erwartet, daß Sie pünktlich eintreffen *od.* sind; **you weren't ~t to say that** das hättest du nicht sagen sollen; **I am ~t to be giving a lecture** ich soll einen Vortrag halten; **are we ~t to go this way?** (*permitted*) dürfen wir hier langgehen?; **the Russians are ~t to be good at chess** die Russen sollen gut im Schach sein. **c)** (*intend to convey, refer to*) meinen; **I ~ [to say], ...:** ich meine ...; **if you know** *or* **see what I ~:** du verstehst, was ich meine?; **what do you ~ by that?** was hast du damit gemeint?; **what I ~ is, will you marry me?** ich meine, willst du mich heiraten?; **I really ~ it, I ~ what I say** ich meine das ernst; es ist mir Ernst damit; **I didn't ~ it literally** ich habe das nicht wörtlich gemeint; **d)** (*signify, entail, matter*) bedeuten; **the name ~s/the instructions ~ nothing to me** der Name sagt mir nichts/ich kann mit der Anleitung nichts anfangen; **this ~s serious problems for him** das wird ihn in ernste Schwierigkeiten bringen

meander [mɪˈændə(r)] **1.** *v.i.* **a)** ⟨*Fluß*⟩: schlängeln *od.* winden; mäandern (*Geogr.*); **b)** ⟨*Person*⟩: schlendern. **2.** *n. in sing.* Windungen; (*of river also*) Mäander (*Geogr.*)

meanderings [mɪˈændərɪŋz] *n. pl.* Windungen; (*of stream also*) Mäander (*Geogr.*)

meanie [ˈmiːnɪ] *n.* (*coll.*) Geizhals, *der* (*abwertend*); Geizkragen, *der* (*ugs. abwertend*)

meaning [ˈmiːnɪŋ] **1.** *n.* Bedeutung, *die*; (*of text etc., life*) Sinn, *der*; **this sentence has no ~:** dieser Satz ergibt keinen Sinn; **if you get my ~:** du verstehst, was ich meine?; **I don't get your ~:** ich verstehe dich nicht; ich weiß nicht, was du meinst; **I mistook his ~:** ich habe ihn mißverstanden; **what's the ~ of this?** was hat [denn] das zu bedeuten?; **you don't know the ~ of suffering/of the word** du weißt ja gar nicht, was Leiden bedeutet *od.* ist/was das bedeutet; **with ~:** bedeutungsvoll. **2.** *adj.* bedeutungsvoll

meaningful [ˈmiːnɪŋfl] *adj.* sinntragend ⟨*Wort, Einheit*⟩; (*fig.*) bedeutungsvoll ⟨*Blick, Ergebnis, Folgerung*⟩; sinnvoll ⟨*Leben, Aufgabe, Arbeit, Gespräch*⟩

meaningless [ˈmiːnɪŋlɪs] *adj.* ⟨*Wort, Satz, Gespräch*⟩ ohne Sinn; (*fig.*) sinnlos ⟨*Aktivität, Leben, Leiden, Opfer, Verhalten*⟩

meanly [ˈmiːnlɪ] *adv.* schäbig (*abwertend*) gemein ⟨*sich verhalten, jmdn. behandeln*⟩; armselig, dürftig ⟨*bekleidet, ausgestattet, ausgerüstet*⟩; **live ~:** in armseligen Verhältnissen leben

meanness [ˈmiːnnɪs] *n., no pl.* **a)** (*stinginess*) Schäbigkeit, *die* (*abwertend*); **b)** (*baseness*) Schäbigkeit, *die* (*abwertend*); Gemeinheit, *die*; **c)** (*shabbiness*) *see* ²**mean c:** Schäbigkeit, *die*; Armseligkeit, *die*

means [miːnz] *n. pl.* usu. *constr. as sing.* (*way, method*) Möglichkeit, *die*; [Art und Weise; **by this ~:** hierdurch; auf diese Weise; **by what ~?** wie? auf welche Weise?; **by some ~ or other** auf die eine oder andere Weise; irgendwie; **a ~ to an end** ein Mittel zum Zweck; **do the ends justify the ~?** heiligt der Zweck die Mittel?; **we have no ~ of doing this** wir haben keine Möglichkeit, dies zu tun; **he used poetry as a ~ of expressing his ideas** er benutzte Dichtung als Mittel, um seine Gedanken auszudrücken; **an easy ~ of escape** eine bequeme Fluchtmöglichkeit; **~ of transport** Transportmittel, *das*; **a ~ of communicating with sb.** eine Möglichkeit *od.* ein Weg, sich mit jmdm. zu verständigen; **how this happened we have no ~ of telling/knowing** wie es passiert *od.* (*geh.*) geschah, können wir nicht sagen/ wissen; *see also* **way 1 c; b)** (*resources*) Mittel *Pl.*; **live within/beyond one's ~:** seinen Verhältnissen entsprechend/über seine Verhältnisse leben; **he/she is a man/woman of ~:** er/sie ist vermögend; **c) Will you help me? – By all ~:** Hilfst du mir? Selbstverständlich!; **May I go now? – By all ~:** Darf ich jetzt gehen? – Ja, gern *od.* sicher; **do so by all ~, but ...:** tu das ruhig, aber ...; **by no [manner of] ~, not by any [manner of] ~:** ganz und gar nicht; keineswegs; **by ~ of** durch; mit [Hilfe von]

ˈ**means test 1.** *n.* Überprüfung der Bedürftigkeit. **2.** *v.t.* jmds. Bedürftigkeit überprüfen; **~ tested benefits** nach Bedürftigkeit gestaffelte Unterstützungszahlungen

meant *see* ³**mean**

mean: **~time 1.** *n.* **in the ~time** in der Zwischenzeit; inzwischen; **2.** *adv.* inzwischen; **~while** *adv.* inzwischen

meany *see* **meanie**

measles [ˈmiːzlz] *n., constr. as pl. or sing.* Masern *Pl.*; *see also* **German measles**

measly [ˈmiːzlɪ] *adj.* (*coll. derog.*) pop[e]lig (*ugs. abwertend*); **a little portion** eine mickrige Portion (*ugs. abwertend*)

measurable [ˈmeʒərəbl] *adj.* meßbar ⟨*Anzahl, Menge, Größe*⟩; (*fig.*) merkliche ⟨*Besserung, Veränderung, Fortschritte*⟩; **bring sb. within ~ distance of bankruptcy** jmdn. an den Rand des Bankrotts bringen

measurably [ˈmeʒərəblɪ] *adv.* merklich ⟨*besser, größer*⟩

measure [ˈmeʒə(r)] **1.** *n.* **a)** Maß, *das*; **~ of length** Längenmaß, *das*; **weights and ~s** Maße und Gewichte; **for good ~:** sicherheitshalber; (*as an extra*) zusätzlich; **give short/full ~** (*in public house*) zu wenig/vorschriftsmäßig ausschenken; (*in shop*) zu wenig/vorschriftsmäßig abwiegen; **made to ~ pred.** (*Brit., lit. or fig.*) maßgeschneidert; **b)** (*degree*) Menge, *die*; **in some ~:** in gewisser Hinsicht; **in large/full ~:** in hohem/vollem Maße; **a ~ of freedom/responsibility** ein gewisses Maß an Freiheit/Verantwortung (*Dat.*); **c)** (*instrument or utensil for measuring*) Maß, *das*; (*for quantity also*) Meßglas, *das*; Meßbecher, *der*; (*for size also*) Meßstab, *der*; Maßstab, *der* (*selten*); (*fig.*) Maßstab, *der*; **be a/the ~ of sth.** Maßstab für etw. sein; **it gave us some ~ of the problems** das gab uns eine Vorstellung *od.* einen Begriff von den Problemen; **beyond [all] ~:** grenzenlos; über die *od.* alle Maßen *adv.*; **d)** (*Pros.*) Versmaß, *das*; (*Mus.*) Metrum, *das*; **e)** (*Mus.: time, bar*) Takt, *der*; **f)** (*step, law*) Maßnahme, *die*; (*Law: bill*) Gesetzesvorlage, *die*; **take ~s to stop/ensure sth.** Maßnahmen ergreifen *od.* treffen, um etw. zu unterbinden/sicherzustellen; *see also* **half measure b; g)** (*Geol.*) *see* **coal measures. 2.** *v.t.* **a)** messen ⟨*Größe, Menge usw.*⟩; ausmessen ⟨*Raum*⟩; **~ sb. for a suit** [bei] jmdm. Maß *od.* die Maße für einen Anzug nehmen; **b)** (*fig.: estimate*) abschätzen; **~ sb. by one's own standards** jmdn. an seinen eigenen Maßstäben messen; ⟨*mark off*⟩ **~ sth. [off]** etw. abmessen; **d)** (*fig.: put in competition*) messen (*geh.*); **~ oneself against sb.** sich mit jmdm. messen (*geh.*); **e) ~ one's length** (*fig.*) der Länge nach hinfallen. **3.** *v.i.* **a)** (*have a given size*) messen; **b)** (*take measurement[s]*) Maß nehmen

ˈ**out** *v.t.* abmessen

~ up to v.i. entsprechen (+ *Dat.*) ⟨*Maßstäben, Erwartungen*⟩; gewachsen sein (+ *Dat.*) ⟨*Anforderungen*⟩

measured [ˈmeʒəd] *adj.* rhythmisch, gleichmäßig ⟨*Geräusch, Bewegung*⟩; gemessen ⟨*Schritt, Worte, Ausdrucksweise*⟩; **speak ~:** sich gemessen ausdrücken

measureless [ˈmeʒəlɪs] *adj.* unermeßlich

measurement [ˈmeʒəmənt] *n.* **a)** (*act, result*) Messung, *die*; **b)** (*pl. dimensions*) Maße *Pl.*; **take sb.'s ~s** [bei] jmdm. Maß *od.* die Maße nehmen

measuring [ˈmeʒərɪŋ]: **~-jug** *n.* Meßbecher, *der*; **~-tape** *n.* Bandmaß, *das*

meat [miːt] *n.* **a)** Fleisch, *das*; **b)** (*arch.: food*) Essen, *das*; (*for animals*) Futter, *das*; **~ and drink** Speis und Trank (*geh.*); **one man's ~ is another man's poison** (*prov.*) was dem einen sin Uhl, ist dem andern sin Nachtigall (*Spr.*); **be ~ and drink to sb.** (*fig.*) genau das sein, was jmd. braucht; **c)** (*fig.: chief part, essence*) Substanz, *die*

meat: **~-axe** *n.* Fleischbeil, *das*; Spalter, *der* (*fachspr.*); **~-ball** *n.* Fleischkloß, *der*; Fleischklößchen, *das*; **~-fly** *n.* Fleischfliege, *die*; **~ grinder** (*Amer.*) *see* **mincer**

meatless [ˈmiːtlɪs] *adj.* fleischlos

meat: **~ loaf** *n.* Hackbraten, *der*; **~ pie** *n.* Fleischpastete, *die*; **~-safe** *n.* (*Brit.*) Fliegenschrank, *der*

meaty [ˈmiːtɪ] *adj.* **a)** (*full of meat*) fleischig ⟨*Gulasch usw.*⟩ mit reichlich Fleisch; **have a ~ taste** nach Fleisch schmecken; **b)** (*fig.: full of substance*) gehaltvoll

Mecca [ˈmekə] *n.* Mekka, *das*; **the ~ of golfers** das Mekka für Golfer

mechanic [mɪˈkænɪk] *n.* Mechaniker, *der*

mechanical [mɪˈkænɪkl] *adj.* (*lit. or fig.*) mechanisch; **produced by ~ means** maschinell produziert; maschinell erzeugt ⟨*Strom*⟩; **~ contrivance** Mechanismus, *der*

mechanical: **~ engiˈneer** *n.* Maschinenbauer, *der*/-bauerin, *die*; (*graduate*) Maschinenbauingenieur, *der*/-ingenieurin, *die*; **~ engiˈneering** *n.* Maschinenbau, *der*

mechanically [mɪˈkænɪkəlɪ] *adv.* (*lit. or fig.*) mechanisch; **~ inclined/minded** technisch interessiert/veranlagt

mechanical pencil 'pencil n. (Amer.) Drehbleistift, der
mechanics [mɪ'kænɪks] n., no pl. a) Mechanik, die; b) constr. as pl. (means of construction or operation) Mechanismus, der; (of writing, painting, etc.) Technik, die; **understand the ~ of sth.** wissen, wie etw. funktioniert
mechanisation, mechanise see mechaniz-
mechanism ['mekənɪzm] n. Mechanismus, der
mechanization [mekənaɪ'zeɪʃn] n. Mechanisierung, die
mechanize ['mekənaɪz] v. t. a) mechanisieren; b) (Mil.) motorisieren
Med [med] pr. n. (coll.) **the ~:** das Mittelmeer
medal ['medl] n. Medaille, die; (decoration) Orden, der; for bravery/pole-vaulting Tapferkeitsmedaille, die/Medaille im Stabhochsprung; **the reverse of the ~** (fig.) die Kehrseite der Medaille
medalist (Amer.) see medallist
medallion [mɪ'dæljən] n. a) (large medal) [große] Medaille, die; b) (thing shaped like medal) Medaillon, das
medallist ['medəlɪst] n. Medaillengewinner, der/-gewinnerin, die (Sport); **be a ~:** eine Medaille gewonnen haben
meddle ['medl] v. i. **~ with sth.** sich (Dat.) an etw. (Dat.) zu schaffen machen; **~ in sth.** sich in etw. (Akk.) einmischen; **don't ~:** Finger weg! (ugs.); (stop interfering) misch dich nicht ein! (ugs.); **she's always meddling** sie muß sich immer in alles einmischen
meddler ['medlə(r)] n. **he's [such] a ~:** (with things) er muß immer alles in die Finger nehmen od. (ugs.) an allem herumspielen; (in things) er muß sich immer in alles einmischen
meddlesome ['medlsəm] adj. **she is so ~ or such a ~ person** (interferes with things) sie muß sich (Dat.) immer an was zu schaffen machen; (interferes in things) sie muß sich in alles einmischen
Mede [mi:d] n. **law of the ~s and Persians** (fig.) unumstößliches Gesetz
media ['mi:dɪə] see mass media; **medium 1 a**
mediaeval see medieval
medial ['mi:dɪəl] adj. mittler...; ⟨Buchstabe, Zeichen⟩ mitten im Wort
median ['mi:dɪən] 1. adj. mittler...; median (Anat.). 2. n. (Statistics) Median[wert], der; Zentralwert, der
mediate ['mi:dɪeɪt] 1. v. i. vermitteln. 2. v. t. a) (settle) vermitteln in (+ Dat.); b) (bring about) vermitteln
mediation [mi:dɪ'eɪʃn] n. Vermittlung, die
mediator ['mi:dɪeɪtə(r)] n. Vermittler, der/Vermittlerin, die
medic ['medɪk] see medico
Medicaid ['medɪkeɪd] n. (Amer.) [bundes]staatliches Programm, das Unterstützungsbedürftigen Beihilfe zur Deckung von Arzt- und Heilmittelkosten gewährt
medical ['medɪkl] 1. adj. medizinisch; ärztlich ⟨Behandlung⟩; **~ ward** ≈ medizinische od. innere Abteilung. 2. n. (coll.) see **medical examination**
medical: ~ attendant n. Leibarzt, der/-ärztin, die; **~ certificate** n. Attest, das; **~ exami'nation** n. ärztliche Untersuchung; **~ 'history** n. a) Geschichte der Medizin; **make ~ history** auf dem Gebiet der Medizin Geschichte machen; b) (of person) Krankengeschichte, die
medically ['medɪkəlɪ] adv. medizinisch
medical: ~ officer n. (Brit.) a) Amtsarzt, der/-ärztin, die; b) (Mil.) Sanitätsoffizier, der; **~ prac'titioner** n. praktischer Arzt/praktische Ärztin; Arzt/Ärztin für Allgemeinmedizin; **~ report** n.. medizinisches Gutachten, das; **~ school** n. medizinische Hochschule; (faculty) medizinische Fakultät; **~ student** n. Medizinstudent, der/-studentin, die
medicament [mɪ'dɪkəmənt, 'medɪkəmənt] n. Medikament, das
Medicare ['medɪkeə(r)] n. (Amer.) [bundes]staatliches Krankenversicherungssystem für Personen über 65 Jahre
medicated ['medɪkeɪtɪd] adj. **~ shampoo/soap** medizinisches Haarwaschmittel/medizinische Seife; **~ gauze** imprägnierter Mull
medication [medɪ'keɪʃn] n. a) (treatment) Behandlung, die; Medikation, die (Med.); b) (medicament) Medikament, das
medicinal [mɪ'dɪsɪnl] adj. medizinisch; Arznei⟨mittel, -kohle⟩; **~ qualities** Heilkräfte
medicinally [mɪ'dɪsɪnəlɪ] adv. medizinisch; **use sth. ~:** etw. zu medizinischen Zwecken od. Heilzwecken verwenden
medicine ['medsən, 'medɪsɪn] n. (science) Medizin, die; (preparation) Medikament, das; Medizin, die (veralt.); **give sb. some or a little or a dose or a taste of his/her own ~** (fig.) es jmdm. mit gleicher Münze heimzahlen; **they got a taste of their own ~** (fig.) man zahlte es ihnen mit gleicher Münze heim; **take one's ~** (fig.) die bittere Pille schlucken (ugs.); (bear the consequences) die Suppe auslöffeln (ugs.)
medicine: ~ ball n. Medizinball, der; **~ chest** n. Medikamentenschränkchen, das; (in home) Hausapotheke, die; **~-man** n. Medizinmann, der
medico ['medɪkəʊ] n., pl. ~s (coll.) a) (doctor) Doktor, der (ugs.); b) (student) Mediziner, der/Medizinerin, die (ugs.)
medieval [medɪ'i:vl] adj. (lit. or fig.) mittelalterlich; **the ~ period** das Mittelalter; **~ studies** Mediävistik, die; **in ~ times** im Mittelalter; **~ Latin** see Latin 2
medieval 'history n. Geschichte des Mittelalters; (as subject) mittelalterliche Geschichte
medievalist [medɪ'i:vəlɪst] n. Mediävist, der/Mediävistin, die
mediocre [mi:dɪ'əʊkə(r)] adj. mittelmäßig
mediocrity [mi:dɪ'ɒkrɪtɪ] n. a) no pl. Mittelmäßigkeit, die; b) (person) mittelmäßiger Mensch; **he is a ~/they are mediocrities** er ist/sie sind [ausgesprochenes] Mittelmaß
meditate ['medɪteɪt] 1. v. t. (consider) denken an (+ Akk.); erwägen; (design) planen; **~ revenge** auf Rache (Akk.) sinnen (geh.). 2. v. i. nachdenken, (esp. Relig.) meditieren (⟨up⟩on über + Akk.)
meditation [medɪ'teɪʃn] n. a) (act of meditating) Nachdenken, das; b) (Relig.) Meditation, die
meditative ['medɪtətɪv] adj., **meditatively** ['medɪtətɪvlɪ] adv. nachdenklich; (esp. Relig.) meditativ
Mediterranean [medɪtə'reɪnɪən] 1. pr. n. **the ~:** das Mittelmeer. 2. adj. mediterran (Geogr.); südländisch; **~ coast/countries** Mittelmeerküste, die/Mittelmeerländer
Mediterranean: ~ 'climate n. (Geog.) mediterranes Klima, das; **~ 'Sea** pr. n. Mittelmeer, das
medium ['mi:dɪəm] 1. n., pl. **media** ['mi:dɪə] or **~s** a) (substance) Medium, das; (fig.: environment) Umgebung, die; b) (intermediate agency) Mittel, das; **by or through the ~ of** durch; c) pl. **~s** (Spiritualism) Medium, das; d) (means of communication or artistic expression) Medium, das; e) in pl. (means of mass communication) Medien Pl.; f) (middle degree) Mittelweg, der; **are equally happy a;** g) (liquid) Bindemittel, das. 2. adj. mittler...; medium nur präd., halb durchgebraten ⟨Steak⟩; see also **-size**
medium: ~-size[d] adj. mittelgroß; **~ term** see term 1 d; **~ wave** n. (Radio) Mittelwelle, die
medlar ['medlə(r)] n. (Bot.) Mispel, die
medley ['medlɪ] n. a) (forming a whole) buntes Gemisch; (collection of items) Sammelsurium, das (abwertend); (of colours) Kunterbunt, das; **his mind was confused with a ~ of thoughts** die verschiedensten Gedanken schossen durch seinen verwirrten Kopf; b) (Mus.) Potpourri, das; Medley, das; c) see **medley relay**
medley 'relay n. (Athletics) Schwellstaffel, die; (Swimming) Lagenstaffel, die
medulla [mɪ'dʌlə] n. (Anat.) a) Medulla (fachspr.); ⟨Knochen-, Rücken-, Haar⟩mark, das; b) (of brain) see **medulla oblongata**
medulla oblongata [mɪdʌlə ɒblɒŋ'gɑːtə] n. (Anat.) verlängertes Rückenmark; Medulla oblongata, die (fachspr.)
meek [mi:k] adj. a) (humble) sanftmütig; b) (tamely submissive) zu nachgiebig; **be [far] too ~:** sich (Dat.) [viel] zu viel gefallen lassen; **[as] ~ as a lamb** fromm wie ein Lamm
meekly ['mi:klɪ] adv. a) (humbly) demütig; b) (submissively) widerstandslos
meekness ['mi:knɪs] n., no pl. a) (humbleness) Sanftmütigkeit, die; b) (submissiveness) [zu große] Nachgiebigkeit
meerschaum ['mɪəʃəm] n. a) (Min.) Meerschaum, der; b) (pipe) Meerschaumpfeife, die

¹meet [mi:t] 1. v. t., **met** [met] a) (come face to face with or into the company of) treffen; **I have to ~ my boss at 11 a.m.** ich muß um 11 Uhr zum Chef (ugs.) habe um 11 Uhr einen Termin beim Chef; **arrange to ~ sb.** sich mit jmdm. verabreden; b) (go to place of arrival of) treffen; (collect) abholen; **I'll ~ your train** ich hole dich vom Zug ab; **~ sb. half-way** (fig.) jmdm. [auf halbem Wege] entgegenkommen; **~ trouble half-way** (Dat.) unnötig Sorgen machen; c) (make the acquaintance of) kennenlernen; **I'd like you to ~ my wife** ich möchte Sie gern meiner Frau vorstellen od. mit meiner Frau bekannt machen; **I have never met her in her life** ich kenne sie nicht persönlich; **pleased to ~ you** [sehr] angenehm; sehr erfreut; **Maimie, ~ Charlene. ~ Maimie** (Amer.) Maimie, [dies ist] Charlene. Charlene, [dies ist] Maimie; d) (reach point of contact with) treffen auf (+ Akk.); **~ the eye/sb.'s eye[s]** sich den/jmds. Blicken darbieten; **~ the ear/sb.'s ears** das/jmds. Ohr treffen; **she met his eye[s], her eyes met his** (fig.) sie sah ihn an, er sah sie an; **he could not ~ his father's eyes** er konnte seinem Vater nicht in die Augen sehen; **there's more to or in it/him etc. than ~s the eye** da ist od. steckt mehr dahinter, als man zuerst denkt/in ihm usw. steckt mehr, als man auf den ersten Blick denkt; e) (oppose) treffen auf (+ Akk.) ⟨Feind, Herausforderer usw.⟩; (grapple with) begegnen (+ Dat.); f) (experience) stoßen auf (+ Akk.) ⟨Widerstand, Problem⟩; ernten ⟨Lächeln, Drohungen⟩; **~ [one's] death or one's end/disaster/one's fate** den Tod finden (geh.)/von einer Katastrophe/einem Schicksal ereilt werden (geh.); **~ one's fate bravely** sich seinem Schicksal tapfer stellen; g) (satisfy) entsprechen (+ Dat.) ⟨Forderung, Wunsch, Bedürfnis, Erfordernis⟩; einhalten ⟨Termin, Zeitplan⟩; Rechnung tragen (+ Dat.) ⟨Einwand, Kritik⟩; **~ the case** angemessen sein; h) (pay) decken ⟨Kosten, Auslagen⟩; bezahlen ⟨Rechnung⟩; **~ one's obligations** seinen Verpflichtungen nachkommen. 2. v. i., **met** a) (come face to face) (by chance) sich (Dat.) begegnen; (by arrangement) sich treffen; **goodbye, until we ~ again** auf Wiedersehen bis zum nächsten Mal; **we've met before** wir kennen uns bereits; b) (assemble) ⟨Komitee, Ausschuß usw.⟩: tagen; **~ together** sich versammeln; c) (be in opposition) aufeinandertreffen; d) (come together) ⟨Bahnlinien, Straßen usw.⟩ aufeinandertreffen; ⟨Flüsse⟩ zusammenfließen; **their eyes/lips met**

447

meet Blicke/Lippen begegneten sich; **the tables don't quite ~:** die Tische stehen nicht ganz dicht aneinander; *see also* **end 1 h, n; e)** *(be united)* **in sb.** in jmdm. zusammentreffen; sich in jmdm. vereinen *(geh.)*. **3.** *n. (Hunting)* Treffen, *das*
~ 'up *v. i.* sich treffen; **~ up with sb.** *(coll.)* jmdm. [zufällig] treffen
~ with *v. t.* **a)** *(encounter)* begegnen (+ *Dat.*); **b)** *(experience)* haben ⟨*Erfolg, Unfall*⟩; finden ⟨*Zustimmung, Verständnis, Tod*⟩; stoßen auf (+ *Akk.*) ⟨*Widerstand*⟩; **be met with sth.** etw. hervorrufen; **all her attempts met with failure** alle ihre Bemühungen endeten in einem Mißerfolg; **c)** *(Amer.) see* **~ 1 a**

²**meet** *adj. (arch.)* **it is ~ to do sth.** es ziemt sich *(geh. veralt.)*, etw. zu tun

meeting ['miːtɪŋ] *n.* **a)** Begegnung, *die (auch fig.)*; **b)** *(by arrangement)* Treffen, *das*; *(of rivers)* Zusammenfluß, *der*; **~ of minds** Verständigung, *die*; Annäherung der Standpunkte; **b)** *(assembly) (of shareholders, club members etc.; also Relig.)* Versammlung, *die*; *(of committee, Cabinet, council, etc.)* Sitzung, *die*; *(social gathering)* Treffen, *das*; **call a ~ of the committee** den Ausschuß einberufen; **c)** *(persons assembled)* Versammlung, *die*; **d)** *(Sport)* Treffen, *das*; *(Racing)* Rennen, *das*

meeting: **~-place** *n.* Treffpunkt, *der*; **~-point** *n. (of lines, roads)* Schnittpunkt, *der*; *(of rivers)* Zusammenfluß, *der*; **at the ~-point of the roads** wo die Straßen zusammentreffen

mega- ['megə] *pref.* mega-/Mega-
'**megacycle** *n.* Megahertz, *das*
'**megadeath** *n.* Megatote *Pl.*; **one ~:** 1 Million Tote
'**megahertz** *n. (Phys.)* Megahertz, *das*
megalithic [megə'lɪθɪk] *adj. (Archaeol.)* megalithisch
megalomania [megələ'meɪnɪə] *n.* Größenwahn, *der*; Megalomanie, *die (Psych.)*
megalomaniac [megələ'meɪnɪæk] **1.** *n.* Größenwahnsinnige, *der/die*; Megalomane, *der/die (Psych.)*; **he's a ~:** er ist größenwahnsinnig. **2.** *adj.* größenwahnsinnig; megaloman[isch] *(Psych.)*
'**megaphone** *n.* Megaphon, *das*
'**megastar** *n. (coll.)* Megastar, *der (ugs.)*
'**megaton[ne]** *n.* Megatonne, *die*
'**megawatt** *n. (Electr.)* Megawatt, *das*
meiosis [maɪ'əʊsɪs] *n., pl.* **meioses** [maɪ'əʊsiːz] *(Biol.)* Meiose, *die*
Meissen ['maɪsn] *pr. n.* **~ [porcelain]** *see* **porcelain a**
melancholia [melən'kəʊlɪə] *n. (Med.)* Melancholie, *die*
melancholic [melən'kɒlɪk] *adj.* melancholisch; schwermütig
melancholy ['melənkəlɪ] **1.** *n.* Melancholie, *die*; *(pensive sadness)* Schwermut, *die*. **2.** *adj.* **a)** *(gloomy, expressing sadness)* melancholisch; schwermütig; **b)** *(saddening)* deprimierend
Melanesia [melə'niːʃə] *pr. n.* Melanesien *(das)*
Melanesian [melə'niːʃən] **1.** *adj.* melanesisch. **2.** *n.* **a)** *(person)* Melanesier, *der*/Melanesierin, *die*; **b)** *(language)* Melanesisch, *das*
melanin ['melənɪn] *n.* Melanin, *das*
Melba ['melbə] *see* **peach Melba**
Melba 'toast *n.* dünner, knuspriger Toast
meld [meld] *(Amer.)* **1.** *v. t.* verschmelzen (**into** zu). **2.** *v. i.* [miteinander] verschmelzen
mêlée *(Amer.:* **melee**) ['meleɪ] *n.* **a)** *(scuffle)* Handgemenge, *das*; **b)** *(muddle)* Durcheinander, *das*; *(of things or people moving to and fro)* Gewühl, *das*
mellifluous [me'lɪfluəs] *adj.* einschmeichelnd ⟨*Stimme, Melodie*⟩
mellow ['meləʊ] **1.** *adj.* **a)** *(softened by age or experience)* abgeklärt; **b)** *(ripe, well-matured)* reif; ausgereift ⟨*Wein*⟩; **c)** *(genial)* freundlich; *(slightly drunk)* angeheitert; **~ in mood** heiter gestimmt; aufgeräumt; **d)** *(full and soft)* weich ⟨*Stimme, Ton, Licht, Farben*⟩. **2.** *v. t.* reifer machen ⟨*Person*⟩; [aus]reifen lassen ⟨*Wein*⟩. **3.** *v. i.* ⟨*Person, Obst, Wein:*⟩ reifen; ⟨*Licht, Farbe:*⟩ weicher werden

melodic [mɪ'lɒdɪk] *adj.* melodisch; **~ minor** melodisches Moll
melodious [mɪ'ləʊdɪəs] *adj.*, **melodiously** [mɪ'ləʊdɪəslɪ] *adv.* melodisch
melodrama ['melədrɑːmə] *n. (lit. or fig.)* Melodrama, *das*
melodramatic [melədrə'mætɪk] *adj.*, **melodramatically** [melədrə'mætɪkəlɪ] *adv. (lit. or fig.)* melodramatisch
melody ['melədɪ] *n.* **a)** *(pleasing sound)* Gesang, *der*; **b)** *(tune)* Melodie, *die*; **c)** *no pl. (musical quality)* Melodik, *die*; **d)** *(Mus.: part in harmonized music)* Melodiestimme, *die*
melon ['melən] *n.* Melone, *die*
melt [melt] **1.** *v. i.* **a)** schmelzen; *(dissolve)* sich auflösen; **~ in one's or the mouth** *(coll.)* auf der Zunge zergehen; *see also* **butter 1**; **b)** *(fig. be softened)* dahinschmelzen *(geh.)* (**at** bei); sich erweichen lassen *(at* durch); **her heart ~ed with pity** ihr Herz schmolz vor Mitleid; **~ into tears** in Tränen zerfließen. **2.** *v. t.* schmelzen ⟨*Schnee, Eis, Metall*⟩; *(Cookery)* zerlassen ⟨*Butter*⟩; **b)** *(fig.: make tender)* erweichen ⟨*Person, Herz*⟩; **he was ~ed by her entreaties** er ließ sich durch ihre Bitten erweichen
~ a'way *v. i.* ⟨*Schnee, Eis:*⟩ [weg]schmelzen; *(fig.: dwindle away)* ⟨*Nebel, Dunst, Menschenmenge:*⟩ sich auflösen; ⟨*Verdacht, Mehrheit, Furcht:*⟩ dahinschwinden *(geh.)*; ⟨*Geld:*⟩ dahinschmelzen
~ 'down 1. *v. i.* schmelzen. **2.** *v. t.* einschmelzen ⟨*Metall, Glas*⟩. *See also* **melt-down**
~ into *v. t.* übergehen in (+ *Akk.*)
'**melt-down** *n.* Schmelzen, *das*
melting ['meltɪŋ]: **~-point** *n.* Schmelzpunkt, *der*; **~-pot** *n. (fig.)* Schmelztiegel, *der*; **be in the ~-pot** in rascher Veränderung begriffen sein
member ['membə(r)] *n.* **a)** Mitglied, *das*; *attrib.* Mitglieds⟨*staat, -land*⟩; **be a ~ of the club** Mitglied des Vereins sein; Vereinsmitglied sein; **~ of the expedition** Expeditionsteilnehmer, *der*/-teilnehmerin, *die*; **be a ~ of an expedition** an einer Expedition teilnehmen; **~ of a/the family** Familienangehörige, *der/die*; **M~ [of Parliament]** *(Brit. Polit.)* Abgeordnete [des Unterhauses], *der/die*; **M~ of Congress** *(Amer. Polit.)* Kongreßabgeordnete, *der/die*; **b)** *(limb)* Gliedmaße, *die*; Glied, *das*; *(organ of the body)* [Körper]organ, *das*
membership ['membəʃɪp] *n.* **a)** *(being a member)* Mitgliedschaft, *die* (**of in** + *Dat.*); *attrib.* Mitglieds⟨*karte, -ausweis, -beitrag*⟩; Mitglieder⟨*liste, -verzeichnis*⟩; **he was elected to ~ of the Society** er wurde zum Mitglied der Gesellschaft gewählt; **b)** *(number of members)* Mitgliederzahl, *die*; **the club has a ~ of a few hundred** der Verein hat einige hundert Mitglieder; **c)** *(body of members)* Mitglieder *Pl.*
membrane ['membreɪn] *n. (Biol.)* Membran, *die*
membranous ['membrənəs] *adj. (Biol.)* membranös; **~ bag** Hautsack, *der*
memento [mɪ'mentəʊ] *n., pl.* **~es** *or* **~s** Andenken, *das* (**of** an + *Akk.*)
memo ['meməʊ] *n., pl.* **~s** *(coll.) see* **memorandum a, b**
memoir ['memwɑː(r)] *n.* **a)** *in pl. (autobiography)* Memoiren *Pl.*; **b)** *(biography)* Biographie, *die*
memorabilia [memərə'bɪlɪə] *n., pl.* Erinnerungsstücke *Pl.*; Memorabilien *Pl. (veralt.)*

mend
memorable ['memərəbl] *adj.* denkwürdig ⟨*Ereignis, Gelegenheit, Tag*⟩; unvergeßlich ⟨*Film, Buch, Aufführung*⟩; **not a very ~ play** kein sehr beeindruckendes Stück
memorably ['memərəblɪ] *adv.* nachhaltig ⟨*beeindrucken*⟩; auf unvergeßliche Weise ⟨*spielen*⟩
memorandum [memə'rændəm] *n., pl.* **memoranda** [memə'rændə] *or* **~s a)** *(note)* Notiz, *die*; **make a ~ of sth.** sich *(Dat.)* etw. notieren; **b)** *(Diplom.)* Memorandum, *das*; **c)** *(Law)* rechtskräftiges Dokument
memorial [mɪ'mɔːrɪəl] **1.** *adj.* Gedenk⟨*stein, -gottesdienst, -ausstellung*⟩. **2.** *n.* **a)** *(monument)* Denkmal, *das* (**to** für); *(ceremony)* Gedenkzeremonie, *die*; **b)** *(statement of facts)* Denkschrift, *die* (**to** an + *Akk.*); **c)** *(Diplom.)* Memorandum, *das*
Me'morial Day *n. (Amer.)* Trauertag zum Gedenken an die Gefallenen; ≈ Volkstrauertag, *der*
memorize (memorise) ['memərɑɪz] *v. t.* sich *(Dat.)* merken *od.* einprägen; *(learn by heart)* auswendig lernen
memory ['memərɪ] *n.* **a)** *(faculty or capacity, recovery of knowledge)* Gedächtnis, *das*; **have a good/poor ~ for faces** ein gutes/schlechtes Personengedächtnis haben; **commit sth. to ~:** *see* **memorize**; **b)** *(recollection, person or thing remembered, act of remembering)* Erinnerung, *die* (**of** an + *Akk.*); **have a vague ~ of sth.** sich nur ungenau *od.* vage an etw. *(Akk.)* erinnern; **to the best of my ~:** soweit ich mich erinnere *od.* erinnern kann; **if my ~ is right** wenn ich mich recht erinnere; **search one's ~:** versuchen, sich zu erinnern; **it slipped** *or* **escaped my ~:** es ist mir entfallen; **a trip down ~ lane** eine Reise in die Vergangenheit; **from ~:** aus dem Gedächtnis *od.* Kopf; **speaking from ~, ...:** soweit *od.* soviel ich mich erinnere, ...; **in ~ of** zur Erinnerung an (+ *Akk.*); **c)** *(remembered time)* **a time within the ~ of men still living** eine Zeit, an die sich heute lebende Menschen noch erinnern können; **it is beyond the ~ of anyone alive today** es lebt niemand mehr, der sich daran erinnern könnte; *see also* **living 2 a**; **d)** *(posthumous repute)* Andenken, *das* (**of** an + *Akk.*); **of happy** *or* **blessed ~:** seligen Angedenkens *(veralt.)*; **e)** *(Computing)* Speicher, *der*
men *pl. of* **man**
menace ['menɪs] **1.** *v. t.* bedrohen ⟨*Person*⟩; androhen ⟨*Strafe*⟩; **~ sb. with sth.** jmdm. mit etw. drohen. **2.** *v. i.* drohen. **3.** *n.* **a)** Plage, *die*; **an absolute** *or* **public ~:** *(fig. coll.) (dangerous person)* eine öffentliche Gefahr; *(obnoxious person)* ein [richtiges] Ekel *(ugs.)*, *(child)* ein kleiner Teufel; **b)** *(literary: threat)* Drohung, *die*; **a sense of ~:** ein Gefühl der Bedrohung; *see also* **demand 2 a**
menacing ['menɪsɪŋ] *adj.* drohend
ménage [meɪ'nɑːʒ] *n.* Haushalt, *der*; **~ à trois** [eɪ' ɑː 'trwɑː] Menage à trois, *die*; ≈ Dreiecksverhältnis, *das*
menagerie [mɪ'nædʒərɪ] *n.* Tierschau, *die*; Menagerie, *die*; *(fig. iron.: collection of persons)* Gesellschaft, *die*
mend [mend] **1.** *v. t.* **a)** *(repair)* reparieren; ausbessern, flicken ⟨*Kleidung, Fischernetz*⟩; kleben, kitten ⟨*Glas, Porzellan, Sprung*⟩; beheben ⟨*Schaden*⟩; beseitigen ⟨*Riß*⟩; **b)** *(improve)* **~ one's manners** sich *(Dat.)* bessere Umgangsformen angewöhnen; **~ one's ways** sich bessern; **~ matters** die Sache bereinigen; **it is never too late to ~:** *(prov.)* zum Bessermachen/Verbessern ist es nie zu spät; *see also* **fence 1 a**; **least 2**. **2.** *v. i.* **a)** gesund werden; genesen *(geh.)*; *(knit together)* heilen; **has his leg ~ed yet?** ist sein Bein schon verheilt?. **3.** *n. (in glass, china etc.)* Kleb[e]stelle, *die*; *(in cloth)* ausgebesserte Stelle, *die*; *(repair)* Ausbesserung, *die*; **be on the**

mendacious

~ ⟨*Person:*⟩ auf dem Wege der Besserung sein; ⟨*Verhältnisse, Lage:*⟩ sich bessern
mendacious [men'deɪʃəs] *adj.* unwahr ⟨*Bericht, Behauptung, Darstellung*⟩; verlogen (abwertend) ⟨*Person, Rede, Buch*⟩
mendacity [men'dæsɪt] *n.* **a)** *no pl.* (*untruthfulness*) *see* **mendacious**: Unwahrheit, *die;* Verlogenheit, *die* (abwertend); **b)** (*a lie*) Lüge, *die*
Mendelian [men'di:lɪən] *adj.* (*Biol.*) Mendelsch
mender ['mendə(r)] *n.* Ausbesserer, *der/* Ausbesserin, *die;* (*of clocks, watches, machines*) Reparateur, *der;* **take one's watch/ shoes to the ~'s** seine Uhr zum Uhrmacher *od.* zur Reparatur/seine Schuhe zum Schuster *od.* zur Reparatur
mendicant ['mendɪkənt] **1.** *adj.* bettelnd; **~ friar** Bettelmönch, *der.* **2.** *n.* **a)** (*beggar*) Bettler, *der*/Bettlerin, *die;* **b)** (*friar*) Bettelmönch, *der*
menfolk ['menfəʊk] *n. pl.* Männer
menial ['mi:nɪəl] *adj.* **a)** niedrig; untergeordnet ⟨*Aufgabe*⟩. **2.** *n.* (*derog.*) Domestik, *der* (*veralt. abwertend*)
meningitis [menɪn'dʒaɪtɪs] *n.* (*Med.*) Meningitis, *die* (*fachspr.*); Hirnhautentzündung, *die*
menopausal ['menəpɔ:zl] *adj.* (*Physiol.*) klimakterisch; menopausal
menopause ['menəpɔ:z] *n.* **a)** (*period of life*) Wechseljahre *Pl.;* Klimakterium, *das* (*fachspr.*); **male ~:** Wechseljahre des Mannes; **b)** (*Physiol.*) Menopause, *die*
menstrual ['menstrʊəl] *adj.* (*Physiol.*) menstrual (*fachspr.*); Menstruations-
menstruate ['menstrʊeɪt] *v. i.* (*Physiol.*) menstruieren
menstruation [menstrʊ'eɪʃn] *n.* (*Physiol.*) Menstruation, *die*
menswear ['menzweə(r)] *n., no pl.* Herrenbekleidung, *die; attrib.* Herrenbekleidungs-; für Herrenbekleidung *od.* -moden nachgestellt
mental ['mentl] *adj.* **a)** (*of the mind*) geistig; seelisch ⟨*Belastung, Labilität*⟩; Geistes-⟨*zustand, -verfassung, -störung*⟩; **the previous ~ history of the patient** die Vorgeschichte der seelischen Erkrankungen des Patienten; **b)** (*done by the mind*) geistig; gedanklich; **make a quick ~ calculation** es im Kopf schnell überschlagen; **~ process** Denkprozeß, *-vorgang, der;* **make a ~ note of sth.** sich (*Dat.*) etw. merken; **make a ~ note to do sth.** versuchen, daran zu denken, etw. zu tun; **c)** (*Brit. coll.: mad*) verrückt (*salopp*); bekloppt (*salopp*)
mental: ~ age *n.* geistiger Entwicklungsstand; Intelligenzalter, *das* (*Psych.*); **~ a'rithmetic** *n.* Kopfrechnen, *das;* **~ asylum** *see* **hospital; ~ block** *see* **block 1 I; ~ case** (*coll.*) Verrückte, *der/die* (*salopp*); (*mental patient*) Geisteskranke, *der/die;* **~ 'cruelty** *n., no pl.* seelische Grausamkeit; **~ de'fective** *n.* Schwachsinnige, *der/die;* **~ de'ficiency** *n.* Geistesschwäche, *die;* **~ 'health** *n.* seelische Gesundheit; **~ health services** psychiatrische Versorgung; **~ home** *n.* Nervenklinik, *die;* **~ hospital** *n.* psychiatrische Klinik; Nervenklinik, *die;* **~ 'illness** *n.* Geisteskrankheit, *die*
mentality [men'tælɪtɪ] *n.* **a)** (*outlook*) Mentalität, *die;* **b)** (*mental capacity*) geistige Fähigkeit
mentally ['mentəlɪ] *adv.* **a)** geistig; geistes-⟨*gestört, -krank*⟩; **~ deficient** *or* **defective** schwachsinnig; **b)** (*inwardly*) innerlich *od.* im Geiste ⟨*fluchen, sich Vorwürfe machen*⟩; im Kopf ⟨*rechnen*⟩
mental: ~ patient *n.* Geisteskranke, *der/ die;* **~ reser'vation** *n.* geheimer Vorbehalt
menthol ['menθɒl] *n.* Menthol, *das*
mention ['menʃn] **1.** *n.* **a)** Erwähnung, *die;* **there is a brief/no ~ of sth.** etw. wird kurz/

nicht erwähnt; **the earliest ~ of this is in ...:** das wird zum ersten Mal in ... (*Dat.*) erwähnt; **get a ~:** erwähnt werden; **make [no] ~ of sth.** etw. [nicht] erwähnen; **b)** (*commendation*) Belobigung, *die;* **honourable ~:** ehrenvolle Erwähnung. **2.** *v. t.* **a)** erwähnen (**to** gegenüber); **~ as the reason for sth.** als Grund für etw. nennen; **now that you [come to] ~ it** jetzt, wo Sie es sagen; **not to ~ ...:** ganz zu schweigen von ...; **not to ~ the fact that ...:** ganz abgesehen davon, daß ...; **Thank you very much. – Don't ~ it** Vielen Dank. – Keine Ursache; **b)** (*commend*) be ~ed lobend erwähnt werden. *See also* **dispatch 2 a**
mentor ['mentɔ:(r)] *n.* Mentor, *der*/Mentorin, *die*
menu ['menju:] *n.* **a)** [Speise]karte, *die;* **ensure a varied ~:** für einen abwechslungsreichen Speiseplan sorgen; **a ~ at 40 marks** ein Menü zu 40 Mark; **b)** (*fig.: diet*) Nahrung, *die;* **c)** (*fig.: programme*) Angebot, *das;* **d)** (*Computing, Telev.*) Menü, *das*
MEP *abbr.* **Member of the European Parliament** MdEP
Mephistopheles [mefɪ'stɒfɪli:z] *n.* **a)** *pr. n.* Mephisto[pheles] (*der*); **b)** *n.* (*fiendish person*) Mephisto, *der*
mercantile ['mɜ:kəntaɪl] *adj.* **a)** (*commercial*) Handels-; **the ~ system** der Merkantilismus; das Merkantilsystem; **b)** (*trading*) handeltreibend (nicht präd.) ⟨*Nation*⟩; **~ marine** *see* **merchant navy**
Mercator [mɜ:'keɪtə(r)] *n.* **~'s projection** (*Geog.*) Mercatorprojektion, *die;* Zylinderprojektion, *die*
mercenary ['mɜ:sɪnərɪ] **1.** *adj.* **a)** gewinnsüchtig; **b)** (*hired*) Söldner-. **2.** *n.* Söldner, *der*
merchandise ['mɜ:tʃəndaɪz] **1.** *n., no pl., no indef. art.* [Handels]ware, *die.* **2.** *v. t.* auf den Markt bringen
merchant ['mɜ:tʃənt] *n.* **a)** (*trader*) Kaufmann, *der;* **corn-/timber-~:** Getreide-/ Holzhändler, *der/*-händlerin, *die; see also* **coal-merchant; scrap merchant; wine-merchant; b)** (*Amer., Scot.: retailer*) Einzelhändler, *der/-*händlerin, *die;* **c)** (*sl.: person engaged in specified activity*) **rip-off ~:** Halsabschneider, *der* (*ugs. abwertend*); **gloom ~:** Schwarzseher, *der/-*seherin, *die; see also* **speed merchant**
merchant: ~ 'bank *n.* Handelsbank, *die;* **~ 'banker** *n.* Leiter einer Handelsbank; ≈ Bankier, *der;* **~ 'fleet** *see* **navy; ~man** ['mɜ:tʃəntmən], *n. pl.* **~men** ['mɜ:tʃəntmən] *see* **~ ship; ~ ma'rine** (*Amer.*), **~ 'navy** (*Brit.*) *ns.* Handelsmarine, *die;* **~ 'prince** *n.* Großkaufmann, *der;* Handelsherr, *der* (*veralt.*); **~ 'seaman** *n.* Matrose bei der Handelsmarine; **~ service** *see* **navy; ~ ship** *n.* Handelsschiff, *das*
merciful ['mɜ:sɪfl] *adj.* gnädig; **his death must have come as a ~ release from his sufferings** der Tod muß für ihn eine Erlösung gewesen sein; **~ Heavens!** gütiger *od.* barmherziger Himmel!; **God is ~ to sinners** Gott ist den Sündern gnädig
mercifully ['mɜ:sɪflɪ] *adv. sentence-modifier* (*fortunately*) glücklicherweise
merciless ['mɜ:sɪlɪs] *adj.,* **mercilessly** ['mɜ:sɪlɪslɪ] *adv.* gnadenlos; unbarmherzig
mercurial [mɜ:'kjʊərɪəl] *adj.* (*quick-witted*) quecksilbrig; (*changeable*) wechselhaft
mercury ['mɜ:kjʊrɪ] *n.* **a)** Quecksilber, *das;* **the ~ is rising/falling** das Barometer steigt/ fällt; **b)** *pr. n.* **M~** (*Roman Mythol.*) Merkur (*der*); **c)** *pr. n.* **M~** (*Astron.*) Merkur, *der;* **d)** (*Bot.*) Bingelkraut, *das*
mercy ['mɜ:sɪ] *n.* **a)** *no pl., no indef. art.* (*compassion*; *also Theol.*) Erbarmen, *das* (**on** mit); **show sb. [no] ~:** mit jmdm. [kein] Erbarmen haben; **beg for ~:** um Gnade bitten *od.* flehen; **act of ~:** Gnadenakt, *der;*

merrily

God's great ~: Gottes große Barmherzigkeit; **be at the ~ of sb./sth.** jmdm./einer Sache [auf Gedeih und Verderb] ausgeliefert sein; **the ship was at the ~ of the waves** das Schiff war den Wellen preisgegeben; **have ~! Gnade!; Lord have ~:** Herr, erbarme Dich [unser]; **~ [me]!, ~ [up]on us** gütiger Himmel!; **b)** (*instance*) glückliche Fügung; **one** *or* **we must be thankful** *or* **grateful for small mercies** (*coll.*) man darf [ja] nicht zuviel verlangen; **leave sb. to the [tender] mercies of sb.** (*iron.*) jmdn. jmds. [liebevoller] Fürsorge überlassen; **it is a ~:** es ist ein Glück *od.* Segen; **what a ~ it is that ...:** welch ein Glück *od.* Segen, daß ... **2.** *attrib. adj.* Hilfs-, Rettungs-⟨*einsatz, -flug*⟩; **~ killing** aktive Sterbehilfe; **~ killings** Fälle aktiver Sterbehilfe
¹mere [mɪə(r)] *adj.* bloß; rein ⟨*Tautologie, Versehen*⟩; **he is a ~ child** er ist nur ein Kind; **it's a ~ copy** es ist bloß eine Kopie; **~ courage is not enough** Mut allein genügt nicht; **the ~st hint/trace of sth.** die kleinste Andeutung/Spur von etw.; **~ words won't help** Worte allein tun es nicht
²mere *n.* (*arch./literary*) See, *der*
merely ['mɪəlɪ] *adv.* bloß; lediglich; **not ~ ...:** nicht bloß ...
meretricious [merɪ'trɪʃəs] *adj.* trügerisch ⟨*Argument, Methode*⟩
merge [mɜ:dʒ] **1.** *v. t.* **a)** (*combine*) zusammenschließen ⟨*Firmen, Unternehmen*⟩ (**into** zu); zusammenlegen ⟨*Anteile, Abteilungen*⟩; **~ one firm/department with another** eine Firma mit einer anderen zusammenschließen/eine Abteilung mit einer anderen zusammenlegen; **b)** (*blend gradually*) verschmelzen (**with** mit); **his library should not be ~d with another collection** seine Bibliothek sollte nicht einer anderen Sammlung einverleibt werden. **2.** *v. i.* (*combine*) ⟨*Firma, Unternehmen:*⟩ sich zusammenschließen, fusionieren (**with** mit); ⟨*Abteilung:*⟩ zusammengelegt werden (**with** mit); **b)** (*blend gradually*) ⟨*Straße:*⟩ zusammenlaufen (**with** mit); **~ with sth.** ⟨*Kontur, Muster:*⟩ verschmelzen mit etw.; ⟨*Unterhaltung:*⟩ untergehen in etw. (*Dat.*); **~ into sth.** ⟨*Farbe usw.:*⟩ in etw. (*Akk.*) übergehen
merger ['mɜ:dʒə(r)] *n.* (*of departments, parties*) Zusammenschluß, *der;* Vereinigung, *die;* (*of companies*) Fusion, *die*
meridian [mə'rɪdɪən] *n.* (*Astron., Geog.*) Meridian, *der; see also* **prime meridian**
meringue [mə'ræŋ] *n.* Meringe, *die;* Baiser, *das*
merino [mə'ri:nəʊ] *n., pl.* **~s** **a)** **~ [sheep]** Merinoschaf, *das;* Merino, *der;* **b)** (*material*) Merino, *der;* **c)** (*yarn*) Merinogarn, *das*
merit ['merɪt] **1.** *n.* **a)** *no pl.* (*worth*) Verdienst, *das;* **a man of great ~:** ein Mann von hohen Verdiensten (*geh.*); ein sehr verdienter Mann; **promotion is by ~:** Beförderung richtet sich nach Leistung; **there is no ~ in doing that** es ist nicht [sehr] sinnvoll, das zu tun; **be without ~:** ⟨*Buch, Film:*⟩ kein Niveau haben; **b)** (*good feature*) Vorzug, *der;* **on his/its ~s** nach seinen Vorzügen; **c)** *in pl.* (*rights and wrongs*) Für und Wider, *das;* **d)** (*Theol.*) Verdienst, *der;* **e) Order of M~** (*Brit.*) Order of Merit, *der;* britischer Verdienstorden. **2.** *v. t.* verdienen; **sb. ~s reward/punishment** jmd. hat eine Belohnung/ Strafe verdient
meritocracy [merɪ'tɒkrəsɪ] *n.* Meritokratie, *die;* Verdienstadel, *der* (*veralt.*)
meritorious [merɪ'tɔ:rɪəs] *adj.* verdienstvoll ⟨*Tat, Verhalten, Person*⟩; verdient ⟨*Person*⟩
merit system *n.* (*Amer.*) Leistungsprinzip im öffentlichen Dienst
mermaid ['mɜ:meɪd] *n.* Nixe, *die*
merrie England *see* **merry England**
merrily ['merɪlɪ] *adv.* munter

merriment ['merɪmənt] *n., no pl.* Fröhlichkeit, *die;* **fall into fits of helpless ~**: sich vor Lachen nicht mehr halten können
merry ['merɪ] *adj.* **a)** *(full of laughter or gaiety)* fröhlich; **the M~ Widow/Wives of Windsor** die lustige Witwe/die lustigen Weiber von Windsor; **a ~ time was had by all** alle haben sich prächtig amüsiert; **make ~**: sich amüsieren; **make ~ over sb./sth.** sich über jmdn./etw. lustig machen; **the more the merrier** je mehr, desto besser; **~ 'Christmas!** frohe *od.* fröhliche Weihnachten!; **b)** *(coll.: tipsy)* beschwipst *(ugs.)*
merry: **~ 'England** *pr. n.* das gute alte England; **~-go-round** *n.* Karussell, *das;* **'hell** *see* **hell b; ~-making** *n.* **a)** *no pl., no indef. art.* Feiern, *das;* **the sound of ~-making** fröhlicher Festlärm; **b)** *(occasion)* Fest, *das;* **~ 'men** *n. pl.* Getreue; Kumpane *(ugs.)*
mesa ['meɪsə] *n. (Amer. Geog.)* Tafelberg, *der*
Mesdames *pl. of* **Madame; Mrs**
mesh [meʃ] **1.** *n.* **a)** Masche, *die;* **b)** *(netting; also fig.: network)* Geflecht, *das;* **wire ~** [**fence**] Maschendraht[zaun], *der;* **c)** *in pl. (fig.: snare)* Maschen; **d)** *(fabric)* Netzgewebe, *das; attrib.* Netz⟨strumpf, -hemd, -vorhang⟩; **e)** *(Techn.)* ⟨Zahnräder:⟩ ineinandergreifen, im Eingriff stehen *(Technik).* **2.** *v.i.* **a)** *(Mech. Engin.)* ⟨Zahnräder:⟩ ineinandergreifen; **~ with** eingreifen in *(Akk.);* **b)** *(fig.: be harmonious)* harmonisieren **(with** mit**)**
mesmerism ['mezmərɪzm] *n., no pl.* **a)** Mesmerismus, *der;* **b)** *(dated: influence)* hypnotische Kraft; **powers of ~**: hypnotische Fähigkeiten
mesmerize ['mezmərʌɪz] *v.t.* faszinieren; erstarren lassen ⟨Tier⟩
Mesopotamia [mesəpə'teɪmɪə] *pr. n.* Mesopotamien *(das);* Zweistromland, *das*
Mesozoic [mesəʊ'zəʊɪk] *(Geol.)* **1.** *adj.* mesozoisch. **2.** *n.* Mesozoikum, *das*
mess [mes] **1.** *n.* **a)** *(dirty/untidy state)* [**be**] **a ~ or in a ~**: schmutzig/unaufgeräumt [sein]; [**be**] **a complete** *or* **an awful ~**: in einem fürchterlichen Zustand [sein]; **what a ~!** was für ein Dreck *(ugs.)*/Durcheinander; **look a ~**: schlimm aussehen; **your hair is a ~**: dein Haar ist ganz durcheinander; **don't make too much ~**: mach nicht zuviel Schmutz/Durcheinander; **b)** *(sth. out of place)* **leave a lot of ~ behind one** *(dirt)* viel Schmutz hinterlassen; *(untidiness)* eine große Unordnung hinterlassen; **I'm not tidying up your ~**: ich mache deinen Kram nicht weg *(ugs.);* **make a ~ with sth.** mit etw. Schmutz machen; **c)** *(excreta)* **dog's/cat's ~es** Hunde-/Katzenkot, *der;* **make/leave a ~ on the carpet** auf den Teppich machen/gemacht haben *(ugs.);* **d)** *(bad state)* **be** [**in**] **a ~**: sich in einem schlimmen Zustand befinden; ⟨Person:⟩ schlimm dran sein; **get into a ~**: in Schwierigkeiten geraten; **clear up the ~**: die Dinge wieder in Ordnung bringen; **what a ~!** *(troubled situation)* das ist ja eine schöne Bescherung!; *(unpleasant sight)* das sieht ja schlimm aus!; **make a ~ of** verpfuschen *(ugs.)* ⟨Arbeit, Leben, Bericht, Vertrag⟩; ruinieren ⟨Wirtschaft⟩; durcheinanderbringen ⟨Pläne⟩; **make a ~ of things** alles verpfuschen *(ugs.);* **e)** *(food)* **give sth. away for a ~ of pottage** *(fig. arch.)* etw. für ein Linsengericht hergeben *(geh.);* **f)** *(derog.: disagreeable concoction)* Mischmasch, *der (ugs.);* **g)** *(eating-place)* Kantine, *die; (for officers)* Kasino, *das; (on ship)* Messe, *die;* **officers' ~**: Offizierskasino, *das*/Offiziersmesse, *die.* **2.** *v.i. (Mil., Navy)* essen. **3.** *v.t. see* **~ up**
~ a'bout, ~ a'round 1. *v.i.* **a)** *(potter)* herumwerken; *(fool about)* herumalbern; **~ about with cars** an Autos herumbasteln *(ugs.);* **b)** *(interfere)* **~ about** *or* **around with**

sich einmischen in (+ *Akk.*) ⟨Angelegenheit⟩; herumspielen an (+ *Dat.*) ⟨Mechanismus, Stromkabel usw.⟩. **2.** *v.t.* **~ sb. about** *or* **around** mit jmdm. nach Belieben umspringen *(abwertend);* **he's been ~ed about** *or* **around by the doctors** die Ärzte haben ihn in der Mangel gehabt *(ugs.)*
~ 'up *v.t.* **a)** *(make dirty)* schmutzig machen; *(make untidy)* in Unordnung bringen; **b)** *(bungle)* verpfuschen; **c)** *(interfere with)* durcheinanderbringen ⟨Plan⟩. *See also* **mess-up**
message ['mesɪdʒ] *n.* **a)** *(communication)* Mitteilung, *die;* Nachricht, *die;* **send/take/leave a ~**: eine Nachricht übermitteln/entgegennehmen/hinterlassen; **give sb. a ~**: jmdm. etw. ausrichten; **did you give him my ~?** haben Sie ihm meine Nachricht übermittelt?; **can I take a ~?** kann *od.* soll ich etw. ausrichten?; **send sb. a ~ by sb.** *(orally)* jmdm. etwas durch jmdn. ausrichten lassen; *(in writing)* jmdm. durch jmdn. eine Nachricht zukommen lassen; **b)** *(teaching)* Aussage, *die;* ⟨Relig.⟩ Botschaft, *die;* **get the ~** *(fig. coll.)* verstehen; es schnallen *(salopp)*
messenger ['mesɪndʒə(r)] *n.* Bote, *der*/Botin, *die;* **b)** **King's/Queen's M~**: königlicher Kurier
messenger-boy *n.* Botenjunge, *der*
Messiah [mɪ'saɪə] *n. (lit. or fig.)* Messias, *der*
Messianic [mesɪ'ænɪk] *adj.* messianisch
messily ['mesɪlɪ] *adv.* nachlässig; unordentlich ⟨arbeiten⟩; **eat/drink ~**: sich beim Essen/Trinken bekleckern
mess: **~-jacket** *n. (Mil., Navy)* Messjackett, *das;* **~-mate** *n. (Mil., Navy)* Kamerad, *der;* **he was a ~-mate of mine** wir waren Kameraden [in der Armee/Marine]
Messrs ['mesəz] *n. pl.* **a)** *(in name of firm)* **~** Fa.; **b)** *pl. of* **Mr;** *(in list of names)* **~ A, B, and C** die Herren A, B und C
'mess-up *n.* Durcheinander, *das;* **there has been a ~ with your order** bei deiner Bestellung ist etwas durcheinandergeraten
messy ['mesɪ] *adj.* **a)** *(dirty)* schmutzig; *(untidy)* unordentlich; **be a ~ workman** unordentlich arbeiten; **be a ~ eater** sich beim Essen bekleckern; **b)** *(awkward)* vertrackt *(ugs.)*
¹**met** *see* ¹**meet 1, 2**
²**met** [met] *(coll.)* **1.** *adj. see* **meteorological. 2.** *n.* **the Met: a)** *(Brit.)* **The Metropolitan Police** *see* **metropolitan 1 a; b)** *(Amer.: Metropolitan Opera)* die Met
metabolic [metə'bɒlɪk] *adj. (Physiol.)* metabolisch *(fachspr.);* Stoffwechsel⟨krankheit, -typ⟩
metabolism [mɪ'tæbəlɪzm] *n. (Physiol.)* Metabolismus, *der (fachspr.);* Stoffwechsel, *der;* **basal ~**: Grundumsatz, *der*
metabolize [mɪ'tæbəlʌɪz] *v.t. (Physiol.)* umsetzen
metal [metl] **1.** *n.* **a)** Metall, *das; see also* **gun-metal; white metal; b)** *in pl. (Brit.: rails)* Schienen; Gleise; **leave the ~s** entgleisen. **2.** *adj.* Metall-; **be ~**: aus Metall sein. **3.** *v.t. (Brit.)* **-ll-** *(Brit.: surface)* schottern ⟨Straße⟩
'metal-detector *n.* Metallsuchgerät, *das*
metalize *(Amer.) see* **metallize**
metallic [mɪ'tælɪk] *adj.* **a)** *(of metal)* metallisch ⟨Element, Substanz⟩; Metall⟨salz, -oxid⟩; **~ currency** Hart- *od.* Metallgeld, *das;* **b)** *(like metal)* metallisch ⟨Härte, Glanz, Farbe, Geräusch, Stimme⟩; metallisch glänzend ⟨Glasur, Anstrich⟩; **have a ~ taste** nach Metall schmecken
metallize (metallise) ['metəlʌɪz] *v.t.* metallisieren
metallurgic [metə'lɜːdʒɪk], **metallurgical** [metə'lɜːdʒɪkl] *adj.* metallurgisch
metallurgist [mɪ'tælədʒɪst; 'metəlɜːdʒɪst] *n.* Metallurg, *der*/Metallurgin, *die*
metallurgy [mɪ'tælədʒɪ; 'metəlɜːdʒɪ] *n., no pl.* Metallurgie, *die*

metal: **~ polish** *n.* Metallputzmittel, *das;* **~work** *n., no pl.* **a)** *(activity)* Metallbearbeitung, *die;* **b)** *(metal products)* Metallarbeiten; **~worker** *n.* Metallarbeiter, *der*/-arbeiterin, *die*
metamorphic [metə'mɔːfɪk] *adj. (Geol.)* metamorph ⟨Gestein⟩
metamorphose [metə'mɔːfəʊz] **1.** *v.t.* verwandeln **(into** in + *Akk.*). **2.** *v.i.* sich verwandeln **(into** in + *Akk.*)
metamorphosis [metə'mɔːfəsɪs, metəmɔː'fəʊsɪs] *n., pl.* **metamorphoses** [metə'mɔːfəsiːz, metəmɔː'fəʊsiːz] **a)** *(change of form or character)* Metamorphose, *die* **(into** in + *Akk.*); **undergo a [gradual] ~**: sich [allmählich] verändern; **b)** *(Zool.)* Metamorphose, *die*
metaphor ['metəfə(r)] *n.* **a)** *no pl., no art. (stylistic device)* [**the use of**] **~**: der Gebrauch von Metaphern; **b)** *(instance)* Metapher, *die;* **mixed ~**: Bildbruch, *der;* Katachrese, *die (Literaturw.)*
metaphoric [metə'fɒrɪk], **metaphorical** [metə'fɒrɪkl] *adj.* metaphorisch
metaphorically [metə'fɒrɪkəlɪ] *adv.* metaphorisch; **be ~ true** metaphorisch betrachtet zutreffen; **~ speaking** bildlich gesprochen
metaphysical [metə'fɪzɪkl] *adj.* **a)** *(Philos.)* metaphysisch; **~ language/terminology** Sprache/Terminologie der Metaphysik; **b)** *(in popular use: abstract)* theoretisch
metaphysics [metə'fɪzɪks] *n., no pl.* **a)** *(Philos.)* Metaphysik, *die;* **b)** *(in popular use: abstract talk or theory)* abstrakte Theorie
metastasis [me'tæstəsɪs] *n., pl.* **metastases** [me'tæstəsiːz] *(Med.)* Metastasierung, *die*
mete [miːt] *v.t. (literary)* **~ out** zuteil werden lassen *(geh.)* ⟨Behnung⟩ **(to** *Dat.*); **~ out** **justice** Recht sprechen
meteor ['miːtɪə(r)] *n. (Astron.)* Meteor, *der;* **~ shower** Meteorschauer, *der*
meteoric [miːtɪ'ɒrɪk] *adj.* **a)** *(Astron.)* Meteor⟨schweif, -tätigkeit⟩; meteorisch; **b)** *(fig.)* kometenhaft; meteorhaft
meteorite ['miːtɪərʌɪt] *n. (Astron.)* Meteorit, *der*
meteorological [miːtɪərə'lɒdʒɪkl] *adj.* meteorologisch ⟨Instrument⟩; Wetter⟨ballon, -bericht⟩; **M~ Office** *(Brit.)* Meteorologisches Amt; Wetteramt, *das*
meteorologist [miːtɪə'rɒlədʒɪst] *n.* Meteorologe, *der*/Meteorologin, *die*
meteorology [miːtɪə'rɒlədʒɪ] *n.* **a)** *no pl.* Meteorologie, *die;* **b)** *(weather of region)* meteorologische Bedingungen
¹**meter** ['miːtə(r)] **1.** *n.* **a)** *(measuring device)* Zähler, *der;* **(for coins)* Münzzähler, *der;* **humidity ~**: Hygrometer, *das; see also* **electricity meter; gas meter; water meter; b)** *(parking-~)* Parkuhr, *die;* **feed the ~** *(coll.)* Geld in die Parkuhr nachwerfen; **c)** *see* **taximeter. 2.** *v.t.* [mit einem Zähler] messen ⟨Wasser-, Gas-, Strom⟩verbrauch⟩
²**meter** *(Amer.) see* ¹**metre**
³**meter** *(Amer.) see* ²**metre**
'meter maid *n. (coll.)* Politesse, *die*
methadone ['meθədəʊn] *n.* Methadon, *das*
methane ['miːθeɪn, 'meθeɪn] *n. (Chem.)* Methan, *das*
methinks [mɪ'θɪŋks] *v.i. impers., p.t.* **methought** [mɪ'θɔːt] *(arch.)* mich dünkt *od.* deucht *(geh. veralt.)*
method ['meθəd] *n.* **a)** *(procedure)* Methode, *die;* **~ of proceeding** *or* **procedure** Vorgehensweise, *die;* **brew by the traditional ~**: nach traditionellem Verfahren brauen; **police ~s** die Arbeitsweise der Polizei; **b)** *no pl., no art. (arrangement of ideas, orderliness)* System, *das;* Systematik, *die;* **there was a lack of** *or* **was no ~ in the book** das Buch war unmethodisch *od.* unsystematisch aufgebaut; **a man of ~**: ein systema-

tisch denkender Mensch; **use ~:** methodisch *od.* systematisch vorgehen; **there's ~ in his madness** *(fig. joc.)* der Wahnsinn hat Methode; **c)** *(scheme of classification)* System, *das*
methodic [mɪˈθɒdɪk] *adj. (Amer.)* **a)** see **methodical**; **b)** *(relating to methodology)* methodologisch
methodical [mɪˈθɒdɪkl] *adj.* methodisch; systematisch; **in a ~ way** methodisch; systematisch; **be ~:** methodisch *od.* systematisch vorgehen
methodically [mɪˈθɒdɪkəlɪ] *adv.* mit Methode; systematisch
Methodism [ˈmeθədɪzm] *n., no pl. (Relig.)* Methodismus, *der*
Methodist [ˈmeθədɪst] *n. (Relig.)* Methodist, *der*/Methodistin, *die; attrib.* Methodisten⟨kapelle, -gottesdienst, -pfarrer⟩
methodology [meθəˈdɒlədʒɪ] *n.* **a)** *no pl., no art. (science of method)* Methodik, *die;* Methodologie, *die;* **b)** *(methods used)* Methodik, *die*
methought see **methinks**
meths [meθs] *n., no pl., no indef. art. (Brit. coll.)* [Brenn]spiritus, *der*
ˈmeths-drinker *n. (Brit. coll.)* ≈ Fuseltrinker, *der*/-trinkerin, *die*
Methuselah [mɪˈθjuːzələ] *n.* **a)** *pr. n. (Bibl.)* Methusalem *(der);* **b)** [old] **~:** Methusalem, *der (ugs.)*
methyl [ˈmeθɪl, ˈmiːθaɪl] *n. (Chem.)* Methyl, *das*
methyl ˈalcohol *n. (Chem.)* Methylalkohol, *der;* Methanol, *das*
methylated spirit[s] [meθɪleɪtɪd ˈspɪrɪt(s)] *n. [pl.]* Brennspiritus, *der;* vergällter *od.* denaturierter Alkohol *(fachspr.)*
meticulous [mɪˈtɪkjʊləs] *adj.* **a)** *(scrupulous)* sorgfältig; *(over-scrupulous)* übergenau; pedantisch *(abwertend);* **be ~ about sth.** es peinlich genau mit etw. nehmen; **b)** *(coll.: careful)* pingelig *(ugs.);* **be a ~ person** es sehr genau nehmen
meticulously [mɪˈtɪkjʊləslɪ] *adv.* **a)** *(scrupulously)* sorgfältig; *(over-scrupulously)* übergenau; pedantisch *(abwertend);* **~ clean** peinlich sauber; **b)** *(coll.: carefully)* sehr sorgfältig; haargenau *(ugs.)* ⟨abbilden, wiedergeben⟩
métier [ˈmetjeɪ] *n.* **a)** *(calling)* Metier, *das;* **b)** *(forte)* Stärke, *die*
metonymy [mɪˈtɒnɪmɪ] *n. (Rhet.)* Metonymie, *die*
¹metre [ˈmiːtə] *n. (Brit.)* **a)** *(poetic rhythm)* Metrum, *das (Verslehre);* Versmaß, *das;* **written in an iambic ~:** in Jamben geschrieben; **b)** *(Pros.: metrical group)* Metrum, *das*
²metre *n. (Brit.: unit)* Meter, *der od. das;* **sell cloth by the ~:** Stoff meterweise verkaufen; *see also* **cubic b; square 2 b**
metric [ˈmetrɪk] *adj.* metrisch; **~ system** metrisches System; **go ~** *(coll.)* das metrische System einführen; *see also* **hundredweight; ton a**
metrical [ˈmetrɪkl] *adj.,* **metrically** [ˈmetrɪkəlɪ] *adv.* metrisch
metricate [ˈmetrɪkeɪt] *v. t. & i.* auf das metrische System umstellen
metrication [metrɪˈkeɪʃn] *n.* Umstellung auf das metrische System
Metro, Métro [ˈmetrəʊ] *n., pl.* **~s** *(coll.)* U-Bahn, *die;* **the Paris ~:** die [Pariser] Metro
metronome [ˈmetrənəʊm] *n. (Mus.)* Metronom, *das*
metropolis [mɪˈtrɒpəlɪs] *n. (capital)* Hauptstadt, *die; (chief city)* Metropole, *die;* **the ~** *(Brit.)* London *(das)*
metropolitan [metrəˈpɒlɪtən] **1.** *adj.* **a)** *(of a metropolis)* [the] **~ hotels/cinemas** die Hotels/Kinos der Metropole; **~ New York/Tokyo** der Großraum New York/Tokio; **~ London** Großlondon *(das);* **the M~ Police** die Londoner Polizei; **~ borough/district**

(Brit. Admin.) Gemeinde/Bezirk im Großraum einer Großstadt; **~ county** *(Brit. Admin.)* eines von sechs Ballungsgebieten außerhalb Großlondons; **b)** *(not colonial)* mutterländisch; **~ France** das Mutterland Frankreich. **2.** *n. see* **metropolitan bishop**
metropolitan ˈbishop *n. (Gk. Orthodox Ch., RC Ch.)* Metropolit, *der; (Anglican Ch.)* Erzbischof, *der*
mettle [ˈmetl] *n.* **a)** *(quality of temperament)* Wesensart, *die;* **show one's ~:** zeigen, aus welchem Holz man [geschnitzt] ist; **b)** *(spirit)* Mut, *der;* **a man of ~:** ein mutiger Mann; **be on one's ~:** zeigen müssen, was man kann; **put sb./sth. on his/its ~:** jmdn./ etw. fordern; **c)** *(animal's vigour)* Feuer, *das*
Meuse [mɜːz] *n. (Geog.)* Maas *(die)*
mew [mjuː] **1.** *v. i.* ⟨Katze:⟩ miauen; ⟨Möwe:⟩ kreischen. **2.** *n. (of cat)* Miauen, *das; (of seagull)* Kreischen, *das*
mews [mjuːz] *n., pl. same (Brit.)* Stallungen *Pl.; (converted into dwellings/garages)* zu [eleganten] Wohnhäusern/Garagen umgebaute ehemalige Stallungen *[in ruhigen Seitenstraßen]*
Mexican [ˈmeksɪkən] **1.** *adj.* mexikanisch; **sb. is ~:** jmd. ist Mexikaner/Mexikanerin; *see also* **English 1. 2.** *n.* Mexikaner, *der*/Mexikanerin, *die*
Mexico [ˈmeksɪkəʊ] *pr. n.* Mexiko *(das);* **~ City** Mexiko [City] *(das)*
mezzanine [ˈmetsəniːn, ˈmezəniːn] *n.* **a)** *(Archit.)* Mezzanin, *das (fachspr.);* Halbgeschoß, *das;* **b)** *(Amer. Theatre)* erster Rang
mezzotint [ˈmedzəʊtɪnt, ˈmetsəʊtɪnt] *n. (Art)* Mezzotinto, *das; (method)* Mezzotinto, *das;* Schabkunst, *die*
mg. *abbr.* milligram[s] mg
MHz *abbr.* megahertz MHz
MI *n. (Brit. Hist./coll.)* **MI5** die britische Spionageabwehr; **MI6** der britische Nachrichtendienst
ˈmi [miː] *see* **¹me**
mi. *abbr. (Amer.)* mile[s] M
miaow [mɪˈaʊ] **1.** *v. i.* miauen. **2.** *n.* Miauen, *das*
miasma [mɪˈæzmə, maɪˈæzmə] *n., pl.* **~ta** [mɪˈæzmətə, maɪˈæzmətə] *or* **~s** Miasma, *das;* Gestank, *der*
mica [ˈmaɪkə] *n. (Min.)* Glimmer, *der*
mice *pl.* of **mouse**
Michaelmas [ˈmɪkləməs] *n.* Michaeli[s] *(das);* Michaelistag, *der*
Michaelmas: ~ ˈdaisy *n. (Bot.)* Herbstaster, *die;* **~ term** *n. (Brit. Univ.)* Herbsttrimester, *das*
mickey [ˈmɪkɪ] *n. (Brit. sl.)* **take the ~ [out of sb./sth.]** jmdn./etw. durch den Kakao ziehen *(ugs.)*
Mickey ˈMouse *attrib. adj. (derog.)* lächerlich; **croquet is a bit of a ~ sport** Krocket ist doch gar kein richtiger Sport; **this is a ~ job** diese Arbeit ist ein Witz
mickle [ˈmɪkl] *(arch./Scot.)* **1.** groß. **2.** *n.* **many a ~ makes a muckle** *(prov.)* Kleinvieh macht auch Mist *(ugs.)*
micky *see* **mickey**
micro [ˈmaɪkrəʊ] *n., pl.* **~s** *see* **microcomputer**
micro- [ˈmaɪkrəʊ] *in comb.* mikro-/Mikro-
microbe [ˈmaɪkrəʊb] *n. (Biol.)* Mikrobe, *die*
micro: ~biˈology *n.* Mikrobiologie, *die;* **M~card, (P)** *n.* Mikrokarte, *die;* **~chip** *n. (Electronics)* [Mikro]chip, *der;* **~computer** *n. (Computing)* Mikrocomputer, *der;* **~conˈtroller** *n. (Electronics)* Mikrocontroller, *der;* **~dot** *n. (Information Sci.)* Mikrat, *das;* **~elecˈtronics** *n.* Mikroelektronik, *die;* **~fiche** *n., pl. same or* **~fiches** Mikrofiche, *das od. der;* **~film 1.** *n.* Mikrofilm, *der;* **2.** *v. t.* auf Mikrofilm (Akk.) aufnehmen; **~light [ˈaircraft]** *n. (Aeronaut.)* Ultraleichtflugzeug, *das*
micrometer [maɪˈkrɒmɪtə(r)] *n. (Mech. Engin.)* [Fein]meßschraube, *die*

micron [ˈmaɪkrɒn] *n.* Mikrometer, *der od. das*
Micronesia [maɪkrəˈniːʃə] *pr. n.* Mikronesien *(das)*
micro-ˈorganism *n.* Mikroorganismus, *der;* Kleinstlebewesen, *das*
microphone [ˈmaɪkrəfəʊn] *n.* Mikrophon, *das*
micro: ~ˈphotograph *n.* Mikrokopie, *die;* **~ ˈprocessor** *n. (Computing)* Mikroprozessor, *der*
microscope [ˈmaɪkrəskəʊp] *n.* Mikroskop, *das;* **examine sth. through** *or* **under a ~:** etw. unter dem Mikroskop untersuchen; **put** *or* **have sth. under the ~** *(fig.)* etw. unter die Lupe nehmen *(ugs.);* **be under the ~** *(fig.)* unter die Lupe genommen werden *(ugs.);* auf den Zahn gefühlt werden *(ugs.)*
microscopic [maɪkrəˈskɒpɪk] *adj.* **a)** mikroskopisch; sehr stark vergrößernd ⟨Linse⟩; **b)** *(fig.: very small)* winzig ⟨Portion, Auto⟩; mikroskopisch klein ⟨Tier, Portion⟩
microscopy [maɪˈkrɒskəpɪ] *n., no pl., no art.* Mikrokopie, *die;* **by ~:** mikroskopisch; unter dem Mikroskop
micro: ~ˈsurgery *n., no pl., no art. (Med.)* Mikrochirurgie, *die;* **~wave** *n.* Mikrowelle, *die;* **~wave [ˈoven]** *n.* Mikrowellenherd, *der*
mid- [mɪd] *in comb.* **a)** **in ~-air/-stream** in der Luft/Strommitte; **~-air collision** Zusammenstoß in der Luft; **in ~-flight/ -sentence** mitten im Flug/Satz; **in ~-course** mittendrin; **[in] ~-afternoon** [mitten] am Nachmittag; **b)** *forming compound adj. used attrib.* **~-afternoon siesta** Nachmittagsschläfchen, *das;* **~-morning break** ≈ Frühstückspause, *die;* große Pause *(Schulw.);* **a ~-season game** ein Spiel in der Mitte der Saison; **~-term exams** Prüfungen in der Mitte des Trimesters; **~-term elections** *(Amer.)* Kongreß- und Kommunalwahlen in der Mitte der Amtszeit des Präsidenten; **c)** *with months, decades, persons' ages* **~-July** Mitte Juli; **the ~-60s** die Mitte der sechziger Jahre; **a man in the ~ or his ~-fifties** ein Mittfünfziger; **be in one's ~-thirties** Mitte Dreißig sein
Midas touch [ˈmaɪdəs tʌtʃ] *n.* **he has the ~:** was er anfaßt, wird zu Gold *(fig.)*
midday [ˈmɪddeɪ, mɪdˈdeɪ] *n.* **a)** *(noon)* zwölf Uhr; **round about ~:** um die Mittagszeit; **b)** *(middle of day)* Mittag, *der; attrib.* Mittags-
midden [ˈmɪdn] *n.* **a)** *(dunghill)* Misthaufen, *der;* **b)** *(refuse heap)* Abfallhaufen, *der*
middle [ˈmɪdl] **1.** *attrib. adj.* mittler...; **the ~ one** der/die/das mittlere; **~ space** Zwischenraum, *der;* **the ~ years of the 19th century** die Jahre in der Mitte des 19. Jahrhunderts; **man/house of ~ height/size** mittelgroßer Mann/-großes Haus; **b)** *(equidistant from extremities)* **~ point** Mittelpunkt, *der;* **c)** *(Ling.)* Mittel⟨*latein, -hochdeutsch*⟩; *see also* **English 2 a. 2.** *n.* **a)** Mitte, *die; (central part)* Mittelteil, *der;* **in the ~ of the room/ the table** in der Mitte des Zimmers/des Tisches; *(emphatic)* mitten im Zimmer/auf dem Tisch; **right in the ~ of Manchester** genau im Zentrum von Manchester; **in the ~ of the forest** mitten im Wald; **the boat sank in the ~ of the Atlantic** das Schiff sank mitten im Atlantik; **grasp the ~ of sth.** etw. in der Mitte festhalten; **fold sth. down the ~:** etw. in der Mitte falten; **in the ~ of the day** mittags; **in the ~ of the morning/afternoon** mitten am Vor-/Nachmittag; **in the ~ of the night/week** mitten in der Nacht/Woche; **happen in the ~ of next week/month** Mitte nächster Woche/nächsten Monats geschehen; **in the ~ of the day** die Mitte des Tages; **be in the ~ of doing sth.** *(fig.)* gerade mitten dabei sein, etw. zu tun; **in the ~ of the operation/washing her hair** *(fig.)* mitten in der Operation/im Haarewaschen; *see also* **knock 1 c; nowhere 2; b)** *(waist)* Taille, *die*

middle: ~ **'age** n. mittleres [Lebens]alter; **a man in ~ age** ein Mann mittleren Alters; **complaints of ~ age** Beschwerden von Menschen mittleren Alters; ~**-aged** ['mɪdleɪdʒd] adj. mittleren Alters nachgestellt; **acquire a ~-aged spread** [in den mittleren Jahren] Speck ansetzen; **M~ 'Ages** n. pl. the **M~ Ages** das Mittelalter; ~**-brow** (coll.) **1.** adj. für den [geistigen] Normalverbraucher nachgestellt (ugs.); **2.** n. [geistiger] Normalverbraucher (ugs.); ~ **'C** n. (Mus.) das eingestrichene C; ~ **'class** n. Mittelstand, der; Mittelschicht, die; ~**-class** adj. bürgerlich ⟨Vorort, Einstellung, Moral, Werte⟩; ⟨Moral, Werte⟩ des Mittelstandes; ~**-class people** Mittelständler; ~ **'common room** n. (Brit. Univ.) Gemeinschaftsraum für graduierte Studenten; ~ **'course** n. Mittelweg, der; ~ **'distance** see distance 1 d; ~**distance runner** Mittelstreckenläufer, der/-läuferin, die; ~ **'ear** n. (Anat.) Mittelohr, das; **M~ 'East** pr. n. the **M~ East** der Nahe [und Mittlere] Osten; **M~ 'Eastern** adj. nahöstlich; des Nahen Ostens nachgestellt; ⟨Person⟩ aus dem Nahen Osten; ~ **finger** n. Mittelfinger, der; ~ **'life** n., no pl. mittleres Lebensalter; ~**man** n. (Commerc.) Zwischenhändler, der/-händlerin, die; (fig.) Vermittler, der/Vermittlerin, die; ~ **'management** n. mittleres Management; ~ **'manager** n. **be a ~ manager** im mittleren Management arbeiten; ~ **name** n. **a)** zweiter Vorname; **b)** (fig.: characteristic quality) **carefulness is my ~ name** ich bin die Vorsicht in Person; **modesty is not his ~ name** Bescheidenheit ist nicht seine Stärke; ~**-of-the-'road** adj. gemäßigt; moderat; ~**-of-the-road politician/politics** Politiker/Politik der Mitte; ~ **school** n. (Brit.) **a)** (State school) Schule für 9- bis 13jährige; **b)** (third and fourth forms) dritte und vierte Klasse einer höheren Schule; ~**-size[d]** adj. mittelgroß; ~ **'way** n. **a)** see ~ course; **b)** (Buddhism) the ~ **way** der mittlere Weg; ~**weight** n. (Boxing etc.) Mittelgewicht, das; (person also) Mittelgewichtler, der; **M~ 'West** pr. n. (Amer.) the **M~ West** der Mittlere Westen; **M~ 'Western** adj. (Amer.) der Mittleren Westens nachgestellt

middling ['mɪdlɪŋ] **1.** adj. **a)** (second-rate) mittelmäßig; **b)** (moderately good) [fair to] ~: ganz ordentlich (ugs.); [ganz] passabel; **c)** (coll.: in fairly good health) mittelprächtig (ugs. scherzh.); **How are you?** – **Oh, ~:** Wie geht es dir? – Ach, so einigermaßen; **d)** (Commerc.) mittler–. ⟨Qualität, Ware⟩. **2.** adv. recht; (only moderately) ganz

middlingly ['mɪdlɪŋlɪ] adv. **a)** ganz ordentlich od. passabel; **b)** (only moderately well) ~ßig

'Mideast (Amer.) see **Middle East**
Mid'eastern (Amer.) see **Middle Eastern**
'midfield n. (Footb.) Mittelfeld, das; **play in ~:** im Mittelfeld spielen; attrib. ~ **player** Mittelfeldspieler, der

midge [mɪdʒ] n. **a)** (in popular use) Stechmücke, die; **b)** (Zool.) Zuckmücke, die

midget ['mɪdʒɪt] **1.** n. **a)** (person) Liliputaner, der/Liliputanerin, die; Zwerg, der/Zwergin, die; **b)** (thing) Zwerg, der (fig.); (animal) Zwergform, die. **2.** adj. winzig; (in design) Mini⟨flugzeug, -U-Boot⟩

midi ['mɪdɪ] n. Midi[rock], der; (dress) Midikleid, das; ~**-length coat** Midimantel, der

midland ['mɪdlənd] **1.** n. Binnenland, das; **the M~s** (Brit.) Mittelengland. **2.** adj. im Landesinnern nachgestellt; **M~[s]** (Brit.) in den Midlands nachgestellt; ⟨Dialekt⟩ der Midlands

midlander ['mɪdləndə(r)] n. Bewohner/Bewohnerin des Binnenlandes; **M~** (Brit.) Bewohner/Bewohnerin der Midlands

midlife crisis [mɪdlaɪf 'kraɪsɪs] n. Midlife-crisis, die

'mid-line n. Mittellinie, die

'midnight n. Mitternacht, die; attrib. Mitternachts⟨stunde, -messe, -zug⟩; mitternächtlich ⟨Festgelage, Feiern⟩

midnight: ~ **'oil** see oil 1 a; ~ **'sun** n. Mitternachtssonne, die

mid-'off n. (Cricket) Feldspieler links vom Werfer (bei rechtshändigem Schlagmann)

mid-'on n. (Cricket) Feldspieler rechts vom Werfer (bei rechtshändigem Schlagmann)

'midpoint n. Mitte, die

'midrib n. (Bot.) [mittlere] Blattrippe

midriff ['mɪdrɪf] n. **a)** the bulge below his ~: die Wölbung seiner Taillengegend; **with bare ~:** nabelfrei; **he landed a blow on his opponent's ~:** er traf seinen Gegner unterhalb des Brustkorbs; **b)** (diaphragm) Zwerchfell, das; **c)** (Amer.: garment exposing ~) die Taille freilassender Zweiteiler

midshipman ['mɪdʃɪpmən] n., pl. **midshipmen** ['mɪdʃɪpmən] **(Navy) a)** (Brit.) Seeoffiziersanwärter im untersten Seeoffiziersrang; **b)** (Amer.) Midshipman, der; Seeoffiziersanwärter, der

midst [mɪdst] n. **in the ~ of sth.** mitten in einer Sache; **be in the ~ of doing sth.** gerade mitten dabei sein, etw. zu tun; **in our/their/your ~:** in unserer/ihrer/eurer Mitte

midsummer ['mɪdsʌmə(r), mɪd'sʌmə(r)] n. die [Zeit der] Sommersonnenwende; der Mittsommer; **[on] M~['s] Day** [am] Johannistag; ~ **madness** [heller] Wahnsinn (ugs.)

'midtown n. (Amer.) am Rande des Zentrums gelegener Stadtbezirk; attrib. am Rande des Zentrums nachgestellt

midway ['mɪdweɪ, mɪd'weɪ] adv. auf halbem Weg[e] ⟨sich treffen, sich befinden⟩; ~ **through sth.** (fig.) mitten in etw. (Dat.)

midweek ['mɪdwiːk, mɪd'wiːk] n. **in ~:** in der Wochenmitte; ~ **flights** Flüge in der Wochenmitte

'Midwest (Amer.) see **Middle West**
Mid'western (Amer.) see **Middle Western**
midwife ['mɪdwaɪf] n., pl. **midwives** ['mɪdwaɪvz] Hebamme, die

midwifery ['mɪdwɪfrɪ, mɪd'wɪfərɪ] n., no pl., no art. Geburtshilfe, die

mid'winter n. die [Zeit des] Wintersonnenwende; der Mittwinter

mien [miːn] n. (literary) (look) Miene, die; (bearing) Gebaren, das

miff [mɪf] (coll.) **1.** n. **a)** (huff) **get into a ~:** sich auf den Schlips getreten fühlen (about wegen) (ugs.); **b)** in a ~: beleidigt od. eingeschnappt sein (ugs.); **b)** (quarrel) Knies, der (ugs.); **have a ~ with sb.** mit jmdm. Ärger od. (ugs.) Knies haben. **2.** v. t. verärgern; **be ~ed** beleidigt od. (ugs.) eingeschnappt sein

¹might [maɪt] see **may**

²might n. **a)** (force) Gewalt, die; (inner strength) Macht, die; **with all one's ~:** mit aller Kraft; **with ~ and main** mit aller Macht; **b)** (power) Macht, die; ~ **is right** Macht geht vor Recht

might-have-been ['maɪtəvbiːn] n. **a)** nicht verwirklichte Möglichkeit; **the ~s** das, was hätte sein können; **b)** (person) jemand, der es zu etwas hätte bringen können; **he is a ~:** er hat seine Chancen verpaßt

mightily ['maɪtɪlɪ] adv. **a)** mit aller Kraft; **b)** (coll.: very) überaus; **be ~ amused** sich köstlich amüsieren

mightn't ['maɪtnt] (coll.) = **might not**; see **may**

mighty ['maɪtɪ] **1.** adj. **a)** (powerful) mächtig; gewaltig ⟨Krieger, Anstrengung⟩; **b)** (massive) gewaltig; **c)** (coll.: great) riesig; stark ⟨Trinker⟩. See also **high 1 e. 2.** adv. (coll.) verdammt (ugs.)

mignonette [mɪnjə'net] n. **a)** (plant) Reseda, die; (Reseda odorata) Gartenresede, die; **b)** (colour) Resedagrün, das

migraine ['miːgreɪn, 'maɪgreɪn] n. (Med.) Migräne, die

migrant ['maɪgrənt] **1.** adj. **a)** ~ **tribe** Nomadenstamm, der; ~ **worker** Wanderarbeiter, der/-arbeiterin, die; (in EEC) Gastarbeiter, der/-arbeiterin, die; **b)** (coming and going with the seasons) ~ **bird/fish** Zugvogel, der/Wanderfisch, der; ~ **herds** wandernde Herden. **2.** n. **a)** Auswanderer, der/Auswanderin, die; (worker) Wanderarbeiter, der/-arbeiterin, die; **b)** (bird) Zugvogel, der; (fish) Wanderfisch, der

migrate [maɪ'greɪt] v. i. **a)** (from rural area to town) abwandern; (to another country) auswandern; (to another town) übersiedeln (**to** nach); (to another place of work) überwechseln; **b)** (with the seasons) ⟨Vogel:⟩ fortziehen; ⟨Fisch:⟩ wandern; ~ **to the south/sea** nach Süden ziehen/zum Meer wandern

migration [maɪ'greɪʃn] n. **a)** see migrate a: Abwandern, das; Auswandern, das; Übersiedeln, das; Überwechseln, das; **a great ~:** eine große Auswanderungswelle; **b)** (with the seasons) (of birds) Fortziehen, das; (of fish) Wandern, das; (instance) (of birds) Zug, der; (of fish) Wanderung, die

migratory ['maɪgrətərɪ, maɪ'greɪtərɪ] adj. **a)** ~ **tribe** Nomadenstamm, der; **these workers are** ~: dies sind Wanderarbeiter/(in EEC) Gastarbeiter, der/-arbeiterin, die; **b)** (moving according to seasons) ~ **bird/fish** Zugvogel, der/Wanderfisch, der

Mike [maɪk] pr. n. **for the love of ~** (coll.) um Himmels willen

mike n. (coll.) Mikro, das

milady [mɪ'leɪdɪ] n. **a)** Lady, die; **b)** (form of address) Mylady; gnädige Frau

Milan [mɪ'læn] pr. n. Mailand (das)

Milanese [mɪlə'niːz] **1.** n. Mailänder, der/Mailänderin, die. **2.** adj. mailändisch; Mailänder

milch [mɪltʃ] attrib. adj. ~ **cow** Milchkuh, die

mild [maɪld] **1.** adj. **a)** (gentle) sanft ⟨Person⟩; **b)** (not severe) mild ⟨Urteil, Bestrafung, Kritik⟩; leicht ⟨Erkrankung, Gefühlsregung⟩; gemäßigt ⟨Ausdrucksweise, Sprache, Satire⟩; (moderate) leicht ⟨Ermutigung, Aufregung⟩; **c)** (moderately warm) mild ⟨Wetter, Winter⟩; **d)** (having gentle effect) mild, leicht ⟨Arzneimittel, Stimulans⟩; **e)** (not strong in taste) mild ⟨Bier⟩; **f)** (feeble) zahm (ugs.) ⟨Versuch, Spiel⟩. See also **draw 1 c. 2.** n. schwach gehopftes englisches Bierosrte; ~ **and bitter** (Brit.) Mischgetränk aus schwach und stark gehopftem Bier

mildew ['mɪldjuː] n. **a)** (on paper, cloth, wood) Schimmel, der; **be spotted with ~:** Stockflecke haben; **b)** (on plant) Mehltau, der. **2.** v. t. **be/become ~ed** schimm[e]lig sein/verschimmeln; ⟨Pflanze:⟩ von Mehltau befallen sein/werden

mildewy ['mɪldjuːɪ] adj. schimm[e]lig ⟨Papier, Stoff, Holz⟩; von Mehltau befallen ⟨Pflanze⟩; muffig, mod[e]rig ⟨Atmosphäre, Luft⟩; (spotted with mildew) stock[fleck]ig

mildly ['maɪldlɪ] adv. **a)** (gently) mild[e]; **b)** (slightly) ein bißchen od. wenig ⟨enttäuscht, bestürzt, ermutigend, begeistert⟩; **to put it ~:** gelinde gesagt; **and that's putting it ~:** und das ist noch gelinde ausgedrückt

mild 'steel n. weicher od. kohlenstoffarmer Stahl

mile [maɪl] n. **a)** Meile, die; ~ **after** or **upon** or ~**s and** ~**s of sand/beaches** meilenweit Sand/Strände; ~**s per hour** Meilen pro Stunde; **not a hundred** or **thousand** or **million ~s from** (joc.) nicht allzu weit von; **someone not a hundred** etc. ~**s from here** (joc.) einer ganz hier in der Nähe; see also **square 2 b; b)** (geographical or nautical or **sea** ~ see nautical mile; **c)** (fig. coll.: great amount) **win/miss by a ~:** haushoch gewinnen/meilenweit verfehlen; ~**s better/too big** tausendmal besser/viel zu groß; **beat sb. by ~s** jmdn. haushoch schlagen; **be ~s ahead of sb.** jmdm. weit voraus sein; **be ~s out [in one's answers]** [mit seinen Antworten]

völlig danebenliegen *(ugs.)*; **run a ~** *(fig.)* das Weite suchen; **you can see it a ~ off** *(fig.)* das sieht doch ein Blinder [mit dem Krückstock] *(ugs.)*; **sb. is ~s away** *(in thought)* jmd. ist mit seinen Gedanken ganz woanders; *see also* **stand out b**; **stick out 2 b**; **d)** *(race)* Meilenlauf, *der*; **run the ~ in under four minutes** die Meile in weniger als vier Minuten laufen
mileage ['maɪlɪdʒ] *n.* **a)** *(number of miles)* [Anzahl der] Meilen; **state the exact ~ travelled** die gefahrenen Meilen genau angeben; **a low ~** *(on milometer)* ein niedriger Meilenstand; **b)** *(number of miles per gallon)* [Benzin]verbrauch, *der*; **what ~ do you get with your car?** wieviel verbraucht dein Auto?; **c)** *(fig.: benefit)* Nutzen, *der*; **get ~ out of sth.** Nutzen aus etw. haben; **there is no ~ in the idea** dieser Vorschlag rentiert sich nicht; **d)** *(expenses)* ≈ Kilometergeld, *das*
mile: **~-post** *n.* **a)** Meilenpfosten, *der*; **b)** *(Sport)* Meilenmarkierung, *die*; **by/at the ~-post** eine Meile vor dem Ziel; **~stone** *n.* *(lit. or fig.)* Meilenstein, *der*
milieu ['miːljɜː, 'miːljɜː] *n., pl.* **~x** [miːljɜːz, 'miːljɜːz] *or* **~s** Milieu, *das*
militancy ['mɪlɪtənsɪ] *n., no pl.* Kampfbereitschaft, *die*; Militanz, *die*
militant ['mɪlɪtənt] **1.** *adj.* **a)** *(aggressively active)* kämpferisch, militant; *(less aggressive)* aktiv; **b)** *(engaged in warfare)* kriegführend. **2.** *n.* Militante, *der/die*
militaria [mɪlɪ'tɛərɪə] *n. pl.* Militaria *Pl.*
militarism ['mɪlɪtərɪzəm] *n.* Militarismus, *der*
militarize (militarise) ['mɪlɪtəraɪz] *v.t.* militarisieren; *(equip)* militärisch ausrüsten
military ['mɪlɪtərɪ] **1.** *adj.* militärisch; Militär⟨*regierung, -akademie, -uniform, -parade*⟩; **~ man** Soldat, *der*; **~ service** Militärdienst, *der*; Wehrdienst, *der*. **2.** *n., constr. as sing. or pl.* **the ~:** das Militär
military: **~ 'band** *n.* Militärkapelle, *die*; **po'lice** *n.* Militärpolizei, *die*
militate ['mɪlɪteɪt] *v.i.* **~ against/in favour of sth.** *(deutlich)* gegen/für etw. sprechen; *(have effect)* sich zuungunsten/zugunsten einer Sache *(Gen.)* auswirken
militia [mɪ'lɪʃə] *n.* Miliz, *die*; Bürgerwehr, *die (hist.)*
militiaman [mɪ'lɪʃəmən] *n., pl.* **militiamen** [mɪ'lɪʃəmən] Milizionär, *der*
milk [mɪlk] **1.** *n.* Milch, *die*; **it's no use crying over spilt ~** *(prov.)* [was] passiert ist[, ist] passiert; **be [like] ~ and water** bieder und harmlos sein; **~-and-water** *(fig.)* nichtssagend ⟨*Rede, Predigt, Meinung, Buch*⟩; halbherzig ⟨*Politik*⟩; **a land of *or* flowing with ~ and honey** *(fig.)* ein Land, darin Milch und Honig fließt *(bibl. fig.)*; **the ~ of human kindness** die Milch der frommen Denkart *(dichter.)*; **M~ of Magnesia, (P)** Magnesiamilch, *die*; *see also* **condense 1 a; dried; powder 2 b**. **2.** *v.t.* *(draw ~ from)* melken; *(fig.: get money out of)* melken *(salopp)*; **be ~ed dry by sb.** von jmdm. ausgenommen werden *(ugs.)*
milk: **~ bar** *n.* Milchbar, *die*; **~-bottle** *n.* Milchflasche, *die*; **~ 'chocolate** *n.* Milchschokolade, *die*; **~-churn** *n.* Milchkanne, *die*; **~-float** *n. (Brit.)* Milchwagen, *der*
milking ['mɪlkɪŋ] *n.* Melken, *das*
milking: **~-machine** *n.* Melkmaschine, *die*; **~-stool** *n.* Melkschemel, *der*
milk: **~-jug** *n. (with tea, coffee, etc.)* Milchkännchen, *das*; **~-loaf** *n.* Milchbrot, *das*; **~maid** *n.* Melkerin, *die*; **~man** ['mɪlkmən] *n., pl.* **~men** ['mɪlkmən] Milchmann, *der*; **~-powder** *n.* Milchpulver, *das*; **~ run** *n. (fig.)* [übliche] Tour, *der*; **~shake** *n.* Milk-Shake, *der*; Milchshake, *der*; **~sop** *n.* Weichling, *der*; **~-tooth** *n.* Milchzahn, *der*; **~-white** *adj.* milchweiß

milky ['mɪlkɪ] *adj.* milchig; **~ coffee** Milchkaffee, *der*
Milky 'Way *n.* Milchstraße, *die*
mill [mɪl] **1.** *n.* **a)** Mühle, *die*; **he really went *or* was put through the ~** *(fig.)* er wurde ganz durch die Mangel genommen *(ugs.)*; **b)** *(factory)* Fabrik, *die*; *(machine)* Maschine, *die*; **~ town** ≈ Textilstadt, *die*. **2.** *v.t.* **a)** mahlen ⟨*Getreide*⟩; **b)** fräsen ⟨*Metallgegenstand*⟩; rändeln ⟨*Münze*⟩. **3.** *v.i.* ⟨*Vieh:*⟩ im Kreis laufen; **crowds of customers ~ing in the corridors** die Kunden schoben sich in Scharen durch die Gänge
~ a'bout *(Brit.)*, **~ a'round** *v.i.* durcheinanderlaufen; **a mass of people ~ing about *or* around in the square** eine Menschenmenge, die sich hin und her über den Platz schiebt/schob
milled [mɪld] *adj.* gemahlen ⟨*Korn*⟩; gerändelt ⟨*Münze*⟩
millennium [mɪ'lɛnɪəm] *n., pl.* **~s *or* millennia** [mɪ'lɛnɪə] **a)** Millennium, *das*; **b)** *(Relig.)* Tausendjähriges Reich; Millennium, *das (fachspr.)*
millepede ['mɪlɪpiːd] *n. (Zool.)* **a)** *(myriapod)* Tausendfüß[l]er, *der*; **b)** *(crustacean)* Assel, *die*
miller ['mɪlə(r)] *n.* Müller, *der*
millet ['mɪlɪt] *n. (Bot.)* Hirse, *die*
milli- ['mɪlɪ] *pref.* milli-/Milli-
milliard ['mɪljɑːd] *n. (Brit.)* Milliarde, *die*
millibar *(Meteorol.)* Millibar, *das*
'milligram *n.* Milligramm, *das*
'millilitre *(Brit.; Amer.:* **milliliter**) *n.* Milliliter, *der od. das*
'millimetre *(Brit.; Amer.:* **millimeter**) *n.* Millimeter, *der od. das*
milliner ['mɪlɪnə(r)] *n.* Putzmacher, *der*/-macherin, *die*; Modist, *der*/Modistin, *die*
millinery ['mɪlɪnərɪ] *n.* **a)** *(articles)* Hüte; **b)** *no pl. (business)* Hutmacherei, *die*; **c)** *(shop)* Hutgeschäft, *das*
million ['mɪljən] **1.** *adj.* **a)** **a *or* one ~** eine Million; **two/several ~** zwei/mehrere Millionen; **a *or* one ~ and one** eine Million ein; **half a ~** eine halbe Million; **b)** **a ~** [and one] *(fig.: innumerable)* tausend; **a ~ books/customers** eine Unmenge Bücher/Kunden; **never in a ~ years** nie im Leben *(ugs.)*; **I've got a ~** [and one] **things to do** ich habe tausend Sachen zu erledigen; *see also* **dollar**; **mile a**. **2.** *n.* **a)** Million, *die*; **a ~/two ~** eine Million/zwei Millionen; **a ~-to-one chance** eine Chance von einer Million zu eins; **in *or* by ~s:** millionenweise; **a *or* one etc. ~** eine Million einer/eine/eins; **the starving ~s** die Millionen [von] Hungerleidenden; **make a ~:** eine Million machen; **b)** *(indefinite amount)* **there were ~s of people** eine Unmenge Leute waren da; **thanks a ~:** tausend Dank; **~s of times** tausendmal; x-mal *(ugs.)*; **he is a man/she is one in a ~:** so jemanden wie ihn/sie findet man nicht noch einmal; **the ~[s]** die breite Masse
millionaire [mɪljə'nɛə(r)] *n. (lit. or fig.)* Millionär, *der*/Millionärin, *die*
millionth ['mɪljənθ] **1.** *adj.* millionst...; **a ~ part** ein Millionstel. **2.** *n. (fraction)* Millionstel, *das*; **a ~ of a second** eine Millionstelsekunde
millipede *see* **millepede**
mill: **~-owner** *n.* Textilfabrikant, *der*; **~-pond** *n.* Mühlteich, *der*; **the sea was like a ~-pond** die See war ruhig wie ein Teich; **~-race** *n.* Mühlbach, *der*; **~-stone** *n.* Mühlstein, *der*; **be a ~-stone round sb.'s neck** *(fig.)* jmdm. ein Klotz am Bein sein *(ugs.)*; **~-wheel** *n.* Mühlrad, *das*
milometer [maɪ'lɒmɪtə(r)] *n.* Meilenzähler, *der*
mime [maɪm] **1.** *n.* **a)** *(performance)* Pantomime, *die*; **b)** *no pl., no art. (art)* Pantomimik, *die*; Pantomime, *die (ugs.)*; **c)** *(performer)* Pantomime, *der*/Pantomimin, *die*. **2.** *v.i.* pantomimisch agieren. **3.** *v.t.* pantomimisch darstellen
mimeograph ['mɪmɪəɡrɑːf] **1.** *n. (machine)* Mimeograph, *der*. **2.** *v.t.* [auf einen Mimeographen] herstellen ⟨*Kopien*⟩/vervielfältigen ⟨*Vorlage*⟩
mimic ['mɪmɪk] **1.** *n.* Imitator, *der*; **that child is such a ~!** das Kind macht/plappert alles nach!. **2.** *v.t.,* **-ck- a)** nachahmen; imitieren; *(ridicule by imitating)* parodieren; **b)** *(resemble closely)* aussehen wie
mimicry ['mɪmɪkrɪ] *n.* **a)** *no pl.* Nachahmen, *das*; Nachäffen, *das (abwertend)*; **b)** *(instance of imitation) (of person)* Parodie, *die*; **c)** *(Zool.)* Mimikry, *die*
mimosa [mɪ'məʊzə] *n.* Mimose, *die*
Min. *abbr.* Minister/Ministry Min.
min. *abbr.* **a)** minute[s] Min; **b)** minimum *(adj.)* mind., *(n.)* Min.
mina ['maɪnə] *n. (Ornith.)* Maina, *der; (talking species)* Beo, *der*
minaret ['mɪnərɛt] *n.* Minarett, *das*
mince [mɪns] **1.** *n.* Hackfleisch, *das*; Gehackte, *das*. **2.** *v.t.* **a)** in kleine Stücke schneiden; *(chop)* kleinhacken; **~ beef in a machine** Rindfleisch durch den [Fleisch]wolf drehen; **~d meat** Hackfleisch, *das*; **not ~ matters** die Dinge beim Namen nennen; **there is no point in mincing matters** es hat keinen Sinn, etwas zu beschönigen; **she doesn't ~ her words** sie spricht ganz offen und unverblümt. **3.** *v.i.* trippeln
mince: **~meat** *n.* Hackfleisch, *das*; Gehackte, *das*; **make ~meat of sb.** *(fig.)* Hackfleisch aus jmdm. machen *(ugs.)*; **make ~meat of sb.'s arguments** *(fig.)* jmds. Argumente zerpflücken; **b)** *(sweet)* süße Pastetenfüllung aus Obst, Rosinen, Gewürzen, Nierenfett *usw.*; **~ 'pie** *n.* mit süßem „mincemeat" gefüllte Pastete
mincer ['mɪnsə(r)] *n.* Fleischwolf, *der*
mind [maɪnd] **1.** *n.* **a)** *(remembrance)* **bear *or* keep sth. in ~:** an etw. *(Akk.)* denken; etw. nicht vergessen; **have [it] in ~ to do sth.** vorhaben, etw. zu tun; etw. zu tun gedenken *(geh.)*; **we have in ~ a new project** uns *(Dat.)* schwebt ein neues Projekt vor; **bring sth. to ~:** etw. in Erinnerung rufen; **call sth. to ~:** sich *(Dat.)* an etw. erinnern; **many things came to ~:** vielerlei kam mir/ihm *usw.* in den Sinn; **sth. comes into sb.'s ~:** jmdm. fällt etw. ein; **it went out of my ~:** ich habe es vergessen; es ist mir entfallen; **put sb. in ~ of sb./sth.** jmdn. an jmdn./etw. erinnern; **put sth./sb. out of one's ~:** etw./jmdn. aus seinem Gedächtnis streichen; *see also* **sight 1 f**; **time 1 b**; **b)** *(opinion)* **tell sb. one's ~ frankly** freimütig jmdm. seine Meinung sagen; **give sb. a piece of one's ~:** jmdm. gründlich die Meinung sagen; **in *or* to my ~:** meiner Meinung *od.* Ansicht nach; **be *a or* of one *or* of the same ~, be in one ~:** einer Meinung sein; **be in two ~s about sth.** [sich *(Dat.)*] unschlüssig über etw. *(Akk.)* sein; **change one's ~:** seine Meinung ändern; **have a ~ of one's own** seinen eigenen Kopf haben; **I have a good ~/a half a ~ to do that** ich hätte große Lust/nicht übel Lust, das zu tun; **he doesn't know his own ~:** er weiß nicht, was er will; **make up one's ~, make one's ~ up** sich entscheiden; **make up one's ~ to do sth.** sich entschließen, etw. zu tun; **I've finally made up my ~:** ich bin zu einem Entschluß gekommen; **if your ~ is made up** wenn Sie einen Entschluß gefaßt haben; **he made up my ~ for me** er nahm mir die Entscheidung ab; *(made my decision easy)* er machte mir die Entscheidung leicht; **read sb.'s ~:** jmds. Gedanken lesen; *see also* **speak 2 b**; **c)** *(direction of thoughts)* **his ~ is on other things** er ist mit den Gedanken woanders; **apply *or* set *or* turn one's ~ to** sich konzentrieren auf *(+ Akk.)* ⟨*Arbeit, Aufgabe, Angelegenheit*⟩; **I have had sb./sth. on my ~:** jmd./etw.

mind-bending | **miniaturist**

hat mich beschäftigt; *(remembered)* ich habe an jmdn./etw. gedacht; *(worried)* ich habe mir Sorgen wegen jmdm./etw. gemacht; **she has a lot of things on her ~**: sie hat viele Sorgen; **sth. preys** or **weighs on sb.'s ~**: etw. macht jmdm. zu schaffen od. läßt jmdn. nicht los; **take sb.'s ~ off sth.** jmdn. von etw. ablenken; **keep one's ~ on sth.** sich auf etw. *(Akk.)* konzentrieren; **close one's ~ to sth.** sich einer Sache *(Dat.)* verschließen *(geh.)*; **have a closed ~:** sich entschieden haben; **set one's ~ on sth./on doing sth.** sich *(Dat.)* etw. in den Kopf setzen/sich *(Dat.)* in den Kopf setzen, etw. zu tun; *see also* **absence c; open 1 g; presence e;** d) *(way of thinking and feeling)* Denkweise, *die*; **frame of ~:** [seelische] Verfassung; **state of ~:** [Geistes]zustand, *der*; **be in a frame of ~ to do sth.** in der Verfassung sein, etw. zu tun; **be in a calm frame of ~:** ruhig sein; **her state of ~ was confused** sie konnte nicht mehr klar denken; **have a logical ~:** logisch denken; **he has the ~ of a child** er hat ein kindliches Gemüt; **the secrets of the human ~:** die Geheimnisse des menschlichen Geistes; **the Victorian/Classical** etc. **~:** die Denkweise der viktorianischen Zeitalters/der Klassik *usw.*; e) *(seat of consciousness, thought, volition)* Geist, *der*; **a triumph/the power of ~ over matter** ein Triumph/die Macht des Geistes über die Materie; **it was a case of ~ over matter** der Geist hat über die Materie triumphiert; **it's all in the ~:** es ist alles nur Einstellung; **in one's ~:** im stillen; **in my ~'s eye** vor meinem geistigen Auge; im Geiste; **nothing could be further from my ~ than ...:** nichts läge mir ferner, als ...; **no such thought ever entered his ~:** so etwas kam ihm nie in den Sinn; **his ~ was filled with gloomy forebodings** er war von düsteren Vorahnungen erfüllt; f) *(intellectual powers)* Verstand, *der;* Intellekt, *der;* **have a very fine** or **good ~:** einen klaren od. scharfen Verstand haben; **[not] have a good ~:** [nicht] intelligent sein; g) *(normal mental faculties)* Verstand, *der;* **lose** or **go out of one's ~:** den Verstand verlieren; **be out of one's ~:** verrückt sein; den Verstand verloren haben; **in one's right ~:** im Vollbesitz seiner geistigen Kräfte; bei klarem Verstand; h) *(person)* Geist, *der;* **a fine ~:** ein großer Geist od. *(ugs.)* kluger Kopf. 2. *v. t.* a) *(heed)* **don't ~ what he says** gib nichts auf sein Gerede od. *(geh.)* seine Worte; ~ **what I say** glaub mir; **let's go in, and never ~ the expense** machen wir es doch, egal, was es kostet; b) *(concern oneself about)* **he ~s a lot what people think of him** es ist für ihn sehr wichtig, was die Leute von ihm denken; **I can't afford a bicycle, never ~ a car** ich kann mir kein Fahrrad leisten, geschweige denn ein Auto; **never ~ him/that** *(don't be anxious)* er/das kann dir doch egal sein *(ugs.);* **never ~ him – what about me/my predicament?** es interessiert mich nicht – was ist mit mir/mit meinem Dilemma?; **never ~ how/where ...:** es tut nichts zur Sache, wie/wo ...; **never ~ your mistake** laß dir über diesen Fehler od. wegen dieses Fehlers keine grauen Haare wachsen *(ugs.);* **don't ~ me** nimm keine Rücksicht auf mich; *(don't let my presence disturb you)* laß dich [doch mich] nicht stören; *(iron.)* nimm bloß keine Rücksicht auf mich; ~ **the doors!** passen Sie auf die Türen auf!; ~ **your back[s]** *(coll.)* Bahn frei! *(ugs.);* ~ **one's P's and Q's** sich anständig benehmen; *(follow the correct procedure)* sich nichts zuschulden kommen lassen; c) *(apply oneself to)* sich kümmern um; *see also* **business c;** d) *usu. neg. or interrog.* **did he ~ being woken up?** hat es ihn was ausgemacht, aufgeweckt zu werden?; **would you ~ opening the door?** würdest du bitte die Tür öffnen?; **do you ~?** *(may I?)*

hätten Sie etwas dagegen?; *(please do not)* darf ich bitten! *(iron.);* **if you don't ~:** wenn es Ihnen recht ist; *(iron.)* wenn ich bitten darf!; **do you ~ my asking you a personal question?** darf ich Sie etwas Persönliches fragen?; **do you ~ my smoking?** stört es Sie od. haben Sie etwas dagegen, wenn ich rauche?; **I don't ~ what he says** es ist mir gleichgültig od. egal, was er sagt; **I don't ~ him** ich habe nichts gegen ihn; **I wouldn't ~ a new car/a walk** ich hätte nichts gegen ein neues Auto/einen Spaziergang; **Have a cup of tea. – I don't ~ if I do** Eine Tasse Tee? – Ach ja, warum nicht?; **do you ~ not helping yourself to all the sweets?** wie wär's, wenn du ein paar von den Süßigkeiten übrig ließest?; e) *(remember and take care)* ~ **you don't go too near the cliff-edge!** paß auf, daß du nicht zu nah an den Klippenrand gehst!; ~ **[that] you wash your hands before lunch!** denk daran od. vergiß nicht, vor dem Essen die Hände zu waschen!; ~ **you don't leave anything behind** denk daran, nichts liegenlassen!; ~ **how you go!** paß auf! sei vorsichtig!; *(as general farewell)* mach's gut! *(ugs.);* ~ **you get this work done** sieh zu, daß du mit dieser Arbeit fertig wirst!; f) *(have charge of)* aufpassen auf (+ *Akk.*); hüten ⟨*Schafe*⟩; ~ **the shop** or *(Amer.)* **the store** *(fig.)* sich um den Laden kümmern *(ugs.);* g) *(Amer.: be obedient to)* gehorchen (+ *Dat.*) ⟨*Person*⟩; ~ **what they tell you** tu, was sie sagen!. 3. *v. i.* a) ~**!** Vorsicht!; Achtung!; b) *usu. in imper.* *(take note)* follow the signposts, ~, or ...: denk daran und halte dich an die Wegweiser, sonst...; **I didn't know that,** ~, **or ...:** das habe ich allerdings nicht gewußt, sonst ...; wohlgemerkt, das habe ich nicht gewußt, sonst...; ~ **you, I could see he was good** daß er gut war, war mir durchaus klar; c) *(care)* **do you '~?** *(iron.)* ich muß doch sehr bitten!; **turn it on; nobody will ~:** mach es an – es wird keinen stören od. keiner wird etwas dagegen haben; **he doesn't ~ about your using the car** er hat nichts dagegen, wenn Sie den Wagen benutzen; **if you don't ~:** wenn es dir recht ist od. du nichts dagegen hast; d) *(give heed)* **never [you] ~** *(it's not important)* macht nichts; ist nicht schlimm; **never ~: I can do it** schon gut – das kann ich schon machen; **never you ~** *(do not be inquisitive)* das braucht dich nicht zu interessieren; **Never ~ about that now! This work is more important** Laß das jetzt mal [sein/liegen]! Dies hier ist wichtiger; **never ~ about him – what happened to her?** er interessiert mich nicht – was ist ihr passiert?

~ '**out** *v. i.* **I told them to ~ out** ich sagte ihnen, sie sollten aufpassen; ~ **out für.** sich auf etw. *(Akk.)* aufpassen; ~ **out!** Vorsicht!

mind: ~-**bending,** *(sl.)* ~-**blowing** *adjs.* bewußtseinsverändernd; **the concert was ~-blowing** das Konzert war wahnsinnig *(ugs.);* ~-**boggling** ['maɪndbɒglɪŋ] *adj. (coll.)* wahnsinnig *(ugs.)*

minded ['maɪndɪd] *adj.* a) *(disposed)* **be ~ to do sth.** bereit od. *(geh.)* geneigt sein, etw. zu tun; **he could do it if he were so ~:** er könnte es tun, wenn ihm der Sinn danach stünde; b) **mechanically ~:** technisch veranlagt; **he is not in the least politically ~:** er ist vollkommen unpolitisch; **romantically ~:** romantisch veranlagt; **religious**~: religiös; **be Establishment-**~: sich nach dem Establishment richten

minder ['maɪndə(r)] *n.* a) *(for child)* **we need a ~ for the child** wir brauchen jemanden, der auf das Kind aufpaßt od. das Kind betreut; b) *(for machine)* Maschinenwart, *der;* c) *(sl.: protector of criminal)* Gorilla, *der (salopp)*

mindful ['maɪndfl] *adj.* **be ~ of sth.** *(take into account)* etw. bedenken od. berücksichtigen; *(give attention to)* an etw. *(Akk.)* denken

mindless ['maɪndlɪs] *adj.* geistlos, *(ugs.)* hirnlos ⟨*Mensch*⟩; sinnlos ⟨*Handlung, Gewalt*⟩

'**mind:** ~-**reader** *see* **thought-reader;** ~-**set** *n.* Denkart, *die*

¹**mine** [maɪn] **1.** *n.* a) *(for coal)* Bergwerk, *das; (for metal, diamonds, etc.)* Bergwerk, *das;* Mine, *die;* **go** or **work down the ~:** unter Tage arbeiten; b) *(fig.: abundant source)* unerschöpfliche Quelle; **he is a ~ of useful facts/of information** von ihm kann man eine Menge Nützliches/eine Menge erfahren; c) *(explosive device)* Mine, *die.* **2.** *v. t.* a) graben ⟨*Loch, unterirdischen Gang*⟩; b) schürfen ⟨*Gold*⟩; abbauen, fördern ⟨*Erz, Kohle, Schiefer*⟩; c) *(dig into for ore etc.)* ~ **an area** in einem Gebiet Bergbau betreiben; ~ **an area for ore** etc. in einem Gebiet Erz *usw.* abbauen od. fördern; d) *(Mil.: lay mines in)* verminen. **3.** *v. i. (dig the earth)* Bergbau betreiben; ~ **for** *see* **2 b**

²**mine** *poss. pron.* a) *pred.* meiner/meine/mein[e]s; der/die/das meinige *(geh.);* **you do your best and I'll do ~:** du tust dein Bestes und ich auch; **look at that dog of ~!** sieh dir bloß mal meinen Hund an! *(ugs.);* **those big feet of ~:** meine großen Quanten *(ugs.);* **when will you be ~?** wann wirst du die Meine/der Meine sein? *(veralt.);* **vengeance is ~:** die Rache ist mein *(geh., veralt.); see also* **hers;** b) *attrib. (arch./poet.)* mein

mine: ~-**detector** *n.* Minensuchgerät, *das;* ~**field** *n. (lit. or fig.)* Minenfeld, *das;* ~**layer** *n.* Minenleger, *der*

miner ['maɪnə(r)] *n.* Bergmann, *der;* Kumpel, *der (Bergmannsspr.)*

mineral ['mɪnərl] **1.** *adj.* mineralisch; Mineral⟨*salz, -quelle*⟩; ~ **wealth** Mineralienreichtum, *der;* Reichtum an Bodenschätzen; *see also* **kingdom d. 2.** *n.* a) *(mineral substance)* Mineral, *das;* **a country rich in ~** ein an Bodenschätzen reiches Land; b) *esp. in pl. (Brit.: soft drink)* Erfrischungsgetränk, *das*

mineralize ['mɪnərəlaɪz] *v. t. & i.* mineralisieren

mineralogist [mɪnə'rælədʒɪst] *n.* Mineraloge, *der*/Mineralogin, *die*

mineralogy [mɪnə'rælədʒɪ] *n.* Mineralogie, *die*

mineral: ~ **oil** *n.* Mineralöl, *das;* ~ **water** *n.* Mineralwasser, *das*

'**mine-shaft** *n.* [Gruben]schacht, *der*

minestrone [mɪnɪ'strəʊnɪ] *n. (Gastr.)* Minestrone, *die*

mine-: ~**sweeper** *n.* Minensuchboot, *das;* ~**worker** *n.* Bergmann, *der;* Kumpel, *der (Bergmannsspr.)*

mingle ['mɪŋgl] **1.** *v. t.* [ver]mischen. **2.** *v. i.* sich [ver]mischen (**with** mit); ~ **with** or **among the crowds** sich unters Volk mischen; **he ~s with millionaires** er hat Umgang mit Millionären

mingy ['mɪndʒɪ] *adj. (Brit. coll.)* mick[e]rig *(ugs.)* ⟨*Gegenstand*⟩; knick[e]rig *(ugs.)* ⟨*Mensch*⟩; lumpig *(ugs.)* ⟨*Betrag*⟩

mini ['mɪnɪ] *n. (coll.)* a) *(car)* **M~**, **(P)** Mini, *der;* b) *(skirt)* Mini, *der. (ugs.)*

mini- ['mɪnɪ] *in comb.* Mini-; Klein⟨*bus, -wagen, -taxi*⟩

miniature ['mɪnɪtʃə(r)] **1.** *n.* a) *(picture)* Miniatur, *die;* b) *no pl., no art. (branch of painting)* Miniaturmalerei, *die;* **a portrait in ~:** ein Miniaturporträt, *das;* c) *(small version)* Miniaturausgabe, *die;* **in ~:** im Kleinformat. **2.** *adj. (small-scale)* Miniatur-; b) *(smaller than normal)* Mini- *(ugs.);* Kleinst-; ~ **poodle** Zwergpudel, *der;* ~ **golf** Minigolf, *das;* ~ **camera** Kleinstbildkamera, *die;* ~ **railway** Miniaturbahn, *die*

miniaturise *see* **miniaturize**

miniaturist ['mɪnɪtʃərɪst] *n.* Miniaturmaler, *der*/-malerin, *die*

miniaturize ['mɪnɪtʃəraɪz] v. t. verkleinern
mini: ~**bus** n. Kleinbus, der; ~**cab** n. Kleintaxi, das; Minicar, das; ~**computer** n. Minicomputer, der
minim ['mɪnɪm] n. **a)** (Brit. Mus.) halbe Note; **b)** (fluid measure) Minim, das (ca. 0,06 cm³)
minimal ['mɪnɪml] adj. minimal
minimally ['mɪnɪməlɪ] adv. minimal
minimisation, minimise see **minimization, minimize**
minimization [mɪnɪmaɪ'zeɪʃn] n. **a)** Minimierung, die; **b)** (understating) Verharmlosung, die
minimize ['mɪnɪmaɪz] v. t. **a)** (reduce) minimieren; auf ein Mindestmaß reduzieren; **b)** (understate) bagatellisieren; verharmlosen ⟨Gefahr⟩; herunterspielen ⟨Bedeutung⟩
minimum ['mɪnɪməm] **1.** n., pl. **minima** ['mɪnɪmə] Minimum, das (of an + Dat.); **reduce to a ~:** auf ein Minimum reduzieren; **keep sth. to a ~:** etw. so gering/niedrig wie möglich halten; **a ~ of £5** mindestens 5 Pfund; **at the ~:** mindestens. **2.** attrib. adj. Mindest-; **~ temperatures tonight around 5°** nächtliche Tiefsttemperaturen um 5°
minimum: ~ '**lending rate** n. (Finance) Mindestausleihsatz [der Bank von England]; ≈ Mindestdiskontsatz, der; ~ '**wage** n. Mindestlohn, der
mining ['maɪnɪŋ] n. Bergbau, der; attrib. Bergbau-; ~ **area** or **district** Bergbaugebiet, das; Revier, das
mining: ~ **engineer** n. Berg[bau]ingenieur, der; ~ **engineering** n. Bergbautechnik, die; ~ **industry** n. Montanindustrie, die; Bergbau, der; ~ **town** n. Bergbaustadt, die; ~ **village** n. Bergbaudorf, das
minion ['mɪnjən] n. (derog.) **a)** (servile agent) Ergebene, der/die; Lakai, der (abwertend); **b)** (favourite of king etc.) Günstling, der (abwertend); Protegé, der
'**mini-roundabout** n. (Brit.) sehr kleiner, oft nur aufs Pflaster aufgezeichneter Kreisverkehr
'**miniskirt** n. Minirock, der
minister ['mɪnɪstə(r)] **1.** n. **a)** (Polit.) Minister, der/Ministerin, die; **M~ of the Crown** (Brit.) Kabinettsminister, der/-ministerin, die; **M~ of State** (Brit.) ≈ Staatssekretär, der/-sekretärin, die; see also **portfolio b**; **prime minister; b)** (diplomat) Gesandte, der/Gesandtin, die; **c)** (Eccl.) ~ [**of religion**] Geistliche, der/die; Pfarrer, der/Pfarrerin, die. **2.** v. i. ~ **to sb.** jmdm. sich kümmern; **to sb.'s wants/needs** jmds. Wünsche/Bedürfnisse befriedigen; ~**ing angel** barmherziger Engel
ministerial [mɪnɪ'stɪərɪəl] adj. **a)** (Eccl.) geistlich; ~ **candidate** Kandidat [für das Pfarramt]; **b)** (Polit.) Minister-; ministeriell
ministration [mɪnɪ'streɪʃn] n. **a)** (giving aid) Hilfe[leistung], die; Fürsorge, die; **under the ~** od. Pflege; **b)** (Relig.) Seelsorge, die; seelsorgerischer Dienst (**to an** + Dat.)
ministry ['mɪnɪstrɪ] n. **a)** (Government department or building) Ministerium, das; ~ **official** Ministerialbeamte, der/-beamtin, die; **b)** (Polit.: body of ministers) Kabinett, das; Regierung, die; **c)** (Eccl.: body of ministers) Geistlichkeit, die; **d)** (profession of clergyman) geistliches Amt; **go into** or **enter the ~:** Geistlicher werden; **e)** (Relig.) (office as minister) geistliches Amt; (period of tenure) Amtszeit als Geistlicher; **perform a ~ among the poor** die Armen seelsorgerisch betreuen; **f)** (Polit.: period of office) Amtszeit [als Minister]
mink [mɪŋk] n. Nerz, der; ~ **coat** Nerzmantel, der
minnow ['mɪnəʊ] n. (Zool.) Elritze, die; (fig.) kleiner Fisch
minor ['maɪnə(r)] **1.** adj. **a)** (lesser) kleiner...; leicht ⟨Operation, Verletzung, Anfall⟩; Neben⟨figur, -rolle⟩; ~ **piece** (Chess) Leichtfigur, die; **b)** (comparatively unimportant) weniger bedeutend; geringer ⟨Bedeutung⟩; ~ **matter** Nebensächlichkeit, die; **c)** (Brit. Sch.) **Jones ~:** der jüngere Jones; Jones No. 2 (ugs.); **d)** (Mus.) Moll-; ~ **key/scale/chord** Molltonart, die/Molltonleiter, die/Mollakkord, der; **A ~:** a-Moll; **in a ~ key** in Moll; ~ **third** etc. kleine Terz usw. **2.** n. **a)** (person) Minderjährige, der/die; **be a ~:** minderjährig sein; **b)** (Amer. Univ.) Nebenfach, das. **3.** v. i. (Amer.) ~ **in sth.** etw. als Nebenfach haben
minor 'axis n. (Geom.) kleine Achse
minority [maɪ'nɒrɪtɪ, mɪ'nɒrɪtɪ] n. **a)** Minderheit, die; Minorität, die; **be in a ~ of one** allein dastehen; **in the ~:** in der Minderheit; **b)** attrib. Minderheits⟨regierung, -bericht⟩; ~ **group** Minderheit, die; Minorität, die; ~ **rights** Minderheitenrechte
minor: ~ **league** (Amer.) n. untere Liga; attrib. Unterliga-; ~ **planet** see **planet;** ~ **suit** n. (Bridge) niedrige Farbe
minster ['mɪnstə(r)] n. Münster, das; **York M~:** die Kathedrale von York
minstrel ['mɪnstrl] n. **a)** (medieval singer or musician) Spielmann, der; fahrender Sänger; ~**s' gallery** Musikantengalerie, die; **b)** (Hist.: entertainer) Minstrel, der (fachspr.)
¹**mint** [mɪnt] **1.** n. **a)** (place) Münzanstalt, die; Münze, die; **Royal M~** (Brit.) Königlich-Britische Münzanstalt; **b)** (sum of money) **a ~ [of money]** eine schöne Stange od. ein Haufen Geld (ugs.); **have a ~ [of money]** Geld wie Heu haben (ugs.); **in Geld schwimmen** (ugs.); **c)** (fig.: source) Prägestätte, die. **2.** adj. funkelnagelneu (ugs.); vorzüglich ⟨Münze⟩ (fachspr.); ungestempelt ⟨Briefmarke⟩; **in ~ condition** or **state** ⟨Auto, Bild usw.⟩ in tadellosem Zustand. **3.** v. t. (lit. or fig.) prägen
²**mint** n. **a)** (plant) Minze, die; **b)** (peppermint) Pfefferminz, das; attrib. Pfefferminz-
mint 'sauce n. Minzsoße, die
minty ['mɪntɪ] adj. Pfefferminz⟨aroma, -geschmack⟩; **be/taste ~:** nach Pfefferminz schmecken
minuet [mɪnjʊ'et] n. (Mus.) Menuett, das
minus ['maɪnəs] **1.** prep. **a)** (with the subtraction of) minus; weniger; (without) ohne; abzüglich (+ Gen.); **b)** (below zero) minus; **a temperature of ~ 20 degrees** [eine Temperatur von] 20 Grad Kälte od. minus 20 Grad; **c)** (coll.: lacking) ohne. **2.** adj. **a)** (Math.) negativ ⟨Wert, Menge, Größe⟩; Minus⟨zeichen, -betrag⟩; **b)** (Electr.) ~ **pole/terminal** Minuspol, der. **3.** n. **a)** (Math.) (symbol) Minus[zeichen], das; (negative quantity) negative Größe; **b)** (disadvantage) Minus, das; Nachteil, der
minuscule ['mɪnəskjuːl] **1.** adj. winzig. **2.** n. (lower-case letter) Minuskel, die (Druckw.); Kleinbuchstabe, der
¹**minute** ['mɪnɪt] **1.** n. **a)** Minute, die; (moment) Moment, der; Augenblick, der; **I expect him [at] any ~ [now]** ich erwarte ihn jeden Augenblick; **for a ~:** eine Minute/einen Moment [lang]; **I'm not for a ~ saying you're wrong** ich will keinesfalls sagen, daß du unrecht hast; **in a ~** (very soon) gleich; **half a ~!** einen Augenblick!; **have not a ~ to spare** keine [Minute] Zeit haben; **have you got a ~?** hast du mal eine Minute od. einen Augenblick Zeit?; **can you just give me a ~'s peace?** kannst du mich mal eine Minute od. einen Augenblick in Frieden lassen?; **come back this ~!** komm sofort od. auf der Stelle zurück!; **at that very ~:** genau in diesem Augenblick; **at the ~** (coll.) momentan; **in the Moment; to the ~:** auf die Minute; **up to the ~:** hochaktuell; **the ~ [that] I left** in dem Augenblick, als ich wegging; **the ~ he gets home, he's out in the garden** kaum ist er zu Hause, ist er schon im Garten; **just a ~!, wait a ~!** (coll.) einen Augenblick!; (objecting) Augenblick mal! (ugs.); **would you mind waiting a ~?** würden Sie sich einen Moment gedulden?; **live ten ~s from town** zehn Minuten von der Stadt entfernt wohnen; **be five ~s' walk [away]** fünf Minuten zu Fuß entfernt sein; see also **last minute; b)** (of angle) Minute, die; **c)** (draft) Entwurf, der; (note) Notiz, die; Vermerk, der; **d)** in pl. (brief summary) Protokoll, das; **keep** or **take** or **record the ~s** das Protokoll führen; **e)** (official memorandum) Memorandum, das. **2.** v. t. **a)** (record) protokollieren ⟨Vernehmung, Aussage⟩; zu Protokoll nehmen ⟨Bemerkung⟩; **b)** (send note to) ~ **sb. [about sth.]** jmdn. schriftlich [von etw.] unterrichten
²**minute** [maɪ'njuːt] adj. , ~**r** [maɪ'njuːtə(r)], ~**st** [maɪ'njuːtɪst] **a)** (tiny) winzig; **not the ~st interest** nicht das geringste Interesse; **b)** (petty) [völlig] unbedeutend; **c)** (precise) minuziös; exakt; **with ~ care** mit peinlicher Sorgfalt
minute-hand ['mɪnɪthænd] n. Minutenzeiger, der; großer Zeiger
minutely [maɪ'njuːtlɪ] adv. (with precision) genauestens; sorgfältigst; ~ **planned** bis ins kleinste Detail geplant; **a ~ detailed analysis** eine Untersuchung bis ins kleinste Detail
minuteman ['mɪnɪtmæn] n. (Amer. Hist.) auf Abruf bereitstehender Freiwilliger im amerikanischen Unabhängigkeitskrieg; Minuteman, der (fachspr.)
minute steak ['mɪnɪt steɪk] n. Minutensteak, das
minutiae [maɪ'njuːʃiː, mɪ'njuːʃiː] n. pl. Details
minx [mɪŋks] n. kleines Biest (ugs.)
miracle ['mɪrəkl] n. Wunder, das; **perform** or **work ~s** Wunder tun od. vollbringen/wirken; **be nothing short of a ~:** an ein Wunder od. ans Wunderbare grenzen; **the age of ~s is not past** es geschehen noch Zeichen und Wunder; **economic ~:** Wirtschaftswunder, das; **we'll do our best but we can't promise ~s!** wir tun unser Bestes, aber wir können nicht hexen od. zaubern; **be a ~ of ingenuity** ein Wunder an Genialität sein
'**miracle play** n. (Hist.) Mirakel[spiel], das
miraculous [mɪ'rækjʊləs] adj. **a)** wunderbar; wundersam (geh.); (supernatural) übernatürlich ⟨Ereignisse⟩; (having ~ power) wunderkräftig; **b)** (surprising) erstaunlich; unglaublich
miraculously [mɪ'rækjʊləslɪ] adv. **a)** auf wunderbare od. (geh.) wundersame Weise; ~**, he escaped injury** wie durch ein Wunder blieb er unverletzt; **b)** (surprisingly) erstaunlicherweise
mirage ['mɪrɑːʒ, mɪ'rɑːʒ] n. **a)** (optical illusion) Fata Morgana, die; Luftspiegelung, die; **b)** (illusory thing) Illusion, die; Trugbild, das
mire [maɪə(r)] n. Morast, der; **be** or **stick** or **find oneself in the ~** (fig.) im Dreck od. in der Klemme stecken od. sitzen (ugs.); **drag sb.'s name through the ~** (fig.) jmds. Namen in den Schmutz od. (ugs.) Dreck ziehen
mirror ['mɪrə(r)] **1.** n. (lit. or fig.) Spiegel, der; **hold the ~ up to sth.** (fig.) jmdm./einer Sache den Spiegel vorhalten; **it's all done with ~s** (coll.) das Ganze ist nur ein Trick. **2.** v. t. (lit. or fig.) [wider]spiegeln; **be ~ed in sth.** sich in etw. (Dat.) [wider]spiegeln
mirror: ~ '**image** n. Spiegelbild, das; ~ **writing** n. Spiegelschrift, die
mirth [mɜːθ] n. (literary) Frohsinn, der; Fröhlichkeit, die; (laughter) Heiterkeit, die
mirthful ['mɜːθfl] adj. (literary) heiter, fröhlich ⟨Lachen⟩
misadventure [mɪsəd'ventʃə(r)] n. **a)** (piece of bad luck) Mißgeschick, das; **I had a ~:** mir ist ein Mißgeschick passiert; **b)** (Law) **death by ~:** Tod durch Unfall

misalliance

misalliance [mɪsə'laɪəns] *n.* Mesalliance, *die (geh.);* Mißheirat, *die*
misanthrope ['mɪzənθrəʊp], **misanthropist** [mɪ'zænθrəpɪst] *ns.* Misanthrop, *der (geh.);* Menschenfeind, *der*
misanthropic [mɪzən'θrɒpɪk] *adj.* misanthropisch *(geh.);* menschenfeindlich
misanthropy [mɪ'zænθrəpɪ] *n.* Menschenfeindlichkeit, *die*
misapprehend [mɪsæprɪ'hend] *v. t.* mißverstehen
misapprehension [mɪsæprɪ'henʃn] *n.* Mißverständnis, *das;* **be under a ~:** einem Irrtum unterliegen; **have a lot of ~s about sth.** völlig falsche Vorstellungen von etw. haben
misappropriate [mɪsə'prəʊprɪeɪt] *v. t.* unterschlagen, *(Rechtsspr.)* veruntreuen ⟨Geld usw.⟩; stehlen ⟨Idee⟩
misappropriation [mɪsəprəʊprɪ'eɪʃn] *n. (of money)* Unterschlagung, *die;* Veruntreuung, *die (Rechtsspr.)*
misbegotten [mɪsbɪ'gɒtn] *adj.* **a)** *(badly conceived)* schlecht konzipiert ⟨Plan, Vorhaben, Projekt⟩; **b)** *(dated: illegitimate)* unehelich ⟨Kind⟩
misbehave [mɪsbɪ'heɪv] **1.** *v. i.* sich schlecht benehmen. **2.** *v. refl.* **~ oneself** sich schlecht benehmen; sich danebenbenehmen *(ugs.);* **he and his girl-friend have been misbehaving themselves** *(euphem.)* er und seine Freundin haben sich miteinander eingelassen
misbehaviour *(Amer.:* **misbehavior)** [mɪsbɪ'heɪvɪə(r)] *n.* schlechtes Benehmen *od.* Betragen
miscalculate [mɪs'kælkjʊleɪt] *v. t.* falsch berechnen ⟨Menge⟩; *(misjudge)* falsch einschätzen ⟨Folgen, Auswirkungen, Stärke⟩; **~ the distance/the budget** sich bei der Entfernung/beim Budget verkalkulieren *od.* verschätzen
miscalculation [mɪskælkjʊ'leɪʃn] *n. (arithmetical error)* Rechenfehler, *der; (misjudgement)* Fehleinschätzung, *die;* **make a ~ about sth.** *(misjudge sth.)* etw. falsch einschätzen
miscarriage [mɪs'kærɪdʒ] *n.* **a)** *(Med.)* Fehlgeburt, *die;* **b)** *(of plans, projects, etc.)* Fehlschlagen, *das;* Mißlingen, *das;* **~ of justice** Justizirrtum, *der*
miscarry [mɪs'kærɪ] *v. i.* **a)** *(Med.)* eine Fehlgeburt haben; **b)** ⟨Plan, Vorhaben usw.:⟩ fehlschlagen; **c)** *(not reach destination)* ⟨Brief usw.:⟩ fehlgeleitet werden
miscast [mɪs'ka:st] *v. t.*, **miscast** falsch *od.* schlecht besetzen ⟨Rolle, Film, Theaterstück⟩; fehlbesetzen ⟨Rolle⟩
miscellaneous [mɪsə'leɪnɪəs] *adj.* **a)** *(mixed)* [kunter]bunt ⟨[Menschen]menge, Sammlung⟩; **b)** *with pl. n. (of various kinds)* verschieden; verschiedenerlei
miscellany [mɪ'selənɪ] *n.* **a)** *(mixture)* [bunte] Sammlung; [buntes] Gemisch; **b)** *(book)* Sammelband, *der*
mischance [mɪs'tʃɑ:ns] *n.* **a)** *(piece of bad luck)* unglücklicher Zufall; **by a** *or* **some ~:** durch einen unglücklichen Zufall; **b)** *no pl., no art. (bad luck)* Pech, *das*
mischief ['mɪstʃɪf] *n.* **a)** Unsinn, *der;* Unfug, *der; (pranks)* [dumme] Streiche *Pl.;* *(playful malice)* Schalk, *der;* **mean ~:** etwas im Schilde führen; **be up to ~ again** wieder etwas im Schilde führen; **be** *or* **get up to** [some] **~:** etwas anstellen; **keep out of ~:** keine Dummheiten *od.* keinen Unfug machen; **keep sb. out of ~:** jmdm. vor Dummheiten bewahren; **what ~ have you been up to now?** was hast du denn jetzt schon wieder angestellt?; **sb.'s eyes are full of ~:** jmdm. sieht *od.* schaut der Schalk aus den Augen; **b)** *(harm)* Schaden, *der;* **do sb./oneself a ~** *(coll.)* jmdm./sich etwas antun; **make** *or* **stir up ~:** Ärger machen; **c)** *(person)* Schlawiner, *der (ugs.); (child also)* Racker, *der*

misjudgment

'mischief-maker *n.* Böswillige, *der/die*
mischievous ['mɪstʃɪvəs] *adj.* **a)** spitzbübisch, schelmisch ⟨Blick, Gesichtsausdruck, Lächeln⟩; schalkhaft *(geh.);* **~ trick** Schabernack, *der;* [dummer] Streich; **b)** *(malicious)* boshaft ⟨Person⟩; böse ⟨Absicht⟩; **c)** *(harmful)* schädlich ⟨Effekt⟩; bösartig ⟨Gerücht⟩; böse ⟨Zeitungsartikel⟩
mischievously ['mɪstʃɪvəslɪ] *adv.* **a)** spitzbübisch; schalkhaft *(geh.);* **behave ~:** Schabernack treiben; Unfug anstellen; **b)** *(maliciously)* aus [reiner] Bosheit
miscible ['mɪsɪbl] *adj.* mischbar
misconceive [mɪskən'si:v] **1.** *v. i.* **~ of sth.** eine falsche Vorstellung von etw. haben; etw. verkennen. **2.** *v. t.* **be ~d** ⟨Projekt, Vorschlag, Aktion:⟩ schlecht konzipiert sein
misconception [mɪskən'sepʃn] *n.* falsche Vorstellung (**about** von); **be [labouring] under a ~ about sth.** sich *(Dat.)* eine falsche Vorstellung von etw. machen; etw. verkennen; **it is a ~ to think that ...:** es ist ein Irrtum, anzunehmen, daß ...
misconduct **1.** [mɪs'kɒndʌkt] *n., no pl. (improper conduct)* unkorrektes Verhalten; *(Sport)* unsportliches Verhalten; **he was accused of gross ~:** er wurde grober Verfehlungen bezichtigt; **professional ~:** standeswidriges Verhalten; **b)** *(bad management)* schlechte Verwaltung; **~ of the war** schlechte Kriegsführung. **2.** [mɪskən'dʌkt] *v. refl.* sich unkorrekt verhalten
misconstrue [mɪskən'stru:] *v. t.* mißdeuten; mißverstehen; **~ sb.'s meaning** jmdn. mißverstehen; **~ sth. as sth.** etw. irrtümlicherweise für etw. halten
miscount [mɪs'kaʊnt] **1.** *n.* falsche Zählung; *(of votes)* falsche Auszählung; **there had been a ~:** bei der Zählung hatte es einen Fehler gegeben. **2.** *v. i.* sich verzählen; *(when counting votes)* falsch [aus]zählen; *(when calculating)* sich verrechnen. **3.** *v. t.* falsch zählen; falsch ausrechnen ⟨Zahl⟩
misdeal [mɪs'di:l] *(Cards)* **1.** *v. i.*, **forms as ¹deal** 1 sich vergeben; falsch geben. **2.** *v. t.*, **forms as ¹deal** 2 vergeben, falsch geben ⟨Karten⟩
misdeed [mɪs'di:d] *n.* **a)** *(evil deed)* Missetat, *die (geh. veralt.);* **b)** *(crime)* Verbrechen, *das;* Untat, *die*
misdemeanour *(Amer.:* **misdemeanor)** [mɪsdɪ'mi:nə(r)] *n.* **a)** *(misdeed)* Missetat, *die (geh. veralt.);* **b)** *(Law)* Vergehen, *das;* Übertretung, *die*
misdirect [mɪsdɪ'rekt, mɪsdaɪ'rekt] *v. t.* **a)** *(direct wrongly)* falsch adressieren ⟨Brief⟩; vergeuden, falsch einsetzen ⟨Energien⟩; in die falsche Richtung schicken ⟨nach dem Weg Fragenden⟩; **b)** *(Law)* falsch informieren; falsch belehren ⟨Geschworene⟩
miser ['maɪzə(r)] *n.* Geizhals, *der;* Geizkragen, *der (ugs.)*
miserable ['mɪzərəbl] *adj.* **a)** *(unhappy)* unglücklich; erbärmlich, elend ⟨Leben[sbedingungen]⟩; **make sb.'s life ~:** jmdm. das Leben sauer machen; **feel ~:** sich elend fühlen; **b)** *(causing wretchedness)* trostlos; trist ⟨Wetter, Urlaub⟩; elend, armselig ⟨Wohnviertel, Slums⟩; öde ⟨Beschäftigung⟩; [sehr] unglücklich ⟨Ehe⟩; **c)** *(contemptible, mean)* armselig; **a ~ five pounds** klägliche *od. (ugs. abwertend)* miese fünf Pfund
miserably ['mɪzərəblɪ] *adv.* **a)** *(uncomfortably, unhappily)* unglücklich; jämmerlich ⟨leben, zugrunde gehen⟩; elend ⟨kalt, naß⟩; **~ poor** bettelarm; **b)** *(meanly)* spärlich ⟨beleuchtet, möbliert⟩; miserabel, *(ugs.)* mies ⟨bezahlt⟩; **c)** *(to a deplorable extent)* kläglich, jämmerlich ⟨versagen⟩; völlig, total ⟨verpfuscht, unzureichend⟩
miserliness ['maɪzəlɪnɪs] *n. no pl.* Geiz, *der*
miserly ['maɪzəlɪ] *adj.* geizig; armselig ⟨Portion, Essen⟩; **~ creature** Geizhals, *der;* Geizkragen, *der (ugs.)*
misery ['mɪzərɪ] *n.* **a)** *(wretched state)* Elend, *das;* **make sb.'s life a ~:** jmdm. das Leben zur Qual od. zur Hölle machen; **live in ~, live a life of ~:** ein erbärmliches *od.* jämmerliches Leben führen; **put an animal out of its ~:** ein Tier von seinen Qualen erlösen; **put sb. out of his ~** *(fig.)* jmdn. nicht länger auf die Folter spannen; **b)** *(thing)* **the ~ of it was that ...:** das Unglück dabei war, daß ...; **miseries** Elend, *das;* Nöte, *die;* **c)** *(coll.: discontented person)* **~[-guts]** Miesepeter, *der (ugs. abwertend)*
misfire [mɪs'faɪə(r)] **1.** *v. i.* **a)** ⟨Motor:⟩ eine Fehlzündung/Fehlzündungen haben; ⟨Kanone, Gewehr:⟩ versagen, nicht losgehen; **b)** ⟨Plan, Versuch:⟩ fehlschlagen; ⟨Streich, Witz:⟩ danebengehen. **2.** *n.* **a)** *(of engine)* Fehlzündung, *die; (of gun)* Versager, *der;* **b)** *(of plan, attempt)* Fehlschlag, *der;* **c)** *(sth. that fails)* Schlag ins Wasser; *(book, play)* Flop, *der*
misfit ['mɪsfɪt] *n. (person)* Außenseiter, *der/*Außenseiterin, *die*
misfortune [mɪs'fɔ:tʃən, mɪs'fɔ:tʃu:n] *n.* **a)** *no pl., no art. (bad luck)* Mißgeschick, *das;* **suffer ~:** [viel] Unglück haben; **companions in ~:** Leidensgenossen, *die;* **b)** *(stroke of fate)* Schicksalsschlag, *der; (unlucky incident)* Mißgeschick, *das;* **bear one's ~s bravely** sein Schicksal tapfer tragen; **it was his ~** *or* **he had the ~ to ...:** er hatte das Pech, zu ...; **~s rarely come singly** ein Unglück kommt selten allein
misgiving [mɪs'gɪvɪŋ] *n.* Bedenken *Pl.;* Zweifel, *der;* **have some ~s about sth.** wegen einer Sache Bedenken haben
misgovern [mɪs'gʌvn] *v. t.* schlecht regieren
misgovernment [mɪs'gʌvnmənt] *n., no pl.* politische Mißwirtschaft
misguided [mɪs'gaɪdɪd] *adj.* töricht ⟨Mensch⟩; unangebracht ⟨Eifer, Freundlichkeit⟩; unsinnig ⟨Bemühung, Maßnahme⟩
misguidedly [mɪs'gaɪdɪdlɪ] *adv. (in error)* irrigerweise; *(ill-advisedly)* törichterweise
mishandle [mɪs'hændl] *v. t.* **a)** *(deal with incorrectly)* falsch behandeln ⟨Angelegenheit⟩; schlecht verwalten ⟨Finanzen⟩; **b)** *(handle roughly)* mißhandeln
mishap [mɪs'hæp, 'mɪs'hæp] *n.* Mißgeschick, *das;* **sb. suffers** *or* **meets with a ~:** jmdm. passiert ein Mißgeschick; **without further ~:** ohne weitere Zwischenfälle
mishear [mɪs'hɪə(r)], **misheard** [mɪs'hɜ:d] **1.** *v. i.* sich verhören. **2.** *v. t.* falsch verstehen
mishit **1.** ['mɪshɪt] *n.* Fehlschlag, *der;* **have** *or* **make a ~:** [den Ball] verschlagen. **2.** [mɪs'hɪt] *v. t.*, **forms as hit 1** verschlagen ⟨Ball⟩
mishmash ['mɪʃmæʃ] *n.* Mischmasch, *der (ugs.)* (**of** aus)
misinform [mɪsɪn'fɔ:m] *v. t.* falsch informieren *od.* unterrichten
misinformation [mɪsɪnfə'meɪʃn] *n., no pl., no indef. art.* Fehlinformationen; *(on radio, in newspaper)* Falschmeldungen
misinterpret [mɪsɪn'tɜ:prɪt] *v. t.* **a)** *(interpret wrongly)* fehlinterpretieren, falsch auslegen ⟨Text, Inschrift, Buch⟩; ⟨Übersetzung:⟩ falsch wiedergeben ⟨Sinn⟩; **b)** *(make wrong inference from)* falsch deuten; mißdeuten; **he ~ed her letter as meaning that ...:** er las fälschlicherweise aus ihrem Brief heraus, daß ...
misinterpretation [mɪsɪntɜ:prɪ'teɪʃn] *n.* Fehlinterpretation, *die;* **be open to ~:** leicht falsch ausgelegt werden können
misjudge [mɪs'dʒʌdʒ] **1.** *v. t.* falsch einschätzen; falsch beurteilen ⟨Person⟩; **~ the height/distance/length of time** sich in der Höhe/Entfernung/Zeit verschätzen. **2.** *v. i.* sich verschätzen
misjudgement, misjudgment [mɪs'dʒʌdʒmənt] *n.* Fehleinschätzung, *die; (of person)* falsche Beurteilung; *(of distance, length, etc.)* falsche Einschätzung

mislay [mɪs'leɪ] *v. t.,* **mislaid** [mɪs'leɪd] verlegen

mislead [mɪs'li:d] *v. t.,* **misled** [mɪs'led] irreführen; täuschen; ~ **sb. about sth.** jmdm. ein falsches Bild von etw. vermitteln

misleading [mɪs'li:dɪŋ] *adj.* irreführend

mismanage [mɪs'mænɪdʒ] *v. t.* herunterwirtschaften ⟨*Firma, Land*⟩; schlecht führen ⟨*Haushalt*⟩; schlecht handhaben *od.* abwickeln ⟨*Angelegenheit, Projekt, Sache*⟩; schlecht abwickeln ⟨*Geschäft*⟩

mismanagement [mɪs'mænɪdʒmənt] *n.* Mißwirtschaft, *die; (of finances)* schlechte Verwaltung; *(of matters or affairs)* schlechte Handhabung *od.* Abwicklung

mismatch 1. [mɪs'mætʃ] *v. t.* ~ **parts of sth.** Teile von etw. nicht richtig zusammenfügen; ~ **colours/fabrics/patterns** Farben/Gewebe/Muster miteinander kombinieren, die nicht zusammenpassen; **a badly ~ed couple** ein Paar, das absolut nicht zusammenpaßt. **2.** ['mɪsmætʃ] *n.* Nichtübereinstimmung, *die; (Boxing)* ungleicher Kampf; **their marriage was a ~:** sie paßten als Eheleute nicht zusammen

misnomer [mɪs'nəʊmə(r)] *n.* **a)** *(use of wrong name)* falsche Bezeichnung *od.* Benennung; **this seems like a slight ~** *(iron.)* das ist wohl etwas danebengegriffen; **b)** *(wrong name)* unzutreffende Bezeichnung

misogynist [mɪ'sɒdʒɪnɪst] *n.* Frauenhasser, *der;* Misogyn, *der*

misogyny [mɪ'sɒdʒɪnɪ] *n.* Frauenhaß, *der;* Misogynie, *die (geh.)*

misplace [mɪs'pleɪs] *v. t.* **a)** *(put in wrong place)* an die falsche Stelle *od.* den falschen Platz stellen/legen/setzen *usw.;* **b)** *(bestow on wrong object)* ~ **one's affection/confidence** seine Zuneigung/sein Vertrauen dem Falschen/der Falschen schenken; **have a ~d reliance on sb./sth.** so töricht sein, fest auf jmdn./etw. zu vertrauen; **c)** **be ~d** *(inappropriate)* unangebracht *od.* fehl am Platz sein

misplay [mɪs'pleɪ] *v. t.* verschießen ⟨*Elfmeter, Eckball usw.*⟩; schlecht spielen, verschlagen ⟨*Ball, Return*⟩; ~ **one's stroke out** den Ball verschlagen

misprint 1. ['mɪsprɪnt] *n.* Druckfehler, *der.* **2.** [mɪs'prɪnt] *v. t.* verdrucken

mispronounce [mɪsprə'naʊns] *v. t.* falsch aussprechen

mispronunciation [mɪsprənʌnsɪ'eɪʃn] *n.* falsche Aussprache; *(mistake)* Aussprachefehler, *der*

misquotation [mɪskwəʊ'teɪʃn] *n.* falsches Zitat; **he is given to ~:** er zitiert oft falsch

misquote [mɪs'kwəʊt] *v. t.* falsch zitieren; **he was ~d as saying that ...:** man unterstellte ihm, gesagt zu haben, daß ...

misread [mɪs'ri:d] *v. t.,* **misread** [mɪs'red] *(read wrongly)* falsch *od.* nicht richtig lesen ⟨*Text, Wort, Schrift*⟩; *(interpret wrongly)* falsch verstehen ⟨*Anweisungen*⟩; mißdeuten ⟨*Text, Absichten*⟩; ~ **an 'a' as a 'b'** ein „a" als „b" lesen

misremember [mɪsrɪ'membə(r)] *v. t.* ~ **sth.** etw. nicht richtig in Erinnerung haben

misrepresent [mɪsreprɪ'zent] *v. t.* falsch darstellen; verdrehen ⟨*Tatsachen*⟩; ~ **sb.'s character** ein falsches Bild von jmds. Charakter geben

misrepresentation [mɪsreprɪzen'teɪʃn] *n.* falsche Darstellung; *(of facts)* Verdrehung, *die*

Miss [mɪs] *n.* **a)** *(title of unmarried woman)* ~ **Brown** Frau Brown; Fräulein Brown *(veralt.);* **(girl)** Fräulein Brown; **the ~es Smith[s]** die Damen/Fräulein Smith; **b)** *(title of beauty queen)* ~ **France** Miß Frankreich; ~ **World Contest** Miß-Universum-Wahl, *die; (as form of address to teacher etc.)* Frau Schmidt *usw.; (from servant)* gnädiges Fräulein; **d)** m~ *(derog. or playful: girl)* **the young ~es** die jungen Dinger *(ugs.);* **she is a saucy [little] ~:** sie ist ein freches [junges] Ding *(ugs.)*

miss 1. *n.* **a)** *(failure to hit or attain)* Fehlschlag, *der; (shot)* Fehlschuß, *der; (throw)* Fehlwurf, *der;* **be a ~:** danebengehen *(ugs.);* **a ~ is as good as a mile** *(prov.)* fast getroffen ist auch daneben; **b)** **give sb./ sth. a ~:** sich *(Dat.)* jmdn./etw. schenken; **we'll give the pub a ~ tonight** wir werden heute abend mal nicht in die Kneipe gehen; *see also* **near 3 c. 2.** *v. t.* **a)** *(fail to hit, lit. or fig.)* verfehlen; **~ed!** nicht getroffen!; **the car just ~ed the tree** das Auto wäre um ein Haar gegen den Baum geprallt; **we just ~ed having an accident** wir hätten um ein Haar einen Unfall gehabt; **b)** *(fail to get)* nicht bekommen; *(fail to find or meet)* verpassen; **they ~ed each other** sie verpaßten *od.* verfehlten sich; ~ **a catch** einen Ball nicht fangen; ~ **the goal** am Tor vorbeischießen; danebenschießen; **he just ~ed being first** er wäre um ein Haar Erster geworden; **c)** *(let slip)* verpassen; versäumen; ~ **an opportunity** sich *(Dat.)* eine Gelegenheit entgehen lassen; **you don't know what you're ~ing** es ist gar nicht, was dir entgeht; **it is too good to ~** *or* **is not to be ~ed** das darf man sich *(Dat.)* [einfach] nicht entgehen lassen; **an experience he would not have ~ed** eine Erfahrung, die er nicht hätte missen wollen; **d)** *(fail to catch)* versäumen, verpassen ⟨*Bus, Zug, Flugzeug*⟩; ~ **the boat** *or* **bus** *(fig.)* den Anschluß verpassen *(fig.);* **e)** *(fail to take part in)* versäumen; ~ **school** in der Schule fehlen; **f)** *(fail to see)* übersehen; *(fail to hear or understand)* nicht mitbekommen; **you can't ~ it** es ist nicht zu übersehen; **he doesn't ~ much** ihm entgeht so schnell nichts; **g)** *(feel the absence of)* vermissen; **she ~es him** er fehlt ihr; **h)** *(fail to keep or perform)* versäumen ⟨*Verabredung, Vorstellung*⟩; **she ~ed her pill** sie hat vergessen, ihre Pille zu nehmen. **3.** *v. i.* **a)** *(not hit sth.)* nicht treffen; *(not catch sth.)* danebengreifen; **b)** ⟨*Ball, Schuß usw.:*⟩ danebengehen; **c)** ⟨*Motor:*⟩ aussetzen

~ **out 1.** *v. i.* weglassen; **his name was ~ed out from the list** sein Name fehlte auf der Liste. **2.** *v. i.* ~ **out on sth.** *(coll.)* sich *(Dat.)* etw. entgehen lassen; **he can't afford to ~ out** er kann es sich nicht leisten, sich etw. entgehen zu lassen

missal ['mɪsl] *n.* **a)** *(RC Ch.)* Missal[e], *das;* **b)** *(book of prayers)* [illuminiertes] Gebetbuch

missel[-thrush] ['mɪsl(θrʌʃ)] *n. (Ornith.)* Misteldrossel, *die*

misshapen [mɪs'ʃeɪpn] *adj.* mißgebildet, mißgestaltet ⟨*Körper[teil]*⟩; verwachsen ⟨*Baum, Pflanze*⟩; verbogen ⟨*Münze*⟩

missile ['mɪsaɪl] *n.* **a)** *(thrown)* [Wurf]geschoß, *das;* **b)** *(self-propelled)* Missile, *das;* Flugkörper, *der;* **intercontinental ballistic ~:** [ballistische] Interkontinentalrakete

missile: ~ base [Raketen]abschußbasis, *die;* **~launcher** *n.* [Raketen]abschußrampe, *die*

missilery ['mɪsɪlrɪ] *n., no pl.* **a)** *(missiles)* Geschosse, *die; (modern)* Raketen; **b)** *(science)* Raketentechnik, *die*

'missile site *see* **missile base**

missing ['mɪsɪŋ] *adj.* vermißt; fehlend ⟨*Seite, Kapitel, Teil, Hinweis, Indiz*⟩; **be ~** ⟨*Kapitel, Wort, Seite:*⟩ fehlen; ⟨*Brille, Bleistift usw.:*⟩ verschwunden sein; ⟨*Mensch:*⟩ vermißt werden; *(not be present)* nicht dasein; **she went ~ two hours ago** sie wird seit zwei Stunden vermißt; **the jacket has two buttons ~:** an der Jacke fehlen zwei Knöpfe; **I am ~ £10** mir fehlen 10 Pfund; **the dead, wounded, and ~:** die Toten, Verwundeten und Vermißten; ~ **person** Vermißte, *der/die;* ~ **link** *(Biol.)* Missing link, *das*

mission ['mɪʃn] *n.* **a)** *(task)* Mission, *die;* Auftrag, *der;* **b)** *(journey)* Mission, *die;* **go/ come on a ~ to do sth.** mit dem Auftrag reisen/kommen, etw. zu tun; **c)** *(planned operation)* Einsatz, *der;* *(order)* Befehl, *der;* **space ~:** Weltraumflug, *der;* **d)** *(vocation)* Mission, *die;* **have a ~ in life** Lebensaufgabe, *die;* **have a ~ to do sth.** dazu berufen sein, etw. zu tun; **e)** *(persons)* Mission, *die;* **f)** *(Relig.)* Mission, *die;* *(missionary post)* Mission[sstation], *die;* *(religious body)* Mission[sgesellschaft], *die;* **foreign/home ~** *(campaign)* äußere/innere Mission

missionary ['mɪʃənərɪ] **1.** *adj.* missionarisch; Missions⟨*station, -arbeit, -schrift*⟩; ~ **box** Opferbüchse [für die Mission]. **2.** *n.* Missionar, *der*/Missionarin, *die*

missis ['mɪsɪz, 'mɪsɪs] *n.* **a)** *(sl./joc.: wife)* **the** *or* **my/his/your ~:** die *od.* meine/seine/deine Alte *(salopp);* meine/seine/deine bessere Hälfte *(ugs.);* **b)** *(sl., as form of address)* **well, ~. ...:** na, die Dame, ... *(ugs.)*

missive ['mɪsɪv] *n. (formal/joc.)* Missiv, *das (veralt.)* Schreiben, *das*

misspell [mɪs'spel] *v. t.,* forms as ¹**spell** falsch schreiben

misspelling [mɪs'spelɪŋ] *n.* falsch geschriebenes Wort

misspend [mɪs'spend] *v. t.,* forms as **spend** verschwenden; **he has a misspent youth** er hat seine Jugend vertan

misstate [mɪs'steɪt] *v. t.* falsch darstellen

misstatement [mɪs'steɪtmənt] *n.* falsche Darstellung

missus ['mɪsɪz] *see* **missis**

mist [mɪst] **1.** *n.* **a)** *(fog)* Nebel, *der; (haze)* Dunst, *der; (on windscreen etc.)* Beschlag, *der; see also* **Scotch mist; b) in the ~s of time** *or* **antiquity** *(fig.)* im Dunkel *od. (geh.)* Nebel der Vergangenheit; **c)** *(of spray, vapour, etc.)* Wolke, *die;* **d)** *(blurring of sight)* Schleier, *der.* **2.** *v. i.* beschlagen lassen ⟨*Glas*⟩; ⟨*Tränen:*⟩ verschleiern ⟨*Blick*⟩; ~ **over 1.** *v. i.* ⟨*Glas:*⟩ [sich] beschlagen; **his eyes ~ed over** Tränen verschleierten seinen Blick. **2.** *v. t.* beschlagen lassen

~ **up** *v. i.* ⟨*Glas, Brille:*⟩ [sich] beschlagen

mistakable [mɪ'steɪkəbl] *adj.* verwechselbar **(for mit)**

mistake [mɪ'steɪk] **1.** *n.* Fehler, *der; (misunderstanding)* Mißverständnis, *das;* **make a ~:** einen Fehler machen; *(in thinking)* sich irren; **there was a ~ about sth.** man hat sich in etw. *(Dat.)* geirrt; **there's some ~!** da liegt ein Irrtum *od.* Fehler vor!; **we all make ~s** jeder macht mal einen Fehler; *(in thinking)* jeder kann sich mal irren; **the ~ is mine** der Fehler liegt bei mir; **it is a ~ to assume that ...:** es ist ein Irrtum anzunehmen, daß ...; **by ~:** versehentlich; aus Versehen; **... and no ~:** ..., aber wirklich; **I was properly scared and no ~:** ich habe einen ganz schönen Schrecken gekriegt, kann ich dir sagen; **make no ~ about it, ...:** täusch dich nicht, ... **2.** *v. t.,* forms as **take 1: a)** *(misunderstand meaning of)* falsch verstehen; mißverstehen; ~ **sth./sb. as meaning that ...:** etw./ jmdn. [fälschlicherweise] so verstehen, daß ...; **b)** *(wrongly take for another)* ~ **x for y** x mit y verwechseln; **x** [fälschlich] für y halten; **there is no mistaking what ought to be done** es steht außer Frage *od.* ist ganz klar, was getan werden muß; **there is no mistaking him** man kann ihn gar nicht verwechseln; ~ **sb.'s identity** jmdn. [mit jmd. anderem] verwechseln; **c)** *(choose wrongly)* verfehlen ⟨*Beruf, Weg*⟩

mistaken [mɪ'steɪkn] *adj.* **be ~:** sich täuschen; **you're ~ in believing that** wenn du das glaubst, täuschst du dich; ~ **kindness/ zeal** unangebrachte Freundlichkeit/unangebrachter Eifer; *or* **unless I'm very much ~:** wenn mich nicht alles täuscht; **a case of ~ identity** eine Verwechslung

mistakenly [mɪ'steɪknlɪ] *adv.* irrtümlicherweise

mister ['mɪstə(r)] *n.* **a)** *(sl./joc.)* hey, ~: he, Meister *od.* Chef *(ugs.);* **b)** *(person without title)* **a mere ~**: ein gewöhnlicher Bürger
mistime [mɪs'taɪm] *v. t.* einen ungünstigen Zeitpunkt wählen für; schlecht timen *(bes. Sport)*
mistletoe ['mɪsltəʊ]. *n.* Mistel, *die; (sprig)* Mistelzweig, *der*
mistook see **mistake** 2
mistral [mɪs'trɑːl] *n. (Meteorol.)* Mistral, *der*
mistranslate [mɪstræns'leɪt] *v. t.* falsch übersetzen
mistranslation [mɪstræns'leɪʃn] *n.* falsche Übersetzung; *(error)* Übersetzungsfehler, *der*
mistreat [mɪs'triːt] *v. t.* schlecht behandeln; *(violently)* mißhandeln; **~ one's tools** nachlässig mit seinem Werkzeug umgehen
mistreatment [mɪs'triːtmənt] *n.* schlechte Behandlung; *(violent)* Mißhandlung, *die*
mistress ['mɪstrɪs] *n.* **a)** *(of a household)* Hausherrin, *die;* **the ~ of the house** or **family** die Frau des Hauses; **b)** *(person in control, employer)* Herrin, *die;* **she is ~ of the situation** sie ist Herr der Lage; **she is her own ~**: sie ist ihr eigener Herr; **the dog's ~**: das Frauchen [des Hundes]; **c)** *(Brit. Sch.: teacher)* Lehrerin, *die;* **'French ~**: Französischlehrerin, *die;* **d)** *(man's illicit lover)* Geliebte, *die;* Mätresse, *die (veralt. abwertend);* **e)** *(expert)* Expertin, *die;* Meisterin, *die;* **f)** *(of college)* Rektorin, *die*
mistrial [mɪs'traɪəl] *n. (Law)* **a)** *(invalid trial)* fehlerhaft geführter Prozeß; **on the grounds that there had been a ~**: wegen Verfahrensfehlern in der Prozeßführung; **b)** *(Amer.: inconclusive trial)* ergebnisloser Prozeß
mistrust [mɪs'trʌst] **1.** *v. t.* mißtrauen (+ *Dat.*); **~ oneself** sich *(Dat.)* selbst mißtrauen. **2.** *n., no pl.* Mißtrauen, *das* (of gegenüber + *Dat.*); **[show] ~ towards sb.** Mißtrauen gegen jmdn. [hegen]
mistrustful [mɪs'trʌstfl] *adj.* mißtrauisch; **be ~ of sb./sth.** jmdm./einer Sache gegenüber mißtrauisch sein
misty ['mɪstɪ] *adj.* **a)** verschleiert ⟨Augen, Blick⟩; neb[e]lig, dunstig ⟨Tag, Morgen⟩; in Nebel *od.* Dunst gehüllt ⟨Berg, Hügel⟩; nebelverhangen *(geh.),* dunstig ⟨Tal⟩; **~ blue** rauchiges Blau; **b)** *(indistinct in form)* unklar; verschwommen
'misty-eyed *adj.* mit verschleiertem Blick *nachgestellt;* **be ~**: einen [tränen]verschleierten Blick haben
misunderstand [mɪsʌndə'stænd] *v. t.* *forms as* **understand** mißverstehen; falsch verstehen; **~ the word x as meaning y** das Wort x im Sinne von y verstehen; **don't ~ me** versteh mich nicht falsch
misunderstanding [mɪsʌndə'stændɪŋ] *n.* Mißverständnis, *das;* **there has been a ~**: da lag ein Mißverständnis vor; **I don't want there to be any ~ about it** ich möchte nicht, daß deswegen ein Mißverständnis aufkommt
misunderstood [mɪsʌndə'stʊd] *adj.* unverstanden; verkannt ⟨Künstler, Genie⟩; **be ~**: kein Verständnis finden
misuse 1. [mɪs'juːz] *v. t.* mißbrauchen; zweckentfremden ⟨Werkzeug, Gelder⟩; falsch bedienen ⟨Maschine⟩; nichts Rechtes machen aus ⟨Gelegenheit, Talent⟩; vergeuden, verschwenden ⟨Reserven, Zeit⟩. **2.** [mɪs'juːs] *n.* Mißbrauch, *der; (of funds)* Zweckentfremdung, *die;(of resources, time)* Vergeudung, *die;* Verschwendung, *die;* **a ~ of language** eine unangemessene *od.* unangebrachte Ausdrucksweise
mite [maɪt] *n.* **a)** *(Zool.)* Milbe, *die;* **b)** *(contribution)* Scherflein, *das;* **give one's ~ to sth.** etwas *Dat.* beitragen; **the widow's ~**: das Scherflein der armen Witwe; **c)** *(small object)* Dingelchen, *das;* kleines Ding; *(small child)* Würmchen, *das (fam.);* **poor little ~**: armes Kleines

(coll.: somewhat) **a ~ too strong/outspoken** ein bißchen *od.* etwas zu stark/geradeheraus
miter, mitered *(Amer.)* see **mitre, mitred**
mitigate ['mɪtɪgeɪt] *v. t.* **a)** *(alleviate)* lindern; **b)** *(make less severe)* mildern; **mitigating circumstances** mildernde Umstände; **c)** *(appease)* besänftigen ⟨Zorn, Wut⟩
mitigation [mɪtɪ'geɪʃn] *n.* see **mitigate:** Linderung, *die;* Milderung, *die;* Besänftigung, *die;* **it must be said, in ~ of his faults, that ...**: es muß zu seiner Verteidigung *od.* Entlastung gesagt werden, daß ...; **~ of punishment** Strafmilderung, *die*
mitre ['maɪtə(r)] *n. (Brit.)* **a)** *(Eccl.)* Mitra, *die;* **b)** *(joint)* Gehrung, *die (bes. Technik)*
mitred ['maɪtəd] *adj.* **a)** *(Brit. Eccl.)* eine Mitra tragend; **b)** **~ joint** *(Carpentry)* Gehrungsverbindung, *die*
mitten ['mɪtn] *n.* Fausthandschuh, *der;* Fäustling, *der; (not covering fingers)* fingerloser Handschuh
Mitty ['mɪtɪ] *n., pl.* **~s:** **[Walter] ~** *[figure]* Mensch, *der,* sich gern Tagträumen von eigenen Großtaten hingibt
mix [mɪks] **1.** *v. t.* **a)** *(combine)* [ver]mischen; vermengen; verrühren ⟨Zutaten⟩; verbinden ⟨Harmonien, Komponenten, Stilrichtungen⟩; **~ one's drinks** alles durcheinander trinken; **~ an egg into the batter** ein Ei in den Teig rühren; **b)** *(prepare by ~ing)* mischen, mixen ⟨Cocktail⟩; zubereiten ⟨Medikament⟩; **c)** **~ it [with sb.]** *(coll.)* sich [mit jmdm.] prügeln. **2.** *v. i.* **a)** *(become ~ed)* sich vermischen; sich mischen lassen; **b)** *(be sociable, participate)* Umgang mit anderen [Menschen] haben; **well** kontaktfreudig *od.* gesellig sein; **you should ~ with other people** du solltest unter Leute gehen; **I don't ~ with that sort of people/in those circles** ich verkehre nicht mit solchen Leuten/in diesen Kreisen; **c)** *(be compatible)* zusammenpassen; **[miteinander] vertragen** ⟨Ideen:⟩ sich verbinden lassen. **3.** *n.* **a)** *(coll.: mixture)* Mischung, *die* (of aus); **b)** *(proportion)* Mischungsverhältnis, *das;* **c)** *(ready ingredients)* [gebrauchsfertige] Mischung; **[cake-]~**: Backmischung, *die* ⟨Radio, Cinemat., TV⟩ ~[es] Mischung, *die*
~ 'in 1. *v. i.* **a)** *(be compatible)* zu jmdm./etw. passen; **b)** *(start fighting)* aufeinander losgehen. **2.** *v. t.* einrühren
~ 'up *v. t.* **a)** vermischen; verrühren ⟨Zutaten⟩; **b)** *(make a muddle of)* durcheinanderbringen; *(confuse one with another)* verwechseln; *see also* **mix-up; c)** *in pass. (involve)* **be/get ~ed up in sth.** in etw. *(Akk.)* verwickelt sein/werden; **get ~ed up with a gang** sich mit einer Gang einlassen
mixed [mɪkst] *adj.* **a)** *(diverse)* unterschiedlich ⟨Reaktionen, Kritiken⟩; **a ~ assortment** eine [bunte] Mischung (of von); **~ feelings** gemischte Gefühle; **get ~ reviews** sehr unterschiedliche Kritiken bekommen; **b)** *(containing people from various backgrounds etc.)* gemischt ⟨Gesellschaft⟩; **c)** *(for both sexes)* gemischt
mixed: **~ 'bag** *n.* bunte Mischung; **a very ~ bag of people** eine bunt gemischte Gruppe [von Leuten]; **~ 'blessing** *n.* **be a ~ blessing** nicht nur Vorteile haben; **children are a ~ blessing** Kinder sind kein reiner Segen; **~ 'company** *n.* **in ~ company** in Gesellschaft von Damen [und Kindern]; **~ 'doubles** see **double 3 j;** **~ 'farming** *n.* Kombination von Ackerbau und Viehzucht; **~ 'grill** *n. (Gastr.)* gemischte Grillplatte; **~ 'marriage** *n.* Mischehe, *die;* **~ 'metaphor** see **metaphor b;** **~ 'up** *adj. (fig. coll.)* verwirrt, konfus ⟨Person⟩; **be/feel very ~ up** völlig durcheinander sein; **[crazy] ~ up kids** Jugendliche ohne [jeden] inneren Halt
mixer ['mɪksə(r)] *n.* **a)** *(for foods)* Mixer, *der;*

(for cement, concrete) Mischmaschine, *die;* **b)** *(merging pictures) (apparatus)* Mischpult, *das; (person)* Bildmischer, *der;* **c)** *(combining sounds) (apparatus)* Mischpult, *das; (person)* Tonmischer, *der;* **d)** *(drink)* Getränk zum Mischen; **e)** *(in society)* **be a good ~**: mit den unterschiedlichsten Leuten gut zurechtkommen
mixture ['mɪkstʃə(r)] *n.* **a)** *(mixing, being mixed)* Mischen, *das; (of harmonies)* Verbinden, *das;* **b)** *(result)* Mischung, *die* (of aus); **~ of gases** Gasgemisch, *das;* **he is such a ~** *(fig.)* er ist so unausgeglichen; **c)** *(medicinal preparation)* Mixtur, *die;* **the ~ as before** *(fig.)* die altbekannte Mischung; **d)** *(Motor Veh.: gas or vaporized petrol)* Gemisch, *das;* **e)** *(ready ingredients)* see **mix 3 c; f)** **[mechanical] ~:** *(act)* Vermengen, *das; (product)* Gemenge, *das*
'mix-up *n.* Durcheinander, *das; (misunderstanding)* Mißverständnis, *das;* **there has been some sort of ~**: da ist irgend etwas schiefgelaufen *(ugs.);* **there's been a ~ over who should be invited** es gab ein Verwirrung darüber, wer eingeladen werden sollte
mizen [ˈmɪzn] *n. (Naut.)* Besan, *der*
mizen: **~-mast** *n. (Naut.)* Besanmast, *der;* **~-sail** *n. (Naut.)* Besansegel, *das*
mizzen see **mizen**
Mk. *abbr.* '**mark 1 b**
ml. *abbr.* **a)** millilitre[s] ml; **b)** mile[s] M
MLR *abbr.* minimum lending rate
mm. *abbr.* millimetre[s] mm
mnemonic [nɪ'mɒnɪk] *n.* Gedächtnishilfe, *die;* Eselsbrücke, *die (ugs.)*
mo [məʊ] *n., pl.* **mos** [məʊz] *(sl.)* Moment, *der;* **half a ~, wait a ~**: Momentchen!
mo. *abbr. (Amer.)* month Mo.
moa ['məʊə] *n. (Ornith.)* Moa, *der*
moan [məʊn] **1.** *n.* **a)** Stöhnen, *das; (fig.: of wind)* Heulen, *das;* **b)** *(complaint)* **have a ~** *(complain at length)* jammern; *(have a grievance)* eine Beschwerde haben. **2.** *v. i.* **a)** stöhnen **(with** vor + *Dat.*); *(fig.)* ⟨Wind:⟩ heulen; **b)** *(complain)* jammern **(about** über + *Akk.*); **what is he ~ing [and groaning] about now?** was hat er denn jetzt wieder zu jammern?; **~ at sb.** jmdn. etwas vorjammern. **3.** *v. t.* stöhnen
moat [məʊt] **1.** *n.* [Wasser]graben, *der;* **[castle] ~**: Burggraben, *der.* **2.** *v. t.* mit einem Wassergraben umgeben
mob [mɒb] **1.** *n.* **a)** *(rabble)* Mob, *der (abwertend);* Pöbel, *der (abwertend);* **a ~ gathered outside the police station** eine aufgebrachte Menge versammelte sich vor der Polizeiwache; **b)** *(sl.: associated group)* **~ [of criminals]** Bande, *die (abwertend);* **Peter and his ~**: Peter und seine ganze Blase *(salopp);* **~ law/rule** Gesetz/Herrschaft der Straße; **c)** *(derog.: populace)* **the ~** [die breite] Masse. **2.** *v. t.,* **-bb- a)** *(crowd round)* belagern *(ugs.)* ⟨Schauspieler, Star⟩; stürmen ⟨Kino⟩; **b)** *(attack)* herfallen über (+ *Akk.*); sich stürzen auf (+ *Akk.*); **he was ~bed** sie fielen über ihn her
mobile ['məʊbaɪl] **1.** *adj.* **a)** *(able to move easily)* beweglich; *(on wheels)* fahrbar; **b)** lebhaft ⟨Gesicht[szüge]⟩; **c)** *(Mil.)* mobil; **d)** *(accommodated in vehicle)* mobil; **~ library** Fahrbücherei, *die;* **~ canteen** Kantine auf Rädern; **e)** *(in social status)* mobil *(bes. Soziol.); see also* **upwardly. 2.** *n.* Mobile, *das*
mobile: **~ 'home** *n.* transportable Wohneinheit; *(caravan)* Wohnwagen, *der;* **~ 'phone** *n.* Mobiltelefon, *das;* Handy, *das*
mobilisation, mobilise see **mobilization, mobilize**
mobility [mə'bɪlɪtɪ] *n.* **a)** *(ability to move) (of person)* Beweglichkeit, *die; (on wheels)* Fahrbarkeit, *die;* **b)** *(in social status)* Mobilität, *die (bes. Soziol.)*
mo'bility allowance *n. (Brit.)* staatliche Geldleistung, die Gehbehinderten gewährt werden kann

mobilization [ˌməʊbɪlaɪ'zeɪʃn] *n.* a) *(act of mobilizing)* Mobilisierung, *die;* b) *(Mil.)* Mobilmachung, *die*
mobilize ['məʊbɪlaɪz] *v. t.* a) *(render movable or effective)* mobilisieren; b) *(Mil.)* mobil machen; *abs.* **make preparations to** ~: die Mobilmachung vorbereiten
mobster ['mɒbstə(r)] *n.* (sl.) Gangster, *der*
moccasin ['mɒkəsɪn] *n.* Mokassin, *der*
mocha ['mɒkə] *n.* Mokka, *der*
mock [mɒk] **1.** *v. t.* a) *(subject to ridicule)* sich lustig machen über (+ *Akk.*); verspotten; **he was** ~**ed** man machte sich über ihn lustig; b) *(ridicule by imitation)* ~ **sb./sth.** jmdn./etw. nachmachen[, um sich über ihn/darüber lustig zu machen]. **2.** *v. i.* **at sb./sth.** sich über jmdn./etw. mokieren *od.* lustig machen. **3.** *attrib. adj.* gespielt ⟨*Feierlichkeit, Bescheidenheit, Ernst*⟩; Schein-⟨*kampf, -angriff, -ehe*⟩; ~ **Tudor** style Pseudotudorstil, *der;* ~ **examination** simulierte Prüfung; ~-**turtle soup** Mockturtlesuppe, *die (Kochk.);* also **orange 1 b**. **4.** *n. (thing deserving scorn)* **make** [**a**] ~ **of sb./sth.** sich über jmdn./etw. lustig machen
mocker ['mɒkə(r)] *n.* a) Spötter, *der*/Spötterin, *die;* b) **put the** ~**s on sb./sth.** (sl.) jmdm. alles vermasseln/etw. vermasseln *(salopp)*
mockery ['mɒkərɪ] *n.* a) *(inadequate form)* **be a** ~ **of justice/the truth** der Gerechtigkeit/Wahrheit *(Dat.)* hohnsprechen *(geh.);* **he received only the** ~ **of a trial** sein Verfahren war eine einzige Farce; b) *(futile action)* **it would be a** ~ **to** ... *(be absurd)* es wäre grotesk *od.* absurd, zu ...; *(be impudent)* es wäre geschmacklos *od.* unverschämt, zu ...; c) *no pl., no indef. art. (derision)* Spott, *der;* d) *(person or thing derided)* Gespött, *das*
mock-he'roic *adj.* komisch-heroisch *(Literaturw.);* ~ **poem** komisches Heldengedicht *od.* Epos
mocking ['mɒkɪŋ] **1.** *adj.* spöttisch. **2.** *n.* Spott, *der*
'mocking-bird *n.* Spottdrossel, *die*
'mock-up *n.* Modell [in Originalgröße]; *(of book etc.)* Layout, *das*
MOD *abbr. (Brit.)* **Ministry of Defence** Verteidigungsministerium, *das*
Mod [mɒd] *n. (Brit.)* sich modisch kleidender [Motorroller fahrender] Jugendlicher in den sechziger Jahren; Mod, *der*
modal ['məʊdl] *adj.* a) *(of mode, form)* formal; b) *(Ling.)* modal; ~ **auxiliary** *or* **verb** Modalverb, *das;* c) *(Mus.)* modal
modality [mə'dælɪtɪ] *n.* **the modalities are** *or* **the** ~ **is as follows** die Modalitäten sind wie folgt
mod cons [mɒd 'kɒnz] *n. pl. (Brit. coll.)* [moderner] Komfort; **have all** ~: mit allem Komfort *od. (ugs.)* allen Schikanen ausgestattet sein
mode [məʊd] *n.* a) *(way in which thing is done)* Art [und Weise], *die; (method of procedure)* Methode, *die; (Computing)* Betriebsart, *die;* ~ **of behaviour** *or* **conduct/life** Verhaltens-/Lebensart, *die;* ~ **of transport** Transportmittel, *das;* b) *(fashion)* Mode, *die;* **the** ~ **for short skirts** die Mode der kurzen Röcke; ~**s and fashions** Moden und Modetrends; c) *(Mus.)* Tonart, *die;* d) *(Statistics)* Modus, *der (fachspr.);* statistischer Mittelwert
model ['mɒdl] **1.** *n.* a) Modell, *das;* **a sports** ~: ein Sportmodell; *see also* **working model;** b) *(perfect example)* Muster, *das* **(of** an + *Dat.); (to be imitated)* Vorbild, *das;* **be a** ~ **of industry** ein Muster an Fleiß *(Dat.)* sein; **on the** ~ **of sth.** nach dem Vorbild einer Sache *(Gen.);* **make sth. on the** ~ **of sth.** etw. einer Sache *(Dat.)* nachbilden; **take sb. as a** ~: [sich *(Dat.)*] jmdn. zum Vorbild nehmen; c) *(person employed to pose)* Modell, *das; (Fashion)* Model, *das;* Mannequin, *das; (male)* Dressman, *der;* **photo-** **grapher's** ~: Fotomodell, *das;* **be a painter's** ~: einem Maler Modell stehen/sitzen. **2.** *adj. (exemplary)* vorbildlich; mustergültig; Muster- *(oft iron.);* ~ **child** Musterkind, *das; (boy)* Musterknabe, *der (iron.); (miniature)* Modell⟨*stadt, -eisenbahn, -flugzeug*⟩. **3.** *v. t., (Brit.)* -**ll**- a) *(shape figure of)* modellieren; formen; ~ **sth. in clay** etw. in Ton modellieren; **delicately** ~**led features** *(fig.)* fein geschnittene Gesichtszüge; b) *(form in imitation of sth.)* ~ **sth. after** *or* **[up]on sth.** etw. einer Sache *(Dat.)* nachbilden; **we** ~**led our system on the European one** wir haben unser System nach europäischem Vorbild aufgebaut; ~ **oneself on sb.** sich *(Dat.)* jmdn. zum Vorbild nehmen; c) *(Fashion)* vorführen ⟨*Kleid, Entwurf usw.*⟩. **4.** *v. i., (Brit.)* -**ll**- a) *(Fashion)* als Mannequin *od.* Model arbeiten; ⟨*Mann:*⟩ als Dressman arbeiten; *(Photog.)* als [Foto]modell arbeiten; *(Art)* Modell stehen/sitzen; b) ~ **in clay** etc. in Ton *usw.* modellieren
modelling *(Amer.:* **modeling)** ['mɒdlɪŋ] *n.* a) *no art. (posing)* **do** ~ *(Fashion)* als Mannequin *od.* Model arbeiten; ⟨*Mann:*⟩ als Dressman arbeiten; *(Photog., Art)* als Modell arbeiten; **do [some]** ~ **for sb.** *(Fashion)* jmds. Kreationen vorführen; *(Photog., Art)* jmdm. Modell stehen/sitzen; b) *no indef. art. (sculpturing)* Modellieren, *das;* ~ **clay** Modellierton, *der*
modem ['məʊdem] *n. (Communications)* Modem, *der*
moderate 1. ['mɒdərət] *adj.* a) *(avoiding extremes)* gemäßigt ⟨*Partei, Ansichten*⟩; mäßig, maßvoll ⟨*Mensch, bes. Trinker, Esser; Forderungen*⟩; **be** ~ **in one's demands** maßvolle Forderungen erheben *od.* stellen; b) *(fairly large or good)* mittler... ⟨*Größe, Menge, Wert*⟩; nicht allzu groß ⟨*Entfernung, Wert*⟩; **[only]** ~: mäßig ⟨*Qualität, Ernte*⟩; **a** ~ **amount of coal** eine gewisse Menge Kohle; **the water was of only** ~ **depth** das Wasser war nicht besonders *od.* nur mäßig tief; c) *(reasonable)* angemessen, vernünftig ⟨*Preis, Summe*⟩; d) mäßig ⟨*Wind*⟩. **2.** ['mɒdərət] *n.* Gemäßigte, *der/die;* **the** ~**s in politics** gemäßigte politische Ansichten vertreten. **3.** ['mɒdəreɪt] *v. t.* mäßigen ⟨*Begierde, Ungeduld, Gefühl*⟩; lindern ⟨*Schmerzen, Sorgen*⟩; dämpfen ⟨*Eifer*⟩; zügeln ⟨*Begeisterung*⟩; senken ⟨*Stimme*⟩; mildern ⟨*negativen Effekt*⟩; ~ **one's demands** seine Forderungen einschränken *od.* abschwächen. **4.** ['mɒdərət] *v. i.* nachlassen; ⟨*Forderungen:*⟩ gemäßigter werden
moderately ['mɒdərətlɪ] *adv.* einigermaßen; mäßig ⟨*begeistert, groß, begabt, rauchen*⟩; **there was only a** ~ **large audience** es waren nicht übermäßig viele Zuschauer da; **be only** ~ **enthusiastic/concerned about sth.** sich nicht allzu sehr *od.* übermäßig für etw. begeistern/sich keine allzu großen Sorgen um etw. machen
moderation [mɒdə'reɪʃn] *n.* a) *(moderating)* Mäßigung, *die; (of wind, fever)* Nachlassen, *das;* b) *no pl. (moderateness)* Mäßigkeit, *die; (of demands etc.)* Angemessenheit, *die;* Vernünftigkeit, *die;* ~ **in all things** alles mit Maßen; **in** ~: mit Maß *od.* in Maßen
moderator ['mɒdəreɪtə(r)] *n.* a) *(arbitrator)* Schlichter, *der; (mediator)* Vermittler, *der*/Vermittlerin, *die;* b) *(presiding officer)* Vorsitzende, *der/die;* c) *(Eccl.)* Moderator, *der*
modern ['mɒdn] **1.** *adj.* a) *(of the present)* modern; heutig ⟨*Zeit[alter], Welt, Mensch*⟩; ~ **jazz** Modern Jazz, *der;* **in** ~ **times** in der heutigen Zeit; ~ **English** modernes Englisch; ~ **history** neuere Geschichte; ~ **languages** neuere Sprachen; *(subject of study)* Neuphilologie, *die;* ~ **maths** die neue Mathematik; *see also* **Latin 2;** b) *(in current* **fashion)** modern; neumodisch *(oft abwertend);* **the** ~ **fashion is to wear a hat** es ist [jetzt] Mode, einen Hut zu tragen. **2.** *n. usu. in pl.* moderner Mensch; *(Art)* Modernist, *der*/Modernistin, *die; (person alive at present)* Zeitgenosse, *der*/-genossin, *die*
'modern-day *attrib. adj.* von heute nachgestellt; heutig
modernisation, modernise *see* **modernization, modernize**
modernism ['mɒdənɪzm] *n.* Modernismus, *der*
modernist ['mɒdənɪst] *n.* Modernist, *der*/Modernistin, *die*
modernistic [mɒdə'nɪstɪk] *adj.* modernistisch
modernity [mə'dɜːnɪtɪ] *n.* Modernität, *die*
modernization [mɒdənaɪ'zeɪʃn] *n.* a) *(modernizing)* Modernisierung, *die;* b) *(version)* modernisierte Fassung
modernize ['mɒdənaɪz] **1.** *v. t.* modernisieren. **2.** *v. i.* sich der modernen Zeit anpassen
modest ['mɒdɪst] *adj.* a) *(not conceited)* bescheiden; *(shy)* bescheiden; zurückhaltend; **be** ~ **about one's achievements** nicht mit seinen Leistungen prahlen; b) *(not excessive)* bescheiden *(auch iron.);* genügsam, anspruchslos ⟨*Mensch*⟩; vorsichtig ⟨*Schätzung*⟩; c) *(unpretentious in appearance, amount, etc.)* bescheiden; einfach, unauffällig ⟨*Haus, Kleidung*⟩; **have a** ~ **life-style** bescheiden *od.* einfach leben; ~ **in appearance** unauffällig; d) *(decorous, chaste)* anständig ⟨*Charakter*⟩; anständig, sittsam ⟨*Mensch, Benehmen*⟩; schicklich ⟨*Benehmen, Ausdrucksweise*⟩; dezent, unauffällig ⟨*Kleidung*⟩
modestly ['mɒdɪstlɪ] *adv.* a) *(not conceitedly)* bescheiden; b) *(decently)* dezent, unauffällig ⟨*sich kleiden*⟩; schicklich, sittsam *(veralt.)* ⟨*sich benehmen*⟩
modesty ['mɒdɪstɪ] *n., no pl.* a) *(freedom from conceit)* Bescheidenheit, *die;* **in all** ~: bei aller Bescheidenheit; **the [sheer]** ~ **of the man!** *(iron.)* die Bescheidenheit in Person!; b) **the** ~ **of their demands** ihre maßvollen Forderungen; c) *(regard for propriety) see* **modest d:** Anständigkeit, *die;* Sittsamkeit, *die (veralt.);* Schicklichkeit, *die;* Unauffälligkeit, *die;* Dezentheit, *die*
modicum ['mɒdɪkəm] *n.* Minimum, *das;* **a** ~ **of luck/truth** ein Quentchen Glück/ein Körnchen Wahrheit
modification [mɒdɪfɪ'keɪʃn] *n.* [Ab]änderung, *die;* Modifizierung, *die;* **without any sort of** ~: ohne jede Änderung
modifier ['mɒdɪfaɪə(r)] *n. (esp. Ling., Biol.)* Modifikator, *der*
modify ['mɒdɪfaɪ] *v. t.* a) *(make changes in)* [ab-, ver]ändern; modifizieren; b) *(tone down)* mäßigen; mildern ⟨*Klima*⟩; ~ **one's position** in seiner Haltung gemäßigter werden; **you'd better** ~ **your tone** Sie sollten mal in Ihrem Ton!; c) *(Ling.) (qualify sense of)* näher bestimmen ⟨*Verb, Adjektiv usw.*⟩; *(change by umlaut)* umlauten ⟨*Vokal*⟩
modish ['məʊdɪʃ] *adj.* modisch
modular ['mɒdjʊlə(r)] *adj.* a) *(employing module[s])* aus Elementen [zusammengesetzt]; *(in construction)* aus Baueinheiten *od.* -elementen [zusammengesetzt]; ~ **system** Baukastensystem, *das;* ~ **construction/design** Konstruktion/Entwurf nach dem Baukastensystem; ~ **unit** [Bau-, Konstruktions]element, *das;* b) *(Educ.)* ~ **course** aus vielen verschiedenen, beliebig kombinierten Unterrichtseinheiten bestehender Kurs
modulate ['mɒdjʊleɪt] **1.** *v. t.* a) *(regulate)* abstimmen **(to** auf + *Akk.);* anpassen **(to** *Dat.,* + *Akk.);* b) *(adjust pitch)* modulieren ⟨*Stimme, Sprache, Ton*⟩; c) *(Radio)* modulieren ⟨*Welle, Sender*⟩. **2.** *v. i.* modulieren; ~ **from one key to another** von einer Tonart in die andere übergehen

459

modulation [mɒdjʊ'leɪʃn] *n.* Modulation, *die*
modulator ['mɒdjʊleɪtə(r)] *n. (Electronics)* Modulator, *der*
module ['mɒdjuːl] *n.* **a)** *(in construction or system)* Bauelement, *das; (Electronics)* Modul, *das;* **b)** *(Educ.)* Unterrichtseinheit, *die;* **c)** *(Astronaut.)* command ~: Kommandoeinheit *od.* -kapsel, *die; see also* **lunar module**
modulus ['mɒdjʊləs] *n., pl.* **moduli** ['mɒdjʊlaɪ] *(Math., Phys.)* Modul, *der*
modus operandi [məʊdəs ɒpə'rændiː] *n.* Modus operandi, *der (geh.)*
modus vivendi [məʊdəs vɪ'vendiː] *n.* Modus vivendi, *der (geh.)*
mog [mɒg], **moggie** ['mɒgɪ] *ns. (Brit. sl.)* Katze, *die;* Katzenvieh, *das (abwertend)*
Mogul ['məʊgl, məʊ'gʌl] **1.** *n.* **a)** *(Hist.: Mongolian)* Mongole, *der*/Mongolin, *die;* **the Great** *or* **Grand ~:** der Großmogul; **b) m~** *(coll.: important person)* Mogul, *der (fig.).* **2.** *adj.* **~** mongolisch; **the ~ empire** das Reich der Moguln
mohair ['məʊheə(r)] *n.* Mohair, *der; (yarn)* Mohair- *od.* Angorawolle, *die*
Mohammedan [mə'hæmɪdən] *see* **Muhammadan**
moist [mɔɪst] *adj.* feucht (**with** von)
moisten ['mɔɪsn] *v. t.* anfeuchten; feucht machen; ~ **one's lips** sich *(Dat.)* die Lippen [mit der Zunge] befeuchten
moisture ['mɔɪstʃə(r)] *n.* Feuchtigkeit, *die;* ~ **in the air** Luftfeuchtigkeit, *die;* **film of ~:** Feuchtigkeitsfilm, *der*
moisturise, moisturiser, moisturising *see* **moisturiz-**
moisturize ['mɔɪstʃʊraɪz, 'mɔɪstʃəraɪz] *v. t.* befeuchten; ~ **the skin** der Haut *(Dat.)* Feuchtigkeit zuführen; ⟨Creme:⟩ der Haut *(Dat.)* Feuchtigkeit verleihen
moisturizer ['mɔɪstʃʊraɪzə(r), 'mɔɪstʃəraɪzə(r)], **moisturizing cream** *ns.* Feuchtigkeitscreme, *die*
moke [məʊk] *n. (Brit. sl.)* Esel, *der*
molar ['məʊlə(r)] **1.** *n.* Backenzahn, *der;* Molar[zahn], *der (Anat.);* Mahlzahn, *der (bes. Zool.).* **2.** *adj.* **~ tooth** *see* 1
molasses [mə'læsɪz] *n.* **a)** *(syrup drained from raw sugar)* Melasse, *die;* **b)** *(Amer.: treacle)* Sirup, *der*
mold *(Amer.) see* ¹,²,³**mould**
Moldavia [mɒl'deɪvɪə] *pr. n.* Moldau, *die*
molder, molding, moldy *(Amer.) see* **mould-**
¹**mole** [məʊl] *n. (on skin)* Leberfleck, *der;* Pigmentfleck, *der (Med.); (prominent)* Muttermal, *das*
²**mole** *n.* **a)** *(animal)* Maulwurf, *der;* **b)** *(coll.: spy)* Maulwurf, *der (ugs.).*
³**mole** *n.* **a)** *(breakwater)* Mole, *die;* **b)** *(artificial harbour)* [künstlicher] Hafen
⁴**mole** *n. (Chem.)* Mol, *das*
molecular [mə'lekjʊlə(r)] *adj. (Phys., Chem.)* molekular; ~ **weight/biology** Molekulargewicht, *das*/-biologie, *die*
molecule ['mɒlɪkjuːl, 'məʊlɪkjuːl] *n.* **a)** *(Phys., Chem.)* Molekül, *das;* **b)** *(small particle)* winziges Teilchen
molehill *n.* Maulwurfshügel, *der;* **make a mountain out of a ~** *(fig.)* aus einer Mücke einen Elefanten machen *(ugs.).*
molest [mə'lest] *v. t.* **a)** belästigen; *(to rob)* überfallen; **b)** *(sexually)* [unsittlich] belästigen
molestation [məʊlɪ'steɪʃn, mɒlɪ'steɪʃn] *n.* **a)** Belästigung, *die; (to rob)* Überfallen, *das;* **b)** *(sexual)* [unsittliche] Belästigung
moll [mɒl] *n. (coll.)* Gangsterbraut, *die*
mollify ['mɒlɪfaɪ] *v. t.* besänftigen; beschwichtigen; **be finally mollified** sich schließlich beruhigen
mollusc *(Amer.:* **mollusk)** [mɒləsk] *n. (Zool.)* Molluske, *die (fachspr.);* Weichtier, *das*

mollycoddle ['mɒlɪkɒdl] **1.** *v. t.* [ver]hätscheln *(oft abwertend);* verzärteln *(abwertend).* **2.** *n.* Weichling, *der (abwertend)*
molt *(Amer.) see* **moult**
molten ['məʊltn] *adj.* geschmolzen; flüssig ⟨Lava⟩
molybdenum [mə'lɪbdɪnəm] *n. (Chem.)* Molybdän, *das*
mom [mɒm] *(Amer. coll.) see* ²**mum**
moment ['məʊmənt] *n.* **a)** Moment, *der;* Augenblick, *der;* **barely a ~ had elapsed ...:** es war kaum eine Minute vergangen ...; **help came not a ~ too soon** die Hilfe hätte keinen Moment später kommen dürfen; **for a ~ or two** für einen kurzen Augenblick; **for a few ~s** für ein paar Augenblicke; ein paar Augenblicke lang; **there was never a dull ~:** man langweilte sich keinen Augenblick lang; **at this ~ in time** in diesem Moment *od.* Augenblick; **after a ~'s hesitation** nach kurzem Zögern; **at any ~,** *(coll.)* **any ~:** jeden Augenblick *od.* Moment; **on the spur of the ~:** ganz spontan; **it was over in just a few ~s** es dauerte nur wenige Augenblicke *od.* war im Nu geschehen; **it is the ~ [for sth.]** es ist der richtige Zeitpunkt [für etw.]; **this is the ~!** dies ist der geeignete Augenblick!; **a few ~s of peace** ein paar Minuten der Ruhe; ein paar ruhige Minuten; **the film had its ~s** der Film hatte einige starke Stellen; **he has his ~s** manchmal ist er gar nicht so übel *(ugs.);* **at odd ~s** gelegentlich[, wenn ein wenig Zeit ist]; **a ~ to remember** ein denkwürdiger Augenblick; **at the precise ~ she came in ...:** genau in dem Augenblick *od.* gerade, als sie hereintrat, ...; **the ~ I get home** gleich *od.* sofort, wenn ich nach Hause komme; **one** *or* **half a** *or* **just a** *or* **wait a ~!** einen Moment *od.* Augenblick!; Moment[chen] *od.* Augenblick mal!; **in a ~** *(instantly)* im Nu *(ugs.); (very soon)* sofort; gleich; **for a ~:** einen Moment [lang]; für einen Moment; **not for a ~:** keinen Moment [lang]; [at] **the** [very] **~ it happened** in dem *od.* im selben Augenblick, als es passierte; **the ~ of truth** die Stunde der Wahrheit; **at the ~** im Augenblick; momentan; **for the ~:** im *od.* für den Augenblick; vorläufig; **I shan't be a ~** (I'll be back every minute) ich bin sofort zurück; *(I have very nearly finished)* ich bin sofort soweit; **have you got a ~?** hast du mal einen Augenblick Zeit?; **be the man of the ~:** der Mann des Tages sein; **come here this ~!** komm sofort *od.* auf der Stelle her!; **just this ~:** soeben; gerade *od.* eben jetzt; **for ~ to ~:** alle Augenblicke; **b)** *(formal: importance)* **of ~:** von Bedeutung; **of little** *or* **small/no ~:** von geringer/ohne Bedeutung; **c)** *(Phys.)* Moment, *das;* ~ **of inertia** Trägheitsmoment, *das*
momentarily ['məʊməntərɪlɪ] *adv.* **a)** *(for a moment)* einen Augenblick lang; *(for a while)* vorübergehend; **b)** *(Amer.:)* *(at any moment)* jeden Augenblick *od.* Moment; *(in a few minutes)* in wenigen Minuten
momentary ['məʊməntərɪ] *adj.* **a)** *(lasting only a moment)* kurz; **~ forgetfulness/aberration** ein Augenblick geistiger Abwesenheit der Verwirrung; **b)** *(transitory)* vorübergehend
momentous [mə'mentəs] *adj. (important)* bedeutsam; bedeutungsvoll; *(of consequence)* folgenschwer; von großer Tragweite *nachgestellt;* **of ~ importance** von entscheidender Bedeutung
momentum [mə'mentəm] *n., pl.* **momenta** [mə'mentə] **a)** *(impetus)* Schwung, *der;* **lose ~:** Schwung *od.* Fahrt verlieren; *see also* **gain 2 c; gather 1 c;* **b)** *(Mech.)* Impuls, *der; see also* **angular c; conservation b**
mommy ['mɒmɪ] *(Amer. coll.) see* ²**mummy**
Mon. *abbr.* **Monday** Mo.
Monaco ['mɒnəkəʊ] *pr. n.* Monaco *(das)*

monarch ['mɒnək] *n. (king, emperor, etc.)* Monarch, *der*/Monarchin, *die; (supreme ruler)* [Allein]herrscher, *der*/-herrscherin, *die*
monarchic [mə'nɑːkɪk], **monarchical** [mə'nɑːkɪkl] *adj.* **a)** *(of government)* monarchisch; **b)** *(of monarchy)* monarchistisch
monarchism ['mɒnəkɪzm] *n. (monarchical government)* Monarchie, *die; (attachment to monarchy)* Monarchismus, *der*
monarchist ['mɒnəkɪst] *n.* Monarchist, *der*/Monarchistin, *die*
monarchy ['mɒnəkɪ] *n.* Monarchie, *die; see also* **constitutional 1 b**
monastery ['mɒnəstrɪ] *n.* [Mönchs]kloster, *das*
monastic [mə'næstɪk] *adj.* **a)** *(of or like monks)* mönchisch; **b)** *(of monasteries)* klösterlich; Kloster⟨gebäude, -architektur⟩
monasticism [mə'næstɪsɪzm] *n.* Mönch[s]tum, *das*
Monday ['mʌndeɪ, 'mʌndɪ] **1.** *n.* Montag, *der.* **2.** *adv. (coll.)* **she comes ~s** sie kommt montags. *See also* **Friday**
monetarism ['mʌnɪtərɪzm] *n. (Econ.)* Monetarismus, *der*
monetarist ['mʌnɪtərɪst] *n. (Econ.)* Monetarist, *der*/Monetaristin, *die*
monetary ['mʌnɪtərɪ] *adj.* **a)** *(of the currency in use)* monetär; Währungs⟨politik, -system⟩; **b)** *(of money)* finanziell; ~ **gift** Geldgeschenk, *das*
money ['mʌnɪ] *n.* **a)** *no pl.* Geld, *das;* **your ~ or your life!** Geld oder Leben!; **be in the ~** *(coll.)* **(be winning ~ prizes)** am Scheffeln sein *(ugs.); (have plenty of ~)* im Geld schwimmen *(ugs.);* **there is ~ in sth.** mit etw. kann man [viel] Geld verdienen; ~ **for jam** *or* **old rope** *(Brit. fig. coll.)* leicht *od.* schnell verdientes Geld; **make ~** *(Person:)* [viel] Geld verdienen, *(ugs.)* [das große] Geld machen; ⟨Geschäft:⟩ etwas einbringen, sich rentieren; **earn good ~:** gut verdienen; **come into ~:** zu Geld kommen; ~ **talks** das Geld macht's *(ugs.);* ~ **makes the world go round** Geld regiert die Welt; **put ~ into sth.** Geld in etw. *(Akk.)* investieren *od. (ugs.)* hineinstecken; **have ~ to burn** *(fig. coll.)* Geld wie Heu haben *(ugs.);* **[not] be made of ~** *(fig. coll.)* [k]ein Goldesel *od.* Krösus sein; **spend ~ like water** mit dem Geld nur so um sich werfen *(ugs.);* **good ~** *(earned/spent)* gutes/teures Geld; **this would only be to throw** *or* **pour good ~ after bad** das wäre nur rausgeschmissenes *od.* rausgeworfenes Geld *(ugs.);* **for 'my ~:** wenn man mich fragt; **he/she is the one for my ~:** ich tippe auf ihn/sie; **put one's ~ on sth.** auf etw. *(Akk.)* wetten *od.* setzen; *(fig.)* [seine Hoffnung] auf etw. *(Akk.)* setzen; **the best that ~ can buy** das Beste, was es für Geld gibt; ~ **can't buy happiness!** Geld allein macht nicht glücklich!; ~ **supply** Geldmenge, *die;* **b)** *pl.* ~ *or* **monies** [mʌnɪz] *(sum of money)* Geld, *das;* [Geld]betrag, *der;* **the rent ~:** [das Geld für] die Miete; **a** *(rich person[s])* **that's not where the real ~ lives** da ist nicht das große Geld zu Hause. *See also* **account 3 a; big 1 a; conscience money; cost 2 a; love 1 a; run 1 a**
money: ~**-back** *attrib. adj.* ~**-back guarantee** Geld-zurück-Garantie, *die;* ~**-bag** *n.* Geldsack, *der; sing. (coll.: person)* Geldsack, *der (ugs. abwertend);* ~**-box** *n.* Sparbüchse, *die; (for collection)* Sammelbüchse, *die;* ~**-changer** *n.* Geldwechsler, *der*
moneyed ['mʌnɪd] *adj. (rich)* vermögend; begütert; **the ~ classes** die besitzenden Klassen
money: ~**-grubber** *n.* Raffzahn, *der (ugs.);* ~**-grubbing 1.** *adj.* geldgierig *(abwertend);* **2.** *n.* Geldgier, *die (abwertend);* ~**-lender** *n.* Geldverleiher, *der;* ~**-maker** *n.* **be a ~-maker** ⟨Projekt, Produkt, Film:⟩

Geld bringen; ~-**making** 1. *adj.* gewinnbringend, einträglich ⟨*Geschäft, Beschäftigung*⟩; 2. *n., no pl.* Geldverdienen, *das;* ~-**market** *n.* Geldmarkt, *der;* ~ **order** *n.* Zahlungsanweisung, *die; (issued by Post Office)* Postanweisung, *die;* ~-**spinner** *n. (Brit.)* Verkaufsschlager, *der; (business)* Goldgrube, *die (ugs.);* **he turned that idea into a** ~-**spinner** er hat diese Idee versilbert *(ugs.);* ~'**s-worth** *n.* get *or* have one's ~'s-worth etwas für sein Geld bekommen
Mongol ['mɒŋgl] 1. *n.* **a)** Mongole, *der*/Mongolin, *die; (Anthrop.)* Mongolide, *der/die;* **b)** m~ *(Med.)* Mongoloide, *der/die;* **she is a m**~: sie ist mongoloid. 2. *adj.* **a)** mongolisch; *(Anthrop.)* mongolid; **b)** m~ *(Med.)* mongoloid
Mongolia [mɒŋ'gəʊlɪə] *pr. n.* Mongolei, *die*
Mongolian [mɒŋ'gəʊlɪən] 1. *adj.* **a)** mongolisch; *(Anthrop.)* mongolid *(fachspr.);* mongolisch. 2. *n.* **a)** *(person)* Mongole, *der*/Mongolin, *die;* **b)** *(Anthrop.)* Mongolide, *der/die;* **c)** *(language)* Mongolisch, *das;* das Mongolische
mongolism ['mɒŋgəlɪzm] *n. (Med.)* Mongolismus, *der*
mongoose ['mɒŋguːs] *n. (Zool.)* Indischer Mungo
mongrel ['mʌŋgrəl, 'mɒŋgrəl] 1. *n.* **a)** *(Bot., Zool.)* Bastard, *der (fachspr.);* Hybride, *der (fachspr.);* Kreuzung, *die; (often derog.: dog)* Promenadenmischung, *die (scherzh., auch abwertend);* **b)** *(derog.: person)* Mischling, *der;* Bastard, *der (derb abwertend).* 2. *adj. (of mixed origin)* hybrid *(fachspr.)* ⟨*Pflanze, Tier*⟩; ~ **animal/plant** [tierischer/pflanzlicher] Hybride *od.* Bastard *(fachspr.);* [Tier-/Pflanzen]kreuzung, *die*
moni[c]ker ['mɒnɪkə(r)] *n. (sl.)* Name, *der; (nickname)* Spitzname, *der*
monitor ['mɒnɪtə(r)] 1. *n.* **a)** *(Sch.)* Aufsichtsschüler, *der/*-schülerin, *die;* **pencil/milk/lunch** ~: Bleistift-/Milch-/Essenswart, *der;* **school** ~: Präfekt, *der;* **b)** *(Zool.)* ~ **[lizard]** Waran, *der;* **c)** *(listener)* Mithörer, *der/*Mithörerin, *die;* **d)** *(Mech. Engin., Phys., Med., Telev.)* Monitor, *der.* 2. *v. t. (maintain surveillance over)* kontrollieren ⟨*Strahlungsintensität*⟩; beobachten ⟨*Wetter, Flugzeug, Gewohnheit, Bewegung*⟩; abhören ⟨*Sendung, Telefongespräch*⟩; **b)** *(regulate)* kontrollieren ⟨*Radio-, Fernsehempfang*⟩; überwachen ⟨*Verteilung, Ein-/Ausfuhr*⟩
monk [mʌŋk] *n.* Mönch, *der;* **order of** ~**s** Mönchsorden, *der; see also* **White Monk**
monkey ['mʌŋkɪ] 1. *n.* **a)** Affe, *der;* **the three wise** ~**s** *(Mythol.)* die „Drei Affen"; **make a** ~ **of sb.** *(sl.)* jmdn. zum Gespött machen; **get one's** ~ **up** *(Brit. sl.)* auf die Palme gehen *(ugs.);* **sb.'s** ~ **is up** *(Brit. sl.)* jmd. ist auf der Palme; **I'll be a** ~'**s uncle!** *(ugs.);* mich laust der Affe *(ugs.);* **b)** *(in playful abuse)* Schlingel, *der (scherzh.);* **cheeky** ~: Frechdachs, *der (£500, $500)* halber Riese *(salopp).* 2. *v. i.* ~ **about** *or* **around [with]** *(coll.)* herumalbern [mit] *(ugs.)* ⟨*Person*⟩; *(interfere)* herumspielen [mit *od.* an (+ *Dat.*)] ⟨*Gegenstand*⟩
monkey: ~ **business** *n. (coll.) (mischief)* Schabernack, *der; (unlawful or unfair activities)* krumme Touren *Pl. (ugs.);* ~-**jacket** *n. (Naut., Fashion)* Monkijacke, *der;* Affenjäckchen, *das (Soldatenspr. scherzh.);* ~-**nut** *n. (Bot.)* Erdnuß, *die;* ~-**puzzle** *n. (Bot.)* Chilefichte, *die;* ~-**tricks** *n. pl. (Brit. sl.)* **be up to one's** ~-**tricks** etw. aushecken; **no** ~-**tricks!** mach keinen Quatsch *(ugs.);* ~-**wrench** *n.* Rollgabelschlüssel, *der (fachspr.);* Universalschraubenschlüssel, *der*
monkish ['mʌŋkɪʃ] *adj.* **a)** mönchisch; Mönchs⟨*kleidung*⟩; Kloster⟨*leben, -bibliothek*⟩; **b)** *(derog.: sanctimonious)* pfäffisch *(abwertend);* **c)** *(modest)* anspruchslos; **d)** *(derog.: unsociable)* ungesellig

monkshood ['mʌŋkshʊd] *n. (Bot.)* Blauer Eisenhut
mono ['mɒnəʊ] *adj.* Mono⟨*platte[nspieler], -wiedergabe*⟩
monochrome ['mɒnəkrəʊm] 1. *n.* **a)** *(picture)* monochromes *(fachspr.) od.* einfarbiges Bild; **b)** *(representation)* monochrome *(fachspr.) od.* einfarbige Darstellung; **in** ~: monochrom *(fachspr.);* einfarbig; Schwarzweiß- *(Ferns.).* 2. *adj.* monochrom *(fachspr.);* einfarbig; Schwarzweiß- *(Ferns.)*
monocle ['mɒnəkl] *n.* Monokel, *das;* Einglas, *das (veralt.)*
monocotyledon [ˌmɒnəkɒtɪ'liːdn] *n. (Bot.)* Monokotyle[done], *die (fachspr.);* einkeimblättrige Pflanze
monocycle ['mɒnəsaɪkl] *n.* Einrad, *das*
monogamous [mə'nɒgəməs] *adj.* monogam
monogamy [mə'nɒgəmɪ] *n.* Monogamie, *die;* Einehe, *die*
monogram ['mɒnəgræm] *n.* Monogramm, *das*
monogrammed ['mɒnəgræmd] *adj.* monogrammiert; ⟨*Taschentuch usw.*⟩ mit Monogramm
monograph ['mɒnəgrɑːf] *n.* Monographie, *die;* Einzeldarstellung, *die*
monohull ['mɒnəhʌl] *n. (Naut.)* Einrumpfschiff, *das;* Einkörperschiff, *das*
monolingual [mɒnə'lɪŋgwəl] *adj.* einsprachig
monolith ['mɒnəlɪθ] *n. (Prehist., Building; lit. or fig.)* Monolith, *der*
monolithic [mɒnə'lɪθɪk] *adj. (Prehist., Building; lit. or fig.)* monolithisch; Monolith⟨*denkmal, -säule, -charakter, -beton*⟩
monologue *(Amer.:* **monolog)** ['mɒnəlɒg] *n. (lit. or fig.)* Monolog, *der*
monomania [mɒnə'meɪnɪə] *n.* **a)** *(Med., Psych.)* Monomanie, *die;* **b)** *(fig.)* übertriebene Begeisterung **(for** für); Leidenschaft, *die* **(for** für)
monophonic [mɒnə'fɒnɪk] *adj.* monophon
monoplane ['mɒnəpleɪn] *n. (Aeronaut.)* Eindecker, *der*
monopolisation, monopolise *see* **monopoliz-**
monopolistic [mənɒpə'lɪstɪk] *adj. (Econ.)* monopolistisch ⟨*Wettbewerb usw.*⟩
monopolization [məˌnɒpəlaɪ'zeɪʃn] *n. (Econ.)* Monopolisierung, *die*
monopolize [mə'nɒpəlaɪz] *v. t. (Econ.)* monopolisieren; *(fig.)* mit Beschlag belegen; ~ **the conversation** den/die anderen nicht zu Wort kommen lassen
monopoly [mə'nɒpəlɪ] *n.* **a)** *(Econ.)* Monopol, *das* (**of** + *Dat.*); **b)** *(exclusive possession)* alleiniger Besitz; **c)** *(thing monopolized)* Monopol, *das;* **d) M**~**, (P)** *(game)* Monopoly Ⓦ*, das*
monorail ['mɒnəreɪl] *n.* **a)** *(single rail)* Einschienengleis, *das;* **b)** *(vehicle)* Einschienenbahn, *die;* **c)** *(overhead)* Schwebebahn, *die*
monosyllabic [ˌmɒnəsɪ'læbɪk] *adj.* **a)** einsilbig ⟨*Antwort, Person*⟩; aus einsilbigen Wörtern bestehend ⟨*Rede, Dichtung, Schrift, Sprache*⟩; **b)** *(Ling.)* monosyllabisch
monosyllable ['mɒnəsɪləbl] *n.* **a)** einsilbiges Wort; **speak** *or* **talk/answer in** ~**s** einsilbig reden/antworten; **b)** *(Ling.)* Einsilber, *der*
monotheism ['mɒnəθɪɪzm] *n. (Relig.)* [doctrine of/belief in] ~: Monotheismus, *der*
monotheistic [mɒnəθɪ'ɪstɪk] *adj. (Relig.)* monotheistisch
monotone ['mɒnətəʊn] 1. *n.* **a)** gleichbleibender Ton; **b)** *(uniformity) (general)* Einerlei, *das; (of colour)* Einfarbigkeit, *die; (of style)* eintöniger *od.* monotoner Stil; **grey** ~: graues Einerlei; **engravings in** ~: einfarbige Stiche. 2. *adj.* **a)** *(monotonous)* eintönig, monoton ⟨*Geräusch, Sprache, Akzent, Rezitation*⟩; **b)** *(in one colour)* einfarbig

monotonous [mə'nɒtənəs] *adj.* eintönig, monoton ⟨*Laut, Leben, Landschaft usw.*⟩
monotonously [mə'nɒtənəslɪ] *adv.* eintönig
monotonousness [mə'nɒtənəsnɪs], **monotony** [mə'nɒtənɪ] *ns.* Eintönigkeit, *die;* Monotonie, *die*
monoxide [mə'nɒksaɪd] *n. (Chem.)* Monoxyd, *das;* Monoxid, *das (fachspr.)*
Monseigneur [mɔ̃se'njɑ:(r)] *n., pl.* **Messeigneurs** [mese'njɑ:(r)] Monseigneur, *der*
Monsignor [mɒn'siːnjə(r)] *n., pl.* ~**i** [mɒnsiː'njɔːriː] *(Eccl.)* Monsignore, *der*
monsoon [mɒn'suːn] *n. (Geog.)* **a)** *(wind)* **summer** *or* **wet/dry** ~: Sommer-/Wintermonsun, *der;* **b)** *(season)* Regenzeit, *die*
monster ['mɒnstə(r)] 1. *n.* **a)** *(imaginary or huge creature)* Ungeheuer, *das;* Monster, *das; (huge thing)* Ungetüm, *das;* Monstrum, *das;* **a** ~ **of a fish/car** ein Ungeheuer/Ungetüm von einem Fisch/Auto; **that's a real** ~**!**, **what a** ~**!** *(in surprise or admiration)* das ist ja ungeheuer!; **b)** *(inhuman person)* Unmensch, *der; (iron.: naughty child)* Monster, *das (scherzh.).* 2. *adj.* riesig; monströs; Mammut⟨*sitzung, -veranstaltung*⟩
monstrance ['mɒnstrəns] *n. (RCCh.)* Monstranz, *die*
monstrosity [mɒn'strɒsɪtɪ] *n.* **a)** *(physical deformity)* Mißbildung, *die; (deviation from the norm, unnatural thing)* Abnormität, *die;* Widernatürlichkeit, *die;* **b)** *(outrageous thing)* Ungeheuerlichkeit, *die; (hideous building etc.)* Ungetüm, *das;* **c)** *(imaginary or huge creature)* Ungeheuer, *das;* Monster, *das*
monstrous ['mɒnstrəs] *adj.* **a)** *(huge)* monströs *(geh.);* ungeheuer ⟨*Lärm, Jubel, Menge*⟩; riesig ⟨*Lkw, Kuchen, Buch*⟩; unnatürlich groß ⟨*Gemüse, Person, Baum, Pflanze*⟩; **b)** *(outrageous)* ungeheuerlich *(abwertend)* ⟨*Vorschlag, Vorstellung, Glaube, Einstellung, Wahl, Entscheidung*⟩; **c)** *(atrocious)* scheußlich *(emotional);* monströs *(meist abwertend);* **d)** *(misshapen)* mißgestaltet
monstrously ['mɒnstrəslɪ] *adv.* **a)** *(hugely)* schrecklich *(ugs.),* furchtbar *(ugs.)* ⟨*hoch, beschäftigt, kurz, dick*⟩; **b)** *(outrageously)* unmöglich *(ugs. meist abwertend)* ⟨*sich benehmen*⟩
mons Veneris [mɒnz 'venərɪs] *n. (Anat.)* Venushügel, *der (fachspr.);* weiblicher Schamberg
montage [mɒn'tɑːʒ] *n. (Photog., Art, Radio, Film)* Montage, *die; (Mus.)* Collage, *die;* **work in** ~: Montagen herstellen
month [mʌnθ] *n.* **a)** *(year/12);* **last day of the** ~: Monatsletzte, *der;* Ultimo, *der (Kaufmannsspr.);* **on the last day of the** ~: ultimo; **on the first** ~ **of January** der erste Monat Januar; **come every** ~ **=** jeden Monat kommen; **for a** ~**/several** ~**s** einen Monat [lang]/mehrere Monate [lang] *od.* monatelang; **for** ~**s [on end]** monatelang; **I haven't seen him for** ~**s** ich habe ihn seit Monaten nicht mehr gesehen; ~**s ago** vor Monaten; **every six** ~**s** alle sechs Monate; halbjährlich; **once every** *or* **a** ~: einmal monatlich *od.* im Monat; **in a** ~**['s time]** in einem Monat; **in two** ~**s' time** in zwei Monaten; **in alternate** ~**s** alle zwei Monate; **take a** ~'**s holiday** [sich *(Dat.)*] einen Monat Urlaub nehmen; **£10 a** *or* **per** ~: zehn Pfund im Monat; **from** ~ **to** ~: Monat um *od.* für Monat; **she is in the third/last** ~ **of her pregnancy** sie ist im dritten/neunten Monat schwanger; **a month from today** heute in einem Monat; **a three-**~ **period** ein Zeitraum von drei Monaten; **a six-**~**[s]-old baby/strike** ein sechs Monate altes *od.* sechsmonatiges Baby/ein bereits sechsmonatiger Streik; *see also* **calendar a;** **next 1 b;** **Sunday 1 a;** **this 1 e;** **b)** *(period of 28 days)* vier Wochen; 28 Tage

461

'**month-long** *attrib. adj.* einmonatig
monthly ['mʌnθlɪ] **1.** *adj.* **a)** *(of or relating to a month)* monatlich; Monats⟨*umsatz, -einkommen, -gehalt*⟩; **three-~**: dreimonatlich; vierteljährlich; **b)** *(lasting a month)* einmonatig ⟨*Abstand*⟩; Monats⟨*zyklus, -karte*⟩; **three-~ season ticket** Dreimonats- *od.* Vierteljahreskarte, *die;* **c)** *(happening every month)* monatlich; *(happening once a month)* [ein]monatlich; **a woman's ~ period** die Periode *od.* Monatsblutung einer Frau. **2.** *adv.* [ein]monatlich; einmal im Monat. **3.** *n. (publication)* monatlich erscheinende Zeitschrift; Monatsschrift, *die*
monument ['mɒnjʊmənt] *n.* **a)** Denkmal, *das; see also* **ancient 1 b; b)** *(on grave)* Grabmal, *das (geh.);* **c) the M~:** in der Londoner Innenstadt stehende Säule zur Erinnerung an den großen Brand von 1666
monumental [mɒnjʊ'mentl] *adj.* **a)** *(of a monument)* Denkmals⟨*architekt, -inschrift*⟩; **b)** *(massive)* gewaltig ⟨*Auffahrt, Skulptur*⟩; monumental ⟨*Plastik, Gemälde, Gebäude*⟩; **c)** *(extremely great)* kolossal *(ugs. emotional)*
monumentally [mɒnjʊ'mentəlɪ] *adv.* enorm ⟨*stur, schlau, kreativ*⟩; **~ boring/stupid** sterbenslangweilig/strohdumm
monumental 'mason *n.* Steinmetz, *der*
moo [muː] **1.** *n.* Muhen, *das;* **give** *or* **utter a loud ~:** laut muhen. **2.** *v. i.* muhen
mooch [muːtʃ] *(sl.)* **1.** *v. i. ~* **about** *or* **around/along** herumschleichen *(ugs.)/*zockeln *(ugs.).* **2.** *v. t. (Amer.)* **a)** *(steal)* mopsen *(ugs.);* **b)** *(beg)* schnorren *(ugs.)*
'**moo-cow** *n. (child lang.)* Muhkuh, *die (Kinderspr.)*
¹**mood** [muːd] *n.* **a)** *(state of mind)* Stimmung, *die;* **there was a [general] ~ of optimism** es herrschte allgemeiner Optimismus; **be in a very good/good/bad ~:** [bei] bester/guter/schlechter Laune sein; **be in a cheerful ~:** froh gelaunt *od.* fröhlich gestimmt sein; **be in a militant ~:** in Kampfstimmung sein; **be in a serious/pensive ~:** ernst/nachdenklich gestimmt sein; **be in no ~ for joking/dancing** nicht zum Scherzen/Tanzen aufgelegt sein; **b)** *(fit of melancholy or bad temper)* Verstimmung, *die;* schlechte Laune; **have one's ~s** [seine] Launen haben
²**mood** *n. (Ling.)* Modus, *der (fachspr.);* Aussageweise, *die;* **the subjunctive ~:** der Konjunktiv *(fachspr.);* die Möglichkeitsform
moodily ['muːdɪlɪ] *adv.* übelgelaunt; mißgestimmt; *(in a sullen manner)* mißmutig; verdrossen
'**mood music** *n.* stimmungsvolle Musik
moody ['muːdɪ] *adj.* **a)** *(sullen)* mißmutig; verdrossen; *(gloomy)* niedergeschlagen; **b)** *(subject to moods)* launenhaft
moon [muːn] **1.** *n.* **a)** Mond, *der;* **light of the ~:** Mondlicht, *das;* Mondschein, *der;* **the ~ is full/waning/waxing** es ist Vollmond/abnehmender/zunehmender Mond; **there is no ~ tonight** heute nacht ist der Mond nicht zu sehen; **be over the ~** *(fig. coll.)* im siebten Himmel sein *(ugs.);* **offer sb. the ~** *(fig.)* jmdm. ein Vermögen bieten; **promise sb. the ~** *(fig.)* jmdm. das Blaue vom Himmel versprechen *(ugs.);* **ask for the ~:** Unmögliches verlangen; *see also* **blue moon; cry 3 a; full moon; half moon; man 1 b; new moon; shoot 2 d; b)** *(poet.: month)* Mond, *der (dichter. veralt.);* **c) that was many ~s ago** das liegt schon lange zurück. **2.** *v. i. (coll.)* **~ about** *or* **around [the house]** trübselig [im Haus] herumziehen *(ugs.)*
~ over *v. t.* in Gedanken an ... *(Akk.)* verloren *od.* versunken *od.* vertieft sein
moon: ~beam *n.* Mondstrahl, *der;* **~beams** Mondschein, *der;* Mondlicht, *das;* **~-face** *n.* Mondgesicht, *das*
Moonie ['muːnɪ] *n. (coll.)* Anhänger der Mun-Sekte

moon: ~ landing *n.* Mondlandung, *die;* **~less** *adj.* mondlos ⟨*Nacht, Himmel*⟩; **~light 1.** *n.* Mondlicht, *das;* Mondschein, *der;* **2.** *attrib. adj.* mondhell *(geh.)* ⟨*Nacht*⟩; **do a ~light [flit]** *(Brit. coll.)* bei Nacht und Nebel wegziehen, ohne die Schulden zu bezahlen; **3.** *v. i. (coll.)* nebenberuflich abends arbeiten; *(hold two jobs at once)* zwei Jobs gleichzeitig haben; **~lit** *adj.* mondbeschienen *(geh.);* **~shine** *n.* **a)** *(visionary ideas)* Unsinn, *der;* **b)** *(liquor)* schwarzgebrannter Alkohol; **~shine whisky** schwarzgebrannter Whiskey; **~shot** *n. (Astronaut.)* Mondflug, *der;* **~stone** *n. (Min.)* Mondstein, *der;* Adular, *der (fachspr.)*
Moor [mʊə(r), mɔː(r)] *n.* Maure, *der/*Maurin, *der*
¹**moor** *n.* **a)** *(Geog.)* [Hoch]moor, *das;* **b)** *(for shooting)* im Moor gelegenes Wildhegegebiet
²**moor** *v. t.* festmachen; vertäuen. **2.** *v. i.* festmachen
'**moorhen** *n. (Ornith.)* [Grünfüßiges] Teichhuhn
mooring ['mʊərɪŋ, 'mɔːrɪŋ] *n.* **a)** *usu. in pl. (means of attachment)* Vertäuung, *die;* **b)** *usu. in pl. (place)* Anlegestelle, *die;* **set sail from one's ~:** ablegen; **c)** *(action of making fast)* Vertäuung, *die*
mooring: ~-line *n.* Festmacher, *der;* **~-mast** *see* ¹**mast; ~-post** *n.* Pfahl, *der;* ≈ Duckdalben, *der;* **~-rope** *n.* Festmachetrosse, *die*
Moorish ['mʊərɪʃ, 'mɔːrɪʃ] *adj.* maurisch
moorland ['mʊələnd, 'mɔːlənd] *n. (Geog.)* Moorland, *das*
moose [muːs] *n., pl. same (Zool.)* Amerikanischer Elch
moot [muːt] **1.** *adj.* umstritten; offen ⟨*Frage*⟩; strittig ⟨*Punkt*⟩. **2.** *v. t. (broach, suggest)* zur Sprache bringen ⟨*Maßnahme, Plan*⟩; anschneiden ⟨*Thema*⟩; erörtern ⟨*Frage, Punkt*⟩
mop [mɒp] **1.** *n.* **a)** Mop, *der; (for washing up)* ≈ Spülbürste, *die; (Naut.)* Dweil, *der;* **Mrs Mo|p|p** *[Brit.]* [die/unsere] Parkettkosmetikerin *(ugs. scherz.);* **b)** *(of hair)* Wuschelkopf, *der.* **2.** *v. t.,* **-pp- a)** *(clean with ~)* moppen ⟨*Fußboden*⟩; **b)** *(wipe)* abwischen ⟨*Träne, Schweiß, Stirn*⟩; **c) ~ the floor with sb.** *(fig. sl.)* jmdn. fertigmachen *(ugs.)*
~ up *v. t.* **a)** *(wipe up)* aufwischen ⟨*Flüssigkeit*⟩; **here's some bread to ~ up the gravy** hier ist etwas Brot, um die Soße vom Teller zu wischen; **b)** *(Brit. sl.)* *(drink greedily)* wegschlabbern *(ugs.)* ⟨*Getränk*⟩; *(eat greedily)* reinstopfen *(ugs.)* ⟨*Essen*⟩; **c)** *(Mil.)* ausheben ⟨*Widerstandsnest*⟩; aufreiben ⟨*versprengte Truppen*⟩; säubern ⟨*Gebiet*⟩
'**mopboard** *n. (Amer.)* Fußleiste, *die*
mope [məʊp] *v. i.* Trübsal blasen *(ugs.);* **~ about** *or* **around** trübselig herumschleichen *(ugs.)*
moped ['məʊped] *n.* Moped, *das*
'**mophead** *n.* **a)** *(at end of mop)* Mop, *der;* **b)** *(of hair; person)* Wuschelkopf, *der (ugs.)*
Mopp *see* **mop 1 a**
moppet ['mɒpɪt] *n.* **a)** *(endearing: baby, little girl)* Fratz, *der (fam.);* **b)** *(coll.: child)* Matz, *der (fam.)*
moquette [mɒ'ket] *n. (Textiles)* Mokett, *der (fachspr.);* Möbelplüsch aus Wolle
moraine [mɒ'reɪn] *n. (Geol.)* Moräne, *die*
moral ['mɒrl] **1.** *adj.* **a)** *(of right and wrong)* moralisch ⟨*Gefühl, Bewußtsein*⟩; sittlich ⟨*Wert*⟩; Moral⟨*begriff, -prinzip, -vorstellung*⟩; **b)** *(dealing with regulation of conduct)* moralisch ⟨*Erzählung, Rede*⟩; Lehr⟨*gedicht, -stück*⟩; **c)** *(virtuous)* moralisch, sittlich ⟨*veralt.*⟩ tugendhaft ⟨*Leben, Person*⟩; **e)** *(founded on law)* moralisch, sittlich ⟨*Verpflichtung, Pflicht*⟩; **be under a ~ obligation** eine moralische *od.* sittliche Pflicht haben; **f)** *(not physical)* moralisch ⟨*Stärke, Zusam-*

menbruch⟩. **2.** *n.* **a)** *(lesson)* Moral, *die;* **draw the ~ from sth.** die Lehre aus etw. ziehen; **b)** *in pl. (habits)* Moral, *die;* Moralvorstellungen; **c)** *(maxim)* Moral, *die;* Lehre, *die;* **point a ~:** einen moralischen Grundsatz aufstellen
moral: ~ 'certainty *n.* **it is a ~ certainty [that ...]** es ist so gut wie sicher[, daß ...]; **~ 'courage** *n.* Zivilcourage, *die;* **~ 'cowardice** *n.* Mangel an Rückgrat *od.* Zivilcourage
morale [mə'rɑːl] *n.* Moral, *die;* **high/low ~:** gute/schlechte Moral
moralise *see* **moralize**
moralist ['mɒrəlɪst] *n.* **a)** *(one who practises morality)* moralischer *od.* sittlicher Mensch; **b)** *(philosopher)* Moralist, *der/*Moralistin, *die;* Moralphilosoph, *der/*Moralphilosophin, *die*
moralistic [mɒrə'lɪstɪk] *adj.* moralistisch
morality [mə'rælɪtɪ] *n.* **a)** *(conduct)* Moral, *die;* Sittlichkeit, *die;* Moralität, *die (geh.);* **b)** *(moral science)* Moralphilosophie, *die;* Ethik, *die;* Sittenlehre, *die;* **c)** *in pl. (moral principles)* Moralgesetze *Pl.;* Moralprinzipien *Pl.;* **d)** *(particular system)* Ethik, *die;* **e)** *(conformity to moral principles)* Sittlichkeit, *die;* Moralität, *die (geh.);* **f)** *(Hist., Lit.)* [**play**] Moralität, *die*
moralize ['mɒrəlaɪz] *v. i.* moralisieren *(geh.);* moralische Betrachtungen anstellen (**lup|on** über + *Akk.*); **stop moralizing!** hör auf mit deinen Moralpredigten
moral 'law *n.* Moralgesetz, *das*
morally ['mɒrəlɪ] *adv.* **a)** *(as regards right and wrong)* moralisch ⟨*verantwortlich*⟩; **b)** *(virtuously)* moralisch einwandfrei, integer ⟨*sich benehmen*⟩; **c)** *(virtually)* praktisch, so gut wie ⟨*sicher*⟩; **d)** *(not physically)* moralisch; psychisch
moral: ~ 'majority *n.* vermutete Mehrheit, *die für strengere öffentliche Moral eintritt;* **~ phi'losophy** *n.* Moralphilosophie, *die;* **~ 'pressure** *n.* moralischer Druck; **~ 'sense** *n.* moralisches *od.* sittliches Bewußtsein; **~ sup'port** *n.* moralische Unterstützung; **~ the'ology** *n.* Moraltheologie, *die;* **~ 'victory** *n.* moralischer Sieg
morass [mə'ræs] *n.* **a)** *(bog)* Morast, *der;* **b)** *(fig.: entanglement)* Wirrnis, *die (geh.);* Labyrinth, *das;* **a ~ of confusion** heillose Verwirrung
moratorium [mɒrə'tɔːrɪəm] *n., pl.* **~s** *or* **moratoria** [mɒrə'tɔːrɪə] **a)** vorläufige Einstellung *(on Gen.);* [vorläufiger] Stopp *(on* für); **declare a ~ on sth.** etw. vorläufig einstellen *od.* stoppen; **b)** *(authorized delay)* Moratorium, *das*
Moravia [mə'reɪvɪə] *pr. n.* Mähren *(das)*
morbid ['mɔːbɪd] *adj.* **a)** *(unwholesome, having such feelings)* krankhaft; makaber, morbid *(geh.)* ⟨*Freude, Faszination, Phantasie, Neigung*⟩; **b)** *(coll.: melancholy)* trübselig; **make sb. feel ~:** jmdn. trübselig machen; **c)** *(Med.)* pathologisch *(fachspr.)* ⟨*Anatomie*⟩; krankhaft ⟨*Zustand, Veränderung*⟩; krank ⟨*Körper*⟩; pathogen *(fachspr.)* ⟨*Substanz*⟩
morbidity [mɔː'bɪdɪtɪ] *n., no pl.* **a)** Krankhaftigkeit, *die;* **b)** *(Med.)* *(diseased state)* Krankheit, *die;* *(rate of sickness)* Morbidität, *die (fachspr.)*
morbidly ['mɔːbɪdlɪ] *adv.* **a)** *(Med.)* krankhaft; **b)** *(coll.: in melancholy way)* trübselig
mordant ['mɔːdənt] *adj.* bissig ⟨*Bemerkung, Rede*⟩; beißend ⟨*Humor*⟩; sarkastisch ⟨*Person*⟩
more [mɔː(r)] **1.** *adj.* **a)** *(additional)* mehr; **would you like any** *or* **some/a few ~?** ⟨*apples, books, etc.*⟩ möchten Sie noch welche/ein paar?; **would you like any** *or* **some ~ apples?** möchten Sie noch Äpfel?; **would you like any** *or* **some/a little ~?** ⟨*tea, paper, etc.*⟩ möchten Sie noch etwas/ein wenig?; **would you like any** *or* **some ~ tea/paper?** möchten Sie noch Tee/Papier?; **I haven't any ~**

[apples/tea] ich habe keine [Äpfel]/keinen [Tee] mehr; ~ **and** ~: immer mehr; **offer ~ coffee** noch Kaffee anbieten; **for a few dollars** ~: für ein paar Dollar mehr; **[just] one ~ thing before I go** [nur] noch eins, bevor ich gehe; **one ~ word and** ...: noch ein Wort und ...; **many ~ things** noch viel mehr [Dinge]; **two/twenty ~ things** noch zwei/zwanzig Dinge; **some ~ things** noch einige Dinge; noch einiges; b) *(greater in degree)* größer; **~'s the pity** *(coll.)* leider!; **the ~ fool 'you** du bist vielleicht ein Dummkopf. 2. *n., no pl., no indef. art.* a) *(greater amount or number or thing)* mehr; **he is ~ of a poet than a musician** er ist mehr Dichter als Musiker; ~ **and** ~: mehr und mehr; immer mehr; **six or** ~: mindestens sechs; **I hope to see ~ of you** hoffentlich sehen wir uns öfter; **the ~ the merrier** see **merry a**; b) *(additional number or amount or thing)* mehr; **what is ~** ...: außerdem ...; **do no ~ than do sth.** nur etw. tun; **~ means worse** ein Mehr an Zahl heißt ein Weniger an Qualität; **water is no ~ than thawed ice** Wasser ist nichts weiter *od.* anderes als aufgetautes Eis; **and** ~: mindestens **vorangestellt**; oder mehr; **there's plenty ~ where that came from** es ist noch viel mehr da; man braucht keineswegs zu geizen; **there's no need to do/say [any]** ~: da braucht nichts weiter getan/gesagt zu werden; *see also* **say 1a**; c) ~ **than** *(coll.: exceedingly)* über〈*satt, -glücklich, -froh*〉; hoch〈*erfreut, willkommen*〉; sehr 〈*aufgeregt*〉; tief〈*traurig*〉; **at least you enjoyed yourself, which is ~ than I did** im Gegensatz zu mir *od.* anders als ich hast du dich wenigstens noch amüsiert; **which is ~ than you or one can say of X** und das kann man nicht von X behaupten; **neither ~ nor less [than ridiculous etc.]** [lächerlich *usw.*,] nicht mehr und nicht weniger. 3. *adv.* a) mehr 〈*mögen, interessieren, gefallen, sich wünschen*〉; forming *compar*. **a ~ interesting book** ein interessanteres Buch; **this book is ~ interesting** dieses Buch ist interessanter; **~ often** häufiger; **~ than a little tiresome** ziemlich langweilig; **~ than anything [else]** vor allem; **~ than sb. can say** mehr als jmd. sagen kann; b) *(nearer, rather)* eher; **~ ... than ...**: eher ... als ...; **~ dead than alive** mehr tot als lebendig; c) **you couldn't be ~** *(are extremely)* **mistaken or wrong** du irrst dich gewaltig; **I couldn't be ~** *(am extremely)* **sorry** es tut mir schrecklich leid; d) *(again)* wieder; **never ~**: nie wieder *od.* mehr; **not any ~**: nicht mehr; **once ~**: noch einmal; **a couple of times ~**: noch ein paarmal; e) **~ and ~** ...: mehr und mehr *od.* immer mehr; **~ with *adj. or adv.* immer ...** (+ *Komp.*); **become ~ and ~ absurd** immer absurder werden; f) **~ or less** *(fairly)* mehr oder weniger; *(approximately)* annähernd; g) **~ so** noch mehr; **Is she equally attractive? – Rather ~ so, if anything** Ist sie genauso attraktiv? – Ja, wenn nicht noch attraktiver; **the ~ so because** ...: um so mehr, als *od.* weil ...; h) **not any ~ [than]** nicht mehr [als]. *See also* ¹**like 1a**; **little 3 b**; ¹**no 2 a**; **the 2**; **what 6 a**

moreish ['mɔːrɪʃ] *adj.* *(coll.)* lecker; **this cake is rather ~**: dieser Kuchen schmeckt nach mehr

morel [məˈrel] *n.* ~ *(Bot.: edible fungus)* [Speise]morchel, *die*

morello [məˈreləʊ] *n., pl.* ~**s** *(Bot.)* Schattenmorelle, *die*

moreover [mɔːˈrəʊvə(r)] *adv.* und außerdem; zudem *(geh.)*

mores ['mɔːriːz, 'mɔːreɪz] *n. pl.* Sitten *Pl.*; **sexual ~**: Sexualethik *od.* -moral, *die*

morganatic [mɔːɡəˈnætɪk] *adj.* morganatisch; **~ marriage** morganatische Ehe; Ehe zur linken Hand *(hist.)*

morgue [mɔːɡ] *n.* a) *see* **mortuary**; b) *(Journ.)* Archiv, *das*

moribund ['mɒrɪbʌnd] *adj. (lit. or fig.)* moribund *(Med.)*; dem Tode geweiht *(geh.)*; im Sterben liegend 〈*Person*〉; im Aussterben begriffen 〈*Spezies*〉; dem Untergang geweiht 〈*Nation, Volk, Brauch*〉

Mormon ['mɔːmən] 1. *n.* Mormone, *der*/Mormonin, *die*; **Book of ~**: Buch Mormon. 2. *adj.* mormonisch

morn [mɔːn] *n.* a) *(poet.: morning)* Morgen, *der*; **from ~ to or till night** von früh bis spät; b) *(poet.: dawn)* Morgengrauen, *das*

mornay ['mɔːneɪ] *n. (Gastr.)* Sauce Mornay, *die* 〈*eine Käsesoße*〉

morning ['mɔːnɪŋ] *n.* a) Morgen, *der*; *(as opposed to afternoon)* Vormittag, *der*; **this ~**: heute morgen *od.* früh; **tomorrow ~**: morgen früh; **during the ~**: am Morgen/Vormittag; *(as opposed to a.m. then)* Morgen; *(regularly)* [früh] morgens; **at one etc. in the ~ = at one a.m. etc.** *see* **a.m. 1**; **begin next ~**: am anderen Morgen beginnen; **on Wednesday ~s/~**: Mittwoch morgens/[am] Mittwoch morgen *od.* früh; **one ~**: eines Morgens; **the other ~**: neulich morgens *od.* früh; **~, noon, and night** Tag und Nacht; **~ came** es wurde Morgen; **~s, of a ~**: morgens; *see also* **good 1 m**; b) **in the ~** *(coll.: next morning)* morgen früh; **see you in the ~!** bis morgen früh!; c) *(spent in a particular way)* a ~ **of shopping** ein mit Einkaufen verbrachter Morgen; d) *(coll. greeting)* **~, all!** Morgen, zusammen!; e) *(fig.)* Anfang, *der*; Beginn, *der*; f) *attrib.* morgendlich; Morgen〈*kaffee, -spaziergang*〉

morning: **~ 'after** *n. (coll.: hangover)* **~'after [feeling]** Katzenjammer, *der*; **~'after pill** *n.* Pille [für den Morgen] danach; **~ coat** *n.* Cut[away], *der*; **~ dress** *n.* Stresemann, *der*; **~ 'glory** *n. (Bot.)* Winde, *die*; **~ paper** *n.* Morgenzeitung, *die*; **~ 'prayer** *n.* Morgenandacht, *die*; **~ 'service** *n. (Eccl.)* Morgenandacht, *die*; *(RCCh.)* Frühmesse, *die*; **~ sickness** *n.* morgendliche Übelkeit; **~ 'star** *n.* Morgenstern, *der*

Moroccan [məˈrɒkən] 1. *adj.* marokkanisch; **sb. is ~**: jmd. ist Marokkaner/Marokkanerin. 2. *n.* Marokkaner, *der*/Marokkanerin, *die*

Morocco [məˈrɒkəʊ] *pr. n.* Marokko *(das)*

morocco *n., pl.* ~**s** Maroquin, *der*

moron ['mɔːrɒn] *n.* a) *(coll.)* Trottel, *der* (*ugs. abwertend*); Schwachkopf, *der* (*ugs.*); b) *(mental defective)* Geistesschwache, *der*/*die*; Schwachsinnige, *der*/*die*

moronic [məˈrɒnɪk] *adj.* geistesschwach; schwachsinnig; debil *(fachspr.)*

morose [məˈrəʊs] *adj.*, **morosely** [məˈrəʊslɪ] *adv.* verdrießlich

morpheme ['mɔːfiːm] *n. (Ling.)* Morphem, *das*

morphia ['mɔːfɪə], **morphine** ['mɔːfiːn] *ns.* Morphin, *das (fachspr.)*; Morphium, *das*; **be a ~ addict** morphiumsüchtig sein

morphological [mɔːfəˈlɒdʒɪkl] *adj. (Biol., Ling.)* morphologisch

morphology [mɔːˈfɒlədʒɪ] *n.* a) *(Biol.)* Morphologie, *die*; Gestaltlehre, *die*; b) *(Ling.)* Morphologie, *die (fachspr.)*; Formen- und Wortbildungslehre, *die*

morris ['mɒrɪs]: **~ dance** *n.* Moriskentanz, *der*; **~ dancer** *n.* Moriskentänzer, *der*; **~ dancing** *n.* Moriskentanzen, *das*

morrow ['mɒrəʊ] *n. (literary)* **the ~** *(the next day)* der folgende *od.* kommende Tag; **on the ~**: tags drauf; am nächsten Tag. *See also* **good 1m**

Morse [mɔːs] *n.* Morseschrift, *die*; Morsezeichen *Pl.*; **can you use ~?** können Sie morsen?

Morse 'code *n.* Morseschrift, *die*; Morsealphabet, *das*

morsel ['mɔːsl] *n.* a) *(of food)* Bissen, *der*; Happen, *der*; b) *(fragment)* Stückchen, *das*; Bröckchen, *das*; *(fig.)* Quentchen, *das*

mortal ['mɔːtl] 1. *adj.* a) *(that must die)* sterblich; b) *(fatal, fought to the death, intense)* tödlich (**to** für); ~ **combat** ein Kampf auf Leben und Tod; **give ~ offence to sb.** jmdn. tödlich beleidigen; ~ **sin** Todsünde, *die*; c) *(implacable)* tödlich; erbittert; ~ **enemy** Todfeind, *der*; d) *(sl.: whatsoever)* **every ~ thing** alles menschenmögliche; e) *(accompanying death)* Todes〈*strudel, -kampf, -angst*〉; f) *(human, earthly)* vergänglich; irdisch 〈*Dasein*〉; menschlich 〈*Verlangen, Geist*〉. 2. *n.* Sterbliche, *der*/*die*; **be a mere ~**: auch nur ein Mensch sein

mortality [mɔːˈtælɪtɪ] *n.* a) Sterblichkeit, *die*; b) *(loss of life)* [Dahin]sterben, *das*; c) *(number of deaths)* Sterblichkeit, *die*; Todesfälle *Pl.*; Mortalität, *die (Med.)*; d) *[rate]* Sterblichkeitsrate, *die*; Sterbeziffer, *die*; Mortalität, *die (Med.)*

mortally ['mɔːtəlɪ] *adv.* a) ~ **wounded** tödlich verletzt; b) *(intensely)* ~ **offended** zutiefst *od.* tödlich beleidigt

mortar ['mɔːtə(r)] *n.* a) *(substance)* Mörtel, *der*; b) *(vessel)* Mörser, *der*; c) *(cannon)* Minenwerfer, *der*; Mörser, *der*

'mortar-board *n. (Univ.)* bei bestimmten Anlässen zum Talar getragene viereckige Kopfbedeckung der Studenten und Lehrer an britischen und amerikanischen Universitäten; ≈ Barett, *das*

mortgage ['mɔːɡɪdʒ] 1. *n.* a) Hypothek, *die*; b) *(deed)* Pfandverschreibung, *die*; Hypothekenbrief, *der*; c) *attrib.* Hypotheken-〈*schuld, -zinssatz, -darlehen, -geld*〉; ~ **repayment** Hypothekenzahlung, *die*. 2. *v. t.* a) mit einer Hypothek *od.* hypothekarisch belasten; b) *(pledge)* verpfänden

mortgagee [mɔːɡɪˈdʒiː] *n.* Hypothekar, *der*; Hypothekengläubiger, *der*

mortgager ['mɔːɡɪdʒə(r)], **mortgagor** [mɔːɡɪˈdʒɔː(r)] *n.* Hypothekenschuldner, *der*

mortice *see* **mortise**

mortician [mɔːˈtɪʃn] *n. (Amer.)* Leichenbestatter, *der*/-bestatterin, *die*; *(firm)* Bestattungsinstitut, *das*

mortification [mɔːtɪfɪˈkeɪʃn] *n. (humiliation)* Beschämung, *die*; Kränkung, *die*; **feel great ~ at sth.** etw. als eine große Schmach empfinden; tief beschämt über etw. *(Akk.)* sein

mortify ['mɔːtɪfaɪ] *v. t.* a) *(humiliate)* beschämen; kränken; **he felt mortified** er empfand es als beschämend; b) *(subdue desires of)* ~ **the flesh/oneself** sich kasteien

mortise ['mɔːtɪs] *n.* a) *(Woodw.)* Zapfenloch, *das*; ~ **and tenon [joint]** Zapfenverbindung, *die*; Verzapfung, *die*; b) *attrib.* ~ **lock** Steckschloß, *das*

mortuary ['mɔːtjʊərɪ] *n.* Leichenschauhaus, *das*

mosaic [məʊˈzeɪɪk] *n. (lit. or fig.)* Mosaik, *das*; *attrib.* Mosaik〈*fußboden, -arbeit, -stein usw.*〉

Moscow ['mɒskəʊ] 1. *pr. n.* Moskau *(das)*. 2. *attrib. adj.* Moskauer

Moselle [məʊˈzel] *pr. n.* Mosel, *die*

moselle *n. (wine)* Mosel[wein], *der*

Moses ['məʊzɪz] *pr. n. (Bibl.)* Moses *(der)*; Mose *(der) (ökum.)*

Moslem ['mɒzləm] *see* **Muslim**

mosque [mɒsk] *n.* Moschee, *die*

mosquito [mɒsˈkiːtəʊ] *n., pl.* ~**es** Stechmücke, *die*; *(in tropics)* Moskito, *der*; ~ **bite** Mücken-/Moskitostich, *der*

mos'quito-net *n.* Moskitonetz, *das*

moss [mɒs] *n.* a) Moos, *das*; b) *(Scot., N. Engl.: moorland)* Moor, *das*; Sumpf, *der*

moss: **~-covered** *adj.* bemoost; moosbedeckt; **~-green** *adj.* moosgrün

mossy ['mɒsɪ] *adj.* moosig; bemoost; moosbewachsen

most [məʊst] 1. *adj. (in greatest number, the majority of)* die meisten; *(in greatest amount)* meist...; größt... 〈*Fähigkeit, Macht,*

463

Bedarf, Geduld, Lärm⟩; **make the ~ mistakes/noise** die meisten Fehler/den meisten *od.* größten Lärm machen; **~ people** die meisten Leute; die Mehrheit [der Leute]; **he has the ~ need of it** er braucht es am nötigsten; **for the ~ part** größtenteils; zum größten Teil. **2.** *n.* **a)** *(greatest amount)* das meiste; **offer** [**the**] **~ for it** das meiste *od.* am meisten dafür bieten; **pay the ~:** am meisten bezahlen; **want sth. the ~:** sich (Dat.) etw. am meisten wünschen; **the ~ one can say** das Beste, was man sagen kann; **b)** *(the greater part)* **~ of the girls** die meisten Mädchen; **~ of his friends** die meisten seiner Freunde; **~ of the poem** der größte Teil des Gedichts; **~ of the time** die meiste Zeit; *(on ~ occasions)* meistens; **lead for ~ of the race** während des größten Teils des Rennens führen; **be more enterprising than ~:** unternehmungslustiger als die meisten anderen sein; **~ of what he said** das meiste von dem, was er sagte; **c) make the ~ of sth., get the ~ out of sth.** etw. voll ausschöpfen; *(employ to the best advantage)* etw. voll ausnützen; *(represent at its best)* das Beste aus etw. machen; **d) at** [**the**] **~:** höchstens; **at the very ~:** allerhöchstens. **3.** *adv.* **a)** *(more than anything else)* am meisten ⟨*mögen, interessieren, gefallen, sich wünschen, verlangt*⟩; **~ of all** am allermeisten; **b)** *forming superl.* **the ~ interesting book** das interessanteste Buch; **this book is the ~ interesting** dieses Buch ist das interessanteste; **~ probably** höchstwahrscheinlich; **~ often** am häufigsten; **c)** *(exceedingly)* überaus; äußerst; **~ decidedly** ganz entschieden; ausgesprochen; **~ certainly** ohne jeden Zweifel; **d)** *(Amer. coll.: almost)* fast

mostly ['məʊstlɪ] *adv. (most of the time)* meistens; *(mainly)* größtenteils; hauptsächlich

MOT [eməʊ'tiː] *see* **MOT test**
mote [məʊt] *n.* **the ~ in sb.'s eye** *(fig. dated)* die Schwächen anderer
motel [məʊ'tel] *n.* Motel, *das*
motet [məʊ'tet] *n. (Mus.)* Motette, *die*
moth [mɒθ] *n.* Nachtfalter, *der; (in clothes)* Motte, *die;* [**the**] **~** *(collect.)* die [Kleider]motten
moth: **~-ball 1.** *n.* Mottenkugel, *die;* **in ~-balls** *(fig.: stored)* eingemottet ⟨*Kleidung*⟩; *(Mil.)* eingelagert, eingemottet ⟨*Schiffe, Waffen*⟩; beiseite geschoben ⟨*Plan, Projekt*⟩; **put sth. in ~-balls** etw. einmotten; **2.** *v. t.* einmotten ⟨*Kleider, alte Sachen, Vorschlag*⟩; einlagern, einmotten ⟨*militärisches Gerät*⟩; beiseite schieben ⟨*Plan, Projekt*⟩; **~-eaten** *adj.* von Motten zerfressen; vermottet; *(fig.: antiquated)* verstaubt ⟨*Idee, Politik*⟩; altmodisch ⟨*Person, System*⟩
mother ['mʌðə(r)] *n.* **1.** *n.* **a)** Mutter, *die;* **she is a** *or* **the ~ of six** [**children**] sie ist Mutter von sechs Kindern; **like ~ used to make** ⟨*Essen*⟩ wie bei Muttern *(ugs.);* **every ~'s son** [**of you**] jeder einzelne [von euch]; **~ animal** Muttertier, *das;* **~ hen** Glucke, *die; see also* **expectant b; b)** *(Relig.)* **M~ Superior** Äbtissin, *die;* **c)** *(fig.: source)* Ursprung, *der;* Wurzel, *die;* **necessity is the ~ of invention** *(prov.)* Not macht erfinderisch *(Spr.).* **2.** *v. t.* großziehen ⟨*Familie*⟩; hervorbringen ⟨*Idee, Gerücht*⟩; **b)** *(over-protect)* bemuttern
mother: **M~ Church** *n.* **a)** [---] Mutterkirche, *die;* **b)** [--'-] *(authority)* Mutter Kirche *o. Art.;* die Kirche; **~ country** *n.* Mutterland, *das;* **~craft** *n., no pl.* Kinderpflege, *die;* **~'earth** *n.* Mutter Erde; **~ fixation** *n. (Psych.)* Mutterbindung, *die;* **M~ 'Goose rhyme** *n. (Amer.)* Kinderreim, *der*
motherhood ['mʌðəhʊd] *n., no pl.* Mutterschaft, *die*
Mothering Sunday ['mʌðərɪŋ sʌndɪ] *n. (Brit. Eccl.) see* **Mother's Day**
mother: **~-in-law** *n., pl.* **~s-in-law** Schwiegermutter, *die;* **~-in-law's 'tongue** *n.*

(Bot.) Bajonettpflanze, *die;* Frauenzunge, *die;* **~land** *n.* Vaterland, *das;* Heimatland, *das*
motherless ['mʌðəlɪs] *adj.* mutterlos; **the child was left ~:** das Kind verlor seine Mutter
motherly ['mʌðəlɪ] *adj.* mütterlich; **~ love** Mutterliebe, *die*
mother: **M~ of 'God** *n.* Mutter Gottes, *die;* Muttergottes, *die;* **~-of-'pearl** *n.* Perlmutt, *das;* **~'s boy** *or* **darling** *n. (coll. derog.)* Muttersöhnchen, *das (ugs.);* **M~'s Day** *n.* Muttertag, *der;* **~s' 'meeting** *n. (Brit.)* Mütterreffen [der Pfarrgemeinde], *das; (fig.)* aufgeregte Debatte; **~ 'tongue** *n.* Muttersprache, *die;* **~ wit** *n.* Mutterwitz, *der*
moth: **~-hole** *n.* Mottenloch, *das;* **~-proof 1.** *adj.* mottenfest; **2.** *v. t.* mottenfest machen
motif [məʊ'tiːf] *n.* **a)** Motiv, *das;* **b)** *(on goods)* Markenzeichen, *das;* **the BMW ~:** das BMW-Zeichen; **c)** *(Mus.)* [Leit]motiv, *das;* **d)** *(on clothing)* Applikation, *die (fachspr.);* Aufnäher, *der*
motion ['məʊʃn] **1.** *n.* **a)** *(movement)* Bewegung, *die;* Gang, *der;* **be in ~:** in Bewegung sein; sich bewegen; ⟨*Maschine:*⟩ laufen; ⟨*Fahrzeug:*⟩ fahren; **set** *or* **put sth. in ~** *(lit. or fig.)* etw. in Bewegung *od.* Gang setzen; *see also* **perpetual motion; slow motion; b)** *(gesture)* Bewegung, *die;* Wink, *der;* **make a ~ to sb. to do sth.** jmdm. ein Zeichen geben, etw. zu tun; **a ~ of the hand** ein Zeichen mit der Hand; eine Handbewegung; **c)** *(formal proposal; also Law)* Antrag, *der;* **put forward** *or* **propose a ~:** einen Antrag stellen; **d)** *(of bowels)* Stuhlgang, *der;* **have** *or* **make a ~:** Stuhlgang haben; **e)** *in sing. or pl. (faeces)* Stuhl, *der;* **f)** *(manner of moving)* [Körper]haltung, *die;* **g)** *(change of posture)* Bewegung, *die;* **make a ~ to leave** Anstalten machen wegzugehen; **I'll go through the ~s of doing sth.** *(coll.) (simulate)* so tun, als ob man etw. täte; *(do superficially)* etw. pro forma tun; **go through the ~s** *(coll.) (simulate)* nur so tun; *(do superficially)* es nur pro forma tun. **2.** *v. t.* **~ sb. to do sth.** jmdm. bedeuten (geh.), etw. winken, etw. zu tun **~ to[wards]/away from sth.** jmdm. bedeuten (geh.), zu etw. [hin]zugehen/von etw. weggehen; **~ sb. aside/to a seat** jmdm. zur Seite winken/jmdm. bedeuten (geh.), Platz zu nehmen. **3.** *v. i.* winken; **~ to sb. to come in** jmdm. hereinwinken; **~ to sb. to do sth.** jmdm. bedeuten (geh.), etw. zu tun
motionless ['məʊʃnlɪs] *adj.* reg[ungs]los; bewegungslos; unbewegt ⟨*See, Teich*⟩; **be/stay** *or* **remain ~:** sich nicht bewegen
'**motion picture** *n. (esp. Amer.)* Film, *der; attrib.* Film-
motivate ['məʊtɪveɪt] *v. t.* **a)** *(be motive of, stimulate)* motivieren; **b)** *(cause to act)* **~ sb. to do sth.** jmdn. veranlassen, etw. zu tun
motivation [məʊtɪ'veɪʃn] *n.* **a)** *(process)* Motivierung, *die;* **give/receive ~:** motivieren/motiviert werden; **b)** *(incentive)* Motivation, *die* (**for** zu); Anreiz, *der;* **c)** *(condition)* Motiviertheit, *die;* Motivation, *die;* **have good/poor** *or* **little ~:** sehr/wenig motiviert sein
motive ['məʊtɪv] **1.** *n.* **a)** Motiv, *das;* Beweggrund, *der;* **the ~ for the crime** das Tatmotiv; **do sth. from ~s of kindness** etw. aus Freundlichkeit tun; **b)** *see* **motif a, c. 2.** *adj. (moving to action)* treibend ⟨*Geist, Kraft*⟩; *(productive of motion)* Antriebs-
motiveless ['məʊtɪvlɪs] *adj.* unmotiviert
'**motive power** *n.* Antriebskraft, *die*
mot juste [məʊ 'ʒuːst] *n., pl.* **mots justes** [məʊ 'ʒuːst] treffender *od.* passender Ausdruck
motley ['mɒtlɪ] **1.** *adj.* **a)** [bunt]gescheckt; *(multicoloured)* [kunter]bunt; **b)** *(varied)* buntgemischt; bunt ⟨*Auswahl*⟩; *see also*

crew 1 b. **2.** *n. (Hist.: jester's dress)* Narrenkostüm, *das;* Narrenkleid, *das*
moto-cross ['məʊtəʊkrɒs] *n., no pl., no art.* Moto-Cross, *das*
motor ['məʊtə(r)] **1.** *n.* **a)** *(machine)* Motor, *der;* **b)** *(Brit.: ~ car)* Auto, *das.* **2.** *adj.* **a)** *(driven by engine or ~)* Motor⟨*schlitten, -mäher, -jacht usw.*⟩; **b)** *(of ~ vehicles)* Kraftfahrzeug⟨*ersatzteile, -mechaniker, -verkehr, -motor*⟩. **3.** *v. t. (Brit.)* fahren. **4.** *v. i. (Brit.)* [mit dem Auto] fahren
Motorail ['məʊtəreɪl] *n. (Brit.)* Autoreisezug, *der*
motor: **~ bike** *(coll.) see* **motor cycle; ~ boat** *n.* Motorboot, *das*
motorcade ['məʊtəkeɪd] *n.* Fahrzeug- *od.* Wagenkolonne, *die*
motor: **~ car** *n. (Brit.)* Kraftfahrzeug, *das;* Automobil, *das (geh.);* **~ caravan** *n. (Brit.)* Caravan, *der;* Omnibus, *der;* **~ cycle** *n.* Motorrad, *das;* Kraftrad, *das (Amtsspr.);* **~-cycle combination** *(Brit.)* Motorrad mit Beiwagen; **~'cyclist** *n.* Motorradfahrer, *der/-*fahrerin, *der;* **~ home** *n.* Reisemobil, *das;* **~ industry** *n.* Kraftfahrzeugindustrie, *die*
motoring ['məʊtərɪŋ] *n. (Brit.)* Autofahren, *das;* **~ correspondent** Motorjournalist, *der;* **~ offence** Verstoß gegen die [Straßen]verkehrsordnung; **~ organisation** Automobilklub, *der*
motorise *see* **motorize**
motorist ['məʊtərɪst] *n.* Autofahrer, *der/-*fahrerin, *die*
motorize ['məʊtəraɪz] *v. t.* motorisieren
motor: **~man** *n.* Wagenführer, *der;* **~ nerve** *n. (Anat.)* motorischer Nerv; **~-racing** *n.* Autorennsport, *der;* **~ scooter** *see* **scooter b; ~ show** *n.* Auto[mobil]ausstellung, *die;* **~ trade** *n.* Kraftfahrzeughandel, *der;* **~ vehicle** *n.* Kraftfahrzeug, *das;* **~way** *n. (Brit.)* Autobahn, *die*
motte [mɒt] *n.* Motte, *die (fachspr.);* Erdhügelburg, *die*
MOT test *n. (Brit.)* ≈ TÜV, *der*
mottle ['mɒtl] *v. t.* sprenkeln
mottled ['mɒtld] *adj.* gesprenkelt
motto ['mɒtəʊ] *n. (pl.* **~es a)** Motto, *das;* **my ~ is 'live and let live'** meine Devise ist „leben und leben lassen"; **b)** *(in cracker)* Spruch, *der;* **c)** *(Mus.)* Leitmotiv, *das*
moufflon ['muːflɒn] *n. (Zool.)* Mufflon, *das*
¹**mould** [məʊld] *n.* **a)** *(earth)* Erde, *die;* **b)** *(upper soil)* [Mutter]boden, *der*
²**mould 1.** *n.* **a)** *(hollow)* Form, *die; (Metallurgy)* Kokille, *die; (Plastics)* Preßform, *die; (Papermaking)* Schöpfform, *die;* **break the mould of sth.** *(fig.)* neue Wege in etw. (Dat.) gehen; **b)** *(Cookery: hollow utensil)* [Kuchen-/Back-/Pudding]form, *die;* **c)** *(fig.)* Wesensart, *die;* **be cast in heroic/pedantic etc. ~:** von heroischer/pedantischer *usw.* Wesensart sein. **2.** *v. t.* formen **(out of,** aus); **~ sth. into a certain shape** etw. in bestimmter Weise formen; **~ sb. into a fine character/person** einen feinen Menschen aus jmdm. machen
³**mould** *n. (Bot.)* Schimmel, *der; (in Roquefort, Stilton, etc. cheese)* Edelschimmelpilz, *der;* **grow** [**a**]**/get ~:** schimmlig werden
moulder ['məʊldə(r)] *v. i.* **~** [**away**] *(lit. or fig.)* [ver]modern
moulding ['məʊldɪŋ] *n.* **a)** *(process of forming, lit. or fig.)* Formung, *die;* **b)** *(object)* Formteil, *das* (**of, in** aus); Formling, *der (fachspr.); (Archit.)* Zierleiste, *die;* **c)** *(wooden strip)* Leiste, *die*
mouldy ['məʊldɪ] *adj. (overgrown with mould)* schimmlig ⟨*Lebensmittel*⟩; verschimmelnd ⟨*Buch, Vorhang, Teppich*⟩; **a ~ smell** ein Modergeruch; **become** *or* **grow** *or* **get** *or* **go ~:** verschimmeln; schimmlig werden
moult [məʊlt] **1.** *v. t.* **a)** *(Ornith.)* verlieren

⟨Federn, Gefieder⟩; **b)** (Zool.) verlieren ⟨Haar⟩; abstreifen ⟨Haut⟩; abwerfen ⟨Horn, Geweih⟩. **2.** v.i. ⟨Vogel:⟩ sich mausern; ⟨Hund, Katze:⟩ sich haaren; ⟨Schlange, Krebs usw.:⟩ sich häuten. **3.** n. (of bird) Mauser, die; (of snake, crab, etc.) Häutung, die

mound [maʊnd] n. **a)** (of earth) Hügel, der; (of stones) Steinhaufen, der; **defensive** ~: Verteidigungshügel, der; **burial or sepulchral or grave** ~: Grabhügel, der; **b)** (hillock) Anhöhe, die; **c)** (heap) Haufen, der; **d)** (Baseball) [erhöhtes] Wurfmal

mount [maʊnt] **1.** n. **a)** (mountain, hill) Berg, der; **M~ Vesuvius/Everest** der Vesuv/der Mount Everest; see also **sermon a**; **b)** (animal) Reittiere, das; (horse) Pferd, das; **c)** (of picture, photograph) Passepartout, das; (backing) Unterlage, die; **d)** (for gem) Fassung, die; **e)** (Philat.) [Klebe]falz, der. **2.** v.t. **a)** (ascend) hinaufsteigen ⟨Treppe, Leiter, Stufe⟩; steigen auf (+ Akk.) ⟨Plattform, Berg, Kanzel⟩; besteigen ⟨Thron⟩; **b)** (get on) steigen auf (Akk.) ⟨Reittier, Fahrzeug⟩; abs. aufsitzen; ~ **the pavement** auf den Bürgersteig fahren; **c)** (place on support) montieren (**on** auf + Akk.); **d)** (prepare) aufstellen ⟨Maschine, Apparat⟩; präparieren ⟨Exemplar, Käfer⟩; (fasten) in ein Album einkleben ⟨Briefmarke⟩; (for microscope) fixieren; (raise into position) in Stellung bringen ⟨Kanone, Geschütz, Mörser⟩; **e)** (Art) aufziehen ⟨Bild usw.⟩; einfassen ⟨Edelstein usw.⟩; **f)** (put on stage) inszenieren ⟨Stück, Show, Oper⟩; organisieren ⟨Festspiele, Ausstellung⟩; **g)** (carry out) durchführen ⟨Angriff, Operation usw.⟩; see also **guard 1 b**, attr.; **h)** (for copulation) bespringen ⟨Tier⟩; besteigen (salopp) ⟨Frau⟩. **3.** v.i. **a)** (move up, rise in rank) aufsteigen; **b)** ~ [**up**] (fig.: increase) steigen (**to auf** + Akk.); ⟨Unruhe, Besorgnis, Unwillen:⟩ wachsen; **it all ~s up** es summiert sich

mountain ['maʊntɪn] n. **a)** (lit. or fig.) Berg, der; **in the ~s** im Gebirge; **~s high** (fig.) berg[e]hoch; **a ~ of books** (fig.) Berge von Büchern; **butter/grain etc.** ~ (fig.) Butter-/Getreideberg usw., der; **move** ~ (fig.) Berge versetzen; Himmel und Hölle in Bewegung setzen; see also **molehill**; **b)** attrib. Gebirgs-; ~ **top/lake** Berggipfel/Bergsee, der

mountain: ~ **'ash** n. (Bot.) Eberesche, die; ~ **bike** n. Mountain-Bike, das; ~ **chain** n. (Geog.) Gebirgskette, die

mountaineer [maʊntɪ'nɪə(r)] n. Bergsteiger, der/Bergsteigerin, die

mountaineering [maʊntɪ'nɪərɪŋ] n. Bergsteigen, das; ~ **expedition/party** Bergpartie/Seilschaft, die; ~ **experience** bergsteigerische Erfahrung; ~ **equipment/club** Bergsteigerausrüstung, die/-verein, der

mountain 'goat n. Schneeziege, die

mountainous ['maʊntɪnəs] adj. **a)** (characterized by mountains) gebirgig; **b)** (huge) riesig ⟨Gegenstand, Welle⟩; riesenhaft ⟨Person⟩; groß ⟨Leistung⟩

mountain: ~ 'railway n. [Schienen]bergbahn, die; ~ 'range n. Gebirgszug, der; ~ 'road n. Gebirgsstraße, die; ~ sickness n. Höhenkrankheit, die; ~ side n. [Berg][ab]hang, der; ~ top n. Berggipfel, der

mountebank ['maʊntɪbæŋk] n. **a)** (derog.: quack) Quacksalber, der (abwertend); **b)** (derog.: charlatan) Scharlatan, der (abwertend)

mounted ['maʊntɪd] adj. **a)** (on animal) beritten; **b)** (on support) montiert ⟨Gerät⟩; aufgezogen ⟨Stich⟩; (for display) präpariert ⟨Tier⟩

Mountie ['maʊntɪ] n. (coll.) Mountie, der; berittener kanadischer Polizist

mounting ['maʊntɪŋ] n. **a)** (of performance) Inszenierung, die; (of programme) Durchführung, die; **b)** (support) (Art: of drawing) Passepartout, das; (backing) Unterlage, die; (of engine, axle, etc.) Aufhängung, die

Mount of 'Olives pr. n. Ölberg, der

mourn [mɔːn] **1.** v.i. **a)** (feel sorrow or regret) trauern; ~ **for or over** trauern um ⟨Toten⟩; nachtrauern (+ Dat.) ⟨Jugend, Augenlicht, Haustier⟩; betrauern ⟨Verlust, Mißgeschick⟩; **b)** (observe conventions of ~ing) trauern; Trauer tragen. **2.** v.t. betrauern; nachtrauern ⟨etw. Verlorenem⟩

mourner ['mɔːnə(r)] n. **a)** (one who mourns) Trauernde, der/die; Trauergast, der; **b)** (person hired to attend funeral) (man) Klagemann, der; (woman) Klageweib, das

mournful ['mɔːnfl] adj. traurig, bitter ⟨Träne⟩; klagend ⟨Stimme, Ton, Schrei, Geheul⟩; jammervoll (geh.) ⟨Person⟩

mournfully ['mɔːnfəlɪ] adv. traurig; klagend ⟨sprechen, tönen⟩

mourning ['mɔːnɪŋ] n. **a)** (clothes) Trauer[kleidung], die; **be [dressed] in or wear/put on or go into** ~: Trauer tragen/anlegen; see also **deep mourning**; **b)** (sorrowing, lamentation) Trauer, die; (period) Trauer[zeit], die; **a national day of** ~: eintägige Staatstrauer

mouse [maʊs] **1.** n., pl. **mice** [maɪs] **a)** Maus, die; **as quiet as a** ~: ganz leise; mucksmäuschenstill (fam.) ⟨dasitzen⟩; (by nature) sehr still; see also **cat a**; **church mouse**; **b)** (fig.: timid person) Angsthase, der (ugs.); **a man or a** ~: ein Mann oder ein Schwächling; **c)** (Computing) Maus, die. **2.** v.i. mausen; **go mousing** auf Mäusejagd gehen

mouse: ~ **button** n. (Computing) Maustaste, die; ~ **-coloured** adj. mausfarben; mausgrau; ~ **-hole** n. Mauseloch, das

mouser ['maʊsə(r)] n. Mausefänger, der

'mousetrap n. **a)** Mausefalle, die; **b)** (joc.: cheese) billiger od. einfacher Käse

moussaka [mʊ'sɑːkə] n. (Gastr.) Moussaka, die

mousse [muːs] n. Mousse, die

moustache [mə'stɑːʃ] n. Schnurrbart, der

mousy ['maʊsɪ] adj. **a)** (nondescript) mattbraun ⟨Haar⟩; **b)** (timid) scheu ⟨Blick, Wesen, Bewegung⟩

mouth 1. [maʊθ] n., pl. ~**s** [maʊðz] **a)** (of person) Mund, der; (of animal) Maul, der; **his ~ quivered/twitched/moved** seine Lippen zitterten/zuckten/bewegten sich; **hit sb. in the** ~: jmdn. auf den Mund schlagen; **with one's ~ open** mit offenem Mund; **keep one's ~ shut** (fig. sl.) die od. seine Klappe halten (salopp); **put one's money where one's ~ is** (fig. sl.) seinen Worten Taten folgen lassen; **shut sb.'s** ~: (fig. sl.) jmdm. den Mund stopfen (ugs.); **with one's ~ full** mit vollem Mund; **my ~ feels dry** ich habe einen trockenen Mund; **out of sb.'s own** ~ (fig.) aus jmds. eigenem Mund; jmd. selbst; **hear sb. say sth. out of his own** ~: hören, wie jmd. etw. selbst sagt; **out of the ~s of babes [and sucklings]!** (fig.) Kindermund tut Wahrheit kund (Spr.); **put words into sb.'s** ~: jmdm. etwas in den Mund legen; (misrepresent) jmdm. das Wort im Munde [her-]umdrehen; **have got many ~s to feed** viele hungrige Mäuler zu stopfen haben (ugs.); **take the words out of sb.'s** ~: jmdm. das Wort aus dem Mund od. von der Zunge nehmen; **go or be passed or be spread from** ~ **to** ~: von Mund zu Mund gehen; **b)** (fig.) (entrance to harbour) [Hafen]einfahrt, die; (of valley, gorge, mine, burrow, tunnel, cave) Eingang, der; (of well) Loch, das; (of volcano) Krater, der; (of bottle, cannon) Mündung, die; (of pocket, womb, etc.) Öffnung, die; **c)** (of river) Mündung, die. See also ³**down 1 dd**; **open 1 a, 3 a**; **shoot off 1**; **water 3 b**; **word 1 d**. **2.** [maʊð] v.t. **a)** (declaim) schwülstig vortragen ⟨Gedicht, Rede, Zitat, Satz⟩; **b)** (express by silent lip-movement) mit Lippenbewegungen sagen; ~ **sth. to oneself** etw. unhörbar vor sich (Akk.) hin sagen. **3.** [maʊð] v.i. **a)** (grimace) den Mund verziehen; **b)** (move lips silently) lautlos die Lippen bewegen; ~ **to oneself** unhörbar vor sich (Akk.) hin sprechen

mouthful ['maʊθfʊl] n. **a)** (bite) Mundvoll, der; (of solid food) Bissen, der; (of drink) Schluck, der; **a** ~ **of abuse** ein Schwall Schimpfwörter; **b)** (small quantity) **a** ~: ein bißchen; **c)** (fig.: difficult to say) Zungenbrecher, der (ugs.); **d)** (Amer. sl.: sth. important) etwas Wichtiges

mouth: ~**-organ** n. Mundharmonika, die; ~**piece** n. **a)** (Mus., Med.; for cigar[ette], pipe) Mundstück, das; (of telephone) Sprechmuschel, die; **b)** (speaker for others) Sprachrohr, das; **act as the ~piece** Sprachrohr sein; ~**-to-~ resuscitation** n. Wiederbelebung durch Mund-zu-Mund-Beatmung; ~**wash** n. Mundwasser, das; ~**-watering** adj. appetitlich ⟨Essen, Geruch, Anblick⟩; lecker ⟨Essen, Geruch, Geschmack⟩

movable ['muːvəbl] adj. **a)** (capable of being moved) beweglich ⟨Möbel, Teppich, Regal⟩; **b)** (Law) beweglich ⟨Vermögen, Güter⟩; (Scot. Law) nicht vererbbar. See also **doh**; **feast 1 a**

move [muːv] **1.** n. **a)** (change of residence) Umzug, der; (change of job) **after three years with the same firm it was time for a** ~: nach drei Jahren bei derselben Firma war es Zeit, sich (Dat.) eine neue Stelle zu suchen; **b)** (action taken) Schritt, der; (Footb. etc.) Spielzug, der; **c)** (turn in game) Zug, der; (fig.) [Schach]zug, der; **it's your** ~: du bist am Zug; **d)** **be on the** ~ (moving about) ⟨Person:⟩ unterwegs od. (ugs.) auf Achse sein ⟨Tier, Tramp:⟩ umherziehen; (progressing) ⟨Land usw.:⟩ sich weiterentwickeln; ⟨Person:⟩ vorankommen; **e)** **make a** ~ (initiate action) etwas tun od. unternehmen; (~ from motionless position) sich rühren; (rise from table) aufstehen; (coll.: leave, depart) losziehen (ugs.); **make the first** ~: den Anfang machen; **make no** ~: sich nicht rühren; **make no** ~ **to help sb.** keine Anstalten machen, jmdm. zu helfen; **f)** **get a** ~ **on** (coll.) einen Zahn zulegen (ugs.); **get a** ~ **on!** (coll.) [mach] Tempo! (ugs.). **2.** v.t. **a)** (change position of) bewegen; wegräumen ⟨Hindernis, Schutt⟩; (transport) befördern; ~ **the chair over here** rück den Stuhl hier herüber!; ~ **sth. somewhere else** etw. anderswohin tun; ~ **sth. from the spot/its place** etw. von der Stelle/seinem Platz wegnehmen; ~ **sth. to a new position** etw. an einen neuen Platz bringen; ~ **house** umziehen; ~ **the furniture about** umräumen; **who has ~d my papers?** wer war an meinen Papieren?; **please** ~ **your car** bitte fahren Sie Ihr Auto weg; ~ **the luggage/equipment into the building** das Gepäck/die Ausrüstung ins Gebäude hineinbringen; **not** ~ **a muscle** sich nicht rühren; ~ **one's/sb.'s bowels** Stuhlgang haben/jmds. Verdauung in Gang bringen; **please** ~ **your head to one side!** bitte tun Sie Ihren Kopf zur Seite; **please** ~ **your legs out of the way** bitte nehmen Sie Ihre Beine aus dem Weg; ~ **it!** (coll.) Beeilung! (ugs.); ~ **yourself!** (coll.) Beeilung! (ugs.); ~ **sb. to another department/job** jmdn. in eine andere Abteilung/Position versetzen; **the residents were ~d out of the area** die Bewohner wurden aus dem Gebiet evakuiert; ~ **one's child to a different school** sein Kind in eine andere Schule schicken; **the patient was ~d to a different ward** der Patient wurde in eine andere Abteilung verlegt; ~ **police/troops into an area** Polizeikräfte/Truppen in ein Gebiet schicken; ~ **sb. into new accommodation** jmdn. in eine neue Unterkunft bringen lassen; **b)** (in game) ziehen; **c)** (put or keep in motion) bewegen; in Marsch setzen ⟨Truppe⟩; auseinandertreiben ⟨Demonstran-

465

movement

ten⟩; in Bewegung setzen ⟨*Mechanismus*⟩; **d)** *(provoke)* erregen ⟨*Ärger, Eifersucht, Begierde*⟩; wecken ⟨*Ehrgeiz, Haß*⟩; hervorrufen ⟨*Gelächter*⟩; ~ **sb. to laughter** jmdn. zum Lachen bringen; ~ **sb. to anger** jmds. Ärger erregen; **e)** *(affect)* bewegen; berühren; ~ **sb. to tears** jmdn. zu Tränen rühren; ~ **sb. to pity/compassion** jmds. Mitleid erregen; **be** ~**d to pity/compassion** vor Mitleid gerührt sein; **be** ~**d by sth.** über etw. *(Akk.)* gerührt sein; **f)** *(prompt)* ~ **sb. to do sth.** jmdn. dazu bewegen, etw. zu tun; **he was** ~**d by this** or **this** ~**d him to do it** das bewog ihn dazu, es zu tun; ~ **sb. to action** jmdn. aktivieren *od.* mobilisieren; **I shall not be** ~**d** ich bleibe dabei; **sb. is not to be** ~**d** jmd. läßt sich nicht erschüttern; **g)** *(propose)* beantragen ⟨*Beendigung, Danksagung*⟩; stellen ⟨*Antrag*⟩; ~ **that sth. should be done** beantragen, daß etw. getan wird; **h)** *(make formal application to)* einen Antrag stellen bei ⟨*Gericht usw.*⟩; **i)** *(Commerc.: sell)* absetzen. **3.** *v.i.* **a)** *(go from place to place)* sich bewegen; *(by car, bus, train)* fahren; *(on foot)* gehen; *(coll.: start, leave)* gehen; ⟨*Wolken:*⟩ ziehen **(across** with + *Akk.*); ~ **with the times** *(fig.)* mit der Zeit gehen; **it's time we got moving** es ist Zeit aufzubrechen; **get moving!** beeil dich!; **start to** ~ *(Fahrzeug:)* sich in Bewegung setzen; **nobody** ~**d** niemand rührte sich von der Stelle; **keep moving!** bewegt euch!; *(~ on)* gehen Sie bitte weiter; **Don't** ~. **You're not in the way** Bleiben Sie sitzen/stehen. Sie sind nicht im Weg; **he has** ~**d to another department** er ist jetzt in einer anderen Abteilung; **Don't** ~. **I'll be back soon** Bleib hier *od.* Geh nicht weg. Ich bin gleich zurück; **in which direction are your thoughts moving?** in welche Richtung gehen Ihre Gedanken?; **b)** *(in games)* ziehen; **it's your turn to** ~ : du bist an Zug; **White to** ~ *(Chess)* Weiß zieht; **c)** *(fig.: initiate action)* handeln; aktiv werden; ~ **quickly etc. to do sth.** schnell *usw.* handeln und etw. tun; **d)** *(be socially active)* *(in certain circles, part of society, part of town)* verkehren; *(in certain part of country)* sich aufhalten; **e)** *(change residence or accommodation)* umziehen **(into** in + *Akk.*); *(out of town)* wegziehen **(out of** aus); *(out of flat etc.)* ausziehen **(out of** aus); **I want to** ~ **to London** ich will nach London ziehen; **I hate moving** ich hasse Umzüge; **f)** *(change posture or state)* sich bewegen; *(in order to make oneself comfortable etc.)* eine andere Haltung einnehmen; **don't** ~ **or I'll shoot** keine Bewegung, oder ich schieße; **nobody/nothing** ~**d** niemand/ nichts rührte sich; ~ **aside to make room** zur Seite gehen/rücken, um Platz zu machen; ~ **back/forward in one's seat** sich auf seinem Sitz zurücklehnen/vorbeugen; **have your bowels** ~**d?** hatten Sie Stuhlgang?; haben Sie abgeführt?; **lie without moving** regungslos daliegen; **g)** *(operate)* ⟨*Maschine:*⟩ laufen; ⟨*Pendel:*⟩ schwingen; **h)** *(make progress)* vorankommen; **get things moving** vorankommen; **things are moving now** jetzt geht es voran; ~ **towards** hinankommen (+ *Dat.*) ⟨*Einigung, Höhepunkt, Kompromiß*⟩; ~ **away from** abrücken von ⟨*Standpunkt*⟩; ~ **in the direction of sth.** sich auf etw. *(Akk.)* zubewegen; **i)** *(Commerc.: be sold)* ⟨*Waren:*⟩ Absatz finden, sich absetzen lassen; **j)** *(coll.: go fast)* **that car can really** ~ : der Wagen ist enorm schnell *(ugs.);* **that's really moving!** das nenn' ich Tempo! *(ugs.)*

~ **a'bout 1.** *v.i.* zugange sein; *(travel)* unterwegs sein; **I need more room to** ~ **about** ich brauche mehr Bewegungsfreiheit *od.* Spielraum. **2.** *v.t.* herumräumen ⟨*Möbel, Bücher*⟩; herumschieben ⟨*Teile einer Collage*⟩

~ **a'long 1.** *v.i.* **a)** gehen/fahren; **b)** *(make room)* Platz machen; ~ **along, please!** gehen/fahren Sie bitte weiter; *(on bus etc.)* bitte weiter [durch]gehen. **2.** *v.t.* zum Weitergehen/-fahren auffordern

~ **a'round** see ~ **about**

~ **'in 1.** *v.i.* **a)** einziehen; *(to start work)* ⟨*Bauarbeiter:*⟩ kommen; **b)** *(come closer)* ⟨*Truppen, Polizeikräfte:*⟩ anrücken; ⟨*Kamera:*⟩ näher herangehen; ~ **in on** ⟨*Truppen, Polizeikräfte:*⟩ vorrücken gegen ⟨~ **in on a new market** beginnen, sich auf einem neuen Markt zu etablieren; **c)** *(bring closer)* einrücken lassen ⟨*Truppen, Polizeikräfte*⟩; hineinbringen ⟨*Gepäck, Ausrüstung*⟩

~ **'off** *v.i.* sich in Bewegung setzen

~ **'on 1.** *v.i.* weitergehen/-fahren; *(leave job)* sich verändern; ~ **on to another question** *(fig.)* zu einer anderen Frage übergehen. **2.** *v.t.* zum Weitergehen/-fahren auffordern

~ **'out** *v.i.* ausziehen **(of** aus); *(in car)* nach rechts/(im Rechtsverkehr) links ausbiegen

~ **'over** *v.i.* rücken; ~ **over!** *(said rudely)* Platz da!; **would you mind moving over a little?** würden Sie bitte ein Stück [weiter]rücken?

~ **'up 1.** *v.i.* **a)** *(in queue, hierarchy)* aufrücken; ⟨*Fahrzeug:*⟩ vorfahren; *(to new class)* versetzt werden; *(to new school)* wechseln **(to** auf); **she's moving up in the world** sie kommt voran [im Leben]; **b)** *see* ~ **over. 2.** *v.t.* versetzen ⟨*Schüler*⟩

movement ['muːvmənt] *n.* **a)** *(change of position or posture, to and fro)* Bewegung, *die;* *(of people: towards city, country, etc.)* [Ab]wanderung, *die;* *(of clouds)* Zug, *der;* *(of air)* Regung, *die;* *(trend, tendency)* Tendenz, *die;* *(fashion)* Trend, *der* **(towards** zu); **a** ~ **of the head/arm/leg** eine Kopf-/Arm-/Beinbewegung; **without** ~ : bewegungslos; **b)** *in pl.* Aktivitäten *Pl.;* **keep track of sb.'s** ~**s** jmdn. überwachen; **c)** *(Mus.)* Satz, *der;* **d)** *(concerted action for purpose)* Bewegung, *die;* in *sing. or no pl.* *(Mech. esp. in clock, watch)* Räderwerk, *das;* **f)** *(Mil.)* Manöver, *das;* *(shifting)* Verlegung, *die;* *(advance)* Vorstoß, *der;* **g)** *(mental impulse)* Regung, *die;* **h)** *(progressive development of plot)* Fortgang, *der;* *(of story, poem, etc.)* Handlung, *die;* **i)** *(Commerc.: activity)* Geschäft, *das* **(in** mit); Bewegung im Handel **(in** mit); **j)** *(rise or fall in price)* Preisbewegung, *die;* **a downward/an upward** ~ **in shares or share prices/[the price of] coffee** ein Rückgang/ Anstieg der Aktienkurse/des Kaffeepreises; **k)** *(of bowels) see* **motion 1 d**

mover ['muːvə(r)] *n.* **a)** *(of proposition)* Antragsteller, *der*/-stellerin, *die;* **b)** *(Amer.: of furniture)* Möbelspediteur, *der;* *(employee)* Möbelpacker, *der;* **firm or company of** ~**s** Möbelspedition, *die;* **c)** **prime** ~ *(God)* Schöpfer, *der;* *(source of motive power)* Energiequelle, *die;* *(fig.: of plan etc.)* Urheber, *der*/Urheberin, *die;* **d)** **this animal is a slow** ~ . die Bewegungen dieses Tieres sind langsam *usw.;* **she is a beautiful** ~: ihre Bewegungen sind anmutig; **be a slow** ~ *(think slowly)* langsam schalten *(ugs.);* *(work slowly)* langsam arbeiten; **be a fast** ~ : von der schnellen Truppe sein *(ugs.)*

movie ['muːvɪ] *n. (Amer. coll.)* Film, *der;* attrib. Film⟨*publikum, -projektor, -studio usw.*⟩; **the** ~**s** *(art form, cinema industry)* der Film; *(cinema)* das Kino; **go to the** ~**s** ins Kino gehen

movie: **~-goer** *n.* Kinogänger, *der*/-gängerin, *die;* **~-house, ~-theater** *n. (Amer. coll.)* Kino, *das*

moving ['muːvɪŋ] *adj.* **a)** beweglich; **from a** ~ **car** ⟨*sehen, erkennen*⟩ von einem fahrenden Auto aus; ⟨*fallen, werfen, schießen*⟩ aus einem fahrenden Auto; **b)** *(affecting)* ergreifend; bewegend; rührend

movingly ['muːvɪŋlɪ] *adv.* in rührender Weise; ergreifend ⟨*schreiben, sprechen*⟩

moving: ~ **'pavement** *n. (Brit.)* Rollbür-

much

gersteig, *der;* ~ **'picture** *n.* Film, *der;* ~ **'sidewalk** *(Amer.) see* ~ **pavement;** ~ **'spirit** *n.* treibende Kraft; ~ **'staircase** *see* **escalator a**

mow [məʊ] *v.t., p.p.* ~**ed** [məʊd] *or* ~**n** [məʊn] mähen ⟨*Gras, Getreide, Rasen, Feld usw.*⟩; **newly-**~**n** frisch gemäht

~ **'down** *v.t.* niedermähen ⟨*Soldaten*⟩; überfahren ⟨*Fußgänger*⟩; *(fig.: rout, smash)* zerschlagen ⟨*Opposition*⟩

mower ['məʊə(r)] *n.* **a)** *(lawn-*~) Rasenmäher, *der;* **b)** *(Agric.)* Mäher, *der*

'mowing machine *see* **mower b**

Mozambican [məʊzəm'biːkn] **1.** *adj.* mosambikisch. **2.** *n.* Mosambikaner, *der*/Mosambikanerin, *die*

Mozambique [məʊzəm'biːk] *pr. n.* Mosambik *(das)*

MP *abbr.* **a) Member of Parliament;** **committee of MPs** Unterhausausschuß, *der;* **b) military police** MP; **c) military policeman/policewoman** Militärpolizist, *der*/-polizistin, *die;* **d) melting point** Schmp.

m.p.g. [empi'dʒiː] *abbr. (Motor Veh.)* **miles per gallon;** **do/get 34** ~ *(Brit.)* 8,3 l auf 100 km [ver]brauchen

m.p.h. [empi'eɪtʃ] *abbr.* **miles per hour;** **How many** ~ **are we doing? – We are travelling at/driving at/doing 30** ~ : Wie schnell fahren wir? – Wir fahren 50 [km/h]

Mr ['mɪstə(r)] *n., pl.* **Messrs** ['mesəz] *(title)* Herr; *(third person also)* Hr.; *(in an address)* Herrn; **Messrs** Hrn.; *(firm)* Fa.; **Mr Right** *(joc.: destined husband)* der Richtige *(ugs.);* **Mr Big** *(coll.)* der Boß *(ugs.)*

Mrs ['mɪsɪz] *n., pl. same or* **Mesdames** [meɪ'dæm, meɪ'daːm] **a)** *(title)* Frau; *(third person also)* Fr.; **b)** *(coll.: wife)* **the or my/your etc.** ~ : meine/deine usw. Madam *(ugs. scherzh.).* See also **Grundy;** **mop 1 a**

MS *abbr.* **a) manuscript** Ms.; **b)** *(Med.)* **multiple sclerosis** MS

Ms [mɪz] *n., pl.* **Ms** Frau

M.Sc. [emes'siː] *abbr.* **Master of Science** ≈ Mag. rer. nat. *(österr.);* see also **B.Sc.**

MSS *abbr.* [em'esɪz] **manuscripts** Mss.

Mt. *abbr.* **Mount;** ~ **Etna/Everest/Sinai** *(Geog.)* der Ätna/der Mount Everest/der Berg Sinai

mth *abbr.* **month**

much [mʌtʃ] **1.** *adj.,* **more** [mɔː(r)], **most** [məʊst] **a)** *(lit.)* viel; **groß** ⟨*Erleichterung, Sorge, Dankbarkeit, Verachtung*⟩; **with** ~ **love** voller Liebe; **with** ~ **love from ...** *(familiar ending to letter)* herzlichst, ...; **he never eats** ~ **breakfast/lunch/supper** er ißt nie viel zum Frühstück/zu Mittag/zum Abendbrot; **too** ~ : zuviel *indekl.;* **b) be a bit** ~ *(coll.)* ein bißchen zuviel sein; *(fig.)* ein bißchen zu weit gehen. *See also* **good 3 b; how 1; nothing 1 a; so 1 a; this 3; too a. 2.** *adv. see also* **more 2; most 2;** *(vieles;* **we don't see** ~ **of her any more** wir sehen sie kaum noch; **we haven't** ~ **to go on yet** bis jetzt haben wir noch nicht viel; **that doesn't come or amount to** ~ : es kommt nicht viel dabei heraus; **he/this beer isn't up to** ~ *(coll.)* mit ihm/diesem Bier ist nicht viel los *(ugs.);* **spend** ~ **of the day/week/month doing sth.** den Großteil des Tages/der Woche/des Monats damit verbringen, etw. zu tun; **they have done** ~ **to improve the situation** sie haben viel für die Verbesserung der Situation getan; **not be** ~ **of a cinema-goer etc.** *(coll.)* kein großer Kinogänger *usw.* sein *(ugs.);* **not have** ~ **of a singing voice/head for heights** keine besonders schöne Stimme haben/leicht schwindelig werden; **it isn't** ~ **of a bicycle/car/house** es ist kein besonders tolles Fahrrad/Auto/Haus *(ugs.);* **not be** ~ **to look at** sie/ihr nicht sehr ansehnlich sein; **the plan/plant didn't come to** ~ : aus ihm/dem Plan/der Pflanze ist nichts Richtiges geworden; **it's as** ~ **as she can do to get up the stairs** sie kommt gerade noch die Treppe

muchly

hinauf; **I expected/thought as ~**: das habe ich erwartet/mir gedacht; **he stared at me as ~ as to say ...**: er starrte mich an, als ob er sagen wollte: ...; **you are as ~ to blame as he is** du bist ebensosehr schuld wie er; **she knows as ~ as we do** sie weiß genausoviel wie wir; **we didn't have so ~ as the bus fare home** wir hatten nicht einmal das Geld für den Bus nach Hause; **without so ~ as saying goodbye/a backward glance** ohne auch nur auf Wiedersehen zu sagen/einen Blick zurückzuwerfen; *see also* **again a; as 1; in a; make 1 m; so 1 a; think of g; up 1 v.** **3.** *adv.* **more, most** a) *modifying comparatives* viel ⟨besser⟩; **~ more lively/happy/attractive** viel lebhafter/glücklicher/attraktiver; b) *modifying superlatives* mit Abstand ⟨der/die/das beste, schlechteste, klügste usw.⟩; c) *modifying passive participles and predicative adjectives* sehr; **he is ~ improved** *(in behaviour)* er hat sich sehr gebessert; *(in health)* es geht ihm viel besser; d) *modifying verbs (greatly)* sehr ⟨lieben, mögen, genießen⟩; *(often)* oft ⟨sehen, treffen, besuchen⟩; *(frequently)* viel; **she loved him too ~**: sie liebte ihn zu sehr; **I don't ~ like him** *or* **like him ~**: ich mag ihn nicht besonders; **it doesn't matter ~**: es ist nicht so wichtig; **I don't very ~ want to come** ich habe keine sehr große Lust zu kommen; **I would ~ prefer to stay at home** ich würde viel lieber zu Hause bleiben; **~ to my surprise/annoyance, I found that ...**: zu meiner großen Überraschung/Verärgerung stellte ich fest, daß ...; **it's not so ~ a problem of money as of time** es ist nicht so sehr ein finanzielles als ein zeitliches Problem; e) *(approximately)* fast; **[pretty** *or* **very] ~ the same** fast [genau] der-/die-/dasselbe; **the old house was ~ as it had always been** das alte Haus hatte sich kaum verändert; f) *(for a large part of one's time)* viel ⟨gärtnern, lesen, spielen⟩; *(often)* oft; häufig; g) **~ as** *or* **though** *(although)* sosehr ... auch; **~ as he disliked the idea** sosehr ihm die Idee auch mißfiel; **~ as I should like to go** so gern ich auch gehen würde; h) **not ~** *(sl.: certainly not)* nicht die Bohne *(ugs.)*. *See also* **less 2; oblige 1 d; same 1**

muchly ['mʌtʃlɪ] *adv. (joc.)* **ta** *or* **thanks ~!** tausend Dank! *(ugs.)*

muchness ['mʌtʃnɪs] *n., no pl., no def. art.* **be much of a ~** *(coll.)* sich *(Dat.)* so ziemlich gleichen *(ugs.)*; **they are much of a ~ when it comes to ...**: wenn es um ... geht, kann einer eine so fein besser als der andere

muck [mʌk] **1.** *n.* a) *(farmyard manure)* Mist, *der; see also* **common 1 e**; b) *(coll.: anything disgusting)* Dreck, *der (ugs.)*; *(liquid)* Brühe, *die (ugs. abwertend)*; **covered in ~**: verdreckt *(ugs.)*; c) *(coll.: defamatory remarks, nonsense)* Mist, *der;* Dreck, *der (ugs.)*; d) *(coll.: untidy state)* Schweinerei, *die (derb abwertend)*; **make a ~ of sth.** *(coll.)* [bei einer Sache] Mist bauen *(ugs.)*. **2.** *v.t. see* **muck up b**

~ a'bout, ~ a'round *(Brit. sl.)* **1.** *v.i.* a) herumalbern *(with* an + *Dat.)*; b) *(tinker)* herumfummeln *(with* an + *Dat.)*. **2.** *v.t.* a) herumstreifen *od.* umherstreifen in (+ *Dat.*) *(ugs.)* ⟨*Stadt, Straße*⟩; b) **~ sb. about** *or* **around** jmdn. verarschen *(derb)*; **the bank really ~ed us about** es war ein ewiges Hin und Her mit der Bank *(ugs.)*

~ 'in *v.i. (coll.)* mit zugreifen *od.* mit anpacken *(with* bei*)*

~ 'out *v.t.* ausmisten ⟨*Stall*⟩; *(fig.)* aufräumen ⟨*Haus, Garage, Zimmer*⟩

~ 'up *v.t.* a) *(Brit. sl.: bungle)* vermurksen, verbocken *(ugs.)*; **~ it up** Mist bauen *(ugs.)*; b) *(make dirty)* vollschmieren, dreckig machen *(ugs.)*; c) *(spoil)* vermasseln *(salopp)*. *See also* **muck-up**

muckle ['mʌkl] *see* **mickle**

muck: ~raker ['mʌkreɪkə(r)] *n.* **he's just a ~raker** er ist nur auf Sensationen aus; **~raking** ['mʌkreɪkɪŋ] **1.** *adj.* skandalträchtig ⟨*Rede, Brief, Angriff, Politik*⟩; skandalsüchtig *(abwertend)* ⟨*Person*⟩; Skandal⟨*artikel, -blatt, -journalismus, -presse*⟩ *(abwertend)*; **2.** *n.* Skandalhascherei, *die (abwertend)*; Sensationsmache, *die (ugs. abwertend)*; **~-up** *n. (Brit. sl.) (confusing or confused situation)* Kuddelmuddel, *der od. das (ugs.)*; *(blunder, mess)* Mist, *der (ugs.)*; **make a ~-up of sth.** etw. vermasseln *(salopp)*

mucky ['mʌkɪ] *adj.* dreckig *(ugs.)*; *(with manure)* mistig; *(fig.)* schmierig ⟨*Zeitung, Witz, usw.*⟩

mucous ['mjuːkəs] *adj. (Med., Bot., Zool.)* schleimig; Schleim-; mukös *(fachspr.)*

mucous 'membrane *n.* Schleimhaut, *die*

mucus ['mjuːkəs] *n. (Med., Bot., Zool.)* Schleim, *der*

mud [mʌd] *n.* Schlamm, *der;* Morast, *der;* **patch/expanse** *or* **area of ~**: schlammige *od.* morastige Stelle/Fläche; **covered with ~**: schlammbedeckt; **be as clear as ~** *(joc. iron.)* absolut unklar sein; **[here's] ~ in your eye!** *(dated sl.)* Prösterchen! *(fam.)*; b) *(hard ground)* Lehm, *der; attrib.* Lehm-; **~ hut** Lehmhütte, *die;* c) *(fig.)* **be dragged through the ~**: in den Schmutz gezogen werden; **his name is ~** *(coll.)* er ist unten durch *(ugs.)* *(with* bei*)*; **fling** *or* **sling** *or* **throw ~ at sb.** *(fig.)* jmdn. mit Dreck *(ugs.) od.* Schmutz bewerfen; *see also* **stick 1 e**; **stick-in-the-mud**

'**mud-bath** *n. (Med.; also fig.)* Schlammbad, *das*

muddle ['mʌdl] **1.** *n.* Durcheinander, *das;* **the room is in a hopeless ~**: in dem Zimmer herrscht ein heilloses Durcheinander *od.* eine heillose Unordnung; **get sth. in a ~**: etw. in Unordnung bringen; etw. durcheinanderbringen; **my mind/brain is in a ~**: ich bin ganz durcheinander; ich kann nicht klar denken; **get/get sb. in[to] a ~**: durcheinanderkommen *(ugs.)*/jmdn. durcheinanderbringen; **make a ~ of sth.** *(bungle)* etw. verpfuschen. **2.** *v.t.* a) **~ [up]** *(mix up)* verwechseln *(with* mit*)*; **be ~d up** *(out of order)* durcheinander sein; b) *(mismanage)* verderben. **3.** *v.i.* wursteln *(ugs.)* *(with* an + *Dat.)*

~ a'long, ~ 'on *v.i.* vor sich *(Akk.)* hin wursteln *(ugs.)* *(with* bei*)*; **~ on towards sth.** planlos auf etw. *(Akk.)* hinarbeiten

~ 'through *v.i.* sich durchwursteln *(ugs.)*

muddled ['mʌdld] *adj.* a) *(confused)* benebelt ⟨*Person*⟩; konfus ⟨*Verhalten, Denken*⟩; b) *(mixed-up, jumbled)* verworren ⟨*Situation, Information, Ideen*⟩

muddle-'headed *adj.* wirr; **a ~ thinker/person** ein Wirrkopf

muddy ['mʌdɪ] *adj.* a) schlammig; **get** *or* **grow** *or* **become ~**: verschlammen; b) *(turbid, dull)* trübe ⟨*Flüssigkeit, Licht, Farbe*⟩; grau *(ugs.)*; c) *(obscure)* wirr; **a ~ thinker** ein Wirrkopf. **2.** *v.t.* a) *(cover with mud)* schmutzig machen; *(make turbid)* trüben ⟨*Flüssigkeit*⟩

mud: ~-flap *n. (Motor Veh.)* Schmutzfänger, *der;* **~-flat[s]** *n. [pl.] (Geog.)* Watt, *das;* **~guard** *n.* Schutzblech, *das; (of car)* Kotflügel, *der;* **~pack** *n.* Schlammpackung [für das Gesicht]; Gesichtsmaske aus Schlamm; **~'pie** *n.* Kuchen *aus* Sand *usw.*; **~ vol'cano** *n. (Geog.)* Schlammvulkan, *der;* Salse, *die (fachspr.)*

muesli ['mjuːzlɪ] *n.* Müsli, *das*

muezzin [muːˈezɪn] *n.* Muezzin, *der*

¹**muff** [mʌf] *n. (for hands)* Muff, *der; see also* **ear-muffs; foot-muff**

²**muff 1.** *n. (person)* Tölpel, *der (abwertend)*. **2.** *v.t.* a) *(bungle)* verderben ⟨*Examen*⟩; **I ~ed everything today** mir ging heute alles daneben *(ugs.)*; b) *(Theatre)* verpatzen *(ugs.)*; **~ a line** einen Patzer machen *(ugs.)*

mullet

muffin ['mʌfɪn] *n.* Muffin, *das*

muffle ['mʌfl] *v.t.* a) *(envelop)* **~ [up]** einhüllen; einmumme[l]n *(ugs.)*; b) *(deaden [sound of])* dämpfen ⟨*Geräusch*⟩; [zur Schalldämpfung] umwickeln ⟨*Fuß, Schuh, Ruder, Trommel, Glocke*⟩; **~ sb.'s cries/screams** ⟨*Kopfkissen, Wand*:⟩ jmds. Schreie dämpfen; ⟨*Person*:⟩ jmdn. am Schreien hindern; c) *(suppress sound of)* unterdrücken ⟨*Fluch, Bemerkung*⟩; hinunterschlucken ⟨*Fluch*⟩

muffler ['mʌflə(r)] *n.* a) *(wrap, scarf)* Schal, *der;* b) *(deadener of sound)* Dämpfer, *der;* c) *(Amer. Motor Veh.: silencer)* Schalldämpfer, *der;* Auspufftopf, *der*

mufti ['mʌftɪ] *n.* a) *(plain clothes)* Zivil, *das;* **in ~**: in Zivil; b) *(Muslim priest)* Mufti, *der*

¹**mug** [mʌg] **1.** *n.* a) *(vessel, contents)* Becher, *der (meist mit Henkel)*; *(for beer etc.)* Krug, *der;* **a ~ of milk** ein Becher Milch; b) *(sl.: face, mouth)* Visage, *die (salopp)*; Fresse, *die (derb)*; c) *(Brit. sl.: simpleton)* Schwachkopf, *der (ugs.)*; d) *(Brit. sl.: gullible person)* Trottel, *der (ugs. abwertend)*; Doofi, *der (ugs.)*; **make a ~ of sb.** jmdn. anschmieren *od.* beschupsen *(salopp)*; **that's a '~'s game** das ist doch Schwachsinn *(ugs.)*; e) *(Amer. sl.: hoodlum)* Ganove, *der (ugs.)*. **2.** *v.t.* **~ [sb.]** *(rob)* überfallen und berauben

²**mug** *(Brit. sl.: study) v.t.,* **-gg-:** **~ up** büffeln *(ugs.)* ⟨*Fach, Zitate, Formeln*⟩; durchackern *(ugs.)* ⟨*Buch, Notizen*⟩

mugful ['mʌgfʊl] *(contents) see* ¹**mug 1 a**

mugger ['mʌgə(r)] *n.* Straßenräuber, *der*/Straßenräuberin, *die*

mugginess ['mʌgɪnɪs] *n., no pl.* Schwüle, *die*

mugging ['mʌgɪŋ] *n.* Straßenraub, *der (of* an + *Dat.)*

muggins ['mʌgɪnz] *n., pl.* **~es** *or same (coll.)* a) *(simpleton)* Dummkopf, *der (ugs.)*; Esel, *der (ugs.)*; b) *(myself, stupidly)* ich Dummkopf *(ugs.)*

muggy ['mʌgɪ] *adj.* schwül; drückend ⟨*Klima, Zeit, Tag, Luft*⟩; **a ~ place** ein Ort mit schwülem Klima

'**mug shot** *n. (sl.)* a) *[police]* **~s of criminals** Verbrecherfotos; b) *(passport photo etc.)* [Paß]foto, *das*

mugwort ['mʌgwɜːt] *n. (Bot.)* Beifuß, *der*

Muhammadan [məˈhæmədn] *(Relig.)* **1.** *n.* Moslem, *der;* **2.** *adj.* moslemisch

Muhammadanism [məˈhæmədənɪzm] *n., no pl. (Relig.)* Islam, *der*

mulatto [mjuːˈlætəʊ] *n., pl.* **~s** *(Amer.:* **~es**) Mulatte, *der*/Mulattin, *die*

mulberry ['mʌlbərɪ] *n.* a) *(fruit)* Maulbeere, *die; attrib.* Maulbeer-; b) *(tree)* Maulbeerbaum, *der; attrib.* Maulbeer-

mulch [mʌltʃ] *(Agric., Hort.)* **1.** *n.* Mulch, *der.* **2.** *v.t.* mulchen

mulct [mʌlkt] *v.t.* a) *(Law: fine)* eine Geldstrafe auferlegen *(geh.)* (+ *Dat.)*; b) *(literary: deprive)* berauben *(geh.)* *(of* Gen.*)*

¹**mule** [mjuːl] *n.* a) *(Zool.)* Maultier, *das;* **have a kick like a ~** *(fig.)* einen umwerfen; *see also* **obstinate; stubborn a**; b) *(coll.) (stupid person)* Esel, *der (ugs.)*; *(obstinate person)* Dickkopf, *der (ugs.)*; c) *(Textiles)* Mule-Maschine, *die*

²**mule** *n. (slipper)* Pantoffel, *der*

muleteer [mjuːlɪˈtɪə(r)] *n.* Maultiertreiber, *der*/Maultiertreiberin, *die*

mulish ['mjuːlɪʃ] *adj. (stubborn)* stur; **~ stubbornness/obstinacy** Sturheit, *die*

¹**mull** [mʌl] *v.t.* **~ over** nachdenken über (+ *Akk.)*; *(in conversation)* diskutieren

²**mull** *v.t. (prepare)* erhitzen und würzen ⟨*Wein*⟩; **~ wine** Glühwein zubereiten; **~ed wine** Glühwein, *der*

³**mull** *n. (Scot.: promontory)* Kap, *das*

mullah ['mʌlə] *n. (Islam)* Mullah, *der*

mullet ['mʌlɪt] *n., pl.* **~s** *or same (Zool.)* **red ~**: Gewöhnliche Meerbarbe; **grey ~**: Meeräsche, *die*

467

mulligatawny [mʌligə'tɔ:nɪ] *n.* ~ [soup] Mulligatawny-Suppe, *die (mit Curry scharf gewürzte, indische Geflügelsuppe)*
mullion ['mʌljən] *n.* a) *(Archit.)* Längspfosten, *der;* b) *in pl. (Gothic Archit.)* Stabwerk, *das*
mullioned ['mʌljənd] *adj.* längs unterteilt; ~ **windows** Fenster mit Stabwerk
multi- ['mʌltɪ] *pref. (several)* mehr-/Mehr-; *(many)* viel-/Viel-; multi-/Multi-, poly-/Poly- *(bes. mit Fremdwörtern)*
'**multicoloured** *(Brit., Amer.:* **multicolored)** *adj. (with several colours)* mehrfarbig, *(with many colours)* vielfarbig ⟨*Gegenstand, Pflanze*⟩; bunt ⟨*Stoff, Kleid*⟩
multifarious [mʌltɪ'feərɪəs] *adj.* a) *(having great variety)* vielgestaltig; b) *(many and various)* mannigfach; vielfältig
'**multigrade** *adj., n.* ~ [oil] Mehrbereichsöl, *das*
multi'lateral *adj.* mehrseitig; *(Polit.)* multilateral
multilingual [mʌltɪ'lɪŋgwəl] *adj.* mehrsprachig
multi'media *adj.* Multimedia-
multimillio'naire *n.* Multimillionär, *der/* -millionärin, *die*
multi'national 1. *adj.* multinational. 2. *n. (Econ.)* multinationaler Konzern; Multi, *der (ugs.)*
multiple ['mʌltɪpl] 1. *adj.* a) *(manifold)* mehrfach; ~ **birth** Mehrlingsgeburt, *die;* ~ **crash/pile-up** Massenkarambolage, *die;* b) *(many and various)* vielerlei; vielfältig; mannigfach; c) *(Bot.)* multipel; ~ **fruit** Sammelfrucht, *die. See also* **sclerosis** a. 2. *n. (Math.)* Vielfache, *das; see also* **common multiple** ; b) *see* **multiple store**
multiple: ~-'**choice** *adj.* Multiple-choice- ⟨*Verfahren, Test, Frage*⟩; ~ '**store** *n. (Brit. Commerc.)* Kettenladen, *der*
multiplication [mʌltɪplɪ'keɪʃn] *n. (increase)* Vervielfachung, *die; (Math.)* Multiplikation, *die (fachspr.);* Malnehmen, *das; attrib.* Multiplikations-; **do/use** ~: multiplizieren *(fachspr.);* malnehmen; ~ **sign** Multiplikationszeichen, *das;* ~ **table** Multiplikationstabelle, *die;* **do** *or* **learn/recite** *or* **say/practise one's** ~ **table[s]** das Einmaleins lernen/aufsagen/üben
multiplicity [mʌltɪ'plɪsɪtɪ] *n.* a) *(manifold variety)* Vielfalt, *die* (**of, in an, von** + *Dat. Pl.*); ~ **of size/age** Größen-/Altersvielfalt, *die;* ~ **of habits/beliefs/ideas** vielfältige Gewohnheiten/Überzeugungen/Ideen; b) *(great number)* Vielzahl, *die* (**of** von, an + *Dat.*)
'**multiply** ['mʌltɪplaɪ] 1. *v.t.* a) *(Math., also abs.)* multiplizieren *(fachspr.),* malnehmen (**by** mit); b) *(increase)* vervielfachen; **be multiplied sich** vervielfachen; c) *(Biol.)* züchten. 2. *v.i. (Biol.)* sich vermehren; sich fortpflanzen; **be fruitful and** ~ *(Bibl.)* seid fruchtbar und mehret euch
²**multiply** ['mʌltɪplɪ] *adv.* mehrfach
'**multi-purpose** *adj.* Mehrzweck-
multi'racial *adj.* mehrrassig; gemischtrassig
'**multi-stage** *adj.* mehrstufig; Mehrstufen-
'**multi-storey** *adj.* mehrstöckig; mehrgeschossig; ~ **car park/block of flats** Parkhaus/Wohnhochhaus, *das*
multitude ['mʌltɪtju:d] *n.* a) *(crowd)* Menge, *die; (great number)* Vielzahl, *die;* **cover a** ~ **of sins** *(joc.)* ein weites Feld umfassen; *(compensate)* vieles aufwiegen; **a** ~ **of animals/vehicles/men** eine Vielzahl von Tieren/Fahrzeugen/Männern; b) **the [common]** ~: die [breite] Masse *(oft abwertend);* c) *(numerousness)* Vielheit, *die*
multitudinous [mʌltɪ'tju:dɪnəs] *adj.* a) *(comprising many individuals)* vielköpfig ⟨*Herde, Versammlung*⟩; b) *(very many)* zahlreich
'**multi-volume** *adj.* vielbändig

¹**mum** [mʌm] *(coll.)* 1. *int.* pst; ~'**s the word** nicht weitersagen!; *(I won't let anyone tell)* ich sag's nicht weiter. 2. *adj.* leise; ruhig; still; **keep** ~: den Mund halten *(ugs.);* **keep** ~ **about sth.** etw. nicht weitersagen
²**mum** *n. (Brit. coll.: mother)* Mama, *die (fam.)*
mumble ['mʌmbl] 1. *v.i.* nuscheln *(ugs.);* ~ [**away**] **about sth.** über etw. *(Akk.)* nuscheln *(ugs.).* 2. *v.t.* a) *(utter indistinctly)* nuscheln *(ugs.);* ~ **one's words/phrases** etc. nuscheln *(ugs.);* b) *(chew)* mit zahnlosem Mund kauen. 3. *n.* Nuscheln, *das*
mumbo-jumbo [mʌmbəʊ'dʒʌmbəʊ] *n., pl.* ~**s** a) *(meaningless ritual)* Brimborium, *das (ugs.);* Theater, *das (ugs. abwertend);* b) *(gibberish)* Kauderwelsch, *das;* c) *(object of senseless veneration)* Idol, *das;* Götze, *der*
mummer ['mʌmə(r)] *n. (Theatre)* Pantomime, *der/*Pantomimin, *die*
mummery ['mʌmərɪ] *n. (derog.)* Mummenschanz, *der (abwertend)*
mummify ['mʌmɪfaɪ] *v.t.* a) mumifizieren; b) *(shrivel)* austrocknen
¹**mummy** ['mʌmɪ] *n.* Mumie, *die*
²**mummy** *n. (Brit. coll.: mother)* Mutti, *die (fam.);* Mami, *die (fam.);* Mama, *die (fam.)*
mumps [mʌmps] *n. sing. (Med.)* Mumps, *der (ugs.)*
munch [mʌntʃ] 1. *v.t.* ~ **one's food** mampfen *(salopp);* schmatzend kauen. 2. *v.i.* mampfen *(salopp);* ~ [**away**] **at sth.** an etw. *(Dat.)* kauen
mundane [mʌn'deɪn] *adj.* a) *(dull)* banal; profan *(geh.);* stumpfsinnig ⟨*Entschluß, Routine*⟩; b) *(worldly)* weltlich; irdisch
Munich ['mju:nɪk] *pr. n.* München *(das); attrib.* Münchner
municipal [mjʊ'nɪsɪpl] *adj.* gemeindlich; kommunal; Kommunal⟨*politik, -verwaltung*⟩; Gemeinde⟨*rat, -verwaltung, -beschluß*⟩; ~ **district** *(Can., Austral.)* Landgemeinde, *die*
municipality [mju:nɪsɪ'pælɪtɪ] *n.* a) *(political unit)* Gemeinde, *die;* b) *(governing body)* Gemeindeverwaltung, *die*
munificence [mjʊ'nɪfɪsəns] *n. (formal)* Generosität, *die;* Hochherzigkeit, *die (geh.)*
munificent [mjʊ'nɪfɪsənt] *adj.,* **munificently** [mjʊ'nɪfɪsəntlɪ] *adv. (formal)* generös *(geh.)*
munition [mjʊ'nɪʃn] *n., usu. in pl.* Kriegsmaterial, *das;* ~[**s**] **factory** Rüstungsbetrieb, *der;* ~[**s**] **worker** Arbeiter in einem Rüstungsbetrieb
muntjak (**muntjac**) ['mʌntdʒæk] *n. (Zool.)* Muntjak, *der*
mural ['mjʊərl] 1. *adj. (on a wall)* Wand-; 2. *n.* Wandbild, *das;* Wandgemälde, *das; (on ceiling)* Deckengemälde, *das*
murder ['mɜ:də(r)] 1. *n.* a) *(Law)* Mord, *der* (**of** an + *Dat.);* ~ **investigation** Ermittlungen *Pl.* in dem/einem Mordfall; ~ **hunt** Fahndung nach dem/einem Mörder; **be accused of** ~: des Mordes beschuldigt werden; **be arrested on a charge of** ~: unter Mordverdacht verhaftet werden; ~ **will out** *(prov.:* sth. cannot be hidden) die Wahrheit kommt doch an den Tag; b) *(fig.:* the exam/journey was ~: die Prüfung/Reise war der glatte *od.* reine Mord *(ugs.);* **blue murder; get away with c;** *judicial* a. 2. *v.t.* a) *(kill unlawfully)* ermorden; ~ **sb. with a gun/knife** jmdn. erschießen/erstechen; **I could** ~ **him/a hamburger/a beer** *(fig. coll.)* ich könnte ihn umbringen/einen Hamburger vertragen/ein Bier vertragen *(ugs.);* b) *(coll.: spoil)* verhunzen *(ugs.);* d) *(coll.: defeat)* fertigmachen *(ugs.)*
murderer ['mɜ:dərə(r)] *n.* Mörder, *der/* Mörderin, *die;* **be accused of being a** ~: des Mordes beschuldigt werden
murderess ['mɜ:dərɪs] *n.* Mörderin, *die*

murderous ['mɜ:dərəs] *adj.* tödlich; Mord- ⟨*absicht, -drohung*⟩; vernichtend ⟨*Blick*⟩; mörderisch *(ugs.)* ⟨*Fahrweise, Wetter, Kampf, Bedingung*⟩; ~ **nature/mentality/ psychology** Wesen/Mentalität/Psyche eines Mörders
murk [mɜ:k] *n.* Dunkelheit, *die;* Nebelnacht, *die (geh.)*
murky ['mɜ:kɪ] *adj.* a) *(dark)* düster; trüb ⟨*Tag, Wetter*⟩; b) *(dirty)* schmutzig-trüb ⟨*Wasser*⟩; c) *(thick, opaque)* trüb ⟨*Luft, Atmosphäre*⟩; verhangen ⟨*Himmel*⟩; tief ⟨*Dunkelheit*⟩; *(fig.: obscure)* dunkel; undurchsichtig; unergründlich ⟨*Geheimnis, Tiefen*⟩; ~ **past** dunkle Vergangenheit
murmur ['mɜ:mə(r)] 1. *n.* a) *(subdued sound)* Rauschen, *das;* (*of brook also*) Murmeln, *das (dichter.); (of bee)* Summen, *das;* b) *(Med.)* **heart** ~: Herzgeräusch, *das;* Klappengeräusch, *das;* c) *(expression of discontent)* Murren, *das;* **raise a few** ~**s** einige unzufriedene Stimmen laut werden lassen; ~ **of disagreement/impatience** ablehnendes/ ungeduldiges Murren; **without a** ~: ohne Murren; ohne zu murren; d) *(soft speech)* Murmeln, *das;* ~ **of approval/delight** beifälliges/freudiges Murmeln; **a** ~ **of voices** ein Gemurmel; **say sth. in a** ~: etw. murmeln. 2. *v.t.* a) murmeln; raunen *(geh.).* hauche ⟨*Zärtlichkeiten*⟩. 3. *v.i.* a) *(Person:)* murmeln; *(make soft sound)* ⟨*Brise:*⟩ rauschen; b) *(complain)* murren (**against,** at über + *Akk.*)
murphy ['mɜ:fɪ] *n. (sl.)* Kartoffel, *die;* Knolle, *die (joc.)*
muscadel *see* **muscatel**
muscat ['mʌskət] *n.* a) *(grape)* Muskattraube, *die; (vine)* Muskatrebe, *die*
muscatel [mʌskə'tel] *n.* a) *(raisin)* Muskadinerosine, *die;* b) *(wine)* Muskatellerwein, *der*
muscle ['mʌsl] 1. *n.* a) Muskel, *der;* **not move a** ~ *(fig.)* sich nicht rühren; b) *(tissue)* Muskeln *Pl.;* **be all** ~: nur aus Muskeln bestehen; c) *(muscular power)* [Muskel-, Körper]kraft, *die;* Muskeln *Pl.; (fig.: force, power, influence)* Stärke, *die;* **have financial** ~: finanzkräftig *od.* -stark sein; [finanziell] potent sein; **have industrial** ~: eine leistungsfähige Industrie haben. 2. *v.i.* ~ '**in** *(coll.)* sich hineindrängen (**on in** + *Akk.);* **they're muscling in on our market** sie machen sich auf unserem Markt breit *(ugs.);* **you're muscling in [on my territory** *(fig.)*] Du kommst mir ins Gehege
muscle: ~-**bound** *adj.* a) *(with powerful muscles)* muskelbepackt *(ugs.);* b) *(with stiff muscles)* **be** ~-**bound** Muskelkater haben; *(fig.)* verknöchert sein; **become** ~-**bound** *(fig.)* verknöchern; ~**man** *n.* a) *(intimidator)* Gorilla, *der (ugs.);* b) *(sb. with powerful physique)* Muskelmann, *der (ugs.)*
Muscovite ['mʌskəvaɪt] 1. *n.* Moskauer, *der/*Moskauerin, *die;* Moskowiter, *der/*Moskowiterin, *die (veralt.).* 2. *adj.* moskauisch, Moskauer ⟨*Winter, Arbeiter*⟩
muscular ['mʌskjʊlə(r)] *adj.* a) *(Med.)* Muskel-; muskulär *(fachspr.);* b) *(sinewy)* muskulös. *See also* **dystrophy**
muscularity [mʌskjʊ'lærɪtɪ] *n., no pl.* Muskulosität, *die*
¹**muse** [mju:z] *n.* a) **M**~ *(Greek and Roman Mythol.)* Muse, *die;* b) *(Lit.)* Genius, *der (geh.)*
²**muse** *(literary)* 1. *v.i. (ponder)* grübeln; [nach]sinnen *(geh.),* sinnieren (**on, about, over** über + *Akk.*). 2. *v.t.* sinnieren
museum [mjʊ'zɪəm] *n.* Museum, *das;* **art** ~, **a** ~ **of art** ein Kunstmuseum; **a** ~ **of modern art** ein Museum für moderne Kunst
mu'seum piece *n.* a) *(specimen of art)* Museumsstück, *das;* b) *(joc. derog.)* *(old-fashioned thing)* Museumsstück, *das (ugs. iron.); (old-fashioned person)* Fossil, *das*
¹**mush** [mʌʃ] *n.* a) *(soft pulp)* Mus, *das;* Brei,

mush *der;* **boil into a ~** ⟨*Kartoffeln:*⟩ zu Mus kochen *od.* verkochen; **~ of mud/snow** Matsch, *der;* **b)** *(coll.: weak sentimentality)* Schmalz, *der (ugs. abwertend)*

²**mush** [mʊʃ] *n. (sl.: face, mouth)* Schnauze, *die (derb)*

mushroom ['mʌʃrʊm, 'mʌʃru:m] **1.** *n.* **a)** Pilz, *der;* (edible) [Speise]pilz, *der;* (cultivated, esp. Agaricus campestris) Champignon, *der; attrib.* Pilz-; **grow like ~s** *(fig.)* wie Pilze aus dem Boden schießen; **b)** *(fig.)* **~ of smoke** Rauchpilz, *der; see also* **mushroom cloud. 2.** *v. i.* **a)** *(spring up)* wie Pilze aus dem Boden schießen; *(grow rapidly)* **demand ~ed overnight** die Nachfrage schoß über Nacht in die Höhe; **b)** *(expand and flatten)* ⟨*Aschenwolke, Rauch:*⟩ sich pilzförmig ausbreiten

mushroom: **~ cloud** *n.* Rauchpilz, *der; (after nuclear explosion)* Atompilz, *der;* **~-colour** *n.* blasses Gelbbraun; **~-coloured** *adj.* blaß gelbbraun

mushy ['mʌʃɪ] *adj.* **a)** *(soft)* breiig; matschig ⟨*Boden*⟩; **b)** *(coll.: feebly sentimental)* schmalzig *(abwertend);* gefühlsduselig *(ugs. abwertend);* **be full of ~ sentiment** vor Schmalz triefen *(abwertend)*

music ['mju:zɪk] *n.* **a)** Musik, *die;* **make ~:** Musik machen; *(study)* **student of ~:** Musikstudent, *der/*-studentin, *die;* **piece of ~:** Musikstück, *das;* Musik, *die;* **set or put sth. to ~:** etw. vertonen od. in Musik setzen; **have a gift for ~:** musikalisch begabt *od.* musikbegabt sein; **be ~ to sb.'s ears** *(fig. coll.)* Musik in jmds. Ohren sein *(ugs.); see also* **face 2 c; set 1 s; sphere c; b)** *(of waves, wind, brook)* Rauschen, *das; (of birds)* Gesang, *der;* **c)** *(score)* Noten *Pl.; (as merchandise also)* Musikalien *Pl.;* **sheet of ~:** Notenblatt, *das;* **play from ~:** nach Noten spielen

musical ['mju:zɪkl] **1.** *adj.* **a)** *(of music)* musikalisch ⟨*Abend, Begabung*⟩; Musik⟨*instrument, -verein, -veranstaltung, -notation, -abend*⟩; **b)** *(melodious)* musikalisch ⟨*Stimme, Klänge*⟩; melodiös, melodisch ⟨*Stück*⟩; **c)** *(fond of or skilled in music)* musikalisch; **d)** *(set to music)* musikalisch; Musik⟨*film, -theater*⟩. **2.** *n.* (Mus., Theatre) Musical, *das*

musical: **~ box** *n. (Brit.)* Spieldose, *die;* **~ 'chairs** *n. sing.* Reise nach Jerusalem, *die;* **~ director** *n. (Theatre)* Musikdirektor, *der/*-direktorin, *die; (conductor)* Kapellmeister, *der/*-meisterin, *die*

musically ['mju:zɪkəlɪ] *adv. (with regard to music)* musikalisch; *(melodiously)* melodisch; melodiös; **~ gifted** musikalisch [begabt]; musikbegabt

music: **~ box** *(Amer.) see* **musical box; ~ centre** *n.* Kompaktanlage, *die;* **~ drama** *n.* Musikdrama, *das;* **~-hall** *n. (Brit.)* **1.** *n.* Varieté, *das;* **2.** *attrib. adj.* Varieté-

musician [mju:ˈzɪʃn] *n.* Musiker, *der/*Musikerin, *die; (minstrel, street- etc.)* Musikant, *der/*Musikantin, *die*

'**music-lesson** *n.* Musikstunde, *die*

musicologist [mju:zɪˈkɒlədʒɪst] *n.* Musikwissenschaftler, *der/*-wissenschaftlerin, *die;* Musikologe, *der/*Musikologin, *die (geh.)*

musicology [mju:zɪˈkɒlədʒɪ] *n.* Musikwissenschaft, *die;* Musikologie, *die (geh.)*

music: **~-paper** *n.* Notenpapier, *das;* **~-rest** *n.* Notenpult, *das;* **~-room** *n.* Musiksaal, *der; (for concerts)* Konzertsaal, *der;* **~-stand** *n.* Notenständer, *der;* **~-stool** *n.* Klavierhocker, *der;* Klavierstuhl, *der;* **~-teacher** *n.* Musiklehrer, *der/*-lehrerin, *die*

musk [mʌsk] *n.* **a)** *(substance)* Moschus, *der;* **~-scented** mit Moschus parfümiert; **b)** *(odour)* Moschusgeruch, *der;* **c)** *(Bot.)* Moschusgauklerblume, *die*

'**musk-deer** *n. (Zool.)* Moschushirsch, *der*

musket ['mʌskɪt] *n. (Arms Hist.)* Muskete, *die*

musketeer [mʌskɪˈtɪə(r)] *n. (Hist.)* Musketier, *der*

musketry ['mʌskɪtrɪ] *n. (Hist.) (muskets)* Musketen *Pl.; (musketeers)* Musketiere *Pl.*

musk: **~-melon** *n.* Zuckermelone, *die;* Gartenmelone, *die;* **~-ox** *n. (Zool.)* Moschusochse, *der;* **~-rat** *n. (Zool.)* Bisamratte, *die;* (fur) Bisam, *der;* **~-rose** *n.* *(Bot.)* Moschusrose, *die*

musky ['mʌskɪ] *adj.* moschusartig duftend; moschusartig ⟨*Duft, Geruch, Geschmack*⟩; Moschus⟨*duft, -parfüm*⟩

Muslim ['mʊslɪm, 'mʌzlɪm] **1.** *adj.* muslimisch *(bes. fachspr.);* moslemisch; **be ~** ⟨*Person:*⟩ Muslim/Muslime sein, Moslem/Moslime sein. **2.** *n.* Muslim, *der/*Muslime, *die (fachspr.);* Moslem, *der/*Moslime, *die*

muslin ['mʌzlɪn] **1.** *n.* **a)** Musselin, *der.* **2.** *adj.* musselinen; Musselin-

musquash ['mʌskwɒʃ] *n.* **a)** *(Zool.)* Bisamratte, *die;* **b)** *(fur)* Bisam, *der*

muss [mʌs] *v.t. (Amer. coll.)* verstrubbeln *(ugs.)* ⟨*Haar, Frisur*⟩; zerknittern ⟨*Stoff*⟩ **~ 'up** *v.t.* durcheinanderbringen; verstrubbeln *(ugs.)* ⟨*Haar*⟩; zerknittern ⟨*Kleidung*⟩

mussel ['mʌsl] *n.* Muschel, *die;* **bed of ~s, ~ bed** Muschelbank, *die*

¹**must** [məst, *stressed* mʌst] **1.** *v. aux., only in pres. and past* must, *neg. (coll.)* **mustn't** ['mʌsnt] **a)** *(have to)* müssen; *with negative* dürfen; **you ~ not/never do that** du darfst du nicht/nie tun; **you ~ remember ...:** du darfst nicht vergessen, ...; **you ~ just daran denken, ...; you ~ stop that noise/listen to me!** hör mit dem Lärm auf/hör mir zu!; **you mustn't do that again!** tu das [ja] nie wieder!; **I ~ get back to the office** ich muß wieder ins Büro; **I ~ go to London** ich muß nach London; **I ~ leave at 6 o'clock** ich muß um 6 Uhr weg *od.* los; **do it if you ~:** wenn es sein muß, tu es eben; tu, was du nicht lassen kannst *(ugs.);* **I will go if I ~:** wenn es sein muß, gehe ich; **~ I?** muß das sein?; '**~ you shout so loudly?** mußt du denn so laut schreien?; **I ~ away** *(arch.)* ich muß fort; **I ~ have a new dress** ich brauche ein neues Kleid; **why ~ it always rain on Saturdays?** warum muß es ausgerechnet sonnabends immer regnen?; **I** '**~ say ...:** ich muß sagen ...; **[that] I '~ say** [das] muß ich schon sagen; **if you** '**~ know** wenn du es unbedingt wissen willst; **b)** *(ought to)* müssen; *with negative* dürfen; **I ~ ask you to leave** ich muß Sie bitten zu gehen; **you ~ think about it** du solltest [unbedingt] darüber nachdenken; **I ~ not sit here drinking coffee** ich sollte *od.* dürfte eigentlich nicht hier sitzen und Kaffee trinken; **c)** *(be certain to)* müssen; **you ~ be tired** du mußt müde sein; **du bist bestimmt müde; you ~ be crazy** du bist wohl wahnsinnig!; **there ~ be a reason** es muß einen Grund geben; **it ~ be about 3 o'clock** es wird wohl *od.* dürfte od. müßte etwa 3 Uhr sein; **I ~ have lost it** ich muß es verloren haben; **it ~ have stopped raining by now** es dürfte *od.* müßte inzwischen aufgehört haben zu regnen; **I think they ~ have left** ich denke, sie sind sicher *od.* bestimmt weggegangen; **20 people ~ have visited me** es haben mich bestimmt 20 Leute besucht; **there ~ have been forty of them** *(forty)* es müssen vierzig gewesen sein; *(probably about forty)* es dürften etwa vierzig gewesen sein; **you ~ have seen it** *(necessarily would have)* du hättest es sehen müssen; *expr. indignation or annoyance* **he ~ come just when ...:** er muß/mußte natürlich *od.* ausgerechnet kommen, wenn/als ...; **what ~ I do but break my leg?** Was mußte natürlich kommen? Ich mußte mir das Bein brechen; *see also* **joke 2. 2.** *n. (coll.)* Muß, *das;* **be a ~ for sb./sth.** ein Muß für jmdn./unerläßlich für etw. sein

²**must** *n.* **a)** *(wine)* neuer Wein; **b)** *(grape-juice)* Most, *der*

³**must** *see* **mustiness**

mustache *see* **moustache**

mustachio [məˈstɑ:ʃəʊ] *n., pl.* **~s** Schnauzbart, *der*

mustachioed [məˈstɑ:ʃəʊd] *adj.* schnauzbärtig

mustang ['mʌstæŋ] *n.* Mustang, *der*

mustard ['mʌstəd] *n.* **a)** Senf, *der; attrib.* Senf⟨*geschmack usw.*⟩; **~ and cress** *(Brit.)* Senfkeimlinge und Kresse; **b)** *(colour)* Senffarbe, *die; attrib.* senffarben; **c)** *(Amer. sl.: thing that provides zest)* Pep, *der (ugs.);* **cut the ~:** es bringen *(ugs.);* **I can't cut the ~:** ich bringe es nicht *(ugs.)*

mustard: **~-coloured** *adj.* senffarben; **~ gas** *n. (Chem., Mil.)* Senfgas, *das;* **~ plaster** *n.* Senfpflaster, *das;* **~-pot** *n.* Senftopf, *der;* **~-yellow** *adj.* senfgelb

muster ['mʌstə(r)] **1.** *n. (Mil.)* Appell, *der;* **pass ~** *(fig.)* akzeptabel sein; **b)** *(assembly)* Zusammenkunft, *die.* **2.** *v. t.* **a)** *(summon)* versammeln *(Mil., Naut.)* [zum Appell] antreten lassen; **b)** *(collect)* zusammenbringen; zusammenziehen ⟨*Streitkräfte, Truppen*⟩; zusammentreiben ⟨*Vieh*⟩; *(raise)* aufstellen ⟨*Armee*⟩; ausheben ⟨*Truppen*⟩; *(fig.: summon up)* zusammennehmen ⟨*Kraft, Mut, Verstand*⟩; aufbringen ⟨*Unterstützung*⟩; **~ [the] strength to do sth.** alle seine Kräfte zusammennehmen, um etw. zu tun; **he couldn't ~ [the] courage to do it** er brachte nicht den Mut auf, es zu tun. **3.** *v. i. (Mil.)* **~ [ver]sammeln ⟨*Truppen:*⟩** aufmarschieren; *(for parade)* antreten

~ 'up *v. t.* aufbringen ⟨*Unterstützung, Mut, Verständnis*⟩; **~ up one's courage** seinen ganzen *od.* all seinen Mut zusammennehmen

mustiness ['mʌstɪnɪs] *n., no pl.* **a)** *(of smell, taste)* Muffigkeit, *die;* Muff, *der (nordd.);* **b)** *(mouldiness)* Stockigkeit, *die*

mustn't ['mʌsnt] *(coll.)* = **must not**

musty ['mʌstɪ] *adj.* **a)** *(smelling or tasting stale)* muffig; **b)** *(mouldy)* stockig; **c)** *(fig.: stale, antiquated)* verstaubt

mutable ['mju:təbl] *adj.* **a)** *(formal: liable to change)* wandelbar *(geh.);* **b)** *(Ling., Biol.)* mutabel *(fachspr.)*

mutant ['mju:tənt] *(Biol.)* **1.** *adj.* mutiert ⟨*Gen, Zelle, Stamm*⟩. **2.** *n.* Mutante, *die*

mutate [mju:ˈteɪt] *(Biol.)* **1.** *v. t.* zur Mutation anregen; **be ~d** mutieren. **2.** *v. i.* mutieren

mutation [mju:ˈteɪʃn] *n.* **a)** *(formal: change)* Wandel, *der;* Wandlung, *die;* **b)** *(Biol.)* Mutation, *die; attrib.* Mutations-

mute [mju:t] **1.** *adj. (dumb, silent; also Ling.)* stumm; *(silent also)* schweigend; *(temporarily bereft of speech also)* sprachlos; **be ~ with rage/amazement/grief/from shock** vor Zorn/Staunen/Kummer/Entsetzen kein Wort hervorbringen *od.* über die Lippen bringen. **2.** *n.* **a)** *(dumb person)* Stumme, *der/die;* **b)** *(Mus.)* Dämpfer, *der.* **3.** *v.t.* dämpfen

muted ['mju:tɪd] *adj.* gedämpft; verhalten ⟨*Kritik, Begeisterung*⟩

mutely ['mju:tlɪ] *adv.* stumm; *(silently also)* schweigend

mute 'swan *n.* Höckerschwan, *der*

mutilate ['mju:tɪleɪt] *v.t. (deprive of limb; fig.: render imperfect)* verstümmeln; mutilieren *(Med.); (cut off)* abtrennen ⟨*Gliedmaße*⟩

mutilation [mju:tɪˈleɪʃn] *n. (deprivation of limb; fig.: rendering imperfect)* Verstümmelung, *die;* Mutilation, *die (Med.)*

mutineer [mju:tɪˈnɪə(r)] *n.* Meuterer, *der*

mutinous ['mju:tɪnəs] *adj.* rebellisch ⟨*Geist, Person*⟩; aufrührerisch ⟨*Rede, Gedanke*⟩; meuternd ⟨*Mannschaft eines Schiffs, Truppen*⟩; **~ acts** Akte der Meuterei; **become ~:** meutern

469

mutinously ['mju:tɪnəslɪ] *adj.* rebellisch, aufrührerisch ⟨*sich benehmen*⟩
mutiny ['mju:tɪnɪ] **1.** *n.* Meuterei, *die.* **2.** *v. i.* meutern
mutt [mʌt] *n. (sl.)* **a)** *(person)* Schafskopf, *der (ugs.);* **poor ~ :** armer Irrer *(salopp);* **b)** *(derog.: dog)* Köter, *der (abwertend)*
mutter ['mʌtə(r)] **1.** *v. i.* **a)** *(speak low)* murmeln; brummeln; **~ [away] to oneself** vor sich *(Akk.)* hin murmeln *od.* brummeln; **b)** *(grumble)* murren **(at, about** über + *Akk.).* **2.** *v. t. (utter)* murmeln ⟨*Beleidigung, Gebet, Drohung*⟩; **~ sth. under one's breath/to oneself** sich *(Dat.)* etw. in den Bart/etw. vor sich *(Akk.)* hin murmeln. **3.** *n.* Gemurmel, *das;* **~ of voices** Gemurmel [von Stimmen]
muttering ['mʌtərɪŋ] *n.* **a)** *no pl. (low speech)* Gemurmel, *das;* **b) ~[s]** *(complaints)* Gemurre, *das*
mutton ['mʌtn] *n.* Hammelfleisch, *das;* Hammel, *der;* **[a case of] ~ dressed [up] as lamb** *(coll. derog.)* [eine] aufgetakelte Fregatte *(ugs. abwertend); see also* **dead 1 a**
mutton: ~ 'chop *n.* **a)** Hammelkotelett, *das;* **b) ~-chop [whiskers]** [Bart]koteletten *Pl.;* **~-head** *n. (coll. derog.)* Schafskopf, *der (ugs.)*
mutual ['mju:tjʊəl] *adj.* **a)** *(given and received)* gegenseitig; beiderseitig ⟨*Einvernehmen, Vorteil, Bemühung*⟩; wechselseitig ⟨*Abhängigkeit*⟩; **look at each other with ~ suspicion** sich argwöhnisch ansehen; **I can't bear you!** – **The feeling's ~ :** Ich kann dich nicht riechen! – Das beruht auf Gegenseitigkeit; **to our ~ satisfaction/benefit** zu unser beider Zufriedenheit/Nutzen; **~ aid programme** Programm zur gegenseitigen Hilfe; **be ~ well-wishers** es gut miteinander meinen; **b)** *(coll.: shared)* gemeinsam ⟨*Interesse, Freund, Abneigung usw.*⟩
mutual: ~ admi'ration society *n. (joc.)* Kreis von Leuten, die alle eine ungerechtfertigt hohe Meinung voneinander haben; **~ 'fund** *n. (Amer. Econ.)* Investmentgesellschaft, *die;* **~ in'surance company** *n.* Versicherungsverein auf Gegenseitigkeit
mutuality [mju:tjʊ'ælɪtɪ] *n., no pl.* Gegenseitigkeit, *die; (of interests)* Gemeinsamkeit, *die*
mutually ['mju:tjʊəlɪ] *adv.* **a)** gegenseitig; **be ~ exclusive** einander *(geh.) od.* sich [gegenseitig] ausschließen; **b) ~ beneficial/accepted** für beide Seiten vorteilhaft/von beiden Seiten akzeptiert; **b)** *(in common)* gemeinsam
muzak ['mju:zæk] *n. (often derog.)* Hintergrundmusik, *die;* Berieselungsmusik, *die (ugs. abwertend)*
muzzle ['mʌzl] **1.** *n.* **a)** *(of dog)* Schnauze, *die; (of horse, cattle)* Maul, *das;* **b)** *(of gun)* Mündung, *die;* **c)** *(put over animal's mouth)* Maulkorb, *der.* **2.** *v. t.* **a)** einen Maulkorb umbinden *od.* anlegen (+ *Dat.)* ⟨*Hund*⟩; **b)** *(fig.)* mundtot machen, einen Maulkorb anlegen *(ugs.)* (+ *Dat.)* ⟨*Presse, Kritiker*⟩; knebeln ⟨*Presse, Redefreiheit*⟩; unterdrücken ⟨*Protest*⟩
muzzle: ~-loader *n.* Vorderlader, *der;* **~ velocity** *n.* Mündungsgeschwindigkeit, *die*
muzzy ['mʌzɪ] *adj.* **a)** *(mentally hazy, blurred)* verschwommen; verworren ⟨*Verstand*⟩; **feel ~ :** ein dumpfes Gefühl haben; **b)** *(from intoxication)* benebelt **(with** von)
MW *abbr.* **a)** *(Radio)* medium wave MW; **b)** *(Electr., Phys.)* **megawatt[s]** MW
my [maɪ] *poss. pron. attrib.* **a)** *(belonging to me)* mein; *(in affectionate, jocular, parent-izing, etc. use* mein; **my poor fellow** du Ärmster; *see also* **man 1 b;** **c)** *in excl. of surprise* **my[, my]!, [my] oh my!** [du] meine Güte *(ugs.);* ach du grüne Neune! *(ugs.). See also* **god b;** ²**her;** **word 1 c**
mycelium [maɪ'si:lɪəm] *n., pl.* **mycelia** [maɪ'si:lɪə] *(Bot.)* Myzel[ium], *das*

Mycenaean [maɪsɪ'ni:ən] *adj. (Archaeol.)* mykenisch
mycology [maɪ'kɒlədʒɪ] *n.* Mykologie, *die*
myna, mynah *see* **mina**
myopia [maɪ'əʊpɪə] *n.* Kurzsichtigkeit, *die (auch fig.);* Myopie, *die (fachspr.)*
myopic [maɪ'əʊpɪk] *adj.* kurzsichtig *(auch fig.);* myopisch *(fachspr.)*
myriad ['mɪrɪəd] *(literary)* **1.** *adj.* unzählig; Myriaden von *(geh.)* ⟨*Insekten, Sternen*⟩. **2.** *n. (great number)* Unzahl, *die;* Myriade, *die (geh.);* **a ~ of possibilities** Myriaden von Möglichkeiten
myriapod, myriopod ['mɪrɪəpɒd] *n. (Zool.)* Myriapode, *der;* Myriopode, *der*
myrrh [mɜ:(r)] *n.* Myrrhe, *die*
myrtle ['mɜ:tl] *n. (Bot.)* **a)** common **~ :** Myrte, *die;* **b)** *(Amer.: periwinkle)* Immergrün, *das*
myself [maɪ'self] *pron.* **a)** *emphat.* selbst; **I thought so ~ :** das habe ich auch gedacht; **I haven't been there, ~ :** ich war nicht selbst da; **[even] though/if I say it ~ :** wenn ich es auch selbst sage; **I am quite ~ again** mir geht es wieder gut; **I want to be ~ :** ich will ich selbst sein; **b) you know more than ~ :** du weißt mehr als ich [selbst]; **there were the three of them and ~ :** da waren die drei und ich [selbst]; **c)** *refl.* mich/mir; **I washed ~ :** ich wusch mich; **I'm going to get ~ a car** ich werde mir ein Auto zulegen; **I said to ~ :** ich sagte mir; **I need to have time to ~ :** ich brauche Zeit für mich. *See also* **herself**
mysterious [mɪ'stɪərɪəs] *adj.* **a)** *(curious, strange)* mysteriös; rätselhaft; geheimnisvoll ⟨*Fremder, Orient*⟩; **~-looking** geheimnisvoll aussehend; **he did it for some ~ reason of his own** er hat es aus irgendeinem unerfindlichen Grunde getan; **b)** *(secretive)* geheimnisvoll; **be very ~ about sth.** ein großes Geheimnis aus etw. machen; **why are you being so ~ ?** warum tust du so geheimnisvoll?
mysteriously [mɪ'stɪərɪəslɪ] *adv.* auf mysteriöse *od.* rätselhafte Weise; sonderbar ⟨*erfreut usw.*⟩; geheimnisvoll ⟨*lächeln usw.*⟩
mystery ['mɪstərɪ] *n.* **a)** *(hidden, inexplicable matter)* Rätsel, *das;* **it's a ~ to me why ... :** es ist mir schleierhaft *(ugs.) od.* ein Rätsel, warum ... ; **make a ~ [out] of sth.** ein Geheimnis aus etw. machen; **make no ~ of sth.** kein *od.* keinen Hehl aus etw. machen; **the mysteries of a trade** die Geheimnisse eines Handwerks; **he's a bit of a ~ :** er hat etwas Rätselhaftes; **b)** *(secrecy)* Geheimnis, *das;* **wrapped in *or* shrouded in *or* surrounded by ~ :** geheimnisumwittert *od.* -umwoben *(geh.);* **there's no ~ about it** das ist überhaupt kein Geheimnis; **~ man, man of ~ :** rätselhafter Mann; **c)** *(making a secret of things)* Heimlichtuerei, *die;* **d)** *(religious truth)* Mysterium, *das (geh.);* **e)** *see* **mystery play; mystery story**
mystery: ~ novel *n.* ≈ Detektiv- *od.* Kriminalroman, *der;* **~ play** *n.* Mysterienspiel, *das;* **~ story** *n. (detective story)* ≈ Detektiv- *od.* Kriminalgeschichte, *die; (mysterious story)* rätselhafte Erzählung; **~ tour, ~ trip** *ns.* Fahrt ins Blaue *(ugs.);* **~ writer** Kriminalschriftsteller, *der;* Krimi-Autor, *der/*-Autorin, *die (ugs.)*
mystic ['mɪstɪk] **1.** *adj.* **a)** mystisch; **b)** *(mysterious)* geheimnisvoll. **2.** *n.* Mystiker, *der/*Mystikerin, *die*
mystical ['mɪstɪkl] *adj.* mystisch
mysticism ['mɪstɪsɪzm] *n.* Mystik, *die;* Mystizismus, *der (geh.)*
mystification [mɪstɪfɪ'keɪʃn] *n.* Verwirrung, *die;* **add to sb.'s ~ :** jmdn. noch mehr verwirren
mystify ['mɪstɪfaɪ] *v. t.* verwirren; **this mystifies me** das ist mir ein Rätsel *od.* rätselhaft; **the police are completely mystified** die Polizei steht vor einem absoluten Rätsel

mystique [mɪ'sti:k] *n.* geheimnisvoller Nimbus
myth [mɪθ] *n.* **a)** Mythos, *der;* **b)** *(fictitious thing or idea)* Mythos, *der; (untrue tale)* Legende, *die; (rumour)* Gerücht, *das*
mythical ['mɪθɪkl] *adj.* **a)** *(based on myth)* mythisch; **~ creatures** Sagengestalten; **the ~ land of Atlantis** das sagenhafte Atlantis; **b)** *(invented)* fiktiv
mythological [mɪθə'lɒdʒɪkl] *adj.* mythologisch
mythology [mɪ'θɒlədʒɪ] *n.* Mythologie, *die*
myxomatosis [mɪksəmə'təʊsɪs] *n., pl.* **myxomatoses** [mɪksəmə'təʊsi:z] *(Vet. Med.)* Myxomatose, *die*

N

N, n [en] *n., pl.* **Ns** *or* **N's** **a)** *(letter)* N, n, *das;* **b)** *(Math.)* n; **nth** [enθ]: **to the nth [degree]** in der n-ten Potenz; *(fig.: to the utmost)* in höchstem Grade *(ugs.);* **for the nth time** zum x-ten Mal *(ugs.)*
'n, 'n' [ən] *conj. (coll.: and)* und
N. *abbr.* **a)** *north* N; **b)** *northern* n.; **c)** *(Chess)* **knight** S; **d)** *nuclear;* **N-weapons** A-Waffen; **e)** *(Phys.) newton* N
n. *abbr.* **a)** *note* Anm.; **b)** *nano-* n; **c)** *neuter* n.
n/a *abbr.* **a)** *not available* n. bek.; **b)** *not applicable* entf.
NAAFI ['næfɪ] *abbr. (Brit.)* Navy, Army and Air Force Institutes Kaufhaus für Angehörige der britischen Truppen
nab [næb] *v. t.,* **-bb-** *(sl.)* **a)** *(arrest)* schnappen *(ugs.);* **b)** *(seize)* sich *(Dat.)* schnappen; **~ him before he goes** sieh zu, daß du ihn noch erwischst, bevor er geht *(ugs.);* **all the best seats had been ~ bed** die besten Plätze waren alle schon weggeschnappt; **c)** *(steal)* klauen *(salopp);* krallen *(salopp)*
nacelle [næ'sel] *n.* Gondel, *die*
nacre ['neɪkə(r)] *see* **mother-of-pearl**
nadir ['neɪdɪə(r)] *n.* **a)** *(lowest point)* Tief[st]punkt, *der;* **at the ~ of despair** er war zutiefst verzweifelt; **b)** *(Astron.)* Nadir, *der*
naff [næf] *(sl.)* **1.** *adj.* ätzend *(ugs.).* **2.** *v. i.* **~ off** abhauen *(ugs.)*
¹**nag** [næg] **1.** *v. i.,* **-gg-** **a)** *(scold)* nörgeln *(abwertend);* meckern *(ugs. abwertend);* **~ at sb.** an jmdm. herumnörgeln *od.* -meckern; **~ at sb. to do sth.** jmdm. zusetzen *(ugs.),* daß er etw. tut; **b)** *(cause distress)* **~ at sb.** jmdn. plagen; jmdm. zusetzen *(ugs.) od.* keine Ruhe lassen. **2.** *v. t.* **a)** **-gg-** *(scold)* herumnörgeln an (+ *Dat.) (abwertend);* herummeckern an (+ *Dat.) (ugs. abwertend);* **don't ~ me!** laß mit dein Genörgel *od. (ugs.)* Gemecker in Ruhe!; **~ sb. about sth./to do sth.** jmdm. wegen etw. zusetzen *(ugs.);* jmdn. zusetzen *(ugs.),* daß er etw. tut; **b)** *(cause distress)* **~ at sb.** jmdn. plagen; jmdm. zusetzen *(ugs.),* keine Ruhe lassen (+ *Dat.)*
²**nag** *n.* **a)** *(coll.: horse)* Gaul, *der;* **b)** *(old or inferior horse)* Klepper, *der (abwertend)*

nagging ['nægɪŋ] 1. *adj.* a) *(annoying)* nörglerisch *(abwertend);* ständig nörgelnd *(abwertend);* b) *(persistent)* quälend ⟨*Durst, Angst, Sorge, Zweifel*⟩; bohrend ⟨*Schmerz*⟩; a ~ **conscience** [quälende] Gewissensbisse *Pl.* 2. *n.* Genörgel, *das (abwertend);* Gemecker, *das (ugs. abwertend);* **stop your ~:** hör auf zu nörgeln *od.* meckern

naiad ['naɪæd] *n., pl.* ~**s** *or* ~**es** ['naɪədi:z] Najade, *die*

naïf [nɑːˈiːf] 1. *adj. see* **naïve.** 2. *n.* Naive, *der/die;* Naivling, *der (ugs. abwertend)*

nail [neɪl] 1. *n.* a) *(on finger, toe)* Nagel, *der;* **cut one's ~s** sich *(Dat.)* die Nägel schneiden; **bite one's ~s** an den Nägeln kauen; *(fig.)* wie auf Kohlen sitzen; b) *(metal spike)* Nagel, *der;* **be hard as ~s** *(fig.)* steinhart sein; *(fit)* topfit sein; *(unfeeling, insensitive)* knallhart sein *(ugs.);* **hit the** [**right**] ~ **on the head** *(fig.)* den Nagel auf den Kopf treffen *(ugs.);* **be a ~ in sb.'s/sth.'s coffin, drive a ~ into sb.'s/sth.'s coffin** *(fig.)* ein Nagel zu jmds. Sarg/ein Sargnagel für etw. sein *(ugs.);* **on the ~** *(fig. coll.)* pünktlich ⟨*bezahlen, sein Geld kriegen*⟩; c) *(claw, talon)* Kralle, *die. See also* **tooth a.** 2. *v. t.* a) *(fasten)* nageln (**to** an + *Akk.*); ~ **planks over sth.** etw. mit Brettern vernageln; ~ **two planks together** zwei Bretter zusammennageln; b) *(fig.: expose)* ~ **sth.** [**to the counter** *or* **barn-door**] etw. anprangern; c) *(fig.: fix)* **be ~ed to the spot/ground** wie angenagelt sein *(ugs.);* ~ **one's eyes/attention on sth.** seine Augen auf etw. *(Akk.)* heften *(geh.)*/seine Aufmerksamkeit auf etw. *(Akk.)* konzentrieren; d) *(fig.: secure, catch, engage)* an Land ziehen *(ugs.)* ⟨*Vertrag, Auftrag*⟩; e) *(sl.: arrest)* einkassieren *(salopp). See also* **colour 1 j**

~ **'down** *v. t.* a) *(fasten)* festnageln; zunageln ⟨*Kiste, Fenster*⟩; b) *(fig.)* *(define)* untermauern ⟨*Argument*⟩; festlegen ⟨*Strategie*⟩; *(bind)* ~ **sb. down to sth.** jmdn. auf etw. *(Akk.)* festnageln

~ **'up** *v. t.* a) *(close)* vernageln; b) *(affix with* ~) annageln (**against** an + *Akk.*)

nail: ~-**biting** 1. *n., no pl.* Nägelkauen, *das;* 2. *adj. (fig.)* bang ⟨*Minuten, Schweigen, Sorge*⟩; angstvoll ⟨*Spannung*⟩ spannungsgeladen ⟨*Spiel, Film*⟩; ~-**brush** *n.* Nagelbürste, *die;* ~-**clippers** *n. pl.* [**pair of**] ~-**clippers** Nagelknipser, *der;* ~ **enamel** *(Amer.) see* ~ **polish;** ~-**file** *n.* Nagelfeile, *die;* ~ **polish** *n.* Nagellack, *der;* ~-**polish remover** Nagellackentferner, *der;* ~-**scissors** *n. pl.* [**pair of**] ~-**scissors** Nagelschere, *die;* ~ **varnish** *(Brit.) see* ~ **polish**

naïve, naive [nɑːˈiːv, naɪˈiːv] *adj.* naiv; einfältig

naïvely, naively [nɑːˈiːvlɪ, naɪˈiːvlɪ] *adv.* naiv; *as sentence-modifier* naiverweise

naïvety, naivety [nɑːˈiːvtɪ, naɪˈiːvtɪ], **(naïveté** [nɑːˈiːvteɪ]) *n.* a) *(state, quality)* Naivität, *die;* Einfalt, *die;* b) *(action)* Naivität, *die*

naked ['neɪkɪd] *adj.* a) nackt; **as ~ as the day I was born** wie Gott mich geschaffen hat *(scherzh.);* **go ~** nackt herumlaufen; **strip sb. ~:** jmdn. nackt ausziehen; **I feel ~ without my make-up on** ohne mein Make-up fühle ich mich nackt; b) *(unshaded)* nackt ⟨*Glühbirne*⟩; *(unshielded)* offen ⟨*Licht, Flamme*⟩; c) *(defenceless)* wehrlos; d) *(without covering)* blank ⟨*Schwert*⟩; bloß ⟨*Faust*⟩; e) *(plain)* nackt ⟨*Tatsache, Wahrheit, Aggression, Gier, Ehrgeiz*⟩

naked: ~ **'eye** *n.* visible **to** *or* **with the** ~ **eye** mit bloßem Auge zu erkennen; ~-**eye** *adj.* mit bloßem Auge sichtbar

nakedness ['neɪkɪdnɪs] *n., no pl.* Nacktheit, *die;* Blöße, *die (geh.)*

namby-pamby [næmbɪˈpæmbɪ] *adj.* seicht *(abwertend)* ⟨*Literatur usw.*⟩; verzärtelt ⟨*Person*⟩; lax ⟨*oft abwertend*⟩ ⟨*Handhabung, Normen*⟩

name [neɪm] 1. *n.* a) Name, *der;* **what's your ~/the ~ of this place?** wie heißt du/dieser Ort?; **my ~ is Jack** ich heiße Jack; mein Name ist Jack; **call sb. by his ~:** jmdn. bei seinem Namen rufen; **no one of** *or* **by that ~:** niemand mit diesem Namen *od. (geh.)* dieses Namens; **last ~:** Zuname, *der,* Nachname, *der;* **know sb./sth. by** *or* **under another ~:** jmdn./etw. unter einem anderen Namen kennen; **the ~ of Edwards** der Name Edwards; **mention no ~s** keine Namen nennen; **fill in one's ~ and address** Name und Adresse eintragen; **she took her mother's ~:** sie nahm den Mädchennamen ihrer Mutter an; **what ~ shall I say?** wen darf ich melden?; **I can't put a ~ to the plant/his face** ich kann die Pflanze nicht benennen/sein Gesicht mit keinem Namen in Verbindung bringen; **a man of** *or* **by the ~ of Miller** ein Mann namens Miller *od.* mit Namen Miller; **go** *or* **be known by** *or* **under the ~ of...:** unter dem Namen... bekannt sein; **by ~:** namentlich ⟨*erwähnen, aufrufen usw.*⟩; **refer to sb./sth. by ~:** jmdn./etw. namentlich nennen; **know sb. by ~/by ~ only** jmdn. nur dem Namen nach kennen; **she goes by the ~ of Madame Lola** sie ist unter dem Namen Madame Lola bekannt; **that's the ~ of the game** *(coll.)* darum geht es; **with us speed is the ~ of the game** *(coll.)* bei uns heißt die Devise Schnelligkeit; **put sb.'s/sth.'s ~ down for sth.** sich/jmdn. für etw. vormerken lassen; **put one's/sb.'s ~ down on the waiting-list** sich/jmdn. auf die Warteliste setzen lassen; **take sb.'s ~ off the books** jmdn. ausschließen *od.* von der Mitgliederliste streichen; **without a penny to his ~:** ohne einen Pfennig in der Tasche; **he hasn't a pair of shoes to his ~:** er kann nicht einmal ein Paar Schuhe sein eigen nennen *(ugs.);* **what's in a ~?** Name ist Schall und Rauch; **... or my ~ is not John Smith** ... so wahr ich John Smith heiße; **if this doesn't work, my ~ is not Peter Brown** *etc.* wenn das nicht funktioniert, will ich Emil heißen *(ugs.);* **that bullet had my ~ [and number] on it** die Kugel war für mich bestimmt; **have one's ~** *or* **[up] in lights** ganz groß herauskommen *(ugs.); see also* **mud c;** b) *(word denoting object of thought)* Bezeichnung, *die;* Name, *der;* **~s cannot hurt me** Beschimpfungen tun mir nicht weh; c) **in ~** [**only**] [nur] auf dem Papier; **a Christian/town in ~ only** nur dem Namen nach ein Christ/eine Stadt; **in all but ~:** im Grunde genommen; d) **in the ~ of** im Namen (+ *Gen.*); **in God's ~, in the ~ of God** um Gottes willen; **in Heaven's ~:** um Himmels willen; **in one's own ~:** im eigenen Namen; e) *(independently)* von sich aus; f) *(reputation)* Ruf, *der;* **have a ~ for honesty** für seine Ehrlichkeit bekannt sein; **make a ~ for oneself, win oneself a ~:** sich *(Dat.)* einen Namen machen; **make one's/sb.'s ~:** berühmt werden/jmdn. berühmt machen; **this book made his ~:** mit diesem Buch machte er sich einen Namen; **clear one's/sb.'s ~:** seine/jmds. Unschuld beweisen; f) *(famous person)* Name, *der;* **many great** *or* **big ~s** viele namhafte Persönlichkeiten; **viele Größen; be a big ~:** einen großen Namen haben; g) *attrib.* ~ **brand** Markenartikel, *der;* ~ **band** Starband, *die. See also* **assume c; bad 1 a; false 1 b; proper name; take 1 y; use 2 a; what 5 a.** 2. *v. t.* a) *(give ~ to)* einen Namen geben (+ *Dat.*); **~ sb.** John jmdm. den Namen John geben; jmdn. John nennen; **a ship 'Mary'** ein Schiff [auf den Namen] „Mary" taufen; ~ **sb./sth. after** *or (Amer.)* **for sb.** jmdn./etw. nach jmdm. benennen; **be ~d John** John heißen; **a man ~d Smith** ein Mann namens *od.* mit Namen Smith; ~ **sb.** John **after** *or (Amer.)* **for sb.** jmdn. nach jmdm. John nennen; b) *(call by right* ~*)* benennen; ~ **the capital of Zambia** nenne die Hauptstadt von Sambia; **can you ~ the books of the Bible?** kannst du die Bücher der Bibel aufzählen?; c) *(nominate)* ernennen; ~ **sb.** [**as**] **sth.** jmdn. zu etw. ernennen; ~ **sb. to an office/a post** jmdn. in ein Amt berufen *od.* einsetzen/auf einen Posten berufen; ~ **one's successor/heir** seinen Nachfolger/Erben bestimmen; **he has been ~d as the winner** ihm wurde der Sieg zuerkannt; **be ~d actress of the year** zur Schauspielerin des Jahres gewählt werden; d) *(mention)* nennen; *(specify)* benennen; ~ **sb. as witness** jmdn. als Zeugen benennen; ~ **names** Namen nennen; **he was ~d as the thief** er wurde als der Dieb genannt; ~ **the time and I'll meet you there** sag die Zeit, und dann treffen wir uns dort; ~ **the day** *(choose wedding-day)* den Tag der Hochzeit festlegen *od.* -setzen; **to ~ but a few** um nur einige zu nennen; **we were given champagne, oysters, you ~ it** wir kriegten Champagner, Austern, und, und, und; **you ~ it, he's got/done** *etc.* **it** *(coll.)* es gibt nichts, was er nicht hat/noch nicht gemacht hat usw.

name: ~-**calling** *n.* Beschimpfungen *Pl.;* **the debate degenerated into mere ~-calling** die Debatte artete in bloße gegenseitige Beschimpfungen aus; ~-**day** *n.* Namenstag, *der;* ~-**drop** *v. i.* [scheinbar beiläufig] bekannte Namen fallen lassen; **she is always ~-dropping** sie läßt dauernd einfließen, wen sie alles kennt; ~-**dropping** ['neɪmdrɒpɪŋ] *n.* Name-dropping, *das;* Nennung bedeutender Namen, um Eindruck zu machen

nameless ['neɪmlɪs] *adj.* a) *(having no name, obscure)* namenlos; **a ~ grave** das Grab eines Unbekannten *od.* Namenlosen; b) *(not mentioned by name)* **a person who shall remain ~:** eine Person, die ungenannt bleiben soll; c) *(anonymous)* namenlos; anonym; **a ~ woman** eine namentlich nicht bekannte Frau; eine Unbekannte; d) *(abominable)* unaussprechlich; unsäglich *(geh.);* e) *(inexpressible)* unbeschreiblich

namely ['neɪmlɪ] *adv.* nämlich

name: ~-**part** *n.* Titelrolle, *die;* ~-**plate** *n.* Namensschild, *das;* ~-**sake** *n.* Namensvetter, *der*/-schwester, *die;* ~-**tag** *n.* Namensschild, *das;* ~-**tape** *n.* Namensschildchen, *das;* ≈ Wäschezeichen, *das*

Namibia [nəˈmɪbɪə] *pr. n.* Namibia *(das)*

nan [næn] *n. (child lang./coll.)* Omi, *die (Kinderspr.)*

nancy ['nænsɪ] *(sl.)* 1. *n.* ~ [**boy**] Tunte, *die (salopp).* 2. *adj.* tuntig *(salopp)*

nanny ['nænɪ] *n.* a) *(Brit.: nursemaid)* Kindermädchen, *das;* b) *(coll.: granny)* Großmama, *die (fam.);* c) *see* **nanny-goat**

'nanny-goat *n.* Ziege, *die;* Geiß, *die (südd., österr., schweiz., westmd.)*

¹nap [næp] 1. *n.* Schläfchen, *das (ugs.);* Nickerchen, *das (fam.);* **take** *or* **have a ~:** ein Schläfchen *od.* Nickerchen machen *od.* halten; **have an afternoon ~:** ein [Nach]mittagsschläfchen machen *od.* halten. 2. *v. i.,* -**pp**- dösen *(ugs.);* **catch sb. ~ping** *(fig.)* jmdn. überrumpeln

²nap *n. (of cloth)* Flor, *der*

³nap 1. *n.* a) **go ~** *(Cards)* die höchste Zahl von Stichen ansagen; *(fig.: risk everything)* alles auf eine Karte setzen; b) *(Horse-racing etc. coll.: tip)* Tip auf Sieg

napalm ['neɪpɑːm] *n.* Napalm, *das*

nape [neɪp] *n.* ~ [**of the neck**] Nacken, *der;* Genick, *das*

naphtha ['næfθə] *n.* Naphta, *das*

naphthalene ['næfθəliːn] *n.* Naphtalin, *das*

napkin ['næpkɪn] *n.* a) Serviette, *die;* b) *(Brit.: nappy)* Windel, *die;* c) *(waiter's)* Serviertuch, *das. See also* **sanitary napkin**

'napkin-ring *n.* Serviettenring, *der*

Naples ['neɪplz] *pr. n.* Neapel *(das)*

Napoleonic [nəpəʊlɪ'ɒnɪk] *adj.* napoleonisch; **the ~ Wars** die Napoleonischen Kriege
nappy ['næpɪ] *n. (Brit.)* Windel, *die;* **when you were still in nappies** als du noch in den Windeln gelegen hazt
narcissism [nɑːˈsɪsɪzm] *n., no pl. (Psych.)* Narzißmus, *der*
narcissistic [nɑːsɪˈsɪstɪk] *adj. (Psych.)* narzißtisch
narcissus [nɑːˈsɪsəs] *n., pl.* **narcissi** [nɑːˈsɪsaɪ] *or* **~es** *(Bot.)* Narzisse, *die*
narcosis [nɑːˈkəʊsɪs] *n., pl.* **narcoses** [nɑːˈkəʊsiːz] Betäubung, *die; (Med.: general anaesthesia)* Narkose, *die*
narcotic [nɑːˈkɒtɪk] 1. *n.* a) *(drug)* Rauschgift, *das;* **~s squad** Rauschgiftdezernat, *das;* b) *(active ingredient)* Betäubungsmittel, *das;* Narkotikum, *das (Med.);* *(fig.)* Narkotikum, *das;* Droge, *die.* 2. *adj.* a) narkotisch; **~ drug** Rauschgift, *das;* Betäubungsmittel, *das (Rechtsw.);* b) *(inducing drowsiness, fig.)* einschläfernd
nark [nɑːk] *(sl.)* 1. *n.* a) *(Brit.: informer)* Spitzel, *der (abwertend);* b) *(Brit.: policeman)* Bulle, *der (salopp).* 2. *v. t. (annoy)* stinken (+ *Dat.*) *(salopp);* **be ~ed [about sb./at or about sth.]** [auf jmdn./über etw. *(Akk.)*] sauer sein *(ugs.);* **that really got me ~ed** das hat mir echt gestunken *(salopp)*
narrate [nəˈreɪt] *v. t.* a) *(give account of)* erzählen; schildern ⟨*Ereignisse*⟩; b) kommentieren ⟨*Film*⟩; *abs.* erzählen
narration [nəˈreɪʃn] *n.* a) Erzählen, *das;* Erzählung, *die;* *(of events)* Schilderung, *die;* Schildern, *das;* b) *see* **narrative 1 a**
narrative [ˈnærətɪv] 1. *n.* a) *(tale, story)* Geschichte, *die;* Erzählung, *die;* b) *no pl. (kind of composition)* **be written in ~:** in Erzählform geschrieben sein; **writer of ~:** erzählender Autor; Erzähler, *der.* 2. *adj.* narrativ ⟨*Sprachw.*⟩; erzählerisch ⟨*Gabe, Talent*⟩; Erzähl⟨*kunst, -technik*⟩; **~ writer** Erzähler, *der*/Erzählerin, *die*
narrator [nəˈreɪtə(r)] *n.* Erzähler, *der*/Erzählerin, *die;* *(of film)* Kommentator, *der*/Kommentatorin, *die;* **first-/third-person ~** Ich-/Er-Erzähler, *der*
narrow [ˈnærəʊ] 1. *adj.* a) schmal; schmal geschnitten ⟨*Rock, Hose, Ärmel usw.*⟩; eng ⟨*Tal, Gasse*⟩; **the road became ~:** die Straße verschmälerte sich; b) *(limited)* eng; begrenzt, schmal ⟨*Auswahl*⟩; **in the ~est sense** im engsten Sinne; c) *(with little margin)* knapp ⟨*Sieg, Führung, Mehrheit*⟩; **have a ~ escape** mit knapper Not entkommen (**from** *Dat.*); **win by a ~ margin** knapp gewinnen; d) *(not tolerant)* spießig *(abwertend);* engstirnig *od.* spießig sein; **a ~ existence** ein Spießerdasein; e) *(restricted)* eng ⟨*Grenzen, Toleranz*⟩; klein, begrenzt ⟨*Freundeskreis*⟩; beengt ⟨*Verhältnisse*⟩; schmal ⟨*Einkommen*⟩; f) *(precise)* genau; gründlich, eingehend ⟨*Prüfung, Befragung*⟩. 2. *n. in pl. (of sea)* Meerenge, *die.* 3. *v. i.* sich verschmälern; ⟨*Augen, Tal*⟩ sich verengen; *(fig.)* [zusammen]schrumpfen; **the road ~s to one lane** die Straße wird einspurig. 4. *v. t.* verschmälern; *(fig.)* einengen; enger fassen ⟨*Definition*⟩; **~ one's eyes** die Augen zusammenkneifen; **~ the field** *(fig.)* eine Vorauswahl treffen
~ 'down 1. *v. t.* einengen, beschränken (**to** auf + *Akk.*). 2. *v. i.* sich reduzieren (**to** auf + *Akk.*); **the choice ~s down to two possibilities** es bleiben zwei Möglichkeiten [übrig]
narrow: ~ 'boat *n. (Brit.)* besonders schmales Binnenschiff; **~-gauge** *adj.* schmalspurig; Schmalspur-
narrowly [ˈnærəʊlɪ] *adv.* a) *(with little width)* schmal; b) *(only just)* knapp; mit knapper Not ⟨*entkommen*⟩; **he ~ escaped being run over by a car** er wäre um ein Haar

(ugs.) überfahren worden; **~ miss winning [the election/race]** [bei der Wahl/in dem Rennen] knapp unterliegen; c) *(closely)* genau; eng ⟨*auslegen*⟩
narrow: ~-'minded *adj.,* **~-mindedly** [ˈnærəʊˈmaɪndɪdlɪ] *adv.* engstirnig *(abwertend);* **~-mindedness** [ˈnærəʊˈmaɪndɪdnɪs] *n., no pl.* Engstirnigkeit, *die (abwertend);* **~-'shouldered** *adj.* schmalschultrig; **~'squeak** *see* **squeak 1 b**
narwhal [ˈnɑːwəl] *n. (Zool.)* Narwal, *der*
nary [ˈneərɪ] *adj. (coll./dial.)* **~ a ...:** kein einziger/keine einzige/kein einziges ...
NASA [ˈnæsə] *abbr. (Amer.)* **National Aeronautics and Space Administration** NASA, *die*
nasal [ˈneɪzl] 1. *adj.* a) *(Anat.)* Nasen-; näselnd; **speak in a ~ voice** durch die Nase sprechen; näseln; **have a ~ intonation** näselnd sprechen; näseln; *(Ling.)* nasal; Nasal-. 2. *n. (Ling.)* Nasal[laut], *der*
nasalize [ˈneɪzəlaɪz] *v. t. (Ling.)* nasalieren
nascent [ˈnæsnt] *adj.* a) *(literary: coming into existence)* werdend; im Entstehen begriffen; aufkommend, *(geh.)* aufkeimend ⟨*Hoffnung, Stolz*⟩; b) *(Chem.)* naszierend
nastily [ˈnɑːstɪlɪ] *adv.* a) *(disagreeably, unpleasantly)* scheußlich; b) *(ill-naturedly)* gemein; gehässig; ärgerlich ⟨*etwas sagen*⟩; **behave ~:** häßlich sein; c) *(disgustingly)* eklig; widerlich
nasturtium [nəˈstɜːʃəm] *n.* a) *(in popular use: garden plant)* Kapuzinerkresse, *die;* b) *(Bot.: cruciferous plant)* Brunnenkresse, *die*
nasty [ˈnɑːstɪ] 1. *adj.* a) *(disagreeable, unpleasant)* scheußlich ⟨*Geruch, Geschmack, Arznei, Essen, Wetter*⟩; gemein ⟨*Trick, Verhalten, Äußerung, Mensch*⟩; häßlich ⟨*Angewohnheit*⟩; **her ~ little ways** ihre kleinen Gemeinheiten; **that was a ~ thing to say/do** das war gemein *od.* eine Gemeinheit; **that's a ~ one** *(awkward question)* das ist vertrackt; *(injury)* das ist übel *od.* schlimm aus; **a ~ bit or piece of work** *(coll.) (man)* ein fieser Kerl *(ugs. abwertend); (woman)* ein fieses Weibstück *(ugs. abwertend); see also* **cheap 1 a**; b) *(ill-natured)* böse; **be ~ to sb.** häßlich zu jmdm. sein; **he has a ~ temper** er ist jähzornig; **cut up or turn ~** *(coll.)* eklig werden *(ugs.);* c) *(serious)* übel; böse ⟨*Verletzung, Husten usw.*⟩; schlimm ⟨*Krankheit, Husten, Verletzung, Wende*⟩; **that's a ~-looking wound** die Wunde sieht übel *od.* böse aus; **she had a ~ fall** sie ist übel *od.* böse gefallen; **He had to have his leg amputated – N~!** Sein Bein mußte amputiert werden – Das ist schlimm!; d) *(disgusting)* eklig; widerlich; **don't touch that, it's ~:** pfui, faß das nicht an! *(fam.);* nicht anfassen, das ist bä bä *(Kinderspr.);* e) *(obscene)* schweinisch *(ugs. abwertend);* **call sb. ~ names** jmdn. mit schweinischen Ausdrücken beschimpfen. 2. *n.* a) *(person)* Ekel, *das (ugs. abwertend);* Fiesling, *der (salopp abwertend);* b) *(thing)* ekliges Ding; *see also* **video nasty**
Nat. *abbr. (Polit.)* **Nationalist**
natal [ˈneɪtl] *adj.* Geburts-
natch [nætʃ] *adv. (coll.)* versteht sich *(ugs.);* logisch *(ugs.)*
nation [ˈneɪʃn] *n.* Nation, *die; (people)* Volk, *das;* **law of ~s** Völkerrecht, *das;* **throughout the ~:** im ganzen Land. *See also* **League of Nations; United Nations**
national [ˈnæʃənl] 1. *adj.* national; National⟨*flagge, -denkmal, -held, -theater, -tanz, -gericht, -charakter, -kirche, -ökonomie, -einkommen*⟩; Landes⟨*durchschnitt, -sprache*⟩; Volks⟨*wirtschaft, -charakter, -held*⟩; Staats⟨*sicherheit, -religion, -symbol*⟩; Rundfunkstation, Zeitung⟩ überregional ⟨*Streik*⟩; **the rose is the ~ flower of England** die Rose ist das Symbol Englands. 2. *n.* a) *(citizen)* Staatsbürger, *der*/-bürgerin, *die;* **foreign ~:** Aus-

länder, *der*/Ausländerin, *die;* b) *(fellow-countryman)* Landsmann, *der*/-männin, *die;* c) *usu. in pl. (newspaper)* überregionale Zeitung; [großes] überregionales Blatt; d) *(Brit.: horse-race)* **the N~:** das Grand National
national: ~ 'anthem *n.* Nationalhymne, *die;* **N~ As'sembly** *n.* Nationalversammlung, *die;* **N~ As'sistance** *n. (Brit. dated)* Sozialhilfe, *die;* **be on N~ Assistance** Sozialhilfe beziehen; **~ 'bank** *n. (Amer.)* Nationalbank, *die;* **~ 'call** *n. (Brit. Teleph.)* Inlandsgespräch, *das;* **~ con'vention** *n. (Amer.)* Nationalkonvent, *der;* ≈ Bundeskongreß, *der;* **~ 'costume** *n.* Nationaltracht, *die;* Landestracht, *die;* **N~ 'Debt** *see* **debt;** **'dress** *see* **costume;** **~ 'football** *n. (Austral.)* australischer Fußball; **~ 'Front** *n. (Brit.)* National Front, *die (britische Organisation mit extremen rechtsextremen Positionen z. B. in bezug auf die Einwanderungspolitik); attrib.* National-Front⟨*Mitglied, Slogan usw.*⟩; **~ 'grid** *n. (Brit.)* a) *(Electr.)* nationales Verbundnetz; **~ grid system** nationales Verbundsystem; b) *(Geog.)* nationales Gitternetz; **N~ 'Guard** *n. (Amer.)* Nationalgarde, *die;* **N~ 'Health [Service]** *n. (Brit.)* staatlicher Gesundheitsdienst; **he will have his teeth done on the N~ Health** er hat sich seine Zähne auf Kosten des staatlichen Gesundheitsdienstes in Ordnung bringen *od. (ugs.)* machen lassen; **N~ Health doctor/patient/spectacles** ≈ Kassenarzt, *der*/-patient, *der*/-brille, *die;* **~ 'holiday** *n.* Nationalfeiertag, *der;* *(statutory holiday)* gesetzlicher Feiertag; **N~ In'surance** *n. (Brit.)* Sozialversicherung, *die*
nationalisation, nationalise *see* **nationaliz-**
nationalism [ˈnæʃənlɪzm] *n.* Nationalismus, *der;* *(patriotism)* nationale Gesinnung; **feelings of ~:** nationale Gefühle
nationalist [ˈnæʃənlɪst] 1. *n.* Nationalist, *der*/Nationalistin, *die.* 2. *adj.* nationalistisch
nationalistic [næʃənlˈɪstɪk] *adj.* a) *(patriotic)* nationalistisch; b) *(national)* national
nationality [næʃəˈnælɪtɪ] *n.* a) Staatsangehörigkeit, *die;* Nationalität, *die (geh.);* **be of or have British ~:** britische Nationalität sein *(geh.);* die britische Staatsangehörigkeit haben; **what's his ~?** welche Staatsangehörigkeit hat er?; *(geh.)* b) *(ethnic group)* Nationalität, *die;* Volksgruppe, *die;* c) *(of ship, aircraft, company)* Nationalität, *die*
nationalization [næʃənlaɪˈzeɪʃn] *n.* a) *(bringing under state control)* Verstaatlichung, *die;* Nationalisierung, *die;* b) *(making national)* Nationalisierung, *die*
nationalize [ˈnæʃənlaɪz] *v. t.* a) *(bring under state control)* verstaatlichen, nationalisieren ⟨*Betriebe, Industriezweige*⟩; b) *(make national)* nationalisieren
nationally [ˈnæʃənlɪ] *adv.* als Nation; *(throughout the nation)* landesweit
national: ~ 'park *n.* Nationalpark, *der;* **N~ 'Savings** *n. pl. (Brit.)* Staatsschuldverschreibungen *Pl.;* **N~ Savings certificate** Sparkassengutschein, *der;* öffentlicher Sparbrief; **~ 'service** *n. (Brit.)* Wehrdienst, *der;* **do ~ service** seinen Wehrdienst ableisten; **N~ 'Socialist** *n.* Nationalsozialist, *der*/-sozialistin, *die; attrib.* nationalsozialistisch; **N~ 'Trust** *n. (Brit.)* nationale Einrichtung für Naturschutz und Denkmalpflege
nationhood [ˈneɪʃnhʊd] *n.* nationale Selbständigkeit
nation-wide 1. [ˈ---] *adj.* landesweit; national ⟨*Bedeutung*⟩. 2. [-ˈ-] *adv.* landesweit; im ganzen Land
native [ˈneɪtɪv] 1. *n.* a) *(of specified place)* **a ~ of Britain** ein gebürtiger Brite/eine gebürtige Britin; **speak English like a ~:** Eng-

native bear

lisch wie seine Muttersprache sprechen; **b)** *(indigenous person)* Eingeborene, *der/die;* **c)** *(local inhabitant)* Einheimische, *der/die;* **the ~s** die Einheimischen; die einheimische Bevölkerung; **d)** *(Zool., Bot.)* **be a ~ of a place** in einem Ort beheimatet *od.* heimisch sein; **e)** *(S. Afr.: Black)* Schwarze, *der/die.* **2.** *adj.* **a)** *(indigenous)* eingeboren; *(local)* einheimisch ⟨*Pflanze, Tier*⟩; **be a ~ American** gebürtiger Amerikaner/gebürtige Amerikanerin sein; **the ~ habitat of the zebra** die Heimat des Zebras; **~ inhabitant** Eingeborene/Einheimische, *der/die;* **b)** *(of one's birth)* Geburts-, Heimat⟨*land, -stadt*⟩; Vater⟨*land, -stadt*⟩ *(geh.);* Mutter⟨*sprache, -sprachler*⟩; heimatlich ⟨*Wälder*⟩; **one's ~ soil** die Heimaterde; **in his ~ France** in seiner Heimat Frankreich; **~ speaker** Muttersprachler, *der (fachspr.);* **he's not a ~ speaker of English** Englisch ist nicht seine Muttersprache; **c)** *(innate)* angeboren ⟨*Qualitäten, Schläue, Humor, Wissen*⟩; **d)** *(of the natives)* Eingeborenen-; **go ~:** die Lebensweise der Eingeborenen annehmen; **e)** *(Mining)* gediegen

native: **~ 'bear** *(Austral., NZ)* see **koala bear;** **~ 'rock** *n.* anstehendes Gestein; gewachsener Fels

nativity [nəˈtɪvɪtɪ] *n.* **a)** Geburt, *die;* **the N~ |of Christ|** die Geburt Christi; **b)** *(festival)* **the N~ of Christ** das Fest der Geburt Christi; **c)** *(picture)* Geburt Christi

na'tivity play *n.* Krippenspiel, *das*

NATO, Nato [ˈneɪtəʊ] *abbr.* **North Atlantic Treaty Organization** NATO, *die*

natter [ˈnætə(r)] *(Brit. coll.)* **1.** *v. i.* quatschen *(ugs.);* quasseln *(ugs.).* **2.** *n.* Schwatz, *der (fam.);* Schwätzchen, *das (fam.);* **have a bit of a ~:** ein bißchen quatschen *(ugs.);* ein Schwätzchen halten *(fam.)*

natterjack [ˈnætədʒæk] *n. (Zool.)* **|toad|** Kreuzkröte, *die*

nattily [ˈnætɪlɪ] *adv. (coll.)* schick; flott *(ugs.)*

natty [ˈnætɪ] *adj. (coll.)* **a)** *(spruce)* schick, *(ugs.)* flott ⟨*Kleidungs[stück]*⟩; **be a ~ dresser** immer schick *od.* flott angezogen sein; **b)** *(handy)* praktisch ⟨*Gerät, Werkzeug usw.*⟩

natural [ˈnætʃrəl] **1.** *adj.* **a)** *(existing in or by nature)* natürlich; Natur⟨*zustand, -begabung, -talent, -seide, -schwamm, -faser, -gewalt, -erscheinung*⟩; gediegen ⟨*Gold, Mineralien*⟩; naturgetreu ⟨*Wiedergabe, Darstellung*⟩; **the ~ world** die Natur[welt]; **in its ~ state** im ursprünglichen Zustand *od.* Naturzustand; **be a ~ blonde** naturblondes Haar haben; von Natur aus blond sein; **b)** *(normal)* natürlich; **it is ~ for dogs to fight** es ist natürlich, daß Hunde kämpfen; **it is ~ for you to think that** es ist klar, daß du das denkst; **die of** *or* **from ~ causes** eines natürlichen Todes sterben; **have a ~ tendency to ...:** naturgemäß dazu neigen, ... zu ...; **c)** *(unaffected)* natürlich ⟨*Art, Lächeln, Stil*⟩; **d)** *(destined)* natürlich ⟨*Feinde*⟩; **be a ~ artist** *etc.* ein geborener Künstler *usw.* sein; **e)** *(related by nature)* leiblich ⟨*Eltern, Kind usw.*⟩; natürlich *(Rechtsspr. veralt.)* ⟨*Kind*⟩; **f)** *(instinctive)* Natur⟨*recht*⟩; auf das Naturrecht gegründet ⟨*Gerechtigkeit*⟩. **2.** *n.* **a)** *(person naturally expert or endowed)* Naturtalent, *das;* **she's a ~ for the part** die Rolle ist ihr auf den Leib geschrieben; **he was a ~ for the job** er war der Mann für die Stelle; **b)** *(arch.: mentally deficient person)* Schwachsinnige, *der/die;* **c)** *(Mus.) (symbol)* Auflösungszeichen, *das;* *(note)* Stammton, *der;* *(white key on piano)* weiße Taste; **he played C sharp instead of C ~:** er hat cis statt c gespielt

natural: **~ 'childbirth** *n.* natürliche Geburt; **~ 'death** *n.* natürlicher Tod; **die a ~ death** eines natürlichen Todes sterben; **let the gossip die a ~ death** warten, bis sich das Gerede von selber legt; **~ 'food** *n.* naturreines Nahrungsmittel; **~ 'food[s|** Naturkost, *die;* **~ 'gas** see **gas 1 a;** **~ hi'storian** *n.* Naturkundler, *der/*-kundlerin, *die;* **~ 'history** *n.* **a)** *(study)* Naturkunde, *die; attrib.* Naturkunde-; naturkundlich ⟨*Museum*⟩; **b)** *(facts)* Naturgeschichte, *die*

naturalisation, naturalise see **naturaliz-**

naturalism [ˈnætʃrəlɪzm] *n.* Naturalismus, *der*

naturalist [ˈnætʃrəlɪst] *n.* **a)** Naturforscher, *der/*-forscherin, *die;* **b)** *(believer in naturalism)* Naturalist, *der/*Naturalistin, *die*

naturalistic [nætʃrəˈlɪstɪk] *adj.* naturalistisch

naturalization [nætʃrəlaɪˈzeɪʃn] *n. (admission to citizenship)* Einbürgerung, *die;* Naturalisierung, *die; attrib.* Einbürgerungs-

naturalize [ˈnætʃrəlaɪz] **1.** *v. t.* **a)** *(admit to citizenship)* einbürgern; naturalisieren; **b)** *(adopt)* übernehmen ⟨*Fremdwort, Sitte*⟩; **c)** *(introduce)* naturalisieren, einbürgern ⟨*Tiere, Pflanzen*⟩; **this plant has become ~d here** diese Pflanze wurde hier heimisch. **2.** *v. i.* eingebürgert werden

natural: **~ 'language** *n.* natürliche Sprache; **~-language programming** Programmieren in natürlicher Sprache; **~ 'law** *n.* Naturrecht, *das;* *(regularity)* Naturgesetz, *das;* **~ 'life** *n.* Erdenleben, *das (meist dichter., geh. od. veralt.);* **~ 'logarithm** *n.* natürlicher Logarithmus

naturally [ˈnætʃrəlɪ] *adv.* **a)** *(by nature)* von Natur aus ⟨*musikalisch, blaß, fleißig usw.*⟩; *(in a true-to-life way)* naturgetreu; *(with ease)* natürlich; *(in a natural manner)* auf natürliche Weise; **a ~ posed photograph** ein natürlich wirkendes Foto; **it comes ~ to her** es fällt ihr leicht; es liegt in ihrer Natur; **leadership comes so ~ to him** die Führungsrolle liegt ihm sehr; **lead ~ to sth.** naturgemäß zu etw. führen; **b)** *(of course)* natürlich

naturalness [ˈnætʃrəlnɪs] Natürlichkeit, *die*

natural: **~ 'note** *n.* Stammton, *der;* **~ 'number** *n. (Math.)* natürliche Zahl; **~ 'order** *n. (Biol.)* natürliche Kategorie; **~ phi'losopher** *n.* Naturphilosoph, *der/*-philosophin, *die;* **~ phi'losophy** *n.* **a)** *(physics)* Naturphilosophie, *die;* **b)** *(~ science)* die Naturwissenschaften; **~ re'ligion** *n.* natürliche Religion; **~ 'resources** *n. pl.* natürliche Ressourcen; Naturschätze *Pl.;* **~ 'scale** *n. (Mus.)* Grundskala, *die;* **~ 'science** *n.* **~ science, the ~ sciences** die Naturwissenschaften; **~ se'lection** *n. (Biol.)* natürliche Auslese

nature [ˈneɪtʃə(r)] *n.* **a)** Natur, *die;* **a gift from N~:** ein Geschenk der Natur; **balance of ~:** Gleichgewicht der Natur; **against** *or* **contrary to ~:** wider die Natur *od.* widernatürlich; **back to ~:** zurück zur Natur; **get back** *or* **return to ~:** zu einer natürlichen Lebensweise zurückkehren; **paint from ~:** nach der Natur malen; **in ~** *(actually existing)* in der Wirklichkeit; *(anywhere)* auf Erden; **one of ~'s gentlemen** ein geborener Gentleman; **one of ~'s innocents** die Unschuld selbst; **in a state of ~** *(undomesticated, uncultivated)* in der Wildform; *see also* **call 3 f; course 1 a; law h; b)** *(essential qualities)* Beschaffenheit, *die;* **in the ~ of things** naturgemäß; **it is in** *or* **by the |very| ~ of the case/of things** es liegt in der Natur der Sache/Dinge; **c)** *(kind, sort)* Art, *die;* **things of this ~:** derartiges; Dinge dieser Art; **or something of that ~:** oder etwas in der Art; **it's in** *or* **of the ~ of a command** es hat Befehlscharakter; **d)** *(character)* [Wesens]art, *die;* Wesen, *das;* **have a happy ~:** eine Frohnatur sein; **be of** *or* **have a placid ~:** eine ruhige Art haben; **have a jealous ~:** eifersüchtig sein; **it is not in her ~ to lie** es ist nicht ihre Art zu lügen; **be proud/friendly** *etc.* **by ~:** ein stolzes/freundliches *usw.* Wesen ha-

navigate

ben; **[human] ~:** menschliche Natur; **it's only human ~ to ...:** es ist nur menschlich, ... zu ...; *see also* **better 1; second nature; e)** *(inherent impulses)* Natur, *die;* **commit a sin/ crime against ~:** sich wider die Natur versündigen *(geh.);* **f)** *(person)* Natur, *die*

'nature cure *n.* Naturheilverfahren, *das*

-natured [ˈneɪtʃəd] *adj. in comb.* -artig; *see also* **good-natured; ill-natured**

nature: **~-'lover** *n.* Naturfreund, *der/*-freundin, *die;* **~ re'serve** *n.* Naturschutzgebiet, *das;* **~ 'study** *n.* Naturkunde, *die;* **~ 'trail** *n.* Naturlehrpfad, *der;* **~-'worshipper** *n.* Naturanbeter, *der/*-anbeterin, *die*

naturism [ˈneɪtʃərɪzm] *n. (nudism)* Naturismus, *der;* Freikörperkultur, *die*

naturist [ˈneɪtʃərɪst] *n. (nudist)* Naturist, *der/*Naturistin, *die;* FKK-Anhänger, *der/* FKK-Anhängerin, *die*

naught [nɔːt] *n. (arch./dial.)* **~ but** nur; **I care ~ for what they say** ich scher mich keinen Deut darum, was sie sagen; **bring to ~:** zunichte machen; **come to ~:** zunichte werden; **it matters ~:** es ist ohne Belang

naughtily [ˈnɔːtɪlɪ] *adv.* ungezogen, unartig ⟨*sich benehmen*⟩; frech *(etw. tun, bemerken)*

naughtiness [ˈnɔːtɪnɪs] *n.* Ungezogenheit, *die;* Unartigkeit, *die*

naughty [ˈnɔːtɪ] *adj.* **a)** *(disobedient)* unartig; ungezogen; **the dog has been ~ on the carpet** *(coll. euphem.)* der Hund hat auf den Teppich gemacht *(ugs.);* **you ~ boy/dog** du böser Junge/Hund; **b)** *(wicked)* keß; frech; *(indecent)* unanständig; **how ~ of him** das war aber frech *od.* keß von ihm; **~, ~!** du bist ja ein ganz Schlimmer!/eine ganz Schlimme!

nausea [ˈnɔːsɪə, ˈnɔːzɪə] *n.* **a)** Übelkeit, *die;* **even the idea fills me with ~:** schon beim bloßen Gedanken daran wird mir übel; **b)** *(fig.: disgust)* Ekel, *der,* Abscheu, *der* **(with, at** *vor + Dat.)*

nauseate [ˈnɔːsɪeɪt, ˈnɔːzɪeɪt] *v. t.* **a)** **~ sb.** in jmdm. Übelkeit erregen; **the smell ~d him** bei dem Geruch wurde ihm übel; **b)** *(fig.: disgust)* anekeln; anwidern

nauseating [ˈnɔːsɪeɪtɪŋ, ˈnɔːzɪeɪtɪŋ] *adj.* **a)** Übelkeit verursachend *od.* erregend; **b)** *(fig.: disgusting)* widerlich; ekelerregend ⟨*Anblick, Geruch, Essen*⟩; ekelhaft ⟨*Mensch*⟩

nauseatingly [ˈnɔːsɪeɪtɪŋlɪ, ˈnɔːzɪeɪtɪŋlɪ] *adv. (lit. or fig.)* widerlich

nauseous [ˈnɔːsɪəs, ˈnɔːzɪəs] *adj.* **a) she's ~:** ihr ist übel; **b)** *(fig.: nasty, disgusting)* widerlich

nautical [ˈnɔːtɪkl] *adj.* nautisch; seemännisch ⟨*Ausdruck, Können*⟩; **~ map** Seekarte, *die;* **be interested in ~ matters** sich für die Seefahrt interessieren

nautically [ˈnɔːtɪkəlɪ] *adv.* nautisch

nautical 'mile *n.* Seemeile, *die;* nautische Meile

nautilus [ˈnɔːtɪləs] *n., pl.* **~es** *or* **nautili** [ˈnɔːtɪlaɪ] *(Zool.)* Nautilus, *der*

naval [ˈneɪvl] *adj.* Marine-; Flotten⟨*parade, -abkommen*⟩; See⟨*schlacht, -macht, -streitkräfte*⟩; ⟨*Überlegenheit*⟩ zur See; **~ ship** Kriegsschiff, *das*

naval: **~ a'cademy** *n.* Marineakademie, *die;* **~ 'architect** *n.* Schiffsbauingenieur, *der;* **~ 'base** *n.* Flottenstützpunkt, *der;* **~ 'officer** *n.* Marineoffizier, *der;* **~ 'stores** *n. pl.* Schiffsvorräte *Pl.;* **~ 'warfare** *n.* Seekrieg, *der;* Krieg zur See

nave [neɪv] *n. (Archit.)* [Mittel-, Haupt-]schiff, *das*

navel [ˈneɪvl] *n.* Nabel, *der;* **contemplate one's ~** *(fig.)* Nabelschau halten *(ugs. abwertend)*

'navel orange *n.* Navelorange, *die*

navigable [ˈnævɪgəbl] *adj.* **a)** *(suitable for ships)* schiffbar; befahrbar; **b)** *(seaworthy)* seetüchtig ⟨*Schiff, Zustand*⟩; **c)** *(steerable)* lenkbar, steuerbar ⟨*Ballon, Luftschiff*⟩

navigate [ˈnævɪgeɪt] **1.** *v. t.* **a)** *(sail on)* be-

473

navigation

schiffen *(veralt.)*, befahren ⟨*Kanal, Fluß, Gewässer*⟩; **b)** *(direct course of)* navigieren ⟨*Schiff, Flugzeug*⟩; **c)** *(fig.)* ~ **one's way to the bar** sich *(Dat.)* einen Weg zur Bar bahnen. **2.** *v.i.* **a)** *(in ship, aircraft)* navigieren; **b)** *(assist driver)* den Lotsen spielen *(ugs.)*; franzen *(Rallyesport)*; **you drive, I'll ~**: du fährst, und ich dirigiere *od.* lotse dich

navi'gation [nævɪˈgeɪʃn] *n.* **a)** *(navigating)* Navigation, *die*; Navigieren, *das*; *(sailing on river etc.)* Befahren, *das*; *(assisting driver)* Dirigieren, *das*; Lotsen, *das*; Franzen, *das (Rallyesport)*; **I'm relying on you to do the ~**: ich verlasse mich darauf, daß du mich richtig dirigierst; **b)** *(art, science)* Navigation, *die*; **c)** *(voyage)* Fahrt, *die*; Reise, *die*

navi'gation lights *n. pl. (Naut.)* Lichter; *(Aeronaut.)* Kennlichter

navigator [ˈnævɪgeɪtə(r)] *n.* **a)** *(one skilled in navigation)* Navigator, *der*/Navigatorin, *die*; **his co-driver was acting as ~**: sein Beifahrer dirigierte *od.* lotste ihn; **b)** *(sea explorer)* Seefahrer, *der*

navvy [ˈnævɪ] *(Brit.)* **1.** *n. (labourer)* Bau-/Straßenarbeiter, *der*. **2.** *v.i.* Bau-/Straßenarbeiter sein

navy [ˈneɪvɪ] *n.* **a)** [Kriegs]marine, *die*; *(ships also)* [Kriegs]flotte, *die*; *see* **navy blue**

navy: ~ '**blue** *n.* Marineblau, *das*; **~-blue** *adj.* marineblau; **N~ Department** *n. (Amer.)* Marineministerium, *das*; **N~ List** *n. (Brit.)* Rangliste der Marine; **~ yard** *n. (Amer.)* Marinewerft, *die*

nay [neɪ] **1.** *adv.* **a)** *(literary: or rather)* ja [sogar]; **b)** *(arch./dial.: no)* nein. **2.** *n.* **a)** *(negative vote)* Neinstimme, *die*; **b)** *(arch./dial.: no)* Nein, *das*. *See also* **yea 2**

Nazi [ˈnɑːtsɪ] **1.** *n.* **a)** *(party member)* Nationalsozialist, *der*/-sozialistin, *die*; Nazi, *der*; **b)** *(fig. derog.)* Faschist, *der*/Faschistin, *die (abwertend)*; Nazi, *der (abwertend)*. **2.** *adj.* **a)** nazistisch; Nazi-; **b)** *(fig. derog.)* faschistisch *(abwertend)*; Nazi- *(abwertend)*

Naziism [ˈnɑːtsɪɪzm], **Nazism** [ˈnɑːtsɪzm] *n.* Nazismus, *der*

NB *abbr.* **nota bene** NB

NCO *abbr.* **non-commissioned officer** Uffz.

NE *abbr.* **a)** [nɔːˈθiːst] **north-east** NO; **b)** [ˌnɔːθiːstən] **north-eastern** nö.

Neanderthal [nɪˈændətɑːl] *adj.* Neandertaler-; *(fig.)* neandertalerhaft; ~ **man** Neandertaler, *der*

neap [niːp] *see* **neap-tide**

Neapolitan [nɪəˈpɒlɪtn] **1.** *n.* Neapolitaner, *der*/Neapolitanerin, *die*. **2.** *adj.* Neapolitaner; neapolitanisch

'neap-tide *n.* Nipptide, *die*

near [nɪə(r)] **1.** *adv.* **a)** *(at a short distance)* nah[e]; **stand/live [quite] ~:** [ganz] in der Nähe stehen/wohnen; **come** *or* **draw ~/~er** ⟨*Tag, Zeitpunkt:*⟩ nahen/näherrücken; **take the one ~est to you** nimm das das nächste liegende; **get ~er together** näher zusammenrücken; **~ at hand** in Reichweite *(Dat.)*; ⟨*Ort*⟩ ganz in der Nähe; **be ~ at hand** ⟨*Ereignis:*⟩ nahe bevorstehen; **~ by** in der Nähe; **so ~ and yet so far** so nah und doch so fern; **b)** *(closely)* **it is 7.10** *or* **as ~ as makes no difference** *or* **matter** es ist ziemlich genau *od.* fast 7.10 Uhr; **as ~ as I can judge** soweit ich es beurteilen kann; **so, but ~ enough** nein, aber beinah[e] *od.* fast; **c)** ~ **to = 2 a, b, c**; **he came ~ to being the winner/to tears** er hätte fast *od.* beinah[e] gewonnen/war den Tränen nahe; **we were ~ to being drowned** wir wären fast *od.* beinah[e] ertrunken. **2.** *prep.* **a)** *(in space) (position)* nahe an/bei (+ *Dat.*); *(motion)* nahe an (+ *Akk.*); *(fig.)* nahe *(geh.)* nachgestellt (+ *Dat.*), in der Nähe (+ *Gen.*); **go ~ the water's edge** nahe ans Ufer gehen; **keep ~ me** halte dich *od.* bleib in meiner Nähe; **~ where ...**: in der Nähe *od.* unweit der Stelle *(Gen.)*, wo ...; **move it ~er her** rücke es näher

474

zu ihr; **I won't go ~ the police** *(fig.)* ich gehe der Polizei aus dem Weg; **don't stand so ~ the fire** geh nicht so nahe *od.* dicht an das Feuer; **when we got ~er Oxford** als wir in die Nähe von Oxford kamen; **wait till we're ~er home** warte bis wir nicht mehr so weit von zu Hause weg sind; **don't come ~ me** komm mir nicht zu nahe; **it's ~ here** es ist hier in der Nähe; **the man ~/~est you** der Mann, der bei dir/der dir am nächsten steht; **b)** *(in quality)* **nobody comes anywhere ~ him** at swimming im Schwimmen kommt bei weitem keiner an ihn heran; **we're no ~er solving the problem** wir sind der Lösung des Problems nicht nähergekommen; **be very ~ the original** dem Original sehr nahe kommen; **be ~ completion** kurz vor der Vollendung stehen; **c)** *(in time)* **it's getting ~ the time when I must leave** der Zeitpunkt, wo ich gehen muß, rückt näher; **ask me again ~er the time** frag mich, wenn der Zeitpunkt etwas näher gerückt ist, noch einmal; **the Monday ~est Christmas** der Montag, der dem Weihnachten am nächsten liegt; **it's drawing ~ Christmas** es geht auf Weihnachten zu; **come back ~er 8 o'clock/the appointed time** komm kurz vor 8 Uhr/dem verabredeten Zeitpunkt noch einmal zurück; **~ the end/the beginning of sth.** gegen Ende/zu Anfang einer Sache *(Gen.)*; **d)** *in comb. (close in nature)* Beinahe⟨*unfall, -zusammenstoß, -katastrophe*⟩; **~-hysterical/-human** fast hysterisch/menschlich; **a state of ~-panic** ein panikähnlicher Zustand; **be in a state of ~-collapse** kurz vor dem Zusammenbruch stehen; **a ~-miracle** fast *od.* beinahe ein Wunder; **~-famine conditions** Zustände, in der man fast von einer Hungersnot. *See also* **heart 1b; knuckle c; nowhere1 c;** ¹**wind 1a. 3.** *adj.* **a)** *(in space or time)* nahe; **in the ~ future** in nächster Zukunft; **the ~est man** der am nächsten stehende Mann; **the chair is ~ the** *(obj.)* Stuhl steht näher; **our ~ neighbours** unsere nächsten Nachbarn; **b)** *(closely related)* nahe ⟨*Verwandte, Freunde*⟩; eng ⟨*Freund*⟩; **~ and dear** lieb und teuer; *abs.* **my/your etc. ~est and dearest** meine/deine *usw.* Lieben; **c)** *(in nature)* fast richtig ⟨*Vermutung*⟩; genau ⟨*Übersetzung*⟩; **£30** *or* **~/~est offer** 30 Pfund oder nächstbestes Angebot; **this is the ~est equivalent** dies entspricht dem am ehesten; **that's the ~est you'll get to an answer** eine weitergehende Antwort wirst du nicht bekommen; **b)** *(escape)* Entkommen mit knapper Not; **round it up to the ~est penny** runde es auf den nächsthöheren Pfennigbetrag; **I had a ~ miss** *(accident)* ich hätte um Haaresbreite einen Unfall gehabt; **that was a ~ miss** *(escape)* das war aber knapp!; **d)** **the ~ side** *(Brit.) (travelling on the left/right)* die linke/rechte Seite; **e)** *(direct)* **4 miles by the ~est road** 4 Meilen auf dem kürzesten Wege. **4.** *v.t.* sich nähern (+ *Dat.*); **the building is ~ing completion** das Gebäude geht seiner Vollendung entgegen *od.* steht kurz vor seiner Vollendung; **he's ~ing his end** sein Ende naht. **5.** *v.i.* ⟨*Zeitpunkt:*⟩ näherrücken, *(geh.)* nahen

'nearby *adv.* in der Nähe gelegen

Near: ~ '**East** *n. (see)* Middle East; **b)** *(arch.: Turkey and Balkans)* Balkan, *der*; ~ '**Eastern** *adj.* nahöstlich

nearly [ˈnɪəlɪ] *adv.* **a)** *(almost)* fast; **it ~ fell over** es wäre fast umgefallen; **be ~ crying** *or* **in tears** den Tränen nahe sein; **it is ~ six o'clock** es ist kurz vor sechs Uhr; **are you ~ ready?** bist du bald fertig?; **b)** *(closely)* nah[e] ⟨*verwandt*⟩; sehr ⟨*ähneln*⟩; weitgehend ⟨*sich entsprechen*⟩; **~ (at all)** **not ~:** nicht annähernd; bei weitem nicht

nearness [ˈnɪənɪs] *n., no pl.* **a)** *(proximity)* Nähe, *die*; **their ~ in age** der geringe Alters-

necessity

unterschied zwischen ihnen; **b)** *(similarity)* große Ähnlichkeit

near: ~-**'sighted** *adj. (Amer.)* kurzsichtig; ~ **'thing** *n.* **that was a ~ thing/what a ~ thing [that was]!** das war knapp!/war das aber knapp!

neat [niːt] *adj.* **a)** *(tidy, clean)* sauber, ordentlich ⟨*Handschrift, Arbeit*⟩; gepflegt ⟨*Haar, Person*⟩; **keep one's desk ~:** auf seinem Schreibtisch Ordnung halten; **b)** *(undiluted)* pur ⟨*Getränk*⟩; **she drinks vodka ~:** sie trinkt Wodka pur; **c)** *(smart)* gepflegt ⟨*Erscheinung, Kleidung*⟩; elegant, schick ⟨*Anzug, Auto, Haus*⟩; **d)** *(deft)* geschickt; raffiniert ⟨*Diebstahl, Trick, Plan, Lösung, Gerät*⟩; **make a ~ job of sth./repairing sth.** etw. sehr geschickt machen/reparieren; **e)** *(brief, clear)* prägnant ⟨*Beschreibung, Antwort, Formulierung*⟩; **f)** *(esp. Amer. sl.: excellent)* toll *(ugs. Jugendspr. salopp)*

neath [niːθ] *prep. (arch./poet.)* unter (+ *Dat.*); nid (+ *Dat.*) *(schweiz. veralt.)*

neatly [ˈniːtlɪ] *adv.* **a)** *(tidily)* ordentlich; [fein] säuberlich; **b)** *(smartly)* gepflegt; ~ **groomed** äußerst gepflegt; **c)** *(deftly)* geschickt; auf raffinierte [Art und] Weise; **d)** *(briefly, clearly)* prägnant; **a ~ turned phrase** eine prägnante Formulierung

neatness [ˈniːtnɪs] *n., no pl. see* **neat a, c, e:** Sauberkeit, *die*; Ordentlichkeit, *die*; Gepflegtheit, *die*; Eleganz, *die*; Geschick, *das*; Geschicktheit, *die*; Raffiniertheit, *die*; Prägnanz, *die*

nebula [ˈnebjʊlə] *n., pl.* **~e** [ˈnebjʊliː] *or* **~s** *(Astron.)* Nebel, *der*

nebular [ˈnebjʊlə(r)] *adj. (Astron.)* Nebel-

nebulous [ˈnebjʊləs] *adj.* **a)** *(hazy)* nebelhaft; *(geh.)* nebulös ⟨*Vorstellung, Werte*⟩; verschwommen ⟨*Grenze*⟩; unbestimmt, vage ⟨*Angst, Hoffnung*⟩; **b)** *(cloudlike)* wolkenartig ⟨*Form*⟩

necessarily [ˈnesɪsərɪlɪ] *adv.* notwendigerweise; zwangsläufig; **it is not ~ true** es muß nicht [unbedingt] stimmen; **Do we have to do it? Not ~:** Müssen wir es tun? – Nicht unbedingt

necessary [ˈnesɪsərɪ] **1.** *adj.* **a)** *(indispensable)* nötig, notwendig, unbedingt ⟨*Erfordernis*⟩; **be ~ to life** notwendig sein; **patience is ~ for a teacher** ein Lehrer muß Geduld haben; **it is not ~ for you to go** es ist nicht nötig *od.* notwendig, daß du gehst; du brauchst nicht *od.* mußt nicht gehen; **it may be ~ for him to leave** vielleicht muß er gehen; **they made it ~ for him to attend** ihretwegen mußte er hingehen; **do no more than is ~:** nur das Nötigste tun; **do everything ~** *(that must be done)* Nötige tun; **b)** *(inevitable)* zwangsläufig ⟨*Ergebnis, Folge*⟩; zwingend ⟨*Schluß*⟩; **c)** **a ~ evil** ein notwendiges Übel. **2.** *n.* **the necessaries of life** das Lebensnotwendige; **will he come up with the ~?** *(sl.: money)* wird er die Kohle auftreiben? *(salopp)*; **will you do the ~?** kümmerst du dich drum?

necessitate [nɪˈsesɪteɪt] *v.t.* **a)** *(make necessary)* erforderlich sein; **b)** *(Amer.: force)* zwingen; nötigen; **be ~d to do sth.** gezwungen *od.* genötigt sein, etw. zu tun

necessitous [nɪˈsesɪtəs] *adj. (formal)* bedürftig

necessity [nɪˈsesɪtɪ] *n.* **a)** *(power of circumstances)* Not, *die*; äußerer Zwang; **bow to ~:** der Not gehorchen *(geh.)*; **do sth. out of** *or* **from ~:** etw. notgedrungen *od.* gezwungenermaßen tun; **make a virtue of ~:** aus der Not eine Tugend machen; **of ~:** notwendigerweise; **b)** *(necessary thing)* Notwendigkeit, *die*; **the necessities of life** das Lebensnotwendige; **be a ~ of life** lebensnotwendig sein; **be a ~ for sth.** notwendige Voraussetzung für etw. sein; **c)** *(indispensability, imperative need)* Notwendigkeit, *die*; **there is no ~ for rudeness** es besteht keine Notwendigkeit *od.* es ist nicht

neck [nek] 1. *n.* a) Hals, *der;* **be breathing down sb.'s ~** *(fig.) (be close behind sb.)* jmdm. im Nacken sitzen *(ugs.);* (watch sb. closely) jmdm. ständig auf die Finger sehen; **get it in the ~** *(coll.)* eins auf den Deckel *od.* das Dach kriegen *(ugs.);* **be** *od.* **come down on sb.'s ~** *(coll.)* jmdm. eins auf den Deckel *od.* aufs Dach geben *(ugs.);* **give sb./be a pain in the ~** *(coll.)* jmdm. auf die Nerven gehen *od.* den Wecker gehen *(ugs.);* **have sb. round one's ~** *(coll.)* jmdn. auf dem *od.* am Hals haben *(ugs.);* **you'll bring the police down on our ~s** wir werden deinetwegen die Polizei an den Hals kriegen *(ugs.);* **break one's/sb.'s ~** *(fig. coll.)* sich/jmdm. den Hals brechen; **risk one's ~:** Kopf und Kragen riskieren; **save one's ~:** seinen Kopf retten; **be up to one's ~ in work** *(coll.)* bis über den Hals in Arbeit stecken *(ugs.);* **be [in it] up to one's ~** *(coll.)* tief im Hals drinstecken *(ugs.);* **~ and ~:** Kopf an Kopf; **~ or nothing** alles oder nichts; **it's [a matter of], see also dead 1 a ; millstone; stick out 1 a; b)** *(length)* Halslänge, *die; (fig.)* Nasenlänge, *die;* **short ~** *(Horse-racing)* kurze Halslänge; c) *(cut of meat)* Hals, *der;* **of lamb/mutton** *etc.* Lammfleisch/Hammelfleisch *usw.* vom Hals; d) *(part of garment)* Kragen, *der;* **that dress has a high ~:** das Kleid ist hochgeschlossen; e) *(narrow part)* Hals, *der;* f) *(Geog.: isthmus)* Landenge, *die;* **~ of land** Landzunge, *die;* g) **~ of the woods** *(coll.)* Breiten *Pl.* 2. *v. i. (sl.)* knutschen *(ugs.)*

neck: ~**band** *n.* Halsbündchen, *das;* ~**cloth** *n. (Hist.)* Halstuch, *das*

-necked [nekt] *adj. in comb.* **red/long-~:** rot-/langhalsig; **polo-~:** Rollkragen-

neckerchief ['nekətʃɪf] *n.* Halstuch, *das*

necklace ['neklɪs] *n.* [Hals]kette, *die; (with jewels)* Kollier, *das*

neck: ~**line** *n.* [Hals]ausschnitt, *der;* ~**tie** *n.* Krawatte, *die;* Binder, *der*

necromancy ['nekrəmænsɪ] *n.* Nekromantie, *die*

necrophilia [nekrə'fɪlɪə] *n.* Nekrophilie, *die*

necrosis [ne'krəʊsɪs] *n., pl.* **necroses** [ne-'krəʊsiːz] *(Med.)* Nekrose, *die*

nectar ['nektə(r)] *n.* a) *(Bot., Greek and Roman Mythol.)* Nektar, *der;* b) *(delicious drink)* Göttertrank, *der (scherzh.); (fruit of blended fruit-juices)* Nektar, *der (fachspr.)*

nectarine ['nektərɪn, 'nektəriːn] *n.* Nektarine, *die*

nectary ['nektərɪ] *n. (Bot.)* Nektarium, *das (fachspr.);* Honigdrüse, *die*

NEDC *abbr. (Brit. Hist.)* **National Economic Development Council** Rat für Wirtschaftsentwicklung

neddy ['nedɪ] *n. (child lang.: donkey)* Esel, *der;* Langohr, *das (scherzh.)*

née *(Amer.:* **nee**) [neɪ] *adj.* geborene

need [niːd] 1. *n.* a) *no pl.* Notwendigkeit, *die* **(for,** *of Gen.);* *(demand)* Bedarf, *der* **(for,** *of* an + *Dat.);* **as the ~ arises** nach Bedarf; **if ~ arise/be** nötigenfalls; falls nötig; **the ~ for discussion** die Notwendigkeit zu diskutieren; **there's no ~ for that** *(as answer)* [das ist] nicht nötig; **there's no ~ to do sth.** es ist nicht nötig *od.* notwendig, etw. zu tun; **there is no ~ to worry/get angry** es besteht kein Grund zur Sorge/sich zu ärgern; **is there any ~ [for us] to hurry?** müssen wir uns beeilen?; **there was a ~ for caution** Vorsicht war geboten; **be in ~ of sth.** etw. brauchen *od.* nötig haben; **there is no ~ for such behaviour** solch ein Verhalten ist unnötig; **is there any ~ for all this hurry?** ist diese Eile nötig *od.* notwendig?; **there's no ~ for you to apologize** du brauchst dich nicht zu entschuldigen; **feel the ~ to do sth.** sich gezwungen *od.* genötigt sehen, etw. zu tun; **feel the ~ to confide in sb.** das Bedürfnis haben, sich jmdm. anzuvertrauen; **have ~ to do sth.** *(dated)* es nötig haben, etw. zu tun; **be badly in ~ of sth.** etw. dringend nötig haben; etw. nötig brauchen; **be in ~ of a coat of paint** einen Anstrich nötig haben; **be in ~ of repair** reparaturbedürftig sein; **have ~ of sb./sth.** jmdn./etw. brauchen *od.* nötig haben; **your ~ is greater than mine** du hast es nötiger als ich; b) *no pl. (emergency)* Not, *die;* **in case of ~:** im Notfall; **in times of ~:** in Notzeiten; *see also* **friend a;** c) *no pl. (destitution)* Not, *die;* Bedürftigkeit, *die;* **those in ~:** die Notleidenden *od.* Bedürftigen; d) *(thing)* Bedürfnis, *das;* **my ~s are few** ich brauche nicht viel; **each will receive according to his ~s** jeder bekommt, was er braucht. 2. *v. t.* a) *(require)* brauchen; **sth. that urgently ~s doing** etw., was dringend gemacht werden muß; **much ~ed** dringend notwendig; **that's all I ~ed!** *(iron.)* auch das noch!; das hat mir gerade noch gefehlt!; **it ~s a coat of paint** es muß gestrichen werden; **it ~s careful consideration** es muß gut überlegt werden; **~ correction** berichtigt werden müssen; **Education: Who ~s it?** *(coll.)* Bildung? Wozu?; b) *expr. necessity* müssen; **I ~ to do it** ich muß es tun; **it needs/doesn't need to be done** es muß getan werden/es braucht nicht getan zu werden; **you don't need to do that** du brauchst das nicht zu tun; **I don't ~ to be reminded** du brauchst mir nicht mich nicht daran zu erinnern; **it ~ed doing** es mußte getan werden; **he ~s cheering up** er muß [ein bißchen] aufgeheitert werden; **he doesn't ~ to be told** das braucht man ihm nicht erst zu sagen; **you shouldn't ~ to be told** das solltest *od.* müßtest du eigentlich wissen; **it doesn't ~ 'me to tell you** das muß ich dir nicht sagen; **he ~s everything [to be] explained to her** man muß ihr alles erklären; **you ~ only ask** du brauchst nur zu fragen; **don't be away longer than you ~ [be]** bleib nicht länger als nötig weg; c) *pres.* **he ~,** *neg.* **~ not** *or (coll.)* **~n't** ['niːdnt] *expr. possibility* müssen; *with neg.* brauchen zu; **~ anybody be there?** muß jemand dort sein?; **~ I say more?** muß ich noch mehr sagen?; **~ she have come at all?** hätte sie überhaupt kommen müssen?; **N~ you go? – No, I ~n't** Mußt du gehen? – Nein; **I ~ hardly** *or* **hardly ~ say that ...:** ich brauche wohl kaum zu sagen, daß ...; **I don't think that ~ be considered** ich glaube, das braucht nicht berücksichtigt zu werden; **no one ~ know this** das braucht niemand zu wissen; **he ~n't be told** *(let's keep it secret)* das braucht er nicht zu wissen; **we ~n't or ~ not have done it, if ...** wir hätten es nicht zu tun brauchen, wenn ...; **it ~ not follow that ...:** daraus folgt nicht unbedingt, daß ...; daraus muß nicht [unbedingt] folgen, daß ...; **that ~ not be the case** das muß nicht so sein *od.* der Fall sein

needful ['niːdfl] *adj. (arch.)* nötig; **it is ~ to do it** es ist vonnöten *od. (geh., veralt.)* tut not, daß es getan wird; **everything/the ~:** alles/das Nötige

needle ['niːdl] 1. *n.* Nadel, *die;* **it is like looking/searching for a ~ in a haystack** es ist, als wollte man eine Stecknadel in einem Heuhaufen finden; **~ and thread** *or* **cotton** Nadel und Faden, *die;* **~'s eye** Nadelöhr, *das;* **give sb. the ~** *(Brit. sl.)* jmdn. ärgern; **get the ~** *(Brit. sl.)* sich ärgern; *see also* **pin 1 a.** 2. *v. t. (coll.)* ärgern; nerven *(ugs.);* **what's needling him?** was fuchst ihn [denn so]? *(ugs.)*

needle: ~**cord** *n. (Textiles)* Feinkord, *der;* ~**craft** *n.* Nadelarbeit, *die;* **~ game, ~ match** *ns. (Brit.)* erbitterter Fight *(Sportjargon);* ~**-point** *ns.* a) *(seamstress) (fig.)* springender Punkt; b) *(embroidery)* Stickerei, *die*

needless ['niːdlɪs] *adj.* unnötig; *(senseless)* sinnlos; **~ to say** *or* **add, he didn't do it** überflüssig zu sagen, daß er es nicht getan hat

needlessly ['niːdlɪslɪ] *adv.* unnötigerweise; *(senselessly)* sinnlos

needle: ~ **valve** *n. (Mech. Engin.)* Nadelventil, *das;* ~**woman** *n.* Näherin, *die;* **be a good/bad ~woman** gut nähen [können]/schlecht nähen *od.* nicht nähen können; ~**work** *n.* Handarbeit, *die;* Nadelarbeit, *die (veralt.); (school subject)* Handarbeiten, *das;* Nadelarbeit, *die (veralt.);* **do ~work** handarbeiten; **a piece of ~work** eine Handarbeit

needn't ['niːdnt] *(coll.)* = **need not;** *see* **need 2 c**

needs [niːdz] *adv. (dated)* **~ must when the devil drives** *(prov.)* was sein muß, muß sein; **if ~ must** wenn es [unbedingt] sein muß *od.* nötig ist

needy ['niːdɪ] *adj.* a) *(poor)* notleidend, bedürftig ⟨*Person, Familie*⟩; **the neediest cases** die schlimmsten Fälle von Bedürftigkeit; **the ~:** die Notleidenden *od.* Bedürftigen; b) ärmlich, dürftig ⟨*Verhältnisse*⟩

ne'er [neə(r)] *adv. (poet.: never)* nimmer *(geh. veralt.);* nie; **~ a ...:** kein einziger/keine einzige/kein einziges ...

ne'er-do-well ['neədəwel] 1. *n.* Tunichtgut, *der.* 2. *adj.* nichtsnutzig *(veralt. abwertend);* **~ fellow** Tunichtgut, *der*

nefarious [nɪ'feərɪəs] *adj.* ruchlos *(geh.);* frevelhaft *(geh.)*

negate [nɪ'geɪt] *v. t.* a) *(formal: be negation of)* widersprechen (+ *Dat.);* b) *(nullify)* zunichte machen; c) *(Ling.)* negieren *(fachspr.);* verneinen

negation [nɪ'geɪʃn] *n.* a) *(refusal to accept)* Ablehnung, *die;* *(refusal to accept existence of sth.)* Verleugnung, *die;* b) *(negative statement)* negative Aussage; **be in ~ to sth.** im Widerspruch zu etw. stehen; c) *(opposite of sth. positive)* Negation, *die;* d) *(Ling.)* Negation, *die (fachspr.);* Verneinung, *die*

negative ['negətɪv] 1. *adj.* a) negativ; **~ vote** Neinstimme, *die;* b) *(Ling.)* verneint; Negations⟨*partikel*⟩; c) *(Electr.)* **~ pole/terminal** Minuspol, *der;* d) *(Photog.)* negativ; Negativ-. *See also* **feedback b.** 2. *n.* a) *(Photog.)* Negativ, *das;* b) *(negative statement)* negative Aussage; *(answer)* Nein, *das;* **two ~s make an affirmative** doppelte Verneinung ergibt Bejahung; **be in the** ⟨*Antwort:*⟩ negativ *od.* „nein" sein; ⟨*Votum:*⟩ ablehnend ausfallen; c) *(negative quality)* negative Eigenschaft; fehlende Eigenschaft; d) *(Ling.)* Negation, *die (fachspr.);* Verneinung, *die.* 3. *v. t.* a) *(veto)* ablehnen; b) *(disprove)* widerlegen

negatively ['negətɪvlɪ] *adv.* a) *(in the negative)* negativ; **answer ~:** eine negative Antwort geben; b) *(unsympathetically)* negativ; ablehnend; c) *(Electr.)* negativ

'negative sign *n. (Math.)* negatives Vorzeichen; *(symbol)* Minuszeichen, *das*

neglect [nɪ'glekt] 1. *v. t.* a) *(disregard, leave uncared for)* vernachlässigen; nicht hören auf (+ *Akk.*) ⟨*Rat*⟩; versäumen ⟨*Gelegenheit*⟩; b) *(leave undone)* unerledigt lassen, liegenlassen ⟨*Korrespondenz, Arbeit*⟩; c) *(omit)* versäumen; **she ~ed to write** sie hat es versäumt zu schreiben; **not ~ doing** *or* **to do sth.** es nicht versäumen, etw. zu tun. 2. *n.* a) *(neglecting, disregard)* Vernachlässigung, *die;* **be in a state of ~** ⟨*Gebäude:*⟩ verwahrlost sein; **years of ~** jahrelange Vernachlässigung; **suffer from ~** vernachlässigt werden; **~ of duty** Pflichtvergessenheit, *die;* b) *(negligence)* Nachlässigkeit, *die;* Fahrlässigkeit, *die*

475

neglectful [nɪˈglektfl] *adj. (careless)* gleichgültig (of gegenüber); **be ~ of** sich nicht kümmern um
négligé, negligee [ˈneglɪʒeɪ] *n.* Negligé, *das*
negligence [ˈneglɪdʒəns] *n., no pl. (carelessness)* Nachlässigkeit, *die; (Law, Insurance, etc.)* Fahrlässigkeit, *die; see also* **contributory a**
negligent [ˈneglɪdʒənt] *adj.* a) nachlässig; **be ~ about sth.** sich um etw. nicht kümmern; **be ~ of one's duties/sb.** seine Pflichten/jmdn. vernachlässigen; b) *(offhand)* ungezwungen, zwanglos
negligently [ˈneglɪdʒɪblɪ] *adv.* a) nachlässig ⟨*arbeiten*⟩; unvorsichtig ⟨*fahren*⟩; *as sentence-modifier* nachlässigerweise/unvorsichtigerweise; b) *(in an offhand manner)* lässig
negligible [ˈneglɪdʒɪbl] *adj.* unerheblich; unbedeutend ⟨*Fehler*⟩; *see also* **quantity e**
negotiable [nɪˈgəʊʃəbl] *adj.* a) *(open to discussion)* verhandlungsfähig ⟨*Forderung, Bedingungen*⟩; b) *(that can be got past)* zu bewältigend *nicht präd.;* zu bewältigen *nicht attr.;* passierbar ⟨*Straße, Fluß*⟩; c) *(Commerc.)* übertragbar ⟨*Sicherheit, Scheck usw.*⟩
negotiate [nɪˈgəʊʃieɪt] 1. *v. i.* verhandeln **(for, on, about** über + *Akk.*); **the negotiating table** der Verhandlungstisch. 2. *v. t.* a) *(arrange)* aushandeln; b) *(get past)* bewältigen; überwinden ⟨*Hindernis*⟩; passieren ⟨*Straße, Fluß*⟩; nehmen ⟨*Kurve*⟩; **~ the stairs** die Treppe schaffen *(ugs.);* c) *(Commerc.)* (*convert into cash*) einlösen ⟨*Scheck*⟩; *(transfer)* übertragen ⟨*Wechsel, Papiere, usw.*⟩
negotiation [nɪgəʊʃɪˈeɪʃn, nɪgəʊsɪˈeɪʃn] *n.* a) *(discussion)* Verhandlung, *die* **(for, about** über + *Akk.*); **by ~:** durch Verhandeln *od.* Verhandlungen *(Akk.)* eintreten; **be in ~ with sb.** mit jmdm. verhandeln; **be a matter of ~:** Verhandlungssache sein; b) *in pl. (talks)* Verhandlungen *Pl.;* c) *see* **negotiate 2 b:** Bewältigung, *die;* Überwindung, *die;* Passieren, *das;* d) *see* **negotiate 2 c:** Einlösung, *die;* Übertragung, *die*
negotiator [nɪˈgəʊʃieɪtə(r)] *n.* Unterhändler, *der/*-händlerin, *die*
Negress [ˈniːgrɪs] *n.* Negerin, *die*
Negro [ˈniːgrəʊ] 1. *n., pl.* **~es** Neger, *der.* 2. *adj.* Neger-; **~ woman** Negerin, *die;* **~ art/music** Kunst/Musik der Neger; *see also* **spiritual 2**
Negroid [ˈniːgrɔɪd] 1. *adj.* negrid; *(akin to or resembling Negroes)* negroid. 2. *n.* Negride, *der/die; (akin to or resembling Negro)* Negroide, *der/die*
neigh [neɪ] 1. *v. i.* wiehern. 2. *n.* Wiehern, *das*
neighbor *etc. (Amer.) see* **neighbour** *etc.*
neighbour [ˈneɪbə(r)] 1. *n.* Nachbar, *der/*Nachbarin, *die; (at table)* [Tisch]nachbar, *der/*[Tisch]nachbarin, *die; (thing) der/das* daneben; *(building/country)* Nachbargebäude/-land, *das;* **we're next-door ~s** wir wohnen Tür an Tür; **my next-door ~s** meine unmittelbaren Nachbarn; **meine Nachbarn von nebenan; we were ~s at dinner** wir haben beim Essen nebeneinander gesessen. 2. *v. t. & i.* **[upon]** grenzen an (+ *Akk.*).
neighbourhood [ˈneɪbəhʊd] *n.* a) *(district)* Gegend, *die;* **sb.'s ~:** jmds. Nachbarschaft; **the children from the ~:** die Kinder aus der Nachbarschaft *od.* Umgebung; b) *(nearness)* Nähe, *die;* **it was [somewhere] in the ~ of £100** es waren [so] um [die] 100 Pfund; c) *(neighbours)* Nachbarschaft, *die;* d) *attrib.* an der *od.* um die Ecke *nachgestellt;* **small ~ shop/store** [kleiner] Laden um die Ecke; **your friendly ~ bobby/milkman** *etc. (coll. joc.)* der freundliche Polizist/Milchmann *(ugs.)* von nebenan

ˈ**neighbourhood watch** *n.* Bürgerwehr, *die*
neighbouring [ˈneɪbərɪŋ] *adj.* benachbart; Nachbar-; angrenzend ⟨*Felder*⟩
neighbourliness [ˈneɪbəlɪnɪs] *n., no pl.* gutod. freundnachbarliche Art
neighbourly [ˈneɪbəlɪ] *adj.* a) *(characteristic of neighbours)* [gut]nachbarlich; b) *(friendly)* freundlich
neither [ˈnaɪðə(r), niːðə(r)] 1. *adj.* keiner/keine/keins der beiden; **in ~ case** in keinem Falle. 2. *pron.* keiner/keine/keins von *od.* der beiden; **~ of them** keiner von *od.* der beiden; *(none)* keiner von ihnen; **~ of the accusations** keine der [beiden] Beschuldigungen; **Which will you have?** – **N~** Welches nehmen Sie? – Keins [von beiden]; **we ~ of us moved** keiner von uns [beiden] hat sich bewegt. 3. *adv. (also not)* auch nicht; **I'm not going – N~ am I** *or (sl.)* **Me ~:** Ich gehe nicht – Ich auch nicht; **if you don't go, ~ shall I** wenn du nicht gehst, gehe ich auch nicht; **he didn't go and ~ did I** er ging nicht und ich auch nicht. 4. *conj.* a) **~ not either, not on the one hand)** weder; **~ ... nor** weder ... noch; **he ~ knows nor cares** weder weiß er es, noch will er es wissen; **he ~ ate, drank, nor smoked** er aß weder, noch trank, noch rauchte er; *see also* **here 1 a; b)** *(arch.: and also not)* noch
nelly [ˈnelɪ] *n.* **not on your ~** *(Brit. sl.)* nie im Leben *(ugs.);* im Leben nicht *(ugs.)*
nelson [ˈnelsn] *n. (Wrestling)* Nelson, *der*
nem. con. [nem ˈkɒn] *abbr.* **nemine contradicente** *lat.,* **n.c.**
nemesis [ˈnemɪsɪs] *n., pl.* **nemeses** [ˈnemɪsiːz] a) *(formal: justice)* Nemesis, *die;* ausgleichende Gerechtigkeit; b) *(downfall)* gerechte Strafe **(of** für)
neo- [niːəʊ] *in comb.* neo-/Neo-
neoˈclassic, neoˈclassical *adj.* klassizistisch
neoˈclassicism *n.* Klassizismus, *der*
neolithic [niːəˈlɪθɪk] *adj. (Archaeol.)* neolithisch *(fachspr.);* jungsteinzeitlich; *(fig.)* vorsintflutlich; **~ period** Neolithikum, *das;* Jungsteinzeit, *die;* **~ man** Neolithiker, *der*
neologism [nɪˈɒlədʒɪzm] *n.* Neubildung, *die;* Neologismus, *der (Sprachw.)*
neon [ˈniːɒn] *n. (Chem.)* Neon, *das*
neon: ~ ˈlamp *n.* Neonlampe, *die;* ~ ˈ**light** *n.* Neonlicht, *das; (fitting)* Neonlampe, *die;* **~ ˈsign** *n.* Neonreklame, *die*
neophyte [ˈniːəfaɪt] *n.* a) *(Relig.)* Neophyt, *der;* b) *(beginner)* Anfänger, *der*
Nepal [nɪˈpɔːl] *pr. n.* Nepal *(das)*
Nepalese [nepəˈliːz], **Nepali** [nɪˈpɔːlɪ] 1. *adj.* nepalesisch. 2. *n., pl.* **Nepalese, Nepalis** *(person)* Nepalese, *der/*Nepalesin, *die;* b) *(language)* Nepali, *das*
nephew [ˈnevjuː, ˈnefjuː] *n.* Neffe, *der*
nephritis [nɪˈfraɪtɪs] *n. (Med.)* Nephritis, *die (fachspr.);* Nierenentzündung, *die*
nepotism [ˈnepətɪzm] *n.* Nepotismus, *der (geh.);* Vetternwirtschaft, *die (abwertend)*
Neptune [ˈneptjuːn] *pr. n.* a) *(Roman Mythol.)* Neptun *(der);* b) *(Astron.)* Neptun, *der*
NERC *abbr. (Brit.)* **Natural Environment Research Council** ≈ Umweltbundesamt
nerd [nɜːd] *n. (sl. derog.)* Depp, *der (abwertend)*
nerve [nɜːv] 1. *n.* a) Nerv, *der;* **~ tissue** Nervengewebe, *das;* b) *in pl. (fig., of mental state)* **be suffering from ~s** nervös sein; **bundle of ~s** Nervenbündel, *das (ugs.);* **have a fit of ~s** durchdrehen *(ugs.);* sehr nervös werden; **get on sb.'s ~s** jmdm. auf die Nerven gehen *od.* fallen *(ugs.);* **~s of steel** Nerven wie Drahtseile *(ugs.);* c) **strain every ~** *(fig.)* alle Anstrengungen machen; *(fig.) coolness, boldness)* Kaltblütigkeit, *die;* Mut, *der;* **not have the ~ for sth.** für *od.* zu etw. nicht die Nerven haben; **lose one's ~:** die Nerven verlieren; **a man with an iron ~:** ein Mann mit eisernen Nerven; e) *(coll.: audacity)* **of all the ~!** das ist doch die Höhe!; **what [a] ~!** [so eine] Frechheit!; **have the ~ to do sth.** den Nerv haben, etw. zu tun *(ugs.);* **he's got a ~:** der hat Nerven *(ugs.).* 2. *v. t.* a) *(give strength or courage to)* ermutigen; **~ oneself** *or* **one's heart** seinen ganzen Mut zusammennehmen; b) *(brace)* **~ oneself** *or* **one's mind** sich wappnen *(geh.)*
nerve: ~-ˈcell *n.* Nervenzelle, *die;* ~-ˈ**centre** *n.* a) *(Anat.)* Nervenzentrum, *das;* b) *(fig.)* Schaltzentrale, *die;* **~ gas** *n.* Nervengas, *das*
nerveless [ˈnɜːvlɪs] *adj.* a) *(inert)* schwach; kraftlos ⟨*Arm, Hand*⟩; b) *(flabby)* kraftlos ⟨*Stil*⟩; c) *(cool, confident)* nervenstark
nerve: ~-ˈracking *adj.* nervenaufreibend; ~-ˈ**shattering** *adj.* nervenzerrüttend
nervous [ˈnɜːvəs] *adj.* a) *(Anat., Med.)* Nerven-; **[central] ~ system** [Zentral]nervensystem, *das;* **~ breakdown** Nervenzusammenbruch, *der;* b) *(having delicate nerves)* nervös; **be a ~ wreck** mit den Nerven völlig am Ende sein; c) *(Brit.: timid)* **be ~ of** *or* **about** Angst haben vor (+ *Dat.*); **I'm ~ of offending him** ich habe Angst, ihn zu kränken; **be a ~ person** ängstlich sein
nervously [ˈnɜːvəslɪ] *adv.* nervös
nervousness [ˈnɜːvəsnɪs] *n., no pl.* Ängstlichkeit, *die; (temporary)* Angst, *die*
nervure [ˈnɜːvjə(r)] *n.* a) *(Zool.)* [Flügel]ader, *die;* b) *(Bot.)* [Blatt]ader, *die*
nervy [ˈnɜːvɪ] *adj.* a) *(jerky, nervous)* nervös; unruhig; b) *(Amer. coll.) (cool, confident)* dreist; *(impudent)* unverschämt
nest [nest] 1. *n.* a) *(of bird, animal, insect)* Nest, *das;* **foul one's own ~** *(fig.)* (denigrate one's own family) das eigene *od.* sein eigenes Nest beschmutzen; *(harm one's own interests)* sich *(Dat.)* selbst schaden; *see also* **feather 2 a;** b) *(fig.: retreat, shelter, receptacle)* Nest, *das (fig.);* Zufluchtsort, *der;* **leave the ~:** flügge werden; c) *(haunt of robbers etc.)* Nest, *das;* Schlupfwinkel, *der;* d) *(place fostering vice etc.)* Brutstätte, *die;* e) *(brood or swarm in a ~)* Nest, *das; (of rabbits)* Satz, *der (Jägerspr.); (of wasps, hornets, ants)* Schwarm, *der;* f) *(group of machineguns) (Mil.)* [MG-]Nest, *das;* g) *(set)* Satz, *der;* **~ of tables** Satz Tische. 2. *v. i.* a) *(make or have ~)* nisten; b) *(take ~s)* Nester entfernen; *(take eggs)* Nester ausnehmen *od.* ausheben; c) *(fit together)* **[into one another]** ineinanderpassen. 3. *v. t.* a) *(place as in ~)* ineinandersetzen; b) *(pack one inside the other)* ineinandersetzen ⟨*Töpfe usw.*⟩; *(fig.)* einbetten
ˈ**nest-egg** *n.* a) Nestei, *das;* b) *(fig.)* Notgroschen, *der*
ˈ**nesting-box** *n.* Nistkasten, *der*
nestle [ˈnesl] 1. *v. i.* a) *(settle oneself)* sich kuscheln; **~ down in a sleeping-bag** sich einen Schlafsack kuscheln; b) *(press oneself affectionately)* sich schmiegen **(to, up against** an + *Akk.*); **they ~d [up] together** sie schmiegten sich aneinander; c) *(lie half hidden)* eingebettet sein. 2. *v. t.* a) *(push affectionately or snugly)* kuscheln, schmiegen **(against** an + *Akk.*); b) *(hold as in nest)* **~ a baby in one's arms** ein Baby schützend in den Armen halten
nestling [ˈnestlɪŋ] *n.* Nestling, *der.*
¹**net** [net] 1. *n. (lit. or fig.)* Netz, *das;* **cast one's ~ wide** *(fig.)* seine Netze weit spannen; **spread one's ~** *(fig.)* seine Netze stellen *od.* spannen. 2. *v. t.,* **-tt-** a) *(cover)* **~ [over]** mit einem Netz überziehen ⟨*Baum, Busch*⟩; *(catch)* [mit einem Netz] fangen ⟨*Tier*⟩; einfangen ⟨*Person*⟩; **~ sb. sth.** *(fig. coll.)* jmdm. etw. einbringen; b) *(put in net)* in Netz schlagen; *(put in goal)* **~ a goal** ein Tor schießen
²**net** 1. *adj.* a) *(free from deduction)* netto; Netto⟨*einkommen, -[verkaufs]preis usw.*⟩; b) *(not subject to discount);* **~ price** gebunde-

ner Preis; ~ **book** preisgebundenes Buch; **Net 'Book Agreement** Vereinbarung zur Preisbindung bei Büchern; **c)** *(excluding weight of container etc.)* netto; ~ **weight** Nettogewicht, *das;* **d)** *(effective, ultimate)* End⟨*ergebnis, -effekt*⟩. **2.** *v. t.,* **-tt-** *(gain)* netto einnehmen; *(yield)* netto einbringen
net: ~**ball** *n.* Korbball, *der;* ~-**cord** *n.* *(Tennis)* **a)** Spannseil, *das;* **b)** *(stroke)* Netzball, *der;* ~ **'curtain** *n.* Store [aus Gittertüll]; Tüllgardine, *die*
nether ['neðə(r)] *adj. (arch./joc.)* unter...; Unter⟨*lippe, -kiefer*⟩
Netherlands ['neðələndz] **1.** *pr. n. sing. or pl.* Niederlande *Pl.* **2.** *attrib. adj.* niederländisch
nether 'regions, ~ **'world** *ns.* Unterwelt, *die*
net 'profit *n.* Reingewinn, *der*
nett *see* ²**net**
netting ['netɪŋ] *n.* **a)** *(making net)* Knüpfen, *das;* **b)** *([piece of] net)* Netz, *das; (needlework)* Filet- od. Netzarbeit, *die;* **cover with** ~: mit Netzen/mit einem Netz bedecken; **wire** ~: Drahtgeflecht, *das;* Maschendraht, *der*
nettle ['netl] **1.** *n.* Nessel, *die; see also* **grasp 2 b; stinging-nettle. 2.** *v. t.* reizen; aufbringen
'nettle-rash *n. (Med.)* Nesselsucht, *die;* Nesselausschlag, *der*
'network 1. *n.* **a)** *(of intersecting lines, electrical conductors)* Netzwerk, *das;* **b)** *(of railways etc., persons, operations)* Netz, *das;* **c)** *(of broadcasting stations)* [Sender]netz, *das; (company)* Sender, *der.* **2.** *v. t. (broadcast)* [im ganzen Sendebereich] ausstrahlen
Neuchâtel [nɜːˈʃæˈtel] *pr. n.* Neuenburg *(das)*
neural ['njʊərl] *adj. (Anat.)* neural *(fachspr.);* Nerven-
neuralgia [njʊəˈrældʒə] *n. (Med.)* Neuralgie, *die (fachspr.);* Nervenschmerz, *der*
neuritis [njʊəˈraɪtɪs] *n. (Med.)* Neuritis, *die (fachspr.);* Nervenentzündung, *die*
neurological [njʊərəˈlɒdʒɪkl] *adj.* neurologisch
neurologist [njʊəˈrɒlədʒɪst] *n.* Neurologe, *der/* Neurologin, *die;* Nervenarzt, *der/* Nervenärztin, *die*
neurology [njʊəˈrɒlədʒɪ] *n.* Neurologie, *die*
neuron ['njʊərɒn], **neurone** [ˈ ˌjʊərəʊn] *n. (Anat.)* Neuron, *das*
neurosis [njʊəˈrəʊsɪs] *n., pl.* **neuroses** [njʊəˈrəʊsiːz] Neurose, *die*
neurosurgeon [njʊərəʊˈsɜːdʒn] *n.* Neurochirurg, *der/*-chi   rgin, *die*
neurosurgery [njʊərəʊˈsɜːdʒərɪ] *n.* Neurochirurgie, *die*
neurotic [njʊəˈrɒtɪk] **1.** *adj.* **a)** *(suffering from neurosis)* nervenkrank; **b)** *(of neurosis)* neurotisch; **c)** *(co   .: unduly anxious)* neurotisch; **don't get** ~ **about it** laß es nicht zu einer Neurose werden. **2.** *n.* Neurotiker, *der/* Neurotikerin, *die*
neurotically [njʊəˈrɒtɪkəlɪ] *adv.* neurotisch
neuter ['njuːtə(r)] **1.** *adj.* **a)** *(Ling.)* sächlich; neutral *(fachspr.);* **b)** *(Bot.: asexual)* weder männlich noch weiblich; ungeschlechtlich ⟨*Blüte*⟩; **c)** *(Zool.: sterile)* unfruchtbar. **2.** *n.* **a)** *(Ling.)* Neutrum, *das;* **b)** *(Zool.) (insect)* unfruchtbares Insekt; *(ant, bee)* Arbeiterin, *die;* **c)** *(castrated animal)* kastriertes Tier. **3.** *v. t.* kastrieren
neutral ['njuːtrl] **1.** *adj.* neutral; ~ **gear** Leerlauf, *der; see also* **equilibrium. 2.** *n.* **a)** Neutrale, *der/die;* **be** ~**/a** ~: neutral sein; **b)** *(~ gear)* Leerlauf, *der;* **in** ~: im Leerlauf
neutralise *see* **neutralize**
neutrality [njuːˈtrælɪtɪ] *n.* Neutralität, *die*
neutralize ['njuːtrəlaɪz] *v. t.* **a)** *(Chem.)* neutralisieren; **b)** *(counteract)* neutralisieren; entkräften ⟨*Argument*⟩
neutrally ['njuːtrəlɪ] *adv.* neutral

neutrino [njuːˈtriːnəʊ] *n., pl.* ~**s** *(Phys.)* Neutrino, *das*
neutron ['njuːtrɒn] *n. (Phys.)* Neutron, *das*
neutron: ~ **bomb** *n.* Neutronenbombe, *die;* ~ **star** *n.* Neutronenstern, *der*
never ['nevə(r)] *adv.* **a)** *(at no time)* nie; **I** ~ **thought I would see her again** ich hätte nie gedacht, daß ich sie wiedersehen würde; **the rain seemed as if it would** ~ **stop** der Regen schien gar nicht mehr aufhören zu wollen; **will the rain** ~ **stop?** hört denn der Regen überhaupt nicht mehr auf?; **he has** ~ **been abroad** er war [noch] nie im Ausland; **he** ~ **so much as apologized** er hat sich nicht einmal entschuldigt; **I** ~ **slept a wink all night** ich habe die ganze Nacht kein Auge zugetan; ~ **is a long time** man soll niemals nie sagen; ~, ~: nie, nie; niemals; *(more emphatic)* nie im Leben; ~ **so [auch] noch so; be it** ~ **so great** wenn es auch noch so groß ist; mag es auch noch so groß sein; ~**-to-be-forgotten** unvergeßlich; ~**-satisfied** unersättlich; ~**-ending** endlos; ~**-failing** unfehlbar; unerschöpflich ⟨*Quelle*⟩; **b)** *(not ... at any time, not ... at all)* nie; **he was** ~ **one to do sth.** es war nicht seine Art, etw. zu tun; **he is** ~ **likely to succeed** er wird es nie schaffen; **I** ~ **remember her winning** ich kann mich nicht erinnern, daß sie je gewonnen hätte; ~ **a** *(not one)* kein einziger/ keine einzige/kein einziges; **c)** *(coll.)* expr. surprise you ~ **believed that, did you?** Du hast das doch wohl nicht geglaubt?; **He ate the whole turkey. – N~!** Er hat den ganzen Truthahn aufgegessen. – Nein! *(ugs.);* **well, I** ~ **[did]!** na od. nein od. also! so was!
never: ~**'more** *adv.* nie wieder; ~-**'never** *n. (Brit. coll.)* Abzahlungskauf, *der;* **on the** ~-**never [system]** auf Stottern *(ugs.);* auf Raten; ~**the'less** *adv.* trotzdem; nichtsdestoweniger
new [njuː] **1.** *adj.* **a)** *(not existing before)* neu; ~ **boy/girl** *(lit. or fig.)* Neuling, *der;* **a** ~ **baby** ein neugeborenes Kind; **flying was an experience** ~ **to him** Fliegen war für ihn eine neue Erfahrung; **that's a** ~ **one on me** *(coll.)* das ist mir neu; *(of joke etc.)* den habe ich noch nicht gehört; *(of style etc.)* das habe ich noch nicht gesehen; **visit** ~ **places** unbekannte Orte besuchen; **so what else is** ~**?** *(iron.)* sonst was Neues? *(ugs.);* **that is not** ~ **or nothing** ~ **to me** das ist mir nichts Neues; **c)** *(renewed, additional, changed)* neu; *(in place-names)* Neu-; **the** ~ **mathematics** die neue Mathematik; **the** ~ **poor** die erst vor kurzem Verarmten; **the** ~ **rich** die Neureichen *(abwertend);* **the** ~ **woman** die moderne Frau; die Frau von heute; **be like a** ~ **man/woman** wie neugeboren sein; *see also* **birth a; broom a; 'deal 3 a; leaf 1 b; d)** *(of recent origin, growth, or manufacture)* neu; frisch ⟨*Brot, Gemüse*⟩; neu ⟨*Kartoffeln*⟩; neu, jung ⟨*Wein*⟩; neu ⟨*Sprache*⟩; **as good as** ~: so gut wie neu; **as** ~: neuwertig. **2.** *adv.* **a)** *(recently)* vor kurzem; frisch ⟨*gebacken, gewaschen, geschnitten*⟩; gerade erst ⟨*erblüht*⟩; **b)** *(afresh)* neu
'new-born *adj.* **a)** *(recently born)* neugeboren; **b)** *(regenerated)* neu gewonnen ⟨*Mut, Kraft usw.*⟩; neu ⟨*Person*⟩
'newcomer *n.* Newcomer, *der; (new arrival also)* Neuankömmling, *der; (one having no experience also)* Neuling, *der* **(to** in + Dat.**);** *(thing also)* Neuheit, *die* **(to** für)
New Delhi [njuː ˈdelɪ] *pr. n.* Neu-Delhi *(das)*
newel ['njuːəl] *n.* **a)** *(pillar)* Spindel, *die;* **b)** **[post]** *(supporting stair-handrail)* [Treppen]pfosten, *der*
New England 1. *n.* Neuengland *(das).* **2.** *attrib. adj.* aus Neuengland ⟨*Stadt usw.*⟩ in Neuengland
New Englander [njuː ˈɪŋləndə(r)] *n.* Neuengländer, *der/* Neuengländerin, *die*

new: ~**fangled** [njuːˈfæŋgld] *adj. (derog.)* neumodisch *(abwertend);* ~-**found** *adj.* neu; *(recently discovered)* neu[entdeckt]
Newfoundland [njuːˈfaʊndlənd] **1. a)** *pr. n.* Neufundland *(das);* **b)** *n. (dog)* Neufundländer, *der.* **2. a)** *adj.* neufundländisch; ~ **dog** Neufundländer, *der*
Newfoundlander [njuːˈfaʊndləndə(r)] *n.* Neufundländer, *der/* Neufundländerin, *die*
New 'Guinea *pr. n.* Neuguinea *(das)*
newish ['njuːɪʃ] *adj.* ziemlich neu
new: ~-**laid** *adj.* frisch [gelegt]; **New 'Left** *n.* neue Linke; ~ **'look** *n. (coll.)* neuer Stil; ~-**look** *adj.* neu
newly ['njuːlɪ] *adv.* neu; ~ **married** seit kurzem verheiratet
'newly-wed *n.* Jungverheiratete, *der/die*
new: ~ **'moon** *n.* Neumond, *der;* ~-**mown** *adj.* frisch gemäht
news [njuːz] *n., pl.* **a)** *(new information)* Nachricht, *die;* **items** *or* **pieces** *or* **bits of** ~: Neuigkeiten; **be in the** ~ *or* **make** ~: Schlagzeilen machen; **that's** ~ **to me** *(coll.)* das ist mir neu; **what's the latest** ~**?** was gibt es Neues?; **have you heard the/this** ~**?** hast du schon gehört/das schon gehört?; **weißt du schon das Neueste?** *(ugs.);* **have you had any** ~ **of your brother?** hast du etwas von deinem Bruder gehört?; hast du Nachricht von deinem Bruder?; **I have** ~ **for you** *(also iron.)* ich habe eine Neuigkeit für dich; **bad/good** ~: schlechte/gute Nachrichten; **sb./sth. is good** ~ *(coll.)* jmd./etw. ist wirklich toll *(ugs.);* **he/she/that firm is bad** ~ *(coll.)* er/sie/diese Firma ist mit Vorsicht zu genießen *(ugs.);* **no** ~ **is good** ~ *(prov.)* keine Nachricht, gute Nachricht; **b)** *(Radio, Telev.)* Nachrichten *Pl.;* **the 10 o'clock** ~: die 10-Uhr-Nachrichten; **listen to/watch the** ~: [die] Nachrichten hören/sehen; **I heard it on the** ~: ich habe es in den Nachrichten gehört; **here is the** ~ *(Radio)* Sie hören Nachrichten; *(Telev.)* ≈ ich begrüße Sie zu den Nachrichten; **summary of the** ~: Nachrichtenüberblick, *der*
news: ~ **agency** *n.* Nachrichtenagentur, *die;* ~ **agent** *n.* Zeitungshändler, *der/*-händlerin, *die;* ~**boy** *n.* Zeitungsjunge, *der;* ~ **bulletin** *n.* Nachrichten *Pl.;* ~**cast** *n.* Nachrichtensendung, *die;* ~**caster** *n.* Nachrichtensprecher, *der/* -sprecherin, *die;* ~ **conference** *n.* Pressekonferenz, *die;* ~ **dealer** *n. (Amer.)* Zeitungshändler, *der/*-händlerin, *die;* ~ **desk** *n.* Nachrichtenredaktion, *die;* **this is Joe Smith at the** ~ **desk** *(Radio)* hier ist Joe Smith mit den Nachrichten; ~**flash** *n.* Kurzmeldung, *die;* ~**girl** *n. (delivering)* Zeitungsausträgerin, *die; (selling)* Zeitungsverkäuferin, *die;* ~**hawk** *see* ~**hound;** ~ **'headline** *n.* Schlagzeile, *die;* ~**hound** *n. (Amer.)* Zeitungsmann, *der (ugs.);* Journalist, *der;* ~**letter** *n.* Rundschreiben, *das;* ~**man** *n.* Reporter, *der;* ~**paper** ['njuːspeɪpə(r)] *n.* **a)** Zeitung, *die; attrib.* ~**paper** **boy/girl** Zeitungsausträger, *der/*-austrägerin, *die;* **b)** *(material)* Zeitungspapier, *das;* ~**paperman** *n.* Zeitungsmann, *der (ugs.);* Journalist, *der;* ~**print** *n.* Zeitungspapier, *das; (ink)* Druckerschwärze, *die;* ~**reader** *n.* Nachrichtensprecher, *der/*-sprecherin, *die;* ~**reel** *n.* Wochenschau, *die;* ~ **room** *n.* Nachrichtenredaktion, *die;* ~**sheet** *n.* Informationsblatt, *das;* ~**stand** *n.* Zeitungskiosk, *der;* Zeitungsstand, *der;* ~ **summary** *n.* Kurznachrichten *Pl.*
new 'star *n. (Astron.)* Nova, *die*
news: ~**vendor** *n.* Zeitungsverkäufer, *der/*-verkäuferin, *die;* ~**worthy** *adj.* [für die Medien] interessant ⟨*Person, Ereignis*⟩; berichtenswert ⟨*Ereignis*⟩
newsy ['njuːzɪ] *adj. (coll.)* **a)** *(full of news)* voller Neuigkeiten *nachgestellt;* **b)** *(newsworthy)* interessant

477

newt [njuːt] *n.* [Wasser]molch, *der; see also* pissed a
New Testament *see* testament a
newton ['njuːtn] *n. (Phys.)* Newton, *das*
new: ~ **town** *n.:* mit Unterstützung der Regierung völlig neu entstandene Ansiedlung; ~ **'world** *see* world a; ~ **'year** *n.* Neujahr, *das;* **over the New Year** über Neujahr; **the Jewish New Year** das jüdische Neujahrsfest; **a Happy New Year** ein glückliches *od.* gutes neues Jahr; **New Year honours** *(Brit.)* Titel- und Ordensverleihungen am Neujahrstag; **bring in the New Year** Silvester feiern; *see also* resolution b; **New Year's** *(Amer.),* **New Year's 'Day** *ns.* Neujahrstag, *der;* **New Year's 'Eve** *n.* Silvester, *der od. das;* Neujahrsabend, *der*
New Yorker [njuː'jɔːkə(r)] *n.* New Yorker, *der*/New Yorkerin, *die*
New Zealand [njuː'ziːlənd] 1. *pr. n.* Neuseeland *(das).* 2. *attrib. adj.* neuseeländisch
New Zealander [njuː'ziːləndə(r)] *n.* Neuseeländer, *der*/Neuseeländerin, *die*
next [nekst] 1. *adj.* a) *(nearest)* nächst...; [the] ~ **thing to sth.** fast *od.* beinahe etw.; **the seat** ~ **to me** der Platz neben mir; **the** ~ **room** das Nebenzimmer; ~ **friend** *(Law)* ≈ Beistand, *der;* **the** ~ **but one** der/die/das übernächste; **be the one** ~ **to the door** der/die neben der Tür sein; ~ **to** *(fig.: almost)* fast; nahezu; **get** ~ **to sb.** *(Amer. sl.: friendly)* sich an jmdn. ranmachen *(ugs.);* b) *(in order)* nächst...; **within the** ~ **few days** in den nächsten Tagen; ~ **week/month/year** nächste Woche/nächsten Monat/nächstes Jahr; **on the first of** ~ **month** am nächsten Ersten; ~ **year's results** die Ergebnisse des nächsten Jahres; **during the** ~ **year** während der nächsten zwölf Monate; **we'll come** ~ **May** wir kommen im Mai nächsten Jahres; **the** ~ **largest/larger** der/die/das nächstkleinere/nächstgrößere; [the] ~ **time** das nächste Mal; **the** ~ **best** der/die/das nächstbeste; **taking one year** *etc.* **with the** ~: im ganzen gesehen; **am I** ~? komme ich jetzt dran?; **he's as able as the '** ~ **man** er kann es wie jeder andere auch; *see also* door a; world a. 2. *adv. (in the next place)* als nächstes; *(on the next occasion)* das nächste Mal; **when I** ~ **see him** wenn ich ihn das nächste Mal sehe; **whose name comes** ~? wessen Name kommt als nächstes *od.* nächster?; **it is my turn** ~: ich komme als nächster dran; **what 'will they think of** ~? was fällt denen als nächstes ein?; **sit/stand** ~ **to sb.** neben jmdm. sitzen/stehen; **place sth.** ~ **to sb./sth.** neben jmdn./etw. stellen. 3. *n.* a) *(letter, issue, etc.)* nächster Brief/nächste Ausgabe *usw.;* b) *(period of time)* **from one day to the** ~: von einem Tag zum andern; **the week after** ~: [die] übernächste Woche; c) *(person)* ~ **of kin** nächster/nächste Angehörige; ~ **please!** der nächste, bitte!
'next-door *adj.* gleich nebenan *nachgestellt; see also* neighbour 1
nexus ['neksəs] *n.* Nexus, *der (fachspr.)*
NHS *abbr. (Brit.)* **National Health Service**
NI *abbr. (Brit.)* **National Insurance**
Niagara Falls [naɪægərə 'fɔːlz] *pr. n. pl.* Niagarafälle
nib [nɪb] *n.* Feder, *die; (tip)* Spitze, *die*
nibble ['nɪbl] 1. *v.t.* knabbern; ~ **off** abknabbern. 2. *v.i.* knabbern (**at, on an** + *Dat.);* **the cheese had been** ~**d at** der Käse war angeknabbert worden; **they are nibbling at the idea** *(fig.)* sie beginnen, sich langsam für die Idee zu interessieren. 3. *n.* a) *(lit. or fig.)* Anbeißen, *das;* **he didn't get a single** ~: er hat ihm bißt nicht einer an; b) *in pl. (coll.: things to eat)* etwas zum Knabbern
nibs [nɪbz] *n. (sl./joc.)* **his** ~: der hohe Herr *(scherzh.)*
Nicaragua [nɪkə'rægjʊə] *pr. n.* Nicaragua *(das)*

Nicaraguan [nɪkə'rægjʊən] 1. *adj.* nicaraguanisch; **sb. is** ~: jmd. ist Nicaraguaner/ Nicaraguanerin. 2. *n.* Nicaraguaner, *der*/ Nicaraguanerin, *die*
Nice [niːs] *pr. n.* Nizza *(das)*
nice [naɪs] *adj.* a) *(pleasing)* nett; angenehm ⟨*Stimme*⟩; schön ⟨*Wetter*⟩; *(iron.: disgraceful, difficult)* schön; sauber *(iron.);* **the hotel is** ~ **enough** das Hotel ist nicht schlecht *od.* ganz ordentlich; **she has a** ~ **smile** sie lächelt so nett; **a** ~ **friend you are!** *(iron.)* du bist mir [ja] ein schöner Freund!; **you're a** ~ **one, I must say** *(iron.)* du bist mir vielleicht einer; **a** ~ **mess** *(iron.)* in einem schönen Schlamassel sitzen *(ugs.);* **[do a piece of]** ~ **work** saubere *od.* gute Arbeit [leisten]; ~ **to meet you** freut mich, Sie kennenzulernen; ~ **[and] warm/fast/high** schön warm/ schnell/hoch; **a** ~ **long holiday** schöne lange Ferien; ~-**looking** hübsch; **a** ~ **looking** ⟨*Person*⟩; **not very** ~ *(unpleasant)* nicht sehr nett; nicht sehr schön ⟨*Wetter*⟩; **he is not very** ~ **to his sister** er ist nicht gerade nett zu seiner Schwester; ~ **one!** *(coll.)* nicht schlecht!; ~ **one, Cyril!** *(Brit. sl.)* so ein Schlaumeier!; ~ **work if you can get it** *(iron.)* das ließe ich mir auch gefallen!; b) *(fastidious)* anspruchsvoll; *(punctilious)* genau *(requiring precision)* fein, genau ⟨*Unterscheidung*⟩; d) *(subtle)* fein ⟨*Bedeutungsunterschied*⟩
nicely ['naɪslɪ] *adv. (coll.)* a) *(well)* nett; gut ⟨*arbeiten, sich benehmen, plaziert sein*⟩; **a** ~ **behaved child** ein wohlerzogenes Kind; b) *(all right)* gut; **he's got a new job and is doing very** ~: er hat eine neue Arbeit und kommt prima *(ugs.) od.* sehr gut damit zurecht; **the patient is doing** ~: der Patient macht gute Fortschritte; **that will do** ~: das reicht völlig; *see also* thank
nicety ['naɪsɪtɪ] *n.* a) *no pl. (punctiliousness)* [peinliche] Genauigkeit; b) *no pl. (precision, accuracy)* Feinheit, *die,* Genauigkeit, *die;* **to a** ~: perfekt ⟨*arrangieren*⟩; sehr genau ⟨*schätzen*⟩; c) *no pl. (intricate or subtle quality)* Feinheit, *die;* **make a point of great** ~: höchst subtil argumentieren; d) *in pl. (minute distinctions)* Feinheiten
niche [nɪtʃ, niːʃ] *n.* a) *(alcove)* Nische, *die;* b) *(fig.: suitable place)* Platz, *der;* **there he soon carved out a** ~ **for himself** dort fand er bald den richtigen Platz für sich
Nicholas ['nɪkələs] *pr. n. (Hist., as name of ruler etc.)* Nikolaus *(der)*
Nick [nɪk] *n.* **Old** ~: der Teufel; der Leibhaftige *(verhüll.)*
nick 1. *n.* a) *(notch)* Kerbe, *die;* b) *(sl.: prison)* Kittchen, *das (ugs.);* Knast, *der (salopp);* c) *(Brit. sl.: police station)* Wache, *die;* Revier, *das;* d) **in good/poor** ~ *(coll.)* gut/nicht gut in Schuß *(ugs.);* e) **in the** ~ **of time** gerade noch rechtzeitig. 2. *v.t.* a) *(make* ~ *in)* einkerben ⟨*Holz*⟩; b) ~ **one's chin** sich am Kinn schneiden; b) *(Brit. sl.) (catch)* schnappen *(ugs.); (arrest)* einlochen *(salopp);* c) *(Brit. sl.: steal)* klauen *(salopp);* mitgehen lassen *(ugs.)*
nickel ['nɪkl] *n.* a) *(metal)* Nickel, *das;* b) *(US coin)* Fünfcentstück, *das*
nickel-plate *v.t.* vernickeln
nicker ['nɪkə(r)] *n., pl. same (Brit. sl.)* Pfund, *das;* **it's a hundred** ~ ≈ es sind dreihundert Eier *(salopp)*
nickname ['nɪkneɪm] 1. *n.* a) *(name added or substituted)* Spitzname, *der;* b) *(abbreviation)* Spitzname, *der; (affectionate)* Koseform, *die.* 2. *v.t.* einen Spitznamen geben (+ *Dat.);* ~ **sb.** ...: jmdm. den Spitznamen ... geben; jmdn. ... taufen
nicotine ['nɪkətiːn] *n.* Nikotin, *das*
niece [niːs] *n.* Nichte, *die*
nifty ['nɪftɪ] *adj. (sl.)* a) *(smart, excellent)* klasse *(ugs.);* flott ⟨*Kleidung*⟩; b) *(clever)* geschickt; clever ⟨*Plan, Idee*⟩
¹**Niger** ['naɪdʒə(r)] *pr. n. (river)* Niger, *der*

²**Niger** [niːˈʒeə(r)] *pr. n. (country)* Niger *(das od. der)*
Nigeria [naɪˈdʒɪərɪə] *pr. n.* Nigeria *(das)*
Nigerian [naɪˈdʒɪərɪən] 1. *adj.* nigerianisch; **sb. is** ~: jmd. ist Nigerianer/Nigerianerin. 2. *n.* Nigerianer, *der*/Nigerianerin, *die*
niggardly ['nɪɡədlɪ] *adj.* a) *(miserly)* knaus[e]rig *(ugs. abwertend);* b) *(given in small amounts only)* armselig, kümmerlich *(abwertend)* ⟨*Portion*⟩
nigger ['nɪɡə(r)] *n. (derog.: Negro, dark-skinned person)* Nigger, *der (abwertend);* **there's a** ~ **in the woodpile** *or (Amer.)* **in the fence** *(fig.)* es gibt einen Haken bei *od.* an der Sache; **who's the** ~ **in the woodpile?** *(fig.)* wer schießt hier quer?
niggle ['nɪɡl] 1. *v. i.* a) *(spend time on petty details)* ~ **over** [endlos] herumtüfteln an (+ *Dat.*) ⟨*Vertrag, Klausel*⟩; ~ **over every small point** mit dem letzten Einzelheit aufhalten; b) *(find fault pettily)* [herum]nörgeln *(ugs. abwertend)* (**at an** + *Dat.*). 2. *v. t.* herumnörgeln an (+ *Dat.*); **be** ~**d** verärgert sein
niggling ['nɪɡlɪŋ] *adj.* a) *(petty)* belanglos; b) *(trivial)* unbedeutend; oberflächlich ⟨*Kritik*⟩; krittelig ⟨*Rezension, Rezensent*⟩; c) *(nagging)* nagend ⟨*Zweifel*⟩; quälend ⟨*Gefühl*⟩
niggly ['nɪɡlɪ] *adj.* a) *(irritable)* gereizt; b) *see* niggling a
nigh [naɪ] *(arch./literary/dial.)* 1. *adv.* nahe; **come** *or* **draw** ~: näherkommen; ⟨*Tag, Zeitpunkt:*⟩ nahen; **it's** ~ **on impossible** es ist nahezu unmöglich; *see also* wellnigh. 2. *prep.* nahe *(geh.)* nachgestellt (+ *Dat.*)
night [naɪt] *n.* a) *Nacht, die; (evening)* Abend, *der;* ~ **after** ~: Nacht für Nacht/ Abend für Abend; **the following** ~: die Nacht/der Abend darauf; **the previous** ~: die vorausgegangene Nacht/der vorausgegangene Abend; **one** ~ **he came** eines Nachts/Abends kam er; **two** ~**s ago** vorgestern nacht/abend; **the other** ~: neulich abends/nachts; **far into the** ~: bis spät *od.* tief in die Nacht; **on Sunday** ~: Sonntag nacht/[am] Sonntag abend; **on Sunday** ~**s** Sonntag abends; **on the** ~ **of Friday the 13th** am Freitag, dem 13., nachts/abends; **[on] the** ~ **after/before** die Nacht danach/davor; **[on] the** ~ **after/before sth.** die Nacht nach/vor etw. *(Dat.);* **for the** ~: über Nacht; **late at** ~: spätabends; **a** ~ **raid** ein nächtlicher Überfall; ein Nachtangriff *(Milit.);* **a** ~ **rest will make you feel better** wenn du eine Nacht richtig geschlafen hast, wirst du dich wieder besser fühlen; **take a** ~ *(fig.)* den ganzen Abend brauchen; **at** ~ *(in the evening, at* ~ *-fall)* abends; *(during the* ~*)* nachts; bei Nacht; **make a** ~ **of it** die Nacht durchfeiern; durchmachen *(ugs.);* ~ **and day** Tag und Nacht; **as** ~ **follows day** so sicher wie das Amen in der Kirche; **a** ~ **off** eine Nacht/ein Abend frei; **out** *(of servant)* freier Abend; **it is her** ~ **out** sie hat ihren freien Abend; **have a** ~ **out** *(festive evening)* [abends] ausgehen; **she works one** ~ **a week** sie arbeitet einen Abend/eine Nacht in der Woche; **spend the** ~ **with sb.** bei jmdm. übernachten; *(implying sexual intimacy)* die Nacht mit jmdm. verbringen; **stay the** ~ *or* **over** ~: über Nacht bleiben; **work** ~**s** nachts arbeiten; *(be on* ~*-shift)* ⟨*Krankenschwester:*⟩ Nachtdienst haben; ⟨*Schichtarbeiter:*⟩ Nachtschicht haben; *see also* good 1 m; ¹last 1; b) *(darkness, lit. or fig.)* Nacht, *die;* **black as** ~: schwarz wie die Nacht; **it went as dark as** ~: es wurde stockdunkel; c) ⟨~*fall*⟩ Einbruch der Dunkelheit; **wait for** ~: darauf warten, daß es Nacht wird; **when** ~ **comes** wenn es dunkel wird; d) ⟨~*'s sleep*⟩ **have a good/bad** ~: gut/schlecht schlafen; **have a sleepless** ~: eine schlaflose Nacht haben; e) *(evening of performance etc.)*

night-bell

Abend, *der;* **opening ~:** Premiere, *die; see also* **first night; ladies' night; f)** *attrib.* Nacht-/Abend-

night: **~-bell** *n. (Brit.)* Nachtglocke, *die;* **~bird** *n. (person)* Nachteule, *die (ugs. scherzh.);* **~-blindness** *n.* Nachtblindheit, *die;* **~cap** *n.* **a)** Nachtmütze, *die; (woman's)* Nachthaube, *die;* **b)** *(drink)* Schlaftrunk, *der;* **~clothes** *n. pl.* Nachtwäsche, *die;* **in one's ~clothes** im Nachthemd/Schlafanzug; **~-club** *n.* Nachtklub, *der;* Nachtlokal, *das;* **~dress** *n.* Nachthemd, *das;* **~ duty** *n.* Nachtdienst, *der;* **be on ~ duty** Nachtdienst haben; **~fall** *n., no art.* Einbruch der Dunkelheit; **at/after ~fall** bei/nach Einbruch der Dunkelheit; **~ fighter** *n. (Air Force)* Nachtjäger, *der;* **~ flying** *n.* Nachtfliegen, *das;* **~gown** *see* **~dress**

nightie ['naɪtɪ] *n. (coll.)* Nachthemd, *das*

nightingale ['naɪtɪŋgeɪl] *n.* Nachtigall, *die*

night: **~jar** *n. (Ornith.)* Ziegenmelker, *der;* **~-life** *n.* Nachtleben, *das;* **~-light** *n.* Nachtlicht, *das;* **~-long 1.** *adj.* sich über die ganze Nacht hinziehend; **keep a ~-long vigil** die ganze Nacht wachen; **2.** *adv.* die ganze Nacht [lang *od.* über]

nightly ['naɪtlɪ] **1.** *adj. (happening, done, etc. in the night/evening)* nächtlich; *(happening every night/evening)* allnächtlich/allabendlich. **2.** *adv. (every night)* jede Nacht; *(every evening)* jeden Abend; **twice ~** *(Theatre etc.)* zweimal pro Abend

night: **~mare** *n. (lit. or fig.)* Alptraum, *der;* **~marish** ['naɪtmeərɪʃ] *adj.* alptraumhaft; **~-'night** *int. (coll.)* [gute] Nacht; **~ nurse** *n.* Nachtschwester, *die;* **~-owl** *n.* **a)** *(Ornith.)* Eule, *die;* Nachteule, *die (veralt.);* **b)** *(coll.: person)* Nachteule, *die (ugs. scherzh.);* Nachtschwärmer, *der (scherzh.);* **~ porter** *n.* Nachtportier, *der;* **~robe** *n. (Amer.)* see **~dress; ~ safe** *n.* Nachttresor, *der;* **~-scented 'stock** *n. (Bot.)* Abendlevkoje, *die;* **~ school** *n.* Abendschule, *die;* **~shade** *n. (Bot.)* Nachtschatten, *der;* **black ~shade** Schwarzer Nachtschatten; **woody ~shade** Bittersüß, *das;* Bittersüßer Nachtschatten; *see also* **deadly; ~ shift** *n.* Nachtschicht, *die;* **be on ~shift** Nachtschicht haben *od.* machen; **~-shirt** *n.* [Herren]nachthemd, *das;* **~ sky** *n.* Nachthimmel, *der;* **~-spot** *(coll.) see* **~-club; ~stick** *n. (Amer.)* Schlagstock, *der;* **'storage heater** *n.* Nachtspeicherofen, *der;* **~-time** *n., no indef. art.* Nacht, *die;* **at ~-time** nachts; **wait until ~-time** warten, bis es Nacht *od.* dunkel wird; **in the ~-time** während der Nacht; nachts; **~ 'watch** *n.* Nachtwache, *die;* **in the ~-watches** während der Nacht; **~-'watchman** *n.* **a)** Nachtwächter, *der;* **b)** *(Cricket)* Auswechselspieler, *der am Ende eines Tages eingesetzt wird, damit ein besserer Spieler geschont wird;* **~wear** *n. sing. see* **~clothes**

nig-nog ['nɪgnɒg] *n. (Brit. derog.)* Nigger, *der (abwertend)*

nihilism ['naɪɪlɪzm, 'nɪhɪlɪzm] *n.* Nihilismus, *der*

nihilist ['naɪɪlɪst, 'nɪhɪlɪst] *n.* Nihilist, *der*

nihilistic [naɪɪ'lɪstɪk, nɪhɪ'lɪstɪk] *adj.* nihilistisch

nil [nɪl] *n.* **a)** nichts; **his chances were ~:** seine Chancen waren gleich Null; **our investment has shown a ~ return** unsere Investition hat keinen Gewinn gebracht; **b)** *(Sport)* null; **win one ~** *or* **by one goal to ~:** eins zu null gewinnen

Nile [naɪl] *pr. n.* Nil, *der*

nimble ['nɪmbl] *adj.* **a)** *(quick in movement)* flink; behende; **b)** *(quick in mind)* beweglich ⟨Geist⟩; rege ⟨*Phantasie*⟩; **his mind remained ~:** er blieb geistig beweglich; **c)** *(dextrous)* geschickt

nimbly ['nɪmblɪ] *adv.* flink ⟨arbeiten, sich bewegen⟩

nimbus ['nɪmbəs] *n., pl.* **nimbi** ['nɪmbaɪ] *or* **~es a)** *(halo)* Nimbus, *der (bild. Kunst);* Heiligenschein, *der;* **b)** *(Meteorol.)* Nimbostratus, *der*

nincompoop ['nɪŋkəmpu:p] *n.* Trottel, *der (ugs. abwertend)*

nine [naɪn] **1.** *adj.* neun; **~-tenths of the time/inhabitants** *(fig.)* fast die ganze Zeit/fast *od.* so gut wie alle Einwohner; **~ times out of ten** *(fig.: nearly always)* in den weitaus meisten Fällen; **a ~ days' wonder** nur eine Eintagsfliege *(ugs.); see also* **eight 1. 2.** *n.* **a)** *(number, symbol)* Neun, *die;* **work from ~ to five** die übliche Arbeitszeit [von 9 bis 17 Uhr] haben; **the ~-to-five world** die Welt des geregelten Achtstundentags; **~-to-five mentality** Angestelltenmentalität, *die (abwertend);* **b)** *(Amer.: baseball team)* Mannschaft, *die;* „Neun", *die;* **c) the N~** *(literary: the Muses)* die neun Musen; **d) dressed [up] to the ~s** sehr festlich gekleidet; **~-nine-nine, 999** *(Brit.: emergency number)* ≈ eins, eins, null. *See also* **eight 2 a, c, d**

ninefold ['naɪnfəʊld] *adj., adv.* neunfach; *see also* **eightfold**

'ninepins *n. (Brit.)* **a)** *(game)* Kegeln, *das;* **play ~:** kegeln; **b)** *constr. as pl. (pins)* Kegel; **go down like ~** *(fig.)* reihenweise umfallen

nineteen [naɪn'ti:n] **1.** *adj.* neunzehn; *see also* **eight 1. 2.** *n.* **a)** Neunzehn, *die; see also* **eight 2 a; eighteen 2; b) talk ~ to the dozen** *(Brit.)* wie ein Wasserfall reden *(ugs.)*

nineteenth [naɪn'ti:nθ] **1.** *adj.* neunzehnt...; **~ hole** *(joc.: golf-club's bar)* neunzehntes Loch *(fig. scherzh.); see also* **eighth 1. 2.** *n. (fraction)* Neunzehntel, *das; see also* **eighth 2**

ninetieth ['naɪntɪɪθ] **1.** *adj.* neunzigst...; *see also* **eighth 1. 2.** *n. (fraction)* Neunzigstel, *das; see also* **eighth 2**

ninety ['naɪntɪ] **1.** *adj.* neunzig; **one-and-~** *(arch.)* see **~-one 1;** *see also* **eight 1. 2.** *n.* Neunzig, *die;* **one-and-~** *(arch.) see* **~-one 2.** *See also* **eight 2 a; eighty 2**

ninety: **~-'first** *etc. adj.* einundneunzigst... *usw.; see also* **eighth 1;** **~-'one** *etc.* **1.** *adj.* einundneunzig *usw.;* **~-nine times out of a hundred** *(fig.: nearly always)* so gut wie immer; *see also* **eight 1; 2.** *n.* Einundneunzig *usw., die; see also* **eight 2 a**

ninny ['nɪnɪ] *n.* Dummkopf, *der (ugs.);* Dussel, *der (ugs.)*

ninth [naɪnθ] **1.** *adj.* neunt...; *see also* **eighth 1. 2.** *n.* **a)** *(in sequence)* neunte, *der/die/das; (in rank)* Neunte, *der/die/das; (fraction)* Neuntel, *das;* **b)** *(Mus.)* None, *die;* **c)** *(Brit.)* **the ~ of May** der neunte Mai; **the ~ [of the month]** der neunte [des Monats]. *See also* **eighth 2**

niobium [naɪ'əʊbɪəm] *n. (Chem.)* Niobium, *das*

Nip [nɪp] *n. (sl. derog.)* Japs, *der (ugs., oft abwertend)*

¹nip **1.** *v. t.,* -pp- **a)** *(pinch, squeeze, bite)* zwicken; **~ sb.'s toe/sb. on the leg** jmdn. in den Zeh/jmdn. am Bein zwicken; **b) ~ off** abzwicken; *(with scissors)* abknipsen. *See also* **bud 1. 2.** *v. i.,* -pp- *(Brit. sl.: slip etc. quickly)* **~ in** hinein-/hereinflitzen *(ugs.);* **~ out** hinaus-/herausflitzen *(ugs.);* **~ up** hochflitzen *(ugs.);* **~ across to Mrs Jones and ...:** spring mal zu Frau Jones rüber und ... **3.** *n.* **a)** *(pinch, squeeze)* Kniff, *der; (bite)* Biß, *der;* **give sb.'s cheek a ~, give sb. a ~ on the cheek** jmdn. in die Wange zwicken; **b)** *(coldness of air)* Kälte, *die;* **there's a ~ in the air** es ist frisch

²nip *n. (of spirits etc.)* Schlückchen, *das;* **have a ~ of wine** ein Schlückchen Wein nehmen

nip and 'tuck *n. (Amer.)* **it was ~** es war ganz knapp

nipper ['nɪpə(r)] *n.* **a)** *(Brit. coll.: child)* Gör, *das (nordd.);* Balg, *das (ugs.);* **b)** *in pl. (pincers)* Beißzange, *die;* Kneifzange, *die;* **c)** *(claw)* Schere, *die;* Zange, *die*

nipple ['nɪpl] *n.* **a)** *(on breast)* Brustwarze, *die;* **b)** *(of feeding-bottle)* Sauger, *der;* **c)** [grease-]~: [Schmier]nippel, *der*

Nippon ['nɪpɒn] *pr. n.* Nippon *(das)*

nippy ['nɪpɪ] *adj. (coll.)* **a)** *(nimble)* flink; spritzig ⟨*Auto*⟩; **b)** *(cold)* frisch; kühl

nirvana [nə:'vɑ:nə, nɪə'vɑ:nə] *n.* Nirwana, *das*

nisi ['naɪsaɪ] *adj. (Law)* vorläufig; mit Vorbehalt; *see also* **decree 1 b**

Nissen hut ['nɪsn hʌt] *n.* Nissenhütte, *die*

nit [nɪt] *n.* **a)** *(egg)* Nisse, *die;* **b)** *(sl.: stupid person)* Dussel, *der (ugs.);* Blödmann, *der (salopp)*

niter *(Amer.) see* **nitre**

'nit: **~-pick** *v. i.* kritteln *(abwertend);* **~-picking** *(coll.)* **1.** *n.* Krittelei[en] *(abwertend);* **2.** *adj.* kleinlich *(abwertend)*

nitrate ['naɪtreɪt] *n.* **a)** *(salt)* Nitrat, *das;* **b)** *(fertilizer)* Nitratdünger, *der*

nitre ['naɪtə(r)] *n. (Brit.)* Salpeter, *der*

nitric ['naɪtrɪk] *adj. (Chem.: of or containing nitrogen)* stickstoffhaltig; Stickstoff-

nitric: **~ 'acid** *n. (Chem.)* Salpetersäure, *die;* **~ 'oxide** *n. (Chem.)* Stickoxid, *das*

nitride ['naɪtraɪd] *n. (Chem.)* Nitrid, *das*

nitrite ['naɪtraɪt] *n. (Chem.)* Nitrit, *das*

nitrogen ['naɪtrədʒən] *n.* Stickstoff, *der*

nitrogen: **~ cycle** *n. (Bot.)* Stickstoffkreislauf, *der;* **~ fixation** *n. (Bot.)* Bindung des freien Stickstoffs

nitrogenous [naɪ'trɒdʒɪnəs] *adj.* stickstoffhaltig

nitroglycerine [naɪtrəʊ'glɪsəri:n] *n.* Nitroglyzerin, *das*

nitrous ['naɪtrəs]: **~ 'acid** *n. (Chem.)* salpet[e]rige Säure, *die;* **~ 'oxide** *n. (Chem.)* Distickstoff[mon]oxid, *das*

nitty-gritty [nɪtɪ'grɪtɪ] *n. (sl.)* **the ~ [of the matter]** der Kern [der Sache]; **the ~ of the situation** das, worum es eigentlich geht; **get down to the ~:** zur Sache kommen

nitwit ['nɪtwɪt] *n. (coll.)* Trottel, *der (ugs.)*

nitwitted ['nɪtwɪtɪd] *adj.* dämlich *(ugs.)*

nix [nɪks] *n. (sl.)* **a)** *(nothing)* nix *(ugs.);* **b)** *see* **no 2 b**

NNE [nɒ:θnɔ:'i:st] *abbr.* **north-north-east** NNO

NNW [nɒ:θnɔ:θ'west] *abbr.* **north-north-west** NNW

no [nəʊ] **1.** *adj.* **a)** *(not any)* kein; **b)** *(not a)* kein; *(quite other than)* alles andere als; **she is no beauty** sie ist keine Schönheit *od.* nicht gerade eine Schönheit; **you are no friend** du bist kein [wahrer] Freund; **friend or no friend** Freund oder nicht; Freund hin oder her; *see also* **¹go 3 f; c)** *(hardly any)* **it's no distance from our house to the shopping centre** von unserem Haus ist es nicht weit bis zum Einkaufszentrum; *see also* **time b. 2.** *adv.* **a)** *(by no amount)* nicht; **we went no further than the Post Office** wir gingen nicht weiter als bis zum Postamt; **no fewer than** nicht weniger als; **no less [than]** nicht weniger als; **it is no different from before** es hat sich nichts geändert; **it was no less a person than Gladstone** *or* **Gladstone, no less** es war kein Geringerer als Gladstone; **I ask no more of you other than ...:** ich verlange nicht mehr von dir als ...; **no more wine?** keinen Wein mehr?; **no more war!** nie wieder Krieg!; **he is no more upper-class than I am** er ist auch nicht mehr *od.* nichts Besseres *(ugs.)* als ich; **I'm not entirely innocent in this matter – No more am 'I** Ich bin nicht ganz unschuldig in dieser Sache – Und ich [bin's] ebensowenig; **I saw no more of him** ich habe ihn nicht mehr gesehen; **he is no more (is dead)** er ist nicht mehr *(geh.);* **b)** *(equivalent to negative sentence)* nein; **say/answer 'no'** nein sagen/mit Nein antworten;

I won't take 'no' for an answer ein Nein lasse ich nicht gelten; **I won't say 'no'** da kann ich nicht nein sagen; **c)** *(not)* nicht; **like it or no** ob es mir *usw*. [nun] paßt/paßte oder nicht; **whether or no anyone else helps** [egal] ob sonst jemand hilft oder nicht; **d) no can do** *(coll.)* geht nicht *(ugs.)*. **3.** *n., pl.* **noes** [nəʊz] Nein, *das;* (*vote*) Neinstimme, *die;* **the ayes and noes** die Stimmen für und wider; **the noes have it** die Mehrheit ist dagegen

No. *abbr.* **a)** number Nr. ; **b)** *(Amer.)* North N

'no-account *adj.* unbedeutend

Noah's ark [nəʊəz 'ɑːk] **a)** *(Bibl.)* die Arche Noah; **b)** *(toy)* Arche Noah *(als Spielzeug)*

¹nob [nɒb] *n. (sl.: head)* Rübe, *die (salopp)*

²nob *n. (Brit. sl.: wealthy or upper-class person)* **the ~s** die besseren Leute

no-'ball *(Cricket)* **1.** *n.* Fehlball, *der.* **2.** *v. t.* **~ sb.** jmds. Wurf für ungültig erklären

nobble ['nɒbl] *v. t. (Brit. sl.)* **a)** *(tamper with) ⟨durch Spritzen o. ä.⟩* langsam machen ⟨*Rennpferd*⟩; **b)** *(get the favour of)* durch Bestechung *o.ä.* auf seine Seite ziehen ⟨*Person*⟩; **c)** *(take dishonestly)* klauen *(salopp)* ⟨*Geld, Schmuck*⟩; **d)** *(catch)* schnappen *(ugs.)* ⟨*Dieb*⟩

nobbut ['nɒbət] *adv. (dial.)* bloß *(ugs.);* nur; **it's ~ Thursday** es ist erst Donnerstag

Nobel prize [nəʊbel 'praɪz] *n.* Nobelpreis, *der*

nobility [nə'bɪlɪtɪ] *n.* **a)** *no pl.* (*character*) hohe Gesinnung, Adel, *der;* **a trace ~ of character** ein wahrhaft nobler Charakter; **~ of soul** Seelenadel, *der (geh.);* **b)** *(class)* Adel, *der;* **many of the ~:** viele Adlige; **be born into the ~:** von adliger Geburt sein *(geh.)*

noble ['nəʊbl] **1.** *adj.* **a)** *(by rank, title, or birth)* ad[e]lig; **be of ~ birth** von adliger *od.* edler Geburt sein *(geh.);* adlig sein; **the ~ Lord/Earl** der edle Lord/Graf *(geh.);* **b)** *(of lofty character)* edel ⟨*Gedanken, Gefühle*⟩; **~ ideals** hohe Ideale; **c)** *(showing greatness of character)* edel; hochherzig *(geh.);* **make ~ efforts** sich in hochherziger Weise bemühen *(geh.);* **d)** *(splendid)* edel *(geh.);* vortrefflich. **2.** *n.* Adlige, *der/die;* Edelmann, *der/Edelfrau, die (hist.);* **the ~s** die Adligen; die Edelleute *(hist.)*

noble: **~man** ['nəʊblmən] *n., pl.* **~men** ['nəʊblmən] Adlige, *der;* Edelmann, *der (hist.);* **~ 'metal** *n. (Chem.)* Edelmetall, *das;* **~-'minded** *adj.* edelgesinnt; edel ⟨*Tat*⟩; **~ 'savage** *n.* edler Wilder *(Literaturw.)*

nobles [n'bles] *n. pl.* Nobles, die

noblesse [nə'bles] *n., (veralt.)* Adel, *der;* **~ oblige** [nəʊbes əʊ-'bliːʒ] noblesse oblige *(geh., oft scherzh.);* Adel verpflichtet

'noblewoman *n.* Adlige, *die;* Edelfrau, *die (hist.);* (*unmarried*) Edelfräulein, *das (hist.)*

nobly ['nəʊblɪ] *adv.* **a)** *(with noble spirit)* edel[gesinnt]; **b)** *(generously)* edelmütig *(geh.);* **c)** *(splendidly)* edel *(geh.)*

nobody ['nəʊbədɪ] *n. & pron.* niemand; keiner; (*person of no importance*) Niemand, *der;* see also **business c;** ¹**fool 1 a**

no-'claim[s] bonus *n. (Insurance)* Schadenfreiheitsrabatt, *der*

nocturnal [nɒk'tɜːnl] *adj.* nächtlich; nachtaktiv ⟨*Tier*⟩; **~ animal/bird** Nachttier, *das/*-vogel, *der*

nocturne ['nɒktɜːn] *n.* **a)** *(Mus.)* Nocturne, *das od. die;* **b)** *(Art)* Nachtstück, *das*

nod [nɒd] **1.** *v. i.,* **-dd- a)** *(as signal)* nicken; **~ to sb.** jmdm. zunicken; **have a ~ding acquaintance with sth.** nur geringe Kenntnisse in etw. *(Dat.)* verfügen; **he's only a ~ding acquaintance** ich kenne ihn nur flüchtig; **he ~ded to him to take charge** er gab ihm durch ein Nicken zu verstehen, daß er das Kommando übernehmen solle; see also **goodbye 2; b)** (*in drowsiness*) **she sat ~ding by the fire** sie war neben dem Kamin

eingenickt *(ugs.);* **her head started to ~:** sie begann einzunicken *(ugs.);* **c)** *(make a mistake)* patzen *(ugs.);* einen Fehler machen; **d)** *(move up and down)* nicken *(fig. dichter.)*. **2.** *v. t.,* **-dd- a)** *(incline)* **~ one's head** [in greeting] [zum Gruß] mit dem Kopf nicken; **b)** *(signify by nod)* **~ approval** *or* **agreement** zustimmend nicken; **~ sb. a welcome, ~ a welcome to sb.** jmdm. zum Gruß *od.* zur Begrüßung zunicken. **3.** *n.* **a)** *(nodding)* [Kopf]nicken, *das;* **a ~ is as good as a wink [to a blind man** *or* **horse]** *(fig.)* es bedarf/bedurfte keiner weiteren Worte; **land of Nod** Land der Träume *(coll.);* **on the ~** *(coll.)* *(on credit)* auf Pump *(salopp);* (*with merely formal assent*) ohne große Diskussion; **b)** *(Amer.: sign of approval)* **get the ~ from sb.** von jmdm. grünes Licht bekommen; **give sth. the ~:** grünes Licht für etw. geben

~ 'off *v. i.* einnicken *(ugs.)*

noddle ['nɒdl] *n. (coll.: head)* Birne, *die (salopp)*

noddy ['nɒdɪ] *n.* Dummkopf, *der*

node [nəʊd] *n.* **a)** *(Bot., Astron.)* Knoten, *der;* **b)** *(Phys.)* Schwingungsknoten, *der;* **c)** *(Math.)* Knoten[punkt], *der*

nodule ['nɒdjuːl] *n.* **a)** *(Bot.)* Klümpchen, *das;* **b)** *(Bot.)* Knötchen, *das*

Noel [nəʊ'el] *n. (esp. in carols)* Weihnachten, *das od. Pl.;* Weihnacht, *die (geh.)*

'no 'entry *(for people)* „Zutritt verboten"; *(for vehicles)* „Einfahrt verboten"; **a '~' sign** ein Schild mit der Aufschrift „Zutritt/Einfahrt verboten"

'no-fault insurance *n. (Amer.)* ≈ Vollkaskoversicherung

noggin ['nɒɡɪn] *n.* **a)** *(mug)* Becher, *der;* (*drink*) Schlückchen, *das;* **b)** *(Amer. sl.: head)* Birne, *die (salopp)*

no-'go *adj.* **~ area** Sperr⟨*gebiet, -zone*⟩

'no-good *adj. (coll.)* nichtsnutzig *(abwertend)*

nohow ['nəʊhaʊ] *adv. (coll.)* in keiner Weise

noise [nɒɪz] **1.** *n.* **a)** *(loud outcry)* Lärm, *der;* Krach, *der;* **don't make so much ~/such a loud ~:** sei nicht so laut/mach nicht solchen Lärm *od.* Krach; **make a ~ about sth.** *(fig.: complain)* wegen etw. Krach machen *od.* schlagen *(ugs.);* **make a ~** *(fig.: be much talked about)* von sich reden machen; Aufsehen erregen; see also ²**hold 1 t; b)** *(any sound)* Geräusch, *das;* ⟨*loud, harsh, unwanted*⟩ Lärm, *der;* **~s off** Geräuschkulisse, *die;* **c)** *(Communications: irregular fluctuations of signal)* Geräusch, *das;* (*hissing*) Rauschen, *das;* **d)** *in pl.* (*conventional remarks or sounds*) **make friendly etc. ~s [at sb.]** [jmdm. gegenüber] freundliche *usw.* Bemerkungen von sich geben; **make ~s about doing sth.** davon reden, etw. tun zu wollen. **2.** *v. t. (dated/formal)* **~ sth. abroad** *or* **about** etw. verbreiten

'noise abatement *n.* Lärmbekämpfung, *die*

noiseless ['nɒɪzlɪs] *adj.,* **noiselessly** ['nɒɪzlɪslɪ] *adv.* **a)** *(silent[ly])* lautlos; **b)** *(making no avoidable noise)* geräuschlos

'noise pollution *n.* Lärmbelästigung, *die*

noisily ['nɒɪzɪlɪ] *adv.* laut, lärmend ⟨*spielen*⟩; geräuschvoll ⟨*stolpern, schlürfen*⟩

noisome ['nɒɪsəm] *adj. (literary)* **a)** *(harmful, noxious)* gefährlich; übel *(geh.)* ⟨*Umgebung*⟩; **b)** *(evil-smelling)* übelriechend; **c)** *(objectionable, offensive)* unangenehm

noisy ['nɒɪzɪ] *adj.* laut; lärmend, laut ⟨*Menschenmasse, Kinder*⟩; lautstark ⟨*Diskussion, Begrüßung*⟩; geräuschvoll ⟨*Aufbruch, Ankunft*⟩

nomad ['nəʊmæd] **1.** *n.* **a)** Nomade, *der;* **b)** *(wanderer)* jmd., der ein Nomadendasein führt. **2.** *adj.* **a)** nomadisch; **b)** *(wandering)* **~ existence** Nomadendasein, *das*

nomadic [nəʊ'mædɪk] *adj.* nomadisch; **~ tribe** Nomadenstamm, *der*

'no man's land *n.* Niemandsland, *das*

nom de plume [nɒm də 'pluːm] *n., pl.* **noms de plume** [nɒm də 'pluːm] Schriftstellername, *der;* Pseudonym, *das*

nomenclature [nə'menklətʃə(r), 'nəʊmənkleɪtʃə(r)] *n.* **a)** *(system of names)* Vokabular, *das;* **b)** *(terminology, systematic naming, catalogue)* Nomenklatur, *die*

nominal ['nɒmɪnl] *adj.* **a)** *(in name only)* nominell; **b)** *(virtually nothing)* äußerst gering; äußerst niedrig ⟨*Preis, Miete*⟩; **c)** *(Ling.)* nominal; Nominal⟨*phrase, -präfix*⟩

nominalism ['nɒmɪnəlɪzm] *n. (Philos.)* Nominalismus, *der*

nominally ['nɒmɪnəlɪ] *adv.* namentlich

nominal 'value *n. (Econ.)* Nennwert, *der*

nominate ['nɒmɪneɪt] *v. t.* **a)** *(call by name of)* nennen; **b)** *(propose for election)* nominieren; **c)** *(appoint to office)* ernennen

nomination [nɒmɪ'neɪʃn] *n.* **a)** *(appointment to office)* Ernennung, *die;* **b)** *(proposal for election)* Nominierung, *die*

nominative ['nɒmɪnətɪv] *(Ling.)* **1.** *adj.* Nominativ-; nominativisch; **~ case** Nominativ, *der.* **2.** *n.* Nominativ, *der;* see also **absolute 4**

nominee [nɒmɪ'niː] *n.* **a)** *(candidate)* Kandidat, *der*/Kandidatin, *die;* **b)** *(representative)* Stellvertreter, *der*/-vertreterin, *die*

non- [nɒn] *pref.* nicht-

non-ac'ceptance *n. (Commerc.)* Annahmeverweigerung, *die*

nonagenarian [nəʊnədʒɪ'neərɪən] **1.** *adj.* neunzigjährig; *(more than 90 years old)* in den Neunzigern nachgestellt. **2.** *n.* Neunziger, *der*/Neunzigerin, *die*

non-ag'gression *n.* Gewaltverzicht, *der;* **~ pact** *or* **treaty** Nichtangriffspakt, *der*

non-alco'holic *adj.* alkoholfrei

non-a'ligned *adj.* blockfrei

non-a'lignment *n., no pl.* Blockfreiheit, *die*

non-bel'ligerent **1.** *adj.* nicht kriegführend. **2.** *n.* nicht kriegführendes Land

nonce [nɒns] *n.* **for the ~:** einstweilen

'nonce-word *n.* Ad-hoc-Bildung, *die*

nonchalance ['nɒnʃələns] *n.* Nonchalance, *die (geh.);* Unbekümmertheit, *die;* *(lack of interest)* Desinteresse, *das;* Gleichgültigkeit, *die*

nonchalant ['nɒnʃələnt] *adj.,* **nonchalantly** ['nɒnʃələntlɪ] *adv.* nonchalant *(geh.);* unbekümmert; *(without interest)* desinteressiert; gleichgültig

non-'combatant **1.** *n.* Nichtkämpfende, *der/die.* **2.** *adj.* nicht am Kampf beteiligt

non-com'missioned *adj.* ohne Patent nachgestellt; **~ officer** Unteroffizier, *der*

non-com'mittal *adj.* unverbindlich

non compos [mentis] [nɒn 'kɒmpɒs ('mentɪs)] *pred. adj.* nicht im Vollbesitz seiner/ihrer *usw.* geistigen Kräfte

non-con'ducting *adj. (Phys.)* nichtleitend

non-con'ductor *n. (Phys.)* Nichtleiter, *der*

noncon'formism *n.* Nonkonformismus, *der*

noncon'formist *n.* Nonkonformist, *der/* Nonkonformistin, *die*

noncon'formity *n.* **a)** Nonkonformismus, *der;* **b)** *(lack of correspondence or agreement)* Nonkonformität, *die*

non-con'tributory *adj.* beitragsfrei

non-co-oper'ation *n.* Verweigerung der Kooperation

non-denomi'national *adj.* konfessionslos

nondescript ['nɒndɪskrɪpt] *adj.* unscheinbar; undefinierbar ⟨*Farbe*⟩

'non-drip *adj.* nicht tropfend ⟨*Farbe*⟩

'non-driver *n.* Nicht[auto]fahrer, *der*

none [nʌn] **1.** *pron.* kein...; **I want ~ of your cheek!** sei nicht so frech!; **~ of them** keiner/keine keines von ihnen; **~ of this money is mine** von diesem Geld gehört mir nichts; **~ of these houses** kein[e]s dieser Häuser; **but they/he** keiner *od.* niemand außer ihnen/ihm; nur sie/er; **~ other than...:** kein anderer/keine andere als ...; **Is there any bread left? – No, ~ at all** Ist noch Brot da? – Nein, gar keins mehr; **it is ~ of my concern** das geht mich nichts an; **his understanding is ~ of the clearest** seine Auffassungsgabe ist nicht nicht gerade die beste. 2. *adv.* keineswegs; **I'm ~ the wiser now** jetzt bin ich um nichts klüger; **~ the less** nichtsdestoweniger; *see also* **too a**

non'entity *n. (non-existent thing, person or thing of no importance)* Nichts, *das*

nonesuch *see* **nonsuch**

'non-event *n.* Reinfall, *der (ugs.);* Enttäuschung, *die*

non-ex'istence *n., no pl.* Nichtvorhandensein, *das*

non-existent [nɒnɪɡ'zɪstənt] *adj.* nicht vorhanden

non-'ferrous *adj.* Nichteisen-

non-'fiction *n.* ~ [**literature**] Sachliteratur, *die*; ~ **novel** Tatsachenroman, *der*

non-'flammable *adj.* nicht entzündbar

non-inter'ference, non-inter'vention *ns., no pl.* Nichteinmischung, *die*

non-'iron *adj.* bügelfrei

non-'member *n.* Nichtmitglied, *das*

non-'metal *n. (Chem.)* Nichtmetall, *das*

non-me'tallic *adj. (Chem.)* nichtmetallisch

non-'net *adj.* nicht preisgebunden

non-'nuclear *adj.* Nichtnuklear-; ~ **club** Gruppe der Nichtnuklearstaaten; ~ **weapons** konventionelle Waffen

'no-no *n., pl.* ~**es** *(coll.)* **be a ~:** nicht in Frage kommen *(ugs.);* **that's a ~:** das kannst du vergessen *(ugs.)*

no-'nonsense *see* **nonsense 1 c**

nonpareil [nɒnpə'reɪl] *n. (person)* jemand, der nicht seinesgleichen hat; Ausnahmeerscheinung, *die; (thing)* Nonplusultra, *das*

non-'party *adj.* **a)** *(not attached to a party)* parteilos; **b)** *(not related to a party)* überparteilich; **c)** *(nonpartisan)* unparteiisch

non-'payment *n.* Nichtzahlung, *die*

non-'playing *adj.* nicht mitspielend; zuschauend; ~ **captain** Mannschaftsführer, *der*

nonplus [nɒn'plʌs] *v. t.* -**ss**- verblüffen; **he was ~sed by sth.** etw. verblüffte ihn

non-'profit[-making] *adj.* nicht auf Gewinn ausgerichtet

non-prolife'ration *n., no pl.* Nichtverbreitung von Atomwaffen; Nonproliferation, *die (Politik);* ~ **treaty** Atom[waffen]sperrvertrag, *der*

non-'resident 1. *adj. (residing elsewhere)* nicht im Haus wohnend; *(outside a country)* nicht ansässig; **a ~ landlord** ein Vermieter, der nicht im [selben] Haus wohnt. 2. *n.* nicht im Haus Wohnende, *der/die; (outside a country)* Nichtansässige, *der/die;* **the bar is open to ~s** die Bar ist auch für Gäste geöffnet, die nicht im Hotel wohnen

non-re'turnable *adj.* Einweg⟨behälter, -flasche, -[ver]packung⟩; nicht rückzahlbar ⟨Anzahlung⟩

nonsense ['nɒnsəns] 1. *n.* **a)** *no pl., no art. (meaningless words, ideas, or behaviour)* Unsinn, *der;* **make ~ of sth.** etw. ad absurdum führen; **piece of ~:** Firlefanz, *der (ugs. abwertend);* **talk ~:** Unsinn reden; **it's all a lot of ~:** das ist alles Unsinn; **b)** *(instance)* Unsinn, *der;* ~**s** Unsinn; **make a ~ of** verpfuschen *(ugs.)* ⟨Ereignis:⟩ unsinnig od. widersinnig machen; ad absurdum führen ⟨Idee, Ideal⟩; **it one disapproves of** Unsinn, *der; (trifles)* Firlefanz, *der (ugs. abwertend);* **what's all this ~ about ...?** was soll das [dumme] Gerede über (+ *Akk.*) ...?; **let's have no more ~, stop your ~:** Schluß mit dem Unsinn; **stand no ~:** keinen Unfug dulden; **no-:** nüchtern; **come along now, and no ~:** kommt jetzt, und mach keinen Unsinn. 2. *int.* Unsinn!

'nonsense verses *n. pl. (Lit.)* Nonsensdichtung, *die*

nonsensical [nɒn'sensɪkl] *adj.* unsinnig

nonsensically [nɒn'sensɪkəlɪ] *adv.* unsinnigerweise; ohne Sinn und Verstand ⟨handeln⟩

non sequitur [nɒn 'sekwɪtə(r)] *n.* unlogische Folgerung

non-'skid *adj.* rutschfest

non-'slip *adj.* rutschfest

non-'smoker *n.* **a)** *(person)* Nichtraucher, *der/*Nichtraucherin, *die;* **b)** *(train compartment)* Nichtraucherabteil, *das*

non-'starter *n.* **a)** *(Sport)* Nichtstartende, *der/die;* **b)** *(fig. coll.)* Reinfall, *der (ugs.); (person)* Blindgänger, *der (fig. salopp)*

non-'stick *adj.* ~ **frying-pan** etc. Bratpfanne *usw.* mit Antihaftbeschichtung

non-stop 1. ['--] *adj.* durchgehend ⟨Zug, Busverbindung⟩; Nonstop⟨flug, -revue⟩. 2. [-'-] *adv.* ohne Unterbrechung ⟨tanzen, reden, reisen, senden⟩; nonstop, im Nonstop ⟨fliegen, tanzen, fahren⟩

nonsuch ['nʌnsʌtʃ] *n.* **a)** Ausnahmeerscheinung, *die;* **b)** *(plant)* Hopfenklee, *der*

non-'U *adj. (coll.)* nicht vornehm

non-'union *adj.* nichtorganisiert; *(made by ~ members)* von Nichtorganisierten hergestellt ⟨Fabrikat⟩

non-'violence *n., no pl.* Gewaltlosigkeit, *die*

non-'violent *adj.* gewaltlos

non-'white 1. *adj.* farbig. 2. *n.* Farbige, *der/die*

¹noodle ['nu:dl] *n. (pasta)* Nudel, *die*

²noodle *n. (dated coll.: simpleton)* Dummkopf, *der (ugs.);* **gape like a ~:** dumm gucken *(ugs.)*

nook [nʊk] *n.* Winkel, *der;* Ecke, *die;* **in every ~ and cranny** in allen Ecken und Winkeln

nooky ['nʊkɪ] *n. (sl.)* Aufhupfer, *der (ugs.)*

noon [nu:n] *n.* Mittag, *der;* zwölf Uhr [mittags]; **at/before ~:** um/vor zwölf [Uhr mittags]

nooday *n.* Mittag, *m.; attrib.* Mittags⟨sonne, -hitze⟩; **at ~:** mittags

'no one 1. *pron.* **a)** ~ **of them** keiner/keine/keines von ihnen; **see nobody.** 2. *adj.* ~ **person could do that** einer allein könnte das nicht tun

'noon-tide *(dated/rhet.),* **'noon-time** *(Amer.) ns.* Mittagszeit, *die;* **at ~tide** zur Mittagszeit

noose [nu:s] 1. *n.* Schlinge, *die;* **put one's head in a ~** *(fig.)* den Kopf in die Schlinge stecken. 2. *v. t.* [mit einer Schlinge] fangen

nope [nəʊp] *adv. (Amer. coll.)* nee *(ugs.)*

'no place *adv. (Amer.) see* **nowhere 1**

nor [nə(r), *stressed* nɔ:(r)] *conj.* noch; **neither ... ~ ..., not ... ~ ...:** weder ... noch ...; **he can't do it, ~ can I, ~ can you** er kann es nicht, ich auch nicht und du auch nicht; ~ **will I deny that ...:** [und] ich will auch nicht bestreiten, daß ...

Nordic ['nɔ:dɪk] 1. *adj.* nordisch. 2. *n.* nordischer Typus; Nordide, *der/die (Ethnol.)*

norm [nɔ:m] *n.* Norm, *die;* **IQ above the ~:** überdurchschnittlicher IQ; **rise above the ~:** über den Normalwert steigen; **behavioural ~:** Verhaltensnorm *od.* -regel, *die*

normal ['nɔ:ml] 1. *adj.* **a)** normal; **be back to ~ working hours** wieder normal arbeiten; **recover one's ~ self** sein seelisches Gleichgewicht wiederfinden; **b)** *(Geom.)* senkrecht (**to** auf + *Dat.,* zu). 2. *n.* **a)** *(normal value)* Normalwert, *der;* **b)** *(usual state)* normaler Stand; **everything is back to or has returned to ~:** es hat sich wieder alles normalisiert; **his temperature is above ~:** er hat erhöhte Temperatur; **c)** *(Geom.)* Normale, *die*

normalcy ['nɔ:mlsɪ] *n., no pl. (normality)* Normalität, *die*

normalise *see* **normalize**

normality [nɔ:'mælɪtɪ] *n., no pl.* Normalität, *die;* **return to ~ after Christmas** nach Weihnachten wieder zum gewohnten Alltag zurückkehren

normalize ['nɔ:məlaɪz] 1. *v. t.* normalisieren. 2. *v. i.* sich normalisieren

normally ['nɔ:məlɪ] *adv.* **a)** *(in normal way)* normal; **b)** *(ordinarily)* normalerweise

Norman ['nɔ:mn] 1. *n.* **a)** Normanne, *der/*Normannin, *die;* **b)** *(king)* normannischer König; **c)** *(Ling.)* Normannisch, *das;* **d)** *(Archit.)* normannischer Baustil. 2. *adj.* normannisch; *see also* **conquest a**

Normandy ['nɔ:məndɪ] *pr. n.* Normandie, *die*

Norman: ~ **'French** *n. (Ling.)* Normannisch, *das;* ~ **style** *n. (Archit.)* normannischer Baustil

normative ['nɔ:mətɪv] *adj.* normativ *(geh.)*

Norse [nɔ:s] 1. *n. (Ling.)* **a)** *(Scandinavian language group)* nordische Sprachen; **b)** [**Old**] **N~:** Altnordisch, *das.* 2. *adj.* nordisch

Norseman ['nɔ:smən] *n., pl.* **Norsemen** ['nɔ:smən] *(Hist.)* Wikinger, *der*

north [nɔ:θ] 1. *n.* Norden, *der;* **the ~:** Nord *(Met., Seew.);* **in/to|wards|/from the ~:** im/nach *od. (geh.)* gen Norden; **to the ~ of** nördlich von; nördlich (+ *Gen.*); **magnetic ~:** magnetischer Nordpol; **b)** *usu.* **N~** *(part lying to the ~)* Norden, *der;* from **the N~:** aus dem Norden; **the N~** *(Brit.: of England)* Nordengland; der Norden; *(the Arctic)* die Arktis; der Nordpol; *(Amer.: the Northern states)* die Nordstaaten; der Norden; **c)** *(Cards)* Nord. 2. *adj.* nördlich; Nord⟨wind, -seite, -küste, -grenze, -tor⟩. 3. *adv.* nordwärts; nach Norden; ~ **of** nördlich von; nördlich (+ *Gen.*); ~ **and south** nach Norden und Süden ⟨verlaufen, sich erstrecken⟩; *see also* **¹by 1 d**

north: N~ 'Africa *pr. n.* Nordafrika *(das);* **N~ A'merica** *pr. n.* Nordamerika *(das);* **N~ A'merican** 1. *adj.* nordamerikanisch; 2. *n.* Nordamerikaner, *der/*-amerikanerin, *die;* **N~ At'lantic** *pr. n.* Nordatlantik, *der;* **N~ Atlantic Treaty Organization** Nordatlantikpakt, *der;* ~**bound** *adj.* ⟨Zug, Verkehr *usw.*⟩ in Richtung Norden; ~ **country** *n. (Brit.)* Nordengland *(das);* Norden, *der;* ~-**country** *adj. (Brit.)* nordenglisch; ~-**'countryman** *n. (Brit.)* Nordengländer, *der;* ~-**'east** 1. *n.* Nordosten, *der;* **in/to|wards|/from the ~east** im/nach *od. (geh.)* gen/von Nordosten; **to the ~east of** nordöstlich von; nordöstlich (+ *Gen.*). 2. *adj.* nordöstlich; Nord⟨wind, -fenster, -küste⟩; ~-**east passage** Nordostpassage, *die;* 3. *adv.* nordostwärts; nach Nordosten; ~-**east** nordöstlich (+ *Gen.*); *see also* **¹by 1 d**; ~-**'easter** Nordostwind, *der;* ~-**'easterly** 1. *adj.* nordöstlich; 2. *adv. (position)* nach Nordosten; *(direction)* nach Nordosten; ~-**'eastern** *adj.* nordöstlich

northerly ['nɔ:ðəlɪ] 1. *adj.* **a)** *(in position or direction)* nördlich; **in a ~ direction** nach Norden; **b)** *(from the north)* ⟨Wind⟩ aus nördlichen Richtungen; **the wind was ~:** der Wind kam aus nördlichen Richtungen. 2. *adv.* **a)** *(in position)* nördlich; *(in direction)* nordwärts; **b)** *(from the north)* aus *od.* von Nord[en]. 3. *n.* Nord[wind], *der*

northern ['nɔ:ðən] *adj.* nördlich; Nord⟨grenze, -hälfte, -seite, -fenster, -wind⟩

northerner ['nɔ:ðənə(r)] *n. (male)* Nordengländer/-deutsche *usw., der; (female)* Nordengländerin/-deutsche *usw.; (Amer.)* Nordstaatler, *der/*-staatlerin, *die;* **he's a ~:** er kommt aus dem Norden

northern: N~ 'Europe *pr. n.* Nordeuropa *(das);* **N~ Euro'pean** *adj.* nordeuropäisch; 2. *n.* Nordeuropäer, *der/*Nordeuropäerin, *die;* **N~ 'Ireland** *pr. n.* Nordirland *(das);* ~ **'lights** *n. pl.* Nordlicht, *das*

northernmost ['nɔ:ðənməʊst] *adj.* nördlichst...

north: N~ 'German **1.** *adj.* norddeutsch; **2.** *n.* Norddeutsche, *der/die;* **N~** 'Germany *pr. n.* Norddeutschland *(das);* **N~ Ko**'rea *pr. n.* Nordkorea *(das);* **N~** Ko'rean **1.** *adj.* nordkoreanisch; **2.** *n.* Nordkoreaner, *der/*-koreanerin, *die;* **'N~land** *n. (poet.)* Nordland, *das (selten);* ~ **'light** *n.* Licht von Norden; **N~man** ['nɔ:θmən] *n., pl.* **N~men** ['nɔ:θmən] *see* **Norseman;** ~~~**'east 1.** *n.* Nordnordosten, *der;* **2.** *adj.* nordnordöstlich; **3.** *adv.* nordnordostwärts; ~~~**'west 1.** *n.* Nordnordwesten, *der;* **2.** *adj.* nordnordwestlich; **3.** *adv.* nordnordwestwärts; **N~** of **'England** *pr. n.* Nordengland *(das); attrib.* nordenglisch; **N~** '**Pole** *pr. n.* Nordpol, *der;* **N~ Rhine West**'**phalia** *pr. n.* Nordrhein-Westfalen *(das);* ~ **'Sea** *pr. n.* Nordsee, *die;* **N~ Sea gas/oil** Nordseegas/-öl, *das;* **N~** '**star** *n.* Nordstern, *der*
northward ['nɔ:θwəd] **1.** *adj.* nach Norden gerichtet; *(situated towards the north)* nördlich; **in a ~ direction** in nördlicher Richtung, in Richtung Norden. **2.** *adv.* nordwärts; **they are ~ bound** sie fahren nach *od.* [in] Richtung Norden. **3.** *n.* Norden, *der*
northwards ['nɔ:θwədz] *see* **northward 2**
north: ~-'west 1. *n.* Nordwesten, *der;* **in/to[wards]/from the ~-west** im/nach *od.* (geh.) gen/von Nordwesten; **to the ~-west of** nordwestlich von; nordwestlich (+ *Gen.*). **2.** *adj.* nordwestlich; Nordwest- ⟨*wind, -fenster, -küste*⟩; **~-west passage** Nordwestpassage, *die;* **3.** *adv.* nordwestwärts; nach Nordwesten; **~-west of** westlich von; nordwestlich (+ *Gen.*); *see also* **¹by 1 d;** **~-wester** [nɔ:θ'westə(r)] *n.* Nordwestwind, *der;* **~-'westerly 1.** *adj.* nordwestlich; **2.** *adv. (position)* im Nordwesten; *(direction)* nach Nordwesten; **~-'western** *adj.* nordwestlich
Norway ['nɔ:weɪ] *pr. n.* Norwegen *(das)*
Norwegian [nɔ:'wi:dʒn] **1.** *adj.* norwegisch *see also* **English 1. 2.** *n.* **a)** *(person)* Norweger, *der/*Norwegerin, *die;* **b)** *(language)* Norwegisch, *das; see also* **English 2 a**
Nos. *abbr.* **numbers** Nrn.
nose [nəʊz] **1.** *n.* **a)** Nase, *die;* **have one's ~ [stuck] in a book** *(coll.)* die Nase in ein Buch stecken *(ugs.);* **it's as plain as the ~ on your face** *(coll.)* das sieht doch ein Blinder [mit dem Krückstock] *(ugs.);* **[win] by a ~:** mit einer Nasenlänge [gewinnen]; **follow one's ~** *(fig.) (be guided by instinct)* seinem Instinkt folgen; *(go forward)* der Nase nachgehen; **then just follow your ~:** dann einfach immer der Nase nach *(ugs.);* **get up sb.'s ~** *(sl.: annoy sb.)* jmdm. auf den Wecker gehen *od.* fallen *(salopp);* **hold one's ~:** sich *(Dat.)* die Nase zuhalten; **keep one's ~ clean** *(fig. sl.)* eine saubere Weste behalten; **keep your ~ clean!** bleib sauber! *(ugs.);* **on the ~** *(Amer. sl.: on time)* pünktlich auf die Minute; **hit it** *or* **be right on the ~** *(Amer. sl.)* den Nagel auf den Kopf treffen *(ugs.);* **parson's** *or* **pope's ~** *(Gastr.)* Bürzel, *der;* **pay through the ~:** tief in die Tasche greifen müssen *(ugs.);* **poke** *or* **thrust** *etc.* **one's ~ into sth.** *(fig.)* seine Nase in etw. *(Akk.)* stecken *(fig. ugs.);* **put sb.'s ~ out of joint** *(fig. coll.)* jmdn. vor den Kopf stoßen *(ugs.);* **rub sb.'s ~ in it** *(fig.)* es jmdm. ständig unter die Nase reiben *(ugs.);* **see no further than one's ~** *(fig.)* nicht weiter sehen, als seine Nase reicht *(ugs.);* **speak through one's ~:** näseln; durch die Nase sprechen; **turn up one's ~ at sth.** *(fig. coll.)* die Nase rümpfen; **under sb.'s ~** *(fig. coll.)* vor jmds. Augen *(Dat.);* **go** *or* **walk about with one's ~ in the air** die Nase hoch tragen; *see also* **blow 2 g;** **²lead 1 a;** **spite 2;** **thumb 2 c;** **b)** *(sense of smell)* Nase, *die;* **have a good ~ for sth.** eine gute Nase für etw. haben; **c)** *(of ship, aircraft)* Nase, *die;* *(of torpedo)* Schnauze, *die (ugs.);* **d)** *(of wine)* Blume, *die.* **2.** *v. t.* **a)** *(detect, smell out)* ~ [out] aufspüren; **b)** ~ **one's way** sich *(Dat.)* vorsichtig seinen Weg bahnen. **3.** *v. i.* sich vorsichtig bewegen; **~ out of sth.** sich vorsichtig aus etw. hinausbewegen
~ about, ~ around *v. i. (coll.)* herumschnüffeln *(ugs.).*
nose: ~bag *n.* Futterbeutel, *der;* **~band** *n.* Nasenriemen, *der;* **~bleed** *n.* Nasenbluten, *das;* **~-cone** *n.* [Rumpf]spitze, *die;* **~dive 1.** *n.* **a)** Sturzflug, *der;* **b)** *(fig.)* Einbruch, *der;* **take a ~dive** einen Einbruch erleben; **2.** *v. i.* im Sturzflug hinuntergehen; ⟨*Schiff:*⟩ mit dem Bug wegtauchen; **~-flute** *n.* Nasenflöte, *die;* **~gay** *n.* [duftender] Blumenstrauß; **~ring** *n.* Nasenring, *der;* **~-wheel** *n. (Aeronaut.)* Bugrad, *das*
nosey *see* **nosy**
nosh [nɒʃ] *(esp. Brit. sl.)* **1.** *v. t.* & *i. (eat)* futtern *(ugs.); (between meals)* naschen. **2.** *n. (snack)* Imbiß, *der; (food)* Futter, *das (salopp)*
'no-show *n.* seine Buchung nicht wahrnehmender Fahr-/Fluggast
'nosh-up *n. (Brit. sl.)* Essen, *das; (good meal)* Festessen, *das;* **have a ~:** spachteln *(ugs.)*
no 'side *n. (Rugby)* Spielende, *das*
nostalgia [nɒ'stældʒə] *n.* Nostalgie, *die;* ~ **for sth.** Sehnsucht nach etw.
nostalgic [nɒ'stældʒɪk] *adj.* nostalgisch
nostril ['nɒstrɪl] *n.* Nasenloch, *das; (of horse)* Nüster, *die*
nostrum ['nɒstrəm] *n.* **a)** *(medicine)* Mittelchen, *das; his pet ~ is* er schwört auf (+ *Akk.*); **b)** *(pet scheme)* Patentrezept, *das*
nosy ['nəʊzɪ] *adj. (sl. derog.)* neugierig
Nosy 'Parker *n.* Schnüffler, *der/*Schnüfflerin, *die (ugs. abwertend)*
not [nɒt] *adv.* **a)** *(not so)*; **he is ~ a doctor** er ist kein Arzt; **isn't she pretty?** ist sie nicht hübsch?; **I do ~ feel like doing it** ich habe keine Lust, es zu tun; **b)** *in ellipt. phrs.*; **I hope ~:** hoffentlich nicht; **~ at all** überhaupt nicht; *(in polite reply to thanks)* keine Ursache; gern geschehen; **~ that [I know of]** nicht, daß [ich wüßte]; **c)** *in emphat. phrs.* **~ ... but** ...: nicht ..., sondern ...; **it was ~ a small town but a big one** es war keine kleine Stadt, sondern eine große; **lazy he is ~:** faul ist er keineswegs; **~ I/they** *etc.* ich/sie *usw.* [bestimmt] nicht; **~ a moment/grey hair** nicht ein *od.* kein einziger Augenblick/einziges graues Haar; **~ a thing** gar nichts; **come ~ a day too soon** keinen Tag zu früh kommen; **~ a few/everybody** nicht wenige/jeder; **~ a small sacrifice** kein kleines Opfer; **~ once** *or* **or nor twice, but** ...: nicht nur ein- oder zweimal, sondern ...; **feel ~ so** *or* **too well** sich nicht besonders gut fühlen
notability [nəʊtə'bɪlɪtɪ] *n.* **a)** *no pl. (being notable)* Ansehen, *die;* **a painter of [some] ~:** ein [ziemlich] angesehener Maler; **b)** *(person) see* **notable 2**
notable ['nəʊtəbl] **1.** *adj.* bemerkenswert; bedeutend, angesehen ⟨*Person*⟩; **be ~ for sth.** für etw. bekannt sein. **2.** *n.* bekannte Persönlichkeit; Notabilität, *die (geh.)*
notably ['nəʊtəblɪ] *adv.* besonders
notarial [nəʊ'teərɪəl] *adj. (Law)* **a)** *(of a notary)* Notariats-; **b)** *(prepared by a notary)* notariell ⟨*Urkunde*⟩
notary ['nəʊtərɪ] *n.* ~ [**'public**] Notar, *der/*Notarin, *die*
notation [nəʊ'teɪʃn] *n.* **a)** *(Math., Mus., Chem.)* Notation, *die (fachspr.);* Notierung, *die;* **b)** *(Amer.: annotation)* Anmerkung, *die. See also* **³scale 1 f**
notch [nɒtʃ] **1.** *n.* Kerbe, *die; (in damaged blade)* Scharte, *die; (in belt)* Loch, *das;* **be a ~ above the others** *(fig.)* eine Klasse besser als die anderen sein; **tighten one's belt another ~** *(lit. or fig.)* seinen Gürtel ein Loch enger schnallen. **2.** *v. t.* **a)** *(make ~es in)* kerben; **b)** *(score by ~es)* mit Kerben notieren; *(fig.: score, achieve)* erreichen; erzielen ⟨*Tor, Eckstoß*⟩; erringen ⟨*Sieg*⟩
~ 'up *v. t.* erreichen; aufstellen ⟨*Rekord*⟩; erringen ⟨*Sieg*⟩
notched [nɒtʃt] *adj.* kerbig; gekerbt ⟨*Blattrand*⟩
note [nəʊt] **1.** *n.* **a)** *(Mus.) (sign)* Note, *die; (key of piano)* Taste, *die; (single sound)* Ton, *der; (bird's song)* Gesang, *der;* **strike a false ~:** unangebracht sein; **strike the right ~:** ⟨*Sprecher, Redner, Brief:*⟩ den richtigen Ton treffen; **hit the wrong ~:** einen falschen Ton anschlagen; **b)** *(tone of expression)* [Unter]ton, *der;* ~ **of discord** Mißklang, *der;* ~ **of caution/**warner/warnender/ärgerlicher[Unter]ton; **sound a ~ of caution** eine Warnung aussprechen; **on a ~ of optimism, on an optimistic ~:** in optimistischem Ton; **his voice had a peevish ~:** seine Stimme klang gereizt; **a festive ~, a ~ of festivity** eine festliche Note; **c)** *(jotting)* Notiz, *die;* **take** *or* **make ~s** sich *(Dat.)* Notizen machen; **take** *or* **make a ~ of sth.** sich *(Dat.)* etw. notieren; **speak without ~s** frei sprechen; **d)** *(annotation, footnote)* Anmerkung, *die;* **author's ~:** Anmerkung des Verfassers; **e)** *(short letter)* [kurzer] Brief; **write a ~:** ein paar Zeilen schreiben; **f)** *(Diplom.)* Note, *die; (Finance)* [**of hand**] Schuldschein, *der;* **£10 ~:** Zehn-Pfund-Schein, *der;* **h)** *no pl., no art. (importance)* Bedeutung, *die;* **person/sth. of ~:** bedeutende Persönlichkeit/etw. Bedeutendes; **nothing of ~:** nichts von Bedeutung; **be of ~:** bedeutend sein; **i)** *no pl., no art. (attention)* Beachtung, *die;* **worthy of ~:** beachtenswert; **take ~ of sth.** *(heed)* einer Sache *(Dat.)* Beachtung schenken; *(notice)* etw. zur Kenntnis nehmen. **2.** *v. t.* **a)** *(register)* beobachten; **b)** *(pay attention to)* beachten; **c)** *(notice)* bemerken; **d)** *(set down)* ~ [**down**] notieren *(Dat.)*
note: ~book *n.* Notizbuch, *das; (for lecture notes)* Kollegheft, *das;* **~case** *n.* Brieftasche, *die*
noted ['nəʊtɪd] *adj.* **a)** *(famous)* bekannt, berühmt (**for** für, wegen); **b)** *(significant)* beachtlich
notelet ['nəʊtlɪt] *n.* Grußkarte, *die*
note: ~pad *n.* Notizblock, *der;* **~paper** *n.* Briefpapier, *das;* **~-row** *n. (Mus.)* Tonreihe, *die;* **~worthy** *adj.* bemerkenswert
nothing ['nʌθɪŋ] **1.** *n.* **a)** nichts; **~ interesting** nichts Interessantes; **~ much** nichts Besonderes; **~ more than** nur; **~ more, ~ less** nicht mehr, nicht weniger; **I should like ~ more than sth./to do sth.** ich würde etw. nicht zu gern haben/tun; **next to ~:** so gut wie nichts; **~ less than the best treatment** die bestmögliche Behandlung; **~ less than a miracle is needed to save ...:** nur ein Wunder kann ... retten; **it's ~ less than suicidal to do this** es ist reiner *od.* glatter Selbstmord, dies zu tun; **there's ~ so good as ...:** es gibt nichts Besseres als ...; **be ~ [when] compared to sth.** nichts sein im Vergleich zu etw.; **~ else than, ~ [else] but** nur; **do ~ [else] but grumble** nur murren; **there was ~ [else] for it but to do sth.** es blieb nichts anderes übrig, als etw. zu tun; **he is ~ if not active** wenn er eins ist, dann [ist er] aktiv; **be ~ if not conscientious/brutal** überaus gewissenhaft/brutal sein; **there is ~ in it** *(in race etc.)* es ist noch nichts entschieden; *(it is untrue)* es ist nichts dran wahr; **there's ~ 'of him** *(he is very thin)* an ihm ist nichts dran; **there is ~ 'to it** es ist kinderleicht *(fam.);* **he/she is ~ to me** er/sie interessiert mich nicht; **your problems are ~ compared to his** deine Probleme sind nichts im Vergleich zu seinen; **~ ventured, ~ gained, ~ venture ~ win** *(prov.)* wer nicht wagt, der nicht gewinnt *(Spr.);* **£300 is ~ to him** 300 Pfund sind ein Klacks für ihn *(ugs.);* **have [got]** *or* **be ~ to do with sb./sth.**

(not concern) nichts zu tun haben mit jmdm./etw.; **have ~ to do with sb./sth.** *(avoid)* jmdm./einer Sache aus dem Weg gehen; **[not] for ~:** [nicht] umsonst; **count or go for ~** *(be unappreciated)* ⟨Person:⟩ nicht zählen; *(be profitless)* ⟨Arbeit, Bemühung:⟩ umsonst *od.* vergebens sein; **have [got] ~ on sb./sth.** *(be not better than; iron.: be inferior to)* nicht mit jmdm./etw. zu vergleichen sein; nichts sein im Vergleich zu jmdm./ etw.; **have [got] ~ on sb.** *(know nothing bad about)* nichts gegen jmdn. in der Hand haben; **have ~ on** *(be naked)* nichts anhaben; *(have no engagements)* nichts vorhaben; **make ~ of sth.** *(make light of)* keine große Sache aus etw. machen; *(not understand)* nichts anfangen mit etw. [können]; **it means ~ to me** *(is not understood)* ich werde nicht klug daraus; *(is not loved)* es bedeutet mir nichts; **no ~** *(coll.)* kein gar nichts *(ugs.)*; **to say ~ of** ganz zu schweigen von; **b)** *(zero)* **multiply by ~:** mit null multiplizieren; **register ~** ⟨Thermometer:⟩ null Grad anzeigen; **c)** *(trifling event)* Nichtigkeit, *die*; *(trifling person)* Nichts, *das*; Niemand, *der*; **soft or sweet ~s** Zärtlichkeiten *Pl. See also* ¹**soft** 1 b, 2 j; ¹**like** 1 a; **short** 1 d; **stop** 1 c, 2 b; **think of** g. **2.** *adv.* keineswegs; **~ near so bad as ...:** nicht annähernd so schlecht wie ... **3.** *adj.* *(coll.: unimportant)* langweilig

nothingness ['nʌθɪŋnɪs] *n., no pl.* Nichts, *das*

notice ['nəʊtɪs] **1.** *n.* **a)** Anschlag, *der*; Aushang, *der*; *(in newspaper)* Anzeige, *die*; **no-smoking ~:** Rauchverbotsschild, *das*; **b)** *(warning)* **~ of a forthcoming strike** Meldungen über einen bevorstehenden Streik; **give [sb.] [three days'] ~ of one's arrival** [jmdm.] seine Ankunft [drei Tage vorher] mitteilen; **have [no] ~ [of sth.]** [von etw.] [keine] Kenntnis haben; **at short/a moment's/ten minutes' ~:** kurzfristig/von einem Augenblick zum andern/innerhalb von zehn Minuten; **c)** *(formal notification)* Ankündigung, *die*; **give ~ of appeal** Berufung einlegen; **until further ~:** bis auf weiteres; **~ is given of sth.** etw. wird angekündigt; *see also* **quit** 2 b; **d)** *(ending an agreement)* Kündigung, *die*; **give sb. a week's/month's ~:** jmdm. mit einer Frist von einer Woche/einem Monat kündigen; **hand in one's ~** *or* **give ~** *(Brit.)*, **give one's ~** *(Amer.)* kündigen; **e)** *(attention)* Beachtung, *die*; **attract ~:** Beachtung finden; **bring sb./sth. to sb.'s ~:** jmdn. auf jmdn./ etw. aufmerksam machen; **worthy of ~:** beachtenswert; **it has come to my ~ that ...:** ich habe bemerkt *od.* mir ist aufgefallen, daß ...; **not take much ~ of sb./sth.** jmdm./ einer Sache keine große Beachtung schenken; **take no ~ of sb./sth.** *(not observe)* jmdn./etw. nicht bemerken; *(disregard)* keine Notiz von jmdm./etw. nehmen; **take no ~:** sich nicht darum kümmern; **take ~ of** wahrnehmen; hören auf ⟨Rat⟩; zur Kenntnis nehmen ⟨Leistung⟩; **f)** *(review)* Besprechung, *die*; Rezension, *die*. **2.** *v.t.* **a)** *(perceive, take notice of)* bemerken; **~ the details [on this painting]** beachten Sie die Einzelheiten [auf diesem Gemälde]; **he likes to get himself ~d** er drängt sich gern in den Vordergrund; **you had better not you'd ~** *(coll.)* aber es fällt/fiel mir nicht auf; **b)** *(remark upon)* erwähnen; **c)** *(acknowledge)* Notiz nehmen von

noticeable ['nəʊtɪsəbl] *adj.* **a)** *(perceptible)* wahrnehmbar ⟨Fleck, Schaden, Geruch⟩; merklich ⟨Verbesserung⟩; spürbar ⟨Mangel⟩; **b)** *(worthy of notice)* bemerkenswert

noticeably ['nəʊtɪsəblɪ] *adv.* sichtlich ⟨größer, kleiner⟩; merklich ⟨verändern⟩; spürbar ⟨kälter⟩

'notice-board *n. (Brit.)* Anschlagtafel, *die*

notifiable ['nəʊtɪfaɪəbl] *adj.* meldepflichtig ⟨Krankheit⟩

notification [nəʊtɪfɪ'keɪʃn] *n.* Mitteilung, *die* (**of sb.** an jmdn.; **of sth.** über etw. *[Akk.]*); *(of disease)* Meldung, *die* (**of** über + *Akk.*)

notify ['nəʊtɪfaɪ] *v.t.* **a)** *(make known)* ankündigen; **b)** *(inform)* benachrichtigen (**of** über + *Akk.*)

notion ['nəʊʃn] *n.* **a)** Vorstellung, *die*; **not have the faintest/least ~ of how/what** *etc.* nicht die blasseste/geringste Ahnung haben, wie/was ...; **he has no ~ of time** er hat kein Verhältnis zur Zeit; **b)** *(intention)* **have no ~ of doing sth.** nicht beabsichtigen *od.* vorhaben, etw. zu tun; **c)** *(knack, inkling)* **have no ~ of sth.** keine Ahnung von etw. haben; **d)** *in pl. (Amer.: haberdashery)* Kurzwaren *Pl.*

notional ['nəʊʃənl] *adj.* **a)** *(imaginary)* imaginär; **b)** *(theoretical)* theoretisch ⟨Ansatz, Wissen, Gewinn⟩; *(token)* symbolisch; *(hypothetical)* angenommen; **c)** *(vague, abstract)* abstrakt

notionally ['nəʊʃənəlɪ] *adv.* theoretisch

notoriety [nəʊtə'raɪətɪ] *n., no pl.* traurige Berühmtheit

notorious [nə'tɔːrɪəs] *adj.* bekannt; *(infamous)* berüchtigt; notorisch ⟨Lügner⟩; niederträchtig ⟨List⟩; **be or have become ~ for sth.** wegen *od.* für etw. bekannt/berüchtigt sein

notoriously [nə'tɔːrɪəslɪ] *adv.* notorisch

no 'trump *n. (Bridge)* Sans atout, *das*

notwithstanding [nɒtwɪθ'stændɪŋ, nɒtwɪð'stændɪŋ] **1.** *prep.* ungeachtet. **2.** *adv.* dennoch; dessenungeachtet. **3.** *conj.* **~ that ...:** ungeachtet dessen, daß ...

nougat ['nuːgɑː] *n.* Nougat, *das od. der*

nought [nɔːt] *n.* **a)** *(zero)* Null, *die*; **~s and crosses** *(Brit.)* Spiel, bei dem innerhalb eines Feldes von Kästchen Dreierreihen von Kreisen bzw. Kreuzen zu erzielen sind; **b)** *(poet./arch.: nothing) see* **naught**

noun [naʊn] *n. (Ling.)* Substantiv, *das*; Hauptwort, *das*; Nomen, *das (fachspr.)*

nourish ['nʌrɪʃ] *v.t.* **a)** ernähren (**on** mit); *(fig.)* nähren ⟨geh.⟩ *(in one's heart)* hegen, nähren ⟨geh.⟩ ⟨Gefühl, Hoffnung⟩

nourishing ['nʌrɪʃɪŋ] *adj.* nahrhaft

nourishment ['nʌrɪʃmənt] *n. (food)* Nahrung, *die*; *(fig.)* Förderung, *die*

nous [naʊs] *n. (coll.)* Grips, *der (ugs.)*; **use a bit of ~:** seinen Grips ein bißchen anstrengen

nouveau riche [nuːvəʊ 'riːʃ] **1.** *n., pl.* **nouveaux riches** [nuːvəʊ 'riːʃ] Neureiche, *der/die*. **2.** *adj.* neureich

Nov. *abbr.* November Nov.

nova ['nəʊvə] *n., pl.* **~e** ['nəʊviː] *or* **~s** *(Astron.)* Nova, *die*

Nova Scotia [nəʊvə 'skəʊʃə] *pr. n.* Neuschottland *(das)*

novel ['nɒvl] **1.** *n.* Roman, *der*. **2.** *adj.* neuartig

novelette [nɒvə'let] *n.* Novelette, *die (Literaturw.)*; *(Brit. derog.)* Groschenroman, *der*

novelist ['nɒvəlɪst] *n.* Romanautor, *der/* -autorin, *die*

novella [nə'velə] *n.* Novelle, *die*

novelty ['nɒvltɪ] *n.* **a) by no ~:** etwas/ nichts Neues sein; **b)** *(newness)* Neuheit, *die*; Neuartigkeit, *die*; **the ~ will wear off** der Reiz des Neuen wird nachlassen; **have a certain ~ value** den Reiz des Neuen haben; **c)** *(gadget)* Überraschung, *die*; **jokes and novelties** Scherzartikel

November [nə'vembə(r)] *n.* November, *der*; *see also* **August**

novice ['nɒvɪs] *n.* **a)** *(Relig.)* Novize, *der/* Novizin, *die*; **b)** *(new convert)* Neubekehrte, *der/die*; **c)** *(beginner)* Anfänger, *der/* Anfängerin, *die*

noviciate, novitiate [nə'vɪʃɪət] *n.* **a)** *(Relig.: period, quarters)* Noviziat, *das*; *(fig.: period or state of initiation)* Lehrzeit, *die*; **b)** *see* **novice** a, c

now [naʊ] **1.** *adv.* **a)** jetzt; *(nowadays)* heutzutage; *(immediately)* [jetzt] sofort; *(this time)* jetzt [schon wieder]; **it's ten years ago ~ that** *or* **since he died** es ist schon zehn Jahre her, seit er gestorben ist; **just ~** *(very recently)* gerade eben; *(at this particular time)* gerade jetzt; **I can't see you just ~:** ich habe im Augenblick leider keine Zeit für Sie; **~ for a cup of tea** jetzt eine Tasse Tee; **[every] ~ and then** *or* **again** hin und wieder; **~ sunshine, ~ showers** bald Sonne, bald Regen; **[it's] ~ or never!** jetzt oder nie!; **b)** *(not referring to time)* **well ~:** also; **come ~:** na, komm *(ugs.)*; **~, ~:** na, na; **~, what happened is this ...:** also, passiert ist folgendes: ...; **~ just listen to me** jetzt hör mir mal gut zu; **~ then** na *(ugs.)*; **quickly ~!** nun aber schnell; **goodbye ~:** also dann, auf Wiedersehen; **He thinks he can stay here for nothing. – Does he, ~!** Er glaubt, er könnte hier umsonst bleiben. – Da hat er sich aber geirrt! **2.** *conj.* **~ [that] ...:** jetzt, wo *od.* da ... **3.** *n.* **the here and ~:** das Hier und Jetzt; **~ is the time to do sth.** es ist jetzt an der Zeit, etw. zu tun; **before ~:** früher; **up to** *or* **until ~:** bis jetzt; **never before ~:** noch nie; **by ~:** inzwischen; **a week from ~** [heute] in einer Woche; **you've got from ~ till Friday to do it** du hast bis Freitag Zeit, es zu tun; **between ~ and Friday** bis Freitag; **from ~ on** von jetzt an; **as of ~** *(ugs.)*; **that's all for ~:** das ist im Augenblick alles; **put it aside for ~:** leg es einstweilen zur Seite; **bye** *etc.* **for ~!** *(coll.)* bis bald!

nowadays ['naʊədeɪz] *adv.* heutzutage

nowhere ['nəʊweə(r)] **1.** *adv.* **a)** *(in no place)* nirgends; nirgendwo; **b)** *(to no place)* nirgendwohin; **c)** **~ near** *(not even nearly)* nicht annähernd; **be ~ near prepared** völlig unzureichend vorbereitet sein. **2.** *pron.* **as if from ~:** wie aus dem Nichts; **live in the middle of ~** *(coll.)* am Ende der Welt *od. (ugs.)* j.w.d. wohnen; **the train stopped in the middle of ~:** der Zug hielt mitten in der Wildnis *(ugs.)*; **start from ~:** bei Null anfangen; **come from ~:** wie aus dem Nichts auftauchen; **come [in]/be ~** *(in race etc.)* unter „ferner liefen" rangieren *(ugs.)*; **get ~** *(make no progress)* nicht vorankommen; *(have no success)* nichts erreichen; **get sb. ~:** [jmdm.] nichts nützen

no-'win *attrib. adj.* Verlierer-

nowt [naʊt] *n. (Brit. dial. or coll.)* nix *(ugs.)*

noxious ['nɒkʃəs] *adj.* giftig

nozzle ['nɒzl] *n.* Düse, *die*; *(of gun)* Mündung, *die*; *(of petrol-pump)* Zapfhahn, *der*

nr. *abbr.* near

NSPCC *abbr. (Brit.)* **National Society for the Prevention of Cruelty to Children** ≈ Kinderschutzbund, *der*

NT *abbr.* **New Testament** N. T.

nth [enθ] *see* **N, n** b

nuance ['njuːɑ̃s] **1.** *n.* Nuance, *die*; *(Mus.)* Nuancierung, *die*; **~s of meaning** Bedeutungsnuancen; **~ of colour** Farbnuance, *die*; Farbschattierung, *die*. **2.** *v.t.* nuancieren *(geh.)*

nub [nʌb] *n.* **a)** *(small lump)* Stückchen, *das*; *(stub)* Stummel, *der*; **b)** *(fig.)* Kernpunkt, *der*

nubile ['njuːbaɪl] *adj.* **a)** *(marriageable)* heiratsfähig; **b)** *(sexy)* sexy *(ugs.)*; unschuldig

nuclear ['njuːklɪə(r)] *adj.* **a)** Kern-; **b)** *(using ~ energy or weapons)* Atom-; Kern⟨explosion, -technik⟩; atomar ⟨Antrieb, Gefechtskopf, Bedrohung, Gegenschlag, Wettrüsten⟩; nuklear ⟨Abschreckungspotential, Sprengkörper, Streitkräfte⟩; atomgetrieben ⟨Unterseeboot, Schiff⟩

nuclear: ~ 'bomb *n.* Atombombe, *die*; **~ de'terrent** *n.* atomare *od.* nukleare Abschreckung; **~ dis'armament** *n.* atomare *od.* nukleare Abrüstung; **~ 'energy** *n., no pl.* Atom- *od.* Kernenergie, *die*; **~ 'family** *n. (Sociol.)* Kernfamilie, *die*; **~ 'fission**

Kernspaltung, *die;* ~**-free** *adj.* atomwaffenfrei ⟨*Zone*⟩; ~ **'fuel** *n.* Kernbrennstoff, *der;* ~ **'fusion** *n.* Kernfusion, *die;* ~ **'physics** *n.* Kernphysik, *die;* ~ **'power** *n.* **a)** Atom- *od.* Kernkraft, *die;* **b)** *(country)* Atom- *od.* Kernmacht, *die;* ~**-'powered** *adj.* atomgetrieben; ~ **'power station** *n.* Atom- *od.* Kernkraftwerk, *das;* ~ **re'actor** *see* **reactor a;** ~ **'warfare** *n., no pl.* Atomkrieg, *der;* ~ **'waste** *n.* Atommüll, *der;* ~ **'winter** *n.* nuklearer Winter

nuclei *pl. of* **nucleus**

nucleic acid [nju:kli:ɪk 'æsɪd] *n. (Biochem.)* Nukleinsäure, *die*

nucleus ['nju:klɪəs] *n., pl.* **nuclei** ['nju:klɪaɪ] Kern, *der; (of collection)* Grundstock, *der*

nude [nju:d] **1.** *adj.* nackt; ~ **figure/revue** Akt, *der/*Nacktrevue, *die.* **2.** *n.* **a)** *(Art)* *(figure)* Akt, *der; (painting)* Aktgemälde, *das;* **b) in the** ~: nackt; **c)** *(person)* Nackte, *der/die*

nudge [nʌdʒ] **1.** *v. t.* **a)** *(push gently)* anstoßen; ~ **aside** zur Seite schieben; ~ **sth.** *(fig.)* einer Sache *(Dat.)* einen Schubs geben *(ugs.);* **b)** *(touch)* stoßen an (+ *Akk.*) ⟨*Mauer.*⟩. **2.** *n.* Stoß, *der;* Puff, *der;* **give sb. a** ~: jmdn. anstoßen

nudism ['nju:dɪzm] *n.* Nudismus, *der;* Freikörperkultur, *die*

nudist ['nju:dɪst] *n.* Nudist, *der/*Nudistin, *die;* FKK-Anhänger, *der/*-Anhängerin, *die; attrib.* Nudisten-

nudity ['nju:dɪtɪ] *n.* Nacktheit, *die*

nugatory ['nju:gətərɪ] *adj. (literary)* belanglos

nugget ['nʌgɪt] *n.* **a)** *(Mining)* Klumpen, *der; (of gold)* Goldklumpen, *der;* Nugget, *das;* **b)** *(fig.)* ~**s of wisdom** goldene Weisheiten; ~**s of information** wertvolle Informationen

nuisance ['nju:səns] *n.* **a)** Ärgernis, *das;* Plage, *die;* **what a** ~! so etwas Dummes!; **be a bit of a** ~: eine ziemliche Plage sein; **make a** ~ **of oneself** lästig werden; **b)** *(Law)* Belästigung, *die*

nuke [nju:k] *(Amer. sl.)* **1.** *n. (bomb)* Atombombe, *die.* **2.** *v. t.* Atombomben/eine Atombombe werfen auf (+ *Akk.*)

null [nʌl] *adj. (Law)* **declare sth.** ~ **[and void]** etw. für null und nichtig erklären

nullify ['nʌlɪfaɪ] *v. t.* **a)** *(cancel)* für null und nichtig *od.* rechtsungültig erklären ⟨*Vertrag, Testament*⟩; **b)** *(neutralize)* zunichte machen; entkräften ⟨*Beweis*⟩

nullity ['nʌlɪtɪ] *n. (Law)* Ungültigkeit, *die*

numb [nʌm] **1.** *adj. (without sensation)* gefühllos, taub (**with** vor + *Dat.*); *(fig.) (without emotion)* benommen; *(unable to move)* starr; gelähmt; **go** ~ **with horror** vor Entsetzen *(Dat.)* erstarren. **2.** *v. t.* **a)** ⟨*Kälte, Schock:*⟩ gefühllos machen; ⟨*Narkosemittel:*⟩ betäuben; **b)** *(fig.)* **had her emotions were** ~**ed** sie war betäubt *od.* benommen; **be** ~**ed by horror/with fear** vor Entsetzen/Angst *(Dat.)* erstarren

number ['nʌmbə(r)] **1.** *n.* **a)** *(in series)* Nummer, *die;* ~ **3 West Street** West Street [Nr.] 3; **my** ~ **came up** *(fig.)* ich war dran *(ugs.) od.* an der Reihe; **the** ~ **of sb.'s car** jmds. Autonummer; **you've got the wrong** ~ *(Teleph.)* Sie sind falsch verbunden; **dial a wrong** ~: sich verwählen *(ugs.);* **what page** ~ **is it?** welche Seite ist es?; ~ **one** *(oneself)* man selbst; *(first-class)* erstklassig ⟨*Darstellung*⟩; Spitzen-⟨*position, -platz*⟩; **take care of** *or* **look after** ~ **one** an sich *(Akk.)* selbst denken, **sb.'s** ~ **one priority** bei jmdm. an erster Stelle stehen; ~ **two** *(in organisation)* zweiter Mann; *(of sb. else)* rechte Hand; **N**~ **Ten [Downing Street]** *(Brit.)* Amtssitz des britischen Premierministers/der britischen Premierministerin; **paint by** ~**s** nach einer Vorlage [mit numerierten Farbfeldern] malen; **have [got]** sb.'s ~ *(fig. sl.)* jmdn. durchschaut haben; **sb.'s** ~ **is up** *(coll.)* jmds. Stunde hat geschlagen; **b)** *(esp. Math.: numeral)* Zahl, *die;* **memory for** ~**s** Zahlengedächtnis, *das;* **c)** *(sum, total, quantity)* [An]zahl, *die;* **a** ~ **of people/things** einige Leute/Dinge; **a** ~ **of times/on a** ~ **of occasions** mehrfach *od.* -mals; **a small** ~: eine geringe [An]zahl; **large** ~**s** eine große [An]zahl; **in [large or great]** ~**s** in großer Zahl; **in a small** ~ **of cases** in einigen wenigen Fällen; **a and b in equal** ~**s** a und b in gleicher Anzahl; **a fair** ~: eine ganze Anzahl *od.* Reihe; **any** ~: beliebig viele; **on any** ~ **of occasions** oft[mals]; **without** *or* **beyond** ~: ohne Zahl *(geh.);* **times without** ~: unzählige Male; **in** ~**[s]** zahlenmäßig *(Ling.)* überlegen sein, überwiegen); **ten in** ~: zehn an der Zahl; **be few in** ~: gering an Zahl sein; **d)** *(person, song, turn, edition)* Nummer, *die;* **final/May** ~: Schluß-/ Mainummer, *die;* **e)** *(coll.) (outfit)* Kluft, *die; (girl)* Mieze, *die (salopp); (job)* Job, *der (ugs.);* **it's not a bad little** ~ *(job)* da kann man eine ruhige Kugel schieben *(ugs.);* **f)** *(Bibl.)* **[the Book of] N**~**s** das vierte Buch Mose; **g)** *(company)* [Personen]kreis, *der;* Gruppe, *die;* **he was [one] of our** ~: er war einer von uns; **h) in** *pl. (arithmetic)* Rechnen, *das;* **i)** *(Ling.)* Numerus, *der (fachspr.). See also* **eight 2 a; opposite number; round number. 2.** *v. t.* **a)** *(assign* ~ *to)* beziffern; numerieren; **b)** *(amount to, comprise)* zählen; **the nominations** ~**ed ten in all** es wurden insgesamt zehn Kandidaten nominiert; **a town** ~**ing x inhabitants** eine Stadt mit x Einwohnern; **c)** *(include, regard as)* zählen, rechnen (**among,** **with** zu); **d) be** ~**ed** *(be limited)* begrenzt sein; **sb.'s days** *or* **years are** ~**ed** jmds. Tage sind gezählt; **e)** *(count)* zählen
~ **off** *v. i.* abzählen

numbering ['nʌmbərɪŋ] *n.* Numerierung, *die*

numberless ['nʌmbəlɪs] *adj.* unzählig, zahllos

'number-plate *n.* Nummernschild, *das*

numbly ['nʌmlɪ] *adv.* wie betäubt

numbness ['nʌmnɪs] *n., no pl. (caused by cold)* Gefühllosigkeit, *die;* Taubheit, *die; (caused by anaesthetic, sleeping-pill)* Betäubung, *die; (fig.: stupor)* Benommenheit, *die*

'numbskull *see* **numskull**

numeracy ['nju:mərəsɪ] *n.* rechnerische Fähigkeiten

numeral ['nju:mərl] *n.* Ziffer, *die; (word)* Zahlwort, *das;* **cardinal** ~: Kardinal- *od.* Grundzahl, *die*

numerate ['nju:mərət] *adj.* rechenkundig; **be** ~: rechnen können

numerator ['nju:məreɪtə(r)] *n. (Math.)* Zähler, *der*

numerical [nju:'merɪkl] *adj.* Zahlen⟨*wert, -folge*⟩; numerisch ⟨*Reihenfolge, Stärke, Überlegenheit*⟩; zahlenmäßig ⟨*Überlegenheit*⟩; rechnerisch ⟨*Fähigkeiten*⟩

numerically [nju:'merɪkəlɪ] *adv.* numerisch; ~ **speaking,** ...: numerisch *od.* zahlenmäßig ...

numerous ['nju:mərəs] *adj.* zahlreich

numismatics [nju:mɪz'mætɪks] *n., no pl.* Numismatik, *die;* Münzkunde, *die*

numismatist [nju:'mɪzmətɪst] *n.* Numismatiker, *der/*Numismatikerin, *die*

numskull ['nʌmskʌl] *n.* Hohlkopf, *der (abwertend)*

nun [nʌn] *n.* Nonne, *die*

nuncio ['nʌnʃɪəʊ] *n., pl.* ~**s** *(RC Ch.)* Nuntius, *der*

nunnery ['nʌnərɪ] *n.* [Nonnen]kloster, *das*

nuptial ['nʌpʃl] **1.** *adj.* ehelich; ~ **vow/feast/day** Eheversprechen, *das/*Hochzeitsfest, *das/*Hochzeitstag, *der.* **2.** *n. in pl. (literary joc.)* Hochzeit, *die*

nurd *see* **nerd**

nurse [nɜ:s] **1.** *n.* Krankenschwester, *die;* **thank you,** ~: danke, Schwester; **hospital** ~: Krankenhausschwester, *die;* **[male]** ~: Krankenpfleger, *der;* ~**s' home/uniform** Schwesternwohnheim, *das/-*tracht, *die.* **2.** *v. t.* **a)** *(act as* ~ *to)* pflegen ⟨*Kranke*⟩; **take up nursing the handicapped/sick** in der Behinderten-/Krankenpflege tätig werden; ~ **sb. through an illness** jmdn. während seiner Krankheit pflegen; ~ **sb. back to health** jmdn. gesundpflegen; **b)** *(act as* ~*maid to)* betreuen ⟨*Kind*⟩; *(fig.: foster, tend)* hegen *(geh.)* ⟨*Projekt*⟩; fördern ⟨*Begabung*⟩; **c)** *(try to cure)* versorgen; auskurieren ⟨*Erkältung*⟩; **d)** *(suckle)* die Brust geben (+ *Dat.*), stillen ⟨*Säugling*⟩; **e)** *(manage carefully)* hegen, pflegen ⟨*Pflanze*⟩; **f)** *(cradle)* vorsichtig halten; wiegen ⟨*Baby*⟩; **g)** *(keep burning)* hüten ⟨*Feuer*⟩; **h)** *(treat carefully)* ~ **gently/carefully** behutsam *od.* schonend umgehen mit; **i)** *(fig.: harbour)* hegen *(geh.)* ⟨*Gefühl, Plan, Groll*⟩. **3.** *v. i.* **a)** *(act as wet-*~*)* stillen; **b)** *(be a sick-*~*)* Krankenschwester/-pfleger sein. *See also* **wet-nurse**

'nursemaid *n. (lit. or fig.)* Kindermädchen, *das*

nursery ['nɜ:sərɪ] *n.* **a)** *(room for children)* Kinderzimmer, *das;* **b)** *(crèche)* Kindergesstätte, *die;* **c)** *see* **nursery school; d)** *(Agric.) (for plants)* Gärtnerei, *die; (for trees)* Baumschule, *die; (fig.: training-ground)* Schule, *die*

nursery: ~**man** ['nɜ:sərɪmən] *n., pl.* ~**men** ['nɜ:sərɪmən] Gärtner, *der;* ~ **nurse** *n.* Kindermädchen, *das;* Kinderpflegerin, *die;* ~ **rhyme** *n.* Kinderreim, *der;* ~ **school** *n.* Kindergarten, *der;* ~**-school teacher** *n. (female)* Kindergärtnerin, *die;* Erzieherin, *die; (male)* Erzieher, *der;* ~ **slopes** *n. pl. (Skiing)* Idiotenhügel, *der (ugs. scherzh.)*

nursing ['nɜ:sɪŋ] *n., no pl., no art. (profession)* Krankenpflege, *die; attrib.* Pflege⟨*personal, -beruf*⟩

nursing: ~ **auxiliary** *n. (female)* Schwesternhelferin, *die; (male)* Hilfspfleger, *der;* ~ **home** *n. (Brit.) (for the aged, infirm)* Pflegeheim, *das; (for convalescents)* Genesungsheim, *das; (maternity hospital)* Entbindungsheim, *das;* ~ **'mother** *n.* stillende Mutter

nurture ['nɜ:tʃə(r)] **1.** *n.* **a)** *no pl. (bringing up)* Erziehung, *die;* **b)** *(nourishment, lit. or fig.)* Nahrung, *die.* **2.** *v. t.* **a)** *(rear)* aufziehen; **b)** *(fig.: foster)* nähren *(geh.);* **c)** *(train)* erziehen; schulen, bilden ⟨*Geist*⟩

nut [nʌt] *n.* **a)** Nuß, *die;* **she can't sing/spell for** ~**s** *(Brit. sl.)* sie kann nicht für fünf Pfennig *(ugs.)* singen/schreiben; **be a hard** *or* **tough** ~ **[to crack]** *(fig.)* eine harte Nuß sein *(ugs.);* (*Person:*) schwierig sein; ~**s to you** *(sl.)* du kannst/ihr könnt mir den Buckel runterrutschen *(ugs.);* **b)** *(Mech. Engin.)* [Schrauben]mutter, *die;* ~**s and bolts** *pl. (sl.)* praktische Grundlagen; **c)** *(sl.: head)* Kürbis, *der (salopp);* **go/be off one's** ~: verrückt *(ugs.)* werden/sein; **do one's** ~: durchdrehen *(ugs.);* **d)** *(crazy person)* Verrückte, *der/die (ugs.);* **be a bit of a** ~: ein bißchen spinnen *(ugs.);* **e)** *in pl. (coarse: testicles)* Eier *(derb). See also* **nuts**

nut: ~**-brown** *adj.* nußbraun; ~**-'butter** *n.* [Erd]nußbutter, *die;* ~**-case** *n. (sl.)* Verrückte, *der/die (ugs.);* ~**crackers** *n. pl.* Nußknacker, *der;* ~ **cutlet** *n.* Nußschnitzel, *das;* ~**hatch** *n. (Ornith.)* Kleiber, *der;* ~**-house** *n. (sl.)* Klapsmühle, *die (salopp);* ~**-meat** *n. (Amer.)* Nußkern, *der*

nutmeg ['nʌtmeg] *n.* Muskatnuß, *die;* Muskat, *der*

nutrient ['nju:trɪənt] **1.** *adj.* **a)** *(serving as nourishment)* Ernährungs-; **b)** *(providing nourishment)* Nähr⟨*lösung, -salze*⟩. **2.** *n.* Nährstoff, *der*

nutriment ['nju:trɪmənt] *n. (lit. or fig.)* Nahrung, *die*

nutrition [njuːˈtrɪʃn] *n.* **a)** *(nourishment, diet)* Ernährung, *die;* **b)** *(food, lit. or fig.)* Nahrung, *die*
nutritional [njuːˈtrɪʃənl] *adj.* nahrhaft; ~ **value** Nährwert, *der;* ~ **deficiency/deficiencies** Nährstoffmangel, *der*
nutritionist [njuːˈtrɪʃənɪst] *n.* Ernährungswissenschaftler, *der/*-wissenschaftlerin, *die*
nutritious [njuːˈtrɪʃəs] *adj.* nahrhaft
nutritive [ˈnjuːtrɪtɪv] *adj.* nahrhaft; ~ **value/function** Nährwert, *der/*Ernährungsfunktion, *die*
'**nut roast** *n.* Nußbraten, *der*
nuts [nʌts] *pred. adj. (sl.)* verrückt *(ugs.);* **be** ~ **about** *or* **on sb./sth.** nach jmdm./etw. verrückt sein *(ugs.)*
'**nutshell** *n.* **a)** Nußschale, *die;* **b)** *(fig.)* **in a** ~: in aller Kürze; **to put it** *or* **the matter** *or* **the whole thing in a** ~: kurz gesagt
nutter [ˈnʌtə(r)] *n. (sl.)* Verrückte, *der/die (ugs.);* **be a** ~: verrückt sein *(ugs.)*
'**nut-tree** *n.* Haselnußstrauch, *der; (walnut)* Nußbaum, *der*
nutty [ˈnʌtɪ] *adj.* **a)** *(tasting like nuts)* nussig; **b)** *(abounding in nuts)* voller Nüsse *nachgestellt;* **c)** *(sl.: crazy)* verrückt *(ugs.);* **be** ~ **about** *or* **on sb./sth.** *(sl.)* nach jmdm./etw. verrückt sein *(ugs.); see also* **fruit-cake**
nuzzle [ˈnʌzl] **1.** *v. i.* **a)** *(with nose)* ~ **in** *or* **into sth.** die Schnauze in etw. *(Akk.)* drücken; ~ **against sth.** die Schnauze gegen etw. drücken; **b)** *(nestle)* sich kuscheln [**[up]to, at, against** an + *Akk.*). **2.** *v. t.* schmiegen ⟨*Gesicht, Kopf, Schulter*⟩
NW *abbr.* **a)** [ˈnɔːθwest] **north-west** NW; **b)** [ˈnɔːθwestən] **north-western** nw.
NY *abbr.* New York
nylon [ˈnaɪlɒn] *n.* **a)** *no pl. (Textiles)* Nylon, *das; attrib.* Nylon-; **b)** *in pl. (stockings)* Nylonstrümpfe; Nylons *(ugs.)*
nymph [nɪmf] *n. (Mythol., Zool.)* Nymphe, *die*
nymphet [ˈnɪmfet, nɪmˈfet] *n.* Nymphchen, *das*
nympho [ˈnɪmfəʊ] *n., pl.* ~**s** *(coll.)* Nymphomanin, *die*
nymphomania [nɪmfəˈmeɪnɪə] *n.* Nymphomanie, *die;* Mannstollheit, *die (veralt.)*
nymphomaniac [nɪmfəˈmeɪnɪæk] **1.** *n.* Nymphomanin, *die.* **2.** *adj.* nymphoman; mannstoll *(veralt.)*
NZ *abbr.* New Zealand

O

¹**O, o** [əʊ] *n., pl.* **Os** *or* **O's a)** *(letter)* O, o, *das;* **b)** *(zero)* Null, *die*
²**O** *int. (arch./poet./rhet.)* o; **O God** *etc.* o Herr *usw.; see also* **that 6 c**
o' [ə] *prep. (esp. arch./poet./dial.)* **a)** = **of** von; **man-o'-war** Kriegsschiff, *das;* **cup o' tea** *(coll.)* Tasse Tee; *see also* **o'clock; b)** = **on**; **o' nights/Sundays** nachts/sonntags
oaf [əʊf] *n., pl.* ~**s** *or* **oaves** [əʊvz] **a)** *(stupid person)* Dummkopf, *der (ugs.);* **great** ~: Riesenrindvieh, *das (ugs.).* **b)** *(awkward lout)* Stoffel, *der (ugs.);* **you clumsy** ~! du Trampeltier! *(ugs.)*
oafish [ˈəʊfɪʃ] *adj.* stoffelig *(ugs.)*
oak [əʊk] *n.* Eiche, *die; attrib.* Eichen⟨*wald, -möbel, -kiste, -blatt*⟩
'**oak-apple** *n. (Bot.)* Gallapfel, *der*
oaken [ˈəʊkn] *attrib. adj.* eichen
'**oak-tree** *n.* Eiche, *die*
OAP *abbr. (Brit.)* **old-age pensioner** Rentner, *der/*Rentnerin, *die;* ~ [**social**] **club** Seniorenklub, *der*
oar [ɔː(r)] *n.* **a)** Ruder, *das;* Riemen, *der (Sport, Seemannsspr.);* **put in one's** ~, **put one's** ~ **in** *(fig. coll.)* seinen Senf dazugeben *(ugs.);* sich einmischen; **rest on one's** ~**s**, **lie** *or (Amer.)* **lay on one's** ~**s** die Riemen hoch nehmen; *(fig.: relax one's efforts)* sich ausruhen; **b)** *(rower)* Ruderer, *der/*Ruderin, *die*
-oared [ɔːd] *adj. in comb.* mit ... Riemen *nachgestellt;* -ruderig
oarsman [ˈɔːzmən] *n., pl.* **oarsmen** [ˈɔːzmən] Ruderer, *der*
oarsmanship [ˈɔːzmənʃɪp] *n., no pl.* ruderisches Können
oarswoman [ˈɔːzwʊmən] *n.* Ruderin, *die*
oasis [əʊˈeɪsɪs] *n., pl.* **oases** [əʊˈeɪsiːz] *(lit. or fig.)* Oase, *die*
oast [əʊst] *n. (Agric., Brewing)* Darre, *die*
'**oast-house** *n. (Agric., Brewing)* Hopfendarre, *die*
oat [əʊt] *n.* **a)** ~**s** Hafer, *der;* **be off one's** ~**s** *(fig.)* keinen Appetit haben; **rolled** ~**s** Haferflocken *Pl.;* **b)** *(plant)* Haferpflanze, *die;* **field of** ~**s** Haferfeld, *das;* **wild** ~: Flug- *od.* Windhafer, *der;* **sow one's wild** ~**s** *(fig.)* sich *(Dat.)* die Hörner abstoßen *(ugs.)*
'**oatcake** *n.* [flacher] Haferkuchen
oath [əʊθ] *n., pl.* ~**s** [əʊðz] **a)** Eid, *der;* Schwur, *der;* **be bound by** ~: durch einen Eid *od.* Schwur gebunden sein; **take** *or* **swear an** ~ [**on sth.**] **that ...:** einen Eid [auf etw. *(Akk.)*] schwören, daß ...; **b)** *(Law)* **swear** *or* **take the** ~: vereidigt werden; **on** *or* **under** ~: unter Eid; **be on** *or* **under** ~ **to do sth.** geschworen haben, etw. zu tun; **put sb. on** *or* **under** ~: jmdn. vereidigen *od.* unter Eid nehmen; [**I swear**] **on my** ~ **I am telling the truth** ich schwöre, daß ich die Wahrheit sage; ~ **of office** Amts- *od.* Diensteid, *der;* ~ **of allegiance/supremacy** Treu-/Supremmatseid, *der;* **c)** *(expletive)* Fluch, *der*
'**oatmeal** *n.* **a)** Hafermehl, *das;* **b)** *(colour)* Graubeige, *das*
OAU *abbr. (Polit.)* **Organization of African Unity** OAE
oaves *pl.* of **oaf**
obbligato [ɒblɪˈgɑːtəʊ] *(Mus.)* **1.** *adj.* obligat. **2.** *n., pl.* ~**s** Obligato, *das*
obduracy [ˈɒbdjʊərəsɪ] *n., no pl. (hardheartedness)* Unerbittlichkeit, *die; (stubbornness)* Verstocktheit, *die*
obdurate [ˈɒbdjʊərət] *adj. (hardened)* unerbittlich ⟨*Brutalität*⟩; verstockt ⟨*Herz, Sünder*⟩; *(stubborn)* verstockt; hartnäckig ⟨*Weigerung, Ablehnung*⟩
OBE *abbr. (Brit.)* **Officer** [**of the Order**] **of the British Empire**
obedience [əˈbiːdɪəns] *n.* Gehorsam, *der;* **show** ~: gehorsam sein; **in** ~ **to** gemäß
obedient [əˈbiːdɪənt] *adj.* gehorsam; *(submissive)* fügsam; **teach a dog to be** ~: einem Hund Gehorsam beibringen; **be** ~ **to sb./sth.** jmdm./einer Sache gehorchen; *see also* **servant c**
obediently [əˈbiːdɪəntlɪ] *adv.* gehorsam; *(submissively)* fügsam
obeisance [əʊˈbeɪsəns] *n.* **a)** *(gesture)* Verbeugung, *die;* Verneigung, *die (geh.); (prostration)* Fußfall, *der;* **b)** *no pl. (homage)* Ehrerbietung, *die (geh.);* Reverenz, *die (geh.);* **do** *or* **make** *or* **pay** ~ **to sb.** jmdm. seine Reverenz bezeigen *od.* erweisen *(geh.)*
obelisk [ˈɒbəlɪsk, ˈɒbɪlɪsk] *n.* **a)** *(pillar)* Obelisk, *der;* **b)** *(Printing)* Kreuzchen, *das;* **double** ~: Doppelkreuzchen, *das*
obese [əʊˈbiːs] *adj.* fett *(abwertend);* fettleibig *(bes. Med.)*
obesity [əʊˈbiːsɪtɪ] *n., no pl.* Fettheit, *die (abwertend);* Fettleibigkeit, *die (bes. Med.);* Obesität, *die (Med.)*
obey [əʊˈbeɪ] *v. t.* gehorchen (+ *Dat.*); ⟨*Kind, Hund:*⟩ folgen (+ *Dat.*), gehorchen (+ *Dat.*); sich halten an (+ *Akk.*) ⟨*Vorschrift, Regel*⟩; befolgen ⟨*Befehl*⟩; folgen (+ *Dat.*) ⟨*Aufforderung*⟩; nachkommen *(geh.)* (+ *Dat.*), Folge leisten (+ *Dat.*) ⟨*Vorladung*⟩. **2.** *v. i.* gehorchen; ⟨*Kind, Hund:*⟩ folgen, gehorchen; **refuse to** ~: den Gehorsam verweigern
obfuscate [ˈɒbfʌskeɪt] *v. t. (literary) (obscure)* vernebeln; *(confuse)* verwirren
obituary [əˈbɪtjʊərɪ] **1.** *n.* Nachruf, *der* (**to**, **of** auf + *Akk.*); *(notice of death)* Todesanzeige, *die.* **2.** *adj.* ~ **notice/memoir** Todesanzeige, *die/*Nachruf, *der;* **the** ~ **page/column** die Todesanzeigen
object 1. [ˈɒbdʒɪkt] *n.* **a)** *(thing)* Gegenstand, *der; (Philos.)* Objekt, *das;* **he was no longer the** ~ **of her affections** ihre Zuneigung gehörte ihm nicht mehr; **b)** *(purpose)* Ziel, *das;* ~ **in life** Lebensziel, *das od.* -zweck, *der;* **with this** ~ **in mind** *or* **view** mit diesem Ziel [vor Augen]; **with the** ~ **of doing sth.** in der Absicht, etw. zu tun; **make it one's** ~ [**in life**] es sich *(Dat.)* zum Ziel setzen; es zu seinem Lebensziel machen; *see also* **defeat 1 b; exercise 1 b; c)** *(obstacle, hindrance)* **money/time** *etc.* **is no** ~: Geld/Zeit *usw.* spielt keine Rolle; **d)** *(Ling.)* Objekt, *das; see also* **direct object; indirect object. 2.** [əbˈdʒekt] *v. i.* **a)** *(state objection)* Einwände/einen Einwand erheben (**to** gegen); *(protest)* protestieren (**to** gegen); **I** ~, **your Honour** *(Law)* Einspruch, Herr Vorsitzender!; **b)** *(have objection or dislike)* etwas dagegen haben; ~ **to sb./sth.** etwas gegen jmdn./etw. haben; **if you don't** ~: wenn Sie nichts dagegen haben; **I** ~ **to your smoking** es stört mich, daß du rauchst; ~ **to sb.'s doing sth.** etw. dagegen haben, daß jmd. etw. tut; **I strongly** ~ **to this tone** ich verbitte mir diesen Ton; **I** ~ **to being blamed for this error** ich verwahre mich dagegen, für diesen Fehler verantwortlich gemacht zu werden. **3.** *v. t.* einwenden
objectify [əbˈdʒektɪfaɪ] *v. t.* objektivieren
objection [əbˈdʒekʃn] *n.* **a)** Einwand, *der;* Einspruch, *der (Amtsspr., Rechtsw.);* **raise** *or* **make an** ~ [**to sth.**] einen Einwand *od.* *(Rechtsw.)* Einspruch [gegen etw.] erheben; **make no** ~ **to sth.** nichts gegen etw. einzuwenden haben; **b)** *(feeling of opposition or dislike)* Abneigung, *die;* **have an/no** ~ **to sb./sth.** etw./nichts gegen jmdn./etw. haben; **have an/no** ~: etwas/nichts dagegen haben; **have no** ~ **to sb.'s doing sth.** nichts dagegen haben, daß jmd. etw. tut
objectionable [əbˈdʒekʃənəbl] *adj.* unangenehm ⟨*Anblick, Geruch*⟩; anstößig ⟨*Bemerkung, Wort, Benehmen*⟩; unausstehlich ⟨*Kind*⟩
objectionably [əbˈdʒekʃənəblɪ] *adv.* unerträglich ⟨*überheblich, aufdringlich*⟩; anstößig ⟨*sich benehmen*⟩
objective [əbˈdʒektɪv] **1.** *adj.* **a)** *(unbiased)* objektiv; sachlich; **b)** *(esp. Philos.: real)* objektiv. **2.** *n. (goal)* Ziel, *das;* **establish one's** ~: sich *(Dat.)* ein Ziel setzen
objective: ~ **case** *n. (Ling.)* be in the ~ case Objekt sein; ~ '**genitive** *n. (Ling.)* Genitivus obiectivus, *der*
objectively [əbˈdʒektɪvlɪ] *adv.* **a)** objektiv; **b)** *(Ling.)* als Objekt ⟨*gebrauchen*⟩
objectiveness [əbˈdʒektɪvnɪs], **objectivity** [ɒbdʒɪkˈtɪvɪtɪ] *ns., no pl.* Objektivität, *die;* **maintain** ~: objektiv bleiben
'**object-lesson** *n. (warning)* Denkzettel, *der; (very clear example)* Musterbeispiel, *das* (**in**, **on** für); **it was an** ~ **to him** es war ihm eine Lehre; **an** ~ **in** *or* **on how to do sth.**

ein Musterbeispiel dafür, wie man etw. macht

objector [əb'dʒektə(r)] *n.* Gegner, *der*/Gegnerin, *die* (to Gen.); see also **conscientious**

objet d'art [ɔbʒeɪ 'dɑː(r)] *n., pl.* **objets d'art** [ɔbʒeɪ 'dɑː(r)] Kunstgegenstand, *der*

obligate ['ɒblɪgeɪt] *v. t., usu. in p.p.* verpflichten

obligation [ɒblɪ'geɪʃn] *n.* **a)** Verpflichtung, *die; (constraint)* Zwang, *der;* **be under** *or* **have an/no ~ to do sth.** verpflichtet/nicht verpflichtet sein, etw. zu tun; **have an/no ~ to[wards] sb.** jmdm. gegenüber eine/keine Verpflichtung haben; **there's no ~ to buy** es besteht kein Kaufzwang; **b)** *(indebtedness)* Dankesschuld, *die (geh.);* **put** *or* **place sb. under an ~:** jmdm. eine Dankespflicht auferlegen; **be under an ~ to sb.** in jmds. Schuld stehen *(geh.);* jmdm. verpflichtet sein; **be under no ~ to sb.** jmdm. nicht verpflichtet sein

obligatory [ə'blɪgətərɪ] *adj.* obligatorisch; **make sth. ~ for sb.** etw. für jmdn. vorschreiben; **it has become ~ to do sth.** es ist zur Pflicht geworden, etw. zu tun

oblige [ə'blaɪdʒ] **1.** *v. t.* **a)** *(be binding on)* ~ **sb. to do sth.** jmdm. vorschreiben, etw. zu tun; **one is ~d by law to do sth.** etw. ist gesetzlich vorgeschrieben; **b)** *(constrain, compel)* zwingen; nötigen; **be ~d to do sth.** gezwungen *od.* genötigt sein, etw. zu tun; **you are not ~d to answer these questions** Sie sind nicht verpflichtet, diese Fragen zu beantworten; **feel ~d to do sth.** sich verpflichtet fühlen, etw. zu tun; **c)** *(be kind to)* ~ **sb. by doing sth.** jmdm. den Gefallen tun und etw. tun; **would you please ~ me by doing it?** würden Sie bitte so gut sein und es tun?; ~ **sb. with sth.** *(help out)* jmdm. mit etw. aushelfen; **could you ~ me with a lift?** könnten Sie mich freundlicherweise mitnehmen?; **d)** ~**d** *(bound by gratitude)* **be much/greatly ~d to sb. [for sth.]** jmdm. [für etw.] sehr verbunden sein; **much ~d** besten Dank! **2.** *v. i.* **be always ready to ~:** immer sehr gefällig sein; **anything to ~** *(as answer)* stets zu Diensten; ~ **with a song** *etc. (coll.)* ein Lied *usw.* zum besten geben

obliging [ə'blaɪdʒɪŋ] *adj.* entgegenkommend

obligingly [ə'blaɪdʒɪŋlɪ] *adv.* entgegenkommenderweise

oblique [ə'bliːk] **1.** *adj.* **a)** *(slanting)* schief ⟨*Gerade, Winkel*⟩; **b)** *(fig.: indirect)* indirekt ⟨*Bemerkung, Hinweis, Frage*⟩; versteckt ⟨*Hinweis*⟩. **2.** *n.* Schrägstrich, *der*

obliquely [ə'bliːklɪ] *adv.* **a)** *(in a slanting direction)* schräg ⟨*einfallen, abzweigen*⟩; **b)** *(rule)* indirekt ⟨*sich beziehen, antworten*⟩

obliterate [ə'blɪtəreɪt] *v. t.* auslöschen; *(cancel)* entwerten ⟨*Briefmarke*⟩; **b)** *(fig.)* verschleiern ⟨*Wahrheit*⟩; auslöschen ⟨*Erinnerung*⟩; zerstreuen ⟨*Bedenken*⟩; vernichtend schlagen ⟨*Gegner*⟩

obliteration [əblɪtə'reɪʃn] *n. see* **obliterate:** Auslöschung, *die;* Verschleierung, *die;* Zerstreuung, *die*

oblivion [ə'blɪvɪən] *n., no pl.* **a)** *(being forgotten)* Vergessenheit, *die;* **sink** *or* **fall into ~:** in Vergessenheit geraten; **rescued from ~:** der Vergessenheit *(Dat.)* entrissen; **b)** *(forgetting)* Vergessen, *das*

oblivious [ə'blɪvɪəs] *adj.* **be ~ to** *or* **of sth.** *(be unconscious of)* sich *(Dat.)* einer Sache *(Gen.)* nicht bewußt sein; *(not notice)* etw. nicht bemerken *od.* wahrnehmen

oblong ['ɒblɒŋ] **1.** *adj.* rechteckig. **2.** *n.* Rechteck, *das*

obloquy ['ɒblǝkwɪ] *n. (literary)* **a)** *(abuse)* Beschimpfungen; **b)** *(disgrace)* Schande, *die*

obnoxious [əb'nɒkʃəs] *adj.*, **obnoxiously** [əb'nɒkʃəslɪ] *adv.* widerlich *(abwertend)*

oboe ['əʊbəʊ] *n. (Mus.)* Oboe, *die*

oboist ['əʊbəʊɪst] *n. (Mus.)* Oboist, *der*/Oboistin, *die*

obscene [əb'siːn] *adj.* obszön; *(coll.: offensive)* widerlich *(abwertend);* unanständig ⟨*Profit*⟩

obscenely [əb'siːnlɪ] *adv.* obszön; *(coll.: offensively)* widerlich *(abwertend);* unanständig ⟨*reich*⟩

obscenity [əb'senɪtɪ] *n.* Obszönität, *die;* *(coll.: offensive nature)* Widerlichkeit, *die (abwertend)*

obscurantism [ɒbskjʊə'ræntɪzm] *n.* Obskurantismus, *der*

obscurantist [ɒbskjʊə'ræntɪst] **1.** *n.* Obskurant, *der*/Obskurantin, *die (geh.).* **2.** *adj.* ~ **doctrine/argument** Obskurantentum, *das (geh.)*

obscure [əb'skjʊə(r)] **1.** *adj.* **a)** *(unexplained)* dunkel; **for some ~ reason** aus irgendeinem unerfindlichen *(geh.)* od. verborgenen Grund; **b)** *(hard to understand)* schwer verständlich ⟨*Argument, Dichtung, Autor, Stil*⟩; unklar ⟨*Hinweis, Textstelle*⟩; **c)** *(unknown)* unbekannt ⟨*Herkunft, Schriftsteller*⟩; *(undistinguished)* unbedeutend; **d)** *(indistinct, vague)* vage ⟨*Spur, Gemurmel*⟩; vage ⟨*Anhaltspunkt*⟩; **e)** *(remote)* abgelegen, entlegen ⟨*Ort*⟩; **f)** *(dark, dim)* dunkel. **2.** *v. t.* **a)** *(make indistinct)* verdunkeln; *(block)* versperren ⟨*Aussicht*⟩; *(conceal)* ⟨*Nebel*⟩ verhüllen; **b)** *(fig.: make unintelligible)* unverständlich machen; **be ~d** unverständlich werden; **c)** *(fig.: outshine)* in den Schatten stellen

obscurely [əb'skjʊəlɪ] *adv.* **a)** *(indirectly)* vage; **b)** *(in obscurity)* im Verborgenen

obscurity [əb'skjʊərɪtɪ] *n.* **a)** *no pl. (being unknown or inconspicuous)* Unbekanntheit, *die;* **rise out of ~:** bekannt werden; **sink into ~:** in Vergessenheit geraten; **in ~:** unbeachtet, unauffällig ⟨*leben*⟩; **b)** *no pl. (being not clearly known or understood)* **be lost in the mists of** ~: im dunkeln liegen; **c)** *(unintelligibleness, unintelligible thing)* Unverständlichkeit, *die;* **d)** *no pl. (darkness)* Dunkelheit, *die*

obsequies ['ɒbsɪkwɪz] *n. pl. (funeral rites)* Beisetzungsfeierlichkeiten *(geh.)*

obsequious [əb'siːkwɪəs] *adj.,* **obsequiously** [əb'siːkwɪəslɪ] *adv.* unterwürfig *(abwertend)*

observable [əb'zɜːvəbl] *adj.* erkennbar; spürbar ⟨*Mangel, Zunahme, Übergewicht*⟩

observance [əb'zɜːvəns] *n.* **a)** *no pl. (observing, keeping)* Beachtung, *die;* Befolgung, *die; (of prescribed times)* Einhaltung, *die;* **b)** *(esp. Relig.: practice, rite)* Regel, *die;* **c)** *(rule)* Ordensregel, *die*

observant [əb'zɜːvənt] *adj.* **a)** aufmerksam; **be ~ of sth.** ein Auge für etw. haben; **how very ~ of you!** sehr scharf beobachtet!; **b)** *(mindful, regardful)* **be ~** of beachten, sich halten an (+ *Akk.*) ⟨*Gesetz, Regel*⟩

observation [ɒbzə'veɪʃn] *n. no pl.* Beobachtung, *die;* **escape ~:** unbeobachtet bleiben; **powers of ~:** Beobachtungsgabe, *die;* **stay in hospital for ~:** zur Beobachtung im Krankenhaus bleiben; **be [kept] under ~:** beobachtet werden; *(by police, detectives)* observiert *od.* überwacht werden; **b)** *(remark)* Bemerkung, *die* (**on** über + *Akk.*); **make an ~ on sth.** sich zu etw. äußern

observational [ɒbzə'veɪʃənl] *adj.* Beobachtungs⟨*gabe, -methode*⟩

observation: ~ **car** *n. (Railw.)* Aussichtswagen, *der;* ~ **post** *n. (Mil.)* Beobachtungsposten, *der*

observatory [əb'zɜːvətərɪ] *n.* Observatorium, *das; (Astron. also)* Sternwarte, *die; (Meteorol. also)* Wetterstation, *die*

observe [əb'zɜːv] *v. t.* **a)** *(watch)* beobachten; ⟨*Polizei, Detektiv:*⟩ überwachen; *abs.* aufpassen; *(perceive)* bemerken; **b)** *(abide by, keep)* einhalten; feiern ⟨*Weihnachten, Jahrestag*⟩; einlegen ⟨*Schweigeminute*⟩; halten ⟨*Gelübde*⟩; nachkommen *(geh.)* (+ *Dat.*) ⟨*Bitte*⟩; **c)** *(say)* bemerken

observer [əb'zɜːvə(r)] *n.* Beobachter, *der*/Beobachterin, *die*

obsess [əb'ses] *v. t.* ~ **sb.** von jmdm. Besitz ergreifen *(fig.);* **be/become ~ed with** *or* **by sb./sth.** von jmdm./etw. besessen sein/werden; **don't let yourself become ~ed by her** versuch in deiner Beziehung zu ihr einen kühlen Kopf zu behalten

obsession [əb'seʃn] *n.* **a)** *(persistent idea)* Zwangsvorstellung, *die;* **be/become an ~ with sb.** für jmdn. zur Sucht geworden sein/werden; **have an ~ with sb.** von jmdm. besessen sein; **b)** *no pl. (Psych.: condition)* Obsession, *die (fachspr.)*: Besessenheit, *die;* **develop an ~ about washing** einen Waschzwang entwickeln

obsessional [əb'seʃənl] *adj.* zwanghaft; obsessiv *(Psych.)*

obsessive [əb'sesɪv] *adj.* zwanghaft; obsessiv *(Psych.);* **be ~ about sth.** von etw. besessen sein; **be an ~ eater/gambler** unter Eßzwang leiden/dem Spiel verfallen sein

obsessively [əb'sesɪvlɪ] *adv.* zwanghaft

obsolescence [ɒbsə'lesns] *n., no pl.* Veralten, *das;* **fall into ~:** veralten; **built-in** *or* **planned ~:** geplanter Verschleiß

obsolescent [ɒbsə'lesnt] *adj.* veraltend; **become/have become** *or* **be ~:** allmählich veralten/nahezu veraltet sein

obsolete ['ɒbsəliːt] *adj.* veraltet; obsolet *(geh.);* **become/have become ~:** veralten/veraltet sein

obstacle ['ɒbstəkl] *n.* Hindernis, *das* (**to** für); **put ~s in sb.'s path** *(fig.)* jmdm. Hindernisse *od.* Steine in den Weg legen; **give rise to ~s** Schwierigkeiten verursachen

'obstacle-race *n.* Hindernisrennen, *das*

obstetric [ɒb'stetrɪk], **obstetrical** [ɒb'stetrɪkl] *adj. (Med.)* Geburts⟨*schock, -kanal*⟩; ~ **ward** Entbindungsstation, *die*

obstetrician [ɒbstə'trɪʃn] *n. (Med.)* Geburtshelfer, *der*/-helferin, *die*

obstetrics [ɒb'stetrɪks] *n. (Med.)* Obstetrik, *die (fachspr.);* Geburtshilfe, *die*

obstinacy ['ɒbstɪnəsɪ] *n., no pl. see* **obstinate:** Starrsinn, *der;* Hartnäckigkeit, *die;* Sturheit, *die (ugs.)*

obstinate ['ɒbstɪnət] *adj.* starrsinnig; *(adhering to particular course of action)* hartnäckig; stur *(ugs.);* **an ~ cold** eine hartnäckige Erkältung; **be as ~ as a mule** ein sturer Bock sein *(ugs. abwertend)*

obstinately ['ɒbstɪnətlɪ] *adv. see* **obstinate:** starrsinnig; hartnäckig; stur *(ugs.)*

obstreperous [əb'strepərəs] *adj.* **a)** randalierend; **be/become ~:** randalieren/zu randalieren beginnen; **b)** *(protesting)* widerspenstig; **stop being so ~!** mach nicht so ein Geschrei! *(ugs.)*

obstruct [əb'strʌkt] *v. t.* **a)** *(block)* versperren; blockieren; behindern ⟨*Verkehr*⟩; versperren ⟨*Sicht*⟩; ~ **sb.'s view** jmdm. die Sicht versperren; **b)** *(fig.: impede; also Sport)* behindern; **c)** *(Parl.)* obstruieren

obstruction [əb'strʌkʃn] *n.* **a)** *(blocking)* Blockierung, *die; (Med.)* Verstopfung, *die;* Obstruktion, *die; (Med.); (of progress; also Sport)* Behinderung, *die; (to success)* Hindernis, *das* (**to** für); **b)** *(Parl.)* Obstruktion, *die;* **c)** *(obstacle)* Hindernis, *das;* Hemmnis, *das*

obstructionism [əb'strʌkʃənɪzm] *n., no pl. (Polit.)* **[policy of]** ~: Obstruktionspolitik, *die*

obstructionist [əb'strʌkʃənɪst] *n. (Polit.)* Obstruktionspolitiker, *der*/-politikerin, *die*

obstructive [əb'strʌktɪv] *adj.* hinderlich ⟨*Politik, Taktik*⟩; **be ~** ⟨*Person:*⟩ sich querlegen *(ugs.)*

obtain [əb'teɪn] **1.** *v. t.* bekommen ⟨*Ware, Information, Hilfe*⟩; erreichen, erzielen

obtainable — odd

⟨*Resultat, Wirkung*⟩; erwerben, erlangen ⟨*akademischen Grad*⟩; ~ **a divorce** geschieden werden. **2.** *v. i.* Geltung haben; ⟨*Ansicht, Brauch:*⟩ herrschen, verbreitet sein; ⟨*Regelung:*⟩ in Kraft sein

obtainable [əb'teɪnəbl] *adj.* erhältlich ⟨*Ware, Eintrittskarte*⟩; erzierbar ⟨*Wirkung*⟩

obtrude [əb'truːd] **1.** *v. t.* ~ **one's beliefs/ opinions on sb.** jmdm. seine Überzeugung/ Meinung aufdrängen; ~ **oneself [up]on sb./ into sth.** sich jmdm. aufdrängen/sich in etw. (*Akk.*) hineindrängen. **2.** *v. i.* sich aufdrängen (**upon** *Dat.*); ~ **upon sb.'s grief** jmdn. in seinem Kummer stören

obtrusive [əb'truːsɪv] *adj.* aufdringlich; *(conspicuous)* auffällig

obtrusively [əb'truːsɪvlɪ] *adv.* in aufdringlicher Weise

obtrusiveness [əb'truːsɪvnɪs] *n., no pl.* Aufdringlichkeit, *die; (conspicuousness)* Auffälligkeit, *die*

obtuse [əb'tjuːs] *adj.* a) *(blunt; also Geom.)* stumpf ⟨*Winkel, Messer*⟩; b) *(stupid)* einfältig; **he's being deliberately ~:** er stellt sich dumm

obtusely [əb'tjuːslɪ] *adv.* einfältig

obverse ['ɒbvɜːs] *n.* a) *(of coin or medal)* Vorderseite, *die;* Avers, *der (Münzk.);* b) *(front)* Schauseite, *die;* c) *(fig.: counterpart)* Gegenstück, *das* (**of** zu)

obviate ['ɒbvɪeɪt] *v. t.* begegnen (+ *Dat.*) ⟨*Gefahr, Risiko, Einwand*⟩; ~ **the necessity of sth.** etw. unnötig machen

obvious ['ɒbvɪəs] *adj.* offenkundig; eindeutig ⟨*Sieger*⟩; *(easily seen)* augenfällig; sichtlich ⟨*Empfindung, innerer Zustand*⟩; plump ⟨*Trick, Mittel*⟩; **she was the ~ choice** es lag nahe, daß die Wahl auf sie fiel; **the answer is ~:** die Antwort liegt auf der Hand; **the ~ thing to do is ...:** das Naheliegende ist ...; **it's not ~ what we should do next** es ist nicht ersichtlich, was wir als nächstes tun sollten; **with the ~ exception of ...:** natürlich mit Ausnahme von ...; **be ~ [to sb.] that ...:** [jmdm.] klar sein, daß ...; **that's stating the ~:** das ist nichts Neues

obviously ['ɒbvɪəslɪ] *adv.* offenkundig; sichtlich ⟨*enttäuschen, überraschen usw.*⟩; **~, we can't expect any help** es ist klar, daß wir keine Hilfe erwarten können

ocarina [ɒkə'riːnə] *n. (Mus.)* Okarina, *die*

Occam's razor [ɒkəmz 'reɪzə(r)] *n. (Philos.)* Ökonomieprinzip, *das;* Ockham's razor, *der*

occasion [ə'keɪʒn] **1.** *n.* a) *(opportunity)* Gelegenheit, *die;* **rise to the ~:** sich der Situation gewachsen zeigen; b) *(reason)* Grund, *der* (**for** zu); *(cause)* Anlaß, *der;* **should the ~ arise** falls sich die Gelegenheit ergibt; **there is no ~ for alarm** es besteht kein Grund zur Sorge; **be [an] ~ for celebration** ein Grund zum Feiern sein; **have ~ to do sth.** [eine] Gelegenheit haben, etw. zu tun; **I had ~ to be in Rome** ich hatte in Rom zu tun; c) *(point in time)* Gelegenheit, *die;* **on several ~s** bei mehreren Gelegenheiten; **on that ~:** bei dieser Gelegenheit; damals; **[up]on ~[s]** gelegentlich; d) *(special occurrence)* Anlaß, *der;* **on state ~s** bei offiziellen Anlässen; **it was quite an ~:** es war ein Ereignis; **on the ~ of** anläßlich (+ *Gen.*). **2.** *v. t.* verursachen; erregen, Anlaß geben zu ⟨*Besorgnis*⟩; geben ⟨*Denkanstoß, Anregung*⟩; ~ **sb. to do sth.** jmdn. veranlassen, etw. zu tun

occasional [ə'keɪʒənl] *adj.* a) *(happening irregularly)* gelegentlich; vereinzelt ⟨*Regenschauer*⟩; **take an** *or* **the ~ break** gelegentlich eine Pause machen; b) *(specially written)* Gelegenheits⟨*musik, -dichtung*⟩

occasionally [ə'keɪʒənəlɪ] *adv.* gelegentlich; **[only] very ~:** gelegentlich einmal

oc'casional table *n.* Beistelltisch, *der*

Occident ['ɒksɪdənt] *n. (poet./rhet.)* **the ~** *(the west, European civilization)* der Okzident; das Abendland

occidental [ɒksɪ'dentl] **1.** *adj.* a) abendländisch; b) *(Polit.)* westlich. **2. O~** *n.* Abendländer, *der*/Abendländerin, *die*

occlude [ə'kluːd] *v. t.* a) *(Med.)* verschließen; b) *(Chem.)* okkludieren ⟨*Gas*⟩; c) *(Meteorol.)* ~**d front** Okklusion, *die*

occlusion [ə'kluːʒn] *n.* a) *(Med.)* Okklusion, *die (fachspr.);* Verschluß, *der;* b) *(Chem., Meteorol., Dent.)* Okklusion, *die*

occult [ɒ'kʌlt, ə'kʌlt] *adj.* a) *(mystical)* okkult ⟨*Kunst, Wissenschaft*⟩; **the ~:** das Okkulte, *die;* b) *(mysterious)* unergründlich, dunkel ⟨*Rätsel, Geheimnis*⟩; c) *(secret)* verborgen

occultism [ɒ'kʌltɪzm, ə'kʌltɪzm] *n.* Okkultismus, *der*

occultist [ɒ'kʌltɪst, ə'kʌltɪst] *n.* Okkultist, *der*/Okkultistin, *die*

occupancy ['ɒkjʊpənsɪ] *n. (residence in a place)* Bewohnung, *die; (moving into property)* Einzug, *der*

occupant ['ɒkjʊpənt] *n.* a) *(resident)* Bewohner, *der*/Bewohnerin, *die; (of post)* Inhaber, *der*/Inhaberin, *die; (of car, bus, etc.)* Insasse, *der*/Insassin, *die; (of room)* [Zimmer]bewohner, *der*/-bewohnerin, *die;* b) *(Law)* Besitzer, *der*/Besitzerin, *die*

occupation [ɒkjʊ'peɪʃn] *n.* a) *(of property) (tenure)* Besitz, *der; (occupancy)* Bewohnung, *die;* **take over the ~ of** in Besitz nehmen; einziehen in (+ *Akk.*) ⟨*Haus, Wohnung, Zimmer*⟩; **the owners of the house are [still]/the new tenants are already in ~:** die Hausbesitzer sind noch nicht ausgezogen/die neuen Mieter sind schon eingezogen; b) *(Mil.)* Okkupation, *die;* Besetzung, *die; (period)* Besatzungszeit, *die;* **army of ~:** Besatzungsarmee, *die;* c) *(activity)* Beschäftigung, *die; (pastime)* Zeitvertreib, *der;* d) *(profession)* Beruf, *der;* **his ~ is civil engineering** er ist Bauingenieur [von Beruf]; **what's her ~?** was ist sie von Beruf?

occupational [ɒkjʊ'peɪʃənl] *adj.* Berufs⟨*beratung, -risiko*⟩; betrieblich ⟨*Altersversorgung*⟩

occupational: ~ di'sease *n. (also joc.)* Berufskrankheit, *die;* **~ 'therapist** *n.* Beschäftigungstherapeut, *der*/-therapeutin, *die;* **~ 'therapy** *n.* Beschäftigungstherapie, *die*

occupier ['ɒkjʊpaɪə(r)] *n. (Brit.)* Besitzer, *der*/Besitzerin, *die; (tenant)* Bewohner, *der*/Bewohnerin, *die*

occupy ['ɒkjʊpaɪ] *v. t.* a) *(Mil.; Polit. as demonstration)* besetzen; **the terrorists are ~ing the building** die Terroristen halten das Gebäude besetzt; b) *(reside in, be a tenant of)* bewohnen; ~ **a flat on a one-year lease** eine Wohnung für ein Jahr gemietet haben; c) *(take up, fill)* einnehmen; liegen in (+ *Dat.*) ⟨*Bett*⟩; besetzen ⟨*Sitzplatz, Tisch*⟩; belegen ⟨*Zimmer*⟩; in Anspruch nehmen ⟨*Zeit, Aufmerksamkeit*⟩; **how did you ~ your time?** wie hast du die Zeit verbracht?; **the hotel occupies an attractive site** das Hotel ist schön gelegen; ~ **a special place in sb.'s affections** einen besonderen Platz in jmds. Herzen haben; d) *(hold)* innehaben ⟨*Stellung, Amt*⟩; e) *(busy, employ)* beschäftigen; ~ **oneself [with doing sth.]** sich mit etw. beschäftigen; **be occupied with** *or* **in doing sth.** damit beschäftigt sein, etw. zu tun; **keep sb.['s mind] occupied** jmdn. [geistig] beschäftigen

occur [ə'kɜː(r)] *v. i.,* **-rr-** a) *(be met with)* vorkommen; *(Gelegenheit, Möglichkeit, Problem:)* sich ergeben; ⟨*Gelegenheit:*⟩ sich bieten; ⟨*Krankheit, Problem, Schwierigkeit:*⟩ auftreten; **if the case should ~ that ...:** sollte der Fall eintreten, daß ...; b) *(happen)* ⟨*Veränderung:*⟩ eintreten; ⟨*Unfall, Vorfall, Zwischenfall:*⟩ sich ereignen; ⟨*Olympiade:*⟩ stattfinden; ⟨*Todesfall:*⟩ auftreten; **how did your injuries ~?** wie kam es zu deinen Verletzungen?; **this must not ~ again** das darf nicht wieder vorkommen; c) ~ **to sb.** *(be thought of)* jmdm. einfallen *od.* in den Sinn kommen; ⟨*Idee:*⟩ jmdm. kommen; **it ~red to me that she was looking rather pale** mir fiel auf, daß sie ziemlich blaß aussah; **it never ~red to me** auf den Gedanken *od.* darauf bin ich nie gekommen

occurrence [ə'kʌrəns] *n.* a) *(incident)* Ereignis, *das;* Begebenheit, *die;* b) *(occurring)* Vorkommen, *das; (of disease)* Vorkommen, *das;* Auftreten, *das;* **be of frequent ~:** häufig vorkommen

ocean ['əʊʃn] *n.* a) Ozean, *der;* Meer, *das; attrib.* Meeres⟨*strömung, -boden*⟩; b) *in pl. (fig. coll.)* ~**s of time** massenhaft Zeit *(ugs.);* **he's got ~s of money** er hat Geld wie Heu *(ugs.);* **weep ~s of tears** Ströme von Tränen vergießen

'ocean-going *adj.* Übersee⟨*handel, -dampfer, -schiff*⟩

Oceania [əʊʃɪ'ɑːnɪə, əʊsɪ'ɑːnɪə] *pr. n.* Ozeanien, *das*

oceanic [əʊʃɪ'ænɪk, əʊsɪ'ænɪk] *adj.* ozeanisch; Meeres⟨*tier, -klima, -strömung*⟩; See⟨*vogel, -klima*⟩; *(fig.)* gewaltig

oceanography [əʊʃə'nɒgrəfɪ] *n.* Ozeanographie, *die;* Meereskunde, *die*

ocelot ['ɒsɪlɒt] *n. (Zool.)* Ozelot, *der*

och [ɒx] *int. (Scot., Ir.)* ach

ochre (*Amer.:* **ocher**) ['əʊkə(r)] *n.* Ocker, *der od. das*

ocker ['ɒkə(r)] *n. (Austral. sl.)* ungehobelter, rüpelhafter Australier

o'clock [ə'klɒk] *adv.* a) **it is two/six ~:** es ist zwei/sechs Uhr; **at two/six ~:** um zwei/ sechs Uhr; **six ~** *attrib.* Sechs-Uhr-⟨*Zug, Maschine, Nachrichten*⟩; b) *indicating direction or position* **see a plane at 3/6/9/12 ~:** ein Flugzeug rechts/genau unter sich *(Dat.)*/links/genau über sich *(Dat.)* sehen; *(horizontally)* ein Flugzeug rechts/genau hinter sich *(Dat.)*/links/genau vor sich *(Dat.)* sehen

Oct. *abbr.* **October** Okt.

octagon ['ɒktəgən] *n. (Geom.)* Achteck, *das;* Oktogon, *das (fachspr.)*

octagonal [ɒk'tægənl] *adj. (Geom.)* achteckig; oktogonal *(fachspr.)*

octahedron [ɒktə'hiːdrən] *n., pl.* ~**s** *or* **octahedra** [ɒktə'hiːdrə] *(Geom.)* Oktaeder, *das (fachspr.);* Achtflächner, *der*

octane ['ɒkteɪn] *n.* Oktan, *das*

octave ['ɒktɪv] *n. (Mus.)* Oktave, *die*

octavo [ɒk'tɑːvəʊ] *n., pl.* ~**s** a) *(book)* Oktavband, *der;* b) *(page)* Oktavseite, *die;* b) *(size)* Oktav[format], *das*

octet, octette [ɒk'tet] *n. (Mus.)* Oktett, *das;* **string ~:** Streichoktett, *das*

October [ɒk'təʊbə(r)] *n.* Oktober, *der;* **the ~ Revolution** *(Hist.)* die Oktoberrevolution; *see also* **August**

octogenarian [ɒktədʒɪ'neərɪən] **1.** *adj.* achtzigjährig; *(more than 80 years old)* in den Achtzigern nachgestellt. **2.** *n.* Achtziger, *der*/Achtzigerin, *die*

octopus ['ɒktəpəs] *n. (lit. or fig.)* Krake, *der;* Octopus, *der (Zool.)*

ocular ['ɒkjʊlə(r)] *adj.* Augen⟨*maß, -krankheit, -täuschung*⟩

oculist ['ɒkjʊlɪst] *n.* Augenarzt, *der*/Augenärztin, *die*

odd [ɒd] *adj.* a) *(surplus, spare)* übrig ⟨*Stück*⟩; überzählig ⟨*Spieler*⟩; restlich, übrig ⟨*Silbergeld*⟩; b) *(additional)* **£25 and a few ~ pence** 25 Pfund und ein paar Pence; **1,000 and ~ pounds** etwas über 1 000 Pfund; c) *(occasional, random)* gelegentlich; **use the occasional ~ moment to do sth.** etw. tun, wenn sich die Gelegenheit ergibt; **I like the ~ whisky** gelegentlich trinke ich gern einen Whisky; **the ~ bit of translating** gelegentliche Übersetzungsarbeit; **~ job/~-job man** Gelegenheitsarbeit, *die*/-arbeiter, *der;* **do ~ jobs** Gelegenheitsarbeiten verrichten; *(about the house)* anfallende Arbeiten erle-

487

digen; **d)** *(one of pair or group)* einzeln; ~ **socks/gloves** *etc.* nicht zusammengehörende Socken/Handschuhe *usw.;* ~ **numbers/volumes** Einzelnummern/Einzelbände; **e)** *(uneven)* ungerade ⟨*Zahl, Seite, Hausnummer*⟩; **f)** *(plus something)* **she must be forty** ~: sie muß etwas über vierzig sein; **sixty thousand** ~: etwas über sechzigtausend; **twelve pounds** ~: etwas mehr als zwölf Pfund; **g)** *(extraordinary)* merkwürdig; *(strange, eccentric)* seltsam
odd: **~ball,** **~ 'fish** *ns. (coll.)* komischer Kauz *(ugs.)*
oddity ['ɒdɪtɪ] *n.* **a)** *(strangeness, peculiar trait)* Eigentümlichkeit, *die;* **b)** *(odd person)* Sonderling, *der;* **c)** *(fantastic object, strange event)* Kuriosität, *die*
oddly ['ɒdlɪ] *adv.* seltsam; merkwürdig; ~ **enough** seltsamer- *od.* merkwürdigerweise
odd man *n.* **be the ~:** die entscheidende Stimme haben; ~ **out** Außenseiter, *der/*Außenseiterin, *die;* **be the ~ out** *(extra person)* überzählig sein; *(thing)* zu etw. nicht passen; **find the ~ out** das finden, was überzählig ist/nicht paßt
oddment ['ɒdmənt] *n.* **a)** *(left over)* [Über]rest, *der; (in sales)* Reststück, *das;* **b)** **in pl.** *(odds and ends)* Kleinigkeiten; **~s of furniture** einzelne Möbelstücke
oddness ['ɒdnɪs] *n., no pl.* Merkwürdigkeit, *die; (strangeness)* Seltsamkeit, *die*
odd: **~-numbered** *adj.* ungerade; **~ one** *see* **odd man**
odds [ɒdz] *n. pl.* **a)** *(Betting)* Odds *pl.;* **the ~ were on Black Bess** Black Bess hatte die besten Chancen; **lay** *or* **give/take ~ of six to one in favour of/against sb./a horse** eine 6 : 1-Wette auf/gegen jmdn./ein Pferd anbieten/annehmen; **I'll lay ~ that ...** *(fig.)* ich wette, daß ...; **take ~ on sth.** auf etw. *(Akk.)* wetten; **over the ~** *(fig.)* zuviel; **pay over the ~ for sth.** einen überhöhten Preis für etw. bezahlen; **be/go over the ~** *(more than is reasonable)* zu weit gehen; *see also* **long odds; short odds; b)** *(chances for or against)* Möglichkeit, *die; (chance for)* Aussicht, *die;* Chance, *die;* [**the**] ~ **are that she did it** wahrscheinlich hat sie es getan; **the ~ are against/in favour of sb./sth.** jmds. Aussichten *od.* Chancen/die Aussichten *od.* Chancen für etw. sind gering/gut; **the ~ are against/in favour of sth. happening** es besteht kaum/durchaus die Möglichkeit, daß etw. geschieht; **struggle against considerable/impossible ~:** mit ziemlich geringen Chancen/völlig chancenlos kämpfen; **by all ~:** bei weitem; **c)** *(balance of advantage)* **against [all] the ~:** allen Widrigkeiten zum Trotz; **d)** *(difference)* Unterschied, *der;* **make no/little ~ [whether ...]** es ist völlig/ziemlich gleichgültig[, ob ...]; **what's the ~?** was macht das schon?; **e)** *(variance)* **be at ~ [with sb./sth.]** sich nicht [mit jmdm./etw.] vertragen; **be at ~ with sb. over sth.** mit jmdm. in etw. *(Dat.)* uneinig sein; **f) ~ and ends,** *(coll.)* **~ and bobs** Kleinigkeiten; *(of food)* Reste; **~ and sods** *(sl.) (things)* Krempel, *der (ugs. abwertend); (persons)* Figuren *(salopp)*
'odds-on 1. *adj.* gut ⟨*Chance, Aussicht*⟩; hoch, klar ⟨*Favorit*⟩; **be ~ [favourite] to win/for sth.** klarer *od.* hoher Favorit/Favorit für etw. sein. **2.** *adv.* wahrscheinlich; **it's ~ that he is alive** die Chancen stehen gut, daß er am Leben ist
ode [əʊd] *n.* Ode, *die* (**to** an + *Akk.*)
odious ['əʊdɪəs] *adj.,* **odiously** ['əʊdɪəslɪ] *adv.* widerwärtig
odium ['əʊdɪəm] *n. (hatred)* Haß, *der;* **be held in ~ by sb.** bei jmdm. verhaßt sein
odometer [ə'dɒmɪtə(r)] *n.* Hodometer, *das;* Wegmesser, *der*
odor *etc. (Amer.) see* **odour** *etc.*
odoriferous [əʊdə'rɪfərəs] *adj.* wohlriechend *(geh.);* duftend

odorous ['əʊdərəs] *adj.* **a)** *(fragrant)* wohlriechend *(geh.);* duftend; **b)** *(malodorous)* übelriechend *(geh.);* übel ⟨*Geruch*⟩
odour ['əʊdə(r)] *n.* **a)** *(smell)* Geruch, *der; (fragrance)* Duft, *der;* **~ of cats** Katzengeruch, *der; see also* **body odour; b)** *(fig.)* Note, *die;* **be in/fall** *or* **get into good/bad ~ with sb.** bei jmdm. in gutem/schlechtem Geruch stehen/in guten/schlechten Geruch kommen
odourless ['əʊdəlɪs] *adj.* geruchlos
Odysseus [ə'dɪsjuːs] *pr. n.* Odysseus *(der)*
odyssey ['ɒdɪsɪ] *n.* abenteuerliche Reise; Odyssee, *die (geh.);* **the O~** *(Myth.)* die Odyssee
OECD *abbr.* **Organization for Economic Co-operation and Development** OECD, *die*
oedema [ɪ'diːmə] *n. (Med.)* Ödem, *das;* Gewebewassersucht, *die*
Oedipus complex ['iːdɪpəs kɒmpleks] *n. (Psych.)* Ödipuskomplex, *der*
o'er [ɔː(r)] *(poet.) see* **over 1, 2**
oesophagus [iː'sɒfəgəs] *n., pl.* **oesophagi** [iː'sɒfədʒaɪ] *or* **~es** *(Anat.)* Ösophagus, *der (fachspr.)*
oestrogen ['iːstrədʒən] *n. (Biochem.)* Östrogen, *das*
œuvre [ɜːvr] *n.* Œuvre, *das (geh.);* Werk, *das*
of [əv, *stressed* ɒv] *prep.* **a)** *indicating belonging, connection, possession* **articles of clothing** Kleidungsstücke; **be a thing of the past** der Vergangenheit *(Dat.)* angehören; **topic of conversation** Gesprächsthema, *das;* **the brother of her father** der Bruder ihres Vaters; **a friend of mine/the vicar's** ein Freund von mir/des Pfarrers; **that dog of yours** Ihr Hund *da;* **it's no business of theirs** es geht sie nichts an; **where's that pencil of mine?** wo ist mein Bleistift?; **b)** *indicating starting-point* von; **within a mile of the centre** nicht weiter als eine Meile vom Zentrum entfernt; **for upwards of 10 years** seit mehr als 10 Jahren; **c)** *indicating origin, cause, agency* **have a taste of garlic** nach Knoblauch schmecken; **it was clever of you to do that** es war klug von dir, das zu tun; **the approval of sb.** jmds. Zustimmung; **be of a good family** aus guter Familie sein; **the works of Shakespeare** Shakespeares Werke; **R. T. Smith, of Oxford** R. T. Smith, Oxford; **Lord Morrison of Lambeth** Lord Morrison von Lambeth; **d)** *indicating material, substance* aus; **a dress of cotton** ein Kleid aus Baumwolle; **be made of ...:** aus ... [hergestellt] sein; **e)** *indicating closer definition, identity, or contents* **a pound of apples** ein Pfund Äpfel; **a glass of wine** ein Glas Wein; **a painting of the queen** ein Gemälde der Königin; **the city of Chicago** die Stadt Chicago; **the Republic of Ireland** die Republik Irland; **Professor of Chemistry** Professor der Chemie; **the Gospel of St Mark** das Markusevangelium; **the battle of Hastings** die Schlacht von *od.* bei Hastings; **University of Oxford** Universität [von] Oxford; **President of the Philippines** Präsident[in] der Philippinen; **the Queen of Spades** die Pikdame; **the love of God** die Liebe Gottes; **the fifth of January** der fünfte Januar; **your letter of 2 January** Ihr Brief vom 2. Januar; **that fool of a personnel manager** dieser Idiot von Personalleiter; **a fool of a woman** eine törichte Frau; **the worst liar of any man I know** der gemeinste Lügner, den ich kenne; **be of value/interest to sb.** von Nutzen/von Interesse *od.* interessant sein für; **the whole of ...:** der/die/das ganze ...; **tales of adventure** Abenteuergeschichten; **f)** *indicating concern, reference, respect* **do not speak of such things** sprich nicht von solchen Dingen; **inform sb. of sth.** jmdn. über etw. *(Akk.)* in-

formieren; **well, what of it?** *(asked as reply)* na und?; **g)** *indicating objective relation* **love of virtue** Tugendliebe, *die;* **his love of his father** seine Liebe zu seinem Vater; **h)** *indicating description, quality, condition* **a frown of disapproval** ein mißbilligendes Stirnrunzeln; **person of extreme views** Mensch mit extremen Ansichten; **work of authority** maßgebendes Werk; **a boy of 14 years** ein vierzehnjähriger *od.* ein 14 Jahre alter Junge; **a city of wide boulevards** eine Stadt mit breiten Alleen; **i)** *indicating partition, classification, inclusion, selection* von; **of these, three ...:** drei von ihnen ...; *(inanimate)* drei davon; **the five of us** wir fünf; **the five of us went there** wir sind zu fünft hingegangen; **some/five of us** einige/fünf von uns; **there are five of us, waiting to see the doctor** wir sind fünf, die auf den Doktor warten; **the most dangerous of enemies** ein sehr gefährlicher Feind; **be too much of a gentleman to do sth.** zu sehr Gentleman sein, um etw. zu tun; **he of all men** *(most unsuitably)* ausgerechnet er; *(especially)* gerade er; **of all the impudence!** das ist doch die Höhe!; **here of all places** ausgerechnet hier; **on this night of nights** in solch einer herrlichen Nacht; **of an evening** *(coll.)* abends; des Abends; **of an evening in June** an einem Juniabend; **j)** *(Amer.: before the hour of)* **a quarter of two** Viertel vor zwei; **k)** *(arch.: by)* von; **beloved of all** von allen geliebt
off [ɒf] **1.** *adv.* **a)** *(away, at or to a distance)* **be a few miles ~:** wenige Meilen entfernt sein; **the lake is not far ~:** der See ist nicht weit [weg *od.* entfernt]; **Christmas is not far ~:** es ist nicht mehr lang bis Weihnachten; **some way ~ to?** in einiger Entfernung; **where are you ~ to?** wohin gehst du?; **I must be ~:** ich muß fort *od.* weg *od.* los; **I'm ~ now** ich gehe jetzt; ~ **with you!** geh/geht!; los jetzt!; ~ **with his head!** schlagt ihm den Kopf ab!; ~ **we go!** *(we are starting)* los *od.* ab geht's!; *(let us start)* gehen/fahren wir!; **they're ~!** *(coll.)* sie sind gestartet!; *see also* **make off; put off; straight off; b)** *(not on or attached or supported)* **get the lid ~:** den Deckel abbekommen; **c)** *(not in good condition)* mitgenommen; **the meat** *etc.* **is ~:** das Fleisch *usw.* ist schlecht [geworden]; **be a bit ~** *(Brit. fig.)* ein starkes Stück sein *(ugs.);* **d)** **be ~** *(switched or turned ~)* ⟨*Wasser, Gas, Strom:*⟩ abgestellt sein; **the light/radio** *etc.* **is ~:** das Licht/Radio *usw.* ist aus; **put the light ~:** das Licht ausmachen; **leave the bathroom tap ~:** den Hahn im Badezimmer zulassen; **is the gas tap ~?** ist der Gashahn zu?; **neither the water nor the electricity was ~:** weder Wasser noch Strom waren abgestellt; **e) be ~** *(cancelled)* abgesagt sein; ⟨*Verlobung:*⟩ [auf]gelöst sein; **the strike is ~:** der Streik ist abgeblasen *(ugs.);* **is Sunday's picnic ~?** fällt das Picknick am Sonntag aus?; ~ **and on** immer mal wieder *(ugs.)* *(not at work)* frei; **on my day ~:** an meinem freien Tag; **take/get/have a week** *etc.* **~:** eine Woche *usw.* Urlaub nehmen/bekommen/haben; **be given a day ~ from school** einen Tag schulfrei haben; **be ~ sick** wegen Krankheit fehlen; **g)** *(no longer available)* **soup** *etc.* **is ~:** es gibt keine Suppe *usw.* mehr; **h)** *(entirely, to the end)* **drink ~:** austrinken; **i)** *(situated as regards money etc.)* **he is badly** *etc.* **~:** er ist schlecht *usw.* gestellt; ihm geht es [finanziell] schlecht *usw.;* **we'd be better ~ without him** ohne ihn wären wir besser dran; **there are many people worse ~** es geht dir bzw. vielen geht es schlechter als dir; **he left her comfortably ~:** er hinterließ ihr genug, um gut zu leben; **how are you ~ for food?** wieviel Eßbares hast du noch?; **be badly ~ for sth.** mit etw. knapp sein; *see also* **well off; j)** *(Theatre)* **take place ~:** hinter der Bühne stattfinden; *see also* **noise 1 b.** **2.** *prep.* **a)** *(from)* von; **take a little ~ the**

price ein bißchen vom Preis nachlassen; **cut a couple of slices ~ the loaf** einige Scheiben Brot abschneiden; **be a few inches ~ the finish** ein paar Zentimeter vom Ziel entfernt sein; **be ~ school/work** in der Schule/am Arbeitsplatz fehlen; **b)** *(diverging from)* **get ~ the subject, talk ~ the point** [vom Thema] abschweifen; **be ~ the point** nicht zur Sache gehören; **c)** *(designed not to cover)* **~-the-shoulder** schulterfrei ⟨Kleid⟩; **an ~-the-face hat** ein Hut, der das Gesicht nicht verdeckt; **d)** *(having lost interest in)* **be ~ sth.** etw. leid sein *od.* haben *(ugs.);* **be ~ one's food** keinen Appetit haben; **be quite ~ sth.** von etw. vollkommen abgekommen sein; **e)** *(no longer obliged to use)* **be ~ drugs** vom Rauschgift losgekommen sein; clean sein *(ugs.);* **be ~ one's diet** seine Diät abgesetzt haben; **be ~ the tablets** ohne Tabletten auskommen; **f)** *(leading from, not far from)* **just ~ the square** ganz in der Nähe des Platzes; **a street ~ the main road** eine Straße, die von der Hauptstraße abgeht; **take a turning ~ the main road** von der Hauptstraße abbiegen; **g)** *(to seaward of)* vor (+ *Dat.*); **h)** *(Golf)* **play ~ three** mit Vorgabe drei spielen. *See also* **offside.** **3.** *adj.* **a) the ~ side** *(Brit.)* *(when travelling on the left/right)* die rechte/linke Seite; **b)** *(Cricket)* ⟨Seite, Torstab:⟩ links vom Werfer, *(if batsman is left-handed)* rechts vom Werfer; **~ drive** Treibschlag nach rechts; *(by left-handed batsman)* Treibschlag nach links; **~ side** *see* **4** a. **4.** *n.* **a)** *(Cricket)* Spielfeldhälfte rechts vom rechtshändigen *bzw.* links vom linkshändigen Schlagmann; **b)** *(start of race)* Start, der
offal ['ɒfl] *n., no pl.* **a)** *(parts of animal's carcass)* Innereien *Pl.;* **b)** *(carrion)* Aas, *das;* **c)** *(refuse)* Abfall, *der;* **d)** *(fig.: dregs, scum)* Abschaum, *der*
off: **~-beat 1.** *n.* *(Mus.)* unbetonter Taktteil; Off-Beat, *der (fachspr.);* **2.** *adj.* **a)** *(Mus.)* Off-Beat-; **b)** *(fig.: eccentric)* unkonventionell ⟨*Mensch, Lebensweise*⟩; außergewöhnlich ⟨*Vorlesung, Kursus*⟩; **~-'centre 1.** *adj.* nicht zentriert; **2.** *adv.* nicht [genau] in der Mitte; **~ chance** *see* **chance 1 c;** **~'colour** *adj.* **a)** *(not in good health)* unwohl; **be** *or* **feel ~ colour** sich unwohl *od.* schlecht fühlen; **b)** *(Amer.: somewhat indecent)* schlüpfrig; **~-cut** *n.* Rest, *der;* **~-day** *n.* schlechter Tag; **~-duty** *attrib. adj.* Freizeit-; dienstfrei ⟨*Zeit*⟩; ⟨*Polizist usw.,*⟩ der dienstfrei hat
offence [ə'fens] *n.* *(Brit.)* **a)** *(hurting of sb.'s feelings),* Kränkung, *die;* **I meant** *or* **intended no ~:** ich wollte Sie/ihn *usw.* nicht kränken; **your behaviour caused [great] ~:** Ihr Benehmen hat [sehr] gekränkt *od.* verletzt; **b)** *(annoyance)* **give ~:** Mißfallen erregen; **take ~:** beleidigt *od.* verärgert sein; **don't take ~, but ...:** nimm es mir nicht übel, aber ...; **no ~ to you, but ...** *(coll.)* nichts für ungut, aber ... *(ugs.);* **c)** *(transgression)* Verstoß, *der; (crime)* Delikt, *das;* Straftat, *die;* **an ~ against good taste** eine Beleidigung des guten Geschmacks; **criminal/petty ~:** strafbare Handlung/geringfügiges Vergehen; **d)** *(attacking)* Angriff, *der*
offend [ə'fend] **1.** *v. i.* verstoßen (**against** gegen). **2.** *v. t.* **~ sb.** bei jmdm. Anstoß erregen; *(hurt feelings of)* jmdn. kränken; **she was ~ed with him** sie war ihm böse; **~ the eye** das Auge verletzen; **her delicacy was ~ed** ihr Zartgefühl war verletzt; *abs.* **a refusal often ~s** eine Ablehnung wird oft als Kränkung empfunden
offender [ə'fendə(r)] *n. (against law)* Straffällige, *der/die/* Täter, *der/* Täterin, *die; (against rule) see also* **first offender**
offending [ə'fendɪŋ] *attrib. adj.* **a)** *(that outrages)* anstößig; Anstoß erregend; **he removed the ~ object** er beseitigte den Stein des Anstoßes; **b)** *(that transgresses)* zuwiderhandelnd; **there are penalties for ~ persons** Zuwiderhandlungen werden bestraft
offense *(Amer.) see* **offence**
offensive [ə'fensɪv] **1.** *adj.* **a)** *(aggressive)* offensiv⟨*waffe, -krieg*⟩; **b)** *(giving offence, insulting)* ungehörig; *(indecent)* anstößig; **~ language** Beschimpfungen; **c)** *(repulsive)* widerlich; **be ~ to sb.** jmdm. zuwider sein; auf jmdn. abstoßend wirken. **2.** *n.* **a)** *(attitude of assailant)* offensive Haltung; **take the** *or* **go one the ~:** in die *od.* zur Offensive übergehen; **be on the ~:** aggressiv sein; **b)** *(attack)* Offensive, *die;* Angriff, *der;* **c)** *(fig.: forceful action)* Offensive, *die*
offensively [ə'fensɪvlɪ] *adv.* **a)** *(aggressively)* offensiv; **b)** *(insultingly)* auf beleidigende Weise; *(indecently)* unverschämt; **c)** *(repulsively)* widerlich; abstoßend
offer ['ɒfə(r)] **1.** *v. t.* **a)** anbieten; vorbringen ⟨*Entschuldigung*⟩; bieten ⟨*Chance*⟩; aussprechen ⟨*Beileid*⟩; sagen ⟨*Meinung*⟩; unterbreiten, machen ⟨*Vorschläge*⟩; bieten, spenden ⟨*Schatten*⟩; **have something to ~:** etwas zu bieten haben; **the job ~s good prospects** der Arbeitsplatz hat Zukunft; **b)** *(present to deity etc.)* **~** [**up**] opfern; **~ up a sacrifice** ein Opfer darbringen *(geh.);* **~ prayers for the dead** für die Toten beten; **c)** *(have for sale)* anbieten; **d)** *(show readiness for)* **~ resistance** Widerstand leisten; **~ violence** gewalttätig werden; **~ peace** für den Frieden eintreten; **~ to do sth.** anbieten, etw. zu tun; **~ to help** seine Hilfe anbieten; **e)** *(present to sight or notice)* bieten; **f)** *(Sch., Univ.)* belegen ⟨*Fach*⟩. **2.** *v. i.* ⟨*Gelegenheit, Chance:*⟩ sich bieten. **3.** *n.* **a)** Angebot, *das; (in auction)* Gebot, *das;* **all ~s of help** alle Hilfeangebote; **[have/be] on ~:** im Angebot [haben/sein]; **b)** *(marriage proposal)* Antrag, *der*
off: **~hand 1.** *adv.* **a)** *(without preparation)* auf Anhieb, aus der Hand *(ugs.)* ⟨*sagen, wissen*⟩; spontan ⟨*beschließen, entscheiden*⟩; **b)** *(casually)* leichthin; **2.** *adj.* **a)** *(without preparation)* impulsiv; spontan; **b)** *(casual)* beiläufig; **be ~hand with sb.** zu jmdn. kurz angebunden sein; **he was very ~hand about the whole business** er war, was die ganze Geschichte betrifft, sehr kurz angebunden; **~-handed** [ɒf'hændɪd] *see* **~hand 2 b**
office [ɒfɪs] *n.* **a)** Büro, *das;* **goods ~:** Güterabfertigung, *die;* **b)** *(branch of organization)* Zweigstelle, *die;* Geschäftsstelle, *die;* **c)** *(position with duties)* Amt, *das;* **be in/out of ~:** im/nicht mehr im Amt sein; ⟨*Partei:*⟩ an der/nicht mehr an der Regierung sein; **resign ~:** sein Amt niederlegen; **hold ~:** amtieren; **d)** *(government department)* **Home O~** *(Brit.)* Innenministerium, *das;* **the Passport O~** *das* Paßamt; **e) the usual ~s** *(Brit.: of house)* ≈ Küche, Bad, WC *usw.;* **f)** *(Eccl.) (service)* Gottesdienst, *der; (mass)* Messe, *die (kath. Kirche);* **O~ for Baptism** Taufbekenntnis *od.* -versprechen, *das;* **O~ for the Dead** Trauergottesdienst, *der;* Totenmesse, *die (kath. Kirche);* **g) the Holy O~** *(RC Ch.)* das Heilige Officium; **h)** *(kindness)* **[good] ~s** Hilfe, *die;* Unterstützung, *die;* **use one's good ~s to help sb.** jmdm. mit Rat und Tat zur Seite stehen; **i)** *(Amer.: consulting-room)* Büro, *das; (of lawyer)* Kanzlei, *die;* Büro, *das; (of physician)* Sprechzimmer, *das*
office: ~-bearer *n.* Amtsinhaber, *der/-*inhaberin, *die;* **~-block** *n.* Bürogebäude, *das;* **~-boy** *n.* Bürogehilfe, *der;* **~-girl** *n.* Bürogehilfin, *die;* **~ hours** *n. pl.* Dienststunden *Pl.;* Dienstzeit, *die;* **after ~ hours** nach Dienstschluß; **~ job** Bürotätigkeit, *die;* Bürojob, *der (ugs.)*
officer ['ɒfɪsə(r)] *n.* **a)** *(Army etc.)* Offizier, *der;* **~ of the day** Offizier vom Dienst; **b)** *(holder of office)* Beamte, *der*/Beamtin, *die;* **~ of arms** *(Her.)* Mitglied des Heroldskollegiums; **c)** *(of club etc.)* Funktionär, *der*/Funktionärin, *die;* **d)** *(constable)* Polizeibeamte, *der*/-beamtin, *die;* **yes, ~:** jawohl, Herr Wachtmeister/Frau Wachtmeisterin; **e)** *(bailiff)* [**sheriff's**] **~:** Vollstreckungsbeamte, *der*/-beamtin, *die;* **f)** *(member of honorary Order)* **O~ of the Order of the British Empire** Träger des britischen Verdienstordens; **O~ of the Legion of Honour** Ritter der Ehrenlegion
'office-worker *n.* Büroangestellte, *der/die*
official [ə'fɪʃl] **1.** *adj.* **a)** Amts⟨*pflicht, -robe, -person*⟩; **b)** *(derived from authority, formal)* offiziell; amtlich ⟨*Verlautbarung*⟩; regulär ⟨*Streik*⟩; **he is here on ~ business** er ist dienstlich hier; **~ secret** Staatsgeheimnis, *das;* **O~ Secrets Act** *(Brit.)* Gesetz über Landesverrat und Gefährdung der äußeren Sicherheit; **is it ~ yet?** *(coll.)* ist das schon amtlich? **2.** *n.* Beamte, *der*/Beamtin, *die; (party, union, or sports ~)* Funktionär, *der*/Funktionärin, *die*
officialdom [ə'fɪʃldəm] *n., no pl., no art.* Beamtentum, *das;* Bürokratie, *die*
officialese [əfɪʃə'liːz] *n., no pl. (derog.)* Behördensprache, *die; (German)* Amtsdeutsch, *das*
officially [ə'fɪʃəlɪ] *adv.* offiziell
officiate [ə'fɪʃɪeɪt] *v. i.* **a) ~ as ...:** fungieren als ...; **she ~d as hostess** sie übernahm die Rolle der Gastgeberin; **b)** *(perform religious ceremony)* **~ at the service** den Gottesdienst abhalten; **~ at a wedding** eine Trauung vornehmen
officious [ə'fɪʃəs] *adj.,* **officiously** [ə'fɪʃəslɪ] *adv.* übereifrig
officiousness [ə'fɪʃəsnɪs] *n., no pl.* Übereifer, *der*
offing ['ɒfɪŋ] *n.* **be in the ~** *(fig.)* bevorstehen; ⟨*Gewitter:*⟩ aufziehen
off: ~-'key 1. *adj.* verstimmt; *(fig.: incongruous)* falsch; **2.** *adv.* falsch ⟨*singen, spielen*⟩; **~-licence** *n.* **a)** *(premises)* ≈ Wein- und Spirituosenladen, *der;* **b)** *(licence)* Konzession für den Verkauf alkoholischer Getränke über die Straße; **~-line** *(Computing)* **1.** ['--] *adj.* Off-line-⟨*Gerät, Betrieb*⟩; **2.** [-'-] *adv.* off line; **~-load** *v. t.* abladen; **~-load sth. on to sb.** *(fig.: get rid of)* etw. bei jmdm. loswerden; **~-peak** *attrib. adj.* **during ~-peak hours** außerhalb der Spitzenlastzeiten; *(of traffic)* außerhalb der Stoßzeiten; **at ~-peak times** *(Telev.)* außerhalb der Haupteinschaltzeit; **~-peak power** *or* **electricity** Nachtstrom, *der;* **~-peak storage heating** Nachtspeicherheizung, *die;* **~print** *n.* Sonderdruck, *der;* **~-putting** ['ɒfpʊtɪŋ] *adj. (Brit. coll.) (Gesicht, Äußeres, Weg:)* abschreckend ⟨*Umfang*⟩; deprimierend ⟨*Anblick*⟩; **~-season** *n.* Nebensaison, *die; (compensation)* Ausgleich, *der;* **act as an ~-set to sth., be an ~-set for sth.** etw. ausgleichen *od.* aufwiegen; **b)** *(Printing: unwanted transfer of ink)* Schmutzen, *das;* Abliegen, *das;* **c)** **~-set** [**process**] *(Printing)* Offsetdruck, *der;* **d)** *(Archit.)* Vorsprung, *der.* **2.** ['--, -'-] *v. t.* **forms as set: a)** *(counterbalance)* ausgleichen; **b)** *(place out of line)* versetzen; **c)** *(Printing)* im Offsetverfahren drucken; **~shoot** *n.* **a)** *(of plant)* Sproß, *der; (of mountain range)* Ausläufer, *der.* **b)** *(fig.: descendant)* Sproß, *der (geh.);* Nachkomme, *der;* **c)** *(derivative)* Ableger, *der (fig.); (of religion, philosophy, etc.)* Nebenströmung, *die;* **~shore** *adj.* **a)** *(situated at sea)*

küstennah; off shore *(Energiewirtsch.);* **~shore island** küstennahe Insel; **b)** *(made or registered abroad)* Auslands-; **~shore order** Off-shore-Auftrag, *der;* **c)** *(blowing seawards)* ablandig *(Seemannsspr.);* ~'**side** *adj. (Sport)* Abseits-; **be ~side** abseits *od.* im Abseits sein; **~side trap** Abseitsfalle, *die;* **~spring** *n., pl.* same *(progeny) (human)* Nachkommenschaft, *die; (of animal)* Junge; ~'**stage 1.** *adj.* in den Kulissen *nachgestellt;* **2.** *adv.* in den Kulissen; **go ~stage** abgehen; **~street** *adj.* außerhalb des Straßenbereiches *nachgestellt;* **~street parking** Stellplatz, *der; (for several cars)* Stellplätze, *die;* **~-the-peg** *attrib. adj.* Konfektions-; von der Stange *nachgestellt;* **~time** *n.* ruhige Zeit; ~ **white** *adj.* gebrochen weiß; *(yellowish)* vergilbt; **~year** *n. (Amer.)* Wahljahr, in dem kein Präsident gewählt wird

oft [ɒft] *adv. (arch./literary)* oft; **the ~-told tales** die immer wieder erzählten Geschichten; **~-repeated/-recurring** häufig wiederholt/wiederkehrend; **many a time and ~:** oft genug

often ['ɒfn, 'ɒftn] *adv.* oft; **more ~:** häufiger; **do sth. as ~ as not** etw. genauso oft tun wie man es nicht tut; **more ~ than not** meistens; **every so ~:** gelegentlich; hin und wieder; **once too ~:** einmal zuviel

ogee ['əʊdʒi:, əʊ'dʒi:] **1.** *n.* Karnies, *das (Archit.); (line)* S-Kurve, *die.* **2.** *adj.* S-förmig; **~ arch** *(Archit.)* Eselsrücken, *der*

ogle ['əʊgl] **1.** *v. i.* gaffen *(ugs. abwertend);* ~ **at sb.** jmdn. angaffen *(ugs. abwertend).* **2.** *v. t.* ~ **sb.** jmdn. angaffen *(ugs. abwertend)*

ogre ['əʊgə(r)] *n.* **a)** *(giant)* Oger, *der;* [menschenfressender] Riese; **b)** *(terrifying person)* Ungeheuer, *das; (terrifying thing)* Schreckbild, *das*

¹**oh** [əʊ] *int.* oh; *expr. pain* au; '**oh no** [**you don't**]**!** auf keinen Fall!; **oh** '**no!** o nein!; oje!; **oh** '**well** na ja *(ugs.);* tja *(ugs.);* '**oh yes** oh ja; **oh** '**yes?** ach ja?; **oh,** '**him/**'**that!** *(coll.)* ach, der/das!; *see also* **boy 2**

²**oh** *n.* (zero) Null, *die*

ohm [əʊm] *n. (Electr.)* Ohm, *das;* **Ohm's law** das Ohmsche Gesetz

OHMS *abbr.* on Her/His Majesty's service *see* **service 1 m**

oho [əʊ'həʊ] *int.* he

'**oh-so-** *pref. (coll. derog.)* ach so 〈*schlau, schick*〉

oil [ɒɪl] **1.** *n.* **a)** Öl, *das;* **burn the midnight ~** *(fig.)* bis spät in die Nacht arbeiten; **strike ~** *(lit.)* auf Öl stoßen; *(fig.)* das große Los ziehen; *see also* **mineral oil; pour 1 a; b)** *in pl. (paints)* Ölfarben; **paint in ~s** in Öl malen; **c)** *(coll.: picture)* Ölbild, *das.* **2.** *v. t.* **a)** *(apply ~ to)* ölen; ~ **the wheels** *(fig.)* den Karren schmieren; **b)** *(supply with ~)* [mit Öl] betanken 〈*Schiff usw.*〉; **c)** *(impregnate with ~)* mit Öl behandeln; ~ **ed silk** Ölseide, *die;* **d) well ~ed** *(fig. sl.: drunk)* abgefüllt

oil: **~burner** *n.* **a)** *(steamship/locomotive)* Dampfschiff/Lokomotive mit Ölfeuerung; **b)** *(device)* Ölbrenner, *der;* **~burning** *adj.* ölbetrieben; ölgeheizt 〈*Ofen*〉; ölgefeuert 〈*Lokomotive, Schiff*〉; Ölfeuerungs〈*anlage, -kessel,*〉; Öl〈*ofen, -heizung, -lampe*〉; **~cake** *n., no pl. (Agric.)* Ölkuchen, *der;* **~can** *n.* Ölkanne, *die;* **~change** *n. (Motor Veh.)* Ölwechsel, *der;* **~cloth** *n.* **a)** *no pl. (waterproofed fabric)* Öltuch, *das;* **b)** *(covering for tables or shelves)* Wachstuch, *das;* Öltuch, *das; (covering for floor)* ≈ Linoleum, *das;* **~-colour** *n., usu. in pl.* Ölfarbe, *die;* [**painted**] **in ~-colours** in Öl [gemalt]; ~ **drum** *n.* Ölfaß, *das;* ~ **field** *n.* Ölfeld, *das;* **~-fired** *adj.* ölgefeuert 〈*Zentralheizung*〉; ~ **gauge** *n. (Mech. Engin.)* Ölstandsanzeiger, *der;* **~heater** *n.* Ölofen, *der;* ~ **industry** *n.* Mineralölindustrie, *die;* **~lamp** *n.* Öllampe, *die;* Petroleumlampe, *die;* ~ **level** *n.* Ölstand,

der; **~man** *n.* **a)** *(seller of ~)* Ölhändler, *der/*-händlerin, *die;* **b)** *(industrialist)* Unternehmer, der in der Ölbranche; Ölarbeiter, *der;* **~-paint** *see* **~-colour;** **~-painting** *n.* **a)** *(activity)* Ölmalerei, *die;* **b)** *(picture)* Ölgemälde, *das;* **he/she is no ~-painting** *(coll.)* er/sie ist keine [strahlende] Schönheit; **~-producing** *attrib. adj.* Öl〈*pflanze, -saat, -schiefer, -sand, -schicht*〉; [erdölfördernd 〈*Land*〉; **~-rag** *n.* Ölappen, *die;* **~-rich** *adj.* 〈*Land, Gebiet*〉 mit großem [Erdöl]vorkommen; ölhaltig 〈*Schiefer, Sand usw.*〉; ~ **rig** *see* '**rig 1 b;** **~-shale** *n. (Geol.)* Ölschiefer, *der;* ~ **skin** *n.* **a)** *(material)* Öltuch, *das; attrib.* aus Öltuch *nachgestellt;* **~skin jacket** Öljacke, *die;* **b)** *(garment)* put on **~skins/an ~skin** Ölzeug anziehen; **~-slick** *see* **slick 2;** **~-soluble** *adj.* öllöslich; **~-stove** *n.* Ölofen, *der;* ~ **tanker** *n.* Öltanker, *der;* ~ **well** *n.* Ölquelle, *die*

oily ['ɒɪlɪ] *adj.* **a)** ölig 〈*Oberfläche, Hände, Lappen, Flüssigkeit, Geschmack*〉; Öl〈*lache, -fleck*〉; ölverschmiert 〈*Gesicht, Hände*〉; verölt 〈*Motor*〉; *(containing oil)* viel Öl enthaltend 〈*Soße*〉; fettig 〈*Haut, Haar*〉; **the food is very ~:** das Essen schwimmt in Öl *(ugs.);* **b)** *(fig.: unctuous, fawning)* schmierig *(abwertend)* 〈*Kerl, Art*〉; ölig 〈*Lächeln, Stimme*〉

ointment ['ɒɪntmənt] *n.* Salbe, *die; see also* ¹**fly a**

OK [əʊ'keɪ] **1.** *adj.* in Ordnung, okay *(ugs.);* [**it's**] **OK by me** mir ist es recht. **2.** *adv.* gut; **be doing OK** seine Sache gut machen. **3.** *int.* okay *(ugs.);* **OK?** [ist das] klar?; okay?. **4.** *n.* Zustimmung, *die;* **Okay,** *das (ugs.).* **5.** *v. t. (approve)* zustimmen (+ *Dat.*); sein Okay geben (+ *Dat.*) *(ugs.);* **be OK'd by** von jmdm. das Okay bekommen *(ugs.)*

okay [əʊ'keɪ] *see* **OK**

okey-doke [əʊkɪ'dəʊk] *(sl.),* **okey-dokey** [əʊkɪ'dəʊkɪ] *(sl.) see* **OK 3**

old [əʊld] **1.** *adj.* **a)** alt; [**not**] **be ~ enough to do sth.** [noch nicht] alt genug sein, um etw. zu tun; **he is ~ enough to know better** aus diesem Alter ist er heraus; **he/she is ~ enough to be your father/mother** er/sie könnte dein Vater/deine Mutter sein; **be/get too ~ for doing sth.** *or* **to do sth.** zu alt sein/langsam zu alt sein, um etw. zu tun; ~ **beyond one's years** seinem Alter voraus sein; **if I live to be that ~:** wenn ich je so alt werde; **grow ~** [**gracefully**] [mit Würde alt werden]; **that dress/that new hair-style makes you look ~:** dieses Kleid/diese neue Frisur macht dich alt; **make/get/be/seem ~ before one's time** frühzeitig altern lassen/altern/gealtert sein/gealtert wirken; **be** [**more than**] **30 years ~:** [über] 30 Jahre alt sein; **at ten years ~:** im Alter von 10 Jahren; mit 10 Jahren; *see also* ²**buffer; fogy;** ¹**fool 1 a; shoulder 1 b;** **b)** *(experienced)* **be an ~ hand** *(Brit.)* stager ein alter Hase sein *(ugs.);* **an ~ offender** ein mehrfach Vorbestrafter; *see also* **campaigner b; contemptible;** ²**lag; retainer a; salt 1 d; c)** *(long in use, matured with keeping, long familiar)* alt; ~ **iron** Alteisen, *das;* **be still working for one's** *or* **the same ~ firm** noch immer in seiner alten *od.* derselben Firma arbeiten; **you see the same ~ people/faces wherever you go** man sieht immer dieselben Leute/Gesichter, wohin man auch geht; **keep quarrelling over the same ~ thing** immer wieder über dasselbe leidige Thema streiten; **Old Pals Act** *(Brit. joc.)* ≈ Vitamin B *(ugs. scherzh.);* **the ~ firm** *(fig. coll.)* das altbewährte Team; **of the ~ school** *(fig.)* von der alten Schule; **that's an** '**~ one!** *(joke)* der ist [doch] alt!; *(excuse)* das kennen wir schon!; [**as**] ~ **as the hills** uralt; **that joke is** [**as**] ~ **as the hills** dieser Witz hat so einen Bart *(ugs.);* **be as ~ as**

time seit Urzeiten bestehen; *see also* **brigade a; score 1 f;** ¹**story a; world q; d)** *in playful or friendly mention* alt *(ugs.);* **you lucky ~ so-and-so!** du bist vielleicht ein alter Glückspilz!; **I saw ~ George today** ich habe heute unsern Freund George getroffen; **I pulled out the ~ cigarette-lighter** ich holte mein Feuerzeug raus; ~ **chap/fellow/son** alter Junge *(fam.);* ~ **bean/stick/boy** *(coll.)* altes Haus *(ugs. scherzh.);* [**such**] **a ~ dear** ~ **thing** [so] ein lieber Mensch; **Old Bill** *(Brit. sl.) (police force)* die Polente *(salopp);* *(policeman)* Polyp, *der (salopp);* **Old Harry** *or* **Nick** der Teufel; der Leibhaftige *(verhüll.);* **good/dear ~ Harry/London** *(coll.)* der gute alte Harry/das gute alte London; **that car needs a good ~ clean** *or* **wash** *(coll.)* das Auto muß einmal ordentlich gewaschen werden; **have a fine** *or* **good ~ time** *(coll.)* sich köstlich amüsieren; **a fair ~ wind** *(coll.)* ein ganz schöner Wind; **poor ~ Jim/my poor ~ arm** armer Jim/mein armer Arm *(ugs.);* **there was little ~ me, not knowing what to do** *(Amer.)* da war ich nun und wußte nicht, was ich tun sollte; **your silly ~ stupid ~ camera** deine blöde *(ugs.)* Kamera; **you silly ~ thing** du dummer Kerl/(woman) dummes Ding *(ugs.);* **a load of ~ rubbish** *(coll.)* nichts als blanker Unsinn; **any ~ thing** *(sl.)* irgendwas *(ugs.);* irgendetwas; **any ~ how** *(sl.)* irgendwie; **he just pulls his hat on any ~ how** er setzt sich den Hut auf, wie's grad kommt *(ugs.);* **any ~ place** *or* **where** *(coll.)* irgendwo; **any ~ place will do for me** mir ist alles *od.* jeder Ort recht; **any ~ time** *(coll.)* jederzeit; **any ~ piece of paper** *(coll.)* irgendein Blatt Papier; **as ~ as high 1 n; e)** *(belonging to past times)* alt; **in the ~ days** früher; *see also* **bad 1 a; good 1 d, h; f)** *(former)* alt 〈*Wohnung, Firma, Arbeit, Name*〉; **at** '**my ~ school** in meiner Schule; ~ **school tie** Krawatte mit den Farben der Public School; *(fig.)* Begünstigung von Absolventen der Public Schools; ≈ Vitamin B *(ugs. scherzh.);* **the ~ year** das alte Jahr; *see also* **flame 1 c; g)** *(Ling.)* alt〈*englisch, -lateinisch*〉. **2.** *n.* **a)** *the ~ constr. as pl.* ~ *(people)* alte Menschen; *constr. as sing.* 〈~ *things〉* Altes; das Alte; **young and ~,** ~ **and young** jung und alt; alt und jung; **b)** *the customs/knights of ~:* die alten Sitten/Ritter früherer Zeiten; **die alten Sitten/Ritter; the days of ~:** in [den] alten Zeiten; **of ~** *(formerly) since;* *(since the ~ days)* seit jeher; **I know him of ~:** ich kenne ihn von früher; **as of ~:** wie eh und je; wie seit jeher; **from of ~:** von alters her *(geh.)*

old: ~ '**age** *n., no pl.* [fortgeschrittenes] Alter; **it must be the effect of ~ age** das muß das Alter bewirken; **die an Altersschwäche sterben; in ~ age** im [fortgeschrittenen] Alter; **in my ~ age** auf meine *usw.* alten Tage; **you've become quite sensible in your ~ age** *(joc.)* du bist ja doch noch ein ganz vernünftiger Mensch geworden; **live to a ripe ~ age of ~ ...** *(coll.)* ein hohes Alter/das hohe Alter von ... erreichen; **~-age** *attrib. adj.* Alters〈*rente, -ruhegeld, -versicherung*〉; **~-age pensioner** Rentner, *der/*Rentnerin, *die;* **Old Bailey** *see* **bailey;** ~ **boy** *n.* **a)** ehemaliger Schüler; Ehemalige, *der;* **b)** *boys' reunion* Ehemaligentreffen, *das;* **b)** *(coll.: elderly man or male animal)* alter Knabe *(ugs.);* **c)** *as voc.* alter Junge *od.* Knabe *(ugs.);* ~-**boy network** *n.* Filzkratie *(ugs.)* der Absolventen britischer Eliteschulen und -universitäten; ~ '**clothes** *n. pl. (worn, shabby clothes)* alte Kleidung *od. (ugs.)* Klamotten; *(discarded clothes)* getragene Kleidung; ≈ Kleider; Altkleider *Pl.;* ~ '**country** *n.* **the ~ country** das Heimatland; die Heimat; ~ **dear** *n. (woman)* ältere Frau; *(iron.)* Alte, *die. (ugs.)*

olden ['əʊldən] *adj. (literary)* alt; **in** [**the**] ~

days *or* times in alten Zeiten; people *etc.* of ~ times Menschen *usw.* früherer Zeiten

Old 'English 1. *n. (Ling.) see* **English 2 a. 2.** *adj.* altenglisch; ~ marmalade englische Marmelade nach altem Rezept; *see also* sheep-dog

old-es'tablished *adj.* alt ⟨Tradition, Brauch⟩; alteingesessen ⟨Firma, Geschäft, Familie⟩

olde-worlde [ˈəʊldɪˈwɜːldɪ] *adj. (coll. joc.)* altertümlich

old: ~-**fashioned** [əʊldˈfæʃnd] **1.** *adj.* altmodisch; ⟨Weihnachtsfest⟩ nach altem Brauch; **an** ~-**fashioned look** ein mißbilligender Blick; **2.** *n. (Amer.)* Old Fashioned, *der;* ~ **'folk's home** *see* ~ **people's home;** **Old 'French** *(Ling.)* **1.** *n.* Altfranzösisch, *das;* **2.** *adj.* altfranzösisch; ~ **'girl** *n.* **a)** ehemalige Schülerin; Ehemalige, *die;* **b)** *(coll.: elderly woman or female animal)* altes Mädchen *(ugs.);* **c)** *the/one's* ~ **girl** *(coll.) (mother)* die/seine Alte Dame *(ugs.); (mother, wife)* die/seine Alte *(ugs.); (car)* die/seine alte Kutsche *(ugs.);* **d)** *as voc.* altes Mädchen; **Old 'Glory** *n., no pl., no art.* Die Sternenbanner; ~ **'gold 1.** *n.* Altgold, *das;* **2.** *adj.* altgolden; ~ **guard** *n.* alte Garde; **a man** *or* **one of the** ~ **guard** einer von der alten Garde; ~ **'hat** *pred. adj. see* **hat b; Old High 'German** *(Ling.)* **1.** *n.* Althochdeutsch, *das;* **2.** *adj.* althochdeutsch; **Old 'Hundredth** *see* hundredth 2 b

oldie [ˈəʊldɪ] *n. (coll.) (person)* Oldie, *der (ugs.);* Oldtimer, *der (scherzh.); (song, record, etc.)* Oldie, *der (ugs.); (film)* alter Streifen *(ugs.); (joke)* olle *od.* alte Kamelle *(ugs.);* **golden** ~ guter Oldie

oldish [ˈəʊldɪʃ] *adj.* älter

old: ~ **'lady** *n.* **a)** alte *od.* ältere Dame; **quite an** ~ **lady** eine recht alte Dame; **b)** *the/one's* ~ **lady** *(coll.) see* ~ **girl c; the Old Lady of Threadneedle Street** *(Brit.)* die Bank von England; ~-**line** *adj. (Amer.) (established, experienced)* alterfahren ⟨Personen⟩; alteingeführt ⟨Unternehmen, Institution⟩; *(conservative)* konservativ; *(traditional)* ⟨Diplomat⟩ alter Schule; ~ **maid** *n.* **a)** *(elderly spinster)* alte Jungfer *(abwertend);* **b)** *(fig.: precise, fussy, prim person)* altjüngferliche Person; ~-**maidish** [əʊldˈmeɪdɪʃ] *adj.* altjüngferlich; ~ **'man** *n.* **a)** *(aged man)* alter Mann; **b)** *(sl.: superior)* **the** ~ **man** der Alte *(ugs.);* **c)** *(coll.: father, husband)* the/one's ~ **man** der Alte/sein Alter *(ugs.);* **d)** *as voc.* alter Junge *od.* Knabe *(ugs. oft scherzh.);* Alter *(ugs.);* ~ **man's 'beard** *n. (Bot.)* Waldrebe, *die;* ~ **'master** *n. (Art)* alter Meister; ~ **'people's home** *n.* Altenheim, *das;* Altersheim, *das;* **Old Pre'tender** *see* pretender; ~ **'soldier** *n.* alt[gedient]er Soldat; *(fig.)* alter Hase *(ugs.);* **come the** ~ **soldier over sb.** *(fig.)* sich jmdm. gegenüber als der Erfahrenere aufspielen; ~ **soldiers never die** ein alter Soldat ist nicht so leicht unterzukriegen *(ugs.)*

oldster [ˈəʊldstə(r)] *n.* alter Mensch; **the/we** ~**s** die/wir Alten

old: ~-**style** *attrib. adj.* alten Stils *nachgestellt;* alt ⟨Geldschein, Münze⟩; **Old Testament** *see* testament a; ~-**time** *adj.* früherer Zeiten *nachgestellt;* von Anno dazumal *nachgestellt;* ~-**time dancing** alte Tänze; ~-**'timer** *n.* **a)** *(person with long experience)* alter Hase *(ugs.);* Oldtimer, *der (ugs.);* **b)** *(Amer.)* (~ *person)* Alte, *der/die;* (~ *or antique thing)* Oldtimer, *der;* ~ **'wives' tale** *n.* Ammenmärchen, *das;* ~ **'woman** *n.* **a)** alte Frau; *(fig.: fussy or timid person)* altes Weib *(abwertend);* **b)** *(coll.: mother, wife)* **the/one's** ~ **woman** *see* ~ **girl c;** ~-**'womanish** *adj.* altweiberhaft; ~-**world** *adj. (belonging to* ~ *times, quaint)* altertümlich; altväterisch ⟨Höflichkeit, Benehmen⟩

oleaginous [əʊlɪˈædʒɪnəs] *adj.* **a)** *(oily, greasy)* ölig; **b)** *(producing oil)* ölhaltig

oleander [əʊlɪˈændə(r)] *n. (Bot.)* Oleander, *der*

O level [ˈəʊ levl] *n. (Brit. Sch. Hist.)* Abschluß der Mittelstufe (auch in der Erwachsenenbildung als Qualifikation); **he has five** ~**s** er hat die 'O'-level-Prüfung in fünf Fächern bestanden

olfactory [ɒlˈfæktərɪ] *adj.* olfaktorisch *(geh.);* Geruchs⟨nerv, -sinn⟩

oligarchic[al] [ɒlɪˈɡɑːkɪk(l)] *adj. (Polit.)* oligarchisch

oligarchy [ˈɒlɪɡɑːkɪ] *n. (Polit.)* Oligarchie, *die*

olive [ˈɒlɪv] **1.** *n.* **a)** *(tree)* Ölbaum, *der;* Olivenbaum, *der;* **b)** *(fruit)* Olive, *die;* **c)** *(emblem of peace)* Ölzweig, *der;* **d)** ~-[**wood**] Olivenholz, *das;* **e)** *(Cookery)* [beef] ~: [Rinds]roulade, *die;* **f)** *(colour)* Olivgrün, *das.* **2.** *adj.* **a)** olivgrün; **b)** *(in complexion)* oliv[farben]; olivbraun

olive: ~-**branch** *n. (fig.)* Friedensangebot, *das;* **offer the** ~-**branch** ein Versöhnungs- *od.* Friedensangebot machen; ~ '**drab** *n.* Olivgrau, *das;* ~-**green 1.** [`--'-] *adj.* olivgrün; **2.** [--'-] *n.* Olivgrün, *das;* ~ **'oil** *n.* Olivenöl, *das*

Olympiad [əˈlɪmpɪæd] *n.* Olympiade, *die*

Olympian [əˈlɪmpɪən] **1.** *adj.* **a)** *(Greek Mythol.)* olympisch; **the** ~ **gods** die Götter des Olymp; **b)** *(superior)* olympisch *(geh.);* **c)** *see* Olympic. **2.** *n.* **a)** *(Greek Mythol.)* Olympier, *der/*Olympierin, *die;* **b)** *(competitor in modern Olympics)* olympischer [Wett]kämpfer/olympische [Wett]kämpferin; Olympionike, *der/*Olympionikin, *die*

Olympic [əˈlɪmpɪk] *adj.* olympisch; ~ **Games** Olympische Spiele; ~ **champion** Olympiasieger, *der/*-siegerin, *die*

Olympics [əˈlɪmpɪks] *n. pl.* Olympiade, *die;* **Winter** ~: Winterolympiade, *die*

Olympus [əˈlɪmpəs] *(Greek Ant.)* Olymp, *der*

OM *abbr. (Brit.)* **Order of Merit**

ombudsman [ˈɒmbʊdzmən] *n., pl.* **ombudsmen** [ˈɒmbʊdzmən] Ombudsmann, *der*

omega [ˈəʊmɪɡə] *n. (letter)* Omega, *das; see also* alpha a

omelette (omelet) [ˈɒmlɪt] *n. (Gastr.)* Omelett, *das;* **one cannot make an** ~ **without breaking eggs** wo gehobelt wird, [da] fallen Späne *(Spr.)*

omen [ˈəʊmən] *n.* Omen, *das;* Vorzeichen, *das*

ominous [ˈɒmɪnəs] *adj. (of evil omen)* ominös; *(worrying)* beunruhigend; **seem** ~: Schlimmes ahnen lassen

ominously [ˈɒmɪnəslɪ] *adv.* bedrohlich; beunruhigend ⟨still⟩

omissible [əˈmɪsɪbl] *adj.* weglaßbar; **that is** ~: das kann man weglassen

omission [əˈmɪʃn] *n.* **a)** Auslassung, *die;* **b)** *(non-performance)* Unterlassung, *die;* **sins of** ~ **and commission** Unterlassungs- und Begehungssünden

omit [əˈmɪt] *v. t.,* -**tt-** **a)** *(leave out)* weglassen; **b)** *(not perform)* versäumen; ~ **to do sth.** es versäumen, etw. zu tun

omnibus [ˈɒmnɪbəs] **1.** *n.* **a)** *(arch.) see* **bus 1 a; Clapham;** **b)** *(book)* Sammelband, *der.* **2.** *adj.* Sammel⟨band, -ausgabe⟩

omnidirectional [ɒmnɪdɪˈrekʃənl, ɒmnɪdaɪˈrekʃənl] *adj.* allseitig empfindlich ⟨Mikrophon⟩; allseitig abstrahlend ⟨Lautsprecher⟩; ~ **aerial** Rundstrahler, *der*

omnipotence [ɒmˈnɪpətəns] *n., no pl.* Allmacht, *die (geh.)*

omnipotent [ɒmˈnɪpətənt] *adj.* allmächtig *(geh.);* **be made** ~: unbeschränkte Machtbefugnisse erhalten

omniscience [ɒmˈnɪsɪəns, ɒmˈnɪʃəns] *n., no pl.* Allwissenheit, *die*

omniscient [ɒmˈnɪsɪənt, ɒmˈnɪʃənt] *adj.* allwissend

omnivorous [ɒmˈnɪvərəs] *adj.* **a)** omnivor *(Zool.);* ~ **animal** Allesfresser, *der;* **b)** *(fig.)* unstillbar ⟨Appetit, Neugier, Wißbegier⟩

on [ɒn] **1.** *prep.* **a)** *(position)* auf (+ *Dat.);* *(direction)* auf (+ *Akk.);* *(attached to)* an (+ *Dat./Akk.);* **put sth. on the table** etw. auf den Tisch legen *od.* stellen; **be on the table** auf dem Tisch sein; **put/keep a dog on a lead** den Hund an die Leine nehmen/an der Leine halten; **write sth. on the wall** etw. an die Wand schreiben; **be hanging on the wall** an der Wand hängen; **have sth. on one** etw. bei sich *(Dat.)* haben; **on the mountain[-side]** am Berghang; **on the bus/train** im Bus/Zug; **on the shore, on the board/committee** im Vorstand/Ausschuß sein; **be on the team** *(Amer.)/*staff zum Team/zur Belegschaft gehören; **on Oxford 56767** unter der Nummer Oxford 56767; **b)** *(with basis, motive, etc. of)* **on the evidence** auf Grund des Beweismaterials; **borrow money on one's house** eine Grundschuld auf sein Haus aufnehmen; **on the assumption/hypothesis that ...:** angenommen, ...; **c)** *(close to)* **an** ⟨einer Straße⟩; *(in the direction of)* **auf** ⟨eine Stadt⟩ zu; **d)** *(coll.: in a position to get)* **the player is on a hat-trick** der Spieler steht vor einem Hattrick; **e)** *in expressions of time* **an** ⟨einem Abend, Tag *usw.*⟩; **on Sundays** sonntags; **it's just on nine** es ist gerade 9; **on [his] arrival** bei seiner Ankunft; **on entering the room ...:** beim Betreten des Zimmers ...; **on time** *or* **schedule** pünktlich; **f)** *expr. state etc.* **be on heroin** heroinabhängig sein; **be on beer** *(coll.)* Bier trinken; **Armstrong on trumpet** Armstrong, Trompete; **the drinks are on me** *(coll.)* die Getränke gehen auf mich; **the fire was on out on me** *(coll.)* mir ist das Feuer ausgegangen; **there is a lot of money on that horse** auf das Pferd ist viel gesetzt worden; **g)** *(added to)* **failure on failure** Fehlschlag auf Fehlschlag; **trouble on trouble** nichts als Ärger; **loss on loss** anhaltende Verluste; **h)** *(concerning, about)* über (+ *Akk.).* **2.** *adv.* **a)** **have a hat on** einen Hut aufhaben; **your hat is on crooked** dein Hut sitzt schief; **the potatoes are on** die Kartoffeln sind aufgesetzt; **b)** *(in some direction)* **face on** mit dem Gesicht voran; **on and on** immer weiter; **speak/wait/work** *etc.* **on** *(in time)* weiterreden/-warten/-arbeiten *usw.;* **wait on until ...:** solange warten, bis ...; **c)** *(switched or turned on)* **the light/radio** *etc.* **is on** das Licht/Radio *usw.* ist an; **put the light on** das Licht anmachen; **leave the bathroom tap on** das Wasser im Badezimmer laufen lassen; **is there a gas tap on?** ist ein Gashahn aufgedreht?; **neither the water nor the electricity was on** es gab weder Wasser noch Strom; **d)** *(arranged)* **the strike is still on** der Streik wird [weiterhin] fortgesetzt; **is Sunday's picnic on?** findet das Picknick am Sonntag statt?; **I have nothing of importance on** ich habe nichts Wichtiges vor; **e)** *ellipt.* (= **go on** *etc.*) weiter; **on with the show!** weitermachen!; **f)** *(being performed)* **what's on at the cinema?** was gibt es *od.* läuft im Kino?; **his play is currently on in London** sein Stück wird zur Zeit in London aufgeführt *od.* gespielt; **the race is on** *(fig.)* das Wettrennen hat begonnen; **g)** **be on** *(on the stage)* auftreten; *(on the playing-field)* spielen; *(on duty)* come/**be on** seinen Dienst antreten/Dienst haben; **i)** **sth. is on** *(feasible)* **not on** etw. ist möglich/ausgeschlossen; **are you on?** *(coll.: will you agree?)* machst du mit?; **you're on!** *(coll.: I agree)* abgemacht!; *(making bet)* die Wette gilt!; **be on about sb./sth.** *(coll.)* [dauernd] über jmdn./etw. sprechen; **es von jmdn./etw. haben** *(ugs.);* **what is he on about?** was will er [sagen]?; **be on at/keep on and on at sb.** *(coll.)* jmdm. in den Ohren/dauernd in den Ohren liegen *(ugs.);* **on to, onto** auf (+ *Akk.);* **be on to sb.** *(be aware of sb.'s in-*

491

once ... *tentions etc.)* jmdn. *od.* jmds. Absichten durchschauen; *(nag sb., suspect sb.)* jmdn. auf den Kieker haben *(ugs.);* **be on to sb. to do sth.** jmdn. bearbeiten, etw. zu tun; **be on to sth.** *(have discovered sth.)* etw. ausfindig gemacht haben; *(realize importance of sth.)* etw. [klar] erkennen; **the police/researchers are on to something** die Polizei hat/die Forscher haben eine heiße Spur; **on and off** = **off and on** *see* **off 1c.** *See also* **right 4d.** **3.** *adj. (Cricket)* rechts vom Werfer; *(if batsman is left-handed)* links vom Werfer; **on drive** Treibschlag nach links; *(by left-handed batsman)* Treibschlag nach rechts; **on side** *see* **4. 4.** *n. (Cricket)* Spielfeldhälfte links vom rechtshändigen bzw. rechts vom linkshändigen Schlagmann

once [wʌns] **1.** *adv.* **a)** einmal; ~ **a week/month** einmal die Woche/im Monat; ~ **or twice** ein paarmal; einigemal; ~ **again** *or* **more** noch einmal; ~ **[and] for all** ein für allemal; **[every]** ~ **in a while** *or (Brit.)* **way** von Zeit zu Zeit; hin und wieder; **for** ~ **in a way** *(Brit.)* **[wenigstens]** dieses eine Mal; ausnahmsweise einmal; ~ **an X always an X** X bleibt X; ~ **seen never forgotten** jmd./etw. ist unvergeßlich; *see also* **for 1o; b)** *(multiplied by one)* ein mal; **c)** *(even for one or the first time)* je[mals]; never/not ~ : nicht ein einziges Mal; **d)** *(formerly)* früher einmal; einst *(geh.);* ~ **upon a time there lived a king** es war einmal ein König; **e) at** ~ *(immediately)* sofort; sogleich; *(at the same time)* gleichzeitig; **all at** ~ *(all together)* alle auf einmal; *(without warning)* mit einem Mal; **they were all shouting at** ~ : sie schrien alle durcheinander. **2.** *conj.* sobald; ~ **past the fence we are safe** wenn wir [nur] den Zaun hinter uns bringen, sind wir in Sicherheit; **will you get it,** ~ **he finds out how valuable it is?** wirst du es auch bekommen, wenn er [einmal] herausfindet, wie wertvoll es ist? **3.** *n.* [just *or* only] **this** ~, **for [this/that]** ~ : [nur] dieses eine Mal; ~ **was enough for her** sie hatte nach dem ersten Mal schon genug

'**once-over** *n.* **give sb./sth. a/the** ~ : jmdn./ etw. kurz in Augenschein nehmen; **sth. needs a** ~ **every month** etw. muß einmal im Monat kurz überprüft/*(cleaning)* gereinigt werden

oncology [ɒŋˈkɒlədʒɪ] *n., no pl., no art. (Med.)* Onkologie, *die*

'**oncoming** *adj.* [heran]nahend ⟨*Person*⟩; entgegenkommend ⟨*Fahrzeug, Verkehr*⟩; aufkommend ⟨*Sturm*⟩; '**caution:** ~ **vehicles**„ Vorsicht! Gegenverkehr"

one [wʌn] **1.** *adj.* **a)** *attrib.* ein; ~ **thing I must say/admit** ein[e]s muß ich sagen/zugeben; ~ **man,** ~ **vote** ≈ gleiches Wahlrecht für alle; ~ **or two** *(fig.: a few)* ein paar; ~ **more** ...; ~ **more time** noch einmal; **Act One** *(Theatre)* erster Akt; **from day** ~: vom ersten Tag an; **it's** ~ **[o'clock]** es ist eins *od.* ein Uhr; *see also* **eight 1; half 1a, 3a; many 1a; quarter 1a; b)** *attrib. (single, only)* einzig; **the** ~ **thing das einzige; any** ~: irgendein; **in any** ~ **day/year** an einem Tag/ in einem Jahr; **at any** ~ **time** zu jeder Zeit; **no** ~: kein; **not** ~ **[little] bit** überhaupt nicht; **not** *or* **never for** ~ **[single] moment** *or* **minute** nicht einen Augenblick *od.* eine Minute [lang]; *see also* **only 1, 2a; thing a, c, f, g; c)** *(identical, same)* ein; **the writer and his principal character are** ~: der Autor und sein Protagonist sind identisch; ~ **and the same person/thing** ein und dieselbe Person/ Sache; **it's** ~ **and the same thing** das ist ein und dasselbe; **at** ~ **and the same time** gleichzeitig; *see also* **all 2a; d)** *pred. (united, unified)* **be** ~: eine Einheit bilden; **we are** ~: wir sind uns einig; **be** ~ **as a family/nation** eine einige Familie/Nation sein; **become** ~: sich vereinigen; **be made** ~ *(married)* getraut werden; *see also* **with; e)** *attrib. (a particular but undefined)* **at** ~ **time** einmal; einst *(geh.);* ~ **morning/evening/ night** eines Morgens/Abends/Nachts; ~ **day** *(on day specified)* einmal; *(at unspecified future date)* eines Tages; ~ **day soon** bald einmal; ~ **day next week** irgendwann nächste Woche; ~ **Sunday/weekend/afternoon** an einem Sonntag/Wochenende/ Nachmittag; **f)** *attrib.* contrasted with 'other'/'another' ein; **for** ~ **thing** zum einen; ~ **book etc. after another** *or* **the other** ein Buch *usw.* nach dem anderen; **deal with** ~ **thing after the other** eins nach dem andern machen; **what with** ~ **thing and another** wie das so ist *od.* geht, wenn viel zusammenkommt; **neither** ~ **thing nor the other** weder das eine noch das andere; **for** ~ **reason or another** aus irgendeinem Grund; **at** ~ **time or another** irgendwann einmal; zu irgendeinem Zeitpunkt; *see also* **hand 1n; way 1c, j; g)** *qualifying implied n.* ein...; *(Brit.:* ~-**pound coin** *or* **note)** Pfundmünze, *die; (Amer.:* ~-**dollar bill)** Dollarnote, *die;* **three to** ~**, three**~ *(Sport)* drei zu eins; ~-**nil** *(Sport)* eins zu null; **in** ~ *(coll.: at first attempt)* auf Anhieb; **got it in** ~! *(coll.)* [du hast es] erraten! *see also* **every a; hole 1e. 2.** *n.* **a)** eins; ~, **two, three** ...! eins, zwei, drei ...!; **b)** *(number, symbol)* Eins, *die;* **a Roman/arabic** ~ eine römische/arabische Eins; *see also* **eight 2a; c)** *(unit)* **in** ~**s** einzeln; **in** *or* **by** ~**s and twos** *(fig.)* kleckerweise *(ugs.);* **two for the price of** ~: zwei zum Preis von einem; *see also* **number 1a; ten 2c. 3.** *pron.* **a) of** ...: ein... (+ *Gen.);* **~ of the boys/books** einer der Jungen/eins der Bücher; ~ **of them/us** *etc.* einer von ihnen/ uns *usw.;* **any** ~ **of them** jeder/jede/jedes von ihnen; **every** ~ **of them** jeder/jede/jedes [einzelne] von ihnen; **not** ~ **of them** keiner/ keine/keins von ihnen; *see also* **thing g; b)** *replacing n. implied or mentioned* **ein...**; **red** ~**s and yellow** ~**s, big** ~**s and little** ~**s** rote und gelbe, große und kleine; **the jacket is an old** ~: die Jacke ist [schon] alt; **the older/ younger** ~: der/die/das ältere/jüngere; **the problem is** ~ **of great complexity/one** ~ **that will simply go away** das Problem ist sehr komplex/wird sich nicht von selbst lösen; **not that book** – **the** ~ **on the table** nicht das Buch – das auf dem Tisch; **who is that man, the** ~ **in the blue suit?** wer ist dieser Mann, der im blauen Anzug?; **of the three books, this is the** ~ **which appealed to me most** von den drei Büchern hat mir dieses am besten gefallen; **this is the** ~ **I like** den/ die/das mag ich; **my husband is the tall** ~ **over there** mein Mann ist der große da; **you are** *or* **were the** ~ **who insisted on going to Scotland** du warst der-/diejenige, der/die unbedingt nach Schottland wollte; **this** ~: dieser/diese/dies [da]; **that** ~: der/die/das [da]; **these** ~**s** *or* **those** ~**s?** *(coll.)* die [da] oder die [da]?; **these/those blue** *etc.* ~**s** diese/die blauen *usw.;* **which** ~? welcher/ welche/welches?; **which** ~**s?** welche?; **not** ~: keiner/keine/keines; *emphatic* nicht einer/eine/eins; **never a** ~: kein einziger; **many a** ~: viele; **all but** ~: alle außer einem/einer/einem; **the last house but** ~: das vorletzte Haus; [**all**] **in** ~: in einem; *(in a person)* in einer Person; **I for** ~: ich für mein[en] Teil; ~ **by** ~, ~ **after another** *or* **the other** einzeln; **love/like/hate** ~ **another** sich *od.* *(geh.)* einander lieben/mögen/hassen; **be kind to** ~ **another** nett zueinander sein; *see also* **all 2a; better 2e; many 1a; c)** *(contrasted with 'other'/'another')* [**the**] ~ ... **the other** der/die/das eine ... der/die/das andere; **d)** *(person or creature of specified kind)* **the little** ~: der/die/das Kleine; **dear** *or* **loved** ~: lieber Mensch; **our dear** *or* **loved** ~**s** unsere Lieben; **my sweet** ~: mein Liebling *od.* Schatz; **young** ~ *(youngster)* Kind, *das; (young animal)* Junge, *das;* **the Holy One, the One above** Gott; der Vater im Himmel; **like** ~ **dead** wie ein Toter; **as** ~ **enchanted/bewitched** wie verzaubert/verhext; ~ **John Smith** ein John Smith; **e)** [**not**] ~ **who does** *or* **to do** *or* **for doing sth.** [nicht] der Typ, der etw. tut; [**not**] **be** ~ **for parties** *or* **for going to parties** [k]ein Partytyp sein; **be a great** ~ **for tennis** ein begeisterter Tennisspieler; **be a great** ~ **for playing practical jokes** gerne anderen einen Streich spielen; ein großer Witzbold sein; **not be much of a** ~ **for sth./doing sth.** nicht sehr für etw./ etw. nicht gern tun; **you 'are a** ~ *(coll.)* du bist [mir] vielleicht einer/eine; **f)** *(representing person in general; also of person;* **as we**) *(coll.)* man; *as indirect object* einem; *as direct object* einen; ~**'s** sein; **lose** ~**'s job** seinen Arbeitsplatz verlieren; **wash** ~**'s hands** sich *(Dat.)* die Hände waschen; **g)** *(coll.: joke, story)* **a good/naughty** ~: ein guter/unanständiger Witz; **have you heard the** ~ **about the Irishman who** ...? kennst du den von dem Iren, der ...?; *see also* **good 1h; h)** *(coll.: drink)* **I'll have just a little** ~: ich trinke nur einen Kleinen; **this** ~**'s on me/the house** das geht auf mich/auf Kosten des Hauses; **have** ~ **on me ich geb dir einen aus; have** ~ **too many** einen über den Durst trinken *(ugs.); see also* **quick one; road a; i)** *(coll.: blow)* **give sb.** ~ **on the head/nose** jmdm. eins über den Kopf/auf die Nase geben *(ugs.);* **he hit me** ~ **between the eyes er verpaßte mir einen zwischen die Augen** *(ugs.);* **j)** *(Knitting, Crochet: stitch)* eine Masche; **knit** ~, **purl** ~: eins rechts, eins links; **make** ~: eine Masche zunehmen

one: ~-**armed** *adj.* einarmig; ~-**armed bandit** *(sl.)* einarmiger Bandit *(ugs.);* ~-**day** *attrib. adj.* eintägig; [für] einen Tag gültig ⟨*Karte, Genehmigung*⟩; ~-**eyed** *adj.* einäugig; **in the land of the blind the** ~-**eyed** [**man**] **is king** *(prov.)* unter [den] Blinden ist der Einäugige König *(Spr.);* ~-**handed** [wʌnhændɪd] **1.** ['---] *adj.* einhändig; **2.** [-'--] *adv.* mit einer Hand; ~-**horse** *attrib. adj.* **a)** *(drawn by only* ~ *horse)* einspännig; *(having only* ~ *horse)* mit nur einem Pferd nur gestellt; **it's a** ~-**horse race** *(fig.)* das Rennen ist schon so gut wie gelaufen; **b)** *(fig. sl.: second-rate)* ~-**horse firm** *or* **outfit** kleine Klitsche *(ugs.);* ~-**horse town** [verschlafenes] Nest *(ugs.);* ~-**legged** *adj.* einbeinig; ~-**line** *attrib. adj.* einzeilig; ~-'**liner** *n.* Einzeiler, *der;* ~-**man** *attrib. adj.* Einmann⟨*boot, -betrieb usw.*⟩; **a** ~-**man fight/ war against sth.** ein einsamer Kampf/Krieg gegen etw.; ~-**man band** Einmannkapelle, *die; (fig.: firm etc.)* Einmannbetrieb, *der;* ~-**man show** *(exhibition)* Einzelausstellung, *die; (play etc.)* Einmannstück, *das; (fig.: firm etc.)* Einmannbetrieb, *der*

oneness [ˈwʌnɪs] *n., no pl.* **a)** *(singleness)* ~ **of purpose** Zielstrebigkeit, *die;* **b)** *(unity, harmony)* Übereinstimmung, *die;* Einklang, *der (geh.)*

one: ~-**night 'stand** *n. (coll.)* **a)** *(single performance)* Einzelauftritt, *der;* **b)** *(sexual)* [sexuelles] Abenteuer für eine Nacht; *(partner)* Bettgenosse/-genossin für eine Nacht; ~-**off** *(Brit.)* **1.** *n. (article)* Einzelstück, *das;* Einzelexemplar, *das; (operation)* einmalige Sache; **2.** *adj.* einmalig ⟨*Zahlung, Angebot, Produktion, Verkauf*⟩; Einzel⟨*stück, -modell, -anfertigung, -auftritt, -arbeit*⟩; ~-**parent family** *n.* Einelternfamilie, *die;* ~-**party** *(Polit.)* Einparteien⟨*system, -staat*⟩; ~-**piece** *adj.* einteilig; ~-'**quarter** *attrib. adj.* Viertel-; ⟨*Anteil*⟩ von *(Anstieg)* in ein Viertel

one-room[ed] [ˈwʌnruːm(d)] *adj.* Einzimmer⟨*wohnung, -appartement*⟩

onerous [ˈɒnərəs, ˈəʊnərəs] *adj.* schwer; **find sth. increasingly** ~: etw. zunehmend als Belastung empfinden

onerously [ˈɒnərəslɪ, ˈəʊnərəslɪ] *adv.* schwer

one: ~**'self** *pron.* a) *emphat.* selbst; **as old/rich as** ~**self** so alt/reich wie man selbst; **older/richer than** ~**self** älter/reicher als man selbst; **be** ~**self** man selbst sein; b) *refl.* sich; *see also* **herself**; ~**-shot** *adj.* (coll.) einmalig; **Einzel**⟨*auftritt, Veranstaltung*⟩; ⟨*Medikament, Verfahren*⟩ zur einmaligen Anwendung; **a** ~**-shot solution to a problem** eine auf Anhieb wirksame Lösung eines Problems; ~**-sided** *adj.* einseitig; ~**step** *n.* Onestep, *der;* ~**-storey** *adj.* eingeschossig; ~**-'third** *attrib. adj.* Drittel-; ⟨*Anteil*⟩ von einem Drittel; ⟨*Anstieg*⟩ um ein Drittel; ~**-time** *adj.* a) *(former)* ehemalig; b) *(used once only)* einmalig; ~**-to-'**~ *adj.* ~**-to-**~ **relation/correspondence** hundertprozentige Parallelität; ~**-to-**~ **translation** Wort-für-Wort-Übersetzung; ~**-to-**~ **teaching** Einzelunterricht, *der;* ~**-track** *adj.* eingleisig; **have a** ~**-track mind** *(lack flexibility)* eingleisig denken; *(be obsessed by one subject)* [immer] nur eins im Kopf haben; ~**-two** *n. (coll.) (Boxing)* Eins-zwei-Schlag, *der; (Sport)* Doppelpaß, *der;* ~**-up** *pred. adj. (coll.)* **be** ~**-up** [**on** or **over sb.**] *(Sport)* [vor jmdm.] mit einem Punkt/Tor in Führung liegen; *(fig.)* [jmdm.] um eine Nasenlänge voraus sein; **it is** ~**-up for** or **to sb.** jmd. ist im Vorteil; ~**-up for you** *(fig.)* eins zu null für dich; ~**-upmanship** [wʌn'ʌpmənʃɪp] *n., no pl., no indef. art.* die Kunst, den anderen immer um eine Nasenlänge voraus zu sein; ~**-way** *adj.* a) in einer Richtung *nachgestellt;* **Einbahn**⟨*straße, -verkehr*⟩; ⟨*spiegel, -scheibe*⟩; ~**-way radio** Funkempfänger, *der;* ~**-way switch** *(Electr.)* einfacher Schalter; b) *(single)* einfach ⟨*Fahrpreis, Fahrkarte, Flug usw.*⟩; *(fig.:* ~**-sided)** einseitig; ~**-woman** *attrib. adj.* **Einfrau**⟨*betrieb, -job, -firma*⟩; **a** ~**-woman fight/war against sth.** ein einsamer Kampf/Krieg gegen etw.; ~**-woman show** *(exhibition)* Einzelausstellung [einer Künstlerin]; *(play etc.)* Einfraustück, *das; (fig.: firm etc.)* Einfraubetrieb, *der*

'ongoing *adj.* aktuell ⟨*Problem, Aktivitäten, Debatte*⟩; laufend ⟨*Forschung, Projekt*⟩; andauernd ⟨*Situation*⟩

onion ['ʌnjən] *n.* Zwiebel, *die;* **know one's** ~**s** *(fig. sl.)* sein Geschäft verstehen

onion: ~ **dome** *n. (Archit.)* Zwiebelkuppel, *die;* ~**-skin** *n.* a) Zwiebelschale, *die;* b) *(paper)* Florpost, *die;* ~ **'soup** *n.* Zwiebelsuppe, *die*

oniony ['ʌnjəni] *adj.* Zwiebel⟨*geruch, -geschmack*⟩

on-line *(Computing)* 1. [--] *adj.* On-line-⟨*Computer, Betrieb*⟩. 2. [-'-] *adv.* on line

'onlooker *n.* Zuschauer, *der*/Zuschauerin, *die;* (at scene of accident) Schaulustige, *der/die*

only ['əʊnli] 1. *attrib. adj.* a) einzig...; **the** ~ **person** der/die einzige; **my** ~ **regret is that** ...: ich bedaure nur, daß ...; **for the first and** ~ **time** zum ersten und einzigen Mal; **an** ~ **child** ein Einzelkind; **the** ~ **one/ones** der/die/das einzige/die einzigen; **the** ~ **thing** das einzige; **one and** ~ *(sole)* einzig...; *(incomparable)* einzigartig; *see also* **pebble**; **thing b, c; b)** *(best by far)* **the** ~ **thing** das einzig wahre; **he/she is the** ~ **one for me** es gibt nur ihn/sie für mich; **the** ~ **thing das einzig Wahre.** 2. *adv.* a) nur; **we had been waiting** ~ **5 minutes when** ...: wir hatten erst 5 Minuten gewartet, als ...; **it's** ~**/**~ **just 6 o'clock** es ist erst 6 Uhr/gerade erst 6 Uhr vorbei; **the meat is** ~ **half done** das Fleisch ist erst halb durch; **I** ~ **wish I had known** wenn ich es doch nur gewußt hätte; **you** ~ **have** *or* **you have** ~ **to ask** etc. du brauchst nur zu fragen usw.; **you may each take one and one** ~: ihr dürft euch jeder einen/eine/eins nehmen, aber [wirklich] nur einen/eine/eins; **you** ~ **live once** man lebt nur einmal; **you're** ~ **young once** man ist nur einmal jung; ~ **ever** *(coll.: never more than)* lediglich; ~ **if** nur [dann] ..., wenn; ~ **if the weather is fine** nur bei gutem Wetter; **he** ~ **just managed it/made it** er hat es gerade so/gerade noch geschafft; **not** ~ ... **but also** nicht nur ... sondern auch; **see also if 1 d; b)** *(no longer ago than)* erst; ~ **the other day/week** erst neulich *od.* kürzlich; ~ **the other evening** erst neulich abends; ~ **just gerade erst; it is** ~ **now I realize** ...: erst jetzt wird mir klar ...; **c)** *(with no better result than)* ~ **to find/discover that** ...: nur, um zu entdecken, daß ...; **d)** ~ **too** ... *in context of desirable circumstances* [sogar] ausgesprochen ⟨*froh, begierig, bereitwillig*⟩; *in context of undesirable circumstances* viel zu; **be** ~ **too aware of sth.** sich *(Dat.)* einer Sache *(Gen.)* voll bewußt sein; ~ **too true** es ist nur zu wahr; ~ **too well** nur zu gut ⟨*wissen, kennen, sich erinnern*⟩; gerne ⟨*mögen*⟩; nur zu genau ⟨*hören, aufpassen auf*⟩. 3. *conj.* a) *(but then)* nur; b) *(were it not for the fact that)* ~ **[that] I am/he is** etc.: ich müßte ich ist usw. nur ...

only-be'gotten *adj. (Relig.)* **Jesus Christ, the** ~ **Son of the Father** Jesus Christus, Gottes eingeborener Sohn

o.n.o. [əʊ en 'əʊ] *abbr. (Brit.)* **or near offer** ≈ VHB

'on-off *adj.* ~ **switch** Ein-aus-Schalter

onomatopoeia [ɒnəmætə'piːə] *n. (Ling.)* Onomatopöie, *die*

onomatopoeic [ɒnəmætə'piːɪk] *adj. (Ling.)* onomatopoetisch

'onrush *n.* Ansturm, *der*

'onset *n.* a) *(attack)* [Sturm]angriff, *der;* b) *(beginning) (of storm)* Einsetzen, *das; (of winter)* Einbruch, *der; (of disease)* Ausbruch, *der*

'onshore *adj.* auflandig *(Seemannsspr.)*

on'side *adj. (Footb.)* nicht abseits

onslaught ['ɒnslɔːt] *n.* [heftige] Attacke *(fig.)*

on-'stage 1. *adj.* auf der Bühne *nachgestellt.* 2. *adv.* auf die Bühne ⟨*gehen*⟩; auf der Bühne ⟨*stehen*⟩

'on-street *adj.* auf der Straße *nachgestellt*

'on-the-job *adj.* ~ **training** Ausbildung an der Arbeitsstelle

on-the-'spot *adj.* vor Ort *nachgestellt*

onto *see* **on 2 i**

ontological [ɒntə'lɒdʒɪkl] *adj. (Philos.)* ontologisch

ontology [ɒn'tɒlədʒɪ] *n. (Philos.)* Ontologie, *die*

onus ['əʊnəs] *n.* Last, *die;* **the** ~ **[of proof]** die Beweislast; **the** ~ **is on him to do it** es ist seine Sache, es zu tun

onward ['ɒnwəd] 1. *adv.* a) *(in space)* vorwärts; **from X** ~: von X an; **they moved** ~ **into the forest** sie gingen *od.* zogen weiter in den Wald [hinein]; b) *(in time)* **from that day** ~: von diesem Tag an; **history from the 12th century** ~: Geschichte vom 12. Jahrhundert an. 2. *adj.* noch mehr *nachgestellt;* ~ **movement** Vorwärtsbewegung, *die;* ~ **march** Vormarsch, *der*

onwards ['ɒnwədz] *see* **onward 1**

onyx ['ɒnɪks] *n. (Min.)* Onyx, *der;* ~ **marble** Onyxmarmor, *der*

oodles ['uːdlz] *n. pl., constr. as sing. or pl. (coll.)* ~ **of** haufenweise *(ugs.);* jede Menge *(ugs.)*

ooh [uː] 1. *n.* Oh, *das;* Ah, *das;* **the** ~**s [and ahs] of the audience** die Ohs und Ahs der Zuschauer. 2. *int. expr. disapproval or delight* oh; *expr. pain* au

oojah ['uːdʒɑː] *n. (sl.)* Ding, *das (ugs.)*

oompah ['uːmpɑː] *n.* Humpta, *der*

oomph [ʊmf] *n. (sl.)* a) *(attractiveness)* Sex-Appeal, *der;* b) *(energy)* Elan, *der*

oops [uːps] *int. (coll.) expr. surprise* huch; *expr. apology* oh[je]; *expr. apology for a faux pas* oh

ooze [uːz] 1. *v. i.* a) *(percolate, exude)* sickern **(from** aus); b) *(more thickly)* quellen (from aus); **the juice** ~**s out** der Saft trieft heraus; b) *(become moistened)* triefen (**with** von, vor + *Dat.*). 2. *v. t.* a) ~ **[out]** triefen von *od.* vor (+ *Dat.*); b) *(fig.: radiate)* ausstrahlen ⟨*Charme, Optimismus*⟩; ausströmen ⟨*Sarkasmus*⟩. 3. *n.* a) *(mud)* Schlick, *der;* b) *(sluggish flow)* Sickern, *das; (sluggish stream)* Rinnsal, *das* (**of** von + *Dat.*)

op. [ɒp] *abbr. (Mus.)* opus op.

opacity [ə'pæsɪtɪ] *n., no pl.* a) *(not transmitting light)* Opazität, *die (Optik);* Lichtundurchlässigkeit, *die;* b) *(obscurity)* Undurchsichtigkeit, *die*

opal ['əʊpl] *n. (Min.)* Opal, *der*

opalescence [əʊpə'lesns] *n.* Schillern, *das;* Opaleszenz, *die (Optik)*

opalescent [əʊpə'lesnt] *adj.* schillernd; opalisierend; opaleszierend *(Optik)*

opal glass *n.* Opalglas, *das*

opaque [əʊ'peɪk] *adj.* a) *(not transmitting light)* lichtundurchlässig; opak *(fachspr.);* b) *(obscure)* dunkel; unverständlich

opaqueness [əʊ'peɪknɪs] *see* **opacity**

'op art *n., no pl., no indef. art.* Op-Art, *die*

op. cit. [ɒp 'sɪt] *abbr.* **in the work already quoted** op. cit.

OPEC ['əʊpek] *abbr.* **Organization of Petroleum Exporting Countries** OPEC, *die*

open ['əʊpn] 1. *adj.* a) *(not shut)* offen; **with the window** ~ bei geöffnetem Fenster; ~ **goal** *(Sport)* leeres Tor; **wear an** ~ **shirt** sein Hemd offen tragen; **be [wide/half]** ~: [weit/halb] offenstehen; **stand** ~: offenstehen; **swing** ~: aufschwingen; **come** ~: aufgehen; **get sth.** ~: etw. aufbekommen; **hold the door** ~ **[for sb.]** [jmdm.] die Tür aufhalten; **push/pull/kick the door** ~: die Tür aufstoßen/aufziehen/eintreten; **force sth.** ~: etw. mit Gewalt öffnen; **fling** *or* **throw a door/window [wide]** ~: eine Tür/ein Fenster [weit] aufreißen; **tear** *or* **rip sth.** ~: etw. aufreißen; **with one's mouth** ~: mit offenem Mund; **have one's eyes** ~: die Augen geöffnet haben; **[not] be able to keep one's eyes** ~: [nicht mehr] die Augen offenhalten können; **with** ~ **eyes** *(attentive, surprised)* mit großen Augen; *see also* **eye 1 a**; b) *(unconfined)* offen ⟨*Gelände, Feuer*⟩; frei ⟨*Feld, Blick*⟩; ~ **country** *(with wide views)* weites Land; *(without buildings)* offenes Land; **on the** ~ **road** auf freier Strecke; **the** ~ **road lay before me** vor mir lag die freie Landstraße; **the** ~ **sea** die offene See; **in the** ~ **air** im Freien; *see also* **sky 1 a**; c) *(not blocked or obstructed)* frei; offen, eisfrei ⟨*Hafen, Fluß, Wasser*⟩; frostfrei ⟨*Winter, Wetter*⟩; d) *(ready for business or use)* **be** ~ ⟨*Laden, Museum, Bank usw.*⟩: geöffnet sein; **'**~**'/'**~ **24 hours'** „geöffnet"/„24 Stunden geöffnet"; **declare a building/an exhibition** ~: ein Gebäude/eine Ausstellung für eröffnet erklären; e) *(accessible)* offen; öffentlich ⟨*Treffen, Rennen*⟩; *(available)* frei ⟨*Stelle*⟩; freibleibend ⟨*Angebot*⟩; **it is** ~ **to you to refuse** es steht dir frei abzulehnen; **lay** ~: offenlegen ⟨*Plan*⟩; ~ **to the public** für die Öffentlichkeit zugänglich sein; **the competition is** ~ **to children under 16** [nur] Kinder unter 16 Jahren sind zum Wettbewerb zugelassen; **the job/offer is** ~ **to men over 25 years of age** die Stelle ist für/das Angebot gilt für Männer über 25 Jahren; **the offer remains** *or* **will be kept** ~ **until the end of the month** das Angebot bleibt bestehen *od.* gilt noch bis Ende des Monats; **keep a position** ~ **for sb.** jmdm. eine Stelle freihalten; **keep an account** ~: ein Konto [weiterhin] bestehen lassen; ~ **champion** Sieger einer offe-

493

nen Meisterschaft; ~ **cheque** *(Brit.)* Barscheck, *der;* **in ~ court** in öffentlicher Sitzung *od.* Verhandlung; ~ **ward** offene Station; *see also* **house 1 a; f) be ~ to** *(exposed to)* ausgesetzt sein *(+ Dat.)* ⟨*Wind, Sturm*⟩; *(receptive to)* offen sein für ⟨*andere Meinung, Vorschlag*⟩; **~ to infection** infektionsgefährdet *od.* -anfällig; **be ~ to criticism** kritisierbar sein; **~ to attack by dry rot** anfällig für Trockenfäule sein; **be ~ to attack from the air** aus der Luft angreifbar sein; **sth. may be ~ to misinterpretation** etw. kann [leicht] falsch ausgelegt werden; **be ~ to sb.'s influence** sich leicht von jmdm. beeinflussen lassen; **I hope to sell it for £ 1,000, but I am ~ to offers** ich möchte es für 1 000 Pfund verkaufen, aber ich lasse mir mit handeln; **be ~ wide** *~ (fig.)* jmdn. bloßstellen; **lay oneself [wide] ~ to ridicule/attack/criticism** *etc.* sich der Lächerlichkeit preisgeben/sich Angriffen/sich Kritik *usw.* aussetzen; **lay oneself [wide] ~ to blackmail/a charge** sich der Gefahr der Erpressung/einer Anklage aussetzen; **be ~ to question/doubt/argument** fraglich/zweifelhaft/umstritten sein; **I am ~ to correction** ich lasse mich gern korrigieren; **g)** *(undecided)* offen; **~ invitation** Einladung, gelegentlich einmal zu Besuch zu kommen; **~ return ticket** nicht termingebundene Rückfahrkarte; **have an ~ mind about** *or* **on sth.** einer Sache gegenüber aufgeschlossen *od.* unvoreingenommen sein; **have/keep an ~ mind on a question** in einer Sache aufgeschlossen sein/bleiben; **be [wide] ~ :** [völlig] offen sein; **leave sth. ~.** etw. offenlassen; *see also* **verdict a; h)** *(undisguised, manifest)* unverhohlen ⟨*Bewunderung, Haß, Verachtung*⟩; offen ⟨*Verachtung, Empörung, Bruch, Widerstand*⟩; offensichtlich ⟨*Spaltung, Zwiespalt*⟩; **~ war/warfare** offener Krieg/Kampf; *see also* **secret 2 a; i)** *(frank, communicative)* offen ⟨*Wesen, Streit, Abstimmung, Gesicht, Regierungsstil*⟩; *(not secret)* öffentlich ⟨*Wahl*⟩; **be ~ [about sth./with sb.]** [in bezug auf etw. *(Akk.)*/gegenüber jmdm.] offen sein; **j)** *(not close)* grob ⟨*Muster, Gewebe, Maserung*⟩; offen ⟨*Anordnung*⟩; **~ order** *(Mil., Navy)* offene Ordnung; **k)** *(expanded, unfolded)* offen, geöffnet ⟨*Pore, Regenschirm*⟩; aufgeblüht ⟨*Blume, Knospe*⟩; aufgeschlagen ⟨*Zeitung, Landkarte, Stadtplan*⟩; **~ book** offenes *od.* aufgeschlagenes Buch; **sb./sth. is an ~ book [to sb.]** *(fig.)* jmd./etw. ist ein aufgeschlagenes *od.* offenes Buch [für jmdn.]; **an ~ hand** eine aufgehaltene Hand; *(fig.)* eine milde *od.* offene Hand; **with an ~ hand, with ~ hands** *(fig.)* mit einer milden *od.* offenen Hand; **with [an] ~ heart** *(frankly)* offenherzig; *see also* ¹**arm; open-heart; l)** *(Mus.)* **~ string** leere Saite; **~ pipe** offene Pfeife; *see also* **note** Naturton, *der;* **m)** *(Ling.)* offen *(Vokal, Silbe).* **2.** *n.* **a) the ~:** das offene Land; **in the ~** *(outdoors)* unter freiem Himmel; *(in an ~ space)* auf offenem Gelände; *(in ~ water)* auf offener *od.* hoher See; **[out] in the ~** *(fig.)* [öffentlich] bekannt; **come [out] into the ~** *(fig.)* *(become obvious)* herauskommen *(ugs.);* an den Tag kommen; *(speak out)* offen sprechen; **bring sth. [out] into the ~** *(fig.)* etw. an die Öffentlichkeit bringen; **b)** *(Sport)* offene Meisterschaft; **Open,** *das (fachspr.).* **3.** *v. t.* **a) sth. ~** **sth. with a key** etw. aufschließen; **~ sth. wide** etw. weit aufmachen *(ugs.);* **~ sth.** *od.* **half ~ sth.** etw. halb aufmachen *(ugs.)* *od.* öffnen; **[not] ~ one's mouth** *or* **lips** *(fig.)* den Mund [nicht] aufmachen *(ugs.);* **~ one's big mouth [to sb. about sth.]** *(fig.)* [etw. jmdm. aus]plaudern; **~ the** *or* **one's bowels** den Darm entleeren; *see also* **eye 1 a; floodgate; b)** *(allow access to)* **~ sth. [to sb./sth.]** etw. öffnen [für jmdn./etw.]; *(fig.)* [jmdm./einer Sache] etw. öffnen; **~ a road to traffic** eine Straße für den Verkehr freigeben; **~ sth. to the public** etw. der Öffentlichkeit *(Dat.)* zugänglich machen; *see also* **door b; c)** *(establish)* eröffnen ⟨*Konferenz, Kampagne, Diskussion, Laden*⟩; aufmachen *(ugs.)* ⟨*Laden*⟩; beginnen ⟨*Verhandlungen, Krieg, Spiel*⟩; *(declare ~)* eröffnen ⟨*Gebäude usw.*⟩; **~ the scoring** *(Sport)* den ersten Treffer erzielen; *(Cricket)* den ersten Lauf machen; *(Rugby)* die ersten Punkte machen; **~ the betting with a £5 stake** das Spiel mit einem Einsatz von 5 Pfund eröffnen; **~ the bidding** *(in auction)* das erste Gebot abgeben; *(Bridge)* eröffnen; **~ an account** *or* **fire [on sth./sb.]** das Feuer eröffnen [auf jmd./etw.] *see also* ²**ball; parliament; d)** *(unfold, spread out)* aufschlagen ⟨*Zeitung, Landkarte, Stadtplan, Buch*⟩; entfalten, öffnen ⟨*Schirm*⟩; öffnen ⟨*Fallschirm, Poren*⟩; **~ one's hand** die *od.* seine Hand öffnen; **~ one's arms [wide]** die *od.* seine Arme [weit] ausbreiten; **~ one's legs** die *od.* seine Beine spreizen; **e)** *(reveal, expose)* **~ a view** *or* **prospect of sth. [to sb.]** [jmdm.] den Blick auf etw. freigeben; **sth. ~s new prospects/horizons/a new world to sb.** *(fig.)* etw. eröffnet jmdm. neue Aussichten/Horizonte/eine neue Welt; **~ one's heart to sb.** *(fig.)* sich jmdm. öffnen; **f)** *(make more receptive)* **~ one's mind** aufgeschlossener werden; **~ one's heart** *or* **mind to sb./sth.** sich jmdm./einer Sache öffnen; **~ sb.'s mind to sth.** jmdm. etw. nahebringen; **g)** *(cut)* graben ⟨*Stollen, Brunnen, Loch, Gang*⟩; bauen ⟨*Straße durch Berge/Wald*⟩; *(break up)* brechen ⟨*Boden*⟩; **~ a hole in the wall** ein Loch in die Wand machen. **4.** *v. i.* **a)** sich öffnen; aufgehen; ⟨*Spalt, Kluft*:⟩ auftun; **'Doors ~ at 7 p.m.'** 'Einlaß ab 19 Uhr'; **the safe ~s with a special key** der Tresor läßt sich mit einem Spezialschlüssel öffnen; **~ inwards/outwards** nach innen/außen aufgehen; **the door would not ~:** die Tür ging nicht auf *od.* ließ sich nicht öffnen; **his mouth ~ed in a big yawn** sein Mund öffnete sich zu einem ausgiebigen Gähnen; **his eyes ~ed** er riß die Augen weit auf; **~ into/on to sth.** *od.* etw. führen; sich zu etw. hin öffnen; **the kitchen ~s into the living-room** die Küche hat eine Tür zum Wohnzimmer; **the road ~s into a square** die Straße öffnet sich zu einem Platz; *see also* **heaven b; b)** *(become ~ to customers)* öffnen; aufmachen *(ugs.); (start trading etc.)* eröffnet werden; **the shop does not ~ on Sundays** der Laden ist sonntags geschlossen; **c)** *(make a start)* beginnen; ⟨*Ausstellung*:⟩ eröffnet werden; ⟨*Theaterstück*:⟩ Premiere haben; **shares ~ed steady** *or* **firm** *(St. Exch.)* die Aktien eröffneten fest; **~ for the prosecution** *(Law)* das Eröffnungsplädoyer [in der Hauptverhandlung] halten; **d)** *(become visible)* **~ before sb./sb.'s eyes** sich jmdm./jmds. Augen bieten; *(fig.)* sich jmdm. eröffnen

~ 'out 1. *v. t.* **a)** *(unfold)* auseinanderfalten; **b)** *(enlarge, widen)* erweitern; **c)** *(develop)* erweitern. **2.** *v. i.* **a)** *(unfold)* ⟨*Landkarte*:⟩ sich auseinanderfalten lassen; ⟨*Knospe*:⟩ sich öffnen; *(fig.)* ⟨*Person*:⟩ auftauen; **b)** *(widen, expand)* **~ out into sth.** sich erweitern *od.* verbreitern; **c)** *(be revealed)* **~ out before sb./sb.'s eyes** vor jmdm./jmds. Augen liegen

~ 'up 1. *v. t.* **a)** aufmachen *(ugs.);* öffnen; aufschlagen ⟨*Buch*⟩; aufspannen, öffnen ⟨*Schirm*⟩; **~ up a room/house** ein Zimmer/ein Haus öffnen *od.* zugänglich machen; **b)** *(form* or *make by cutting etc.)* machen ⟨*Loch, Riß*⟩; **~ up a path through the jungle** einen Weg durch den Urwald schlagen; **the frost has ~ed up big cracks** durch den Frost sind große Risse entstanden; **~ up a lead** *or* **gap of ten metres/points** einen Vorsprung von zehn Metern/Punkten gewinnen; **c)** *(establish, make more accessible)* eröffnen ⟨*Laden, Filiale*⟩; erschließen ⟨*neue Märkte usw.*⟩; **~ up a region to trade/tourism** ein Gebiet für den Handel/Tourismus erschließen; **~ up a new world to sb.** jmdm. eine neue Welt erschließen; **~ up new opportunities for sb.** jmdm. neue Möglichkeiten eröffnen; **d)** *(make more lively, accelerate)* aufdrehen *(ugs.).* **2.** *v. i.* **a)** *(~ a door)* aufmachen; ⟨*Blüte, Knospe*:⟩ sich öffnen; *(be established)* ⟨*Filiale*:⟩ eröffnet werden; ⟨*Firma*:⟩ sich niederlassen; **d)** *(appear, be revealed)* entstehen; *(Aussichten, Möglichkeiten*:⟩ sich eröffnen; **~ up before sb.** ⟨*Blick, Aussicht*:⟩ sich jmdm. bieten; ⟨*neue Welt*:⟩ sich vor jmdm. auftun; **e)** *(talk freely)* gesprächig werden; **~ up to sb.** sich jmdm. anvertrauen; sich jmdm. *(geh.);* **f)** *(begin shooting)* das Feuer eröffnen; *(begin sounding)* ertönen; **g)** *(become more lively or active)* ⟨*Spiel, Handel*:⟩ sich beleben; *(accelerate)* aufdrehen *(ugs.).*

open: ~-'**access library** *n.* Freihandbibliothek, *die;* ~-**air** *attrib. adj.* Open-air-⟨*Konzert*⟩; Freiluft⟨*restaurant, -aktivitäten*⟩; Freilicht⟨*kino, -aufführung*⟩; ⟨*Ausstellung, Markt, Versammlung*⟩ im Freien *od.* unter freiem Himmel; ~-**air [swimming-] pool** Freibad, *das;* ~-**and-'shut case** *n.* *(coll.)* klarer Fall; ~-**armed** *adj.* herzlich; **receive** *or* **welcome sb.** ~-**armed** jmdn. mit offenen Armen aufnehmen *od.* empfangen; ~**cast** *adj.* (Mining) ~**cast mining/coal/method** Tagebau, *der/*Kohle aus dem Tagebau/Methode des Tagebaus; ~ **day** *n.* Tag der offenen Tür; ~-'**door** *attrib. adj.* ~-**door policy** Politik der offenen Tür; ~-**ended** [əʊpənˈendɪd] *adj.* [am Ende] offen; *(fig.: with no predetermined limit)* unbefristet ⟨*Aufenthalt, Vertrag*⟩; uneingeschränkt ⟨*Verpflichtung*⟩; unbegrenzt ⟨*Unterstützung, Kredit*⟩; Open-end-⟨*Diskussion, Debatte*⟩; offen ⟨*Frage*⟩; unerschöpflich ⟨*Thema*⟩; ~-**ended spanner** Gabelschlüssel, *der*

opener ['əʊpnə(r)] *n.* **a)** Öffner, *der;* **b)** *(opening item or event)* *(of entertainment)* Eröffnungsnummer, *die; (of a serial)* erste Folge; *(Sport)* Eröffnungsspiel, *das;* **c)** *(Cricket)* eröffnender Schlagmann; **d) for ~s** *(coll.)* zu Beginn; zunächst einmal

open: ~-**eyed** *adj.* **a)** mit offenen Augen nachgestellt; **in ~-eyed amazement** mit großen Augen; **gaze/stare** ~-**eyed at sb./sth.** jmdn./etw. mit großen Augen ansehen/anstarren; **b)** *(watchful, alert)* **do sth. ~-eyed** etw. bewußt tun; ~-'**field system** *n.* *(Agric.)* alte Dreifelderwirtschaft; ~-'**fronted** *adj.* vorne offen; ~-'**handed** *adj.* freigebig; ~-'**heart** *attrib. adj. (Med.)* am offenen Herzen nachgestellt; ~-'**hearted** *adj.* aufrichtig ⟨*Person, Mitgefühl*⟩; herzlich ⟨*Empfang*⟩

opening ['əʊpnɪŋ] **1.** *n.* **a)** Öffnen, *das; (becoming open)* Sichöffnen, *das; (of crack, gap, etc.)* Entstehen, *das; (of exhibition, new centre)* Eröffnen, *das; (of road to traffic)* Freigabe, *die* (**to** für); **hours** *or* **times of ~:** Öffnungszeiten; **it's late ~** heute haben die Läden länger geöffnet; **'late ~ Thursday'** „donnerstags auch abends geöffnet"; **b)** *(establishment, inauguration, ceremony)* Eröffnung, *die;* **~ of Parliament** Parlamentseröffnung, *die;* **c)** *(first performance)* Premiere, *die;* **d)** *(initial part)* Anfang, *der; (Chess)* Eröffnung, *die;* **e)** *(gap, aperture)* Öffnung, *die;* **f)** *(opportunity)* Möglichkeit, *die; (for goods)* Absatzmöglichkeit, *die; (vacancy)* freie *od.* offene Stelle; **wait for an ~:** auf eine günstige Gelegenheit warten; **give sb. an ~:** jmdm. eine Gelegenheit geben; **give sb. an ~ into sth.** ⟨*Person*:⟩ jmdm.

opening ceremony | **opposite**

den Einstieg in etw. *(Akk.)* ermöglichen; ⟨*Job:*⟩ für jmdn. ein Einstieg in etw. *(Akk.)* sein; **g)** *(facing pages of book etc.)* Seitenpaar, *das.* **2.** *adj.* einleitend; **the ~ lines** *(of play, poem, etc.)* die ersten Zeilen; **~ night** *(Theatre)* Premiere, *die;* **~ speech/address** Eröffnungsrede/-ansprache, *die;* **~ move** *(Chess)* Eröffnung, *die; (fig.)* erster Schachzug; **~ bid** *(at auction; also Bridge)* erstes Gebot; **~ batsman** *(Cricket)* eröffnender Schlagmann
opening: **~ ceremony** *n.* feierliche Eröffnung (for *Gen.*); **~ hours** *n. pl.* Öffnungszeiten *Pl.;* **~ time** *n.* **a)** Öffnungszeit, *die;* **wait for ~ time** darauf warten, daß geöffnet wird; **b)** **~ times** *see* **~ hours**
open 'letter *n.* offener Brief
openly ['əʊpnlɪ] *adv.* **a)** *(publicly)* in der Öffentlichkeit; öffentlich ⟨zugeben, verurteilen, abstreiten⟩; **quite ~**: in aller Öffentlichkeit; **b)** *(frankly)* offen
open: **~ 'market** *n.* offener *od.* freier Markt; **~-'minded** *adj.* aufgeschlossen (about für); **~-mindedness** [əʊpn'maɪndɪdnɪs] *n., no pl.* Aufgeschlossenheit, *die;* **~-mouthed** [əʊpn'maʊðd] *adj.* mit offenem Mund; **gape in ~-mouthed amazement** mit offenem Munde staunen; **~-necked** *adj.* ⟨Hemd, Bluse⟩ mit offenem Kragen; ausgeschnitten ⟨Kleid, Pullover⟩
openness ['əʊpnɪs] *n., no pl.* **a)** *(of countryside etc.)* Weite, *die;* **b)** *(susceptibility)* Empfindlichkeit, *die* (to gegen); **c)** *(receptiveness)* Empfänglichkeit, *die;* **~ of mind** Aufgeschlossenheit, *die;* **d)** *(manifestness)* Offenheit, *die;* **I was surprised by the ~ of the people's resistance** ich war überrascht, wie offen die Leute Widerstand leisteten; **e)** *(frankness)* Offenheit, *die;* **f)** *(being spread out)* Grobheit, *die; (of arrangement)* Offenheit, *die*
open: **~-plan** *adj.* mit ineinander übergehenden Räumen nachgestellt; offen angelegt ⟨Haus⟩; **~-plan office** Großraumbüro, *das;* **~'prison** *n.* offene Anstalt; **~ 'sandwich** *n.* belegtes Brot; **~ season** *n. (Brit.)* Jagdzeit, *die; (for fish)* Fangzeit, *die;* **it is [the] ~ season for** *or* **on sth.** *(fig.)* etw. ist an der Tagesordnung; **~ 'sesame** *see* **sesame c;** **~ 'shelf library** *(Amer.) see* **~-access library;** **~ 'shelves** *n. pl.* **these books are on ~ shelves** diese Bücher sind in den Freihandzone [aufgestellt]; **~ 'shop** *n.* Open Shop, *der;* nicht gewerkschaftspflichtiger Betrieb; **~ so'ciety** *n. (Sociol.)* offene Gesellschaft; **~-toe[d]** [əʊpn'təʊ(d)] *adj.* vorn offen ⟨Schuh, Sandale⟩; **~-top** *attrib. adj.* offen; oben offen ⟨Bus⟩; **O~ Uni'versity** *pr. n. (Brit.)* **the O~ University** the Open University (britische Fernuniversität); *attrib.* ⟨Kurs⟩ an der Fernuniversität; ⟨akademischer Grad⟩ der Fernuniversität; **~ 'weave** *n. (Textiles)* loses *od.* grobes Gewebe; *attrib.* locker *od.* grob gewebt ⟨Stoff, Struktur⟩; **~-work** *n.* durchbrochene Struktur; *(Sewing)* Durchbrucharbeit, *die; attrib.* durchbrochen
¹opera ['ɒpərə] *n.* **a)** Oper, *die;* **b)** *no pl. (branch of art)* [the] **~**: die Oper; **c)** *light* **~**: Operette, *die*
²opera *pl. of* **opus**
operable ['ɒpərəbl] *adj. (Med.)* operabel
opera: **~-glasses** *n. pl.* Opernglas, *das;* **~-hat** *n.* Chapeau claque, *der;* **~-house** *n.* Opernhaus, *das;* **~-singer** *n.* Opernsänger, *der/*-sängerin, *die*
operate ['ɒpəreɪt] **1.** *v. i.* **a)** *(be in action)* in Betrieb sein; ⟨Bus, Zug usw.:⟩ verkehren; **(have an effect)** sich auswirken; **the system ~s against our interests/in our favour** das System, wie es derzeit funktioniert, bringt uns Nachteile/Vorteile; **the hospital is operating normally again** im Krankenhaus herrscht wieder normaler Betrieb; **b)** *(function)* arbeiten; **the torch ~s on batteries** die

Taschenlampe arbeitet mit Batterien; **c)** *(perform operation)* operieren; arbeiten; **~ on sth.** etw. bearbeiten; **~ [on sb.]** *(Med.)* [jmdn.] operieren; **d)** *(exercise influence)* **~ [up]on sb./sth.** auf jmdn./etw. einwirken; **e)** *(follow course of conduct)* agieren; **the gang ~d by posing as workmen** die Methode der Bande ausgaben; **f)** *(produce effect)* wirken; **g)** *(Mil.)* operieren. **2.** *v. t.* **a)** *(accomplish)* herbeiführen; **b)** *(cause to work)* bedienen ⟨Maschine⟩; fahren ⟨Auto⟩; betreiben ⟨Unternehmen⟩; unterhalten ⟨Werk, Post, Busverbindung, Telefondienst⟩
operatic [ɒpəˈrætɪk] *adj.* **a)** Opern⟨sänger, -musik⟩; **b)** *(like opera)* opernhaft
operating: **~-room** *n. (Med.)* Operationssaal, *der;* **~-table** *n. (Med.)* Operationstisch, *der;* **~-theatre** *n. (Brit. Med.)* Operationssaal, *der*
operation [ɒpəˈreɪʃn] *n.* **a)** *(causing to work) (of machine)* Bedienung, *die; (of factory, mine, etc.)* Betrieb, *der; (of bus service, telephone service, etc.)* Unterhaltung, *die;* **ease of ~**: leichte Bedienbarkeit; **b)** *(way sth. works)* **the engine is noted for its quiet ~** *or* **quietness in ~**: der Motor ist für seinen leisen Lauf bekannt; **c)** *(being operative)* **come into ~** ⟨Gesetz, Gebühr usw.:⟩ in Kraft treten; **be in ~** ⟨Maschine, Gerät usw.:⟩ in Betrieb sein; ⟨Service:⟩ zur Verfügung stehen; ⟨Gesetz:⟩ in Kraft sein; **be out of ~** ⟨Maschine, Gerät usw.:⟩ außer Betrieb sein; ⟨Service:⟩ nicht zur Verfügung stehen; **d)** *(active process)* Vorgang, *der;* **drilling ~s** Bohrarbeiten, *die;* **~[s] research** *see* **operational research; e)** *(performance)* Tätigkeit, *die;* **repeat the ~**: das Ganze [noch einmal] wiederholen; **f)** *(Med.)* Operation, *die;* **have an ~ [on one's foot]** [am Fuß] operiert werden; **an ~ for appendicitis** eine Blinddarmoperation; **g)** *(Air Force, Mil., Navy)* Einsatz, *der;* Operation, *die;* **night ~s** Nachteinsätze; **~s room** Befehlsstelle, *die; see also* **combined; h)** *(financial transaction)* [Geschäfts]tätigkeit, *die;* **i)** *(Math., Computing)* Operation, *die*
operational [ɒpəˈreɪʃnl] *adj.* **a)** *(concerned with operations)* Einsatz⟨flugzeug, -breite⟩; Betriebs⟨wirtschaftlichkeit, -personal⟩; *(Mil.)* Einsatz-; **b)** *(esp. Mil.: ready to function)* einsatzbereit
operational re'search *n. (Brit.)* Unternehmensforschung, *die*
operative ['ɒpərətɪv] **1.** *adj.* **a)** *(in operation)* **the law became ~**: das Gesetz trat in Kraft; **the scheme is fully ~**: das Programm läuft; **b)** *(effective)* wirksam; **c)** *(most relevant)* **the word is 'quietly'** die Betonung liegt auf „leise"; **d)** *(Med.)* operativ. **2.** *n.* [Fach]arbeiter, *der/*-arbeiterin, *die;* **machine ~**: Maschinist, *der/*Maschinistin, *die*
operator ['ɒpəreɪtə(r)] *n.* **a)** *(worker)* [Maschinen]bediener, *der/*-bedienerin, *die;* Bedienungskraft, *die; (of crane, excavator, etc.)* Führer, *der;* **b)** *(Teleph.) (at exchange)* Vermittlung, *die; (at switchboard)* Telefonist, *der/*Telefonistin, *die;* **c)** *(person engaged in business)* Unternehmer, *der/*Unternehmerin, *die; (coll.: shrewd person)* Schlitzohr, *das;* **a sly ~** *(coll.)* ein gewiefter Bursche *(ugs.);* **d)** *(Math., Computing)* Operator, *der*
operetta [ɒpəˈretə] *n. (Mus.)* Operette, *die*
ophthalmic [ɒfˈθælmɪk] *adj.* Augen⟨arterie, -krankheit, -chirurg, -salbe⟩
ophthalmic op'tician *n. (Brit.)* Augenoptiker, *der/*-optikerin, *die*
ophthalmology [ɒfθælˈmɒlədʒɪ] *n. (Med.)* Ophthalmologie, *die (fachspr.);* Augenheilkunde, *die*
opiate ['əʊpɪət] *n.* **a)** *(Med.)* Opiat, *das;* **b)** *(fig.)* Betäubungsmittel, *das; (causing addiction)* Droge, *die*

opine [əˈpaɪn] *v. t.* **a)** *(express as one's opinion)* meinen; **b)** *(hold as opinion)* denken
opinion [əˈpɪnjən] *n.* **a)** *(belief, judgement)* Meinung, *die* (on über + *Akk.,* zu); Ansicht, *die* (on von, zu, über + *Akk.);* his [political] **~s** seine [politische] Einstellung; **his ~s on the matter/on religion** seine Meinung dazu/seine Einstellung zur Religion; **in my ~**: meiner Meinung nach; **be of [the] ~ that ...**: der Ansicht sein, daß ...; **be a matter of ~**: Ansichtssache sein; *see also* **difference; b)** *no pl., no art. (beliefs etc. of group)* Meinung, *die* (on über + *Akk.);* **~ is swinging in his favour** es gibt einen Meinungsumschwung zu seinen Gunsten; **public ~**: die öffentliche Meinung; **c)** *(estimate)* **have a high ~ of sb.** eine hohe Meinung von jmdm. haben; **I formed a better ~ of the place** ich bekam einen besseren Eindruck von dem Ort; **have a great ~ of oneself** sehr von sich überzeugt sein; **have no ~ of sth./sb.** von etw./jmdm. nicht sehr überzeugt sein; **d)** *(formal statement of expert)* Gutachten, *das;* **[get** *or* **secure a] solicitor's/expert's ~**: [ein] Rechts-/Sachverständigengutachten [einholen]; **another** *or* **a second ~**: die Meinung eines weiteren *od.* zweiten Sachverständigen; **e)** *(Law) (expression of reasons for decision)* Urteilsbegründung, *die; (judgement, decision)* Entscheidung, *die;* Urteil, *das*
opinionated [əˈpɪnjəneɪtɪd] *adj.* **a)** *(obstinate)* rechthaberisch; **b)** *(self-willed)* eigensinnig
o'pinion poll *n.* Meinungsumfrage, *die*
opium ['əʊpɪəm] *n.* Opium, *das*
opium: **~ den** *n. (abwertend);* **~-pipe** *n.* Opiumpfeife, *die*
opossum [əˈpɒsəm] *n. (Zool.)* **a)** Opossum, *das;* **b)** *(Austral., NZ) see* **possum c**
oppo ['ɒpəʊ] *n., pl.* **~s** *(Brit. sl.)* Kumpel, *der (salopp)*
opponent [əˈpəʊnənt] *n.* Gegner, *der/*Gegnerin, *die*
opportune ['ɒpətjuːn] *adj.* **a)** *(favourable)* günstig; **b)** *(well-timed)* zur rechten Zeit nachgestellt; **b)** **~**: zur rechten Zeit kommen
opportunely ['ɒpətjuːnlɪ] *adv. see* **opportune:** günstig; zur rechten Zeit; **be ~ timed** zeitlich günstig liegen
opportunism [ɒpəˈtjuːnɪzm] *n., no pl.* Opportunismus, *der*
opportunist [ɒpəˈtjuːnɪst] *n.* Opportunist, *der/*Opportunistin, *die*
opportunity [ɒpəˈtjuːnɪtɪ] *n.* Gelegenheit, *die;* **have plenty of/little ~ for doing** *or* **to do sth.** reichlich/wenig Gelegenheit haben, etw. zu tun; **~ knocks for sb.** eine Gelegenheit bietet sich jmdm.; *see also* **equal opportunity; take 1 e**
opposable [əˈpəʊzəbl] *adj. (Anat., Zool.)* opponierbar
oppose [əˈpəʊz] **1.** *v. t.* **a)** *(set oneself against)* sich wenden gegen; opponieren gegen; **b)** *(place as obstacle)* entgegenstellen (to *Dat.);* **c)** *(set as contrast)* gegenüberstellen (to, against *Dat.);* **d)** *(Anat., Zool.)* opponieren. **2.** *v. i. (Opposition:)* opponieren; **the opposing team** die gegnerische Mannschaft
opposed [əˈpəʊzd] *adj. (contrary, opposite)* gegensätzlich; entgegengesetzt; **X and Y are diametrically ~**: X und Y sind einander diametral entgegengesetzt; **as ~ to** im Gegensatz zu; **b)** *(hostile)* **be ~** ⟨Personen:⟩ Gegner sein; **be ~ to sth.** gegen etw. sein
opposite ['ɒpəzɪt] **1.** *adj.* **a)** *(on other or farther side)* gegenüberliegend ⟨Straßenseite, Ufer⟩; entgegengesetzt ⟨Ende⟩; **b)** *(contrary)* entgegengesetzt ⟨Weg, Richtung⟩; **c)** *(very different in character)* entgegengesetzt, gegensätzlich ⟨Beschreibungen, Aussagen⟩; **be ~ to sth.** das Gegenteil von etw. sein; **be of an ~ kind from ...**: von einer

495

ganz anderen Art sein als ...; **d) the ~ sex** das andere Geschlecht. **2.** *n.* Gegenteil, *das* (of von); **be the extreme ~ of sth.** das genaue Gegenteil von etw. sein; **be ~s** einen Gegensatz bilden. **3.** *adv.* gegenüber; **sit ~:** auf der gegenüberliegenden Seite sitzen. **4.** *prep.* gegenüber; **~ each other** einander gegenüber; **play ~ sb.** *(Theatre)* neben jmdm. spielen

opposite 'number *n.* *(fig.)* Pendant, *das*

opposition [ɒpə'zɪʃn] *n.* **a)** *no pl. (antagonism)* Opposition, *die; (resistance)* Widerstand, *der* (to gegen); **in ~ to** entgegen; **offer ~ to sth.** einer Sache *(Dat.)* Widerstand entgegensetzen; **without ~:** ohne Widerstand; **b)** *(Brit. Polit.)* **the O~, Her Majesty's O~:** die Opposition; **Leader of the O~:** Oppositionsführer, *der*/-führerin, *die;* **[be] in ~:** in der Opposition [sein]; **c)** *(body of opponents or competitors)* Gegner *Pl.;* **d)** *(contrast, antithesis)* Gegensatz, *der* (to zu); **e)** *(placing or being placed opposite)* Plazierung an gegenüberliegenden Stellen; **by the ~ of sth. to sth.** indem man etw. gegenüber einer Sache *(Dat.)* plaziert; **f)** *(Astron., Astrol.)* **be in ~:** in Opposition stehen (with zu); *abs.* in Opposition zur Sonne stehen

oppress [ə'pres] *v. t.* **a)** *(govern cruelly)* unterdrücken; **b)** *(fig.: weigh down)* **a)** *(abusive)* bedrücken; ⟨Hitze:⟩ schwer zu schaffen machen (+ *Dat.*)

oppression [ə'preʃn] *n.* Unterdrückung, *die*

oppressive [ə'presɪv] *adj.* **a)** *(tyrannical)* repressiv; **b)** *(fig.: hard to endure)* bedrückend ⟨Ängste, Atmosphäre⟩ (to für); **c)** *(fig.: hot and close)* drückend ⟨Wetter, Klima, Tag⟩; **d)** *(fig.: burdensome)* drückend ⟨Steuer⟩; repressiv ⟨Gesetz, Beschränkung⟩

oppressively [ə'presɪvlɪ] *adv.* **a)** *(tyrannically)* mit unterdrückerischen Methoden; repressiv ⟨regieren⟩; **b)** *(fig.: so as to weigh down)* drückend ⟨heiß⟩; **weigh ~ on sb.** schwer auf jmdm. lasten

oppressor [ə'presə(r)] *n.* Unterdrücker, *der*

opprobrious [ə'prəʊbrɪəs] *adj. (abusive)* verächtlich; **b)** *(shameful)* schändlich

opprobrium [ə'prəʊbrɪəm] *n.* Schande, *die*

opt [ɒpt] *v. i.* sich entscheiden (for für); **~ to do sth.** sich dafür entscheiden, etw. zu tun; **~ out** *(not join in)* nicht mitmachen; *(cease taking part)* nicht länger mitmachen; **~ out of sth.** etw. *Dat.* nicht mehr beitreten; *(give up membership of)* austreten aus; *(not take up invitation to)* sich entschließen, doch nicht teilzunehmen an (+ *Dat.*)

optic ['ɒptɪk] **1.** *adj. (Anat.)* Seh⟨nerv, -hügel, -bahn⟩; *(Med.)* Sehnerven⟨entzündung, -atrophie⟩. **2.** *n.* **a)** *(in optical instrument)* optisches Element; **b)** *(arch./joc.: eye)* Auge, *das;* **c)** *or* **O~ (P)** *(Brit.: for measuring out spirits)* Portionierer, *der*

optical ['ɒptɪkl] *adj.* optisch ⟨Zielvorrichtung, Täuschung, Gerät, Fernrohr⟩; **~ microscope** Lichtmikroskop, *das;* **~ aid** Sehhilfe, *die*

optical: ~ 'character reader *n. (Computing)* Klarschriftleser, *der;* **~ 'fibre** *n.* Lichtleitfaser, *die*

optically ['ɒptɪkəlɪ] *adv.* optisch

optician [ɒp'tɪʃn] *n.* **a)** *(maker or seller of spectacles etc.)* Optiker, *der*/Optikerin, *die;* **b)** *see* **ophthalmic optician**

optics ['ɒptɪks] *n., no pl.* Optik, *die*

optima *pl. of* **optimum**

optimal ['ɒptɪml] *see* **optimum 2**

optimise *see* **optimize**

optimism ['ɒptɪmɪzm] *n., no pl.* Optimismus, *der*

optimist ['ɒptɪmɪst] *n.* Optimist, *der*/Optimistin, *die*

optimistic [ɒptɪ'mɪstɪk] *adj.* optimistisch; **~ speaking, ...:** mit etwas Optimismus kann man sagen, daß ...

optimistically [ɒptɪ'mɪstɪkəlɪ] *adv.* optimistisch

optimize ['ɒptɪmaɪz] *v. t.* **a)** *(make optimum)* optimieren; **b)** *(make the most of)* das Beste machen aus

optimum ['ɒptɪməm] **1.** *n., pl.* **optima** ['ɒptɪmə] **a)** *(most favourable conditions)* Optimum, *das;* **b)** *(best compromise)* goldener Mittelweg. **2.** *adj.* optimal

option ['ɒpʃn] *n.* **a)** *(choice)* Wahl, *die; (thing that may be chosen)* Wahlmöglichkeit, *die; (Brit. Univ., Sch.)* Wahlfach, *das;* **I have no ~ but to do sth.** mir bleibt nichts [anderes] übrig, als etw. zu tun; **keep** *or* **leave one's ~s open** sich *(Dat.)* alle Möglichkeiten offenhalten; *see also* **soft option; b)** *no pl. (freedom of choice)* Entscheidungsfreiheit, *die;* **she had no ~ about accepting ...:** sie hatte keine andere Wahl, als ... anzunehmen; **that leaves us no ~ [but to ...]** dann bleibt uns keine andere Wahl[, als zu ...]; **c)** *(St. Exch.)* Option, *die*

optional ['ɒpʃənl] *adj.* nicht zwingend; fakultativ; **~ subject** Wahlfach, *das;* **formal dress is ~:** Gesellschaftskleidung ist nicht vorgeschrieben; **~ extra** Extra, *das;* **take an ~ paper** eine freiwillige Klausur schreiben

optionally ['ɒpʃənəlɪ] *adv.* im Luxus ⟨leben⟩; feudal ⟨möbliert, eingerichtet⟩

opulence ['ɒpjʊləns] *n., no pl.* Wohlstand, *der*

opulent ['ɒpjʊlənt] *adj. (rich)* wohlhabend ⟨Person, Aussehen⟩; *(luxurious)* feudal ⟨Auto, Haus, Hotel usw.⟩

opulently ['ɒpjʊləntlɪ] *adv.* im Luxus ⟨leben⟩; feudal ⟨möbliert, eingerichtet⟩

opus ['əʊpəs, 'ɒpəs] *n., pl.* **opera** ['ɒpərə] **a)** *(Mus.)* Opus, *das;* **b) magnum ~, ~ [magnum]** *(great work)* großes Werk; *(greatest work)* Hauptwerk, *das*

OR *abbr.* **operational research** OR

¹or [ə(r), *stressed* ɔː(r)] *conj.* **a)** oder; **he cannot read or write** er kann weder lesen noch schreiben; **without food or water** ohne Essen und Wasser; **[either] ... or [else] ...:** entweder ... oder [aber] ...; **b)** *(introducing synonym* oder [auch]; *(introducing explanation)* das heißt; **or rather** beziehungsweise; [oder] genauer gesagt; **c)** *(indicating uncertainty etc.)* **15 or 20 minutes** 15 bis 20 Minuten; **in a day or two** in ein, zwei Tagen; **a doctor or something** ein Arzt oder so [was] *(ugs.);* **he must be ill or something** vielleicht ist er krank oder so *(ugs.);* **have you gone out of your mind or something?** bist du übergeschnappt, oder was? *(ugs.);* **he or somebody else** er oder sonst jemand; **in Leeds or somewhere** in Leeds oder irgendwo da; *see also* **¹so 2; d) expr. significant afterthought** oder; **he was obviously lying – or was he?** er hat ganz offensichtlich gelogen – oder [etwa] nicht?; **they cannot throw you out – or can they?** sie können dich doch nicht hinauswerfen – oder [etwa doch]?

²or [ɔː(r)] *(Her.)* **1.** *n.* Gold, *das.* **2.** *adj.* golden

oracle ['ɒrəkl] *n.* **a)** *(infallible guide or indicator)* Orakel, *das (fig.);* **b)** *(very wise person)* Koryphäe, *die;* Autorität, *die;* **c)** *(place or response of deity)* Orakel, *das;* **d) work the ~** *(Brit. fig.)* [ein wenig] nachhelfen

oracular [ə'rækjʊlə(r)] *adj.* **a)** *(of oracle[s])* Orakel⟨stätte, -priester⟩; **b)** *(infallible)* über alle Zweifel erhaben ⟨Äußerung, Buch⟩; **c)** *(derog.: obscure or ambiguous)* orakelhaft

oral ['ɔːrl] *adj.* **a)** *(spoken)* mündlich ⟨Prüfung, Vereinbarung⟩; mündlich überliefert ⟨Tradition⟩; **the agreement was only ~:** die Vereinbarung war nur mündlich getroffen worden; **b)** *(done or taken by the mouth)* oral; **~ sex** Oralverkehr, *der (Anat.)* Mund⟨höhle, -schleimhaut⟩. **2.** *n. (coll.: examination)* **the ~[s]** das Mündliche

orally ['ɔːrəlɪ] *adv.* **a)** *(in speech)* mündlich; **b)** *(by mouth)* oral; **take ~:** einnehmen

orange ['ɒrɪndʒ] **1.** *n.* **a)** *(fruit)* Orange, *die;* Apfelsine, *die;* **b)** *(tree)* Orangenbaum, *der;* **mock ~** *(Bot.)* Falscher Jasmin; Blasser Pfeifenstrauch; **c)** *(colour)* ~[-colour] Orange, *das.* **2.** *adj.* orange[farben]; Orangen⟨geschmack⟩; **~ drink** Getränk mit Orangengeschmack

orange: ~-blossom *n.* Orangenblüte, *die;* **~-box** *n.* Apfelsinenkiste, *die;* **~-juice** *n.* Orangensaft, *der;* **O~-man** ['ɒrɪndʒmən] *n., pl.* **O~-men** ['ɒrɪndʒmən] *(Polit.)* Orangeman, *der;* Mitglied der Orange Society; **~-peel** *n.* Orangenschale, *die*

orangery ['ɒrɪndʒərɪ] *n.* Orangerie, *die*

orange: ~ 'squash *see* **¹squash 3 a; ~-stick** *n.* Manikürestäbchen, *das*

orang-utan [ɔː'ræŋʊtæn] *n. (Zool.)* Orang-Utan, *der*

orate [ə'reɪt] *v. i. (joc.)* Reden schwingen *(ugs.); (derog.)* salbadern *(ugs. abwertend)*

oration [ə'reɪʃn] *n.* Rede, *die*

orator ['ɒrətə(r)] *n.* Redner, *der*/Rednerin, *die; (eloquent speaker)* Rhetoriker, *der*/Rhetorikerin, *die*

oratorical [ɒrə'tɒrɪkl] *adj.* ausdrucksstark

oratorio [ɒrə'tɔːrɪəʊ] *n., pl.* **~s** *(Mus.)* Oratorium, *das*

oratory ['ɒrətərɪ] *n.* **a)** *no pl. (art of public speaking)* Redekunst, *die;* Rhetorik, *die;* **b)** *no pl. (rhetorical language)* Rhetorik, *die;* **c)** *(small chapel)* Oratorium, *das*

orb [ɔːb] *n.* **a)** *(sphere)* Kugel, *die;* **b)** *(part of regalia)* Reichsapfel, *der*

orbit ['ɔːbɪt] **1.** *n.* **a)** *(Astron.)* [Umlauf]bahn, *die; (Astronaut.)* Umlaufbahn, *die;* Orbit, *der; (single circuit)* Umkreisung, *die;* **be in/go into ~** *(around the moon)* in der [Mond]umlaufbahn sein/in die [Mond]umlaufbahn eintreten; **put/send into ~:** in die Umlaufbahn bringen/schießen; *(fig.)* Sphäre, *das.* **d)** *(Anat.)* Augenhöhle, *die;* Orbita, *die (fachspr.);* **e)** *(Phys.: of electron)* Orbital, *das.* **2.** *v. i.* kreisen. **3.** *v. t.* umkreisen

orbital ['ɔːbɪtl] *adj.* **a)** *(Anat.)* Orbital-; **b)** *(Astron., Phys.)* Bahn-; **c)** Ring⟨straße, -linie⟩; **~ north** *(route)* Nordring, *der*

Orcadian [ɔː'keɪdɪən] **1.** *adj.* Orkney-; die Orkneyinseln nachgestellt. **2.** *n.* Bewohner/ Bewohnerin der Orkneyinseln

orchard ['ɔːtʃəd] *n.* Obstgarten, *der; (commercial)* Obstplantage, *die;* **cherry ~:** Kirschgarten, *der*

orchestra ['ɔːkɪstrə] *n.* **a)** *(Mus.)* Orchester, *das;* **b) ~ pit** Orchestergraben, *der*

orchestral [ɔː'kestrl] *adj.* Orchester-; *(suggestive of orchestra)* orchestral

orchestra: ~ pit *n.* Orchestergraben, *der;* **~ stalls** *n. pl.* Parkett, *das;* **seat in the ~ stalls** Sperrsitz, *der*

orchestrate ['ɔːkɪstreɪt] *v. t. (Mus.; also fig.)* orchestrieren

orchestration [ɔːkɪ'streɪʃn] *n.* **a)** *(Mus.)* Orchesterbearbeitung, *die;* Orchestrierung, *die;* **b)** *(fig.)* Orchestrierung, *die*

orchid ['ɔːkɪd] *n.* Orchidee, *die*

orchis ['ɔːkɪs] *n. (Bot.)* Knabenkraut, *das;* Orchis, *die (fachspr.)*

ordain [ɔː'deɪn] *v. t.* **a)** *(Eccl.)* ordinieren; **~ed priest** ordiniert werden; **b)** *(destine)* bestimmen; **if fate should so ~** wenn es das Schicksal so *od.* fügt; **c)** *(decree)* verfügen

ordeal [ɔː'diːl] *n.* Qual, *die; (geh.)* Tortur, *die* (by durch); **b)** *(Hist.)* Gottesurteil, *das (fachspr.);* Gottesurteil, *das;* **~ by fire/water** Feuer-/Wasserprobe, *die*

order ['ɔːdə(r)] *n.* **a)** *(sequence)* Reihenfolge, *die;* **~ of words, word ~:** Wortstellung, *die;* **~ of play** *(Tennis etc.)* Spielfolge, *die;* **~ of importance/size/age nach** Wichtigkeit/Größe/Alter; **be in subject ~** *or* ~ of subject nach Gebieten geordnet sein; **put sth. in ~:** etw. in die richtige [Reihenfolge] ordnen; **keep sth. in ~:** etw. in der richtigen Reihenfolge halten; **answer the questions in ~:** die Fragen der Reihe nach beantworten; **out of ~:** nicht in der richtigen Reihenfol-

ge; durcheinander; **the cards get out of ~:** die Karten geraten in Unordnung *od.* durcheinander; **put sth. back out of ~:** etw. nicht an den richtigen Platz zurückstellen/-legen; **b)** *(regular array, normal state)* Ordnung, *die;* **put or set sth./one's affairs in ~:** Ordnung in etw. bringen/seine Angelegenheiten ordnen; **be/not be in ~:** in Ordnung/nicht in Ordnung sein *(ugs.);* **put sth. in ~** *(repair)* etw. in Ordnung bringen *(ugs.);* **be out of/in ~** *(not in/in working condition)* nicht funktionieren/funktionieren; **'out of ~'** „außer Betrieb"; **the engine is now in running ~:** der Motor läuft jetzt wieder *od.* ist jetzt wieder betriebsbereit; **in good/bad ~:** in gutem/schlechtem Zustand; **in working ~:** betriebsfähig; *see also* **house 1 a; c)** *in sing. and pl. (command)* Anweisung, *die;* Anordnung, *die;* Weisung, *die (geh.);* (Mil.) Befehl, *der;* (Law) Beschluß, *der;* Verfügung, *die;* **my ~s are to ..., I have ~s to ...:** ich habe Anweisung zu ...; **while issuing ~s bei Befolgung der Anweisung/bei der Befehlsausführung; act on ~s** auf Befehl handeln; **be the one who gives the ~s** das Sagen haben; **I don't take ~s from anyone!** ich lasse mir von keinem etwas befehlen!; **~s are ~s** Befehl ist Befehl; **court ~:** Gerichtsbeschluß, *der;* **by ~ of** auf Anordnung (+ *Gen.*); *see also* **doctor 1 a; further 1 b; starter a; d) in ~ to do sth.** um etw. zu tun; **in ~ that sb. should do sth.** damit jmd. etw. tut; **e)** *(Commerc.)* Auftrag, *der* (**for** über + *Akk.*); Bestellung, *die* (**for** *Gen.*); Order, *die (Kaufmannsspr.);* *(to waiter, ~ed goods)* Bestellung, *die;* **place an ~ [with sb.]** [jmdm.] einen Auftrag erteilen; **have sth. on ~:** etw. bestellt haben; **put goods on ~:** Waren in Bestellung geben; **to ~:** auf Bestellung; **she could cry to ~** *(fig.)* sie konnte auf Befehl weinen; **made to ~:** nach Maß angefertigt, maßgeschneidert ⟨*Kleidung*⟩; **a suit made to ~:** ein Maßanzug; **last ~s please** *(Brit.)* die letzten Bestellungen *(vor der Sperrstunde)*, bitte!; *see also* **tall 1 b; f)** *(law-abiding state)* [öffentliche] Ordnung; **forces of ~:** Ordnungsmächte; **keep ~:** Ordnung [be]wahren; *see also* **law b; g)** *(Eccl.: fraternity)* Orden, *der;* **h)** *(Eccl.: grade of ministry)* Weihestufe, *die;* **holy ~s** heilige Weihen; **be in [holy] ~s** dem geistlichen Stand angehören; **take [holy] ~s** die [heiligen] Weihen empfangen; **i)** *(social class)* [Gesellschafts]ordnung, *die;* (clerical ~, of baronets, etc.) Stand, *der;* *see also* ²**lower 1 b; j)** *(principles of decorum and rules of procedure)* [Geschäfts]ordnung, *die;* **O~! O~!** zur Ordnung!; Ruhe bitte!; **in court** *(Brit.)* or *(Amer.)* **the courtroom** Ruhe im Gerichtssaal; **call sb./the meeting to ~:** jmdn./die Versammlung zur Ordnung rufen; **call a meeting to ~** *(open the proceedings)* eine Versammlung für eröffnet erklären; **point of ~:** Verfahrensfrage, *die;* **[on a] point of ~, Mr Chairman** Antrag zur Geschäftsordnung, Herr Vorsitzender; **be in ~:** zulässig sein; *(fig.)* ⟨*Forderung:*⟩ berechtigt sein; ⟨*Drink, Erklärung:*⟩ angebracht sein; **the speaker is in ~:** der Redner hält sich an die Geschäftsordnung; **it is in ~ for him to do that** es ist in Ordnung, wenn er das tut; **be out of ~:** gegen die Geschäftsordnung verstoßen; ⟨*Verhalten, Handlung:*⟩ unzulässig sein; **that's out of ~, mate** *(coll.)* so [geht's] nicht, Kumpel *(ugs.);* **~ of the day** *(lit. or fig.)* Tagesordnung, *die;* **be the ~ of the day** auf der Tagesordnung stehen; *(fig.)* an der Tagesordnung sein; **~ of business** Geschäftsordnung, *die;* *(sequence of matters)* Tagesordnung, *die;* *see also* **standing orders b; k)** *(constitution of things)* Ordnung, *die;* **a new ~ of literary criticism** eine neue Art *od.* Gattung von Literaturkritik; **l)** *(kind, degree)* Klasse, *die;* Art, *die;* **intelligence of a high ~:** hochgradige Intelligenz; **his work is usually of a high ~:** seine Arbeit ist gewöhnlich erstklassig; **m)** *(Archit.)* Säulenordnung, *die;* **n)** *(company of distinguished persons, badge or insignia)* Orden, *der;* **O~ of Merit** *(Brit.)* Verdienstorden, *der;* **Masonic O~:** Freimaurerloge, *die;* **o)** *(Finance)* Order, *die;* Zahlungsanweisung, *die;* **[banker's] [Bank]anweisung, *die;* **'pay to the ~ of ...'** „zahlbar an ..." (+ *Akk.*); *see also* **money order; standing order a; p)** *(Mil.)* Order, *die;* **marching ~:** Marschordnung, *die;* **in close ~:** in geschlossener Formation; **in battle ~:** in Kampfaufstellung; **q)** *(Math.)* Ordnung, *die;* **~ [of magnitude]** Größenordnung, *die;* **of or in the ~ of ...:** in der Größenordnung von ...; **of the first ~** ⟨*Gleichung*⟩ ersten Grades; **a scoundrel of the first ~** *(fig. coll.)* ein Schurke ersten Ranges; **r)** *(Eccl.: form of service)* Ritual, *das;* **s)** *(Biol.)* Ordnung, *die;* *see also* **natural order. 2.** *v. t.* **a)** *(command)* befehlen; anordnen; ⟨*Gott, Schicksal:*⟩ bestimmen; ⟨*Richter:*⟩ verfügen; verordnen ⟨*Arznei, Ruhe usw.*⟩; **~ sb. to do sth.** jmdn. anweisen/(*Milit.*) jmdm. befehlen, etw. zu tun; **~ sth. [to be] done** anordnen, daß etw. getan wird; **the dog was ~ed to be destroyed** es wurde die Tötung des Hundes verfügt *od.* angeordnet; *see also* **doctor 1 a; b)** *(direct the supply of)* bestellen (**from** bei); ordern ⟨*Kaufmannsspr.*⟩; **~ in advance** vorbestellen; **c)** *(arrange)* ordnen; **~ed** geordnet *od.* geregelt ⟨*Leben*⟩; **~ arms** *(Mil.)* Gewehr bei Fuß stehen; **d)** *(command to go)* schicken; *(Mil.)* beordern; **~ sb. [to go] to Spain** jmdn. nach Spanien schicken/beordern; **~ sb. [to come] home** jmdm. befehlen, nach Hause zu kommen; **~ sb. out of the house** jmdn. aus dem Haus weisen; **e)** *(ordain)* bestimmen
~ a'bout, ~ a'round *v. t.* *(coll.)* herumkommandieren
~ 'off *v. t.* *(Sport)* **~ sb. off [the pitch/field]** jmdn. vom Platz stellen
~ 'out *v. t.* hinausschicken; ausschicken, einsetzen ⟨*Truppen usw.*⟩
order: **~-book** *n.* **a)** *(Commerc.)* Auftragsbuch, *das;* **b) O~ Book** *(Brit. Parl.)* Buch mit Eintragungen der angemeldeten Anträge; **~-form** *n.* Bestellformular, *das;* Bestellschein, *der;* **O~ in 'Council** *n.* *(Brit.)* Regierungserlaß, *der*
orderly ['ɔːdəlɪ] **1.** *adj.* **a)** friedlich ⟨*Demonstration usw.*⟩; diszipliniert ⟨*Menge*⟩; *(conforming to order)* ordnungsgemäß; *(methodical)* methodisch; geordnet ⟨*Linie, Leben*⟩; geregelt ⟨*Leben, Gewohnheiten*⟩; *(tidy)* ordentlich; **b)** *(Mil.)* dienstabend *od.* -tuend. **2.** *n.* (*Mil.*) [Offiziers]bursche, *der*
orderly: **~ officer** *n.* *(Brit.)* Offizier vom Dienst, *der;* **~ room** *n.* Schreibstube, *die*
order: **~ pad** *n.* Bestellblock, *der;* **~-paper** *n.* *(Brit. Parl.)* Tagesordnung, *die*
ordinal ['ɔːdɪnl] *(Math.)* **1.** *adj.* **~ number** *see* **2. 2.** *n.* Ordnungs-, Ordinalzahl, *die*
ordinance ['ɔːdɪnəns] *n.* **a)** *(order, decree)* Verordnung, *die;* **divine ~:** göttliche Bestimmung; **b)** *(enactment by local authority)* Verfügung, *die;* Bestimmung, *die;* **c)** *(religious rite)* Ritus, *der*
ordinand ['ɔːdɪnænd] *n.* *(Eccl.)* Weihekandidat, *der*
ordinarily ['ɔːdɪnrɪlɪ] *adv.* normalerweise; in der Regel; *(unexceptionally)* gewöhnlich
ordinary ['ɔːdɪnrɪ] *adj.* **a)** *(regular, normal)* normal ⟨*Gebrauch*⟩; üblich ⟨*Verfahren*⟩; *(not exceptional)* gewöhnlich; *(average)* durchschnittlich; **very ~** *(derog.)* ziemlich mittelmäßig; **in the ~ way** *(usually)* normalerweise; **better/worse than ~:** besser/schlechter als sonst; **~ tap-water** gewöhnliches Leitungswasser; **in ~ life** im Alltagsleben; **be no ~ thing** kein gewöhnliches Ding sein; **~ people** *or* **folk** einfache Leute; *see also* **course 1 a; b)** *(Brit. St. Exch.)* **~ share** Stammaktie, *die;* **~ stock** Stammaktien; **c) above the ~:** über dem Durchschnitt; überdurchschnittlich *(Intelligenz usw.);* **out of the ~:** außergewöhnlich; ungewöhnlich; **something/nothing out of the ~:** etwas/nichts Außergewöhnliches
ordinary: **~ level** *see* **O level; ~ 'seaman** *n.* Leichtmatrose, *der*
ordination [ɔːdɪˈneɪʃn] *n.* **a)** *(Eccl.)* Ordination, *die;* Ordinierung, *die;* **b)** *(decreeing)* Bestimmung, *die;* **God's ~** Gottes Wille
ordnance ['ɔːdnəns] *n.* **a)** *(guns)* Artillerie, *die;* Geschütze Pl.; **~ factory** Waffenfabrik, *die;* **piece of ~:** Geschütz, *das;* **b)** *(service)* Feldzeugwesen, *das;* Feldzeugmeisterei, *die; attrib.* Feldzeug-; **O~ Corps** Technische Truppe
ordnance: **~ map** = **~ survey map;** **~ 'survey** *n.* *(Brit.)* amtliche Landesvermessung; **~ survey map** amtliche topographische Karte
ore [ɔː(r)] *n.* Erz, *das*
oregano [ɒrɪˈɡɑːnəʊ, əˈreɡənəʊ] *n., no pl.* *(Cookery)* Oregano, *der;* Origano, *der*
organ ['ɔːɡən] *n.* **a)** *(Mus.)* Orgel, *die;* (harmonium) Harmonium, *das; see also* **American organ; b)** *(Biol.)* Organ, *das;* **speech ~s** Sprechwerkzeuge; **the male ~** *(euphem.)* das männliche Glied; **c)** *(medium of communication)* Sprachrohr, *das;* *(of political party etc.)* Organ, *das*
organdie (*Amer.*: **organdy**) ['ɔːɡəndɪ, ɔːˈɡændɪ] *n.* *(Textiles)* Organdy, *der*
'organ-grinder *n.* Drehorgelspieler, *der/*-spielerin, *die;* Leierkastenmann, *der*
organic [ɔːˈɡænɪk] *adj.* **a)** *(also Chem. Physiol.)* organisch; **b)** *(constitutional, inherent, structural)* konstitutionell; *(fundamental, vital)* konstitutiv *(geh.)* ⟨*Teile*⟩; **c)** *(without chemicals)* biologisch, biodynamisch ⟨*Nahrungsmittel*⟩; biologisch-dynamisch ⟨*Ackerbau usw.*⟩; **d)** *(Med.)* organisch, körperlich ⟨*Leiden*⟩
organically [ɔːˈɡænɪkəlɪ] *adv.* **a)** *(also Med.)* organisch; **b)** *(without chemicals)* biologisch; biodynamisch
organic 'chemist *n.* Organiker, *der*/Organikerin, *die*
organisation, organise, organised, organiser *see* **organiz-**
organism ['ɔːɡənɪzm] *n.* **a)** *(organized body)* Organismus, *der;* **b)** *(Biol.)* Organismus, *der;* *(structure)* Aufbau, *der*
organist ['ɔːɡənɪst] *n.* Organist, *der*/Organistin, *die*
organization [ɔːɡənaɪˈzeɪʃn] *n.* **a)** *(organizing, systematic arrangement)* Organisation, *die;* *(of material)* Anordnung, *die;* **~ of time/work** Zeit-/Arbeitseinteilung, *die;* **b)** *(organized body, system)* Organisation, *die*
organizational [ɔːɡənaɪˈzeɪʃənl] *adj.* organisatorisch
organi'zation man *n.*, Mensch, *der* die Belange der Organisation, der er dient, über alles stellt
organize ['ɔːɡənaɪz] *v. t.* **a)** *(give orderly structure to)* ordnen; planen ⟨*Leben*⟩; einteilen ⟨*Arbeit, Zeit*⟩; *(frame, establish)* organisieren ⟨*Verein, Partei, Firma, Institution*⟩; **organizing ability** Organisationstalent, *das;* **I must get ~d** *(get ready)* ich muß fertig werden; **~ sb.** jmdn. an die Hand nehmen *(fig.);* **as soon as I've got myself ~d** sobald ich soweit bin; **b)** *(arrange)* organisieren; **can you ~ the catering?** kümmerst du dich um die Verpflegung?; **c) ~ into groups/teams** in Gruppen/Mannschaften einteilen
organized ['ɔːɡənaɪzd] *adj.* *(systematic, structured)* organisiert; geregelt ⟨*Leben*⟩; **be well ~ for a trip** für eine Reise gut vorbereitet sein
organizer ['ɔːɡənaɪzə(r)] *n.* **a)** Organisator,

der/Organisatorin, *die;* *(of event, festival)* Veranstalter, *der*/Veranstalterin, *die;* **b)** *(bag)* Aktentasche, *die*
organ: **~-loft** *n.* Orgelempore, *die;* **~-music** *n.* Orgelmusik, *die;* **~-pipe** *n.* *(Mus.)* Orgelpfeife, *die;* **~-stop** *n.* *(Mus.)* Orgelregister, *das;* *(handle)* Registerzug, *der*
orgasm ['ɔ:gæzəm] *n.* Orgasmus, *der;* Höhepunkt, *der (auch fig.)*
orgiastic [ɔ:dʒɪ'æstɪk] *adj.* orgiastisch
orgy ['ɔ:dʒɪ] *n.* Orgie, *die;* drunken ~: Orgie unter Alkoholeinfluß; **an ~ of spending** eine Kauforgie; Kaufexzesse; **an ~ of killing** eine Orgie des Tötens; ein Blutrausch
oriel ['ɔ:rɪəl] *n.* Erkerfenster, *das*
orient 1. ['ɔ:rɪənt] *n.* **the O~:** der Orient; *(East Asia)* der Ferne Osten. **2.** ['ɔ:rɪent, 'ɒrɪent] *v.t.* **a)** *(set or determine position of)* ausrichten (**towards** nach); **b)** *(fig.)* einweisen (**in** in + *Akk.*); ausrichten, abstellen (**towards** auf + *Akk.*) ⟨*Programm*⟩; **~ oneself** sich orientieren; zurechtfinden; **-~ed** -orientiert; **money-~ed** materiell orientiert; **career-~ed** berufsbezogen; praxisorientiert
oriental [ɔ:rɪ'entl, ɒrɪ'entl] **1.** *adj.* orientalisch; Orient⟨*teppich*⟩; asiatisch ⟨*Unergründlichkeit*⟩; **the O~ Church** die Ostkirche; die orientalische Kirche; **O~ studies** Orientalistik, *die;* ⟨*trade/travel* Orienthandel, *der*/Orientreisen. **2.** *n.* Asiat, *der*/Asiatin, *die*
orientalist [ɔ:rɪ'entəlɪst, ɒrɪ'entəlɪst] *n.* Orientalist, *der*/Orientalistin, *die*
orientate ['ɒrɪənteɪt, 'ɔ:rɪənteɪt] *see* **orient 2**
orientation [ɒrɪən'teɪʃn, ɔ:rɪən'teɪʃn] *n.* **a)** *(orienting)* Orientierung, *die;* *(of new employees etc.)* Einweisung, *die;* **sense of ~:** Orientierungssinn, *der;* **b)** *(relative position)* Ausrichtung, *die; (fig.)* Orientierung, *die;* **what is the ~ of ...?** wie ist ... ausgerichtet?; **my ~ was always towards ...:** ich war immer auf ... ausgerichtet
orien'tation course *n.* Einführungsveranstaltung, *die*
orienteering [ɔ:rɪən'tɪərɪŋ, ɒrɪən'tɪərɪŋ] *n.* *(Brit.)* Orientierungsrennen, *das*
orifice ['ɒrɪfɪs] *n.* Öffnung, *die; (of tube)* Mündung, *die;* nasal ~: Nasenloch, *das*
origami [ɒrɪ'gɑ:mɪ] *n.* Origami, *das*
origin ['ɒrɪdʒɪn] *n.* *(derivation)* Abstammung, *die;* *(of family, the beginnings)* Anfänge *Pl.;* *(of world etc.)* Entstehung, *die;* *(source)* Ursprung, *der; (of belief, rumour)* Quelle, *die;* **be of humble ~,** have humble beginnings; **be Irish by ~:** irischer Herkunft sein; **the ~ of species** die Entstehung der Arten; **country of ~:** Herkunftsland, *das;* **words which are of French ~ or are French in ~:** Wörter französischen Ursprungs; **have its ~ in sth.** seinen Ursprung in etw. *(Dat.)* haben; einer Sache *(Dat.)* seinen Ursprung verdanken
original [ə'rɪdʒɪnl] **1.** *adj.* **a)** *(first, earliest)* ursprünglich; ~ **edition** Originalausgabe, *die;* **the ~ inhabitants** die Ureinwohner; ~ **sin** *(Theol.)* Erbsünde, *die;* **b)** *(primary)* original; Original-; Ur⟨*text, -fassung*⟩; eigenständig ⟨*Forschung*⟩; *(inventive)* originell; *(creative)* schöpferisch; **an ~ painting** ein Original; **from the ~ German** aus dem deutschen Urfassung. **2.** *n.* **a)** Original, *das;* **b)** *(eccentric person)* Original, *das (ugs.)*
originality [ərɪdʒɪ'nælɪtɪ] *n.* Originalität, *die*
originally [ə'rɪdʒɪnəlɪ] *adv.* **a)** ursprünglich; **be ~ from ...:** [ursprünglich] aus ... stammen; **b)** *(in an original way)* originell ⟨*schreiben usw.*⟩; **think ~:** originelle Gedanken haben
originate [ə'rɪdʒɪneɪt] **1.** *v.i.* ~ **from** entstehen aus; ~ **in** seinen Ursprung haben in (+ *Dat.*); ~ **with sb.** von jmdm. stammen. **2.** *v.t.* schaffen; hervorbringen; kreieren

⟨*neue Mode*⟩; *(discover)* erfinden; **who ~d the idea?** von wem stammt die Idee?
origination [ərɪdʒɪ'neɪʃn] *n.* Entstehung, *die*
originator [ə'rɪdʒɪneɪtə(r)] *n.* Urheber, *der*/Urheberin, *die; (inventor)* Erfinder, *der*/Erfinderin, *die;* **who was the ~ of that idea?** von wem stammt diese Idee?
Orkney [Islands] ['ɔ:knɪ (aɪləndz)] *pr. n. [pl.],* **Orkneys** ['ɔ:knɪz] *pr. n. pl.* Orkneyinseln *Pl.;* Orkneys *Pl.*
ornament 1. ['ɔ:nəmənt] *n.* **a)** *(decorative object)* Schmuck-, Ziergegenstand, *der; (on pillar etc.)* Ornament, *das; (person)* Zierde, *die;* **b)** *no pl. (decorating)* Verzierungen *Pl.;* Zierat, *der (geh.);* **for** or **by way of ~:** zum Schmuck od. zur Zierde; **an altar rich in ~:** ein reichverzierter Altar; **c)** *usu. in pl. (Eccl.)* Kirchengerät, *das;* liturgisches Gerät; **d)** *in pl. (Mus.)* Verzierungen *Pl.;* Ornamente *Pl.* **2.** ['ɔ:nəment] *v.t.* verzieren
ornamental [ɔ:nə'mentl] **1.** *adj.* dekorativ; ornamental *(bes. Kunst);* Zier⟨*pflanze, -naht usw.*⟩; **purely ~:** nur zum Schmuck *od.* zur Zierde; **rein dekorativ; an ~ lake** ein Zierteich. **2.** *n.* *(plant)* Zierpflanze, *die*
ornamentally [ɔ:nə'mentəlɪ] *adv.* dekorativ
ornamentation [ɔ:nəmen'teɪʃn] *n., no pl.* **a)** *(ornamenting)* Ausschmückung, *die;* **b)** *(embellishment[s])* Verzierung, *die*
ornate [ɔ:'neɪt] *adj.* **a)** *(elaborately adorned)* reich verziert; prunkvoll ⟨*Dekoration*⟩; **heavily ~:** überladen; **b)** *(style)* blumig *(abwertend);* reich ausgeschmückt ⟨*Prosa*⟩
ornery ['ɔ:nərɪ] *adj. (Amer. coll.)* **a)** *(of poor quality)* primitiv *(abwertend);* **b)** *(cantankerous)* aggressiv; streitlustig
ornithological [ɔ:nɪθə'lɒdʒɪkl] *adj.* ornithologisch; vogelkundlich
ornithologist [ɔ:nɪ'θɒlədʒɪst] *n.* Ornithologe, *der*/Ornithologin, *die;* Vogelkundler, *der*/Vogelkundlerin, *die*
ornithology [ɔ:nɪ'θɒlədʒɪ] *n.* Ornithologie, *die;* Vogelkunde, *die*
orphan ['ɔ:fn] **1.** *n.* Waise, *die;* Waisenkind, *das;* **be left an ~:** [zur] Waise werden. **2.** *attrib. adj.* Waisen-. **3.** *v.t.* zur Waise machen; **be ~ed** [zur] Waise werden
orphanage ['ɔ:fənɪdʒ] *n.* Waisenhaus, *das*
orthodontics [ɔ:θə'dɒntɪks] *n., no pl.* Kieferorthopädie, *die*
orthodontist [ɔ:θə'dɒntɪst] *n.* Kieferorthopäde, *der*/Kieferorthopädin, *die*
orthodox ['ɔ:θədɒks] *adj.* orthodox; *(conservative)* konventionell
Orthodox 'Church *n.* orthodoxe Kirche
orthodoxy ['ɔ:θədɒksɪ] *n.* Orthodoxie, *die*
orthography [ɔ:'θɒgrəfɪ] *n.* Orthographie, *die;* Rechtschreibung, *die*
orthopaedic [ɔ:θə'pi:dɪk] *adj.* orthopädisch
orthopaedics [ɔ:θə'pi:dɪks] *n., no pl. (Med.)* Orthopädie, *die*
orthopaedist [ɔ:θə'pi:dɪst] *n. (Med.)* Orthopäde, *der*/Orthopädin, *die*
orthopedic, orthopedics, orthopedist *(Amer.) see* orthopaed-
Orwellian [ɔ:'welɪən] *adj.* Orwellsch
OS *abbr.* **a)** *(Brit.)* Ordnance Survey; **b)** outsize übergr.
Oscar ['ɒskə(r)] *n. (Cinemat.)* Oscar, *der*
oscillate ['ɒsɪleɪt] *v.i.* **a)** *(swing like a pendulum)* schwingen; oszillieren *(fachspr.);* **b)** *(move to and fro between points)* pendeln; **c)** *(fig.)* schwanken; *(vary between extremes of condition or action)* hin und her gerissen sein; **d)** *(Radio)* schwingen
oscillation [ɒsɪ'leɪʃn] *n.* **a)** *(action) see* oscillate: Schwingen, *das;* Oszillieren, *das;* Pendeln, *das;* Schwanken, *das;* Hinundhergerissensein, *das;* Schwingung, *die;* **b)** *(single ~)* Schwingung, *die; (of pendulum)* Pendelausschlag, *der*
oscillator ['ɒsɪleɪtə(r)] *n. (Electr.)* Oszillator, *der*

oscillograph [ə'sɪləgrɑ:f] *n. (Electr.)* Oszillograph, *der*
oscilloscope [ə'sɪləskəʊp] *n. (Electr.)* Oszilloskop, *das*
osier ['əʊzɪə(r)] *n.* **a)** *(Bot.)* Korbweide, *die;* **b)** *attrib.* Weiden⟨*korb, -rute*⟩; Korb⟨*sessel, -möbel*⟩
osmosis [ɒz'məʊsɪs] *n., pl.* **osmoses** [ɒz'məʊsi:z] Osmose, *die*
osmotic [ɒz'mɒtɪk] *adj.* osmotisch
osprey ['ɒspreɪ] *n. (Ornith.)* Fischadler, *der*
Ossie *see* Aussie
ossify ['ɒsɪfaɪ] **1.** *v.i.* ossifizieren *(fachspr.);* verknöchern *(auch fig.).* **2.** *v.t. (turn into bone)* ossifizieren *(fachspr.) od.* verknöchern lassen
Ostend [ɒ'stend] *pr. n.* Ostende *(das)*
ostensible [ɒ'stensɪbl] *adj.* vorgeschoben; Schein-; ~ **excuse/reason** Ausrede, *die (abwertend)*/Vorwand, *der*
ostensibly [ɒ'stensɪblɪ] *adv.* vorgeblich
ostentation [ɒsten'teɪʃn] *n.* Ostentation, *die (geh.);* Prahlerei, *die (abwertend); (showiness)* Prunk, *der*
ostentatious [ɒsten'teɪʃəs] *adj.* prunkhaft ⟨*Kleidung, Schmuck*⟩; prahlerisch ⟨*Art*⟩; auffällig großzügig ⟨*Spende*⟩; **be ~ about sth.** mit etw. prunken *od. (ugs.)* protzen
ostentatiously [ɒsten'teɪʃəslɪ] *adv.* ostentativ *(geh.),* demonstrativ ⟨*fehlen, schweigen*⟩; prunkhaft ⟨*leben*⟩; prahlerisch ⟨*bemerken*⟩; auffällig ⟨*sich kleiden, sich benehmen*⟩
osteopath ['ɒstɪəpæθ] *n. (Med.)* Spezialist für Knochenleiden
ostler ['ɒslə(r)] *n. (Brit. Hist.)* Pferdeknecht, *der, (veralt.);* Reitknecht, *der (früher)*
ostracise *see* ostracize
ostracism ['ɒstrəsɪzm] *n.* Ächtung, *die*
ostracize ['ɒstrəsaɪz] *v.t.* ächten; ~ **from sth.** ausschließen von etw.
ostrich ['ɒstrɪtʃ] *n.* **a)** Strauß, *der;* **b)** *attrib.* Strauß⟨*ei*⟩; ~ **attitude** Vogel-Strauß-Einstellung, *die*
ostrich: **~-feather** *n.* Straußenfeder, *die;* **~-like** *adj.* Vogel-Strauß-⟨*Reaktion, Einstellung*⟩; **~-plume** *n.* Straußenfedern *Pl.*
Ostrogoth ['ɒstrəgɒθ] *n. (Hist.)* Ostgote, *der*/Ostgotin, *die*
OT *abbr.* Old Testament A. T.
other ['ʌðə(r)] **1.** *adj.* **a)** *(not the same)* ander...; **the ~ two/three** *etc. (the remaining)* die beiden/drei *usw.* anderen; **the ~ way round** or **about** genau der umgekehrt; ~ **people's property** fremdes Eigentum; **the ~ one** der/die/das andere; **the ~ thing** *(coll.)* das Gegenteil; **there is no ~ way** es geht nicht anders; **I know of no ~ way of doing it** ich weiß nicht, wie ich es sonst machen soll; **some ~ time** ein andermal; **b)** *(further)* **two ~ people/questions** noch zwei [andere *od.* weitere] Leute/Fragen; **one ~ thing** noch eins; **there's just one ~ thing I need to do** ich muß nur noch eines tun; **have you any ~ news/questions?** hast du noch weitere *od.* sonst noch Neuigkeiten/Fragen?; **some/six ~ people** noch ein paar/noch sechs [andere *od.* weitere] Leute; **no ~ questions** keine weiteren Fragen; **do you know of any ~ person who ...?** weißt du noch jemand anderen *od.* sonst noch jemanden, der ...?; **c)** *(than) (different from)* anders als, *(except)* außer; **never ~ than charming** immer charmant; **any person ~ than yourself** jeder außer dir; **d)** **some writer/charity or ~:** irgendein Schriftsteller/Wohltätigkeitsverein; **some time/way or ~:** irgendwann/-wie; **something/somehow/someone/somebody or ~:** irgend etwas/-wie/-wo/-wer. *See also* **another** 1 d; **every** c; **half** 1 a; **none** 1; **place** 2 b; **side** 1 g; **this** 2 c; **woman** a; **world** a. **2.** *n.* **a)** *(~ person or thing)* anderer/andere/anderes; **there are six ~s** es sind noch sechs andere da; **are there any ~s who ...?** ist noch jemand da, der ...?; **tell one from the ~:** sie

auseinanderhalten; **one or ~ of you/them** irgendwer *od.* -einer/-eine von euch/ihnen; **any ~**: irgendein anderer/-eine andere/-ein anderes; **not any ~**: kein anderer/ keine andere/kein anderes; **one after the ~**: einer/ eine/eins nach dem/der/dem anderen; *see also* **each 2 b**; **b)** *(arch.)* **no ~** *(person)* kein anderer/keine andere; **he could do no ~ than come** er konnte nichts anderes tun als kommen. **3.** *adv.* anders; **I've never seen her ~ than with him** ich habe sie immer nur mit ihm zusammen gesehen; **~ than that, no real news** abgesehen davon, keine echten Neuigkeiten

otherwise ['ʌðəwaɪz] **1.** *adv.* **a)** *(in a different way)* anders; **think ~**: anders darüber denken; **an other Meinung sein; it cannot be ~**: es kann nicht anders sein; **be ~ engaged** anderweitige Verpflichtungen haben; **except where ~ stated** sofern nicht anders angegeben; **..., ~ [known as] Barbarossa** ..., auch als Rotbart bekannt; **b)** *(or else)* sonst; anderenfalls; **he would have let me know ~**: sonst *od.* anderenfalls hätte er mich benachrichtigt; **c)** *(in other respects)* ansonsten *(ugs.)*; **in übrigen; the merits, or ~, of his paintings** die Vorzüge oder Mängel seiner Gemälde; **the probability or ~ of sth.** die Wahrscheinlichkeit oder Unwahrscheinlichkeit einer Sache; **workers enjoyed (or ~) an enforced holiday** die Arbeiter genossen einen erzwungenen Urlaub (oder auch nicht). **2.** *pred. adj.* anders

otiose ['əʊtɪəʊs] *adj. (literary: not required)* überflüssig

otter ['ɒtə(r)] *n.* [Fisch]otter, *der*; *(fur)* [Fisch]otterpelz, *der*

otter: ~-**dog**, ~-**hound** *ns. (Zool., Hunting)* Otterhund, *der*

Ottoman ['ɒtəmən] *adj.* osmanisch ⟨*Reich*⟩

ottoman *n.* **a)** *(seat)* Ottomane, *die*; **b)** *(footstool)* Polsterschemel, *der*

OU *abbr. (Brit.)* Open University

oubliette [u:bli'et] *n. (Hist.)* Oubliette, *die*; Burgverlies, *das*

ouch [aʊtʃ] *int.* autsch

¹**ought** [ɔ:t] *v. aux. only in pres. and past ought, neg. (coll.)* **oughtn't** ['ɔ:tnt] **a) I ~ to do/have done it** *expr. moral duty* ich müßte es tun/hätte es tun müssen; *expr. desirability* ich sollte es tun/hätte es tun sollen; **he tries to tell me what I ~ to think** er will mir vorschreiben, was ich zu denken habe; **behave as one ~**: sich richtig verhalten *od.* korrekt benehmen; **you ~ to see that film** diesen Film solltest du sehen; **she ~ to have been a teacher** sie hätte Lehrerin werden sollen; **~ not you to have left by now?** müßtest du nicht schon weg sein?; hättest du nicht schon gehen müssen?; **one ~ not to do it** man sollte es nicht tun; **he ~ to be hanged/in hospital** er gehört an den Galgen/ins Krankenhaus; **b)** *expr. probability* **that ~ to be enough** das dürfte reichen; **there ~ to be a signpost** hier jetzt müßte bald ein Wegweiser kommen; **he ~ to win er** müßte [eigentlich] gewinnen; **he ~ to have reached Paris by now** er müßte *od.* dürfte inzwischen in Paris [angekommen] sein

²**ought** *n. (coll.)* Null, *die*

oughtn't ['ɔ:tnt] *(coll.)* = ought not

Ouija [board] (P), ouija [board] ['wi:dʒə (bɔ:d)] *n.* Tafel mit Buchstaben und anderen Zeichen für spiritistische Sitzungen; Oui-ja-board, *da (Parapsych.)*

ounce [aʊns] *n.* **a)** *(measure)* Unze, *die*; **fluid ~** *(Brit.)* ≈ 0,0284 l; *(Amer.)* ≈ 0,0296 l; **b)** *(fig.)* **not an ~ of common sense has he** *(fig.)*; **there is not an ~ of truth in it** daran ist kein Körnchen Wahrheit; **not have an ~ of sympathy with him** nicht fünf Pfennige Mitgefühl haben *(ugs.)*

our [aʊə(r)] *poss. pron. attrib.* **a)** unser; **we bumped ~ heads** wir stießen uns *(Dat.)* den Kopf *od.* die Köpfe an; **as soon as we've made ~ minds up** sobald wir uns *(Akk.)* entschieden haben; **we have done ~ share** wir haben unseren Teil *od. (geh.)* das Unsere getan; **~ Joe** *etc. (coll.)* unser *od. (ugs.)* uns Joe *usw.*; **b)** *(of all people)* unser; *see also* **father 1 e; lady e; lord 1 b; saviour b.** *See also* ²**her**

ours [aʊəz] *poss. pron. pred.* unserer/unsere/unseres; **that car is ~**: das ist unser Wagen; **~ is a different system** wir haben ein anderes System; unser System ist anders; **in this country of ~**: hierzulande [bei uns]; **in diesem unseren Lande** *(geh.)*; *see also* **hers**

ourselves [aʊə'selvz] *pron.* **a)** *emphat.* selbst; **b)** *refl.* uns. *See also* **between 1 b; herself**

oust [aʊst] *v. t.* **a)** *(expel, force out)* **~ sb. from his job** jmdn. von seinem Arbeitsplatz vertreiben; **~ sb. from office/his position** jmdn. vom Amt/seiner Stellung vertreiben; **~ the president/king/government from power** den Präsidenten/den König /die Regierung entmachten *od.* stürzen; **b)** *(force out and take place of)* verdrängen; ablösen ⟨*Regierung*⟩; **c)** *(Law: deprive)* berauben (of, from *Gen.*)

ouster ['aʊstə(r)] *n. (Amer.: dismissal)* Entlassung, *die*

out [aʊt] **1.** *adv.* **a)** *(away from place)* **~ here/ there** hier/da draußen; **'Out'** "Ausfahrt"/ "Ausgang" *od.* "Aus"; **that book is ~** *(from library)* das Buch ist ausgeliehen; **~ from under sth.** unter etw. *(Dat.)* hervor; **~ with him!** raus *(ugs.) od.* hinaus mit ihm!; **please keep the dog ~**: lassen Sie bitte den Hund nicht herein; **put the cat ~**: die Katze hinausauslassen; **be ~ in the garden** draußen im Garten sein; **what's it like ~?** wie ist es draußen?; **shut the door to keep the wind ~**: die Tür schließen, damit es nicht zieht; **go ~ shopping** *etc.* einkaufen *usw.* gehen; **be ~** *(not at home, not in one's office, etc.)* nicht dasein; **go ~ in the evenings** abends aus- *od.* weggehen; **she was/stayed ~ all night** sie war/blieb eine/die ganze Nacht weg; **have a day ~ in London/at the beach** einen Tag in London/am Strand verbringen; **would you come ~ with me?** würdest du mit mir ausgehen?; **~ to ...**: hinaus-/heraus nach zu ...; **ten miles ~ from the harbour** 10 Meilen vom Hafen entfernt; **be ~ at sea** auf See sein; **anchor some way ~**: weit draußen ankern; **the journey ~**: die Hinfahrt; **the goods were damaged on the journey ~**: die Waren wurden auf dem Transport beschädigt; **missionaries were going ~ to India** Missionare gingen nach Indien; **he is ~ in Africa** er ist in Afrika; **~ in the fields** [draußen] auf dem Feld; **how long have you been living ~ here in Australia?** wie lange lebst du schon hier in Australien?; **the Socialist Party is ~** *(ugs.)* am Ruder; **that idea/his proposal is ~** die Idee/der Vorschlag ist indiskutabel; **Tell him that you're married – No, that's ~**: Sag ihn, daß da verheiratet bist. – Nein, das kommt nicht in Frage; **b)** *(Sport, Games)* **be ~** ⟨*Ball:*⟩ aus *od.* im Aus sein; ⟨*Mitspieler:*⟩ ausscheiden; ⟨*Schlagmann:*⟩ aus[geschlagen] sein; **not ~**: nicht aus; **give sb. ~** ⟨*Schiedsrichter:*⟩ jmdn. für "Aus" erklären; **c) be ~** *(asleep)* weg sein *(ugs.)*; *(drunk)* hinübersein *(ugs.)*; *(unconscious)* bewußtlos sein; *(Boxing)* aus sein; **~ on one's feet** *(Boxing)* stehend k. o.; *(fig.)* total erschlagen *od. (ugs.)* fertig sein; *see also* ¹**count 1 d**; **d)** *(no longer burning)* aus[gegangen]; **e)** *(no longer visible)* **rub etc. ~**: ausradieren *usw.*; **f)** *(in error)* **be 3 % ~ in one's calculations** sich um 3 % verrechnet *od.* vertan haben; **his reckoning was ~**: seine Berechnung war falsch; **you're a long way ~**: du hast dich gewaltig geirrt; **this is £5 ~**: das stimmt um 5 Pfund nicht *od.* ist um 5 Pfund verkehrt; **my watch is 5 minutes ~**: meine Uhr geht 5 Minuten falsch *od.* verkehrt; *see also* **far 1 d; g)** *(not in fashion)* passé *(ugs.)*; out *(ugs.)*; **h)** *(so as to be seen or heard)* heraus; raus *(ugs.)*; **there is a warrant ~ for his arrest** es liegt ein Haftbefehl gegen ihn vor; **say it ~ loud** es laut sagen; **tell sb. sth. right ~**: jmdm. etw. geradeheraus *od.* ohne Umschweife sagen; **with the waterproof side ~**: mit der wasserabdichten Seite nach außen; **[come] ~ with it!** heraus *od. (ugs.)* raus damit *od.* mit der Sprache; **their secret is ~**: ihr Geheimnis ist herausgekommen *od.* bekannt geworden; **[the] truth will ~**: die Wahrheit wird herauskommen *od.* an den Tag kommen; **the moon is ~**: der Mond ist zu sehen; **just ~ ~ the third volume** soeben erschienen – der dritte Band; **is the evening paper ~ yet?** ist die Abendausgabe schon erschienen?; **the roses are just ~**: die Rosen fangen gerade an zu blühen; **the appleblossom is ~**: die Apfelbäume stehen in Blüte; **i)** *(known to exist)* **that is the best car ~**: das ist das beste Auto auf dem Markt; **j) be ~ for sth./to do sth.** auf etw. *(Akk.)* aussein/darauf aussein, etw. zu tun; **be ~ for all one can get** alles haben wollen, was man bekommen kann; **be ~ for trouble** Streit suchen; **he's ~ for your money** er hat es auf dein Geld abgesehen; **be ~ to pass the exam/capture the market** entschlossen sein, die Prüfung zu bestehen/den Markt zu erobern; **she's ~ to get him/find a husband** sie ist hinter ihm her/sucht einen Mann; **they're just ~ to make money** sie sind nur aufs Geld aus; **k)** *(to or at an end)* **he had it finished before the day/month was ~**: er war noch am selben Tag/vor Ende des Monats damit fertig; **please hear me ~**: laß mich bitte ausreden; **Eggs? I'm afraid we're ~**: Eier? Die sind leider ausgegangen *od. (ugs.)* alle; **school is ~** *(Amer.)* die Schule ist aus; **l)** *(to a solution or result)* **work ~**: ausrechnen; ausarbeiten ⟨*Plan, Strategie*⟩; **m)** *(in finished form)* **type ~ a thesis** eine Dissertation [ins reine] tippen; **do it ~ in rough first** sich *(Dat.)* erst ein Konzept machen; **n)** *(in radio communication)* Ende; **o) ~ and away** mit Abstand; bei weitem; **a scoundrel ~ and ~, an ~ and ~ scoundrel** ein Schurke durch und durch; **an ~ and ~ disgrace** eine ungeheure *od. (ugs.)* bodenlose Schande. *See also* **about 1 d; luck b; out of; tide 1 a. 2.** *prep.* aus; **go ~ the door** zur Tür hinausgehen; **throw sth. ~ the window** etw. aus dem Fenster werfen. **3.** *n. (way of escape)* Ausweg, *der* *(fig.)*; *(excuse)* Alibi, *das*. **4.** *v. t. (coll.: expose)* outen *(ugs.)*

out: **~-act** *v. t.* an die Wand spielen; **~back** *n. (esp. Austral.)* Hinterland, *das*; **an ~back farm** eine Farm im Hinterland; **~bid** *v. t.,* **outbid a)** überbieten; **~bid sb. for sth.** für etw. mehr bieten *od.* ein besseres Angebot machen als jmd.; **b)** *(surpass)* übertrumpfen; **~board** *(Naut., Aeronaut., Motor Veh.)* **1.** *adj.* **a)** Außenbord-; **~board motor** Außenbordmotor, *der*; **~board motor boat** Boot mit Außenbordmotor; **b)** *(on outside)* sich außenbords befindend; Außenbord-; **2.** *n.* Außenborder, *der (ugs.)*; **~bound** *adj.* auslaufend ⟨*Schiff*⟩; **~break** *n.* Ausbruch, *der*; **a recent ~break of fire caused ...**: ein Brand verursachte kürzlich ...; **at the ~break of war** bei Kriegsausbruch *od.* Ausbruch des Krieges; **an ~break of flu/smallpox** eine Grippe-/Pockenepidemie; **there will be ~breaks of rain during the afternoon** am Nachmittag wird es zu Regenfällen kommen; **~building** *n.* Nebengebäude, *das*; **~burst** *n.* Ausbruch, *der*; **an ~burst of weeping/laughter** ein Weinkrampf/Lachanfall *od.* -krampf; **an ~burst of anger/temper** ein Zornesausbruch *(geh.) od.* Wutanfall; **apologize for one's ~burst** sich für seinen Gefühlsausbruch entschuldigen; **there**

outcast

was an ~burst of applause Beifall brach los; ~bursts of flame Auflodern von Flammen; an ~burst of energy ein Anfall von Energie; his ~bursts of violence seine Anfälle von Gewalttätigkeit; ~**cast 1.** *n.* Ausgestoßene, *der/die;* **a social ~cast, an ~cast of society** ein Geächteter/eine Geächtete; ein Outcast *(Soziol.)*; **2.** *adj.* ausgestoßen; verstoßen ⟨*Familienmitglied*⟩; ~'**class** *v. t.* **a)** *(belong to higher class than)* überlegen sein (+ *Dat.*); **b)** *(defeat easily)* in den Schatten stellen; **he was ~classed in that race** er wurde in diesem Rennen deklassiert; ~**come** *n.* Ergebnis, *das;* Resultat, *das;* **what was the ~come of your meeting?** was ist bei eurer Versammlung herausgekommen?; ~**crop 1.** *n.* **a)** *(Geol.: stratum)* Ausgehende, *das;* Ausstreichende, *das;* **a rock ~crop** ausstreichendes Gestein; **b)** *(fig.)* Auftreten, *das;* **2.** *v. i.* **a)** *(Geol.)* ausstreichen *(fachspr.);* **b)** *(fig.)* auftauchen; ~**cry** *n.* **a)** *no pl. (clamour)* [Aufschrei der] Entrüstung, *der;* **a public/general ~cry about/ against sth.** allgemeine Empörung *od.* Entrüstung über etw. *(Akk.);* **the ~cry in the press** die heftigen Proteste in der Presse; **raise an ~cry about sth.** lautstarken Protest gegen etw. erheben; **b)** *(crying out)* Aufschrei, *der;* ~'**dated** *adj.* veraltet; überholt; antiquiert *(abwertend)* ⟨*Ausdrucksweise*⟩; ⟨*Vorstellung, Kleidung*⟩; ~'**distance** *v. t.* [weit] hinter sich *(Dat.)* lassen; überflügeln; **John was ~distanced by his brother in the race** John fiel in dem Rennen [weit] hinter seinem Bruder zurück; ~'**do** *v. t.,* **outdoing** [aʊtˈduːɪŋ], **outdid** [aʊtˈdɪd], **outdone** [aʊtˈdʌn] übertreffen, überbieten (in an + *Dat.*); **not to be outdone [by sb.]** um nicht zurückzustehen [hinter jmdm.]; ~**door** *adj.* ~**door shoes/things** Straßenschuhe/-kleidung, *die;* **be an ~door type** gern und oft im Freien sein; **lead an ~door life** viel im Freien sein; ~**door games/pursuits** Spiele/Beschäftigungen im Freien; ~**door shots** *(Photog.)* Außenaufnahmen; ~**door swimming-pool** Freibad, *das;* ~**door ice-rink** nicht überdachte Eisbahn, *die;* ~**doors 1.** *adv.* draußen; **sleep ~doors** draußen *od.* im Freien schlafen; **go ~doors** nach draußen gehen; **2.** *n.* **the [great] ~doors** die freie Natur

outer [ˈaʊtə(r)] *adj.* **a)** äußer...; Außen⟨*fläche, -seite, -wand, -tür, -hafen*⟩; **sb.'s ~ appearance** jmds. äußere Erscheinung; jmds. Äußeres; ⟨*garments*⟩ Oberbekleidung, *die;* **b)** *(objective, physical)* äußerlich; **the ~ world** die Außenwelt. *See also* ¹**bar 1 i**
outermost [ˈaʊtəməʊst] *adj.* äußerst...
outer space *n.* Weltraum, *der;* All, *das;* **come from ~** *(fig. coll.)* von einem anderen Stern sein

out: ~'**face** *v. t.* [durch Blicke] einschüchtern; zum Schweigen bringen ⟨*Kritiker*⟩; ~**fall** *n.* Ausfluß, *der;* *(in river engineering)* Vorfluter, *der;* ~**fall pipe** Abflußrohr, *das;* ~**field** *n.* *(Cricket, Baseball)* Außenfeld, *das;* ~**fit** *v. t.* **a)** *(person's clothes)* Kleider *Pl.;* *(for fancy-dress party)* Kostüm, *das;* **wear the same** ~**fit** dasselbe tragen *od.* anhaben; **I do like your ~fit!** du bist sehr gut angezogen; **b)** *(complete equipment)* Ausrüstung, *die;* Ausstattung, *die;* **c)** *(coll.: group of persons)* Haufen, *der (ugs.);* Clique, *die (abwertend);* *(Mil.)* Haufen, *der* (*Soldatenspr.*): Trupp, *der;* *(jazz band)* Ensemble, *das;* **d)** *(coll.: organization)* Laden, *der (ugs.);* **a publishing/manufacturing ~fit** ein Verlag/ein Produktionsbetrieb; ~**fitter** *n.* Ausrüster, *der/*Ausrüsterin, *die;* Ausstatter, *der/* Ausstatterin, *die;* **camping/sports ~fitter** Camping-/Sportgeschäft, *das;* **a gents' ~fitter's** ein Herrenausstatter; ~'**flank** *v. t.* **a)** *(Mil.)* ~manœuvre; *also fig.)* überlisten; ausmanövrieren *(ugs.);* **b)** *(Mil.: extend beyond flank of)* umgehen, umfassen ⟨*Armee*⟩;

~**flanking movement** Umfassungsbewegung, *die;* ~**flow** *n.* **a)** *(~ward flow)* Austritt, *der;* *(fig.: of gold, capital, etc.)* Abfluß, *der;* **b)** *(amount)* Ausfluß, *der;* Abflußmenge, *die;* **c)** ~**flow** [pipe *or* channel] Abfluß, *der;* ~'**fox** *v. t. (coll.)* austricksen *(ugs.);* ~**going 1.** *adj.* **a)** *(retiring from office)* [aus dem Amt] scheidend ⟨*Regierung, Präsident, Ausschuß*⟩; **b)** *(friendly)* kontaktfreudig ⟨*Mensch*⟩; **you should be more ~going** du solltest mehr aus dir herausgehen; **c)** *(going out)* abgehend ⟨*Zug, Schiff*⟩; ausziehend ⟨*Mieter*⟩; ~**going flights will be delayed** bei den Abflügen wird es zu Verzögerungen kommen; **the ~going post** *or* **mail** die ausgehende Post; der Postausgang *(Bürow.);* **2.** *n.* **a)** *(expenditure)* Ausgaben *Pl.;* ~'**grow** *v. t., forms as* **grow:** **a)** *(leave behind)* entwachsen (+ *Dat.*); hinauswachsen über (+ *Akk.*); ablegen ⟨*Interesse, Schüchternheit, Vorliebe*⟩; überwinden ⟨*Ansicht, Schüchternheit*⟩; **we've ~grown all that** das alles haben wir hinter uns; **b)** *(become taller than)* größer werden als; über den Kopf wachsen (+ *Dat.*); ⟨*älterem Bruder usw.*⟩; **c)** *(grow too big for)* herauswachsen aus ⟨*Kleidung*⟩; ~**growth** *n.* Auswuchs, *der;* ~'**guess** *v. t.* gedanklich voraus sein (+ *Dat.*); ausrechnen *(Sportjargon);* ~'**gun** *v. t. (fig.)* **be ~gunned** an Feuerkraft unterlegen sein; ~**house** *n.* **a)** *(building)* Nebengebäude, *das;* **b)** *(Amer.: privy)* Außentoilette, *die*

outing [ˈaʊtɪŋ] *n.* **a)** *(pleasure-trip)* Ausflug, *der;* **school/day's ~:** Schul-/Tagesausflug, *der;* **firm's/works ~:** Betriebsausflug, *der;* **go on an ~:** einen Ausflug machen; **go for an ~ in the car** eine Spazierfahrt machen; **b)** *(appearance) (in athletic contest)* Wettkampf, *der; (in race)* Rennen, *das; (in game)* Spiel, *das*

out: ~**landish** [aʊtˈlændɪʃ] *adj.* **a)** *(looking or sounding foreign)* fremdartig; **b)** *(bizarre)* ausgefallen; seltsam, sonderbar ⟨*Benehmen*⟩; verschroben ⟨*Ansichten*⟩; ~'**last** *v. t.* überdauern; überleben ⟨*Person, Jahrhundert*⟩; ~**law 1.** *n.* **a)** *(lawless violent person)* Bandit, *der/*Banditin, *die;* **b)** *(person deprived of protection of law)* Geächtete, *der/die (hist.);* **2.** *v. t.* **a)** *(deprive of the protection of law)* ächten *(hist.);* für vogelfrei erklären *(hist.);* **b)** *(make illegal)* verbieten ⟨*Zeitung, Handlung*⟩; ~**lay 1.** *n.* ~**lay** Ausgaben *Pl.* (on für); **initial ~lay** Anschaffungskosten *Pl.;* ~**lay of capital** Kapitalaufwand, *der;* **recover the ~lay** seine Auslagen zurückbekommen; ~**let** [ˈaʊtlet, ˈaʊtlɪt] *n.* **a)** *(means of exit)* Ablauf, *-fluß, der;* Auslauf, *-laß, der; (of lake)* Abfluß, *der;* **b)** *(fig.: vent)* Ventil, *das;* **c)** *(Commerc.) (market)* Absatzmarkt, *der; (shop)* Verkaufsstelle, *die;* **d)** *(Electr.)* Steckdose, *die; (connection)* Stromanschluß, *der;* ~**line 1.** *n.* **a)** *in sing. or pl. (line[s])* Umriß, *der;* Kontur, *die;* Silhouette, *die;* **the ~lines of the trees/drawing** die Umrisse der Bäume/Zeichnung; **visible only in ~line** nur in Umrissen sichtbar; **b)** *(short account)* Grundriß, *der;* Grundzüge *Pl.; (of topic)* Übersicht, *die* (of über + *Akk.*); *(rough draft for essay, book, play, etc.)* Entwurf, *der* (of, for *Gen. od.* zu); Konzept, *das* (of, for, *Gen.*); **trace the development in ~line** die Entwicklung im Grundriß *od.* in ihren Grundzügen verfolgen; ~**line plan** Übersichtsplan, *der;* **c)** *in pl. (main features)* Grundzüge *Pl.;* **d)** *(sketch)* Skizze, *die;* **sketch/draw sth. in ~line** etw. in Umrissen skizzieren/zeichnen; ~**line map** Umrißkarte, *die;* **2.** *v. t.* **a)** *(draw ~line of)* ~**line sth.** die Umrisse *od.* Konturen einer Sache hervorheben; **the mountain was ~lined against the sky** die Silhouette/Umrisse *od.*

out-of-print

Konturen des Berges zeichneten/zeichneten sich gegen den Himmel ab; **c)** *(trace or ascertain ~line of)* ~**line the limits/boundaries of sth.** den Verlauf der Grenzen von etw. ermitteln; **d)** *(describe in general terms)* skizzieren, umreißen ⟨*Programm, Plan, Projekt*⟩; ~**live** [aʊtˈlɪv] *v. t.* überleben; **it's ~lived its usefulness** es ist unbrauchbar geworden; es hat ausgedient; ~**look** *n.* **a)** *(prospect)* Aussicht, *die* (**over** über + *Akk.,* **on to** auf + *Akk.*); *(fig., Meteorol.)* Aussichten *Pl.;* **the house has a wonderful ~look over ...:** vom Haus aus hat man eine herrliche Aussicht über ... *(Akk.);* **what's the ~look?** wie sind die Aussichten?; **business ~look** Geschäftsaussichten *Pl.;* **b)** *(mental attitude)* Haltung, *die* (**on** gegenüber); Einstellung, *die* (**on** zu); Auffassung, *die* (**on** von); ~**look on life** Lebensauffassung, *die;* **his whole ~look** seine ganze Einstellung; **adopt a narrow ~look on things** in seinen Anschauungen beschränkt sein; die Dinge zu eng sehen; **c)** *(looking out)* Hinausshen, *das;* ~**lying** *adj.* abgelegen, entlegen ⟨*Gegend, Vorort, Dorf*⟩; **the ~lying suburbs of Tokyo** die Außenbezirke von Tokio; ~'**manœuvre** *v. t.* überlisten ⟨*Truppen*⟩; ausmanövrieren ⟨*Rivalen*⟩; ~'**moded** [aʊtˈməʊdɪd] *adj.* **a)** *(no longer in fashion)* altmodisch; **b)** *(obsolete)* veraltet; antiquiert *(abwertend)* ⟨*Ausdrucksweise*⟩; ~'**number** *v. t.* zahlenmäßig überlegen sein (+ *Dat.*); **they were ~numbered five to one** die anderen waren fünfmal so viele wie sie; **be [vastly] ~numbered [by sb.]** jmdm. zahlenmäßig [weit] unterlegen sein

'out of *prep.* **a)** *(from within)* aus; **go ~ the door** zur Tür hinausgehen; **fall ~ sth.** aus etw. [heraus]fallen; **b)** *(not within)* **be ~ the country** im Ausland sein; außer Landes sein *(geh.);* **be ~ town/the room** nicht in der Stadt/im Zimmer sein; **feel ~ it** *or* **things** sich ausgeschlossen *od.* nicht dazu gehörig fühlen; **I'm glad to be ~ it** ich bin froh, daß ich die Sache hinter mir habe; **c)** *(outside the limits of)* **marry ~ one's faith** einen Anhänger/eine Anhängerin eines anderen Glaubens heiraten; **born ~ wedlock** unehelich geboren; **be ~ the tournament** aus dem Turnier ausgeschieden sein; *see also* **order 1 a, b; d)** *(from among)* **one ~ every three smokers** jeder dritte Raucher; **58 ~ every 100** 58 von hundert; **pick one ~ the pile** eine/eins aus dem Stapel herausgreifen; **eighth ~ ten** als Achter von zehn Teilnehmern *usw.;* **choose ~ what is there** unter dem auswählen, was vorhanden ist; **only one instance ~ several** nur einer von mehreren Fällen; **e)** *(beyond range of)* außer ⟨*Reich-/Hörweite, Sicht, Kontrolle*⟩; **f)** *(from)* aus; **get money ~ sb.** Geld aus jmdm. herausholen; **do well ~ sb./sth.** von jmdm./ etw. profitieren; **g)** *(owing to)* aus ⟨*Mitleid, Trotz, Furcht, Verehrung, Neugier usw.*⟩; **h)** *(no longer in)* ~ **danger** außer Gefahr; **i)** *(without)* **be ~ luck** kein Glück haben; ~ **money** ohne Geld; ~ **work** ohne Arbeit; arbeitslos; **we're ~ tea** der Tee ist uns ausgegangen; wir haben keinen Tee mehr; **be ~ a suit** *(Cards)* keine Karten einer Farbe haben; *see also* **out-of-work; j)** *(by use of)* aus; **make a profit ~ sth.** mit etw. ein Geschäft machen; **made ~ silver** aus Silber; **what did you make it ~?** woraus hast du es gemacht?; **k)** *(away from)* von ... entfernt; **three days ~ port** drei Tage nach dem Auslaufen aus dem Hafen; **ten miles ~ London** 10 Meilen außerhalb von London; **l)** *(beyond) see* **depth d;** **ordinary c**

out: ~-**of-date** *attrib. adj.* *(old, not relevant)* veraltet; *(old-fashioned)* altmodisch; unmodern; antiquiert *(abwertend)* ⟨*Ausdrucksweise*⟩; *(expired)* ungültig, verfallen ⟨*Karte*⟩; ~-**of**-'**pocket** *attrib. adj.* Bar⟨*auslagen*⟩; ~-**of-print** *attrib. adj.* vergrif-

500

fen; ~**-of-the-way** *attrib. adj. (remote)* abgelegen; entlegen; *(unusual, seldom met with)* ausgefallen; entlegen; ~**-of-town** *attrib. adj.* außerhalb der Stadt gelegen ⟨*Einkaufszentrum*⟩; *(fig.: unsophisticated)* Provinz- *(abwertend);* ~**-of-work** *attrib. adj.* arbeitslos; ~**'pace** *v. t.* ausstechen ⟨*Konkurrenten*⟩ *(Sport)* besiegen ⟨*Läufer*⟩; **be** ~**paced** ⟨*Sportler.*⟩ überholt werden; ~**-patient** *n.* ambulanter *od.* poliklinischer Patient/ambulante *od.* poliklinische Patientin; ~**-patients[' department]** Poliklinik, *die;* **have sth. done as an** ~**-patient** etw. ambulant *od.* in der Ambulanz machen lassen; **be an** ~**-patient** ambulant behandelt werden; ~**per'form** *v. t.* überbieten; ~**'play** *v. t. (Sport)* besser spielen als; **we can** ~**play them** wir sind ihnen spielerisch überlegen; **be** ~**played [by sb.]** [jmdm.] unterlegen sein; ~**'point** *v. t. (Sport, esp. Boxing)* auspunkten; ~**post** *n.* Außenposten, *der; (of civilization etc.)* auch Mil.) Vorposten, *der;* ~**pouring** *n., usu. in pl.* (expression of emotion) Gefühlsäußerung, *die; (impetuous, passionate)* Erguß *der (geh. abwertend);* ~**put 1.** *n. a) (amount)* Output, *der (fachspr.);* Produktion, *die; (of liquid, electricity, etc.)* Leistung, *die; (of coal-mine etc.)* Förderung, *die;* Fördermenge, *die;* **total/daily/average/literary** ~**put** Gesamt-/ Tages-/Durchschnitts-/literarische Produktion, *die;* **the factory has a daily** ~**put of 200 pairs** in der Fabrik werden pro Tag 200 Paar hergestellt; **b)** *(Computing)* Ausgabe, *die;* Output, *der (fachspr.);* ~**put capacity/terminal** Ausgabekapazität, *die/*-terminal, *das;* **c)** *(Electr.) (energy)* [Ausgangs]leistung, *die;* Output, *der (fachspr.); (signal)* Ausgangssignal, *das;* ~**put circuit/current** Ausgangsschaltung, *die*/-strom, *der;* **d)** *(place)* Ausgang, *der; (recording or printing device)* Ausgabegerät, *das;* **2.** *v. t.,* -tt-, ~**put** *or* ~**putted** ['aʊtpʊtɪd] *(Computing)* ausgeben ⟨*Information*⟩
outrage 1. ['aʊtreɪdʒ] *n. a) (deed of violence, violation of rights)* Verbrechen, *das; (during war)* Greueltat, *die; (against good taste or decency)* grober *od.* krasser Verstoß; *(upon dignity)* krasse *od.* grobe Verletzung *(upon Gen.);* **be an** ~ **against good taste/decency/ upon dignity** den guten Geschmack/Anstand/die Würde in grober *od.* krasser Weise verletzen; **an** ~ **against humanity** ein Verbrechen gegen die Menschheit; **an** ~ **upon decency/justice** eine Verhöhnung des Anstands/der Gerechtigkeit; **a bomb** ~: ein verbrecherischer Bombenanschlag; ~ *(strong resentment)* Empörung, *die* (**at** gegen); **react with a sense of** ~: empört sein. **2.** ['aʊtreɪdʒ] *v. t. a) (cause to feel resentment, insult)* empören; **be** ~**d at** *or* **by sth.** über etw. *(Akk.)* empört sein; **b)** *(infringe)* in grober *od.* krasser Weise verstoßen gegen ⟨*Anstand, Moral*⟩
outrageous [aʊt'reɪdʒəs] *adj. a) (immoderate)* unverschämt *(ugs.)* ⟨*Forderung*⟩; unverschämt hoch ⟨*Preis, Summe*⟩; grell, schreiend ⟨*Farbe*⟩; zu auffällig ⟨*Kleidung*⟩; maßlos ⟨*Übertreibung*⟩; **it's** ~**!** das ist unverschämt *od.* eine Unverschämtheit!; **b)** *(grossly cruel, offensive)* ungeheuer ⟨*Grausamkeit*⟩, haarsträubend, *(ugs.)* katastrophal ⟨*Behandlung, Bedienung*⟩; unverschämt ⟨*Lüge, Benehmen, Unterstellung*⟩; wüst ⟨*Schmähung*⟩; geschmackloses ⟨*Witz*⟩; ungeheuerlich ⟨*Anklage*⟩; unerhört ⟨*Frechheit, Unhöflichkeit, Skandal*⟩; unflätig ⟨*Sprache*⟩; **c)** *(violent)* grausam ⟨*Rache*⟩; ~ **deeds** Untaten/Grausamkeiten
outrageously [aʊt'reɪdʒəslɪ] *adv. a) (to an immoderate degree)* unverschämt *(ugs.)*, aufdringlich ⟨*sich kleiden, schminken*⟩; maßlos ⟨*übertreiben*⟩; **an** ~ **low neckline** ein herausfordernd tiefer Ausschnitt; **b)** *(atrociously, flagrantly)* unverschämt, schamlos ⟨*lügen,*⟩

sich benehmen⟩; fürchterlich ⟨*fluchen*⟩; ~ **bad service** haarsträubend schlechte Bedienung; **he suggested quite** ~ **that ...**: er war so unverschämt vorzuschlagen, daß ...
out'rank *v. t. (Mil.)* einen höheren Rang einnehmen als; rangmäßig stehen über (+ *Dat.*); **be** ~**ed by sb.** einen niedrigeren Rang als jmd. haben; rangmäßig unter jmdm. stehen
outré ['u:treɪ] *adj.* outriert *(geh. veralt.);* überspannt ⟨*Vorstellung, Geschmack*⟩; absurd ⟨*Kleidung*⟩
out: ~**rider** *n. a) (mounted attendant)* berittener Begleiter/berittene Begleiterin; **b)** *(motor-cyclist)* [**motor-cycle**] ~**rider** Kradbegleiter, *der/*-begleiterin, *die;* **c)** *(Amer.: herdsman)* berittener Viehhirte; ~**rigger** *n. (Naut.) (beam, spar, framework)* Maststütze, *die; (log fixed to canoe)* Schwimmbalken, *der; (iron bracket)* Ausleger, *der; (boat)* Auslegerboot, *das;* ~**right 1.** [-'-] *adv. a) (altogether, entirely)* ganz, komplett ⟨*kaufen, verkaufen*⟩; *(instantaneously, on the spot)* auf der Stelle; **pay for/purchase/buy sth.** ~**right** sofort den ganzen Preis für etw. bezahlen; **b)** *(openly)* geradeheraus *(ugs.)*, freiheraus, rundheraus ⟨*erzählen, sagen, lachen*⟩; **2.** [-'-] *adj.* ausgemacht ⟨*Unsinn, Schlechtigkeit, Unehrlichkeit*⟩; offen, direkt ⟨*Wesensart*⟩; rein, pur *(ugs.)* ⟨*Arroganz, Unverschämtheit, Irrtum, Egoismus, Unsinn*⟩; glatt *(ugs.)* ⟨*Ablehnung, Absage, Lüge*⟩; klar ⟨*Sieg, Niederlage, Sieger*⟩; ~**right sale** Verkauf in Bausch und Bogen; ~**run** *v. t., forms as* **run 3: a)** *(run faster than)* schneller laufen *od.* sein als; **b)** *(escape)* entkommen (+ *Dat.*); ~**sell** *v. t., forms as* **sell 1: a)** *(be sold in greater quantities than)* sich besser verkaufen als; **be** ~**sold by ...**: sich schlechter verkaufen als ...; **b)** *(sell more than)* mehr verkaufen als; ~**sell sb. by two to one** zweimal soviel wie jmd. verkaufen; ~**set** *n.* Anfang, *der,* Beginn, *der;* **at the** ~**set** zu Beginn *od.* Anfang an; ~**'shine** *v. t.,* ~**shone** [aʊt'ʃɒn] **a)** *(shine brighter than)* heller leuchten als; **b)** *(fig.)* in den Schatten stellen
outside 1. [-'-, '--] *n. a) (external side)* Außenseite, *die;* **the** ~ **of the car is red** das Auto ist außen rot; **on the** ~: außen; **on the** ~ **of the door** außen an der Tür; **overtake sb. on the** ~ *(in driving)* jmdn. außen überholen; **b)** *(position on outer side)* **to/from the** ~: nach/von außen; **see a problem from the** ~: ein Problem als Außenstehender/Außenstehende sehen; **be kept on the** ~: ausgeschlossen bleiben; **c)** *(external appearance)* Äußere, *das;* äußere Erscheinung; **d)** *(of path etc.)* Rand, *der;* **at the [very]** ~ *(coll.)* äußerstenfalls; höchstens. **2.** [--] *adj.* **a)** *(of, on, nearer the* ~) äußer...; Außen⟨*wand, -tür, -antenne, -reparatur, -belag, -kajüte, -toilette, -ansicht, -durchmesser*⟩; *(remote)* **have only an** ~ **chance** nur eine sehr geringe Chance haben; **c)** *(not coming from or belonging within)* fremd ⟨*Hilfe*⟩; äußer... ⟨*Einfluß*⟩; Freizeit⟨*aktivitäten, -interessen*⟩; ~ **pressure** Druck von außen; **some** ~ **help** *(extra workers)* zusätzliche Arbeitskräfte; ~ **investment** Investitionen von außen; **an** ~ **opinion** die Meinung eines Außenstehenden; **the ex-convict had to adjust to the** ~ **world** der ehemalige Sträfling mußte sich an das Leben draußen gewöhnen; **d)** *(greatest possible)* maximal, höchst ⟨*Schätzung*⟩; **at an** ~ **estimate** maximal *od.* höchstens im Höchstfall. **3.** [-'-] *adv.* **a)** *(on the* ~) draußen; *(to the* ~) nach draußen; **the world** ~: die Außenwelt; **come from** ~: von draußen kommen; **seen from** ~ **it looks ...**: von [draußen] sieht es ... aus; **come** *or* **step** ~ *(as challenge to fight)* komm mal nach draußen vor die Tür; **who's that** ~**?** wer

ist das da draußen?; **b)** ~ *see* **4;** **c)** *(sl.: not in prison)* draußen *(ugs.).* **4.** [-'-] *prep.* **a)** *(on outer side of)* außerhalb (+ *Gen.*); ~ **the door** vor der Tür; draußen; **prowl about/ park** ~ **the house** ums Haus herumstreichen/vor dem Haus parken; **b)** *(beyond)* außerhalb (+ *Gen.*) ⟨*Reichweite, Festival, Familie*⟩; **it's** ~ **the terms of the agreement** es gehört nicht zu den Bedingungen der Abmachung; **this falls** ~ **the scope of ...**: das geht über den Rahmen von ... hinaus; **c)** *(to the* ~ *of)* aus ... hinaus; **go** ~ **the house** nach draußen gehen
outside: ~**'broadcast** *n. (Brit.)* Außenübertragung, *die;* ~ **'edge** *n. (Skating, Cricket)* Außenkante, *die;* ~ **'forward** *n. (Footb., Hockey)* Außenstürmer, *der;* ~ **'half** *n. (Rugby)* Flügelhalbspieler, *der;* ~ **'left** *n. (Footb., Hockey)* Linksaußen, *der*
outsider [aʊt'saɪdə(r)] *n.* **a)** *(non-member, person without special knowledge)* Außenstehende, *der/die;* **b)** *(Sport; also fig.)* Außenseiter, *der;* Outsider, *der*
outside: ~ **'right** *n. (Footb., Hockey)* Rechtsaußen, *der;* ~ **seat** *n.* Platz am Rand; ~ **'track** *n. (Racing)* Außenbahn, *die*
out: ~**size** *adj.* überdimensional; ~**size person/clothes** Person mit/Kleidung in Übergröße; ~**size shop/department** Geschäft/Abteilung für Übergrößen; ~**skirts** *n. pl.* Stadtrand, *der;* **on the** ~**skirts [of Paris]** am Stadtrand [von Paris]; **the** ~**skirts of the city** die Außenbezirke der Stadt; ~**'smart** *v. t. (coll.)* ausschmieren *(ugs.);* reinlegen *(ugs.);* ~**'spoken** *adj.* freimütig ⟨*Person, Kritik, Bemerkung, Kommentar*⟩; **the book was** ~**spoken on the subject** in dem Buch wurde das Thema freimütig *od.* offenherzig *od. (ugs.)* unverblümt behandelt; ~**spread** *adj.* ['--, *pred.* -'-] ausgebreitet; **he stood there, [with] arms** ~**spread** er stand mit ausgebreiteten Armen da; ~**-'standing** *adj.* **a)** *(conspicuous)* hervorstechend ⟨*Merkmal*⟩; **b)** *(exceptional)* hervorragend ⟨*Leistung, Redner, Künstler, Dienst*⟩; überragend ⟨*Bedeutung*⟩; außergewöhnlich ⟨*Person, Mut, Fähigkeit, Geschick*⟩; **not be** ~**standing** nicht überragend sein; ~**standing in courage and skill** außergewöhnlich mutig und geschickt; **of** ~**standing ability/ skill** außergewöhnlich fähig/geschickt; **be** ~**standing at skating** hervorragend Schlittschuh laufen können; **work of** ~**standing excellence** ganz hervorragende Arbeit; **c)** *(not yet settled)* ausstehend ⟨*Schuld, Verbindlichkeit, Geldsumme*⟩; offen, unbezahlt ⟨*Rechnung*⟩; unerledigt ⟨*Arbeit*⟩; ungelöst ⟨*Problem*⟩; **there's £5 still** ~**standing** es stehen noch 5 Pfund aus; **have work still** ~**standing** noch etwas zu erledigen haben; ~**standingly** [aʊt'stændɪŋlɪ] *adv.* außergewöhnlich ⟨*intelligent, gut, begabt*⟩; **not** ~**standingly** nicht besonders; **be** ~**standingly good at tennis/Latin** hervorragend Tennis spielen/Latein können; ~**station** *n.* Außenposten, *der;* ~**'stay** *v. t.* **a)** *(stay beyond)* überziehen ⟨*Urlaub*⟩; **b)** *(stay longer than)* länger bleiben als; *(surpass in staying power, endurance)* mehr Stehvermögen haben als; *see also* **welcome 2a;** ~**'step** *v. t.* hinausgehen über (+ *Akk.*); ~**stretched** *adj.* ausgestreckt; *(spread out)* ausgebreitet; ~**'strip** *v. t.* **a)** *(pass in running)* überholen; **b)** *(surpass in competition)* überflügeln; ⟨*Einsicht, Ressourcen, Ersparnisse*⟩; ~**takes** *n. pl. (Cinemat. etc.)* Ausschuß, *der;* ~**tray** *n.* Ablage für Ausgänge; ~**'vote** *v. t.* überstimmen
outward ['aʊtwəd] **1.** *adj.* **a)** *(external, apparent)* [rein] äußerlich; äußere ⟨*Erscheinung, Bedingung*⟩; **sb.'s** ~ **self** jmds. äußere Erscheinung; **with an** ~ **show of confidence** mit einem Anstrich von Selbstsicherheit; **an** ~ **display of fear** eine Demonstration der

Angst; ~ **form** Erscheinungsform, *die;* äußere Form; **b)** *(directed towards outside)* nach außen gerichtet ⟨*Neigung, Bewegung*⟩; *(going out)* Hin⟨*reise, -fracht*⟩; ~ **flow of money/traffic** Kapitalabfluß, *der*/abfließender Verkehr; **the ~ half of a return ticket** der Hinfahrtabschnitt einer Fahrkarte. **2.** *adv.* nach außen ⟨*aufgehen, richten*⟩; **be ~ bound [for New York]** ⟨*Schiff:*⟩ [mit Kurs auf New York *(Akk.)*] auslaufen; ⟨*Person:*⟩ [in Richtung New York] abreisen
outward-'bound *attrib. adj.* auslaufend (**for** nach) ⟨*Schiff*⟩; abreisend ⟨*Passagier*⟩
outwardly ['aʊtwədlɪ] *adv.* nach außen hin ⟨*Gefühle zeigen*⟩; öffentlich ⟨*Loyalität erklären*⟩
outwards *see* outward 2
out: ~'**weigh** *v.t.* schwerer wiegen als; überwiegen ⟨*Nachteile*⟩; [mehr als] wettmachen ⟨*Verluste*⟩; ~'**wit** *v.t.* -tt- überlisten; ~**work** *n.* **a)** *(part of fortification)* ~work[s] Vorfestung, *die;* Vorwerk, *das;* Außenbefestigung, *die;* **b)** *(work)* Arbeit außerhalb des Betriebs; Heimarbeit, *die;* ~**worker** *n. jmd.,* der außerhalb des Betriebs arbeitet; Heimarbeiter, *der*/-arbeiterin, *die;* ~'**worn** *adj. (obsolete)* veraltet ⟨*Brauch, Ansicht, Lehre, Theorie*⟩
ova *pl. of* ovum
oval ['əʊvl] **1.** *adj.* **a)** länglichrund ⟨*Form*⟩; eiförmig ⟨*Ball*⟩; **b)** *(having outline of egg)* oval; **O~ Office** Büro des US-Präsidenten im Weißen Haus. **2.** *n.* Oval, *das*
ovary ['əʊvərɪ] *n. (Anat.)* Ovarium, *das;* Eierstock, *der; (Bot.)* Ovarium, *das;* Fruchtknoten, *der*
ovation [əʊ'veɪʃn] *n.* Ovation, *die;* begeisterter Beifall; **get an ~ for sth.** Ovationen *od.* begeisterten Beifall für etw. bekommen; **a standing ~** stehende Ovationen
oven ['ʌvn] *n.* [Back]ofen, *der;* **put sth. in the ~ for 40 minutes** etw. 40 Minuten backen; **cook in a hot/moderate/slow ~:** bei starker/mäßiger/schwacher Hitze backen/braten/schmoren; **it's like an ~ in here** hier ist es warm wie in einem Backofen; **have a bun in the ~** *(sl.)* ein Kind kriegen *(ugs.)*
oven: ~-**cloth** *n.* Topflappen, *der;* ~-**fresh** *adj.* ofenfrisch; ~-**glove** *n.* Topfhandschuh, *der;* ~-**proof** *adj.* feuerfest; ~-**ready** *adj.* backfertig ⟨*Pommes frites, Pastete*⟩; bratfertig ⟨*Geflügel*⟩; ~-**to-table** *adj.* feuerfest ⟨*Geschirr*⟩; ~**ware** *n., no pl.* feuerfestes Geschirr
over ['əʊvə(r)] **1.** *adv.* **a)** *(outward and downward)* hinüber; **kick ~:** umstoßen; **b)** *(so as to cover surface)* **draw/board/cover ~:** zuziehen/-nageln/-decken; **paint ~:** [an]streichen ⟨*Raum, Wand*⟩; überstreichen ⟨*Inschrift*⟩; **c)** *(with motion above sth.)* **climb/look/jump ~:** hinüber- *od. (ugs.)* rüberklettern/-sehen/-springen; **boil ~:** überkochen; **this goes under and that goes ~:** dies kommt darunter und das darüber; **d)** *(so as to reverse position etc.)* herum; **change ~:** umschalten ⟨*Programm, Sender*⟩; austauschen ⟨*Bilder, Format*⟩; **switch ~:** umschalten ⟨*Programm, Sender*⟩; **it rolled ~ and ~:** es rollte und rollte; **e)** *(across a space)* hinüber; *(towards speaker)* herüber; **row ~ to a place** an einen Ort hinüberrudern; **he swam ~ to us/the other side** er schwamm zu uns herüber/hinüber zur anderen Seite; **fly ~:** vorüberfliegen; **drive sb. ~ to the other side of town** jmdn. an andere Ende der Stadt fahren; **be ~** *(have arrived)* drüben [angekommen] sein; ~ **here/there** *(direction)* hier herüber/dort hinüber; *(location)* hier/dort; **they are ~ [here] for the day** sie sind einen Tag hier; **ask sb. ~ [for dinner]** jmdn. [zum Essen] einladen; ~ **against** *(opposite)* gegenüber; *(in contrast to)* im Gegensatz zu; **f)** *(with change from one to another)* |**come in, please,|** ~ *(Radio)* übernehmen Sie bitte; ~ **and out** *(Radio)* Ende; **and now, ~ to** ...

(Radio) wir schalten jetzt um nach ...; **and it's ~ to you** jetzt bist du dran; *(Radio)* ich übergebe an Sie; **g)** *(in excess etc.)* **children of 12 and ~:** Kinder im Alter von zwölf Jahren und darüber; **there are two cakes each and one ~:** es sind zwei Kuchen für jeden da und einer übrig; **be [left] ~:** übrig[geblieben] sein; **have ~:** übrig haben ⟨*Geld*⟩; *(in cards)* übrig haben ⟨*Spielkarte*⟩; **9 into 28 goes 3 and 1 ~:** 28 geteilt durch neun ist gleich 3, Rest 1; **it's a bit ~** *(in weight)* es ist ein bißchen mehr; **do you want it ~ or under?** darf es mehr oder soll es weniger sein?; **run three minutes ~:** drei Minuten über die Zeit laufen; **£50 ~ and above** obendrein noch *od.* überdies noch 50 Pfund; **h)** *(from beginning to end)* von Anfang bis Ende; **say sth. twice ~:** etw. wiederholen *od.* zweimal sagen; **[all]** ~ **again,** *(Amer.)* ~**:** noch einmal [ganz von vorn]; ~ **and** ~ **[again]** immer wieder, wieder und wieder *(geh.);* **several times ~:** mehrmals; **i)** *(at an end)* vorbei; vorüber; **be ~:** vorbei sein; *(Aufführung:)* zu Ende sein; **the rain is ~:** der Regen hat aufgehört; **get sth. ~ with** etw. hinter sich *(Akk.)* bringen; **be ~ and done with** erledigt sein; **j) all ~** *(completely finished)* aus [und vorbei]; *(in or on one's whole body etc.)* überall; *(in characteristic attitude)* typisch; **it is all ~ with him** es ist aus mit ihm *(ugs.);* **I ache all ~:** mir tut alles weh; **be shaking all ~:** am ganzen Körper zittern; **be wet all ~:** völlig naß sein; **the dog licked her all ~:** der Hund leckte sie von oben bis unten ab; **I feel stiff all ~:** ich bin ganz steif; **embroidered with flowers** ganz mit Blumen bestickt; **it happens all ~** *(Amer.: everywhere)* das kommt überall vor; **that is him/sth. all ~:** das ist typisch für ihn/etw.; **k)** *(overleaf)* umseitig; rückseitig; **auf der Rückseite**; **see ~:** siehe Rückseite. **2.** *prep.* **a)** *(above)* *(indicating position)* über *(+ Dat.); (indicating motion)* über *(+ Akk.);* **bent ~ his books** über seine Bücher gebeugt; **his crime will hang ~ him until he dies** sein Verbrechen wird ihn bis zu seinem Tode verfolgen; **b)** *(on) (indicating position)* über *(+ Dat.); (indicating motion)* über *(+ Akk.);* **hit sb. ~ the head** jmdm. auf den Kopf schlagen; **carry a coat ~ one's arm** einen Mantel über dem Arm tragen; **tie a piece of paper ~ a jar** ein Stück Papier auf einem Glas befestigen; **c)** *(in or across every part of)* [überall] in *(+ Dat.); (to and fro upon)* über *(+ Akk.); (all through)* durch; **all ~ the country** etw. im ganzen Land verkaufen/das ganze Land bereisen; **all ~ Spain** überall in Spanien; in ganz Spanien; **all ~ everything** überall; **you've got jam all ~ your face** du hast überall im Gesicht Marmelade; **she spilt wine all ~ her skirt** sie hat sich *(Dat.)* Wein über den ganzen Rock geschüttet; **all ~ the world** in der ganzen Welt; **be all ~ sb.** *(sl.: be very attentive to)* sich an jmdn. ranschmeißen *(salopp);* **show sb. ~ the house** jmdm. das Haus zeigen; ~ **all** *see* **overall 3; d)** *(round about) (indicating position)* über *(+ Dat.); (indicating motion)* über *(+ Akk.);* **a sense of gloom hung ~ him** ihn umgab eine gedrückte Stimmung; **doubt hangs ~ the authenticity of the diaries** es besteht *od.* bestehen Zweifel an der Echtheit der Tagebücher; **on account of** wegen; **laugh ~ sth.** über etw. *(Akk.)* lachen; **f)** *(engaged with)* bei; **take trouble ~ sth.** *(Dat.)* mit etw. Mühe haben; **a long time ~ sth.** lange für etw. brauchen; **fall asleep ~ one's work** bei der Arbeit einschlafen; **e) work/dinner/a cup of tea/a bottle** bei der Arbeit/beim Essen/bei einer Tasse Tee/einer guten Flasche; **~ the telephone** am Telefon; **g)** *(superior to, in charge of)* über *(+ Dat.);* **have command/authority**

~ **sb.** Befehlsgewalt über jmdn./Weisungsbefugnis gegenüber jmdm. haben; **be ~ sb.** *(in rank)* über jmdm. stehen; **h)** *(beyond, more than)* über *(+ Akk.);* **an increase ~ last year's total** eine Zunahme gegenüber der letztjährigen Gesamtmenge; **it's been ~ a month since ...:** es ist über einen Monat her, daß ...; ~ **and above** zusätzlich zu; **i)** *(in comparison with)* **a decrease ~ last year** eine Abnahme gegenüber dem letzten Jahr; **j)** *(out and down from etc.)* über *(+ Akk.);* **look ~ a wall** über eine Mauer sehen; **the window looks ~ the street** das Fenster geht zur Straße; **fall ~ a cliff** von einem Felsen stürzen; **jump ~ a precipice** in einen Abgrund springen; **k)** *(across)* über *(+ Akk.);* **the pub ~ the road** die Wirtschaft auf der anderen Straßenseite *od.* gegenüber; **~ sea and land/hill and dale** über Meer und Land/Berg und Tal; **climb ~ the wall** über die Mauer steigen *od.* klettern; **be safely ~ an obstacle** sicher über ein Hindernis gekommen sein; **be ~ the worst** das Schlimmste hinter sich *(Dat.)* od. überstanden haben; **come from ~ the wall** ⟨*Lärm:*⟩ von der anderen Seite der Mauer kommen; **be ~ an illness** eine Krankheit überstanden haben; **l)** *(throughout, during)* ~ **the weekend/Wednesday** über Weihnachten/das Wochenende/bis Donnerstag bleiben; ~ **the summer** den Sommer über; ~ **the past years** in den letzten Jahren; **mellow ~ the years** ⟨*Person:*⟩ mit den Jahren abgeklärter werden; **m)** *(Math.: divided by)* [geteilt] durch. **3.** *n. (Cricket)* Over, *das;* [Anzahl von] 6/*(esp. in Australia)* 8 Würfel[n]; *see also* maiden over

over: ~-**a'bundant** *adj.* überreichlich; ~-**a'chieve** *v.i. (Psych.)* über Leistungsüberschuß haben; ~'**act 1.** *v.t.* übertrieben spielen ⟨*Rolle, Theaterstück*⟩; chargieren ⟨*Nebenrolle*⟩. **2.** *v.i.* übertreiben; ~'**active** *adj.* hyperaktiv; **have an ~active thyroid** an Schilddrüsenüberfunktion leiden; ~-'**age** *adj.* zu alt; ~**all 1.** *n. (Brit.: garment)* Arbeitsmantel, *der;* Arbeitskittel, *der;* in pl. **[pair of]** ~**alls** Overall, *der; (with a bib and strap top)* Latzhose, *die;* **2.** *adj.* **a)** *(from end to end; total)* Gesamt⟨*breite, -einsparung, -klassement, -abmessung*⟩; **have an ~all majority** die absolute Mehrheit haben; **b)** *(general)* allgemein ⟨*Verbesserung, Wirkung*⟩; **3.** *adv.* **a)** *(in all parts)* insgesamt; **a ship dressed ~all** ein in den Toppen geflaggtes Schiff; **b)** *(taken as a whole)* im großen und ganzen; **come fourth ~all** *(Sport)* Vierter/Vierte der Gesamtwertung werden); ~-**am'bitious** *adj.* allzu ehrgeizig ⟨*Projekt, Plan*⟩; ~-'**anxiety** *n.* übergroße Sorge **(about** um); ~-'**anxious** *adj.* **be ~-anxious to do sth.** etw. unbedingt tun wollen; **be ~-anxious about making mistakes** übermäßig besorgt sein, Fehler zu machen; ~**arm 1.** *adj.* **a)** *(Cricket)* ~**arm bowling** Werfen mit über die Schulter erhobenem Arm; **b)** *(Swimming)* ~**arm stroke** Zug, bei dem ein Arm/beide Arme aus dem Wasser gehoben wird/werden; **c)** *(Tennis)* ~**arm service** Aufschlag von oben; **2.** *adv.* mit über die Schulter erhobenem Arm ⟨*werfen, aufschlagen*⟩; ~'**awe** *v.t.* Ehrfurcht einflößen *(+ Dat.);* ⟨*Waffe, Anzahl:*⟩ einschüchtern; **they were ~awed by the splendour** die Pracht flößte ihnen Ehrfurcht ein; ~'**balance 1.** *v.i.* **a)** ⟨*Person:*⟩ das Gleichgewicht verlieren, aus dem Gleichgewicht kommen; **b)** *(capsize)* ⟨*Gegenstand:*⟩ umkippen; ⟨*Boot:*⟩ kentern; **2.** *v.t.* **a)** aus dem Gleichgewicht bringen ⟨*Person*⟩; **b)** *(capsize)* umkippen ⟨*Gegenstand*⟩; zum Kentern bringen ⟨*Boot*⟩; ~'**bearing** *adj.,* ~**bearingly** [əʊvə'beərɪŋlɪ] *adv.* herrisch; ~'**bid 1.** [--'-] *v.t.,* forms as bid 1 b überbieten ⟨*Händler, Geg-*

ner, Gebot⟩; 2. [--'-] v.i., forms as bid 2 (Bridge) überrufen; 3. ['---] n. höheres Angebot; Übergebot, das; (higher than justified) überhöhtes Angebot; ~**blouse** n. Überziehbluse, die; ~'**blown** adj. a) (past its prime, lit. or fig.) verblühend; be ~-blown [fast] verblüht sein; b) (inflated or pretentious) geschraubt, gestelzt, gespreizt ⟨Stil, Prosa⟩; ~**board** adv. über Bord; **fall** ~**board** über Bord gehen; **go** ~**board** (fig. coll.) ausflippen (ugs.) (about wegen); ~'**book** v.t. überbuchen; ~**boot** n. Überschuh, der; ~'**burden** v.t. (fig.) überlasten ⟨System, Person⟩ (by mit); **I don't want to** ~**burden you** ich möchte Sie nicht überbeanspruchen; **be** ~**burdened with care/grief** zuviele Sorgen/zuviel Kummer haben; ~**call** (Bridge) 1. [--'-] v.t. überbieten ⟨Gegner, Gebot⟩; 2. [--'-] v.i. (Brit.) überrufen; ein Übergebot od. abgeben; 3. ['---] n. Übergebot, das; höheres Gebot; ~~'**careful** adj. übervorsichtig; ~'**cast** adj. a) trübe ⟨Wetter, Himmel, Tag⟩; bewölkt ⟨Himmel, Nacht⟩; bedeckt, bezogen ⟨Himmel⟩; b) (Sewing) überwendlich ⟨Naht⟩; ~'**charge** 1. v.t. a) (charge beyond reasonable price) zuviel abnehmen od. abverlangen (+ Dat.); **we were** ~**charged for the eggs** wir haben für die Eier zuviel od. einen überhöhten Preis bezahlt; b) (charge beyond right price) zuviel berechnen (+ Dat.); ~**charge sb. by 25p** jmdm. 25 Pence zuviel berechnen; c) (put too much charge into) überladen ⟨Batterie⟩; über[be]lasten ⟨Elektrogerät⟩; 2. v.i. zuviel berechnen; ~**coat** n. a) (coat) Mantel, der; b) (of paint) Anstrich, der; ~'**come** 1. v.t. forms as come 1: a) (prevail over) überwinden; bezwingen ⟨Feind⟩; ablegen ⟨Angewohnheit⟩; widerstehen (+ Dat.) ⟨Versuchung⟩; ⟨Schlaf:⟩ überkommen, übermannen; ⟨Dämpfe⟩ betäuben; **b)** in p.p. (exhausted, affected) **he was** ~**come by grief/with emotion** Kummer/Rührung übermannte od. überwältigte ihn; **she was** ~**come by fear/shyness** Angst/Schüchternheit überkam od. überwältigte sie; **they were too** ~**come with fatigue** sie waren zu müde; ~**come with loneliness** von Einsamkeit übermannt; **they were** ~**come with remorse** Reue befiel sie; **I'm quite** ~**come** ich bin ganz überwältigt; 2. v.i., forms as come siegen; siegreich sein; ~~'**compen'sation** n. (Psych.) Überkompensation, die; ~'**confidence** n. übersteigertes Selbstvertrauen; ~'**confident** adj. übertrieben zuversichtlich; **be** ~**confident of success** sich (Dat.) des Erfolges allzu sicher sein; ~'**confidently** adv. übertrieben zuversichtlich; ~'**cooked** adj. verkocht; ~'**critical** adj. zu kritisch; überkritisch; **be** ~**critical of sth.** etw. zu sehr kritisieren; ~'**crowded** adj. überfüllt ⟨Zug, Bus, Raum⟩; übervölkert ⟨Stadt⟩; ~'**crowding** n. (of room, bus, train) Überfüllung, die; (of city) Übervölkerung, die; ~**de'velop** v.t. (Photog.) überentwickeln; ~**de'veloped** adj. unterentwickelt; frühreif ⟨Kind, Jugendliche⟩; ~'**do** v.t. ~'**doing** [əʊvə-'duːɪŋ], ~'**did** [əʊvə'dɪd], ~'**done** [əʊvə'dʌn] a) (carry to excess) übertreiben; überladen ⟨Geschichte⟩; übertrieben spielen ⟨Rolle, Szene⟩; ~**do one's gratitude/the sympathy** es mit der Dankbarkeit/dem Mitleid übertreiben; ~**do the salt** zu großzügig mit dem Salz umgehen; b) ~**do it** or **things** (work too hard) sich übernehmen; (exaggerate) es übertreiben; ~'**done** adj. a) (exaggerated) übertrieben; b) (cooked too much) verkocht; verbraten ⟨Fleisch⟩; ~'**dose** 1. ['---] n. Überdosis, die; 2. [--'-] v.t. eine Überdosis geben (+ Dat.); 3. v.i. eine Überdosis nehmen; ~**draft** n. Kontoüberziehung, die; **have an** ~**draft of £50 at the bank** sein Konto um 50

Pfund überzogen haben; **get/pay off an** ~**draft** einen Überziehungskredit erhalten/abbezahlen; ~'**draw** v.t., forms as draw 1 (Banking) überziehen ⟨Konto⟩; ~'**drawn** adj. überzogen ⟨Konto⟩; **I am** ~**drawn [at the bank]** mein Konto ist überzogen; ~'**dress** v.i. sich zu fein anziehen; ~'**dressed** adj. zu fein angezogen; overdressed (geh.); ~'**drive** n. (Motor Veh.) Overdrive, der; Schongang, der; ~'**due** adj. überfällig; **the train is 15 minutes** ~**due** der Zug hat schon 15 Minuten Verspätung; **your rent is** ~**due** Ihre Miete steht noch aus; ~-'**eager** adj. übereifrig; **be** ~**eager to do sth.** sich übereifrig bemühen, etw. zu tun; **we weren't** ~-**eager to go back** wir waren nicht gerade wild darauf, zurückzukehren (ugs.); ~'**eat** v.i., forms as eat zuviel essen; ~**eating** übermäßiges Essen; ~~-**e'laborate** adj. allzu od. übertrieben kunstvoll ⟨Konstruktion, Frisur, Stil⟩; allzu ausgefeilt ⟨Plan⟩; allzu ausgeklügelt ⟨Plan, Entschuldigung⟩; ~'**emphasis** n. Überbetonung, die; ~-'**emphasize** v.t. überbetonen; **one cannot** ~-**emphasize the importance of this** man kann nicht genug betonen, wie wichtig das ist; ~-**enthusi'astic** adj. übertrieben begeistert (**at, about** von); ~'**estimate** 1. [əʊvər'ɛstɪmət], 2. [əʊvər'ɛstɪmət] v.t. zu hoch einschätzen; ~**estimate one's own importance** sich zu wichtig nehmen (ugs.); 2. [əʊvər'ɛstɪmət] n. zu hohe Schätzung; ~**ex'cite** v.t. zu sehr aufregen ⟨Patient⟩; **become** ~-**excited** ganz aufgeregt werden; ~-**ex'citement** n. Überreizung, die; ~-**ex'ert** v. refl. sich überanstrengen; ~-**ex'pose** v.t. a) (Photog.) überbelichten; b) be ~-**exposed to sth.** einer Sache (Dat.) im Übermaß ausgesetzt sein; **he is becoming** ~-**exposed** (on TV) man hört und sieht ihn über (ugs.); ~-**ex'posure** n. (Photog.) Überbelichtung, die; b) (to radiation) übermäßige Belastung (by durch); (by the media) zu häufige Präsentation (by durch); ~'**feed** v.t., forms as feed 1 überfüttern ⟨Tier, (fam.) Kind⟩; ~'**fill** v.t. zu voll machen; ~ '**fish** v.t. überfischen; ~**fishing** Überfischung, die; ~'**flight** n. Überflug, der; ~'**flow** 1. [--'-] v.t. a) (flow over) laufen über (+ Akk.) ⟨Rand⟩; b) (flow over brim of) überlaufen aus ⟨Tank⟩; **a river** ~**flowing its banks** ein Fluß, der über die Ufer tritt; c) (extend beyond limits of) ⟨Menge, Personen:⟩ nicht genug Platz finden in (+ Dat.); d) (flood) überschwemmen ⟨Feld⟩; 2. v.i. a) (flow over edge or limit) überlaufen; **be filled/full with** ⟨Raum:⟩ zum Überlaufen voll sein; ⟨Flüssigkeitsbehälter:⟩ zum Überlaufen voll sein; ⟨Schublade:⟩ fast überquellen; ~**flow into the street** ⟨Menge:⟩ bis auf die Straße stehen; b) (fig.) ⟨Herz, Person:⟩ überfließen (geh.), überströmen (with vor + Dat.); 3. ['---] n. a) (what flows over, lit. or fig.) **the** ~**flow** was weggelaufen ist; das Übergelaufene; **the** ~**flow from the cities** die Menschen, für die in den Städten kein Platz ist; ~**flow of population** Bevölkerungsüberschuß, der; b) (outlet) ~**flow [pipe]** Überlauf, der; ~'**flow meeting** n. Parallelversammlung, die; ~ '**fly** v.t., forms as ²**fly 2: a)** (fly over) überfliegen; **b)** (fly beyond) hinausschießen über (+ Akk.) ⟨Landebahn⟩; ~'**fond** adj. **be/not be** ~**fond of sb./sth.** jmdn./etw. nur zu gern/nicht sonderlich mögen; **be/not be** ~**fond of doing sth.** etw. nur zu gern/nicht sonderlich gern tun; ~'**fondness** n., no pl. übertriebene Vorliebe (**for** für); ~**ful'fil** (Amer.: ~**ful'fill**) v.t. übererfüllen ⟨Plan|soll, Plan⟩; ~**ful'filment** (Amer.: ~**ful'fillment**) n. Übererfüllung, die; ~'**full** adj. zu voll; ~~'**generous** adj. zu od. übertrieben großzügig ⟨Person⟩; reichlich groß ⟨Portion⟩; **you weren't** ~-**generous with the butter** mit der Butter bist du ja nicht gerade ver-

schwenderisch umgegangen; ~**ground** adj. oberirdisch ⟨Krypta, Pflanzenteil⟩; oberirdisch verkehrend ⟨Bahn⟩; ~'**grow** v.t., forms as grow 2 überwachsen, überwuchern ⟨Beet⟩; ~'**grown** adj. a) überwachsen, überwuchert ⟨Beet⟩ (**with** von); b) **he acts like an** ~**grown schoolboy** er führt sich auf wie ein großes Kind; ~**hand knot** n. einfacher Knoten; ~**hang** 1. [--'-] v.t. ~**hung** [əʊvə'hʌŋ] ⟨Felsen, Stockwerk:⟩ hinausragen über (+ Akk.); 2. [--'-] v.i. ~**hung** ⟨Fels, Klippe:⟩ überhängen; 3. ['---] n. Überhang, der; **rock** ~**hang** Felsvorsprung, der; Überhang, der; ~'**hanging** adj. überhängend; ~~'**hasty** adj. vorschnell, übereilt ⟨Urteil, Verurteilung, Entschluß, Schluß, Antwort⟩; **be** ~**hasty in doing sth.** etw. vorschnell od. übereilt tun; ~**haul** 1. [--'-] v.t. a) (examine and adjust) überholen ⟨Auto, Schiff, Maschine, Motor⟩; überprüfen ⟨System⟩; b) (overtake) überholen ⟨Fahrzeug, Person⟩; 2. ['---] n. Überholung, die; **need an** ~**haul** ⟨Maschine:⟩ überholt werden müssen; ⟨System:⟩ überarbeitet werden müssen; **give sth. an** ~**haul** etw. überholen; ~**head** 1. [--'-] adv. **high** ~**head** hoch oben; **the sky** ~**head** der Himmel darüber; (above me/him/us etc.) der Himmel über mir/ihm/uns usw.; **the clouds** ~**head** die Wolken am Himmel; **hear a sound** ~**head** ein Geräusch über sich (Dat.) hören; 2. ['---] adj. **the** ~**head wires** Hochleitung, die; ~**head cable** Luftkabel, das; Freileitung, die; ~**head railway** Hochbahn, die; ~**head lighting** Deckenbeleuchtung, die; ~**head projector** Overheadprojektor, der; ~**head expenses/charges/costs** (Commerc.) Gemeinkosten Pl.; 2. ['---] n. a) ~**heads**, (Amer.) ~**head** (Commerc.) Gemeinkosten Pl.; b) (Sport) Überkopfball, der; ~'**hear** v.t., forms as hear 1 (accidentally) zufällig [mit]hören, mitbekommen ⟨Unterhaltung, Bemerkung⟩; (intentionally) belauschen ⟨Gespräch, Personen⟩; **speak quietly, so that we can't be** ~**heard** sprich leise, damit niemand etwas mitbekommt; abs. **not want sb. to** ~**hear** nicht wollen, daß jmd. mithört; ~'**heat** 1. v.t. überhitzen ⟨Motor, Metall usw.⟩; ~**heated imagination** überdrehte Phantasie; ~**heated economy** überhitzte Konjunktur; 2. v.i. zu heiß werden; ⟨Maschine, Lager:⟩ heißlaufen; (fig.) ⟨Konjunktur:⟩ sich überhitzen; ~-**in'dulge** 1. v.t. zu sehr frönen (geh.) (+ Dat.) ⟨Appetit⟩; ~-**indulge a child** einem Kind gegenüber zu nachgiebig sein; ~-**indulge oneself** sich allzusehr gehen lassen; 2. v.i. es übertreiben; ~-**indulge in food and drink** sich an Essen und Trinken mehr als gütlich tun; ~-**in'dulgence** n. übermäßiger Genuß (**in** von); (towards a person) allzu große Nachgiebigkeit; ~~-**indulgence in drink/drugs/sex** übermäßiges Trinken/übermäßiger Drogengenuß/zuviel Sex; ~-**in'dulgent** adj. unmäßig; (towards a person) zu nachgiebig; ~-**in'sured** adj. zu hoch versichert

overjoyed [əʊvə'dʒɔɪd] adj. überglücklich (**at** über + Akk.)

over: ~**kill** n. (Mil.) Overkill, das od. der; ~**land** 1. [--'-] adv. auf dem Landweg; 2. ['---] adj. **by the** ~**land route** auf dem Landweg; ~**land transport/journey** Beförderung/Reise auf dem Landweg; ~'**lap** 1. [--'-] v.t. überlappen ⟨Fläche, Dachziegel⟩; teilweise überdecken ⟨Farbe⟩; sich teilweise überschneiden mit ⟨Aufgabe, Datum⟩; 2. [--'-] v.i. ⟨Flächen, Dachziegel:⟩ sich überlappen; ⟨Aufgaben, Daten, Zuständigkeitsbereiche:⟩ sich überschneiden; ⟨Farben:⟩ sich teilweise überdecken; ⟨Bretter:⟩ sich teilweise überdecken; ⟨Bretter:⟩ teilweise übereinanderliegen; 3. ['---] n. a) Überlappung, die; (of colours) teilweise Überdeckung, (of dates or tasks: between subjects, periods, etc.) Überschneidung, die; **have an** ~**lap of 4 cm** ⟨Bretter usw.:⟩ sich auf einer Breite von

503

4 cm überdecken; **b)** *(~lapping part)* Überlappung, *die; (between map-sheets)* sich überschneidende Teile; **~-'large** *adj.* übergroß; **~-large for sth.** zu groß für etw.; **~lay 1.** [-'-] *v. t., forms as* ²lay **1: a)** *(cover)* bedecken; *(with film, veneer)* überziehen; **b)** *see* **~lie; 2.** ['---] *n.* **a)** *(cover)* Überzug, *der;* **b)** *(transparent sheet)* Auflegefolie, *die;* **~leaf** *adv.* auf der Rückseite; **see diagram ~leaf** siehe das umseitige Diagramm; **see ~leaf for details** Details siehe auf der Rückseite; **~'lie** *v. t., forms as* ²lie **2** überlagern; **~load 1.** [-'-] *v. t.* überladen *(auch fig.),* überlasten ⟨*Stromkreis, Lautsprecher usw.*⟩; überbelasten ⟨*Maschine, Motor, Redner usw.*⟩; **2.** *v. i.* überbelastet werden; **3.** ['---] *n.* *(Electr.)* Überlastung, *die;* **~'long** *adj.* überlang; **~'look** *v. t.* **a)** *(have view of)* ⟨*Hotel, Zimmer, Haus:*⟩ Aussicht haben *od.* bieten auf (+ *Akk.*); **house ~looking the lake** Haus mit Blick auf den See; **b)** *(be higher than)* überragen; **c)** *(not see, ignore)* übersehen; *(allow to go unpunished)* hinwegsehen über (+ *Akk.*) ⟨*Vergehen, Beleidigung*⟩; **~lord** *n.* Oberherr, *der*

overly ['əʊvəlɪ] *adv.* allzu

over: **~'man** *v. t.* überbesetzen; **~mantel** *n.* Kaminaufsatz, *der;* **~'modest** *adj.* zu bescheiden; **~-'much 1.** *adj.* allzu viel; **2.** *adv.* allzusehr

overnight 1. [-'-] *adv. (also fig.: suddenly)* über Nacht; **stay ~ in a hotel** in einem Hotel übernachten; **2.** ['---] *adj.* **a)** **~ train/bus** Nachtzug, *der*/Nachtbus, *der;* **~ stay** Übernachtung, *die;* **make an ~ stay** übernachten; **b)** *(fig.: sudden)* **be an ~ success** über Nacht Erfolg haben

overnight: **~ bag** *n.* [kleine] Reisetasche; **~ case** *n.* Handköfferchen, *das*

over: **~pass** *see* **flyover; ~'pay** *v. t., forms as* **pay 2** überbezahlen; **~'payment** *n.* Überbezahlung, *die;* **receive an ~payment of £20** 20 Pfund zuviel bekommen; **~'play** *v. t.* **a)** *(overact)* übertrieben spielen ⟨*Rolle*⟩; **b)** *(exaggerate)* hochspielen ⟨*Faktor, Bedeutung*⟩; **~play one's hand** *(Cards)* sich überreizen; *(fig.)* den Bogen überspannen; **~-'populated** *adj.* überbevölkert; **~-popu'lation** *n.* Übervölkerung, *die;* **~'power** *v. t.* **a)** *(subdue, overwhelm)* überwältigen; *(wrestling)* bezwingen; **b)** *(render imperceptible)* überdecken *(fig.);* **~'powered** *adj. (Motor Veh.)* übermotorisiert; **~'powering** [əʊvə'paʊərɪŋ] *adj.* überwältigend; durchdringend ⟨*Geruch*⟩; **the heat was ~powering** die Hitze war unerträglich; **I find him a bit ~powering** seine Art ist mir manchmal zu viel; **~'praise** *v. t.* zu sehr loben; **~-'priced** [əʊvə'praɪst] *adj.* zu teuer; **~'print 1.** [-'-] *(print too many/extra copies of)* **~print sth. by 100 copies** 100 Exemplare zuviel/mehr von etw. drucken; **b)** ['---] *(print further matter on, print over)* überdrucken **(with mit); 2.** ['---] *n.* [zusätzlicher] Aufdruck, *der; (on stamp also)* Überdruck, *der;* **~-pro'duce** *v. t.* **~-produce milk/steel** *etc.* zuviel Milch/Stahl *usw.* produzieren; **~-pro'duction** *n., no pl., no indef. art.* Überproduktion, *die;* **~pro'tective** *adj.* überfürsorglich **(towards** gegenüber**); ~-'qualified** *adj.* überqualifiziert; **~'rate** *v. t.* **~rated** überschätzt werden; ⟨*Buch, Film:*⟩ überbewertet werden; **~'reach** *v. refl.* sich übernehmen; **~-re'act** *v. i.* unangemessen heftig reagieren **(to** auf + *Akk.***); ~-re'action** *n.* Überreaktion, *die;* **~'ride 1.** [-'-] *v. t., forms as* **ride 3** hinwegsetzen über (+ *Akk.*); **be ~ridden** mißachtet werden; **2.** ['---] *n. (control)* [manual] **~ride** Automatikabschaltung, *die;* **~'riding** *adj.* vorrangig; **be of ~riding importance** wichtiger als alles andere sein; **~'ripe** *adj.* überreif; **~'rule** *v. t. (set aside)* aufheben ⟨*Entscheidung*⟩; zurückweisen ⟨*Einwand,*

Appell, Forderung, Argument⟩; **b)** *(reject proposal of)* **~rule sb.** jmds. Vorschlag ablehnen; **be ~ruled by the majority** von der Mehrheit überstimmt werden; **objection ~ruled!** Einspruch abgelehnt!; **~'run** [-'-] *v. t., forms as* **run 3: a) be ~run with** überlaufen sein von ⟨*Touristen*⟩; überwuchert sein von ⟨*Unkraut*⟩; wimmeln von ⟨*Mäusen, Schädlingen*⟩; **b)** *(Mil.)* einfallen in (+ *Akk.*) ⟨*Land*⟩; überrennen ⟨*Stellungen*⟩; *(exceed)* **~run its allotted time** ⟨*Programm, Treffen, Diskussion:*⟩ länger als vorgesehen dauern; **~run [one's time]** ⟨*Dozent, Redner:*⟩ überziehen; *abs.* **the programme ~ran by five minutes** die vorgesehene Sendezeit wurde um fünf Minuten überzogen; **~'scrupulous** *adj.* übertrieben gewissenhaft; **he is not ~scrupulous about that** damit nimmt er es nicht allzu genau; **~'seas 1.** [-'-] *adv.* in Übersee ⟨*leben, sein, sich niederlassen*⟩; nach Übersee ⟨*gehen*⟩; **colonies ~seas** überseeische Kolonien; Überseekolonien; **2.** ['---] *adj. (across the sea)* Übersee*(postgebühren, -handel, -telefonat);* **~seas broadcasting** Sendungen für Hörer in Übersee; **b)** *(foreign)* Auslands⟨*hilfe, -zulage, -ausgabe, -nachrichten*⟩; ausländisch ⟨*Student*⟩; **~seas visitors/ambassadors** Besucher/Botschafter aus dem Ausland; **~-'see** *v. t., forms as* ¹see **1** überwachen; *(manage)* leiten ⟨*Abteilung*⟩; **b)** *see* **supervise; ~'seer** *n. see* **supervisor; ~'sell** *v. t.* **a)** *(overpraise)* zu sehr anpreisen; **b)** *(sell too much of)* **~sell one's goods** mehr Waren verkaufen, als man liefern kann; **~-'sensitive** *adj.* überempfindlich; übersensibel; **~'sew** *v. t., forms as* **sew 1** überwendlich nähen; **~-'sexed** [əʊvə'sekst] *adj.* sexbesessen; **~'shadow** *v. t. (lit. or fig.)* überschatten; *(fig.: make seem minor)* in den Schatten stellen ⟨*Leistung, Person*⟩; **~shoe** *n.* Überschuh, *der;* **~'shoot** *v. t., forms as* **shoot 2** hinausschießen über (+ *Akk.*); *(Abzweigung)* **~shoot the mark** *(fig.)* über das Ziel hinausschießen; **~shoot [the runway]** ⟨*Pilot, Flugzeug:*⟩ zu weit kommen; **~'sight** *n.* **a)** Versehen, *das;* **by or through an ~sight** versehentlich; **b)** *see* **supervision; ~-'simplifi'cation** *n.* zu starke Vereinfachung; **~-'simplify** *v. t.* zu stark vereinfachen; **~'size, ~sized** *see* **outsize; ~'sleep** *v. i., forms as* **sleep 2** verschlafen; **~sleep by half an hour** eine halbe Stunde zu lange schlafen; **~-so'licitous** *adj.* übermäßig *od.* allzu besorgt; **~-'spend 1.** *v. i.* zuviel [Geld] ausgeben; **~-spending** *zu* hohe Ausgaben; **~spend by £100** 100 Pfund zuviel ausgeben; **2.** *v. t.* überschreiten, überziehen ⟨*Etat, Budget, Einkommen*⟩; **~spill** *n.* **a)** *(surplus population)* Bevölkerungsüberschuß, *der; attrib.* Satelliten⟨*stadt, -siedlung*⟩; **b)** *(overflow)* **the ~spill** [das,] was übergelaufen ist/überläuft; **~'staff** *v. t.* überbesetzen; **~'staffing** *n.* Überbesetzung, *die;* **~'state** *v. t.* übertreiben; überbetonen ⟨*Argument*⟩; **~'statement** *n.* Übertreibung, *die; (of case, problem)* übertriebene Darstellung; **~'stay** *v. t.* überziehen ⟨*Urlaub*⟩; **~stay one's time [by three days]** [drei Tage] länger als vorgesehen bleiben; *see also* **welcome 2a; ~'steer** *(Motor Veh.)* **1.** [-'-] *n.* Übersteuern, *das;* ['---] *v. t.* übersteuern; **~'step** *v. t.* übergehen; **~'stock** *v. t.* überbestücken ⟨*Lager*⟩; zu stark besetzen ⟨*Fischereiw.*⟩ ⟨*Teich*⟩; **~'strain 1.** *n.* Überforderung, *die;* überfordern; **~'stretch** *v. t.* überdehnen *(fig.)* überreizt ⟨*Klavier*⟩; *(fig.)* überreizt ⟨*Klavier*⟩; **~sub'scribed** *adj. (Finance)* überzeichnet

overt ['əʊvɜːt, əʊ'vɜːt] *adj.* unverhohlen; **his actions were ~:** sie haben mit offenen Karten gespielt *od.* nichts verborgen

over: **~'take** *v. t.* **a)** *(esp. Brit.: pass)* überholen; **'no ~taking'** *(Brit.)* „Überholen verboten"; **b)** *(catch up)* einholen; **c)** *(fig.)* **be ~taken by events** ⟨*Plan:*⟩ von den Ereignissen überholt werden; **d)** *(exceed)* **supply will ~take demand** das Angebot wird die Nachfrage übersteigen; **e)** *(befall)* hereinbrechen über (+ *Akk.*); ⟨*Schicksal:*⟩ ereilen *(geh.);* **~'tax** *v. t.* **a)** *(demand too much tax from)* überbesteuern; **b)** *(~strain)* überstrapazieren, überfordern ⟨*Verstand, Geduld*⟩; überanstrengen ⟨*Verstand*⟩; **~tax one's strength** sich übernehmen; **don't ~tax my patience!** stell meine Geduld nicht auf die Probe!; **~'throw 1.** [-'-] *v. t., forms as* **throw 1: a)** stürzen ⟨*Regierung, Regime usw.*⟩; aus dem Weg räumen ⟨*Gegner*⟩; *(defeat)* schlagen, besiegen ⟨*Feind*⟩; **b)** *(subvert)* umstoßen, *(ugs.)* über den Haufen werfen ⟨*Verfassung, Theorie, Überzeugung*⟩; **2.** ['---] *n.* **a)** *(removal from power)* Sturz, *der;* **b)** *(subversion)* Umsturz, *der;* *(of ideas)* Umwälzung, *die;* **~'time 1.** *n.* Überstunden; **work ten hours/put in a lot of ~time** zehn/eine Menge Überstunden machen; **be on ~time** Überstunden machen; **~time ban/payment** Überstundenstopp, *der*/-zuschlag, *der;* **2.** **~ work** *~time* Überstunden haben; *(fig. coll.)* ⟨*Apparat:*⟩ auf Hochtouren laufen; **his brain/imagination was working ~time** er dachte fieberhaft nach/er hatte eine überspannte Phantasie; **~'tire** *v. t.* übermüden; **~tire oneself** sich übernehmen *od.* überanstrengen

overtly ['əʊvətlɪ, əʊ'vɜːtlɪ] *adv.* unverhohlen

over: **~tone** *n.* **a)** *(fig.: implication)* Unterton, *der;* **the crime had political ~tones** das Verbrechen hatte auch politische Implikationen; **b)** *(Mus.)* Oberton, *der;* **~'train** *(Sport)* **1.** *v. t.* übertrainieren; **2.** *v. i.* zuviel trainieren; **~trick** *n. (Bridge)* Überstich, *der;* **~trump** *v. t. (Cards)* übertrumpfen

overture ['əʊvətjʊə(r)] *n.* **a)** *(Mus.)* Ouvertüre, *die;* **b)** *(formal proposal or offer)* Angebot, *das;* **~s of peace** Friedensangebot, *das;* **make ~s [to sb.]** [jmdm.] ein Angebot machen; *(to woman)* [bei jmdm.] Annäherungsversuche machen

over: **~'turn** *v. t.* **a)** *(upset)* umstoßen; **b)** *(overthrow)* umstürzen ⟨*bestehende Ordnung, Vorstellung, Prinzip*⟩; stürzen ⟨*Regierung*⟩; beseitigen ⟨*Institution*⟩; *(reverse)* aufheben ⟨*Urteil, Entscheid[ung]*⟩; **2.** *v. i.* ⟨*Auto, Boot, Kutsche:*⟩ umkippen; ⟨*Boot:*⟩ kentern; ⟨*Auto:*⟩ sich überschlagen; **~-'use 1.** [əʊvə'juːz] *v. t.* zu oft verwenden; **2.** [əʊvə'juːs] *n.* zu häufiger Gebrauch; **~'value** *v. t.* überbewerten ⟨*Währung*⟩; **his contribution cannot be ~valued** sein Beitrag kann gar nicht hoch genug bewertet werden; **~view** *n.* Überblick, *der* **(of** über + *Akk.***)**

overweening [əʊvə'wiːnɪŋ] *adj.* maßlos ⟨*Ehrgeiz, Gier, Stolz*⟩

'overweight 1. *adj.* **a)** *(obese)* übergewichtig ⟨*Person*⟩; **be [12 pounds] ~:** [12 Pfund] Übergewicht haben; **b)** *(weighing in excess)* zu schwer; *(very heavy)* bleischwer; **2.** *n.* Übergewicht, *das*

overwhelm [əʊvə'welm] *v. t.* **a)** *(overpower)* überwältigen; **b)** *(crush, destroy)* **be ~ed by the enemy** vom übermächtigen Feind völlig aufgerieben werden; **c)** *(bury)* verschütten; ⟨*Wasser:*⟩ überschwemmen, überfluten

overwhelming [əʊvə'welmɪŋ] *adj.* überwältigend; unbändig ⟨*Wut, Kraft, Verlangen, Zorn*⟩; unermeßlich ⟨*Leid, Kummer*⟩; **against ~ odds** entgegen aller Wahrscheinlichkeit

over: **~'wind** [əʊvə'waɪnd] *v. t., forms as* ²**wind 1, 2** überdrehen; **~'work 1.** *v. t.* *(make work too hard)* mit Arbeit überlasten; **~work oneself** sich überarbeiten; **b)** *(fig.)* überstrapazieren ⟨*Metapher, Wort usw.*⟩; **2.** *v. i.* sich überarbeiten; **3.** *n.* [Arbeits]überlastung, *die;* **become ill from ~work** sich

krank arbeiten; ~'**wrought** *adj.* überreizt; ~-'**zealous** *adj.* übereifrig
oviduct ['əʊvɪdʌkt] *n. (Anat., Zool.)* Ovidukt, *der (fachspr.);* Eileiter, *der*
oviparous [əʊ'vɪpərəs] *adj. (Zool.)* ovipar
ovulate ['ɒvjʊleɪt, 'əʊvjʊleɪt] *v. i. (Physiol.)* ovulieren *(fachspr.);* reife *od.* befruchtungsfähige Eizellen abstoßen
ovulation [ɒvjʊ'leɪʃn, əʊvjʊ'leɪʃn] *n.* Ovulation, *die (fachspr.);* Eisprung, *der*
ovum ['əʊvəm] *n., pl.* **ova** ['əʊvə] Ovum, *das (fachspr.);* (*Biol.*) Ei, *das*
ow [aʊ] *int.* au
owe [əʊ] *v. t.,* owing ['əʊɪŋ] **a)** schulden; ~ sb. sth., ~ sth. to sb. jmdm. etw. schulden; ~ it to sb. to do sth. es jmdm. schuldig sein, etw. zu tun; **I ~ you an explanation** ich bin dir eine Erklärung schuldig; **you ~ it to yourself to take a break** du mußt dir einfach eine Pause gönnen; **can I ~ you the rest?** kann ich dir den Rest schuldig bleiben?; **money was ~d to them** sie hatten Außenstände; **I hate owing money** ich hasse es, Schulden zu haben; **~ [sb.] for sth.** [jmdm.] etw. bezahlen müssen; **I [still] ~ you for the ticket** du kriegst von mir noch das Geld für die Karte *(ugs.);* **b)** *(feel gratitude for, be indebted for)* verdanken; **~ sth. to sb.** jmdm. etw. verdanken *od.* zu verdanken haben
owing ['əʊɪŋ] *pred. adj.* ausstehend; **be ~:** ausstehen; **money is ~ to them** sie haben noch Außenstände; **£10 is ~ on the furniture** für die Möbel müssen noch 10 Pfund bezahlt werden
'**owing to** *prep.* wegen; **~ his foresight** dank seinem Weitblick; **~ unfortunate circumstances** auf Grund unglücklicher Umstände
owl [aʊl] *n.* **a)** Eule, *die;* **b)** *(fig. person)* **he's a wise ~:** er ist weise wie eine Eule
owlet ['aʊlɪt] *n.* Eulenjunge, *das*
owlish ['aʊlɪʃ] *adj.* eulenhaft
own [əʊn] **1.** *adj.* eigen; **with one's ~ eyes** mit eigenen Augen; **be sb.'s ~ [property]** jmds. Eigentum sein; jmdm. selbst gehören; **look after one's ~ affairs** sich selbst um seine Angelegenheiten kümmern; **this is your ~ responsibility** dafür bist du selbst verantwortlich; **speak from one's ~ experience** aus eigener Erfahrung sprechen; **this is all my ~ work** das habe ich alles selbst *od.* ganz allein gemacht; **reserve sth. for one's ~ use** etw. für sich selbst reservieren; **have one's ~ room** [s]ein eigenes Zimmer haben; **one's ~ brother** der eigene Bruder; **sb.'s ~ country** jmds. Heimatland; **do one's ~ cooking/housework** selbst kochen/die Hausarbeit selbst machen; **make one's ~ clothes** seine Kleidung selbst schneidern; **virtue is its ~ reward** die Tugend trägt ihren Lohn in sich selbst; **have a charm all [of] its ~:** einen ganz eigenen Reiz haben; **a house/ideas** *etc.* **of one's ~:** ein eigenes Haus/eigene Ideen *usw.;* **have nothing of one's ~:** kein persönliches Eigentum haben; **have enough problems of one's ~:** selbst genug Probleme haben; **have [got] one of one's ~:** selbst einen/eine/eins haben; **for reasons of his ~ ...:** aus nur ihm selbst bekannten Gründen ...; **come into one's ~** *(Law.: inherit property)* sein Erbe antreten; **that's where he/it comes into his/its ~** *(fig.)* da kommt er/es voll zur Geltung; **on one's/its ~** *(alone)* allein; **drink whisky on its ~:** Whisky pur trinken; **get better on its ~:** von selbst besser werden; **start up on one's ~:** sich selbständig machen; **he's on his ~** *or* **in a class of his ~** *(fig.)* er ist eine Klasse für sich; **be on one's ~** *(without outside help)* auf sich [allein] gestellt sein; *see also* **business** c; **call 2 j; flesh 1 a; get back 2 b;** ²**hold 1 k; man 1 b; master 1 a; right 3 a. 2.** *n.* **a)** *(possess)* besitzen; **be ~ed by sb.** jmdm. gehören; **who ~s that house?** wem gehört das Haus?; **be privately ~ed** sich in Privatbesitz befinden; **they behaved as if they ~ed the place** sie be-

nahmen sich, als ob der Laden ihnen gehörte *(ugs.);* **b)** *(acknowledge)* anerkennen; **c)** *see* **admit 1 c. 3.** *v. i.* **~ to** eingestehen; **~ to doing sth./to being ashamed** [ein]gestehen *od.* zugeben, daß man etw. tut/daß man sich schämt
~ **up** *v. i. (coll.)* 〈*Schuldiger, Täter:*〉 gestehen; **~ up to sth.** etw. [ein]gestehen *od.* zugeben; **~ up to having done sth.** [ein]gestehen *od.* zugeben, daß man etw. getan hat; **Come on, ~ up! Who did it?** Na los, raus mit der Sprache! Wer ist es gewesen?
'**own brand** *n.* Hausmarke, *die*
owned [əʊnd] *adj.* **publicly ~:** gemeinde-/staatseigen; **company-~:** firmeneigen; **privately ~:** in Privatbesitz nachgestellt; **English/American-~:** in englischem/amerikanischem Besitz befindlich 〈*Firma, Bank*〉
owner ['əʊnə(r)] *n.* Besitzer, *der/*Besitzerin, *die;* Eigentümer, *der/*Eigentümerin, *die; (of car also)* Halter, *der/*Halterin, *die; (of shop, hotel, firm, etc.)* Inhaber, *der/*Inhaberin, *die;* **at ~'s risk** auf eigene Gefahr; **dog-/property-~s** Hunde-/Grundbesitzer
owner-'driver *n. (Brit.) Halter/Halterin eines Autos, der/die das Auto selbst fährt*
ownerless ['əʊnəlɪs] *adj.* herrenlos
owner-'occupier *n. (Brit.)* Eigenheimbesitzer, *der/-*besitzerin, *die*
ownership ['əʊnəʃɪp] *n., no pl.* Besitz, *der;* **~ is disputed** die Besitzverhältnisse sind umstritten; **the ~ of the land was disputed** es war umstritten, wem das Land gehörte; **be under new ~** 〈*Firma, Laden, Restaurant:*〉 einen neuen Inhaber/eine neue Inhaberin haben
own 'goal *n. (lit. or fig.)* Eigentor, *das*
ox [ɒks] *n., pl.* **oxen** ['ɒksn] Ochse, *der; see also* **strong 1 b**
oxalic acid [ɒksælɪk 'æsɪd] *n. (Chem.)* Oxalsäure, *die (fachspr.);* Kleesäure, *die*
'**ox-bow** *n.* **a)** *(of yoke)* Brustholz, *das;* **b)** *(Geog.: river bend)* Flußschleife, *die; (one of several)* Mäander, *der*
ox-bow 'lake *n. (Geog.)* Altwasser, *das*
Oxbridge ['ɒksbrɪdʒ] *n. (Brit.)* die Universitäten Oxford und Cambridge; *attrib.* ~ **graduate/education** Absolvent[in] der/Ausbildung an der Universität Oxford oder Cambridge
Oxfam ['ɒksfæm] *pr. n.* Oxforder Hungerhilfekomitee
Oxford ['ɒksfəd] *see* **Oxford shoe**
Oxford: ~ '**accent** *n.* Oxford-Akzent, *der;* ~ '**blue** *n.* Dunkelblau, *das;* ~ **shoe** *n.* Schnürhalbschuh, *der*
'**oxhide** *n. (skin)* Rindshaut, *die; (leather)* Rindsleder, *das*
oxidant ['ɒksɪdənt] *n. (Chem.)* Oxydationsmittel, *das*
oxidation [ɒksɪ'deɪʃn] *n. (Chem.)* Oxydation, *die;* Oxidation, *die (fachspr.)*
oxide ['ɒksaɪd] *n. (Chem.)* Oxyd, *das;* Oxid, *das (fachspr.)*
oxidize (oxidise) ['ɒksɪdaɪz] *v. t. & i. (Chem.)* oxydieren; oxidieren *(fachspr.)*
oxlip *n.* Primel, *die;* Schlüsselblume, *die*
Oxon. ['ɒksn] *abbr.* **a)** Oxfordshire; **b)** of Oxford University
Oxonian [ɒk'səʊnɪən] **1.** *adj.* der Universität Oxford *nachgestellt.* **2.** *n.* Mitglied der Universität Oxford
'**oxtail** *n.* Ochsenschwanz, *der*
oxtail 'soup *n. (Gastr.)* Ochsenschwanzsuppe, *die*
'**ox-tongue** *n. (Gastr.)* Ochsenzunge, *die*
oxy-acetylene [ɒksɪə'setɪliːn] *adj.* **~ welding** Autogenschweißen, *das; attrib.* **~ torch** *or* **blowpipe** *or* **burner** Schweißbrenner, *der*
oxygen ['ɒksɪdʒən] *n. (Chem.)* Sauerstoff, *der*
oxygenate ['ɒksɪdʒəneɪt] *v. t. (Chem. Physiol.)* oxygenieren *(fachspr.)*
oxygenation [ɒksɪdʒə'neɪʃn] *n. (Chem. Physiol.)* Oxygenation, *die (fachspr.)*

oxygen: ~ **bottle,** ~ **cylinder** *ns.* Sauerstoffflasche, *die;* ~ **mask** *n.* Sauerstoffmaske, *die;* ~ **tent** *n. (Med.)* Sauerstoffzelt, *das*
oxymoron [ɒksɪ'mɔːrɒn] *n. (Rhet.)* Oxymoron, *das*
oyez (oyes) [əʊ'jez, əʊ'jes] *int.* Achtung *(Ruf eines Ausrufers)*
oyster ['ɔɪstə(r)] *n.* Auster, *die;* **the world's his ~** *(fig.)* ihm liegt die Welt zu Füßen
oyster: ~-**bed** *n.* Austernbank, *die;* ~-**catcher** *n. (Ornith.)* Austernfischer, *der;* ~-**farm** *n.* Austernpark, *der;* ~ **knife** *n.* Austernmesser, *das*
Oz [ɒz] *n. (sl.)* Australien *(das)*
oz. *abbr.* ounce[s]
ozone ['əʊzəʊn] *n. (Chem.)* Ozon, *das*
ozone: ~-**friendly** *adj.* ozonsicher; *(not using CFCs)* FCKW-frei; ~ **hole** *n.* Ozonloch, *das;* ~ **layer** *n.* Ozonschicht, *die;* **the hole in the ~ layer** das Ozonloch *(ugs.)*

P

¹**P, p** [piː] *n., pl.* **Ps** *or* **P's** P, p, *das; see also* **mind 2 b**
²**P** *abbr. (Chess)* pawn B
p. *abbr.* **a) page** S.; **b)** [piː] *(Brit.)* **penny/pence** p; **c)** *(Mus.)* **piano** p; **d)** *(Phys.)* **pico-** p
PA *abbr.* **a) personal assistant** pers. Ass.; **b) public address: PA [system]** LS-Anlage, *die*
Pa *abbr. (Phys.)* **pascal** Pa
pa [pɑː] *n. (coll.)* Papa, *der (fam.)*
p.a. *abbr.* **per annum** p.a.
pabulum ['pæbjʊləm] *n. (lit. or fig.)* Nahrung, *die*
¹**pace** [peɪs] **1.** *n.* **a)** *(step, distance)* Schritt, *der;* **b)** *(speed)* Tempo, *das;* **slacken/quicken one's ~** *(walking)* seinen Schritt verlangsamen/beschleunigen; **at a steady/good ~:** in gleichmäßigem/zügigem Tempo; **at a snail's ~:** im Schneckentempo *(ugs.);* **set the ~:** das Tempo angeben *od.* bestimmen; *(act as ~-maker)* Schrittmacher sein; **keep ~ [with sb./sth.]** [mit jmdm./etw.] Schritt halten; **stay** *or* **stand the ~, stay** *or* **keep with the ~** *(Sport)* das Tempo durchhalten; **be off the ~** *(Sport)* zurückliegen; **he couldn't stand the ~ of life** *(fig.)* ihm war das Leben zu hektisch; **c)** *(of horse)* Paßgang, *der;* **put sb./a horse through his/its ~s** *(fig.)* jmdn./ein Pferd zeigen lassen, was er/es kann; **show one's ~s** zeigen, was man kann. **2.** *v. i.* **a)** schreiten *(geh.);* [gemessenen Schrittes] gehen; **~ up and down [the platform/room]** auf und ab gehen *od.* marschieren; **b)** *(amble)* 〈*Pferd:*〉 im Paß[gang] gehen. **3.** *v. t.* **a)** auf- und abgehen in (+ *Dat.*); **b)** *(set the ~ for)* Schrittmacher sein für
~ **out** *v. t.* abschreiten 〈*Entfernung, Weg*〉
²**pace** ['peɪsɪ,'pɑːtʃeɪ] *prep. (formal)* **~ Mr Smith ...:** ohne Mr. Smith *(Dat.)* zu nahe treten zu wollen ...
pace 'bowler *see* **fast bowler**

-paced [peɪst] *adj. in comb.* **a well-~ performance** eine [rhythmisch] ausgewogene Aufführung; **be even-~**: ein gleichförmiges Tempo haben

'**pace-maker** *n.* **a)** *(Sport)* Schrittmacher, *der/*-macherin, *die;* **b)** *(Med.)* [Herz]schrittmacher, *der*

'**pace-setter** *n.* Schrittmacher, *der/*-macherin, *die*

pachyderm ['pækɪdɛːm] *n. (Zool.)* Dickhäuter, *der*

pacific [pə'sɪfɪk] **1.** *adj.* **a)** *(conciliatory, peaceable)* versöhnlich; **b)** *(tranquil)* friedlich; **c)** *(Geog.)* Pazifik⟨*küste, -insel*⟩; **P~ Ocean** Pazifischer *od.* Stiller Ozean. **2.** *n.* **the P~:** der Pazifik

pacification [pæsɪfɪ'keɪʃn] *n.* Befriedung, *die*

pacifier ['pæsɪfaɪə(r)] *n.* **a)** *(person)* Friedensstifter, *der/*-stifterin, *die;* **b)** *(Amer.: baby's dummy)* Schnuller, *der*

pacifism ['pæsɪfɪzm] *n., no pl., no art.* Pazifismus, *der*

pacifist ['pæsɪfɪst] **1.** *n.* Pazifist, *der/*Pazifistin, *die.* **2.** *adj.* pazifistisch

pacify ['pæsɪfaɪ] *v. t.* **a)** besänftigen; beruhigen ⟨*weinendes Kind*⟩; **b)** *(bring peace to)* befrieden ⟨*Land, Provinz*⟩

pack [pæk] **1.** *n.* **a)** *(bundle)* Bündel, *das;* *(Mil.)* Tornister, *der;* *(rucksack)* Rucksack, *der;* **b)** *(derog.: lot) (people)* Bande, *die;* **a ~ of lies/nonsense** ein Sack voll Lügen/eine Menge Unsinn; **what a ~ of lies!** alles erlogen!; **c)** *(Brit.)* [of cards] [Karten]spiel, *das;* **d)** *(wolves, wild dogs)* Rudel, *das;* *(grouse)* Schwarm, *der;* *(hounds, beagles)* Meute, *die;* **e)** *(Cub Scouts, Brownies)* Gruppe, *die;* **f)** *(packet, set)* Schachtel, *die,* Packung, *die;* **~ of ten** Zehnerpackung, *die;* Zehnerpack, *der;* **disc ~** *(Computing)* [Magnet]plattenstapel, *der;* **g)** see **ice-pack c;** **h)** *(Med.)* Packung, *die,* Kompresse, *die;* *(compress)* Tampon, *der,* Kompresse, *die;* see also **ice-pack a;** **i)** *(cosmetic)* Packung, *die;* *(for face)* [Gesichts]maske, *die;* **j)** *(Rugby)* die Stürmer einer Mannschaft, *die* die eine Hälfte des Gedränges bilden; *(scrum)* Gedränge, *das;* **k)** *(Sport: runners)* Feld, *das.* **2.** *v. t.* **a)** *(put into container)* einpacken; **~ sth. into sth.** etw. in etw. *(Akk.)* packen; **b)** *(fill)* packen; **~ one's bags** seine Koffer packen; **c)** *(cram)* vollstopfen *(ugs.);* *(fill with a crowd)* füllen ⟨*Raum, Stadion usw.*⟩; **he ~ed the jury** er sorgte dafür, daß als Geschworene nur ihm genehme Leute berufen wurden; **d)** *(wrap)* verpacken **(in in** + *Dat. od. Akk.);* **~ed in** verpackt in (+ *Dat.*); **e)** *(Med.)* tamponieren; **f)** *(sl.: carry)* tragen, dabeihaben ⟨*Waffe*⟩; **g)** ~ **[quite] a punch** *(sl.)* ganz schön zuschlagen können *(ugs.);* ⟨*Getränk:*⟩ ganz schön einhauen *(salopp).* **3.** *v. i.* packen; **send sb. ~ing** *(fig.)* hinausschmeißen *(ugs.)*

~ a'way *v. t.* wegpacken

~ 'in *v. t.* **a)** *(coll.: give up)* aufstecken *(ugs.);* aufhören mit ⟨*Arbeit, Spiel*⟩; **~ it in!** hör [doch] auf damit!; **b)** *(Theatre sl.)* in Scharen anziehen ⟨*Publikum*⟩; **the new play is ~ing them in** das neue Stück ist ein Zuschauer- *od.* Publikumsmagnet

~ 'into *v. t.* sich drängen in (+ *Akk.);* **we all ~ed into the car** wir quetschten uns alle in das Auto *(ugs.)*

~ 'off *v. t. (send away)* fortschicken

~ 'up 1. *v. t.* **a)** *(package)* zusammenpacken ⟨*Sachen, Werkzeug*⟩; packen ⟨*Paket*⟩; **~ up one's luggage** packen; **b)** *(coll.: stop)* aufhören *od. (ugs.)* Schluß machen mit; **~ up work** Feierabend machen; **~** *(permanently)* aufhören zu arbeiten; **~ it up!** *(sl.)* hör [doch] auf damit! **2.** *v. i.* **a)** *(give up)* aufhören, Schluß machen *(ugs.);* **b)** *(break down)* den Geist aufgeben *(ugs.);* **the car ~ed up on me** das Auto ist mir verreckt *(ugs.)*

package ['pækɪdʒ] **1.** *n.* **a)** *(bundle; fig. coll.: transaction)* Paket, *das;* **b)** *(container)* Verpackung, *die.* **2.** *v. t. (lit. or fig.)* verpacken; **~d into 1 lb. bags** in 1-Pfund-Tüten abgepackt

package: ~ deal *n.* Paket, *das;* **~ holiday, ~ tour** *ns.* Pauschalreise, *die*

packaging ['pækɪdʒɪŋ] *n.* **a)** *(material)* Verpackung, *die;* **b)** *(action)* Verpacken, *das*

'**pack-drill** *n. (Mil.)* Strafexerzieren in voller Marschausrüstung

packed [pækt] *adj.* **a)** gepackt ⟨*Kiste, Koffer*⟩; **~ meal/lunch** Eßpaket, *das*/Lunchpaket, *das;* **b)** *(crowded)* [über]voll ⟨*Theater, Kino, Halle*⟩; **~ to overflowing** völlig überfüllt **(with** von); **~ out** *(coll.)* gerammelt voll *(ugs.)*

packer ['pækə(r)] *n.* Packer, *der/*Packerin, *die;* *(in factory)* Abpacker, *der/*Abpackerin, *die*

packet ['pækɪt] *n.* **a)** *(package)* Päckchen, *das;* *(box)* Schachtel, *die;* **a ~ of cigarettes** eine Packung *od.* ein Päckchen Zigaretten; see also **pay-packet;** **b)** *(coll.: large sum of money)* Haufen Geld *(ugs.);* **c)** *(Naut.)* [steam] ~: see **packet-steamer**

packet: ~ 'soup *n.* Instantsuppe, *die,* Tütensuppe, *die (ugs.);* **~-steamer** *n.* Postschiff, *das*

pack: ~-horse *n.* Packpferd, *das;* **~-ice** *n.* Packeis, *das*

packing ['pækɪŋ] *n.* **a)** *(packaging) (material)* Verpackungsmaterial, *das;* *(action)* Verpacken, *das;* **including postage and ~:** einschließlich Porto und Verpackung; **b)** *(to seal joint)* Dichtungsmaterial, *das;* **c)** **do one's ~** packen

'**packing-case** *n.* [Pack]kiste, *die*

pact [pækt] *n.* Pakt, *der;* **make a ~ with sb.** einen Pakt mit jmdm. schließen

'**pad** [pæd] **1.** *n.* **a)** *(cushioning material)* Polster, *das;* *(to protect wound)* Kompresse, *die;* *(Sport) (on leg)* Beinschützer, *der;* *(on shoulder)* Schulterschützer, *der;* *(on knee)* Knieschützer, *der;* **b)** *(block of paper)* Block, *der;* **~ of notepaper, a [writing-]~:** ein Schreibblock; **c)** *(launching surface)* Abschußrampe, *die;* **[helicopter] ~:** [Hubschrauber-]Start-und-Lande-Platz, *der;* **d)** *(coll.: house, flat)* Bude, *die (ugs.);* **e)** *(Zool.) (sole)* Ballen, *der;* *(paw)* Pfote, *die;* **f)** *(of brake)* Belag, *der.* **2.** *v. t.,* **-dd- a)** polstern ⟨*Jacke, Schulter, Stuhl*⟩; **b)** *(fig.: lengthen unnecessarily)* auswalzen *(ugs.)* ⟨*Brief, Aufsatz usw.*⟩; **~** *(with durch)*

~ 'out see '**pad 2**

²**pad** *v. t. & i.,* **-dd-** *(walk softly)* *(in socks, slippers, etc.)* tappen; *(along path etc.)* trotten

padded ['pædɪd] *adj.* gepolstert; **~ 'cell** Gummizelle, *die*

padding ['pædɪŋ] *n.* **a)** Polsterung, *die;* **be filled/covered with ~:** gepolstert sein; **b)** *(fig. superfluous matter)* Füllsel, *das*

'**paddle** ['pædl] **1.** *n.* **a)** *(oar)* [Stech]paddel, *das;* **b)** *(paddling in canoe)* Fahrt im Padelboot, *die;* *(in rowing-boat)* Ruderpartie, *die;* **go for a ~** paddeln/rudern gehen; **c)** *(stirring implement)* Paddel, *das;* **d)** *(wheel, blade)* Schaufel, *die;* **e)** *(on lock-gate)* Schütz, *das;* **f)** *(Zool.: fin)* Flosse, *die.* **2.** *v. t. & i. (in canoe)* paddeln; *(in rowing-boat)* gemächlich rudern; **~ one's own canoe** *(fig. coll.)* auf eigenen Beinen stehen

²**paddle 1.** *v. i. (with feet)* planschen. **2.** *n.* **have a/go for a ~:** ein bißchen planschen/planschen gehen

paddle: ~-boat, ~-steamer *ns.* [Schaufel]raddampfer, *der;* **~-wheel** *n.* Schaufelrad, *das*

paddling-pool ['pædlɪŋpuːl] *n.* Planschbecken, *das*

paddock ['pædək] *n.* **a)** Koppel, *die;* **b)** *(Horse-racing)* Sattelplatz, *der;* *(Motor-racing)* Fahrerlager, *das*

Paddy ['pædɪ] *n. (coll.)* Ire, *der;* Paddy, *der*

'**paddy** *n. (Brit. coll.: bad temper)* Koller, *der (ugs.);* **be in a ~:** einen Koller haben

²**paddy, 'paddy-field** *ns.* Reisfeld, *das*

'**padlock 1.** *n.* Vorhängeschloß, *das.* **2.** *v. t.* [mit einem Vorhängeschloß] verschließen

padre ['pɑːdrɪ, 'pɑːdreɪ] *n. (coll.)* Feldgeistliche, *der; as voc.* Herr Pfarrer

paean ['piːən] *n.* **~ [of praise]** Preislied, *das; (fig.)* Lobeshymne, *die*

paediatric [piːdɪ'ætrɪk] *adj. (Med.)* pädiatrisch; Kinder⟨*schwester, -station*⟩

paediatrician [piːdɪə'trɪʃn] *n.* Kinderarzt, *der/*-ärztin, *die*

paediatrics [piːdɪ'ætrɪks] *n., no pl. (Med.)* Pädiatrie, *die (fachspr.);* Kinderheilkunde, *die*

paella [pɑː'elə] *n. (Gastr.)* Paella, *die*

pagan ['peɪgən] **1.** *n.* **a)** *(heathen)* Heide, *der/*Heidin, *die;* **b)** *(irreligious person)* Ungläubige, *der/die;* gottloser Mensch. **2.** *adj.* **a)** *(heathen)* heidnisch; ungläubig ⟨*Person*⟩; **b)** *(fig.: irreligious)* gottlos

paganism ['peɪgənɪzm] *n.* Heidentum, *das,* Paganismus, *der*

'**page** [peɪdʒ] **1.** *n.* Page, *der.* **2.** *v. t. & i.* **~ [for] sb.** *(over loudspeaker)* jmdn. ausrufen; *(by paging-device)* jmdn. anpiepen *(ugs.);* **paging Mr Miller** Herr Miller, bitte!

²**page 1.** *n.* **a)** Seite, *die;* *(leaf, sheet of paper)* Blatt, *das;* **front/sports/fashion ~:** erste Seite/Sport-/Modeseite, *die;* **~ three girl** Pin-up-Girl, *das;* **write on one side of the ~ only** beschreiben Sie das Blatt nur auf einer Seite; **turn to the next ~:** umblättern; *attrib.* **three-/double-~:** drei-/doppelseitig ⟨*Artikel, Brief*⟩; **b)** *(fig.: episode)* Kapitel, *das;* **go down in the ~s of history** in die Annalen der Geschichte eingehen. **2.** *v. t.* see **paginate**

pageant ['pædʒənt] *n.* **a)** *(spectacle)* Schauspiel, *das;* **b)** *(procession)* [Fest]umzug, *der;* *(play) historical* **~:** Historienspiel, *das*

pageantry ['pædʒəntrɪ] *n.* Prachtentfaltung, *die,* Prunk, *der;* **empty ~:** eitler Pomp

'**page-boy** *n.* **a)** see '**page 1;** **b)** *(hair-style)* Pagenkopf, *der*

'**page proof** *n. (Printing)* Umbruch, *der*

pager ['peɪdʒə(r)] *n.* Piepser, *der (ugs.)*

paginate ['pædʒɪneɪt] *v. t.* paginieren

pagination [pædʒɪ'neɪʃn] *n.* Paginierung, *die*

'**paging-device** see **pager**

pagoda [pə'gəʊdə] *n.* Pagode, *die*

pah [pɑː] *int. expr. disgust* bah; *expr. contempt* pa

paid [peɪd] **1.** see **pay 2, 3. 2.** *adj.* bezahlt ⟨*Urlaub, Arbeit*⟩; **put ~ to** *(Brit. coll.)* *(terminate)* zunichte machen ⟨*Hoffnung, Plan, Aussichten*⟩; *(deal with)* kurzen Prozeß machen mit *(ugs.)* ⟨*Person*⟩

'**paid-up** *adj.* bezahlt; **[fully] ~ member** Mitglied, *das* alle Beträge bezahlt hat; *(fig.)* überzeugtes Mitglied

pail [peɪl] *n.* Eimer, *der*

pailful ['peɪlfʊl] *n.* Eimer, *der;* **a ~ of water** ein Eimer [voll] Wasser

pain [peɪn] **1.** *n.* **a)** *no indef. art. (suffering)* Schmerzen, *pl.; (mental ~)* Qualen, *pl.;* **feel [some] ~, be in ~:** Schmerzen haben; **cause sb. ~,** *(lit. or fig.)* jmdm. wehtun; **b)** *(instance of suffering)* Schmerz, *der;* **I have a ~ in my shoulder/knee/stomach** meine Schulter/mein Knie/Magen tut weh; ich habe Schmerzen in der Schulter/im Knie/habe Magenschmerzen; *(fig.)* **be a ~ in the arse** *(coarse)* einem auf die Eier gehen *(derb);* **be a ~ in the neck** see **neck 1 a;** **c)** *(coll.: nuisance)* Plage, *die; (sb./sth. getting on one's nerves)* Nervensäge, *die (ugs.);* **this job/he is a real ~:** diese Arbeit/er kann einem wirklich auf die Nerven *od. (ugs.)* den Wecker gehen; **d)** *in pl. (trouble taken)* Mühe, *die,* Anstrengung, *die;* **spare no ~s** keine Mühe *od.* Anstrengung scheuen; **take ~s** sich

pained

(*Dat.*) Mühe geben (**over** mit, bei); **be at ~s to do sth.** sich sehr bemühen *od.* sich (*Dat.*) große Mühe geben, etw. zu tun; **he got nothing for all his ~s** seine ganze Mühe war umsonst; **e)** (*Law*) **on** *or* **under ~ of death/ imprisonment** bei Todesstrafe/unter Androhung (*Dat.*) einer Gefängnisstrafe. **2.** *v. t.* schmerzen
pained [peɪnd] *adj.* gequält
painful ['peɪnfl] *adj.* **a)** (*causing pain*) schmerzhaft ⟨*Krankheit, Operation, Wunde*⟩; **be/become ~** ⟨*Körperteil:*⟩ weh tun *od.* schmerzen/anfangen, weh zu tun; **the glare was ~ to the eyes** das grelle Licht tat in den Augen weh; **suffer from a ~ shoulder** Schmerzen in der Schulter haben; **b)** (*distressing*) schmerzlich ⟨*Erinnerung*⟩; traurig ⟨*Pflicht*⟩; **it was ~ to watch him** es tat weh, ihm zuzusehen; **c)** (*troublesome*) schwierig ⟨*Problem*⟩; (*laborious*) beschwerlich ⟨*Aufstieg*⟩; **make only ~ progress** nur mühsam weiterkommen
painfully ['peɪnfəlɪ] *adv.* **a)** (*with great pain*) unter großen Schmerzen; **my shoes are ~ tight** meine Schuhe drücken fürchterlich (*ugs.*); **b)** (*fig.*) (*excessively*) über die Maßen (*geh.*); (*laboriously*) quälend ⟨*langsam*⟩; **obvious** nur zu offensichtlich
'**pain-killer** *n.* schmerzstillendes Mittel; Schmerzmittel, *das* (*ugs.*)
painless ['peɪnlɪs] *adj.* **a)** (*not causing pain*) schmerzlos; **b)** (*fig.: free of trouble, not causing problems*) unproblematisch
painlessly ['peɪnlɪslɪ] *adv.* **a)** schmerzlos ⟨*behandeln*⟩; **b)** (*fig.*) mühelos ⟨*Problem lösen*⟩; problemlos ⟨*verlaufen*⟩
painstaking ['peɪnzteɪkɪŋ] *adj.* gewissenhaft; **it is ~ work** es ist eine mühsame Arbeit; **with ~ care** mit äußerster Sorgfalt
paint [peɪnt] **1.** *n.* **a)** (*for wall, on car*) Lack, *der;* '**wet ~**' „Frisch gestrichen!"; **as clever** *or* **smart as ~**: äußerst intelligent; *see also* **fresh 1 a**; **luminous a**; **wet 1 c**; **b)** (*joc.: cosmetic*) Schminke, *die;* **put one's ~ on** sich anmalen (*ugs.*). **2.** *v. t.* **a)** (*cover, colour*) [an]streichen; ⟨*one's body*⟩ seinen Körper bemalen; **~ the town red** (*fig. sl.*) auf die Pauke hauen (*ugs.*); **~ oneself into a corner** (*fig. coll.*) sich selbst in die Bredouille bringen (*ugs.*); *see also* **black 1 f**; **b)** (*make picture of, make by ~ing*) malen; *abs.* **~ for a living** Maler/Malerin sein; **the picture was ~ed by R.** das Bild ist von R.; **c)** (*adorn with ~ing*) bemalen ⟨*Wand, Vase, Decke*⟩; **d)** (*fig.: describe*) zeichnen ⟨*Bild*⟩; **~ sth. in glowing/gloomy colours, ~ a glowing/ gloomy picture of sth.** etw. in leuchtenden/ düsteren Farben malen *od.* schildern; **e)** (*apply cosmetic to*) schminken ⟨*Augen, Gesicht, Lippen*⟩; lackieren ⟨*Nägel*⟩; **f)** (*Med.*) pinseln ⟨*Hals*⟩; bepinseln ⟨*Verletzung*⟩
~ 'in *v. t.* hineinmalen
~ 'on *v. t.* aufmalen
~ 'out *v. t.* übermalen; **~ sb. out of a picture** jmdn. auf einem Bild übermalen
paint: ~box *n.* Malkasten, *der;* Farb[en]kasten, *der;* **~brush** *n.* Pinsel, *der*
painted ['peɪntɪd]: **~ lady** *n.* (*Zool.*) Distelfalter, *der;* **~ woman** *n.* Dirne, *die*
'**painter** ['peɪntə(r)] *n.* **a)** (*artist*) Maler, *der*/Malerin, *die;* **b)** [*house-*]**~**: Maler, *der*/Malerin, *die;* Anstreicher, *der*/Anstreicherin, *die*
²**painter** *n.* (*Naut.: rope*) Fangleine, *die*
painting ['peɪntɪŋ] *n.* **a)** *no pl., no indef. art.* (*art*) Malerei, *die;* **b)** (*picture*) Gemälde, *das;* Bild, *das*
'**painting-book** *n.* Malbuch, *das*
'**paint-stripper** *n.* Abbeizer, *der*
'**paintwork** *n.* **a)** (*action*) Streichen, *das;* **b)** (*painted surface*) Anstrich, *der;* (*on car*) Lack, *der;* **the ~ in the house** die Innenanstriche des Hauses
pair [peə(r)] **1.** *n.* **a)** (*set of two*) Paar, *das;* **a ~ of gloves/socks/shoes** *etc.* ein Paar Handschuhe/Socken/Schuhe *usw.;* **a** *or* **one ~ of hands/eyes** zwei Hände/Augen; **in ~s** paarweise; **the ~ of them** die beiden; **fine ~** [**of rascals**] (*iron.*) feines [Gauner]pärchen *od.* [Gauner]gespann; **b)** (*single article*) **a ~ of pyjamas/scissors** *etc.* ein Schlafanzug/eine Schere *usw.;* **a ~ of trousers/jeans** eine Hose/Jeans; ein Paar Hosen/Jeans; **c)** (*married couple*) [Ehe]paar, *das;* (*mated animals*) Paar, *das;* Pärchen, *das;* **d)** (*Cards*) Pärchen, *das;* **a ~ of tens** zwei Zehnen; **e)** [**of horses**] Zweigespann [Pferde], *das;* **carriage** *or* **coach and ~**: Zweispänner, *der;* **f)** (*Parl.*) zwei Abgeordnete verschiedener Parteien, die vereinbaren, sich bei einer Abstimmung zu enthalten; **g)** (*Rowing*) (*crew*) Zweiermannschaft, *die;* **~s** (*race*) Zweierrennen, *das.* **2.** *v. t.* **a)** (*arrange in couples*) paaren; [paarweise] zusammenstellen; **b)** (*marry*) verheiraten (**with** an + *Akk.,* mit). **3.** *v. i.* ⟨*Tiere:*⟩ sich paaren
~ 'off 1. *v. t.* zu Paaren *od.* paarweise zusammenstellen; **she was ~ed off with Alan** sie bekam Alan als Partner. **2.** *v. i.* Zweiergruppen bilden
~ 'up *see* **~ off 2**
~ with *v. t.* (*Parl.*) **~ with sb.** ⟨*Abgeordneter:*⟩ mit jmdm. von der gegnerischen Fraktion vereinbaren, sich bei einer Abstimmung zu enthalten
pairing ['peərɪŋ] *n.* (*Parl.*) **~** [**arrangement**] Absprache zwischen Abgeordneten gegnerischer Parteien, sich bei einer Abstimmung zu enthalten
Paisley ['peɪzlɪ] *adj.* (*Textiles*) Paisley⟨*schal, -kleid, -samt usw.*⟩; **~ pattern** Paisleymuster, *das*
pajamas [pə'dʒɑːməz] (*Amer.*) *see* **pyjamas**
Pak [pæk], **Paki** ['pækɪ] *n.* (*Brit. sl. derog.: Pakistani*) Pakistaner, *der*/Pakistanerin, *die;* **Paki-bashing** Zusammenschlagen von Pakistanern
Pakistan [pɑːkɪ'stɑːn] *pr. n.* Pakistan (*das*)
Pakistani [pɑːkɪ'stɑːnɪ] **1.** *adj.* pakistanisch; *sb.* **is ~**: jmd. ist Pakistani. **2.** *n.* Pakistani, *der/die;* Pakistaner, *der*/Pakistanerin, *die*
pal [pæl] (*coll.*) **1.** *n.* Kumpel, *der* (*ugs.*); (*derog.*) Kumpan, *der* (*oft abwertend*); **be a ~ and ...**: sei so nett und ...; *see also* **old 1 c**. **2.** *v. i.,* **-ll-**: **~ up with sb.** sich mit jmdm. anfreunden
palace ['pælɪs] *n.* Palast, *der;* (*of bishop or aristocrat also*) Palais, *das;* (*stately mansion*) Schloß, *das; attrib.* Schloß⟨*garten, -park*⟩ Palast⟨*wache, -truppe usw.*⟩
palace revo'lution *n.* (*lit. or fig.*) Palastrevolution, *die*
paladin ['pælədɪn] *n.* **a)** (*Hist.: knight errant*) fahrender Ritter; **b)** (*knightly hero*) Recke, *der*
Palaeocene ['pælɪəsiːn, 'peɪlɪəsiːn] (*Geol.*) **1.** *adj.* paläozän. **2.** *n.* Paläozän, *das*
palaeography [pælɪ'ɒgrəfɪ, peɪlɪ'ɒgrəfɪ] *n.* Paläographie, *die*
palaeolithic [pælɪə'lɪθɪk, peɪlɪə'lɪθɪk] *adj.* (*Archaeol.*) paläolithisch (*fachspr.*); altsteinzeitlich; **~ man** Paläolithiker, *der*
palaeontology [pælɪɒn'tɒlədʒɪ, peɪlɪɒn'tɒlədʒɪ] *n.* Paläontologie, *die*
Palaeozoic [pælɪə'zəʊɪk, peɪlɪə'zəʊɪk] (*Geol.*) **1.** *adj.* paläozoisch. **2.** *n.* Paläozoikum, *das*
palatable ['pælətəbl] *adj.* **a)** (*acceptable in taste*) genießbar, trinkbar ⟨*Wein*⟩; (*pleasant*) wohlschmeckend ⟨*Speise*⟩; **b)** (*fig.*) annehmbar, akzeptabel ⟨*Gesetz, Erhöhung, Aufführung*⟩; **make sth. ~ to sb.** jmdm. etw. schmackhaft machen (*ugs.*); **not be ~ to sb.** jmdm. nicht schmecken (*ugs.*)
palatal ['pælətl] **1.** *adj.* (*Anat.*) Gaumen-; **b)** (*Phonet.*) palatal. **2.** *n.* (*Phonet.*) Palatal, *der*
palate ['pælət] *n.* (*Anat.*) Gaumen, *der;* **hard/soft ~**: harter/weicher Gaumen; *see* *also* ²**cleft 2**; **b)** (*taste*) Gaumen, *der* (*geh.*); **be sharp on the ~**: ⟨*Wein:*⟩ sauer schmecken; **not be to sb.'s ~** (*fig.*) nicht [nach] jmds. Geschmack sein
palatial [pə'leɪʃl] *adj.* palastartig; **built in ~ style** wie ein Palast gebaut
Palatinate [pə'lætɪnət] *pr. n.* **the ~** (*in Germany*) die Pfalz
Palatine ['pælətaɪn] *adj.* palatinisch
palaver [pə'lɑːvə(r)] *n.* **a)** (*coll.: fuss*) Umstand, *der;* Theater, *das* (*ugs.*); **b)** (*conference; derog.: idle talk*) Palaver, *das*
'**pale** [peɪl] *n.* **a) be beyond the ~** ⟨*Verhalten, Benehmen:*⟩ unmöglich sein; **regard sb. as beyond the ~**: jmdn. indiskutabel finden; **b)** (*stake*) Pfahl, *der;* (*slat*) [Zaun]latte, *die*
²**pale** [peɪl] **1.** *adj.* **a)** blaß, (*esp. in illness*) fahl, (*nearly white*) bleich ⟨*Gesichtsfarbe, Haut, Gesicht, Aussehen*⟩; **go ~**: blaß/ bleich werden; **his face was ~ :** er war blaß/ bleich; **b)** (*light in colour*) von blasser Farbe *nachgestellt*; blaß ⟨*Farbe*⟩; hell ⟨*Sherry*⟩; **a ~ blue/red dress** ein blaßblaues/-rotes Kleid; **~ ale** Pale Ale, *das;* **c)** (*faint*) fahl ⟨*Licht*⟩; **d)** (*fig.: poor*) **~ imitation/reflection** schlechte Nachahmung/schwacher Abglanz. **2.** *v. i.* bleich *od.* blaß werden (**at** bei); **his face ~d** er wurde bleich *od.* blaß; **~ into insignificance** völlig bedeutungslos werden; **~ in comparison with sth.** neben etw. (*Dat.*) verblassen
'**pale-face** *n.* Bleichgesicht, *das*
'**pale-faced** *adj.* blaß
palely ['peɪlɪ] *adv.* fahl, bleich ⟨*scheinen*⟩; matt, schwach ⟨*erleuchten*⟩
paleness ['peɪlnɪs] *n., no pl.* (*of person*) Blässe, *die*
paleo- (*Amer.*) *see* **palaeo-**
Palestine ['pælɪstaɪn] *pr. n.* Palästina (*das*)
Palestinian [pælɪ'stɪnɪən] **1.** *adj.* palästinensisch; *sb.* **is ~**: jmd. ist Palästinenser/ Palästinenserin. **2.** *n.* Palästinenser, *der*/ Palästinenserin, *die*
palette ['pælɪt] *n.* Palette, *die*
'**palette-knife** *n.* (*Art*) Palettenmesser, *das*
palfrey ['pɔːlfrɪ] *n.* (*Hist.*) Zelter, *der*
palimpsest ['pælɪmpsɛst] *n.* Palimpsest, *der od. das*
palindrome ['pælɪndrəʊm] *n.* Palindrom, *das*
paling ['peɪlɪŋ] *n.* **a)** (*stake*) [Zaun]pfahl, *der;* (*slat*) [Zaun]latte, *die;* **b)** (*fence*) Lattenzaun, *der*
palisade [pælɪ'seɪd] *n.* **a)** (*fence*) Palisade, *die;* Palisadenzaun, *der;* **b)** *in pl.* (*Amer.: cliffs*) steile, bes. säulenähnliche Formationen aufweisende Felswand
palish ['peɪlɪʃ] *adj.* bläßlich
'**pall** [pɔːl] *n.* **a)** (*over coffin*) Sargtuch, *das;* **b)** (*fig.*) Schleier, *der;* **cast a ~ of gloom over sb.** jmdn. in gedrückte Stimmung versetzen
²**pall** *v. i.* **~** [**on sb.**] [jmdm.] langweilig werden
Palladian [pə'leɪdɪən] *adj.* (*Archit.*) palladianisch
'**pall-bearer** *n.* Sargträger, *der*/-trägerin, *die*
'**pallet** ['pælɪt] *n.* **a)** (*bed*) Pritsche, *die;* **b)** (*mattress*) Strohsack, *der*
²**pallet** *n.* (*platform*) Palette, *die*
palliasse ['pælɪæs, pælɪ'æs] *n.* Strohsack, *der*
palliate ['pælɪeɪt] *v. t.* **a)** (*alleviate*) lindern, erträglicher machen ⟨*Krankheit*⟩; **b)** (*excuse*) entschuldigen; (*gloss over*) beschönigen
palliative ['pælɪətɪv] (*Med.*) **1.** *adj.* palliativ (*fachspr.*); lindernd; **~ drug** Palliativ[um], *das* (*fachspr.*); Linderungsmittel, *das.* **2.** *n.* Palliativ[um], *das* (*fachspr.*); Linderungsmittel, *das*
pallid ['pælɪd] *adj.* **a)** *see* ²**pale 1 a**; **b)** matt, blaß ⟨*Farbe*⟩
pallor ['pælə(r)] *n.* Blässe, *die;* Fahlheit, *die*
pally ['pælɪ] *adj.* (*coll.*) **they are very ~** [**with**

palm

each other| sie sind dicke Freunde *(ugs.)*; be ~ or on ~ terms with sb. mit jmdm. dick befreundet sein *(ugs.)*; his ~ manner seine kumpelhafte Art

¹**palm** [pɑ:m] *n.* **a)** *(tree)* Palme, *die*; *attrib.* ~ leaf/oil/kernel/frond Palmblatt, *das*/-öl, *das*/-kern, *der*/-wedel, *der*; ~ [branch] *(also Eccl.)* Palmzweig, *der*; **b)** *(symbol of victory)* Siegespalme, *die*; *(Bibl.)* Palme, *die*; **bear or take the** ~ *(fig.)* die Siegespalme davontragen *(geh.)*

²**palm 1.** *n.* **a)** *(of hand)* Handteller, *der*; Handfläche, *die*; **hold/weigh sth. in one's** ~ **or the ~ of one's hand** etw. in der Hand halten/wiegen; **have sth. in the ~ of one's hand** *(fig.)* etw. in der Hand haben; **on the ~s of one's hands** auf den Handtellern *od.* -flächen; **the ~ of one's right hand** der rechte Handteller; die rechte Handfläche; *see also* **cross 2 a**; **grease 2**; **b)** *(of glove)* Innenfläche, *die*. **2.** *v. t.* in der [hohlen] Hand verschwinden lassen

~ **'off** *v. t.* ~ **sth. off on sb.,** ~ **sb. off with sth.** jmdm. etw. andrehen *(ugs.)*; ~ **sb. off on sb. else** jmdn. zu jmd. anderem abschieben *(ugs.)*; ~ **sth. off as sth.** etw. als etw. verkaufen; ~ **sb. off with promises** jmdn. mit Versprechungen abspeisen *(ugs.)*

palm-'court *adj.* ~ **music/orchestra** ≈ Kaffeehausmusik, *die*/-orchester, *das*

palmist ['pɑ:mɪst] *n.* Handleser, *der*/-leserin, *die*; Handlinienderteuter, *der*/-deuterin, *die*

palmistry ['pɑ:mɪstrɪ] *n.*, *no pl.* Handlesekunst, *die*; Handlinienderutung, *die*

palm: P~ 'Sunday *n. (Eccl.)* Palmsonntag, *der*; **~-tree** *n.* Palme, *die*

palomino [pælə'mi:nəʊ] *n., pl.* ~s *(Zool.)* Isabelle, *die*

palpable ['pælpəbl] *adj.* **a)** *(tangible)* fühlbar; tastbar; **b)** *(perceptible)* spürbar ⟨*Unterschied*⟩; eindeutig ⟨*Zeichen*⟩; *(obvious)* offenkundig ⟨*Lüge, Unwissenheit, Absurdität*⟩

palpably ['pælpəblɪ] *adv.* offenkundig

palpitate ['pælpɪteɪt] *v. i.* **a)** *(pulsate)* ⟨*Herz:*⟩ palpitieren *(fachspr.)*, pochen, hämmern; **b)** *(throb)* beben; zucken; *(tremble)* zittern (**with** vor + *Dat.*)

palpitation [pælpɪ'teɪʃn] *n.* **a)** *(throbbing)* Beben, *das*; Zucken, *das*; *(trembling)* Zittern, *das*; **b)** *in pl. (Med.: of heart)* Palpitation, *die (fachspr.)*; Herzklopfen, *das*; **suffer from ~s** Herzklopfen haben

palsy ['pɔ:lzɪ, 'pɒlzɪ] *n. (Med. dated)* Lähmung, *die*; Paralyse, *die (fachspr.)*; *see also* **cerebral palsy**

paltry ['pɔ:ltrɪ, 'pɒltrɪ] *adj.* schäbig; armselig ⟨*Auswahl*⟩; *(trivial)* belanglos; ~ **matters** Belanglosigkeiten; **a ~ £5** schäbige 5 Pfund

pampas ['pæmpəz, 'pæmpəs] *n. pl. (Geog.)* Pampas *Pl.*

'**pampas-grass** *n.* Pampasgras, *das*

pamper ['pæmpə(r)] *v. t.* verhätscheln; ~ **oneself** sich verwöhnen

pamphlet ['pæmflɪt] *n. (leaflet)* Prospekt, *der*; *(esp. Polit.)* Flugblatt, *das*; *(booklet)* Broschüre, *die*; *(Polit., Relig.: tract)* Streitschrift, *die*

pamphleteer [pæmflɪ'tɪə(r)] *n.* Verfasser, *der*/Verfasserin der Flugblatts/der Streitschrift/ der Flugblätter/der Streitschriften

¹**pan** [pæn] *n.* **a)** [Koch]topf, *der*; *(for frying)* Pfanne, *die*; **pots and ~s** Kochtöpfe; **a ~ of milk** ein Topf Milch; *see also* **saucepan**; **b)** *(of scales)* Schale, *die*; **c)** *(Brit.: of WC)* [lavatory] ~: Toilettenschüssel, *die*; **d)** *(Amer. sl.: face)* Visage, *die (ugs. abwertend)*. **2.** *v. t.* ~ **flash 1 a**. **2.** *v. t.* **-nn-** *(coll.)* verreißen ⟨*Theaterstück, Buch, Film usw.*⟩; harte Kritik üben an (+ *Dat.*) ⟨*Person*⟩

~ **'out** *v. i. (progress)* sich entwickeln

²**pan 1.** *v. t.,* **-nn-** *(Cinemat., Telev.)* schwenken; *(Photog.)* mitziehen. **2.** *v. i.,* **-nn-** *(Cinemat., Telev.)* schwenken (**to** auf + *Akk.*); *(Photog.)* [die Kamera] mitziehen; **~ning**

shot [Kamera]schwenk, *der*. **3.** *n. (Cinemat., Telev.)* Schwenk, *der*

pan- [pæn] *in comb.* pan⟨*amerikanisch, -slawistisch, -islamisch, -germanisch usw.*⟩; Pan⟨*afrikanismus, -slawist usw.*⟩

panacea [pænə'si:ə] *n.* Allheilmittel, *das*

panache [pə'næʃ] *n.* Schwung, *der*; Elan, *der*

Panama [pænə'mɑ:] **1.** *pr. n.* Panama *(das).* **2.** *n.* **p~** [hat] Panamahut, *der*

Panama Ca'nal *pr. n.* Panamakanal, *der*

Panamanian [pænə'meɪnɪən] **1.** *adj.* panamaisch; **sb. is ~**: jmd. ist Panamaer/Panamaerin. **2.** *n.* Panamaer, *der*/Panamaerin, *die*

panatella [pænə'telə] *n.* Panatela, *die*

pancake ['pænkeɪk] *n.* Pfannkuchen, *der*; **be flat as a ~**: platt wie ein Pfannkuchen sein; ⟨*Gelände:*⟩ topfeben sein; *(squashed)* platt wie eine Briefmarke sein; ⟨*Reifen:*⟩ völlig platt sein

pancake: P~ Day *n. (Brit.)* Fasnachtsdienstag, *der*; ~ '**landing** *n. (Aeronaut.)* Bauchlandung, *die*; ~ **roll** *n.* gerollter Pfannkuchen mit Füllung

panchromatic [pænkrə'mætɪk] *adj. (Photog.)* panchromatisch

pancreas ['pæŋkrɪəs] *n. (Anat.)* Bauchspeicheldrüse, *die*; Pankreas, *das (fachspr.)*

pancreatic [pæŋkrɪ'ætɪk] *adj. (Anat., Physiol.)* Pankreas-; ~ **duct** Ausführungsgang des Pankreas

panda ['pændə] *n. (Zool.)* **a)** *see* **giant panda**; **b) red ~**: Kleiner Panda; Kleiner Bambusbär

'**panda car** *n. (Brit. Police)* Streifenwagen, *der*

pandemonium [pændɪ'məʊnɪəm] *n.* Chaos, *das*; *(uproar)* Tumult, *der*; **there was ~ in the stadium** das Stadion war im Hexenkessel; ~ **reigned** es herrschte ein einziges Chaos

pander ['pændə(r)] **1.** *n. (go-between)* Kuppler, *der*/Kupplerin, *die*; *(procurer)* Zuhälter, *der*. **2.** *v. i.* ~ **to** allzu sehr entgegenkommen (+ *Dat.*) ⟨*Person, Geschmack, Instinkt*⟩; frönen (+ *Dat.*) ⟨*Laster*⟩

Pandora's box [pændɔ:rəz 'bɒks] *n. (Mythol.; also fig.)* Büchse der Pandora

p. & p. *abbr. (Brit.)* **postage and packing** Porto und Verpackung

pane [peɪn] *n. (glass)* Scheibe, *die*; **window-~/~ of glass** Fenster-/Glasscheibe, *die*

panegyric [pænɪ'dʒɪrɪk] **1.** *n.* Lobrede, *die* (**on** auf + *Akk.*). **2.** *adj.* panegyrisch *(geh.)*

panel ['pænl] **1.** *n.* **a)** *(of door, wall, etc.)* Paneel, *das*; *(of fence)* Bretterzaunelement, *das*; *(of screen, triptych)* Flügel, *der*; **b)** *(Telev., Radio, etc.)* (quiz team) Rateteam, *das*; *(in public discussion)* Podium, *das*; ~ **discussion** Podiumsdiskussion, *die*; **c)** *(advisory body)* Gremium, *das*; Kommission, *die*; ~ **of experts** Expertengremium, *das*; **d)** *(Dressmaking)* Einsatz, *der. See also* **control panel**; **instrument panel. 2.** *v. t., (Brit.)* **-ll-** paneelieren ⟨*Tür, Zimmer, Wand*⟩; täfeln ⟨*Zimmer, Wand*⟩

panel: ~**-beater** *n.* Autospengler, *der*/-spenglerin, *die*; ~ **game** *n.* Ratespiel, *das*; Quiz, *das*; *(Telev., Radio)* Rate-, Quizsendung, *die*

paneling, panelist *(Amer.) see* **panelling, panellist**

panelling ['pænəlɪŋ] *n.* Täfelung, *die*

panellist ['pænəlɪst] *n. (Telev., Radio) (on quiz programme)* Mitglied des Rateteams; *(on discussion panel)* Diskussionsteilnehmer, *der*/-teilnehmerin, *die*

panel: ~**-pin** *n.* Tapezierriagel, *der*; ~ **truck** *n.* Lieferwagen, *der*

panful ['pænfʊl] *n.* Topf, *der*; **a ~ of water** ein Topf [voll] Wasser

pang [pæŋ] *n.* **a)** *(of pain)* Stich, *der*; *see also* **hunger 1**; **b)** *(of distress)* **feel ~s of conscience/guilt** Gewissensbisse haben; **feel ~s of remorse** bittere Reue empfinden

pantry

'**panhandle 1.** *n.* **a)** Topfstiel, *der*; *(of frying-pan)* Pfannenstiel, *der*; **b)** *(of land)* schmaler Landstreifen; *(in US)* Panhandle, *der.* **2.** *v. t. (sl.)* anschnorren *(ugs.)* (**for** um). **3.** *v. i. (sl.)* schnorren *(ugs.)*

panic ['pænɪk] **1.** *n.* Panik, *die*; **be in a [state of] ~ [over or at having done sth.]** von Panik erfaßt *od.* ergriffen sein[, weil man etw. getan hat]; **there was ~ on the stock-market** es kam zu einer Börsenpanik. **2.** *v. i.,* **-ck-** in Panik (*Akk.*) geraten; **don't ~!** nur keine Panik! **3.** *v. t.,* **-ck-** in Panik versetzen; ~ **sb. into doing sth.** jmdn. so in Panik versetzen, daß er etw. tut. **4.** *attrib. adj. (overhasty)* übereilt, überstürzt ⟨*Maßnahmen*⟩; wild, atemlos ⟨*Hast*⟩; ~ **buying** Hamsterkäufe; ~ **selling** Panikverkäufe

panic: ~ **bolt** *n.* Panikverschluß, *der*; ~ **button** *n.* Alarmknopf, *der*; **hit the ~ button** *(fig. coll.)* Alarm schlagen; *(panic)* durchdrehen *(ugs.)*; **die Panik kriegen** *(ugs.)*

panicky ['pænɪkɪ] *adj.* von Panik bestimmt ⟨*Verhalten, Handeln, Rede*⟩; **be ~**: in Panik sein

panicle ['pænɪkl] *n. (Bot.)* Rispe, *die*

panic: ~**-monger** *n.* Panikmacher, *der*/-macherin, *die*; ~ **stations** *n. pl. (fig. coll.)* **be at ~ stations** am Rotieren sein *(ugs.)* (**about** wegen); **it was ~ stations** alles war am Rotieren *(ugs.)*; ~**-stricken,** ~**-struck** *adjs.* von Panik erfaßt *od.* ergriffen

pannier ['pænɪə(r)] *n.* **a)** *(basket)* Lastkorb, *der*; **b)** *(bag)* Packtasche, *die*

panoply ['pænəplɪ] *n.* Palette, *die (fig.)*; **the full ~ of a state burial** ein Staatsbegräbnis mit allem, was dazu gehört; **a wonderful ~ of colours** eine herrliche Farbenpracht

panorama [pænə'rɑ:mə] *n.* Panorama, *das*; *(fig.: survey)* Überblick, *der* (**of** über + *Akk.*); **aerial ~**: Luftaufnahme, *die*

panoramic [pænə'ræmɪk] *adj.* Panorama-; ~ **survey** *(fig.)* umfassender Überblick (**of** über + *Akk.*)

'**pan-pipes** *n. pl. (Mus.)* Panflöte, *die*

pansy ['pænzɪ] *n.* **a)** *(Bot.)* Stiefmütterchen, *das*; **b)** *(coll.: effeminate man)* Schwuchtel, *die (ugs.)*; Tunte, *die (ugs.)*

pant [pænt] **1.** *v. i.* keuchen. **2.** ~ **[out]** keuchend hervorstoßen ⟨*Nachricht, Worte*⟩

~ **for** *v. t.* ringen nach ⟨*Luft, Atem*⟩; schnappen nach ⟨*Luft*⟩; lechzen nach ⟨*Getränk*⟩

pantechnicon [pæn'teknɪkən] *n.* ~ **[van]** *(Brit.)* Möbelwagen, *der*

pantheism ['pænθɪɪzm] *n., no art. (Relig.)* Pantheismus, *der*

pantheist ['pænθɪɪst] *n. (Relig.)* Pantheist, *der*/Pantheistin, *die*

pantheistic [pænθɪ'ɪstɪk], **pantheistical** [pænθɪ'ɪstɪkl] *adj. (Relig.)* pantheistisch

pantheon ['pænθɪən, pæn'θi:ən] *n.* Pantheon, *das*

panther ['pænθə(r)] *n. (Zool.)* **a)** Panther, *der*; **b)** *(Amer.: puma)* Puma, *der*; Berglöwe, *der*

pantie-girdle ['pæntɪgɜ:dl] *n. (coll.)* Miederhose, *die*

panties ['pæntɪz] *n. pl. (coll.)* **[pair of]** ~: Schlüpfer, *der*

pantihose ['pæntɪhəʊz] *see* **tights 3 a**

pantile ['pæntaɪl] *n. (Building)* Hohlpfanne, *die*

panto ['pæntəʊ] *n., pl.* ~s *(Brit. coll.) see* **pantomime a**

pantograph ['pæntəgrɑ:f] *n.* **a)** *(for copying)* Pantograph, *der*; Storchschnabel, *der*; **b)** *(Electr.)* Scherenstromabnehmer, *der*

pantomime ['pæntəmaɪm] *n.* **a)** *(Brit.)* Märchenspiel im Varietéstil, das um Weihnachten aufgeführt wird; **b)** *(gestures)* Pantomime, *die*

pantry ['pæntrɪ] *n.* Speisekammer, *die*; **[butler's]** ~: Anrichtezimmer, *das*

pants [pænts] *n. pl.* a) *(esp. Amer. coll.: trousers)* [pair of] ~: Hose, *die;* **bore/scare the ~ off sb.** *(fig. coll.)* jmdn. zu Tode langweilen/erschrecken; **talk the ~ off sb.** *(fig. sl.)* jmdn. vollabern *od.* vollquatschen *(ugs.);* **catch sb. with his ~ down** *(fig. sl.)* jmdn. unvorbereitet treffen; *see also* **kick 1 a; b)** *(Brit. coll.: underpants)* Unterhose, *die*
'**pant suit** *n.* Hosenanzug, *der*
panzer ['pæntsə(r)] *adj. (Mil.)* Panzer-
pap *n.* a) *(food)* Brei, *der;* (*fig. derog.*) Schmarren, *der;* (*ugs. abwertend*)
papa [pə'pɑ:] *n. (arch. child lang.)* Papa, *der (fam.)*
papacy ['peɪpəsɪ] *n.* a) *no pl. (office)* Papat, *der;* **be elected to the ~:** zum Papst gewählt werden; b) *(tenure)* Amtszeit als Papst; c) *no pl. (papal system)* Papsttum, *das*
papal ['peɪpl] *adj.* päpstlich; *see also* **infallibility**
paparazzo [pæpə'rɑ:tsəʊ] *n., pl.* **paparazzi** [pæpə'rɑ:tsi:] Paparazzo, *der*
papaw [pə'pɔ:], **papaya** [pə'paɪə] *n. (Bot.)* a) *(tree)* ~ [tree] Papaya- *od.* Melonenbaum, *der;* b) *(fruit)* Papaya[frucht], *die*
paper ['peɪpə(r)] 1. *n.* a) *(material)* Papier, *das;* **put sth. down on ~:** etw. schriftlich festhalten *od.* niederlegen; **it looks all right on ~** (in theory) auf dem Papier sieht es ganz gut aus; **put pen to ~:** zur Feder greifen; **the treaty** *etc.* **isn't worth the ~ it's written on** *(coll.)* der Vertrag *usw.* ist nicht das Papier wert, auf dem geschrieben steht; b) *in pl. (documents)* Dokumente, Unterlagen *Pl.;* (*to prove identity etc.*) Papiere *Pl.;* c) *(in examination)* (*Univ.*) Klausur, *die;* (*Sch.*) Arbeit, *die;* d) *(newspaper)* Zeitung, *die;* **daily/weekly ~:** Tages-/Wochenzeitung, *die;* e) *(wallpaper)* Tapete, *die;* f) *(wrapper)* Stück Papier; **don't scatter the ~s all over the floor** wirf das Papier nicht überall auf den Boden; g) *(learned article)* Referat, *das;* (*shorter*) Paper, *das;* h) *no pl., no indef. art.* (*Commerc.: bills of exchange etc.*) [Wert]papiere. 2. *adj.* a) *(made of ~)* aus Papier nachgestellt; Papier(mütze, -taschentuch); b) *(theoretical)* nominell (*zahlenmäßige* Stärke, Profit). 3. *v. t.* tapezieren
~ 'over *v. t.* [mit Tapete] überkleben; **~ over the cracks** *(fig.: cover up mistakes/differences)* die Fehler/Differenzen übertünchen
paper: **~back** 1. *n.* Paperback, *das;* (*pocket-size*) Taschenbuch, *das;* **available in ~back** als Paperback/Taschenbuch erhältlich; 2. *adj.* **~back edition** Paperback-/Taschenbuchausgabe, *die;* **~back book** Paperback, *das*/Taschenbuch, *das;* ~ '**bag** *n.* Papiertüte, *die;* ~ **boy** *n.* Zeitungsjunge, *der;* ~ **chain** *n.* Papiergirlande, *die;* ~**-chase** *n.* Schnitzeljagd, *die;* ~**-clip** *n.* Büroklammer, *die;* (*larger*) Aktenklammer, *die;* ~ '**cup** *n.* Pappbecher, *der;* ~ **currency** *see* ~ **money;** ~**-girl** *see* ~**-boys-girl;** ~ '**handkerchief** *n.* Papiertaschentuch, *das;* ~**-hanger** *n.* Tapezierer, *der*/Tapezierern, *die;* ~**-hanging** *n.* Tapezieren, *das;* ~ '**hanky** *n. (coll.)* Papiertaschentuch, *das;* ~**-knife** *n.* Brieföffner, *der;* ~**-making** *n., no pl.* Papierherstellung, *die;* ~**-mill** *n.* Papierfabrik, *die* -mühle, *die;* ~ **money** *n.* Papiergeld, *das;* ~ '**napkin** *n.* Papierserviette, *die;* ~ '**plate** *n.* Papteller, *der;* ~ **qualification** *n.* Zeugnis, *das;* ~**-round** *n.* Zeitungenaustragen, *das;* **on one's ~-round** beim Zeitungenaustragen; **have/do a ~-round** Zeitungen austragen; ~ **serviette** *see* ~ **napkin;** ~**-shop** *n.* Zeitungsgeschäft, *das;* ~**-thin** *adj. (lit. or fig.)* hauchdünn; ~ '**tiger** *see* **tiger a;** ~ '**towel** *n.* Papierhandtuch, *das;* ~ **weight** *n.* Briefbeschwerer, *der;* ~ **work** *n.* a) Schreibarbeit, *die;* Papierkram *der (abwertend);* b) *(documents)* Unterlagen *Pl.*
papery ['peɪpərɪ] *adj.* papierartig; **be ~:** wie Papier sein

papier mâché [pæpjeɪ 'mæʃeɪ, pæpjeɪ 'mɑ:ʃeɪ] *n.* Papiermaché, *das;* Pappmaché, *das*
papist ['peɪpɪst] *n. (Relig. derog.)* Papist, *der*/Papistin, *die (abwertend)*
papoose [pə'pu:s] *n.* Kleinkind, *das* (*bei den nordamerikanischen Indianern*)
paprika ['pæprɪkə, pə'pri:kə] *n.* a) *see* **pepper 1 b;** b) *(Cookery: condiment)* Paprika, *der*
Papua New Guinea [pɑ:puə nju: 'gɪnɪ] *pr. n.* Papua-Neuguinea *(das)*
papyrus [pə'paɪərəs] *n., pl.* **papyri** [pə'paɪəraɪ] Papyrus, *der*
par [pɑ:(r)] *n.* a) *(average)* **above/below ~:** über/unter dem Durchschnitt; **the work is [well] below ~:** die Arbeit liegt [weit] unter dem üblichen Niveau; **feel rather below ~, not feel up to ~** *(fig.)* nicht ganz auf dem Posten *od.* Damm sein. *(ugs.);* b) *(equality)* **be on a ~:** vergleichbar sein; **be on a ~ with sb./sth.** jmdm./einer Sache gleichkommen; c) *(Golf)* Par, *das;* **that's about ~ for the course** *(fig. coll.)* das ist so das Übliche; d) (*Commerc.: nominal value*) ~ [of exchange] Wechselkurs, *der;* **at/above/below ~** (Aktie, Wert...) al/über/unter pari stehen
para ['pærə] *n. (coll.)* a) *(paratrooper)* Para, *der;* b) *(paragraph)* Absatz, *der*
para. *abbr.* **paragraph** Abs., *(in contract or law)* Paragr.
parable ['pærəbl] *n.* Gleichnis, *das;* Parabel, *die (bes. Literaturw.)*
parabola [pə'ræbələ] *n. (Geom.)* Parabel, *die*
parabolic [pærə'bɒlɪk] *adj. (Geom.)* parabolisch; ~ **mirror** Parabolspiegel, *der*
parachute ['pærəʃu:t] 1. *n.* a) Fallschirm, *der;* b) *(to brake aircraft etc.)* Bremsfallschirm, *der.* 2. *v. t.* [mit dem Fallschirm] absetzen (Person) (**into** über + *Dat.*); mit dem Fallschirm abwerfen (Vorräte). 3. *v. i.* (Truppen:) [mit dem Fallschirm] abspringen (**into** über + *Dat.*). 4. *adj.* Fallschirm(absprung, -abwurf); *(Mil.)* Fallschirmjäger(truppen, -regiment)
parachutist ['pærəʃu:tɪst] *n.* a) [sports] ~: Fallschirmspringer, *der*/-springerin, *die;* b) *(Mil.)* Fallschirmjäger, *der*
parade [pə'reɪd] 1. *n.* a) *(display)* Zurschaustellung, *die;* **make a ~ of** zur Schau stellen (Tugend, Eigenschaft); **make a ~ of one's knowledge** mit seinem Wissen paradieren (*geh.*); b) *(Mil.: muster)* Appell, *der;* **on ~:** beim Appell; c) *(procession)* Umzug, *der;* *(of troops)* Parade, *die;* d) *(succession)* Reihe, *die;* e) *(promenade, street)* Promenade, *die;* **a ~ of shops** eine Reihe Läden. 2. *v. t.* a) *(display)* zur Schau stellen; vorzeigen (Person (**before** bei); b) *(march through)* **~ the streets** durch die Straßen marschieren; c) *(Mil.: muster)* antreten lassen. 3. *v. i.* paradieren; **the national teams ~d round the stadium** die Nationalmannschaften marschierten durch das Stadion
pa'rade-ground *n.* Exerzierplatz, *der*
paradigm ['pærədaɪm] *n. (esp. Ling.)* Paradigma, *das*
paradise ['pærədaɪs] *n.* Paradies, *das;* **children's/gourmet's ~:** Paradies für Kinder/Gourmets; **an earthly ~:** ein Paradies auf Erden; **this is ~!** himmlisch! *See also* **bird of paradise; fool's paradise**
paradox ['pærədɒks] *n.* a) Paradox[on], *das;* b) *no pl., no indef. art.* (*quality*) Paradoxie, *die;* Widersprüchlichkeit, *die*
paradoxical [pærə'dɒksɪkl] *adj.* paradox
paradoxically [pærə'dɒksɪklɪ] *adv.* paradox; *as sentence-modifier* paradoxerweise
paraffin ['pærəfɪn] *n.* a) *(Chem.)* Paraffin, *das;* b) *(Brit.: fuel)* Petroleum, *das; attrib.* Petroleum(lampe, -kocher); c) *liquid ~* *(Brit.: laxative)* Paraffinöl, *das*
paraffin: ~ **oil** *(Brit.) see* **paraffin b;** ~ '**stove** *n.* Petroleumkocher, *der;* (*for heat-*

ing) Petroleumofen, *der;* ~ '**wax** *n.* Paraffin[wachs], *das*
paragon ['pærəgən] *n.* Muster, *das* (**of an** + *Dat.*); **a ~ of beauty** der Inbegriff der Schönheit; **~ of virtue** Tugendheld, *der*
paragraph ['pærəgrɑ:f] *n.* a) *(section of text)* Absatz, *der;* b) *(subsection of law etc.)* Paragraph, *der;* c) *(Journ.: news item)* Notiz, *die;* d) *(symbol)* Absatzzeichen, *das*
Paraguay ['pærəgwaɪ] *pr. n.* Paraguay *(das)*
Paraguayan [pærə'gwaɪən] 1. *adj.* paraguayisch; **sb. is ~:** jmd. ist Paraguayer/Paraguayerin. 2. *n.* Paraguayer, *der*/Paraguayerin, *die*
parakeet ['pærəki:t] *n. (Ornith.)* Sittich, *der*
parallax ['pærəlæks] *n. (Astron., Phys.)* Parallaxe, *die*
parallel ['pærəlel] 1. *adj.* a) parallel; **line A is ~ to line B** *(Geom.)* Gerade A ist der Geraden B parallel; **the railway ran ~ to the river** die Bahnlinie verlief parallel zum Fluß; ~ **bars** *(Gymnastics)* Barren, *der;* b) *(fig.: similar)* vergleichbar; **be ~:** sich (*Dat.)* [genau] entsprechen; *(share common features)* Parallelen aufweisen; **there is nothing ~ to this in history** dazu gibt es in der Geschichte keine Parallele. 2. *n.* a) Parallele, *die;* **this has no ~** *or* **is without ~:** dazu gibt es keine Parallele; **there is a ~ between x and y** es gibt eine Parallelität zwischen x und y; **the two societies are ~s** die beiden Gesellschaften gleichen sich; b) *(Electr.)* **be connected in ~:** parallelgeschaltet sein; c) *(Geog.)* ~ [of latitude] Breitenkreis, *der;* **the 42nd ~:** der 42. Breitengrad; d) *(Astron.)* Deklinationskreis, *der.* 3. *v. t.* a) *(match)* gleichkommen (+ *Dat.*); **his arrogance cannot be ~ed** seine Arroganz ist beispiellos; b) *(find sth. similar to)* **this behaviour may be ~ed in human life** eine Parallele zu diesem Verhalten läßt sich beim Menschen feststellen; c) *(compare)* vergleichen
parallelism ['pærəlelɪzm] *n. (lit. or fig.)* Parallelität, *die* (**in** *Gen.*); Übereinstimmung, *die* (**in** *Gen.*)
parallelogram [pærə'leləgræm] *n. (Geom.)* Parallelogramm, *das*
paralyse ['pærəlaɪz] *v. t.* a) lähmen; paralysieren *(Med.);* **he is ~d in both legs** seine beiden Beine sind gelähmt; b) *(fig.)* lahmlegen (Verkehr, Industrie); zum Erliegen bringen (Verkehr); **be ~d with fright** vor Schreck wie gelähmt sein; **be ~d** (Verkehr:) zum Erliegen gekommen sein
paralysis [pə'rælɪsɪs] *n., pl.* **paralyses** [pə'rælɪsi:z] Lähmung, *die;* Paralyse, *die (Med.);* *(fig., of industry, traffic)* Lahmlegung, *die*
paralytic [pærə'lɪtɪk] 1. *adj.* a) gelähmt; paralytisch *(Med.);* b) *(Brit. sl.: very drunk)* [stock-, sternhagel]voll *(salopp).* 2. *n.* Gelähmte, *der/die;* Paralytiker, *der*/Paralytikerin, *die (Med.)*
paralyze *(Amer.) see* **paralyse**
paramedic [pærə'medɪk] *n.* medizinische Hilfskraft
paramedical [pærə'medɪkl] *adj.* ~ **personnel/staff** medizinisches Hilfspersonal; *(in hospital)* nichtärztliches Personal; ~ **training** Ausbildung zur medizinischen Hilfskraft
parameter [pə'ræmɪtə(r)] *n.* a) *(defining feature)* Faktor, *der;* b) *(Math.)* Parameter, *der*
paramilitary [pærə'mɪlɪtərɪ] *adj.* paramilitärisch; halbmilitärisch
paramount ['pærəmaʊnt] *adj.* a) *(supreme)* höchst... (Macht, Autorität) oberst... (Herrscher, Souverän); b) *(pre-eminent)* größt..., höchst... (Wichtigkeit); Haupt(gesichtspunkt, -überlegung); **be** (Wunsch:) Vorrang haben
paramour ['pærəmʊə(r)] *n. (arch./rhet.)* Buhle, *der/die (dichter. veralt.)*
paranoia [pærə'nɔɪə] *n.* a) *(disorder)* Para-

paranoiac

noia, die (Med.); **b)** (tendency) [feeling of] ~: krankhaftes Mißtrauen; Verfolgungswahn, der
paranoiac [pærə'nɔɪæk], **paranoic** [pærə'nəʊɪk] **1.** n. (Med.) Paranoiker, der/Paranoikerin, die; **be a ~** (fig.) an Verfolgungswahn leiden. **2.** adj. (Med.) paranoisch; (fig.) krankhaft [gesteigert] ⟨Mißtrauen⟩
paranoid ['pærənɔɪd] **1.** adj. (Med.) paranoid (fachspr.); (fig.) wahnhaft; krankhaft [gesteigert] ⟨Mißtrauen, Abneigung, Angst⟩; **be ~:** an Verfolgungswahn leiden; **he's about his boss** er bildet sich ein, daß sein Chef ihn schikanieren will. **2.** n. (Med.) Paranoiker, der/Paranoikerin, die; **be a ~:** paranoid sein; an Verfolgungswahn leiden
paranormal [pærə'nɔ:ml] adj. paranormal; übersinnlich
parapet ['pærəpɪt, 'pærəpet] n. **a)** (low wall or barrier) Brüstung, die; **b)** (Mil.) Parapett, das (hist.); Brustwehr, die
paraphernalia [pærəfə'neɪlɪə] n. sing. **1.** (personal belongings) Utensilien Pl.; **b)** (equipment) (of justice, power) Instrumentarium, das (geh.); Apparat, der (of war) Material, das; **equestrian/sporting/photographic ~:** Reit-/Sport-/Fotoausrüstung, die; **the whole ~** (coll.) alles, was so dazugehört (ugs.)
paraphrase ['pærəfreɪz] **1.** n. Umschreibung, die; Paraphrase, die (fachspr.). **2.** v.t. umschreiben; paraphrasieren (fachspr.)
paraplegia [pærə'pli:dʒɪə] n. (Med.) Paraplegie, die (fachspr.); ≈ Querschnittslähmung, die
paraplegic [pærə'pli:dʒɪk] (Med.) **1.** adj. doppelseitig gelähmt; paraplegisch (fachspr.). **2.** n. doppelseitig Gelähmter/Gelähmte; Paraplegiker, der/Paraplegikerin, die (fachspr.)
parapsychology [pærəsaɪ'kɒlədʒɪ] n. Parapsychologie, die
paraquat ['pærəkwɒt] n. (Agric.) Paraquat, das (ein Kontaktherbizid)
parasite ['pærəsaɪt] n. **a)** (Biol.) Schmarotzer, der; Parasit, der (fachspr.); **b)** (fig. derog.: person) Schmarotzer, der; Parasit, der; **be a total ~:** nur schmarotzen
parasitic [pærə'sɪtɪk] adj. **a)** (Biol.) parasitisch; parasitär ⟨Pilz⟩; **be ~ on** schmarotzen in (+ Dat.) ⟨Pflanze:⟩ schmarotzen auf od. an (+ Dat.); **b)** (fig.) schmarotzerisch; schmarotzerhaft; **be ~ on** als Schmarotzer leben von
parasitism ['pærəsaɪtɪzm] n., no pl. **a)** (Biol.) Parasitismus, der; **b)** (fig.) Schmarotzertum, das
parasol ['pærəsɒl] n. Sonnenschirm, der; Parasol, der od. das (veralt.)
parasympathetic [pærəsɪmpə'θetɪk] adj. (Anat.) parasympathisch; **~ nerve** Parasympathikus, der
paratrooper ['pærətru:pə(r)] n. (Mil.) Fallschirmjäger, der
paratroops ['pærətru:ps] n. pl. (Mil.) Fallschirmjägertruppe, die; Fallschirmjäger Pl.
paratyphoid [pærə'taɪfɔɪd] (Med.) n. Paratyphus, der
parboil ['pɑ:bɔɪl] v.t. (Cookery) ankochen
parcel ['pɑ:sl] **1.** n. **a)** (package) Paket, das; **send/receive sth. by ~ post** etw. mit der Paketpost od. als Postpaket schicken/bekommen; **b) a ~ of land** ein Stück Land; see also **part 1 a. 2.** v.t., (Brit.) -ll- [zu Paketen] verpacken
~ 'out v.t. aufteilen ⟨Land⟩
~ 'up v.t. einwickeln
'parcel bomb n. Paketbombe, die
parch [pɑ:tʃ] **1.** v.t. **a)** (dry out) ausdörren, austrocknen ⟨Land, Boden⟩; **b)** (toast) rösten ⟨Kerne⟩. **2.** v.i. ⟨Haut:⟩ austrocknen
parched [pɑ:tʃt] adj. ausgedörrt ⟨Kehle, Land, Boden⟩; trocken ⟨Lippen⟩; **I am [absolutely] ~ [with thirst]** meine Kehle ist wie ausgetrocknet

parchment ['pɑ:tʃmənt] n. **a)** (skin) Pergament, das; **b)** (manuscript) Pergament, das; (document) Urkunde, die
pardon ['pɑ:dn] **1.** n. **a)** (forgiveness) Vergebung, die (geh.); Verzeihung, die; **ask sb.'s ~ for sth.** jmdn. wegen etw. um Verzeihung bitten; **no ~ will be given** es gibt kein Pardon; Pardon wird nicht gegeben; **b) beg sb.'s ~:** jmdn. um Entschuldigung od. (geh.) Verzeihung bitten; **I beg your ~:** entschuldigen Sie bitte; (please repeat) wie bitte? (auch iron.); **I do beg your ~:** entschuldigen Sie bitte vielmals; **beg ~** (coll.) bitte?; **~!** (coll.) Entschuldigung!; **c)** (Law [free] ~:) Begnadigung, die; **grant sb. a ~:** jmdn. begnadigen. **2.** v.t. **a)** (forgive) **~ sb.'s infidelity** jmdm. seine Untreue verzeihen; **~ sb. [for] sth.** jmdm. etw. verzeihen; **b)** (excuse) entschuldigen; **~ my saying so, but ...:** entschuldigen Sie bitte, daß ich es so ausdrücke, aber ...; **one could be ~ed for thinking ...** es wäre zu entschuldigen, wenn man dächte, ...; **~ 'me!** Entschuldigung!; **c)** (Law) begnadigen
pardonable ['pɑ:dənəbl] adj. verzeihlich; entschuldbar; verständlich ⟨Sorge⟩
pardonably ['pɑ:dənəblɪ] adv. verständlicherweise
pare [peə(r)] v.t. **a)** (trim) schneiden ⟨Finger-, Zehennägel⟩; zurichten, beschneiden ⟨Hufe⟩; **b)** (peel) schälen ⟨Apfel, Kartoffel⟩
~ a'way v.t. abschälen ⟨Rinde⟩; (fig.) beschneiden, schmälern ⟨Privileg, Profit usw.⟩
~ 'down v.t. (fig.: reduce) reduzieren, kürzen ⟨Ausgaben, Kosten, Zuschuß⟩
parent ['peərənt] n. **a)** Elternteil, der; **~s** Eltern Pl.; **duties as a ~:** elterliche Pflichten; **b)** (Bot., Zool.) Elter, der od. das (fachspr.); (Bot. also) Mutterpflanze, die; (Zool. also) Elterntier, das; **c)** (fig.: source) Quelle, die; **d)** attrib. Mutter⟨pflanze, -baum, -zelle, -gesellschaft⟩; Stamm⟨firma, -organisation, -organismus⟩; **~ ship** (Naut.) Mutterschiff, das
parentage ['peərəntɪdʒ] n. (lit. or fig.) Herkunft, die; (fig. also) Ursprung, der
parental [pə'rentl] adj. elterlich ⟨Gewalt⟩; Eltern⟨pflicht, -haus, -liebe⟩; ⟨Abweisung⟩ durch die Eltern; **~ approval/discipline** Zustimmung/disziplinierende Maßnahmen der Eltern
parenthesis [pə'renθɪsɪs] n., pl. **parentheses** [pə'renθɪsi:z] **a)** (bracket) runde Klammer; Parenthese, die (fachspr.); **b)** (word, clause, sentence) Parenthese, die (geh.); Einschub, der; **in ~:** als Parenthese; Einschub, (fig.) nebenbei; am Rande
parenthetic [pærən'θetɪk], **parenthetical** [pærən'θetɪkl] adj. eingeschoben; parenthetisch (fachspr.)
parenthetically [pærən'θetɪkəlɪ] adv. parenthetisch; in Parenthese (geh.); (fig.) nebenbei, am Rande ⟨hinzufügen, erwähnen, sagen⟩
parenthood ['peərənthʊd] n., no pl. Elternschaft, die; **joys of ~:** Elternfreuden Pl.
parent-'teacher association n. Eltern-Lehrer-Vertretung, die
parer ['peərə(r)] n. Küchenmesser, das; **potato-~:** Kartoffelschälmesser, das
par excellence [pɑ:r 'eksəlɑ:s] adv. par excellence (geh.); schlechthin
pariah [pə'raɪə] n. [social] ~: Paria, der (geh.); Ausgestoßene, der/die
parietal [pə'raɪətl] adj. (Anat.) parietal (fachspr.); seitlich; **~ bone** Scheitelbein, das
paring ['peərɪŋ] n. **a)** (action) (of fruit, vegetables) Schälen, das; (of nails) Schneiden, das; (of hoofs) Zurichten, das; Beschneiden, das; **b)** usu. in pl. (peel, shaving, etc.) Schalen, die; **nail ~s** abgeschnittene Nägel
'paring-knife see **parer**
Paris ['pærɪs] pr. n. Paris (das)

parliamentary

parish ['pærɪʃ] n. Gemeinde, die
parish: ~ 'church n. Pfarrkirche, die; **~ 'council** n. (Brit.) Gemeinderat, der; **~ 'councillor** n. (Brit.) Gemeinderat, der/Gemeinderätin, die
parishioner [pə'rɪʃənə(r)] n. Gemeinde[mit]glied, das; **the ~s** die Gemeinde
parish: ~ 'priest n. Gemeindepfarrer, der; **~-'pump** adj. (Brit.) krähwinklig (abwertend), provinziell (abwertend) ⟨Angelegenheit⟩; **~-pump politics** Kirchturmpolitik, die; **~ 'register** n. Kirchenbuch, das
Parisian [pə'rɪzɪən] **1.** n. Pariser, der/Pariserin, die. **2.** adj. Pariser ⟨Mode⟩; **be ~** ⟨Person:⟩ Pariser/Pariserin sein
parity ['pærɪtɪ] n. **a)** (equality) Parität, die (geh.); Gleichheit, die; **have ~ in voting rights** das gleiche Stimmrecht haben; **~ of pay** gleiche Bezahlung; **b)** (Commerc.) Parität, die; **the ~ of sterling against the dollar** die Pfund-Dollar-Parität
park [pɑ:k] **1.** n. **a)** Park, der; (land kept in natural state) Natur[schutz]park, der; **b)** (sports ground) Sportplatz, der; (stadium) Stadion, das; (Baseball, Footb.) Spielfeld, das; **c)** amusement **~:** Vergnügungspark, der; business **~:** Betriebsgelände, das. see also **industrial park; science park; theme park. 2.** v.i. parken; **find somewhere to ~:** einen Parkplatz finden; **there's nowhere to ~:** da kann man nicht parken; (all spaces are occupied) da ist kein Parkplatz frei. **3.** v.t. **a)** (place, leave) abstellen ⟨Fahrzeug⟩; parken ⟨Kfz⟩; **the car was ~ed right in front of the house** das Auto parkte genau vor dem Haus; **a ~ed car** ein geparktes od. parkendes Auto; **b)** (coll.: leave, put) deponieren ⟨scherzh.⟩; **~ oneself [down]** (sl.) sich [hin]pflanzen (ugs.); **~ oneself on sb.** (sl.) sich bei jmdm. häuslich niederlassen (ugs.)
parka ['pɑ:kə] n. Parka, der
park-and-'ride n. Park-and-ride-System, das; (place) Park-and-ride-Parkplatz, der
parking ['pɑ:kɪŋ] n., no pl., no indef. art. Parken, das; **'No ~'** „Parken verboten"; **there is no ~ in the main street** auf der Hauptstraße ist Parkverbot; **'P~ for 500 cars'** „500 Parkplätze"
parking: ~ attendant n. Parkplatzwächter, der/-wächterin, die; **~-disc** n. Parkscheibe, die; **~ fine** n. Geldbuße für falsches Parken; **~-light** n. Parklicht, die; Parkleuchte, die; **~-lot** n. (Amer.) Parkplatz, der; **~-meter** n. Parkuhr, die; Parkometer, das; **~ offence** n. Verstoß gegen das Parkverbot; **~-space** n. **a)** no pl. Parkraum, der; **b)** (single space) Platz zum Parken; Parkplatz, der; (between other vehicles) Parklücke, die; **~-ticket** n. Strafzettel [für falsches Parken]
Parkinson's ['pɑ:kɪnsənz]: **~ disease** n. (Med.) Parkinson-Krankheit, die; **~ law** n. (joc.) die Parkinsonsche Gesetz
park: ~keeper n. Parkwärter, der/-wärterin, die; **~land** n. Parklandschaft, die; **~way** n. (Amer.) [für Lkw gesperrte] Allee
parky ['pɑ:kɪ] adj. (sl.) frisch (ugs.); kühl
parlance ['pɑ:ləns] n. Ausdrucksweise, die; Sprache, die; **in common/legal/modern ~:** im allgemeinen/juristischen/modernen Sprachgebrauch
parley ['pɑ:lɪ] **1.** n. Verhandlungen. **2.** v.i. verhandeln; **meet to ~:** sich zu Verhandlungen treffen
parliament [p'ɑ:ləmənt] n. Parlament, das; [Houses of] **P~** (Brit.) Parlament, das; **in P~:** im Parlament; **be before P~** ⟨Antrag:⟩ im Parlament beraten werden; **open P~:** das parlamentarische Sitzungsjahr eröffnen; see also **member b**
parliamentarian [pɑ:ləmən'teərɪən] n. Parlamentarier, der/Parlamentarierin, die
parliamentary [pɑ:lə'mentərɪ] adj. parlamentarisch; Parlaments⟨geschäfte, -wahlen,

-reform); **P~ approval** Zustimmung des Parlaments; *see also* **privilege 1 a**; **secretary b**

'**parlor car** *n. (Amer. Railw.)* Salonwagen, *der*

parlour (*Brit.; Amer.:* **parlor**) ['pɑːlə(r)] *n.* **a)** *(dated: sitting-room)* Wohnzimmer, *das;* gute Stube *(veralt.);* **b)** *(in mansion, convent, inn)* Salon, *der;* **c)** **ice-cream ~:** Eisdiele, *die;* **beauty/massage ~:** Schönheits-/Massagesalon, *der*

parlour: ~ game *n.* Gesellschaftsspiel, *das;* **~maid** *n. (Hist.)* Hausangestellte *od.* -gehilfin, *die;* **~ tricks** *n. pl.* gesellschaftliche Spielchen

parlous ['pɑːləs] *adj. (arch./joc.)* kritisch, bedenklich, besorgniserregend 〈*Zustand*〉; kritisch 〈*Zeit*〉

Parmesan ['pɑːmɪzæn, pɑːmɪ'zæn] *adj., n.* ~ [**cheese**] Parmesan[käse], *der*

parochial [pə'rəʊkɪəl] *adj.* **a)** *(narrow)* krähwinklig *(abwertend);* eng 〈*Horizont*〉; **be ~ in one's outlook** einen engen Horizont haben; **b)** *(Eccl.)* Gemeinde-; parochial *(fachspr.)*

parochialism [pə'rəʊkɪəlɪzm] *n.* Provinzialismus, *der (abwertend);* Engstirnigkeit, *die (abwertend)*

parodist ['pærədɪst] *n.* Parodist, *der*/Parodistin, *die;* **be a ~ of sth.** etw. parodieren

parody ['pærədɪ] **1.** *n.* **a)** *(humorous imitation)* Parodie, *die, (geh.)* Persiflage, *die* (of auf + Akk.); **b)** *(feeble imitation)* Abklatsch, *der (abwertend); (of justice)* Verhöhnung, *die.* **2.** *v. t.* parodieren; persiflieren *(geh.)*

parole [pə'rəʊl] **1.** *n. (conditional release)* bedingter Straferlaß *(Rechtsw.); (word of honour)* Ehrenwort, *das;* **he was released or let out on ~/he is on ~:** er wurde auf Bewährung entlassen; **he's on three months' ~:** er hat drei Monate Bewährung. **2.** *v. t. (Law)* **~ sb.** jmdm. seine Strafe bedingt erlassen

paroxysm ['pærəksɪzm] *n.* Krampf, *der; (fit, convulsion)* Anfall, *der* (of von); Paroxysmus, *der (Med., Geol.);* **~ of rage/laughter** Wut-/Lachanfall, *der;* **burst into ~s of laughter** einen Lachkrampf bekommen; **in a ~ of grief** außer sich vor Trauer

parquet ['pɑːkɪ, 'pɑːkeɪ] *n.* ~ [**floor/flooring**] Parkett, *das*

parricide ['pærɪsaɪd] *see* **patricide**

parrot ['pærət] **1.** *n.* **a)** Papagei, *der;* **b)** *(fig.: person)* Nachplapperer, *der*/-plapperin, *die (abwertend).* **2.** *v. t.* nachplappern *(abwertend);* **~ sb.** jmdm. alles nachplappern

'**parrot-fashion** *adv.* papageienhaft, wie ein Papagei 〈*wiederholen*〉; stur, mechanisch 〈*lernen*〉; **repeat things ~:** [papageienhaft *od.* wie ein Papagei] nachplappern *od.* nachschwatzen

parry ['pærɪ] **1.** *v. t. (Boxing)* abwehren 〈*Faustschlag*〉; *(Fencing; also fig.)* parieren 〈*Fechthieb, Frage*〉. **2.** *n. (Boxing)* Abwehr, *die; (Fencing)* Parade, *die;* **make a ~** *(Boxing)* abwehren; *(Fencing)* parieren

parse [pɑːz] *v. t. (Ling.)* grammatisch beschreiben 〈*Wort*〉; grammatisch analysieren 〈*Satz*〉

parsimonious [pɑːsɪ'məʊnɪəs] *adj.* sparsam; *(niggardly)* geizig; *(sparing)* sparsam; **be ~ with sth.** mit etw. geizen

parsimony ['pɑːsɪmənɪ] *n. (meanness)* Geiz, *der; (carefulness)* Sparsamkeit, *die*

parsley ['pɑːslɪ] *n., no pl., no indef. art.* Petersilie, *die*

parsley: ~ butter *n.* Petersilienbutter, *die;* **~ sauce** *n.* Petersiliensauce, *die*

parsnip ['pɑːsnɪp] *n.* Gemeiner Pastinak, *der;* Pastinake, *die; see also* **butter 2**

parson ['pɑːsn] *n. (vicar, rector)* Pfarrer, *der; (coll.: any clergyman)* Geistliche, *der;* Pfaffe, *der (abwertend); see also* **nose 1 a**

parsonage ['pɑːsənɪdʒ] *n.* Pfarrhaus, *das*

part [pɑːt] **1.** *n.* **a)** Teil, *der; (element of history, family, character)* Bestandteil, *der;* **~ of the cake/newspaper** *etc.* ein Teil des Kuchens/der Zeitung *usw.;* **the greater ~:** der größte Teil; der Großteil; **four-~:** vierteilig 〈*Serie*〉; **the hottest ~ of the day** die heißesten Stunden des Tages; **accept ~ of the blame** die Schuld teilweise mit übernehmen; **he deserves no small ~ of the credit for this achievement** an diesem Erfolg hat er keinen geringen Anteil; **for the most ~:** größtenteils; zum größten Teil; **in ~:** teilweise; **in large ~:** groß[en]teils; **in ~s zum Teil;** **~ and parcel** wesentlicher Bestandteil; **the funny ~ of it was that he ...:** das Komische daran war, daß er ...; **it's [all] ~ of the fun/job** *etc.* das gehört [mit] dazu; **be ~ of** *or* **form ~ of sth.** zu etw. gehören; **be very much a ~ of sth.** wesentlicher Bestandteil von etw. sein; *see also* **better 1;** **b)** *(of machine or other apparatus)* [Einzel]teil, *das;* **spare/machine ~:** Ersatz-/Maschinenteil, *das;* **c)** *(share)* Anteil, *der;* **I want no ~ in this** ich möchte damit nichts zu tun haben; **what's your ~ in all this?** was hast du mit all dem zu tun?; **d)** *(duty)* Aufgabe, *die;* **do one's ~:** seinen Teil *od.* seine Pflicht *od.* das Seine tun; **e)** *(Theatre: character, words)* Rolle, *die;* Part, *der (geh.); (copy)* Rollentext, *der; (fig.)* **dress the ~:** die angemessene Kleidung tragen; **play a noble ~:** nobel handeln; **play a [great/considerable] ~** *(contribute)* eine [wichtige] Rolle spielen; **play a ~** *(act deceitfully)* schauspielern *(abwertend); see also* **act 2 b;** **look 1 e;** **f)** *(Mus.)* Part, *der;* Partie, *die;* Stimme, *die;* **six-~:** sechsstimmig 〈*Fuge, Harmonie*〉; **g)** *usu. in pl. (region)* Gegend, *die; (of continent, world)* Teil, *der;* **be in foreign ~s** im Ausland sein; **I am a stranger in these ~s** ich kenne mich hier nicht aus; **in this** *or* **our/your ~ of the world** hierzulande *bei uns;* **h)** *(side)* Partei, *die;* **take sb.'s ~:** jmds. *od.* für jmdn. Partei ergreifen; **for my ~:** für mein[en] Teil; **on the ~ of seitens** (+ *Gen.*) *(Papierdt.);* von seiten (+ *Gen.*); **on my/your** *etc.* **~:** meiner-/deinerseits *usw.;* **i)** *pl. (abilities)* **a man of [many] ~s** ein [vielseitig] begabter *od.* befähigter Mann; **j)** *(Ling.)* **~ of speech** Wortart *od.* -klasse, *die; see also* **principal parts;** **k)** **take [no] ~ [in sth.] take [an etw. (*Dat.*)] [nicht] teilnehmen; [bei etw.] [nicht] mitmachen; those taking ~ were ...:** teilgenommen haben ...; **l) take sth. in good ~:** etw. nicht übelnehmen; **m)** *(Amer.) see* **parting 1 b. 2.** *adv.* teils; **an alloy which is ~ copper, ~ zinc** eine Legierung aus Kupfer und Zink; **~ ... [and] ~ ...:** teils ..., teils ... **3.** *v. t.* **a)** *(divide into parts)* teilen; scheiteln 〈*Haar*〉; **b)** *(separate)* trennen; **a fool and his money are soon ~ed** *(prov.)* wer nicht aufpaßt, dem rinnt das Geld durch die Finger; **till death us do ~** *(in marriage vow)* bis daß der Tod uns scheidet; *see also* **company a. 4.** *v. i.* **a)** *(divide into parts)* 〈*Menge:*〉 eine Gasse bilden; 〈*Wolken:*〉 sich teilen; 〈*Vorhang:*〉 sich öffnen; *(become divided or broken)* 〈*Seil, Tau, Kette:*〉 reißen; 〈*Lippen:*〉 sich öffnen; **b)** *(separate)* 〈*Wege, Personen:*〉 sich trennen; **~ from sb./sth.** sich von jmdm./etw. trennen; **let us ~ friends** wir wollen als Freunde auseinandergehen; **~ with** sich trennen von 〈*Besitz, Geld*〉; verzichten auf 〈*Kontrolle*〉

partake [pɑː'teɪk] *v. i.,* forms as **take 2** *(formal)* **a)** **~ of** *(eat)* zu sich nehmen, einnehmen *(geh.); (joc.)* sich einverleiben *(scherzh.);* **b)** *(share)* **~ in** sich (*Dat.*) teilen 〈*Beute*〉; teilhaben an (+ *Dat.*) 〈*jmds. Schicksal, Freuden*〉

partaken *see* **partake**

parterre [pɑː'teə(r)] *n.* **a)** *(Hort.)* Parterreanlage, *die;* **b)** *(Amer. Theatre)* Parterre, *das*

part-ex'change 1. *n.* **accept sth. in ~ for sth.** etw. für etw. in Zahlung nehmen; **sell sth. in ~:** etw. in Zahlung geben. **2.** *v. t.* **in ~:** in Zahlung geben

parthenogenesis [pɑːθɪnə'dʒenɪsɪs] *n., no pl. (Biol.)* Parthenogenese, *die (fachspr.);* Jungfernzeugung, *die*

Parthian shot [pɑːθɪən 'ʃɒt] *n. (remark)* spitze Schlußbemerkung; *(action)* Abschiedsgeste, *die*

partial ['pɑːʃl] *adj.* **a)** *(biased, unfair)* voreingenommen; parteiisch 〈*Urteil*〉; **b) be/not be ~ to sb./sth.** *(like/dislike)* eine Schwäche/keine besondere Vorliebe für jmdn./etw. haben; **c)** *(incomplete)* partiell 〈*Lähmung, Sonnen-, Mondfinsternis*〉; teilweise 〈*Verlust, Mißerfolg*〉 Mit〈*verantwortung, -eigentümer usw.*〉; **a ~ success** ein Teilerfolg

partiality [pɑːʃɪ'ælɪtɪ] *n.* **a)** *(fondness)* Vorliebe, *die; (for alcohol etc.)* Schwäche, *die;* **b)** *(bias)* Voreingenommenheit, *die;* Parteilichkeit, *die;* **show ~:** parteiisch *od.* voreingenommen sein

partially ['pɑːʃəlɪ] *adv.* zum Teil; teilweise

participant [pɑːˈtɪsɪpənt] *n. (actively involved)* Beteiligte, *der/die* (in an + *Dat.*); *(in arranged event)* Teilnehmer, *der*/Teilnehmerin, *die* (in an + *Dat.*)

participate [pɑːˈtɪsɪpeɪt] *v. i. (be actively involved)* sich beteiligen (in an + *Dat.*); *(in arranged event)* teilnehmen (in an + *Dat.*); *(have part or share)* partizipieren *(geh.),* teilhaben (in an + *Dat.*)

participation [pɑːtɪsɪ'peɪʃn] *n. (active involvement)* Beteiligung, *die; (in arranged event)* Teilnahme, *die* (in bei, an + *Dat.*); **worker ~:** industrielle Mitbestimmung; **audience ~:** Publikumsbeteiligung, *die*

participator [pɑːˈtɪsɪpeɪtə(r)] *n.* Beteiligte, *der/die;* **be a ~ in sth.** sich an etw. *(Dat.)* beteiligen

participatory [pɑːˈtɪsɪpeɪtərɪ] *adj.* 〈*Fernsehsendung, Theaterstück*〉 mit Zuschauerbeteiligung; 〈*Radiosendung*〉 mit Hörerbeteiligung; *(Polit.)* mit Bürgerbeteiligung nachgestellt

participial [pɑːtɪ'sɪpɪəl] *adj. (Ling.)* partizipial; Partizipial-

participle ['pɑːtɪsɪpl] *n. (Ling.)* Partizip, *das;* Mittelwort, *das;* **present/past ~:** Partizip Präsens/Perfekt; Mittelwort der Gegenwart/Vergangenheit

particle ['pɑːtɪkl] *n.* **a)** *(tiny portion; also Phys.)* Teilchen, *das; (of sand)* Körnchen, *das;* **b)** *(fig.)* Quentchen, *das; (of sense, truth)* Fünkchen, *das; (of truth also)* Körnchen, *das;* **c)** *(Ling.)* Partikel, *die*

particoloured *(Brit.; Amer.:* **particolored**) ['pɑːtɪ'kʌləd] *adj.* bunt

particular [pə'tɪkjʊlə(r)] **1.** *adj.* **a)** *(special; more than ordinary)* besonder...; **which ~ place do you have in mind?** an welchen Ort denkst du speziell?; **here in ~:** besonders hier; **nothing/anything [in] ~:** nichts/irgend etwas Besonderes; **what in ~ made you so angry?** was genau hat dich so geärgert?; **b)** *(individual)* **each ~ hair** jedes einzelne Haar; **in his ~ case** in seinem [besonderen] Fall; **one ~ example of each type** ein Beispiel für jede Sorte; **c)** *(fussy, fastidious)* genau; eigen *(landsch.);* **I am ~:** es ist mir gleich; **be ~ about sth.** es mit etw. genau nehmen; in etw. *(Dat.)* eigen sein *(landsch.);* **be ~ what one eats** wählerisch im Essen sein; **be ~ about what one eats** wählerisch im Essen sein; **d)** *(detailed)* detailliert, ausführlich 〈*Bericht*〉; eingehend, genau, gründlich 〈*Kenntnis*〉. **2.** *n.* **a)** *in pl. (details)* Einzelheiten; Details; *(of person)* Personalien *Pl.; (of incident)* nähere Umstände; **b)** *(detail)* Einzelheit, *die;* Detail, *das;* **describe sth. in every ~:** etw. in allen Einzelheiten beschreiben

particularize (particularise) [pəˈtɪkjʊlə-

particularly

raɪz] **1.** *v. t.* spezifizieren. **2.** *v. i.* ins Detail gehen

particularly [pəˈtɪkjʊləlɪ] *adv.* **a)** *(especially)* besonders; **b)** *(specifically)* speziell; insbesondere

parting [ˈpɑːtɪŋ] **1.** *n.* **a)** *(leave-taking)* [final] ~: Trennung, *die*; Abschied, *der*; **b)** *(Brit.: in hair)* Scheitel, *der*; **side** ~: Seitenscheitel, *der*; **c)** ~ **of the ways** *(of road)* Gabelung, *die*; *(fig.: critical point)* Scheideweg, *der*; **we came to a** ~ **of the ways** *(fig.)* unsere Wege trennten sich. **2.** *attrib. adj.* Abschieds-; ~ **shot** Schlußbemerkung, *die*; ~ **glance/advice** Blick/Ratschlag zum Abschied

partisan [pɑːtɪˈzæn, ˈpɑːtɪzæn] **1.** *n.* **a)** *(adherent)* Anhänger, *der*/Anhängerin, *die*; *(of party also)* Parteigänger, *der*/-gängerin, *die*; *(oft abwertend; of cause also)* Befürworter, *der*/Befürworterin, *die*; **b)** *(Mil.)* Partisan, *der*/Partisanin, *die*. **2.** *adj.* **a)** *(often derog.: biased)* voreingenommen, parteiisch ⟨*Ansatz, Urteil, Versuch*⟩; Partei⟨*politik, -geist*⟩; **b)** *(Mil.)* Partisanen⟨*gruppe, -krieg, -aktivität*⟩

partisanship [pɑːtɪˈzænʃɪp, ˈpɑːtɪzænʃɪp] *n., no pl.* Parteinahme, *die*; Parteilichkeit, *die*; Voreingenommenheit, *die*

partita [pɑːˈtiːtə] *n. (Mus.)* Partita, *die*; Suite, *die*

partition [pɑːˈtɪʃn] **1.** *n.* **a)** *(division) (of text etc.)* Unterteilung, *die* (into in + *Akk.*); *(between subjects)* Trennung, *die*; **b)** *(Polit.)* Teilung, *die*; **c)** *(room-divider)* Trennwand, *die*; **d)** *(section of hall or library)* Abteilung, *die*; Bereich, *der*; **e)** *(Law: of estate etc.)* Aufteilung, *die*. **2.** *v. t.* **a)** *(divide)* aufteilen ⟨*Land, Zimmer*⟩; [unter]teilen ⟨*Zimmer*⟩; **b)** *(Polit.)* teilen ⟨*Land*⟩

~ **'off** *v. t.* abteilen ⟨*Teil, Raum*⟩

partitive [ˈpɑːtɪtɪv] *(Ling.) adj.* partitiv ⟨*Wort, Nomen*⟩

partly [ˈpɑːtlɪ] *adv.* zum Teil; teilweise; **he was** ~ **responsible for the accident** er war mitschuldig an dem Unglück; ~ ... [and] ~ ...: teils ..., teils ...

partner [ˈpɑːtnə(r)] **1.** *n.* Partner, *der*/Partnerin, *die*; ~ **in crime** Komplize, *der*/Komplizin, *die (abwertend)*; **business** ~: Geschäftspartner, *der*/-partnerin, *die*; **be a** ~ **in a firm** Teilhaber/-haberin einer Firma sein; **junior/senior** ~: Junior, *der*/Senior, *der*; [**dancing**] ~: Tanzpartner, *der*/-partnerin, *die*; **take your** ~s bitte Aufstellung nehmen; **tennis/croquet** ~: Tennis-/Krocketpartner, *der*/-partnerin, *die*; ~ **[in marriage]** Ehepartner, *der*/-partnerin, *die*; *see also* **sleeping partner**. **2.** *v. t.* **a)** *(make a* ~*)* ~ **sb. with sb.** jmdn. mit jmdm. zusammenbringen; **be** ~**ed with sb.** jmds. Partner/Partnerin sein; **b)** *(be* ~ *of)* ~ **sb.** jmds. Partner/Partnerin sein; ~ **sb. at tennis/in the dance** mit jmdm. Tennis spielen/tanzen

partnership [ˈpɑːtnəʃɪp] *n.* **a)** *(association)* Partnerschaft, *die*; **they were a marvellous** ~: sie waren großartige Partner; **b)** *(Commerc.)* **business** ~: [Personen]gesellschaft, *die*; **go or enter into** ~ **with sb.** in jmds. Gesellschaft *(Akk.)* eintreten; **leave the** ~: aus der Gesellschaft ausscheiden

partook *see* **partake**

part: ~**-owner** *n.* Mitbesitzer, *der*/-besitzerin, *die*; ~ **'payment** *n.* a) *see* **part-exchange 1**; **b)** *(sum)* Anzahlung, *die*

partridge [ˈpɑːtrɪdʒ] *n., pl. same or* ~s Rebhuhn, *das*

part: ~**-song** *n.* mehrstimmiges Lied; ~ **'time** *n.* **some employees were put on** ~ **time** einige Beschäftigte mußten kurzarbeiten; ~**-time 1.** ['--] *adj.* Teilzeit⟨*arbeit, -arbeiter*⟩; **be engaged on a** ~**-time basis to teach French** als Teilzeitlehrer/-lehrerin für Französisch eingestellt sein; **he is only** ~**-time** er ist nur eine Teilzeitkraft; **2.** [-ˈ-] *adv.* stundenweise, halbtags ⟨*arbeiten, studieren*⟩; **work** ~**-time** als Teilzeitkraft be-

schäftigt sein; ~**-'timer** *n.* Teilzeitkraft, *die*; **study as a** ~**-timer** halbtags *od.* stundenweise studieren

parturition [pɑːtjʊˈrɪʃn] *n. (Physiol.)* Partus, *der (fachspr.)*; Geburt, *die*

part: ~**-way** *adv.* ~**-way down the slope he slipped** nachdem er ein Stück des Hangs bewältigt hatte, rutschte er aus; **we were** ~**-way through the tunnel** wir hatten ein Stück des Tunnels hinter uns; **go** ~**-way towards meeting sb.'s demands** jmds. Forderungen *(Dat.)* teilweise *od.* halbwegs entsprechen; ~**-way through her speech** mitten in ihrer Rede; ~**-work** *n. (Publishing)* Lieferungswerk, *das*; Partwork, *das*

party [ˈpɑːtɪ] *n.* **a)** *(group united in a cause etc.; Polit., Law)* Partei, *die*; *attrib.* Partei⟨*apparat, -versammlung, -mitglied, -politik, -politiker usw.*⟩; **opposing** ~: Gegenpartei, *die*; gegnerische Partei; **the P**~: die Partei; ~ **loyalty** Treue zur Partei; **b)** *(group)* Gruppe, *die*; **a** ~ **of tourists** eine Touristengruppe; **hunting** ~: Jagdgesellschaft, *die*; **tennis** ~: Gruppe von Tennisspielern; **c)** *(social gathering)* Party, *die*; Fete, *die (ugs.)*; *(more formal)* Gesellschaft, *die*; **office** ~: Betriebsfest, *das*; *see also* **birthday; dinner-party; tea-party**; **d)** *(participator)* Beteiligte, *der* [*a*] ~ **or a to sth.** sich an etw. *(Dat.)* beteiligen; **parties to an agreement/a dispute** Parteien bei einem Abkommen/streitende Parteien; **the guilty** ~: der/die Schuldige; *see also* **third party**; **e)** *(coll.: person)* Figur, *die (salopp)*; **he's a funny old** ~: er ist ein komischer Kauz *(ugs.)*

party: ~**-coloured** *see* **particoloured**; ~ **game** *n.* Gesellschaftsspiel, *das*; ~ **line** *n.* **a)** ['---] *(Teleph.)* Gemeinschafts-, Sammelanschluß, *der*; **b)** [-ˈ-] *(Polit.)* Parteilinie, *die*; **what is the** ~ **on this problem?** welche Linie verfolgt die Partei bei diesem Problem?; ~**-'liner** *n. (Polit.)* linientreues Parteimitglied; ~ **piece** *n.* **this song was my** ~ **piece** dieses Lied mußte ich auf jeder Gesellschaft zum besten geben; ~ **'politics** *n.* Parteipolitik, *die*; ~ **pooper** [ˈpɑːtɪpuːpə(r)] *n. (Amer. sl.)* Partymuffel, *der*; ~ **spirit** *n.* **a)** [-ˈ--] *(Polit.)* Parteigeist, *der*; **b)** ['----] *(festive atmosphere)* Partystimmung, *die*; **get the** ~ **spirit going** die Party in Schwung *od.* Schwung in die Party bringen *(ugs.)*; ~ **trick** *n.* Trick, *der* auf Partys Stimmung erzeugt; ~**-wall** *n.* Mauer zum Nachbargrundstück/-gebäude; Kommunmauer, *die (Rechtsspr.)*

parvenu [ˈpɑːvənuː] **1.** *n.* Parvenü, *der (geh.)*; Emporkömmling, *der*. **2.** *adj.* arriviert; neureich; parvenühaft ⟨*Dreistigkeit*⟩

pascal [ˈpæskl] *n. (Phys.)* Pascal, *das*

paschal [ˈpæskl] *adj.* **a)** *(of Jewish Passover)* Passah-; ~ **lamb** Passah[lamm], *das*; *(fig.)* Lamm Gottes; Agnus Dei *(fachspr.)*; **b)** *(of Easter)* Oster-

pash [pæʃ] *n. (sl.)* Schulmädchenschwärmerei, *die; (person)* Schwarm, *der (ugs.)*; **have a** ~ **for sb.** für jmdn. schwärmen

pasha [ˈpɑːʃə] *n. (Hist.)* Pascha, *der*

paso doble [pɑːsəʊ ˈdəʊbleɪ] *n. (Dancing)* Paso doble, *der*

pasque-flower *n.* Kuhschelle, *die*

pass [pɑːs] **1.** *n.* **a)** *(passing of an examination)* bestandene Prüfung; **be awarded a** ~ **with distinction** ein Examen mit Auszeichnung bestehen; **get a** ~ **in maths** die Mathematikprüfung bestehen; '~' *(mark or grade)* Ausreichend, *das*; [Note] Vier, *die*; **b)** *(written permission)* Ausweis, *der*; Erlaubnisschein, *der*; *(for going into or out of a place also)* Passierschein, *der*; *(Mil.: for leave)* Urlaubsschein, *der*; *(for free transportation)* Freifahrschein, *der*; *(for free admission)* Freikarte, *die*; **c)** *(critical position)* Notlage, *die*; kritische Lage, *die*; **things have come to a pretty** ~ [**when** ...] es muß schon

pass

weit gekommen sein[, wenn ...]; **d)** *(Football)* Paß, *der (fachspr.)*; Ballabgabe, *die*; *(Tennis) see* **passing shot**; *(Fencing)* Ausfall, *der*; **make a** ~ **to a player** [den Ball] zu einem Spieler passen *(fachspr.) od.* abgeben; **make a** ~ **over** *(Aeronaut.)* überfliegen; **e)** *(by conjuror, hypnotist)* ~ [**of the hands**] Handbewegung, *die*; **f)** **make a** ~ **at sb.** *(fig. coll.: amorously)* jmdn. gegenüber Annäherungsversuche machen; jmdn. anmachen *(ugs.)*; **g)** *(in mountains)* Paß, *der*; **h)** *(strategic entrance into a country)* strategisch wichtiger Zugang; Schlüsselstellung, *die*; **i)** *(Cards)* Passen, *das*. **2.** *v. i.* **a)** *(move onward)* *(Prozession:)* ziehen; ⟨*Wasser:*⟩ fließen; ⟨*Gas:*⟩ strömen; *(fig.)* ⟨*Redner:*⟩ übergehen (**to** zu); ~ **further along** *or* **down the bus, please!** bitte weiter durchgehen!; **b)** *(go)* passieren; **through** ⟨*Blut:*⟩ fließen durch ⟨*Organ*⟩; ⟨*Zug, Reisender:*⟩ fahren durch ⟨*Land*⟩; ⟨*Faden:*⟩ gehen durch ⟨*Nadelöhr*⟩; ~ **over** *(in plane)* überfliegen ⟨*Ort*⟩; **a cloud** ~**ed over the sun** eine Wolke schob sich vor die Sonne; **let sb.** ~: jmdn. durchlassen *od.* passieren lassen; **c)** *(be transported, lit. or fig.)* kommen; ~ **into history/oblivion** in die Geschichte eingehen/in Vergessenheit geraten; **messages** ~**ed between them** Nachrichten wurden zwischen ihnen ausgetauscht; **the title/property** ~**es to sb.** der Titel/Besitz geht auf jmdn. über; **d)** *(change)* wechseln; ~ **from one state/stage to another** von einem Zustand in einen anderen/von einem Stadium in ein anderes übergehen; **e)** *(go by)* ⟨*Fußgänger:*⟩ vorbeigehen; ⟨*Fahrer, Fahrzeug:*⟩ vorbeifahren; ⟨*Prozession:*⟩ vorbeiziehen; ⟨*Zeit, Sekunde:*⟩ vergehen; *(by chance)* ⟨*Person, Fahrzeug:*⟩ vorbeikommen; **let sb./a car** ~: jmdn./ein Auto vorbeilassen *(ugs.)*; **make it impossible for sb./sth. to** ~: jmdm./einer Sache den Weg versperren; **he said hello as he** ~**ed** er grüßte im Vorbeigehen; ~ **unheeded** ⟨*Bemerkung:*⟩ keine Beachtung finden; **she would not let this** ~ **without comment** das wollte sie nicht unkommentiert [im Raum stehen] lassen; **f)** *(be accepted as adequate)* durchgehen; hingehen; **let that/it/the matter** ~: das/es/die Sache durch- *od.* hingehen lassen; **g)** *(come to an end)* vorbeigehen; ⟨*Fieber:*⟩ zurückgehen, [ab]sinken; ⟨*Ärger, Zorn, Sturm:*⟩ sich legen; ⟨*Gewitter, Unwetter:*⟩ vorüberziehen; ⟨*Königreich, Volk:*⟩ untergehen; **h)** *(formal/arch. euphem.: die)* ableben *(veralt. geh.)*; ~ **out of this world** aus dieser Welt gehen *od.* scheiden *(geh. verhüll.)*; **i)** *(happen)* passieren; *(between persons)* vorfallen; **bring/come to** ~ *(arch.)* bewirken/sich zutragen *od.* begeben *(geh.)*; **j)** *(be known)* ~ **by** *or* **under the name of White** unter dem Namen White bekannt sein; **k)** *(be accepted)* durchgehen (**as** als, **for** für); ~ **as currency** als Währung akzeptiert werden; **l)** *(be sanctioned)* ⟨*Gesetzentwurf:*⟩ angenommen werden, durchgehen; **m)** *(satisfy examiner)* bestehen; **let** ~ ⟨*Zensor:*⟩ freigeben ⟨*Film, Buch, Theaterstück*⟩; **n)** *(circulate, be current)* im Umlauf sein; **o)** *(Chess)* ~**ed pawn** Freibauer, *der*; **p)** *(Cards)* passen; [**I**] ~! [ich] passe! *see also* **crowd 1 a**; **ship 1 a**. **3.** *v. t.* **a)** *(move past)* ⟨*Fußgänger:*⟩ vorbeigehen an (+ *Dat.*); ⟨*Fahrer, Fahrzeug:*⟩ vorbeifahren an (+ *Dat.*); ⟨*Prozession:*⟩ vorbeiziehen an (+ *Dat.*); *(by chance)* ⟨*Person, Fahrzeug:*⟩ vorbeikommen an (+ *Dat.*); **b)** *(overtake)* vorbeifahren an (+ *Dat.*) ⟨*Fahrzeug, Person*⟩; **c)** *(cross)* überschreiten ⟨*Schwelle, feindliche Linien, Grenze, Marke*⟩; nehmen, überwinden ⟨*Hindernis*⟩; **d)** *(be approved by)* ⟨*Film:*⟩ passieren ⟨*Zensur*⟩; ⟨*Gesetzentwurf:*⟩ verabschiedet werden von ⟨*Parlament*⟩; *(reach standard in)* bestehen ⟨*Prüfung*⟩; *(satisfy requirements of)* kommen durch ⟨*Kontrolle*⟩; **e)** *(approve)* verabschieden ⟨*Gesetzentwurf*⟩; annehmen

⟨Vorschlag⟩; ⟨Zoll:⟩ abfertigen ⟨Gepäck⟩; ⟨Zensor:⟩ freigeben ⟨Film, Buch, Theaterstück⟩; bestehen lassen ⟨Prüfungskandidaten⟩; ~ sb. as fit ⟨Arzt:⟩ jmdn. für gesund erklären; f) (be too great for) überschreiten, übersteigen ⟨Auffassungsgabe, Verständnis⟩; g) (move) bringen; ~ one's hand across one's face sich mit der Hand über das Gesicht streichen; ~ a rope/thread through a ring/the eye of a needle ein Seil/einen Faden durch einen Ring/ein Nadelöhr ziehen od. führen; ~ a duster over the furniture mit einem Staubtuch über die Möbel wischen; ~ meat through a mincer/tomatoes through a sieve Fleisch durch einen Fleischwolf drehen/Tomaten durch ein Sieb streichen; ~ one's eye over a letter etc. einen Brief usw. überfliegen; h) (Footb. etc.) passen (fachspr.) (to zu); abgeben (to an + Akk.); zuspielen (to Dat.); i) (spend) verbringen ⟨Leben, Zeit, Tag⟩; j) (hand) ~ sb. sth. jmdm. etw. reichen od. geben; would you ~ the salt, please? gibst od. reichst du mir bitte das Salz?; ~ sth. to another department etw. an eine andere Abteilung weitergeben; see also around 1 b; k) (cause to circulate) in Umlauf bringen ⟨Geld⟩; l) (Mil.) ~ in review defilieren od. vorbeimarschieren lassen ⟨Truppen⟩; (fig.) Revue passieren lassen; m) (utter) fällen, verkünden ⟨Urteil⟩; machen ⟨Bemerkung⟩; ~ censure on sth. etw. tadeln; n) (discharge) lassen ⟨Wasser⟩; ~ blood (from the bowels) Blut im Stuhl haben; (by spitting) Blut spucken; (by coughing) Blut husten; (in urine) Blut im Urin haben. See also ²buck; hat b; muster 1 a; time 1 b
~ a'way 1. v. i. a) (cease to exist)⟨Reich:⟩ untergehen; b) (euphem.: die) sterben; c) ⟨Sturm:⟩ schließen od. zumachen (verhüll.); ~ away in one's sleep im Schlaf dahingehen (geh. verhüll.). 2. v. t. verbringen ⟨Zeit[raum], Abend⟩
~ by 1. ['--] v. t. a) (go past)⟨Fußgänger:⟩ vorbeigehen an (+ Dat.); ⟨Fahrer, Fahrzeug:⟩ vorbeifahren an (+ Dat.); (by chance)⟨Person, Fahrzeug:⟩ vorbeikommen an (+ Dat.); b) (omit, disregard) übergehen. 2. [-'-] v. i. ⟨Fußgänger:⟩ vorbeifahren; ⟨Fahrer, Fahrzeug:⟩ vorbeifahren; (by chance)⟨Person, Fahrzeug:⟩ vorbeikommen; see also 1 e
~ 'down see hand down a, c
~ for v. t. durchgehen für; gehalten werden für
~ 'off 1. v. t. a) (represent falsely) ausgeben (as, for als); als echt ausgeben ⟨Fälschung⟩; b) (turn attention away from) hinweglenken über (+ Akk.). 2. v. i. a) (disappear gradually)⟨Schock, Schmerz, Hochstimmung:⟩ abklingen, sich legen; b) (take place, be carried through) verlaufen
~ 'on 1. v. i. a) (proceed) fortfahren, weitermachen; ~ on to sth. zu etw. übergehen; b) (euphem.: die) die Augen schließen od. zumachen (verhüll.). 2. v. t. weitergeben (to an + Akk.)
~ out 1. [-'-] v. i. a) (faint) umkippen (ugs.); aus den Latschen kippen (salopp) (with vor + Dat.); b) (complete military training) seine militärische Ausbildung abschließen. 2. ['--] v. t. bekanntgeben, -machen ⟨Informationen⟩
~ 'over 1. v. t. übergehen; überschreiten ⟨Grenze, Schwelle⟩; ~ sth. over in silence etw. stillschweigend übergehen; see also 2 b. 2. v. i. (euphem.: die) die Augen schließen od. zumachen (verhüll.)
~ through 1. ['--] v. t. durchmachen ⟨schwierige Zeit, Krankheit⟩; durchleben ⟨Augenblick⟩; ⟨Buch:⟩ durch ⟨Hände⟩; it ~ed through my mind es ging mir durch den Sinn; see also ~ 2 b. 2. [-'-] v. i. durchreisen; be just ~ing through nur auf der Durchreise sein

~ 'up v. t. sich (Dat.) entgehen lassen, ungenutzt vorübergehen lassen ⟨Gelegenheit⟩; ablehnen, ausschlagen ⟨Angebot, Einladung⟩
passable ['pɑːsəbl] adj. a) (acceptable) passabel, annehmbar ⟨Versuch, Arbeit, Essen, Porträt⟩; b) (in condition to be crossed, traversed) passierbar, befahrbar ⟨Straße⟩
passably ['pɑːsəbli] adv. passabel; annehmbar; einigermaßen ⟨höflich, angenehm, gutaussehend⟩
passage ['pæsɪdʒ] n. a) (going by, through, etc.) (of river) Überquerung, die; (of time) [Ab-, Ver]lauf, der; Verstreichen, das; (of seasons) Wechsel, der; **erased by the ~ of time** ausgelöscht vom Strom der Zeit; **their ~ was halted by an obstruction** ein Hindernis hemmte ihren Weg; b) (transition) Übergang, der; c) (voyage) Überfahrt, die; d) (way) Durchgang, der; Weg, der; (corridor) Korridor, der; (for ship, boat, car) Durchfahrt, die; **several ~s ran from the entrance** mehrere Gänge führten vom Eingang weg; **an underground ~**: ein unterirdischer Gang; **I heard a noise in the ~**: ich hörte ein Geräusch auf dem Gang; e) no art., no pl. (liberty or right to pass through) Durchreise, die; **guarantee sb. rights of ~ through a territory** jmdm. die Durchreise durch ein Gebiet genehmigen; f) (right to travel) Passage, die; **work one's ~**: seine Überfahrt abarbeiten; g) (part of book etc.) Passage, die; Textstelle, die; h) (Mus.) Passage, die; Stelle, die; i) (of a bill into law) parlamentarische Behandlung, die; (final) Annahme, die; Verabschiedung, die; j) (duct) urinary ~: Harntrakt, der; ear ~: Gehörgang, der; air ~: Luft- od. Atemwege. See also **back passage; bird of passage; front passage; purple passage; rite**
'passage-way see **passage d**
pass: ~book n. a) (bank-book) Bankbuch, das; Kontobuch, das; b) (S. Afr.) Ausweispapier für Farbige; ~ degree n. (Brit. Univ.) **get a ~ degree** ein Examen ohne Prädikat bestehen
passé adj. masc., **passée** adj. fem. ['pæseɪ] a) (past prime) angekratzt (salopp); verblüht ⟨Frau⟩; b) (outmoded) überholt, passé *nicht attr.*
passel ['pæsl] n. (Amer. coll.) Schar, die
passenger ['pæsɪndʒə(r)] n. a) (traveller) (on ship) Passagier, der; (on plane) Passagier, der/die; Fluggast, der; (on train) Reisende, der/die; (on bus, in taxi) Fahrgast, der; (in car, on motor cycle) Mitfahrer, der/Mitfahrerin, die; (in front seat of car) Beifahrer, der/Beifahrerin, die; b) (coll.: ineffective member) Mensch, der/Tier, das von den anderen mit durchgeschleppt wird (ugs.); **feel like a mere ~ in an enterprise** sich bei einem Unternehmen wie das fünfte Rad am Wagen fühlen; **we cannot afford to have ~s in our team** Leute, die nichts leisten, können wir in unserem Team nicht gebrauchen
passenger: ~ aircraft n. Passagierflugzeug, das; ~ elevator (Amer.), ~ lift (Brit.) ns. Personenaufzug, der; ~ list n. Passagierliste, die; ~ lounge n. Warteraum, der; ~-mile n. Personenmeile, die; Passagiermeile, die (Flugw.); ~ plane n. Passagierflugzeug, das; ~ seat n. Beifahrersitz, der; ~ train n. Zug im Personenverkehr
passer-by [pɑːsəˈbaɪ] n. Passant, der/Passantin, die
passim ['pæsɪm] adv. (literary) passim
passing ['pɑːsɪŋ] 1. n. a) (going by) (of time, years) Lauf, der; (of winter) Vorübergehen, das; (of old year) Ausklang, der; (death) Ende, das; Hinscheiden, das (geh. verhüll.); **in ~**: beiläufig ⟨bemerken usw.⟩; flüchtig ⟨begrüßen⟩; b) see **passage i. 2.** adj. a) (going past) vorbeifahrend ⟨Zug, Auto⟩; vorbeiziehend ⟨Schat-

ten⟩; **they depend on the ~ trade** sie sind von der Laufkundschaft abhängig; **with every ~ moment** von Minute zu Minute; b) (fleeting) flüchtig ⟨Blick⟩; vorübergehend ⟨Mode, Laune, Interesse⟩; c) (superficial) flüchtig ⟨Bekanntschaft⟩; oberflächlich ⟨Kenntnisse⟩; (cursory) beiläufig ⟨Bemerkung⟩; schnell vorübergehend ⟨Empfindung⟩. **3.** adv. (arch.) überaus
passing: ~-note n. (Mus.) Durchgangston, der; Durchgangsdissonanz, die; ~-'out [ceremony] n. (Mil. etc.) Abschlußfeier, die; ~-place n. Ausweichstelle, die; ~ shot n. (Tennis) Passierschlag, der; Passierschuß, der; ~-tone (Amer.) see ~-note
passion ['pæʃn] n. a) (emotion) Leidenschaft, die; Leidenschaftlichkeit, die; b) (outburst) Gefühlsausbruch, der; (of anger) Wutanfall, der; **fly into a ~**: einen Wutanfall bekommen; c) (sexual love) Leidenschaft, die; (lust) Begierde, die; (desire) Verlangen, das; d) (enthusiasm) leidenschaftliche Begeisterung, die; (object arousing enthusiasm) Leidenschaft, die; **he has a ~ for steam engines** Dampfloks sind seine Leidenschaft; er hat eine Passion für Dampfloks; **have a ~ for lobster/interfering in people's lives** leidenschaftlich gern Hummer essen/sich mit Begeisterung in anderer Leute Angelegenheiten einmischen; **sth. is sb.'s ~/sb.'s ~ is doing sth.** etw./etw. tun ist jmds. Leidenschaft od. ist jmdm. eine Leidenschaft; e) P~ (Relig., Mus.) Passion, die; Leiden Christi Pl.; (narrative) Leidens- od. Passionsgeschichte, die; **Bach's 'St Matthew P~'**: die Matthäuspassion von Bach
passionate ['pæʃənət] adj. a) (quick-tempered) hitzig; leidenschaftlich; heftig; **a ~ young man** ein Hitzkopf; b) (ardent) leidenschaftlich ⟨Person⟩; heftig ⟨Verlangen⟩; **have a ~ faith in sb.** mit glühender Begeisterung an jmdn. glauben; **have a ~ belief in sth.** mit unbeirrbarem Eifer von etw. überzeugt sein; c) (expressing violent or intense feeling) leidenschaftlich ⟨Rede⟩; (unrestrained) leidenschaftlich; hemmungslos; **make a ~ plea for mercy** inständig um Gnade bitten od. flehen
passionately ['pæʃənətli] adv. leidenschaftlich; mit Leidenschaft; hemmungslos ⟨weinen⟩; inständig ⟨bitten⟩; **be ~ fond of lobster/cricket** leidenschaftlich gerne Hummer essen/Cricket mögen
passion: ~-flower n. (Bot.) Passionsblume, die; ~-fruit n. Passionsfrucht, die; Maracuja, die; ~-play n. Passionsspiel, das; P~ 'Sunday n. Passionssonntag, der; P~ Week n. a) (before Palm Sunday) die Woche nach dem ersten Passionssonntag; b) (after Palm Sunday) die Karwoche
passive ['pæsɪv] 1. adj. a) (suffering action, acted upon) passiv; b) (without opposition) passiv; teilnahmslos; widerstandslos; widerspruchslos ⟨Hinnahme, Annahme⟩; **remain ~**: unbeteiligt bleiben; ~ **smoking** passives Rauchen; ~ **resistance** passiver Widerstand; c) (inert) regungslos ⟨Gestalt, Körper, Wasserfläche⟩ passiv ⟨Wasserfläche⟩; passiv ⟨Rolle⟩; **your son is too ~**: Ihr Sohn ist zu passiv od. hat zuwenig Initiative; d) (not expressed) unausgesprochen; e) (Metallurgy: unreactive) passiv); f) (Ling.) Passiv-; passivisch; ~ **voice** Passiv, das; ~ **vocabulary** passiver Wortschatz. **2.** n. (Ling.) Passiv, das
passively ['pæsɪvli] adv. teilnahmslos, unbeteiligt ⟨dasitzen, lächeln, hinnehmen⟩; tatenlos ⟨zusehen⟩; **be ~ involved in sth.** bei etw. eine passive Rolle spielen
passiveness ['pæsɪvnɪs], **passivity** [pæˈsɪvɪtɪ] ns., no pl. Passivität, die; Teilnahmslosigkeit, die
pass: ~-key n. a) (master-key) Haupt-

schlüssel, *der;* **b)** *(private key)* Hausschlüssel, *der;* **~-mark** *n.* Mindestpunktzahl, *die;* **the ~-mark was 40% zum Bestehen [der Klausur** *etc.*] mußten mindestens 40% der Punkte erreicht werden; **P~over** *n.* Passah, *das;* **the feast of P~over** *n.* das Passahfest; **~port** *n.* **a)** [Reise]paß, *der; attrib.* Paß-; **b)** *(fig.)* Schlüssel, *der* (**to** zu); **~word** *n.* **a)** Parole, *die;* Losung, *die;* **b)** *(Computing)* Paßwort, *das*
past [pɑːst] **1.** *adj.* **a)** *pred. (over)* vorbei; vorüber; **b)** *attrib. (previous)* früher; vergangen; verflossen *(geh.)* ⟨*Jahre*⟩; früher, ehemalig ⟨*Präsident, Vorsitzende usw.*⟩; **~ history** Vorleben, *das;* **she has a ~ history of violence** sie hat ein gewalttätiges Vorleben; **this is all ~ history** das ist alles Vergangenheit; **her ~ behaviour** *or* **conduct** ihr Verhalten in der Vergangenheit; **in centuries ~**: in vergangenen *od.* früheren Jahrhunderten; **c)** *(just gone by)* letzt...; vergangen; **for weeks ~**: während der letzten Wochen; **in the ~ few days** während der letzten Tage; **the ~ hour/decade** die letzte *od.* vergangene Stunde/das letzte *od.* vorige Jahrzehnt; **d)** *(Ling.)* **~ tense** Vergangenheit, *die;* Präteritum, *das;* **~ definite,** **~ historic** historisches Perfekt; **~ perfect** *see* **pluperfect;** *see also* **participle. 2.** *n.* **a)** Vergangenheit, *die; (that which happened in the ~)* Vergangene, *das;* Gewesene, *das;* **in the ~**: früher; in der Vergangenheit *(leben)*; **be a thing of the ~**: der Vergangenheit *(Dat.)* angehören; **b)** *(previous history)* Vergangenheit, *die;* **a woman with a ~**: eine Frau mit Vergangenheit; *(Ling.)* Vergangenheit, *die;* **be/put in the ~**: in der Vergangenheit stehen/in die Vergangenheit setzen. **3.** *prep.* **a)** *(beyond in time)* nach; *(beyond in place)* hinter (+ *Dat.*); **half ~ three** halb vier; **five [minutes] ~ two** fünf [Minuten] nach zwei; **it's ~ midnight** es ist schon nach Mitternacht *od.* Mitternacht vorbei; **it's ~ the time he said he'd arrive** um diese Zeit wollte er eigentlich schon hier sein; **he is ~ sixty** er ist über sechzig; **she's ~ the age for having children** sie ist schon zu alt, um Kinder zu bekommen; **gaze/walk sb./sth. ~** jmdm./etw. vorbeiblicken/vorüber- *od.* vorbeigehen; **b)** *(not capable of)* **~ repair/all comprehension** nicht mehr zu reparieren/völlig unverständlich; **he is ~ help/caring** ihm ist nicht mehr zu helfen/es kümmert ihn nicht mehr; **be/be getting ~ it** *(coll.)* [ein bißchen] zu alt sein/allmählich zu alt werden; **I wouldn't put it ~ her to do that** ich würde es ihr schon zutrauen, daß sie das tut; **I wouldn't put anything ~ him** ihm ist alles zuzutrauen. **4.** *adv.* vorbei; vorüber; **hurry ~**: vorüber- *od.* vorbeieilen
pasta [ˈpæstə, ˈpɑːstə] *n.* Nudeln *Pl.;* Teigwaren *Pl.*
paste [peɪst] **1.** *n.* **a)** Brei, *der; (for cakes)* Teig, *der;* **mix into a smooth/thick ~**: zu einem lockeren/dicken Brei anrühren; zu einem glatten/festen Teig anrühren ⟨*Backmischung*⟩; **b)** *(glue)* Kleister, *der;* **c)** *(of meat, fish, etc.)* Paste, *die; (sweet doughy confection)* Masse, *die;* **anchovy ~** Sardellenpaste, *die;* **almond ~** Marzipanmasse, *die;* **d)** *no pl., no indef. art. (imitation gems)* Straß, *der;* Similisteine *Pl.;* **e)** *(Pottery)* Brei, *der.* **2.** *v. t.* **a)** *(fasten with glue)* kleben; **~ sth. down/into sth.** etw. ankleben in etw. *(Akk.)* einkleben; **b)** *(sl.: beat, thrash, bomb)* in die Pfanne hauen *(ugs.)*
~ 'over *v. t.* überkleben
~ 'up *v. t.* ankleben (**on** an + *Akk.*); *see also* **paste-up**
'pasteboard 1. *n.* Pappe, *die;* Karton, *der;* **2.** *adj.* Papp-; *(fig.)* hohl ⟨*Glanz*⟩; billig ⟨*Konstruktion*⟩
pastel [ˈpæstl] **1.** *n.* **a)** *(crayon)* Pastellstift, *der;* Pastellkreide, *die;* **b)** *(drawing)* Pastellzeichnung, *die;* **c)** *(art)* Pastellmalerei, *die;* Pastell, *das.* **2.** *adj.* pastellen; pastellfar-

ben; Pastell⟨*farben, -töne, -zeichnung, -bild*⟩; **~ green** Pastellgrün, *das*
'paste-up *n.* Klebeumbruch, *der;* Montage, *die*
pasteurisation, pasteurise *see* **pasteurization**
pasteurization [pæstʃəraɪˈzeɪʃn, pɑːstʃəraɪˈzeɪʃn] *n.* Pasteurisation, *die;* Pasteurisierung, *die*
pasteurize [ˈpæstʃəraɪz, ˈpɑːstʃəraɪz] *v. t.* pasteurisieren
pastille [ˈpæstɪl] *n.* Pastille, *die*
pastime [ˈpɑːstaɪm] *n.* Zeitvertreib, *der; (person's specific ~)* Hobby, *das;* **my ~s are tennis and cricket** in meiner Freizeit spiele ich Tennis und Kricket; **amuse oneself/ while away the time with various ~s** sich *(Dat.)* die Zeit mit verschiedenen Beschäftigungen vertreiben; **national ~**: Nationalsport, *der (auch iron.);* **favourite ~**: Lieblingsbeschäftigung, *die*
pasting [ˈpeɪstɪŋ] *n. (sl.)* **give sb. a ~**: jmdm. eins überbraten *(salopp);* eins übergebraten kriegen *(salopp); (from critics)* verrissen werden *(ugs.)*
past 'master *n.* Meister, *der*
pastor [ˈpɑːstə(r)] *n.* Pfarrer, *der*/Pfarrerin, *die;* Pastor, *der*/Pastorin, *die*
pastoral [ˈpɑːstərl] *adj.* **a)** Weide-; ländlich ⟨*Reiz, Idylle, Umgebung*⟩; **b)** *(Lit., Art, Mus.)* pastoral; **~ poetry** Hirten-, Schäferdichtung, *die; (ancient)* Bukolik, *die;* **~ drama** Schäferspiel, *das;* **~ theme** ländliches Motiv; **c)** *(Eccl.)* pastoral; **des Pfarrers nachgestellt;** Hirten⟨*amt, -brief*⟩; seelsorgerisch ⟨*Pflicht, Aufgabe, Leitung, Aktivitäten*⟩; **~ care** Seelsorge, *die;* **d)** *(relating to shepherds)* **~ economy** Weidewirtschaft, *die;* **a ~ people** ein Hirtenvolk. **2.** *n. (Lit., Art, Mus.)* Pastorale, *das*
pastorale [pæstəˈrɑːl] *see* **pastoral 2**
pastrami [pæˈstrɑːmɪ] *n. (Amer.)* geräuchertes, stark gewürztes Schulterstück vom Rind
pastry [ˈpeɪstrɪ] *n.* **a)** *(flour-paste)* Teig, *der;* **b)** *(article of food)* Gebäckstück, *das;* **c) pastries** *collect.* [Fein]gebäck, *das*
pastry: **~-board** *n.* Backbrett, *das;* **~-cook** *n.* Konditor, *der*/Konditorin, *die;* **~-cutter** *n.* Ausstechform, *die;* **~-wheel** *n.* Kuchenrad, *das*
pasturage [ˈpɑːstʃərɪdʒ, ˈpɑːstjʊərɪdʒ] *n.* **a)** *(grazing)* Weide, *die;* **rights of ~**: Weiderecht, *die;* **b)** *(grass)* Futter, *das;* Gras, *das;* **c)** *(land)* Weideland, *das*
pasture [ˈpɑːstʃə(r)] **1.** *n.* **a)** *(grass)* Futter, *das;* Gras, *das;* **~ for cattle** Viehfutter, *das;* **b)** *(land)* Weideland, *das; (piece of land)* Weide, *die; (fig.)* **home ~s** neue/frische Gefilde *Pl. (scherzh.);* **in search of ~s new** auf der Suche nach etwas Neuem. **2.** *v. t. (lead or put to ~)* weiden [lassen]. **3.** *v. i.* weiden; grasen
'pasture land *n.* Weideland, *das*
'pasty [ˈpæstɪ] *n.* Pastete, *die*
²**pasty** [ˈpeɪstɪ] *adj.* **a)** teigig; zähflüssig; **b)** *see* **pasty-faced**
pasty-faced [ˈpeɪstɪfeɪst] *adj.* mit teigigem Gesicht *nachgestellt;* **be ~**: ein teigiges Gesicht haben
¹**pat** [pæt] **1.** *n.* **a)** *(stroke, tap)* Klaps, *der;* leichter Schlag; **give sb./a dog a ~**: jmdm./ einem Hund tätscheln; *(once)* jmdm./einem Hund einen Klaps geben; **give sb./a dog a ~ on the head** jmdm./einem Hund den Kopf tätscheln; **give sb. a ~ on the shoulder** jmdm. auf die Schulter klopfen; **a ~ on the back** *(fig.)* eine Anerkennung; **she deserves a ~ on the back** *(fig.)* sie verdient Anerkennung *od.* ein Lob; **give oneself/sb. a ~ on the back** *(fig.)* sich *(Dat.)* [selbst] auf die Schulter klopfen/jmdm. einige anerkennende Worte sagen; **b)** *(of butter)* Stückchen, *das;* *(of mud, clay)* Klümpchen, *das; see also* **cow-pat. 2.** *v. t.,* **-tt- a)** *(strike gently)* leicht klopfen auf (+ *Akk.*); tätscheln,

(once) einen Klaps geben (+ *Dat.*) ⟨*Person, Hund, Pferd*⟩; **~ sb. on the arm/head/cheek** jmdm. den Arm/Kopf/die Wange tätscheln; **~ oneself/sb. on the back** *(fig.)* sich *(Dat.)* [selbst]/jmdm. auf die Schulter klopfen; **~ one's face dry** sein Gesicht trockentupfen; **b)** *(flatten)* festklopfen ⟨*Sand*⟩; andrücken ⟨*Haare*⟩; **~ flat** flach klopfen; **~ one's hair into place** sich *(Dat.)* das Haar zurechtlegen
²**pat 1.** *adv. (ready, prepared)* **have sth. off ~**: etw. parat haben; **know sth. off ~**: etw. aus dem Effeff können *od.* beherrschen *(ugs.);* etw. in- und auswendig können; **come ~** ⟨*Antwort:*⟩ wie aus der Pistole geschossen kommen; *(opportunely)* ⟨*Geschichte:*⟩ wie gerufen kommen; **stand ~** *(fig.)* keinen Zollbreit nachgeben; unbeirrbar sein. **2.** *adj. (ready)* allzu schlagfertig ⟨*Antwort*⟩; *(opportune)* [zu] passend; treffend; **he has some ~ phrases for every occasion** er hat für jede Gelegenheit einen Spruch parat *(ugs.)*
patch [pætʃ] **1.** *n.* **a)** Stelle, *die;* **inflamed ~es of skin** entzündete [Haut]stellen; **a ~ of blue sky** ein Stückchen blauer Himmel; **there were still ~es of snow** es lag vereinzelt *od.* hier und da noch Schnee; **the dog had a black ~ on its ear** der Hund hatte einen schwarzen Fleck am Ohr; **there was a ~ of black ice on the roads** auf den Straßen war stellenweise Glatteis; **there were ~es of sunshine** auf einige Stellen schien die Sonne; **~es of rain** *(during period of time)* ab und zu Regen; *(in several places)* stellenweise Regen; **fog ~es** Nebelfelder *Pl.;* **we went through one or two rough ~es on our crossing** während der Überfahrt hatten wir ein- oder zweimal rauhe See; **in ~es** stellenweise; **go through** *or* **strike a bad/good ~** *(Brit.)* eine Pech-/Glückssträhne haben; **a sticky ~ in her life** eine schwierige Phase in ihrem Leben; **b)** *(on worn garment)* Flicken, *der;* **be not a ~ on sth.** *(fig. coll.)* nichts gegen etw. sein; nicht an etw. *(Akk.)* heranreichen; **c)** *(on eye)* Augenklappe, *die;* **wear a ~ on one eye** eine Augenklappe tragen; **d)** *(piece of ground)* Stück Land, *das;* **every ~ of ground** jeder Zentimeter Boden; **potato ~**: Kartoffelacker, *der; (in garden)* Kartoffelbeet, *das;* **e)** *(area patrolled by police; also fig.)* Revier, *das;* **keep off our ~** *(fig.)* komm uns ja nicht ins Gehege; **f)** *(Mil.: badge)* Schulterklappe, *die;* Schulterstück, *das;* **g)** *(Hist.: beauty spot)* Schönheitspflästerchen, *das;* Mouche, *die (geh.).* **2.** *v. t. (apply ~ to)* flicken
~ to'gether *v. t.* zusammenstücke[l]n; *(fig.)* zusammenflicken, zusammenstoppeln *(ugs. abwertend)* ⟨*Buch, Artikel*⟩; zusammenschustern *(ugs. abwertend)* ⟨*Grundsatzprogramm, Vereinbarung*⟩
~ 'up *v. t.* reparieren; zusammenflicken ⟨*Segel, Buch*⟩; notdürftig verbinden ⟨*Wunde*⟩; zusammenflicken *(scherzh.)* ⟨*Verletzten*⟩; *(fig.)* beilegen ⟨*Streit, Differenzen*⟩; kitten ⟨*Ehe, Freundschaft*⟩; **try to ~ the matter up** versuchen, die Sache wieder ins Lot zu bringen
patch: **~-pocket** *n.* aufgesetzte Tasche; **~work** *n.* Patchwork, *das;* **a ~work quilt** eine Patchwork-Decke; *(fig.)* **a ~work of fields** ein bunter Teppich von Feldern
patchy [ˈpætʃɪ] *adj.* uneinheitlich ⟨*Qualität*⟩; ungleichmäßig, unterschiedlich ⟨*Arbeit, Aufführung, Ausstoß*⟩; unausgewogen ⟨*Darbietung*⟩; fleckig ⟨*Anstrich*⟩; stellenweise spärlich ⟨*Ernte*⟩; sehr lückenhaft ⟨*Wissen*⟩; in der Qualität unterschiedlich ⟨*Film, Buch, Theaterstück*⟩
pate [peɪt] *n. (arch.)* Haupt, *das (geh.); (coll.)* Birne, *die (salopp);* Rübe, *die (salopp);* **bald ~**: Glatze, *die*
pâté [ˈpæteɪ] *n.* Pastete, *die;* **~ de foie gras** [ˈpæteɪ də fwɑː ˈgrɑː] Gänseleberpastete, *die*

patella [pə'telə] *n., pl.* ~e [pə'teli:] *(Anat.)* Kniescheibe, *die;* Patella, *die (fachspr.)*
paten ['pætn] *n. (Eccl.)* Patene, *die;* Hostienteller, *der*
patent ['peɪtənt, 'pætənt] **1.** *adj.* **a)** patentiert; patentrechtlich geschützt; gesetzlich geschützt; *(fig.: characteristic)* ureigen; ~ **medicine** Markenmedizin, *die;* patentrechtlich geschütztes Arzneimittel; ~ **article** Markenartikel, *der;* ~ **remedy** Spezial- *od.* Patentrezept, *das;* Patentlösung, *die;* **b)** *(obvious)* offenkundig; offensichtlich. **2.** *n.* **a)** *(licence)* Patent, *das;* ~ **applied for** *or* **pending** Patent angemeldet; **take out a** ~ **for** *or* **on sth.** sich *(Dat.)* etw. patentieren lassen; **b)** *(invention or process)* Patent, *das;* **c)** *(fig.: exclusive property or claim)* Patent, *das* (**on** auf + *Akk.*). **3.** *v. t.* patentieren lassen; **sth. has been** ~**ed** etw. ist patentrechtlich geschützt
patentable ['peɪtəntəbl, 'pætəntəbl] *adj.* patentfähig
patent: ~ **agent** *(Brit.),* ~ **attorney** *(Amer.) ns.* Patentanwalt, *der/*-anwältin, *die*
patentee [peɪtən'ti:, pætən'ti:] *n.* Patentinhaber, *der/*-inhaberin, *die*
patent 'leather *n.* Lackleder, *das;* ~ **shoes** Lackschuhe
patently ['peɪtəntlɪ, 'pætəntlɪ] *adv.* offenkundig; offensichtlich; ~ **obvious** ganz offenkundig *od.* offensichtlich
patent: ~ **office** *n.* Patentamt, *das;* ~ **rights** *n. pl.* Erfinderrecht, *das*
paterfamilias [peɪtəfə'mɪlɪæs, pætəfə'mɪlɪæs] *n. (often joc.)* Familienoberhaupt, *das;* Paterfamilias, *der*
paternal [pə'tɜ:nl] *adj.* **a)** *(fatherly)* väterlich; **b)** *(related)* ⟨Großeltern, Onkel, Tante⟩ väterlicherseits
paternalism [pə'tɜ:nəlɪzm] *n.* Bevormundung, *die*
paternalistic [pətɜ:nə'lɪstɪk] *adj.* patriarchalisch; paternalistisch
paternally [pə'tɜ:nəlɪ] *adv.* väterlich
paternity [pə'tɜ:nɪtɪ] *n.* **a)** *(fatherhood)* Vaterschaft, *die;* **deny** ~ **of a child** die Vaterschaft an einem Kind bestreiten *od.* leugnen; **b)** *(origin)* Abstammung väterlicherseits, *die*
paternity: ~ **leave** *n.* Vaterschaftsurlaub, *der;* ~ **suit** *n.* Vaterschaftsklage, *die;* Vaterschaftsprozeß, *der;* ~ **test** *n.* Vaterschaftsuntersuchung, *die*
paternoster [pætə'nɒstə(r)] *n.* **a)** *(prayer)* Vaterunser, *das;* Paternoster, *das;* **b)** *(lift)* Paternoster, *der*
path [pɑ:θ] *n., pl.* ~**s** [pɑ:ðz] **a)** *(way)* Weg, *der;* Pfad, *der; (merely made by walking)* Trampelpfad, *der;* **keep to the** ~: sich *od.* dem Weg bleiben; **b)** *(line of motion)* Bahn, *die; (of tornado, caravan, etc.)* Weg, *der;* **his** ~ **led across fields and meadows** sein Weg führte ihn über Felder und Wiesen; **into the** ~ **of a moving vehicle** vor ein Fahrzeug; *see also* **flight path;** **c)** *(fig.: course of action)* Weg, *der;* **the middle** ~: der Mittelweg; **our** ~**s crossed/diverged** unsere Wege kreuzten/ trennten sich; **the** ~ **to salvation/of virtue** der Weg des Heils/der Pfad der Tugend
pathetic [pə'θetɪk] *adj.* **a)** *(pitiful)* mitleiderregend; herzergreifend; **be a** ~ **sight** ein Bild des Jammers bieten; **b)** *(full of pathos)* pathetisch; **c)** *(contemptible)* armselig ⟨*Entschuldigung, Darbietung, Rede, Person, Leistung*⟩; **are these** ~ **scribbles meant to be art?** soll dieses jämmerliche Gekritzel vielleicht Kunst sein?; **d)** ~ **fallacy** Vermenschlichung der Natur, *die*
pathetically [pə'θetɪkəlɪ] *adv.* **a)** *(pitifully)* mitleiderregend ⟨*stöhnen*⟩; herzergreifend ⟨*flehen*⟩; **b)** *(contemptibly)* erbärmlich; erschreckend ⟨*wenig*⟩; ~ **bad** miserabel
'**pathfinder** *n.* **a)** *(person)* jmd., *der/* jmdm.

den Weg findet/zeigt; *(fig.)* Wegbereiter, *der/*-bereiterin, *die;* Bahnbrecher, *der/* Bahnbrecherin, *die;* **b)** *(aircraft)* Pfadfinder, *der (Milit.)*
pathless [pɑ:θlɪs] *adj.* weglos
pathogen ['pæθədʒən] *n. (Med.)* [Krankheits]erreger, *der*
pathogenic [pæθə'dʒenɪk] *adj. (Med.)* pathogen *(fachspr.);* krankheitserregend
pathological [pæθə'lɒdʒɪkl] *adj.* **a)** pathologisch; Pathologie-; **b)** *(morbid)* pathologisch; krankhaft; **c)** *(fig.: obsessive)* krankhaft; pathologisch
pathologically [pæθə'lɒdʒɪkəlɪ] *adv.* pathologisch; *(fig.: obsessively)* krankhaft
pathologist [pə'θɒlədʒɪst] *n.* Pathologe, *der/*Pathologin, *die*
pathology [pə'θɒlədʒɪ] *n.* **a)** *(science)* Pathologie, *die;* **b)** *(symptoms)* Symptomatik, *die;* **the** ~ **of a disease** das Krankheitsbild
pathos ['peɪθɒs] *n.* Pathos, *das*
'**pathway** *n.* **a)** *see* **path a;** **b)** *(Physiol.)* Bahn, *die;* Leitung, *die;* **optical** ~: Sehbahn, *die*
patience ['peɪʃəns] *n.* **a)** *no pl., no art.* Geduld, *die; (perseverance)* Ausdauer, *die;* Beharrlichkeit, *die; (forbearance)* Langmut, *die;* **with** ~: geduldig; **have endless** ~: eine Engelsgeduld haben; **my** ~ **is finally exhausted** meine Geduld ist jetzt am Ende *od.* erschöpft; **lose [one's]** ~ **with sth./sb.]** [mit etw./jmdm.] die Geduld verlieren; **I lost my** ~: mir riß der Geduldsfaden *(ugs.) od.* die Geduld; **it is enough to try the** ~ **of a saint** das ist eine harte Geduldsprobe; **have the** ~ **of a saint** eine Engelsgeduld haben; **b)** *(Brit. Cards)* Patience, *die. See also* **Job**
patient ['peɪʃənt] **1.** *adj.* geduldig; *(forbearing)* langmütig; *(persevering)* beharrlich; **please be** ~: bitte hab Geduld; geduldige dich bitte; **remain** ~: sich in Geduld fassen. **2.** *n.* Patient, *der/*Patientin, *die*
patiently ['peɪʃəntlɪ] *adv. (with composure)* geduldig; mit Geduld; *(with forbearance)* nachsichtig; *(with calm)* geduldig; *(with perseverance)* beharrlich; ausdauernd
patina ['pætɪnə] *n. (on bronze)* Patina, *die; (on woodwork)* Altersglanz, *der; (fig.)* Patina, *die*
patio ['pætɪəʊ] *n., pl.* ~**s a)** *(paved area)* Veranda, *die;* Terrasse, *die;* **b)** *(inner court)* Innenhof, *der;* Patio, *der*
patio 'door *n.* große Glasschiebetür *(zum Garten)*
patisserie [pæ'tɪsərɪ] *n.* **a)** *(shop)* Konditorei, *die;* **b)** *(cakes and pastries)* Feingebäck, *das*
Patna rice ['pætnə raɪs] *n.* Patnareis, *der*
patois ['pætwɑ:] *n., pl. same* **a)** *(dialect)* Mundart, *die;* Dialekt, *der;* **b)** *(jargon)* Jargon, *der*
patriarch ['peɪtrɪɑ:k] *n.* **a)** *(of family)* Familienoberhaupt, *das;* Patriarch, *der; (of tribe)* Stammesoberhaupt, *das;* Häuptling, *der;* **b)** *(Relig.) (in early and Orthodox Church)* Patriarch, *der; (RC Ch.)* Bischof von Rom, *der;* **c)** *(founder)* Begründer, *der;* **d)** *(old man)* ehrwürdiger Greis
patriarchal [peɪtrɪ'ɑ:kl] *adj.* **a)** patriarchalisch; **b)** *(old, venerable)* [alt]ehrwürdig
patriarchy ['peɪtrɪɑ:kɪ] *n.* Patriarchat, *das*
patrician [pə'trɪʃn] **1.** *n. (Hist.)* Patrizier, *der/*Patrizierin, *die.* **2.** *adj.* **a)** *(noble)* vornehm; edel; **b)** *(Hist.)* patrizisch; Patrizier-; ~ **family** Patrizierfamilie, *die;* Patriziergeschlecht, *das*
patricide ['pætrɪsaɪd] *n.* **a)** *(murder)* Vatermord, *der;* **b)** *(murderer)* Vatermörder, *der/*Vatermörderin, *die*
patrimony ['pætrɪmənɪ] *n.* Patrimonium, *das;* väterliches Erbe, *das; (fig.)* Erbe, *das; (endowment)* Vermögen, *das*
patriot ['pætrɪət, 'peɪtrɪət] *n.* Patriot, *der/*Patriotin, *die*

patriotic [pætrɪ'ɒtɪk, peɪtrɪ'ɒtɪk] *adj.* patriotisch
patriotism ['pætrɪətɪzm, 'peɪtrɪətɪzm] *n.* Patriotismus, *der;* vaterländische Gesinnung
patrol [pə'trəʊl] **1.** *n.* **a)** *(of police)* Streife, *die; (of watchman)* Runde, *die;* Rundgang, *der; (of aircraft, ship)* Patrouille, *die; (Mil.)* Patrouille, *die;* **be on** ~: jmdn. auf Streife *od. (Milit.)* Patrouille schicken; **policeman on** ~: Streifenpolizist, *der;* **be on** *or* **keep** ~ ⟨*Soldat, Wächter.*⟩ patrouillieren; **b)** *(person, group) (Police)* Streife, *die; (Mil.)* Patrouille, *die;* **coast** ~: Küstenwache, *die;* Küstenwacht, *die; (Police)* Polizeistreife, *die;* **army** ~: Militärpatrouille, *die;* Militärstreife, *die;* **fire** ~: Brandwache, *die;* **c)** *(troops)* Spähtrupp, *der;* Spähpatrouille, *die;* **d)** *(unit) (of Scouts)* Fähnlein, *das; (of Guides)* Gilde, *die.* **2.** *v. i.,* -**ll**- patrouillieren; ⟨*Polizei:*⟩ Streife laufen/fahren; ⟨*Wachmann:*⟩ seine Runde[n] machen; ⟨*Flugzeug:*⟩ Patrouille fliegen. **3.** *v. t.,* -**ll**- patrouillieren durch (+ *Akk.*); abpatrouillieren ⟨*Straßen, Mauer, Gegend, Lager*⟩; patrouillieren vor (+ *Dat.*) ⟨*Küste, Grenze*⟩; ⟨*Polizei:*⟩ Streife laufen/fahren in (+ *Dat.*) ⟨*Straßen, Stadtteil*⟩; ⟨*Wachmann:*⟩ seine Runde[n] machen in (+ *Dat.*)
patrol: ~ **boat** *n.* Patrouillenboot, *das;* ~ **car** *n.* Streifenwagen, *der;* ~**man** [pə'trəʊlmən] *n., pl.* ~**men** [pə'trəʊlmən] *(Amer.)* [Streifen]polizist, *der;* ~ **wagon** *n. (Amer.)* Gefangenenwagen, *der*
patron ['peɪtrən] *n.* **a)** *(supporter)* Gönner, *der/*Gönnerin, *die; (of institution, campaign)* Schirmherr, *der/*Schirmherrin, *die;* ~ **of the arts** Kunstmäzen, *der;* **b)** *(customer) (of shop)* Kunde, *der/*Kundin, *die; (of restaurant, hotel)* Gast, *der; (of theatre, cinema)* Besucher, *der/*Besucherin, *die;* '~**s only**' „nur für Kunden/Gäste"; **c)** ~ [**saint**] Schutzheilige, *der/die;* Schutzpatron, *der/*Schutzpatronin, *die;* **d)** *(Brit. Eccl.)* Pfründner, *der/*Pfründnerin, *die*
patronage ['pætrənɪdʒ] *n.* **a)** *(support)* Gönnerschaft, *die;* Unterstützung, *die; (for campaign, institution)* Schirmherrschaft, *die;* **we thank our customers for their** ~: wir danken unseren Kunden für ihr *od.* das in uns gesetzte Vertrauen; **withdraw one's** ~: ein Geschäft *usw.* nicht mehr betreten; **c)** *(dated: condescension)* Gönnerhaftigkeit, *die;* **with an air of** ~: mit Gönnermiene *od.* gönnerhafter Miene; **d)** *(Polit.)* Recht der Ämterbesetzung
patroness ['peɪtrənes] *n.* **a)** *(supporter)* Gönnerin, *die; (of campaign, institution)* Schirmherrin, *die;* **b)** *(saint)* Schutzheilige, *die;* Schutzpatronin, *die*
patronise, patronising, patronisingly *see* **patroniz-**
patronize ['pætrənaɪz] *v. t. (frequent)* besuchen; **we hope you will continue to** ~ **our services** bitte beehren Sie uns bald wieder; bitte schenken Sie uns auch weiterhin Ihr Vertrauen; **b)** *(support)* fördern; unterstützen; **c)** *(condescend to)* ~ **sb.** jmdn. gönnerhaft *od.* von herab *od.* herablassend behandeln
patronizing ['pætrənaɪzɪŋ] *adj.,* **patronizingly** ['pætrənaɪzɪŋlɪ] *adv.* gönnerhaft; herablassend
patronymic [pætrə'nɪmɪk] **1.** *n.* Patronymikon, *das;* Vater[s]name, *der.* **2.** *adj.* patronymisch
patsy ['pætsɪ] *n. (Amer. sl.)* Einfaltspinsel, *der (ugs.)*
patter ['pætə(r)] **1.** *n.* **a)** *(of rain)* Prasseln, *das; (of feet, footsteps)* Trappeln, *das;* Getrappel, *das;* **the** ~ **of tiny feet** *(fig.)* fröhliches Kindertreiben; **b)** *(language of salesman or comedian)* Sprüche *Pl.;* **sales** ~: Vertretersprüche *Pl.;* **keep up a** ~: ohne Unterbrechung reden; **c)** *(jargon)* Fachjar-

pattern | **pay-roll**

gon, *der.* **2.** *v. i.* **a)** *(make tapping sounds)* ⟨*Regen, Hagel:*⟩ prasseln; **b)** *(run)* trippeln
pattern ['pætən] **1.** *n.* **a)** *(design)* Muster, *das; (on carpet, wallpaper, cloth, etc. also)* Dessin, *das;* **frost ~s** Eisblumen; **a ~ of footprints** Fußspuren *Pl.;* **b)** *(form, order)* Muster, *das;* Schema, *das;* **follow a ~:** einem regelmäßigen Muster *od.* Schema folgen; **behaviour ~:** Verhaltensmuster, *das;* **~ of development** Entwicklungsschema, *das;* **~ of thought** Denkmuster, *das;* Denkschema, *das;* **~ of life** Lebensweise, *die;* **~ of events** Ereignisfolge; **c)** *(model)* Vorlage, *die; (for sewing)* Schnittmuster, *das;* Schnitt, *der; (for knitting)* Strickanleitung, *die;* **follow a ~:** nach einer Vorlage arbeiten; *(knitting)* nach einem Strickmuster stricken; **a democracy on the British ~:** eine Demokratie nach britischem Muster; **d)** *(sample)* Muster, *das;* **e)** *(on target)* [Treffer]bild, *das.* **2.** *v. t.* **a)** *(model)* gestalten; **~ sth. after/on sth.** etw. einer Sache *(Dat.)* nachbilden; **she ~ed her behaviour on her father's** sie richtete sich in ihrem Verhalten nach dem Vorbild ihres Vaters; **b)** *(decorate)* mustern; **~ sth. with intricate designs** etw. mit verschlungenen Mustern verzieren
'pattern-book *n.* Musterbuch, *das*
patty ['pætɪ] *n.* **a)** *(pie, pastry)* Pastetchen, *das;* **b)** *(Amer.: of meat)* Frikadelle, *die*
paucity ['pɔːsɪtɪ] *n. (formal)* Mangel, *der* (of an + *Dat.*); **~ of support** geringe *od.* mangelnde Unterstützung; **a growing ~ of ...:** immer weniger ...
Paul [pɔːl] *pr. n. (Hist., as name) (of ruler etc.)* Paul; *(of saint)* Paulus
Pauline ['pɔːlaɪn] *adj. (Bibl.)* Paulinisch
paunch [pɔːntʃ] *n.* Bauch, *der;* Wanst, *der (salopp abwertend);* **develop a ~:** einen Bauch ansetzen
paunchy ['pɔːntʃɪ] *adj.* dickbäuchig; **become ~:** einen Bauch ansetzen
pauper ['pɔːpə(r)] *n.* **a)** Arme, *der/die;* **they were ~s** sie waren arm; **live like ~s** leben wie arme Leute; **b)** *(Hist.)* Unterstützungsempfänger, *der/*-empfängerin, *die;* **~'s grave** Armengrab, *das*
pauperism ['pɔːpərɪzm] *n., no pl.* Armut, *die;* **be reduced to ~:** völlig verarmen
pauperize ['pɔːpəraɪz] *v. t.* arm machen; **be ~d** verarmt sein
pause [pɔːz] **1.** *n.* Pause, *die;* **without [a] ~:** ohne Pause; **an anxious ~:** ängstliches Schweigen; **a ~ in the fighting** eine Kampfpause; **give sb. ~:** jmdm. zu denken geben; **b)** *(Mus.)* Fermate, *die.* **2.** *v. i.* **a)** *(wait)* eine Pause machen; eine Pause einlegen; ⟨*Redner:*⟩ innehalten; *(hesitate)* zögern; **~ for reflection/thought** in Ruhe überlegen; **he ~d to consider his next move** er hielt ein und überlegte, wie er weiter vorgehen solle; **~ for a rest** eine Erholungspause *od.* Ruhepause einlegen; **b)** *(linger)* verweilen **(upon, over** *sb)*
pavan ['pævən], **pavane** [pə'vɑːn] *n. (Hist./Mus.)* Pavane, *die*
pave [peɪv] *v. t.* **a)** *(cover, lit. or fig.)* befestigen; *(with stones)* pflastern; **b)** *(fig.: prepare)* **~ the way for** *or* **to sth.** einer Sache *(Dat.)* den Weg ebnen; für etw. den Weg ebnen
pavement ['peɪvmənt] *n.* **a)** *(Brit.: footway)* Bürgersteig, *der;* Gehsteig, *der;* **b)** *(paved surface)* Belag, *der;* Pflaster, *das;* **c)** *(Amer.: roadway)* Fahrbahn, *die*
pavilion [pə'vɪljən] *n.* **a)** *(tent)* Festzelt, *das;* Pavillon, *der;* **b)** *(ornamental building)* Pavillon, *der;* **c)** *(Brit. Sport)* Klubhaus, *das;* **d)** *(stand at exhibition)* [Messe]pavillon, *der*
paving ['peɪvɪŋ] *n.* **a)** *(action)* Pflastern, *das;* **b)** *(paved surface)* Pflaster, *das*
'paving-stone *n.* Platte, *die;* Pflasterstein, *der*

paw [pɔː] **1.** *n.* **a)** Pfote, *die; (of bear, lion, tiger)* Pranke, *die;* **b)** *(coll. derog.: hand)* Pfote, *die (ugs. abwertend);* **keep your ~s off [me]/off my car!** Pfoten weg!/Pfoten weg von meinem Auto! **2.** *v. t.* **a)** ⟨*Hund, Wolf:*⟩ mit der Pfote/den Pfoten berühren; ⟨*Bär, Löwe, Tiger:*⟩ mit der Pranke/den Pranken berühren; *(playfully)* tätscheln; **~ the ground** scharren; **b)** *(coll. derog.: fondle)* befummeln *(ugs.).* **3.** *v. i.* **a)** scharren; **~ at** mit der Pfote/den Pfoten usw. berühren; **b) ~ at sb./sth.** *(coll. derog.)* jmdn./etw. befummeln *(ugs.)*
pawl [pɔːl] *n. (Mech. Engin.)* Sperre, *die;* Sperrklinke, *die*
¹pawn [pɔːn] *n.* **a)** *(Chess)* Bauer, *der;* **b)** *(fig.)* Schachfigur, *die;* **a ~ in the hands of Fate** ein Spielball des Schicksals
²pawn 1. *n.* Pfand, *das;* **in ~:** verpfändet; versetzt; **put sth. in ~:** etw. verpfänden *od.* versetzen; **take sth. out of ~:** etw. einlösen. **2.** *v. t.* **a)** verpfänden; versetzen; **b)** *(fig.)* verpfänden ⟨*Leben, Ehre, Wort, Seele*⟩
pawn: ~broker *n.* Pfandleiher, *der/*-leiherin, *die;* **~broking** *n., no art.* Pfandleihegeschäft, *das;* **~shop** *n.* Leihhaus, *das;* Pfandleihe, *die*
pawpaw [pɔː'pɔː] *see* **papaw**
pay [peɪ] **1.** *n., no pl., no indef. art. (wages)* Lohn, *der; (salary)* Gehalt, *das; (of soldier)* Sold, *der;* **the ~ is good** die Bezahlung ist gut; **be in the ~ of sb./sth.** für jmdn./etw. arbeiten; in jmds. Sold/im Sold einer Sache stehen *(abwertend); see also* **equal 1 a. 2.** *v. t.* **paid** [peɪd] **a)** *(give money to)* bezahlen; *(fig.)* belohnen; **I paid him for the tickets** ich habe ihm das Geld für die Karten gegeben; **~ sb. to do sth.** jmdn. dafür bezahlen, daß er etw. tut; *see also* **coin 1; b)** *(hand over)* zahlen; *(so as to discharge an obligation)* bezahlen; **I paid what I owed him** ich habe meine Schulden bei ihm bezahlt; **~ the bill** die Rechnung bezahlen; **~ sb.'s expenses** *(reimburse)* jmds. Auslagen erstatten; **~ sb. £10** jmdm. 10 Pfund zahlen; **~ £10 for sth.** 10 Pfund für etw. [be]zahlen; **you ~ your money and you takes your choice** *(Brit. fig. coll.)* die Wahl steht bei Ihnen; **~ sth. into a bank account** etw. auf ein Konto ein[be]zahlen; **c)** *(bestow)* **~ sb. a visit** jmdm. einen Besuch abstatten *(geh.); see also* **attention 1 a; compliment 1 a; heed 2; regard 2 a; respect 1 b, e; tribute a; d)** *(yield)* einbringen, abwerfen ⟨*Dividende usw.*⟩; **this very little work brings very little in; e)** *(be profitable to)* **it ~s him to live overseas** es steht sich finanziell besser *(ugs.),* wenn er im Ausland lebt; **it would ~ her to do that** *(fig.)* es würde ihr nichts schaden *od.* es würde sich für sie bezahlt machen, das zu tun; **f)** *(give the price)* den Preis zahlen; **it's too high a price to ~:** das ist ein zu hoher Preis. *See also* **court 1 f; devil 1 c; piper a. 3.** *v. i.,* **paid a)** zahlen; **~ for sb./sb.** etw./für jmdn. bezahlen; **I'll ~ for you as well** ich bezahle für dich mit; **sth. ~s for itself** etw. bezahlt sich; **has this been paid for?** ist das schon bezahlt?; **I'd like to know what I'm ~ing for** ich möchte gern, wofür ich eigentlich mein Geld ausgebe; **b)** *(yield)* sich lohnen; sich auszahlen; ⟨*Geschäft:*⟩ rentabel sein; **it ~s to be careful** es lohnt sich, vorsichtig zu sein; **c)** *(fig.: suffer)* büßen müssen; **if you do this you'll have to ~ for it later** wenn du das tust, wirst du später dafür büßen müssen. *See also* **crime b; nose 1 a; paid a'way** *see* **out 1 b**
~ 'back *v. t.* zurückzahlen; **I'll ~ you back later** ich gebe dir das Geld später zurück; **b)** erwidern ⟨*Kompliment, Untreue*⟩; **I'll ~ him back** ich werde es ihm heimzahlen; **I'll ~ him back with interest** ich werde es ihm mit Zins und Zinseszins zurückzahlen
~ 'in *v. t. & i.* einzahlen

~ 'off 1. *v. t.* **a)** auszahlen ⟨*Arbeiter*⟩; abmustern ⟨*Schiffsbesatzung*⟩; abbezahlen ⟨*Schulden*⟩; ablösen ⟨*Hypothek*⟩; befriedigen ⟨*Gläubiger*⟩; *(fig.)* abgelten ⟨*Verpflichtung*⟩; **b)** *(coll.: bribe)* schmieren *(salopp abwertend); (pay hush-money to)* Schweigegeld zahlen (+ *Dat.*). **2.** *v. i.* **a)** *(coll.)* sich auszahlen; sich bezahlt machen; **b)** *(Naut.)* leewärts steuern. *See also* **pay-off**
~ 'out 1. *v. t.* **a)** auszahlen; *(spend)* ausgeben; **we've already paid out a fortune to these people** wir haben schon ein Vermögen an diese Leute bezahlt *od.* für diese Leute ausgegeben; **~ out large sums on sth.** hohe Beträge für etw. ausgeben; **b)** *(Naut.)* ablaufen lassen ⟨*Seil, Tau*⟩; **c)** *(coll.: punish)* **~ sb. out** es jmdm. heimzahlen; **~ sb. back for sth.** jmdm. etw. heimzahlen. *See also* **pay-out. 2.** *v. i.* bezahlen
~ 'up *v. t.* zurückzahlen ⟨*Schulden*⟩. **2.** *v. i.* zahlen. *See also* **paid-up**
payable ['peɪəbl] *adj.* **a)** *(due)* zahlbar; **be ~ to sb.** jmdm. *od.* an jmdn. zu zahlen sein; **b)** *(that may be paid)* zahlbar; **make a cheque ~ to the Post Office/to sb.** einen Scheck auf die Post/auf jmds. Namen ausstellen
pay: ~-as-you-'earn *attrib. adj. (Brit.)* **~-as-you-earn** Quellenabzugsverfahren, *das;* **~-as-you-earn tax system** Steuersystem, bei dem die Lohnsteuer direkt einbehalten wird; **~-as-you-'enter** *attrib. adj.* ⟨*Bus*⟩ in dem man die Fahrgeld beim Einsteigen bezahlt; **~ award** *n.* Gehaltserhöhung, *die;* **~-bed** *n.* Privatbett, *das;* **~ cheque** *n.* Lohn-/Gehaltsscheck, *der;* **~-claim** *n.* Lohn-/Gehaltsforderung, *die;* **~-day** *n.* Zahltag, *der;* **~ dirt** *n. (Amer.)* abbauwürdiges Erzlager, *das; (fig.)* einen Volltreffer landen *(fig. ugs.)*
PAYE *abbr. (Brit.)* **pay-as-you-earn**
payee [peɪ'iː] *n.* Zahlungsempfänger, *der/*-empfängerin, *die*
pay envelope *(Amer.) see* **pay-packet**
payer ['peɪə(r)] *n.* Zahler, *der/*Zahlerin, *die;* **bad ~:** unzuverlässiger Zahler
'pay-increase *see* **pay-rise**
paying ['peɪɪŋ] **~ 'guest** *n.* zahlender Gast; **~-in book** *n. (Brit. Banking)* Heft mit Einzahlungsscheinen; **~-'in slip** *n. (Brit. Banking)* Einzahlungsschein, *der;* **~ patient** *n.* Privatpatient, *der/*-patientin, *die*
pay: ~-load *n.* Nutzlast, *die;* **~-master** *n.* Zahlmeister, *der; (fig.)* Geldgeber, *der;* **P-master 'General** *n. (Brit. Admin.)* Generalzahler des englischen Schatzamts
payment ['peɪmənt] *n.* **a)** *(act) (of sum, bill, debt)* Begleichung, *die; (of interest, instalment)* Zahlung, *die; (of fine)* Bezahlung, *die; (of tax, fee)* Entrichtung, *die;* Zahlung, *die; (of debt, mortgage)* Abzahlung, *die;* Abtragung, *die;* **in ~ [for sth.]** als Bezahlung [für etw.]; **~ on account** Akontozahlung, *die;* **stop ~:** ⟨*Bank:*⟩ die Zahlungen einstellen; **stop ~ on a cheque** einen Scheck sperren; **on ~ of ...:** gegen Zahlung von ...; **b)** *(amount)* Zahlung, *die;* **make a ~:** eine Zahlung leisten; **by monthly ~s** auf Monatsraten; **c)** *(fig.)* Belohnung, *der;* Lohn, *der;* **be fitting ~ for sth.** der gerechte Lohn für etw. sein
pay: ~ negotiations *n. pl.* Tarifverhandlungen, *die;* **~-off** *n. (sl.) (return)* Lohn, *der; (punishment)* Quittung, *die; (climax)* Clou, *der (ugs.); (bribe)* Bestechungsgeld, *das (ugs. abwertend)*
payola [peɪ'əʊlə] *n. (bribery)* Bestechung, *die;* Bestechungsgeld, *das;* Schmiergeld, *das (ugs. abwertend)*
pay: ~-out *n.* Auszahlung, *die;* **~-packet** *n. (Brit.)* Lohntüte, *die;* **~ phone** *n.* Münzfernsprecher, *der;* **~-rise** *n.* Lohn-/Gehaltserhöhung, *die;* **~-roll** *n.* Lohnliste, *die;* **have 200 workers/people on the ~-roll** 200 Arbeiter beschäftigen/Beschäftigte ha-

ben; **be on sb.'s ~-roll** für jmdn. od. bei jmdm. arbeiten; **a ~-roll of about a hundred** etwa hundert Arbeitsplätze; **reduce the ~-roll** die Lohn- und Gehaltssumme senken; **~ round** n. Tarifrunde, die; **~-slip** n. Lohnstreifen, der/Gehaltszettel, der; **~ station** *(Amer.) see* **~ phone**; **~ talks** n. pl. Tarifverhandlungen; **~ television** n. Münzfernsehen, das

PC abbr. **a)** *(Brit.)* **police constable** Wachtm.; **b)** *(Brit.)* **Privy Counsellor** Geh. R.; Geh. Rat; **c) personal computer** PC; **d) politically correct**

p.c. abbr. per cent v. H.

pct. abbr. *(Amer.)* per cent v. H.

pd. abbr. paid bez.

p.d.q. [pi:di:'kju:] abbr. *(sl.)* **pretty damn quick** verdammt schnell *(ugs.)*

PE abbr. **physical education**

pea [pi:] n. Erbse, die; *(plant)* Erbse[npflanze], die; **they are as like as two ~s [in a pod]** sie gleichen sich *(Dat.)* od. einander wie ein Ei dem anderen; *see also* **chick-pea**; **split pea**; **sweet pea**

peace [pi:s] n. **a)** *(freedom from war)* Frieden, der; Friede, der; **b)** *(treaty)* Frieden, der; Friedensschluß, der; **these countries are now at ~**: zwischen diesen Ländern herrscht jetzt Frieden; **maintain/restore ~**: den Frieden bewahren/wiederherstellen; **~talks/treaty** Friedensgespräche Pl./Friedensvertrag, der; **make ~ [with sb.]** [mit jmdm.] Frieden schließen; **the P~ of Utrecht** *(Hist.)* der Friede von Utrecht; **b)** *(freedom from civil disorder)* Ruhe und Ordnung; öffentliche Ordnung; *(absence of discord)* Frieden, der; **in ~ [and harmony] is** [Frieden und] Eintracht; **restore ~** Ruhe und Ordnung wiederherstellen; **the [King's/Queen's] ~**: die öffentliche Ordnung; **bind sb. over to keep the ~**: jmdn. rechtlich verpflichten, die öffentliche Ordnung zu wahren; **be at ~ [with sb./sth.]** mit jmdm./etw. in Frieden leben; **be at ~ with oneself** mit sich selbst im reinen sein; **make [one's] ~ [with sb.]** sich [mit jmdm.] aussöhnen; **make one's ~ with God/the world** seinen Frieden mit Gott/der Welt machen; **hold one's ~**: schweigen; ruhig sein; **c)** *(tranquillity)* Ruhe, die; *(stillness)* Stille, die; Ruhe, die; **in ~**: in Ruhe; **leave sb. in ~**: jmdn. in Ruhe lassen; **I get no ~**: ich habe keine ruhige Minute; **give sb. no ~**: jmdm. keine Ruhe lassen; **~ and quiet** Ruhe und Frieden; **the ~ and quiet of the countryside** die friedvolle Ruhe der Landschaft; **d)** *(mental state)* Ruhe, die; **find ~**: Frieden finden; **~ of mind** Seelenfrieden, der; **I shall have no ~ of mind until I know it** ich werde keine ruhige Minute haben, bis ich es weiß; **e)** *(in or following biblical use)* **~ be with** or **unto you** Friede sei mit dir/euch; **go in ~**: gehe/gehet hin in Frieden; **may his soul rest in ~**: er ruhe in Frieden; **he is at ~** *(literary: is dead)* er ruht in Frieden *(geh.)*. *See also* **breach 1 a**; **justice c**

peaceable ['pi:səbl] adj. **a)** *(not quarrelsome)* friedfertig; friedliebend ⟨Volk⟩; *(calm)* friedlich; **b)** *(quiet, undisturbed)* friedlich

peaceably ['pi:səbli] adv. **a)** *(amicably)* friedlich; **b)** *(quietly, in peace)* friedlich; **go ~ about one's business** in Ruhe seinen Geschäften nachgehen

'**Peace Corps** n. *(Amer.)* Friedenskorps, das

peaceful ['pi:sfl] adj. friedlich; friedfertig ⟨Person, Volk⟩; ruhig ⟨Augenblick⟩; *see also* **coexistence**

peacefully ['pi:sfəli] adv. friedlich; **die ~**: sanft entschlafen

peace: **~keeper** n. Friedenswächter, der; **~keeping 1.** adj. ⟨Maßnahmen, Operationen⟩ zur Friedenssicherung; **~keeping force** Friedenstruppe, die; **2.** n. Friedenssi-

cherung, die; **~-loving** adj. friedliebend; **~maker** n. Friedensstifter, der/-stifterin, die; **blessed are the ~makers** *(Bibl.)* selig sind die Friedfertigen; **~-offer** n. Friedensangebot, das; **~-offering** n. Friedensangebot, das; **~-pipe** n. Friedenspfeife, die; **~-plan** n. Friedensplan, der; **~-time** n. Friedenszeiten Pl.; attrib. Friedens⟨produktion, -wirtschaft, -stärke⟩; **in Friedenszeiten** nachgestellt

peach [pi:tʃ] n. **a)** Pfirsich, der; **~es-and-cream complexion** Pfirsichhaut, die; **b)** *see* **peach-tree**; **c)** *(coll.)* **sb./sth. is a ~**: jmd./ etw. ist spitze od. klasse *(ugs.)*; **a ~ of a woman/man/house** eine klasse Frau/ein klasse Kerl *od.* Typ/ein klasse Haus *(ugs.)*; **d)** *(colour)* Pfirsichton, der

peach: **~-blossom** n. Pfirsichblüte, die; **~ 'brandy** n. Pfirsichbrandy, der/*(fig.)* Versöhnungsgeschenk, das; **~-coloured** adj. pfirsichfarben

'**pea-chick** n. Pfauküken, das

peach: **~ 'Melba** n. Pfirsich Melba, die; **~-tree** n. Pfirsichbaum, der

'**peacock** n. Pfau, der; Pfauhahn, der; **strut like a ~**: wie ein Pfau einherstolzieren; **proud/vain as a ~**: stolz/eitel wie ein Pfau; **be proud as a ~ of sth.** vor Stolz auf etw. *(Akk.)* fast bersten

peacock: **~ 'blue 1.** adj. pfauenblau; **2.** n. Pfauenblau, das; **~ butterfly** n. Tagpfauenauge, das

'**peafowl** n. Pfau, der

'**pea-green** adj. erbsengrün; maigrün

'**peahen** n. Pfauhenne, die

'**pea-jacket** n. Kolani, der; Pijacke, die *(Seew. veralt.)*

peak [pi:k] **1.** n. **a)** *(of cap)* Schirm, der; Schild, der; **b)** *(of mountain)* Gipfel, der; *(of waves)* Kamm, der; Krone, die; **c)** *(highest point)* Höhepunkt, der; **reach/be at/be past its ~**: seinen Höhepunkt erreichen/den Höhepunkt erreicht haben/den Höhepunkt überschritten haben; **his career was at its ~**: er stand auf dem Höhepunkt seiner Laufbahn; **d)** *(Naut.)* Piek, die. **2.** attrib. adj. Höchst-, Spitzen⟨preise, -werte⟩; **~ listening/viewing audience** höchste Einschaltquote; **~ listening/viewing period** Hauptsendezeit, die. **3.** v. i. seinen Höhepunkt erreichen; **~ too soon** *(Sport)* vorzeitig in Höchstform sein

¹**peaked** [pi:kt] adj. **~ cap** Schirmmütze, die

²**peaked** adj. *(pinched)* spitz ⟨Gesicht⟩; abgehärmt, verhärmt ⟨Person, Gesicht, Aussehen⟩

peak: **~-hour** attrib. adj. **~-hour travel** Fahren während der Hauptverkehrszeit; **~-hour traffic** Stoßverkehr, der; **~-hour listening period** Hauptsendezeit, die; **~ load** n. Spitzenlast, die; **the ~ load of traffic** der Stoßverkehr

peaky ['pi:ki] adj. kränklich; **look ~**: nicht gut aussehen; angeschlagen aussehen

peal [pi:l] **1.** n. **a)** *(ringing)* Geläut[e], das; Läuten, das; **b)** *(of bells)* Glockengeläut[e], das; Glockenläuten, das; **b)** *(set of bells)* Glockenspiel, das; **c)** *(loud sound)* **a ~ of laughter** schallendes Gelächter; **a ~ of thunder** ein Donnerschlag. **2.** v. i. ⟨Glocken:⟩ läuten; ⟨Donner:⟩ rollen; ⟨Trompete:⟩ schmettern. **3.** v. t. **a)** **~ bells** erschallen lassen; **b)** *(ring)* läuten ⟨Glocken⟩

~ 'out v. i. tönen

peanut ['pi:nʌt] n. Erdnuß, die; **~ butter** Erdnußbutter, die; **~s** *(coll.) (trivial thing)* ein Klacks *(ugs.)*; kleine Fische Pl.; *(money)* ein Klacks *(salopp)*; **this is ~s compared to ...**: das ist ein Klacks gegen ...; **work for ~s** für ein Butterbrot arbeiten *(ugs.)*; **sell sth. for ~s** für einen Apfel und ein Ei verkaufen *(ugs.)*; **this costs ~s compared to ...**: das ist [fast] geschenkt im Vergleich zu ... *(ugs.)*; **be worth ~s** kaum etw. wert sein

pear [peə(r)] n. **a)** *(fruit)* Birne, die; **b)** *see* **pear-tree**. *See also* **anchovy pear**; **avocado pear**; **prickly pear**

'**pear-drop** n. hartes Bonbon in Birnenform [mit Birnengeschmack]

pearl [pɜːl] n. **a)** Perle, die; **[string of] ~s** *(necklace)* Perlenkette, die; **b)** *(fig.)* Juwel, das; Kleinod, das; Perle, die; **be a ~ of architecture** ein Juwel der Baukunst sein; **~ of wisdom** *(often iron.)* Weisheit, die; **cast ~s before swine** *(fig.)* Perlen vor die Säue werfen *(salopp)*; **c)** *(~-like thing)* Perle, die; **~s of dew** Tautropfen. *See also* **mother-of-pearl**; **seed-pearl**

pearl: **~ 'barley** n. Perlengraupen Pl.; '**bulb** n. matte Glühbirne; **~ 'button** n. Perlmutt[er]knopf, der; **~-diver** n. Perlentaucher, der/-taucherin, die; **~-fisher** n. Perlenfischer, der/-fischerin, die; **~-grey** adj. perlgrau; **~-oyster** n. Perlmuschel, die

pearly ['pɜːlɪ] adj. **a)** perlmuttern, perlenähnlich, *(geh.)* perlengleich ⟨Glanz, Schimmer⟩; perl[en]förmig ⟨Regen-, Tautropfen⟩; **b)** *(set with pearls)* perlenbesetzt; **P~ Gates** Himmelstür, die; **P~ 'Queen** *(Brit.)* Straßenverkäufer/-verkäuferin in London mit perlenbestickter Kleidung

'**pear-shaped** adj. birnenförmig

'**peart** [pɜːt] adj. *(Amer.)* fröhlich

'**pear-tree** n. Birnbaum, der; Birne, die

peasant ['pezənt] n. **a)** [armer] Bauer, der; Landarbeiter, der; **~ farmer** Bauer, der; **~ uprising** Bauernaufstand, der; **~ economy** Agrarwirtschaft, die; **~ woman** Bauersfrau, die; **b)** *(coll. derog.) (ignorant or stupid person)* Bauer, der *(ugs. abwertend)*; *(lower-class person)* Plebejer, der *(abwertend)*

peasantry ['pezəntri] n. Bauernschaft, die

pease-pudding [pi:z'pʊdɪŋ] n. Erbsenpudding, der

pea: **~-shooter** n. Pusterohr, das; **~ 'soup** n. Erbsensuppe, die; **~-stick** n. Bohnenstange, die

peat [pi:t] n. **a)** *(substance)* Torf, der; **b)** *(piece)* Torfstück, das; Torfsode, die; **cut ~**: Torf stechen

peat: **~-bog**, *(Brit.)* **~-moor** ns. Torfmoor, das

peaty ['pi:ti] adj. torfig

pebble ['pebl] n. Kiesel[stein], der; **he is/ you are not the only ~ on the beach** es gibt noch andere

pebble: **~-dash** n. Kieselrauhputz, der; attrib. mit Kieselrauhputz nachgestellt; **~ glasses** n. pl. [dicke] Brille, die; **~ lens** n. [dickes] Brillenglas

pebbly ['pebli] adj. steinig

pecan [pɪ'kæn] n. **a)** *(nut)* Pekannuß, die; **b)** *(tree)* Pekannußbaum, der

peccadillo [pekə'dɪləʊ] n., pl. **~es** or **~s** *(small sin)* leichte Verfehlung; *(small fault)* kleiner Fehler

peccary ['pekəri] n. *(Zool.)* Pekari, das; Nabelschwein, das

¹**peck** [pek] **1.** v. t. **a)** hacken; picken ⟨Körner⟩; **the bird ~ed my finger/was ~ing the bark** der Vogel pickte mir od. mich in den Finger/pickte an der Rinde; **b)** *(ugs.)* flüchtig küssen. **2.** v. i. picken *(at nach)*; **~ at one's food** in seinem Essen herumstochern. **3.** n. **a)** the hen gave its chick a **~** die Henne pickte od. hackte nach ihrem Küken; **b)** *(kiss)* flüchtiger Kuß; Küßchen, das

~ 'out v. t. aushacken; auspicken

~ 'up v. t. aufpicken

²**peck** n. *(measure)* Viertelscheffel, der; **a ~ of trouble/dirt** *(fig.)* ein gerütteltes Maß an Sorgen/eine Menge Schmutz

pecker ['pekə(r)] n. **a)** *(Amer. sl.: penis)* Schwanz, der *(salopp)*; **b) keep your ~ up** *(Brit. coll.)* halt die Ohren steif *(ugs.)*

pecking order ['pekɪŋ ɔ:də(r)] n. Hackordnung, die

peckish ['pekɪʃ] adj. **a)** *(coll.: hungry)* hung-

rig; **feel/get** ~: Hunger haben/bekommen; **b)** *(Amer. coll.: irritable)* gereizt
pectin ['pektɪn] *n. (Chem.)* Pektin, *das*
pectoral ['pektərl] **1.** *n.* **a)** *(Med.)* Hustenmittel, *das*; **b)** *in pl. (often joc.)* Brustmuskeln. **2.** *adj. (Anat.)* pektoral *(fachspr.);* Brust(höhle, -atmung)
pectoral: ~ '**cross** *n. (Eccl.)* Pektorale, *das*; ~ **fin** *n. (Zool.)* Brustflosse, *die*; ~ **muscle** *n. (Anat.)* Brustmuskel, *der*
peculiar [pɪˈkjuːlɪə(r)] *adj.* **a)** *(strange)* seltsam; eigenartig; sonderbar; **what a ~ person he is!** was ist er doch für ein komischer Kauz! *(ugs.);* **I feel [slightly] ~:** mir ist [etwas] komisch; **a ~ incident occurred** es passierte etwas Seltsames; **b)** *(especial)* besonder...; **be of ~ interest [to sb.]** [für jmdn.] von besonderem Interesse sein; **c)** *(belonging exclusively)* eigentümlich **(to** *Dat.);* **this bird is ~ to South Africa** dieser Vogel kommt nur in Südafrika vor; **she has a ~ style of acting, all her own** sie hat einen ganz eigenen Stil, zu spielen
peculiarity [pɪkjuːlɪˈærɪtɪ] *n.* **a)** *no pl., no indef. art. (unusualness)* Ausgefallenheit, *die; (of behaviour, speech)* Sonderbarkeit, *die;* Merkwürdigkeit, *die;* **b)** *(odd trait)* Eigentümlichkeit, *die;* **behavioural peculiarities** seltsame Verhaltensweisen; **c)** *(distinguishing characteristic)* [charakteristisches] Merkmal; Kennzeichen, *das; (special characteristic)* Besonderheit, *die*
peculiarly [pɪˈkjuːlɪəlɪ] *adv.* **a)** *(strangely)* seltsam; eigenartig; sonderbar; **b)** *(especially)* besonders; **c)** *(in a way that is one's own)* **be something ~ British** etwas rein Britisches sein; **a treatment ~ his own** eine ganz eigene Behandlung
pecuniary [pɪˈkjuːnɪərɪ] *adj. (of money)* finanziell, *(geh.)* pekuniär ⟨*Hilfe, Überlegungen*⟩; ~ **award** Geldpreis, *der*
pedagog *(Amer.) see* **pedagogue**
pedagogic[al] [pedəˈgɒgɪk(l), pedəˈgɒdʒɪk(l)] *adj.* **a)** *(arch./derog.: of a pedagogue)* belehrend; schulmeisterlich *(abwertend);* **b)** *(of pedagogy)* pädagogisch
pedagogue ['pedəgɒg] *n.* **a)** *(arch.: teacher)* Pädagoge, *der*/Pädagogin, *die;* **b)** *(derog.: pedantic teacher)* Schulmeister, *der (abwertend)*
pedagogy ['pedəgɒdʒɪ] *n.* Pädagogik, *die*
pedal ['pedl] **1.** *n.* **a)** *(Mus.) (organ-key, on piano)* Pedal, *das; (organ-stop control)* Fußtritt, *der;* Fußhebel, *der;* **loud ~:** rechtes Pedal; Fortepedal, *das;* **soft ~:** linkes Pedal; Pianopedal, *das;* **b)** *(of bicycle; Mech. Engin., Motor Veh.)* Pedal, *das.* **2.** *v.i. (Brit.)* **-ll-** *a) (work cycle ~s)* ~ **[away]** in die Pedale treten; strampeln *(ugs.);* **b)** *(ride)* [mit den Fahrrad] fahren; radeln *(ugs.);* ~ **by/off** vorbeiradeln/losradeln *(ugs.);* **c)** *(Mus.)* **(on organ)** das Pedal spielen; *(on piano)* die Pedale benutzen. **3.** *v.t. (Brit.)* **-ll-** *(propel)* fahren mit ⟨*Fahrrad, Dreirad*⟩; ~ **one's bike** radfahren; radeln *(ugs.)*
pedal: ~**bin** *n.* Treteimer, *der;* ~-**car** *n.* Tretauto, *das*
pedalo ['pedələʊ] *n.,* ~**s** Tretboot, *das*
'**pedal-pushers** *n. pl.* dreiviertellange Damen-/Mädchenhose
pedant ['pedənt] *n.* **a)** *(one who overrates learning)* Stubengelehrte, *der/die;* **b)** *(stickler for formal detail)* Pedant, *der/*Pedantin, *die (abwertend);* Kleinigkeitskrämer, *der/*-krämerin, *die (abwertend)*
pedantic [pɪˈdæntɪk] *adj.* **a)** *(ostentatiously learned)* schulmeisterlich *(abwertend);* **b)** *(unduly concerned with formal detail)* pedantisch *(abwertend)*
pedantry ['pedəntrɪ] *n.* Pedanterie, *die;* Kleinlichkeit, *die (abwertend)*
peddle ['pedl] *v.t.* **a)** auf der Straße verkaufen; *(from door to door)* hausieren mit; handeln mit, *(ugs.)* dealen mit ⟨*Drogen, Rauschgift*⟩; **b)** *(fig.: disseminate)* hausie-

ren [gehen] mit ⟨*Theorie, Vorschlag*⟩; verbreiten ⟨*Neuigkeiten, Klatsch, Gerücht*⟩
peddler ['pedlə(r)] *see* **pedlar**
pederast ['pedəræst] *n.* Päderast, *der*
pederasty ['pedəræstɪ] *n., no pl., no indef. art.* Päderastie, *die*
pedestal ['pedɪstl] *n.* Sockel, *der;* **knock sb. off his ~** *(fig.)* jmdn. von seinem Sockel stoßen; **put** *or* **set sb./sth. on a ~** *(fig.)* jmdn./etw. in den Himmel heben *(ugs.)*
pedestrian [pɪˈdestrɪən] **1.** *adj. (uninspired)* trocken; langweilig. **2.** *n.* Fußgänger, *der/* -gängerin, *die;* ~-**controlled** *or* ~-**operated lights** Bedarfsampel, *die*
pedestrian '**crossing** *n.* Fußgängerüberweg, *der*
pedestrianism [pɪˈdestrɪənɪzm] *n., no pl. (of style)* Trockenheit, *die;* Langweiligkeit, *die*
pedestrianize [pɪˈdestrɪənaɪz] *v.t.* zur Fußgängerzone machen
pedestrian '**precinct** *see* **precinct a**
pediatri~ *(Amer.) see* **paediatri**~
pedicel ['pedɪsl], **pedicle** ['pedɪkl] *n. (Biol.)* Stiel, *der; (of flower)* [Blüten]stengel, *der*
pedicure ['pedɪkjʊə(r)] **1.** *n. no pl., no art.* Pediküre, *die;* Fußpflege, *die;* **give sb. a ~:** jmdn. pediküren
pedigree ['pedɪgriː] **1.** *n.* **a)** *(genealogical table)* Stammbaum, *der;* Ahnentafel, *die (geh.);* **b)** *(ancestral line)* Stammbaum, *der;* Ahnenreihe, *die;* **c)** *(of animal)* Stammbaum, *der;* **c)** *(derivation)* Herkunft, *die;* **d)** *no pl., no art. (ancient descent)* **have ~, be a man/woman of ~:** von berühmten Ahnen abstammen. **2.** *adj. (with recorded line of descent)* mit Stammbaum nachgestellt
pedigreed ['pedɪgriːd] *see* **pedigree 2**
pediment ['pedɪmənt] *n. (Archit.) (in Grecian style)* Giebeldreieck, *das; (in Roman or Renaissance style)* Ziergiebel, *der*
pedlar ['pedlə(r)] *n.* **a)** Straßenhändler, *der/*-händlerin, *die; (from door to door)* Hausierer, *der/*Hausiererin, *die; (selling drugs)* Rauschgifthändler, *der/*-händlerin, *die;* Dealer, *der/*Dealerin, *die (ugs.);* **b)** *(fig.: disseminator)* **be a ~ of gossip/scandal etc.** Klatsch/Skandalgeschichten *usw.* verbreiten
pedometer [pɪˈdɒmɪtə(r)] *n.* Pedometer, *das (fachspr.);* Schrittzähler, *der*
peduncle [pɪˈdʌŋkl] *n. (Bot., Zool.)* Stiel, *der*
pee [piː] *(coll.)* **1.** *v.i.* pinkeln *(salopp)* Pipi machen *(Kinderspr.).* **2.** *n. (urination)* **need/have a ~:** pinkeln müssen/pinkeln *(salopp);* **I must go for a ~:** ich muß mal eben pinkeln *(salopp);* **b)** *(urine)* Pipi, *das (Kinderspr.)*
peek [piːk] **1.** *v.i.* gucken *(ugs.);* **no ~ing!** nicht gucken!; ~ **at sb./sth.** zu jmdn./etw. hingucken; ~ **in at sb.** zu jmdn. hereingucken. **2.** *n. (quick)* kurzer Blick; *(sly)* verstohlener Blick; **take a quick ~ round** sich schnell umgucken; **have a ~ through the keyhole** durch das Schlüsselloch gucken *(ugs.);* **take a quick ~ at sth.** kurz zu jmdn. hingucken; **give sb. a ~ at sth.** jmdn. einen Blick auf etw. werfen lassen
peekaboo ['piːkəbuː] **1.** *n. (Amer.) see* **peepbo. 2.** *adj.* durchsichtig; *(with pattern of small holes)* mit Lochmuster nachgestellt; ~ **design** Lochmuster, *das*
peel [piːl] **1.** *v.t.* schälen; ~ **the shell off an egg/the skin off a banana** ein Ei/eine Banane schälen; *see also* **eye 1 a. 2.** *v.i.* **a)** *(Person, Haut:)* sich schälen *(bes. nordd.)* pellen; ⟨*Rinde, Borke:*⟩ sich lösen; ~ **off** *(sl.: undress)* sich ausziehen. **3.** *n.* Schale, *die; see also* **candy 2**
~ **'way** *v.t.* abschälen, *(bes. nordd.)* pellen; ⟨*Rinde, Borke:*⟩ sich lösen *(Farbe:)* abblättern; **b)** *(veer away)* ausscheren
~ '**back** *v.t.* halb abziehen ⟨*Kabelmantel,*

Bananenschale⟩; zurückziehen ⟨*Bettdecke*⟩; umschlagen ⟨*Stoffmuster*⟩
~ '**off** *v.t.* abschälen; abstreifen, ausziehen ⟨*Kleider*⟩. **2.** *v.i.* **a)** *see* ~ **away 2 a;** **b)** *(veer away)* ausscheren; **c)** *see* ~ **2 b**
peeler ['piːlə(r)] *n.* Schäler, *der;* Schälmesser, *das*
peeling ['piːlɪŋ] *n.* Stück Schale; ~**s** Schalen
¹**peep** [piːp] **1.** *v.i.* ⟨*Maus, Vogel:*⟩ piep[s]en; *(squeal)* quieken. **2.** *n. (shrill sound)* Piepsen, *das; (coll.: slight utterance)* Piep[s], *der (ugs.);* **one ~ out of you and ...:** ein Pieps [von dir], und ...
²**peep** **1.** *v.i.* **a)** *(look through narrow aperture)* gucken *(ugs.);* spähen *(geh., veralt., noch landsch.);* **b)** *(look furtively)* verstohlen gucken; linsen *(ugs.);* ~ **round** sich umgucken; **no ~ing!** nicht gucken!; **c)** *(come into view)* ~ **out** [he]rausgucken; hervorgucken; *(fig.: show itself)* zum Vorschein kommen; durchscheinen. **2.** *n.* kurzer Blick; **steal a ~ at sb.** verstohlen zu jmdm. hingucken; **take a ~ through the curtain** durch die Gardine spähen *od. (ugs.)* linsen
peep-bo ['piːpbəʊ] **1.** *n.* Guck-guck-Spiel, *das.* **2.** *int.* guck, guck; kuckuck
'**peep-hole** *n.* Guckloch, *der*
peeping Tom [piːpɪŋ 'tɒm] *n.* Spanner, *der (ugs.);* Voyeur, *der; attrib.* voyeuristisch
'**peep-show** *n.* **a)** *(exhibition of small pictures in box)* Guckkastenschau, *die;* **b)** *(erotic spectacle)* Peep-Show, *die*
peep-toe[d] ['piːptəʊ(d)] *adj.* vorn offen ⟨*Schuh*⟩; zehenfrei ⟨*Sandale*⟩; **the shoes had a ~ design** die Schuhe waren vorn offen
¹**peer** [pɪə(r)] *n.* **a)** *(Brit.: member of nobility)* ~ **of the realm]** Peer, *der; see also* **life peer; b)** *(noble of any country)* hoher Adliger, *der;* ~**s of France** der Hochadel Frankreichs; **c)** *(equal in standing)* Gleichgestellte, *der/die;* **be judged by a jury of one's ~s** von seinesgleichen gerichtet werden; **among her social** ~**s** unter ihresgleichen; **d)** *(equal in attainment)* Ebenbürtige, *der/die;* **find sb.'s ~:** jemanden finden, der jmdm. ebenbürtig ist
²**peer** *v.i. (look searchingly)* forschend schauen; *(look with difficulty)* angestrengt schauen; ~ **at sth./sb.** *(searchingly)* [sich *(Dat.)*] etw. genau ansehen/jmdn. forschend *od.* prüfend ansehen; *(with difficulty)* [sich *(Dat.)*] etw. angestrengt ansehen/jmdn. angestrengt ansehen; ~ **into a cave/the distance** in eine Höhle/die Ferne spähen; ~ **down at sb.** zu jmdm. hinunter/herunterspähen
peerage ['pɪərɪdʒ] *n.* **a)** *no pl. (Brit.: body of peers)* die Peers; **be raised to the ~:** in den Adelsstand erhoben werden; **b)** *(Brit.: rank of peer)* Peerswürde, *die; see also* **life peerage; c)** *(nobility of any country)* Adel, *der;* **d)** *(book)* Peerskalender, *der;* britisches Adelsverzeichnis
peeress ['pɪəres] *n.* Peereß, *die*
'**peer group** *n.* Peer-group, *die (Psych., Soziol.)*
peerless ['pɪəlɪs] *adj.* beispiellos
peeve [piːv] *(coll.)* **1.** *n.* **a)** *(cause of annoyance)* **it was a bit of a ~:** es war ganz schön ärgerlich; **it was one of his ~s that ...:** es wurmte ihn, daß ... *(ugs.); see also* '**pet 2 c;** **b)** *(mood)* **be in a [real] ~:** [stock]sauer sein *(ugs.).* **2.** *v.t. (irritate)* nerven *(salopp);* ~ **d me that ...:** es wurmte mich, daß ... *(ugs.)*
peeved [piːvd] *adj. (coll.)* sauer *(ugs.);* **be/get ~ with sb.** auf jmdn. sauer sein/werden; **be ~ at/get ~ about sth.** über etw. *(Akk.)* sauer sein/werden *od.* *(ugs.)* sich ärgern
peevish ['piːvɪʃ] *adj. (querulous)* nörgelig *(abwertend);* quengelig *(ugs.)* ⟨*Kind*⟩; *(showing vexation)* gereizt
peevishly ['piːvɪʃlɪ] *adv.* mißmutig; *(in vexation)* **do sth.** ~: etw. gereizt tun
peewit ['piːwɪt] *n.* **a)** *(Ornith.)* Kiebitz, *der;* **b)** *(cry)* Kiwitt, *das*

peg [peg] 1. *n. (pin, bolt) (for holding together parts of framework)* Stift, *der; (for tying things to)* Pflock, *der; (for hanging things on)* Haken, *der; (clothes ~)* Wäscheklammer, *die; (for holding tent-ropes)* Hering, *der; (for marking cribbage scores etc.)* Stift, *der; (Mus.: for adjusting strings)* Wirbel, *der;* **off the ~** *(Brit.: ready-made)* von der Stange *(ugs.);* **take sb. down a ~ [or two]** *(fig.)* jmdm. einen Dämpfer aufsetzen *od.* geben; **be taken down a ~ or two** *(fig.)* einen Dämpfer bekommen; **a ~ to hang sth. on** *(fig.)* ein Aufhänger für etw.; *see also* **hole 1 a.** 2. *v. t.,* **-gg- a)** *(fix with ~)* mit Stiften/Pflöcken befestigen; **b)** *(Econ.: stabilize)* stabilisieren; *(support)* stützen; *(freeze)* einfrieren; **wages/prices/exchange rates** Löhne/Preise/Wechselkurse stabil halten; **c)** *(Cribbage)* durch eingesteckte Holzstifte anzeigen ⟨Spielstand⟩; **~ two holes** den Holzstift zwei Löcher weiter einstecken; **they are level ~ging at school** *(fig.)* sie sind gleich gut in der Schule. 3. *v. i.,* **-gg-: keep ~ging along** bei der Stange bleiben; **she's still ~ging at her writing** sie schreibt immer noch unverdrossen weiter
~ a'way *v. i.* schuften *(ugs.);* **~ away for four hours** vier Stunden lang ununterbrochen schuften; [keep] ~[ging] **away with sth.** nicht lockerlassen mit etw. *(ugs.)*
~ 'down *v. t.* **a)** *(secure with ~s)* festpflocken; **b)** *see* **pin down a**
~ 'out 1. *v. t.* **a)** *(spread out and secure)* ausspannen ⟨Felle etc.⟩; *(Brit.: attach to line)* [draußen] aufhängen ⟨Wäsche⟩; **b)** *(mark)* abstecken ⟨Gebiet, Fläche⟩. 2. *v. i.* **a)** *(sl.) (faint)* zusammenklappen *(ugs.);* (die) den Löffel abgeben *(salopp);* *(cease to function)* den Geist aufgeben *(ugs.);* **b)** *(Croquet)* den Zielpflock treffen; **c)** *(Cribbage)* gewinnen
peg: **~-board** *n. a) (for games)* Lochbrett, *das;* **b)** *(board holding hooks)* gelochte Platte; **~-leg** *n. a) (artificial leg)* Holzbein, *das;* **b)** *(person)* Stelzfuß, *der (ugs.)*
peignoir ['peɪnwɑː(r)] *n.* Négligé, *das*
pejorative [pɪ'dʒɒrətɪv] 1. *adj.* pejorativ *(Sprachw.);* abwertend; **~ word** Pejorativum, *das (Sprachw.).* 2. *n.* Pejorativum, *das (Sprachw.)*
pejoratively [pɪ'dʒɒrətɪvlɪ] *adv.* abwertend
pekan ['pekən] *n. (Zool.)* Fischermarder, *der*
peke [piːk] *(coll.) see* **Pekingese 1 a**
Pekingese [piːkɪŋ'iːz] (**Pekinese** [piːkɪ'niːz]) 1. *n., pl. same* **a)** **~ [dog]** Pekinese, *der;* **b)** *(person)* Pekinger, *der*/Pekingerin, *die.* 2. *attrib. adj.* Pekinger; **~ man/woman** Pekinger, *der*/Pekingerin, *die*
pelican ['pelɪkən] *n. (Ornith.)* Pelikan, *der*
'pelican crossing *n. (Brit.)* Ampelübergang, *der*
pellagra [pɪ'lægrə, pɪ'leɪgrə] *n. (Med.)* Pellagra, *das*
pellet ['pelɪt] *n.* **a)** *(small ball)* Kügelchen, *das; (mass of food)* Pellet, *das (fachspr.);* **b)** *(pill)* Pille, *die;* **c)** *(regurgitated mass)* Gewölle, *das (Zool., Jägerspr.);* **d)** *(excreted mass)* Kötel, *der (nordd.);* **d)** *(small shot)* Schrot, *der od. das;* **peppered with shotgun ~s** mit Schrot[kugeln] gespickt
pell-mell [pel'mel] 1. *adv.* **a)** *(in disorder)* durcheinander; *(without discrimination)* wahllos; **everything was heaped together ~** alles wurde durcheinander auf einen Haufen geworfen; **b)** *(headlong)* Hals über Kopf. 2. *adj.* [kunter]bunt; chaotisch
pellucid [pɪ'luːsɪd, pɪ'ljuːsɪd] *adj.* **a)** *(transparent)* durchsichtig; [glas]klar ⟨Wasser⟩; **b)** *(clear in style)* klar, in einem klaren Stil gehalten ⟨Schriften⟩; **c)** *(mentally clear)* klar ⟨Verstand, Kopf⟩
pelmet ['pelmɪt] *n. (of wood)* Blende, *die; (of fabric)* Schabracke, *die*
Peloponnese ['peləpəniːs] *pr. n.* **the ~:** der *od.* die Peloponnes

pelota [pɪ'lɒtə] *n. (Sport)* Pelota, *die;* Pelotaspiel, *das*
¹pelt [pelt] *n.* **a)** *(of sheep or goat)* Fell, *das; (of fur-bearing animal)* [Roh]fell, *das;* **sheep's ~:** Schaffell, *das;* **b)** *(Tanning: raw skin)* enthaartes Fell
²pelt 1. *v. t.* **a)** *(assail with missiles, lit. or fig.)* **~ sb. with sth.** jmdn. mit etw. bewerfen *od. (ugs.)* bombardieren; **~ sb. with questions** jmdn. mit Fragen überschütten *od. (ugs.)* bombardieren; **b)** *(throw a stream of)* **~ sth. at sb.** jmdm. mit etw. bewerfen *od. (ugs.)* bombardieren; **they ~ed abuse at each other** *(fig.)* sie warfen sich [gegenseitig] Beschimpfungen an den Kopf; **c)** *(of rain)* ⟨Regen:⟩ prasseln; **it was ~ing down [with rain]** es goß wie aus Kübeln *(ugs.);* **b)** *(run fast)* rasen *(ugs.);* pesen *(ugs.);* **he set off as fast as he could ~:** so schnell er konnte, raste *od.* peste er los *(ugs.).* 3. *n., no pl., no indef. art.* **[at] full ~:** mit Karacho *(ugs.);* volle Pulle *(salopp)*
pelvic ['pelvɪk] *adj. (Anat.)* Becken-
pelvis ['pelvɪs] *n., pl.* **pelves** ['pelviːz] *or* **~es** *(Anat.)* Becken, *das;* **renal ~:** Nierenbecken, *das*
¹pen [pen] 1. *n.* **a)** *(enclosure)* Pferch, *der;* **b)** *(Navy)* Bunker, *der.* 2. *v. t.,* **-nn- a)** *(shut up in ~)* einpferchen; **b)** *(confine)* **~ sb. in a corner** jmdn. in eine Ecke drängen
~ 'in *v. t.* **a)** einpferchen; **b)** *(fig.: restrict)* einengen; **feel ~ned in by one's life** sein Leben sehr beengend finden
~ 'up *v. t. see* **~ in b**
²pen 1. *n.* **a)** *(for writing)* Federhalter, *der;* **make one's living by the ~:** vom Schreiben leben; **the ~ is mightier than the sword** *(prov.)* die Feder ist mächtiger als das Schwert; *see also* **ball-pen; fountain-pen; paper 1 a;** **b)** *(quill-feather)* Feder, *die; see also* **quill-pen.** 2. *v. t.,* **-nn-** niederschreiben; **~ a letter to/a note for sb.** jmdn. einen Brief/ein paar Worte schreiben
³pen *n. (female swan)* weiblicher Schwan
⁴pen *n. (Amer. sl.: penitentiary)* Knast, *der (ugs.);* **do eight years in the ~:** acht Jahre [Knast] abreißen *(salopp) od. (ugs.)* absitzen
penal ['piːnl] *adj.* **a)** *(of punishment)* Straf⟨vollzug, -gesetzbuch⟩; *(inflicting punishment)* strafrechtlich ⟨Bestimmungen, Klauseln⟩; **Straf**⟨gesetze, -gesetzgebung, -maßnahme⟩; **~ reform** Strafvollzugsreform, *die;* **b)** *(punishable)* strafbar ⟨Handlung, Tat⟩; **~ offence** Straftat, *die;* **c)** **~ colony** *or* **settlement** Strafkolonie, *die*
penalize (**penalise**) ['piːnəlaɪz] *v. t.* **a)** *(subject to penalty)* bestrafen; pönalisieren *(geh.);* *(Sport)* eine Strafe verhängen gegen; **b)** unter Strafe stellen ⟨Handlung, Tat⟩
penal 'servitude *n., no pl., no indef. art. (Brit. Law. Hist.)* Zwangsarbeit, *die*
penalty ['penltɪ] *n.* **a)** *(punishment)* Strafe, *die;* **the ~ for this offence is imprisonment/a fine** auf diese Delikt steht Gefängnis/eine Geldstrafe; **pay/have paid the ~/the ~ for or of sth.** *(lit. or fig.)* dafür/für etw. büßen [müssen]/gebüßt haben; **his ~ was a £50 fine** er erhielt eine [Geld]strafe von 50 Pfund; **on** *or* **under ~ of £200/of instant dismissal** bei einer Geldstrafe von 200 Pfund/unter Androhung *(Dat.)* der sofortigen Entlassung; **b)** *(disadvantage)* Preis, *der;* **c)** *(Sport: disadvantage imposed)* *(Horseracing)* Pönalität, *die;* *(Golf)* **~ [stroke]** Strafschlag, *der; (Footb., Rugby) see* **penalty kick;** *(Hockey) see* **penalty bully; penalty corner; penalty shot;** **d)** *(Bridge)* Strafpunkte
penalty: **~ area** *n. (Footb.)* Strafraum, *der;* **~ box** *n. (Footb.)* Strafraum, *der; (Ice Hockey)* Strafbank, *die;* **~ bully** *n. (Hockey)* Siebenmeterball, *der;* **~ clause** *n.* Strafklausel, *die;* **~ corner** *n. (Hockey)* Strafecke, *die;* **~ goal** *n. (Hockey)* Siebenmetertor, *das; (Rugby)* durch einen Straf-

tritt erzieltes Tor; **~ kick** *n. (Footb.)* Strafstoß, *der;* Elfmeter, *der; (Rugby)* Straftritt, *der;* **~ shot** *n. (Hockey)* Strafschlag, *der;* **~ spot** *n. (Footb.)* Strafstoßmarke, *die;* Elfmeterpunkt, *der; (Hockey)* Siebenmeterpunkt, *der*
penance ['penəns] *n., no pl., no art.* Buße, *die;* **act of ~:** Bußübung, *die;* Bußwerk, *das;* **undergo/do ~:** büßen/Buße tun
'pen-and-ink *adj.* Feder⟨zeichnung, -skizze⟩
pence *see* **penny**
penchant ['pɑ̃ʃɑ̃] *n.* Schwäche, *die;* Vorliebe, *die* (**for** für); **have a ~ for doing sth.** dazu neigen, etw. zu tun
pencil ['pensɪl] 1. *n.* **a)** Bleistift, *der;* **red/coloured ~:** Rot-/Buntstift *od.* Farbstift, *der;* **write in ~:** mit Bleistift schreiben; **a ~ drawing, a drawing in ~:** eine Bleistiftzeichnung; *see also* **lead pencil;** **b)** *(cosmetic)* Stift, *der;* **eyebrow ~:** Augenbrauenstift, *der.* 2. *v. t., (Brit.)* **-ll- a)** *(mark)* mit Bleistift/Farbstift markieren; **b)** *(sketch)* mit Bleistift zeichnen *od.* skizzieren; **c)** *(write with ~)* mit einem Bleistift/Farbstift schreiben; **d)** *(write tentatively)* entwerfen; skizzieren; *see also* **~ in b**
~ 'in *v. t.* **a)** *(shade with ~)* mit Bleistift [aus]schraffieren; **b)** *(note or arrange provisionally)* vorläufig notieren
'pencil-case *n.* Griffelkasten, *der; (made of a soft material)* Federmäppchen, *das;* Schreibmäppchen, *das*
pencilled *(Amer.:* **penciled**) ['pensɪld] *adj.* mit Bleistift geschrieben; nachgezogen ⟨Augenbrauen⟩
'pencil-sharpener *n.* Bleistiftspitzer, *der*
pendant ['pendənt] 1. *n.* **a)** *(hanging ornament)* Anhänger, *der;* **b)** *(light)* Hängelampe, *die;* **c)** *(companion)* Pendant, *das (geh.);* **c)** *see* **pennant a.** 2. *adj. see* **pendent**
pendent ['pendənt] 1. *adj.* **a)** *(hanging)* herabhängend; **b)** *(overhanging)* überhängend
pending ['pendɪŋ] 1. *adj.* **a)** *(undecided)* unentschieden ⟨Angelegenheit, Sache⟩; anhängig *(Rechtsspr.);* schwebend ⟨Verfahren⟩; laufend ⟨Verhandlungen⟩; **be ~** ⟨Verfahren:⟩ noch anhängig sein *(Rechtsspr.);* noch schweben; ⟨Sache, Angelegenheit:⟩ noch unentschieden sein, in der Schwebe sein; ⟨Entscheidung, Probleme:⟩ noch anstehen; ⟨Debatte, Verhandlungen:⟩ noch im Gang sein; **a treaty was ~:** es wurde über einen Vertrag verhandelt; **b)** *(about to come into existence)* bevorstehend ⟨Krieg⟩; **patent ~:** Patent angemeldet. 2. *prep. (until)* **~ his return** bis zu seiner Rückkehr; **~ the final settlement** bis zur endgültigen Regelung; **~ full discussion of the matter** bis die Angelegenheit ausdiskutiert ist
'pending-tray *n.* Ablage für noch Unerledigtes
pendulous ['pendjʊləs] *adj.* **a)** *(suspended, hanging down)* herabhängend; Hänge⟨backen, -brüste, -ohren⟩; **b)** *(oscillating)* pendelnd
pendulum ['pendjʊləm] *n.* Pendel, *das;* **the swing of the ~** *(fig.)* der Umschwung; **according to the swing of the ~:** je nachdem, nach welcher Seite das Pendel ausschlägt *(fig.)*
penetrable ['penɪtrəbl] *adj.* **a)** *(capable of being entered)* durchdringlich; **scarcely ~:** fast undurchdringlich; **b)** *(fig.: capable of being found out)* ergründbar; **be ~** sich ergründen lassen; **c)** *(permeable)* durchlässig
penetrate ['penɪtreɪt] 1. *v. t.* **a)** *(find access into)* eindringen in (+ *Akk.*); vordringen in (+ *Akk.*) ⟨unbekannte Regionen⟩; aufbrechen ⟨Safe⟩; *(pass through)* durchdringen; **get sth. to ~ sb.'s mind** etw. in jmds. Kopf reinkriegen *(ugs.);* **~ sb.'s disguise** *(fig.)* hinter jmds. Maske *(Akk.)* schauen; **b)** *(fig.: find out)* ergründen ⟨Geheimnis⟩; durchschauen ⟨Plan, Absicht, Gedanken⟩; heraus-

penetrating | **peon**

finden ⟨*Wahrheit*⟩; **c)** *(permeate)* dringen in (+ *Akk.*); *(fig.)* durchdringen; *(infiltrate)* infiltrieren; unterwandern; ⟨*Spion:*⟩ sich einschleusen in (+ *Akk.*); **d)** *(see into)* ⟨*Augen:*⟩ durchdringen ⟨*Dunkelheit, Nebel*⟩; **e)** *(sexually)* eindringen in (+ *Akk.*); penetrieren *(geh.)*. **2.** *v. i.* **a)** *(make a way)* ~ **into/to sth.** in etw. *(Akk.)* eindringen/zu etw. vordringen; ~ **through sth.** durch etw. hindurch dringen; **the cold ~d through the whole house** die Kälte durchdrang das ganze Haus; **b)** *(be understood or realized)* **my hint did not** ~: mein Wink wurde nicht verstanden; **something's finally ~d!** der Groschen ist endlich gefallen *(ugs.)*
penetrating ['penɪtreɪtɪŋ] *adj.* **a)** *(easily heard)* durchdringend; **b)** *(gifted with insight)* scharf ⟨*Verstand*⟩; *(showing insight)* scharfsinnig ⟨*Bemerkung, Kommentar, Studie*⟩; scharf ⟨*Beobachtung*⟩; verstehend ⟨*Blick*⟩
penetration [penɪ'treɪʃn] *n.* **a)** *(finding of access into)* Eindringen, *das* (of in + *Akk.*); *(of safe)* Aufbrechen, *das*; *(act of passing through)* Durchdringen, *das*; *(passage through)* Durchdringung, *die*; **b)** *no pl. (fig.: discernment)* Scharfsinn, *der*; Scharfsinnigkeit, *die*; **c)** *(act of permeating)* Durchdringen, *das*; Durchdringung, *die*; *(infiltration)* Infiltration, *die*; Unterwanderung, *die*; **d)** *(seeing into sth.)* Durchdringen, *das*; **e)** *(sexual)* Eindringen des Gliedes [in die Scheide]; Penetration, *die* (geh.)
penetrative ['penɪtrətɪv] *adj.* **a)** *(acute)* scharf ⟨*Verstand, Beobachtung*⟩; **b)** *(permeating)* eindringend
'**pen-friend** *n.* Brieffreund, *der*/-freundin, *die*
penguin ['peŋɡwɪn] *n.* Pinguin, *der*
'**penholder** *n.* Federhalter, *der*
penicillin [penɪ'sɪlɪn] *n. (Med.)* Penizillin, *das*
peninsula [pɪ'nɪnsjʊlə] *n.* Halbinsel, *die*; **the Lleyn ~**: die Halbinsel Lleyn
peninsular [pɪ'nɪnsjʊlə(r)] *adj.* **a)** *(of a peninsula)* peninsular[isch]; Halbinsel-; *(like a peninsula)* halbinselartig; **b)** *(Hist.: of Spain and Portugal)* **the P~ War** der Spanische Unabhängigkeitskrieg
penis ['piːnɪs] *n., pl.* **~es** *or* **penes** ['piːniːz] *(Anat.)* Penis, *der*; männliches Glied
'**penis envy** *n. (Psych.)* Penisneid, *der*
penitence ['penɪtəns] *n., no pl.* Reue, *die*
penitent ['penɪtənt] **1.** *adj.* reuevoll *(geh.)*; reuig *(geh.)* ⟨*Sünder*⟩; **be** ~: bereuen; **feel [sincerely]** ~: [echte] Reue empfinden; **be deeply** ~ **about sth.** tiefe Reue über etw. *(Akk.)* empfinden. **2.** *n. (repentant sinner)* reuiger Sünder/reuige Sünderin; *(person doing penance)* Büßer, *der*/Büßerin, *die (Rel.)*
penitential [penɪ'tenʃl] *adj.* reuevoll; reuig *(geh.)*; ⟨*Tag, -gebet*⟩; **the** ~ **psalms** *(Relig.)* die Bußpsalmen
penitentiary [penɪ'tenʃərɪ] **1.** *n. (Amer.)* Straf[vollzugs]anstalt, *die*; [Justiz]vollzugsanstalt, *die*. **2.** *adj.* **a)** *(of penance)* ~ **pilgrimage** Bußpilgerfahrt, *die*; **b)** *(of reformatory treatment)* ~ **system** Strafvollzug, *der*
penitently ['penɪtəntlɪ] *adv.* reuevoll *(geh.)*; reumütig *(öfter scherzh.)* ⟨*zurückkehren*⟩; **behave** ~: Reue zeigen
pen: ~**knife** *n.* Taschenmesser, *das*; ~**-light** *n.* [Mini]stablampe, *die*
penmanship ['penmənʃɪp] *n., no pl.* **a)** *(skill in handwriting)* Schönschreiben, *das*; **a piece of good/bad** ~: ein schön/schlecht geschriebener Text; **b)** *(style of writing)* Schrift, *die*
'**pen-name** *n.* Schriftstellername, *der*
pennant ['penənt] *n. (Naut.: tapering flag)* Stander, *der*; **broad** ~: Doppelstander, *der*; **b)** *(Amer.: flag symbolizing championship)* Meisterschaftswimpel, *der*; **c)** *see* **pennon**

penniless ['penɪlɪs] *adj. (having no money)* **be** ~: keinen Pfennig Geld haben; *(fig.: be poor)* mittellos sein; **be left** ~: völlig mittellos *od.* ohne einen Pfennig Geld dastehen
pennon ['penən] *n.* **a)** Wimpel, *der*; **b)** *(Mil.: long narrow flag)* Fähnchen, *das*; Fähnlein, *das*
penn'orth ['penəθ] *see* **pennyworth**
Pennsylvania Dutch [pensɪlveɪnɪə 'dʌtʃ] *n.* **a)** *no pl., no indef. art. (dialect)* Pennsylvaniadeutsch, *das*; Pennsilfaanisch, *das*; *constr. as pl.* **the** ~: die Pennsylvaniendeutschen
penny ['penɪ] *n., pl. usu.* **pennies** ['penɪz] *(for separate coins),* **pence** [pens] *(for sum of money)* **a)** *(British coin, monetary unit)* Penny, *der*; fünfzig Pence; **two/five/ten/twenty/fifty pence [piece]** Zwei-/Fünf-/Zehn-/Zwanzig-/Fünfzigpencestück, *das od.* -münze, *der das;* **halfpenny**, *der*; **b)** *(Amer. coll.: one-cent coin)* Cent, *der*; Centstück, *das*; **c) keep turning up like a bad** ~ *(coll.)* immer wieder auftauchten; **the ~ has dropped** *(fig. coll.)* der Groschen ist gefallen *(ugs.);* **pennies from heaven** *(coll.)* ein warmer Regen *(fig. ugs.);* **in for a ~, in for a pound** *(prov.)* wennschon, dennschon *(ugs.);* **a pretty** ~ *(coll.)* eine hübsche *od.* schöne Stange Geld *(ugs.);* **I was not a ~ the worse** *(fig.)* es hat mich nichts gekostet *(fig.);* **take care of the pence** *or* **pennies** im Kleinen sparen; **take care of the pence** *or* **pennies, and the pounds will look after themselves** spare im Kleinen, dann hast du im Großen; **not have two pennies to rub together** ohne einen Pfennig sein; keinen Pfennig haben; **look twice at every** ~: jeden Pfennig dreimal umdrehen; **a ~ for your thoughts** *(coll.)* woran denkst du [gerade]?; **sth. is two** *or* **ten a** ~: etw. gibt es wie Sand am Meer *(ugs.);* **be** ~**wise** im Kleinen sparsam sein; **be ~ wise and pound foolish** im Kleinen sparsam und im Großen verschwenderisch sein; am falschen Ende sparen. *See also* ¹**count 2 a;** **honest e; name 1 a; spend a**
penny: ~ **'dreadful** *n. (Brit.) (cheap storybook)* Groschenheft, *das (abwertend);* *(cheap novel)* Groschenroman, *der (abwertend);* ~ **'farthing [bicycle]** *n. (Brit. coll)* Hochrad, *das;* ~-**'pincher** ['penɪpɪnʃə(r)] *n.* Pfennigfuchser, *der (ugs.);* ~-**pinching** ['penɪpɪnʃɪŋ] **1.** *n., no pl., no indef. art. (coll.)* Pfennigfuchserei, *die (ugs.);* Knauserei, *die (ugs.)*. **2.** *adj.* knaus[e]rig *(ugs. abwertend);* ~**weight** *n.* Pennyweight, *das;* ~ **'whistle** *see* **whistle 3 b**
pennyworth ['pen(ɪw)əθ] *n.* **a)** *pl. same* **a ~ of bread/six ~ of sweets** für einen Penny Brot/für sechs Pence Bonbons; **not a ~** [**of**] *(fig.: not even a small amount)* nicht für fünf Pfennig *(ugs.);* **b)** *(bargain)* **a good/bad** ~: ein guter/schlechter Kauf
penology [piː'nɒlədʒɪ] *n.* Pönologie, *die*
pen: ~-**pal** *n. (coll.) see* **pen-friend;** ~-**portrait** *n.* Charakterbild, *das;* ~-**pusher** *(coll.)* Büromensch, *der;* **(male)** Bürohengst, *der (ugs. abwertend);* ~-**pushing** *n., no pl., no indef. art. (coll.)* Schreibkram, *der (ugs. abwertend)*
pension ['penʃn] **1.** *n.* **a)** *(given by employer)* Rente, *die;* *(payment to retired civil servant also)* Pension, *die;* Ruhegehalt, *das (Amtsspr.);* ~ **in** *od.* auf Rente gehen *(ugs.)*; ⟨*Beamter:*⟩ in Pension gehen; **be on a** ~ [**from one's company**] eine Rente [von seiner Firma] beziehen; ~ **fund** Rentenfonds, *der;* Pensionsfonds, *der;* ~ **scheme** Rentenversicherung, *die;* **the company has** *or* **operates a** ~ **fund/scheme for its employees** die Firma hat eine Rentenkasse/betriebliche Altersversorgung für ihre Beschäftigten; **b)** *(given by State)* Rente, *die;* **disability** *or* **disablement** ~: Erwerbsunfähigkeitsrente,

die; Invalidenrente, *die (ugs.);* **widow's** ~: Witwenrente, *die;* **war** ~: Kriegsopferrente, *die;* ~ **book** ≈ Rentenausweis, *der;* ~ **day** Rentenzahltag, *der; see also* **old-age;** **c)** [pɒ̃'sjɔ̃] *(European boarding-house)* Pension, *die.* **2.** *v. t.* eine Rente zahlen (+ *Dat.*); **be ~ed** eine Rente bekommen
~ '**off** *v. t.* **a)** *(discharge)* berenten *(Amtsspr.);* auf Rente setzen *(ugs.);* pensionieren ⟨*Lehrer, Beamten*⟩; **b)** *(fig.: cease to use)* ausmustern; ausrangieren *(ugs.)*
pensionable ['penʃənəbl] *adj.* **a)** *(entitled to a pension)* rentenberechtigt; pensionsberechtigt ⟨*Beamter*⟩; **b)** *(entitling to a pension)* zu einer Rente berechtigend; **reach ~ age** das Rentenalter erreichen; *(as civil servant)* das Pensionsalter erreichen; ~ **salary/earnings** rentenfähiges Gehalt/rentenfähiger Verdienst
pensioned-off [penʃnd'ɒf] *adj. (fig.)* ausrangiert *(ugs.)*
pensioner ['penʃənə(r)] *n.* Rentner, *der*/Rentnerin, *die;* *(retired civil servant)* Pensionär, *der*/Pensionärin, *die;* Ruhegehaltsempfänger, *der*/-empfängerin, *die*
pensive ['pensɪv] *adj.* **a)** *(plunged in thought)* nachdenklich; **b)** *(sorrowfully thoughtful)* schwermütig
pensively ['pensɪvlɪ] *adv. see* **pensive:** nachdenklich; schwermütig
pent [pent] *adj.* **a)** *(literary)* eingedämmt; unterdrückt ⟨*Atem*⟩; **b)** ~ **in** *or* **up** eingedämmt ⟨*Fluß*⟩; angestaut ⟨*Wut, Ärger*⟩; *see also* **pent-up**
pentagon ['pentəɡən] *n.* **a)** *(Geom.)* Fünfeck, *das;* Pentagon, *das (fachspr.);* **b) the P~** *(Amer. Polit.)* das Pentagon
pentagonal [pen'tæɡənl] *adj. (Geom.)* fünfeckig; pentagonal *(fachspr.);* fünfseitig ⟨*Pyramide, Prisma*⟩
pentagram ['pentəɡræm] *n.* Pentagramm, *das;* Drudenfuß, *der*
pentameter [pen'tæmɪtə(r)] *n. (Pros.)* Pentameter, *der*
pentane ['penteɪn] *n. (Chem.)* Pentan, *das*
pentaprism ['pentəprɪzm] *n.* Penta[dachkant]prisma, *das;* ~ **viewfinder** *(Photog.)* Prismensucher, *der*
Pentateuch ['pentətjuːk] *n. (Bibl.)* **the** ~: die fünf Bücher Mose; der Pentateuch *(fachspr.)*
pentathlete [pen'tæθliːt] *n.* Fünfkämpfer, *der*/-kämpferin, *die*
pentathlon [pen'tæθlən] *n. (Sport)* Fünfkampf, *der*
penta'tonic *adj. (Mus.)* pentatonisch; Fünfton-; ~ **scale** fünfstufige Tonleiter
Pentecost ['pentɪkɒst] *n. (Relig.)* Pfingsten, *das;* Pfingstfest, *das; (Jewish harvest festival)* Ernte[dank]fest, *das*
pentecostal [pentɪ'kɒstl] *attrib. adj. (Relig.)* pfingstlich; Pfingst⟨*gottesdienst, -hymne, -bewegung*⟩
Pentecostal 'Church *n. (Relig.)* Pfingstkirche, *die*
pent: ~**house** *n.* **a)** *(house, flat)* Penthaus, *das;* Penthouse, *das;* **b)** *(sloping roof)* Schleppdach, *das;* **~-up** *attrib. adj.* angestaut ⟨*Ärger, Wut*⟩; verhalten ⟨*Freude*⟩; unterdrückt ⟨*Sehnsucht, Gefühle*⟩
penultimate [pe'nʌltɪmət] *adj.* vorletzt...
penumbra [pɪ'nʌmbrə] *n., pl.* ~**e** [pɪ'nʌmbriː] *or* ~**s a)** Halbschatten, *der; (Astron.: of sunspot)* Penumbra, *die*
penurious [pɪ'njʊərɪəs] *adj.* **a)** *(poor)* arm ⟨*Person*⟩; entbehrungsreich ⟨*Zeit*⟩; armselig, kümmerlich ⟨*Verhältnisse*⟩; **b)** *(stingy)* geizig; knauserig *(ugs. abwertend)*
penury ['penjʊərɪ] *n., no pl.* Armut, *die;* Not, *die*
peon ['piːən, pjuːn] *n.* **a)** *(in Latin America: day-labourer)* Tagelöhner, *der;* Peon, *der;* ~ **labour** Peonenarbeit, *die;* **b)** *(in India and Pakistan: messenger, attendant)* Bote, *der;* Laufbursche, *der*

peony ['pi:ənɪ] *n.* (*Bot.*) Pfingstrose, *die*; Päonie, *die*; ~ **red** päonienrot; tiefrot
people ['pi:pl] 1. *n.* a) (*persons composing nation, community, etc.*) Volk, *das*; b) *constr. as pl.* (*persons forming class etc.*) Leute *Pl.*; Menschen; **city/country** ~ (*inhabitants*) Stadt-/Landbewohner; (*who prefer the city/the country*) Stadt-/Landmenschen; **village** ~: Dorfbewohner; **local** ~: Einheimische; **working** ~: arbeitende Menschen; Werktätige (*bes. DDR*); **coloured/white** ~: Farbige/Weiße; ~ **of wealth** reiche *od.* begüterte Leute *Pl.*; **her [own] sort/kind of** ~: ihresgleichen; *see also* **choose 1 a**; c) *constr. as pl.* (*subjects of ruler*) Volk, *das*; (*congregation*) Gemeinde, *die*; d) *constr. as pl.* (*persons not of nobility*) **the** ~: das [gemeine] Volk; e) *constr. as sing. or pl.* (*voters*) Volk, *das*; **will of the** ~: Volkswille, *der* (*Polit.*); **go to the** ~: Wahlen ausschreiben; f) *constr. as pl.* (*persons in general*) Menschen; Leute *Pl.*; (*as opposed to animals*) Menschen; ~ **say he's very rich the** Leute sagen *od.* man sagt *od.* es heißt, daß er sehr reich sei; er soll sehr reich sein; **that is quite enough to alarm** ~: das reicht zur Genüge, um einen in Alarm zu versetzen; **a crowd of** ~: eine Menschenmenge; **don't tell** ~ **about this** erzähle niemandem davon; ~ **are like that** so sind die Menschen; **I don't understand** ~ **any more** ich verstehe die Welt nicht mehr; 'some ~ (*certain persons, usu. with whom the speaker disagrees*) gewisse Leute; (*you*) manche Leute; **some** '~! Leute gibt es!; **honestly, some** '~! das ist wirklich!; **listen, you** ~! hört mal [zu]!; **what do you** ' **think?** was denkt ihr [denn]?; **you of** 'all ~ **ought ...**: gerade du solltest ...; **who do you think I saw at the party?** 'Bill, of all ~! wen, glaubst du, habe ich auf der Party getroffen? Ausgerechnet Bill!; **no sign of any** ~: keine Menschenseele; g) *constr. as pl.* (*relatives*) Familie, *die.* 2. *v. t.* a) (*fill with* ~ *or animals*) bevölkern; b) (*inhabit*) bevölkern; (*become inhabitant of*) besiedeln
peopled ['pi:pld] *adj.* bevölkert
People's Re'public *n.* (*Polit.*) Volksrepublik, *die*; **the** ~ **of China** die Volksrepublik China
pep [pep] (*coll.*) 1. *n., no pl., no indef. art.* Schwung, *der*; Pep, *der* (*salopp*); **be full of** ~: viel Schwung *od.* (*salopp*) Pep haben. 2. *v. t.*, **-pp-:** ~ **[up]** aufpeppen (*ugs.*)
peplum ['pepləm] *n.* (*Fashion*) Schößchen, *das*
pepper ['pepə(r)] 1. *n.* a) Pfeffer, *der*; **black/white** ~: schwarzer/weißer Pfeffer; b) (*capsicum plant*) Paprika, *der*; (*fruit*) Paprikaschote, *die*; **red/yellow/green** ~: roter/gelber/grüner Paprika; **sweet** ~: Gemüsepaprika, *der. See also* **cayenne**. 2. *v. t.* a) (*sprinkle with* ~) pfeffern; b) (*besprinkle*) übersäen; c) (*pelt with missiles*) bombardieren (*ugs., auch fig.*); **the** ~ **the target with shot** das Ziel mit Schrot spicken
pepper: ~-**and-'salt** *n.* (*Textiles*) Pfeffer und Salz; *attrib.* pfeffer- und salzfarben; ~**corn** *n.* Pfefferkorn, *das*; ~**corn rent** symbolischer Pachtzins; ~-**mill** *n.* Pfeffermühle, *die*; ~**mint** *n.* a) (*plant*) Pfefferminze, *die*; b) (*sweet*) Pfefferminz, *das*; *attrib.* Pfefferminz⟨*bonbon,* ~**drops,** ~-*pastille*⟩; ~-**oil** Pfefferminzöl, *das*; ~-**pot** *n.* Pfefferstreuer, *der*
peppery ['pepərɪ] *adj.* pfeff[e]rig; (*spicy*) scharf; (*fig.: pungent*) scharf; (*fig.: hot-tempered*) jähzornig; **the soup is rather** ~: die Suppe schmeckt ziemlich stark nach Pfeffer/die Suppe ist ziemlich scharf
'**pep pill** *n.* (*coll.*) Peppille, *die* (*ugs.*); Aufputschtablette, *die*
peppy ['pepɪ] *adj.* (*sl.*) lebhaft, quirlig (*ugs.*); schwungvoll ⟨*Tanz*⟩
pepsin ['pepsɪn] *n.* (*Chem.*) Pepsin, *das*
'**pep talk** *n.* (*coll.*) Aufmunterung, *die*; **give sb. a** ~: jmdm. ein paar aufmunternde Worte sagen
peptic ['peptɪk] *adj.* (*Physiol.*) peptisch (*fachspr.*); Verdauungs-
peptic '**ulcer** *n.* (*Med.*) peptisches Ulkus (*fachspr.*); Magengeschwür, *das*
peptide ['peptaɪd] *n.* (*Chem.*) Peptid, *das*
per [pə(r), *stressed* pɜ:(r)] *prep.* a) (*by means of*) per ⟨*Post, Bahn, Schiff, Bote*⟩; durch ⟨*Spediteur, Herrn X.*⟩; b) (*according to*) [as] ~ **sth.** wie in etw. (*Dat.*) angegeben; laut ⟨*Anweisung, Preisliste*⟩; **as** ~ **usual** (*joc.*) wie üblich; c) (*for each*) pro; **£50** ~ **week** 50 Pfund in der Woche *od.* pro Woche; **fifty kilometres** ~ **hour** fünfzig Kilometer in der *od.* pro Stunde; **get 11 francs** ~ **pound** 11 Francs ein Pfund bekommen
peradventure [pərəd'ventʃə(r), pərəd-'ventʃə(r)] (*arch.*) *adv.* vielleicht; **lest** ~ **...**: für den Fall, daß ...; **if** ~: im Fall[e], daß ...
perambulator [pə'ræmbjʊleɪtə(r)] (*Brit. formal*) *see* **pram**
per annum [pər 'ænəm] *adv.* im Jahr; pro Jahr (*bes. Kaufmannsspr., ugs.*)
per capita [pə 'kæpɪtə] 1. *adv.* pro Kopf; pro Person; **earnings** ~: Pro-Kopf-Einkommen, *das.* 2. *adj.* Pro-Kopf-⟨*Einkommen, Verbrauch usw.*⟩; ~ **tax** Kopfsteuer, *die*
perceivable [pə'si:vəbl] *see* **perceptible**
perceive [pə'si:v] *v. t.* a) (*with the mind*) spüren; bemerken; ⟨*menschlicher Geist:*⟩ wahrnehmen; ~ **sb.'s thoughts** jmds. Gedanken erraten; b) (*through the senses*) wahrnehmen; **we** ~**d a figure in the distance** wir erblickten in der Ferne eine Gestalt; c) (*regard mentally in a certain way*) wahrnehmen; ~**d** vermeintlich ⟨*Bedrohung, Gefahr, Wert*⟩
per cent (*Brit.; Amer.:* **percent**) [pə 'sent] 1. *adv.* **ninety** ~ **effective** zu 90 Prozent wirksam; *see also* **hundred 1 c.** 2. *adj.* **a 5** ~ **increase** ein Zuwachs von 5 Prozent; ein fünfprozentiger Zuwachs. 3. *n.* a) *see* **percentage**; b) (*hundredth*) Prozent, *das*
percentage [pə'sentɪdʒ] *n.* a) (*rate or proportion per cent*) Prozentsatz, *der*; **a high** ~ **of alcohol** ein hoher Alkoholgehalt; **what** ~ **of 48 is 11?** wieviel Prozent von 48 sind 11?; ~ **lead/improvement** prozentualer Versprung/prozentuale Verbesserung; b) (*proportion*) [prozentualer] Anteil
per'cent sign *n.* Prozentzeichen, *das*
perceptible [pə'septɪbl] *adj.* wahrnehmbar; **be quite** ~: ganz offensichtlich sein
perceptibly [pə'septɪblɪ] *adv.* wahrnehmbar; sichtbar; merklich ⟨*schrumpfen, welken*⟩
perception [pə'sepʃn] *n.* a) (*act*) Wahrnehmung, *die*; (*result*) Erkenntnis, *die*; **have keen** ~**s** ein stark ausgeprägtes Wahrnehmungsvermögen haben; b) *no pl.* (*faculty*) Wahrnehmungsvermögen, *das*; (*sense*) Farbensinn, *der*; **depth** ~: Tiefensehen, *das* (*Med.*); ~ **of sounds** Gehör, *das*; ~ **of objects** gegenständliche Wahrnehmung, *die*; (*intuitive recognition*) Gespür, *das* (**of** für); (*instance*) Erfassen, *das*; **the direct** ~ **of truth** das unmittelbare Erfassen der Wahrheit; **have no clear** ~ **of sth.** keine klare Vorstellung von etw. haben
perceptive [pə'septɪv] *adj.* a) (*discerning*) scharf ⟨*Auge*⟩; fein ⟨*Gehör, Nase, Geruchssinn*⟩; scharfsinnig ⟨*Person*⟩; b) (*having intuitive recognition or insight*) einfühlsam ⟨*Person, Zeitungsartikel, Bemerkung*⟩
perceptively [pə'septɪvlɪ] *adv.* a) (*discerningly*) mit scharfer Wahrnehmung; b) (*with intuitive recognition or insight*) einfühlsam
perceptiveness [pə'septɪvnɪs], **perceptivity** [pɜ:sep'tɪvɪtɪ] *ns., no pl.* a) (*discernment*) ~ **of the senses** scharfes Wahrnehmungsvermögen; b) (*intuitive recognition, insight*) Einfühlsamkeit, *die*
¹**perch** [pɜ:tʃ] *n., pl. same or* ~**es** (*Zool.*) Flußbarsch, *der*
²**perch** 1. *n.* a) (*horizontal bar*) Sitzstange, *die*; (*for hens*) Hühnerstange, *die*; b) (*place to sit*) Sitzplatz, *der*; c) (*fig.: elevated or secure position*) guter Posten; **knock sb. off his** ~: jmdn. von seinem hohen Roß herunterholen; **come off one's** ~: von seinem hohen Roß herunterkommen; d) (*Brit. measure*) (*of length*) Perch, *das*; 5¼ Yards; (*of area*) [**square**] ~ (*Brit.*) Quadratperch, *das.* 2. *v. i.* a) (*be supported*) sitzen. 3. *v. t.* setzen/stellen/legen
perchance [pə'tʃɑ:ns] *adv.* (*arch.*) a) (*possibly*) möglicherweise; vielleicht; b) *see* **peradventure**
perched [pɜ:tʃt] *adj.* **be** ~ ⟨*Vogel:*⟩ sitzen; **stand** ~ **on a cliff** hoch auf einer Klippe stehen; **a village** ~ **on a hill** ein hoch oben auf einem Berg gelegenes Dorf; **with his hat** ~ **on the back of his head** mit hinten auf dem Kopf sitzendem Hut
percipient [pə'sɪpɪənt] *adj.* a) (*conscious*) wahrnehmend; **be** ~ **of sth.** in der Lage sein, etw. zu erkennen; b) (*discerning*) scharf ⟨*Augen*⟩; fein ⟨*Gehör*⟩; scharfsichtig ⟨*Kritiker*⟩
percolate ['pɜ:kəleɪt] 1. *v. i.* a) (*ooze*) ~ **through sth.** durch etw. [durch]sickern; b) (*fig.: spread gradually*) vordringen; c) (*be brewed in percolator*) ⟨*Kaffee:*⟩ durchlaufen. 2. *v. t.* a) (*permeate*) sickern durch ⟨*Gestein*⟩; b) (*fig.: penetrate*) dringen in (+ *Akk.*) ⟨*Bewußtsein*⟩; c) (*brew in percolator*) [mit der Kaffeemaschine] machen ⟨*Kaffee*⟩
percolation [pɜ:kə'leɪʃn] *n.* a) (*passage of liquid through filter*) [Durch]sickern, *das*; b) (*fig.: diffusion by spreading*) Vordringen, *das*; c) (*of coffee*) Filtern, *das*
percolator ['pɜ:kəleɪtə(r)] *n.* Kaffeemaschine, *die*
percussion [pə'kʌʃn] *n.* (*Mus.*) (*playing by striking*) Anschlag, *der*; (*group of instruments*) Schlagzeug, *das*; *attrib.* Schlagzeug⟨*gruppe, -band, -begleitung*⟩; ~ **instrument** Schlaginstrument, *das*; ~ **section** Schlagzeug, *das*; b) (*forcible striking*) **explode by** ~: Erschütterung explodieren; c) (*Med.*) Perkussion, *die*; (*massage*) Klopfmassage, *die*
per'cussion cap *n.* (*Arms*) Zündhütchen, *das*; (*in toy*) Zündblättchen, *das*
percussionist [pə'kʌʃənɪst] *n.* (*Mus.*) Schlagzeuger, *der*/-zeugerin, *die*
per diem [pɜ: 'di:em] 1. *adv.* pro Tag; täglich. 2. *adj.* täglich; **on a** ~ **basis** tageweise. 3. *n.* (*allowance*) Tagegeld, *das*; (*payment*) Entgelt, *das*
perdition [pə'dɪʃn] *n., no pl., no art.* (*literary: eternal death*) Verdammnis, *die*; **escape** ~: der [ewigen] Verdammnis entkommen; **damn you to** ~! sei auf ewig verdammt!
peregrination [perɪgrɪ'neɪʃn] *n.* (*arch./joc.*) a) *no pl.* (*travelling*) Reise, *die*; (*joc.*) Umherreisen, *das*; b) *in pl.* (*travels*) Reisen; **during your** ~**s** (*joc.*) auf deinen Streifzügen
peregrine ['perɪgrɪn] *n.* ~ [**falcon**] (*Ornith.*) Wanderfalke, *der*
peremptorily [pə'remptərɪlɪ, 'perɪmptərɪlɪ] *adv.* a) (*so as to admit no contradiction*) kategorisch; (*imperiously*) herrisch; gebieterisch (*geh.*); b) (*dogmatically*) beharrlich, hartnäckig ⟨*leugnen*⟩; **speak** ~ **on sth.** sich dogmatisch zu etw. äußern
peremptory [pə'remptərɪ, 'perɪmptərɪ] *adj.* a) (*admitting no contradiction*) kategorisch; (*imperious*) herrisch; gebieterisch (*geh.*); b) (*essential*) unbedingt; unerläßlich ⟨*Vorschrift*⟩; c) (*dogmatic*) beharrlich, hartnäckig; d) (*Law*) **writ** gerichtliche Verfügung; ~ **challenge** Ablehnung [eines Geschworenen] ohne Angabe der Gründe
perennial [pə'renjəl] 1. *adj.* a) (*lasting all year*) ganzjährig; perennierend (*fachspr.*) ⟨*Quelle, Brunnen, Bach*⟩; b) (*lasting indefinitely*) immerwährend; ewig ⟨*Jugend, Mythos, Suche*⟩; ungelöst ⟨*Problem*⟩; c)

(Bot.) ausdauernd; perennierend *(fachspr.)*. **2.** *n. (Bot.)* ausdauernde od. *(fachspr.)* perennierende Pflanze
perennially [pəˈrenjəlɪ] *adv.* **a)** *(throughout the year)* flow ~ ⟨*Fluß:*⟩ das ganze Jahr Wasser führen; **b)** *(perpetually)* ständig; ewig ⟨*ungelöst*⟩
perestroika [perɪˈstrɔɪkə] *n.* Perestroika, *die*
perfect 1. [ˈpɜːfɪkt] *adj.* **a)** *(complete)* vollkommen; umfassend ⟨*Kenntnisse, Wissen*⟩; **b)** *(faultless)* vollkommen; perfekt ⟨*Englisch, Technik, Timing*⟩; tadellos ⟨*Zustand*⟩; [absolut] gelungen ⟨*Aufführung*⟩; lupenrein ⟨*Diamant*⟩; *(conforming to an abstract concept)* perfekt; **get a technique ~:** eine Technik vollkommen od. absolut beherrschen; **~ gas** *(Phys.)* ideales Gas; **c)** *(trained, skilled)* **be ~ in the performance of one's duties** seine Aufgaben tadellos erfüllen; **practice makes ~:** Übung macht den Meister; **d)** *(coll.: exceedingly satisfactory)* herrlich; wunderbar; **e)** *(exact)* perfekt; getreu ⟨*Ebenbild, Abbild*⟩; *(fully what the name implies)* perfekt ⟨*Gentleman, Dame, Ehemann, Gastgeberin*⟩; *see also* **square 1 g**; **f)** *(absolute)* **a ~ stranger** ein völlig Fremder; ein Wildfremder *(ugs.);* **he is a ~ stranger to me** er ist mir völlig unbekannt; **he is a ~ scream** *(sl.)*/**angel** *(coll.)*/**charmer** er ist wirklich zum Schreien [komisch]/ein Engel/charmant; **she looks a ~ little angel** sie sieht wie ein richtiger kleiner Engel aus; **I have a ~ right to stay** ich habe eindeutig *od.* durchaus das Recht zu bleiben; **have ~ freedom to make one's own decision** völlig frei entscheiden können; **g)** *(coll.: unmitigated)* absolut; **look a ~ fright/mess** wirklich zum Weglaufen/absolut verboten aussehen *(ugs.)*; **h)** *(Ling.)* Perfekt-; **the ~ tense** das Perfekt; **future ~ tense** Futur II, *das;* vollendetes Futur; **past ~** *see* **pluperfect 2**; **present ~** *see* ¹**present 1 d**; **i)** *(Mus.)* **~ interval** reines Intervall. **2.** *n.* *(Ling.)* Perfekt, *das*. **3.** [pəˈfekt] *v. t.* vervollkommnen; perfektionieren
perfection [pəˈfekʃn] *n.* **a)** *no pl. (making perfect)* Vervollkommnung, *die;* Perfektionierung, *die;* **b)** *no pl. (faultlessness)* Vollkommenheit, *die;* Perfektion, *die;* **of detail** Vollkommenheit *od.* Perfektion im Detail; **of technique** technische Perfektion; **to ~:** perfekt; **it/he succeeded to ~:** es war ein voller Erfolg/er war absolut erfolgreich; **you cook to ~:** du bist eine perfekte Köchin/ein perfekter Koch; **c)** *no pl. (perfect person or thing)* **be ~:** perfekt sein; **d)** *no pl., no indef. art. (most perfect degree)* Inbegriff, *der;* **sth. has reached its ~:** etw. hat seine höchste Vollkommenheit erreicht
perfectionism [pəˈfekʃənɪzm] *n., no pl.* Perfektionismus, *der*
perfectionist [pəˈfekʃənɪst] *n.* Perfektionist, *der*/Perfektionistin, *die*
perfectly [ˈpɜːfɪktlɪ] *adv.* **a)** *(completely)* vollkommen; völlig; **I understand that ~:** ich verstehe das vollkommen *od.* völlig; **be ~ entitled to do sth.** durchaus berechtigt sein, etw. zu tun; **b)** *(faultlessly)* perfekt; tadellos ⟨*sich verhalten*⟩; fehlerlos ⟨*singen*⟩; **c)** *(exactly)* vollkommen; exakt, genau *(vorhersagbar);* **d)** *(coll.: to an unmitigated extent)* furchtbar *(ugs.)* ⟨*schrecklich, schlimm, ekelhaft*⟩
perfect ˈpitch *n. (Mus.)* absolutes Gehör
perfidious [pəˈfɪdɪəs] *adj.* perfid *(geh.);* see *also* **Albion**
perfidy [ˈpɜːfɪdɪ] *n.* Perfidie, *die (geh.)*
perforate [ˈpɜːfəreɪt] *v. t.* **a)** *(make hole[s] through)* perforieren; **suffer from a ~d eardrum/ulcer** ein Loch im Trommelfell/ein durchgebrochenes Magengeschwür haben; **b)** *(make an opening into)* durchlöchern
perforation [pɜːfəˈreɪʃn] *n.* **a)** *(action of perforating)* Perforierung, *die;* **b)** *(hole)* Loch, *das;* ~**s** *(line of holes esp. in paper)* Perforation, *die;* (*in sheets of stamps*) Zähnung, *die;* Perforation, *die*
perforator [ˈpɜːfəreɪtə(r)] *n.* Perforiermaschine, *die;* (*rock-drill*) Bohrer, *der;* (*used in stripping wallpaper*) Tapetenperforator, *der*
perforce [pəˈfɔːs] *adv. (arch./formal)* notgedrungen
perform [pəˈfɔːm] **1.** *v. t.* **a)** *(fulfil)* ausführen ⟨*Befehl, Arbeit, Operation*⟩; erfüllen ⟨*Bitte, Wunsch, Pflicht, Vertrag, Versprechen, Bedingung, Aufgabe*⟩; nachkommen (+ *Dat.*) ⟨*Verpflichtung*⟩; *[Helden]*tat, Leistung⟩; durchführen ⟨*Operation*⟩; einhalten ⟨*Versprechen, Vertrag*⟩; **b)** *(carry out)* ausführen ⟨*Funktion*⟩; vollbringen ⟨*Wunder*⟩; anstellen ⟨*Berechnungen*⟩; durchführen ⟨*Experiment, Sektion*⟩; vornehmen ⟨*Sektion*⟩; vorführen, zeigen ⟨*Trick*⟩; *(in formal manner or according to prescribed ritual)* vollziehen ⟨*Trauung, Taufe, Riten, Rituale, Opfer*⟩; [ab]halten ⟨*Gottesdienst*⟩; *(render)* aufführen ⟨*Theaterstück, Scharade*⟩; vortragen, vorsingen ⟨*Lied*⟩; vorspielen, vortragen ⟨*Sonate usw.*⟩. **2.** *v. i.* **a)** eine Vorführung geben; *(sing)* singen; *(play)* spielen; ⟨*Jongleur:*⟩ Kunststücke vorführen. ⟨*Zauberer:*⟩ Zaubertricks ausführen *od.* vorführen; **he ~ed very well** seine Darbietung war sehr gut; **she ~s as soloist** sie tritt als Solistin auf; *(occasionally)* sie tritt als Solistin auf; **she ~ed skilfully on the flute/piano** sie spielte mit großer Könnerschaft Flöte/Klavier; **b)** *(Theatre)* auftreten; **he ~ed very well** sein Auftritt war sehr gut; **c)** *(execute tricks)* ⟨*Tier:*⟩ Kunststücke zeigen *od.* vorführen; **train an animal to ~:** einem Tier Kunststücke beibringen; **d)** *(work, function)* ⟨*Auto:*⟩ laufen, fahren; **he ~ed all right/well [in the exam]** er machte seine Sache [in der Prüfung] ordentlich/gut; **e)** *(coll. euphem.: accomplish sexual intercourse)* es machen *(ugs. verhüll.);* *(excrete, urinate)* ⟨*Kind, Haustier:*⟩ machen *(ugs. verhüll.)*
performance [pəˈfɔːməns] *n.* **a)** *(fulfilment) (of promise, duty, task)* Erfüllung, *die;* (*of command*) Ausführung, *die;* **b)** *(carrying out)* Durchführung, *die;* **c)** *(notable feat)* Leistung, *die;* **put up a good ~:** eine gute Leistung zeigen; seine Sache gut machen; **d)** *(performing of play etc.)* Vorstellung, *die;* **the ~s of the gymnasts** die Turnveranstaltungen; **her ~ in the play** ihre [schauspielerische] Leistung in dem Theaterstück; **her ~ as Desdemona** ihre Darstellung *od.* Interpretation der Desdemona; **the ~ of a play/opera** die Aufführung eines Theaterstücks/einer Oper; **give a ~ of a symphony/play** eine Sinfonie/ein Stück spielen *od.* aufführen; **e)** *(achievement under test)* Leistung, *die;* athletic **~:** die Leistung eines Sportlers; **the car has good ~:** der Wagen bringt viel Leistung; **give an engine more ~:** die Leistung eines Motors erhöhen; **are you satisfied with the ~ of your new car?** sind sie mit ihrem neuen Auto zufrieden?; **the ~ of the equipment, in tests, was somewhat variable** die Anlage hat in Tests nicht immer gleich abgeschnitten; **f)** *(coll.: display of anger etc.)* Auftritt, *der;* **g)** *(coll.: difficult procedure)* Theater, *das (ugs., abwertend);* Umstand, *der;* **it was a hell of a ~ getting my passport** es war vielleicht ein Umstand *od.* Theater, bis ich meinen Paß hatte
performer [pəˈfɔːmə(r)] *n.* Künstler, *der*/Künstlerin, *die;* **a ~ of tricks he was unsurpassed** im Vorführen von Tricks war er unübertroffen
performing [pəˈfɔːmɪŋ] *adj.* **a)** *(acting, singing, etc.)* auftretend ⟨*Künstler*⟩; **~ arts** darstellende Künste; **~ rights** Aufführungsrechte *Pl.;* **b)** *(executing tricks)* dressiert ⟨*Tier*⟩

perfume 1. [ˈpɜːfjuːm] *n.* **a)** *(sweet smell)* Duft, *der;* **b)** *(fluid)* Parfüm, *das;* ~ **atomizer** *or* **spray** Parfümzerstäuber, *der*. **2.** [pəˈfjuːm, ˈpɜːfjuːm] *v. t. (impart sweet scent to)* mit Wohlgeruch erfüllen; *(impregnate with sweet smell)* parfümieren
perfumer [pəˈfjuːmə(r)] *n. (maker of perfume)* Parfümeur, *der*/Parfümeuse, *die;* *(seller of perfume)* Parfümhändler, *der*/Parfümhändlerin, *die*
perfumery [pəˈfjuːmərɪ] *n. no pl. (preparation of perfumes)* Parfümherstellung, *die;* **b)** *(perfumes)* Parfümeriewaren *Pl.;* *attrib.* Parfümerie-; **c)** *(shop)* Parfümerie, *die*
perfunctorily [pəˈfʌŋktərɪlɪ] *adv.* pflichtschuldig; oberflächlich, mechanisch ⟨*arbeiten*⟩
perfunctory [pəˈfʌŋktərɪ] *adj. (done for duty's sake only)* pflichtschuldig; flüchtig ⟨*Erkundigung, Bemerkung*⟩; *(superficial)* oberflächlich ⟨*Arbeit, Überprüfung*⟩; **his tidying of his bedroom had been very ~:** er hatte sein Zimmer nur sehr oberflächlich aufgeräumt; **put in a ~ appearance** sich, um seiner Pflicht zu genügen, kurz zeigen
pergola [ˈpɜːɡələ] *n. (Hort.)* Pergola, *die;* Laubengang, *der*
perhaps [pəˈhæps, præps] *adv.* vielleicht; **I'll go out, ~:** ich gehe vielleicht aus; **~ so** [das] mag [ja] sein; **~ not** *(maybe this is or will not be the case)* vielleicht auch nicht; *(it might be best not to do this)* vielleicht lieber nicht
perianth [ˈperɪænθ] *n. (Bot.)* Perianth[ium], *das (fachspr.);* Blütenhülle, *die*
pericardium [perɪˈkɑːdɪəm] *n., pl.* **pericardia** [perɪˈkɑːdɪə] *(Anat.)* Perikard[ium], *das (fachspr.);* Herzbeutel, *der*
pericarp [ˈperɪkɑːp] *n. (Bot.)* Perikarp, *das (fachspr.);* Fruchtwand, *die*
perigee [ˈperɪdʒiː] *n. (Astron.)* Perigäum, *das (fachspr.);* Erdnähe, *die*
peril [ˈperɪl] *n.* Gefahr, *die;* **they were in constant ~ from their enemies** sie waren ständig von ihren Feinden bedroht; **be in deadly ~**, **be in ~ of death** *or* **one's life** in Lebensgefahr sein *od.* schweben; **be in ~ of doing sth.** Gefahr laufen, etw. zu tun; **do sth. at one's ~ (accepting risk of injury)** etw. auf eigene Gefahr tun
perilous [ˈperələs] *adj.* **a)** *(full of danger)* gefahrvoll; **be ~:** gefährlich sein; **b)** *(exposed to imminent risk)* gefährdet; anfällig ⟨*Beziehung*⟩; **a ~ pile of chairs** ein gefährlich hoher Turm aus Stühlen
perilously [ˈperələslɪ] *adv.* gefährlich; **~ ill** todkrank
perimeter [pəˈrɪmɪtə(r)] *n.* **a)** *(outer boundary)* [äußere] Begrenzung; Grenze, *die;* **troops were stationed all around the ~ to guard the camp** Truppen waren rundherum postiert, um das Lager zu bewachen; **at the ~ of the race-track** am Rande der Rennbahn; **b)** *(outline of figure)* Umriß, *der;* *(length of outline)* Umfang, *der*
perinatal [perɪˈneɪtl] *adj. (Med.)* perinatal
perineum [perɪˈnɪəm] *n., pl.* **~s** *or* **perinea** [perɪˈniːə] *(Anat.)* Damm, *der*
period [ˈpɪərɪəd] **1.** *n.* **a)** *(distinct portion of history or life)* Periode, *die;* Zeit, *die;* ~**s of history** geschichtliche Perioden; **the modern ~:** die Moderne; das Zeitalter der Moderne; **the Reformation/Tudor/Victorian ~:** die Reformationszeit/die Tudorzeit/die viktorianische Zeit; **during the ~ of his youth** in seiner Jugend[zeit]; **at a later ~ of her life** zu einem späteren Zeitpunkt ihres Lebens *od.* in ihrem Leben; **a ~ of literature/art** eine literarische/kunstgeschichtliche Epoche; **the Classical/Romantic/Renaissance ~:** die Klassik/Romantik/Renaissance; **of the ~** *(of the time under discussion)* der damaligen Zeit; **b)** *(any portion of time)* Zeitraum, *der;* Zeitspanne, *die;* **over a ~ [of time]** über einen längeren Zeit-

raum; **within the agreed ~:** innerhalb der vereinbarten Frist; **showers and bright ~s** *(Meteorol.)* Schauer und Aufheiterungen; **over a longer ~ I changed my mind** im Laufe der Zeit änderte ich meine Meinung; **I've had ~s of anxiety** es gab Zeiten der Angst für mich; **c)** *(Sch.: time allocated for lesson)* Stunde, *die;* **teaching/lesson ~:** Unterrichtsstunde, *die;* **geography/chemistry/English ~:** Geographie-/Chemie-/Englischstunde, *die;* **have five ~s a week for French** fünf Stunden Französisch[unterricht] in der Woche haben; **have two chemistry ~s** zwei Stunden Chemie haben; **a detention ~, a ~ of detention** eine Stunde Arrest; **a free ~:** eine Freistunde; **d)** *(occurrence of menstruation)* Regel[blutung], *die;* **have her/a ~:** ihre Periode *od.* Regel *od. (ugs. verhüll.)* Tage haben; **miss one's ~:** ihre Periode nicht bekommen; **~ pains** Menstruationsschmerzen; **e)** *(punctuation mark)* Punkt, *der;* **f)** *(pause in speech)* Pause, *die; (fig.)* Stillstand, *der;* **g)** *(appended to statement)* [und damit] basta! *(ugs.);* **h)** *(time taken by recurring process)* Periode, *die;* **~ of revolution)** Umlaufzeit, *die;* **i)** *(Geol.)* Periode, *die;* **j)** *(complete sentence)* Satz, *der;* Satzgefüge, *das (Sprachw.);* **k)** *(Math.)* *(set of figures)* [Ziffern]gruppe, *die;* **l)** *(set of recurring figures)* Periode, *die;* **l)** *(Chem.)* Periode, *die.* **2.** *adj.* zeitgenössisch *(Tracht, Kostüm);* Zeit*(roman, -stück);* antik *(Möbel);* *(Zimmer)* im Zeitstil; **~ piece** *(play)* Zeitstück, *das; (novel)* Zeitroman, *der;* **this Georgian cabinet is a true ~ piece** dieser georgianische Schrank ist ein für die Zeit ausgesprochen typisches Stück

periodic [pɪərɪˈɒdɪk] *adj.* **a)** *(recurring at regular intervals)* periodisch *od.* regelmäßig [auftretend *od.* wiederkehrend]; *(intermittent)* gelegentlich [auftretend]; vereinzelt *(Regenschauer);* **make ~ good resolutions** von Zeit zu Zeit *od.* immer mal wieder gute Vorsätze fassen; **b)** *(Astron.)* periodisch; **the ~ time of a planet** die Umlaufzeit eines Planeten

periodical [pɪərɪˈɒdɪkl] **1.** *adj.* **a)** see **periodic; b)** *(published at regular intervals)* regelmäßig erscheinend; **~ journal/magazine** Zeitschrift, *die.* **2.** *n.* Zeitschrift, *die; attrib.* Zeitschriften-; **weekly/monthly/quarterly ~:** Wochenzeitschrift/Monatsschrift/Vierteljahresschrift, *die*

periodically [pɪərɪˈɒdɪkəlɪ] *adv. (at regular intervals)* regelmäßig; *(intermittently)* gelegentlich

periodic table *n. (Chem.)* Periodensystem, *das*

peripatetic [perɪpəˈtetɪk] *adj.* **~ teacher** Lehrer, *der*/Lehrerin, *die,* der/die an mehreren Schulen unterrichtet; **~ teaching** Unterricht durch Lehrer, die an mehreren Schulen arbeiten; **~ life-style** Wanderleben, *das*

peripheral [pəˈrɪfərl] **1.** *adj.* **a)** *(of the periphery)* *(Parkraum)* in Randlage; **~ road** Ringstraße, *die;* **~ speed** Umfangsgeschwindigkeit, *die;* **b)** *(of minor importance)* peripher *(geh.);* marginal *(geh.);* Rand-*(problem, -kultur, -erscheinung, -figur, -gebiet, -bemerkung, -lage);* **be merely ~ or of merely ~ importance to sth.** für etw. von nur marginaler *(geh.) od.* untergeordneter Bedeutung sein; **c)** *(Anat.)* peripher; **d)** *(Computing)* peripher. **2.** *n. (Computing)* Peripheriegerät, *das*

peripherally [pəˈrɪfərəlɪ] *adv.* **a)** *(at the periphery)* außen; **b)** *(marginally)* am Rande; peripher *(geh.);* marginal *(geh.)*

periphery [pəˈrɪfərɪ] *n.* **a)** see **circumference; b)** *(external boundary)* Begrenzung, *die;* *(of surface)* Außenfläche, *die;* **c)** *(outer region)* Peripherie, *die (geh.);* Rand, *der*

periphrasis [pəˈrɪfrəsɪs] *n., pl.* **periphrases** [pəˈrɪfrəsiːz] **a)** *no pl. (roundabout way of speaking)* periphrastischer *(Rhet.) od.* umschreibender Stil; **b)** *(roundabout phrase)* Periphrase, *die (Rhet.);* Umschreibung, *die*

periphrastic [perɪˈfræstɪk] *adj.* periphrastisch *(Rhet.);* umschreibend

periscope [ˈperɪskəʊp] *n.* Periskop, *das*

periscopic [perɪˈskɒpɪk] *adj.* periskopisch

perish [ˈperɪʃ] **1.** *v. i.* **a)** *(suffer destruction)* umkommen; *(Volk, Rasse, Kultur:)* untergehen; *(Kraft, Energie:)* versiegen; *(Pflanze:)* eingehen; **his name will never ~:** sein Name wird für alle Zeiten fortleben; **~ by the sword/at the hand of the enemy** durch das Schwert/durch Feindes Hand umkommen; **he ~ed from the cold** er erfror; **... or ~ in the attempt** *(joc.)* ..., koste es, was es wolle; **~ the thought!** Gott behüte *od.* bewahre!; **b)** *(rot)* verderben *(Fresken, Gemälde:)* verblassen; *(Gummi:)* altern. **2.** *v. t.* **a)** *(reduce to distress)* **we were ~ed** [**with cold**] wir waren ganz durchgefroren; **b)** *(cause to rot)* [schneller] altern lassen *(Gummi);* angreifen *(Reifen)*

perishable [ˈperɪʃəbl] **1.** *adj.* *(liable to perish)* vergänglich; *(subject to speedy decay)* leicht verderblich. **2.** *n. in pl.* leicht verderbliche Güter *od.* Waren

perisher [ˈperɪʃə(r)] *n. (Brit. sl.) (annoying person)* Ekel, *das (ugs.);* Miststück, *das (salopp);* *(unfortunate person)* **poor ~:** armer Hund *(ugs.);* armes Schwein *(ugs.)*

perishing [ˈperɪʃɪŋ] **1.** *adj.* **a)** *(causing distress)* mörderisch *(Wind, Kälte);* *(very cold)* eiskalt; **b)** *(Brit. sl.: confounded)* elend; **that child is a ~ nuisance** das Kind kann einem den Nerv töten *(ugs.).* **2.** *adv. (Brit. sl.: confoundedly)* fürchterlich *(ugs.)*

peristaltic [perɪˈstæltɪk] *adj. (Physiol.)* peristaltisch

peritoneum [perɪtəˈnɪəm] *n., pl.* **~s** *or* **peritonea** [perɪtəˈnɪə] *(Anat.)* Bauchfell, *das*

peritonitis [perɪtəˈnaɪtɪs] *n. (Med.)* Peritonitis, *die (fachspr.);* Bauchfellentzündung, *die*

periwig [ˈperɪwɪg] *n. (Hist.)* Perücke, *die*

¹periwinkle [ˈperɪwɪŋkl] *n.* **a)** *(Bot.)* Immergrün, *das;* **b)** *(colour)* [blue] Veilchenblau, *das*

²periwinkle see **winkle 1**

perjure [ˈpɜːdʒə(r)] *v. refl. (swear to false statement)* einen Meineid leisten; *(Law: give oath evidence under oath)* [unter Eid] falsch aussagen

perjured [ˈpɜːdʒəd] *adj.* **~ testimony** falsche Aussage unter Eid; **be ~:** [unter Eid] falsch ausgesagt haben; meineidig sein

perjurer [ˈpɜːdʒərə(r)] *n.* Meineidige, *der/die*

perjury [ˈpɜːdʒərɪ] *n.* **a)** *(swearing to false statement)* Meineid, *der; (Law: giving false evidence under oath)* eidliche Falschaussage; **commit ~:** einen Meineid leisten/sich der eidlichen Falschaussage schuldig machen; **b)** *(breach of oath)* Eidesverletzung, *die;* Eidbruch, *der*

¹perk [pɜːk] *(coll.)* **1.** *v. i.* **~ up** munter werden; *(Wirtschaft:)* in Gang kommen *(ugs.);* *(cheer up)* aufleben; **life had ~ed up again** das Leben machte wieder Spaß. **2.** *v. t.* **~ up** *(restore liveliness to)* aufmuntern; **I need a drink to ~ me up** ich muß jetzt erst mal zur Aufmunterung was trinken *(ugs.);* **~ up sb.'s spirits** jmdm. aufmuntern; **take pills to ~ oneself up** sich mit Pillen aufputschen; **b)** **~ up** *(raise briskly)* aufrichten *(Schwanz, Ohren);* heben *(Kopf);* **c)** *(smarten)* **oneself/sth. up** sich fein machen/etw. verschönern

²perk *n. (Brit. coll.: perquisite)* [Sonder]vergünstigung, *die*

³perk *n.* **1.** *v. i.* *(Kaffee:)* durchlaufen; *(Kaffeemaschine:)* in Gang sein. **2.** *v. t.* machen *(Kaffee)*

perkily [ˈpɜːkɪlɪ] *adv.* see **perky:** lebhaft; munter; keck; selbstbewußt

perky [ˈpɜːkɪ] *adj.* **a)** *(lively)* lebhaft; munter; **b)** *(self-assertive)* keck; selbstbewußt

perlite [ˈpɜːlaɪt] *n.* Perlit, *der*

¹perm [pɜːm] **1.** *n. (permanent wave)* Dauerwelle, *die.* **2.** *v. t.* **~ sb.'s hair** jmdm. eine Dauerwelle machen; **have one's hair ~ed** sich *(Dat.)* eine Dauerwelle machen lassen; **have ~ed hair** eine Dauerwelle haben

²perm *(Brit. coll.)* **1.** *n. (permutation)* Tipreihe, *die.* **2.** *v. t.* als Tipreihe ankreuzen

permafrost [ˈpɜːməfrɒst] *n. (Geog.)* Permafrost, *der;* Dauerfrostboden, *der*

permanence [ˈpɜːmənəns] *n., no pl.* Dauerhaftigkeit, *die;* **the place had an aura of ~:** die Stätte umgab eine Aura von Unvergänglichkeit

permanency [ˈpɜːmənənsɪ] *n.* **a)** *no pl.* see **permanence; b)** *(condition)* Dauerzustand, *der; (job)* Dauerstellung, *die*

permanent [ˈpɜːmənənt] *adj.* fest *(Sitz, Bestandteil, Mitglied);* beständig, ewig *(Werte);* treu *(Freund);* ständig *(Plage, Meckern, Wohnsitz, Adresse, Kampf);* Dauer*(gast, -stellung, -visum);* bleibend *(Folge, Zahn, Gebiß, Schaden);* **be in ~ residence here** ständig hier wohnen; **of ~ value** von bleibendem Wert; **this time it's ~:** diesmal ist es für immer; **sb./sth. is a ~ fixture** jmd./etw. gehört zum Inventar; **be employed on a ~ basis** fest angestellt sein; **~ magnet** Permanentmagnet, *der*

permanently [ˈpɜːmənəntlɪ] *adv.* dauernd; auf Dauer *(verhindern, bleiben);* fest *(anstellen, einstellen);* *(repeatedly)* ständig; dauernd; **they live in France ~ now** sie leben jetzt ganz *(ugs.) od.* ständig in Frankreich; **she was ~ disabled in the accident** sie hat bei dem Unfall eine bleibende Behinderung davongetragen; **she was ~ affected by the shock** der Schock hatte für sie bleibende Folgen

permanent: ~ wave *n.* Dauerwelle, *die;* **~ way** *n. (Brit. Railw.)* Oberbau, *der*

permeable [ˈpɜːmɪəbl] *adj.* durchlässig; **~ by water** wasserdurchlässig; **be ~ to sth.** etw. durchlassen

permeate [ˈpɜːmɪeɪt] **1.** *v. t. (get into)* dringen in (+ *Akk.);* *(pass through)* dringen durch; *(saturate)* erfüllen; **~ sb.'s consciousness** jmdm. ins Bewußtsein dringen; **be ~d with** *or* **by sth.** *(fig.)* von etw. durchdrungen sein. **2.** *v. i.* **~ through to sb.** zu jmdm. durchdringen

permissible [pəˈmɪsɪbl] *adj.* zulässig; **be ~ to** *or* **for sb.** jmdm. erlaubt sein; **~ under the law** nicht gesetzeswidrig; **~ dose** *(Med.)* zulässige Dosis; *(of radiation)* zulässige Belastung

permission [pəˈmɪʃn] *n., no indef. art.* Erlaubnis, *die; (given by official body)* Genehmigung, *die;* **ask** [**sb.'s**] **~:** [jmdn.] um Erlaubnis bitten; **who gave you ~ to do this?** wer hat dir erlaubt, das zu tun?; **by whose ~?** mit wessen Erlaubnis?; **with your ~:** wenn Sie gestatten; **with Ihrer Erlaubnis;** **written ~:** eine schriftliche Genehmigung

permissive [pəˈmɪsɪv] *adj.* **a)** *(giving permission)* **legislation** permissive Gesetzgebung; **b)** *(tolerant)* tolerant; großzügig; *(in relation to moral matters)* freizügig; permissiv *(geh.);* **the ~ society** die permissive Gesellschaft

permissiveness [pəˈmɪsɪvnɪs] *n., no pl.* Freizügigkeit, *die;* Toleranz, *die*

permit 1. [pəˈmɪt] *v. t.,* **-tt-** zulassen *(Berufung, Einspruch usw.);* **~ sb. sth.** jmdm. etw. erlauben *od. (geh.)* gestatten; **~ me to offer my congratulations** *(formal)* gestatten Sie mir, Ihnen meine Glückwünsche auszusprechen *(geh.);* **sb. is ~ted to do sth.** es ist jmdm. erlaubt *od. (geh.)* gestattet, etw. zu tun. **2.** *v. i.,* **-tt- a)** *(give opportunity)* es zulassen; **weather ~ting** bei entsprechendem Wetter; wenn das Wetter mitspielt *(ugs.);*

523

b) *(admit)* ~ **of sth.** etw. erlauben *od.* gestatten; **not** ~ **of sth.** etw. verbieten. **3.** ['pɜːmɪt] *n.* (written order) Genehmigung, *die;* (for entering premises) Passierschein, *der;* (for using car-park) Parkausweis, *der;* **fishing** ~: Fischereischein, *der;* Angelschein, *der;* **be a ~-holder** einen Passierschein/Parkausweis/ Angelschein *usw.* haben

permutation [pɜːmjʊˈteɪʃn] *n.* **a)** (varying of order) Umstellung, *die;* **b)** (result of variation of order) Anordnung, *die;* (of series of items) Reihenfolge, *die;* Permutation, *die (Math.);* **c)** (selection of items) Auswahl, *die;* (Brit.: in football pools) Tippreihe, *die;* **make a ~:** eine Auswahl treffen/eine Tippreihe ankreuzen

permute [pəˈmjuːt] *v. t.* umstellen; *(Math.)* permutieren

pernicious [pəˈnɪʃəs] *adj.* verderblich; bösartig ⟨*Krankheit, Person*⟩; schlimm, übel ⟨*Angewohnheit*⟩; (fatal) fatal; **be a ~ influence on sb.** einen schlimmen *od.* üblen Einfluß auf jmdn. ausüben; **be ~ to sb./sth.** jmdm./einer Sache abträglich sein *(geh.) od.* schaden; ~ **anaemia** *(Med.)* perniziöse Anämie

pernickety [pəˈnɪkɪtɪ] *adj.* (coll.) **a)** (fastidious, meticulous) pingelig *(ugs.)* (about in bezug auf + *Akk.*); **b)** (tricky) heikel ⟨*Frage, Thema*⟩; kitzelig ⟨*Aufgabe, Job*⟩; fummelig *(ugs.)* ⟨*Arbeitsvorgang*⟩

peroration [perəˈreɪʃn] *n.* Schlußwort, *das*

peroxide [pəˈrɒksaɪd] **1.** *n.* **a)** *(Chem.)* Peroxyd, *das;* **b)** **[hydrogen]** ~: Wasserstoffperoxyd, *das;* ~ **blonde** Wasserstoffblondine, *die.* **2.** *v. t.* [mit Wasserstoffperoxyd] bleichen

perpendicular [pɜːpənˈdɪkjʊlə(r)] **1.** *adj.* **a)** senkrecht; lotrecht; **b)** (very steep) [fast] senkrecht ⟨*Aufstieg, Abstieg*⟩; senkrecht abfallend/aufragend ⟨*Kliff, Felswand usw.*⟩; ~ **drop/slope/rock-face** Steilabfall, *der/* -hang, *der/*-wand, *der;* **c)** (erect, upright) aufrecht; *(joc.: standing)* stehend; **be/remain** ~ *(joc.)* stehen/stehen bleiben; **d)** *(Geom.)* senkrecht **(to** zu); **two ~ planes/lines** zwei zueinander senkrechte Ebenen/Linien; **e)** *(Archit.)* ⟨*Bauwerk, Fenster*⟩ im Perpendikularstil; **P~ style** Perpendikularstil, *der.* **2.** *n.* **a)** (line) Senkrechte, *die* **(to** zu); Lot, *das* **(to** auf + *Dat.*); **b)** (position) **the ~:** die Senkrechte; das Lot; **be [slightly] out of** [the] ~: [etwas] aus dem Lot sein; nicht [ganz] senkrecht sein; **c)** (instrument) Lot, *das*

perpendicularly [pɜːpənˈdɪkjʊləlɪ] *adv.* **a)** (vertically) senkrecht; lotrecht; **b)** (steeply) [beinahe] senkrecht; **c)** *(Geom.)* senkrecht

perpetrate ['pɜːpɪtreɪt] *v. t.* begehen; anrichten ⟨*Blutbad, Schaden*⟩; verüben ⟨*Gemetzel, Greuel*⟩; ausführen ⟨*Streich*⟩; *(joc.)* zum besten geben *(ugs.)* ⟨*Witz, Lied*⟩

perpetration [pɜːpɪˈtreɪʃn] *n.* (of crime, blunder) Begehen, *das;* (of atrocity, outrage) Verübung, *die*

perpetrator ['pɜːpɪtreɪtə(r)] *n.* [Übel]täter, *der/*-täterin, *die;* **be the ~ of a crime/fraud/atrocity/massacre** ein Verbrechen/einen Betrug begangen haben/eine Greueltat verübt haben/ein Blutbad angerichtet haben

perpetual [pəˈpetjʊəl] *adj.* **a)** (eternal) ewig; **b)** (continuous) ständig; **c)** (oft. repeated) ständig; [an]dauernd; **she has ~ crises** sie hat [an]dauernd *od.* ständig Krisen; **d)** (applicable or valid for ever) immerwährend; ewig

perpetual ˈcalendar *n.* **a)** (table) ewiger *od.* immerwährender Kalender; **b)** (device) Dauerkalender, *der*

perpetually [pəˈpetjʊəlɪ] *adv.* **a)** (eternally) ewig; **b)** (continuously) ständig; **c)** (coll.: repeatedly) ständig; [an]dauernd

perpetual: ~ ˈ**motion** *n., no pl., no art.* ewige Bewegung; ~-ˈ**motion machine** *n.* Perpetuum mobile, *das*

perpetuate [pəˈpetjʊeɪt] *v. t.* **a)** (preserve from oblivion) lebendig erhalten ⟨*Andenken*⟩; unsterblich machen ⟨*Namen*⟩; aufrechterhalten ⟨*Tradition*⟩; **b)** (make perpetual) aufrechterhalten; erhalten ⟨*Art, Macht*⟩

perpetuation [pəpetjʊˈeɪʃn] *n.* **a)** (preservation from oblivion) ~ **of sb.'s memory** Bewahrung jmds. Andenkens; **in ~ of sb.'s memory** zu jmds. Gedächtnis; **b)** (action of making perpetual) Aufrechterhaltung, *die;* (of species, power) Erhaltung, *die*

perpetuity [pɜːpɪˈtjuːɪtɪ] *n., no pl., no indef. art.* ewiger Bestand; **in** or **to** or **for ~:** für alle Ewigkeit *od.* alle Zeiten

perplex [pəˈpleks] *v. t.* **a)** (bewilder) verwirren; ~ **sb.'s mind** jmdn verwirren; **such questions have ~ed men since time began** solche Fragen haben die Menschheit seit Anbeginn *(geh.);* **b)** (make [more] complicated) [noch] verwickelter machen; komplizieren

perplexed [pəˈplekst] *adj.* **a)** (bewildered) verwirrt; (puzzled) ratlos; **b)** (complicated) kompliziert

perplexedly [pəˈpleksɪdlɪ] *adv.* see **perplexed a:** verwirrt; ratlos

perplexity [pəˈpleksɪtɪ] *n. no pl.* (bewilderment) Verwirrung, *die;* (puzzlement) Ratlosigkeit, *die;* **look at sb. in ~:** jmdn. voller Verwirrung ansehen; **cause sb. ~:** jmdn. verwirren

perquisite ['pɜːkwɪzɪt] *n.* **a)** (incidental benefit) Vergünstigung, *die;* **b)** (customary gratuity) Trinkgeld, *das;* **c)** *(fig.:* thing to which person has sole right) Vorrecht, *das;* Privileg, *das*

Perrier, (P) ['periei] *n.* ~ **[water]** Perrier[wasser], *das*

perry ['perɪ] *n. (Brit.)* Birnenmost, *der*

per se [pɜː ˈseɪ] *adv.* an sich; per se *(geh.);* **considered ~:** für sich genommen

persecute ['pɜːsɪkjuːt] *v. t.* **a)** verfolgen; **b)** (harass, worry) plagen; zusetzen (+ *Dat.*); ~ **sb. with sth.** jmdm. mit etw. zusetzen; **stop persecuting me** laß mich in Ruhe

persecution [pɜːsɪˈkjuːʃn] *n.* **a)** Verfolgung, *die;* **suffer ~:** verfolgt werden; **b)** (harassment) Plagerei, *die*

persecution: ~ **complex,** ~ **mania** *ns. (Psych.)* Verfolgungswahn, *der*

persecutor ['pɜːsɪkjuːtə(r)] *n.* **a)** Verfolger, *der/*Verfolgerin, *die;* **b)** (who harasses) Peiniger, *der/*Peinigerin, *die*

perseverance [pɜːsɪˈvɪərəns] *n.* Beharrlichkeit, *die;* Ausdauer, *die*

persevere [pɜːsɪˈvɪə(r)] *v. i.* ausharren; ~ **with** or **at** or **in sth.** bei etw. dabeibleiben; ~ **in doing sth.** darauf beharren, etw. zu tun

Persia ['pɜːʃə] *pr. n. (Hist.)* Persien *(das)*

Persian ['pɜːʃn] **1.** *adj.* persisch; *see also* **English 1. 2. a)** (person) Perser, *der/*Perserin, *die;* **b)** (language) Persisch, *das; see also* **English 2 a; c)** *see* **Persian cat**

Persian: ~ ˈ**carpet** *n.* Perser[teppich], *der;* ~ ˈ**cat** *n.* Perserkatze, *die;* ~ ˈ**lamb** *n.* Persianer, *der;* ~ **lamb coat** Persianermantel, *der*

persiflage ['pɜːsɪflɑːʒ] *n.* **[piece of]** ~: Spöttelei, *die;* Persiflage, *die*

persimmon [pəˈsɪmən] *n.* Persimone, *die*

persist [pəˈsɪst] *v. i.* **a)** (continue firmly) beharrlich sein Ziel verfolgen; nicht nachgeben; ~ **in sth.** an etw. *(Dat.)* [beharrlich] festhalten; ~ **in doing sth.** etw. weiterhin [beharrlich] tun; ~ **in one's efforts to do sth.** in seinen Anstrengungen, etw. zu tun, nicht nachlassen; **b)** (continue in existence) anhalten

persistence [pəˈsɪstəns] *n., no pl.* **a)** (continuance in particular course) Hartnäckigkeit, *die;* Beharrlichkeit, *die;* ~ **in a habit/a course of action** hartnäckiges *od.* beharrliches Festhalten an einer Gewohnheit/Vorgehensweise; **b)** (quality of perseverance) Ausdauer, *die;* Zähigkeit, *die;* **c)** (continued existence) Fortbestehen, *das*

persistency [pəˈsɪstənsɪ] *see* **persistence**

persistent [pəˈsɪstənt] *adj.* **a)** (continuing firmly or obstinately) hartnäckig; **be ~ in one's beliefs** hartnäckig an seinen Überzeugungen festhalten; **be ~ in continuing to do sth.** etw. hartnäckig weiterhin tun; **she was ~ in her efforts to ...:** sie gab ihre Versuche, ... zu ..., nicht auf; **b)** (constantly repeated) dauernd; hartnäckig ⟨*Gerüchte*⟩; nicht nachlassend ⟨*Anstrengung, Bemühung*⟩; ~ **showers** anhaltende Schauertätigkeit; **suffer ~ attacks of nausea** dauernd *od.* immer wieder Anfälle von Übelkeit haben; **c)** (enduring) anhaltend

persistently [pəˈsɪstəntlɪ] *adv.* **a)** (so as to continue firmly or obstinately) hartnäckig; beharrlich; **b)** (repeatedly) hartnäckig ⟨*sich weigern*⟩; **c)** (enduringly) ständig; **she has ~ made a nuisance of herself** sie hat die ganze Zeit Ärger gemacht

persnickety [pəˈsnɪkɪtɪ] *(Amer. coll.) see* **pernickety**

person ['pɜːsn] *n.* **a)** Mensch, *der;* Person, *die* (oft abwertend); **a rich/sick/unemployed ~:** ein Reicher/Kranker/Arbeitsloser/eine Reiche *usw.;* **the first ~ to leave was ...:** der/die erste, der/die wegging, war ...; **if any ~ ...:** wenn jemand ...; **what sort of ~ do you think I am?** wofür halten Sie mich eigentlich?; **in ~:** in *od.* höchsteigener *od.* eigener Person; **in ~ (***personally***)** persönlich; selbst; **b)** (living body) Körper, *der;* (appearance) [äußere] Erscheinung; Äußere, *das;* (euphem.: genitals) **expose one's ~:** sich entblößen; **d)** *(Ling.)* Person, *die;* **first/second/third ~:** erste/zweite/dritte Person; **(***Law***)** Person, *die;* **natural/artificial ~:** natürliche/juristische Person

persona [pəˈsəʊnə] *n., pl.* ~**e** [pəˈsəʊniː] **a)** (character assumed by author) Person, *die;* **b)** (aspect of personality shown to others) Rolle, *die*

personable ['pɜːsənəbl] *adj.* sympathisch

personage [pəˈsənɪdʒ] *n.* **a)** (person of rank) Persönlichkeit, *die;* **b)** (person not known to speaker) Person, *die*

persona grata [pəsəʊnə ˈɡrɑːtə] *n., pl.* **personae gratae** [pəsəʊniː ˈɡrɑːtiː] Persona grata, *die*

personal ['pɜːsnl] *adj.* **a)** (one's own) persönlich; Privat⟨*angelegenheit, -leben*⟩; **be ~ to sb.** an jmds. Person gebunden sein; ⟨*Sache:*⟩ jmdm. persönlich gehören; *see also* **touch 3 f; b)** (of the body) ~ **appearance** äußere Erscheinung; ~ **hygiene** Körperpflege, *die;* ~ **contact** *(Sport)* Körperkontakt, *der;* ~ **foul** *(Sport)* persönliches Foul; **c)** (done in person) persönlich; ~ **audience** Privataudienz, *die;* **he gave us a ~ tour of his estate** er zeigte uns persönlich seinen Besitz; **d)** (directed or referring to the individual) persönlich; ~ **call** *(Brit. Teleph.)* Anruf mit Voranmeldung; ~ **computer** Personalcomputer, *der;* ~ **stereo** Walkman, *der;* **pay sb. a ~ call** jmdn. privat aufsuchen; **a letter marked 'P~'** ein Brief mit der Aufschrift "Persönlich"; **do you have to make ~ remarks?** mußt du unbedingt persönlich *od.* anzüglich werden?; **it's nothing ~,** but ...: ich habe nichts Persönliches, aber ...; **e)** (given to or making ~ remarks) persönlich; anzüglich; **f)** (of a person as opposed to an abstraction) persönlich; menschlich; (existing as a person) persönlich; personal; **g)** *(Ling.)* persönlich; Personal⟨*endung, -pronomen*⟩

personal: ~ **asˈsistant** *n.* persönlicher Referent/persönliche Referentin, *die;* ~ **column** *n.* Rubrik für private [Klein]anzeigen; ~ **esˈtate** *n.* *(Law)* bewegliches Vermögen, *das;* ~ **identifiˈcation number** *n.* persönliche Identifikationsnummer; Geheimcode, *der*

personalise see **personalize**
personality [pɜːsə'nælɪtɪ] *n.* **a)** *(distinctive personal character)* Persönlichkeit, *die;* Wesen, *das; (of inanimate objects)* spezifischer Charakter; **have a strong ~,** *(coll.)* **have lots of ~:** eine starke Persönlichkeit haben *od.* haben; **be lacking in ~:** keine [starke] Persönlichkeit sein; **there was a [strong] ~ clash between them** sie paßten [absolut] nicht zusammen; **b)** *(noted person)* Persönlichkeit, *die;* **she's quite a ~ in the theatre world** sie ist jemand *od.* hat einen Namen in der Welt des Theaters; **c)** *usu. in pl. (personal remark)* persönlicher Angriff; Anzüglichkeit, *die.* See also **split personality**
perso'nality cult *n.* Personenkult, *der;* Persönlichkeitskult, *der*
personalize ['pɜːsənəlaɪz] *v. t.* **a)** *(make personal)* persönlich gestalten; eine persönliche Note geben (+ *Dat.*); *(mark with owner's name etc.)* als persönliches Eigentum kennzeichnen; **~d writing-paper** persönliches Briefpapier; **b)** *(personify)* personifizieren
personally ['pɜːsənəlɪ] *adv.* persönlich; **~, I see no objection** ich persönlich sehe keine Einwände
personal: **~ 'organizer** *n.* Terminplaner, *der;* **~ 'property** *n.* Privateigentum; **abolish ~ property** das Privateigentum abschaffen; **b)** see **personal estate;** **~ 'service** *n.* individueller Service; **get ~ service** individuell *od.* persönlich bedient werden
personalty ['pɜːsənltɪ] *n. (Law)* bewegliches Vermögen
persona non grata [pəsəʊnə nɒn 'grɑːtə] *n., pl.* **personae non gratae** [pəsəʊni: nɒn 'grɑːtiː] Persona non grata, *die;* unerwünschte Person
personification [pəsɒnɪfɪ'keɪʃn] *n.* Verkörperung, *die;* **be the [very] ~ of kindness** die Freundlichkeit selbst *od.* in Person sein
personify [pə'sɒnɪfaɪ] *v. t.* **be kindness personified, ~ kindness** die Freundlichkeit in Person sein
personnel [pɜːsə'nel] *n.* **a)** *constr. as sing. or pl.* Belegschaft, *die; (of shop, restaurant, etc.)* Personal, *das;* **military ~:** Militärangehörige; *attrib.* Personal-; **~ carrier** *(Mil.)* Schützenpanzer, *der;* **~ manager** Personalchef, *der/*-chefin, *die;* **~ office** Personalbüro, *das;* **~ officer** Personalsachbearbeiter, *der/*-sachbearbeiterin, *die;* **b)** *no pl., no art. (department of firm)* Personalabteilung, *die*
person-to-'person *adj. (Amer. Teleph.)* **~ call** Anruf mit Voranmeldung
perspective [pə'spektɪv] **1.** *n.* **a)** Perspektive, *die; (picture drawn)* perspektivische Zeichnung; **in ~:** perspektivisch richtig; **b)** *(fig.)* Blickwinkel, *der;* **throw sth. into ~ on** events ein neues Licht auf die Ereignisse werfen; **in/out of ~, in the** *or* **its right/wrong ~:** unter dem/nicht unter dem richtigen Blickwinkel; **c)** *(view)* Aussicht, *die; (fig.: mental view)* Ausblick, *der.* **2.** *adj.* perspektivisch
Perspex, (P) ['pɜːspeks] *n.* Plexiglas ⓇⓌ, *das*
perspicacious [pɜːspɪ'keɪʃəs] *adj.* scharfsinnig
perspicacity [pɜːspɪ'kæsɪtɪ] *n., no pl.* Scharfsinnigkeit, *die*
perspicuity [pɜːspɪ'kjuːɪtɪ] *n., no pl.* Klarheit, *die;* Verständlichkeit, *die*
perspicuous [pə'spɪkjʊəs] *adj.* **a)** *(easily understood)* [klar] verständlich; leicht zu verstehen; **b)** *(expressing things clearly)* sich klar ausdrückend; **be ~:** sich klar ausdrücken
perspiration [pɜːspɪ'reɪʃn] *n.* **a)** Schweiß, *der;* **b)** *(action of perspiring)* Schwitzen, *das;* Transpiration, *die (geh.)*

perspire [pə'spaɪə(r)] *v. i.* schwitzen; transpirieren *(geh.)*
persuadable [pə'sweɪdəbl] *adj.* leicht zu überreden; **be easily ~:** sich leicht überreden lassen; **he might be ~:** vielleicht läßt er sich überreden
persuade [pə'sweɪd] *v. t.* **a)** *(cause to have belief)* überzeugen (**of** von); **~ oneself of sth.** sich *(Dat.)* etw. einreden; **~ oneself [that] ...:** sich *(Dat.)* einreden, daß ...; **~ sb. into believing otherwise** jmdm. etwas anderes einreden *od. (ugs.)* einreden; **b)** *(induce)* überreden; **~ sb. into/out of doing sth.** jmdn. [dazu] überreden, etw. zu tun/nicht zu tun
persuaded [pə'sweɪdɪd] *adj.* überzeugt (**of** von)
persuader [pə'sweɪdə(r)] *n. (sl.: gun)* Kanone, *die (salopp)*
persuasible [pə'sweɪzɪbl] see **persuadable**
persuasion [pə'sweɪʒn] *n.* **a)** *(action of persuading)* Überzeugung, *die; (persuasiveness)* Überzeugungskraft, *die;* **it didn't take much ~:** es brauchte ihn nicht viel Überredungskunst; **he didn't need much ~ [to have another drink]** man brauchte ihn nicht lange dazu überreden[, noch etwas zu trinken]; **convince sb. by ~:** jmdn. überzeugen; **have considerable powers of ~, be good at ~:** große Überzeugungskraft haben; **b)** *(belief)* Überzeugung, *die;* **c)** *(religious belief)* Glaubensrichtung, *die;* Glaube, *der; (sect)* Glaubensgemeinschaft, *die*
persuasive [pə'sweɪsɪv] *adj.,* **persuasively** [pə'sweɪsɪvlɪ] *adv.* überzeugend
persuasiveness [pə'sweɪsɪvnɪs] *n., no pl.* Überzeugungskraft, *die*
pert [pɜːt] *adj.* **a)** *(saucy, impudent)* unverschämt; frech; **b)** *(neat)* keck ⟨*Hut, Anzug usw.*⟩; hübsch ⟨*Körper, Nase, Hinterteil*⟩; **c)** *(Amer.)* see **peart**
pertain [pə'teɪn] *v. i.* **a)** *(belong as part)* **~ to** [dazu]gehören zu; verbunden sein mit, einhergehen mit ⟨*Ereignis, Katastrophe*⟩; *(be relevant)* ⟨*Kriterien usw.*⟩: gelten; **~ to** von Bedeutung sein für; ⟨*Verhalten:*⟩ anstehen *(geh.)* ⟨+ *Dat.*⟩; ⟨*Begeisterung:*⟩ typisch sein für; **c)** *(have reference)* **~ to sth.** etw. betreffen; mit etw. zu tun haben
pertinacious [pɜːtɪ'neɪʃəs] *adj. (resolute)* unbeirrbar; *(stubbornly inflexible)* starrsinnig ⟨*Person*⟩; starr ⟨*Ansichten*⟩; hartnäckig ⟨*Weigerung, Beharren*⟩; unüberwindlich ⟨*Abneigung*⟩
pertinacity [pɜːtɪ'næsɪtɪ] *n., no pl.* see **pertinacious:** Starrsinnigkeit, *die;* Hartnäckigkeit, *die*
pertinence [pɜːtɪnəns] *n., no pl.* Relevanz, *die;* **of/of no** *or* **without ~:** von/ohne Bedeutung *od.* Belang
pertinent ['pɜːtɪnənt] *adj.* relevant (**to** für); **there are some ~ notes in the appendix** im Anhang stehen einige diesbezügliche Bemerkungen *od.* Bemerkungen hierzu
pertinently ['pɜːtɪnəntlɪ] *adv. (relevantly)* zum passenden Zeitpunkt; *(so as to be to the point)* sachbezogen
pertly ['pɜːtlɪ] *adv.* **a)** *(saucily, impudently)* unverschämt; frech; **b)** *(neatly)* keck
perturb [pə'tɜːb] *v. t.* **a)** *(throw into confusion)* stören; durchkreuzen ⟨*Plan*⟩; **b)** *(disturb mentally)* beunruhigen; **get ~ed** unruhig werden; **c)** *(Astron., Phys.)* stören
perturbation [pɜːtə'beɪʃn] *n.* **a)** *(throwing into confusion)* Störung, *die; (of plans)* Durchkreuzung, *die;* **b)** *(agitation)* Beunruhigung, *die;* **c)** *(Astron., Phys.)* Störung, *die;* Perturbation, *die (fachspr.)*
Peru [pə'ruː] *pr. n.* Peru *(das)*
perusal [pə'ruːzl] *n.* Lektüre, *die; (of documents)* sorgfältiges Studium; *(fig.: action of examining)* *(of documents)* sorgfältige Durchsicht; **give sth. a careful ~:** etw. genau durchlesen *od.* studieren

peruse [pə'ruːz] *v. t.* genau durchlesen; *(fig.: examine)* untersuchen; unter die Lupe nehmen *(ugs.)*
Peruvian [pə'ruːvɪən] **1.** *adj.* peruanisch; **sb. is ~:** jmd. ist Peruaner/Peruanerin. **2.** *n.* Peruaner, *der/*Peruanerin, *die*
pervade [pə'veɪd] *v. t.* **a)** *(spread throughout)* durchdringen ⟨*Licht:*⟩ durchfluten; **be ~d with** *or* **by** durchdrungen sein von; **b)** *(be rife among)* ⟨*Seuche:*⟩ wüten in (+ *Dat.*); ⟨*Ansicht:*⟩ weit verbreitet sein in (+ *Dat.*)
pervasion [pə'veɪʒn] *n. (action of spreading throughout sth.)* Durchdringung, *die*
pervasive [pə'veɪsɪv] *adj. (pervading)* durchdringend ⟨*Geruch, Feuchtigkeit, Kälte*⟩; weit verbreitet ⟨*Ansicht*⟩; sich ausbreitend ⟨*Gefühl*⟩; *(able to pervade)* alles durchdringend
pervasively [pə'veɪsɪvlɪ] *adv.* alles durchdringend; **spread ~:** um sich greifen
perverse [pə'vɜːs] *adj.* **a)** *(persistent in error)* uneinsichtig, verstockt ⟨*Person*⟩; borniert ⟨*Person, Argument*⟩; *(different from what is reasonable)* verrückt; **c)** *(peevish)* grimmig; bockig ⟨*Kind*⟩; **d)** *(perverted, wicked)* schlecht, verrucht; **e)** *(Law: contrary to evidence or judge's direction)* abweichend
perversely [pə'vɜːslɪ] *adv.* **a)** *(with persistence in error)* uneinsichtig; verstockt; **b)** *(contrary to what is reasonable)* verrückt; **c)** *(peevishly)* grimmig; *(of child's behaviour)* bockig
perverseness [pə'vɜːsnɪs] see **perversity**
perversion [pə'vɜːʃn] *n.* **a)** *(turning aside from proper use)* Mißbrauch, *der; (misconstruction)* Pervertierung, *die; (of words, statement)* Verdrehung, *die; (leading astray)* Verführung, *die;* **~ of justice** Rechtsbeugung, *die;* **b)** *(perverted form of sth.)* Pervertierung, *die;* **c)** *(sexual)* Perversion, *die*
perversity [pə'vɜːsɪtɪ] *n.* **a)** *(persistence in error)* Uneinsichtigkeit, *die;* Verstocktheit, *die;* **b)** *(difference from what is reasonable)* Verrücktheit, *die*
pervert 1. [pə'vɜːt] *v. t.* **a)** *(turn aside from proper use or nature)* pervertieren *(geh.);* beugen ⟨*Recht*⟩; untergraben ⟨*Staatsform, Demokratie*⟩; vereiteln ⟨*Absicht*⟩; **~ [the course of] justice** die Justiz behindern; **b)** *(misconstrue)* verfälschen; **c)** *(lead astray)* verderben. **2.** ['pɜːvɜːt] *n.* **a)** *(sexual)* Perverse, *der/die;* perverser Mensch; **he must be ~:** er muß pervers sein; **b)** *(apostate)* Renegat, *der/*Renegatin, *die*
perverted [pə'vɜːtɪd] *adj.* **a)** *(turned aside from proper use)* pervertiert *(geh.);* **b)** *(misconstrued)* verdreht; **c)** *(led astray)* schlecht, verdorben; **d)** *(sexually)* pervers
peseta [pə'seɪtə] *n.* Peseta, *die*
pesky ['peskɪ] *adj. (Amer. coll.)* verdammt *(ugs.)*
peso ['peɪsəʊ] *n., pl.* **~s** Peso, *der*
pessary ['pesərɪ] *n. (Med.)* **a)** Pessar, *das;* **b)** *(vaginal suppository)* Vaginalzäpfchen, *das;* Vaginatorium, *das (fachspr.)*
pessimism ['pesɪmɪzm] *n., no pl.* Pessimismus, *der*
pessimist ['pesɪmɪst] *n.* Pessimist, *der/*Pessimistin, *die*
pessimistic [pesɪ'mɪstɪk] *adj.,* **pessimistically** [pesɪ'mɪstɪkəlɪ] *adv.* pessimistisch
pest [pest] *n.* **a)** *(troublesome thing)* Ärgernis, *das;* Plage, *die; (troublesome person)* Nervensäge, *die (ugs.); (destructive or annoying animal)* Schädling, *der;* **~s** *(insects)* Schädlinge; Ungeziefer, *das;* **I know it's a ~, but ...** *(a nuisance)* ich weiß, es ist lästig, aber ...; **he's a real ~:** er ist einfach unausstehlich; **~ officer** Schädlingsbekämpfer, *der;* Kammerjäger, *der (veralt.);* **~ control** Schädlingsbekämpfung, *die;* **b)** *(arch.) (disease)* Seuche, *die; (plague)* Pest, *die*

525

pester ['pestə(r)] *v. t.* belästigen; nerven *(ugs.)*; ~ **sb. for sth.** jmdn. wegen etw. in den Ohren liegen; ~ **sb. to do sth.** jmdm. in den Ohren liegen, etw. zu tun; ~ **sb. for money** jmdn. [um Geld] anbetteln; ~ **sb. for an interview** jmdn. wegen eines Interviews bedrängen *od. (ugs.)* nerven
pesticide ['pestɪsaɪd] *n.* Pestizid, *das*
pestilence ['pestɪləns] *n.* Pestilenz, *die;* Seuche, *die; (bubonic plague)* Pest, *die*
pestilent ['pestɪlənt] *adj.* **a)** tödlich; todbringend; **b)** *(fig. coll.: troublesome)* unausstehlich; lästig ⟨Ansinnen⟩; **c)** *(pernicious)* verderblich; zersetzend ⟨Lehre⟩
pestilential [pestɪ'lenʃl] *adj.* **a)** pestilenzartig; **b)** *(fig. coll.: troublesome)* unausstehlich; **he's a ~ nuisance** er ist unausstehlich; **these ~ flies** diese elenden Fliegen; **c)** *(pernicious)* verderblich; zersetzend ⟨Lehre⟩
pestle ['pesl] *n.* Stößel, *der;* Pistill, *das (fachspr.)*
¹**pet** [pet] **1.** *n.* **a)** *(tame animal)* Haustier, *das;* **b)** *(darling, favourite)* Liebling, *der; (sweet person; also as term of endearment)* Schatz, *der;* **make a ~ of sb.** jmdn. verhätscheln; **mother's** *or* **mummy's ~** *(derog.)* Mamas Liebling; *(male)* Muttersöhnchen, *das (abwertend);* **teacher's ~** *(derog.)* Liebling des Lehrers/der Lehrerin; **you have been a ~:** du bist ein Schatz; **[do] be a ~ and do sth.** sei so lieb und tue etw. **2.** *adj.* **a)** *(kept as ~)* zahm; **b)** *(of or for ~ animals)* Haustier-; **~ accessories** Zoobedarf, *der;* **c)** *(favourite)* Lieblings-; **sth./sb. is sb.'s ~ aversion** *or* **hate** jmd. kann etw./jmdn. auf den Tod nicht ausstehen *(ugs.);* **be sb.'s ~ peeve** jmdm. ein Dorn im Auge sein; **d)** *(expressing fondness)* Kose⟨form, -name⟩. **3.** *v. t.,* **-tt- a)** *(treat as favourite)* bevorzugen; verwöhnen; *(indulge)* verhätscheln; **b)** *(fondle)* streicheln; liebkosen. **4.** *v. i.,* **-tt-** knutschen *(ugs.);* zärtlich sein *(verhüll.)*
²**pet** *n. (bad temper)* **in a ~:** verstimmt; beleidigt; eingeschnappt *(ugs.);* **one of her ~s** sie hat mal wieder schlechte Laune
petal ['petl] *n.* Blütenblatt, *das*
-petal[l]ed ['petld] *adj. in comb.* -blättrig ⟨Blüte⟩
petard [pe'tɑ:d] *n. (Hist.)* Petarde, *die; see also* **hoist 3**
Pete [pi:t] *n.* **for ~'s sake** ≈ **for Heaven's sake** *see* ¹**sake**
Peter ['pi:tə(r)] *pr. n.* Peter; Petrus *(hist., im MA. u. früher);* **Saint ~:** Sankt Petrus *od.* Peter; **rob ~ to pay Paul** ein Loch mit etwas stopfen, was dann woanders fehlt *(fig.); see also* **Blue Peter**
peter *v. i.* ~ **out** [allmählich] zu Ende gehen; ⟨Wasserlauf:⟩ versickern; ⟨Weg:⟩ sich verlieren; ⟨Briefwechsel:⟩ versanden; ⟨Angriff:⟩ sich totlaufen
Peter 'Pan *n.* Peter Pan; **be a ~:** ein Kindskopf sein; **~ collar** Bubikragen, *der*
petersham ['pi:təʃəm] *n.* Gurtband, *das*
'**pet food** *n.* Tierfutter, *das*
petiole ['petɪəʊl] *n. (Bot.)* Blattstengel, *der*
petit ['petɪ] *(Law) see* **petty d**
petit bourgeois [pəti'bʊəʒwɑ:] *n., pl.* **petits bourgeois** [pəti'bʊəʒwɑ:] *(usu. derog.)* Kleinbürger, *der; attrib.* Kleinbürger-; kleinbürgerlich
petite [pə'ti:t] *adj. fem.* zierlich
petite bourgeoisie [pətiːt bʊəʒwɑ:'zi:] *n., no pl., no indef. art.* Kleinbürgertum, *das*
petit four [pəti'fʊə(r)] *n., pl.* **petits fours** [pəti'fʊə(r)] Petit four, *das*
petition [pə'tɪʃn] **1.** *n.* **a)** *(formal written supplication)* Petition, *die;* Eingabe, *die;* **get together** *or* **up a ~ for/against sth.** Unterschriften für/gegen etw. sammeln; **b)** *(Law) application for writ etc.)* [förmlicher] Antrag; *(for divorce)* Klage, *die.* **2.** *v. t.* eine Eingabe richten an (+ *Akk.*); eine Eingabe machen bei; ~ **sb. for sth.** jmdn. um etw. ersuchen. **3.** *v. i.* ~ **for** ersuchen um *(geh.)*; nachsuchen um *(geh.); (present ~ for)* eine Unterschriftenliste einreichen für; einkommen um *(geh.);* ~ **against** eine Eingabe machen gegen
petitioner [pə'tɪʃənə(r)] *n.* Antragsteller, *der*/Antragstellerin, *die; (for divorce)* Kläger, *der*/Klägerin, *die*
petit point [pəti:'pwæ] *n.* **a)** *(embroidery)* Petit point, *der;* **b)** *(stitch)* Perlstich, *der*
petits pois [pəti:'pwɑ] *n. pl.* feine Erbsen
Petrarch ['petrɑ:k] *pr. n.* Petrarca (der)
petrel ['petrl] *n. (Ornith.)* Sturmvogel, *der*
petrifaction [petrɪ'fækʃn] *n.* Versteinerung, *die*
petrify ['petrɪfaɪ] **1.** *v. t.* **a)** *(change into stone)* petrifizieren *(geh.);* versteinern lassen; **become petrified** versteinern; petrifizieren *(geh.);* **b)** *(fig.: cause to become inert)* erstarren lassen; **be petrified with fear/shock** starr vor Angst/Schrecken sein; vor Angst/Schrecken [wie] versteinert sein *(geh.);* **be petrified by sb./sth.** vor jmdm./ etw. erstarren; sich vor jmdm. panisch fürchten; **she looked quite petrified** sie schien entsetzliche Angst zu haben. **2.** *v. i.* *(turn to stone)* versteinern; *(fig.: become inert)* erstarren
petrochemical [petrəʊ'kemɪkl] **1.** *n.* Petrochemikalie, *die.* **2.** *adj.* **a)** *(of chemistry of rocks)* petrochemisch; **b)** *(of chemistry of petroleum)* petro[l]chemisch
petrochemistry [petrəʊ'kemɪstri] *n.* **a)** *(chemistry of rocks)* Petrochemie, *die;* **b)** *(chemistry of petroleum)* Petro[l]chemie, *die*
petrol ['petrl] *n. (Brit.)* Benzin, *das;* **fill up with ~:** tanken
petrolatum [petrə'leɪtəm] *n. (Amer.) see* **petroleum jelly**
petrol: ~ **bomb** *n. (Brit.)* Benzinbombe, *die;* ~**-can** *n. (Brit.)* Benzinkanister, *der;* ~**-cap** *n. (Brit.)* Tankverschluß, *der*
petroleum [pɪ'trəʊlɪəm] *n.* Erdöl, *das*
petroleum 'jelly *n.* Vaseline, *die*
'**petrol-gauge** *n. (Brit.)* Benzinuhr, *die;* Kraftstoffanzeiger, *der (Technik)*
petrology [pɪ'trɒlədʒɪ] *n.* Petrologie, *die*
petrol: ~**-pump** *n. (Brit.)* **a)** *(in ~-station)* Zapfsäule, *die;* Tanksäule, *die;* ~**-pump attendant** Tankwart, *der*/Tankwartin, *die;* **b)** *(in car, aircraft, etc.)* Benzin- *od.* Kraftstoffpumpe, *die;* ~**-station** *n. (Brit.)* Tankstelle, *die;* ~**-tank** *n. (Brit.) (in car, aircraft, etc.)* Benzintank, *der;* ~**-tanker** *n. (Brit.)* Benzintankwagen, *der*
'**pet shop** *n.* Tierhandlung, *die;* Zoohandlung, *die*
petticoat ['petɪkəʊt] **1.** *n.* Unterrock, *der.* **2.** *adj.* weiblich; Frauen-; ~ **government** Frauenherrschaft, *die;* Weiberregiment, *das (abwertend)*
pettifogging ['petɪfɒgɪŋ] *adj.* kleinkariert, kleinlich ⟨Person⟩; belanglos ⟨Detail⟩; kleinlich ⟨Einwand⟩; **his ~ mind** seine Kleinkariertheit
petting ['petɪŋ] *n.* Petting, *das*
pettish ['petɪʃ] *adj.,* **pettishly** ['petɪʃlɪ] *adv.* übellaunig; grantig *(ugs.)*
petty ['petɪ] *adj.* **a)** *(trivial)* belanglos ⟨Detail, Sorgen⟩; kleinlich ⟨Einwand, Vorschrift⟩; **b)** *(minor)* Klein⟨staat, unternehmer, -landwirt⟩; klein ⟨Geschäftsmann⟩; Duodez⟨fürst, -fürstentum, -staat⟩; **c)** *(small-minded)* kleinlich; kleinkariert; **d)** *(Law)* geringfügig; Bagatell-; *see also* **session g**
petty: ~ '**cash** *n.* kleine Kasse; Portokasse, *die;* ~ '**officer** *n. (Navy)* ≈ [Ober]maat, *der*
petulance ['petjʊləns] *n., no pl.* Bockigkeit, *die*
petulant ['petjʊlənt] *adj.,* **petulantly** ['petjʊləntlɪ] *adv.* bockig
petunia [pɪ'tju:nɪə] *n. (Bot.)* Petunie, *die*
pew [pju:] *n.* **a)** *(Eccl.)* Kirchenbank, *die;* **b)** *(coll.: seat)* [Sitz]platz, *der;* **have** *or* **take a ~:** sich platzen *(ugs. scherzh.)*

pewit *see* **peewit**
pewter ['pju:tə(r)] **1.** *n., no pl., no indef. art. (substance, vessels)* Pewter, *der;* [Hart]zinn, *das.* **2.** *attrib. adj.* Zinn⟨becher, -geschirr⟩
PG *abbr. (Brit. Cinemat.)* **Parental Guidance** ≈ bedingt jugendfrei
pH [pi:'eɪtʃ] *n. (Chem.)* pH-Wert, *der*
phalanx ['fælæŋks] *n., pl.* **~es** *or* **phalanges** [fæ'lændʒi:z] **a)** *(of troops, police, etc.)* Phalanx, *die;* **b)** *(Anat.)* Phalanx, *die; (of finger)* Fingerglied, *das; (of toe)* Zehenglied, *das*
phallic ['fælɪk] *adj.* phallisch; ~ **symbol** Phallussymbol, *das*
phallus ['fæləs] *n., pl.* **~es** *or* **phalli** ['fælaɪ] Phallus, *der*
phantasmagoria [fæntæzmə'gɔ:rɪə] *n.* Trugbild, *das;* Phantasmagorie, *die (geh.)*
phantasy *see* **fantasy a, b**
phantom ['fæntəm] **1.** *n.* **a)** *(spectre)* Phantom, *das; (image)* Phantom, *das;* Trugbild, *das;* **b)** *(mental illusion)* Phantasiegebilde, *das.* **2.** *adj.* Phantom-
phantom: ~ '**limb** *n. (Med.)* Phantomglied, *das;* ~ '**pregnancy** *n. (Med.)* Scheinschwangerschaft, *die*
Pharaoh ['feərəʊ] *n.* Pharao, *der*
Pharisaic[al] [færɪ'seɪk(l)] *adj.* pharisäerhaft
Pharisee ['færɪsi:] *n.* **a)** Pharisäer, *der;* **b) p~** *(self-righteous person)* Pharisäer, *der*
pharmaceutical [fɑ:mə'sju:tɪkl] **1.** *adj.* pharmazeutisch; Arzneimittel-, Pharma⟨industrie, -konzern, -hersteller⟩; ~ **chemist** Arzneimittelchemiker, *der*/-chemikerin, *die.* **2.** *n. pl.* Pharmazeutika
pharmacist ['fɑ:məsɪst] *n.* Apotheker, *der*/Apothekerin, *die; (in research)* Pharmazeut, *der*/Pharmazeutin, *die*
pharmacological [fɑ:məkə'lɒdʒɪkl] *adj.* pharmakologisch
pharmacologist [fɑ:mə'kɒlədʒɪst] *n.* Pharmakologe, *der*/Pharmakologin, *die*
pharmacology [fɑ:mə'kɒlədʒɪ] *n.* Pharmakologie, *die*
pharmacopoeia [fɑ:məkə'pi:ə] *n.* Pharmakopöe, *die;* amtliches Arzneibuch
pharmacy ['fɑ:məsɪ] *n., no pl., no art.* **a)** *(preparation of drugs)* Pharmazie, *die;* Arzneimittelkunde, *die;* **b)** *(dispensary)* Apotheke, *die*
pharyngeal [fæ'rɪndʒɪəl] *adj. (Anat., Med.)* Rachen⟨katarrh, -entzündung, -mandel, -höhle usw.⟩; Schlund⟨tasche, -krampf⟩
pharyngitis [færɪn'dʒaɪtɪs] *n. (Med.)* Rachenkatarrh, *der;* Pharyngitis, *die (fachspr.)*
pharynx ['færɪŋks] *n., pl.* **pharynges** [fæ'rɪndʒi:z] *(Anat.)* Schlund, *der;* Rachen, *der;* Pharynx, *der (fachspr.)*
phase [feɪz] **1.** *n.* **a)** Phase, *die; (of project, construction, history also)* Abschnitt, *der; (of illness, development also)* Stadium, *das;* **it's only** *or* **just a ~ [he's/she's going through]** das gibt sich [mit der Zeit] wieder *(ugs.);* **b)** *(Phys., Astron., Chem.)* Phase, *die;* **in ~:** phasengleich; in [gleicher] Phase; **out of ~:** phasenverschoben; **have got out of ~** *(fig.)* nicht mehr koordiniert sein. **2.** *v. t.* stufenweise durchführen
~ '**in** *v. t.* stufenweise einführen
~ '**out** *v. t.* **a)** *(eliminate gradually)* nach und nach auflösen ⟨Abteilung⟩; allmählich abschaffen ⟨Verfahrensweise, Methode⟩; **b)** *(discontinue production of)* langsam auslaufen lassen
Ph.D. [pi:eɪtʃ'di:] *abbr.* **Doctor of Philosophy** Dr. phil.; **he/she is studying for a ~:** er ist Doktorand/sie ist Doktorandin; er/sie promoviert; **John Clarke ~:** Dr. phil. John Clarke; **do one's ~:** seinen Doktor machen; ~ **thesis** Doktorarbeit, *die;* Dissertation, *die*
pheasant ['feznt] *n.* Fasan, *der*
phenobarbitone [fi:nəʊ'bɑ:bɪtəʊn] *(Brit.;* *Amer.:* **phenobarbital** [fi:nəʊ'bɑ:bɪtl]) *n. (Med.)* Phenobarbital, *das*

phenol ['fi:nɒl] *n. (Chem.)* Phenol, *das;* Karbolsäure, *die*
phenomenal [fɪ'nɒmɪnl] *adj.* a) *(remarkable)* phänomenal; sagenhaft *(ugs.);* unwahrscheinlich *(ugs.)* ⟨Spektakel, Radau⟩; b) *(Philos.)* phänomenal; wahrnehmbar
phenomenalism [fɪ'nɒmɪnəlɪzm] *n. (Philos.)* Phänomenalismus, *der*
phenomenally [fɪ'nɒmɪnəlɪ] *adv.* phänomenal; unglaublich; unwahrscheinlich *(ugs.)* ⟨schlecht, langweilig, laut⟩
phenomenon [fɪ'nɒmɪnən] *n., pl.* **phenomena** [fɪ'nɒmɪnə] Phänomen, *das*
phew [fju:] *int.* puh
phial ['faɪəl] *n.* [Medizin]fläschchen, *das;* Phiole, *die*
philander [fɪ'lændə(r)] *v. i. (flirt)* schäkern; flirten; *(with heavier sexual overtones)* nachstellen (**with** *Dat.*)
philanderer [fɪ'lændərə(r)] *n.* Schürzenjäger, *der* (spött.)
philanthropic [fɪlən'θrɒpɪk] *adj.* philanthropisch *(geh.);* menschenfreundlich; Wohltätigkeits⟨organisation, -verein usw.⟩
philanthropically [fɪlən'θrɒpɪkəlɪ] *adv.* philanthropisch *(geh.)*
philanthropist [fɪ'lænθrəpɪst] *n.* Philanthrop, *der*/Philanthropin, *die (geh.);* Menschenfreund, *der*/Menschenfreundin, *die*
philanthropy [fɪ'lænθrəpɪ] *n.* Philanthropie, *die (geh.); (love of mankind also)* Menschenliebe, *die;* Menschenfreundlichkeit, *die*
philatelic [fɪlə'telɪk] *adv.* philatelistisch
philatelist [fɪ'lætəlɪst] *n.* Philatelist, *der*/Philatelistin, *die; (collector also)* Briefmarkensammler, *der*/-sammlerin, *die*
philately [fɪ'lætəlɪ] *n.* Philatelie, *die;* Briefmarkenkunde, *die*
philharmonic [fɪlhɑ:'mɒnɪk, fɪlɑ:'mɒnɪk] **1.** *adj.* philharmonisch. **2.** *n.* Philharmonie, *die*
Philip ['fɪlɪp] *pr. n.* Philipp; *(Bibl.)* Philippus
philippic [fɪ'lɪpɪk] *n.* Philippika, *die (geh.)*
Philippine ['fɪlɪpi:n] *adj.* a) *(Geog.)* philippinisch; **b)** *see* **Filipino**
Philippines ['fɪlɪpi:nz] *pr. n. pl.* Philippinen *Pl.*
philistine ['fɪlɪstaɪn] **1.** *n.* **a)** *(uncultured person)* [Kultur]banause, *der/*-banausin, *die;* **b)** P~ *(native of ancient Philistia)* Philister, *der.* **2.** *adj.* banausisch; kulturlos
philistinism ['fɪlɪstɪnɪzm] *n., no pl.* Banausentum, *das; (bourgeois narrow-mindedness)* Philistertum, *das (geh.)*
Phillips ['fɪlɪps] *n.* ~ **screw,** (P) Kreuz[schlitz]schraube, *die;* ~ **screwdriver,** (P) Kreuz[schlitz]schraubenzieher, *der*
philological [fɪlə'lɒdʒɪkl] *adj.* philologisch
philologist [fɪ'lɒlədʒɪst] *n.* Philologe, *der*/Philologin, *die*
philology [fɪ'lɒlədʒɪ] *n.* **a)** *(science of language)* [historische] Sprachwissenschaft; **b)** *(Amer.: study of literature)* Philologie, *die;* Literaturwissenschaft, *die*
philosopher [fɪ'lɒsəfə(r)] *n.* Philosoph, *der*/Philosophin, *die*
philosopher: ~**'s stone,** ~**s' stone** *n.* Stein der Weisen
philosophic [fɪlə'sɒfɪk], **philosophical** [fɪlə'sɒfɪkl] *adj.* a) philosophisch; philosophisch gebildet *(of* ⟨*Person*⟩; **b)** *(resigned, calm)* abgeklärt; gelassen
philosophically [fɪlə'sɒfɪkəlɪ] *adv.* a) ~ [**speaking**] philosophisch betrachtet; **b)** *(calmly)* gelassen
philosophize (philosophise) [fɪ'lɒsəfaɪz] *v. i.* philosophieren (**about, on** über + *Akk.*)
philosophy [fɪ'lɒsəfɪ] *n.* Philosophie, *die;* ~ **of life** Lebensphilosophie, *die;* ~ **of education** Erziehungsphilosophie, *die*
phlebitis [flɪ'baɪtɪs] *n. (Med.)* Venenentzündung, *die;* Phlebitis, *die (fachspr.)*

phlegm [flem] *n., no pl., no indef. art.* **a)** *(Physiol.)* Schleim, *der;* Mucus, *der (Med.);* **b)** *(coolness)* stoische Ruhe; Gleichmut, *der;* **c)** *(stolidness)* Phlegma, *das*
phlegmatic [fleg'mætɪk] *adj.* **a)** *(cool)* gleichmütig; **b)** *(stolid)* phlegmatisch
phlegmatically [fleg'mætɪkəlɪ] *adv. see* **phlegmatic**: gleichmütig; phlegmatisch
phloem ['fləʊem] *n. (Bot.)* Phloem, *das*
phlox [flɒks] *n. (Bot.)* Phlox, *der;* Flammenblume, *die*
phobia ['fəʊbɪə] *n.* Phobie, *die (Psychol.);* [krankhafte] Angst
-phobia ['fəʊbɪə] *n. in comb.* -phobie, *die*
-phobic ['fəʊbɪk] *adj. in comb.* -phob
Phoenician [fə'nɪ:ʃn] **1.** *adj.* phönizisch; phönikisch. **2.** *n.* Phönizier, *der*/Phönizierin, *die;* Phöniker/Phönikerin, *die*
phoenix ['fi:nɪks] *n. (Mythol.)* Phönix, *der;* ~-**like** wie ein Phönix
phone [fəʊn] *(coll.)* **1.** *n.* Telefon, *das;* **pick up/put down the** ~: [den Hörer] abnehmen/auflegen; **by** ~: telefonisch; **speak to sb. by** ~ *or* **on the** ~: mit jmdm. telefonieren; **be on the** ~ **for hours** stundenlang telefonieren; **I'm not on the** ~: ich habe kein Telefon. **2.** *v. i.* anrufen; **can we** ~ **from here?** können wir von hier aus telefonieren? **3.** *v. t.* anrufen; ~ **the office/home** im Büro/zu Hause anrufen; ~ **a message through to sb.** jmdm. eine Nachricht telefonisch übermitteln *od.* durchgeben. *See also* **telephone**
~ **a'round 1.** *v. i.* herumtelefonieren. **2.** *v. t.* [nacheinander] anrufen
~ '**back** *v. t. & i.* (make a return ~ call [*to*]) zurückrufen; *(make a further* ~ *call [to])* wieder *od.* nochmals anrufen
~ '**in 1.** *v. i.* anrufen. **2.** *v. t.* telefonisch mitteilen *od.* durchgeben. *See also* **phone-in**
~ '**up** *v. t. & i.* anrufen
phone: ~ **book** *n.* Telefonbuch, *das;* ~ **box** *n.* Telefonzelle, *die;* ~ **call** *n.* Anruf, *der; see also* **telephone call;** ~ **card** *n.* Telefonkarte, *die;* ~-**in** *n.* ~-**in [programme]** *(Radio)* Hörersendung, *die; (Telev.)* Phone-in-Sendung, *die (Jargon);* Sendung mit Zuschaueranrufen
phoneme ['fəʊni:m] *n. (Phonet.)* Phonem, *das*
phone: ~ **number** *n.* Telefonnummer, *die;* ~-**tapping** *n.* Anzapfen von Telefonleitungen
phonetic [fə'netɪk] *adj.* phonetisch; *see also* **alphabet**
phonetically [fə'netɪkəlɪ] *adv.* phonetisch
phonetician [fəʊnɪ'tɪʃn] *n.* Phonetiker, *der*/Phonetikerin, *die*
phonetics [fə'netɪks] *n.* **a)** *no pl.* Phonetik, *die;* **b)** *no pl. (phonetic script)* phonetische Umschrift, *die;* **c)** *constr. as pl. (phonetic transcription)* phonetische Angaben
phoney ['fəʊnɪ] *(coll.)* **1.** *adj.,* **phonier** ['fəʊnɪə(r)], **phoniest** ['fəʊnɪɪst] **a)** *(sham)* falsch; gefälscht ⟨*Brief, Dokument*⟩; **there's something a bit** ~ **about the whole thing** irgend etwas an der ganzen Sache ist faul *(ugs.);* **b)** *(fictitious)* falsch ⟨*Name*⟩; erfunden ⟨*Geschichte*⟩; **c)** *(fraudulent)* Schein⟨*firma, -geschäft, -krieg*⟩; falsch, scheinbar ⟨*Doktor, Diplomat, Geschäftsmann*⟩. **2.** *n.* **a)** *(person)* Blender, *der*/Blenderin, *die;* **this doctor is just a** ~: dieser Arzt ist ein Scharlatan; **b)** *(sham)* Fälschung, *die*
phonograph ['fəʊnəgrɑ:f] *n. (Amer.) see* **gramophone**
phonology [fə'nɒlədʒɪ] *n.* Phonologie, *die*
phony *see* **phoney**
phooey [fu:ɪ] *int.* pah
phosphate ['fɒsfeɪt] *n. (Chem.)* Phosphat, *das*
phosphor ['fɒsfə(r)] *n.* Phosphor, *der*
phosphorescence [fɒsfə'resns] *n.* Phosphoreszenz, *die*
phosphorescent [fɒsfə'resnt] *adj.* phosphoreszierend

phosphorus ['fɒsfərəs] *n. (Chem.)* Phosphor, *der*
photo ['fəʊtəʊ] *n., pl.* ~**s** Foto, *das; see also* **photograph 1**
photo- [fəʊtəʊ] *in comb.* **a)** *(light)* photo-/Photo-; **b)** *(photography)* foto-/Foto-
photo: ~ **album** *n.* Fotoalbum, *das;* ~-**call** *n.* Fototermin, *der;* ~-**cell** *n.* Photozelle, *die;* ~'**chemical** *adj.* photochemisch; ~'**chemistry** *n.* Photochemie, *die;* ~-**composition** *n. see* **filmsetting;** ~**copier** *n.* Fotokopiergerät, *das;* ~**copy 1.** *n.* Fotokopie, *die;* **2.** *v. t.* fotokopieren; ~**electric** *adj.* photoelektrisch; ~**electric cell** *n.* Photozelle, *die;* ~ **finish** *n.* Fotofinish, *das; (fig.)* Kopf-an-Kopf-Rennen, *das;* ~**fit** *n.* Phantombild, *das;* ~**genic** [fəʊtə'dʒenɪk, fəʊtə'dʒi:nɪk] *adj.* fotogen
photograph ['fəʊtəgrɑ:f] **1.** *n.* Fotografie, *die;* Foto, *das;* **take a** ~ [**of sb./sth.**] [jmdn./etw.] fotografieren; ein Foto [von jmdm./etw.] machen. **2.** *v. t. & i.* fotografieren; **he** ~**s well/badly** *(as subject)* er läßt sich gut/schlecht fotografieren
'**photograph album** *n.* Fotoalbum, *das*
photographer [fə'tɒgrəfə(r)] *n.* Fotograf, *der*/Fotografin, *die*
photographic [fəʊtə'græfɪk] *adj.* fotografisch; Foto⟨*ausrüstung, -club, -papier, -apparat, -ausstellung, -zeitschrift*⟩; ~ **memory** *(fig.)* fotografisches Gedächtnis
photographically [fəʊtə'græfɪkəlɪ] *adv.* fotografisch
photography [fə'tɒgrəfɪ] *n., no pl., no indef. art.* Fotografie, *die*
photogravure [fəʊtəgrə'vjʊə(r)] *n.* Photogravüre, *die*
photometer [fəʊ'tɒmɪtə(r)] *n.* Photometer, *der*
photomon'tage *n.* Fotomontage, *die*
photon ['fəʊtɒn] *n. (Phys.)* Photon, *das*
photo: ~-**opportunity** *n. see* ~-**call;** ~'**sensitive** *adj.* lichtempfindlich; ~**sensi'tivity** *n.* Lichtempfindlichkeit, *die;* ~**setting** *see* **filmsetting;** P~**stat,** (P) ['fəʊtəstæt] *(Brit.)* **1.** *n. see* **photocopy 1;** **2.** *v. t.,* -**tt**- *see* **photocopy 2;** ~'**synthesis** *n. (Bot.)* Photosynthese, *die;* ~**voltaic** *adj. (Phys.)* photovoltaisch
phrasal 'verb *n. (Ling.)* mehrgliedriges Verb
phrase [freɪz] **1.** *n.* **a)** *(Ling.)* Phrase, *die (fachspr.); (idiomatic expression)* idiomatische Wendung, *die;* [Rede]wendung, *die;* **set** ~: feste [Rede]wendung, *die;* **noun/verb** ~: Nominal-/Verbalphrase, *die;* **b)** *(brief expression)* kurze Formel; **be good at turning a** ~: ausgezeichnet formulieren können; **hackneyed** ~: abgegriffene *od. (ugs.)* ausgedroschene Phrase; *see also* **turn 1 j;** **c)** *(Mus.)* Phrase, *die.* **2.** *v. t.* **a)** *(express in words)* formulieren; ~ **one's idea** seinen Gedanken in Worte fassen; **b)** *(Mus.)* phrasieren
'**phrase-book** *n.* Sprachführer, *der*
phraseology [freɪzɪ'ɒlədʒɪ] *n.* Ausdrucksweise, *die; (technical terms)* Terminologie, *die*
phrasing ['freɪzɪŋ] *n.* **a)** *(style of expression)* Ausdrucksweise, *die;* **b)** *(Mus.)* Phrasierung, *die*
phrenetic *see* **frenetic**
phrenology [frɪ'nɒlədʒɪ] *n.* Phrenologie, *die*
phut [fʌt] **1.** *adv. (coll.)* **go** ~: kaputtgehen *(ugs.); (fig.)* ⟨*Plan, Projekt:*⟩ in die Binsen gehen *(ugs.)* ⟨*Geschäft, Firma:*⟩ kaputtgehen *(ugs.).* **2.** *n.* Knall, *der;* ~! peng!
phylloxera [fɪ'lɒksərə] *n. (Zool.)* Reblaus, *die*
phylum ['faɪləm] *n., pl.* **phyla** ['faɪlə] *(Biol.)* [Tier-/Pflanzen]stamm, *der;* Phylum, *das (fachspr.)*
physic ['fɪzɪk] *(arch.)* **1.** *n.* **a)** *(art of healing)* Heilkunde, *die;* **b)** *(medicine)* Arznei, *die*

physical .... **picket**

(veralt.); Heilmittel, das. 2. v. t., -ck- mit Arzneimitteln behandeln
physical ['fɪzɪkl] 1. adj. a) (material) physisch ⟨Gewalt⟩; stofflich, dinglich ⟨Welt, Universum⟩; b) (of physics) physikalisch; it's a ~ **impossibility** (fig.) es ist absolut unmöglich; c) (bodily) körperlich; physisch; **you need to take more ~ exercise** du brauchst mehr Bewegung; **~ check-up** or **examination** ärztliche Untersuchung; **get/be ~** (coll.) rabiat werden/sein; d) (carnal, sensual) körperlich ⟨Liebe⟩; sinnlich ⟨Person, Ausstrahlung⟩. 2. n. ärztliche [Vorsorge]untersuchung; (for joining the army) Musterung, die
physical: ~ 'chemistry n. physikalische Chemie; Physikochemie, die; **~ edu'cation** n. Sport, der; Leibesübungen Pl. (Amtsspr.); **~ ge'ography** n. physische Geographie; **~ 'jerks** n. pl. (coll.) Gymnastikübungen
physically ['fɪzɪkəlɪ] adv. a) (in accordance with physical laws) physikalisch; **~ impossible** (fig.) absolut unmöglich; b) (relating to the body) körperlich; physisch; **they had to be ~ removed** sie mußten mit [physischer] Gewalt entfernt werden; **be ~ sick** einen physischen Ekel empfinden; **~ disabled** körperbehindert
physical: ~ 'science n. exakte Naturwissenschaften; **~ 'training** n. Sport, der; (in school) Sport[unterricht], der
'physic garden n. (arch.) [Heil]kräutergarten, der
physician [fɪ'zɪʃn] n. Arzt, der/Ärztin, die
physicist ['fɪzɪsɪst] n. Physiker, der/Physikerin, die
physics ['fɪzɪks] n., no pl. Physik, die
physio ['fɪzɪəʊ] n., pl. **~s** (coll.) Physiotherapeut, der/Physiotherapeutin, die
physiognomy [fɪzɪ'ɒnəmɪ] n. Physiognomie, die; Gesichtszüge; (study) Physiognomik, die; (fig.: of mountain, country, city, etc.) Physiognomie, die (geh.); Gestalt, die
physiological [fɪzɪə'lɒdʒɪkl] adj. physiologisch
physiologist [fɪzɪ'ɒlədʒɪst] n. Physiologe, der/Physiologin, die
physiology [fɪzɪ'ɒlədʒɪ] n. Physiologie, die
physiotherapist [fɪzɪəʊ'θerəpɪst] n. Physiotherapeut, der/-therapeutin, die
physiotherapy [fɪzɪəʊ'θerəpɪ] n. Physiotherapie, die
physique [fɪ'ziːk] n. Körperbau, der; **be small in ~**: von geringer Körpergröße od. kleinem Wuchs sein
pi [paɪ] n. (Math., Greek letter) Pi, das
pianissimo [pɪə'nɪsɪməʊ] (Mus.). 1. adj. pianissimo nicht attr.; Pianissimo-. 2. adv. pianissimo. 3. n., pl. **~s** or **pianissimi** [pɪə'nɪsɪmɪ] Pianissimo, das
pianist ['piːənɪst] n. Pianist, der/Pianistin, die
¹piano [pɪ'ænəʊ] n., pl. **~s** (Mus.) (upright) Klavier, das; (grand) Flügel, der; attrib. Klavier-; **play the ~:** Klavier spielen; see also **grand piano; player-piano; upright 1a**
²piano [pɪ'ɑːnəʊ] (Mus.) 1. adj. piano nicht attr.; piano gespielt/gesungen; Piano-. 2. adv. piano. 3. n., pl. **~s** or **piani** [pɪ'ɑːniː] (passage) Piano, das
piano-ac'cordion n. Akkordeon, das
pianoforte [pɪænə'fɔːtɪ] n. (Mus. formal/arch.) Pianoforte, das (veralt.)
Pianola, (P) [piː'əʊlə] n. Pianola, das
piano [pɪ'ænəʊ]: **~ music** n. Klaviermusik, die; (score) Klaviernoten Pl.; **~-player** n. Klavierspieler, der/-spielerin, die; **~-stool** n. Klavierschemel, der; **~-tuner** n. Klavierstimmer, der/-stimmerin, die
piazza [pɪ'ætsə] n. pl. **piazze** [pɪ'ætseɪ] (public square) Piazza, die; b) pl. **~s** (Amer.: veranda) Veranda, die
picador ['pɪkədɔː(r)] n. Picador, der; Lanzenreiter, der

picaresque [pɪkə'resk] adj. pikaresk; pikarisch; **~ novel** Schelmenroman, der
picayune [pɪkə'juːn] adj. (Amer. coll.) a) (petty) kleinlich; b) (paltry) unbedeutend; unerheblich
piccalilli [pɪkə'lɪlɪ] n. Piccalilli, das; scharf gewürztes eingelegtes Senfgemüse
piccaninny ['pɪkənɪnɪ] (Brit.) n. [kleines] Negerkind
piccolo ['pɪkələʊ] n., pl. **~s** (Mus.) Pikkoloflöte, die; Pikkolo, das
¹pick [pɪk] n. a) (for breaking up hard ground, rocks, etc.) Spitzhacke, die; (for breaking up ice) [Eis]pickel, der; b) see **toothpick**; c) (Mus.) Plektrum, das
²pick 1. n. a) (choice) Wahl, die; **take your ~:** du hast die Wahl; **you can take your ~ of** the rooms du kannst dir ein Zimmer aussuchen; **she had the ~ of several jobs** sie konnte zwischen mehreren Jobs [aus]wählen; **have [the] first ~ of sth.** als erster aus etw. auswählen dürfen; b) (best part) Elite, die; **the ~ of the herd/fruit** etc. die besten Tiere aus der Herde/die besten Früchte usw.; see also **bunch 1 b**. 2. v. t. a) pflücken ⟨Blumen⟩; [ab]ernten, [ab]pflücken ⟨Äpfel, Trauben usw.⟩; **'~ your own strawberries'** „Erdbeeren zum Selbstpflücken"; b) (select) auswählen; aufstellen ⟨Mannschaft⟩; **~ the winner** or **a winner/the winning horse** auf den Sieger/das richtige od. siegreiche Pferd setzen; **~ a winner** (fig.) eine gute Wahl treffen; das Große Los ziehen; **~ one's words** seine Worte mit Bedacht wählen; **~ one's way** or **steps** sich (Dat.) vorsichtig [s]einen Weg suchen; **~ one's way through the rules and regulations** sich (Dat.) seinen Weg durch das Dickicht der Vorschriften und Bestimmungen suchen; **~ and choose** sich (Dat.) aussuchen; **you can't ~ and choose which laws to obey** du kannst dir nicht aussuchen, welche Gesetze du befolgen willst [und welche nicht]; **~ one's time [for sth.]** den Zeitpunkt [für etw.] festlegen; **you certainly ~ your times!** (iron.) du suchst dir aber auch immer die unmöglichsten Zeiten aus!; **~ sides [for the game]** abwechselnd einen Spieler/eine Spielerin [für das Spiel] auswählen; c) (clear of flesh) **~ the bones [clean]** ⟨Hund.⟩ die Knochen [sauber] abnagen; **~ the carcass** ⟨Geier, Hyäne usw.⟩: den Kadaver abfressen; d) **~ sb.'s brains [about sth.]** jmdn. [über etw. (Akk.)] ausfragen od. (ugs.) ausquetschen; e) **~ one's nose/teeth** in der Nase bohren/in den Zähnen [herum]stochern; f) **~ sb.'s pocket** jmdn. bestehlen; **he had his pocket ~ed** er wurde von einem Taschendieb bestohlen; g) **~ a lock** ein Schloß knacken (salopp); h) **~ to pieces** (fig.: criticize) kein gutes Haar lassen an (+ Dat.) (ugs.); i) (Amer. Mus.) zupfen ⟨Saiten⟩; **~ a banjo/guitar** Banjo/Gitarre spielen. See also **bone 1 d; hole 1 a; quarrel 1 a**. 3. v. i. **~ and choose [too much]** [zu] wählerisch sein

~ at v. t. a) (eat without interest) herumschern in (+ Dat.) ⟨Essen⟩; b) (criticize) herumhacken auf (+ Dat.) (ugs.); c) herumspielen an, (landsch.) knaupeln an (+ Dat.) ⟨Pickel⟩

~ off v. t. a) [--] (pluck off) abrupfen ⟨Blüten, Blumen⟩; abzupfen, ablesen ⟨Haare, Fusseln⟩; **the helicopter ~ed him off his boat** der Hubschrauber holte ihn aus seinem Boot heraus; b) [-'-] (shoot one by one) [einzeln] abschießen od. (ugs.) abknallen

~ on v. t. a) (victimize) es abgesehen haben auf (+ Akk.); **he's constantly being ~ed on to do the dirty jobs** ihm wird immer die Dreckarbeit aufgehalst; **why ~ on me every time?** warum immer gerade od. ausgerechnet ich?; **~ on someone your own size!** leg dich doch wenigstens mit einem Gleichstarken an! (ugs.); b) (select) sich (Dat.) aussuchen

~ 'out v. t. a) (choose) auswählen; (for oneself) sich (Dat.) aussuchen, [her]aussortieren ⟨Kleid, Blume⟩; heraussuchen, [her]aussortieren ⟨rote Kugeln, kleine Bälle, defekte Ware, [un]reife Früchte⟩; (from text) herausgreifen ⟨Beispiel, Passage⟩; b) (distinguish) ausmachen, entdecken ⟨Detail, jmds. Gesicht in der Menge⟩; **the spotlight ~ed a child in the audience** der Scheinwerfer erfaßte ein Kind im Publikum; **~ out sth. from sth.** etw. von etw. unterscheiden; c) (highlight) hervorheben ⟨Buchstaben, Inschrift⟩; d) (play by ear etc.) sich (Dat.) zusammensuchen ⟨Melodie⟩

~ 'over v. t. durchstöbern; **the tomatoes have been well ~ed over** die besten Tomaten sind schon herausgesucht worden

~ up 1. ['--] v. t. a) (take up) [in die Hand] nehmen ⟨Brief, Buch usw.⟩; hochnehmen ⟨Baby⟩; [wieder] aufnehmen ⟨Handarbeit⟩; aufnehmen ⟨Masche⟩; auffinden ⟨Fehler⟩; (after dropping) aufheben; **~ sth. up from the table** etw. vom Tisch nehmen; **a child up in one's arms** ein Kind auf den Arm nehmen; **~ up the telephone** den [Telefon]hörer abnehmen; **~ up the pieces** (lit. or fig.) die Scherben aufsammeln; **~ up your feet** heb die Füße hoch; see also **thread 1 b**; b) (collect) mitnehmen; (by arrangement) abholen ⟨at, from von⟩; (obtain) holen; **~ up sth. on the way home** etw. auf dem Nachhauseweg abholen; c) (become infected by) sich (Dat.) einfangen od. holen (ugs.) ⟨Virus, Grippe⟩; d) (take on board) ⟨Bus, Autofahrer:⟩ mitnehmen; **~ sb. up at** or **from the station** jmdn. vom Bahnhof abholen; e) (rescue from the sea) [aus Seenot] bergen; f) (coll.: earn) einstreichen (ugs.); g) (coll.: make acquaintance of) aufreißen (ugs.); h) (find and arrest) festnehmen; i) (receive) empfangen ⟨Signal, Funkspruch usw.⟩; j) (hear) aufschnappen (ugs.); **he'd ~ed up some tale that...:** er hatte etwas läuten gehört, daß...; k) (obtain casually) sich (Dat.) aneignen; bekommen ⟨Sache⟩; **things we ~ed up on our holidays/journeys** Dinge, die wir aus dem Urlaub/von unseren Reisen mitgebracht haben; **~ up languages easily** mühelos Sprachen lernen; **~ up odd habits** seltsame Gewohnheiten annehmen; **where do you ~ up such expressions?** wo hast du denn diese Ausdrücke her?; l) (obtain) auftreiben (ugs.); m) (resume) wieder aufnehmen ⟨Erzählung, Gespräch⟩; n) (succeed in seeing) wiederfinden ⟨Spur, Fährte⟩; o) (regain) wiederfinden ⟨Witterung⟩; **you cross the field and ~ up the path on the other side** du überquerst das Feld und stößt od. kommst auf der anderen Seite wieder auf den Weg; p) (pay) **~ up the bill** etc. **for sth.** die Rechnung usw. für etw. übernehmen. See also **pick-me-up; pick-up; speed 1 a**. 2. [-'-] v. i. a) (improve, recover) ⟨Gesundheitszustand, Befinden, Stimmung, Laune, Wetter:⟩ sich bessern; ⟨Person:⟩ sich erholen, wieder auf die Beine kommen; ⟨Markt, Geschäft:⟩ sich erholen od. beleben; ⟨Gewinne:⟩ steigen, zunehmen; b) (gain speed) beschleunigen; ⟨Wind:⟩ auffrischen. 3. v. refl. **~ oneself up** wieder aufstehen; (with difficulty) sich wieder aufrappeln (ugs.); (fig.) sich aufrappeln (ugs.)

~ 'up with v. t. (coll.: make the acquaintance of) kennenlernen

pick-a-back ['pɪkəbæk] see **piggyback**
pickaninny (Amer.) see **piccaninny**
'pickaxe (Amer.: **pickax**) see **'pick a**
picker ['pɪkə(r)] n. (of fruit, hops, cotton, etc.) Pflücker, der/Pflückerin, die
picket ['pɪkɪt] 1. n. a) (Industry) Streikposten, der; **mount a ~ [at** or **on a gate]** [an einem Tor] Streikposten aufstellen; see also **flying picket**; b) (pointed stake) Pfahl, der; c) (Mil.: small body of troops) Feldpo-

picket duty | **pier**

sten, *der;* **advanced ~:** vorgeschobener Posten; Vorposten, *der;* **d)** *(Mil.: camp-policeman)* Feldjäger, *der.* 2. *v.t.* Streikposten aufstellen vor (+ *Dat.*) ⟨*Fabrik, Büro usw.*⟩. 3. *v.i.* Streikposten stehen
'**picket duty** *n.* **be on/do ~:** Streikposten stehen
picketer ['pɪkɪtə(r)] *n.* Streikposten, *der*
'**picket fence** *n.* Palisadenzaun, *der*
picketing ['pɪkɪtɪŋ] *n.* Aufstellen von Streikposten; **secondary ~:** *Streikpostenstehen bei einem Betrieb, dem man selbst nicht angehört*
'**picket line** *n.* Streikpostenkette, *die;* **be on the ~:** Streikposten stehen; in der Streikpostenkette stehen
picking ['pɪkɪŋ] *n.* **a)** Ernten, *das;* *(of fruit, hops, cotton also)* Pflücken, *das;* *(of grapes also)* Lesen, *das;* **b)** *(fruit picked)* Ernte, *die;* [Ernte]ertrag, *der;* **a large ~ of apples** eine reiche Apfelernte; **c)** *in pl. (gleanings)* Reste *Pl.;* *(things stolen)* [Aus]beute, *die;* *(things allowed)* zusätzliche Vergünstigungen; *(yield)* Ausbeute, *die;* **it's easy ~s** das ist ein einträgliches Geschäft; *see also* **slim 1 b**
pickle ['pɪkl] **1.** *n.* **a)** *(preservative)* Konservierungsmittel enthaltende Flüssigkeit; *(brine)* Salzlake, *die;* *(vinegar solution)* Marinade, *die;* **a jar of ~s** Essiggemüse, *das;* **c)** *(coll.: predicament)* **be in a ~:** in der Klemme sitzen *(ugs.);* **get into a ~:** in die Klemme geraten *(ugs.);* **be in a sorry** *or (iron.)* **nice etc. ~:** ganz schön in der Klemme sitzen *(ugs.);* **d)** *(acid solution)* Beize, *die.* **2.** *v.t.* **a)** *(preserve)* [in Essig *od.* sauer] einlegen ⟨*Gurken, Zwiebeln, Eier*⟩; marinieren ⟨*Hering*⟩; **b)** *(treat)* beizen ⟨*Leder, Metall*⟩
pickled ['pɪkld] *adj.* **a)** *(sl.: drunk)* betrunken; besoffen *(derb);* **get [thoroughly] ~:** sich [richtig] vollaufen lassen *(ugs.);* **b)** *(preserved)* eingelegt ⟨*Eier usw.*⟩; mariniert ⟨*Hering*⟩; *(in brine)* gepökelt ⟨*Fleisch*⟩; **~ onions/gherkins** eingelegte Zwiebeln/saure Gurken
pick: ~lock *n.* **a)** *(person)* Einbrecher, *der*/Einbrecherin, *die;* **b)** *(tool)* Dietrich, *der;* **~-me-up** *n.* Stärkungsmittel, *das;* **the holiday/hearing that good news was a real ~-me-up** der Urlaub/diese gute Nachricht hat mir richtig gut getan; **~pocket** *n.* Taschendieb, *der*/-diebin, *die;* **~-up** *n.* **a)** *(of goods)* Laden, *der; attrib.* **~-up [point]** *(for bus passengers etc.)* Haltepunkt, *der;* **b)** *(improvement)* Anstieg, *der;* **a ~-up in sales/quality** ein Anstieg der Verkaufszahlen/eine Verbesserung der Qualität; **c)** *(coll.: person)* Zufallsbekanntschaft, *die;* **this is his latest ~-up?** ist das seine neueste Errungenschaft? *(ugs.);* **d)** *(truck)* **~-up [truck/van]** Kleinlastwagen, *der;* **e)** *(of record-player, guitar)* Tonabnehmer, *der;* Pick-up, *der*
picky ['pɪkɪ] *adj. (Amer. coll.)* pingelig *(ugs.)*
picnic ['pɪknɪk] **1.** *n.* **a)** Picknick, *das;* **go for** *or* **on a ~:** ein Picknick machen; picknicken gehen; **have a ~:** sich zum Picknick niedersetzen; picknicken; **b)** *(coll.: easy task, pleasant experience)* Kinderspiel, *das;* **be no ~:** kein Zuckerlecken *od.* Honig[sch]lecken sein; **the Korean War was a ~ in comparison** der Koreakrieg war dagegen ein Spaziergang. **2.** *v.i.,* **-ck-** picknicken; Picknick machen
'**picnic-basket** *n.* Picknickkorb, *der*
picnicker ['pɪknɪkə(r)] *n.* **there were a lot of ~s on the beach** viele Menschen machten Picknick am Strand; **the ~s cleared up their litter** die Ausflügler räumten nach dem Picknick ihre Abfälle weg
picnic: ~ 'lunch *n.* **a)** Picknick, *das (als Mittagessen);* **b)** *(packed up)* Lunchpaket, *das;* **~ site** *n.* Picknickplatz, *der*
Pict [pɪkt] *n. (Hist.)* Pikte, *der*/Piktin, *die*
pictogram ['pɪktəɡræm], **pictograph** ['pɪktəɡrɑːf] *ns.* Piktogramm, *das*

pictorial [pɪk'tɔːrɪəl] **1.** *adj.* illustriert ⟨*Bericht, Zeitschrift, Wochenmagazin*⟩; bildlich ⟨*Darstellung*⟩; Bild⟨*journalismus, -band, -bericht*⟩; **give a ~ record of sth.** etw. im Bild festhalten. **2.** *n. (magazine, newspaper, etc.)* Illustrierte, *die*
pictorially [pɪk'tɔːrɪəlɪ] *adv.* in illustrierter Form; bildhaft ⟨*darstellen*⟩
picture ['pɪktʃə(r)] **1.** *n.* **a)** Bild, *das; see also* **pretty 1 a; tell 1 b; b)** *(portrait)* Porträt, *das;* *(photograph)* Porträtfoto, *das;* **have one's ~ painted** sich malen *od.* portraitieren lassen; **c)** *(mental image)* Vorstellung, *die;* Bild, *das;* **get a ~ of sth.** sich *(Dat.)* ein Bild machen/von etw. eine Vorstellung bekommen; **give a ~ of sth.** von etw. einen Eindruck vermitteln; **the employment ~** *(fig.)* das Bild der Arbeitsmarktlage; **present a sorry ~** *(fig.)* ein trauriges *od.* jämmerliches Bild abgeben; **look the [very] ~ of health/misery/innocence** wie das blühende Leben aussehen/ein Bild des Jammers sein/wie die Unschuld in Person aussehen; **be the ~ of delight** die Freude in Person sein; **get the ~** *(coll.)* verstehen[, worum es geht]; **I'm beginning to get the ~:** langsam *od.* allmählich verstehe *od. (ugs.)* kapiere ich; **[do you] get the ~?** verstehst du?; **get the whole ~:** den Gesamtzusammenhang erkennen; **put sb. in the ~:** jmdn. ins Bild setzen; **be in the ~** *(be aware)* im Bilde sein; **keep out of the ~:** nicht in Erscheinung treten; **keep sb. in the ~:** jmdn. auf dem laufenden halten; **come** *or* **enter into the ~:** [dabei] eine Rolle spielen; **d)** *(film)* Film, *der; in pl. (Brit.: cinema)* Kino, *das;* **go to the ~s** ins Kino gehen; **what's on at the ~s?** was gibt's *od.* läuft im Kino?; **is there anything on at the ~s?** läuft dort etwas [Interessantes] im Kino?; **f)** *(delightful object)* **be a ~:** wunderschön *od. (ugs.)* ein Gedicht sein; **her face was a ~:** ihr Gesicht sprach Bände; **she looked a ~:** sie sah bildschön aus. **2.** *v.t.* **a)** *(represent)* abbilden; **b)** *(imagine)* **[to oneself]** sich *(Dat.)* vorstellen; **c)** *(describe graphically)* anschaulich schildern
picture: ~-book 1. *n.* Bilderbuch, *das;* **2.** *adj.* Bilderbuch-; **~-card** *n.* Figurenkarte, *die;* Bild, *das;* **~-frame** *n.* Bilderrahmen, *der;* **~-framer** *see* **framer; ~-gallery** *n.* Gemäldegalerie, *die;* **~-hook** *n.* Bilderhaken, *der;* **~ palace** *n. (veralt.)* Filmpalast, *der (veralt.);* **~ 'postcard** *n.* Ansichtskarte, *die;* **~-rail** *n.* Bilderleiste, *die*
picturesque [pɪktʃə'resk] *adj.* malerisch; pittoresk *(geh.);* *(vivid)* anschaulich, bildhaft ⟨*Beschreibung, Erzählung*⟩
picturesquely [pɪktʃə'reskli] *adv.* malerisch; *(graphically)* anschaulich
picture: ~ window *n.* Panoramafenster, *das;* **~-writing** *n.* Bilderschrift, *die*
piddle ['pɪdl] *(coll.)* **1.** *v.i.* **a)** *(act in trifling way)* **~ about** *or* **around** herumkramen *(ugs.);* **b)** *(urinate)* Pipi machen (Kinderspr.); pinkeln *(ugs.).* **2.** *n.* **a)** **have a/do one's ~:** Pipi machen (Kinderspr.); **he needs to have a ~:** er muß mal *(ugs.);* **b)** *(urine)* Pipi, *das (Kinderspr.)*
piddling ['pɪdlɪŋ] *adj. (coll.)* lächerlich *(abwertend)*
pidgin ['pɪdʒɪn] *n.* Pidgin, *das*
pidgin 'English *n.* Pidgin-Englisch, *das*
pie [paɪ] *n. (of meat, fish, etc.)* Pastete, *die;* *(of fruit etc.)* ≈ Obstkuchen, *der;* **as sweet/nice etc. as ~:** *(coll.)* superfreundlich *(ugs.);* scheißfreundlich *(salopp);* **as easy as ~** *(coll.)* kinderleicht *(ugs.);* **have a finger in every ~** *(coll.)* überall die Finger drin haben *(ugs.);* **that's all just ~ in the sky** *(coll.)* das sind alles nur Luftschlösser; das ist alles völlig unrealistisch
piebald ['paɪbɔːld] **1.** *adj.* gescheckt, scheckig ⟨*Pferd, Kuh, Pony*⟩. **2.** *n.* Schecke, *die/der*
piece [piːs] **1.** *n.* **a)** Stück, *das;* *(of broken*

glass or pottery) Scherbe, *die;* *(of jigsaw puzzle, crashed aircraft, etc.)* Teil, *der;* *(Amer.: distance)* [kleines] Stück; **a ~ of meat** ein Stück Fleisch; **[all] in one ~:** unbeschädigt; *(fig.)* heil; wohlbehalten; **in ~s** *(broken)* kaputt *(ugs.);* **[broken in pieces apart]** [in Einzelteile] zerlegt; **break into ~s, fall to ~s** zerbrechen; kaputtgehen *(ugs.);* **break sth. to ~** etw. zerbrechen *od.* zerbrechen *od.* kaputtmachen; **go [all] to ~s** *(fig.)* [völlig] die Fassung verlieren; **[all] of a ~:** aus einem Guß; **be [all] of a ~ with sth.** [ganz] genau zu etw. passen; **say one's ~** *(fig.)* sagen, was man zu sagen hat; **b)** *(part of set)* **~ of furniture/clothing/luggage** Möbel-/Kleidungs-/Gepäckstück, *das;* **a 21~ tea-set** ein 21teiliges Teeservice; **a five-~ band** eine fünfköpfige Band *od.* Kapelle; **a three-/four-~ suite** eine drei-/vierteilige Sitzgarnitur; **a three-~ suit** ein dreiteiliger Anzug; **c)** *(enclosed area)* **a ~ of land/property** ein Stück Land/Grundstück; **a ~ of water** ein kleines Gewässer; **d)** *(example)* **a ~ of impudence [like that]** eine [solche] Unverschämtheit; **~ of luck** Glücksfall, *der;* **by a ~ of good luck** durch eine glückliche Fügung; **a fine ~ of pottery/Victorian literature** eine sehr schöne Töpferarbeit/ein hervorragendes Werk der viktorianischen Literatur; **fine ~ of work** hervorragende Arbeit; **he's an unpleasant ~ of work** *(fig.)* er ist ein unangenehmer Vertreter; *see also* **nasty 1 a;** **e)** *(item)* **~ of news/gossip/information** Nachricht, *die*/Klatsch, *der*/Information, *die;* **by the ~** ⟨*Arbeiter:*⟩ Akkord- *od.* Stücklohn erhalten; **the work is paid by the ~:** für die Arbeit wird Akkord- *od.* Stücklohn gezahlt; *see also* **advice a;** **f)** *(Chess)* Figur, *die;* *(Draughts, Backgammon, etc.)* Stein, *der;* **g)** *(coin)* gold ~ Goldstück, *das;* **~ of silver** Silbermünze, *die;* **a 10p ~:** ein 10-Pence-Stück; **the ten-Pence-Münze;** *or* **eight mexikanischer** *od.* **spanischer Dollar;** Achterstück, *das (veralt.);* **h)** *(article in newspaper, magazine, etc.)* Beitrag, *der;* **i)** *(literary or musical composition)* Stück, *das;* **~ of music** Musikstück, *das; see also* **villain b;** **j)** *(coll.: woman)* Mieze, *die (ugs.);* **k)** *(Mil.: weapon) (firearm)* Schußwaffe, *die;* *(of artillery)* Geschütz, *das;* **l)** *(picture)* Stück, *das;* Werk, *das.* **2.** *v.t.* **~ together** *(lit. or fig.)* zusammenfügen **(from aus); ~ together what happened** rekonstruieren, was passiert ist
pièce de résistance [piːɛs də reɪzɪˈstɑːs] *n., pl.* **pièces de résistance** [piːɛs də reɪzɪˈstɑːs] **a)** *(dish)* Hauptgericht, *das;* Pièce de résistance, *pas Françaisi;* **b)** *(item)* Krönung, *die;* **and now for my ~!** und nun die Krönung!
'**piecemeal** *adv., adj.* stückweise
piece: ~-rate *n.* Akkordsatz, *der;* **be paid at** *or* **be on ~-rates** ⟨*Arbeiter:*⟩ Akkord- *od.* Stücklohn erhalten; **the work is paid at ~-rates** für die Arbeit wird Akkord- *od.* Stücklohn gezahlt; **~-work** *n.,* no *pl.* Akkordarbeit, *die;* **put sb. on ~-work** jmdn. im Akkord beschäftigen; **be on ~-work** im Akkord arbeiten; **~-work system** Akkordlohnsystem, *das;* **~-worker** *n.* Akkordarbeiter, *der*/-arbeiterin, *die*
pie: ~ chart *n.* Kreisdiagramm, *das;* **~ crust** *n.* Teigmantel, *der*
pied [paɪd] *adj.* gescheckt ⟨*Pferd, Kuh usw.*⟩; [bunt]gefleckt ⟨*Schmetterling, Vogel*⟩
pied-à-terre [pjeɪdɑːˈtɛə(r)] *n., pl.* **pieds-à-terre** [pjeɪdɑːˈtɛə(r)] Zweitwohnung, *die*
'**pie-dish** *n.* Pasteteform, *die*
Pied 'Piper *n.* Rattenfänger, *der;* **the ~ of Hamelin** der Rattenfänger von Hameln
pie: ~-eyed *adj. (sl.)* sternhagelvoll *(ugs.);* **~man** ['paɪmən] *n., pl.* **~men** ['paɪmən] *(arch.)* Pastetenverkäufer, *der*
pier [pɪə(r)] *n.* **a)** *(for landing-place, as promenade)* Pier, *der od. (Seemannsspr.)* die; **b)**

529

pierce *(to protect or form harbour)* [Hafen]mole, *die;* Hafendamm, *der;* c) *(support of bridge)* Pfeiler, *der;* d) *(Archit.)* Trumeau, *der*

pierce [pɪəs] *v. t.* a) *(prick)* durchbohren, durchstechen ⟨Hülle, Verkleidung, Ohrläppchen⟩; *(penetrate)* sich bohren in, [ein]dringen in (+ *Akk.*) ⟨Körper, Fleisch, Herz⟩; **have one's ears ~d** sich *(Dat.)* Löcher in die Ohrläppchen machen *od.* stechen lassen; b) *(fig.)* **the cold ~d him to the bone** die Kälte drang ihm bis ins Mark; **a scream ~d the night/silence** ein Schrei gellte durch die Nacht/zerriß die Stille; c) *(force one's way through)* durchbrechen ⟨feindliche Linien⟩; *(fig.)* erschüttern ⟨Gleichgültigkeit⟩

piercing ['pɪəsɪŋ] *adj.* durchdringend ⟨Stimme, Schrei, Blick⟩; schneidend ⟨Sarkasmus, Kälte⟩

pierrot ['pɪərəʊ] *n.* Pierrot, *der*

pietà [pjeɪ'tɑː] *n. (Art)* Pieta, *die*

piety ['paɪətɪ] *n.* a) *no pl. (quality)* Frömmigkeit, *die;* b) *(act)* fromme Handlung

piffle ['pɪfl] *n.* a) *(nonsense)* Quatsch, *der (ugs.);* b) *(empty talk)* Geschwafel, *das (ugs.);* Blabla, *das (ugs.)*

piffling ['pɪflɪŋ] *adj. (coll.)* lächerlich

pig [pɪg] 1. *n.* a) *(Zool.)* Schwein, *das;* **the sow is in ~:** die Sau ist trächtig; **bleed like a [stuck] ~:** wie ein Schwein bluten *(ugs.);* heftig bluten; **~s might fly** *(iron.)* da müßte schon ein Wunder geschehen; **buy a ~ in a poke** *(fig.)* die Katze im Sack kaufen; ~ **in the middle** *(coll.)* Ballspiel, bei dem ein in der Mitte stehender Spieler den Ball, den sich die anderen zuwerfen, fangen muß; b) *(coll.) (greedy person)* Vielfraß, *der (ugs.);* Freßsack, *der (salopp); (obstinate person)* Dickschädel, *der (ugs.); (dirty person)* Ferkel, *das (ugs.);* [Dreck]schwein, *das (derb); (unpleasant thing)* Scheißding, *das (salopp); (unpleasant person)* Ekel, *das (ugs.);* Schwein, *das (derb);* **make a ~ of oneself** *(overeat)* sich *(Dat.)* den Bauch *od.* Wanst vollschlagen *(salopp);* **live like ~s** hausen wie die Schweine *(ugs.);* c) *(sl. derog.: policeman)* Bulle, *der (salopp abwertend);* d) *(metal)* Massel, *die (Metall.);* e) *(Amer.: young swine)* Ferkel, *das.* See also **chauvinist.** 2. *v. t.,* **-gg-:** ~ **it** *(coll.)* hausen *(ugs.)*

¹pigeon ['pɪdʒɪn] *n.* Taube, *die;* **cock ~:** Tauber, *der;* Täuber[ich], *der*

²pigeon *n.* a) *see* **pigy;** b) *(coll.: business)* **be sb.'s ~:** jmdn. angehen; **that's not my ~:** das ist nicht mein Bier *(ugs.)*

pigeon: **~-fancier** *n.* Taubenfreund, *der/*-freundin, *die;* **~-hole** 1. *n.* a) *(in cabinet etc.)* [Ablage]fach, *das; (for letters)* Postfach, *das;* **put people in ~-holes** *(fig.)* Menschen in Schubladen einordnen *od.* stecken; b) *(for pigeon)* [Tauben]fluglach, *das;* 2. *v. t.* a) *(deposit)* [in die Fächer] sortieren; b) *(put aside)* auf Eis legen; **get ~-holed** auf Eis gelegt werden; c) *(categorize)* einordnen, in eine Schublade/in Schubladen stecken; **~-loft** *n.* Taubenschlag, *der;* **~-toed** 1. *adj.* **a ~-toed man** ein Mann, der mit einwärts gerichteten Füßen geht; **be ~-toed** mit einwärts gerichteten Füßen gehen; über den großen Onkel gehen; 2. *adv.* mit einwärts gerichteten Füßen; über den großen Onkel *(ugs.)*

piggery ['pɪgərɪ] *n.* a) *(pig-breeding establishment)* Schweinezucht, *die;* b) *see* **pigsty;** c) *(coll.: gluttony)* Gefräßigkeit, *die*

piggish ['pɪgɪʃ] *adj. (coll.)* a) *(gluttonous)* gefräßig *(ugs.);* verfressen *(salopp);* b) *(dirty)* schmuddelig *(ugs.);* dreckig *(ugs.);* c) *(stubborn)* dickschädelig; stur

piggy ['pɪgɪ] *(coll.)* 1. *n.* Schweinchen, *das;* Ferkel, *das;* 2. *adj.* **~ face** Schweinchengesicht, *das;* **~ eyes** Schweinsäuglein *Pl.*

piggy: **~back** 1. **ask for a ~back** huckepack getragen werden wollen; **give sb. a ~back** jmdn. huckepack nehmen *od.* tragen; 2. *adv.* huckepack; 3. *adj.* **give a child a ~back ride** ein Kind huckepack tragen; **~bank** *n.* Sparschwein[chen], *das*

pig: **~'headed** *adj.* dickschädelig *(ugs.);* stur; **~headedness** [pɪg'hedɪdnɪs] *n., no pl.* Dickschädeligkeit, *die (ugs.);* Sturheit, *die;* **~-iron** *n.* Roheisen, *das;* Masseleisen, *das (Metall.)*

piglet ['pɪglɪt] *n.* Ferkel, *das*

'pig-meat *n.* Schweinefleisch, *das*

pigment ['pɪgmənt] 1. *n.* Pigment, *das.* 2. *v. t.* pigmentieren

pigmentation [pɪgmən'teɪʃn] *n.* Pigmentierung, *die;* Pigmentation, *die*

pigmy *see* **pygmy**

pig: **~pen** *(Amer.) see* **pigsty;** **~'s 'ear** *n.* *(Brit. coll.)* **make a ~'s ear of sth.** etw. verpfuschen *od. (ugs.)* vermurksen; **~skin** *n.* a) Schweinehaut, *die;* b) *(leather)* Schweinsleder, *das;* attrib. schweinsledern; Schweinsleder-; c) *(Amer. sl.: football)* Leder, *das (ugs.);* **~sty** *n. (lit. or fig.)* Schweinestall, *der;* **~swill** *n.* Schweinefutter, *das; (fig. coll.) (food)* Schweinefraß, *der (derb); (drink, soup, etc.)* Spülwasser, *das (salopp);* **~tail** *n. (plaited)* Zopf, *der;* **~tails** *(worn loose, at either side of head)* Rattenschwänzchen *Pl. (ugs.)*

¹pike [paɪk] *n., pl. same (Zool.)* Hecht, *der*

²pike *n. (Arms Hist.)* Pike, *die;* Spieß, *der*

³pike *n. (Brit. Hist., Amer.)* a) *(toll-bar)* Zahlstelle, *die;* Mautstelle, *die (bes. südd. u. österr.);* b) *(road)* gebührenpflichtige Straße; Mautstraße, *die (bes. südd. u. österr.)*

pike: **~-perch** *n. (Zool.)* Zander, *der;* **~staff** *n.* **plain as a ~staff** sonnenklar *(ugs.)*

pilaff [pɪ'læf] *n.* Pilaw, *der (Kochk.)*

pilaster [pɪ'læstə(r)] *n. (Archit.)* Pilaster, *der*

pilchard ['pɪltʃəd] *n.* Sardine, *die*

¹pile [paɪl] 1. *n.* a) *(heap) (of dishes, plates)* Stapel, *der; (of paper, books, letters)* Stoß, *der; (of clothes)* Haufen, *der;* b) *(coll.: large quantity)* Masse, *die (ugs.);* Haufen, *der (ugs.);* **a ~ of troubles/letters/people** eine *od. (ugs.)* jede Menge Sorgen/Briefe/Leute; **a great ~ of work/problems** eine Unmenge Arbeit/Probleme; **a ~ of difficult problems awaited her** eine Menge schwierige Probleme erwartete sie; c) *(coll.: fortune)* **make a or one's ~:** ein Vermögen machen; **he's made his ~:** er hat sein Schäfchen im Trockenen *(ugs.);* d) *(large building)* Bauwerk, *das;* e) *(Electr.)* Voltasche Säule. 2. *v. t.* a) *(load)* [voll] beladen; **a table with dishes** einen Tisch mit [Stapeln von] Geschirr vollstellen; b) *(heap up)* aufstapeln ⟨Holz, Steine⟩; aufhäufen ⟨Abfall, Schnee⟩; c) ~ **furniture into a van/lorry** *etc.* Möbel in einen Liefer-/Lastwagen *usw.* laden

~ **'in** 1. *v. i.* a) *(seen from outside)* hineindrängen; *(seen from inside)* hereindrängen; ~ **in!** [kommt] nur *od.* immer herein!; quetscht euch rein! *(ugs.);* b) *(coll.: begin) (to eat)* reinhauen *(ugs.);* zulangen *(ugs.); (to work)* mit anpacken; *(to fight)* mitmischen *(ugs.);* mit von der Partie sein *(ugs.).* 2. *v. t.* hineinquetschen *(ugs.)*

~ **into** *v. t.* drängen in (+ *Akk.*) ⟨Stadion, Halle⟩; sich zwängen in (+ *Akk.*) ⟨Auto, Zimmer, Zugabteil, Telefonzelle⟩

~ **off** *(coll.)* 1. [.'-] *v. i. (seen from inside)* hinausdrängen; *(seen from outside)* herausdrängen. 2. ['--] *v. t.* drängen *od.* strömen aus ⟨Bus *usw.*⟩

~ **'on** 1. *v. i. see* **pile** in a. 2. *v. t. (fig.)* ~ **on the work/praise** massiv mit Arbeit/Lob kommen; ~ **on the pressure** Druck machen; ~ **on the agony,** ~ **it on** *(coll.)* dick auftragen *(ugs.)*

~ **on to** *v. t.* a) *(heap on to)* ~ **logs on to the fire** Holzscheite auf das Feuer legen; **he ~d food on to my plate** er häufte mir Essen auf den Teller; ~ **work on to sb.** *(fig.)* jmdm. Arbeit aufbürden *od.* aufladen; b) *(enter)* drängen in (+ *Akk.*) ⟨Bus *usw.*⟩

~ **'out** *v. i.* nach draußen strömen *od.* drängen

~ **'out of** *v. t.* strömen *od.* drängen aus

~ **'up** 1. *v. i.* a) *(accumulate)* ⟨Waren, Post, Aufträge, Arbeit, Schnee:⟩ sich auftürmen; ⟨Verkehr:⟩ sich stauen; ⟨Schulden:⟩ sich vermehren; ⟨Verdacht, Eindruck, Beweise:⟩ sich verdichten; b) *(crash)* aufeinander auffahren. 2. *v. t.* a) aufstapeln ⟨Steine, Bücher *usw.*⟩; auftürmen ⟨Haar, Frisur⟩; aufhäufen ⟨Abfall, Schnee⟩; *(fig.)* zusammentragen ⟨Beweise *usw.*⟩; ~ **up debts** sich immer mehr verschulden. See also **pile-up**

²pile *n.* a) *(soft surface)* Flor, *der;* b) *(soft hair, down)* Flaum, *der*

³pile *n. (stake)* Pfahl, *der*

pile: **~-driver** *n.* [Pfahl]ramme, *die;* **~-dwelling** *n.* Pfahlbau, *der*

piles [paɪlz] *n. pl. (Med.)* Hämorrhoiden *Pl.*

'pile-up *n.* Massenkarambolage, *die*

pilfer ['pɪlfə(r)] *v. t.* stehlen; klauen *(ugs.)*

pilferage ['pɪlfərɪdʒ] *n.* Diebstahl, *der*

pilferer ['pɪlfərə(r)] *n.* Dieb, *der*/Diebin, *die;* Langfinger, *der (oft scherzh.)*

'pilfer-proof *adj.* einbruch-/diebstahlsicher

pilgrim ['pɪlgrɪm] *n.* Pilger, *der*/Pilgerin, *die;* Wallfahrer, *der*/Wallfahrerin, *die*

pilgrimage ['pɪlgrɪmɪdʒ] *n.* Pilgerfahrt, *die;* Wallfahrt, *die*

Pilgrim 'Fathers *n. pl. (Hist.)* Pilgerväter *Pl.*

pill [pɪl] *n.* a) Tablette, *die;* Pille, *die (ugs.);* **be on ~s** Tabletten einnehmen müssen; b) *(coll.: contraceptive)* **the ~ or P~** die Pille *(ugs.);* **be on the ~:** die Pille nehmen *(ugs.);* **come off the ~:** die Pille absetzen *od.* nicht mehr nehmen *(ugs.);* **go on the ~:** mit der Pille anfangen *(ugs.);* c) *(fig.: unpleasant thing)* **swallow the ~:** die [bittere] Pille schlucken *(ugs.);* **sweeten the ~:** die bittere Pille versüßen *(ugs.);* **be a bitter ~ [to swallow]** eine bittere Pille sein; bitter sein; d) *(sl./joc.: ball)* Pille, *die (salopp)*

pillage ['pɪlɪdʒ] 1. *n.* Plünderung, *die.* 2. *v. t.* [aus]plündern; **the abbey was ~d of its treasures** die Schätze der Abtei wurden geraubt. 3. *v. i.* plündern

pillar ['pɪlə(r)] *n.* a) *(vertical support)* Säule, *die; (with angular cross-section)* Pfeiler, *der; (of bed, door)* Pfosten, *der;* **a ~ of strength** *(fig.)* eine Stütze; **from ~ to post** *(fig.)* hin und her; b) *(fig.: supporter) (of church, family, party, society, etc.)* Stütze, *die; (of science, alliance, faith, etc.)* Säule, *die;* c) *(upright mass)* ~ **of dust/cloud/water** Staub-/Wolken-/Wassersäule, *die;* d) *(Mining)* [Abbau]pfeiler, *der*

'pillar-box *n. (Brit.)* Briefkasten, *der;* attrib. **~ red** knallrot *(ugs.)*

'pillbox *n.* a) Pillenschachtel, *die;* b) [hat] Pillbox, *die;* flacher runder Hut ohne Krempe; *(of bell-boy)* Pagenkappe, *die;* c) *(Mil.)* MG-Unterstand, *der*

pillion ['pɪljən] *n.* Soziussitz, *der;* Beifahrersitz, *der;* **ride ~:** als Beifahrer/Beifahrerin *od.* auf dem Soziussitz mitfahren

pillock ['pɪlək] *n. (Brit.)* Schwachkopf, *der (ugs.)*

pillory ['pɪlərɪ] 1. *v. t. (lit. or fig.)* an den Pranger stellen. 2. *n. (Hist.)* Pranger, *der*

pillow ['pɪləʊ] 1. *n.* Kopfkissen, *das.* 2. *v. t.* **her arm ~ed the sleeping child** das schlafende Kind lag in ihrem Arm gebettet; **he was like a baby, ~ed in her arms** wie ein Baby lag er in ihren Armen

pillow: **~case** *n.* Kopfkissenbezug, *der;* **~-fight** *n.* Kissenschlacht, *die;* **~-lace** *n.* Klöppelspitze, *die;* **~ lava** *n. (Geol.)* Kissenlava, *die;* Pillowlava, *die;* **~-slip** *n.* ~**case;** ~ **talk** *n.* Bettgeflüster, *das*

'pill-popping *n. (sl.)* Pillenschluckerei, *die (ugs.)*

pilot ['paɪlət] 1. *n.* a) *(Aeronaut.)* Pilot, *der*/Pilotin, *die;* Flugzeugführer, *der/*-führerin, *die;* ~'s **licence** Flug- *od.* Pilotenschein, *der;* b) *(Naut.; also fig.: guide)* Lotse, *der.* 2. *adj.* Pilot*(programm, -studie, -projekt usw.).* 3. *v. t.* a) *(Aeronaut.)* fliegen; b) *(Naut.)* lotsen; ~ **sb. into/out of the harbour** jmdn. einlotsen *od.* in den Hafen lotsen/auslotsen *od.* aus dem Hafen lotsen; c) *(fig.: guide)* lotsen; ~ **a bill through the House** *(Parl.)* einen Gesetzentwurf durch das Parlament bringen
pilot: ~ **boat** *n.* Lotsenboot, *das;* ~-**fish** *n.* Lotsenfisch, *der;* Pilotfisch, *der*
pilotless ['paɪlətlɪs] *adj.* unbemannt; führerlos
pilot: ~-**light** *n.* a) *(gas-burner)* Zündflamme, *die;* b) *(electric light)* Kontrollampe, *die od.* -lämpchen, *das;* ~ **officer** *n. (Brit. Air Force)* ≈ [Flieger]leutnant, *der*
pimento [pɪ'mentəʊ] *n., pl.* ~**s** *(berry)* Piment, *der od. das;* Nelkenpfeffer, *der; (tree)* Pimentbaum, *der;* Nelkenpfefferbaum, *der*
pimp [pɪmp] 1. *n.* Zuhälter, *der.* 2. *v. i.* Zuhälterei betreiben; ~ **for sb.** jmds. Zuhälter sein
pimpernel ['pɪmpənel] *n. (Bot.)* [**scarlet**] ~: Ackergauchheil, *der;* Roter Gauchheil
pimple ['pɪmpl] *n.* a) *(spot)* Pickel, *der;* Pustel, *die;* **he/his face had come out in** ~**s** er hat Pickel/Pickel im Gesicht bekommen; b) *(slight swelling)* Erhebung, *die;* c) *(on tabletennis bat)* Noppe, *die*
pimpled ['pɪmpld] *adj.* pick[e]lig; genoppt 〈*Tischtennisschläger*〉
pimply ['pɪmplɪ] *adj.* pick[e]lig
PIN [pɪn] *abbr.* = [**number**] *see* **personal identification number**
pin 1. *n.* a) Stecknadel, *die;* **you could have heard a** ~ **drop** man hätte eine Stecknadel fallen hören können; **as clean as a new** ~: blitzblank *(ugs.);* ~**s and needles** *(fig.)* Kribbeln, *das;* **I had** ~**s and needles in my legs** *(fig.)* meine Beine kribbelten *od.* waren eingeschlafen; b) *(peg)* Stift, *der;* **split** ~: Splint, *der;* c) *(Electr.)* Kontaktstift, *der;* **a two**-/**three**-~ **plug** ein zwei-/dreipoliger Stecker; d) **I don't give** *or* **care a** ~: es ist mir völlig egal; **if you** ~**s I'd resign** es reicht mir nicht mehr viel, dann kündige ich; e) *(Golf)* Flaggenstock, *der;* f) *(Mus.: for string of instrument)* Wirbel, *der;* g) *(half-firkin cask)* ≈ Zwanzigliterfaß, *das;* h) *(in grenade)* Zündring, *der;* i) *in pl. (coll.: legs)* Stelzen *(salopp);* j) *(skittle)* Kegel, *der;* *(scoring point)* Punkt, *der;* Pin, *der (Kegelsport);* k) *(Amer.: brooch)* Ansteckenadel, *die;* [**lapel**] ~ *(of society, club, etc.)* Abzeichen, *das;* l) *(Med.)* Stift, *der;* Pin, *der (fachspr.).* 2. *v. t.* -**nn**- a) nageln 〈*Knochen, Bein, Hüfte*〉; ~ **a badge to one's lapel** sich *(Dat.)* ein Abzeichen ans Revers heften *od.* stecken; **a** ~ **notice on the board** einen Zettel ans Schwarze Brett hängen *od. (ugs.)* pinnen; ~ **together mit einer Stecknadel zusammenhalten;** *(Dressm.)* zusammenstecken; b) *(fig.)* ~ **one's ears back** die Ohren spitzen *(ugs.);* ~ **one's hopes on sb./sth.** seine [ganze] Hoffnung auf jmdn./etw. setzen; ~ **the blame/ responsibility for sth. on sb.** jmdm. die Schuld an etw. *(Dat.)*/die Verantwortung für etw. zuschieben; **you can't** ~ **it on him** das wirst du ihm nicht unterschieben *od. (ugs.)* anhängen können; *see also* **faith a**; c) *(seize and hold fast)* ~ **sb. against the wall** jmdn. an *od.* gegen die Wand drängen *od.* drücken; ~ **sb.'s arms to his sides** jmdm. die Arme an den Körper pressen; ~ **sb. to the ground** jmdn. auf den Boden drücken; ~ **sb.'s arm behind his back** jmdm. den Arm auf den Rücken drehen
~ '**down** *v. t.* a) *(fig.: bind)* festlegen, festnageln (**to** *or* **on** auf + *Akk.*); **he's a difficult man to** ~ **down** man kann ihn nur schwer

dazu bringen, sich [auf etwas] festzulegen; **he's difficult to** ~ **down on policies** es ist schwer, ihn auf eine konkrete Politik festzulegen; b) *(trap)* festhalten; ~ **sb. down [to the ground]** jmdn. auf den Boden drücken; c) *(define exactly)* ~ **sth. down in words** etw. in Worte fassen; **I can't quite** ~ **it down** ich kann es nicht richtig ausmachen; ~ **the fault down to the carburettor** feststellen, daß der Fehler im Vergaser liegt; ~ **down the exact meaning of a word** die Bedeutung eines Wortes genau bestimmen
~ '**up** *v. t.* aufhängen 〈*Bild, Foto*〉; anschlagen 〈*Bekanntmachung, Hinweis, Liste*〉; aufstecken, hochstecken 〈*Haar, Frisur*〉; heften 〈*Saum, Naht*〉; *see also* **pin-up**
pinafore ['pɪnəfɔ:(r)] *n.* Schürze, *die* (mit Oberteil)
'**pinafore dress** *n.* Trägerrock, *der;* Trägerkleid, *das*
'**pin-ball** *n.* Flippern, *das; attrib.* Flipper-〈*spiel, -automat*〉; **play** ~: flippern; **have a game of** ~: [eine Runde] flippern
pince-nez ['pænsneɪ] *n., pl. same* Kneifer, *der;* Pincenez, *der (veralt.)*
'**pincer movement** ['pɪnsə mu:vmənt] *n.* (*Mil.*) Zangenbewegung, *die*
pincers ['pɪnsəz] *n. pl.* a) [**pair of**] ~: Beißod. Kneifzange, *die;* b) *(of crab etc.)* Schere, *die;* Zange, *die (ugs.)*
pinch [pɪntʃ] 1. *n.* a) *(squeezing)* Kniff, *der;* **give sb. a** ~: jmdn. kneifen *od. (bes. südd., österr.)* zwicken; **give sb. a** ~ **on the arm/ cheek** *etc.* jmdn. *od.* jmdm. in den Arm/die Backe *usw.* kneifen *od. (bes. südd., österr.)* zwicken; b) *(fig.)* **feel the** ~: knapp bei Kasse sein *(ugs.);* **the firm is feeling the** ~: der Firma geht es finanziell nicht gut; **at a** ~: zur Not; **wenn es [unbedingt] sein muß;** **if it comes to a** *or* **the** ~: wenn es zum Äußersten kommt; c) *(small amount)* Prise, *die; see also* **salt 1 a.** 2. *v. t.* a) *(grip tightly)* kneifen; zwicken *(bes. südd., österr.);* ~ **sb.'s cheek/bottom** jmdn. in die Wange/den Hintern *(ugs.)* kneifen; **I had to** ~ **myself** ich mußte mich erst mal in den Arm kneifen *(ugs.);* ~**ed with cold** *(fig.)* [völlig] durchgefroren; starr vor Kälte; b) *(coll.: steal)* klauen *(salopp);* c) *(coll.: arrest)* sich schnappen *(ugs.);* ~**ed** *od.* **getting** ~**ed werden** *(ugs.);* d) *(Hort.)* ~ **back** *or* **down** *or* **out** abzwicken; abknipsen *(ugs.).* 3. *v. i.* 〈*Schuh:*〉 drücken; **that's where the shoe** ~**es** *(fig.)* da liegt der Hase im Pfeffer *od.* der Hund begraben *(ugs.);* b) *(be niggardly)* knapsen *(ugs.),* knausern *(ugs. abwertend)* (**on** mit)
pinchbeck ['pɪntʃbek] 1. *n.* Tombak, *der.* 2. *adj.* a) aus Tombak *nachgestellt;* b) *(fig.: counterfeit)* **be** ~: Talmi sein
'**pinch-hitter** *n. (Baseball)* Ersatzspieler, *der/*-spielerin, *die*
'**pincushion** *n.* Nadelkissen, *das*
¹**pine** [paɪn] *n.* a) *(tree)* Kiefer, *die; attrib.* Kiefern-; b) *(wood)* Kiefernholz, *das; attrib.* Kiefer[nholz]-; **a kitchen in** ~: eine Küche aus Kiefer[nholz]
²**pine** *v. i.* a) *(languish)* (**over, about** wegen) sich [vor Kummer] verzehren *(geh.);* b) *(long eagerly)* ~ **for sb./sth.** sich nach jmdn./etw. sehnen *od. (geh.)* verzehren
~ **a'way** *v. i.* dahinkümmern
pineal ['paɪnɪəl] *adj. (Anat.)* ~ **body** *or* **gland** Zirbeldrüse, *die;* Epiphyse, *die*
pineapple ['paɪnæpl] *n.* Ananas, *die;* ~ **juice** Ananassaft, *der;* ~ **rings/chunks** Ananasringe *od.* -scheiben/-stücke
pine: ~-**cone** *n. (Bot.)* Kiefernzapfen, *der;* ~ **marten** *n. (Zool.) (American)* Fichtenmarder, *der; (European)* Edelmarder, *der;* ~-**needle** *n.* Kiefernnadel, *die*
pinetum [paɪ'ni:təm] *n., pl.* **pineta** [paɪ'ni:tə] Kiefernarboretum, *das*
'**pine**-**wood** *n.* a) *(material)* Kiefernholz, *das;* b) *(forest)* Kiefernwald, *der*

ping [pɪŋ] 1. *n. (of bullet)* Pfeifen, *das; (of bell)* Klingeln, *das;* **the stone made a** ~ **as it hit the glass** wie der Stein gegen das Glas flog. 2. *v. i.* 〈*Kugel:*〉 pfeifen, peitschen; 〈*Glocke, Schreibmaschine:*〉 klingeln
pinger ['pɪŋə(r)] *n.* Kurzzeitwecker, *der; (in kitchen)* Küchenwecker, *der*
ping-pong *(Amer.:* **Ping-Pong,** P) ['pɪŋpɒŋ] *n.* Tischtennis, *das;* Pingpong, *das (ugs. veralt.)*
ping-pong: ~ **ball** *n.* Tischtennisball, *der;* Pingpongball, *der (ugs. veralt.);* ~ **table** *n.* Tischtennisplatte, *die*
pin: ~-**head** *n.* Stecknadelkopf, *der; attrib. (fig.)* winzig; stecknadelkopfgroß; b) *(coll.: fool)* Dummkopf, *der;* Strohkopf, *der (ugs.);* ~-**headed** *adj.* blöd *(ugs.);* dämlich *(ugs.);* ~-**high** *adj. (Golf)* auf Flaggenstockhöhe *nachgestellt;* ~-**hole** *n.* [nadelfeines] Loch, *das;* ~-**hole camera** *n. (Photog.)* Lochkamera, *die;* Camera obscura, *die*
¹**pinion** ['pɪnjən] *n. (cog-wheel)* Ritzel, *das (Technik);* kleines Zahnrad
²**pinion** 1. *v. t.* ~ **sb.,** ~ **sb.'s arms** jmdm. die Arme an den Körper] binden; ~ **sb. to sth.** jmdn. an etw. *(Dat.)* festbinden. 2. *n.* a) *(Ornith.) (terminal segment of wing)* Hand[schwinge], *die; (flight-feather)* Schwungfeder, *die;* b) *(poet.: wing)* Schwinge, *die (geh.);* Fittich, *der (dichter.)*
¹**pink** [pɪŋk] 1. *n.* a) *(Bot.)* Pink, *das;* Rosa, *das;* b) **in the** ~ **of condition** in hervorragendem Zustand; **be in the** ~ *(sl.)* kerngesund sein; c) *(Bot.)* Garten]nelke, *die;* d) *see* **huntingpink.** 2. *adj.* pinkfarben, rosa 〈*Kleid, Wand*〉; rosig, rosarot 〈*Himmel, Gesicht, Haut, Wangen*〉; b) *(Polit. sl.)* rosa[rot]; rot angehaucht. *See also* **elephant;** 'gin; **rosepink;** **salmon-pink;** **tickle 1 b**
²**pink** *v. i. (Motor Veh.)* klingeln
³**pink** *v. t.* a) *(pierce slightly)* piksen; b) *(Sewing)* auszacken
pinkie ['pɪŋkɪ] *n. (Amer., Scot.)* kleiner Finger
pinking ['pɪŋkɪŋ] *n.:* ~ **scissors,** ~ **shears** *ns. pl.* [**pair of**] ~ **scissors** *or* **shears** Zackenschere, *die*
pinko ['pɪŋkəʊ] *n., pl.* ~**s** *(Polit. sl.)* Rosarote, *der/die*
'**pin**-**money** *n. (for private expenditure)* Taschengeld, *das; (for dress expenses)* Nadelgeld, *das (veralt.); (coll.: small sum)* Taschen- *od.* Trinkgeld, *das (ugs.)*
pinnace ['pɪnəs] *n. (Naut.)* Pinasse, *die;* Beiboot, *das*
pinnacle ['pɪnəkl] *n.* a) *(Archit.)* Fiale, *die;* b) *(natural peak)* Gipfel, *der;* c) *(fig.: climax)* Höhepunkt, *der;* Gipfel, *der;* **at the** ~ **of his fame** auf dem Gipfel *od.* Höhepunkt seines Ruhmes
pinnate ['pɪnət] *adj. (Bot.)* gefiedert
pinny ['pɪnɪ] *n. (child lang./coll.)* Schürze, *die*
pin: ~-**point** 1. *v. t. (locate, define)* genau bestimmen; *(determine)* genau festlegen; 2. *n.* [Steck]nadelkopf, *der;* ~-**points of light** winzige Lichter; 3. *adj.* ~-**point accuracy** höchste Genauigkeit; ~**prick** *n.* Nadelstich, *der; (fig.)* [harmlose] Stichelei; ~-**stripe** *n.* Nadelstreifen, *der; (suit)* Nadelstreifenanzug, *der; attrib.* Nadelstreifen*(anzug, -kostüm)*
pint [paɪnt] *n.* a) *(one-eighth of a gallon)* Pint, *der;* ≈ halber Liter; b) *(Brit.: quantity of liquid)* Pint, *das;* **a** ~ **of milk/beer** ≈ ein halber Liter Milch/Bier; **have a** ~: ein Bier trinken; **go to the pub for a couple of** ~**s** auf ein paar Bier[chen] in die Kneipe gehen; **he likes his** ~: er trinkt gern ein Bier[chen]
pinta ['paɪntə] *n. (Brit. coll.)* ≈ halber Liter [Milch/Bier *usw.*]; **drink one's daily** ~: täglich seine Milch/sein Bier *usw.* trinken
pin: ~-**table** *n.* Flipper[automat], *der;* ~**tail** *n. (Ornith.)* Spießente, *die*

531

pint '**mug** *n.* ≈ Halbliterglas, *das od.* -humpen, *der*

pinto ['pɪntəʊ] *adj., n., pl.* ~s *(Amer.) see* **piebald**

pint: ~-**pot** *n.* ≈ Halbliterhumpen, *der; see also* **quart a;** ~-**size[d]** *adj. (fig. coll.)* winzig; mick[e]rig *(ugs.)* ⟨*Person*⟩

pin: ~-**tuck** *n. (Sewing)* Biese, *die;* ~-**up** *(coll.)* **1.** *n.* **a)** *(picture) (of beautiful girl)* Pin-up[-Foto], *das; (of famous person)* Prominentenfoto, *das; (esp. of sports, film or pop star)* Starfoto, *das;* **b)** *(beautiful girl)* Schönheit, *die; (in photograph)* Pin-up-Girl, *das;* **2.** *adj.* Pin-up-⟨*Foto, Girl*⟩; ~-**up-girl**/ ~-**up-man** Fotomodell, *das;* ~-**wheel** *n.* **a)** *(firework)* Feuerrad, *das;* **b)** *(Amer.: toy)* Windrädchen, *das*

pioneer [paɪə'nɪə(r)] **1.** *n.* Pionier, *der; (fig. also)* Wegbereiter, *der*/Wegbereiterin, *die.* **2.** *v. i.* Pionierarbeit leisten; bahnbrechend sein; ~**ing settlers/studies/work** Pioniere *od.* erste Siedler/bahnbrechende Untersuchungen/Pionierarbeit, *die.* **3.** *v. t.* **a)** *(originate)* Pionierarbeit leisten für ⟨*Entwicklung, Technologie, Nutzung*⟩; **b)** *(open up as* ~) erkunden

pious ['paɪəs] *adj.* **a)** *(devout)* fromm; **a** ~ **hope** *(lit. or fig.)* ein frommer Wunsch; **b)** *(hypocritically virtuous)* heuchlerisch; scheinheilig; **c)** *(dutiful)* ehrfurchtsvoll; heilig ⟨*Pflicht*⟩. *See also* **fraud b**

piously ['paɪəslɪ] *adv.* **a)** *(devoutly)* **kneel** ~: in frommer Andacht knien; **b)** *(marked by sham)* scheinheilig; **c)** *(dutifully)* ehrfurchtsvoll

¹**pip** [pɪp] **1.** *n. (seed)* Kern, *der.* **2.** *v. t.,* -pp- entkernen

²**pip** *n.* **a)** *(on cards, dominoes, etc.)* Auge, *das;* Punkt, *der;* **b)** *(Brit. Mil.)* Stern, *der;* **c)** *(on radar screen)* Echosignal, *das; (spot of light also)* Leuchtpunkt, *der;* Echosignal, *das*

³**pip** *n. (Brit.: sound)* [kurzer] Piepston; *(time signal also)* Zeitzeichen, *das;* **when the** ~**s go** *(during telephone call)* wenn die Piepstöne anzeigen, daß eine neue Münze eingeworfen werden muß

⁴**pip** *n. (coll.)* **give sb. the** ~**:** jmdm. auf den Wecker gehen *(ugs.);* **sb. has [got] the** ~**:** jmd. ist sauer *(ugs.)*

⁵**pip** *v. t.,* -pp- *(Brit.) (defeat)* besiegen; schlagen; ~ **sb. at the post** *(coll.)* jmdn. im Ziel abfangen; *(fig.)* jmdn. im letzten Moment ausbooten *(ugs.)*

pipe [paɪp] **1.** *n.* **a)** *(tube)* Rohr, *das;* **b)** *(Mus.)* Pfeife, *die; (flute)* Flöte, *die; (in organ)* [Orgel]pfeife, *die;* **c)** *in pl. (bagpipes)* Dudelsack, *der;* **d)** [tobacco-]~: [Tabaks]pfeife, *die;* **light/smoke a** ~: eine Pfeife anzünden/rauchen; **put that in your** ~ **and smoke it** *(fig. coll.)* laß dir das gesagt sein; schreib dir das hinter die Ohren *(ugs.); see also* **clay pipe; peace-pipe;** **e)** *(cask)* Pipe, *das od. der,* 105-Gallonen-Faß, *das;* **f)** *(Geol.)* Schlot, *der.* **2.** *v. t.* **a)** *(convey by* ~) [durch ein Rohr/durch Rohre] leiten; **be** ~**d** ⟨*Öl, Wasser:*⟩ [durch eine Rohrleitung] fließen; ⟨*Gas:*⟩ [durch eine Rohrleitung] strömen; **b)** *(transmit by wire etc.)* leiten ⟨*Strom*⟩; übertragen ⟨*Sendung*⟩; [ab]spielen ⟨*Tonband-, Schallplatten]musik*⟩; ~**d music** Hintergrundmusik, *die;* Musikberieselung, *die (Mus.)* [auf der Flöte/dem Dudelsack] spielen ⟨*Melodie, Lied*⟩; führen ⟨*Soldaten*⟩; **d)** *(utter shrilly)* ⟨*Vogel:*⟩ piepsen, pfeifen; ⟨*Kind:*⟩ piepsen; **e)** *(Sewing)* paspel[ier]en; **f)** *(Cookery)* spritzen; **g)** *(Naut.)* ~ **sb. aboard** jmdn. mit Pfeifenklängen an Bord empfangen. **3.** *v. i.* **a)** *(whistle)* pfeifen; **b)** ⟨*Stimme:*⟩ hell klingen, schrillen; ⟨*Person:*⟩ piepsen, mit heller *od.* schriller Stimme sprechen; ⟨*Vogel:*⟩ pfeifen, piepsen; ⟨*kleiner, junger Vogel:*⟩ piepsen. **c)** *(Mus.)* [Flöte/Pfeife] spielen

~ **down** *v. i. (coll.: be less noisy)* ruhig sein; ~ **down, will you!** sei/seid doch mal ruhig! ~ **up** *v. i. (begin to speak)* sich vernehmen lassen

pipe: ~ **band.** Pfeifer-; ~-**clay** *n.* Pfeifenton, *der;* ~-**cleaner** *n.* Pfeifenreiniger, *der;* ~-**dream** *n.* Wunschtraum, *der;* Hirngespinst, *das (abwertend);* ~**line** *n.* Pipeline, *die; in the* ~**line** *(fig.)* in Vorbereitung; **pay rises are in the** ~**line** *(fig.)* Gehaltserhöhungen stehen bevor; **have some ideas in the** ~**line** *(fig.)* ein paar Ideen auf Lager haben *(ugs.);* ~-**organ** *n. (Mus.)* [Pfeifen]orgel, *die*

piper ['paɪpə(r)] *n.* **a)** Pfeifer, *der*/Pfeiferin, *die; (flautist)* Flötenspieler, *der*/-spielerin, *die;* **pay the** ~ *(fig.)* die Kosten tragen; **he who pays the** ~ **calls the tune** *(prov.)* 'Wes Brot ich ess', des Lied ich sing' *(Spr.);* **b)** *(bagpiper)* Dudelsackspieler, *der*/-spielerin, *die*

pipe: ~-**rack** *n.* Pfeifenständer, *der;* ~-**smoker** *n.* Pfeifenraucher, *der*/-raucherin, *die;* ~ **tobacco** *n.* Pfeifentabak, *der*

pipette [pɪ'pet] *n. (Chem.)* Pipette, *die*

piping ['paɪpɪŋ] **1.** *n.* **a)** *(system of pipes)* Rohrleitungssystem, *das;* **b)** *(quantity of pipes)* Rohrmaterial, *das;* **c)** *(Sewing)* Paspel, *die; (on furniture)* Kordel, *die;* **d)** *(Cookery)* Spritzgußverzierung, *die;* **e)** *(Mus.)* Pfeifen, *das; (of flute)* Flöten, *das;* **f)** *(shrill sound)* Pfeifen, *das.* **2.** *adj.* piepsend

piping '**hot** *adj.* kochendheiß

pipistrelle [pɪpɪ'strel] *n. (Zool.)* Zwergfledermaus, *die*

pipit ['pɪpɪt] *n. (Ornith.)* Pieper, *der*

pippin ['pɪpɪn] *n.* Tafelapfel, *der*

'**pipsqueak** *n. (sl. derog.)* Würstchen, *das (ugs.)*

piquancy ['piːkənsɪ] *n.* **a)** *(sharpness)* Würze, *die;* pikanter Geschmack; **b)** *(fig.)* Pikanterie, *die (geh.)*

piquant ['piːkənt, 'piːkɑːnt] *adj.,* **piquantly** ['piːkəntlɪ, 'piːkɑːntlɪ] *adv. (lit. or fig.)* pikant

pique [piːk] **1.** *v. t.* **a)** *(irritate)* verärgern; **be** ~**d at sb./sth.** über jmdn./etw. verärgert sein; **b)** *(wound the pride of)* kränken; **be** ~**d at sth.** wegen etw. gekränkt sein. **2.** *n.* **in a [fit of]** ~: verstimmt; eingeschnappt *(ugs.)*

piqué [ˈpiːkeɪ] *n. (Textiles)* Pikee, *der*

piracy ['paɪərəsɪ] *n.* **a)** Seeräuberei, *die;* Piraterie, *die;* **the** ~ **of books/records/video tapes** die illegale Nachdruck von Büchern/die illegale Pressung von Schallplatten/die illegale Vervielfältigung von Videobändern

piranha [pɪˈrɑːnə, pɪˈrɑːnjə] *n. (Zool.)* Piranha, *der*

pirate ['paɪərət] **1.** *n.* **a)** Pirat, *der;* Seeräuber, *der;* **b)** *(Schwindler)* Schwindler, *der; (of book etc.)* Raubdrucker, *der*/-druckerin, *die; (of record)* Raubpresser, *der*/Raubpresserin, *die;* Hersteller/Herstellerin von Raubpressungen; *(of video)* Hersteller/Herstellerin von unerlaubten Kopien; **b)** *(Radio)* [Rundfunk]pirat, *der; attrib.* ~ **radio station** Piratensender, *der;* ~ **broadcast[ing]** Piratensendung, *die;* **c)** *(ship)* Piratenschiff, *das;* Seeräuberschiff, *das.* **2.** *v. t.* ausplündern ⟨*Schiff*⟩; rauben ⟨*Waren usw.*⟩; *(fig.)* illegal nachdrucken ⟨*Buch*⟩; illegal pressen ⟨*Schallplatte*⟩; illegal vervielfältigen ⟨*Videoband*⟩; ~**d edition** Raubdruck, *der*

piratical [paɪˈrætɪkl] *adj.* Piraten-; Seeräuber-; seeräuberisch ⟨*Praktiken, Umtriebe*⟩

pirouette [pɪrʊˈet] **1.** *n.* Pirouette, *die.* **2.** *v. i.* pirouettieren; Pirouetten/eine Pirouette ausführen *od.* drehen

Piscean ['paɪsɪən] *(Astrol.) n.* Fisch, *der;* Fischemann, *der*/-frau, *die*

Pisces ['paɪsiːz, 'paɪskiːz] *n., pl. same (Astrol., Astron.)* Fische *Pl.;* Pisces *Pl.; see also* **Aries**

piss [pɪs] *(coarse)* **1.** *n.* **a)** *(urine)* Pisse, *die (derb);* **b)** *(act)* Pissen, *das (derb);* **need a** ~: pissen müssen *(derb);* **have a/go for a** ~: pissen/pissen gehen *(derb);* **c)** **take the** ~ **out of sb.** jmdn. verarschen *(salopp);* **stop taking the** ~! laß die Verarscherei! *(derb).* **2.** *v. i.* **a)** *(urinate)* pissen *(derb);* **b)** *see* **piss down. 3.** *v. t.* pissen *(derb);* ~ **oneself** in die Hose pissen *(derb)*

~ **a**'**bout,** ~ **a**'**round** *(sl.)* **1.** *v. i.* **a)** *(spend time lazily)* rumhängen *(ugs.);* **b)** *(behave in foolish way)* rummachen *(ugs.);* **c)** *(move in disorganized way)* sich *(Dat.)* einen abbrechen *(salopp);* ~ **around with sth.** mit etw. rummachen *(ugs.).* **2.** *v. t.* ~ **sb. about** *or* **around** jmdn. wie [den letzten] Dreck behandeln *(salopp)*

~ **down** *v. i. (sl.)* ~ **down [with rain]** schiffen *(salopp)*

~ '**off** *(Brit. sl.)* **1.** *v. i.* sich verpissen *(salopp).* **2.** *v. t.* ankotzen *(salopp); see also* **pissed off**

'**piss artist** *n. (sl.)* Suffkopp, *der (salopp)*

pissed [pɪst] *adj. (sl.)* **a)** *(drunk)* voll *(salopp);* besoffen *(derb);* ~ **as a lord** *or* **newt** voll wie eine Strandhaubitze *(ugs.);* ~ **out of one's mind** *or* **head** *or* **brain** sturzbesoffen *(derb);* hackevoll *(salopp);* **b)** *(Amer.: angry)* [stock]sauer **(with auf** + *Akk.) (salopp)*

pissed '**off** *adj. (sl.)* stocksauer **(with auf** + *Akk.) (salopp);* **get** ~ **[with sb./sth.]** langsam die Schnauze voll haben [von jmdm./etw.] *(salopp)*

'**piss-up** *n. (sl.)* Besäufnis, *das (salopp)*

pistachio [pɪˈstɑːʃɪəʊ] *n., pl.* ~**s** **a)** Pistazie, *die;* **b)** *(colour)* Pistaziengrün, *das*

piste [piːst] *n.* Piste, *die*

pistil ['pɪstɪl] *n. (Bot.)* Stempel, *der*

pistol ['pɪstl] *n. (small firearm)* Pistole, *die;* **hold a** ~ **to sb.'s head** jmdm. die Pistole auf die Schläfe *od.* den Kopf setzen; *(fig.)* jmdm. die Pistole auf die Brust setzen

pistol: ~-**grip** *n.* Pistolengriff, *der;* ~-**shot** *n.* Pistolenschuß, *der;* ~-**whip** *v. t.* mit der Pistole schlagen

piston ['pɪstən] *n.* Kolben, *der*

piston: ~ **engine** *n.* Kolbenmotor, *der;* ~-**ring** *n.* Kolbenring, *der;* ~-**rod** *n.* Kolbenstange, *die;* Pleuelstange, *die*

¹**pit** [pɪt] **1.** *n.* **a)** *(hole, mine)* Grube, *die; (natural)* Vertiefung, *die; (as trap)* Fallgrube, *die; (for cock-fighting)* Kampfplatz, *der;* **[work] down the** ~: unter Tage [arbeiten] *(Bergmannsspr.);* **dig a** ~ **for sb.** *(fig.)* jmdm. eine Falle stellen; **this really is the** ~ *(sl.)* das ist wirklich das letzte *(ugs.);* **b)** ~ **of the stomach** Magengrube, *die;* **c)** *(scar)* [vertiefte] Narbe; *(after smallpox)* Pockennarbe, *die;* **d)** *(Brit. Theatre)* *(for audience)* Parkett, *das; (for orchestra)* Orchestergraben, *der;* **e)** *(in garage)* Grube, *die; (Motor-racing)* Box, *die;* **f)** *(Amer. St. Exch.)* Maklerstand, *der.* **2.** *v. t.,* -tt- **a)** *(set to fight)* kämpfen lassen; **b)** *(fig.: match)* ~ **sth. against sth.** etw. einsetzen; ~ **one's wits/skill** *etc.* **against sth.** seinen Verstand/sein Können *usw.* an etw. *(Dat.)* messen; **c)** **be** ~**ed** [with ~s] voller Vertiefungen sein; **the** ~**ted surface of the moon** die mit Kratern bedeckte Mondoberfläche

²**pit** *(Amer.)* **1.** *n. (stone in fruit)* Kern, *der.* **2.** *v. t.,* -tt- *(remove* ~*s from)* entkernen

pit-a-pat ['pɪtəpæt] *adv.* **a)** **go** ~ ⟨*Herz:*⟩ schneller schlagen; ⟨*Regen:*⟩ [sanft] klopfen. **2.** *n. (of heart)* Pochen, *das; (of hoofs, feet)* Getrappel, *das; (of rain etc.)* Klopfen, *das*

¹**pitch** [pɪtʃ] **1.** *n.* **a)** *(Brit.: usual place)* [Stand]platz, *der; (stand)* Stand, *der; (Sport: playing-area)* Feld, *das;* Platz, *der;* **artificial** ~: Spielfeld mit künstlichem Rasen; *see also* **queer 3; b)** *(Mus.)* Tonhöhe, *die; (of voice)* Stimmlage, *die; (of instrument)* Tonlage, *die;* **have perfect** ~: absolutes Gehör haben; *see also* **concert pitch; c)** *(slope)* Nei-

pitch

gung, *die;* **the ~ of the roof** die Dachneigung; **d)** *(fig.: degree, intensity)* **the children were at a high ~ of excitement** die Kinder waren wahnsinnig aufgedreht *(ugs.);* **reach such a ~ that ...:** sich so zuspitzen, daß...; *see also* **fever pitch; e)** *see* **pitching; f)** *(Baseball: delivery)* Pitch, *der;* Wurf, *der;* *(Golf) see* **pitch shot; g)** *(Mech.: distance) (between cog-wheel teeth or screw ridges)* Teilung, *die;* *(in one turn of propeller)* Steigung, *die;* **h)** *(Mountaineering)* Seillänge, *die;* **i)** *(sales talk)* Verkaufsargumentation, *die;* **make one's ~** *(lit. or fig.)* seine Vorstellung geben; **get one's ~ in early** *(fig.)* seine Sache frühzeitig vorbringen. **2.** *v. t.* **a)** *(erect)* aufschlagen; **~ camp** ein/das Lager aufschlagen; **b)** *(throw)* werfen; **the horse ~ed its rider over its head** das Pferd warf den Reiter vornüber; **the car overturned and the driver was ~ed out** der Wagen überschlug sich, und der Fahrer wurde herausgeschleudert; **~ sb. out of sth.** jmdn. aus etw. hinauswerfen; **c)** *(Mus.)* anstimmen ⟨*Melodie*⟩; stimmen ⟨*Instrument*⟩; **~ one's voice too high/at the right level** eine zu hohe/die richtige Stimmlage wählen; **d)** *(fig.)* **~ a programme at a particular level** ein Programm auf ein bestimmtes Niveau abstimmen; **our expectations were ~ed too high** unsere Erwartungen waren zu hoch gesteckt; **e)** **~ed battle** offene [Feld]schlacht; **the debate became a ~ed battle** *(fig.)* aus der Debatte wurde eine Redeschlacht. **3.** *v. i.* *(fall)* [kopfüber] stürzen; ⟨*Schiff, Fahrzeug, Flugzeug:*⟩ mit einem Ruck nach vorn kippen; *(Cricket)* ⟨*Ball:*⟩ aufschlagen; *(repeatedly)* ⟨*Schiff:*⟩ stampfen; ⟨*Fahrzeug, Flugzeug:*⟩ ruckartig schwingen; **~ forward** vornüberstürzen; ⟨*Fahrzeug:*⟩ ruckartig anfahren

~ in *v. i.* *(coll.)* loslegen *(ugs.);* *(begin)* sich daranmachen *(ugs.);* **~ in [and or to help]** zupacken *(ugs.)* [und helfen]; mit anpacken *(ugs.)*

~ into *v. t.* *(coll.)* herfallen über *(+ Akk.);* sich hermachen über *(+ Akk.)* *(ugs.)* ⟨*Essen*⟩

²**pitch** *n.* *(substance)* Pech, *das;* **as black as ~:** pechschwarz

pitch: **~-'black** *adj.* pechschwarz; stockdunkel *(ugs.),* pechfinster ⟨*Nacht, Raum*⟩; **~blende** ['pɪtʃblɛnd] *n. (Min.)* Pechblende, *die;* **~-'dark** *adj.* stockdunkel *(ugs.);* pechfinster; **~-'darkness** *n.* tiefste Finsternis

pitched 'roof *n.* schräges Dach

¹**pitcher** ['pɪtʃə(r)] *n.* **a)** *(vessel)* [Henkel]krug, *der;* *(in bedroom etc.)* Wasserkanne, *die;* **b)** *(Bot.)* Kanne, *die*

²**pitcher** *n. (Baseball)* Werfer, *der;* Pitcher, *der*

'**pitcher-plant** *n. (Bot.)* Kannenpflanze, *die*

'**pitchfork 1.** *n. (for hay)* Heugabel, *die;* *(for manure)* Mistgabel, *die.* **2.** *v. t.* **~ sb. into sth.** *(fig.)* jmdn. in etw. *(Akk.)* katapultieren

'**pitching** ['pɪtʃɪŋ] *n. (of ship)* Stampfen, *das;* *(of vehicle, aircraft)* ruckartiges Schwingen

pitch: **~-pine** *n.* Pechkiefer, *die (wood)* Pitchpine, *das;* Pechkiefernholz, *das;* **~-pipe** *n. (Mus.)* Stimmpfeife, *die;* **~ shot** *n. (Golf)* kurzer Annäherungsschlag; Pitchshot, *der*

piteous ['pɪtɪəs] *adj.* erbärmlich; *(causing pity)* mitleiderregend; kläglich ⟨*Schrei*⟩

piteously ['pɪtɪəslɪ] *adv.* erbärmlich

'**pitfall** *n.* **a)** Fallstrick, *der;* *(risk)* Gefahr, *die;* **avoid all ~s** alle Klippen umgehen; **b)** *(animal trap)* Fallgrube, *die*

pith [pɪθ] *n.* **a)** *(in plant)* Mark, *das;* *(of orange etc.)* weiße Haut; Albedo, *die* *(fig.)* **b)** *(fig.: essential part)* Kern, *der;* **c)** *(fig.) (strength)* Kraft, *die;* *(force of words etc.)* Überzeugungskraft, *die;* **men of ~:** starke Männer; **of ~ and moment** gewichtig

'**pit-head** *n.* ≈ Zechengelände, *das;* **at the ~:** am Schachteingang; **~ baths** Waschkauen *(Bergmannsspr.);* **~ ballot** Abstimmung der Bergleute auf der Zeche

'**pith helmet** *n.* Tropenhelm, *der*

pithily ['pɪθɪlɪ] *adv.* prägnant

pithy ['pɪθɪ] *adj.* **a)** markhaltig; reich an Mark *nicht attr.;* ⟨*Orange usw.*⟩ mit dicker weißer Haut; **b)** *(fig.) (full of meaning)* prägnant; *(vigorous)* markig

pitiable ['pɪtɪəbl] *see* **pitiful**

pitiably ['pɪtɪəblɪ] *adv.* jämmerlich

pitiful ['pɪtɪfl] *adj.* **a)** mitleiderregend; *(with strong emotional appeal)* erbärmlich; jämmerlich ⟨*Versuch*⟩; **b)** *(contemptible)* jämmerlich *(abwertend)*

pitifully ['pɪtɪfəlɪ] *adv.* erbärmlich; jämmerlich

pitiless ['pɪtɪlɪs] *adj.,* **pitilessly** ['pɪtɪlɪslɪ] *adv.* unbarmherzig *(auch fig.);* erbarmungslos

pitman ['pɪtmən] *n.* **a)** *pl.* **pitmen** ['pɪtmən] *(miner)* Bergmann, *der;* **b)** *pl.* **~s** *(Amer.: connecting-rod)* Pleuelstange, *die*

piton ['pi:tɒn] *n. (for rock)* Felshaken, *der;* *(for ice)* Eishaken, *der*

pit: **~ pony** *n. (Brit.)* Grubenpferd, *das;* **~-prop** *n.* [Gruben]stempel, *der;* *(of wood also)* Grubenholz, *das;* **~-saw** *n.* Schrotod. Zugsäge, *die;* **~ stop** *n. (Motor-racing)* Boxenstopp, *der*

pitta ['pɪtə] *n.* **~ [bread]** Pittabrot, *das;* Fladenbrot, *das*

pittance ['pɪtəns] *n.* **a)** Hungerlohn, *der* *(abwertend);* *(small allowance)* [magere] Beihilfe; **b)** *(small amount of money)* **a ~:** ein paar Pfennige

pitter-patter [pɪtə'pætə(r)] *see* **pit-a-pat**

pituitary [pɪ'tju:ɪtərɪ] *n.* **~ [body** *or* **gland]** *(Anat., Zool.)* Hirnanhangdrüse, *die;* Hypophyse, *die (fachspr.).*

'**pit viper** *n.* Grubenotter, *die*

pity ['pɪtɪ] **1.** *n.* **a)** *(sorrow)* Mitleid, *das;* Mitgefühl, *das;* **feel ~ for sb.** Mitgefühl für jmdn. *od.* mit jmdm. empfinden; **have you no ~?** hast du [denn] kein Mitleid?; **be moved to ~'s sake!** um Gottes *od.* Himmels willen!; **b)** *(cause for regret)* **[what a] ~!** [wie] schade!; **it's a ~ about sb./sth.** es ist im Jammer mit jmdm./etw. *(ugs.);* **it's a [great] ~/a thousand pities [that] ...:** es ist [sehr *od.* zu] schade/jammerschade *(ugs.)* od. ein Jammer *(ugs.),* daß ...; **the ~ of it is [that] ...:** das Traurige daran ist, daß ...; **more's the ~** *(coll.)* leider! **2.** *v. t.* bedauern; bemitleiden; **I ~ you** *(also contemptuously)* du tust mir leid

pitying ['pɪtɪɪŋ] *adj.,* **pityingly** ['pɪtɪɪŋlɪ] *adv.* mitleidig

pivot ['pɪvət] **1.** *n.* **a)** [Dreh]zapfen, *der;* *(of a hinge)* Angelzapfen, *der;* **b)** *(fig.)* [Drehund] Angelpunkt, *der;* *(crucial point)* springender Punkt. **2.** *v. t. (provide with ~[s])* mit Zapfen/mit einem Zapfen versehen; *(mount on ~[s])* drehbar lagern. **3.** *v. i.* sich drehen; **the guns ~ easily** die Geschütze lassen sich leicht schwenken; **~ on sth.** *(fig.)* von etw. abhängen

pivotal ['pɪvətl] *adj. (fig.: crucial)* zentral; **~ figure/position** Schlüsselfigur, *die/*Schlüsselstellung, *die*

pix [pɪks] *n. pl. (coll.)* Bilder

pixel ['pɪksl] *n. (Computing etc.)* Bildpunkt, *der;* Pixel, *das*

pixie ['pɪksɪ] *n.* Kobold, *der*

pixie: **~ hat, ~ hood** *ns.* spitz zulaufendes Käppchen

pixy *see* **pixie**

pizza ['pi:tsə] *n.* Pizza, *die*

pizzazz [pɪ'tsæz] *n.* Klasse, *die; (showiness)* Glamour, *der*

pizzeria [pi:tsə'ri:ə] *n.* Pizzeria, *die*

pizzicato [pɪtsɪ'kɑ:təʊ] *(Mus.)* **1.** *adj.* **~ ac-**

place

companiment Pizzicatobegleitung; **a series of ~ notes** eine pizzicato gespielte Tonfolge. **2.** *adv.* pizzicato. **3.** *n., pl.* **~s** *or* **pizzicati** [pɪtsɪ'kɑ:tiː] Pizzicato, *das*

pl. *abbr.* **a)** plate 1 g; **b)** plural Pl.

placard ['plækɑːd] **1.** *n.* Plakat, *das;* **a ~ announcing the date of the next meeting** ein Anschlag *od.* Aushang mit dem nächsten Sitzungstermin. **2.** *v. t.* **a)** *(post up ~s on)* mit Plakaten bekleben ⟨*Wand usw.*⟩; **the town is ~ed with posters** überall in der Stadt kleben Plakate; **b)** *(advertise)* plakatieren

placate [plə'keɪt] *v. t.* beschwichtigen, besänftigen ⟨*Person*⟩

placatory [plə'keɪtərɪ] *adj.* beschwichtigend; besänftigend; Versöhnungs⟨*opfer, -gabe*⟩

place [pleɪs] **1.** *n.* **a)** *(spot)* Stelle, *die;* Platz, *der;* **put it in a ~ where you can find it** tun Sie es an einen Platz, wo Sie es wiederfinden; **I left it in a safe ~:** ich habe es an einem sicheren Ort gelassen; **it was still in the same ~:** es war noch an derselben Stelle *od.* am selben Platz; **the [exact] ~ where ...:** die [genaue] Stelle, wo *od.* an der ...; **this was the 'last ~ I expected to find you** hier hätte ich dich am allerwenigsten erwartet; **a ~ in the queue** ein Platz in der Schlange; **all over the ~:** überall; *(coll.: in a mess)* ganz durcheinander *(ugs.);* **I can't be in two ~s at once** ich kann nicht an zwei Orten gleichzeitig sein *od. (ugs.)* alles *od.* einmal machen; **from ~ to ~:** von Ort zu Ort; **in ~s** hier und da; *(in parts)* stellenweise; **the animal does still exist in ~s** das Tier kommt noch vereinzelt vor; **find a ~ in sth.** *(be included)* in etw. *(Akk.)* eingehen; *see also* **take 1 d; b)** *(fig.: rank, position)* Stellung, *die;* **as a critic, his ~ is in the front rank** als Kritiker rangiert er ganz vorn; **keep/put sb. in his/her ~:** jmdn. immer wieder/jmdn. in seine/ihre Schranken weisen; **jmdm. immer wieder/jmdm. einen Dämpfer aufsetzen** *(ugs.);* **know one's ~:** wissen, was sich für einen gehört; **it's not my ~ to do that** es kommt mir nicht zu, das zu tun; **c)** *(building or area for specific purpose)* **a [good] ~ to park/to stop** ein [guter] Platz zum Parken/eine [gute] Stelle zum Halten; **do you know a good/cheap ~ to eat?** weißt du, wo man gut/billig essen kann?; **We couldn't get into the café. The ~ was full** Wir kamen gar nicht erst in das Café. Es war alles voll *od.* besetzt; **~ of residence** *or* **domicile** Wohnort, *der;* **~ of work** Arbeitsplatz, *der;* Arbeitsstätte, *die;* **~ of worship** Andachtsort, *der;* **~ of amusement** Vergnügungsstätte, *die;* *see also* **another 2 c; d)** *(country, town)* Ort, *der;* **the best hotel in the ~:** das beste Hotel am Platz; **Paris/Italy is a great ~:** Paris ist eine tolle Stadt/Italien ist ein tolles Land *(ugs.);* **~ of birth** Geburtsort, *der;* **know the ~:** sich [hier/dort] auskennen; **'go ~s** *(coll.)* herumkommen *(ugs.); (fig.)* es [im Leben] zu was bringen *(ugs.);* **e)** *(coll.: premises)* Bude, *die (ugs.); (hotel, restaurant, bar)* Laden, *der (ugs.);* **liven the ~ up** Leben in die Bude bringen *(ugs.);* **she is at his/John's ~:** sie ist bei ihm/John; **[shall we go to] your ~ or mine?** [gehen wir] zu dir oder zu mir?; **I called at your ~:** ich bin bei dir [zu Hause] vorbeigegangen; **a ~ in the country** ein Haus auf dem Lande; **f)** *(seat etc.)* [Sitz]platz, *der;* **change ~s [with sb.]** [mit jmdm.] die Plätze tauschen; *(fig.)* [mit jmdm.] tauschen; **lay a/another ~:** ein/noch ein Gedeck auflegen; **take one's ~ at table** am Tisch Platz nehmen; **is this anyone's ~?** ist dieser Platz noch frei?; **g)** *(particular spot on surface)* Stelle, *die;* **h)** *(in book etc.)* Stelle, *die;* **lose one's ~:** die Seite verschlagen *od.* verblättern; *(on page)* nicht mehr wissen, an welcher Stelle man ist; **keep one's ~:** die Stelle markieren, an der man ist/war; **find one's ~:** die Stelle wie-

533

derfinden; **i)** *(step, stage)* **in the first ~:** zuerst; **why didn't you say so in the first ~?** warum hast du das nicht gleich gesagt?; **they should never have got married in the first ~:** sie hätten von vornherein nicht heiraten sollen; **I objected to it in the first ~:** ich war von Anfang an dagegen; **in the first/second/third** *etc.* **~:** erstens/zweitens/drittens *usw.*; **j)** *(proper ~)* Platz, *der;* **everything fell into ~** *(fig.)* alles wurde klar; **take your ~s for the next dance** stellen Sie sich zum nächsten Tanz auf; **he likes to have everything in [its] ~:** bei ihm muß alles an seinem Platz sein; **a woman's ~ is in the home** die Frau gehört ins Haus; **this is no ~ for a child** das ist kein Ort für ein Kind; **give ~ to sb./sth.** jmdm./einer Sache Platz machen; **winter gave ~ to spring** der Winter räumte dem Frühling das Feld; **the clamp is properly in ~:** die Klammer sitzt richtig; **her hat was held in ~ by a hairpin** ihr Hut wurde von einer Hutnadel festgehalten; **into ~:** fest⟨*nageln, -schrauben, -kleben*⟩; **out of ~:** nicht am richtigen Platz; *(several things)* in Unordnung; *(fig.)* fehl am Platz; **your suggestion is rather out of ~** *(fig.)* dein Vorschlag ist nicht ganz angebracht *od.* passend; **with not a hair out of ~:** makellos frisiert; **in ~ of sb./sth.** an Stelle *od.* anstelle (+ *Gen.*); **I'll go in ~ of you/in your ~:** ich werde an deiner Stelle gehen; **take the ~ of sb./sth.** jmds. Platz *od.* den Platz von jmdm./den Platz von etw. einnehmen; *see also* **sun 1**; **k)** *(position in competition)* Platz, *der;* **drop/go up two ~s in the charts** [um] zwei Plätze in der Hitparade fallen/steigen; **first ~ went to ...:** der erste Platz ging an ... (+ *Akk.*); **take first/second** *etc.* **~:** den ersten/zweiten *usw.* Platz belegen; *(fig.: have priority)* an erster/zweiter *usw.* Stelle kommen; **in second ~:** auf dem zweiten Platz; **beat sb. into second ~:** jmdn. auf den zweiten Platz verweisen; **get a ~** *(Racing)* eine Plazierung erreichen; *(Amer.: second ~)* den zweiten Platz belegen; **l)** *(Math.: position of figure in series)* Stelle, *die; see also* **decimal place; m)** *(job, position, etc.)* Stelle, *die; (as pupil: in team, crew)* Platz, *der;* **university ~:** Studienplatz, *der;* **n)** *(personal situation)* **what would you do in my ~?** was würden Sie an meiner Stelle tun?; **put yourself in my ~:** versetzen Sie sich in meine Lage. **2.** *v. t.* **a)** *(put) (vertically)* stellen; *(horizontally)* legen; **he ~d himself where ...:** er stellte sich dahin, wo ...; **~ a foot on a chair** einen Fuß auf einen Stuhl setzen; **~ the ball on the penalty spot** den Ball auf den Elfmeterpunkt legen; **~ in position** richtig hinstellen/hinlegen; **~ an announcement/advertisement in a paper** eine Anzeige/ein Inserat in eine Zeitung setzen; **~ a bet/~ money on a horse** auf ein Pferd wetten/Geld auf ein Pferd setzen; **b)** *(fig.)* **~ one's trust in sb./sth.** sein Vertrauen *od.* in jmdn./etw. setzen; **he ~s happiness above all other things** Glück steht für ihn an erster Stelle; *see also* **emphasis a, c; c)** *in p.p. (situated)* gelegen; **a badly ~d window** ein Fenster an einer ungünstigen Stelle; **be well ~d to watch sth.** einen guten Platz *od.* Standort haben, um her etw. zuzusehen; **he was not well ~d to return the shot** *(Tennis)* er stand ungünstig zum Ball; **we are well ~d for buses/shops** *etc.* wir haben es nicht weit zur Bushaltestelle/zum Einkaufen *usw.*; **how are you ~d for time/money?** *(coll.)* wie steht's mit deiner Zeit/deinem Geld?; **how are you ~d [for lending me a fiver]?** *(coll.)* wie sieht's bei dir aus[, kannst du mir einen Fünfer leihen]? *(ugs.);* **be well ~d financially** sich [finanziell] gut stehen *(ugs.);* **d)** *(find situation or home for)* unterbringen (with bei); **~ sb. in command of a company** jmdm. das Kommando über eine Kompanie erteilen; **~ sb. under sb.'s care** jmdn. in

jmds. Obhut geben; **e)** *(invest)* anlegen ⟨*Geld*⟩; *(Commerc.)* absetzen ⟨*Waren*⟩; **~ an order with a firm** einer Firma *(Dat.)* einen Auftrag erteilen; **f)** *(class, identify)* einordnen; einstufen; **~ sb. among the greatest statesmen** jdn. zu den größten Staatsmännern zählen; **~ an artefact in the Neolithic period** ein Artefakt der Jungsteinzeit zuordnen; **I've seen him before but I can't ~ him** ich habe ihn schon einmal gesehen, aber ich weiß nicht, wo ich ihn unterbringen *od.* *(ugs.)* hintun soll; **g)** *(Sports etc.)* **be ~d** sich plazieren; *(Brit.: in first three)* unter den ersten drei sein; *(Amer.: second)* zweiter sein; **be ~d second in the race/charts** im Rennen/ in der Hitliste den zweiten Platz belegen

'place-bet *n.* Platzwette, *die*
placebo [pləˈsiːbəʊ] *n., pl.* ~s *(Med.)* Placebo, *das*
place: ~ card *n.* Tischkarte, *die;* **~-kick** *n.* *(Footb.)* Platztritt, *der;* **~-mat** *n.* Set, *der od. das*
placement [ˈpleɪsmənt] *n.* Plazierung, *die*
'place-name *n.* Ortsname, *der*
placenta [pləˈsentə] *n., pl.* ~e [pləˈsentiː] *or* ~s *(Anat., Zool.)* Plazenta, *die (fachspr.);* Mutterkuchen, *der*
placer [ˈpleɪsə(r), ˈplæsə(r)] *n. (Geol.)* Seife, *die; (place)* [Seifen]lagerstätte, *die*
'place-setting *n.* Gedeck, *das*
placid [ˈplæsɪd] *adj.* ruhig, gelassen ⟨*Person*⟩; ruhig ⟨*Wasser, Wesensart*⟩; *(peaceable)* friedlich, friedfertig ⟨*Person*⟩
placidity [pləˈsɪdɪtɪ] *n., no pl. see* **placid:** Ruhe, *die;* Gelassenheit, *die;* Friedfertigkeit, *die*
placidly [ˈplæsɪdlɪ] *adv. see* **placid:** ruhig; gelassen; friedlich
placket [ˈplækɪt] *n. (Dressm.)* Schlitz, *der*
plagiarism [ˈpleɪdʒərɪzm] *n.* Plagiat, *das*
plagiarist [ˈpleɪdʒərɪst] *n.* Plagiator, *der/* Plagiatorin, *die*
plagiarize (**plagiarise**) [ˈpleɪdʒəraɪz] *v. t.* plagiieren
plague [pleɪɡ] **1.** *n.* **a)** *(esp. Hist.: epidemic)* Seuche, *die;* **the ~** *(bubonic)* die Pest; **spread like the ~** sich wie eine Seuche ausbreiten; **avoid/hate sb./sth. like the ~:** jmdn./etw. wie die Pest meiden/hassen; **a ~ on it/you!** *(arch.)* hol's/hol dich die Pest !; **~ on both your houses!** *(fig. arch.)* hol euch beide die Pest!; **b)** *(esp. Bibl.: punishment; coll.: nuisance)* Plage, *die;* **c)** *(infestation)* **~ of rats/insects** Ratten-/Insektenplage, *die.* **2.** *v. t.* **a)** *(afflict)* plagen; quälen; **~d with** *or* **by sth.** von etw. geplagt; **a disease that ~s mankind** eine Krankheit, die die Menschheit heimsucht; **b)** *(bother)* **~ sb. [with sth.]** jmdm. [mit etw.] auf die Nerven gehen *(ugs.);* **be ~d with sth.** von etw. geplagt werden; **be ~d by bad weather** unter schlechtem Wetter zu leiden haben
plaice [pleɪs] *n., pl. same* **a)** Scholle, *die;* **b)** *(Amer.: summer flounder)* Sommerflunder, *die*
plaid [plæd] **1.** *n.* Plaid, *das od. der.* **2.** *adj.* [bunt]kariert; **~ blanket** Plaid, *das od. der*
plain [pleɪn] **1.** *adj.* **a)** *(clear)* klar; *(obvious)* offensichtlich; **He didn't like us. That was ~ enough** Er mochte uns nicht. Das war ganz klar *od.* offenkundig; **make sth. ~** [to sb.] [jmdm.] etw. klarmachen; **make it ~ that ...:** klarstellen, daß ...; **make oneself/one's meaning ~:** sich verständlich machen; sich klar ausdrücken; **make one's views/intentions ~:** seine Ansichten/Absichten klar zum Ausdruck bringen; **do I make myself ~?** ist das klar?; habe ich mich klar ausgedrückt?; **the reason is ~** [to see] der Grund liegt auf der Hand; **the consequences of the act were not ~ at the time** die Folgen dieses Schrittes waren zu dieser Zeit nicht absehbar *od.* klar zu erkennen; *see also* **English 2 a; pikestaff; b)** *(frank, straightforward)* ehrlich; offen; schlicht ⟨*Wahrheit*⟩; **be ~ with sb.** mit jmdm. *od.* jmdm. gegenüber of-

fen sein; **there was some ~ speaking** es fielen einige offene Worte; **be [all] ~ sailing** *(fig.)* [ganz] einfach sein; **c)** *(unsophisticated)* einfach; schlicht ⟨*Kleidung, Frisur*⟩; klar ⟨*Wasser*⟩; einfach, bescheiden *(Lebensstil);* **I'm just ~** unliniert ⟨*Papier*⟩; *(not patterned)* ⟨*Stoff*⟩ ohne Muster; **she is a ~ cook** sie kocht einfach; **~ cooking** gutbürgerliche Küche; **~ stitch** rechte Masche; **~ text** *(without notes)* [unkommentierter] Originaltext; *(decoded)* Klartext, *der; see also* **cover 1 c; plain clothes; d)** *(unattractive)* wenig attraktiv ⟨*Mädchen*⟩; **she's rather a ~ Jane** *(coll.)* sie ist nicht gerade eine Schönheit; **e)** *(sheer)* rein; **that's ~ bad manners** das ist einfach schlechtes Benehmen; **that's just ~ common sense** das sagt einem doch der gesunde Menschenverstand. **2.** *adv.* **a)** *(clearly)* deutlich; **b)** *(simply)* einfach; **I'm just ~ tired** ich bin einfach nur müde. **3.** *n.* **a)** Ebene, *die;* **the P~s** *(of North America)* die Prärie; **b)** *(Knitting)* rechte Masche; **two ~, two purl** zwei rechts, zwei links
plain: **~chant** *see* **plainsong; ~ 'chocolate** *n.* halbbittere Schokolade; *(without any sweetness)* bittere Schokolade; **~'clothes** *n.pl.* **in ~ clothes** in Zivil; **~ clothes detective** *etc.* Kriminalbeamter *usw.* in Zivil
plainly [ˈpleɪnlɪ] *adv.* **a)** *(clearly)* deutlich; verständlich ⟨*erklären*⟩; **b)** *(obviously)* offensichtlich; *(undoubtedly)* eindeutig; **c)** *(frankly)* offen; **d)** *(simply, unpretentiously)* einfach; schlicht; bescheiden ⟨*leben*⟩
plainness [ˈpleɪnnɪs] *n., no pl.* **a)** *(clearness)* Klarheit, *die;* **b)** *(frankness)* Offenheit, *die;* **his ~ of speech** seine Offenheit; **c)** *(simplicity)* Schlichtheit, *die;* **d)** *(ugliness)* Unattraktivität, *die;* Unansehnlichkeit, *die*
plainsman [ˈpleɪnzmən] *n., pl.* **plainsmen** [ˈpleɪnzmən] Flachländer, *der; (in North America)* Präriebewohner, *der*
plain: **~song** *n. (Mus., Eccl.)* Cantus planus, *der (fachspr.);* Gregorianischer Gesang; **~'spoken** *adj.* freimütig
plaint [pleɪnt] *n.* **a)** *(literary: lamentation)* [Weh]klage, *die;* **b)** *(Brit. Law)* Klage, *die*
plaintiff [ˈpleɪntɪf] *n. (Law)* Kläger, *der/* Klägerin, *die*
plaintive [ˈpleɪntɪv] *adj.* klagend; traurig; leidend ⟨*Blick*⟩
plaintively [ˈpleɪntɪvlɪ] *adv.* in klagendem Ton ⟨*sprechen usw.*⟩; traurig, leidend ⟨*blicken*⟩
plain: **~ weave** *n.* Leinwandbindung, *die;* **~ weaving** *n.* Gewebe in Leinwandbindung
plait [plæt] **1.** *n. (of hair)* Zopf, *der;* Flechte, *die (geh.); (of straw, ribbon, etc.)* geflochtenes Band, *das.* **2.** *v. t.* flechten
plan [plæn] **1.** *n.* **a)** Plan, *der; (for story etc.)* Konzept, *das;* Entwurf, *der; (intention)* Absicht, *die;* **~ of action** Aktionsprogramm, *das;* **what is your ~ of action?** wie willst du vorgehen?; **have great ~s for sb.** große Pläne mit jmdm. haben; **~ of campaign** Strategie, *die;* **make ~s for sth.** Pläne für etw. machen *od.* schmieden; **what are your ~s for tomorrow?** was hast du morgen vor?; **your best ~ is to stay on at school** am besten bleibst du auf der Schule; **[go] according to ~:** nach Plan [gehen]; planmäßig *(verlaufen od. laufen); see also* **five-year plan. 2.** *v. t.* (**-nn-**) **a)** planen; *(design)* entwerfen ⟨*Gebäude, Maschine*⟩; **~ to do sth.** planen *od.* vorhaben, etw. zu tun; **as ~ned** plangemäß; wie geplant; *see also* **obsolescence; b)** *(make plan of)* **~ sth.** einen [Lage]plan einer Sache *(Gen.) od.* von etw. anfertigen. **3.** *v. i.* **-nn-** planen; **~ [weeks] ahead** [Wochen] im voraus planen *od.* vorausplanen; **~ for sth.** Pläne für etw. machen; **we hadn't ~ned on that** damit hatten wir nicht gerechnet; **~ on doing sth.** *(coll.)* vorhaben, etw. zu tun;

planchette / **Platonist**

what do you ~ on doing today? was hast du heute vor?
planchette [plænˈʃet] n. Planchette, die
¹**plane** [pleɪn] n. ~[-tree] Platane, die
²**plane** 1. n. (tool) Hobel, der. 2. v. t. hobeln
³**plane** 1. n. a) (Geom.) Ebene, die; (flat surface) Fläche, die; see also **inclined plane**; b) (fig.) Ebene, die; (moral, intellectual) Niveau, das; ~ **of thought/attainment/knowledge** Denk-/Leistungs-/Wissensniveau, das; c) (aircraft) Flugzeug, das; Maschine, die (ugs.); (Aeronaut.: supporting surface) Tragfläche, die. 2. v. i. gleiten
'**plane-load** n. Flugzeugladung, die
planet [ˈplænɪt] n. Planet, der; **major ~:** Riesenplanet, der; **minor ~:** kleiner Planet
planetarium [plænɪˈtɛərɪəm] n., pl. ~**s** or **planetaria** [plænɪˈtɛərɪə] Planetarium, das
planetary [ˈplænɪtərɪ] adj. planetarisch; Planeten⟨forscher, -system, -bewegung⟩
planetoid [ˈplænətɔɪd] n. (Astron.) Planetoid, der
plangent [ˈplændʒənt] adj. a) (resounding) klangvoll; b) (plaintive) schwermütig und ergreifend; getragen ⟨Melodie usw.⟩
planish [ˈplænɪʃ] v. t. glätten; glatthämmern ⟨Blech⟩
plank [plæŋk] 1. n. a) (piece of timber) Brett, das; (thicker) Bohle, die; (on ship) Planke, die; **be as thick as two [short] ~s** (coll.) dumm wie Bohnenstroh sein (ugs.); **be made to walk the ~** (Hist.) über die Planke laufen müssen (fig.); b) (fig.: item of political programme) Programmpunkt, der. 2. v. t. a) mit Brettern/Bohlen/Planken versehen; beplanken ⟨Schiff⟩; ~ **sth. over** etw. mit Brettern abdecken; b) (coll.: put down) knallen (ugs.); c) (Amer.) auf einem Holzbrett garen und servieren; ~**ed steak** Steak auf dem Holzbrett
planking [ˈplæŋkɪŋ] n. (planks) see **plank** 1 a: Bretter; Bohlen; Planken; (of ship) Beplankung, die
plankton [ˈplæŋktn] n. (Biol.) Plankton, das
planned economy n. (Econ.) Planwirtschaft, die
planner [ˈplænə(r)] n. Planer, der/Planerin, die
planning [ˈplænɪŋ] n. Planen, das; Planung, die; **at the ~ stage** im Planungsstadium; ~ **permission** Baugenehmigung, die
plant [plɑːnt] 1. n. a) (Bot.) Pflanze, die; b) (machinery) no indef. art. Maschinen; (single complex) Anlage, die; **earth-moving ~** no indef. art. Maschinen für Erdarbeiten; **generating ~** no indef. art. Generatoren; **a generating ~:** eine Generatorenanlage; c) (factory) Fabrik, die; Werk, das; d) (sl.: undercover agent) Spitzel, der; e) (sl.: thing concealed) Untergeschobene, das; **he said the heroin was a ~:** er sagte, das Heroin sei ihm untergeschoben worden. 2. v. t. a) (put in ground) pflanzen; aussäen ⟨Samen⟩; anlegen ⟨Garten usw.⟩; anpflanzen ⟨Beet⟩; bepflanzen ⟨Land⟩; ~ **a field with barley** auf einem Feld Gerste anpflanzen; b) (fix) setzen; ~ **stakes [in the ground]** Pfähle setzen; **he ~ed his feet wide apart** er stellte seine Füße weit auseinander; ~ **oneself** sich hinstellen od. (ugs.) aufpflanzen; c) (in mind) ~ **an idea** etc. **in sb.'s mind/in sb.** jmdm. eine Idee usw. einimpfen (ugs. geh.) einpflanzen; d) (deliver etc.) ~ **a blow** etc. **on sb.'s nose** etc. jmdm. einen Schlag usw. auf die Nase usw. verpassen; ~ **a kiss on sb.'s forehead** etc. jmdm. einen Kuß auf die Stirn usw. drücken; e) (sl.: conceal) schmuggeln (ugs.); anbringen ⟨Wanze⟩; legen ⟨Bombe⟩; ~ **sth. on sb.** jmdm. etw. unterschieben; f) (station as spy etc.) einschmuggeln
~ **out** v. t. auspflanzen ⟨Setzlinge⟩
Plantagenet [plænˈtædʒɪnɪt] (Brit. Hist.) 1. n. Plantagenet, der/die. 2. attrib. adj. Plantagenet-

¹**plantain** [ˈplæntɪn] n. (Bot.: in temperate regions, Plantago) Wegerich, der
²**plantain** (Bot.: in tropics, Musa) Kochbanane, die; Mehlbanane die; Plante, die (fachspr.)
plantain lily n. (Bot.) Funkie, die
plantation [plænˈteɪʃn, plɑːnˈteɪʃn] n. a) (estate) Pflanzung, die; Plantage, die; b) (group of plants) Anpflanzung, die
'**plant-breeding** n. Pflanzenzucht, die
planter [ˈplɑːntə(r)] n. a) Pflanzer, der/Pflanzerin, die; b) (machine) Pflanzmaschine, die; (for seeds) Sämaschine, die; c) (container) Pflanzgefäß, das
plant: ~-**hire** n. Baumaschinenverleih, der; ~ **kingdom** n. Pflanzenreich, das; ~-**louse** n. (Zool.) Pflanzenlaus, die
plaque [plɑːk, plæk] n. a) (ornamental tablet) [Schmuck]platte, die; (commemorating sb.) [Gedenk]tafel, die; Plakette, die (Kunstwiss.); b) (Dent.) Plaque, die (fachspr.); [weißer] Zahnbelag
plasma [ˈplæzmə] n. a) (Anat., Zool., Phys.) Plasma, das; b) (Biol.) see **protoplasm**
plaster [ˈplɑːstə(r)] 1. n. a) (for walls etc.) [Ver]putz, der; b) ~ **[of Paris]** Gips, der; **have one's leg in ~:** ein Gipsbein od. sein Bein in Gips haben; **put sb.'s leg in ~:** jmds. Bein in Gips legen; c) see **sticking-plaster**. 2. v. t. a) verputzen ⟨Wand⟩; vergipsen, zugipsen ⟨Loch, Riß⟩; b) (daub) ~ **sth. on sth.** etw. dick auf etw. (Akk.) auftragen; ~ **make-up on one's face,** ~ **one's face with make-up** sich (Dat.) Make-up ins Gesicht kleistern (ugs.); ~**ed with mud** mit Schlamm bedeckt; c) (stick on) kleistern (ugs.) ⟨Plakate, Briefmarken⟩ (on auf + Akk.); ~ **posters all over the wall/the wall with posters** die Wand mit Plakaten zukleistern (salopp); d) (sl.: shell, bomb) bepflastern (Soldatenspr.)
~ '**down** v. t. ~ **sb.'s/one's hair down** jmdm./ sich das Haar anklatschen
~ '**over** v. t. vergipsen ⟨Loch, Riß⟩
plaster: ~**board** n. Gipsplatte, die; ~ **cast** n. a) (model in plaster) Gipsabguß od. -abdruck, der; b) (Med.) Gipsverband, der
plastered [ˈplɑːstəd] pred. adj. (sl.: drunk) voll (salopp); **get ~:** sich vollaufen lassen (salopp)
plasterer [ˈplɑːstərə(r)] n. Gipser, der
plaster 'saint n. Heiligenfigur aus Gips; (fig. usu. iron.) Heilige, der/die (ugs.)
plastic [ˈplæstɪk] 1. n. Plastik, das; Kunststoff, der; Plast, der (DDR); in pl. often Plastik-; Kunststoff-; Plast- (DDR). 2. adj. a) (made of plastic) Plastik-; Kunststoff-; Plast- (DDR); aus Plastik/Kunststoff/Plast nachgestellt; (coll. derog.: synthetic) Plastik-; ~ **bag** Plastiktüte, die; ~ **money** (joc.) Kreditkarten; b) (produced by moulding) plastisch; ~ **figure** Plastik, die; c) (malleable, lit. or fig.) formbar; bildbar; **the ~ qualities of wax** die plastischen Eigenschaften von Wachs; d) **the ~ arts** die Plastik; (including painting etc.) die bildende Kunst; ~ **surgeon** Facharzt für plastische Chirurgie; ~ **surgery** plastische Chirurgie; **undergo** or **have** ~ **surgery** sich einer plastischen od. kosmetischen Operation unterziehen
plastic 'bullet n. Plastikgeschoß, das
Plasticine, (P) [ˈplæstɪsiːn] n. Plastilin, das
plasticise see **plasticize**
plasticity [plæˈstɪsɪtɪ] n., no pl. (lit. or fig.) Formbarkeit, die; Plastizität, die
plasticize [ˈplæstɪsaɪz] v. t. geschmeidig machen; plasti[fi]zieren (fachspr.)
plasticizer [ˈplæstɪsaɪzə(r)] n. Weichmacher, der; Plasti[fi]kator, der (Chemie)
plasticky [ˈplæstɪkɪ] adj. (coll. derog.) plastikartig; **be very ~:** billiges Plastikzeug sein
plate [pleɪt] 1. n. a) (for food) Teller, der; (large ~ for serving food) Platte, die; (Amer.:

main course on one ~) Tellergericht, das; (Amer.: food for one person) Gedeck, das; **a ~ of soup/sandwiches** ein Teller Suppe/belegte Brote od. mit belegten Broten; **have sth. handed to one on a ~** (fig. coll.) etw. auf silbernem Tablett serviert bekommen (fig.); **have a lot** etc. **on one's ~** (fig. coll.) viel usw. am Hals od. um die Ohren haben (ugs.); b) (for collection in church) Teller für die Kollekte; c) (sheet of metal etc.) Platte, die; d) (metal – with name etc.) Schild, das; [**number-**]~: Nummernschild, das; **put up one's ~** (fig.) seine eigene Praxis eröffnen; e) (Photog.) [photographische] Platte, die; no pl., no indef. art. (Brit.: tableware) [Tafel]silber, das; (gold) Gold[geschirr], das; (pewter) Zinn, das; Silber-/Gold-/Zinnsachen Pl.; (plated) [**made of**] **real silver, not ~:** aus echtem Silber, nicht nur versilbert; g) (for engraving, printing) Druckplatte, die; (impression) Stich, der; (illustration) [Bild]tafel, die (Druckw.); **printing ~:** Druckplatte, die; h) (Sport) (trophy) Pokal, der; (race) Pokal[wettbewerb], der; i) (Dent.) Gaumenplatte, die; (coll.: denture) [Zahn]prothese, die; Gebiß, das; j) (Amer. Electronics) Anode, die; k) (Geol.) Platte, die; l) (Baseball) Wurfmal, das; **home ~:** Schlagmal, das. See also **tracery** a. 2. v. t. a) (coat) plattieren; ~ **sth.** [**with gold/silver/chromium**] etw. vergolden/versilbern/verchromen; b) panzern ⟨Schiff⟩
plateau [ˈplætəʊ] n., pl. ~**x** [ˈplætəʊz] or ~**s** a) Hochebene, die; Plateau, das; b) (fig.) **a price ~:** eine Stabilisierung der Preise; **reach/be on a ~** ⟨Preise, Produktion usw.:⟩ sich einpendeln/sich eingependelt haben
plated [ˈpleɪtɪd] adj. plattiert; [**gold-**]~: dubliert; vergoldet; [**silver-/chromium-/ nickel-**]~: versilbert/verchromt/vernickelt
plateful [ˈpleɪtfʊl] n. Teller, der; **a ~ of rice** ein Teller [voll] Reis; **I've already had two ~s** ich habe schon zwei Teller voll gegessen; **I've had a ~** (fig. coll.) ich habe die Nase voll davon (ugs.)
plate: ~ '**glass** n. Flachglas, das; ~-**holder** n. (Photogr.) [Platten]kassette, die; ~**layer** n. (Brit. Railw.) Streckenarbeiter, der
platelet [ˈpleɪtlət] n. (Physiol.) Blutplättchen, das
platen [ˈplætn] n. (Printing) Drucktiegel, der; (on typewriter) [Schreib]walze, die
plate: ~-**rack** n. (Brit.) Abtropfständer, der; Geschirrablage, die; ~-**warmer** n. Tellerwärmer, der
platform [ˈplætfɔːm] n. a) (Brit. Railw.) Bahnsteig, der; **the train leaves from/will arrive at ~ 4** der Zug fährt von Gleis 4 ab/in Gleis 4 ein; **edge of the ~:** Bahnsteigkante, die; b) (stage) Podium, die; c) (Polit.) Wahlplattform, die; d) (Geol.) Strandterrasse, die; e) (in bus etc.) Plattform, die; f) (of shoe) Plateausohle, die; attrib. Plateau⟨schuh, -sohle⟩
'**platform ticket** n. (Brit.) Bahnsteigkarte, die
plating [ˈpleɪtɪŋ] n. (process) Plattierung, die; (coat) Plattierung, die; Auflage, die; **gold/silver/chromium ~:** Vergoldung/Versilberung/Verchromung, die
platinum [ˈplætɪnəm] n. Platin, das
platinum 'blonde 1. n. Platinblonde, die. 2. adj. platinblond
platitude [ˈplætɪtjuːd] n. a) (trite remark) Platitüde, die (geh.); Gemeinplatz, der; b) no pl. (triteness) Banalität, die
platitudinous [plætɪˈtjuːdɪnəs] adj. banal; platt (abwertend)
Plato [ˈpleɪtəʊ] pr. n. Plato[n], der
Platonic [pləˈtɒnɪk] adj. a) (of Plato) Platonisch; b) **p~** (not sexual) platonisch ⟨Liebe, Freundschaft⟩
platonically [pləˈtɒnɪkəlɪ] adv. platonisch
Platonist [ˈpleɪtənɪst] n. Platoniker, der

platoon [plə'tu:n] n. (Mil.) Zug, der
platter ['plætə(r)] n. (Amer./arch.) Platte, die; (arch.: plate) Teller, der; **have sth. handed to one on a ~** (fig. coll.) etw. auf silbernem Tablett serviert bekommen (fig.)
platypus ['plætɪpəs] n. (Zool.) Schnabeltier, das
plaudits ['plɔːdɪts] n. pl. Beifall, der
plausibility [plɔːzɪ'bɪlɪtɪ] n., no pl. Plausibilität, die; Glaubwürdigkeit, die; (of person) Glaubwürdigkeit, die; **this version has more ~**: diese Version ist glaubwürdiger od. plausibler
plausible ['plɔːzɪbl] adj. plausibel; einleuchtend; glaubwürdig ⟨Person⟩
plausibly ['plɔːzɪblɪ] adv. plausibel; einleuchtend; **as long as sb. ~ could** so lange es sich vertreten ließ
play [pleɪ] 1. n. a) (Theatre) [Theater]stück, das; **television ~**: Fernsehspiel, das; **put on a ~**: ein Stück aufführen; **go to [see] a ~**: ins Theater gehen; **a ~ within a ~**: ein Spiel im Spiel; **it was as good as a ~**: dafür hätte man Eintrittsgeld verlangen können; b) (recreation) Spielen, das; Spiel, das; **time for ~**: Zeit zum Spielen; **at ~**: beim Spielen; **say/do sth. in ~**: etw. aus od. im od. zum Spaß sagen/tun; **~ [up]on words** Wortspiel, das; c) (Sport) Spiel, das; (Amer.: manœuvre) Spielzug, der; **abandon ~**: das Spiel abbrechen; **~ is impossible because of the weather** wegen des Wetters kann nicht gespielt werden; **start/close of ~**: Spielbeginn, der/-ende, das; **in the last minute of ~**: in der letzten Spielminute; **forward ~**: Angriffsspiel, das; **a good piece of ~**: ein guter Spielzug; **be in/out of ~** (Ball:) im Spiel/aus [dem Spiel] sein; **keep the ball in ~**: den Ball im Spiel halten; **make a ~ for sb./sth.** (fig. sl.) hinter jmdm./etw. her sein (ugs.); es war jmdn./etw. abgesehen haben; *see also* **child's play**; ²**fair 1a**; **foul 1e**; d) (gambling) Spiel, das; e) **sb.'s imagination is brought** or **called into ~**: jmds. Phantasie wird angeregt; **come into ~**, **be brought** or **called into ~**: ins Spiel kommen; **put into ~**: ins Spiel bringen; **make great ~ of sth.** etw. demonstrativ zur Schau stellen; **make [great] ~ with sth.** viel Wesen um etw. machen; f) (freedom of movement) Spiel, das (Technik); (fig.) Spielraum, der; **some/2 mm of/too much ~**: etwas/2 mm/zu viel Spiel; **the knot has too much ~**: der Knoten ist zu locker; **give the rope more ~**: das Seil lockern; **give full ~ to one's emotions/imagination** etc., **allow one's emotions/imagination** etc., **full ~** (fig.) seinen Gefühlen/seiner Phantasie usw. freien Lauf lassen; g) (rapid movement) **the ~ of light on water** das Spiel des Lichts auf Wasser; h) (turn, move) **it's your ~**: du bist dran od. an der Reihe (ugs.); (in board-game) du bist am Zug. 2. v. i. a) (Sport) **~ for money** um Geld spielen; **~ with sb./sth.** (lit. or fig.) mit jmdm./etw. spielen; **have no one to ~ with** niemanden zum Spielen haben; **he won't ~** (sl.) won't do what sb. wants) er will nicht mitspielen; **~ with oneself** (euphem.: sexually) an sich (Dat.) herumspielen (ugs. verhüll.); **~ [up]on words** Wortspiele/ein Wortspiel machen; **fair [with sb.]** fair [gegen jmdn.] spielen; (fig.) [jmdm. gegenüber] fair sein; sich [jmdm. gegenüber] fair verhalten; **not have much time** etc. **to ~ with** (coll.) zeitlich usw. nicht viel Spielraum haben; **~ into sb.'s hands** (fig.) jmdm. in die Hand arbeiten; **~ safe** sichergehen; auf Nummer Sicher gehen (ugs.); **~ing safe, she took an umbrella** sicherheits- od. vorsichtshalber nahm sie einen Schirm mit; **~ for time** Zeit gewinnen wollen; [ver]suchen, Zeit zu gewinnen; *see also* **fire 1b**; b) (be suitable for ~) **the pitch is ~ing well/badly** auf dem Platz spielt es sich gut/schlecht; c) (Mus.) spielen (**on** auf + Dat.); **~ by ear**

nach dem Gehör spielen; d) (Theatre) spielen; **what is ~ing at the theatre?** was wird im Theater gespielt od. gegeben?; *see also* **gallery b**; e) (move about) spielen; **a smile ~ed on/about her lips** ein Lächeln spielte um ihre Lippen; f) ⟨Springbrunnen:⟩ in Betrieb sein; g) (fiddle about) spielen; herumspielen (ugs.) (**with** mit, **an** + Dat.). 3. v. t. a) (Mus.: perform on) spielen; **~ the violin** etc. Geige usw. spielen; **~ sth. on the piano** etc. etw. auf dem Klavier usw. spielen; **~ sb. in/out** jmdn. musikalisch begrüßen/verabschieden; **~ sth. by ear** etw. nach dem Gehör spielen; **~ it by ear** (fig.) aus dem Augenblick/der Situation überlassen; b) spielen ⟨Grammophon, Tonbandgerät⟩; abspielen ⟨Schallplatte, Tonband⟩; spielen lassen ⟨Radio⟩; **~ sb. a record** jmdm. eine [Schall]platte vorspielen; c) (Theatre; also fig.) spielen; **~ a town** in einer Stadt spielen; **~ a theatre** an einem Theater spielen; **~ the fool/innocent** den Clown/Unschuldigen spielen; *see also* **man 1 p**; d) (execute, practise) **~ a trick/joke on sb.** jmdn. hereinlegen (ugs.)/jmdm. einen Streich spielen; e) (Sport, Cards) spielen ⟨Fußball, Karten, Schach usw.⟩; spielen in; antreten gegen ⟨Mannschaft, Gegner⟩; (include in team) einsetzen, aufstellen ⟨Stürmer, Verteidiger⟩; **~ a match** einen Wettkampf bestreiten; (in team games) einen Spiel machen; **he ~ed me at chess/squash** er war im Schach/Squash mein Gegner; **~ it cool** (fig. coll.) auf cool machen (salopp); **~ it right/safe/straight** es geschickt anstellen/auf Nummer Sicher gehen/es sachlich behandeln; **~ oneself in** (esp. Cricket) sich einspielen; *see also* ¹**ball 1b**; ¹**duck 1a**; ²**fast 1a**; ¹**game 1a, b, d**; **hand 1p**; **hell b**; **hookey**; f) (Sport: execute) ausführen ⟨Schlag⟩; (Cricket etc.) schlagen ⟨Ball⟩; g) (Chess etc.: move) ziehen; (Cards) spielen; **~ one's last card** (fig.) seine letzten Karten ausspielen; **have ~ed all one's cards** (fig.) seinen letzten Trumpf ausgespielt haben; **~ one's cards right** (fig.) es richtig anfassen (fig.); *see also* ¹**trump 1**; h) (Angling) drillen; i) (coll.: gamble on) **~ the market** spekulieren (**in** mit od. Wirtsch. **in** + Dat.); **~ the stock market** an der Börse spekulieren
~ a'bout *see* **~ around**
~ a'long v. i. mitspielen; **~ along with sb./sth.** sich mit jmdm./etw. arrangieren
~ a'round v. i. (coll.) spielen; **~ around with sb./sb.'s affections/sth.** mit jmdm./jmds. Zuneigung spielen/mit etw. herumspielen (ugs.); **stop ~ing around!** hör [doch] auf mit dem Blödsinn!
~ at v. t. spielen; **what do you think you're ~ing at?** was soll denn das?; **~ at being sb.** jmdn. spielen
~ 'back v. t. abspielen ⟨Tonband, Aufnahme⟩; **he ~ed back part of the discussion to them** er spielte ihnen einen Teil der Diskussion vor; *see also* **play-back**
~ 'down v. t. herunterspielen
~ 'off 1. v. i. zum Entscheidungsspiel antreten; *see also* **play-off**. 2. v. t. ausspielen; **~ one person/firm** etc. **off against another one** eine Person/Firma usw. gegen eine andere ausspielen
~ on 1. ['--] v. t. *see* **~ upon**. 2. [-'-] v. i. (Cricket) auf das eigene Mal schlagen
~ 'up 1. v. i. a) (play vigorously) **~ up!** los, vorwärts!; b) (coll.: behave annoyingly, cause pain) Schwierigkeiten od. Ärger machen. 2. v. t. a) (coll.: annoy, torment) ärgern (+ Dat.); b) (exploit) hochspielen; Wesen machen von (ugs.) ⟨Krankheit⟩; hervorherauskehren ⟨Eigenschaft usw.⟩
~ upon v. t. sich (Dat.) zunutze machen ⟨Gefühle, Ängste usw.⟩; **~ upon sb.'s sympathies** auf jmds. Mitgefühl (Akk.) spekulieren (ugs.)

~ 'up to v. t. a) (Theatre sl.) gut in Szene setzen ⟨Schauspieler⟩; b) (fig.: flatter) **~ up to sb.** sich bei jmdm. beliebt machen
playable ['pleɪəbl] adj. a) (able to be played) spielbar; b) (Sport: able to be played on) bespielbar ⟨Spielfeld⟩
play: **~-acting** n. Schauspielkunst, die; Schauspielerei, die (ugs.); (fig.) Theater, das (ugs.); **~-actor** n. Schauspieler, der (ugs., usu. derog.) **he's just a ~-actor** er spielt immer nur Theater (ugs.); **~ area** n. Spielplatz, der; **~-back** n. Wiedergabe, die; **listen to the ~-back** die Aufnahme anhören; **~bill** n. a) (poster) Theaterplakat, das; b) (Amer.: theatre programme) Theaterprogramm, das; **~boy** n. Playboy, der
played 'out adj. verbraucht; erschöpft ⟨Person, Tier⟩; **this idea is ~**: diese Idee hat sich überlebt
player ['pleɪə(r)] n. a) Spieler, der/Spielerin, die; **amateur/professional ~**: Amateur, der/Profi[spieler], der; b) (Mus.) Musiker, der/Musikerin, die; Spieler, der/Spielerin, die; **orchestral ~**: Orchestermusiker, der/-musikerin, die; **organ-~**: Orgelspieler, der/-spielerin, die; c) (actor) Schauspieler, der/Schauspielerin, die; d) *see* **record-player**
'player-piano n. automatisches Klavier; Pianola, das
'playfellow n. Spielkamerad, der/Spielkameradin, die
playful ['pleɪfl] adj. a) (fond of playing) spielerisch; (frolicsome) verspielt; b) (teasing) neckisch; (joking) scherzhaft
playfully ['pleɪfəlɪ] adv. a) (gaily) spielerisch; ausgelassen; b) (teasingly) neckisch; (jokingly) aus od. im od. zum Scherz
play: **~-goer** n. Theaterbesucher, der/-besucherin, die; **be a regular ~-goer** regelmäßig ins Theater gehen; **~ground** n. Spielplatz, der; (Sch.) Schulhof, der; **the ~ground of the rich** (fig.) der Tummelplatz der Reichen; **~ group** n. Spielgruppe, die; **~house** n. a) (theatre) Schauspielhaus, das; b) (toy house) Spielhaus, das
playing: **~-card** n. Spielkarte, die; **~-field** n. Sportplatz, der; **~-time** n. Spieldauer, die; Spielzeit, die
playlet ['pleɪlɪt] n. Dramolett, das
play: **~-mate** n. Spielkamerad, der/Spielkameradin, die; **~-off** n. Entscheidungsspiel, das; **~-pen** n. Laufgitter, das; Laufstall, der; **~ school** n. Kindergarten, der; **~-suit** n. Spielanzug, der; **~-thing** n. (lit. or fig.) Spielzeug, das; **~things** Spielzeug, das; Spielsachen Pl.; **~time** n. Zeit zum Spielen; **during ~time** (Sch.) in der [großen] Pause; **~wright** ['pleɪraɪt] n. Dramatiker, der/Dramatikerin, die; Stückeschreiber, der/-schreiberin, die
plaza ['plɑːzə] n. Piazza, die
PLC, plc abbr. (Brit.) public limited company ≈ GmbH
plea [pliː] n. a) (appeal, entreaty) Appell, der (**for** zu); **make a ~ for sth.** zu etw. aufrufen; b) (pleading) Begründung, die; (excuse) Entschuldigung, die; **the ~ of sth.** sich mit etw. entschuldigen; c) (Law) Verteidigungsrede, die; **special ~**: besondere Einrede, die; **bargaining plea** Praktik, bei der Verteidigung und Anklage übereinkommen, daß der Angeklagte ein [Teil]geständnis ablegt und dafür bestimmte Zusicherungen (milderes Strafmaß o. ä.) erhält
plead [pliːd] 1. v. i., **~ed** or (esp. Amer., Scot., dial.) **pled** [pled] a) **make ~** (appeal) inständig bitten (**for** um); (imploringly) flehen (**for** um); **~ with sb. for sth./to do sth.** jmdn. inständig um etw. bitten/jmdn. [darum] bitten, etw. zu tun; (imploringly) jmdn. um etw. anflehen/jmdn. anflehen, etw. zu tun; b) (Law: put forward plea; also fig.) plädieren; **I'd get a lawyer to ~ for me**

pleading

ich würde mich von einem Anwalt vertreten lassen; **c)** *(Law)* **how do you ~?** bekennen Sie sich schuldig? **2.** *v. t.,* **~ed** *or (esp. Amer., Scot., dial.)* **pled a)** *(beg)* inständig bitten; *(imploringly)* flehen; **b)** *(Law: offer in mitigation)* sich berufen auf (+ *Akk.*); geltend machen; *(as excuse)* sich entschuldigen mit; **he ~ed insanity** er plädierte auf Unzurechnungsfähigkeit; **~ guilty/not guilty** *(lit. or fig.)* sich schuldig/nicht schuldig bekennen; **~ guilty to [having committed] the crime** sich des Verbrechens schuldig bekennen; **c)** *(present in court)* **~ sb.'s case** *or* **~ the case for sb.** jmds. Sache vor Gericht vertreten

pleading ['pliːdɪŋ] **1.** *adj.* flehend. **2.** *n.* **a)** Bitten, *das;* *(imploring)* Flehen, *das;* **b)** *usu. in pl. (Law)* Plädoyer, *das;* Vortrag, *der;* *(written)* Schriftsatz, *der; see also* **special pleading**

pleadingly ['pliːdɪŋlɪ] *adv.* flehentlich

pleasant ['plezənt] *adj.,* **~er** ['plezəntə(r)], **~est** ['plezəntɪst] *(agreeable)* angenehm; schön *(Tag, Zeit);* nett *(Gesicht, Lächeln);* **be ~ with** *or* **to sb.** nett zu jmdm. sein

pleasantly ['plezəntlɪ] *adv.* angenehm; schön *(singen);* freundlich *(sprechen, lächeln usw.)*

pleasantry ['plezəntrɪ] *n.* **a)** *(agreeable remark)* Nettigkeit, *die;* *(humorous remark)* Scherz, *der;* **b)** *(jocularity)* Humor, *der*

please [pliːz] **1.** *v. t.* **a)** *(give pleasure to)* gefallen (+ *Dat.*); Freude machen (+ *Dat.*); **there's no pleasing her** man kann ihr nichts *od.* es ihr nicht recht machen; **she's easy to ~** *or* **easily ~d/hard to ~:** sie ist leicht/nicht leicht zufriedenzustellen; **[just] to ~ you** [nur] dir zu Gefallen; **one can't ~ everybody** man kann es nicht allen recht machen; **~ the eye** das Auge erfreuen; **~ oneself** tun, was man will; **~ yourself** ganz wie du willst; **b)** *[may it] be the will of)* gefallen; **~ God** das gebe Gott; so Gott will; **may it ~ your Honour** *(to a judge)* mit Ihrer Erlaubnis, Hohes Gericht. **2.** *v. i.* **a)** *(think fit)* what **he ~s** was ihm gefällt; was er will; **they come and go as they ~:** sie kommen und gehen, wie es ihnen gefällt; **do as one ~s** tun, was man will; **take as much as you ~,** soviel[, wie] du willst *od.* möchtest; **b)** *(give pleasure)* gefallen; **anxious** *or* **eager to ~:** bemüht, gefällig zu sein; **the poem is sure to ~:** das Gedicht kommt garantiert gut an *(ugs.) od.* wird bestimmt gefallen; **c)** *in requests* bitte; **may I have the bill, ~?** kann ich bitte zahlen?; **~ do!** aber bitte gern!; **~ don't** bitte nicht!; **d) if you ~:** bitte schön; *(iron.: believe it or not)* stell dir vor

pleased [pliːzd] *adj. (satisfied)* zufrieden (**by** mit); *(glad, happy)* erfreut (**by** über + *Akk.*); **he'll be ~ when he sees that** *(iron.)* er wird seine Freude haben, wenn er das sieht; **be ~ at** *or* **about sth.** sich über etw. *(Akk.)* freuen; **be ~ with sth./sb.** mit etw./jmdm. zufrieden sein; **~ with oneself** mit sich selbst zufrieden; **don't look so ~ with yourself** guck nicht so selbstzufrieden *od.* selbstgefällig *(ugs.);* **be ~ to do sth.** sich freuen, etw. zu tun; *(formal/iron.: with condescension)* belieben, etw. zu tun *(geh./ iron.);* **I am [only too] ~ to be of assistance** es ist mir [wirklich] eine Freude, Ihnen zu helfen; **I shall be ~ to [come]** [ich komme] gerne; *see also* ¹**meet 1 c**

pleasing ['pliːzɪŋ] *adj.* gefällig; ansprechend; nett *(Person, Ausblick);* **it is ~ to see how well ...:** es ist eine Freude zu sehen, wie gut ...; **be ~ to the eye/ear** *etc.* das Auge/ Ohr *usw.* erfreuen

pleasurable ['pleʒərəbl] *adj.,* **pleasurably** ['pleʒərəblɪ] *adv.* angenehm

pleasure ['pleʒə(r)] **1.** *n.* **a)** *(feeling of joy)* Freude, *die;* *(usu. derog.: sensuous enjoyment)* Vergnügen, *das;* **sth. gives sb. ~:** etw. macht jmdm. Freude; **for ~:** zum Vergnü-gen; **it's no ~ to do sth.** es macht keinen Spaß, etw. zu tun; **get a lot of ~ from** *or* **out of sb./sth.** viel Freude *od.* Spaß an jmdm./ etw. haben; **b)** *(gratification)* **have the ~ of doing sth.** das Vergnügen haben, etw. zu tun; **it's a ~ to talk to him** es ist ein Vergnügen, mit ihm zu reden; **may I have the ~ [of the next dance]?** darf ich [Sie um den nächsten Tanz] bitten?; **do me the ~ of dining with me** machen Sie mir das Vergnügen *od.* die Freude, mit mir zu speisen; **he had the ~ of knowing that he was always welcome** er war in der glücklichen Lage zu wissen, daß er immer willkommen war; **I don't think I've had the ~:** wir kennen uns noch nicht; **take [a] ~ in** Vergnügen finden *od.* Spaß haben an (+ *Dat.*); **he takes ~ in teasing me** es macht ihm Spaß *od.* bereitet ihm Vergnügen, mich zu necken; **my ~, it's a ~:** gern geschehen; es war mir ein Vergnügen; **the ~ is all mine** das Vergnügen ist ganz meinerseits *od.* auf meiner Seite; **it gives me great ~ to inform you that ..., I have much ~ in informing you that ...** *(formal)* ich freue mich, Ihnen mitteilen zu können, daß ...; **Mrs P. requests the ~ of your company** *(formal)* Frau P. gibt sich *(Dat.)* die Ehre, Sie einzuladen; **Mr F. has great ~ in accepting the invitation** *(formal)* Herr F. nimmt die Einladung mit dem größten Vergnügen an; **with ~:** mit dem größten Vergnügen; **with the greatest of ~:** mit dem größten Vergnügen; **c)** *(will, desire)* **what is your ~?** *(formal)* Sie wünschen?; **at ~:** nach Wunsch *od.* Belieben; **come and go at one's ~:** kommen und gehen, wie es einem beliebt *(geh.) od.* wann immer man will; **consult sb.'s ~** *(formal)* fragen, was jmdm. genehm ist *(geh.);* **we await your ~** *(formal)* wir warten auf Ihren Bescheid; **be detained during Her Majesty's ~:** eine Haftstrafe auf unbestimmte Zeit verbüßen. **2.** *v. t. (give pleasure to)* erfreuen; *(sexually)* beglücken *(scherzh.)*

pleasure: **~-boat** *n.* Vergnügungsboot, *das;* **~-craft** *n., pl. same* Vergnügungsboot, *das;* **~ cruise** *n.* Vergnügungsfahrt, *die;* **~-ground** *n.* Vergnügungspark, *der;* **~-loving** *adj.* lebenslustig; *(~-seeking)* vergnügungssüchtig; **~ principle** *n. (Psych.)* Lustprinzip, *das;* **~-seeking 1.** *adj.* vergnügungssüchtig. **2.** *n.* Vergnügungssucht, *die*

pleat [pliːt] **1.** *n.* Falte, *die;* **inverted ~:** Kellerfalte, *die; see also* **box-pleat; knife-pleat. 2.** *v. t.* in Falten legen; fälteln

pleated ['pliːtɪd] *adj.* gefältelt; Falten‹rock›

pleb [pleb] *n. (sl.)* Prolet, *der (ugs.)*

plebby ['plebɪ] *adj. (sl.)* primitiv *(abwertend)*

plebeian [plɪ'biːən] **1.** *adj.* **a)** proletarisch; **b)** *(coarse)* plebejisch; gewöhnlich. **2.** *n.* **a)** *(in ancient Rome)* Plebejer, *der/*Plebejerin, *die;* **b)** *(commoner)* Bürgerliche, *der/die;* **the ~s** das [einfache] Volk

plebiscite ['plebɪsɪt, 'plebɪsaɪt] *n.* Plebiszit, *das*

plectrum ['plektrəm] *n., pl.* **plectra** ['plektrə] *or* **~s** *(Mus.)* Plektrum, *das*

pled *see* **plead**

pledge [pledʒ] **1.** *n.* **a)** *(promise, vow)* Versprechen, *das;* Gelöbnis, *das (geh.);* **under the ~ of secrecy** unter dem Siegel der Geheimhaltung; **take** *or* **sign the ~** *(coll.)* sich zur Abstinenz verpflichten; dem Alkohol abschwören; **b)** *(as security)* Pfand, *das;* Sicherheit, *die;* **c)** *(token)* [Unter]pfand, *das (geh.);* **d)** *(state of being pledged)* Verpfändung, *die;* **put sth. in ~:** etw. verpfänden; **take sth. out of ~:** etw. auslösen. **2.** *v. t.* **a)** *(promise solemnly)* versprechen, geloben *(Treue);* **~ one's word/honour** sein Wort/ seine Ehre verpfänden; **b)** *(bind by promise)* verpflichten; **c)** *(deposit, pawn)* verpfänden (**to** *Dat.);* **d)** *(drink to health of)* einen Trinkspruch auf (+ *Akk.*) ausbringen auf (+ *Akk.*); **they ~d each other** sie tranken auf ihr gegenseitiges Wohl

Pleiades ['plaɪədiːz] *n. pl. (Astron.)* Plejaden *Pl.*

plein air [plen 'eə/ə] *adj. (Art)* Pleinair-

Pleistocene ['plaɪstəsiːn] *(Geol.)* **1.** *adj.* pleistozän; Pleistozän-. **2.** *n.* Pleistozän, *das*

plenary ['pliːnərɪ] *adj.* **a)** *(entire, absolute)* uneingeschränkt; **~ powers** uneingeschränkte Vollmacht; **b)** *(of all members)* Plenar‹sitzung›; Voll‹versammlung›

plenipotentiary [plenɪpə'tenʃərɪ] **1.** *adj.* **a)** *(invested with full power)* [general]bevollmächtigt *(Gesandte);* absolut *(Herrscher);* allmächtig *(Parlament);* **b)** *(absolute)* uneingeschränkt. **2.** *n.* [General]bevollmächtigte, *der*

plenitude ['plenɪtjuːd] *n., no pl. (abundance)* Fülle, *die* (**of** von)

plenteous ['plentɪəs] *adj. (rhet.)* reichlich; reich *(Ernte)*

plentiful ['plentɪfʊl] *adj.* **a)** *(abundant, copious)* reichlich; häufig *(Element, Rohstoff);* **be ~** *or* **in ~ supply** reichlich vorhanden sein; **there was a ~ supply of food** es gab reichlich zu essen; **b)** *(yielding abundance)* fruchtbar *(Land);* ertragreich *(Jahr)*

plentifully ['plentɪfʊlɪ] *adv.* reichlich

plenty ['plentɪ] **1.** *n., no pl.* **~ of** viel; eine Menge; *(coll.: enough)* genug; **have you all got ~ of meat?** habt ihr alle reichlich Fleisch?; **take ~ of exercise** sich viel bewegen; **time[s] of ~:** Zeit[en] des Überflusses; **that's ~** *(coll.)* das ist genug *od.* reichlich; das reicht; **take ~!** nimm dir reichlich *od. (ugs.)* ordentlich!; **we gave him ~ of warning** wir haben ihn früh genug gewarnt; *see also* **horn 1 f. 2.** *adj. (coll.)* reichlich vorhanden. **3.** *adv. (coll.)* **it's ~ large enough** es ist groß genug; **there's ~ more where this/those** *etc.* **came from** es ist noch genug da *(ugs.)*

pleonasm ['pliːənæzm] *n. (Ling.)* Pleonasmus, *der*

pleonastic [pliːə'næstɪk] *adj. (Ling.)* pleonastisch

plethora ['pleθərə] *n.* **a)** *(fig.: excess)* Unmenge, *die* (**of** von); **b)** *(Med.)* Plethora, *die (fachspr.);* Blutandrang, *der*

plethoric [plɪ'θɒrɪk] *adj. (Med.)* vollblütig; plethorisch *(fachspr.)*

pleura ['plʊərə] *n., pl.* **~e** ['plʊəriː] *(Anat.)* Pleura, *die (fachspr.);* Brustfell, *das*

pleural ['plʊərl] *adj. (Anat.)* pleural; **~ cavity** Brusthöhle, *die;* **~ inflammation** Brustfellentzündung, *die*

pleurisy ['plʊərɪsɪ] *n. (Med.)* Pleuritis, *die (fachspr.);* Brustfellentzündung, *die*

Plexiglas *(Amer. P),* **plexiglass** ['pleksɪɡlɑːs] *n. (Amer.)* Plexiglas, *das* Ⓦ

plexus ['pleksəs] *n. (Anat.)* Plexus, *der; see also* **solar plexus**

pliability [plaɪə'bɪlɪtɪ] *n., no pl.* Biegsamkeit, *die;* *(of leather etc.)* Geschmeidigkeit, *die;* *(fig.: of person, disposition)* Fügsamkeit, *die;* Nachgiebigkeit, *die*

pliable ['plaɪəbl] *adj. (flexible, yielding)* biegsam; geschmeidig *(Ton, Leder);* *(fig.)* nachgiebig *(Charakter);* **be ~ to sb.'s wishes** jmds. Wünschen nachgeben

pliant ['plaɪənt] *adj.* biegsam *(Ast, Körper);* geschmeidig *(Körper);* *(fig.)* formbar

pliers ['plaɪəz] *n. pl. [pair of]* Zange, *die*

¹**plight** [plaɪt] *n.* Notlage, *die;* **hopeless / miserable ~:** trostloser/jämmerlicher Zustand; **what a ~ to find yourself in** was für eine verzweifelte Lage!

²**plight** *v. t., esp. in p.p. (arch.)* geloben *(geh.) (Treue);* schwören *(Eid);* **~ one's word [that ...]** sein Wort [dafür] verpfänden[, daß ...]; *see also* **troth b**

plimsoll ['plɪmsl] *n. (Brit.)* Turnschuh, *der*

Plimsoll: ~ line, ~ mark *ns. (Naut.)* Freibordmarke, *die;* Plimsoll-Marke, *die*

plinth [plɪnθ] *n.* **a)** *(for vase, statue, etc.)* of

537

Pliocene

wall) Sockel, *der;* **b)** *(of column)* Plinthe, *die (fachspr.)*
Pliocene ['plaɪəsiːn] *(Geol.)* **1.** *adj.* pliozän; Pliozän-. **2.** *n.* Pliozän, *das*
PLO *abbr.* Palestine Liberation Organization PLO, *die*
plod [plɒd] **1.** *v. i.,* **-dd-** trotten; ~ along dahintrotten; ~ [on] through the snow [weiter] durch den Schnee stapfen; ~ through a book/one's work *(fig.)* sich durch ein Buch kämpfen/sich mit seiner Arbeit abplagen. **2.** *v. t.,* **-dd-** entlangtrotten; ~ one's way home nach Hause trotten. **3.** *n. (laborious walk)* Stapfen, *das; (laborious work)* Plackerei, *die (ugs.)*
~ a'way *v. i. (fig.)* sich abmühen; ~ away at sth. sich mit etw. abmühen
~ 'on *v. i. (fig.)* sich weiterkämpfen; ~ on with sth. sich weiter durch etw. kämpfen
plodder ['plɒdə(r)] *n. (worker)* Arbeitstier, *das; (walker)* Fußlahme, *der/die (ugs.);* he is a ~: er arbeitet schwerfällig/hat einen schwerfälligen Gang; *(Sch.)* er ist ein bißchen langsam
¹**plonk** [plɒŋk] *v. t. (coll.)* ~ sth. [down] etw. hinknallen *(ugs.)* od. hinwerfen; ~ sth. down in a corner *(ugs.).* in eine Ecke knallen *(ugs.);* ~ oneself [down] in an armchair sich in einen Sessel knallen od. hauen *(ugs.)*
²**plonk** *n. (sl.: wine)* [billiger] Wein
plop [plɒp] **1.** *v. i.,* **-pp-** plumpsen *(ugs.);* ⟨*Regen:*⟩ klatschen, platschen. **2.** *v. t.,* **-pp-** plumpsen lassen *(ugs.).* **3.** *n.* Plumpsen, *das;* with a ~: mit einem Plumps. **4.** *adv.* plumps
plosive ['pləʊsɪv] *(Ling.)* **1.** *adj.* plosiv; Verschluß-. **2.** *n.* Plosiv, *der;* Verschlußlaut, *der*
plot [plɒt] **1.** *n.* **a)** *(conspiracy)* Komplott, *das;* Verschwörung, *die;* **b)** *(of play, film, novel)* Handlung, *die;* Fabel, *die;* Plot, *der (Literaturw.);* **c)** *(of ground)* Stück Land; **vegetable** ~: Gemüsebeet, *das;* **building** ~: Baugrundstück, *das;* Bauplatz, *der;* **d)** *(curve etc.)* Diagramm, *das;* **e)** *(Amer.: ground plan)* Plan, *der.* **2.** *v. t.,* **-tt-: a)** *(plan secretly)* [heimlich] planen; ~ treason auf Verrat sinnen *(geh.);* ~ to do sth. [heimlich] planen, etw. zu tun; **b)** *(make plan or map of)* kartieren, kartographieren ⟨*Gebiet usw.*⟩; einen Plan zeichnen (+ *Gen.*) ⟨*Gebäude usw.*⟩; *(make by* ~*ing)* zeichnen ⟨*Karte, Plan*⟩; *(fig.)* entwerfen ⟨*Roman*⟩; **c)** *(mark on map, diagram)* ~ [down] eintragen, einzeichnen. **3.** *v. i.,* **-tt-:** ~ against sb. sich gegen jmdn. verschwören; ein Komplott gegen jmdn. schmieden
plotter ['plɒtə(r)] *n.* **a)** *(conspirator)* Verschwörer, *der*/Verschwörerin, *die;* **b)** *(instrument)* Plotter, *der;* Planzeichner, *der*
plough [plaʊ] **1.** *n. (Agric.)* Pflug, *der;* **put one's hand to the** ~ *(fig.)* eine Sache in Angriff nehmen; **the P**~ *(Astron.)* der Große Wagen *od.* Bär. **2.** *v. t.* **a)** pflügen; ~ the **sand[s]** *(fig.)* Wasser mit einem Sieb schöpfen; **b)** *(cut furrows into)* zerpflügen; **c)** ~ **furrows** Furchen ziehen *od.* pflügen; ~ a lonely furrow *(fig.)* allein auf weiter Flur sein *od.* stehen; **d)** *(fig.) (Schiff:)* [durch]pflügen ⟨*Wasserfläche*⟩; *(Brit. sl.: reject in examination)* durchrasseln lassen *(salopp).* **3.** *v. i. (Brit. sl.: fail in examination)* durchrasseln *(salopp)*
~ 'back *v. t.* **a)** unterpflügen; **b)** *(Finance)* reinvestieren; ~ profits *etc.* back into the business *etc.* Gewinne *usw.* wieder in die Firma *usw.* stecken
~ 'in *v. t.* unterpflügen
~ into *v. t. (move violently)* rasen *od. (salopp)* rasseln in (+ *Akk.*)
~ through *v. t. (advance laboriously in)* sich kämpfen durch; ⟨*Schiff:*⟩ sich pflügen durch; *(move violently through)* rasen durch
~ 'up *v. t.* auspflügen ⟨*Kartoffeln, Rüben usw.*⟩; zerpflügen ⟨*Boden*⟩

538

plough: ~**man** ['plaʊmən] *n., pl.* ~**men** ['plaʊmən] Pflüger, *der;* ~**man's [lunch]** *(Brit.)* Imbiß aus Käse, Brot und Mixed Pickles; ~**share** *n.* Pflugschar, *die*
plover ['plʌvə(r)] *n. (Ornith.)* Regenpfeifer, *der*
plow *(Amer./arch.)* see **plough** 1, 2 a, b, c, d
ploy [plɔɪ] *n.* Trick, *der; (tactical approach)* Taktik, *die; (gambit)* Manöver, *das; (method)* Masche, *die (ugs.)*
PLR *abbr. (Brit.)* Public Lending Right
pluck [plʌk] **1.** *v. t.* **a)** *(pull off, pick)* pflücken ⟨*Blumen, Obst*⟩; ~ [out] auszupfen ⟨*Federn, Haare*⟩; **b)** *(pull at, twitch)* zupfen an (+ *Dat.*); zupfen ⟨*Saite, Gitarre*⟩; he ~ed his mother's skirt er zupfte seiner Mutter am Rock; **c)** *(strip of feathers)* rupfen. **2.** *v. i.:* ~ at sth. an etw. *(Dat.)* zupfen; he ~ed at his mother's skirt er zupfte seiner Mutter am Rock. **3.** *n.* **a)** *(courage)* Mut, *der;* Schneid, *der (ugs.);* **b)** *(heart, liver, lungs of animal as food)* Innereien *Pl.*
~ 'up *v. t.* ~ up [one's] courage all seinen Mut zusammennehmen; ~ up courage to do sth. den Mut finden, etw. zu tun; he ~ed up [enough] courage to ask her out er faßte sich *(Dat.)* ein Herz und bat sie, mit ihm auszugehen
pluckily ['plʌkɪlɪ] *adv.,* **plucky** ['plʌkɪ] *adj.* tapfer
plug [plʌg] **1.** *n.* **a)** *(filling hole)* Pfropfen, *der; (in cask)* Spund, *der;* Zapfen, *der; (stopper for basin, vessel, etc.)* Stöpsel, *der; (of wax etc.)* Pfropf, *der;* **b)** *(Electr.)* Stecker, *der; (coll.: socket)* Stecker, *der (ugs.);* pull the ~ on sb./sth. *(coll.)* jmdn./einer Sache den Hahn zudrehen *(ugs.);* see also **sparking-plug**; **c)** *(of water-closet)* Stöpsel, *der;* pull the ~: [ab]ziehen; **d)** *(of tobacco)* Plug, *der (fachspr.); (piece of chewing tobacco)* Priem, *der;* **e)** *(coll.: piece of good publicity)* give sth. a ~: Werbung für etw. machen; give sb. a ~: jmdm. [etwas] Publicity verschaffen. **2.** *v. t.,* **-gg-: a)** [up] zustopfen, verstopfen ⟨*Loch usw.*⟩; **b)** *(coll.: advertise)* Schleichwerbung machen für; *(by presenting sth. repeatedly)* pushen *(ugs.)*
~ a'way *v. i. (coll.)* vor sich hin schuften *(ugs.);* ~ away at sth. sich mit etw. abschuften *(ugs.)*
~ 'in *v. t.* anschließen; is it ~ged in? ist der Stecker in der Steckdose *od. (ugs.)* drin?; see also **plug-in**
plug: ~-**hat** *n. (Amer. coll.)* Angströhre, *die (ugs. scherzh.);* ~-**hole** *n.* Abfluß, *der;* **go down the** ~-**hole** *(fig.)* im Eimer sein *(salopp);* ~-**in** *adj.* anschließbar
plum [plʌm] *n.* **a)** *(tree)* Pflaumenbaum, *der;* Pflaume, *die; (fruit)* Pflaume, *die;* **speak with a** ~ **in one's mouth** *(Brit. coll.)* affektiert sprechen; **b)** *(fig.)* Leckerbissen, *der;* **a** ~ **job/position** ein Traumjob *(ugs.);* his job is a real ~: sein Job ist einfach traumhaft; **c)** *(colour)* Pflaumenblau, *das*
plumage ['pluːmɪdʒ] *n.* Gefieder, *das*
¹**plumb** [plʌm] **1.** *v. t. (sound, measure)* [aus]loten; *(fig.)* ergründen ⟨*Geheimnis*⟩; ~ **the depths of loneliness/sorrow** die tiefsten Tiefen der Einsamkeit/Trauer kennen. **2.** *adv.* **a)** *(vertically)* senkrecht; lotrecht; **b)** *(fig.: exactly)* genau; **c)** *(Amer. sl.: utterly)* total *(ugs.);* **you get ~ out of here!** raus hier, aber 'n bißchen plötzlich! *(ugs.).* **3.** *adj.* **a)** *(vertical)* senkrecht; lotrecht; **b)** *(fig.: downright, sheer)* völlig; absolut. **4.** *n.* Lot, *das;* Senkblei, *das;* **off** *od.* **out of** ~: außer *od.* nicht im Lot
²**plumb:** ~ **in** *(connect)* fest anschließen
plumbago [plʌm'beɪgəʊ] *n., pl.* ~**s a)** *(Min.)* Graphit, *der;* **b)** *(Bot.)* Bleiwurz, *die*
plumber ['plʌmə(r)] *n.* Klempner, *der;* Installateur, *der*
plumbing ['plʌmɪŋ] *n.* **a)** *(plumber's work)* Klempnerarbeiten *Pl.;* Installationsarbeiten *Pl.;* **b)** *(water-pipes)* Wasserrohre, *die;* Was-

pluperfect

serleitungen; **a cottage without** ~: ein Häuschen ohne Wasseranschluß; **c)** *(coll.: lavatory)* Klo, *das (ugs.);* **go and inspect the** ~: die Örtlichkeit aufsuchen
'**plumb-line** *n.* **a)** *(for measuring)* Lot, *das;* **b)** *(fig.)* Maßstab, *der*
'**plum-cake** *n.* Rosinenkuchen, *der*
plume [pluːm] **1.** *n.* **a)** *(feather)* Feder, *die;* *(ornamental bunch)* Federbusch, *der;* ~ **of white feathers** weißer Federbusch; **borrowed** ~**s** *(fig.)* fremde Federn; **b)** ~ **of smoke/steam/snow** Rauchwolke *od.* -fahne/Dampfwolke/Schneefahne, *die.* **2.** *v. t.* **a)** *(furnish, decorate with* ~) mit Federn schmücken; befiedern ⟨*Pfeil*⟩; **b)** ~ **oneself on sth.** sich mit etw. brüsten; **c)** *(preen etc.)* ⟨*Vogel:*⟩ ordnen ⟨*Federn*⟩; **the swan** ~**d itself** der Schwan ordnete sein Gefieder
plummet ['plʌmɪt] **1.** *v. i.* stürzen. **2.** *n.* **a)** *(weight)* Lotblei, *das; (plumb-line)* Lot, *das;* **b)** *(sounding-lead)* Lot, *das;* Senkblei, *das;* **c)** *(Angling)* Bleigewicht, *das;* Blei, *das*
plummy ['plʌmɪ] *adj.* **a)** *(coll.: sonor)* ⟨*Stimme:*⟩ *(derog.: affected)* affektiert; **b)** *(coll.: desirable, good)* bombig *(ugs.);* Bomben⟨*stelle, -job*⟩ *(ugs.)*
¹**plump** [plʌmp] *adj.* mollig; rundlich; stämmig ⟨*Arme, Beine*⟩; fleischig ⟨*Brathuhn usw.*⟩; ~ **cheeks** Pausbacken *Pl. (fam.);* runde *od.* volle Backen
~ 'out **1.** *v. i.* sich runden; rund werden. **2.** *v. t.* runden; rund werden lassen
~ 'up **1.** *v. t.* aufschütteln ⟨*Kissen*⟩; *(fatten up)* mästen. **2.** *v. i.* Fett ansetzen
²**plump 1.** *v. t.* ~ **sb./oneself/sth. down** jmdn./sich/etw. fallen lassen; **he** ~**ed the cases in the hall** er setzte die Koffer schwungvoll in der Halle ab. **2.** *v. i.* **a)** *(drop)* fallen; **b)** *(Amer.: move abruptly)* stürmen; stürzen
~ **for** *v. t. (Brit.: vote for)* stimmen für; **b)** *(choose)* sich entscheiden für
plumpness ['plʌmpnɪs] *n., no pl. see* ¹**plump**: Molligkeit *die;* Rundlichkeit *die;* Stämmigkeit, *die;* Fleischigkeit, *die*
plum: ~ **'pudding** *n.* Plumpudding, *der; (suet pudding)* mit Nierenfett zubereiteter Pudding mit Rosinen; ≈ Rosinenpudding, *der;* ~-**tree** *n.* Pflaumenbaum, *der*
plunder ['plʌndə(r)] **1.** *v. t.* [aus]plündern ⟨*Gebäude, Gebiet*⟩; ausplündern ⟨*Person*⟩; rauben ⟨*Sache*⟩; **the church was** ~**ed of its holy relics** die heiligen Reliquien wurden aus der Kirche geraubt. **2.** *n.* **a)** *(action)* Plünderung, *die; (spoil, booty)* Beute, *die;* **b)** *(sl.: profit)* Profit, *der*
plunderer ['plʌndərə(r)] *n.* Plünd[e]rer, *der*
plunge [plʌndʒ] **1.** *v. t.* **a)** *(thrust violently)* stecken; *(into liquid)* tauchen; **a knife into sb.'s back** jmdm. ein Messer in den Rücken stoßen; **b)** *(fig.)* ~ **d into sth.** in etw. *(Akk.)* gestürzt werden; ~ **oneself into sth.** sich in etw. *(Akk.)* stürzen; **be** ~**d into darkness in** Dunkelheit getaucht sein *(geh.).* **2.** *v. i.* **a)** ~ **into sth.** *(lit. or fig.)* in etw. *(Akk.)* stürzen; **he** ~**d into the crowd und tauchte in die Menge ein; ~ in sich hineinstürzen; they ~d into a political discussion sie stürzten sich in eine politische Diskussion; b)** *(descend suddenly)* ⟨*Straße usw.:*⟩ steil abfallen; **plunging neckline** tiefer Ausschnitt; [tiefes] Dekolleté; ~ **down the stairs** die Treppe hinunterstürzen; **c)** *(enter impetuously)* stürzen; **d)** *(start violently forward)* ⟨*Pferd:*⟩ durchgehen; *(pitch)* ⟨*Schiff:*⟩ eintauchen; **e)** *(sl.: gamble)* spielen. **3.** *n.* Sprung, *der;* **take the** ~ *(fig. coll.)* den Sprung wagen; **they have decided to take the** ~ **and do it** sie haben sich dazu durchgerungen, es zu tun
plunger ['plʌndʒə(r)] *n.* **a)** *(part of mechanism)* [Tauch]kolben, *der;* Plunger[kolben], *der;* **b)** *(rubber suction cup)* Stampfer, *der*
plunk [plʌŋk] *see* ¹**plonk**
pluperfect [pluː'pɜːfɪkt] *(Ling.)* **1.** *n.* Plus-

quamperfekt, *das.* 2. *adj.* ~ tense Plusquamperfekt, *das*
plural ['pluərl] *(Ling.)* 1. *adj.* pluralisch; Plural-; ~ **noun** Substantiv im Plural; ~ **form** Pluralform, *die;* **third person** ~: dritte Person Plural. 2. *n.* Mehrzahl, *die;* Plural, *der*
pluralise *see* **pluralize**
pluralism ['pluərəlɪzm] *n.* **a)** *(holding of more than one office)* Ämterhäufung, *die;* **b)** *(Polit., Sociol.)* Pluralismus, *der*
pluralist ['pluərəlɪst] *n.* **a)** *(holder of more than one office)* Inhaber mehrerer [Kirchen]ämter; **b)** *(Polit., Sociol.)* Pluralist, *der*
pluralistic [pluərə'lɪstɪk] *adj.* pluralistisch
plurality [pluə'rælɪtɪ] *n.* **a)** *(being plural)* Pluralität, *die;* **b)** *(large number)* Vielzahl, *die;* **c)** *(majority)* Majorität, *die;* Mehrheit, *die;* ~ **of sth.** Mehrheit einer Sache *(Gen.);* **d)** *(Amer. Polit.)* [Stimmen]vorsprung, *der* (over vor + *Dat.*)
pluralize ['pluərəlaɪz] *v.t.* pluralisieren *(Sprachw.);* im den Plural setzen
plural: ~ **'number** *see* **plural** 2; ~ **so'ciety** *n.* plurale Gesellschaft; ~ **'vote** *n.* Mehrstimmenrecht, *das;* ~ **'voting** *n.* Pluralwahlrecht, *das*
plus [plʌs] 1. *prep.* **a)** *(with the addition of)* plus (+ *Dat.*); *(and also)* und zusätzlich]; **b)** *(above zero)* plus; ~ **ten degrees** plus zehn Grad; zehn Grad plus; **c)** *(coll.);* **he returned from America** ~ **a wife and child** er kam aus Amerika zurück — mit Frau und Kind; ~ **a one** *etc.* **player** *(Golf)* ein Spieler mit einer Vorgabe von eins *usw.* 2. *adj.* **a)** *(additional, extra)* zusätzlich; **b)** *(at least)* fifteen *etc.* ~: über fünfzehn *usw.;* **alpha** *etc.* ~ Eins *usw. plus;* **c)** *(Math.: positive)* positiv ⟨Wert, Menge, Größe⟩; **d)** *(Electr.)* ~ **pole/terminal** Pluspol, *der.* 3. *n.* **a)** *(symbol)* Plus[zeichen], *das;* **b)** *(additional quantity)* Plus, *das;* **c)** *(advantage)* Pluspunkt, *der.* 4. *conj. (coll.)* und auch
plus-'fours *n. pl.* Überfallhose, *die*
plush [plʌʃ] 1. *n.* Plüsch, *der.* 2. *adj.* **a)** *(made of plush)* Plüsch-; plüschen; **b)** *(covered in plush)* mit Plüsch bezogen; **c)** *(coll.: luxurious)* feudal *(ugs.)*
plushy ['plʌʃɪ] *adj.* **a)** *(of, like plush)* plüschig; **b)** *see* **plush** 2 c
Pluto ['plu:təʊ] *pr. n.* **a)** *(Astron.)* Pluto, *der;* **b)** *(Roman Mythol.)* Pluto *(der)*
plutocracy [plu:'tɒkrəsɪ] *n.* **a)** *(rule by the rich; state)* Plutokratie, *die;* **b)** *(rich ruling class)* Plutokraten *Pl.*
plutocrat ['plu:təkræt] *n.* Plutokrat, *der*
plutocratic [plu:tə'krætɪk] *adj.* plutokratisch
plutonic [plu:'tɒnɪk] *adj. (Geol.)* plutonisch; ~ **theory** Plutonismus, *der*
plutonium [plu:'təʊnɪəm] *n. (Chem.)* Plutonium, *das*
pluvial ['plu:vɪəl] *adj.* Regen-
¹**ply** [plaɪ] 1. *v.t.* **a)** *(use, wield)* gebrauchen; führen; **they plied their oars** sie legten sich in die Ruder; **b)** *(work at)* nachgehen (+ *Dat.*) *⟨Handwerk, Arbeit⟩;* **c)** *(sell)* verkaufen; **d)** *(supply)* ~ **sb. with sth.** jmdn. mit etw. versorgen; **e)** *(assail)* überhäufen; ~ **sb. with questions** jmdn. mit Fragen überschütten; **f)** *(sail over)* befahren. 2. *v.i.* **a)** *(go to and fro)* ~ **between** verkehren ⟨Orten⟩ [hin- und her]pendeln; *(operate on regular services)* zwischen ⟨Orten⟩ verkehren; **b)** *(attend regularly for custom)* seine Dienste anbieten; ~ **for customers** auf Kunden *od.* Kundschaft warten; **a taxi ~ing for hire** ein auf Kundschaft wartendes Taxi
²**ply** *n.* **a)** *(of yarn, wool, etc.)* [Einzel]faden, *der;* **b)** *(of rope, cord, etc.)* Strang, *der;* **c)** *(of plywood, cloth, etc.)* Lage, *die (Schicht);* see also **three-ply; two-ply;** **d)** *see* **plywood**
plywood *n.* Sperrholz, *das*
PM *abbr.* **a)** post-mortem; **b)** Prime Minister
p.m. [pi:'em] 1. *adv.* nachmittags; **one** ~: ein Uhr mittags; **two/five** ~: zwei/fünf Uhr nachmittags; **six/eleven** ~: sechs/elf Uhr abends. 2. *n.* Nachmittag, *der;* **Monday/this** ~: Montag/heute nachmittag
PMT *abbr.* premenstrual tension
pneumatic [nju:'mætɪk] *adj.* pneumatisch; mit Druckluft betrieben *od.* arbeitend ⟨Maschine⟩; Druckluft⟨werkzeug, -hammer⟩
pneumatically [nju:'mætɪkəlɪ] *adv.* pneumatisch; mit Druckluft *nachgestellt*
pneumatic: ~ **'blonde** *n. (joc.)* üppige Blondine; ~ **'drill** *n.* Preßluftbohrer, *der;* ~ **'tyre** *n.* Luftreifen, *der;* Pneumatik, *der*
pneumoconiosis [nju:məʊkɒnɪ'əʊsɪs] *n., no pl. (Med.)* Pneumokoniose, *die (fachspr.);* Staublunge, *die*
pneumonia [nju:'məʊnɪə] *n.* Lungenentzündung, *die;* Pneumonie, *die (Med.);* **double/single** ~: doppelseitige/einseitige Lungenentzündung
PO *abbr.* **a)** postal order PA; **b)** Post Office PA; **c)** *(Brit. Navy)* Petty Officer; **d)** *(Brit. Air Force)* Pilot Officer LT
po [pəʊ] *n., pl.* **pos** *(coll.)* [Nacht]topf, *der;* Pott, *der (ugs., bes. nordd.)*
¹**poach** ['pəʊtʃ] 1. *v.t.* **a)** *(catch illegally)* wildern; illegal fangen ⟨Fische⟩; ~ **pupils away from other teachers** anderen Lehrern die Schüler abspenstig machen; **b)** *(obtain unfairly)* stehlen, *(ugs.)* klauen ⟨Idee⟩; sich *(Dat.)* erschleichen ⟨Vorteil⟩. 2. *v.i.* **a)** *(catch animals illegally)* wildern; **b)** *(encroach)* ~ **[on sb.'s territory]** jmdm. ins Handwerk pfuschen; *(Sport)* dazwischengehen
²**poach** *v.t. (Cookery)* pochieren ⟨Ei⟩; dünsten, pochieren ⟨Fisch, Fleisch, Gemüse⟩; ~**ed eggs** pochierte *od.* verlorene Eier
¹**poacher** ['pəʊtʃə(r)] *n.* Wilderer, *der;* Wilddieb, *der;* **the** ~ **turns gamekeeper** aus einem Saulus wird ein Paulus
²**poacher** *n. (Cookery)* Dünster, *der;* **[egg-]**~: Eierkocher für pochierte Eier
pochard ['pəʊtʃəd] *n. (Ornith.)* Tafelente, *die*
pock [pɒk] *n.* Pickel, *der;* Pustel, *die (Med.);* *(of smallpox)* Pocke, *die*
pocked [pɒkt] *adj.* durchlöchert **(with** von)
pocket [pɒkɪt] 1. *n.* **a)** Tasche, *die; (in suitcase etc.)* Seitentasche, *die; (in handbag)* [Seiten]fach, *das; (on rucksack etc.)* [Außen]tasche, *die; (Billiards etc.)* Tasche, *die;* **be in sb.'s** ~ *(fig.)* von jmdm. abhängig sein; **the business is virtually in his** ~: sie ist in der Firma ist in der Firma ist er praktisch der Boss *(ugs.);* **have [got] sb. in one's** ~: jmdn. in der Tasche haben *(ugs.);* **make a hole in sb.'s** ~ *(fig.)* ein Loch in jmds. Geldbeutel *(Akk.)* reißen; **b)** *(fig.: financial resources)* **with an empty** ~; **with empty** ~**s** mit leeren Taschen; **pay for sth. out of one's own** ~: etw. aus eigener *od.* der eigenen Tasche bezahlen; **it is beyond my** ~: es übersteigt meine finanziellen Möglichkeiten; **put one's hand in one's** ~: in die Tasche greifen *(ugs.);* **be in** ~: Geld verdient haben; **be £100 in** ~: 100 Pfund gutgemacht haben; **be out of** ~ *(have lost money)* draufgelegt haben *(ugs.);* zugesetzt haben; **I don't want you to be out of** ~ **because of me** ich möchte nicht, daß du meinetwegen draufzahlst *(ugs.) od.* zusetzt; *see also* **out-of-pocket;** **c)** *(Mil.) (area)* Kessel, *der;* **enemy** ~: [versprengte] feindliche Einheit; ~ **of resistance** Widerstandsnest, *das;* **d)** *(isolated group)* ~ Schwerpunkt, *der;* ~ **of unemployment** schwerpunktmäßiges Auftreten von Arbeitslosigkeit; **e)** *(Mining, Geol.)* Nest, *das.* 2. *adj. see* ²**line.** 2. **a)** Taschen⟨rechner, -uhr, -ausgabe⟩. 3. *v.t.* **a)** *(put in one's pocket)* einstecken; **b)** *(steal)* in die eigene Tasche stecken; einstecken; **c)** *(fig.: submit to)* wegstecken; einstecken; **d)** *(fig.: conceal)* verbergen, hinunterschlucken *(ugs.)* ⟨Zorn, Gefühlsregung⟩; **e)** *(Billiards etc.)* einlochen

'**pocket-book** *n.* **a)** *(wallet)* Brieftasche, *die;* **b)** *(notebook)* Notizbuch, *das;* **c)** *(Amer.: paperback)* Taschenbuch, *das;* **in** ~: als Taschenbuch; **d)** *(Amer.: handbag)* Handtasche, *die*
pocketful ['pɒkɪtfʊl] *n.* **a** ~ **of loose change** eine Tasche voll Kleingeld
pocket: ~ **'handkerchief** *n.* **a)** Taschentuch, *das;* **b)** *(fig.: very small area)* **a** ~ **handkerchief of a garden** ein winziger Garten; ~**knife** *n.* Taschenmesser, *das;* ~**money** *n.* Taschengeld, *das;* ~**-size[d]** *adj.* **a)** im Taschenformat *nachgestellt;* ~**-sized edition** Taschenausgabe, *die;* **b)** *(fig.: small scale)* Westentaschen- *(ugs. scherzh.);* im [Westen]taschenformat *nachgestellt (ugs. scherzh.);* ~ **'veto** *n. (Amer. Polit.)* durch Nichtunterzeichnung einer Gesetzesvorlage ausgeübtes Veto
pock: ~**-mark** *n. (Med.)* Pockennarbe, *die;* Delle, *die; (from bullet)* Einschuß, *der;* ~**-marked** *adj.* **a)** pockennarbig ⟨Gesicht, Haut⟩; **b)** **a wall** ~**-marked with bullets** eine mit Einschüssen übersäte Wand
pod [pɒd] 1. *n.* **a)** *(seed-case)* Hülse, *die; (of pea)* Schote, *die;* Hülse, *die;* **b)** *(in aircraft etc.) (for engine)* Gondel, *die; (for fuel)* Außentank, *der; (for missile etc.)* Pod, *der; (radome)* Radom, *der.* 2. *v.t.,* -dd- *aus-* od. enthülsen. 3. *v.i.,* -dd- *(form pods)* [Früchte] ansetzen; *(bear pods)* [Früchte] tragen
podge [pɒdʒ] *n. (coll.)* Pummel, *der (ugs.)*
podgy ['pɒdʒɪ] *adj.* dicklich; pummelig *(ugs.),* rundlich *(fam.),* mollig ⟨Frau⟩; pausbäckig, *(fam.)* rundlich ⟨Gesicht⟩; ~ **cheek** Pausbacke, *die (fam.);* ~ **fingers** Wurstfinger *(ugs.)*
podium ['pəʊdɪəm] *n., pl.* **podia** ['pəʊdɪə] *or* -**s** Podium, *das*
podzol ['pɒdzɒl] *n. (Soil Sci.)* Podsol, *der*
poem ['pəʊɪm] *n.* Gedicht, *das;* **symphonic** ~ *(Mus.)* sinfonische Dichtung
poesy ['pəʊɪsɪ, 'pəʊɪzɪ] *n. (arch./poet.) (poetry)* Poesie, *die; (art)* Dichtkunst, *die; (poems collectively)* Dichtung, *die*
poet ['pəʊɪt] *n. (writer of poems)* Dichter, *der;* Poet, *der (geh.); (sb. with great creativity)* Künstler, *der;* **P~'s Corner** die Dichterecke *od.* der Dichterwinkel *(in der Westminsterabtei); see also* **laureate**
poetaster [pəʊɪ'tæstə(r)] *n. (dated derog.)* Dichterling, *der (abwertend);* Poetaster, *der (geh. abwertend)*
poetess ['pəʊɪtes] *n.* Dichterin, *die;* Poetin, *die (geh.)*
poetic [pəʊ'etɪk] *adj.* dichterisch; poetisch *(geh.);* anmutig ⟨Bewegung⟩; ⟨Bild, Anblick⟩ voller Poesie; **in** ~ **form** in Versen; *see also* **justice** a; **licence** 1 d
poetical [pəʊ'etɪkl] *adj.* **a)** *see* **poetic;** **b)** *(written in verse)* in Gedichtform *nachgestellt;* ~ **drama** Versdrama, *das;* **his** ~ **works** seine Gedichte
poetically [pəʊ'etɪkəlɪ] *adv.* dichterisch; poetisch *(geh.)*
poetry ['pəʊɪtrɪ] *n.* [Vers]dichtung, *die;* Lyrik, *die; (fig.)* Poesie, *die (geh.);* **prose** ~: Prosadichtung, *die;* ~ **reading** ≈ Dichterlesung, *die*
'**po-faced** ['pəʊfeɪst] *adj.* mit unbewegter Miene *nachgestellt; (smug, priggish)* blasiert *(abwertend); (narrow-minded)* borniert; **sound** ~: abweisend klingen
pogo ['pəʊgəʊ] *n., pl.* ~**s:** [**stick**] Springstab, *der*
pogrom ['pɒgrəm] *n.* Pogrom, *das od.* der
poignancy ['pɔɪnjənsɪ] *n., no pl. (schmerzliche)* Intensität; *(of words, wit, etc.)* Schärfe, *die*
poignant ['pɔɪnjənt] *adj.* tief ⟨Bedauern, Trauer, Schmerz, Verzweiflung⟩; überwältigend ⟨Schönheit⟩; quälend ⟨Hunger⟩; *(causing sympathy)* ergreifend, herzzerreißend ⟨Anblick, Geschichte⟩

539

poignantly ['pɔɪnjəntlɪ] *adv. (touchingly)* ergreifend; in bewegenden Worten ⟨*sprechen, schreiben*⟩; *(regretfully)* wehmütig; *(pungently)* beißend

poinsettia [pɔɪn'setɪə] *n. (Bot.)* Weihnachtsstern, *der*

point [pɔɪnt] **1.** *n.* **a)** *(tiny mark, dot)* Punkt, *der;* **nought ~ two** Null Komma zwei; *see also* **decimal point; full point;** **b)** *(sharp end of tool, weapon, pencil, etc.)* Spitze, *die;* **come to a [sharp] ~:** spitz zulaufen; **at gun-/knife-~:** mit vorgehaltener [Schuß]waffe/vorgehaltenem Messer; **hold sb. at gun-/knife-~:** jmdn. mit vorgehaltener Pistole/vorgehaltenem Messer bedrohen; **not to put too fine a ~ on it** *(fig.)* um nichts zu beschönigen; **c)** *(single item)* Punkt, *der;* **the ~ under dispute** der strittige Punkt; die strittige Frage; **~ of conscience** Gewissensfrage, *die;* **agree on a ~:** in einem Punkt od. einer Frage übereinstimmen; **Are you an experienced cook? – No, in ~ of fact I've never cooked a meal before** Sind Sie ein erfahrener Koch? – Nein, ganz im Gegenteil. Ich habe [bisher] noch nie gekocht; **You haven't met him, have you? – Yes, in ~ of fact, I have** Du kennst ihn nicht, oder? – Doch, wir kennen uns; **be a ~ of honour with sb.** für jmdn. [eine] Ehrensache sein; **possession is nine ~s of the law** das Gesetz ist meistens auf der Seite des Besitzers; *see also* **law a; order 1j; stretch 1d;** **d)** *(unit of scoring)* Punkt, *der;* **win by 100 ~s** mit 100 Punkten Vorsprung gewinnen; **give ~s to sb.** jmdm. eine Vorgabe geben; **score ~s off sb.** *(fig.)* jmdn. an die Wand spielen; **win on ~s** *(Boxing; also fig.)* nach Punkten gewinnen; **a win on ~s** ein Sieg nach Punkten; ein Punktsieg; **e)** *(stage, degree)* **things have reached a ~ where** *or* **come to such a ~ that ...:** die Sache ist dahin *od.* so weit gediehen, daß ...; *(negatively)* es ist so weit gekommen, daß ...; **the shares reached their highest ~:** die Aktien erreichten ihren höchsten Stand *od.* Höchststand; **up to a ~:** bis zu einem gewissen Grad; **beyond a certain ~:** über einen bestimmten Punkt hinaus; **he gave up at this ~:** an diesem Punkt gab er auf; **she was abrupt to the ~ of rudeness** sie war in einer Weise barsch, die schon an Unverschämtheit grenzte; *see also* **boiling-point; freezing-point; melting-point;** **f)** *(moment)* Zeitpunkt, *der;* **when it comes/came to the ~:** wenn es soweit ist/als es soweit war; wenn es ernst wird/als es ernst wurde; **be at/on the ~ of sth.** kurz vor etw. *(Dat.)* sein; einer Sache *(Dat.)* nahe sein; **be at the ~ of death** im Sterben liegen; **be on the ~ of doing sth.** im Begriff sein, etw. zu tun; etw. gerade tun wollen; **g)** *(distinctive trait)* Seite, *die;* *(feature in animal)* [Rassen]merkmal, *das;* **best/strong ~:** starke Seite, *die;* **good/bad ~:** gute/ schlechte Seite; **getting up early has its ~s** frühes Aufstehen hat auch seine Vorzüge; **the ~:** *(essential thing)* das Entscheidende; **the ~ is, what am I to do if I can't get a job?** fragt sich nur: was mache ich, wenn ich keinen Job finde?; *(thing to be discussed)* **that is just the ~** *or* **the whole ~:** das ist genau der springende Punkt; **come to** *or* **get to the ~:** zur Sache *od.* zum Thema kommen; **keep** *or* **stick to the ~:** beim Thema bleiben; **keep sb. to the ~:** verhindern, daß jmd. [vom Thema] abschweift; **be beside the ~:** unerheblich sein; keine Rolle spielen; **that's beside the ~:** darum geht es nicht; **taken** habe verstanden; **carry** *or* **make one's ~:** sich durchsetzen; sein Ziel erreichen; **right, I agree with you, you've made your ~:** also gut, ich gebe dir recht, ich habe verstanden; **in ~:** relevant *(geh.);* **not in ~:** irrelevant *(geh.);* **a case in ~:** ein typisches Beispiel; **that's not in ~:** das gehört nicht zur Sache *od.* hierher; **make a ~ of doing** sth. [großen] Wert darauf legen, etw. zu tun; **... and I shall make a ~ of telling him so** ... und ich werde ihm das jetzt auch mal sagen; **make a ~ of it** Wert darauf legen; **make** *or* **prove a ~:** etw. beweisen; **make** *or* **prove a ~ against sth.** ein Argument gegen etw. anführen *od. (geh.)* ins Feld führen; **be always making** *or* **proving a ~ of some kind** ständig etwas beweisen wollen; **to the ~:** sachbezogen; **more to the ~:** wichtiger; **a topic that is not strictly to the ~:** ein Punkt, der nicht direkt zum Thema gehört; **he was very brief and to the ~:** seine Ausführungen waren sehr knapp und sachbezogen; **you have a ~ there** da hast du recht; da ist [et]was dran *(ugs.); see also* **take 1t;** **h)** *(tip)* Spitze, *die; (Boxing)* Kinnspitze, *die; (Ballet)* Spitze, *die* in pl. *(of horse, dog, etc.) (extremities)* Extremitäten *Pl.; (area of contrasting colour in an animal's fur)* Abzeichen *Pl.;* **the ~ of his jaw** seine Kinnspitze; **the ~s of his ears** seine Ohrläppchen; **dance on the ~s of one's toes** auf den Zehenspitzen tanzen; **on ~, on one's ~s, on the ~s** *(Ballet)* auf Spitzen; **a ~** [of land] eine Landspitze, -zunge; **i)** *(of story, joke, remark)* Pointe, *die; (pungency, effect) (of literary work)* Eindringlichkeit, *die; (of remark)* Durchschlagskraft, *die;* Überzeugungskraft, *die;* **see** *or* **get/miss the ~:** die Pointe verstehen/nicht verstehen; **miss the ~ of a joke** nicht die Pointe eines Witzes verstehen *od. (ugs.)* mitkriegen; **j)** *(purpose, value)* Zweck, *der;* Sinn, *der;* **what's the ~ of worrying?** was für einen Sinn *od.* Zweck hat es, sich *(Dat.)* Sorgen zu machen?; **wozu sich** *(Dat.)* Sorgen machen? *(ugs.);* **there's no ~ in protesting** es hat keinen Sinn *od.* Zweck zu protestieren; es ist sinnlos *od.* zwecklos zu protestieren; **k)** *(precise place, spot)* Punkt, *der;* Stelle, *die; (Geom.)* Punkt, *der;* **fire broke out at several ~s** an mehreren Punkten *od.* Stellen brach Feuer aus; **Bombay and ~s east** Bombay und Orte östlich davon; **~ of contact** Berührungspunkt, *der;* **~ of no return** Punkt, an dem es kein Zurück mehr gibt; **~ of view** *(fig.)* Standpunkt, *der;* **from my/a money/an atheistic ~ of view** *(fig.)* aus meiner/finanzieller/atheistischer Sicht; von meinem/finanziellen/atheistischen Standpunkt aus; *see also* **departure d;** **l)** *(Brit.)* [**power** *or* **electric**] **~:** Steckdose, *die;* **m)** *(Brit. Railw.)* usu. in pl. Weiche, *die;* **n)** *(sharp-pointed tool)* spitzes Werkzeug; *(in engraving, etching, etc.)* Grabstichel, *der; (in masonry)* Grabmeißel, *der;* Punktiereisen, *das;* **o)** *(of deer)* Ende, *das (Jägerspr.);* Sprosse, *die (Jägerspr.);* **p)** usu. in pl. *(Motor Veh.: contact device)* Kontakt, *der;* **contact breaker ~:** Unterbrecherkontakt, *der;* **q)** *(unit in Bridge, competition, rationing, stocks, shares, etc.)* Punkt, *der; (unit of weight for precious stones)* ein Hundertstel Karat; 0,01 Karat; **prices/the cost of living went up three ~s** die Preise/Lebenshaltungskosten stiegen um drei [Prozent]punkte gestiegen; **r)** *(on compass)* Strich, *der; see also* **cardinal points;** **s)** *(Printing)* Punkt, *der;* **eight-~** Achtpunkt, *der;* **t)** *(Cricket)* Feldspieler, *der,* der einige Meter seitlich vom Torwächter steht; *(Lacrosse)* dem Torwart am nächsten stehender Verteidiger. **2.** *v. i.* **a)** zeigen, weisen; *(Person auch.:)* deuten (**to,** **at** auf + *Akk.*); **it's rude to ~:** es gehört sich nicht, mit dem Finger auf jemanden zu zeigen; **she ~ed through the window** sie zeigte aus dem Fenster; **the compass needle ~ed to the north** die Kompaßnadel zeigte *od.* wies nach Norden; **b)** **~ towards** *or* **to** *(fig.)* [hin]deuten; hinweisen auf (+ *Akk.*). **3.** *v. t.* **a)** *(direct)* richten ⟨*Waffe, Kamera*⟩ (**at** auf + *Akk.*); **~ one's finger at sth./sb.** mit dem Finger auf etw./jmdn. deuten *od.* zeigen *od.* weisen; **~ me in the right direction** zeige mir den richtigen Weg; **b)** *(Building)* aus-, verfugen ⟨*Mauer, Steine*⟩; ausfüllen ⟨*Fugen*⟩; **c)** *(give force to)* Nachdruck verleihen (+ *Dat.*), unterstreichen ⟨*Bemerkung*⟩; würzen ⟨*Erzählung, Rede*⟩; verstärken ⟨*Gefühl*⟩; **d)** *(sharpen)* [an]spitzen ⟨*Bleistift*⟩; **e)** *(show presence of)* ⟨*Hund:*⟩ vorstehen *(Jägerspr.);* **f)** *(punctuate)* mit Satzzeichen versehen; mit Deklamationszeichen versehen ⟨*Psalm usw.*⟩; *(in Hebrew etc.)* mit diakritischen Zeichen verdeutlichen

~ 'out *v. t.* hinweisen auf (+ *Akk.*); **~ sth./sb. out to sb.** jmdn. auf etw./jmdn. hinweisen *od.* aufmerksam machen; **I ~ed him out to the others** ich zeigte ihn den anderen; **he ~ed out the house** er zeigte das Haus; **he ~ed out my mistake** er zeigte meinen Fehler auf

~ 'up *v. t. (emphasize)* herausstellen; *(make clear)* verdeutlichen

point-'blank **1.** *adj. (direct, flat)* direkt; *(fig.)* direkt ⟨*Frage, Art*⟩; glatt ⟨*Weigerung*⟩; **~ shot** Schuß aus kürzester Entfernung; Kern- *od.* Fleckschuß, *der (Jägerspr.);* **~ distance** *or* **range** kürzeste Entfernung; Kernschußweite, *die;* **give a ~ denial** alles leugnen. **2.** *adv.* **a)** *(at very close range)* aus kürzester Entfernung ⟨*schießen*⟩; **b)** *(in direct line)* direkt; *(fig.: directly)* rundheraus, *(ugs.)* geradeheraus ⟨*fragen, sagen*⟩; **tell sb. ~ that ...:** jmdn. direkt ins Gesicht *od.* unverblümt *od. (ugs.)* geradeheraus sagen, daß ...

'point-by-point *adj.* Punkt für Punkt nachgestellt

'point-duty *n. (Brit.)* Einsatz zur Verkehrsregelung; **policeman on ~:** Verkehrspolizist, *der*

pointed ['pɔɪntɪd] *adj.* **a)** spitz; **~ arch** Spitzbogen, *der;* **b)** *(fig.: sharply expressed)* unmißverständlich; deutlich; **c)** *(emphasized)* ostentativ *(geh.);* betont ⟨*Interesse, Aufmerksamkeit*⟩

pointedly ['pɔɪntɪdlɪ] *adv. (explicitly, significantly)* demonstrativ; ostentativ *(geh.)*

pointer ['pɔɪntə(r)] *n.* **a)** *(indicator)* Zeiger, *der; (rod)* Zeigestock, *der;* **b)** *[dog]* Pointer, *der;* englischer Vorstehhund; **c)** *(coll.) (hint)* Fingerzeig, *der;* Tip, *der (ugs.); (indication)* Hinweis, *der* (**to** auf + *Akk.*); **d)** *(Astron.)* in (Great Bear) die vorderen Kastensterne *(des Großen Wagens);* in Southern Cross) die beiden die Längsachse des Kreuzes markierenden Sterne (im Kreuz des Südens)

pointillism ['pwæntɪlɪzm] *n. (Art)* Pointillismus, *der*

pointing ['pɔɪntɪŋ] *n. (of brickwork)* Fugung, *die; (action)* Ausfugen, *das;* Verfugen, *das; (material)* Fugenmörtel, *der*

pointless ['pɔɪntlɪs] *adj. (without purpose or meaning, useless)* sinnlos; *(without force, meaningless)* belanglos ⟨*Bemerkung, Geschichte*⟩

pointlessly ['pɔɪntlɪslɪ] *adv.* sinnlos; unnötig ⟨*sich Sorgen machen*⟩; unmotiviert ⟨*lachen*⟩; ohne Zweck und Ziel ⟨*herumlungern*⟩

point-to-'point [**race**] *n. (Horse-racing)* Kirchturmrennen, *das*

poise [pɔɪz] **1.** *n.* **a)** *(composure)* Haltung, *die;* *(self-confidence)* Selbstsicherheit, *die;* Selbstvertrauen, *die;* **have ~:** beherrscht sein/selbstsicher sein; **keep one's ~:** Haltung/Selbstsicherheit behalten; **lose one's ~:** die Haltung *od.* Beherrschung *od.* Fassung verlieren; sein Selbstvertrauen verlieren; **b)** *(good carriage)* Haltung, *die; (of body)* Körperhaltung, *die.* **2.** *v. i.* **a)** in *p.p. (in readiness)* **be ~d on the edge of one's chair** auf der Stuhlkante balancieren; **be ~d for action** einsatzbereit sein; **hang ~d** ⟨*Vogel, Insekt:*⟩ schweben; *see also* **poised;** **b)** *(balance)* balancieren; **c)** *(hold suspended, carry in a particular way)* **~ the spear ready to hurl**

it den Speer wurfbereit in der Hand halten; ~ **oneself on one's toes** auf den Zehen stehen

poised [pɔɪzd] *adj.* selbstsicher; *see also* **poise 2 a**

poison ['pɔɪzn] **1.** *n.* *(harmful substance; lit. or fig.)* Gift, *das;* **slow ~**: langsam wirkendes Gift; **hate sb./sth. like ~**: jmdn./etw. wie die Pest hassen; **what's your ~?** *(coll.)* was trinkst du? **2.** *v. t.* **a)** vergiften; *(cause disease in)* infizieren; *(contaminate)* verseuchen ⟨Boden, Luft, Wasser⟩; verpesten *(abwertend)* ⟨Luft⟩; *(smear with poison)* vergiften ⟨Pfeil⟩; **die of ~ing** an einer Vergiftung sterben; **~ed hand** infizierte Hand; **~ed arrow** Giftpfeil, *der;* **b)** *(fig.) (corrupt)* vergiften ⟨Gedanken, Seele⟩; *(injure, destroy)* zerstören, ruinieren ⟨Ehe, Leben⟩; vergällen ⟨Freude⟩; verderben ⟨Speisen, Feldfrüchte usw.⟩; **~ sb.'s mind** jmdn. verderben *od. (geh.)* korrumpieren; **she ~ed his mind** *or* **caused his thoughts to be ~ed against me** sie hat ihn gegen mich aufgebracht

poisoner ['pɔɪzənə(r)] *n.* Giftmörder, *der*/Giftmörderin, *die*

poison ˈgas *n.* Giftgas, *das*

poisoning ['pɔɪzənɪŋ] *n.* Vergiftung, *die;* *(contamination)* Verseuchung, *die*

poison ˈivy *n.* Gifteu, *der;* Kletternder Giftsumach *(Bot.)*

poisonous ['pɔɪzənəs] *adj.* **a)** giftig; tödlich ⟨Dosis⟩; **~ snake/mushroom/substance** Giftschlange, *die*/-pilz, *der*/-stoff, *der;* **b)** *(fig.)* verderblich ⟨Lehre, Wirkung⟩; giftig ⟨Blick, Zunge⟩

¹**poke** [pəʊk] *n. (dial.: bag)* Beutel, *der;* Sack, *der; see also* **pig 1 a**

²**poke 1.** *v. t.* **a)** **~ sth. [with sth.]** [mit etw.] gegen etw. stoßen; **she ~d the hedgehog to see if it was dead** sie stieß den Igel an, um zu sehen, ob er tot war; **~ sth. into sth.** etw. in etw. *(Akk.)* stoßen; **~ one's finger up one's nose** den Finger in die Nase stecken; **~ the fire** das Feuer schüren; **he accidentally ~d me in the eye** er stieß mir versehentlich ins Auge; **~ sb. in the ribs** jmdn. einen Rippenstoß *od.* versetzen; *see also* **fun 1; b)** *(thrust forward)* stecken ⟨Kopf⟩; **~ one's head in through the window** den Kopf zum Fenster hin-/hereinstecken; **~ one's head round the corner/door** um die Ecke gucken *(ugs.)*/den Kopf in die Türöffnung stecken; **~ one's head in** reingucken *(ugs.);* **~ one's finger at sb.** mit dem Finger nach jmdm. stoßen; **c)** *(pierce)* bohren; **d)** *(coarse: have sexual intercourse with)* stoßen *(derb).* **2.** *v. i.* **a)** *(in pond, at food, among rubbish)* [herum]stochern (**at, in, among** in + *Dat.*); **~ at sth. with a stick** *etc.* in einem Stock *usw.* nach etw. stoßen; **b)** *(thrust itself)* sich schieben; **his elbows were poking through the sleeves** seine Ärmel hatten Löcher, aus denen die Ellbogen hervorguckten; **c)** *(pry)* schnüffeln *(ugs. abwertend);* **~ into things that don't concern one** seine Nase in Dinge stecken, die einen nichts angehen *(ugs.).* **3.** *n.* **a)** *(thrust)* Stoß, *der;* **give sb. a ~ [in the ribs]** jmdm. einen [Rippen]stoß versetzen *od.* geben; **give sb. a ~ in the eye** jmdm. ins Auge stoßen; **give the fire a ~**: das Feuer [an]schüren; **better than a ~ in the eye [with a pointed stick]** *(coll.)* besser als gar nichts *od. (derb)* als in die hohle Hand geschissen; **b) have a ~ around a shop** *etc.* in einem Laden *usw.* herumstöbern; **have a ~ around in sb.'s writing-desk** in jmds. Schreibtisch herumstöbern *od.* -wühlen; **c)** *(coarse: sexual intercourse)* Fick, *der (vulg.);* **have a ~**: stoßen *(derb)*

~ aˈbout, ~ aˈround *v. i.* herumschnüffeln *(ugs. abwertend);* **b)** *(rummage)* herumsuchen *(ugs.);* herumkramen *(ugs.);* **~ about in sth. for sth.** etw. nach etw. durchwühlen

~ ˈout 1. *v. t.* rausstrecken; **you nearly ~d my eye out** du hast mir fast das Auge ausgestochen; **~ the dirt out of sth.** den Schmutz aus etw. kratzen; **~ one's head out** rausgucken *(ugs.).* **2.** *v. i.* rausgucken *(ugs.)*

¹**poke-bonnet** *n.* Schutenhut, *der*

¹**poker** ['pəʊkə(r)] *n. (for fire)* Schürstange, *die;* Schüreisen, *das;* **as stiff as a ~**: stocksteif *(ugs.)*

²**poker** *n. (Cards)* Poker, *das od. der;* **have a game of ~**: eine Runde pokern

poker: ~ ˈdice *n. pl.* Würfel mit Spielkartensymbolen; ≈ Skatwürfel; **~-face** *n.* Pokerface, *das;* Pokergesicht, *das;* **~-faced** mit unbewegter Miene *nachgestellt;* **remain ~-faced** keine Miene verziehen

poky ['pəʊkɪ] *adj.* winzig; **~ little** winzig klein; **it's so ~ in here** es ist so eng hier drinnen

Poland ['pəʊlənd] *pr. n.* Polen *(das)*

polar ['pəʊlə(r)] *adj.* **a)** *(of pole)* polar ⟨Kaltluft, Kälte, Fauna, Klima, Gewässer⟩; Polar⟨eis, -gebiet, -luft, -meer, -nacht, -fuchs, -hase⟩; **b)** *(Magn.)* polar; **c)** *(fig.: central)* zentral; **d)** *(directly opposite)* [diametral] entgegengesetzt; polar *(geh.)*; äußerst ⟨Extrem⟩; grundlegend ⟨Unterschied⟩

polar: ~ ˈbear *n.* Eisbär, *der;* **~ ˈcap** *n. (Geog.)* Polkappe, *die;* **~ ˈcircles** *n. pl. (Geog.)* Polarkreise; **~ ˈfront** *n. (Meteorol.)* Polarfront, *die*

Polaris [pə'lɑ:rɪs] *pr. n.* **a)** *(missile)* Polaris, *die;* **b)** *(Astron.)* Polaris *(die)*

polarisation, polarise *see* **polariz-**

polarity [pə'lærɪtɪ] *n.* **a)** *(Magn.)* Polung, *die;* Polarität, *die;* **b)** *(direction of axis; having two poles)* Polarität, *die;* **c)** *(fig.: contrary qualities)* Gegensatz, *der;* Polarität, *die (geh.);* **d)** *(Electr.)* Polung, *die;* **change of ~**: Polwechsel, *der*

polarization [pəʊləraɪ'zeɪʃn] *n. (Phys.)* Polarisation, *die; (fig.)* Polarisierung, *die;* Polarisierung, *die*

polarize ['pəʊləraɪz] **1.** *v. t.* **a)** *(Phys.)* polarisieren; **b)** *(fig.: divide)* spalten; polarisieren *(geh.).* **~ political life** eine Polarisierung des politischen Lebens bewirken. **2.** *v. i.* sich [auf]spalten; sich polarisieren *(geh.)*

Polaroid, (P) ['pəʊlərɔɪd] *n.* **a)** *(material)* Polaroidfolie, *die* ⓦ; **b) ~s** *(sun-glasses)* Polaroidbrille, *die* ⓦ; **c) ~ [camera]** Polaroidkamera, *die* ⓦ

polar ˈstar *see* **pole-star**

Pole [pəʊl] *n.* Pole, *der*/Polin, *die*

¹**pole** *n.* **a)** *(support)* Stange, *die;* *(for pole-vaulter)* Stab, *der;* *(for large tent, house in lake)* Pfahl, *der;* **be up the ~** *(Brit. sl.) (in difficulty)* in der Klemme sitzen *(ugs.);* *(crazy)* nicht ganz dicht sein *(ugs. abwertend);* **drive sb. up the ~** *(Brit. sl.)* jmdn. zum Wahnsinn treiben *(ugs.);* **b)** *(for propelling boat)* Stake, *die (nordd.);* **c)** *(of horse-drawn vehicle)* Deichsel, *die;* **~s** [Gabel]deichsel, *die;* **d)** *(measure)* Rute, *die*

²**pole** *n. (Astron., Geog., Magn., Electr., Geom., Biol.)* Pol, *der;* **positive/negative ~**: positiver/negativer Pol; Plus-/Minuspol, *der;* **they are ~s apart** *(coll.)* zwischen ihnen liegen Welten; *see also* **magnetic pole; North Pole; South Pole;** *(fig.)* Pol, *der;* **be at opposite ~s** sich *(Dat.)* als Pol und Gegenpol gegenüberstehen; einander entgegengesetzte Pole bilden

pole-axed ['pəʊlækst] *adj.* **as if ~**: wie vor den Kopf geschlagen

ˈpolecat *n. (Zool.)* **a)** *(Brit.)* Iltis, *der;* **b)** *(Amer.) see* **skunk a**

polemic [pə'lemɪk] **1.** *adj.* polemisch. **2.** *n.* **a)** *(discussion)* Polemik, *die; (written also)* Streitschrift, *die;* **b) in pl.** *(practice)* Polemik, *die*

polemical [pə'lemɪkl] *adj.,* **polemically** [pə'lemɪkəlɪ] *adv.* polemisch

pole: ~ poˈsition *n. (Motor-racing)* Pole-position, *die;* **~-ˈstar** *n. (Astron.)* Polarstern, *der;* **~-ˈvault** *n.* Stabhochsprung, *der;* **~-ˈvaulter** *n.* Stabhochspringer, *der*/-springerin, *die;* **~-ˈvaulting** *n.* Stabhochsprung, *der;* Stabhochspringen, *das*

police [pə'li:s] **1.** *n. pl.* **a)** Polizei, *die;* **be in the ~**: bei der Polizei sein; **river ~**: Wasserschutzpolizei, *die; attrib.* Polizei⟨wagen, -hund, -schutz, -eskorte, -staat⟩; **b)** *(members)* Polizisten *Pl.;* Polizeibeamte *Pl.; attrib.* Polizisten *Pl.;* Polizeibeamte *Pl.;* **whole squads of ~**: ein gewaltiges Polizeiaufgebot; **the ~ are on his trail** die Polizei ist ihm auf der Spur; **extra ~ were called in** zusätzliche Polizeikräfte wurden hinzugezogen; **help the ~ with their enquiries** von der Polizei vernommen werden. **2.** *v. t.* **a)** *(polizeilich)* überwachen ⟨Gebiet, Verkehr, Fußballspiel⟩; kontrollieren ⟨Gebiet, Grenze, Gewässer⟩; **b)** *(fig.: check on)* überwachen; kontrollieren; **c)** *(provide with ~)* Polizeibeamte einsetzen in (+ *Dat.*) ⟨Gebiet, Stadt usw.⟩; **the inadequate policing of the district** die unzureichende Polizeipräsenz in dem Bezirk

police: ~ ˈconstable *n.* Polizist, *der*/Polizistin, *die;* *(rank)* Polizeihauptwachtmeister, *der;* **~ ˈforce** *n.* Polizeitruppe, *die;* **the ~ force** die Polizei; **~-ˈman** [pə'li:smən] *n.,* *pl.* **-men** [pə'li:smən] Polizist, *der;* Polizeibeamte, *der; see also* **sleeping policeman; ~ ˈnotice** *n.* polizeilicher Hinweis; **ˈP~ Notice: No Parking**" „Parken polizeilich verboten"; **~-ˈofficer** *n.* Polizeibeamte, *der*/-beamtin, *die;* **~ ˈrecord** *see* **record 3 e;** **~ ˈstation** *n.* Polizeiwache, *die;* Polizeirevier, *das;* **~woman** *n.* Polizistin, *die;* Polizeibeamtin, *die*

¹**policy** ['pɒlɪsɪ] *n. (method)* Handlungsweise, *die;* Vorgehensweise, *die; (overall plan)* Politik, *die;* **it is company ~ to ...**: es ist Firmenpolitik, ... zu ...; **adopt or pursue a wise/cautious/foolish ~**: klug/vorsichtig/töricht vorgehen; **it is the store's ~ to prosecute shoplifters** der Laden erstattet grundsätzlich Anzeige gegen Ladendiebe; **it is not our ~ to do that, our ~ is not to do that** wir machen das grundsätzlich nicht; **government ~**: Regierungspolitik, *die;* **~ on immigration** Einwanderungspolitik, *die;* **party ~**: Parteikurs, *der;* **the firm's policies** die Politik der Firma; **~ deˈcision/document** Grundsatzentscheidung, *die*/-papier, *das;* **~ ˈstatement** programmatische Erklärung; Grundsatzerklärung, *die;* **it's bad ~ to ...**: es ist unvernünftig, ... zu ...; *see also* **honesty b; b)** no *pl.,* no *art. (prudent conduct)* **~ demands occasional compromise** manchmal sind Kompromisse das einzig Vernünftige

²**policy** *n. (Insurance)* Police, *die;* Versicherungsschein, *der;* **take out a ~ on sth.** eine Versicherung für etw. abschließen; **the ~ on my car** meine Autoversicherung

ˈpolicy: ~-ˈholder *n.* Versicherte, *der/die;* Versicherungsnehmer, *der*/-nehmerin, *die (fachspr.);* **~-ˈmaking** *attrib. adj.* richtungsweisend

polio ['pəʊlɪəʊ] *n.,* no *pl.,* no *art.* Polio, *die;* [spinale] Kinderlähmung; *attrib.* Polio-; **~ vaccine** Polioimpfstoff, *der*

poliomyelitis [pəʊlɪəʊmaɪə'laɪtɪs] *n. (Med.)* Poliomyelitis, *die;* [spinale] Kinderlähmung

Polish ['pəʊlɪʃ] **1.** *adj.* polnisch; **sb. is ~**: jmd. ist Pole/Polin; *see also* **English 1. 2.** *n.* Polnisch, *das; see also* **English 2**

polish ['pɒlɪʃ] **1.** *v. t.* **a)** *(make smooth)* polieren; bohnern ⟨Fußboden⟩; putzen ⟨Schuhe⟩; **highly ~ed** auf Hochglanz poliert; **b)** *(fig.)* ausfeilen ⟨Text, Theorie, Technik, Stil⟩; polieren ⟨Text⟩; Schliff beibringen (+ *Dat.*) ⟨Person⟩; **~ed** geschliffen ⟨Stil, Manieren, Sprache, Auftreten, Weltmann⟩; ausgefeilt ⟨Technik, Taktik, Plan, Satz⟩; **a highly ~ed piece of prose** ein bis ins kleinste ausgefeiltes Stück Prosa. **2.** *n.* **a)**

541

polisher | **polyurethane**

(*smoothness*) Glanz, *der*; put a ~ on polieren; a table with a high ~: ein auf Hochglanz polierter Tisch; take off *or* spoil the ~ ⟨*Person:*⟩ die Politur beschädigen; ⟨*Substanz:*⟩ die Politur angreifen; **b)** (*substance*) Poliermittel, *das*; Politur, *die*; **c)** (*fig.*) Geschliffenheit, *die*; Schliff, *der*; **d)** (*action*) my shoes could do with a ~: meine Schuhe müßten mal geputzt werden; give sth. a ~: etw. polieren; give the floor a ~: den Fußboden bohnern; give the shoes a ~: die Schuhe putzen; *see also* ¹spit 3 b
~ '**off** *v.t.* (*coll.*) **a)** (*consume*) verdrücken (*ugs.*); wegputzen (*ugs.*)⟨*Essen*⟩; aussüffeln (*ugs.*) ⟨*Getränk*⟩; **b)** (*complete quickly*) durchziehen (*ugs.*); **c)** (*defeat*) erledigen; abservieren (*salopp, bes. Sport*)
~ '**up** *v.t.* **a)** (*make shiny*) polieren; **b)** (*improve*) ausfeilen ⟨*Stil, Technik*⟩; aufpolieren ⟨[*Sprach*]*kenntnisse*⟩
polisher ['pɒlɪʃə(r)] *n.* **a)** (*person*) Polierer, *der*/Poliererin, *die*; **b)** (*tool*) Poliergerät, *das*; (*for floors*) Bohnerklotz, *der*; (*machine*) Poliermaschine, *die*; (*for floors*) Bohnermaschine, *die*; (*cloth*) Poliertuch, *das*
politburo [pɒlɪt'bjʊərəʊ] *n., pl.* ~s Politbüro, *das*
polite [pə'laɪt] *adj.*, ~r [pə'laɪtə(r)], ~st [pə'laɪtɪst] **a)** (*courteous*) höflich; the ~ form of address die höfliche Anredeform; be ~ about her dress mach ihr ein paar Komplimente zu ihrem Kleid; he was just being ~: er wollte nur höflich sein; **b)** (*cultured*) kultiviert; **c)** (*well-mannered*) schicklich (*geh.*) ⟨*Verhalten*⟩; wohlerzogen, artig ⟨*Kind*⟩; it's not [considered] ~: es gehört sich *od.* (*geh.*) schickt sich nicht; in some circles it is considered ~ to ... in manchen Kreisen gehört es zum guten Ton, zu ...
politely [pə'laɪtlɪ] *adv.* höflich
politeness [pə'laɪtnɪs] *n., no pl.* Höflichkeit, *die*
politic ['pɒlɪtɪk] **1.** *adj.* **a)** (*prudent*) klug ⟨*Person, Handlung*⟩; opportun (*geh.*) ⟨*Handlung*⟩; it would be ~ to make some changes es wäre klug *od.* (*geh.*) opportun, einiges zu ändern; it's not ~ to do sth. es ist unklug *od.* nicht ratsam, etw. zu tun; **b)** body ~ (*State*) das Staatswesen. **2.** *v.i.*, -ck-sich politisch betätigen *od.* engagieren
political [pə'lɪtɪkl] *adj.* politisch; ~ animal politisch engagierter Mensch
political: ~ a'sylum *see* asylum; ~ e'conomy *n.* politische Ökonomie; ~ ge'ography *n.* politische Geographie; a map of the ~ geography of Britain eine politische Karte von Großbritannien
politically [pə'lɪtɪkəlɪ] *adv.* politisch; be ~ aware *or* conscious politisches Bewußtsein haben; ~ speaking politisch gesehen; ~ correct politisch korrekt; *von „richtigem" politischem Bewußtsein zeugend*
political: ~ 'prisoner *n.* politischer Gefangener/politische Gefangene; ~ 'science *n.* Politologie, *die*
politician [pɒlɪ'tɪʃn] *n.* **a)** Politiker, *der*/Politikerin, *die*; **b)** (*Amer. derog.: one seeking gain*) Politiker/Politikerin aus Eigennutz
politicize (politicise) [pə'lɪtɪsaɪz] *v.t.* politisieren
politicking ['pɒlɪtɪkɪŋ] *n.* (*derog.*) politischer Aktionismus (*abwertend*)
politico [pə'lɪtɪkəʊ] *n., pl.* ~s (*coll.*) Politiker, *der*/Politikerin, *die*
politics ['pɒlɪtɪks] *n., no pl. & no art.* (*political administration*) Politik, *die*; (*Univ.: subject*) Politik[wissenschaft], *die*; Politologie, *die*; **b)** *no art., constr. as sing. or pl.* (*political affairs*) Politik, *die*; ~ is a dirty business die Politik ist ein schmutziges Geschäft; interested/involved in ~: politisch interessiert/ engagiert; enter ~: in die Politik gehen; **c)** *as pl.* (*political principles*) Politik, *die*; (*of individual*) politische Einstellung, *die*; world ~ are complex die Weltpolitik ist eine kompli-

zierte Angelegenheit; what are his ~? wo steht er politisch?; the ~ of the decision den politischen Hintergrund der Entscheidung; it is not good ~ to do sth. es ist politisch unklug, etw. zu tun; practical ~: Realpolitik, *die*
polity ['pɒlɪtɪ] *n.* **a)** (*form of government*) politisches System; politische Ordnung; **b)** (*formal/arch.: State*) Staat, *der*; Gemeinwesen, *das*
polka ['pɒlkə, 'pəʊlkə] *n.* Polka, *die*
'**polka dot** *n.* [großer] Tupfen; the blouse is patterned with ~s die Bluse hat ein Muster aus großen Tupfen; a polka-dot scarf ein Halstuch mit großen Tupfen
poll [pəʊl] **1.** *n.* **a)** (*voting*) Abstimmung, *die*; (*to elect sb.*) Wahl, *die*; (*result of vote*) Abstimmungsergebnis, *das*/Wahlergebnis, *das*; (*number of votes*) Wahlbeteiligung, *die*; take a ~: eine Abstimmung durchführen; day of the ~: Wahltag, *der*; at the ~[s] bei den Wahlen; the result of the ~: das Abstimmungsergebnis/Wahlergebnis; a defeat at the ~s eine Wahlniederlage; go to the ~s zur Wahl gehen; wählen [gehen]; Britain goes to the ~s Großbritannien wählt; in Großbritannien wird gewählt; be at the head of the ~: die meisten Stimmen erhalten [haben]; the declaration of the ~: die Bekanntgabe des Wahlergebnisses; a heavy/light *or* low ~: eine starke/geringe *od.* niedrige Wahlbeteiligung; **b)** (*survey of opinion*) Umfrage, *die*; ~ findings Umfrageergebnis, *das*; **c)** (*human head*) Kopf, *der*; Schädel, *der*; (*part of head*) [Hinter]kopf, *der*. **2.** *v.t.* **a)** (*take vote[s] of*) abstimmen/ wählen lassen; be ~ed seine Stimme abgeben; **b)** (*take opinion of*) befragen; (*take survey of*) [demoskopisch] erforschen; those ~ed die Befragten; **c)** (*obtain in poll*) erhalten ⟨*Stimmen*⟩; **d)** (*cut off top of*) kappen ⟨*Baum, Baumkrone*⟩. **3.** *v.i.* wählen; seine Stimme abgeben
pollack ['pɒlək] *n.* (*Zool.*) Köhler, *der*; (*Commerc.*) Seelachs, *der*
pollard ['pɒləd] **1.** *n.* (*Bot.*) gekappter Baum. **2.** *v.t.* (*Bot.*) kappen
pollen ['pɒlən] *n.* (*Bot.*) Pollen, *der*; Blütenstaub, *der*
pollen: ~ analysis *n.* Pollenanalyse, *die*; ~ count *n.* Pollenmenge, *die*; ~ sac *n.* Pollensack, *der*
pollinate ['pɒlɪneɪt] *v.t.* (*Bot.*) bestäuben
pollination [pɒlɪ'neɪʃn] *n.* (*Bot.*) Bestäubung, *die*; Pollination, *die* (*fachspr.*)
polling ['pəʊlɪŋ]: ~-booth *n.* Wahlkabine, *die*; ~-day *n.* Wahltag, *der*; ~ district *n.* Wahlbezirk, *der*; ~-station *n.* (*Brit.*) Wahllokal, *das*
pollock *see* pollack
pollster ['pəʊlstə(r)] *n.* Meinungsforscher, *der*/Meinungsforscherin, *die*; Demoskop, *der*/Demoskopin, *die*
'**poll-tax** *n.* Kopfsteuer, *die*
pollutant [pə'lu:tnt] **1.** *n.* (*substance*) [Umwelt]schadstoff, *der.* **2.** *adj.* [umwelt]schädlich; ~ substance [Umwelt]schadstoff, *der*
pollute [pə'lu:t] *v.t.* **a)** (*contaminate*) verschmutzen, verunreinigen ⟨*Luft, Boden, Wasser*⟩; verpesten (*abwertend*) ⟨*Luft*⟩; the most ~d cities die am stärksten mit [Umwelt]schadstoffen belasteten Städte; **b)** (*make foul*) verseuchen; **c)** (*fig.*) verderben ⟨*Jugend, Menschen, Charakter*⟩
pollution [pə'lu:ʃn] *n.* **a)** (*contamination*) [Umwelt]verschmutzung, *die*; atmospheric ~: atmosphärische Verschmutzung; Verschmutzung der Atmosphäre, *die*; water ~: Gewässerverschmutzung, *die*; noise ~: Lärmbelästigung, *die*; **b)** (*polluting substance[s]*) Verunreinigung, *die*; Schadstoffe, *die*; **c)** (*fig.*) Verderben, *das*
Pollyanna [pɒlɪ'ænə] *n.* (*Amer. derog.*) un-

verbesserlicher Optimist/unverbesserliche Optimistin; *attrib.* [übertrieben *od.* grundlos] optimistisch
polo ['pəʊləʊ] *n., no pl.* Polo, *das*
polonaise [pɒlə'neɪz] *n.* (*dance, music*) Polonaise, *die*; Polonäse, *die*
'**polo-neck** *n.* Rollkragen, *der*; ~[ed] *attrib.* Rollkragen-; ~ [**jumper**] Rollkragenpulli, *der* (*ugs.*); Rolli, *der* (*Mode Jargon*)
polo: ~ shirt *n.* Polohemd, *das*; ~-stick *n.* Polostock, *der*
poltergeist ['pɒltəgaɪst] *n.* Klopfgeist, *der*; Poltergeist, *der*
poltroon [pɒl'tru:n] *n.* (*derog.*) Angsthase, *der* (*ugs. abwertend*)
poly ['pɒlɪ] *n., pl.* ~s (*coll.*) Polytechnikum, *das*; ≈ TH, *die*
polyanthus [pɒlɪ'ænθəs] *n.* (*Bot.*) [Garten]primel, *die*
polychromatic [pɒlɪkrə'mætɪk] *adj.* **a)** (*many-coloured*) vielfarbig; polychrom (*fachspr.*); **b)** (*Phys.*) polychromatisch
polyclinic [pɒlɪ'klɪnɪk] *n.* Poliklinik, *die*
polyester [pɒlɪ'estə(r)] *n.* Polyester, *der*
polyethylene [pɒlɪ'eθɪli:n] *n.* (*Amer.*) *see* polythene
polygamist [pə'lɪgəmɪst] *n.* Polygamist, *der* (*geh.*); be a ~: polygam leben (*geh.*); (*in disposition*) polygam sein (*geh.*)
polygamous [pə'lɪgəməs] *adj.* polygam (*geh., fachspr.*)
polygamy [pə'lɪgəmɪ] *n.* Polygamie, *die* (*geh., fachspr.*); Mehrehe, *die*; Vielehe, *die*
polyglot ['pɒlɪglɒt] **1.** *adj.* **a)** polyglott (*geh., fachspr.*); mehrsprachig; **b)** (*speaking several languages*) polyglott (*geh.*). **2.** *n.* Polyglotte, *der/die* (*geh.*)
polygon ['pɒlɪgən] *n.* (*Geom.*) Vieleck, *das*; Polygon, *das* (*fachspr.*)
polygraph ['pɒlɪgrɑ:f] *n.* (*lie-detector*) Lügendetektor, *der*; Polygraph, *der* (*fachspr.*)
polyhedron [pɒlɪ'hi:drən] *n., pl.* ~s *or* **polyhedra** [pɒlɪ'hi:drə] (*Geom.*) Polyeder, *das* (*fachspr.*); Vielflächner, *der*
polymath ['pɒlɪmæθ] *n.* universell Gebildeter/Gebildete
polymer ['pɒlɪmə(r)] *n.* (*Chem.*) Polymer[e], *das*
polymeric [pɒlɪ'merɪk] *adj.* (*Chem.*) polymer
polymerisation, polymerise *see* **polymerization, polymerize**
polymerization [pɒlɪməraɪ'zeɪʃn] *n.* (*Chem.*) Polymerisation, *die*
polymerize ['pɒlɪməraɪz] *v.t. & i.* (*Chem.*) polymerisieren
Polynesia [pɒlɪ'ni:ʒə] *pr. n.* Polynesien (*das*)
Polynesian [pɒlɪ'ni:ʒən] **1.** *adj.* polynesisch. **2.** *n.* Polynesier, *der*/Polynesierin, *die*
polynomial [pɒlɪ'nəʊmɪəl] *n.* (*Math.*) Polynom, *das*
polyp ['pɒlɪp] *n.* (*Zool., Med.*) Polyp, *der*
polyphonic [pɒlɪ'fɒnɪk], **polyphonous** [pə'lɪfənəs] *adj.* (*Mus.*) polyphon
polyphony [pə'lɪfənɪ] *n.* (*Mus.*) Polyphonie, *die*
polystyrene [pɒlɪ'staɪri:n] *n.* Polystyrol, *das*; ~ foam Styropor ⓇⓌ, *das*
polysyllabic [pɒlɪsɪ'læbɪk] *adj.* vielsilbig
polytechnic [pɒlɪ'teknɪk] *n.* (*Brit.*) ≈ technische Hochschule *od.* Universität; ~ student/teacher/term Student/Lehrer/Semester am Polytechnikum
polytheism ['pɒlɪθi:ɪzm] *n.* Polytheismus, *der*
polythene ['pɒlɪθi:n] *n.* Polyäthylen, *das*; Polyethylen, *das* (*fachspr.*); (*coll.: plastic*) Plastik, *das*; ~ **bag/sheet** Plastikbeutel, *der*/-folie, *die*
polyunsaturated [pɒlɪʌn'sætʃəreɪtɪd] *adj.* mehrfach ungesättigt
polyurethane [pɒlɪ'jʊərɪθeɪn] *n.* Polyurethan, *das*

polyvinyl chloride [pɒlɪvaɪnɪl 'klɔːraɪd] n. Polyvinylchlorid, das
pom [pɒm] n. a) (dog) Spitz, der; b) (Austral. and NZ sl.: Briton) Brite, der/Britin, die
pomade [pə'mɑːd] n. Pomade, die
pomaded [pə'meɪdɪd] adj. pomadig ⟨Haar⟩
pomander [pə'mændə(r)] n. Duftkugel, die
pome [pəʊm] n. (Bot.) Sammelbalgfrucht, die
pomegranate ['pɒmɪgrænɪt] n. a) (fruit) Granatapfel, der; b) (tree) Granatapfel[baum], der; Granatbaum, der
Pomerania [pɒmə'reɪnɪə] pr. n. Pommern (das)
Pomeranian [pɒmə'reɪnɪən] n. (dog) Spitz, der
pommel ['pʌml, 'pɒml] 1. n. a) (on sword) [Schwert]knauf, der; b) (on saddle) Sattelknopf, der; c) (Gymnastics) Pausche, die. 2. v. t. (Brit.) -ll- see **pummel**
'**pommel-horse** n. Seitpferd, das
pommy (pommie) ['pɒmɪ] n. (Austral. and NZ sl. derog.) Brite, der/Britin, die; ~ **bastard** Scheißbrite, der/-britin, die (salopp abwertend)
pomp [pɒmp] n. Pomp, der (abwertend); Prunk, der; Gepränge, das (geh.); ~ **and circumstance** festliches Gepränge (geh.)
Pompeii [pɒm'peɪɪ] pr. n. Pompeji (das)
¹**pom-pom** ['pɒmpɒm] n. (Arms) Maschinenkanone, die
²**pom-pom** ['pɒmpɒm], **pompon** ['pɒmpɒn] n. a) (tuft) Pompon, der; Troddel, die; ~ **hat** Pudelmütze, die; b) (Bot.) ~ [**dahlia**] Pompondahlie, die
pomposity [pɒm'pɒsɪtɪ] n., no pl. Großspurigkeit, die; Aufgeblasenheit, die; ~ **of language** geschwollene od. gespreizte Sprache (geh.)
pompous ['pɒmpəs] adj. (self-important) großspurig; aufgeblasen; geschwollen (abwertend); gespreizt (abwertend) ⟨Sprache⟩; **don't be so ~!** blas dich nicht so auf!
pompously ['pɒmpəslɪ] adv. großspurig, aufgeblasen ⟨auftreten, sich benehmen⟩; geschwollen (abwertend), gespreizt (abwertend) ⟨schreiben, reden⟩
'**pon** [pɒn] (poet./arch.) see **upon**
ponce [pɒns] (Brit. sl.) 1. n. a) (pimp) Zuhälter, der; b) (derog.: homosexual) Schwule, der (ugs.); Homo, der (ugs.); **be a ~:** schwul sein. 2. v. i. Zuhälterei betreiben; ~ **for sb.** jmds. Zuhälter sein
~ **a'bout**, ~ **a'round** v. i. (derog.) herumtänzeln (ugs.)
~ '**up** v. t. (derog.) [tuntenhaft] auftakeln (ugs. abwertend); **what are you all ~d up for?** wozu hast du dich denn so aufgedonnert? (salopp)
poncho ['pɒntʃəʊ] n., pl. ~s Poncho, der; Umhang, der
pond [pɒnd] n. Teich, der; **the [big]** ~ (joc.: Atlantic) der große Teich (ugs. scherzh.); **a big fish in a small** ~ (fig.) eine Lokalgröße; ein Lokalmatador (ugs.)
ponder ['pɒndə(r)] 1. v. t. nachdenken über (+ Akk.) ⟨Frage, Problem, Ereignis⟩; bedenken ⟨Folgen⟩; abwägen ⟨Vorteile, Worte⟩; ~ **whether/how to do sth.** sich (Dat.) überlegen, ob man etw. tun soll/wie man etw. tun kann. 2. v. i. nachdenken (**over, on** über + Akk.); **careful ~ing** sorgfältige Überlegung; sorgfältiges Nachdenken
ponderous ['pɒndərəs] adj. a) (heavy) schwer; b) (unwieldy, laborious) schwerfällig; umständlich ⟨Ausdrucksweise⟩; c) (dull) ermüdend
ponderously ['pɒndərəslɪ] adv. schwerfällig; umständlich ⟨sich ausdrücken⟩
pond: ~-**life** n. (Zool.) Teichfauna, die; ~-**skater** n. (Zool.) Wasserläufer, der; ~**weed** n. (Bot.) Laichkraut, das
pong [pɒŋ] (Brit. coll.) 1. n. Gestank, der (abwertend); Mief, der (ugs. abwertend). 2. v. i. stinken (abwertend); miefen (ugs. abwertend)

pontiff ['pɒntɪf] n. Papst, der
pontifical [pɒn'tɪfɪkl] adj. a) (of pontiff) päpstlich; b) (fig.: dogmatic) pastoral
pontificate [pɒn'tɪfɪkeɪt] v. i. dozieren; in dozierendem Ton sprechen
¹**pontoon** [pɒn'tuːn] n. a) (boat) Ponton, der; Prahm, der; b) (support) Ponton, der
²**pontoon** n. (Brit. Cards) Siebzehnundvier, das
pontoon bridge n. Pontonbrücke, die
pony ['pəʊnɪ] 1. n. a) (Amer.) Pony, der; see also **shank a**; b) (Amer. sl.: small glass) kleines Glas; (of beer) Kleine, das; c) (Amer. sl.: dancer) kleine Tänzerin; **Klatsche, die** ⟨Schülerspr. landsch.⟩; Schmierer, der (österr.); e) (Brit. sl.: £25) 25 Pfund. 2. v. t. (Amer. sl.) ~ **up** löhnen (salopp); blechen (ugs.)
pony: ~ **ex'press** n. Ponyexpreß, der; ~-**tail** n. Pferdeschwanz, der; **wear one's hair in a ~-tail** einen Pferdeschwanz tragen od. haben; ~-**trekking** ['pəʊnɪtrekɪŋ] n. (Brit.) Ponyreiten, das
pooch [puːtʃ] n. (Amer. sl.) Köter, der (abwertend)
poodle ['puːdl] n. Pudel, der; **be sb.'s ~** (fig.) immer nach jmds. Pfeife tanzen
poof [pʊf] n. (Brit. coll. derog.), **poofter** [pʊftə(r)] n. (Austral. coll. derog.) Schwule, der (ugs.); Schwuchtel, die (salopp abwertend); Tunte, die (salopp abwertend)
pooh [puː] int. a) expr. disgust bah; bäh; pfui [Teufel]; b) expr. disdain pah
pooh-'pooh v. t. [als läppisch] abtun
¹**pool** [puːl] n. a) (permanent) Tümpel, der; Wasserloch, das; b) (temporary) Pfütze, die; Lache, die; ~ **of blood** Blutlache, die; ~ **of sunlight/shade** (fig.) sonnige/schattige Stelle; c) (swimming-~) Schwimmbecken, das; (public swimming-~) Schwimmbad, das; (in house or garden) [Schwimm]pool, der; **sit at the edge of the ~:** am Beckenrand sitzen; **go to the ~:** ins Schwimmbad gehen; d) (in river) tiefe Stelle (in einem Fluß od. Bach); Kolk, der (fachspr.); **the P~ [of London]** (Brit.) Themseabschnitt unterhalb der London Bridge
²**pool** 1. n. a) (Gambling) [gemeinsame Spiel]kasse die; **the ~s** (Brit.) das Toto; **do the ~s** Toto spielen; **win the ~s** im Toto gewinnen; **have a big win on the ~s** einen großen Gewinn im Toto haben; b) (common supply) Fonds, der; Topf, der; **that goes into the common ~:** das kommt in den großen Topf (ugs.); **a [great]** ~ **of experience** ein [großer] Fundus von od. an Erfahrung; ein [umfangreicher] Erfahrungsschatz; c) (group of people) Reservoir, das; Potential, das; **typing or typists' ~:** Schreibzentrale, die; d) (Commerc.) Kartell, das; e) (Amer.: game) Pool[billard], das. 2. v. t. zusammenlegen ⟨Geld, Ersparnisse, Mittel, Besitz⟩; bündeln ⟨Anstrengungen⟩; **they ~ed their experience** sie nutzten ihre Erfahrung gemeinsam
pool: ~**hall**, ~**room** ns. (Amer.) Billardzimmer, das; ~**side** n. [Schwimm]beckenrand, der; attrib. ⟨Bar, Tisch⟩ am [Schwimm]beckenrand; ~ **table** n. Pool[billard]tisch, der
¹**poop** [puːp] n. (Naut.) a) (stern) Heck, das; Hinterschiff, das; b) ~ [**deck**] Poop, die (fachspr.); Hütte, die (fachspr.)
²**poop** (coll.) 1. v. t. schlauchen (ugs.). 2. v. i. ~ **out** schlappmachen (ugs.) ⟨Maschine usw.⟩; streiken (ugs.)
poor [pʊə(r)] 1. adj. a) arm; **I am the ~er by £10 or £10 the ~er** ich bin um 10 Pfund ärmer; see also **church mouse**; b) (inadequate) schlecht; schwach ⟨Rede, Spiel, Gedächtnis, Beteiligung, Besuch, Leistung, Witz, Gesundheit⟩; ⟨Essen, Kleidung, Unterkunft, Ausrede, Entschuldigung⟩; **of quality** minderer Qualität; **he's a ~ speller** er ist schlecht in Rechtschreibung; **I'm a ~ traveller** ich vertrage das Reisen nicht gut;

be ~ at maths etc. schlecht od. schwach in Mathematik usw. sein; **sb. is ~ at games** Ballspiele liegen jmdm. nicht; **have a ~ sense of responsibility** zu wenig Verantwortungsgefühl haben; **have a ~ grasp of sth.** etw. nur unzureichend beherrschen; **I only came a ~ second** bei mir hat es nur für einen schlechten zweiten Platz gereicht; **compared with Joe he comes a ~ second** gegen Joe hat er absolut nichts drin (ugs.); c) (paltry) schwach ⟨Trost⟩; schlecht ⟨Aussichten, Situation⟩; (disgusting) mies (ugs. abwertend); **it's very ~ of them not to have replied** es ist ein schwaches Bild, daß sie nicht geantwortet haben; **have or stand a ~ chance of success** kaum Aussicht auf Erfolg haben; **that's pretty ~!** das ist reichlich dürftig od. (ugs.) ganz schön schwach; see also **show 1e**; d) (unfortunate) arm (auch iron.); ~ **you!** du Armer/Arme!; du Ärmster/Ärmste!; ~ **thing/creature!** armes Ding!; das arme Ding!; ~ **things!** die Armen od. Ärmsten!; **she's all alone, ~ woman** die Ärmste ist ganz allein; sie ist ganz allein, die arme Frau; ~ **old Joe** (dead) der gute Joe; e) (infertile) karg, schlecht ⟨Boden, Land⟩; f) (spiritless, pathetic) arm ⟨Teufel, Dummkopf⟩; armselig, elend ⟨Kreatur, Stümper⟩; **cut a ~ figure** eine kläglische Figur abgeben; g) (iron./joc.: humble) **in my ~ opinion** nach meiner unmaßgeblichen Meinung; **my ~ self** meine Wenigkeit (scherzh.); h) (deficient) arm (**in** an + Dat.); ~ **in content/ideas/vitamins** inhalts-/ideen-/vitaminarm; ~ **in minerals** ⟨Land⟩ arm an Bodenschätzen; i) **take a ~ view of** nicht [sehr] viel halten von; für gering halten ⟨Aussichten, Chancen⟩; **have a ~ opinion of** eine schlechte od. keine [sehr] hohe Meinung haben von ⟨Person⟩; gering einschätzen ⟨jmds. Fähigkeit⟩. 2. n. pl. **the ~:** die Armen; **respected by both rich and ~:** geachtet von reich und arm

poor: ~-**box** n. Almosenbüchse, die; ~-**house** n. (Hist.) Armenhaus, das; ~-**law** n. (Hist.) Armengesetz, das
poorly ['pʊəlɪ] 1. adv. a) (scantily) schlecht; unzureichend; **they're ~ off** es geht ihnen [finanziell] schlecht; **sb. is ~ off for sth.** es fehlt od. mangelt jmdm. an etw. (Dat.); b) (badly) schlecht; unbeholfen ⟨schreiben, sprechen⟩; **he did ~ in his exams** er war in seinen Prüfungen schlecht; **the team is doing ~:** die Mannschaft spielt schlecht; **exports are doing ~:** das Exportgeschäft geht schlecht; c) (meanly) schlecht ⟨leben⟩. 2. pred. adj. schlecht ⟨aussehen, sich fühlen⟩; **he has been ~ lately** ihm geht es in letzter Zeit schlecht
'**poor:** ~ **man's** adj. (coll.) des kleinen Mannes nachgestellt; **a kind of ~ man's Marlon Brando** ein Marlon-Brando-Verschnitt; ein Westentaschen-Marlon-Brando; ~ **re'lation** n. arme Verwandte, der/die; (fig.) Stiefkind, das; **be the ~ relation** (fig.) im Vergleich zu etw. schlecht abschneiden; **feel like a ~ relation** sich (Dat.) wie ein Stiefkind vorkommen; ~-**relief** n. (Hist.) Armenpflege, die; ~ '**white** n. (Amer. Black derog.) armer Weißer/arme Weiße; ~ **white trash** weißer Pöbel (abwertend); weißes Gesindel (abwertend)
poove [puːv] see **poof**
¹**pop** [pɒp] 1. v. i., -**pp**-: a) (make sound) ⟨Korken:⟩ knallen; ⟨Schote, Samenkapsel:⟩ aufplatzen, aufspringen; **a faint ~ping sound** ein leises Knacken; **his buttons ~ped open** seine Knöpfe sprangen auf; (fig.) **his eyes ~ped with amazement** er guckte wie ein Auto (ugs.); **prices that would make your eyes ~:** Preise, bei denen Sie staunen würden; b) (coll.: move, go quickly) **let's ~ round to Fred's** komm, wir gehen mal eben od.

schnell *od.* kurz bei Fred vorbei *(ugs.);* **I'll just ~ upstairs and see granny** ich gehe *od. (ugs.)* springe nur mal eben hoch zu Oma; **~ down to London** mal eben *od.* schnell nach London fahren; **you must ~ round and see us** du mußt mal vorbeikommen und uns besuchen *od.* mußt mal bei uns reingucken *(ugs.);* **she ~ped back for her book** sie lief *od. (ugs.)* flitzte noch mal zurück, um ihr Buch zu holen; **c)** *(fire gun)* ballern *(ugs.)* (at auf + *Akk.*). **2.** *v. t.,* -pp-: **a)** *(coll.: put)* **~ the meat in the fridge** das Fleisch in den Kühlschrank tun; **~ a cake into the oven** einen Kuchen in den Ofen schieben; **~ a peanut into one's mouth** [sich *(Dat.)*] eine Erdnuß in den Mund stecken; **~ one's head in at the door** den Kopf zur Tür reinstecken; mal eben hereinschauen; **~ one's head out [of the window]** den Kopf [zum Fenster] rausstrecken; **~ the kettle on** den Kessel aufsetzen; **~ a letter in the post** einen Brief einwerfen; einen Brief in den Briefkasten werfen; **~ sth. into a bag** etw. in eine Tasche tun *od.* stecken; **b)** *(cause to burst)* enthülsen ⟨Erbsen, Bohnen⟩; platzen *od. (ugs.)* knallen lassen ⟨*Luftballon*⟩; zerknallen ⟨*Papiertüte*⟩; **c)** *(sl.: take as drug)* nehmen; schlucken, *(Jargon)* schmeißen ⟨*Pillen, Trips*⟩; *(by injection)* schießen *(Jargon);* drücken *(Jargon);* **d)** *(Amer.: cause to burst)* puffen; **~ corn** Popcorn machen; **e) ~ the question** [to sb.] *(coll.)* jmdm. einen [Heirats]antrag machen. **3.** *n.* **a)** *(sound)* Knall, *der;* Knallen, *das;* **b)** *(coll.: drink)* Sprudel, *der;* *(flavoured)* Brause, *die (ugs.);* **soda ~**: Selter[s], *das.* **4.** *adv.* **go ~**: knallen; peng machen *(ugs.)*
~ 'off *v. i.* **a)** *(coll.: die)* abnibbeln *(ugs., bes. nordd.);* den Löffel weglegen *od.* abgeben *(salopp);* **b)** *(move or go away)*⟨*Person:*⟩ verschwinden, *(ugs.)* abdampfen
~ 'out *v. i.* hervorschießen aus; **~ one's head out of the window** den Kopf zum Fenster herausstrecken; **~ out from behind a bush** hinter einem Busch hervorspringen; **~ out for a newspaper/to the shops** schnell *od.* eben mal eine Zeitung holen/einkaufen gehen *(ugs.);* **out for a beer** eben mal ein Bier[chen] trinken gehen *(ugs.);* **he's just ~ped out for a moment** er ist nur mal kurz weggegangen *(ugs.)*
~ 'out of *v. t.* hervorschieben aus; **~ one's head out of the window** den Kopf zum Fenster herausstrecken; **sb.'s eyes nearly** *or* **almost ~ out of his head** *or* **skull** *(coll.) (with surprise)* jmdm. fallen fast die Augen aus dem Kopf *(with excitement)* jmd. *(bes. Kind)* macht große Augen
~ 'up *v. i.* **a)** *(fig.: appear)* auftauchen; **sb./sth. keeps ~ping up** *(fig.)* jmd./etw. begegnet einem immer wieder *(fig.);* **b)** *(rise up)* sich aufstellen; *see also* **pop-up**
²**pop** *(coll.)* **1.** *n. (popular music)* Popmusik, *die;* Pop, *der;* **be top of the ~s** an der Spitze der Charts *od.* Hitlisten stehen. **2.** *adj.* Pop- ⟨*star, -musik usw.*⟩
³**pop** *n. (Amer. coll.: father)* Pa[pa], *der (fam.)*
pop. *abbr.* **population** Einw.
pop: ~ art *n., no pl., no indef. art.* Pop-art, *die; attrib.* Pop-art-; **~ concert** *n.* Popkonzert, *das;* **~ corn** *n.* Popcorn, *das*
pope [pəʊp] *n.* **a)** *(RC Ch.; also fig.)* Papst, *der/*Päpstin, *die;* **b)** *(Coptic Ch.)* Patriarch, *der;* **c)** *(Orthodox Ch.)* Pope, *der. See also* **nose 1a**
popery ['pəʊpəri] *n., no pl., no art. (derog.)* Pfaffentum, *das (abwertend);* Papismus, *der (abwertend)*
pop: ~-eyed ['pɒpaɪd] *adj. (coll.)* **a)** *(wide-eyed)* großäugig; **they were ~-eyed with amazement** sie staunten Bauklötze *(salopp);* **b)** *(having bulging eyes)* glotzäugig; glupschäugig *(nordd.);* **~ festival** *n.* Popfestival, *das;* **~ group** *n.* Popgruppe,

die; **~ gun** *n.* Spielzeuggewehr, *das*/Spielzeugpistole, *die*
popish ['pəʊpɪʃ] *adj. (arch./derog.)* papistisch *(abwertend);* **the ~ religion** der Papismus *(abwertend)*
poplar ['pɒplə(r)] *n.* Pappel, *die*
poplin ['pɒplɪn] *n. (Textiles)* Popelin, *der;* Popeline, *der od. die*
pop: ~ music *n.* Popmusik, *die;* **~over** *n. (Amer.)* **a)** stark aufgehendes Backwerk aus Eiern, Milch, Mehl und Butter; **b)** *(garment)* weites Kleidungsstück *(das über den Kopf gezogen wird)*
poppadam, poppadum ['pɒpədəm] *n. (Ind. Gastr.)* knuspriger, hauchdünner fritierter Fladen
popper ['pɒpə(r)] *n. (Brit. coll.)* Druckknopf, *der*
poppet ['pɒpɪt] *n. (Brit. coll.)* Schätzchen, *das;* Schatz, *der*
poppy ['pɒpɪ] *n.* **a)** *(Bot.)* Mohn, *der;* **a field of poppies** ein Mohnfeld; **Californian ~**: Goldmohn, *der;* **opium ~**: Schlafmohn, *der;* **Welsh ~**: Scheinmohn, *der;* **b)** *(Brit.: emblem)* [künstliche] Mohnblume *(als Zeichen des Gedenkens am 'Poppy Day')*
poppycock ['pɒpɪkɒk] *n., no pl., no art. (sl.)* Mumpitz, *der (ugs. abwertend)*
poppy: P~ Day *(Brit.) see* **Remembrance Sunday;** **~-head** *n.* Mohnkapsel, *die;* **~-seed** *n.* Mohnsamen, *der;* **~ seeds** *(Cookery)* Mohn, *der*
Popsicle, (P) ['pɒpsɪkl] *n. (Amer.)* [Wasser]eis am Stiel
pop: ~ singer *n.* Popsänger, *der/*-sängerin, *die;* Schlagersänger, *der/*-sängerin, *die;* **~ song** *n.* Popsong, *der;* Schlager, *der;* **~ star** *n.* Popstar, *der;* Schlagerstar, *der*
popsy (popsie) ['pɒpsɪ] *n. (coll.) (young woman)* Mieze, *die (salopp);* *(young girl)* Maus, *die; (as form of address)* Schätzchen, *das*
populace ['pɒpjʊləs] *n., no art.* **a)** *(common people)* [breite] Masse, *die;* Volk, *das;* **the Roman ~**: das Volk von Rom; **b)** *(derog.: rabble)* Pöbel, *der (derog.)*
popular ['pɒpjʊlə(r)] *adj.* **a)** *(well liked)* beliebt; populär ⟨*Entscheidung, Maßnahme*⟩; **I know I shan't be ~ if I suggest that** ich weiß, daß ich mich mit diesem Vorschlag nicht gerade beliebt mache; **he was a very ~ choice** mit ihm hatte man sich für einen sehr beliebten *od.* populären Mann entschieden; **be ~ with sb.** bei jmdm. beliebt sein; **he's ~ with the girls** die Mädchen mögen ihn; **I'm not very ~ in the office just now** ich habe zur Zeit nicht gut auf mich zu sprechen; **prove ~**: gut ankommen; **b)** *(suited to the public)* volkstümlich; populär *(geh.);* **at ~ prices** zu günstigen Preisen; **~ edition** Volksausgabe, *die;* **a ~ romance** ein Liebesroman; **~ journal/newspaper** Massenblatt, *das;* **a ~ science** *n.* die Popularwissenschaft; **c)** *(prevalent)* landläufig; allgemein ⟨*Unzufriedenheit*⟩; **~ etymology** Volksetymologie, *die;* **d)** *(of the people)* Volks-; verbreitet ⟨*Aberglaube, Irrtum, Meinung*⟩; allgemein ⟨*Wahl, Zustimmung, Unterstützung*⟩; **~ remedy** Hausmittel, *das;* **by ~ request** auf allgemeinen Wunsch
popular: ~ 'art *n.* Volkskunst, *die;* **~ 'front** *n. (Polit.)* Volksfront, *die*
popularise *see* **popularize**
popularity [pɒpjʊ'lærɪtɪ] *n., no pl.* Popularität, *die;* Beliebtheit, *die; (of decision, measure)* Popularität, *die;* **that won her ~ with her classmates** das machte sie bei ihren Klassenkameraden beliebt
popularize ['pɒpjʊləraɪz] *v. t.* **a)** *(make popular)* populär machen; **~ sth.** einer Sache *(Dat.)* Popularität verschaffen; **b)** *(make known)* bekannt machen; **c)** *(make understandable)* breiteren Kreisen zugänglich machen; popularisieren *(geh.)*
popularly ['pɒpjʊləlɪ] *adv.* **a)** *(generally)*

allgemein; landläufig; **it is ~ believed that ...**: es ist ein im Volk verbreiteter Glaube, daß ...; **b)** *(for the people)* volkstümlich; [all]gemeinverständlich
popular 'music *n.* Unterhaltungsmusik, *die;* Popularmusik, *die (fachspr.)*
populate ['pɒpjʊleɪt] *v. t.* bevölkern ⟨*Land, Gebiet*⟩; bewohnen ⟨*Insel, Gebiet*⟩; **the characters that ~ his novel** die Charaktere, die seinen Roman bevölkern; **thickly** *or* **heavily** *or* **densely/sparsely ~d** ⟨*Land, Gebiet usw.*⟩: dicht/dünn besiedelt ⟨*Land, Gebiet usw.*⟩; dicht/dünn bevölkert ⟨*Stadt*⟩
population [pɒpjʊ'leɪʃn] *n.* **a)** Bevölkerung, *die;* **Britain has a ~ of 56 million** Großbritannien hat 56 Millionen Einwohner; **the growing immigrant ~ of London** der wachsende Einwandereranteil an der Londoner Bevölkerung; **the seal ~ of Greenland** der Seehundbestand *od. (fachspr.)* die Seehundpopulation Grönlands; **b)** *(Statistics)* Grundgesamtheit, *die*
popu'lation explosion *n.* Bevölkerungsexplosion, *die*
populism ['pɒpjʊlɪzm] *n.* Populismus, *der*
populist ['pɒpjʊlɪst] **1.** *n.* Populist, *der/*Populistin, *die.* **2.** *adj.* populistisch
populous ['pɒpjʊləs] *adj.* dicht bevölkert
'pop-up *adj.* Stehauf⟨*buch, -illustration*⟩; **~-up toaster** Toaster mit Auswerfmechanismus
porcelain ['pɔːslɪn] *n.* **a)** Porzellan, *das;* **Meissen ~**: Meißner Porzellan; *attrib.* Porzellan-; **b)** *(article)* Porzellangegenstand, *der;* **~s** Porzellan, *das*
porch [pɔːtʃ] *n.* **a)** *(Archit.)* Vordach, *das; (with side walls)* Vorbau, *der; (enclosed)* Windfang, *der; (of church etc.)* Vorhalle, *die;* **b)** *(Amer.: veranda)* [offene] Veranda
porcine ['pɔːsaɪn] *adj.* Schweine-; *(fig.)* schweineähnlich; wie ein Schwein nachgestellt
porcupine ['pɔːkjʊpaɪn] *n. (Zool.)* **a)** *(Brit.: Hystricidae)* Stachelschwein, *das;* **b)** *(Amer.: Erethizontidae)* Baumstachler, *der*
¹**pore** [pɔː(r)] *n.* Pore, *die*
²**pore** *v. i.* **~ over sth.** etw. [genau] studieren; *(think deeply)* **~ over** *or* **on sth.** über etw. *(Akk.)* [gründlich] nachdenken
pork [pɔːk] *n.* Schweinefleisch, *das; attrib.* Schweine-; Schweins- *(bes. südd.);* **a leg of ~**: eine Schweinekeule
pork: ~-barrel *n. (Amer. coll.)* aus politischen Gründen bewilligte staatliche Zuschüsse; **~-butcher** *n.* Schweinemetzger, *der (bes. südd.);* Schweineschlachter, *der (bes. nordd.);* **~ 'chop** *n.* Schweinekotelett, *das*
porker ['pɔːkə(r)] *n.* Mastschwein, *das; (young pig)* Mastferkel, *das*
pork: ~ 'pie *n.* Schweinepastete, *die;* **~-pie 'hat** *n.* flacher [Herren]hut; **~ 'sausage** *n.* Schweinswürstchen, *das*
porn [pɔːn] *n., no pl. (coll.)* Pornographie, *die;* Pornos *(ugs.);* **write ~**: Pornos schreiben *(ugs.);* **~ film** Pornofilm, *der (ugs.)*
porno ['pɔːnəʊ] *(coll.)* **1.** *n., no pl. see* **porn. 2.** *adj.* Porno- *(ugs.)*
pornographic [pɔːnə'græfɪk] *adj.* pornographisch; Porno- *(ugs.)*
pornography [pɔː'nɒgrəfɪ] *n.* Pornographie, *die*
porosity [pɔː'rɒsɪtɪ] *n., no pl.* Porosität, *die*
porous ['pɔːrəs] *adj.* porös ⟨*Fels, Gestein, Stoff*⟩; porenreich ⟨*Haut, Holz*⟩
porpoise ['pɔːpəs] *n. (Zool.)* Schweinswal, *der*
porridge ['pɒrɪdʒ] *n., no pl.* **a)** *(food)* Porridge, *der;* [Hafer]brei, *der;* **b)** *(sl.: imprisonment)* Knast, *der (ugs.);* **do ~**: Knast schieben *(salopp);* **in ~**: im Knast sitzen *(ugs.)*
porridge 'oats *n. pl.* Haferflocken *Pl.*
¹**port** [pɔːt] **1.** *n.* **a)** *(harbour)* Hafen, *der;* **come** *or* **put into ~**: [in den Hafen] einlaufen; **leave ~**: [aus dem Hafen] auslaufen;

port

reach ~: den Hafen erreichen; ankommen; **out of ~:** auf See; **naval ~:** Kriegshafen, *der;* **any ~ in a storm** *(fig. coll.)* manchmal kann man sich's eben nicht aussuchen *(ugs.);* ≈ in der Not frißt der Teufel Fliegen *(ugs.);* **~ of call** Anlaufhafen, *der; (fig.)* Ziel, *das;* **where's your next ~ of call?** *(fig.)* wo willst du als nächstes hin?; **~ of entry** Zoll[abfertigungs]hafen, *der;* **(for goods)** Einfuhrhafen, *der; (for persons)* Einreisehafen, *der; see also* **free port;** b) *(town)* Hafenstadt, *die;* Hafen, *der;* c) *(Naut. Aeronaut.: left side)* Backbord-; **land to ~!** Land an Backbord!; **turn** *or* **put the helm to ~:** nach Backbord drehen. 2. *adj. (Naut. Aeronaut.: left)* Backbord-; backbordseitig; **on the ~ bow/quarter** Backbord voraus/Backbord achteraus; *see also* **beam 1 e;** ¹**tack 1 c;** **watch 1 c**

²**port** *n.* a) *(Naut.: opening)* Pforte, *die;* b) *(Naut.: porthole)* Seitenfenster, *das; (circular)* Bullauge, *das;* c) *(aperture)* Öffnung, *die;* d) *(gun aperture)* Schießscharte, *die; (on ship)* Geschützpforte, *die*

³**port** *n. (wine)* Portwein, *der;* Port, *der (ugs.)*

portable ['pɔːtəbl] 1. *adj.* tragbar; portabel *(Werbespr.).* 2. *n. (television)* Portable, *der;* (radio) Portable, *der;* Koffergerät, *das;* (typewriter) Portable, *die;* Koffermaschine, *die*

portage ['pɔːtɪdʒ] *n.* a) *(carrying)* Transport über Land; b) *(place)* Portage, *die*

Portakabin, (P) ['pɔːtəkæbɪn] *n.* [Bau]container, *der*

portal ['pɔːtl] *n.* Eingang, *der;* Pforte, *die (geh.); (of church, palace, etc.)* Portal, *das;* **pass through the ~s of a place** *(fig.)* einen Ort besuchen; **the ~s of heaven** die Pforten des Himmels *od.* Himmelspforten *(dichter.)*

port au'thority *n.* Hafenbehörde, *die*

portcullis [pɔːt'kʌlɪs] *n. (Archit.)* Fallgitter, *das;* Fallgatter, *das*

portend [pɔː'tend] *v. t.* hindeuten auf *(+ Akk.);* **what does this ~?** was hat das zu bedeuten?

portent [pɔː'tent] *n. (literary)* Vorzeichen, *das;* Omen, *das;* **a ~ of doom** ein schlimmes [Vor]zeichen; ein böses Omen; **~s of war** Vorzeichen des Krieges; **a ~ of the project's success** ein gutes Omen für den Erfolg des Vorhabens

portentous [pɔː'tentəs] *adj.* bedeutungsvoll; schicksalhaft *(Bedeutung); (ominous)* unheilvoll

¹**porter** ['pɔːtə(r)] *n. (Brit.: doorman)* Pförtner, *der; (of hotel etc.)* Portier, *der*

²**porter** *n.* a) *(luggage-handler)* [Gepäck]träger, *der/-*trägerin, *die; (in hotel)* Hausdiener, *der od. das;* c) *(Amer. Ir./Hist.: beer)* Porter, *der od. das;* d) *(Amer. Railw.)* Schlafwagenschaffner, *der/-*schaffnerin, *die*

porterage ['pɔːtərɪdʒ] *n. (charge)* Trägerlohn, *der*

porterhouse 'steak *n.* Porterhousesteak, *das*

porter's 'lodge *see* **lodge 1 b**

portfolio [pɔːt'fəʊlɪəʊ] *n., pl.* **~s** a) *(list)* Portefeuille, *das;* b) *(Polit.)* Geschäftsbereich, *der;* Portefeuille, *das (geh.);* c) *(case, contents)* Mappe, *die*

'porthole *see* ²**port b**

portico ['pɔːtɪkəʊ] *n., pl.* **~es** *or* **~s** *(Archit.)* Säulenvorbau, *der;* Portikus, *die (fachspr.)*

portière [pɔː'tjeə(r)] *n.* [schwerer] Türvorhang; Portiere, *die*

portion ['pɔːʃn] 1. *n.* a) *(part)* Teil, *der; (of ticket)* Abschnitt, *der; (of inheritance)* Anteil, *der;* b) *(amount of food)* Portion, *die;* c) *(arch./literary: destiny)* Los, *das;* Schicksal, *das;* d) *(quantity)* ein gewisses Maß (of an + *Dat.*). 2. *v. t.* aufteilen (**among** unter + *Akk.*, **into** in + *Akk.*)

~ 'out *v. t.* aufteilen (**among, between** unter + *Akk.*); **she ~ed out the food** sie verteilte das Essen

Portland ['pɔːtlənd]: **~ ce'ment** *n.* Portlandzement, *der;* **~ 'stone** *n.* Portland[kalk]stein, *der*

portly ['pɔːtlɪ] *adj.* beleibt; korpulent; **have a ~ frame** beleibt *od.* korpulent sein

portmanteau [pɔːt'mæntəʊ] *n., pl.* **~s** *or* **~x** [pɔːt'mæntəʊz] Reisekoffer, *der*

port'manteau word *n.* Port[e]manteauform, *die (fachspr.); (fig.: generalized term)* weiter Begriff

portrait ['pɔːtrɪt] *n.* a) *(picture)* Porträt, *das;* Bildnis, *das (geh.); attrib.* Porträt-; **sit for one's ~** [to sb.] [jmdm.] Porträt sitzen; **sit** [von jmdm.] porträtieren lassen; **have one's ~ painted** sich porträtieren lassen; **full-length ~** Ganzporträt, *das;* b) *(description)* Porträt, *das;* Bild, *das;* **give/convey an unflattering ~ of sb./sth.** ein wenig schmeichelhaftes Bild von jmdm./etw. zeichnen

portraitist ['pɔːtrɪtɪst] *n.* Porträtist, *der/* Porträtistin, *die; (painter also)* Porträtmaler, *der/-*malerin, *die; (photographer also)* Porträtfotograf, *der/-*fotografin, *die*

portraiture ['pɔːtrɪtʃə(r)] *n.* Porträtieren, *das; (painting also)* Porträtmalerei, *die; (photographing also)* Porträtfotografie, *die;* **he is known for his ~:** er ist für *od.* durch seine Porträts bekannt

portray [pɔː'treɪ] *v. t.* a) *(describe)* darstellen; schildern; b) *(make likeness of)* porträtieren 〈*Person*〉; darstellen, wiedergeben 〈*Atmosphäre usw.*〉; 〈*Schauspieler:*〉 darstellen 〈*Rolle, Person*〉

portrayal [pɔː'treɪəl] *n.* a) *(description)* Darstellung, *die;* Schilderung, *die; (esp. of person)* Porträt, *das;* b) *(acting)* Darstellung, *die;* c) *(portrait)* Darstellung, *die;* Porträt, *das*

Portugal ['pɔːtjʊgl] *pr. n.* Portugal *(das)*

Portuguese [pɔːtjʊ'giːz] 1. *adj.* portugiesisch; **sb. is ~:** jmd. ist Portugiese/Portugiesin; *see also* **English 1.** 2. *n., pl. same* a) *(person)* Portugiese, *der/*Portugiesin, *die;* b) *(language)* Portugiesisch, *das; see also* **English 2 a**

Portuguese man-of-'war *n. (Zool.)* Portugiesische Galeere

pose [pəʊz] 1. *v. t.* a) *(be cause of)* aufwerfen 〈*Frage, Problem*〉; darstellen 〈*Bedrohung, Problem*〉; bedeuten 〈*Bedrohung*〉; mit sich bringen 〈*Schwierigkeiten*〉; b) *(propound)* vorbringen; aufstellen 〈*Theorie*〉; c) *(place)* Aufstellung nehmen lassen, sich aufstellen lassen 〈*Gruppe, Kinder, Mannschaft, Gesellschaft*〉; Positur einnehmen lassen, posieren lassen 〈*Modell*〉. 2. *v. i.* a) *(assume attitude)* posieren *(fig.)* sich geziert benehmen *od.* geben *(abwertend);* **~ [in the] nude** für einen Akt posieren; b) **~ as** sich geben als; **he likes to ~ as an expert** er spielt gern den Experten. 3. *n.* Haltung, *die;* Pose, *die; (fig.)* Pose, *die;* Gehabe, *das (abwertend);* **strike a ~:** eine Pose einnehmen; **she's always striking ~s** *(fig.)* sie benimmt sich immer so geziert; **hold a ~:** eine Pose beibehalten; in einer Haltung verharren *(geh.);* **hold that ~!** bleib so!; **it's just a [big] ~** *(fig.)* es ist reine Pose

poser ['pəʊzə(r)] *n. (question)* knifflige Frage; *(problem)* schwieriges Problem; **that's a real ~:** das ist eine harte Nuß *(ugs.);* **set some ~s for sb.** jmdm. manche harte Nuß zu knacken geben *(ugs.)*

poseur [pəʊ'zɜː(r)] *n.* Blender, *der (abwertend);* Poseur, *der (geh. abwertend)*

poseuse [pəʊ'zɜːz] *n. fem.* Blenderin, *die (abwertend)*

posh [pɒʃ] 1. *adj. (coll.)* vornehm; nobel *(spött.);* stinkvornehm *(salopp);* **~ hotel/ newspaper** Nobelhotel, *das/*Nobelgazette, *die (spött.);* **the ~ people** die Schickeria *(ugs.).* 2. *adv.* **talk ~:** hochgestochen reden; mit gestochenem Akzent sprechen. 3. *v. t.* **~ up** aufmotzen *(ugs.)*

posit ['pɒzɪt] *v. t.* postulieren *(geh.)*

position [pə'zɪʃn] 1. *n.* a) *(place occupied)* Platz, *der; (of player in team or line-up, of actor, of plane, ship, etc.)* Position, *die; (of hands of clock, words, stars)* Stellung, *die; (of building etc., of organ in body)* Lage, *die; (of river)* [Ver]lauf, *der;* **find one's ~ on a map** seinen Standort auf einer Karte finden; **take [up] one's ~:** seinen Platz einnehmen; **they took their ~ at the end of the queue** sie stellten sich ans Ende der Schlange; **after the second lap he was in fourth ~:** nach der zweiten Runde lag er an vierter Stelle; **he finished in second ~:** er belegte den zweiten Platz; **what ~ do you play [in]?** *(Sport)* in welcher Position spielst du?; **in the starting ~:** auf Startposition; b) *(proper place)* **be in/out of ~:** an seinem Platz/ nicht an seinem Platz sein; **put sth. into ~:** etw. an seinen Platz stellen; c) *(Mil.)* Stellung, *die;* d) *(Chess)* Position, *die;* Stellung, *die;* **~ play** Positionsspiel, *das;* Stellungsspiel, *das;* **leave the pieces in ~:** die Figuren aufgestellt *od.* stehen lassen; e) *(fig.: mental attitude)* Standpunkt, *der;* Haltung, *die;* **take up a ~ on sth.** einen Standpunkt *od.* eine Haltung zu etw. einnehmen; **take the ~ that ...:** auf dem Standpunkt stehen *od.* sich auf den Standpunkt stellen, daß ...; f) *(fig.: situation)* **be in a good ~ [financially]** [finanziell] gut gestellt sein *od.* dastehen; **be in a ~ of strength** eine starke Position haben; **negotiate from a ~ of strength** aus einer Position der Stärke heraus verhandeln; **what's the ~?** wie stehen *od.* liegen die Dinge?; **what would you do if you were in my ~?** was würdest du in meiner Lage tun?; **put yourself in my ~!** versetz dich [einmal] in meine Lage!; **be in a/no ~ to do sth.** in der Lage/ nicht in der Lage sein, etw. zu tun; **he's in no ~ to criticize us** es steht ihm nicht zu, uns zu kritisieren; *see also* **jockey 2;** g) *(rank)* Stellung, *die;* Position, *die;* **a person of ~:** eine hochgestellte Persönlichkeit; **a high ~ in society** eine hohe gesellschaftliche Stellung; **a pupil's ~ in class** die Stellung eines Schülers innerhalb der Klasse; **social ~:** gesellschaftliche *od.* soziale Stellung; h) *(employment)* [Arbeits]stelle, *der;* Stellung, *die;* **the ~ of ambassador in Bogotá** die Position des Botschafters in Bogotá; **permanent ~:** Dauerstellung, *die;* **the ~ of assistant manager** die Stelle *od.* Position des stellvertretenden Geschäftsführers; **rise to a ~ of responsibility** in eine verantwortliche Stellung aufsteigen; **~ of trust** Vertrauensstellung, *die;* Vertrauensposten, *der;* i) *(posture)* Haltung, *die; (during sexual intercourse)* Stellung, *die;* Position, *die; (ballet)* Position, *die; (yoga)* Stellung, *die;* **in a reclining ~:** zurückgelehnt; **in a sitting ~:** in sitzender Position *od.* Stellung; sitzend; **in an uncomfortable ~:** in unbequemer Stellung *od.* Haltung. 2. *v. t.* plazieren; positionieren 〈*Lautsprecherboxen, Leuchten usw.*〉; aufstellen, postieren 〈*Polizisten, Wachen*〉; **~ oneself near the exit** sich in die Nähe des Ausgangs stellen/setzen; 〈*Wache, Posten usw.:*〉 sich in der Nähe des Ausgangs aufstellen; b) *(Mil.: station)* stationieren

positional [pə'zɪʃənl] *adj.* a) *(Ling.)* isolierend 〈*Sprache*〉; b) *(Sport)* positionell *(fachspr.);* **~ play** Stellungsspiel, *das;* c) *(Mil.)* **~ war** Stellungskrieg, *der*

positive ['pɒzɪtɪv] 1. *adj.* a) *(definite)* eindeutig; entschieden 〈*Weigerung*〉; positiv 〈*Recht*〉; **in a ~ tone** in bestimmtem *od.* entschiedenem Ton; **to my ~ knowledge ...:** wie ich ganz sicher weiß, ...; b) *(convinced)* sicher; **Are you sure? – P–!** Bist du sicher? – Absolut [sicher]!; **he is ~ that he is right** er ist sich *(Dat.)* völlig sicher, daß er recht hat; **I'm ~ of it;** ich bin [mir] [dessen] ganz sicher; c) *(affirmative)* positiv; d) *(optimistic)* positiv; **regard sth. in a ~ light** etw.

545

in positivem Licht sehen; **e)** *(showing presence of sth.)* positiv ⟨*Ergebnis, Befund, Test*⟩; **f)** *(constructive)* konstruktiv ⟨*Kritik, Vorschlag, Anregung, Rat, Hilfe*⟩; positiv ⟨*Philosophie, Erfahrung, Denken*⟩; **she's the most ~ of the group** sie hat von allen in der Gruppe die positivste Einstellung; **g)** *(Math.)* positiv; **h)** *(Ling.)* ungesteigert; **i)** *(Electr.)* positiv ⟨*Elektrode, Platte, Ladung, Ion*⟩; **j)** *as intensifier (coll.)* echt; **it would be a ~ miracle** es wäre ein echtes Wunder *od.* *(ugs.)* echt ein Wunder; **k)** *(Photog.)* positiv; Positiv-. **2.** *n.* **a)** *(Ling.)* Positiv, *der;* Grundstufe [des Adjektivs], *die;* **b)** *(Photog.)* Positiv, *das;* Positivbild, *das*
positive discri'mination *n.* positive Diskriminierung *(fachspr.);* Bevorzugung, *die*
positively ['pɒzɪtɪvlɪ] *adv.* **a)** *(constructively)* konstruktiv ⟨*kritisieren*⟩; positiv ⟨*denken*⟩; **b)** *(Electr.)* positiv; **c)** *(definitely)* eindeutig, entschieden ⟨*sich weigern*⟩; *as intensifier (coll.)* echt *(ugs.);* **it's ~ marvellous that ...**: es ist echt spitze, daß ...
'positive sign *n. (Math.)* positives Vorzeichen; *(symbol)* Pluszeichen, *das*
positivism ['pɒzɪtɪvɪzm] *n. (Philos., Relig.)* Positivismus, *der; see also* **logical positivism**
positivist ['pɒzɪtɪvɪst] **1.** *n.* Positivist, *der*/Positivistin, *die.* **2.** *adj.* positivistisch
positron ['pɒzɪtrɒn] *n. (Phys.)* Positron, *das*
posse ['pɒsɪ] *n.* **a)** *(Amer.: force with legal authority)* [Polizei]trupp, *der;* [Polizei]aufgebot, *das;* **b)** *(crowd)* Schar, *die;* **~ of advisers** Beraterstab, *der*
possess [pə'zes] *v. t.* **a)** *(own)* besitzen; verfügen über (+ *Akk.*) *(geh.);* **be ~ed of** gesegnet sein mit *(geh.);* **~ed of money/wealth** bemittelt/begütert; **~ed of reason** vernunftbegabt; **b)** *(have as faculty or quality)* haben; **~ great passion** sehr leidenschaftlich sein; **c)** *(dominate)* ⟨*Furcht usw.*⟩: ergreifen, Besitz nehmen von ⟨*Person*⟩; **what ~ed you/him?** *(coll.)* was ist in dich/ihn gefahren?; was für ein Teufel hat dich/ihn geritten? *(ugs.);* **d)** *(dated: copulate with)* besitzen *(geh. verhüll.);* **e)** *(arch./formal)* **~ oneself of sth.** sich einer Sache *(Gen.)* bemächtigen; sich *(Dat.)* etw. aneignen
possessed [pə'zest] *adj. (dominated)* besessen; **he's a man ~** er ist von etw. besessen; **~ by the devil/by** *or* **with an idea** vom Teufel/von einer Idee besessen; **be ~ by** *or* **with fear/horror** von Angst/Schrecken ergriffen sein; **be ~ by** *or* **with greed/ambition** von Gier/Ehrgeiz besessen sein; **be ~ by** *or* **with envy/rage** voll von Neid erfüllt sein/rasen; **like one ~**: wie ein Besessener/eine Besessene
possession [pə'zeʃn] *n.* **a)** *(thing possessed)* Besitz, *der;* **some of my ~s** einige meiner Sachen; **b)** *in pl. (property)* Besitz, *der; (territory)* Besitzungen; **worldly ~s** irdische Güter; **all his ~s** sein ganzer Besitz; all seine Habe; **c)** *(controlling)* **take ~ of** *(Mil.)* einnehmen ⟨*Festung, Stadt usw.*⟩; *(Gebiet)* **the enemy's ~ of the town** die feindliche Herrschaft *od.* Herrschaft des Feindes über die Stadt; **be in the devil's ~**: vom Teufel besessen sein; **d)** *(possessing)* Besitz, *der;* **~ of land/firearms** Landbesitz, *der*/Waffenbesitz, *der;* **be in ~ of sth.** im Besitz einer Sache *(Gen.)* sein; **come into** *or* **get ~ of sth.** in den Besitz einer Sache *(Gen.)* gelangen; **regain** *or* **resume ~ of sth.** wieder in den Besitz einer Sache *(Gen.)* gelangen; **be in ~ of a high income** über ein hohes Einkommen verfügen; **put sb. in ~ of sth./of the facts** jmdn. in den Besitz einer Sache *(Gen.)* bringen/jmdn. ins Bild setzen; **in full ~ of one's senses** im Vollbesitz seiner geistigen Kräfte; **be in full ~ of the facts** voll im Bilde sein; **the information in my ~**: die mir vorliegenden Informationen; **have sth. in one's ~**: im Besitz einer Sache *(Gen.)* sein; **take ~ of** in Besitz nehmen; be-

ziehen ⟨*Haus, Wohnung*⟩; **e)** *(Sport)* **win ~ of the ball** in Ballbesitz gelangen; **lose ~**: den Ball verlieren; **in ~**: im Ballbesitz; **f)** *(Law)* Besitz, *der;* **enter into ~ of sth.** etw. in Besitz nehmen; *see also* **point 1 c; vacant a**
possessive [pə'zesɪv] **1.** *adj.* **a)** *(jealously retaining possession)* besitzergreifend; **be ~ about sth.** etw. eifersüchtig hüten; **be ~ about** *or* **towards sb.** an jmdn. Besitzansprüche stellen; **b)** *(Ling.)* possessiv; **~ adjective** Possessivadjektiv, *das; see also* **pronoun. 2.** *n. (Ling.)* Possessivum, *das*
pos'sessive case *n.* Possessiv[us], *der*
possessively [pə'zesɪvlɪ] *adv.* besitzergreifend
possessor [pə'zesə(r)] *n.* Besitzer, *der*/Besitzerin, *die;* **be the ~ of a fine singing voice** eine schöne Singstimme besitzen
posset ['pɒsɪt] *n. (Hist.)* heiße Milch mit Bier *od.* Wein und Gewürzen
possibility [pɒsɪ'bɪlɪtɪ] *n.* **a)** Möglichkeit, *die;* **be within the range** *or* **bounds of ~**: im Bereich des Möglichen liegen; **there's no ~ of his coming/agreeing** es ist ausgeschlossen, daß er kommt/zustimmt; **there's not much ~ of success** die Erfolgschancen sind nicht groß; **the constant ~ of failure** die ständige Gefahr des Scheiterns; **if by any ~ ...**: falls tatsächlich ...; *(if without taking any trouble)* falls zufällig ...; **is there any ~ of our being able to do it?** gibt es für uns irgendeine Möglichkeit, es zu tun?; **it's a distinct ~ that ...**: es ist gut möglich, daß ...; **accept that sth. is a ~**: etw. akzeptieren, daß etw. möglich ist *od.* nicht auszuschließen ist; **he is a ~ for the job** er ist ein möglicher Anwärter auf die Stelle; er kommt für die Stelle in Betracht; **what are the possibilities?** welche Möglichkeiten gibt es?; **b)** *in pl. (potential)* Möglichkeiten *Pl.;* **the house/subject has possibilities** aus dem Haus/Thema läßt sich etwas machen; **the scheme has possibilities** in dem Plan stecken Möglichkeiten
possible ['pɒsɪbl] **1.** *adj.* **a)** möglich; **if ~**: wenn *od.* falls möglich; wenn es geht; **as ... as ~**: so ... wie möglich, möglichst ...; **the greatest ~ assistance** die größtmögliche Unterstützung; **all the assistance ~**: alle denkbare Unterstützung; **anything is ~**: alles ist möglich; **as soon as ~**: so früh wie möglich; **at the earliest ~ time** so früh wie möglich; *(formal)* zum frühestmöglichen Termin/Zeitpunkt; **they made it ~ for me to be here** sie haben es mir ermöglicht, hier zu sein; **the worst ~ solution** die denkbar schlechteste Lösung; die schlechteste der möglichen Lösungen; **if it's at all ~**: wenn es irgend geht *od.* möglich ist; **would it be ~ for me to ...?** könnte ich vielleicht ...?; **it is not ~ to do more** mehr kann man unmöglich tun; **for ~ emergencies** für eventuelle Notfälle; **all ~ risks** alle denkbaren Risiken; **I'll do everything ~ to help you** ich werde mein möglichstes *od.* alles mir Erdenkliche tun, um dir zu helfen; **be as kind to her as ~**: sei so nett zu ihr, wie [nur irgend] möglich; **we will help as far as ~**: wir werden helfen, soweit wir können; **b)** *(likely)* [durchaus *od.* gut] möglich; **few thought his election was ~**: nur wenige glaubten an seine Wahl; **c)** *(acceptable)* möglich; **there's no ~ excuse for** dafür gibt es keine Entschuldigung; **the only ~ man for the position** der einzige Mann, der für die Stellung in Frage kommt. **2.** *n.* Anwärter, *der*/Anwärterin, *die;* Kandidat, *der*/Kandidatin, *die;* **presidential ~**: Präsidentschaftsanwärter, *der*
possibly ['pɒsɪblɪ] *adv.* **a)** *(by possible means)* **I cannot ~ commit myself** ich kann mich unmöglich festlegen; **how can I ~?** wie könnte ich ~?; **how could I ~ have come?** wie hätte ich denn kommen können?; **can that ~ be true?** kann das überhaupt wahr sein *od.* stimmen?; **they did all they ~ could**

sie haben alles Menschenmögliche *od.* alles in ihrer Macht stehende getan; **if I ~ can** wenn es mir irgendwie möglich ist; **as often as I ~ can** sooft ich irgend kann; **I'll come as soon as I ~ can** ich komme so früh, wie es nur irgend geht; **can you ~ lend me £10?** kannst du mir vielleicht *od.* wohl 10 Pfund leihen?; **b)** *(perhaps)* möglicherweise; vielleicht; **he might ~ be related to them** er ist vielleicht *od.* möglicherweise mit ihnen verwandt; **Do you think ...? – P~**: Glaubst du ...? – Möglich[erweise] *od.* Vielleicht
possum ['pɒsəm] *n. (coll.)* **a)** *see* **opossum a; b)** **play ~** *(pretend to be asleep)* sich schlafend stellen; *(pretend to be dead)* sich tot stellen; *(Austral., NZ)* Fuchskusu, *der*
¹post [pəʊst] **1.** *n.* **a)** *(as support)* Pfosten, *der;* **b)** *(stake)* Pfahl, *der;* **deaf as a ~** *(coll.)* stocktaub *(ugs.); see also* **pillar a; c)** *(Racing)* *(starting/finishing ~)* Start-/Zielpfosten, *der;* **be left at the ~**: [hoffnungslos] abgehängt werden; *(fig.)* weit zurückbleiben; *(fig.)* von Anfang an keine Chancen haben; **be first past the ~**: als erster durchs Ziel gehen; **the 'first past the ~' system** das Mehrheitswahlsystem; **be beaten at the ~** *(lit. or fig.)* im letzten Moment noch geschlagen werden; *see also* **⁵pip; d)** *(Sport/of goal)* Pfosten, *der.* **2.** *v. t.* **a)** *(stick up)* anschlagen, ankleben ⟨*Plakat, Aufruf, Notiz, Zettel*⟩; **~ something on the notice-board** einen Anschlag am Schwarzen Brett machen; **'~ no bills'** „Plakate ankleben verboten"; **b)** *(make known)* [öffentlich] anschlagen *od.* bekanntgeben; ausschreiben ⟨*Belohnung*⟩; ausweisen ⟨*Ansteigen, Gewinn, Verlust*⟩; öffentlich ankündigen, bekanntmachen ⟨*Veranstaltung*⟩; **~ [as] missing** als vermißt melden; **c)** *(Amer.: achieve)* erreichen; schaffen; erringen ⟨*Sieg*⟩
~ 'up *v. t.* anschlagen; ankleben; **~ up a notice** einen Anschlag machen
²post 1. *n.* **a)** *(Brit.: one dispatch of letters)* Postausgang, *der;* **by the same ~**: mit gleicher Post; **by return of ~**: postwendend; **sort the ~**: die Postausgänge sortieren; **b)** *(Brit.: one collection of letters)* [Briefkasten]leerung, *die;* **c)** *(Brit.: one delivery of letters)* Post[zustellung], *die;* **in the ~**: bei der Post *(see also d);* **the ~ has come** die Post ist da *od.* ist schon gekommen; **the arrival of the ~**: das Eintreffen der Briefpost; **sort the ~**: die Posteingänge sortieren; **is there a second ~ in this area?** gibt es hier eine zweite Postzustellung?; **there is no ~ on Sundays** sonntags kommt keine Post; **there has been no ~ today** heute ist keine Post gekommen; **is there any ~ for me?** habe ich Post?; **have a heavy ~**: viel Post bekommen; **the morning's ~**: die Morgenpost; **you'll get it in tomorrow's ~**: du bekommst es mit der morgigen Post; **d)** *no pl., no indef. art. (Brit.: official conveying)* Post, *die;* **by ~**: mit der Post; per Post; **in the ~**: in der Post *(see also c);* **e)** *(~ office)* Post, *die; (~-box)* Briefkasten, *der;* **take sth. to the ~**: etw. zur Post bringen/*(to ~-box)* etw. einwerfen in den Briefkasten werfen; **drop sth. in the ~**: etw. einwerfen *od.* in den Briefkasten werfen. **2.** *v. t.* **a)** *(dispatch)* abschicken; *(take to ~ office)* zur Post bringen; *(put in ~-box)* einwerfen; **~ sb. sth.** jmdm. etw. schicken; **~ sth. off** etw. abschicken; **b)** *(Bookk.)* übertragen; **~ up** auf den letzten Stand bringen ⟨*Bücher*⟩: verbuchen ⟨*Verkäufe, Abschlüsse*⟩; **c)** *(fig. coll.)* **keep sb. ~ed [about** *or* **on sth.]** *(über etw. (Akk.))* auf dem laufenden halten
³post 1. *n.* **a)** *(job)* Stelle, *die;* Posten; **in ~**: im Amt; **a teaching ~**: eine Stelle als Lehrer *od.* Lehrerstelle; **a ~ as director** ein Posten als Direktor *od.* Direktorenposten; **the ~ of driver** die Stelle des Fahrers; **a diplomatic ~**: ein diplomatischer Posten; **b)** *(Mil.: place of duty)* Posten, *der; (fig.)* Platz,

der; Posten, *der;* **the sentries are at/took up their ~s** die Wachen sind auf ihren/bezogen ihre Posten; **take up one's ~** *(fig.)* seinen Platz einnehmen; **all workers must be at their ~s by 8.30** alle Arbeiter müssen um 8.30 Uhr an ihren Arbeitsplätzen sein; **last/first ~** *(Brit. Mil.)* letzter/erster Zapfenstreich; **c)** *(Mil.: position of unit)* Garnison, *die;* Standort, *der;* **d)** *(Mil.: fort)* Fort, *das;* **e)** *(trading-~)* Niederlassung, *die.* **2.** *v. t.* **a)** *(place)* postieren; aufstellen; **b)** *(appoint)* einsetzen; **~ sb. overseas/to Abu Dhabi/to a ship** jmdn. in Übersee/in Abu Dhabi/auf einem Schiff einsetzen; **be ~ed to an embassy** an eine Botschaft versetzt werden; **~ an officer to a unit** einen Offizier einer Einheit *(Dat.)* zuweisen; **be ~ed away** versetzt *od. (Mil.)* abkommandiert werden; **where's he being ~ed to?** wo wird er eingesetzt?; *(to new place)* wohin wird er versetzt?
post- [pəʊst] *pref.* nach-/Nach-; post-/Post- *(mit Fremdwörtern)*
postage ['pəʊstɪdʒ] *n.* Porto, *das*
postage: **~ 'due** *n.* Nachgebühr, *die;* **~-due stamp** Portomarke, *die;* **~ meter** *n. (Amer.)* Frankiermaschine, *die;* [Post]freistempler, *der;* **~ stamp** *n.* Briefmarke, *die;* Postwertzeichen, *das.)*
postal ['pəʊstl] *adj.* **a)** *(of the post)* Post-; postalisch ⟨Aufgabe, Einrichtung⟩; **b)** *(by post)* per Post *nachgestellt;* **~ tuition** Fernunterricht, *der*
postal: **~ card** *(Amer.) see* **postcard**; **~ code** *see* **postcode**; **~ district** *n.* Zustellbezirk, *der;* **~ meter** *n. (Amer.) see* **postage meter**, *die;* **~ order** *n.* ≈ Postanweisung, *die;* **~ rate** *n.* Postgebühr, *die;* **P~ Union** *n.* Postverein, *der;* **~ vote** *n.* Briefwahl, *die*
post: **~-bag** *(Brit.) see* **mail-bag**; **~-box** *n. (Brit.)* Briefkasten, *der;* **~card** *n.* Postkarte, *die;* **~-chaise** *n. (Hist.)* Postchaise, *die*
post-'classic[al] *adj.* nachklassisch
postcode *n. (Brit.)* Postleitzahl, *die*
post-'date *v. t.* **a)** *(give later date to)* vordatieren; **b)** *(belong to later date than)* späteren *od.* jüngeren Datums sein *(+ Nom.);* von einem späteren Zeitpunkt/ aus einer späteren Zeit datieren als *(+ Nom.)*
post-'doctoral *adj.* **~ thesis/grant** Habilitationsschrift, *die/*-stipendium, *das;* **~ research** Forschungen im Anschluß an die Promotion
poster ['pəʊstə(r)] *n.* **a)** *(placard)* Plakat, *das; (notice)* Anschlag, *der;* **b)** *(printed picture)* Plakat, *das;* Poster, *das*
'poster colour *see* **poster paint**
poste restante [pəʊst re'stɑ̃t] *n.* Abteilung/Schalter für postlagernde Sendungen; **write to sb. [at the] ~ in Rome** jmdm. postlagernd nach Rom schreiben
posterior [pɒˈstɪərɪə(r)] **1.** *adj.* **a)** *(formal: later)* später; **~ to** nach; **b)** *(placed behind)* hinter... **2.** *n. (joc.)* Hinterteil, *das (ugs.)*
posterity [pɒˈsterɪtɪ] *n., no pl., no art.* (future generations) die Nachwelt; **go down to ~ [as sth.]** [als etw.] in die Geschichte eingehen
'poster paint *n.* Plakatfarbe, *die*
post: **~ exchange** *n. (Amer. Mil.)* PX, *das;* Kaufhaus für Angehörige der amerikanischen Truppen; **~-'free** *(Brit.)* **1.** *adj. (free of charge)* portofrei; **b)** *(with postage prepaid)* freigemacht; frankiert; **2.** *adv.* portofrei
post-grad [pəʊst'græd] *(coll.),* **post-'graduate** **1.** *adj.* Graduierten- ⟨College, Studiengang⟩ für Graduierte; postgraduell *(fachspr.);* **~ study** ≈ Aufbaustudium, *das;* ≈ weiterführendes Studium; **~ student** Graduierte, *der/die;* **~ degree** höherer akademischer Grad. **2.** *n.* Graduierte, *der/die*
post: **~-'haste** *adv.* schnellstens; **~-horn** *n. (Hist.)* Posthorn, *das;* **~-horse** *n. (Hist.)* Postpferd, *das;* **~ house** *n. (Hist.)* Poststation, *die*
posthumous ['pɒstjʊməs] *adj.* **a)** nachgelassen, *(geh.)* postum ⟨Buch usw.⟩; *(occurring after death)* nachträglich; post[h]um *(geh.);* **~ fame** Nachruhm, *der;* **c)** nach dem Tode des Vaters geboren, post[h]um *(geh.)*⟨Kind⟩
posthumously ['pɒstjʊməslɪ] *adv.* postum *(geh.),* nach dem Tode ⟨veröffentlicht werden⟩; postum *(geh.),* nachträglich ⟨rehabilitieren, verleihen⟩; nach dem Tode des Vaters ⟨geboren⟩
postil[l]ion [pə'stɪljən] *n. (Hist.)* Postillion, *der*
post-im'pressionism *n.* Nachimpressionismus, *der*
post-im'pressionist *n.* Nachimpressionist, *der/*Nachimpressionistin, *die*
post-impression'istic *adj.* nachimpressionistisch
post-in'dustrial *adj.* postindustriell
posting ['pəʊstɪŋ] *n. (appointment)* Versetzung, *die; (post)* Stelle, *die;* Posten, *der;* **he's got a new ~:** er ist versetzt worden
post: **~man** ['pəʊstmən], *pl.* **~men** ['pəʊstmən] *n.* Briefträger, *der;* Postbote, *der (ugs.);* **~man's 'knock** *(Brit.)* Gesellschaftsspiel, bei dem der 'Postbote' Briefe gegen einen Kuß aushändigt; **~mark** **1.** *n.* Poststempel, *der;* **'date as ~mark'** „Datum des Poststempels"; **2.** *v. t.* abstempeln; **the letter was ~marked 'Brighton'** der Brief war in Brighton abgestempelt; **~master** *n.* Postamtsvorsteher, *der;* Postmeister, *der (veraltet.);* **P~master 'General** *n., pl.* **P~masters General** *(Hist.)* Postminister, *der/*-ministerin, *die;* **~-mill** *n.* Bockmühle, *die;* **~mistress** *n.* Postamtsvorsteherin, *die;* Postmeisterin, *die (veralt.)*
post-'modernism *n.* Postmoderne, *die*
post-mortem [pəʊst'mɔːtəm] **1.** *adv.* nach dem Tode; post mortem *(fachspr.).* **2.** *adj.* **a)** *(after death)* nach dem Tode eintretend, *(fachspr., geh.)* postmortal ⟨Veränderung⟩; **~ examination** Leichenschau, *die; (with dissection)* Obduktion, *die;* **b)** *(fig.: after an event)* nachträglich. **3.** *n.* **a)** *(examination)* Obduktion, *die;* **b)** *(fig.)* nachträgliche Bewertung *od.* Analyse; Manöverkritik, *die (fig.);* **hold** *or* **have a ~ on sth.** etw. einer nachträglichen Bewertung *od.* Analyse unterziehen; **hold a ~ on the election** eine Wahlanalyse durchführen; das Wahlergebnis einer Analyse *(Dat.)* unterziehen
post-'natal *adj.* nach der Geburt *nachgestellt;* nachgeburtlich *(fachspr.);* postnatal *(fachspr.)*
post: **~ office** *n.* **a)** *(organization)* **the P~ Office** die Post; *attrib.* **P~ Office** Post-; **work for the P~ Office** bei der Post arbeiten; **b)** *(place)* Postamt, *das;* Post, *die;* **c)** *(Amer.) see* **~man's knock**; **~-office box** *n.* Postfach, *das;* **~-'paid** **1.** *['--] adj.* frankiert; freigemacht; **~-paid envelope** Freiumschlag, *der;* **2.** *[-'-] adv.* portofrei; franko *(fachspr. veralt.);* **£6.50 ~-paid** £6,50 Pfund einschließlich Porto; **reply ~-paid** mit vorfrankiertem Umschlag/mit vorfrankierter Postkarte antworten
postpone [pəʊst'pəʊn, pəˈspəʊn] *v. t.* verschieben; *(for an indefinite period)* aufschieben; **~ sth. until next week** etw. auf nächste Woche verschieben; **~ sth. for a year** etw. um ein Jahr verschieben; **~ further discussion of a matter** die weitere Diskussion einer Angelegenheit zurückstellen
postponement [pəʊst'pəʊnmənt, pəˈspəʊnmənt] *n.* Verschiebung, *die; (for an indefinite period)* Aufschub, *der;* **a 30-day ~:** eine Verschiebung um 30 Tage
postpositive [pəʊst'pɒzɪtɪv] *adj. (Ling.)* nachgestellt; postpositiv *(fachspr.)*
postprandial [pəʊst'prændɪəl] *adj. (formal/*

joc.) Verdauungs⟨schläfchen, -spaziergang, -schnaps⟩ *(ugs.);* ⟨Rede, Gespräch, Schwatz⟩ nach dem Essen, nach Tisch
'post-room *n.* Poststelle, *die*
postscript ['pəʊstskrɪpt, 'pəʊskrɪpt] *n.* Nachschrift, *die;* Postskript, *das; (fig.)* Nachtrag, *der;* **~ the ~ was that ...** *(fig.)* das Ende vom Lied war, daß ... *(ugs.);* **add a ~** *(fig.)* einen Nachtrag machen, etwas nachtragen (to zu)
post-'tax *adj.* nach Abzug der Steuern *(nachgestellt)*
'post-town *n.* Postort, *der*
postulate **1.** ['pɒstjʊleɪt] *v. t.* *(claim as true, existent, necessary)* postulieren; ausgehen von; *(depend on)* voraussetzen; *(put forward)* aufstellen ⟨Theorie⟩. **2.** ['pɒstjʊlət] *n. (fundamental condition)* Postulat, *das (geh.); (prerequisite)* Voraussetzung, *die;* Postulat, *das (geh.); (Math.)* Axiom, *das*
posture ['pɒstʃə(r)] **1.** *n. (relative position)* [Körper]haltung, *die; (fig.: mental, political, military)* Haltung, *die;* **have poor/good ~:** eine schlechte/gute Haltung haben; **put the country in a ~ of defence** das Land in Verteidigungsbereitschaft versetzen. **2.** *v. i.* posieren; *(strike a pose)* sich in Positur werfen *(ugs., leicht spött.)*
'post-war *adj.* Nachkriegs-; der Nachkriegszeit *nachgestellt;* **~ credits** Kriegsanleihen
'postwoman *n.* Briefträgerin, *die;* Postbotin, *die (ugs.)*
posy ['pəʊzɪ] *n.* Sträußchen, *das*
'pot [pɒt] **1.** *n.* **a)** *(cooking-vessel)* [Koch]topf, *der;* **it's [a case of] the ~ calling the kettle black** *(coll.)* ein Esel schimpft *od. (geh.)* schilt den andern Langohr; der soll/ die soll/die sollen sich an die eigene Nase fassen *(ugs.);* **go to ~** *(coll.)* den Bach runtergehen *(ugs.);* **let oneself go to ~** *(coll.)* sich hängen lassen (auf dem Bach runtergehen); *see also* ¹**boil 1 a**; ¹**pan 1 a**; **b)** *(container, contents)* Topf, *der; (teapot, coffee-pot)* Kanne, *die;* **a ~ of tea** eine Kanne Tee; *(in café etc.)* ein Kännchen Tee; *see also* **gold 1 b**; **c)** *(drinking-vessel)* Becher, *der; (with handle)* Krug, *der;* **d)** *(coll.: as prize)* Pott, *der (ugs.);* **e)** *(sl.: prize)* Preis, *der;* **f)** *(coll.: pot-belly)* Schmerbauch, *der (ugs.);* Wampe, *die (ugs. abwertend);* **g)** *(coll.: large sum)* **a ~ of/~s of** massenweise; jede Menge; **h)** *(amount bet)* [Gesamt]einsatz, *der;* **the ~:** contents of the ~: [ein]setzen. **2.** *v. t.,* **-tt-: a)** *(put in container[s])* in [einen] Topf/in Töpfe füllen; **b)** *(put in plant-~)* in [Blumen]töpfe eintopfen; **~ out** austopfen; **c)** *(kill)* abschießen; abknallen *(ugs. abwertend);* **d)** *(Brit. Billiards, Snooker)* einlochen. *See also* **potted**. **3.** *v. i.,* **-tt-** ballern *(ugs.)* **(at** auf *+ Akk.)*
²**pot** *n. (sl.: marijuana)* Pot, *das (Jargon)*
potable ['pəʊtəbl] *adj. (formal)* trinkbar
potash ['pɒtæʃ] *n.* Kaliumkarbonat, *das;* Pottasche, *die (veralt.);* **~ fertilizer** Kalidünger, *der*
potassium [pə'tæsɪəm] *n. (Chem.)* Kalium, *das*
potato [pə'teɪtəʊ] *n., pl.* **~es a)** Kartoffel, *die;* **a hot ~** *(fig. coll.)* ein heißes Eisen *(ugs.);* **drop sb./sth. like a hot ~** *(coll.)* jmdn./etw. fallen lassen wie eine heiße Kartoffel; *see also* **bake 1 a**; **boil 2 a**; **chip 2 b**; **crisp 2 a**; '**fry 2**; **mash 1 d, 2**; **b)** *(plant)* Kartoffel[pflanze], *die*
potato 'salad *n.* Kartoffelsalat, *der*
pot: **~-belly** *n.* **a)** *(bulging belly)* Schmerbauch, *der (ugs.);* Wampe, *die (ugs. abwertend); (from malnutrition)* Blähbauch, *der;* **b)** *(person)* Dickbauch, *der (scherzh.);* Dickwanst, *der (salopp abwertend);* **~-boiler** *n. (derog.) (novel etc.)* Fließbandprodukt, *das (abwertend); (film, theatre production)* Fließbandproduktion, *die (abwertend)*
potency ['pəʊtənsɪ] *n.* **a)** *(of drug)* Wirk-

samkeit, *die; (of alcoholic drink)* Stärke, *die; (Mil.)* Schlagkraft, *die; (of reason, argument)* Gewichtigkeit, *die; (influence)* Einfluß, *der;* Potenz, *die (geh.);* **the ~ to do sth.** die Fähigkeit, etw. zu tun; **b)** *(of male)* [**sexual**] **~:** [sexuelle] Potenz
potent ['pəʊtənt] *adj.* **a)** [hoch]wirksam ⟨*Droge, Medizin*⟩; stark ⟨*Schnaps, Kaffee, Tee usw.*⟩; schlagkräftig ⟨*Mannschaft, Truppe, Waffe*⟩; gewichtig, schwerwiegend ⟨*Grund, Argument*⟩; wichtig, entscheidend ⟨*Faktor*⟩; stark ⟨*Motiv*⟩; *(influential)* einflußreich; potent *(geh.);* **b)** *(sexually)* potent ⟨*Mann*⟩
potentate ['pəʊtənteɪt] *n.* Herrscher, *der/* Herrscherin, *die;* Potentat, *der/*Potentatin, *die (geh. abwertend)*
potential [pə'tenʃl] **1.** *adj.* potentiell *(geh.);* möglich; **~ energy** potentielle Energie. **2.** *n.* **a)** *(possibility)* Potential, *das (geh.);* Möglichkeiten; **~ for growth/development** Wachstums-/Entwicklungspotential, *das;* **acting ~:** schauspielerisches Talent; **leadership ~:** Führungsqualitäten; **realize/reach one's ~:** seine Möglichkeiten ausschöpfen; **develop one's ~:** seine Fähigkeiten [weiter]entwickeln; **b)** *(Phys.)* Potential, *das*
potentiality [pətenʃɪ'ælɪtɪ] *n.* **a)** *(capacity)* Möglichkeiten; **have great growth ~:** ein großes Wachstumspotential haben; **b)** *(possibility)* Möglichkeit, *die*
potentially [pə'tenʃəlɪ] *adv.* potentiell *(geh.);* **he's ~ dangerous** er kann gefährlich werden; **a ~ useful invention** eine Erfindung mit Anwendungsmöglichkeiten; **he's ~ capable of it** er wäre dazu fähig; **a ~ rich country** ein Land, das reich sein könnte
potentilla [pəʊtən'tɪlə] *n. (Bot.)* Fingerkraut, *das*
pot: **~-head** *n. (sl.)* Kiffer, *der/*Kifferin, *die (ugs.);* **~-herb** *n.* Küchenkraut, *das;* **~-hole** *n.* **a)** *(in road)* Schlagloch, *das;* **b)** *(deep cave)* [tiefe] Höhle; **2.** *v. i.* Höhlen erkunden; **~-holer** ['pɒthəʊlə(r)] *n.* [Hobby]höhlenforscher, *der/*-forscherin, *die;* **~-holing** ['pɒthəʊlɪŋ] *n.* Erkundung von Höhlen; **go ~-holing** Höhlen erkunden gehen; Höhlenfahrten/eine Höhlenfahrt machen *(fachspr.);* **~-hunter** *n.* **a)** *(hunter)* Jäger, der alles abschießt[, was ihm vor die Flinte kommt] *(abwertend);* **b)** *(athlete)* Pokalsammler, *der/*-sammlerin, *die*
potion ['pəʊʃn] *n.* Trank, *der*
pot: **~ 'luck** *n.* **take ~ luck [with sb.]** sich überraschen lassen; **there are so many to choose from; I'll just take ~ luck** die Auswahl ist so groß; ich greife einfach mal aufs Geratewohl hin. blind einen/eine/eins raus; **~ plant** *n.* Topfpflanze, *die*
pot-pourri [pəʊpʊə'riː, pəʊ'pʊərɪ] *n.* **a)** Duftmischung, *die;* **b)** *(fig.) (of music)* Potpourri, *das; (of literary writings)* Sammlung, *die;* Anthologie, *die (Literaturw.);* *(mixture)* Sammelsurium, *das;* buntes Allerlei
pot: **~-roast 1.** *n.* Schmorbraten, *der;* **2.** *v. t.* schmoren; **~-sherd** ['pɒtʃɜːd] *n. (Archaeol.)* [Ton]scherbe, *die;* **~-shot** *n.* **a)** *(random shot)* Schuß aufs Geratewohl; **take a ~-shot [at sb./sth.]** aufs Geratewohl [auf jmdn./etw.] schießen; **b)** *(fig.: critical remark)* Attacke, *die;* **take a ~-shot at sth.** etw. attackieren; **c)** *(fig.: random attempt)* Versuch auf gut Glück; Schuß ins Blaue [hinein]
pottage ['pɒtɪdʒ] *see* **mess 1 e**
potted ['pɒtɪd] *adj.* **a)** *(preserved)* eingemacht; **~ meat/fish** Fleisch-/Fischkonserven; **b)** *(planted)* Topf-; **c)** kurzgefaßt; *(derog.: easily assimilated)* für schlichtere Gemüter *nachgestellt;* **a ~ biography/history of England** eine Kurzbiographie/ein Abriß der Geschichte Englands
¹**potter** ['pɒtə(r)] *n.* Töpfer, *der/*Töpferin, *die*
²**potter** *v. i.* [he]rumwerkeln *(ugs.);* **~ round the shops** durch die Geschäfte bummeln; **~ along the road** ⟨*Autofahrer:*⟩ gemütlich die Straße entlangzuckeln; **~ [about] in the garden** sich *(Dat.)* im Garten zu schaffen machen
~ a'bout, **~ a'round** *v. i.* herumwerkeln *(ugs.)* (**with** an + *Dat.*); **~ about in a canoe** in einem Kanu herumpaddeln; **~ about in the garden** *see* ²**~**
potter's 'wheel *n.* Töpferscheibe, *die*
pottery ['pɒtərɪ] *n.* **a)** *no pl., no indef. art. (vessels)* Töpferware, *die;* Keramik, *die; attrib.* Ton-; Keramik-; **b)** *(workshop)* Töpferei, *die;* **c)** *no pl., no indef. art. (craft)* Töpferei, *die*
potting-shed ['pɒtɪŋʃed] *n. (Brit.)* Gewächshaus [zum Vorziehen von Pflanzen]
¹**potty** ['pɒtɪ] *adj. (Brit. sl.: crazy)* verrückt *(ugs.)* (**about,** on nach); **he's driving me ~:** er macht mich wahnsinnig *(ugs.);* **they've gone ~:** sie sind [völlig] übergeschnappt *(ugs.)*
²**potty** *n. (Brit. coll.)* Töpfchen, *das;* **be ~-trained** aufs Töpfchen gehen
pouch [paʊtʃ] *n.* **a)** *(small bag)* Tasche, *die;* Täschchen, *das; (worn on belt)* Gürteltasche, *die; (draw-string bag)* Beutel, *der;* **b)** *(under eye)* [Tränen]sack, *der;* *(ammunition-bag)* [Patronen]tasche, *die;* **d)** *(mail-bag)* Postsack, *der;* Postbeutel, *der; (diplomatic bag)* Kuriertasche, *die;* **e)** *(Zool.) (of marsupial)* Beutel, *der; (of pelican)* Kehlsack, *der*
pouffe [puːf] *n. (cushion)* Sitzpolster, *der;* Puff, *der*
poulterer ['pəʊltərə(r)] *n.* Geflügelhändler, *der/*-händlerin, *die; see also* **baker**
poultice ['pəʊltɪs] **1.** *n.* Breiumschlag, *der;* Breipackung, *die.* **2.** *v. t.* einen Breiumschlag auflegen auf (+ *Akk.*)
poultry ['pəʊltrɪ] *n.* **a)** *constr. as pl. (birds)* Geflügel, *das;* **b)** *no pl., no indef. art. (as food)* Geflügel, *das. See also* **farm 1 a; farmer**
pounce [paʊns] **1.** *v. i.* **a)** sich auf sein Opfer stürzen; **~ [up]on** sich stürzen auf (+ *Akk.*); ⟨*Raubvogel:*⟩ herabstoßen auf (+ *Akk.*); **be ~d upon by sb.** von jmdm. angefallen werden; **b)** *(fig.)* **~ [up]on/at** sich stürzen auf (+ *Akk.*); **then we'll ~!** dann schlagen wir zu!. **2.** *n.* Sprung, *der;* Satz, *der;* **make a ~ on sb.** sich auf jmdn. stürzen
¹**pound** [paʊnd] *n.* **a)** *(unit of weight)* [britisches] Pfund (453,6 Gramm); **two ~s of apples** 2 Pfund Äpfel; **it's 20 pence a ~:** es kostet 20 Pence das Pfund; **two-~:** Zwei-Pfund-⟨*Dose, Brot, Packung*⟩; zweipfündig, zwei Pfund schwer ⟨*Kugel, Kohlkopf*⟩; **exact** *or* **demand one's ~ of flesh** *(fig.)* sein Recht rücksichtslos verlangen; **b)** *(unit of currency)* Pfund, *das;* **five-~note** Fünfpfundnote, *die;* Fünfpfundschein, *der;* **it must have cost ~s** das muß eine schöne Stange Geld gekostet haben *(ugs.);* **[it's] a ~ to a penny** *(fig. coll.)* es ist so gut wie sicher; ich wette hundert zu eins
²**pound** *n. (enclosure)* Pferch, *der; (for stray dogs)* Zwinger [für eingefangene Hunde]; *(for cars)* Abstellplatz [für polizeilich abgeschleppte Fahrzeuge]
³**pound 1.** *v. t.* **a)** *(crush)* zerstoßen; zerdrücken ⟨*Tomaten*⟩; **b)** *(thump)* einschlagen auf (+ *Akk.*) ⟨*Person*⟩; herumhämmern auf (+ *Dat.*) *(ugs.)* ⟨*Klavier, Tisch, Schreibmaschine*⟩; klopfen ⟨*Fleisch*⟩ ⟨*Sturm:*⟩ heimsuchen ⟨*Gebiet, Insel*⟩; ⟨*Wellen:*⟩ klatschen auf (+ *Akk.*) ⟨*Strand, Ufer*⟩, gegen an. (+ *Akk.*) ⟨*Felsen, Schiff*⟩; ⟨*Geschütz:*⟩ unter Beschuß ⟨*Akk.*⟩ nehmen ⟨*Ziel:*⟩; ⟨*Bombenflugzeug:*⟩ bombardieren ⟨*Ziel*⟩; **~ sb./sth. with one's fists** jmdn./etw. mit den Fäusten bearbeiten od. traktieren; **the ship was ~ed by the waves** die Wellen klatschten gegen das Schiff; **~ the beat** *(coll.)* ⟨*Polizist:*⟩ zu Fuß seine Runde machen; **c)** *(knock)* **~ to pieces** ⟨*Wellen:*⟩ zertrümmern, zerschmettern ⟨*Schiff*⟩; ⟨*Geschütz, Bomben:*⟩ in Trümmer legen ⟨*Stadt, Mauern*⟩; **d)** *(compress)* **~ [down]** feststampfen ⟨*Erde, Boden*⟩; *(by treading)* festtreten. **2.** *v. i.* **a)** *(make one's way heavily)* stampfen; **b)** *(beat rapidly)* ⟨*Herz:*⟩ heftig schlagen od. klopfen od. *(geh.)* pochen; **c)** *(strike)* ⟨*See, Brandung:*⟩ donnern; **~ away** ⟨*Artillerie:*⟩ donnern; **~ at/on** herumhämmern auf (+ *Dat.*) *(ugs.)* ⟨*Klavier, Tisch, Schreibmaschine*⟩; *(work at)* ackern an (+ *Dat.*) *(ugs.)*
~ 'out *v. t.* *(on typewriter)* herunterhämmern *(ugs.)* ⟨*Klavier, (on piano)* hämmern *(ugs.)* ⟨*Lied, Stück*⟩; **~ out sth. on the typewriter** etw. in die [Schreib]maschine hämmern
poundage ['paʊndɪdʒ] *n.* **a)** *(per pound of weight)* Gebühr [pro Pfund]; **b)** *(per pound sterling)* Gebühr, *die; (fee)* Gebühr, *die; (commission)* Provision [pro Pfund]
-pounder ['paʊndə(r)] *n. in comb.* -pfünder, *der*
pounding ['paʊndɪŋ] *n.* **a)** *(striking) (of hammer etc.)* Schlagen, *das;* Klopfen, *das; (of artillery)* [schwerer] Beschuß; *(of waves)* Klatschen, *das;* **the ship took a ~ from the waves** das Schiff wurde von den Wellen kräftig durchgeschüttelt; **our team took a ~:** unsere Mannschaft mußte eine Schlappe einstecken *(ugs.);* **his play took a ~ from the critics** sein Stück wurde von den Kritikern verrissen; **b)** *(of hooves, footsteps)* Stampfen, *das; (of train)* Rumpeln, *das;* **c)** *(beating) (of heart)* Klopfen, *das;* Pochen, *das (geh.); (of music, drums)* Dröhnen, *das*
pound 'note *n. (Hist.)* Pfundnote, *die;* Pfundschein, *der*
'**pound[s] sign** *n.* Pfundzeichen, *das*
pour [pɔː(r)] **1.** *v. t.* **a)** gießen, schütten ⟨*Flüssigkeit*⟩; schütten ⟨*Sand, Kies, Getreide usw.*⟩; *(into drinking-vessel)* einschenken; eingießen; **~ a bucket of water over sb.'s head** jmdm. einen Eimer Wasser über den Kopf gießen *od.* schütten; **~ water over the flowers** die Blumen wässern *od.* *(mit Wasser)* gießen; **they ~ed beer all over him** sie übergossen ihn mit Bier; **~ scorn** *or* **ridicule on sb./sth.** jmdn. mit Spott übergießen *od.* überschütten/über etw. *(Akk.)* spotten; **~ oil on the flames** *(fig.)* Öl ins Feuer gießen; **~ oil on troubled waters** *or* **the water** *(fig.)* Öl auf die Wogen gießen; *see also* **water 1 a; b)** *(discharge)* ⟨*Fluß:*⟩ ergießen *(geh.)* ⟨*Wasser*⟩; *(fig.)* pumpen ⟨*Geld, Geschosse*⟩. **2.** *v. i.* **a)** *(flow)* strömen ⟨*Rauch:*⟩ hervorquellen *(from* aus); **sweat was ~ing off the runners** den Läufern lief der Schweiß in Strömen herunter; **~ [with rain]** in Strömen regnen; **[in Strömen] gießen** *(ugs.);* **it never rains but it ~s** *(fig.)* da kommt aber auch alles zusammen; **b)** *(fig.)* strömen; **~ in** herein-/hineinströmen; **~ out** heraus-/hinausströmen; **tourists/refugees ~ into the city** Touristen/Flüchtlinge strömen in Scharen in die Stadt; **~ out of** strömen aus; *(fig.)* ⟨*Menge, Personen:*⟩ strömen aus ⟨*Gebäude, Halle*⟩; ⟨*Musik:*⟩ schallen aus ⟨*Musikbox*⟩; ⟨*Propaganda:*⟩ tönen aus ⟨*Lautsprecher*⟩; **the crowd ~ed out of the doors** die Menge strömte durch die Türen hinaus; **cars ~ed along the road** eine [endloser] Strom von Autos flutete über die Straße; **letters/protests ~ed in** eine Flut von Briefen/Protesten brach herein
~ 'down *v. i.* **it's ~ing down** es gießt [in Strömen] *(ugs.);* **the rain ~ed down** es regnete in Strömen
~ 'forth 1. *v. t.* von sich geben; erklingen lassen ⟨*Lied*⟩; ausschütten ⟨*Kummer*⟩; er-

zählen ⟨Geschichte⟩. **2.** *v. i.* ⟨Gesang, Musik usw.:⟩ ertönen, erklingen; ⟨Menge, Personen:⟩ herausströmen
~ **'off** *v. t.* abgießen
~ **'out 1.** *v. t.* **a)** eingießen, einschenken ⟨Getränk⟩; ⟨Fabrik:⟩ ausstoßen ⟨Produkte⟩; ⟨Sender:⟩ in den Äther schicken ⟨Musik usw.⟩; **the chimney was ~ing out smoke** aus dem Schornstein quoll Rauch; **~ out one's thanks** sich überschwenglich bedanken; **~ out a torrent of words** eine Flut von Worten von sich geben *od.* hervorsprudeln lassen; **~ out one's woes** *or* **troubles/heart to sb.** jmdm. seinen Kummer/sein Herz ausschütten; **~ out one's feelings** seinen Gefühlen Luft machen *od.* Ausdruck geben; **~ out one's story to sb.** [jmdm.] seine Geschichte erzählen. **2.** *v. i. see* **~ 2 b**
pouring ['pɔːrɪŋ] *adj.* **a)** strömend ⟨Regen⟩; **a ~ wet day** ein völlig verregneter Tag; **b)** *(for dispensing)* Gieß-; *(for being poured)* flüssig
pout [paʊt] **1.** *v. i.* **a)** einen Schmollmund machen *od.* ziehen; **~ing lips** Schmollippen *Pl.*; **his mouth ~ed** er zog einen Schmollmund; **b)** *(sulk)* schmollen. **2.** *v. t.* **a)** *(protrude)* aufwerfen, schürzen ⟨Lippen⟩; **b)** *(say)* schmollend sagen; schmollen. **3.** *n.* Schmollmund, *der*; **have the** *or* **be in the ~s** schmollen; im Schmollwinkel sitzen *(ugs.)*
poverty ['pɒvətɪ] *n.* **a)** Armut, *die*; **plead ~:** behaupten, kein Geld zu haben; **fall into ~:** in Armut *(Akk.)* geraten; **be reduced to ~:** verarmt sein; **b)** *(Relig.)* Armut, *die*; **c)** *(fig.: deficiency)* Armut, *die* (**in** an + *Dat.*); **~ of ideas** Ideenarmut, *die*; gedankliche Armut; **~ of the soil/the region** Kargheit des Bodens/der Gegend; **spiritual ~:** seelische Verelendung; **d)** *(inferiority) (of language, vocabulary)* Armut, *die*; **~ of imagination/intellect** Phantasielosigkeit, *die*/geistige Unzulänglichkeit
poverty: **~ line** *n.* Armutsgrenze, *die*; **be on the ~ line** an der Armutsgrenze liegen; **~-stricken** *adj.* notleidend; verarmt *(fig.)* armselig, kümmerlich; **~ trap** *n.* soziale Situation, die dadurch gekennzeichnet ist, daß die Aufnahme einer Erwerbstätigkeit für die Betroffenen zu einer Verschlechterung seiner wirtschaftlichen Lage führen kann, weil er durch sie seinen Anspruch auf staatliche Sozialhilfe verlieren würde
POW *abbr.* **prisoner of war**
pow [paʊ] *int.* peng
powder ['paʊdə(r)] **1.** *n.* **a)** Pulver, *das*; **b)** *(cosmetic)* Puder, *der*; **put ~ on one's face** sich *(Dat.)* das Gesicht pudern; **c)** *(medicine)* Pulver, *das*; **take a ~** *(Amer. fig. sl.)* die Flatter machen *(salopp)*; **d)** *(gun~)* Pulver, *das*; **keep one's ~ dry** *(fig. coll.)* sein Pulver trocken halten; **he/it is not worth ~ and shot** *(fig.)* er ist keinen Schuß Pulver wert *(ugs.)*/es ist die Mühe nicht wert. **2.** *v. t.* **a)** pudern; **I'll just go and ~ my nose** *(euphem.)* ich muß [nur] mal verschwinden *(ugs. verhüll.)*; **b)** *(reduce to ~)* pulverisieren; zu Pulver verarbeiten ⟨Milch, Eier⟩; **~ed milk** Milchpulver, *das*; Trockenmilch, *die*; **~ed eggs** Trockenei, *das*; **~ed sugar** Puderzucker, *der*
powder: **~ 'blue** *n.* **a)** *(for laundry)* Waschblau, *das*; **b)** *(colour)* Himmelblau, *das*; *~* **compact** *see* ²**compact a**
powdering ['paʊdərɪŋ] *n.* **a)** *(act)* [Ein]pudern, *das*; **b) a ~ of snow** eine dünne Schicht Schnee
powder: **~-keg** *n.* *(lit. or fig.)* Pulverfaß, *das*; **~-magazine** *n.* Pulvermagazin, *das*; **~-puff** *n.* Puderquaste, *die*; **~-room** *n.* [Damen]toilette, *die*; **~ snow** *n.* Pulverschnee, *der*
powdery ['paʊdərɪ] *adj.* **a)** *(like powder)* pulv[e]rig; *(in powder form)* pulverförmig; *(finer)* pud[e]rig/puderförmig; **b)** *(crumbly)* bröcklig; bröselig

power [paʊə(r)] **1.** *n.* **a)** *(ability)* Kraft, *die*; **if they had the ~:** wenn sie könnten *od.* die Möglichkeit hätten; **do all in one's ~ to help sb.** alles in seiner Macht *od.* seinen Kräften Stehende tun, um jmdm. zu helfen; **be beyond** *or* **outside** *or* **not be within sb.'s ~:** nicht in jmds. Macht *(Dat.)* liegen; **b)** *(faculty)* Fähigkeit, *die*; Vermögen, *das (geh.)*; *(talent)* Begabung, *die*; Talent, *das*; *~* **of smell** Riechvermögen, *das*; Geruchssinn, *der*; **tax sb.'s ~s to the utmost** ⟨Arbeit, Aufgabe:⟩ jmdn. bis an die Grenzen seiner Leistungsfähigkeit beanspruchen; **psychic ~s** übersinnliche Kräfte; **~s of observation** Beobachtungsgabe, *die*; **~s of persuasion** Überredungskünste; **c)** *(vigour, intensity) (of sun's rays)* Kraft, *die*; *(of sermon, performance)* Eindringlichkeit, *die*; *(solidity, physical strength)* Kraft, *die*; *(of a blow)* Wucht, *die*; **more ~ to you** *or* **your elbow!** viel Erfolg!; **have no ~** ⟨Schuß, Schlag:⟩ schwach *od.* kraftlos sein; **d)** *(authority)* Macht, *die*; Herrschaft, *die* (**over** über + *Akk.*); **have sb. in one's ~** ⟨Diktator:⟩ etw. in seiner Gewalt haben; die Herrschaft über etw. *(Akk.)* haben; **she was in his ~:** sie war in seiner Gewalt; er hatte sie in seiner Gewalt; **~ corrupts** Macht korrumpiert; **e)** *(personal ascendancy)* **[exercise/get] ~:** Einfluß [ausüben/gewinnen] (**over** auf + *Akk.*); **f)** *(political or social ascendancy)* Macht, *die*; **student/worker ~:** Mitbestimmung der Studenten/Arbeiter; **hold ~:** an der Macht sein; **fall from ~:** die Macht verlieren; ⟨Präsident:⟩ gestürzt werden; **come into ~:** an die Macht kommen; **the party in ~:** die herrschende Partei, die Partei an der Macht; **~ politics** Machtpolitik, *die*; **balance of ~:** Kräftegleichgewicht, *das*; **hold the balance of ~:** das Zünglein an der Waage sein; **g)** *(authorization)* Vollmacht, *die*; Befugnis, *die*; **~ to negotiate** Verhandlungsvollmacht, *die*; **exceed one's ~s** seine Kompetenzen *od.* Befugnisse überschreiten; *see also* **attorney a**; **h)** *(influential person)* Autorität, *die*; *(influential thing)* Machtfaktor, *der*; **be a real ~ in these circles** in diesen Kreisen großen Einfluß haben; **a ~ in the land** eine einflußreiche Macht; **be the ~ behind the throne** *(Polit.)* die graue Eminenz sein; **the ~s that be** die maßgeblichen Stellen; die da oben *(ugs.)*; **i)** *(State)* Macht, *die*; **four-~ conference** Viermächtekonferenz, *die*; **a sea/world ~:** eine See-/Weltmacht; *see also* **Great Power**; **j)** *(coll.: large amount)* Menge, *die (ugs.)*; **do sb. a ~ of good** jmdm. außerordentlich guttun; **k)** *(Math.)* Potenz, *die*; **3 to the ~ of 4** 3 hoch 4; **l)** *(mechanical, electrical)* Kraft, *die*; *(electric current)* Strom, *der*; *(of loudspeaker, transmitter)* Leistung, *die*; **under one's/its own ~:** mit eigener Kraft; **steam-~:** Dampfkraft, *die*; **turn off the ~:** den Strom ausschalten *od.* abstellen; **m)** *(capacity for force)* Leistung, *die*; *see also* **horsepower**; **n)** *(Optics)* **[magnifying] ~:** Vergrößerungskraft, *die* [Brenn]stärke, *die*; **o)** *(deity)* Macht, *die*; **the ~s of darkness** die Mächte der Finsternis; **p)** *(of drug)* Wirkung, *die*. **2.** *v. t.* ⟨Treibstoff, Dampf, Strom, Gas:⟩ antreiben; ⟨Person:⟩ betreiben ⟨Maschine⟩; ⟨Batterie:⟩ mit Energie versehen *od.* versorgen; **he ~ed the ball past the goalkeeper** *(fig.)* er hämmerte den Ball ins Netz. **3.** *v. i. (coll.)* rasen
power: **~ base** *n.* **the unions are the party's ~ base** die Gewerkschaften sind die Stützen der Partei; **have one's ~ base in the Middle West** seine treueste Anhängerschaft im Mittelwesten haben; **~-boat** *n.* Motorboot, *das*; **~ brakes** *n. pl.* Servobremsen, *die*; **~ cable** *n.* Hochspannungsleitung, *die*; **~ cut** *n.* Stromsperre, *die*; Stromabschaltung, *die*; *(failure)* Stromausfall, *der*; **~-dive 1.** *n.* Sturzflug mit Vollgas, *der*; **2.**

v. i. einen Sturzflug machen, ohne den Motor zu drosseln; **~ drill** *n.* elektrische Bohrmaschine; **~-driven** *adj.* motorbetrieben; **~ failure** *n.* Stromausfall, *der*
powerful ['paʊəfl] *adj.* **a)** *(strong)* stark; kräftig ⟨Tritt, Schlag, Tier, Geruch, Körperbau, Statur⟩; heftig ⟨Gefühl, Empfindung⟩; hell, strahlend ⟨Licht⟩; scharf ⟨Verstand, Geist⟩; überzeugend ⟨Redner, Schauspieler⟩; eindringlich ⟨Buch, Rede⟩; beeindruckend ⟨Film, Darstellung⟩; **b)** *(influential)* mächtig ⟨Clique, Person, Stadt, Herrscher⟩; wesentlich ⟨Faktor⟩
powerfully ['paʊəfəlɪ] *adv.* kräftig ⟨gebaut⟩; eindringlich ⟨predigen⟩; **he was ~ attracted to her** sie übte eine starke Anziehungskraft auf ihn aus
power: **~-house** *n.* **a)** *see* **power-station**; **b)** *(fig.)* treibende Kraft; **be an intellectual ~-house** intellektuell stets produktiv sein; **be a ~-house of ideas and energy** ⟨Person:⟩ ein einfallsreiches Energiebündel sein
powerless ['paʊəlɪs] *adj.* **a)** *(wholly unable)* machtlos; **be ~ to do sth.** nicht die Macht haben, etw. zu tun; **be ~ to help** nicht helfen können; **b)** *(without power)* machtlos; **in the hands of the enemy** hilflos in den Händen des Feindes; **leave sb. ~ against sth.** ⟨Gesetz:⟩ jmdn. machtlos gegen etw. machen; **leave sb. ~ to do sth.** ⟨Gesetz:⟩ jmdn. daran hindern *od.* es jmdm. unmöglich machen, etw. zu tun
powerlessly ['paʊəlɪslɪ] *adv.* machtlos *(zusehen, den Kopf schütteln)*
power: **~ pack** *n.* Netzteil, *das*; Netzgerät, *das*; *(for camera flash)* Generatorteil, *das od. der*; **~ point** *n. (Brit.)* Steckdose, *die*; **~ saw** *n.* Motorsäge, *die*; **~-station** *n.* Kraftwerk, *das*; Elektrizitätswerk, *das*; **~ steering** *n.* Servolenkung, *die*; **~ stroke** *n.* Arbeitstakt, *der*; Arbeitshub, *der*; **~ supply** *n.* Energieversorgung, *die* (**to** Gen.)
powwow ['paʊwaʊ] **1.** *n.* Pow-Wow, *das (Völkerk.)*; *(fig.)* Besprechung, *die*. **2.** *v. i. (fig.)* sich beraten
pox [pɒks] *n.* **a)** *(disease with pocks)* Pocken *Pl.*; Blattern *Pl. (veralt.)*; **a ~ on him!** *(arch.)* daß ihn die Pest hole! *(veralt.)*; **b)** *(coll.: syphilis)* Syphilis, *die*; Syph, *die od. der (salopp)*
p.p. [piːˈpiː] *abbr.* **by proxy** pp[a].
pp *abbr.* **pianissimo** pp
pp. *abbr.* **pages**
p.p.m. *abbr.* **parts per million** *(by volume)* mm³/l; *(by weight)* mg/kg
PPS *abbr.* **second postscript** PPS
PR *abbr.* **a)** **proportional representation**; **b)** **public relations** PR; Public Relations; **~ man** Werbemacher, *der*; PR-Mann, *der*
pr. *abbr.* **pair** P.
practicable ['præktɪkəbl] *adj.* **a)** *(feasible)* durchführbar ⟨Projekt, Idee, Plan⟩; praktikabel ⟨Lösung, Vorschlag, Plan, Methode⟩; **b)** *(usable)* befahrbar, passierbar ⟨Straße, Gelände⟩
practical ['præktɪkl] **1.** *adj.* **a)** praktisch; **for all ~ purposes** praktisch; **be true for all ~ purposes** in der Praxis Gültigkeit haben; **b)** *(inclined to action)* praktisch veranlagt ⟨Person⟩; praktisch ⟨Denkweise, Veranlagung, Einstellung⟩; **a ~ man** Praktiker, *der*; **have a ~ approach/mind** praktisch an die Dinge herangehen; **c)** *(virtual)* tatsächlich ⟨Freiheit, Organisator⟩; möglich ⟨Alternative⟩; praktikabel ⟨Alternative, Möglichkeit⟩; *see also* **politics c**. **2.** *n.* praktische Prüfung
practicality [præktɪˈkælɪtɪ] *n.* **a)** *no pl. (of plan)* Durchführbarkeit, *die*; *(of person)* praktische Veranlagung; **b)** *in pl. (practical details)* **the practicalities of the situation are that ...:** die Situation sieht praktisch so aus, daß ...; **deal in practicalities** sich mit praktischen Dingen befassen

549

practical: ~ 'joke *n.* Streich, *der;* play ~ jokes on sb. jmdm. Streiche spielen; ~ 'joker *n.* Witzbold, *der;* be a ~ joker anderen gern Streiche spielen
practically ['præktɪkəlɪ] *adv.* **a)** *(almost)* praktisch *(ugs.);* so gut wie; beinahe; **b)** *(in a practical manner)* praktisch; ~ orientated course praxisbezogener Kurs; ~ speaking, I see no way out ich sehe praktisch keinen Ausweg
'practical nurse *n. (Amer.)* praktisch ausgebildete, nicht examinierte Krankenschwester; Hilfsschwester, *die*
¹'practice ['præktɪs] *n.* **a)** *(repeated exercise)* Praxis, *die;* Übung, *die;* years of ~: Jahre der Praxis; jahrelange Übung; put in *or* do some/a lot of ~: üben/viel üben; after all the ~ he has had, he should ...: nach so viel Übung sollte er ...; it's all good ~ *(means of improving)* es ist alles Übung; ~ makes perfect *(prov.)* Übung macht den Meister; be out of ~, not be in ~: außer Übung sein; be in ~: in der Übung sein; **b)** *(spell)* Übungen *Pl.;* piano ~: Klavierüben, *das;* do one's piano ~: Klavier üben; **c)** *(work or business of doctor, lawyer, etc.)* Praxis, *die; see also* general practice; **d)** *(habitual action)* übliche Praxis; Gewohnheit, *die;* ~ shows that ...: die Erfahrung zeigt *od.* lehrt, daß ...; make a ~ of doing sth. es sich *(Dat.)* zur [An]gewohnheit machen, etw. zu tun; good ~ *(satisfactory procedure)* gutes Vorgehen; gute Vorgehensweise; **e)** *(action)* Praxis, *die;* the ~ tends to be different in der Praxis sieht es gewöhnlich so *od.* die Praxis sieht es gewöhnlich anders aus; actual ~: Praxis, *die;* in ~: in der Praxis; in Wirklichkeit; be quite useless in ~: in der Praxis nutzlos sein; praktisch nutzlos sein; put sth. into ~: etw. in die Praxis umsetzen; **f)** *(custom)* Gewohnheit, *die;* don't make a ~ of it laß es nicht zur Gewohnheit werden; regular ~: Brauch, *der;* play a ~ on sb. jmdm. einen Streich *od.* to do sth. es ist Brauch *od.* üblich, etw. zu tun; **g)** *(legal procedures)* [legal] ~: Gerichtspraxis, *die. See also* sharp 1 f
²**practice, practiced, practicing** *(Amer.) see* practise
practise ['præktɪs] **1.** *v. t.* **a)** *(apply)* anwenden; praktizieren; **b)** *(be engaged in)* ausüben ⟨Beruf, Tätigkeit, Religion⟩; ~ gymnastics Gymnastik treiben; ~ medicine [als Arzt] praktizieren; **c)** *(exercise oneself in)* trainieren in (+ *Dat.*) ⟨Sportart⟩; ~ the bicycle kick den Fallrückzieher trainieren; ~ the piano/flute Klavier/Flöte üben; ~ one's running Lauftraining machen. **2.** *v. i.* üben
practised ['præktɪst] *adj.* geübt ⟨Person, Auge, Blick⟩; erfahren, versiert, routiniert ⟨Person⟩; with [a] ~ eye mit geübtem Blick; with ~ skill routiniert
practising ['præktɪsɪŋ] *adj.* praktizierend ⟨Arzt, Katholik, Anglikaner usw.⟩; ~ homosexual aktiv Homosexueller; ~ barrister niedergelassener Anwalt
practitioner [præk'tɪʃənə(r)] *n.* Fachmann, *der;* Praktiker, *der/*Praktikerin, *die;* ~ of the law, legal ~: Anwalt, *der/*Anwältin, *die; see also* general practitioner; medical practitioner
praesidium [praɪ'sɪdɪəm] *see* presidium
pragmatic [præg'mætɪk] *adj.* pragmatisch
pragmatically [præg'mætɪkəlɪ] *adv.* pragmatisch; *as sentence-modifier* pragmatisch betrachtet
pragmatism ['prægmətɪzm] *n.* Pragmatismus, *der*
pragmatist ['prægmətɪst] *n.* Pragmatiker, *der/*Pragmatikerin, *die*
Prague [prɑːg] *pr. n.* Prag *(das)*
prairie ['preərɪ] *n.* Grasland, *das;* Grassteppe, *die; (in North America)* Prärie, *die;* animal of the ~s Steppentier, *das;* out on the ~: in der Grassteppe

prairie: ~ 'chicken *n.* Präriehuhn, *das;* ~ dog *n.* Präriehund, *der;* ~ fire *n. (fig.)* Lauffeuer, *das;* ~ 'hen *see* ~ chicken; ~ 'oyster *n.* Prärieauster, *die;* ~ 'schooner *n. (Amer. Hist.)* Planwagen, *der;* ~ 'wolf *n.* Kojote, *der;* Präriewolf, *der*
praise [preɪz] **1.** *v. t.* **a)** *(commend)* loben; *(more strongly)* rühmen; ~ sb. for sth. jmdm. für *od.* wegen etw. loben; *(more strongly)* jmdm. wegen etw. rühmen; ~ sb. for doing sth. jmdm. dafür loben, daß er etw. tut/getan hat; **b)** *(glorify)* preisen ⟨geh.⟩, ⟨dichter.⟩. lobpreisen ⟨Gott⟩. **2.** *n.* **a)** *(approval)* Lob, *das;* win high ~: großes *od.* hohes Lob ernten; be loud in one's ~s of sth. des Lobes voll sein über etw. ⟨geh.⟩; a speech in ~ of sb. eine Lobrede auf jmdn.; sing one's own/sb.'s ~s ein Loblied auf sich/jmdn. singen; **b)** *(worship)* Lobpreisung, *die* ⟨dichter.⟩; offer ~ to God for sth. Gott für etw. preisen ⟨geh.⟩ *od.* ⟨dichter.⟩ lobpreisen; ~ be! Gott dem Herrn sei Lob und Preis! *See also* damn 1 a
praiseworthy ['preɪzwɜːðɪ] *adj.* lobenswert; löblich *(oft iron.)*
praline ['prɑːliːn] *n.* gebrannte Nuß; gebrannte Mandel
pram [præm] *n. (Brit.)* Kinderwagen, *der; (for dolls)* Puppenwagen, *der*
prance [prɑːns] *v. i.* **a)** *(Pferd:)* tänzeln; **b)** *(fig.)* stolzieren; ⟨Tänzer:⟩ tänzeln; ~ about *or* around ⟨Kind, Tänzer:⟩ herumhüpfen
prang [præŋ] *(Brit. sl.)* **1.** *v. t.* **a)** *(bomb)* bombardieren; bepflastern ⟨Soldatenspr.⟩; **b)** *(crash)* zu Bruch fahren ⟨Fahrzeug⟩; bruchlanden mit ⟨Flugzeug⟩; kaputtfahren *(ugs.)* ⟨Auto⟩; **c)** *(damage)* ramponieren *(ugs.).* **2.** *n. (of aircraft)* Absturz, *der; (of vehicle)* Unfall, *der;* have a ~: Bruch machen *(Fliegerspr.);* einen Unfall bauen *(ugs.)*
prank [præŋk] *n.* Streich, *der;* Schabernack, *der;* play a ~ on sb. jmdm. einen Streich *od.* Schabernack spielen
prankster ['præŋkstə(r)] *n.* Witzbold, *der (ugs. abwertend)*
prat [præt] *n. (sl.)* Trottel, *der (ugs. abwertend)*
prate [preɪt] *v. i. (chatter)* daherreden *(abwertend);* sabbeln *(salopp abwertend);* ~ about sth. sich lang und breit über etw. *(Akk.)* auslassen; **b)** *(talk foolishly)* dumm daherreden; schwafeln *(ugs. abwertend)*
prating ['preɪtɪŋ] *adj.* geschwätzig *(abwertend);* schwatzhaft *(ugs. abwertend)*
prattle ['prætl] **1.** *v. i.* **a)** ⟨Kleinkind:⟩ plappern *(ugs.);* schwafeln *(ugs. abwertend);* ~ on about sth. ohne Pause über etw. *(Akk.)* plappern; ~ away to sb. zu jmdm. drauflosplappern. **2.** *n.* Geplapper, *das (ugs. abwertend);* Geschwafel, *das (ugs. abwertend)*
prawn [prɔːn] *n.* Garnele, *die*
prawn 'cocktail *n.* Krabbencocktail, *der*
pray [preɪ] **1.** *v. i.* beten (for um); let us ~: lasset uns beten; ~ [to God] for sb. für jmdn. beten; ~ to God for help Gott um Hilfe anflehen; ~ to God to do sth. zu Gott beten, daß er etw. tue; he is past ~ing for ihm ist nicht mehr zu helfen. **2.** *v. t.* **a)** *(beseech)* anflehen, flehen zu ⟨Gott, Heiligen, Jungfrau Maria⟩ (for um); ~ God for sth. Gott um etw. anflehen; ~ to God for sth. zu Gott um etw. flehen; ~ God she is safe bitte, lieber Gott, laß sie in Sicherheit sein; **c)** *(ellipt.: I ask)* bitte; ~ consider what ...: überlegen Sie doch bitte, was ...; what is the use of that, ~? wozu, bitte [schön], soll das gut sein? *See also* mantis
prayer [preə(r)] *n.* **a)** Gebet, *das;* make/offer up a ~ for sb. für jmdn. beten; ein Gebet für jmdn. sprechen; offer ~ to God beten für; offer up a quick ~: schnell ein Gebet sprechen; say one's ~s beten; say your ~s! *(iron.)* jetzt hast du Grund zum Beten *(iron.);* lead the ~s Gebete vorsprechen;

see also lord 1 b; **b)** *no pl., no art. (praying)* Beten, *das;* gather in ~: sich zum Gebet versammeln; what's the use of ~? was nützt es zu beten?; **c)** *(service)* Andacht, *die;* family ~s Familienandacht, *die;* **d)** *(entreaty)* inständige *od.* eindringliche Bitte; **e)** *(Amer. coll.: slight chance of success)* Hauch einer Chance; without a ~ of doing sth. ohne die geringste Chance. Aussicht, etw. erfolgreich zu tun
prayer: ~-book *n.* Gebetbuch, *das;* **b)** the ~ book = the Book of Common Prayer *see* Common Prayer; ~-mat *n.* Gebetsteppich, *der;* ~ meeting *n.* Gebetsversammlung, *die;* ~-wheel *n.* Gebetsmühle, *die*
preach [priːtʃ] **1.** *v. i.* **a)** *(deliver sermon)* predigen (to zu, vor + *Dat.;* on über + *Akk.*); **b)** *(fig.: give moral advice)* eine Predigt halten *(ugs.); (abwertend)* Moralpredigten halten ⟨at, to *Dat.*⟩. **2.** *v. t.* **a)** *(deliver)* halten ⟨Predigt, Ansprache⟩; **b)** *(proclaim)* predigen ⟨Evangelium, Botschaft⟩; verkündigen ⟨Glauben, Lehre, Evangelium, Botschaft⟩; **c)** *(advocate)* predigen *(ugs.)*
preacher ['priːtʃə(r)] *n.* **a)** Prediger, *der/*Predigerin, *die;* **b)** *(fig.)* be a ~ of privatization die Privatisierung predigen *(ugs.)*
preachify ['priːtʃɪfaɪ] *v. i.* predigen
preachy ['priːtʃɪ] *adj. (coll.)* predigerhaft
preamble [priː'æmbl] *n.* **a)** *(preliminary statement)* Vorbemerkung, *die;* Einleitung, *die; (to a book)* Geleitwort, *das;* **b)** *(Law)* Präambel, *die*
pre-arrange [priːə'reɪndʒ] *v. t.* vorher absprechen; vorher ausmachen *od.* verabreden ⟨Treffpunkt, Zeichen⟩
pre-arrangement [priːə'reɪndʒmənt] *n.* vorherige Absprache; by ~: nach vorheriger Absprache
prebend ['prebənd] *n.* Pfründe, *die*
prebendary ['prebəndərɪ] *n.* **a)** *(honorary canon)* ehrenamtlicher Pfründner/ehrenamtliche Pfründnerin; **b)** *(holder of prebend)* Pfründner, *der/*Pfründnerin, *die*
precarious [prɪ'keərɪəs] *adj.* **a)** *(uncertain)* labil, prekär ⟨Gleichgewicht, Situation⟩; gefährdet ⟨Friede, Ernte⟩; make a ~ living eine unsichere Existenz haben; **b)** *(insecure)* gefährlich ⟨Weg, Pfad⟩; riskant, gefährlich ⟨Politik, Leben, Balanceakt⟩; instabil ⟨geh.⟩ ⟨Bauwerk⟩; kritisch, bedenklich ⟨Gesundheitszustand⟩; labil ⟨Koalition⟩
precariously [prɪ'keərɪəslɪ] *adv.* live ~: eine unsichere Existenz haben; be perched ~ on the edge of a steep slope ⟨Haus:⟩ gefährlich nahe am Rand eines Steilhangs stehen
pre-cast ['priːkɑːst] **1.** *v. t.,* pre-cast vorfabrizieren, vorfertigen ⟨Beton⟩. **2.** *adj.* vorgefertigt; vorfabriziert
precaution [prɪ'kɔːʃn] *n.* **a)** *(action)* Vorsichts-, Schutzmaßnahme, *die;* take ~s against sth. Vorsichts- *od.* Schutzmaßnahmen gegen etw. treffen; do sth. as a ~: vorsichts- *od.* sicherheitshalber etw. tun; do you take ~s? *(euphem.)* nimmst du Verhütungsmittel?; **b)** *no pl. (foresight)* Vorsicht, *die*
precautionary [prɪ'kɔːʃənərɪ] *adj.* vorsorglich; vorbeugend; prophylaktisch *(geh., Med.);* präventiv *(geh.);* ~ measure Vorsichts- *od.* Schutzmaßnahme, *die;* as a ~ measure vorsichts- *od.* sicherheitshalber
precede [prɪ'siːd] *v. t.* **a)** *(in rank)* rangieren vor (+ *Dat.); (in importance)* wichtiger sein als; Vorrang haben vor (+ *Dat.*); be ~ d by sth. hinter etw. *(Dat.)* rangieren; **b)** *(in order or time)* vorangehen (+ *Dat.*); *(in vehicle)* voranfahren (+ *Dat.*); *(on foot)* vorausgehen (+ *Dat.*); the words that ~ [this paragraph] die [diesem Absatz] vorangehenden Worte; **c)** *(preface, introduce)* ~ X with Y X *(Dat.)* Y vorausschicken *od.* voranstellen; ~ an address with a welcome einer Ansprache einen Willkommensgruß vorausschicken *od.* voranstellen

precedence ['presɪdəns], **precedency** ['presɪdənsɪ] *n., no pl.* **a)** *(in rank)* Priorität, *die (geh.)* **(**over vor + *Dat.***)**; Vorrang, *der* **(**over vor + *Dat.***)**; **b)** *(in time)* Priorität, *die (geh.)* **(**over vor + *Dat.,* gegenüber**)**; zeitliches Vorhergehen; **have [the] ~ over all the others** Priorität vor *od.* gegenüber allen anderen haben; **c)** *(in ceremonies)* Rangordnung, *die*
precedent 1. ['presɪdənt] *n.* **a)** *(example)* Präzedenzfall, *der;* [vorangegangenes] exemplarisches Beispiel; **there is no ~ for this** so ein Fall ist noch nicht vorgekommen; **it is without ~ [that ...]** es ist noch nie dagewesen[, daß ...]; **set or create or establish a ~:** einen Präzedenzfall schaffen; **b)** *(Law)* Präzedenzfall, *der;* Präjudiz, *das (fachspr.).* **2.** [prɪˈsiːdənt] *adj.* **a)** *(in order)* vorangestellt; vorangehend; **b)** *(in time)* voran-, vorausgehend; vorhergehend
precept ['priːsept] *n.* **a)** *(command)* Grundsatz, *der;* Prinzip, *das;* **b)** *(moral instruction)* moralischer Grundsatz; Moralprinzip, -gesetz, *das*
precession [prɪˈseʃn] *n. (Phys.)* Präzession, *die;* **~ of the equinoxes** *(Astron.)* Präzession, *die*
pre-Christian [priːˈkrɪstjən] *adj.* vorchristlich
precinct ['priːsɪŋkt] *n.* **a)** *(traffic-free area)* [**pedestrian**] **~:** Fußgängerzone, *die;* [**shopping**] **~:** für den Verkehr weitgehend gesperrtes Einkaufsviertel; **b)** *(enclosed area)* Areal, *das;* Bereich, *der;* Bezirk, *der;* **temple/cathedral ~:** Tempel-/Dombereich, *der;* **in the hospital ~:** auf dem Krankenhausgelände; **c)** *(boundary)* Grenze, *die;* **within the ~s of the school** auf dem Schulgelände; **d)** *(Amer.: police or electoral district)* Bezirk, *der*
preciosity [preʃɪˈɒsɪtɪ] *n., no pl.* Affektiertheit, *die*
precious ['preʃəs] **1.** *adj.* **a)** *(costly)* wertvoll, kostbar 〈*Schmuckstück*〉; Edel〈*metall, -stein*〉; **b)** *(highly valued)* wertvoll, kostbar 〈*Zeit, Eigenschaft, Trostwort, Privileg*〉; **be ~ to sb.** jmdm. lieb und wert sein; **c)** *(beloved)* teuer *(geh.),* lieb 〈*Freund*〉; **my ~ one!** mein Schatz!; **d)** *(affected)* affektiert; **e)** *(coll.: considerable)* beträchtlich; erheblich; **do a ~ sight more work/cost a ~ sight more than ...:** beträchtlich *od.* erheblich mehr tun/kosten als ... **2.** *adv. (coll.)* herzlich 〈*wenig*〉; **~ few of them** herzlich wenige von ihnen
precipice ['presɪpɪs] *n.* Abgrund, *der;* **we are on the edge of a ~** *(fig.)* wir stehen am Rande einer Katastrophe
precipitant [prɪˈsɪpɪtənt] *see* **precipitate 1**
precipitate 1. [prɪˈsɪpɪtət] *adj.* **a)** *(hurried)* eilig 〈*Flucht, Entbindung*〉; hastig 〈*Abreise*〉; **make a ~ exit** hastig *od.* eilig hinausgehen; **b)** *(rash)* übereilt, überstürzt 〈*Tat, Entschluß, Maßnahme*〉; groß, fliegend 〈*Eile*〉; **be ~ in doing sth.** etw. übereilt tun. **do nothing ~:** nichts übereilt tun. **2.** [prɪˈsɪpɪteɪt] *v. t.* **a)** *(throw down)* hinunterschleudern; **~ ~d into a chasm** in eine Spalte stürzen; **~ a nation into war** 〈*Nachricht, Aggression:*〉 ein Volk in einen Krieg stürzen; **b)** *(hasten)* beschleunigen; 〈*trigger*〉 auslösen; **c)** *(Chem.)* 〈*Säure:*〉 ausfällen; **d)** *(Phys.)* kondensieren. **3.** [prɪˈsɪpɪtət] *n.* **a)** *(Chem.)* Niederschlag, *der;* **b)** *(Phys.)* Niederschlag *od.* Kondensat, *das*
precipitately [prɪˈsɪpɪtətlɪ] *adv.* übereilt, überstürzt 〈*fliehen, flüchten*〉; unüberlegt, voreilig 〈*handeln, sich in etw. stürzen*〉; hastig 〈*hetzen, eilen, stürzen*〉
precipitation [prɪsɪpɪˈteɪʃn] *n.* **a)** *(Meteorol.)* Niederschlag, *der;* **b)** Voreiligkeit, *die;* Unüberlegtheit, *die*
precipitous [prɪˈsɪpɪtəs] *adj. (very steep)* sehr steil 〈*Schlucht, Abhang, Treppe, Weg*〉; schroff 〈*Abhang, Felswand*〉; abschüssig 〈*Straße*〉; steilwandig 〈*Cañon*〉; **~ slope/**

drop Steilhang, *der*/[steiler] Absturz; **b)** *see* **precipitate 1**
precipitously [prɪˈsɪpɪtəslɪ] *adv.* **a)** sehr steil 〈[*an*]*steigen, sich erheben, abfallen*〉; schroff 〈*ansteigen, abfallen*〉; jäh *(geh.)* 〈*abfallen*〉; **b)** *see* **precipitately**
précis ['preɪsiː] **1.** *n., pl.* **same** [preɪsiːz] Inhaltsangabe, *die;* Zusammenfassung, *die;* Précis, *der (fachspr.);* **~ of German history** Abriß der deutschen Geschichte; **do** *or* **make a ~ of sth.** eine Inhaltsangabe einer Sache *(Gen.)* anfertigen. **2.** *v. t.* zusammenfassen
precise [prɪˈsaɪs] *adj.* genau; präzise; fein 〈*Instrument*〉; groß 〈*Genauigkeit*〉; förmlich 〈*Art*〉; **be very ~ about sth.** es mit etw. sehr genau nehmen; **put sth. in more ~ terms** etw. präzisieren *od.* präziser ausdrücken; **be [more] ~:** sich präzise[r] ausdrücken; **what are your ~ intentions?** was genau hast du vor?; **..., to be ~:** ..., um genau zu sein; ..., genauer gesagt; **be the ~ opposite of sth.** genau das Gegenteil von etw. sein; **this is the ~ design/colour/shade that ...:** das ist genau das Muster/die Farbe/der Ton, das/die/der ...; **the ~ moment at which ...:** genau der Augenblick, in dem ...; **at that ~ moment** genau in dem Augenblick
precisely [prɪˈsaɪslɪ] *adv.* genau; präzise 〈*antworten*〉; **speak ~:** sich präzise ausdrücken; **the date is not ~ known** das genaue Datum ist nicht bekannt; **that is ~ what/why ...:** genau das/deswegen ...; **what ~ do you want/mean?** was willst/meinst du eigentlich genau?; **it is ~ the opposite** genau das Gegenteil tun; **it is ~ because ...:** gerade weil ...; **it will be 5.21 ~:** es wird genau 5 Uhr 21; **at ~ 1.30, 1.30 ~:** Punkt 1 Uhr 30; genau um 1 Uhr 30
precision [prɪˈsɪʒn] *n., no pl.* Genauigkeit, *die;* **with [out] a great deal of ~:** [nicht] sehr präzise 〈*sich ausdrücken*〉; *attrib.* **a ~ landing** eine Präzisionslandung
precision: ~ ˈbombing *n. (Mil.)* Punktzielbombardement, *das;* **~ ˈinstrument** *n.* Präzisions[meß]gerät, *das;* Feinmeßgerät, *das;* **~ ˈtool** *n.* Präzisionswerkzeug, *das*
pre-classical [priːˈklæsɪkl] *adj.* vorklassisch
preclude [prɪˈkluːd] *v. t.* ausschließen 〈*Zweifel*〉; **~ sb. from a duty/taking part** jmdn. von einer Pflicht/der Teilnahme entbinden; **so as to ~ all doubt** um jeden Zweifel auszuschließen
precocious [prɪˈkəʊʃəs] *adj.* frühreif 〈*Kind, Jugendlicher, Genie*〉; altklug 〈*Äußerung*〉; verfrüht 〈*Wachstum, Erfolg*〉; **at the ~ age of 25** schon mit 25 Jahren; **a ~ interest in sth.** frühzeitiges Interesse an etw. *(Dat.)*
precociously [prɪˈkəʊʃəslɪ] *adv.* frühreif 〈*sich benehmen*〉; altklug 〈*reden*〉
precognition [priːkɒɡˈnɪʃn] *n.* vorherige Kenntnis **(of** von**)**; *(Parapsych.)* Präkognition, *die*
preconceived [priːkənˈsiːvd] *adj.* vorgefaßt 〈*Ansicht, Vorstellung*〉
preconception [priːkənˈsepʃn] *n.* vorgefaßte Meinung **(of** über + *Akk.*); **with too many ~s** allzu voreingenommen
precondition [priːkənˈdɪʃn] *n.* Vorbedingung, *die* **(of** für**)**
pre-cook [priːˈkʊk] *v. t.* vorkochen
pre-cooked [priːˈkʊkt] *adj.* vorgekocht
precursor [priːˈkɜːsə(r)] *n.* **a)** *(of revolution, movement, etc.)* Wegbereiter, *der*/-bereiterin, *die;* **b)** *(of illness)* Vorbote *der*/Vorbotin, *die;* **b)** *(predecessor)* Vorgänger, *der*/-gängerin, *die*
pre-date [priːˈdeɪt] *v. t.* **a)** *(precede in date)* **~ sth.** 〈*Ereignis:*〉 einer Sache vorausgehen; 〈*Sache:*〉 aus der Zeit vor etw. stammen; **b)** *(give earlier date to)* zurückdatieren 〈*Brief, Scheck*〉
pre-dated [priːˈdeɪtɪd] *adj.* zurückdatiert 〈*Brief, Scheck*〉

predator ['predətə(r)] *n.* Raubtier, *das;* *(fish)* Raubfisch, *der*
predatory ['predətrɪ] *adj.* **a)** *(plundering, robbing)* räuberisch; Raub〈*instinkte, -krieg*〉; beutegierig 〈*Gesellschaftsschicht, Charakter*〉; **b)** *(preying upon others)* räuberisch; **~ animal** Raubtier, *das*
predecease [priːdɪˈsiːs] *v. t.* **~ sb.** vor jmdm. sterben
predecessor ['priːdɪsesə(r)] *n.* **a)** *(former holder of position)* Vorgänger, *der*/-gängerin, *die;* **b)** *(in office/title* Amts-/Rechtsvorgänger, *der;* **b)** *(preceding thing)* Vorläufer, *der;* **his second novel is better than its ~:** sein zweiter Roman ist besser als sein erster; **c)** *(ancestor)* Vorfahr[e], *der*/-fahrin, *die;* Ahn, *der (geh.)*/Ahne, *die (geh.)*
predestination [prɪdestɪˈneɪʃn] *n., no pl.* Vorherbestimmung, *die;* Prädestination, *die (geh.)*
predestine [prɪˈdestɪn] *v. t.* von vornherein bestimmen **(to** zu**)**; prädestinieren **(to** zu**)** *(geh.)*
predetermination [priːdɪtɜːmɪˈneɪʃn] *n., no pl.* **a)** *(predestination)* Vorherbestimmung, *die;* Prädestination, *die (geh.);* **b)** *(intention)* Vorsatz, *der;* Absicht, *die;* **with a ~ to do sth.** mit dem Vorsatz *od.* in der Absicht, etw. zu tun
predetermine [priːdɪˈtɜːmɪn] *v. t.* **a)** im voraus *od.* von vornherein bestimmen; 〈*Gott, Schicksal:*〉 vorherbestimmen; **b)** *(impel)* zwingen **(to** zu**)**
predicament [prɪˈdɪkəmənt] *n.* Dilemma, *das;* Zwangslage, *die;* **he found himself in a ~:** er befand sich in einem Dilemma
predicate 1. ['predɪkət] *n.* **a)** *(Ling.)* Prädikat, *das;* **b)** *(Logic)* Prädikat, *das;* Prädikator, *der.* **2.** ['predɪkeɪt] *v. t.* **a)** *(affirm)* **~ sth. of sb./sth.** jmdm./einer Sache etw. zuschreiben; **~ of sb./sth. that ...:** von jmdm./etw. behaupten *od.* sagen, daß ...; **b)** *(found, base)* gründen **(on** auf + *Dat.*); **be ~d on** basieren *(geh.)* auf, sich gründen auf (+ *Dat.*); **c)** *(Logic)* zusprechen **(of** *Dat.*)
predicative [prɪˈdɪkətɪv] *adj.* **a)** *(making a predication)* eine Aussage beinhaltend **(of, about** über + *Akk.*); **b)** *(Ling.)* prädikativ
predicatively [prɪˈdɪkətɪvlɪ] *adv. (Ling.)* prädikativ
predict [prɪˈdɪkt] *v. t.* voraus-, vorhersagen; prophezeien; voraus-, vorhersehen 〈*Folgen*〉; **what do you ~ will be the result?** wie glaubst du, wird das Ergebnis aussehen?
predictable [prɪˈdɪktəbl] *adj.* voraus-, vorhersagbar; voraus-, vorhersehbar 〈*Folgen, Reaktion, Ereignis*〉; berechenbar 〈*Person*〉
predictably [prɪˈdɪktəblɪ] *adv.* wie voraus- *od.* vorhersehen war; **he was ~ annoyed** wie voraus- *od.* vorherzusehen [war], war er verärgert
prediction [prɪˈdɪkʃn] *n.* Voraus-, Vorhersage, *die*
predigest [priːdɪˈdʒest, priːdaɪˈdʒest] *v. t.* vorverdauen
predilection [priːdɪˈlekʃn] *n.* Vorliebe, *die*
predispose [priːdɪˈspəʊz] *v. t.* **~ sb. to do sth.** jmdn. etw. tun lassen; **be ~d to do sth.** *(be willing to do sth.)* geneigt sein, etw. zu tun; *(tend to do sth.)* dazu neigen, etw. zu tun; **~ sb. to sth.** jmdn. zu etw. neigen lassen; **~ sb. to an illness** jmdn. für eine Krankheit anfällig machen; **~ sb. in favour of sb./sth.** jmdn. für jmdn./etw. einnehmen
predisposition [priːdɪspəˈzɪʃn] *n.* Neigung, *die* **(to** zu**)**; *(Med.)* Anfälligkeit, *die* **(to** für**)**; Prädisposition, *die (fachspr.)*
predominance [prɪˈdɒmɪnəns] *n.* **a)** *(control)* **~ of country** Vorherrschaft, *die* **(over** über + *Akk.*); Vorrangstellung, *die* **(over** gegenüber**)**; *(of person)* Überlegenheit, *die* **(over** gegenüber**)**; **b)** *(majority)* Überzahl, *die* **(of** von**)**; **there is a ~ of newcomers** die Neulinge sind in der Überzahl
predominant [prɪˈdɒmɪnənt] *adj.* **a)** *(hav-*

551

predominantly / **preliminary**

ing more power) dominierend ⟨*Interesse, Partei, Macht, Persönlichkeit*⟩; **b)** *(prevailing)* vorherrschend; **the ~ desire expressed by them** der von ihnen über- *od.* vorwiegend zum Ausdruck gebrachte Wunsch
predominantly [prɪˈdɒmɪnəntlɪ] *adv.* überwiegend
predominate [prɪˈdɒmɪneɪt] *v.i.* (*be more powerful*) dominierend sein; *(be more important)* vorherrschen; überwiegen; *(be more numerous)* in der Überzahl sein
pre-eminence [priːˈemɪnəns] *n., no pl.* Vorrangstellung, *die;* **achieve ~:** eine herausragende Stellung erlangen; **her ~ in this field** ihre herausragende Stellung auf diesem Gebiet
pre-eminent [priːˈemɪnənt] *adj.* herausragend; **be ~:** eine herausragende Stellung einnehmen
pre-eminently [priːˈemɪnəntlɪ] *adv.* herausragend; überaus ⟨*gelehrt*⟩; *(mainly)* vor allem; in erster Linie; **figure ~:** an herausragender Stelle stehen
pre-empt [priːˈempt] *v.t. (forestall)* zuvorkommen (+ *Dat.*) (**on** bei); **she had been ~ed** man war ihr zuvorgekommen
pre-emptive [priːˈemptɪv] *adj.* **a)** Vorkaufs⟨*preis, -recht*⟩; **~ right** *(of shareholder)* Bezugsrecht, *das;* **he made a ~ bid to gain power** er machte im Vorfeld seine Machtansprüche geltend; **b)** *(Mil.)* Präventiv⟨*krieg, -maßnahme, -schlag*⟩; *(Bridge)* ~ **bid** Sperrgebot, *das*
preen [priːn] **1.** *v.t.* ⟨*Vogel:*⟩ putzen ⟨*Federn, Gefieder*⟩. **2.** *v. refl.* ⟨*Vogel:*⟩ sich putzen; ⟨*Person:*⟩ sich herausputzen; **~ oneself on sth.** *(Dat.)* etwas auf etw. *(Akk.)* einbilden; **he is always ~ing himself on ...:** er brüstet sich dauernd mit ...
prefab [ˈpriːfæb] *n. (coll.) (house)* Fertighaus, *das; (building)* Gebäude aus Fertigteilen; Fertigbau, *der*
prefabricate [priːˈfæbrɪkeɪt] *v.t.* vorfertigen ⟨*Produkt, Teil, Gebäude usw.*⟩
prefabricated *adj.* [priːˈfæbrɪkeɪtɪd] **~ house/building** Fertighaus, *das/*Fertigbau, *der;* **a ~ garage** eine in Fertigbauweise errichtete Garage; **a ~ system/scheme** *(fig.)* ein vorfabriziertes System/Schema
prefabrication [priːfæbrɪˈkeɪʃn] *n.* Vorfabrikation, *die;* Vorfertigung, *die*
preface [ˈprefəs] **1.** *n.* **a)** *(of book)* Vorwort, *das* (**to** *Gen.*); Vorbemerkung, *die* (**to** zu); **b)** *(of speech)* Vorrede, *die;* Einleitung, *die.* **2.** *v.t.* **a)** *(introduce)* einleiten; **b)** *(furnish with a ~)* mit einem Vorwort *od.* einer Vorbemerkung versehen
prefatory [ˈprefətərɪ] *adj.* einleitend ⟨*Hinweise, Worte*⟩; **be ~ to sth.** etw. einleiten
prefect [ˈpriːfekt] *n. (Sch.)* die Aufsicht führender älterer Schüler/führende ältere Schülerin; **form ~:** Schüler/Schülerin einer Klasse, der die Aufsicht führt
prefer [prɪˈfɜː(r)] *v.t.,* **-rr-** **a)** *(like better)* vorziehen; **~ to do sth.** etw. lieber tun; es vorziehen, etw. zu tun; **~ sth. to sth.** etw. einer Sache *(Dat.)* vorziehen; **I ~ skiing to skating** ich fahre lieber Ski als Schlittschuh; **I ~ not to talk about it** darüber möchte ich lieber nicht sprechen; **I should ~ to wait** ich würde lieber warten; **I'd ~ it if ...:** mir wäre es lieb, wenn ...; **~ to go to prison rather than pay** *ehr ins Gefängnis gehen als zu bezahlen; **I ~ that we should wait rather than act now** ich meine, wir sollten lieber warten, als jetzt handeln; **this plant ~s cool conditions** diese Pflanze bevorzugt einen kühlen Standort; **they ~ blondes** sie bevorzugen Blondinen; **~ water to wine** ich trinke lieber Wasser als Wein; **which of them do you ~, John or Peter?** wer ist dir lieber, John oder Peter?; **there is tea or coffee, which do you ~?** es gibt Tee oder Kaffee, was ist Ihnen lieber?; **I should ~ something more elegant** ich hätte

gerne etwas Eleganteres; **b)** *(submit)* erheben ⟨*Anklage, Anschuldigungen*⟩ (**against** gegen, **for** wegen); vorbringen ⟨*Beschwerde*⟩; **c)** *(promote)* befördern; **be ~red to a post** auf einen Posten berufen werden; **he was ~red to the See of Chichester** er wurde zum Bischof von Chichester ernannt
preferable [ˈprefərəbl] *adj.* vorzuziehen präd.; vorzuziehend *attr.;* besser (**to** als); **which do you think ~, x or y?** was ist Ihrer Meinung nach vorzuziehen, x oder y?; **he felt it ~ to be silent** er fand, daß es besser war zu schweigen; **the cold was ~ to the smoke** die Kälte war noch erträglicher als der Rauch
preferably [ˈprefərəblɪ] *adv.* am besten; *(as best liked)* am liebsten; **a piano, ~ not too expensive** ein möglichst nicht zu teures Klavier; **Wine or beer? – Wine, ~!** Wein oder Bier? – Lieber Wein!
preference [ˈprefərəns] *n.* **a)** *(greater liking)* Vorliebe, *die,* **for ~** *see* **preferably;** **have a ~ for sth.** [vor sth.] etw. lieber *(Dat.)*] vorziehen; **he has a ~ for tea over coffee** er mag *od.* trinkt lieber Tee als Kaffee; **do sth. in ~ to sth.** else etw. lieber als etw. anderes tun; **b)** *(thing preferred)* **of the three skirts the blue one is my ~:** von den drei Röcken gefällt mir der blaue am besten; **his ~ is a holiday abroad** ein Urlaub im Ausland ist ihm am liebsten; **what are your ~s?** was wäre dir am liebsten?; **I have no ~:** mir ist alles gleich recht; **have you any ~ among his novels?** magst du einen seiner Romane besonders?; **c)** *(prior right)* Vorrecht, *das* (**for** auf + *Akk.*); **give a creditor ~ over sb.** einen Gläubiger gegenüber jmdm. begünstigen; **d)** *(favouring of one person or country)* Präferenzbehandlung, *die; (Econ.)* Präferenz, *die;* **give [one's] ~ to sb.** jmdn. bevorzugen; **give sb. ~ over others** jmdm. anderen gegenüber Vergünstigungen einräumen; **e)** *attrib. (Brit. Finance)* Vorzugs-, Prioritäts⟨*obligation, -aktie*⟩
preferential [prefəˈrenʃl] *adj.* bevorzugt ⟨*Behandlung*⟩; bevorrechtigt ⟨*Ansprache, Stellung*⟩; **[a] ~ status** eine Vorzugsstellung; **give sb. ~ treatment** jmdn. bevorzugt behandeln; **~ customs duties** Präferenz- *od.* Vorzugszölle
preferentially [prefəˈrenʃəlɪ] *adv.* **a)** bevorzugt ⟨*behandeln*⟩; **b)** *(to a greater extent)* vorwiegend
preferment [prɪˈfɜːmənt] *n.* **a)** *(promotion)* Beförderung, *die; (advancement)* Voran-, Vorwärtskommen, *das;* **receive ~:** befördert werden; **b)** *(post)* höhere *od.* gehobene Stellung; *(Eccl.)* höheres Amt; *(Law)* **~ of charges** Anklageerhebung, *die*
preferred [prɪˈfɜːd] *adj.* a) bevorzugt; **my ~ conclusion/solution** *etc.* die Schlußfolgerung/Lösung *usw.,* der ich den Vorzug gebe; **b)** ~ **share** *etc.* = **preference share** *etc.* *see* **preference e**
prefigure [priːˈfɪɡə(r)] *v.t.* **a)** *(represent beforehand)* ankünd[ig]en; hindeuten auf (+ *Akk.*); **b)** *(picture to oneself)* sich *(Dat.)* [vorher] vorstellen; sich *(Dat.)* ausmalen
prefix **1.** [ˈpriːfɪks, priːˈfɪks] *v.t.* **a)** *(pref.)* voranstellen (**to** *Dat.*); **b)** *(Ling.)* als Präfix setzen (**to vor** + *Akk.*); **c) the definite article to sth.** den bestimmten Artikel zu etw. *(Akk.)* setzen. **2.** [ˈpriːfɪks] *n.* **a)** *(Ling.)* Präfix, *das;* Vorsilbe, *die;* **b)** *(title)* [Namens]zusatz, *der;* **the ~ 'Mr' before a name** der Zusatz „Mr." vor einem Namen
preflight [ˈpriːflaɪt] *attrib. adj.* ⟨*Informationen, Kontrollen*⟩ vor dem Flug
preform [priːˈfɔːm] *v.t.* vorbilden; **~ed ideas** vorgeformte Ideen
preggers [ˈpreɡəz] *(Brit.),* **preggy** [ˈpreɡɪ] *adj. (sl.)* dick *(derb);* schwanger
pregnancy [ˈpreɡnənsɪ] *n.* **a)** *(of woman)* Schwangerschaft, *die; (of animal)* Trächtig-

keit, *die;* **her advanced state of ~:** ihre fortgeschrittene Schwangerschaft; **in the fourth week of ~:** in der vierten Woche der Schwangerschaft *od.* Schwangerschaftswoche; **b)** *(fig.: of speech, words)* Bedeutungsgehalt, *der;* Bedeutungsschwere, *die (geh.)*
ˈ**pregnancy test** *n.* Schwangerschaftstest, *der*
pregnant [ˈpreɡnənt] *adj.* **a)** schwanger ⟨*Frau*⟩; trächtig ⟨*Tier*⟩; **she is ~ with her second child** sie erwartet ihr zweites Kind; **heavily** *or (coll.)* **very ~:** hoch schwanger; **b)** *(fig.: momentous)* bedeutungsschwer *(geh.);* **~ with consequences/meaning** folgenschwer/bedeutungsschwanger
pre-heat [priːˈhiːt] *v.t.* vorheizen ⟨*Backofen*⟩; vorwärmen ⟨*Fleisch, Essen*⟩; vorher erwärmen ⟨*Gas, Werkzeug*⟩
prehensile [prɪˈhensaɪl] *adj. (Zool.)* Greif⟨*vermögen, -fuß, -schwanz*⟩
prehistoric [priːhɪˈstɒrɪk] *adj.* **a)** vorgeschichtlich; prähistorisch; **tools dating from ~ times** vorgeschichtliche *od.* prähistorische Werkzeuge; **b)** *(coll.) (ancient)* uralt *(ugs.); (out of date)* vorsintflutlich *(ugs.)*
prehistory [priːˈhɪstərɪ] *n.* **a)** Vorgeschichte, *die;* Prähistorie, *die;* **b)** *(of a situation etc.)* Vorgeschichte, *die*
pre-ignition [priːɪɡˈnɪʃn] *n. (Motor Veh.)* Frühzündung, *die*
pre-industrial [priːɪnˈdʌstrɪəl] *adj.* vorindustriell
prejudge [priːˈdʒʌdʒ] *v.t.* **a)** *(form premature opinion about)* vorschnell *od.* voreilig urteilen über (+ *Akk.*); **b)** *(judge before trial)* im voraus beurteilen, vorverurteilen ⟨*Person*⟩; im voraus entscheiden ⟨*Fall*⟩
prejudg[e]ment [priːˈdʒʌdʒmənt] *n.* vorschnelles Urteil (**of** über + *Akk.*); **we must avoid any ~ of the case/accused** wir dürfen den Fall nicht im voraus entscheiden/den Angeklagten nicht vorverurteilen
prejudice [ˈpredʒʊdɪs] **1.** *n.* **a)** *(bias)* Vorurteil, *das;* **colour ~:** Vorurteil aufgrund der Hautfarbe; **overcome ~:** Vorurteile ablegen; **this is mere ~!** das sind bloße Vorurteile!; **b)** *(injury)* Schaden, *der;* Nachteil, *der;* **to sb.'s ~:** zu jmds. Nachteil *od.* Schaden; **without ~ [to court action]** *(Law)* ohne Schaden für die eigenen Rechte [bei gerichtlichem Vorgehen]; **without ~ to sth.** etw. unberührt lassen. **2.** *v.t.* **a)** *(bias)* beeinflussen; **~ sb.** *or* **sb.'s mind in sb.'s favour/against sb.** jmdn. für/gegen jmdn. einnehmen; jmdn. zu jmds. Gunsten/Ungunsten beeinflussen; **b)** *(injure)* beeinträchtigen
prejudiced [ˈpredʒʊdɪst] *adj.* voreingenommen (**against** gegen); **the most ~ passages in this book** die einseitigsten Passagen dieses Buches; **~ opinion** Vorurteil, *das;* **be racially ~:** Rassenvorurteile haben; **be totally ~ against women** Frauen gegenüber völlig voreingenommen *od.* voller Vorurteile sein
prejudicial [predʒʊˈdɪʃl] *adj.* abträglich *(geh.) (to Dat.);* nachteilig (**to** für); **be ~ to sth.** etw. beeinträchtigen ⟨*Anspruch, Chance, Recht*⟩; schaden (+ *Dat.*) ⟨*Interesse*⟩
prejudicially [predʒʊˈdɪʃəlɪ] *adv.* nachteilig; **affect ~:** beeinträchtigen ⟨*Anspruch, Recht*⟩; schaden (+ *Dat.*) ⟨*Interesse*⟩
prelate [ˈprelət] *n. (Eccl.)* Prälat, *der*
prelim [ˈpriːlɪm] *n.* **a)** *(coll.: exam)* Vorprüfung, *die;* **b)** *in pl. (Printing)* Titelei, *die*
preliminarily [prɪˈlɪmɪnərɪlɪ] *adv.* vorbereitend
preliminary [prɪˈlɪmɪnərɪ] **1.** *adj.* Vor-; vorbereitend ⟨*Forschung, Schritt, Maßnahme*⟩; einleitend ⟨*Kapitel, Vertragsbestimmungen*⟩; **~ inquiry/request/search** erste Nachforschung/Bitte/Suche; **~ draft** Rohentwurf, *der.* **2.** *n., usu. in pl.* **preliminaries** Präliminarien *Pl.; (Sports)* Ausscheidungs-

kämpfe; **as a ~ to sth.** *(as a preparation)* als Vorbereitung auf etw. *(Akk.);* **just a ~:** nur ein Vorspiel *(to zu);* **we have now completed the preliminaries** wir haben die Vorbereitungen jetzt abgeschlossen; **dispense with the preliminaries** ohne Umschweife *od.* direkt zur Sache kommen; in medias res gehen *(geh.);* **without any further preliminaries** ohne [weitere] Umschweife. **3.** *adv. see* **preparatory 2**

prelude ['prelju:d] **1.** *n.* **a)** *(introduction)* Anfang, *der* (**to** *Gen.*); Auftakt, *der* (**to** zu); **b)** *(of play)* Vorspiel, *das* (**to** zu); *(of poem)* Einleitung, *die* (**to** zu *od. Gen.*); **c)** *(Mus.)* Präludium, *das;* Vorspiel, *das.* **2.** *v.t.* **a)** *(foreshadow)* ankündigen; **b)** *(start)* ~ **sth. by** *or* **with sth.** etw. mit etw. einleiten

pre-marital [pri:'mærɪtl] *adj.* vorehelich; ~ **sex** Geschlechtsverkehr vor der Ehe; vorehelicher Geschlechtsverkehr

premature ['premətjʊə(r)] *adj.* **a)** *(hasty)* voreilig, übereilt ⟨*Entscheidung, Handeln*⟩; **b)** *(early)* früh-, vorzeitig ⟨*Altern, Ankunft, Haarausfall*⟩; verfrüht ⟨*Bericht, Eile, Furcht*⟩; ~ **baby** Frühgeburt, *die;* **the baby was five weeks ~:** das Baby wurde fünf Wochen zu früh geboren

prematurely ['premətjʊəlɪ] *adv. (early)* vorzeitig; zu früh ⟨*geboren werden*⟩; *(hastily)* voreilig, übereilt ⟨*entscheiden, handeln*⟩

premedical [pri:'medɪkl] *adj. (Amer.)* auf das Medizinstudium vorbereitend

premedication [pri:medɪ'keɪʃn] *n. (Med.)* Prämedikation, *die*

premeditated [pri:'medɪteɪtɪd] *adj.* vorsätzlich

premeditation [pri:medɪ'teɪʃn] *n.* Vorsatz, *der;* **with ~:** nach vorheriger Planung; vorsätzlich ⟨*ermorden, ein Verbrechen begehen*⟩

premenstrual [pri:'menstrʊəl] *adj. (Med.)* prämenstruell; ~ **tension** prämenstruelle Spannung

premier ['premɪə(r)] **1.** *adj. (first)* erst... *(best)* best... ⟨*Qualität*⟩; *(most important)* bedeutendst..., wichtigst... ⟨*Position, Stellung*⟩. **2.** *n.* Premier[minister], *der*/Premierministerin, *die*

première ['premɪeə(r)] **1.** *n. (of production)* Premiere, *die;* Erstaufführung, *die; (of work)* Uraufführung, *die.* **2.** *v.t.* erst-/uraufführen

premiership ['premɪəʃɪp] *n.* Amtsperiode als Premierminister/-ministerin; *(office)* Amt des Premier[minister]s/der Premierministerin

premise ['premɪs] *n.* **a)** *in pl. (building)* Gebäude, *das; (buildings and land of factory or school)* Gelände, *das; (rooms)* Räumlichkeiten *Pl.;* **on the ~s** hier/dort; *(of public house, restaurant, etc.)* im Lokal; **all repairs are done on the ~s** alle Reparaturen werden an Ort und Stelle erledigt; **b)** *see* **premiss**

premiss ['premɪs] *n. (Logic)* Prämisse, *die*

premium ['pri:mɪəm] *n.* **a)** *(Insurance)* Prämie, *die;* **b)** *(reward)* Preis, *der;* Prämie, *die;* **put a ~ on sth.** *(make advantageous)* etw. belohnen; *(attach special value to)* etw. [hoch ein]schätzen; großen Wert auf etw. *(Akk.)* legen; **c)** *(bonus)* Zusatzzahlung, *die; (additional to fixed price/wage)* Aufgeld, *das/*Prämie, *die;* **d)** *(Amer.: charge for loan)* Kreditgebühr, *die;* **e)** *(St. Exch.)* Agio, *das;* Aufgeld, *das;* **be at a ~:** über pari stehen; *(fig.: be highly valued)* sehr gefragt sein; hoch im Kurs stehen; **those shares are on offer at a ~:** diese Aktien werden über pari *od.* mit einem Agio angeboten

'**Premium [Savings] Bond** *n. (Brit.)* Prämienanleihe, *die;* Losanleihe, *die*

premolar [pri:'məʊlə(r)] *n. (Anat.)* vorderer Backenzahn; Prämolar, *der (fachspr.)*

premonition [pri:mə'nɪʃn] *n.* **a)** *(forewarning)* Vorwarnung, *die;* **falling leaves gave a ~ of coming winter** fallendes Laub gemahnte an den kommenden Winter; **b)** *(presentiment)* Vorahnung, *die;* **feel/have a ~ of sth.** eine Vorahnung von etw. haben

premonitory [prɪ'mɒnɪtərɪ] *adj.* warnend ⟨*An-, Vorzeichen*⟩; ungut ⟨*Gefühl*⟩

pre-natal [pri:'neɪtl] *adj. (Med.)* pränatal *(fachspr.);* ~ **care** Schwangerschaftsfürsorge, *die*

preoccupation [pri:ɒkjʊ'peɪʃn] *n.* Sorge, *die* (**with** um); **his ~ with his work left little time for his family** er war so sehr mit seiner Arbeit beschäftigt, daß wenig Zeit für die Familie blieb; **first** *or* **greatest** *or* **main ~:** Hauptanliegen, *das;* Hauptsorge, *die*

preoccupied [pri:'ɒkjʊpaɪd] *adj. (lost in thought)* gedankenverloren; *(concerned)* besorgt (**with** um); *(absorbed)* beschäftigt (**with** mit)

preoccupy [pri:'ɒkjʊpaɪ] *v.t.* beschäftigen; **my mind is preoccupied** meine Gedanken sind beschäftigt

pre-ordain [pri:ɔ:'deɪn] *v.t.* vorherbestimmen

prep [prep] *n. (Brit. Sch. coll.)* **a)** *(homework)* [Haus-, Schul]aufgaben *Pl.;* Schularbeiten *Pl.;* **b)** *(homework period)* Hausaufgabenvorbereitung, *die*

pre-packaged [pri:'pækɪdʒd], **pre-packed** [pri:'pækt] *adjs.* abgepackt; *(fig.)* vorgefertigt ⟨*Ideen, Meinung*⟩

prepaid *see* **prepay**

preparation [prepə'reɪʃn] *n.* **a)** Vorbereitung, *die;* **be in a state of ~ for combat** kampfbereit sein; **be in ~** ⟨*Publikation:*⟩ in Vorbereitung sein; **be in ~ for sth.** der Vorbereitung einer Sache *(Gen.)* dienen; **in ~ for the new baby/term** als Vorbereitung auf das neue Baby/Semester; **b)** *in pl. (things done to get ready)* Vorbereitungen *Pl.* (**for** für); **~s for war/the funeral/the voyage/the wedding** Kriegs-/Begräbnis-/Reise-/Hochzeitsvorbereitungen; **make ~s for sth.** Vorbereitungen für etw. treffen; **c)** *(Chem., Med., Pharm.)* Präparat, *das;* **herbal ~:** Kräuterpräparat, *das; (Cookery)* Kräutermischung, *die;* **d)** *(Brit. Sch.)* [Haus-, Schul]aufgaben *Pl.;* Schularbeiten *Pl.*

preparative [prɪ'pærətɪv] *see* **preparatory 1 a**

preparatory [prɪ'pærətərɪ] **1.** *adj.* **a)** *(introductory)* vorbereitend, einleitend ⟨*Maßnahme, Schritt*⟩; einleitend ⟨*Ermittlung, Geste, Untersuchung*⟩ *(vermittlung, -untersuchung)*; ~ **work** Vorarbeiten *Pl.;* **b)** *(Sch., Univ.)* für die Aufnahme an einer Public School/einem College vorbereitend; ⟨*Ausbildung, Stunden, Unterricht*⟩ an einer privaten Vorbereitungsschule. **2.** *adv.* ~ **to sth.** vor etw. *(Dat.);* **I am packing ~ to departure** *or* **departing** ich packe vor meiner Abreise

pre'paratory school *n. (Brit.)* für die Aufnahme an einer Public School vorbereitende Privatschule; **b)** *(Amer. Univ.)* meist private, für die Aufnahme an einem College vorbereitende Schule

prepare [prɪ'peə(r)] **1.** *v.t.* **a)** *(make ready)* vorbereiten; entwerfen, ausarbeiten ⟨*Plan, Rede*⟩; herrichten *(ugs.)*, fertigmachen ⟨*Gästezimmer*⟩; *(make mentally ready, equip with necessary knowledge)* vorbereiten ⟨*Person*⟩ (**for** auf + *Akk.*); ~ **the ground** *or* **way for sb./sth.** *(fig.)* für jmdn./etw. die nötige Vorarbeit leisten; jmdm. die Steine aus dem Weg räumen; ~ **oneself for a shock/the worst** sich auf einen Schock/das Schlimmste gefaßt machen; **be ~d for anything** auf alles gefaßt sein; **be ~d to do sth.** *(be willing)* bereit sein, etw. zu tun; **~** *(prepare)* herstellen ⟨*Chemikalie, Metall usw.*⟩; zubereiten ⟨*Essen*⟩. **2.** *v.i.* sich vorbereiten (**for** auf + *Akk.*); ~ **for battle/war** ⟨*Land:*⟩ zum Kampf/Krieg rüsten; ~ **to advance/retreat** sich zum Vorstoß/Rückzug bereit machen

preparedness [prɪ'peərɪdnɪs] *n.,* no *pl.* *(willingness)* Bereitschaft, *die* (**for** zu); [state of] ~ *(readiness)* Vorbereitetsein, *das* (**for** für, auf + *Akk.*); **be in a state of ~ for action** *(Amer.)* sich in Alarmbereitschaft befinden

prepay [pri:'peɪ] *v.t.,* **prepaid** [pri:'peɪd] im voraus [be]zahlen; *(by postage)* frankieren, freimachen ⟨*Brief, Paket usw.*⟩; **send a parcel carriage prepaid** ein Paket frachtfrei versenden; **prepaid envelope** frankierter Umschlag; Freiumschlag, *der*

prepayment [pri:'peɪmənt] *n.* [Be]zahlung im voraus; Voraus[be]zahlung, *die (of letters, parcels, etc.)* Frankierung, *die;* Freimachung, *die*

preponderance [prɪ'pɒndərəns] *n.* Überlegenheit, *die* (**over** über + *Akk.,* gegenüber); Übergewicht, *das;* [**numerical**] ~, ~ **in numbers** zahlenmäßige Überlegenheit; zahlenmäßiges Übergewicht

preponderant [prɪ'pɒndərənt] *adj.* überlegen; ~ **in numbers** zahlenmäßig überlegen

preponderantly [prɪ'pɒndərəntlɪ] *adv.* überwiegend

preponderate [prɪ'pɒndəreɪt] *v.i.* überwiegen (**over** gegenüber)

preposition [prepə'zɪʃn] *n. (Ling.)* Präposition, *die;* Verhältniswort, *das*

prepositional [prepə'zɪʃənl] *adj. (Ling.)* präpositionell; Präpositional⟨*attribut, -fall, -objekt*⟩

prepossess [pri:pə'zes] *v.t.* **a)** *(preoccupy mentally)* erfüllen; beherrschen; **b)** *(prejudice)* beeinflussen; ~ **sb. in sb.'s favour/against sb.** jmdn. zu jmds. Gunsten/Ungunsten beeinflussen

prepossessing [pri:pə'zesɪŋ] *adj.* einnehmend, anziehend ⟨*Äußeres, Erscheinung, Person, Lächeln usw.*⟩

preposterous [prɪ'pɒstərəs] *adj.* absurd, grotesk ⟨*Äußeres, Kleidung*⟩

preposterously [prɪ'pɒstərəslɪ] *adv.* absurd; absurderweise ⟨*etw. tun*⟩; **suggest, quite ~, that ...:** absurderweise vorschlagen, daß ...

preppy ['prepɪ] *(Amer.)* **1.** *n.* Schüler/ Schülerin einer „preparatory school", *der/die* sich teuer und elegant kleidet, aus wohlhabendem Elternhaus stammt, eher konservativ eingestellt ist. **2.** *adj.* für einen „Preppy" typisch ⟨*Kleidung, Meinung usw.*⟩

preprandial [pri:'prændɪəl] *adj. (formal joc.)* ⟨*Drink usw.*⟩ vor dem Essen, vor Tisch

preprint ['pri:prɪnt] *n.* Vorabdruck, *der*

'**prep school** *(coll.) see* **preparatory school**

prepuce ['pri:pju:s] *n. (Anat.)* Vorhaut, *die*

Pre-Raphaelite [pri:'ræfəlaɪt] *(Art)* **1.** *n.* Präraffaelit, *der/*-raffaelitin, *die.* **2.** *adj.* präraffaelitisch

pre-record [pri:rɪ'kɔ:d] *v.t.* vorher aufnehmen; **~ed tape** bespieltes Band

prerequisite [pri:'rekwɪzɪt] **1.** *n.* [Grund]voraussetzung, *die.* **2.** *adj.* unbedingt erforderlich

prerogative [prɪ'rɒgətɪv] *n.* **a)** Privileg, *das;* Vorrecht, *das;* **the ~ of mercy** das Begnadigungsrecht; *(of sovereign)* [**royal**] ~: [königliche] Prärogative

Pres. *abbr.* **President** Präs.

presage 1. ['presɪdʒ] *n.* **a)** *(omen)* Vorzeichen, *das;* **a ~ of worse to come** ein schlechtes Omen; **b)** *(foreboding)* Vorahnung, *die.* **2.** ['presɪdʒ, prɪ'seɪdʒ] *v.t.* **a)** *(foreshadow)* ankündigen; *(give warning of)* ankünden

Presbyterian [prezbɪ'tɪərɪən, presbɪ'tɪərɪən] **1.** *adj.* presbyterianisch. **2.** *n.* Presbyterianer, *der/*Presbyterianerin, *die*

Presbyterianism [prezbɪ'tɪərɪənɪzm, presbɪ'tɪərɪənɪzm] *n.* Presbyterianismus, *der*

presbytery ['prezbɪtərɪ, 'presbɪtərɪ] *n.* Presbyterium, *das*

pre-school ['pri:sku:l] *adj.* Vorschul-; ~ **years** Vorschulalter, *das*

prescience ['presɪəns] *n.* Vorausschau, *die*
prescient ['presɪənt] *adj.* weitblickend
pre-scientific [pri:saɪən'tɪfɪk] *adj.* vorwissenschaftlich
prescribe [prɪ'skraɪb] 1. *v. t.* a) *(impose)* vorschreiben; ~d book *see* set 4 b; b) *(Med.; also fig.)* verschreiben; verordnen. 2. *v. i.* Vorschriften machen
prescript ['pri:skrɪpt] *n.* Vorschrift, *die*
prescription [prɪ'skrɪpʃn] *n.* a) *(prescribing)* Anordnung, *die;* Vorschreiben, *das;* b) *(Med.)* Rezept, *das;* Verschreibung, *die; (medicine)* [verordnete *od.* verschriebene] Medizin; Verordnung, *die (fachspr.);* **be available only on** ~: nur auf Rezept *od.* Verschreibung erhältlich sein; rezept- *od.* verschreibungspflichtig sein
pre'scription charge *n.* Rezeptgebühr, *die*
prescriptive [prɪ'skrɪptɪv] *adj. (Ling.)* präskriptiv
pre-select [pri:sɪ'lekt] *v. t.* vorwählen
presence ['prezns] *n.* a) *(being present) (of person)* Gegenwart, *die;* Anwesenheit, *die; (of things)* Vorhandensein, *das;* **in the ~ of his friends** in Gegenwart *od.* Anwesenheit seiner Freunde; **in the ~ of danger** angesichts von Gefahren; **make one's ~ felt** sich bemerkbar machen; **be admitted to/be banished from the King's ~;** zum König vorgelassen werden/aus der Umgebung des Königs verbannt werden; b) *(appearance)* Äußere, *das; (bearing)* Auftreten, *das;* [stage] ~: Ausstrahlung [auf der Bühne]; **she has ~:** sie stellt etwas dar *od.* strahlt etwas aus; c) *(being represented)* Präsenz, *die;* **police ~:** Polizeipräsenz, *die;* **the British ~ east of Suez** die britische Präsenz östlich von Suez; d) *(person or thing)* Erscheinung, *die;* **feel an invisible ~ in the room** die Anwesenheit von etwas Unsichtbarem im Zimmer spüren; e) **~ of mind** Geistesgegenwart, *die*
¹**present** ['preznt] 1. *adj.* a) anwesend, *(geh.)* zugegen (at bei); **be ~ in the air/water/in large amounts** in der Luft/im Wasser/in großen Mengen vorhanden sein; **all ~ and correct** *(joc.)* alle sind da; **all those ~:** alle Anwesenden; **~ company excepted** Anwesende ausgenommen; **be ~ to sb.** or **sb.'s mind** jmdm. gegenwärtig sein; b) *(being dealt with)* betreffend; **it's not relevant to the ~ matter** es ist für diese Angelegenheit nicht von Bedeutung; **in the ~ connection** in diesem Zusammenhang; **in the ~ case** im vorliegenden Fall; c) *(existing now)* gegenwärtig; jetzig; derzeitig *(Dekan, Bischof, Chef usw.);* **during the ~ month** im laufenden Monat; **the ~ writer/author** etc. der Autor des vorliegenden Textes; d) *(Ling.)* **~ tense** Präsens, *das;* Gegenwart, *die;* **~ perfect** Perfekt, *das;* vollendete Gegenwart; *see also* **participle;** e) **a very ~ help in trouble** *(arch.)* eine allgegenwärtige Hilfe in der Not. 2. *n.* a) **the ~:** die Gegenwart; **up to the ~:** bis jetzt; bisher; **at ~:** zur Zeit; **I can't help you/say more at ~:** im Augenblick kann ich dir nicht helfen/kann ich nicht mehr sagen; **for the ~:** vorläufig; [**there is] no time like the ~:** die Gelegenheit ist günstig; jetzt ist der beste Augenblick; b) *(Ling.)* Präsens, *das;* Gegenwart, *die*
²**present** 1. ['preznt] *n. (gift)* Geschenk, *das;* Präsent, *das (geh.);* **parting ~:** Abschiedsgeschenk, *das;* **make a ~ of sth. to sb., make sb. a ~ of sth.** jmdm. etw. zum Geschenk machen; *see also* **give 1 a.** 2. [prɪ'zent] *v. t.* a) schenken; überreichen ⟨*Preis, Medaille*⟩; **~ sth. to sb.** or **sb. with sth.** jmdm. etw. schenken *od.* zum Geschenk machen; **~ sb. with gifts** jmdm. Geschenke machen; **~ sb. with difficulties/a problem** jmdn. vor Schwierigkeiten/ein Problem stellen; **he was ~ed with an opportunity that ...:** ihm bot sich eine Gelegenheit, die ...; b) *(express)* **~ one's compliments to sb.** sich jmdm. empfehlen; **~ one's regards to sb.** jmdm. Grüße bestellen *od.* ausrichten; jmdm. seine Grüße entbieten *(geh.);* c) *(deliver)* überreichen ⟨*Gesuch*⟩ (to bei); vorlegen ⟨*Scheck, Bericht, Rechnung*⟩ (to Dat.); **~ one's case** seinen Fall darlegen; d) *(exhibit)* zeigen; bereiten ⟨*Schwierigkeit*⟩; aufweisen ⟨*Aspekt*⟩; **~ a ragged appearance** einen zerlumpten Anblick bieten; **~ a bold front** or **brave face to the world** sich nach außen hin unerschrocken geben; e) *(introduce)* vorstellen (to Dat.); f) *(to the public)* geben, aufführen ⟨*Theaterstück*⟩; zeigen ⟨*Film*⟩; moderieren ⟨*Sendung*⟩; bringen ⟨*Fernsehserie, Schauspieler in einer Rolle*⟩; vorstellen ⟨*Produkt usw.*⟩; vorlegen ⟨*Abhandlung*⟩; darlegen ⟨*Theorie usw.*⟩; g) *(Parl.)* vorlegen ⟨*Gesetzentwurf*⟩; h) **~ arms** *(Mil.)* präsentiert das Gewehr!; i) *(aim, hold horizontally)* anlegen ⟨*Gewehr usw.*⟩; **he ~ed his weapon** er legte an. 3. *v. refl.* ⟨*Problem:*⟩ auftreten; ⟨*Möglichkeit:*⟩ sich ergeben; **~ itself to sb.** ⟨*Möglichkeit:*⟩ sich jmdm. bieten; ⟨*Erinnerung usw.:*⟩ sich bei jmdm. einstellen; ⟨*Gedanke:*⟩ jmdm. kommen; **~ oneself to sb.** sich jmdm. vorstellen; **~ oneself for interview/an examination** zu einem Gespräch/einer Prüfung erscheinen
presentable [prɪ'zentəbl] *adj.* ansehnlich; **she is quite a ~ young lady** man kann sie gut vorzeigen *od.* sich gut mit ihr sehen lassen; **the flat is not very ~ at the moment** die Wohnung ist im Augenblick nicht besonders präsentabel; **make oneself/sth. ~:** sich/etw. zurechtmachen; **his most ~ jacket** sein bestes Jackett
presentably [prɪ'zentəblɪ] *adv.* ganz ordentlich; angemessen ⟨*sich kleiden*⟩; ganz ordentlich ⟨*Klavier spielen, malen usw.*⟩
presentation [prezən'teɪʃn] *n.* a) *(giving)* Schenkung, *die; (of prize, medal, gift)* Überreichung, *die;* **make sb. a ~ of sth.** jmdm. etw. schenken/überreichen; b) *(ceremony)* Verleihung, *die;* **~ of the awards/medals** Preis-/Ordensverleihung, *die;* c) *(delivering) (of petition)* Überreichung, *die; (of report, account)* Vorlage, *die; (of case, position, thesis)* Darlegung, *die; (manner of putting forward, presenting)* Präsentation, *die (geh.);* Darbietung, *die;* **on ~** gegen Vorlage (+ Gen.); d) *(exhibition)* Darstellung, *die;* e) *(Theatre, Radio, Telev.)* Darbietung, *die; (Theatre also)* Inszenierung, *die; (Radio, Telev. also)* Moderation, *die;* f) *(introduction)* Vorstellung, *die;* g) *(Med.)* Lage, *die;* **head/breech ~:** Kopf-/Steißlage, *die*
presen'tation copy *n.* Dedikationsexemplar, *das*
present-'day *adj.* heutig; zeitgemäß ⟨*Einstellungen, Ansichten*⟩; **by ~ standards** nach heutigen *od.* gegenwärtigen Maßstäben
presenter [prɪ'zentə(r)] *n.* a) *(of cheque)* Überbringer, *der/*Überbringerin, *die;* **be the ~ of a petition/report** eine Petition überreichen/einen Bericht vorlegen; b) *(Radio, Telev.)* Moderator, *der/*Moderatorin, *die*
presentiment [prɪ'zentɪmənt] *n.* Vorahnung, *die;* **I have a ~ about the opening night** ich habe das Gefühl, daß bei der Premiere irgend etwas passiert; **have a ~ that ...:** vorausahnen, daß ...
presently ['prezntlɪ] *adv.* a) *(soon)* bald; **see you ~:** bis gleich; b) *(Amer., Scot.: now)* zur Zeit; jetzt
present: **~ 'value, ~ 'worth** *ns. (Econ.)* jetziger Wert; Tageswert, *der*
preservation [prezə'veɪʃn] *n., no pl.* a) *(action)* Erhaltung, *die; (of leather, wood, etc.)* Konservierung, *die;* **the ~ of peace** die Erhaltung des Friedens; b) *(state)* Erhaltungszustand, *der;* **be in an excellent state of ~:** außerordentlich gut erhalten sein; ⟨*Person:*⟩ sich außerordentlich gut gehalten haben
preser'vation order *n.* Verordnung, *die, etw. unter Denkmalschutz stellt;* **put a ~ on sth.** etw. unter Denkmalschutz stellen
preservative [prɪ'zɜ:vətɪv] 1. *n.* Konservierungsmittel, *das.* 2. *adj.* konservierend; Konservierungs-; konservativ ⟨*Lösung*⟩
preserve [prɪ'zɜ:v] 1. *n.* a) *(fruit)* Eingemachte, *das;* **strawberry/quince ~s** Erdbeeren/Quitten, *die; (jam)* Konfitüre, *die;* c) *(fig.: special sphere)* Domäne, *die (geh.); (of political power)* Einflußbereich, *der;* d) *(for wildlife)* [Natur]schutzgebiet, *das;* Reservat, *das; (water)* [Fisch]gehege, *das;* **wildlife/game ~:** Tierschutzgebiet, *das/*Wildpark, *der.* 2. *v. t.* a) *(keep safe)* schützen (from vor + Dat.); **~ sth. from destruction** etw. vor der Zerstörung bewahren; b) *(maintain)* aufrechterhalten ⟨*Disziplin*⟩; bewahren ⟨*Sehfähigkeit, Brauch, Würde*⟩; wahren ⟨*Anschein, Reputation*⟩; **~ the peace** den Frieden bewahren *od.* erhalten; c) *(retain)* speichern ⟨*Hitze*⟩; bewahren ⟨*Haltung, Distanz, Humor*⟩; d) *(prepare, keep from decay)* konservieren; präparieren ⟨*Leiche, Kadaver*⟩; **~ alive** am Leben halten; *(fig.)* bewahren ⟨*Erinnerung, Andenken*⟩; **Heaven ~ us!** [Gott] bewahre!; f) *(care for and protect)* hegen ⟨*Tierart, Wald*⟩; unter Schutz stellen ⟨*Gewässer, Gebiet*⟩
pre-set [pri:'set] *v. t., forms as* **set 1** vorher einstellen
pre-shrink [pri:'ʃrɪŋk] *v. t., forms as* **shrink 2** *(Textiles)* vorschrumpfen; vorwaschen ⟨*Jeans*⟩
pre-shrunk [pri:'ʃrʌŋk] *adj. (Textiles)* vorgeschrumpft, vorgewaschen ⟨*Jeans*⟩
preside [prɪ'zaɪd] *v. i.* a) *(at meeting etc.)* den Vorsitz haben (at bei); präsidieren, vorsitzen (over Dat.); b) *(at meal)* den Vorsitz haben (+ Dat.); **~ at dinner** bei Tisch vorsitzen; c) *(exercise control)* **~ over** leiten ⟨*Abteilung, Organisation, Programm*⟩; lenken ⟨*Geschick*⟩; vorstehen (+ Dat.) ⟨*Familie*⟩; bestimmen ⟨*Bildung, Gründung*⟩
presidency ['prezɪdənsɪ] *n.* a) Präsidentschaft, *die;* b) *(of legislative body)* Vorsitz, *der;* c) *(Univ., esp. Amer.)* Präsidentschaft, *die;* Rektorat, *das; (of society etc.)* Vorsitz, *der;* Präsidentschaft, *die;* e) *(of council, board, etc.)* Vorsitz, *der;* f) *(Amer.: of bank or company)* Vorstandsvorsitz, *der*
president ['prezɪdənt] *n.* a) Präsident, *der/*Präsidentin, *die;* b) *(of legislative body)* Vorsitzende, *der/die;* c) *(Univ., esp. Amer.)* Präsident, *der/*Präsidentin, *die;* Rektor, *der/*Rektorin, *die;* d) *(of society etc.)* Vorsitzende, *der/*Vorsitzende, *die;* Präsident, *der/*Präsidentin, *die;* e) *(of council, board, etc.)* Vorstand, *der;* Vorsitzende, *der/die;* **Lord P~ of the Council** (Brit.) Titel des dem Privy Council präsidierenden Kabinettsmitglieds; f) *(Amer.: of bank or company)* Generaldirektor, *der/*-direktorin, *die*
presidential [prezɪ'denʃl] *adj.* Präsidenten-; **~ campaign** Präsidentschaftswahlkampf, *der;* **~ address** Ansprache des Präsidenten; **~ ambitions** Streben nach der Präsidentschaft
presidium [prɪ'sɪdɪəm, prɪ'zɪdɪəm] *n.* Präsidium, *das*
¹**press** [pres] 1. *n.* a) *(newspapers etc.)* Presse, *die; attrib.* Presse-; **der Presse nachgestellt;** **get/have a good/bad ~** *(fig.)* eine gute/schlechte Presse bekommen/haben; *see also* **freedom a;** b) *see* **printing-press;** c) *(printing-house)* Druckerei, *die;* **be at** or **in [the] ~:** im Druck sein; **send to [the] ~:** in Druck geben; **go to [the] ~:** in Druck gehen; d) *(publishing firm)* Verlag, *der;* e) *(for flattening, compressing, etc.)* Presse, *die;* *(for sports racket)* Spanner, *der;* f) *(crowding)* Gedränge, *das;* g) *(crowd)* Menge, *die;* **a ~ of people** eine Menschenmenge, *die;* h) *(in*

battle) Getümmel, *das;* Gewühl, *das;* **i)** *(pressing)* Druck, *der;* **give sth. a ~:** etw. drücken; **your trousers could do with a ~:** deine Hosen sollten wieder einmal gebügelt werden; **with a ~ of the button** mit einem Knopfdruck *od.* Druck auf den Knopf; **j)** *(Weightlifting)* Drücken, *das.* **2.** *v. t.* **a)** drücken; pressen; drücken auf (+ *Akk.*) 〈*Klingel, Knopf*〉; treten auf (+ *Akk.*) 〈*Gas-, Brems-, Kupplungspedal usw.*〉; **~ the trigger** abdrücken; den Abzug betätigen; **b)** *(urge)* drängen 〈*Person*〉; *(force)* aufdrängen (**|up|on** *Dat.*); *(insist on)* nachdrücklich vorbringen 〈*Forderung, Argument, Vorschlag*〉; verfechten 〈*Standpunkt*〉; **~ sb. for an answer** jmdn. zu einer Antwort drängen; **he did not ~ the point** er ließ die Sache auf sich beruhen; **~ the analogy too far** die Analogie zu weit treiben; **c)** *(exert force on)* drücken; pressen; **d)** *(squeeze)* drücken; **~ sb.'s hand** jmdm. die Hand drücken; **e)** *(compress)* pressen; auspressen 〈*Orangen, Saft*〉; keltern 〈*Trauben, Äpfel*〉; **f)** *(iron)* bügeln; **g)** *(bear heavily on)* bedrängen; **be hard ~ed** *(by enemy)* hart bedrängt werden; *(experience great difficulty)* unter großem Druck stehen; **h)** **be ~ed for space/time/money** *(have barely enough)* zuwenig Platz/Zeit/Geld haben; **i)** *(Weightlifting)* drücken; **j)** *(make)* pressen 〈*Schallplatte*〉. **3.** *v. i.* **a)** *(exert pressure)* drücken; **the child ~ed against the railings** das Kind drückte sich gegen das Geländer; **b)** *(weigh)* **~ |up|on sb.'s mind/heart** jmdn. bedrücken; **c)** *(be urgent)* drängen; **time/sth. ~es** die Zeit drängt/etw. eilt *od.* ist dringend; **d)** *(make demand)* **~ for sth.** auf etw. *(Akk.)* drängen; **e)** *(crowd)* [sich] drängen; **~ up** sich herandrängen; **~ in upon sb.** 〈*Gedanken:*〉 auf jmdn. eindringen
 - **~ a'head, ~ 'forward, ~ 'on** *v. i. (continue)* sich ranhalten *(ugs.)* 〈*Truppen usw.*〉 vorpreschen; **~ ahead as soon as possible** so schnell wie möglich weitermachen/-fahren *usw.;* **~ on with one's work/forward with one's initiative** sich mit der Arbeit ranhalten *(ugs.)*/seine Initiative energisch betreiben
 - **~ 'out** *v. t.* auspressen; *(out of cardboard)* herausdrücken

²**press** *v. t.* **~ into service/use** in Dienst nehmen; einsetzen

press: **~ agent** *n.* Presseagent, *der/*-agentin, *die;* **~ attaché** see **attaché;** **~-box** *n.* Pressekabine, *die;* **~-button** see **pushbutton;** **~ campaign** *n.* Pressefeldzug, *der;* Pressekampagne, *die;* **~ card** *n.* Presseausweis, *der;* **~ clipping** *(Amer.)* see **~ cutting;** **~ conference** *n.* Pressekonferenz, *die;* **~ coverage** *n.* Berichterstattung in der Presse; **~ cutting** *n. (Brit.)* Zeitungsausschnitt, *der;* **~-gallery** *n.* Pressetribüne, *die;* **~-gang.** **1.** *n. (Hist.)* Preßgang, *der (veralt.);* **2.** *v. t. (Hist.)* pressen; zwangsrekrutieren; *(fig.)* zwingen, pressen (into zu)

pressing ['presɪŋ] **1.** *adj.* **a)** *(urgent)* dringend; **the danger was ~:** Gefahr war im Verzug; **b)** *(persistent)* dringlich; nachdrücklich. **2.** *n.* **a)** *(exertion of pressure)* Drücken, *das;* (*of apples, grapes*) Keltern, *das;* (*of cheese, olives*) Pressen, *das;* (*of clothes*) Bügeln, *das;* **b)** *(product, esp. record)* Pressung, *die*

pressingly ['presɪŋlɪ] *adv.* dringend

press: **~man** *n. (Brit.: journalist)* Journalist, *der;* Pressemann, *der (ugs.);* **~ office** *n.* Pressebüro, *das;* **~ officer** *n.* Pressereferent, *der/*-referentin, *die;* Pressesprecher, *der/*-sprecherin, *die;* **~ photographer** *n.* Pressephotograph, *der/*-photographin, *die;* **~ release** *n.* Presseinformation, *die;* **~ report** *n.* Pressebericht, *der;* **~-stud** *n. (Brit.)* Druckknopf, *der;* **~-up** *n.* Liegestütz, *der*

pressure ['preʃə(r)] **1.** *n.* **a)** *(exertion of force, amount)* Druck, *der;* **apply firm ~ to the joint** die Verbindung fest zusammendrücken; **atmospheric ~:** Luftdruck, *der;* **b)** *(oppression)* Last, *die;* Belastung, *die;* **mental ~:** psychische Belastung, *die;* **c)** *(trouble)* Druck, *der;* **under financial ~:** finanziell unter Druck; **~s at** [one's] **work** berufliche Belastungen; **the finances of the company were under ~:** die Firma stand [finanziell] unter Druck; **d)** *(urgency)* Druck, *der; (of affairs)* Dringlichkeit, *die;* **the ~ was on him** er stand unter Zeitdruck; **he** [positively] **thrives under ~:** er braucht den Druck [geradezu]; **e)** *(constraint)* Druck, *der;* Zwang, *der;* **put ~ on sb.** jmdn. unter Druck setzen; **be under a lot of ~ to do sth.** stark unter Druck gesetzt werden, etw. zu tun; **put the ~ on** die Daumenschrauben anlegen *od.* -setzen. See also **high pressure; low pressure. 2.** *v. t.* **a)** *(coerce)* **~ sb. into doing sth.** jmdn. [dazu] drängen, etw. zu tun; **b)** *(fig.: apply ~ to)* unter Druck setzen

pressure: **~-cooker** *n.* Schnellkochtopf, *der;* **~ gauge** *n. (Motor Veh.)* Druckluftmesser, *der;* Manometer, *das; (Railw.)* Druckanzeige, *die;* **~ group** *n.* Pressure-group, *die;* **~ point** *n. (Med.)* **a)** *(where sore may develop)* Druckstelle, *die;* **b)** *(where bleeding can be stopped)* Druckpunkt, *der;* **~ suit** *n. (Astronaut.)* Druckanzug, *der*

pressurize (pressurise) ['preʃəraɪz] *v. t.* **a)** see **pressure 2 a; b)** *(raise to high pressure)* unter Druck setzen; **c)** *(maintain normal pressure in)* druckfest machen, auf Normaldruck halten 〈*Flugzeugkabine*〉; **~d cabin/suit** Druckkabine, *die/*-anzug, *der*

prestige [pre'stiːʒ] **1.** *n.* Prestige, *das;* Renommee, *das.* **2.** *adj.* renommiert; Nobel-〈*hotel, -gegend*〉; **~ value** Prestigewert, *der*

prestigious [pre'stɪdʒəs] *adj.* angesehen

presto ['prestəʊ] see **hey**

pre-stressed [priː'strest] *adj. (Building)* vorgespannt; **~ concrete** Spannbeton, *der*

presumable [prɪ'zjuːməbl] *adj.* mutmaßlich

presumably [prɪ'zjuːməblɪ] *adv.* vermutlich; **~ he knows what he is doing** er wird schon wissen, was er tut; **something must have delayed them** etwas muß sie aufgehalten haben

presume [prɪ'zjuːm] **1.** *v. t.* **a)** *(venture)* **~ to do sth.** sich *(Dat.)* anmaßen, etw. zu tun; *(take the liberty)* sich *(Dat.)* erlauben, etw. zu tun; **b)** *(suppose)* annehmen; **be ~d innocent** als unschuldig gelten *od.* angesehen werden; **missing ~d dead** vermißt, wahrscheinlich tot *od.* mutmaßlich tot. **2.** *v. i.* sich *(Dat.)* anmaßen. **~ |up|on sth.** etw. ausnützen

presumption [prɪ'zʌmpʃn] *n.* **a)** *(arrogance)* Anmaßung, *die;* Vermessenheit, *die;* **have the ~ to do sth.** die Vermessenheit besitzen, etw. zu tun; sich *(Dat.)* anmaßen, etw. zu tun; **b)** *(assumption)* Annahme, *die;* Vermutung, *die;* **the ~ is that he lost it** vermutlich hat er es verloren; es ist zu vermuten, daß er es verloren hat; **we are working on the ~ that …:** wir gehen von der Annahme aus, daß …; **the ~ of innocence** die Unschuldsvermutung; **c)** *(ground for belief)* **there is a strong ~ against its truth** es besteht hinreichend Grund für die Annahme, daß es nicht stimmt

presumptive [prɪ'zʌmptɪv] *adj.* **~ evidence** Indizienbeweis, *der;* **heir ~:** mutmaßlicher Erbe/mutmaßliche Erbin

presumptuous [prɪ'zʌmptjʊəs] *adj.* anmaßend; überheblich; *(impertinent)* aufdringlich

presumptuously [prɪ'zʌmptjʊəslɪ] *adv.* überheblich; *(impertinently)* aufdringlich

presuppose [priːsə'pəʊz] *v. t.* **a)** *(assume)* voraussetzen; **b)** *(imply)* voraussetzen; zur Voraussetzung haben

presupposition [priːsʌpə'zɪʃn] *n.* **a)** *(presupposing)* Annahme, *die;* Voraussetzung, *die;* **b)** *(thing assumed)* Prämisse, *die (bes. Philos., Rechtsw.);* Voraussetzung, *die;* **work on a ~:** von einer Prämisse/Voraussetzung ausgehen

pre-tax ['priːtæks] *adj.* vor Steuern *nachgestellt;* **~ profits** Gewinn vor Steuern

pretence [prɪ'tens] *n.* **a)** *(pretext)* Vorwand, *der;* **under** [the] **~ of helping** unter dem Vorwand zu helfen; see also **false pretences; b)** *no art. (pretentious behaviour)* Verstellung, *die;* **c)** *(piece of insincere behaviour)* **it is all** *or* **just a ~:** das ist alles nicht echt; **d)** *(affectation)* Affektiertheit, *die (abwertend);* Unnatürlichkeit, *die;* **e)** *(claim)* Anspruch, *der;* **make the/no ~ of** *or* **to sth.** Anspruch/keinen Anspruch auf etw. *(Akk.)* erheben

pretend [prɪ'tend] **1.** *v. t.* **a)** vorgeben; **she ~ed to be asleep** sie tat, als ob sie schlief[e]; **b)** *(imagine in play)* **~ to be sth.** so tun, als ob man etw. sei; **let's ~ that we are king and queen** laß uns König und Königin spielen; **c)** *(profess falsely)* vortäuschen; simulieren, vorschützen 〈*Krankheit*〉; *(say falsely)* vorgeben, fälschlich beteuern (to gegenüber); **~ illness** krank spielen *(ugs.);* **d)** *(claim)* **not ~ to do sth.** nicht behaupten wollen, etw. zu tun. **2.** *v. i.* **a)** sich verstellen; **she's only ~ing** sie tut nur so; **~ to sb.** jmdm. etwas vormachen; **b)** *(presume)* sich unterfangen *(geh.);* wagen; **c)** **~ to** *(claim)* für sich in Anspruch nehmen; Anspruch erheben auf (+ *Akk.*) 〈*Titel, Amt*〉

pretender [prɪ'tendə(r)] *n.* Prätendent, *der (geh.)/*Prätendentin, *die (geh.)* (to auf + *Akk.*); **~ to the throne** Thronanwärter *od.* -prätendent, *der/*Thronanwärterin *od.* -prätendentin, *die;* **Old/Young P~:** Sohn/Enkel von Jakob II. als britischer Thronanwärter

pretense *(Amer.)* see **pretence**

pretension [prɪ'tenʃn] *n.* **a)** *(claim)* Anspruch, *der;* **have/make ~s to great wisdom** vorgeben *od.* den Anspruch erheben, sehr klug zu sein; **b)** *(justifiable claim)* Anspruch, *der* (to auf + *Akk.*); **a country estate of some ~s** ein Landsitz, der sich sehen lassen kann; **people with ~s to taste and culture** Menschen, die Geschmack und Kultur für sich in Anspruch nehmen können; **c)** *(pretentiousness)* Überheblichkeit, *die;* Anmaßung, *die;* *(of things: ostentation)* Protzigkeit, *die*

pretentious [prɪ'tenʃəs] *adj.* **a)** prätentiös *(geh.);* hochgestochen; wichtigtuerisch 〈*Person*〉; **b)** *(ostentatious)* protzig *(abwertend);* großspurig *(abwertend)* 〈*Person, Verhalten, Art*〉

pretentiously [prɪ'tenʃəslɪ] *adv.* **a)** prätentiös *(geh.);* hochgestochen; **speak ~:** wichtigtuerische Reden führen; **b)** *(ostentatiously)* protzig *(abwertend);* großspurig *(abwertend)* 〈*sich benehmen*〉

preterite *(Amer.:* **preterit)** ['pretərɪt] *(Ling.)* **1.** *adj.* **~ tense** Präteritum, *das.* **2.** *n.* Präteritum, *das*

preternatural [priːtə'nætʃərəl] *adj.* **a)** *(non-natural)* außergewöhnlich; **b)** *(supernatural)* übernatürlich; übersinnlich

pretext ['priːtekst] *n.* Vorwand, *der;* Ausrede, *die;* **make illness the ~ for staying at home** Krankheit vorschützen, um zu Hause zu bleiben; **|up|on** *or* **under the ~ of doing sth./being ill** unter dem Vorwand *od.* mit der Entschuldigung, etw. tun zu wollen/krank zu sein; **on the slightest ~:** mit *od.* unter dem fadenscheinigsten Vorwand

prettify ['prɪtɪfaɪ] *v. t.* verschönern; *(in an insipid way)* verkitschen

prettily ['prɪtɪlɪ] *adv.* hübsch; sehr schön 〈*singen, tanzen*〉; **curtsy ~:** einen graziösen Knicks machen; **thank sb. ~:** sich [bei jmdm.] sehr nett bedanken

pretty ['prɪtɪ] 1. *adj.* a) *(attractive)* hübsch; nett ⟨*Art*⟩; niedlich ⟨*Geschichte, Liedchen*⟩; **she's not just a ~ face!** sie ist nicht nur hübsch[, sie kann auch was]!; **as ~ as a picture** bildhübsch; **not a ~ sight** *(iron.)* kein schöner Anblick; **b)** *(iron.)* hübsch, schön *(ugs. iron.)*; **a ~ state of affairs** eine schöne Geschichte; **a ~ mess** eine schöne Bescherung. 2. *adv.* ziemlich; **I am ~ well** es geht mir ganz gut; **~ much** *or* **well as ...**: so ziemlich wie ...; **we have ~ nearly finished** wir sind so gut wie fertig; **be ~ed [up]on or exhausted** so gut wie vorbei/erschöpft sein; **~ much the same** ziemlich unverändert; **~ much the same thing** so ziemlich das gleiche; **be sitting ~** *(coll.)* sein Schäfchen im trockenen haben *(ugs.)*; ausgesorgt haben; **~-pretty** *(coll.)* kitschig *(abwertend)*
pretzel ['pretsl] *n.* Brezel, *die*
prevail [prɪ'veɪl] *v. i.* a) *(gain mastery)* siegen, die Oberhand gewinnen **(against,** *over* über + *Akk.*); **~ [up]on sb.** auf jmdn. einwirken; jmdn. überreden; **be ~ed [up]on to do sth.** sich bewegen od. überreden lassen, etw. zu tun; b) *(predominate)* ⟨*Zustand, Bedingung:*⟩ vorherrschen; **c)** *(be current)* herrschen; **this type of approach ~ed for many years** dieser Ansatz war jahrelang gängig od. üblich
prevailing [prɪ'veɪlɪŋ] *adj.* **a)** *(common)* [vor]herrschend; aktuell ⟨*Mode*⟩; **b)** *(frequent)* **the ~ wind is from the West** der Wind kommt vorwiegend von Westen
prevalence ['prevələns] *n., no pl.* Vorherrschen, *das; (of crime, corruption, etc.)* Überhandnehmen, *das; (of disease, malnutrition, etc.)* weite Verbreitung; **gain ~** ⟨*Standpunkt:*⟩ sich durchsetzen
prevalent ['prevələnt] *adj.* **a)** *(existing)* herrschend; gängig, geläufig ⟨*Schreibweise*⟩; weit verbreitet ⟨*Krankheit*⟩; aktuell ⟨*Trend*⟩; **b)** *(predominant)* vorherrschend; **be/become ~:** vorherrschen/sich durchsetzen
prevaricate [prɪ'værɪkeɪt] *v.i.* Ausflüchte machen (over wegen)
prevarication [prɪværɪ'keɪʃn] *n.* **a)** *(prevaricating)* Ausflüchte *Pl.*; **b)** *(statement)* Ausflucht, *die*
prevent [prɪ'vent] *v. t. (hinder)* verhindern; **~ sb. from doing sth., ~ sb.'s doing sth.,** *(coll.)* **~ sb. doing sth.** jmdn. daran hindern od. davon abhalten, etw. zu tun; **there is nothing to ~ me** nichts hindert mich daran; **~ sb. from coming** hindern, daß jmd. kommt; **catch sb.'s arm to ~ him [from] falling** jmdn. am Arm fassen, damit er nicht fällt; **do everything to ~ it from happening or ~ its happening** alles tun, um es zu verhindern od. damit es nicht geschieht
preventable [prɪ'ventəbl] *adj.* vermeidbar
preventative [prɪ'ventətɪv] *see* preventive
prevention [prɪ'venʃn] *n.* Verhinderung, *die*; Verhütung, *die*; **~ of crime** Verbrechensverhütung, *die*; **~ society for the ~ of cruelty to children/animals** Kinderschutzbund/Tierschutzverein, *der*; **~ is better than cure** *(prov.)* Vorbeugen ist besser als Heilen *(Spr.)*
preventive [prɪ'ventɪv] 1. *adj.* vorbeugend; präventiv *(geh.)*; Präventiv/*maßnahme, -krieg*/; **~ treatment** *(Med.)* Präventivbehandlung, *die*. 2. *n.* Vorbeugungsmaßnahme, *die*; Präventivmittel, *das (Med.)*; **as a ~:** zur/als Vorbeugung
preventive ~ de'tention *n. (Brit. Law)* Sicherungsverwahrung, *die*; **~ 'medicine** *n.* Präventivmedizin, *die*
preview ['pri:vju:] 1. *n.* **a)** *(of film, play)* Voraufführung, *die; (of exhibition)* Vernissage, *die (geh.); (of book)* Vorbesprechung, *die*; **give a ~:** eine Voraufführung geben/ Vernissage veranstalten/Vorbesprechung geben; **b)** *(Amer.: trailer of film)* Vorschau, *die.* 2. *v. t.* eine Vorschau sehen von ⟨*Film*⟩

previous ['pri:vɪəs] 1. *adj.* **a)** *(coming before)* früher ⟨*Anstellung, Gelegenheit*⟩; vorherig ⟨*Abend*⟩; vorig ⟨*Besitzer, Wohnsitz*⟩; **the ~ page** die Seite davor; **no ~ experience necessary** keine Berufserfahrung nötig; **no ~ convictions** keine Vorstrafen; **b)** *(prior)* **~ to** vor (+ *Dat.*); **c)** *(hasty)* verfrüht; voreilig. 2. *adv.* **~ to** vor (+ *Dat.*); **~ to being a nurse, she was ...:** bevor sie Krankenschwester wurde, war sie ...
previously ['pri:vɪəslɪ] *adv.* vorher; **two years ~:** zwei Jahre zuvor
pre-war ['pri:wɔ:(r)] *adj.* Vorkriegs-; **these houses are all ~:** diese Häuser stammen alle aus der Zeit vor dem Krieg
prey [preɪ] 1. *n., pl. same* **a)** *(animal[s])* Beute, *die*; Beutetier, *das*; **beast/bird of ~:** Raubtier, *der*; Raubvogel, *der*; **easy ~** *(lit. or fig.)* leichte Beute; **b)** *(victim)* Beute, *die (geh.)* Opfer, *das*; **fall [a] ~ to sth.** einer Sache *(Dat.)* zum Opfer fallen; **be a ~ to sth.** eine Beute od. ein Opfer von etw. werden. 2. *v. i.* **~ [up]on** ⟨*Raubtier, Greifvogel:*⟩ schlagen; *(take as prey)* erbeuten; *(plunder)* ausplündern ⟨*Person*⟩; *(exploit)* ausnutzen; **~ [up]on sb.'s mind** jmdm. keine Ruhe lassen; ⟨*Krankheit:*⟩ jmdm. sehr zusetzen; ⟨*Kummer, Angst:*⟩ an jmdm. nagen
prezzie ['prezɪ] *n. (coll.)* Geschenk, *das*
price [praɪs] 1. *n.* **a)** *(money etc.)* Preis, *der*; **the ~ of wheat/a pint** der Weizenpreis/der Preis für ein Bier; **what is the ~ of this?** was kostet das?; **at a ~:** zum Preis von; **for the ~ of a few drinks** für ein paar Drinks; **~s and incomes policy** Preis- und Einkommenspolitik, *die*; Lohn-Preis-Politik, *die*; **sth. goes up/down in ~:** der Preis von etw. steigt/fällt; etw. steigt/fällt im Preis; **what sort of ~ do they charge for a meal?** was verlangen od. berechnen sie für eine Mahlzeit?; **at a ~:** zum entsprechenden Preis; **set a ~ on sth.** einen Preis für etw. festsetzen; **set a ~ on sb.'s head** eine Belohnung auf jmds. Kopf *(Akk.)* aussetzen; **b)** *(betting odds)* Eventualquote, *die*; **c)** *(value)* **be without/beyond ~:** [mit Geld] nicht zu bezahlen sein; **d)** *(fig.)* Preis, *der*; **be achieved at a ~:** seinen Preis haben; **he succeeded, but at a great ~:** er hatte Erfolg, mußte aber einen hohen Preis dafür bezahlen; **every man has his ~:** jeder Mensch hat seinen Preis od. ist käuflich; **at/not at any ~:** um jeden/keinen Preis; **at the ~ of ruining his marriage/health** auf Kosten seiner Ehe/Gesundheit; **what ~ ...?** *(Brit. sl.) (what is the chance of ...)* wie wär's mit ...?; *(... has failed)* wie steht's jetzt mit ...? *See also* **pay 2 f.** 2. *v. t. (fix ~ of)* kalkulieren ⟨*Ware*⟩; *(label with ~)* auszeichnen; **modestly ~d** preislich od. im Preis gering; **favourably ~d** preisgünstig
price: ~-bracket *see* price-range; **~-control** *n.* Preiskontrolle, *die*; **~-cut** *n.* Preissenkung, *die*; **~-fixing** *n.* Preisabsprache, *die*; **~ freeze** *n.* Preisstopp, *der*
priceless ['praɪslɪs] *adj.* **a)** *(invaluable)* unbezahlbar; unschätzbar ⟨*Gut*⟩; **b)** *(coll.: amusing)* köstlich
price: ~-list *n.* Preisliste, *die*; **~-range** *n.* Preisspanne, *die*; **it's within/outside my ~-range** das kann ich mir leisten/nicht leisten; **~-ring** *n. (Econ.)* Preiskartell, *das*; **~-rise** *n.* Preisanstieg, *der* (on bei); **constant ~-rises** ständig steigende Preise; ständige Preiserhöhungen; **~-tag** *n.* Preisschild, *das; (fig.)* Kosten *Pl.*; **~ war** *n.* Preiskrieg, *der*
pricey ['praɪsɪ] *adj., pricier* [ˈpraɪsɪə(r)], **priciest** ['praɪsɪst] *(Brit. coll.)* teuer
prick [prɪk] 1. *v. t.* **a)** *(pierce)* stechen; stechen in ⟨*Ballon*⟩; aufstechen ⟨*Blase*⟩; **he ~ed his finger with the needle** er stach sich *(Dat.)* mit der Nadel in den Finger; **~ the bubble** *(fig.)* die Illusion zerstören; **~ out** auspflanzen ⟨*Setzlinge*⟩; **b)** *(fig.)* quälen

⟨*plagen*⟩; **my conscience ~ed me** ich hatte Gewissensbisse; **c)** *(mark)* **~ [off** *or* **out]** vorstechen ⟨*Stickmuster, Linie usw.*⟩; **d)** *(mark off)* markieren. 2. *v. i.* **a)** *(hurt)* stechen; **b)** *(thrust)* stechen; **~ at sb.'s conscience** jmdm. Gewissensbisse verursachen. 3. *n.* **a)** **I felt a little ~:** ich fühlte einen leichten Stich; **give sb.'s finger a ~ with the needle** jmdn. mit der Nadel in den Finger stechen; **~s of conscience** Gewissensbisse *Pl.*; **b)** *(mark)* Punkt, *der*; **c)** *(coarse: penis)* Pimmel, *der (fam.)*; Schwanz, *der (derb)*; **d)** *(coarse, derog.: man)* Wichser, *der (derb)*; **e)** *(arch.: goad)* Stachel, *der*; **kick against the ~s** *(fig.)* wider den Stachel löcken *(geh.)*
~ up 1. *v.t.* aufrichten ⟨*Ohren*⟩; **~ up one's/its ears** *(listen)* die Ohren spitzen. 2. *v. i.* ⟨*Ohren:*⟩ sich aufrichten
prickle ['prɪkl] 1. *n.* **a)** *(thorn)* Dorn, *der*; **b)** *(Zool., Bot.)* Stachel, *der*. 2. *v. t.* stechen; ⟨*Wolle:*⟩ kratzen auf (+ *Dat.*), ⟨*Hitze, Wind:*⟩ prickeln auf (+ *Dat.*) ⟨*Haut*⟩. 3. *v. i.* kratzen
prickly ['prɪklɪ] *adj.* **a)** *(with prickles)* dornig; stachelig; **be ~** ⟨*Pflanze:*⟩ Stacheln/ Dornen haben; **b)** *(fig.)* empfindlich; **c)** *(tingling)* kratzig; **a ~ sensation in the limbs** ein Kribbeln od. Prickeln in den Gliedern
prickly: ~ 'heat *n. (Med.)* rote Frieseln; **~'pear** *n. (cactus)* Feigenkaktus, *der*; **b)** *(fruit)* Kaktusfeige, *die*
pricy *see* pricey
pride [praɪd] 1. *n.* **a)** Stolz, *der; (arrogance)* Hochmut, *der (abwertend);* **~ goes before a fall** *(prov.)* Hochmut kommt vor dem Fall *(Spr.)*; **take** *or* **have ~ of place** die Spitzenstellung einnehmen od. innehaben; *(in collection etc.)* das Glanzstück sein; **proper ~:** gesunder Stolz; **a proper ~ in oneself** ein gesundes Selbstwertgefühl; **she has a lot of ~:** sie ist sehr stolz; **his own ~ prevented him from doing that** sein Ehrgefühl verbot ihm, das zu tun; **false ~:** falscher Stolz; **take [a] ~ in sth.** auf jmdn./etw. stolz sein; **b)** *(object, best one)* Stolz, *der*; **sb.'s ~ and joy** jmds. ganzer Stolz; **c)** *(of lions)* Rudel, *das*. 2. *v. refl.* **~ oneself [up]on sth.** *(congratulate oneself)* auf etw. *(Akk.)* stolz sein; *(plume oneself)* sich mit etw. brüsten *(abwertend)*
priest [pri:st] *n.* Priester, *der; see also* **high priest**
priestess ['pri:stɪs] *n.* Priesterin, *die*
priesthood ['pri:sthʊd] *n. (office)* geistliches Amt; *(order of priests; priests)* Geistlichkeit, *die*; **go into the ~:** Priester werden
priestlike ['pri:stlaɪk] *adv.* priesterlich
priestly ['pri:stlɪ] *adj.* priesterlich; Priester⟨*kaste, -rolle*⟩
prig [prɪg] *n. (didactic)* Besserwisser, *der*/ -wisserin, *die (abwertend)*; *(smug)* selbstgefälliger Mensch; *(self-righteous)* Tugendbold, *der (ugs., iron.)*
priggish ['prɪgɪʃ] *adj. (didactic)* besserwisserisch *(abwertend)*; *(smug)* selbstgefällig *(abwertend)*; *(self-righteous)* übertrieben tugendhaft
prim [prɪm] *adj.* **a)** *(sedate, stiff)* ⟨*Person*⟩; streng ⟨*Kleidung*⟩; **~ and proper** etepetete *(ugs.)*; **b)** *(prudish)* zimperlich; prüde
prima ballerina [pri:mə bælə'ri:nə] *n.* Primaballerina, *die*
primacy ['praɪməsɪ] *n.* **a)** *(pre-eminence)* Vorrang, *der*; Primat, *der. od. das (geh.);* **position of ~:** Vorrangstellung, *die*; **b)** *(Eccl.: office)* Primat, *das*
prima donna [pri:mə 'dɒnə] *n. (Theatre; also fig.)* Primadonna, *die*
primaeval *see* primeval
prima facie [praɪmə 'feɪʃɪ:] 1. *adv.* auf den ersten Blick. 2. *adj.* glaubhaft klingend; **~ evidence** *(Law)* Anscheinsbeweis, *der*; **I don't see a ~ reason for it** ich sehe keinen einleuchtenden Grund dafür
primal ['praɪml] *adj.* ursprünglich, primitiv; **~ forces** Urkräfte *Pl.*

primarily ['praɪmərɪlɪ] *adv.* in erster Linie
primary ['praɪmərɪ] **1.** *adj.* **a)** *(first in sequence)* primär *(geh.);* grundlegend; **the ~ meaning of a word** die Grundbedeutung eines Wortes; **~ source** Primärquelle, *die (geh.);* **b)** *(chief)* Haupt*(rolle, -sorge, -ziel, -zweck);* **of ~ importance** von höchster Bedeutung. **2.** *n. (Amer.:* election*)* Vorwahl, *die*
primary: ~ 'battery *n. (Electr.)* Primärbatterie, *die;* **~ 'cell** *n. (Electr.)* Primärelement, *das;* **~ 'coil** *n. (Electr.)* Primärspule, *die;* **~ 'colour** *see* **colour 1 a; ~ edu'cation** *n.* Grundschulerziehung, *die;* **~ e'lection** *n. (Amer.)* Vorwahl, *die;* **~ 'feather** *n. (Ornith.)* Schwungfeder, *die;* **~ 'planet** *n. (Astron.)* Hauptplanet, *der;* **~ school** *n.* Grundschule, *die; attrib.* **~-school teacher** Grundschullehrer, *der/*-lehrerin, *die;* **~ stress** *n. (Ling.)* Hauptakzent, *der*
primate ['praɪmət, 'praɪmeɪt] *n.* **a)** *(Eccl.)* Primas, *der;* P~ **of England** Primas von England; *Titel des Erzbischofs von York;* P~ **of all England** Primas von ganz England; *Titel des Erzbischofs von Canterbury;* **b)** *(Zool.)* Primat, *der*
¹prime [praɪm] **1.** *n.* **a)** *(perfection)* Höhepunkt, *der;* Krönung, *die;* **in the ~ of life/youth/manhood** in der Blüte seiner/ihrer Jahre/der Jugend *(geh.)/*im besten Mannesalter; **be in/past one's ~:** in den besten Jahren sein/die besten Jahre überschritten haben; **b)** *(best part)* Beste, *das;* **c)** *(Math.)* Primzahl, *die.* **2.** *adj.* **a)** *(chief)* Haupt-; hauptsächlich; **~ motive** Hauptmotiv, *das;* **be of ~ importance** von höchster Wichtigkeit sein; **b)** *(excellent)* erstklassig; vortrefflich *(Beispiel);* **~ ham/lamb/pork** Schinken/Lamm/Schweinefleisch erster Güteklasse; **in ~ condition** *(Sportler, Tier)* in bester Verfassung; voll ausgereift *(Obst)*
²prime *v. t.* **a)** *(equip)* vorbereiten; **~ sb. with sth.** jmdn. mit etw. vertraut machen; **~ sb. with information/advice** jmdn. instruieren/jmdm. Ratschläge erteilen; **well ~d** gut vorbereitet; **b)** *(ply with liquor)* betrunken machen; abfüllen *(ugs.);* **c)** grundieren *(Wand, Decke);* **d)** füllen *(Pumpe);* **e)** *(inject petrol into)* Anlaßkraftstoff einspritzen in *(+ Akk.) (Motor, Zylinder);* **f)** schärfen *(Sprengkörper)*
prime: **~ 'cost** *n. (Econ.)* Selbstkosten *Pl.;* **~ me'ridian** *n. (Geog.)* Nullmeridian, *der;* **~ 'minister** *n.* Premierminister, *der/*-ministerin, *die;* **~ 'number** *n. (Math.)* Primzahl, *die*
¹primer ['praɪmə(r)] *n. (book)* Fibel, *die*
²primer *n.* **a)** *(explosive)* Zündvorrichtung, *die;* **b)** *(paint etc.)* Grundierlack, *der*
prime: ~ rate *n. (Econ.)* Prime rate, *die;* **~ 'ribs** *n. pl.* Hochrippen *Pl.;* **~ time** *n.* Hauptsendezeit, *die;* **~-time TV** Hauptsendezeit im Fernsehen
primeval [praɪ'miːvl] *adj.* urzeitlich; **~ times/forests** Urzeiten/Urwälder
priming ['praɪmɪŋ] *n. (paint)* Grundanstrich, *der;* Grundierung, *die*
primitive ['prɪmɪtɪv] **1.** *adj.* **a)** primitiv; *(original)* ursprünglich; *(prehistoric)* urzeitlich *(Mensch);* frühzeitlich *(Ackerbau, Technik);* *(Ling.)* **~ word** Stammwort, *das;* Primitivum, *das (fachspr.).* **2.** *n. (painter)* Maler der Zeit vor der Renaissance; *(in modern art)* Primitive, *der/die*
primitively ['prɪmɪtɪvlɪ] *adv.* primitiv
primly ['prɪmlɪ] *adv.* steif; streng *(sich kleiden)*
primness ['prɪmnɪs] *n. no pl.* Steifheit, *die; (of dress)* Strenge, *die*
primogeniture [praɪmə'dʒenɪtʃə(r)] *n. (Law)* **[right of] ~:** Primogenitur, *die;* **rights of ~:** Erstgeburtsrechte *Pl.*
primordial [praɪ'mɔːdɪəl] *adj.* ursprünglich; Ur*(masse, -zustand, -zeiten);* primordial *(bes. Philos.);* **~ soup** Urschleim, *der*

primp [prɪmp] *v. t.* zurechtstreichen, zurechtzupfen *(Haar, Kleid);* **~ oneself** sich zurecht- *od.* schönmachen *(ugs.)*
primrose ['prɪmrəʊz] *n.* **a)** *(plant, flower)* gelbe Schlüsselblume; Himmelsschlüsselchen, *das;* **the ~ path** *(fig.)* der Pfad des Vergnügens; *(path of least resistance)* der Weg des geringsten Widerstandes; *see also* **evening primrose; b)** *(colour)* schlüsselblumengelb
primula ['prɪmjʊlə] *n. (Bot.)* Primel, *die*
Primus, (P) ['praɪməs] *n.* **~ [stove]** Primuskocher, *der*
prince [prɪns] *n.* **a)** *(ruler)* Fürst, *der;* **b)** *(member of royal family)* **~ [of the blood]** Prinz *[von Geblüt];* P~ **of Wales** Prinz von Wales; **c)** *(rhet.: sovereign ruler)* Fürst, *der;* Monarch, *der;* **the P~ of Peace** der Friedensfürst; **the P~ of Darkness** der Fürst der Finsternis *od.* der Hölle; **d)** *(fig.: greatest one)* König, *der (of unter + Dat.);* **a ~ among men** ein Fürst unter den Sterblichen *(geh.)*
Prince: ~ Albert [prɪns 'ælbət] *n. (Amer. coll.)* Gehrock, *der;* Bratenrock, *der (veralt., scherzh.);* **~ 'Charming** *n. (fig.)* Märchenprinz, *der;* **p~ 'consort** *n.* Prinzgemahl, *der*
princely ['prɪnslɪ] *adj. (lit. or fig.)* fürstlich; **~ houses** Fürstenhäuser
Prince 'Regent *n.* Prinzregent, *der*
princess ['prɪnses, prɪn'ses] *n.* **a)** Prinzessin, *die;* **~ [of the blood]** Prinzessin *[von Geblüt];* **b)** *(wife of prince)* Fürstin, *die*
princess: ~ dress *n.* Prinzeßkleid, *das;* **~ line** *n.* Prinzeßform, *die;* **~ 'royal** *n. [Titel für]* älteste Tochter eines Monarchen
principal ['prɪnsɪpl] **1.** *adj.* **a)** Haupt-; *(most important)* wichtigst...; bedeutendst...; **the ~ cause of lung cancer** die häufigste Ursache für Lungenkrebs; **b)** *(Mus.)* **~ horn/bassoon etc.** erstes Horn/Fagott *usw.* **2.** *n.* **a)** *(head of school or college)* Rektor, *der/*Rektorin, *die;* **b)** *(performer)* Hauptdarsteller, *der/*-darstellerin, *die (Theater, Film);* **c)** *(leader)* Vorsitzende, *der/die;* **d)** *(employer of agent)* Auftraggeber, *der/*-geberin, *die;* **e)** *(in duel)* Duellant, *der;* **f)** *(Finance) (invested)* Kapitalbetrag, *der; (lent)* Kreditsumme, *die;* **g)** *(Law)* **[for whom another is surety]** Hauptschuldner, *der/*-schuldnerin, *die; (directly responsible for crime)* Hauptschuldige, *der/die*
principal: ~ 'boy *n. (Brit. Theatre)* [gewöhnlich von einer Frau gespielte] männliche Hauptrolle im britischen Weihnachtsmärchen; **~ clause** *n. (Ling.)* Hauptsatz, *der;* **~ 'girl** *n. (Brit. Theatre)* weibliche Hauptrolle im britischen Weihnachtsmärchen
principality [prɪnsɪ'pælɪtɪ] *n.* Fürstentum, *das;* **the P~** *(Brit.)* Wales
principally ['prɪnsɪpəlɪ] *adv.* in erster Linie
principal 'parts *n. pl. (Ling.)* Stammformen
principle ['prɪnsɪpl] *n.* **a)** Prinzip, *das;* **on the ~ that ...:** nach dem Grundsatz, daß ...; **be based on the that ...:** auf den Grundsatz basieren, daß ...; **basic ~:** Grundprinzip, *das;* **go back to first ~s** zu den Grundlagen zurückgehen; **in ~:** im Prinzip; **it's the ~ [of the thing]** es geht [dabei] ums Prinzip; **make it a ~ to do sth.** es sich *(Dat.)* zum Prinzip machen, etw. zu tun; **a man of high ~ or strong ~s** ein Mann von *od.* mit hohen Prinzipien; **a matter of ~:** eine Prinzipfrage; **do sth. on ~ or as a matter of ~:** etw. prinzipiell *od.* aus Prinzip tun; **operate by or work on the same ~:** nach demselben Prinzip funktionieren; **work on the ~ of 'first come, first served'** nach dem Prinzip „wer zuerst kommt, mahlt zuerst" vorgehen; **b)** *(Phys.)* Lehrsatz, *der;* **c)** *(Chem.)* Komponente, *die*
principled ['prɪnsɪpld] *adj.* von Prinzipien geleitet

prink [prɪŋk] *v. t. (coll.)* zurechtmachen *(ugs.) (Person, Haar);* schmücken *(Kleid, Haus);* **~ oneself [up]** sich herausputzen; sich zurechtmachen *(ugs.)*
print [prɪnt] **1.** *n.* **a)** *(impression)* Abdruck, *der; (finger~)* Fingerabdruck, *der; (foot~)* Fußabdruck, *der;* **b)** *(~ed lettering)* Gedruckte, *das; (type-face)* Druck, *der;* **clear/large ~:** deutlicher/großer Druck; **this ~ is too small** das ist zu klein gedruckt; **editions in large ~:** Großdruckbücher; *see also* **small print; c)** *(handwriting)* **write [sth.] in ~:** [etw.] in Druckschrift schreiben; *(published or ~ed state)* **be in/out of ~** *(Buch:)* erhältlich/vergriffen sein; **appear in/get into ~:** gedruckt werden; *see also* **rush into a; e)** *(~ed picture or design)* Druck, *der;* **f)** *(Photog.)* Abzug, *der; (Cinemat.)* Kopie, *die;* **black and white/colour ~:** Schwarzweiß-/Farbabdruck, *der/*-kopie, *die;* **g)** *(Textiles) (cloth with design or pattern)* bedruckter Stoff; *(design)* Druckmuster, *das;* **h)** *(~ed publication)* Publikation, *die;* **~s** *(Amer. Post)* Drucksachriften: **the ~s** *(Amer. Journ.)* die Presse. **2.** *v. t.* **a)** drucken *(Buch, Zeitschrift, Geldschein usw.);* **b)** *(write)* in Druckschrift schreiben *(Artikel, Roman, Ansichten usw.);* **d)** *(Photog.)* abziehen; *(Cinemat.)* kopieren; **e)** *(Textiles)* bedrucken *(Stoff);* **f)** *(impress)* eindrücken; **~ sth. with sth.** etw. mit etw. bedrucken; **~ sth. on etw.** drücken in *(+ Akk.) (Haut);* etw. aufdrucken auf *(+ Akk.) (Papier, Holz).* **3.** *v. i.* **a)** *(Printing)* drucken; **b)** *(write)* in Druckschrift schreiben
~ 'out *v. t. (Computing)* ausdrucken; *see also* **print-out**
printable ['prɪntəbl] *adj.* druckbar; **be ~** *(Photog.)* einen guten Abzug ermöglichen; **what he replied ist not ~** *(fig.)* was er geantwortet hat, möchte ich nicht wiederholen
printed ['prɪntɪd] *adj.* **a)** *(Printing)* gedruckt; **~ characters or letters** Druckbuchstaben; **on the ~ page** gedruckt; **b)** *(written like print)* in Druckschrift; **c)** *(published)* veröffentlicht *(Artikel, Roman, Ansichten usw.);* **d)** *(Textiles)* bedruckt *(Stoff);* **~ design** Druckmuster, *das*
printed: ~ 'circuit *n. (Electronics)* gedruckte Schaltung; **~ matter** *n., no pl., no indef. art.* **a)** Gedruckte, *das; (Post)* Drucksachen *Pl.;* **[item of] ~ matter** Drucksache, *die;* **~ paper** *(Brit. Post) see* **~ matter**
printer ['prɪntə(r)] *n.* **a)** *(Printing) (worker)* Drucker, *der/*Druckerin, *die; (owner of business)* Druckereibesitzer, *der;* **firm of ~s** Druckerei, *die;* **send sth. off to the ~'s** etw. in die Druckerei schicken; **at the ~'s** in der Druckerei; **b)** *(Computing)* Drucker, *der*
printer: ~'s 'devil *n. (Hist.)* Setzerjunge, *der;* **~'s 'error** *n.* Druckfehler, *der;* **~'s 'ink** *n.* Druckfarbe, *die*
printing ['prɪntɪŋ] *n.* **a)** Drucken, *das;* **[the] ~ [trade]** das Druckgewerbe; **b)** *(writing like print)* Druckschrift, *die;* **c)** *(edition)* Auflage, *die;* **d)** *(Photog.)* Abzug, *das;* **e)** *(Textiles)* Bedrucken, *das*
printing: ~ error *n.* Druckfehler, *der;* **~-house** *n.* Druckerei, *die;* **~-ink** *n.* Druckfarbe, *die;* **~-machine** *n. (Brit.)* Druckmaschine, *die;* **~-press** *n.* Druckerpresse, *die*
print: ~maker *n. (Graph. Arts)* Grafiker, *der/*Grafikerin, *die;* **~-out** *n. (Computing)* Ausdruck, *der;* **~-run** *n. (Publishing)* Auflage, *die;* **what is the ~-run?** wie hoch ist die Auflage?; **~-seller** *n.* Grafikhändler, *der/*-händlerin, *die;* **~-shop** *n.* **a)** *(shop)* Grafikhandlung, *die;* **b)** *(~ing establishment)* [kleinere] Druckerei
prior ['praɪə(r)] **1.** *adj.* vorherig *(Warnung, Zustimmung, Vereinbarung usw.);* früher *(Verabredung, Ehe);* vorrangig *(Bedeutung, Interesse);* Vor*(geschichte, -kenntnis, -war-*

557

prioritize   **prize-fight**

nung⟩; **give a matter ~ consideration** eine Angelegenheit vorher überdenken *od.* überprüfen; **have a** *or* **the ~ claim to sth.** ältere Rechte an etw. *(Dat.)* *od.* auf etw. *(Akk.)* haben. **2.** *adv.* **~ to** vor (+ *Dat.*); **~ to doing sth.** bevor man etw. tut/tat; **~ to that** vorher. **3.** *n.* *(Eccl.)* Prior, *der*
prioritize (prioritise) [praɪˈɒrɪtaɪz] *v.t.* nach Vordringlichkeit ordnen
priority [praɪˈɒrɪtɪ] *n.* **a)** *(precedence)* Vorrang, *der; attrib.* vorrangig; **have** *or* **take ~ :** Vorrang haben (**over** vor + *Dat.*); *(on road)* Vorfahrt haben; **give ~ to sb./sth.** jmdm./einer Sache den Vorrang geben; **give top ~ to sth.** einer Sache *(Dat.)* höchste Priorität einräumen; **what is the order of ~ for those jobs?** in welcher Reihenfolge sollen die Arbeiten erledigt werden?; **be listed in order of ~ :** der Vorrangigkeit nach aufgeführt sein; **according to ~ :** der Vorrangigkeit nach; **b)** *(matter)* vordringliche Angelegenheit; **our first ~ is to ... :** zuallererst müssen wir ...; **be high/low on the list of priorities** oben/unten auf der Prioritätenliste stehen; **get one's priorities right/wrong** seine Prioritäten richtig/falsch setzen; **it depends on one's** *or* **your priorities** es kommt darauf an, was einem wichtig ist
priory [ˈpraɪərɪ] *n. (Eccl.)* Priorat, *das*
prise *see* ²**prize**
prism [ˈprɪzm] *n. (Optics, Geom.)* Prisma, *das*
prismatic [prɪzˈmætɪk] *adj.* **a)** *(in shape)* prismenförmig; **b)** **~ colours** Spektralfarben
prismatic: ~ biˈnoculars *n. pl.* Prismenglas, *das;* **~ ˈcompass** *n. (Surv.)* Patentbussole, *die*
prison [ˈprɪzn] *n.* **a)** *(lit. or fig.)* Gefängnis, *das; attrib.* Gefängnis-; **~ without bars** offene [Vollzugs]anstalt; **stone walls do not a make** [nor iron bars a cage] *(prov.)* ≈ die Gedanken sind frei; **b)** *no pl., no art. (custody)* Haft, *die;* **10 years' ~ :** eine zehnjährige Gefängnisstrafe; **in ~ :** im Gefängnis; **go to ~ :** ins Gefängnis gehen *od. (ugs.)* wandern; **send sb. to ~ :** jmdn. ins Gefängnis schicken; **escape/be released from ~ :** aus dem Gefängnis ausbrechen/entlassen werden; **put sb. in ~ :** jmdn. verhaften *od. (ugs.)* einsperren; **let sb. out of ~ :** jmdn. aus der Haft entlassen
ˈprison camp *n.* Gefangenenlager, *das*
prisoner [ˈprɪznə(r)] *n. (lit. or fig.)* Gefangene, *der/die;* **~ [at the bar]** *(accused person)* Angeklagte, *der/die;* **~ of conscience** politischer *od.* religiösen Gründen Inhaftierter/Inhaftierte; **a ~ of circumstance** *(fig.)* ein Opfer der Umstände; **hold** *or* **keep sb. ~** *(lit. or fig.)* jmdn. gefangenhalten; **take sb. ~ :** jmdn. gefangennehmen
prisoner of ˈwar *n.* Kriegsgefangene, *der/die;* **prisoner-of-war camp** [Kriegs]gefangenenlager, *das*
prison: ˈguard *n.* Gefängniswärter, *der/*-wärterin, *die;* **~ life** *n., no art.* Gefängnisleben, *das;* **~ ˈvisitor** *n.* ≈ Gefangenenfürsorger, *der/*-fürsorgerin, *die*
prissy [ˈprɪsɪ] *adj. (coll.)* zickig *(ugs.)*; piepsig *(ugs.)* ⟨Stimme⟩
pristine [ˈprɪstiːn, ˈprɪstaɪn] *adj.* unberührt; ursprünglich ⟨Glanz, Weiße, Schönheit⟩; **in ~ condition** in tadellosem Zustand
privacy [ˈprɪvəsɪ, ˈpraɪvəsɪ] *n.* **a)** *(seclusion)* Zurückgezogenheit, *die;* **guard one's ~ :** seine Privatsphäre abschirmen; **in the ~ of one's [own] home/living-room** in den eigenen vier Wänden *(ugs.)*; **invasion of ~/sb.'s ~ :** Eindringen in die/jmds. Privatsphäre; **I have** *or* **get no ~ in this house** ich habe keine Ruhe in diesem Haus; **allow sb. no ~ :** jmdm. kein Privatleben erlauben; **b)** *(confidentiality)* **in the strictest ~ :** unter strengster Geheimhaltung
private [ˈpraɪvət] **1.** *adj.* **a)** *(outside State*

system) privat; Privat⟨*unterricht, -schule, -industrie, -klinik, -patient, -station usw.*⟩; **a doctor working in ~ medicine** ein Arzt, der Privatpatienten hat; **have a ~ education** auf eine Privatschule gehen; **b)** *(belonging to individual, not public, not business)* persönlich ⟨*Dinge*⟩; nichtöffentlich ⟨*Versammlung, Sitzung*⟩; privat ⟨*Telefongespräch, Schriftverkehr*⟩; Privat⟨*flugzeug, -strand, -parkplatz, -leben, -konto*⟩; **'~'** *(on door)* „Privat"; *(in public building)* „kein Zutritt"; *(on ~ land)* „Betreten verboten"; **for [one's own] ~ use** für den persönlichen Gebrauch; **do some ~ studying in the holidays** in den Ferien allein lernen; **the funeral was ~ :** die Beisetzung hat in aller Stille stattgefunden; **they were married in a ~ ceremony** ihre Hochzeit wurde im engen Familien- und Freundeskreis gefeiert; **in a ~ capacity** als Privatperson; **c)** *(personal, affecting individual)* persönlich ⟨*Meinung, Interesse, Überzeugung, Rache*⟩; privat ⟨*Vereinbarung, Zweck*⟩; **~ joke** Witz, den nur Eingeweihte verstehen; **~ war** Privatkrieg, *der;* **d)** *(not for public disclosure)* geheim ⟨*Verhandlung, Geschäft, Tränen*⟩; still ⟨*Gebet, Nachdenken, Grübeln*⟩; persönlich ⟨*Gründe*⟩; *(confidential)* vertraulich; **have a ~ word with sb.** jmdn. unter vier Augen sprechen; **e)** *(secluded)* still ⟨*Ort*⟩; *(undisturbed)* **we can be ~ here** hier sind wir ungestört; **f)** *(not in public office)* nicht beamtet *(Amtsspr.)*; **~ citizen** *or* **individual** Privatperson, *die.* **2.** *n.* **a)** *(Brit. Mil.)* einfacher Soldat; *(Amer. Mil.)* Gefreite, *der;* **~ first ˈclass** *(Amer.)* Obergefreite, *der;* **P~ X** Soldat/Gefreiter X; **b) in ~ :** privat; in kleinem Kreis ⟨*feiern*⟩; *(confidentially)* ganz im Vertrauen; **speak to sb. in ~ :** jmdn. unter vier Augen sprechen; **make a deal in ~ :** ein privates Geschäft abschließen; **you should do it in ~ :** du solltest das nicht in der Öffentlichkeit tun; **c)** *in pl. (coll.: genitals)* Geschlechtsteile *Pl.*
private: ~ ˈarmy *n.* Privatarmee, *die;* **~ ˈbed** *n.* Bett für Privatpatienten; **~ ˈcar** *n.* Privatwagen, *der;* **~ ˈcompany** *n. (Brit. Commerc.)* Privatgesellschaft, *die;* **~ deˈtective** *n.* [Privat]detektiv, *der/*-detektivin, *die;* **~ ˈenterprise** *n. (Commerc.)* das private Unternehmertum; **[spirit of] ~ enterprise** *(fig.)* Unternehmungsgeist, *der*
privateer [praɪvəˈtɪə(r)] *n.* **a)** Kaperschiff, *das;* **b)** *(person)* Kaper, *der*
private: ~ ˈeye *n. (coll.)* [Privat]detektiv, *der/*-detektivin, *die;* **~ hoˈtel** *n.* Pension, *die;* **~ ˈincome** *n.* private Einkünfte *Pl.;* **~ inˈvestigator** *n.* Privatdetektiv, *der/*-detektivin, *die*
privately [ˈpraɪvətlɪ] *adv.* privat ⟨*erziehen, zugeben, korrespondieren*⟩; vertraulich ⟨*jmdn. sprechen*⟩; insgeheim ⟨*denken, glauben, verhandeln*⟩; **study ~** in Privatbesitz; **held opinion** persönliche Meinung
private: ~ ˈmeans *n. pl. see* **private income;** **~ ˈmember** *n. (Brit. Parl.)* nicht der Regierung angehörender/angehörende Abgeordnete; **~ ˈmember's bill** *n. (Brit. Parl.)* Gesetzesvorlage eines/einer nicht der Regierung angehörenden/angehörende Abgeordneten; **~ ˈparts** *n. pl.* Geschlechtsteile *Pl.;* **~ ˈpractice** *n. (Med.)* Privatpraxis, *die; (patients)* Stamm von Privatpatienten; **he is now in ~ practice** er hat jetzt eine Privatpraxis; **b)** *(of architect/lawyer)* eigenes Büro/eigene Kanzlei; **be in ~ practice** ein eigenes Büro/eine eigene Kanzlei haben; **~ ˈpress** *n.* Privatdruckerei, *die;* **~ ˈproperty** *n.* Privateigentum, *das;* **~ ˈsecretary** *n.* Privatsekretär, *der/*-sekretärin, *die;* **~ ˈsector** *n.* **the ~ sector** [**of industry**] die Privatwirtschaft; **~ ˈsoldier** *n.* **a)** *(Brit. Mil.)* einfacher Soldat; *(Amer. Mil.)* Gefreite, *der;* **~ ˈtreaty** *n.* privater Vertrag; **sold by ~ treaty** auf privater Basis verkauft; **~ ˈview[ing]** *n. (Art)* Ver-

nissage, *die; (Cinemat.)* Aufführung eines Films für geladene Zuschauer vor der öffentlichen Erstaufführung
privation [praɪˈveɪʃn] *n. (lack of comforts)* Not, *die;* **suffer many ~s** viele Entbehrungen erleiden
privatisation, privatise *see* **privatiz-**
privatization [praɪvətaɪˈzeɪʃn] *n.* Privatisierung, *die*
privatize [ˈpraɪvətaɪz] *v.t.* privatisieren
privet [ˈprɪvɪt] *n. (Bot.)* Liguster, *der*
privilege [ˈprɪvɪlɪdʒ] **1.** *n.* **a)** *(right, immunity)* Privileg, *das;* collect. Privilegien *Pl.;* **tax ~s** Steuervorteile *Pl.;* **that's a lady's ~ :** das ist das Vorrecht einer Dame; **Parliamentary ~ :** Immunität des Abgeordneten; **b)** *(special benefit)* Sonderrecht, *das; (honour)* Ehre, *die;* **it was a ~ to listen to him** es war im besonderes Vergnügen, ihm zuzuhören; **we were expected to pay for the ~** *(iron.)* wir hatten auch noch die Ehre, dafür bezahlen zu dürfen; **c)** *(monopoly)* Vorrecht, *das; (sole right of selling sth.)* Alleinverkaufsrecht, *das;* **d)** *(Amer. St. Exch.)* Termingeschäft, *das;* **buy ~s** Optionsrechte erwerben. **2.** *v.t.* **~ sb. to do sth.** jmdm. das Recht einräumen, etw. zu tun
privileged [ˈprɪvɪlɪdʒd] *adj.* privilegiert; **the ~ classes** die privilegierten Schichten; **a/the ~ few** einige wenige Privilegierte/die kleine Gruppe von Privilegierten; **sb. is ~ to do sth.** jmd. hat die Ehre, etw. zu tun; **I am [greatly] ~ to introduce sb./sth.** es ist mir eine [große] Ehre, Ihnen jmdn./etw. vorstellen zu können; **have a** *or* **be in a ~ position** eine bevorzugte Position innehaben
privy [ˈprɪvɪ] **1.** *adj.* **be ~ to sth.** in etw. *(Akk.)* eingeweiht sein. **2.** *n. (arch./Amer.)* Abtritt, *der (veralt.);* Häuschen, *das (ugs.)*
privy: P~ ˈCouncil *n. (Brit.)* Geheimer [Staats]rat; **~ ˈcounsellor** *(*or **ˈcouncillor)** *n. (Brit.: member of P~ Council)* Geheimer Rat; **~ ˈseal** *n. (Brit.)* Geheimsiegel, *das;* Kleines Siegel; **Lord P~ Seal** Lordsiegelbewahrer, *der*
ˈprize [praɪz] **1.** *n.* **a)** *(reward, money)* Preis, *der;* **win** *or* **take first/second/third ~ :** den ersten/zweiten/dritten Preis gewinnen; **for sheer impudence he takes the ~!** *(fig.)* für seine Frechheit müßte er einen Preis bekommen *(iron.);* **there are no ~s for doing sth.** *(iron.)* es ist kinderleicht, etw. zu tun; **cash** *or* **money ~ :** Geldpreis, *der;* **b)** *(in lottery)* Gewinn, *der; (got by buying goods)* Werbegeschenk, *das;* **win sth. as a ~ :** etw. gewinnen; **I won a ~ of £1,000** ich habe 1000 Pfund gewonnen; **c)** *(fig.: something worth striving for)* Lohn, *der;* **glittering ~s** verlockender Lohn. **2.** *v.t.* **~ sth. [highly]** etw. hoch schätzen; **gold is one of the most ~d [of] metals** Gold ist eines der begehrtesten Metalle; **we ~ liberty more than life** wir lieben die Freiheit mehr als das Leben; **sb.'s most ~d possessions** jmds. wertvollster Besitz. **3.** *attrib. adj.* **a)** *(~-winning)* preisgekrönt; **b)** *(awarded as ~)* **~ medal/trophy** Siegesmedaille, *die/*Siegestrophäe, *die;* **c)** *(iron.)* **~ ˈidiot** Vollidiot, *der/*-idiotin, *die (ugs.);* **~ ˈmuddle** Durcheinander erster Güte; **~ exˈample** Musterbeispiel, *das (iron.)*
²**prize** *v.t. (force)* **~ [open]** aufstemmen; **~ up** abheben ⟨*Diele*⟩; **~ the lid off a crate** eine Kiste aufstemmen; **~ sth. out of sb.** etw. aus etw. herausbekommen; **~ information/a secret out of sb.** Informationen/ein Geheimnis aus jmdm. herauspressen
~ aˈpart *v.t.* auseinanderstemmen
~ ˈout *v.t.* herausbrechen
³**prize** *n.* **a)** *(captured ship)* Prise, *die;* **b)** *(chance find)* [zufälliger] Fund; **this is a rare ~!** das ist ein seltener Fund!
prize: ~-ˈday *n. (Sch.)* Tag der Preisverleihung, *der;* **~-day speech** Rede zur Preisverleihung, *die;* **~-fight** *n. (Boxing)* Preisboxkampf, *der;* **enter a ~-fight** an einem Preisboxen

558

prize-fighter

teilnehmen; ~-**fighter** *n. (Boxing)* Preisboxer, *der;* ~-**fighting** *n. (Boxing)* Preisboxen, *das;* ~-**giving** *n. (Sch.)* Preisverleihung, *die;* ~-**money** *n. (Sport)* Preisgeld, *das; (Sport)* **offer £5,000 in** ~-**money** Geldpreise in Höhe von insgesamt 5000 Pfund anbieten; ~-**winner** *n.* Preisträger, *der/*-trägerin, *die; (in lottery)* Gewinner, *der/*Gewinnerin, *die;* ~-**winning** *adj.* preisgekrönt; *(in lottery)* Gewinner-
PRO *abbr.* a) public relations officer PR-Manager, *der/*-Managerin, *die;* b) public relations office PR-Abteilung, *die*
¹**pro** [prəʊ] **1.** *n. in pl.* **the ~s and cons** das Pro und Kontra; **there are more ~s than cons** die Sache hat mehr Vorteile als Nachteile. **2.** *adv.* ~ **and con** pro und kontra. **3.** *prep.* ~ **and con** für und gegen
²**pro 1.** *n. (coll.)* a) *(Sport, Theatre)* Profi, *der;* b) *(prostitute)* Nutte, *die (derb).* **2.** *adj.* Profi-
³**pro-** *pref.* pro-; ~-**Communist** prokommunistisch; **be** ~-**hanging** für die Todesstrafe [durch den Strang] sein
pro-am [prəʊˈæm] *adj. (Sport)* ~ **competition** Wettbewerb der Profis und Amateure
probability [prɒbəˈbɪlɪtɪ] *n.* a) *(likelihood; also Math.)* Wahrscheinlichkeit, *die;* **exceed the bounds of** ~: die Grenzen des Wahrscheinlichen übersteigen; **against all** ~: entgegen aller Wahrscheinlichkeit; **in all** ~: aller Wahrscheinlichkeit nach; **there is little/a strong ~ that ...**: die Wahrscheinlichkeit, daß ..., ist gering/groß; **there's every ~ of a victory** höchstwahrscheinlich wird es zu einem Sieg kommen; b) *(likely event)* **the ~ is that ...**: es ist zu erwarten, daß ...; **war is becoming a ~**: der Ausbruch eines Krieges wird immer wahrscheinlicher; **it is more than a possibility, it is a ~**: es ist nicht nur möglich, es ist wahrscheinlich
probable [ˈprɒbəbl] **1.** *adj.* wahrscheinlich; **highly ~**: höchstwahrscheinlich; **his explanation did not sound very ~**: seine Erklärung klang nicht sehr glaubhaft; **another wet summer looks ~**: es sieht ganz nach einem weiteren verregneten Sommer aus; **he seems the most ~ winner** er scheint die besten Aussichten auf einen Sieg zu haben. **2.** *n. (participant)* wahrscheinlicher Teilnehmer/wahrscheinliche Teilnehmerin (for an + *Dat.*); *(candidate)* wahrscheinlicher Kandidat/wahrscheinliche Kandidatin (for für)
probably [ˈprɒbəblɪ] *adv.* wahrscheinlich
probate [ˈprəʊbeɪt, ˈprəʊbɪt] *n. (Law)* a) gerichtliche Testamentsbestätigung; b) *(copy)* beglaubigte Testamentsabschrift
probation [prəˈbeɪʃn] *n.* a) Probezeit, *die;* **a year's ~**: eine einjährige Probezeit; [be put] **on ~**: auf Probe [eingestellt werden]; **be on ~**: Probezeit haben; **while on ~**: während der Probezeit; b) *(Law)* Bewährung, *die;* **give sb.** [**two years'**] ~, **put sb. on ~** [**for two years**] jmdm. [zwei Jahre] Bewährung geben; **be on ~**: auf Bewährung sein
probationary [prəˈbeɪʃənərɪ] *adj.* Probe-; ~ **period** Probezeit, *die;* ~ **appointment** Einstellung auf Probe
probationer [prəˈbeɪʃənə(r)] *n.* a) *(employee)* Angestellter/Angestellte auf Probe; *(nurse)* Lernschwester, *die/*-pfleger, *der; (candidate)* Probekandidat, *der/*-kandidatin, *die;* b) *(Law: offender)* auf Bewährung Freigelassener/Freigelassene
proˈbation officer *n.* Bewährungshelfer, *der/*-helferin, *die*
probe [prəʊb] **1.** *n.* a) *(investigation)* Untersuchung, *die* (**into** *Gen.*); **a ~ is being conducted** Nachforschungen werden angestellt; b) *(Med., Electronics, Astron.)* Sonde, *die;* c) *(pointed instrument)* Tastgerät, *das.* **2.** *v.t.* a) *(investigate)* erforschen; untersuchen; b) *(with pointed instrument)* stechen in (+ *Akk.*); sondieren *(Med.);* c) *(reach deeply into)* gründlich untersuchen ⟨Tasche *usw.*⟩; gründlich erforschen ⟨Kontinent, Weltall⟩. **3.** *v.i.* a) *(make investigation)* forschen; **he kept probing** er bohrte weiter *(ugs.);* ~ **into a matter** einer Angelegenheit *(Dat.)* auf den Grund gehen; b) *(with pointed instrument)* herumstochern; *(Med.)* sondieren; c) *(reach deeply)* vordringen (**into** in + *Akk.*)
probing [ˈprəʊbɪŋ] *adj. (penetrating)* gründlich; durchdringend ⟨Blick⟩; ~ **question** Testfrage, *die*
probity [ˈprəʊbɪtɪ] *n., no pl.* Rechtschaffenheit, *die*
problem [ˈprɒbləm] *n.* a) *(difficult matter)* Problem, *das; attrib.* Problem⟨gebiet, -fall, -familie, -stück⟩; ~ **child** Problemkind, *das; (fig.: cause of difficulties)* Sorgenkind, *das;* **I find it a ~ to start** *or* **have a ~** [**in**] **starting the car** ich habe Probleme, das Auto anzulassen; [**I see**] **no ~** *(coll.)* kein Problem; **what's the ~?** *(coll.)* wo fehlt's denn? **the ~ about** *or* **with sb./sth.** das Problem mit jmdm./bei etw.; **the ~ of how to do sth.** das Problem *od.* die Frage, wie man etw. tun soll; **the Northern Ireland ~**: die Nordirlandfrage; **he has a drink ~**: er hat ein Alkoholproblem; **that presents a ~**: das ist ein Problem; **the least of her ~s** ihre geringste Sorge; **you think 'you've got ~s!** *(coll. iron.)* deine Sorgen möchte ich haben! *(ugs. iron.);* b) *(puzzle)* Rätsel, *das;* c) *(Chess, Bridge, Math., Phys., Geom.)* Problem, *das*
problematic [prɒbləˈmætɪk], **problematical** [prɒbləˈmætɪkl] *adj.* problematisch; *(doubtful)* fragwürdig
problematically [prɒbləˈmætɪkəlɪ] *adv.* auf problematische Weise
proboscis [prəˈbɒsɪs] *n., pl.* ~**es** *or* **proboscides** [prəˈbɒsɪdiːz] *(Zool.)* Rüssel, *der; (of monkey)* Nase, *die*
procedural [prəˈsiːdjʊərl] *adj.* verfahrensmäßig; *(Law)* verfahrensrechtlich
procedure [prəˈsiːdjə(r)] *n.* a) *(particular course of action)* Verfahren, *die,* Prozedur, *die (meist abwertend);* ~**s are under way** es sind Maßnahmen im Gange; b) *(way of doing sth.)* Verfahrensweise, *die;* ~ [parlamentarisches] Verfahren; *(Law)* Verfahrensordnung, *die;* **according to democratic ~s** gemäß den Spielregeln der Demokratie; **what is the regular ~?** wie wird das normalerweise gehandhabt?
proceed [prəˈsiːd] *v.i. (formal)* a) *(advance)* *(on foot)* gehen; *(as or by vehicle)* fahren; *(on horseback)* reiten; *(after interruption)* weitergehen/-fahren/-reiten; ~ **somewhere** sich irgendwohin begeben; ~ **on one's way** seinen Weg fortsetzen; **as the evening ~ed** im [weiteren] Verlauf des Abends; ~ **to business** sich geschäftlichen Dingen zuwenden; ~ **to the next item on the agenda** zum nächsten Punkt der Tagesordnung übergehen; ~ [**from Rome**] **to Venice** *(continue)* [von Rom] nach Venedig weiterreisen; b) *(begin and carry on)* beginnen; *(after interruption)* fortfahren; ~ **to talk/eat** *etc. (begin and carry on)* beginnen, zu sprechen/essen *usw.; (after interruption)* weitersprechen/-essen *usw.;* ~ **in** *or* **with sth.** *(begin)* [mit] etw. beginnen; *(continue)* etw. fortsetzen; ~ *(adopt course)* vorgehen; **we must ~ carefully in this case** wir müssen in diesem Fall umsichtig vorgehen; ~ **harshly** *etc.* **with sb.** hart *usw.* mit jmdm. umgehen; ~ **discreetly with sth.** etw. diskret behandeln; d) *(be carried on)* ⟨Rennen⟩ verlaufen; *(be under way)* ⟨Verfahren⟩ laufen; *(be continued after interruption)* fortgesetzt werden; **how is the project ~ing?** wie geht das Projekt voran?; e) *(go on to say)* fortfahren; f) *(originate)* ~ **from** *(issue from)* kommen von; *(be caused by)* herrühren von
~ **against** *v.t. (Law)* gerichtlich vorgehen gegen
proceeding [prəˈsiːdɪŋ] *n.* a) *(action)* Vorgehensweise, *die;* **in** *pl. (events)* Vorgänge; **lose control of the ~s** nicht mehr Herr der Lage sein; **I'll go along to watch the ~s** ich geh mal gucken, was da läuft; **be involved in questionable ~s** in eine fragwürdige Sache verwickelt sein; c) *in pl. (Law)* Verfahren, *das;* **court ~s** Gerichtsverhandlung, *die;* **court ~s can be lengthy** eine Gerichtsverhandlung kann in die Länge ziehen; **legal ~** Gerichtsverfahren, *das;* **start/take** [**legal**] ~ [**against sb.**] gerichtlich [gegen jmdn.] vorgehen; **civil/criminal ~s** Zivil-/Strafprozeß, *der;* **take criminal/divorce ~s against sb.** ein Strafverfahren gegen jmdn. einleiten/einen Scheidungsprozeß gegen jmdn. anstrengen; d) *in pl. (report)* Tätigkeitsbericht, *der; (of single meeting)* Protokoll, *das*
proceeds [ˈprəʊsiːdz] *n. pl.* Erlös, *der* (**from** aus)
pro-ceˈlebrity *adj. (Sport)* Schau⟨wettkampf, -turnier⟩ *(mit Prominenten und Profis)*
¹**process** [ˈprəʊses] **1.** *n.* a) *(of time or history)* Lauf, *der;* **he learnt a lot in the ~**: er lernte eine Menge dabei; **in the ~ of the operation** *or* **being operated on** im Verlauf der Operation; **in the ~ of teaching his children** bei der Erziehung seiner Kinder; **be in the ~ of doing sth.** gerade etw. tun; **be in ~**: in Gang sein; **sth. is in ~ of formation** etw. wird gerade gebildet; b) *(proceeding)* Vorgang, *der;* Prozedur, *die;* **undergo** *or* **be subjected to a ~ of interrogation** mehrfach verhört werden; **by due ~ of law** nach rechtmäßigem Verfahren; **the democratic ~**: das demokratische Verfahren; c) *(method)* Verfahren, *das;* ~**s of communication** Kommunikationsprozesse; **by a ~ of elimination** durch Eliminierung; d) *(natural operation)* Prozeß, *der;* Vorgang, *der;* ~ **of evolution/natural selection** Evolutionsprozeß, *der/*natürliche Auslese; e) *(Anat., Bot., Zool.: protuberance)* Fortsatz, *der.* **2.** *v.t.* verarbeiten ⟨Rohstoff, Signal, Daten⟩; bearbeiten ⟨Antrag, Akte, Darlehen⟩; aufbereiten ⟨Abwasser, Abfall⟩; *(for conservation)* behandeln ⟨Leder, Lebensmittel⟩; *(Photog.)* entwickeln ⟨Film⟩
²**process** [prəˈses] *v.i.* marschieren
ˈprocess cheese *(Amer.),* **ˈprocessed cheese** *ns.* Schmelzkäse, *der*
processor *see* processor
procession [prəˈseʃn] *n.* a) Zug, *der; (religious)* Prozession, *die; (festive)* Umzug, *der;* **go/march/move** *etc.* **in ~**: Trauerzug, *der;* b) *(fig.: series)* Reihe, *die;* **his life was an endless ~ of parties** sein Leben war eine endlose Folge von Partys; **there has been a ~ of people in and out of my office all day** heute war in meinem Büro ein ständiges Kommen und Gehen
processional [prəˈseʃənl] **1.** *adj.* Prozessions-; **at a ~ pace** im Schritttempo. **2.** *n. (hymn)* Prozessionshymne, *die*
processor [ˈprəʊsesə(r)] *n. (machine)* Prozessor, *der;* **central ~** *(Computing)* Zentralprozessor, *der*
proclaim [prəˈkleɪm] *v.t.* a) erklären ⟨Absicht⟩; bekanntgeben ⟨Fakten, Einzelheiten⟩; beteuern ⟨Unschuld⟩; geltend machen ⟨Recht, Anspruch⟩; *(declare officially)* verkünden ⟨Amnestie⟩; ausrufen ⟨Republik⟩; ~ **sb./oneself King/Queen** jmdn./sich zum König/zur Königin ausrufen; ~ **a country** [**to be**] **a republic** in einem Land die Republik ausrufen; ~ **1 January a public holiday** den 1. Januar zum Feiertag erklären; ~ **sb./oneself heir to the throne** jmdn./sich zum Thronfolger ernennen; b) *(reveal)* verraten; ~ **sb./sth.** [**to be**] **sth.** verraten, daß jmd./etw. etw. ist

proclamation [proklə'meɪʃn] *n.* **a)** *(act of proclaiming)* Verkündung, *die;* Proklamation, *die (geh.);* **the ~ of a new sovereign** die Ausrufung *od.* Proklamation eines neuen Herrschers; **by ~:** durch Bekanntmachung; **b)** *(notice)* Bekanntmachung, *die; (edict, decree)* Erlaß, *der;* **issue** *or* **make a ~:** eine Bekanntmachung/einen Erlaß herausgeben

proclivity [prə'klɪvɪtɪ] *n.* Neigung, *die;* **have/show a ~** *or* **proclivities for** *or* **towards sth.** einen Hang zu etw. haben/zeigen

procrastinate [prə'kræstɪneɪt] *v. i.* zaudern *(geh.);* **~ in doing sth.** es hinauszögern, etw. zu tun; **I ought to start but I keep procrastinating** ich müßte anfangen, aber ich schiebe es immer vor mir her

procrastination [prəkræstɪ'neɪʃn] *n.* Saumseligkeit, *die (geh.);* **there is no time for ~:** die Sache duldet keinen Aufschub; **~ is the thief of time** *(prov.)* ≈ was du heute kannst besorgen, das verschiebe nicht auf morgen *(Spr.)*

procreate ['prəʊkrɪeɪt] **1.** *v. t.* **a) ~ children** Kinder bekommen; **b)** *(fig.: produce)* hervorbringen. **2.** *v. i.* sich fortpflanzen

procreation [prəʊkrɪ'eɪʃn] *n.* Fortpflanzung, *die; (fig.: production)* Erzeugung, *die*

Procrustean [prə'krʌstɪən] *adj.* starr ⟨*Gesetze, Regeln, Prinzipien, Einstellung*⟩; unnachgiebig ⟨*Strenge, Entschlossenheit*⟩

proctor ['prɒktə(r)] *n.* **a)** *(Brit. Univ.)* Aufsichtsbeamter der Universität; **b)** *(Amer. Univ.)* see **invigilator**

procurator ['prɒkjʊəreɪtə(r)] *n.* Stellvertreter, *der/*Stellvertreterin, *die;* Bevollmächtigte, *der/die*

procurator 'fiscal *n. (Scot. Law)* Staatsanwalt, *der*

procure [prə'kjʊə(r)] **1.** *v. t.* **a)** *(obtain)* beschaffen; **~ for sb./oneself** jmdm./sich verschaffen ⟨*Arbeit, Unterkunft, Respekt, Reichtum*⟩; jmdm./sich beschaffen ⟨*Arbeit, Ware*⟩; **b)** *(bring about)* herbeiführen ⟨*Ergebnis, Wechsel, Frieden*⟩; bewirken ⟨*Freilassung*⟩; **c)** *(for sexual gratification)* beschaffen. **2.** *v. i.* Kuppelei betreiben; **procuring** Kuppelei, *die;* **~ for a prostitute** einer Prostituierten *(Dat.)* Kunden beschaffen

procurement [prə'kjʊəmənt] *n.* see **procure 1:** Beschaffung, *die;* Herbeiführung, *die;* Bewirkung, *die*

procurer [prə'kjʊərə(r)] *n. (for sexual purposes)* Kuppler, *der;* **act as a ~ of girls/boys for sb.** jmdm. Mädchen/Jungen besorgen

procuress [prə'kjʊrɪs] *n.* Kupplerin, *die*

Prod [prɒd] *n. (Ir. coll.)* Protestant, *der/*Protestantin, *die;* Evangele, *der (ugs.)*

prod [prɒd] **1.** *v. t.,* **-dd-** *n.* stupsen *(ugs.);* stoßen mit ⟨*Stock, Finger usw.*⟩; **he ~ded the map with his finger** er stieß mit dem Finger auf die Karte; **~ sb. gently** jmdn. anstupsen *od.* leicht anstoßen; **~ the fire/pile of leaves** im Feuer stochern/im Blätterhaufen herumstochern; **~ sb. in the ribs** jmdm. einen Rippenstoß versetzen; jmdn. in die Rippen stoßen; **b)** *(fig.: rouse)* antreiben; nachhelfen (+ *Dat.*) ⟨*Gedächtnis*⟩; **he needs ~ding before he will do anything** man muß ihn zu allem erst antreiben; **~ sb. to do sth.** jmdn. dazu antreiben, etw. zu tun. **2.** *v. i.,* **-dd-** stochern. **3.** *n.* Stupser, *der;* **a ~ in the/my** etc. **ribs** ein Rippenstoß; **give sb. a ~:** jmdm. einen Stupser geben; *(fig.)* jmdn. auf Touren bringen; **this sight gave my memory a ~** *(fig.)* dieser Anblick half meinem Gedächtnis auf die Sprünge

~ a'bout, ~ a'round *v. i. (lit. or fig.)* herumstochern

~ at *v. t.* anstupsen

prodigal ['prɒdɪgl] **1.** *adj.* verschwenderisch; **be ~ with sth.** verschwenderisch mit etw. umgehen; **be ~ of sth.** *(literary)* freigebig mit etw. sein. **2.** *n.* Verschwender, *der/*Verschwenderin, *die*

prodigality [prɒdɪ'gælɪtɪ] *n., no pl.* **a)** *(extravagance)* Verschwendungssucht, *die;* **b)** *(liberality)* Großzügigkeit, *die*

prodigal 'son *n. (Bibl.; also fig. iron.)* verlorener Sohn; **the return of the ~:** die Heimkehr des verlorenen Sohnes

prodigious [prə'dɪdʒəs] *adj.* ungeheuer; unglaublich ⟨*Lügner, Dummkopf*⟩; wunderbar ⟨*Ereignis, Anblick, Taten*⟩; außerordentlich ⟨*Begabung, Können*⟩; gewaltig ⟨*Fortschritt, Kraft, Energie*⟩; **to a ~ degree** über alle Maßen

prodigiously [prə'dɪdʒəslɪ] *adv.* ungeheuer; außerordentlich ⟨*begabt, dumm*⟩

prodigy ['prɒdɪdʒɪ] *n.* **a)** *(gifted person)* außergewöhnliches Talent; **musical ~:** musikalisches Wunderkind; see also **child prodigy; infant prodigy; b)** *(marvel)* Wunder, *das;* **c) be a ~ of sth.** ein Wunder/*(derog.)* ein Ausbund an etw. *(Dat.)* sein

produce 1. ['prɒdju:s] *n.* **a)** *(things produced)* Produkte *Pl.;* Erzeugnisse *Pl.;* **b)** *(yield)* Ertrag, *der; (Mining)* Ausbeute, *die.* **2.** [prə'dju:s] *v. t.* **a)** *(bring forward)* vorlegen ⟨*Beweismaterial, Beweis*⟩; beibringen ⟨*Zeugen*⟩; angeben ⟨*Grund*⟩; geben ⟨*Erklärung*⟩; vorzeigen ⟨*Paß, Fahrkarte, Papiere*⟩; **he ~d a splendid shot** ihm gelang ein großartiger Schuß; **~ a rabbit out of a hat** ein Kaninchen aus einem Zylinder hervorzaubern; **he ~d a few coins from his pocket** er holte einige Münzen aus seiner Tasche; **she ~d a gun from her pocket** sie zog einen Revolver aus ihrer Tasche; **b)** *(public presentation)* produzieren ⟨*Show, Film*⟩; inszenieren ⟨*Theaterstück, Hörspiel, Fernsehspiel*⟩; herausgeben ⟨*Schallplatte, Buch*⟩; **well-~d** gut gemacht ⟨*Film, Theaterstück, Programm*⟩; **c)** *(manufacture)* herstellen; *(in nature; Agric.)* produzieren; zubereiten ⟨*Mahlzeit*⟩; **d)** *(create)* schreiben ⟨*Roman, Gedichte, Artikel, Aufsatz, Symphonie*⟩; schaffen ⟨*Gemälde, Skulptur, Meisterwerk*⟩; aufstellen ⟨*Theorie*⟩; **e)** *(cause)* hervorrufen; bewirken ⟨*Änderung*⟩; herbeiführen ⟨*Reformen*⟩; **f)** *(bring into being)* erzeugen; führen zu ⟨*Situation, Lage, Zustände*⟩; **chemical reactions producing poisonous gases** chemische Reaktionen, bei denen giftige Gase entstehen; **g)** *(yield)* erzeugen ⟨*Ware, Produkt*⟩; geben ⟨*Milch*⟩; tragen ⟨*Wolle*⟩; legen ⟨*Eier*⟩; liefern ⟨*Ernte*⟩; fördern ⟨*Metall, Kohle*⟩; abwerfen ⟨*Ertrag, Gewinn*⟩; hervorbringen ⟨*Dichter, Denker, Künstler*⟩; führen zu ⟨*Resultat*⟩; **h)** *(bear)* gebären ⟨*Säugetier:*⟩ werfen ⟨*Vogel, Reptil:*⟩ legen ⟨*Fisch, Insekt:*⟩ ablegen ⟨*Eier*⟩; ⟨*Bäume, Blumen:*⟩ tragen ⟨*Früchte, Blüten*⟩; entwickeln ⟨*Triebe*⟩; bilden ⟨*Keime*⟩; **~ offspring** Nachwuchs bekommen *(fam.).* **3.** *v. i.* **a)** *(manufacture goods)* produzieren; **producing nation** Erzeugerland, *das;* **b)** *(Brit. Theatre/Radio/Telev.)* Stücke/Hörspiele/Fernsehspiele inszenieren; Filme produzieren; **c)** *(yield)* Ertrag bringen; **the mine has stopped producing** das Bergwerk fördert nicht mehr *od.* hat die Förderung eingestellt; **d)** *(joc.: bear offspring)* ein Kind/Kinder kriegen *(ugs.)*

producer [prə'dju:sə(r)] *n.* **a)** *(Cinemat., Theatre, Radio, Telev.)* Produzent, *der/*Produzentin, *die;* **b)** *(Brit. Theatre/Radio/Telev.)* Regisseur, *der/*Regisseurin, *die;* **c)** *(Econ.)* Produzent, *der/*Produzentin, *die*

product ['prɒdʌkt] *n.* **a)** *(thing produced)* Produkt, *das; (of industrial process)* Erzeugnis, *das; (of art or intellect)* Werk, *das;* **beauty ~s** Kosmetika; **food ~:** Nahrungsmittelprodukt, *das;* **what is your company's ~?** was stellt Ihre Firma her?; **the ~ of a fertile imagination** das Produkt einer lebhaften Phantasie; **b)** *(result)* Folge, *die;* **be the ~ of one's age** ein Kind seiner Zeit sein; **c)** *(Math.)* Produkt, *das* (**of** aus); **d)** *(total produced)* Produktion, *die;* **the national ~:** das Sozialprodukt; see also 'gross 1 d

production [prə'dʌkʃn] *n.* **a)** *(bringing forward) (of evidence)* Erbringung, *die; (in physical form)* Vorlage, *die; (of witness)* Beibringung, *die; (of reason)* Angabe, *die; (of explanation)* Abgabe, *die; (of passport etc.)* Vorzeigen, *das;* **on ~ of your passport** gegen Vorlage Ihres Passes; **b)** *(public presentation) (Cinemat.)* Produktion, *die; (Theatre)* Inszenierung, *die; (of record, book)* Herausgabe, *die;* **c)** *(action of making)* Produktion, *die; (manufacturing)* Herstellung, *die; (thing produced)* Produkt, *das;* **cease ~:** die Produktion einstellen; **be in/go into ~:** in Produktion sein/gehen; **be** *or* **have gone out of ~:** nicht mehr hergestellt werden; **have a play in ~** ⟨*Theater:*⟩ ein Stück inszenieren; see also **mass production; d)** *(thing created)* Werk, *das; (Brit. Theatre: show produced)* Inszenierung, *die;* **e)** *(causing)* Hervorrufen, *das;* **f)** *(bringing into being)* Hervorbringung, *die;* **the ~ of crystals/toxic gases** die Kristallbildung/die Bildung giftiger Gase; **g)** *(process of yielding)* Produktion, *die; (Mining)* Förderung, *die;* **the mine has ceased ~:** das Bergwerk hat die Förderung eingestellt; **h)** *(yield)* Ertrag, *der;* **~ of eggs, egg ~:** Legeleistung, *die;* **[the] annual/total ~ from the mine** die jährliche/gesamte Förderleistung des Bergwerks

production: ~ control *n.* Produktionssteuerung, *die;* **~ cost** *n.* Herstellungskosten *Pl.;* **~ engineer** *n.* Betriebsingenieur, *der;* **~ line** *n.* Fertigungsstraße, *die;* **~ manager** *n.* Produktionsleiter, *der/-*leiterin, *die*

productive [prə'dʌktɪv] *adj.* **a)** *(producing)* **be ~** ⟨*Fabrik:*⟩ produzieren; **the writer's ~ period** die produktive *od.* schöpferische Periode des Schriftstellers; **b)** *(producing abundantly)* ertragreich ⟨*Land, Boden, Obstbaum, Mine*⟩; leistungsfähig ⟨*Betrieb, Bauernhof*⟩; produktiv ⟨*Künstler, Komponist, Schriftsteller, Geist*⟩; **c)** *(yielding favourable results)* fruchtbar ⟨*Gespräch, Verhandlungen, Forschungsarbeit*⟩; ergiebig ⟨*Nachforschungen*⟩; **it's not very ~ arguing about it** es bringt nichts, darüber zu streiten

productivity [prɒdʌk'tɪvɪtɪ] *n.* Produktivität, *die;* **~ agreement** *or* **deal** Produktivitätsvereinbarung, *die;* **~ bonus** Leistungszulage, *die*

Prof. [prɒf] *abbr.* Professor Prof.

prof *n. (coll.)* Prof, *der (ugs.)*

profanation [prɒfə'neɪʃn] *n.* **a)** *(desecration)* Entweihung, *die;* Profanierung, *die (geh.);* **b)** *(disrespectful treatment)* Verunglimpfung, *die (geh.)*

profane [prə'feɪn] **1.** *adj.* **a)** *(irreligious)* gotteslästerlich; **b)** *(irreverent)* respektlos ⟨*Bemerkung, Person*⟩; profan ⟨*Humor, Sprache*⟩; **c)** *(secular)* weltlich; profan. **2.** *v. t.* entweihen

profanity [prə'fænɪtɪ] *n.* **a)** *(irreligiousness, irreligious act)* Gotteslästerung, *die;* **b)** *(irreverent behaviour, act, or utterance)* Respektlosigkeit, *die;* **c)** *(indecent remark)* Fluch, *der*

profess [prə'fes] *v. t.* **a)** *(declare openly)* bekunden ⟨*Vorliebe, Abneigung, Interesse*⟩; **~ to be/do sth.** erklären, etw. zu sein/tun; **~ oneself satisfied** sich zufrieden erklären; **b)** *(claim)* vorgeben; geltend machen ⟨*Recht, Anspruch*⟩; **~ to be/do sth.** behaupten, etw. zu sein/tun; **he ~ed regret that ...:** er behauptete, es tue ihm leid, daß ...; **c)** *(affirm faith in)* sich bekennen zu

professed [prə'fest] *adj.* **a)** *(self-acknowledged)* erklärt ⟨*Marxist, Bewunderer, Absicht*⟩; ausdrücklich ⟨*Zweck*⟩; **be a**

~ **Christian** ein bekennender Christ sein; **b)** *(alleged)* angeblich; **c)** *(Relig.)* be ~: die [Ordens]gelübde od. *(fachspr.)* die Profeß abgelegt haben; ~ **monk/nun** Mönch, der/ Nonne, die die [Ordens]gelübde abgelegt hat

professedly [prə'fesɪdlɪ] *adv.* **a)** *(avowedly)* erklärtermaßen; **b)** *(allegedly)* angeblich

profession [prə'feʃn] *n.* **a)** Beruf, *der;* **what is your ~?** was sind Sie von Beruf?; **medicine/teaching/the law is a ~ requiring great dedication** der Beruf des Mediziners/ Lehrers/Juristen erfordert große Hingabe; **he is training** *or* **studying for the ~ of doctor/ banker** er macht eine Ausbildung als Bankfach; **take up/go into** *or* **enter a ~**: einen Beruf ergreifen/in einen Beruf gehen; **be in a ~**: einen Beruf ausüben; **she is in the legal ~**: sie ist Juristin; **be a pilot by ~**: von Beruf Pilot sein; **the [learned] ~s** Theologie, Jura und Medizin; **the oldest ~** *(joc. euphem.)* das älteste Gewerbe der Welt *(verhüll. scherzh.);* **b)** *(body of people) (Theatre sl.)* die Bühne; **c)** *(declaration)* ~ **of faith/love/loyalty** Glaubensbekenntnis, *das/*Liebeserklärung, *die/*Treueegelöbnis, *das;* ~ **of friendship/sympathy** Freundschafts-/Sympathiebekundung, *die;* **make a ~ of, make ~s of** erklären ⟨*Liebe*⟩; geloben ⟨*Treue*⟩; **d)** *(Relig.: affirmation of faith)* Bekenntnis, *das* **(of** zu); *(faith affirmed)* Glaube, *der;* **make ~ of a faith** sich zu einem Glauben bekennen; **e)** *(Relig.) (vow)* [Ordens]gelübde, *das; (entrance into order)* Profeß, *die (fachspr.);* **make one's ~**: die Gelübde ablegen

professional [prə'feʃənl] **1.** *adj.* **a)** *(of profession)* Berufs⟨*ausbildung, -leben, */*Qualifikation, Laufbahn, Tätigkeit, Stolz, Ansehen*⟩; ~ **body** Berufsorganisation, *die;* **on ~ business/for ~ reasons/on a ~ matter** geschäftlich; ~ **advice** fachmännischer Rat; ~ **jealousy** Konkurrenzneid, *der;* ~ **standards** Leistungsniveau, *das;* **b)** *(worthy of profession) (in technical expertise)* fachmännisch; *(in attitude)* professionell; *(in experience)* routiniert; **make a ~ job of sth.** etw. fachmännisch erledigen; **c)** *(engaged in profession)* ~ **people** Angehörige hochqualifizierter Berufe; **'apartment to let to ~ woman'** „Wohnung an berufstätige Dame zu vermieten"; **the class[es]** die gehobenen Berufe; **d)** *(by profession)* gelernt; mit abgeschlossener Berufsausbildung nachgestellt; *(not amateur)* Berufs⟨*musiker, -sportler, -soldat, -fotograf*⟩; Profi⟨*sportler*⟩; *(fig.)* notorisch ⟨*Unruhestifter, Schnorrer*⟩; **a ~ killer/spy** *(derog.)* ein professioneller Killer/Agent; **e)** *(paid)* Profi⟨*sport, -boxen, -fußball, -tennis*⟩; **be in the ~ army** Berufssoldat sein; **be in the ~ theatre/on the ~ stage** beruflich am Theater/als Schauspieler arbeiten; **make a career in ~ dancing** Berufstänzer werden. **2.** *n. (trained person, lit. or fig.)* Fachmann, *der/*Fachfrau, *die; (paid worker)* Berufstätige, *der/die; (nonamateur)* also Sport, Theater *(Profi, der;* **better leave it to a ~/the ~s** überlaß das lieber einem Fachmann/den Fachleuten

professional 'foul *n. (Footb.)* absichtliches Foul

professionalism [prə'feʃənəlɪzm] *n., no pl.* **a)** *(of work)* fachmännische Ausführung; *(of person)* fachliche Qualifikation; *(in artistic field)* technisches Können; *(attitude)* professionelle Einstellung; *(ethical quality)* Berufsethos, *das;* **b)** *(paid participation)* Professionalismus, *der;* Profitum, *das;* ~ **in one's attitude to the game** eine profihafte Einstellung zum Spiel

professionally [prə'feʃənlɪ] *adv.* **a)** *(in professional capacity)* geschäftlich ⟨*beraten, besuchen, konsultieren*⟩; beruflich ⟨*erfolgreich*⟩; *(in manner worthy of profession)* professionell; *(ethically)* dem Berufsethos entsprechend; **I'm here ~**: ich bin geschäftlich hier; **be ~ trained/qualified** eine Berufsausbildung/abgeschlossene Berufsausbildung haben; **b)** *(as paid work)* berufsmäßig; **she plays tennis/the piano ~**: sie ist Tennisprofi/von Beruf Pianistin; **she acts ~**: sie ist Berufsschauspielerin; **c)** *(by professional)* fachmännisch ⟨*leiten, betreiben*⟩; von einem Fachmann/von Fachleuten ⟨*erledigen lassen*⟩; **the play was performed ~**: das Stück wurde an einem professionellen Theater aufgeführt

professor [prə'fesə(r)] *n.* **a)** *(Univ.: holder of chair)* Professor, *der/*Professorin, *die;* **the mathematics ~**: der Professor/die Professorin für Mathematik; ~ **of ...** *(title)* Professor/Professorin für ...; **P~ Smith** Herr/ Frau Professor Smith; **how do you do, P~?** guten Tag, Herr/Frau Professor!; **b)** *(Amer.: teacher at university)* Dozent, *der/*Dozentin, *die;* **c)** *(one who professes a religion)* Bekenner, *der/*Bekennerin, *die;* **be a ~ of sth.** sich zu etw. bekennen

professorial [profɪ'sɔ:rɪəl] *adj.* **a)** *(Univ.)* professoral; **his ~ duties** seine Pflichten als Professor; ~ **chair** Professur, *die;* **b)** *(characteristic of professor)* ⟨*Wissen, Autorität, Art*⟩ eines Professors; *(pedagogic, dogmatic)* professoral ⟨*abwertend*⟩ ⟨*Stil, Ton*⟩; *(fig.)* professorhaft ⟨*Aussehen*⟩

professorship [prə'fesəʃɪp] *n.* Professur, *die;* **she has been appointed to a ~**: sie ist auf einen Lehrstuhl berufen worden; **hold the P~ of History** den Lehrstuhl für Geschichte innehaben

proffer ['profə(r)] *v.t. (literary)* darbieten ⟨*Hand, Krone, Geschenk*⟩; anbieten ⟨*Frieden, Hilfe, Dienstleistung, Arm, Freundschaft*⟩; aussprechen ⟨*Dank*⟩; vorbringen ⟨*Vorschlag*⟩

proficiency [prə'fɪʃənsɪ] *n.* Können, *das;* **degree** *or* **standard of ~**: Fertigkeit, *die;* **his ~ in mathematics/horsemanship** seine Mathematikkenntnisse/sein reiterliches Können; **achieve great ~ in sth.** große Fertigkeiten in etw. *(Dat.)* erlangen

proficiency: ~ certificate *n.* Leistungsnachweis, *der;* ~ **test** *n.* Leistungstest, *der*

proficient [prə'fɪʃənt] *adj.* fähig; gut ⟨*Pianist, Reiter, Skiläufer usw.*⟩; geschickt ⟨*Radfahrer, Handwerker, Lügner*⟩; *(in field of knowledge)* bewandert **(at,** **in** + *Dat.);* **be ~ at** *or* **in cooking/maths** gut kochen können/viel von Mathematik verstehen; **he soon became ~**: er beherrschte die Sache bald

profile ['prəʊfaɪl] **1.** *n.* **a)** *(side aspect)* Profil, *das;* **in ~**: im Profil; **a drawing in ~**: eine Profilzeichnung; **b)** *(representation)* Profilbild, *das; (outline)* Umriß, *der;* **c)** *(biographical sketch)* Porträt, *das (of, on Gen.);* **d)** *(personal record)* Personal[akte, *die;* **interest ~**: Interessenprofil, *das;* **e)** *(vertical cross-section)* Längsschnitt, *der* ⟨*Archit., Geol., Paläont.*⟩ Profil, *der;* ⟨*Archaeol.*⟩ Schnitt, *der;* **f)** *(graph, curve)* Kurve, *die;* **g)** *(fig.)* **low ~ [altitude]** Zurückhaltung, *die;* **keep** *or* **maintain a low ~**: sich zurückhalten; **adopt a low ~ approach [to sth.]** sich in [einer Sache] zurückhalten; **high ~ [tactics]** starkes Engagement. **2.** *v.t.* **a)** *(represent from side)* im Profil darstellen; **b)** *(outline)* im Umriß abbilden; **c)** *(sketch biographically)* porträtieren

profit ['profit] **1.** *n.* **a)** *(Commerc.)* Gewinn, *der;* Profit, *der;* ~ **with** *or* **at a ~**: mit Gewinn ⟨*verkaufen*⟩; **at a 10% ~**: mit einem Gewinn von 10%; **run sth. at a ~**: mit etw. Gewinn erzielen; **run a ~** ⟨*Geschäft:*⟩ Gewinn abwerfen; **make a ~ from** *or* **out of sth.** mit etw. Geld verdienen; **make [a few pence] ~ on sth.** [ein paar Pfennige] an etw. *(Dat.)* verdienen; **show a ~**: einen Gewinn verzeichnen; **yield a ~**: Gewinn abwerfen; ~ **and loss** Gewinn und Verlust; ~**-and-loss account** Gewinn-und-Verlust-Rechnung, *die;* **b)** *(advantage)* Nutzen, *der;* **there is no ~ in sth.** etw. ist zwecklos; **be to sb.'s ~**: von Nutzen für jmdn. sein; **find ~ in sth./doing sth.** von etw. profitieren/davon profitieren, daß man etw. tut. **2.** *v. t.* ~ **sb.** für jmdn. von Nutzen sein; **it ~s me nothing to do that** es nützt mir nichts, das zu tun; **it did not ~ them in the end** es hat ihnen letzten Endes gar nichts gebracht. **3.** *v. i. (derive benefit)* profitieren

~ **by** *v. t.* profitieren von; Nutzen ziehen aus ⟨*Fehler, Erfahrung*⟩; ausnützen ⟨*Verwirrung*⟩

~ **from** *v. t.* profitieren von ⟨*Reise, Studium, Ratschlag*⟩; nutzen ⟨*Gelegenheit*⟩

profitability [profɪtə'bɪlɪtɪ] *n., no pl.* Rentabilität, *die*

profitable ['profɪtəbl] *adj.* **a)** *(lucrative)* rentabel; einträglich; **b)** *(beneficial)* lohnend ⟨*Unternehmung, Zeitvertreib, Kauf*⟩; nützlich ⟨*Studium, Diskussion, Verhandlung, Nachforschungen*⟩

profitably ['profɪtəblɪ] *adv.* **a)** *(lucratively)* gewinnbringend; **run ~** ⟨*Geschäft:*⟩ Gewinn abwerfen; **b)** *(beneficially)* nutzbringend

profiteer [profɪ'tɪə(r)] **1.** *n.* Profitmacher, *der/*-macherin, *die.* **2.** *v. i.* sich bereichern

profiterole [prə'fɪtərəʊl] *n. (Gastr.)* Profiterole, *die (Kochk.)*

profitless ['profɪtlɪs] *adj.* **a)** *(useless)* nutzlos; **b)** *(yielding no profit)* unrentabel

profit: ~-making *adj.* gewinnorientiert; **it was intended to be ~-making** es sollte Gewinn bringen; ~ **margin** *n.* Gewinnspanne, *die;* ~**-sharing** *n.* Gewinnbeteiligung, *die; attrib.* Gewinnbeteiligungs-; ~**-taking** *n. (St. Exch.)* Gewinnmitnahme, *die*

profligacy ['profligəsi] *n., no pl.* **a)** *(extravagance)* Verschwendung, *die* **(with** von); **b)** *(dissipation)* Sittenlosigkeit, *die;* **a life of ~**: ein ausschweifendes Leben

profligate ['profligət] **1.** *adj.* **a)** *(extravagant)* verschwenderisch; **be ~ in spending money** das Geld mit vollen Händen ausgeben; **be ~ of** *or* **with sth.** verschwenderisch umgehen mit etw.; ~ **squandering of sth.** allzu bereitwillige Vergeudung von etw.; **b)** *(dissipated)* hemmungslos ⟨*Lust, Trunkenheit, Gier*⟩; ausschweifend ⟨*Person*⟩. **2.** *n.* **a)** *(spendthrift)* Verschwender, *der/*Verschwenderin, *die;* **b)** *(rake)* Wüstling, *der (abwertend)*

pro forma [prəʊ 'fɔ:mə] **1.** *adv.* pro forma. **2.** *adj.* **a)** *(as formality)* Pro-Forma-; **b)** *(Commerc.)* Muster-. **3.** *n. see* **pro forma invoice**

pro forma 'invoice *n. (Commerc.)* Pro-Forma-Rechnung, *die*

profound [prə'faʊnd] *adj.,* ~**er** [prə'faʊndə(r)], ~**est** [prə'faʊndɪst] **a)** *(extreme)* tief; heftig ⟨*Erregung, Verlangen*⟩; nachhaltig ⟨*Wirkung, Einfluß, Eindruck*⟩; tiefgreifend ⟨*Wandel, Veränderung*⟩; lebhaft ⟨*Interesse*⟩; tiefempfunden ⟨*Beileid, Mitgefühl*⟩; tiefsitzend ⟨*Angst, Mißtrauen*⟩; völlig ⟨*Unwissenheit*⟩; gespannt ⟨*Aufmerksamkeit*⟩; verborgen ⟨*Geheimnis, Tiefe*⟩; tödlich ⟨*Langeweile*⟩; hochgradig ⟨*Schwerhörigkeit*⟩; **it is a matter of ~ indifference to me** es ist mir völlig gleichgültig; **b)** *(penetrating)* tief; profund *(geh.)* ⟨*Wissen, Erkenntnis, Werk, Kenner*⟩; tiefgründig ⟨*Untersuchung, Abhandlung, Betrachtung*⟩; tiefschürfend ⟨*Essay, Vortrag, Analyse, Forscher*⟩; tiefsinnig ⟨*Gedicht, Buch, Schriftsteller*⟩; scharfsinnig ⟨*Politiker, Denker, Forscher*⟩; **that's a very ~ remark** *(also iron.)* das ist sehr tiefsinnig; **c)** *(demanding thought)* tief ⟨*Geheimnis, Bedeutung, Sinn*⟩; unergründlich ⟨*Rätsel, Geheimnis*⟩; schwierig ⟨*Lektüre, Problem, Theorie*⟩; inhaltsschwer ⟨*Symbolik, Worte*⟩; **d)** *(rhet./fig.: deep)* tief

profoundly [prə'faʊndlɪ] *adv.* **a)** *(ex-*

561

profundity

tremely) zutiefst; tief ⟨schlafen⟩; stark ⟨interessiert, beeinflußt, mitgenommen⟩; überaus ⟨friedlich, verschlossen, geheimnisvoll⟩; völlig ⟨unbedarft, gleichgültig, versunken, rätselhaft⟩; hochgradig ⟨schwerhörig⟩; **I am ~ indifferent about it** es ist mir völlig gleichgültig; **b)** (penetratingly) ungemein ⟨scharfsinnig, beschlagen, feinfühlig⟩; hoch⟨intelligent, -gelehrt, -gebildet⟩; **a ~ wise man** ein Mann von tiefer Weisheit; **..., she said ~:** ..., sagte sie tiefsinnig

profundity [prəˈfʌndɪtɪ] *n*. **a)** *no pl*. (extremeness) (of feelings, silence, sleep, respect) Tiefe, *die*; (of joy, sorrow, concern, change) [großes] Ausmaß; **b)** *no pl*. (depth of intellect) Tiefsinnigkeit, *die*; (of analysis, book) Tiefe, *die*; **c)** (depth of meaning) Tiefgründigkeit, *die*; *in pl*. tiefgründige Gedanken

profuse [prəˈfjuːs] *adj*. **a)** (giving freely) überschwenglich; großzügig ⟨Schenkender, Gebender⟩; **be ~ in one's thanks/praise** überschwenglich danken/loben; **be ~ in one's apologies** sich wieder und wieder entschuldigen; **b)** (abundant) verschwenderisch ⟨Fülle, Üppigkeit, Vielfalt⟩; reichlich ⟨Beifall⟩; reich ⟨Ernte⟩; massenhaft ⟨Wachstum, Vorkommen⟩; groß ⟨Dankbarkeit⟩; überschwenglich ⟨Entschuldigung, Lob⟩; **~ bleeding** starke Blutung

profusely [prəˈfjuːslɪ] *adv*. **a)** (liberally) großzügig ⟨spenden, schenken⟩; übermäßig ⟨loben⟩; **b)** (abundantly) massenhaft ⟨wachsen, vorkommen⟩; heftig ⟨bluten, erröten, schwitzen⟩; überaus ⟨dankbar⟩; üppig ⟨beladen, gedeihen⟩; überschwenglich ⟨sich entschuldigen⟩

profusion [prəˈfjuːʒn] *n*. **a)** (abundance) ungeheure *od*. überwältigende Menge; **a ~ of choice** or **in the choice offered** eine überreiche Auswahl; **in ~:** in Hülle und Fülle; **in gay/chaotic ~:** in bunter/chaotischer Vielfalt; **b)** (large amount) [Über]fülle, *die*; **a ~ of flowers/debts** eine verschwenderische Fülle von Blumen/große Menge Schulden

progenitor [prəʊˈdʒenɪtə(r)] *n*. **a)** (ancestor) Vorfahr[e], *der*/Vorfahrin, *die*; **b)** (fig.: predecessor) Vorläufer, *der*/Vorläuferin, *die*; (intellectual ancestor) geistiger Vater

progeny [ˈprɒdʒənɪ] *n., no pl*. Nachkommenschaft, *die*; **they are the ~ of transported convicts** sie sind die Nachkommen deportierter Sträflinge

progesterone [prəˈdʒestərəʊn] *n*. (Physiol., Pharm.) Körperhormon, *das*; Progesteron, *das* (fachspr.)

prognosis [prɒgˈnəʊsɪs] *n., pl*. **prognoses** [prɒgˈnəʊsiːz] **a)** (Med.) (forecast) Prognose, *die*; **what is the doctor's ~?** welche Prognose stellt der Arzt?; **make a ~ of sth.** eine Prognose über etw. stellen; **b)** (prediction) Vorhersage, *die*; Prognose, *die*; **give** or **make a ~ of sth.** einen Ausblick auf etw. (Akk.) geben

prognostic [prɒgˈnɒstɪk] *adj*. (also Med.) prognostisch

prognosticate [prɒgˈnɒstɪkeɪt] **1.** *v. t.* **a)** (foretell; also Med.) prognostizieren; **b)** (indicate) deuten auf (+ Akk.). **2.** *v. i.* eine Prognose stellen

prognostication [prɒgnɒstɪˈkeɪʃn] *n*. **a)** (predicting, forecast) Prognose, *die*; **make a ~ [about sth.]** [über etw. (Akk.)] eine Prognose stellen; **b)** (indication) Vorzeichen, *das* (of sth.)

program [ˈprəʊgræm] **1.** *n*. **a)** (Amer.) *see* **programme 1**; **b)** (Computing, Electronics) Programm, *das*. **2.** *v. t.*, **-mm-: a)** (Amer.) *see* **programme 2**; **b)** (Computing, Electronics) programmieren; **~ a computer to do sth.** einen Computer so programmieren, daß er etw. tut; **~ming language** Programmiersprache, *die*

programer (Amer.) *see* **programmer**

programmatic [prəʊgrəˈmætɪk] *adj*. **a)** programmatisch ⟨Politik, Ansatz, Werk, Autor⟩; klar umrissen ⟨Plan, System, Stufen, Projekt⟩; genau festgelegt ⟨Zeitplan⟩; **b)** (Mus.) programmatisch ⟨Komposition, Trend⟩

programme [ˈprəʊgræm] **1.** *n*. **a)** [notice of] events) Programm, *das*; **the evening's ~:** das Abendprogramm; **a ~ of Schubert songs** ein Programm mit *od*. aus Schubertliedern; eine Darbietung von Schubertliedern; **what is the ~ for today?** was steht heute auf dem Programm?; **my ~ for today** mein [heutiges] Tagesprogramm; **b)** (Radio, Telev.) (presentation) Sendung, *die*; (Radio: service) Sender, *der*; Programm, *das*; (Radio: service) **the ~ is on at 6 o'clock** die Sendung läuft um 6 Uhr; **c)** (plan, instructions for machine) Programm, *das*; **a five-year ~:** ein Fünfjahresprogramm; **a ~ of study** ein Studienprogramm. **2.** *v. t.* **a)** (make ~ for) ein Programm zusammenstellen für; **b)** (plan) festlegen ⟨Soll⟩; planen, vorbereiten ⟨Maßnahmen⟩; durchplanen ⟨Leben, Tagesablauf⟩; **the tumble-drier can be ~d to operate for between 10 and 60 minutes** der Trockner kann auf 10–60 Minuten Betriebszeit eingestellt werden; **c)** (print in ~) be ~d auf dem Programm stehen; **an event not officially ~d** ein Ereignis, das nicht offiziell angekündigt war/ist; **d)** (fig.) **~ sb. to do sth.** jmdn. darauf drillen, etw. zu tun (*ugs.*)

programme: **~ music** *n*. (Mus.) Programmusik, *die*; **~ note** *n*. Erläuterung zum Programm

programmer [ˈprəʊgræmə(r)] *n*. (Computing, Electronics) **a)** (operator) Programmierer, *der*/Programmiererin, *die*; **b)** (component) Programmiergerät, *das*; Programmspeicher, *der*

progress 1. [ˈprəʊgres] *n*. **a)** *no pl., no indef. art*. (onward movement) [Vorwärts]bewegung, *die*; **our ~ has been slow** wir sind nur langsam vorangekommen; **he continued his ~ across the fields** er setzte seinen Weg durch die Felder fort; **make ~:** vorankommen; **I saw how much ~ I had made** ich sah, wie weit ich vorangekommen war; **in ~:** im Gange; **b)** *no pl., no indef. art*. (advance) Fortschritt, *der*; **~ of science/civilization** wissenschaftlicher/kultureller Fortschritt; **there has been some ~ towards peace** man ist dem Frieden etwas nähergekommen; **make ~:** vorankommen; ⟨Student, Patient:⟩ Fortschritte machen; **make good ~ [towards recovery]** ⟨Patient:⟩ sich gut erholen; **some ~ was made** es wurden einige Fortschritte erzielt; **that's ~ [for you]** (iron.) [und] das nennt man nun Fortschritt!; **you can't stand in the way of ~:** man kann den Fortschritt nicht aufhalten; **c)** (Brit. Hist.) (royal journey) Rundreise, *die*; (state procession) prunkvolle Prozession. **2.** [prəˈgres] *v. i.* (move forward) vorankommen; **the concert had not ~ed very far** das Konzert war noch nicht weit fortgeschritten; **~ to the next point of discussion** zum nächsten Diskussionspunkt übergehen; **(be carried on, develop)** Fortschritte machen; ⟨Krankheit:⟩ fortschreiten; **my novel is ~ing nicely** ich komme mit meinem Roman gut voran; **~ towards sth.** einer Sache (Dat.) näherkommen. **3.** [ˈprəʊgres] *v. t.* vorantreiben

progress [ˈprəʊgres] **~ chart** *n*. Arbeitsdiagramm, *das*; **~-chaser** *n*. ≈ Kontrolleur, *der*/Kontrolleurin, *die* verantwortlich für die Einhaltung von Produktionszeitplänen

progression [prəˈgreʃn] *n*. **a)** (progressing) Fortbewegung, *die*; (of career) Verlauf, *der*; **his ~ through life** sein Lebensweg; **his ~ from office clerk to head of department** sein Aufstieg vom Büroangestellten zum Abteilungsleiter; **b)** (development) Fortschritt, *der* (in bei); **c)** (succession) Folge, *die*; (Mus.) Fortschreitung, *die*; Progression, *die*;

project

die; **e)** (Math.) Reihe, *die*; *see also* **arithmetical; geometrical**

progressive [prəˈgresɪv] **1.** *adj*. **a)** (moving forward) fortschreitend; **~ motion** or **movement** Vorwärtsbewegung, *die*; **b)** (gradual) fortschreitend ⟨Verbesserung, Verschlechterung⟩; schrittweise ⟨Reform⟩; aufeinanderfolgend ⟨Ereignisse⟩; allmählich ⟨Veränderung, Herannahen, Fortschreiten, Prozeß, Besserung⟩; **in ~ stages** Schritt für Schritt; **c)** (improving) sich [weiter] entwickelnd; **d)** (worsening) schlimmer werdend; (Med.) progressiv; **e)** (favouring reform; in culture) fortschrittlich; progressiv; **~ music** progressive Musik; **f)** (informal; also Educ.) progressiv; **g)** (Taxation) gestaffelt; progressiv (fachspr.); **~ tax** Progressivsteuer, *die*; **h)** (Ling.) **~ tense** Verlaufsform, *die*. **2.** *n*. Progressive, *der/die*; **the ~s** die fortschrittlichen Kräfte

progressively [prəˈgresɪvlɪ] *adv*. **a)** (continuously) immer ⟨weiter, schlechter⟩; (gradually) stetig; Schritt für Schritt ⟨reformieren⟩; (successively) [chronologisch] fortschreitend; **move ~ towards sth.** sich immer weiter auf etw. zubewegen; **~ approach bankruptcy** sich Schritt für Schritt auf den Bankrott zubewegen; **b)** (with progressive views, informally; also Educ., Taxation) progressiv

ˈ**progress report** *n*. Tätigkeitsbericht, *der*; (fig.: news) Lagebericht, *der*

prohibit [prəˈhɪbɪt] *v. t.* **a)** (forbid) verbieten; **~ sb.'s doing sth., ~ sb. from doing sth.** jmdm. verbieten, etw. zu tun; **it is ~ed to do sth.** es ist verboten, etw. zu tun; **b)** (prevent) verhindern; **~ sb.'s doing sth., ~ sb. from doing sth.** jmdn. daran hindern, etw. zu tun

prohibition [prəʊhɪˈbɪʃn, prəʊɪˈbɪʃn] *n*. **a)** (forbidding) Verbot, *das*; **b)** (edict) [gesetzliches] Verbot (against Gen.); **c)** *no pl., no art*. (Amer. Hist.) [gesetzliches] Alkoholverbot; **P~** (1920–33) die Prohibition; *attrib*. Prohibitions-

prohibitionist [prəʊhɪˈbɪʃənɪst, prəʊɪˈbɪʃənɪst] *n*. (Amer. Hist.: person supporting prohibition) (19th century) Mitglied der Prohibitionspartei; (20th century) **P~:** Prohibitionist, *der*/Prohibitionistin, *die*

prohibitive [prəˈhɪbɪtɪv] *adj*. **a)** (prohibiting) prohibitiv (geh.); Verbots⟨zeichen, -gesetz⟩; **b)** (too high) unerschwinglich ⟨Preis, Miete⟩; untragbar ⟨Kosten⟩

prohibitively [prəˈhɪbɪtɪvlɪ] *adv*. (excessively) unerschwinglich (hoch, teuer)

prohibitory [prəˈhɪbɪtərɪ] *see* **prohibitive**

project 1. [prəˈdʒekt] *v. t.* **a)** (throw) schleudern ⟨Kugel, Geschoß⟩; abschießen ⟨Rakete⟩; **~ one's voice to the very back of the auditorium** seine Stimme so erheben, daß sie auch ganz hinten im Zuschauerraum zu hören ist; **b)** werfen ⟨Schatten, Schein, Licht⟩; senden ⟨Strahl⟩; (Cinemat.) projizieren; **~ against** or **on to sth.** gegen *od*. auf etw. (Akk.) projizieren ⟨Schatten, Umriß⟩; **c)** (make known) vermitteln; **the product more favourably ein positiveres Bild des Produkts vermitteln; **~ one's own personality** seine eigene Person in den Vordergrund stellen; **d)** (plan) planen; **e)** (extrapolate) übertragen (to auf + Akk.); **f)** (Psych.) projizieren; **~ sth. [on] to** or **on sb./sth.** etw. auf jmdn./etw. projizieren; **g)** (Geom., Cartography) projizieren. **2.** *v. i.* **a)** (jut out) (Felsen:) vorspringen; ⟨Zähne, Brauen:⟩ vorstehen; **~ into the sea** ⟨Felsen:⟩ ins Meer hinausragen; **~ over the street** ⟨Balkon:⟩ über die Straße ragen; **b)** (Theatre) laut und deutlich sprechen. **3.** *v. refl*. (transport oneself) **~ oneself into sth.** sich in etw. (Akk.) [hinein]versetzen; **~ oneself back in time** sich in eine frühere Zeit *od*. frühere Zeiten zurückversetzen. **4.** [ˈprɒdʒekt] *n*. **a)** (plan) Plan, *der*; **b)** (enterprise) Projekt, *das*

projectile [prəˈdʒektaɪl] n. Geschoß, das; Projektil, das (Waffent.)
projection [prəˈdʒekʃn] n. a) (throwing) Schleudern, das; (of missile) Abschuß, der; (of bullet, shell) Abfeuern, das; b) (protruding) Vorstehen, das; (protruding thing) Vorsprung, der; c) (making of visible image) Projektion, die; (of film) Vorführung, die; d) (making known) f) (of image or character) Darstellung, die; (of product or invention) Präsentation, die; the ~ of his own personality seine Selbstdarstellung; e) (planning) Planung, die; (thing planned) Plan, der; make a ~ [for sth.] einen Plan [für etw.] machen od. aufstellen; f) (extrapolation) Übertragung, die; Hochrechnung, die (Statistik); (estimate of future possibilities) Voraussage, die (of über + Akk.); g) (Psych.) Projektion, die; ~ of sth. on [to] sb./sth. Projektion einer Sache (Gen.) auf jmdn./etw.; h) (Geom.) Projektion, die; i) (Cartography) [Karten]projektion, die; conical ~: Kegelprojektion, die; cylindrical ~: Zylinderprojektion, die; see also Mercator
projectionist [prəˈdʒekʃənɪst] n. (Cinemat.) Filmvorführer, der/-vorführerin, die
proˈjection-room n. (Cinemat.) Vorführraum, der
projector [prəˈdʒektə(r)] n. Projektor, der; (for slides) Diaprojektor, der
prolapse (Med.) 1. [prəˈlæps] v. i. prolabieren (fachspr.); vorfallen. 2. [ˈprəʊlæps] n. Prolaps[us], der (fachspr.); Vorfall, der
prole [prəʊl] (Brit. coll. derog.) n. Prolet, der/Proletin, die (abwertend)
proletarian [prəʊlɪˈteərɪən] 1. adj. proletarisch. 2. n. Proletarier, der/Proletarierin, die
proletarianism [prəʊlɪˈteərɪənɪzm] n., no pl. Proletariertum, das
proletariat, proletariate [prəʊlɪˈteərɪət] n. a) (Roman Hist.) Proletariat, das; b) (derog.: lowest class) Proleten Pl. (abwertend); c) (Econ., Polit.) Proletariat, das
proliferate [prəˈlɪfəreɪt] v. i. a) (Biol.) sich stark vermehren; proliferieren (fachspr.); wuchern; b) (increase, lit. or fig.) sich ausbreiten
proliferation [prəlɪfəˈreɪʃn] n. a) (Biol.) starke Vermehrung; (Med.) Proliferation, die (fachspr.); Wucherung, die; b) (increase, lit. or fig.) starke Zunahme; (of nuclear weapons) Proliferation, die; (abundance, lit. or fig.) Unmenge, die
prolific [prəˈlɪfɪk] adj. a) (fertile) fruchtbar; b) (productive) produktiv; be ~ in sth. reich an etw. (Dat.) sein; be ~ of sth. etw. in großen Mengen hervorbringen; c) (abundant) reich
prolifically [prəˈlɪfɪkəlɪ] adv. a) (productively) reichlich; b) (abundantly) in Hülle und Fülle
prolix [ˈprəʊlɪks, prəˈlɪks] adj. weitschweifig
prolixity [prəˈlɪksɪtɪ] n., no pl. Weitschweifigkeit, die
prologue (Amer.: **prolog**) [ˈprəʊlɒg] n. a) (introduction) Prolog, der (to zu); b) (fig.) Vorspiel, das (to zu)
prolong [prəˈlɒŋ] v. t. a) (extend in duration or length) verlängern; ~ the agony (fig. coll.) die Qual [unnötig] in die Länge ziehen; don't ~ the agony! (fig. coll.) mach es nicht so spannend! (ugs.); b) (Phonet.) dehnen
prolongation [prəʊlɒŋˈgeɪʃn] n. a) Verlängerung, die; (fig. Med.) Weiterführung, die; (Phonet.) Dehnung, die; c) (Mus.) Aushalten, das
prolonged [prəˈlɒŋd] adj. lang; lang anhaltend ⟨Beifall⟩; langgezogen ⟨Schrei⟩
prom [prɒm] n. (coll.) a) (Brit.: seaside walkway) [Strand]promenade, die; b) (Brit.: concert) Promenadenkonzert, das; the P~s Konzerte, die alljährlich im Sommer in der Royal Albert Hall in London stattfinden; c) (Amer.: dance) school/college ~: Schul-/Studentenball, der
promenade [prɒməˈnɑːd] 1. n. a) (walkway) Promenade, die; (Brit.: at seaside) [Strand]promenade, die; b) (leisured walk) Spaziergang, der; Promenade, die (veralt.); go for or make or take a ~: einen Spaziergang machen; c) (Amer.: dance) see prom c. 2. v. i. promenieren (geh.). 3. v. t. (lead) führen
promenade: ~ **concert** n. Promenadenkonzert, das; ~ **deck** n. (Naut.) Promenadendeck, das
promenader [prɒməˈnɑːdə(r)] n. a) (one who promenades) Spaziergänger, der/Spaziergängerin, die; b) (Brit.: concert-goer) Konzertbesucher, der/-besucherin, die (auf Stehplätzen bei einem Promenadenkonzert)
Promethean [prəˈmiːθɪən] adj. prometheisch (geh.)
prominence [ˈprɒmɪnəns] n. a) (conspicuousness) Auffälligkeit, die; the continual ~ of his name in the newspapers das ständige [auffällige] Auftauchen seines Namens in den Zeitungen; b) (distinction) Bekanntheit, die; come to or rise to ~: bekannt werden; fade from ~: in Vergessenheit geraten; give ~ to sth. etw. in den Vordergrund stellen; c) (projecting part) Vorsprung, der
prominent [ˈprɒmɪnənt] adj. a) (conspicuous) auffallend; b) (foremost) herausragend; become very ~ as a singer als Sänger/Sängerin sehr bekannt werden; he was ~ in politics er war ein prominenter Politiker; a ~ topic of discussion ein vieldiskutiertes Thema; c) (projecting) vorspringend; vorstehend ⟨Backenknochen, Brauen⟩
prominently [ˈprɒmɪnəntlɪ] adv. a) (conspicuously) auffallend; b) (in forefront) in einer führenden Rolle; he figured ~ in the case er spielte in dem Fall eine wichtige Rolle
promiscuity [prɒmɪˈskjuːɪtɪ] n., no pl. a) (in sexual relations) Promiskuität, die (geh.); b) (indiscriminate action) Wahllosigkeit, die
promiscuous [prəˈmɪskjʊəs] adj. a) (in sexual relations) promiskuitiv (geh.); promisk; a ~ man ein Mann, der häufig die Partnerin wechselt; ~ behaviour häufige Partnerwechsel; b) (mixed) bunt gemischt; c) (indiscriminate) wahllos; d) (coll.: casual) nachlässig
promiscuously [prəˈmɪskjʊəslɪ] adv. a) (in sexual relations) promiskuitiv (geh.); promisk; b) (indiscriminately) wahllos
promise [ˈprɒmɪs] 1. n. a) (assurance) Versprechen, das; sb.'s ~s jmds. Versprechungen; give or make a ~ [to sb.] [jmdm.] ein Versprechen geben; give or make a ~ [to sb.] to do sth. [jmdm.] versprechen, etw. zu tun; I'm not making any ~s ich kann nichts versprechen; give or make a ~ [to sb.] that sth. will happen [jmdm.] versprechen, daß etw. geschehen wird; you have my ~: ich verspreche es dir; give or make a ~ of sth. [to sb.] [jmdm.] etw. versprechen; ~s of love/reform Liebes-/Reformversprechungen; it's a ~: ganz bestimmt; ~s, ~s! (coll. iron.) Versprechungen, nichts als Versprechungen!; is that a threat or a ~? (coll. iron.) soll das eine Drohung oder ein Versprechen sein?; b) (guarantee) Zusicherung, die; they gave me a ~ that the work would be ready on time sie sicherten mir zu, daß die Arbeit rechtzeitig fertig sein werde; c) (fig.: reason for expectation) Hoffnung, die; he never fulfilled his early ~: er enttäuschte die Erwartungen, die man zunächst in ihn gesetzt hatte; land of ~: Land der Verheißung (geh.); a painter of or with ~: ein vielversprechender Maler; ~ of sth. Aussicht auf etw. (Akk.). See also **breach 1 a**. 2. v. t. a) (give assurance of) versprechen; ~ sth. to sb., ~ sb. sth. jmdm. etw. versprechen; ~ revenge Rache schwören; b) (fig.: give reason for expectation of) verheißen (geh.); ~ sb. sth. jmdm. etw. in Aussicht stellen; ~ to do/be sth. versprechen, etw. zu tun/zu sein; c) ~ oneself sth./that one will do sth. sich (Dat.) etw. vornehmen/sich vornehmen, etw. zu tun; d) (coll.: assure) I ~ you das sage ich dir; I ~ or let me ~ you this/that das verspreche ich dir. 3. v. i. a) ~ well or favourably [for the future] vielversprechend [für die Zukunft] sein; he ~s well as a teacher er ist ein vielversprechender Lehrer; b) (give assurances) Versprechungen machen; I can't ~: ich kann es nicht versprechen
promised land [prɒmɪst ˈlænd] n. a) the ~ (Bibl.) das Gelobte Land; b) (fig.: ideal state) Paradies, das
promising [ˈprɒmɪsɪŋ] adj., **promisingly** [ˈprɒmɪsɪŋlɪ] adv. vielversprechend
ˈ**promissory note** n. (Finance) Schuldschein, der
promontory [ˈprɒməntərɪ] n. Vorgebirge, das
promote [prəˈməʊt] v. t. a) (advance) befördern; b) (encourage) fördern; a life-style which does not ~ health ein Lebensstil, der der Gesundheit nicht förderlich ist; ~ the success of the firm der Firma zu mehr Erfolg verhelfen; c) (publicize) Werbung machen für; d) (initiate) in Angriff nehmen ⟨Projekt⟩; gründen ⟨Tochtergesellschaft⟩; ~ a bill (Parl.) einen Gesetzentwurf einbringen; e) (Chess) umwandeln; f) (Footb.) be ~d aufsteigen
promoter [prəˈməʊtə(r)] n. a) (who organizes and finances event) Veranstalter, der/Veranstalterin, die (of ballet tour, pop festival, boxing-match, cycle-race also) Promoter, der; b) (furtherer) Förderer, der/Förderin, die; c) (publicizer) Promoter, der/Promoterin, die; d) (initiator) Begründer, der/Begründerin, die; (Parl.) jmd., der einen Gesetzentwurf einbringt und unterstützt; [company] ~: Firmengründer, der/-gründerin, die
promotion [prəˈməʊʃn] n. a) (advancement) Beförderung, die; win or gain ~: befördert werden; he is due for ~: er dürfte bald befördert werden; ~ to [the rank of] sergeant etc. Beförderung zum Unteroffizier usw.; b) (furtherance) Förderung, die; c) (Sport, Theatre: event) Veranstaltung, die; d) (publicization) Werbung, die; (instance) Werbekampagne, die; **sales** ~: Werbung, die; e) (initiation) Begründung, die; (Parl.: of bill) Einbringung, die; f) (of a company) Gründung, die; g) (Chess) Umwandlung, die; h) (Footb.) Aufstieg, der; **be sure of** ~: mit Sicherheit aufsteigen
promotional [prəˈməʊʃənl] adj. a) (of advancement) Beförderungs⟨aussichten, -möglichkeiten⟩; b) (of publicity) Werbe⟨kampagne, -broschüre, -strategie usw.⟩
prompt [prɒmpt] 1. adj. a) (ready to act) bereitwillig; be a ~ helper/volunteer bereitwillig helfen/sich bereitwillig zur Verfügung stellen; be ~ in doing sth. ~ to do sth. etw. unverzüglich tun; he was ~ in his reply er antwortete prompt; by (done readily) sofortig; her ~ answer/reaction ihre prompte Antwort/Reaktion; take ~ action sofort handeln; make a ~ decision sich sofort entschließen; c) (punctual) pünktlich. 2. adv. pünktlich; at 6 o'clock ~: Punkt 6 Uhr. 3. v. t. a) (incite) veranlassen; ~ sb. to sth./to do sth. jmdn. zu etw. veranlassen/dazu veranlassen, etw. zu tun; b) (supply with words; also Theatre) soufflieren (+ Dat.); (supply with answers) vorsagen (+ Dat.); (give suggestion to) weiterhelfen (+ Dat.); ~ sb. with sth. jmdm. etw. soufflieren/vorsagen/jmdm. mit etw. weiterhelfen; he had to be ~ed man mußte ihm soufflieren/vorsagen/weiterhelfen; c) (inspire) hervorrufen

⟨Kritik, Eifersucht usw.⟩; provozieren ⟨Antwort⟩; **this ~s the question ...**: hierbei drängt sich die Frage auf:... **4.** *v. i.* souffliieren. **5.** *n.* Soufflieren, *das;* **give a ~**: soufflieren; **I'll give you a ~ if you need one** *(a suggestion)* wenn nötig, werde ich dir weiterhelfen

prompt: ~-box *n. (Theatre)* Souffleurkasten, *der;* **~ copy** *n. (Theatre)* Rollenheft, *das*

prompter ['prɒmptə(r)] *n. (Theatre)* Souffleur, *der*/Souffleuse, *die*

prompting ['prɒmptɪŋ] *n.* **a) the ~s of his heart/conscience** die Stimme seines Herzens/Gewissens; **b) he never needs ~**: man muß ihn nicht zweimal bitten; **c)** *(Theatre)* Soufflieren, *das*

promptitude ['prɒmptɪtjuːd] *see* **promptness**

promptly ['prɒmptlɪ] *adv.* **a)** *(quickly)* prompt; **he ~ went and did the opposite** *(iron.)* er hat natürlich prompt [genau] das Gegenteil getan; **b)** *(punctually)* pünktlich; **at 8 o'clock ~, ~ at 8 o'clock** Punkt 8 Uhr; pünktlich um 8 Uhr

promptness ['prɒmptnɪs] *n., no pl.* Promptheit, *die;* **be carried out with ~**: prompt durchgeführt werden; **the public's ~ in responding to the appeal** die Geschwindigkeit, mit der die Öffentlichkeit auf den Aufruf reagierte

'**prompt side** *n. (Brit. Theatre)* Bühnenseite links vom Schauspieler; *(Amer. Theatre)* Bühnenseite rechts vom Schauspieler

promulgate ['prɒmʌlgeɪt] *v. t.* **a)** *(disseminate)* verbreiten; **b)** *(announce officially)* verkünden

promulgation [prɒməl'geɪʃn] *n. see* **promulgate**: Verbreitung, *die;* Verkündung, *die*

prone [prəʊn] *adj.* **a)** *(liable)* **be ~ to** anfällig sein für ⟨Krankheiten, Depressionen⟩; neigen zu ⟨Faulheit, Meditation⟩; **be ~ to do sth.** dazu neigen, etw. zu tun; *in comb.* **strike-~**: streikanfällig; **a disaster-~ country** ein Land, in dem es häufig zu Katastrophen kommt; *see also* **accident-prone**; **b)** *(down-facing)* **assume a ~ position on the floor** sich in Bauchlage auf den Boden legen; **fall/throw oneself ~ to** *or* **on the ground** sich flach auf den Boden fallen lassen/werfen; **slumped ~ over her typewriter** vornüber über ihre Schreibmaschine gesunken; **c)** *(prostrate)* langgestreckt

prong [prɒŋ] **1.** *n.* **a)** *(of fork)* Zinke, *die;* **b)** *(of antler)* Ende, *das.* **2.** *v. t.* aufspießen

-pronged [prɒŋd] *adj. in comb.* -zinkig; **three-~ attack** *(Mil.; also fig.)* Angriff von drei Seiten

pronominal [prə'nɒmɪnl] *adj. (Ling.)* pronominal; Pronominal⟨adjektiv, -adverb⟩

pronoun ['prəʊnaʊn] *n. (Ling.) (word replacing noun)* Pronomen, *das;* Fürwort, *das; (pronominal adjective)* Pronominaladjektiv, *das;* **demonstrative ~**: Demonstrativpronomen, *das;* **distributive ~**: Distributivum, *das;* **impersonal** *or* **indefinite ~**: Indefinitpronomen, *das;* **possessive ~**: Possessivpronomen, *das;* besitzanzeigendes Fürwort; **reflexive ~**: Reflexivpronomen, *das*

pronounce [prə'naʊns] **1.** *v. t.* **a)** *(declare formally)* verkünden; **~ a curse [up]on sb.** jmdn. verfluchen; **~ excommunication [up]on sb.** die Exkommunikation über jmdn. verhängen; **~ judgement** das Urteil verkünden; **~ judgement on sb./sth.** über jmdn./etw. das Urteil sprechen; **~ sb./sth. [to be] sth.** jmdn./etw. für etw. erklären; **he was ~[to be] a traitor** er wurde zum Verräter erklärt; **b)** *(declare as opinion)* erklären für; **he has been ~d an excellent actor** es heißt, er sei ein ausgezeichneter Schauspieler; **he ~d himself [to be]** *or* **~d that he was disgusted with it** er erklärte, er sei empört darüber; **c)** *(speak)* aussprechen ⟨Wort, Buchstaben usw.⟩. **2.** *v. i.* **~ on sth.** zu etw. Stellung nehmen; **~ for** *or* **in favour of/against sth.** sich für/gegen etw. aussprechen

pronounceable [prə'naʊnsəbl] *adj.* aussprechbar

pronounced [prə'naʊnst] *adj.* **a)** *(declared)* erklärt; ausgesprochen ⟨Gegner, Autorität⟩; **b)** *(spoken)* ausgesprochen; **the h is not ~**: das h wird nicht gesprochen; **(marked)** ausgeprägt; **walk with a ~ limp** stark hinken

pronouncement [prə'naʊnsmənt] *n.* Erklärung, *die;* **make a ~ [about sth.]** eine Erklärung [zu etw.] abgeben; **make the ~ that ...**: erklären, daß ...

pro'nouncing dictionary *n.* Aussprachewörterbuch, *das*

pronto ['prɒntəʊ] *adv. (sl.)* dalli *(ugs.);* **and [do it] ~!** aber fix! *(ugs.);* aber [ein bißchen] dalli! *(ugs.)*

pronunciation [prənʌnsɪ'eɪʃn] *n.* Aussprache, *die;* **error of ~**: Aussprachefehler, *der;* **what is the ~ of this word?** wie wird dieses Wort ausgesprochen?; **this word has two ~s** dieses Wort kann auf zwei Arten ausgesprochen werden

proof [pruːf] **1.** *n.* **a)** *(fact, evidence)* Beweis, *der;* **very good ~**: sehr gute Beweise; **~ positive** eindeutige Beweise; *see also* **burden 1 a; b)** *no pl., no art. (Law)* Beweismaterial, *das;* **c)** *no pl. (proving)* **in ~ of** zum Beweis (+ *Gen.*); **be capable of experimental ~**: sich experimentell beweisen lassen; **d)** *no pl. (test, trial)* Beweis, *der;* **put a theory to the ~**: eine Theorie unter Beweis stellen; **the ~ of the pudding is in the eating** *(prov.)* Probieren geht über Studieren *(Spr.);* **e)** *no pl., no art. (standard of strength)* Proof *o. Art.;* **100 ~** *(Brit.),* **128 ~** *(Amer.)* 64 Vol.-% Alkohol; **above/below ~**: über/unter 57,27 Vol.-% Alkohol; **f)** *(Printing)* Abzug, *der;* **first ~**: Erstabzug, *der; see also* **galley c; page proof; read 1 a; g)** *(Photog., Art)* [Probe]abzug, *der.* **2.** *adj. (impervious)* **be ~ against sth.** unempfindlich gegen etw. sein; *(fig.)* gegen etw. immun sein; **~ against wind/bullets/the weather** windundurchlässig/kugelsicher/wetterfest; **b)** *in comb. (resistant to)* ⟨kugel-, bruch-, einbruch-, diebes-, idioten⟩sicher; ⟨schall-, wasser⟩dicht; **flame-~**: nicht brennbar; **c)** hochprozentig ⟨Alkohol⟩; **this liqueur is 67.4°** *(Brit.)* or *(Amer.)* 76.8° **~**! dieser Likör hat 38,4 Vol.-% Alkohol. **3.** *v. t.* **a)** *(Printing) (take ~ of)* andrucken; *(proof-read)* Korrektur lesen; **b)** *(Photog., Art)* einen [Probe]abzug herstellen von; **c)** *(make resistant)* **~ [against sth.]** [gegen etw.] imprägnieren ⟨Stoff, Gewebe⟩; [gegen etw.] abdichten ⟨Wand⟩; *in comb.* **sound-/water-~**: schall-/wasserdicht machen; **flame-~ sth.** etw. nicht brennbar machen; **d)** *(in baking)* gehen lassen

proof: ~-read *v. t. (Printing)* Korrektur lesen; **~-reader** *n. (Printing)* Korrektor, *der*/Korrektorin, *die;* **~-reading** *n. (Printing)* Korrekturlesen, *das;* **~-sheet** *n. (Printing)* Korrekturfahne, *die;* **~ 'spirit** *n.* Alkohol-Wasser-Gemisch mit einem bestimmten Alkoholanteil; Proof spirit, *der*

¹**prop** [prɒp] **1.** *n.* **a)** *(support, lit. or fig.)* Stütze, *die; (Mining)* Strebe, *die;* **b)** *(Rugby)* Spieler außen in der vorderen Reihe des Gedränges. **2.** *v. t.,* **-pp-: a)** *(support)* stützen; **the ladder was ~ped against the house** die Leiter war gegen das Haus gelehnt; **the door was ~ped open with a brick** die Tür wurde von einem Ziegelstein offengehalten; **b)** *(fig.) see* **~ up b**

~ 'up *v. t.* **a)** *(support)* stützen; **~ oneself up on one's elbows** sich auf die Ellbogen stützen; **sit ~ped up against the wall** [mit dem Rücken] an die Wand gelehnt sitzen; **~ up the bar** *(joc./iron.)* an der Theke rumhängen *(ugs.);* **b)** *(fig.)* aufrichten ⟨Person⟩; vor dem Konkurs bewahren ⟨Firma⟩; stützen ⟨Regierung, Währung⟩

²**prop** *n. (coll.)* **a)** *(Theatre, Cinemat.: also fig.)* Requisit, *das;* **b)** *in pl. see* **property-man**

³**prop** *n. (Aeronaut. coll.)* Propeller, *der*

propaganda [prɒpə'gændə] *n., no pl., no indef. art.* Propaganda, *die*

propagandist [prɒpə'gændɪst] **1.** *n.* Propagandist, *der*/Propagandistin, *die* (**of, for** *Gen.*). **2.** *adj.* propagandistisch; Propaganda⟨schrift, -blatt⟩

propagate ['prɒpəgeɪt] **1.** *v. t.* **a)** *(Hort., Bacteriol.)* vermehren (**from, by** durch); *(Breeding, Zool.)* züchten; **b)** *(hand down)* vererben ⟨Eigenschaft, Merkmal⟩ (**to** auf + *Akk.*); **c)** *(spread)* verbreiten; **d)** *(Phys.)* **be ~d** sich fortpflanzen. **2.** *v. i.* **a)** *(Bot., Zool., Bacteriol.)* sich vermehren; **b)** *(spread, extend, travel)* sich ausbreiten. **3.** *v. refl. (Bot., Zool., Bacteriol.)* sich vermehren

propagation [prɒpə'geɪʃn] *n.* **a)** *(Hort., Breeding, Bacteriol.)* Züchtung, *die;* **b)** *(Bot., Zool., Bacteriol.: reproduction)* Vermehrung, *die;* **c)** *(handing down)* Vererbung, *die* (**to** auf + *Akk.*); **d)** *(spreading)* Verbreitung, *die;* **e)** *(Phys.)* Fortpflanzung, *die*

propagative ['prɒpəgeɪtɪv] *adj.* **a)** *(Hort.)* Vermehrungs-; **b)** *(reproductive)* Fortpflanzungs-

propagator ['prɒpəgeɪtə(r)] *n.* **a)** *(Hort.) (person)* Züchter, *der*/Züchterin, *die; (device)* [beheizbare] Saatkiste; **b)** *(disseminator)* Propagator, *der*/Propagatorin, *die (geh.)*

propane ['prəʊpeɪn] *n. (Chem.)* Propan, *das*

propel [prə'pel] *v. t.,* **-ll-** *(lit. or fig.)* antreiben; **the boat was ~led through the water by the oarsmen** die Ruderer trieben das Boot durchs Wasser; **the rider was ~led over the horse's head** der Reiter wurde über den Kopf des Pferdes geschleudert

propellant [prə'pelənt] *n.* **a)** Treibstoff, *der;* **b)** *(of aerosol spray)* Treibgas, *das;* **c)** *(explosive charge)* Treibladung, *die*

-propelled [prə'peld] *adj. in comb.* -getrieben

propellent [prə'pelənt] *adj.* Antriebs⟨kraft, -energie, -leistung, -mittel, -system⟩

propeller [prə'pelə(r)] *n.* Propeller, *der*

propeller: ~ shaft *n. (Aeronaut.)* Propellerwelle, *die; (Motor Veh.)* Kardanwelle, *die;* **~ turbine** *n. (Aeronaut.)* Propellerturbine, *die*

propelling 'pencil *n. (Brit.)* Drehbleistift, *der*

propensity [prə'pensɪtɪ] *n.* Neigung, *die;* **[have] a ~ to** *or* **towards sth.** einen Hang zu etw. [haben]; **have a ~ to do sth.** *or* **for doing sth.** dazu neigen, etw. zu tun

proper ['prɒpə(r)] **1.** *adj.* **a)** *(accurate)* richtig; wahrheitsgetreu ⟨Bericht⟩; zutreffend ⟨Beschreibung⟩; eigentlich ⟨Wortbedeutung⟩; ursprünglich ⟨Fassung⟩; **in the ~ sense** im wahrsten Sinne des Wortes; *by postpos.* **(strictly so called)** im engeren Sinn nachgestellt; **within the sphere of architecture** auf dem Gebiet der Architektur an sich; **in London ~**: in London selbst; **c)** *(genuine)* echt, richtig ⟨Wirbelsturm, Schauspieler⟩; **d)** *(satisfactory)* zufriedenstellend ⟨Antwort⟩; hinreichend ⟨Grund⟩; **b)** *(suitable)* angemessen; *(morally fitting)* gebührend; **do sth. the ~ way** etw. richtig machen; **we must do the ~ thing by him** wir müssen ihn fair behandeln; **he did not know which was the ~ knife to use** er wußte nicht, welches Messer er benutzen sollte; **do as you think ~**: tu, was du für richtig hältst; **that's not a ~ attitude to take towards ...**: so verhält man sich nicht gegenüber ...; **f)** *(conventionally acceptable)* gehörig; **have no notion of what is ~**: nicht wissen, was sich gehört; **language not ~ for a lady's ears** eine Ausdrucksweise, die nicht für die Ohren einer Dame bestimmt ist; **it**

proper fraction

would not be ~ for me to ...: es gehört sich nicht, daß ich ...; **the conduct ~ to a gentleman** das Benehmen, das sich für einen Gentleman gehört; g) *(conventional, prim)* förmlich; h) *attrib. (coll.: thorough)* richtig; **she gave him a ~ hiding** sie gab ihm eine ordentliche Tracht Prügel; **you gave me a ~ turn** du hast mir einen ganz schönen Schrecken eingejagt. 2. *adv. (coll.)* **good and ~**: gehörig; nach Strich und Faden *(ugs.)*
proper 'fraction n. *(Math.)* echter Bruch
properly ['prɒpəlɪ] *adv.* a) *(rightly)* zu Recht; *(with decency)* anständig; **~ speaking** genaugenommen; **he is ~ considered to be a great artist** er wird mit Recht als ein großer Künstler angesehen; **he is not a ~ captain at all** er ist eigentlich gar kein Kapitän; **I'm not ~ authorized to do it** ich bin eigentlich nicht dazu berechtigt; **he very ~ went to see the doctor** er tat das einzig Richtige und ging zum Arzt; b) *(primly)* förmlich; c) *(coll.: thoroughly)* total *(ugs.)*
proper: ~ 'motion n. *(Astron.)* Eigenbewegung, die; **~ 'name, ~ 'noun** ns. *(Ling.)* Eigenname, der
propertied ['prɒpətɪd] *adj.* begütert; **the ~ class[es]** die besitzende[n] Klasse[n]
property ['prɒpətɪ] n. a) *(possession[s], ownership)* Eigentum, das; **the ~~owning classes** die besitzenden Klassen; **~ speculator/dealer** Immobilienspekulant, der/-händler, der; **make sth. sb.'s ~**: jmdm. etw. übereignen; **lost ~**: Fundsachen Pl.; **lost ~ [department or office]** Fundbüro, das; **man of ~**: begüterter Mann; **common ~**: Gemeingut, das; *(fig.)* see **common knowledge**; b) *(estate)* Besitz, der; Immobilie, die *(fachspr.)*; **~ in London is expensive** die Immobilienpreise in London sind hoch; *see also* **personal property a; real property**; c) *(attribute)* Eigenschaft, die; *(effect, special power)* Wirkung, die; d) *(Cinemat., Theatre)* Requisit, das
property: **~ developer** n. ≈ Bauunternehmer, der/-unternehmerin, die; **~~man** n. *(Cinemat., Theatre)* Requisiteur, der; **~ market** n. Immobilienmarkt, der; **~ master** see **~~man**; **~ owner** n. Grundbesitzer, der/-besitzerin, die; **~ qualification** n. Eigentumsnachweis als Voraussetzung für ein Amt od. Recht; **~ tax** n. Vermögenssteuer, die
prop 'forward see **'prop 1 b**
prophecy ['prɒfɪsɪ] n. a) *(prediction)* Vorhersage, die; **make the ~ that ...**: vorhersagen, daß ...; b) *(prophetic utterance)* Prophezeiung, die; c) *(prophetic faculty)* [**the power or gift of**] ~: die Gabe der Prophetie *(geh.)*
prophesy ['prɒfɪsaɪ] 1. v. t. a) *(predict)* vorhersagen; *(fig.)* prophezeien ⟨*Unglück*⟩; *(as fortune-teller)* weissagen; **what do you ~ will happen?** was wird deiner Vorhersage nach geschehen? 2. v. i. a) *(foretell future)* Vorhersagen machen; **~ of sth.** *(lit. or fig.)* etw. ankündigen; b) *(speak as prophet)* Prophezeiungen machen
prophet ['prɒfɪt] n. a) *(lit. or fig.)* Prophet, der; **be the ~ of sth.** etw. prophezeien; **~ of doom** Schwarzseher, der; b) *(advocate)* Vorkämpfer, der
prophetess ['prɒfɪtɪs] n. a) Prophetin, die; b) *(advocate)* Vorkämpferin, die
prophetic [prə'fetɪk] *adj.* prophetisch; **be ~ of sth.** ein Vorzeichen für etw. sein
prophetically [prə'fetɪkəlɪ] *adv.* prophetisch
prophylactic [prɒfɪ'læktɪk] 1. *adj.* prophylaktisch *(Med., geh.)*; vorbeugend. 2. n. a) Prophylaxe, die *(Med.)*; Vorbeugung, die; *(preventive measure)* Vorbeugungsmaßnahme, die; b) *(contraceptive)* Verhütungsmittel, das
prophylaxis [prɒfɪ'læksɪs] n., pl. **prophylaxes** [prɒfɪ'læksiːz] *(Med.)* Prophylaxe, die
propinquity [prə'pɪŋkwɪtɪ] n., no pl. *(formal)* a) *(nearness)* Nähe, die (**to** zu); **in close ~** [**to each other**] nah beieinander; b) *(kinship)* [nahe] Verwandtschaft (**to** mit, **between** zwischen)
propitiate [prə'pɪʃɪeɪt] v. t. *(formal) (appease)* besänftigen; *(make favourably inclined)* günstig stimmen
propitiation [prəpɪʃɪ'eɪʃn] n. *(formal)* Besänftigung, die
propitiatory [prə'pɪʃɪətərɪ] *adj. (formal) (of propitiation)* Besänftigungs-; besänftigend ⟨*Wort, Lächeln, Geste*⟩
propitious [prə'pɪʃəs] *adj.* a) *(auspicious)* verheißungsvoll; b) *(favouring, benevolent)* günstig; **~ for or to doing sth.** günstig für etw.; **~ for or to doing sth.** dafür geeignet, etw. zu tun; **be hardly ~ to sth.** einer Sache *(Dat.)* kaum förderlich sein
propitiously [prə'pɪʃəslɪ] *adv. (auspiciously, favourably)* günstig
'prop-jet n. *(Aeronaut.) (aircraft)* Turbo-Prop-Flugzeug, das; *(engine)* Turbo-Prop-Triebwerk, das
proponent [prə'pəʊnənt] n. Befürworter, der/Befürworterin, die
proportion [prə'pɔːʃn] 1. n. a) *(portion)* Teil, der; *(in recipe)* Menge, die; **the ~ of deaths is high** der Anteil der Todesfälle ist hoch; **what ~ of candidates pass the exam?** wie groß ist der Anteil der erfolgreichen Prüfungskandidaten?; b) *(ratio)* Verhältnis, das; **the ~ of sth. to sth.** das Verhältnis von etw. zu etw.; **the high ~ of imports to exports** der hohe Anteil der Importe im Vergleich zu den Exporten; **in ~** [**to sth.**] [einer Sache *(Dat.)*] entsprechend; **our excitement grew in ~ as the ship came closer** je näher das Schiff kam, desto aufgeregter wurden wir; c) *(correct relation)* Proportion, die; *(fig.)* Ausgewogenheit, die; **the design lacks ~**: der Entwurf ist schlecht proportioniert; **sense of ~**: Sinn für Proportionen; **be in ~** [**to** od. **with sth.**] *(lit. or fig.)* in [einem] Verhältnis [zu od. mit sth.] stehen; **try to keep things in ~** *(fig.)* versuchen Sie, die Dinge im richtigen Licht zu sehen; **be out of ~/all or any ~** [**to** od. **with sth.**] *(lit. or fig.)* in keinem/keinerlei Verhältnis zu etw. stehen; **get things out of ~** *(fig.)* die Dinge zu wichtig nehmen; *(worry unnecessarily)* sich *(Dat.)* zu viele Sorgen machen; d) *in pl. (size)* Dimension, die; **the ~s of each room were modest** die Räume waren von bescheidener Größe; **of mountainous ~s** riesenhaften Ausmaßes; e) *(Math.)* [**geometric**] ~: Proportion, die; **~ rule = rule of three** see **rule 1 a**. *See also* **direct proportion; inverse proportion**. 2. v. t. *(make proportionate)* proportionieren; *(harmonize)* aufeinander abstimmen; **~ sth. to sth.** etw. einer Sache *(Dat.)* anpassen; **the architect has ~ed the whole building** der Architekt hat das ganze Gebäude ausgewogen gestaltet; *see also* **proportioned**
proportional [prə'pɔːʃənl] *adj.* a) *(in proportion)* entsprechend; **be ~ to sth.** einer Sache *(Dat.)* entsprechen; b) *(in correct relation)* ausgewogen; **be ~ to sth.** *(lit. or fig.)* einer Sache *(Dat.)* entsprechen; c) *(Math.)* **~** [**to sth.**] proportional [zu etw. *(Dat.)*]
proportionality [prəpɔːʃə'nælɪtɪ] n., no pl. a) *(being in proportion)* Verhältnismäßigkeit, die; **there is a ~ between A and B** A und B stehen sich proportional zueinander; b) *(harmony)* Ausgewogenheit, die; **~ to sth.** ausgewogenes Verhältnis zu etw.
proportionally [prə'pɔːʃənlɪ] *adv.* a) *(in proportion)* [dem]entsprechend; b) *(in correct relation)* proportional gesehen; **correspond/not correspond ~ to sth.** im richtigen/in keinem Verhältnis zu etw. stehen
proportional: **~ represen'tation** n. *(Polit.)* Verhältniswahlsystem, das; **~ tax** n. Proportionalsteuer, die

proprietary term

proportionate [prə'pɔːʃənət] *adj.* a) *(in proportion)* entsprechend; **~ to sth.** proportional zu etw.; b) *(in correct relation)* ausgewogen; **~ to sth.** einer Sache *(Dat.)* entsprechend; **the length of the room is not ~ to its breadth** die Länge des Zimmers steht in keinem Verhältnis zu seiner Breite
proportionately [prə'pɔːʃənətlɪ] *adv.* a) *(in proportion)* entsprechend; b) *(in correct relation)* angemessen
proportioned [prə'pɔːʃnd] *adj.* proportioniert; **well-/ill-~**: wohlproportioniert/schlecht proportioniert
proposal [prə'pəʊzl] n. a) *(thing proposed)* Vorschlag, der; *(offer)* Angebot, das; **make ~s for peace** Friedensvorschläge unterbreiten; **make a ~ for doing sth.** or **to do sth.** einen Vorschlag machen, etw. zu tun; **his ~ for improving the system** sein Vorschlag zur Verbesserung des Systems; **draw up ~s/a ~**: Pläne/einen Plan aufstellen; **~** [**of marriage**] [Heirats]antrag, der; c) *(act of proposing)* Unterbreitung, die; **he was interrupted in the middle of his ~ to her** the committee er wurde unterbrochen, während er ihr einen Heiratsantrag machte/dem Ausschuß seinen Vorschlag unterbreitete
propose [prə'pəʊz] 1. v. t. a) *(put forward for consideration)* vorschlagen; **~ sth. to sb.** jmdm. etw. vorschlagen; **~ marriage** [**to sb.**] [jmdm.] einen Heiratsantrag machen; **~ a truce** einen Waffenstillstand anbieten *od.* vorschlagen; b) *(nominate)* **~ sb. as/for sth.** jmdn. als/für etw. vorschlagen; c) *(for drinking of toast)* **~ a toast to sb./sth.** einen Trinkspruch auf jmdn./etw. ausbringen; **~ sb.'s health** sein Glas erheben, um auf jmds. Gesundheit zu trinken; [**I should like to**] ~: **'The bride and groom!'** trinken wir auf Braut und Bräutigam!; d) *(intend)* **~ doing** or **to do sth.** beabsichtigen, etw. zu tun; e) *(set up as aim)* planen; **~ sth. to oneself** sich *(Dat.)* etw. vornehmen; **he ~s their destruction** sein Ziel ist ihre Vernichtung. 2. v. i. a) *(offer marriage)* **~** [**to sb.**] jmdm. einen Heiratsantrag machen; b) *see* **dispose 2**
proposer [prə'pəʊzə(r)] n. *(of motion)* Antragsteller, der/-stellerin, die; *(of candidate)* Vorschlagende, der/die
proposition [prɒpə'zɪʃn] 1. n. a) *(proposal)* Vorschlag, der; **make** or **put a ~ to sb.** jmdm. einen Vorschlag machen; b) *(statement)* Aussage, die; **Galileo's ~ that the Earth revolves around the Sun** Galileis These, daß die Erde sich um die Sonne dreht; c) *(sl.: undertaking, problem)* Sache, die *(ugs.)*; **paying ~**: lohnendes Geschäft; **it's not a ~**: das kommt nicht in Frage; **the project is no longer a practical/viable ~**: das Projekt ist nicht mehr durchführbar/rentabel; **he looks a tough/nasty ~**: er scheint ein zäher/widerlicher Typ zu sein *(ugs.)*; d) *(Logic)* Satz, der; Proposition, die *(fachspr.)*; e) *(Math.)* Satz, der. 2. v. t. *(coll.)* jmdn. anmachen *(ugs.)*
propositional [prɒpə'zɪʃənl] *adj. (Logic)* propositional; *(Math.)* lehrsatzartig
propound [prə'paʊnd] v. t. darlegen; **~ a question** eine Frage aufwerfen; **~ sth. to sb.** jmdm. etw. vortragen
proprietary [prə'praɪətərɪ] *adj.* a) *(belonging to private owner)* Eigentums-; ⟨*Pflichten*⟩ als Eigentümer; **~ rights/claims** Eigentumsrechte/-ansprüche; b) *(characteristic of a proprietor)* have a **~ attitude to sb.** jmdn. als seinen Besitz betrachten; c) *(holding property)* Eigentümer-; **~ owner** Eigenbesitzer, der/-besitzerin, die *(Wirtsch.)*; d) *(privately owned)* privat; e) *(patented)* Marken-; **~ brand** or **make of washing-powder** Markenwaschmittel, das
proprietary: **~ 'company** n. *(Brit. Commerc.)* Privatfirma, die; **~ 'medicine** n. Markenmedikament, das; **~ 'name, ~ 'term** ns. *(Commerc.)* Markenname, der

565

proprietor [prəˈpraɪətə(r)] n. Inhaber, der/Inhaberin, die; (of newspaper) Besitzer, der/Besitzerin, die
proprietorial [prəpraɪəˈtɔːrɪəl] adj. a) (of proprietor) Inhaber-; ⟨Pflichten⟩ als Inhaber; b) (characteristic of proprietor) have a ~ attitude to sb. jmdn. als seinen Besitz betrachten; ~ **pride** Besitzerstolz, der
proprietorship [prəˈpraɪətəʃɪp] n. (ownership) Eigentum, das; (of newspaper) Besitz, der; **under sb.'s ~:** während jmd. Inhaber ist/war
proprietress [prəˈpraɪətrɪs] n. Inhaberin, die; (of newspaper) Besitzerin, die
propriety [prəˈpraɪətɪ] n. a) no pl. (decency) Anstand, der; **with ~:** anständig; **breach of ~:** Verstoß gegen die guten Sitten; b) in pl. **the proprieties** die Regeln des Anstands; **observe the proprieties** Anstand und Sitte bewahren; c) no pl. (fitness) Angemessenheit, die; d) no pl. (accuracy) Richtigkeit, die; **with perfect ~:** völlig zu Recht
propulsion [prəˈpʌlʃn] n. Antrieb, der; (driving force, lit. or fig.) Antriebskraft, die; see also **jet propulsion**
propulsive [prəˈpʌlsɪv] adj. Antriebs-; (fig.) mobilisierend
pro rata [prəʊ ˈrɑːtə] 1. adv. anteilmäßig. 2. adj. anteilmäßig; **be paid on a ~ basis** anteilmäßig bezahlt werden
prorogation [prəʊrəˈgeɪʃn] n. Vertagung, die (**to** auf + Akk.); (Parl.: interval between sessions) Parlamentsferien Pl.
prorogue [prəˈrəʊg] 1. v. t. (also Parl.) vertagen. 2. v. i. (also Parl.) sich vertagen
prosaic [prəˈzeɪɪk, prəʊˈzeɪɪk] adj., **prosaically** [prəˈzeɪɪkəlɪ, prəʊˈzeɪɪkəlɪ] adv. prosaisch (geh.); nüchtern
proscenium [prəˈsiːnɪəm] n., pl. ~**s** or **proscenia** [prəˈsiːnɪə] (Theatre) (front of stage) Proszenium, das; (framework) Bühnenrahmen, der
proscenium 'arch n. (Theatre) Bühnenrahmen, der
proscribe [prəˈskraɪb] v. t. a) (Hist.: outlaw) für vogelfrei erklären; (for exile) verbannen; (fig.) ächten; b) (prohibit) verbieten
proscription [prəˈskrɪpʃn] n. a) (Hist.: outlawing) Ächtung, die; (for exile) Verbannung, die; **issue a ~ against sb.** jmdn. in die Verbannung schicken; c) (prohibition) Verbot, das
prose [prəʊz] n. a) (form of language) Prosa, die; attrib. Prosa⟨werk, -stil⟩; b) (Sch., Univ.) [translation] Übersetzung in die Fremdsprache; **a ~ passage for translation** ein Text zur Übersetzung in die Fremdsprache. See also **idyll a; poetry**
prosecute [ˈprɒsɪkjuːt] 1. v. t. a) (Law) strafrechtlich verfolgen; **~ sb. for sth./doing sth.** jmdn. wegen etw. strafrechtlich verfolgen/jmdn. strafrechtlich verfolgen, weil er etw. tut/getan hat; b) (pursue) verfolgen; c) (carry on) ausüben. 2. v. i. Anzeige erstatten; **as a barrister, he preferred defending to prosecuting** als Rechtsanwalt zog er die Verteidigung der Anklage vor
prosecuting [ˈprɒsɪkjuːtɪŋ]: **~ at'torney** n. (Amer. Law), **~ 'counsel** n. (Brit. Law) Staatsanwalt, der/-anwältin, die
prosecution [prɒsɪˈkjuːʃn] n. a) (Law) (bringing to trial) [strafrechtliche] Verfolgung, die; (court procedure) Anklage, die; **start a ~ against sb.** Anklage gegen jmdn. erheben; b) (Law: prosecuting party) Anklage[vertretung], die; **the [case for the] ~:** die Anklage; **witness for the ~, ~ witness** Zeuge/Zeugin der Anklage; c) (pursuing) Verfolgung, die; d) (carrying on) Ausübung, die
prosecutor [ˈprɒsɪkjuːtə(r)] n. (Law) Ankläger, der/Anklägerin, die; **public ~** ≈ Generalstaatsanwalt, der/-anwältin, die
proselyte [ˈprɒsɪlaɪt] n. (convert; also Jewish Relig.) Proselyt, der/Proselytin, die

proselytize (proselytise) [ˈprɒsɪlɪtaɪz] v. i. missionieren
prose: ~-writer n. Prosaschriftsteller, der/-schriftstellerin, die; **~-writing** n. Prosa, die
prosodic [prəˈsɒdɪk] adj. prosodisch
prosodist [ˈprɒsədɪst] n. Prosodiker, der/Prosodikerin, die
prosody [ˈprɒsədɪ] n. a) Verslehre, die; b) (Ling.) Prosodie, die
prospect 1. [ˈprɒspekt] n. a) (extensive view) Aussicht, die (**of** auf + Akk.); (spectacle) Anblick, der; (mental view) Einsicht, die (**of** in + Akk.); **open [up] new ~s to sb.'s mind** jmds. geistigen Horizont erweitern; b) (expectation) Erwartung, die (of hinsichtlich); [**at the**] **~ of sth./doing sth.** (mental picture, likelihood) [bei der] Aussicht auf etw.(Akk.)/[darauf], etw. zu tun; **what are the ~s of your coming?** wie sind die Aussichten, daß du kommst?; **have the ~ of sth., have sth. in ~:** etw. in Aussicht haben; c) in pl. (hope of success) Zukunftsaussichten; **a man with [good] ~s** ein Mann mit Zukunft; **a job with no ~s** eine Stelle ohne Zukunft; **sb.'s ~s of sth.** jmds. Chancen auf etw. (Akk.)/darauf, etw. zu tun; **what are his ~s of being accepted?** wie stehen seine Chancen, angenommen zu werden?; **~s of survival** Überlebenschancen; **the ~s for sb./sth.** die Aussichten für jmdn./etw.; d) (possible customer) [möglicher] Kunde/[mögliche] Kundin, die; (possible candidate) Anwärter, der/Anwärterin, die; (possible winner) Kandidat, der/Kandidatin, die; **be a good ~ for a race/the job** bei einem Rennen gute Chancen haben/ein aussichtsreicher Kandidat für den Job sein. 2. [prəˈspekt] v. i. (explore for mineral) prospektieren (Bergw.); nach Bodenschätzen suchen; (fig.) Ausschau halten (**for** nach); **~ for gold** nach Gold suchen. 3. [prəˈspekt] v. t. a) (Mining) erkunden; prospektieren (fachspr.); **~ sth. for sth.** in etw. (Dat.) nach etw. suchen; b) (investigate) untersuchen
prospective [prəˈspektɪv] adj. a) (expected) voraussichtlich; zukünftig ⟨Erbe, Braut⟩; potentiell ⟨Käufer, Kandidat⟩; b) (referring to the future) zukünftig; **make ~ enquiries** sich vorab informieren; **take a ~ view of sth.** etw. vorausschauend betrachten
prospectively [prəˈspektɪvlɪ] adv. a) (with foresight) vorsorglich; b) (with future effectiveness) in der Zukunft
prospector [prəˈspektə(r)] n. Prospektor, der (Bergw.); (for gold) Goldsucher, der
prospectus [prəˈspektəs] n. a) (of enterprise) Prospekt, der (Wirtsch.); c) (Brit. Sch.) Lehrprogramm, das; (Brit. Univ.) Studienführer, der
prosper [ˈprɒspə(r)] v. i. gedeihen; (Geschäft:) florieren; ⟨Kunst usw.:⟩ eine Blütezeit erleben; (Berufstätiger:) Erfolg haben; **how is he ~ing in that business of his/in his career?** läuft sein Geschäft gut?/was macht seine Karriere?; **cheats never ~:** ≈ unrecht Gut gedeihet nicht (Spr.)
prosperity [prɒˈsperɪtɪ] n., no pl. Wohlstand, der
prosperous [ˈprɒspərəs] adj. a) (flourishing) wohlhabend; gutgehend, florierend ⟨Unternehmen⟩; b) (blessed with good fortune) erfolgreich; **~ years/time** Jahre/Zeit des Wohlstands; b) (auspicious) günstig
prostate [ˈprɒsteɪt] n. **~ [gland]** (Anat., Zool.) Prostata, die; Vorsteherdrüse, die
prosthesis [prɒsˈθiːsɪs] n., pl. **prostheses** [prɒsˈθiːsiːz] a) (Med.: artificial part) Prothese, die; (branch of surgery) Prothetik, die; b) (Ling., Pros.) Prothese, die
prosthetic [prɒsˈθetɪk] adj. (Med., Ling., Pros.) prothetisch; **~ leg** Beinprothese, die; **~ surgery** Prothetik, die
prosthetics [prɒsˈθetɪks] n., pl. no pl. (Med.) Prothetik, die

prostitute [ˈprɒstɪtjuːt] 1. n. a) (woman) Prostituierte, die; b) (man) Strichjunge, der (salopp). 2. v. t. zur Prostitution anbieten; (fig.) prostituieren ⟨Talent, Integrität⟩; **~ oneself** (lit. or fig.) sich prostituieren
prostitution [prɒstɪˈtjuːʃn] n. (lit. or fig.) Prostitution, die
prostrate 1. [ˈprɒstreɪt] adj. a) [auf dem Bauch] ausgestreckt; **she lay ~ before him** sie lag ihm zu Füßen; **~ with grief/shame** von Schmerz/Trauer übermannt; b) (exhausted) erschöpft; **be ~ with fever** vom Fieber geschwächt sein; c) (Bot.) kriechend. 2. [prɒˈstreɪt, prɒsˈtreɪt] v. t. a) (lay flat) zu Boden werfen ⟨Person⟩; b) (make submissive, lay low) zermürben; (overcome emotionally) übermannen; c) (exhaust) erschöpfen; **be ~d by exhaustion** vor Erschöpfung ganz kraftlos sein. 3. v. refl. (throw oneself down) **~ oneself** [**at sth./before sb.**] sich [vor etw./jmdm.] niederwerfen; **~ oneself at sb.'s feet** sich jmdm. zu Füßen werfen; **~ oneself** [**before sb.**]; (humble oneself) sich [vor jmdm.] demütigen
prostration [prɒˈstreɪʃn, prəˈstreɪʃn] n. a) (prostrating oneself) Fußfall, der; **in ~:** [demütig] ausgestreckt; b) (submission) Unterwürfigkeit, die; (subjugation) Unterdrückung, die; c) (being emotionally overcome) Erschütterung, die; d) (reduction to powerlessness) Entmachtung, die; (of business) Ruin, der; **reduce a country to economic ~:** ein Land wirtschaftlich ruinieren; e) (exhaustion) Erschöpfung, die
prosy [ˈprəʊzɪ] adj. langatmig
Prot [prɒt] see **Prod**
protagonist [prəˈtæɡənɪst] n. a) (advocate) Vorkämpfer, der/Vorkämpferin, die; (spokesperson) Wortführer, der/-führerin, die; b) (Lit./Theatre: chief character) Protagonist, der/Protagonistin, die; (fig.) Hauptakteur, der/-akteurin, die
protean [ˈprəʊtɪən, prəʊˈtiːən] adj. proteisch (geh.)
protect [prəˈtekt] v. t. a) (defend) schützen (**from** vor + Dat., **against** gegen); **~ed by law** gesetzlich geschützt; **they led happy ~ed lives** sie führten ein glückliches, behütetes Leben; **~ sb. against** or **from himself/herself** jmdn. vor sich (Dat.) selbst schützen; **~ one's/sb.'s interests** seine/jmds. Interessen wahren; **~ the peace** den Frieden sichern; b) (preserve) unter [Natur]schutz stellen ⟨Pflanze, Tier, Gebiet⟩; **~ed plants/animals** geschützte Pflanzen/Tiere; **the golden eagle is a ~ed bird** der Steinadler steht unter Naturschutz; c) (give legal immunity to) schützen; **the law ~s foreign diplomats** ausländische Diplomaten genießen den Schutz der Immunität; **be a ~ed tenant** mietrechtlich geschützt sein; d) (Econ.) durch Protektionismus schützen; e) (render safe) sichern ⟨Gerät, Leitung⟩
protected [prəˈtektɪd]: **~ 'species** n. geschützte Art; **~ 'state** n. (Polit.) Schutzstaat, der
protection [prəˈtekʃn] n. a) (defence) Schutz, der (**from** vor + Dat., **against** gegen); **under the ~ of sb./sth.** unter jmds. Schutz/dem Schutz einer Sache (Gen.); [**under**] **police ~:** [unter] Polizeischutz; b) (immunity from molestation) Schutz, der; (money paid) Schutzgeld, das (of wildlife etc.) Schutz, der; d) (legal immunity) Immunität, die; e) (Econ.) Schutz, der; (system) Protektionismus, der; f) (protective agent) Schutz, der; **as a ~ against** zum od. als Schutz gegen
protectionism [prəˈtekʃənɪzm] n. (Econ.) Protektionismus, der
protectionist [prəˈtekʃənɪst] (Econ.) 1. n. Protektionist, der/Protektionistin, die. 2. adj. protektionistisch

protection: ~ **money** n. Schutzgeld, das; ~ **racket** n. Erpresserorganisation, die; **run a ~ racket** die Erpressung von Schutzgeldern organisieren

protective [prə'tektɪv] adj. **a)** (protecting) schützend; Schutz⟨hülle, -anstrich, -vorrichtung, -maske⟩; **be ~ towards sb.** fürsorglich gegenüber jmdm. sein; **~ instinct** Beschützerinstinkt, der; **be ~ against sth.** vor etw. (Dat.) schützen; **butterflies/tigers have ~ camouflage/colouring** Schmetterlinge/Tiger haben eine Tarntracht/Tarnfarbe; **the soldiers wore ~ camouflage** die Soldaten trugen Tarnanzüge; **~ clothing** Schutzkleidung, die; **b)** (Econ.) protektionistisch; Schutz⟨zoll⟩

protective: ~ **ar'rest,** ~ **'custody** ns. Schutzgewahrsam, der (Amtsspr.); Schutzhaft, die

protectively [prə'tektɪvlɪ] adv. schützend; **she brought up her children too ~:** sie hat ihre Kinder zu behütet aufgezogen; **these insects are ~ coloured** diese Insekten haben eine Schutz- od. Tarnfärbung; **a vaccine acts** or **works ~:** ein Impfstoff hat eine Schutzwirkung

protector [prə'tektə(r)] n. **a)** (person) Beschützer, der/Beschützerin, die; **b)** (thing) Schutz, der in comb. -schutz, der; **c)** (regent) Regent, der; **P~ of the Realm** (Brit. Hist.) Regent des Königreiches

protectorate [prə'tektərət] n. (Int. Law, Brit. Hist.) Protektorat, das

protégé ['prɒteʒeɪ] n. Protegé, der (geh.); Schützling, der

protégée ['prɒteʒeɪ] n. Schützling, der

protein ['prəʊtiːn] n. (Chem.) Protein, das (fachspr.); Eiweiß, das; **a high~ diet** eine eiweißreiche Kost

pro tem [prəʊ 'tem] (coll.) **1.** adj. befristet; ⟨Vorsitzender⟩ auf Zeit. **2.** adv. vorübergehend

pro tempore [prəʊ 'tempəri] **1.** adj. befristet; (temporary) vorübergehend. **2.** adv. vorübergehend

protest 1. ['prəʊtest] n. **a)** (remonstrance) Beschwerde, die; (Sport) Protest, der; **make** or **lodge a ~ [against sb./sth.]** eine Beschwerde [gegen jmdn./etw.] einreichen; **b)** (show of unwillingness, gesture of disapproval) ~[s] Protest, der; **under ~:** unter Protest; **in ~ [against sth.]** aus Protest [gegen etw.]; **c)** no pl., no art. (dissent) Protest, der; **the right of ~:** das Recht zu protestieren; **literature/song of ~:** Protestliteratur, die/ Protestsong, der; **d)** (Brit. Commerc.: written declaration) Protest, der. **2.** [prə'test] v.t. **a)** (affirm) beteuern; **I ~, I have never seen you before** ich versichere, daß ich Sie noch niemals zuvor gesehen habe; **b)** (Amer.: object to) protestieren gegen; **c)** (Commerc.) protestieren; zu Protest gehen lassen; **be ~ed** zu Protest gehen. **3.** [prə'test] v. i. protestieren; (make written or formal ~) Protest einlegen (**to** bei); **~ about sb./ sth.** gegen jmdn./etw. protestieren; **~ against being/doing sth.** dagegen protestieren, daß man etw. ist/tut

Protestant ['prɒtɪstənt] **1.** n. Protestant, der/Protestantin, die; Evangelische, der/die. **2.** adj. protestantisch; evangelisch

Protestantism ['prɒtɪstəntɪzm] n., no pl., no art. (Relig.) Protestantismus, der

protestation [prɒtɪ'steɪʃn] n. **a)** (affirmation) Beteuerung, die; **a formal ~ that ...:** eine formelle Erklärung, daß ...; **~s of innocence** Unschuldsbeteuerungen; **b)** (protest) Protest, der

protester [prə'testə(r)] n. (dissenter) Protestierende, der/die; (at demonstration) Demonstrant, der/Demonstrantin, die

protest ['prəʊtest] n.: ~ **march** n. Protestmarsch, der; ~ **marcher** see marcher; ~ **song** n. Protestsong, der; ~ **vote** n. Proteststimme, die

proto- [prəʊtə] in comb. proto-/Proto-; **~-Germanic** urgermanisch

protocol ['prəʊtəkɒl] n. Protokoll, das; **observe/defy ~:** das Protokoll befolgen/sich über das Protokoll hinwegsetzen

proton ['prəʊtɒn] n. (Phys.) Proton, das

protoplasm ['prəʊtəplæzəm] n. (Biol.) Protoplasma, das

prototype ['prəʊtətaɪp] n. Prototyp, der; **a ~ aeroplane/machine** der Prototyp eines Flugzeugs/einer Maschine

protozoa [prəʊtə'zəʊə] n. pl. (Zool.) Protozoen

protozoan [prəʊtə'zəʊən] (Zool.) **1.** adj. protozoisch. **2.** n. Protozoon, das

protract [prə'trækt] v.t. verlängern; **a ~ed argument/visit/period of idleness** ein langwieriger Streit/ein längerer Besuch/längere Untätigkeit; **delays became more and more ~ed** die Verzögerungen wurden immer gravierender

protraction [prə'trækʃn] n. Verlängerung, die

protractor [prə'træktə(r)] n. (Geom.) Winkelmesser, der

protrude [prə'truːd] **1.** v.i. herausragen (**from** aus); ⟨Zähne:⟩ vorstehen; **~ above/ beneath/from behind sth.** etw. überragen/unter/hinter etw. (Dat.) hervorragen; **~ beyond sth.** über etw. (Akk.) hinausragen. **2.** v.t. ausstrecken ⟨Fühler⟩; vorstülpen ⟨Lippen⟩

protrusion [prə'truːʒn] n. **a)** (projection) (of jaw or teeth) Vorstehen, das; **b)** (projecting thing) Vorsprung, der

protuberance [prə'tjuːbərəns] n. **a)** (state) Vorstehen, das; **b)** (thing) Auswuchs, der

protuberant [prə'tjuːbərənt] adj. vorstehend; hervortretend ⟨Augen⟩

proud [praʊd] **1.** adj. **a)** stolz; **it made me [feel] really ~:** es erfüllte mich mit Stolz; **I'm ~ to say** I'm never late ich kann mit Stolz behaupten, nie zu spät zu kommen; **~ to do sth.** or **to be doing sth.** stolz darauf, etw. zu tun; **~ of sb./sth./doing sth.** stolz auf jmdn./etw./darauf, etw. zu tun; **he is far too ~ of himself/his house** er bildet sich (Dat.) zu viel ein/zu viel auf sein Haus ein; **she answered his offer with a ~ refusal** sie lehnte sein Angebot stolz ab; **b)** (arrogant) hochmütig; stolz ⟨Tier⟩; **I'm not too ~ to scrub floors** ich bin mir nicht zu gut zum Fußbodenschrubben; **c)** (Brit.: projecting) herausstehend; **stand** or **be ~ of sth.** (vertically) aus etw. (Akk.) herausragen; **jut out too ~:** zu weit herausragen; **d)** ~ **flesh** (Med.) wildes Fleisch. **2.** adv. (Brit. coll.) **do sb. ~** (treat generously) jmdn. verwöhnen; (honour greatly) jmdm. eine Ehrung bereiten; **do oneself ~:** sich (Dat.) etwas Gutes tun

proud-hearted [praʊd'hɑːtɪd] adj. stolz

proudly ['praʊdlɪ] adv. **a)** stolz; **remain ~ silent/loyal** stolz schweigen/seine Loyalität bewahren; **b)** (arrogantly) hochmütig

provable ['pruːvəbl] adj. beweisbar; nachweisbar

prove [pruːv] **1.** v.t., p.p. ~**d** of (esp. Amer., Scot., literary) ~**n** ['pruːvn] **a)** beweisen; nachweisen ⟨Identität⟩; **~ one's ability** sein Können unter Beweis stellen; **an expert of ~n ability** ein ausgewiesener Fachmann; **his guilt/innocence was ~d, he was ~d [to be] guilty/innocent** er wurde überführt/seine Unschuld wurde bewiesen; **~ sb. right/ wrong** ⟨Ereignis:⟩ jmdm. recht/unrecht geben; **be ~d wrong** or **to be false** ⟨Theorie, System:⟩ widerlegt werden; **~ sth. to be true** beweisen, daß etw. wahr ist; **~ one's/sb.'s case** or **point** beweisen, daß man recht hat/ jmdn. recht zu geben; **it was ~d that ...:** es stellte sich heraus od. erwies sich. daß ...; see also **exception a**; **point 1 g**; **b)** (establish validity of) beglaubigen ⟨Testament⟩; **c)** (Cookery: cause to rise) ⟨Hefe:⟩ gehen lassen ⟨Teig⟩. **2.** v. refl. **~ oneself** sich bewähren; **~ oneself intelligent/a good player** sich als intelligent/als [ein] guter Spieler erweisen. **3.** v.i. **a)** (be found to be) sich erweisen als; **~ [to be] unnecessary/ interesting/a failure** sich als unnötig/interessant/[ein] Fehlschlag erweisen; **b)** (Cookery: rise) [auf]gehen

proven ['pruːvn] adj. **not ~** (Scot. Law) Schuldbeweis nicht erbracht

provenance ['prɒvənəns] n. Herkunft, die

Provençal [prɒvɑ̃'sɑːl] **1.** adj. provenzalisch; see also **English 1. 2.** n. **a)** (language) Provenzalisch, das; **b)** (person) Provenzale, der/Provenzalin, die. See also **English 2 a**

Provence [prɒ'vɑ̃s] pr. n. die Provence

provender ['prɒvɪndə(r)] n. Futter, das; (joc.: food for humans) Futter, das (salopp)

proverb ['prɒvɜːb] n. Sprichwort, das; **be a ~** ⟨Eigenschaft:⟩ sprichwörtlich sein; **[Book of] P~s** sing. (Bibl.) [Buch der] Sprüche; Sprüche Salomos

proverbial [prə'vɜːbɪəl] adj., **proverbially** [prə'vɜːbɪəlɪ] adv. sprichwörtlich

provide [prə'vaɪd] v.t. **a)** (supply) besorgen; sorgen für; liefern ⟨Beweis⟩; bereitstellen ⟨Dienst, Geld⟩; **instructions are ~d with every machine** mit jeder Maschine wird eine Anleitung mitgeliefert; **~ homes/materials/a car for sb.** jmdm. Unterkünfte/Materialien/ein Auto [zur Verfügung] stellen; **~ shade for sb.** ⟨Baum usw.:⟩ jmdm. Schatten spenden; **~ sb. with money** jmdn. unterhalten; (for journey etc.) jmdm. Geld zur Verfügung stellen; **be [well] ~d with sth.** mit etw. [wohl]versorgt od. [wohl]versehen sein; **~ oneself with sth.** sich (Dat.) etw. besorgen; **b)** (stipulate) ⟨Vertrag, Gesetz:⟩ vorsehen; **c)** providing that see **provided** ~ **against** v.t. sich wappnen gegen; **have ~d against sth.** gegen etw. gewappnet sein ~ **for** v.t. **a)** (make provision for) vorsorgen für; Vorsorge treffen für; ⟨Plan, Gesetz:⟩ vorsehen ⟨Maßnahmen, Steuern⟩; berücksichtigen ⟨Inflation⟩; **has everybody been ~d for?** sind alle versorgt?; **b)** (maintain) sorgen für, versorgen ⟨Familie, Kind⟩

provided [prə'vaɪdɪd] conj. ~ **[that]** ...: vorausgesetzt, [daß] ...

providence ['prɒvɪdəns] n. **a)** (care of God etc.) Vorsehung, die; **[divine]** ~: die [göttliche] Vorsehung; **a special ~:** eine besondere Fügung [des Schicksals]; **b)** P~ (God) der Himmel; **c)** (foresight) Weitblick, der; **have the ~ to do sth.** so vorausschauend sein, etw. zu tun; **d)** (thrift) Sparsamkeit, die

provident ['prɒvɪdənt] adj. **a)** (having foresight) weitblickend; vorausschauend; **b)** (thrifty) sparsam; haushälterisch; **P~ Society** (Brit.) see **Friendly Society**

providential [prɒvɪ'denʃl] adj. **a)** (opportune) **it was ~ that ...:** es war ein Glück, daß ...; **your arrival was quite ~:** es war wirklich ein Glück, daß du [dazu] kamst; **b)** (of divine providence) durch die [göttliche] Vorsehung bewirkt ⟨Befreiung, Rettung⟩

providentially [prɒvɪ'denʃəlɪ] adv. **a)** (opportunely) durch einen glücklichen Zufall; **help came quite ~:** die Hilfe kam als glückliche Fügung; **work out ~:** sich glücklich fügen; **b)** (by divine providence) durch die [göttliche] Vorsehung

providently ['prɒvɪdəntlɪ] adv. **a)** (with foresight) vorausschauend ⟨handeln⟩; **he had ~ equipped himself with ...:** er hatte sich vorsorglich mit ... ausgestattet; **b)** (thriftily) sparsam, haushälterisch ⟨mit etw. umgehen⟩

provider [prə'vaɪdə(r)] n. **a) he was the chief ~ of money/work** er war der Hauptgeldgeber/der größte Arbeitgeber; **the principal ~ of subsidies** der Hauptsubventionsträger; **b)** (breadwinner) Ernährer, der/Ernährerin, die; Versorger, der/Versorgerin, die; **be the ~ for sb.** jmdn. ernähren od. versorgen

567

province ['prɒvɪns] *n.* a) *(administrative area)* Provinz, *die;* b) **the ~s** *(regions outside capital)* die Provinz *(oft abwertend);* c) *(sphere of action)* [Arbeits-, Tätigkeits-, Wirkungs]bereich, *der;* [Arbeits-, Tätigkeits]gebiet, *das; (area of responsibility)* Zuständigkeitsbereich, *der;* **that is not my ~:** da kenne ich mich nicht aus; *(not my responsibility)* dafür bin ich nicht zuständig
provincial [prə'vɪnʃl] 1. *adj.* Provinz-; *(of the provinces)* Provinz-; *(typical of the provinces)* provinziell. 2. *n.* Provinzbewohner, *der/*-bewohnerin, *die (oft abwertend); (of the provinces also)* Provinzler, *der/*Provinzlerin, *die (abwertend)*
provincialism [prə'vɪnʃəlɪzm] *n.* a) *(mode of thought)* Provinzialismus, *der (abwertend);* b) *(Ling.)* Provinzialismus, *der*
provincially [prə'vɪnʃəlɪ] *adv.* provinziell; **~ narrow-minded** provinziell und engstirnig
proving-ground ['pru:vɪŋɡraʊnd] *n.* Versuchsgelände, *das*
provision [prə'vɪʒən] *n.* a) *(providing)* Bereitstellung, *die;* **as** *or* **by way of ~ against ...:** zum Schutz gegen ...; **~ of medical care** medizinische Versorgung; **make ~ for** vorsorgen *od.* Vorsorge treffen für ⟨Notfall⟩; berücksichtigen ⟨Inflation⟩; **make ~ for sb. in one's will** jmdn. in seinem Testament bedenken; **make ~ against sth.** Vorkehrungen zum Schutz gegen etw. treffen; b) *(amount available)* Vorrat, *der;* c) *in pl. (food)* Lebensmittel; *(for expedition also)* Proviant, *der;* **stock up with ~s** Lebensmittelvorräte anlegen; d) *(legal statement)* Verordnung, *die; (clause)* Bestimmung, *die*
provisional [prə'vɪʒənl] 1. *adj.* vorläufig; provisorisch; **~ government** provisorische Regierung; **~ arrangement** Provisorium, *das.* 2. *n. in pl.* **the P~s** die provisorische IRA
provisional: P~ IR'A *n.* provisorische IRA; **~ licence** *n.* vorläufige Fahrerlaubnis
provisionally [prə'vɪʒənəlɪ] *adv.* vorläufig; provisorisch
proviso [prə'vaɪzəʊ] *n., pl.* **~s** Vorbehalt, *der*
provisory [prə'vaɪzərɪ] *adj.* a) *(conditional)* vorbehaltlich; **~ clause** Vorbehaltsklausel, *die;* b) *(provisional)* vorläufig; provisorisch
provocation [prɒvə'keɪʃn] *n.* Provokation, *die;* Herausforderung, *die;* **be under severe ~:** stark provoziert werden; **he hit him without ~** *or* **the slightest ~** er hat ihn ohne jeden Anlaß angeschlagen; **he loses his temper at** *or* **on the slightest** *or* **smallest ~:** er verliert die Beherrschung beim geringsten Anlaß
provocative [prə'vɒkətɪv] *adj.* provozierend; herausfordernd; *(sexually)* aufreizend; **his actions were felt to be ~:** seine Aktionen wurden als Provokation empfunden; **be ~ of** hervorrufen; provozieren; **be ~** *(be intentionally annoying)* provozieren
provoke [prə'vəʊk] *v.t.* a) *(annoy, incite)* provozieren ⟨Person⟩; reizen ⟨Person, Tier⟩; *(sexually)* aufreizen; **be easily ~d** leicht reizbar sein; sich leicht provozieren lassen; **~ sb. to anger/fury** jmdn. in Wut *(Akk.)/*zur Raserei bringen; **~ sb. into doing sth.** jmdn. so sehr provozieren *od.* reizen, daß er etw. tut; **he was finally ~d into taking action** er ließ sich schließlich dazu hinreißen *od.* provozieren, etwas zu unternehmen; b) *(give rise to)* hervorrufen; erregen ⟨Ärger, Neugier, Zorn⟩; auslösen ⟨Kontroverse, Krise⟩; herausfordern ⟨Widerstand⟩; verursachen ⟨Zwischenfall⟩; Anlaß geben zu ⟨Klagen, Kritik⟩; **what ~d the incident?** wie kam es zu dem Zwischenfall?
provoking [prə'vəʊkɪŋ] *adj.* provozierend; herausfordernd; **his behaviour/refusal was [very] ~:** sein Benehmen/seine Weigerung war eine [große] Provokation
provost ['prɒvəst] *n.* a) *(Scot.: mayor)* Bürgermeister, *der/*-meisterin, *die;* **Lord P~:** Oberbürgermeister, *der;* b) *(Eccl.)* Propst, *der/*Pröpstin, *die;* c) *(Univ.)* Provost, *der;* d) [prə'vəʊ] *see* **marshal**
provost [prə'vəʊ]: **~ guard** *n. (Amer. Mil.)* Sondertrupp der Militärpolizei; **~ 'marshal** *n. (Mil.)* Kommandeur der Militärpolizei
prow [praʊ] *n. (Naut.)* Bug, *der*
prowess ['praʊɪs] *n.* a) *(valour)* Tapferkeit, *die;* b) *(skill)* Fähigkeiten; Können, *das;* **~ at sports** [große] Sportlichkeit; **sexual ~:** sexuelle Leistungsfähigkeit
prowl [praʊl] 1. *v.i.* streifen; **~ about/around sth.** etw. durchstreifen; **~ about** *or* **around** herumschleichen *(ugs.).* 2. *v.t.* durchstreifen. 3. *n.* Streifzug, *der;* **be on the ~:** auf einem Streifzug sein; *(fig. in search of sexual contact)* was zum Vernaschen suchen *(salopp)*
'prowl car *n. (Amer.)* Streifenwagen, *der*
prowler ['praʊlə(r)] *n.* **the police have warned of ~s in the area** die Polizei warnt vor verdächtigen Personen, die in der Gegend herumstreifen; **see a ~ in the back yard** sehen, wie jmd. im Hinterhof herumschleicht *(ugs.)*
prox. [prɒks] *abbr.* **proximo** *n.* M.
proximate ['prɒksɪmət] *adj.* unmittelbar ⟨Ursache, Zukunft⟩; nächst... ⟨Zukunft⟩
proximity [prɒk'sɪmɪtɪ] *n., no pl.* Nähe, *die* **(to zu);** **a house with equal ~ to the shops and to the beach** ein Haus, das gleichermaßen nah zu den Geschäften und zum Strand liegt
prox'imity fuse *n. (Mil.)* [An]näherungszünder, *der*
proximo ['prɒksɪməʊ] *adj. (Commerc.)* [des] nächsten Monats
proxy ['prɒksɪ] *n.* a) *(agency, document)* Vollmacht, *die;* Bevollmächtigung, *die;* **by ~:** durch einen Bevollmächtigten/eine Bevollmächtigten; **give one's ~ to sb.** jmdn. bevollmächtigen; **marriage by ~** ≈ Ferntrauung, *die; see also* **stand 1 g;** b) *(person)* Bevollmächtigte, *der/die; (vote)* durch einen Bevollmächtigten/eine Bevollmächtigte abgegebene Stimme; **make sb. one's ~:** jmdn. bevollmächtigen
prude [pru:d] *n.* prüder Mensch
prudence ['pru:dəns] *n., no pl.* Besonnenheit, *die;* Überlegtheit, *die;* **act with ~:** besonnen *od.* überlegt handeln
prudent ['pru:dənt] *adj.* a) *(careful)* besonnen ⟨Person⟩; besonnen, überlegt ⟨Verhalten⟩; b) *(circumspect)* vorsichtig; **think it more ~ to do sth.** es für klüger halten, etw. zu tun
prudently ['pru:dəntlɪ] *adv.* a) *(in a prudent manner)* besonnen, überlegt ⟨handeln, sich verhalten⟩; **they ~ waited for more information before acting** sie warteten klugerweise ab, bis sie wußten, wie sie handelten; b) *(circumspectly)* vorsichtig
prudery ['pru:dərɪ] *n., no pl.* Prüderie, *die*
prudish ['pru:dɪʃ] *adj.* prüde
¹prune [pru:n] *n.* a) *(fruit)* [dried] **~:** Backobst. Dörrpflaume, *die;* b) *(coll.: simpleton)* Trottel, *der (ugs. abwertend)*
²prune *v.t.* a) *(trim)* [be]schneiden; **~ back** zurückschneiden; b) *(lop off)* **~ [away/off]** ab- *od.* wegschneiden; **~ [out]** herausschneiden; c) *(fig.: reduce)* reduzieren; **~ back** Abstriche machen an (+ *Dat.)* ⟨Projekt⟩
pruning-shears ['pru:nɪŋʃɪəz] *n. pl.* Gartenschere, *die;* Rosenschere, *die*
prurience ['prʊərɪəns] *n., no pl.* Lüsternheit, *die*
prurient ['prʊərɪənt] *adj.* lüstern
pruritus [prʊə'raɪtəs] *n. (Med.)* Pruritus, *der (fachspr.);* Hautjucken, *das*
Prussia ['prʌʃə] *pr. n. (Hist.)* Preußen *(das)*
Prussian ['prʌʃən] 1. *adj.* preußisch. 2. *n.* a) *(person)* Preuße, *der/*Preußin, *die;* b) *(language)* **Old ~:** Altpreußisch, *das*

Prussian 'blue 1. *n.* Preußischblau, *das.* 2. *adj.* preußischblau
prussic ['prʌsɪk] *adj. (Chem.)* **~ acid** Blausäure, *die*
¹pry [praɪ] *v.i.* neugierig sein; **~ a'bout** *v.i.* herumschnüffeln *(ugs. abwertend) od.* -spionieren; **~ into** *v.t.* seine Nase stecken in (+ *Akk.) (ugs.)* ⟨Angelegenheit⟩; herumschnüffeln in (+ *Dat.) (ugs. abwertend)* ⟨Buch, Brief⟩
²pry *v.t. (Amer.)* a) *(get with effort)* **~ sth. open** etw. aufbrechen; **~ a secret** *etc.* **out of sb.** jmdm. ein Geheimnis *usw.* abringen; b) *see* **²prize**
prying ['praɪɪŋ] *adj.* neugierig
PS *abbr.* **postscript** PS
psalm [sɑ:m] *n. (Eccl.)* Psalm, *der;* **the Book of P~s** *(Bibl.)* das Buch der Psalmen; **the P~s** *(Bibl.)* die Psalmen
'psalm-book *n. (Eccl.)* Psalter, *der*
psalter ['sɔ:ltə(r), 'sɒltə(r)] *n.* Psalter, *der*
psaltery ['sɔ:ltərɪ, 'sɒltərɪ] *n. (Mus.)* Psalterium, *das*
PSBR *abbr. (Brit.)* **public sector borrowing requirement** *see* **public sector**
psephologist [se'fɒlədʒɪst] *n.* Psephologe, *der/*Psephologin, *die (fachspr.);* Wahlanalytiker, *der/*-analytikerin, *die*
psephology [se'fɒlədʒɪ] *n. no pl., no art. (Polit.)* Psephologie, *die (fachspr.);* Wahlanalytik, *die*
pseud [sju:d] *(coll.)* 1. *adj.* a) *(pretentious)* pseudointellektuell; b) *see* **pseudo 1 a.** 2. *n. see* **pseudo 2**
pseudo ['sju:dəʊ] 1. *adj.* a) *(sham, spurious)* unecht; **intellectuals, real or ~:** Intellektuelle, seien es richtige oder solche, die gern welche wären; b) *(insincere)* verlogen. 2. *n., pl.* **~s** a) *(pretentious person)* Möchtegern, *der (ugs. spött.);* b) *(insincere person)* Heuchler, *der/*Heuchlerin, *die*
pseudo- [sju:dəʊ] *in comb.* pseudo-/Pseudo- *(fachspr., geh.)*
pseudonym ['sju:dənɪm] *n.* Pseudonym, *das*
pshaw [pʃɔ:, ʃɔ:] *int. (arch.) expr.* contempt pah; *expr.* impatience heieiei
psoriasis [sə'raɪəsɪs] *n., pl.* **psoriases** [sə'raɪəsi:z] *(Med.)* Psoriasis, *die (fachspr.);* Schuppenflechte, *die*
psst, pst [pst] *int.* st
PST *abbr.* **Pacific Standard Time** pazifische Standardzeit
psych [saɪk] *v.t. (coll.)* **~ sb. out** jmdn. durchschauen; **~ sb./oneself up** jmdn./sich einstimmen
psyche ['saɪkɪ] *n.* Psyche, *die*
psychedelic [saɪkɪ'delɪk] 1. *adj.* psychedelisch. 2. *n.* Psychedelikum, *das;* psychedelische Substanz
psychiatric [saɪkɪ'ætrɪk] *adj.* psychiatrisch
psychiatrist [saɪ'kaɪətrɪst] *n.* Psychiater, *der/*Psychiaterin, *die; see also* **'couch 1 b**
psychiatry [saɪ'kaɪətrɪ] *n.* Psychiatrie, *die*
psychic ['saɪkɪk] 1. *adj.* a) *see* **psychical a;** b) *see* **psychical b;** c) *(having occult powers)* **be ~:** übernatürliche Fähigkeiten haben; **you must be ~** *(fig.)* du kannst wohl Gedanken lesen. 2. *n. (medium)* Medium, *das; (clairvoyant)* Hellseher, *der/*-seherin, *die*
psychical ['saɪkɪkl] *adj.* a) *(of the soul)* psychisch; seelisch; **~ life** Seelenleben, *das;* b) *(of paranormal phenomena)* parapsychisch; **~ research** Parapsychologie, *die*
psycho ['saɪkəʊ] *(coll.)* 1. *adj.* verrückt *(ugs.).* 2. *n., pl.* **~s** Verrückte, *der/die (ugs.)*
psycho'analyse *v.t.* psychoanalysieren *(fachspr.);* psychoanalytisch behandeln
psychoa'nalysis *n.* Psychoanalyse, *die*
psycho'analyst *n.* Psychoanalytiker, *der/*-analytikerin, *die*
psychoana'lytic, psychoana'lytical *adj.* psychoanalytisch
psychological [saɪkə'lɒdʒɪkl] *adj.* a) *(of the mind)* psychisch ⟨Problem⟩; psychologisch

⟨Wirkung, Druck⟩; see also **block** 11; **b)** *(of psychology)* psychologisch
psychologically [saɪkə'lɒdʒɪkəlɪ] *adv.* **a)** *(mentally)* psychisch; **b)** *(in relation to psychology)* psychologisch
psychological 'warfare *n.* psychologische Kriegführung
psychologist [saɪ'kɒlədʒɪst] *n. (also fig.)* Psychologe, *der*/Psychologin, *die*
psychology [saɪ'kɒlədʒɪ] *n.* **a)** Psychologie, *die;* **b)** *(coll.: characteristics)* Psychologie, *die (ugs.);* **I can't make out his ~:** ich werde aus ihm nicht schlau *(ugs.)*
psychopath ['saɪkəpæθ] *n.* Psychopath, *der*/Psychopathin, *die*
psychopathic [saɪkə'pæθɪk] *adj.* psychopathisch
psychopathology [saɪkəʊpə'θɒlədʒɪ] *n.* Psychopathologie, *die*
psychosis [saɪ'kəʊsɪs] *n., pl.* **psychoses** [saɪ'kəʊsiːz] Psychose, *die*
psychosomatic [saɪkəʊsə'mætɪk] *adj. (Med.)* psychosomatisch
psycho'therapy *n., no pl. (Med.)* Psychotherapie, *die;* **treat sth. by ~:** etw. psychotherapeutisch behandeln
psychotic [saɪ'kɒtɪk] **1.** *adj.* psychotisch; **~ illness** Psychose, *die.* **2.** *n.* Psychotiker, *der*/Psychotikerin, *die*
PT *abbr.* **physical training**
pt. *abbr.* **a) part** T.; **b) pint** pt.; **c) point** Pkt.; **pts.** Pkte.
PTA *abbr.* **parent-teacher association**
ptarmigan ['tɑːmɪɡən] *n. (Ornith.)* Schneehuhn, *das*
Pte. *abbr. (Mil.)* **Private**
pterodactyl [terə'dæktɪl] *n. (Palaeont.)* Pterodaktylus, *der;* Flugfinger, *der*
PTO *abbr.* **please turn over** b. w.
pub [pʌb] *n. (Brit. coll.)* Kneipe, *die (ugs.); (esp. in British Isles)* Pub, *der; attrib.* Kneipen-; **go to the ~:** in die Kneipe gehen
'pub-crawl *n. (Brit. coll.)* Zechtour, *die;* Bierreise, *die (ugs. scherzh.);* Zug durch die Gemeinde *(ugs. scherzh.)*
puberty ['pjuːbətɪ] *n., no pl., no art.* Pubertät, *die;* **at ~:** in od. während der Pubertät; **age of ~:** Pubertätsalter, *das*
pubescent [pjuː'besənt] *adj.* heranreifend
pubic ['pjuːbɪk] *adj. (Anat.)* Scham-
pubis ['pjuːbɪs] *n., pl.* **pubes** ['pjuːbiːz] *(Anat.)* Schambein, *das*
public ['pʌblɪk] **1.** *adj.* öffentlich; **~ assembly** Volksversammlung, *die;* **~ confidence** das Vertrauen der Öffentlichkeit; **a ~ danger/service** eine Gefahr für die/ein Dienst an der Allgemeinheit; **the ~ good** das allgemeine Wohl; **be a matter of ~ knowledge** allgemein bekannt sein; **in the ~ eye** im Blickpunkt der Öffentlichkeit; **make a ~ announcement of sth.** etw. öffentlich bekanntgeben *od.* -machen; **make a ~ protest** öffentlich protestieren; **make sth. ~:** etw. publik *(geh.) od.* bekannt machen; **go ~** *(Econ.)* in eine Aktiengesellschaft umgewandelt werden; *(fig.)* an die Öffentlichkeit treten; *see also* **image** f. **2.** *n., no pl.; constr. as sing. or pl.* **a)** *(the people)* Öffentlichkeit, *die;* **the general ~:** die Allgemeinheit, *die;* die breite Öffentlichkeit; **member of the ~:** Bürger, *der*/Bürgerin, *die;* **be open to the ~:** für den Publikumsverkehr geöffnet sein; **b)** *(section of community)* Publikum, *das; (author's readers also)* Leserschaft, *die;* **the reading ~:** das Lesepublikum; **c) in ~** *(publicly)* öffentlich; *(openly)* offen; **behave oneself in ~:** sich in der Öffentlichkeit benehmen; **make a fool of oneself in ~:** sich in aller Öffentlichkeit lächerlich machen
public-ad'dress system *n.* Lautsprecheranlage, *die*
publican ['pʌblɪkən] *n.* **a)** *(Brit.)* [Gast]wirt, *der*/-wirtin, *die;* **b)** *(Roman Hist., Bibl.)* Zöllner, *der*/Zöllnerin, *die*

public as'sistance *n. (Amer.)* staatliche Fürsorge
publication [pʌblɪ'keɪʃn] *n.* **a)** *(making known)* Bekanntmachung, *die;* Bekanntgabe, *die;* **b)** *(issuing of book etc.; book etc. issued)* Veröffentlichung, *die;* Publikation, *die;* **the magazine ceased ~:** das Magazin hat sein Erscheinen eingestellt; **the magazine is a weekly ~:** die Zeitschrift erscheint wöchentlich
public: **~ 'bar** *n. (Brit.)* ≈ Ausschank, *der;* **~ 'building** *n.* öffentliches Gebäude; **~ 'company** *n. (Brit. Econ.)* Aktiengesellschaft, *die;* **~ convenience** *see* **convenience** e; **~ do'main** *n.* **in the ~ domain** gemeinfrei ⟨Werk⟩; **be in the ~ domain** Allgemeingut sein, frei sein; *(not protected by patent/copyright)* patentrechtlich/urheberrechtlich nicht [mehr] geschützt sein; **~ 'enemy** *n.* Staatsfeind, *der;* **~ 'figure** *n.* Persönlichkeit des öffentlichen Lebens; **~ 'footpath** *n.* öffentlicher Fußweg; **~ 'health** *n., no art.* öffentliches Gesundheitswesen; **~ 'holiday** *n.* gesetzlicher Feiertag; **~ 'house** *n. (Brit.)* Gastwirtschaft, *die;* Gaststätte, *die;* **the 'Lion' ~ house** die Gaststätte „The Lion"; **~ in'quiry** *n.* öffentliche Untersuchung; **~ 'interest** *n.* Interesse der Allgemeinheit
publicise *see* **publicize**
publicist ['pʌblɪsɪst] *n.* **a)** *(writer)* Publizist, *der*/Publizistin, *die;* **b)** *(publicity agent)* Publicitymanager, *der*/-managerin, *die*
publicity [pʌb'lɪsɪtɪ] *n., no pl., no indef. art.* **a)** Publicity, *die (advertising)* Werbung, *die;* **~ campaign** Werbekampagne, *die;* **~ material** Werbematerial, *das;* **get ~ for sth.** [es] erreichen, daß etw. in der Öffentlichkeit bekannt wird; **b)** *(being public)* Öffentlichkeit, *die;* **c)** *(attention)* Publicity, *die;* Publizität, *die (geh.);* **in the full glare of ~:** im grellen Licht der Öffentlichkeit; **attract ~** ⟨Vorfall:⟩ Aufsehen erregen
pub'licity agent *n.* Publicitymanager, *der*/-managerin, *die*
publicize ['pʌblɪsaɪz] *v. t.* publik machen ⟨Ungerechtigkeit⟩; werben für, Reklame machen für ⟨Produkt, Veranstaltung⟩; **well-~d** interessiert publik gemacht
public: **~ 'law** *n., no pl. (branch of law)* öffentliches Recht; **~ 'lending right** *n.* Anspruch der Autoren u. Verleger an einer Bibliotheksabgabe; **~ 'libel** *see* **libel** 1 a; **~ 'library** *n.* öffentliche Bücherei; **~ limited company** *n. (Brit.)* ≈ Aktiengesellschaft, *die*
publicly ['pʌblɪklɪ] *adv.* **a)** *(in public)* öffentlich; **b)** *(by)* mit öffentlichen Geldern ⟨finanzieren, subventionieren⟩; **~ owned** staatseigen; staatlich
public: **~ 'nuisance** *n.* **a)** *(Law)* Störung der öffentlichen [Sicherheit und] Ordnung; **b)** *(coll.)* make a nuisance of oneself sich danebenbenehmen *(ugs.);* **be a nuisance** ein allgemeines Ärgernis sein; **~ o'pinion** *see* **opinion** b; **~ 'order offence** *n.* Störung der öffentlichen Sicherheit und Ordnung; **~ 'ownership** *n., no pl.* Staatseigentum, *das (of an + Dat.);* Gemeineigentum, *das (of an + Dat.);* **be taken into ~ ownership** verstaatlicht werden; **~ property** *n.* Staatsbesitz, *der;* **sth. is ~ property** *(fig.)* etw. ist allgemein bekannt; **~ 'prosecutor** *n. (Law)* Staatsanwalt, *der*/-anwältin, *die;* **~ 'purse** *see* **purse** 13; **P~ 'Record Office** *n.* ≈ Bundesarchiv, *das (Bundesrepublik Deutschland);* ≈ Deutsches Zentralarchiv *(DDR);* **~ re'lations** *n. pl., constr. as sing. or pl.* Public Relations *Pl.;* Öffentlichkeitsarbeit, *die; attrib.* Public-Relations-⟨Abteilung, Berater⟩; **~ relations officer** Öffentlichkeitsreferent, *der*/-referentin, *die;* **~ school** *n.* **a)** *(Brit.)* Privatschule, *die; attrib.* Privatschul-; **b)** *(Scot., Amer.:* school run by public authorities) staatliche *od.* öf-

fentliche Schule; **~ 'sector** *n.* **the ~ sector** der öffentliche *od.* staatliche Sektor; **~ sector borrowing requirement** Kreditbedarf der öffentlichen Hand; **~ 'servant** *n.* Inhaber/Inhaberin eines öffentlichen Amtes; **~ 'service industry** *n.* öffentlicher Dienstleistungsbetrieb; **~ 'service vehicle** *n.* öffentliches Verkehrsmittel; **~ 'speaking** *n.* Sprechen vor einem [größeren] Publikum; **take lessons in ~ speaking** Rhetorikunterricht nehmen; **~ 'spirit** *n.* Gemeinsinn, *der;* **~-'spirited** *adj.* von Gemeinsinn zeugend ⟨Verhalten⟩; **be a ~-spirited person** Gemeinsinn haben; **it was ~-spirited of him to ...:** es zeugt von Gemeinsinn, daß er ...; **~ 'transport** *n.* öffentlicher Personenverkehr; **travel by ~ transport** mit öffentlichen Verkehrsmitteln fahren; **~ u'tility** *n.* öffentlicher Versorgungsbetrieb; **~ works** *n. pl.* staatliche Bauvorhaben *od.* -projekte
publish ['pʌblɪʃ] *v. t.* **a)** *(issue)* ⟨Verleger, Verlag:⟩ verlegen ⟨Buch, Zeitschrift, Musik usw.⟩; ⟨Autor:⟩ publizieren, veröffentlichen ⟨Text⟩; **we will ~ his novel** wir werden seinen Roman verlegen *od.* herausbringen; **be ~ed** erscheinen; **the book has been ~ed by a British company** das Buch ist in *od.* bei einem britischen Verlag erschienen; **it has had a novel ~ed von ihm** ist ein Roman erschienen; **b)** *(announce publicly)* verkünden; *(read out)* verlesen ⟨Aufgebot⟩; **c)** *(make generally known)* publik machen ⟨Ergebnisse, Einzelheiten⟩
publishable ['pʌblɪʃəbl] *adj.* zur Veröffentlichung geeignet
publisher ['pʌblɪʃə(r)] *n.* Verleger, *der*/Verlegerin, *die;* **~[s]** *(company)* Verlag, *der;* **who are the ~s of this book?** in welchem Verlag ist dieses Buch erschienen?; **~s of children's books** Kinderbuchverlag, *der;* **music/scientific/magazine ~s** Musikverlag, *der*/wissenschaftlicher Verlag/Zeitschriftenverlag, *der*
publishing ['pʌblɪʃɪŋ] *n., no pl., no art.* Verlagswesen, *das; attrib.* Verlags-; **be in ~:** im Verlagswesen [tätig] sein; **~ firm/company** Verlag, *der;* **the ~ business** das Verlagswesen
'publishing-house *n.* Verlag, *der*
puce [pjuːs] **1.** *n.* Flohbraun, *das.* **2.** *adj.* flohbraun; **go ~ in the face** puterrot werden
puck [pʌk] *n. (Ice Hockey)* Puck, *der*
pucker ['pʌkə(r)] **1.** *v. t.* **~ [up]** runzeln ⟨Brauen, Stirn⟩; kraus ziehen, krauszieher ⟨Stirn⟩; kräuseln ⟨Lippen⟩; *(sewing)* kräuseln ⟨Stoff⟩; **~ed** runzlig, faltig ⟨Haut⟩. **2.** *v. i.* ⟨Lippen, Gesicht:⟩ sich in Falten legen; ⟨Stoff:⟩ sich kräuseln. **3.** *n.* Knitter, *der; (in face)* Falte, *die*
puckish ['pʌkɪʃ] *adj.* koboldhaft
pud [pʊd] *(coll.) see* **pudding** a, b
pudding ['pʊdɪŋ] *n.* **a)** Pudding, *der;* **b)** *(dessert)* süße Nachspeise; **c)** *(person or thing like ~)* Kloß, *der (ugs.)*
pudding: **~-basin,** **~-bowl** *ns.* Puddingform, *die. (sl.)* **be in the ~ club** 'n dicken Bauch haben *(ugs.);* **~ face** *n.* [Voll]mondgesicht, *das (ugs.);* **~-head** *n.* Gipskopf, *der (ugs. abwertend)*
puddle ['pʌdl] *n.* Pfütze, *die*
pudendum [pjuː'dendəm] *n., pl.* **pudenda** [pjuː'dendə] *n. in sing. or pl.* Scham, *die*
pudge [pʌdʒ] *see* **podge**
pudgy ['pʌdʒɪ] *see* **podgy**
puerile ['pjʊəraɪl] *adj.* kindisch *(abwertend);* infantil *(abwertend)*
puerility [pjʊə'rɪlɪtɪ] *n., no pl.* Infantilität, *die (abwertend)*
puerperal [pjuː'ɜːpərl] *adj. (Med.)* puerperal *(fachspr.);* **~ fever** Kindbettfieber, *das*
Puerto Rican [pwɜːtəʊ 'riːkən] **1.** *adj.* puertoricanisch; **sb. is ~:** jmd. ist Puertoricaner/Puertoricanerin. **2.** *n.* Puertoricaner, *der*/Puertoricanerin, *die*

569

Puerto Rico [pwɜːtəʊ ˈriːkəʊ] *pr. n.* Puerto Rico *(das)*

puff [pʌf] **1.** *n.* **a)** Stoß, *der;* ~ **of breath/ wind** Atem-/Windstoß, *der;* **b)** *(sound of escaping vapour)* Zischen, *das;* **c)** *(quantity)* ~ **of smoke** Rauchstoß, *der;* ~ **of steam** Dampfwolke, *die;* **d)** *(in dress etc.)* Bausch, *der;* Puff, *der (veralt.);* **e)** *(pastry)* Blätterteigteilchen, *das; see also* **cream puff; f)** *(advertisement)* Reklame, *die;* **give sth. a** ~ **:** Reklame für etw. machen; **g)** *see* **powderpuff; h) sb. runs out of** ~ *(lit. or fig. coll.)* jmdm. geht die Puste aus *(ugs.).* **2.** *v. i.* **a)** ⟨*Blasebalg:*⟩ blasen; ~ **[and blow]** pusten *(ugs.) od.* schnaufen [und keuchen]; **b)** *(~ cigarette smoke etc.)* paffen *(ugs.)* **(at an +** *Dat.);* **c)** *(move with ~ing)* ⟨*Person:*⟩ keuchen; ⟨*Zug, Lokomotive, Dampfer:*⟩ schnaufend fahren; **d)** *(be emitted)* ⟨*Dampf, Luft, Rauch:*⟩ stoßweise entweichen, *(ugs.)* puffen; **e)** *(swell)* ~ **up** ⟨*Frosch:*⟩ sich aufblähen; ~ **out** ⟨*Finger:*⟩ [an]schwellen. **3.** *v. t.* **a)** *(blow)* pusten *(ugs.),* blasen ⟨*Rauch*⟩; stäuben ⟨*Puder*⟩; **b)** *(smoke in ~s)* paffen *(ugs.);* **c)** *(put out of breath) see* ~ **out 1 b; d)** *(utter pantingly)* keuchen; **e)** *(advertise)* hochjubeln *(ugs.);* **f)** ~**ed sleeve** *see* **puff sleeve**

~ **'out 1.** *v. t.* **a)** *(inflate)* ⟨*Wind:*⟩ blähen, bauschen ⟨*Segel*⟩; **he ~ed out his chest** er blähte seine Brust; **b)** *(put out of breath)* außer Puste *(salopp) od.* Atem bringen ⟨*Person*⟩; **be ~ed out** außer Puste *(salopp) od.* Atem sein; **c)** *(utter pantingly)* heraus-, hervorstoßen; **d)** *(extinguish)* ausblasen; auspusten *(ugs.).* **2.** *v. i.* ⟨*Segel, Fahne:*⟩ sich bauschen, sich [auf]blähen

~ **'up 1.** *v. t.* **a)** *(inflate)* aufblasen; aufpusten *(ugs.);* **b) be ~ed up** *(proud)* aufgeblasen sein **(by** infolge). **2.** *v. i.* sich [auf]blähen

puff: ~**-adder** *n.* ⟨*Zool.*⟩ Puffotter, *die;* ~**-ball** *n.* ⟨*Bot.*⟩ Bofist, *der*

ˈ**puffer [train]** *see* **puff-puff**

puffin [ˈpʌfɪn] *n.* ⟨*Ornith.*⟩ Papageientaucher, *der*

puff: ~ ˈ**pastry** *n.* ⟨*Cookery*⟩ Blätterteig, *der;* ~**-puff** *n.* ⟨*Brit. child. lang.*⟩ Puffzug, *der* (Kinderspr.); ~ ˈ**sleeve** *n.* Puffärmel, *der*

puffy [ˈpʌfɪ] *adj.* verschwollen

pug [pʌg] *n.* ~[**-dog**] Mops, *der*

pugilism [ˈpjuːdʒɪlɪzm] *n., no pl., no art. (formal)* Pugilismus, *der (veralt.);* Faustkampf, *der (geh.)*

pugilist [ˈpjuːdʒɪlɪst] *n. (formal)* Pugilist, *der (veralt.);* Faustkämpfer, *der (geh.)*

pugilistic [pjuːdʒɪˈlɪstɪk] *adj. (formal)* pugilistisch *(veralt.)*

pugnacious [pʌgˈneɪʃəs] *adj. (literary)* kampflustig

pugnaciously [pʌgˈneɪʃəslɪ] *adv. (literary)* mit großem Einsatz ⟨*kämpfen*⟩

pugnacity [pʌgˈnæsɪtɪ] *n., no pl.* Kampflust, *die*

pug: ~**-nose** *n.* Stumpfnase, *die;* ~**-nosed** *adj.* stumpfnasig

puissance [ˈpjuːɪsəns, pwiːsəns] *n.* ⟨*Showjumping*⟩ Mächtigkeitsspringen, *das*

puke [pjuːk] *(coarse)* **1.** *v. i.* kotzen *(salopp);* **the smell nearly made me** ~ **:** von dem Geruch mußte ich beinahe kotzen. **2.** *v. t.* ~ **up** auskotzen *(salopp);* ausspucken *(ugs.);* ~ **one's guts up** *(sl.)* kotzen wie ein Reiher *(derb).* **3.** *n.* Kotze, *die (salopp);* Ausgespuckte, *das (ugs.)*

pukka [ˈpʌkə] *adj. (Anglo-Ind.)* richtig; **it's** ~ **information** es ist Tatsache

pulchritude [ˈpʌlkrɪtjuːd] *n. (literary)* Lieblichkeit, *die (geh.)*

pull [pʊl] **1.** *v. t.* **a)** *(draw, tug)* ziehen an (+ *Dat.);* ziehen ⟨*Hebel*⟩; ~ **aside** beiseite ziehen; ~ **sb.'s or sb. by the hair/ears** jmdn. an den Haaren/Ohren/am Ärmel ziehen; ~ **shut** zuziehen ⟨*Tür*⟩; ~ **sth. over one's ears/head** sich *(Dat.)* etw. über die Ohren/den Kopf ziehen; ~ **the other one or**

leg[, it's got bells on] *(fig. coll.)* das kannst du einem anderen erzählen; ~ **sth. out of the fire** *(fig.)* etw. [doch] noch retten; ~ **to pieces** in Stücke reißen; *(fig.: criticize severely)* zerpflücken ⟨*Argument, Artikel*⟩; **b)** *(extract)* [her]ausziehen; [heraus]ziehen ⟨*Zahn*⟩; zapfen ⟨*Bier*⟩; **c)** *(coll.: accomplish)* bringen *(ugs.);* ~ **a stunt** *or* **trick** etwas Wahnsinniges tun; ~ **a dirty trick** ein linkes Ding drehen *(ugs.); see also* ²**fast 1 d; d)** *(strain)* sich *(Dat.)* zerren ⟨*Muskel, Sehne, Band*⟩; **e)** ~ **a long/wry etc. face** ein langes/ ironisches *usw.* Gesicht machen; *see also* **face 1 a; f)** *(draw from sheath etc.)* ziehen ⟨*Waffe*⟩; ~ **a knife/gun on sb.** ein Messer/ eine Pistole ziehen und jmdn. damit bedrohen; **g)** *(Rowing)* pullen ⟨*Seemannsspr.*⟩; rudern; ~ **one's weight** *(do one's fair share)* sich voll einsetzen; **h)** *(hold back)* parieren, verhalten ⟨*Pferd*⟩; ~ **one's punches** ⟨*Boxer:*⟩ verhalten schlagen; *(fig.: be gentle or lenient)* sich zurückhalten; **not** ~ **one's punches** *(fig.)* nicht zimperlich sein; **i)** *(Printing)* machen ⟨*Abzug*⟩. **2.** *v. i.* **a)** ziehen; '**P~**" „Ziehen"; **b)** ~ **[to the left/right]** ⟨*Auto, Boot:*⟩ [nach links/rechts] ziehen; **c)** *(move with effort)* sich schleppen; **d)** *(pluck)* ~ **at** ziehen an (+ *Dat.);* ~ **at sb.'s sleeve** jmdn. am Ärmel ziehen; **e)** *(draw)* ~ **at** ziehen an (+ *Dat.).* ⟨*Pfeife*⟩. **3.** *n.* **a)** Zug, *der;* Ziehen, *das; (of the moon, sun, etc.)* Anziehungskraft, *die; (of tide)* Sog, *der; (of conflicting emotions)* Widerstreit, *der;* **give a** ~ **at sth.** an etw. *(Dat.)* ziehen; **feel a** ~ **on** *or* **at sth.** ein Ziehen an etw. *(Dat.)* spüren; **b)** *no pl. (influence)* Einfluß, *der* **(with** auf + *Akk.,* bei); **c)** *see* **bell-pull; d)** *(drink)* Zug, *der* **(at** aus); **e)** *(Rowing)* Ruderfahrt, *die;* **f)** *(Printing)* Abzug, *der*

~ **aˈbout** *v. t. (treat roughly)* zurichten

~ **aˈhead** *v. i.* in Führung gehen; sich an die Spitze setzen; ~ **ahead of** sich setzen vor (+ *Akk.);* ~ **ahead by a few metres** mit einigen Metern Vorsprung in Führung gehen; **the firm is beginning to** ~ **ahead of its competitors** die Firma überholt die Konkurrenz allmählich

~ **aˈpart** *v. t.* **a)** *(take to pieces)* auseinandernehmen; zerlegen; **b)** *(fig.: criticize severely)* zerpflücken ⟨*Interpretation, Argumentation usw.*⟩; verreißen ⟨*Buch, [literarisches] Werk*⟩

~ **aˈway 1.** *v. t.* wegziehen. **2.** *v. i. (move off) (with effort)* anziehen; ~ **away from the kerb/platform** anfahren

~ ˈ**back 1.** *v. i.* **a)** *(retreat)* zurücktreten; ⟨*Truppen:*⟩ sich zurückziehen; **b)** *(Sport)* [wieder]aufholen **(to** bis auf + *Akk.).* **2.** *v. t.* **a)** zurückziehen; **b)** *(Sport)* aufholen. *See also* **pull-back**

~ ˈ**down** *v. t.* **a)** herunterziehen; **b)** *(demolish)* abreißen; **c)** *(make less)* drücken ⟨*Preis*⟩; *(weaken)* mitnehmen ⟨*Person*⟩; **d)** *(in exam)* ~ **sb. down** jmds. [Gesamt]note drücken

~ ˈ**in 1.** *v. t.* **a)** hereinziehen; zurückziehen ⟨*Beine*⟩; **b)** *(earn)* kriegen *(ugs.);* **c)** *(attract)* anziehen; **d)** *(coll.: detain in custody)* einkassieren *(salopp);* kassieren *(ugs.).* **2.** *v. i.* **a)** ⟨*Zug:*⟩ einfahren; **b)** *(move to side of road)* an die Seite fahren; *(stop)* anhalten; ~ **in to the side of the road** an den Straßenrand fahren; **a good place to** ~ **in** eine gute Stelle zum [An]halten; **c)** ~ **in to the bank** ⟨*Boot:*⟩ ans Ufer fahren. *See also* **pull-in**

~ ˈ**into** *v. t.* **a)** *(move forward)* einfahren in (+ *Akk.);* **b)** *(move off road into)* fahren in (+ *Akk.).*

~ ˈ**off** *v. t.* **a)** *(remove)* abziehen; *(violently)* abreißen; ausziehen ⟨*Kleidungsstück*⟩; ausziehen, abstreifen ⟨*Handschuhe*⟩; **b)** *(accomplish)* an Land ziehen *(ugs.)* ⟨*Geschäft, Knüller*⟩; ⟨*Sieg*⟩; abziehen *(salopp)* ⟨*Raubüberfall*⟩

~ ˈ**on** *v. t.* [sich *(Dat.)*] an- *od.* überziehen; *(in a hurry)* sich werfen in (+ *Akk.*)

~ ˈ**out 1.** *v. t.* **a)** *(extract)* herausziehen; [her-

aus]ziehen ⟨*Zahn*⟩; **b)** *(take out of pocket etc.)* aus der Tasche ziehen; herausziehen ⟨*Messer, Pistole*⟩; [heraus]ziehen, *(scherzh.)* zücken ⟨*Brieftasche*⟩; **c)** *(detach)* heraustrennen ⟨*Zeitungsbeilage, Foto*⟩; **d)** *(withdraw)* abziehen ⟨*Truppen*⟩; herausnehmen ⟨*Spieler, Mannschaft*⟩. *See also* **stop 3e. 2.** *v. i.* **a)** *(depart)* ⟨*Zug:*⟩ abfahren; ~ **out of the station** aus dem Bahnhof ausfahren; **b)** *(away from roadside)* ausscheren; **c)** *(withdraw)* ⟨*Truppen:*⟩ abziehen **(of** aus); *(from deal, project, competition, etc.)* aussteigen *(ugs.)* **(of** aus); **the first country to** ~ **out of the negotiations** das erste Land, das seine Teilnahme an den Verhandlungen eingestellt hat; **d)** ~ **out of a dive** ⟨*Flugzeug:*⟩ aus dem Sturzflug abgefangen werden; ⟨*Pilot:*⟩ die Maschine aus dem Sturzflug abfangen. *See also* **pull-out**

~ ˈ**over 1.** *v. i. see* ~ **in 2 b. 2.** *v. t.* ~ **one's car over to the side of the road** seinen Wagen an den Straßenrand *od.* an die Seite fahren

~ ˈ**round 1.** *v. i. (regain health)* wieder auf die Beine kommen; *(regain former success)* wieder Tritt fassen. **2.** *v. t.* wieder auf die Beine bringen ⟨*Patienten*⟩; *(fig.: put into a better condition)* herausreißen *(ugs.)*

~ ˈ**through 1.** *v. t.* durchziehen; ~ **sb. through** *(cause to recover or succeed)* jmdn. durchbringen; ~ **through sth.** etw. überstehen. **2.** *v. i.* ⟨*Patient:*⟩ durchkommen; ⟨*Firma:*⟩ überleben

~ **toˈgether 1.** *v. i.* an einem *od.* am selben Strang ziehen. **2.** *v. t.* näher zusammenziehen; zusammenschweißen ⟨*Partei, Allianz*⟩; in Schuß bringen *(ugs.)* ⟨*Firma*⟩; ~ **sb. together** jmdm. auf die Beine helfen. **3.** *v. refl.* sich zusammennehmen

~ ˈ**up 1.** *v. t.* **a)** hochziehen; **b)** ~ **up a chair** einen Stuhl heranziehen; **c)** [he]rausziehen ⟨*Unkraut, Pflanze usw.*⟩; *(violently)* [her]rausreißen; **d)** *(stop)* anhalten, zum Stehen bringen ⟨*Auto*⟩; **e)** *(reprimand)* zurechtweisen; rügen. **2.** *v. i.* **a)** *(stop)* anhalten; **b)** *(improve)* sich verbessern *od.* vorarbeiten. **3.** *v. refl.* sich hocharbeiten. *See also* **bootstraps; pull-up;** ˈ**sock a**

ˈ**pull-back** *n. (withdrawal)* Abzug, *der*

pullet [ˈpʊlɪt] *n.* Junghenne, *die*

pulley [ˈpʊlɪ] *n.* Rolle, *die; (for drive-belt)* Riemenscheibe, *die;* **set of ~s** *(tackle)* Flaschenzug, *der*

ˈ**pull-in** *n.* **a)** *(place at the side of the road for vehicles)* Haltebucht, *die;* **b)** *(Brit.: transport café)* Fernfahrerlokal, *das*

Pullman [ˈpʊlmən] *n.* ~ [**car or coach**] Pullman[wagen], *der*

ˈ**pull-out** *n.* **a)** *(folding portion of book etc.)* ausfaltbarer Teil; *(map)* Faltkarte, *die; (detachable section)* heraustrennbarer Teil; **b)** *(withdrawal)* Abzug, *der;* ~ **of troops** Truppenabzug, *der*

pullover [ˈpʊləʊvə(r)] *n.* Pullover, *der;* Pulli, *der (ugs.)*

ˈ**pull-up** *n.* **a)** *(stopping-place)* Platz zum Haltmachen; **b)** *(Gymnastics)* Klimmzug, *der*

pulmonary [ˈpʌlmənərɪ] *adj.* ⟨*Anat., Physiol.*⟩ Lungen-

pulp [pʌlp] *n.* **a)** *(of fruit)* Fruchtfleisch, *das;* **b)** *(soft mass)* Brei, *der;* **beat sb. to a ~ :** jmdn. zu Brei schlagen *(salopp); (of e.g. Zool.: fleshy or soft part)* Mark, *das;* **d)** *(ore)* Trübe, *die.* **2.** *v. t.* zerdrücken, zerstampfen ⟨*Rübe*⟩; einstampfen ⟨*Druckerzeugnis*⟩

pulpit [ˈpʊlpɪt] *n.* ⟨*Eccl.*⟩ Kanzel, *die*

pulp: ~ **magazine** *n.* Groschenheft, *das;* ~**wood** *n. (Paper-making etc.)* Industrieholz, *das*

pulpy [ˈpʌlpɪ] *adj.* **a)** *(soft and moist)* fleischig ⟨*Frucht*⟩; **b)** *(consisting of a soft mass)* breiig

pulsar [ˈpʌlsɑː(r)] *n.* ⟨*Astron.*⟩ Pulsar, *der*

pulsate [pʌlˈseɪt, ˈpʌlseɪt] *v. i.* **a)** *(beat, throb)* pulsieren ⟨*Herz:*⟩ schlagen. *(fig.*

pulsation | **purchase price**

literary) pulsieren; **b)** *(fig.: vibrate)* schwingen; ⟨*Land:*⟩ pulsieren
pulsation [pʌlˈseɪʃn] *n.* **a)** *(beating, throbbing)* Schlagen, *das; (of artery; also fig.)* Pulsieren, *das;* **b)** *(fig.: vibration)* Schwingen, *das*
¹**pulse** [pʌls] **1.** *n.* **a)** *(lit. or fig.)* Puls, *der; (single beat)* Pulsschlag, *der;* **have/keep one's finger on the ~ of sth.** die Hand am Puls einer Sache *(Gen.)* haben/auf dem laufenden *über etw. (Akk.)* bleiben; *see also* **feel 1 a;** **b)** *(rhythmical recurrence)* Rhythmus, *der;* **c)** *(single vibration)* Schwingung, *die; (Mus.)* Betonung, *die; (Electronics)* Impuls, *der.* **2.** *v.i. see* **pulsate a, b**
²**pulse** *n.* **a)** *no pl., constr. as sing. or pl. (seeds)* Hülsenfrüchte *Pl.;* **b)** *(variety of edible seed)* Hülsenfrucht, *die*
pulverize (pulverise) [ˈpʌlvəraɪz] *v.t.* **a)** *(to powder or dust)* pulverisieren; **b)** *(into spray)* zerstäuben; **c)** *(fig.: crush)* aufreiben ⟨*Truppen*⟩; abservieren *(Sport)* ⟨*Gegner*⟩; **I'll ~ you!** ich schlag' dich zu Brei! *(derb)*
puma [ˈpjuːmə] *n. (Zool.)* Puma, *der*
pumice [ˈpʌmɪs] **1.** *n. (Min.)* **~[-stone]** Bimsstein, *der.* **2.** *v.t.* bimsen; mit Bimsstein abreiben
pummel [ˈpʌml] *v.t., (Brit.)* -ll- einschlagen auf (+ *Akk.*)
¹**pump** [pʌmp] **1.** *n. (machine; also fig.)* Pumpe, *die.* **2.** *v.i.* pumpen. **3.** *v.t.* **a)** pumpen; **~ sb. full of lead** jmdn. mit Blei vollpumpen *(salopp);* **~ bullets into sth.** Kugeln in etw. *(Akk.)* jagen *(ugs.);* **~ information into sb.** jmdm. mit Wissen vollstopfen *(ugs.);* **b)** **~ sth. dry** etw. leerpumpen *od.* auspumpen *od. (Seemannsspr.)* lenzen; **~ sb. for information** Auskünfte aus jmdm. herausholen; **c)** **~ up** *(inflate)* aufpumpen ⟨*Reifen, Fahrrad*⟩
²**pump** *n. (shoe)* Turn-, Sportschuh, *der;* **[dancing] ~:** Tanzschuh, *der;* **b)** *(Amer.: court shoe)* Pumps, *der*
pumpernickel [ˈpʌmpənɪkl, ˈpʊmpənɪkl] *n.* Pumpernickel, *der*
pumping-station [ˈpʌmpɪŋsteɪʃn] *n.* Pumpwerk, *das*
pumpkin [ˈpʌmpkɪn] *n. (Bot.)* Kürbis, *der; attrib.* Kürbis-
ˈpump-room *n.* Pumpenhaus, *das; (in spa)* Brunnenhaus, *das*
pun [pʌn] **1.** *n.* Wortspiel, *das;* **the sentence is a ~ on the words 'bread' and 'bred'** in dem Satz wird mit den Worten „bread" und „bred" gespielt. **2.** *v.i.* -**nn**- ein Wortspiel/Wortspiele *Pl.* machen **(on** mit)
Punch [pʌntʃ] *n.* Punch, *der;* Hanswurst, *der;* **~ and Judy show** Kasperletheater, *das;* **be as proud/pleased as ~:** stolz wie ein Pfau *od.* Spanier sein*(ugs.)* sich freuen wie ein Schneekönig
¹**punch 1.** *v.t.* **a)** *(strike with fist)* boxen; mit der Faust schlagen; **the boxer ~ed his opponent with his left fist** der Boxer traf seinen Gegner mit der Linken; **b)** *(pierce, open up)* lochen; **~ a hole** ein Loch stanzen; **~ a hole/holes in sth.** etw. lochen; **c)** *(prod)* stoßen; **d)** *(Amer.: drive)* vorwärtstreiben ⟨*Vieh*⟩. **2.** *n.* **a)** *(blow)* Faustschlag, *der;* **a ~ on the head/chin/chest** ein Faustschlag an den Kopf/an das Kinn/vor die Brust; **give sb. a ~ on the jaw/in the ribs** jmdm. einen Kinnhaken/Rippenstoß versetzen; **a ~ with the left fist** ein Schlag mit der linken Faust; **b)** *no pl. (ability to deliver blow)* Punch, *der (Boxen);* Schlagkraft, *die;* **have a good/strong ~** ⟨*Boxer:*⟩ einen guten/harten Schlag haben; **c)** *(coll.: vigour)* Pep, *der (ugs.);* **have [a] ~:** Pep haben; **put ~ into sth.** einer Sache *(Dat.)* Pep geben; **d)** *(device for making holes)* (*in leather, tickets*) Lochzange, *die;* (*in paper*) Locher, *der;* (*in leather*) Locheisen, *das;* (*Printing*) Stempel, *der.* See *also* **pack 2 g; pull 1 h**
²**punch** *n. (drink)* Punsch, *der*

punch: ~-ball *n. (Brit.) (ball)* Punchingball, *der; (bag)* Sandsack, *der;* **~-bowl** *n.* Bowlengefäß, *das;* Bowle, *die;* **~ card** *n. (Computing)* Lochkarte, *die;* **~-drunk** *adj.* **a)** an einem Boxersyndrom leidend; **be ~-drunk** ein Boxersyndrom haben; punchdrunk sein *(Boxen);* **b)** *(fig.)* benommen; **the troops were ~-drunk** die Truppen waren schwer angeschlagen
punched [pʌntʃt]: **~ card/tape** *see* **punch card/tape**
punching bag [ˈpʌntʃɪŋ bæg] *(Amer.) see* **punch-ball**
punch: ~ line *n.* Pointe, *die;* **~ tape** *n. (Computing)* Lochstreifen, *der;* **~-up** *n. (Brit. coll.) (fist-fight, brawl)* Prügelei, *die*
punchy [ˈpʌntʃɪ] *adj. (forceful)* ausdrucksstark ⟨*Sprache*⟩; zündend ⟨*Rede*⟩; schwungvoll ⟨*Handlung*⟩
punctilious [pʌŋkˈtɪlɪəs] *adj.* [peinlich] korrekt; peinlich ⟨*Genauigkeit*⟩
punctiliously [pʌŋkˈtɪlɪəslɪ] *adv.* [peinlich] korrekt ⟨*arbeiten*⟩; peinlich ⟨*genau*⟩
punctual [ˈpʌŋktjʊəl] *adj.* pünktlich
punctuality [pʌŋktjʊˈælɪtɪ] *n., no pl.* Pünktlichkeit, *die*
punctually [ˈpʌŋktjʊəlɪ] *adv.* pünktlich
punctuate [ˈpʌŋktjʊeɪt] *v.t.* interpunktieren *(fachspr.);* mit Satzzeichen versehen; *(fig.: interrupt)* unterbrechen **(with** durch)
punctuation [pʌŋktjʊˈeɪʃn] *n., no pl.* Interpunktion, *die (fachspr.);* Zeichensetzung, *die*
punctuˈation mark *n.* Satzzeichen, *das*
puncture [ˈpʌŋktʃə(r)] **1.** *n.* **a)** *(flat tyre)* Reifenpanne, *die;* Platte, *der (ugs.);* **b)** *(hole)* Loch, *das; (in skin)* Einstich, *der; see also* **lumbar. 2.** *v.t.* durchstechen; *(fig.)* verletzen ⟨*Würde*⟩; kratzen an (+ *Dat.*) ⟨*Mythos*⟩; lädieren ⟨*Ruf*⟩; **be ~d** ⟨*Reifen:*⟩ ein Loch haben, platt sein; ⟨*Haut:*⟩ einen Einstich aufweisen. **3.** *v.i.* ⟨*Reifen:*⟩ ein Loch bekommen, platt werden
pundit [ˈpʌndɪt] *n.* **a)** *(expert)* Experte, *der/*Expertin, *die; (iron.)* Augur, *der;* **b)** *(learned Hindu)* Pandit, *der*
punditry [ˈpʌndɪtrɪ] *n.* Expertentum, *das*
pungency [ˈpʌndʒənsɪ] *n., no pl. (lit. or fig.)* [beißende *od.* ätzende] Schärfe
pungent [ˈpʌndʒənt] *adj.* beißend, ätzend ⟨*Rauch, Dämpfe*⟩; scharf ⟨*Soße, Gewürz usw.*⟩; stechend riechend ⟨*Gas*⟩; *(fig.: biting)* beißend; ätzend
punish [ˈpʌnɪʃ] *v.t.* **a)** bestrafen ⟨*Person, Tat*⟩; strafen *(geh.);* **he has been ~ed enough** *(fig.)* er ist gestraft genug; **b)** *(Boxing coll.: inflict severe blows on)* schwer zusetzen (+ *Dat.*) *(Sport coll.: take advantage of)* kein Pardon kennen bei ⟨*schwachen Würfen, Schlägen des Gegners*⟩; **the bowlers were ~ed by the batsmen** die Werfer bekamen ihre Quittung von den Schlagmännern; **c)** *(coll.: tax)* auf eine harte Probe stellen; **e)** *(coll.: put under stress)* strapazieren ⟨*Nerven, Bauwerk*⟩
punishable [ˈpʌnɪʃəbl] *adj.* strafbar; **it is a ~ offence to ...:** es ist strafbar, ... zu ...; **be ~ by sth.** mit etw. bestraft werden
punishing [ˈpʌnɪʃɪŋ] *adj.* **a)** *(Boxing coll.)* mörderisch ⟨*Haken*⟩; **b)** *(Sport coll.)* tödlich *(Sportjargon)* ⟨*Schuß, Schlag, Volley*⟩; **he is a ~ hitter** wenn der Gegner ihm eine Blöße bietet, schlägt er gnadenlos zu; **c)** *(coll.: taxing)* mörderisch *(ugs.)* ⟨*Rennen, Zeitplan, Kurs*⟩; aufreibend ⟨*Wahlkampf*⟩
punishment [ˈpʌnɪʃmənt] *n.* **a)** *no pl. (punishing)* Bestrafung, *die;* **inflict ~ on sb.** jmdn. bestrafen; **undergo ~:** eine Strafe erhalten; **deserve ~:** [eine] Strafe verdient haben; **crime and ~:** Verbrechen und Strafe; **b)** *(penalty)* Strafe, *die;* **~ for cheating is disqualification** Betrug wird mit Disqualifikation bestraft; **make the ~ fit the crime** *(lit. or fig.)* Gleiches mit Gleichem vergelten; **as a ~ for sth.** zur Stra-

fe für etw.; **c)** *(coll.: rough treatment)* **take a lot of ~:** ganz schön getriezt *od.* gezwiebelt werden *(ugs.). See also* **take 1 w**
punitive [ˈpjuːnɪtɪv] *adj.* **a)** *(penal)* Straf-; **b)** *(severe)* [allzu] rigoros ⟨*finanzielle Maßnahmen, Besteuerung*⟩; unzumutbar ⟨*Steuersatz*⟩; **c)** *(Law)* **~ damages** verschärfter Schadenersatz
Punjab [pʌnˈdʒɑːb] *pr. n.* **the ~:** das Pandschab
punk [pʌŋk] **1.** *n.* **a)** *(Amer. sl.: worthless person)* Dreckskerl, *der (salopp);* **b)** *(Amer. coll.: young ruffian)* Rabauke, *der (ugs.);* **c)** *(admirer of ~ rock)* Punk, *der;* Punkerin, *die (performer of ~ rock)* Punk[rock]er, *der/*-rockerin, *die;* **d)** *(music) see* **~ rock. 2.** *adj. (coll.: worthless)* mies *(abwertend);* **b)** *(of or playing punk rock)* Punk-
punk rock *n.* Punkrock, *der*
punnet [ˈpʌnɪt] *n. (Brit.)* Körbchen, *das*
¹**punt** [pʌnt] **1.** *n.* Stechkahn, *der.* **2.** *v.t.* **a)** *(propel)* staken ⟨*Boot*⟩; *(convey)* in einem Stechkahn fahren ⟨*Person*⟩. **3.** *v.i.* staken
²**punt** *(Footb.)* **1.** *v.t.* aus der Hand schießen; ⟨*Torwart:*⟩ abschlagen. **2.** *n.* Schuß aus der Hand; *(by goalkeeper)* Abschlag, *der*
³**punt** *v.i. (Brit. coll.: bet)* wetten; *(speculate)* spekulieren
⁴**punt** [pʊnt] *n. (Finance)* Irisches Pfund
¹**punter** [ˈpʌntə(r)] *n. (coll.)* **a)** *(gambler)* Zocker, *der/*Zockerin, *die (salopp);* **b)** *(client of prostitute)* Freier, *der (verhüll.);* **c)** **the ~s** *(customers)* die Leutchen *(ugs.)*
²**punter** *n. (in* ¹**punt***)* Stechkahnfahrer, *der/*-fahrerin, *die*
puny [ˈpjuːnɪ] *adj.* **a)** *(undersized)* zu klein ⟨*Baby, Junge*⟩; **b)** *(feeble)* gering ⟨*Kraft*⟩; schwach ⟨*Waffe, Person*⟩; **c)** *(petty)* belanglos, unerheblich ⟨*Leistung, Einwand*⟩
pup [pʌp] **1.** *n.* **a)** *(young dog or wolf)* Welpe, *der (Hündin:*⟩ trächtig sein; **b)** *(young animal)* Junge, *das;* **c)** *(objectionable young man)* Schnösel, *der (ugs. abwertend).* **2.** *v.i.,* -**pp**- ⟨*Hündin:*⟩ werfen
pupa [ˈpjuːpə] *n., pl.* **-e** [ˈpjuːpiː] *(Zool.)* Puppe, *die*
pupal [ˈpjuːpl] *adj. (Zool.)* Puppen-
pupate [pjuːˈpeɪt] *v.i. (Zool.)* sich verpuppen
pupil [ˈpjuːpɪl] *n.* **a)** *(schoolchild, disciple)* Schüler, *der/*Schülerin, *die;* **b)** *(Anat.)* Pupille, *die*
puppet [ˈpʌpɪt] *n.* **a)** Puppe, *die; (marionette)* Marionette, *die; see also* **glove puppet; b)** *(person)* Marionette, *die; attrib.* Marionetten⟨*regime, -regierung*⟩
puppetry [ˈpʌpɪtrɪ] *n., no pl., no art. (making of puppets)* Puppenmachen, *das; (production of puppet-shows)* Puppenspiel, *das*
ˈpuppet-show *n.* Puppenspiel, *das; (with marionettes)* Marionettenspiel, *das*
puppy [ˈpʌpɪ] *n.* Hundejunge, *das;* Welpe, *der;* **the dog is still only a ~:** der Hund ist noch ganz jung
ˈpuppy-dog *n. (child lang.)* Hündchen, *das;* kleiner Hund
puppy: ~ fat *n., no pl. (Brit.)* Babyspeck, *der;* **~ love** *n.* Jugendschwärmerei, *die*
purblind [ˈpɜːblaɪnd] *adj. (literary)* halbblind *nicht präd.;* halb blind; *(fig.)* kurzsichtig
purchasable [ˈpɜːtʃəsəbl] *adj.* käuflich; *(available on the market)* [im Handel] erhältlich
purchase [ˈpɜːtʃəs] **1.** *n.* **a)** *(buying)* Kauf, *der;* **make several ~s/a ~:** verschiedenes/etwas kaufen; **b)** *(thing bought)* Kauf, *der;* **carry one's ~s home** seine Einkäufe nach Hause tragen *od.* bringen; **c)** *no pl. (hold)* Halt, *der; (leverage)* Hebelwirkung, *die;* Hebelkraft, *die;* **a ~ finden** festen Halt finden. **2.** *v.t.* **a)** kaufen; erwerben *(geh.);* **purchasing power** Kaufkraft, *die;* **b)** *(acquire)* erkaufen
ˈpurchase price *n.* Kaufpreis, *der*

571

purchaser ['pɜːtʃəsə(r)] *n.* Käufer, *der*/ Käuferin, *die*

'**purchase tax** *n. (Brit. Hist.)* ≈ Verbrauchssteuer, *die*

purdah ['pɜːdə] *n. (seclusion of women)* Absonderung der Frauen; **they were kept in ~:** sie durften nicht in Erscheinung treten; *(fig.)* sie wurden kaltgestellt *(ugs.)*

pure [pjʊə(r)] 1. *adj.* **a)** *(unmixed)* rein; rein, pur ⟨*Gold, Silber*⟩; *(not discordant)* rein ⟨*Ton, Note*⟩; **b)** *(of unmixed descent)* reinblütig ⟨*Mensch*⟩; rein ⟨*Blut*⟩; **c)** *(mere)* pur; rein; **it is madness ~ and simple** es ist schlicht *od.* ganz einfach Wahnsinn; **d)** *(Phonet.)* einfach ⟨*Vokal*⟩; **e)** *(not corrupt)* rein; **blessed are the ~ in heart** *(Bibl.)* selig sind, die reinen Herzens sind; **f)** *(chaste)* rein. *See also* **mathematics a; science a.** 2. *adv.* **a ~ blue sky** ein klarer blauer Himmel **pure:** ~**-blooded** *adj.* reinblütig; ~**-bred** *adj.* reinrassig

purée ['pjʊəreɪ] 1. *n.* Püree, *das;* **tomato ~:** Tomatenmark, *das.* 2. *v.t.* pürieren

purely ['pjʊəlɪ] *adv.* **a)** *(solely)* rein; **b)** *(merely)* lediglich

pureness ['pjʊənɪs] *see* **purity**

purgative ['pɜːɡətɪv] 1. *adj.* **a)** *(laxative)* [stark] abführend; Abführ⟨*mittel, -tablette*⟩; **b)** *(purifying)* purgativ *(fachspr.).* 2. *n. (medicine)* [starkes] Abführmittel; Purgativum, *das (fachspr.)*

purgatory ['pɜːɡətərɪ] *n. (Relig.)* Fegefeuer, *das;* Purgatorium, *das (fachspr.);* **undergo ~:** durchs Fegefeuer gehen; **it was ~** *(fig.)* es war eine Strafe *od.* die Hölle

purge [pɜːdʒ] 1. *v.t.* **a)** *(cleanse)* reinigen (**of** von); **~ me from my sin** *(Relig.)* reinige mich von meiner Sünde; **b)** *(remove)* entfernen; **~ away** *or* **out** beseitigen; **c)** *(rid)* säubern ⟨*Partei*⟩ (**of** von); *(remove)* entfernen ⟨*Person*⟩; **d)** *(Med.)* abführen lassen ⟨*Patienten*⟩; **use sth. to ~ the bowels** etw. zum Abführen verwenden; **e)** *(Law: atone for)* sühnen [für]. 2. *n.* **a)** *(clearance)* Säuberung[saktion], *die;* *(Polit.)* Säuberung, *die;* **a ~ of writers** eine gegen Schriftsteller gerichtete Säuberung[saktion]; **b)** *(Med.)* [starkes] Abführmittel

purification [pjʊərɪfɪ'keɪʃn] *n.* **a)** Reinigung, *die;* **b)** *(spiritual cleansing)* Läuterung, *die;* **c)** *(ceremonial cleansing)* Reinigung, *die;* **the P~ [of Our Lady or the Virgin Mary]** *(Relig.)* Mariä Reinigung; *(feast)* [Mariä] Lichtmeß; Mariä Reinigung

purifier ['pjʊərɪfaɪə(r)] *n.* Reiniger, *der;* Reinigungsmittel, *das; (machine)* Reinigungsapparat, *der;* Reinigungsanlage, *die*

purify ['pjʊərɪfaɪ] *v.t.* **a)** *(make pure or clear)* reinigen; **b)** *(spiritually)* reinigen; läutern; **c)** *(ceremonially)* reinigen

purism ['pjʊərɪzm] *n., no pl.* Purismus, *der*

purist ['pjʊərɪst] *n.* Purist, *der*/Puristin, *die*

puritan ['pjʊərɪtn] 1. *n.* **a)** Puritaner, *der*/Puritanerin, *die;* **b)** **P~** *(Hist.)* Puritaner, *der*/Puritanerin, *die.* 2. *adj.* **a)** puritanisch; **b)** **P~** *(Hist.)* puritanisch

puritanic [pjʊərɪ'tænɪk], **puritanical** [pjʊərɪ'tænɪkl] *adj.* puritanisch; moralinsauer *(abwertend)*

puritanism ['pjʊərɪtənɪzm] *n., no pl.* **a)** Puritanismus, *der;* puritanische Einstellung; **b)** **P~** *(Hist.)* Puritanismus, *der*

purity ['pjʊərɪtɪ] *n., no pl.* **a)** Reinheit, *die;* **b)** *(chastity)* Keuschheit, *die*

purl [pɜːl] 1. *n.* linke Masche. 2. *v.t.* links stricken; **~ three stitches** drei linke Maschen stricken

purler ['pɜːlə(r)] *n. (Brit. coll.)* **come** *or* **take a ~:** längelang hinknallen *(ugs.)*

purlieus ['pɜːljuːz] *n. pl.* Außenbezirke *Pl.;* Weichbild, *das;* **within the ~ of A** innerhalb des Stadtgebietes *od.* Weichbildes von A

purlin ['pɜːlɪn] *n. (Building)* Pfette, *die*

purloin [pə'lɔɪn] *v.t. (literary)* entwenden *(geh.)*

purple ['pɜːpl] 1. *adj.* lila; violett; *(crimson)* purpurn; *(fig.)* überfrachtet, überladen ⟨*Prosa*⟩; **his face went ~ with rage** vor Zorn bekam er ein hochrotes Gesicht. 2. *n.* **a)** Lila, *das;* Violett, *das; (crimson)* Purpur, *der;* **b)** *(dress of cardinal)* Purpur, *der;* **the ~** *(fig.)* das Kardinalskollegium. 3. *v.i.* ⟨*Gesicht:*⟩ dunkelrot anlaufen

purple: ~ 'heart *(Brit.)* Purple Heart, *das (Drogenjargon);* **P~** '**Heart** *n. (Amer. Mil.)* US-amerikanisches Verwundetenabzeichen; **~ passage, ~ patch** *ns.* [über]reich ausgeschmückte Passage

purplish ['pɜːplɪʃ] *adj.* ins Violette spielend; **be ~:** ins Violette spielen

purport 1. [pə'pɔːt] *v.t.* **a)** **~ to do sth.** *(profess)* [von sich] behaupten, etw. zu tun; *(be intended to seem)* den Anschein erwecken sollen, etw. zu tun; **the ~ed intention/object** die angebliche Absicht/der angebliche Zweck; **a letter ~ing to be written by the president** ein angeblich vom Präsidenten geschriebener Brief; **the document ~s to be official** die Urkunde soll angeblich amtlich sein; **the law ~s to protect morality** das Gesetz soll angeblich die Moral schützen; **b)** *(convey)* beinhalten; **~ that ...:** besagen, daß .... 2. ['pɜːpɔːt] *n.* Inhalt, *der*

purportedly [pə'pɔːtɪdlɪ] *adv.* angeblich

purpose ['pɜːpəs] 1. *n.* **a)** *(object)* Zweck, *der; (intention)* Absicht, *die;* **what is the ~ of doing that?** was hat es für einen Zweck, das zu tun?; **he never did anything without a ~:** er tat nie etwas ohne eine bestimmte Absicht; **you must have had some ~ in mind** du mußt irgend etwas damit bezweckt haben; **wander around with no particular ~:** ziellos *od.* ohne Ziel umherwandern; **answer** *or* **suit sb.'s ~:** jmds. Zwecken dienen *od.* entsprechen; **for a ~:** zu einem bestimmten Zweck; **I did it for a ~:** ich habe damit einen bestimmten Zweck verfolgt; **for the ~ of discussing sth.** um etw. zu besprechen; **on ~:** mit Absicht; absichtlich; **for ~s of** zum Zwecke (+ *Gen.*); *see also* **cross purposes;** **serve 1 c;** **b)** *(effect)* **to no ~:** ohne Erfolg; **to some/little/good ~:** mit einigem/wenig/gutem Erfolg; **c)** *(determination)* Entschlossenheit, *die;* **have a ~ in life** in seinem Leben einen Sinn sehen; **give sb. a ~ in life** jmds. Leben *(Dat.)* einen Sinn geben; **d)** *(intention to act)* Absicht, *die.* 2. *v.t.* beabsichtigen

'**purpose-built** *adj.* [eigens] zu diesem Zweck errichtet ⟨*Gebäude*⟩; [eigens] zu diesem Zweck hergestellt, speziell angefertigt ⟨*Gerät, Bauteil*⟩

purposeful ['pɜːpəsfl] *adj.* **a)** zielstrebig; *(with specific aim)* entschlossen; **b)** *(with intention)* absichtsvoll

purposefully ['pɜːpəsfəlɪ] *adv.* **a)** entschlossen; **b)** *(intentionally)* absichtsvoll

purposeless ['pɜːpəslɪs] *adj.* sinnlos

purposely ['pɜːpəslɪ] *adv.* absichtlich; mit Absicht

'**purpose-made** *adj.* spezialgefertigt; eigens angefertigt ⟨*Straße*⟩

purposive ['pɜːpəsɪv] *adj. see* **purposeful a**

purr [pɜː(r)] 1. *v.i.* schnurren; *(fig.: be in satisfied mood)* strahlen. 2. *v.t.* durch Schnurren zum Ausdruck bringen; *(fig.)* säuseln; **the cat ~ed her contentment** die Katze schnurrte zufrieden. 3. *n.* Schnurren, *das*

purse [pɜːs] 1. *n.* **a)** *(lit. or fig.)* Portemonnaie, *das;* Geldbeutel, *der (bes. südd.);* **the public ~:** die Staatskasse; **light ~** *(fig.)* kleiner Geldbeutel *(fig.); see also* **silk 2;** **b)** *(prize)* Geldpreis *der;* Börse, *die (Boxen);* **c)** *(Amer.: handbag)* Handtasche, *die.* 2. *v.t.* kräuseln, schürzen ⟨*Lippen*⟩

purser ['pɜːsə(r)] *n.* Zahlmeister, *der*/-meisterin, *die*

'**purse-strings** *n. pl.* Schnüre *od.* Bänder [zum Verschließen des Geldbeutels]; **hold the ~** *(fig.)* über das Geld bestimmen;

tighten/loosen the ~ *(fig.)* sparen/mehr ausgeben

pursuance [pə'sjuːəns] *n., no pl.* **in ~ of [one's] duties/instructions** pflichtgemäß/auftragsgemäß; **in [the] ~ of his ends** bei der Verfolgung seiner Ziele; **in ~ of the act/decree** gemäß dem Gesetz/der Verfügung

pursuant [pə'sjuːənt] *adv.* **~ to sth.** gemäß einer Sache

pursue [pə'sjuː] *v.t.* **a)** *(literary: chase, lit. or fig.)* verfolgen; **bad luck ~d him** er war vom Pech verfolgt; **b)** *(seek after)* streben nach; suchen nach; verfolgen ⟨*Ziel*⟩; **c)** *(look into)* nachgehen (+ *Dat.*); **d)** *(engage in)* betreiben; **~ a career as an accountant** als Buchhalter tätig sein; **~ one's studies** seinem Studium nachgehen; **e)** *(carry out)* durchführen ⟨*Plan*⟩

pursuer [pə'sjuːə(r)] *n.* Verfolger, *der*/Verfolgerin, *die*

pursuit [pə'sjuːt, pə'suːt] *n.* **a)** *(pursuing) (of person, animal, aim)* Verfolgung, *die; (of knowledge, truth, etc.)* Streben, *das (of* nach); *(of pleasure)* Jagd, *die* (**of** nach); **the ~ of his studies** die Beschäftigung mit seinen Studien; **in ~ of** auf der Jagd nach ⟨*Wild, Dieb usw.*⟩; in Ausführung (+ *Gen.*) ⟨*Beschäftigung, Tätigkeit, Hobby*⟩; **with the police in [full] ~:** mit der Polizei [dicht] hinter den Fersen; *see also* **hot 1 j;** **b)** *(pastime)* Beschäftigung, *die;* Betätigung, *die*

pursuit: **~ plane** *(Amer.) see* **fighter b;** **~ race** *n. (Cycling)* Verfolgungsrennen, *das*

purulent ['pjʊərʊlənt] *adj. (Med.) (consisting of pus, full of pus)* eitrig; *(discharging pus)* eiternd; **be ~:** eitern

purvey [pə'veɪ] *v.t. (lit. or fig.)* liefern

purveyor [pə'veɪə(r)] *n.* Lieferant, *der*/Lieferantin, *die;* **a ~ of [wild] rumours** ein Kolporteur wilder Gerüchte]

purview ['pɜːvjuː] *n. (of act, document)* Geltungsbereich, *der; (of scheme, book, occupation)* Rahmen, *der;* **fall within sb.'s ~:** in jmds. Aufgaben- *od.* Zuständigkeitsbereich fallen

pus [pʌs] *n., no indef. art. (Med.)* Eiter, *der*

push [pʊʃ] 1. *v.t.* **a)** schieben; *(make fall)* stoßen; schubsen *(ugs.);* **don't ~ me like that!** stoß *od.* drängel [doch] nicht so!; **~ a car** *(to start the engine)* ein Auto anschieben; **she ~ed the door instead of pulling** sie drückte gegen die Tür, statt zu ziehen; **did he/you** etc. **fall** *or* **jump or was he/were you** etc. **~ed?** *(fig.)* freiwillig oder unfreiwillig?; **~ sb. about in a wheelchair** jmdn. im Rollstuhl herumfahren; **~ one's hair back** sich *(Dat.)* das Haar zurückstreichen; **the policemen ~ed the crowd back** die Polizisten drängten die Menge zurück; **~ sth. between** etw. zwischen etw. *(Akk.)* schieben; *(to pass right through)* etw. zwischen etw. *(Dat.)* hindurchschieben; **~ sth. under the bottom of the door** unter der Tür [hin]durchschieben; **~ sth. up the hill** den Berg hinaufschieben; **~ one's way through/into/on to** etc. sich *(Dat.)* einen Weg durch/in/auf *usw.* etw. *(Akk.)* bahnen; **b)** *(fig.: impel)* drängen; **~ sb. into sth.** jmdn. dahin bringen, daß er etw. tut; **c)** *(tax)* **~ sb. [hard]** jmdn. [stark] fordern; **~ sb. too hard/too far** jmdn. überfordern; **he ~es himself very hard** er verlangt sich *(Dat.)* sehr viel ab; **be ~ed for sth.** *(coll.: find it difficult to provide sth.)* mit etw. knapp sein; **be ~ed for money** *or* **cash** knapp bei Kasse sein *(ugs.);* **be ~ed to do sth.** *(coll.)* Mühe haben, etw. zu tun; **~ one's luck** *(coll.)* übermütig werden; **~ one's luck with sth.** sich mit etw. auf ein gefährliches Spiel einlassen; **d)** *(press for sale of)* die Werbetrommel rühren für; pushen *(Werbejargon);* **e)** *(sell illegally, esp. drugs)* dealen; pushen *(Drogenjargon);* **f)** *(advance)* **~ sth. a step/stage further** etw. einen Schritt vorantreiben; **not ~ the point** die Sache auf

572

sich beruhen lassen; ~ **sth. too far** mit etw. zu weit gehen; es mit etw. zu weit treiben; ~ **things to extremes** die Dinge *od.* es zum Äußersten *od.* auf die Spitze treiben; ~ **one's claims** auf seine Ansprüche pochen. **2.** *v. i.* **a)** schieben; *(in queue)* drängeln; *(at door)* drücken; **'P~'** *(on door etc.)* „Drücken"; ~ **and shove** schubsen und drängeln; ~ **at sth.** gegen etw. drücken; **b)** *(make demands)* ~ **for sth.** etw. fordern; **c)** *(make one's way)* he ~ed **between us** er drängte sich zwischen uns; ~ **through the crowd** sich durch die Menge drängeln; ~ **past** *or* **by sb.** sich an jemandem vorbeidrängeln *od.* -drücken; ~ **by** *(not stop)* weiterrennen *(ugs.);* **d)** *(assert oneself for one's advancement)* sich in den Vordergrund spielen. **3.** *n.* **a)** Stoß, *der;* Schubs, *der (ugs.);* **give sth. a** ~: etw. schieben *od.* stoßen; **give sb. a** ~: jmdm. einen Schubs geben *(ugs.);* jmdm. einen Stoß versetzen; **My car won't start; can you give me a** ~? Mein Auto springt nicht an. Kannst du mich anschieben?; **give sth. a gentle** ~: etw. leicht anstoßen; **we gave a great** ~: wir haben gewaltig gedrückt; **b)** *(effort)* Anstrengungen *Pl.;* (*Mil.:* attack) Vorstoß, *der;* Offensive, *die;* **a** ~ **forward** *(Mil.)* ein Vorstoß; **make a** ~: sich ins Zeug legen *(ugs.); (Mil.)* einen Vorstoß unternehmen; eine Offensive durchführen; **c)** *(determination)* Tatkraft, *die;* **d)** *(crisis)* **when it comes/came to the** ~, *(Amer. coll.)* **when** ~ **comes/came to shove** wenn es ernst wird/als es ernst wurde; **at a** ~: wenn es sein muß; **e)** *(Brit. sl.: dismissal)* **get the** ~: rausfliegen *(ugs.);* **give sb. the** ~: jmdm. rausschmeißen *(ugs.);* **f)** *(influence)* Förderung, *die;* Protektion, *die;* **g)** *see* **push-button**
~ a'**bout** *v. t.* herumschieben; *(bully)* herumkommandieren
~ a'**head** *v. i.* ⟨*Armee:*⟩ [weiter] vorstoßen *od.* -rücken; *(with regard to)* plans *etc.*) weitermachen; ~ **ahead with sth.** etw. vorantreiben
~ a'**long 1.** *v. t.* [vor sich *(Dat.)* her]schieben. **2.** *v. i. (coll.)* sich [wieder] auf den Weg machen
~ a'**round** *see* ~ **about**
~ a'**side** *v. t. (lit. or fig.)* beiseite schieben
~ a'**way** *v. t.*
~ '**forward 1.** *v. i. see* ~ **ahead. 2.** *v. t.* vorschieben; *(Mil.)* vorstoßen; ~ **oneself forward** sich in den Vordergrund schieben
~ '**in** *v. t.* eindrücken; *(make fall into the water)* hineinstoßen *od (ugs.)* -schubsen
~ '**off 1.** *v. t.* **a)** *(Boating)* abstoßen; **b)** *(sl.: leave)* abhauen *(salopp),* abschieben *(salopp).* **2.** *v. t. (Boating)* abstoßen
~ '**on** *see* ~ **ahead**
~ '**out 1.** *v. t.* hinausschieben; ⟨*Pflanzen:*⟩ [aus]treiben ⟨*Wurzeln*⟩; *see also* **boat 1 a. 2.** *v. i.* hinausragen
~ '**out of** *v. t. (force to leave)* hinausdrängen aus
~ '**over** *v. t. (make fall)* umstoßen; *see also* **push-over**
~ '**through** *v. t. (fig.)* durchpeitschen *(ugs.)* ⟨*Gesetzesvorlage*⟩; durchdrücken *(ugs.)* ⟨*Vorschlag*⟩; **we** ~**ed it through successfully** wir haben es durchgekriegt *(ugs.)*
~ '**up** *v. t.* hochschieben *(fig.)* hochtreiben; *see also* **daisy; push-up**
push: ~-**ball** *n. (game, ball)* Pushball, *der;* ~-**bike** *n. (Brit. coll.)* Fahrrad, *das;* ~-**button 1.** *adj.* Drucktasten⟨*telefon, -radio*⟩; ~-**button warfare** Krieg per Knopfdruck; automatisierte Kriegführung; **2.** *n.* [Druck]knopf, *der;* Drucktaste, *die;* ~-**cart** *n.* **a)** *see* **handcart; b)** *(Amer.: trolley)* Einkaufswagen, *der;* ~-**chair** *n. (Brit.)* Sportwagen, *der*
pusher ['pʊʃə(r)] *n.* **a)** *(seller of drugs)* Dealer, *der (Drogenjargon);* Pusher, *der (Drogenjargon);* **b)** *(pushy person)* Streber, *der/*Streberin, *die (abwertend);* Ehrgeizling, *der (ugs. abwertend)*
pushing ['pʊʃɪŋ] *adj.* **a)** [übermäßig] ehrgeizig; **b)** *(coll.)* **be** ~ **sixty** auf die Sechzig zugehen
push: ~-**over** *n. (coll.)* Kinderspiel, *das;* **she'll be a** ~-**over for him** die schafft er mit links *(ugs.);* **he just gegen ihn nichts geben *(ugs.);* **the match should be a** ~-**over for Leeds** das Spiel dürfte für Leeds ein Spaziergang werden *(Sportjargon);* ~-**start 1.** *n.* Schubstart, *der;* **give sb. a** ~-**start** jmdn. *od.* jmds. Auto anschieben; **2.** *v. t.* anschieben
'**push-up** *(Amer.) see* **press-up**
pushy ['pʊʃɪ] *adj. (coll.)* [übermäßig] ehrgeizig ⟨*Person*⟩
pusillanimity [ˌpjuːsɪlə'nɪmɪtɪ] *n., no pl.* Ängstlichkeit, *die;* Zaghaftigkeit, *die; (lack of courage)* Feigheit, *die*
pusillanimous [ˌpjuːsɪ'læniməs] *adj.,* **pusillanimously** [ˌpjuːsɪ'læniməslɪ] *adv.* ängstlich; zaghaft; *(without courage)* feige
puss [pʊs] *n.* Mieze, *die (fam.)*; ~, ~, ~! Miez, Miez, Miez!; **P~ in Boots** der Gestiefelte Kater
pussy ['pʊsɪ] *n.* **a)** *(child lang.: cat)* Miezekatze, *die (fam.);* Muschi, *die (Kindersprache);* **b)** *(coarse: vulva)* Kätzchen, *das (salopp);* Muschi, *die (vulg.); (sexual intercourse)* Sex, *der*
pussy: ~-**cat** *see* **pussy a;** ~**foot** *v. i.* [herum]schleichen; *(act cautiously)* überängstlich sein; **stop** ~**footing!** hör auf, wie die Katze um den heißen Brei zu schleichen!; ~ **willow** *n.* Salweide, *die;* Palmweide, *die*
pustule ['pʌstjuːl] *n. (Med.) (pimple)* Pustel, *die*

¹**put** [pʊt] **1.** *v. t.,* -tt-, put a) *(place)* tun; *(vertically)* stellen; *(horizontally)* legen; *(through or into narrow opening)* stecken; ~ **plates on the table** Teller auf den Tisch stellen; ~ **books on the shelf/on top of the pile** Bücher ins Regal stellen/auf den Stapel legen; ~ **clean sheets on the bed** das Bett frisch beziehen; **don't** ~ **your elbows on the table** laß deine Ellbogen vom Tisch; **I** ~ **my hand on his shoulder** ich legte meine Hand auf seine Schulter; ~ **a stamp on the letter** eine Briefmarke auf den Brief kleben; ~ **salt on one's food** Salz auf sein Essen tun *od.* streuen; ~ **some more coal on the fire** Kohle nachlegen; ~ **antiseptic on one's finger** sich *(Dat.)* Antiseptikum auf den Finger tun; ~ **the letter in an envelope/the letter-box** den Brief in einen Umschlag/in den Briefkasten stecken; ~ **sth. in one's pocket** etw. in die Tasche stecken; etw. einstecken; ~ **the shopping in the car** die Einkäufe ins Auto tun *od.* laden; ~ **one's hands in one's pockets** die Hände in die Taschen stecken; ~ **sugar in one's tea** sich *(Dat.)* Zucker in den Tee tun; ~ **petrol in the tank** Benzin in den Tank tun *od.* füllen; ~ **the car in[to] the garage** a) das Auto in die Garage stellen; ~ **rubbish in the waste-paper basket** Abfall in den Papierkorb tun *od.* werfen; ~ **the cork in the bottle** den Korken in die Flasche stecken; ~ **the plug in the socket** den Stecker in die Steckdose stecken; ~ **paper in the typewriter** Papier in die Schreibmaschine tun *od.* spannen; ~ **tobacco in the pipe** Tabak in die Pfeife tun; die Pfeife stopfen; ~ **a new pane of glass in the window** eine neue Glasscheibe in das Fenster [ein]setzen; ~ **a new engine in the car** einen neuen Motor in das Auto einbauen; ~ **the letters in the file** die Briefe in den Ordner tun *od.* [ein]heften; ~ **documents in the safe** Urkunden in den Safe tun *od.* legen; ~ **fish into a pond** Fische in einen Teich setzen; ~ **the cat into a basket** die Katze in einen Korb setzen; ~ **the ball into the net/over the bar** den Ball ins Netz befördern *od.* setzen/über die Latte befördern; ~ **one's arm round sb.'s waist** den Arm um jmds. Taille legen; ~ **a bandage round one's wrist** sich *(Dat.)* einen Verband ums Handgelenk legen; ~ **one's hands over one's eyes** sich *(Dat.)* die Hände auf die Augen legen; ~ **one's finger to one's lips** den *od.* seinen Finger auf die Lippen legen; ~ **one's foot through the rotten floorboards/on a chair** den Fuß durch die morschen Dielen stecken/auf einen Stuhl setzen; ~ **the letter at the bottom of the pile** den Brief unter den Stapel legen; ~ **the boxes one on top of the other** die Kisten übereinanderstellen; ~ **the jacket on its hanger** die Jacke auf den Bügel tun *od.* hängen; **where shall I** ~ **it?** wohin soll ich es tun *(ugs.)*/stellen/legen *usw.*?; wo soll ich es hintun *(ugs.)*/-stellen/-legen *usw.*?; ~ **sb. into a taxi** jmdn. in ein Taxi setzen; ~ **a child on a swing** ein Kind auf eine Schaukel setzen; **we** ~ **our guest in Peter's room** wir haben unseren Gast in Peters Zimmer *(Dat.)* untergebracht; ~ **the baby in the pram** das Baby in den Kinderwagen legen *od. (ugs.)* stecken; **not know where to** ~ **oneself** *(fig.)* sich verlegen sein/ werden; ~ **it there!** *(coll.)* laß mich deine Hand schütteln!; **b)** *(cause to enter)* stoßen; ~ **a knife into sb.** jmdm. ein Messer in den Leib stoßen; ~ **a satellite into orbit** einen Satelliten in eine Umlaufbahn bringen; ~ **a bullet** *etc.* **through sb./sth.** *(coll.)* jmdm. eine Kugel verpassen/etw. zerballern *(ugs.);* **c)** *(bring into specified state)* setzen; ~ **through Parliament** im Parlament durchbringen *(Gesetzentwurf usw.);* ~ **one's proposals through the committee** seine Vorschläge im Ausschuß durchbringen; ~ **sb. in a difficult** *etc.* **position** jmdn. in eine schwierige *usw.* Lage bringen; **be** ~ **in a difficult** *etc.* **position** in eine schwierige *usw.* Lage geraten; **be** ~ **in a position of trust** eine Vertrauensstellung erhalten; ~ **sb. in[to] a job** jmdm. eine Arbeit[sstellung] *od. (ugs.)* einen Job geben; ~ **sb. in power** an die Macht kommen; ~ **sb. on the committee** jmdn. in den Ausschuß schicken; ~ **sth. above** *or* **before sth.** *(fig.)* einer Sache *(Dat.)* den Vorrang vor etw. *(Dat.)* geben; ~ **sth. out of order** etw. kaputtmachen/ etw. funktionsuntüchtig machen; **be** ~ **out of order** kaputtgehen *(ugs.);* defekt werden; ~ **sb. on to sth.** *(fig.)* jmdn. auf etw. *(Akk.)* hinweisen *od.* aufmerksam machen; jmdm. etw. zeigen; ~ **sb. on to** *(assign)* jmdm. eine Arbeit zuweisen; **d)** *(impose)* ~ **a limit/ an interpretation on sth.** etw. begrenzen *od.* beschränken/interpretieren; *see also* **end 1 a; stop 3 a; veto 1 b; e)** *(submit)* unterbreiten ⟨**to** *Dat.*⟩ ⟨*Vorschlag, Plan usw.*⟩; ~ **the situation to sb.** jmdm. die Situation darstellen; ~ **sth. to the vote** über etw. *(Akk.)* abstimmen lassen; etw. zur Abstimmung bringen *(Papierdt.);* **I** ~ **it to you that you never saw him** ich behaupte *od.* sage, daß Sie ihn nie gesehen haben; **f)** *(cause to go or do)* ~ **sb. to work** jmdn. arbeiten lassen; ~ **sb. on the job** jmdn. damit *od.* mit der Arbeit beauftragen; ~ **sb. out of contention for sth.** jmdn. aus dem Rennen um etw. werfen; jmdm. sämtliche Chancen auf etw. nehmen; **be** ~ **out of the game by an injury** wegen einer Verletzung nicht mehr spielen können; ~ **sb. out of the championship** jmdm. den Titel beschränken; **they were** ~ **out of the cup by Liverpool** sie scheiterten an Liverpool und mußten aus dem Cupwettbewerb ausscheiden; ~ **the troops on full alert** die Streitkräfte in volle Alarmbereitschaft versetzen; ~ **sb. on antibiotics** auf Antibiotika setzen; ~ **sb. on the stage** jmdn. zur Bühne schicken; *see also* ¹**pace 1 c; g)** *(impose)* ~ **taxes** *etc.* **upon sth.** mit Steuern *usw.* belegen; Steuern *usw.* für etw. erheben; **h)** *(express)* ausdrücken; **let's** ~ **it like this:** ... sagen

put

wir so: ...; **that's one way of ~ting it** *(also iron.)* so kann man es [natürlich] auch ausdrücken; **I don't quite know how to ~ this, but ...**: ich weiß nicht recht, wie ich es sagen sollte, aber ...; **i)** *(render)* **~ sth. into English** *etc.* etw. ins Englische übertragen *od.* übersetzen; **~ sth. into words** etw. in Worte fassen; **~ sth. into one's own words** etw. mit seinen eigenen Worten sagen; **j)** *(write)* schreiben; **~ one's name on the list** seinen Namen auf die Liste setzen; **~ a tick in the box** ein Häkchen in das Kästchen machen; **~ a cross against sth.** etw. ankreuzen; **~ one's signature to sth.** seine Unterschrift unter etw. setzen; **~ a black mark against a name** einen Namen schwarz markieren *od.* anstreichen; **~ sth. on the bill** etw. auf die Rechnung setzen; **~ sth. on the list** *(fig.)* sich *(Dat.)* etw. [fest] vornehmen; etw. vormerken; **k)** *(imagine)* **~ oneself in sb.'s place or situation** sich in jmdn. *od.* in jmds. Lage versetzen; **l)** *(substitute)* setzen; **m)** *(invest)* **~ money** *etc.* Geld usw. in etw. *(Akk.)* stecken; **~ work/time/effort into sth.** Arbeit/Zeit/Energie in etw. *(Akk.)* stecken *od.* auf etw. *(Akk.)* verwenden; **n)** *(stake)* setzen (**on** auf + *Akk.*); **~ money on a horse/on sth.** happening auf ein Pferd setzen/darauf wetten, daß etw. passiert; **o)** *(estimate)* **~ sb./sth. at** jmdn./etw. schätzen auf (+ *Akk.*); **to ~ it no higher um das Wenigste zu sagen**; *see also* past 3 b; **p)** *(subject)* **~ sb. to** jmdn. *(Unkosten, Mühe, Umstände)* verursachen *od.* machen; *see also* shame 1 b; test 1 a; **q)** *(drive)* **~ sb. to sth.** jmdn. zu etw. treiben *od.* zwingen; *see also* ²flight a; hard 2 d; ¹rout 1 a; **r)** *(harness)* **~ to sth.** vor etw. *(Akk.)* spannen; **s)** *(Athletics: throw)* stoßen ⟨*Kugel*⟩; **~ the shot** kugelstoßen. **2.** *v. i.* **-tt-**, *put* *(Naut.)* **~ [out] to sea** in See stechen; auslaufen; **~ into port** [in den Hafen] einlaufen; **~ across/over to** übersetzen nach; **~ out from England** von England aus in See stechen; England verlassen; **~ off** ablegen; **they had to ~ in at Valetta** mußten Valetta anlaufen. **3.** *n.* *(Sport)* Stoß, *der*

~ a'bout 1. *v. t.* **a)** *(circulate)* verbreiten; in Umlauf bringen; **it was ~ about that ...:** man munkelte *(ugs.)* od. es hieß, daß ...; **b)** *(Naut.)* **~ the ship** *etc.* about den Kurs [des Schiffes usw.] ändern; *[das Schiff usw.]* wenden; **c)** *(cause to change tack)* *[das Schiff usw.]* wenden; **d)** *(Scot., N. Engl.)* *(disconcert)* beunruhigen; *(upset)* verärgern; **don't ~ yourself about** *(inconvenience)* mach keine Umstände. **2.** *v. i.* *(Naut.)* den Kurs ändern

~ a'cross *v. t.* **a)** *(communicate)* vermitteln (**to** *Dat.*); **b)** *(make acceptable)* ankommen mit; *(make effective)* durchsetzen; **~ sth. across to sb.** mit etw. bei jmdm. ankommen/ etw. bei jmdm. durchsetzen; **c)** *(Amer.)* He. **~s across a fraud** jmdm. gelingt ein Betrug; **he ~ that tale across them** sie haben ihm diese Geschichte abgenommen; **d)** **~ one across sb.** *(sl.)* *(get the better of)* es jmdm. zeigen; *(deceive)* jmdn. reinlegen *(ugs.)* od. *(salopp)* linken. *See also* ~ 2

~ a'side *v. t.* **a)** *(disregard)* absehen von; **~ting aside the fact that ...:** wenn man von der Tatsache absieht, daß ...; von der Tatsache *od.* davon abgesehen, daß ...; **b)** *(save)* beiseite *od.* auf die Seite legen

~ a'sunder *v. t.* *(arch.)* scheiden

~ a'way *v. t.* **a)** wegräumen; reinstellen ⟨*Auto*⟩; *(in file)* wegheften, abheften; **b)** *(abandon)* ablegen, aufgeben ⟨*Gewohnheiten, Vorurteile*⟩; **c)** *(save)* beiseite *od.* auf die Seite legen; **d)** *(coll.) (eat)* verdrücken *(ugs.); (drink)* runterkippen *(ugs.);* **e)** *(coll.: confine)* einsperren *(ugs.),* in eine Anstalt stecken *(ugs.);* **f)** *(coll.: kill)* einschläfern ⟨*Tier*⟩; um die Ecke bringen *(ugs.)* ⟨*Person*⟩

~ 'back *v. t.* **a)** **~ the book back** das Buch zurücktun; **~ the book back on the shelf** das Buch wieder ins Regal stellen *od.* ins Regal zurückstellen; **b)** **~ the clock back [one hour]** die Uhr [eine Stunde] zurückstellen; *see also* clock 1 a; **c)** *(delay)* zurückwerfen; verzögern ⟨*Ernte, Lieferung*⟩; **d)** *(postpone)* verschieben

~ 'by *v. t.* beiseite *od.* auf die Seite legen; **I've got a few hundred pounds ~ by** ich habe ein paar hundert Pfund auf der hohen Kante *(ugs.)*

~ 'down 1. *v. t.* **a)** *(set down) (vertically)* hinstellen; *(horizontally)* hinlegen; auflegen ⟨*Hörer*⟩; **~ sth. down on sth.** etw. auf etw. *(Akk.)* stellen/legen; **~ down a deposit** eine Anzahlung leisten; **b)** *(suppress)* niederwerfen, -schlagen ⟨*Revolte, Rebellion, Aufruhr*⟩; **c)** *(humiliate)* herabsetzen; *(snub)* eine Abfuhr erteilen (+ *Dat.*); *see also* put-down; **d)** *(kill painlessly)* töten; **e)** *(write)* notieren; aufschreiben; **~ sth. down in writing** etw. schriftlich niederlegen; **he ~ it all down on paper** er schrieb alles auf; **~ sb.'s name down on a list** jmdn. *ts.* jmds. Namen auf eine Liste setzen; **~ sb. down for** für jmdn. reservieren ⟨*Lose*⟩; jmdn. notieren für ⟨*Dienst, Arbeit*⟩; jmdn. anmelden bei ⟨*Schule, Verein usw.*⟩; **I ~ him down for a £5 subscription** ich habe ihn mit einem Beitrag von 5 Pfund notiert; **f)** *(Parl.)* einbringen; stellen ⟨*Antrag*⟩; **g)** *(allow to alight)* aussteigen lassen; absetzen; **h)** **~ sb. down as ...:** jmdn. eintragen als ...; **~ sth. down as ...:** etw. angeben als ...; **he ~ himself down as 'unemployed'** er gab als Beschäftigung „arbeitslos" an; *(fig.: classify)* **~ sb./sth. down as ...:** jmdn./etw. halten für *od.* einschätzen als ...; **i)** *(attribute)* **~ sth. down to** etw. auf etw. *(Akk.)* zurückführen; **j)** *(store)* einlagern, *(in cellar)* einkellern; **k)** *(to bed)* hinlegen ⟨*Baby*⟩; **l)** *(cease to read)* weglegen, aus der Hand legen ⟨*Buch*⟩; **m)** *(land)* aufsetzen. *See also* ³down 1 f. **2.** *v. i. (land)* niedergehen; **look for a house to ~ down** nach einem geeigneten Landeplatz suchen

~ 'forth *v. t.* *(sprout)* hervorbringen ⟨*neue Triebe, Knospen*⟩; treiben ⟨*Knospen*⟩

~ 'forward *v. t.* **a)** *(propose)* aufwarten mit; **the explanation ~ forward by him** die Erklärung, mit der er aufwartete; **several theories have been ~ forward to account for this** darüber gibt es verschiedene Theorien; **b)** *(nominate)* vorschlagen; **c)** **~ the clock forward [one hour]** die Uhr [eine Stunde] vorstellen

~ 'in 1. *v. t.* **a)** *(install)* einbauen; einstellen ⟨*Arbeiter, Hausmeister, Leiter usw.*⟩; **b)** *(elect)* an die Regierung *od.* Macht bringen; **be ~ in** an die Regierung *od.* Macht kommen; **c)** *(enter)* melden ⟨*Person*⟩; **d)** *(submit)* stellen ⟨*Forderung, Antrag*⟩; **~ in a claim for damages** eine Schadensersatzforderung stellen; **~ in a plea of not guilty** sich schuldig bekennen; **e)** *(devote)* aufwenden ⟨*Mühe, Kraft*⟩; *(perform)* einlegen ⟨*Sonderschicht, Überstunden*⟩; *(coll.: spend)* verschieben ⟨*eine Stunde usw.*⟩; **f)** *(interpose)* einwerfen ⟨*Bemerkung*⟩; **I ~ in a word of warning** ich möchte mich ernst und warnte sie/ihn *usw.*; **~ in a blow** zuschlagen; **g)** *(plant)* einpflanzen ⟨*Setzlinge, Stecklinge*⟩; setzen ⟨*Salat, Tomaten, Saatpflanzen*⟩; stecken ⟨*Bohnen, Kartoffeln, Zwiebeln*⟩; [ein]säen ⟨*Samen*⟩; **h)** *(Cricket)* schlagen lassen ⟨*gegnerische Mannschaft*⟩; spielen lassen, einsetzen ⟨*eigenen Spieler*⟩; **they ~ us in [to bat]** sie ließen uns schlagen. *See also* ~ 2. **2.** *v. i.* **~ in for** sich bewerben um ⟨*Stellung, Posten, Vorsitz*⟩; beantragen ⟨*Urlaub, Versetzung*⟩

~ in'side *v. t. (sl.: imprison)* einlochen *(salopp)*

~ 'off *v. t.* **a)** *(postpone)* verschieben (**until** auf + *Akk.*); *(postpone engagement with)* vertrösten (**until** auf + *Akk.*); **can't you ~ her off?** kannst du ihr nicht [erst einmal] absagen?; **b)** *(switch off)* ausmachen; **c)** *(repel)* abstoßen; **don't be ~ off by his rudeness** laß dich von seiner Grobheit nicht abschrecken; **~ sb. off sth.** jmdm. etw. verleiden; **d)** *(distract)* stören; **the noise ~ him off his game** bei dem Lärm konnte er sich nicht mehr auf sein Spiel konzentrieren; **e)** *(fob off)* abspeisen; **f)** *(dissuade)* **~ sb. off doing sth.** jmdn. davon abbringen *od.* jmdm. ausreden, etw. zu tun; **g)** *(remove)* ausziehen, ablegen ⟨*Kleidungsstücke*⟩. *See also* ~ 2

~ 'on *v. t.* **a)** *(Kleidung, Hose usw.)* aufsetzen ⟨*Hut, Brille*⟩; *(fig.: assume)* sich verkleiden; **~ sb.'s clothes on** *[for him]* jmdn. anziehen; **~ sb.'s shoes on** *[for him]* jmdm. die Schuhe anziehen; **~ it on** *(coll.)* [nur] Schau machen *(ugs.);* **he does ~ it on, doesn't he?** er übertreibt doch, oder?; **his modesty is all ~ on** seine Bescheidenheit ist nur gespielt *od. (ugs.)* ist reine Schau; **the town had ~ on a holiday look** die Stadt gab sich festlich; **b)** *(switch or turn on)* aufdrehen ⟨*Radio, Motor, Heizung, Licht usw.*⟩; aufmachen ⟨*Hahn*⟩; *(cause to heat up)* aufsetzen ⟨*Wasser, Essen, Kessel, Topf*⟩; *(fig.: apply)* ausüben ⟨*Druck*⟩; *see also* screw 1 a; **c)** *(gain)* **~ on weight/two pounds** zunehmen/zwei Pfund zunehmen; **~ it on** *(coll.: gain weight)* Speck ansetzen *(ugs.);* **d)** *(add)* **~ on speed** beschleunigen; **~ 8p on [to] the price** den Preis um 8 Pence erhöhen; 8 Pence auf den Preis aufschlagen; **e)** *(stage)* spielen ⟨*Stück*⟩; zeigen ⟨*Show, Film*⟩; *(arrange)* einsetzen ⟨*Sonderzug, -bus*⟩; *see also* act 1 e; **f)** *(coll.: tease)* veräppeln *(salopp)* *(ugs.);* *(Cricket)* die Punktzahl erhöhen *(Läufe);* [als Werfer] einsetzen ⟨*Spieler*⟩; **be ~ on [to bowl]** als Werfer eingesetzt werden. *See also* ~ 2

~ 'out *v. t.* **a)** rausbringen; auslegen ⟨*Futter*⟩; **~ one's hand out** die Hand ausstrecken; *see also* tongue a; **b)** *(extinguish)* ausmachen ⟨*Licht, Lampe*⟩; löschen ⟨*Feuer, Brand*⟩; **c)** *(issue)* [he]rausgeben ⟨*Buch, Zeitschrift, Broschüre, Anweisung, Erlaß*⟩; abgeben ⟨*Stellungnahme, Erklärung*⟩; *(broadcast)* senden; bringen; **d)** *(produce)* produzieren; ausstoßen ⟨*Warenmenge*⟩; **e)** *(annoy)* verärgern; **be ~ out** verärgert *od.* entrüstet sein; **f)** *(inconvenience)* in Verlegenheit bringen; **~ oneself out to do sth.** die Mühe auf sich nehmen, etw. zu tun; **g)** *(make inaccurate)* verfälschen ⟨*Ergebnis, Berechnung*⟩; **h)** *(dislocate)* verrenken; ausrenken ⟨*Schulter*⟩; **~ one's thumb/ankle out** sich *(Dat.)* den Daumen/Knöchel verrenken; **i)** *(give to outside worker)* außer Haus geben; **~ sth. out to sb.** jmdn. mit etw. beauftragen; **j)** *(sprout)* hervorbringen; [aus]treiben; **k)** ausstechen ⟨*Augen*⟩. *See also* ~ 2

~ 'over *see* ~ across

~ 'through *v. t.* **a)** *(carry out)* durchführen ⟨*Plan, Programm, Kampagne, Sanierung*⟩; durchbringen ⟨*Gesetz, Vorschlag*⟩; *(complete)* zum Abschluß bringen, abschließen ⟨*Geschäft usw.*⟩; **b)** *(Teleph.)* verbinden (**to** mit); durchstellen ⟨*Gespräch*⟩ (**to** zu); **~ a call through to New York** nach New York telefonieren. *See also* ~ 1 c

~ to'gether *v. t.* zusammensetzen ⟨*Bauteile, Scherben, Steine, Einzelteile, Maschine usw.*⟩; ordnen ⟨*Gedanken*⟩; erstellen, ausarbeiten ⟨*Begründung, Argumentation, Beweisführung*⟩; *see also* head 1 a; two 2

~ 'under *v. t.* *(make unconscious)* betäuben

~ 'up 1. *v. t.* **a)** heben ⟨*Hand*⟩; *(erect)* errichten ⟨*Gebäude, Denkmal, Gerüst, Zaun*⟩

usw.); bauen ⟨*Haus*⟩; aufstellen ⟨*Denkmal, Gerüst, Verkehrsschilder, Leinwand, Zelt*⟩; aufbauen ⟨*Zelt, Verteidigungsanlagen*⟩; anbringen ⟨*Schild, Notiz usw.*⟩ (**on** a + *Dat.*); ⟨*Igel:*⟩ aufstellen ⟨*Stacheln*⟩; *(fig.)* aufbauen ⟨*Fassade*⟩; abziehen ⟨*Schau*⟩; *see also* **put-up; b)** *(display)* anschlagen; aushängen; **c)** *(offer as defence)* hochnehmen ⟨*Fäuste*⟩; leisten ⟨*Widerstand, Gegenwehr*⟩; ~ **up a struggle** sich wehren *od.* zur Wehr setzen; ~ **up a bold front** sich tapfer wehren; tapfer Widerstand leisten; ~ **up a defence** sich verteidigen; **d)** *(present for consideration)* einreichen ⟨*Petition, Gesuch, Vorschlag*⟩; sprechen ⟨*Gebet*⟩; *(propose)* vorschlagen; *(nominate)* aufstellen; ~ **sb. up for election** jmdn. als Kandidaten aufstellen; ~ **sb. up for secretary** jmdn. für das Amt des Sekretärs vorschlagen; **e)** *(incite)* ~ **sb. up to sth.** jmdn. zu etw. anstiften; **f)** *(accommodate)* unterbringen; **g)** *(increase)* [he]raufsetzen, anheben ⟨*Preis, Miete, Steuer, Zins*⟩; **h)** *(provide)* zur Verfügung stellen; *abs.* ~ **up or shut up** *(coll.)* steh zu deinem Wort, oder halt gefälligst den Mund!; **i)** ~ **sth. up for sale** etw. zum Verkauf anbieten; ~ **sth. up for auction** etw. versteigern lassen; ~ **sth. up for competition** etw. öffentlich ausschreiben; **j)** *(Hunting)* aufscheuchen; auftun *(fachspr.)*; **k)** *(arch.: sheathe)* in die Scheide stecken. *See also* **back 1 a; fight 3 a. 2.** *v. i.* **a)** *(be candidate)* kandidieren; sich wählen lassen; **b)** *(lodge)* übernachten; sich einquartieren ~ **upon** *v. i.* ausnutzen; **let oneself be ~ upon by sb.** sich von jmdm. ausnutzen lassen ~ '**up with** *v. t.* sich *(Dat.)* gefallen *od.* bieten lassen ⟨*Beleidigung, Benehmen, Unhöflichkeit*⟩; sich abfinden mit ⟨*Lärm, Elend, Ärger, Bedingungen*⟩; sich abgeben mit ⟨*Person*⟩

²**put** *see* **putt**

putative ['pjuːtətɪv] *adj.* mutmaßlich; *(erroneously)* vermeintlich

put: ~-**down** *n.* Herabsetzung, *die;* (snub) Abfuhr, *die;* ~-**on** *(coll.)* Veräppelung, *die (ugs.);* Verarschung, *die (salopp)*

put-put ['pʌtpʌt] **1.** *n.* Tuckern, *das.* **2.** *v. i.,* -**tt**- tuckern

putrefaction [pjuːtrɪ'fækʃn] *n., no pl., no indef. art.* Zersetzung, *die*

putrefy ['pjuːtrɪfaɪ] *v. i.* sich zersetzen

putrid ['pjuːtrɪd] *adj.* **a)** *(rotten)* faul; **become** ~: sich zersetzen; **b)** *(of putrefaction)* faulig; ~ **smell** Fäulnisgeruch, *der;* **c)** *(fig.: corrupt)* verdorben; verworfen *(geh.);* **d)** *(sl.) (dreadful)* scheußlich; *(stupid)* blödsinnig ⟨*Ansichten*⟩

putsch [pʊtʃ] *n.* Putsch, *der;* **army ~:** Militärputsch, *der*

putt [pʌt] *(Golf)* **1.** *v. i. & t.* putten. **2.** *n.* Putt, *der*

puttee ['pʌtɪ] *n.* **a)** Wickelgamasche, *die;* **b)** *(Amer.: leather legging)* Ledergamasche, *die*

putter ['pʌtə(r)] *(Golf)* Putter, *der*

putting-green ['pʌtɪŋɡriːn] *n. (Golf)* **a)** Grün, *das;* **b)** *(miniature-golf course)* kleiner Golfplatz nur zum Putten

putty ['pʌtɪ] **1.** *n.* **a)** Kitt, *der;* **glaziers'** ~: Fensterkitt, *der;* Glaserkitt, *der;* **[jewellers']** ~: Zinnasche, *die;* Polierasche, *die.* **2.** *v. t.* **a)** *(fix with glaziers' ~)* einkitten ⟨*Fensterscheibe*⟩; *(fill with ~)* auskitten ⟨*Risse*⟩; **b)** *(cover with plasterers' ~)* verputzen ⟨*Wand*⟩; ausgleichen ⟨*Fugen*⟩

'**putty-knife** *n.* Kittmesser, *das*

'**put-up** *adj.* **a** ~ **thing/job** eine abgekartete Sache/ein abgekartetes Spiel

puzzle ['pʌzl] **1.** *n.* **a)** *(problem)* Rätsel, *das;* (brainteaser) Denksportaufgabe, *die;* (toy) Geduldsspiel, *das;* **b)** *(enigma)* Rätsel, *das;* **be a ~ to sb.** jmdm. ein Rätsel sein; **be a ~:** rätselhaft sein. **2.** *v. t.* rätselhaft *od.* ein Rätsel sein (+ *Dat.*); vor ein Rätsel stellen; **he would have been ~d to explain it** er hätte nicht gewußt, wie es hätte erklären sol-

len; **he was ~d what to do** er wußte nicht, was er tun sollte. **3.** *v. i.* ~ **over** *or* **about sth.** sich *(Dat.)* über etw. den Kopf zerbrechen; über etw. rätseln; **we ~d over what had happened** wir rätselten, was wohl passiert war ~ '**out** *v. t.* herausfinden; ~ **out an answer to a question** eine Antwort auf eine Frage finden

puzzled ['pʌzld] *adj.* ratlos

puzzlement ['pʌzlmənt] *n., no pl.* Verwirrung, *die*

puzzling ['pʌzlɪŋ] *adj.* rätselhaft

PVC *abbr.* **polyvinyl chloride** PVC, *das*

PX *abbr. (Amer.)* **Post Exchange**

pygmy ['pɪɡmɪ] **1.** *n.* **a)** Pygmäe, *der;* **b)** *(dwarf; also fig.)* Zwerg, *der*/Zwergin, *die.* **2.** *attrib. adj.* **a)** pygmäisch; **the ~ people** die Pygmäen; **b)** *(dwarf)* Zwerg-

pyjama [pɪ'dʒɑːmə] *adj.* Pyjama-; Schlafanzug-; ~ **suit** Pyjama, *der;* Schlafanzug, *der*

pyjamas [pɪ'dʒɑːməz] *n. pl.* **[pair of]** ~: Schlafanzug, *der;* Pyjama, *der*

pylon ['paɪlən] *n.* Mast, *der*

pyramid ['pɪrəmɪd] *n.* Pyramide, *die*

pyramidal [pɪ'ræmɪdl] *adj.* pyramidenförmig

'**pyramid selling** *n., no pl., no indef. art.* Verkauf von Vertriebsrechten nach dem Schneeballsystem

pyre [paɪə(r)] *n.* Scheiterhaufen, *der*

Pyrenean [pɪrə'niːən] *adj.* pyrenäisch; ~ **mountain dog** Pyrenäenhund, *der*

Pyrenees [pɪrə'niːz] *pr. n. pl.* **the ~:** die Pyrenäen

pyrethrum [paɪ'riːθrəm] *n.* **a)** *(flower)* Chrysantheme, *die;* Pyrethrum, *das (veralt.);* **b)** *(insecticide)* Pyrethrum, *das*

Pyrex, (P) ['paɪreks] *n.* ≈ Jenaer Glas, *das* (Wz); *attrib.* ~ **dish** feuerfeste Glasschüssel

pyrites [paɪ'raɪtiːz] *n., no pl. (Min.)* **[iron]** ~: Pyrit, *der;* Eisenkies, *der*

pyrotechnic [paɪrəʊ'teknɪk] **1.** *adj.* pyrotechnisch; Feuerwerks-; *(fig.: brilliant)* brillant. **2.** *n. in pl.* Feuerwerk, *das; (fig.)* Brillanz, *die*

Pyrrhic ['pɪrɪk] *adj.* ~ **victory** Pyrrhussieg, *der*

Pythagoras [paɪ'θæɡərəs] *pr. n.* Pythagoras, *der;* ~' **theorem** *(Geom.)* der Satz des Pythagoras

python ['paɪθən] *n.* Python[schlange], *die*

Q

¹**Q, q** [kjuː] *n., pl.* **Qs** *or* **Q's** Q, q, *das; see also* **mind 2 b**

²**Q** *abbr.* **question** F

Q. *abbr.* **a) Queen** Kgn.; **b) Queen's** kgl.; **c)** *(Chess)* **queen** D

QC *abbr. (Brit.)* **Queen's Counsel**

QED *abbr.* **quod erat demonstrandum** q. e. d.; w. z. b. w.

qr. *abbr.* **quarter[s]** qr.

qt. *abbr.* **quart[s]** qt

qua [kweɪ, kwɑː] *conj. (literary)* qua *(geh.)*

¹**quack** [kwæk] **1.** *v. i.* ⟨*Ente:*⟩ quaken. **2.** *n.* Quaken, *das*

²**quack** *(derog.)* **1.** *n.* Quacksalber, *der (abwertend).* **2.** *attrib. adj.* **a)** ~ **doctor** Quacksalber, *der;* **b)** Quacksalber⟨*kur, -tropfen, -pillen*⟩ *(abwertend);* ~ **remedy** Mittelchen, *das (ugs. abwertend)*

'**quack-quack** *n. (child lang.)* Quakente, *die (Kinderspr.)*

quad [kwɒd] *n. (coll.)* **a)** *(quadrangle)* Innenhof, *der;* **b)** *(quadraphonic)* **~ [sound system]** Quadro-Anlage, *die;* **c)** *(quadruplet)* Vierling, *der;* **d)** *(Print.: quadrat)* [em] ~/en ~: Geviert/Halbgeviert, *das*

quadrangle ['kwɒdræŋɡl] *n.* **a)** *(enclosed court)* viereckiger Innenhof; *(with buildings)* Block, *der;* Karree, *das;* **b)** *(Geom.)* Viereck, *das*

quadrant ['kwɒdrənt] *n.* **a)** *(Geom., Astron., Naut.)* Quadrant, *der;* *(of sphere)* Viertelkugel, *die;* **b)** *(object shaped like quarter-circle)* viertelkreisförmiger Gegenstand

quadraphonic [kwɒdrə'fɒnɪk] *adj.* quadrophon; Quadro⟨*anlage, -sound usw.*⟩

quadratic [kwɒ'drætɪk] *adj. (Math.)* quadratisch; zweiten Grades *nachgestellt*

quadrilateral [kwɒdrɪ'lætərl] *n. (Geom.)*

quadrille [kwə'drɪl] *n.* Quadrille, *die*

quadriplegia [kwɒdrɪ'pliːdʒɪə] *n. (Med.)* Quadri-, Tetraplegie, *die;* gleichzeitige Lähmung aller vier Gliedmaßen

quadriplegic [kwɒdrɪ'pliːdʒɪk] *(Med.)* **1.** *n.* Quadri-, Tetraplegiker, *der*/-plegikerin, *die.* **2.** *adj.* quadri-, tetraplegisch; **be ~:** an allen vier Gliedmaßen gelähmt sein

quadruped ['kwɒdruped] *n.* Vierfüßler, *der*

quadruple ['kwɒdrʊpl] **1.** *adj.* **a)** vierfach; **b)** *(four times)* viermal; **be ~ today's value** viermal so hoch sein wie der heutige Wert; ~ **the amount** die vierfache Menge; **c)** *(Mus.)* ~ **time** Viertertakt, *der.* **2.** *v. t.* mit vier malnehmen ⟨*Zahl*⟩; vervierfachen ⟨*Einkommen, Produktion, Profit*⟩. **3.** *v. i.* sich vervierfachen

quadruplet ['kwɒdrʊplɪt, kwɒ'druːplɪt] *n.* Vierling, *der*

quadruplicate [kwɒ'druːplɪkət] *n.* vierfache Ausfertigung; **in ~:** in vierfacher Ausfertigung *nachgestellt*

quaff [kwɑːf, kwɒf] *(literary)* **1.** *v. i.* zechen *(veralt., scherzh.);* pokulieren *(veralt., scherzh.).* **2.** *v. t.* [mit langen, kräftigen Schlucken] leeren *od.* austrinken ⟨*Glas*⟩; [mit langen, kräftigen Schlucken] trinken ⟨*Getränk*⟩

quag [kwæɡ, kwɒɡ] *n. (marshy spot)* sumpfige *od.* morastige Stelle; *(quaking bog)* Schwingmoor, *das*

quagmire ['kwæɡmaɪə(r), 'kwɒɡmaɪə(r)] *n.* Sumpf, *der;* Morast, *der; (quaking bog)* Schwingmoor, *das; (fig.: complex or difficult situation)* Sumpf, *der;* **be in a ~:** *(lit. or fig.)* in einem Sumpf stecken; **a ~ of details/ problems** ein Wust von Einzelheiten/Problemen

¹**quail** [kweɪl] *n., pl. same or* ~**s** *(Ornith.)* Wachtel, *die*

²**quail** *v. i.* ⟨*Person:*⟩ [ver]zagen, den Mut sinken lassen; ⟨*Blick, Mut, Hoffnung, Vertrauen:*⟩ sinken; **make sb.'s courage/spirit ~:** jmdn. entmutigen; ~ **at the prospect of sth.** bei der Aussicht auf etw. *(Akk.)* verzagen

quaint [kweɪnt] *adj.* drollig, putzig *(ugs.)* ⟨*Häuschen, Einrichtung*⟩; malerisch, pittoresk ⟨*Ort*⟩; *(odd, strange)* kurios, seltsam ⟨*Bräuche, Anblick, Begebenheit*⟩; schnurrig ⟨*alter Kauz*⟩

quaintly ['kweɪntlɪ] *adv.* putzig *(ugs.);* drollig ⟨*bemerken*⟩

quake [kweɪk] **1.** *n. (coll.)* [Erd]beben, *das.* **2.** *v. i.* beben; ⟨*Sumpfboden:*⟩ schwingen; ~ **with fear/fright** vor Angst/Schreck zittern *od.* beben

Quaker ['kweɪkə(r)] *n.* Quäker, *der*/Quäkerin, *die*

quaking ['kweɪkɪŋ]: ~ **bog** n. Schwingmoor, das; ~**-grass** n. (Bot.) Zittergras, das

qualification [kwɒlɪfɪ'keɪʃn] n. a) (ability) Qualifikation, die; (condition to be fulfilled) Voraussetzung, die; secretarial ~s Ausbildung als Sekretärin; b) (on paper) Zeugnis, das; c) (limitation) Vorbehalt, der; without ~: vorbehaltlos; ohne Vorbehalt; **the offer was subject to one** ~: das Angebot hatte eine Einschränkung

qualified ['kwɒlɪfaɪd] adj. a) qualifiziert; (by training) ausgebildet; (entitled, having right to) berechtigt; **be** ~ **for a job/to vote** die Qualifikation für eine Stelle besitzen/wahlberechtigt sein; **you are better** ~ **to judge** that du kannst das besser beurteilen; **I am not** ~ **to speak on that** ich kann darüber nichts sagen; **be** ~ **to vote** wahlberechtigt sein; b) (restricted) nicht uneingeschränkt; **a** ~ **success** kein voller Erfolg; ~ **approval/reply** Zustimmung/Antwort unter Vorbehalt; ~ **acceptance** bedingte Annahme

qualifier ['kwɒlɪfaɪə(r)] n. a) (restriction) Einschränkung, die (**of**, **on** Gen.); b) (person) **be among the** ~s zu denen gehören, die sich qualifiziert haben; c) (Sport: match) Qualifikationsspiel, das

qualify ['kwɒlɪfaɪ] 1. v. t. a) (make competent, make officially entitled) berechtigen (**for** zu); b) (modify) einschränken; modifizieren (Meinung, Feststellung); c) (describe) bewerten; bezeichnen; d) (moderate) abschwächen; ~ **justice with mercy** Gnade vor Recht ergehen lassen; e) (Ling.) näher bestimmen. 2. v. i. a) ~ **in law/medicine/education/chemistry** seinen [Studien]abschluß in Jura/Medizin/Pädagogik/Chemie machen; ~ **as a doctor/lawyer/teacher/chemist** sein Examen als Arzt/Anwalt/Lehrer/Chemiker machen; b) (fulfil a condition) in Frage kommen (**for** für); ~ **for the vote/a pension** wahl-/rentenberechtigt sein; ~ **for admission to a university/club** die Aufnahmebedingungen einer Universität/eines Vereins erfüllen; ~ **for a post** für eine Stelle qualifiziert sein; ~ **for membership** die Bedingungen für die Mitgliedschaft erfüllen; c) (Sport) sich qualifizieren

qualifying ['kwɒlɪfaɪɪŋ] adj. a) ~ **statement** einschränkende Aussage; b) (Sport) ~ **match** Qualifikationsspiel, das; ~ **round/heat** Ausscheidungs- od. Qualifikationsrunde, die; c) ~ **examination** Zulassungsprüfung, die

qualitative ['kwɒlɪtətɪv] adj., **qualitatively** ['kwɒlɪtətɪvli] adv. qualitativ

quality ['kwɒlɪti] 1. n. a) Qualität, die; **of good/poor** etc. ~: von guter/schlechter usw. Qualität; **of the best** ~: bester Qualität; ~ **rather than quantity** Qualität, nicht Quantität; **clothes of** ~: Qualitätskleidung, die; **the** ~ **of her writing/craftsmanship** ihre schriftstellerischen Leistungen/handwerklichen Fähigkeiten; b) (characteristic) Eigenschaft, die; **the melodious** ~ **of her voice** die Melodie ihrer Stimme; **possess the qualities of a ruler/leader** eine Führernatur sein; **have the** ~ **of inspiring others with confidence** die Gabe haben, andere mit Zuversicht zu erfüllen; see also **defect 1 b**; c) (of sound, voice) Klang, der; d) (arch.: rank) Rang, der; **people of** ~: Leute von Rang [und Namen]. 2. adj. a) (excellent) Qualitäts-; b) (maintaining ~) Qualitäts⟨prüfung, -kontrolle⟩; (denoting ~) Güte⟨grad, -klasse, -zeichen⟩

qualm [kwɑːm, kwɔːm] n. a) (sudden misgiving) ungutes Gefühl; b) (scruple) Bedenken, das (meist Pl.) (**over**, **about** gegen); **he had no** ~**s about borrowing money** er hatte keine Bedenken, sich (Dat.) Geld zu leihen; c) (sick feeling) Übelkeit, die

quandary ['kwɒndəri] n. Dilemma, das; **this demand put him in a** ~: diese Forderung brachte ihn in eine verzwickte Lage; **he was in a** ~ **about what to do next** er wußte nicht, was er als nächstes tun sollte

quango ['kwæŋɡəʊ] n., pl. ~**s** (Brit.) halböffentliche Verwaltungseinrichtung

quanta pl. of **quantum**

quantifiable ['kwɒntɪfaɪəbl] adj. quantifizierbar

quantify ['kwɒntɪfaɪ] v. t. quantifizieren

quantitative ['kwɒntɪtətɪv] adj., **quantitatively** ['kwɒntɪtətɪvli] adv. quantitativ

quantity ['kwɒntɪti] n. a) Quantität, die; b) (amount, sum) Menge, die; **what** ~ **of flour do you need for this recipe?** wieviel Mehl braucht man für dieses Rezept?; ~ **of heat** Wärmemenge, die; c) (large amount) [Un]menge, die; **coal/gold in quantities** Kohle/Gold in Unmengen od. (ugs.) rauhen Mengen; **buy in quantities** in großen Mengen einkaufen; see also ³**bill 1 h**; d) (Math.) Größe, die; e) (fig.) **negligible** ~: Quantité négligeable, die (geh.); **he is a negligible** ~: nicht unwichtig; **an unknown** ~: eine unbekannte Größe; f) (Phonet., Pros.) Quantität, die

quantity: ~**-mark** n. (Pros.) Quantitätszeichen, das; ~ **surveyor** n. Baukostenkalkulator, der/-kalkulatorin, die

quantum ['kwɒntəm] n., pl. **quanta** ['kwɒntə] a) (literary: amount) Menge, die; (share, portion) Anteil, der; (required, desired, or allowed amount) Quantum, das; b) (Phys.) Quant, das

quantum: ~ **jump** or ~ **leap** ns. (Phys.; also fig.) Quantensprung, der; ~ **me'chanics** n. (Phys.) Quantenmechanik, die; ~ **theory** n. (Phys.) Quantentheorie, die

quarantine ['kwɒrəntiːn] 1. n. Quarantäne, die; attrib. Quarantäne⟨bestimmungen, -zeit, -flagge⟩; **put under** ~: unter Quarantäne stellen; **be in** ~: unter Quarantäne stehen. 2. v. t. unter Quarantäne stellen

quark [kwɑːk, kwɔːk] n. (Phys.) Quark, der

quarrel ['kwɒrl] 1. n. a) Streit, der; **have a** ~ **with sb.** [**about/over sth.**] sich mit jmdm. [über etw. (Akk.) od. wegen etw./um etw.] streiten; **let's not have a** ~ **about it** wir wollen uns nicht darüber streiten; **I don't want to have a** ~ **with you** ich will mich mit dir nicht streiten od. will keinen Streit mit dir; **pick a** ~ [**with sb. over sth.**] [mit jmdm. wegen etw.] Streit anfangen; b) (cause of complaint) Einwand, der (**with** gegen); **I have no** ~ **with you** ich habe nichts gegen dich. 2. v. i. (Brit.) -ll-: a) [sich] streiten (**over** um, **about** über + Akk., **wegen**); ~ **with each other** [sich] miteinander streiten; (fall out, dispute) sich [zer]streiten (**over** um, **about** über + Akk., **wegen**); b) (find fault) etwas auszusetzen haben (**with** an + Dat.); **I really can't** ~ **with that** daran habe ich wirklich nichts auszusetzen

quarrelsome ['kwɒrlsəm] adj. streitsüchtig; **his** ~ **nature** seine Streitsucht

¹**quarry** ['kwɒrɪ] 1. n. Steinbruch, der; ⟨marble/slate⟩ Marmor-/Schieferbruch, der; (fig.) Fundgrube, die (**of** für); ~ **of information** Informationsquelle, die. 2. v. t. brechen ⟨Steine, Marmor⟩; (fig.) zutage fördern. 3. v. i. (fig.) herumstöbern

²**quarry** n. (prey) Beute, die; (fig.) Opfer, das

quarry: ~**-man** ['kwɒrɪmən] n., pl. ~**men** ['kwɒrɪmən] Steinbrucharbeiter, der; ~ **tile** n. unglasierte Steinfliese

quart [kwɔːt] n. Quart, das; **try to put a** ~ **into a pint pot** (fig.) mehr in etwas unterbringen wollen als hineinpaßt; (vessel) Quartgefäß, das

'**quart bottle** n. Quartflasche, die

quarter ['kwɔːtə(r)] 1. n. a) Viertel, das; **a** or **one** ~ **of** ein Viertel (+ Gen.); **a** ~ [**of**] **the price** ein Viertel des Preises; **divide/cut sth. into** ~**s** etw. in vier Teile teilen/schneiden etw. vierteln; **six and a** ~ sechs und ein viertel; **an hour and a** ~: eineinviertel Stunden; **a** ~ [**of a pound**] **of cheese** ein Viertel[pfund] Käse; ~ **of lamb/beef** Lamm-/Rinderviertel, das; **a** ~ **of a mile/an hour/a century** eine Viertelmeile/-stunde/ein Vierteljahrhundert; **three** ~**s of an hour** eine Dreiviertelstunde; b) (of year) Quartal, das; Vierteljahr, das; c) (point of time) **[a]** ~ **to/past six** [ein] Viertel vor/nach sechs; drei Viertel sechs/Viertel sieben (landsch.); **there are buses at** ~ **to and** ~ **past** [**the hour**] es fahren Busse um Viertel vor und Viertel nach jeder vollen Stunde od. (ugs.) eine Viertelstunde vor und nach voll; d) (direction) Richtung, die; **blow from all** ~**s** ⟨Wind:⟩ aus allen Richtungen wehen; **flock in from all** ~**s** aus allen Himmelsrichtungen zusammenströmen; **from every** ~ **of the globe** von überall her; e) (source of supply or help) Seite, die; **from this** ~: von dieser Stelle; **secret information from a high** ~: Geheiminformationen von höchster Stelle; **turn for support to other** ~**s** sich woanders od. anderweitig um Unterstützung bemühen; f) (area of town) [Stadt]viertel, das; Quartier, das; **in some** ~**s** (fig.) in gewissen Kreisen; g) in pl. (lodgings) Quartier, das (bes. Milit.); Unterkunft, die; **take up** [**one's**] ~**s** Quartier beziehen; see also **close 1 a**; h) (Brit.: measure of volume) Quarter, der; (of weight) ≈ Viertelzentner, der; i) (Amer.: school term) Vierteljahr, das; (university term) halbes Semester; j) (Astron.) Viertel, das; **the moon is in its last** ~: der Mond steht im letzten Viertel; k) (mercy) Schonung, die; **give/receive** ~: Schonung od. (veralt.) Pardon gewähren/gewährt bekommen; **give no** ~ **to sb.** jmdm. keinen Pardon (veralt.) gewähren od. geben; l) (Amer., Can.: amount, coin) Vierteldollar, der; 25-Cent-Stück, das; **the bus fare was a** ~: die Busfahrt hat 25 Cent od. einen Vierteldollar gekostet; m) (Naut.) Achterschiff, das; Hinterschiff, das; **n)** (in shoemaking) Seitenteil, das; Quartier, das (fachspr.). 2. v. t. a) (divide) vierteln ⟨Apfel, Tomate usw.⟩; in vier Teile teilen ⟨Stück Fleisch⟩; durch vier teilen ⟨Zahl, Summe⟩; b) (lodge) einquartieren ⟨Soldaten⟩; c) (Hist.) vierteilen ⟨Verbrecher⟩

quarter: ~**-back** n. (Amer. Football) Quarterback, der; ~**-binding** n. (Bookbinding) Halbfranz, der; ~**-day** n. Quartalsende, das; ~**-deck** n. (Naut.) a) (of ship) Quarterdeck, das; b) (officers) Marineoffiziere Pl.; ~**-'final** n. Viertelfinale, das; **in the** ~**-finals** im Viertelfinale; ~**-'finalist** n. Viertelfinalist, der/-finalistin, die; ~**-'hour** n. a) Viertelstunde, die; b) **on the** ~**-hour** (fifteen minutes before) um Viertel vor; (fifteen minutes after) um Viertel nach

quartering ['kwɔːtərɪŋ] n. a) (dividing) Vierteln, das; b) (lodging) Einquartierung, die

'**quarter-light** n. (Brit. Motor Veh.) (bes. ausstellbares) Teil des Fond-/Türfensters

quarterly ['kwɔːtəli] 1. adj. vierteljährlich. 2. n. Viertel[jahres]schrift, die. 3. adv. vierteljährlich; alle Vierteljahre

quarter: ~**master** n. a) (Naut.) Quartermeister, der; b) (Mil.) Quartiermeister, der (veralt.); ~ '**mile** n. Viertelmeile, die; ~**-note** (Amer. Mus.) see **crotchet**; ~ '**sessions** n. pl. (Brit. Hist.) vierteljährliche Gerichtssitzungen

quartet, quartette [kwɔː'tet] n. (also Mus.) Quartett, das; **piano/string** ~: Klavier-/Streichquartett, das

quarto ['kwɔːtəʊ] n., pl. ~**s** a) (book) Quartband, das; b) (size) Quart[format], das; ~ **paper** Papier im Quartformat

quartz [kwɔːts] n. Quarz, der

quartz: ~ **clock** n. Quarzuhr, die; ~ **lamp** n. Quarzlampe, die; ~ **watch** n. Quarzuhr, die

quasar ['kweɪsɑː(r), 'kweɪzɑː(r)] n. (Astron.) Quasar, der

quash [kwɒʃ] v. t. a) *(annul, make void)* aufheben ⟨*Urteil, Entscheidung*⟩; zurückweisen ⟨*Einspruch, Klage*⟩; b) *(suppress, crush)* unterdrücken ⟨*Opposition*⟩; niederschlagen ⟨*Aufstand, Generalstreik*⟩

quasi ['kweɪzaɪ, 'kwɑːziː] adv. quasi

quasi- pref. a) *(not real, seeming)* Schein-; b) *(half-)* Quasi-; quasi; ~-**official** halbamtlich

Quaternary [kwəˈtɜːnərɪ] *(Geol.)* 1. adj. quartär. 2. n. Quartär, *das*

quatrain ['kwɒtreɪn] n. *(Pros.)* Vierzeiler, *der*; Quatrain, *das od. der (fachspr.)*

quatrefoil ['kætrəfɔɪl] n. *(Archit.)* Vierpaß, *der*

quaver ['kweɪvə(r)] 1. n. a) *(Brit. Mus.)* Achtelnote, *die*; b) *(Mus.: trill)* Tremolo, *das*; c) *(in speech)* Zittern, *das*; Beben, *das (geh.)*; **admit with a ~** [in one's voice] **that ...:** mit zitternder Stimme zugeben, daß ... 2. v. i. *(vibrate, tremble)* zittern; beben *(geh.)*

quavering ['kweɪvərɪŋ], **quavery** ['kweɪvərɪ] adjs. zitternd, bebend ⟨*Stimme*⟩

quay [kiː], **quayside** ns. Kai, *der*; Kaje, *die (nordd.)*

queasiness ['kwiːzɪnɪs] n., *no pl.* Übelkeit, *die*

queasy ['kwiːzɪ] adj. unwohl; *(uneasy)* mulmig *(ugs.)*; **a ~ feeling** ein Gefühl der Übelkeit; **just the thought of it makes me** [feel] **~:** schon beim Gedanken daran wird mir ganz schlecht *od.* übel; **my stomach is in such a ~ state** mir ist so komisch im Magen

queen [kwiːn] n. a) Königin, *die*; Q~ of [the] May Maikönigin, *die*; b) *(bee, ant, wasp)* Königin, *die*; c) *(personified best example of sth.)* Perle, *die*; d) *(Chess, Cards)* Dame, *die*; ~'s **bishop/ knight/pawn/rook** Damenläufer/-springer/ -bauer/-turm, *der*; ~ **of hearts** Herzdame, *die*; e) *(sl.: male homosexual)* Tunte, *die (salopp).* See also **bench** d; **colour 1 j**; **counsel 1 c**; **English 2 c**; **evidence 1 b**; **guide 1 e**; **highway a**; **messenger b**; **peace b**; **save 1 c**; **scout 1 a**; **shilling**

queen: ~ '**bee** n. Bienenkönigin, *die*; ~ 'consort n. Königin, *die*; Gemahlin des Königs

queenly ['kwiːnlɪ] adj. königlich; *(majestic)* majestätisch

queen 'mother n. Königinmutter, *die*

queer [kwɪə(r)] 1. adj. a) *(strange)* sonderbar; seltsam; *(eccentric)* komisch; verschroben; **a ~ feeling** ein komisches Gefühl; *see also* **fish 1 c**; b) *(shady, suspect)* merkwürdig; seltsam; **there's something ~ about this whole business** die ganze Sache ist nicht ganz hasenrein; c) *(out of sorts, faint)* unwohl; **I feel ~:** mir ist komisch *od. (ugs.)* flau; **you are looking a bit ~:** du siehst ein bißchen angegriffen aus; d) *(coll.: mad, insane)* verrückt *(salopp);* **~ in the head** plemplem *(salopp);* e) *(sl. derog.: homosexual)* schwul *(ugs.)*. 2. n. *(sl. derog.: homosexual)* Schwule, *der (ugs.)*. 3. v. t. *(sl.: spoil)* vermasseln *(salopp);* **~ the pitch for sb.,** ~ **sb.'s pitch** jmdm. einen Strich durch die Rechnung machen

queerly ['kwɪəlɪ] adv. sonderbar; seltsam

'**Queer Street** n. **be in ~** *(in difficulties, trouble, debt)* in der Tinte sitzen *(ugs.);* in Schwulitäten sein *(ugs.)*

quell [kwel] v. t. *(literary)* niederschlagen ⟨*Aufstand, Rebellion*⟩; bezwingen; zügeln ⟨*Leidenschaft, Furcht*⟩; überwinden ⟨*Ängste, Befürchtungen*⟩

quench [kwentʃ] v. t. a) *(extinguish)* löschen; *(fig.)* auslöschen *(geh.);* b) *(satisfy)* **~ one's thirst** seinen Durst löschen *od.* stillen; c) *(cool)* ⟨*Koks*⟩ abschrecken ⟨*Metall*⟩; d) *(stifle, suppress)* unterdrücken; dämpfen ⟨*Begeisterung*⟩

quern [kwɜːn] n. Handmühle, *die*

querulous ['kwerʊləs] adj. gereizt; *(by nature)* reizbar

querulously ['kwerʊləslɪ] adv. gereizt; **discuss sth. ~:** in gereiztem Ton über etw. *(Akk.)* diskutieren

query ['kwɪərɪ] 1. n. a) *(question)* Frage, *die*; **put/raise a ~:** eine Frage stellen/aufwerfen; **that raises the ~ whether we ...:** das wirft die Frage auf *od.* damit stellt sich die Frage, ob wir ...; b) *(question mark)* Fragezeichen, *das*. 2. v. t. a) *(call in question)* in Frage stellen ⟨*Anweisung, Glaubwürdigkeit, Ergebnis usw.*⟩; b) *(ask, inquire)* ~ **whether/ if ...:** fragen, ob ...

quest [kwest] n. Suche, *die* (for nach); *(for happiness, riches, knowledge, etc.)* Streben, *das* (for nach); **in ~ of sth.** auf der Suche nach etw.; **man's ~ for happiness** das menschliche Glücksstreben

question ['kwestʃn] 1. n. a) Frage, *die*; **ask sb. a ~:** jmdm. eine Frage stellen; **put a ~ to sb.** an jmdn. eine Frage richten; **don't ask so many ~s!** frag nicht soviel!; **ask ~s** Fragen stellen; **ask me no ~s and I'll tell you no lies** wenn du nicht willst, daß ich lüge, stell mir keine Fragen; **ask a silly ~ and you get a silly answer** *(prov.)* wie die Frage, so die Antwort *(Spr.)*; **and no ~s asked** ohne daß groß gefragt wird/worden ist *(ugs.)*; [**that's a**] **good ~!** [das ist eine] gute Frage!; *see also* **leading question**; ¹**pop 2 e**; b) *(doubt, objection)* Zweifel, *der (about an + Dat.);* **there is no ~ about sth.** es besteht kein Zweifel an *(Dat.)* etw.; **there is no ~** [but] **that ...:** es besteht kein Zweifel, daß ...; **accept/follow sth. without ~:** etwas kritiklos akzeptieren/ befolgen; **not be in ~:** außer [allem] Zweifel stehen; außer Frage sein *od.* stehen; **your honesty is/is not in ~:** man zweifelt/niemand zweifelt an deiner Ehrlichkeit; **beyond/out of ~:** zweifellos; ohne Frage. c) *(problem, concern, subject)* Frage, *die*; **sth./it is only a ~ of time** etw./es ist [nur] eine Frage der Zeit; **it is** [only] **a ~ of ...:** es geht [nur] darum, etw. zu tun; **a ~ of money** eine Geldfrage; **there is no/some ~ of his doing that** es kann keine Rede davon sein/es ist die Rede davon, daß er das tut; **the ~ of sth. arises** es erhebt sich die Frage nach etw.; **the person/thing in ~:** die fragliche *od.* betreffende Person/Sache; **sth./it is out of the ~:** etw./es ist ausgeschlossen; etw./es kommt nicht in Frage *(ugs.)*; **the ~ is whether ...:** es geht darum, ob ...; **that is not the ~:** darum geht es nicht; **beside the ~:** belanglos; **put the ~:** zur Abstimmung aufrufen (**to** *Akk.*); **come into ~:** in Frage kommen; *see also* **beg 1 d**; **hour e**; **open 1 f**, **g**; **previous question**. 2. v. t. a) befragen; ⟨*Polizei, Gericht usw.:*⟩ vernehmen; **he started ~ing me about where I had been** er fing an, mich danach auszufragen, wo ich gewesen war; b) *(throw doubt upon, raise objections to)* bezweifeln; **her goodwill cannot be ~ed** an ihrem guten Willen kann nicht gezweifelt werden

questionable ['kwestʃənəbl] adj. fragwürdig

questionably ['kwestʃənəblɪ] adv. fragwürdig ⟨*sich benehmen*⟩; auf fragwürdige Weise ⟨*erwerben*⟩

questioner ['kwestʃənə(r)] n. Fragesteller, *der*/Fragestellerin, *die*

questioning ['kwestʃənɪŋ] 1. adj. fragend; forschend ⟨*Geist*⟩. 2. n. Fragen, *das*; *(at examination)* Befragung, *die*; *(by police etc.)* Vernehmung, *die*; **brought in for ~:** ins Verhör genommen

questioningly ['kwestʃənɪŋlɪ] adv. fragend

question: ~ **mark** n. *(lit. or fig.)* Fragezeichen, *das*; **a ~ mark hangs over sth.** etw. muß mit einem [großen] Fragezeichen versehen werden; ~-**master** n. Quizmaster, *der*

questionnaire [kwestʃəˈneə(r)] n. Fragebogen, *der*

'**question time** n. Diskussionszeit, *die*; *(Parl.)* Fragestunde, *die*; **at ~ time** während der Diskussionszeit/Fragestunde

queue [kjuː] 1. n. a) *(line)* Schlange, *die*; **a ~ of people/cars** eine Menschen-/Autoschlange; **a long ~ of people** eine lange Schlange; **stand** *or* **wait in a ~:** Schlange stehen; anstehen; **join the ~:** sich anstellen; **take one's place in a ~:** sich in eine Schlange einreihen; *see also* **jump 3 g**; b) *(of hair)* Zopf, *der*. 2. v. i. [**up**] Schlange stehen; anstehen; *(join ~)* sich anstellen; **~ to buy admission tickets** nach Eintrittskarten anstehen; **~ for a bus** an der Bushaltestelle Schlange stehen; **~ for vegetables** nach Gemüse anstehen

queue: ~-**jumper** n. *(Brit.)* jmd., der sich vordrängt; ~-**jumping** n. *(Brit.)* Vordrängen, *das*; Vordrängeln, *das (ugs.)*

quibble ['kwɪbl] 1. n. a) *(argument)* spitzfindiges Argument; b) *(petty objection)* Spitzfindigkeit, *die*. 2. v. i. streiten; **~ over** *or* **about sth.** über etw. *(Akk.)* streiten; **~ about the quality of sb.'s work** die Qualität von jmds. Arbeit bekritteln

quibbler ['kwɪblə(r)] n. Kritt[e]ler, *der*; Nörgler, *der*

quibbling ['kwɪblɪŋ] adj. spitzfindig

quiche [kiːʃ] n. Quiche, *die*; **bacon ~:** Speckkuchen, *der*

quick [kwɪk] 1. adj. a) schnell; kurz ⟨*Rede, Zusammenfassung, Pause*⟩; flüchtig ⟨*Kuß, Blick usw.*⟩; **it's ~er by train** mit dem Zug geht es schneller; '**that was/**'**you were ~!** das ging aber schnell!; **could I have a ~ word with you?** kann ich Sie kurz einmal sprechen?; **he had a ~ bite to eat** er hat schnell etwas gegessen; **how about a ~ drink?** wollen wir kurz einen trinken gehen? *(ugs.)*; **write sb. a ~ note** jmdm. schnell ein paar Zeilen schreiben; **be ~!** mach schnell! *(ugs.)*; **beeil[e] dich!**; **be ~ about it!** mach ein bißchen dalli! *(ugs.)*; **please try to be ~** [about it] *(in discussion, on telephone)* bitte fassen Sie sich kurz; b) *(ready, sensitive, prompt to act or understand)* schnell ⟨*Person*⟩; wach ⟨*Verstand*⟩; aufgeweckt ⟨*Kind*⟩; **he is very ~:** er ist sehr schnell von Begriff *(ugs.)*; **be ~ to do sth.** etw. schnell tun; **be ~ to take offence** schnell *od.* leicht beleidigt sein; **she is ~ to criticise** mit Kritik ist sie schnell bei der Hand; **be ~ at figures/ repartee** schnell rechnen können/schlagfertig sein; **he's too ~ for me** mit ihm komme ich nicht mit; **have a ~ ear/eye** ein feines Ohr/scharfes Auge haben; **he has a ~ eye/ ear for ...:** er hat ein Auge/Ohr für ...; [have] **a ~ temper** ein aufbrausendes Wesen [haben]; **have ~ wits** Köpfchen haben *(ugs.)*; c) *(arch.: living, alive)* lebendig; **the ~ and the dead** die Lebenden und die Toten. 2. adv. schnell; **~!** [mach] schnell! 3. n. empfindliches Fleisch; **bite one's nails to the ~:** die Nägel bis ins Fleisch abkauen; **be cut** *or* **hurt** *or* **stung etc. to the ~:** *(fig.)* tief getroffen *od.* verletzt sein

quick: ~-**acting** attrib. adj. schnell wirkend; ~-**change** attrib. adj. *(Theatre)* Verwandlungs⟨*künstler, -nummer*⟩

quicken ['kwɪkn] 1. v. t. a) *(make quicker)* beschleunigen; b) *(animate)* lebendig machen; erwecken; c) *(stimulate, rouse, inspire)* beflügeln ⟨*Phantasie, Begeisterung*⟩. 2. v. i. a) *(become quicker)* sich beschleunigen; schneller werden; ⟨*Herz:*⟩ schneller schlagen; **her breath/steps ~ed** sie atmete/ ging schneller; b) *(be stimulated, roused)* ⟨*Hoffnung:*⟩ sich regen *(geh.)*

quick: ~ **fire** n. *(Mil.)* Schnellfeuer, *das*; ~-**fire questions** *(fig.)* Fragen wie aus dem Maschinengewehr; ~-**firing** adj. *(Mil.)* Schnellfeuer-, *der*; ~-**freeze** v. t. schnellgefrieren

577

quickie ['kwɪkɪ] *n. (coll.)* im Schnellverfahren hergestellte Sache; *(drink)* Schluck auf die Schnelle *(ugs.); (sexual intercourse)* eine Nummer auf die Schnelle *(salopp);* **be a ~:** im Schnellverfahren hergestellt sein
'quicklime *n.* ungelöschter Kalk
quickly ['kwɪklɪ] *adv.* schnell
'quick march *n. (Mil.)* Eilmarsch, *der*
quickness ['kwɪknɪs] *n., no pl.* **a)** *(speed)* Schnelligkeit, *die;* **the ~ of the hand deceives the eye** die Geschicklichkeit der Hand täuscht das Auge; **~ of action** schnelles Handeln; **b)** *(acuteness of perception)* Schärfe, *die;* **~ of the mind** schnelle Auffassungsgabe; **c)** *(hastiness)* **~ of temper** Hitzigkeit, *die;* aufbrausendes Wesen
quick: ~ one *n. (coll.)* Schluck auf die Schnelle *(ugs.);* **have a ~ one** schnell einen trinken [gehen]; *(sexually)* eine Nummer machen *(salopp);* **~sand** *n.* Treibsand, *der;* Mahlsand, *der (Seemannsspr.);* **~set** *n.* Heckenpflanze, *die; (hedge)* Hecke, *die;* **~-setting** *adj.* schnell trocknend 〈*Klebstoff*〉; schnell bindend 〈*Zement*〉; schnell gelierend 〈*Konfitüre usw.*〉; **~silver** *n.* **a)** Quecksilber, *das;* **b)** *attrib. (fig.)* lebhaft, quecksilbrig; **have a ~silver temperament** Quecksilber im Leib haben *(ugs.);* **~ step** *n.* **a)** *(Mil.)* Eilschritt, *der;* **b)** *(Dancing)* Quickstep, *der;* **~tempered** *adj.* hitzig; **be ~tempered** leicht aufbrausen; **~thorn** *(Bot.)* Weißdorn, *der;* **~-witted** *adj.* geistesgegenwärtig; schlagfertig 〈*Antwort*〉; **~wittedness** [kwɪk'wɪtɪdnɪs] *n., no pl.* Geistesgegenwart, *die; (of answer)* Schlagfertigkeit, *die*
¹quid [kwɪd] *n. (Brit. sl.)* **a)** *pl.* **same** *(one pound)* Pfund, *das;* **a few ~:** ein paar Möpse *od.* Flöhe *(salopp);* **fifty ~:** fünfzig Kugeln *(salopp);* **b) be ~s in** auf sein Geld kommen *(ugs.)*
²quid *n. (tobacco)* Priem, *der*
quid pro quo [kwɪd prəʊ 'kwəʊ] *n.* Gegenleistung, *die;* Quidproquo, *das (geh.)*
quiescence [kwɪ'esəns] *n.* Ruhe, *die*
quiescent [kwɪ'esənt] *adj.* still; untätig 〈*Vulkan*〉
quiet ['kwaɪət] **1.** *adj.,* **~er** ['kwaɪətə(r)], **~est** ['kwaɪətɪst] **a)** *(silent)* still; *(not loud)* leise 〈*Schritte, Musik, Stimme, Motor, Fahrzeug*〉; **be ~!** *(coll.)* sei still *od.* ruhig!; **~!** Ruhe!; **keep ~:** still sein; **keep sth. ~, keep ~ about sth.** *(fig.)* etw. geheimhalten; **I want the matter to be kept ~:** ich möchte, daß darüber Stillschweigen bewahrt wird; **keep sb./a child ~:** dafür sorgen, daß jmd. schweigt/ein Kind ruhig ist; **go ~:** still werden; **b)** *(peaceful, not busy)* ruhig; **a ~ evening at home** ein geruhsamer Abend zu Hause; **let's go for a ~ drink** gehen wir in aller Ruhe einen trinken; **have a ~ mind** beruhigt sein; **all was ~ on the border** an der Grenze herrschte Ruhe; **. war** alles ruhig; **c)** *(gentle)* sanft; ruhig 〈*Kind, Person*〉; **d)** *(not overt, disguised)* versteckt; heimlich 〈*Groll*〉; **have a ~ word with sb.** mit jmdm. unter vier Augen reden; **have a ~ laugh about sth.** im stillen über etw. *(Akk.)* lachen; **on the ~:** still und heimlich; **e)** *(not formal)* zwanglos, klein 〈*Feier*〉; **f)** *(not showy)* dezent 〈*Farben, Muster*〉; 〈*Eleganz, Stil*〉. **2.** *n.* Ruhe, *die; (silence, stillness)* Stille, *die;* **in the ~ of the night** in der Stille der Nacht; *see also* **peace c. 3.** *v.t. see* **quieten 1**
quieten ['kwaɪətn] *(Brit.)* **1.** *v.t.* **a)** beruhigen; zur Ruhe bringen 〈*Kind, Schulklasse*〉; **b)** zerstreuen 〈*Bedenken, Angst, Verdacht*〉. **2.** *v.i.* sich beruhigen
~ 'down 1. *v.t. see* **~ 1 a. 2.** *v.i.* sich beruhigen; **since her marriage she has ~ed down** seit sie geheiratet hat, ist sie viel ruhiger geworden
quietism ['kwaɪətɪzm] *n.* Quietismus, *der*
quietly ['kwaɪətlɪ] *adv.* **a)** *(silently)* still; *(not loudly)* leise; **die ~:** eines sanften Todes sterben *(geh.);* **b)** *(peacefully, tranquilly)* ruhig; **be ~ drinking one's tea** in [aller] Ruhe seinen Tee trinken; **I'll come ~** *(said by person being arrested)* ich werde ohne Widerstand mitkommen; **c)** *(gently)* sanft; **a ~ spoken young man** ein ruhiger *od.* stiller junger Mann; **d)** *(not overtly)* insgeheim; **they settled the affair ~:** sie haben die Angelegenheit unter sich *(Dat.)* ausgemacht; **e)** *(not formally)* zwanglos; **get married ~:** im kleinen Rahmen heiraten; **f)** *(not showily)* dezent; schlicht
quietness ['kwaɪətnɪs] *n., no pl.* **a)** *(absence of noise or motion)* Stille, *die; (of reply)* Ruhe, *die; (of car, engine)* Geräuscharmut, *die; (of footsteps)* Geräusch-, Lautlosigkeit, *die;* **b)** *(peacefulness, gentleness)* Ruhe, *die*
quietude ['kwaɪətju:d] *n. (literary)* Stille, *die;* Frieden, *der (geh.)*
quiff [kwɪf] *n. (Brit.)* **a)** *(curl)* Stirnlocke, *die;* Schmachtlocke, *die (ugs.);* **b)** *(tuft of hair)* [Haar]tolle, *die (ugs.)*
quill [kwɪl] *n.* **a)** *see* **quill-feather; b)** *see* **quill-pen; c)** *(stem of feather)* [Feder]kiel, *der;* **d)** *(of porcupine)* Stachel, *der*
quill: ~-feather *n.* Kielfeder, *die;* **~-pen** *n.* [Feder]kiel, *der*
quilt [kwɪlt] **1.** *n.* **a)** *(padded bed-coverlet)* Schlafdecke, *die;* **continental ~:** Steppdecke, *die;* **b)** *(bedspread)* Tagesdecke, *die; see also* **crazy d; patchwork. 2.** *v.t.* **a)** *(cover or line with padded material)* wattieren; **b)** *(make or join like ~)* steppen
quilting ['kwɪltɪŋ] *n.* **a)** *(process)* Steppen, *das;* **b)** *(material)* gesteppter Stoff
quin [kwɪn] *n. (coll.)* Fünfling, *der*
quince [kwɪns] *n.* **a)** *(fruit)* Quitte, *die;* **b)** *(tree)* Quittenbaum, *der; see also* **Japanese quince**
quince 'jelly *n.* Quittengelee, *das*
quinine ['kwɪni:n, kwɪ'ni:n] *n.* Chinin, *das*
quinquennial [kwɪŋ'kwenɪəl] *adj. (lasting five years)* fünfjährig; *(once every five years)* fünfjährlich
quinquennium [kwɪŋ'kwenɪəm] *n., pl.* **~s** *or* **quinquennia** [kwɪŋ'kwenɪə] Jahrfünft, *das*
quinsy ['kwɪnzɪ] *n. (Med.)* Mandelentzündung, *die*
quintessence [kwɪn'tesəns] *n.* **a)** *(most perfect form)* Quintessenz, *die;* **b)** *(embodiment)* Inbegriff, *der;* **c)** *(essence, extract of substance)* Extrakt, *der*
quintessential [kwɪntɪ'senʃl] *adj.* typisch; wesentlich
quintet, quintette [kwɪn'tet] *n. (also Mus.)* Quintett, *das;* **piano/clarinet ~:** Klavier-/Klarinettenquintett, *das*
quintuple ['kwɪntjʊpl] **1.** *adj.* fünffach. **2.** *n.* Fünffache, *das.* **3.** *v.t.* verfünffachen. **4.** *v.i.* sich verfünffachen
quintuplet ['kwɪntjʊplɪt, kwɪn'tju:plɪt] *n.* Fünfling, *der*
quip [kwɪp] **1.** *n.* **a)** *(clever saying)* Witzelei, *die;* Geistreichelei, *die (scherzh. abwertend);* **b)** *(sarcastic remark)* Bissigkeit, *die.* **2.** *v.i.,* **-pp-** *(make quips)* witzeln **(at** über **+** Akk.); geistreicheln *(scherzh. abwertend)*
quire [kwaɪə(r)] *n. (Bookbinding: collection of sheets)* Lage, *die;* (24/25 sheets) 24/25 Bögen Papier; (4 sheets) 4 zu 8 Blättern gefaltete Bögen; **~s** ungebunden
quirk [kwɜ:k] *n.* Marotte, *die;* Schrulle, *die (ugs.);* **[by a] ~ of nature/fate/history etc.** [durch eine] Laune der Natur/des Schicksals/der Geschichte *usw.*
quirky ['kwɜ:kɪ] *adj.* schrullig *(ugs.)*
quisling ['kwɪzlɪŋ] *n.* Quisling, *der (abwertend)*
quit [kwɪt] **1.** *pred. adj.* **be ~ of sb./sth.** jmds./einer Sache ledig sein *(geh.).* **2.** *v.t.,* **-tt-,** *(Amer.)* **quit** **a)** *(give up)* aufgeben *(cease, stop)* aufhören zu tun; **~ doing sth.** aufhören etw. zu tun; **b)** *(depart from)* verlassen; *(leave occupied premises)* ausziehen aus; *abs.* ausziehen; **give notice to ~** [the flat *etc.*] [die Wohnung *usw.*] kündigen; **they had** *or* **were given notice to ~** [the flat *etc.*] ihnen wurde [die Wohnung *usw.*] gekündigt; **~ hold of sth.** etw. loslassen; **c)** *also abs. (from job)* kündigen
quitch-[grass] ['kwɪtʃ (grɑ:s)] *see* **²couch**
quite [kwaɪt] *adv.* **a)** *(entirely)* ganz; völlig; vollkommen; gänzlich 〈*unnötig*〉; fest 〈*entschlossen*〉; **not ~** *(almost)* nicht ganz; *(noticeably not)* nicht gerade; **I'm sorry –** **That's ~ all right** Entschuldigung – Schon gut *od.* in Ordnung; **not ~ five o'clock** noch nicht ganz 5 Uhr; **I don't need any help; I'm ~ all right, thank you** danke, es geht schon, ich komme allein zurecht; **I've had ~ enough of it** jetzt habe ich aber genug davon; **how can you be ~ so sure?** wie kannst du so sicher sein?; **I've never known anyone who was ~ so stubborn** ich kenne niemanden, der so stur wie er/sie ist; **I ~ agree/understand** ganz meine Meinung/ich verstehe schon; **~ [so]!** [ja,] genau *od.* richtig!; **be ~ a hero** wirklich ein Idol sein; **that is ~ a different matter** das ist etwas ganz anderes *od.* schon etwas anderes; **we drove at ~ a speed** wir sind vielleicht schnell gefahren *(ugs.);* **they had ~ a party** sie haben vielleicht gefeiert *(ugs.);* **be ~ other than sth.** 〈*Wahrheit, Ansicht:*〉 sich deutlich von etw. unterscheiden; **~ another story/case** eine ganz andere Geschichte/ein ganz anderer Fall; **b)** *(somewhat, to some extent)* ziemlich; recht; ganz 〈*gern*〉; **it was ~ an effort** es war ziemlich *od.* recht anstrengend; **that is ~ a shock/surprise** das ist ein ziemlicher Schock/eine ziemliche Überraschung; **I'd ~ like to talk to him** ich würde ganz gern mit ihm sprechen; **~ a few** ziemlich viele *od.* eine ganze Menge 〈*Bücher, Preise, Urteile*〉; **they had ~ a lot of applicants/a run of success** sie hatten eine ziemlich große Anzahl von Kandidaten/sie waren ziemlich lange [Zeit] erfolgreich
quits [kwɪts] *pred. adj.* **be ~ [with sb.]** *(coll.)* mit jmdm. quitt sein *(ugs.);* **call it ~:** 〈*Einzelperson:*〉 zustimmen *od.* Ruhe geben; 〈*mehrere Personen:*〉 sich vertragen; **let's call it ~!** wollen wir die Sache auf sich beruhen lassen!; *(nothing owed)* sagen wir, wir sind quitt; *see also* **double 3 c**
quitter ['kwɪtə(r)] *n.* Drückeberger, *der*/Drückebergerin, *die (ugs. abwertend)*
¹quiver ['kwɪvə(r)] **1.** *v.i.* zittern (with **vor** + Dat.); 〈*Stimme, Lippen:*〉 beben *(geh.);* 〈*Lid:*〉 zucken; 〈*Stimme:*〉 vibrieren; **her legs ~ed** ihr zitterten die Beine; ihre Beine zitterten. **2.** *n.* Zittern, *das; (of lips, voice also)* Beben, *das (geh.); (of eyelid)* Zucken, *das;* **there was a ~ in her voice** ihre Stimme zitterte *od. (geh.)* bebte; **be all in a ~:** am ganzen Körper zittern
²quiver *n. (for arrows)* Köcher, *der*
qui vive [ki: 'vi:v] *n.* **be on the ~:** auf dem Quivive sein *(ugs.);* wachsam sein
quixotic [kwɪk'sɒtɪk] *adj.* lebensfremd 〈*Person, Ideal*〉; idealistisch 〈*Verhalten*〉; **a ~ act** eine Donquichotterie *od.* Quixoterie *od.* Quichotterie *od.* Quixotade *od.* Quijotade; **be ~:** ein Don Quichotte *od.* Quixote *od.* Quijote sein
quiz [kwɪz] **1.** *n., pl.* **~zes a)** *(Radio, Telev., etc.)* Quiz, *das;* Ratespiel, *das;* **contestants in/guests on the ~:** Quizteilnehmer *Pl.;* **b)** *(interrogation, questionnaire, test)* Prüfung, *die; (for pupils)* Aufgabe, *die.* **2.** *v.t.,* **-zz-** ausfragen *(about* nach etw., *about* über jmdn.), fragen *(about* nach); *(Polizei:)* verhören, vernehmen 〈*Verdächtige*〉
quiz: ~-master *n. (Radio, Telev.)* Quizmaster, *der;* Spielleiter, *der;* **~ programme, ~ show** *ns. (Radio, Telev.)* Quizsendung, *die*
quizzical ['kwɪzɪkl] *adj.* fragend 〈*Blick, Miene*〉; *(mocking)* spöttisch 〈*Lächeln*〉
quizzically ['kwɪzɪkəlɪ] *adv.* fragend 〈*blicken*〉; *(mocking)* spöttisch 〈*lächeln*〉

quoin [kɔɪn] n. a) *(angle)* Ecke, *die;* b) *(corner-stone)* Eckstein, *der*
quoit [kɔɪt] n. *(Games)* [Gummi]ring, *der*
quoits [kɔɪts] n., *no pl. (Games)* Ringtennis, *das*
quorate ['kwɔːreɪt] adj. beschlußfähig
quorum ['kwɔːrəm] n. Quorum, *das*
quota ['kwəʊtə] n. a) *(share)* Anteil, *der;* b) *(maximum quantity)* Höchstquote, *die; (of goods to be produced/imported)* maximale Produktions-/Einfuhrquote, *die; (quantity of goods to be produced)* Produktionsmindestquote, *die; (of work)* [Arbeits]pensum, *das;* c) *(maximum number)* Höchstquote, *die; (of immigrants/students permitted)* maximale Einwanderungs-/Zulassungsquote
quotation [kwəʊˈteɪʃn] n. a) Zitieren, *das;* Zitate *Pl.; (passage)* Zitat, *das;* **dictionary of ~s** Zitatenlexikon, *das;* b) *(amount stated as current price)* [Börsen]kurs, *der;* Quotation, *die (fachspr.);* [Börsen-, Kurs]notierung, *die;* c) *(contractor's estimate)* Kosten[vor]anschlag, *der;* Kalkulation, *die*
quo'tation-marks n. pl. Anführungszeichen *Pl.*
quote [kwəʊt] 1. v. t. a) *also abs.* zitieren **(from** aus); zitieren aus ⟨Buch, Text, Klassiker, Übersetzung⟩; *(appeal to)* sich berufen auf (+ *Akk.*) ⟨Person, Buch, Text, Quelle⟩; *(mention)* anführen ⟨Vorkommnis, Beispiel⟩; **he is ~d as saying that ...**: er soll gesagt haben, daß ...; **don't ~ me on it** sagen Sie nicht, daß Sie das von mir haben; **~ an earlier case to sb.** jmdm. einen früheren Fall nennen; **~ sth. as the reason/an example** etw. als Grund/Beispiel anführen; **..., and I ~, ...**: ... und ich zitiere, ...; b) *(state price of)* angeben, nennen ⟨Preis⟩; quotieren *(fachspr.);* **wheat/the £ is ~d at ...**: der Weizenpreis/Pfundkurs wird mit ... angegeben; **~ sb. a price** jmdm. einen Preis nennen; c) *(St. Exch.)* notieren ⟨Aktie⟩; **be ~d at a lower price** niedriger notiert werden; d) *(enclose in quotation-marks)* in Anführungszeichen *(Akk.)* setzen; **..., ~, ...**: ..., Zitat, ... 2. n. *(coll.)* a) *(passage)* Zitat, *das;* b) *(commercial quotation)* Kosten[vor]anschlag, *der;* Kalkulation, *die;* c) *usu. in pl. (quotation-mark)* Anführungszeichen, *das;* Gänsefüßchen, *das (ugs.)*
quoth [kwəʊθ] v. t. *1st & 3rd pers. p. t. (arch.)* in *sing./pl.* sprach/sprachen *(geh.)*
quotient ['kwəʊʃnt] n. *(Math.)* Quotient, *der; see also* **intelligence quotient**
q.v. [kjuːˈviː] abbr. **quod vide** s. d.

R

R, r [ɑː(r)] n., *pl.* **Rs** *or* **R's** a) *(letter)* R, r, *das;* b) **the three Rs** Lesen, Schreiben und Rechnen; c) **the R months** die Monate mit r
R. abbr. a) **River** Fl.; b) **R. Thames** die Themse; b) **Regina/Rex** Königin, *die/*König, *der;* **in the case R. v. Smith** in der Sache der Königin/des Königs gegen Smith; c) ® **registered as trademark** ®; ⓦ; d) *(Amer.)* **Republican;** e) *(Chess)* **rook** T

19*

r. abbr. **right** re.
RA abbr. a) **Royal Academician** Mitglied der „Royal Academy"; b) **Royal Academy** *see* **academy** a; c) **Royal Artillery** Königl. Art.
rabbet ['ræbɪt] n. *(groove)* Falz, *der; (to receive edge of door or window)* Anschlag, *der*
rabbi ['ræbaɪ] n. Rabbi[ner], *der; (as title)* Rabbi, *der;* **Chief R~:** Oberrabbiner, *der*
rabbit ['ræbɪt] 1. n. a) Kaninchen, *das;* b) *(Brit. coll.: poor player)* Flasche, *die (ugs.);* Niete, *die (ugs.);* c) *(Amer.: hare)* Hase, *der. See also* **breed** 2 a; **Welsh rabbit.** 2. v. i. *(Brit. coll.: talk)* **~ [on]** sülzen *(salopp);* quatschen *(salopp)*
rabbit: **~-burrow** n. Kaninchenbau, *der;* **~-hutch** n. Kaninchenhöhle, *die;* **~-food** n. Kaninchenfutter, *das; (fig. joc.)* Grünzeug, *das;* Kaninchenfutter, *das (scherzh.);* **~-fur** n. Kaninchenfell, *das;* Kanin, *das (fachspr.);* **~-coat** Kaninmantel, *der;* **~-hole** n. *(lit. or fig. joc.)* Kaninchenstall, *der;* **~-hutch** n. *(lit. or fig. joc.)* Kaninchenstall, *der;* **~-punch** n. *(Boxen)* Genickschlag, *der;* **~-warren** n. Kaninchengehege, *das;* **this building is a ~-warren** dieses Gebäude ist das reinste Labyrinth
rabble ['ræbl] n. Mob, *der (abwertend);* Pöbel, *der (abwertend)*
rabble: **~-rouser** ['ræblraʊzə(r)] n. Aufwiegler, *der/*Aufwieglerin, *die;* [Auf]hetzer, *der/*[Auf]hetzerin, *die;* **~-rousing** 1. *adj.* aufwieglerisch, [auf]hetzerisch ⟨Rede, Wort⟩; 2. n. [Auf]hetzerei, *die;* Aufwiegelei, *die*
Rabelaisian [ræbəˈleɪzjən] adj. Rabelaisisch ⟨Stil, Sprachreichtum⟩
rabid ['ræbɪd] adj. a) *(Vet.) Med.)* tollwütig ⟨Tier, Person⟩; Tollwut*(symptom, -erreger, -virus);* b) *(furious, violent)* wild ⟨Haß, Wut⟩; *(unreasoning, extreme)* fanatisch ⟨Demokrat, Reformer, Anhänger; Befürworter, Antisemitismus⟩
rabies ['reɪbiːz] n. *(Vet.) Med.)* Tollwut, *die;* Rabies, *die (fachspr.)*
RAC abbr. **Royal Automobile Club** Königlicher Britischer Automobilklub
raccoon *see* **racoon**
¹**race** [reɪs] 1. n. a) Rennen, *das; (Swimming)* Turnier, *das;* **have a ~ [with** *or* **against sb.]** mit jmdm. um die Wette laufen/schwimmen/reiten *usw.;* **100 metres ~:** 100-m-Rennen/-Schwimmen *usw.;* **be in the ~** *(lit. or fig.)* gut im Rennen liegen; **be out of the ~** ⟨Läufer, Schwimmer, Reiter *usw.*⟩ ausgeschieden sein; *(fig.)* ⟨Bewerber⟩ nicht mehr im Rennen sein; b) *in pl. (series) (for horses)* Pferderennen, *das; (for dogs)* Hunderennen, *das;* **go to the ~s** zum Rennen gehen; **a day at the ~s** ein Tag auf der Rennbahn; c) *(fig.)* **a ~ against time** ein Wettlauf mit der Zeit; **sb.'s or the ~ is [nearly] run** *(after pursuit)* jmd. ist verloren; *(after severe illness, euphem.)* jmds. Zeit ist gekommen *(geh. verhüll.);* **the ~ for governor/nomination** das Rennen um den Gouverneursposten/die Nominierung; **it will be a mad ~ to get the work finished in time** es wird eine wahnsinnige Hetze werden, die Arbeit rechtzeitig fertig zu bekommen; d) *(channel of stream)* Gerinne, *das (veralt.); see also* **mill-race;** e) *(Mech. Engin.: of ball-bearing)* Ring, *der.* 2. v. i. a) *(in swimming, running, walking, sailing, etc.)* um die Wette schwimmen/laufen/ gehen/segeln *usw.* **(with, against** mit); **~ against time** ⟨Läufer⟩ gegen die Uhr laufen; *(fig.)* gegen die Uhr *od.* Zeit arbeiten; b) *(indulge in horse-racing)* Pferderennsport frönen; *(Sports: in car)* Autorennen fahren; **~ at a meeting** *(own or train horses for it)* bei einem Rennen Pferde laufen lassen; c) *(go at full or excessive speed)* ⟨Motor⟩ durchdrehen; ⟨Puls:⟩ jagen, rasen; d) *(rush)* sich beeilen; hetzen; ⟨Wolken:⟩ *(on foot also)* rennen; jagen; **~ after sb.** jmdm. hinterherhetzen; **~ [a]round**

or **about** herumhetzen; hin und her hetzen; **~ to finish sth.** sich beeilen, um etw. fertigzukriegen *(ugs.);* **~ ahead with sth.** *(hurry)* etw. im Eiltempo vorantreiben *(ugs.); (make rapid progress)* bei etw. mit Riesenschritten vorankommen *(ugs.).* 3. v. t. a) *(have ~ with) (in swimming, riding, walking, running, etc.)* um die Wette schwimmen/reiten/gehen/laufen *usw.* mit; **I'll ~ you** ich mache mit dir einen Wettlauf; b) *(cause to ~)* ⟨Fahrer:⟩ sehr schnell fahren mit ⟨Schiff⟩; c) hochjagen *(salopp)* ⟨Motor⟩; **~ sb. along** jmdn. vorwärts hetzen *(ugs.)*
²**race** n. a) *(Anthrop., Biol.)* Rasse, *die;* **be of mixed ~:** gemischtrassig *od.* -rassisch sein; b) *(class of persons)* Geschlecht, *das;* Sippe, *die; (nation)* Volk, *das; (tribe)* Volk, *das;* Stamm, *der;* **the human ~:** die Menschheit; die Menschen; **be of noble ~:** vornehmer Abkunft *(geh.) od.* Abstammung sein
race: **~card** n. Rennprogramm, *das;* **~course** n. Rennbahn, *die;* **~goer** n. Rennbesucher, *der/*-besucherin, *die;* **~hatred** n. Rassenhaß, *der;* **~horse** n. Rennpferd, *das*
raceme [rəˈsiːm] n. *(Bot.)* Blütentraube, *die*
'**race-meeting** n. *(Sport)* Renntag, *der; (on successive days)* Renntage *Pl.*
racer ['reɪsə(r)] n. *(person)* Läufer, *der/*Läuferin, *die; (horse)* Rennpferd, *das;* Renner, *der; (yacht)* Rennmaschine, *die; (bicycle)* Rennrad, *der; (car)* Rennwagen, *der; (plane)* Sportflugzeug, *das*
race: **~ relations** n. pl. Beziehung zwischen den Rassen; **R~ Relations Act** *(Brit.)* Gesetz gegen Rassendiskriminierung; **~-riot** n. Rassenkrawall, *der;* **~-track** n. Rennbahn, *die;* **~way** n. *(Amer.)* Trabrennbahn, *die*
rachitic [rəˈkɪtɪk] adj. *(Med.)* rachitisch
rachitis [rəˈkaɪtɪs] n. *(Med.)* Rachitis, *die*
racial ['reɪʃl] adj. Rassen*⟨diskriminierung, -konflikt, -gleichheit, -vorurteil, -unruhen, -stolz⟩;* rassisch *⟨Gruppe, Minderheit⟩;* **~ attack/assault** rassistischer Angriff/Überfall; **~ harmony** Eintracht unter der Rassen; **Commission for R~ Equality** *(Brit.)* Kommission für Rassengleichheit
racialism ['reɪʃəlɪzm] n., *no pl.* Rassismus, *der*
racialist ['reɪʃəlɪst] 1. n. Rassist, *der/*Rassistin, *die.* 2. adj. rassistisch
racially ['reɪʃəlɪ] adv. rassisch; **be ~ prejudiced** Rassenvorurteile haben
racily ['reɪsɪlɪ] adv. a) flott ⟨erzählen, schreiben⟩; pikant ⟨gewürzt⟩; kraftvoll ⟨gestaltet⟩; b) *(Amer.: in a risqué manner)* gewagt ⟨erzählen, sich kleiden⟩
racing ['reɪsɪŋ] n., *no pl., no indef. art.* a) *(profession, sport)* Rennsport, *der; (with horses)* Pferdesport, *der;* b) *(races)* Rennen *Pl.;* **go ~** *(attend horse/motor races)* zum Rennen gehen; **it is a ~ certainty that he will ...**: mit größter Wahrscheinlichkeit wird er ...
racing: **~-bicycle** n. Rennrad, *das;* Rennmaschine, *die;* **~-car** n. Rennwagen, *der;* **~ colours** n. pl. Rennfarben *Pl.;* **~ driver** n. Rennfahrer, *der/*-fahrerin, *die;* **~-track** n. Rennbahn, *die*
racism ['reɪsɪzm] n. Rassismus, *der*
racist ['reɪsɪst] 1. n. Rassist, *der/*Rassistin, *die.* 2. adj. rassistisch
¹**rack** [ræk] 1. n. a) *(for luggage in bus, train, etc.)* Ablage, *die; (for pipes, hats, spectacles, toast, plates)* Ständer, *der; (for tools)* Regal, *das; (on bicycle, motor cycle)* Gepäckträger, *der; (on car)* Dachgepäckträger, *der;* b) *(for fodder)* Raufe, *die;* c) *(instrument of torture)* Folter[bank], *die;* **put sb. on the ~:** jmdn. auf die Folter legen; ⟨Problem, Ungewißheit:⟩ jmdn. quälen; **be on the ~** *(lit. or*

579

fig.) Folterqualen leiden; **d)** *(Mech. Engin.)* Zahnstange, *die;* ~ **and pinion** Zahntrieb, *der.* **2.** *v.t.* **a)** *(lit. or fig.: torture)* quälen, plagen; **be ~ed by** *or* **with pain** *etc.* von Schmerzen *usw.* gequält und geplagt werden; **b)** *(shake violently)* ⟨*Husten, Vibration:*⟩ erschüttern, heftig schütteln ⟨*Körper*⟩; **c)** ~ **one's brain[s]** *(fig.)* sich *(Dat.)* den Kopf zerbrechen *od.* das Hirn zermartern *(ugs.)* **(for** über + *Akk.)*
~ **'up** *v. t. (Amer.: achieve)* machen *(ugs.),* erzielen ⟨*Punkte*⟩; kriegen *(ugs.)* ⟨*Preis*⟩
²**rack** *n. (joint of lamb etc.)* vorderes Rippenstück [vom Lamm *usw.*]
³**rack** *see* **ruin 1 a**
⁴**rack** *v. t.* ~ **[off]** abziehen ⟨*Wein, Bier*⟩ **(into** auf + *Akk.)*
¹**racket** ['rækɪt] *n.* **a)** *(Sport)* Schläger, *der;* *(Tennis also)* Racket, *das;* **b)** *in pl., usu. constr. as sing. (ball game)* Raquets, *das;* Racquetball, *der*
²**racket** *n.* **a)** *(disturbance, uproar)* Lärm, *der;* Krach, *der;* **make a** ~: Krach *od.* Lärm machen; **they kicked up no end of a ~** *(coll.)* sie machten einen Höllenlärm *(ugs.);* **b)** *(dishonest scheme)* Schwindelgeschäft, *das (ugs.);* **a narcotics** *or* **drug ~:** krimineller Drogenhandel; **c)** *(sl.: line of business)* Job, *der (ugs.);* **I'm in the insurance ~:** ich mache in Versicherungen *(salopp)*
racketeer [ˌrækɪ'tɪə(r)] *n.* Ganove, *der;* *(profiteer)* Wucherer, *der;* **drug ~:** Drogenhändler, *der*/-händlerin, *die;* Dealer, *der*/Dealerin, *die (ugs.)*
racketeering [ˌrækɪ'tɪərɪŋ] *n.* kriminelle Geschäfte *Pl.;* Schwindel, *der; (profiteering)* Wucher, *der (ugs.)*
'**racket-press** *n. (Sport)* Spanner, *der*
racking ['rækɪŋ] *attrib. adj.* quälend
rack: ~**-railway** *n.* Zahnrad-, Zahnstangenbahn, *die;* ~**-rent** *n. (excessive rent)* überhöhte Miete; Wuchermiete, *die (abwertend)*
raconteur [ˌrækɒn'tɜː(r)] *n.* Geschichten-, Anekdotenerzähler, *der*/-erzählerin, *die*
racoon [rə'kuːn] *n. (Zool.)* Waschbär, *der*
racquet *see* ¹**racket**
racy ['reɪsɪ] *adj.* **a)** flott *(ugs.),* schwungvoll ⟨*Erzählweise, Stil, Sprache*⟩; pikant ⟨*Rede*⟩; pikant ⟨*Aroma*⟩; saftig *(ugs.)* ⟨*Humor*⟩; rassig ⟨*Traubensorte, Wein*⟩; **b)** *(Amer.: risqué)* gewagt, pikant ⟨*Geschichte, Anekdote*⟩
rad [ræd] *n. (Phys.)* Rad, *das*
RADA [ɑː'reɪdɪ:'eɪ, *(coll.)* 'rɑːdə] *abbr. (Brit.)* **Royal Academy of Dramatic Art** RADA; Königliche Schauspielakademie
radar ['reɪdɑː(r)] *n.* Radar, *das od. der*
radar: ~ **operator** *n.* Radartechniker, *der*/-technikerin, *die;* ~ **scanner** *n.* Radarantenne, *die;* ~ **screen** *n.* Radarschirm, *der;* ~ **trap** *n.* Radarfalle, *die (ugs.)*
radial ['reɪdɪəl] **1.** *adj.* **a)** *(arranged like rays or radii)* strahlenförmig angeordnet; radiär *(fachspr.);* strahlig, strahlenförmig ⟨*Muster*⟩; **b)** *(acting or moving from centre)* radial ⟨*Durchfluß, Dispersion, Bahn*⟩; Radial⟨*bohrmaschine, -beschleunigung*⟩; **c)** *(having spokes or radiating lines)* strahlenförmig ⟨*Bauform*⟩; ~ **wheel** Radialrad, *das;* **d)** *(Anat.)* Speichen⟨*nerv, -vene*⟩; ~ **artery** Speichenarterie, *die;* Puls[schlag]ader, *die (volkst.).* **2.** *n.* Radial-, Gürtelreifen, *der*
'**radial engine** *n.* Sternmotor, *der*
radially ['reɪdɪəlɪ] *adv.* strahlenförmig; radial *(fachspr.)*
radial: ~**[-ply] tyre** *n.* Radial-, Gürtelreifen, *der*
radian ['reɪdɪən] *n. (Geom.)* Radiant, *der*
radiance ['reɪdɪəns], **radiancy** ['reɪdɪənsɪ] *n.* **a)** *(emission of light rays etc.)* Leuchten, *das; (of sun, stars, lamp also)* Strahlen, *das;* **b)** *(joyful, hopeful, etc. appearance)* Strahlen, *das;* ~ **of joy/hope** freudiges/hoffnungsvolles Strahlen

radiant ['reɪdɪənt] **1.** *adj.* **a)** strahlend, leuchtend ⟨*Himmelskörper, Dämmerung*⟩; leuchtend ⟨*Lichtstrahl*⟩; ~ **colours** leuchtende Farben; **b)** *(fig.)* strahlend; fröhlich ⟨*Stimmung*⟩; **be** ~ ⟨*Person, Augen:*⟩ strahlen **(with** vor + *Dat.).* **2.** *n.* **a)** *(on electric or gas heater)* Heizfläche, *die;* **b)** *(Astron.)* Radiant, *der*
radiant: ~ **heat** *n.* Strahlungswärme, *die;* ~ **heater** *n.* Heizstrahler, *der*
radiantly ['reɪdɪəntlɪ] *adv.* **a)** leuchtend; strahlend; **shine** ~ ⟨*Sonne, Sterne:*⟩ leuchten; ⟨*Lichtquelle:*⟩ strahlen; **b)** *(fig.)* strahlend; **be** ~ **beautiful** von strahlender Schönheit sein
radiate ['reɪdɪeɪt] **1.** *v. i.* **a)** ⟨*Sonne, Sterne:*⟩ scheinen, strahlen; ⟨*Glas, Metall:*⟩ leuchten, glänzen; ⟨*Kerze:*⟩ scheinen; ⟨*Hitze, Wärme:*⟩ ausstrahlen, sich verbreiten; ⟨*Schein, Radiowellen:*⟩ ausgesendet werden, ausgehen **(from** von*)*; ⟨*Lichtstrahl:*⟩ leuchten; **b)** *(diverge or spread from central point)* strahlenförmig ausgehen **(from** von). **2.** *v. t.* **a)** verbreiten, ausstrahlen ⟨*Licht, Wärme, Klang*⟩; aussenden ⟨*Strahlen, Wellen*⟩; **b)** ausstrahlen ⟨*Glück, Liebe, Hoffnung, Gesundheit, Fröhlichkeit*⟩; *(spread as from centre)* verbreiten ⟨*Liebe, Heiterkeit usw.*⟩ **(around** um ... herum*)*
radiation [ˌreɪdɪ'eɪʃn] *n.* **a)** *(emission of energy)* Emission, *die; (of signals)* Ausstrahlung, *die;* **b)** *(energy transmitted)* Strahlung, *die;* Strahlenemission, *die;* **solar ~:** Sonneneinstrahlung, *die;* ~ **from a coal fire** Wärmestrahlung eines Kohleofens; **contaminated by ~:** strahlenverseucht; **c)** *attrib.* Strahlen⟨*behandlung, -therapie, -krankheit, -belastung, -dosis, -verseuchung, -zählrohr, -chemie*⟩; Strahlungs⟨*intensität, -leistung, -meßgerät, -niveau, -verbrennung, -niveau*⟩; ~ **leak[age]** Leckstrahlung, *die*
radiator ['reɪdɪeɪtə(r)] *n.* **a)** *(for heating a room)* [Rippen]heizkörper, *der;* Radiator, *der; (portable)* Heizgerät, *das;* Heizstrahler, *der;* **b)** *(for cooling engine)* Kühler, *der*
radiator: ~ **cap** *n.* Kühlerverschraubung, *die;* Kühlerverschlußdeckel, *der;* ~ **grille** *n.* Kühlergrill, *der;* Kühlerschutzgitter, *das;* ~ **mascot** *n.* Kühlerfigur, *die*
radical ['rædɪkl] **1.** *adj.* **a)** *(thorough, drastic; also Polit.)* radikal; drastisch, radikal ⟨*Maßnahme*⟩; umwälzend ⟨*Auswirkungen*⟩; durchgreifend ⟨*Umstrukturierung, Veränderung usw.*⟩; *(Brit. Hist.)* radikal; extrem liberal; *(Amer. Hist.)* radikal [republikanisch]; **a ~ cure** eine Radikalkur; **b)** *(progressive, unorthodox)* radikal; revolutionär ⟨*Stil, Design, Sprachgebrauch*⟩; **c)** *(inherent, fundamental)* grundlegend ⟨*Fehler, Unterschied*⟩; **d)** *(Med.)* ~ **surgery** Radikaloperation, *die; (Bot., Ling., Math.)* Wurzel-. **2.** *n.* **a)** *(Polit.)* Radikale, *der/die;* **b)** *(Math.) (quantity)* Wurzelausdruck, *der;* Radikal, *das (fachspr.); (radical sign)* Wurzelzeichen, *das;* **c)** *(Chem.)* Radikal, *das*
radical 'chic *n.* linke Schickeria
radicalism ['rædɪkəlɪzm] *n., no pl. (Polit.)* Radikalismus, *der*
radically ['rædɪkəlɪ] *adv.* **a)** *(thoroughly, drastically)* radikal; von Grund auf; **b)** *(Polit.)* radikal; **c)** *(originally, basically)* prinzipiell; **d)** *(inherently, fundamentally)* von Grund auf
radicchio [rə'dɪkjəʊ] *n., no pl.* Radicchio, *der*
radicle ['rædɪkl] *n. (Bot.) (part of embryo)* Keimwurzel, *die;* Radicula, *die (fachspr.); (rootlet)* Würzelchen, *das*
radio ['reɪdɪəʊ] **1.** *n., pl.* ~**s a)** *no pl., no indef. art.* Funk, *der; (for private communication)* Sprechfunk, *der;* **over the/by** ~: über/per Funk; **b)** *no pl., no indef. art. (Broadcasting)* Rundfunk, *der;* Hörfunk, *der;* **listen to the** ~: Radio hören; **on the** ~: im Radio *od.* Rundfunk; **commercial** ~: Werbefunk, *der;*

work in ~: beim Rundfunk arbeiten; **c)** *(apparatus)* Radio, *das;* ~ [equipment] Funk[sprech]gerät, *das;* **d)** *(broadcasting station)* Rundfunk- *od.* Radiosender, *der;* **R~ Luxembourg** Radio Luxemburg, *die;* ~ **One** Erstes [Rundfunk]programm. **2.** *attrib. adj.* **a)** *(Broadcasting)* Rundfunk⟨*antenne, -gerät, -empfänger, -sender, -sendung, -sprecher, -interview, -programm, -übertragung, -techniker, -technik*⟩; Radio⟨*gerät, -sendung, -programm, -welle*⟩; Sende⟨*antenne, -mast, -erlaubnis*⟩; Funk⟨*mast, -turm, -frequenz, -verbindung, -verkehr, -netz, -taxi, -gerät, -wagen*⟩; ~ **beam** Leitfunkstrahl, *der;* Richtstrahl, *der;* ~ **frequency** Hochfrequenz, *die;* ~ **drama** *or* **play** Hörspiel, *das;* **b)** *(Astron.)* Radio⟨*astronomie, -galaxis, -teleskop*⟩. *See also* **fix 4 b; ham 1 c. 3.** *v. t.* funken ⟨*Meldung, Nachricht*⟩; durch *od.* per Funk übermitteln; ~ **sb. for sth.** von jmdm. über Funk etw. anfordern. **4.** *v. i.* funken eine Funkmeldung *od.* einen Funkspruch übermitteln *od.* absetzen; **the ship ~ed for help** das Schiff bat über Funk um Hilfe
radio: ~'**active** *adj.* radioaktiv; ~**ac'tivity** *n.* Radioaktivität, *die;* ~ **beacon** *n.* Funkfeuer, *das;* ~**bi'ology** *n.* Radiobiologie, *die;* Radiobiologie, *die;* ~-'**carbon** *n.* Radiokohlenstoff, *der;* Karbon-14, *das;* ~**-carbon dating** *n.* Radiokarbondatierung, *die;* ~'**chemistry** *n.* Radiochemie, *die;* Strahlenchemie, *die;* ~ **control** *n.* Funk[fern]steuerung, *die;* ~-**controlled** *adj.* funkgesteuert; ferngesteuert; ~-**frequency 1.** *n.* Hochfrequenz, *die;* **2.** *adj.* Hochfrequenz-
radiogram ['reɪdɪəʊgræm] *n.* **a)** *(Brit.)* ≈ Musiktruhe, *die;* **b)** *see* **radiograph 1**
radiograph ['reɪdɪəgrɑːf] **1.** *n.* Röntgenaufnahme, *die;* Radiogramm, *das (fachspr.).* **2.** *v. t.* eine Röntgenaufnahme/ein Radiogramm machen von
radiographer [ˌreɪdɪ'ɒgrəfə(r)] *n.* Röntgenologe, *der*/Röntgenologin, *die; (instrument-operator)* Röntgenassistent, *der*/-assistentin, *die*
radiographic [ˌreɪdɪə'græfɪk] *adj.* röntgenographisch; radiographisch
radiography [ˌreɪdɪ'ɒgrəfɪ] *n.* Radiographie, *die;* Röntgenographie, *die*
radio: ~'**isotope** *n.* Radioisotop, *das;* ~ radioaktives Isotop; ~ **lo'cation** *n.* Funkortung, *die;* Radar, *der od. das*
radiological [ˌreɪdɪə'lɒdʒɪkl] *adj.* radiologisch; röntgenologisch
radiologist [ˌreɪdɪ'ɒlədʒɪst] *n.* Radiologe, *der*/Radiologin, *die;* Röntgenologe, *der*/Röntgenologin, *die*
radiology [ˌreɪdɪ'ɒlədʒɪ] *n., no pl.* Radiologie, *die;* Röntgenologie, *die*
radiometer [ˌreɪdɪ'ɒmɪtə(r)] *n.* Radiometer, *das;* Strahlungsmesser, *der*
radio: ~ **star** *n. (Astron.)* [punktförmige] Radioquelle, *die;* ~ **station** *n.* Rundfunkstation, *die;* Rundfunk- *od.* Radiosender, *der;* ~-**telegram** *n.* Funktelegramm, *das;* Radiotelegramm, *das;* ~-**te'legraphy** *n.* Funktelegraphie, *die;* ~-**'telephone** *n.* Funktelefon, *das;* ~-**'telescope** *n.* Radioteleskop, *das;* ~-'**therapy** *n.* Strahlentherapie, *die;* Radiotherapie, *die (fachspr.)*
radish ['rædɪʃ] *n.* Rettich, *der; (small, red)* Radieschen, *das*
radium ['reɪdɪəm] *n. (Chem.)* Radium, *das*
radius ['reɪdɪəs] *n., pl.* **radii** ['reɪdɪaɪ] *or* ~**es a)** *(Math.)* Radius, *der;* Halbmesser, *der;* ~ **of action** *(Aktions)radius, der;* Wirkungsbereich, *der; (of missile)* Reichweite, *die; (fig.)* Umkreis, *die;* **within a** ~ **of 20 miles** im Umkreis von 20 Meilen; **b)** *(Anat.)* Speiche, *die;* **c)** *(line from centre)* Strahl, *der; (spoke of wheel)* Speiche, *die;* **d)** *(Bot.)* [Blüten-, Dolden]strahl, *der*
radome ['reɪdəʊm] *n.* Radom, *das*

radon ['reɪdɒn] *n.* (*Chem.*) Radon, *das*
RAF [ɑːreɪ'ef, (*coll.*) ræf] *abbr.* Royal Air Force
raffia ['ræfɪə] *n.* a) (*fibre*) Raphia-, Raffiabast, *der;* ~ **mat** Bastmatte, *die;* b) (*tree*) Raphia[palme], *die*
raffish ['ræfɪʃ] *adj.* a) liederlich; verkommen; b) (*unconventional*) flott
raffle ['ræfl] 1. *n.* Tombola, *die;* ~ **ticket** Los, *das.* 2. *v. t.* ~ [**off**] verlosen
raft [rɑːft] 1. *n.* a) Floß, *das;* b) (*floating trees, ice, etc.*) Drift, *die.* 2. *v. t.* (*transport*) flößen; mit dem Floß befördern
rafter ['rɑːftə(r)] *n.* (*Building*) Sparren, *der*
¹**rag** [ræg] *n.* a) [Stoff]fetzen, *der;* [Stoff]lappen, *der;* [**all**] **in** ~**s** [ganz] zerrissen; **feel like a wet** ~ (*coll.*) wie ausgelaugt sein; **sb. loses his** ~ (*sl.*) jmdm. reißt die Geduld; b) *in pl.* (*old and torn clothes*) Lumpen *Pl.;* [**dressed**] **in** ~**s** [and tatters] abgerissen; in Lumpen nachgestellt; **go from** ~**s to riches** vom armen Schlucker zum Millionär/zur Millionärin werden; *see also* **chew 1; glad rags;** c) (*derog.: newspaper*) Käseblatt, *das* (*salopp abwertend*); d) (*material for paper*) Lumpen, *der;* Hader, *der* (*fachspr.*); ~ **paper/fibres** Hadernpapier, *das*/Hadernstoff, *der* (*fachspr.*)
²**rag** 1. *v. t.,* -**gg-** (*tease, play jokes on*) aufziehen; necken. 2. *v. i.,* -**gg- a**) (*Brit.: engage in rough play*) herumtoben; b) (*be noisy and riotous*) Radau *od.* Rabatz machen (*ugs.*) 3. *n.* a) (*Brit. Univ.*) spaßige studentische [Wohltätigkeits]veranstaltung; **the university's Rag Week** die alljährliche Wohltätigkeitswoche der Universität [mit komischen Darbietungen]; b) (*prank*) Ulk, *der;* Streich, *der; in pl.* Ulkerei, *die*
³**rag** *n.* (*Mus.*) Rag, *der*
ragamuffin ['rægəmʌfɪn] *n.* [zerlumptes] Gassenkind; **look a proper** ~: ziemlich abgerissen aussehen
rag-: ~-and-'bone man *n.* (*Brit.*) Lumpensammler, *der;* ~**-bag** *n.* a) Lumpen-, Flickensack, *der;* b) (*fig.: collection*) Sammelsurium, *das* (*abwertend*); c) (*fig. sl.: sloppily-dressed woman*) Schlampe, *die* (*ugs. abwertend*); ~ **book** *n.* Kinderbuch aus unzerreißbarem Material; ~ **doll** *n.* Stoffpuppe, *die*
rage [reɪdʒ] 1. *n.* a) (*violent anger*) Wut, *die;* (*fit of anger*) Wutausbruch, *der;* **be in/fly into a** ~: in Wut *od.* (*ugs.*) Rage sein/geraten; **in a fit of** ~: in einem Anfall von Wut; in einem plötzlichen Wutausbruch; b) (*vehement desire or passion*) Besessenheit, *die;* **sth. is [all] the** ~: etw. ist [ganz] groß in Mode *od.* ist der letzte Schrei. 2. *v. i.* a) (*rave*) toben; ~ **at** *or* **against sth./sb.** gegen etw./jmdn. wüten *od.* (*ugs.*) wettern; b) (*be violent, operate unchecked*) toben; ⟨*Krankheit:*⟩ wüten; ⟨*Fieber:*⟩ rasen
ragged ['rægɪd] *adj.* a) zerrissen; kaputt (*ugs.*); ausgefranst ⟨*Saum, Manschetten, Wundränder*⟩; b) (*rough, shaggy*) zottig ⟨*Pferd, Schaf, Haar, Bart*⟩; c) (*jagged*) zerklüftet ⟨*Felsen, Küste, Klippe, Landschaft*⟩; zerzaust ⟨*Baum, Strauch*⟩; (*in tattered clothes*) abgerissen; zerlumpt; d) (*imperfect, lacking finish*) stümperhaft (*abwertend*) ⟨*Arbeit, Ausführung*⟩; holprig ⟨*Reim, Rhythmus*⟩; e) (*tired*) ermattet; ausgelaugt; **they were run** ~: sie waren völlig erledigt (*ugs.*) *od.* total groggy (*salopp*)
raggedly ['rægɪdlɪ] *adv.* a) abgerissen ⟨*gekleidet*⟩; b) (*shaggily*) zottig ⟨*wachsen*⟩; c) (*jaggedly*) zerklüftet ⟨*verlaufen*⟩; d) (*imperfectly*) stümperhaft (*abwertend*) ⟨*musizieren, arbeiten*⟩
ragged 'robin *n.* (*Bot.*) Kuckuckslichtnelke, *die*
raglan sleeve [ræglən 'sliːv] *n.* Raglanärmel, *der*
ragout ['ræguː] *n.* (*Gastr.*) Ragout, *das*
rag: ~ **paper** *n.* Hadernpapier, *das*

(*fachspr.*); ~**stone** *n.* [Kalk-, Kiesel]sandstein, *der;* ~**tag [and bobtail]** *n.* Pöbel, *der* (*abwertend*); Plebs, *der* (*abwertend*); ~**time** *n.* Ragtime, *der; attrib.* Ragtime- ⟨*band, -musik, -sänger*⟩; ~ **trade** *n.* (*coll.*) Modebranche, *die* (*ugs.*); ~**weed** *n.* (*Bot.*) a) *see* **ragwort;** b) (*Amer.: Ambrosia*) Ambrosienkraut, *das;* ~**wort** *n.* (*Bot.*) Greiskraut, *das;* Kreuzkraut, *das*
raid [reɪd] 1. *n.* a) Einfall, *der;* Überfall, *der;* (*Mil.*) Überraschungsangriff *der;* ~ **on a bank** Banküberfall, *der;* **make a** ~ **on sb.'s orchard/the larder** (*joc.*) jmds. Obstgarten heimsuchen/die Speisekammer plündern (*scherzh.*); *see also* **air raid;** b) (*by police*) Razzia, *die* (**on** in + *Dat.*); c) (*St. Exch.*) ≈ aggressive Unternehmensaufkäufe. 2. *v. t.* ⟨*Polizei:*⟩ eine Razzia machen (**of** + *Akk.*); ⟨*Bande/Räuber/Soldaten:*⟩ überfallen ⟨*Bank/Viehherde/Land*⟩; ⟨*Trupp, Kommando:*⟩ stürmen ⟨*feindliche Stellung*⟩; ⟨*Kinder:*⟩ heimsuchen, plündern (*scherzh.*) ⟨*Obstgarten*⟩; ~ **the larder** (*joc.*) die Speisekammer plündern (*scherzh.*)
raider ['reɪdə(r)] *n.* (*on bank, farm*) Räuber, *der*/Räuberin, *die;* (*looter*) Plünderer, *der*/Plünderin, *die;* (*burglar*) Einbrecher, *der*/Einbrecherin, *die*
¹**rail** [reɪl] *n.* a) ⟨*Kleider-, Gardinen*⟩stange, *die;* (*as part of fence*) (*wooden*) Latte, *die;* (*metal*) Stange, *die;* (*on ship*) Reling, *die;* (*as protection against contact*) Barriere, *die;* **the** ~**s** (*Horse-racing*) die Innenumzäunung, die Bande, *die;* b) (*Railw.: of track*) Schiene, *die;* **go off the** ~**s** (*lit.*) entgleisen; (*fig.*) (*depart from what is accepted*) auf die schiefe Bahn geraten; (*go mad*) durchdrehen (*ugs.*); (*get out of control or order*) aus dem Ruder laufen; c) (~*way*) [Eisen]bahn, *die; attrib.* Bahn-; **by** ~: mit der Bahn; mit dem Zug; ~ **union** Eisenbahnergewerkschaft, *die.* 2. *v. t.* ~ **in** einzäunen ⟨*Grundstück, Gebäude*⟩; mit einem Geländer *od.* einer Absperrung umgeben ⟨*Altar, Denkmal*⟩; ~ **off** abzäunen; mit einem [Schutz]geländer versehen
²**rail** *n.* (*Ornith.*) Ralle, *die*
³**rail** *v. i.* ~ **at/against sb./sth.** auf/über jmdn./etw. schimpfen; ~ **at fate** mit dem Schicksal hadern
rail: ~**car** *n.* Triebwagen, *der;* Schienenbus, *der;* ~ **card** *n.* Berechtigungsausweis, *der;* (*for senior citizens*) ≈ Seniorenpaß, *der;* ~ **fence** *n.* (*Amer.*) (*wooden*) Lattenzaun, *der;* (*metal*) Stangenzaun, *der;* ~**head** *n.* a) (*farthest point during construction*) Ende einer im Bau befindlichen Bahnstrecke; Baustellenende, *das;* b) (*terminal*) Ausladebahnhof, *der;* Verladebahnhof, *der*
railing ['reɪlɪŋ] *n.* (*round garden, park*) Zaun, *der;* (*on sides of staircase*) Geländer, *das*
raillery ['reɪlərɪ] *n.* Neckerei, *die;* Spöttelei, *die*
rail: ~-**link** *n.* Bahn[strecke], *die;* ~**road** 1. *n.* (*Amer.*) *see* **railway;** 2. *v. t.* (*send or push through in haste*) ~**road sb. into doing sth.** jmdn. dazu antreiben, etw. zu tun; ~**road a bill through parliament** einen Gesetzentwurf im Parlament durchpeitschen (*ugs.*); b) (*send to prison by fraud*) unrechtmäßig einsperren (*ugs.*); ~ **strike** *n.* Eisenbahnerstreik, *der*
railway ['reɪlweɪ] *n.* a) (*track*) Bahnlinie, *die;* Bahnstrecke, *die;* b) (*system*) [Eisen]bahn, *die;* **work on the** ~: bei der Bahn arbeiten; **what a way to run a** ~! (*fig.*) komisches Verfahren!; *see also* **cable railway**
railway: ~ **carriage** *n.* Eisenbahnwagen, *der;* Reisezugwagen, *der* (*fachspr.*); ~ **crossing** *n.* Bahnübergang, *der;* ~ **engine** *n.* Lokomotive, *die;* ~ **engineer** *n.* Eisenbahningenieur, *der;* ~ **guide** *n.* Fahrplan, *der;* (*book*) Kursbuch, *das;* ~ **line** *n.* [Eisen]bahnlinie, *die;* [Eisen]bahn-

strecke, *die;* ~**man** ['reɪlweɪmən] *n., pl.* ~**men** ['reɪlweɪmən] Eisenbahner, *der;* ~ **network** *n.* [Eisen]bahnnetz, *das;* ~-**station** *n.* Bahnhof, *der;* (*smaller*) [Eisen]bahnstation, *die;* ~ **worker** *n.* Bahnarbeiter, *der;* ~-**yard** *n.* Abstellbahnhof, *der;* Rangierbahnhof, *der*
raiment ['reɪmənt] *n.* (*arch./literary*) Gewand, *das* (*geh.*)
rain [reɪn] 1. *n.* a) Regen, *der;* **it looks like** ~: es sieht nach Regen aus; **out in the** ~: draußen im Regen ⟨*sein, lassen*⟩; **hinaus in den Regen** ⟨*gehen*⟩; **come** ~ **or shine** bei jedem Wetter; (*fig.*) unter allen Umständen; *see also* **right 1 d;** b) (*fig.: of arrows, blows, etc.*) Hagel, *der;* c) *in pl.* (*falls of* ~) **the** ~**s** die Regenzeit. 2. *v. i.* a) *impers.* **it** ~**s** *or* **is** ~**ing** es regnet; **it starts** ~**ing** *or* **to** ~: es fängt an zu regnen; *see also* **cat 2; pour 2 a;** b) ⟨*Tränen:*⟩ strömen; ⟨*Konfetti, Reis:*⟩ regnen, niedergehen (**on** auf + *Akk.*); ⟨*Schläge:*⟩ niederprasseln (**on** auf + *Akk.*); **bombs** ~**ed on many cities** auf viele Städte regnete es Bomben. 3. *v. t.* prasseln *od.* hageln lassen ⟨*Schläge, Hiebe*⟩; regnen lassen ⟨*Reis, Konfetti:*⟩; ~ **abuse on sb.** eine Schimpfkanonade gegen jmdn. loslassen (*ugs.*)
~ '**down** *v. i.* ⟨*Schläge, Steine, Flüche usw.:*⟩ niederprasseln; ⟨*Schüsse, Kugeln usw.:*⟩ niederhageln
~ '**off,** (*Amer.*) ~ '**out** *v. t.* **be** ~**ed off** *or* **out** (*be terminated*) wegen Regen abgebrochen werden; (*be cancelled*) wegen Regen ausfallen; ins Wasser fallen (*ugs. scherzh.*)
rainbow ['reɪnbəʊ] 1. *n.* Regenbogen, *der;* **secondary** ~: Nebenregenbogen, *der;* **all the colours of the** ~: alle Regenbogenfarben; *see also* **gold 1 b.** 2. *adj.* Regenbogen- ⟨*farben, -streifen*⟩; regenbogenfarbig, -farben ⟨*Kleid, Blumen, Federkleid*⟩
rainbow 'trout *n.* Regenbogenforelle, *die*
rain: ~-**check** *n.* (*Amer.*) Eintrittskarte für Ersatzveranstaltung; **take a** ~-**check on sth.** (*fig.*) auf etw. (*Akk.*) später wieder zurückkommen; ~-**cloud** *n.* Regenwolke, *die;* ~**coat** *n.* Regenmantel, *der;* ~-**drop** *n.* Regentropfen, *der;* ~-**fall** *n.* (*shower*) [Regen]schauer, *der;* (*quantity*) Niederschlag, *der;* ~ **forest** *n.* Regenwald, *der;* ~-**gauge** *n.* Regenmesser, *der;* ~-**making** *n.* Erzeugung von künstlichem Regen *od.* Niederschlag; Niederschlagsauslösung, *die;* ~-**proof** 1. *adj.* regendicht; wasserdicht; 2. *v. t.* appretieren; ~-**shower** *n.* Regenschauer, *der;* ~-**storm** *n.* stürmisches Regenwetter; heftiger Regenguß, *der;* ~-**water** *n.* Regenwasser, *das;* ~-**wear** *n.* Regenkleidung, *die*
rainy ['reɪnɪ] *adj.* regnerisch ⟨*Tag, Wetter*⟩; regenreich ⟨*Klima, Gebiet, Sommer, Winter*⟩; regenverhangen ⟨*Himmel*⟩; ~ **season** Regenzeit, *die;* **keep sth. for a** ~ **day** (*fig.*) sich (*Dat.*) etw. für schlechte Zeiten aufheben
raise [reɪz] 1. *v. t.* a) (*lift up*) heben; erhöhen ⟨*Note, Pulsfrequenz, Temperatur, Steuern, Miete, Lohn, Gehalt, Kosten*⟩; hochziehen ⟨*Rolladen, Fahne, Schultern*⟩; aufziehen ⟨*Vorhang,*⟩; hochheben ⟨*Koffer, Arm, Hand*⟩; hochschieben ⟨*Schiebefenster*⟩; höher machen, aufhöhen (*fachspr.*) ⟨*Mauer usw.*⟩ (**by** um); (*Cookery*) gehen lassen ⟨*Brot, Teig*⟩; ~ **one's eyes** den Blick *od.* die Augen heben; hinaufblicken (**to** zu); aufblicken (**from** von); ~ **one's eyes to heaven** die Augen zum Himmel erheben (*geh.*); ~ **one's glass to sb.** das Glas auf jmdn. erheben; auf jmdn. anstoßen; ~ **one's hand/fist to sb.** die Hand/Faust gegen jmdn. erheben; ~ **one's voice** die Stimme heben; **they** ~**d their voices** (*in anger*) sie *od.* ihre Stimmen wurden lauter; **don't you** ~ **your voice at me** schrei mich nicht an!; **war** ~**d its [ugly] head** der Krieg erhob sein [häßliches] Haupt; **be** ~**d to the peerage/priesthood** in

raised

den Stand eines Peers/in den Priesterstand erhoben werden; *see also* **finger 1 a; hat a; roof 1 a; b)** *(set upright, cause to stand up)* aufrichten; erheben ⟨*Banner*⟩; aufstellen ⟨*Fahnenstange, Zaun, Gerüst*⟩; **~ the people to revolt** das Volk zum Aufstand mobilisieren; **~ the country against an invader** den Widerstand der Bevölkerung gegen einen Eindringling mobilisieren; **be ~d from the dead** von den Toten [auf]erweckt werden; **~ the dust** *(fig.: cause turmoil)* Ärger machen; **~ sb.'s spirits** jmds. Stimmung heben; **c)** *(build up, construct)* errichten ⟨*Gebäude, Statue*⟩; verursachen ⟨*Blutblase usw.*⟩; *(create, start)* auslösen ⟨*Kontroverse*⟩; schaffen ⟨*Probleme*⟩; erheben ⟨*Forderungen, Einwände, Ansprüche, Bedenken, Protest*⟩; entstehen lassen ⟨*Vorurteile*⟩; *(introduce)* aufwerfen ⟨*Frage*⟩; zur Sprache bringen, anschneiden ⟨*Angelegenheit, Thema, Problem*⟩; *(utter)* erschallen lassen ⟨*Ruf, Schrei, Beifallgeschrei, Jubel*⟩; **d)** *(grow, produce, breed, rear)* anbauen ⟨*Gemüse, Getreide*⟩; aufziehen ⟨*Vieh, [Haus]tiere*⟩; großziehen ⟨*Familie, Kinder*⟩; **[be born and] ~d in ...** *(Amer.)* [geboren und] aufgewachsen [sein] in ... *(Dat.)*; **e)** *(bring together, procure)* aufbringen ⟨*Geld, Betrag, Summe*⟩; aufstellen ⟨*Armee, Flotte, Truppen*⟩; aufnehmen ⟨*Hypothek, Kredit, Darlehen*⟩; **f)** *(end, cause to end)* aufheben, beenden ⟨*Belagerung, Blockade*⟩; *(remove)* aufheben ⟨*Aufnahme-, Einstellungsstopp, Embargo, Verfügung, Anordnung, Verbot*⟩; **g)** *(cause to appear)* [herbei]rufen, beschwören ⟨*Geist, Verstorbenen, Teufel*⟩; **~ [merry] hell** *(coll.)* Krach schlagen *(ugs.)* *(over wegen)*; **h)** *(Math.)* **~ to the fourth power** in die 4. Potenz erheben; mit 4 potenzieren; **i)** *(Cards)* erhöhen **(to** auf); **~ sb.** jmdn. überbieten; **~ [one's] partner** seinen Mitspieler mit derselben Farbe überbieten *od.* überrufen; **j)** *(coll.: find)* **~ sb.** jmdn. auftreiben. *od. (ugs.)* auftreiben. **2.** *n.* **a)** *(Cards)* Erhöhen, *das*; **b)** *(Amer. in wages)* Lohnerhöhung, *die*; *(in salary)* Gehaltserhöhung, *die*
~ 'up *v. t.* **a)** *(cause to stand up)* aufstellen; **b)** *(build up)* errichten ⟨*Mauer, Gebäude*⟩; aufstapeln ⟨*Haufen*⟩; aufbauen, gestalten ⟨*Struktur*⟩
raised [reɪzd] *adj.* **a)** erhoben ⟨*Arm, Augen, Blick, Stimme*⟩; **b)** *(Amer. Cookery)* aufgegangen ⟨*Teig, Brot, Kuchen*⟩; **c)** [auf]gerauht ⟨*Gewebe, Stoff*⟩; **d)** *(having pattern or design in relief)* erhaben
raisin ['reɪzn] *n.* Rosine, *die*
raison d'être [reɪzɔ̃ 'detr] *n., pl.* **raisons d'être** [reɪzɔ̃ 'detr] Existenzberechtigung, *die*; **his happiness was her ~**: sie lebte nur für sein Wohlergehen
raj [rɑːdʒ] *n. (Ind. Hist.)* Herrschaft, *die*; **the British ~**: die britische Oberherrschaft *(in Indien vor 1947)*
raja[h] ['rɑːdʒə] *n. (Hist.)* Radscha, *der*
¹**rake** [reɪk] **1.** *n.* **a)** *(Hort.)* Rechen, *der* *(bes. südd. u. md.)*; Harke, *die* *(bes. nordd.)*; **b)** *(Agric.: wheeled implement)* Rechwender, *der*; **c)** *(croupier's)* Rateau, *das*; Geldharke, *die*. *See also* **thin 1 b**. **2.** *v. t.* **a)** harken ⟨*Laub, Erde, Fußboden, Kies, Oberfläche*⟩; **~ together** *(fig.)* zusammentragen ⟨*Beweise, Hinweise, Anklagepunkte*⟩; **b)** **~ the fire** die Asche entfernen; **c)** *(sweep)* *(with eyes)* bestreichen; *(with shots)* bestreichen, beharken ⟨*Soldatenspr.*⟩. **3.** *v. i.* **~ among** *or* **into** *or* **[around] in** herumstöbern in (+ *Dat.*)
~ 'in *v. t. (coll.)* scheffeln *(ugs.)* ⟨*Geld*⟩; **~ in the money, ~ it in** Geld scheffeln *(ugs. Amer.)*
~ 'over *v. t.* harken **b)** *(fig.)* wieder ausgraben; **~ over old ashes** *(fig.)* alte Geschichten wieder ausgraben
~ 'up *v. t.* zusammenharken; **b)** *(fig.)* wieder ausgraben ⟨*Vergangenes*⟩
²**rake** *n.* **a)** *(sloping position, amount of slope)* Neigung, *die*; **b)** *(in theatre)* Schräge,

die; **there is a ~ on this stage** diese Bühne hat eine Schräge
³**rake** *n. (person)* Lebemann, *der*
raked [reɪkt] *adj. (Bühne, Zuschauerraum)* mit einer Schräge
'rake-off *n. (coll.)* [Gewinn]anteil, *der*
¹**rakish** ['reɪkɪʃ] *adj.* **a)** *(dissolute)* ausschweifend; **b)** *(jaunty)* flott; keß; **wear one's hat at a ~ angle** seinen Hut frech *od.* keck aufgesetzt haben
²**rakish** *adj. (smartly designed)* schnittig
rakishly ['reɪkɪʃlɪ] *adv.* **a)** *(dissolutely)* wie ein Lebemann; **b)** *(jauntily)* keß; keck
¹**rally** ['rælɪ] **1.** *v. i.* **a)** *(come together)* sich versammeln; **~ to the support of** *or* **the defence of, ~ behind** *or* **to sb.** *(fig.)* sich hinter jmdn. stellen; **the banks rallied to the support of the pound** die Banken versuchten gemeinsam, das Pfund zu stützen; **~ round** sich zusammentun; **b)** *(regain health)* sich wieder [ein wenig] erholen; **c)** *(reassemble)* sich [wieder] sammeln; **d)** *(increase in value after fall)* ⟨*Aktie, Kurs*⟩ wieder anziehen, sich wieder erholen. **2.** *v. t.* **a)** *(reassemble)* wieder zusammenrufen; **b)** *(bring together)* einigen ⟨*Partei, Kräfte*⟩; sammeln ⟨*Anhänger*⟩; **c)** *(rouse)* aufmuntern; *(revive)* **~ one's strength** seine [ganze] Kraft zusammennehmen; **~ support for sb./sth.** um Unterstützung für jmdn./etw. werben. **3.** *n.* **a)** *(mass meeting)* Versammlung, *die*; **Scout ~**: [großes] Pfadfindertreffen; *(peace ~)* Friedenskundgebung, *die*; **b)** *(competition)* [motor] Rallye, *die*; **Monte Carlo R~**/**Isle of Man TT R~**: Rallye Monte Carlo/Tourist Trophy; **c)** *(Tennis)* Ballwechsel, *der*; **d)** **a ~ in prices/shares** ein Anziehen der Preise/Aktienkurse
²**rally** *v. t. (tease)* aufziehen *(ugs.)*; necken
'rally-cross *n. (Sport)* Rallye-Cross, *das*
RAM [ræm] *abbr. (Computing)* **random access memory** RAM; **~ facility** Randomspeicher, *der*
ram [ræm] **1.** *n.* **a)** *(Zool.)* Schafbock, *der*; Widder, *der*; **b) the Ram** *(Astrol.)* der Widder; *see also* **archer b**; **c)** *see* **battering ram**; **d)** *(Naut.: projecting beak)* Rammsporn, *der*; **e)** *(hydraulic lifting-machine)* hydraulischer Widder, *der*; **f)** *(weight)* Rammklotz, *der*; Bär, *der*; **g)** *(tool)* Stampfer, *der*; **h)** *(piston)* Plunger, *der*. **2.** *v. t.*, **-mm-: a)** *(force)* stopfen; **~ a post into the ground** einen Pfosten in die Erde rammen; **he ~med his hat down on his head** er knallte sich *(Dat.)* seinen Hut auf den Kopf *(ugs.)*; **~ sth. into sb.** *or* **sb.'s head** *(fig.)* jmdm. etw. einhämmern; **~ sth. home to sb.** jmdm. etw. deutlich vor Augen führen; *see also* **throat a**; **b)** *(collide with)* rammen ⟨*Fahrzeug, Pfosten*⟩; **c)** ~ **[down]** *(beat down)* feststampfen ⟨*Erde, Ton, Kies*⟩
Ramadan [ræmə'dɑːn] *n. (Muslim Relig.)* [month of] ~: Ramadan, *der*
ramble ['ræmbl] **1.** *n.* [nature] ~: Wanderung, *die*. **2.** *v. i.* **a)** *(walk)* umherstreifen **(through, in** in + *Dat.*); **b)** *(in discourse)* zusammenhangloses Zeug reden *(abwertend)*; **keep rambling on about sth.** sich endlos über etw. *(Akk.)* auslassen
rambler ['ræmblə(r)] *n.* **a)** Wanderer, *der*/ Wanderin, *die*; **b)** *(Bot.)* Kletterrose, *die*
rambling ['ræmblɪŋ] **1.** *n.* Wandern, *das*; **~ club** Wanderverein, *der*. **2.** *adj.* **a)** *(irregularly arranged)* verschachtelt; verwinkelt ⟨*Straßen*⟩; **b)** *(incoherent)* unzusammenhängend ⟨*Erklärung, Brief*⟩; zerstreut ⟨*Professor*⟩; **c)** *(Bot.)* **~ rose** Kletterrose, *die*
rambunctious [ræm'bʌŋkʃəs] *adj. (Amer. coll.)* nicht zu bändigen; **be ~**: nicht zu bändigen sein
ramekin ['ræmɪkɪn] **a)** *(Gastr.)* Käsewindbeutel, *der*; Ramequin, *der* *(fachspr.)*; **b)** *see* **~ case**
ramekin: ~ case, ~ dish *ns.* kleine Auflaufform

range

ramification [ræmɪfɪ'keɪʃn] *n.* **a)** *(of river, railway, business; Bot., Anat.)* Verzweigung, *die*; **b)** *usu. in pl. (consequence)* Auswirkungen; **what would be the ~s of this?** wie würde sich das auswirken?
ramify ['ræmɪfaɪ] *v. i.* sich verzweigen; **~ing network** verzweigtes Netz
'ram-jet *n. (Aeronaut.)* **~ [engine]** Staustrahltriebwerk, *das*
rammer ['ræmə(r)] *n.* Stampfer, *der*
ramp [ræmp] **1.** *n.* **a)** *(slope)* Rampe, *die*; **'beware of caution, ~!'** „Vorsicht, unebene Fahrbahn!"; **b)** *(Aeronaut.)* Gangway, *die*. **2.** *v. t.* mit einer Rampe versehen
rampage 1. ['ræmpeɪdʒ, ræm'peɪdʒ] *n.* Randale, *die (ugs.)*; **be/go on the ~** *(coll.)* ⟨*Rowdies:*⟩ randalieren; ⟨*verärgerte Person:*⟩ toben. **2.** [ræm'peɪdʒ] *v. i.* ⟨*Rowdies:*⟩ randalieren; **~ about** ⟨*verärgerte Person:*⟩ toben
rampant ['ræmpənt] *adj.* **a)** *(unchecked)* zügellos ⟨*Gewalt, Rassismus, Randalieren*⟩; schreiend ⟨*soziale Ungerechtigkeit*⟩; steil ansteigend ⟨*Verbrechensrate, Inflation*⟩; üppig ⟨*Wachstum*⟩; **cholera was ~**: die Cholera grassierte; **b)** *postpos. (Her.)* zum Grimmen geschickt ⟨*Löwe*⟩; **c)** *(rank)* **make too ~, cause the growth of** wuchern lassen ⟨*Pflanzen*⟩
rampart ['ræmpɑːt] *n.* **a)** *(walk)* Wehrgang, *der*; **b)** *(protective barrier)* Wall, *der*; *(fig.)* Schutzschild, *der*
rampion ['ræmpɪən] *n. (Bot.)* Rapunzelglockenblume, *die*
'ramrod *n.* Ladestock, *der*; **[with one's back] as straight or stiff as a ~** *(fig. coll.)* so steif, als ob man einen Besenstiel verschluckt hätte; stocksteif
'ramshackle *adj.* klapprig ⟨*Auto*⟩; verkommen ⟨*Gebäude*⟩
ran *see* **run 1, 2**
ranch [rɑːntʃ] **1.** *n.* Ranch, *die*; **[mink/poultry] ~**: [Nerz-/Geflügel]farm, *die*; **livestock ~**: Viehbetrieb, *der*; **meanwhile, back at the ~** *(joc. coll.)* inzwischen ... zu Hause; *see also* **dude ranch**. **2.** *v. i.* Viehwirtschaft treiben
rancher ['rɑːntʃə(r)] *n. (owner, operator)* Rancher, *der*/Rancherin, *die*; *(employee)* Farmarbeiter, *der*/-arbeiterin, *die*; **be a ~**: eine Ranch haben/auf einer Ranch arbeiten
ranch: ~-hand *n.* Farmarbeiter, *der*/-arbeiterin, *die*; **~-house** *n.* Wohnhaus auf einer/der Ranch
rancid ['rænsɪd] *adj.* ranzig
rancor *(Amer.) see* **rancour**
rancorous ['ræŋkərəs] *adj.* bitter; **feel ~ towards sb.** ihm gegenüber verbittert sein
rancour ['ræŋkə(r)] *n. (Brit.)* [tiefe] Verbitterung; **she bore him no ~**: sie hegte keinen Groll gegen ihn *(geh.)*
rand [rænd, rɑːnt] *n. (S. Afr. monetary unit)* Rand, *der*
randiness ['rændɪnɪs] *n., no pl.* Lüsternheit, *die (geh.)*; Geilheit, *die*
random ['rændəm] **1.** *n.* **at ~**: wahllos; *(aimlessly)* ziellos; **speak/choose at ~**: ins Blaue hinein reden/aufs Geratewohl wählen. **2.** *adj.* **a)** *(unsystematic)* willkürlich; *(aimlessly)* ziellos; **make a ~ guess** raten aufs Geratewohl; ⟨*Auswahl*⟩; **b)** *(Statistics)* Zufalls-
random: ~ 'access memory *n. (Computing)* Schreib-Lese-Speicher, *der*; **~ distribution** *n. (Statistics)* Zufallsverteilung, *die*
randomize (randomise) ['rændəmaɪz] *v. t.* randomisieren *(fachspr.)*; willkürlich ordnen
random: ~ 'sample *n. (Statistics)* [Zufalls]stichprobe, *die*; **~ 'variable** *n. (Statistics)* Zufallsvariable, *die*
randy ['rændɪ] *adj.* geil; scharf *(ugs.)*; **feel ~**: geil sein
rang *see* ²**ring 2, 3**
range [reɪndʒ] **1.** *n.* **a)** *(row)* **~ of mountains**/

range-finder

cliffs Berg-/Felsenkette, *die*; **b)** *(of subjects, interests, topics)* Palette, *die*; *(of musical instrument)* Tonumfang, *der*; *(of knowledge, voice)* Umfang, *der*; *(of income, department, possibility)* Bereich, *der*; **~ of influence** Einflußbereich, *der*; **a ~ of options** verschiedene Möglichkeiten; **the annual ~ of temperature** die Temperaturunterschiede im Verlauf des Jahres; **be outside the ~ of a department** nicht in ein Ressort gehören; **sth. is out of** *or* **beyond sb's ~** *(lit. or fig.)* etw. ist außerhalb jmds. Reichweite; **c)** *(Bot., Zool.: area of distribution)* Verbreitungsgebiet, *das*; **d)** *(of telescope, missile, aircraft, etc.)* Reichweite, *die*; *(distance between gun and target)* Schußweite, *die*; **flying ~**: Flugbereich, *der*; **at a ~ of 200 metres** auf eine Entfernung von 200 Metern; **up to a ~ of 5 miles** bis zu einem Umkreis von 5 Meilen; **shoot at close** *or* **short/long ~**: aus kurzer/großer Entfernung schießen; **[with]in/out of** *or* **beyond [firing] ~**: in/außer Schußweite; **within ~ of a sound** in Hörweite eines Geräuschs; **experience sth. at close ~**: etw. in unmittelbarer Nähe erleben; **e)** *(series, selection)* Kollektion, *die*; **f)** **[shooting] ~**: Schießstand, *der*; *(at fun-fair)* Schießbude, *die*; **g)** *(testing-site)* Versuchsgelände, *das*; **h)** *(grazing-ground)* Weide[fläche], *die*; **cattle ~**: Viehweide, *die*; **i) give free ~ to** *(freedom to roam)* frei herumlaufen lassen ⟨*Tier*⟩; umherschweifen lassen ⟨*Gedanken*⟩; **j)** *(direction)* Verlauf, *der*; **k)** *(cooking-stove)* Herd, *der*. **2.** *v. i.* **a)** *(vary within limits)*⟨*Preise, Temperaturen:*⟩ schwanken, sich bewegen **(from ... to** zwischen [+ *Dat.*] ... und); **they ~ in age from 3 to 12** sie sind zwischen 3 und 12 Jahre alt; **(extend)** ⟨*Gebirge, Gipfel, Häuser:*⟩ sich hinziehen; **her hobbies ~ from x to y** die Palette ihrer Hobbies reicht von x bis y; **b)** *(Bot., Zool.: occur over wide area)* **the plant/animal ~s from ... to ...**: das Verbreitungsgebiet der Pflanze/des Tieres erstreckt sich von ... bis ...; **d)** *(roam)* umherziehen **(around, about in** + *Dat.*); *(fig.)*⟨*Gedanken:*⟩ umherschweifen; **the discussion ~d over ...**: die Diskussion erstreckte sich auf (+ *Akk.*)...; **the speaker ~d far and wide** der Redner sprach viele verschiedene Themen an. **3.** *v. t.* **a)** *(arrange)* aufreihen ⟨*Bücher, Tische*⟩; antreten lassen ⟨*Soldaten*⟩; **they ~d themselves in lines** sie stellten sich in Reih und Glied auf; **several enemy platoons were ~d against us** wir standen einer Reihe feindlicher Züge gegenüber; **~ oneself with sb.** *(fig.)* sich auf jmds. Seite schlagen; **~ oneself against sb./sth.** *(fig.)* sich auf jmdn./etw. zusammenschließen; **~ oneself behind sth.** *(fig.)* sich hinter etw. *(Akk.)* stellen; **b)** richten ⟨*Teleskop, Geschütz*⟩ **(on** auf + *Akk.*); **c)** *(roam)* umherstreifen **(**+ *Dat.*); durchstreifen ⟨*Landschaft, Berge, Wälder*⟩; befahren ⟨*Meere*⟩
'**range-finder** *n.* Entfernungsmesser, *der*
ranger ['reɪndʒə(r)] *n.* **a)** *(keeper)* Aufseher, *der/*Aufseherin, *die*; *(of forest)* Förster, *der/*Försterin, *die*; **b)** *(Amer.: law officer)* Ranger, *der*; Angehöriger der berittenen Polizeitruppe; **c)** *(Brit.: Girl Guide)* Pfadfinderin *(zwischen 14 und 18 Jahren)*; **d)** *(Amer. Mil.)* Ranger, *der*
ranging ['reɪndʒɪŋ]: **~-pole, ~-rod** *ns. (Surv.)* Bake, *die*
rangy ['reɪndʒɪ] *adj.* langgliedrig
¹**rank** [ræŋk] **1.** *n.* **a)** *(position in hierarchy)* Rang, *der*; *(Mil. also)* Dienstgrad, *der*; **be above/below sb. in ~**: einen höheren/niedrigeren Rang/Dienstgrad haben als jmd.; **pull ~** *(coll.)* den Vorgesetzten herauskehren **(on** gegenüber); **of high ~**: hochrangig; **be in the front** *or* **top ~ of performers** ein Künstler der Spitzenklasse sein; **of the first ~**: erstklassig; **b)** *(social position)* [soziale] Stellung, *die*; **people of all ~s** Menschen aus allen [Gesellschafts]schichten; **persons of ~**: hochgestellte Persönlichkeiten; **belong to a high ~ of society** zur oberen Gesellschaftsschicht gehören; **c)** *(row)* Reihe, *die*; **d)** *(Brit.: taxi-stand)* [Taxen]stand, *der*; **e)** *(line of soldiers)* Reihe, *die*; **step forward from the ~**: vortreten; **the ~s** *(enlisted men)* die Mannschaften und Unteroffiziere; **the ~ and file** die Mannschaften und Unteroffiziere; *(fig.)* die breite Masse; **close [our/their] ~s** die Reihen schließen; *(fig.)* sich zusammenschließen; **other ~s** Mannschaften und Unteroffiziere; **rise from the ~s** [sich aus dem Mannschaftsstand] zum Offizier hochdienen; *(fig.)* sich hocharbeiten; **f)** *(order)* **keep/break ~[s]** in Reih und Glied stehen/aus dem Glied treten. **2.** *v. t.* **a)** *(classify)* einordnen *or* mit zählen zu, rechnen zu; **his achievement was ~ed with hers** seine Leistung wurde mit ihrer auf einer Stufe gestellt; **be ~ed second in the world** an zweiter Stelle in der Welt stehen; **~ sth. highly** etw. hoch einstufen; **b)** *(arrange)* aufstellen ⟨*Schachfiguren*⟩; in Reih und Glied antreten lassen ⟨*Kompanie*⟩; **c)** *(Amer.: take precedence of)* rangmäßig stehen über (+ *Dat.*); **who ~s whom?** wie ist die Rangordnung? **3.** *v. i.* **a)** *(have position)* **~ among** *or* **with** gehören od. zählen zu; **~ above/next to sb.** rangmäßig über/direkt unter jmdm. stehen; **~ high/low** eine hohe/niedrige Stellung einnehmen; viel/nicht viel gelten; **it ~s as his best book** es gilt als sein bestes Buch; **b)** *(Amer.: have senior position)* **~ing executive** übergeordneter Manager
²**rank** *adj.* **a)** *(complete)* blank ⟨*Unsinn, Frechheit*⟩; kraß ⟨*Außenseiter, Illoyalität*⟩; **b)** *(foul-smelling)* stinkend; **~ odour** Gestank, *der*; **smell ~**: stinken; **c)** *(vile)* ordinär; unflätig; **d)** *(rampant)* überwuchert ⟨*Garten*⟩; **weeds** [wild] wucherndes Unkraut
'**rank-and-file** *adj.* einfach ⟨*Mitglied, Mann usw.*⟩
ranker ['ræŋkə(r)] *n. (Mil.)* **a)** *(commissioned officer)* aus dem Mannschaftsstand aufgestiegener Offizier; **b)** *(soldier)* einfacher od. gemeiner Soldat
rankings ['ræŋkɪŋz] *n. pl. (Sport)* Rangliste, *die*; **the team has fallen in the ~**: die Mannschaft ist in der Tabelle nach unten gerutscht
rankle ['ræŋkl] **1.** *v. i.* **it/sb.'s success** *etc.* **~s [with sb.]** Erfolg *usw.* wurmt jmdn. *(ugs.)*. **2.** *v. t.* wurmen *(ugs.)*
ransack ['rænsæk] *v. t.* **a)** *(search)* durchsuchen **(for** nach); *(fig.)* kramen in (+ *Dat.*) *(ugs.)*⟨*Erinnerung, Gedächtnis*⟩; erforschen ⟨*Gewissen*⟩; **b)** *(pillage)* plündern
ransom ['rænsəm] **1.** *n.* **~ [money]** Lösegeld, *das*; **hold to ~**: als Geisel festhalten; *(fig.)* erpressen, unter Druck *(Akk.)* setzen ⟨*Regierung*⟩; **jewels worth a king's ~**: Juwelen, die ein Vermögen wert sind. **2.** *v. t.* **a)** *(redeem)* Lösegeld bezahlen für; auslösen; **b)** *(hold to ransom)* als Geisel festhalten
'**ransom note** *n.* Erpresserbrief, *der*
rant [rænt] **1.** *v. i.* wettern *(ugs.)*; **~ at** anschnauzen *(ugs.)*; **~ on about** herumzetern wegen *(ugs.)*; **~ and rave about sth.** über etw. *(Akk.)* wettern *(ugs.)*. **2.** *n.* **a)** *(tirade)* Tirade, *die (abwertend)*; Redeschwall, *der*; **b)** *no pl. (empty talk)* Schwulst, *der*; leeres Geschwätz *(ugs.)*
ranunculus [rə'nʌŋkjʊləs] *n., pl.* **~es** *or* **ranunculi** [rə'nʌŋkjʊlaɪ] *(Bot.)* Hahnenfußgewächs, *das*
¹**rap** [ræp] **1.** *n.* **a)** *(sharp knock)* [energisches] Klopfen; **there was a ~ on** *or* **at the door** es klopfte [laut]; **I heard a ~ on** *or* **at the door** ich hörte es [laut] klopfen; **give sb. a ~ on** *or* **over the knuckles** jmdm. auf die Finger schlagen; *(fig.)* jmdm. auf die Finger klopfen; **get a ~ on** *or* **over the knuckles** *(lit. or*

rapture

fig.) eins auf die Finger bekommen; **b)** *(sl.: blame)* **take the ~ [for sth.]** [für etw.] den Kopf hinhalten *(ugs.)*; **leave sb. behind to take the ~**: jmdn. die Suppe auslöffeln lassen *(ugs.)*; **c)** *(Amer. sl.: prison sentence)* Kittchen, *das (ugs.)*; Knast, *der (ugs.)*; **d)** *(Amer. sl.: criminal charge)* Anklage, *die*; **e)** *(Amer. sl.) (conversation)* Unterhaltung, *die*; *(discussion)* Palaver, *das (ugs.)*; *(in pop music)* rhythmischer Sprechgesang; Rap, *der*. **2.** *v. t.*, **-pp- a)** *(strike smartly)* klopfen; **~ sb. on the knuckles** jmdm. auf die Finger klopfen; **~ sth. on sth.** mit etw. gegen etw. klopfen; **b)** *(criticize)* attackieren. **3.** *v. i.*, **-pp- a)** *(make sound)* klopfen **(on an** + *Akk.*); **~ on the table** auf den Tisch klopfen; **b)** *(Amer. sl.: talk)* quatschen *(ugs.)*
~ out *v. t.* ausstoßen ⟨*Befehl, Fluch*⟩; **~ out a message** melden
²**rap** *n.* **I don't care** *or* **give a ~**: es ist mir völlig egal *(ugs.)*
rapacious [rə'peɪʃəs] *adj. (greedy)* habgierig; *(predatory)* räuberisch
rapaciously [rə'peɪʃəslɪ] *adv. (greedily)* habgierig; *(in predatory manner)* raublustig
rapacity [rə'pæsɪtɪ] *n., no pl.* Habgier, *die*; *(being predatory)* Raublust, *die*
¹**rape** [reɪp] **1.** *n.* Vergewaltigung, *die (auch fig.)*; Notzucht, *die (Rechtsspr.)*; **statutory ~** *(Amer.)* Geschlechtsverkehr mit einer Minderjährigen; **homosexual ~**: Vergewaltigung einer gleichgeschlechtlichen Person. **2.** *v. t.* vergewaltigen; notzüchtigen *(Rechtsspr.)*; *(fig.: despoil)* vergewaltigen ⟨*Landschaft*⟩
²**rape** *n. (Bot., Agric.)* Raps, *der*
rape: **~-cake** *n.* Rapskuchen, *der*; **~ oil** *see* **~-seed oil**; **~-seed** *n.* Rapssamen, *der*; **~-seed oil** *n.* Rapsöl, *das*
Raphael ['ræfeɪəl] *pr. n.* **a)** *(archangel)* Raphael *(der)*; **b)** *(artist)* Raffael *(der)*
rapid ['ræpɪd] **1.** *adj.* schnell ⟨*Bewegung, Wachstum, Puls*⟩; rasch ⟨*Folge, Bewegung, Fortschritt, Ausbreitung, Änderung*⟩; rapide ⟨*Niedergang*⟩; steil ⟨*Abstieg*⟩; reißend ⟨*Gewässer, Strömung*⟩; stark ⟨*Gefälle, Strömung*⟩; **give ~ results** schnell Ergebnisse bringen; **there has been a ~ decline** es ging rapide abwärts. **2.** *n. in pl.* Stromschnellen
rapid-'fire *adj.* Schnellfeuer⟨*waffe, -schießen*⟩; *(fig.)* schnell aufeinanderfolgend ⟨*Wiederholung*⟩; Schnellfeuer⟨*witze, -fragen*⟩
rapidity [rə'pɪdɪtɪ] *n., no pl.* Schnelligkeit, *die*
rapidly ['ræpɪdlɪ] *adv.* schnell; **descend ~** ⟨*Hang:*⟩ steil abfallen
rapid 'transit *(Amer.) n.* Schnellverkehr, *der*
rapier ['reɪpɪə(r)] *n. (Fencing)* Rapier, *das*
rapine ['ræpaɪn, 'reɪpɪn] *n. (rhet.)* Plünderung, *die*
rapist ['reɪpɪst] *n.* Vergewaltiger, *der*
rapport [ræ'pɔː(r)] *n.* [harmonisches] Verhältnis, *das*; **have a great ~ with sb.** ein ausgezeichnetes Verhältnis zu jmdn. haben; **establish a ~ with sb.** eine Beziehung zu jmdn. aufbauen; **lack of ~**: fehlende Übereinstimmung
rapprochement [ræ'prɒʃmɑ̃] *n. (Polit., Diplom.)* Rapprochement, *das (fachspr.)*; Wiederannäherung, *die*
rapscallion [ræp'skælɪən] *n. (joc.)* Spitzbube, *der (scherzh.)*; Schlingel, *der (scherzh.)*
rapt [ræpt] *adj.* gespannt ⟨*Aufmerksamkeit, Miene*⟩; **in ~ contemplation** in Betrachtungen versunken
raptly ['ræptlɪ] *adv.* gespannt *(zuhören)*
rapture ['ræptʃə(r)] *n.* **a)** *(ecstatic delight)* **[state of] ~**: Verzückung, *die*; **b)** *in pl. (enthusiasm)* **go into ~s** entzückt sein **(over, about** über + *Akk.*); **go into ~s** [überschwenglich] schwärmen **(over, about** von); **be sent into ~s by sth.** über etw. *(Akk.)* in Verzückung geraten

583

rapturous ['ræptʃərəs] *adj.* begeistert ⟨Applaus, Menge, Willkommen⟩; verzückt ⟨Miene⟩

¹**rare** [reə(r)] *adj.* a) *(uncommon)* selten; ~ occurrence Seltenheit, *die;* it's ~ for him to do that es kommt selten vor, daß er etw. tut; b) *(thin)* dünn ⟨Luft, Atmosphäre⟩; c) *(extreme)* have ~ fun with sb. mit jmdm. einen Heidenspaß haben; have a ~ old time sich köstlich amüsieren

²**rare** *adj.* *(Cookery)* englisch gebraten; nur schwach gebraten; **medium ~:** halb durchgebraten

rarebit ['reəbɪt] *see* Welsh rarebit

rare: ~ 'book *n.* Rarität, *die;* Rarum, *das (Buchw.);* ~ 'earth *(Chem.) n.* seltene Erde

rarefaction [reərɪ'fækʃn] *n.* Verdünnung, *die*

rarefied ['reərɪfaɪd] *adj.* dünn ⟨Luft⟩; *(fig.)* exklusiv

rarefy ['reərɪfaɪ] *v. t.* a) verdünnen ⟨Feuchtigkeit, Luft⟩; b) *(make subtle)* verfeinern

rare 'gas *see* noble gas

rarely ['reəlɪ] *adv.* a) selten; b) *(to an unusual degree)* außergewöhnlich

raring ['reərɪŋ] *adj. (coll.)* be ~ to go kaum abwarten können, bis es losgeht

rarity ['reərɪtɪ] *n.* a) Seltenheit, *die;* Rarität, *die;* **a collection of rarities** eine Sammlung von Raritäten; **be an object of great ~:** eine große Seltenheit sein; **such people are a ~:** solche Leute sind rar; b) **the ~ of the atmosphere** die dünne Luft

'**rarity value** *n.* Seltenheitswert, *der*

rascal ['rɑ:skl] *n.* a) *(dishonest person)* Halunke, *der;* Schuft, *der;* b) *(joc.: mischievous person)* Schlingel, *der (scherzh.);* Spitzbube, *der (scherzh.)*

rascally ['rɑ:skəlɪ] *adj.* a) *(dishonest)* schurkisch; b) *(joc.: mischievous)* schlimm ⟨Junge, Streich⟩

rase *see* raze

¹**rash** [ræʃ] *n. (Med.)* [Haut]ausschlag, *der;* **develop a or break out or come out in a ~:** einen Ausschlag bekommen; **bring sb. out in a ~:** einen Ausschlag bei jmdm. hervorrufen; **a ~ of burglaries/strikes** *(fig.)* eine Serie von Einbrüchen/Streiks

²**rash** *adj.* voreilig ⟨Urteil, Entscheidung, Entschluß⟩; überstürzt ⟨Versprechungen, Handlung, Erklärung⟩; *(impetuous)* ungestüm ⟨Person⟩

rasher ['ræʃə(r)] *n.* ~ [of bacon] Speckscheibe, *die;* **bacon sliced into ~s in [dünne] Scheiben geschnittener Speck**

rashly ['ræʃlɪ] *adv.* voreilig ⟨handeln, etw. versprechen, zustimmen⟩

rashness ['ræʃnɪs] *n., no pl.* Voreiligkeit, *die;* **regret one's ~ in doing sth.** bedauern, daß man etw. voreilig getan hat

rasp [rɑ:sp] 1. *n.* a) *(tool)* Raspel, *die;* b) *(sound) (of metal on wood)* schneidendes Geräusch; *(of a cricket)* Zirpen, *das;* *(of breathing)* Rasseln, *das.* 2. *v. i.* kratzen. 3. *v. t.* a) *(scrape with ~)* raspeln ⟨Blech, Kante⟩; b) *(say gratingly)* schnarren

raspberry ['rɑ:zbərɪ] *n.* a) Himbeere, *die;* *(plant also)* Himbeerstrauch, *der; attrib.* Himbeer⟨marmelade, -torte, -rosa, -eis⟩; b) *(sl.: rude noise)* blow a ~: verächtlich prusten

'**raspberry-cane** *n.* Himbeerrute, *die;* Himbeerstrauch, *der*

rasping ['rɑ:spɪŋ] *adj.* krächzend ⟨Husten, Stimme⟩; rasselnd ⟨Geräusch⟩

Rasta ['ræstə] *n.* Rasta, *der;* **the ~ people** die Rastas

Rastafarian [ræstə'feərɪən] *(Relig.)* 1. *n.* Rastafari, *der.* 2. *adj.* Rasta-

raster ['ræstə(r)] *n. (Telev.)* Raster, *das*

rat [ræt] 1. *n.* a) Ratte, *die;* **brown or sewer ~:** Wanderratte, *die;* **look like a drowned ~** *(coll.)* wie eine gebadete Maus aussehen *(ugs.);* **~s!** *(sl.)* (drat it!) verflixt! *(ugs.);* verdammt! *(salopp);* (nonsense!) Quatsch!

(ugs.); **smell a ~** *(fig. coll.)* Lunte od. den Braten riechen *(ugs.);* **~s leaving** or **deserting the [sinking] ship** *(fig.)* Ratten, die das sinkende Schiff verlassen; *see also* muskrat; water-rat; b) *(coll. derog.: unpleasant person)* Ratte, *die (derb);* c) *(Polit.)* Abtrünnige, *der/die.* 2. *v. i.,* -tt- Ratten jagen; **be out ~ting** or **~ing** auf Rattenfang sein

~ **on** *v. t. (sl.)* a) *(inform on)* verpfeifen *(ugs.);* b) *(go back on)* nicht halten ⟨Versprechen⟩; sitzenlassen *(ugs.)* ⟨Person⟩

ratatouille [rætə'tu:ɪ] *n. (Gastr.)* Ratatouille, *die*

rat: ~**bag** *n. (sl.)* Knallkopf, *der/*[dumme] Kuh *(ugs.);* ~-**catcher** *n.* Rattenfänger, *der/*-fängerin, *die*

ratchet ['rætʃɪt] *n. (Mech. Engin.)* a) *(set of teeth)* Zahnkranz, *der;* b) ~ [wheel] Klinkenrad, *das*

¹**rate** [reɪt] 1. *n.* a) *(proportion)* Rate, *die;* **increase at a ~ of 50 a week** [um] 50 pro Woche anwachsen; **lose at the ~ of two minutes a day** *(Uhr:)* zwei Minuten pro Tag nachgehen; ~ **of inflation/absentee ~:** Inflations-/Abwesenheitsrate, *die;* b) ~ *(tariff)* Satz, *der;* **interest/taxation ~, ~ of interest/taxation** Zins-/Steuersatz, *der;* **lending/premium ~s** Lombardsatz, *der/*Prämientarif, *der; see also* bank rate; exchange 3 d; water-rate; c) *(amount of money)* Gebühr, *die;* ~ [of pay] Lohnsatz, *der;* **the ~ for the job** die festgelegte Vergütung für diese Arbeit; **letter/parcel ~:** Briefporto, *das/*Paketgebühr, *die;* **at reduced ~:** gebührenermäßigt ⟨Drucksache⟩; d) *(speed)* Geschwindigkeit, *die;* Tempo, *das;* **at a or the ~ of 50 mph** mit [einer Geschwindigkeit von] 80 km/h; **at a good/fast/moderate/dangerous ~:** zügig/mit hoher/mäßiger Geschwindigkeit/gefährlich schnell; e) *(Brit.: local authority levy)* Gemeindeabgabe, *die;* Realsteuer, *die;* **county/district ~:** Grafschafts-/Bezirksabgabe, *die;* [local or council] ~s Gemeindeabgaben, *die;* f) *(coll.)* **at any ~** *(at least)* zumindest; wenigstens; *(whatever happens)* auf jeden Fall; **at this ~ we won't get any work done** so kommen wir zu nichts; **at the ~ you're going, ...** *(fig.)* wenn du so weitermachst, ...; **we can't afford to spend money at this ~:** wir können uns *(Dat.)* nicht leisten, so mit unserem Geld umzugehen; **you'll always be hard up at that ~:** so wirst du immer knapp bei Kasse sein. *See also* ¹knot 1 f. 2. *v. t.* a) *(estimate worth of)* schätzen ⟨Vermögen⟩; einschätzen ⟨Intelligenz, Leistung, Fähigkeit⟩ ~ **sb./sth. highly** jmdn./etw. hoch einschätzen; b) *(consider)* betrachten *(among zu);* **be ~d the top tennis-player in Europe** als der beste Tennisspieler Europas gelten; c) *(assign value to)* beurteilen, bewerten ⟨schulische Leistung, Leseferstigkeit⟩; angeben ⟨Lebensdauer, Schubkraft⟩ *(at mit);* d) *(Brit.: subject to payment of local authority levy)* Gemeindeabgaben auferlegen (+ *Dat.*) *(Brit.: value)* **the house is ~d at £100 a year** die Grundlage für die Berechnung der Gemeindeabgaben für das Haus beträgt 100 Pfund pro Jahr; f) *(merit)* verdienen ⟨Auszeichnung, Erwähnung⟩; **does his work ~ a pass?** soll man ihn mit dieser Arbeit bestehen lassen?; **he didn't ~ an invitation** *(coll.)* er war nicht wichtig genug, [um] eingeladen zu werden; g) *(coll.: think much of)* viel halten von ⟨Person⟩; ~/**not ~ one's chances** sich *(Dat.)* große/keine großen Chancen ausrechnen. 3. *v. i.* zählen *(among zu);* ~ **as high in a team/low on a test** in einer Mannschaft viel gelten/bei einem Test schlecht abschneiden

²**rate** *v. t. (scold)* beschimpfen

rateable ['reɪtəbl] *adj. (Brit.)* [real]steuerpflichtig ⟨Eigentum, Gebäude⟩; ~ **value** steuerbarer Wert

rate-capping ['reɪtkæpɪŋ] *n. (Brit.)* gesetzliches Recht der Regierung, durch Entzug den Etat einer Kommunalverwaltung zu kürzen, wenn diese zu hohe Abgaben erhebt oder im vorangegangenen Haushaltsjahr zuviel Geld ausgegeben hat

'**ratepayer** *n. (Brit.)* Realsteuerpflichtige, *der/die;* ≈ Steuerzahler, *der/*-zahlerin, *die*

rather ['rɑ:ðə(r)] *adv.* a) *(by preference)* lieber; **he wanted to appear witty ~ than brainy** er wollte lieber geistreich als klug erscheinen; ~ **than accept bribes, he decided to resign** ehe er sich bestechen ließ, trat er lieber zurück; **I had ~ die than ...:** ich würde lieber sterben als ...; **no, thanks, I'd ~ not** nein danke, lieber nicht; **I would ~ you ...:** es wäre mir lieber, wenn du ...; b) *(somewhat)* ziemlich ⟨gut, gelangweilt, unvorsichtig, nett, warm⟩; **I ~ think that ...:** ich bin ziemlich sicher, daß ...; **be a ~ good one** ziemlich gut sein; **be ~ better/more complicated than expected** um einiges besser/komplizierter sein als erwartet; **fall ~ flat** ein ziemlicher Reinfall sein; **be ~ a nice person** ziemlich nett sein; **it is ~ too early** ich fürchte, es ist zu früh; **it looks ~ like a banana** es sieht ungefähr wie die Banane aus; **I ~ like beans/him** ich esse Bohnen ganz gern/ich mag ihn recht gern; c) *(more truly)* vielmehr; **or ~:** beziehungsweise; [oder] genauer gesagt; **he was careless ~ than wicked** er war eher nachlässig als böswillig; d) *(Brit. dated coll.: certainly)* aber gewiß doch; na klar *(ugs.)*

rathskeller ['rɑ:tskelə(r)] *n. (Amer.)* Kellerlokal, *das*

ratification [rætɪfɪ'keɪʃn] *n. see* ratify: Ratifizierung, *die;* Bestätigung, *die;* Sanktionierung, *die*

ratify ['rætɪfaɪ] *v. t.* ratifizieren ⟨völkerrechtlichen Vertrag⟩; bestätigen ⟨Ernennung⟩; sanktionieren ⟨Vertrag, Gesetzentwurf⟩

'**rating** ['reɪtɪŋ] *n.* a) *(estimated something)* Einschätzung, *die;* **security ~:** Geheimhaltungsstufe, *die;* **have a high/low ~:** hoch/niedrig eingeschätzt werden; b) *(Radio, Telev.)* [popularity] Einschaltquote, *die;* **be high/low in the ~s** eine hohe/niedrige Einschaltquote haben; c) *(Navy: rank)* Dienstgrad, *der;* d) *(Brit. Navy: sailor)* [naval] ~: Mannschaftsdienstgrad, *der;* **deck ~** Angehörige der Deckmannschaften; e) *(of racing-yacht)* Rennwert, *der*

²**rating** *n. (scolding)* Schimpfe, *die (ugs.);* **get a ~:** Schimpfe bekommen *(ugs.);* ausgeschimpft werden *(ugs.);* **give sb. a ~:** jmdn. ausschimpfen

ratio ['reɪʃɪəʊ] *n., pl.* ~s Verhältnis, *das;* **in a or the ~ of 1 to 5** im Verhältnis 1:5; **in direct ~ to or with** im gleichen Verhältnis wie; **the teacher-student ~:** das Verhältnis von Lehrern zu Schülern; **what is the ~ of men to women?** wie hoch ist der Männeranteil im Vergleich zu dem der Frauen?

ratiocination [rætɪɒsɪ'neɪʃn, rætɪɒsɪ'neɪʃn] *n.* Reflexion, *die* (on über + *Akk.*)

ration ['ræʃn] 1. *n.* a) *(daily food allowance)* [Tages]ration, *die;* **put sb. on short ~s** jmdn. auf halbe Ration setzen *(ugs.);* b) *(fixed allowance of food etc. for civilians)* ~[s] Ration, *die* (of an + *Dat.*); **sugar/petrol/meat/sweet ~:** Zucker-/Benzin-/Fleisch-/Süßigkeitenration, *die;* c) *(single portion)* Ration, *die;* **be given [out] with the ~s** *(fig. sl.)* automatisch vergeben werden *(ugs.).* 2. *v. t.* rationieren ⟨Benzin, Autos⟩; Rationen zuteilen (+ *Dat.*) ⟨Person⟩; *(allocate systematically)* einteilen; **be ~ed to one glass of spirits per day** nur ein Glas Alkohol pro Tag trinken dürfen; ~ **oneself to ten cigarettes a day** sich *(Dat.)* nur zehn Zigaretten pro Tag erlauben

~ '**out** *v. t.* zuteilen (**to** *Dat.*); in Rationen austeilen (**to** an + *Akk.*)

rational ['ræʃənl] *adj.* a) *(having reason)* ra-

tional, vernunftbegabt ⟨Wesen⟩; (sensible) vernünftig ⟨Person, Art, Politik usw.⟩; **b)** (based on reason; also Math.) rational ⟨Erklärung, Analyse, Zahl⟩
rationale [ræfə'nɑːl] n. **a)** (statement of reasons) rationale Erklärung (of für); **b)** (fundamental reason) logische Grundlage
rationalisation, rationalise see rationaliz-
rationalism ['ræfənəlɪzm] n. (Theol., Philos.) Rationalismus, der
rationalist ['ræfənəlɪst] n. (Theol., Philos.) Rationalist, der/Rationalistin, die
rationalistic [ræfənə'lɪstɪk] adj. rationalistisch
rationality [ræfə'nælɪtɪ] n., no pl. **a)** see rational **a**: Rationalität, die; Vernunftbegabtheit, die; Vernünftigkeit, die; Vernunft, die; **b)** (of explanation, analysis, etc.) Rationalität, die
rationalization [ræfənəlaɪ'zeɪʃn] n. (Econ., Psych.) Rationalisierung, die
rationalize ['ræfənəlaɪz] 1. v. t. **a)** (Econ., Psych.) rationalisieren; **b)** (explain by rationalism) ~ **away** rationalistisch erklären. 2. v. i. **a)** Scheingründungen finden; **b)** (be a rationalist) rational denken/handeln
rationally ['ræfənəlɪ] adv. rational; (sensibly) vernünftig
ration: ~ **book** n. Bezugsscheinheft, das; ~ **card**, ~ **coupon** ns. Bezugsschein, der
rationing ['ræfənɪŋ] n. Rationierung, die
ratline (ratlin) ['rætlɪn], **ratling** ['rætlɪn] n. (Naut.) Webeleine, die
rat: ~ **poison** n. Rattengift, das; ~ **race** n. erbarmungsloser Konkurrenzkampf; **~-run** n. hektisches Chaos; **~'s-tail** n. Rattenschwanz, der
rattan [rə'tæn] n. **a)** (cane) Peddigrohr, das; Rattan, der; attrib. Rattan⟨möbel, -matte, -tau⟩; **b)** (Bot.) Rotangpalme, die
rat-tat [ræt'tæt], **rat-tat-tat** [rætæ'tæt] ns. Klopfen, das
ratter ['rætə(r)] n. Rattenjäger, der
rattle ['rætl] 1. v. i. **a)** (clatter) ⟨Fenster, Maschinenteil, Schlüssel:⟩ klappern ⟨Hagel:⟩ prasseln, ⟨Flaschen:⟩ klirren ⟨Kette:⟩ rasseln; ⟨Münzen:⟩ klingen; ~ **at the door** an der Tür rütteln; **b)** (move) ⟨Zug, Bus:⟩ rattern; ⟨Kutsche:⟩ rumpeln. 2. v. t. **a)** (make ~) klappern mit ⟨Würfel, Geschirr, Dose, Münzen, Schlüsselbund⟩; klirren lassen ⟨Fenster[scheiben]:⟩ rasseln mit ⟨Kette⟩; **b)** (sl.: disconcert) ~ **sb., get sb. ~d** jmdn. durcheinanderbringen; **don't get ~d!** reg dich nicht auf!; **they tried to ~ the performer** sie versuchten, den Künstler aus dem Konzept zu bringen. See also **sabre**. 3. n. **a)** (of baby, musician) Rassel, die; (of sports fan) Ratsche, die; Klapper, die; **b)** (sound) Klappern, das; (of hail) Prasseln, das; (of drums) Schnarren, das; (of machine-gun) Rattern, das; (of chains) Rasseln, das; (of bottles) Klirren, das; **c)** (of rattlesnake) Rassel, die; Klapper, die
~ **a'way** v. i. (coll.) (talk) schnattern (ugs.); (on typewriter) klappern (ugs.); ~ **away at** or **on** klappern auf (+ Dat.) ⟨Schreibmaschine⟩
~ **'off** v. t. (coll.) herunterrasseln (ugs.); ~ **sth. off like a machine-gun** etw. herunterrattern wie ein Maschinengewehr
~ **on** v. i. (coll.) plappern (ugs.)
~ **through** v. t. (fig.) herunterrasseln
rattler ['rætlə(r)] n. (Amer. coll.) Klapperschlange, die
rattle: **~snake** n. Klapperschlange, die; **~trap** n. (coll.) Klapperkasten, der (ugs.)
rattling ['rætlɪn] 1. adj. flott ⟨Tempo⟩. 2. adv. (coll.) verdammt (ugs.) ⟨gut⟩
'**rat-trap** n. Rattenfalle, die
ratty ['rætɪ] adj. (sl.: irritable) gereizt; **don't get ~ with me!** laß deinen Ärger nicht an mir aus!
raucous ['rɔːkəs] adj. **a)** rauh ⟨Stimme, Lachen⟩; **b)** (boisterous, disorderly) wild ⟨Benehmen⟩; wüst ⟨Gesänge⟩; roh ⟨Zuruf⟩
raucously ['rɔːkəslɪ] adv. **a)** mit rauher Stimme; **b)** (boisterously) **they sang/laughed/shouted ~**: sie sangen wüste Gesänge/lachten roh/stießen wilde Rufe aus
raunchy ['rɔːntʃɪ] adj. (lewd) vulgär; (suggestive) scharf (salopp)
ravage ['rævɪdʒ] 1. v. t. heimsuchen ⟨Gebiet, Stadt⟩; so gut wie vernichten ⟨Ernte⟩; schwer zeichnen ⟨Gesichtszüge⟩. 2. n. in pl. verheerende Wirkung; **the ~s of time/war** die Zeichen der Zeit/die Wunden des Krieges; **be marked by the ~s of famine** vom Hunger schwer gezeichnet sein
rave [reɪv] 1. v. i. **a)** (talk wildly) irrereden; **he's just raving** er redet nur irres Zeug (ugs.); ~ **at** [wüst] beschimpfen; see also **rant 1**; **b)** (speak with admiration) schwärmen (about, over von); **c)** (howl) ⟨Wind, Sturm, Meer:⟩ brausen. 2. adj. (coll.) [hellauf] begeistert ⟨Kritik⟩. 3. n. (Brit. sl.: fad, fashion) **the latest ~** der letzte Schrei; **it's all the ~**: es ist der letzte Schrei
ravel ['rævl] 1. v. t., (Brit.) -ll- **a)** (entangle) verheddern ⟨Wollstrang⟩; ~ **into knots** verwickeln und verknoten; **b)** see **unravel 1**. 2. v. i., (Brit.) -ll- **a)** (become entangled) sich verwickeln; **b)** see **unravel 2**
~ **'out** see **unravel 1**
raven ['reɪvn] 1. n. Rabe, der; Kolkrabe, der (Zool.). 2. adj. **~-black** [kohl]rabenschwarz ⟨Haar⟩; **~-haired** mit kohlrabenschwarzem Haar nachgestellt
ravening ['rævənɪn] adj. beutegierig
ravenous ['rævənəs] adj. **a)** ausgehungert; **I'm ~**: ich habe einen Bärenhunger (ugs.); **have a ~ hunger/appetite** einen richtigen Heißhunger haben; **b)** (greedy) räuberisch
ravenously ['rævənəslɪ] adv. heißhungrig; **be ~ hungry** einen Riesenhunger haben (ugs.); ausgehungert sein
'**rave-up** n. (Brit. sl.) [wilde] Fete (ugs.)
ravine [rə'viːn] n. Schlucht, die; (produced by river also) Klamm, die
raving ['reɪvɪn] 1. n. in pl. irres Gerede. 2. adj. **a)** (talking madly) irrereden ⟨Wahnsinniger, Idiot⟩; **b)** (outstanding) phantastisch (ugs.) ⟨Erfolg⟩; **be a ~ beauty** hinreißend schön sein. 3. adv. **be ~ mad** (insane) hochgradig schwachsinnig sein; (stupid) völlig verrückt sein (ugs.)
ravioli [rævɪ'əʊlɪ] n. (Gastr.) Ravioli Pl.
ravish ['rævɪʃ] v. t. **a)** (charm) entzücken; bezaubern; **be ~ed** hingerissen od. bezaubert sein (**by**, **with** von); **b)** (rape) schänden (veralt.); Gewalt antun (geh. + Dat.)
ravishing ['rævɪʃɪn] adj. bildschön ⟨Anblick, Person⟩; hinreißend ⟨Schönheit⟩; ~ **sight** Augenweide, die
raw [rɔː] 1. adj. **a)** (uncooked) roh; **b)** (inexperienced) unerfahren; frischgebacken ⟨Akademiker⟩; blutig ⟨Anfänger⟩; **raw recruit 1 a, d**; **c)** (unbound) ungesäumt ⟨Kante, Stoff⟩; **d)** (stripped of skin) blutig ⟨Fleisch⟩; offen ⟨Wunde⟩; (sore) wund ⟨Füße⟩; **e)** (chilly) naßkalt; **f)** (untreated) Roh⟨haut, -holz, -seide, -zucker, -erz, -leder⟩; (undiluted) rein ⟨Alkohol⟩; **g)** (Statistics) unpolished⟩ grob; **h)** (Statistics) unaufbereitet. See also ¹**deal 3 a**; **sienna**; **umber**. 2. n. **nature in the ~**: unverfälschte Natur; **life in the ~**: das Leben, wie es wirklich ist; **in the ~** (fig.) unbekleidet ⟨schlafen⟩; **touch sb. on the ~** (fig.) jmdn. an [s]einer verwundbaren Stelle treffen
raw: **~-boned** ['rɔːbəʊnd] adj. knochig; **~hide** n. **a)** (leather) Rohleder, das; **b)** (whip) Peitsche aus Rohleder
Rawlplug, (P) ['rɔːlplʌg] n. Dübel, der
raw ma'terial n. Rohstoff, der
¹**ray** [reɪ] n. **a)** (lit. or fig.) Strahl, der; ~ **of sunshine/light** Sonnen-/Lichtstrahl, der; ~ **of sunshine** (fig.) Sonnenschein, der; ~ **of hope** Hoffnungsstrahl, der; **give sb. a ~ of hope** jmdm. Hoffnung machen; **provide a ~ of comfort** etwas Trost spenden; **b)** in pl. (radiation) Strahlen, der, Strahlung, die; see also **cosmic**; **gamma rays**; **X-ray 1**; **c)** (Zool.) (of fish's fin) Flossenstrahl, der; Radius, der (fachspr.); (of starfish) Arm, der
²**ray** n. (fish) Rochen, der
³**ray** n. (Mus.) re
'**ray gun** n. (Science Fiction) Strahlenpistole, die
rayon ['reɪɒn] n. (Textiles) Reyon, das od. der; attrib. Reyon⟨kleid, -hemd⟩
raze [reɪz] v. t. (completely destroy) völlig zerstören; (pull down) abreißen; ~ **to the ground** dem Erdboden gleichmachen
razor ['reɪzə(r)] n. Rasiermesser, das; [electric] ~: [elektrischer] Rasierapparat; [Elektro- od. Trocken]rasierer, der (ugs.); see also **safety razor**
razor: **~-bill** n. (Ornith.) Tordalk, der; **~-blade** n. Rasierklinge, die; **~-edge** n. Rasierschneide, die; **sharpen to a ~-edge** rasiermesserscharf machen; **be** or **stand on a ~-edge** or **~'s edge** (fig. coll.) sich auf einer Gratwanderung befinden; **~-fish** n. (Zool.) Scheidenmuschel, die; **~-sharp** adj. sehr scharf ⟨Messer⟩; (fig.) messerscharf ⟨Verstand, Intellekt⟩; scharfsinnig ⟨Person⟩; **~-shell** see **~-fish**; **~-wire** n. wie Stacheldraht verwendeter, dünner, scharfkantiger Draht
razzamatazz [ræzəmə'tæz] see **razzmatazz**
razzle ['ræzl] n. (sl.) **be/go on the ~**: einen draufmachen (ugs.)
razzle-dazzle ['ræzldæzl], **razzmatazz** ['ræzmətæz] ns. (sl.) **a)** (excitement) Trubel, der; **add ~ to sth.** etwas aufmotzen (salopp); **b)** (extravagant show) Rummel, der (ugs.)
RC abbr. **Roman Catholic** r.-k.; röm.-kath.
Rd. abbr. **road** Str.
RE abbr. (Brit.) **a) Royal Engineers** Pionierkorps der britischen Armee; **b) Religious Education** Religionslehre, die
¹**'re** see ³**ray**
²**re** [riː] prep. **a)** (coll.) über (+ Akk.); **b)** (Law) in Sachen; **c)** (Commerc.) betreffs
'**re** [ə(r)] (coll.) = **are**; see **be**
reach [riːtʃ] 1. v. t. **a)** (arrive at) erreichen; ankommen od. eintreffen in (+ Dat.) ⟨Stadt, Land⟩; ankommen an (+ Dat.) ⟨Reiseziel⟩; erzielen ⟨Übereinstimmung, Übereinkunft⟩; kommen zu ⟨Entscheidung, Entschluß; Ausgang, Eingang⟩; **be easily ~ed** leicht erreichbar od. zu erreichen sein (by mit); **not a sound ~ed our ears** kein Laut drang an unsere Ohren; **your letter ~ed me today** dein Brief hat mich heute erreicht; **have you ~ed page 45 yet?** bist du schon auf Seite 45 [angelangt]?; **you can ~ her at this number/by radio** du kannst sie unter dieser Nummer/über Funk erreichen; **b)** (extend to) ⟨Straße:⟩ führen bis zu; ⟨Leiter, Haar:⟩ reichen bis zu; **c)** (pass) ~ **me that book** reich mir das Buch herüber. 2. v. i. (stretch out hand) ~ **for sth.** nach etw. greifen; ~ **across the table/through the window** über den Tisch/durchs Fenster langen; **how high can you ~?** wie hoch kannst du langen?; **b)** (be long/tall enough) **sth. will/won't ~**: etw. ist/ist nicht lang genug; **he can't ~ up to the top shelf** er kann das oberste Regal nicht [mit der Hand] erreichen; **will it ~ as far as ...?** wird es bis zu ... reichen? **can you ~?** kannst od. kommst du dran? (ugs.); **c)** (go as far as) ⟨Wasser, Gebäude, Besitz:⟩ reichen (**lup]to** bis [hinauf] zu); ⟨Betrag:⟩ erreichen (**to** Akk.); ⟨Stimme:⟩ zu hören sein (**to** bis); **his influence ~es beyond the limits of the town** sein Einfluß reicht über die Stadtgrenzen hinaus. 3. n. **a)** (extent of reaching) Reichweite, die; **be within easy ~ lof a place]** [von einem Ort aus] leicht erreichbar sein; **live within ~ of sb.** in jmds. Nähe leben; **be out of ~ [of a place]** [von einem Ort aus] nicht erreichbar sein; **be above sb.'s ~**: zu

hoch für jmdn. sein; **keep sth. out of ~ of sb.** etw. unerreichbar für jmdn. aufbewahren; **keep sth. within easy ~:** etw. in greifbarer Nähe aufbewahren; **move sth. beyond sb.'s ~:** etw. aus jmds. Reichweite entfernen; **be within/beyond the ~ of sb.** in/außer jmds. Reichweite sein; *(fig.)* für jmdn. im/nicht im Bereich des Möglichen liegen; *(financially)* für jmdn. erschwinglich/unerschwinglich sein; **b)** *(act of stretching out hand)* **make a ~ for sth.** nach etw. greifen; **it was a long ~ from the bed to the light-switch** der Lichtschalter war vom Bett aus schwer zu erreichen; **c)** *(expanse)* Abschnitt, *der;* **a ~ of woodland** ein Waldgebiet; **the upper/lower ~es [of the river]** die oberen/unteren [Fluß]abschnitte; *(Naut.)* Segelstrecke zwischen zwei Wendungen; **be on a ~:** raumen Kurs segeln
~ a'**cross** *v. i.* die Hand ausstrecken
~ '**back** *v. i.* zurückreichen (**over** *Akk.;* **to** bis in + *Akk.*)
~ '**down 1.** *v. i.* den Arm nach unten ausstrecken; ~ **down to sth.** *(be long enough)* bis zu etw. [hinunter]reichen. **2.** *v. t.* hinunterholen; *(to receiving speaker)* herunterreichen
~ '**out 1.** *v. t.* *(stretch out)* ausstrecken ⟨Fuß, Bein, Hand, Arm⟩ (**for** nach). **2.** *v. i.* die Hand ausstrecken (**for** nach); ~ **out for,** ~ **out to grasp** ⟨Person, Hand:⟩ greifen nach; ~ **out to sb.** *(fig.)* jmdn. zu erreichen versuchen
~ '**over** *v. i.* die Hand ausstrecken
reachable ['ri:tʃəbl] *adj.* erreichbar
'**reach-me-down** *(Brit. coll.)* see **hand-me-down 1b**
react [rɪ'ækt] **1.** *v. i.* **a)** *(respond)* reagieren (**to** auf + *Akk.*); **be quick to ~ to sth.** auf etw. schnell reagieren; **b)** *(act in opposition)* sich widersetzen (**against** *Dat.*); **c)** *(produce reciprocal effect)* zurückwirken (**upon** auf + *Akk.*); **d)** *(Chem., Phys.)* reagieren. **2.** *v. t.* *(Chem.)* reagieren lassen
reaction [rɪ'ækʃn] *n.* **a)** Reaktion, *die* (**to** auf + *Akk.*); ~ **against sth.** Widerstand gegen etw.; **action and ~** Wirkung und Gegenwirkung; **what was his ~?** wie hat er reagiert?; **there was a favourable ~ to the proposal** der Vorschlag ist positiv aufgenommen worden; **chemical/nuclear ~:** chemische Reaktion/Kernreaktion, *die;* **I had a bad ~ after the injection** mein Körper hat die Injektion schlecht vertragen; **b)** *(opposite physical action)* Gegenreaktion, *die;* **c)** *(Polit.)* Reaktion, *die;* **forces of ~:** reaktionäre Kräfte
reactionary [rɪ'ækʃənərɪ] *(Polit.)* **1.** *adj.* reaktionär. **2.** *n.* Reaktionär, *der/*Reaktionärin, *die*
reactivate [rɪ'æktɪveɪt] *v. t.* reaktivieren; wieder in Gang bringen ⟨Motor, Generator⟩; wieder einrichten ⟨Stützpunkt⟩
reactive [rɪ'æktɪv] *adj.* **a)** *(showing reaction)* auf eine Reaktion hindeutend ⟨Symptom⟩; ~ **response** Gegenreaktion, *die;* **b)** *(Chem., Phys.)* reaktiv
reactivity [rɪæk'tɪvɪtɪ] *n.* *(Chem., Phys.)* Reaktionsfähigkeit, *die*
reactor [rɪ'æktə(r)] *n.* **a)** [**nuclear**] ~: Kernreaktor, *der;* **pressurized-water ~:** Druckwasserreaktor, *der;* **b)** *(Chem.)* Reaktor, *der;* Reaktionsapparat, *der*
read [ri:d] **1.** *v. t.* **read** [red] **a)** lesen; ~ **sb. sth.,** ~ **sth. to sb.** jmdm. etwas vorlesen; **a Bill for the first/second/third time** *(Parl.)* einen Gesetzentwurf in erster/zweiter/dritter Lesung beraten; **for 'white' ~ 'black'** statt „weiß" muß es „schwarz" heißen; ~ **proof[s]** *(Print.)* Korrektur[en] lesen; ~ **the electricity/gas meter** den Strom/das Gas ablesen; ~ **all about it!** lesen Sie selbst!; **b)** *(show a reading of)* anzeigen; **c)** *(interpret)* deuten; ~ **terror in sb.'s eyes** Schrecken an

jmds. Augen *(Dat.)* ablesen können; ~ **sb. like a book** *(fig. coll.)* in jmdn. lesen können wie in einem Buch; ~ **the cards/ sb.'s hand** Karten lesen/jmdm. aus der Hand lesen; ~ **sb.'s mind** *or* **thoughts** jmds. Gedanken lesen; ~ **sth. into sth.** etw. in etw. *(Akk.)* hineinlesen; ~ **between the lines** zwischen den Zeilen lesen; **d)** *(understand)* hören; **do you ~ me?** können Sie mich hören?; **e)** *(Brit. Univ.: study)* studieren; **f)** *(Computing)* abtasten ⟨Lochkarte⟩; lesen ⟨Band, Information⟩; ~ **into** einlesen in (+ *Akk.*); ~ **out of** entnehmen aus. *See also* **take 1 u. 2.** *v. i.,* **read a)** lesen; ~ **to sb.** jmdm. vorlesen; ~ [**a**]**round a subject** Hintergrundmaterial zu einem Thema lesen; **b)** *(convey meaning)* lauten; **the contract ~s as follows** der Vertrag hat folgenden Wortlaut; **Arabic ~s from right to left** die arabische Schrift wird von rechts nach links gelesen; **c)** *(affect reader)* sich lesen; **the play ~s better than it acts** das Stück wirkt besser beim Lesen als auf der Bühne. **3.** *n.* **a)** *(time spent in reading)* **have a quiet ~** in Ruhe lesen; **have a ~ of sth.** *(coll.)* mal in etw. *(Akk.)* gucken *(ugs.);* **b)** *(Brit. coll.: reading matter)* **be a good ~:** sich gut lesen. **4.** [red] *adj.* **widely** *or* **deeply ~:** sehr belesen ⟨Person⟩; **a widely ~/little~ book/author** viel/wenig gelesenes Buch/gelesener Autor; **the most widely ~ book/author** das meistgelesene Buch/der meistgelesene Autor
~ '**back** *v. t.* wiederholen; noch einmal vorlesen
~ '**in** *v. t.* *(Computing)* einlesen; *see also* **read-in**
~ '**off** *v. t.* durchlesen; *(from meter, stand)* ablesen ⟨Zahl, Stand⟩
~ '**out** *v. t.* **a)** *(aloud)* laut vorlesen; **b)** *(Computing)* ausgeben; *see also* **read-out; c)** *(Amer.: expel)* ausschließen (**of** aus)
~ '**over,** ~ '**through** *v. t.* durchlesen
~ '**up** *v. t.* sich informieren (**on** über + *Akk.*)
readability [ri:də'bɪlɪtɪ] *n., no pl.* Lesbarkeit, *die;* **improve the ~ of sth.** etwas lesbarer machen
readable ['ri:dəbl] *adj.* **a)** *(pleasant to read)* lesenswert; **b)** *(legible)* leserlich
readdress [ri:ə'dres] *v. t.* umadressieren
reader ['ri:də(r)] *n.* **a)** Leser, *der/*Leserin, *die;* **be a slow/good/great ~ [of sth.]** [etw.] langsam/gut/gern lesen; **b)** *(who reads aloud)* Vorlesende, *der/die;* **c)** *(Publishing)* [**publisher's**] ~: [Verlags]lektor, *der/-*lektorin, *die;* **d)** *(textbook)* Lehrbuch, *das;* ~ **to learn to read, containing original texts)** Lesebuch, *das;* **Latin/poetry ~:** Latein[lehr]buch, *das/*Gedichtbuch, *das;* **e)** *(Printing)* see **proof-reader; f)** *(Brit. Univ.)* ≈ Assistenzprofessor, *der/-*professorin, *die* (**in** für); **g)** *(machine)* Lesegerät, *das*
readership ['ri:dəʃɪp] *n.* **a)** *(number or type of readers)* Leserschaft, *die;* Leserkreis, *der;* **what is the ~ of the paper?** wie groß ist die Leserschaft der Zeitung?; **b)** *(Brit. Univ.)* ≈ Assistenzprofessur, *die* (**in** für)
readies ['redɪz] *n. pl.* *(sl.)* Knete, *die* *(ugs.);* **short of the ~:** knapp bei Kasse *(ugs.)*
readily ['redɪlɪ] *adv.* **a)** *(willingly)* bereitwillig; **b)** *(without difficulty)* ohne weiteres
read-in ['ri:dɪn] *n.* *(Computing)* Eingabe, *die; attrib.*
readiness ['redɪnɪs] *n., no pl.* Bereitschaft, *die;* **show [a] ~ to do sth.** Bereitschaft zeigen, etw. zu tun; ~ **to learn** Lernbereitschaft, *die;* **have/be in ~ [for sth.]** [für etw.] bereithalten/bereit sein; **b)** *(quickness)* Schnelligkeit, *die;* ~ **of wit** Schlagfertigkeit, *die*
reading ['ri:dɪŋ] *n.* **a)** Lesen, *das;* **help sb. with his ~** jmdm. beim Lesen helfen; **do some ~:** [ein wenig] lesen; **on [a] second ~:** beim zweiten Lesen; **a man of vast** *or* **wide/ little ~:** ein sehr/wenig belesener Mann; **b)** *(matter to be read)* Lektüre, *die;* **plenty of ~:**

viel zu lesen; **make interesting/be good/dull ~:** interessant/gut/langweilig zu lesen sein; **a book of ~s from the Bible** ein Buch mit ausgewählten Bibeltexten *od.* Auszügen aus der Bibel; **c)** *(figure shown)* Anzeige, *die;* **the temperature ~s for last month** die Temperaturwerte des letzten Monats; **d)** *(recital)* Lesung, *die* (**from** aus); **give a poetry ~:** Gedichte vorlesen; **a ~ from** lesen aus; **e)** *(interpretation)* [Aus]deutung, *die;* **my ~ of the sentence was ...:** ich habe den Satz so verstanden: ...; **our ~ of the law is that ...:** wir legen das Recht so aus, daß ...; **f)** *(particular form)* Version, *die;* Fassung, *die;* **g)** *(Parl.)* [**first/second/third**] ~: [erste/zweite/dritte] Lesung; **have its first ~:** in erster Lesung beraten werden; **be thrown out on the second ~** *(Brit.)* in zweiter Lesung verworfen werden; **give the bill its second ~** *(Amer.)* den Gesetzentwurf in zweiter Lesung beraten
reading: ~ **age** *n.* **a child with a ~ age of 10** ein Kind mit der Lesefertigkeit eines Zehnjährigen; **have a ~ age of 10** wie ein zehnjähriges Kind lesen können; ~~**desk** *n.* Lesepult, *das;* ~~**glasses** *n. pl.* Lesebrille, *die;* ~ **knowledge** *n.* **have a ~ knowledge of a language** Texte in einer Sprache lesen können; ~~**lamp,** ~~**light** *ns.* Leselampe, *die;* ~~**list** *n.* Literaturliste, *die;* ~ **matter** *n., no pl., no indef. art.* Lesestoff, *der;* Lektüre, *die;* ~~**room** *n.* Lesesaal, *der*
readjust [ri:ə'dʒʌst] **1.** *v. t.* neu einstellen; neu anpassen ⟨Gehalt, Zinsatz⟩. **2.** *v. refl.* & ~ [**oneself**] to sich wieder gewöhnen an (+ *Akk.*) ⟨Leben⟩
readjustment [ri:ə'dʒʌstmənt] *n.* Änderung, *die;* **period of ~:** Zeit der Neuorientierung
read: ~~'**only memory** *n.* *(Computing)* Festwertspeicher, *der;* ~~**out** *n.* *(Computing)* Ausgabe, *die*
ready ['redɪ] **1.** *adj.* **a)** *(prepared)* fertig; **be ~ for the fight** *or* **to fight** kampfbereit sein; **be ~ to do sth.** bereit sein, etw. zu tun; **the troops are ~ to march/for battle** die Truppen sind marsch-/gefechtsbereit sein; **be ~ for work/school** zur Arbeit/für die Schule bereit sein; *(about to leave)* für die Arbeit/ Schule fertig sein; **be ~ to leave** aufbruchsbereit sein; **be ~ for sb.** bereit sein, sich jmdm. zu stellen; **be ~ for anything** auf alles vorbereitet sein; **make ~:** Vorbereitungen treffen (**for** für); **make ~ to go** sich zum Aufbruch bereit machen; **b)** *(willing)* bereit; **I'm ~ to believe it** ich glaube es gerne; **c)** *(prompt)* schnell; **have ~, be ~ with** parat haben, nicht verlegen sein um ⟨Antwort, Ausrede, Vorschlag⟩; **be too ~ to suspect others** allzu schnell bereit sein, andere zu verdächtigen; **d)** *(likely)* im Begriff; **be ~ to burst** ⟨Knospe:⟩ kurz vor dem Aufbrechen sein; **be ~ to cry den Tränen nahe sein; **e)** *(within reach)* griffbereit ⟨Waffe, Fahrkarte, Taschenlampe⟩; **have your tickets ~!** halten Sie Ihre Fahrkarten bitte bereit!; **a ~ source of supplies** eine sofort zugängliche Bezugsquelle; **f)** *(not reluctant)* bereitwillig ⟨Zustimmung, Anerkennung⟩; willig ⟨Arbeiter⟩; **g)** *(easy)* leicht ⟨Löslichkeit, Zugänglichkeit⟩; **she has a ~ smile** sie lächelt gern. **2.** *adv.* fertig; ~ **cooked** vorgekocht. **3.** *n.* **a) at the ~:** schußbereit, im Anschlag ⟨Schußwaffe⟩; **b)** see **readies**
ready: ~ **cash** *see* **money;** ~~'**made** *adj.* **a)** Konfektions⟨anzug, -kleidung⟩; ~~**made curtains** Fertiggardinen; **b)** *(fig.)* vorgefertigt; ~ '**money.** **a)** *(cash)* Bargeld, *das;* **b)** *(immediate payment)* ~ **money** gegen bar; ~ '**reckoner** *n.* Berechnungstabelle, *die;* *(for conversion)* Umrechnungstabelle, *die;* ~**, set** *or* **steady, 'go!** *int.* Achtung, fertig, los!; ~~**to-eat** *adj.* Fertig⟨mahlzeit, -dessert⟩; ~~**to-wear** *adj.* Konfektions⟨anzug, -kleidung⟩

reaffirm [ri:ə'fə:m] v. t. [erneut] bekräftigen
reaffirmation [ri:æfə'meɪʃn] n. [erneute] Bekräftigung
reafforestation [ri:əfɒrɪ'steɪʃn] n. Wiederaufforstung, die
reagent [ri:'eɪdʒənt] n. (Chem.) Reagens, das; Reagenz, das
real [rɪəl] 1. adj. a) (actually existing) real ⟨Gestalt, Ereignis, Lebewesen⟩; wirklich ⟨Macht⟩; b) (genuine) echt ⟨Interesse, Gold, Seide⟩; **very** ~ (coll.) wirklich groß ⟨Vergnügen, Ehre⟩; c) (complete) total (ugs.) ⟨Desaster, Bauernfängerei, Wucher, Enttäuschung⟩; d) (true) wahr ⟨Grund, Freund, Name, Glück⟩; echt ⟨Mitleid, Vergnügen, Sieg⟩; **the ~ thing** (genuine article) der/die/das Echte; (fig.: true love) [die] wahre Liebe; **look like the ~ thing** wie echt aussehen; **be [not] the ~ thing** [un]echt sein; **have experienced the ~ thing** das Echte kennen; **feel a ~ fool** sich (Dat.) wie ein richtiger Idiot vorkommen; e) (Econ.) real; Real-; **in ~ terms** real ⟨sinken, steigen⟩; **salaries decreased in ~ terms** die Realgehälter sind gesunken; f) **be for ~** (sl.) echt sein; ⟨Angebot, Drohung:⟩ ernst gemeint sein; ⟨Person:⟩ aufrichtig sein; **fight for ~**: richtig kämpfen; g) (Philos.) real; h) (Math., Optics) reell ⟨Zahl, Bild, Analyse⟩. See also **tennis**. 2. adv. (Scot. and Amer. coll. as intensifier) echt (ugs.) ⟨gut, schön, usw.⟩; recht ⟨bald⟩
real: ~ **'ale** n. (Brit.) echtes Ale; ~ **'coffee** n. Bohnenkaffee, der; ~ **e'state** (Law) Immobilien Pl.; **be in ~ estate** Immobilienhandel betreiben; ~**-estate** adj. Immobilien⟨büro, -makler⟩
realign [ri:ə'laɪn] v. t. neu ordnen ⟨Text, Daten⟩; neu aufeinander abstimmen ⟨Währungen⟩
realignment [ri:ə'laɪnmənt] n. Neuordnung, die; (of currency) Realignment, das (Finanzw.)
realisable, realisation, realise see **realiz-**
realism ['rɪəlɪzm] n. Realismus, der; [sense of] ~: Wirklichkeitssinn, der
realist ['rɪəlɪst] n. Realist, der/Realistin, die
realistic [rɪə'lɪstɪk] adj. realistisch; **be ~ about sth.** etw. realistisch sehen
realistically [rɪə'lɪstɪkəlɪ] adv. realistisch
reality [rɪ'ælɪtɪ] n. a) no pl. Realität, die; appearance and ~: Schein und Sein; **bring sb. back to ~**: jmdn. in die Realität zurückholen; **in ~**: in Wirklichkeit; b) no pl. (resemblance to original) Naturtreue, die; **with [startling] ~** [erstaunlich] naturgetreu; c) (real fact) Gegebenheit, die; **the realities of the situation** die Realitäten der Situation
realizable ['rɪəlaɪzəbl] adj. realisierbar
realization [rɪəlaɪ'zeɪʃn] n. a) (understanding) Erkenntnis, die; b) (becoming real) Verwirklichung, die; c) (Finance: act of selling) Realisierung, die
realize ['rɪəlaɪz] v. t. a) (be aware of) bemerken; realisieren; erkennen ⟨Fehler⟩; **they've ~d the importance of tact** sie merkten, wie wichtig Taktgefühl ist; **I never ~d how much I depend on him** erst jetzt wird mir bewußt, wie sehr ich auf ihn angewiesen bin; ~ [that]...: merken, daß ...; **I hardly ~d what was happening** ich habe kaum mitbekommen, was da vor sich ging; **I didn't ~** (abs.) ich habe es nicht gewußt/(had not noticed) bemerkt; b) (make happen) verwirklichen; **be ~d** wahr werden; c) (Finance: sell for cash) realisieren (fachspr.); **in Geld** (Akk.) umsetzen; d) (fetch as price or profit) erbringen ⟨Summe, Gewinn, Preis⟩; e) (gain) erwerben ⟨Vermögen⟩; machen ⟨Gewinn⟩
real: ~ **'life** n das wirkliche Leben; die Realität; ~**-life** attrib. adj. real
really ['rɪəlɪ] adv. wirklich; **it's a ~ good film** es ist ein wirklich guter Film; **I don't ~/~ don't know what to do now** ich weiß eigentlich/wirklich nicht, was ich jetzt tun soll; **I ~ think you ought to apologize** ich finde wirklich, daß du dich entschuldigen solltest; **not ~**: eigentlich nicht; **that's not ~ a problem** das ist eigentlich kein Problem; **he didn't ~ mean it** er hat es nicht so gemeint; **I don't know** ich weiß es wirklich nicht; **|well,| ~!** [also] so was!; ~, **I would never have expected that of you** also wirklich, das hätte ich nie von dir erwartet; ~? wirklich?; tatsächlich?; ~ **and truly** wirklich
realm [relm] n. [König]reich, das; **be in the ~[s] of fancy** ins Reich der Phantasie gehören; **be within/beyond the ~s of possibility or the possible** im/nicht im Bereich des Möglichen liegen
real: ~ **'man** n. richtiger Mann; ~ **'money** n. Bargeld, das; **pay in ~ money** bar bezahlen; ~ **'property** n. (Law) Grundvermögen, das; ~ **time** n. (Computing) Realzeit, die; ~ **'world** n. Echtzeit, die
realtor ['rɪəltə(r)] n. (Amer.) see **estate agent a**
real 'world n. (beyond school) Arbeitswelt, die; (as opposed to film etc.) Realität, die; **the ~ outside** die [reale] Außenwelt
ream [ri:m] n. a) (quantity) 500 Blatt; halbes [Neu]ries; **there are ~s of it** es sind 1500 Blatt; anderthalb [Neu]ries; b) in pl. (fig.) ein ganzer Roman; **write ~s [and ~s] of poetry** ganze Bände von Gedichten schreiben
reanimate [ri:'ænɪmeɪt] v. t. wiederbeleben
reap [ri:p] v. t. a) (cut) schneiden ⟨Getreide⟩; b) (gather in) einfahren ⟨Getreide, Ernte⟩; c) (harvest) abernten ⟨Feld⟩; d) (fig.) ernten ⟨Ruhm, Lob⟩; erhalten ⟨Belohnung⟩; erzielen ⟨Gewinn⟩; ~ **what one has sown** ernten, was man gesät hat; ~ **the benefits of sth.** die Früchte einer Sache ernten; see also **whirlwind a**
reaper ['ri:pə(r)] n. a) see **harvester**; b) the [grim] **R~** (fig.) der Sensenmann (verhüll.); der Schnitter [Tod]
reaping ['ri:pɪŋ]: ~**-hook** n. Sichel, die; ~**-machine** n. see **harvester a**
reappear [ri:ə'pɪə(r)] v. i. wieder auftauchen; (come back) [wieder] zurückkommen; ⟨Sonne:⟩ wieder zum Vorschein kommen
reappearance [ri:ə'pɪərəns] n. Wiederauftauchen, das
reapply [ri:ə'plaɪ] 1. v. i. sich erneut bewerben (for um). 2. v. t. noch einmal auftragen ⟨Kleister⟩
reappoint [ri:ə'pɔɪnt] v. t. wieder einstellen
reappointment [ri:ə'pɔɪntmənt] n. Wiedereinstellung, die
reappraisal [ri:ə'preɪzl] n. Neubewertung, die
reappraise [ri:ə'preɪz] v. t. neu bewerten
¹rear [rɪə(r)] 1. n. a) (back part) hinterer Teil; **at** or (Amer.) **in the ~ of** im hinteren Teil (+ Gen.); **please move to the ~**: bitte nach hinten durchgehen; b) (back) Rückseite, die; **bring up the ~, be in the ~**: den Schluß bilden; **to the ~ of the house there is ...**: hinter dem Haus ist ...; **go round to the ~ of the house** hinter das Haus gehen; **in the ~ of the procession** am Schluß der Prozession; **the spectators at the ~**: die hinten sitzenden/stehenden Zuschauer; c) (Mil.) Rücken, der; rückwärtiger Teil; **attack in the ~**: von hinten angreifen; d) (coll.: buttocks) Hintern, der (ugs.). 2. adj. hinter... ⟨Eingang, Tür, Blinklicht⟩; ~ **axle** Hinterachse, die
²rear 1. v. t. a) (bring up) großziehen ⟨Kind, Familie⟩; halten ⟨Vieh⟩; hegen ⟨Wild⟩; b) (lift up) heben ⟨Kopf⟩; aufrichten ⟨Leiter⟩; ~ **its ugly head** (fig.) seine häßliche Fratze zeigen. 2. v. i. a) (raise itself on hind legs) ~ [up] ⟨Pferd:⟩ sich aufbäumen; b) (extend to great height) ⟨Gebäude, Berg:⟩ sich erheben (**over, above** über + Akk.)
rear: ~ **'admiral** n. (Navy) Konteradmiral, der; ~ **'door** n. (Motor Veh.) Fondtür, die; Hintertür, die; (to boot) Hecktür, die; ~ **'end** n. (sl.: buttocks) Hinterteil, das (ugs.); ~**-engined** adj. (Motor Veh.) mit Heckantrieb nachgestellt; **be ~-engined** Heckantrieb haben; ~**guard** n. (Mil.) Nachhut, die; ~**guard action** n. (Mil.) Rückzugsgefecht, das; (fig.) Rückzugsgefecht, das; ~**-lamp**, ~**-light** ns. Rücklicht, das
rearm [ri:'a:m] 1. v. i. wiederaufrüsten. 2. v. t. wiederaufrüsten ⟨Land⟩; wiederbewaffnen ⟨Truppen⟩; (give more modern arms to) neu bewaffnen od. ausrüsten ⟨Truppen⟩; ~ **sb./oneself** jmdn./sich wiederbewaffnen
rearmament [ri:'a:məmənt] n. Wiederbewaffnung, die; (of country also) Wiederaufrüstung, die
rearmost ['rɪəməʊst] adj. hinterst...
rearrange [ri:ə'reɪndʒ] v. t. (alter plan of) umräumen ⟨Möbel, Zimmer⟩; verlegen ⟨Treffen, Spiel⟩ (**for** auf + Akk.); ändern ⟨Anordnung, Programm⟩
rearrangement [ri:ə'reɪndʒmənt] n. see **rearrange**: Umräumen, das; Verlegung, die; Änderung, die
rear: ~**-view 'mirror** n. Rückspiegel, der; ~**ward** ['rɪəwəd] 1. n. **be to ~ of the troops** sich im Rücken der Truppen befinden; 2. adj. hinter... ⟨Teil⟩; nach hinten gerichtet ⟨Bewegung⟩; **in a ~ direction** nach hinten; 3. adv. nach hinten; ~**-wheel drive** n. Hinterradantrieb, der
reason ['ri:zn] 1. n. a) (cause) Grund, der; **what is your ~ for doing that?** aus welchem Grund tust du das/hast du das getan?; **there is [no/every] ~ to assume** or **believe that ...**: es besteht [kein/ein guter] Grund zu der Annahme, daß ...; **have every ~ to suppose that ...**: allen Grund zu der Annahme haben, daß ...; **have no ~ to complain** or **for complaint** sich nicht beklagen können; **for that [very] ~**: aus [eben] diesem Grund; **for no ~**: grundlos; **no particular ~** (as answer) einfach so; **be ~s to do sth.** es für gerechtfertigt halten, etw. zu tun; **all the more ~ for doing sth.** ein Grund mehr, etw. zu tun; **for ~s best known to himself** aus Gründen, die er allein kennt; **for some ~, for one** or **another** aus irgendeinem Grund; **for ~s of health** aus gesundheitlichen Gründen; **for obvious ~s** aus gutem Grund; **for no obvious ~**: aus keinem ersichtlichen Grund; **for the [simple] ~ that ...**: [einfach,] weil ...; **by ~ of** wegen; aufgrund; **with ~**: aus gutem Grund; b) no pl., no art. (power to understand; sense) Philos.) Vernunft, die; (sanity) gesunder Verstand; **lose one's ~**: den Verstand verlieren; **regain one's ~**: wieder normal werden; (fig.) wieder zur Vernunft kommen; **contrary to ~**: unsinnig; absurd; **be out of all ~**: völlig unsinnig sein; **be** or **go beyond all ~**: völlig übertrieben sein; **I can't see the ~ of it** ich sehe keinen Sinn darin; **in** or **within ~**: innerhalb eines vernünftigen Rahmens; **you can have anything within ~**: du kannst alles haben, solange es im Rahmen bleibt; **stand to ~**: unzweifelhaft sein; **not listen to ~**: sich (Dat.) nichts sagen lassen; **see ~**: zur Einsicht kommen; **make sb. see ~, bring sb. to ~**: jmdn. zur Einsicht bringen; **Age of R~** (Hist.) Zeitalter der Aufklärung od. Vernunft; **for ~s of State** aus Gründen der Staatsräson. 2. v. i. a) schlußfolgern (**from** aus); **ability to ~**: logisches Denkvermögen; **he can ~ clearly** er hat einen klaren Verstand; b) ~ **with sth.** diskutieren mit (**about, on** über + Akk.); **you can't ~ with her** mit ihr kann man nicht vernünftig reden. 3. v. t. a) (conclude) schlußfolgern; b) (persuade) ~ **sb. into doing sth.** jmdn. dazu überreden, etw. zu tun; ~ **sb. out of sth.** jmdm. etw. ausreden; c) (question) **ours not to ~ why** es ist nicht unsere Sache, nach dem Warum zu fragen. ~ **out** v. t. sich (Dat.) überlegen; **he could ~ out the result** (knew in advance) er konnte sich (Dat.) das Ergebnis schon denken; **it's easy to ~ out what ...**: man kann sich leicht denken, was ...

587

reasonable ['riːzənəbl] *adj.* a) vernünftig; angemessen, vernünftig ⟨*Forderung*⟩; **be ~!** sei [doch] vernünftig!; **not be ~ in one's demands** überzogene Forderungen stellen; **beyond ~ doubt** unzweifelhaft; b) *(inexpensive)* günstig; **it's a ~ price** das ist ein vernünftiger Preis; c) *(fair)* passabel ⟨*Leistung, Wein*⟩; **with a ~ amount of luck** mit ein bißchen Glück; d) *(within limits)* realistisch ⟨*Chancen, Angebot*⟩

reasonably ['riːzənəblɪ] *adv.* a) *(within reason)* vernünftig; **no one could ~ believe that ...**: niemand kann ernsthaft glauben, daß ...; b) *(moderately)* ~ **priced** preisgünstig; c) *(fairly)* ganz ⟨*gut*⟩; ziemlich ⟨*gesund*⟩

reasoned ['riːznd] *adj.* durchdacht

reasoner ['riːzənə(r)] *n.* skilful *or* clever ~: kluger *od.* heller Kopf

reasoning ['riːzənɪŋ] *n.* logisches Denken; *(argumentation)* Argumentation, *die;* **a brilliant piece of ~**: eine brillante Argumentation; **power of ~**: logisches Denkvermögen; **there's no ~ with her** mit ihr kann man nicht vernünftig reden

reassemble [riːəˈsembl] 1. *v.i.* sich wieder versammeln; ⟨*Streitkräfte, Truppen:*⟩ sich wieder sammeln. 2. *v.t.* a) *(bring together again)* wieder versammeln ⟨*Anhänger*⟩; [wieder] sammeln ⟨*Truppen*⟩; b) *(put together again)* wieder zusammenbauen

reassert [riːəˈsɜːt] *v.t.* [erneut] bekräftigen

reassertion [riːəˈsɜːʃn] *n.* [erneute] Bekräftigung

reassess [riːəˈses] *v.t.* neu bewerten ⟨*Situation*⟩; überdenken ⟨*Vorschlag*⟩; überprüfen ⟨*Argument, Beweis, Anspruch*⟩; *(for taxation)* neu veranlagen ⟨*Besitz*⟩

reassessment [riːəˈsesmənt] *n. (of evidence, argument, claim)* Überprüfung, *die; (of proposal)* Überdenken, *das; (of situation)* Neubewertung, *die; (for taxation)* Neuveranlagung, *die*

reassign [riːəˈsaɪn] *v.t.* neu zuweisen

reassignment [riːəˈsaɪnmənt] *n. (of personnel)* Versetzung, *die; (of resources, money)* Übertragung, *die*

reassurance [riːəˈʃʊərəns] *n.* a) *(calming)* **give sb. ~**: jmdn. beruhigen; b) *(confirmation in opinion)* Bestätigung, *die;* **in pl.** [wiederholte] Versicherungen

reassure [riːəˈʃʊə(r)] *v.t.* a) *(calm fears of)* beruhigen; b) *(confirm in opinion)* bestätigen; **he needs to be constantly ~d that ...**: man muß ihm dauernd aufs neue bestätigen *od.* versichern, daß ...; **~ sb. about his health** jmdm. versichern, daß er gesund sei

reassuring [riːəˈʃʊərɪŋ] *adj.,* **reassuringly** [riːəˈʃʊərɪŋlɪ] *adv.* beruhigend

reawaken [riːəˈweɪkn] 1. *v.t. (lit. or fig.)* wiedererwecken. 2. *v.i. (lit. or fig.)* wiedererwachen

reawakening [riːəˈweɪknɪŋ] *n. (fig.)* Wiedererwachen, *das*

¹**rebate** ['riːbeɪt] *n. (refund)* Rückzahlung, *die;* **~ on tax** Steuerrückzahlung, *die;* **a ~ on the gas-bill** Geld von den Gaswerken zurückbekommen; b) *(discount)* Preisnachlaß, *der* (**on** auf + *Akk.*); Rabatt, *der* (**on** auf + *Akk.*); **rate ~** *(Brit.)* Ermäßigung der Gemeindeabgaben

²**rebate** ['ræbɪt] *see* **rabbet**

rebel 1. ['rebl] *n. (of rebels)* Rebellen-; *die.* 2. *attrib. adj.* a) *(of rebels)* Rebellen-; b) *(refusing obedience to ruler)* rebellisch; aufständisch. 3. [rɪˈbel] *v.i.,* -ll- rebellieren

rebellion [rɪˈbeljən] *n.* Rebellion, *die;* **rise [up] in ~**: sich erheben; rebellieren

rebellious [rɪˈbeljəs] *adj.* a) *(defiant)* rebellisch; aufsässig; b) *(in rebellion)* rebellierend ⟨*Sklave, Untertan*⟩

rebind [riːˈbaɪnd] *v.t.,* **rebound** [riːˈbaʊnd] neu [ein]binden

rebirth [riːˈbɜːθ] *n.* a) Wiedergeburt, *die;* b) *(revival)* Wiederaufleben, *das*

reborn [riːˈbɔːn] *adj.* wiedergeboren; **feel ~**: sich wie neugeboren fühlen; **be ~**: wiedergeboren werden

¹**rebound** 1. [rɪˈbaʊnd] *v.i.* a) *(spring back)* abprallen (**from** von); b) *(have reactive effect)* zurückfallen (**upon** auf + *Akk.*); **the plan ~ed on her** *or* **on her head** der Plan schadete ihr nur selbst. 2. ['riːbaʊnd] *n.* a) *(recoil)* Abprall, *der;* Rebound, *der (Basketball);* **catch the ball on the ~**: den Abpraller *od. (Basketball)* Rebound fangen; b) *(fig.: emotional reaction)* **marry/turn to sb. on the ~**: in seiner Enttäuschung jmdn. heiraten/sich jmdm. zuwenden

²**rebound** *see* **rebind**

rebroadcast [riːˈbrɔːdkɑːst] 1. *n.* Wiederholung, *die.* 2. *v.t.,* forms as **broadcast** 2 wiederholen

rebuff [rɪˈbʌf] 1. *n.* schroffe Abweisung; **be met with a ~**: auf Ablehnung stoßen; **suffer a ~**: abgelehnt werden. 2. *v.t.* [schroff] zurückweisen

rebuild [riːˈbɪld] *v.t.,* **rebuilt** [riːˈbɪlt] *(lit. or fig.)* wieder aufbauen; *(make extensive changes to)* umbauen

rebuke [rɪˈbjuːk] 1. *v.t.* tadeln, rügen (**for** wegen); **~ sb. for doing sth.** jmdn. zurechtweisen, weil er etwas tut/getan hat. 2. *n.* Rüge, *die;* Zurechtweisung, *die*

rebus ['riːbəs] *n.* Bilderrätsel, *das*

rebut [rɪˈbʌt] *v.t.,* -tt- *(formal)* widerlegen

rebuttal [rɪˈbʌtl] *n. (Law)* Widerlegung, *die;* **call evidence in ~ of it** den Gegenbeweis dafür antreten

recalcitrant [rɪˈkælsɪtrənt] 1. *adj.* aufsässig ⟨*Person*⟩; schwergängig ⟨*Hebel, Mechanismus*⟩. 2. *n.* Unruhestifter, *der*/-stifterin, *die*

recall 1. [rɪˈkɔːl] *v.t.* a) *(remember)* sich erinnern an (+ *Akk.*); **~ what/how ...**: sich daran erinnern, was/wie ...; b) *(serve as reminder of)* erinnern an (+ *Akk.*); **~ sth. to sb.** jmdn. an etw. *(Akk.)* erinnern; c) *(summon back)* zurückbeordern ⟨*Soldat,* fehlerhaftes *Produkt*⟩; zurückfordern ⟨*Buch*⟩; **the noise ~ed her to the present** der Lärm brachte sie in die Wirklichkeit zurück; d) *(suspend appointment of)* abberufen ⟨*Botschafter, Delegation*⟩ (**from** aus.). 2. [rɪˈkɔːl, ˈriːkɔːl] *n.* a) *(ability to remember)* **[powers of] ~**: Erinnerungsvermögen, *das;* Gedächtnis, *das;* **see also total recall;** b) *(possibility of annulling)* **beyond** *or* **past ~**: unwiderruflich; *(summons back)* Rückruf, *der; (to active duty)* Wiedereinberufung, *die; (suspension of appointment abroad)* Abberufung, *die*

recant [rɪˈkænt] 1. *v.i.* [öffentlich] widerrufen. 2. *v.t.* widerrufen

recantation [riːkænˈteɪʃn] *n.* Widerruf, *der;* **make a ~ of sth.** etw. widerrufen

¹**recap** [riːˈkæp] *v.t.,* -pp- *(Amer.)* a) *(replace cap on)* wieder verschließen ⟨*Flasche*⟩; b) *(retread)* runderneuern ⟨*Reifen*⟩

²**recap** [ˈriːkæp] *(coll.)* 1. *v.t.* & *i.,* -pp- rekapitulieren; kurz zusammenfassen. 2. *n.* Zusammenfassung, *die;* **let's just have a quick ~**: lassen wir es kurz zusammen

recapitulate [riːkəˈpɪtjʊleɪt] *v.t.* & *i.* rekapitulieren; kurz zusammenfassen

recapitulation [riːkəpɪtjʊˈleɪʃn] *n.* a) *(summing up)* Zusammenfassung, *die;* Rekapitulation, *die;* b) *(Mus.)* Reprise, *die*

recapture [riːˈkæptʃə(r)] 1. *v.t.* a) *(capture again)* wieder ergreifen ⟨*Gefangenen*⟩; wieder einfangen ⟨*Tier*⟩; zurückerobern ⟨*Stadt*⟩; b) *(re-create)* wieder aufleben lassen ⟨*Atmosphäre*⟩; *(experience again)* noch einmal durchleben ⟨*Aufregung, Vergangenheit, Jugend, Glück*⟩. 2. *n. (retaking)* Rückeroberung, *die*

recast [riːˈkɑːst] *v.t.,* **recast** a) *(remould)* neu gießen ⟨*Metall*⟩; b) *(refashion)* revidieren ⟨*Vorstellung, Einstellung*⟩; c) *(rewrite)* umschreiben

recce [ˈrekɪ] *(Brit. sl.)* 1. *n.* Erkundung, *die;* **make a ~**: die Lage peilen *(ugs.)*

recede [rɪˈsiːd] *v.i.* a) ⟨*Hochwasser, Flut:*⟩ zurückgehen; ⟨*Küste:*⟩ zurückweichen; **his hair is beginning to ~**: er bekommt eine Stirnglatze; b) *(be left at increasing distance)* ~ [**into the distance**] in der Ferne verschwinden; c) *(decline)* ⟨*Preis:*⟩ fallen; **~ in importance** an Bedeutung verlieren

receding [rɪˈsiːdɪŋ] *adj.* fliehend ⟨*Kinn, Stirn*⟩; zurückweichend ⟨*Küste*⟩; zurückgehend ⟨*Flut, Hochwasser*⟩; *see also* **hairline** a

receipt [rɪˈsiːt] 1. *n.* a) Empfang, *der;* **please acknowledge ~ of this letter/order** bestätigen Sie bitte den Empfang dieses Briefes/ dieser Bestellung; **be in ~ of** *(formal)* erhalten haben ⟨*Brief*⟩; **those in ~ of a pension** Rentenempfänger; **[up]on ~ of the news/ your remittance** *(formal)* nach Eingang der Nachricht/Ihrer Überweisung. b) *(written acknowledgement)* Empfangsbestätigung, *die;* Quittung, *die;* **~ for payment** Quittung, *die;* c) **in pl.** *(amount received)* Einnahmen (**from** aus). 2. *v.t.* quittieren

receivable [rɪˈsiːvəbl] *adj. (Commerc.)* offen; ausstehend

receive [rɪˈsiːv] *v.t.* a) *(get)* erhalten; beziehen ⟨*Gehalt, Rente*⟩; verliehen bekommen ⟨*akademischen Grad*⟩; **a cordial welcome will be ~d by sb.** herzlich begrüßt werden; **~ one's education at a private school** eine Privatschule besuchen; **she ~d a lot of attention/sympathy [from him]** es wurde ihr [von ihm] viel Aufmerksamkeit/Verständnis entgegengebracht; **~ [fatal] injuries** [tödlich] verletzt werden; **'payment ~d with thanks'** „Betrag dankend erhalten"; **your letter will ~ our immediate attention** wir werden Ihren Brief umgehend bearbeiten; **~ insults/praise** beschimpft/gelobt werden; **~ much unfavourable comment** stark kritisiert werden; **~ 30 days [imprisonment]** 30 Tage Gefängnis bekommen; **~ the sacraments/holy communion** *(Relig.)* das Abendmahl/die heilige Kommunion empfangen; b) *(accept)* entgegennehmen ⟨*Buketten, Lieferung*⟩; *(submit to)* über sich *(Akk.)* ergehen lassen; **be convicted for receiving [stolen goods]** *(Law)* der Hehlerei überführt werden; c) *(serve as receptacle for)* aufnehmen; d) *(greet)* reagieren auf ⟨*Angebot, Nachricht, Theaterstück, Roman*⟩; empfangen ⟨*Person*⟩; e) *(entertain)* empfangen ⟨*Botschafter, Delegation, Nachbarn, Gast*⟩; f) *(consent to hear)* abnehmen ⟨*Beichte, Eid*⟩; **~ [from Gen.]**; **~ sb.'s confession/oath** jmdm. die Beichte/ den Eid abnehmen; g) *(Radio, Telev.)* empfangen ⟨*Sender, Signal*⟩; **are you receiving me?** können Sie mich hören?; h) tragen ⟨*Last, Gewicht*⟩; i) *(accept as true)* anerkennen ⟨*Theorie, Lehre*⟩; j) *(Tennis)* **~ [the serve]** den Aufschlag nehmen; **Lendl to ~** Lendl nimmt den Aufschlag. *See also* **end 1 d**

~ into *v.t.* aufnehmen in (+ *Akk.*)

received [rɪˈsiːvd] *adj.* landläufig ⟨*Vorstellung, Weisheit, Meinung*⟩; gültig ⟨*Version, Text*⟩

received pronunci'ation *(Amer.:* **Received 'Standard**) *n. (Ling.)* englische Standardsprache

receiver [rɪˈsiːvə(r)] *n.* a) Empfänger, *der*/Empfängerin, *die;* b) *([Table]Tennis)* Rückschläger, *der*/-schlägerin, *die;* c) *(Teleph.)* [Telefon]hörer, *der;* d) *(Radio, Telev.)* Empfänger, *der;* Receiver, *der (Technik);* e) **[official] ~** *(Law) (for property of bankrupt)* [gerichtlich bestellter/bestellte] Konkursverwalter/-verwalterin, *die; (for insane person)* Pfleger, *der*/Pflegerin, *die;* f) *(who receives stolen goods)* Hehler, *der*/Hehlerin, *die;* g) *(Chem.: vessel)* Vorlage, *die*

receivership [rɪˈsiːvəʃɪp] *n. (Law: being in hands of receiver)* Konkursverwaltung, *die;* **put sth. in** *or* **into ~**: etw. unter Konkursverwaltung stellen

recension [rɪ'senʃn] *n.* Überarbeitung, *die*; Rezension, *die (fachspr.)*

recent ['ri:sənt] *adj.* **a)** *(not long past)* jüngst ⟨*Ereignisse, Wahlen, Vergangenheit usw.*⟩; **the ~ closure of the factory** die kürzlich erfolgte Schließung der Fabrik; **at our ~ meeting** als wir uns kürzlich *od.* vor kurzem trafen; **a ~/more ~ survey** eine neuere Untersuchung; **the most ~ survey** die neueste Untersuchung; **at our most ~ meeting** bei unserer letzten Begegnung; **b)** *(not long established)* Neu⟨*auflage, -anschaffung, -erscheinung*⟩; **~ additions to the library's holdings** Neuerwerbungen der Bibliothek; **c) R~** *(Geol.)* Holozän, *das*

recently ['ri:səntlɪ] *adv. (a short time ago)* neulich; kürzlich; vor kurzem; *(in the recent past)* in der letzten Zeit; **until ~/until quite ~**: bis vor kurzem/bis vor ganz kurzer Zeit; **~ we've been following a different policy** seit kurzem verfolgen wir eine andere Politik; **as ~ as last year** noch letztes Jahr; **one morning ~**: neulich morgens; **I haven't seen him ~**: ich habe ihn in letzter Zeit nicht gesehen

receptacle [rɪ'septəkl] *n.* **a)** *(container)* Behälter, *der*; Gefäß, *das*; **b)** *(Bot.)* Blütenboden, *der*; Receptaculum, *das (fachspr.)*

reception [rɪ'sepʃn] *n.* **a)** *(welcome)* (*of person*) Empfang, *der*; Aufnahme, *die*; *(of play, speech)* Aufnahme, *die*; **meet with a cool ~** kühl aufgenommen werden; **give sb. a warm ~** jmdn. herzlich empfangen; **give a favourable ~ to** positiv aufnehmen ⟨*Theaterstück, Rede*⟩; **b)** *(formal party, welcome)* Empfang, *der*; **hold** *or* **give a ~**: einen Empfang geben; **c)** *no art. (Brit.: foyer)* die Rezeption; **d)** *no art. (Radio, Telev.)* der Empfang; **get good ~**: guten Empfang haben

re'ception desk *n.* Rezeption, *die*

receptionist [rɪ'sepʃənɪst] *n. (in hotel)* Empfangschef, *der*/-dame, *die*; *(at doctor's, dentist's)* Sprechstundenhilfe, *die*; *(at hairdresser's, solarium, etc.)* Angestellter, *der*/Angestellte, *die* die Kunden empfängt und mit ihnen die Termine vereinbart; *(with firm)* Empfangssekretärin, *die*

reception: ~ office *(Amer.)* see **reception c**; **~-room** *n.* Empfangsraum, *der*

receptive [rɪ'septɪv] *adj.* **a)** aufgeschlossen, empfänglich **(to** für); paarungsbereit ⟨*Tier*⟩; **have a ~ mind** aufgeschlossen sein; **b)** *(Biol.)* Rezeptor-; rezeptorisch

receptively [rɪ'septɪvlɪ] *adv.* rezeptiv

receptor [rɪ'septə(r)] *n. (Biol.)* Rezeptor, *der*; **~ organ** Rezeptororgan, *das*

recess ['ri:ses, 'rɪ:ses] *n.* **a)** *(alcove)* Nische, *die*; **b)** *(Brit. Parl.; Amer.: short vacation)* Ferien *Pl.*; *(Amer. Sch.: between classes)* Pause, *die*; **be in ~** ⟨*Parlament:*⟩ in den Ferien sein; **adjourn for summer ~** *(Amer.)* sich bis nach der Sommerpause vertagen; **c)** *(lit. or fig.: remote place)* Winkel, *der*. **2.** *v.t.* **a)** *(set back)* [in die Wand] einlassen ⟨*Schrank, Fenster*⟩; **b)** *(provide with ~)* eine Nische ausparen in (+ *Dat.*) ⟨*Wand, Mauer*⟩; **c)** *(Amer.: end sitting of)* unterbrechen ⟨*Verhandlung. Sitzung.*⟩. **3.** *v.i. (Amer.: end a sitting)* sich vertagen

recession [rɪ'seʃn] *n.* **a)** *(Econ.: decline)* Rezession, *die (fachspr.)*; Konjunkturrückgang, *der*; **period of ~**: Rezession[sphase], *die*; **b)** *(receding)* Zurückgehen, *das*

recessional [rɪ'seʃnl] *(Eccl.)* **1.** *adj.* Schluß⟨*hymne, -musik*⟩. **2.** *n.* [*während des Auszuges der Geistlichen und des Chors gesungene*] Schlußhymne, *die*

recessive [rɪ'sesɪv] *adj. (Genetics, Phonet.)* rezessiv

recharge 1. [ri:'tʃɑ:dʒ] *v.t.* aufladen ⟨*Batterie*⟩; nachladen ⟨*Waffe*⟩; **~ one's batteries** *(fig.)* neue Kräfte auftanken. **2.** ['ri:tʃɑ:dʒ] *n.* Nachfüllen, *das*; **the battery needs a ~**: die Batterie muß aufgeladen werden

rechargeable [ri:'tʃɑ:dʒəbl] *adj.* wiederaufladbar

recherché [rə'ʃeəʃeɪ] *adj.* ausgefallen ⟨*Vorstellungen, Ansichten*⟩; gesucht ⟨*Ausdruck, Formulierung*⟩

rechristen [ri:'krɪsn] *v.t.* **a)** *(christen again)* noch einmal taufen; **b)** see **rename**

recidivism [rɪ'sɪdɪvɪzm] *n.* Rückfälligkeit, *die*

recidivist [rɪ'sɪdɪvɪst] **1.** *n.* Rückfällige, *der/die*; *(habitual criminal)* Rückfalltäter, *der/*-täterin, *die*. **2.** *adj.* rückfällig

recipe ['resɪpɪ] *n. (lit. or fig.)* Rezept, *das*; **~ for success** Erfolgsrezept, *das*; **it's a ~ for disaster** damit ist die Katastrophe vorprogrammiert

recipient [rɪ'sɪpɪənt] *n.* Empfänger, *der*/Empfängerin, *die*; **she was the unwilling ~ of his attention** sie war das unfreiwillige Opfer seiner Aufmerksamkeit

reciprocal [rɪ'sɪprəkl] **1.** *adj.* **a)** gegenseitig ⟨*Abkommen, Zuneigung, Hilfe*⟩; **b)** *(Ling.)* reziprok ⟨*Pronomen*⟩. **2.** *n. (Math.)* Kehrwert, *der*

reciprocally [rɪ'sɪprəkəlɪ] *adv.* gegenseitig

reciprocate [rɪ'sɪprəkeɪt] **1.** *v.t.* **a)** austauschen ⟨*Versprechen*⟩; erwidern ⟨*Gruß, Lächeln, Abneigung, Annäherungsversuch*⟩; sich revanchieren für ⟨*Hilfe*⟩; **b)** *(Mech. Engin.)* hin- und herbewegen. **2.** *v.i.* **a)** *(respond)* sich revanchieren; **b)** *(Mech. Engin.)* sich hin- und herbewegen; **reciprocating engine/saw** Kolbenmaschine, *die*/Gattersäge, *die*; **reciprocating motion** Hin- und Herbewegung, *die*

reciprocity [resɪ'prɒsɪtɪ] *n.* **a)** *(mutual action)* **there is deep ~ of feeling** es besteht eine innige wechselseitige Gefühlsbindung; **~ of influence** gegen- *od.* wechselseitige Beeinflussung; **b)** *(interchange of privileges)* Wechselseitigkeit, *die*; Reziprozität, *die (fachspr.)*; **~ in trade** Handelsreziprozität, *die*

recital [rɪ'saɪtl] *n.* **a)** *(performance)* [Solisten]konzert, *das*; *(of literature also)* Rezitation, *die*; **piano/poetry ~**: Klavierkonzert, *das*/Gedichtrezitation, *die*; **give one's first solo ~**: seinen ersten Soloauftritt haben; **b)** *(detailed account)* Schilderung, *die*; **give a ~ of sth.** etw. eingehend schildern

recitation [resɪ'teɪʃn] *n.* Rezitation, *die*; **give ~s from Shakespeare** Shakespeare rezitieren; **a ~ of her grievances/my faults** eine detaillierte Aufzählung ihrer Probleme/meiner Fehler

recitative [resɪtə'ti:v] *n. (Mus.)* Rezitativ, *das*

recite [rɪ'saɪt] **1.** *v.t.* **a)** *(speak from memory)* rezitieren ⟨*Passage, Gedicht*⟩; **b)** *(give list of)* aufzählen. **2.** *v.i.* rezitieren

reckless [rɪ'klɪs] *adj.* unbesonnen; rücksichtslos ⟨*Fahrweise*⟩; tollkühn ⟨*Fluchtversuch*⟩; **~ of the dangers/consequences** ungeachtet der Gefahren/Folgen

recklessly ['reklɪslɪ] *adv.* unbesonnen; *(without concern for others)* rücksichtslos

reckon [rɪ'kn] *v.t.* **a)** *(work out)* ausrechnen ⟨*Kosten, Lohn, Ausgaben*⟩; bestimmen ⟨*Position*⟩; **b)** *(conclude)* schätzen; **what do you ~ are his chances?** wie beurteilst du seine Chancen?; **I ~ you're lucky to be alive** ich glaube, du kannst von Glück sagen, daß du noch lebst!; **I ~ to arrive** *or* **I shall arrive there by 8.30** ich nehme an, daß ich [spätestens] halb neun dort bin; **I usually ~ to arrive there by 8.30** in der Regel bin ich [spätestens] halb neun dort; **c)** *(consider)* halten (**as** für); **be ~ed a ~** *or* **to be sth.** als etw. gelten; **~ sb./sth. [to be] among the best** jmdn./etw. zu den Besten zählen *od.* rechnen; **be ~ed among sth.** zu etw. zählen; **~ (arrive at as total)** kommen auf (+ *Akk.*); **I ~ 53 of them** ich komme auf 53. **2.** *v.i.* rechnen; **~ from 1 April** vom 1. April an rechnen
~ 'in *v.t.* [mit] einrechnen

~ on see **~ upon**

~ 'up 1. *v.t.* zusammenzählen; **~ up the bill** die Rechnungsposten zusammenzählen. **2.** *v.i.* **~ up with sb.** mit jmdm. abrechnen

~ upon *v.t.* **a)** *(rely on)* zählen auf (+ *Akk.*); **I was ~ing upon doing that this morning** ich hatte gedacht, ich könnte das heute früh tun; **b)** *(expect)* rechnen mit

~ with *v.i.* **a)** *(take into account)* rechnen mit ⟨*Hindernis, Möglichkeit*⟩; **he is a man to be ~ed with** er ist ein Mann, den man nicht unterschätzen sollte; **b)** *(deal with)* abrechnen mit; **you'll have me/the police to ~ with** du bekommst es mit mir/der Polizei zu tun

~ without *v.i.* nicht rechnen mit; **we had ~ed without the weather** das Wetter hat uns einen Strich durch die Rechnung gemacht

reckoner ['rekənə(r)] see **ready reckoner**

reckoning ['rekənɪŋ] *n.* **a)** *(calculation)* Berechnung, *die*; **by my ~**: nach meiner Rechnung; **day of ~** *(fig.)* Tag der Abrechnung; *(moment of truth)* Stunde der Wahrheit; **be [wildly] out in one's ~**: sich [gehörig] verrechnet haben; **b)** *(bill)* Rechnung, *die*. See also **dead**

reclaim [rɪ'kleɪm] **1.** *v.t.* **a)** urbar machen ⟨*Land, Wüste*⟩; **~ land from the sea** dem Meer Land abgewinnen; **b)** *(recover possession of)* zurückbekommen ⟨*Steuern*⟩; zurückerlangen ⟨*Recht*⟩; **c)** *(for reuse)* zur Wiederverwertung sammeln; wiederverwenden ⟨*Rohstoff*⟩; regenerieren *(Technik)*. **2.** *n.* **be past** *or* **beyond ~**: unwiederbringlich verloren sein; **baggage ~**: Gepäckausgabe, *die*

reclamation [reklə'meɪʃn] *n.* Urbarmachung, *die*; **land ~**: Landgewinnung, *die*

recline [rɪ'klaɪn] **1.** *v.i. (lean back)* sich zurücklehnen; **the chair ~s** die Rückenlehne des Sessels läßt sich [nach hinten] verstellen; **reclining seat** *(in car)* Liegesitz, *der*; **b)** *(be lying down)* liegen. **2.** *v.t.* [nach hinten] lehnen; **~ the seat** die Rückenlehne des Sitzes nach hinten verstellen

recliner [rɪ'klaɪnə(r)] *n.* Lehnsessel, *der*; **~ seat** Liegesitz, *der*

recluse [rɪ'klu:s] *n.* Einsiedler, *der*/Einsiedlerin, *die*

reclusive [rɪ'klu:sɪv] *adj.* einsiedlerisch

recognisability, recognisable, recognisably, recognisance, recognise see **recogniz-**

recognition [rekəg'nɪʃn] *n.* **a)** *no pl., no art.* Wiedererkennen, *das*; **he's changed beyond all ~**: er ist nicht mehr wiederzuerkennen; **escape ~**: unerkannt bleiben; **b)** *(acceptance, acknowledgement)* Anerkennung, *die*; **achieve/receive ~**: Anerkennung finden; **in ~ of** als Anerkennung für

recognizability [rekəgnaɪzə'bɪlɪtɪ] *n., no pl.* Erkennbarkeit, *die*

recognizable ['rekəgnaɪzəbl] *adj.* erkennbar; deutlich ⟨*Unterschied*⟩; **be ~**: wiederzuerkennen sein

recognizably ['rekəgnaɪzəblɪ] *adv.* erkennbar; **be not ~ different from sth.** sich kaum von etw. unterscheiden

recognizance [rɪ'kɒgnɪzəns] *n.* **a)** *(bond)* Verpflichtung, *die*; **enter into ~s to do sth.** *(Law)* sich vor Gericht dazu verpflichten, etw. zu tun; **b)** *(sum)* Kaution, *die*

recognize ['rekəgnaɪz] *v.t.* **a)** *(know again)* wiedererkennen **(by an + *Dat.*, from durch)**; **b)** *(acknowledge)* erkennen, anerkennen ⟨*Gültigkeit, Land, Methode, Leistung, Bedeutung, Dienst*⟩; **be ~d as** angesehen werden *od.* gelten als; **c)** *(admit)* zugeben; **~ sth. as valid** etw. als gültig ansehen; **~ sb. as heir** jmdn. als Erben anerkennen; **~ sb. to be cleverer** *or* **that sb. is cleverer** zugeben, daß jmd. klüger ist; **d)** *(identify nature of)* erkennen; **~ sb. to be a fraud** erkennen, daß jmd. ein Betrüger ist; **e)** *(Amer.: allow to speak)* das Wort erteilen (+ *Dat.*)

recoil 1. [rɪˈkɔɪl] v. i. a) (shrink back) zurückfahren; he ~ed visibly er zuckte sichtbar zurück; ~ from an idea vor einem Gedanken zurückschrecken; b) ⟨Waffe:⟩ einen Rückstoß haben. 2. [ˈriːkɔɪl, rɪˈkɔɪl] n. (of gun) Rückstoß, der (from Gen.)
~ **[up]on** v. i. zurückfallen auf (+ Akk.); ~ upon sb.'s [own] head or upon sb. auf jmdn. [selbst] zurückfallen
recollect [rekəˈlekt] 1. v. t. a) sich erinnern an (+ Akk.); ~ meeting sb. sich daran erinnern, jmdn. getroffen zu haben; b) ~ oneself wieder zu sich selbst finden. 2. v. i. sich erinnern
recollection [rekəˈlekʃn] n. Erinnerung, die; to the best of my ~ ...: soweit ich mich erinnern kann, ...; have a/no ~ of sth. sich an etw. (Akk.) erinnern/nicht erinnern können
recombinant [rɪˈkɒmbɪnənt] adj. (Genetics) rekombinant
recombination [rɪkɒmbɪˈneɪʃn] n. (Phys., Genetics) Rekombination, die
recombine [riːkəmˈbaɪn] 1. v. t. neu kombinieren. 2. v. i. sich neu kombinieren
recommence [riːkəˈmens] 1. v. i. wieder beginnen. 2. v. t. wieder beginnen mit
recommencement [riːkəˈmensmənt] n. Wiederbeginn, der
recommend [rekəˈmend] v. t. a) empfehlen; ~ sb. to do sth. jmdm. empfehlen, etw. zu tun; b) (make acceptable) sprechen für; the plan has little/nothing to ~ it es spricht wenig/nichts für den Plan
recommendable [rekəˈmendəbl] adj. empfehlenswert; it is [not] ~ to do sth. es empfiehlt sich [nicht], etw. zu tun
recommendation [rekəmenˈdeɪʃn] n. Empfehlung, die; speak in ~ of sth./sb. etw./jmdn. empfehlen; on sb.'s ~: auf jmds. Empfehlung (Akk.); letter of ~: Empfehlungsschreiben, das; make ~s to sb. jmdn. beraten; be a ~ for sth. für etw. sprechen
recompense [ˈrekəmpens] (formal) 1. v. t. a) (reward) belohnen; b) (make amends to) entschädigen. 2. n., no art., no pl. a) (reward) Lohn, der; Anerkennung, die; in ~ for als Dank für; work without ~: unentgeltlich arbeiten; b) (compensation) Entschädigung, die
reconcilable [ˈrekənsaɪləbl] adj. versöhnbar ⟨Personen⟩; überbrückbar ⟨Differenzen⟩; miteinander vereinbar ⟨Unterschiede, Standpunkte⟩
reconcile [ˈrekənsaɪl] v. t. a) (restore to friendship) versöhnen; become ~d sich versöhnen; b) (resign oneself) ~ oneself or become/be ~d to sth. sich mit etw. versöhnen; c) (make compatible) in Einklang bringen ⟨Vorstellungen, Überzeugungen⟩; (show to be compatible) miteinander vereinen; one cannot ~ dictatorship and freedom of speech Diktatur und Redefreiheit sind miteinander unvereinbar; d) (settle) beilegen ⟨Meinungsverschiedenheit⟩
reconciliation [rekənsɪlɪˈeɪʃn] n. a) (restoring to friendship) Versöhnung, die; bring about a ~ between persons Personen miteinander versöhnen; try for a ~: einen Versöhnungsversuch unternehmen; b) (making compatible) Harmonisierung, die
recondite [ˈrekəndaɪt, rɪˈkɒndaɪt] adj. (formal) abstrus
recondition [riːkənˈdɪʃn] v. t. [general]überholen; ~ed engine Austauschmotor, der
reconnaissance [rɪˈkɒnɪsəns] n., no pl., no def. art. (Mil.) Aufklärung, die; (of area) Erkundung, die; after ~: nach Erkundung der Lage; the plane was on ~: das Flugzeug war auf einem Aufklärungsflug; make a ~ [of the area] (lit. or fig.) das Terrain sondieren; attrib. ~ aircraft Aufklärungsflugzeug, das; ~ party Spähtrupp, der

reconnoitre (Brit.; Amer.: **reconnoiter**) [rekəˈnɔɪtə(r)] 1. v. t. (esp. Mil.) auskundschaften; erkunden ⟨Gelände⟩; (fig.) erkunden; in Augenschein nehmen ⟨Hotel, Restaurant⟩. 2. v. i. (esp. Mil.) auf Erkundung [aus]gehen; (fig.) sich umsehen
reconquer [riːˈkɒŋkə(r)] v. t. zurückerobern
reconsider [riːkənˈsɪdə(r)] v. t. [noch einmal] überdenken; ~ a case einen Fall von neuem aufrollen; abs. there is still time to ~: du kannst es dir/wir können es uns usw. immer noch überlegen
reconsideration [riːkənsɪdəˈreɪʃn] n. Überdenken, das; put a case before the court for ~: einen Fall zur neuerlichen Beratung vor ein Gericht bringen
reconstitute [riːˈkɒnstɪtjuːt] v. t. a) (build up again) wieder aufbauen; rekonstruieren; b) (restore to natural state) ~ [with water] [mit Wasser] anrühren [in Wasser] einweichen ⟨Trockenobst⟩; c) (piece together) rekonstruieren ⟨Ereignisse⟩; d) (reorganize) umbauen ⟨Anlage⟩; umbilden ⟨Komitee, Kabinett⟩; e) (bring back into existence) wieder einrichten
reconstitution [riːkɒnstɪˈtjuːʃn] n. a) (building up again) Rekonstruktion, die; b) (restoration to natural state) Anrühren, das; (of dried fruit) Einweichen, das; c) (reorganization) Umbildung, die; d) (bringing back into existence) Wiedereinrichtung, die
reconstruct [riːkənˈstrʌkt] v. t. a) (build again) wieder aufbauen ⟨Stadt, Gebäude⟩; neu errichten ⟨Gerüst⟩; rekonstruieren ⟨Anlage⟩; (fig.) rekonstruieren; b) (reorganize) umstrukturieren
reconstruction [riːkənˈstrʌkʃn] n. a) (process) Wiederaufbau, der; (reorganization) Umstrukturierung, die; b) (thing reconstructed) Rekonstruktion, die
record 1. [rɪˈkɔːd] v. t. a) aufzeichnen; ~ a new LP eine neue LP aufnehmen; ~ sth. in a book/painting etw. in einem Buch/auf einem Gemälde festhalten; be ~ed for ever in sb.'s memory auf ewig in jmds. Gedächtnis eingeprägt sein; history ~s that ...: es ist geschichtlich belegt, daß ...; b) (register officially) dokumentieren; protokollieren ⟨Verhandlung⟩; ~ one's vote seine Stimme abgeben; count and ~ the votes die Stimmen auszählen [und das Ergebnis schriftlich festhalten]. 2. v. i. aufzeichnen; (on tape) Tonbandaufnahmen/eine Tonbandaufnahme machen; the tape recorder isn't ~ing properly das Tonbandgerät nimmt nicht richtig auf. 3. [ˈrekɔːd] n. a) be on ~ ⟨Prozeß, Verhandlung, Besprechung:⟩ protokolliert sein; there is no such case on ~: in solcher Fall ist nicht dokumentiert; it is on ~ that ...: es ist dokumentiert, daß ...; have sth. on ~: etw. dokumentiert haben; there is nothing on ~ to prove that ...: es gibt keine Aufzeichnungen, die beweisen, daß ...; put sth. on ~: etw. schriftlich festhalten; I am quite happy to go on ~ as having said that it is a matter of ~: das ich das gesagt habe; it is a matter of ~: das ist eine verbürgte Tatsache, daß ...; b) (report) Protokoll, das; (Law: official report) [Gerichts]akte, die; (document) Dokument, das; (piece of evidence) Zeugnis, der; Beleg, der; medical ~s medizinische Unterlagen; criminal ~s Strafregister, das; ~ of attendance Anwesenheitsliste, die; keep a ~ of sth. über etw. (Akk.) Buch führen; (listing persons) eine Liste von sb. führen; for the ~: für das Protokoll; just for the ~: der Vollständigkeit halber, (iron.) nur der Ordnung halber; [strictly] off the ~: [ganz] inoffiziell; get or keep or put or set the ~ straight keine Mißverständnisse aufkommen lassen; let me put the ~ straight ich möchte es einmal ganz unmißverständlich sagen; d) (disc for gramophone) [Schall]platte, die; make a ~: eine Platte machen (ugs.); e) (facts of

sb.'s/sth.'s past) Ruf, der; have a good ~ [of achievements] gute Leistungen vorweisen können; the aircraft has an excellent ~ for reliability/a good safety ~: das Flugzeug hat sich als höchst zuverlässig/sehr sicher erwiesen; have a [criminal/police] ~: vorbestraft sein; keep a clean ~: sich (Dat.) nichts zuschulden kommen lassen; f) (best performance) Rekord, der; set a ~: einen Rekord aufstellen; break or beat the ~: den Rekord brechen. 4. attrib. adj. Rekord-
record [ˈrekɔːd]: ~ album n. [Schall]plattenalbum, das; ~-breaking adj. Rekord-
recorded [rɪˈkɔːdɪd] adj. aufgezeichnet ⟨Film, Konzert, Rede⟩; überliefert ⟨Ereignis, Geschichte⟩; bespielt ⟨Band⟩; ~ music Musikaufnahmen
recorded deˈlivery n. (Brit. Post) eingeschriebene Sendung (ohne Versicherung); send sth. by ~ delivery etw. per Einschreiben schicken
recorder [rɪˈkɔːdə(r)] n. a) (instrument/apparatus) Aufzeichnungsgerät, das; (earthquake ~: Seismograph, der; b) see tape recorder; c) (Mus.) Blockflöte, die; d) (Brit. Law) nebenamtlicher Richter (beim Crown Court usw.)
ˈrecord-holder n. (Sport) Rekordhalter, der/-halterin, die
recording [rɪˈkɔːdɪŋ] n. a) (process) Aufzeichnung, die; b) (what is recorded) Aufnahme, die; (to be heard or seen later) Aufzeichnung, die
recording: ~ ˈangel n. (Theol.) Engel der Gerechtigkeit; ~ head n. Aufnahmekopf, der; ~ session n. Aufnahme, die; ~ studio n. Tonstudio, das; ~ van n. Aufnahmewagen, der
recordist [rɪˈkɔːdɪst] n. [sound] ~: Tonmeister, der/-meisterin, die
record: ~ library n. Phonothek, die; R~ Office see Public R~ Office; ~-player n. Plattenspieler, der; ~ shop n. [Schall]plattengeschäft, das; ~ sleeve n. [Schall]plattenhülle, die; Plattencover, das; ~ token n. [Schall]plattengutschein, der
recount [rɪˈkaʊnt] v. t. (tell) erzählen
re-count 1. [riːˈkaʊnt] v. t. (count again) [noch einmal] nachzählen. 2. [ˈriːkaʊnt] n. Nachzählung, die; have a ~: nachzählen
recoup [rɪˈkuːp] v. t. (regain) ausgleichen ⟨Verlust⟩; [wieder] hereinbekommen ⟨[Geld]einsatz⟩; wiedergewinnen ⟨Stärke, Gesundheit⟩; b) (reimburse) wieder einbringen ⟨Auslagen⟩; ~ oneself seine Ausgaben ausgleichen
recourse [rɪˈkɔːs] n. a) (resort) Zufluchtnahme, die; have ~ to sb./sth. bei jmdm./zu etw. Zuflucht nehmen; b) (person or thing resorted to) Zuflucht, die; your only ~ is legal action das einzige, was dir bleibt, ist vor Gericht zu gehen; c) (Finance) Regreß, der; Rückgriff, der
recover [rɪˈkʌvə(r)] 1. v. t. a) (regain) zurückerobern; b) (find again) wiederfinden ⟨Verlorenes, Fährte, Spur⟩; c) (retrieve) zurückbekommen; bergen ⟨Wrack⟩; d) (make up for) aufholen ⟨verlorene Zeit⟩; e) (acquire again) wiedergewinnen ⟨Vertrauen⟩; wiederfinden ⟨Gleichgewicht, innere Ruhe usw.⟩; have ~ed one's lost appetite/normal colour wieder Appetit/Farbe haben; ~ consciousness das Bewußtsein wiedererlangen; ~ one's senses (lit. or fig.) wieder zur Besinnung kommen; ~ the use of one's hands/feet seine Hände/Füße wieder gebrauchen können; ~ one's sight sein Sehvermögen wiedergewinnen; ~ one's voice seine Stimme wiederfinden; ~ one's breath wieder zu Atem kommen; ~ oneself sich fangen; f) (reclaim) ~ land from the sea dem Meer Land abgewinnen; ~ metal from scrap Metall aus Schrott gewinnen; g) (Law) erheben ⟨Steuer, Abgabe⟩; erhalten ⟨Schadenersatz, Schmerzensgeld⟩; abs. Schadenersatz

erhalten. 2. *v. i.* ~ **from sth.** sich von etw. [wieder] erholen; **how long will it take him to** ~**?** wann wird er wieder gesund sein?; **be [completely** *or* **totally** *or* **fully** *or* **quite]** ~**ed** [völlig] wiederhergestellt sein
re-cover [riːˈkʌvə(r)] *v. t.* neu beziehen ⟨*Sessel, Schirm usw.*⟩
recoverable [rɪˈkʌvərəbl] *adj.* a) *(capable of being regained)* erstattungsfähig ⟨*Unkosten*⟩; ersetzbar ⟨*Schaden, Verlust*⟩; rückzahlbar ⟨*Kaution, Geldeinlage*⟩; **the cost was** ~ **through his insurance policy** die Kosten konnten durch seine Versicherung ersetzt werden; b) *(capable of being restored)* wiederherstellbar; wiedergewinnbar ⟨*Brauchwasser*⟩; c) *(Law)* eintreibbar ⟨*Geldstrafe, Schulden usw.*⟩; d) *(extractable)* abbaufähig; abbaubar; förderbar ⟨*Öl-, Gasreserven*⟩
recovery [rɪˈkʌvərɪ] *n.* a) *(restoration)* Erholung, *die;* **be on the road to** ~: auf dem Wege der Besserung sein; **make a quick/good** ~: sich schnell/gut erholen; **he is past** ~: für ihn gibt es keine Hoffnung mehr; b) *(regaining of sth. lost)* Wiederfinden, *das;* Fund, *der;* c) *(Law) (of debts)* Eintreibung, *die;* ~ **of damages** Erfüllung des Anspruchs auf Schadenersatz; d) *(Swimming, Rowing)* Rückkehr in die Grundstellung; e) *(extraction, reclamation)* Rückgewinnung, *die*
reˈcovery room *n. (Med.)* Aufwachraum, *der*
recreant [ˈrekrɪənt] *(literary)* **1.** *adj.* a) *(cowardly)* kleinmütig (geh.); verzagt (geh.); b) *(treacherous)* verräterisch; *(apostate)* abtrünnig. **2.** *n.* a) *(coward)* Feigling, *der;* b) *(betrayer)* Verräter, *der*/Verräterin, *die; (apostate)* Abtrünnige, *der/die*
recreation [rekrɪˈeɪʃn] *n.* a) *(act of relaxing)* Ausruhen, *das;* b) *(means of entertainment)* Freizeitbeschäftigung, *die;* Hobby, *das;* **for** *or* **as a** ~: zur Freizeitbeschäftigung *od.* Entspannung; **he enjoys driving as a** ~: Fahren bedeutet für ihn Entspannung
recreational [rekrɪˈeɪʃənl] *adj.* Freizeit- ⟨*-wert, -möglichkeiten, -gelände*⟩; Erholungs⟨*gebiet*⟩
recreation: ~ **centre** *n.* Freizeitzentrum, *das;* ~ **ground** *n.* Freizeitgelände, *das; (for children)* Spielplatz, *der;* ~ **period** *n.* Pause, *die;* ~ **room** *n.* a) *(playroom)* Spielzimmer, *das; (hobbyroom)* Hobbyraum, *der;* b) *(public room)* Aufenthaltsraum, *der;* ~ **time** *n.* Freizeit, *die; (in school)* Pause, *die*
recriminate [rɪˈkrɪmɪneɪt] *v. i.* Gegenschuldigungen erheben
recrimination [rɪkrɪmɪˈneɪʃn] *n.* Gegenbeschuldigung, *die; (counter-accusation)* [**mutual**] ~**s** [gegenseitige] Beschuldigungen
recrudescence [riːkruːˈdesns] *n. (of symptoms, disease)* erneutes Auftreten; *(of epidemic, aggression, violence)* Wiederaufflackern, *das*
recruit [rɪˈkruːt] **1.** *n.* a) *(Mil.)* Rekrut, *der;* **a raw** ~: ein frisch Eingezogener; b) *(Amer.) (soldier of lowest rank)* einfacher Soldat; *(sailor of lowest rank)* Matrose, *der;* c) *(new member)* neues Mitglied; d) **[raw]** ~ *(fig.: novice)* blutiger Anfänger. **2.** *v. t.* a) *(Mil.: enlist)* anwerben; *(into society, party, etc.)* werben ⟨*Mitglied*⟩; b) *(select for appointment)* neu einstellen; **staff were** ~**ed once a year** einmal im Jahr wurden neue Mitarbeiter eingestellt. **3.** *v. i.* a) *(Mil.: enlist)* Rekruten anwerben; *(Partei, Klub:)* neue Mitglieder finden; b) *(select for appointment)* Neueinstellungen vornehmen; ~ **for staff** neue Mitarbeiter einstellen; ~ **from one's own staff** freie Stellen aus den eigenen Reihen besetzen
recruitment [rɪˈkruːtmənt] *n.* a) *(Mil.)* Anwerbung, *die; (for membership)* ~ **of members** Mitgliederwerbung, *die;* ~ **has been good this year** die Mitgliederwerbung war dieses Jahr sehr erfolgreich; ~ **for evening classes** Werbung für Abendkurse; b) *(process of selecting for appointment)* Neueinstellung, *die*
recta *pl.* of **rectum**
rectal [ˈrektl] *adj. (Anat.)* rektal
rectangle [ˈrektæŋgl] *n.* Rechteck, *das*
rectangular [rekˈtæŋgjʊlə(r)] *adj.* a) ~[**-shaped**] rechteckig; b) *(placed at right angles)* rechtwinklig
rectifiable [ˈrektɪfaɪəbl] *adj.* korrigierbar ⟨*Fehler*⟩; **do you think the situation is** ~**?** glauben Sie, daß noch etwas zu machen ist?
rectification [rektɪfɪˈkeɪʃn] *n.* a) *(correction of error)* Berichtigung, *die;* Korrektur, *die;* b) *(Electr.)* Gleichrichtung, *die*
rectifier [ˈrektɪfaɪə(r)] *n. (Electr.)* Gleichrichter, *der*
rectify [ˈrektɪfaɪ] *v. t.* a) korrigieren ⟨*Fehler, Berechnung, Kurs*⟩; richtigstellen ⟨*Bemerkung, Sachverhalt*⟩; Abhilfe schaffen (+ *Dat.*) ⟨*Mangel, Mißstand*⟩; ~ **the situation** die Sache wieder ins Lot bringen; b) *(Electr.)* gleichrichten
rectilineal [rektɪˈlɪnɪəl], **rectilinear** [rektɪˈlɪnɪə(r)] *adj.* geradlinig ⟨*Bewegung, Strecke, Anordnung*⟩; aus Geraden gebildet ⟨*Winkel*⟩; geradlinig begrenzt ⟨*Figur, Garten*⟩
rectitude [ˈrektɪtjuːd] *n.* a) *(with regard to morality)* Rechtschaffenheit, *die;* **a life of** ~: ein rechtschaffenes Leben; b) *(with regard to correctness)* Richtigkeit, *die*
recto [ˈrektəʊ] *n., pl.* ~**s** *(Printing, Bibliog.)* a) *(right-hand page)* rechte Seite; b) *(front of leaf)* Rekto, *das (fachspr.);* Vorderseite, *die*
rector [ˈrektə(r)] *n.* a) Pfarrer, *der;* b) *(Univ.)* Rektor, *der*/Rektorin, *die*
rectory [ˈrektərɪ] *n.* Pfarrhaus, *das*
rectum [ˈrektəm] *n., pl.* ~**s** *or* **recta** [ˈrektə] *(Anat.)* Mastdarm, *der;* Rektum, *das (fachspr.)*
recumbent [rɪˈkʌmbənt] *adj.* ruhend; liegend ⟨*Skulptur*⟩; **be [lying]** ~: ruhen
recuperate [rɪˈkjuːpəreɪt] **1.** *v. i.* sich erholen. **2.** *v. t.* wiederherstellen ⟨*Gesundheit*⟩; ~ **one's strength/health** wieder zu Kräften kommen/gesund werden
recuperation [rɪkjuːpəˈreɪʃn] *n.* Erholung, *die;* **in rest and** ~: in Ruhe und Entspannung
recuperative [rɪˈkjuːpərətɪv] *adj.* stärkend; ~ **remedies/powers** Heilmittel/-kräfte
recur [rɪˈkɜː(r)] *v. i.*, **-rr-** a) sich wiederholen; ⟨*Beschwerden, Krankheit usw.:*⟩ wiederkehren; *(Problem, Symptom:)* wieder auftreten; b) *(return to one's mind)* ⟨*Gedanke, Pflicht, Gefühl:*⟩ wiederkehren; c) *(Math.)* ~**ring decimal** periodischer Dezimalbruch; **2.3** ~**ring** 2 Komma 3 Periode
recurrence [rɪˈkʌrəns] *n.* a) Wiederholung, *die; (of illness, complaint)* Wiederkehr, *die; (of problem, symptom)* Wiederauftreten, *das;* **there's to be no** ~ **of this type of behaviour** dieses Verhalten darf sich nicht wiederholen; b) *(to mind)* Wiederkehr, *die*
recurrent [rɪˈkʌrənt] *adj.* immer wiederkehrend; wiederholt ⟨*Hinweis, Bezugnahme*⟩; **have** ~ **problems with sth.** häufig Probleme mit etw. haben
recycle [riːˈsaɪkl] *v. t. (reuse)* wiederverwerten ⟨*Papier, Glas, Abfall*⟩; *(convert)* wiederaufbereiten ⟨*Metall, Brauchwasser, Abfall*⟩
recycling [riːˈsaɪklɪŋ] *n.* Recycling, *das;* Wiederaufbereitung, *die*
red [red] **1.** *adj.* a) rot; Rot⟨*wild, -buche*⟩; rotglühend ⟨*Feuer, Lava usw.*⟩; **the** ~ **colour of the setting sun** das Rot der untergehenden Sonne; **go** ~ **with shame** rot vor Scham werden; **go** ~ **in the face** rot werden; **as** ~ **as a beetroot** puterrot; **rot wie eine Tomate** (ugs. scherzh.); **/ her eyes were** ~ **with crying** sie hatte rotgeweinte Augen; *see also* **paint 2 a**; b) *(anarchical)* rot; c) **Red** *(Soviet Russian)* rot, kommunistisch ⟨*Soldat, Propaganda*⟩; **the Red Army** die Rote Armee; **better Red than dead** lieber rot als tot. **2.** *n.* a) *(colour)* Rot, *das;* b) *(in roulette)* Rouge, *das; (redness)* Röte, *die;* **the** ~**s** die Rottöne; b) *(debt)* **get out of the** ~: aus den roten Zahlen kommen; **[be] in the** ~: in den roten Zahlen [sein]; c) **Red** *(communist)* Rote, *der/die;* **Reds under the bed scare** Angst vor kommunistischer Unterwanderung; d) *(ball)* rote Kugel; e) *(~ clothes)* **dressed in** ~: rot gekleidet; f) *(traffic-light)* Rot, *das;* **the traffic-light is at** ~: die Ampel steht auf Rot; **we drove straight through the** ~: wir fuhren bei Rot durch *(ugs.)*
red: ~ **admiral** *see* **admiral b**; ~ **alert** *n.* [höchste] Alarmbereitschaft; **be on** ~ **alert** sich in Alarmzustand befinden; ~**-blooded** [ˈredblʌdɪd] *adj.* heißblütig; ~**breast** *n. (Ornith.)* Rotkehlchen, *das;* ~**brick** *adj. (Brit.)* weniger traditionsreich ⟨*Universität*⟩; ~ **cap** *n.* a) *(Brit.: military policeman)* Militärpolizist, *der;* b) *(Amer.: railway porter)* Gepäckträger, *der;* ~**ˈcarpet** *n. (lit. or fig.)* roter Teppich; ~**-carpet** *adj.:* **give sb. the** ~**-carpet treatment** *or* **a** ~**-carpet reception** jmdn. mit großem Bahnhof *(ugs.)* *od.* mit allen Ehren empfangen; ~ **cell** *n. (Anat., Zool.)* rotes Blutkörperchen; ~ **ˈcent** *n. (Amer.)* roter Heller; ~**-cheeked** *adj.* rotwangig (geh.); **Red ˈChina** *n.* Rotchina, *das;* ~**coat** *n. (Brit. Hist.)* Rotrock, *der;* britischer Soldat; ~ **corpuscle** *see* ~ **cell;** **Red ˈCrescent** *n.* Roter Halbmond; **Red ˈCross** *n.* Rotes Kreuz; ~ **ˈcurrant** *n.* [rote] Johannisbeere
redden [ˈredn] **1.** *v. i. (Gesicht, Himmel:)* sich röten, ⟨*Person:*⟩ rot werden, erröten; ⟨*Blätter, Wasser:*⟩ sich rot färben; **his face** ~**ed [with shame** *etc.*] er lief rot an *od.* bekam einen roten Kopf [vor Scham usw.]. **2.** *v. t.* rot färben; röten (geh.)
reddish [ˈredɪʃ] *adj.* rötlich; ~ **brown** rotbraun
redecorate [riːˈdekəreɪt] *v. t.* renovieren; *(with wallpaper)* neu tapezieren; *(with paint)* neu streichen
redecoration [riːdekəˈreɪʃn] *n.* Renovierung, *die; (with wallpaper)* Neutapezieren, *das; (with paint)* Neuanstrich, *der*
redeem [rɪˈdiːm] *v. t.* a) *(regain)* wiederherstellen ⟨*Ehre, Gesundheit*⟩; wiedergewinnen ⟨*Position*⟩; b) *(buy back)* tilgen ⟨*Hypothek*⟩; einlösen ⟨*Pfand*⟩; auslösen ⟨*Grundstück*⟩; c) *(convert)* einlösen ⟨*Gutschein, Coupon*⟩; d) *(make amends for)* ausgleichen, wettmachen ⟨*Fehler, Schuld usw.*⟩; **he has one** ~**ing feature** man muß ihm eins zugute halten; e) *(repay)* abzahlen ⟨*Schuld, Kredit*⟩; ~ **one's obligation to sb.** seine Schuld jmdm. gegenüber begleichen; f) *(fulfil)* einlösen ⟨*Versprechen*⟩; g) *(save)* retten; ~ **sb. from his sins/from hell** jmdn. von seinen Sünden/aus der Hölle erlösen; h) *(make less bad)* retten ⟨*Situation, Beziehung, Party usw.*⟩; ~ **oneself** sich freikaufen; **he** ~**ed himself in their eyes by apologizing** er fand Gnade vor ihren Augen, indem er sich entschuldigte
redeemable [rɪˈdiːməbl] *adj.* einlösbar ⟨*Gutschein, Pfand, Aktien usw.*⟩; tilgbar ⟨*Schuld*⟩; kündbar ⟨*Obligation*⟩
redeemer [rɪˈdiːmə(r)] *n.* a) Retter, *der;* b) **R**~ *(Relig.)* Erlöser, *der;* Heiland, *der*
redefine [riːdɪˈfaɪn] *v. t.* neu bestimmen *od.* festlegen ⟨*Aufgaben, Bedingungen*⟩; neu formulieren ⟨*These, Vertragspunkte*⟩
redemption [rɪˈdempʃn] *n.* a) *(of pawned goods)* Einlösen, *das;* Rückkauf, *der;* b) *(of tokens, trading stamps, stocks, etc.)* Einlösen, *das;* c) *(of mortgage, debt)* Tilgung, *die; (of land)* Abzahlung, *die;* d) *(of promise, pledge)* Erfüllung, *die;* e) *(of prisoner, country)* Befreiung, *die;* **he's past** *or* **beyond** ~: für ihn gibt es keine Rettung mehr; **the situation is beyond** ~: die Lage ist hoffnungslos verfahren *od.* völlig aussichtslos; f) *(deliverance from sin)* Erlösung, *die;* g) *(thing that redeems)* Rettung, *die*

591

redeploy [riːdɪˈplɔɪ] v.t. umstationieren ⟨Truppen, Raketen⟩; woanders einsetzen ⟨Arbeitskräfte⟩; ~ from ... to ...: von ... nach ... verlegen

redeployment [riːdɪˈplɔɪmənt] n. (of troops, missiles) Umstationierung, die; (of labour force, workers, staff) Einsatz an anderer Stelle; ~ from ... to ...: Verlegung von ... nach ...

redesign [riːdɪˈzaɪn] v.t. umgestalten ⟨Raum, Mechanismus, Verpackung, Modell⟩; überarbeiten ⟨Plan, Design⟩

red: ~-**eyed** adj. be ~-eyed rote Augen haben; ~-**faced** adj. rotgesichtig; be ~-faced (with rage/embarrassment) ein [hoch]rotes Gesicht haben/vor Verlegenheit rot werden; go ~-faced with rage vor Wut rot anlaufen; ~ ˈflag see ˈflag 1; Red ˈGuard n. Rote Garde; (member) Rotgardist, der/-gardistin, die; ~-**haired** adj. rothaarig; ~-**handed** [red'hændɪd] adj. catch sb. ~-handed jmdn. auf frischer Tat ertappen; ~**head** n. Rotschopf, der (ugs.); Rothaarige, der/die; ~-**headed** ['redhedɪd] adj. rothaarig; be ~-headed rote Haare haben; ~ **heat** n. Rotglut, die; (fig.) Glut, die; bring to a ~ heat auf Rotglut erhitzen; ~ ˈherring n. a) (fish) Räucherhering, der; b) (fig.) Ablenkungsmanöver, das; (in thriller, historical research) falsche Fährte; ~-**hot** adj. a) [rot]glühend; b) (fig.) glühend ⟨Anhänger, Gläubiger, Liebhaber, Zorn⟩; heiß ⟨Blondine, Thema, Musik⟩; brandaktuell ⟨Nachricht⟩; **this new film is** ~-**hot stuff** dieser neue Film ist heiß

redid see redo

Red ˈIndian (Brit.) 1. n. Indianer, der/Indianerin, die. 2. adj. Indianer-

redirect [riːdaɪˈrekt, riːdɪˈrekt] v.t. nachsenden ⟨Post, Brief usw.⟩; umleiten ⟨Verkehr⟩; weiterleiten (to an + Akk.); richten (to auf + Akk.) ⟨Aufmerksamkeit⟩

redirection [riːdaɪˈrekʃn, riːdɪˈrekʃn] n. (of mail) Nachsendung, die; (of traffic) Umleitung, die; (of question) Weiterleitung, die (to an + Akk.)

rediscover [riːdɪˈskʌvə(r)] v.t. wiederentdecken

rediscovery [riːdɪˈskʌvərɪ] n. Wiederentdeckung, die

redistribute [riːdɪˈstrɪbjuːt] v.t. umverteilen ⟨Besitz, Einkommen⟩; versetzen ⟨Arbeitskräfte⟩; (reorganize) neu aufteilen

redistribution [riːdɪstrɪˈbjuːʃn] n. (of land, wealth) Umverteilung, die; (of labour etc.) Versetzung, die, (reorganization) Neuaufteilung, die

red: ~ **lead** [red 'led] n. Mennige, die; ~-ˈ**letter day** n. a) (memorable day) im Kalender rot anzustreichender Tag; großer Tag; b) (Relig.) Feiertag, der; ~ ˈ**light** n. a) [rotes] Warnlicht; (of traffic-lights) rote [Verkehrs]ampel; **drive straight through the** ~ **light** bei Rot über die Ampel fahren; b) (fig.) Warnzeichen, das; **they saw the or a** ~ **light** bei ihnen leuchtete ein [rotes] Warnsignal auf; ~-ˈ**light district** n. Amüsierviertel, das; (derog.) Strich, der (salopp); ~ **meat** n. dunkles Fleisch (z. B. vom Rind); ~**neck** n. (Amer.) armer weißer Landbewohner aus den Südstaaten; (derog.) weißer Rassist od. Reaktionär

redness ['rednɪs] n., no pl. (of face, skin, eyes, sky) Röte, die; (of blood, fire, rose, dress, light) rote Farbe

redo [riːˈduː] v.t., redoes [riːˈdʌz], redoing [riːˈduːɪŋ], redid [riːˈdɪd], redone [riːˈdʌn] a) (do again) wiederholen ⟨Prüfung, Spiel, Test⟩; neu frisieren ⟨Haare⟩; erneuern ⟨Make-up, Lidschatten⟩; noch einmal machen ⟨Bett, Hausaufgabe⟩; überarbeiten ⟨Aufsatz, Übersetzung, Komposition⟩; **one's face** sein Make-up erneuern; b) (redecorate) [gründlich] renovieren (repaper) neu tapezieren; (repaint) neu streichen

redolent ['redələnt] adj. a) duftend; ~ **odours** Düfte Pl.; ~ **of** or **with sth.** nach etw. duftend; b) (fig.) be ~ **of sth.** stark an etw. (Akk.) erinnern

redone see redo

redouble [riːˈdʌbl] 1. v.t. a) verdoppeln; b) (Bridge) rekontrieren. 2. v.i. sich verdoppeln. 3. n. (Bridge) Rekontra, das

redoubt [rɪˈdaʊt] n. (Mil.) Redoute, die

redoubtable [rɪˈdaʊtəbl] adj. ehrfurchtgebietend ⟨Person⟩; gewaltig, enorm ⟨Aufgabe, Pflicht usw.⟩; gefürchtet ⟨Gegner, Krieger⟩; glänzend ⟨Anwalt⟩

redound [rɪˈdaʊnd] v.i. ~ **to sb.'s advantage/disadvantage/honour** or **credit/fame** jmdm. Vorteile/Nachteile/Ehre/Ruhm einbringen; ~ **to sb.'s reputation/good name** zu jmds. Ruf/gutem Namen beitragen

red ˈpepper n. a) see cayenne; b) (vegetable) rote Paprika[schote]

redraft [riːˈdrɑːft] v.t. neu entwerfen; neu aufsetzen ⟨Vertrag⟩; neu abfassen ⟨Schriftstück⟩

red ˈrag n. (fig.) rotes Tuch (**to** für); **be like a** ~ **to a bull** [**to sb.**] wie ein rotes Tuch [auf jmdn.] wirken

redraw [riːˈdrɔː] v.t., forms as draw neu zeichnen

redress [rɪˈdres] 1. n. (reparation, correction) Entschädigung, die; **seek** ~ **for sth.** eine Entschädigung für etw. verlangen; **seek** [**legal**] ~: auf Schadenersatz klagen; **have no** ~: keine Entschädigung erhalten; (Law) keinen Rechtsanspruch auf Entschädigung haben. 2. v.t. a) (adjust again) ins Gleichgewicht bringen; ~ **the balance** das Gleichgewicht wiederherstellen; b) (set right, rectify) wiedergutmachen ⟨Unrecht⟩; ausgleichen ⟨Ungerechtigkeiten⟩; beseitigen ⟨Mißstand, Übel, Despotie⟩; abhelfen (+ Dat.) ⟨Beschwerden, Mißbrauch⟩

Red: ~ ˈ**Riding Hood** pr. n. Rotkäppchen, das; ~ ˈ**Sea** pr. n. Rote Meer, das

red: ~**shank** n. (Ornith.) Rotschenkel, der; ~-**shift** n. (Astron.) Rotverschiebung, die; ~**skin** see Red Indian 1; ~ ˈ**squirrel** n. Eichhörnchen, das; **Red ˈStar** n. Roter Stern, der; ~**start** n. (Ornith.) Rotschwanz, der; ~ ˈ**tape** n. (fig.) [unnötige] Bürokratie; **cut through the** ~ **tape** die Bürokratie umgehen; **Red Terror** see terror a

reduce [rɪˈdjuːs] 1. v.t. a) (diminish) senken ⟨Preis, Gebühr, Fieber, Geschwindigkeit, Blutdruck usw.⟩; verbilligen ⟨Ware⟩; reduzieren ⟨Geschwindigkeit, Gewicht, Anzahl, Menge, Preis⟩; **at** ~**d prices** zu herabgesetzten Preisen; ~ **one's weight** abnehmen; b) ~ **to order/despair/silence/tears/submission auf** Vordermann bringen (ugs.)/in Verzweiflung stürzen/verstummen lassen/zum Weinen bringen/ zum Aufgeben zwingen; ~ **sb. to begging** jmdn. an den Bettelstab bringen; **be** ~**d to starvation** hungern müssen; **be** ~**d to borrowing money/pawning sth.** sich (Dat.) Geld leihen müssen/etw. versetzen müssen; **live in** ~**d circumstances** in verarmten Verhältnissen leben; ~ **sb. to the ranks** jmdn. in den Mannschaftsstand degradieren; c) (convert to other form) ~ **wood to pulp** Holz zu einem Brei verarbeiten; ~ **yards to inches** Yards in Inches umwandeln; d) (Photog.) abschwächen; e) (Med.) einrenken ⟨Gliedmaße, Gelenk⟩; einrichten ⟨Bruch⟩; f) (Chem.) reduzieren. 2. v.i. abnehmen

reducer [rɪˈdjuːsə(r)] n. a) (Photog.) Abschwächer, der; b) (Chem.) Reduktionsmittel, das

reducible [rɪˈdjuːsɪbl] adj. a) reduzierbar (to auf + Akk.); **be** ~: reduziert werden können (to auf + Akk.); b) (Chem.) reduzierbar

reducing [rɪˈdjuːsɪŋ]: ~ **agent** n. (Chem.) Reduktionsmittel, das; ~ **diet** n. Schlankheitskur, die

reductio ad absurdum [rɪdʌktɪəʊ æd əbˈsɜːdəm] n., no pl. Reductio ad absurdum, die (geh.)

reduction [rɪˈdʌkʃn] n. a) (amount, process) (in price, costs, wages, rates, speed, etc.) Senkung, die (in Gen.); (in numbers, output, etc.) Verringerung, die (in Gen.); ~ **in prices/wages/weight** Preis-/Lohnsenkung, die/Gewichtsabnahme, die; **there is a** ~ **on all furniture** alle Möbel sind im Preis heruntergesetzt; **a** ~ **of £10** ein Preisnachlaß von 10 Pfund; b) (smaller copy) Verkleinerung, die; c) (conversion to other form) Verarbeitung, die; ~ **of yards to metres** Umwandlung von Yards in Meter; d) (Photog.) Abschwächung, die; e) (Chem.) Reduktion, die

reductionism [rɪˈdʌkʃənɪzm] n. (Philos.) Reduktionismus, der

reductive [rɪˈdʌktɪv] adj. (Philos.) reduktiv

redundancy [rɪˈdʌndənsɪ] n. a) (Brit.) Arbeitslosigkeit, die; **redundancies** Entlassungen; b) (being more than needed) Überfluß, der; (of materials, capital) Überschuß, der; (being more than suitable) Redundanz, die; (of style) Überladenheit, die

reˈdundancy payment n. Abfindung, die

redundant [rɪˈdʌndənt] adj. a) (Brit.: now unemployed) arbeitslos; **be made** or **become** ~: den Arbeitsplatz verlieren; **make** ~: entlassen; b) (more than needed) überflüssig; überschüssig ⟨Kapital, Material⟩; (more than suitable) redundant; überflüssig ⟨Absatz, Kapitel, Wort⟩; überladen ⟨Stil⟩

reduplicate [rɪˈdjuːplɪkeɪt] 1. v.t. a) verdoppeln; (repeat) wiederholen; b) (Ling.) verdoppeln. 2. v.i. (Ling.) reduplizieren

reduplication [rɪdjuːplɪˈkeɪʃn] n. a) (act of doubling) Verdopplung, die; (repetition) Wiederholung, die; b) (Ling.) Reduplikation, die

red: ~ ˈ**wine** n. Rotwein, der; ~**wood** n. (Bot.) Mammutbaum, der

re-echo [riːˈekəʊ] v.i. a) widerhallen (**with** von); **the cry echoed and** ~**ed round the cave** der Ruf wurde in dem Gewölbe wieder und wieder zurückgeworfen; b) (fig.) **these words** ~ **through the book** an diese Worte wird man in dem Buch immer wieder erinnert

reed [riːd] n. a) (Bot.) Schilf[rohr], das; Ried, das; **the tall** ~**s by the river's edge** das hohe Schilf od. Ried am Flußufer; **prove to be a broken** ~ (fig.) sich als unzuverlässig erweisen; b) (Mus.) (part of instrument) Rohrblatt, das; (instrument) Rohrblattinstrument, das

reed: ~-**bunting** n. (Ornith.) Rohrammer, die; ~ **instrument** n. (Mus.) Rohrblattinstrument, das; ~-**mace** n. (Bot.) Breitblättriger Rohrkolben; ~-**organ** n. (Mus.) Harmonium, das; ~-**warbler**, ~-**wren** ns. (Ornith.) Teichrohrsänger, der

reedy ['riːdɪ] adj. a) schnarrend ⟨Musik, Singen⟩; dünn ⟨Stimme⟩; b) (full of reeds) schilfig

¹**reef** [riːf] (Naut.) 1. n. (on sail) Reff, das (Seemannsspr.); **take in a** ~: die Segel reffen. 2. v.t. reffen (Seemannsspr.)

²**reef** n. a) (ridge) Riff, das; ~ **of sand/rocks/coral** Sand-/Fels-/Korallenriff, das; b) (fig.) Klippe, die; c) (lode) Erzgang, der

reefer ['riːfə(r)] n. (sl.: marijuana cigarette) Joint, der (Drogenjargon)

ˈreef-knot n. Kreuzknoten, der

reek [riːk] 1. n. Geruch, der; Gestank, der (abwertend). 2. v.i. a) riechen, (abwertend) stinken (**of** nach); b) (fig.) riechen (ugs.) (**of, with** nach)

reel [riːl] 1. n. a) (roller, cylinder) ⟨Papier-, Schlauch-, Garn-, Angel⟩rolle, die; ⟨Film-, Tonband-, Garn⟩spule, die; b) (quantity) Rolle, die; **steel rope in** ~**s of 1800 feet** Stahlseil auf Rollen zu 1 800 Fuß; ~ **of film** Filmrolle, die; c) (dance, music) Reel, der.

re-elect

2. *v.t.* ~ |up| *(wind on)* aufspulen. 3. *v.i.* **a)** *(be in a whirl)* sich drehen; **his head was** ~**ing** in seinem Kopf drehte sich alles; **her mind** ~**ed with all the facts** ihr schwirrte der Kopf von all den Daten; **b)** *(sway)* torkeln; *(fig.: be shaken)* taumeln; **begin to** ~: ins Wanken geraten; **his mind** ~**ed when he heard the news** als er die Nachricht hörte, drehte sich ihm alles
~ **'in** *v.t.* an Land ziehen ⟨*Fisch*⟩
~ **'off** *v.t.* **a)** *(say rapidly)* herunterleiern *(ugs. abwertend)*, hersagen *(Geschichte)*; *(without apparent effort)* abspulen *(ugs.)* ⟨*Gedicht, Namen, Einzelheiten*⟩; **b)** *(take off)* abwickeln
re-elect [riːˈɪlekt] *v.t.* wiederwählen
re-election [riːɪˈlekʃn] *n.* Wiederwahl, *die*
re-eligible [riːˈelɪdʒɪbl] *adj.* wiederwählbar; **be** ~: wiedergewählt werden können
re-embark [riːɪmˈbɑːk] 1. *v.t.* wieder einschiffen ⟨*Ladung, Passagiere*⟩. 2. *v.i.* sich wieder einschiffen (**for** nach); ~ **on sth.** *(fig.)* bei etw. wieder einsteigen
re-emerge [riːɪˈmɜːdʒ] *v.i.* **a)** *(out of liquid)* wieder auftauchen; **b)** *(into view; crop up)* wiederauftauchen ⟨*Mond, Sonne usw.*⟩: wieder hervorkommen; **c)** *(return)* zurückkehren (**in** nach, **from** aus)
re-emergent [riːɪˈmɜːdʒnt] *adj.* wiederauftauchend ⟨*Frage, Idee*⟩; wiederkehrend ⟨*Glaube*⟩; wiedererstehend *(geh.)* ⟨*Nation*⟩
re-enact [riːɪˈnækt] *v.t.* **a)** wieder in Kraft setzen ⟨*Gesetz, Erlaß usw.*⟩; **b)** *(perform)* wiederholen ⟨*Tatsachen, Einzelheiten*⟩; nachstellen ⟨*Szene, Schlacht*⟩; ~ **a role** noch einmal in einer Rolle auftreten
re-enlist *(Mil.)* 1. *v.i.* wieder [in die Armee/Marine] eintreten. 2. *v.t.* wieder anwerben
re-enter [riːˈentə(r)] 1. *v.i.* **a)** wieder eintreten; *(come on stage)* wieder auf die Bühne [wieder] betreten; *(as stage direction)* ~ **Hamlet from left** Auftritt Hamlet von links; **b)** *(for race, exam, etc.)* wieder antreten; **c)** *(penetrate)* wieder eindringen. 2. *v.t.* wieder betreten ⟨*Raum, Gebäude*⟩; wieder eintreffen in (+ *Dat.*) ⟨*Ortschaft*⟩; wiedereintreten in (+ *Akk.*) ⟨*Land*⟩; wiedereintreten in (+ *Akk.*) ⟨*Erdatmosphäre*⟩
re-entry [riːˈentrɪ] *n.* **a)** Wiedereintreten, *das*; *(into country)* Wiedereinreise, *die*; *(for exam)* Wiederantreten, *das*; *(of spacecraft)* [atmospheric] ~: Wiedereintritt [in die Erdatmosphäre]; **b)** *(Law: taking possession again)* Wiederbesitznahme, *die*
re-erect [riːɪˈrekt] *v.t.* wieder aufbauen
re-establish [riːɪˈstæblɪʃ] *v.t.* wiederherstellen ⟨*Kontakt, Demokratie, Beziehungen, Frieden, Ordnung*⟩; wiederbeleben ⟨*Brauch, Mode*⟩; wiederaufbauen ⟨*Organisation, Stützpunkt*⟩; wieder einsetzen ⟨*Regierung*⟩; beweisen ⟨*Unschuld usw.*⟩; ~ **sb. as ruler** jmdn. als Herrscher wiedereinsetzen; ~ **oneself as sth./in a position** sich erneut als etw./in einer Position etablieren
¹**reeve** [riːv] *n.* **a)** *(Hist.)* *(magistrate)* Vogt, *der*; *(manorial supervisor)* Aufseher, *der*; **b)** *(minor official)* Gemeindebeamter, *der*/-beamtin, *die*
²**reeve** *v.t., rove* [rəʊv] *or* ~**d** *(Naut.)* scheren ⟨*Tau*⟩; *(fasten)* festzurren
re-examination [riːɪgzæmɪˈneɪʃn] *n.* **a)** *(Law)* erneute [Zeugen]vernehmung, *die*; **b)** *(investigation)* erneute Untersuchung, *die*; **c)** *(act of testing knowledge or ability)* Wiederholungsprüfung, *die*; **d)** *(act of scrutinizing again)* nochmalige [Über]prüfung
re-examine [riːɪgˈzæmɪn] *v.t.* **a)** *(Law)* erneut vernehmen; **b)** *(investigate)* [erneut] untersuchen; **c)** *(test knowledge or ability of)* erneut *od.* wieder prüfen; **d)** *(scrutinize)* erneut überprüfen
re-export [riːˈkspɔːt] *v.t.* reexportieren; wieder ausführen

ref [ref] *n. (Sport coll.)* Schiri, *der (Sportjargon)*; *(Boxing)* Ringrichter, *der*
ref. *abbr.* **reference** Verw.; **with ref. to** mit Bz. *od.* unter Bezugn. auf (+ *Akk.*); **your/ our ref.** Ihr/unser Zeichen
reface [riːˈfeɪs] *v.t.* ~ **sth.** die Fassade einer Sache *(Gen.)* restaurieren
refashion [riːˈfæʃn] *v.t.* umgestalten
refectory [rɪˈfektərɪ] *n. (in college, university)* Mensa, *die*; *(in convent, monastery)* Refektorium, *das*
refer [rɪˈfɜː(r)] 1. *v.i.*, -rr- **a)** ~ **to** *(allude to)* sich beziehen auf (+ *Akk.*) ⟨*Buch, Person usw.*⟩; *(speak of)* sprechen von ⟨*Person, Problem, Ereignis usw.*⟩; **b)** ~ **to** *(apply to, relate to)* betreffen ⟨*Beschreibung:*⟩ sich beziehen auf (+ *Akk.*); **does that remark** ~ **to me?** gilt diese Bemerkung mir?; **c)** ~ **to** *(consult, cite as proof)* konsultieren *(geh.)* nachsehen in (+ *Dat.*). 2. *v.t.*, -rr- **a)** *(send on to)* ~ **sb./sth. to sb./sth.** jmdn./etw. an jmdn./auf etw. *(Akk.)* verweisen; ~ **a patient to a specialist** einen Patienten an einen Facharzt überweisen; **the dispute was** ~**red to the UN** der Streitfall wurde vor die UNO gebracht; ~ **sb. to a paragraph/an article** jmdn. auf einen Absatz/Artikel aufmerksam machen; ~ **to an exhibitor** *(Banking)* zurück an Aussteller; **b)** ~ *(assign to)* zurückführen auf (+ *Akk.*); ~ **sth. to sb.** jmdm. etw. zuschreiben; ~ **red pain** *(Med.)* ausstrahlender Schmerz; **c)** *(after examination)* zurückstellen ⟨*Prüfling*⟩; [zur Überarbeitung] zurückgeben ⟨*Dissertation*⟩
~ **'back** 1. *v.t.* ~ **back to** zurückverweisen an (+ *Akk.*). 2. *v.i.* **a)** *(to past event)* ~ **back to** sich beziehen auf (+ *Akk.*); **b)** *(to source of information)* ~ **back to sb./sth.** Rücksprache halten mit jmdm./auf etw. *(Akk.)* zurückgreifen
referee [refəˈriː] 1. *n.* **a)** *(Sport: umpire)* Schiedsrichter, *der*/-richterin, *die*; *(Boxing)* Ringrichter, *der*; *(Wrestling)* Kampfrichter, *der*; **b)** *(Brit.: person willing to testify)* Referenz, *die*; **c)** *(arbitrator)* Schlichter, *der*/Gutachter, *die*; **d)** *(person who assesses)* Gutachter, *der*/Gutachterin, *die*. 2. *v.t.* **a)** *(Sport: umpire)* als Schiedsrichter/-richterin leiten; ~ **a football game** ein Fußballspiel pfeifen *od.* leiten; **b)** *(arbitrate)* schlichten; **c)** *(assess, evaluate)* begutachten. 3. *v.i.* **a)** *(Sport: umpire)* Schiedsrichter/-richterin sein; **b)** *(arbitrate)* Schlichter, *der*; Schlichterin, *die*; **c)** *(assess or evaluate work)* als Gutachter/Gutachterin tätig sein
reference [ˈrefrəns] *n.* **a)** *(allusion)* Hinweis, *der* (**to** auf + *Akk.*); **make [several]** ~[s] **to sth.** sich [mehrfach] auf etw. *(Akk.)* beziehen; **make no** ~ **to sth.** etw. nicht ansprechen; **omit all** ~ **to sth.** etw. völlig verschweigen; **put a** ~ **to sth. in the introduction of the book** in der Einleitung des Buches auf etw. *(Akk.)* hinweisen; **b)** *(note directing reader)* Verweis, *der* (**to** auf + *Akk.*); **c)** *(cited book, passage)* Quellenangabe, *die*; **d)** *(testimonial)* Zeugnis, *das*; **[of] character** ~: persönliche Referenzen, *die*; **give sb. a good** ~: jmdm. ein gutes Zeugnis ausstellen; **e)** *(person willing to testify)* Referenz, *die*; **quote sb. as one's** ~: jmdn. als Referenz angeben; **f)** *(act of referring)* Konsultation, *die* (**to** *Gen.*) *(geh.)*; ~ **to a dictionary/a map** Nachschlagen in einem Wörterbuch/Nachsehen auf einer Karte; **work of** ~: Nachschlagewerk, *das*; **without** ~ **to sb.** ohne jmdn. zu fragen; **speak without** ~ **to one's notes** sprechen, ohne seine Aufzeichnungen zu Hilfe zu nehmen; **g)** *(relation, correspondence)* **have** ~ **to sth.** in Beziehung zu etw. stehen; **in** *or* **with** ~ **to sth.** mit Bezug auf etw. *(Akk.)*; **unter Bezugnahme auf etw.** *(Akk.)*; **with** ~ **to your suggestion** was deinen Vorschlag anbetrifft. *See also* **cross-reference; library a; term 1 b**

reference: ~ **book** *n.* Nachschlagewerk, *das*; ~ **mark** *n.* Verweiszeichen, *das*
referendum [refəˈrendəm] *n., pl.* ~**s** *or* **referenda** [refəˈrendə] Volksentscheid, *der*; Referendum, *das*
referral [rɪˈfɜːrl] *n.* **a)** *(for advice)* Überweisung, *die* (**to an** + *Akk.*); **b)** *(for action)* Weiterleitung, *die* (**to an** + *Akk.*)
refill 1. [riːˈfɪl] *v.t.* nachfüllen ⟨*Glas, Feuerzeug*⟩; neu füllen ⟨*Kissen*⟩; mit einer neuen Füllung versehen ⟨*Zahn*⟩; ~ **the glasses** nachschenken; ~ **a pen with ink** einen Füller mit Tinte füllen. 2. [ˈriːfɪl] *n.* **a)** *(cartridge)* [Nachfüll]patrone, *die*; *(for ball-pen)* Ersatzmine, *die*; *(pad of paper)* Nachfüllpackung, *die*; **b)** *(with drink)* Nachgießen, *das*; **can I have a** ~? *(coll.)* gießt du mir noch einmal nach?
refine [rɪˈfaɪn] 1. *v.t.* **a)** *(purify)* raffinieren; **b)** *(make cultured)* kultivieren; verfeinern ⟨*Stil, Ausdrucksweise*⟩; stilistisch verbessern ⟨*Rede, Aufsatz*⟩; **c)** *(improve)* verbessern; verfeinern ⟨*Stil, Technik*⟩. 2. *v.i.* **a)** *(become pure)* rein werden; **b)** *(become more cultured)* sich verfeinern
~ **[up]on** *v.t.* [weiter] verfeinern; weiterentwickeln
refined [rɪˈfaɪnd] *adj.* **a)** *(purified)* raffiniert; Fein⟨*kupfer, -silber usw.*⟩; ~ **sugar** [Zucker]raffinade, *die*; **b)** *(cultured)* kultiviert; **c)** *(precise)* scharfsinnig, differenziert ⟨*Argumentation*⟩; ausgeklügelt ⟨*Technik, Maschine[rie]*⟩; kompliziert ⟨*Rechnung*⟩
refinement [rɪˈfaɪnmənt] *n.* **a)** *(purifying)* Raffination, *die*; **b)** *(fineness of feeling, elegance)* Kultiviertheit, *die*; **person of** ~: kultivierter Mensch; ~ **of feeling** verfeinertes Gefühl; **c)** *(subtle manifestation)* Verfeinerung, *die*; **d)** *(improvement)* Verbesserung, *die*; Weiterentwicklung, *die* (**[up]on** *Gen.*); **introduce** ~**s into a machine** eine Maschine weiterentwickeln; **e)** *(piece of reasoning)* Spitzfindigkeit, *die (abwertend)*
refinery [rɪˈfaɪnərɪ] *n.* Raffinerie, *die*
refit 1. [riːˈfɪt] *v.t.,* -**tt**- überholen; reparieren; *(equip with new things)* neu ausstatten. 2. *v.i.,* -**tt**- überholt werden; repariert werden; *(renew supplies or equipment)* sich neu ausrüsten. 3. [ˈriːfɪt] *n.* Überholung, *die*; *(with supplies or equipment)* Neuausstattung, *die*
refitment [riːˈfɪtmənt] *see* **refit 3**
reflate [riːˈfleɪt] *v.t. (Econ.)* ankurbeln ⟨*Wirtschaft, Konjunktur*⟩
reflation [riːˈfleɪʃn] *n. (Econ.)* Reflation, *die*
reflationary [riːˈfleɪʃənərɪ] *adj. (Econ.)* reflationär
reflect [rɪˈflekt] 1. *v.t.* **a)** *(throw back)* reflektieren; **bask in sb.'s** ~**ed glory** sich in jmds. Ruhm sonnen; **b)** *(reproduce)* spiegeln; *(fig.)* widerspiegeln ⟨*Ansichten, Gefühle, Werte*⟩; **be** ~**ed** sich spiegeln; **c)** *(contemplate)* nachdenken über (+ *Akk.*); ~ **what/how** ...: überlegen, was/wie .... 2. *v.i. (meditate)* nachdenken
~ **[up]on** *v.t.* **a)** *(consider, contemplate)* nachdenken über (+ *Akk.*); abwägen ⟨*Konsequenzen*⟩; **b)** ~ **credit/discredit [up]on sb./sth.** ein gutes/schlechtes Licht auf jmdn./etw. werfen; **c)** *(bring discredit on)* diskreditieren; ~ **[up]on sb.'s sincerity** jmds. Aufrichtigkeit *(Dat.)* zweifeln lassen; ~ **badly [up]on sb./sth.** auf jmdn./etw. ein schlechtes Licht werfen; **d)** *(bring credit on)* ~ **well [up]on sb./sth.** jmdn./etw. in einem guten Licht erscheinen lassen; **e)** *(cast doubt or reproach on)* in Zweifel ziehen
re'flecting telescope *see* **reflector b**
reflection [rɪˈflekʃn] *n.* **a)** *(of light etc.)* Reflexion, *die*; *(by surface of water etc.)* Spiegelung, *die*; ~ **angle of** ~: Reflexionswinkel, *der*; **b)** *(reflected light, heat, or colour)* Reflexion, *die*; *(image; lit. or fig.)* Spiegelbild, *das*; **c)** *(meditation, consideration)* Nachdenken, *das* (**upon** über + *Akk.*); **be lost in**

reflective

~: in Gedanken versunken sein; **on ~:** bei weiterem Nachdenken; **on ~, I think ...:** wenn ich mir das recht überlege, [so] glaube ich ...; **d)** *(censure)* ~ **on** Kritik an (+ *Dat.*); **be a ~ [up|on** sb./sth. an jmdm./etw. zweifeln lassen; **cast ~s on** sth. etw. in Zweifel ziehen; **e)** *(idea)* Vorstellung, *die;* **f)** *(remark)* Reflexion, *die (geh.),* Betrachtung, *die* (**on** über + *Akk.*); **g)** *(Philos.)* Nachdenken, *das;* Reflexion, *die (fachspr.)*
reflective [rɪ'flektɪv] *adj.* **a)** reflektierend; **be ~:** reflektieren; **~ power** Reflexionsvermögen, *das;* **b)** *(thoughtful)* nachdenklich; **c)** *(reflected)* reflektiert; **d)** *(concerned in reflection)* gedanklich ⟨Fähigkeiten, Kraft⟩
reflectively [rɪ'flektɪvlɪ] *adv.* nachdenklich
reflector [rɪ'flektə(r)] *n.* **a)** Rückstrahler, *der;* **b)** *(telescope)* Reflektor, *der*
reflex ['ri:fleks] **1.** *n. (Physiol.)* Reflex, *der;* **conditioned ~:** bedingter Reflex. **2.** *adj. (by reflection)* Reflex-
reflex: ~ action *n. (Physiol.)* Reflexhandlung, *die;* **~ angle** *n.* überstumpfer Winkel; **~ camera** *n. (Photog.)* Spiegelreflexkamera, *die*
reflexion *(Brit.)* see **reflection**
reflexive [rɪ'fleksɪv] *(Ling.) adj.* reflexiv; *see also* **pronoun**
reflexively [rɪ'fleksɪvlɪ] *adv. (Ling.)* reflexiv
reflex re'action *n. (Physiol.; also fig.)* Reflexreaktion, *die*
refloat [ri:'fləʊt] *v.t.* [wieder] flottmachen ⟨Schiff⟩; *(fig.)* wieder flüssig machen *(ugs.)*
reflux ['ri:flʌks] *n.* **a)** Rückfluß, *der;* **b)** *(Chem.)* Rückfluß, *der*
reform [rɪ'fɔ:m] **1.** *v.t.* **a)** *(make better)* reformieren ⟨Institution⟩; bessern ⟨Person⟩; **b)** *(abolish)* ~ **sth.** mit etw. aufräumen. **2.** *v.i.* sich bessern. **3.** *n.* **a)** *(of person)* Besserung, *die; (in a system)* Reform, *die* (**in** *Gen.*); **b)** *(removal)* Beseitigung, *die;* **R~ Bill** *(Hist.)* Reformgesetz, *das*
re-form [ri:'fɔ:m] **1.** *v.t.* **a)** neu gründen ⟨Gesellschaft usw.⟩; **b)** *(Mil.)* neu formieren. **2.** *v.i.* **a)** sich neu bilden; ⟨Band, Gesellschaft:⟩ neu gegründet werden; **b)** *(Mil.)* sich neu formieren
reformation [refə'meɪʃn] *n. (of attitude)* Änderung, *die* (**in** *Gen.*); *(of society, procedure, practice)* Neugestaltung, *die* (**in** *Gen.*); *(of person, character)* Wandlung, *die* (**in** *Gen.*); **the R~** *(Hist.)* die Reformation
re-formation [ri:fɔ:'meɪʃn] *n.* **a)** Wiederaufbau, *der;* **b)** *(Mil.)* Neuformierung, *die*
reformatory [rɪ'fɔ:mətərɪ] **1.** *adj.* reformatorisch; **~ measures** Reformmaßnahmen. **2.** *n. (Hist./Amer.)* Besserungsanstalt, *die (veraltet)*
reformed [rɪ'fɔ:md] *adj.* gewandelt; **he's a ~ character** *or* **man** er hat sich positiv verändert; **R~ Church** Reformierte Kirche
reformer [rɪ'fɔ:mə(r)] *n.* [**political**] **~:** Reformpolitiker, *der*/-politikerin, *die*
reformism [rɪ'fɔ:mɪzm] *n.* Reformismus, *der*
reformist [rɪ'fɔ:mɪst] **1.** *n.* Reformist, *der*/Reformistin, *die.* **2.** *adj.* reformistisch
re'form school *n.* Fürsorge[erziehungs]heim, *das*
refract [rɪ'frækt] *v.t. (Phys.)* brechen
re'fracting telescope *n.* Linsenfernrohr, *das;* Refraktor, *der (fachspr.)*
refraction [rɪ'frækʃn] *n. (Phys.)* Brechung, *die;* Refraktion, *die (fachspr.);* **angle of ~:** Brechungswinkel, *der*
refractive [rɪ'fræktɪv] *adj. (Phys.)* brechend; *see also* **index 1 b**
refractor [rɪ'fræktə(r)] *n. (telescope)* Refraktor, *der*
refractory [rɪ'fræktərɪ] **1.** *adj.* **a)** *(stubborn)* störrisch; widerspenstig; **b)** *(Med.)* hartnäckig; **c)** *(heat-resistant)* hitzebeständig; schwer schmelzbar ⟨Metalle usw.⟩. **2.** *n.* hitzebeständiges Material
¹**refrain** [rɪ'freɪn] *n.* Refrain, *der*

²**refrain** *v.i.* **~ from doing sth.** es unterlassen, etw. zu tun; **could you kindly ~?** würden Sie das bitte unterlassen?; **I think I'd better ~:** ich glaube, ich lasse das besser [sein]; **'please ~ from smoking'** „bitte nicht rauchen"; **he ~ed from comment** er enthielt sich jeden Kommentars *(geh.)*
refresh [rɪ'freʃ] *v.t.* **a)** *(reanimate)* erquicken *(geh.);* erfrischen; *(with food and/or drink)* stärken; **~ oneself** *(with rest)* sich ausruhen; *(with food and/or drink)* sich stärken; **b)** *(freshen up)* auffrischen ⟨Wissen⟩; **let me ~ your memory** lassen Sie mich Ihrem Gedächtnis nachhelfen
refresher [rɪ'freʃə(r)] *n.* **a)** *(Brit. Law)* Sonderhonorar, *das;* **b)** *(coll.)* Erfrischung, *die;* **have a ~:** etwas trinken
re'fresher course *n.* Auffrischungskurs, *der*
refreshing [rɪ'freʃɪŋ] *adj.* **a)** wohltuend ⟨Ruhe⟩; erfrischend ⟨Brise, Getränk, Schlaf⟩; **b)** *(interesting)* erfrischend
refreshment [rɪ'freʃmənt] *n.* Erfrischung, *die*
refreshment: ~ room *n.* Imbißstube, *die;* **~ stall** *n.* Erfrischungsstand, *der*
refrigerant [ri:'frɪdʒərənt] *n.* Kühlmittel, *das*
refrigerate [rɪ'frɪdʒəreɪt] *v.t.* **a)** kühl lagern ⟨Lebensmittel⟩; **b)** *(chill)* kühlen; *(freeze)* einfrieren; **c)** *(make cool)* abkühlen ⟨Luft⟩
refrigeration [rɪfrɪdʒə'reɪʃn] *n.* kühle Lagerung; *(chilling)* Kühlung, *die; (freezing)* Einfrieren, *das*
refrigerator [rɪ'frɪdʒəreɪtə(r)] *n.* Kühlschrank, *der*
refuel [ri:'fju:əl], *(Brit.)* **-ll- 1.** *v.t.* auftanken. **2.** *v.i.* [auf]tanken
refuge ['refju:dʒ] *n.* **a)** Zuflucht, *die;* **find [a] ~ from the storm** vor dem Sturm finden; **take ~ in** (+ *Dat.*) *(from* vor + *Dat.*); *(fig.)* Zuflucht nehmen zu ⟨Alkohol, Religion, Lüge⟩; **be a ~ to sb.** jmds. Zuflucht sein; **women's ~:** Frauenhaus, *das;* **b)** *(traffic island)* Verkehrsinsel, *die*
refugee [refjʊ'dʒi:] *n.* Flüchtling, *der;* **~s from the earthquake** Menschen, die Schutz vor den Erdbeben suchen
refu'gee camp *n.* Flüchtlingslager, *das*
refulgent [rɪ'fʌldʒənt] *adj. (literary)* strahlend ⟨Licht, Tag⟩; leuchtend ⟨Farbe, Sonnenuntergang⟩
refund 1. [ri:'fʌnd] *v.t.* **a)** *(pay back)* zurückzahlen ⟨Geld, Schulden⟩; ~ **costs** ⟨Kosten⟩. *die.* die Schulden zurückzahlen; **your satisfaction guaranteed or your money ~ed** bei Nichtgefallen bekommen Sie Ihr Geld zurück; **b)** *(reimburse)* das Geld zurückzahlen (+ *Dat.*); ~ **sb. for** jmdm. [zurück]erstatten ⟨Kosten⟩; jmdm. ersetzen ⟨Verlust, Schaden⟩. **2.** ['ri:fʌnd] *n.* Rückzahlung, *die; (of expenses)* [Rück]erstattung, *die;* **get a ~ of five pence on a bottle** fünf Pence [Pfand] für eine Flasche zurückbekommen; **obtain a ~ of sth.** etw. zurückbekommen
refundable [ri:'fʌndəbl] *adj.* **be ~:** zurückerstattet werden
refurbish [ri:'fɜ:bɪʃ] *v.t.* renovieren ⟨Haus⟩; aufarbeiten ⟨Kleidung⟩; aufpolieren ⟨Möbel⟩
refurnish [ri:'fɜ:nɪʃ] *v.t.* neu einrichten
refusal [rɪ'fju:zl] *n.* Ablehnung, *die; (after a period of time)* Absage, *die; (of admittance, entry, permission)* Verweigerung, *die;* **~ to do sth.** Weigerung, etw. zu tun; **her ~ of food** ihre Weigerung, etwas zu essen; **have/get [the] first ~ on sth.** das Vorkaufsrecht für etw. haben/eingeräumt bekommen; **give sb. [the] first ~:** jmdm. das Vorkaufsrecht einräumen
¹**refuse** [rɪ'fju:z] **1.** *v.t.* **a)** ablehnen; abweisen ⟨Heiratsantrag⟩; verweigern ⟨Nahrung, Befehl, Bewilligung, Zutritt, Einreise, Er-

regard

laubnis⟩; **~ sb. admittance/entry/permission** jmdm. den Zutritt/die Einreise/die Erlaubnis verweigern; **~ to do sth.** sich weigern, etw. zu tun; **b)** *(not oblige)* abweisen ⟨Person⟩; **c)** ⟨Pferd:⟩ verweigern ⟨Hindernis⟩. **2.** *v.i.* **a)** ablehnen; *(after request)* sich weigern; **b)** ⟨Pferd:⟩ verweigern.
²**refuse** ['refju:s] **1.** *n.* Abfall, *der;* Müll, *der;* **the ~ is collected once a week** einmal in der Woche ist Müllabfuhr. **2.** *adj.* **~ chemicals/water** Chemieabfälle/Abwasser, *das*
refuse ['refju:s]: **~ collection** *n.* Müllabfuhr, *die;* **~ collector** *n.* Müllwerker, *der;* **~ disposal** *n.* Abfallbeseitigung, *die;* **~ heap** *n.* Müllhaufen, *der*
refusenik [rɪ'fju:znɪk] *n.* sowjetischer Jude, dem die Ausreise [nach Israel] verweigert wurde
refutation [refjʊ'teɪʃn] *n.* Widerlegung, *die;* **the book was a ~ of the theory in dem** Buch wurde die Theorie widerlegt
refute [rɪ'fju:t] *v.t.* widerlegen
regain [rɪ'geɪn] *v.t.* **a)** *(recover possession of)* zurückgewinnen ⟨Zuversicht, Vertrauen, Achtung, Augenlicht⟩; zurückerobern ⟨Gebiet⟩; ~ **one's health/strength** wieder gesund werden/zu Kräften kommen; ~ **control of sth.** etw. wieder unter Kontrolle bringen; ~ **one's consciousness a; b)** *(reach)* wieder erreichen ⟨Küste, Land⟩; wieder bekommen ⟨Platz⟩; ~ **firm ground again** wieder festen Boden unter den Füßen haben; **c)** *(recover)* ~ **one's balance/footing** das Gleichgewicht/den Halt wiedergewinnen; ~ **one's feet** wieder auf die Beine kommen
regal ['ri:gl] *adj.* **a)** *(magnificent, stately)* majestätisch ⟨Person, Baum, Art, Tier, Würde⟩; prachtvoll ⟨Villa, Zustand⟩; groß ⟨Luxus⟩; **b)** *(royal)* königlich; ~ **office/power** Amt/Macht des Königs/der Königin
regale [rɪ'geɪl] *v.t.* **a)** *(entertain)* verwöhnen (**with, on** mit); ~ **sb. with stories** jmdn. mit Geschichten unterhalten; **b)** *(give delight to)* erfreuen ⟨Auge, Ohr, Sinne, Person⟩; ~**d** ⟨Auge, Ohr, Sinne:⟩ sich laben *(geh.);* ⟨Person:⟩ sich erquicken *(geh.)* (**by an** + *Dat.*)
regalia [rɪ'geɪlɪə] *n.pl.* **a)** *(of royalty)* Krönungsinsignien; **b)** *(of order)* Ordensinsignien
regally ['ri:gəlɪ] *adv.* wie ein König/eine Königin
regard [rɪ'gɑ:d] **1.** *v.t.* **a)** *(gaze upon)* betrachten; ~ **sb. fixedly** jmdn. anstarren; **b)** *(give heed to)* beachten ⟨jmds. Worte, Rat⟩; Rücksicht nehmen auf (+ *Akk.*) ⟨Wunsch, Gesundheit, jmds. Recht⟩; **c)** *(fig.: look upon, contemplate)* betrachten; ~ **sb. kindly/warmly** jmdm. freundlich gesinnt/ herzlich zugetan sein; ~ **sb. unfavourably** jmdm. ablehnend gegenüberstehen; ~ **sth. with suspicion/horror** mißtrauisch gegen-/ entsetzt über etw. (*Akk.*) sein; ~ **sb. with envy/scorn** neidisch auf jmdn. sein/jmdn. verachten; ~ **sb. with respect/dislike** Respekt vor jmdn./eine Abneigung gegen jmdn. haben; ~ **sb. as a friend/fool/genius** jmdn. als Freund betrachten/für einen Dummkopf/ein Genie halten; **be ~ed as** gelten als; ~ **sth. as wrong** etw. für falsch halten; **d)** *(concern, have relation to)* betreffen; berücksichtigen ⟨Tatsachen⟩; **as ~s sb./sth., ~ing sb./sth.** was jmdn./etw. angeht *od.* betrifft. **2.** *n.* **a)** *(attention)* Beachtung, *die;* **pay ~ to/have ~ to or for sb./sth.** jmdn./etw. Beachtung schenken; **pay due ~ to sb.** jmdm. die nötige Beachtung erweisen; **having ~ to these facts ...;** in Berücksichtigung dieser Tatsachen ...; **without ~ to** ohne Rücksicht auf (+ *Akk.*); **b)** *(esteem, kindly feeling)* Achtung, *die;* **hold ~/ sth. in high/low ~, have or show a high/low ~ for sb./sth.** jmdn./etw. sehr schätzen/geringschätzen; **show one's high ~ for sth.** seine Wertschätzung für etw. zum Ausdruck

regardful

bringen; **c)** *in pl.* Grüße; **send one's ~s** grüßen lassen; **give her my ~s** grüße sie von mir; **with kind[est] ~s** mit herzlich[st]en Grüßen; **d)** *(relation, respect)* Beziehung, *die;* **in this ~**: in dieser Beziehung *od.* Hinsicht; **in *or* with ~ to sb./sth.** in bezug auf jmdn./etw.; **e)** *(gaze)* Blick, *der*

regardful [rɪˈgɑːdfl] *adj.* aufmerksam; **be ~ of** im Auge behalten ⟨*Gefahr, Schwierigkeit*⟩; Beachtung schenken (+ *Dat.*) ⟨*Interesse, Problem, Gefühl*⟩

regarding [rɪˈgɑːdɪŋ] *see* **regard 1 d**

regardless [rɪˈgɑːdlɪs] **1.** *adj.* **~ of sth.** ungeachtet *od.* trotz einer Sache *(Gen.);* **~ of the consequences/cost** ohne Rücksicht auf die Folgen/Kosten. **2.** *adv.* trotzdem; **carry on ~**: trotzdem weitermachen

regatta [rɪˈgætə] *n.* Regatta, *die;* **sailing ~**: Segelregatta, *die*

regd. *abbr.* **registered** *(Law)* ges. gesch.

regency [ˈriːdʒənsɪ] *n.* **a)** Regentschaft, *die* (**of** über + *Akk.*); **b)** *(commission)* Regentschaftsrat, *der; (fig.)* Führungsgremium; **c) the R~** *(in England)* die Regentschaft Georgs IV (1810–20); **R~**: *attrib.* Regency⟨*möbel, -stil*⟩

regenerate 1. [rɪˈdʒenəreɪt] *v.t.* **a)** *(generate again, re-create)* regenerieren *(bes. Chemie, Biol.);* neu beleben ⟨*Haß, Angst, Liebe*⟩; **b)** *(improve, reform)* erneuern ⟨*Kirche, Gesellschaft*⟩; **~ sb.** aus jmdm. einen neuen Menschen machen; **feel ~d** sich wie neugeboren fühlen; **c)** *(Biol.: form afresh)* regenerieren *(fachspr.),* neu bilden ⟨*Gewebe, verlorenen Körperteil*⟩. **2.** [rɪˈdʒenərət] *adj.* **a)** *(Relig.: reborn)* wiedergeboren; **b)** *(improved)* gewandelt ⟨*Person*⟩; *(reformed)* umgestaltet ⟨*Gesellschaft, Institution*⟩

regeneration [rɪdʒenəˈreɪʃn] *n.* **a)** *(re-creation, re-formation)* Neuentstehung, *die; (fig.: revival, renaissance)* Wiederbelebung, *die;* **~ of church, society)** Erneuerung, *die;* **b)** *(Relig.: spiritual rebirth)* Wiedergeburt, *die;* **c)** *(Biol.: regrowth)* Regeneration, *die (fachspr.);* Neubildung, *die*

regenerative [rɪˈdʒenərətɪv] *adj.* regenerativ

regent [ˈriːdʒənt] **1.** *n.* **a)** Regent, *der/*Regentin, *die;* **b)** *(Amer. Univ.)* Mitglied des Verwaltungsrates; **the R~s** der Verwaltungsrat. **2.** *adj.* **Prince R~**: Prinzregent, *der*

reggae [ˈregeɪ] *n. (Mus.)* Reggae, *der*

regicide [ˈredʒɪsaɪd] *n.* **a)** *(murder)* Königsmord, *der;* **b)** *(murderer)* Königsmörder, *der/-mörderin, die*

regime, régime [reɪˈʒiːm] *n.* **a)** *(system)* [Regierungs]system, *das; (derog.)* Regime, *das; (fig.)* bestehende Ordnung; *see also* **ancien régime; b)** *(process)* Methode, *die;* **working ~**: Funktionsweise, *die;* **c)** *(Med.) see* **regimen**

regimen [ˈredʒɪmən] *n. (Med.)* Heilprogramm, *das; (diet)* Diätplan, *der*

regiment 1. [ˈredʒɪmənt], ˈredʒmənt] *n.* **a)** *(Mil.: organizational unit)* Regiment, *das;* **parachute/Highland ~**: Luftlande-/Hochlandregiment, *das;* **b)** *(Mil.: operational unit)* Abteilung, *die;* **artillery/tank ~**: Artillerie-/Panzerabteilung, *die;* **Royal R~ [of Artillery]** *(Brit.)* Königliche Artillerie ⟨*sg.*⟩; *(fig.: large number) (of persons, animals)* Heer, *das; (of books etc.)* Masse, *die.* **2.** [ˈredʒɪmənt, ˈredʒɪment] *v.t. (organize)* reglementieren

regimental [redʒɪˈmentl] *(Mil.)* **1.** *adj.* Regiments⟨*kleidung, -vorräte*⟩; **the ~ officers** die Offiziere des Regiments; *see also* **colour 1 j.** **2.** *n. in pl.* [Militär]uniform, *die; (of particular regiment)* Regimentsuniform, *die*

regimentation [redʒɪmənˈteɪʃn, redʒɪmenˈteɪʃn] *n.* Reglementierung, *die*

Regina [rɪˈdʒaɪnə] *n. (Law)* **~ v. Jones** die Königin gegen Jones

region [ˈriːdʒn] *n.* **a)** *(area)* Gebiet, *das;* **the north-western ~**: der Nordwesten; **b)** *(administrative division)* Bezirk, *der; (Brit. Radio)* Sendegebiet, *das; administrative ~*: Verwaltungsbezirk, *der;* **Strathclyde/North-West R~**: Bezirk Strathclyde/Nordwest; **c)** *(fig.: sphere)* Bereich, *der;* Gebiet, *das;* **in the ~ of two tons** ungefähr zwei Tonnen; **d)** *(layer)* Schicht, *die;* Region, *die;* **e)** *(Anat.)* Region, *die;* **~ of the eyes/mouth** Augen-/Mundpartie, *die; see also* **lower regions**

regional [ˈriːdʒənl] *adj.* regional ⟨*System, Akzent, Förderung*⟩; Regional⟨*planung, -fernsehen, -programm, -ausschuß*⟩; **~ dialect** Regiolekt, *der (Sprachw.);* regionaler Dialekt; **~ wines of France** Weine aus französischen Anbaugebieten

regionalism [ˈriːdʒənəlɪzm] *n. (Polit., Ling.)* Regionalismus, *der*

regionalize [ˈriːdʒənəlaɪz] *v.t.* regionalisieren

register [ˈredʒɪstə(r)] **1.** *n.* **a)** *(book, list)* Register, *das; (at school)* Klassenbuch, *das;* **parish/hotel/marriage ~**: Kirchen-/Fremden-/Heiratsbuch, *das;* **~ of births, deaths and marriages** Personenstandsbuch, *das;* **medical ~**: Ärzteregister, *das;* **electoral *or* parliamentary ~**, **~ of voters** Wählerliste, *die;* **~ of members/patients** Mitgliederverzeichnis, *das/*Patientenkartei, *die;* **civil service ~**: Verzeichnis der Beamten; **call *or* mark the ~** *(at school)* die Anwesenheit der Schüler überprüfen; **b)** *(Mus.) (in organ)* Registerzug, *der; (in harpsichord)* Rechen, *der; (set of pipes)* Register, *das;* **c)** *(Mus.: range of tones)* Tonumfang, *der; (part of voice-compass)* Register, *das (fachspr.);* **middle ~**: Mittellage, *die;* **head/chest ~**: Kopf-/Brustregister, *das;* **d)** *(Mech.)* Klappe, *die;* Schieber, *der;* **e)** *(recording device)* Zählwerk, *das; see also* **cash register;** **f)** *(Printing)* Register, *das;* **be in ~**: Register halten; **g)** *(Photog.)* Register, *das;* Passer, *der;* **h)** *(Ling.)* Register, *das.* **2.** *v.t.* **a)** *(set down)* schriftlich festhalten ⟨*Name, Zahl, Experiment, Detail*⟩; *(on file; fig.: make mental note of)* registrieren ⟨**on** + *Dat.*⟩ ⟨*Name, Faktum, Rat*⟩; **b)** *(enter)* registrieren ⟨*Geburt, Heirat, Todesfall, Patent*⟩; *(cause to be entered)* registrieren lassen, eintragen ⟨*Warenzeichen, Firma, Verein*⟩; anmelden ⟨*Auto, Patent*⟩; *(at airport)* einchecken ⟨*Gepäck*⟩; *abs. (at hotel)* sich ins Fremdenbuch eintragen; **~ [oneself] with the police** sich polizeilich anmelden; **c)** *(enrol)* anmelden; *(Univ.)* einschreiben, immatrikulieren; **~ [as voter]** eintragen *(in + Akk.)* ⟨*Person*⟩; *abs. (as student)* sich einschreiben *od.* immatrikulieren; *(in list of voters)* sich ins Wählerverzeichnis eintragen lassen; **~ [oneself] with a doctor** sich bei einem praktischen Arzt eintragen lassen; **d)** *(record)* anzeigen, registrieren ⟨*Temperatur*⟩; **e)** *(Post)* eingeschrieben versenden; **have sth. ~ed** etw. einschreiben lassen; **f)** *(express)* zeigen ⟨*Gefühlsregung, Freude*⟩; widerspiegeln ⟨*Angst*⟩; zum Ausdruck bringen ⟨*Entsetzen, Überraschung*⟩; **~ a protest** Protest anmelden. **3.** *v.i. (make impression)* einen Eindruck machen (**on**, **with** auf + *Akk.*); **it didn't ~ with him** er hat das nicht registriert

registered [ˈredʒɪstəd] *adj.* [ins Standesregister] eingetragen ⟨*Taufe, Heirat*⟩; [ins Handelsregister] eingetragen ⟨*Firma*⟩; eingeschrieben, immatrikuliert ⟨*Student*⟩; schriftlich festgehalten ⟨*Fakten, Zahlen*⟩; eingeschrieben ⟨*Brief, Post, Päckchen*⟩; **~ disabled** ≈ Behinderter/Behinderte mit Schwerbehindertenausweis; **State R~ Nurse** *(Brit.)* staatlich geprüfte Krankenschwester/staatlich geprüfter Krankenpfleger; **~ trade mark** eingetragenes Warenzeichen; **by ~ post** per Einschreibe

---

regroup

ˈregister office *n. (Brit.)* Standesamt, *das*

registrar [ˈredʒɪstrə(r), redʒɪˈstrɑː(r)] *n.* **a)** *(official recorder) (at university)* ≈ Kanzler, *der/*Kanzlerin, *die; (local official)* Standesbeamte, *der/-*beamtin, *die;* **b)** *(Brit.: in court of law)* ≈ Rechtspfleger, *der/-*pflegerin, *die;* **c)** *(Med.)* Arzt/Ärztin in der klinischen Fachausbildung

Registrar ˈGeneral *n.* Leiter/Leiterin des Amtes für Bevölkerungsstatistik

registration [redʒɪˈstreɪʃn] *n.* **a)** *(act of registering)* Registrierung, *die; (enrolment)* Anmeldung, *die; (of students)* Einschreibung, *die;* Immatrikulation, *die; (of voters)* Eintragung ins Wählerverzeichnis; *(Post)* Einschreiben, *das;* **cost of ~** *(of letter, parcel)* Einschreibegebühr, *die;* **b)** *(entry)* [Register]eintrag, *der;* **make a ~** of registrieren; **~ fee** Anmeldegebühr, *die; (for educational course)* Kursgebühr, *die*

registration: ~ document *n. (Brit.)* Kraftfahrzeugbrief, *der;* **~ mark**, **~ number** *n. (Motor Veh.)* amtliches *od.* polizeiliches Kennzeichen; **~ plate** *n. (Motor Veh.)* Nummernschild, *das*

registry [ˈredʒɪstrɪ] *n.* **a) [office]** Standesamt, *das; attrib.* standesamtlich ⟨*Trauung*⟩; **be married in a ~ [office]** sich standesamtlich trauen lassen; **b)** *(place for registering)* Registratur, *die;* **c)** *(registration)* Registrierung, *die;* Eintragung, *die; (of students)* Einschreibung, *die;* Immatrikulation, *die*

Regius [ˈriːdʒɪəs] *adj.* **~ professor** *(Brit. Univ.)* Inhaber/Inhaberin eines vom Monarchen errichteten *od.* durch Berufung der Krone besetzten Lehrstuhls

regress [rɪˈgres] *v.i.* **a)** *(in development)* sich zurückentwickeln; *(in career)* Rückschritte machen; **a sign of society ~ing** ein Zeichen gesellschaftlichen Rückschritts; **b)** *(Psych.)* regredieren (**to** in + *Akk.*)

regression [rɪˈgreʃn] *n.* **a)** *(return to previous state)* rückläufige Entwicklung; **a ~ to less civilized standards** ein Rückfall in weniger zivilisierte Normen; **b)** *(Psych.)* Regression, *die;* **c)** *(Med.: decline)* Rückbildung, *die;* **d)** *(backward movement)* Rückkehr, *die*

reˈgression curve *n. (Statistics)* Regressionskurve, *die*

regressive [rɪˈgresɪv] *adj.* **a)** *(Psych., Med., Logic)* regressiv; **b)** *(tending to go back in development)* rückschrittlich

regret [rɪˈgret] **1.** *v.t.,* **-tt-** **a)** *(feel sorrow for loss of)* nachtrauern (+ *Dat.*); **b)** *(be sorry for)* bedauern; **~ having done sth.** es bedauern, daß man etw. getan hat; **~ being unable to do sth.** *or* **that one cannot do sth.** es bedauern, daß man etw. nicht tun kann; **it is to be ~ted that ...**: es ist bedauerlich, daß ...; **I ~ to say that ...**: ich muß leider sagen, daß ...; **we ~ to hear that ...**: wir hören mit Bedauern, daß ... **2.** *n.* Bedauern, *das;* **feel ~ at sb.'s doing sth.** bedauern, daß jmd. etw. tut; **feel ~ for having done sth.** es bedauern, daß man etw. getan hat; **there's no point in having ~s** es hat keinen Sinn, sich jetzt noch darüber Gedanken zu machen; **much to my ~**: zu meinem großen Bedauern; **send one's ~s** *(polite refusal)* sich entschuldigen lassen; **please accept my ~s at having to refuse** seien Sie mir bitte nicht böse, daß ich muß leider ablehnen

regretful [rɪˈgretfl] *adj.* bedauernd ⟨*Blick*⟩; **be ~ that one has done sth.** bedauern, daß man etw. getan hat

regretfully [rɪˈgretfəlɪ] *adv.* mit Bedauern

regrettable [rɪˈgretəbl] *adj.* bedauerlich

regrettably [rɪˈgretəblɪ] *adv.* bedauerlicherweise; bedauerlich ⟨*teuer*⟩

regroup [riːˈgruːp] **1.** *v.t.* **a)** umgruppieren; *(into classes)* neu einteilen (**into** + *Akk.*); **b)** *(Mil.: reorganize)* neu formieren ⟨*Truppen*⟩. **2.** *v.i.* **a)** *(form a new group)* sich neu gruppieren; *(meet again)* wieder zusammenkommen; **b)** *(Mil.)* sich neu formieren

595

regular ['regjʊlə(r)] 1. *adj.* **a)** *(recurring uniformly, habitual, orderly)* regelmäßig; geregelt ⟨*Arbeit*⟩; fest ⟨*Anstellung, Reihenfolge*⟩; ~ **customer** Stammkunde, *der*/-kundin, *die*; ~ **staff** Stammpersonal, *das*; ~ **doctor** Hausarzt, *der*; **our** ~ **postman** unser [gewohnter] Briefträger; **get** ~ **work** *(Freiberufler:)* regelmäßig Aufträge bekommen; **my bowels are** ~, **I am** ~: ich habe regelmäßig Stuhlgang; **what's the** ~ **procedure for opening a deposit account?** wie richtet man normalerweise ein Sparkonto ein?; **her periods are always** ~: sie bekommt ihre Periode immer regelmäßig; **have** *or* **lead a** ~ **life** ein geregeltes Leben führen; *see also* **hour c**; **b)** *(evenly arranged, symmetrical)* regelmäßig; **c)** *(correct)* angemessen ⟨*Verhalten, Verfahren*⟩; **d)** *(properly qualified)* ausgebildet; ~ **army** reguläre Armee; ~ **soldiers** Berufssoldaten; **e)** *(Ling.)* regelmäßig; **f)** *(coll.: thorough)* richtig *(ugs.)*; **g)** *(Geom.)* regelmäßig; regulär *(fachspr.)*; **h)** *(Eccl.)* Regular⟨*kleriker, -geistlicher*⟩. 2. *n.* **a)** *(coll.:* ~ *customer, visitor, etc.)* Stammkunde, *der*/-kundin, *die*; *(in pub)* Stammgast, *der*; **b)** *(coll.: permanently employed person)* Festangestellte, *der/die*; **c)** *(soldier)* Berufssoldat, *der*; **d)** *(Amer.: gasoline)* Normal, *das (ugs.)*; **e)** *(Eccl.)* Regularkleriker, *der*
regularise *see* **regularize**
regularity [regjʊ'lærɪtɪ] *n.* **a)** Regelmäßigkeit, *die*; **b)** *(Ling.)* regelmäßige Flexion
regularize ['regjʊləraɪz] *v. t.* **a)** *(make regular)* regeln; *(by law)* gesetzlich regeln **b)** festlegen; ~ **the proceedings** vorschriftsmäßig verfahren; **b)** *(make steady)* stabilisieren ⟨*Atmung, Puls, Spannung*⟩
regularly ['regjʊləlɪ] *adv.* **a)** *(at fixed times)* regelmäßig; *(constantly)* ständig; **b)** *(steadily)* gleichmäßig; **c)** *(symmetrically)* regelmäßig ⟨*bauen, anlegen*⟩; **d)** *(in an orderly manner)* korrekt
regulate ['regjʊleɪt] *v. t.* **a)** *(control)* regeln; *(subject to restriction)* begrenzen; **b)** *(adjust)* regulieren; einstellen ⟨*Apparat, Maschine, Zeit*⟩; [richtig ein]stellen ⟨*Uhr*⟩; **she** ~**s her hours to fit in with his** sie paßt sich ihm in ihrer Zeiteinteilung an; **c)** *(moderate)* senken ⟨*Ausgaben*⟩; *(adapt)* anpassen ⟨*Lebensstil, Verhalten, Gewohnheit*⟩; ~ **one's lifestyle to fit in with sth.** seinen Lebensstil an etw. *(Akk.)* anpassen
regulation [regjʊ'leɪʃn] *n.* **a)** *(regulating)* Regelung, *die*; *(of quantity, speed)* Regulierung, *die*; *(of machine)* Einstellen, *das*; *(of life-style, conduct, habit, mind)* Anpassung, *die*; *(of expenses)* Senkung, *die*; **b)** *(rule)* Vorschrift, *die*; **be against** ~s vorschriftswidrig sein; **school/safety/fire** ~s Schulordnung, *die*/Sicherheits-/Brandschutzvorschriften; **c)** *attrib. (according to rule)* vorgeschrieben ⟨*Geschwindigkeit*⟩; vorschriftsmäßig ⟨*Kleidung*⟩; *(usual)* üblich ⟨*Größe, Kleidung, Frisur*⟩
regulative ['regjʊlətɪv] *adj.* regulativ; ~ **mechanism** Regelmechanismus, *der*
regulator ['regjʊleɪtə(r)] *n.* **a)** *(device)* Regler, *der*; *(of clock, watch)* Gangregler, *der*; **b)** *(clock)* Normaluhr, *die*; Regulator, *der (veralt.)*
regurgitate [ri:'gɜːdʒɪteɪt] *v. t.* ⟨*Person:*⟩ erbrechen ⟨*Essen*⟩; ⟨*Tier:*⟩ herauswürgen ⟨*Beute*⟩; *(Med.)* zurückpumpen ⟨*Blut*⟩; **b)** *(fig.)* ausspucken
rehabilitate [riːhə'bɪlɪteɪt] *v. t.* rehabilitieren, renovieren, wiederherrichten ⟨*altes Gebäude*⟩; ~ **[back into society]** wieder [in die Gesellschaft] eingliedern
rehabilitation [riːhəbɪlɪ'teɪʃn] *n.* Rehabilitation, *die*; *(of building)* Renovierung, *die*; Instandsetzung, *die*; **[in society]** Wiedereingliederung [in die Gesellschaft]
rehash 1. [riː'hæʃ] *v. t.* aufwärmen; **just** ~ **a text** einen Text ein bißchen aufpolieren *(ugs.)*. 2. ['riːhæʃ] *n.* **a)** *(restatement)* Aufguß, *der (abwertend)*; **b)** *(act or process of restating) (of old arguments)* Aufwärmen, *das*; **do a** ~ **of the text** den Text ein bißchen aufpolieren *(ugs.)*
rehearsal [rɪ'hɜːsl] *n.* **a)** *(Theatre, Mus., etc.)* Probe, *die*; **have a** ~/~**s proben (of** *Akk.*); **the play is now in** ~: das Stück wird jetzt geprobt; *see also* **dress rehearsal**; **b)** *(recounting)* Aufzählung, *die*; *(recital)* Vortrag, *der*; **give a** ~ **of** aufzählen ⟨*Ereignisse*⟩
rehearse [rɪ'hɜːs] *v. t.* **a)** *(Theatre, Mus., etc.)* proben; **b)** *(recite)* sprechen ⟨*Gebet*⟩; rezitieren ⟨*Gedicht, Stück*⟩; *(repeat)* wiederholen; ~ **sth. again to sb.** jdm. etw. noch einmal erzählen **c)** *(enumerate)* aufzählen; **d)** *(train)* proben mit ⟨*Schauspieler, Musiker*⟩; **be** ~**d in the correct use of sth.** in den korrekten Gebrauch von etw. eingeübt werden
re-heat [riː'hiːt] *v. t.* wieder erwärmen; aufwärmen ⟨*Essen*⟩
rehouse [riː'haʊz] *v. t.* umquartieren
rehousing [riː'haʊzɪŋ] *n.* Umquartierung, *die*
Reich [raɪk, raɪx] *n. (Hist.)* [Deutsches] Reich; **the First/Second** ~: das Heilige Römische/Deutsche Reich; **the Third** ~: das Dritte Reich
reign [reɪn] 1. *n.* Herrschaft, *die*; *(of monarch also)* Regentschaft, *die*; **in the** ~ **of King Charles** während der Regentschaft König Karls; *see also* **terror a**. 2. *v. i.* **a)** *(hold sway)* herrschen **(over** über + *Akk.*); ~**ing champion** amtierender Meister/amtierende Meisterin; *see also* **supreme 1 b**; **b)** *(prevail)* herrschen; **silence** ~**s** es herrscht Ruhe
reignite [riːɪg'naɪt] 1. *v. t.* wieder anzünden; wieder entzünden ⟨*Gas*⟩. 2. *v. i.* sich wieder entzünden
Reilly *see* **Riley**
reimburse [riːɪm'bɜːs] *v. t.* [zurück]erstatten ⟨[*Un*]*kosten, Spesen*⟩; entschädigen ⟨*Person*⟩; ~ **sb. for** jdm. [zurück]erstatten ⟨[*Un*]*kosten, Spesen*⟩; jdm. ersetzen ⟨*Verlust*⟩
reimbursement [riːɪm'bɜːsmənt] *n.* Rückzahlung, *die*; *(of expenses)* Erstattung, *die*
reimport [riːɪm'pɔːt] *v. t.* reimportieren **(into** nach)
reimpose [riːɪm'pəʊz] *v. t.* erneuern; wieder erheben ⟨*Zoll, Steuer*⟩; erneut verhängen ⟨*Kriegsrecht, Sanktionen*⟩; wieder anordnen ⟨*Rationierung*⟩
rein [reɪn] 1. *n.* Zügel, *der*; **keep a child on** ~**s** ein Kind am Laufgurt führen; **draw** ~: die Zügel anziehen; **give one's horse the** ~[**s**] [seinem Pferd] die Zügel schießen lassen; **b)** *(fig.)* Zügel, *der*; **hold the** ~**s** die Zügel in der Hand haben; **give [full]** ~ **to sth.** einer Sache *(Dat.)* die Zügel schießen lassen; **keep a tight** ~ **on** an der Kandare halten ⟨*Person*⟩; im Zaum halten ⟨*Gefühle*⟩; in Schranken halten ⟨*Ausgaben*⟩; **assume/drop the** ~**s of government/power** die Amtsgeschäfte/Macht übernehmen/abgeben; *see also* **free 1 c**. 2. *v. t.* **a)** *(check, guide)* lenken ⟨*Pferd*⟩; ~ **to a halt** zum Stehen bringen ⟨*Pferd*⟩; **b)** *(restrain)* im Zaum halten ⟨*Zunge*⟩
~ '**back** 1. *v. t.* zügeln ⟨*Pferd*⟩. 2. *v. i.* die Zügel anziehen
~ '**in** 1. *v. t. (check, lit. or fig.)* zügeln. 2. *v. i.* haltmachen
~ '**up** 1. *v. t.* zügeln ⟨*Pferd*⟩. 2. *v. i.* die Zügel anziehen
reincarnate [riːɪn'kɑːneɪt] *v. t. (Relig.)* reinkarnieren; **be** ~**d** wiedergeboren werden
reincarnation [riːɪnkɑː'neɪʃn] *n. (Relig.)* Reinkarnation, *die*; Wiedergeburt, *die*
reindeer ['reɪndɪə(r)] *n., pl. same* Ren[tier], *das*
'**reindeer moss** *n. (Bot.)* Rentierflechte, *die*
reinforce [riːɪn'fɔːs] *v. t.* verstärken ⟨*Truppen, Mauer, Festung, Stoff*⟩; aufstocken ⟨*Vorräte*⟩; stärken ⟨*Partei, Gesundheit*⟩; erhöhen ⟨*Anzahl*⟩; untermauern ⟨*Argument*⟩; bestätigen ⟨*Behauptung*⟩; ~ **sb.'s opinion/determination** jmdn. in seiner Meinung/Entschlossenheit bestärken; ~**d concrete** Stahlbeton, *der*; ~ **the message** was man zu verstehen geben wollte, unterstreichen *od.* bekräftigen
reinforcement [riːɪn'fɔːsmənt] *n.* **a)** *(of bridge etc.)* Verstärkung, *die*; *(of provisions)* Aufstockung, *die*; *(of numbers)* Zunahme, *die*; *(of argument)* Untermauerung, *die*; *(of determination)* Bestärkung, *die*; **b)** ~[**s**] *(additional men etc.)* Verstärkung, *die*; **c)** *(on punch-holes)* Verstärkungsring, *der*; *(for elbow of garment)* Schoner, *der*; *(for buckled girder)* Armierung, *die*
reinsert [riːɪn'sɜːt] *v. t.* noch einmal einwerfen ⟨*Münze*⟩; ⟨*Arzt:*⟩ noch einmal einstechen ⟨*Nadel*⟩; noch einmal setzen ⟨*Inserat*⟩
reinstate [riːɪn'steɪt] *v. t.* wiederherstellen ⟨*Recht und Ordnung*⟩; wieder einstellen ⟨*Arbeiter*⟩; *(in position)* wieder einsetzen; **be** ~**d in sb.'s favour** jmds. Gunst wiedergewonnen haben; **be** ~**d on the throne** wieder auf den Thron gehoben werden
reinstatement [riːɪn'steɪtmənt] *n. (of law and order)* Wiederherstellung, *die*; **his** ~ **in the job** seine Wiedereinstellung
reinsurance [riːɪn'ʃʊərəns] *n.* Rückversicherung, *die*; *(extension)* Verlängerung der Versicherung
reinsure [riːɪn'ʃʊə(r)] *v. t.* rückversichern; *(extend)* die Versicherung verlängern für
reinter [riːɪn'tɜː(r)] *v. t.*, -**rr**- wieder begraben
reinterpret [riːɪn'tɜːprɪt] *v. t. (interpret afresh)* noch einmal interpretieren; *(give different interpretation)* neu interpretieren
reinvent [riːɪn'vent] *v. t. see* **wheel 1 a**
reinvest [riːɪn'vest] *v. t.* reinvestieren *(fachspr.)*; wieder anlegen ⟨*Kapital*⟩
reinvestment [riːɪn'vestmənt] *n. (fresh investment)* Reinvestition, *die (fachspr.)*; Wiederanlage, *die*
reinvigorate [riːɪn'vɪgəreɪt] *v. t.* neu beleben; **feel** ~**d** sich gestärkt fühlen
reissue [riː'ɪʃuː, riː'ɪsjuː] 1. *v. t.* neu herausbringen. 2. *n.* Neuauflage, *die*; *(of film)* Wiederveröffentlichung, *die*
reiterate [riː'ɪtəreɪt] *v. t.* wiederholen
reiteration [riːɪtə'reɪʃn] *n.* Wiederholung, *die*
reject 1. [rɪ'dʒekt] *v. t.* **a)** ablehnen; abweisen ⟨*Freier*⟩; verweigern ⟨*Nahrung*⟩; zurückweisen ⟨*Bitte, Annäherungsversuch*⟩; **b)** *(Med.)* nicht vertragen ⟨*Bluttransfusion, Nahrung, Medizin*⟩; abstoßen ⟨*Transplantat*⟩. 2. ['riːdʒekt] *n. (person)* Ausgestoßene, *der/die*; *(Mil.)* Untaugliche, *der/die*; *(thing)* Ausschuß, *der*
rejection [rɪ'dʒekʃn] *n.* **a)** *see* **reject 1 a**: Ablehnung, *die*; Abweisung, *die*; Verweigerung, *die*; Zurückweisung, *die*; **parental** ~: Ablehnung durch die Eltern; **b)** *(Med.)* Abstoßung, *die*; ~ **of food indicates that …**: daß der Körper Nahrung nicht verträgt, läßt erkennen, daß …
re'jection slip *n.* Absage, *die*
rejig [riː'dʒɪg] *v. t.*, -**gg**- umrüsten **(with** auf + *Akk.*); *(coll.: rearrange)* ummodeln
rejoice [rɪ'dʒɔɪs] *v. i.* **a)** *(feel great joy)* sich freuen **(over, at** über + *Akk.*); ~ **in the Lord!** freut Euch im Herrn!; **b)** *(make merry)* feiern
~ **in** *v. i.* **a)** *(joc.: be called by)* ~ **in a name/title** sich mit einem Namen/Titel schmücken *(scherzh.)*; **b)** *(joc.: have)* sich erfreuen (+ *Gen.*); gesegnet sein mit *(oft spött.)*
rejoicing [rɪ'dʒɔɪsɪŋ] *n.* **a)** [**sounds of**] ~: Jubel, *der*; **b)** *in pl. (celebrations)* Feier, *die*
'**rejoin** [riː'dʒɔɪn] *v. t. (reply)* erwidern **(to** auf + *Akk.*)

²**rejoin** [riːˈdʒɔɪn] 1. *v. t.* **a)** *(join again)* wieder stoßen zu ⟨*Regiment:*⟩; wieder eintreten in (+ *Akk.*) ⟨*Partei, Verein*⟩; ~ **each other** sich wieder treffen; ~ **one's ship** wieder an Bord gehen; **b)** *(reunite)* wieder zusammenfügen ⟨*Bruchstücke:*⟩; ⟨*Verkehrsteilnehmer:*⟩ wieder kommen auf (+ *Akk.*) ⟨*Straße, Autobahn*⟩; ⟨*Straße:*⟩ wieder [ein]münden in (+ *Akk.*) ⟨*Straße, Autobahn*⟩. 2. *v. i.* ⟨*Personen:*⟩ sich wieder treffen; ⟨*Straßen:*⟩ wieder zusammentreffen

rejoinder [rɪˈdʒɔɪndə(r)] *n.* Erwiderung, *die* (**to** auf + *Akk.*)

rejuvenate [rɪˈdʒuːvəneɪt] *v. t.* verjüngen ⟨*Person, Haut*⟩; ⟨*Institution, wirtschaftliches/gesellschaftliches Leben*⟩

rejuvenation [rɪdʒuːvəˈneɪʃn] *n.* Verjüngung, *die;* (*of institutions, economic life, social life*) Neubelebung, *die*

rekindle [riːˈkɪndl] 1. *v. t.* **a)** *(relight)* wieder anfachen; **b)** *(fig.: reawaken)* wieder entfachen ⟨*Liebe, Leidenschaft*⟩; wieder aufleben lassen ⟨*Sehnsucht, Verlangen, Hoffnung*⟩. 2. *v. i.* sich wieder entzünden *(fig.)* wieder aufflammen

relapse [rɪˈlæps] 1. *v. i.* ⟨*Kranker:*⟩ einen Rückfall bekommen; ~ **into** zurückfallen in (+ *Akk.*) ⟨*Götzendienst, Barbarei*⟩; ~ **into** drug-taking/shop-lifting rückfällig werden [und wieder Drogen nehmen/Ladendiebstähle begehen]; ~ **into silence/lethargy** wieder anfangen zu Schweigen/Lethargie verfallen. 2. *n.* Rückfall, *der* (**into** in + *Akk.*)

relate [rɪˈleɪt] 1. *v. t.* **a)** *(tell)* erzählen ⟨*Geschichte*⟩; erzählen von ⟨*Abenteuer:*⟩; **b)** *(bring into relation)* in Zusammenhang bringen (**to, with** mit); ~ **two things** eine Verbindung zwischen zwei Dingen herstellen; **c)** *(establish relation or connection between)* einen Zusammenhang herstellen zwischen. 2. *v. i.* **a)** *(have reference)* ⟨*Vorlesung:*⟩ handeln von ⟨*Behauptung, Frage, Angelegenheit:*⟩ in Zusammenhang stehen mit; betreffen ⟨*Person:*⟩ **b)** ~ **to** *(feel involved or connected with)* eine Beziehung haben zu

related [rɪˈleɪtɪd] *adj.* **a)** *(by kinship or marriage)* verwandt (**to** mit); ~ **by marriage** verschwägert; **they are all** ~ [to one another] sie sind alle miteinander verwandt; **b)** *(connected)* miteinander in Zusammenhang stehend; verwandt ⟨*Sprache, Begriff, Art, Spezies, Fach*⟩

relation [rɪˈleɪʃn] *n.* **a)** *(connection)* Beziehung, *die* (**of** ... **and** zwischen ... und); Zusammenhang, *der* (**of** ... **and** zwischen ... und); **be out of all** ~ **to** in keinem Verhältnis stehen zu ⟨*Kosten, geleisteter Arbeit*⟩; **have some** ~ **to** in einem gewissen Zusammenhang stehen zu; **in** *or* **with** ~ **to** in bezug auf (+ *Akk.*); **the** ~**s expressed by prepositions** die durch Präpositionen ausgedrückten Bezüge; *see also* ²**bear 1 c**; **b)** *in pl. (dealings)* (*with parents, police*) Beziehungen, *das* (**with** zu); (*with country*) Beziehungen (**with** zu, **mit**); (*sexual intercourse*) intime Beziehungen; **c)** (*kin, relative*) Verwandte, *der/die;* **what** ~ **is he to you?** wie ist er mir dir verwandt?; **is she any** ~ [**to you**]? ist sie mit dir verwandt?; **d)** *(narrative, account)* Erzählung, *die;* (*of details*) Aufzählung, *die;* **e)** *(Law)* Anzeige, *die;* **at the** *or* **by** ~ **of** Anzeige *(Akk.)* von

relationship [rɪˈleɪʃnʃɪp] *n.* **a)** *(mutual tie)* Beziehung, *die* (**with** zu); **have a good/bad** ~ **with sb.** zu jmdm. ein gutes/schlechtes Verhältnis haben; **doctor-patient** ~ Verhältnis zwischen Arzt und Patient; **b)** *(kinship)* Verwandtschaftsverhältnis, *das;* **what is your** ~ **to him?** in welchem Verwandtschaftsverhältnis stehst du zu ihm?; **c)** *(connection)* Beziehung, *die;* (*between cause and effect*) Zusammenhang, *der;* **d)** *(sexual)* Verhältnis, *das*

relative [ˈrelətɪv] 1. *n.* **a)** *(family connection)* Verwandte, *der/die;* **have many** ~**s** eine große Verwandtschaft haben; **b)** *(related species)* Verwandte, *der/die;* **c)** *(Ling.)* Relativ[um], *das.* 2. *adj.* **a)** *(corresponding)* relativ; **the** ~ **value of British and German currency is ...**: das Wertverhältnis von der englischen zur deutschen Währung beträgt ...; **b)** *(comparative)* jeweilig; **the** ~ **costs of a and b** die Kostenrelation zwischen a und b; **with** ~ **calmness** relativ gelassen; **c)** *(defined in relation to sth. else)* relativ ⟨*Dichte, Feuchtigkeit*⟩; ~ **positions of troops** Truppenkonstellation, *die;* ~ **densities/heights** Dichte-/Höhenrelation, *die;* ~ **majority** (*Brit. Polit.*) relative Mehrheit; **d)** *(proportioned to sth. else)* **be** ~ **to sth.** sich nach etw. richten; **a large population** ~ **to the town's size** eine im Verhältnis zur Größe der Stadt beachtliche Einwohnerzahl; **e)** *(implying comparison with sth. else)* relativ ⟨*Begriff*⟩; **f)** *(conditioned by relation to sth. else)* abhängig (**to** von); **be** ~ **to sth./sb.** ⟨*Geschmack, Größe:*⟩ durch etw./jmdn. relativiert werden; **g)** *(correlative)* sich gegenseitig bedingend; **'parents' and 'children' are** ~ **terms** die Begriffe „Eltern" und „Kinder" bedingen sich gegenseitig; **h)** *(having reference to sth.)* ~ **to** in Zusammenhang mit; **give me the grid references** ~ **to your location** geben Sie mir die Koordinaten Ihres Standorts; **i)** *(Mus.)* parallel ⟨*Dur-, Molltonart*⟩

relative: ~ ˈ**adjective** *n.* (*Ling.*) Relativadjektiv, *das;* ~ ˈ**adverb** *n.* (*Ling.*) Relativadverb, *das;* ~ ˈ**clause** *n.* (*Ling.*) Relativsatz, *der*

relatively [ˈrelətɪvlɪ] *adv.* relativ; verhältnismäßig

relative ˈpronoun *n.* Relativpronomen, *das*

relativise *see* **relativize**

relativism [ˈrelətɪvɪzm] *n.* (*Philos.*) Relativismus, *der*

relativist [ˈrelətɪvɪst] *n.* (*Philos.*) Relativist, *der/*Relativistin, *die*

relativistic [relətɪˈvɪstɪk] *adj.* **a)** relativistisch; **b)** (*Phys.*) Relativitäts⟨*theorie, -korrektion*⟩

relativity [reləˈtɪvɪtɪ] *n.* **a)** *(fact of being relative)* Abhängigkeit, *die* (**to** von); **b)** (*Phys.*) Relativität, *die;* ~ **theory, the theory of** ~: die Relativitätstheorie; **c)** *(Econ.)* (*of posts*) Stellenstaffelung, *die;* (*of salaries*) Gehaltsstaffelung, *die;* **campaign for** ~ **in pay with men** ⟨*Frauen:*⟩ sich für die tarifliche Gleichstellung mit den Männern einsetzen

relativize [ˈrelətɪvaɪz] *v. t.* relativieren

relax [rɪˈlæks] 1. *v. t.* **a)** *(make less tense)* entspannen ⟨*Muskel, Körper[teil]*⟩; lockern ⟨*Muskel, Feder, Griff*⟩; *(fig.)* lockern; **winter** ~**ed its grip on the landscape** *(fig.)* der Winter ließ die Landschaft aus seiner Umklammerung; **b)** *(make less strict)* lockern ⟨*Gesetz, Disziplin, Sitten*⟩; **c)** *(slacken)* nachlassen in (+ *Dat.*) ⟨*Bemühungen, Aufmerksamkeit*⟩; verlangsamen ⟨*Tempo*⟩; **he began to** ~ **his attention** seine Aufmerksamkeit ließ allmählich nach. 2. *v. i.* **a)** *(become less tense)* sich entspannen; **his face** *or* **features** ~**ed into a smile** sein Gesicht entspannte sich zu einem Lächeln; **b)** *(slacken)* nachlassen (**in in** + *Dat.*); **c)** *(become less stern)* sich mäßigen (**in in** + *Dat.*); **d)** *(cease effort)* sich entspannen; ausspannen; *(stop worrying, calm down)* sich beruhigen; **let's just** ~ **!** *(stop worrying!)* nur ruhig Blut!

relaxant [riˈlæksənt] *n.* (*Med.*) Relaxans, *das*

relaxation [riːlækˈseɪʃn] *n.* **a)** *(recreation)* Freizeitbeschäftigung, *die;* **play tennis as a** ~: zur Entspannung Tennis spielen; **b)** *(cessation of effort)* Erholung, *die* (**from** von); **find time for** ~: Zeit für Muße finden; **c)** *(reduction of physical tension; also fig.)* Lockerung, *die;* (*Phys.*) Relaxation, *die*

relaxed [rɪˈlækst] *adj.* **a)** *(informal, not anxious)* entspannt, gelöst ⟨*Atmosphäre, Lächeln, Gefühl, Person*⟩; **she's a very** ~ **person** sie ist ein sehr gelassener Mensch *od.* die Gelassenheit in Person; **at a** ~ **pace** gemächlich; **b)** *(not strict or exact)* gelockert ⟨*Regel, Beschränkung*⟩; ⟨*Moral*⟩

relaxing [rɪˈlæksɪŋ] *adj.* entspannend; erholsam; **have a** ~ **bath** zur Entspannung ein Bad nehmen

relay 1. [ˈriːleɪ] *n.* **a)** *(gang)* Schicht, *die;* **work in** ~**s** schichtweise arbeiten; **b)** *(race)* Staffel, *die;* **c)** *(vehicles)* ~ [**of cars**] [Fahrzeug]stafette, *die;* **d)** *(driving operation)* Fahrzeugstafette, *die;* **e)** *(Electr.)* Relais, *das;* **protective** ~: Schutzrelais, *das;* **f)** *(Radio, Telev.)* **radio** ~: Richtfunkverbindung, *die;* ~ **station** Relaisstation, *das;* **g)** *(transmission)* Übertragung, *die;* **direct** ~: Direktübertragung, *die.* 2. [rɪˈleɪ, ˈriːleɪ] *v. t.* **a)** *(pass on)* weiterleiten; ~ **a message to sb. that ...**: jmdm. ausrichten *od.* mitteilen, daß ...; **b)** *(Radio, Telev., Teleph.)* übertragen; **c)** *(transport)* [in einer Stafette] befördern; **form a chain to** ~ **water to the scene of the fire** eine Kette bilden, um Wasser zur Brandstelle durchzureichen

re-lay [riːˈleɪ] *v. t.*, **re-laid** [riːˈleɪd] wieder verlegen ⟨*Teppich, Fliesen*⟩; neu belegen ⟨*Fußboden, Straße*⟩; *(after damage)* neu [ver]legen ⟨*Rohr, Leitung*⟩

ˈ**relay race** *n.* (*Running, Hurdling*) Staffellauf, *der;* (*Swimming*) Staffelschwimmen, *das;* **the 4 × 100 metres** ~: die 4 × 100-Meter-Staffel; **hurdles** ~: Hürdenstaffel, *die*

release [rɪˈliːs] 1. *v. t.* **a)** *(free)* freilassen ⟨*Tier, Häftling, Sklaven*⟩; *(from imprisonment, jail)* entlassen (**from** aus); *(from bondage, trap)* befreien (**from** aus); *(from pain)* erlösen (**from** von); *(from promise, obligation, vow)* entbinden (**from** von); *(from work)* freistellen (**from** von); **b)** *(let go, let fall)* loslassen; lösen ⟨*Handbremse, Sprungfeder*⟩; ausklinken ⟨*Bombe*⟩; ~ **one's hold** *or* **grip on sth.** etw. loslassen; ~ **the shutter** *(Photog.)* den Verschluß auslösen; ~ **the pressure** den Druck verringern; **c)** *(make known)* veröffentlichen ⟨*Erklärung, Nachricht*⟩; (*issue*) herausbringen ⟨*Film, Schallplatte, Produkt*⟩; **d)** *(emit)* ablassen ⟨*Dampf*⟩; freisetzen ⟨*Energie, Strahlung*⟩. 2. *n.* **a)** *(act of freeing) see* 1 **a**: Freilassung, *die;* Entlassung, *die;* Befreiung, *die;* Erlösung, *die;* Entbindung, *die;* Freistellung, *die;* **b)** (*of published item*) Veröffentlichung, *die;* **when does the film go out on general** ~? wann kommt der Film in die Kinos ~? **the film/record is scheduled for** ~ **in the autumn** der Film/die Schallplatte soll im Herbst herausgebracht werden *od.* herauskommen; **a new** ~ **by Bob Dylan** eine neue Platte *od.* eine Neuveröffentlichung von Bob Dylan; **the film is a recent** ~: der Film ist erst vor kurzem herausgekommen; **c)** *(handle, lever, button)* Auslöser, *der;* **carriage** ~: Wagenrücklauf, *der;* **d)** *(of steam)* Ablassen, *das;* *(of pressure)* Verringerung, *die;* *(of energy, radiation)* Freisetzung, *die*

relegate [ˈrelɪɡeɪt] *v. t.* **a)** *(dismiss, consign)* ~ **sb. to the position** *or* **status of ...**: jmdn. zu ... degradieren; ~ **sth. to the rubbish-bin** etw. in den Mülleimer wandern lassen; **b)** *(Sport)* absteigen lassen; **be** ~**d** absteigen (**to** in + *Akk.*); **c)** *(hand over)* weiterleiten (**to** an + *Akk.*); **d)** *(banish)* verbannen

relegation [relɪˈɡeɪʃn] *n.* **a)** *(action of dismissing, consigning)* Degradierung, *die;* **her** ~ **to the position of ...**: ihre Degradierung zu ...; **b)** *(Sport)* Abstieg, *der;* **c)** *(action or state of banishment)* Verbannung, *die*

relent [rɪˈlent] *v. i.* sich erweichen lassen; *(yield to compassion)* Mitleid zeigen; ⟨*Wetter:*⟩ besser werden

597

relentless [rɪ'lentlɪs] *adj.* unerbittlich; erbarmungslos ⟨*Necken*⟩; schonungslos ⟨*Kritik, Heftigkeit*⟩
relentlessly [rɪ'lentlɪslɪ] *adv.* unerbittlich; erbarmungslos ⟨*necken*⟩; schonungslos ⟨*kritisieren*⟩
relevance ['relɪvəns], **relevancy** ['relɪvənsɪ] *n.* Relevanz, die (**to** für); **what ~ does it have to this?** inwiefern ist es dafür relevant?; **be of ~ to sth.** für etw. relevant sein
relevant ['relɪvənt] *adj.* relevant (**to** für); wichtig ⟨*Information, Dokument*⟩; entsprechend ⟨*Formular*⟩; zuständig ⟨*Person*⟩; **~ to the case** sachdienlich ⟨*Amtsspr.*⟩; **is this question ~ to the argument?** tut diese Frage etwas zur Sache?
reliability [rɪlaɪə'bɪlɪtɪ] *n., no pl.* Zuverlässigkeit, die
reliable [rɪ'laɪəbl] *adj.* zuverlässig
reliableness [rɪ'laɪəblnɪs] *see* **reliability**
reliably [rɪ'laɪəblɪ] *adv.* zuverlässig; **I am ~ informed that ...:** ich habe aus zuverlässiger Quelle erfahren, daß ...
reliance [rɪ'laɪəns] *n.* (*trust, confidence*) Vertrauen, *das* (**in** zu, **on** auf + *Akk.*); (*dependence*) Abhängigkeit, *die* (**on** von); **she resented her ~ on his money** es ärgerte sie, daß sie auf sein Geld angewiesen war; **have ~ on** *or* **in sb./sth.** zu jmdm./etw. Vertrauen haben; **place much ~ [up]on sb.** großes Vertrauen in jmdn. setzen; **there is little ~ to be placed on sth./sb.** auf etw./jmdn. ist kaum Verlaß
reliant [rɪ'laɪənt] *adj.* (*dependent*) **be ~ on sb./sth.** von jmdm./etw. abhängig sein; (*for help also*) auf jmdn./etw. angewiesen sein
relic ['relɪk] *n.* **a)** (*Relig.*) Reliquie, *die;* **b)** (*surviving trace or memorial*) Überbleibsel, *das* (*ugs.*); Relikt, *das;* **c)** (*remains, residue*) Überrest, *der;* **d)** (*derog./joc.*) *old or old-fashioned person or thing*) Fossil, *das* (*fig.*); **he is a ~ from the Sixties** er ist noch aus den sechziger Jahren übriggeblieben
relict ['relɪkt] *n.* **a)** (*arch.: widow*) Witib, *die* (*veralt.*); **b)** (*Biol., Geog., Geol.*) Relikt, *das*
¹**relief** [rɪ'li:f] *n.* **a)** (*alleviation, deliverance*) Erleichterung, *die;* **give or bring [sb.] ~ [from pain]** [jmdm.] [Schmerz]linderung verschaffen *od.* bringen; **it was with great ~ that I heard the news of ...:** mit großer Erleichterung habe ich die Nachricht vom ... vernommen; **breathe** *or* **heave a sigh of ~:** erleichtert aufatmen; **it was a ~ to take off his tight shoes/to bump into somebody he knew** es war eine Wohltat für ihn, die engen Schuhe auszuziehen/daß ihm ein Bekannter über den Weg lief; **what a ~!, that's a ~!** da bin ich aber erleichtert!; **b)** (*that which makes a change from monotony*) Abwechslung, *die;* ; *see also* **comic 1c;** ²**light 1a; c)** (*assistance*) Hilfe, *die;* (*financial state of assistance*) Sozialhilfe, *die; attrib.* Hilfs⟨*fond, -organisation, -komitee*⟩; **~ party** *or* **team** Rettungsmannschaft, *die;* **~ worker** Rettungshelfer, *der/-*helferin, *die;* (*in disaster*) Katastrophenhelfer, *der/-*helferin, *die;* **go/live on ~:** Fürsorge beantragen/von der Fürsorge leben; **go** *or* **come to sb.'s ~:** jmdm. zu Hilfe eilen *od.* kommen; **d)** (*Brit. Hist.: assistance*) Fürsorge, *die;* **e)** (*replacement of person*) Ablösung, *die; attrib.* **~ watchman/driver/troops** ablösender Wachmann/Fahrer/ablösende Truppen; **~ sentry** Wachablösung, *die;* **f)** (*Mil.*) (*reinforcement*) Verstärkung, *die;* (*raising of siege*) Entsatz, *der;* **g)** (*Law: redress*) Entschädigung, *die*
²**relief** *n.* **a)** (*Art*) **works in ~:** Reliefarbeiten; **high/low ~:** Hoch-/Flachrelief, *das;* **b)** (*piece of sculpture*) Relief, *das;* **c)** (*appearance of being done in ~*) reliefartiges Aussehen; **stand out in strong ~ against sth.** sich scharf gegen etw. abheben; (*fig.*) in krassem Gegensatz zu etw. stehen; **bring out in [full] ~** (*lit. or fig.*) deutlich herausarbeiten

relief: ~ bus, ~ coach *ns.* (*additional*) Entlastungsbus, *der;* (*as replacement*) Ersatzbus, *der;* **~ map** *n.* Reliefkarte, *die;* **~ road** *n.* Entlastungsstraße, *die*
relieve [rɪ'li:v] *v. t.* **a)** (*lessen, mitigate*) lindern; helfen (+ *Dat.*) ⟨*Notleidenden*⟩; verringern ⟨*Dampfdruck, Anspannung*⟩; unterbrechen ⟨*Eintönigkeit*⟩; erleichtern ⟨*Gewissen*⟩; (*remove*) abbauen ⟨*Anspannung*⟩; stillen ⟨*Schmerzen*⟩; (*remove or lessen monotony of*) auflockern; **I am** *or* **feel ~d to hear that ...:** es erleichtert mich zu hören, daß ...; **b)** (*release from duty*) ablösen ⟨*Wache, Truppen*⟩; **c)** **~ sb.** (*of task, duty*) jmdn. entbinden (**of** von); (*of property, load*) jmdm. abnehmen (**of** *Akk.*); (*from debt*) jmdm. erlassen (**from** *Akk.*); (*of burden, duty, from sorrow, worry*) befreien (**of, from** von); **~ sb.'s mind of doubt** jmdm. die Zweifel nehmen; (*joc.*) **~ sb. of sth.** (*joc: steal from*) jmdn. um etw. erleichtern (*scherzh.*); **e) ~ one's feelings** seinen Gefühlen Luft machen; **f)** (*empty the bladder or bowels*) sich erleichtern (*verhüll.*); **g)** (*release from a post*) entbinden (**of, from** von); (*dismiss*) entheben (*geh.*) (**of, from** *Gen.*); **~ sb. from duty** *or* **of his post** *or* **office** *or* **duties** jmdn. ablösen; **h)** (*Mil.: free from siege*) entsetzen (*bes. Mil.*); befreien
religion [rɪ'lɪdʒən] *n.* **a)** Religion, *die;* **freedom of ~:** Glaubensfreiheit, *die;* **what is your ~?** welcher Religion gehörst du an?; **that's against my ~:** das verstößt gegen meinen Glauben; **no thanks, I won't have a cigarette; it's against my ~** (*joc.*) ich möchte keine Zigarette, ich bin überzeugter Nichtraucher; *see also* **established c; b)** (*recognition of God*) Glaube, *der;* **get ~** (*sl./joc.*) fromm werden; **c)** (*object of devotion or obligation*) **he makes a ~ of** snooker Snooker ist ihm heilig; **she makes a ~ of keeping her house clean** es ist ihr eine heilige Pflicht, ihr Haus sauberzuhalten (*iron.*)
religious [rɪ'lɪdʒəs] **1.** *adj.* **a)** (*pious*) religiös; fromm; **b)** (*concerned with religion*) Glaubens⟨*freiheit, -eifer*⟩; Religions⟨*freiheit, -unterricht, -kenntnisse*⟩; religiös ⟨*Überzeugung, Zentrum*⟩; **c)** (*of monastic order*) religiös ⟨*Orden*⟩; **~ community** Ordensgemeinschaft, *die;* **~ house** Kloster, *das;* **d)** (*scrupulous*) peinlich ⟨*Sorgfalt, Genauigkeit, Ordnung*⟩; **with ~ care** *or* **attention to details** peinlich genau auf Details achten. **2.** *n., pl.* **same** Ordensmitglied, *das*
religiously [rɪ'lɪdʒəslɪ] *adv.* **a)** (*piously, reverently*) inbrünstig ⟨*beten*⟩; ehrfürchtig ⟨*verehren, niederknien*⟩; **b)** (*conscientiously, scrupulously*) gewissenhaft ⟨*beachten, durchsehen, verbessern*⟩; peinlich genau ⟨*saubermachen, verbessern*⟩
reline [ri:'laɪn] *v. t.* neu [aus]füttern ⟨*Kleidungsstück*⟩; neu belegen ⟨*Bremse*⟩; doublieren ⟨*Gemälde*⟩; **~ a hat with a silk lining** einen Hut mit Seide neu ausfüttern
relinquish [rɪ'lɪŋkwɪʃ] *v. t.* **a)** (*give up, abandon*) aufgeben; zurückziehen ⟨*Klage*⟩; verzichten auf (+ *Akk.*) ⟨*Recht, Anspruch, Macht*⟩; aufgeben ⟨*Anspruch, Stelle, Arbeit, Besitz*⟩; **~ the right/one's claim to sth.** auf sein Recht/seinen Anspruch auf etw. verzichten; **~ sth. to sb.** etw. an jmdn. abtreten; zugunsten von jmdm. auf etw. (*Akk.*) verzichten; **b) ~ one's hold** *or* **grip on sth.** jmdn./etw. loslassen; (*fig.*) **~ one's hold on reality** den Bezug zur Realität verlieren; **he has ~ed his hold over** *or* **on her** er hat auf gehört, sie zu bevormunden
relinquishment [rɪ'lɪŋkwɪʃmənt] *n.* Aufgabe, *der* (*of belief*) Ablassen, *das* (**of** von); (*of right, power, claim, territory*) Verzicht, *der* (**of** auf + *Akk.*)
reliquary ['relɪkwərɪ] *n.* Reliquiar, *das*
relish ['relɪʃ] **1.** *n.* **a)** (*liking*) Vorliebe, *die;* **show a real ~ for doing sth.** etw. mit Vorliebe tun; **have a great/no ~ for sth.** viel/nichts für eine Sache übrig haben; **do sth. with [great] ~:** etw. mit [großem] Genuß tun; **he takes [great] ~ in doing sth.** es bereitet ihm [große] Freude, etw. zu tun; **b)** (*condiment*) Relish, *das* (*Kochk.*); **c)** (*attractive quality*) Reiz, *der;* **have no/great ~:** reizlos/sehr verlockend sein; **meat has no ~ when one is ill** man hat keine Lust auf Fleisch, wenn man krank ist. **2.** *v. t.* genießen; reizvoll finden ⟨*Gedanke, Vorstellung*⟩; **I should ~ a lobster and a bottle of wine** was ich jetzt gern hätte, wäre ein Hummer und eine Flasche Wein
relive [ri:'lɪv] *v. t.* noch einmal durchleben; **~ one's life** noch einmal leben
reload [ri:'ləʊd] *v. t.* nachladen ⟨*Schußwaffe*⟩; wieder beladen ⟨*Lastwagen*⟩; wieder aufladen ⟨*Waren*⟩; **~ the camera** einen neuen Film einlegen
relocate [ri:lə'keɪt] **1.** *v. t.* **a)** (*move to another place*) verlegen ⟨*Fabrik, Büro*⟩; versetzen ⟨*Angestellten, Fenster, Ventil*⟩; **b)** (*find again*) wieder ausfindig machen ⟨*Aufenthaltsort*⟩; wiederfinden ⟨*Eingang, Gleise*⟩. **2.** *v. i.* (*settle*) sich niederlassen
relocation [ri:lə'keɪʃn] *n.* (*of factory, office*) Verlegung, *die;* (*of employee*) Versetzung, *die;* **~ expenses** Umzugskosten *Pl.*
reluctance [rɪ'lʌktəns] *n., no pl.* Widerwille, *der;* Abneigung, *die;* **have a [great] ~ to do sth.** etw. nur mit Widerwillen tun; **show some ~ at doing sth.** etw. nur ungern tun
reluctant [rɪ'lʌktənt] *adj.* unwillig; **be ~ to do sth.** etw. nur ungern *od.* widerstrebend tun; **give sb. ~ assistance** jmdm. nur widerstrebend helfen
reluctantly [rɪ'lʌktəntlɪ] *adv.* nur ungern; widerstrebend
rely [rɪ'laɪ] *v. i.* **a)** (*have trust*) sich verlassen (**[up]on** auf + *Akk.*); **you can always ~ on him to turn up too early** (*iron.*) du kannst dich darauf verlassen, daß er immer zu früh kommt; **b)** (*be dependent*) angewiesen sein (**[up]on** auf + *Akk.*); **[have to] ~ on sb. to help** darauf angewiesen sein, daß jmd. hilft
remade *see* **remake 1**
remain [rɪ'meɪn] *v. i.* **a)** (*be left over*) übrigbleiben; **all that ~ed for me to do was to ...:** ich mußte *od.* brauchte nur noch ...; **nothing ~s but to thank you all** es bleibt mir nur, Ihnen allen zu danken; **only one match still ~s to be played** es muß nur noch ein Spiel ausgetragen werden; **the few pleasures that ~ to an old man** die wenigen Freuden, die einem alten Mann [noch] bleiben; **b)** (*stay*) bleiben; **~ behind** noch dableiben; **~ in sb.'s memory** jmdm. im Gedächtnis bleiben; **c)** (*continue to be*) bleiben; **~ true to sb.'s memory** jmdm. ein treues Andenken bewahren; **the** *or* **it ~s to be seen** das bleibt abzuwarten *od.* wird sich zeigen; **the fact ~s that ...:** das ändert nichts an der Tatsache *od.* daran, daß ...; **I ~, yours faithfully, J. Smith** ich verbleibe mit freundlichen Grüßen Ihr J. Smith
remainder [rɪ'meɪndə(r)] **1.** *n.* **a)** (*sb. or sth. left over; also Math.*) Rest, *der;* **the ~ of the guests** die übrigen Gäste; **b)** (*remaining stock*) Restposten, *der;* **[publisher's] ~:** Restauflage, *die;* **c)** (*Law*) Anwartschaft auf die Nacherbschaft; **d)** (*right to succeed to a title or position*) Anwartschaft auf die Nachfolge. **2.** *v. t.* (*Publishing*) [als Restauflage] zu herabgesetztem Preis verkaufen
remaining [rɪ'meɪnɪŋ] *adj.* restlich; übrig; **spend one's ~ years ...:** seinen Lebensabend ... verbringen
remains [rɪ'meɪnz] *n. pl.* **a)** (*left-over part*) Reste, *die;* **b)** (*corpse*) sterbliche [Über]reste (*verhüll.*); **c)** (*relics*) Relikte; Reste; **Roman ~:** Relikte aus der Römerzeit
remake 1. [ri:'meɪk] *v. t.,* **remade** [ri:'meɪd] wieder machen ⟨*Bett*⟩; neu vereinbaren ⟨*Verabredung*⟩; wieder herrichten ⟨*Klei-*

dung); ~ **the booking** neu buchen. **2.** ['riːmeɪk] *n. (Cinemat.)* Remake, *das (fachspr.)*; Neuverfilmung, *die*; **do a ~ of sth.** etw. neu verfilmen

remand [rɪˈmɑːnd] **1.** *v. t.* ~ **sb.** [**in** *or* **into custody**] jmdn. in Untersuchungshaft behalten; **be ~ed in custody/on bail** in Untersuchungshaft bleiben müssen/gegen Kaution aus der Untersuchungshaft entlassen werden. **2.** *n.* [**period of**] ~: Untersuchungshaft, *die*; **place sb. on** ~: jmdn. in Untersuchungshaft nehmen; **be held on** ~: in Untersuchungshaft bleiben müssen

remand: ~ **centre** *n. (Brit.) Untersuchungsgefängnis für jugendliche Straftäter zwischen 14 und 21 Jahren*; ~ **home** *n. (Brit. Hist.) Untersuchungsgefängnis für jugendliche Straftäter unter 17 Jahren*

remark [rɪˈmɑːk] **1.** *v. t.* **a)** *(say)* bemerken (**to** gegenüber); **b)** *(arch.: observe)* gewahr werden. **2.** *v. i.* eine Bemerkung machen (**[up]on** zu, über + *Akk.*). **3.** *n.* **a)** *(comment)* Bemerkung, *die* (**on** über + *Akk.*); **make a ~:** eine Bemerkung machen (**about, at** über + *Akk.*); **I have a few ~s to make about that** ich habe dazu einiges zu sagen; **b)** *no art. (commenting)* Kommentar, *der*; **without** ~: kommentarlos; **be worthy of special** ~ *(formal)* besondere Beachtung verdienen; **nothing worthy of** ~ *(formal)* nichts Bemerkenswertes

remarkable [rɪˈmɑːkəbl] *adj.* **a)** *(notable)* bemerkenswert; **b)** *(extraordinary)* außergewöhnlich; **a boy who is ~ for his stupidity** ein Junge von ganz außergewöhnlicher Dummheit

remarkably [rɪˈmɑːkəblɪ] *adv.* **a)** *(notably)* bemerkenswert; **b)** *(exceptionally)* außergewöhnlich

remarriage [riːˈmærɪdʒ] *n.* Wiederverheiratung, *die*

remarry [riːˈmærɪ] *v. i. & t.* wieder heiraten

rematch [riːˈmætʃ] *n.* Rückkampf, *der*

remediable [rɪˈmiːdɪəbl] *adj.* behebbar; **be ~:** beseitigt werden können; **is the situation ~?** gibt es einen Ausweg aus der Situation?

remedial [rɪˈmiːdɪəl] *adj.* **a)** *(affording a remedy)* Heil⟨behandlung, -wirkung⟩; *(intended to remedy deficiency etc.)* rehabilitierend ⟨Maßnahme⟩; **take ~ action** Hilfsmaßnahmen ergreifen; **be ~ rather than preventive** eher therapeutischer als vorbeugender Natur sein; **b)** *(Educ.)* Förder-; **classes in ~ reading** Förderunterricht im Lesen; **~ education** Förderunterricht im ...

remedy [ˈremɪdɪ] **1.** *n.* **a)** *(cure)* [Heil]mittel, *das* (**for** gegen); **cough/herbal ~:** Husten-/Kräutermittel, *das*; **cold/flu ~:** Mittel gegen Erkältung/Grippe; **be past** *or* **beyond ~:** unheilbar sein; **b)** *(means of counteracting)* [Gegen]mittel, *das*; **c)** *(Law: redress) (through civil proceedings)* Rechtsbehelf, *der*; *(through self-help)* Entschädigung, *die*. **2.** *v. t.* beheben ⟨*Sprachfehler, Problem*⟩; ausgleichen ⟨*Kurzsichtigkeit*⟩; retten ⟨*Situation*⟩; **the problem/situation cannot be remedied** das Problem kann nicht behoben werden/die Situation ist nicht zu retten

remember [rɪˈmembə(r)] *v. t.* **a)** *(keep in memory)* denken an (+ *Akk.*); *(bring to mind)* sich erinnern an (+ *Akk.*); **I've just ~ed what I wanted to tell you** mir ist gerade [wieder] eingefallen, was ich dir sagen wollte; **don't you ~ Peter?** erinnerst du dich nicht an mich?; ~ **who/where you are!** vergiß nicht, wer/wo du bist; **I can't ~ the word I want** das Wort, das ich brauche, fällt mir gerade nicht ein; **she gave him something to ~ her by** sie gab ihm etwas, das ihn an sie erinnern sollte; *(fig.)* sie gab ihm einen Denkzettel; **I ~ed to bring the book** ich habe daran gedacht, das Buch mitzubringen; **I can't ~ how to put it back together** ich weiß nicht mehr, wie es wieder zusammengesetzt

wird; **do you ~ when the bus leaves?** weißt du noch, wann der Bus abfährt?; **I can never ~ her name** ich kann mir ihren Namen einfach nicht merken; **I distinctly ~ posting the letter** ich erinnere mich genau, daß ich den Brief eingeworfen habe; **if I ~ correctly** *(abs.)* wenn ich mich recht erinnere; **an evening to ~:** ein unvergeßlicher Abend; **b)** *(convey greetings from)* grüßen; ~ **me to them** grüße sie von mir; **she asked to be ~ed to you** sie läßt dich grüßen; **c)** ~ **oneself** sich zusammennehmen; **d)** ~ **sb. in one's will/prayers** jmdn. in seinem Testament bedenken/in sein Gebet einschließen

remembrance [rɪˈmembrəns] *n.* Gedenken, *das*; **in ~ of sb.** zu jmds. Gedächtnis; **zum Gedenken an jmdn.**

Remembrance: ~ **Day** *n. (Brit.)* **a)** *(Hist.: 11 Nov.)* Gedenktag für die Gefallenen der beiden Weltkriege; **b)** *see* **Sunday**; ~ **Sunday** *n. (Brit.)* ≈ Volkstrauertag, *der*

remind [rɪˈmaɪnd] *v. t.* erinnern (**of an** + *Akk.*); ~ **sb. to do sth.** jmdn. daran erinnern, etw. zu tun; **can you ~ me how to do it?** kannst du mal meinem Gedächtnis nachhelfen, wie man das macht?; **that ~s me, ...:** dabei fällt mir ein, ...; **you are ~ed that ...:** beachten Sie bitte, daß ...; **travellers are ~ed that ...:** Reisende werden darauf hingewiesen, daß ...

reminder [rɪˈmaɪndə(r)] *n.* Erinnerung, *die* (**of an** + *Akk.*); *(mnemonic)* Gedächtnishilfe *od.* -stütze, *die*; *(photo etc.)* Andenken, *das* (**of an** + *Akk.*); **give sb. a ~ that ...:** jmdn. daran erinnern, daß ...; **serve as/be a ~ of sth.** an etw. *(Akk.)* erinnern; ~ [**letter**] Mahnung, *die*; Mahnbrief, *der*; **a gentle ~:** ein zarter Wink

reminisce [remɪˈnɪs] *v. i.* sich in Erinnerungen *(Dat.)* ergehen (**about an** + *Akk.*)

reminiscence [remɪˈnɪsəns] *n.* **a)** Erinnerung, *die* (**of an** + *Akk.*); **b)** *in pl. (memoirs)* [Lebens]erinnerungen *Pl.*; Memoiren *Pl.*

reminiscent [remɪˈnɪsənt] *adj.* **a)** ~ **of sth.** an etw. *(Akk.)* erinnernd; **be ~ of sth.** an etw. *(Akk.)* erinnern; **b)** *(nostalgic)* ~ **mood** nostalgische Stimmung

remiss [rɪˈmɪs] *adj.* nachlässig (**of** von)

remission [rɪˈmɪʃn] *n.* **a)** *(of sins)* Vergebung, *die*; **b)** *(of debt, punishment)* Erlaß, *der*; **c)** *(prison sentence)* Straferlaß, *der*; **he gained one year's ~:** ihm ist ein Jahr erlassen worden; **d)** *(Med.)* Remission, *die*; **go into ~:** remittieren

remit 1. [rɪˈmɪt] *v. t.,* **-tt- a)** *(pardon)* vergeben ⟨*Sünde, Beleidigung usw.*⟩; **b)** *(cancel)* erlassen ⟨*Steuer, Gebühr usw.*⟩; ~ **sb.'s punishment** jmdm. seine Strafe erlassen; **c)** *(refer)* weiterleiten ⟨*Frage, Angelegenheit*⟩ (**to** an + *Akk.*); *(Law)* zurückverweisen ⟨*Fall, Bericht*⟩; **d)** *(postpone)* verschieben, vertagen (**until** bis, **to** auf + *Akk.*); **e)** *(send)* überweisen ⟨*Geld*⟩. **2.** [ˈriːmɪt, rɪˈmɪt] *n.* Aufgabe, *die*; Auftrag, *der*

remittance [rɪˈmɪtəns] *n.* Überweisung, *die*

remnant [ˈremnənt] *n.* **a)** Rest, *die*; **only a ~ of the family survives** nur noch wenige Mitglieder der Familie leben; **~s of carpet/wood** Teppich-/Holzreste *Pl.*; **sale of ~s** Resteverkauf, *der*; **b)** *(trace)* Überrest, *der*; **salvage the ~s of sth.** retten, was von etw. übriggeblieben ist

remodel [riːˈmɒdl] *v. t.,* *(Brit.)* **-ll-** *(lit. or fig.)* umgestalten

remold *(Amer.) see* **remould**

remonstrance [rɪˈmɒnstrəns] *n.* Protest, *der* (**with, against** gegen)

remonstrate [ˈremənstreɪt, rɪˈmɒnstreɪt] *v. i.* protestieren (**against** gegen); ~ **with sb.** jmdm. Vorhaltungen machen (**on** wegen)

remonstration *see* **remonstrance**

remonstrative [ˈremənstreɪtɪv, rɪˈmɒnstrətɪv] *adv.* protestierend; Protest⟨*brief usw.*⟩

remorse [rɪˈmɔːs] *n.* Reue, *die* (**for, about** über + *Akk.*); **without ~:** erbarmungslos

remorseful [rɪˈmɔːsfl] *adj.* reuig, reuevoll *(geh.)*; reumütig *(öfter scherzh.)*; Reue⟨*gefühl,*⟩; **feel ~:** Reue empfinden

remorseless [rɪˈmɔːslɪs] *adj.* **a)** *(merciless)* erbarmungslos ⟨*Grausamkeit, Barbarei*⟩; **b)** *(relentless)* unerbittlich ⟨*Schicksal, Logik*⟩

remorselessly [rɪˈmɔːslɪslɪ] *adv. see* **remorseless:** erbarmungslos; unerbittlich

remote [rɪˈməʊt] *adj.,* ~**r** [rɪˈməʊtə(r)], ~**st** [rɪˈməʊtɪst] **a)** *(far apart)* entfernt; **be very ~ from each other** sehr weit voneinander entfernt sein; **nations as ~ in culture as X and Y** Völker mit so verschiedenen *od.* unterschiedlichen Kulturen wie X und Y; **b)** *(far off)* fern ⟨*Vergangenheit, Zukunft, Zeit*⟩; früh ⟨*Altertum*⟩; abgelegen, *(geh.)* entlegen ⟨*Ort, Gebiet*⟩; ~ **from** *(lit. or fig.)* weit entfernt von; ~ **from the road** weitab von der Straße; **c)** *(not closely related)* entfernt, weitläufig ⟨*Vorfahr, Nachkomme, Verwandte*⟩; **d)** *(aloof)* unnahbar, distanziert ⟨*Person, Art*⟩; **e)** *(slight)* gering ⟨*Auswirkung, Chance, Möglichkeit, Vorstellung*⟩; **I don't have the ~st idea what you're talking about** ich habe nicht die geringste *od.* leiseste Ahnung, wovon du sprichst

remote: ~ **con**ˈ**trol** *n. (of vehicle)* Fernlenkung, *die*; Fernsteuerung, *die*; *(of apparatus)* Fernbedienung, *die*; ~**-con**ˈ**trol[led]** *adj.* ferngesteuert; ferngelenkt; fernbedient ⟨*Anlage*⟩

remotely [rɪˈməʊtlɪ] *adv.* **a)** *(distantly)* entfernt, weitläufig ⟨*verwandt*⟩; ~ **controlled** *see* **remote-control[led]**; **b)** *(aloofly)* distanziert, unnahbar ⟨*lächeln, antworten*⟩; **c)** *(slightly)* **they are not [even] ~ alike** sie haben [aber auch] nicht die entfernteste Ähnlichkeit [miteinander]; **it is not [even] ~ possible that ...:** es besteht [aber auch] nicht die geringste Möglichkeit, daß ...

remoteness [rɪˈməʊtnɪs] *n., no pl.* **a)** *(seclusion)* Abgeschiedenheit, *die*; Abgelegenheit, *die*; *(distance)* große Entfernung (**from** von); **b)** *(of relationship)* Weitläufigkeit, *die*; **c)** *(separateness)* fehlender Zusammenhang (**of ... from** zwischen ... und); ~ **from everyday life** Lebensfremdheit, *die*

remould 1. [riːˈməʊld] *v. t. (refashion)* ummodeln, umgestalten (**into** zu); *(Motor Veh.)* runderneuern ⟨*Reifen*⟩. **2.** [ˈriːməʊld] *n. (Motor Veh.)* runderneuerter Reifen

remount 1. [riːˈmaʊnt] **1.** *v. t.* **a)** *(ascend again)* wieder hinaufsteigen ⟨*Leiter*⟩; ~ **one's horse/bicycle** wieder aufs Pferd/Fahrrad steigen; **b)** *(put in fresh mount)* wieder aufziehen ⟨*Bild*⟩. **2.** *v. i. (on horse)* wieder aufsitzen; *(on bicycle)* wieder aufs Fahrrad steigen

removable [rɪˈmuːvəbl] *adj.* abnehmbar; entfernbar ⟨*Fleck, Trennwand*⟩; herausnehmbar ⟨*Futter*⟩; **be ~:** sich entfernen lassen

removal [rɪˈmuːvl] *n.* **a)** *(taking away)* Entfernung, *die*; *(of passage from book)* Streichung, *die* (**from** aus); *(of traces)* Beseitigung, *die*; *(taking off)* **the ~ of the valve from the tyre proved difficult** es war schwierig, das Ventil aus dem Reifen herauszunehmen; **b)** *(dismissal)* Entlassung, *die*; **the minister's ~ from office** die Entfernung des Ministers aus dem Amt; **c)** *see* **remove 1 c:** Beseitigung, *die*; Vertreibung, *die*; Zerstreuung, *die*; **d)** *(transfer)* **his ~ to another school** seine Umschulung; **the ~ of the books to the next room** die Umräumung *od.* das Umräumen der Bücher in das andere Zimmer; **his ~ to another department** seine Versetzung in eine andere Abteilung; **his ~ to hospital** seine Einlieferung ins Krankenhaus; **e)** *(transfer of furniture)* Umzug, *der*; **'Smith & Co., R~s'** „Smith & Co., Spedition"; **office/factory ~:** Büro-/Werksverlegung, *die*

removal: ~ **expenses** *n. pl.* Umzugskosten *Pl.*; ~ **firm** *n.* Spedition, *die*; ~ **man**

n. Möbelpacker, *der;* ~ **van** *n.* Möbelwagen, *der*
remove [rɪ'muːv] **1.** *v. t.* **a)** *(take away)* entfernen; streichen ⟨*Buchpassage*⟩; wegnehmen, wegräumen ⟨*Papiere, Ordner usw.*⟩; abräumen ⟨*Geschirr*⟩; beseitigen ⟨*Spur*⟩; *(take off)* abnehmen; ausziehen ⟨*Kleidungsstück*⟩; **she ~d her/the child's coat** sie legte ihren Mantel ab/sie zog dem Kind den Mantel aus; **~ a book from the shelf/the valve from a tyre** ein Buch vom Regal nehmen/das Ventil aus einem Reifen [heraus]nehmen; **~ one's make-up** sich abschminken; **~ the papers/dishes from the table** die Papiere/das Geschirr vom Tisch räumen; **the parents ~d the child from the school** die Eltern nahmen das Kind von der Schule; **b)** *(dismiss)* entlassen; **~ sb. from office/his post** jmdn. aus dem Amt/von seinem Posten entfernen; **c)** *(eradicate)* beseitigen ⟨*Gefahr, Hindernis, Problem, Zweifel*⟩; vertreiben ⟨*Angst*⟩; zerstreuen ⟨*Verdacht, Befürchtungen*⟩; **d)** *(transfer)* **~ a pupil to another school** einen Schüler auf eine andere Schule schicken; **we ~d the books to another room** wir haben die Bücher in ein anderes Zimmer umgeräumt; **~ an employee to another department** einen Angestellten in eine andere Abteilung versetzen; **e)** *(euphem.: kill)* beseitigen *(verhüll.);* **f)** *in p.p. see* **cousin; g)** *in p.p. (remote)* **be entirely ~d from politics/everyday life** gar nichts mit Politik zu tun haben/völlig lebensfremd sein. **2.** *v. i.* [um]ziehen; **~ to the country** aufs Land ziehen; **they ~d from here** sie sind [von hier] weggezogen. **3.** *n.* **a)** *(degree)* Schritt, *der;* **be only a few ~s/but one ~ from** nicht mehr weit/nur noch einen Schritt entfernt sein von; **at one ~:** auf Distanz **(from** gegenüber**); b)** *(distance)* Abstand, *der* **(from** zu**); be a far ~ from sth.** weit entfernt von etw. sein
remover [rɪ'muːvə(r)] *n.* **a)** *(of paint/varnish/hair/rust)* Farb-/Lack-/Haar-/Rostentferner, *der;* **b)** *(removal man)* Möbelpacker, *der;* **[firm of] ~s** Spedition[sfirma], *die*
remunerate [rɪ'mjuːnəreɪt] *v. t.* bezahlen; entlohnen; *(recompense)* belohnen
remuneration [rɪmjuːnə'reɪʃn] *n.* Bezahlung, *die;* Entlohnung, *die; (reward)* Belohnung, *die*
remunerative [rɪ'mjuːnərətɪv] *adj.* lohnend; einträglich
Renaissance [rə'neɪsəns, rə'neɪsɑ̃s, rɪ'neɪsəns] *n.* **a)** *no pl. (Hist.)* Renaissance, *die;* **~ man** der Renaissancemensch; **b) r~** *(rebirth)* Renaissance, *die;* Wiedergeburt, *die (geh.)*
renal ['riːnl] *adj. (Anat., Med.)* Nieren-
rename [riː'neɪm] *v. t.* umtaufen ⟨*Schiff*⟩
renascence *see* **Renaissance b**
rend [rend] **rent** [rent] *v. t. (literary)* **a)** *(tear)* reißen **(from** aus**); b)** *(split)* spalten ⟨*Baum, Gruppe, Land*⟩; ⟨*Schrei:*⟩ zerreißen ⟨*Stille*⟩
render ['rendə(r)] *v. t.* **a)** *(make)* machen; **the tone ~ed the statement an insult** der Ton machte die Feststellung zu einer Beleidigung; **b)** *(show, give)* leisten ⟨*Gehorsam, Hilfe*⟩; erweisen ⟨*Ehre, Achtung, Respekt, Dienst*⟩; bieten, gewähren ⟨*Schutz*⟩; **~ a service to sb., ~ sb. a service** jmdm. einen Dienst erweisen; **~ thanks [un]to God** Gott Dank sagen; **~ [un]to Caesar the things that are Caesar's** *(Bibl.)* gebet dem Kaiser, was des Kaisers ist; **c)** *(pay)* entrichten ⟨*Tribut, Steuern, Abgaben*⟩; **d)** *(represent, reproduce)* wiedergeben, spielen ⟨*Musik, Szene, Rolle*⟩; *(translate)* übersetzen **(by** mit**); ~ a text into another language** einen Text in eine andere Sprache übertragen; **e)** *(present)* **~ a report to sb.** jmdm. Bericht erstatten; **~ an annual account [to sb.]** [jmdm.] einen Jahresbericht vorlegen; **account ~ed** *(Commerc.)* ausgestellte Rechnung; **f)** *(Building: plaster)* berappen *(fachspr.),* verputzen ⟨*Mauer*⟩; **g) ~ [down]** auslassen ⟨*Fett*⟩
~ 'up *v. t. (formal)* übergeben **(to** Dat.**)** ⟨*Festung, Fort, Stadt*⟩
rendering ['rendərɪŋ] *n.* **a)** Wiedergabe, *die; (translation)* Übersetzung, *die* **(into** in + Akk.**); (**of play also**)** Aufführung, *die; (of musical piece, poem also)* Vortrag, *der; (of historical events also)* Darstellung, *die;* **give a [superb] ~ of sth.** etw. [meisterhaft] wiedergeben/aufführen/vortragen/darstellen; **b)** *(Building: plastering)* Berapp, *der (fachspr.);* Putz, *der*
rendezvous ['rɒndɪvuː, 'rɒndeɪvuː:] **1.** *n., pl.* **same** ['rɒndɪvuːz, 'rɒndeɪvuːz] **a)** *(meeting-place)* Treffpunkt, *der;* **b)** *(meeting)* Rendezvous, *das (veralt., meist noch scherzh.);* Verabredung, *die;* **c)** *(Astronaut.)* Rendezvous, *das.* **2.** *v. i., pres.* **~es** ['rɒndɪvuːz, 'rɒndeɪvuːz], *p.t. & p.p.* **~ed** ['rɒndɪvuːd, 'rɒndeɪvuːd], *pres. p.* **~ing** ['rɒndɪvuːɪŋ, 'rɒndeɪvuːɪŋ] sich treffen
rendition [ren'dɪʃn] *see* **rendering a**
renegade ['renɪgeɪd] **1.** *n.* Abtrünnige, *der/die;* Renegat, *der/*Renegatin, *die (abwertend).* **2.** *adj.* abtrünnig
renege, renegue [rɪ'niːg, rɪ'neɪg] *v. i.* **a)** *(Amer. Cards)* nicht bedienen; **b) ~ [on an agreement/a promise]** [eine Vereinbarung/ein Versprechen] nicht einhalten
renegotiate [riːnɪ'gəʊʃɪeɪt] *v. t.* neu aushandeln; erneut verhandeln über (+ Akk.)
renew [rɪ'njuː] *v. t.* **a)** *(restore, regenerate, recover)* erneuern; wieder wecken *od.* wachrufen ⟨*Gefühle*⟩; wiederherstellen ⟨*Kraft*⟩; **~ sb.'s energy** jmdm. neue Energie geben; **feel spiritually ~ed** sich wie neugeboren fühlen; **b)** *(replace)* erneuern; auffüllen ⟨*Vorrat*⟩; ⟨*Kleidungsstück*⟩; **c)** *(begin again)* erneuern ⟨*Bekanntschaft*⟩; wiederaufnehmen ⟨*Kampf, Korrespondenz*⟩; fortsetzen ⟨*Angriff, Arbeit*⟩; **~ed exhortations/outbreaks of rioting** erneute Ermahnungen/Krawalle; **d)** *(repeat)* wiederholen ⟨*Aussage, Beschuldigung*⟩; **(**extend**)** erneuern, verlängern ⟨*Vertrag, Genehmigung, Ausweis etc.*⟩; **~ a library book** ⟨*Bibliothekar/Benutzer:*⟩ ein Buch [aus der Bücherei] verlängern/verlängern lassen
renewable [rɪ'njuːəbl] *adj.* regenerationsfähig ⟨*Energiequelle*⟩; verlängerbar ⟨*Vertrag, Genehmigung, Ausweis*⟩
renewal [rɪ'njuːəl] *n.* **a)** Erneuerung, *die; (of contract, passport etc. also)* Verlängerung, *die; (of attack)* Wiederaufnahme, *die; (of library book)* Verlängerung der Leihfrist; **b) |urban| ~:** [Stadt]sanierung, *die*
rennet ['renɪt] *n.* Lab, *das*
renounce [rɪ'naʊns] **1.** *v. t.* **a)** *(abandon)* verzichten auf (+ Akk.); **b)** *(refuse to recognize)* aufkündigen ⟨*Vertrag, Freundschaft*⟩; aufgeben ⟨*Grundsatz, Plan, Versuch*⟩; leugnen ⟨*jmds. Autorität*⟩; verstoßen ⟨*Person*⟩; **~ the world** der Welt *(Dat.)* entsagen *(geh.);* **~ the devil/one's faith** dem Teufel/seinem Glauben abschwören. **2.** *v. i. (Law)* offiziell seinen Verzicht erklären; **b)** *(Cards)* nicht bedienen
renouncement [rɪ'naʊnsmənt] *see* **renunciation a**
renovate ['renəveɪt] *v. t.* renovieren ⟨*Gebäude*⟩; restaurieren ⟨*Möbel, Gemälde*⟩
renovation [renə'veɪʃn] *n.* Renovierung, *die; (of furniture etc.)* Restaurierung, *die*
renown [rɪ'naʊn] *n.* Renommee, *das;* Ansehen, *das;* **of [great] ~:** von hohem Ansehen; sehr berühmt
renowned [rɪ'naʊnd] *adj.* berühmt **(for** wegen, für**); he is ~ as a portrait-painter** er hat als Porträtmaler einen großen Namen
¹rent *see* **rend**
²rent [rent] *n. (tear, cleft)* Riß, *der (auch fig.); (cleft also)* Spalte, *die;* **~ in the clouds** Wolkenspalt, *der*
³rent [rent] **1.** *n. (for house, flat, etc.)* Miete, *die; (for land)* Pacht, *die;* **have a house free of ~:** ein Haus mietfrei bewohnen; **for ~** *(Amer.)* ⟨*Haus, Wohnung etc.*⟩ zu vermieten; ⟨*Land*⟩ zu verpachten; ⟨*Kostüme*⟩ zu verleihen. **2.** *v. t.* **a)** *(use)* mieten ⟨*Haus, Wohnung usw.*⟩; pachten ⟨*Land*⟩; mieten ⟨*Auto, Gerät*⟩; **b)** *(let)* vermieten ⟨*Haus, Wohnung, Auto etc.*⟩ **(to** Dat., an + Akk.**);** verpachten ⟨*Land*⟩ **(to** Dat., an + Akk.**). 3.** *v. i.* ⟨*Haus, Wohnung, Auto usw.:*⟩ vermietet werden; ⟨*Land:*⟩ verpachtet werden
~ 'out *v. t. see* **³rent 2 b**
rentable ['rentəbl] *adj. see* **³rent 2:** zu [ver]mieten/[ver]pachten *präd.;* zu [ver]mietend/[ver]pachtend *attr.*
rent: ~-a-car *attrib. adj.* **~-a-car business/company/service** Autoverleih, *der;* **~-a-crowd** *n.* bestellter Haufen; *(claque)* Claque, *die*
rental ['rentl] *n.* **a)** *(from houses etc.)* Miete, *die; (from land)* Pacht, *die;* **b)** *see* **³rent 2:** Mietung, *die;* Pachtung, *die; (letting)* Vermietung, *die;* Verpachtung, *die;* **car ~:** Autoverleih, *der;* **the property is on ~:** der Besitz ist verpachtet *od.* in Pacht; **c)** *(Amer.: thing rented)* Mietgegenstand, *der;* Mietsache, *die (Rechtsw.)*
'rental library *n. (Amer.)* (kommerzielle) Leihbücherei
rent: ~-a-mob *n.* bestellter Haufen von Randalierern; **~-a-van** *attrib. adj.* **~-a-van business/company/service** Transportervermietung, *die;* **~-boy** *n. (coll.)* Strichjunge, *der (salopp);* **~-collector** *n.* jmd., der für den Hausbesitzer die Miete kassiert; **~ control** *n.* = Mietpreisbindung, *die;* **~-controlled** *adj.* mietpreisgebunden; **~-free** *adj.* mietfrei; **~ officer** *n.* Beamter/Beamtin der kommunalen Beratungsstelle für mietrechtliche Fragen; **~ rebate** *n.* Mietermäßigung, *die;* **~ tribunal** *n.* Mietgericht, *das*
renumber [riː'nʌmbə(r)] *v. t.* umnumerieren; neu beziffern *od.* benummern
renunciation [rɪnʌnsɪ'eɪʃn] *n.* **a)** *see* **renounce 1 a, b:** Verzicht, *der;* Aufkündigung, *die;* Aufgabe, *die;* Leugnung, *die;* Verstoßung, *die;* **b)** *(self-denial)* Selbstverleugnung, *die*
reoccupation [riːɒkjʊ'peɪʃn] *n.* Wiederbesetzung, *die; (of house etc.)* Wiederübernahme, *die*
reoccupy [riː'ɒkjʊpaɪ] *v. t.* wiederbesetzen *(Milit.)* ⟨*Ort, Stellung*⟩; wieder übernehmen ⟨*Haus, Wohnung*⟩
reopen [riː'əʊpn] **1.** *v. t.* **a)** *(open again)* wieder öffnen; wieder aufmachen; wiedereröffnen ⟨*Geschäft, Lokal usw.*⟩; **b)** *(return to)* wiederaufnehmen ⟨*Diskussion, Verhandlung, Feindseligkeiten*⟩; wiederaufnehmen, wieder aufrollen ⟨*Fall*⟩; zurückkommen auf (+ Akk.) ⟨*Angelegenheit*⟩. **2.** *v. i.* ⟨*Geschäft, Lokal usw.:*⟩ wieder öffnen; wiedereröffnet werden; ⟨*Verhandlungen, Unterricht:*⟩ wieder beginnen
reorder [riː'ɔːdə(r)] **1.** *v. t.* **a)** *(Commerc.: order again)* nachbestellen ⟨*Ware*⟩; **b)** *(after theft, loss)* neu bestellen; **c)** *(rearrange)* umordnen; neu ordnen; *(on list)* umstellen ⟨*Namen*⟩; neu festlegen ⟨*Reihenfolge*⟩. **2.** *n. (Commerc.)* Nachbestellung, *die*
reorganisation, reorganise *see* **reorganiz-**
reorganization [riːɔːgənaɪ'zeɪʃn] *n.* Umorganisation, *die; (of text)* Neugliederung, *die; (of time, work)* Neueinteilung, *die*
reorganize [riː'ɔːgənaɪz] *v. t.* umorganisieren; neu einteilen ⟨*Zeit, Arbeit*⟩; neu gliedern ⟨*Aufsatz, Referat*⟩
reorient [riː'ɔːrɪənt], **reorientate** [riː'ɔːrɪənteɪt, riː'ɔːrɪəntɛɪt] *v. t.* neu ausrichten ⟨*Programm, Politik, Denken, Handeln*⟩; **~ a person** einem Menschen eine neue Orientierung geben

reorientation [riːɒrɪənˈteɪʃn, riːɔːrɪənˈteɪʃn] n. Neuorientierung, die
¹rep [rep] n. (Textiles) Rips, der
²rep n. (coll.: representative) Vertreter, der/Vertreterin, die
³rep n. (Theatre coll.) Repertoiretheater, das; **be in ~**: an einem Repertoiretheater spielen
Rep. abbr. (Amer.) a) **Representative** Abg.; b) **Republican** Rep.
repaid see **repay**
repaint 1. [riːˈpeɪnt] v.t. neu streichen ⟨Gebäude, Wand, Tür usw.⟩; neu lackieren ⟨Auto⟩. 2. [ˈriːpeɪnt] n. **the door needs a ~**: die Tür braucht einen neuen Anstrich; **give sth. a ~**: etw. neu streichen/lackieren
¹repair [rɪˈpeə(r)] 1. v.t. **a)** (restore, mend) reparieren; ausbessern ⟨Kleidung, Straße⟩; **b)** (remedy) wiedergutmachen ⟨Schaden, Fehler⟩; beheben ⟨Schaden, Mangel⟩. 2. n. **a)** (restoring, renovation) Reparatur, die; **be beyond ~**: sich nicht mehr reparieren lassen; **be in need of ~**: reparaturbedürftig sein; ⟨Schuhe:⟩ repariert werden müssen; **be under ~**: ⟨Maschine, Gerät, Fahrzeug:⟩ in Reparatur sein; **the road is under ~**: auf der Straße werden gerade Bauarbeiten ausgeführt; **closed for ~s** wegen Reparaturarbeiten geschlossen; **'~s [done] while you wait'** „Reparaturschnelldienst"; **b)** no pl., no art. (condition) **be in good/bad ~** or **in a good/bad state of ~**: in gutem/schlechtem Zustand sein
²repair v.i. (formal: go) sich begeben (**to** nach/zu/in + Akk.) (Papierdt.)
repairable [rɪˈpeərəbl] adj. reparabel; **be ~** or **in a ~ state** zu reparieren sein
repairer [rɪˈpeərə(r)] n. (of watches/shoes) Uhr-/Schuhmacher, der; **take sth. to the ~'s** etw. zur Reparatur bringen
repair: **~man** n. (of mechanism) Mechaniker, der; (in house) Handwerker, der; **~ shop** n. Reparaturwerkstatt, die
repaper [riːˈpeɪpə(r)] v.t. neu tapezieren
reparation [repəˈreɪʃn] n. **a)** (making amends) Wiedergutmachung, die; **b)** (compensation) Entschädigung, die; **~s** (for war damage) Reparationen; **make ~ [for sth.]** für etw. Ersatz leisten
repartee [repɑːˈtiː] n. **a)** (witty retort) schlagfertige Antwort; **b)** (making of retorts) Schlagfertigkeit, die; **be good at ~**: schlagfertig sein
repast [rɪˈpɑːst] n. (formal) Mahl, das (geh.)
repatriate [riːˈpætrɪeɪt] v.t. repatriieren
repatriation [riːpætrɪˈeɪʃn] n. Repatriierung, die
repay [rɪˈpeɪ] 1. v.t., **repaid** [rɪˈpeɪd] **a)** (pay back) zurückzahlen ⟨Schulden usw.⟩; erstatten ⟨Spesen⟩; **if you'll lend me £1, I'll ~ you next week** wenn du mir ein Pfund leihst, zahle od. gebe ich es dir nächste Woche zurück; **b)** (return) erwidern ⟨Besuch, Gruß, Freundlichkeit⟩; **c)** (give in recompense) **~ sb. for sth.** jmdm. etw. vergelten; **d)** (requite) **~ efforts etc.** für Bemühungen jmdn. entschädigen. 2. v.i. sich lohnen
repayable [rɪˈpeɪəbl] adj. rückzahlbar; **~ at the end of the year** zum Jahresende zurückgezahlt werden müssen
repayment [rɪˈpeɪmənt] n. **a)** (paying back) Rückzahlung, die; **she's having trouble with the ~s** sie hat Schwierigkeiten mit der Rückzahlung; **b)** (reward) Lohn, der (**for** für)
re'payment mortgage n. Tilgungshypothek, die
repeal [rɪˈpiːl] 1. v.t. aufheben ⟨Gesetz, Erlaß usw.⟩. 2. n. Aufhebung, die
repeat [rɪˈpiːt] 1. n. **a)** Wiederholung, die; (Radio, TV also) Wiederholungssendung, die; **do a ~ of sth.** etw. wiederholen; **there will be a ~ of this programme** diese Sendung wird wiederholt; **b)** (Commerc.) Nachbestellung, die; **c)** (Mus.) (passage) Wiederholung, die; (sign) Wiederholungszeichen, das; **d)** (repeated pattern) Rapport, der (bes. Kunstwiss.). 2. v.t. **a)** (say, do, broadcast again) wiederholen; **'not, ~ 'not auf [gar] keinen Fall**; **under [unter] keinen Umständen**; **'nobody, [I] ~ 'nobody** niemand, ich betone, niemand; (Radio) niemand, ich wiederhole, niemand; **please ~ after me: ...**: sprich/sprechen Sie mir bitte nach: ...; **b)** (recite) aufsagen ⟨Gedicht, Strophe, Text⟩; **c)** (report) weitererzählen (**to** Dat.); **do you want me to ~ the conversation?** soll ich dir das Gespräch wiedergeben?. 3. v. (Math.: recur) ⟨Zahl:⟩ periodisch sein; **b)** (Amer.: vote more than once) seine Stimme mehrmals abgeben. 4. v. refl. **~ oneself/itself** sich wiederholen
repeater [rɪˈpiːtə(r)] n. **a)** (Horol.) Repetieruhr, die; **b)** (Arms) Repetiergewehr, das; Mehrlader, der
repeating 'decimal n. (Math.) periodische Dezimalzahl
repeat: **~ 'order** n. (Commerc.) Nachbestellung, die; **~ per'formance** n. Wiederholungsvorstellung, die (Theater); (of music) Wiederholungskonzert, das
repêchage [ˈrepəʃɑːʒ] n. (esp. Rowing) Hoffnungslauf, der; (Fencing) Trostrunde, die
repel [rɪˈpel] v.t., **-ll-** **a)** (drive back) abwehren ⟨Feind, Angriff, Annäherungsversuch, Schlag usw.⟩; widerstehen (+ Dat.) ⟨Versuchung⟩; abstoßen ⟨Feuchtigkeit, elektrische Ladung, Magnetpol⟩; **b)** (be repulsive to) abstoßen
repellent [rɪˈpelənt] 1. adj. **a)** (repugnant) abstoßend; **b)** (repelling) **water-~**: wasserabstoßend od. (seltener) -abweisend; **mosquito-~** Mückenschutz⟨mittel usw.⟩. 2. n. |**insect-|~**: Insektenschutzmittel, das
repent [rɪˈpent] 1. v.i. bereuen (**of** Akk.). 2. v.t. bereuen
repentance [rɪˈpentəns] n. Reue, die
repentant [rɪˈpentənt] adj. reuig, reuevoll (geh.); reumütig (öfter scherzh.); **a ~ sinner** ein reuiger Sünder
repercussion [riːpəˈkʌʃn] n. usu. in pl. Auswirkung, die (**upon** auf + Akk.)
repertoire [ˈrepətwɑː(r)] n. (Mus., Theatre) Repertoire, das (**of** an + Dat., **von**); **b)** (complete list) Spektrum, das
repertory [ˈrepətərɪ] n. **a)** see **repertoire**; **b)** (Theatre) Repertoiretheater, das; **play/be in ~**: an einem Repertoiretheater spielen
'repertory company n. Repertoiretheater, das
répétiteur [repetɪˈtɜː(r)] n. (Mus., Theatre) [Kor]repetitor, der
repetition [repɪˈtɪʃn] n. Wiederholung, die
repetitious [repɪˈtɪʃəs] adj. sich immer wiederholend attr.; **his style is ~**: er wiederholt sich immer
repetitive [rɪˈpetɪtɪv] adj. eintönig; **sth. is ~**: etw. bietet keine Abwechslung
rephrase [riːˈfreɪz] v.t. umformulieren; **I'll rephrase that** ich will es anders ausdrücken
repine [rɪˈpaɪn] v.i. (literary) hadern (geh.) (**at** mit)
replace [rɪˈpleɪs] v.t. **a)** (put back in place) (vertically) zurückstellen; wieder einordnen ⟨Karteikarte⟩; (horizontally) zurücklegen; [wieder] auflegen ⟨Telefonhörer⟩; **I ~d the key in the lock** ich steckte den Schlüssel wieder ins Schloß; **he ~d the fish in the tank** er setzte den Fisch wieder in den Tank; **b)** (take place of, provide substitute for) ersetzen; **~ A with** od. **by B** A durch B ersetzen; **c)** (renew) ersetzen ⟨Gestohlenes usw.⟩; austauschen, auswechseln ⟨Maschinen[teile] usw.⟩; auffüllen ⟨Glühbirne, Vorrat⟩
replaceable [rɪˈpleɪsəbl] adj. ersetzbar ⟨Person, Verlorenes usw.⟩; austauschbar, auswechselbar ⟨Maschinenteil usw.⟩
replacement [rɪˈpleɪsmənt] n. **a)** (putting back) see **replace a**: Zurückstellen, das; Zurücklegen, das; Wiedereinordnen, das; Auflegen, das; **b)** (provision of substitute for) Ersatz, der; Ersetzen, das; attrib. Ersatz-; **the ~ of the blood loss** der Ausgleich des Blutverlusts; **c)** (substitute) Ersatz, der; **~ [part]** Ersatzteil, das; **~s** (staff, troops) Ersatz, der; **my ~**: mein Nachfolger/meine Nachfolgerin
replant [riːˈplɑːnt] v.t. **a)** (plant again) umpflanzen; **b)** (provide with new plants) neu bepflanzen
replay 1. [riːˈpleɪ] v.t. wiederholen ⟨Spiel⟩; nochmals abspielen ⟨Tonband usw.⟩. 2. [ˈriːpleɪ] n. Wiederholung, die; (match) Wiederholungsspiel, das
replenish [rɪˈplenɪʃ] v.t. [wieder] auffüllen
replenishment [rɪˈplenɪʃmənt] n. **a)** (renewing) (of supplies) Auffüllung, die; Wiederauffüllen, das; (of stocks) Ergänzung, die; **b)** (fresh supply) **~s** Nachschub, der
replete [rɪˈpliːt] adj. **a)** (filled) reich (**with** an + Dat.); **a story ~ with drama** eine Geschichte voller Dramatik; **b)** (gorged) satt
repleteness [rɪˈpliːtnɪs] n., no pl. Sattheit, die; **feeling of ~**: Völlegefühl, das
repletion [rɪˈpliːʃn] n. Sättigung, die; **eat to ~**: sich satt essen
replica [ˈreplɪkə] n. Nachbildung, die; (of work of art) Kopie, die; (by original artist) Replik, die; (esp. on smaller scale) Modell, das; **he is a ~ of his brother** ist das Ebenbild (geh.) seines Bruders
replicate [ˈreplɪkeɪt] 1. v.t. nachbilden; replizieren (Kunstwiss.); (Biol.) replizieren. 2. v.i. (Biol.) sich reproduzieren
replication [replɪˈkeɪʃn] n. **a)** Nachbildung, die; **b)** (Biol.) Replikation, die
reply [rɪˈplaɪ] 1. v.i. **~ [to sb./sth.]** [jmdm./auf etw. (Akk.)] antworten; **~ to the gunfire** das Feuer erwidern. 2. v.t. **~ that ...**: antworten, daß ... 3. n. **a)** Antwort, die (**to** auf + Akk.); **my ~ to him** die Antwort, die ich ihm gegeben habe/geben werde usw.; **in/by way of ~**: als Antwort; **in ~ to your letter** in Beantwortung Ihres Schreibens (Amtsspr.); **what did he say in ~?** was hat er darauf geantwortet?; **make [a] ~** (formal) [eine] Antwort geben; (Law) Replik, die
reply: **~ coupon** n. (Post) internationaler Antwortschein; **~-paid** adj. **~-paid telegram** RP-Telegramm, das; **~-paid envelope** Freiumschlag, der
repoint [riːˈpɔɪnt] v.t. (Building) neu ausfugen od. verfugen
repopulate [riːˈpɒpjʊleɪt] v.t. neu besiedeln
report [rɪˈpɔːt] 1. v.t. **a)** (relate) berichten/(in writing) einen Bericht schreiben über (+ Akk.) ⟨Ereignis usw.⟩; (state favourably also) melden; **sb. is/was ~ed to be ...**: jmd. soll ... sein/gewesen sein; **she ~ed all the details to me** sie berichtete mir [über] alle Einzelheiten; **it is ~ed from Buckingham Palace that ...**: aus dem Buckingham-Palast wird gemeldet od. berichtet, daß ...; **nothing to ~**: keine besonderen Vorkommnisse; **~ sb. missing** jmdn. als vermißt melden; **the papers ~ed him [as] dead** laut Zeitungsberichten war er tot; **~ progress on** (Brit.) einen Tätigkeitsbericht abgeben über (+ Akk.); **b)** (repeat) übermitteln (**to** Dat.) ⟨Botschaft⟩; wiedergeben (**to** Dat.) ⟨Worte, Sinn⟩; **he is ~ed as having said that ...**: er soll gesagt haben, daß ...; **c)** (name or notify to authorities) melden (**to** Dat.); (for prosecution) anzeigen (**to** bei); **d)** (present) **~ oneself [to sb.]** sich [bei jmdm.] melden; **~ oneself present** (Mil.) sich zur Stelle melden. 2. v.i. **a)** Bericht erstatten (**on über** + Akk.); berichten (**on über** + Akk.); **he ~s on financial affairs for the 'Guardian'** er schreibt für den Wirtschaftsteil des „Guardian"; **b)** (present oneself) sich melden (**to**

601

bei); ~ **for duty** sich zum Dienst melden; ~ **sick** sich krank melden; **c)** *(be responsible)* ~ **to sb.** jmdm. unterstehen; **d)** *(give report)* ~ **well/badly of sb./sth.** Gutes/Schlechtes *od.* nichts Gutes über jmdn./etw. berichten; *(Radio/Telev.)* **Mark Tally ~ing [from Delhi]** Mark Tally berichtet [aus Delhi]. **3.** *n.* **a)** *(account)* Bericht, *der* **(on, about** über + *Akk.*); *(in newspaper etc. also)* Reportage, *die* **(on** über + *Akk.*); **make a ~:** einen Bericht abfassen; **an official ~ on price trends** ein Gutachten über die Preisentwicklung; **b)** *(Sch.)* Zeugnis, *das;* **c)** *(sound)* Knall, *der;* **d)** *(rumour)* Gerücht, *das;* **the ~ goes that ... :** man sagt, daß ... ; **know sth. only by ~:** etw. nur vom Hörensagen kennen/wissen
~ **'back** *v. i.* **a)** *(present oneself again)* sich zurückmelden **(for** zu); **b)** *(give a report)* Bericht erstatten **(to** *Dat.*)
reportage [rɛpɔːˈtɑːʒ] *n.* Reportage, *die*
reportedly [rɪˈpɔːtɪdlɪ] *adv.* wie verlautet; **they have ~ made huge profits** sie sollen sehr große Gewinne gemacht haben
reported 'speech *n. (Ling.)* indirekte Rede
reporter [rɪˈpɔːtə(r)] *n. (Radio, Telev., Journ.)* Reporter, *der*/Reporterin, *die;* Berichterstatter, *der*/-erstatterin, *die*
re'port stage *n. (Brit. Parl.)* Unterhausdebatte über Gesetzentwurf nach dessen Beratung im Ausschuß
repose [rɪˈpəʊz] *(literary)* **1.** *n.* **a)** *(rest, respite)* Ruhe, *die;* **in ~:** ruhend; **b)** *(composure)* Gelassenheit, *die.* **2.** *v. i.* **a)** *(lie)* ruhen; *(joc.: be situated)* liegen; sich befinden; **b)** *(be supported)* beruhen **(up|on** auf + *Dat.*). **3.** *v. t. (rest)* ausruhen
reposition [riːpəˈzɪʃn] *v. t.* umstellen; verstellen 〈*Teil*〉
repository [rɪˈpɒzɪtərɪ] *n.* **a)** *(receptacle)* Behälter, *der;* **b)** *(store)* Lager, *das; (fig.) (book etc.)* Fundgrube, *die* **(of** für); *(person)* Quelle, *die* **(of** für)
repossess [riːpəˈzes] *v. t.* wiedergewinnen 〈*Gebiet usw.*〉; wieder in Besitz nehmen 〈*Waren*〉; 〈*Bausparkasse:*〉 beschlagnahmen lassen 〈*Haus*〉
repossession [riːpəˈzeʃn] *n. (of territories etc.)* Wiedergewinnung, *die; (of goods)* Wiederinbesitznahme, *die; (of house)* Erwirkung der Beschlagnahme
repot [riːˈpɒt] *v. t.*, **-tt-** umtopfen
repp *see* **'rep**
reprehend [reprɪˈhend] *v. t.* tadeln, rügen
reprehensible [reprɪˈhensɪbl] *adj.* tadelnswert; sträflich; **be morally ~:** moralisch zu verurteilen sein
reprehensibly [reprɪˈhensɪblɪ] *adv.* tadelnswert; sträflich
represent [reprɪˈzent] *v. t.* **a)** *(symbolize)* verkörpern; **b)** *(denote, depict, present)* darstellen **(as** als); *(Theatre also)* spielen; **the symbol x ~s guttural sounds** das Zeichen x steht für Gutturallaute; **I am not what you ~ me as** *or* **to be** ich bin nicht so, wie du mich hinstellst; **c)** *(correspond to)* entsprechen (+ *Dat.*); **d)** *(be specimen of, act for)* vertreten
re-present [riːprɪˈzent] *v. t.* erneut vorlegen
representation [reprɪzenˈteɪʃn] *n.* **a)** *(depicting, image)* Darstellung, *die;* **b)** *(acting for sb.)* Vertretung, *die;* **c)** *(protest)* Protest, *der;* **make ~s to sb.** bei jmdm. Protest einlegen
representational [reprɪzenˈteɪʃənl] *adj.* gegenständlich 〈*Kunst*〉; **b)** *see* **representative 2 c**
representative [reprɪˈzentətɪv] **1.** *n.* **a)** *(member, successor, agent, deputy)* Vertreter, *der*/Vertreterin, *die; (firm's agent, deputy also)* Repräsentant, *der*/Repräsentantin, *die;* **there were no ~s of the family at the funeral** die Familie war bei der Beerdigung nicht vertreten; **b) R~** *(Amer. Polit.)* Abgeordneter/Abgeordnete im Repräsentantenhaus; **House of R~s** Repräsentantenhaus, *das.* **2.** *adj.* **a)** *(typical)* repräsentativ **(of** für); **a ~ modern building** ein typisches modernes Gebäude; **Charles II was fully ~ of his age** Charles II war ein typischer Vertreter seiner Zeit; **b)** *(consisting of deputies)* Abgeordneten〈*versammlung,* -*kammer usw.*〉; **c)** *(Polit.: based on representation)* repräsentativ; Repräsentativ〈*system,* -*verfassung*〉; **~ government/institutions** parlamentarische Regierung/Institution; **d) be ~ of** *(portray)* darstellen; *(symbolize)* symbolisieren; 〈*Person:*〉 verkörpern; **e)** *(that presents sth. to the mind)* ~ **faculty/power** Vorstellungsvermögen, *das*/-kraft, *die*
representatively [reprɪˈzentətɪvlɪ] *adv.* repräsentativ
representativeness [reprɪˈzentətɪvnɪs] *n., no pl.* Repräsentanz, *die*
repress [rɪˈpres] *v. t.* **a)** unterdrücken 〈*Aufruhr, Gefühle, Lachen usw.*〉; **b)** *(Psych.)* verdrängen 〈*Gefühle*〉 **(from** aus)
repressed [rɪˈprest] *adj.* unterdrückt; *(Psych.)* verdrängt
repression [rɪˈpreʃn] *n.* Unterdrückung, *die; (Psych.)* Verdrängung, *die*
repressive [rɪˈpresɪv] *adj.* repressiv; ~ **measures** Repressivmaßnahmen
reprieve [rɪˈpriːv] **1.** *v. t.* ~ **sb.** *(postpone execution)* jmdm. Strafaufschub gewähren; *(remit execution)* jmdm. begnadigen; *(fig.)* verschonen. **2.** *n.* Strafaufschub, *der* **(of** für); Begnadigung, *die; (fig.)* Gnadenfrist, *die*
reprimand [ˈreprɪmɑːnd] **1.** *n.* Tadel, *der;* Verweis, *der.* **2.** *v. t.* tadeln; einen Verweis erteilen (+ *Dat.*)
reprint 1. [riːˈprɪnt] *v. t.* **a)** *(print again)* wieder abdrucken; **b)** *(make reprint of)* nachdrucken. **2.** [ˈriːprɪnt] *n.* **a)** *(book reprinted)* Nachdruck, *der;* **b) how big was the ~?** wieviel Exemplare wurden nachgedruckt?; **it has had ten ~s** es ist zehnmal nachgedruckt worden; **c)** *(article printed separately)* Sonderdruck, *der*
reprisal [rɪˈpraɪzl] *n.* Vergeltungsakt, *der* **(for** gegen)
reprise [rɪˈpriːz] *n. (Mus.)* Reprise, *die*
repro [ˈriːprəʊ] **1.** *n. (Printing)* Repro, *das;* ~ [**proof**] Reproabzug, *der.* **2.** *adj.* **it's only ~:** es ist nur eine Reproduktion
reproach [rɪˈprəʊtʃ] **1.** *v. t.* ~ **sb.** jmdm. Vorwürfe machen; ~ **sb. with** *or* **for sth.** jmdm. etw. vorwerfen *od.* zum Vorwurf machen; ~ **sb. bitterly for having done sth.** jmdm. bittere Vorwürfe machen, daß er etw. getan hat; **have nothing to ~ oneself for** *or* **with** sich *(Dat.)* nichts vorzuwerfen haben. **2.** *n.* **a)** *(rebuke)* Vorwurf, *der;* **above** *or* **beyond ~:** über jeden Vorwurf erhaben sein; **be used as a term of ~:** abwertend gebraucht werden; **look of ~:** vorwurfsvoller Blick; **b)** *(disgrace)* Schande, *die* **(to** für)
reproachful [rɪˈprəʊtʃfl] *adj.* **reproachfully** [rɪˈprəʊtʃfəlɪ] *adv.* vorwurfsvoll
reprobate [ˈreprəbeɪt] **1.** *n.* Halunke, *der.* **2.** *adj.* verkommen
reprocess [riːˈprəʊses] *v. t.* wiederaufbereiten; ~**ing plant** Wiederaufbereitungsanlage, *die*
reproduce [riːprəˈdjuːs] **1.** *v. t.* **a)** wiedergeben; reproduzieren *(Druckw.)* 〈*Bilder usw.*〉; **b)** ~ **oneself** sich fortpflanzen; sich vermehren. **c)** *(Biol.: form afresh)* neu bilden 〈*Organe, Gliedmaßen usw.*〉. **2.** *v. i.* **a)** *(multiply)* sich fortpflanzen; sich vermehren; **b)** *(give copy)* sich reproduzieren lassen
reproducible [riːprəˈdjuːsɪbl] *adj.* reproduzierbar; **be ~:** sich reproduzieren lassen
reproduction [riːprəˈdʌkʃn] *n.* **a)** Wiedergabe, *die;* Reproduktion, *die (Druckw.);* **~ of sound** Tonwiedergabe, *die;* **b)** *(producing offspring)* Fortpflanzung, *die;* **c)** *(copy)* Reproduktion, *die;* **printed ~:** Druck, *der;* attrib. ~ **furniture** Stilmöbel *Pl.;* **a ~ Chippendale chair** ein Stuhl im Chippendalestil; **d)** *(Biol.: forming afresh)* Regeneration, *die*
reproductive [riːprəˈdʌktɪv] *adj.* Fortpflanzungs-
reprographic [riːprəˈɡræfɪk] *adj.* reprographisch *(Druckw.)*
reproof [rɪˈpruːf] *n.* Tadel, *der;* **a glance/word of ~:** ein tadelnder Blick/ein tadelndes Wort; **deserving of ~:** tadelnswert
reprove [rɪˈpruːv] *v. t.* tadeln 〈*Verhalten usw.*〉; tadeln, zurechtweisen 〈*Person*〉
reproving [rɪˈpruːvɪŋ] *adj.* tadelnd
reprovingly [rɪˈpruːvɪŋlɪ] *adv.* tadelnd
reptile [ˈreptaɪl] *n.* Reptil, *das;* Kriechtier, *das; (fig. derog.)* Ekel, *das (ugs. abwertend)*
reptilian [repˈtɪlɪən] **1.** *adj.* reptilartig; *(of the Reptilia)* Reptilien〈*knochen, -schädel*〉. **2.** *n.* Reptil, *das;* Kriechtier, *das*
republic [rɪˈpʌblɪk] *n.* Republik, *die*
republican [rɪˈpʌblɪkən] **1.** *adj.* **a)** republikanisch; **b)** *(Amer. Polit.)* **R~ Party** Republikanische Partei. **2.** *n.* **R~** *(Amer. Polit.)* Republikaner, *der*/Republikanerin, *die*
republicanism [rɪˈpʌblɪkənɪzm] *n.* Republikanismus, *der*
republication [riːpʌblɪˈkeɪʃn] *n.* Wiederveröffentlichung, *die*
republish [riːˈpʌblɪʃ] *v. t.* wieder veröffentlichen
repudiate [rɪˈpjuːdɪeɪt] *v. t.* **a)** *(deny)* zurückweisen 〈*Anschuldigung*〉; *(reject)* nicht anerkennen 〈*Autorität, Vertrag usw.*〉; **b)** *(disown)* verstoßen 〈*Person*〉
repudiation [rɪpjuːdɪˈeɪʃn] *n. see* **repudiate:** Zurückweisung, *die;* Nichtanerkennung, *die;* Verstoßung, *die*
repugnance [rɪˈpʌɡnəns] *n. (strong dislike)* [starke] Abneigung **(to|wards** gegen); Abscheu, *der* **(to|wards** vor + *Dat.*)
repugnant [rɪˈpʌɡnənt] *adj. (distasteful)* widerlich; abstoßend; **be ~ to sb.** jmdm. widerlich *od.* abstoßend sein
repulse [rɪˈpʌls] **1.** *v. t.* abwehren *(auch fig.);* zurückweisen 〈*Unterstellung*〉. **2.** *n.* Abwehr, *die;* **suffer a ~:** eine Niederlage erleiden
repulsion [rɪˈpʌlʃn] *n.* **a)** *(disgust)* Widerwille, *der* **(towards** gegen); **b)** *(Phys.)* Repulsion, *die*
repulsive [rɪˈpʌlsɪv] *adj.* **a)** *(disgusting)* abstoßend; widerwärtig; **b)** *(Phys.)* repulsiv
repulsively [rɪˈpʌlsɪvlɪ] *adv.* abstoßend
repurchase [riːˈpɜːtʃɪs] **1.** *v. t.* zurückkaufen. **2.** *n.* Rückkauf, *der*
reputable [ˈrepjʊtəbl] *adj.* angesehen 〈*Person, Familie, Beruf, Zeitung usw.*〉; anständig 〈*Verhalten*〉; seriös 〈*Firma*〉
reputably [ˈrepjʊtəblɪ] *adv.* anständig
reputation [repjʊˈteɪʃn] *n.* **a)** Ruf, *der;* **have a ~ for** *or* **of doing/being sth.** in dem Ruf stehen, etw. zu tun/sein; **he has a ~ for integrity/stealing** er gilt als integer/man sagt, daß er stiehlt; **what sort of ~ do they have?** wie ist ihr Ruf?; **b)** *(good name)* Name, *der;* Renommee, *das;* **men with a ~ as scientists** Männer, die sich als Wissenschaftler einen Namen gemacht haben; **make one's** *or* **gain a ~:** sich *(Dat.)* einen Namen machen (**as** als); **c)** *(bad name)* schlechter Ruf; **get oneself** *or* **acquire quite a ~:** sich in Verruf bringen
repute [rɪˈpjuːt] **1.** *v. t. in pass.* **be ~d [to be] sth.** als etw. gelten; **she is ~d to have/make ...:** man sagt, daß sie ... hat/macht; **be very highly ~d [as a doctor]** einen sehr guten Ruf [als Arzt] haben. **2.** *n.* Ruf, *der;* Ansehen, *das;* **hold sb./sth. in high ~:** von jmdm./etw. eine hohe Meinung haben; jmdn./etw. hochschätzen *(geh.);* **of ill ~:** von schlechtem Ruf; **a house of ill ~:** ein Haus von zweifelhaftem Ruf; **know sb. by ~:** von jmdm. schon viel gehört haben; **a philosopher of ~:** ein angesehener Philosoph

reputed [rɪˈpjuːtɪd] *adj.* angeblich; **the ~ father** der mutmaßliche Vater
reputedly [rɪˈpjuːtɪdlɪ] *adv.* angeblich; vermeintlich
request [rɪˈkwest] **1.** *v. t.* bitten; **~ sth. of** *or* **from sb.** jmdn. um etw. bitten; **~ sb.'s presence** um jmds. Anwesenheit bitten; **~ silence** um Ruhe bitten; **~ a record** einen Plattenwunsch äußern; **~ that ...:** darum bitten, daß ...; **~ sb. to do sth.** jmdn. [darum] bitten, etw. zu tun; **the essay I am ~ed to write** der Essay, den ich schreiben soll; **'You are ~ed not to smoke'** „Bitte nicht rauchen". **2.** *n.* Bitte, *die* (for um); at sb.'s ~: auf jmds. Bitte *od.* Wunsch *(Akk.)* [hin]; **make a ~ for sth.** um etw. bitten; **I have one ~ to make of** *or* **to you** ich habe eine Bitte an Sie; **by** *or* **on ~:** auf Wunsch; **have one's ~:** seine Bitte *od.* seinen Wunsch erfüllt bekommen; **record ~s** *(Radio)* Plattenwünsche *Pl.;* **we do not receive many ~s for it** dafür haben wir keine große Nachfrage; **c)** *no art., no pl. (demand)* **be in great ~, be much in ~:** sehr gefragt sein
request: ~ programme *n. (Radio)* Wunschkonzert, *das;* **~ stop** *n. (Brit.)* Bedarfshaltestelle, *die*
requiem [ˈrekwɪem] *n.* Requiem, *das*
requiem 'mass *n. (Eccl.)* Requiem, *das (kath. Kirche);* Totenmesse, *die*
require [rɪˈkwaɪə(r)] *v. t.* **a)** *(need, wish to have)* brauchen; erfordern ⟨*Tun, Verhalten*⟩; **a catalogue/guide is available if ~d** bei Bedarf ist ein Katalog erhältlich/auf Wunsch steht ein Führer zur Verfügung; **is there anything else you ~?** brauchen/(*want*) wünschen Sie außerdem noch etwas?; **I have all I ~:** ich habe alles, was ich brauche; **it ~d all his authority ...:** es bedurfte seiner ganzen Autorität ... *(geh.);* **b)** *(order, demand)* verlangen (of von); **~ sb. to do sth., ~ of sb. that he does sth.** von jmdm. verlangen, daß er etw. tut; **be ~d to do sth.** etw. tun müssen *od.* sollen; **~d reading** Pflichtlektüre, *die*
requirement [rɪˈkwaɪəmənt] *n.* **a)** *(need)* Bedarf, *der;* **meet the ~s** den Bedarf decken; **meet sb.'s ~s** jmds. Wünschen entsprechen; **what are your ~s?** was brauchen Sie?; **borrowing ~:** Kreditbedarf, *der;* **b)** *(condition)* Erfordernis, *das; (for a job)* Voraussetzung, *die;* **fulfil sb.'s ~s** jmds. Anforderungen *(Dat.)* genügen; **there are certain language ~s for this job** diese Stelle setzt [bestimmte] Sprachkenntnisse voraus
requisite [ˈrekwɪzɪt] **1.** *adj.* notwendig **(to, for** für); erforderlich ⟨*Voraussetzung, Kenntnisse*⟩. **2.** *n.* Erfordernis, *das* **(for** für); **be a ~ for sth.** für etw. erforderlich sein; **toilet/travel ~s** Toiletten-/Reiseartikel *Pl.*
requisition [rekwɪˈzɪʃn] **1.** *n.* **a)** *(esp. Law: demand)* Aufforderung, *die;* **b)** *(order for sth.)* Anforderung, *die* **(for** Gen.); *(by force if necessary)* Beschlagnahmung, *die* **(for** Gen.); **make a ~ on sb. for sth.** etw. bei jmdm. anfordern; **be put under ~:** beschlagnahmt werden. **2.** *v. t.* anfordern; *(by force if necessary)* beschlagnahmen
requital [rɪˈkwaɪtl] *n.* Vergeltung, *die*
requite [rɪˈkwaɪt] *v. t.* vergelten; **~ sb. for sth.** jmdm. etw. vergelten; *(avenge)* jmdm. etw heimzahlen
re:ɒn *see* rerun 1
reread [riːˈriːd] *v. t.*, **reread** [riːˈred] wieder *od.* n̩ chmals lesen; **~ sth. several times** etw̩ n̩ehmals *od.* wiederholt lesen
r᷂edos [ˈrɒdɒs] *n. (Eccl.)* Altaraufsatz, *der;* Retabel, *das*
re-route [riːˈruːt] *v. t., ~ing* umleiten
rerun 1. [riːˈrʌn] *v. t., forms as* run wiederholen ⟨*Rennen*⟩; wieder auf- *od.* vorführen ⟨*Film*⟩; wieder abspielen ⟨*Tonband*⟩. **2.** [ˈriːrʌn] *n. see* **1:** Wiederholung, *die;* Wiederaufführung, *die;* Wiederabspielen, *das*

resale [riːˈseɪl] *n.* Weiterverkauf, *der (Wirtsch.)* **(to an** + *Akk.*); **'not for ~'** „nicht zum Wiederverkauf bestimmt"; *(on free samples)* „unverkäufliches Muster"; **~ price maintenance** Preisbindung, *die*
resat *see* resit 1, 2
reschedule [riːˈʃedjuːl] *v. t.* **a)** zeitlich neu festlegen ⟨*Veranstaltung, Flug, Programm usw.*⟩; **the flight will be ~d for 5 o'clock** der Flug wird auf 5 Uhr verlegt; **b)** *(Fin.)* umschulden, refinanzieren ⟨*Kredit, Darlehen*⟩; refinanzieren ⟨*Schulden*⟩
rescind [rɪˈsɪnd] *v. t.* für ungültig erklären
rescue [ˈreskjuː] **1.** *v. t.* retten **(from** aus); *(set free)* befreien **(from** aus); **~ sb. from drowning** jmdn. vorm Ertrinken retten. **2.** *n. see* **1:** Rettung, *die;* Befreiung, *die; attrib.* Rettungs⟨*dienst, -versuch, -mannschaft, -aktion*⟩; **go/come to the/sb.'s ~:** jmdm. zu Hilfe kommen; **once again it was Margaret to the ~:** es war wieder mal Margaret, die die Situation gerettet hat
rescuer [ˈreskjuːə(r)] *n.* Retter, *der*/Retterin, *die*
research [rɪˈsɜːtʃ, ˈriːsɜːtʃ] **1.** *n.* **a)** *(scientific study)* Forschung, *die* **(into, on** über + *Akk.*); **do ~ in biochemistry** auf dem Gebiet der Biochemie forschen; **carry out/be engaged in ~ into sth.** wissenschaftliche Untersuchungen über etw. *(Akk.)* durchführen/sich in seiner Forschungsarbeit mit etw. befassen; **piece of ~:** Forschungsarbeit, *die; (investigation)* Nachforschung, *die* **(into** über + *Akk.*). **2.** *v. i.* forschen; **~ into sth.** etw. erforschen *od.* untersuchen; *(esp. Univ.)* über etw. *(Akk.)* forschen. **3.** *v. t.* erforschen; untersuchen; recherchieren ⟨*Buch usw.*⟩
research assistant [-ˈ ---, ˈ-- ---] *n.* wissenschaftlicher Assistent/wissenschaftliche Assistentin
researcher [rɪˈsɜːtʃə(r), ˈriːsɜːtʃə(r)] *n.* Forscher, *der*/Forscherin, *die*
research: ~ fellow *n.* Forschungsstipendiat, *der*/-stipendiatin, *die;* **~ fellowship** *n.* Forschungsstipendium, *das*
resection [rɪˈsekʃn] *(Med.)* Resektion, *die*
reselect [riːsɪˈlekt] *v. t. (Parl.)* wieder aufstellen ⟨*Abgeordneten*⟩
reselection [riːsɪˈlekʃn] *n. (Parl.)* Wiederaufstellung, *die*
resell [riːˈsel] *v. t.*, **resold** [riːˈsəʊld] weiterverkaufen **(to an** + *Akk.*)
resemblance [rɪˈzembləns] *n.* Ähnlichkeit, *die* **(to** mit, **between** zwischen + *Dat.*); **bear a faint/strong/no ~ to ...:** eine geringe/starke/keine Ähnlichkeit mit ... haben
resemble [rɪˈzembl] *v. t.* ähneln, gleichen (+ *Dat.*); **they ~ each other** sie ähneln *od.* gleichen sich *(Dat.)* *od.* einander
resent [rɪˈzent] *v. t.* übelnehmen; **she ~ed his familiarity/success** sie nahm ihm seine Vertraulichkeit übel/mißgönnte ihm seinen Erfolg; **I ~ the way you take my help for granted** es gefällt mir nicht, wie du meine Hilfe als selbstverständlich hinnimmst; **she ~ed his having won** sie ärgerte sich darüber, daß er gewonnen hatte
resentful [rɪˈzentfl] *adj.* übelnehmerisch, nachtragend ⟨*Person, Art, Verhalten*⟩; grollend *(geh.)* ⟨*Blick*⟩; **be ~ of** *or* **feel ~ about sth.** etw. übelnehmen; **be ~ of sb.'s criticism/success** jmdm. seine Kritik übelnehmen/seinen Erfolg mißgönnen
resentfully [rɪˈzentfəlɪ] *adv.* grollend *(geh.);* voller Groll *nachgestellt (geh.)*
resentment [rɪˈzentmənt] *n., no pl.* Groll, *der (geh.);* **feel ~ towards** *or* **against sb.** einen Groll auf jmdn. haben
reservation [rezəˈveɪʃn] *n.* **a)** Reservierung, *die;* **[seat] ~:** [Platz]reservierung, *die;* **have a ~ [for a room]** ein Zimmer reservieren haben; **b)** *(doubt, objection)* Vorbehalt, *der* **(about** gegen); Bedenken **(about** bezüglich

+ *Gen.*); **without ~:** ohne Vorbehalt; vorbehaltlos; **with ~s** mit [gewissen] Vorbehalten; *see also* **mental reservation; c) central ~** *(Brit. Road Constr.)* Mittelstreifen, *der;* **d)** *(Amer.: land reserved for Indians)* Reservat, *das;* Reservation, *die*
reserve [rɪˈzɜːv] **1.** *v. t.* **a)** *(secure)* reservieren lassen ⟨*Zimmer, Tisch, Platz*⟩; *(set aside)* reservieren; **~ the right to do sth.** sich *(Dat.)* [das Recht] vorbehalten, etw. zu tun; **all seats ~d** Plätze nur auf Vorbestellung; **all rights ~d** alle Rechte vorbehalten; **b)** *in pass. (be kept)* **be ~d for sb.** *(Funktion, Tätigkeit:)* jmdn. vorbehalten sein; *(postpone)* aufheben ⟨*Überraschung, Neuigkeit*⟩; **~ judgement** sein Urteil aufschieben; **~ oneself for sth.** sich für etw. schonen; **~ one's strength** seine Kräfte schonen. **2.** *n.* **a)** *(extra amount)* Reserve, *die* **(of an** + *Dat.*) *(Banking also)* Rücklage, *die;* **~s of energy/strength** Energie-/Kraftreserven *Pl.;* **hidden ~:** stille Reserve; **have/hold** *or* **keep sth. in ~:** etw. in Reserve haben/halten; **b)** *in sing. or pl. (Mil.) (troops)* Reserve, *die;* **the ~s** die Reservetruppen *od.* -einheiten; **c)** *see* **reservist; d)** *(Sport)* Reservespieler, *der*/-spielerin, *die;* **the R~s** die Reserve; **e)** *(place set apart)* Reservat, *das;* **f)** *(restriction)* Vorbehalt, *der;* **without ~:** ohne Vorbehalt; vorbehaltlos; **g)** *see* **reserve price; h)** *(self-restraint, reticence)* Reserve, *die;* Zurückhaltung, *die*
reserve ˈcurrency *n.* Reservewährung, *die*
reserved [rɪˈzɜːvd] *adj.* **a)** *(reticent)* reserviert; zurückhaltend; **b)** *(booked)* reserviert
reserve: ~ list *n. (Mil.)* **be on the ~ list** Reservist sein; **~ player** *n.* Reservespieler, *der*/-spielerin, *die;* **~ price** *n.* Mindestbot, *das*
reservist [rɪˈzɜːvɪst] *n. (Mil.)* Reservist, *der*
reservoir [ˈrezəvwɑː(r)] *n.* **a)** *([artificial] lake)* Reservoir, *das;* **b)** *(container)* Behälter, *der;* Speicher, *der; (of fountain-pen)* Tintenraum, *der;* **c)** *(reserve supply)* Vorrat, *der* **(of an** + *Dat.*); *(fig.)* Reservoir, *das*
reset [riːˈset] *v. t.*, **-tt-, reset a)** neu [ein]fassen ⟨*Schmuck-, Edelstein*⟩; neu stellen ⟨*Uhr, Timer,*⟩; umstellen ⟨*Uhr*⟩ **(for, to** auf + *Akk.*); **b)** *(Med.)* wieder einrichten ⟨*Gliedmaße, Knochen*⟩; wieder einrenken ⟨*ausgerenktes Gelenk*⟩; **c)** *(Printing)* neu setzen
resettle [riːˈsetl] *v. t.* **a)** umsiedeln ⟨*Flüchtlinge usw.*⟩ **(in** in + *Akk.*); **b)** *(repopulate)* wieder besiedeln ⟨*Gebiet*⟩
resettlement [riːˈsetlmənt] *n.* **a)** *(of refugees)* Umsiedlung, *die;* **b)** *(repopulating)* Neubesiedlung, *die*
reshape [riːˈʃeɪp] *v. t.* **a)** *(give new form to)* umgestalten; umstellen ⟨*Politik*⟩; **b)** *(remould)* umformen
reshuffle [riːˈʃʌfl] **1.** *v. t.* **a)** *(reorganize)* umbilden ⟨*Kabinett usw.*⟩; **b)** *(Cards)* neu mischen. **2.** *n.* Umbildung, *die;* **Cabinet ~:** Kabinettsumbildung, *die*
reside [rɪˈzaɪd] *v. i. (formal)* **a)** *(dwell)* wohnen; wohnhaft sein *(Amtsspr.:)* ⟨*Monarch, Präsident usw.:*⟩ residieren; **b)** *(be vested, present, inherent)* liegen **(in** bei)
residence [ˈrezɪdəns] *n.* **a)** *(abode)* Wohnsitz, *der; (house)* Wohnhaus, *das; (mansion)* Villa, *die; (of a head of state or church, or an ambassador)* Residenz, *die;* **the President's official ~:** der offizielle Wohnsitz des Präsidenten; **have one's ~ in London/in Victoria Street** in London haben/seine Privatwohnung in der Victoria Street haben; **b)** *(residing)* Aufenthalt, *der;* **take up [one's] ~ in Rome** seinen Wohnsitz in Rom nehmen; **be in ~** ⟨*König, Präsident usw.:*⟩ [an seinem offiziellen Wohnsitz] anwesend sein; ⟨*Student:*⟩ im College sein; **we have a doctor in ~:** wir haben einen Arzt im Hause; **writer** *etc.* **in ~:** von einer Gemeinde *od.* einer Institution geförderter, am Ort lebender Schriftsteller usw.

'**residence permit** n. Aufenthaltsgenehmigung, die
residency ['rezɪdənsɪ] n. (Amer. Med.) Zeit als Assistenzarzt/-ärztin im Krankenhaus
resident ['rezɪdənt] **1.** adj. a) (residing) wohnhaft; ~ **population** [orts]ansässige Bevölkerung; **he is** ~ **in England** er hat seinen Wohnsitz in England; b) (living in) im Haus wohnend ⟨Haushälterin⟩; Anstalts⟨arzt, -geistlicher⟩; ~ **tutor** Hauslehrer, der. **2.** n. a) (inhabitant) Bewohner, der/Bewohnerin, die; (in a town etc. also) Einwohner, der/Einwohnerin, die; (at hotel) Hotelgast, der; **'access/parking for ~s only'** „Anlieger frei"/„Parken nur für Anlieger"; **local** ~: Anwohner, der/Anwohnerin, die; **~s association** Interessengemeinschaft von [benachbarten] Anwohnern eines bestimmten Gebiets; b) (Amer. Med.) ≈ Assistenzarzt, der/-ärztin, die
residential [rezɪ'denʃl] adj. a) Wohn⟨gebiet, -siedlung, -straße⟩; **for** ~ **purposes** zu Wohnzwecken; b) ~ **hotel** Hotel für Dauergäste; b) ~ **course** Kurs, dessen Teilnehmer am Ort wohnen; **the** ~ **qualification for voters** Nachweis des Wohnsitzes als Voraussetzung zur Ausübung des Wahlrechts
residential 'care n. stationäre Pflege
resident 'parking n. Parken nur für Anlieger
residual [rɪ'zɪdjʊəl] adj. zurückgeblieben; noch vorhanden; ungeklärt ⟨Problem, Frage⟩
residue ['rezɪdjuː] n. a) (remainder) Rest, der; b) (Law) restlicher Nachlaß (nach Abzug aller Nachlaßverbindlichkeiten); c) (Chem.) Rückstand, der
residuum [rɪ'zɪdjʊəm] n., pl. residua [rɪ'zɪdjʊə] (Chem.) Rückstand, der
resign [rɪ'zaɪn] **1.** v.t. a) (hand over) zurücktreten von ⟨Amt⟩; verzichten auf (+ Akk.) ⟨Recht, Anspruch⟩; ~ **the leadership to sb.** jmdm. die Führung überlassen od. -geben; ~ **one's commission** (Mil.) seinen Abschied nehmen; ~ **one's job/post** seine Stelle/Stellung kündigen. **2.** v. refl. ~ **oneself to sth./to doing sth.** sich mit etw. abfinden/sich damit abfinden, etw. zu tun. **3.** v.i. a) ⟨Arbeitnehmer:⟩ kündigen; ⟨Regierungsbeamter:⟩ zurücktreten (from von); ⟨Geistlicher, Richter:⟩ sein Amt niederlegen; ⟨Vorsitzender:⟩ zurücktreten in sein Amt niederlegen; ~ **from one's post** ⟨Beamter:⟩ seine Stellung kündigen; b) (Chess) aufgeben
resignation [rezɪgˈneɪʃn] n. a) see **resign 3 a**: Kündigung, die; Verzicht, der (of auf + Akk.); Rücktritt, der; Amtsniederlegung, die; **give** or **send in** or **tender one's** ~: seinen Rücktritt/seine Kündigung einreichen/sein Amt niederlegen; b) (being resigned) Ergebenheit, die (to in + Akk.)
resigned [rɪ'zaɪnd] adj. resigniert ⟨become/be ~ to sth.⟩ sich mit etw. abfinden/abgefunden haben
resignedly [rɪ'zaɪnɪdlɪ] adv. resigniert
resilience [rɪ'zɪlɪəns], **resiliency** [rɪ'zɪlɪənsɪ] n., no pl. a) (elasticity) Elastizität, die; b) (fig.) Unverwüstlichkeit, die
resilient [rɪ'zɪlɪənt] adj. a) (elastic) elastisch; b) (fig.) unverwüstlich; **be** ~: sich nicht [so leicht] unterkriegen lassen
resin ['rezɪn] n. a) (Bot.) Harz, das; b) [synthetic] ~: Kunstharz, das
resinous ['rezɪnəs] adj. (like resin) harzartig; (containing resin) harzig; harzhaltig
resist [rɪ'zɪst] **1.** v.t. a) (withstand action of) standhalten (+ Dat.) ⟨Frost, Hitze, Feuchtigkeit usw.⟩; **be unable to** ~ **an infection/disease** keine Abwehrkräfte gegen eine Infektion/Krankheit haben; b) (oppose, repel) sich widersetzen (+ Dat.) ⟨Angriff, Festnahme, Plan usw.⟩; widerstehen (+ Dat.) ⟨Versuchung, jmds. Charme⟩; Widerstand leisten gegen ⟨Angriff, Feind⟩; sich wehren gegen ⟨Veränderung, Einfluß⟩. **2.** v.i. see **1 b**: sich widersetzen; widerstehen; Widerstand leisten; sich wehren
resistance [rɪ'zɪstəns] n. a) (resisting, opposing force; also Phys., Electr.) Widerstand, der (to gegen); **make** or **offer no** ~ [to sb./sth.] [jmdm./einer Sache] keinen Widerstand leisten; **take the line of least** ~ (fig.) den Weg des geringsten Widerstandes gehen; see also **passive 1 b**; b) (power of resisting) Widerstandsfähigkeit, die (to gegen); ~ **to wear and tear** Strapazierfähigkeit, die; ~ **to heat/cold** Hitze-/Kältebeständigkeit, die; c) (Biol., Med.) Widerstandskraft, die (to gegen); d) (against occupation) Widerstand, der; **the French R**~: die Résistance
resistance: ~ **fighter** n. Widerstandskämpfer, der/-kämpferin, die; ~ **movement** n. Widerstandsbewegung, die
resistant [rɪ'zɪstənt] adj. a) (opposed) **be** ~ **to** sich widersetzen (+ Dat.); b) (having power to resist) widerstandsfähig (to gegen); **highly** ~ **to wear and tear** sehr strapazierfähig; **heat-/water-/rust-~**: hitze-/wasser-/rostbeständig; c) (Med., Biol.) resistent (to gegen)
resistor [rɪ'zɪstə(r)] n. (Electr.) Widerstand, der
resit 1. [riː'sɪt] v.t., -tt-, resat [riː'sæt] wiederholen ⟨Prüfung⟩. **2.** v.i., -tt-, resat die Prüfung wiederholen. **3.** ['rɪːsɪt] n. Wiederholungsprüfung, die
resold see **resell**
resole [riː'səʊl] v.t. neu besohlen
resolute ['rezəluːt] adj. resolut, energisch ⟨Person⟩; entschlossen ⟨Tat⟩; entschieden ⟨Antwort, Weigerung⟩
resolutely ['rezəluːtlɪ] adv. entschlossen
resolution [rezə'luːʃn] n. a) (decision) Entschließung, die; (Polit. also) Resolution, die; **a** ~ **of sympathy/solidarity** eine Sympathie-/Solidaritätserklärung; b) (resolve) Vorsatz, der; **make a** ~: einen Vorsatz fassen; **make a** ~ **to do sth.** den Vorsatz fassen, etw. zu tun; **break one's** ~: seinem Vorsatz untreu werden; **good ~s** gute Vorsätze; **New Year['s]** ~**s** gute Vorsätze fürs neue Jahr; c) no pl. (firmness) Entschlossenheit, die; d) no pl. (solving) see **resolve 1 a**, b: Beseitigung, die; Ausräumung, die; Lösung, die; e) (separation; also Phys., Mus.) Auflösung, die
resolve [rɪ'zɒlv] **1.** v.t. a) (dispel) beseitigen, ausräumen ⟨Schwierigkeit, Zweifel, Unklarheit⟩; b) (explain) lösen ⟨Problem, Rätsel⟩; c) (decide) beschließen; **they ~d that they must part** sie beschlossen, sich zu trennen; **this discovery made me** ~ **to leave** diese Entdeckung hat mich zu dem Entschluß gebracht, fortzugehen; d) (settle) beilegen ⟨Streit⟩; klären ⟨Streitpunkt⟩; regeln ⟨Angelegenheit⟩; e) (separate; also Phys., Mus.) auflösen (into in + Akk.); f) (analyse, divide; also Mech.) zerlegen (into in + Akk.). **2.** v.i. a) (decide) **~ [up]on sth./doing sth.** sich zu etw. entschließen/sich [dazu] entschließen, etw. zu tun; b) (dissolve) sich auflösen (into in + Akk.). **3.** n. a) Vorsatz, der; **make a/keep one's** ~: einen Vorsatz fassen/bei seinem Vorsatz bleiben; **make a** ~ **to do sth.** den Vorsatz fassen, etw. zu tun; b) (Amer.) see **resolution a**; c) (resoluteness) Entschlossenheit, die
resolved [rɪ'zɒlvd] pred. adj. ~ [to do sth.] entschlossen[, etw. zu tun]; **he was** ~ **that** ...: es stand für ihn fest, daß ...
re'solving power n. (Phys.) Auflösungsvermögen, das
resonance ['rezənəns] n. Resonanz, die; (of voice) voller Klang; (fig.) Widerhall, der
resonant ['rezənənt] adj. a) (resounding) hallend ⟨Echo, Ton, Klang⟩; volltönend ⟨Stimme⟩; b) (tending to reinforce sounds) ⟨Raum, Körper⟩ mit viel Resonanz
resonate ['rezəneɪt] v.i. mitschwingen; resonieren (Physik, Musik)
resonator ['rezəneɪtə(r)] n. (Phys., Mus.) Resonator, der
resorption [rɪ'sɔːpʃn] n. (Biol., Med.) Resorption, die
resort [rɪ'zɔːt] **1.** n. a) (resource, recourse) Ausweg, der ; **have** ~ **to force** Gewalt anwenden; **without** ~ **to force** ohne Gewaltanwendung; **you were my last** ~: du warst meine letzte Rettung (ugs.); **as a** or **in the last** ~: als letzter Ausweg; **in the last** ~ (in the end) letzten Endes; b) (place frequented) Aufenthalt[sort], der; (holiday) ~: Urlaubsort, der; Ferienort, der; **ski/health** ~: Skiurlaubs-/Kurort, der; **mountain/coastal** ~: Ferienort im Gebirge/an der Küste; **seaside** ~: Seebad, das; c) (frequenting) häufiger Besuch. **2.** v.i. ~ **to sth./sb.** zu etw. greifen/sich an jmdn. wenden (for um); ~ **to violence** or **force** Gewalt anwenden; ~ **to stealing/shouting** etc. sich aufs Stehlen/Schreien usw. verlegen; ~ **to crime** kriminell werden
resound [rɪ'zaʊnd] v.i. a) (ring) widerhallen (with von); b) (produce echo) hallen; **his fame ~ed through Greece** (fig.) sein Ruhm hallte durch [ganz] Griechenland
resounding [rɪ'zaʊndɪŋ] adj. hallend ⟨Lärm, Schreie, Schritte⟩; schallend ⟨Gelächter, Stimme⟩; überwältigend ⟨Mehrheit, Sieg, Erfolg⟩; gewaltig ⟨Niederlage, Mißerfolg⟩
resoundingly [rɪ'zaʊndɪŋlɪ] adv. schallend ⟨ertönen, erklingen⟩; **be** ~ **successful** ein durchschlagender Erfolg sein
resource [rɪ'sɔːs, rɪ'zɔːs] n. a) usu. in pl. (stock) Mittel Pl.; Ressource, die; **have no inner ~s** keine inneren Reserven haben; **financial/mineral ~s** Geldmittel Pl./Bodenschätze Pl.; **~s in** or **of men and money** Reserven an Menschen und Geldmitteln; b) usu. pl. (Amer.: asset) Aktivposten, der; c) (expedient) Ausweg, der; **be at the end of one's ~s** am Ende seiner Möglichkeiten sein; **be left to one's own ~s** sich (Dat.) selbst überlassen sein; **as a last** ~: als letzter Ausweg; d) no art., no pl. (ingenuity) Findigkeit, die; **be full of** ~: sich (Dat.) immer zu helfen wissen
resourceful [rɪ'sɔːsfl, rɪ'zɔːsfl] adj. findig ⟨Person⟩; einfallsreich ⟨Plan⟩
resourcefully [rɪ'sɔːsfəlɪ, rɪ'zɔːsfəlɪ] adv. findig
resourcefulness [rɪ'sɔːsflnɪs, rɪ'zɔːsflnɪs] n., no pl. (of person) Findigkeit, die; (of plan etc.) Einfallsreichtum, der
respect [rɪ'spekt] **1.** n. a) (esteem) Respekt, der (for vor + Dat.); Achtung, die (for vor + Dat.); **show** ~ **for sb./sth.** Respekt vor jmdm./etw. zeigen; **hold sb. in [high** or **great]** ~: jmdn. [sehr] achten; **command** ~: Respekt einflößen; **treat sb./sth. with** ~: jmdn./etw. mit Respekt od. Achtung begegnen, mit Vorsicht behandeln; **with [all due]** ~, ...: bei allem Respekt, ...; mit Verlaub, ... (geh.); b) (consideration) Rücksicht, die (for auf + Akk.); **have** or **pay [no]** ~ **to sth.** etw. [nicht] berücksichtigen od. (aspect) Beziehung, die; Hinsicht, die; **in** ~ **of style** hinsichtlich des Stils; in stilistischer Hinsicht; **in all/many/some** ~**s** in jeder/vieler/mancher Beziehung od. Hinsicht; d) (reference) Bezug, der; **with** ~ **to** ...: in bezug auf ... (Akk.); was ... [an]betrifft; **have** ~ **to sth.** etw. betreffen; sich auf etw. (Akk.) beziehen; e) in pl. **give him my ~s to sb.** (formal) jmdm. seine Aufwartung machen (veralt.); **pay one's last ~s to sb.** jmdm. die letzte Ehre erweisen (geh.). **2.** v.t. respektieren; achten; **he doesn't ~ his teachers much** er hat nicht viel Respekt vor seinen Lehrern; **much ~ed** sehr angesehen ⟨Politiker, Firma⟩; ~ **sb.'s feelings** auf jmds. Gefühle Rücksicht nehmen; ~ **the rules of the road** die Verkehrsregeln beachten

respectability [rɪspektə'bɪlɪtɪ] *n., no pl. see* **respectable** a: Ansehen, *das;* Ehrbarkeit, *die (geh.);* **I do not doubt the ~ of his motives** ich zweifle nicht daran, daß seine Motive ehrenwert sind

respectable [rɪ'spektəbl] *adj.* **a)** *(of good character)* angesehen ⟨*Bürger usw.*⟩; ehrenwert ⟨*Motive*⟩; *(decent)* ehrbar *(geh.)* ⟨*Leute, Kaufmann, Hausfrau*⟩; *(presentable)* anständig, respektabel ⟨*Beschäftigung usw.*⟩; vornehm, gut ⟨*Adresse*⟩; ordentlich, *(that one can be seen in)* vorzeigbar *(ugs.)* ⟨*Kleidung*⟩; **are you ~?** *(joc.)* hast du was an? *(ugs.);* **c)** *(considerable)* beachtlich ⟨*Summe*⟩; **d)** *(passable)* passabel

respectably [rɪ'spektəblɪ] *adv.* **a)** anständig ⟨*sich benehmen*⟩; ordentlich ⟨*gekleidet*⟩; **be ~ employed** eine anständige Beschäftigung haben; **b)** *(passably)* passabel

respecter [rɪ'spektə(r)] *n.* **be no ~ of persons** alle ohne Ansehen der Person gleich behandeln

respectful [rɪ'spektfl] *adj.* respektvoll (to|wards) gegenüber

respectfully [rɪ'spektfəlɪ] *adv.* respektvoll; **~ yours, X** *(formal)* Ihr sehr ergebener X

respecting [rɪ'spektɪŋ] *prep.* bezüglich; hinsichtlich

respective [rɪ'spektɪv] *adj.* jeweilig; **you must go to your ~ places** jeder von euch muß auf seinen Platz gehen; **he and I contributed ~ amounts of £10 and £1** er und ich steuerten Beträge von 10 bzw. 1 Pfund bei

respectively [rɪ'spektɪvlɪ] *adv.* beziehungsweise; **the two cars were red and white ~:** die beiden Autos waren rot bzw. weiß; **he and I contributed £10 and £1 ~:** er und ich steuerten 10 bzw. 1 Pfund bei

respell [riː'spel] *v. t.,* **respelt** *(Brit.)* [riː'spelt] *or* **respelled** noch einmal buchstabieren

respiration [respɪ'reɪʃn] *n.* **(one breath)** Atemzug, *der;* *(breathing)* Atmung, *die;* **she was finding ~ difficult** das Atmen fiel ihr schwer

respirator ['respɪreɪtə(r)] *n.* **a)** *(protecting device)* Atemschutzgerät, *das;* **b)** *(Med.)* Respirator, *der*

respiratory ['respərətərɪ, rɪ'spɪrətərɪ] *adj.* Atem⟨*geräusch, -wege*⟩; Atmungs⟨*system, -organ, -funktion*⟩; **~ infection** Infektion der Atemwege

respire [rɪ'spaɪə(r)] *v. t & i.* atmen

respite ['respaɪt] *n.* **a)** *(delay)* Aufschub, *der;* **b)** *(interval of relief)* Ruhepause, *die;* **~ from this** Erholung von etw.; **without ~:** ohne Pause od. Unterbrechung

resplendent [rɪ'splendənt] *adj.* prächtig; **~ in his uniform** in der vollen Pracht seiner Uniform

resplendently [rɪ'splendəntlɪ] *adv.* prächtig

respond [rɪ'spɒnd] **1.** *v. i.* **a)** *(answer)* antworten (**to** auf + *Akk.*); **~ to sb.'s greeting** jmds. Gruß erwidern; **b)** *(react)* reagieren (**to** auf + *Akk.*); ⟨*Patient, Bremsen, Lenkung usw.:*⟩ ansprechen (**to** auf + *Akk.*); **[not] ~ to kindness** [nicht] empfänglich für Freundlichkeit sein; **they ~ed very generously to this appeal** der Aufruf fand bei ihnen ein großes Echo; **the illness ~s to treatment** die Krankheit läßt sich behandeln. **2.** *v. t.* antworten; erwidern. **3.** *n. (Archit.)* Wandpfeiler, *der;* Pilaster, *der (fachspr.)*

respondent [rɪ'spɒndənt] *n. (Law)* Beklagte, *der/die;* *(in divorce case)* Scheidungsbeklagte, *der/die*

response [rɪ'spɒns] *n.* **a)** *(answer)* Antwort, *die* (**to** auf + *Akk.*)]; **in ~ to your letter** in Beantwortung Ihres Schreibens *(Papierdt.);* **make no ~:** nicht antworten; **b)** *(reaction)* Reaktion, *die* (**to** auf + *Akk.*); **make no ~ to sb.** auf etw. *(Akk.)* nicht reagieren; **his ~ was to resign** er reagierte mit seinem Rücktritt; **meet with no/a large ~:** kein Echo/großes Echo finden;

£20,000 was raised in ~ to the appeal der Aufruf brachte Spenden in Höhe von 20 000 Pfund ein; **c)** *(Eccl.)* Responsorium, *das*

responsibility [rɪspɒnsɪ'bɪlɪtɪ] *n.* **a)** *no pl., no indef. art. (being responsible)* Verantwortung, *die;* **take** *or* **bear** *or* **accept** *or* **assume/ claim [full] ~ [for sth.]** die [volle] Verantwortung [für etw.] übernehmen; **'the management accepts no ~ for garments left here'** „die Geschäftsleitung übernimmt keine Haftung für die Garderobe"; **lay** *or* **put** *or* **place the ~ for sth. on sb.['s shoulders]** jmdn. für etw. verantwortlich machen; **claim ~ for a bombing** sich zu einem Bombenanschlag bekennen; **do sth. on one's own ~:** etw. in eigener Verantwortung tun; *(at one's own risk)* etw. auf eigene Verantwortung tun; **b)** *(duty)* Verpflichtung, *die;* **the responsibilities of office** die Dienstpflicht; **that's 'your ~:** dafür bist du verantwortlich

responsible [rɪ'spɒnsɪbl] *adj.* **a)** verantwortlich (**for** für); **hold sb. ~ for sth.** jmdn. für etw. verantwortlich machen; **be ~ to sb. [for sth.]** jmdm. gegenüber [für etw.] verantwortlich sein; **be ~ for sth.** ⟨*Sache:*⟩ die Ursache für etw. sein; **what's ~ for the breakdown?** woran liegt die Betriebsstörung?; **I've made you ~ for the travel arrangements** ich habe dir die Verantwortung für die Reisevorbereitungen übertragen; **b)** verantwortlich, verantwortungsvoll ⟨*Stellung, Tätigkeit, Aufgabe*⟩; **c)** *(trustworthy)* verantwortungsvoll, verantwortungsbewußt ⟨*Person*⟩

responsibly [rɪ'spɒnsɪblɪ] *adv.* verantwortungsbewußt ⟨*handeln, sich verhalten*⟩

responsive [rɪ'spɒnsɪv] *adj. (reacting positively)* aufgeschlossen ⟨*Person*⟩; gut ansprechend ⟨*Bremsen, Motor usw.*⟩; **the audience was very ~,** it was a very ~ audience das Publikum ging sehr gut mit; **be ~ to sth.** auf etw. *(Akk.)* reagieren od. eingehen

respray **1.** [riː'spreɪ] *v. t.* neu spritzen ⟨*Auto*⟩. **2.** ['riːspreɪ] *n.* neue Lackierung; **give the car a ~:** den Wagen neu spritzen

¹**rest** [rest] **1.** *v. i.* **a)** *(lie, lit. or fig.)* ruhen; **~ on** ruhen auf (+ *Dat.*); ⟨*Schatten, Licht:*⟩ liegen auf (+ *Dat.*); ⟨*Argumentation:*⟩ sich stützen auf (+ *Akk.*); ⟨*Ruf:*⟩ beruhen auf (+ *Dat.*); **~ against sth.** an etw. *(Dat.)* lehnen; **sit with one's back ~ing against sth.** mit dem Rücken an etw. *(Akk.)* gelehnt sitzen; **her head is ~ing against his shoulder** ihr Kopf liegt an seiner Schulter; **b)** *(take repose)* ruhen; sich ausruhen (**from** von); *(pause)* eine Pause machen *od.* einlegen; **never let one's enemy ~:** seinem Feind keine Ruhepause gönnen; **she never ~s** ihre Hände de ruhen nie; **I won't ~ until ...:** ich werde nicht ruhen noch rasten, bis ...; **tell sb. to ~:** ⟨*Arzt:*⟩ jmdm. Ruhe verordnen; **be ~ing** *(Brit. Theatre)* ⟨*Schauspieler:*⟩ ohne Engagement sein; **c)** *(euphem.: lie in death)* ruhen *(geh.);* **let her/may she ~ in peace** laß sie/ möge sie in Frieden ruhen; **d)** *(be left)* **let the matter ~:** die Sache ruhenlassen; **... and there the matter ~ed** ... und dabei blieb es; **~ assured that ...:** seien Sie versichert, daß ...; **e)** **~ with sb.** ⟨*Verantwortung, Entscheidung, Schuld:*⟩ bei jmdm. liegen; **f)** *(Agric.: lie fallow)* ruhen; brachliegen; **g)** *(Amer. Law: Verteidigung:)* die Beweiserhebung abschließen. *See also* **laurel a; oar a. 2.** *v. t.* **a)** *(place for support)* **~ sth. against sth.** etw. an etw. *(Akk.)* lehnen; **~ sth. on sth.** *(lit. or fig.)* etw. auf etw. *(Akk.)* stützen; **she was ~ing all her hopes on her son** sie setzte ihre ganze Hoffnung auf ihren Sohn; **he ~ed the load on the ground [for a moment]** er setzte die Last [für einen Augenblick] ab; **b)** *(give relief to)* ausruhen lassen ⟨*Pferd, Person*⟩; ausruhen ⟨*Augen*⟩; schonen ⟨*Stimme, Körperteil*⟩; **~ oneself** sich ausruhen; **c)** *(Agric.: allow to lie fallow)* brachliegen

(fachspr.); ruhen lassen; **d)** *(Law)* **~ one's case** sein Plädoyer beschließen; **e)** **[may] God ~ his soul!** Gott hab ihn selig! **3.** *n.* **a)** *(repose)* Ruhe, *die;* **need nine hours' ~:** neun Stunden Schlaf brauchen; **go** *or* **retire to ~:** sich zur Ruhe begeben *(geh.);* **get a good night's ~:** sich ordentlich ausschlafen; **be at ~** *(euphem.: be dead)* ruhen *(geh.);* **go to one's ~** *(euphem.: die)* zur ewigen Ruhe eingehen *(geh. verhüll.);* **lay to ~** *(euphem.: bury)* zur letzten Ruhe betten *(geh. verhüll.);* **b)** *(freedom from exertion)* Ruhe[pause], *die;* Erholung, *die* (**from** von); **take a ~:** sich ausruhen (**from** von); **tell sb. to take a ~** ⟨*Arzt:*⟩ jmdm. Ruhe verordnen; **set sb.'s mind at ~** jmdn. beruhigen *(auch hinsichtlich);* **c)** *(pause)* **~ period** [Ruhe]pause, *die;* **have** *or* **take a ~** [eine] Pause machen; **give sb./sth. a ~:** ausruhen lassen ⟨*Person, Nutztier*⟩; ruhen lassen ⟨*Maschine*⟩; *(fig.)* ruhenlassen ⟨*Thema, Angelegenheit*⟩; **d)** *(stationary position)* **at ~:** in Ruhe; **come to ~:** zum Stehen kommen; *(have final position)* landen; **bring to ~:** zum Stehen bringen; **e)** *(support)* *(for telephone receiver)* Gabel, *die;* *(for billiard-cue, telescope, firearm)* Auflage, *die;* *(for neck)* Stütze, *die;* **f)** *(Mus.)* Pause, *die*

'up *v. i.* sich ausruhen

²**rest** *n. (remainder)* **the ~:** der Rest; **we'll do the ~:** alles Übrige erledigen wir; **the ~ of her clothes** ihre übrigen Kleider; **the ~ of the butter** die restliche *od.* übrige Butter; **she's no different from the ~:** sie ist nicht besser als die anderen; **and [all] the ~ of it** und so weiter; **for the ~:** im übrigen; sonst

restart [riː'stɑːt] **1.** *v. t.* **a)** *(start again)* wieder anstellen ⟨*Maschine*⟩; ⟨*Auto, Motor*⟩; **b)** *(resume)* wiederaufnehmen ⟨*Verhandlungen, Berufstätigkeit*⟩; fortsetzen ⟨*Spiel*⟩; neu starten ⟨*Rennen*⟩; **~ work** wieder anfangen zu arbeiten. **2.** [riː'stɑːt] *v. i.* **a)** ⟨*Motor:*⟩ wieder anspringen; **b)** *(resume)* wieder anfangen; ⟨*Verhandlungen:*⟩ wieder aufgenommen werden. **3.** ['riːstɑːt] *n. see* **1 b:** Wiederaufnahme, *die;* Fortsetzung, *die*

restate [riː'steɪt] *v. t.* *(express again)* noch einmal darlegen; *(express differently)* anders darlegen; *(Mus.: repeat)* wiederaufnehmen ⟨*Thema*⟩

restatement [riː'steɪtmənt] *n. (repetition)* nochmalige Darlegung; nochmalige Feststellung; *(reformulation)* Neuformulierung, *die;* *(Mus.)* Wiederaufnahme, *die*

restaurant ['restərɒ̃, 'restərɒnt] *n.* Restaurant, *das*

'**restaurant car** *n. (Brit. Railw.)* Speisewagen, *der*

restaurateur [restərə'tɜː(r)] *n.* Gastwirt, *der*

rest: ~-cure *n. (Med.)* Erholungskur, *die;* **~-day** *n.* Ruhetag, *der*

rested ['restɪd] *adj.* ausgeruht

restful ['restfl] *adj.* **a)** *(free from disturbance)* ruhig ⟨*Tag, Woche, Ort*⟩; **b)** *(conducive to rest)* beruhigend; **be a ~ person to be with** Ruhe ausstrahlen

restfully ['restfəlɪ] *adv.* ruhig ⟨*schlafen*⟩; geruhsam ⟨*Zeit verbringen*⟩

restfulness ['restflnɪs] *n., no pl.* Entspanntheit, *die;* Gelöstheit, *die*

rest: ~-home *n.* Pflegeheim, *das;* **~-house** *n.* Rasthaus, *das*

'**resting-place** *n.* Rastplatz, *der;* **last ~** *(euphem.)* letzte Ruhestätte *(geh.)*

restitution [restɪ'tjuːʃn] *n.* Rückgabe, *die;* *(of sth. lost)* Erstattung, *die;* Ersatz, *der;* **make ~:** Ersatz leisten; **make ~ of sth. to sb.** jmdm. etw. zurückgeben/erstatten

restive ['restɪv] *adj.* **a)** *(stubborn)* störrisch ⟨*Pferd, Person*⟩; **become ~** ⟨*Pferd:*⟩ bocken; **b)** *(unmanageable)* aufsässig ⟨*Einwohner, Bevölkerung*⟩; **c)** *(restless)* unruhig

restively ['restɪvlɪ] *adv.* **a)** *(stubbornly)* störrisch; **b)** *(in fidgety manner)* unruhig

restless ['rɛstlɪs] *adj.* **a)** *(affording no rest)* unruhig ⟨*Nacht, Schlaf, Bewegung*⟩; **b)** *(uneasy)* ruhelos ⟨*Person, Sehnsucht*⟩; **c)** *(taking no rest)* rastlos ⟨*Person, Lebensstil*⟩
restlessly ['rɛstlɪslɪ] *adv. see* **restless a, b:** unruhig; ruhelos
restlessness ['rɛstlɪsnɪs] *n., no pl. see* **restless b, c:** Ruhelosigkeit, *die;* Rastlosigkeit, *die*
restock [riːˈstɒk] **1.** *v. t.* **a)** ~ **a shop** das Lager eines Geschäfts wieder auffüllen; **b)** wieder besetzen ⟨*Fluß, Teich*⟩; wieder aufforsten ⟨*Wald*⟩; ~ **a farm** einen [landwirtschaftlichen] Betrieb wieder mit Vieh besetzen. **2.** *v. i. (Commerc.)* das Lager auffüllen
restoration [rɛstəˈreɪʃn] *n.* **a)** *(restoring)* (*of peace, health)* Wiederherstellung, *die;* (*of a work of art, building, etc.)* Restaurierung, *die;* Restauration, *die (fachspr.);* **her** ~ **to health** ihre [gesundheitliche] Wiederherstellung; **b)** *(giving back)* Rückgabe, *die;* **c)** *(re-establishment)* Wiedereinführung, *die;* **the R**~ *(Brit. Hist.)* die Restauration
restorative [rɪˈstɒrətɪv, rɪˈstɔːrətɪv] **1.** *adj.* stärkend; aufbauend; Stärkungs-, Aufbau-⟨*mittel*⟩. **2.** *n.* Stärkungs(*kost*⟩, Kräftigungs-⟨*kost*⟩. Stärkungs- *od.* Aufbaumittel, *das*
restore [rɪˈstɔː(r)] *v. t.* **a)** *(give back)* zurückgeben; *(bring to original state)* restaurieren ⟨*Bauwerk, Kunstwerk usw.*⟩; konjizieren ⟨*Text, Satz*⟩ *(Literatur.);* ~ **sb. to health,** ~ **sb.'s health** jmds. Gesundheit *od.* jmdn. wiederherstellen; **his strength was** ~**d** er kam wieder zu Kräften; ~ **sb. to better spirits** jmdn. aufheitern; **c)** *(reinstate)* wiedereinsetzen (**to in** + *Akk.*); ~ **sb. to the throne/to power** jmdn. als König/Königin wiedereinsetzen/jmdn. wieder an die Macht bringen; **her success** ~**d her to her place as leading actress** der Erfolg hat sie wieder zur führenden Schauspielerin gemacht; **d)** *(re-establish)* wiederherstellen ⟨*Ordnung, Ruhe, Vertrauen*⟩; **e)** *(put back)* ~ **the book to its place [on the shelf]** das Buch wieder an seinen Platz [im Regal] zurückstellen
restorer [rɪˈstɔːrə(r)] *n.* **a)** *(Art, Archit.: person)* Restaurator, *der*/Restauratorin, *die;* **b)** *(agent)* ≈ Pflegemittel, *das; see also* **hair-restorer**
restrain [rɪˈstreɪn] *v. t.* zurückhalten ⟨*Gefühl, Lachen, Drang, Person*⟩; bändigen ⟨*unartiges Kind, Tier*⟩; ~ **sb./oneself from doing sth.** jmdn. davon abhalten/sich zurückhalten, etw. zu tun; ~ **yourself!** beherrsch dich!
restrained [rɪˈstreɪnd] *adj.* zurückhaltend ⟨*Wesen, Kritik*⟩; verhalten ⟨*Blick, Geste, Gefühl*⟩; beherrscht ⟨*Reaktion, Worte*⟩; unaufdringlich ⟨*Stil*⟩
restraint [rɪˈstreɪnt] *n.* **a)** *(restriction)* Einschränkung, *die;* **without** ~: ungehindert; **b)** *(reserve)* Zurückhaltung, *die;* *(moderation)* Unaufdringlichkeit, *die;* *(self-control)* Selbstbeherrschung, *die;* **with** ~: unaufdringlich; **without** ~: ungehemmt; **his style shows a lack of** ~: er hat einen aufdringlichen Stil
restrict [rɪˈstrɪkt] *v. t.* beschränken (**to** auf + *Akk.*); ⟨*Kleidung:*⟩ be-, einengen; **the trees** ~**ed our view** die Bäume nahmen uns die freie Sicht
restricted [rɪˈstrɪktɪd] *adj.* **a)** *(limited)* beschränkt; begrenzt; ~ **diet** Diät, *die;* **I feel** ~ **in these clothes** ich fühle mich in dieser Kleidung beengt *od.* eingeengt; **b)** *(subject to restriction)* Sperr⟨*gebiet*⟩; begrenzt ⟨*Zulassung, Aufnahme, Anwendbarkeit*⟩; **be** ~ **to 30 m.p.h.** nicht schneller als 30 Meilen in der Stunde fahren dürfen; **be** ~ **to doing sth.** sich darauf beschränken müssen, etw. zu tun; **be** ~ **within narrow limits** ⟨*Freiheit:*⟩ stark eingeschränkt sein; **c)** *(not for disclosure)* geheim ⟨*Dokument, Information*⟩
restricted 'area *n.* **a)** Sperrgebiet, *das;* **b)** *(Brit.: with speed limit)* Gebiet mit Geschwindigkeitsbeschränkung
restriction [rɪˈstrɪkʃn] *n.* Be-, Einschränkung, *die* (**on** *Gen.*); *(of persons)* Einengung, *die;* **without** ~: ohne Einschränkung; uneingeschränkt; **put** *or* **place** *or* **impose** ~**s on sth.** etw. einschränken *od.* Einschränkungen (*Dat.*) unterwerfen; ~ **weight/price** ~: Geschwindigkeits-/Gewichts-/Preisbeschränkung, *die*
restrictive [rɪˈstrɪktɪv] *adj.* einschränkend *nicht präd.;* beengend ⟨*Kleidung*⟩
restrictively [rɪˈstrɪktɪvlɪ] *adv.* restriktiv; einschränkend
restrictive 'practice *n. (Commerc.)* wettbewerbsbeschränkende Geschäftspraktik
'rest-room *n. (esp. Amer.)* Toilette, *die*
restructure [riːˈstrʌktʃə(r)] *v. t.* umstrukturieren
'rest stop *n. (Amer.)* Raststätte, *die*
restyle [riːˈstaɪl] *v. t.* neu stylen; ~ **sb.'s hair** jmdm. eine neue Frisur machen
result [rɪˈzʌlt] **1.** *v. i.* **a)** *(follow)* ~ **from sth.** die Folge einer Sache (*Gen.*) sein; von etw. herrühren; *(future)* aus etw. resultieren; **b)** *(end)* ~ **in sth.** in etw. (*Dat.*) resultieren; etw. führen; **the game** ~**ed in a draw** das Spiel endete mit einem Unentschieden; ~ **in sb.'s doing sth.** zur Folge haben, daß jmd. etw. tut. **2.** *n.* Ergebnis, *das;* Resultat, *das;* **be the** ~ **of sth.** die Folge einer Sache (*Gen.*) sein; **as a** ~ **[of this]** infolgedessen; **he knows how to get** ~**s or wei߸**, wie man Ergebnisse *od.* Erfolg erzielt; **without** ~: ergebnislos; **What was the** ~**?** – **Leeds won 3–2** Wie ist es ausgegangen? – Leeds hat 3:2 gewonnen; **when you add up the figures, what is the** ~**?** was kommt heraus, wenn du die Zahlen zusammenzählst?
resultant [rɪˈzʌltənt] **1.** *adj.* daraus resultierend; sich daraus ergebend. **2.** *n. (Phys.)* Resultante, *die*
resume [rɪˈzjuːm] **1.** *v. t.* **a)** *(begin again)* wiederaufnehmen; fortsetzen ⟨*Reise*⟩; wieder annehmen ⟨*Gewohnheit*⟩; **b)** *(get back)* wieder-, zurückgewinnen; wieder übernehmen ⟨*Kommando*⟩; ~ **possession of sth.** etw. wieder in Besitz nehmen; *see also* **seat 1 b**. **2.** *v. i.* weitermachen; ⟨*Parlament:*⟩ die Sitzung fortsetzen; ⟨*Unterricht:*⟩ wieder beginnen
résumé ['rɛzʊmeɪ] *n.* **a)** *(summary)* Zusammenfassung, *die;* **b)** *(Amer.: curriculum vitae)* Lebenslauf, *der*
resumption [rɪˈzʌmpʃn] *n.* *see* **resume 1 a:** Wiederaufnahme, *die;* Fortsetzung, *die; see* **resume 1 b:** Wieder-, Zurückgewinnung, *die;* Wiederübernahme, *die*
resurface [riːˈsɜːfɪs] **1.** *v. t.* ~ **a road** den Belag einer Straße erneuern. **2.** *v. i. (lit. or fig.)* wieder auftauchen
resurgence [rɪˈsɜːdʒəns] *n.* Wiederaufleben, *das*
resurgent [rɪˈsɜːdʒənt] *adj.* wieder auflebend; wieder erwachend ⟨*Leben*⟩; **be** ~: wieder aufleben
resurrect [rɛzəˈrɛkt] *v. t.* **a)** *(raise from the dead)* wieder zum Leben erwecken; **b)** *(revive)* wiederbeleben; wieder aufleben lassen ⟨*Vorstellungen, Bräuche*⟩; *(coll.: dig out)* wieder ausgraben ⟨*alte Kleider usw.*⟩
resurrection [rɛzəˈrɛkʃn] *n.* **a)** *(Relig.)* Auferstehung, *die;* **the R**~: die Auferstehung Christi; **b)** *(revival)* Wiederbelebung, *die;* Wiederaufleben, *das*
resuscitate [rɪˈsʌsɪteɪt] *v. t. (lit. or fig.)* wiederbeleben
resuscitation [rɪsʌsɪˈteɪʃn] *n. (lit. or fig.)* Wiederbelebung, *die*
ret. *abbr.* retired a. D.; i. R.
retail 1. ['riːteɪl] *n.* Einzelhandel, *der.* **2.** *adj.* Einzel⟨*handel*⟩; Einzelhandels⟨*geschäft, -preis*⟩; ⟨*End*⟩verkaufs⟨*preis*⟩. **3.** *adv.* **buy/sell** ~: en détail kaufen/verkaufen *(Kaufmannsspr.).* **4.** *v. t.* **a)** ['riːteɪl, rɪˈteɪl] *(sell)* [im Einzelhandel] verkaufen; **b)** [rɪˈteɪl] *(relate)* weitererzählen ⟨*Klatsch*⟩; ~ **a conversation to sb.** jmdm. ein Gespräch wiedererzählen. **5.** ['riːteɪl, rɪˈteɪl] *v. i.* im Einzelhandel verkauft werden (**at, for** für)
retailer ['riːteɪlə(r), rɪˈteɪlə(r)] *n.* Einzelhändler, *der*/-händlerin, *die*
retail 'price index *n. (Brit.)* Preisindex des Einzelhandels
retain [rɪˈteɪn] *v. t.* **a)** *(keep)* behalten; sich (*Dat.*) bewahren ⟨*Witz, Einfallsreichtum, Fähigkeit*⟩; ein-, zurückbehalten ⟨*Gelder*⟩; gespeichert lassen ⟨*Information*⟩; ~ **power** ⟨*Partei:*⟩ an der Macht bleiben; ~ **possession of sth.** etw. im Besitz behalten; ~ **control [of sth.]** die Kontrolle [über etw. (*Akk.*)] behalten; **b)** *(continue to practise)* festhalten an (*Dat.*), beibehalten ⟨*Gewohnheit, Tradition, Brauch*⟩; **c)** *(keep in place)* ⟨*Damm:*⟩ stauen/⟨*Deich:*⟩ zurückhalten/⟨*Boden:*⟩ speichern/⟨*Gefäß:*⟩ halten ⟨*Wasser*⟩; ~ **sth. in position** etw. in der richtigen Position halten; **d)** *(secure services of)* beauftragen ⟨*Anwalt*⟩; **e)** *(not forget)* behalten, sich (*Dat.*) merken ⟨*Gedanke, Tatsache*⟩
retainer [rɪˈteɪnə(r)] *n.* **a)** *(Hist.: follower)* Trabant, *der;* **old** ~: *(joc.)* altes Faktotum; **b)** *(fee)* Honorarvorschuß, *der*
retaining: ~ **fee** *n.* Honorarvorschuß, *der;* ~ **wall** *n.* Böschungsmauer, *die*
retake 1. [riːˈteɪk] *v. t., forms as* **take 1, 2: a)** *(recapture)* wieder einnehmen ⟨*Stadt, Festung*⟩; **b)** *(take again)* wiederholen ⟨*Prüfung, Straßstoß*⟩; **c)** *(Cinemat.)* nachdrehen ⟨*Szene*⟩. **2.** ['riːteɪk] *n.* **a)** *(of exam)* Wiederholung, *die;* **b)** *(Cinemat.)* Retake, *der;* Neuaufnahme, *die*
retaliate [rɪˈtælɪeɪt] *v. i.* Vergeltung üben (**against** an + *Dat.*); sich revanchieren *(ugs.);* ⟨*Truppen:*⟩ zurückschlagen; kontern (**against** *Akk.*) ⟨*Maßnahme, Kritik*⟩; ~ **by doing sth.** sich revanchieren, indem man etw. tut
retaliation [rɪtælɪˈeɪʃn] *n. (in war, fight)* Vergeltung, *die;* Gegenschlag, *der;* *(in argument etc.)* Konter, *der (ugs.);* Konterschlag, *der;* **in** ~ **as** Vergeltung für; **she did that in** ~ **for his cruelty** sie revanchierte sich damit für seine Grausamkeit
retaliatory [rɪˈtælɪətərɪ] *adj.* Vergeltungs-⟨*maßnahme, -angriff*⟩
retard [rɪˈtɑːd] *v. t.* verzögern; retardieren *(bes. Physiol., Psych.)*
retardant [rɪˈtɑːdənt] **1.** *adj.* hemmend; **flame-/rust-**~: feuer-/rosthemmend. **2.** *n.* Hemmstoff, *der*
retardation [riːtɑːˈdeɪʃn] *n.* Verzögerung, *die;* Retardation, *die (bes. Physiol., Psych.);* *(braking)* Bremswirkung, *die*
retarded [rɪˈtɑːdɪd] *adj.* **a)** *(Psychol.)* **[mentally]** ~: [geistig] zurückgeblieben; **b)** *(Motor Veh.)* ~ **ignition** Spätzündung, *die*
retarder [rɪˈtɑːdə(r)] *n. (Motor Veh.)* Dauerbremse, *die*
retch [rɛtʃ, riːtʃ] **1.** *v. i.* würgen. **2.** *n.* Würgen, *das*
retd. *abbr.* retired a. D.; i. R.
retell [riːˈtɛl] *v. t., retold* [riːˈtəʊld] nacherzählen; *(tell again)* noch einmal erzählen
retention [rɪˈtɛnʃn] *n.* **a)** *(keeping)* *(of power)* Erhaltung, *die;* *(of money)* Einbehaltung, *die;* **b)** *see* **retain b:** Festhalten, *das* (**of an** + *Dat.*); Beibehaltung, *die;* **c)** *(of water)* *(by soil, plant)* Speicherung von Wasser, *die;* **d)** *see* **retain d:** Beauftragung, *die;* **e)** *(Med.)* Verhaltung, *die;* *(of urine)* Verhaltung, *die;* **f)** **powers of** ~: Merkfähigkeit, *die*
retentive [rɪˈtɛntɪv] *adj.* **a)** gut ⟨*Gedächtnis*⟩; **a** ~ **memory** ~ **of details** ein gutes Gedächtnis für Details; **b)** *(holding moisture)* Feuchtigkeit speichernd *nicht präd.* ⟨*Boden*⟩; **soil** ~ **of moisture** Boden, der Feuchtigkeit speichert

rethink [riːˈθɪŋk] 1. *v. t.*, **rethought** [riːˈθɔːt] noch einmal überdenken. 2. *n.* have a ~ **about sth.** etw. noch einmal überdenken
reticence [ˈretɪsəns] *n., no pl.* Zurückhaltung, *die* (**on** in bezug auf + *Akk.*)
reticent [ˈretɪsənt] *adj.* a) *(reserved)* zurückhaltend (**on, about** in bezug auf + *Akk.*); b) *(restrained)* schlicht ⟨*Stil*⟩
retina [ˈretɪnə] *n., pl.* ~**s** or ~**e** [ˈretɪniː] *(Anat.)* Retina, *die (fachspr.);* Netzhaut, *die*
retinitis [retɪˈnaɪtɪs] *n. (Med.)* Netzhautentzündung, *die;* Retinitis, *die (fachspr.*
retinue [ˈretɪnjuː] *n.* Gefolge, *das*
retiracy [rɪˈtaɪərəsɪ] *n., no pl. (Amer.)* Abgeschiedenheit, *die*
retiral [rɪˈtaɪərl] *n. (Scot.)* Rücktritt, *der* (**from** von); Ausscheiden, *das* (**from** aus)
retire [rɪˈtaɪə(r)] 1. *v. i.* a) *(give up work or position)* ausscheiden (**from** aus); aufhören [zu arbeiten] ⟨*Angestellter, Arbeiter:*⟩ in Rente (*Akk.*) gehen; ⟨*Beamter, Militär:*⟩ in Pension *od.* den Ruhestand gehen; ⟨*Selbständiger:*⟩ sich zur Ruhe setzen; ~ **on a pension** ⟨*Angestellter, Arbeiter:*⟩ auf *od.* in Rente (*Akk.*) gehen; ⟨*Beamter, Militär:*⟩ in Pension (*Akk.*) gehen; b) *(withdraw)* sich zurückziehen (**to** in + *Akk.*); *(Sport)* aufgeben; ~ **[to bed]** sich [zum Schlafen] zurückziehen; ~ **from the world/into oneself** sich von der Welt/in sich (*Akk.*) selbst zurückziehen. 2. *v. t. (compel to leave)* aus Altersgründen entlassen; pensionieren, in den Ruhestand versetzen ⟨*Beamten, Militär*⟩; **be ~d early** in den vorzeitigen Ruhestand versetzt werden
retired [rɪˈtaɪəd] *adj.* a) *(no longer working)* aus dem Berufsleben ausgeschieden ⟨*Angestellter, Arbeiter, Selbständiger:*⟩; ⟨*Beamter, Soldat:*⟩ im Ruhestand, pensioniert; **be ~:** nicht mehr arbeiten; ⟨*Angestellter, Arbeiter:*⟩ Rentner/Rentnerin *od.* in Rente (*Akk.*) sein; ⟨*Beamter, Soldat:*⟩ im Ruhestand *od.* pensioniert sein; b) *(withdrawn)* zurückgezogen ⟨*Leben*⟩
retired list *n. (Mil.)* Liste der aus dem aktiven Dienst Ausgeschiedenen
retiree [rɪtaɪəˈriː] *n. (Amer.)* Ruheständler, *der*/-ständlerin, *die; (ex-employee also)* Rentner, *der*/Rentnerin, *die; (ex-civil servant/serviceman also)* Pensionär, *der*/Pensionärin, *die*
retirement [rɪˈtaɪəmənt] *n.* a) *(leaving work)* Ausscheiden aus dem Arbeitsleben; b) *no art. (period)* Ruhestand, *der;* **go into** ~ ⟨*Selbständiger:*⟩ sich zur Ruhe setzen; ⟨*Angestellter, Arbeiter:*⟩ in Rente (*Akk.*) gehen; ⟨*Beamter, Militär:*⟩ in Pension *od.* den Ruhestand gehen; **take early** ~: ⟨*Selbständiger:*⟩ sich vorzeitig zur Ruhe setzen; ⟨*Angestellter, Arbeiter:*⟩ vorzeitig in Rente (*Akk.*) gehen; ⟨*Beamter, Militär:*⟩ sich vorzeitig pensionieren lassen; **how will you spend your ~?** was machen Sie, wenn Sie einmal nicht mehr arbeiten/in Rente/im Ruhestand sind?; c) *(withdrawing)* Rückzug, *der* (**to, into** in + *Akk.*); d) *(seclusion)* Zurückgezogenheit, *die;* **live in** ~: zurückgezogen leben
retirement: ~ age *n.* Altersgrenze, *die; (of employees also)* Rentenalter, *das; (of civil servants, servicemen also)* Pensionsalter, *das;* ~ **pay,** ~ **pension** *ns. (for employees)* [Alters]rente, *die; (for civil servants, servicemen)* Pension, *die*
retiring [rɪˈtaɪərɪŋ] *adj. (shy)* zurückhaltend
retiring: ~ **age** *see* **retirement age;** ~ **collection** *n. (at church service)* Kollekte, *die; (at concert)* Spendensammlung, *die*
retold *see* **retell**
retook *see* **retake 1**
retool [riːˈtuːl] *v. t.* umrüsten (**for** auf + *Akk.*)
¹**retort** [rɪˈtɔːt] 1. *n.* Entgegnung, *die,* Erwiderung, *die* (**to** auf + *Akk.*). 2. *v. t.* entgegnen. 3. *v. i.* scharf antworten

²**retort** *n. (Chem., Industry)* Retorte, *die*
retouch [riːˈtʌtʃ] *v. t. (Art, Photog., Printing)* retuschieren
retrace [rɪˈtreɪs] *v. t.* a) *(trace back)* zurückverfolgen; b) *(trace again)* nachvollziehen ⟨*Entwicklung*⟩; c) *(go back over)* zurückgehen; ~ **one's steps/path** denselben Weg noch einmal zurückgehen
retract [rɪˈtrækt] 1. *v. t.* a) *(withdraw)* zurücknehmen; *abs.* **he refused to** ~: er weigerte sich, zurückzunehmen; b) *(Aeronaut.)* einziehen, einfahren ⟨*Fahrgestell*⟩; c) *(draw back)* zurückziehen; einziehen ⟨*Fühler, Krallen*⟩. 2. *v. i.* a) *(Aeronaut.)* ⟨*Fahrgestell:*⟩ einziehbar *od.* einfahrbar sein; b) *(be drawn back)* ⟨*Fühler, Krallen:*⟩ eingezogen werden
retractable [rɪˈtræktəbl] *adj. (Aeronaut.)* einziehbar, einfahrbar ⟨*Fahrgestell*⟩
retraction [rɪˈtrækʃn] *n.* a) *(withdrawing)* Zurücknahme, *die;* **make a ~ of sth.** etw. zurücknehmen; b) *(drawing-back of undercarriage, claws, etc.)* Einziehen, *das*
retrain [riːˈtreɪn] 1. *v. i.* [sich] umschulen [lassen]. 2. *v. t.* umschulen ⟨*Person*⟩
retraining [riːˈtreɪnɪŋ] *n.* Umschulung, *die; attrib.* Umschulungs⟨*programm*⟩
retranslate [riːtrænsˈleɪt] *v. t.* [zu]rückübersetzen
retranslation [riːtrænsˈleɪʃn] *n.* Rückübersetzung, *die*
retransmit [riːtrænsˈmɪt] *v. t.,* -**tt-** a) *(transmit again)* noch einmal übermitteln ⟨*Nachricht*⟩; noch einmal senden ⟨*Signal*⟩; b) *(transmit further)* weiterübermitteln ⟨*Nachricht*⟩; weitersenden ⟨*Signal*⟩
retread *(Motor Veh.)* 1. [riːˈtred] *n.* runderneuerter Reifen. 2. [riːˈtred] *v. t.* runderneuern ⟨*Reifen*⟩
retreat [rɪˈtriːt] 1. *n.* a) *(withdrawal; also Mil. or fig.)* Rückzug, *der;* **their ~ from the territory/position** ihr Rückzug aus dem Gebiet/von der Stellung; **beat a ~:** den Rückzug antreten; *(fig.)* das Feld räumen; **make good one's ~:** sich in Sicherheit (*Akk.*) bringen; *(fig.)* sich aus dem Staub machen *(ugs.); see also* **hasty;** b) *(place of seclusion)* Zuflucht, *die;* Zufluchtsort, *der; (hiding-place also)* Unterschlupf, *der; country ~:* Refugium auf dem Lande; c) *(Relig.: for prayer)* Exerzitien *Pl.;* d) *(Mil.: bugle-call) (for return to barracks)* Zapfenstreich, *der; (for withdrawal)* **sound/give the ~:** zum Rückzug blasen. 2. *v. i.* a) *(withdraw; also Mil. or fig.)* sich zurückziehen; *(in fear)* zurückweichen; ~ **within oneself** sich in sich (*Akk.*) zurückziehen; ~ **from a territory/position** sich aus einem Gebiet/von einer Stellung zurückziehen; ~ **from an aggressive stance** eine aggressive Haltung aufgeben; b) *(recede)* ⟨*Überschwemmung, Gletscher usw.:*⟩ zurückgehen
retrench [rɪˈtrentʃ] 1. *v. t.* senken ⟨*Ausgaben, Lohn*⟩. 2. *v. i.* sich einschränken
retrenchment [rɪˈtrentʃmənt] *n.* Senkung, *die;* ~ **of** ~: Sparpolitik, *die*
retrial [riːˈtraɪəl] *n. (Law)* Wiederaufnahmeverfahren, *das;* **he asked for a ~:** er verlangte ein Wiederaufnahme des Verfahrens
retribution [retrɪˈbjuːʃn] *n.* Vergeltung, *die;* **in ~ for** zur Vergeltung für
retributive [rɪˈtrɪbjutɪv] *adj.* vergeltend; ausgleichend ⟨*Gerechtigkeit*⟩
retrievable [rɪˈtriːvəbl] *adj.* a) *(able to be set right)* noch nicht ausweglos *od.* völlig verfahren ⟨*Situation*⟩; wiedergutmachend *nicht präd.*⟨*Fehler*⟩; **be ~** ⟨*Situation:*⟩ zu retten sein; ⟨*Fehler:*⟩ wiedergutzumachen sein; b) *(able to be rescued)* zu rettend/*(from wreckage)* zu bergend **sein; be ~:** zu retten/bergen sein; c) *(able to be recovered)* **the ball/money is ~:** den Ball/das Geld kann man wiederholen/-bekommen; d) *(Computing)* wiederauffindbar ⟨*Information*⟩

retrieval [rɪˈtriːvl] *n.* a) *(setting right) (of situation)* Rettung, *die; (of mistake)* Wiedergutmachung, *die;* **beyond** *or* **past ~:** hoffnungslos; b) *(rescue)* Rettung, *die; (from wreckage)* Bergung, *die* (**from** aus); c) *(recovery) see* **retrieve 1c:** Zurückholen, *das;* Wiederholen, *das;* Wiedergewinnung, *die;* **the ~ of the money was difficult** es war schwierig, das Geld wiederzubekommen; **the money/chance was lost beyond ~:** das Geld/die Gelegenheit war unwiederbringlich verloren; d) *(Computing)* Wiederauffinden, *das*
retrieve [rɪˈtriːv] *v. t.* a) *(set right)* wiedergutmachen ⟨*Fehler*⟩; retten ⟨*Situation*⟩; b) *(rescue)* retten (**from** aus); *(from wreckage)* bergen (**from** aus); **timber ~d from the beach** als Strandgut aufgelesenes Holz; c) *(recover)* zurückholen ⟨*Brief*⟩; wiederholen ⟨*Ball*⟩; wiedergewinnen ⟨*Ansehen, Würde*⟩; wiederbekommen ⟨*Geld*⟩; ~ **sth. from the depths of one's subconscious** etw. aus den Tiefen seines Unterbewußtseins hervorholen; d) *(Computing)* wiederauffinden ⟨*Information*⟩; e) *(fetch)* ⟨*Hund:*⟩ apportieren
retriever [rɪˈtriːvə(r)] *n.* Apportierhund, *der; (breed)* Retriever, *der*
retroactive [retrəʊˈæktɪv] *adj.* rückwirkend; ~ **effect** Rückwirkung, *die*
retrochoir [ˈretrəʊkwaɪə(r)] *n. (Eccl. Archit.)* Retrochor, *der*
retrograde [ˈretrəgreɪd] *adj.* a) *(retreating)* ~ **motion** Rückwärtsbewegung, *die;* ~ **step** *(fig.)* Rückschritt, *der;* b) *(reverting to the past)* rückschrittlich ⟨*Idee, Politik, Maßnahme*⟩; c) *(inverse)* umgekehrt ⟨*Reihenfolge*⟩
retrogress [retrəˈgres] *v. i.* a) sich zurückbewegen; b) *(fig.: deteriorate)* ⟨*Gesundheitszustand:*⟩ sich verschlechtern
retrogression [retrəˈgreʃn] *n.* a) Rückwärtsbewegung, *die;* b) *(Biol.)* Rückentwicklung, *die*
retrogressive [retrəˈgresɪv] *adj.* a) *see* **retrograde a, b;** b) *(Biol.)* rückläufig ⟨*Entwicklung*⟩
retro-rocket [ˈretrəʊrɒkɪt] *n. (Astronaut.)* Bremsrakete, *die*
retrospect [ˈretrəspekt] *n.* **in** ~: im nachhinein; **in** ~, **I think ...:** rückblickend *od.* im nachhinein glaube ich, ...
retrospection [retrəˈspekʃn] *n.* Rückschau, *die*
retrospective [retrəˈspektɪv] 1. *adj.* a) retrospektiv *(geh.);* ~ **exhibition** Retrospektive, *die (geh.);* **take a** ~ **look at sth.** Rückschau auf etw. (*Akk.*) halten *(geh.);* b) *(applying to the past)* rückwirkend ⟨*Lohnerhöhung, Gesetz, Vertragsänderung*⟩; **be ~:** Rückwirkung haben. 2. *n. (Art)* Retrospektive, *die (geh.)*
retrospectively [retrəˈspektɪvlɪ] *adv.* a) *(by retrospection)* im nachhinein, rückblickend ⟨*betrachten*⟩; b) *(so as to apply to the past)* rückwirkend; **a law operating** ~: ein rückwirkendes Gesetz; ein Gesetz mit Rückwirkung
retroussé [rəˈtruːseɪ] *adj.* ~ **nose** Stupsnase, *die*
retry [riːˈtraɪ] *v. t. (Law)* neu verhandeln ⟨*Fall*⟩; neu verhandeln gegen ⟨*Person*⟩
retsina [reˈtsiːnə] *n.* Retsina, *der*
retune [riːˈtjuːn] *v. t.* a) neu stimmen ⟨*Musikinstrument*⟩; b) neu einstellen ⟨*Radio*⟩
returf [riːˈtɜːf] *v. t.* völlig neu verlegen auf (+ *Dat.*) ⟨*Platz, Spielfeld usw.*⟩
return [rɪˈtɜːn] 1. *v. i.* a) *(come back)* zurückkommen, zurückkehren *(geh.)* ⟨*Jahreszeit:*⟩ wiederkehren; *(go back)* zurückkehren *(geh.); (go back by vehicle)* zurückfahren, zurückkehren *(geh.);* ~ **home** wieder nach Hause kommen/gehen/fahren/zurückkehren; ~ **to work** *(after holiday or strike)* die Arbeit wieder aufnehmen; **she had gone never to ~:** sie war für immer ge-

607

gangen; ~ **to health** wieder gesund werden; **his good spirits quickly** ~**ed** seine gute Laune stellte sich rasch wieder ein; **b)** *(revert)* ~ **to a subject/one's old habits** auf ein Thema zurückkommen/in seine alten Gewohnheiten zurückfallen; **unto dust thou shalt** ~ *(Relig.)* zu Staub sollst du wieder werden. **2.** *v. t.* **a)** *(bring back)* zurückbringen; zurückgeben ⟨geliehenen/gestohlenen Gegenstand, gekaufte Ware⟩; [wieder] zurückschicken ⟨*unzustellbaren Brief*⟩; *(to original position)* zurückstellen ⟨*Hebel*⟩; *(hand back, refuse)* zurückweisen ⟨*Scheck*⟩; *(put back) (vertically)* [wieder] zurückstellen ⟨*Buch, Ordner*⟩; *(horizontally)* [wieder] zurücklegen ⟨*Geld, Buch, Ordner*⟩; *(to file)* wieder einheften ⟨*Brief*⟩; ~**ed with thanks** mit Dank zurück; **'~ to sender'** *(on letter)* „zurück an Absender"; **he** ~**ed his purse to his pocket** er steckte sein Portemonnaie wieder ein; **he** ~**ed the fish to the water** er setzte den Fisch wieder ins Wasser; **b)** *(restore)* ~ **sth. to its original state or condition** etw. wieder in seinen ursprünglichen Zustand versetzen; **c)** *(yield)* abwerfen ⟨*Gewinn*⟩; **d)** *(give back sth. similar)* erwidern ⟨*Besuch, Gruß, Liebe, Gewehrfeuer*⟩; sich revanchieren für *(ugs.)* ⟨*Freundlichkeit, Gefallen*⟩; zurückgeben ⟨*Schlag*⟩; **e)** *(elect)* wählen ⟨*Kandidaten*⟩; ~ **sb. to Parliament** jmdn. ins Parlament wählen; **f)** *(Sport)* zurückschlagen ⟨*Ball*⟩; *(throw back)* zurückwerfen; **g)** *(answer)* erwidern; entgegnen; **h)** *(declare)* ~ **a verdict of guilty/not guilty** ⟨*Geschworene:*⟩ auf „schuldig"/„nicht schuldig" erkennen; ~ **sb. guilty** jmdn. schuldig sprechen. **3.** *n.* **a)** *(coming back)* Rückkehr, *die; (to home)* Heimkehr, *die; (of illness)* Wiederauftreten, *das;* **his** ~ **to work/school had to be delayed** er mußte die Wiederaufnahme seiner *od.* der Arbeit verschieben/konnte erst später [als vorgesehen] wieder zur Schule gehen; **point of no** ~ *see* **point 1 k;** ~ **to health** Genesung, *die (geh.);* **many happy** ~**s [of the day]!** herzlichen Glückwunsch [zum Geburtstag]!; **wish sb. many happy** ~**s [of the day]** jmdm. [zum Geburtstag] alles Gute wünschen; **b) by** ~ **[of post]** postwendend; **c)** *(ticket)* Rückfahrkarte, *die; (for flight)* Rückflugschein, *der;* **single or** ~**?** einfach oder hin und zurück?; **d)** *(proceeds)* ~**[s]** Ertrag, Gewinn, *der* **(on, from** aus); ~ **on capital** Kapitalgewinn, *der; see also* **diminishing; e)** *(bringing back)* Zurückbringen, *das; (of property, goods, book)* Rückgabe, *die* (**to** an + Akk.); *(of cheque)* Zurückweisung, *die; (of loan)* Rückzahlung, *die;* **f)** *(giving back of sth. similar)* Erwiderung, *die;* **receive/get sth. in** ~ **[for sth.]** etw. [für etw.] bekommen; **g)** *(Sport: striking back)* Rückschlag, *der; (throw back)* Rückwurf, *der;* **pick up the** ~ *(Footb. etc.)* den zurückgespielten Ball annehmen; **h)** *(report)* Bericht, *der;* **(set of statistics)** statistischer Bericht; Statistik, *die;* **income-tax** ~: Einkommenssteuererklärung, *die;* **election** ~**s** Wahlergebnisse; **i)** *(Brit. Parl.: electing)* Wahl, *die;* **j)** *attrib. (Archit.)* Flügel ⟨*mauer,* -*wand*⟩

returnable [rɪˈtɜːnəbl] *adj.* Mehrweg⟨*behälter,* -*flasche usw.*⟩; rückzahlbar ⟨*Gebühr, Kaution*⟩; ~ **bottle** Pfandflasche, *die;* ~ **deposit** Pfand, *das*

returned [rɪˈtɜːnd] *adj.* heimgekehrt; ~ **emigrant** Rückwanderer, *der*

return: ˈ**fare** *n.* Preis für eine Rückfahrkarte/*(for flight)* einen Rückflugschein; **what is the** ~ **fare?** wieviel kostet eine Rückfahrkarte/ein Rückflugschein?; ~ ˈ**flight** *n.* Rückflug, *der; (both ways)* Hin- und Rückflug, *der;* ~ ˈ**game** *n.* Rückspiel, *das*

reˈturning officer *n. (Brit. Parl.)* Wahlleiter, *der*/-leiterin, *die*

return: ~ ˈ**journey** *n.* Rückreise, *die;* Rückfahrt, *die; (both ways)* Hin- und Rück-

fahrt, *die;* ~ ˈ**match** *n.* Rückspiel, *das;* ~ ˈ**ticket** *n. (Brit.)* Rückfahrkarte, *die; (for flight)* Rückflugschein, *der*

retype [riːˈtaɪp] *v. t.* neu tippen

reunification [riːjuːnɪfɪˈkeɪʃn] *n.* Wiedervereinigung, *die*

reunion [riːˈjuːnjən] *n.* **a)** *(gathering)* Treffen, *das;* **b)** *(reuniting)* Wiedersehen, *das;* **c)** *(reunited state)* Wiedervereinigung, *das*

reunite [riːjəˈnaɪt] **1.** *v. t.* wieder zusammenführen; **a** ~**d Germany** ein wiedervereintes Deutschland. **2.** *v. i.* sich wieder zusammenschließen; ⟨*Kirchen:*⟩ sich wieder vereinigen

reusable [riːˈjuːzəbl] *adj.* wiederverwendbar

reuse 1. [riːˈjuːz] *v. t.* wiederverwenden. **2.** [riːˈjuːs] *n.* Wiederverwendung, *die*

Rev. [ˈrevərənd, *(coll.)* rev] *abbr.* Reverend Rev.

rev [rev] *(coll.)* **1.** *n., usu. in pl.* Umdrehung, *die;* Tour, *die (Technikjargon);* ~ **counter** *(Brit.)* Tourenzähler, *der (ugs.)*. **2.** *v. i.* -**vv**- mit hoher Drehzahl *od.* hochtourig laufen. **3.** *v. t.* -**vv**- hochdrehen *(Technikjargon); (noisily)* aufheulen lassen ⟨*Motor*⟩ ~ ˈ**up** **1.** *v. i. ⟨Motor:⟩* hochgejagt werden *(Technikjargon);* **I heard [the sound of] a car** ~**ving up** ich hörte den Motor eines Autos aufheulen. **2.** *v. t.* hochjagen *(Technikjargon);* aufheulen lassen ⟨*Motorrad*⟩

revaluation [riːvæljʊˈeɪʃn] *n.* **a)** *(of object)* Neubewertung, *die;* **b)** *(Econ.: of currency)* Aufwertung, *die*

revalue [riːˈvæljuː] *v. t.* **a)** neu bewerten; **b)** *(Econ.)* aufwerten ⟨*Währung*⟩

revamp [riːˈvæmp] *(coll.) v. t.* renovieren ⟨*Zimmer, Gebäude*⟩; [wieder] aufmöbeln *od.* aufpolieren ⟨*Schrank, Auto usw.*⟩; neu bearbeiten ⟨*Stück, Musical usw.*⟩; auf Vordermann bringen *(ugs.)* ⟨*Firma*⟩

reveal [rɪˈviːl] **1.** *v. t.* enthüllen *(geh.);* verraten; offenbaren *(geh., Theol.),* [offen] zeigen ⟨*Gefühle*⟩; ~ **the** ⟨*Wahrheit:*⟩ ans Licht kommen; **all will be** ~**ed** *(joc.)* es kommt alles ans Licht *(scherzh.);* ~ **one's identity** seine Identität preisgeben *(geh.);* ~ **oneself/ itself to be** *or* **as being sth.** sich als etw. erweisen; ~ **sb. to be sth.** jmdn. als etw. enthüllen *(geh.);* **the rising curtain** ~**ed a street scene** der sich hebende Vorhang gab den Blick auf eine Straßenszene frei; **there was not much that the dress did not** ~: das Kleid verhüllte nur wenig. **2.** *n. (Archit.)* Laibung, *die*

revealed religion [rɪviːld rɪˈlɪdʒn] *n.* Offenbarungsreligion, *die*

revealing [rɪˈviːlɪŋ] *adj.* aufschlußreich ⟨*Darstellung, Dokument*⟩; verräterisch ⟨*Bemerkung, Versprecher*⟩; offenherzig *(scherzh.)* ⟨*Kleid, Bluse usw.*⟩; **be** ~ **about sth.** etwas *od.* einiges über etw. (*Akk.*) verraten

reveille [rɪˈvælɪ, rɪˈvelɪ] *n. (Mil.)* Reveille, *die (fachspr. veralt.);* Wecksignal, *das;* **sound [the]** ~: das Wecksignal geben; ~ **was at 6 a. m.** Wecken war um sechs Uhr morgens

revel [ˈrevl] **1.** *v. i., (Brit.)* -**ll**- **a)** *(take delight)* genießen (**in** *Akk.*); ~ **in doing sth.** es [richtig] genießen, etw. zu tun; **b)** *(carouse)* feiern; ~ **the night away,** ~ **till dawn** die Nacht durchfeiern *(ugs.)*. **2.** *n. usu. pl.* Feiern, *das;* Feierei, *die (ugs.)*

revelation [revəˈleɪʃn] *n.* **a)** Enthüllung, *die;* **be a** ~: einem die Augen öffnen; **the dessert/concert was a** ~: das Dessert/Konzert war eine Offenbarung *(scherzh.);* **what a** ~**!** unglaublich!; **be a** ~ **to sb.** jmdn. Hilfe in die Augen öffnen; **b)** *(Relig.)* Offenbarung, *die;* **[the or the Book of] R**~**[s]** die Offenbarung [des Johannes]; **R**~**[s] 3 : 14** Offenbarung 3, 14

reveller [ˈrevələ(r)] *n.* Feiernde, *der/die*

revelry [ˈrevlrɪ] *n.* Feiern, *das;* Feierei, *die (ugs.);* **spend the whole night in** ~: die ganze Nacht durchfeiern *(ugs.);* **hear sounds of** ~: hören, wie gefeiert wird

revenge [rɪˈvendʒ] **1.** *v. t.* rächen ⟨*Person, Tat*⟩; sich rächen für ⟨*Tat*⟩; ~ **oneself** *or* **be** ~**d** [**on sb.**] [**for sth.**] [an jmdm.] rächen. **2.** *n.* **a)** *(action)* Rache, *die;* [**desire for**] ~: Rachsucht, *die (geh.);* **take** ~ *or* **have** *or (literary)* **exact one's** ~ [**on sb.**] [**for sth.**] *(geh.)* üben; ~ **is sweet** Rache ist süß; **in** ~ **for sth.** als Rache für etw.; **b)** *(Sport, Games)* Revanche, *die;* **give sb. his** ~: jmdm. Revanche geben

revengeful [rɪˈvendʒfl] *adj.* rachsüchtig *(geh.);* ~ **act** Racheakt, *der*

revenue [ˈrevənjuː] *n.* **a)** *(State's income)* [**national/state**] ~: Staatseinnahmen, öffentliche Einnahmen; **b)** ~[**s**] *(income)* Einnahmen; Einkünfte *Pl.;* **source of** ~: Einnahmequelle, *die;* **c) R**~ *(department)* oberste Finanzbehörde

revenue: ~ **officer** *n.* ≈ Zollbeamter, *der*/-beamtin, *der;* ~ **stamp** *n.* Steuerzeichen, *das; (paper strip on cigarette-packet etc.);* Steuerbanderole, *die*

reverberate [rɪˈvɜːbəreɪt] **1.** *v. i.* ⟨*Geräusch, Musik:*⟩ widerhallen. **2.** *v. t.* zurückwerfen; reflektieren

reverberation [rɪvɜːbəˈreɪʃn] *n.* ~[**s**] Widerhall, *der;* ~ **of sound** Schallreflexion, *die;* **the** ~**s of that episode** *(fig.)* der Nachhall dieser Begebenheit

revere [rɪˈvɪə(r)] *v. t.* verehren

reverence [ˈrevərəns] *n.* **a)** *(revering)* Verehrung, *die;* Ehrfurcht, *die;* **hold sb. in** *or* **regard sb. with** ~: jmdn. verehren; **hold sth. in** ~: etw. heilig halten; **pay** ~ **to sb.** jmdm. Verehrung entgegenbringen; **have/show** ~ **for sth./sb.** vor etw./jmdm. Ehrfurcht haben/zeigen; **b) Your/His R**~ *(arch./Ir./joc.)* Euer/Seine Hochwürden

reverend [ˈrevərənd] **1.** *adj.* ehrwürdig; **the R**~ **John Wilson, the** ~ **Mr Wilson** Hochwürden [John] Wilson; **the Very/Right R**~ **Donald Todd** Hochwürden [Donald] Todd; **the Most R**~ **Archbishop of York** Seine Exzellenz der Hochwürdigste Erzbischof von York; **the R**~ **Father [O'Higgins]** Hochwürden [O'Higgins]; **the** ~ **gentleman** Hochwürden; **R**~ **Mother** Ehrwürdige Schwester Oberin *od.* Frau Oberin. **2.** *n. (coll.)* Pfarrer, *der; (form of address)* Hochwürden

reverent [ˈrevərənt] *adj.* ehrfürchtig; **have a** ~ **attitude to sb., be** ~ **towards sb.** Ehrfurcht vor jmdm. haben; **in hushed and** ~ **tones** mit ehrfurchtsvoll gedämpfter Stimme

reverential [revəˈrenʃl] *adj.* ehrfürchtig

reverently [ˈrevərəntlɪ] *adv.* ehrfürchtig; ehrerbietig ⟨*sich verneigen*⟩

reverie [ˈrevərɪ] *n.* Träumerei, *die;* **be deep** *or* **lost** *or* **sunk in [a]** ~: in Träumereien *(Akk.)* versunken sein; **fall into a** ~: in Träumereien *(Akk.)* versinken

reversal [rɪˈvɜːsl] *n.* **a)** Umkehrung, *die;* ~ [**colour**] **film** Umkehrfilm, *der;* **b)** *(Law)* Aufhebung, *die*

reverse [rɪˈvɜːs] **1.** *adj.* entgegengesetzt ⟨*Richtung*⟩; Rück⟨*seite*⟩; umgekehrt ⟨*Reihenfolge*⟩; **the** ~ **side of the coin** *(fig.)* die Kehrseite der Medaille. **2.** *n.* **a)** *(contrary)* Gegenteil, *das;* **quite the** ~**!** ganz im Gegenteil!; **in** ~: rückwärts ⟨*schreiben, drucken*⟩; **b)** *(Motor Veh.)* Rückwärtsgang, *der;* **in** ~: im Rückwärtsgang; **put the car into** ~**, go into** ~: den Rückwärtsgang einlegen; **c)** *(defeat)* Rückschlag, *der;* ~**s of fortune** Schicksalsschläge *Pl.;* **d)** *(back side of coin etc.)* Rückseite, *die;* Revers, *der (Münzk.); (design)* Rückseitenbild, *das;* **e)** *(back of page)* Rückseite, *die;* Verso, *das (Buchw.)*. **3.** *v. t.* umkehren ⟨*Reihenfolge, Wortstellung, Bewegung, Rich-*

tung⟩; grundlegend revidieren ⟨*Politik*⟩; ~ **the charge[s]** *(Brit.)* ein R-Gespräch anmelden; **make a ~d-charge call** *(Brit.)* ein R-Gespräch führen; ~ **arms** *(Mil.)* die Gewehre mit dem Kolben nach oben halten; **b)** *(cause to move backwards)* zurücksetzen; ~ **a car into sth.** ein Auto rückwärts in etw. *(Akk.)* fahren; **c)** *(revoke)* aufheben ⟨*Urteil, Anordnung*⟩; kassieren *(Rechtsspr.)* ⟨*Urteil*⟩; rückgängig machen ⟨*Maßnahme*⟩. **4.** *v. i.* zurücksetzen; rückwärts fahren; ~ **into sth.** rückwärts in etw. *(Akk.)* fahren
reverse 'gear *n. (Motor Veh.)* Rückwärtsgang, *der; see* **gear 1 a**
reversible [rɪˈvɜːsɪbl] *adj.* **a)** umkehrbar, *(fachspr.)* reversibel ⟨*Vorgang*⟩; *(capable of being revoked)* ⟨*Entscheidung, Anordnung*⟩; **b)** *(having two usable sides)* beidseitig verwendbar, *(Textilw.)* beidrecht ⟨*Stoff*⟩; beidseitig tragbar ⟨*Kleidungsstück*⟩; Wende⟨*mantel, -jacke*⟩
re'versing light *n.* Rückfahrscheinwerfer, *der*
reversion [rɪˈvɜːʃn] *n.* **a)** *(return)* Rückkehr, *die* (**to** zu); ~ **to type** *(Biol.)* Rückschlag auf eine frühere Ahnenform; *(fig.)* atavistischer Rückfall; **b)** *(Law: return of estate)* Rückfall, *der;* Heimfall, *der (Rechtsspr.)*
revert [rɪˈvɜːt] *v. i.* **a)** *(recur, return)* zurückkommen (**to** auf + *Akk.*), wieder aufgreifen (**to** *Akk.*) ⟨*Thema, Angelegenheit, Frage*⟩; ⟨*Gedanken:*⟩ zurückkehren *(geh.)* (**to** zu); **to** ~ **to ...:** um wieder auf ... *(Akk.)* zurückzukommen; **she has ~ed to using her maiden name** sie hat wieder ihren Mädchennamen angenommen; ~ **to type** *(Biol.)* auf eine frühere Ahnenform zurückschlagen; **he has ~ed to type** *(fig.)* er geht jetzt wieder seinen alten Gewohnheiten nach; ~ **to its natural state** in den Naturzustand zurückkehren; ~ **to savagery** ⟨*Menschen:*⟩ in den Zustand der Wildheit zurückfallen; ~ **to desert** *etc. ⟨Land:⟩* wieder verwüsten *usw.;* **b)** *(Law: ⟨Eigentum:⟩* zurückfallen, *(Rechtsspr.)* heimfallen (**to** an + *Akk.*)
revetment [rɪˈvetmənt] *n.* Futtermauer, *die (Archit.)*
review [rɪˈvjuː] **1.** *n.* **a)** *(survey)* Übersicht, *die* (**of** über + *Akk.*); Überblick, *der* (**of** über + *Akk.*); *(of past events)* Rückschau, *die* (**of** auf + *Akk.*); **be a** ~ **of sth.** einen Überblick über etw. *(Akk.)* geben; **b)** *(re-examination)* [nochmalige] Überprüfung; nochmalige Prüfung; *(of salary)* Revision, *die;* **be under** ~ *⟨Vereinbarung, Lage:⟩* nochmals geprüft werden; **c)** *(account)* Bericht, *der;* Kritik, *die;* Rezension, *die;* ~ **copy** *(Publishing)* Rezensionsexemplar, *das;* **d)** *(periodical)* Zeitschrift, *die;* **e)** *(Mil.)* Inspektion, *die; (march)* Parade, *die; naval* ~ Flottenparade, *die;* **pass in** ~: *[vorbei]*defilieren; **pass sth. in** ~ *(fig.)* etw. Revue passieren lassen. **2.** *v. t.* **a)** *(survey)* untersuchen; prüfen; **b)** *(re-examine)* überprüfen; **c)** *(Mil.)* inspizieren; mustern; **d)** *(write a criticism of)* besprechen; rezensieren; **e)** *(Law)* überprüfen
reviewer [rɪˈvjuːə(r)] *n.* Rezensent, *der*/Rezensentin, *die;* Kritiker, *der*/Kritikerin, *die*
revile [rɪˈvaɪl] *v. t.* schmähen *(geh.)*
revise [rɪˈvaɪz] **1.** *v. t.* **a)** *(amend)* revidieren ⟨*Urteil, Gesetz, Version*⟩; **R~d Version** *(Brit.)* revidierte Fassung der „Authorized Version" der Bibel (im 19. Jh.); **b)** *(check over)* durchsehen ⟨*Manuskript, Text, Notizen*⟩; **c)** *(reread)* noch einmal durchlesen ⟨*Notizen*⟩; *abs.* lernen; ~ **one's maths** Mathe *(ugs.)* wiederholen. **2.** *n. (Printing)* Revisionsbogen, *der*
reviser [rɪˈvaɪzə(r)] *n.* Bearbeiter, *der*/Bearbeiterin, *die; (of printer's proof)* Korrektor, *der*/Korrektorin, *die*
revision [rɪˈvɪʒn] *n.* **a)** *(amending)* Revision, *die;* **in need of** ~: revisionsbedürftig; **b)** *(checking over)* Durchsicht, *die;* **c)**

(amended version) [Neu]bearbeitung, *die;* überarbeitete *od.* revidierte Fassung; **d)** *(rereading)* Wiederholung, *die;* ~ **exercises** Wiederholungsübungen
revisionism [rɪˈvɪʒənɪzm] *n.* Revisionismus, *der*
revisionist [rɪˈvɪʒənɪst] **1.** *n.* Revisionist, *der*/Revisionistin, *die.* **2.** *adj.* revisionistisch
revisit [riːˈvɪzɪt] *v. t.* wieder besuchen
revitalize (revitalise) [riːˈvaɪtəlaɪz] *v. t.* neu beleben
revival [rɪˈvaɪvl] *n.* **a)** *(making active again, bringing back into use)* Wieder- *od.* Neubelebung, *die;* ~ **of learning/letters** neue geistige/literarische Blüte; **b)** *(Theatre)* Wiederaufführung, *die;* Revival, *das;* ⟨*Relig.: awakening*⟩ Erweckung, *die;* ~ **meeting** Erweckungsversammlung, *die;* **d)** *(restoration)* Wiederherstellung, *die;* Regenerierung, *die (geh.); (to consciousness or life; also fig.)* Wiederbelebung, *die*
revivalism [rɪˈvaɪvəlɪzm] *n.* Erweckungsglaube, *der;* Revivalism, *der*
revivalist [rɪˈvaɪvəlɪst] *n.* Erwecker, *der*/Erweckerin, *die; (evangelist)* Erweckungsprediger, *der*
revive [rɪˈvaɪv] **1.** *v. i.* **a)** *(come back to consciousness)* wieder zu sich kommen; **b)** *(be reinvigorated)* wieder aufleben; zu neuem Leben erwachen; ⟨*Geschäft:*⟩ sich wieder beleben; **his spirits/hopes ~d** er lebte wieder auf/schöpfte neue Hoffnung. **2.** *v. t.* **a)** *(restore to consciousness)* wiederbeleben; **b)** *(restore to healthy state)* wieder auf die Beine bringen ⟨*Person*⟩; wieder aufleben lassen ⟨*Blume*⟩; *(strengthen, reawaken)* wieder wecken ⟨*Lebensgeister, Ehrgeiz, Interesse, Wunsch*⟩; ~ **sb.'s hopes** jmdn. neue Hoffnung schöpfen lassen; **c)** *(make active again, bring back into use)* wieder aufleben lassen; **the mini-skirt was ~d** der Minirock kam wieder in Mode *(Akk.);* **d)** *(Theatre)* wieder auf die Bühne bringen; **e)** *(renew memory of)* wieder lebendig werden lassen
revocable [ˈrevəkəbl] *adj.* widerrufbar
revocation [revəˈkeɪʃn] *n. see* **revoke 1:** Aufhebung, *die;* Widerrufung, *die;* Zurückziehen, *das;* Zurücknahme, *die*
revoke [rɪˈvəʊk] **1.** *v. t.* **a)** *(cancel)* aufheben ⟨*Erlaß, Privileg, Entscheidung*⟩; widerrufen ⟨*Befehl*⟩; zurückziehen ⟨*Auftrag*⟩; **b)** *(withdraw)* widerrufen ⟨*Erlaubnis, Genehmigung*⟩; zurücknehmen ⟨*Versprechen*⟩. **2.** *v. i. (Cards)* [unzulässigerweise] nicht bedienen. **3.** *n. (Cards)* Revoke, *die*
revolt [rɪˈvəʊlt] **1.** *v. i.* **a)** *(rebel)* revoltieren, aufbegehren *(geh.)* (**against** gegen); **b)** *(feel revulsion)* sich sträuben (**at, against, from** gegen); *(express revulsion,* rebellieren *(from* bei). **2.** *v. t.* mit Abscheu erfüllen; **she was ~ed by their brutality** ihre Brutalität erfüllte sie mit Abscheu. **3.** *n. (rebelling)* Aufruhr, *der,* Rebellion, *die; (rising)* Revolte, *die (auch fig.);* Aufstand, *der;* **a spirit of** ~: eine rebellische Stimmung; **be** *or* **rise in** ~: revoltieren; aufbegehren *(geh.)*
revolting [rɪˈvəʊltɪŋ] *adj. (repulsive)* abscheulich; scheußlich ⟨*Gedanke, Wetter*⟩; widerlich ⟨*Person*⟩; **be** ~ **to sb.'s sense of decency** jmds. Anstandsgefühl verletzen
revoltingly [rɪˈvəʊltɪŋlɪ] *adv.* abstoßend ⟨*häßlich, grausam*⟩
revolution [revəˈluːʃn] *n.* **a)** *(lit. or fig.)* Revolution, *die;* **the American R~:** die Amerikanische Revolution; der Nordamerikanische Unabhängigkeitskrieg; **b)** *(single turn)* Umdrehung, *die;* **number of ~s** Drehzahl, *die;* **c)** *(Astron.: movement in orbit)* Umlauf, *der*
revolutionary [revəˈluːʃənərɪ] **1.** *adj.* **a)** *(Polit.)* revolutionär; **b)** *(involving great changes)* revolutionär; umwälzend; *(pioneering)* bahnbrechend; **c) R~** *(Amer. Hist.)* des Nordamerikanischen Unabhängig-

keitskrieges *nachgestellt;* der Amerikanischen Revolution *nachgestellt.* **2.** *n.* Revolutionär, *der*/Revolutionärin, *die*
revoˈlution counter *n.* Drehzahlmesser, *der*
revolutionize (revolutionise) [revəˈluːʃənaɪz] *v. t.* grundlegend verändern; revolutionieren ⟨*Gesellschaft, Technik*⟩
revolve [rɪˈvɒlv] **1.** *v. t.* **a)** *(turn round)* drehen; **b)** ~ **sth. in one's mind** *(ponder)* etw. erwägen. **2.** *v. i.* sich drehen (**round, about, on** um); **everything ~s around her** sie ist der Mittelpunkt[, um den sich alles dreht]
revolver [rɪˈvɒlvə(r)] *n.* [Trommel]revolver, *der*
revolving [rɪˈvɒlvɪŋ] *attrib. adj.* drehbar; Dreh⟨*stuhl, -tür, -bühne*⟩; ~ **credit** *(Finance)* Revolvingkredit, *der*
revue [rɪˈvjuː] *n.* Kabarett, *das; (musical show)* Revue, *die*
revulsion [rɪˈvʌlʃn] *n.* **a)** *(feeling)* Abscheu, *der* (**at** vor + *Dat.,* **gegen**); **have a sense of** ~ **about sth.** von etw. angewidert sein; **b)** *(recoiling)* Distanzierung, *die* (**from** von)
reward [rɪˈwɔːd] **1.** *n.* Belohnung, *die; (for kindness)* Dank, *der;* Lohn, *der; (recognition of merit etc.)* Auszeichnung, *die;* **get very little** ~: kaum belohnt werden; **offer a** ~ **of £100** 100 Pfund Belohnung aussetzen. **2.** *v. t.* belohnen; **is that how you** ~ **me for my help?** ist das der Dank für meine Hilfe?
rewarding [rɪˈwɔːdɪŋ] *adj.* lohnend ⟨*Zeitvertreib, Beschäftigung*⟩; **be** ~**/financially** ~: sich lohnen/einträglich sein; **bringing up a child can be very** ~: das Großziehen eines Kindes kann einem sehr viel geben
rewind [riːˈwaɪnd] *v. t.,* **rewound** [riːˈwaʊnd] **a)** *(wind again)* wieder aufziehen ⟨*Uhr*⟩; **b)** *(wind back)* zurückspulen ⟨*Film, Band*⟩
rewire [riːˈwaɪə(r)] *v. t.* mit neuen Leitungen versehen; ~ **a house/car** in einem Haus/Auto die Leitungen erneuern
reword [riːˈwɜːd] *v. t.* umformulieren; neu formulieren
rework [riːˈwɜːk] *v. t.* neu bearbeiten ⟨*Theaterstück, Szene usw.*⟩; neu formulieren ⟨*Satz, Absatz, Text*⟩
rewound *see* **rewind**
rewrite 1. [riːˈraɪt] *v. t.,* **rewrote** [riːˈrəʊt], **rewritten** [riːˈrɪtn] *(write again)* noch einmal [neu] schreiben; *(write differently)* umschreiben. **2.** [ˈriːraɪt] *n.* Neufassung, *die;* **a complete** ~: eine völlig neue Fassung
'**rewrite man** *n. (Amer.)* Rewriter, *der (fachspr.);* Bearbeiter, *der*
Reynard [ˈrenəd, ˈreɪnəd] ~**[, the fox]** Reineke [Fuchs]
r. h. *abbr.* **right hand** r.
rhapsodic [ræpˈsɒdɪk] *adj.* **a)** *(Mus.)* rhapsodisch; **b)** *(fig.: ecstatic)* ekstatisch
rhapsodize (rhapsodise) [ˈræpsədaɪz] *v. i.* schwärmen (**about, on** von; **over** über + *Akk.*)
rhapsody [ˈræpsədɪ] *n.* **a)** *(Mus.)* Rhapsodie, *die;* **b)** *(ecstatic utterance)* Schwärmerei, *die;* **go into rhapsodies over sth.** über etw. *(Akk.)* in Ekstase geraten
rhea [ˈriːə] *n. (Ornith.)* Nandu, *der*
Rhenish [ˈrenɪʃ, ˈreniʃ] *(arch.) adj.* rheinisch; ~ **wine** Rheinwein, *der;* ~ **Confederation** *(Hist.)* Rheinbund, *der*
rheostat [ˈriːəstæt] *n. (Electr.)* Rheostat, *der*
rhesus [ˈriːsəs] ~ **baby** *n. (Med.)* Rh-geschädigtes Baby; ~ **factor** *n. (Med.)* Rhesusfaktor, *der;* ~ **monkey** *n.* Rhesusaffe, *der;* ~**-ˈnegative** *n. (Med.)* Rhesusfaktor negativ; ~**-ˈpositive** *n. (Med.)* Rhesusfaktor positiv
rhetoric [ˈretərɪk] *n.* **a)** *(art of discourse)* [art of] ~: Redekunst, *die;* Rhetorik, *die;* **b)** *(derog.)* Phrasen *(abwertend)*
rhetorical [rɪˈtɒrɪkl] *adj.* **a)** rhetorisch ⟨*Frage, Diskurs*⟩; **b)** *(derog.: designed to impress)* phrasenhaft *(abwertend)*
rheumatic [ruːˈmætɪk] **1.** *adj.* rheumatisch.

rheumatism

2. *n.* a) *in pl. (coll.)* Rheuma, *das (ugs.)*; b) *(person)* Rheumatiker, *der*/Rheumatikerin, *die*; Rheumakranke, *der/die*
rheumatism ['ru:mətɪzm] *n. (Med.)* Rheumatismus, *der*; Rheuma, *das (ugs.)*
rheumatoid arthritis [ru:mətɔɪd ɑ:'θraɪtɪs] *n. (Med.)* chronischer Gelenkrheumatismus
Rhine [raɪn] *pr. n.* Rhein, *der*
'Rhineland *pr. n.* Rheinland, *das*
Rhineland-Pa'latinate [raɪnlænd pə'lætɪnət] *pr. n.* Rheinland-Pfalz *(das)*
Rhine 'wine *n.* Rheinwein, *der*
rhino ['raɪnəʊ] *n., pl. same or* ~s *(coll.)*, **rhinoceros** [raɪ'nɒsərəs] *n., pl. same or* ~es Nashorn, *das*; Rhinozeros, *das*
rhizome ['raɪzəʊm] *n. (Bot.)* Rhizom, *das (fachspr.)*; Wurzelstock, *der*
Rhodes [rəʊdz] *pr. n.* Rhodos *(das)*
Rhodesia [rəʊ'di:ʒə] *pr. n. (Hist.)* Rhodesien *(das)*
Rhodesian [rəʊ'di:ʒən] *(Hist.)* 1. *adj.* rhodesisch. 2. *n.* Rhodesier, *der*/Rhodesierin, *die*
rhododendron [rəʊdə'dendrən] *n. (Bot.)* Rhododendron, *der*; Alpenrose, *die*
rhombic ['rɒmbɪk] *adj.* rhombisch
rhombus ['rɒmbəs] *n., pl.* ~es *or* **rhombi** ['rɒmbaɪ] *(Geom.)* Rhombus, *der*; Raute, *die*
rhubarb ['ru:bɑ:b] *n.* a) Rhabarber, *der*; *(root, purgative)* Rhabarberwurzel, *die*; b) *(Theatre coll.)* ~, ~, ~ ...: Rhabarber, Rhabarber, Rhabarber ...
rhyme [raɪm] 1. *n.* a) Reim, *der*; **find no** ~ **or reason in sth.** sich *(Dat.)* auf etw. *(Akk.)* keinen Reim machen können; **without** ~ **or reason** ohne Sinn und Verstand; b) *(short poem)* Reim, *der*; *(rhyming verse)* gereimte Verse; **put sth. into** ~: etw. in Reime setzen; c) *(rhyming word)* Reimwort, *das*; **'honey' is a** ~ **for** *or* **to 'money'** „honey" reimt sich auf „money". 2. *v. i.* a) sich reimen (with auf + *Akk.*); b) *(versify)* reimen. 3. *v. t.* reimen
'rhyme-scheme *n. (Pros.)* Reimschema, *das*
rhyming ['raɪmɪŋ] *n.:* ~ **'couplet** *n. (Pros.)* Reimpaar, *das*; ~ **dictionary** *n.* Reimwörterbuch, *das*; ~ **slang** *n.* Rhyming Slang, *der*; Slang, bei dem das eigentliche Wort durch eine sich darauf reimende Phrase oder einen Teil einer solchen ersetzt wird
rhythm ['rɪðm] *n.,* ~ **and blues** *(Mus.)* Rhythmus, *der*; ~ **and blues** *(Mus.)* Rhythm and Blues, *der*
rhythmic ['rɪðmɪk], **rhythmical** ['rɪðmɪkl] *adj.* rhythmisch; gleichmäßig
rhythm: ~ **method** *n.* Rhythmusmethode, *die*; ~ **section** *n.* Rhythmusgruppe, *die*
RI *abbr. (Sch.) religious instruction*
rib [rɪb] 1. *n.* a) *(Anat.)* Rippe, *die*; **bruised** ~s Rippenprellung, *die*; **dig in the** ~s Rippenstoß, *der*; b) ~[s] *(joint of meat)* Rippenstück, *das*; c) *(supporting piece) (of insect's wing)* Ader, *die*; *(of feather)* Kiel, *der*; Schaft, *der*; *(of boat, ship)* Spant, *der*; *(of bridge, leaf, ceiling, in knitting, fabric)* Rippe, *die*; *(of umbrella)* Speiche, *die*; d) *(Amer. coll.: joke)* Witz, *der*; Flachs, *der (ugs.)*. 2. *v. t.,* -bb- *(coll.)* aufziehen *(ugs.)*
ribald ['rɪbəld] *adj.* zotig; schmutzig 〈Lachen〉; unanständig 〈Ausdrücke〉; *(irreverent)* anzüglich; rüde 〈Gesellschaft〉
ribaldry ['rɪbəldrɪ] *n.* Derbheit, *die*; Zotigkeit, *die*; *(irreverence)* Anzüglichkeit, *die*
riband ['rɪbənd] *n.* Ribbon a
ribbed [rɪbd] *adj.* gerippt
ribbon [rɪbn] *n.* a) *(band for hair, dress, etc.)* Band, *das*; *(on typewriter)* [Farb]band, *das*; *(on medal)* [Ordens]band, *das*; **campaign/service** ~: Kriegs-/Dienstauszeichnung, *die*; *see also* **blue ribbon**; b) *(fig.: strip)* Streifen, *der*; ~ **of light** Lichtstreifen, *der*; c) *in pl. (ragged strips)* Fetzen *Pl.*; **tear to** ~s zerfetzen; *(fig.: condemn)* fertigmachen *(ugs.)*; in der Luft zerreißen 〈Buch, Stück *usw.*〉

ribbon: ~ **building,** ~ **development** *ns., no pl.* Bandbebauung, *die*
'rib-cage *n. (Anat.)* Brustkorb, *der*
ribonucleic acid [raɪbənju:kli:ɪk 'æsɪd] *n. (Biol.)* Ribonukleinsäure, *die*
rice [raɪs] *n.* Reis, *der*
rice: ~-**field** *n.* Reisfeld, *das*; ~-**paper** *n.* Reispapier, *das*; ~ **'pudding** *n.* Reispudding, *der*
ricer ['raɪsə(r)] *n. (Amer.)* ≈ Kartoffelpresse, *die*
'rice wine *n.* Reiswein, *der*
rich [rɪtʃ] 1. *adj.* a) reich; *see also* **get-**~-**quick**; b) *(having great resources)* reich (**in** an + *Dat.*); *(fertile)* fruchtbar 〈Land, Boden〉; **oil-**~: ölreich; ~ **in vitamins/lime/forests** vitamin-/kalk-/waldreich; **a play** ~ **in new ideas** ein Stück voll neuer Ideen; **strike it** ~: das große Geld machen; c) *(splendid)* prachtvoll; prächtig; reich 〈Ausstattung〉; d) *(containing much fat, oil, eggs, etc.)* gehaltvoll; *(indigestible)* schwer 〈Essen〉; e) *(deep, full)* voll[tönend] 〈Stimme〉; voll 〈Ton〉; satt 〈Farbe, Farbton〉; schwer 〈Geruch〉; voll 〈Geschmack〉; f) *(ample)* reichlich; g) *(valuable)* wertvoll; reich *(geh.)* 〈Geschenke, Opfergaben〉; h) *(amusing)* köstlich; **that's** ~! köstlich! *(iron.)* das ist stark! *(ugs.)*; i) *(Motor Veh.)* fett 〈Gemisch〉. 2. *n. pl.* **the** ~: die Reichen; ~ **and poor** Arm und Reich
riches ['rɪtʃɪz] *n. pl.* Reichtum, *der*
richly ['rɪtʃlɪ] *adv.* a) *(splendidly)* reich; üppig 〈ausgestattet〉; prächtig 〈gekleidet〉; *(ornamented)* reichverziert; ~ **coloured** farbenprächtig; ~ **endowed** reichlich ausgestattet; ~ **endowed with talent** hochtalentiert; b) *(fully)* voll und ganz; ~ **deserved** wohlverdient
richness ['rɪtʃnɪs] *n.,* a) *(elaborateness)* Pracht, *die*; Prächtigkeit, *die*; **the** ~ **of ornamentation** der Reichtum der Ornamentik; die reiche Ornamentik; b) *(of food)* Reichhaltigkeit, *die*; *(indigestibility)* Schwere, *die*; c) *(fullness) (of voice)* voller Klang, Vollheit, *die*; *(of colour)* Sattheit, *die*; d) *(great resources)* Reichtum, *der* (**in** an + *Dat.*); *(of soil)* Fruchtbarkeit, *die*
Richter scale ['rɪktə skeɪl] *n. (Geol.)* Richter-Skala, *die*
¹rick [rɪk] *n.* a) *(stack of hay)* Dieme, *die (bes. nordd.)*; Schober, *der (bes. südd., österr.)*
²rick *(Brit.)* 1. *n. (slight sprain or strain)* Verrenkung, *die*; **have a** ~ **in one's neck** einen verrenkten Hals haben. 2. *v. t.* verrenken; ~ **one's neck** sich *(Dat.)* den Hals verrenken
rickets ['rɪkɪts] *n. constr. as sing. or pl. (Med.)* Rachitis, *die*
rickety ['rɪkɪtɪ] *adj.* a) *(shaky)* wack[e]lig; b) *(feeble)* hinfällig, gebrechlich, *(ugs.)* wack[e]lig 〈alter Mensch〉
rickshaw ['rɪkʃɔ:] *n.* Riksha, *die*
ricochet ['rɪkəʃeɪ] 1. *n.* a) Abprallen, *das*; b) *(hit)* Abpraller, *der*. 2. *v.i.,* ~t[ing ['rɪkəʃeɪɪŋ], ~ted ['rɪkəʃeɪd] abprallen (off von)
rictus ['rɪktəs] *n.* a) *(Anat., Zool.)* Mund-/Maul-/Schnabelöffnung, *die*; b) *(fig.)* weit aufgerissener Mund
rid [rɪd] *v. t.,* -dd-, rid: ~ **sth.** *of* **sth.** etw. von etw. befreien; ~ **oneself of sb./sth.** sich von jmdm./etw. befreien; sich jmds./einer Sache entledigen *(geh.)*; **be** ~ **of sb./sth.** jmdn./etw. los sein *(ugs.)*; **get** ~ **of sb./sth.** jmdn./etw. loswerden; **we are** ~ **of him** wir sind froh, daß wir ihn los sind *(ugs.)*
riddance ['rɪdəns] *n.* **good** ~ [**to bad rubbish**] zum Glück od. Gott sei Dank ist er/sie/es weg!; **he's left at last – and good** ~ **to him!** er ist endlich gegangen – Gott sei Dank!
ridden *see* **ride** 2, 3
¹riddle ['rɪdl] *n.* Rätsel, *das*; **talk** or **speak in** ~s in Rätseln sprechen; **tell sb. a** ~: jmdm. ein Rätsel aufgeben
²riddle 1. *n. (sieve)* [Schüttel]sieb, *das*. 2. *v. t.* a) *(fill with holes)* durchlöchern; ~d

ridicule

with bullets von Kugeln durchsiebt *od.* durchlöchert; ~**d with corruption/mistakes** *(fig.)* von Korruption durchsetzt/mit *od.* von Fehlern übersät; b) *(sift)* sieben
ride [raɪd] 1. *n.* a) *(journey) (on horseback)* [Aus]ritt, *der*; *(in vehicle, at fair)* Fahrt, *die*; ~ **in a train/coach** Zug-/Busfahrt, *die*; **go for a** ~: ausreiten; **go for a [bi]cycle** ~: radfahren; *(longer distance)* eine Radtour machen; **go for a** ~ **[in the car]** [mit dem Auto] wegfahren; **have a** ~ **in a train/taxi/on the merry-go-round** mit dem Zug/Taxi/Karussell fahren; **can I have a** ~ **on your bike/pony?** darf ich mal mit deinem Rad fahren/auf deinem Pony reiten?; **give sb. a** ~: jmdn. mitnehmen; **give sb. a** ~ **on one's back** jmdn. auf seinen Schultern reiten lassen; **be/come along for the** ~ *(coll.)* nur so *(ugs.)* od. nur aus Interesse dabei sein/mitkommen; **take sb. for a** ~: jmdn. spazierenfahren; *(fig. sl.: deceive)* jmdn. reinlegen *(ugs.)*; b) *(quality of* ~*)* Fahrkomfort, *der*; **the car gives [you] a bumpy/smooth** etc. ~: das Auto fährt holprig/sanft *usw.*; **give sb. a rough/an easy** ~ *(fig.)* es jmdm. schwer/leichtmachen; **have a rough/an easy** ~: es schwer/leicht haben; c) *(path)* Reitweg, *der.* 2. *v. i.* **rode** [rəʊd], **ridden** ['rɪdn] a) *(travel) (on horse)* reiten; *(on bicycle, in vehicle, Amer.: in elevator)* fahren; ~ **to town on one's bike/in one's car/on the train** mit dem Rad/Auto/Zug in die Stadt fahren; b) *(float)* ~ **at anchor** vor Anker liegen *od.* *(Seemannsspr.)* liegen; ~ **high [in the sky]** *(fig.)* 〈Mond〉 hoch am Himmel schweben; c) *(be carried)* reiten; rittlings sitzen; **'X** ~**s again'** *(fig.)* „X ist wieder da"; **be riding on sth.** *(fig.)* von etw. abhängen; **be riding for a fall** halsbrecherisch reiten; *(fig.)* sich ins Unglück rennen *(ugs.)*; **be riding high** *(fig.)* Oberwasser haben *(ugs.)*; **let sth.** ~ *(fig.)* etw. auf sich beruhen lassen; *see also* **forth c; hound 1 a; roughshod**. 3. *v. t.,* **rode, ridden** a) *(ride on)* reiten 〈*Pferd usw.*〉; fahren mit *(Fahrrad)*; **learn to** ~ **a bicycle** radfahren lernen; ~ **the waves** sich auf den Wellen wiegen; b) *(oppress)* plagen; **ridden by fears/guilt** von Ängsten/von Schuldgefühlen geplagt od. heimgesucht; c) *(traverse) (on horseback)* reiten; *(on cycle)* fahren; *(fig.)* ausweichen (+ *Dat.*) 〈*Schlag*〉; **be** *(Amer. coll.: harass)* fertigmachen *(ugs.)*; **I guess I've been riding you pretty hard** ich hab' dir wohl ziemlich zugesetzt
~ **a'way** *v. i.* wegreiten/wegfahren
~ **'down** *v. t.* umreiten
~ **'off** *see* **away**
~ **'out** *v. t.* abreiten *(Seemannsspr.)* 〈*Sturm*〉; *(fig.)* überstehen
~ **'up** *v. i.* a) ~ **up [to sth.]** 〈*Reiter:*〉 an etw. *(Akk.)* heranreiten; 〈*Fahrer:*〉 an etw. *(Akk.)* heranfahren; b) **the skirt rode up over her knees** *(fig.)* der Rock rutschte über ihr Knie
rider ['raɪdə(r)] *n.* a) Reiter, *der*/Reiterin, *die*; *(of cycle)* Fahrer, *der*/Fahrerin, *die*; b) *(addition)* Zusatz, *der*; **add a** ~: einen Zusatz machen; *(Brit. Law)* eine zusätzliche Erklärung od. Feststellung abgeben
riderless ['raɪdəlɪs] *adj.* reiterlos
ridge [rɪdʒ] 1. *n.* a) *(of roof)* First, *der*; *(of nose)* Rücken, *der*; b) *(long hilltop)* Grat, *der*; Kamm, *der*; ~ **of hills** Höhenrücken, *der*; ~ **of mountains** Gebirgskamm, *der*; c) *(Agric.)* Kamm, *der*; Rücken, *der*; d) *(Meteorol.)* ~ **[of high pressure]** langgestrecktes Hoch; *(connecting two highs)* Hochdruckbrücke, *die.* 2. *v. t.* häufeln
ridge: ~**-piece** *n.* Firstbalken, *der*; ~**-pole** *n.* Firststange, *die*; ~ **tent** *n.* Hauszelt, *das*; ~**-tile** *n.* Firstziegel, *der*; ~**way** *n.* Gratweg, *der*
ridicule ['rɪdɪkju:l] 1. *n.* Spott, *der*; **object of** ~: Zielscheibe des Spotts; Gespött, *das*; **hold sb./sth. up to** ~: jmdn./etw. der Lä-

cherlichkeit preisgeben; **lay oneself open to ~:** sich dem Gespött aussetzen. **2.** *v. t.* verspotten; spotten über (+ *Akk.*)
ridiculous [rɪˈdɪkjʊləs] *adj.* lächerlich; **don't be ~!** sei nicht albern!; **make oneself [look] ~:** sich lächerlich machen
ridiculously [rɪˈdɪkjʊslɪ] *adv.* lächerlich
riding [ˈraɪdɪŋ] *n.* Reiten, *das*
riding: **~-breeches** *n. pl.* Reithose, *die*; **~-crop** *n.* Reitgerte, *die*; **~ habit** *n.* Reitkleid, *das*; **~-lamp** *n.* (*Naut.*) Ankerlaterne, *die*; **~ lesson** *n.* Reitstunde, *die*; **~-light** *see* **~-lamp**; **~-school** *n.* Reitschule, *die*
Riesling [ˈriːzlɪŋ, ˈriːslɪŋ] *n.* Riesling, *der*
rife [raɪf] *pred. adj.* **a)** (*widespread*) weit verbreitet; **rumours were ~:** es gingen Gerüchte um; **b) ~ with** (*full of*) voller; voll von; **the country was ~ with rumours of war** im ganzen Land gab es Kriegsgerüchte
riff-raff [ˈrɪfræf] *n.* Gesindel, *das*
rifle [raɪfl] **1.** *n.* (*firearm*) Gewehr, *das*; (*hunting-~*) Büchse, *die*. **2.** *v. t.* **a)** (*ransack*) durchwühlen; (*pillage*) plündern; **~ sth. of its contents** etw. ausplündern; **b)** (*make grooves in*) ziehen (*fachspr.*) ⟨*Gewehrlauf*⟩. **3.** *v. i.* **~ through sth.** etw. durchwühlen
rifle: **~-barrel** *n.* Gewehrlauf, *der*; (*of hunting-~*) Büchsenlauf, *der*; **~-butt** *n.* Gewehrkolben, *der*; **~-man** [ˈraɪflmən] *n., pl.* **~-men** [ˈraɪflmən] Schütze, *der*; **~-range** *n.* Schießstand, *der*; Schießplatz, *der*; **~-shot** *n.* Gewehrschuß, *der*
rift [rɪft] *n.* **a)** (*dispute*) Unstimmigkeit, *die*; **b)** (*cleft*) Spalte, *die*; (*in cloud*) Riß, *der*
ˈrift-valley *n.* (*Geog.*) Graben[bruch], *der*
¹rig [rɪɡ] **1.** *n.* **a)** (*Naut.*) Takelage, *die*; **b)** (*for oil-well*) ⟨*Öl*⟩Förderturm, *der*; (*off shore*) Förderinsel, *die*; **drilling ~:** Bohrturm, *der*; (*off shore*) Bohrinsel, *die*; **c)** (*outfit*) Kluft, *die*; **in full ~:** in Schale (*ugs.*); **in full climbing ~:** in voller Klettermontur (*ugs.*). **2.** *v. t.*, **-gg- a)** (*Naut.*) auftakeln; **b)** (*Aeronaut.*) zusammensetzen; **c)** (*fit out*) ausrüsten ⟨*Flugzeug*⟩
~ out *v. t.* ausstaffieren
~ up *v. t.* aufbauen
²rig *v. t.*, **-gg-** (*falsify*) fälschen ⟨*Wahl*⟩; verfälschen, (*geh.*) manipulieren [*Wahl*]*ergebnis*⟩; **~ the market** die Preise/(*St. Exch.*) die Kurse manipulieren (*geh.*) *od.* künstlich beeinflussen; **the whole thing was ~ged** das war alles Schiebung (*ugs.*)
rigger [ˈrɪɡə(r)] *n.* **a)** (*Naut.*) Takler, *der*/Taklerin, *die*; **b)** (*Aeronaut.*) [Rüst]mechaniker, *der*/[Rüst]mechanikerin, *die*
¹rigging [ˈrɪɡɪŋ] *n.* **a)** (*Naut.*) Takelung, *die*; (*ropes and chains also*) Gut, *das*; Takelage, *die*; **b)** (*Aeronaut.*) Ausrüstung, *die*
²rigging *n.* (*illicit manipulation*) Manipulation, *die* (*geh.*); Schiebung, *die* (*ugs.*)
right [raɪt] **1.** *adj.* **a)** (*just, morally good*) richtig; **it's not ~ for sb. to do sth.** es ist nicht richtig *od.* recht von jmdm., etw. zu tun; **it is only ~ [and proper] to do sth./that sb. should do sth.** es ist nur recht und billig, etw. zu tun/daß jmd. etw. tut; **do the ~ thing by sb.** sich jmdm. gegenüber anständig verhalten; **b)** (*correct, true*) richtig; **~ enough** völlig richtig; **enough!** in Ordnung!; okay! (*ugs.*); **you're [quite] ~:** du hast [völlig] recht; **too ~** (*coll.*) allerdings!; **how ~ you are!** wie recht du hast!; **you are ~ to do** *or* **in doing it** du tust recht daran, es zu tun; **be ~** *in.* recht mit etw. haben; **let's get it ~ this time!** machen wir es diesmal besser!; **let's get this ~!** das wollen wir doch mal klarstellen!; **is that clock ~?** geht die Uhr da richtig?; **have you got the ~ fare?** haben Sie das Fahrgeld passend?; **put** *or* **set ~:** richtigstellen ⟨*Irrtum, Behauptung*⟩; wiedergutmachen ⟨*Unrecht*⟩; berichtigen ⟨*Fehler*⟩; bereinigen ⟨*Mißverständnis, Angelegenheit*⟩; beheben ⟨*Mißstand, Mangel*⟩; wieder in Ordnung bringen ⟨*Situation,*

Angelegenheit, Maschine, Gerät⟩; richtig stellen ⟨*Uhr*⟩; **put** *or* **set sb. ~:** jmdn. berichtigen *od.* korrigieren; **~ [you are]!,** (*Brit.*) **~ oh!** (*coll.*) ja, gut!; okay! (*ugs.*); **that's ~:** ja[wohl]; so ist es; **that's ~, smash the place up!** (*iron.*) recht so, hau nur immer auf den Putz (*ugs. iron.*); **is that ~?** stimmt das?; (*indeed?*) aha!; **[am I] ~?** nicht [wahr]?; oder [nicht]? (*ugs.*); *see also* **all 3**; **road b**; **track 1 a**; **c)** (*preferable, most suitable*) richtig; **the ~ man for the job** der richtige Mann [dafür]; **do sth. the ~ way** etw. richtig machen; **say/do the ~ thing** das Richtige sagen/tun; **know how to say the ~ thing** die richtigen *od.* passenden Worte finden; **I did the ~ thing when I ...:** es war richtig, daß ich ...; *see also* **Mr**; **whale a**; **d)** (*sound, sane*) richtig; **all's ~ with the world** die Welt *od.* alles ist in Ordnung; **not be quite ~ in the head** nicht ganz richtig [im Kopf] sein; nicht ganz richtig [im Kopf] sein; **as ~ as rain** (*coll.*) (*in health*) gesund wie ein Fisch im Wasser; (*satisfactory*) in bester Ordnung; **put** *or* **set sb. ~** (*restore to health*) jmdn. [wieder] in Ordnung *od.* auf die Beine bringen; **she'll be ~** [schon] in Ordnung (*ugs.*); **I'll/we'll see you ~:** es soll dein Schaden nicht sein; *see also* **mind 1 g**; **e)** (*coll./arch.: real, properly so called*) richtig; recht (*veralt.*); **you're a ~ one!** du bist mir der/die Richtige!; **your room's in a ~ mess** in deinem Zimmer sieht es wüst aus; **he made a ~ mess of that job/of it** er hat die Sache total vermurkst (*ugs.*); **f)** (*opposite of left*) recht...; *see also* **turn 1 c**; **be sb.'s ~ arm** (*fig.*) jmds. rechte Hand sein; **g) R~** (*Polit.*) recht... *See also* **right side**. **2.** *v. t.* **a)** (*avenge*) aus der Welt schaffen ⟨*Unrecht*⟩; **b)** (*correct*) berichtigen; richtigstellen; **c)** (*restore to upright position*) [wieder] aufrichten ⟨*Boot usw.*⟩; **~ itself** sich [von selbst] [wieder] aufrichten; (*fig.: come to proper state*) ⟨*Mangel*⟩: sich [von selbst] geben; ⟨*Körper, Organismus*⟩: (*ugs.*) von selbst in Ordnung kommen. **3.** *n.* **a)** (*fair claim, authority*) Recht, *das*; Anrecht, *das*; **have a/no ~ to sth.** ein/kein Anrecht *od.* Recht auf etw. (*Akk.*) haben; **have a** *or* **the/no ~ to do sth.** das/kein Recht haben, etw. zu tun; **as of ~:** kraft Gesetzes; **by ~** *of* auf Grund (+ *Gen.*); **belong to sb. as of** *or* **by ~:** jmds. rechtmäßiges Eigentum sein; **what ~ has he[got] to do that?** mit welchem Recht tut er das?; **in one's own ~:** aus eigenem Recht; **an authoress in her own ~:** eine eigenständige Autorin; **the ~ to work/life** das Recht auf Arbeit/Leben; **~-to-work** *attrib.* (*Amer.*) gegen Gewerkschaftszwang gerichtet ⟨*Gesetz, Politik*⟩; **~-to-work state** Staat ohne Gewerkschaftszwang; **the ~ to life** das Recht auf Leben (*des ungeborenen Kindes*); **~-to-life** *attrib.* auf den Schutz ungeborenen Lebens gerichtet; **grazing ~s** Weiderechte *Pl.*; **~ of way** (*= to pass across*) Wegerecht, *das*; (*path*) öffentlicher Weg; (*precedence*) Vorfahrtsrecht, *das*; **who has the ~ of way?** wer hat Vorfahrt?; **Bill of R~s** Bill of Rights, *die*; **Black R~s** Rechte der Schwarzen; **be within one's ~s to do sth.** etw. mit [Fug und] Recht tun können; **b)** (*what is just*) Recht, *das*; **~ is on our side** das Recht ist auf unserer Seite; **understand the ~s and wrongs of a situation** beurteilen können, was [bei einer Sache] richtig und was falsch ist; **by ~[s]** von Rechts wegen; **do ~ by sb.** jmdn. anständig behandeln; **do ~ to do sth.** recht daran tun, etw. zu tun; **in the ~:** im Recht; **c)** (*~-hand side*) rechte Seite; **move to the ~:** nach rechts rücken; **on** *or* **to the ~** [of the door] rechts [von der Tür]; **on** *or* **to my ~,** **to the ~ of me** rechts von mir; zu meiner Rechten; **from ~ and left** von rechts und links; **d)** (*Polit.*) **the R~:** die Rechte; (*radicals*) die Rechten; **be on the R~ of the**

party dem rechten Flügel der Partei angehören; **e)** *in pl.* (*proper state*) set *or* put sth. **to ~s** etw. in Ordnung bringen; **set** *or* **put the world to ~s** die Welt verbessern; **f)** (*Boxing*) Rechte, *die*; **g) get sb. bang to ~s** (*Brit. sl.*) *or* (*Amer. sl.*) **dead to ~s** jmdn. auf frischer Tat ertappen; **h)** (*Theatre*) [stage] **~:** linke Bühnenseite; **i)** (*in marching*) *see* **²left 3 e**. **4.** *adv.* **a)** (*properly, correctly, justly*) richtig ⟨*machen, raten, halten*⟩; **go ~** (*succeed*) klappen (*ugs.*); **nothing is going ~ for** *or* **with me today** bei mir klappt heute nichts (*ugs.*); **if I remember ~:** wenn ich mich recht *od.* richtig erinnere; **b)** (*to the side opposite left*) nach rechts; **~ of the road** rechts von der Straße; **~, left, and centre, left, ~, and centre** (*fig. coll.*) überall; (*repeatedly*) immer wieder; **c)** (*all the way*) bis ganz; (*completely*) ganz; völlig; **windows coming ~ down to the floor** Fenster, die bis ganz auf den Fußboden herunterreichen; **~ through the summer** den ganzen Sommer hindurch; **turn ~ round** sich ganz umdrehen; ⟨*Zeiger*:⟩ eine ganze Umdrehung machen; **~ round the house** ums ganze Haus [herum]; **rotten ~ through** durch und durch verfault; **d)** (*exactly*) genau; **~ in the middle of sth.** mitten in etw. (*Dat./Akk.*); **~ now** im Moment; jetzt sofort; (*Amer.*) sofort; **on the chin** direkt *od.* genau am/ans Kinn; **he was ˈ~ next to me** (*coll.*) er war direkt *od.* genau neben mir; **~ at the beginning** gleich am Anfang; **~ on!** (*coll.*) (*approving*) recht so!; so ist's recht!; (*agreeing*) genau!; ganz recht!; **e)** (*straight*) direkt; genau; **go ~ on [the way one is going]** [weiter] geradeaus gehen *od.* fahren; **I'm going ~ home now** ich gehe jetzt direkt nach Hause; **f)** (*coll.: immediately*) **~ [away/off]** sofort; gleich; **I'll be ~ 'with you** ich bin gleich [wieder] da; **things went wrong ~ at** *or* **from the beginning** es ging schon am Anfang *od.* von Anfang an schief; **g)** (*very*) recht; **~ royal** [wahrhaft] fürstlich ⟨*Mahl, Empfang*⟩; **a ~ royal dressing down** eine Standpauke, die sich gewaschen hat (*ugs.*); *see also* **honourable d**; **reverend 1**
right: **~ aˈbout** [ˈtɜːn *or* (*Amer.*) ˈfɑːs] *n.* (*Mil.*) Rechtsummachen, *das*; Kehrtwendung nach rechts, *die*; (*as command*) rechtsum!; (*fig.*) Kehrtwendung, *die*; **~ angle** *n.* rechter Winkel; **~ angles to ...:** im rechten Winkel zu ...; **~-angled** *adj.* rechtwinklig; **~ back** *n.* (*Footb.*) rechter Verteidiger/rechte Verteidigerin
righteous [ˈraɪtʃəs] **1.** *adj.* **a)** (*upright*) rechtschaffen, (*bibl.*) gerecht ⟨*Person*⟩; gerecht ⟨*Gott, Staat, Herr*⟩; **b)** (*morally justifiable*) gerechtfertigt ⟨*Zorn, Sache*⟩; gerechtfertigt ⟨*Maßnahme, Tat*⟩. **2.** *n. pl.* **the ~:** die Gerechten
ˈright-footed *adj.* mit dem rechten Fuß geschickter; rechtsfüßig ⟨*Fußballspieler*⟩
rightful [ˈraɪtfl] *adj.* **a)** (*fair*) gerecht ⟨*Sache, Strafe*⟩; berechtigt ⟨*Forderung, Anspruch*⟩; **b)** (*entitled*) rechtmäßig ⟨*Besitzer, Eigentümer, Herrscher, Erbe, Anteil*⟩
rightfully [ˈraɪtflɪ] *adv.* **a)** (*fairly*) rechtmäßig; **b)** (*correctly*) mit *od.* zu Recht
right: **~ 'hand** *n.* **a)** rechte Hand; Rechte, *die*; **b)** (*right side*) **on** *or* **at sb.'s ~ hand** zu jmds. Rechten; von jmdm.; (*fig.: chief assistant*) rechte Hand; **~-hand** *adj.* recht...; rechtsgängig, rechtsdrehend ⟨*Schraube, Gewinde*⟩; **~-hand bend** Rechtskurve, *die*; **on the/your ~-hand side** rechts; auf der rechten Seite; *see also* **drive 1 i**; **~-handed** [ˈraɪtˈhændɪd] **1.** *adj.* **a)** rechtshändig; ⟨*Schlag*⟩ mit den Rechten; ⟨*Werkzeug*⟩ für Rechtshänder; **be ~-handed** Rechtshänder/Rechtshänderin sein; **b)** (*turning to right*) rechts angeschlagen ⟨*Tür*⟩; Rechts⟨gewinde, -drehung⟩; rechtsgängig, rechtsdrehend ⟨*Schraube, Gewinde*⟩; **2.** *adv.* rechtshändig; mit der rech-

611

ten Hand; **~-handedness** [raɪtˈhændɪdnɪs] *n.* Rechtshändigkeit, *die;* **~-hander** [raɪtˈhændə(r)] *n.* **a)** *(person)* Rechtshänder, *der/*-händerin, *die;* **b)** *(blow)* Schlag mit der Rechten; *(Boxing)* Rechte, *die;* **~-hand 'man** *(chief assistant)* rechte Hand
rightism [ˈraɪtɪzm] *n., no pl. (Polit.)* Konservativismus, *der*
rightist [ˈraɪtɪst] *(Polit.)* **1.** *adj.* rechtsorientiert. **2.** *n.* Rechte, *der/die*
rightly [ˈraɪtlɪ] *adv.* **a)** *(fairly, correctly)* richtig; **do ~:** richtig handeln; **..., and ~ so:** ..., und zwar zu Recht; **~ or wrongly, ...:** ob es nun richtig ist/war oder nicht, ...; **b)** *(fitly)* zu Recht
right-'minded *adj.* gerecht denkend
rightness [ˈraɪtnɪs] *n., no pl.* Richtigkeit, *die*
righto [ˈraɪtəʊ, raɪˈtəʊ] *int. (Brit.)* okay *(ugs.);* alles klar *(ugs.)*
'right side *n.* **a)** *(of fabric)* Oberseite, *die;* **be on the ~ of fifty** noch keine fünfzig sein; **[the] ~ out/up** richtig herum; **get on the ~ of sb.** *(fig.)* sich mit jmdm. gut stellen
'rights issue *n. (Finance)* Bezugsangebot, *das*
'right-thinking *adj.* gerecht denkend
rightward [ˈraɪtwəd] **1.** *adv.* [nach] rechts ⟨*abbiegen*⟩; nach rechts ⟨*blicken, sich wenden*⟩; **lie ~ of sth.** rechts von etw. liegen. **2.** *adj.* rechter Hand *nachgestellt*
rightwards [ˈraɪtwədz] *see* **rightward 1**
right: **~-wing** *adj.* **a)** *(Sport)* Rechtsaußen-⟨*spieler, -position*⟩; **b)** *(Polit.)* recht...; rechtsgerichtet; Rechts⟨*intellektueller, -extremist, -radikalismus*⟩; **~-winger** *n.* **a)** *(Sport)* Rechtsaußen, *der;* **b)** *(Polit.)* Angehöriger/Angehörige des rechten Flügels; **extreme ~-winger** Rechtsaußen, *der/die (Jargon);* Rechtsradikale, *der/die*
rigid [ˈrɪdʒɪd] *adj.* **a)** *(stiff)* steif; *(hard)* hart; *(firm)* fest; **~ airship** Starrluftschiff, *das;* **b)** *(fig.: harsh, inflexible)* streng ⟨*Person*⟩; unbeugsam ⟨*Haltung, System*⟩
rigidity [rɪˈdʒɪdɪtɪ] *n., no pl. see* **rigid: a)** Starrheit, *die;* Steifheit, *die;* Härte, *die;* Festigkeit, *die;* **b)** Strenge, *die*
rigidly [ˈrɪdʒɪdlɪ] *adv.* **a)** starr; **b)** *(harshly, inflexibly)* [allzu] streng; peinlich ⟨*korrekt*⟩; rigoros ⟨*vernichten, beschränken*⟩
rigmarole [ˈrɪgmərəʊl] *n. (derog.)* **a)** *(long story)* langatmiges Geschwafel *(ugs. abwertend);* **b)** *(complex procedure)* Zirkus, *der (ugs. abwertend)*
rigor [ˈrɪgə(r)] *(Amer.) see* **rigour**
rigor mortis [ˌrɪgə ˈmɔːtɪs] *n. (Med.)* Totenstarre, *die;* Rigor mortis, *der (fachspr.)*
rigorous [ˈrɪgərəs] *adj.* **a)** *(strict)* streng; rigoros ⟨*Methode, Maßnahme, Beschränkung, Strenge*⟩; **~ tests** strenge Prüfungen; **b)** *(marked by extremes)* hart ⟨*Leben, Bedingungen, Winter*⟩; extrem ⟨*Klima*⟩; **c)** *(precise)* peinlich ⟨*Genauigkeit, Beachtung*⟩; exakt ⟨*Analyse*⟩; streng ⟨*Beurteilung, Maßstab*⟩; scharf ⟨*Auge*⟩; genau ⟨*Arbeit*⟩
rigorously [ˈrɪgərəslɪ] *adv.* **a)** *(strictly)* streng; rigoros ⟨*durchführen, ausschließen*⟩; **b)** *(precisely)* exakt ⟨*berechnen*⟩
rigour [ˈrɪgə(r)] *n. (Brit.)* **a)** *(strictness)* Strenge, *die;* **b)** *(extremeness)* Härte, *die;* Strenge, *die;* **the ~s of sth.** die Unbilden *(geh.)* einer Sache *(Gen.);* **c)** *(precision)* Stringenz, *die (geh.); (of argument)* Schlüssigkeit, *die*
rile [raɪl] *v.t. (coll.)* ärgern; **get/feel ~d** sich ärgern; **it ~s me when ...:** es fuchst mich, wenn ... *(ugs.)*
Riley [ˈraɪlɪ] *n.* **live** *or* **lead the life of ~** *(sl.)* wie die Made im Speck leben *(ugs.)*
rill [rɪl] *n.* Bächlein, *das*
rim [rɪm] *n.* Rand, *der; (of wheel)* Felge, *die*
rime [raɪm] *n. (frost)* Rauhreif, *der*
rimless [ˈrɪmlɪs] *adj.* randlos
-rimmed [rɪmd] *adj. in comb.* -randig
rind [raɪnd] *n. (of fruit)* Schale, *die; (of cheese)* Rinde, *die; (of bacon)* Schwarte, *die*

¹ring [rɪŋ] **1.** *n.* **a)** Ring, *der;* **b)** *(Horseracing, Boxing)* Ring, *der; (bull~)* Arena, *die; (in circus)* Manege, *die;* **the ~** *(bookmakers)* der Ring; die Buchmacher; **c)** *(group)* Ring, *der; (gang)* Bande, *die; (controlling prices)* Kartell, *das;* **d)** *(circle)* Kreis, *der;* **make** *or* **run ~s [a]round sb.** *(fig.)* jmdn. in die Tasche stecken *(ugs.);* **e)** *(halo round moon)* Hof, *der;* **f)** *(Chem.)* Ring, *der.* **2.** *v.t.* **a)** *(surround)* umringen; einkreisen ⟨*Wort, Buchstaben usw.*⟩; **b)** *(Brit.: put ~ on leg of)* beringen ⟨*Vogel*⟩
²ring 1. *n.* **a)** *(act of sounding bell)* Läuten, *das;* Klingeln, *das;* **there's a ~ at the door** es hat geklingelt; **give two ~s** zweimal läuten *od.* klingeln; **b)** *(Brit. coll.: telephone call)* Anruf, *der;* **give sb. a ~:** jmdn. anrufen; **c)** *(resonance; fig.: impression)* Klang, *der; (fig.)* **have the ~ of plausibility/truth** einleuchtend/glaubhaft klingen; *(fig.)* **a ~ of insistence in her tone** ein nachdrücklicher Ton in ihrer Stimme. **2.** *v.i.,* **rang** [ræŋ], **rung** [rʌŋ] **a)** *(sound clearly)* [er]schallen; ⟨*Hammer:*⟩ [er]dröhnen; **oaths rang across the yard** Flüche hallten über den Hof; **b)** *(be sounded)* ⟨*Glocke, Klingel, Telefon:*⟩ läuten; ⟨*Wecker, Telefon, Kasse:*⟩ klingeln; **the doorbell rang** die Türklingel ging; es klingelte; **c)** *(~ bell)* läuten *(for* nach); **please ~ for attention** bitte läuten; **d)** *(Brit.: make telephone call)* anrufen; **e)** *(resound)* ⟨*Wald, Raum, Halle:*⟩ [wider]hallen (**with** von); **~ in sb.'s ears** jmdm. in den Ohren klingen; **~ true/false** ⟨*Münze:*⟩ echt/falsch klingen; *(fig.)* glaubhaft/unglaubhaft klingen; **f)** *(hum)* summen; *(loudly)* dröhnen; **my ears are ~ing** mir dröhnen die Ohren. **3.** *v.t.,* **rang, rung a)** läuten ⟨*Glocke*⟩; **~ [the] [door]bell** läuten; klingeln; **~ a peal** die Glocken läuten; **it ~s a bell** *(fig. coll.)* irgendwie [irgendwo] bekannt vor; **~ the bell [with sb.]** *(fig.)* [bei jmdm.] ankommen *(ugs.); see also* **change 1 h; knell b;** **b)** *(Brit.: telephone)* anrufen
~ 'back *v.t. & i. (Brit.)* **a)** *(again)* wieder anrufen; **b)** *(in return)* zurückrufen
~ down *v.t. (Theatre)* fallen lassen, herunterlassen ⟨*Vorhang*⟩; **~ the curtain down on a project/a love affair** *(fig.)* unter ein Vorhaben/Liebesverhältnis einen Schlußstrich ziehen
~ 'in 1. *v.i. (Brit.)* anrufen. **2.** *v.t.* einläuten
~ 'off *v.i. (Brit.)* auflegen; abhängen
~ 'out 1. *v.i.* ertönen. **2.** *v.t.* ausläuten
~ round 1. *v.t.* **[-]** *~* **. herumtelefonieren. 2.** **[--]** *v.t.* herumtelefonieren bei
~ 'up *v.t.* **a)** *(Brit.: telephone)* anrufen; **b)** *(record on cash register)* [ein]tippen; bongen *(ugs.);* **c)** *(Theatre)* **~ up the curtain** den Vorhang hochziehen
ring: **~-a-~-o'-'roses** *n.* Ringelreihen, *der;* **~ binder** *n.* Ringbuch, *das;* **~ circuit** *n. (Electr.)* Ringschaltung, *die;* **~-dove** *n.* Ringeltaube, *die*
ringed [rɪŋd] *adj.* beringt; **the ~ planet** der Ringplanet
ringer [ˈrɪŋə(r)] *n.* **a)** *(bell-~)* [Glocken]läuter, *der;* **b)** **be a [dead] ~ for sb./sth.** *(sl.: very similar)* für jmdn. durchgehen [können]/einer Sache *(Dat.)* [aufs Haar] gleichen
ring: **~-fence** *n.* Umzäunung, *die;* **~-finger** *n.* Ringfinger, *der*
ringing [ˈrɪŋɪŋ] **1.** *adj.* **a)** *(clear and full)* schallend ⟨*Stimme, Gelächter*⟩; *(sonorous)* klangvoll, volltönend ⟨*Stimme, Lachen, Lied*⟩; *(resounding)* dröhnend ⟨*Schlag*⟩; **b)** *(decisive)* eindringlich ⟨*Appell*⟩. **2.** *n.* **a)** *(sounding, sound)* Läuten, *das;* **b)** *(Teleph.)* **~ tone** Freiton, *der;* **c)** *(sensation)* **~ in the** *or* **one's ears** Ohrensausen, *das*
'ringleader *n.* Rädelsführer, *der (abwertend);* Anführer/Anführerin, *die*
ringlet [ˈrɪŋlɪt] *n.* [Ringel]löckchen, *das*
ring: **~ main** *n. (Electr.)* Ringnetz, *das;* **~master:** *n.* Dresseur, *der;* **~-pull** *adj.*

~-pull can Aufreißdose, *die;* Ring-Pull-Dose, *die;* **~ road** *n.* Ringstraße, *die;* **~side** **1.** *adj.* **~side seat** *(Boxing)* Ringplatz, *der; (in circus)* Manegenplatz, *der;* Logenplatz, *der (auch fig.);* **~sider** [ˈrɪŋsaɪdə(r)] *n.* Zuschauer mit Ring-/Manegenplatz; **~way** *n.* Ringstraße, *die;* **~worm** *n. (Med.)* Kopfgrind, *der;* Flechtengrind, *der*
rink [rɪŋk] *n. (for ice-skating)* Eisbahn, *die; (for curling)* Eisschießbahn, *die; (for roller-skating)* Rollschuhbahn, *die; (bowling-green)* Bowlingfläche, *die*
rinse [rɪns] **1.** *v.t.* **a)** *(wash out)* ausspülen ⟨*Mund, Gefäß usw.*⟩; *abs.* **please ~** *(said by dentist)* bitte mal [aus]spülen; **b)** *(wash lightly)* durchspülen ⟨*Wäsche*⟩; **c)** *(put through water)* [aus]spülen ⟨*Wäsche usw.*⟩; abspülen ⟨*Hände, Geschirr*⟩. **2.** *n.* **a)** *(rinsing)* Spülen, *das;* Spülung, *die;* **give sth. a [good/quick] ~:** etw. [gut/schnell] abspülen/ausspülen/spülen; **after several ~s** nach mehrmaligem Spülen; **have a ~** *(said by dentist)* bitte [aus]spülen; **b)** *(solution)* [Haar]tönung, *die;* [Haar]töner, *der*
~ a'way *v.t.* wegspülen
~ 'out *v.t.* **a)** *(wash with clean water)* ausspülen ⟨*Wäsche, Mund, Behälter*⟩; **b)** *(remove by washing)* [her]ausspülen
riot [ˈraɪət] **1.** *n.* **a)** *(violent disturbance)* Aufruhr, *der;* **~s** Unruhen *Pl.;* Aufstand, *der;* **there'll be a ~** *(fig.)* es wird Ärger *od.* einen Aufstand geben *(ugs.);* **b)** *(noisy or uncontrolled behaviour)* Krawall, *der;* Tumult, *der;* **run ~** randalieren; *(in protest)* auf die Barrikaden gehen *(ugs.);* **run ~ [all over sth.]** ⟨*Pflanze:*⟩ [er völlig über]wuchern; **let one's imagination run ~:** seiner Phantasie freien Lauf lassen; **c)** *(unrestrained indulgence)* Orgie, *die;* **be a ~:** zum Piepen sein *(ugs.).* **2.** *v.i.* einen Aufstand machen; **the mob had been ~ing all night** der Mob hatte während der ganzen Nacht gewütet; **the ~ing** *or* **the Aufruhr; die Unruhen**
'Riot Act *n. (Hist.)* Aufruhrgesetz, *das;* **read the ~** *(fig. coll.)* jmdm. die Leviten lesen *(ugs.)*
rioter [ˈraɪətə(r)] *n.* Aufrührer, *der*
riotous [ˈraɪətəs] *adj.* **a)** *(turbulent)* aufrührerisch ⟨*Menge*⟩; tumultartig ⟨*Vorgang*⟩; **b)** *(dissolute)* ausschweifend; **c)** *(unrestrained)* wild; schallend ⟨*Gelächter*⟩; **a ~ display of colour** eine reiche Farbenpracht
riotously [ˈraɪətəslɪ] *adv.* **a)** *(dissolutely)* ausschweifend; **b)** **~ funny** *(coll.)* urkomisch; zum Schreien präd. *(ugs.)*
riot: **~ police** *n.* Bereitschaftspolizei, *die;* **~ shield** *n.* Schutzschild, *der*
¹rip [rɪp] **1.** *n.* **a)** *(tear)* Riß, *der;* **b)** *(act of ripping)* Reißen, *das.* **2.** *v.t.,* **-pp- a)** *(make tear in)* zerreißen; **~ open** aufreißen; *(with knife)* aufschlitzen; **~ one's skirt on sth.** sich *(Dat.)* das Kleid einreißen *od.* zerreißen; **~ sth. down the middle/to pieces** etw. in der Mitte *od.* etw. mitten durchreißen/in Stücke zerreißen; **b)** *(make by tearing)* reißen ⟨*Loch*⟩. **3.** *v.i.,* **-pp- a)** *(split)* [zer]reißen; **b)** *(fig. coll.)* **let ~:** loslegen *(ugs.);* **he let ~ down the motorway** er bretterte volles Rohr über die Autobahn *(ugs.);* **let ~ at sb.** jmdn. zur Minna machen *(ugs.)*
~ a'part *v.t. (tear apart)* auseinanderreißen; *(destroy)* demolieren
~ a'way *v.t.* **~ sth. away from sth.** etw. von etw. reißen
~ 'down *v.t.* abreißen; herunterreißen
~ into *v.t.* **~ into sb.** *(attack)* über jmdn. herfallen; *(fig.: attack verbally)* jmdm. ins Gesicht springen *(ugs.)*
~ 'off *v.t.* **a)** *(remove from)* reißen von; *(remove)* abreißen; herunterreißen ⟨*Maske, Kleidungsstück*⟩; **b)** *(sl.: defraud)* übers Ohr hauen *(ugs.);* bescheißen *(derb);* **c)** *(sl.: steal)* klauen *(salopp). See also* **rip-off**

~ **'out** v.t. herausreißen (of aus)
~ **'up** v.t. zerreißen; kaputtreißen (ugs.); ~ **up an agreement** (fig.) aus einer Vereinbarung einfach wieder aussteigen (ugs.)
²**rip** n. **a)** (roué) Windhund, der (abwertend); **b)** (rascal) Halunke, der (scherzh.)
RIP abbr. **rest in peace** R.I.P.
'**rip-cord** n. Reißleine, die
ripe [raɪp] adj. reif (**for** zu); ausgereift ⟨Käse, Wein, Plan⟩; vollkommen, vollendet ⟨Gelehrsamkeit⟩; reich ⟨Erfahrung⟩; groß ⟨Verständnis⟩; **the time is ~ for doing sth.** es ist an der Zeit, etw. zu tun; **be ~ for development** ⟨Land:⟩ entwicklungsreif sein; ~ **old age** hohes Alter
ripen ['raɪpn] **1.** v.t. zur Reife bringen; (fig.) reifen lassen (geh.). **2.** v.i. (lit. or fig.) reifen; ~ **into sth.** (fig.) zu etw. reifen (geh.)
ripeness ['raɪpnɪs] n., no pl. (lit. or fig.) Reife, die
rip-off n. (sl.) Nepp, der (ugs. abwertend); **that place is a ~:** das ist ein Neppladen (ugs. abwertend)
riposte [rɪ'pɒst] **1.** n. **a)** (retort) [rasche] Entgegnung od. (geh.) Replik; **b)** (Fencing) Riposte, die. **2.** v.i. **a)** (retort) [rasch] antworten; **b)** (Fencing) ripostieren
ripper ['rɪpə(r)] n. Lustmörder, der; **the Yorkshire R~:** der Ripper von Yorkshire
ripping ['rɪpɪŋ] adj. (Brit. dated sl.) famos (ugs. veralt.)
ripple ['rɪpl] **1.** n. **a)** (small wave) kleine Welle; **the breeze sent ~s along the surface** die Brise kräuselte die Oberfläche; **b)** (sound) **a ~ of applause/laughter** kurzer Beifall/ein perlendes Lachen; **c)** (Electr.) leichte [Strom]schwankung. **2.** v.i. **a)** (form ~s) ⟨See:⟩ sich kräuseln; ⟨Muskeln:⟩ spielen; **b)** (flow) ⟨Welle:⟩ plätschern; ⟨Bach:⟩ in kleinen Wellen fließen; **c)** (sound) erklingen. **3.** v.t. kräuseln
'**ripple-mark** n. Rippelmarke, die
rip: ~-**roaring** adj. wahnsinnig (ugs.); Wahnsinns- (ugs.); ~-**saw** n. Längsschnittsäge, die; ~-**snorter** ['rɪpsnɔ:tə(r)] n. (sl.) (person) Teufelskerl, der (ugs.); (thing) **a ~-snorter of a storm/match** etc. ein mordsmäßiger Sturm/mordsmäßiges Spiel usw.; ~ **tide** n. (turbulence) Kabbelung, die; (current) Brandungsrückströmung, die
rise [raɪz] **1.** n. **a)** (going up) (of sun etc.) Aufgang, der; (Theatre: of curtain) Aufgang, das; (advancement) Aufstieg, der; ~ **and ~** (joc.) unaufhaltsamer Aufstieg; **b)** (emergence) Aufkommen, das; **c)** (increase) (in value, price, cost) Steigerung, die; (St. Exch.: in shares) Hausse, die; (in population, temperature) Zunahme, die; **be on the ~:** steigen; zunehmen; **d)** (Brit.) [**pay**] **~** (in wages) Lohnerhöhung, die; (in salary) Gehaltserhöhung, die; **e)** (hill) Anhöhe, die; Erhebung, die; **a ~ in the road** eine Steigung; **f)** (origin) Ursprung, der; **give ~ to** führen zu; (Ereignis:) Anlaß geben zu ⟨Spekulation⟩; **what has given ~ to this bizarre idea?** woher kommt denn diese seltsame Idee?; **g)** (Angling) Steigen, das; (fish) steigender Fisch; **h) get** or **take a ~ out of sb.** (fig.) (make fun of) sich über jmdn. lustig machen; (annoy, provoke) jmdn. reizen; **i)** (height of step) [Stufen]höhe, die. **2.** v.i. **rose** [rəʊz], **risen** ['rɪzn] **a)** (go up) aufstehen; ~ [**up**] **into the air** ⟨Rauch:⟩ aufsteigen, in die Höhe steigen; ⟨Ballon, Vogel, Flugzeug:⟩ sich in die Luft erheben; **b)** (come up) ⟨Sonne, Mond:⟩ aufgehen; ⟨Blase:⟩ aufsteigen; **indignation rose in him** Unmut stieg in ihm hoch; **c)** (reach higher level) steigen; ⟨Stimme:⟩ höher werden; **her pleading rose to heights of passionate eloquence** ihr inständiges Bitten steigerte sich zu leidenschaftlicher Beredtheit; **d)** (extend upward) aufragen; sich erheben; ⟨Weg, Straße:⟩ ansteigen; ~ **to 2,000 metres** ⟨Berg:⟩ 2000 m hoch aufragen; ~ [**a storey**] **higher than sth.** etw. [um ein Stockwerk] überragen; **e)** (advance) ⟨Person:⟩ aufsteigen, aufrücken; ~ **to a rank/to be the director** in einen Rang/zum Direktor aufsteigen; ~ **in one's profession** in seinem Beruf voran- od. vorwärts- od. weiterkommen; ~ **in the world** voran- od. weiterkommen; see also **fame**; ¹**rank 1 e**; **f)** (increase) steigen; ⟨Interesse:⟩ wachsen; ⟨Stimme:⟩ lauter werden; (blow more strongly) ⟨Wind, Sturm:⟩ auffrischen, stärker werden; ~ **to a gale** zum Sturm werden; **g)** (Cookery) ⟨Teig, Kuchen:⟩ aufgehen; **h)** (become more cheerful) ⟨Stimmung, Moral:⟩ steigen; **i)** (come to surface) ⟨Fisch:⟩ steigen; ~ **to the bait** (fig.) sich ködern lassen (ugs.); ~ **to sb.'s taunts** sich von jmdm. herausfordern lassen; **j)** (Theatre) (Vorhang:) aufgehen, sich heben; ~ **on a scene** or **to reveal a scene** [aufgehen od. sich heben und] den Blick auf die Szene freigeben; **k)** (rebel, cease to be quiet) ⟨Person:⟩ aufbegehren (geh.), sich erheben; ~ **as one man** wie ein Mann aufstehen; ~ **in arms** einen bewaffneten Aufstand machen; **my whole soul ~s against it** mein ganzes Inneres sträubt sich dagegen; see also **gorge 1 b**; **l)** (get up) ~ **[to one's feet]** aufstehen; (from sitting or lying also; after accolade) sich erheben; **he fell, never to ~ again** er stürzte und kam nicht wieder auf die Beine; ~ **on its hind legs** ⟨Pferd:⟩ steigen; ~ **and shine!** (coll.) aufstehen!; raus aus den Federn! (ugs.); see also **sun 1**; **m)** (adjourn) ⟨Parlament:⟩ in die Ferien gehen, die Sitzungsperiode beenden; (end a session) die Sitzung beenden; **n)** (come to life again) auferstehen; **Christ is** ~ **n** Christus ist auferstanden od. (geh.) erstanden; ~ **from the ashes** (fig.) ⟨Industrie:⟩ aus den Trümmern wiedererstehen; **look as though one had ~n from the grave** wie eine lebende Leiche aussehen (salopp); **o)** (have origin) ⟨Fluß:⟩ entspringen
~ v.t. überragen; (fig.) hinauskommen über (+ Akk.) ⟨Niveau:⟩; (morally) erhaben sein über (+ Akk.)
~ **to** v.t. see **challenge 1 b**; **occasion 1 a**
~ '**up** v.i. **a)** (get up) aufstehen; sich erheben; **b)** (advance) aufsteigen; (in level) ansteigen; **c)** ~ **up [in revolt]** aufbegehren (geh.); sich erheben; **d)** (extend upward) ⟨Berg:⟩ aufragen; ~ **up to 2,000 metres** 2 000 m hoch aufragen
riser ['raɪzə(r)] n. **a)** (one who gets up) **early** ~: Frühaufsteher, der/Frühaufsteherin, die; **late** ~: Spätaufsteher, der/Spätaufsteherin, die; **b)** (of stair, step) Setzstufe, die; **c)** (vertical pipe) Steigrohr, das; Steigleitung, die
risible ['rɪzɪbl] adj. (literary) lächerlich
rising ['raɪzɪŋ] **1.** n. **a)** (appearance above the horizon) Aufgang, der; **b)** (increase in height) Steigen, das; **he waited for the ~ of the tide** er wartete auf die Flut; **c)** (getting up) Aufstehen, das; **d)** (revolt) Aufstand, der; **e)** (resurrection) Auferstehung, die. **2.** adj. **a)** (appearing above the horizon) aufgehend; **b)** (increasing) steigend ⟨Kosten, Temperatur⟩; (fig.) wachsend ⟨Entrüstung, Wut, Ärger, Bedeutung⟩; **c)** (mounting) steigend ⟨Wasser, Flut⟩; hochgehend ⟨Welle⟩; **d) the ~ generation** die heranwachsende Generation; **e)** (advancing in standing) aufstrebend; **f)** (sloping upwards) ansteigend; **g)** (approaching the age of) **be ~ forty** auf die Vierzig zugehen; **be ~ sixteen** sechzehn werden; **the ~ fives** die fast fünfjährigen Kinder
rising: ~ **butt** see ~ **hinge;** ~ '**damp** n. aufsteigende Feuchtigkeit; ~ **hinge** n. Hebescharnier, das
risk [rɪsk] **1.** n. **a)** (hazard) Gefahr, die; (chance taken) Risiko, das; ~ **of infection/ loss** Ansteckungsgefahr, die/Verlustrisiko, das; **there is a/no ~ of sb.'s doing sth.** or **that sb. will do sth.** es besteht die/keine Gefahr, daß jmd. etw. tut; **at the ~ of one's life** unter Lebensgefahr; **be at ~** ⟨Zukunft, Plan:⟩ in Gefahr sein, gefährdet sein; **at one's own ~:** auf eigene Gefahr od. eigenes Risiko; **at owner's ~:** auf Gefahr od. Risiko des Eigentümers; '**coats/luggage** etc. **left at owner's ~**' „keine Haftung für Garderobe/ Gepäck usw."; **put at ~:** gefährden; **in Gefahr bringen; run** or **take a ~:** ein Risiko od. Wagnis eingehen od. auf sich (Akk.) nehmen; **run** or **take ~s/a lot of ~s** etwas/ viel riskieren; **take ~s with one's life** sein Leben in Gefahr bringen od. riskieren; **run the ~ of doing sth.** Gefahr laufen, etw. zu tun; (knowingly) es riskieren, etw. zu tun; **take the ~ of doing sth.** es riskieren, etw. zu tun; das Risiko eingehen in Kauf nehmen, etw. zu tun; **b)** (Insurance) **he is a poor/good ~:** bei ihm ist das Risiko groß/ gering. **2.** v.t. riskieren; wagen ⟨Sprung, Kampf⟩; **you'll ~ losing your job** du riskierst es, deinen Job zu verlieren; **I'll ~ it!** ich lasse es drauf ankommen; etw. riskiere es; ~ **one's life/neck** sein Leben/seinen Hals riskieren; (thoughtlessly) sein Leben aufs Spiel setzen
riskily ['rɪskɪlɪ] adv. riskant; gewagt
'**risk-money** n. Fehlgeld, das
risky ['rɪskɪ] adj. (dangerous) riskant; gewagt ⟨Experiment, Unternehmen, Projekt⟩
risotto [rɪ'zɒtəʊ] n., pl. ~**s** (Cookery) Risotto, der od. das
risqué ['rɪskeɪ] adj. gewagt; nicht ganz salonfähig
rissole ['rɪsəʊl] n. (Cookery) Rissole, die
rite [raɪt] n. Ritus, der; ~ **of passage** Rite de passage (Völkerk.); Übergangsritus, der
ritual ['rɪtʃʊəl] **1.** adj. (of ritual) rituell; Ritual⟨mord, -tötung⟩; (done as ritual) ritualisiert; ~ **object** Kultgegenstand, der. **2.** n. **a)** (act) Ritual, das; **b)** no pl. (prescribed procedure) Ritus, der; Ritual, das; **he likes ~:** er mag Rituale
ritualistic [rɪtʃʊə'lɪstɪk] adj. ritualistisch
ritually ['rɪtʃʊəlɪ] adv. rituell; in einem rituellen Akt ⟨töten⟩
ritzy ['rɪtsɪ] adj. (coll.) **a)** (high-class) feudal, nobel ⟨Hotel, Restaurant, Wohnung usw.⟩; smart ⟨Mann, Kleidung⟩; **b)** (derog.: ostentatiously smart) stinkfein ⟨Vorort, Schule⟩; (pretentious-looking) protzig (ugs. abwertend)
rival ['raɪvl] **1.** n. **a)** (competitor) Rivale, der/Rivalin, die; **they were ~s for her affection** sie rivalisierten um ihre Zuneigung; ~**s in love** Nebenbuhler; **business** ~**s** Konkurrenten; **b)** (equal) **have no ~/~s** seines-/ihresgleichen suchen; **without ~s** sondergleichen. **2.** v.t., (Brit.) -**II**- gleichkommen (+ Dat.); nicht nachstehen (+ Dat.); **he can't ~ that** da kann er nicht mithalten; **I cannot ~ him for speed** an Geschwindigkeit kann ich es nicht mit ihm aufnehmen. **3.** adj. rivalisierend ⟨Gruppen⟩; konkurrierend ⟨Forderungen⟩; Konkurrenz⟨unternehmen usw.⟩; ~ **applicant** Mitbewerber, der/-bewerberin, die
rivalry ['raɪvlrɪ] n. Rivalität, die (geh.); **business** ~: Wettbewerb, der; **friendly** ~: freundschaftlicher Wettstreit
riven ['rɪvn] adj. (dated, literary) zerrissen; ~ **by grief** vom Gram zerfressen
river ['rɪvə(r)] **1.** n. **a)** Fluß, der; (large) Strom, der; **the ~ Thames** (Brit.), **the Thames** ~ (Amer.) die Themse; **sell sb. down the ~** (fig. coll.) jmdn. verschaukeln (ugs.); **go up the ~** (Amer. fig. coll.) ins Kittchen wandern (ugs.); **b)** Fluß, der; Strom, der; ~ **of lava** Lavastrom, der; ~**s of tears/blood** Ströme von Tränen/Blut. **2.** attrib. adj. (Biol.) Fluß⟨delphin, -aal, -krebs⟩; **b)** (of ~) Fluß- ⟨tal, -ufer, -gott usw.⟩
river: ~ **basin** n. Stromgebiet, das; Einzugsgebiet [eines Flusses]; ~-**bed** n. Flußbett, das; ~ **bottom** n. (Amer.) Flußebene,

613

die; ~**-head** *n.* Flußquelle, *die;* ~**side** 1. *n.* Flußufer, *das;* **on** *or* **by the** ~**side** am Fluß; **2.** *attrib. adj.* am Fluß gelegen; am Fluß nachgestellt
rivet ['rɪvɪt] 1. *n.* Niete, *die;* Niet, *der od. das (Technik).* 2. *v. t.* **a)** [ver]nieten; ~ **sth. down/together** etw. annieten *od.* festnieten/ zusammennieten; **b)** *(fig.: hold firmly)* fesseln ⟨*Person, Aufmerksamkeit, Blick*⟩; **be** ~**ed to the spot** wie angenagelt [da]stehen *(ugs.);* **be** ~**ed on sth.** ⟨*Aufmerksamkeit:*⟩ durch etw. gefesselt werden; **his eyes were** ~**ed on** *or* **to the screen** seine Augen waren auf den Bildschirm geheftet *(geh.)*
riveter ['rɪvɪtə(r)] *n.* Nieter, *der*/Nieterin, *die; (machine)* Nietmaschine, *die*
riveting ['rɪvɪtɪŋ] *adj.* fesselnd
Riviera [rɪvɪ'eərə] *n.* Riviera, *die*
rivulet ['rɪvjʊlɪt] *n. (lit. or fig.)* Bach, *der*
rly. *abbr.* **railway** Eisenb.
RM *abbr. (Brit.)* **a)** Royal Mail; **b)** Royal Marines
rm. *abbr.* **room** Zi.
RN *abbr. (Brit.)* Royal Navy Königl. Mar.
RNA *abbr.* **ribonucleic acid** RNS
RNIB *abbr. (Brit.)* Royal National Institute for the Blind Königliches Blindeninstitut
RNLI *abbr. (Brit.)* Royal National Lifeboat Institution *Königliches Institut für Rettungsboote*
RNR, RNVR *abbrs. (Brit. Hist.)* Royal Navy [Volunteer] Reserve *[Freiwillige] Reserve der Königlichen Marine*
¹**roach** [rəʊtʃ] *n., pl. same (fish)* Plötze, *die;* Rotauge, *das*
²**roach** *(Amer.) see* **cockroach**
road [rəʊd] *n.* **a)** Straße, *die;* **the Birmingham/London** ~**:** die Straße nach Birmingham/London; *(name of* ~/*street)* **London/ Shelley R**~: Londoner Straße/Shelleystraße; **'**~ **up'** „Straßenarbeiten"; **'**~ **narrows'** „Fahrbahnverengung"; **across** *or* **over the** ~ **[from us]** [bei uns *od. (geh.)* uns *(Dat.)*] gegenüber; **by** ~ *(by car/bus)* per Auto/Bus; *(by lorry/truck)* per LKW; **off the** ~ *(on the verge etc.)* neben der Straße *od.* Fahrbahn; *(across country)* im Gelände ⟨*ein Fahrzeug benutzen*⟩; durchs Gelände ⟨*fahren*⟩; *(being repaired)* in der Werkstatt; **take a vehicle off the** ~ *(no longer use it)* ein Fahrzeug stillegen; **one for the** ~ *(coll.)* ein Glas zum Abschied; **be a danger on the** ~: eine Gefahr für den Straßenverkehr sein; **be on the** ~: auf Reisen *od.* unterwegs sein; ⟨*Theaterensemble usw.:*⟩ auf Tournee *od. (ugs.)* Tour *(Dat.)* sein; **put a vehicle on the** ~: ein Fahrzeug in Betrieb nehmen; **take the** ~ *(set out)* sich auf den Weg machen, aufbrechen; *(become tramp)* ein Tramp werden; **the rule of the** ~: die Verkehrsregeln; **b)** *(means of access)* Weg, *der;* **set sb. on the** ~ **to ruin** jmdn. ins Verderben führen; **be on the right** ~: auf dem richtigen Weg sein; **be on the** ~ **to success/ruin** auf dem Weg zum Erfolg sein/in sein Verderben rennen; **change one's mind somewhere along the** ~ *(fig.)* es sich *(Dat.)* irgendwo unterwegs anders überlegen; **end of the** ~ *(destination)* Ziel, *das; (limit)* Ende, *das;* **it's the end of the** ~ **for us** *(fig.)* mit uns ist es jetzt vorbei; **c)** *(one's way)* Weg, *der;* **get in sb.'s** ~ *(coll.)* jmdm. in die Quere kommen *(ugs.);* **get out of my** ~**!** *(coll.)* geh mir aus dem Weg!; **d)** *(Amer.) see* **railway**; **e)** *(Mining)* Strecke, *die;* **f)** *usu. in pl. (Naut.)* Reede, *die;* **lie in the** ~**s** auf der Reede liegen
road: ~ **accident** *n.* Verkehrsunfall, *der;* ~-**accident victims** Verkehrsopfer, *n.;* ~ **atlas** *n.* Autoatlas, *der;* ~-**bed** *n.* **a)** *(foundation of* ~, *railway)* Unterbau, *der;* **b)** *(Amer.: part of* ~ *on which vehicles travel)* Fahrbahn, *die;* ~-**block** *n.* Straßensperre, *die;* ~-**book** *n.* Autoreiseführer, *der;* ~ **bridge** *n.* Straßenbrücke, *die;* ~ **fund licence** *n. (Brit.)* Kfz-Steuerbelag, *der;* ~-**hog** *n.* Verkehrsrowdy, *der (abwertend);* ~-**holding** *n. (Brit. Motor Veh.)* Straßenlage, *die;* ~-**house** *n.* Rasthaus, *das*
roadie ['rəʊdɪ] *n. (coll.)* Roadie, *der*
road: ~ **manager** *n.* Roadmanager, *der;* ~-**map** *n.* Straßenkarte, *die;* ~-**mender** *n.* Straßen[bau]arbeiter, *der*/-arbeiterin, *die;* ~-**metal** *n.* Schotter, *der; (smaller pieces)* Splitt, *der;* ~ **roller** *n.* Straßenwalze, *die;* ~ **runner** *n. (Ornith.) (Geococcyx californianus)* Erdkuckuck, *der; (G. velox)* Rennkuckuck, *der;* ~ **safety** *n.* Verkehrssicherheit, *die;* ~ **sense** *n.* Gespür für Verkehrssituationen; ~ **show** *n. (lit. or fig.)* Tournee, *die;* Tour, *die (ugs.);* ~**side** 1. *n.* Straßenrand, *der;* **at** *or* **by/along the** ~**side** am Straßenrand; an/entlang der Straße; **2.** *adj.* ⟨*Gasthaus usw.*⟩ am Straßenrand, an der Straße; ~**side inn** Rasthaus, *das;* ~ **sign** *n.* Straßenschild, *das;* ~ *(ugs.);* Verkehrszeichen, *das*
roadster ['rəʊdstə(r)] *n.* **a)** *(open car)* Roadster, *der;* Sportkabrio[lett], *das;* **b)** *(bicycle)* Tourenrad, *das*
road: ~-**sweeper** *n.* **a)** *(person)* Straßenkehrer, *der*/-kehrerin, *die (bes. südd.);* Straßenfeger, *der*/-fegerin, *die (bes. nordd.);* **b)** *(machine)* [Straßen]kehrmaschine, *die;* ~ **test** *n.* Fahrtest, *der;* ~ **transport** *n.* **a)** *form of* ~ **transport** Verkehrsmittel der Straße; **b)** *(process)* Personen- und Güterbeförderung auf der Straße; ~-**user** *n.* Verkehrsteilnehmer, *der*/-teilnehmerin, *die;* ~-**way** *n.* **a)** *(road)* Straße, *die;* **b)** *(central part of road)* Fahrbahn, *die;* ~-**works** *n. pl.* Straßenbauarbeiten *Pl.;* '~**-works' worthy** *adj.* fahrtüchtig ⟨*Fahrzeug*⟩
roam [rəʊm] 1. *v. i.* umherstreifen; ⟨*Nomade:*⟩ wandern; *(stray)* ⟨*Tier:*⟩ streunen; ~ **through the town** durch die Stadt streifen; ~ **be free to** ~ ⟨*Tier:*⟩ frei herumlaufen dürfen; **tendency to** ~: Hang zum Streunen. 2. *v. t.* streifen durch; durchstreifen *(geh.).* 3. *n.* Streifzug, *der;* ~ **a'bout,** ~ **a'round** 1. *v. i.* herumstreifen *(ugs.);* umherstreifen; **he** ~**s about all over the place** er streift überall in der Gegend herum *(ugs.).* 2. *v. t.* herumstreifen in (+ *Dat.*) *(ugs.);* durchstreifen *(geh.)*
roamer ['rəʊmə(r)] *n. (person)* Herumtreiber, *der; (animal)* streunendes Tier
roaming ['rəʊmɪŋ] *adj.* wandernd ⟨*Herde*⟩; *(fig.)* schweifend, wandernd ⟨*Gedanke*⟩
¹**roan** [rəʊn] 1. *adj.* stichelhaarig ⟨*Fell, Tier*⟩. 2. *n. (horse)* stichelhaariges Pferd; *(cow)* stichelhaarige Kuh; **be a** ~: stichelhaarig sein
²**roan** *n. (Bookbinding)* Schafleder, *das*
roar [rɔː(r)] 1. *n. (of wild beast)* Brüllen, *das;* Gebrüll, *das; (of water)* Tosen, *das;* Getose, *das; (of avalanche, guns)* Donner, *der; (of applause)* Tosen, *das; (of machine, traffic)* Dröhnen, *das;* Getöse, *das;* **a** ~ **of applause** tosender Beifall; ~**s/a** ~ **[of laughter]** dröhnendes *od.* brüllendes Gelächter. 2. *v. i.* **a)** *(cry loudly)* brüllen (**with** vor + *Dat.*); ~ **[with laughter]** [vor Lachen] brüllen; **b)** *(make loud noise)* ⟨*Motor:*⟩ dröhnen; ⟨*Artillerie:*⟩ donnern; ⟨*blaze up*⟩ ⟨*Feuer:*⟩ bullern *(ugs.);* **c)** *(travel fast)* ⟨*Fahrzeug:*⟩ donnern. 3. *v. t.* brüllen; ~ **[one's] approval [of sth.]** [einer Sache *(Dat.)*] lautstark zustimmen
roaring ['rɔːrɪŋ] 1. *adj.* **a)** *(making loud noise)* dröhnend ⟨*Motor, Donner*⟩; brüllend ⟨*Meer*⟩; brüllend ⟨*Löwe*⟩; **b)** *(blazing loudly)* bullernd *(ugs.)* ⟨*Feuer*⟩; **a** ~ **inferno** ein Flammenmeer; **c)** *(riotous)* **a** ~ **success** ein Bombenerfolg *(ugs.);* **the** ~ **twenties** die wilden zwanziger Jahre; die Roaring Twenties; **do a** ~ **business** *or* **trade** ein Bombengeschäft machen; *see also* **forty 2**. 2. *adv.* ~ **drunk** sternhagelvoll *(salopp)*
roast [rəʊst] 1. *v. t.* **a)** *(cook by radiant heat)* braten; *(prepare by heating)* rösten ⟨*Kaffeebohnen, Erdnüsse, Mandeln, Kastanien*⟩; **b)** *(expose to heat)* ~ **oneself in front of the fire/in the sun** sich am Feuer rösten lassen/ in der Sonne braten lassen *(scherzh.);* **c)** *(Metallurgy)* rösten ⟨*Erz*⟩; **d)** *(coll.) (tell off)* zusammenstauchen *(ugs.)* ⟨*Person*⟩; *(esp. Amer.: criticize)* abqualifizieren; heruntermachen *(salopp);* geißeln, anprangern *(Vorgehensweise);* verreißen ⟨*Buch usw.*⟩. 2. *attrib. adj.* gebraten ⟨*Fleisch, Ente usw.*⟩; Brat⟨*hähnchen, -kartoffeln*⟩; **eat** ~ **duck/pork/beef** Enten-/Schweine-/ Rinderbraten essen; ~ **[sirloin of] beef** Roastbeef, *das.* 3. *n.* **a)** *(~ meat, meat for* ~*ing)* Braten, *das;* Rösten, *das;* **give sth. a** ~: etw. braten/rösten; **c)** *(Amer.: social gathering)* Grillparty, *die;* Grillfest, *das.* 4. *v. i.* **a)** ⟨*Fleisch:*⟩ braten; **b)** *(bask in warmth of sun/fire)* sich braten lassen *(scherzh.)*
roaster ['rəʊstə(r)] *n.* **a)** *(oven)* Bratofen, *der;* (*dish*) Bratentopf, *der; (for coffee)* Röstmaschine, *die;* **b)** *(chicken)* Brathähnchen, *das;* **c)** *(Metallurgy: furnace)* Röstofen, *der;* **d)** *(coll.: hot day)* knallheißer Tag *(ugs.)*
roasting ['rəʊstɪŋ] *n.* **a)** *(cooking)* Braten, *das; (of coffee, ore)* Rösten, *das; attrib.* ⟨*Fleisch, Huhn*⟩ zum Braten; Brat⟨*spieß, -zeit*⟩; Brat⟨*wender, -gabel*⟩; **b)** *(severe criticism) (by parent, boss, etc.)* Standpauke, *die; (ugs.); (by critic)* Verriß, *der (ugs.);* **get a** ~**:** eins auf den Deckel kriegen *(ugs.);* **give sb. a** ~: jmdn. zusammenstauchen *(ugs.).* 2. *adj. (coll.: hot)* knallheiß *(ugs.);* **I am** ~**:** ich komme um vor Hitze
rob [rɒb] *v. t.,* -**bb-** ausrauben ⟨*Bank, Safe, Kasse*⟩; berauben ⟨*Person*⟩; rauben; ~ **sth. of sth.** einer Sache *(Dat.)* etw. nehmen; ~ **sb. of sth.** jmdm. etw. rauben *od.* stehlen; *(deprive of what is due)* jmdn. um etw. bringen *od.* betrügen; *(withhold sth. from)* jmdm. etw. vorenthalten; ~ **a bird of its eggs** einem Vogel die Eier wegnehmen; ~**bed** bestohlen werden; *(by force)* beraubt werden; **we wuz** ~**bed** *(sl.)* das war Schiebung!; *see also* **Peter**
robber ['rɒbə(r)] *n.* Räuber, *der*/Räuberin, *die;* **band of** ~**s** Räuberbande, *die*
robbery ['rɒbərɪ] *n.* Raub, *der;* **robberies** Raubüberfälle, *Pl.;* **it's sheer** ~**!** das ist ja die reinste Halsabschneiderei *(ugs. abwertend)*
robe [rəʊb] 1. *n.* **a)** *(ceremonial garment)* Gewand, *das (geh.); (of judge, vicar)* Talar, *der; (of coronation)* Krönungsornat, *der;* ~ **of office** Amtstracht, *die;* **b)** *(long garment)* [langes Über]gewand, *das;* **c)** *(dressing-gown) (Amer.: blanket)* [Reise]decke, *die;* **d)** *(Amer.: wardrobe)* [Kleider]schrank, *der.* 2. *v. t. (formal)* ~ **sb. in sth.** jmdn. in etw. *(Akk.)* kleiden; jmdm. etw. anlegen *(geh.);* **the vicar/judge** ~**d himself** der Pfarrer/ Richter legte *(geh.) od.* zog einen/seinen/ den Talar an. 3. *v. i. (formal)* sich ankleiden *(geh.)*
robin ['rɒbɪn] *n. (Ornith.)* **a)** ~ **[redbreast]** Rotkehlchen, *das;* **b)** *(Amer.: thrush)* Wanderdrossel, *die*
robing-room ['rəʊbɪŋruːm, 'rəʊbɪŋrʊm] *n.* Ankleiderraum, *der*
Robin 'Hood *n.* Robin Hood *(der)*
robinia [rə'bɪnɪə] *n. (Bot.)* Robinie, *die;* falsche Akazie
robot ['rəʊbɒt] *n.* Roboter, *der*
robotics [rəʊ'bɒtɪks] *n., no pl.* Robotertechnik, *die*
robust [rə'bʌst] *adj.* **a)** *(strong)* robust ⟨*Person, Gesundheit, Nervenkostüm*⟩; kräftig ⟨*Person, Wein*⟩; *(not delicate)* unempfindlich, widerstandsfähig ⟨*Pflanze*⟩; *(strongly built)* kräftig ⟨*Gestalt, Körperbau*⟩; robust ⟨*Fahrzeug, Maschine, Konstruktion, Möbel*⟩; stabil ⟨*Haus*⟩; **c)** *(fig.: straightfor-*

ward) unerschütterlich ⟨*Skepsis*⟩; nüchtern ⟨*Verstand*⟩; fest ⟨*Glaube*⟩
robustly [rəʊ'bʌstlɪ] *adv.* stabil, solide ⟨*bauen*⟩; energisch ⟨*sich entgegenstellen*⟩
¹**rock** [rɒk] *n.* a) *(piece of rock)* Fels, *der;* **come to grief on the ~s** ⟨*Schiff:*⟩ auf Felsen *od.* Klippen auflaufen; **be as solid as a ~** *(fig.)* absolut zuverlässig sein; **be as steady as a ~:** bombenfest sein; *(fig.)* durch nichts zu erschüttern sein; b) *(large ~, hill)* Felsen, *der;* Fels, *der (geh.);* **the R~ [of Gibraltar]** [der Felsen von] Gibraltar; c) *(substance)* Fels, *der; (esp. Geol.)* Gestein, *das;* **mass of ~:** Felsmasse, *die; (Amer.: stone)* Stein, *der;* Steinbrocken, *der;* '**danger, falling ~s**' ,,Achtung *od.* Vorsicht, Steinschlag!"; ,,Steinschlaggefahr!"; e) *no pl., no indef. art. (hard sweet)* **stick of ~:** Zuckerstange, *die;* **sell ~:** Zuckerstangen verkaufen; f) *(fig.: support)* Stütze, *die;* Rückhalt, *der; (of society)* Fundament, *das;* g) *(fig.: source of danger or destruction)* **a ~ on which others have foundered** eine Klippe, an der schon andere gescheitert sind; **be heading for the ~s** ⟨*Ehe:*⟩ zu scheitern drohen; **be on the ~s** *(fig. coll.) (be short of/without money)* knapp bei Kasse/pleite sein *(ugs.); (have failed)* ⟨*Ehe, Firma:*⟩ kaputt sein *(ugs.);* h) **on the ~s** *(with ice cubes)* mit Eis *od.* on the rocks; i) *in pl. (Amer. sl.: money)* Kies, *der (salopp);* j) *(sl.: gem)* Klunker, *der (ugs.)*
²**rock** 1. *v. t.* a) *(move to and fro)* wiegen; *(in cradle)* schaukeln; wiegen; **~ oneself in chair)** schaukeln; sich wiegen; b) *(shake)* erschüttern; *(fig.)* erschüttern ⟨*Person*⟩; **~ sth. to its foundations** *(fig.)* etw. in seinen Grundfesten erschüttern; **~ the boat** *(fig. coll.)* Trouble machen *(ugs.).* 2. *v. i.* a) *(move to and fro)* sich wiegen; schaukeln; b) *(sway)* schwanken; wanken; **~ with laughter** sich vor Lachen *(Dat.)* schütteln; c) *(dance)* rocken; Rock tanzen; **~ and roll** Rock and Roll tanzen. 3. *n.* a) *(~ing motion, spell of ~ing)* Schaukeln, *das;* **give the cradle a ~:** die Wiege schaukeln; b) *(beat music or dance)* Rock, *der; attrib.* Rock-; **~ and or 'n' roll [music]** Rock and Roll, *der;* Rock 'n' Roll, *der;* **do the ~ and roll** Rock and Roll tanzen
rock: ~-'bottom *(coll.)* 1. *adj.* **~-bottom prices** Schleuderpreise *(ugs.);* **at a ~-bottom price/rent** spottbillig *(ugs.);* 2. *n.* **reach** or **hit** or **touch ~:** ⟨*Handel, Währung, Nachfrage, Preis usw.:*⟩ in den Keller fallen *od.* sinken *(ugs.);* **her spirits reached ~ bottom** war ihre Stimmung war auf dem Tiefpunkt [angelangt]; **~-cake** *n.* Rosinengebäck mit rauher Oberfläche; **~-climbing** *n.* [Fels]klettern, *das*
rocker ['rɒkə(r)] *n.* a) *(Brit.: gang member)* Rocker, *der;* b) *(curved bar of chair, cradle, etc.)* Kufe, *die;* **be/go off one's ~** *(fig. sl.)* übergeschnappt *od.* durchgedreht sein *(ugs.)*/überschnappen *(ugs.) od.* durchdrehen *(ugs.);* c) *(rocking-chair)* Schaukelstuhl, *der;* d) *(Electr.)* **~ [switch]** Wippschalter, *der;* e) *(Mech. Engin.)* Kipphebel, *der*
rockery ['rɒkərɪ] *n.* Steingarten, *der*
¹**rocket** ['rɒkɪt] 1. *n.* a) Rakete, *die;* **~ range** *(place)* Raketenversuchsgelände, *das;* b) *(Brit. sl.: reprimand)* **give sb. a ~:** jmdm. eine Zigarre verpassen *(ugs.);* **get a ~:** eine Zigarre bekommen *(ugs.).* 2. *v. i.* ⟨*Preise:*⟩ in die Höhe schnellen; b) **~ into the air** wie eine Rakete in die Luft schießen
²**rocket** *n. (Bot.)* a) **[sweet] ~:** Nachtviole, *die;* b) *(used in salad)* [Öl]ranke, *die*
rocket: ~-base *n. (Mil.)* Raketen[abschuß]basis, *die;* **~-bomb** *n.* (air-to-ground) [Flieger]rakete, *die;* (ground-to-ground) [Artillerie]rakete, *die;* **~ engine** *n.* Raketentriebwerk, *das;* **~-firing** *adj.* mit Raketen bewaffnet nach-

gestellt; **~ flight** *n.* Raketenflug, *der;* **~-launcher** *n.* Raketenwerfer, *der;* **~ plane** *n.* Raketenflugzeug, *das;* **~-powered, ~-propelled** *adjs.* raketengetrieben; **~ propulsion** *n.* Raketenantrieb, *der;* **~ range** *n.* Raketenversuchsgelände, *das*
rocketry ['rɒkɪtrɪ] *n., no pl.* Raketentechnik, *die*
rock: ~ face *n.* Felswand, *die;* **~fall** *n.* Steinschlag, *der;* **~-garden** *n.* Steingarten, *der;* **~-hard** *adj.* steinhart
Rockies ['rɒkɪz] *pr. n. pl.* **the ~:** die Rocky Mountains
rocking ['rɒkɪŋ]: **~-chair** *n.* Schaukelstuhl, *der;* **~-horse** *n.* Schaukelpferd, *das*
rock: ~-like *adj.* felsartig; felsenfest ⟨*Glaube usw.*⟩; **~-plant** *n.* Felsenpflanze, *die; (Hort.)* Steingartengewächs, *das;* **~ salmon** *n.* a) *(Brit.: dogfish)* Katzenhai, *der;* b) *(Amer.: Seriola)* Gelbschwanzmakrele, *die;* **~-salt** *n.* Steinsalz, *das*
rocky ['rɒkɪ] *adj.* a) *(coll.: unsteady)* wackelig *(ugs.);* b) *(full or consisting of rocks)* felsig; c) **the R~ Mountains** *see* **Rockies**
rococo [rə'kəʊkəʊ] 1. *adj.* Rokoko-; *(florid)* schwülstig. 2. *n., pl.* **~s** Rokoko, *das*
rod [rɒd] *n.* a) Stange, *die;* **ride the ~s** *(Amer. sl.)* [im Gestänge unter Eisenbahnwaggons] schwarzfahren; b) *(shorter)* Stab, *der;* c) *(for office* Amtsstab, *der;* **rule the ~ (punishment)** die Prügelstrafe; **make a ~ for one's own back** *(fig.)* sich *(Dat.)* selbst eine Rute aufbinden *(veralt.);* **a ~ to beat sb. with** *(fig.)* Sanktionen gegen jmdn.; **rule with a ~ of iron** *(fig.)* mit eiserner Faust *od.* Rute regieren; **spare the ~ and spoil the child** wer die Rute schont, verdirbt das Kind; d) *(for fishing)* [Angel]rute, *die;* e) *(measure)* Rute, *die (veralt.);* f) *(Amer. sl.: gun)* Schießeisen, *das (ugs.);* g) *(Anat.)* Stäbchen, *das*
rode *see* **ride 2, 3**
rodent ['rəʊdənt] *n.* Nagetier, *das*
'**rodent officer** *n. (Brit.)* Rattenfänger, *der*
rodeo ['rəʊdɪəʊ, rəʊ'deɪəʊ] *n., pl.* **~s** Rodeo, *der*
¹**roe** [rəʊ] *n. (of fish)* **[hard] ~:** Rogen, *der;* **[soft] ~:** Milch, *die*
²**roe** *n.* **~ deer** Reh, *das*
roe: ~buck *n.* Rehbock, *der;* **~-deer.** Reh, *das*
roentgen ['rʌntjən] *n. (Phys.)* Röntgen, *das*
rogation [rə'ɡeɪʃn] *n. (Eccl.)* Bittlitanei, *die;* **R~ Days** Bittage *Pl.;* **R~ Sunday** [der Sonntag] Rogate; **R~ Week** Bittwoche, *die*
roger ['rɒdʒə(r)] *int.* a) *(message received)* verstanden; b) *(sl.: I agree)* okay *(ugs.)*
rogue [rəʊɡ] 1. *n.* a) Gauner, *der (abwertend);* **~s' gallery** *(Police)* Verbrecheralbum, *das;* b) *(joc.: mischievous child)* Spitzbube, *der (scherzh.);* c) *(dangerous animal)* **~ [buffalo/elephant** *etc.***]** bösartiger Einzelgänger. 2. *attrib. adj.* defekt; fehlerhaft; **~ car** Montagsauto, *das;* **~ result** Ausreißer, *der;* **~ firms** schwarze Schafe unter den Firmen
roguery ['rəʊɡərɪ] *n., no pl., no indef. art.* Gaunerei, *die; (mischief)* Spitzbüberei, *die*
roguish ['rəʊɡɪʃ] *adj.* a) gaunerhaft; b) *(mischievous)* spitzbübisch
roguishly ['rəʊɡɪʃlɪ] *adv. see* **roguish:** gaunerhaft; spitzbübisch
roisterer ['rɔɪstərə(r)] *n.* Krakeeler, *der (ugs. abwertend)*
role, rôle [rəʊl] *n.* Rolle, *die*
role: ~-playing *n.* Rollenspiel, *das;* Rollenverhalten, *das;* **~ reversal** *n.* Rollentausch, *der*
¹**roll** [rəʊl] *n.* a) Rolle, *die; (of cloth, tobacco, etc.)* Ballen, *der; (of fat on body)* Wulst, *der;* **~ of film** Rolle Film; b) *(of bread etc.)* **[bread] ~:** Brötchen, *das;* **egg/ham ~:** Eier-/Schinkenbrötchen, *das;* **jam ~:** [Biskuit]rolle mit Marmelade; c) *(document)* [Schrift]rolle, *die;* d) *(register, catalogue)* Li-

ste, *die;* Verzeichnis, *das;* **~ of honour** Gedenktafel [für die Gefallenen]; e) *(Brit.: list of solicitors)* Anwaltsliste, *die;* **strike sb. off the ~s** jmdm. die Zulassung entziehen; f) *(Mil., Sch.: list of names)* Liste, *die;* **schools with falling ~s** Schulen mit sinkenden Schülerzahlen; **call the ~:** die Anwesenheit feststellen; g) *(Amer.: of paper money)* Geldbündel, *das*
²**roll** 1. *n.* a) *(of drum)* Wirbel, *der; (of thunder)* Rollen, *das;* b) *(motion)* Rollen, *das;* c) *(single movement)* Rolle, *die; (of dice)* Wurf, *der;* d) *(gait)* wiegender Gang. 2. *v. t.* a) *(move, send)* rollen; *(between surfaces)* drehen; b) *(shape by ~ing)* rollen; **~ a cigarette** eine Zigarette rollen *od.* drehen; **~ one's own [smoke]** drehen; **~ snow/wool into a ball** einen Schneeball formen/Wolle zu einem Knäuel aufwickeln; **[all] ~ed into one** *(fig.)* in einem; **~ oneself/itself into a ball** sich zusammenrollen; **~ed in blankets** in Decken eingewickelt; c) *(flatten)* walzen ⟨*Rasen, Metall usw.*⟩; ausrollen ⟨*Teig*⟩; d) **~ one's eyes** die Augen rollen; **~ one's eyes at sb.** *(amorously)* jmdm. schöne Augen machen; **~ one's shoulders/head** die Schultern/den Kopf kreisen; e) **~ one's r's** das r rollen; f) *(Amer.)* **~ dice** würfeln; g) *(Amer. sl.: rob)* ausrauben. 3. *v. i.* a) *(move by turning over)* rollen; **heads will ~** *(fig.)* es werden Köpfe rollen; b) *(operate)* ⟨*Maschine:*⟩ laufen; ⟨*Presse:*⟩ sich drehen; rotieren; *(on wheels)* rollen; **let it ~** *(start the machine etc.)* laß laufen; **be ready to ~** ⟨*Kamera:*⟩ aufnahmebereit sein; **get sth. ~ing** *(fig.)* etw. ins Rollen bringen; **keep things ~ing** *(fig.)* die Dinge am Laufen halten; *see also* **aisle;** ¹**ball 1 a, b;** c) *(wallow, sway, walk)* sich wälzen; *(walk also)* schwanken; **the way he ~s along** sein wiegender Gang; d) *(Naut.)* ⟨*Schiff:*⟩ rollen, schlingern; e) *(revolve)* ⟨*Augen:*⟩ sich [ver]drehen; f) *(flow, go forward)* sich wälzen *(fig.);* ⟨*Wolken:*⟩ ziehen; ⟨*Tränen:*⟩ rollen; **~ off** or **from sb.'s tongue** *(fig.)* ⟨*Worte:*⟩ jmdm. von den Lippen fließen; g) **~ make deep sound)** ⟨*Donner:*⟩ rollen; ⟨*Trommel:*⟩ dröhnen
~ a'bout *v. i.* herumrollen; ⟨*Schiff:*⟩ schlingern, rollen; ⟨*Kind, Hund usw.:*⟩ sich wälzen; **be ~ing about with laughter** sich vor Lachen wälzen
~ a'long 1. *v. i.* a) [dahin]rollen; ⟨*Fahrzeug:*⟩ [dahin]rollen, [dahin]fahren; **things are ~ing along nicely** *(fig.)* die Dinge laufen gut; b) *(coll.: turn up)* eintrudeln *(ugs.);* aufkreuzen *(salopp).* 2. *v. t.* entlangrollen
~ a'way 1. *v. i.* ⟨*Ball:*⟩ wegrollen; ⟨*Nebel, Wolken:*⟩ sich verziehen. 2. *v. t.* wegrollen
~ 'back 1. *v. i.* zurückrollen; b) *(cause to retreat)* zurückschlagen ⟨*Feinde, Truppen*⟩; c) **~ back the years/centuries** das Rad der Zeit [um Jahre/Jahrhunderte] zurückdrehen. 2. *v. i.* ⟨*Wagen, Wellen:*⟩ zurückrollen
~ 'by *v. i.* vorbeirollen; ⟨*Zeit:*⟩ vergehen; **the years ~ed by** die Jahre zogen ins Land
~ 'in 1. *v. i. (coll.)* ⟨*Briefe, Geschenke, Geldbeträge:*⟩ eingehen; ⟨*Personen, Kunden:*⟩ hereinströmen; **~ in an hour late** mit einer Stunde Verspätung aufkreuzen *(salopp).* 2. *v. t.* herein-/hineinrollen
~ 'off *v. t.* a) *(fall off)* herunterrollen; b) *(start)* sich in Bewegung setzen
~ 'on 1. *v. i.* mit einer Rolle auftragen ⟨*Farbe*⟩. 2. *v. t.* a) *(pass by)* ⟨*Jahre:*⟩ vergehen; b) *(Brit. coll.)* **~ on Saturday!** wenn doch schon Samstag wäre! *See also* **roll-on**
~ 'out 1. *v. t.* a) *(make flat and smooth)* auswalzen ⟨*Metall*⟩; ausrollen ⟨*Teig, Teppich*⟩; b) *(bring out)* herausbringen; **~ out the barrel** *(coll.)* ein paar Flaschen den Hals brechen *(ugs.).* 2. *v. i.* heraus-/hinausrollen
~ 'over 1. *v. i.* ⟨*Person:*⟩ sich umdrehen, *(to make room)* sich zur Seite rollen; **~ over [and over]** ⟨*Auto:*⟩ sich [immer wieder] über-

615

rollaway — **root**

schlagen; the dog ~ed over on to its back der Hund rollte sich auf den Rücken. **2.** *v. t.* herumdrehen; *(with effort)* herumwälzen
~ **'past** *see* ~ **by**
~ **'up 1.** *v. t.* **a)** aufrollen ⟨*Teppich, Maßband*⟩; zusammenrollen ⟨*Regenschirm, Landkarte, Dokument usw.*⟩; hochkrempeln ⟨*Hose*⟩; *see also* **sleeve a**; **b)** *(Mil.)* aufrollen ⟨*feindliche Stellung*⟩. **2.** *v. i.* **a)** *(curl up)* sich zusammenrollen; **b)** *(arrive)* aufkreuzen *(salopp)*; ~ **up!** ~ **up!** hereinspaziert!; they ~ed up in their new car sie fuhren in ihrem neuen Auto vor
roll: ~**away [bed]** *n.* Raumsparbett auf Rollen; ~**-bar** *n. (Motor Veh.)* Überrollbügel, *der;* ~**-call** *n.* Aufrufen aller Namen; *(Mil.)* Zählappell, *der*
rolled ['rəʊld]: ~ **'gold** *n.* Goldauflage, *die;* ~ **'oats** *n. pl.* Haferflocken *Pl.*
roller ['rəʊlə(r)] *n.* **a)** *(heavy, for pressing, smoothing road, lawn, etc.)* Walze, *die;* *(smaller, for towel, painting, pastry)* Rolle, *die;* **b)** *(Med.)* ~ **[bandage]** Binde, *die;* **c)** *(for hair)* Lockenwickler, *der;* put one's hair in ~s sich (Dat.) die Haare aufdrehen; **d)** *(wave)* Roller, *der (Meeresk.)*
roller: ~ **bearing** *n.* Rollenlager, *das (Technik);* ~ **blind** *n.* Rouleau, *das;* Rollo, *das;* ~**-coaster** *n.* Achterbahn, *die;* ~**-skate 1.** *n.* Rollschuh, *der;* **2.** *v. i.* Rollschuh laufen; ~**-skater** *n.* Rollschuhläufer, *der/*-läuferin, *die;* ~**-skating** *n.* Rollschuhlaufen, *das;* ~**-skating rink** Rollschuhbahn, *die;* ~ **towel** *n.* auf einer Rolle hängendes endloses Handtuch
'roll film *n.* Rollfilm, *der*
rollick ['rɒlɪk] *v. i.* ausgelassen spielen; ~ **[about]** [herum]tollen
rollicking ['rɒlɪkɪŋ] **1.** *adj. (unrestrained)* ausgelassen. **2.** *n.* give sb. a ~ *(coll.)* jmdm. den Marsch blasen *(salopp)*
rolling ['rəʊlɪŋ] *adj.* **a)** *(moving from side to side)* rollend ⟨*Augen*⟩; schwankend ⟨*Gang*⟩; schlingernd ⟨*Schiff*⟩; **b)** *(undulating)* wogend ⟨*See*⟩; wellig ⟨*Gelände*⟩; ~ **hills** sanfte Hügel; **c)** *(resounding)* rollend ⟨*Donner*⟩; hochtrabend *(abwertend)* ⟨*Phrasen*⟩; **d)** *(coll.: rich)* be ~ [in it or in money] im Geld schwimmen *(ugs.)*
rolling: ~**-mill** *n.* Walzwerk, *das;* ~**-pin** *n. (Cookery)* Teigrolle, *die;* Nudelholz, *das;* ~**-stock** *n.* **a)** *(Brit. Railw.)* Fahrzeugbestand, *der;* rollendes Material *(fachspr.);* **b)** *(Amer.: road vehicles)* Fahrzeugpark, *der;* ~ **'stone** *n. (fig.)* unsteter Mensch; a ~ **stone gathers no moss** *(prov.)* wer ein unstetes Leben führt, bringt es zu nichts
roll: ~**mop[s]** *n. (Gastr.)* Rollmops, *der;* ~**-neck 1.** *n.* Rollkragen, *der;* **2.** *adj.* Rollkragen-; ~ **on** *n.* **a)** *(corset)* elastischer Hüfthalter; **b)** *(deodorant)* Deoroller, *der;* ~**-on** ~**-off** *adj.* ~**-on** ~**-off ship/ferry** Roll-on-roll-off-Schiff, *das/*-Fähre, *die;* ~**-top** *n.* Rollverschluß, *der;* ~**-top desk** *n.* Schreibtisch mit Rollverschluß
roly-poly ['rəʊlɪ'pəʊlɪ] **1.** *n.* **a)** ~ **[pudding]** ≈ Strudel, *der;* **b)** *(Amer.: toy)* Stehaufmännchen, *das.* **2.** *adj. (coll.)* kugelrund
ROM [rɒm] *abbr. (Computing)* **read-only memory** ROM
Roman ['rəʊmən] **1.** *n.* **a)** Römer, *der/*Römerin, *die;* **b)** r~ *(Printing)* Antiqua, *die.* **2.** *adj.* **a)** römisch; ~ **road** Römerstraße, *die;* **b)** *see* **Roman Catholic 1.** *See also* **snail**
roman à clef [rɔmɑ̃ ɑː 'kleɪ] *n. (Lit.)* Schlüsselroman, *der*
Roman: ~ **'alphabet** *n.* lateinisches Alphabet; ~ **'candle** *n.* ≈ Goldregen, *der;* ~ **'Catholic 1.** *adj.* römisch-katholisch; **2.** *n.* Katholik, *der/*Katholikin, *die;* **sb. is a** ~ **Catholic** jmd. ist katholisch; ~ **Ca'tholicism** *n., no pl.* Katholizismus, *der*
romance [rə'mæns] **1.** *n.* **a)** *(love affair)* Romanze, *die;* **b)** *(love-story)* [romantische] Liebesgeschichte; **c)** *(romantic quality)* Romantik, *die;* there was an air of ~ about the place der Ort hatte etwas Romantisches; **d)** *(Lit.) (medieval tale)* Romanze, *die; (improbable tale)* phantastische Geschichte; **e)** *(make-believe)* Phantasterei, *die;* **f)** *(Mus.)* Romanze, *die;* **g)** R~ *(Ling.)* Romanisch, *das.* **2.** *adj.* R~ *(Ling.)* romanisch; **R~ languages and literature** *(subject)* Romanistik, *die.* **3.** *v. i.* phantasieren
romancer [rə'mænsə(r)] *n.* Phantast, *der (abwertend)*
Roman 'Empire *n. (Hist.)* Römisches Reich; **Holy** ~: Heiliges Römisches Reich [Deutscher Nation]
Romanesque [rəʊmə'nɛsk] *n. (Art, Archit.)* Romanik, *die*
Romania [rəʊ'meɪnɪə] *pr. n.* Rumänien *(das)*
Romanian [rəʊ'meɪnɪən] **1.** *adj.* rumänisch; **sb. is** ~: jmd. ist Rumäne/Rumänin; *see also* **English 1. 2.** *n.* **a)** *(person)* Rumäne, *der/*Rumänin, *die;* **b)** *(language)* Rumänisch, *das; see also* **English 2 a**
romanize (romanise) ['rəʊmənaɪz] *v. t.* **a)** *(Hist.)* romanisieren *(veralt.);* **b)** *(Relig.)* katholisieren
Roman: ~ **law** *n.* römisches Recht; ~ **'nose** *n.* Römernase, *die;* ~ **'numeral** *n.* römische Ziffer
Romansh [rə'mænʃ, rə'mɑːnʃ] **1.** *n.* Romantsch, *das.* **2.** *adj.* romantsch
romantic [rəʊ'mæntɪk] **1.** *adj.* **a)** *(emotional, fantastic)* romantisch; ~ **fiction** *(love-stories)* Liebesromane *Pl.;* **b)** R~ *(Lit., Art)* romantisch; der Romantik nachgestellt. **2.** *n.* R~ *(Lit., Art, Mus.)* Romantiker, *der/*Romantikerin, *die*
romantically [rəʊ'mæntɪkəlɪ] *adv.* romantisch
Romanticism [rəʊ'mæntɪsɪzm] *n. (Lit., Art, Mus.)* Romantik, *die*
Romanticist [rəʊ'mæntɪsɪst] *n. (Lit., Art, Mus.)* Romantiker, *der/*Romantikerin, *die*
romanticize [rəʊ'mæntɪsaɪz] *v. t.* romantisieren
'roman type *n. (Printing)* Antiquaschrift, *die*
Romany ['rɒmənɪ] **1.** *n.* **a)** *(gypsy)* Rom, *der;* the Romanies die Roma; **b)** *(language)* Romani, *das.* **2.** *adj.* Roma-; *(Ling.)* Romani-
Rome [rəʊm] *pr. n.* Rom *(das);* **all roads lead to** ~ *(prov.)* alle Wege führen nach Rom *(Spr.);* ~ **was not built in a day** *(prov.)* Rom ist nicht an einem Tag erbaut worden *(Spr.);* **when in** ~ **do as the Romans [do]** man muß sich nach den örtlichen Gegebenheiten anpassen
Romeo ['rəʊmɪəʊ] *n., pl.* ~**s** Casanova, *der*
romp [rɒmp] **1.** *v. i.* **a)** [herum]tollen; **b)** *(coll.: win, succeed, etc. easily)* ~ **home** or in spielend gewinnen; ~ **through sth.** etw. spielend schaffen; ~ **along** dahinflitzen *(ugs.).* **2.** *n.* Tollerei, *die;* **have a** ~ *see* **1 a**
rompers ['rɒmpəz] *n. pl.* Spielhöschen, *das*
'romper suit *n.* Spielanzug, *der*
rondo ['rɒndəʊ] *n., pl.* ~**s** *(Mus.)* Rondo, *das*
roo [ruː] *n. (Austral. coll.)* Känguruh, *das*
rood [ruːd] *n. (crucifix)* Kruzifix, *das*
rood: ~**-loft** *n.* Empore des Lettners; ~**-screen** *n.* Lettner, *der*
roof [ruːf] *n.* Dach, *das;* **under one** ~: unter einem Dach; **live under the same** ~ **[as sb.]** [mit jmdm.] unter einem Dach wohnen *(ugs.);* **have a** ~ **over one's head** ein Dach über dem Kopf haben; **go through the** ~ ⟨*Preise:*⟩ kraß in die Höhe steigen; **sb. goes through** or **hits the** ~ *(fig. coll.)* jmd. geht an die Decke *(ugs.);* **raise the** ~ *(fig. coll.: make much noise)* die Wände zum Beben bringen; **b)** *(Anat.)* ~ **of the mouth** Gaumen, *der.* **2.** *v. t.* bedachen; ~ **in** or **over** überdachen
'roof-garden *n.* Dachgarten, *der*

roofing ['ruːfɪŋ] *n.* **a)** *(action)* Bedachung, *die;* **b)** *(material for roof)* Deckung, *die*
'roofing felt *n.* Dachpappe, *die*
roofless ['ruːflɪs] *adj.* dachlos
roof: ~**-rack** *n.* Dachgepäckträger, *der;* ~ **timbers** *n. pl.* Dachstuhl, *der;* ~**-top** *n.* Dach, *das;* **shout sth. from the** ~**-tops** *(fig.)* etw. in die Welt hinausrufen
'rook [rʊk] **1.** *n. (Ornith.)* Saatkrähe, *die.* **2.** *v. t.* **a)** *(charge extortionately)* neppen *(ugs. abwertend);* **b)** *(in gambling)* ausnehmen; ~ **sb. of £10** jmdm. 10 Pfund abnehmen
²rook *n. (Chess)* Turm, *der*
rookery ['rʊkərɪ] *n.* **a)** Saatkrähenkolonie, *die;* **b)** *(of penguins or seals)* Kolonie, *die*
rookie ['rʊkɪ] *n.* **a)** *(Mil. sl.)* Rekrut, *der;* **b)** *(Amer.: new member etc.)* Neuling, *der*
room [ruːm, rʊm] **1.** *n.* **a)** *(in building)* Zimmer, *das; (esp. without furniture)* Raum, *der;* *(large* ~, *for function)* Saal, *der;* *(coll.:* **go to lavatory**) austreten *(ugs.);* **b)** *no pl., no indef. art. (space)* Platz, *der;* **we have no** ~ **for idlers** für Müßiggänger ist hier kein Platz; **give sb.** ~: jmdm. Platz machen; **give sb.** ~ **to do sth.** *(fig.)* jmdm. die Freiheit lassen, etw. zu tun; ~ **and to spare** Platz genug; **make** ~ **[for sb./sth.]** [jmdm./einer Sache] Platz machen; **c)** *(scope)* there is no ~ **for dispute/doubt about that** darüber kann es keine Diskussion/keinen Zweifel geben; **there is still** ~ **for improvement in his work** seine Arbeit ist noch verbesserungsfähig; **this did not leave us much** ~ **for manœuvre** das ließ uns wenig Spielraum; **d)** *in pl. (apartments, lodgings)* Wohnung, *die;* '~**s to let** „Zimmer zu vermieten"; **e)** *(persons in a* ~) Raum, *der;* Zimmer, *das. See also* **cat a. 2.** *v. i. (Amer.: lodge)* wohnen; ~ **with sb.** *(be tenant of)* bei jmdm. wohnen; *(share with)* mit jmdm. zusammenwohnen
'room-divider *n.* Raumteiler, *der*
-roomed [ruːmd, rʊmd] *adj. in comb.* a **three-**~ **flat** eine Dreizimmerwohnung; a **one-**~**/four-**~ **building** ein Haus mit einem Zimmer/vier Zimmern
roomette [ruː'mɛt, rʊ'mɛt] *n. (Amer. Railw.)* Schlafwagenkabine, *die*
roomful ['ruːmfʊl, 'rʊmfʊl] *n.* a ~ **of people** etc. ein Zimmer voll[er] Leute usw.
rooming-house ['ruːmɪŋhaʊs] *n.* Pension, *die*
room: ~**-mate** *n.* Zimmergenosse, *der/*-nossin, *die;* Stubenkamerad, *der (Milit.);* ~ **service** *n.* Zimmerservice, *der;* ~ **temperature** *n.* Zimmertemperatur, *die*
roomy ['ruːmɪ] *adj.* geräumig
roost [ruːst] **1.** *n.* **a)** Schlafplatz, *der;* *(perch)* [Sitz]stange, *die;* **come home to** ~ *(fig.)* jmdm. heimgezahlt werden; *see also* **rule 2 b.** **2.** *v. i.* sich [zum Schlafen] niederlassen
rooster ['ruːstə(r)] *n. (Amer.)* Hahn, *der*
'root [ruːt] **1.** *n.* **a)** Wurzel, *die;* **pull sth. up by the** ~**/**~**s** etw. mit der Wurzel/den Wurzeln ausreißen; **etw. mit der Wurzel ausrotten; put down** ~**s/strike** or **take** ~ *(lit. or fig.)* Wurzeln schlagen; *(fig.)* **strike at the** ~**[s] of sth.** etw. in seinem Lebensnerv treffen; **have** ~**s** verwurzelt sein; **without** ~**s** wurzellos; **b)** *(source)* Wurzel, *die;* *(basis)* Grundlage, *die;* **have its** ~**s in sth.** einer Sache (Dat.) entspringen; **get at** or **to the** ~**[s] of things** den Dingen auf den Grund kommen; **be at the** ~ **of the matter** der Kern der Sache sein; **the** ~ **cause** der wirkliche Grund; **c)** *(Ling.)* Wurzel, *die;* **d)** *(Mus.)* Grundton, *der;* **e)** *(Math.: square* ~) [Quadrat]wurzel, *die* (of aus). **2.** *v. t.* **a plant firmly into the ground** eine Pflanze fest einpflanzen; ~**ed itself in sth.** *(fig.)* in etw. (Dat.) verwurzelt sein; **stand** ~**ed to the spot** wie angewurzelt dastehen. **3.** *v. i.* ⟨*Pflanze:*⟩ wurzeln, anwachsen

~ **'out** *v. t.* ausrotten; ausmerzen
~ **'up** *v. t.* mit den Wurzeln ausreißen; ausroden ⟨*Baum[stumpf], Busch*⟩

²**root** *v. i.* **a)** *(turn up ground)* wühlen (**for** nach); **b)** *(coll.)* ~ **for** *(cheer)* anfeuern; *(wish for success of)* Stimmung machen für ~ a'**bout,** ~ a'**round** *v. i.* herumwühlen ~ '**out** *v. t. (find by search)* zu Tage fördern **root:** ~ **and** '**branch** 1. *adj.* radikal; 〈*Reform*〉 an Haupt und Gliedern; 2. *adv.* radikal; an Haupt und Gliedern 〈*reformieren*〉; ~ **beer** *n. (Amer.)* Rootbeer, *das (schäumendes Getränk aus Wurzeln und Kräutern);* ~ **crop[s]** *n. [pl.]* Hackfrüchte *Pl.*
rooted ['ru:tɪd] *adj.* eingewurzelt
rootless ['ru:tlɪs] *adj.* wurzellos
root: ~-**mean-**'**square** *n. (Math.)* quadratisches Mittel; ~ **sign** *see* **radical sign 2 b;** ~-**stock** *n.* **a)** *(rhizome)* Wurzelstock, *der;* **b)** *(for grafting)* Unterlage, *die;* ~ **vegetable** *n.* Wurzelgemüse, *das;* ~ **word** *n. (Ling.)* Wurzelwort, *das*
rope [rəʊp] 1. *n.* **a)** *(cord)* Seil, *das;* Tau, *das;* ~'**s end** *(short piece)* Tauende, *das;* **b)** *(Amer.: lasso)* Lasso, *das;* **c)** *(for hanging sb.)* **the** ~: der Strang; *(fig.: death penalty)* die Todesstrafe; **d)** *in pl. (Boxing)* **the** ~**s** die Seile; **be on the** ~**s** *(lit., or fig.: near defeat)* in den Seilen hängen; **e)** *in pl.* **learn the** ~**s** lernen, sich zurechtzufinden; *(at work)* sich einarbeiten; **know the** ~**s** sich auskennen; **show sb. the** ~**s** jmdn. mit allem vertraut machen; **f) give sb. some** ~ *(fig.)* jmdm. eine gewisse Freiheit lassen; **give him enough** ~ **and he'll hang himself** *(fig.)* laß ihn alleine machen, dann schaufelt er sich sein eigenes Grab; **g)** *(Mount.)* **on the** ~: am Seil. 2. *v. t.* **a)** festbinden; ~ **sb. to a tree** jmdn. an einen Baum binden; **b)** *(Mount.)* anseilen
~ **in** *v. t.* **a)** mit einem Seil/mit Seilen absperren 〈*Gebiet*〉; **b)** *(fig.)* einspannen *(ugs.);* (*for membership*) anheuern *(ugs.);* **how did you get** ~**d in to that?** warum hast du dich dazu breitschlagen lassen? *(ugs.)*
~ '**off** *v. t.* [mit einem Seil/mit Seilen] absperren
~ **to**'**gether** *v. t. (Mount.)* aneinanderseilen
rope: ~-**dancer** *n.* Seiltänzer, *der/*-tänzerin, *die;* ~-'**ladder** *n.* Strickleiter, *die;* ~ 'sole *n.* Kordelsohle, *die;* ~-**walker** *n.* Seilakrobat, *der/*-akrobatin, *die;* ~**way** *n.* Seilbahn, *die*
ropy ['rəʊpɪ] *adj. (coll.) (poor)* schäbig; *(in a bad state)* mitgenommen; **be a bit** ~: nicht viel taugen; **you look a bit** ~: du siehst ziemlich kaputt aus
Roquefort ['rɒkfɔ:(r)] *n.* Roquefort, *der*
ro-ro ['rəʊrəʊ] *adj.* Ro-Ro- 〈*Schiff, Fähre*〉
rorqual ['rɔ:kwəl] *n. (Zool.)* Finnwal, *der*
Rorschach test ['rɔ:ʃɑ:k test] *n. (Psych.)* Rorschachtest, *der*
rosary ['rəʊzərɪ] *n. (Relig.)* Rosenkranz, *der*
¹**rose** [rəʊz] 1. *n.* **a)** *(plant, flower)* Rose, *die;* ~ **of Jericho/Sharon** Jerichorose, *die/*Johanniskraut, *das;* **no bed of** ~**s** *(fig.)* kein Honigschlecken; ~**s[,** ~**s,] all the way** *(fig.)* der Himmel auf Erden; **it's not all** ~**s** ist nicht alles [so] rosig; **everything's [coming up]** ~**s** alles ist bestens; **[there's] no** ~ **without a thorn** *(prov.)* keine Rose ohne Dornen *(Spr.);* **Wars of the R**~**s** *(Brit. Hist.)* Rosenkriege *Pl.;* ~**s in one's cheeks** rosige Wangen; **b)** *(colour)* Rosa, *das;* **c)** *(nozzle)* Brause, *die.* 2. *adj.* rosa[farben]
²**rose** *see* **rise 2**
rosé [rəʊ'zeɪ, 'rəʊzeɪ] *n.* Rosé, *der*
roseate ['rəʊzɪət] *adj.* rosenrot
rose: ~-**bed** *n.* Rosenbeet, *das;* ~-**bud** *n.* Rosenknospe, *die;* ~-**bud mouth** Kirschenmund, *der (dichter.);* ~-**bush** *n.* Rosenstrauch *(der, die);* ~-**coloured** *adj.* rosarot; **see things through** ~-**coloured spectacles** Dinge durch eine rosarote Brille sehen; ~-**fish** *n.* Rotbarsch, *der;* ~-**garden** *n.* Rosengarten, *der;* ~-**hip** *n. (Bot.)* Hagebutte, *die;* ~-**hip tea** Hagebuttentee, *der;* ~-**leaf** *n.* Rosenblatt, *das*

rosemary ['rəʊzmərɪ] *n. (Bot.)* Rosmarin, *der*
rose: ~-**petal** *n.* Rosen[blüten]blatt, *das;* ~-**pink** 1. *adj.* rosarot; 2. *n.* Rosarot, *das;* ~-**red** 1. *adj.* rosenrot; 2. *n.* Rosenrot, *das;* ~-**tinted** *see* **rose-coloured;** ~-**tree** *n.* Rosenstock, *der*
rosette [rəʊ'zet] *n.* Rosette, *die*
rose: ~-**water** *n.* Rosenwasser, *das;* ~-**window** *n. (Archit.)* Fensterrose, *die;* ~**wood** *n.* Rosenholz, *das*
Rosicrucian [rəʊzɪ'kru:ʃn] 1. *n.* Rosenkreuzer, *der/*-kreuzerin, *die.* 2. *adj.* Rosenkreuzer-
rosin ['rɒzɪn] *n.* Harz, *das; (for violin bow)* Kolophonium, *das*
RoSPA ['rɒspə] *abbr. (Brit.)* Royal Society for the Prevention of Accidents
roster ['rɒstə(r)] 1. *n.* Dienstplan, *der.* 2. *v. t.* einteilen 〈*Arbeitskraft*〉; **call for flexible** ~**ing** flexible Dienstpläne fordern
rostrum ['rɒstrəm] *n., pl.* **rostra** ['rɒstrə] *or* ~**s** *(platform)* Podium, *das; (desk)* Rednerpult, *das*
rosy ['rəʊzɪ] *adj.* **a)** rosig; **b)** *(fig.)* rosig 〈*Zukunft, Aussichten*〉; **paint a** ~ **picture of sth.** etw. in den rosigsten Farben schildern
rot [rɒt] 1. *n.* **a)** *see* 2**a**: Verrottung, *die;* Fäulnis, *die;* Verwesung, *die;* Vermoderung, *die; (rust)* Rost, *der; (fig.: deterioration)* Verfall, *der;* **stop the** ~ *(fig.)* dem Verfall Einhalt gebieten; **the** ~ **has set in** *(fig.)* der Verfall hat eingesetzt; *see also* **dry rot;** **b)** *(sl.: nonsense)* Quark, *der (salopp);* ~! Blödsinn! *(ugs.).* 2. *v. i.,* -**tt- a)** *(decay)* verrotten; 〈*Fleisch, Gemüse, Obst:*〉 verfaulen 〈*Leiche:*〉 verwesen; 〈*Metall:*〉 verrosten; 〈*Laub:*〉 vermodern, verrotten; 〈*Holz:*〉 faulen; 〈*Zähne:*〉 schlecht werden; **b)** *(fig.: go to ruin)* verrotten lassen; **leave sb. to** ~: jmdn. verrotten lassen *(ugs.).* 3. *v. t.,* -**tt- a)** *(make rotten)* verrotten lassen; verfaulen lassen 〈*Fleisch, Gemüse, Obst*〉; vermodern *od.* verrotten lassen 〈*Laub*〉; faulen lassen 〈*Holz*〉; verwesen lassen 〈*Leiche*〉; zerstören 〈*Zähne*〉; **that stuff will** ~ **your guts** *(sl.)* das Zeug bringt dich um *(ugs.);* **b)** *(Brit. sl.: tease)* aufziehen *(ugs.)*
~ a'**way** *v. i.* verfaulen; 〈*Leiche:*〉 verwesen; 〈*Holz:*〉 faulen; *(moulder away)* vermodern
rota ['rəʊtə] *n. (Brit.)* **a)** *(order of rotation)* Turnus, *der;* **draw up the cleaning** ~: den Putzplan aufstellen; **she has a regular** ~ **of visitors** sie bekommt in regelmäßigem Turnus Besuch; **b)** *(list of persons)* [Arbeits]plan, *der*
Rotarian [rəʊ'teərɪən] 1. *n.* Rotarier, *der.* 2. *adj.* rotarisch; Rotarier-
rotary ['rəʊtərɪ] 1. *adj.* **a)** *(acting by rotation)* rotierend; Rotations-; ~ **engine** Drehkolbenmotor, *der;* ~ **press** *(Printing)* Rotationsmaschine, *die;* ~ **pump** Kreiselpumpe, *die;* ~ **mower** Rasenmäher mit rotierenden Messern; **b) R**~: Rotarier-; **R**~ **Club** Rotary-Club, *der;* **a) The R**~**, R**~ **International** der Rotary-Club; Rotary International; **b)** *(Amer.: roundabout)* Verkehrskreisel, *der*
rotate [rəʊ'teɪt] 1. *v. i.* **a)** *(revolve)* rotieren; sich drehen; ~ **on an axis** sich um die Achse drehen; **b)** *(alternate)* **these posts** ~ **regularly** diese Stellen werden in einem regelmäßigen Turnus neu besetzt. 2. *v. t.* **a)** *(cause to revolve)* in Rotation versetzen; **b)** *(alternate)* abwechselnd erledigen 〈*Aufgaben*〉; auswechseln 〈*Pflichten*〉; ~ **[the] crops** Fruchtwechselwirtschaft betreiben; **change the way one** ~**s the crops** die Fruchtfolge ändern
rotation [rəʊ'teɪʃn] *n.* **a)** Rotation, *die,* Drehung, *die* (**about** um); **b)** *(succession)* turnusmäßiger Wechsel; *(in political office)* Rotation, *die;* ~ **of crops** Fruchtfolge, *die;* **the** ~ **of the seasons** der Wechsel der Jahreszeiten; **by** ~: im Turnus; ~ **in office** turnus-

mäßiger Amtswechsel; **take office in** *or* **by** ~: ein Amt nach dem Rotationsprinzip ausüben
rotatory ['rəʊtətərɪ] *adj.* Dreh-; drehend
rotavate ['rəʊtəveɪt] *v. t.* mit der Fräse bearbeiten 〈*Boden*〉
Rotavator, (P) ['rəʊtəveɪtə(r)] *n.* [Boden]fräse, *die*
rote [rəʊt] *n.* **by** ~: auswendig 〈*lernen, aufsagen*〉; **teach sth. by** ~: etw. durch Auswendiglernen einüben
'**rote-learning** *n.* Auswendiglernen, *das*
'**rot-gut** *(sl.)* 1. *n.* Fusel, *der (ugs., abwertend).* 2. *adj.* fuselig
rotisserie [rəʊ'tɪsərɪ] *n.* **a)** *(restaurant)* Rotisserie, *die;* **b)** *(appliance)* Grill, *der*
rotor ['rəʊtə(r)] *n.* Rotor, *der (Technik)*
rotten ['rɒtn] 1. *adj.,* ~**er** [-ənə(r)], ~**est** ['rɒtnɪst] **a)** *(decayed)* verrottet, verwest 〈*Leiche*〉; vermodert, verrottet 〈*Laub, Holz*〉; verfault 〈*Obst, Gemüse, Fleisch*〉; faul 〈*Ei, Zähne*〉, *(rusted)* verrostet; ~ **to the core** *(fig.)* verdorben bis ins Mark; völlig verrottet 〈*System, Gesellschaft*〉; **b)** *(corrupt)* verdorben, verkommen; **c)** *(sl.: bad)* mies *(ugs.);* **feel** ~ *(ill)* sich mies fühlen *(ugs.);* *(have a bad conscience)* ein schlechtes Gewissen haben; **it's a** ~ **shame** so ein Mist *(ugs.).* ~ **luck** saumäßiges Pech *(salopp).* 2. *adv. (sl.)* saumäßig *(salopp);* **hurt/stink something** ~: saumäßig weh tun/stinken *(salopp);* **spoilt** ~: ganz schön verwöhnt *(ugs.)*
rottenly ['rɒtnlɪ] *adv. (sl.)* saumäßig *(salopp)*
rotter ['rɒtə(r)] *n. (sl.)* mieser Typ *(salopp abwertend);* Halunke, *der*
rotund [rəʊ'tʌnd] *adj.* **a)** *(round)* rund; **b)** *(plump)* rundlich
rotunda [rə'tʌndə] *n.* Rotunde, *die (Archit.)*
rotundity [rə'tʌndɪtɪ] *n., no pl.* **a)** *(roundness)* Rundheit, *die;* **b)** *(plumpness)* Rundlichkeit, *die*
rouble ['ru:bl] *n.* Rubel, *der*
roué ['ru:eɪ] *n.* Roué, *der (veralt.)*
rouge [ru:ʒ] 1. *n.* **a)** *(cosmetic powder)* Rouge, *das;* **b)** *(polishing agent)* Englischrot, *das; see also* **jeweller.** 2. *v. t.* ~ **one's cheeks** *or* **face** Rouge auflegen
rough [rʌf] 1. *adj.* **a)** *(coarse, uneven)* rauh; holp[e]rig 〈*Straße usw.*〉; uneben 〈*Gelände*〉; aufgewühlt 〈*Wasser*〉; *(shaggy)* haarig 〈*Lebewesen*〉; stopp[e]lig 〈*Bart*〉; **b)** *(violent)* rauh, roh, grob 〈*Person, Worte, Behandlung, Benehmen*〉; **the** ~ **element [of the population]** die Rowdys [unter der Bevölkerung]; **the remedy was** ~ **but effective** die Behandlung war eine Roßkur, aber sie hat gewirkt; **c)** *(harsh to the senses)* rauh; kratzig 〈*Geschmack, Getränk*〉; sauer 〈*Apfelwein*〉; **d)** *(trying)* hart; **this is** ~ **on him** das ist hart für ihn; **sth. is** ~ **going** etw. ist nicht einfach; **have a** ~ **time** es schwer haben; **give sb. a** ~ **time** es jmdm. schwer machen; **have a** ~ **tongue** eine rauhe Zunge am Leibe haben *(ugs.); see also* **edge 1 a; e)** *(fig.: deficient in polish)* derb; rauh 〈*Empfang*〉; unbeholfen 〈*Stil*〉; ungeschliffen 〈*Benehmen, Sprache*〉; **f)** *(rudimentary)* primitiv 〈*Unterkunft, Leben*〉; *(approximate)* grob 〈*Skizze, Schätzung, Einteilung, Vorstellung*〉; vag 〈*Vorstellung*〉; ~ **notes** stichwortartige Notizen; ~ **attempt** erster Versuch; ~ **draft** Rohentwurf, *der;* **in a somewhat** ~ **state** in einem einigermaßen unfertigen Zustand; **a** ~ **circle** ein ungefährer Kreis; ~ **paper/notebook** Konzeptpapier, *das*/Kladde, *die;* **g)** *(coll.: ill)* angeschlagen *(ugs.). See also* ¹**deal 3 a.** 2. *n.* **a)** *(hooligan)* Schläger, *der (abwertend);* Rowdy, *der (abwertend);* **b)** *(Golf)* Rough, *das;* **c) take the** ~ **with the smooth** die Dinge nehmen, wie sie kommen; **d)** *(unfinished state)* **be[in** ~] [sich] im Rohzustand [befinden]. 3. *adv.* rauh 〈*spielen*〉; scharf 〈*reiten*〉; **sleep** ~: im Freien schlafen. 4. *v. t.* ~ **it** primitiv leben; **he had to** ~ **it for**

617

roughage

a while er mußte eine Zeitlang auf den gewohnten Komfort verzichten; ~ 'in *v. t.* skizzenhaft einzeichnen; [mit wenigen Strichen] andeuten; ~ 'out *v. t.* [grob] entwerfen; ~ 'up *v. t.* a) *(sl.: deal roughly with)* anrempeln *(ugs.);* b) *(ruffle)* gegen den Strich streichen ⟨Haare⟩
roughage ['rʌfɪdʒ] *n.* a) *(for people)* Ballaststoffe *Pl. (Med.);* b) *(for animals)* Rauhfutter, *das (Landw.).*
rough: ~-**and-ready** *adj.* a) *(not elaborate)* provisorisch; skizzenhaft ⟨Beschreibung⟩; behelfsmäßig ⟨Hütte, Methode⟩; grob ⟨Schätzung⟩; **a** ~-**and-ready method for calculating sth.** eine Faustformel für die Berechnung von etw.; b) *(not refined)* rauhbeinig ⟨Person⟩; ~-**and-'tumble 1.** *adj.* wild; turbulent ⟨Atmosphäre⟩; **2.** *n.* [wildes] Handgemenge; [wilde] Rauferei; *(fig.: turbulent life)* Catch-as-catch-can, *das (ugs. abwertend);* ~**cast** *(Building)* **1.** *adj.* mit Grobmörtel verputzt; **2.** *n.* Grobmörtel, *der;* **3.** *v. t.* mit Grobmörtel verputzen; ~ 'copy *n.* a) *(original draft)* [erster] Entwurf; Konzept, *das;* b) *(simplified copy)* grobe Skizze; ~ 'diamond *n. (fig.)* ungehobelter, aber guter Mensch; **he's a** ~ **diamond** er ist rauh, aber herzlich; ~-dry *v. t.* [nur] trocknen ⟨Wäsche⟩; ~ 'edges *n. pl. (in book)* unbeschnittene Kanten; **he has a few** ~ **edges** *(fig.)* er ist ein wenig ungeschliffen
roughen ['rʌfn] **1.** *v. t.* aufrauhen ⟨Oberfläche⟩; rauh machen ⟨Hände⟩. **2.** *v. i.* rauh werden
rough: ~ 'grazing *n. (Brit.)* natürliche Weide; ~ house *n. (sl.)* Keilerei, *die (ugs.);* ~ 'justice *n.* ziemlich willkürliche Urteile; ~ 'luck *n.* Pech, *das*
roughly ['rʌflɪ] *adv.* a) *(violently)* roh; grob; b) *(crudely)* leidlich; grob ⟨skizzieren, bearbeiten, bauen⟩; c) *(approximately)* ungefähr; grob ⟨geschätzt⟩; *see also* **speaking 2**
'**roughneck** *n. (coll.)* a) *(Amer.: rowdy)* Raufbold, *der (abwertend);* b) *(driller on oil rig)* Bohrarbeiter, *der*
roughness ['rʌfnɪs] *n.* a) *no pl.* Rauheit, *die; (unevenness)* Unebenheit, *die;* b) *no pl. (sharpness)* (of wine, fruit juice) Säure, *die; (of voice)* Rauheit, *die;* c) *no pl. (violence)* Roheit, *die;* **the** ~ **of the area** die Häufigkeit von Gewalttaten in der Gegend; d) *(rough place or part)* unausgefeilte Stelle
rough: ~ 'passage *n.* a) *(Naut.)* rauhe [Über]fahrt; b) *(fig.)* **get a** ~ **passage** ⟨Gesetzentwurf:⟩ nur mit Mühe durchkommen; **the interview board gave him a** ~ **passage** die Prüfungskommission hat es ihm nicht leicht gemacht; ~ 'ride *n. see* **ride 1 b;** ~-**rider** *n.* a) *(horse-breaker)* Zureiter, *der;* b) *(Mil.)* irregulärer Kavallerist; ~**shod** *adj.* **ride** ~**shod over sb./sth.** jmdn./etw. mit Füßen treten; ~ **stuff** *n. (sl.)* Zoff, *der (salopp);* ~ '**work** *n. (needing force)* Knochenarbeit, *die (ugs.);* b) *(preliminary)* Vorbereitungsarbeit, *die*
roulette [ruː'let] *n.* Roulette, *das*
Roumania [ruː'meɪnɪə] *see* **Romania**
Roumanian [ruː'meɪnɪən] *see* **Romanian**
round [raʊnd] **1.** *adj.* a) rund; rundlich ⟨Arme⟩; ~ **cheeks** Pausbacken *Pl. (fam.);* **in** ~ **figures, it will cost £1,000** rund gerechnet wird es 1 000 Pfund *od.* ein volles *od.* ganzes Dutzend; b) *(plain)* **in the** ~**est manner, in** ~ **terms** ohne Umschweife; c) *(considerable)* stattlich ⟨Summe, Preis⟩; **a good** ~ **sum** eine hübsche Summe; **3.** d) *(semicircular)* ~ **arch** Rundbogen, *der;* e) *(Phonet.)* gerundet; f) *(full-toned and mellow)* voll ⟨Ton⟩; volltönend ⟨Stimme⟩. **2.** *n.* a) *(recurring series)* Serie, *die;* ~ **of talks/negotiations** Gesprächs-/Verhandlungsrunde, *die;* **the daily** ~: der Alltag; **the daily** ~ **of chores** die täglichen Pflichten; b) *(charge of ammunition)* Ladung, *die;* **50** ~s [of ammunition] 50 Schuß Munition; **put five** ~s **in a magazine** fünf Kugeln in ein Magazin stecken; **fire five** ~s fünf Schüsse abfeuern; c) *(division of game or contest)* Runde, *die;* d) *(burst)* ~ **of applause** Beifallssturm, *der;* ~s **of cheers** Hochrufe; e) *[of drinks]* Runde, *die;* f) *(regular calls)* Runde, *die;* Tour, *die;* **be on sb.'s** ~: auf jmds. Tour liegen; **the doctor is on her** ~ **at present** Frau Doktor macht gerade Hausbesuche; **go [on]** *or* **make one's** ~s ⟨*Posten, Wächter usw.:*⟩ seine Runde machen *od.* gehen; ⟨*Krankenhausarzt:*⟩ Visite machen; **make the** ~ **of the wards** Visite machen; **do** *or* **go the** ~s ⟨*Person, Gerücht usw.:*⟩ die Runde machen *(ugs.);* **do the** ~s **of all the second-hand shops/one's relatives** alle Gebrauchtwarenläden/die ganze Verwandtschaft abklappern *(ugs.);* **she is certainly doing the** ~s *(is promiscuous)* sie macht bei den Männern die Runde *(ugs.);* g) *(Golf)* Runde, *die;* **a** ~ **of golf** eine Runde Golf; h) *(Mus.)* Round, *der (fachspr.);* einfacher Zirkelkanon; i) *(slice)* **a** ~ **of bread/ toast** eine Scheibe Brot/Toast; **a** ~ **of cucumber sandwiches** ein Gurkensandwich (in 2 *od.* 4 Stücke geschnitten); j) **in the** ~ *postpos. (Art)* als Vollplastik; vollplastisch; *(fig.: as a whole)* ganzheitlich; **theatre in the** ~: Arenabühne; Rundtheater, *das;* k) *(Archery)* Runde, *die.* **3.** *adv.* a) **all the year** ~: das ganze Jahr hindurch; **the third time** ~: beim dritten Mal; **have a wall all** ~: von einer Mauer eingeschlossen sein; **have a look** ~: sich umsehen; b) *(in girth)* **be [all of] ten feet** ~: einen Umfang von [mindestens] zehn Fuß haben; c) *(from one point, place, person, etc. to another)* **tea was handed** ~: es wurde Tee herumgereicht; **he asked** ~ **among his friends** er fragte seine Freunde; **the room was hung** ~ **with portraits** im Zimmer hingen ringsum Portraits; **for a mile** ~: im Umkreis einer Meile; d) *(by indirect way)* herum; **way** ~: außen herum gehen; **go a/the long way** ~: einen weiten Umweg machen; e) *(here)* hier; *(there)* dort; **I'll go** ~ **tomorrow** ich werde morgen hin-/rübergehen; **call** ~ **any time!** kommen Sie doch jederzeit vorbei!; **ask sb.** ~ **[for a drink]** jmdn. [zu einem Gläschen zu sich] einladen; **order a car** *etc.* ~: nach einem Wagen *usw.* schicken; **send a car** ~: einen Wagen vorbeischicken; *see also* **clock 1 a. 4.** *prep.* a) um *[... herum]*; **a tour** ~ **the world** eine Weltreise; **travel** ~ **England** durch England reisen; **she had a blanket** ~ **her** sie hatte eine Decke um sich geschlungen; **the box had a band** ~ **it** um die Schachtel war ein Band gebunden; **right** ~ **the lake** um den ganzen See herum; **be** ~ **the back of the house** hinter dem Haus sein; **run** ~ **the back of the house** hinten ums Haus rennen; *(to position there)* hinter das Haus rennen; **run** ~ **the streets** durch die Straßen rennen; **walk** *etc.* ~ **and** ~ **sth.** immer wieder um etw. herumgehen *usw.;* **she ran** ~ **and** ~ **the park** sie lief Runde um Runde durch den Park; b) *(with successive visits to)* **he hawks them** ~ **the cafés** er hausiert mit ihnen in den Cafés; **he sings** ~ **the pubs** er singt in den Kneipen; **we looked** ~ **the shops** wir sahen uns in den Geschäften um; c) *(in various directions from)* um *[... herum]; (just in* ⟨einen Ort⟩*)* **look** ~ **one** um sich schauen; **in Chelsea and** ~ **it** in und um Chelsea; **do you live here?** wohnst du [hier] in der Nähe?; **if you're ever** ~ **this way** wenn du hier in der Nähe bist; d) **argue** ~ **and** ~ **a matter/problem** *etc.* um eine Problem *usw.* herumreden *(ugs.).* **5.** *v. t.* a) *(give* ~ *shape to)* rund machen; runden ⟨Lippen, Rücken⟩; b) *(state as* ~ *number)* runden ⟨to *auf* + *Akk.*⟩; c) *(go* ~*)* umfahren/umgehen *usw.;* **a turn/bend** um eine Kurve fahren/gehen/kommen *usw.;* ~ **a cape** um ein Kap fahren; d) *(Phonet.)* mit Rundung der Lippen sprechen; labialisieren *(Sprachw.)*; ~ 'down *v. t.* abrunden ⟨Zahl⟩ (**to** auf + *Akk.*); ~ 'off *v. t. (also fig.: complete)* abrunden; ~ 'on *v. i.* anfahren; ~ 'out *v. t.* vervollständigen; ~ 'up *v. t.* a) *(gather, collect together)* verhaften ⟨Verdächtige⟩; zusammentreiben ⟨Vieh⟩; beschaffen, *(ugs.)* auftreiben ⟨Geld⟩; *see also* **round-up;** b) *(to* ~ *figure)* aufrunden (**to** auf + *Akk.*).
round: ~ a'bout **1.** *adv.* a) *(on all sides)* ringsum; **the villages** ~ **about** die umliegenden Dörfer; b) *(indirectly)* auf Umwegen; c) *(approximately)* ~ **about 2,500 people** um die *od.* rund 2 500 Leute; **2.** *prep.* rund um; ~ **about. 1.** *n.* a) *(Brit.: road junction)* Verkehrskreisel, *der;* b) *(Brit.: merry-go-round)* Karussell, *das;* **what you lose on the swings you gain on the** ~**abouts** *(prov.)* was man auf der einen Seite verliert, gewinnt man auf der anderen; **it is swings and** ~**abouts** es gleicht sich aus; **2.** *adj.* a) *(meandering)* **a [very]** ~**about way** *or* **road** *or* **route** *etc.* ein [sehr] umständlicher Weg; ~**about journey** Reise mit Umwegen; **the taxi took us/went a** ~**about way** das Taxi brachte uns auf einem Umweg zum Ziel/ machte einen Umweg; b) *(fig.: indirect)* umständlich; **a more** ~**about method** eine weniger direkte Methode; ~ 'brackets *n. pl.* runde Klammern; ~ 'dance *n.* Rundtanz, *der*
rounded ['raʊndɪd] *adj.* a) rund; abgerundet ⟨Kante⟩; b) *(perfected)* abgerundet; harmonisch ⟨Person⟩; c) *(fig.: polished)* ausgefeilt; abgerundet; d) *(sonorous)* voll
roundel ['raʊndl] *n.* a) *(disc)* [kleine runde] Scheibe; b) *(mark)* Kreiszeichen, *das*
roundelay ['raʊndɪleɪ] *n. (Mus.)* einfaches Liedchen mit Refrain
rounders ['raʊndəz] *n. sing. (Brit.)* Rounders, *das;* Rundball, *das (dem Baseball ähnliches Spiel)*
round: ~-**eyed** *adj.* mit großen Augen *nachgestellt;* **be** ~-**eyed with amazement** große Augen machen; ~-**faced** *adj.* pausbäckig *(fam.);* ~ '**game** *n.* Spiel für beliebig viele Mitspieler, bei dem jeder gegen jeden spielt; **R~head** *n. (Brit. Hist.)* Rundkopf, *der*
roundly ['raʊndlɪ] *adv.* entschieden
'**round-neck** *adj.* ⟨*Pullover, Bluse usw.*⟩ mit rundem Halsausschnitt
roundness ['raʊndnɪs] *n., no pl.* Rundheit, *die; (of figure)* Rundlichkeit, *die*
round: ~ '**number** *n.* runde Zahl; ~ '**robin** *n.* a) *(petition)* Petition, *die (mit kreisförmig angeordneten Unterschriften);* b) *(Amer.: tournament)* Round-Robin-Turnier, *das (Sport);* ~-'**shouldered** *adj.* ⟨Person⟩ mit einem Rundrücken; **be** ~-**shouldered** einen Rundrücken haben
roundsman ['raʊndzmən] *n., pl.* **roundsmen** ['raʊndzmən] a) *(Brit.)* Austräger, *der;* **milk** ~: Milchmann, *der (ugs.);* b) *(Amer.: police officer)* ≈ Polizeimeister, *der*
round: R~ 'Table *n.* runde Tafel des Königs Artus; **[King Arthur and] Knights of the R~ Table** [König Artus und die] Ritter der Tafelrunde; ~-**table 'conference** *n.* Round-table-Konferenz, *die;* ~-**the-'clock** *adj.* rund um die Uhr *nachgestellt; see also* **clock 1 a;** ~ '**trip** *n.* a) Rundreise, *die;* b) *(Amer.: return trip)* Hin- und Rückfahrt, *die;* **the** ~ **trip to the island** die Fahrt zur Insel und zurück; ~ '**trip ticket** Rückfahrkarte, *die;* ~-**up** *n.* a) *(gathering-in) (of persons)* Einfangen, *das; (arrest)* Verhaftung, *die; (of animals)* Zusammentreiben, *das;* b) *(summary)* Zusammenfassung, *die;* ~**worm** *n. (Zool., Med.)* Spulwurm, *der*
rouse [raʊz] **1.** *v. t.* a) *(awaken, lit. or fig.)* wecken **(from** aus); ~ **oneself** aufwachen;

(overcome indolence) sich aufraffen; ~ **sb./oneself to action** jmdn. zur Tat anstacheln/sich zur Tat aufraffen; **b)** *(provoke)* reizen; **he is terrible when ~d** er ist furchtbar, wenn man ihn reizt; ~ **sb. to anger** jmdn. in Wut bringen; **c)** *(cause)* wecken; hervorrufen, auslösen ⟨*Empörung, Beschuldigungen*⟩; **d)** *(startle from cover)* aufscheuchen. **2.** *v. i.* [up] aufwachen

rousing ['raʊzɪŋ] *adj.* mitreißend ⟨*Lied*⟩; leidenschaftlich ⟨*Rede*⟩; stürmisch ⟨*Beifall*⟩

roustabout ['raʊstəbaʊt] *n.* **a)** *(Amer.: labourer)* Hilfsarbeiter, *der;* Handlanger, *der;* *(dockhand)* Schauermann, *der;* **b)** *(labourer on oil rig)* Bohrarbeiter, *der*

¹rout [raʊt] **1.** *n.* **a)** *(disorderly retreat)* [wilde] Flucht; *(disastrous defeat)* verheerende Niederlage; **put to ~:** in die Flucht schlagen; *(arch., Law: mob)* Horde, *die.* **2.** *v. t.* aufreiben ⟨*Feind, Truppen*⟩; vernichtend schlagen ⟨*Gegner*⟩

²rout *v. i. (root)* wühlen

~ **'out** *v. t.* herausjagen; ~ **sb. out of sth.** jmdn. aus etw. jagen

route [ruːt, *Mil. also:* raʊt] **1.** *n.* **a)** *(course)* Route, *die;* Weg, *der;* **a [very] circuitous** ~ *(lit. or fig.)* ein [großer] Umweg; **shipping** ~: Schiffahrtsstraße, *die;* **bus/air** ~: Bus-/Fluglinie, *die;* **b)** *(Amer.: delivery round)* Bezirk, *der.* **2.** *v. t.* ~**ing** fahren lassen ⟨*Fahrzeug*⟩; führen ⟨*Linie*⟩; **the train is ~d through** *or* **via Crewe** der Zug fährt über Crewe

route: ~**man** ['ruːtmən] *n., pl.* ~**men** ['ruːtmən] *(Amer.) (delivery-man)* Austräger, *der;* *(salesman)* Vertreter, *der;* ~ **march** *n. (Mil.)* Übungsmarsch, *der*

router ['raʊtə(r)] *n. (tool)* Nuthobel, *der*

routine [ruːˈtiːn] **1.** *n.* **a)** *(regular procedure)* Routine, *die;* **strict ~s must be kept to** ein genau festgelegter Ablauf muß eingehalten werden; **creature of** ~: Gewohnheitsmensch, *der;* **establish a new** ~ **after retirement** nach der Pensionierung einen neuen Lebensrhythmus finden; **b)** *(coll.) (set speech)* Platte, *die (ugs.);* *(formula)* Spruch, *der;* **c)** *(Theatre)* Nummer, *die;* *(Dancing. Skating)* Figur, *die;* *(Gymnastics)* Übung, *die;* **d)** *(Computing)* Routine, *die.* **2.** *adj.* routinemäßig; **Routine**⟨*arbeit, -untersuchung usw.*⟩; **the investigation was purely ~:** die Untersuchung verlief absolut routinemäßig

routinely [ruːˈtiːnlɪ] *adv.* routinemäßig

roux [ruː] *n., pl. same (Cookery)* Mehlschwitze, *die*

¹rove [rəʊv] **1.** *v. i.* ziehen; ⟨*Blick:*⟩ schweifen *(geh.);* ~ **[about]** herumziehen. **2.** *v. t.* streifen durch; durchstreifen *(geh.);* ⟨*Blick:*⟩ durchschweifen ⟨*Raum*⟩

²rove *see* **reeve**

¹rover ['rəʊvə(r)] *n. (wanderer)* Vagabund, *der (veralt.);* **R~ Scout** *(Hist.)* Rover, *der*

²rover *n. (pirate)* Pirat, *der*

roving ['rəʊvɪŋ]: ~ **com'mission** *n.* Reiseauftrag, *der;* **have a** ~ **commission** einen Aufgabenbereich haben, bei dem man viel herumkommt; ~ **'eye** *n.* **have a** ~ **eye** den Frauen/Männern schöne Augen machen

¹row [raʊ] *(coll.)* **1.** *n.* **a)** *(noise)* Krach, *der;* **make a** ~: Krach machen; *(protest)* Rabatz machen *(ugs.),* **b)** *(quarrel)* Krach, *der (ugs.);* **have/start a** ~: Krach haben/anfangen *(ugs.);* **they're always having** *or* **they keep having ~s** sie streiten dauernd; sie haben ständig Krach *(ugs.);* **c) get into a** ~ **over sth.** *(be reprimanded)* wegen etw. Ärger kriegen *(ugs.).* **2.** *v. i.* sich streiten

²row [rəʊ] *n.* **a)** Reihe, *die;* **in a ~:** in einer Reihe; *(coll.: in succession)* nacheinander; hintereinander; **b)** *(line of oarsmen)* Zeile, *die;* **c)** *(terrace)* ~ **[of houses]** [Häuser]zeile, *die;* [Häuser]reihe, *die*

³row 1. *v. i. (move boat with oars etc.)* rudern; ~ **out/back** hinaus-/zurückrudern. **2.** *v. t.* rudern; ~ **sb. across** jmdn. hinüberrudern. **3.** *n.* **go for a ~:** rudern gehen; **after a long ~:** nach langem Rudern

rowan ['rəʊən, 'raʊən] *see* **rowan-tree**

rowan: ~**-berry** *n.* Vogelbeere, *die;* ~**-tree** *n.* **a)** *(Scot., N.Engl.)* Eberesche, *die;* **b)** *(Amer.)* amerikanische Eberesche

row-boat ['rəʊbəʊt] *n.* Ruderboot, *das*

rowdiness ['raʊdɪnɪs] *n., no pl.* Rabaukenhaftigkeit, *die;* *(behaviour)* rabaukenhaftes Benehmen

rowdy ['raʊdɪ] **1.** *adj.* rowdyhaft *(abwertend);* ~ **adolescents** jugendliche Rowdys *(abwertend);* **the** ~ **element in the audience** die Rüpel *(abwertend)* unter den Zuhörern; ~ **scenes** tumultartige Szenen; **the party was** ~: auf der Party ging es laut zu. **2.** *n.* Krawallmacher, *der;* Rabauke, *der*

rowdyism ['raʊdɪɪzm] *n., no pl.* Rabaukentum, *das (abwertend)*

rower ['rəʊə(r)] *n.* Ruderer, *der*/Ruderin, *die;* **be a** ~: rudern

row-house ['rəʊhaʊs] *n. (Amer.)* Reihenhaus, *das*

rowing ['rəʊɪŋ] *n., no pl.* Rudern, *das;* **do a lot of/like** ~: viel/gern rudern

rowing: ~**-boat** *n. (Brit.)* Ruderboot, *das;* ~**-club** *n.* Ruderklub, *der;* ~**-machine** *n.* Rudergerät, *das*

rowlock ['rɒlək] *n. (Brit.)* Dolle, *die*

royal ['rɔɪəl] **1.** *adj.* königlich; **the** ~ **plural** der Pluralis majestatis; *see also* **academy a; assent 2; blood 1c; commission 1d; duke a; Highness; regiment 1b; right 4g; tennis; we. 2.** *n.* Mitglied der Königsfamilie; **the ~s** die Königsfamilie

royal: R~ 'Air Force *n. (Brit.)* Königliche Luftwaffe; ~ **'blue** *n. (Brit.)* Königsblau, *das;* ~ **'burgh** *n. (in Schottland)* grafschaftsfreie Stadt; **R~ Engi'neers** *n. pl.* Pioniertruppe der britischen Armee; ~ **'family** *n.* königliche Familie; ~ **'icing** *n. (Cookery)* Zuckerguß, *der*

royalism ['rɔɪəlɪzm] *n.* Royalismus, *der*

royalist ['rɔɪəlɪst] *n.* Royalist, *der*/Royalistin, *die; attrib.* Royalisten-; royalistisch

royal 'jelly *n.* Gelée royale, *die*

royally ['rɔɪəlɪ] *adv.* königlich

royal: R~ Ma'rine *n. (Brit.)* britischer Marineinfanterist; **R~ 'Navy** *n. (Brit.)* Königliche Kriegsmarine; ~ **'oak** *n.* Eichenzweig, *der (an dem Gedenken der Wiederreinigung Charles II. als König getragen wird);* ~ **'stag** *n. (Hunting)* Kapitalhirsch, *der;* ~ **'standard** *n.* königliche Standarte

royalty ['rɔɪəltɪ] *n.* **a)** *(payment)* Tantieme, *die* (**on** für); **b)** *collect. (royal persons)* Mitglieder des Königshauses; **c)** *no pl. sg. art. (member of royal family)* ein Mitglied der königlichen Familie; **she's ~:** sie gehört zur königlichen Familie

royal 'warrant *n.* Recht, den königlichen Hof zu beliefern

rozzer ['rɒzə(r)] *n. (Brit. sl.)* Polyp, *der (salopp)*

RPI *abbr. (Brit.)* retail price index

r.p.m. [ɑːpiːˈem] *abbr.* **a)** resale price maintenance; **b)** revolutions per minute U.p.M.

RSPCA *abbr. (Brit.)* Royal Society for the Prevention of Cruelty to Animals britischer Tierschutzverein

RSVP *abbr.* **répondez s'il vous plaît** R.S.V.P.; U.A.w.g.

rt. *abbr.* **right**

Rt. Hon. *abbr. (Brit.)* **Right Honourable**

Rt. Rev[d]. *abbr.* **Right Reverend; the ~:** S./Sr. E[xz].

rub [rʌb] **1.** *v. t.,* **-bb- a)** reiben (**on, against** an + *Dat.*); *(with ointment etc.)* einreiben; *(to remove dirt etc.)* abreiben; *(to dry)* trockenreiben; *(with sandpaper)* [ab]schmirgeln; ~ **sth. off sth.** etw. von etw. reiben; ~ **sth. dry** etw. trocken reiben; ~ **one's hands** sich *(Dat.)* die Hände reiben; ~ **noses** die Nasen aneinanderreiben; ~ **shoulders** *or* **elbows with sb.** *(fig.)* Tuchfühlung mit jmdm. haben; ~ **a hole in sth.** ein Loch in etw. *(Akk.)* scheuern; ~ **one's feet on sth.** sich *(Dat.)* die Füße an etw. *(Dat.)* reiben; ~ **two things together** zwei Dinge aneinanderreiben; ~ **sth. through a sieve** etw. durch ein Sieb streichen; **he ~bed liniment over his chest** er rieb sich *(Dat.)* die Brust mit einem Einreibemittel ein; *see also* **nose 1 a; penny c**; **b)** *(reproduce by ~bing)* kopieren, indem man ein Relief Papier legt und mit Malkreide, Bleistift *o. ä.* darüberreibt. **2.** *v. i.,* **-bb- a)** *(exercise friction)* reiben (**[up]on, against** an + *Dat.*); **b)** *(get frayed)* sich abreiben; ~ **bare** sich blank reiben od. scheuern. **3.** *n.* Reiben, *das;* **give it a quick ~:** reib es kurz ab; **there's the** ~ *(fig.)* da liegt der Haken [dabei] *(ugs.)*

~ **a'long** *v. i.* **a)** ~ **along [together]** [gut] miteinander auskommen; **b)** *(financially)* auskommen

~ **a'way** *v. t.* abreiben ⟨*Farbe, Schmutz*⟩; wegmassieren ⟨*Schmerzen*⟩

~ **'down** *v. t.* **a)** *(prepare)* abschmirgeln; **b)** *(dry)* abreiben. *See also* **rub-down**

~ **'in** *v. t.* einreiben; **there's no need to** *or* **don't ~ it in** *(fig.)* reib es mir nicht [dauernd] unter die Nase *(ugs.)*

~ **'off** **1.** *v. t.* wegreiben; wegwischen. **2.** *v. i. (lit. or fig.)* abfärben (**on auf** + *Akk.*); **a lot of dirt/oil ~bed off on my hands** ich bekam sehr schmutzige/ölige Hände

~ **'out** **1.** *v. t.* ausreiben; *(from paper)* ausradieren. **2.** *v. i.* sich ausreiben/*(from paper)* sich ausradieren lassen

~ **'up** **1.** *v. t.* **a)** *(polish)* blank reiben; wienern *(ugs.);* **b)** *(revise)* auffrischen; aufpolieren *(ugs.);* **c)** ~ **sb. up the right/wrong way** *(fig.)* jmdm. um den Bart gehen *(ugs.)*/auf den Schlips treten *(ugs.)*

¹rubber ['rʌbə(r)] *n.* **a)** Gummi, *das od. der; attrib.* Gummi-; **b)** *(eraser)* Radiergummi, *der;* **c)** *(sl.: condom)* Gummi, *der (salopp);* **d)** *in pl. (Amer.: galoshes)* Galoschen *Pl.*

²rubber *n. (Cards)* Robber, *der*

rubber: ~ **'band** *n.* Gummiband, *das;* ~ **'cheque** *n. (coll.)* ungedeckter Scheck; ~ **goods** *n. pl.* Gummiwaren, *(condoms)* Gummis *(ugs.)*

rubberize ['rʌbəraɪz] *v. t.* gummieren

rubber: ~**-neck** *(Amer.)* **1.** *n.* Gaffer, *der*/Gafferin, *die (abwertend).* **2.** *v. i.* in einem langen Hals/lange Hälse machen *(ugs.);* ~ **plant** *n. (Bot.)* Gummibaum, *der;* ~ **solution** *n.* Gummilösung, *die;* ~ **'stamp** *n.* **a)** Gummistempel, *der;* **b)** *(fig.: one who endorses uncritically)* Jasager, *der*/Jasagerin, *die (abwertend);* **the council is a ~ stamp body** die Ratsversammlung sagt zu allem ja und amen *(ugs.);* ~**'stamp** *v. t. (fig.: approve)* absegnen *(ugs. scherzh.)*

rubbery ['rʌbərɪ] *adj.* gummiartig; *(tough)* zäh; **be tough and ~:** zäh wie Gummi sein

rubbing ['rʌbɪŋ] *n.* Reibung, *die;* entsteht, wenn man ein Relief Papier legt und mit Malkreide, Bleistift *o. ä.* darüberreibt

rubbish ['rʌbɪʃ] **1.** *n., no pl., no indef. art.* **a)** *(refuse)* Abfall, *der;* Abfälle, *(to be collected and dumped)* Müll, *der;* **b)** *(worthless material)* Plunder, *der (ugs. abwertend);* **be ~:** nichts taugen; **c)** *(nonsense)* Quatsch, *der (ugs.);* Blödsinn, *der (ugs.);* **talk a lot of ~:** eine Menge Blödsinn reden; **what ~!** was für ein Quatsch *od.* Schmarren! **2.** *int.* Quatsch *(ugs. abwertend).* **3.** *v. t.* verreißen

rubbish: ~**-bin** *n.* Abfall-/Mülleimer, *der;* *(in factory)* Abfall-/Mülltonne, *die;* ~**-chute** *n.* Müllschlucker, *der;* ~**-dump** *n.* Müllkippe, *die;* ~**-heap** *n.* Müllhaufen, *der;* *(in garden)* Abfallhaufen, *der;* ~**-tip** *n.* Mülladbladeplatz, *der*

rubbishy ['rʌbɪʃɪ] *adj.* mies *(ugs.);* ~ **newspaper** Käseblatt, *das (salopp abwertend)*

rubble ['rʌbl] *n.* **a)** *(from damaged building)* Trümmer *Pl.;* *(Geol. also)* Schutt, *der;*

reduce sth. to ~: etw. in Schutt und Asche legen; **b)** *(water-worn stones)* Geröll, *das*
'**rub-down** *n.* **give sb./sth. a [quick] ~:** jmdn./etw. [kurz *od.* schnell] abreiben
rube [ru:b] *n. (Amer. coll.)* Bauer, *der (ugs.)*
rubella [rʊ'belə] *n. (Med.)* Röteln *Pl.*
Rubicon ['ru:bɪkən] *n.* **cross the ~** *(fig.)* den Rubikon überschreiten *(geh.)*
rubicund ['ru:bɪkʌnd] *adj. (literary)* rosig; rotgesichtig ⟨Person⟩
Rubik cube [ru:bɪk 'kju:b] *n.* Zauberwürfel, *der;* Rubik-Würfel, *der*
rubric ['ru:brɪk] *n.* **a)** Rubrik, *die;* **b)** *(commentary)* Glosse, *die*
ruby ['ru:bɪ] **1.** *n.* **a)** *(precious stone)* Rubin, *der; (Horol.)* Stein, *der;* **b)** *(colour)* Rubinrot, *das.* **2.** *adj.* **a)** *(red)* rubinfarben; rubinrot; **b)** *(containing stone)* Rubin⟨ring, -brosche usw.⟩
ruby: ~-red *adj.* rubinrot; **~ 'wedding** *n.* Rubinhochzeit, *die*
RUC *abbr.* **Royal Ulster Constabulary** nordirische Polizei
ruche [ru:ʃ] *n.* Rüsche, *die*
ruched [ru:ʃt] *adj.* Rüschen-
¹**ruck** [rʌk] *n.* **a)** *(Sport: main body of competitors)* Feld, *das;* **b)** *(fig.: crowd, mass)* Masse, *die;* **c)** *(Rugby)* offenes Gedränge
²**ruck,** *(Brit.)* **ruckle** ['rʌkl] **1.** *n. (crease)* Falte, *die.* **2.** *v. i.* **~ up** hochrutschen
rucksack ['rʊksæk, 'rʊksæk] *n.* Rucksack, *der*
ruckus ['rʌkəs] *n.,* **ructions** ['rʌkʃnz] *n. pl. (coll.)* Rabatz, *der (ugs.)*
rudder ['rʌdə(r)] *n.* Ruder, *das*
rudderless ['rʌdəlɪs] *adj.* ruderlos; ohne Ruder *nachgestellt; (fig.)* richtungslos
ruddy ['rʌdɪ] *adj.* **a)** *(reddish)* rötlich; **b)** *(rosy)* rosig; **c)** *(Brit. sl. euphem.: bloody)* verdammt *(salopp)*
rude [ru:d] *adj.* **a)** *(impolite)* unhöflich; *(stronger)* rüde; **say ~ things** *or* **be ~ about sb.** in ungehöriger Weise von jmdm. sprechen; **be ~ to sb.** zu jmdm. grob unhöflich sein; jmdn. rüde behandeln; **be ~ to a teacher** *od.* einem Lehrer frech *od.* unverschämt sein; **b)** *(abrupt)* unsanft; **~ awakening** böses *od. (geh.)* jähes Erwachen; **c)** *(hearty)* in **~ health** *(dated)* kerngesund; **d)** *(simple)* primitiv; **e)** *(obscene)* unanständig; **a ~ constructed hut** eine grob gezimmerte Hütte; *(obscenely)* **gesture ~ at sb.** jmdm. eine unanständige Geste zeigen
rudely ['ru:dlɪ] *adv.* **a)** *(impolitely)* unhöflich; rüde; **b)** *(abruptly)* jäh *(geh.);* **be ~ reminded of sth.** unsanft *od.* etw. *(Akk.)* erinnert werden; **c)** *(roughly)* primitiv; **a ~ constructed hut** eine grob gezimmerte Hütte
rudeness ['ru:dnɪs] *n.,* **no** *pl. (bad manners)* ungehöriges *od.* rüdes Benehmen
rudiment ['ru:dɪmənt] *n.* **a)** *in pl. (first principles)* Grundzüge *Pl.;* Grundlagen *Pl.;* **know the ~s of law** über juristische Grundkenntnisse verfügen; **b)** *in pl. (imperfect beginning)* [erster] Ansatz
rudimentary [ru:dɪ'mentərɪ] *adj.* **a)** *(elementary)* elementar; primitiv *⟨Hütte⟩;* **~ knowledge** Grundkenntnisse *Pl.;* **b)** *(Anat., Zool.)* rudimentär
rue [ru:] *v. t.,* **~ing** *or* **ruing** ['ru:ɪŋ] *(literary: repent of)* bereuen; **you'll live to ~ it** es wird dich noch gereuen *(geh., veralt.);* **~ the day/hour when ...:** den Tag/die Stunde verwünschen, da ...
rueful ['ru:fl] *adj.,* **ruefully** ['ru:fəlɪ] *adv.* reumütig; reuig
¹**ruff** [rʌf] *n.* Halskrause, *die*
²**ruff** *n. (sandpiper)* Kampfläufer, *der*
³**ruff** *(Cards)* **1.** *n.* Trumpfen, *das.* **2.** *v. i.* trumpfen. **3.** *v. t.* mit einem Trumpf stechen
ruffian ['rʌfɪən] *n.* Rohling, *der (abwertend);* **gang of ~s** Schlägerbande, *die;* **the little ~** *(joc.)* der kleine Strolch
ruffianly ['rʌfɪənlɪ] *adj.* roh; rauh *⟨Bursche⟩*
ruffle ['rʌfl] **1.** *v. t.* **a)** *(disturb smoothness of)* kräuseln; **~ sb.'s hair** jmdm. durch die Haare fahren; *see also* **feather 1 a;** **b)** *(upset)* aus der Fassung bringen; **her composure was not ~d** sie verlor ihre Fassung nicht; **be easily ~d** leicht aus der Fassung geraten; **c)** *(gather)* kräuseln. **2.** *n. (frill)* Rüsche, *die*
~ up *v. t.* sträuben *⟨Gefieder⟩*
rug [rʌg] *n.* **a)** *(for floor)* [kleiner, dicker] Teppich; **Persian ~** Perserbrücke, *die;* **pull the ~ [out] from under sb.** *(fig.)* jmdn. den Boden unter den Füßen wegziehen; **b)** *(wrap, blanket)* [dicke] Wolldecke
Rugby ['rʌgbɪ] *n.* Rugby, *das; see also* **fives Rugby: ~ ball** *n.* Rugbyball, *die;* **'football** *n.* **a)** *(game) see* **Rugby; b)** *(ball) see* **ball; ~ 'footballer** *n.* Rugbyspieler, *der;* **~ 'League** *n. (Brit.)* Profi-Rugby *(mit 13 Spielern pro Mannschaft);* **~-player** *see* **~ footballer; ~ tackle** *n.* tiefes Fassen *(Rugby);* **the policeman brought him down with a ~ tackle** der Polizist warf sich auf ihn und riß ihn zu Boden; **~ 'Union** *n. (Brit.)* Amateur-Rugby *(mit 15 Spielern pro Mannschaft)*
rugged ['rʌgɪd] *adj.* **a)** *(sturdy)* robust; **b)** *(involving hardship)* hart *⟨Test⟩;* **c)** *(unpolished)* rauh; unverfälscht *⟨Ehrlichkeit, Freundlichkeit usw.⟩;* **with ~ good looks** gutaussehend mit markanten Gesichtszügen; **d)** *(uneven)* zerklüftet; unwegsam *⟨Land, Anstieg⟩;* zerfurcht *⟨Gesicht⟩*
ruggedize ['rʌgɪdaɪz] *v. t. (Amer.)* armieren
ruggedly ['rʌgɪdlɪ] *adv.* **~ constructed** robust gebaut; **~ handsome** gutaussehend mit markanten Gesichtszügen
rugger ['rʌgə(r)] *n. (Brit. coll.)* Rugby, *das*
Ruhr [rʊə(r)] *pr. n.* **the ~:** das Ruhrgebiet
ruin ['ru:ɪn] **1.** *n.* **a)** *no pl., no indef. art. (decay)* Verfall, *der;* **bring about one's own ~:** sich selbst ruinieren; **be reduced to a state of ~:** völlig verfallen sein; **the ~ of his hopes** das Ende seiner Hoffnungen; **go to** *or* **fall into rack and ~** *⟨Gebäude:⟩* völlig verfallen; *⟨Pläne:⟩* völlig verwahrlosen; *⟨Garten:⟩* zunichte werden; **b)** *no pl., no indef. art. (downfall)* Ruin, *der;* **his business was facing ~:** sein Geschäft stand am Rande des Ruins; **~ stared her in the face** sie stand vor dem Ruin; **c)** *in sing. or pl. (remains)* Ruine, *die;* **~s** in Trümmern; **he is a ~** *(fig.)* er ist eine Ruine *(ugs.) od.* ein Wrack; **rise from the ~s of sth.** aus den Trümmern einer Sache entstehen; **d)** *(cause of ~)* Ruin, *der;* Untergang, *der;* **you'll be the ~ of me** du ruinierst mich [noch]. **2.** *v. t.* ruinieren; verderben *⟨Urlaub, Abend⟩;* zunichte machen *⟨Aussichten, Möglichkeiten usw.⟩*
ruination [ru:ɪ'neɪʃn] *n., no pl. see* **ruin 1 d**
ruined ['ru:ɪnd] *adj.* **a)** *(reduced to ruins)* verfallen; **~ town** Ruinenstadt, *die;* **a ~ castle/palace/church** eine Burg-/Palast-/Kirchenruine; **b)** *(brought to ruin)* ruiniert; **his speculations left him a ~ man** diese Spekulationen ruinierten ihn; **c)** *(spoilt)* verdorben
ruinous ['ru:ɪnəs] *adj.* **a)** *(in ruins)* verfallen; **b)** *(disastrous)* ruinös; katastrophal *⟨Wirkung⟩;* **be ~ to sb./sth.** jmdn./etw. ruinieren
ruinously ['ru:ɪnəslɪ] *adv.* ruinös; katastrophal *⟨teuer, hoch usw.⟩*
rule [ru:l] **1.** *n.* **a)** *(principle)* Regel, *die;* **~ of conduct/decorum/cricket/life** Verhaltens-/Anstands-/Kricket-/Lebensregel, *die;* **the ~s of the game** *(lit. or fig.)* die Spielregeln; **stick to** *or* **play by the ~s** *(fig.)* sich an [die] Regeln halten; **~s and regulations** Regeln und Vorschriften; **[always] make it a ~ to do sth.** *(fig.)* es sich *(Dat.)* zur Regel machen, etw. zu tun; **be against the ~s** regelwidrig sein; *(fig.)* gegen die Spielregeln verstoßen; **bend** *or* **stretch the ~s** *(fig.)* ein Auge zudrücken *(ugs.);* **R~s** *(Austral. Footb.)* Fußball nach den australischen Regeln; **as a ~:** in der Regel; **~ of three** *(Math.)* Dreisatz, *der;* **~ of thumb** Faustregel, *die;* **the usual ~ of thumb is ...:** als Faustregel gilt ...; **~ of thumb estimate** grobe Schätzung; **b)** *(custom)* Regel, *die;* **the ~ of the house is that ...:** in diesem Haus ist es üblich, daß ...; **suits are the ~ on such an occasion** bei einem solchen Anlaß trägt man normalerweise einen Anzug; **c)** *no pl. (government)* Herrschaft, *die* **(over** *+ Akk.);* **the ~ of law** die Autorität des Gesetzes; **d)** *(Eccl.: code)* [Ordens]regel, *die;* **e)** *(graduated measure)* Maß, *das; (tape)* Bandmaß, *das; (folding)* Zollstock, *der;* **f)** *(Printing)* Linie, *die. See also* **road a; work 2 a. 2.** *v. t.* **a)** *(control)* beherrschen; **b)** *(be the ruler of)* regieren *⟨Monarch, Diktator usw.:⟩;* herrschen über *(+ Akk.);* **the roost [in the house]** Herr im Hause sein; *see also* **rod c; c)** *(give as decision)* entscheiden; **he ruled the ball out** er entschied, daß der Ball aus war; **~ a motion out of order** einen Antrag nicht zulassen; **~ sb. out of order** jmdm. [unter Hinweis auf die Geschäftsordnung] das Wort entziehen; **d)** *(draw)* ziehen *⟨Linie⟩;* *(draw lines on)* linieren *⟨Papier⟩.* **3.** *v. i.* **a)** *(govern)* herrschen; **~ by fear** mit der Schreckensherrschaft führen; **X ~s** *(sl.)* X ist der/die Größte; **b)** *(decide, declare formally)* entscheiden **(against** gegen; **in favour of** für); **~ on a matter** in einer Sache entscheiden
~ 'off 1. *v. t.* mit einem Strich abtrennen; **~ off a margin** am Rand einen Strich ziehen. **2.** *v. i.* einen Schlußstrich ziehen
~ 'out *v. t.* **a)** *(exclude, eliminate)* ausschließen; **b)** *(prevent)* unmöglich machen
rule-book *n. (lit. of fig.)* Regeln; Regelbuch, *das*
ruled [ru:ld] *adj.* liniert *⟨Papier⟩*
ruler ['ru:lə(r)] *n.* **a)** *(person)* Herrscher, *der*/Herrscherin, *die;* **b)** *(for drawing or measuring)* Lineal, *das*
ruling ['ru:lɪŋ] **1.** *n. (decision)* Entscheidung, *die;* **b)** *(using a ruler)* Linierung, *die.* **2.** *adj.* **a)** *(predominating)* herrschend *⟨Meinung⟩;* vorherrschend *⟨Charakterzug⟩;* **sb.'s ~ ambition/passion** jmds. größter Ehrgeiz/größte Leidenschaft; **b)** *(current)* **[the] ~ prices** die geltenden Preise; **c)** *(governing, reigning)* herrschend *⟨Klasse⟩;* regierend *⟨Partei⟩;* amtierend *⟨Regierung⟩*
¹**rum** [rʌm] *n.* Rum, *der*
²**rum** *adj. (Brit. coll.) (odd)* seltsam
Rumania [ru:'meɪnɪə] *see* **Romania**
Rumanian [ru:'meɪnɪən] *see* **Romanian**
rumba ['rʌmbə] **1.** *n.* Rumba, *die, österr. der;* **dance the ~:** Rumba tanzen. **2.** *v. i.,* **~ed** *or* **~'d** ['rʌmbəd] Rumba tanzen
¹**rumble** ['rʌmbl] **1.** *n.* **a)** *(sound)* Grollen, *das; (of heavy vehicle)* Rumpeln, *das (ugs.);* **b)** *(Amer. sl.: street-fight)* Straßenschlacht, *die;* Schlacht, *die (fig.);* **c)** *(Amer. coll.: rumour)* Gerücht, *das;* **the ~ is that ...:** man munkelt, daß .... **2.** *v. i.* **a)** *(make low, heavy sound)* grollen; *⟨Magen:⟩* knurren; **b)** *(go with rumbling noise)* rumpeln *(ugs.)*
²**rumble** *v. t. (coll.: understand)* spitzkriegen *(ugs.) ⟨Sache⟩;* **~ sb.** hinter die Schliche kommen *(+ Dat.) ⟨Person⟩*
rumble seat *n. (Amer. dated)* Notsitz, *der*
rumbustious [rʌm'bʌstʃəs] *adj. (coll.)* wild
ruminant ['ru:mɪnənt] *(Zool.)* **1.** *n.* Wiederkäuer, *der.* **2.** *adj.* wiederkäuend
ruminate ['ru:mɪneɪt] *v. i.* **a)** **~ over** *or* **about** *or* **on sth.** über etw. *(Akk.)* nachsinnen *(geh.) od.* grübeln; **she sat ruminating for a moment** sie saß einen Augenblick nachdenklich da; **b)** *(Zool.)* wiederkäuen
rumination [ru:mɪ'neɪʃn] *n.* **a)** Nachsinnen, *das (geh.);* Grübeln, *das;* **his ~s were interrupted** seine Gedanken wurden unterbrochen; **b)** *(Zool.)* Wiederkäuen, *das*
ruminative ['ru:mɪnətɪv] *adj.* beschaulich *⟨Stimmung⟩;* grüblerisch *⟨Person⟩*
rummage ['rʌmɪdʒ] **1.** *v. i.* wühlen *(ugs.);* kramen *(ugs.);* **~ among old clothes** in alten

Kleidungsstücken herumwühlen od. -stöbern; **~ through sth.** etw. durchwühlen *(ugs.);* **~ about** *or* **around** herumkramen *(ugs.).* **2.** *n.* **have a ~ through sth.** etw. durchwühlen *od.* durchstöbern; **enjoy a good ~ around bookshops** gern in Buchhandlungen herumstöbern *(ugs.)* ~ **'out** *v. t.* hervorkramen *(ugs.)*
'**rummage sale** *see* **jumble sale**
rummy ['rʌmɪ] *n. (Cards)* Rommé, *das*
rumour *(Brit.; Amer.* **rumor**) ['ruːmə(r)] **1.** *n.* **a)** *(unverified story)* Gerücht, *das;* **there is a ~ that ...**: es geht das Gerücht, daß ...; **there is a persistent ~ that ...**: das Gerücht hält sich hartnäckig, daß ...; **b)** *no pl., no art. (common talk)* Gerücht, *das;* **~ puts the number of casualties at around 5,000** Gerüchten zufolge liegt die Zahl der Opfer bei 5000; **~ has it that ...**: es geht das Gerücht, daß ...; **it is ~ed that sb. has done sth.** man munkelt *(ugs.) od.* es geht das Gerücht, daß jmd. etw. getan hat; **the ~ed earthquake** das Erdbeben, *das* sich [Gerüchten zufolge] ereignet haben soll
rump [rʌmp] *n.* **a)** *(buttocks)* Hinterteil, *das (ugs.);* **meat from the ~**: Fleisch aus der Keule; **b)** *(remnant)* Rest, *der;* **sth. is only a ~**: von etw. ist nur noch der Rumpf übrig; **the R~** *(Brit. Hist.)* das Rumpfparlament
rumple ['rʌmpl] *v. t.* **a)** *(crease)* zerknittern; **b)** *(tousle)* zerzausen
'**rump steak** *n.* Rumpsteak, *das*
rumpus ['rʌmpəs] *n., no pl. (coll.)* Krach, *der (ugs.);* Spektakel, *der (ugs.);* **kick up** *or* **make a ~**: einen Spektakel veranstalten *(ugs.)*
'**rumpus room** *n. (Amer.)* Hobbyraum, *der*
run [rʌn] **1.** *n.* **a)** Lauf, *der;* **let the dogs out for a ~**: die Hunde hinauslassen, damit sie Auslauf haben; **go for a ~ before breakfast** vor dem Frühstück einen Lauf machen; **make a late ~** *(Sport or fig.)* zum Endspurt ansetzen; **come towards sb./take a hurdle/start off at a ~**: jmdm. entgegenlaufen/eine Hürde im Lauf nehmen/losrennen; **I've had a good ~ for my money** ich bin auf meine Kosten gekommen; **a good ~ for their money** wir werden es unseren Gegnern nicht leichtmachen; **on the ~**: auf der Flucht; **keep the enemy on the ~**: den Feind nicht zur Ruhe kommen lassen; **b)** *(trip in vehicle)* Fahrt, *die;* *(for pleasure)* Ausflug, *der;* **on the ~ down to Cornwall** auf der Fahrt nach Cornwall; **a two-hour/a day's ~**: eine Fahrt von zwei Stunden/eine Tagesreise; **go for a ~ [in the car]** einen [Auto]ausflug machen; **c)** *(continuous stretch)* Länge, *die;* **a 500 ft. ~ of pipe** eine Rohrleitung von 500 Fuß Länge; **d)** *(spell)* **have a ~ of fine weather** eine Schönwetterperiode haben; **she has had a long ~ of success** sie war lange [Zeit] erfolgreich; **have a long ~** ⟨*Stück, Show:*⟩ viele Aufführungen erleben; **a successful [West End] ~**: eine erfolgreiche Spielzeit [im Westend]; **e)** *(succession)* Serie, *die;* *(Cards)* Sequenz, *die;* **a ~ of victories** eine Siegesserie; **f)** *(tendency)* Ablauf, *der;* **the [final] play** *(Sport)* Spielverlauf, *der;* **the general ~ of things/events** der Lauf der Dinge/der Gang der Ereignisse; **g)** *(regular route)* Strecke, *die;* **do a regular ~ between London and Edinburgh** regelmäßig die Strecke London–Edinburgh fahren; **he is on** *or* **he does the Glasgow ~**: er fährt die Glasgower Strecke; **h)** *(Cricket, Baseball)* Lauf, *der;* Run, *der;* **i)** *see* **ladder 1 b; j)** *(Mus.)* Lauf, *der;* **k)** *(quantity produced) (of book)* Auflage, *die;* **l)** *(demand)* Run, *der* (on auf + *Akk.*); **m)** *(general type)* the common *or* general ~ of people der Durchschnittsmensch; **he's not like the usual ~ of disc jockeys** er ist anders als die üblichen Diskjockeys; **n)** **the ~s** *(sl.: diarrhoea)*

Durchmarsch, *der (salopp);* **o)** *(unrestricted use)* **give sb. the ~ of sth.** jmdm. etw. zu seiner freien Verfügung überlassen; **have the ~ of sth.** etw. zu seiner freien Verfügung haben; **p)** *(animal enclosure)* Auslauf, *der;* *(regular track of animals)* Wildwechsel, *der. See also* **long 1 c; short 1 a; ski-run. 2.** *v. i.,* **-nn-, ran** [ræn], **run a)** laufen; *(fast also)* rennen; **~ for all one is worth** rennen so schnell man kann; **~ for the bus** laufen *od.* rennen, um den Bus zu kriegen *(ugs.);* **~ to help sb.** jmdm. zu Hilfe eilen; **~ at sb.** auf jmdn. losstürzen; **the horse ran at the fence** das Pferd lief auf den Zaun zu; **b)** *(compete)* laufen; **he ran sixth/a poor third** er wurde sechster/erreichte einen mäßigen dritten Platz; **c)** *(hurry)* **don't ~ to me when things go wrong** komm mir nicht angelaufen, wenn etwas schiefgeht *(ugs.);* **~ to meet sb.** jmdm. entgegenlaufen; **he ran to meet her at the gate** er lief ihr bis ans Tor entgegen; **d)** *(roll)* laufen; ⟨*Ball, Kugel:*⟩ rollen, laufen; **the wheels ran into a rut** die Räder gerieten in eine Furche; **e)** *(slide)* laufen; ⟨*Schlitten, [Schiebe]tür:*⟩ gleiten; **f)** *(revolve)* ⟨*Rad, Maschine:*⟩ laufen; **g)** *(Naut.)* **~ for Plymouth** Plymouth anlaufen; **~ into port** in den Hafen einlaufen; **~ aground** auf Grund laufen; **~ foul of sb./sth.** ⟨*Schiff:*⟩ mit jmdm./etw. kollidieren; **~ foul 1 f; h)** *(flee)* davonlaufen; **~ for it** *(coll.)* sich aus dem Staub machen *(ugs.);* **~ for cover** schnell in Deckung gehen; *see also* **life a; i)** *(travel)* **~ over** *or* **across** hinüberfahren; **~ down/up [to London]** [nach London] runter-/raufahren *(ugs.);* **~ into town** in die Stadt fahren; **j)** *(operate on a schedule)* fahren; **~ between two places** ⟨*Zug, Bus:*⟩ zwischen zwei Orten verkehren; **the train is ~ning late** der Zug hat Verspätung; **we're ~ning late** *(fig.)* wir sind spät dran *(ugs.);* **~ on time** pünktlich sein; keine Verspätung haben; **the train doesn't ~ on Sundays** der Zug verkehrt nicht an Sonntagen; **k)** *(pass cursorily)* **~ through** überfliegen ⟨*Text*⟩; **~ through one's head** *or* **mind** ⟨*Gedanken, Ideen:*⟩ einem durch den Kopf gehen; **~ through the various possibilities** die verschiedenen Möglichkeiten durchspielen; **his eyes ran over the article/photo** er ließ die Augen über den Artikel/das Foto wandern; **her fingers ran over the keys** ihre Finger liefen über die Tasten; **the tune is ~ning in my head** die Melodie geht mir im Kopf herum; **l)** *(flow)* laufen; ⟨*Fluß:*⟩ fließen; ⟨*Augen:*⟩ tränen; **your bath is ~ning** dein Bad läuft ein; **till the blood ran in the streets** bis die Straßen vom Blut rot waren; **the child's nose was ~ning** dem Kind lief die Nase; **the walls are ~ning with moisture** die Wände triefen vor Nässe *(Dat.);* **~ dry** ⟨*Fluß:*⟩ austrocknen; ⟨*Quelle:*⟩ versiegen; **the taps had ~ dry** es lief kein Wasser mehr aus der Leitung; **~ low** *or* **short** knapp werden; ausgehen; **we ran short of** *or* **low on fruit** unsere Obstvorräte wurden knapp *od.* gingen aus; **m)** *(flow rapidly)* **a heavy sea was ~ning** es herrschte starker Seegang; **the tide ran strong/out** die Flutwellen schlugen hoch/die Flut ging zurück; **n)** *(be current)* ⟨*Vertrag, Theaterstück:*⟩ laufen; **o)** *(be present)* **~ through sth.** sich durch etw. ziehen; **~ in the family** ⟨*Eigenschaft, Begabung:*⟩ in der Familie liegen; **p)** *(function)* laufen; **keep/leave the engine ~ning** den Motor laufen lassen/nicht abstellen; **the machine ~s on batteries/oil** *etc.* die Maschine läuft mit Batterien/Öl *usw.;* **things aren't ~ning too smoothly in their marriage** *(fig.)* in ihrer Ehe läuft es [zur Zeit] nicht besonders gut; **q)** *(have a course)* ⟨*Straße, Bahnlinie:*⟩ verlaufen; **r)** *(have wording)* lauten; ⟨*Geschichte:*⟩ gehen *(fig.);* **s)** *(have tendency)* **my inclination does not ~ that way** meine Neigung geht nicht in diese Richtung; **t)** *(have certain level)* **inflation is ~ning at 15 %** die Inflationsrate beläuft sich auf *od.* beträgt 15 %; **interest rates**

are ~ning at record levels die Zinsen bewegen sich auf Rekordhöhe; **u)** *(seek election)* kandidieren; **~ for mayor** für das Amt des Bürgermeisters kandidieren; **v)** *(spread quickly)* **a cheer ran down** *or* **along the lines of soldiers** ein Hurra ging durch die Reihen der Soldaten; **a shiver ran down my spine** ein Schau[d]er *(geh.)* lief mir den Rücken hinunter; **w)** *(spread undesirably)* ⟨*Butter, Eis:*⟩ zerlaufen; ⟨*Farben:*⟩ *(in washing)* auslaufen; *(on painting etc.)* ineinanderlaufen; **x)** *(Cricket)* einen Lauf *od.* Run machen; **y)** *(ladder)* Laufmaschen bekommen; **stockings guaranteed not to ~**: garantiert laufmaschensichere Strümpfe. *See also* **also; blood 1 a; cut 2 e; feeling 1 c; riot 1 b; wild 1 c;** ¹**writ a. 3.** *v. t.,* **-nn-, ran, run a)** *(cause to move)* laufen lassen; *(drive)* fahren; **~ the ship aground** das Schiff auf Grund laufen lassen *od. (Seemannsspr.)* auflaufen lassen; **~ the boat into the water** das Boot zu Wasser lassen; **~ the car into the garage** das Auto in die Garage fahren; **~ one's hand/fingers through/along** *or* **down** *or* **over sth.** mit der Hand/den Fingern durch etw. fahren/über etw. *(Akk.)* streichen; **~ an eye along** *or* **down** *or* **over sth.** *(fig.)* etw. überfliegen; **~ one's finger down a list** mit dem Finger eine Liste entlangfahren; **~ a rope through sth.** ein Seil durch etw. führen; **b)** *(cause to flow)* [ein]laufen lassen; **~ a bath** ein Bad einlaufen lassen; **c)** *(organize, manage)* führen, leiten ⟨*Geschäft usw.*⟩; durchführen ⟨*Experiment*⟩; veranstalten ⟨*Wettbewerb*⟩; führen ⟨*Leben*⟩; **the people who things [in this city]** die maßgeblichen Leute [dieser Stadt]; **~ the show** *(fig. coll.)* das Sagen haben *(ugs.);* **d)** *(operate)* bedienen ⟨*Maschine*⟩; verkehren lassen ⟨*Verkehrsmittel*⟩; einsetzen ⟨*Sonderbus, coup*⟩; laufen lassen ⟨*Motor*⟩; abspielen ⟨*Tonband*⟩; **~ a train service** eine Schienenverbindung unterhalten; **~ a taxi** Taxi fahren; **~ forward/back** vorwärts-/zurückspulen ⟨*Film, Tonband*⟩; **e)** *(own and use)* sich *(Dat.)* halten ⟨*Auto*⟩; **a Jaguar is expensive to ~**: ein Jaguar ist im Unterhalt sehr teuer; **~ning a freezer saves money** mit einer Tiefkühltruhe spart man Geld; **~ a car with defective brakes** ein Auto mit defekten Bremsen fahren; **f)** *(take for journey)* fahren; **I'll ~ you into town** ich fahre dich in die Stadt; **g)** *(pursue)* jagen; **~ to earth** in seinen Unterschlupf hetzen ⟨*Tier*⟩; *(fig.)* aufspüren; **~ sb. hard** *or* **close** jmdm. auf den Fersen sein *od.* sitzen *(ugs.);* **be ~ off one's feet** alle Hände voll zu tun haben *(ugs.);* *(in business)* Hochbetrieb haben *(ugs.);* **h)** *(complete)* laufen ⟨*Rennen, Marathon, Strecke*⟩; **~ messages/errands** Botengänge machen; **the race will be ~ tomorrow** das Rennen wird morgen gelaufen/gefahren; **i)** *(smuggle)* schmuggeln ⟨*Waffen, Drogen, Personen*⟩; schleusen ⟨*Personen*⟩; **j)** *(enter for race or election)* laufen lassen ⟨*Pferd*⟩; aufstellen ⟨*Kandidaten*⟩; **k)** *(publish)* bringen *(ugs.)* ⟨*Bericht, Artikel usw.*⟩; in die Zeitung setzen ⟨*Anzeige*⟩; **l)** **~ a fever/a temperature** Fieber/erhöhte Temperatur haben. *See also* **course 1 a;** ²**fine 1 g;** ²**gauntlet; ground 1 b; ragged e; risk 1 a**

~ a'bout *v. i.* **a)** *(bustle)* hin- und herlaufen; **b)** *(play without restraint)* herumtollen; herumspringen *(ugs.). See also* **runabout**
~ a'cross *v. t.* **~ sb.** jmdn. treffen; jmdm. über den Weg laufen; **~ across sth.** auf etw. *(Akk.)* stoßen
~ after *v. t.* **a)** *(to catch, follow persistently)* hinterherlaufen (+ *Dat.);* **b)** nachlaufen (+ *Dat.)* ⟨*Mode usw.*⟩
~ a'long *v. i. (coll.: depart)* sich trollen *(ugs.)*
~ a'round 1. *v. i.* **a)** **~ around with sb.** sich mit jmdm. herumtreiben; **b)** *see* **run about a; c)** *see* **run about b. 2.** *v. t.* herumfahren

621

~ a'way v. i. a) (flee) weglaufen; fortlaufen; b) (abscond) ~ away [from home/from the children's home] [von zu Hause/aus dem Kinderheim] weglaufen; c) (elope) ~ away with sb./together mit jmdm./zusammen durchbrennen (ugs.); d) (bolt) ⟨Pferd:⟩ durchgehen; e) (get ahead) ~ away from the rest of the field dem übrigen Feld davonlaufen. See also runaway
~ a'way with v. t. a) (coll.: steal) abhauen mit (salopp); b) (fig.: win) ~ away with the top prize/all the trophies den 1. Preis/alle Trophäen erringen; c) (fig.: be misled by) ~ away with the idea or notion that ...: irrtümlich annehmen, daß ...; don't ~ away with the idea that ...: glaub bloß nicht, daß ...; he let his imagination/enthusiasm ~ away with him seine Phantasie/Begeisterung ist mit ihm durchgegangen; d) (fig.: consume) verbrauchen; verschlingen ⟨Geld:⟩ fressen (ugs.) ⟨Benzin:⟩. See also run away c
~ 'back over v. t. sich (Dat.) in Erinnerung rufen; her thoughts ran back over the past sie dachte an die vergangenen Zeiten
~ 'down 1. v. t. a) (collide with) überfahren; b) (find after search) aufspüren; c) (criticize) heruntermachen (ugs.); herabsetzen; don't ~ yourself down all the time mach dich nicht immer selbst so schlecht; d) (cause to diminish) abbauen, verringern ⟨Produktion:⟩; e) (cause to lose power) leer machen ⟨Batterie:⟩. 2. v. i. (decline) sich verringern; ⟨Schienennetz:⟩ schrumpfen; c) (lose power) ausgehen; ⟨Batterie:⟩ leer werden; ⟨Uhr, Spielzeug:⟩ ablaufen. See also rundown
~ 'in 1. v. t. a) (prepare for use) einfahren ⟨Auto:⟩; sich einlaufen lassen ⟨Maschine:⟩; b) (coll.: arrest) hoppnehmen (salopp). 2. v. i. hin-/hereinlaufen/-rennen
~ 'into v. t. a) ~ into a telegraph-pole/tree gegen einen Telegrafenmast/Baum fahren; ~ into a sandbank auf eine Sandbank geraten od. (Seemannsspr.) auflaufen; b) (cause to collide with) ~ one's car into a tree seinen Wagen gegen einen Baum fahren; c) (cause to incur) ~ the family into debt die Familie in Schulden stürzen; d) (fig.: meet) ~ into sb. jmdm. in die Arme laufen (ugs.); e) (be faced with) stoßen auf (+ Akk.) ⟨Schwierigkeiten, Widerstand, Probleme usw.⟩; f) (enter) geraten in (+ Akk.) ⟨Sturm, schlechtes Wetter, Schulden⟩; his debts ~ into thousands seine Schulden gehen in die Tausende; g) (merge with) ~ into one another ⟨Seen, Tage:⟩ ineinander übergehen
~ 'off 1. v. i. see ~ away a, c. 2. v. t. a) (compose rapidly) hinwerfen ⟨ein paar Zeilen, Verse, Notizen⟩; zu Papier bringen ⟨Brief⟩; b) (produce on machine) abziehen ⟨Kopien, Handzettel usw.⟩; c) (cause to drain away) ablaufen lassen; d) (recite fluently) see rattle off; e) (decide by run-off) durch Stechen entscheiden; see also run-off
~ 'off with v. t. (coll.: steal) abhauen mit (salopp); see also ~ away c; ~ away with b
~ 'on 1. v. i. a) (continue without a break) weitergehen; ⟨Krankheit:⟩ fortschreiten; ⟨Redner:⟩ weiterreden; b) (Printing: continue on same line) '~ on' „ohne Absatz"; c) (elapse) ⟨Zeit:⟩ verstreichen; d) (join up) let the letters ~ on (beim Schreiben) die Buchstaben miteinander verbinden; e) (talk incessantly) reden wie ein Wasserfall (ugs.); her tongue ~s on ihr Mundwerk steht nicht still (ugs.). 2. v. t. (Printing) als fortlaufenden Text setzen; b) ['--] (be concerned with) sich befassen mit; his mind was ~ning on this subject seine Gedanken kreisten um dieses Thema
~ 'out 1. v. i. a) hin-/herauslaufen/-rennen; he ran out a deserved winner er ging aus dem Kampf als verdienter Sieger hervor; see run 2 m; b) (become exhausted) ⟨Vor-

räte, Bestände:⟩ zu Ende gehen; ⟨Geduld:⟩ sich erschöpfen; we have ~ out wir haben keinen/keine/keines mehr; (sold everything) wir sind ausverkauft; c) (expire) ⟨Vertrag:⟩ ablaufen; time is ~ning out die Zeit wird knapp; d) (jut out) ⟨Land:⟩ vorspringen; ⟨Pier:⟩ ins Meer hinausreichen. See also sand 1 c. 2. v. t. (Cricket) ~ a batsman out einen Schlagmann zum Ausscheiden bringen, indem man mit dem Ball das Tor zerstört, bevor er die Schlagmallinie erreicht
~ 'out of v. t. a) (exhaust stock of) sb. ~s out of sth. jmdm. geht etw. aus; I'm ~ning out of patience meine Geduld geht zu Ende; we're ~ning out of time uns wird die Zeit [allmählich] knapp; b) (flow out of) auslaufen aus
~ 'out on v. t. (desert) im Stich lassen
~ 'over 1. ['---] v. t. a) see go over 2 a; b) (knock down) überfahren; see also run 2 k. 2. ['-'--] v. i. a) (overflow) überlaufen; b) (exceed limit) [die Zeit] überziehen
~ 'through v. t. a) see get through 2 h; b) abspielen ⟨Tonband, Film⟩; c) (rehearse) durchspielen ⟨Theaterstück⟩; d) [-'-] (pierce right through) ~ sb. through with sth. jmdn. mit etw. durchbohren. See also run 2 k, o; run-through
~ 'to v. t. a) (amount to) umfassen; ⟨Geldsumme, Kosten:⟩ sich belaufen auf (+ Akk.); b) (be sufficient for) sth. will ~ to sth. etw. reicht für etw.; c) (afford) sb. can ~ to sth. jmd. kann sich (Dat.) etw. leisten; d) (show inclination towards) ~ to fat [zu] dick werden; his style ~s too easily to sentiment sein Stil gleitet allzu leicht ins Sentimentale ab; see also seed 1 b
~ 'up. v. i. a) hinlaufen; (Sport) Anlauf nehmen; he ran up to where they were standing er lief od. rannte zu ihnen hin; come ~ning along herangelaufen kommen; b) (amount to) ~ up to sich belaufen auf (+ Akk.). 2. v. t. a) (hoist) hissen ⟨Fahne⟩; b) (make quickly) rasch nähen ⟨Kleidungsstück⟩; zusammenzimmern ⟨Schuppen⟩; hochjubeln (ugs.) ⟨Gebäude⟩; c) (allow to accumulate) ~ up debts/a [big] bill Schulden/eine hohe Rechnung zusammenkommen lassen. See also run-up
~ 'up against v. t. stoßen auf (+ Akk.) ⟨Probleme, Widerstand usw.⟩

run: ~about n. (coll.) [little] ~about Kleinwagen, der; ~-around n. (coll.) give sb. the ~-around jmdn. an der Nase herumführen (ugs.); ~away n. 1. Ausreißer, der/Ausreißerin, die (ugs.); 2. attrib. adj. a) (fleeing) flüchtig; she was a ~away schoolgirl sie war aus der Schule weggelaufen; have a ~away wedding weglaufen und heiraten; b) (out of control) durchgegangen ⟨Pferd⟩; außer Kontrolle geraten ⟨Fahrzeug, Preise⟩; (fig.) galoppierend ⟨Inflation⟩; c) (outstanding) überwältigend ⟨Erfolg⟩; triumphal ⟨Sieg⟩; ~-down n. 1. n. a) (coll.: briefing) Übersicht, die (on über + Akk.); b) (reduction) Abbau, der; 2. adj. a) (tired) mitgenommen; in a completely ~-down condition völlig erschöpft; b) (neglected) heruntergekommen (ugs.) ⟨Gegend, Stadt, Gewerbe⟩

rune [ru:n] n. Rune, die
¹rung [rʌŋ] n. a) (of ladder) Sprosse, die; b) (fig.) start on the bottom or lowest/reach the top or highest ~: auf der ersten Sprosse beginnen/die oberste Sprosse erreichen
²rung see ²ring 2, 3
runic ['ru:nɪk] adj. Runen-; runisch
runnel ['rʌnl] n. a) (brook) Wasserlauf, der; Rinnsal, das; b) (gutter) Rinne, die
runner ['rʌnə(r)] n. a) Läufer, der/Läuferin, die; b) (horse in race) eight ~s were in the race acht Pferde liefen beim Rennen; c) (messenger) Bote, der; Laufbursche, der; d) (Bot.: creeping stem) Ausläufer, der; e) (twining plant) Kletterpflanze, die; f) (curtain ~: Gardinenröllchen, das; g) (part on

which sth. slides) Kufe, die; (for curtains) Gardinenleiste, die; (groove) Laufschiene, die; h) (cloth) Tischläufer, der; (carpet) Läufer, der; i) (who handles illegal goods) Schieber, der (ugs.); [drug-l~: [Drogen]kurier, der (ugs.); j) (who runs a blockade) Blockadebrecher, der; k) (car) 'good ~': „fährt od. läuft einwandfrei"
runner: ~ bean n. (Brit.) Stangenbohne, die; ~-'up n. Zweite, der/die; the ~s-up die Plazierten; they were joint ~s-up sie teilten sich den zweiten Platz
running ['rʌnɪŋ] 1. n. a) (management) Leitung, die; b) (action) Laufen, das; (jogging) Jogging, das; make the ~ (in competition) an der Spitze liegen; (fig.: have the initiative) den Ton angeben; take up the ~: sich an die Spitze setzen; in/out of the ~: im/aus dem Rennen; be out of the ~ for the Presidency keine Aussichten [mehr] auf die Präsidentschaft haben; c) (ability to run) have a lot of ~ left noch gute Laufkondition haben; d) (Horse-racing: condition of surface) the ~ is good/soft es läßt sich gut laufen/die Laufbahn ist weich; e) (of engine, machine) Laufen, das. 2. adj. a) (continuous) ständig; fortlaufend ⟨Erklärungen⟩; have or fight a ~ battle (fig.) ständig im Streit liegen; see also fire 1 g; b) (in succession) hintereinander; win for the third year ~: schon drei Jahre hintereinander gewinnen; c) (Motor Veh.) in ~ order in fahrbereitem Zustand
running: ~-board n. Trittbrett, das; ~ 'commentary n. (Broadcasting; also fig.) Live-Kommentar, der; ~ costs n. pl. Betriebskosten Pl.; ~ dog n. (Polit. derog.) Kettenhund, der (abwertend); ~ 'head[line] n. (Printing) Kolumnentitel, der; ~ 'jump n. you can [go and] take a ~ jump [at yourself] (fig. sl.) du kannst mir den Buckel runterrutschen (ugs.); ~ knot n. Knoten einer Schlinge; ~ mate n. (Amer.) a) Mitkandidat, der/Mitkandidatin, die [als Vizepräsidentschaftskandidat]; b) (horse as pace-setter) Pacemacher, der; ~ re'pairs n. pl. laufende Reparaturen; ~-shoe n. Rennschuh, der; ~-shorts n. pl. Sporthose, die; ~ sore n. nässende Wunde; (fig.) schwärende Wunde; ~ stitch n. (Needlework) Vorstich, der; ~ 'title see ~ head; ~ total n. fortlaufende Summe; ~-track n. Aschenbahn, die; ~ 'water n. (in stream) fließendes Gewässer; b) (available through pipe) fließendes Wasser; hot and cold ~ water fließendes kaltes und warmes Wasser
runny ['rʌnɪ] adj. a) (secreting mucus) laufend ⟨Nase⟩; b) (excessively liquid) zerlaufend; zu dünn ⟨Farbe, Marmelade⟩
'run-off n. (Sport) Stechen, das
run-of-the-'mill adj. ganz gewöhnlich
runt [rʌnt] n. a) (weakling pig) Kümmerling, der (Landw.); b) (fig. derog.) Kümmerling, der (abwertend)
run: ~-through n. a) (cursory reading) give a text a [quick] ~-through, have a [brief] ~-through of a text einen Text [kurz] überfliegen; b) (rapid summary) Überblick, der (of über + Akk.); c) (rehearsal) Durchlaufprobe, die; ~-up n. a) (approach to an event) during or in the ~-up to an event im Vorfeld (fig.) eines Ereignisses; b) (Sport) Anlauf, der; take a ~-up Anlauf nehmen
runway ['rʌnweɪ] n. (for take-off) Startbahn, die; (for landing) Landebahn, die
rupee [ru:'pi:] n. Rupie, die
rupture ['rʌptʃə(r)] 1. n. a) (lit. or fig.) Bruch, der; b) (Med.) Ruptur, die. 2. v. t. a) (burst) aufreißen; a ~d appendix/spleen ein geplatzter Blinddarm/eine gerissene Milz; b) ~ oneself sich (Dat.) einen Bruch zuziehen od. heben; c) (sever) auseinanderbrechen lassen ⟨Beziehungen, Einheit⟩. 3. v. i. reißen ⟨Blutgefäß, Blinddarm:⟩ platzen

rural ['rʊərl] *adj.* ländlich; ~ **life** Landleben, *das*
rural: ~ **'dean** *n. (Eccl.)* ≈ Dekan, *der;* ~ **'district** *n. (Brit. Admin. Hist.)* ≈ Landkreis, *der*
Ruritania [rʊərɪ'teɪnɪə] *n. fiktionales mitteleuropäisches Königreich;* Ruritanien *(das);* ≈ Operettenstaat, *der*
ruse [ru:z] *n.* List, *die*
¹**rush** [rʌʃ] *n. (Bot.)* Binse, *die*
²**rush 1.** *n.* **a)** *(rapid moving forward)* be swept away by the ~ of the current von der Gewalt der Strömung mitgerissen werden; **make a ~ for sth.** sich auf etw. *(Akk.)* stürzen; **the ~ to the coast** der Ansturm auf die Küste; **the holiday ~:** der [hektische] Urlaubsverkehr; **b)** *(hurry)* Eile, *die;* **what's all the ~?** wozu diese Hast?; **be in a [great] ~:** in [großer] Eile sein; es [sehr] eilig haben; **everything happened in such a ~:** es ging alles so schnell; **have a ~ to get somewhere** sich abhetzen, um irgendwohin zu kommen; **c)** *(surging)* Anwandlung, *die* (of von); **a ~ of blood [to the head]** *(fig. coll.)* eine [plötzliche] Anwandlung; **d)** *(period of great activity)* Hochbetrieb, *der;* (~-hour) Stoßzeit, *die;* **there is a ~ on** es herrscht Hochbetrieb *(ugs.);* **a ~ of new orders** eine Flut von neuen Aufträgen; **e)** *in pl. (Cinemat. coll.)* [Bild]muster; Musterkopien; **f)** *(heavy demand)* Ansturm, *der* (**for, on** auf + *Akk.*); **g)** *(Footb.)* Sturmangriff, *der;* **h)** *(Amer. Footb.)* Durchbruch, *der.* **2.** *v.t.* **a)** *(convey rapidly)* ~ **sb./sth. somewhere** jmdn./etw. auf schnellstem Wege irgendwohin bringen; ~ **sb. supplies.** jmdn. schnell mit Vorräten versorgen; ~ **sb. round the sights** jmdn. von einer Sehenswürdigkeit zur anderen hetzen; ~ **through Parliament** im Parlament durchpeitschen *(ugs. abwertend)* ⟨*Gesetz*⟩; ~ **a regiment to the front** ein Regiment an die Front werfen; **be ~ed** *(have to hurry)* in Eile sein; **b)** *(cause to act hastily)* ~ **sb. into doing sth.** jmdn. dazu drängen, etw. zu tun; ~ **sb. into danger/ trouble/marriage** jmdn. in Gefahr/Schwierigkeiten bringen/zur Heirat drängen; **she hates to be ~ed** sie kann es nicht ausstehen, wenn sie sich [ab]hetzen muß; **c)** *(perform quickly)* auf die Schnelle erledigen; *(perform too quickly)* ~ **it** zu schnell machen; **d)** *(Mil. or fig.: charge)* stürmen; überrumpeln ⟨*feindliche Gruppe*⟩; ~ **one's fences** *(fig.)* überstürzt handeln; **e)** *(sl.: swindle)* ~ **sb.** jmdn. neppen *(ugs. abwertend);* **how much did they ~ you for that sherry?** wieviel haben sie dir für den Sherry abgeknöpft? *(salopp);* **f)** *(Amer.)* *(entertain)* keilen *(ugs.);* umwerben; *(date)* umwerben. *See also* **foot 1 a. 3.** *v.i.* **a)** *(move quickly)* eilen; ⟨*Hund, Pferd:*⟩ laufen; **she ~ed into the room** sie stürzte ins Zimmer; ~ **through Customs/the exit** durch den Zoll/Ausgang stürmen; ~ **to help sb.** jmdm. zu Hilfe eilen; **b)** *(hurry unduly)* sich zu sehr beeilen; **don't ~!** nur keine Eile!; **don't be tempted to ~!** laß dir Zeit [dabei]!; **there's no need to ~:** es gibt keinen Grund zur Eile; **c)** *(flow rapidly)* stürzen; **~ past** vorbeistürzen; ~ **down** hinunterstürzen; **d)** *(surge up rapidly)* **the blood ~ed to his face** das Blut schoß ihm ins Gesicht
~ **a'bout,** ~ **a'round** *v.i.* herumhetzen
~ **at** *v.t.* sich stürzen auf (+ *Akk.*); *(Mil.: charge)* anstürmen gegen ⟨*Stellung usw.*⟩
~ **'in** *v.i.* hin-/hereinstürzen; *(fig.)* ~ **in with new solutions** neue Lösungen präsentieren; **fools ~ in [where angels fear to tread]** *(prov.)* blinder Eifer schadet nur *(Spr.)*
~ **into** *v.t.* ~ **into sth.** in etw. *(Akk.)* hin-/hereinstürzen *(fig.);* sich in etw. *(Akk.)* stürzen; etw. überstürzt tun; ~ **into print with sth.** etw. schnellstens veröffentlichen; **you shouldn't ~ into it** das sollte man nicht übereilen

~ **'up** *v.i.* angestürzt kommen; ~ **up to sb.** zu jmdm. stürzen
rush: ~**-hour** *n.* Stoßzeit, *die;* Hauptverkehrszeit, *die;* ~**-hour traffic** Berufsverkehr, *der;* ~ **job** *n.* eilige Arbeit; ~ **mat** *n.* Binsenmatte, *die;* ~ **order** *n.* Eilauftrag, *der;* dringende Bestellung
rusk [rʌsk] *n.* Zwieback, *der*
russet ['rʌsɪt] **1.** *n.* **a)** *(reddish-brown)* Rotbraun, *das;* **b)** *(apple)* Apfel mit rot- od. gelbbrauner od. braun gesprenkelter rauher Schale. **2.** *adj.* rotbraun
Russia ['rʌʃə] *pr. n.* Rußland *(das)*
Russian ['rʌʃn] **1.** *adj.* russisch; **sb. is ~:** jmd. ist Russe/Russin; *see also* **English 1. 2.** *n.* **a)** *(person)* Russe, *der*/Russin, *die;* **b)** *(language)* Russisch, *das;* **Little ~:** Ukrainisch, *das; see also* **English 2 a**
Russian: ~ **'boot** *n.* Russenstiefel, *der;* ~ **rou'lette** *n.* russisches Roulett[e]; ~ **'salad** *n.* russischer Salat
Russki ['rʌskɪ] *n., pl.* ~**s** *or* ~**es** *(joc./derog.)* Rußki, *der (salopp)*
Russo- ['rʌsəʊ] *in comb.* russisch-/Russisch-
rust [rʌst] **1.** *n., no pl., no indef. art.* **a)** Rost, *der;* **protection against ~:** Rostschutz, *der;* **b)** *(Bot.)* Rost, *der.* **2.** *v.i.* **a)** rosten; **b)** *(fig.: become impaired)* ⟨*Fähigkeiten, Gedächtnis:*⟩ einrosten *(fig.).* **3.** *v.t.* [ver]rosten lassen; **badly ~ed** stark verrostet; **~ed up** festgerostet
~ **'through** *v.i.* durchrosten
'rust-coloured *adj.* rostfarben
rustic ['rʌstɪk] **1.** *adj.* **a)** *(of the country)* ländlich; ~ **life** Landleben, *das;* **b)** *(unrefined)* bäurisch *(abwertend);* **c)** *(roughly built)* rustikal ⟨*Mobiliar*⟩; grob gezimmert ⟨*Bank, Brücke usw.*⟩. **2.** *n.* Bauer, *der*/Bäuerin, *die (abwertend)*
rustically ['rʌstɪkəlɪ] *adv.* rustikal
rusticate ['rʌstɪkeɪt] *v.t.* zeitweilig von der Universität relegieren
rusticity [rʌ'stɪsɪtɪ] *n.* Ländlichkeit, *die*
'rustic-work *n. (Archit.)* Rustika, *die*
rustle ['rʌsl] **1.** *n.* Rascheln, *das.* **2.** *v.i.* rascheln. **3.** *v.t.* **a)** rascheln lassen; rascheln mit ⟨*Papieren*⟩; **b)** *(Amer.: steal)* stehlen; **c)** *(Amer. coll.) see* ~ **up**
~ **'up** *v.t. (coll.: produce)* auftreiben *(ugs.);* zusammenbauen *(fig.)* ⟨*Mahlzeit*⟩
rustler ['rʌslə(r)] *n. (Amer.)* Viehdieb, *der;* **sheep ~:** Schafdieb, *der*
rustless ['rʌstlɪs] *adj.* rostfrei
'rust-proof 1. *adj.* rostfrei. **2.** *v.t.* rostfrei *od.* rostbeständig machen
rusty ['rʌstɪ] *adj.* **a)** *(rusted)* rostig; **b)** *(fig.: impaired by neglect)* eingerostet; **I am a bit ~:** ich bin ein bißchen aus der Übung; **c)** *(rust-coloured)* rostfarben; rostfarbig; rost-⟨*braun, -rot*⟩
¹**rut** [rʌt] **1.** *n.* **a)** *(track)* Spurrille, *die;* **b)** *(fig.: established procedure)* **get into a ~:** in einen gewissen Trott verfallen; **be in a ~:** aus dem [Alltags]trott nicht mehr herauskommen. **2.** *v.t., -tt-* durchfurchen
²**rut 1.** *n. (sexual excitement)* Brunst, *die;* (of roe-deer, stag, etc.) Brunft, *die* (in der Jägersprache). **2.** *v.i., -tt-* in der Brunst sein; ⟨*Schalenwild:*⟩ brunften *(Jägerspr.)*
rutabaga [ru:tə'beɪgə] *n. (Amer.) see* **swede**
ruthless ['ru:θlɪs] *adj.,* **ruthlessly** ['ru:θlɪslɪ] *adv.* rücksichtslos
ruthlessness ['ru:θlɪsnɪs] *n., no pl.* Rücksichtslosigkeit, *die*
rutted ['rʌtɪd], **rutty** ['rʌtɪ] *adjs.* zerfurcht
Rwanda [rʊ'ændə] *pr. n.* Ruanda *(das)*
rye [raɪ] *n.* **a)** *(cereal)* Roggen, *der;* **b)** [whisky] Roggenwhisky, *der;* Rye, *der;* **c)** *(Amer.) see* **rye bread**
rye: ~ **bread** *n.* Roggenbrot, *das;* ~**-grass** *n.* Raigras, *das*

S

S, s [es] *n., pl.* **Ss** *or* **S's** ['esɪz] **a)** *(letter)* S, s, *das;* **b)** *(curve)* **S bend** S-Biegung, *die*
's *(coll.)* = **is, has, does; let's** [lets] = **let us**
S. *abbr.* **a) south** S; **b) southern** s.; **c) Saint** St.
s. *abbr.* **a) second[s]** Sek.; **b) singular** Sg.; **c) son** S.
SA *abbr.* **a) South America;** **b) South Africa;** **c) Sturmabteilung** SA
Saar [zɑ:(r)] *pr. n.* Saar, *die*
Saarland ['zɑ:lænd] *pr. n.* Saarland, *das*
Saarlander ['zɑ:lændə(r)] *n.* Saarländer, *der*/-länderin, *die*
sabbath ['sæbəθ] *n.* **a)** *(Jewish)* Sabbat, *der;* **b)** *(Christian)* Sonntag, *der;* **c) witches' ~:** Hexensabbat, *der*
sabbatical [sə'bætɪkl] **1.** *adj.* **a)** *(Jewish Relig.)* ~ **year** Sabbatjahr, *das;* **b)** ~ **term/ year** Forschungssemester/-jahr, *das.* **2.** *n.* Forschungsurlaub, *der*
saber *(Amer.) see* **sabre**
sable ['seɪbl] *n.* **a)** *(Zool., also fur)* Zobel, *der;* **b)** |American| ~**:** Fichtenmarder, *der (Zool.);* Amerikanischer Zobel
sabotage ['sæbətɑ:ʒ] *n. (lit. or fig.)* Sabotage, *die;* **act of ~:** Sabotageakt, *der;* **industrial ~:** Wirtschaftssabotage, *die.* **2.** *v.t.* einen Sabotageakt verüben auf (+ *Akk.*); *(fig.)* sabotieren ⟨*Pläne usw.*⟩; **vehicles were ~d** es wurden Sabotageakte auf Fahrzeuge verübt
saboteur [sæbə'tɜ:(r)] *n.* Saboteur, *der*
sabre ['seɪbə(r)] *n. (Brit.)* Säbel, *der;* **rattle the ~** *(fig.)* mit dem Säbel rasseln *(abwertend)*
sabre: ~**-cut** *n.* **a)** *(blow)* Säbelhieb, *der;* **b)** *(wound)* Säbelverletzung, *die;* ~**-rattling 1.** *n.* Säbelrasseln, *das (abwertend);* **2.** *adj.* säbelrasselnd *(abwertend)*
sac [sæk] *n. (Biol.)* **air ~:** Luftsack, *der (Zool.);* **foetal ~:** Fruchtblase, *die (Med.)*
saccharin ['sækərɪn] *n.* Saccharin, *das*
saccharine ['sækəri:n] *adj. (lit. or fig.)* süßlich
sacerdotal [sæsə'dəʊtl] *adj. (priestly)* priesterlich; Priester⟨*gewand, -amt*⟩
sachet ['sæʃeɪ] *n.* **a)** *(small packet) (for shampoo etc.)* Beutel, *der; (cushion-shaped)* Kissen, *das;* **a ~ of shampoo** ein Beutel/ Kissen Shampoo; **b)** *(bag for scenting clothes)* Duftkissen, *das*
¹**sack** [sæk] **1.** *n.* **a)** Sack, *der;* **buy sth. by the ~:** etw. sackweise kaufen; **a ~ of potatoes** ein Sack Kartoffeln; **three ~s of mail** drei Säcke mit Post; **b)** *(coll.: dismissal)* Rausschmiß, *der (ugs.);* **threaten sb. with the ~:** jmdm. mit Entlassung drohen; **get the ~:** rausgeschmissen werden *(ugs.);* **give sb. the ~:** jmdn. rausschmeißen *(ugs.);* **c) hit the ~:** *(sl.)* sich in die Falle hauen *(salopp).* **2.** *v.t.* **a)** *(coll.: dismiss)* rausschmeißen *(ugs.); (for wegen);* **b)** *(put into)* ~**[-s]** einsacken
²**sack 1.** *v.t. (loot)* plündern. **2.** *n.* Plünderung, *die*
'sackcloth *n.* Sackleinen, *das; (mourning)* Trauergewand, *das; (penitential)* Büßergewand, *das;* **in ~ and ashes** in Sack und Asche *(geh.)*
sackful ['sækfʊl] *n.* Sack, *der;* **three ~s of potatoes/cement** drei Sack Kartoffeln/Zement; **by the ~:** sackweise

¹sacking ['sækɪŋ] *n.* **a)** *(coll.: dismissal)* Rausschmiß, *der (ugs.);* **b)** *(coarse fabric)* Sackleinen, *das*
²sacking see ²sack 2
'sack race *n.* Sackhüpfen, *das*
sacral ['seɪkrl] *adj.* **a)** *(Anat.)* Sakral-; **the ~ vertebrae** die Kreuzbeinwirbel; Vertebrae sacrales *(Med.);* **b)** *(Anthrop.)* sakral
sacrament ['sækrəmənt] *n.* Sakrament, *das;* **the last ~s** die Sterbesakramente; **the ~ [of the altar], the Blessed or Holy S~**: das Altarsakrament; **administer/receive the ~** *(the Eucharist)* das Sakrament austeilen/empfangen; **the Holy S~** *(the Host)* das Allerheiligste
sacramental [sækrə'mentl] *adj.* sakramental; **~ doctrine** Lehre von den Sakramenten
sacred ['seɪkrɪd] *adj.* heilig; geheiligt ⟨*Tradition*⟩; geistlich ⟨*Musik, Dichtung*⟩; **nothing is ~ to him, he holds nothing ~** *(lit. or fig.)* ihm ist nichts heilig; **is nothing ~?** *(iron.)* scheut man denn vor nichts mehr zurück?
sacred: ~ 'cow *n.* *(lit. or fig.)* heilige Kuh; **S~ 'Heart** *n.* **the S~ Heart [of Jesus]** das Herz Jesu
sacredness ['seɪkrɪdnɪs] *n., no pl.* Heiligkeit, *die*
sacrifice ['sækrɪfaɪs] **1.** *n.* **a)** *(giving up valued thing)* Opferung, *die;* *(of principles)* Preisgabe, *die;* *(of pride, possessions)* Aufgabe, *die;* **make ~s** Opfer bringen; **b)** *(offering to deity)* Opfer, *das;* **~s to the gods** den Göttern dargebrachte Opfer; *(fig.)* **fall a ~ to sth.** einer Sache *(Dat.)* zum Opfer fallen; **c)** *(Games: deliberate incurring of loss)* Opfern, *das;* *(Baseball)* Schlag ins Aus, wobei der Läufer weiterkommt; *(Bridge)* Opfer, *das* (**against** für). **2.** *v.t.* **a)** *(give up, offer as ~)* opfern; **~ oneself/sth. to sth.** sich/etw. einer Sache *(Dat.)* opfern; **b)** *(sell at a loss)* zu einem Schleuderpreis verkaufen *(ugs.).* **3.** *v. i.* opfern
sacrificial [sækrɪ'fɪʃl] *adj.* Opfer-; **~ victim** Opfer, *das;* **~ price** *(fig.)* Schleuderpreis, *der*
sacrilege ['sækrɪlɪdʒ] *n., no pl.* **[act of] ~**: Sakrileg, *das;* **be little short of ~**: an ein Sakrileg grenzen
sacrilegious [sækrɪ'lɪdʒəs] *adj.* sakrilegisch; *(fig.)* frevelhaft
sacristan ['sækrɪstən] *n. (Eccl.)* Küster, *der;* Kirchendiener, *der (bes. ev. Kirche);* Sakristan, *der (bes. kath. Kirche)*
sacristy ['sækrɪstɪ] *n. (Eccl.)* Sakristei, *die*
sacrosanct ['sækrəsæŋkt] *adj. (lit. or fig.)* sakrosankt
sacrum ['seɪkrəm] *n. (Anat.)* Kreuzbein, *das;* Sakrum, *das (fachspr.)*
sad [sæd] *adj.* **a)** *(sorrowful)* traurig (**at, about** über + *Akk.*); **he was ~ at or about not getting the job** er war traurig, weil er die Stelle nicht bekam; **feel ~, be in a ~ mood** traurig sein; **it left him a ~der and a wiser man** er hat dabei viel Lehrgeld zahlen müssen; durch Schaden ist er klug geworden; **b)** *(causing grief)* traurig; schmerzlich ⟨*Tod, Verlust*⟩; **it's ~ about Jim** es ist schade um Jim; **~ to say, ...**: bedauerlicherweise ...; **I am ~ to say that ...**: leider *od.* zu meinem Bedauern muß ich sagen, daß ...; leider ...; **c)** *(derog./joc.: deplorably bad)* traurig
sadden ['sædn] *v. t.* traurig stimmen; **be deeply ~ed** tieftraurig sein; **his old age was ~ed by ...**: sein Alter war überschattet von ...; **I was ~ed to see that ...**: es betrübte mich, zu sehen, daß ...
saddle ['sædl] **1.** *n.* **a)** *(seat for rider)* Sattel, *der;* **be in the ~** *(fig.)* das Heft in der Hand haben *(geh.);* **b)** *(ridge between summits)* [Berg]sattel, *der;* **c)** *(support for cable)* Kabelsattel, *der;* **d)** *(Gastr.)* Rücken, *der;* Rückenstück, *das;* **~ of lamb/mutton** Lamm-/Hammelrücken, *der.* **2.** *v. t.* **a)** satteln ⟨*Pferd usw.*⟩; **b)** *(fig.)* ~ **sb. with sth.** jmdm. etw. aufbürden *(geh.);* **~ debts/responsibility [up]on sb.** Schulden/Verantwortung auf jmdn. abwälzen
~ 'up *v. t. & i.* aufsatteln
saddle: ~back *n.* **a)** *(Archit.)* Satteldach, *das;* **b)** *(hill)* Hügel mit sattelförmigem Rücken; **c)** *(pig)* Sattelschwein, *das;* **~backed** *adj.* sattelförmig; **~-bag** *n.* Satteltasche, *die;* **~-blanket** *n.* Satteldecke, *die;* Woilach, *der;* **~-bow** ['sædləʊ] *n.* Zwiesel, *der;* **~-cloth** see **~-blanket**
saddler ['sædlə(r)] *n.* Sattler, *der*
saddlery ['sædlərɪ] *n.* **a)** *(work, place)* Sattlerei, *die;* **b)** *(saddles etc.)* Sattlerwaren *Pl.*
saddle: ~-soap *n.* Sattelseife, *die;* **~ sore** *n.* Sattelwunde, *die;* **~-sore** *adj.* **be ~-sore** wund von Reiten/Radfahren sein; **~ stitch** *n.* **a)** *(Bookbinding)* Heftstich, *der;* **b)** *(Needlework)* Vorstich, *der*
sadism ['seɪdɪzm] *n.* Sadismus, *der*
sadist ['seɪdɪst] *n.* Sadist, *der*/Sadistin, *die*
sadistic [sə'dɪstɪk] *adj.,* **sadistically** [sə'dɪstɪkəlɪ] *adv.* sadistisch
sadly ['sædlɪ] *adv.* **a)** *(with sorrow)* traurig; **b)** *(unfortunately)* leider; **c)** *(deplorably)* erbärmlich *(abwertend);* **they are ~ lacking in common sense** sie haben erbärmlich wenig [gesunden Menschen]verstand
sadness ['sædnɪs] *n., no pl.* Traurigkeit, *die* (**at, about** über + *Akk.*)
sado-masochism [seɪdəʊ'mæsəkɪzm] *n.* Sadomasochismus, *der*
sado-masochist [seɪdəʊ'mæsəkɪst] *n.* Sadomasochist, *der*/Sadomasochistin, *die*
'sad sack *n. (Amer. sl.)* trübe Tasse *(ugs. abwertend)*
s.a.e. [eseɪ'i:] *abbr.* stamped addressed envelope adressierter Freiumschlag
safari [sə'fɑ:rɪ] *n.* Safari, *die;* **be/go on ~**: auf Safari sein/gehen
sa'fari park *n.* Safaripark, *der*
safe [seɪf] **1.** *n.* **a)** Safe, *der;* Geldschrank, *der;* **b)** *(Amer. coll.: contraceptive)* Präser, *der (salopp);* see **meat safe. 2.** *adj.* **a)** *(out of danger)* sicher (**from** vor + *Dat.*); **he's ~**: er ist in Sicherheit; **the bullfighter was ~**: der Stierkämpfer war nicht in Gefahr; **make sth. ~ from sth.** etw. gegen etw. sichern; **~ and sound** sicher und wohlbehalten; **b)** *(free from danger)* ungefährlich; sicher ⟨*Ort, Hafen*⟩; **she's a ~ driver** sie fährt sicher; **better ~ than sorry** Vorsicht ist besser als Nachsicht *(ugs.);* **is the water ~ to drink?** kann man das Wasser ohne Risiko trinken?; **I wish sb. a ~ journey** jmdm. eine gute Reise wünschen; **is the car ~ to drive?** ist der Wagen verkehrssicher?; **the maximum ~ load** das zulässige Ladegewicht; **a ~ margin** eine Sicherheitsmarge; **the beach is ~ for bathing** es ist ungefährlich, am Strand zu baden; **to be on the ~ side** zur Sicherheit; **we had better be on the ~ side** wir sollten lieber sichergehen; **c)** *(unlikely to produce controversy)* sicher; bewährt *(iron.)* ⟨*Klischee*⟩; **it is ~ to say [that ...]** man kann mit einiger Sicherheit sagen[, daß ...]; **it is not ~ to generalize in such a matter** in einer solchen Frage kann man nicht einfach verallgemeinern; **d)** *(reliable)* sicher ⟨*Methode, Investition, Stelle*⟩; naheliegend ⟨*Vermutung*⟩; **in ~ hands** in guten Händen; **a ~ Conservative seat** *(Polit.)* eine Hochburg der Konservativen Partei; **e)** *(secure)* **be ~ in prison, be in ~ custody** in sicherem Gewahrsam sein; **your secrets will be ~ with me** deine Geheimnisse sind bei mir gut aufgehoben.
safe: ~ 'bet *n.* **it is a ~ bet he will be there** man kann darauf wetten, daß er dort ist; **he is a ~ bet to win/for Prime Minister** man kann darauf wetten, daß er gewinnt/daß er nächste Premierminister wird; **~-breaker** *n.* Geldschrankknacker, *der (ugs.);* **~ 'conduct** *n.* **a)** *(privilege)* freies *od.* sicheres Geleit; **b)** *(document)* Schutzbrief, *der (Politik, Dipl.);* **~-cracker** see **~-breaker**; **~ de'posit** *n.* Tresor, *der;* **~-deposit box** *(at the bank)* Banksafe, *der;* **~guard 1.** *n.* Schutz, *der;* **as a ~guard against infection** zum Schutz gegen Infektionen; **2.** *v. t.* schützen; **~guard sb.'s future/interests** jmds. Zukunft sichern/Interessen wahren; **~ house** *n.* geheimer Unterschlupf *(von Terroristen, Agenten usw.);* **~ keeping** *n.* sichere Obhut *(geh.); (of thing)* [sichere] Aufbewahrung
safely ['seɪflɪ] *adv.* **a)** *(without harm)* sicher; **did the parcel arrive ~?** ist das Paket heil angekommen?; **b)** *(securely)* sicher; **the children are tucked up in bed** die Kinder liegen friedlich im Bett; **be ~ behind bars** [in sicherem Gewahrsam] hinter Schloß und Riegel sein; **c)** *(with certainty)* **one can ~ say [that] she will come** man kann mit ziemlicher Sicherheit sagen, daß sie kommt
safe: ~ period *n.* unfruchtbare Tage; **~ 'seat** *n. (Polit.)* Hochburg, *die;* ≈ sicherer Wahlkreis; **~ 'sex** *n.* Safer Sex, *der;* geschützter Sex
safety ['seɪftɪ] *n.* **a)** *(being out of danger)* Sicherheit, *die;* **cross the river in ~**: sicher über den Fluß fahren; **b)** *(lack of danger)* Ungefährlichkeit, *die;* *(of a machine)* Betriebssicherheit, *die;* **do sth. with ~**: etw. tun, ohne sich einer Gefahr auszusetzen; **there is ~ in numbers** zu mehreren ist man sicherer; **a ~ first policy** eine Politik der Vorsicht; **one can say with ~ that ...**: man kann mit Sicherheit behaupten, daß ...; **c)** *attrib.* Sicherheits⟨*netz, -kette, -faktor, -maßnahmen, -vorrichtungen*⟩
safety: ~-belt *n.* Sicherheitsgurt, *der;* **~-catch** *n. (of door)* Sicherheitsverriegelung, *die; (of gun)* Sicherungshebel, *der;* **~ curtain** *n. (Theatre)* eiserner Vorhang; **~ fuse** *n. (Electr.)* Sicherung, *die;* **~ glass** *n.* Sicherheitsglas, *das;* **~ helmet** *n.* Schutzhelm, *der;* **~ margin** *n.* Spielraum, *der;* **~ match** *n.* Sicherheitszündholz, *das;* **~-pin** *n.* Sicherheitsnadel, *die;* **~ play** *n. (Bridge)* Auf-sicher-Spielen, *das;* Spiel, bei dem geringe Verluste hingenommen werden, um größere zu vermeiden; **~ razor** *n.* Rasierapparat, *der;* **~-valve** *n.* Sicherheitsventil, *das (Technik);* **~** Ventil, *das (fig.);* **~ zone** *n. (Amer.: traffic island)* Verkehrsinsel, *die*
saffron ['sæfrən] **1.** *n.* Safran, *der; see also* **meadow saffron. 2.** *adj.* safrangelb
sag [sæg] **1.** *v. i.,* **-gg- a)** *(have downward bulge)* durchhängen; **b)** *(sink)* sich senken; absacken *(ugs.)* ⟨*Gebäude:*⟩ [sich (*Akk.*)] zusammensacken *(ugs.);* ⟨*Schultern:*⟩ herabhängen; ⟨*Brüste:*⟩ hängen; *(fig.: decline)* ⟨*Mut, Stimmung:*⟩ sinken; **the interest/story-line ~s halfway through the book** die Spannung/Geschichte läßt in der Mitte des Buches [spürbar] nach; **c)** *(hang lopsidedly)* **the gate ~ged half off its hinges** das Tor hing schief in den Angeln; **the bridge ~s on one side** die Brücke ist auf einer Seite abgesackt *(ugs.).* **2.** *n.* **a)** *(amount that rope etc. ~s)* Durchhang, *der;* **b)** *(sinking)* **there was a ~ in the seat/mattress** der Sitz war durchgesessen/die Matratze war durchgelegen
saga ['sɑ:gə] *n.* **a)** *(story of adventure)* Heldenepos, *das (Literaturw.);* **b)** *(medieval narrative)* Saga, *die (Literaturw.);* **knightly ~**: ≈ Ritterroman, *der;* **the ~ of a family** die Geschichte einer Familie; *(coll.: long involved story)* [ganzer] Roman *(fig.);* **the ~ of our holiday in Spain** die Geschichte unseres Spanienurlaubs
sagacious [sə'geɪʃəs] *adj.* klug; **~ mind** scharfer Verstand
sagaciously [sə'geɪʃəslɪ] *adv.* klug
sagacity [sə'gæsɪtɪ] *n., no pl.* Klugheit, *die*
¹sage [seɪdʒ] *n. (Bot.)* Salbei, *der od. die;* **~-and-onion stuffing** Salbei-und-Zwiebel-Füllung, *die*

²**sage** 1. *n.* Weise, *der.* 2. *adj.* weise
sage: ~-**brush** *n.* (*Bot.*) Beifuß, *der* (*in nordamerikanischen Steppen*); ~ '**cheese**, ~ '**Derby** *ns.* Käse mit Salbeigewürz; ~-'**green** 1. *adj.* salbeigrün; 2. *n.* Salbeigrün, *das*
sagely ['seɪdʒlɪ] *adv.* weise
sage 'tea *n.* Salbeitee, *der*
Sagittarian [sædʒɪ'teərɪən] *n.* (*Astrol.*) Schütze, *der*
Sagittarius [sædʒɪ'teərɪəs] *n.* (*Astrol., Astron.*) der Schütze; der Sagittarius; *see also* **Aries**
sago ['seɪgəʊ] *n., pl.* ~**s** Sago, *der*
Sahara [sə'hɑːrə] *pr. n.* **the** ~ [Desert] die [Wüste] Sahara
sahib [sɑːb, 'sɑːɪb] *n.* **a)** (*arch.: title*) Sahib, *der;* **b)** (*coll.: gentleman*) Herr, *der*
said *see* **say 1**
sail [seɪl] 1. *n.* **a)** (*voyage in sailing vessel*) Segelfahrt, *die;* **go for a** ~**:** eine Segelfahrt machen; **the island is ten days'** ~ **from Plymouth** von Plymouth aus erreicht man die Insel [mit dem Segelschiff] in zehn Tagen; **b)** (*piece of canvas*) Segel, *das;* **in** *or* **under full** ~**:** mit voller Segeln; **under** ~**:** unter Segel (*Seemannsspr.*); **c)** *pl.* **same** (*ship*) Segelschiff, *das;* **d)** (*of windmill*) [Windmühlen]flügel, *der. See also* **make 1 s; set 11; shorten 2 b; strike 2 t;** ¹**wind 1 a.** 2. *v. i.* **a)** (*travel on water*) fahren; (*in sailing boat*) segeln; **a lovely boat to** ~ **in** ein schönes Boot zum Segeln; **b)** (*start voyage*) auslaufen (**for** nach); **in See stechen; c)** (*glide in air*) segeln; **d)** (*fig.: be thrown*) segeln; **the bottle which** ~**ed past his ear** die Flasche, die an seinem Ohr vorbeisegelte (*ugs.*); **e)** (*walk in stately manner*) segeln (*ugs.*); ~ **by** vorübersegeln (*salopp*); **f)** (*move smoothly*) gleiten; ~ **through** hindurchgleiten; **g)** (*fig. coll.: pass easily*) ~ **through an examination** eine Prüfung spielend schaffen. *See also* **colour 1 j;** ¹**wind 1 a.** 3. *v. t.* **a)** steuern (*Boot, Schiff*); (*segeln mit* (*Segeljacht, -schiff*); **b)** (*travel across*) durchfahren, befahren (*Meer*) (*Segelschiff.*): durchsegeln
~ **in** *v. i.* (*coll.: enter*) hereinsegeln (*ugs.*)
~ **into** *v. t.* (*coll.*) **a)** ~ **into a room** in ein Zimmer hereingesegelt kommen (*ugs.*); **b)** (*attack*) ~ **into sb.** über jmdn. herfallen
sail: ~**boarding** *see* **windsurfing;** ~**boat** *n.* (*Amer.*) Segelboot, *das;* ~**cloth** *n.* Segeltuch, *das*
sailing ['seɪlɪŋ] *n.* **a)** (*handling a boat*) Segeln, *das;* **weather for** ~**:** Segelwetter, *das;* **b)** (*departure from a port*) Abfahrt, *die;* **there are regular** ~**s from here across to the island** von hier aus fahren regelmäßig Schiffe hinüber zur Insel
sailing: ~ **boat** *n.* Segelboot, *das;* ~ **orders** *n. pl.* Order zum Auslaufen; ~ **ship,** ~ **vessel** *n.* Segelschiff, *das*
'**sail-maker** *n.* Segelmacher, *der*
sailor ['seɪlə(r)] *n.* Seemann, *der;* (*in navy*) Matrose, *der;* **be a good/bad** ~ (*not get seasick/get seasick*) seefest/nicht seefest sein
'**sailor suit** *n.* Matrosenanzug, *der*
sainfoin ['sænfɔɪn, 'seɪnfɔɪn] *n.* (*Bot.*) Esparsette, *die*
saint 1. [seɪnt] *adj.* **S**~ **Michael/Helena** der heilige Michael/die heilige Helena; Sankt Michael/Helena; *as voc.* heiliger Michael/ heilige Helena; ~ **Michael's [Church]** die Michaelskirche; ~ **Andrew's/George's cross** Andreas-/Georgskreuz, *das.* 2. [seɪnt] *n.* Heilige, *der/die;* **make** *or* **declare sb. a** ~ (*RC Ch.*) jmdn. heiligsprechen; **be as patient as a** ~**:** eine Engelsgeduld haben; *see also* **aunt, patron c**
Saint Bernard [sənt 'bɜːnəd] *n.* ~ **[dog]** Bernhardiner, *der*
sainthood ['seɪnthʊd] *n.* Heiligkeit, *die*
Saint: ~ **James** [sənt 'dʒeɪmz] *n.* **Court of** ~ **James** *der* britische Hof; ~ **John's wort** [sənt 'dʒɒnz wɜːt] *n.* (*Bot.*) Johanniskraut,

das; ~ **Lawrence** [sənt 'lɒrəns] *n.* (*Geog.*) Sankt-Lorenz-Strom, *der*
saintly ['seɪntlɪ] *adj.* heilig; ~ **patience** Engelsgeduld, *die*
Saint: ~ **Peter's** [sənt 'piːtəz] *pr. n.* (*in Rome*) die Peterskirche; **S**~**'s day** *n.* Tag eines/einer Heiligen; *see also* **all 1 b;** ~ **Swithin's day** [sənt 'swɪðɪnz deɪ] *n.* 15. Juli, der nach britischem Volksglauben wetterbestimmend für die folgenden vierzig Tage ist; ≈ Siebenschläfer, *der;* ~ **Vitus's dance** [sənt vaɪtəsɪz 'dɑːns] *see* **dance 3 d**
¹**sake** [seɪk] *n.* **for the** ~ **of um ...** (*Gen.*) willen; **for my** *etc.* ~**:** um meinetwillen *usw.;* **mir** *usw.* zuliebe; **for your/its own** ~**:** um deiner/seiner selbst willen; **art for art's** ~**:** Kunst um ihrer selbst willen; **for the** ~ **of a few pounds** wegen ein paar Pfund; **for Christ's** *or* **God's** *or* **goodness'** *or* **Heaven's** *or* (*coll.*) **Pete's** *etc.* ~**:** um Gottes *od.* Himmels willen; **for old times'** ~**:** um der schönen Erinnerung willen; *see also* **appearance b; argument b; ; convenience b**
²**sake** ['sɑːkɪ] *n.* (*drink*) Sake, *der*
salaam [sə'lɑːm] *n.* Salam [aleikum] (*veralt., noch scherzh.*); *in pl.* (*respects*) Komplimente (*veralt.*)
salable *see* **saleable**
salacious [sə'leɪʃəs] *adj.* **a)** (*lustful*) lüstern; **b)** (*inciting sexual desire*) pornographisch
salaciously [sə'leɪʃəslɪ] *adv.* lüstern
salad ['sæləd] *n.* Salat, *der;* **ham/tomato** ~**:** Schinken-/Tomatensalat, *der*
salad: ~ **cream** *n.* Mayonnaise, *die;* ~ **days** *n. pl.* **in my** ~ **days** ich hatte mich noch nicht trocken hinter den Ohren war (*ugs.*); ~ **dressing** *n.* Dressing, *das;* Salatsoße, *die;* ~-**oil** *n.* Salatöl, *das;* ~-**servers** *n. pl.* Salatbesteck, *das*
salamander ['sæləmændə(r)] *n.* **a)** (*Zool.*) Salamander, *der;* **b)** (*Amer.*) *see* **gopher a**
salami [sə'lɑːmɪ] *n.* Salami, *die*
sal ammoniac [sæl ə'məʊnɪæk] *n.* Salmiak, *der od. das*
salaried ['sælərɪd] *adj.* **a)** (*receiving salary*) Gehalt beziehend; ~ **employee** Angestellte, *der/die;* **the** ~ **class** die Gehaltsempfänger; **b)** (*having salary attached to it*) ~ **post** Stelle mit festem Gehalt
salary ['sælərɪ] *n.* Gehalt, *das;* (*Amer. weekly*) Lohn, *der;* ~ **increase** Gehaltserhöhung, *die;* **what is your** ~**?** wie hoch ist dein Gehalt?; **draw a** ~**:** ein Gehalt beziehen
sale [seɪl] *n.* **a)** (*selling*) Verkauf, *der;* **for** ~**:** zu verkaufen; **put up** *or* **offer for** ~**:** zum Verkauf anbieten; **on** ~**:** im Handel; **on** ~ **at your chemist's** in Ihrer Apotheke erhältlich; **go on** ~**:** in den Handel kommen; **offer** *etc.* **sth. on a** ~ **or return basis** etw. auf Kommissionsbasis anbieten *usw.;* **b)** (*instance of selling*) Verkauf, *der;* **make a** ~**:** einen Verkauf tätigen (*Kaufmannsspr.*); **find a ready** ~ **for sth.** etw. verkauft sich gut; **c)** *in pl., no art.* (*amount sold*) Verkaufszahlen *Pl.* (**of** für); Absatz, *der;* **d)** [jumble *or* rummage] ~**:** [Wohltätigkeits]basar, *der;* ~ **of work** Wohltätigkeitsbasar mit eigenen Bastel-, Handarbeiten; **e)** (*disposal at reduced prices*) Ausverkauf, *der;* **clearance/end-of-season/summer** ~**:** Räumungs-/Schluß-/Sommerschlußverkauf, *der;* **at the s**~**s** im Ausverkauf; **f)** (*public auction*) [Verkauf durch] Versteigerung; **put sth. up for** ~ **[by auction]** etw. zur Versteigerung anbieten
saleable ['seɪləbl] *adj.* verkäuflich; **be [highly]** ~**:** sich [gut] verkaufen lassen
sale: ~-**ring** *n.* Käuferring bei einer Auktion; ~-**room** *n.* (*Brit.*) Auktionsraum, *der*
sales: ~ **assistant** *n.* Verkäufer/ ~ **clerk** (*Amer.*) ~ **department** *see* **desk b;** ~ **force** *n.* Vertreterstab, *der;* ~**girl,** ~**lady** *ns.* Verkäuferin, *die;*

~**man** ['seɪlzmən] *n., pl.* ~**men** ['seɪlzmən] Verkäufer, *der;* ~ **manager** *n.* Verkaufsleiter, *der*/-leiterin, *die;* Sales-manager, *der*
salesmanship ['seɪlzmənʃɪp] *n., no pl., no indef. art.* Kunst des Verkaufens
sales: ~ **patter,** ~ **pitch** *ns.* Verkaufsargumentation, *die;* ~ **rep** (*coll.*), ~ **representative** *ns.* [Handels]vertreter, *der*/-vertreterin, *die;* ~ **resistance** *n.* Kaufunlust, *die;* ~ **talk** *see* ~ **patter;** ~ **tax** *n.* Umsatzsteuer, *die;* ~**woman** *n.* Verkäuferin, *die*
salient ['seɪlɪənt] 1. *adj.* **a)** (*striking*) auffallend; ins Auge springend; hervorstechend ⟨*Charakterzug*⟩; **the** ~ **points of a speech** die herausragenden Punkte einer Rede; **b)** (*pointing outwards*) vorspringend. 2. *n.* (*Mil.*) vorgeschobene Stellung
saline ['seɪlaɪn] *adj.* salzig; Salz⟨*ablagerung*⟩; ~ **solution** Salzlösung, *die;* (*Med.*) [physiologische] Kochsalzlösung, *die;* ~ **drip** (*Med.*) Tropfinfusion, *die*
salinity [sə'lɪnɪtɪ] *n.* Salzgehalt, *der;* **be high in** ~**:** stark salzhaltig sein
saliva [sə'laɪvə] *n.* Speichel, *der*
salivary ['sælɪvərɪ, sə'laɪvərɪ] *adj.* (*Anat.*) ~ **gland** Speicheldrüse, *die*
salivate ['sælɪveɪt] *v. i.* speicheln
sa'liva test *n.* Speicheltest, *der* (*bes. Med.*)
¹**sallow** ['sæləʊ] *adj.* blaßgelb
²**sallow** *n.* (*Bot.*) Salweide, *die*
sallowness ['sæləʊnɪs] *n., no pl.* gelbliche Blässe
Sally ['sælɪ] *see* **aunt**
sally 1. *n.* **a)** (*Mil.: sortie*) Ausfall, *der;* **b)** (*excursion*) Ausflug, *der;* **c)** (*verbal attack*) **his sallies against the authorities** seine Ausfälle gegen die Obrigkeit (*ugs.*); **d)** (*witty remark*) Geistesblitz, *der* (*ugs.*). 2. *v. i.* **a)** ~ **out** (*Mil.: make sortie/sorties*) einen Ausfall/Ausfälle machen, sich aufmachen (**for** zu); **b)** ~ **forth** aufbrechen, sich aufmachen (**for** zu)
salmon ['sæmən] 1. *n., pl.* **same** Lachs, *der.* 2. *adj.* (*colour*) lachsfarben; lachsrosa ⟨*Farbton*⟩
'**salmon-coloured** *adj.* lachsfarben
salmonella [sælmə'nelə] *n.* Salmonelle, *die;* ~ **poisoning** Salmonellenvergiftung, *die*
salmon: ~-**ladder,** ~-**leap** *ns.* Lachstreppe, *die;* ~-**pink** 1. *n.* lachsrosa Farbton; 2. *adj.* lachsfarben; ~ '**trout** *n.* Lachsforelle, *die*
salon ['sælɔ̃] *n.* Salon, *der*
'**salon music** *n.* Salonmusik, *die*
saloon [sə'luːn] *n.* **a)** (*public room in ship, hotel, etc.*) Salon, *der;* ~ **dining** *n.* Speisesaal, *der;* **billiard** ~ (*Brit.*) Billardraum, *der;* **b)** (*Brit.: motor car*) Limousine, *die;* **c)** (*Amer.: bar*) Saloon, *der*
saloon: ~ '**bar** *n.* (*Brit.*) separater Teil eines Pubs mit mehr Komfort; ~ '**car** *see* **saloon b;** ~ **deck** *n.* Salondeck, *das*
salsify ['sælsɪfɪ] *n.* (*Bot.*) Haferwurz, *die*
salt [sɔːlt, sɒlt] 1. *n.* **a)** (*for food etc.; also Chem.*) [**common**] ~**:** [Koch]salz, *das;* **above/below the** ~ (*Hist.*) oben/unten an der Tafel; **rub** ~ **in[to] the wound** (*fig.*) Salz in die Wunde streuen; **take sth. with a grain** *or* **pinch of** ~ (*fig.*) etw. cum grano salis (*geh.*) *od.* nicht ganz wörtlich nehmen; **be the** ~ **of the earth** (*fig.*) anständig und rechtschaffen sein; das Salz der Erde sein (*bibl.*); **be worth one's** ~**:** etwas taugen; (*worth the money one is paid*) sein Geld wert sein; **b)** *in pl.* (*medicine*) Salz, *das;* **like a dose of** ~**s** (*sl.*) in Null Komma nichts (*ugs.*); **he went through the department like a dose of** ~**s** (*fig.*) er kehrte in der Abteilung mit eisernem Besen [aus]; **c)** (*fig.: zest*) Salz, *das* (*fig.*); Würze, *die* (*fig.*); **d)** [**old**] ~ (*sailor*) [alter] Seebär (*ugs. scherzh.*). 2. *adj.* **a)** (*containing* or *tasting of* ~) salzig; (*preserved with* ~) gepökelt ⟨*Fleisch*⟩; gesalzen ⟨*Butter*⟩; **b)** (*bitter*) salzig ⟨*Tränen*⟩; **c)** (*biting*) scharf, ätzend ⟨*Witz*⟩. 3. *v. t.* **a)** (*add* ~

SALT

to) salzen; *(fig.)* würzen; **b)** *(preserve with ~ or brine)* [ein]pökeln; ~ed beef/pork gepökeltes Rind-/Schweinefleisch; **c)** *(spread ~ on)* ~ **the roads** Salz auf die Straßen streuen

~ a'way, ~ 'down *v. t. (coll.)* auf die hohe Kante legen *(ugs.)*

SALT [sɔːlt, sɒlt] *abbr.* Strategic Arms Limitation Talks/Treaty SALT

salt: ~-**cellar** *n. (open)* Salzfaß, *das; (sprinkler)* Salzstreuer, *der;* ~ '**lake** *n.* Salzsee, *der;* ~-**lick** *n.* Salzlecke, *die (Jägerspr.);* ~-**marsh** *n.* Salzwiesengebiet, *das; (formed by evaporation)* Salzsumpf, *der;* ~-**mine** *n.* Salzbergwerk, *das;* ~-**pan** *n.* Salzpfanne, *die*

saltpetre *(Amer.:* **saltpeter)** ['sɔːltpiːtə(r), 'sɒltpiːtə(r)] *n.* Salpeter, *der*

salt: ~-**shaker** *n. (Amer.)* Salzstreuer, *der;* ~-**spoon** *n.* Salzlöffelchen, *das;* ~-**sprinkler** *n.* Salzstreuer, *der;* ~ '**water** *n.* Salzwasser, *das;* ~-**water** *adj.* Salzwasser-, *der;* ~-**works** *n. sing., pl. same* Saline, *die*

salty ['sɔːltɪ, 'sɒltɪ] *adj.* salzig; *(fig.)* scharf ⟨*Witz*⟩

salubrious [səˈluːbrɪəs] *adj.* gesund; **not a very ~ area** *(fig.)* ein etwas zweifelhaftes Viertel

saluki [səˈluːkɪ] *n.* Saluki, *der;* Persischer Windhund

salutary [ˈsæljʊtərɪ] *adj.* heilsam ⟨*Wirkung, Einfluß, Schock*⟩; heilkräftig ⟨*Medizin*⟩

salutation [sæljʊˈteɪʃn] *n. (formal)* Gruß, *der;* Begrüßung, *die;* **form of** ~ Begrüßungsformel, *die;* **raise one's hat [to sb.] in** ~: [vor jmdm.] zum Gruß den Hut ziehen

salute [səˈluːt] **1.** *v. t.* **a)** *(Mil., Navy)* sb. jmdn. [militärisch] grüßen; *(fig.: pay tribute to)* sich vor jmdm. verneigen; **b)** *(greet)* grüßen. **2.** *v. i. (Mil., Navy)* [militärisch] grüßen. **3.** *n.* **a)** *(Mil., Navy)* Salut, *der;* militärischer Gruß; **fire a seven-gun ~:** einen Schuß Salut abfeuern; **give a ~:** militärisch grüßen; **take the ~** ⟨*Vorgesetzter:*⟩ den militärischen Gruß entgegennehmen; ⟨*Staatsoberhaupt usw.:*⟩ die Parade abnehmen; **b)** *(gesture of greeting)* Gruß, *der;* **c)** *(Fencing)* [Fecht]gruß, *der*

Salvadorean [sælvəˈdɔːrɪən] **1.** *n.* Salvadorianer, *der*/Salvadorianerin, *die.* **2.** *adj.* salvadorianisch

salvage [ˈsælvɪdʒ] **1.** *n.* **a)** *(rescue of property)* Bergung, *die; attrib.* Bergungs⟨*arbeiten, -aktion*⟩; **b)** *(payment)* Bergelohn, *der (Seew.);* **c)** *(rescued property)* Bergegut, *das; (for recycling)* Sammelgut, *das;* **collect bottles for ~:** Flaschen zur Wiedergewinnung von Glas sammeln. **2.** *v. t.* **a)** *(rescue)* bergen; retten *(auch fig.)* **(from** von); ~ **one's valuables from the flames** seine Wertsachen aus den Flammen retten; **b)** *(save for recycling)* für die Wiederverwendung sammeln

'**salvage operation** *n.* Bergungsaktion, *die*

salvation [sælˈveɪʃn] *n.* **a)** *no art. (Relig.)* Erlösung, *die;* **doctrine of** ~: Heilslehre, *die;* **find** ~: zum Heil gelangen; **work out one's own** ~ *(fig.)* auf eigene Weise ans Ziel gelangen; **b)** *(means of preservation)* Rettung, *die;* **those biscuits were my** ~ *(joc.)* diese Kekse haben mir das Leben gerettet *(scherzh.)*

Salvation 'Army *n.* Heilsarmee, *die*

Salvationist [sælˈveɪʃənɪst] *n. (member of Salvation Army)* Heilsarmist, *der*/-armistin, *die*

¹**salve** [sælv] **1.** *n.* Balsam, *der (geh.);* **(to für);** **his apology was merely a ~ for his conscience** mit der Entschuldigung wollte er nur sein Gewissen beruhigen. **2.** *v. t. (soothe)* besänftigen; beruhigen ⟨*Gewissen*⟩

²**salve** [sælv] *v. t. see* **salvage 2 a**

salver [ˈsælvə(r)] *n.* Tablett, *das*

salvo [ˈsælvəʊ] *n., pl.* ~**es** *or* ~**s a)** *(of guns)*

Salve, *die;* **b)** ~ **of applause/laughter** Beifalls-/Lachsalve, *die*

sal volatile [sæl vəˈlætɪlɪ] *n.* Riechsalz, *das*

Samaritan [səˈmærɪtən] *n.* **good ~:** [barmherziger] Samariter; **I decided to be a good ~:** ich beschloß, ein gutes Werk zu tun; **the** ~**s** *(organization)* ≈ die Telefonseelsorge

samba [ˈsæmbə] *n.* Samba, *der*

Sam Browne [sæm ˈbraʊn] *n.* **a)** *(von brit. Offizieren getragenes)* Koppel mit Schulterriemen; **b)** *(cyclist's)* Leuchtgurt, *der*

same [seɪm] **1.** *adj.* **the ~:** der/die/das gleiche; **the ~ [thing]** *(identical)* der-/die-/dasselbe; **the ~ afternoon/evening** *(of ~ day)* schon am Nachmittag/Abend; **she seemed just the ~ [as ever] to me** sie schien mir unverändert *od.* immer noch die alte; **my parents are much the ~** *(not much changed)* meine Eltern haben sich kaum verändert; **he was no longer the ~ man** er war nicht mehr derselbe; **one and the ~ person/man** ein und dieselbe Person/ein und derselbe Mann; **the very ~:** genau der/die/das; ebendiebe-/-dieselbe/-dasselbe; **much the ~ as fast** genauso wie; **this/that/these or those ~:** ebender-/ebendie-/ebendasselbe/ebendieselben; *see also* **token 1 d. 2.** *pron.* **the ~, (coll.)** ~ *(the ~ thing)* der/die-/dasselbe; **he ran up big bills but was not strong at paying ~** *(coll.)* er machte große Schulden, machte aber keine Anstalten, sie zu bezahlen; **an actual banana or a photo of the ~:** eine echte Banane oder ein Foto davon; **things haven't been the ~ since you left** seit du nicht mehr da bist, haben sich die Dinge geändert; **they look [exactly] the ~:** sie sehen gleich aus; **more of the ~:** noch mehr davon; **and the ~ to you!** *(also iron.)* danke gleichfalls; **[the]** ~ **again** das gleiche noch einmal; **I feel bored – S~ here** *(coll.)* Ich langweile mich – Dito. **3.** *adv.* **[the] ~ as you do** genau wie du; **the ~ as before** genau wie vorher; **be pronounced the ~:** gleich ausgesprochen werden; **all** *or* **just the ~:** trotzdem; nichtsdestotrotz *(ugs., oft scherzh.);* **think the ~ of/feel the ~ towards** dasselbe halten von/empfinden für

'**same-day** *adj.* ⟨*Dienst*⟩ noch am gleichen Tag

sameness [ˈseɪmnɪs] *n., no pl.* Gleichheit, *die*

Samoa [səˈməʊə] *pr. n.* Samoa *(das)*

Samoan [səˈməʊən] **1.** *adj.* samoanisch. **2.** *n.* Samoaner, *der*/Samoanerin, *die*

samovar [ˈsæməvɑː(r)] *n.* Samowar, *der*

sampan [ˈsæmpæn] *n.* Sampan, *der*

sample [ˈsɑːmpl] **1.** *n.* **a)** *(representative portion)* Auswahl, *die; (in opinion research, statistics)* Querschnitt, *der;* Sample, *das;* **b)** *(example)* [Muster]beispiel, *das; (specimen)* Probe, *die;* **[commercial]** ~: Muster, *das; attrib.* Probe⟨*exemplar, -seite*⟩; ~ **of air/blood** Luft-/Blutprobe, *die.* **2.** *v. t.* probieren; **the pleasures of country life** die Freuden des Landlebens kosten *(geh.)*

¹**sampler** [ˈsɑːmplə(r)] *n. (piece of needlework)* Stickarbeit, *die;* Stickerei, *die*

²**sampler** *n. (trial pack)* Probe[packung], *die*

Samson [ˈsæmsn] *pr. n.* Samson, *der; (fig.: strong man)* Herkules, *der*

samurai [ˈsæmʊraɪ] *n., pl. same or* ~**s** *(Hist.)* Samurai, *der*

sanatarium [sænəˈteərɪəm] *(Amer.) see* **sanatorium**

sanatorium [sænəˈtɔːrɪəm] *n., pl.* ~**s** *or* **sanatoria** [sænəˈtɔːrɪə] **a)** *(clinic)* Sanatorium, *das;* **b)** *(sick-bay)* Krankenzimmer, *das*

sanctification [sæŋktɪfɪˈkeɪʃn] *n.* Heiligung, *die (geh.)*

sanctify [ˈsæŋktɪfaɪ] *v. t.* **a)** heiligen; **b)** *(consecrate)* weihen; heiligen *(bes. bibl.)*

sanctimonious [sæŋktɪˈməʊnɪəs] *adj.,* **sanctimoniously** [sæŋktɪˈməʊnɪəslɪ] *adv.* scheinheilig

sandy

sanction [ˈsæŋkʃn] **1.** *n.* **a)** *(official approval)* Sanktion, *die;* **give one's ~ to sth.** seine Zustimmung für etw. geben; **b)** *(Polit.: penalty; Law: punishment)* Sanktion, *die.* **2.** *v. t.* sanktionieren

sanctity [ˈsæŋktɪtɪ] *n., no pl.* Heiligkeit, *die*

sanctuary [ˈsæŋktʃʊərɪ] *n.* **a)** *(holy place)* Heiligtum, *das;* **b)** *(part of church)* Altarraum, *der;* Sanktuarium, *das (kath. Kirche);* **c)** *(place of refuge)* Zufluchtsort, *der; (Hist.: guaranteeing safety)* Freistatt, *die;* **d)** *(for animals or plants)* Naturschutzgebiet, *das;* **bird/animal** ~: Vogel-/Tierschutzgebiet, *das;* **e)** *(asylum)* Asyl, *das;* Freiung, *die (hist.);* **take** ~ Zuflucht suchen

sanctum [ˈsæŋktəm] *n. (joc.: private retreat)* **[inner]** ~: Allerheiligste, *das (fig.)*

sanctus [ˈsæŋktəs] *n.* Sanctus, *das (kath. Kirche)*

'**sanctus bell** *n.* Sakristeiglocke, *die*

sand [sænd] **1.** *n.* **a)** Sand, *der;* **the beach has four miles of ~:** der Sandstrand ist 4 Meilen lang; **built on ~** *(fig.)* auf Sand gebaut; **have or keep or bury one's head in the ~** *(fig.)* den Kopf in den Sand stecken; **b)** *in pl. (expanse)* Sandbank, *die; (beach)* Sandstrand, *der;* **c)** *in pl.* **the ~s [of time] are running out** *(fig.)* die Zeit läuft ab; **d)** *(Amer. coll.: determination)* **have not got ~ enough to do sth.** nicht den Mumm *(ugs.)* haben, etw zu tun; **he loses his** ~: ihm rutscht das Herz in die Hose *(ugs., oft scherzh.). See also* **plough 2 a. 2.** *v. t.* **a)** *(sprinkle)* ~ **the road** die Straße mit Sand streuen; **b)** *(bury)* **be** ~ed **up** *or* **over** versandet sein; **c)** *(polish)* ~ **sth. down** etw. [ab]schmirgeln

sandal [ˈsændl] *n.* Sandale, *die*

sandal: ~-**tree** *n.* Sandelbaum, *der;* ~**wood** *n.* [red] ~**wood** Sandelholz, *das;* ~**wood oil** Sandel[holz]öl, *das*

sand: ~-**bag** *n.* Sandsack, *der;* **2.** *v. t.* **a)** *(barricade)* mit Sandsäcken schützen; **b)** *(Amer.: coerce)* ~**bag sb. into sth.** jmdn. zu etw. zwingen; ~**bag sb. into doing sth.** jmdn. so lange bearbeiten, bis er etw. tut; ~**bank** *n.* Sandbank, *die;* ~-**bar** *n.* Sandbank, *die (an Flußmündungen, Häfen);* ~-**bath** *n. (Chem.)* Sandbad, *das;* ~-**blast** *v. t.* sandstrahlen *(Technik);* ~-**box** *n. (Amer.)* Sandkasten, *der;* ~-**boy** *n.* **be happy as a ~boy** glücklich und zufrieden sein; ~-**castle** *n.* Sandburg, *die;* ~ **dollar** *n. (Amer.: Zool.)* Sanddollar, *der;* ~-**dune** *n.* Düne, *die*

sander [ˈsændə(r)] *n.* Sandpapierschleifmaschine, *die*

sand: ~-**glass** *n.* Sanduhr, *die;* ~-**hill** *n.* Düne, *die;* ~-**lot** *n. (Amer.)* Spielplatz, *der; (for older children)* Bolzplatz, *der (ugs.);* ~-**man** [ˈsændmæn] *n.* Sandmann, *der;* ~-**martin** *n. (Brit. Ornith.)* Uferschwalbe, *die;* ~ **paper 1.** *n.* Sandpapier, *das.* **2.** *v. t.* [mit Sandpapier] [ab]schmirgeln; ~**piper** *n. (Ornith.)* Wasserläufer, *der;* ~-**pit** *n.* Sandkasten, *der;* ~**stone** *n.* Sandstein, *der;* ~**storm** *n.* Sandsturm, *der;* ~ **trap** *n. (Amer. Golf)* Bunker, *der*

sandwich [ˈsændwɪdʒ, ˈsændwɪtʃ] **1.** *n.* **a)** Sandwich, *der od. das;* ≈ [zusammengeklapptes] belegtes Brot; **cheese** ~: Käsebrot, *das;* **open** ~: belegtes Brot; *b) see* **sandwich cake. 2.** *v. t.* einschieben **(between** zwischen + *Akk.;* **into** in + *Akk.);* **be** ~**ed between other people/cars** zwischen andere Personen gequetscht werden/Autos eingeklemmt sein

sandwich: ~-**board** *n.* von einem Sandwichmann getragenes Reklameplakat; ~ **cake** *n.* ein- *od.* mehrschichtig gefüllter Kuchen; ~ **course** *n.* Ausbildung mit abwechselnd theoretischem und praktischem Unterricht; ~-**man** *n.* Sandwichmann, *der;* ~ **tin** *n.* Brotbüchse, *die*

sandy [ˈsændɪ] *adj.* **a)** *(consisting of sand)* sandig; Sand⟨*boden, -strand*⟩; **b)** *(yellowish-red)* rotblond ⟨*Haar*⟩

sand-yacht *n.* Strandsegler, *der*
sane [seɪn] *adj.* **a)** geistig gesund; **they do not think him entirely** ~: sie halten ihn nicht für ganz normal; **not** ~: geistesgestört; **b)** *(sensible)* vernünftig
sanely ['seɪnlɪ] *adv.* **a)** normal; **b)** *(sensibly)* vernünftig
sang *see* **sing 1, 2**
sang-froid [sã'frwɑ:] *n.* Kaltblütigkeit, *die*; Sang-froid, *das (veralt.)*
sangria [sæŋ'gri:ə] *n.* Sangria, *die*
sanguinary ['sæŋgwɪnərɪ] *adj.* **a)** *(delighting in bloodshed)* blutrünstig; **b)** *(bloody)* blutig
sanguine ['sæŋgwɪn] *adj.* **a)** *(confident)* zuversichtlich (**about** was ... betrifft); heiter ⟨*Temperament*⟩; **b)** *(florid)* blühend ⟨*Gesichtsfarbe*⟩
sanguinely ['sæŋgwɪnlɪ] *adv.* zuversichtlich
sanitarium [sænɪ'teərɪəm] *(Amer.) see* **sanatorium**
sanitary ['sænɪtərɪ] *adj.* sanitär ⟨*Verhältnisse, Anlagen*⟩; gesundheitlich ⟨*Gesichtspunkt, Problem*⟩; Gesundheits⟨*behörde*⟩; hygienisch ⟨*Küche, Krankenhaus, Gewohnheit*⟩; Sanitär⟨*fliesen, -abflußrohr*⟩
sanitary: ~ **engi'neer** *n.* Sanitärtechniker, *der*/-technikerin, *die*; ~ **engi'neering** *n.* Sanitärtechnik, *die*; ~ **inspector** *n.* Gesundheitsinspektor, *der*/-inspektorin, *die*; ~ **napkin** *(Amer.)*, ~ **towel** *(Brit.) ns.* Damenbinde, *die*; ~ **ware** *n., no pl.* Sanitärkeramik, *die*
sanitation [sænɪ'teɪʃn] *n., no pl.* **a)** *(drainage, refuse disposal)* Kanalisation und Abfallbeseitigung; **b)** *(hygiene)* Hygiene, *die*
sanitize (sanitise) ['sænɪtaɪz] *v. t.* keimfrei machen ⟨*Luft, Toilettensitz, Besteck*⟩; *(fig.)* entschärfen ⟨*Dokument, Protokoll, Film*⟩
sanity ['sænɪtɪ] *n.* **a)** *(mental health)* geistige Gesundheit; **lose one's** ~: den Verstand verlieren; **cause sb. to lose his** ~: jmdn. um den Verstand bringen; **fear for/doubt sb.'s** ~: um jmds. Zurechnungsfähigkeit fürchten/an jmds. Verstand *(Dat.)* zweifeln; **b)** *(good sense)* Vernünftigkeit, *die*; **restore** ~ **to the proceedings** die Veranstaltung wieder in vernünftige Bahnen lenken
sank *see* **sink 2, 3**
sans [sænz] *prep. (arch./joc.)* ohne
sanserif [sæn'serɪf] *(Printing)* **1.** *n.* Grotesk[schrift], *die*. **2.** *adj.* serifenlos; Grotesk⟨*buchstabe, -ziffer*⟩
Sanskrit ['sænskrɪt] **1.** *adj.* sanskritisch; Sanskrit⟨*text, -inschrift, -literatur*⟩; ⟨*Grammatik*⟩ des Sanskrits; *see also* **English 1. 2.** *n.* Sanskrit, *das*; *see also* **English 2 a**
Santa ['sæntə] *(coll.),* **Santa Claus** ['sæntəklɔ:z] *n.* der Weihnachtsmann
¹**sap** [sæp] **1.** *n.* **a)** *(Bot.)* Saft, *der*; *(fig.: vital spirit)* belebende Kraft; **in the spring the** ~ **rises** im Frühling steigen die Säfte; **b)** *(Amer. sl.: club)* Knüppel, *der*. **2.** *v. t.,* **-pp-** **a)** *(drain)* den Saft entziehen (+ *Dat.*) ⟨*Holz*⟩; *(for sugar, rubber)* anzapfen (**for** zur Gewinnung von); **b)** *(fig.: exhaust vigour of)* zehren an (+ *Dat.*); ~ **sb. of [all] his/her strength** jmdn. [völlig] entkräften; **her strength had been** ~**ped by disease/hunger** Krankheit/Hunger hatte an ihren Kräften gezehrt; **c)** *(Amer. sl.: hit)* mit einem Knüppel/mit Knüppeln schlagen
²**sap** **1.** *v. t.,* **-pp-** unterhöhlen ⟨*Fundament, Mauer*⟩. **2.** *n. (Mil.) (trench)* Sappe, *die*; *(under enemy's fortification)* Tunnel, *der*
³**sap** *n. (sl.: fool)* Trottel, *der (ugs. abwertend)*; **find some** ~ **to do sth.** einen Dummen finden, der etw. tut
sapele [sæ'pi:lɪ] *n.* **a)** *(tree)* Sapeli[baum], *der*; **b)** *(wood)* Sapeli[holz], *das*
'**sap-green 1.** *n.* Saftgrün, *das*. **2.** *adj.* saftgrün
sapling ['sæplɪŋ] *n.* junger Baum
sapper ['sæpə(r)] *n. (Brit. Mil.)* Pionier, *der*
Sapphic ['sæfɪk] *(Pros.)* **1.** *adj.* sapphisch. **2.** *n.* sapphischer Vers

sapphire ['sæfaɪə(r)] *n.* Saphir, *der*; ~ **blue** saphirblau; ~ **ring** Saphirring, *der*; ~ **wedding** 45. Hochzeitstag
sappy ['sæpɪ] *adj.* saftig ⟨*Gras*⟩; *(fig.: full of vitality)* voll Saft und Kraft nachgestellt
'**sapwood** *n. (Bot.)* Splintholz, *das*
saraband[e] ['særəbænd] *n. (Mus., Dancing)* Sarabande, *die*
Saracen ['særəsn] *(Hist., Ethnol.)* **1.** *n.* Sarazene, *der*/Sarazenin, *die (veralt.).* **2.** *adj.* sarazenisch; Sarazenen⟨*führer, -frau*⟩
sarcasm ['sɑ:kæzəm] *n.* Sarkasmus, *der*; *(remark)* sarkastische Bemerkung; **with heavy** ~: mit beißendem Sarkasmus
sarcastic [sɑ:'kæstɪk] *adj.,* **sarcastically** [sɑ:'kæstɪkəlɪ] *adv.* sarkastisch
sarcoma [sɑ:'kəʊmə] *n., pl.* **-ta** [sɑ:'kəʊmətə] *(Med.)* Sarkom, *das*
sarcophagus [sɑ:'kɒfəgəs] *n., pl.* **sarcophagi** [sɑ:'kɒfəgaɪ] Sarkophag, *der*
sardine [sɑ:'di:n] *n. (Zool.)* Sardine, *die*; *(Gastr.)* ⟨*Öl*⟩sardine, *die*; **like** ~**s** *(fig.)* wie die Ölsardinen
Sardinia [sɑ:'dɪnɪə] *pr. n.* Sardinien (*das*)
Sardinian [sɑ:'dɪnɪən] **1.** *n.* **a)** *(person)* Sarde, *der*/Sardin, *die*; Sardinier, *der*/Sardinierin, *die*; **b)** *(language)* Sardisch, *das*. **2.** *adj.* sardisch
sardonic [sɑ:'dɒnɪk] *adj.* höhnisch ⟨*Bemerkung*⟩; sardonisch ⟨*Lachen, Lächeln*⟩; **he can be very** ~: er kann sehr bissig sein
sardonically [sɑ:'dɒnɪkəlɪ] *adv.* höhnisch ⟨*bemerken*⟩; sardonisch ⟨*lächeln, lachen*⟩
sarge [sɑ:dʒ] *n. (sl.)* Sergeant, *der*; *(Mil.)* ≈ Hauptfeld, *der (Militärjargon)*
sari ['sɑ:rɪ] *n.* Sari, *der*
sarky ['sɑ:kɪ] *adj. (Brit. coll.)* ätzend *(ugs.)*
sarnie ['sɑ:nɪ] *n. (Brit. coll.) see* **sandwich 1 a**
sarong [sə'rɒŋ] *n.* Sarong, *der*
sartorial [sɑ:'tɔ:rɪəl] *adj.* **he has high** ~ **standards** er stellt hohe Ansprüche, was seine Kleidung betrifft; ~ **fashion** Herrenmode, *die*; ~ **he was the height of** ~ **elegance** er war der Inbegriff des elegant gekleideten Herrn
SAS *abbr. (Brit. Mil.)* **Special Air Service** auf Geheimoperationen spezialisiertes Regiment der Britischen Armee
¹**sash** [sæʃ] *n.* Schärpe, *die*
²**sash** *n.* **a)** *(of window)* Fensterrahmen, *der*; **b)** *(window)* Schiebefenster, *das*
sashay ['sæʃeɪ] *v. i. (Amer.)* **a)** *(walk casually)* schlendern; **b)** *(ostentatiously)* stolzieren; **c)** *(diagonally)* ~ **through a crowd** sich durch eine Menschenmenge schlängeln
sash: ~**-cord,** ~**-line** *ns.* Gewichtsschnur, *die*; ~'**window** *n.* Schiebefenster, *das*
sass [sæs] *(Amer. coll.)* **1.** *n.* Frechheit, *die*. **2.** *v. t.* frech sein zu
Sassenach ['sæsənæx, 'sæsənæk] *(Scot., Ir.; usu. derog.)* **1.** *n.* Engländer, *der*/Engländerin, *die*. **2.** *adj.* englisch
sassy ['sæsɪ] *adj. (Amer. coll.)* **a)** *(cheeky)* frech; **b)** *(stylish)* schick
sat *see* **sit**
Sat. *abbr.* Saturday Sa.
Satan ['seɪtən] *pr. n.* Satan, *der*
satanic [sə'tænɪk] *adj.* satanisch; teuflisch
Satanism ['seɪtənɪzm] *n., no pl., no art.* Satanismus, *der*; Satanskult, *der*
satchel ['sætʃl] *n. (Schul)*ranzen, *der*
sate [seɪt] *v. t. (literary)* **a)** *(gratify)* stillen ⟨*Hunger, Durst, Verlangen, Zorn*⟩; zufriedenstellen ⟨*Person*⟩; **feel pleasantly** ~**d** ein angenehmes Sättigungsgefühl empfinden; ~ **oneself on sth.** sich an etw. *(Dat.)* sättigen *(geh.)*; **b)** *(cloy)* übersättigen ⟨*Lust, Verlangen*⟩; **become** ~**d with/be** ~**d by sth.** einer Sache *(Gen.)* überdrüssig werden/sein
sateen [sə'ti:n] *n. (Textiles)* Baumwollsatin, *der*
satellite ['sætəlaɪt] *n.* **a)** *(Astronaut., Astron.; also country)* Satellit, *der*; **by** ~: über Satellit; **b)** *(fig.) (object associated with another)* Ableger, *der (fig.); (follower)* Trabant, *der (fig.).* **2.** *attrib. adj.* Satelliten⟨*film, -bild, -fernsehen, -regierung*⟩; ~ **industries** Zulieferindustrie, *die*
satellite: ~ '**broadcasting** *n., no pl., no art.* Satellitenfunk, *der*; ~ **dish** *n.* Parabolantenne, *die*; ~ **state** *n.* Satellitenstaat, *der*; ~ **town** *n.* Satelliten- od. Trabantenstadt, *die*
satiate ['seɪʃɪeɪt] *see* **sate**
satiation [seɪʃɪ'eɪʃn] *n.* **a)** *(gratification)* Sättigung, *die*; **b)** *(cloying)* Übersättigung, *die*
satiety [sə'taɪətɪ] *n.* Übersättigung, *die*; **to [the point of]** ~: bis zum Überdruß
satin ['sætɪn] **1.** *n.* Satin, *der*. **2.** *attrib. adj.* **a)** *(made of* ~) Satin-; **b)** *(like* ~) seidig
'**satinwood** *n. (tree)* [ostindischer] Satinholzbaum, *der*; *(wood)* [ostindisches] Satinholz
satiny ['sætɪnɪ] *adj.* seidig
satire ['sætaɪə(r)] *n.* Satire, *die* (**on** auf + *Akk.*); **element/tone of** ~: satirisches Element/satirischer Ton; **gift** *or* **talent for** ~: satirische Begabung
satirical [sə'tɪrɪkl] *adj.,* **satirically** [sə'tɪrɪkəlɪ] *adv.* satirisch
satirise *see* **satirize**
satirist ['sætɪrɪst] *n.* Satiriker, *der*/Satirikerin, *die*; **be a** ~ **of sb./sth.** jmdn./etw. mit satirischen Mitteln angreifen
satirize ['sætɪraɪz] *v. t.* **a)** *(write satire on)* satirisch darstellen; **b)** *(describe satirically)* ⟨*Buch, Film usw.*⟩: eine Satire sein auf (+ *Akk.*); **be brutally** ~**d** ⟨*Person*⟩: das Opfer gnadenloser Satire werden
satisfaction [sætɪs'fækʃn] *n.* **a)** *no pl. (act)* Befriedigung, *die*; **we strive for the** ~ **of our clients** wir bemühen uns, unsere Kunden zufriedenzustellen; **b)** *no pl. (feeling of gratification)* Befriedigung, *die*, (**at, with** über + *Akk.*); Genugtuung, *die*, (**at, with** über + *Akk.*); **job** ~: Befriedigung in der Arbeit; **it is with [great]** ~ **that I .../it gives me [great]** ~ **to ...**: es erfüllt mich mit [großer] Befriedigung, zu ...; **get** ~ **out of one's work** in seiner Arbeit Befriedigung finden; **there's a lot of** ~ **in [to be had] in doing sth.** es ist sehr befriedigend, etw. zu tun; **what can I give you?** was befriedigt dich daran?; **I can't get any** ~ **from him** er stellt mich nicht zufrieden; **c)** *no pl. (gratified state)* **meet with sb.'s** *or* **give sb. [complete]** ~: jmdn. [in jeder Weise] zufriedenstellen; ~ **guaranteed** Sie werden garantiert zufrieden sein; **fail to give** ~ ⟨*Arbeit*:⟩ nicht zufriedenstellend ausfallen; ⟨*Angestellter*:⟩ nicht zufriedenstellend arbeiten; **to sb.'s** ~, **to the** ~ **of sb.** zu jmds. Zufriedenheit; **d)** *(instance of gratification)* Befriedigung, *die*; **it is a great** ~ **to me that ...**: es erfüllt mich mit großer Befriedigung, daß ...; **give every** ~: in jeder Hinsicht befriedigend sein; **have the** ~ **of doing sth.** das Vergnügen haben, etw. zu tun; **one of the** ~**s of the job** eine der Befriedigungen, die die Arbeit gewährt; **e)** *(Hist.: revenge in duel)* Satisfaktion, *die*
satisfactorily [sætɪs'fæktərɪlɪ] *adv.* zufriedenstellend; richtig ⟨*passen*⟩; **progress** ~: befriedigende Fortschritte machen
satisfactory [sætɪs'fæktərɪ] *adj.* zufriedenstellend; angemessen ⟨*Bezahlung*⟩
satisfied ['sætɪsfaɪd] *adj.* **a)** *(contented)* zufrieden; *(replete)* satt; **be** ~ **with sth.** sich damit zufrieden geben, etw. zu tun; **be** ~ **to do sth.** damit zufrieden sein, etw. zu tun; **b)** *(convinced)* überzeugt (**of** von); **be** ~ **that ...**: [davon] überzeugt sein, daß ...
satisfy ['sætɪsfaɪ] **1.** *v. t.* **a)** *(content)* befriedigen; zufriedenstellen ⟨*Kunden, Publikum*⟩; entsprechen (+ *Dat.*) ⟨*Vorliebe, Empfinden, Meinung, Zeitgeist*⟩; erfüllen ⟨*Hoffnung, Erwartung*⟩; ~**/fail to** ~ **the examiners** die Prüfung bestehen/nicht bestehen; **b)** *(rid of want)* befriedigen; *(put an end to)* stillen ⟨*Hunger, Durst*⟩; *(make replete)* sättigen; **that meal wouldn't** ~ **a spar-**

satisfying // **saviour**

row davon würde nicht einmal ein Spatz satt; **c)** *(convince)* ~ **sb. [of sth.]** jmdn. [von etw.] überzeugen; ~ **sb. that ...:** jmdn. [davon] überzeugen, daß ...; ~ **oneself of** *or* **as to** sich überzeugen von ⟨*Wahrheit, Ehrlichkeit*⟩; sich *(Dat.)* Gewißheit verschaffen über (+ *Akk.*) ⟨*Motiv*⟩; ~ **oneself as to what happened** sich *(Dat.)* Klarheit od. Gewißheit darüber verschaffen, was geschehen ist; **d)** *(adequately deal with)* ausräumen ⟨*Einwand, Zweifel*⟩; erfüllen ⟨*Bitte, Forderung, Bedingung*⟩; **e)** *(pay)* begleichen ⟨*Schulden*⟩; befriedigen ⟨*Gläubiger, Forderung*⟩; **f)** *(fulfil)* erfüllen ⟨*Vertrag, Verpflichtung, Forderung*⟩; **g)** *(Math.)* erfüllen ⟨*Gleichung*⟩. **2.** *v. i.* **a)** *(make replete)* sättigen; **b)** *(be convincing)* ⟨*Argument:*⟩ überzeugen

satisfying ['sætɪsfaɪɪŋ] *adj.* befriedigend; sättigend ⟨*Gericht, Speise*⟩; zufriedenstellend ⟨*Antwort, Lösung, Leistung*⟩

satsuma [sæt'su:mə] *n.* Satsuma, *die*

saturate ['sætʃəreɪt, 'sætjʊreɪt] *v. t.* **a)** *(soak)* durchnässen; [mit Feuchtigkeit durch]tränken ⟨*Boden, Erde*⟩; **cake ~d in** *or* **with liqueur** mit Likör getränkter Kuchen; **b)** *(fill to capacity)* auslasten; sättigen ⟨*Markt*⟩; *(Mil.: bomb intensively)* mit einem Bombenteppich belegen; **d)** *(Phys., Chem.)* sättigen

saturated ['sætʃəreɪtɪd, 'sætjʊreɪtɪd] *adj.* **a)** *(soaked)* durchnäßt; völlig naß ⟨*Boden*⟩; **b)** *(imbued)* durchdrungen **(with, in** von); **be ~ with** durchdrungen sein von ⟨*Duft*⟩; **be ~ in history/tradition** sehr geschichtsträchtig/traditionsreich sein; **c)** *(filled to capacity)* ausgelastet; gesättigt ⟨*Markt*⟩; **d)** *(Phys., Chem.)* gesättigt ⟨*Lösung, Verbindung, Fett*⟩; **e)** *(Art)* satt ⟨*Farbe, Farbton*⟩

saturation [sætʃə'reɪʃn, sætjʊ'reɪʃn] *n.* **a)** *(soaking, being soaked)* Durchnässung, *die*; **b)** *(filling to capacity)* Auslastung, *die* **(by, with** mit); *(of market)* Sättigung, *die*; **c)** *(Mil.: bombing)* Flächenbombardierung, *die*; **d)** *(Phys., Chem.)* Sättigung, *die*; **e)** *(colour intensity)* Sattheit, *die*

satu'ration point *n.* **a)** *(limit of capacity)* [Ober]grenze, *die*; *(of market)* Sättigungspunkt, *der*; *(limit of response)* Grenze der Aufnahmefähigkeit; *(of harmful effect)* Grenze der Belastbarkeit; *(Phys.)* Sättigungspunkt, *der*

Saturday ['sætədeɪ, 'sætədɪ] **1.** *n.* Sonnabend, *der*; Samstag, *der*. **2.** *adv. (coll.)* **he comes ~s** er kommt sonnabends *od.* samstags. See also **Friday**

Saturn ['sætən] *pr. n.* **a)** *(Astron.)* Saturn, *der*; **b)** *(Roman Mythol.)* Saturn *(der)*

Saturnalia [sætə'neɪlɪə] *n. pl. (Roman Ant.)* Saturnalien *Pl.*

saturnine ['sætənaɪn] *adj.* melancholisch; düster ⟨*Einstellung*⟩; *(sinister)* finster

satyr ['sætə(r)] *n. (Mythol.)* Satyr, *der*

sauce [sɔ:s] **1.** *n.* **a)** Soße, *die*; **be served with the same** ~ *(fig.)* es mit od. in gleicher Münze heimgezahlt bekommen; *see also* **gander a**; **b)** *(fig.: sth. that adds piquancy)* Würze, *die*; **c)** *(Amer.: stewed fruit)* Kompott, *das*; **d)** *(Amer. coll.)* **the ~:** Alkohol; **in the ~:** alkoholisiert; **e)** *(Amer.: vegetables)* Beilage, *die*; **f)** *(impudence)* Frechheit, *die*; **he's got a lot of ~!** der ist ganz schön frech!; **don't give me any of your ~!** sei nicht so frech! **2.** *v. t. (coll.)* frech sein zu

sauce: **~-boat** *n.* Sauciere, *die*; **~-box** *n. (coll.)* Frechdachs, *der (fam.)*; **~-pan** ['sɔ:spən] *n.* Kochtopf, *der*; *(with straight handle)* [Stiel]kasserolle, *die*

saucer ['sɔ:sə(r)] *n.* Untertasse, *die*; **their eyes were like ~s** *(fig.)* sie machten große Augen *(ugs.)*; **with eyes like ~s** *(fig.)* mit großen Augen; *see also* **flying saucer**

saucerful ['sɔ:səfʊl] *n.* **a ~ [of milk]** eine Untertasse [Milch *od.* voll Milch]

saucily ['sɔ:sɪlɪ] *adv.* **a)** *(rudely)* frech; **b)** *(pertly)* keck

sauciness ['sɔ:sɪnɪs] *n., no pl.* **a)** *(rudeness)* Frechheit, *die*; **b)** *(pertness, jauntiness)* Keckheit, *die*

saucy ['sɔ:sɪ] *adj.* **a)** *(rude)* frech; **b)** *(pert, jaunty)* keck

Saudi ['saʊdɪ] **1.** *adj.* **a)** *see* **Saudi-Arabian 1**; **b)** *(of dynasty)* saudisch ⟨*Prinz, Palast*⟩. **2.** *n.* **a)** *see* **Saudi-Arabian 2**; **b)** *(member of dynasty)* Saudi, *der*

Saudi Arabia [saʊdɪ ə'reɪbɪə] *pr. n.* Saudi-Arabien *(das)*

Saudi-Arabian [saʊdɪə'reɪbɪən] **1.** *adj.* saudiarabisch. **2.** *n.* Saudi[araber, *der*]/-araberin, *die*

sauerkraut ['saʊəkraʊt] *n. (Gastr.)* Sauerkraut, *das*

sauna ['sɔ:nə, 'saʊnə] *n.* Sauna, *die*; **have** *or* **take a ~:** saunieren; ein Saunabad nehmen

saunter ['sɔ:ntə(r)] **1.** *v. i.* schlendern; **I think I will ~ [down/over/up] to the village** ich werde wohl ins Dorf runter-/rüber-/raufschlendern *(ugs.)*. **2.** *n. (stroll)* Bummel, *der (ugs.)*; *(leisurely pace)* Schlenderschritt, *der*; **at a ~:** im Schlenderschritt; **go for a** *or* **have a ~:** schlendern

saurian ['sɔ:rɪən] **1.** *n. (Zool.)* Echse, *die*; *(Palaeont.)* Saurier, *der.* **2.** *adj. (Zool.: of the Sauria)* der Echsen *nachgestellt*; *(lizardlike)* echsenartig; **~ reptile** Echse, *die*

sausage ['sɒsɪdʒ] *n.* Wurst, *die*; *(smaller)* Würstchen, *das*; **not a ~** *(fig. sl.)* gar nix *(ugs.)*

sausage: **~-dog** *n. (Brit. coll.)* Dackel, *der*; **~-machine** *n.* Wurstfüllmaschine, *die*; *(Educ. fig.)* Bildungsfabrik, *die (abwertend)*; **~-meat** *n.* Wurstmasse, *die*; **~ 'roll** *n.* Blätterteig mit Wurstfüllung

sauté ['səʊteɪ] *(Cookery)* **1.** *adj.* sautiert *(fachspr.)*; kurz [an]gebraten; **~ potatoes** ≈ Bratkartoffeln. **2.** *n.* Sauté, *das.* **3.** *v. t.* **~d** *or* **~ed** ['səʊteɪd] sautieren *(fachspr.)*; kurz [an]braten

Sauterne[s] [səʊ'tɜ:n] *n.* Sauternes[wein], *der*

savage ['sævɪdʒ] **1.** *adj.* **a)** *(uncivilized)* primitiv; wild ⟨*Volksstamm*⟩; unzivilisiert ⟨*Land*⟩; **b)** *(fierce)* brutal; wild ⟨*Tier*⟩; scharf ⟨*Hund*⟩; jähzornig ⟨*Temperament*⟩; schonungslos ⟨*Kritiker, Satiriker*⟩; **have a wild, ~ look in one's eye** wild und brutal aussehen; **make a ~ attack on sb.** brutal über jmdn. herfallen; *(fig.)* jmdn. schonungslos angreifen; **~ reptile** Echse, *die*. **2.** *n.* **a)** *(uncivilized person)* Wilde, *der/die (veralt.)*; **behave like ~s** sich wie die Wilden aufführen *(abwertend)*; **b)** *(barbarous or uncultivated person)* Barbar, *der*/Barbarin, *die (abwertend)*. **3.** *v. t.* ⟨*Hund*⟩ anfallen ⟨*Kind usw.*⟩; *(lacerate)* zerfleischen; **b)** *(fig.)* ⟨*Kritiker, Journalist*⟩ herfallen über (+ *Akk.*) ⟨*Politiker usw.*⟩; ⟨*Kritiker, Zeitung*⟩ schonungslos verreißen ⟨*Theaterstück usw.*⟩

savagely ['sævɪdʒlɪ] *adv. (fiercely)* brutal; wild ⟨*brüllen*⟩; wüst ⟨*beschimpfen*⟩; schonungslos ⟨*kritisieren*⟩

savagery ['sævɪdʒrɪ] *n., no pl.* **a)** *(uncivilized condition)* Unzivilisiertheit, *die*; **b)** *(ferocity)* Brutalität, *die*

savannah (savanna) [sə'vænə] *n. (Geog.)* Savanne, *die*

save [seɪv] **1.** *v. t.* **a)** *(rescue)* retten **(from** vor + *Dat.*); **please, ~ me!** bitte helfen Sie mir!; **~ sb. from the clutches of the enemy/ from making a mistake** jmdn. aus den Klauen des Feindes retten/davor bewahren, daß er einen Fehler macht; **alcoholics must be ~d from themselves** Alkoholiker müssen vor sich *(Dat.)* selbst geschützt werden; **he ~d my reputation** er rettete meinen guten Ruf; **~ oneself from falling** sich [beim Hinfallen] fangen; **be ~d by the bell** *(fig. coll.)* gerade noch mal davonkommen *(ugs.)*; **~ the day** die Situation retten; *see also* **bacon**; **face 1 a**; **life a**; **skin 1 a**; **b)** *(keep undamaged)* schonen ⟨*Kleidung, Möbelstück*⟩; **c)** **God ~ the King/Queen** *etc.* Gott behüte *od.* beschütze den König/die Königin *usw.*; **[God] ~ sb. from sb./sth.** Gott bewahre jmdn. vor jmdm./etw.; **d)** *(Theol.)* retten ⟨*Sünder, Seele, Menschen*⟩; **be past saving** nicht mehr zu retten sein; **~ oneself** ⟨*Sünder:*⟩ seine Seele retten; **Jesus ~s!** Jesus ist der Retter!; **e)** *(put aside)* aufheben; sparen ⟨*Geld*⟩; sammeln ⟨*Rabattmarken, Briefmarken*⟩; *(conserve)* sparsam umgehen mit ⟨*Geldmitteln, Kräften, Wasser*⟩; **~ money for a rainy day** *(fig.)* einen Notgroschen zurücklegen; **~ water for the drought** Wasser für die Trockenzeit sammeln; **~ oneself** sich schonen; seine Kräfte sparen; **~ one's breath** sich *(Dat.)* seine Worte sparen; **you can ~ your pains** *or* **trouble/apologies** die Mühe/deine Entschuldigung kannst du dir sparen; **~ a seat for sb.** jmdn. einen Platz freihalten; **f)** *(make unnecessary)* sparen ⟨*Geld, Zeit, Energie*⟩; **~ sb./ oneself sth.** jmdm./sich etw. ersparen; **~ oneself money/half the cost** Geld/die Hälfte des Preises [ein]sparen; **~ sb./oneself doing sth.** *or* **having to do sth.** es jmdm./sich ersparen, etw. tun zu müssen; **a stitch in time ~s nine** *(prov.)* was du heute kannst besorgen ...; Vorsorge ist besser als Nachsorge; **g)** *(avoid losing)* nicht verlieren ⟨*Satz, Karte, Stich*⟩; *(prevent from making a score)* abwehren ⟨*Schuß, Ball*⟩; verhindern ⟨*Tor*⟩; *(Cricket)* ⟨*Fänger:*⟩ verhindern ⟨*Lauf*⟩; **his goal ~d the match for his team** sein Tor rettete seine Mannschaft vor der Niederlage. **2.** *v. i.* **a)** *(put money by)* sparen; **~ with a building society** bei einer Bausparkasse sparen; **b)** *(avoid waste)* sparen (**on** *Akk.*); **~ on food** an Essen sparen; **c)** *(Sport)* ⟨*Torwart:*⟩ halten. **3.** *n. (Sport)* Abwehr, *die*; Parade, *die (fachspr.)*; **make a ~** ⟨*Torwart:*⟩ halten. **4.** *prep. (arch./poet./rhet.)* mit Ausnahme (+ *Gen.*). **5.** *conj. (arch.)* außer; **~ for sth.** von etw. abgesehen

~ up **1.** *v. t.* sparen; sammeln ⟨*Marken, Gutscheine usw.*⟩. **2.** *v. i.* sparen **(for** für, auf + *Akk.*)

save-as-you-'earn *n. (Brit.)* Sparen durch regelmäßige Abbuchung eines bestimmten Betrages vom Lohn-/Gehaltskonto

saveloy ['sævəlɔɪ] *n.* Zervelatwurst, *die*

saver ['seɪvə(r)] *n.* **a)** *(of money)* Sparer, *der*/Sparerin, *die*; **b)** *in comb. (device)* **sth. is a time-/labour-/money-~:** etw. spart Zeit/Arbeit/Geld; **c)** **~ of souls** Seelenretter, *der*/-retterin, *die*

saving ['seɪvɪŋ] **1.** *n.* **a)** *in pl. (money saved)* Ersparnisse *Pl.*; **have money put by in ~s** Geld zurückgelegt haben; **how much have you got in your ~s?** wieviel Geld hast du [an]gespart?; **b)** *(rescue; also Theol.)* Rettung, *die*; **c)** *(instance of economy)* Ersparnis, *die*; **~ in** *or* **of** *or* **on time/money/fuel/effort** Zeit-/Geld-/Brennstoff-/Arbeitsersparnis, *die*; **make a ~ in** *or* **of money/on equipment/in** *or* **of time** Geld/Ausrüstung/Zeit [ein]sparen; **there's no ~ at all** es wird überhaupt nichts eingespart; **there are ~s to be made on clothes** man kann beim Kleiderkauf einiges sparen. **2.** *adj.* **a)** *in comb. (kosten-, benzin)*sparend; **b)** *(redeeming)* **the only ~ feature of the play** das einzig Versöhnliche an dem Stück. **3.** *prep. (except)* bis auf (+ *Akk.*)

saving: **~ clause** *n.* einschränkende Klausel; Vorbehaltsklausel, *die*; **~ 'grace** *n.* versöhnender Zug; **her only ~ grace was her honesty** das Einzige, was einen mit ihr versöhnte, war ihre Ehrlichkeit

savings: **~ account** *n.* Sparkonto, *das*; **~ account and loan association** *(Amer.) see* **building society**; **~ bank** *n.* Sparkasse, *die*; **~ certificate** *n. (Brit.)* Staatspapier, *das*

saviour *(Amer.:* **savior)** ['seɪvjə(r)] *n.* **a)** Retter, *der*/Retterin, *die*; *(thing)* Rettung, *die*; **b)** *(Relig.)* **our/the S~:** unser/der Heiland

savoir-faire [sævwɑːˈfeə(r)] *n.* Gewandtheit, *die*
savor *(Amer.)* see **savour**
¹**savory** *(Amer.)* see **savoury**
²**savory** [ˈseɪvərɪ] *n.* (*Bot.*) Bohnenkraut, *das*
savour [ˈseɪvə(r)] *(Brit.)* 1. *n.* a) *(flavour)* Geschmack, *der;* *(fig.)* Charakter, *der;* b) *(trace)* **a ~ of sth.** ein Hauch *od.* Anflug von etw.; c) *(enjoyable quality)* Reiz, *der.* 2. *v. t.* *(lit. od fig., literary)* genießen; **that is a dish/perfume I particularly ~:** das Gericht/Parfüm ist ein ganz besonderer Genuß für mich. 3. *v. i.* **sth. ~s of sth.** *(fig.)* etw. schmeckt nach etw. *(fig.)*
savoury [ˈseɪvərɪ] *(Brit.)* 1. *adj.* a) *(not sweet)* pikant; *(having salt flavour)* salzig; b) *(appetizing)* appetitanregend. 2. *n.* [pikantes] Häppchen
Savoy [səˈvɔɪ] *pr. n.* Savoyen *(das)*
savoy *n.* **~ [cabbage]** Wirsing[kohl], *der*
savvy [ˈsævɪ] *(sl.)* 1. *v. t.* kapieren *(ugs.);* **I don't ~ French** Französisch hab' ich nicht drauf *(salopp).* 2. *v. i.* **...**, **~?** ..., kapiert? *(ugs.);* **no ~** (*I don't know*) keine Ahnung *(ugs.);* (*I don't understand*) nix capito *(salopp).* 3. *n.* Durchblick, *der (ugs.).* 4. *adj. (Amer.)* ausgebufft *(salopp)*
¹**saw** [sɔː] 1. *n.* a) *(tool; also musical* ~]: singende Säge. 2. *v. t., p.p.* **~n** [sɔːn] *or* **~ed** [zer]sägen; *(make with* ~) sägen; **~ across** *or* **through** durchsägen; **~ the air [with one's hands/arms]** [mit den Händen/Armen] in der Luft herumfuchteln *(ugs.).* 3. *v. i., p.p.* **~n** *or* **~ed** a) sägen; **~ through sth.** etw. durchsägen; b) *(fig.)* **~ away [at the violin]** [auf der Geige] drauflossägen *(ugs.)*
~ 'down *v. t.* umsägen ⟨*Baum*⟩
~ 'off *v. t.* absägen
~ 'up *v. t.* zersägen (**into** + *Akk.*)
²**saw** *n. (saying)* Sprichwort, *das*
³**saw** *see* ¹**see**
sawder [ˈsɔːdə(r)] *n. (coll.)* **soft ~:** Schmus, *der (ugs.);* **give sb. a load of soft ~:** jmdm. ordentlich Honig um den Bart schmieren *(ugs.)*
saw: ~dust *n.* Sägemehl, *das;* **~-edged** *adj.* gezackt ⟨*Klinge*⟩; **a ~-edged knife** ein Sägemesser
saw: ~fish *n.* Sägerochen, *der;* Sägefisch, *der;* **~mill** *n. (Electr.)* Sägewerk, *das*
sawn-off *adj. (Brit.)* a) abgesägt ⟨*Gewehr*⟩ mit abgesägtem Lauf; b) *(coll.) undersized)* mickrig *(ugs. abwertend)*
saw: ~-pit *n.* Sägegrube, *die;* **~tooth[ed]** [ˈsɔːtuːθ(t)] *adj.* a) gezackt ⟨*Berge*⟩ Sägedach; b) *(Electr.)* Sägezahn⟨*generator, -schwingung, -spannung*⟩
sawyer [ˈsɔːjə(r)] *n.* Säger, *der;* Sägemüller, *der*
sax [sæks] *n. (Mus. coll.)* Saxophon, *das*
saxe [sæks] *n.* **~ [blue]** Sächsischblau, *das*
saxifrage [ˈsæksɪfrɪdʒ, ˈsæksɪfreɪdʒ] *n. (Bot.)* Steinbrech, *der*
Saxon [ˈsæksən] 1. *n.* a) Sachse, *der*/Sächsin, *die;* b) *(Ling.)* Sächsisch, *das;* **[Old] ~:** Westsächsisch, *das.* 2. *adj.* sächsisch; b) *(Ling.)* sächsisch; *(of Old* ~) westsächsisch
Saxony [ˈsæksənɪ] *pr. n.* Sachsen *(das)*
saxophone [ˈsæksəfəʊn] *n. (Mus.)* Saxophon, *das*
saxophonist [sækˈsɒfənɪst, ˈsæksəfəʊnɪst] *n.* Saxophonist, *der*/Saxophonistin, *die*
say [seɪ] 1. *n., pres. t.* **he ~** [sez], *p.t. & p.p.* **said** [sed] a) sagen; **~ sth. out loud** etw. aussprechen *od.* laut sagen; **~ sth. to oneself** sich *(Dat.)* sagen; **he said something about going out** er hat etwas von Ausgehen gesagt; **please ~ something** bitte sag doch etwas; **(make a short speech)** sag bitte ein paar Worte; **all I can ~ is ...:** ich kann nur sagen ...; **what more can I ~?** was soll ich da noch [groß] sagen?; **I don't know 'what to ~:** ich weiß nicht, [was ich dazu] sagen soll;

I wouldn't [go so far as to] ~ **that, but ...:** das würde ich nicht [unbedingt] sagen, aber ...; **..., not to ~ ...:** ..., um nicht zu sagen ...; **it ~s a lot** *or* **much** *or* **something for sb./sth. that ...:** es spricht sehr für jmdn./etw., daß ...; **have a lot/not much to ~ for oneself** viel reden/nicht viel von sich geben; **~ no 'more!** (*I understand*) schon gut; **we'll** *or* **let's ~ no more about it** reden wir nicht mehr davon; **there is no** *or* **nothing more to be said** es erübrigt sich jedes weitere Wort (**on** zu); **to ~ nothing of** (*quite apart from*) ganz zu schweigen von; mal ganz abgesehen von; **that is to ~ ...:** als wollte er/sie *usw.* sagen ...; **as you might ~:** wie man sagen könnte; **having said that, that said** (*nevertheless*) abgesehen davon; **when all is said and done** letzten Endes; **~ what you 'like** du kannst sagen, was du willst; **though I ~ it myself ...:** wenn ich es mal selbst so sagen darf; **you can ~ 'that again, you 'said it** *(coll.)* das kannst du laut sagen *(ugs.);* **~s or said he** *etc.*/**said I** *or* *(coll.)* **~s I** sagt er/*(ugs.)* sag' ich; **~s you** *(sl.)* wer's glaubt, wird selig *(ugs. scherzh.);* **~s who?** *(coll.)* wer sagt das?; **I'll ~ [it is]!** *(coll.: it certainly is)* und wie!; **don't let** *or* **never let it be said [that] ...:** niemand soll sagen können, [daß] ...; **they** *or* **people ~ or it is said [that] ...:** man sagt, [daß] ...; **..., they ~:** ..., sagt man *od.* heißt es; **I can't ~ [that] I like cats/the idea** ich kann nicht gerade sagen *od.* behaupten, daß ich Katzen mag/die Idee gut finde; **what I [always] ~ is ...:** also, ich sage immer, ...; **[well,] I 'must ~:** also, ich muß schon sagen; **I should ~ so/not** ich glaube schon/nicht; *(emphatic)* bestimmt/bestimmt nicht; **Is it true that ...? – So she ~s** Stimmt es, daß ...? – Das sagt sie [jedenfalls]; **what have you got to ~ for yourself?** was haben Sie zu Ihren Gunsten zu sagen?; **there's a lot to be said for** *or* **in favour of/against sth.** es spricht viel für/gegen etw.; **there's something to be said on both sides/etc.** man kann für beide Seiten/jede Seite Argumente anführen; **who can** *or* **who is to ~?** *(rhet.)* wer weiß das schon *od.* kann das schon sagen?; **I cannot** *or* **could not ~:** das kann ich nicht sagen; **I can't ~ fairer than that** ein besseres Angebot kann ich nicht machen; **he didn't ~ ...** *or* *darüber nichts gesagt;* **I'd rather not ~:** ich möchte lieber nicht sagen; **and so ~ all of us** der Meinung sind wir alle; **what do** *or* **would you ~ to sb./sth.?** (*think about*) was hältst du von jmdm./etw.?; was würdest du zu jmdm./etw. sagen?; **how ~ you?** *(Law)* wie lautet Ihr Urteil?; **[let us** *or* **shall we] ~:** sagen wir mal; **~ it were true, what then?** angenommen es stimmt, was dann?; *see also* **dare 1 a; hearsay; no 2 b;** ¹**so 2; when 1 a; word 1 b; yes 1; b)** *(recite, repeat, speak words of)* sprechen ⟨*Gebet, Text*⟩; aufsagen ⟨*Einmaleins, Gedicht*⟩; lesen ⟨*Messe*⟩; c) *(have specified wording or reading)* sagen ⟨*Zeitung*⟩; schreiben ⟨*Uhr*⟩; zeigen ⟨*Uhrzeit*⟩; **the Bible ~s** *or* **it ~s in the Bible [that] ...:** in der Bibel heißt es, daß ...; die Bibel sagt, daß ...; **a sign ~ing ...:** ein Schild mit der Aufschrift ...; **what does it ~ here?** was steht hier?; d) *(express, convey information)* sagen; **~ things well/eloquently** sich gut/gewandt ausdrücken; **what I'm trying to ~ is this** was ich sagen will, ist folgendes; **his expression said it all** sein Gesichtsausdruck sagte alles; **a novel that really ~s something** ein Roman, der wirklich eine Aussage hat; **~ nothing to sb.** *(fig.)* ⟨*Musik, Kunst:*⟩ jmdm. nichts bedeuten; **which/that is not ~ing much** *or* **a lot** was nicht viel heißen will/das will nicht viel heißen; *see also* **soon b;** e) *(order)* sagen; **do as** *or* **what I ~:** tun Sie, was ich sage; **he said [to us] to be ready at ten** er hat gesagt, wir

sollten um zehn fertig sein; f) *in pass.* **she is said to be clever/have done it** man sagt, sie sei klug/habe es getan; **a horse is said to be a pony when ...:** man bezeichnet ein Pferd als Pony, wenn ...; **the said Mr Smith** *(Law/joc.)* besagter Mr. Smith *(Papierdt., scherzh.);* g) **215, ~ two hundred and fifteen** 215, in Worten: zweihundert[und]fünfzehn. 2. *v. i.* a) *(speak)* sagen; **I ~!** *(Brit.)* *(seeking attention)* Entschuldigung!; *(admiring)* Donnerwetter!; *(dismayed)* ich fürchte; *(reproachful)* ich muß schon sagen!; b) *in imper. (poet.: tell)* sag an! *(veralt.);* c) *in imper. (Amer.)* Mensch! 3. *n.* a) *(share in decision)* have **a** *or* **some ~:** ein Mitspracherecht haben (**in** bei); **have no ~:** nichts zu sagen haben; b) *(power of decision)* **the [final] ~:** das letzte Wort (**in** bei); c) *(what one has to say)* **have one's ~:** seine Meinung sagen; *(chance to speak)* **get one's** *or* **have a ~:** zu Wort kommen
SAYE *abbr. (Brit.)* **save-as-you-earn**
saying [ˈseɪɪŋ] *n.* a) *(maxim)* Redensart, *die;* **there is a ~ that ...:** wie es [im Sprichwort/in der Maxime] heißt, ...; **as the ~ goes** wie es so schön heißt; b) *(remark)* Ausspruch, *der;* **the ~s of Chairman Mao** die Worte des Vorsitzenden Mao; c) **there is no ~ what/why ...:** man kann nicht sagen, was/warum ...; **go without ~:** sich von selbst verstehen
'say-so *n.* a) *(power of decision)* **on/without sb.'s ~:** auf/ohne jmds. Anweisung *(Akk.);* **the final ~:** das letzte Wort; b) *(assertion)* **I won't believe it just on your ~:** das glaube ich dir nicht einfach so
sc. [ˈsaɪlɪset] *abbr.* **scilicet** *sc.;* d. h.
scab [skæb] *n.* a) *(over wound, sore)* [Wund]schorf, *der;* **form a ~:** verschorfen; **be covered in ~s** mit Schorf bedeckt sein; b) *no pl. (skin-disease)* Räude, *die;* *(plant-disease)* Schorf, *der;* c) *(derog.: strikebreaker)* Streikbrecher, *der*/-brecherin, *die;* **use ~ labour** Streikbrecher einsetzen
scabbard [ˈskæbəd] *n.* Scheide, *die*
scabies [ˈskeɪbiːz] *n. (Med.)* Krätze, *die;* Skabies, *die (fachspr.)*
scabious [ˈskeɪbɪəs] *n. (Bot.)* Krätz[en]kraut, *das;* Skabiose, *die (fachspr.)*
scabrous [ˈskeɪbrəs] *adj.* a) *(requiring tact)* heikel ⟨*Thema*⟩; b) *(indecent)* geschmacklos; c) *(Bot., Physiol., Zool.)* rauh
scads [skædz] *n. pl. (Amer. coll.)* **~ of money etc.** haufenweise Geld *usw. (ugs.)*
scaffold [ˈskæfəld] *n.* a) *(for execution)* Schafott, *das;* **go to the ~:** auf das Schafott kommen; b) *(for building)* Gerüst, *das*
scaffolding [ˈskæfəldɪŋ] *n., no pl.* Gerüst, *das;* *(materials)* Gerüstmaterial, *das;* **be surrounded by ~:** eingerüstet sein *(Bauw.);* **erect [a] ~ around** einrüsten *(Bauw.)*
'scaffolding-pole *n.* Gerüststange, *die*
scalar [ˈskeɪlə(r)] *n. (Math.)* 1. *n.* Skalar, *der.* 2. *adj.* skalar; Skalar-
scald [skɔːld, skɑːld] 1. *n.* Verbrühung, *die.* 2. *v. t.* a) *(with hot liquid)* verbrühen; **~ oneself** *or* **one's skin** sich verbrühen; **be ~ed to death** tödliche Verbrühungen erleiden; **cry ~ing tears** heiße Tränen weinen; **~ing hot** brühheiß; **like a ~ed cat** wie von der Tarantel gestochen; b) *(Cookery)* erhitzen ⟨*Milch*⟩; c) *(clean with boiling water)* auskochen; d) *(remove hair or feathers from)* [ab]brühen ⟨*Schwein, Geflügel*⟩; *(remove skin from)* überbrühen ⟨*Gemüse, Obst*⟩
¹**scale** [skeɪl] 1. *n.* a) Schuppe, *die;* *(of rust)* Flocke, *die;* **the ~s fall from sb.'s eyes** *(fig.)* es fällt jmdm. wie Schuppen von den Augen; b) *no pl. (deposit in kettles, boilers, etc.)* Kesselstein, *der;* *(on teeth)* Zahnstein, *der.* 2. *v. t.* a) *(remove scales from)* [ab]schuppen ⟨*Fisch*⟩; b) *(remove deposit from)* von Kesselstein befreien ⟨*Kessel, Boiler*⟩; von Zahnstein befreien ⟨*Zähne*⟩
²**scale** 1. *n.* a) *in sing. or pl.* (*weighing-*

scale

instrument) ~[s] Waage, *die;* **a pair** *or* **set of** ~s eine Waage; **bathroom/kitchen/letter** ~[s] Personen-/Küchen-/Briefwaage, *die;* **the ~s are evenly balanced** *(fig.)* die Chancen sind ausgewogen; **b)** *(dish of balance)* Waagschale, *die;* **tip** *or* **turn the** ~[s] *(fig.)* den Ausschlag geben; **tip** *or* **turn the** ~[s] **at 65 kilos** 65 Kilo wiegen *od.* auf die Waage bringen; **c)** *(Astrol.)* **the S~s** die Waage; *see also* **archer b.** **2.** *v. t.* wiegen

³**scale 1.** *n.* **a)** *(series of degrees)* Skala, *die;* **the social** ~: die gesellschaftliche Stufenleiter; **b)** *(Mus.)* Tonleiter, *die;* **c)** *(dimensions)* Ausmaß, *das; (standard)* Richtschnur, *die;* **be on a small** ~: bescheidenen Umfang haben; **on a grand** ~: im großen Stil; **on a commercial** ~: gewerbsmäßig; **plan on a large** ~: in großem Rahmen planen; **on an international** ~: auf internationaler Ebene; ⟨Katastrophe⟩ **of** ~: Einsparungen durch Produktionserweiterung; **d)** *(ratio of reduction)* Maßstab, *der; attrib.* maßstab[s]gerecht ⟨Modell, Zeichnung⟩; **what is the** ~ **of the map?** welchen Maßstab hat diese Karte?; **a map with a** ~ **of 1 : 250,000** eine Karte im Maßstab 1 : 250 000; **on a large/small** ~: in großem/kleinem Maßstab; **to** ~: maßstab[s]gerecht; **be drawn on** *or* **to a** ~ **of 1 : 2** im Maßstab 1 : 2 gezeichnet sein; **be in** ~: maßstab[s]getreu sein; **be in** ~ **with sth.** im Maßstab zu etw. passen; **be out of** ~: im Maßstab nicht passen (**with** zu); **e)** *(indication) (on map, plan)* Maßstab, *der; (on thermometer, ruler, exposure meter)* [Anzeige]skala, *die; (instrument)* Meßstab, *der;* **what** ~ **are these temperatures measured in?** nach welcher [Einheiten]skala werden diese Temperaturen gemessen?; **a ruler marked off in the metric** ~: ein Lineal mit Zentimeterskala; **f)** *(Math.)* ~ **[of notation]** Positionssystem, *das;* **decimal** ~: Dezimalsystem, *das;* **binary** ~: Dualsystem, *das;* **binärsystem**, *das.* **2.** *v. t.* **a)** *(climb, clamber up)* ersteigen ⟨Festung, Mauer, Leiter, Gipfel⟩; erklettern ⟨Felswand, Leiter, Gipfel⟩; **b)** *(represent in proportion)* [ab]stufen, staffeln ⟨Fahrpreise⟩; maßstab[s]gerecht anfertigen ⟨Zeichnung⟩; ~ **production/prices to demand** die Produktion/Preise an die Nachfrage anpassen

~ **'down** *v. t.* [entsprechend] drosseln ⟨Produktion⟩; [entsprechend] Abstriche machen an (+ *Dat.*) ⟨Ideen⟩; **a** ~**d down version** eine kleinere Version

~ **'up** *v. t.* [entsprechend] vergrößern ⟨Umfang, Ausmaß⟩; **a** ~**d up version** eine größere Version

scalene ['skeɪliːn] *adj.* (Geom.) ungleichseitig ⟨Dreieck⟩

'**scale-pan** *n.* Waagschale, *die*

scaling-ladder ['skeɪlɪŋlædə(r)] *n.* Sturmleiter, *die; (of fire-engine)* Feuer[wehr]leiter, *die*

scallion ['skæljən] *n. (Bot.)* **a)** *see* **shallot; b)** *(spring onion)* Frühlingszwiebel, *die*

scallop ['skæləp, 'skɒləp] **1.** *n.* **a)** *in pl. (ornamental edging)* Feston, *das;* Bogenkante, *die;* **b)** *(Zool.)* Kammuschel, *die. (Gastr.)* Jakobsmuschel, *die;* **c)** *(Cookery: pan)* muschelförmige Schale. **2.** *v. t.* festonieren

scallop-'edge *n.* Bogenkante, *die*

scalloping ['skæləpɪŋ, 'skɒləpɪŋ] *n.* Feston, *das;* **be decorated with** ~: festoniert sein

'**scallop-shell** *n.* Kammuschel[schale], *die*

scallywag ['skælɪwæg] *n.* Schlingel, *der (scherzh.);* Tunichtgut, *der*

scalp [skælp] **1.** *n.* **a)** Kopfhaut, *die;* **b)** *(war-trophy)* Skalp, *der; (fig.)* Trophäe, *die;* **be after sb.'s** ~ *(fig.)* jmdm. an den Kragen wollen; **the newspapers call for** ~**s** *(fig.)* die Zeitungen wollen Köpfe rollen sehen. **2.** *v. t.* **a)** skalpieren; **b)** *(criticize)* kein gutes Haar lassen an (+ *Dat.*) *(ugs.)* ⟨Person, Buch⟩; **c)** *(Amer.) (defeat)* vernichtend schlagen, fertigmachen *(ugs.)* ⟨Partei, Gegner⟩; **d)** *(Amer. coll.: sell)* mit hohem Gewinn weiterverkaufen ⟨Aktien, Eintrittskarte⟩; **get** ~**ed tickets** Karten auf dem Schwarzmarkt bekommen

scalpel ['skælpl] *n. (Med.)* Skalpell, *das*

scalper ['skælpə(r)] *n. (Amer. coll.)* kleiner Spekulant/kleine Spekulantin; *(ticket-tout)* [Karten]schwarzhändler, *der*/-händlerin, *die*

scaly ['skeɪlɪ] *adj.* **a)** schuppig; abblätternd ⟨Farbe, Rost⟩; **be** ~ ⟨Schlange:⟩ eine schuppige Haut haben; **b)** *(covered in deposit)* mit Kesselstein überzogen; *(covered in tartar)* mit Zahnstein überzogen; **c)** *(forming deposit)* ~ **substance** *or* **incrustation** Kesselstein, *der;* Wasserstein, *der*

scam [skæm] *n. (Amer. sl.)* Masche, *die (ugs.)*

scamp [skæmp] **1.** *n. (derog./joc.)* Spitzbube, *der (abwertend/fam.).* **2.** *v. t.* see **skimp 1**

scamper ['skæmpə(r)] **1.** *v. i.* ⟨Person:⟩ flitzen; ⟨Tier:⟩ huschen; *(hop)* hoppeln; **the mice** ~ **to and fro** die Mäuse huschten hin und her; ~ **down the stairs** die Treppe hinunterflitzen; *(romp)* ~ **through the woods/park** durch die Wälder/den Park tollen. **2.** *n.* **have a** ~ *(romp)* herumtollen

scampi ['skæmpɪ] *n. pl.* Scampi *Pl.*

scan [skæn] **1.** *v. t.,* -nn- **a)** *(examine intensely)* [genau] studieren; *(search thoroughly, lit. of fig.)* absuchen (**for** nach); **b)** *(look over cursorily)* flüchtig ansehen; überfliegen ⟨Zeitung, Liste usw.⟩ *(for* auf der Suche nach); **c)** *(examine for radioactivity)* auf Radioaktivität *(Akk.)* untersuchen; **d)** *(examine with beam)* durchleuchten ⟨Gepäck⟩; ⟨Radar:⟩ [mittels Strahlen] abtasten ⟨Luftraum⟩; ⟨Flugsicherung:⟩ [mittels Radar] überwachen ⟨Luftraum⟩; **e)** *(Med.)* szintigraphisch untersuchen ⟨Körper, Organ⟩; **f)** *(Pros.)* das Metrum bestimmen von ⟨Vers[zeile]⟩. **2.** *v. i.,* -nn- ⟨Vers[zeile]:⟩ das richtige Versmaß haben; **make sth.** ~: etw. in das richtige Versmaß bringen. **3.** *n.* **a)** *(thorough search)* Absuchen, *das;* **b)** *(quick look)* [**cursory**] ~: flüchtiger Blick; **do a quick** ~ **of** *or* **through** überfliegen, flüchtig durchblättern ⟨Zeitung⟩; **c)** *(examination for radioactivity)* Untersuchung auf Radioaktivität *(Akk.);* **d)** *(examination by beam)* Durchleuchtung, *die;* **check the radar** ~ **for sth.** den Radarschirm nach etw. absuchen; **e)** *(Med.)* szintigraphische Untersuchung, *die;* **body-/brain-**~: Ganzkörper-/Gehirnscan, *der;* **have a** ~: sich szintigraphisch untersuchen lassen

scandal ['skændl] *n.* **a)** Skandal, *der (about/of* um); *(story)* Skandalgeschichte, *die;* **b)** *(outrage)* Empörung, *die;* **arouse a feeling** *or* **sense of** ~ **in sb.** jmdn. mit Empörung erfüllen; **c)** *no art. (damage to reputation)* Schande, *die;* **be untouched by** ~: einen makellosen Ruf haben; **be ruined by** ~: durch einen Skandal ruiniert werden; **d)** *(malicious gossip)* Klatsch, *der (ugs.); (in newspapers etc.)* Skandalgeschichten

scandalize (scandalise) ['skændəlaɪz] *v. t.* schockieren

scandalmonger ['skændlmʌŋɡə(r)] *n.* Klatschmaul, *das (salopp abwertend); (in the press)* Schreiber/Schreiberin von Skandalgeschichten

scandalmongering ['skændlmʌŋɡərɪŋ] *n.* Verbreitung von Skandalgeschichten

scandalous ['skændələs] *adj.* skandalös; schockierend ⟨Bemerkung⟩; Skandal⟨blatt, -presse, -geschichte, -bericht⟩; **how** ~! unerhört!; **this is** ~: das ist ein Skandal

'**scandal sheet** *n. (derog.)* Skandalblatt, *das (abwertend);* Klatschblatt, *das (ugs. abwertend)*

Scandinavia [skændɪ'neɪvɪə] *pr. n.* Skandinavien *(das)*

scare

Scandinavian [skændɪ'neɪvɪən] **1.** *adj.* skandinavisch; **sb. is** ~: jmd. ist Skandinavier/Skandinavierin. **2.** *n.* **a)** *(person)* Skandinavier, *der*/Skandinavierin, *die;* **b)** *(Ling.)* skandinavische Sprachen

scanner ['skænə(r)] *n.* **a)** *(to detect radioactivity)* Geigerzähler, *der;* **b)** *(radar aerial)* Radarantenne, *die;* **c)** *(Med.)* [Szinti]scanner, *der;* **d)** *(Telev.)* Bildabtaster, *der*

scansion ['skænʃn] *n. (Pros.)* metrische Gliederung; *(rhythm analysis)* Bestimmung des Versmaßes

scant [skænt] *adj. (arch./literary)* karg *(geh.)* ⟨Lob, Lohn⟩; wenig ⟨Rücksicht⟩; **pay sb./sth.** ~ **attention** jmdn./etw. kaum beachten; **a** ~ **two hours** knappe zwei Stunden

scantily ['skæntɪlɪ] *adv.* kärglich; spärlich ⟨bekleidet⟩

scanty ['skæntɪ] *adj.* spärlich; knapp ⟨Bikini⟩; nur wenig ⟨Vergnügen, Spaß⟩

scapegoat ['skeɪpɡəʊt] *n.* Sündenbock, *der;* **make sb. a** ~: jmdn. zum Sündenbock machen; **act as a** ~ **for sth.** als Sündenbock für etw. herhalten müssen

scapegrace ['skeɪpɡreɪs] *n.* Taugenichts, *der*

scapula ['skæpjʊlə] *n., pl.* -e ['skæpjʊliː] *(Anat.)* Schulterblatt, *das*

scar [skɑː(r)] **1.** *n. (lit. or fig.)* Narbe, *die;* **duelling** ~: Schmiß, *der;* **battle** ~: Kriegsnarbe, *die;* **bear the** ~**s of sth.** *(fig.)* von etw. gezeichnet sein; **be a** ~ **on the landscape** *(fig.)* ein Schandfleck in der Landschaft sein. **2.** *v. t.,* **-rr-:** ~ **sb./sb.'s face** bei jmdm./in jmds. Gesicht *(Dat.)* Narben hinterlassen; ~ **sb. for life** *(fig.)* jmdn. für sein ganzes Leben zeichnen; **leave sb. [badly]** ~**red** *(lit. or fig.)* [schlimme] Narben bei jmdm. hinterlassen. **3.** *v. i.* ~ **over** vernarben

scarab ['skærəb] *n. (Zool., gem)* Skarabäus, *der*

scarce [skeəs] **1.** *adj.* **a)** *(insufficient)* knapp; **b)** *(rare)* selten; **make oneself** ~ *(coll.)* sich aus dem Staub machen *(ugs.).* **2.** *adv. (arch./literary)* kaum

scarcely ['skeəslɪ] *adv.* kaum; **there was** ~ **a drop of wine left** es war fast kein Tropfen Wein mehr da; ~ **[ever]** kaum [jemals]; **it is likely** ~: es ist wenig wahrscheinlich; **she will** ~ **be pleased** *(iron.: by no means)* sie wird sich nicht gerade freuen

scarceness ['skeəsnɪs] *n., no pl.* Knappheit, *die* (**of an** + *Dat.*)

scarcity ['skeəsɪtɪ] *n.* **a)** *(short supply)* Knappheit, *die* (**of an** + *Dat.*); **there is a** ~ **of sugar** es herrscht Zuckerknappheit; ~ **of teachers** Lehrermangel, *der;* **food** ~: Lebensmittelknappheit, *die;* **b)** *no pl. (rareness)* Seltenheit, *die;* **have [a]** ~ **value** Seltenheitswert haben

scare [skeə(r)] **1.** *n.* **a)** *(sensation of fear)* Schreck[en], *der;* **give sb. a** ~: jmdm. einen Schreck[en] einjagen; **I had/it gave me a [nasty]** ~: ich bekam einen [bösen] Schrecken; **b)** *(general alarm; panic)* [allgemeine] Hysterie; **bomb** ~: Bombendrohung, *die;* **food-poisoning** ~: Alarm wegen Lebensmittelvergiftung; ~ **story** Schauergeschichte, *die.* **2.** *v. t.* **a)** *(frighten)* Angst machen (+ *Dat.*); *(startle)* erschrecken; **he/hard work/your threat doesn't** ~ **me** ich habe keine Angst vor ihm/harter Arbeit/ deiner Drohung; ~ **sb. into doing sth.** jmdn. dazu bringen, etw. [aus Angst] zu tun; ~ **sb. out of his mind** *or* **wits** *or* **wits** *(fig.).* **rigid** *or* **silly** *or* **stiff** *(fig.),* ~ **the wits** *or* *(coarse)* **the shit out of sb.** *(fig.)* jmdm. eine wahnsinnige Angst einjagen *(ugs.); (startle)* jmdn. zu Tode erschrecken; **horror films** ~ **the pants off me** *(coll.)* bei Horrorfilmen habe ich immer eine wahnsinnige Angst *(ugs.);* **b)** *(drive away)* verscheuchen ⟨Vögel⟩. **3.** *v. i.* erschrecken **(at** bei); ⟨Pferd:⟩ scheuen **(at** vor + *Dat.*); ~ **easily** sich leicht erschrecken lassen

scare-buying

~ a'way *v. t.* verscheuchen
~ 'off *v. t.* verscheuchen
~ 'out, ~ 'up *v. t.* (*Amer.: Hunting, fig.*) aufstöbern ⟨*Wild, Gegenstand*⟩; auftreiben (*ugs.*) ⟨*etw. zu essen, Informationen*⟩
scare: ~-**buying** *n.* (*lit. or fig.*) Hamsterkäufe *Pl.*; ~**crow** *n.* (*lit. or fig.*) Vogelscheuche, *die*
scared [skeəd] *adj.* verängstigt ⟨*Gesicht, Stimme*⟩; **be/feel [very]** ~: [große] Angst haben; **be** ~ **of sb./sth.** vor jmdm./etw. Angst haben; **be** ~ **of doing/to do sth.** sich nicht [ge]trauen, etw. zu tun; **be** ~ **[that] sth. might happen** befürchten, daß etw. passieren könnte
scaremonger ['skeəmʌŋgə(r)] *n.* Panikmacher, *der*/-**macherin**, *die* (*abwertend*)
'**scare tactics** *n. pl.* ≈ Panikmache, *die* (*ugs.*)
scarf [skɑ:f] *n., pl.* ~**s** *or* **scarves** [skɑ:vz] Schal, *der*; (*triangular/square piece of fine material*) Halstuch, *das*; (*worn over hair*) Kopftuch, *das*; (*worn over shoulders*) Schultertuch, *das*
scarf: ~-**pin** *n.* (*Brit.*) Vorstecknadel, *die*; Halstuchnadel, *die*; ~-**ring** *n.* (*Brit.*) Halstuchring, *der*
¹**scarify** ['skærɪfaɪ, 'skeərɪfaɪ] *v. t.* **a)** (*Med.*) skarifizieren (*fachspr.*); anritzen; **b)** (*fig.: by criticism*) geißeln; **c)** (*Agric.*) auflockern ⟨*Boden*⟩; (*Constr.*) aufreißen ⟨*Straße*⟩
²**scarify** ['skeərɪfaɪ] *v. t.* (*coll.: frighten*) Angst machen (+ *Dat.*); ~**ing** beängstigend
scarlatina [skɑ:lə'ti:nə] *see* **scarlet fever**
scarlet ['skɑ:lɪt] **1.** *n.* Scharlach, *der*; Scharlachrot, *das.* **2.** *adj.* scharlachrot; **I turned** ~: ich wurde puterrot; *see also* **pimpernel**
scarlet: ~ '**fever** *n.* (*Med.*) Scharlach, *der*; ~ '**runner** *n.* (*Bot.*) Feuerbohne, *die*
scarp [skɑ:p] *n.* Steilhang, *der*
scarper ['skɑ:pə(r)] *v. i.* (*Brit. sl.*) abhauen (*salopp*); sich aus dem Staub machen (*ugs.*)
'**scar tissue** *n.* (*Med.*) Narbengewebe, *das*
scarves *pl. of* **scarf**
scary ['skeərɪ] *adj.* (*coll.*) **a)** (*frightening*) furchterregend ⟨*Anblick*⟩; schaurig ⟨*Film, Geschichte*⟩; angsteinflößend ⟨*Person, Gesicht*⟩; **a** ~ **moment** eine Schrecksekunde; **it was** ~ **to listen to** beim Zuhören konnte man richtig Angst kriegen (*ugs.*); **b)** (*easily frightened*) schreckhaft ⟨*Kind, Tier*⟩; (*timid*) ängstlich
scathing ['skeɪðɪŋ] *adj.* beißend ⟨*Spott, Kritik*⟩; scharf ⟨*Angriff*⟩; bissig ⟨*Person, Humor, Bemerkung*⟩; **be** ~ **about sth.** etw. bissig herabsetzen *od.* (*ugs.*) heruntermachen
scathingly ['skeɪðɪŋlɪ] *adv.* scharf ⟨*kritisieren*⟩; bissig ⟨*sagen, bemerken*⟩
scatological [skætə'lɒdʒɪkl] *adj.* **a)** (*obscene*) obszön; ~ **language** Fäkalsprache, *die*; **b)** (*Med., Palaeont.*) skatologisch
scatter ['skætə(r)] **1.** *v. t.* **a)** vertreiben, zerstreuen, auseinandertreiben ⟨*Menge*⟩; zunichte machen ⟨*Hoffnungen*⟩; **he slammed his fist on the table,** ~**ing china everywhere** er schlug mit der Faust auf den Tisch, daß das Porzellan in alle Richtungen flog; **b)** (*distribute irregularly*) verstreuen; ausstreuen ⟨*Samen*⟩; **ice-cream with nuts** ~**ed on top** mit Nüssen bestreutes Eis; **c)** (*partly cover*) [be]streuen ⟨*Straße*⟩; **a field with seeds** ~**ed** Samen auf einem Feld ausstreuen. **2.** *v. i.* sich auflösen, ⟨*Menge:*⟩ sich zerstreuen; (*in fear*) auseinanderrennen. **3.** *n. see* ~**ing a; b)** (*Arms*) Streuung, *die*
scatter: ~-**brain** *n.* zerstreuter Mensch; Schussel, *der* (*ugs.*); ~-**brained** *adj.* zerstreut; schusselig (*ugs.*); ~ **cushion** *n.* Sofakissen, *das*
scattered ['skætəd] *adj.* verstreut; vereinzelt ⟨*Fälle, Anzeichen, Regenschauer*⟩; **thinly** ~ **population** verstreut lebende Bevölkerung

scattering ['skætərɪŋ] *n.* **a)** (*small amount*) **a** ~ **of people/customers/letters** ein paar vereinzelte Leute/Kunden/Briefe; **add a** ~ **of nuts to sth.** Nüsse auf etw. (*Akk.*) streuen; **a thin** ~ **of snow** eine dünne Schneedecke; **b)** (*Phys.*) Streuung, *die*
scatter: ~ **rug** *n.* Brücke, *die*; ~-**shot** (*Amer.*) **1.** *n.* Streupatrone, *die*; **2.** *adj.* willkürlich
scatty ['skætɪ] *adj.* (*Brit. sl.*) dußlig (*salopp*); **drive sb.** ~: jmdn. verrückt machen (*ugs.*)
scavenge ['skævɪndʒ] **1.** *v. t.* **a)** (*Brit.*) holen; ~ **sth. from a jumble sale** etw. auf einem Flohmarkt ergattern; **b)** (*search*) durchstöbern ⟨**for** nach⟩; fleddern ⟨*Leiche*⟩. **2.** *v. i.* ~ **for sth.** nach etw. suchen; **live by scavenging** ⟨*Geier:*⟩ Aasfresser sein; ~ **through** durchstöbern (*ugs.*) ⟨*Abfallhaufen*⟩
scavenger ['skævɪndʒə(r)] *n.* (*animal*) Aasfresser, *der*; (*fig. derog.: person*) Aasgeier, *der* (*ugs. abwertend*)
scenario [sɪ'nɑ:rɪəʊ, sɪ'neərɪəʊ] *n., pl.* ~**s** (*Theatre, Cinemat.; also fig.*) Szenario, *das*
scene [si:n] *n.* **a)** (*place of event*) Schauplatz, *der*; (*in novel, play, etc.*) Ort der Handlung; **the** ~ **of the novel is set in Venice** der Roman spielt in Venedig; ~ **of the crime** Ort des Verbrechens; Tatort, *der*; **b)** (*division of play, film, or book*) Szene, *die*; (*division of act*) Auftritt, *der*; **love/trial** ~: Liebes-/Gerichtsszene, *die*; **steal the** ~ ⟨*Schauspieler:*⟩ die Szene beherrschen; (*fig.*) sich in den Vordergrund spielen; **c)** (*display of passion, anger, jealousy*) Szene, *die*; **create** *or* **make a** ~: eine Szene machen; **there were** ~**s of rejoicing** es spielten sich Freudenszenen ab; **end in violent** ~**s** mit Gewalttätigkeiten enden; **d)** (*view*) Anblick, *der*; (*as depicted*) Aussicht, *die*; **present a** ~ **of horror** ein Bild des Schreckens bieten (*geh.*); **e)** (*place of action*) Ort des Geschehens; **arrive** *or* **come on the** ~: auftauchen; **a new political party has appeared on the** ~: eine neue Partei ist auf den Plan getreten; **he got into a bad** ~ (*sl.*) er ist in Schleudern gekommen (*salopp*); **leave** *or* **quit the** ~: abtreten; **f)** (*field of action*) **the political/drug-/artistic** ~: die politische Drogen-/Kunstszene, *die*; **the fashion/sporting** ~: die Modewelt/die Welt des Sports; **the social** ~: das gesellschaftliche Leben; **g)** (*sl.: area of interest*) **what's your** ~? worauf stehst du? (*ugs.*); worauf fährst du ab? (*salopp*); **that's not my** ~: das ist nicht mein Fall (*ugs.*); **h)** (*Theatre: set*) Bühnenbild, *das*; **change the** ~: die Kulissen auswechseln; **behind the** ~**s** (*lit. or fig.*) hinter den Kulissen; **behind-the-**~**s investigation** (*fig.*) geheime Untersuchung; **give a behind-the-**~**s glimpse [of sth.]** einen Blick hinter die Kulissen [einer Sache (*Gen.*)] gewähren; **set the** ~ **[for sb.]** (*fig.*) [jmdm.] die Ausgangssituation darlegen
'**scene:** ~-**change** *n.* (*Theatre*) Kulissenwechsel, *der*; ~-**painter** *n.* Kulissenmaler, *der*/-**malerin**, *die*
scenery ['si:nərɪ] *n., no pl.* **a)** (*Theatre*) Bühnenbild, *das*; **b)** (*landscape*) Landschaft, *die*; (*picturesque*) [malerische] Landschaft; **mountain** ~: Gebirgslandschaft, *die*; **some beautiful** ~: eine schöne Landstriche; **change of** ~: Tapetenwechsel, *der* (*ugs.*)
'**scene:** ~-**shifter** *n.* (*Theatre*) Bühnenarbeiter, *der*/-**arbeiterin**, *die*; ~-**shifting** *n.* (*Theatre*) Kulissenwechsel, *der*
scenic ['si:nɪk] *adj.* **a)** (*with fine natural scenery*) landschaftlich [schön]; ~ **drive** eine Fahrt durch schöne Landschaft; ~ **beauty** *or* **qualities** landschaftliche Schönheit; ~ **railway** Berg-und-Tal-Bahn, *die*; **b)** (*Theatre*) Bühnen-; **be a** ~ **designer** Bühnenbildner/-bildnerin sein; **c)** (*Art: in painting etc.*) szenisch

scent [sent] **1.** *n.* **a)** (*smell*) Duft, *der*; (*fig.*) [Vor]ahnung, *die*; **catch the** ~ **of sth.** den Duft von etw. in die Nase bekommen; **b)** (*Hunting; also fig.: trail*) Fährte, *die*; **get/be on the [right]** ~ (*lit. or fig.*) die richtige Fährte finden/auf der richtigen Fährte sein; **be on the** ~ **of sb./sth.** (*fig.*) jmdm./einer Sache auf der Spur sein; **[lay** *or* **set] a false** ~ (*lit. or fig.*) eine falsche Fährte [legen]; **put the hounds on/off the** ~: die Hunde auf die Fährte setzen/von der Fährte abbringen; **put** *or* **throw sb. off the** ~ (*fig.*) jmdn. auf eine falsche Fährte bringen; **put sb. on the** ~ **of sb./sth.** (*fig.*) jmdn. auf jmds. Spur bringen/einer Sache auf die Spur bringen; *see also* **cold 1 k; hot 1 i**; **c)** (*Brit.: perfume*) Parfüm, *das*; **d)** (*sense of smell*) Geruchssinn, *der*; (*fig.: power to detect*) Spürsinn, *der*. **2.** *v. t.* **a)** (*lit. or fig.*) wittern; spüren ⟨*Heuchelei*⟩; ⟨*Tier:*⟩ beriechen (*ugs.*), beschnuppern ⟨*Boden*⟩; **b)** (*apply perfume to*) parfümieren
~ 'out *v. t.* (*lit. or fig.*) aufspüren
'**scent-bottle** *n.* (*Brit.*) Parfümfläschchen, *das*
scented ['sentɪd] *adj.* **a)** (*having smell*) duftend; **be** ~ ⟨*Blume:*⟩ duften; ~ **air** von Düften erfüllte Luft; **b)** (*perfumed*) parfümiert
'**scent-gland** *n.* (*Zool.*) Duftdrüse, *die*
scentless ['sentlɪs] *adj.* geruchlos ⟨*Blume*⟩ ohne Duft; **be** ~: nicht duften
scepsis ['skepsɪs] *n., no pl.* (*Philos.*) Skepsis, *die*
scepter (*Amer.*) *see* **sceptre**
sceptic ['skeptɪk] *n.* Skeptiker, *der*/Skeptikerin, *die*; (*with religious doubts*) [Glaubens]zweifler, *der*/-zweiflerin, *die*
sceptical ['skeptɪkl] *adj.* skeptisch; **be** ~ **about** *or* **of sb./sth.** jmdm./einer Sache skeptisch gegenüberstehen
sceptically ['skeptɪklɪ] *adv.* skeptisch
scepticism ['skeptɪsɪzm] *n.* Skepsis, *die*; (*Philos.*) Skeptizismus, *der*; (*religious doubt*) Glaubenszweifel *Pl.*
sceptre ['septə(r)] *n.* (*Brit.; lit. or fig.*) Zepter, *das*
schedule ['ʃedju:l] **1.** *n.* **a)** (*list*) Tabelle, *die*; (*for event, festival*) Programm, *das*; **b)** (*plan of procedure*) Zeitplan, *der*; **filming** ~: Drehplan, *der*; **we are working to a tight** ~: unsere Termine sind sehr eng; **go** *or* **happen [according] to** ~: nach Plan laufen; **c)** (*set of tasks*) Terminplan, *der*; Programm, *das*; **work/study** ~: Arbeits-/Studienplan, *der*; **a heavy work** ~: ein umfangreiches Arbeitspensum; **d)** (*tabulated statement*) Aufstellung, *die*; (*appendix*) tabellarischer Anhang; (*blank form*) Formblatt, *das*; **[tax]** ~: Steuertabelle, *die*; **e)** (*timetable*) Fahrplan, *der*; **f)** (*time stated in plan*) **on** ~: programmgemäß; **arrive on** ~: pünktlich ankommen; **flight** ~**s** Ankunfts- und Abflugzeiten; **bus/train** ~**s** Ankunfts- und Abfahrtszeiten der Busse/Züge; *see also* **ahead c; behind 2 e. 2.** *v. t.* **a)** (*make plan of*) zeitlich planen; (*appoint to be done*) anberaumen ⟨*Sitzung*⟩; **be** ~**d for Thursday** für Donnerstag geplant sein; **we are** ~**d to start next week** laut Plan sollen wir nächste Woche anfangen; **they have** ~**d the building for demolition** nach ihren Plänen soll das Gebäude abgerissen werden; **b)** (*make timetable of*) einen Fahrplan aufstellen für; (*include in timetable*) in den Fahrplan aufnehmen; **trains which are** ~**d to run at a given time** Züge, die zu einer bestimmten Zeit fahren sollen; **c)** (*make list of*) auflisten; (*include in list*) aufführen (**in** in + *Dat.*); (*Brit.: to be preserved*) unter Denkmalschutz stellen ⟨*Gebäude*⟩
scheduled ['ʃedju:ld] *adj.* **a)** (*according to timetable*) [fahr]planmäßig ⟨*Zug, Halt*⟩; flugplanmäßig ⟨*Zwischenlandung*⟩; Linien-⟨*flugzeug, -dienst, -maschine*⟩; ~ **flight** Linienflug, *der*; **make a** ~ **stop** ⟨*Flugzeug:*⟩

schematic

planmäßig zwischenlanden; **b)** *(Brit.: in list of protected buildings)* unter Denkmalschutz stehend
schematic [skɪˈmætɪk, skiːˈmætɪk] *adj.*, **schematically** [skɪˈmætɪkəlɪ, skiːˈmætɪkəlɪ] *adv.* schematisch
schematize (schematise) [ˈskiːmətaɪz] *v. t.* schematisieren (**into** zu)
scheme [skiːm] **1.** *n.* **a)** *(arrangement)* Anordnung, *die;* **general ~ of things** allgemeine Gegebenheiten; *see also* **colour scheme;** **b)** *(table of classification, outline)* Schema, *das;* **~ [of study]** *(syllabus)* Studienprogramm, *das;* **c)** *(plan)* Programm, *das; (project)* Projekt, *das;* **pension ~:** Altersversorgung, *die;* **d)** *(dishonest plan)* Intrige, *die;* **~ of revenge** Racheplan, *der;* **what ~ are you plotting?** was führst du im Schilde? **2.** *v. i.* Pläne schmieden; **~ for sb.'s downfall/to assassinate sb.** jmds. Sturz/ein Attentat auf jmdn. planen. **3.** *v. t.* im Schilde führen
schemer [ˈskiːmə(r)] *n.* Intrigant, *der/*Intrigantin, *die;* **your sister is a real little ~:** deine Schwester ist ein raffiniertes kleines Biest *(ugs.)*
scheming [ˈskiːmɪŋ] **1.** *n., no pl., no indef. art.* Winkelzüge *Pl.;* Machenschaften *Pl.;* **be given to ~:** gern intrigieren. **2.** *adj.* intrigant; **be a ~ person, have a ~ nature** gern intrigieren
scherzo [ˈskeətsəʊ] *n., pl.* **~s** *(Mus.)* Scherzo, *das*
schilling [ˈʃɪlɪŋ] *n.* Schilling, *der*
schism [ˈsɪzm, ˈskɪzm] *n.* **a)** *(Eccl.)* Schisma, *das;* **b)** *(in any group)* Spaltung, *die*
schismatic [sɪzˈmætɪk, skɪzˈmætɪk] *adj. (Eccl.)* schismatisch
schist [ʃɪst] *n. (Geol.)* Schiefer, *der*
schizo [ˈskɪtsəʊ] *(coll.)* **1.** *n., pl.* **~s** Schizophrene, *der/die.* **2.** *adj.* schizophren
schizoid [ˈskɪtsɔɪd] *(Psych.)* **1.** *adj.* schizoid. **2.** *n.* Schizoide, *der/die;* **be a ~:** schizoid sein
schizophrenia [skɪtsəˈfriːnɪə] *n. (Psych.)* Schizophrenie, *die*
schizophrenic [skɪtsəˈfrenɪk, skɪtsəˈfriːnɪk] *(Psych.; also fig. coll.)* **1.** *adj.* schizophren; ⟨*Symptom*⟩ der Schizophrenie. **2.** *n.* Schizophrene, *der/die*
schlock [ʃlɒk] *n. (coll.)* Mist, *der (fig.)*
schmaltz [ʃmɔːlts] *n. (coll.)* Schmalz, *der (ugs. abwertend)*
schmaltzy [ˈʃmɔːltsɪ] *adj. (coll.)* schmalzig *(abwertend)*
schmuck [ʃmʌk] *n. (esp. Amer. sl.)* Schwachkopf, *der (abwertend)*
schnapps [ʃnæps] *n.* Schnaps, *der*
schnauzer [ˈʃnaʊtsə(r)] *n.* Schnauzer, *der*
schnitzel [ˈʃnɪtsl] *n. (Gastr.)* [Kalbs]schnitzel, *das*
schnorkel [ˈʃnɔːkl] *see* **snorkel**
scholar [ˈskɒlə(r)] *n.* **a)** *(learned person)* Gelehrte, *der/die;* **literary/linguistic/musical ~:** Literatur-/Sprach-/Musikwissenschaftler *der/*-wissenschaftlerin, *die;* **Shakespeare[an] ~:** Shakespeare-Forscher, *der/*-Forscherin, *die;* **be a ~ in one's field** Experte/Expertin auf seinem/ihrem Gebiet sein; **b)** *(one who learns)* Schüler, *der/*Schülerin, *die;* **be no ~:** kein guter Schüler/keine gute Schülerin sein; **c)** *(holder of scholarship)* Stipendiat, *der/*Stipendiatin, *die*
scholarly [ˈskɒləlɪ] *adj.* wissenschaftlich; *(having much learning)* gelehrt; **a ~ life** ein Gelehrtenleben; **he has a ~ appearance** er hat das Aussehen eines Gelehrten
scholarship [ˈskɒləʃɪp] *n.* **a)** *(payment for education)* Stipendium, *das;* **closed ~:** *(Brit.)* Stipendium, *das nur bestimmten Bewerbern gewährt wird;* **open ~:** Stipendium, um das sich jeder bewerben kann; **b)** *no pl. (scholarly work)* Gelehrsamkeit, *die (geh.); (methods)* Wissenschaftlichkeit, *die;* **a work full of ~:** ein hochwissenschaftliches Werk; **c)** *no pl. (body of learning)* **literary/linguistic/histor**ical **~:** Literatur-/Sprach-/Geschichtswissenschaft, *die;* **contribute to Shakespearean/Romance ~:** einen Beitrag zur Shakespeare-Forschung/Romanistik leisten
scholastic [skəˈlæstɪk] *adj.* **a)** akademisch; Akademiker⟨*familie, -milieu*⟩; wissenschaftlich ⟨*Buchhandlung, Leistung, Standard*⟩; **b)** *(Philos., Theol.)* scholastisch
scholasticism [skəˈlæstɪsɪzm] *n.* **a)** Scholastizismus, *der;* **b)** *(Philos., Theol.)* Scholastik, *die*
¹**school** [skuːl] **1.** *n.* **a)** Schule, *die; (Amer.: university, college)* Hochschule, *die; attrib.* Schul-; **what do they teach them in ~?** was lernen sie in der Schule?; **be at** *or* **in ~:** in der Schule sein; *(attend ~)* zur Schule gehen; **be kept in ~** *(late)* nachsitzen müssen; **to/from ~:** zur/von *od.* aus der Schule; **go to ~:** zur Schule gehen; **leave ~:** die Schule verlassen; **have ~:** Schule *od.* Unterricht haben; **have time off ~:** schulfrei haben; **be absent from ~:** in der Schule fehlen; **one hour before/after ~:** eine Stunde vor Unterrichtsbeginn/nach Schulschluß; **there will be no ~ today** heute ist keine Schule; **the ~ of life** *(fig.)* die Schule des Lebens; **~ is fun/boring** Schule macht Spaß/ist langweilig; **my first day of ~,** the day I started ~: mein erster Schultag; **b)** *attrib.* Schul⟨*arzt, -aufsatz, -bus, -bibliothek, -gebäude, -jahr, -orchester, -system*⟩; **~ holidays** Schulferien *Pl.;* **~ exchange** Schüleraustausch, *der;* **the ~ term** die Schulzeit; **take ~ meals** in der Schule [zu Mittag] essen; **the ~ caretaker** der Hausmeister der Schule; **my rusty French** mein eingerostetes Schulfranzösisch; **c)** *(disciples)* Schule, *die;* **~ of thought** Lehrmeinung, *die; see also* **old** 1 c, f; **d)** *(Brit.: group of gamblers)* Runde, *die;* **e)** *(Univ.: department)* Institut, *das;* **~ of history** Institut für Zeitgeschichte; **law/medical ~:** juristische/medizinische Fakultät. **2.** *v. t.* **a)** *(send to ~)* einschulen; **b)** *(train)* erziehen; dressieren ⟨*Pferd*⟩; **~ sb. in sth.** jmdn. in etw. *(Akk.)* unterweisen *(geh.)*
²**school** *n. (of fish)* Schwarm, *der;* Schule, *die (Zool.)*
school-: **~age** *n.* Schulalter, *das;* **children of ~ age** Kinder im schulpflichtigen Alter; **~bag** *n.* Schultasche, *die;* **~board** *n. (Amer./Hist.)* [örtliche] Schulbehörde; **~book** *n.* Schulbuch, *das;* **~boy** *n.* Schüler, *der; (with reference to behaviour)* Schuljunge, *der;* **every ~boy knows that** das weiß jeder Schuljunge; **~boyish** *adj.* schuljungenhaft; **~child** *n.* Schulkind, *das;* **~days** *n. pl.* Schulzeit, *die*
schooled [skuːld] *adj.* geschult ⟨*Pferd*⟩; **be [highly] ~ in sth.** [ausgezeichnet] Bescheid wissen über etw. *(Akk.)*
school-: **~fees** *n. pl.* Schulgeld, *das;* **~fellow** *n.:* Mitschüler, *der/*-schülerin, *die;* Schulkamerad, *der/*-kameradin, *die;* **~friend** *n.* Schulfreund, *der/*-freundin, *die;* **~girl** *n.* Schülerin, *die; (with reference to behaviour)* Schulmädchen, *das;* **~girlish** *adj.* schulmädchenhaft; **~house** *n.* Schulhaus, *das*
schooling [ˈskuːlɪŋ] *n.* **a)** Schulbildung, *die;* **he has had little ~:** er hat keine richtige Schulbildung erhalten; **have one's ~:** zur Schule gehen; **I received my ~ at his hands** er war mein Lehrmeister; **b)** *(Horse-riding)* Ausbildung, *die*
school-: **~kid** *n. (coll.)* Schulkind, *das;* **~leaver** *n. (Brit.)* Schulabgänger, *der/*-abgängerin, *die;* **~leaving age** *n. (Brit.)* Schulabgangsalter, *das;* **~ma'am** *n. (coll.)* *see* **~marm;** **~man** [ˈskuːlmən] *n., pl.* **~men** [ˈskuːlmən] **a)** *(medieval teacher)* Magister, *der;* *(Philos., Theol.)* Scholastiker, *der;* **b)** *(Amer.: teacher)* Lehrer, *der;* **~marm** [ˈskuːlmɑːm] *n. (coll.)* Gouvernante, *die (ugs.);* **~marmish** [ˈskuːlmɑː-
sclerosis

mɪʃ] *adj. (coll.)* gouvernantenhaft; altjüngferlich; **~master** *n.* Lehrer, *der;* **~mastering** [ˈskuːlmɑːstərɪŋ] *n.* Schuldienst, *der;* **~mate** *see* **schoolfellow;** **~mistress** *n.* Lehrerin, *die;* **~room** *n.* Schulzimmer, *das;* **~teacher** *n.* Lehrer, *der/*Lehrerin, *die;* **~-time** *n.* **a)** *(lesson-time)* Schule, *die;* Unterricht, *der;* **in** *or* **during ~-time** während des Unterrichts; **b)** *(~-days)* Schulzeit, *die;* **~-work** *n.* Schularbeiten *Pl.*
schooner [ˈskuːnə(r)] *n.* **a)** *(Naut.)* Schoner, *der;* **b)** *(Brit.: sherry glass)* [hohes] Sherryglas; **c)** *(Amer.: beer-glass)* [großes] Bierglas
schottische [ʃɒˈtiːʃ] *n. (Mus.)* Schottisch, *der*
schuss [ʃʊs] *(Skiing)* **1.** *n. (downhill run)* Schuß, *der; (course)* Schußpiste, *die.* **2.** *v. i.* Schuß fahren. **3.** *v. t.* in Schußfahrt *(Dat.)* hinunterfahren
schwa [ʃwɑː] *n. (Phonet.)* Schwa, *das*
sciatic [saɪˈætɪk] *adj. (Med.)* ischiadisch; Ischias⟨*schmerzen, -symptom*⟩; **have a ~ hip** Ischiasbeschwerden in der Hüfte haben
sciatica [saɪˈætɪkə] *n. (Med.)* Ischias, *die (fachspr. der od. das)*
sciatic nerve [saɪˌætɪk ˈnɜːv] *n. (Anat.)* Ischiadikus, *der (fachspr.);* Ischiasnerv, *der*
science [ˈsaɪəns] *n.* **a)** *no pl., no art.* Wissenschaft, *die; (applied)* ~: angewandte/reine Wissenschaft; **the ~ of medicine, medical ~:** Medizin, *die;* **b)** *(branch of knowledge)* Wissenschaft, *die;* **moral ~:** Sittenlehre, *die;* **c)** **[natural] ~:** Naturwissenschaften, *attrib.* naturwissenschaftlich ⟨*Buch, Labor*⟩; **d)** *(technique, expert's skill)* Kunst, *die*
science: **~ 'fiction** *n.* Science-fiction, *die;* **~ park** *n.* Technologiepark, *der*
scientific [saɪənˈtɪfɪk] *adj.* **a)** wissenschaftlich; *(of natural science)* naturwissenschaftlich; **b)** *(using technical skill)* technisch gut ⟨*Boxer, Schauspieler, Tennis*⟩
scientifically [saɪənˈtɪfɪkəlɪ] *adv.* **a)** wissenschaftlich; *(with relation to natural science)* naturwissenschaftlich; nach wissenschaftlichen Methoden ⟨*Vieh züchten*⟩; **b)** *(using technical skill)* technisch gut ⟨*boxen*⟩
scientist [ˈsaɪəntɪst] *n.* Wissenschaftler, *der/*Wissenschaftlerin, *die; (in physical or natural science)* Naturwissenschaftler, *der/*-wissenschaftlerin, *die; (student of a science)* Student/Studentin der Naturwissenschaften; **biological/social/computer ~s** Biologen/Soziologen/Informatiker
Scientologist [saɪənˈtɒlədʒɪst] *n.* Anhänger/Anhängerin der Scientology [Kirche]
Scientology [saɪənˈtɒlədʒɪ] *n.* Scientology, *die*
sci-fi [ˈsaɪfaɪ] *n. (coll.)* Science-fiction, *die*
scilla [ˈsɪlə] *n. (Bot.)* Szilla, *die;* Blaustern, *der*
Scillies [ˈsɪlɪz], **Scilly Isles** [ˈsɪlɪ aɪlz] *pr. n. pl.* Scilly-Inseln *Pl.*
scimitar [ˈsɪmɪtə(r)] *n.* Krummsäbel, *der*
scintillate [ˈsɪntɪleɪt] *v. i. (fig.)* vor Geist sprühen
scintillating [ˈsɪntɪleɪtɪŋ] *adj. (fig.)* geistsprühend
scintillation [sɪntɪˈleɪʃn] *n.* **a)** *no pl. (sparkling)* Funkeln, *das;* **b)** *(spark)* Funke, *der;* **c)** *(Astron., Phys.)* Szintillation, *die*
scion [ˈsaɪən] *n.* **a)** *(Hort.)* Schößling, *der; (for grafting)* Edelreis, *das;* **b)** *(descendant)* Sproß, *der*
scissors [ˈsɪzəz] *n. pl.* **[pair of] ~:** Schere, *die;* **any/some ~:** eine Schere; **be a ~-and-paste job** [aus anderen Werken] zusammengeschrieben sein
'**scissors kick** *n. (Swimming)* Scherenschlag, *der*
sclerosis [skləˈrəʊsɪs] *n., pl.* **scleroses** [skləˈrəʊsiːz] **a)** *(Med.)* Sklerose, *die;* **disseminated** *or* **multiple ~:** multiple Sklerose; **b)** *(Bot.)* Verholzung, *die*

sclerotic [sklə'rɒtɪk] *adj.* a) *(Med.)* sklerotisch; **be a ~ patient** an Sklerose leiden; b) *(Bot.)* verholzt; c) *(Anat.)* skleral *(fachspr.)*
¹**scoff** [skɒf] *v. i.* (*mock*) spotten; **~ing remarks** spöttische Bemerkungen; **~ at sb./sth.** sich über jmdn./etw. lustig machen; **he ~ed at danger** er spottete der Gefahr *(geh.)*
²**scoff** *(sl.)* 1. *v. t. (eat greedily)* verschlingen. 2. *v. i.* sich *(Dat.)* den Bauch] vollschlagen *(salopp)*
scoffer ['skɒfə(r)] *n.* Spötter, *der*/Spötterin, *die*
scold [skəʊld] 1. *v. t.* schelten *(geh.);* ausschimpfen (**for** wegen); **she ~ed him for coming late** sie schimpfte ihn aus *od.* schalt ihn, weil er zu spät kam. 2. *v. i.* schimpfen; **~ing wife** zänkische Ehefrau. 3. *n.* Xanthippe, *die (abwertend)*
scolding ['skəʊldɪŋ] *n.* Schimpfen, *das; (instance)* Schelte, *die (geh.);* Schimpfe, *die (ugs.);* **give sb. a ~ [for sth.]** jmdn. [wegen etw.] schelten *od.* ausschimpfen; **get a ~:** ausgeschimpft werden
scollop ['skɒləp] *see* **scallop**
sconce [skɒns] *n.* a) *(flat candlestick)* flacher Kerzenständer; *(candlestick fixed to wall)* Wandleuchter, *der;* b) *(socket)* [Kerzen]halterung, *die*
scone [skɒn, skəʊn] *n.* weicher, oft zum Tee gegessener kleiner Kuchen
scoop [sku:p] 1. *n.* a) *(shovel)* Schaufel, *die;* **a ~ of coal** eine Schaufel Kohlen; b) *(ladle, ladleful)* Schöpflöffel, *der;* [Schöpf]kelle, *die;* c) *(for ice-cream, mashed potatoes)* Portionierer, *der; (quantity taken by ~)* Portion, *die; (of ice-cream)* Kugel, *die;* d) **apple-~:** Apfelausstecher, *der;* **cheese-~:** Käsestecher, *der;* e) *(large profit)* Fischzug, *der (fig.);* **make a [considerable] ~:** einen beachtlichen Schnitt machen *(ugs.);* *(in a lottery, bet)* gewinnen *(Vermögen);* **~ the pool** den ganzen Einsatz gewinnen; c) *(Journ.)* ausstechen
~ 'out *v. t.* a) *(hollow out)* aushöhlen; schaufeln *(Loch, Bahn);* b) *(remove)* [her]ausschöpfen *(Flüssigkeit);* auslöffeln *(Fruchtfleisch);* schöpfen *(Mousse, Brei);* *(with a knife)* herausschneiden *(Fruchtfleisch, Gehäuse);* *(excavate)* ausbaggern *(Erde)*
~ 'up *v. t.* schöpfen *(Wasser, Suppe);* schaufeln *(Erde);* aufschaufeln *(Kohlen, Kies);* **he ~ed the child up in his arms** er hob das Kind in seine Arme
'**scoop-neck** *n.* U-Ausschnitt, *der;* **a ~ dress** ein Kleid mit U-Ausschnitt
scoot [sku:t] *v. i. (coll.)* rasen; *(to escape)* die Kurve kratzen *(ugs.);* **off you go, ~!** verschwinde/verschwindet!
scooter ['sku:tə(r)] *n.* a) *(toy)* Roller, *der;* b) [motor] **~:** [Motor]roller, *der*
¹**scope** [skəʊp] *n., no indef. art.* a) Bereich, *der; (of person's activities)* Betätigungsfeld, *das; (of person's job)* Aufgabenbereich, *der; (of law)* Geltungsbereich, *der; (of department etc.)* Zuständigkeitsbereich, *der;* Zuständigkeit, *die; (of discussion, meeting, negotiations, investigations, etc.)* Rahmen, *der;* **that is a subject within my ~:** davon verstehe ich etwas; **that is a subject beyond my ~:** das fällt nicht in meine Sparte; *(beyond my grasp)* das ist mir zu hoch; **that is beyond the ~ of my essay** das sprengt den Rahmen meines Aufsatzes; b) *(opportunity)* Entfaltungsmöglichkeiten *Pl.;* **give ample ~ for new ideas** weiten Raum für neue Ideen bieten
²**scope** *n. (coll.) (telescope)* Fernrohr, *das; (microscope)* Mikroskop, *das*
scorch [skɔ:tʃ] 1. *v. t.* verbrennen; versengen. 2. *v. i.* a) *(become damaged by heat)* versengt werden; verbrennen; b) *(sl.: run or travel quickly)* flitzen. 3. *n.* versengte Stelle; Brandfleck, *der*
scorched earth policy [skɔ:tʃt 'ɜ:θ pɒlɪsɪ] *n. (Mil.)* Politik der verbrannten Erde
scorcher ['skɔ:tʃə(r)] *n. (Brit. coll.)* today's a [real] **~:** heute ist [wirklich] eine Affenhitze *(salopp);* **what a ~!** ist das eine Affenhitze heute!
scorching ['skɔ:tʃɪŋ] 1. *adj.* a) glühend heiß; sengend, glühend *(Hitze);* b) *(coll.)* affenartig *(ugs.) (Geschwindigkeit).* 2. *adv.* **~ hot** glühend heiß *(Tag, Wetter)*
score [skɔ:(r)] 1. *n.* a) *(points)* [Spiel]stand, *der; (made by one player)* Punktzahl, *die; (Golf)* Score, *der;* **What's the ~? – The was 4–1 at half-time** Wie steht es? – Der Halbzeitstand war 4 : 1; **final ~:** Endstand, *der;* **keep [the] ~:** zählen; *(in written form)* aufschreiben; anschreiben; **know the ~** *(fig. coll.)* wissen, was Sache ist *od.* was läuft *(salopp);* b) *(Mus.) (Partitur, (of Film)* [Film]musik, *die;* **in ~:** in Partitur; c) *pl.* **~ or ~s** *(group of 20)* zwanzig; **a ~ of people** [ungefähr] zwanzig Leute; **three ~ years and ten** siebzig Jahre; d) *in pl. (great numbers)* **~s [and ~s]** of zig *(ugs.);* Dutzende [von]; **~s of times** zigmal *(ugs.);* e) *(notch)* Kerbe, *die; (scratch)* Kratzer, *der;* Schramme, *die; (weal)* Striemen, *der; (crack in skin)* Schrunde, *die;* **make a ~ on the cardboard** die Pappe [ein]ritzen; f) *(dated: running account)* Rechnung, *die; (in bar, restaurant also)* Zeche, *die;* **pay off** *or* **settle an old ~** *(fig.)* eine alte Rechnung begleichen; g) *(reason)* Grund, *der;* **on one/this ~:** aus einem/diesem Grund; **on the ~ of** wegen; **on that ~:** was das betrifft *od.* angeht; diesbezüglich. 2. *v. t.* a) *(win) (Sport)* **~ a direct hit on sth.** *(Person:)* einen Volltreffer landen; *(Bombe:)* etw. voll treffen; **the play ~d a success** das Stück war *od.* wurde ein Erfolg; **they ~d a success** sie hatten Erfolg *od.* konnten einen Erfolg [für sich] verbuchen; **you've ~d a success there** das ist ein Erfolg für dich; **~ a goal** ein Tor schießen/werfen; **we ~d 13** wir haben 13 Punkte gemacht/Tore geschossen/Tore geworfen; **~ points off** *(coll.) see* **~ off;** b) *(make notch/notches in)* einkerben; *(carve in)* [ein]ritzen; **~ grooves in sth.** Rillen in etw. *(Akk.)* kratzen; **the wood was deeply ~d** *(with notches/grooves)* in dem Holz waren tiefe Kerben/Rillen; c) *(be worth)* zählen; **the ace ~s ten [points]** das As zählt zehn [Punkte]; d) *(allot ~ to) (Punktrichter, Juror:)* Punkte geben (+ *Dat.);* e) *(dated: mark up)* ankreiden (**to** *or* **against** *Dat.) (verallt.);* **~ sth. against** *or* **to sb.** *(fig.)* jmdm. etw. negativ anrechnen; f) *(Mus.)* setzen; *(orchestrate)* orchestrieren *(Musikstück);* *(compose music for)* die Musik komponieren *od.* schreiben für *(Film, Theaterstück);* g) *(make record of)* aufschreiben *(Punkte);* h) *(coll.: criticize severely)* heftig angreifen; schwere Vorwürfe erheben gegen. 3. *v. i.* a) *(make score)* Punkte/einen Punkt erzielen *od.* machen; punkten *(bes. Boxen);* *(~ goal/goals)* ein Tor/Tore schießen/werfen; **~ high** *or* **well** *(in test etc.)* eine hohe Punktzahl erzielen *od.* erreichen; **do you know how to ~?** weißt du, wie gezählt wird?; b) *(keep score)* aufschreiben; anschreiben; c) *(secure advantage)* die besseren Karten haben (**over** gegenüber, im Vergleich zu); *(be a hit) (Schauspieler:)* gut ankommen *(ugs.);* d) *(sl.: obtain drugs)* Stoff auftreiben *(salopp);* e) *(sl.: have sex)* zum Schuß kommen *(salopp)* (**with** mit); **I'd love to ~ with her** ich würde sie gerne [mal] aufs Kreuz legen *od.* vernaschen *(salopp)*
~ off *v. t. (coll.)* als dumm hinstellen
~ 'out, **~ 'through** *v. t.* durchstreichen; ausstreichen

~ 'up *v. t.* anschreiben; verbuchen *(Erfolg, Sieg usw.);* **~ up the amount I owe you for these goods** setzen Sie den Betrag für die Waren auf mein Konto
score: **~-board** *n.* Anzeigetafel, *die;* **~-book** *n. (Sport)* Anschreibebögen; **~-card** *n. (Sport)* Anschreibekarte, *die; (Golf)* Scorekarte, *die*
scorer ['skɔ:rə(r)] *n.* a) *(recorder of score)* Anschreiber, *der*/Anschreiberin, *die;* b) *(Footh.)* Torschütze, *der;* **~ :** mit *od.* voll[er] Verachtung; **he was the top** *or* **highest ~ :** er hat die meisten Tore/Punkte/Treffer *usw.* erzielt
'**score-sheet** *n.* Anschreibebogen, *der*
scoring ['skɔ:rɪŋ] *n.* a) *(Mus.)* Instrumentierung, *die; (for orchestra)* Orchestrierung, *die;* b) *(keeping score)* Aufschreiben, *das;* Anschreiben, *das*
scorn [skɔ:n] 1. *n., no pl., no indef. art.* Verachtung, *die;* **with ~:** mit *od.* voll[er] Verachtung; verachtungsvoll; **be the ~ of sb.** von jmdm. verachtet werden; *see also* **pour 1 a.** 2. *v. t.* a) *(hold in contempt)* verachten; b) *(refuse)* in den Wind schlagen *(Rat);* ausschlagen *(Angebot);* verschmähen *(geh.);* **~ doing** *or* **to do sth.** es für unter seiner Würde halten, etw. zu tun
scornful ['skɔ:nfl] *adj.* verächtlich *(Lächeln, Blick);* **with ~ disdain** voll[er] Verachtung; verachtungsvoll; **be ~ of sth.** für etw. nur Verachtung haben
scornfully ['skɔ:nfəlɪ] *adv.* verächtlich; voll[er] Verachtung
Scorpian ['skɔ:pɪən] *n. (Astrol.)* Skorpion, *der*
Scorpio ['skɔ:pɪəʊ] *n. (Astrol., Astron.)* der Skorpion; der Scorpius; *see also* **Aries**
scorpion ['skɔ:pɪən] *n.* a) *(Zool.)* Skorpion, *der;* b) *(Astrol.)* **the S~:** der Skorpion; *see also* **archer b**
Scot [skɒt] *n.* Schotte, *der*/Schottin, *die*
Scotch [skɒtʃ] 1. *adj.* a) *(of Scotland) see* **Scottish;** b) *(Ling.) see* **Scots 1 b.** 2. *n.* a) *(whisky)* Scotch, *der;* schottischer Whisky; b) *(Ling.) see* **Scots 2;** c) *constr. as pl.* **the ~:** die Schotten
scotch *v. t.* a) *(frustrate)* zunichte machen *(Plan);* b) *(put an end to)* den Boden entziehen (+ *Dat.) (Gerücht, Darstellung)*
Scotch: **'broth** *n. (Gastr.)* Hammelfleisch- *od.* Rindfleischsuppe mit Gemüse und Perlgraupen; **~ egg** *n. (Gastr.)* hartgekochtes Ei in Wurstbrät; **~ 'fir** *n.* [Gemeine] Kiefer; Waldkiefer, *die;* **~ -man** *n.* ['skɒtʃmən] *see* **Scotsman;** **~ 'mist** *n.* dichter Nieselregen; **~ 'pine** *see* **fir;** **~ tape, (P)** *n. (Amer.)* ~ Tesafilm, *der* (Ⓦ); **~ 'terrier** *n.* Scotch[terrier], *der;* **~ 'whisky** *n.* schottischer Whisky; **~ 'woman** *see* **Scotswoman**
scot-'free *pred. adj.* ungeschoren; **get off/go/escape ~ :** ungeschoren davonkommen *od.* bleiben
Scotland ['skɒtlənd] *pr. n.* Schottland *(das)*
Scotland 'Yard *n. (Brit.)* Scotland Yard *(der)*
Scots [skɒts] 1. *adj.* a) *(esp. Scot.) see* **Scottish;** b) *(Ling.)* schottisch. 2. *n. (dialect)* Schottisch, *das*
Scots: **~ -man** ['skɒtsmən] *n., pl.* **~ -men** ['skɒtsmən] Schotte, *der;* **~ -woman** *n.* Schottin, *die*
Scottie ['skɒtɪ] *n. (coll.)* a) *see* **Scotch terrier;** b) *(man)* Schotte, *der*
Scottish ['skɒtɪʃ] *adj.* schottisch; **sb. is ~ :** jmd. ist Schotte/Schottin
scoundrel ['skaʊndrl] *n.* Schuft, *der (abwertend); (villain)* Schurke, *der (abwertend)*
scoundrelly ['skaʊndrəlɪ] *adj.* schurkisch *(abwertend);* schuftig *(abwertend)*
¹**scour** [skaʊə(r)] *v. t.* a) *(cleanse by friction)* scheuern *(Topf, Metall);* **~ out** ausscheuern *(Topf);* b) *(clear out)* **~ [out]** durchspülen *(Rohr);* c) *(remove by rubbing)* [ab]scheuern; **~ away/off** ab-/wegscheuern

²**scour** *v. t. (search)* durchkämmen (**for** nach)

scourer ['skaʊərə(r)] *n.* Topfreiniger, *der;* Topfkratzer, *der*

scourge [skɜːdʒ] **1.** *n. (lit. or fig.)* Geißel, *die;* **they were the ~ of the English coast** sie suchten die englische Küste immer wieder heim. **2.** *v. t.* **a)** *(whip)* geißeln; **b)** *(afflict)* heimsuchen

scouse [skaʊs] *(Brit. sl.)* **1.** *n.* **a)** *(dialect)* Liverpooler Dialekt; **b)** *(person)* Liverpooler, *der*/Liverpoolerin, *die.* **2.** *adj.* Liverpooler

¹**scout** [skaʊt] **1.** *n.* **a)** **[Boy]** S~: Pfadfinder, *der;* **King's/Queen's** S~ *(im Britischen Commonwealth) Pfadfinder der höchsten Rangstufe; see also* **girl scout**; **b)** *(Mil. etc.: sent to get information)* Späher, *der*/Späherin, *die;* Kundschafter, *der*/Kundschafterin, *die;* *(aircraft)* Aufklärer, *der;* **c)** *(Brit. Univ.: college servant)* Collegediener, *der;* **d)** *(coll.: helpful person)* **be a good ~:** immer bereit sein zu helfen; **e)** *(act of looking)* Erkundung, *die; (Mil.)* Aufklärung, *die;* **take a ~ around** sich umsehen. **2.** *v. i.* auf Erkundung gehen; **~ for sb./sth.** nach jmdm./etw. Ausschau halten; **be ~ing for talent** auf Talentsuche sein

~ a'bout, ~ a'round *v. i.* sich umsehen (**for** nach); Ausschau halten (**for** nach)

~ 'out *v. t.* auskundschaften; erkunden

²**scout** *v. t. (reject)* ablehnen; zurückweisen; aus der Welt schaffen ⟨*Gerücht*⟩

'**scout car** *n. (Mil.)* Panzerspähwagen, *der*

scouting ['skaʊtɪŋ] *n.* **a)** *(reconnaissance)* Erkundung, *die;* Aufklärung, *die (Milit.);* **b)** S~: Pfadfindertum, *das;* Pfadfinderei, *die (ugs.); (Scout movement)* Pfadfinderbewegung, *die*

scout: ~ leader, *(Hist.)* **~master** *ns.* Pfadfinderführer, *der;* **~ movement** *n.* Pfadfinderbewegung, *die*

scowl [skaʊl] **1.** *v. i.* ein mürrisches *od.* verdrießliches Gesicht machen; **~ at sb.** jmdn. mürrisch *od.* verdrießlich ansehen. **2.** *n.* mürrischer *od.* verdrießlicher [Gesichts]ausdruck

SCR *abbr. (Brit. Univ.)* **a) Senior Common Room; b) Senior Combination Room**

scrabble [skræbl] **1.** *v. i. (scratch)* ⟨*Maus, Hund:*⟩ scharren, kratzen; **~ about** ⟨*Maus:*⟩ herumkratzen *od.* -scharren; *(for missing object)* ⟨*Person:*⟩ wühlen (**for** nach); **the child was scrabbling in the sand** das Kind buddelte *(ugs.)* im Sand. **2.** *n.* S~, (P) Scrabble, *das*

scrag[-end] [skræg('end)] *n. (Gastr.)* Hals, *der;* Halsstück, *das*

scraggy ['skrægɪ] *adj. (derog.)* mager ⟨*Person, Tier*⟩; dürr ⟨*Arme, Beine*⟩; hager ⟨*Hals*⟩

scram [skræm] *v. i.,* **-mm-** *(sl.)* abhauen *(salopp);* verschwinden *(ugs.)*

scramble ['skræmbl] **1.** *v. i.* **a)** *(clamber)* klettern, kraxeln *(ugs.);* **~ through a hedge** sich durch eine Hecke zwängen; **b)** *(move hastily)* hasten *(geh.);* rennen *(ugs.);* **~ for sth.** um etw. rangeln; ⟨*Kinder:*⟩ sich um etw. balgen; **c)** *(Air Force)* [im Alarmfalle] aufsteigen. **2.** *v. t.* **a)** *(Cookery)* **~ some eggs** Rührei[er] machen; **would you like your eggs ~d?** möchtest du deine Eier als Rührei?; *see also* **scrambled egg**; **b)** *(Teleph., Radio)* verschlüsseln ⟨*Botschaft, Nachricht*⟩; an ein Verschlüsselungsgerät anschließen ⟨*Telefon*⟩; **c)** *(mix together)* [ver]mischen; **d)** *(deal with hastily)* **a bill through Parliament** einen Gesetzentwurf durchs Parlament peitschen *(ugs.);* **~ the ball away** *(Footb.)* den Ball [irgendwie] wegschlagen. **3.** *n.* **a)** *(struggle)* Gerangel, *das* (**for** um); *(on roads)* [Verkehrs]gewühl, *das;* [Verkehrs]chaos, *das;* **b)** *(climb)* Kletterpartie, *die (ugs.)*

scrambled egg [skræmbld 'eg] *n. (Gastr.)* Rührei, *das*

scrambler ['skræmblə(r)] *n. (Teleph.,*

Radio) [elektronisches] Verschlüsselungsgerät

¹**scrap** [skræp] **1.** *n.* **a)** *(fragment) (of paper, conversation)* Fetzen, *der; (of food)* Bissen, *der;* **~ of paper** Stück Papier, *das; (small, torn)* Papierfetzen, *der;* **b)** *(odds and ends) (of food)* Reste *Pl.; (of language)* Brocken *Pl.;* **a few ~s of information/news** ein paar bruchstückhafte Informationen/Nachrichten; **a few ~s of French** ein paar Brocken Französisch; **c)** *(smallest amount)* **not a ~ of** kein bißchen; *(of sympathy, truth also)* nicht ein Fünkchen; *(of truth also)* nicht ein Körnchen; **not a ~ of evidence** nicht die Spur eines Beweises; **d)** *no pl., no indef. art. (waste metal)* Schrott, *der;* **~ metal** Schrott, *der;* Altmetall, *das;* **~ iron** Eisenschrott, *der;* Alteisen, *das;* **e)** *no pl., no indef. art. (rubbish)* Abfall, *der;* **they are ~s** sind Abfall *od.* sind Abfälle. **2.** *v. t.,* **-pp-** wegwerfen; wegschmeißen *(ugs.); (send for scrap)* verschrotten; *(fig.)* aufgeben ⟨*Plan, Projekt usw.*⟩; **you can ~ that idea right away** die Idee kannst du gleich vergessen *(ugs.)*

²**scrap** *(coll.)* **1.** *n. (fight)* Rauferei, *die;* Klopperei, *die (ugs.); (verbal)* Kabbelei, *die (ugs.);* **get into a ~ with sb.** sich mit jmdm. in die Wolle kriegen *(ugs.);* **have a ~** sich in die Wolle haben *(ugs.).* **2.** *v. i.,* **-pp-** sich raufen (**with** mit); *(verbally)* sich kabbeln

'**scrap-book** *n.* [Sammel]album, *das*

scrape [skreɪp] **1.** *v. t.* **a)** *(make smooth)* schaben ⟨*Häute, Möhren, Kartoffeln usw.*⟩; abziehen ⟨*Holz*⟩; *(damage)* verkratzen, schrammen ⟨*Fußboden, Auto*⟩; schürfen ⟨*Körperteil*⟩; **~ one's knee/the skin off one's knee** *(Dat.)* am Knie die Haut abschürfen; **b)** *(remove)* [ab]schaben, [ab]kratzen *(off, from von)* ⟨*Farbe, Schmutz, Rost*⟩; **c)** *(draw along)* schleifen; **~ the bow across the fiddle** mit dem Bogen über die Geige kratzen; **d)** *(remove dirt from)* abstreifen ⟨*Schuhe, Stiefel*⟩; **e)** *(draw back)* straff kämmen ⟨*Haar*⟩; **f)** *(excavate)* scharren ⟨*Loch*⟩; **g)** *(accumulate by care with money)* **~ together/up** zusammenkratzen *(ugs.); (save up)* zusammensparen; **h)** **~ together/up** *(amass by scraping)* zusammenscharren ⟨*Sand, Kies*⟩; *(rake together)* zusammenharken ⟨*Laub usw.*⟩; *(amass with difficulty)* zusammenkriegen ⟨*Geld*⟩; **~ [an] acquaintance with sb.** sich bei jmdm. anbiedern *(abwertend);* **i)** *(leave no food on or in)* abkratzen ⟨*Teller*⟩; auskratzen ⟨*Schüssel*⟩; **j)** *(Naut.)* von Bewuchs befreien *od.* reinigen ⟨*Schiff*⟩. *See also* **barrel a. 2.** *v. i.* **a)** *(produce grating sound)* schleifen; **the chalk ~d along the blackboard** die Kreide kratzte über die Tafel; **b)** *(emit scraping noise)* ein schabendes Geräusch machen; **c)** *(rub)* streifen (**against, over** *Akk.*); **d)** *(very nearly graze or be grazed)* **~ over sth.** *(Flugzeug:)* haarscharf über etw. *(Akk.)* hinwegfliegen; **~ past each other** *(Autos:)* haarscharf aneinander vorbeifahren; **~ into second place** *(fig.)* mit Hängen und Würgen *(ugs.)* auf den zweiten Platz kommen; **e)** **bow and ~** katzbuckeln *(abwertend);* **f)** *(be careful with money)* sein Geld zusammenhalten; *see also* **scrimp. 3.** *n.* **a)** *(sort, sound)* Kratzen, *das* (**against** an + *Dat.*); Schaben, *das* (**against** an + *Dat.*); **give the potatoes a ~:** die Kartoffeln schaben; **b)** *(predicament)* Schwulitäten *Pl. (ugs.);* **be in/get into a ~:** in Schwulitäten sein/kommen; **get sb. out of a ~:** jmdm. aus der Bredouille *od.* Patsche helfen *(ugs.);* **c)** *(scraped place)* Kratzer, *der (ugs.);* Schramme, *die*

~ a'long *v. i. (fig.)* sich über Wasser halten (**on** mit)

~ a'way *v. t.* abkratzen, abschaben

~ 'by *see* **~ along**

~ 'out *v. t.* **a)** *(excavate)* buddeln *(ugs.);* scharren; **b)** *(clean)* auskratzen; -schaben

~ through 1. ['--] *v. t.* **a)** sich zwängen durch; **b)** *(fig.: just succeed in passing)* mit Hängen und Würgen kommen durch ⟨*Prüfung*⟩. **2.** [-'-] *v. i.* **a)** *(fig.: just succeed in passing examination)* mit Hängen und Würgen durchkommen

scraper ['skreɪpə(r)] *n.* **a)** *(for shoes)* Kratzeisen, *das; (grid)* Abtreter, *der;* Abstreifer, *der;* **b)** *(hand tool, kitchen utensil)* Schaber, *der;* **c)** *(for clearing snow)* Schneescharre, *die;* Schneeschieber, *der;* **d)** *(for clearing mud or dung)* [Schmutz]kratzer, *der; (decorator's)* Spachtel, *der;* **e)** *(for removing ice from car windows)* [Eis]kratzer, *der*

'**scraperboard** *n. (Art)* Schabpapier, *das*

'**scrap-heap** *n.* Schutthaufen, *der;* Müllhaufen, *der;* **the scheme has been thrown/is on the ~** *(fig.)* der Plan ist zu Makulatur gemacht worden/ist Makulatur; **sb. is on the ~:** jmd. wird nicht mehr gebraucht; *(because of age)* jmd. gehört zum alten Eisen *(fig. ugs.)*

scrapings ['skreɪpɪŋz] *n. pl.* Schabsel; Geschabsel, *das*

scrap: ~ merchant *n.* Schrotthändler, *der*/-händlerin, *die;* **~ paper** *n.* Schmierpapier, *das*

scrappily ['skræpɪlɪ] *adv.* unzulänglich; *(without unity)* uneinheitlich; *(unsystematically)* unsystematisch

scrappy ['skræpɪ] *adj.* **a)** *(not complete)* lückenhaft ⟨*Bericht, Bildung usw.*⟩; *(not unified)* uneinheitlich; **b)** *(lacking consistency)* inkonsistent ⟨*geh.*⟩, unausgewogen ⟨*Aufsatz, Bericht*⟩; **c)** *(made up of bits or scraps)* zusammengestoppelt *(abwertend);* **a ~ meal, consisting of left-overs** ein aus Resten zusammengestoppeltes Essen

'**scrap-yard** *n.* Schrottplatz, *der;* **be sent to the ~:** verschrottet werden

scratch [skrætʃ] **1.** *v. t.* **a)** *(score surface of)* zerkratzen; verkratzen; *(score skin of)* kratzen; **~ the surface [of sth.]** *(Geschoß usw.)* [etw.] streifen; **he has only ~ed the surface [of the problem]** er hat das Problem nur oberflächlich gestreift; **~ an A and find a B** *(fig.)* in jedem A steckt ein B; **b)** *(get scratch[es] on)* ~ **oneself/one's hands** *etc.* sich schrammen/sich *(Dat.)* die Hände *usw.* zerkratzen *od.* [zer]schrammen *od.* ritzen; **c)** *(scrape without marking)* kratzen; **~ oneself/one's arm** *etc.* sich kratzen/sich *(Dat.)* den Arm *usw. od.* am Arm *usw.* kratzen; *abs. (Person:)* sich kratzen; **~ one's head** sich am Kopf kratzen; **~ one's head over sth.** *(fig.) (Akk.)* *(fig.) (Dat.)* über etw. *(Akk.)* zerbrechen; **you ~ my back and I'll ~ yours** *(fig. coll.)* eine Hand wäscht die andere *(Spr.);* **d)** *(form)* kratzen, ritzen ⟨*Buchstaben, in + Akk.*⟩; *(excavate in ground)* kratzen, scharren ⟨*Loch*⟩ (**in** in + *Akk.*); *(scribble)* kritzeln ⟨*Zeilen*⟩; **~ a living** sich schlecht und recht ernähren (**from** von); **e)** *(erase from list)* streichen (**from** aus); *(withdraw from competition)* von der Starter- oder Teilnehmerliste streichen ⟨*Rennpferd, Athleten*⟩; *(Amer. Polit.)* [von der Kandidatenliste] streichen ⟨*Kandidat*⟩; *abs.* ⟨*Rennfahrer:*⟩ [seine Meldung *od.* Nennung] zurückziehen. **2.** *v. i.* **a)** *(make wounds, cause itching, make grating sound)* kratzen; **b)** *(scrape)* ⟨*Huhn:*⟩ kratzen, scharren. **3.** *n.* **a)** *(mark, wound; coll.: trifling wound)* Kratzer, *der (ugs.);* Schramme, *die;* **be covered in ~es** zer- *od.* verkratzt sein; zer- *od.* verschrammt sein; **without a ~:** ohne eine Schramme; **b)** *(sound)* Kratzen, *das* (**at** an + *Dat.*); Kratzgeräusch, *das;* **there was a ~ at the door** es kratzte an der Tür; **c)** *(spell of scratching)* **have a [good] ~:** sich [ordentlich] kratzen; **d)** *(Sport)* hinterste Startlinie (bei Handikaprennen); ohne Vorgabe; **start from ~** *(fig.)* bei Null anfangen *(ugs.);* **be up to ~** ⟨*Arbeit, Leistung:*⟩ nichts zu wün-

scratchboard

schen übriglassen; ⟨Person:⟩ in Form od. (ugs.) auf Zack sein; **not be up to ~**: [einiges] zu wünschen übriglassen; ⟨Mensch:⟩ nicht in Form od. (ugs.) auf Zack sein; **bring sth. up to ~**: etw. auf Vordermann (scherzh.) od. (ugs.) auf Zack bringen; **bring sb.'s performance up to ~**: jmdn. in Form od. (ugs.) auf Zack bringen; **f)** no pl., no indef. art. (sl.: money) Kohle, die (salopp); Knete, die (salopp). **4.** adj. **a)** (Sport) ohne Vorgabe nachgestellt; ~ **player** (Golf) Scratchspieler, der; **b)** (collected haphazardly) bunt zusammengewürfelt; improvisiert ⟨Mahlzeit⟩
~ **a'bout, ~ a'round** v. i. scharren; (fig.: search) suchen (**for** nach)
~ **'off** v. t. abkratzen; (delete) streichen ⟨Person, Name⟩
~ **'out** v. t. **a)** (score out) aus-, durchstreichen ⟨Name, Wort⟩; **b)** (gouge out) auskratzen ⟨Auge⟩
~ **'through** see ~ out a
~ **to'gether, ~ 'up** v. t. zusammenstoppeln (ugs.) ⟨Mahlzeit⟩; zusammenkratzen (ugs.) ⟨Geld⟩
'**scratchboard** see scraperboard
scratchily ['skrætʃɪlɪ] adv. kratzend
scratchy ['skrætʃɪ] adj. **a)** (making sound of scratching) kratzig [klingend] ⟨Schallplatte⟩; **this is a ~ nib** diese Feder kratzt; **b)** (causing itching) kratzig ⟨Wolle, Kleidungsstück⟩; **c)** (careless) kratzig (ugs.) ⟨Handschrift, Zeichnung⟩; **d)** (irritable) kratzbürstig; kratzig (ugs.)
scrawl [skrɔːl] **1.** v. t. hinkritzeln; ~ **sth. on sth.** etw. auf etw. (Akk.) kritzeln. **2.** v. i. kritzeln. **3.** n. **a)** (piece of writing) Gekritzel, das; (handwriting) Klaue, die (salopp abwertend); **b)** (note) hingekritzelte Zeilen
~ **'out** v. t. wegstreichen ⟨Wort⟩
~ **'over** v. t. vollkritzeln, vollschmieren ⟨Seite, Buch⟩
scrawny ['skrɔːnɪ] adj. (derog.) hager, dürr ⟨Hals, Person⟩; mager ⟨Vieh⟩
scream [skriːm] **1.** v. i. **a)** (utter cry) schreien (**with** vor + Dat.); ~ **at sb.** jmdn. anschreien; **b)** (give shrill cry) ⟨Vogel, Affe:⟩ schreien; **c)** (whistle or hoot shrilly) ⟨Sirene, Triebwerk:⟩ heulen; ⟨Reifen:⟩ quietschen; ⟨Säge:⟩ kreischen; **the car ~ed past** das Auto kam mit heulendem Motor vorbeigerast; **d)** (laugh) schreien (**with** vor + Dat.); **e)** (speak or write excitedly) ~ **about sth.** um etw. ein großes Geschrei machen (ugs.); **the shipyards are ~ing for work** die Werften schreien nach Aufträgen (geh.); **f)** be blatantly obvious) ⟨Schlagzeile:⟩ in die Augen springen, einem entgegenspringen. **2.** v. t. schreien; ~ **sth. at sb.** jmdn. etw. ins Gesicht schreien. **3.** n. **a)** (cry) Schrei, der; (of siren or jet engine) Heulen, das; ~**s of pain/laughter** Schmerzensschreie/gellendes Gelächter; **b)** (sl.: comical person or thing) be a ~: zum Schreien sein (ugs.)
screaming ['skriːmɪŋ] adj. **a)** schreiend; quietschend ⟨Reifen⟩; heulend ⟨Sirene, Wind, Triebwerk⟩; **b)** (funny) urkomisch
screamingly ['skriːmɪŋlɪ] adv. ~ **funny** urkomisch
scree [skriː] n. ~ [s] **a)** (stones) Schutt, der; Geröll, das; Schotter, der; **b)** (mountain slope) Schutthalde, die
screech [skriːtʃ] **1.** v. i. (utter cry) ⟨Kind, Eule:⟩ kreischen, schreien; (make sound like cry) ⟨Bremsen:⟩ quietschen, kreischen; ~ **to a halt, come to a ~ing halt** ⟨Auto:⟩ quietschend od. kreischend zum Stehen kommen. **2.** v. t. kreischen. **3.** n. (cry) Schrei, der; Kreischen, das; (sound like cry) Quietschen, das; Kreischen, das; **give a ~ of laughter** gellend auflachen
'**screech-owl** n. **a)** (Brit.: barn-owl) Schleiereule, die; **b)** (Amer.: of genus Otus) Zwergohreule, die; (Otus asio) Kreischeule, die

screed [skriːd] n. **a)** (lengthy writing) Roman, der (ugs.); **b)** (harangue) Strafpredigt, die; (Building) Estrich, der
screen [skriːn] **1.** n. **a)** (partition) Trennwand, die; (piece of furniture) Wandschirm, der; (fire-~) [Ofen]schirm, der; see also **rood-screen**; **b)** (sth. that conceals from view) Sichtschutz, der; (Hunting) [Jagd]schirm, der; (of trees, persons, fog) Wand, die; (of persons) Mauer, die; (expression of face or measure adopted for concealment) Maske, die; (of indifference, secrecy also) Wand, die; Mauer, die; **c)** (surface on which pictures are projected) Leinwand, die; Projektionswand, die; (in cathode-ray tube) Schirm, der; **[TV]** [Fernseh]schirm, der; Bildschirm, der; **the ~** (Cinemat.) die Leinwand; **stage and ~**: Bühne und Leinwand; **the small ~**: der Bildschirm; **d)** (vertical display surface for exhibits) Stellwand, die; (for notices) Pinnwand, die; Anschlagtafel, die; **e)** (Phys.) [Schutz]schirm, der; (Electr.) Abschirmung, die; **f)** (Motor Veh.) **windscreen**; **g)** (Amer.: netting to exclude insects) Fliegendraht, der; Fliegengitter, das; **h)** (sieve) [Wurf]sieb, das; Durchwurf, der; (Cricket) see **sight-screen**; **j)** (Photog.) Mattscheibe, die; **k)** (Printing) [Bild]raster, der. **2.** v. t. **a)** (shelter) schützen (**from** vor + Dat.); (conceal) verdecken; ~ **one's eyes from the sun** seine Augen vor der Sonne schützen od. (ugs.) gegen die Sonne beschirmen; **be ~ed from view** vor Einblicken geschützt sein; ~ **sth. from sb.** etw. jmds. Blicken entziehen; **b)** (show) vorführen, zeigen ⟨Dias, Film⟩; **c)** (test) durchleuchten (**for** auf ... [Akk.] hin); **d)** (fig.: protect) decken ⟨Straftäter⟩; (from blame) in Schutz nehmen (**from** gegen), (from justice) bewahren (**from** vor + Dat.); **e)** (sieve) [durch]sieben; **f)** (Electr. Phys., Nucl. Engin.) abschirmen
~ **'off** v. t. abteilen ⟨Teil eines Raums⟩; [mit einem Wandschirm] abtrennen ⟨Bett⟩
screen: ~**-play** n. (Cinemat.) Drehbuch, das; ~**-printing** n. (Textiles) Gewebeaufdruck, der; ~ **test** n. (Cinemat.) Probeaufnahmen Pl.; ~**-writer** n. (Cinemat.) Filmautor, der/-autorin, die
screw [skruː] **1.** n. **a)** Schraube, die; **he has a ~ loose** (coll. joc.) bei ihm ist eine Schraube locker od. lose (salopp); **put the ~[s] on sb.** (fig. coll.) jmdm. [die] Daumenschrauben anlegen (ugs.); **b)** (Naut., Aeronaut.) Schraube, die; **c)** (sl.: prison warder) Wachtel, die (salopp); Schien, der (Gaunerspr. veralt.); **d)** (coarse) (copulation) Fick, der (vulg.); Nummer, die (salopp); (partner in copulation) Ficker, der/Fickerin, die (vulg.); **have a ~**: ficken (vulg.); vögeln (vulg.); **be a good ~**: gut ficken od. vögeln (vulg.); **e)** (Brit. sl.: wages) **they're/he's** etc. **paid a good ~**: die Kohlen kommen [bei ihnen/ihm] (ugs.); **f)** (turn of ~) [Um]drehung, die; **give the bolt another ~**: dreh die Schraube noch eine Umdrehung weiter. **2.** v. t. **a)** (fasten) schrauben (**to** an + Akk.); ~ **together** zusammenschrauben; verschrauben; ~ **have one's head ~ed on straight** or **the right way** or **properly** (coll.) ein vernünftiger Mensch sein; **b)** (turn) ⟨Schraubverschluß usw.:⟩; ~ **one's head round** den Kopf verdrehen; **a piece of paper into a ball** ein Stück Papier zu einer Kugel zusammendrehen; **c)** (sl.: extort) [raus]quetschen (salopp) ⟨Geld, Geständnis⟩ (**out of** aus); **can't you ~ a bit more money out of your parents?** kannst du deinen Eltern nicht noch ein bißchen mehr Geld aus dem Kreuz leiern? (salopp); ~ **sb. for a loan/for repayment** ein Darlehen/die Rückzahlung aus jmdm. rausquetschen (salopp); **d)** (coarse: copulate with) ⟨Mann:⟩ ficken (vulg.), vögeln (vulg.); ⟨Frau:⟩ ficken mit (vulg.), vögeln mit (vulg.); **e)** (sl.: burgle)

scriptural

knacken (salopp) ⟨Tresor⟩; **einen Bruch machen bei** (salopp) ⟨Bank usw.⟩. **3.** v. i. **a)** (revolve) sich schrauben lassen; sich drehen lassen; ~ **to the right** ein Rechtsgewinde haben; ~ **out/together** sich herausschrauben/zusammenschrauben lassen; **b)** (coarse: copulate) ficken (vulg.); vögeln (vulg.)
~ **'up** v. t. **a)** (make tenser) spannen ⟨Saite⟩; ~ **up one's courage** sich (Dat.) ein Herz fassen; **b)** (crumple up) zusammenknüllen ⟨Blatt Papier⟩; **c)** (make grimace with) verziehen ⟨Gesicht⟩; (contract the outer parts of) zusammenkneifen ⟨Augen, Mund⟩; **d)** (sl.: bungle) vermurksen (ugs.); vermasseln (salopp); ~ **it/things up** Mist bauen (salopp)
screw: ~**-ball** n. (Amer. sl.) **1.** n. Spinner, der/Spinnerin, die (ugs. abwertend); **be a ~**: spinnen; **2.** adj. spleenig; ~**-cap** n. Schraubdeckel, der; Schraubverschluß, der; ~**-coupling** n. (Mech. Engin.) Gewindemuffe, die; ~**driver** n. **a)** Schraubenzieher, der; Schraubendreher, der (fachspr.); **b)** (cocktail) Wodka-Orange, der; Screwdriver, der
screwed [skruːd] adj. (sl.: drunk) besoffen (salopp)
'**screwed-up** adj. (fig. coll.) neurotisch; **get [all] ~ about sth.** wegen etw. ausflippen (ugs.)
screw-top see **screw-cap**
screwy ['skruːɪ] adj. (sl.: eccentric) spinnig (ugs. abwertend); spleenig; (crazy) verrückt ⟨Humor, Idee, Plan⟩
scribble ['skrɪbl] **1.** v. t. **a)** (write hastily) hinkritzeln ⟨Zeilen, Nachricht⟩; **b)** (draw carelessly or meaninglessly) kritzeln ⟨Skizze, Muster⟩; **c)** (joc. derog.: write) absondern (salopp abwertend) ⟨Gedicht, Artikel⟩. **2.** v. i. **a)** (write hurriedly, draw carelessly) kritzeln; **b)** (joc. derog.: be journalist etc.) schreiben; **are you still scribbling?** machst du [immer] noch auf Schreiberling? (ugs. abwertend). **3.** n. Gekritzel, das (abwertend); (handwriting) Klaue, die (salopp abwertend)
~ **'out, ~ 'over** v. t. aus-, durchstreichen; überkritzeln
scribbler ['skrɪblə(r)] n. (joc. derog.) Schreiberling, der (abwertend); (of poems also) Dichterling, der (abwertend)
scribbling ['skrɪblɪŋ]: ~**-pad** n. (Brit.) Notizblock, der; ~**-paper** n. (Brit.) Schmierpapier, das (ugs.)
scribe [skraɪb] n. **a)** (producer of manuscripts) Schreiber, der; Skriptor, der; (copyist) Abschreiber, der; Kopist, der; **b)** (Bibl.: theologian) Schriftgelehrte, der
scrimmage ['skrɪmɪdʒ] n. **1.** n. Gerangel, das. **2.** v. i. rangeln; ⟨spielende Kinder:⟩ sich balgen
scrimp [skrɪmp] v. i. knausern (ugs.); knapsen (ugs.); ~ **and save** or **scrape** knapsen und knausern (ugs.); ~ **on sth.** mit etw. knausern
scrip [skrɪp] n. (Finance) **a)** (certificate) Scrip, der; Zwischenschein, der; **b)** (extra share[s]) Gratisaktie, die/Gratisaktien Pl.
script [skrɪpt] **1.** n. **a)** (handwriting) Handschrift, die; **in ~**: handgeschrieben; handschriftlich; **b)** (of play) Regiebuch, das; (of film) [Dreh]buch, das; Skript, das (fachspr.); **c)** (for broadcaster) Skript, das; Manuskript, das; **d)** (system of writing) Schrift, die; **e)** (Printing) Schreibschrift, die; **f)** (Brit. Educ.) [Prüfungs]arbeit, die. **2.** v. t. schriftlich ausarbeiten ⟨Rede⟩; das [Dreh]buch schreiben zu ⟨Film, Fernsehspot usw.⟩; das Storyboard machen zu ⟨Fernsehspot⟩
'**script girl** n. Skriptgirl, das
scriptorium [skrɪpˈtɔːrɪəm] n., pl. **scriptoria** [skrɪpˈtɔːrɪə] or ~**s** Skriptorium, das; [Kloster]schreibstube, die
scriptural ['skrɪptʃərl, 'skrɪptʃʊrl] adj. **a)** (of the Bible) biblisch ⟨Geschichte⟩; Bibel-

635

⟨kenntnis⟩; Schrift⟨lesung⟩; **b)** *(founded on doctrines of the Bible)* schriftgemäß
scripture ['skrɪptʃə(r)] *n.* **a)** *(Relig.: sacred book)* heilige Schrift; **[Holy] S~, the [Holy] S~s** *(Christian Relig.)* die [Heilige] Schrift; *attrib.* Bibel⟨text, -stunde⟩; **b)** *(Christian Relig.: Bible text)* Bibeltext, *der;* **c)** *no pl., no art. (Sch.)* Religion, *die*
'**script-writer** *n. (of film)* Drehbuchautor, *der/*-autorin, *die; (for radio)* Hörspielautor, *der/*-autorin, *die*
scrofula ['skrɒfjʊlə] *n. (Med.)* Skrofulose, *die;* Skrofeln *Pl.*
scroll [skrəʊl] **1.** *n.* **a)** *(roll)* Rolle, *die;* **b)** *(design) (Archit.)* Volute, *die;* Schnecke, *die; (Mus.: on violin)* Schnecke, *die; (flourish in writing)* Schnörkel, *der.* **2.** *v. t. (Computing)* verschieben; scrollen *(fachspr.);* **~ a few pages** ein paar Seiten durchlaufen lassen
'**scrollwork** *n., no pl. (Art)* Schneckenverzierung, *die*
Scrooge [skru:dʒ] *n. (coll. derog.)* Geizkragen, *der (ugs. abwertend);* **don't be such a ~:** sei nicht so geizig
scrotum ['skrəʊtəm] *n., pl.* **scrota** ['skrəʊtə] *or* **~s** *(Anat.)* Hodensack, *der;* Skrotum, *das (fachspr.)*
scrounge [skraʊndʒ] *(coll.)* **1.** *v. t.* **a)** *(cadge)* schnorren *(ugs.);* **b)** *(off, from* von); **~ things** schnorren *(ugs.); (take illicitly)* mitgehen lassen *(ugs.);* sich *(Dat.)* unter den Nagel reißen *(salopp).* **2.** *v. i.* **a)** *(from* bei); **b)** *(take things illicitly)* klauen *(salopp);* **c)** *~* **[around]** herumsuchen; herumstöbern *(ugs.);* **~ for sth.** nach etw. suchen. **3.** *n.* **be on the ~ [for sth.]** [etw.] schnorren wollen *(ugs.)*
scrounger ['skraʊndʒə(r)] *n. (coll.) (cadger)* Schnorrer, *der/*Schnorrerin, *die (ugs. abwertend)*
[1]**scrub** [skrʌb] **1.** *v. t.,* **-bb- a)** *(rub)* schrubben *(ugs.);* scheuern; **b)** *(coll.: cancel, scrap)* zurücknehmen ⟨Befehl⟩; sausenlassen, schießenlassen *(salopp)* ⟨Plan, Projekt⟩; wegschmeißen *(ugs.)* ⟨Brief⟩; **the project had to be ~bed** das Projekt mußte abgeblasen werden *(ugs.).* **2.** *v. i.,* **-bb- a)** *(use brush)* schrubben *(ugs.);* scheuern; **b)** *see* **~ up. 3.** *n.* **give sth. a ~:** etw. schrubben *(ugs.)* od. scheuern
~ 'out *v. t.* **a)** *(clean thoroughly)* schrubben *(ugs.),* [aus]scheuern ⟨*Pfanne*⟩; *(clean generally)* *(ugs.),* scheuern ⟨*Zimmer*⟩; **b)** *(remove)* ausbürsten ⟨*Fleck*⟩; **c)** *see* **~ 1 b**
~ 'up *v. i. (Med.)* sich *(Dat.)* die Hände [und Unterarme] desinfizieren
[2]**scrub** *n. (brushwood)* Buschwerk, *das;* Strauchwerk, *das;* Gesträuch, *das; (area of brushwood)* Buschland, *das;* **b)** *(stunted person, animal, or plant)* Kümmerling, *der*
scrubber ['skrʌbə(r)] *n.* **a)** *(sl.: immoral woman)* Flittchen, *das (ugs. abwertend);* Nutte, *die (abwertend); (sluttish woman)* Schlampe, *die (ugs. abwertend);* **b)** *(Chem.)* Wascher, *der*
'**scrub-brush** *(Amer.),* '**scrubbing-brush** *ns.* Scheuerbürste, *die*
scrubby ['skrʌbɪ] *adj.* **a)** *(bristly)* stoppelig ⟨*Kinn*⟩; stachelig, borstig ⟨*Bart*⟩; **b)** *(with stunted bushes)* mit [niedrigem] Busch- od. Strauchwerk bewachsen ⟨*Gebiet*⟩; **c)** *(stunted)* krüppelhaft ⟨*Büsche, Sträucher*⟩
[1]**scruff** [skrʌf] *n.* **by the ~ of the neck** beim od. am Genick
[2]**scruff** *n. (Brit. coll.) (scruffy man)* vergammelter Typ *(ugs.); (scruffy woman, girl)* Schlampe, *die (ugs. abwertend)*
scruffily ['skrʌfɪlɪ] *adv. (coll.)* gammelig *(ugs. abwertend)* ⟨angezogen⟩
scruffy ['skrʌfɪ] *adj. (coll.)* vergammelt *(ugs. abwertend);* heruntergekommen ⟨*Haus, Restaurant, Gegend*⟩; ungepflegt ⟨*Haar*⟩
scrum [skrʌm] *n.* **a)** *(Rugby)* Gedränge, *das;* **b)** *(coll.: milling crowd)* Gedränge, *das;*

Gewimmel, *das;* **a ~ of press photographers** ein Schwarm von Pressefotografen
scrum-'half *n. (Rugby)* Gedrängehalb[spieler], *der*
scrummage ['skrʌmɪdʒ] *see* **scrum a**
scrump [skrʌmp] *v. t. & i.* stehlen
scrumptious ['skrʌmpʃəs] *adj. (coll.)* lecker ⟨*Essen*⟩; **she's/he looks ~:** sie ist zum Anbeißen/sie sieht zum Anbeißen aus *(ugs.)*
scrumpy ['skrʌmpɪ] *n. (esp. dial.)* ≈ saurer Apfelmost *(bes. südd.)*
scrunch [skrʌntʃ] *see* **crunch**
scruple ['skru:pl] **1.** *n.* **a)** *usu. in sing. or pl.* Skrupel, *der;* Bedenken, *das;* **be [totally] without ~:** keine[rlei] Bedenken od. Skrupel haben; **a person with no ~s** ein gewissen- od. skrupelloser Mensch; **have no ~s about doing sth.** keine Bedenken od. Skrupel haben, etw. zu tun; **b)** *(Brit. Hist.: unit of weight)* Skrupel, *das.* **2.** *v. i.* **~ to do sth.** Skrupel haben; **[not] ~ to do sth./about doing sth.** [keine] Bedenken od. Skrupel haben, etw. zu tun
scrupulous ['skru:pjʊləs] *adj.* **a)** *(conscientious)* gewissenhaft ⟨*Mensch*⟩; unbedingt ⟨*Ehrlichkeit*⟩; peinlich ⟨*Sorgfalt*⟩; **pay ~ attention to sth.** peinlich auf etw. *(Akk.)* achten; **b)** *(over-attentive to detail)* penibel *(geh.);* pingelig *(ugs.);* übermäßig streng ⟨*Eltern*⟩; **be ~ about sth./in sth.** es mit etw. übertrieben genau nehmen
scrupulously ['skru:pjʊləslɪ] *adv.* **a)** *(conscientiously)* peinlich ⟨*sauber, genau*⟩; **~ honest** auf unbedingte Ehrlichkeit bedacht; **b)** *(with undue attention to detail)* penibel *(geh.);* pingelig *(ugs.)*
scrutineer [skru:tɪ'nɪə(r)] *n. (Brit. Admin.)* ≈ Wahlvorstand, *der*
scrutinize (scrutinise) ['skru:tɪnaɪz] *v. t.* [genau] untersuchen ⟨*Gegenstand, Forschungsgegenstand*⟩; [über]prüfen ⟨*Rechnung, Paß, Fahrkarte*⟩; mustern ⟨*Miene, Person*⟩
scrutiny ['skru:tɪnɪ] *n., no pl.* **a)** *(critical gaze)* musternder Blick; prüfender Blick; *(close examination) (of recruit)* Musterung, *die; (of bill, passport, ticket)* [Über]prüfung, *die;* **bear ~:** einer [genauen] Prüfung standhalten; **b)** *(Brit.: examination of votes)* Stimmenauszählung, *die*
scuba ['skju:bə, 'sku:bə] *n. (Sport)* Regenerationstauchgerät, *das; attrib.* Geräte- ⟨*tauchen*⟩; [Geräte]tauch⟨*ausrüstung*⟩
scud [skʌd] *v. i.,* **-dd- a)** *(skim along)* ⟨*Wolke:*⟩ jagen; **b)** *(Naut.)* **~ before the wind** vor dem Wind laufen od. *(fachspr.)* lenzen
scuff [skʌf] *v. t.* **a)** *(graze)* streifen; **~ one's shoe against sth.** etw. mit dem Schuh streifen; **b)** *(mark by grazing)* verkratzen, verschrammen ⟨*Schuhe, Fußboden*⟩. **2.** *n.* **a)** Kratzer, *der;* Schramme, *die;* **b)** *(slipper)* Pantoffel, *der*
scuffle ['skʌfl] **1.** *n.* Handgreiflichkeiten *Pl.;* Tätlichkeiten *Pl.;* **a ~ broke out** es kam zu Handgreiflichkeiten od. Tätlichkeiten. **2.** *v. i.* **a)** handgreiflich od. tätlich werden (**with** gegen); **b)** *(shuffle)* schlurfen; *(scurry)* ⟨*Mäuse:*⟩ rascheln
scull [skʌl] **1.** *n.* **a)** *(oar)* Skull, *das;* **b)** *(boat)* Skullboot, *das.* **2.** *v. i.* skullen; rudern. **3.** *v. i.* skullen
scullery ['skʌlərɪ] *n.* Spülküche, *die*
sculpt [skʌlpt] **1.** *v. t. see* **sculpture 2. 2.** *v. i. (coll.)* bildhauern *(ugs.);* **make a living from ~ing** vom Bildhauern leben
sculptor ['skʌlptə(r)] *n.* Bildhauer, *der/*-hauerin, *die*
sculptress ['skʌlptrɪs] *n.* Bildhauerin, *die*
sculptural ['skʌlptʃərl] *adj.* **a)** plastisch *(resembling sculpture)* skulptural *(geh.)* ⟨*Gesichtszüge, Form*⟩; plastisch
sculpture ['skʌlptʃə(r)] **1.** *n.* **a)** *(art)* Bildhauerei, *die;* **b)** *(piece of work)* Skulptur, *die,* Plastik, *die;* **(pieces collectively)** Skulpturen *Pl.* **2.** *v. t.* *(represent)*

skulpt[ur]ieren *(geh.);* bildhauerisch darstellen; **~d in marble/stone/bronze** in Marmor/Stein gehauen/in Bronze gegossen; **b)** *(shape)* formen **(into** zu); **a finely ~d nose** eine schön od. fein modellierte Nase. **3.** *v. i. (in plastic material)* modellieren
scum [skʌm] *n.* **a)** Schmutzschicht, *die; (film)* Schmutzfilm, *der; (on soup etc.)* oben schwimmende Schicht; *(greasy)* Fettschicht, *die;* **a ring of ~ around the bath** ein Schmutzrand in der Badewanne; **b)** *no pl., no indef. art. (fig. derog.)* Abschaum, *der (abwertend);* Auswurf, *der (abwertend);* **the ~ of the earth/of humanity** der Abschaum der Menschheit
[1]**scupper** ['skʌpə(r)] *n. (Naut.)* Speigatt, *das*
[2]**scupper** *v. t. (Brit. coll.)* **a)** *(defeat)* über den Haufen werfen *(ugs.)* ⟨*Plan*⟩; **we're ~ed if the police arrive** wenn die Polizei kommt, sind wir erledigt; **b)** *(sink)* versenken ⟨*Schiff, Mannschaft*⟩; **be ~ed** ⟨*Mannschaft:*⟩ absaufen *(salopp)*
scurf [skɜ:f] *n.* Schuppen *Pl.*
scurfy ['skɜ:fɪ] *adj.* schuppig ⟨*Haar, Fell*⟩
scurrilous ['skʌrɪləs] *adj.* **a)** *(abusive)* niederträchtig; **b)** *(gross, obscene)* unflätig
scurrilously ['skʌrɪləslɪ] *adv.* **a)** *(abusively)* in niederträchtiger Weise; **b)** *(grossly, obscenely)* in unflätiger Weise
scurry ['skʌrɪ] **1.** *v. i.* huschen; flitzen *(ugs.).* **2.** *n.* **a)** *(bustle)* Geschäftigkeit, *die;* Hetze, *die;* **a ~ for the best seats** ein Sturm auf die besten Plätze; **c)** *(sound) (of feet)* Getrappel, *das*
scurvy ['skɜ:vɪ] **1.** *n. (Med.)* Skorbut, *der.* **2.** *adj. (arch.)* niederträchtig
'**scuse** [skju:z] *v. t. (coll.)* **~ me** 'tschuldigung; **~ fingers** 'tschuldigung, daß od. ich eß mit die Finger nehm
scut [skʌt] *n. (of deer)* Wedel, *der (Jägerspr.); (of rabbit, hare)* Blume, *die (Jägerspr.)*
[1]**scuttle** ['skʌtl] *n.* **a)** *(coal-box)* Kohlenfüller, *der;* **b)** *(Brit. Motor Veh.)* Teil der Karosserie zwischen Motorhaube und unterem Rand der Windschutzscheibe
[2]**scuttle** *(Naut.)* **1.** *v. t.* versenken. **2.** *n.* Luke, *die*
[3]**scuttle** *v. i. (scurry)* rennen; flitzen *(ugs.);* ⟨*Maus, Krabbe:*⟩ huschen; **she ~d off** sie huschte davon
Scylla and Charybdis [sɪlə ənd kə'rɪbdɪs] *n., no pl.* **between ~:** zwischen Szylla und Charybdis
scythe [saɪð] **1.** *n.* Sense, *die.* **2.** *v. t.* [mit der Sense] mähen ⟨*Wiese, Gras, usw.*⟩; [mit der Sense] abmähen ⟨*Gras usw.*⟩
SDI *abbr.* **strategic defence initiative** SDI
SDLP *abbr.* **Social Democratic and Labour Party** sozialistische Partei Nordirlands
SDP *abbr. (Brit. Polit.)* **Social Democratic Party**
SDR *abr. (Econ.)* **special drawing right** SZR
SE *abbr.* **a)** [saʊ'θi:st] **south-east** SO; **b)** [saʊ'θi:stən] **south-eastern** sö.
sea [si:] *n.* Meer, *das;* **the ~:** das Meer; die See; **by ~:** mit dem Schiff; **by the ~:** am Meer; an der See; **at ~:** auf See *(Dat.);* **be all at ~** *(fig.)* nicht mehr weiter wissen; **when it comes to maths I'm all at ~:** von Mathe hab' ich nicht die geringste Ahnung; **worse things happen at ~** *(joc.)* davon geht die Welt nicht unter *(ugs.);* **beyond [the] ~[s]** *(literary) see* **overseas;** *(become sailor)* zur See gehen *(ugs.);* **on the ~** *(in ship)* auf See *(Dat.); (on coast)* am Meer, an der See; **put [out] to ~:** in See *(Akk.)* gehen od. stechen; auslaufen; *see also* **high seas; inland sea; b)** *(specific tract of water)* Meer, *das;* **the ~s** *(literary / poet.)* die sieben [Welt]meere; **c)** *(freshwater lake)* See, *der;* **the S~ of Galilee** der See Genezareth; **d)** *in sing. or pl. (state of ~)* See, *die; (wave)* Welle, *die;* Woge, *die*

636

sea air — seasonable

(geh.); See, *die (Seemannsspr.);* **there was a heavy ~:** es herrschte schwere See *(Seemannsspr.);* **run into heavy ~s** in schwere See kommen *(Seemannsspr.); see also* **half-seas-over; ship 2 d; e)** *(fig.: vast quantity)* Meer, *das; (of drink)* Strom, *der;* **f)** *attrib. (of or on the ~)* See*(klima, -wind, -wasser, -schlacht, -karte, -weg);* Meer*(gott, -ungeheuer, -wasser, -salz usw.);* Meeres*(grund, -küste, -niveau, -spiegel usw.); (in names of marine fauna or flora)* See*(maus, -gurke, -anemone, -löwe, -schildkröte usw.);* Meer⟨brasse, -neunauge, -gurke usw.⟩
sea: ~ '**air** *n.* Seeluft, *die;* ~ a'**nemone** *n.* *(Zool.)* Seeanemone, *die;* ~ **Seerose**, *die;* ~ **bass** *n.* *(Zool.)* [Schwarzer] Sägebarsch; ~-'**bed** *n.* Meeresboden *der;* Meeresgrund, *der;* ~-**bird** *n.* Seevogel, *der;* ~**board** *n.* Küste, *die;* ~**boot** *n.* Seestiefel, *der;* ~ **breeze** *n. (Meteorol.)* Seewind, *der;* Seebrise, *die;* ~ **captain** *n.* [Schiffs]kapitän, *der;* ~ **change** *n. (esp. literary: unexpected or notable transformation)* erstaunliche Metamorphose *(geh.);* ~-**chest** *n. (Naut.)* Seekiste, *die;* ~-**coast** *n.* Meeresküste, *die;* ~ '**cucumber** *n. (Zool.)* Seegurke, *der;* Meergurke, *die;* ~-**dog** *n.* **a)** *(Zool.)* Seehund, *der;* **b)** *(literary/joc.: experienced sailor)* Seebär, *der (ugs. scherzh.);* ~ **eagle** *n.* Seeadler, *der;* ~**farer** ['siːfeərə(r)] *n. (formal)* Matrose, *der;* ~**faring** ['siːfeərɪŋ] **1.** *adj.* ~**faring man** Seemann, *der;* ~**faring nation** Seefahrernation, *die;* seefahrende Nation; **his** ~**faring days** die Zeit, als er zur See fuhr; **2.** *n., no pl., no indef. art.* Seefahrt, *die;* ~-**fish** *n.* Seefisch, *der;* ~ **fog** *n.* Seenebel, *der;* ~-**food** *n.* Meeresfrüchte *Pl.; attrib.* Fisch*(restaurant);* ~-**food cocktail** Cocktail aus Meeresfrüchten; ~-**fowl** *see* ~-**bird;** ~ **front** *n.* unmittelbar am Meer gelegene Straße[n] einer Seestadt; **a walk along the** ~ **front** ein Spaziergang am Wasser *od.* an der Uferpromenade; **the hotels on the** ~ **front** die Hotels direkt am Wasser *od.* an der Uferpromenade; ~-**god** *n.* Meergott, *der;* ~-**going** *adj. (for crossing sea)* seegehend; ~**going yacht** Hochseejacht, *die;* ~-**green 1.** [- -] *n.* Seegrün, *das;* Meergrün, *das;* **2.** ['-] *adj.* seegrün; meergrün; ~-**gull** *n.* [See]möwe, *die;* ~-**horse** *n. (Zool.)* Seepferdchen, *das;* ~-**kale** *n. (Bot.)* Meerkohl, *der;* Seekohl, *der;* Englischer Kohl

¹**seal** [siːl] *n.* **a)** *(Zool.)* Robbe, *die;* **[common]** ~: *[Gemeiner]* Seehund; **b)** *see* ~**skin**
²**seal 1.** *n.* **a)** *(piece of wax, lead, etc., stamp, impression)* Siegel, *das; (lead* ~ *also)* Plombe, *die; (stamp also)* Siegelstempel, *der;* Petschaft, *das; (impression also)* Siegelabdruck, *der;* **fix a** ~ **on** versiegeln; *(using lead)* verplomben; plombieren; **put [lead]** ~**s on** verplomben, plombieren ⟨*Tür*⟩; ~**s of office** *(Brit.)* Dienstsiegel; Amtssiegel; **b)** *(adhesive stamp)* Julmarke, *die (Philat.);* **c)** **set the** ~ **on** *(fig.)* zementieren *(+ Akk.);* **set one's** ~ **to sth.** *(fig.)* grünes Licht für etw. geben; etw. absegnen *(ugs.);* **d)** *(guarantee)* **gain the** ~ **of respectability** sich *(Dat.)* großes Ansehen erwerben; **have the** ~ **of official approval** offiziell gebilligt werden; **e)** *(to close aperture)* Abdichtung, *die; (odour-trap)* Geruchsverschluß, *der;* ~ **privy seal. 2.** *v. t.* **a)** *(stamp with* ~, *affix* ~ *to)* siegeln ⟨*Dokument*⟩; *(fasten with* ~*)* verplomben, plombieren ⟨*Tür, Stromzähler*⟩; **b)** *(close securely)* abdichten ⟨*Behälter, Rohr usw.*⟩; zukleben ⟨*Umschlag, Paket*⟩; [zum Verschließen der Poren] kurz anbraten ⟨*Fleisch*⟩; **my lips are** ~**ed** *(fig.)* meine Lippen sind versiegelt; **be a** ~**ed book to sb.** *(fig.)* ein Buch mit sieben Siegeln für jmdn. sein; ~**ed orders** versiegelte Order; **c)** *(stop up)* verschließen, abdichten ⟨*Leck*⟩; verschmieren ⟨*Riß*⟩; **d)** *(decide)* besiegeln ⟨*Geschäft, Abmachung, jmds. Schicksal*⟩; **e)**

(provide with water-~*)* mit einem Geruchsverschluß versehen ⟨*Rohr*⟩; **f)** *(Road Constr.)* befestigen; mit einer [Fahrbahn]decke versehen
~ **in** *v. t.* bewahren ⟨*Geschmack*⟩; am Austreten hindern ⟨*Fleischsaft*⟩
~ **off** *v. t.* abriegeln
~ **up** *see* ~ **2 b, c**
'**sea lane** *n. (Naut.)* See[schiffahrts]straße, *die*
sealant ['siːlənt] *n.* Dichtungsmaterial, *das*
sea: ~-**legs** *n. pl.* Seebeine *Pl. (Seemannsspr.);* **get** *or* **find one's** ~-**legs** sich *(Dat.)* Seebeine wachsen lassen *(Seemannsspr.);* ~-**level** *n.* Meeresspiegel, *der (fachspr.);* **200 feet above/below** ~-**level** 200 Fuß über/ unter der Meeresspiegel *od.* über/unter Meereshöhe *od. (fachspr.)* Normalnull; **at** ~-**level** auf Meereshöhe *(Dat.)*
sealing-wax ['siːlɪŋwæks] *n.* Siegellack, *der;* Siegelwachs, *das*
'**sea-lion** *n. (Zool.)* Seelöwe, *der*
'**Sea Lord** *n. (Brit.)* Seelord, *der*
'**sealskin** *n.* Robbenfell, *das; (garment)* Robbenfelljacke, *die/*Robbenfellmantel, *der usw.*
Sealyham [terrier] ['siːlɪəm (terɪə[r])] *n.* Sealyhamterrier, *der*
seam [siːm] *n.* **a)** *(line of joining)* Naht, *die; (Carpentry)* Verbindung, *die;* **come apart at the** ~**s** aus den Nähten gehen; *(fig. coll.: fail)* zusammenbrechen; **burst at the** ~**s** *(fig.)* aus den *od.* allen Nähten platzen *(ugs.); see also* **fall 2 t; b)** *(fissure)* Spalt, *die;* Spalte, *die; (in ship)* Naht, *die (fachspr.);* **c)** *(Mining)* Flöz, *das; (Geol.) (stratum)* Schicht, *die; (line between strata)* [Schicht]fuge, *die;* **d)** *(wrinkle)* Runzel, *die;* Falte, *die*
seaman ['siːmən] *n., pl.* **seamen** ['siːmən] **a)** *(sailor)* Matrose, *der; see also* **able seaman; ordinary seaman; b)** *(expert in navigation etc.)* Seemann, *der*
seamanlike ['siːmənlaɪk] *adj.* seemännisch
seamanship ['siːmənʃɪp] *n., no pl.* seemännisches Geschick; Seemannschaft, *die (fachspr.)*
'**sea-mark** *n. (Naut.)* Seezeichen, *das*
seamed [siːmd] *adj.* **a)** *(having seam)* ~ **stockings** Strümpfe mit Naht; **b)** *(wrinkled)* faltig, runzlig; **c)** *(Geol.: having structure)* geschiefert
sea: ~-**mew** *n.* [See]möwe, *die;* ~ **mile** *see* **nautical mile;** ~ **mist** *n.* Küstennebel, *der*
seamless ['siːmlɪs] *adj.* nahtlos
sea: ~ **monster** *n. (Mythol.)* Seeungeheuer, *das;* Meerungeheuer, *das;* ~**mount** *n. (Geog.)* Tiefseeberg, *der*
seamstress ['semstrɪs] *n.* Näherin, *die*
seamy ['siːmɪ] *adj.* **a)** *(having wrinkles)* faltig, runzlig; **b)** *(run down)* heruntergekommen ⟨*Stadtteil*⟩; **the** ~ **side [of life etc.]** *(fig.)* die Schattenseite[n] [des Lebens *usw.*]
seance ['seɪɒns], **séance** ['seɪɑ̃s] *n.* Séance, *die (fachspr.);* spiritistische Sitzung
sea: ~ **pink** *n. (Bot.)* Grasnelke, *die;* Strandnelke, *die;* ~ **plane** *n.* Wasserflugzeug, *das;* ~ **port** *n.* Seehafen, *der;* ~ **power** *n.* Seemacht, *die;* ~ **quake** *n.* Seebeben, *das*
sear [sɪə(r)] *v. t.* verbrennen, versengen; *(Med.: cauterize)* ausbrennen ⟨*Wunde*⟩
search [sɜːtʃ] **1.** *v. t.* durchsuchen (**for** nach); absuchen ⟨*Gebiet, Fläche*⟩ (**for** *+ Akk.*) ⟨*Gesicht*⟩; *(fig.: probe)* erforschen ⟨*Herz, Gewissen*⟩; suchen in *(+ Dat.),* durchstöbern *(ugs.)* ⟨*Gedächtnis*⟩ (**for** nach); ~ **me** *(coll.)* keine Ahnung! **2.** *v. i.* suchen; ~ **after sth.** etw. *od.* nach etw. suchen. **3.** *n.* Suche, *die* (**for** nach); *(of building, room, etc.)* Durchsuchung, *die;* **make a** ~ **for** suchen nach ⟨*Waffen, Drogen, Diebesgut*⟩; **in** ~ **of sb./sth.** auf der Suche nach jmdm./etw.; **go off in** ~ **of sth.** sich auf die

Suche nach etw. machen; **right of** ~: Durchsuchungsrecht, *das*
~ **for** *v. t.* suchen [nach]
~ **out** *v. t.* heraussuchen; aufspüren ⟨*Person mit unbekanntem Aufenthalt*⟩
~ **through** *v. t.* durchsuchen; durchsehen ⟨*Buch*⟩
searcher ['sɜːtʃə(r)] *n.* Sucher, *der/*Sucherin, *die;* Suchende, *der/die;* **the** ~ **returned with the missing child** die Suchmannschaft kehrte mit dem vermißten Kind zurück
searching ['sɜːtʃɪŋ] *adj.* prüfend, forschend ⟨*Blick*⟩; bohrend ⟨*Frage*⟩; *(thorough)* eingehend ⟨*Untersuchung*⟩
searchingly ['sɜːtʃɪŋlɪ] *adv.* prüfend, forschend ⟨*jmdn. ansehen*⟩; eingehend ⟨*befragen*⟩
search: ~**light** *n.* **a)** *(lamp)* Suchscheinwerfer, *der;* **b)** *(beam of light)* Scheinwerferlicht, *das (auch fig.); (fig.)* Rampenlicht, *das;* **the** ~**light is on him** *(fig.)* er steht im Scheinwerfer- *od.* Rampenlicht; ~-**party** *n.* Suchtrupp, *der;* Suchmannschaft, *die;* ~-**warrant** *n. (Law)* Durchsuchungsbefehl, *der*
searing ['sɪərɪŋ] *adj.* sengend ⟨*Hitze*⟩; brennend ⟨*Schmerz*⟩; *(fig.: intense)* bohrend, stechend ⟨*Blick*⟩
sea: ~-**salt** *n.* Meersalz, *das;* Seesalz, *das;* ~**scape** *n.* **a)** *(Art: picture)* Seestück, *das;* Marine, *die;* **b)** *(view)* Meerespanorama, *das*
'**Sea Scout** *n. (Brit.)* Seepfadfinder, *der/*-pfadfinderin, *die*
sea: ~ **serpent** *n.* Seeschlange, *die;* ~-**shanty** *see* ²**shanty;** ~ **shell** *n.* Muschel[schale], *die;* ~-**shore** *n. (land near* ~*)* [Meeres]küste, *die; (beach)* Strand, *der;* **walk along the** ~-**shore** am Meer/Strand entlanggehen; ~-**sick** *adj.* seekrank; ~-**sickness** *n., no pl.* Seekrankheit, *die;* ~-**side** *n., no pl.* [Meeres]küste, *die;* **by/to/at the** ~-**side** am/ans/am Meer; an der/an die/an das ~-**side town** Seestadt, *die;* **the usual** ~-**side attractions** die Vergnügungen, die die Küste gemeinhin bietet
season ['siːzn] **1.** *n.* **a)** *(time of the year)* Jahreszeit, *die;* **dry/rainy** ~: Trocken-/Regenzeit, *die; (time of breeding) (for mammals)* Tragezeit, *die; (for birds)* Brutzeit, *die; (time of flourishing)* Blüte[zeit], *die; (time when animal is hunted)* Jagdzeit, *die;* **blackberry** ~: Brombeerzeit, *die;* **nesting** ~: Nistzeit, *die;* Brut[zeit], *die; see also* **close season; open season; b)** *(time devoted to specified, social activity)* Saison, *die;* **harvest/opera** ~: Erntezeit, die/Opernsaison, *die;* **football** ~: Fußballsaison, *die;* **holiday** *or (Amer.)* **vacation** ~: Urlaubszeit, *die;* Ferienzeit, *die;* **tourist** ~: Touristensaison, *die;* Reisezeit, *die;* **the** ~ **of goodwill** *(Christmas)* die Zeit der Nächstenliebe; '**compliments of the** ~' *(formal),* '**the** ~'**s greetings**' „ein frohes Weihnachtsfest und ein glückliches neues Jahr"; **d)** **raspberries are in/out of** *or* **not in** ~: ist/ist nicht die Saison *od.* Zeit für Himbeeren; **be in** ~ *(on heat)* brünstig sein; **a word in** ~ *(literary)* ein Rat[schlag] zur rechten Zeit; **in** *and* **out of** ~: zu jeder passenden oder unpassenden Zeit; *(again and again)* immer wieder; **e)** *(ticket) see* **season-ticket; f)** *(period of time) (Theatre, Cinemat.)* Spielzeit, *die;* **for a** ~ *(dated)* eine Zeitlang; **they are doing a** ~ **in Oxford** sie gastieren [zur Zeit] in Oxford; **put on a Shakespeare/Russian** ~: ≈ Shakespeare-/russische Wochen veranstalten. *See also* **high season; low season; off-season; silly 1 a. 2.** *v. t.* **a)** *(make palatable, lit. of fig.)* würzen ⟨*Fleisch, Rede*⟩; **b)** *(mature)* ablagern lassen ⟨*Holz*⟩; ~**ed** erfahren ⟨*Wahlkämpfer, Soldat, Reisender*⟩; **c)** *(temper)* mäßigen *(geh.)* ⟨*Impulsivität*⟩. **3.** *v. i.* ⟨*Holz:*⟩ ablagern ⟨*Whisky:*⟩ lagern, reifen
seasonable ['siːzənəbl] *adj.* **a)** *(suitable to*

the time of the year) der Jahreszeit gemäß; **b)** *(opportune)* willkommen ⟨*Angebot*⟩; *(meeting needs of occasion)* geboten ⟨*Vorsicht*⟩; passend ⟨*Worte*⟩

seasonably ['siːzənəblɪ] *adv.* **a)** *(in a way typical of the season)* der Jahreszeit entsprechend; **b)** *(so as to be opportune)* zur rechten Zeit

seasonal ['siːzənl] *adj.* Saison⟨*arbeit, -geschäft*⟩; saisonabhängig ⟨*Preise*⟩

seasonally ['siːzənəlɪ] *adv.* saisonal, saisonbedingt ⟨*schwanken*⟩; ~ **adjusted** *(Statistics)* saisonbereinigt ⟨*Arbeitslosenzahlen*⟩

seasoning ['siːzənɪŋ] *n.* **a)** *(Cookery)* Gewürze *Pl.*; Würze, *die;* **b)** *(fig.)* Würze, *die;* **have a ~ of wit** ⟨*Unterhaltung:*⟩ witzig *od.* geistreich *od.* mit Witz gewürzt sein

'**season-ticket** *n.* Dauerkarte, *die; (for one year/month)* Jahres-/Monatskarte, *die*

seat [siːt] **1.** *n.* **a)** *(thing for sitting on)* Sitzgelegenheit, *die; (in vehicle, cinema, etc.)* Sitz, *der; (of toilet)* [Klosett]brille, *die (ugs.);* **use sth. for a ~:** sich auf etw. *(Akk.)* setzen; **(be sitting)** auf etw. *(Dat.)* sitzen; **b)** *(place)* Platz, *der; (in vehicle)* [Sitz]platz, *der;* **have or take a ~:** sich [hin]setzen; Platz nehmen *(geh.);* **take one's ~ at table** sich zu Tisch setzen; **keep one's ~:** sitzen bleiben; ⟨*Reiter:*⟩ im Sattel bleiben, sich im Sattel halten; **resume one's ~:** sich wieder [hin]setzen; *(after the interval etc.)* seinen Platz wieder einnehmen; wieder Platz nehmen *(geh.); see also* **back seat; c)** *(part of chair)* Sitzfläche, *die;* **d)** *(buttocks)* Gesäß, *das; (part of clothing)* Gesäßpartie, *die; (of trousers)* Sitz, *der;* Hosenboden, *der;* **by the ~ of one's pants** *(coll. fig.)* nach Gefühl; **e)** *(site)* Sitz, *der; (of disease also)* Herd, *der (Med.); (of learning)* Stätte, *die (geh.); (of trouble)* Quelle, *die;* ~ **of the fire** Brandherd, *der;* **f)** *(right to sit in Parliament etc.)* Sitz, *der;* Mandat, *das;* **be elected to a ~ in Parliament** ins Parlament gewählt werden; **be appointed to a ~ on a committee** in einen Ausschuß berufen werden; **g)** **[country]** ~ *(mansion)* Landsitz, *der;* **h)** *(on horseback)* Sitz, *der;* [Sitz]haltung, *die;* **i)** *(Mech. Engin.)* Sitz, *der;* **valve** ~ **:** Ventilsitz, *der.* **2.** *v. t.* **a)** *(cause to sit)* setzen; *(accommodate at table etc.)* unterbringen; *(ask to sit)* ⟨*Platzanweiser:*⟩ einen Platz anweisen (+ *Dat.*); ~ **oneself** sich setzen; **b)** *(have seats for)* Sitzplätze bieten (+ *Dat.*); ~ **500 people** 500 Sitzplätze haben; **the car ~s five comfortably** in dem Auto haben fünf Personen bequem Platz; **c)** *(fit with seats)* bestuhlen ⟨*Saal usw.*⟩; **d)** *(Mech. Engin.)* in [die richtige] Position bringen

'**seat-belt** *n. (Motor Veh., Aeronaut.)* Sicherheitsgurt, *der;* **fasten one's** ~ **:** sich anschnallen; den Gurt anlegen; **wear a** ~ **:** angeschnallt sein; *(during journey)* angeschnallt fahren

seated ['siːtɪd] *adj.* sitzend; **remain ~:** sitzen bleiben; **take 50 ~ passengers** 50 Sitzplätze haben; **be ~** *(formal)* Platz nehmen *(geh.)*

-seater ['siːtə(r)] *adj. in comb.* -sitzig; **two-~ [car]** Zweisitzer, *der*

seating ['siːtɪŋ] *n., no pl., no indef. art.* **a)** *(seats)* Sitzplätze, Sitzgelegenheiten; **b)** *(act)* Plazierung, *die;* Versorgung mit Sitzplätzen; **c)** *attrib.* Sitz⟨*ordnung, -plan*⟩; ~ **accommodation** Sitzgelegenheiten, Sitzplätze; **the ~ arrangements** die Sitzordnung

SEATO ['siːtəʊ] *abbr.* **South-East-Asia Treaty Organisation** SEATO, *die*

sea: ~-urchin *n. (Zool.)* Seeigel, *der;* **~-wall** *n.* Strandmauer, *die; (dike)* Deich, *der*

seaward ['siːwəd] **1.** *adj.* seewärtig ⟨*Kurs, Wind*⟩; **the ~ side** die Seeseite; **the ~ view** die Aussicht aufs Meer *od.* auf die See. **2.** *adv.* seewärts; nach See zu. **3.** *n.* **to [the] ~:** zur Seeseite hin

seawards ['siːwədz] *see* **seaward 2**

sea: ~-water *n.* Meerwasser, *das;* Seewasser, *das;* **~-weed** *n.* [See]tang, *der;* **~-worthy** *adj.* seetüchtig

sebaceous [sɪ'beɪʃəs] *adj.* talgig; ~ **duct/gland** *(Anat.)* Talgdrüsenausführungsgang, *der/*Talgdrüse, *die*

seborrhoea *(Amer.:* **seborrhea**) [sebə'rɪːə] *n. (Med.)* Seborrhö[e], *die (fachspr.);* Talgfluß, *der*

sec [sek] *(coll.) see* **second 2 b**

Sec. *abbr.* **Secretary** Sekr.

sec. *abbr.* **second[s]** Sek.

secant ['siːkənt, 'sekənt] *n. (Math.)* Sekante, *die; (of angle)* Sekans, *der*

secateurs [sekə'tɜːz, 'sekətɜːz] *n. pl. (Brit. Hort.)* Gartenschere, *die;* Rosenschere, *die*

secede [sɪ'siːd] *v. i. (Polit./Eccl./formal)* sich abspalten (**from** von); ⟨*Mitglied:*⟩ austreten (**from** aus)

secession [sɪ'seʃn] *n. (Polit./Eccl./formal)* Abspaltung, *die; (of member)* Austritt, *der;* **the ~ of some southern states** die Sezession einiger Südstaaten

seclude [sɪ'kluːd] *v. t.* absondern; ~ **oneself** *(from society)* sich abkapseln *od.* absondern; *(into a room)* sich zurückziehen (**into** in + *Akk.*)

secluded [sɪ'kluːdɪd] *adj.* **a)** *(hidden from view)* versteckt; *(somewhat isolated)* abgelegen; **b)** *(solitary)* zurückgezogen ⟨*Leben*⟩

seclusion [sɪ'kluːʒn] *n.* **a)** *(keeping from company)* Absonderung, *die; (being kept from company)* Abgesondertheit, *die;* **in ~ from** abgesondert von; **b)** *(privacy of life)* Zurückgezogenheit, *die; (of room)* Abgeschiedenheit, *die;* ~ **to** zurückgezogen ⟨*leben*⟩; **c)** *no pl. (remoteness)* Abgelegenheit, *die*

second ['sekənd] **1.** *adj.* zweit...; zweitwichtigst... ⟨*Stadt, Hafen usw.*⟩; ~ **largest/highest etc.** zweitgrößt.../-höchst... usw.; **come in/be** ~ **:** zweiter/zweite werden/sein; **every ~ week** jede zweite Woche; **to none** unübertroffen. **2.** *n.* **a)** *(unit of time or angle)* Sekunde, *die;* **b)** *(coll.: moment)* Sekunde, *die (ugs.);* **wait a few ~s** einen Moment warten; **in a ~** *(immediately)* sofort *(ugs.); (very quickly)* im Nu *(ugs.);* **just a ~!** *(coll.)* einen Moment!; **c)** *(additional person or thing)* a ~: noch einer/eine/eins; **d)** **the** ~ *(in sequence)* der/die/das zweite; *(in rank)* der/die/das Zweite; **be the** ~ **to arrive** als zweiter/zweite ankommen; **be a good** ~ **:** einen guten zweiten Platz belegen; *(in duel, boxing)* Sekundant/Sekundantin, *die;* **~s out [of the ring]** *(Boxing)* Ring frei!; **f)** *in pl. (helping of food)* zweite Portion; *(~ course)* zweiter Gang; **are there any ~s?** kann man eine zweite Portion bekommen?; **g)** *(day)* **the ~ of May** der zweite Mai; **the ~ [of the month]** der Zweite [des Monats]; **h)** *(~ form)* zweite [Schul]klasse; Zweite, *die (Schuljargon);* **i)** *in pl. (goods of second quality)* Waren zweiter Wahl; **be ~s** zweite Wahl sein; **j)** *(Motor Veh.)* zweiter Gang; **in ~:** im zweiten [Gang]; **change into ~:** in den zweiten [Gang] schalten; **k)** *(Brit. Univ.)* ≈ Gut, *das;* ≈ Zwei, *die;* **she got a ~ in mathematics** sie hat in Mathematik mit [einem] Gut *od.* [einer] Zwei abgeschlossen; **l)** *(Mus.)* Sekunde, *die.* **3.** *v. t.* **a)** *(support in debate)* unterstützen ⟨*Antrag, Nominierung*⟩; sekundieren *(geh.);* **I'll ~ that!** *(coll.) (transfer)* vorübergehend versetzen; **c)** ['sekənd] *(support)* unterstützen; **d)** [sɪ'kɒnd] *(Brit. Mil.)* abstellen

secondarily ['sekəndərəlɪ] *adv.* **a)** in zweiter Linie; an zweiter Stelle; **b)** *(indirectly)* mittelbar; indirekt

secondary ['sekəndərɪ] *adj.* **a)** *(of less importance)* zweitrangig; sekundär *(geh.);* ~ Neben⟨*akzent, -sache*⟩; *(derived from sth.: primary)* weiterverarbeitend ⟨*Industrie*⟩; ~ **literature** Sekundärliteratur, *die;* **be ~ to sth.** einer Sache *(Dat.)* untergeordnet sein; **b)** *(indirectly caused)* sekundär *(geh., Med., Biol.); see also* **picketing; c)** *(supplementary)* zusätzlich; **d) S~** *(Geol.) of* **Mesozoic 1**

secondary: ~ coil *n. (Electr.)* Sekundärspule, *die;* ~ **colour** *see* **colour 1 a;** ~ **education** *n.* höhere Schule; *(result)* höhere Schulbildung; ~ '**modern [school]** *n. (Brit. Hist.)* ≈ Mittelschule, *die (veralt.);* Realschule, *die;* ~ **school** *n.* höhere *od.* weiterführende Schule

second: ~ '**base** *see* ¹**base 1 c; ~-best 1.** ['---] *adj.* zweitbest...; **2.** [-'-] *adv.* **come off ~-best** den kürzeren ziehen *(ugs.);* **3.** [-'-] *n., no pl.* Zweitbeste, *der/die/das;* **don't settle for [the] ~-best!** gib dich nicht mit halben Sachen zufrieden; **~** '**chamber** *n. (Parl.)* zweite Kammer; ~ '**childhood** *see* **childhood;** ~ '**class** *in sg. (set ranking after others)* zweite Kategorie; **b)** *(Transport, Post)* zweite Klasse; **travel in the ~ class** zweiter Klasse reisen; **c)** *(Brit. Univ.) see* **second 2 k;** ~-**class 1.** ['---] *adj.* **a)** *(of lower class)* zweiter Klasse *nachgestellt;* Zweite[r]-Klasse-⟨*Post, Passagier, Fahrkarte usw.*⟩; **get a ~-class degree** *(Brit. Univ.)* mit der Note Gut *od.* Gut abschließen; **b)** *(of inferior class)* zweitklassig *(abwertend);* ~-**class citizen** Bürger zweiter Klasse; ~-**class stamp** Briefmarke *für langsamere Postzustellung.* **2.** [-'-] *adv.* zweiter Klasse; ~ '**coming** *n., no pl. (Relig.)* zweite Ankunft; Wiederkunft, *die;* [zweite] Parusie *(fachspr.);* ~ '**cousin** *see* **cousin**

seconder ['sekəndə(r)] *n.* Befürworter, *der/*-worterin, *die;* Sekundant, *der/*Sekundantin, *die (geh.)*

second: ~ '**fiddle** *see* **fiddle 1 a;** ~ '**floor** *see* **floor 1 b;** ~ **form** *see* **form 1 d;** ~ '**gear** *n., no pl. (Motor Veh.)* zweiter Gang; *see also* **gear 1 a;** ~-**generation** *adj.* der zweiten Generation *nachgestellt;* ~-**guess 1.** *v. t. (Amer.)* **a)** im Nachhinein kritisieren; **b)** *(anticipate)* voraussehen; ~-**guess sb.** voraussehen, was jmd. tun wird; ~ '**hand** *n. (Horol.)* Sekundenzeiger, *der;* ~-**hand 1.** ['---] *adj.* **a)** *(used)* gebraucht ⟨*Kleidung, Auto usw.*⟩; antiquarisch ⟨*Buch*⟩; Secondhand⟨*buch, -schallplatte, -kleidung usw.*⟩; ~-**hand car** Gebrauchtwagen, *der;* **b)** *(selling used goods)* Gebrauchtwaren-; Secondhand⟨*laden, -shop*⟩; **c)** *(taken on another's authority)* ⟨*Nachrichten, Bericht*⟩ aus zweiter Hand. **2.** [-'-] *adv.* aus zweiter Hand *(auch fig.);* **get a book ~-hand** ein Buch antiquarisch kaufen; ~ '**home** *n.* Zweitwohnung, *die; (holiday house)* Ferienhaus, *das;* ~ **in com'mand** *n. (Mil.)* stellvertretender Kommandeur; *(of ship)* stellvertretender Kommandant; *(fig. coll.)* stellvertretender Leiter; ~ **lieu'tenant** *n. (Mil.)* ≈ Leutnant, *der*

secondly ['sekəndlɪ] *adv.* zweitens

secondment [sɪ'kɒndmənt] *n. (Brit.)* **a)** *(of official)* vorübergehende Versetzung; **be on [a] ~:** vorübergehend versetzt sein; **b)** *(Mil.)* Abstellung, *die*

second: ~ name *n.* Nachname, *der;* ~ '**nature** *n., no pl., no art. (coll.)* zweite Natur; **become/be ~ nature to sb.** jmdm. zur zweiten Natur werden/geworden sein; in Fleisch und Blut *(Akk.)* übergehen/übergegangen sein; ~ '**officer** *n. (Naut.)* zweiter Offizier; ~ '**person** *see* **person d;** ~-'**rate** *adj.* zweitklassig; **very/rather ~-rate** sehr/ziemlich mittelmäßig; ~-'**rater** *n. (coll.)* **be a ~-rater** zweitklassig sein; ~ '**reading** *see* **reading g; ~s hand** *see* ~ **hand;** ~ '**sight** *see* **sight 1 a;** ~ '**string** *see* **string 1 b;** ~ '**thoughts** *n. pl.* **have ~ thoughts** es sich *(Dat.)* anders überlegen (**about** mit); **we've had ~ thoughts about buying the house** wir wollen das Haus nun doch nicht kaufen;

we've had ~ thoughts about the house wir haben uns das mit dem Haus doch noch einmal überlegt; **there's no time for ~ thoughts** es ist zu spät, es sich noch einmal anders zu überlegen; **but on ~ thoughts I think I will** wenn ich mir's [noch mal] überlege, werde ich es doch tun; **~ wind** see ¹**wind 1 f**

secrecy ['si:krəsi] n. a) *(keeping of secret)* Geheimhaltung, die; **with great ~**: in aller Heimlichkeit od. ganz im geheimen; b) *(secretiveness)* Heimlichtuerei, die *(abwertend);* c) *(unrevealed state)* Heimlichkeit, die; **be shrouded in ~**: geheimgehalten werden; **in ~**: im geheimen

secret ['si:krɪt] 1. adj. a) *(kept private, not to be made known)* geheim (Geheim(fach, -tür, -abkommen, -kode); **keep sth. ~**: etw. geheimhalten **(from** vor + Dat.); b) *(acting in secret)* heimlich (Trinker, Liebhaber, Bewunderer). 2. n. a) Geheimnis, das; **make no ~ of sth.** kein Geheimnis aus etw. machen; *(not conceal feelings, opinion)* kein[en] Hehl aus etw. machen; **keep the ~**: es für sich behalten; **keep ~s/a ~**: schweigen *(fig.);* den Mund halten *(ugs.);* **can you keep a ~?** kannst du schweigen?; **make sth. a ~**: etw. geheimhalten; **keep ~s from sb.** Geheimnisse vor jmdm. haben; **let sb. in on a ~**: jmdn. in ein Geheimnis einweihen; **be in the ~**: eingeweiht sein; **open ~**: offenes Geheimnis; **the ~ of health/success** etc. das Geheimnis der Gesundheit/des Erfolgs *usw.;* der Schlüssel zur Gesundheit/zum Erfolg *usw.;* b) **in ~**: im geheimen, heimlich

secret 'agent n. Geheimagent, der/-agentin, die

secretaire [sekrɪ'teə(r)] see **escritoire**

secretarial [sekrə'teərɪəl] adj. Sekretariats-(personal); Sekretärinnen(kursus, -tätigkeit); (Arbeit) als Sekretärin; **~ skills** Steno- und Schreibmaschinenkenntnisse

secretariat [sekrə'teərɪət] n. Sekretariat, das

secretary ['sekrətərɪ] n. a) *(official of organization)* Sekretär, der/Sekretärin, die; *(of company)* Schriftführer, der/-führerin, die; **honorary ~**: ehrenamtlicher Sekretär; b) *(personal assistant)* Sekretär, der/Sekretärin, die; **Parliamentary [Private] S~** *(Brit. Parl.)* ≈ parlamentarischer Staatssekretär/parlamentarische Staatssekretärin; **Permanent S~** *(Brit. Admin.)* ≈ Staatssekretär, der/-sekretärin, die; see also **private secretary**

secretary: **~-bird** n. Sekretär, der; **S~-'General** n.*, pl.* **Secretaries-General** Generalsekretär, der/-sekretärin, die; **S~ of 'State** n. a) *(Brit. Polit.)* Minister, der/Ministerin, die; **S~ of State for Defence** Verteidigungsminister, der/-ministerin, die; *(Amer. Polit.)* Außenminister, der/-ministerin, die; c) *(Amer. Admin.: head of records department)* Leiter/Leiterin des Archivs eines Bundesstaates

secretaryship ['sekrətərɪʃɪp] n. a) *(office)* Amt des Sekretärs/der Sekretärin; b) *(tenure)* Amtszeit als Sekretär/Sekretärin

secret 'ballot n. geheime Abstimmung

secrete [sɪ'kri:t] v.t. a) *(Physiol.)* absondern; sezernieren *(fachspr.);* b) *(formal/literary: hide)* verbergen; **~ oneself** sich verbergen

secretion [sɪ'kri:ʃn] n. a) *(Physiol.)* Absonderung, die; *(process also)* Sekretion, die *(fachspr.);* *(substance also)* Sekret, das *(fachspr.);* b) *(formal/literary: concealing)* Verbergen, das

secretive ['si:krɪtɪv] adj. verschlossen (Person); geheimnisvoll (Lächeln); **be ~**: heimlich tun *(abwertend)* od. geheimnisvoll tun **(about** mit); **she was being very ~ about something** sie versuchte, irgend etwas zu verheimlichen

secretively ['si:krɪtɪvlɪ, sɪ'kri:tɪvlɪ] adv. geheimnisvoll (lächeln); **behave ~**: geheimnisvoll od. *(abwertend)* heimlich tun

secretly ['si:krɪtlɪ] adv. heimlich; insgeheim (etw. glauben)

secretory [sɪ'kri:tərɪ] adj. *(Physiol.)* sekretorisch

secret: **S~ Police** n. Geheimpolizei, die; **S~ 'Service** n. Geheimdienst, der; **~ so'ciety** n. Geheimbund, der

sect [sekt] n. a) Sekte, die; b) *(religious denomination)* Religionsgemeinschaft, die; c) *(followers of school of thought)* Schule, die

sectarian [sek'teərɪən] 1. adj. konfessionell; konfessionell motiviert (Handlungen); konfessionell ausgerichtet (Erziehung); Konfessions(krieg, -streit). 2. n. Sektenanhänger der/-anhängerin, die; Sektierer, der/Sektiererin, die

sectarianism [sek'teərɪənɪzm] n., *no pl.* Sektierertum, das

section ['sekʃn] n. a) *(part cut off)* Abschnitt, der; Stück, das; *(of divided whole)* Teil, der; *(of railway track)* [Strecken]abschnitt, der; Teilstück, das; b) *(of firm)* Abteilung, die; *(of organization etc.)* Sektion, die; *(of orchestra or band)* Gruppe, die; **accounts ~** *(Econ.)* Buchhaltung, die; **business ~** *(in newspaper)* Wirtschaftsteil, der; c) *(component part)* [Einzel]teil, das; [Bau]element, das; *(of ship, bridge, etc. also)* Sektion, die *(Technik);* d) *(of chapter, book)* Abschnitt, der; *(of statute, act)* Paragraph, der; e) *(part of community)* Gruppe, die; f) *(Amer.: area of country)* [Landes]teil, der; Gebiet, das; g) *(representation)* Schnitt, der; **vertical/horizontal/longitudinal/oblique ~**: Vertikal-/Horizontal-/Längs-/Schrägschnitt, der; h) *(Amer.: square mile)* Section, die; i) *(Geom.)* *(cutting of solid)* Schnitt, der; *([area of] figure)* Schnitt, der; Schnittfläche, die; *(shape or area of cross-section)* Querschnitt, der; see also **conic**; j) *(Amer.: district)* Bezirk, der; **the business/residential ~**: die City/die Wohngebiete; k) *(Med.)* Schnitt, der; **abdominal ~**: Bauchdeckenschnitt, der

sectional ['sekʃənl] adj. a) *(pertaining to a representation)* Schnitt-; b) *(pertaining to part of community)* Gruppen(interessen); partikular (Interessen); (Auseinandersetzung) zwischen den Bevölkerungsgruppen; c) *(made in parts)* zum Zusammenbauen nachgestellt

sectionalism ['sekʃənəlɪzm] n. Partikularismus, der *(meist abwertend)*

sector ['sektə(r)] n. a) *(of activity)* Sektor, der; Bereich, der; **the leisure/industrial ~**: der Freizeitsektor/der Bereich der Industrie; see also **private sector**; **public sector**; b) *(Geom.)* Sektor, der *(of circle also)* Kreisausschnitt, der; c) *(Mil.: area)* Kampfabschnitt, der; Gefechtsabschnitt, der

secular ['sekjʊlə(r)] adj. *(not sacred)* säkular (geh.); weltlich (Angelegenheit, Schule, Musik, Gericht); profan (geh.) (Musik); **~ buildings** Profanbauten *(fachspr.)*

secular 'clergy n., *pl.* *(Eccl.)* Weltgeistlichkeit, die; Weltklerus, der

secularism ['sekjʊlərɪzm] n. Säkularismus, der

secularize (secularise) ['sekjʊləraɪz] v.t. säkularisieren; verweltlichen; **become ~d** verweltlichen

secure [sɪ'kjʊə(r)] 1. adj. a) *(safe)* sicher; **~ against burglars/fire** gegen Einbruch/Feuer geschützt; einbruch-/feuersicher; **make sth. ~ from attack/enemies** etw. gegen Angriffe/Feinde sichern; b) *(firmly fastened)* fest; **be ~** (Ladung:) gesichert sein; (Riegel, Tür:) fest sein od. sitzen; (Schraube:) fest sein od. sitzen; **make sth. ~**: etw. sichern; c) *(untroubled)* sicher, geborgen (Existenz); **feel ~**: sich sicher od. geborgen fühlen; **~ in the knowledge that ...**: in dem sicheren Bewußtsein, daß ...; **emotionally ~**: emotional stabil. 2. v.t. a) *(obtain)* sichern **(for** Dat.); beschaffen *(Auftrag)* **(for** Dat.); *(for oneself)* sich *(Dat.)* sichern; b) *(confine)* fesseln (Gefangenen); *(in container)* einschließen (Wertsachen); *(fasten firmly)* sichern, fest zumachen (Fenster, Tür); festmachen (Boot) **(to** an + Dat.); c) *(guarantee)* absichern (Darlehen); **~ oneself [against sth.]** sich [gegen etw.] absichern; d) *(fortify)* sichern

securely [sɪ'kjʊəlɪ] adv. a) *(firmly)* fest (verriegeln, zumachen); sicher (befestigen); b) *(safely)* sicher (untergebracht sein); **~ locked up** unter sicherem Verschluß

security [sɪ'kjʊərɪtɪ] n. a) *(safety)* Sicherheit, die; *(of knot)* sicherer Halt; b) *(safety of State or organization)* Sicherheit, die; **~ [measures]** Sicherheitsmaßnahmen; **~ reasons** Sicherheitsgründe; **national ~**: nationale Sicherheit; Staatssicherheit, die; c) *(thing that guarantees)* Sicherheit, die; Gewähr, die; Garantie, die; *(object of value)* Pfand, das; **as** or **in ~ for sth.** als Sicherheit/Pfand für etw.; **obtain a loan on [the] ~ of sth.** auf etw. *(Akk.)* ein Darlehen bekommen; d) *usu. in pl.* *(Finance)* Wertpapier, das; **securities** Wertpapiere; Effekten *Pl.;* e) **emotional ~**: emotionale Sicherheit; **he needs the ~ of a good home** er braucht die Geborgenheit eines guten Zuhauses; f) *(assured freedom from want)* Sicherheit, die

security: **S~ Council** n. *(Polit.)* Sicherheitsrat, der; **~ forces** n. pl. Sicherheitskräfte *Pl.;* **~ guard** n. Wächter, der/Wächterin, die; **~ man** n. Wachmann, der; **~ officer** n. Sicherheitsbeauftragte, der/die; **~ risk** n. Sicherheitsrisiko, das

sedan [sɪ'dæn] n. a) *(Hist.: chair)* Sänfte, die; b) *(Amer. Motor Veh.)* Limousine, die

se'dan-chair see **sedan a**

sedate [sɪ'deɪt] 1. adj. a) bedächtig; gesetzt (alte Dame); ruhig (Kind); gemächlich (Tempo, Leben, Auto); **in a ~ manner** in aller Ruhe; b) *(fig.)* schlicht (altes Pferd). 2. v.t. *(Med.)* sedieren *(fachspr.);* ruhigstellen

sedately [sɪ'deɪtlɪ] adv. bedächtig; gemächlich *(fahren)*

sedation [sɪ'deɪʃn] n. *(Med.)* Sedation, die *(fachspr.);* Ruhigstellung, die; **be under ~**: sediert sein *(fachspr.);* ruhig gestellt sein

sedative ['sedətɪv] 1. n. *(Med.)* Sedativum, das *(fachspr.);* Beruhigungsmittel, das. 2. adj. a) *(Med.)* sedativ *(fachspr.);* **~ agent** see 1; b) *(fig.: calming)* beruhigend (Wirkung)

sedentary ['sedəntərɪ] adj. sitzend (Haltung, Lebensweise, Tätigkeit); **lead a ~ life** eine sitzende Lebensweise haben; viel sitzen

sedge [sedʒ] n. *(Bot.)* a) *(plant)* Segge, die; b) *no pl.* *(bed)* Seggenried, das

'sedge-warbler, **'sedge-wren** ns. *(Ornith.)* Schilfrohrsänger, der

sediment ['sedɪmənt] n. a) *(matter)* Ablagerung, die; Ablagerungen *Pl.;* b) *(lees)* Bodensatz, der; *(of wine also)* Depot, das *(fachspr.);* c) *(Geol.)* Sediment, das

sedimentary [sedɪ'mentərɪ] adj. *(Geol.)* sedimentär; Sediment(gestein)

sedimentation [sedɪmən'teɪʃn] n. Sedimentation, die *(fachspr.);* Bildung von Ablagerungen

sedition [sɪ'dɪʃn] n. Aufruhr, der; **[incitement to] ~**: Anstiftung zum Aufruhr

seditious [sɪ'dɪʃəs] adj. aufrührerisch; staatsgefährdend (Delikt)

seduce [sɪ'dju:s] v.t. a) *(sexually)* verführen; b) *(lead astray)* verführen; *(distract)* ablenken **(away from** von); **~ sb. into doing sth.** jmdn. dazu verführen *od.* verleiten, etw. zu tun

seducer [sɪ'dju:sə(r)] n. Verführer, der

seduction [sɪˈdʌkʃn] n. a) (sexual) Verführung, die; b) (leading astray) Verführung, die (into zu); Verleitung, die (into zu); c) (thing that tempts) Verlockung, die; Versuchung, die
seductive [sɪˈdʌktɪv] adj. verführerisch; verlockend ⟨Angebot⟩
seductively [sɪˈdʌktɪvlɪ] adv. verführerisch
sedulous [ˈsedjʊləs] adj. (formal) unermüdlich; eifrig ⟨Sammler⟩; (painstaking) akkurat (geh.) ⟨Sorgfalt, Arbeiter⟩
sedulously [ˈsedjʊləslɪ] adv. (formal) unermüdlich; (painstakingly) geflissentlich ⟨etw. vermeiden, überhören⟩
¹see [siː] 1. v.t., saw [sɔː], seen [siːn] a) sehen; let sb. ~ sth. (show) jmdm. etw. zeigen; let me ~: laß mich mal sehen; **I saw her fall or falling** ich habe sie fallen sehen; **he was ~n to fall down the stairs** man hat gesehen, wie er die Treppe hinunterfiel; **he was ~n to leave** or **~n leaving the building** er ist beim Verlassen des Gebäudes gesehen worden; **I'll believe it when I ~ it** das will ich erst mal sehen; **they saw it happen** sie haben gesehen, wie es passiert ist; sie haben es gesehen; **can you ~ that house over there?** siehst du das Haus da drüben?; **for all [the world] to ~**: für jedermann sichtbar; **in public**) in aller Öffentlichkeit; vor aller Welt; **be worth ~ing** sehenswert sein; sich lohnen (ugs.); **~ the light** (fig.: undergo conversion) das Licht schauen (geh.); **I saw the light** (I realized my error etc.) mir ging ein Licht auf (ugs.); **he'll ~ the light eventually** (he'll realize the truth) ihm werden die Augen noch aufgehen; **~ the light [of day]** (be born) das Licht der Welt erblicken (geh.); (fig.: be published or produced) herauskommen; '**~ things** Halluzinationen haben; **I must be ~ing things** (joc.) ich glaub', ich seh' nicht richtig; **~ stars** Sterne sehen (ugs.); **~ the sights/town** sich (Dat.) die Sehenswürdigkeiten/Stadt ansehen; **~ visions** Visionen od. Gesichte haben; **~ one's way [clear] to do** or **to doing sth.** es einrichten, etw. zu tun; **we cannot ~ our way [clear] to do it** es ist uns [zur Zeit] nicht möglich, es zu tun; see also **back 1a; something c, g; world a; b)** (watch) sehen; **let's ~ a film** sehen wir uns (Dat.) einen Film an!; **c)** (meet [with]) sehen; treffen; (meet socially) zusammenkommen mit; sich treffen mit; **I'll ~ you there/at 5** wir sehen uns dort/um 5; **~ you!** (coll.), **[I'll] be ~ing you!** (coll.) bis bald!; **I'll ~ you on Saturday/soon** bis Samstag/bald; see also ¹**long 1c; d)** (speak to) sprechen ⟨Person⟩ (about wegen); (pay visit to) gehen zu, (geh.) aufsuchen ⟨Arzt, Anwalt usw.⟩; (receive) empfangen; **the doctor will ~ you now** Herr Doktor läßt bitten; **whom would you like to ~?** wen möchten Sie sprechen?; zu wem möchten Sie?; **e)** (discern mentally) sehen; **I ~ it all!** jetzt ist mir alles klar; **I can ~ it's difficult for you** ich verstehe, daß es nicht leicht für dich ist; **I ~ what you mean** ich verstehe [was du meinst]; **~ what I mean?** siehst du?; **I saw that it was a mistake** mir war klar, daß es ein Fehler war; **I don't ~ the point of it** ich sehe keinen Sinn darin; **I can't ~ the good/advantage of doing it** ich kann keinen Sinn/Vorteil darin sehen, es zu tun; **he didn't ~ the joke** er fand es [gar] nicht lustig; (did not understand) er hat den Witz nicht verstanden; **I can't think what she ~s in him** ich weiß nicht, was sie an ihm findet; **I saw myself [being] obliged to ...**: ich sah mich gezwungen, zu ...; **f)** (consider) sehen; **let me ~ what I can do** [ich will] mal sehen, was ich tun kann; **g)** (foresee) sehen; **I can ~ I'm going to be busy** ich sehe schon [kommen], daß ich beschäftigt sein werde; **I can ~ it won't be easy** ich sehe jetzt schon, daß es nicht einfach sein wird; **h)** (find out) feststellen; (by looking) nachsehen; **that remains to be ~n** das wird man sehen; **~ if you can read this** guck mal, ob du das hier lesen kannst (ugs.); **i)** (take view of) sehen; betrachten; **things as sb. does** jmds. Ansichten teilen; **try to ~ it my way** versuche es doch mal aus meiner Sicht zu sehen; **as I ~ it** meines Erachtens; meiner Ansicht od. Meinung nach; see also **eye 1a;** ²**fit 1c; j)** (learn) sehen; **I ~ from your letter that ...**: ich entnehme Ihrem Brief, daß ...; **as we have ~n** wie wir schon gesehen haben; **k)** (make sure) **[that] ...**: zusehen od. darauf achten, daß ...; **l)** usu. in imper. (look at) einsehen ⟨Buch⟩; **~ below/p. 15** siehe unten/S. 15; **m)** (experience) erleben; **live to ~ sth.** etw. miterleben; **1936 saw that in India/a revolution in that country** 1936 hielt er sich in Indien auf/kam es in dem Land zu einer Revolution; **I've ~n it all** mir ist nichts unbekannt; **I've ~n it all before** das kenne ich; **now I've ~n everything!** (iron.) hat man so etwas schon erlebt od. gesehen!; **n)** (be witness of) erleben; (be the scene of) Schauplatz (+ Gen.) sein; **we shall ~**: wir werden [ja/schon] sehen; **~/have ~n life** das Leben kennenlernen/kennen; **he will not** or **never ~ 50 again** er ist [bestimmt] über 50; see also **day c; service 1a, p; o)** (imagine) **can't ~** vorstellen; **~ sb./oneself doing sth.** sich vorstellen, daß jmd./man etw. tut; **~ oneself as a star** sich schon als Star sehen; **I can ~ it now - ...**: ich sehe es schon bildhaft vor mir - ...; **p)** (contemplate) mit ansehen; zusehen bei; **[stand by and] ~ sb. doing sth.** [tatenlos] zusehen od. [tatenlos] mit ansehen, wie jmd. etw. tut; **I'll ~ him damned** or **dead** or **hanged** or **in hell [first]** das wäre das Letzte[, was ich täte]!; nie im Leben!; **q)** (escort) begleiten, bringen (to [bis] zu); **r)** (supervise) **~ the doors locked/the book through the press** das Abschließen der Türen/den Druck des Buches überwachen; **I'll stay and ~ you on the bus** ich bleibe noch, bis du im Bus sitzt; **s)** (consent willingly to) einsehen; **not ~ [oneself] doing sth.** es nicht einsehen, daß man etw. tut; **he couldn't ~ it** er konnte sich nicht damit anfreunden; **t)** (Gambling) mithalten mit. 2. v.i., **saw, seen a)** (discern objects) sehen; **~ for yourself!** sieh doch selbst!; **~ red** rotsehen (ugs.); **sth. makes sb. ~ red** jmd. sieht bei etw. rot (ugs.); etw. bringt jmdn. zur Weißglut; **b)** (make sure) nachsehen; **c)** (reflect) überlegen; **let me ~**: laß mich überlegen, warte mal ['n Moment] (ugs.); **d) I ~**: ich verstehe; aha (ugs.) auch so (ugs.); **you ~**: weißt du/wißt ihr/wissen Sie; **there you are, you ~!** siehst du? Ich hab's doch gesagt!; **well, you ~, ...** (in apologies) es tut mir leid, aber ...; **she used to be a nurse, you ~**: sie war nämlich mal Krankenschwester; **~?** (coll.) verstanden? (salopp) klar?! (salopp): **as far as I can ~**: soweit ich das od. es beurteilen kann; **~ here!** na hör/hören Sie mal!
~ about v.t. sich kümmern um; **I'll ~ about getting the car repaired** ich werde mich darum kümmern, daß das Auto repariert wird; **I've come to ~ about the room/cooker** ich komme wegen des Zimmers/des Herdes; **I'll ~ about it** (consider it) [ich will] mal sehen (ugs.); **we'll ~ about that!** (you may well be wrong) das werden wir ja sehen!
~ into v.t. **a)** (gain view into) [hinein]sehen in (+ Akk.); [rein]gucken (ugs.) in (+ Akk.); **b)** **into it** hineinsehen; reingucken (ugs.); **b)** (fig.: investigate) nachgehen, auf den Grund gehen (+ Dat.) ⟨Angelegenheit, Klage⟩
~ 'off v.t. **a)** (say farewell to) verabschieden; **b)** (chase away) vertreiben; **~ him off, Rover!** mach ihm Beine, Rover! (ugs.); **c)** (defeat) erledigen; abservieren (Sportjargon)
~ 'out 1. v.i. hinaussehen; rausgucken (ugs.). **2.** v.t. **a)** (remain till end of) ⟨Zuschauer:⟩ sich (Dat.) zu Ende ansehen ⟨Spiel⟩; ableisten ⟨Amtsperiode⟩; ⟨Patient:⟩ überleben ⟨Zeitraum⟩; **enough fuel to ~ the winter out** genug Heizmaterial, um über den Winter zu kommen; **~ sb. out** (be present at sb.'s death) bei jmds. Tod bei ihm/ihr sein; (live or last until sb.'s death) ⟨Person, Gegenstand:⟩ jmdn. überleben; **b)** (escort from premises) hinausbegleiten (of aus); hinausbringen (of aus); **~ oneself out** allein hinausfinden; **c)** see **~ through c**
~ over, ~ round v.t. besichtigen
~ through v.t. **a)** [--] (penetrate with vision) hindurchsehen durch; durchgucken (ugs.) durch; see also **see-through; b)** [`--] (fig.: penetrate nature of) durchschauen; **c)** [-`-] (not abandon) zu Ende od. zum Abschluß bringen; **~ things through** bei der Stange bleiben; **d)** [`-`-] (be sufficient for) **~ sb. through** jmdm. reichen; **we have enough food to ~ us through the weekend** wir haben für das Wochenende genug zu essen; **e)** **~ sb. through his difficulties** jmdm. über seine Schwierigkeiten hinweghelfen
~ to v.t. sich kümmern um; **I'll ~ to that** dafür werde ich sorgen; **~ to it that ...**: dafür sorgen, daß ...; **well, ~ to it you do!** gut, dann sieh mal zu!
²**see** n. (Eccl.) [erz]bischöflicher Stuhl; **the Holy See** or **See of Rome** (RCCh.) der Heilige od. Apostolische Stuhl
seed [siːd] **1.** n. **a)** (grain) Samen, der; Samenkorn, das; (of grape etc.) Kern, der; (for birds) Korn, das; (fig.) Saat, die; (~s collectively) Samen[körner] Pl.; (as collected for sowing) Saatgut, das; Saat, die; (of various plants also) Sämereien Pl.; **grass~ ~**: Grassamen Pl.; **go** or **run to ~** Samen bilden; ⟨Salat:⟩ [in Samen] schießen; (fig.: beginning) herunterkommen (ugs.); **c)** (fig.: beginning) Saat, die; Samen, der (geh.); **sow [the] ~s of** ⟨a conflict/discord⟩ für Zweifel/Konflikt sorgen/Zwietracht säen; **d)** (Sport coll.) gesetzter Spieler/gesetzte Spielerin; **fourth/number one ~**: als Nummer vier/eins gesetzter Spieler/gesetzte Spielerin; **e)** no pl. (arch.) (semen) Samen, der; **f)** no pl. (Bibl.: descendants) Samen, der. **2.** v.t. **a)** (plant ~s in) besäen; **b)** (Sport) setzen ⟨Spieler⟩; **be ~ed number one** als Nummer eins gesetzt werden/sein; **c)** (lit. or fig.: sprinkle [as] with ~) besäen; **d)** (place crystal[s] in) impfen ⟨Wolken, chemische Lösung⟩. **3.** v.i. **a)** (produce ~s) Samen bilden; **b)** (go to ~) [in Samen] schießen; (sow ~s) säen
seed: ~-bed n. **a)** (Hort.) [Saat]beet, das; **b)** (fig.: place of development) Grundlage, die; (of evil) Brutstätte, die; **prepare the ~-bed of sth.** einer Sache (Dat.) den Boden bereiten; **~-cake** n. Kümmelkuchen, der; **~-corn** n. Saatgetreide, das; Saatkorn, das; **~ crystal** n. (Chem.) [Kristallisations]keim, der; Impfkristall, der
seedless [ˈsiːdlɪs] adj. kernlos ⟨Trauben, Rosinen⟩
seedling [ˈsiːdlɪŋ] n. Sämling, der
seed: ~-money n. Anfangs-, Startkapital, das; **~-packet** n. Samentüte, die; **~-pearl** n. Samenperle, die; Saatperle, die; **~-potato** n. (Hort.) Saatkartoffel, die; **~sman** [ˈsiːdzmən] n., pl. **~smen** [ˈsiːdzmən] n. Samenhändler, der; **~-time** n. [Aus]saatzeit, die
seedy [ˈsiːdɪ] adj. **a)** (coll.: unwell) **feel ~**: sich [leicht] angeschlagen fühlen; **b)** (shabby) schäbig, (ugs. abwertend) vergammelt ⟨Aussehen, Kleidung⟩; herunterkommen ⟨Stadtteil⟩; **c)** (disreputable) zweifelhaft ⟨Person⟩
seeing [ˈsiːɪŋ] **1.** conj. **~ [that] ...**: da ...; wo ... (ugs.). **2.** n., no pl., no indef. art. (faculty or power of sight) Sehvermögen, das; **~ is believing** so was glaubt man erst, wenn man es gesehen hat

seeing 'eye *n. (dog)* Blindenhund, *der*

seek [si:k] *v. t.,* sought [sɔ:t] **a)** suchen; anstreben ⟨*Posten, Amt*⟩; sich bemühen um ⟨*Anerkennung, Freundschaft, Interview, Einstellung*⟩; *(try to reach)* ~ shelter/help/one's fortune/sb.'s advice Schutz/Hilfe/sein Glück/jmds. Rat suchen; scientists are ~ing the solution Wissenschaftler suchen nach der Lösung; **b)** *(literary/formal: attempt)* suchen *(geh.);* versuchen; ~ to do sth. suchen, etw. zu tun *(geh.);* I'm only ~ing to establish a fact es ist mir nur darum zu tun, eine Tatsache festzustellen *(geh.);* see also level 1 a
~ after *v. t.* suchen nach; be much sought after sehr gesucht sein
~ for *v. t.* suchen nach; ~ing for information auf der Suche nach Informationen
~ 'out *v. t.* ausfindig machen ⟨*Sache, Ort*⟩; aufsuchen, kommen zu ⟨*Menschen*⟩

seeker ['si:kə(r)] *n.* Sucher, *der*/Sucherin, *die;* ~ after the Truth Wahrheitssucher, *der*/-sucherin, *die (geh.);* bargain-~s Leute, die Jagd auf günstige Angebote machen/machten *usw.*

seem [si:m] *v. i.* **a)** *(appear [to be])* scheinen; you ~ tired du wirkst müde; she ~s nice sie scheint nett zu sein; it's not quite what it ~s es ist nicht ganz das, was es [zunächst] zu sein scheint; it ~s like only yesterday es ist, als wäre es erst gestern gewesen; he ~s certain to win es scheint ganz so aus, als würde er gewinnen; she ~s younger than 45 sie wirkt jünger als 45; what ~s to be the trouble? wo fehlt's denn? *(ugs.);* wo drückt denn der Schuh? *(ugs.);* it ~s a pity es ist doch schade; I ~ to recall having seen him before ich glaube mich zu erinnern, ihn schon einmal gesehen zu haben; it just ~s as if it were es scheint nur so vor. kommt einem nur so vor; doing such a thing just doesn't ~ right somehow es ist doch irgendwie nicht richtig, so etwas zu tun; it ~s to me that it's silly to do that ich finde es töricht *od.* es kommt mir töricht vor, das zu tun; it ~s that we had better decide quickly wir sollten uns wohl besser schnell entscheiden; it ~s you were lying du hast ja wohl gelogen; it ~s [as if] there will be war es sieht nach Krieg aus; es sieht so aus, als ob es Krieg geben wird; it would *or (arch.)* should ~ to be ...: es scheint ja wohl ... zu sein; you know everything, it would ~: du scheinst ja wohl alles zu wissen; it would ~ that he is ...: er scheint ja wohl ... zu sein; so it ~s *or* would ~: so will es scheinen; Dead? – So it would ~? Tot? – Allem Anschein nach; so it ~s! *(iron.)* was Sie nicht sagen! *(iron.);* **b)** sb. can't ~ to do sth. *(coll.)* jmd. scheint etw. nicht tun zu können; I just can't ~ to do it *(coll.)* ich kann es einfach irgendwie nicht [tun] *(ugs.);* she doesn't ~ to notice such things *(coll.)* so was merkt sie irgendwie nicht *(ugs.);* ~ good to sb. jmdm. das beste [zu sein] scheinen

seeming ['si:mɪŋ] *adj.* scheinbar

seemingly ['si:mɪŋlɪ] *adv.* **a)** *(evidently)* offensichtlich; **b)** *(to outward appearance)* scheinbar

seemly ['si:mlɪ] *adj.* anständig; it isn't ~ to praise oneself es gehört sich nicht, sich selbst zu loben

seen *see* ¹see

seep [si:p] *v. i.* ~ [away] [ab]sickern; ~ in through durch etw. sickern; ~ out of sth. aus etw. heraussickern; [gradually] ~ through to sb.'s consciousness *(fig.)* jmdm. [langsam] dämmern *(ugs.) od.* bewußt werden

seepage ['si:pɪdʒ] *n.* **a)** Versickern, *das; (into sth.)* Hineinsickern, *das;* **b)** *(quantity)* Lache, *die; (of oil)* Ölauslauf, *der (Geol.); (of gas)* Austritt, *der*

seer [sɪə(r)] *n. (prophet)* Seher, *der*/Seherin, *die*

seersucker ['sɪəsʌkə(r)] *n. (Textiles)* Seersucker, *der;* Baumwoll- *od.* Leinengewebe mit Kreppstreifen; *attrib.* ⟨*Kleid, Tagesdecke*⟩ aus Seersucker

'see-saw 1. *n.* **a)** *(plank)* Wippe, *die;* **b)** no *art. (game)* Wippen, *das;* let's have a game of ~: komm, wir gehen auf die Wippe *od.* wippen; **c)** *(fig.: contest)* Auf und Ab, *das.* **2.** *v. i.* **a)** *(move up and down)* ⟨*Weg, Straße:*⟩ auf und ab führen; ⟨*Deck:*⟩ [auf und ab] schaukeln; **b)** *(vacillate)* schwanken; **c)** *(play on ~)* wippen

seethe [si:ð] *v. i.* **a)** *(surge)* ⟨*Wellen, Meer:*⟩ branden; ⟨*Straßen usw..:*⟩ wimmeln (mit von); *(bubble or foam as if boiling)* schäumen; **b)** *(fig.: be agitated)* schäumen; ~ [with anger/inwardly] vor Wut/innerlich schäumen

'see-through *adj.* durchsichtig

segment 1. ['segmənt] *n.* **a)** *(of orange, pineapple)* Scheibe, *die;* Schnitz, *der (bes. südd.); (of cake, pear)* Stück, *das; (of worm, skull, limb)* Segment, *das; (of bowel)* Abschnitt, *der;* Segment, *das (Med.); (of economy, market)* Bereich, *der;* **b)** *(Ling., Geom., Sociol.)* Segment, *das;* ~ of a circle Kreissegment, *das.* **2.** [seg'ment, 'segmənt] *v. t.* untergliedern; [in Gruppen] aufteilen ⟨*Menschen*⟩. **3.** *v. i. (Biol.)* sich teilen

segmentation [segmən'teɪʃn] *n.* Untergliederung, *die; (Biol.)* Zellteilung, *die*

segregate ['segrɪgeɪt] *v. t.* **a)** trennen; isolieren ⟨*Kranke*⟩; aussondern ⟨*Forschungsgebiet*⟩; **b)** *(racially)* segregieren *(geh.);* absondern

segregation [segrɪ'geɪʃn] *n., no pl.* **a)** Trennung, *die;* **b)** [racial] ~: Rassentrennung, *die*

segregationist [segrɪ'geɪʃənɪst] *n.* Befürworter/Befürworterin der Rassentrennung

seine [seɪn] *n. (Fishing)* ~[-net] Treibnetz, *das*

seismic ['saɪzmɪk] *adj.* seismisch; ~ area *or* region Erdbebengebiet, *das;* of ~ proportions *(fig.)* von verheerenden Ausmaßen

seismically ['saɪzmɪkəlɪ] *adv.* seismisch

seismograph ['saɪzməgrɑ:f] *n.* Seismograph, *der;* Seismometer, *das*

seize [si:z] **1.** *v. t.* **a)** ergreifen; ~ power die Macht ergreifen; ~ sb. by the arm/collar/shoulder jmdn. am Arm/Kragen/an der Schulter packen; ~ the opportunity *or* occasion/moment [to do sth.] die Gelegenheit ergreifen/den günstigen Augenblick nutzen [und etw. tun]; ~ any/a *or* the chance [to do sth.] jede/die Gelegenheit nutzen, um etw. zu tun]; be ~d with remorse/panic von Gewissensbissen geplagt/von Panik ergriffen werden; she ~d it with both hands *(fig.)* sie griff mit beiden Händen zu *(fig.);* **b)** *(capture)* gefangennehmen ⟨*Person*⟩; kapern ⟨*Schiff*⟩; mit Gewalt übernehmen ⟨*Flugzeug, Gebäude*⟩; einnehmen ⟨*Festung, Brücke*⟩; **c)** *(understand)* erfassen; **d)** *(confiscate)* beschlagnahmen. **2.** *v. i. see* ~ up on *v. t.* **a)** *(take up)* vornehmen ⟨*Einzelheit, Aspekt, Schwachpunkt*⟩; aufgreifen ⟨*Idee, Vorschlag*⟩; ergreifen ⟨*Chance*⟩
~ 'up *v. i.* sich festfressen; *(Verkehr:)* zusammenbrechen, zum Erliegen kommen
~ upon *see* ~ on

seizure ['si:ʒə(r)] *n.* **a)** *(capturing)* Gefangennahme, *die; (of ship)* Kapern, *das; (of aircraft, building)* Übernahme, *die; (of fortress, bridge)* Einnahme, *die;* ~ of power Machtergreifung, *die;* **b)** *(confiscation)* Beschlagnahme, *die;* **c)** *(Med.: attack)* Anfall, *der*

seldom ['seldəm] **1.** *adv.* selten; ~ or never so gut wie nie; ~, if ever fast nie; äußerst selten. **2.** *adj.* selten; a ~ thing eine Seltenheit; etwas Seltenes

select [sɪ'lekt] **1.** *adj.* **a)** *(carefully chosen)* ausgewählt; only the most ~ company nur eine kleine Gruppe Auserwählter; **b)** *(exclusive)* exklusiv. **2.** *v. t.* auswählen; ~ one's own apples sich *(Dat.)* die Äpfel selbst aussuchen

select com'mittee *n.* Sonderkommission, *die*

selectee [sɪlek'ti:] *n. (Amer.)* Einberufene, *der*

selection [sɪ'lekʃn] *n.* **a)** *(what is selected [from])* Auswahl, *die* (of an + *Dat.*, from aus); *(person)* Wahl, *die;* a ~ from ... *(Mus.)* eine Auswahl aus ...; make a ~ *(one)* eine Wahl treffen; *(several)* eine Auswahl treffen; ~s from the best writers ausgewählte Werke der besten Schriftsteller; what is your ~ for the Derby? was ist dein Tip für das Derby?; **b)** *(act of choosing)* [Aus]wahl, *die;* ~ committee Auswahlkomitee, *das;* **c)** *(being chosen)* Wahl, *die;* his ~ as president seine Wahl zum Präsidenten; **d)** *(Biol.: in evolution)* Selektion, *die;* Auslese, *die*

selective [sɪ'lektɪv] *adj.* **a)** *(using selection)* selektiv; *(careful in one's choice)* wählerisch; **b)** *(Electr.)* selektiv; trennscharf

selectively [sɪ'lektɪvlɪ] *adv.* selektiv; not read ~ enough [viel] zu wahllos lesen; shop ~: gezielt einkaufen

selectiveness [sɪ'lektɪvnɪs] *n., no pl.* Eingrenzung, *die*

selectivity [sɪlek'tɪvɪtɪ, selek'tɪvɪtɪ, si:lek'tɪvɪtɪ] *n., no pl.* have a high degree of ~: *(Insektiziid:)* nur spezifisch wirksam sein; show ~: wählerisch sein

selectman [sɪ'lektmən], *pl.* selectmen [sɪ'lektmən] *n. (Amer.)* Stadtrat, *der*

selectness [sɪ'lektnɪs] *n., no pl.* Exklusivität, *die*

selector [sɪ'lektə(r)] *n.* **a)** *(person who selects) (of team)* Mannschaftsaufsteller, *der*/-aufstellerin, *die; (of merchandise)* Einkäufer, *der*/Einkäuferin, *die;* **b)** *(device that selects) (knob)* Schaltknopf, *der; (lever)* Schaltgriff, *der; (switch)* Wahlschalter, *der; (for selecting programmes)* Programmtaste, *die; (of computer)* Selektor, *der*

self [self] *n., pl.* selves [selvz] **a)** *(person's essence)* Selbst, *das (Dat.);* Ich, *das;* be one's usual ~: man selbst sein; not be one's usual cheerful ~: nicht so fröhlich wie sonst sein; be back to one's former *or* old ~ [again] wieder der/die alte sein; one's better ~: ein besseres Ich; my humble ~/your good selves *(joc.)* meine Wenigkeit/die werten Herrschaften *(scherzh.);* how is your good ~? *(arch.)* wie ist das werte Befinden? *(veralt.);* **b)** *(one's own interest)* die eigene Person; she cares for nothing but ~: sie nimmt nur sich selbst wichtig; she has no thoughts of ~: sie ist sehr selbstlos; **c)** *(Commerc.)* drawn to ~: auf selbst ausgestellt ⟨*Scheck*⟩; pay to ~: zahlbar an Aussteller *od.* selbst

self- *pref.* **a)** *expr. direct reflexive action* selbst ⟨anklagend, -schließend⟩; Selbst⟨ankläger, -anzeige⟩; stand ~accused sich selbst angeklagt haben; **b)** *expr. action or condition* selbst-; ~-acting automatisch; selbsttätig

self-: ~-ad'dressed *adj.* a ~-addressed envelope ein adressierter Rückumschlag; ~-ad'hesive *adj.* selbstklebend; ~-ad'vertisement *n.* Selbstreklame, *die;* ~-ag'grandizement *n.* Vergrößerung der eigenen Macht; ~-a'nalysis *n.* Selbstanalyse, *die;* ~-ap'pointed *adj.* selbsternannt; ~-as'sertion *n.* Durchsetzungsvermögen, *das (one gegenüber);* ~-as'sertive *adj.,* ~-as'sertively [selfə'sɜ:tɪvlɪ] *adv.* selbstbewußt; ~-as'sertiveness *n., no pl.* Durchsetzungsvermögen, *das;* a ~-assertiveness training course ein Trainingskurs in Durchsetzungsvermögen; ~-as'surance *n., no pl.* Selbstbewußtsein, *das;* Selbstsicherheit, *die;* ~-as'sured *adj.* selbstsicher; selbstbewußt; ~-'catering **1.** *adj.* mit Selbstversorgung nachgestellt; **2.** *n.* Selbstversorgung, *die;* ~-'centred *adj.* egozentrisch;

641

ichbezogen; ~-'**closing** adj. selbstschließend; ~-'**coloured** adj. (with uniform colouring) einfarbig; ~-com'**mand** n., no pl. Selbstbeherrschung, die; ~-con'**demned** adj. **be** or **stand** ~-**condemned** sich selbst überführt haben; ~-con'**fessed** adj. erklärt; ~-'**confidence** n., no pl. Selbstvertrauen, das; ~'**confident** adj., ~-'**confidently** adv. selbstsicher; ~-'**conscious** adj. **a)** (ill at ease) unsicher; **b)** (deliberate) reflektiert (Prosa, Stil); ~-'**consciousness** n. **a)** Unsicherheit, die; **b)** (deliberateness) Reflektiertheit, die; ~-con'**tained** adj. **a)** (not dependent) selbstgenügsam; (not communicative) verschlossen; **b)** (having no parts in common) unabhängig (Maschine, Anlage); einzeln stehend (Haus); **c)** (Brit.: complete in itself) abgeschlossen (Wohnung); ~-**contra**'**dictory** adj. mit sich selbst in Widerspruch; ~-con'**trol** n., no pl. Selbstbeherrschung, die; ~-con'**trolled** adj. voller Selbstbeherrschung nachgestellt; ~-'**critical** adj. selbstkritisch; ~-de'**ception** n. Selbsttäuschung, die; Selbstbetrug, der; ~-de'**feating** adj. unsinnig; zwecklos; ~-de'**fence** n., no indef. art. Notwehr, die; Selbstverteidigung, die; **in** ~-**defence** aus Notwehr; ~-**defence classes** Selbstverteidigungskurs, der; ~-de'**nial** n. Selbstverleugnung, die; ~-de'**struct** v. i. sich selbst zerstören; ~-de'**struction** n. Selbstzerstörung, die; ~-de'**structive** adj., ~-de'**structively** adv. selbstzerstörerisch; ~-'**discipline** n., no pl. Selbstdisziplin, die; ~-'**drive** adj. ~-**drive hire [company]** Autovermietung, die; ~-**drive vehicle** Mietwagen, der; ~-'**educated** adj. autodidaktisch; **be** ~-**educated**, **be a** ~-**educated person** Autodidakt/Autodidaktin sein; ~-ef'**facing** adj. zurückhaltend; ~-em'**ployed** adj. selbständig; ~-**employed man/woman** Selbständige, der/die; ~-'e'**steem** n. **a)** (~-respect) Selbstachtung, die; **b)** (~-conceit) Selbstgefälligkeit, die; ~-'**evident** adj., ~-'**evidently** adv. offenkundig; ~-ex'**planatory** adj. ohne weiteres verständlich; **be** ~-**explanatory** für sich selbst sprechen; ~-ex'**pression** n., no pl., no indef. art. Selbstdarstellung, die; ~-**fertili**'**zation** n. (Biol.) Selbstbefruchtung, die; ~-'**financing** adj. sich selbst tragend; kostenneutral (Tarifvertrag); ~-ful'**filling** adj. zur eigenen Bestätigung mit beitragend; ~-**fulfilling prophecy** zur Bestätigung ihrer selbst mit beitragende Voraussage, Self-fulfilling prophecy, die (Soziol.); ~-'**governing** adj., ~-'**government** n., no pl., no indef. art. Selbstverwaltung, die; ~-'**help** n., Selbsthilfe, die; ~-'**image** n. Selbstbild, das; ~-im'**portance** n., no pl. Selbstgefälligkeit, die; (arrogant and pompous bearing) Selbstherrlichkeit, die; ~-im'**portant** adj. selbstgefällig; (arrogant and pompous) selbstherrlich; ~-im'**posed** adj. selbstauferlegt; ~-im'**provement** n. selbständige Weiterbildung, die; ~-in'**duced** adj. **a)** selbstverursacht; **b)** (Electr.) selbstinduziert; ~-in'**duction** n. (Electr.) Selbstinduktion, die; ~-in'**dulgence** n. Maßlosigkeit, die; **a little** ~-**indulgence** never **hurt anyone** sich ein bißchen zu verwöhnen, hat noch keinem geschadet; **this novel is a piece of pure** ~-**indulgence** dieser Roman ist nichts als Selbstbefriedigung des Autors; ~-in'**dulgent** adj. maßlos; **I've been very** ~-**indulgent lately** ich habe mich in der letzten Zeit sehr gehenlassen; ~-in'**flicted** adj. selbst beigebracht (Wunde); selbst auferlegt (Strafe); ~-'**interest** n. Eigeninteresse, das; ~-in'**vited** adj. **a** ~-**invited guest** ein Gast, der sich selbst eingeladen hat

selfish ['sɛlfɪʃ] adj. egoistisch; selbstsüchtig

selfishly ['sɛlfɪʃlɪ] adv. egoistisch; selbstsüchtig; **do sth.** ~: etw. aus Egoismus tun

selfishness ['sɛlfɪʃnɪs] n., no pl. Egoismus, der; Selbstsucht, die

self: ~-justifi'**cation** n. Rechtfertigung, die; **attempt at** ~-**justification** Versuch, sich zu rechtfertigen; ~-'**knowledge** n. Selbsterkenntnis, die

selfless ['sɛlflɪs] adj., **selflessly** ['sɛlflɪslɪ] adv. selbstlos

self: ~-'**loading** adj. mit Selbstladevorrichtung nachgestellt; ~-'**locking** adj. selbstschließend; ~-'**love** n., no pl. Selbstliebe, die; Eigenliebe, die; ~-**made** adj. selbstgemacht; **a** ~-**made man** ein Selfmademan; **she is a** ~-**made woman** sie hat sich aus eigener Kraft hochgearbeitet; ~-o'**pinionated** adj. **a)** (conceited) eingebildet; von sich eingenommen; **b)** (obstinate) starrköpfig; rechthaberisch; ~-per'**petuating** adj. sich selbst erhaltend; **be** ~-**perpetuating** sich selbst erhalten; ~-'**pity** n., no pl. Selbstmitleid, das; ~-'**portrait** n. Selbstporträt, das; ~-pos'**sessed** adj. selbstbeherrscht; **remain** ~-**possessed** die Selbstbeherrschung behalten; **be** ~-**possessed** sich beherrschen od. zusammennehmen; ~-pos'**session** n., no pl. Selbstbeherrschung, die; ~-preser'**vation** n., no pl., no indef. art. Selbsterhaltung, die; ~-'**propagating** adj. (Bot.) selbstbefruchtend; **be** ~-**propagating** Selbstbefruchter sein; (fig.) sich selbst vermehren; ~-pro'**pelled** adj. mit Eigenantrieb nachgestellt; ~-'**raising flour** n. (Brit.) mit Backpulver versetztes Mehl; ~-re'**gard** n. Selbstachtung, die; ~-'**regulating** adj. sich selbst steuernd (Maschine); autonom (Institution); ~-re'**liance** n., no pl. Selbstvertrauen, das/Selbstsicherheit, die; ~-re'**liant** adj. selbstbewußt; selbstsicher; ~-re'**spect** n., no pl. Selbstachtung, die; ~-re'**specting** adj. mit Selbstachtung nachgestellt; **a** ~-**respecting person** ...: niemand, der etwas auf sich hält, ...; ~-re'**straint** n., no pl. Selbstbeherrschung, die; ~-'**righteous** adj. selbstgerecht; ~-'**righteousness** n., no pl. Selbstgerechtigkeit, die; ~-'**righting** adj. selbstaufrichtend; ~-'**rising flour** (Amer.) see ~-**raising flour**; ~-'**sacrifice** n. Selbstaufopferung, die; ~-'**sacrificing** adj. [sich] aufopfernd (Mutter, Vater); aufopfernd (Liebe); ~-**same** adj. **the** ~**same** der-/die-/dasselbe; ~-satis'**faction** n., no pl. Selbstzufriedenheit, die; (smugness) Selbstgefälligkeit, die; ~-'**satisfied** adj. selbstzufrieden; (smug) selbstgefällig; ~-'**sealing** adj. **a)** (automatically sealing) selbstdichtend; **b)** (~-adhesive) selbstklebend; ~-'**seeking** adj. selbstsüchtig; ~-'**service 1.** n. (operation) Selbstbedienung, die; attrib. Selbstbedienungs-; **b)** (shop) Selbstbedienungsladen, der; (petrol station) Tankstelle zum Selbsttanken; (restaurant) Selbstbedienungsrestaurant, das; **2.** pred. adj. **the petrol station is/has become** ~-**service** die Tankstelle hat Selbstbedienung/hat auf Selbstbedienung umgestellt; ~-'**sown** adj. selbstausgesät; ~-'**starter** n. (Motor Veh.) Selbststarter, der; ~-'**study** n. Selbststudium, das; ~-'**styled** adj. selbsternannt; von eigenen Gnaden nachgestellt; ~-suf'**ficiency** n. Unabhängigkeit, die; (of country) Autarkie, die; ~-suf'**ficient** adj. (independent) unabhängig (Land); selbständig (Person); **be** ~-**sufficient in food** seinen Nahrungsbedarf selbst decken; ~-sup'**porting** adj. **a)** finanziell unabhängig (Unternehmen, Verein); (Person); **the club/firm is** ~-**supporting** der Verein/die Firma trägt sich selbst; **b)** (not requiring support) freitragend (Konstruktion, Gebäude); ~-'**tapping** adj. selbstschneidend (Schraube); ~-'**taught** adj. autodidaktisch; selbsterlernt (Fertigkeiten); ~-**taught person** Autodidakt, der/Autodidaktin, die; **be a** ~-**taught painter/be** ~-**taught in German** sich (Dat.) das Malen/Deutsch selbst beigebracht haben; **she is** ~-**taught** sie ist Autodidaktin; ~-'**will** n., no pl. Eigensinn, der; ~-'**willed** adj. eigensinnig; ~-'**winding** adj. automatisch; **a** ~-**winding watch** eine Uhr mit Selbstaufzug

sell [sɛl] **1.** v. t., **sold** [səʊld] **a)** verkaufen; **the shop** ~**s groceries** in dem Laden gibt es Lebensmittel [zu kaufen]; ~ **sth. to sb.,** ~ **sb. sth.** jmdm. etw. verkaufen; ~ **one's life** etc. **dear** or **dearly** (fig.) sein Leben usw. teuer verkaufen; **it is the advertising that** ~**s the product** die Werbung sorgt für den Absatz des Produkts; ~ **by ...** (on package) ≈ mindestens haltbar bis ...; **b)** (betray) verraten; **c)** (offer dishonourably) verkaufen; verhökern (ugs. abwertend); ~ **oneself/one's soul** sich/seine Seele verkaufen (**to** Dat.); **d)** (sl.: cheat, disappoint) verraten; anschmieren (salopp); **I've been sold!, sold again!** ich bin [wieder] der/die Dumme! (ugs.); **e)** (gain acceptance for) ~ **sb. as ...**: jmdn. als ... verkaufen (ugs.); ~ **sth. to sb.** jmdn. für etw. gewinnen; ~ **sb. the idea of doing sth.** jmdn. für den Gedanken gewinnen, etw. zu tun; **f)** ~ **sb. on sth.** (coll.: make enthusiastic) jmdn. für etw. begeistern od. erwärmen; **be sold on sth.** (coll.) von etw. begeistert sein. See also **dummy 1 e**; **river 1 a**; **short 1 i**. **2.** v. i., **sold a)** sich verkaufen [lassen] (Person:) verkaufen; **the book sold 5,000 copies in a week** in einer Woche wurden 5 000 Exemplare des Buches verkauft; **b)** ~ **at** or **for** kosten. See also **cake 1 b**. **3.** n. **a) be a tough** ~: ein Ladenhüter (abwertend) sein; **schlecht verkaufen; be an easy** ~: ein Verkaufsschlager sein; sich gut verkaufen; **b)** (coll.: deception) Schwindel, der (abwertend). See also **hard sell; soft sell**

~ **off** v. t. verkaufen; abstoßen (Anteile, Aktien)

~ '**out 1.** v. t. **a)** ausverkaufen; restlos verkaufen; **the play/performance was sold out** das Stück/die Aufführung war ausverkauft; **b)** (coll.: betray) verpfeifen (ugs.). **2.** v. i. **a) we have** or **are sold out** wir sind ausverkauft; **sth.** ~**s out quickly** etw. verkauft sich schnell; ~ **out to another firm** durch Verkauf in eine andere Firma übergehen; **b)** (coll.: betray one's cause) ~ **out to sb./sth.** zu jmdn./etw. überlaufen. See also **sell-out**

~ **up** v. t. **i. we have** or **are sold out of sth.** etw. ist ausverkauft

~ '**up 1.** (Brit.) verkaufen; abs. sein Hab und Gut verkaufen

'**sell-by date** n. ≈ Mindesthaltbarkeitsdatum, das

seller ['sɛlə(r)] n. **a)** Verkäufer, der/Verkäuferin, die; **be a** ~ **of sth.** etw. verkaufen; **a** '**s** or ~**'s market** ein Verkäufermarkt; **b)** (product) **be a slow/bad** ~: sich nur langsam/schlecht verkaufen; **be a fast** or **strong** or **big** ~: ein Renner sein. Verkaufsschlager sein; **be a good** ~: sich gut verkaufen

selling ['sɛlɪŋ] **1.** n. **a)** (act, occupation) Verkaufen, das; **b)** (salesmanship) Verkauf, der; **training in** ~: Verkaufsschulung, die. **2.** adj. in comb. **a fast-** or **good-selling book** ein Buch, das sich gut verkauft

selling: ~-**point** n. **a [good]** ~-**point** ein Verkaufsargument, (fig.) ein Pluspunkt; ~-**price** n. Verkaufspreis, der

Sellotape, (P) ['sɛləʊteɪp] n., no pl., no indef. art. ≈ Tesafilm, der ®

sellotape v. t. mit Klebeband kleben

'**sell-out** n. **a)** (event) **be a** ~: ausverkauft sein; **b)** (coll.: betrayal) Verrat, der

selvage, selvedge ['sɛlvɪdʒ] n. Webkante, die

selves *pl. of* **self**
semantic [sɪ'mæntɪk] *adj.* semantisch
semantically [sɪ'mæntɪkəlɪ] *adv.* semantisch
semantics [sɪ'mæntɪks] *n., no pl.* Semantik, *die*; **only argue about ~s** sich um Worte streiten
semaphore ['seməfɔː(r)] 1. *n.* a) *(apparatus)* Signalmast, *der;* Semaphor, *das od. der;* b) *(system)* Winken, *das;* **~ alphabet** Winkeralphabet, *das.* 2. *v. i.* **~ to sb.** jmdm. ein Winksignal übermitteln. 3. *v. t.* [durch Winksignale] übermitteln
semblance ['sembləns] *n.* a) *(outward appearance)* Anschein, *der;* **without a ~ of regret/a smile** ohne das geringste Zeichen von Bedauern/den Anflug eines Lächelns; **without even the ~ of a trial** ohne auch nur die geringste Verhandlung; **bring some ~ of order to sth.** wenigstens den Anschein von Ordnung in etw. *(Akk.)* bringen; b) *(resemblance)* Ähnlichkeit, *die*
semeiology [siːmaɪ'ɒlədʒɪ], **semeiotics** [siːmaɪ'ɒtɪks] *see* semiology
semen ['siːmen] *n.* (Physiol.) Samen, *der;* Sperma, *das*
semester [sɪ'mestə(r)] *n.* (Univ.) Semester, *das*
semi ['semɪ] *n.* (coll.) a) *(Brit.: house)* Doppelhaushälfte, *die;* b) *(Amer.: vehicle)* Sattelanhänger, *der*
semi- *pref.* halb-/Halb-
semi: ~-**auto'matic** 1. *adj.* halbautomatisch; 2. *n.* halbautomatische Feuerwaffe; ~-**basement** *n.* Halbsouterrain, *das;* ~**bold** *adj.* (Printing) halbfett; ~**breve** *n.* (Brit. Mus.) ganze Note; ~'**circle** *n.* Halbkreis, *der;* ~'**circular** *adj.* halbkreisförmig; ~'**colon** *n.* Semikolon, *das;* ~**con'ductor** *n.* (Phys.) Halbleiter, *der;* ~'**conscious** *adj.* halb bewußtlos; **be only ~-conscious** nicht bei vollem Bewußtsein sein; ~'**darkness** *n.* Halbdunkel, *das;* **in ~-darkness** im Halbdunkel; ~-**de'tached** 1. *adj.* **the house is ~-detached** es ist eine Doppelhaushälfte; **a ~-detached house** eine Doppelhaushälfte; 2. *n.* (Brit.: house) Doppelhaushälfte, *die;* ~'**final** *n.* Halbfinale, *das;* Semifinale, *das;* **in the ~-finals** im Halbfinale; ~'**finalist** *n.* Halbfinalteilnehmer, *der*/-teilnehmerin, *die*/-finalist, *der*/-finalistin, *die;* ~-'**finished** *adj.* halbfertig; ~-'**invalid** *n.* Teilinvalide, *der/die;* ~-'**literate** *adj.* **be ~-literate** kaum lesen und schreiben können
seminal ['semɪnl, 'siːmɪnl] *adj.* a) *(having originative power)* schöpferisch; *(embryonic)* keimhaft; b) *(reproductive)* Samen- ⟨leiter, -flüssigkeit⟩
seminar ['semɪnɑː(r)] *n.* a) *(small class)* Seminar, *das;* b) *(Amer.: conference)* Konferenz, *die;* c) *(study-course)* Kurs[us], *der;* Seminar, *das*
seminarian [semɪ'neərɪən], **seminarist** ['semɪnərɪst] *n.* Seminarist, *der*
seminary ['semɪnərɪ] *n.* Priesterseminar, *das*
semiology [siːmɪ'ɒlədʒɪ], **semiotics** [semɪ'ɒtɪks] *ns.* Semiotik, *die;* Semiologie, *die*
semi: ~-'**permanent** *adj.* fast permanent; ~-'**precious** *adj.* ~**precious stone** Halbedelstein, *der;* Schmuckstein, *der;* **be ~precious** ein Halbedelstein sein; ~**quaver** *n.* (Brit. Mus.) Sechzehntelnote, *die;* ~-'**skilled** *adj.* angelernt; ~-'**sweet** *adj.* halbsüß ⟨Sekt, Wein⟩; [nur] leicht gesüßt ⟨Kuchen, Schokolade⟩
Semite ['siːmaɪt, 'semaɪt] 1. *n.* Semit, *der*/Semitin, *die.* 2. *adj.* semitisch
Semitic [sɪ'mɪtɪk] *adj.* semitisch
'**semitone** *n.* (Mus.) Halbton, *der*
'**semi-trailer** *n.* Sattelanhänger, *der*
semolina [semə'liːnə] *n.* a) *(flour)* Grieß, *der;* b) *(pudding)* Grießpudding, *der*

sempstress *see* **seamstress**
SEN *abbr.* (Brit.) State Enrolled Nurse
Sen. *abbr.* a) Senator Sen.; b) Senior sen.
senate ['senət] *n.* Senat, *der*
senator ['senətə(r)] *n.* Senator, *der*/Senatorin, *die*
send [send] 1. *v. t.,* **sent** [sent] a) *(cause to go)* schicken; senden *(geh.);* **~ sb. to Africa** jmdn. nach Afrika schicken; **~ sb. to university/boarding-school** jmdn. auf die Universität/ins Internat schicken; **~ sb. on a course/tour** jmdn. in einen Kurs/auf eine Tour schicken; **~ a dog after sb.** einen Hund auf jmdn. hetzen; **she ~s her best wishes/love** sie läßt grüßen/herzlich grüßen; **~ [sb.] apologies/congratulations** sich [bei jmdm.] entschuldigen lassen/[jmdm.] seine Glückwünsche übermitteln; **she sent him congratulations on ...: ~ sb. home/to bed** jmdn. nach Hause/ins Bett schicken; **~ sb. to his death** jmdn. in den Tod schicken; *see also* word 1 f; b) *(grant)* schicken; **~ her victorious!** *(arch.)* [Herr,] laß sie siegreich sein!; **God ~s the rain on the just and the unjust** *(prov.)* Gott läßt regnen über Gerechte und Ungerechte; c) *(propel)* **~ a rocket into space** eine Rakete in den Weltraum schießen; **~ a ball over the wall** einen Ball über die Mauer schießen; **~ up clouds of dust** Staubwolken aufwirbeln; **~ sb. to the ground/hurtling through the air** etw. zu Boden werfen/durch die Luft sausen lassen; **~ sb. sprawling/reeling** jmdn. zu Boden strecken/ins Wanken bringen; **~ sb. running for cover** jmdn. schnell Deckung suchen lassen; **~ sb. off course** etw. vom Kurs abkommen lassen; *see also* ²**fly** 1 d; d) *(drive into condition)* **~ sb. mad** *or* **crazy** jmdn. verrückt machen *(ugs.);* **~ sb. into raptures/a temper/fits of laughter** jmdn. ins Schwärmen geraten lassen/in Wut bringen/dazu bringen, daß er sich totlacht *(ugs.);* **~ sb. to sleep** jmdn. zum Einschlafen bringen; **that loud music ~s me round the bend** *(fig. coll.)* bei dieser laute Musik könnte ich verrückt *od.* wahnsinnig werden *(ugs.);* e) *(dismiss)* **~ sb. about his/her** *etc.* **business** jmdn. vor die Tür setzen; *see also* Coventry; **pack 3;** f) *(sl.: put into ecstasy)* begeistern; **she really ~s me** sie macht mich total an *(salopp).* 2. *v. i.,* **sent: ~ to sb. for sth.** *(by letter)* jmdn. um etw. anschreiben; **we'll ~ to Germany for that** wir werden nach Deutschland schreiben, daß uns das schicken
~ a'head *v. t.* vorausschicken; **he was sent ahead of the main group** er wurde dem Haupttrupp vorausgeschickt
~ a'way 1. *v. t.* wegschicken; fortschicken *(landsch., geh.);* **we like to ~ our guests away with pleasant memories** wir möchten unseren Gästen angenehme Erinnerungen mitgeben; *see also* flea. 2. *v. i.* **~ away [to sb.] for sth.** etw. [bei jmdm.] anfordern
~ 'back *v. t.* a) *(return)* zurückschicken; b) *(because of dissatisfaction)* zurückgehen lassen ⟨Speise, Getränk⟩; *(by post)* zurückschicken ⟨Ware⟩
~ 'down 1. *v. t.* a) [hinunter]schicken; b) *(Brit. Univ.)* relegieren *(geh.);* von der Hochschule verweisen; c) *(put in prison)* hinter Schloß und Riegel bringen *(ugs.);* d) *(Cricket)* werfen ⟨Ball⟩; e) nach unten treiben ⟨Preis, Kosten, Temperatur⟩. 2. *v. i.* **~ down [to the store] for sth.** etw. aus dem Lager holen lassen
~ for *v. t.* a) *(tell to come)* holen lassen; rufen ⟨Polizei, Arzt, Krankenwagen⟩; b) *(order from elsewhere)* anfordern
~ 'in *v. t.* einschicken
~ 'off 1. *v. t.* a) *(dispatch)* abschicken ⟨Sache⟩; losschicken ⟨Person⟩; **~ one's children off to boarding-school** seine Kinder ins Internat schicken; b) *(bid farewell to)* verabschieden; *see also* send-off; c) *(Sport)* vom Platz stellen. 2. *v. i.* **~ off for sth.** [to sb.] etw. [von jmdm.] anfordern
~ 'on *v. t.* a) *(forward)* nachsenden ⟨Post⟩; **they sent me on to you** ich wurde an Sie verwiesen; b) *(cause to go ahead)* **~ on [ahead]** vorausschicken; c) *(cause to participate)* **~ a player on** einen Spieler einsetzen
~ 'out 1. *v. t.* a) *(issue)* verschicken; b) *(emit)* aussenden ⟨Hilferuf, Nachricht⟩; abgeben ⟨Hitze⟩; senden ⟨Lichtstrahlen⟩; ausstoßen ⟨Rauch⟩; verströmen ⟨Geruch⟩; c) *(dispatch)* schicken; **~ sb. out to Africa** jmdn. nach Afrika schicken; **~ sb. out for sth.** jmdn. schicken, um etw. zu besorgen; d) *(order to leave)* hinausschicken. 2. *v. i.* **~ out for sth.** etw. besorgen *od.* holen lassen
~ 'up *v. t.* a) *(Brit. coll.: ridicule)* *(in play, sketch, song)* parodieren; *(in cartoon)* karikieren; *see also* send-up; b) *(Amer. sl.: put in prison)* in den Knast stecken *(ugs.);* einbuchten *(salopp);* c) *(transmit to higher authority)* weiterleiten ⟨to an + *Akk.*⟩; d) *(cause to rise)* steigen lassen ⟨Ballon⟩; hochtreiben ⟨Preis, Kosten, Temperatur⟩; **~ sb.'s temperature up** *(fig. joc.)* jmdn. zum Kochen bringen *(ugs.);* e) *(destroy)* in die Luft jagen *(ugs.);* sprengen
sender ['sendə(r)] *n.* (of goods) Lieferant, *der*/Lieferantin, *die;* (of letter) Absender, *der*/Absenderin, *die*
send: ~-**off** *n.* Verabschiedung, *die;* **give sb. a good ~-off** jmdn. groß verabschieden; ~-**up** *n.* (Brit. coll.: parody) Parodie, *die;* (in cartoon) Karikatur, *die;* **do a ~-up of sb./sth.** jmdn./etw. parodieren
Senegal [senɪ'gɔːl] *pr. n.* Senegal (*das*) *od. der*
Senegalese [senɪgə'liːz] 1. *adj.* senegalesisch; **sb. is ~:** jmd. ist Senegalese/Senegalesin. 2. *n., pl. same* Senegalese, *der*/Senegalesin, *die*
senescent [sɪ'nesənt] *adj.* alternd
senile ['siːnaɪl] *adj.* senil; *(physically)* altersschwach; *(caused by old age)* altersbedingt ⟨Apathie, Schwatzhaftigkeit⟩; **~ decay** Altersabbau, *der*
senile de'mentia *n.* (Med.) senile Demenz
senility [sɪ'nɪlɪtɪ] *n., no pl.* Senilität, *die;* *(physical infirmity)* Altersschwäche, *die*
senior ['siːnɪə(r)] 1. *adj.* a) *(older)* älter; **be ~ to sb.** älter als jmd. sein; **~ team** Seniorenmannschaft, *die;* b) *(of higher rank)* höher ⟨Rang, Beamter, Stellung⟩; leitend ⟨Angestellter, Stellung⟩; *(longest-serving)* ältest ...; **someone ~:** jemand in höherer Stellung; **~ management** Geschäftsleitung, *die;* **~ consultant/nurse** (in hospital) ≈ Oberarzt, *der*/Oberschwester, *die;* **be ~ to sb.** eine höhere Stellung als jmd. haben; **she is ~/not very ~:** sie hat einen/keinen gehobenen Posten; c) *(appended to name (the elder))* **Mr Smith S~:** Mr. Smith senior; d) *(Brit. Sch.)* **~ school** *or* **section** Oberstufe, *die;* e) *(Brit. Univ.)* **~ combination** *or* **common room** Gemeinschaftsraum für Dozenten; f) *(Amer. Sch., Univ.)* **~ class** Abschlußklasse, *die;* **~ year** letztes Jahr vor der Abschlußprüfung. 2. *n.* a) *(older person)* Ältere, *der/die;* *(person of higher rank)* Vorgesetzte, *der/die;* **be sb.'s ~ [by six years]** *or* **[six years] sb.'s ~:** [sechs Jahre] älter als jmd. sein; b) *(Brit. Sch.)* Schüler/Schülerin einer höheren Schule; *(in the last three years)* Oberstufenschüler, *der*/-schülerin, *die;* c) *(Amer.) (Sch.)* Schüler/Schülerin im letzten Schuljahr; *(Univ.)* Student/Studentin im letzten Studienjahr
senior: ~ '**citizen** *n.* Senior, *der*/Seniorin, *die;* ~ **college** *n.* (Amer.) höhere Schule; ≈ [Gymnasial]oberstufe, *die*
seniority [siːnɪ'ɒrɪtɪ] *n.* a) *(superior age)* Alter, *das;* b) *(priority in length of service)* höheres Dienstalter; c) *(superior rank)* höherer Rang

senior: ~ 'officer *n.* höherer Beamter/höhere Beamtin; *(Mil.)* ranghöchster Offizier; **sb.'s ~ officer** jmds. Vorgesetzter; ~ 'partner *n.* Seniorpartner, *der*/-partnerin, *die;* ~ service *n. (Brit.)* Marine, *die*
senna ['senə] *n.* **a)** *(Bot.)* Sennespflanze, *die;* Kassie, *die;* **b)** *(drug)* Sennesblätter, Senna, *die*
sensation [sen'seɪʃn] *n.* **a)** *(feeling)* Gefühl, *das;* ~ **of hunger/thirst/giddiness** Hunger-/Durst-/Schwindelgefühl, *das;* **have a ~ of falling** das Gefühl haben zu fallen; **b)** *(person, event, etc. causing intense excitement)* Sensation, *die;* **a great ~** ein großes Ereignis; **c)** *(excitement)* Aufsehen, *das*
sensational [sen'seɪʃənl] *adj.* **a)** *(spectacular)* aufsehenerregend; sensationell; **b)** *(arousing intense response)* reißerisch *(abwertend);* Sensations⟨blatt, -presse⟩; **c)** *(phenomenal)* sensationell
sensationalism [sen'seɪʃənəlɪzm] *n.* Sensationshascherei, *die (abwertend);* [desire for] ~: Sensationsgier, *die (abwertend)*
sensationally [sen'seɪʃənəlɪ] *adv.* sensationell
sense [sens] **1.** *n.* **a)** *(faculty of perception)* Sinn, *der;* ~ **of smell/touch/taste** Geruchs-/Tast-/Geschmackssinn, *der;* **come to one's ~s** das Bewußtsein wiedererlangen; **b)** *in pl. (normal state of mind)* Verstand, *der;* **in full possession of one's ~s** im Vollbesitz seiner geistigen Kräfte; **no one in his ~s would do that** niemand mit einem Funken Verstand würde so etwas tun; **have taken leave of** *or* **be out of one's ~s** den Verstand verloren haben; **frighten sb. out of his ~s** jmdm. einen furchtbaren Schrecken einjagen; **come to one's ~s** zur Vernunft kommen; **bring sb. to his ~s** jmdn. zur Vernunft *od.* Besinnung bringen; **c)** *(consciousness)* Gefühl, *das;* ~ **of responsibility/guilt** Verantwortungs-/Schuldgefühl, *das;* **out of a ~ of duty** aus Pflichtgefühl; ~ **of gratitude** Gefühl der Dankbarkeit; **a keen ~ of honour** ein ausgeprägtes Ehrgefühl; **have a ~ of one's own importance** sich sehr wichtig nehmen; *see also* **direction c; humour 1a; road sense;* **d)** *(ability to perceive)* Gespür, *das;* *(instinct)* [instinktives] Gespür; ~ **of the absurd** Gespür für das Absurde; **e)** *(practical wisdom)* Verstand, *der;* **there's a lot of ~ in what he's saying** was er sagt, klingt sehr vernünftig; **sound** *or* **good ~:** [gesunder Menschen]verstand; **not have the ~ to do sth.** nicht so schlau sein, etw. zu tun; **there is no ~ in doing that** es hat keinen Sinn, das zu tun; **what is the ~ of** *or* **in doing that?** was hat man davon *od.* wozu soll es gut sein, das zu tun?; **have more ~ than to do sth.** genug Verstand haben, etw. nicht zu tun; **talk ~:** vernünftig reden; **now you are talking ~:** jetzt wirst du vernünftig; **you're just not talking ~:** du redest einfach Unsinn; **see ~:** zur Vernunft kommen; **make sb. see ~:** jmdn. zur Vernunft bringen; **be a man/woman of ~:** wissen, was man tut; **she hasn't the ~:** she was born with sie hat keinen Funken Verstand; *see also* **common sense;** **f)** *(meaning)* Sinn, *der; (of word)* Bedeutung, *die;* **in the strict** *or* **literal ~:** im strengen *od.* wörtlichen Sinn; **in every ~ [of the word] in jeder Hinsicht; there is a ~ in which ...:** man könnte durchaus die Ansicht vertreten, daß ...; **in some ~:** irgendwie; **in a** *or* **one ~:** in gewisser Hinsicht *od.* Weise; **make ~:** einen Sinn ergeben; **her arguments do not make ~ to me** ihre Argumente leuchten mir nicht ein; **it does not make ~ to do that** es ist Unsinn *od.* unvernünftig, das zu tun; **it makes [a lot of] ~** *(is [very] reasonable)* das ist [sehr] sinnvoll; **it makes good** *or* **sound financial ~:** es ist in finanzieller Hinsicht sinnvoll; **it all makes ~ to me now** jetzt verstehe ich alles; **it just doesn't make ~:** es ergibt einfach keinen Sinn; **now you're

making ~:** jetzt verstehe ich, was du sagen willst; **make ~ of sth.** etw. verstehen; *(see etw.* schlau werden); **g)** *(prevailing sentiment)* **take the ~ of the meeting** die Meinung der Versammlung einholen. **2.** *v. t.* spüren; ⟨*Tier:*⟩ wittern; ⟨*Gerät:*⟩ wahrnehmen
senseless ['senslɪs] *adj.* **a)** *(unconscious)* bewußtlos; **b)** *(foolish)* unvernünftig; dumm; **what a ~ thing to do/say!** wie kann man nur so etwas Dummes machen/sagen!; **c)** *(purposeless)* unsinnig ⟨*Argument*⟩; sinnlos ⟨*Diskussion, Vergeudung*⟩
'**sense-organ** *n.* Sinnesorgan, *das*
sensibility [sensɪ'bɪlɪtɪ] *n.* **a)** *in pl. (susceptibility)* Empfindlichkeit, *die;* **her sensibilities are easily wounded** sie ist sehr schnell verletzt *od.* gekränkt; **b)** *(openness to emotional impressions)* Sensibilität, *die* (**to** in bezug auf + Akk.); ~ **to pain/beauty** Schmerzempfindlichkeit, *die*/Empfänglichkeit für Schönheit; **c)** *(delicacy of feeling)* Feingefühl, *das* (**to** gegenüber of/ für); Einfühlungsvermögen, *das* (**of** in + Akk.); **d)** *(over-sensitiveness)* Empfindsamkeit, *die*
sensible ['sensɪbl] *adj.* **a)** *(reasonable)* vernünftig; **he was ~ enough to do it** er war so vernünftig, es zu tun; **be ~ [about it]!** sei doch vernünftig!; **b)** *(practical)* praktisch; zweckmäßig; fest ⟨*Schuhe*⟩; **c)** *(appreciable)* gravierend ⟨*Fehler*⟩; beachtlich, merklich ⟨*Anstieg, Rückgang, Unterschied*⟩; **d)** *(literary: aware)* **be ~ of** *or* **to sth.** etw. spüren
sensibly ['sensɪblɪ] *adv.* **a)** *(reasonably)* vernünftig; besonnen; ~ **enough, he refused** er war so vernünftig abzulehnen; **b)** *(practically)* zweckmäßig; **c)** *(appreciably)* merklich
sensitisation, sensitise *see* **sensitiz-**
sensitive ['sensɪtɪv] *adj.* **a)** *(recording slight changes)* empfindlich; **be ~ to sth.** empfindlich auf etw. *(Akk.)* reagieren; ~ **to light** lichtempfindlich; **b)** *(touchy)* empfindlich *(about wegen);* **be ~ to sth.** empfindlich auf etw. *(Akk.)* reagieren; **c)** heikel ⟨*Thema, Diskussion*⟩; **d)** *(perceptive)* einfühlsam
sensitively ['sensɪtɪvlɪ] *adv.* empfindlich ⟨*reagieren*⟩; einfühlsam ⟨*darstellen*⟩
'**sensitive plant** *n. (Bot.; also fig.: person)* Mimose, *die*
sensitivity [sensɪ'tɪvɪtɪ] *n.* **a)** *(capacity to respond emotionally)* Sensibilität, *die;* Empfindlichkeit, *die* (**to** gegen); **offend sb.'s sensitivities** jmds. Feingefühl verletzen; **b)** *(responsiveness)* Empfindlichkeit, *die;* ~ **to light** Lichtempfindlichkeit, *die*
sensitization [sensɪtaɪ'zeɪʃn] *n.* Sensibilisierung, *die*
sensitize ['sensɪtaɪz] *v. t.* sensibilisieren (**to** für)
sensor ['sensə(r)] *n.* Sensor, *der*
sensory ['sensərɪ] *adj.* sensorisch; Sinnes⟨*wahrnehmung, -organ*⟩
sensual ['sensjʊəl, 'senʃʊəl] *adj.* sinnlich; lustvoll ⟨*Leben*⟩; Sinnen⟨*freude, -genuß*⟩
sensuality [sensjʊ'ælɪtɪ, senʃʊ'ælɪtɪ] *n.* Sinnlichkeit, *die*
sensually ['sensjʊəlɪ, 'senʃʊəlɪ] *adv.* sinnlich; genußvoll ⟨*essen*⟩
sensuous ['sensjʊəs] *adj.* sinnlich
sensuously ['sensjʊəslɪ] *adv.* sinnlich; ~ **beautiful** von sinnlicher Schönheit *nachgestellt*
sent *see* **send**
sentence ['sentəns] **1.** *n.* **a)** *(decision of lawcourt)* [Straf]urteil, *das; (fig.)* Strafe, *die;* **give sb. a three-year ~:** jmdn. zu drei Jahren Haft verurteilen; **pass ~ [on sb.]** [jmdm.] das Urteil verkünden; **be under ~ of death** zum Tode verurteilt sein; *(fig.)* zum Untergang verurteilt sein; **b)** *(Ling.)* Satz, *der;* *see also* **complex 1 c;** ¹**compound 1 f;** **simple e. 2.** *v. t. (lit. or fig.)* verurteilen (**to** zu)
'**sentence-modifier** *n. (Ling.)* Satzpartikel, *die*
sententious [sen'tenʃəs] *adj.* **a)** *(pithy)* prä-

gnant; sentenziös *(geh.);* **b)** *(affectedly formal)* salbungsvoll *(abwertend);* **c)** *(given to pompous moralizing)* moralistisch; schulmeisterhaft
sententiously [sen'tenʃəslɪ] *adv.* **a)** *(pithily)* kurz und prägnant; **b)** *(pompously)* schulmeisterhaft
sentient ['senʃənt] *adj.* empfindungsfähig
sentiment ['sentɪmənt] *n.* **a)** *(mental feeling)* Gefühl, *das;* **noble ~s** edle Gesinnung; ~ **unchecked by reason** nicht vernunftgesteuerte Gefühle; **those are** *or* **(sl.)** **them's my ~s** so denke ich darüber; **b)** *(emotion conveyed in art)* Empfindung, *die;* **c)** *no pl. (emotional weakness)* Sentimentalität, *die;* Rührseligkeit, *die;* **d)** *(expression of view)* Gedanke, *der*
sentimental [sentɪ'mentl] *adj.* **a)** *(motivated by feeling)* sentimental; **sth. has ~ value for sb.**] jmd. hängt an etw. *(Dat.)*; ~ **attachment to sth.** gefühlsmäßige Bindung an etw. *(Akk.);* **for ~ reasons** aus Sentimentalität; **b)** *(appealing to sentiment)* rührselig; sentimental; **a ~ song** eine Schnulze
sentimentalism [sentɪ'mentəlɪzm] *n.,* no *pl.* Sentimentalität, *die*
sentimentalist [sentɪ'mentəlɪst] *n.* sentimentaler Mensch
sentimentality [sentɪmen'tælɪtɪ] *n.* Sentimentalität, *die*
sentimentalize [sentɪ'mentəlaɪz] **1.** *v. i.* sich sentimentalen Gefühlen hingeben. **2.** *v. t.* sentimental darstellen
sentimentally [sentɪ'mentəlɪ] *adv.* sentimental; gefühlsmäßig ⟨*verbunden*⟩
sentinel ['sentɪnl] *n. (lit. or fig.)* Wache, *die;* **stand ~ over sth.** *(fig.)* über etw. *(Akk.)* wachen
sentry ['sentrɪ] *n. (lit. or fig.)* Wache, *die;* **stand ~ at the door** an der Tür Wache halten
sentry: ~**-box** *n.* Wachhäuschen, *das;* ~**-duty** *n.* **be on ~-duty** Wachdienst haben
sepal ['sepl, 'si:pl] *n. (Bot.)* Kelchblatt, *das*
separability [sepərə'bɪlɪtɪ] *n.,* no *pl.* Trennbarkeit, *die*
separable ['sepərəbl] *adj.* **a)** trennbar; zerlegbar ⟨*Werkzeug, Gerät*⟩; **b)** *(Ling.)* trennbar ⟨*Vorsilbe, Verb*⟩
separate 1. ['sepərət] *adj.* verschieden ⟨*Fragen, Probleme, Gelegenheiten*⟩; getrennt ⟨*Konten, Betten*⟩; gesondert ⟨*Teil*⟩; separat ⟨*Eingang, Toilette, Blatt Papier, Anteil*⟩; Sonder⟨*vereinbarung*⟩; *(one's own, individual)* eigen ⟨*Zimmer, Identität, Organisation*⟩; **lead ~ lives** getrennt leben; **go ~ ways** getrennte Wege gehen; **the ~ volumes** die einzelnen Bände; **one is quite ~ from the other** das eine ist ganz unabhängig von dem anderen/*(different)* ganz anders als das andere; **keep two things ~:** zwei Dinge auseinanderhalten; **keep issue A ~ from issue B** Frage A und Frage B getrennt behandeln; **keep one's cheque-book ~ from one's bank card** Scheckbuch und Scheckkarte getrennt aufbewahren. **2.** ['sepəreɪt] *v. t.* **a)** trennen; **they are ~d** *(no longer live together)* sie leben getrennt; **b)** *(Amer.: discharge)* entlassen (**from** aus). **3.** *v. i.* **a)** *(disperse)* sich trennen; **b)** *(Ehepaar:)* sich trennen; **c)** *(secede)* sich abspalten; **d)** *see* ~ **out 1.** *See also* **separates**
~ **'out 1.** *v. i.* sich entmischen *(fachspr.);* sich trennen. **2.** *v. t. (distinguish)* auseinanderhalten; *(extract)* trennen
separately ['sepərətlɪ] *adv.* getrennt; **they had, quite ~, reached the same conclusion** sie waren – ganz unabhängig voneinander – zum gleichen Schluß gekommen
separate 'maintenance *n. (Law)* Unterhalt, *der*
separates ['sepərəts] *n. pl. (Fashion)* Separates; einzelne Kleidungsstücke [die man kombinieren kann]
separation [sepə'reɪʃn] *n.* **a)** Trennung, *die;* **judicial** *or* **legal ~:** gerichtliche Tren-

separation order

nung; **b)** *(Amer.: resignation, discharge)* Entlassung, *die* (**from** aus)
sepa'ration order *n.* gerichtliche Anordnung des Getrenntlebens
separatism ['sepərətɪzm] *n.* **a)** *(advocacy of separation)* Separatismus, *der;* **b)** *(segregation)* |**racial/class**| ~: [Rassen-/Klassen]trennung, *die*
separatist ['sepərətɪst] *n.* Separatist, *der/* Separatistin, *die; attrib.* ~ **movement** Separatistenbewegung, *die*
separator ['sepəreɪtə(r)] *n.* Separator, *der*
sepia ['si:pɪə] *n.* **a)** *(pigment)* Sepia, *die;* **b)** *(colour)* Sepiabraun, *das;* ~ **photograph/ drawing** sepiafarbenes Foto/Sepiazeichnung, *die;* **c)** *(drawing)* Sepiazeichnung, *die*
sepsis ['sepsɪs] *n., pl.* **sepses** ['sepsi:z] *(Med.)* Sepsis, *die (fachspr.);* Blutvergiftung, *die*
Sept. *abbr.* **September** Sept.
septa *pl. of* **septum**
September [sep'tembə(r)] *n.* September, *der; see also* **August**
septet, septette [sep'tet] *n. (Mus.)* Septett, *das*
septic ['septɪk] *adj.* septisch
septicaemia *(Amer.:* **septicemia**) [septi'si:mɪə] *n. (Med.)* Sepsis, *die;* Septikämie, *die (fachspr.)*
septic 'tank *n.* Faulraum, *der*
septuagenarian [septjʊədʒɪ'neərɪən] **1.** *adj.* siebzigjährig; *(more than 70 years old)* in den Siebzigern *nachgestellt.* **2.** *n.* Siebziger, *der*/Siebzigerin, *die*
septum ['septəm] *n., pl.* **septa** ['septə] *(Anat., Bot., Zool.)* Septum, *das*
sepulcher *(Amer.) see* **sepulchre**
sepulchral [sɪ'pʌlkrl] *adj.* **a)** *(of burial)* Grab-; Bestattungs⟨brauch, -ritus⟩; **b)** *(fig.: funereal)* düster
sepulchre ['seplkə(r)] *n. (Brit.)* Grab, *das;* **the Holy S~:** das Heilige Grab
sequel ['si:kwl] *n.* **a)** *(consequence, result)* Folge, *die* (**to** von); **b)** *(continuation)* Fortsetzung, *die;* **there was a tragic ~:** es gab ein tragisches Nachspiel; **in the ~:** in der Folge
sequence ['si:kwəns] *n.* **a)** *(succession)* Reihenfolge, *die;* **rapid/logical ~:** rasche/logische Abfolge; **a ~ of musicals** eine Reihe von Musicals; **b)** *(part of film; set of poems, also Cards; Mus., Eccl.)* Sequenz, *die;* **c)** *(succession without cause)* Aufeinanderfolge, *die;* **d)** ~ **of tenses** *(Ling.)* Zeitenfolge, *die*
sequential [sɪ'kwenʃl] *adj. (forming a sequence)* aufeinanderfolgend; **be ~ to** or **upon sth.** auf etw. *(Akk.)* folgen
sequester [sɪ'kwestə(r)] **1.** *v.t.* **a)** *(set apart)* abtrennen ⟨*Teil*⟩; absondern ⟨*Person*⟩; **b)** *(Law: seize)* sequestrieren; **c)** *(confiscate)* beschlagnahmen. **2.** *v. refl.* sich fernhalten; ~ **oneself from the world** sich von der Welt abkapseln
sequestered [sɪ'kwestəd] *adj.* abgelegen; ⟨*Leben*⟩ in Abgeschiedenheit
sequestrate ['si:kwɪstreɪt] *see* **sequester** 1 b, c
sequestration [si:kwɪ'streɪʃn] *n.* **a)** *(Law: appropriation)* Sequestration, *die;* **b)** *(confiscation)* Beschlagnahme, *die*
sequestrator ['si:kwɪstreɪtə(r)] *n.* Sequester, *der*
sequin ['si:kwɪn] *n.* Paillette, *die*
sequined, sequinned ['si:kwɪnd] *adj.* paillettenbesetzt ⟨*Kleid*⟩
sequoia [sɪ'kwoɪə] *n. (Bot.)* Mammutbaum, *der;* Sequoia, *die (fachspr.)*
sera *pl. of* **serum**
seraglio [se'rɑ:lɪəʊ] *n., pl.* ~**s** Harem, *der;* Serail, *das (veralt.)*
seraph ['serəf] *n., pl.* **seraphim** ['serəfɪm] *or* ~**s** Seraph, *der*
seraphic [sə'ræfɪk] *adj.* seraphisch *(geh.)*
Serb [s3:b] *see* **Serbian**
Serbia ['s3:bɪə] *pr. n.* Serbien, *das*
Serbian ['s3:bɪən] **1.** *adj.* serbisch; **sb. is ~:**

jmd. ist Serbe/Serbin; *see also* **English** 1. 2. *n.* **a)** *(dialect)* serbischer Dialekt; **b)** *(person)* Serbe, *der*/Serbin, *die. See also* **English 2 a**
Serbo-Croat [s3:bəʊ'krəʊæt], **Serbo-Croatian** [s3:bəʊkrəʊ'eɪʃn] **1.** *adj.* serbokroatisch; *see also* **English** 1. 2. *n.* Serbokroatisch, *das; see also* **English 2 a**
serenade [serə'neɪd] **1.** *n. (Mus.)* **a)** Ständchen, *das;* **sing** *or* **play sb. a** ~: jmdm. ein Ständchen bringen; **b)** *(cantata)* Serenade, *die.* **2.** *v.t. (Mus.)* ~ **sb.** jmdm. ein Ständchen bringen
serendipity [serən'dɪpɪtɪ] *n.* glücklicher Zufall
serene [sɪ'ri:n, sə'ri:n] *adj.* ~**r** [sɪ'ri:nə(r), sə'ri:nə(r)], ~**st** [sɪ'ri:nɪst, sə'ri:nɪst] **a)** *(calm)* klar ⟨*Wetter, Himmel*⟩; **b)** *(unruffled)* unbewegt ⟨*Wasser, See usw.*⟩; **c)** *(placid)* ruhig; gelassen; **calm and ~:** ruhig und gelassen
serenely [sɪ'ri:nlɪ, sə'ri:nlɪ] *adv.* gelassen; ~ **indifferent** gleichmütig und gelassen
serenity [sɪ'renɪtɪ, sə'renɪtɪ] *n., no pl.* **a)** *(placidity)* Gelassenheit, *die;* **b)** *(of clear weather)* Klarheit, *die*
serf [s3:f] *n.* **a)** *(villein)* Leibeigene, *der/die;* **b)** *(fig.: drudge)* Sklave, *der*
serfdom ['s3:fdəm] *n.* Leibeigenschaft, *die; (fig.)* Sklaverei, *die;* Plackerei, *die (ugs.)*
serge [s3:dʒ] *n. (Textiles)* Serge, *die*
sergeant ['sɑ:dʒənt] *n.* **a)** *(Mil.)* Unteroffizier, *der;* **b)** *(police officer)* ≈ Polizeimeister, *der*
sergeant: ~-'**major** *(Amer.),* |**regimental**| ~-**major** *(Brit.)* ≈ [Ober]stabsfeldwebel, *der; see also* **company g**
serial ['sɪərɪəl] **1.** *adj.* **a)** *(forming a series)* aufeinanderfolgend; ~ **production** Serienproduktion, *die;* **publish sth. in ~ form** etw. in Serienform veröffentlichen; **b)** *(issued in instalments)* Fortsetzungs⟨*geschichte, -roman*⟩; ~ **radio/TV play** Radio-/Fernsehserie, *die;* **c)** *(periodical)* periodisch erscheinend; **a monthly ~ publication** eine Monatsschrift; **d)** *(Mus., Computing)* seriell. **2.** *n.* **a)** *(story)* Fortsetzungsgeschichte, *die; (on radio, television)* Serie, *die;* **b)** *(periodical)* [periodisch erscheinende] Zeitschrift; Periodikum, *das (geh.)*
serialize ['sɪərɪəlaɪz] *v.t.* in Fortsetzungen veröffentlichen; *(on radio, television)* in Fortsetzungen od. als Serie senden
serial 'killer *n.* Serienmörder, *der*
serially ['sɪərɪəlɪ] *adv.* in Fortsetzungen, als Serie ⟨*senden*⟩; ~ **numbered** fortlaufend numeriert
serial: ~ **number** *n.* Seriennummer, *die;* ~ **rights** *n. pl.* Rechte zur Veröffentlichung als Serie
series ['sɪərɪ:z, 'sɪərɪz] *n., pl.* **same a)** *(sequence)* Reihe, *die;* **a ~ of events/misfortunes** eine Folge von Ereignissen/Mißgeschicken; **b)** *(set of successive issues)* Serie, *die;* **radio/TV ~** Hörfunkreihe/Fernsehserie, *die;* **c)** *of programmes* Sendereihe, *die;* **first ~:** erste Folge; **c)** *(set of books)* Reihe, *die;* **d)** *(group of stamps etc.)* Serie, *die;* **e)** *(group of games etc.)* Serie, *die;* **a lecture ~:** eine Vortragsreihe; **f)** *(Chem.: set of elements)* homologe Reihe; **g)** *(Electr.)* in ~: in Reihe; hintereinander; **h)** *(Mus., Math.)* Reihe, *die;* **i)** *(Geol.: set of strata)* Schichtenfolge, *die*
serif ['serɪf] *n. (Printing)* Serife, *die*
serio-comic [sɪərɪəʊ'kɒmɪk] *adj.* tragikomisch
serious ['sɪərɪəs] *adj.* **a)** *(earnest)* ernst; ~ **music** ernste Musik; **a ~ play** ein ernstes Stück; **b)** *(important, grave)* ernst ⟨*Angelegenheit, Lage, Problem, Zustand*⟩; ernsthaft ⟨*Frage, Einwand, Kandidat*⟩; gravierend ⟨*Änderung*⟩; schwer ⟨*Krankheit, Unfall, Fehler, Überschwemmung, Niederlage*⟩; ernstzunehmend ⟨*Rivale*⟩; ernstlich ⟨*Gefahr, Bedrohung*⟩; bedenklich ⟨*Verschlech-*

serve

terung, Mangel⟩; **things are/sth. is getting** ~: die Lage spitzt sich zu/ etw. nimmt ernste Ausmaße an; **there is a ~ danger that ...:** es besteht ernste Gefahr, daß ...; ~ **charge/ offence** schwerwiegender Vorwurf/schwerer Verstoß; **c)** *(in earnest)* **are you** ~: ist das dein Ernst?; **but now to be** ~: aber jetzt mal im Ernst; **you cannot be** ~: das kann doch nicht dein Ernst sein; **he is a** ~ **worker** er nimmt seine Arbeit ernst; **be** ~ **about sth./ doing sth.** etw. ernst nehmen/ernsthaft tun wollen; **is he** ~ **about her?** meint er es ernst mit ihr?; **give sth.** ~ **thought** ernsthaft über etw. *(Akk.)* nachdenken
seriously ['sɪərɪəslɪ] *adv.* **a)** *(earnestly)* ernst[haft]; **speak** ~ **to sb.** mit jmdm. ein ernstes Wort sprechen; **quite** ~, ...: ganz im Ernst, ...; **take sth./sb.** ~: etw./jmdn. ernst nehmen; **b)** *(severely)* ernstlich; schwer ⟨*verletzt, überflutet*⟩; **go** ~ **wrong** ⟨*Person:*⟩ sich schwer täuschen; ⟨*Sache:*⟩ völlig mißglücken od. fehlschlagen
seriousness ['sɪərɪəsnɪs] *n., no pl.* **a)** *(earnestness)* Ernst, *der;* Ernsthaftigkeit, *die;* **in all** ~: ganz im Ernst; **b)** *(gravity)* Schwere, *die; (of situation)* Ernst, *der*
sermon ['s3:mən] *n.* **a)** *(Relig.)* Predigt, *die;* **the S~ on the Mount** die Bergpredigt; **give a** ~: eine Predigt halten; **b)** *(moral reflections)* Mahnrede, *die;* **c)** *(lecture, scolding)* [Moral]predigt, *die*
sermonize ['s3:mənaɪz] **1.** *v.t.* ~ **sb.** jmdm. eine [Moral]predigt halten. **2.** *v. i.* **a)** *(lecture)* ⟨*Person:*⟩ dozieren; ⟨*Buch, Film:*⟩ moralisieren; **b)** *(preach)* predigen
serpent ['s3:pənt] *n.* **a)** *(snake)* Schlange, *die;* **b)** *(fig.: treacherous person)* falsche Schlange; **c)** *(Mus.)* Serpent, *der*
serpentine ['s3:pəntaɪn] **1.** *adj.* **a)** *(tortuous)* Serpentinen-; gewunden ⟨*Fluß*⟩; **b)** *(of serpent)* Schlangen-; *(resembling a snake)* schlangengleich. **2.** *n. (Min.)* Serpentin, *der*
SERPS [s3:ps] *abbr. (Brit.)* **State earnings-related pension scheme**
serrated [se'reɪtɪd] *adj.* gezackt; ~ **knife** Sägemesser, *das*
serration [se'reɪʃn] *n.* gezackter Rand; *(one tooth)* Zacke, *die;* **in** ~**s** gezackt
serried ['serɪd] *adj.* dicht ⟨*Reihen*⟩
serum ['sɪərəm] *n., pl.* **sera** ['sɪərə] *or* ~**s** *(Physiol.)* Serum, *das*
servant ['s3:vənt] *n.* **a)** *(wage-earning employee)* Angestellte, *der/die;* **a faithful** ~ **of the company** ein treuer Diener der Firma; **b)** *(domestic attendant)* Diener, *der/*Dienerin, *die; (female also)* Dienstmädchen, *das;* **keep** *or* **have** ~**s** Bedienstete haben; **c)** *(in letter)* **your humble** *(arch.) or* **obedient** ~ *(Brit.)* Ihr ergebenster od. untertänigster Diener *(veralt.). See also* **civil servant; domestic 1 a; public servant**
'**servant-girl** *n.* Dienstmädchen, *das*
'**servants' hall** *n.* Dienstbotenzimmer, *das*
serve [s3:v] **1.** *v.t.* **a)** *(work for)* dienen (+ *Dat.*); **she had** ~**d the family well for ten years** sie hatte der Familie zehn Jahre lang gute Dienste geleistet; ~ **two masters** *(fig.)* auf beiden Schultern Wasser tragen; **b)** *(be useful to)* dienlich sein (+ *Dat.*); **this car** ~**d us well** dieses Auto hat uns gute Dienste getan; **if my memory** ~**s me right** wenn mich mein Gedächtnis nicht täuscht; **c)** *(meet needs of)* nutzen (+ *Dat.*); **in the** ~ **of** ~ **some private ends** für Privatzwecke; **that excuse will not** ~ **you** die Entschuldigung wird dir nichts nützen; **one packet** ~**s him for a week** eine Packung reicht ihm für eine Woche; ~ **a/no purpose** einen Zweck erfüllen/ keinen Zweck haben od. zwecklos sein; ~ **sb.'s needs** *or* **purpose**[**s**] *or* **turn** jmds. Zweck *(Dat.)* genügen; ~ **its purpose** *or* **turn** seinen Zweck erfüllen; ~ **the purpose of doing sth.** den Zweck erfüllen od. dem Zweck genügen, etw. zu tun; **d)** *(go through period of)* durchlaufen ⟨*Lehre*⟩; absitzen,

645

verbüßen ⟨*Haftstrafe*⟩; ~ **a four-year term as Prime Minister** vier Jahre lang Premierminister sein; ~ **one's time** (*hold office*) seine Amtszeit ableisten; ~ **[one's] time** (*undergo apprenticeship*) seine Lehrzeit durchmachen; (*perform military service*) seinen Wehrdienst ableisten; (*undergo imprisonment*) seine Zeit absitzen; **e)** (*dish up*) servieren; (*pour out*) einschenken (+ *Dat.*); **dinner is ~d** das Essen ist aufgetragen; ~ **tea in china cups** Tee in Porzellantassen reichen; **f)** (*render obedience to*) dienen (+ *Dat.*) ⟨*Gott, König, Land*⟩; **g)** (*attend*) bedienen; **are you being ~d?** werden Sie schon bedient?; **h)** (*supply*) versorgen; ~**s three** (*in recipe*) für drei Personen *od.* Portionen; **i)** (*provide with food*) bedienen; **has everyone been ~d?** sind alle bedient?; **j)** (*make legal delivery of*) zustellen; ~ **a summons on sb.** jmdm. vorladen; **he has been ~d notice to quit** ihm ist gekündigt worden; ~ **sb. with a writ,** ~ **a writ on sb.** jmdm. eine Verfügung zustellen; **k)** (*Tennis etc.*) aufschlagen; ~ **many double faults** viele Doppelfehler machen; ~ **an ace** ein As schlagen; **l)** (*arch./literary: treat*) behandeln; ~ **sb. ill/well** jmdm. einen schlechten/guten Dienst erweisen; **m)** ~**[s]** *or* **it** ~**s him right!** (*coll.*) [das] geschieht ihm recht!; **n)** (*copulate with*) decken. **2.** *v. i.* **a)** (*do service*) dienen; ~ **as chairman** das Amt des Vorsitzenden innehaben; ~ **as a Member of Parliament** Mitglied des Parlaments sein; ~ **on a jury** Geschworener/Geschworene sein; ~ **on a board** Mitglied des Aufsichtsrats sein; **b)** (*be employed; be soldier etc.*) dienen; Dienst tun; **he ~d against the Russians** er hat gegen die Russen gekämpft; **c)** (*be of use*) ~ **to do sth.** dazu dienen, etw. zu tun; ~ **to show sth.** etw. zeigen; **if memory ~s** wenn mein Gedächtnis mich nicht trügt; **he has been ~d notice to quit** ihm ist gekündigt worden; **her for** *or* **as** dienen als; **it will** ~ es geht schon; **des tut's** (*ugs.*); **d)** (~ *food*) **be employed to** ~ **at table** zum Auftragen eingestellt sein; **shall I** ~**?** soll ich auftragen?; **e)** (*attend in shop etc.*) bedienen; **f)** (*Eccl.*) ministrieren; **g)** (*Tennis etc.*) aufschlagen; **it's your turn to** ~: du hast Aufschlag. **3.** *n.* see **service 1 h**

~ **'out** *v. t.* **a)** (*distribute*) austeilen; ausgeben; **b)** (*work*) ableisten ⟨*Dienst*⟩ (*Lehrzeit*); **c)** (*punish in return*) ~ **sb. out** jmdm. heimzahlen

~ **'up** *v. t.* **a)** (*put before eaters*) servieren; **b)** (*offer for consideration*) auftischen (*ugs.*)

service ['sɜːvɪs] **1.** *n.* **a)** (*doing of work for employer etc.*) Dienst, *der*; **give good** ~ gute Dienste leisten; **do** ~ **as sth.** als etw. dienen; **see** ~ ⟨*Gerät:*⟩ seine Dienste tun; **he has seen** ~ **in the tropics** er hat in den Tropen Dienst getan; **sth. has seen long** ~. hat lange Zeit gute Dienste geleistet; **he died in the** ~ **of his country** er starb in Pflichterfüllung für sein Vaterland; **have thirty years'** ~ **behind one** dreißig Jahre Dienstzeit hinter sich (*Dat.*) haben; **b)** (*sth. done to help others*) **do sb. a** ~: jmdm. einen guten Dienst erweisen; ~**s** Dienste; (*Econ.*) **ask for sb.'s** ~**s** jmdn. um Unterstützung bitten; **do you need the** ~**s of a doctor?** brauchen Sie einen Arzt?; **[in recognition of her] ~s to the hospital/state** [in Anerkennung ihrer] Verdienste um das Krankenhaus/den Staat; **c)** (*Eccl.*) Gottesdienst, *der*; **d)** (*act of attending to customer*) Service, *der*; (*in shop, garage, etc.*) Bedienung, *die*; **e)** (*system of transport*) Verbindung, *die*; **airline** ~: Flugverbindung, *die*; **there is no bus** ~ **on Sundays** sonntags verkehren keine Busse; **the number 325 bus** ~: die Buslinie Nr. 325; **when does the Oxford** ~ **leave?** wann fährt der Zug/Bus nach Oxford ab?; **f)** (*provision of maintenance*) [**after-sale** *or* **follow-up**] ~: Kundendienst, *der*; **ask for a** ~: den Kundendienst kommen lassen; **take one's car in for a** ~: sein Auto zur Inspektion bringen; **g)** no *pl., no art.* (*operation*) Betrieb, *der*; **bring into** ~: in Betrieb nehmen; **out of** ~: außer Betrieb; **take out of** ~: außer Betrieb setzen; **go** *or* **come into** ~: in Betrieb genommen werden; **h)** (*Tennis etc.*) Aufschlag, *der*; **whose** ~ **is it?** wer hat Aufschlag?; **i)** (*crockery set*) Service, *das*; **dessert/tea** ~: Dessert-/Tee-Service, *das*; **j)** (*legal delivery*) Zustellung, *die*; **k)** (*assistance*) **can I be of** ~ **[to you]?** kann ich Ihnen behilflich sein?; **will it be of** ~ **to you?** wird es Ihnen helfen?; **l)** (*payment*) Bedienung, *die*; Bedienungsgeld, *das*; see *also* **service charge**; **m)** (*person's behalf*) **in his** ~: ich stehe zu Ihren Diensten; **I'm at your** ~: ich stehe zu Ihren Diensten; **'on His/Her Majesty's** ~' (*Brit.*) „[gebührenfreie] Dienstsache"; **n)** (*department of public employ*) **the consular** ~: der Konsulatsdienst; **the railway/telephone** ~: das Eisenbahnwesen/der Telefondienst; **BBC World S~**: BBC Weltsender; **public** ~: öffentlicher Dienst; see *also* **Civil Service**; **Secret Service**; **o)** *in pl.* (*Brit.: public supply*) Versorgungseinrichtungen; **cut off all the** ~**s** Gas, Wasser und Strom abstellen; **p)** (*Mil.*) **the [armed** *or* **fighting]** ~**s** die Streitkräfte; **in the** ~**s** beim Militär; **be on** ~: dienen; **see** ~: im Einsatz sein; **q)** (*being servant*) **be in/go into** ~: in Stellung sein/gehen (*veralt.*) (**with** *bei*); **r)** (*employ*) Stellung, *die*; **enter the** ~ **of** sb. bei jmdm. in Stellung gehen (*veralt.*); **take sb. into one's** ~: jmdn. in seine Dienste nehmen. **2.** *v. t.* **a)** (*provide maintenance for*) warten ⟨*Wagen, Waschmaschine, Heizung*⟩; **take one's car to be ~d** sein Auto zur Inspektion bringen; **b)** (*perform business function for*) versorgen; **c)** (*pay interest on*) Zinsen zahlen für ⟨*Schulden*⟩; **d)** (*copulate with*) ⟨*Tier:*⟩ decken. **3.** *adj.* militärisch; Militär⟨*fahrzeug, -flugzeug*⟩; **a** ~ **family** die Familie eines Militärangehörigen.

serviceable ['sɜːvɪsəbl] *adj.* **a)** (*useful*) nützlich; **b)** (*durable*) haltbar; **the shoes are** ~ **rather than fashionable** die Schuhe sind eher praktisch als modisch

service: ~ **area** *n.* **a)** (*for motorists' needs*) Raststätte, *die*; **b)** (*Radio, Telev.*) Sendebereich, *der*; ~**-book** *n.* (*Eccl.*) Gesangbuch, *das*; ~ **charge** *n.* (*in restaurant*) Bedienungsgeld, *das*; (*of bank*) Bearbeitungsgebühr, *die*; ~**-court** *n.* (*Tennis etc.*) Aufschlagfeld, *das*; ~ **dress** *n., no pl.* Dienstkleidung, *die*; ~ **engineer** *n.* Servicetechniker, *der*/-technikerin, *die*; ~ **flat** *n.* (*Brit.*) Wohnung mit Betreuung; ~ **hatch** *n.* Durchreiche, *die*; ~ **industry** *n.* Dienstleistungsbetrieb, *der*; ~ **lift** *n.* Lastenaufzug, *der*; ~**man** ['sɜːvɪsmən] *n., pl.* ~**men** ['sɜːvɪsmən] (*in armed services*) Militärangehörige, *der*; ~ **road** *n.* Zufahrtsstraße, *die*; ~ **station** *n.* Tankstelle, *die*; ~**woman** *n.* Militärangehörige, *die*

serviette [ˌsɜːvɪˈet] *n.* (*Brit.*) Serviette, *die*

servi'ette-ring *n.* (*Brit.*) Serviettenring, *der*

servile ['sɜːvaɪl] *adj.* unterwürfig; erbärmlich ⟨*Unterwürfigkeit, Furcht*⟩

servilely ['sɜːvaɪllɪ] *adv.* unterwürfig

servility [sɜːˈvɪlɪtɪ] *n., no pl.* Unterwürfigkeit, *die*

serving ['sɜːvɪŋ] **1.** *n.* (*quantity*) Portion, *die*. **2.** *adj.* dienend

serving: ~ **dish** *n.* Servierschüssel, *die*; ~ **hatch** *n.* Durchreiche, *die*; ~**-spoon** *n.* Vorlegelöffel, *der*

servitude ['sɜːvɪtjuːd] *n., no pl.* (*lit. or fig.*) Knechtschaft, *die*; see *also* **penal servitude**

servo ['sɜːvəʊ] *n., pl.* ~**s** Servoeinrichtung, *die*

servo: ~**-assisted** *adj.* ~**-assisted brakes** Servobremsen; ~**-mechanism** *n.* Servomechanismus, *der*; ~**-motor** *n.* Servomotor, *der*

sesame ['sesəmɪ] *n.* **a)** (*herb*) Sesam, *der*; **b)** (*seed*) **[seed]** Sesamkorn, *das*; **c) open** ~! Sesam, öffne dich!; **an open** ~: ein Sesamöffne-dich

sessile ['sesaɪl] *adj.* (*Bot., Zool.*) sessil (*fachspr.*); festsitzend

'sessile oak *n.* Traubeneiche, *die*

session ['seʃn] *n.* **a)** (*meeting*) Sitzung, *die*; **discussion** ~: Diskussionsrunde, *die*; **be in** ~: tagen; **b)** (*period spent*) Sitzung, *die*; (*by several people*) Treffen, *das*; **have daily tennis** ~**s with sb.** mit jmdm. täglich Tennis spielen; **let's have a cleaning** ~ **tomorrow** laß/laßt uns morgen [mal] groß reinemachen; **recording** ~: Aufnahme, *die*; **have a card** ~: zusammen Karten spielen; **c)** (*Brit.: academic year*) Studienjahr, *das*; (*Amer.: university term*) Vorlesungsperiode, *die*; **the summer** ~: die Sommervorlesungen; **e)** (*time for meeting*) Sitzung, *die*; **summer** ~**s** Sommersitzungsperiode, *die*; **f)** (*Eccl.*) Kirchenvorstand, *der*; **g)** (*Law*) **Court of S~** oberstes schottisches Zivilgericht; **petty** ~**s** summarisches Schnellverfahren vor mehreren Friedensrichtern; see *also* **quarter sessions**

sestet [sesˈtet] *n.* **a)** see **sextet**; **b)** (*Pros.*) Sextett, *das*

sestina [sesˈtiːnə] *n.* (*Pros.*) Sestine, *die*

set [set] **1.** *v. t.,* **-tt-, set a)** (*put*) (*horizontally*) legen; (*vertically*) stellen; ~ **sb. ashore** an Land setzen; ~ **food before sb.** jmdm. Essen hinstellen; ~ **one brick on another** einen Stein auf den anderen setzen; ~ **the proposals before the board** (*fig.*) dem Vorstand die Vorschläge unterbreiten *od.* vorlegen; ~ **sth. against sth.** (*balance*) etw. einer Sache (*Dat.*) gegenüberstellen; (*apply*) setzen; ~ **pen to paper** etwas zu Papier bringen; ~ **a match to sth.** ein Streichholz an etw. halten; see *also* **fire 1 a**; **hand 1 a**; **¹light 1 e**; **²seal 1 c**; **shoulder 1 a**; **c)** (*adjust*) einstellen (**at** *auf* + *Akk.*); aufstellen ⟨*Falle*⟩; stellen ⟨*Uhr*⟩; ~ **your watch by mine** stell deine Uhr nach meiner; ~ **the alarm for 5.30 a.m.** den Wecker auf 5.30 Uhr stellen; **d) be** ~ (*have location of action*) ⟨*Buch, Film:*⟩ spielen; ~ **a book/film in Australia/a brothel** ein Buch/einen Film in Australien/in einem Bordell spielen lassen; **e)** (*specify*) festlegen ⟨*Bedingungen*⟩; festsetzen ⟨*Termin, Ort usw.*⟩ (**for** *auf* + *Akk.*); ~ **the interest rate at 10%** die Zinsen auf 10% festsetzen; ~ **limits** Grenzen setzen; **f)** (*bring into specified state*) ~ **sth./things right** *or* **in order** etw./die Dinge in Ordnung bringen; ~ **sb. laughing** jmdn. zum Lachen bringen; ~ **a dog barking** einen Hund anbellen lassen; ~ **sb. thinking that ...**; jmdn. auf den Gedanken bringen, daß ...; **the news** ~ **me thinking** die Nachricht machte mich nachdenklich; see *also* **cap 1a**; **defiance**; **ease 1a**; **edge 1a**; **fire 1b**; **foot 1a**; **free 1a**; **¹go 1f**; **house 1a**; **motion 1a**; **¹rest 3b**; **right 1a, 3e**; **g)** (*put forward*) stellen ⟨*Frage, Aufgabe*⟩ (*Hausaufgabe*); vorschreiben ⟨*Textbuch, Lektüre*⟩; (*compose*) zusammenstellen ⟨*Rätsel, Fragen, Prüfungsaufgaben*⟩; ~ **sb. an example,** ~ **an example to sb.** jmdm. ein Beispiel geben; ~ **sb. a task/problem** jmdm. eine Aufgabe stellen/jmdn. vor ein Problem stellen; ~ **[sb./oneself] a target** [jmdm./sich] ein Ziel setzen; **h)** (*turn to solid*) fest werden lassen; **is the jelly** ~ **yet?** ist das Gelee schon fest?; **i)** (*put in ground to grow*) einpflanzen, setzen ⟨*Pflanzen*⟩; säen ⟨*Samen*⟩; **j)** (*lay for meal*) decken ⟨*Tisch*⟩; auflegen ⟨*Gedeck*⟩; **k)** (*place for visitor*) aufstellen ⟨*Stuhl, Tisch*⟩; **l)** ~ **sail** (*hoist sail*) die Segel setzen *od.* hissen; (*begin voyage*) losfahren (**for** *nach*); **m)** ~ **a watch** (*guard*) eine Wache aufstellen; ~ **the watch** (*Naut.*) die Wache aufstellen; **n)** (*establish*) aufstellen ⟨*Rekord, Richtlinien*⟩; ~ **the fashion for sth.** etw. in Mode bringen; ~

the pace das Tempo bestimmen; o) *(Med.: put into place)* [ein]richten; einrenken ⟨*verrenktes Gelenk*⟩; **p)** *(fix)* legen ⟨*Haare*⟩; ~ **eyes on sb./sth.** jmdn./etw. sehen; ~ **one's teeth** *(lit. or fig.)* die Zähne zusammenbeißen; *see also* **face 1 a**; **heart 1 b**; **hope 1**; **mind 1 c**; **price 1 a**; **scene h**; **store 1 f**; **value 1 a**; **q)** *(Printing)* setzen; ~ **close/out** *or* **wide eng/breit setzen**; **r)** ~ **sb. to sth./doing sth.** jmdn. zu etw. anhalten/jmdn. veranlassen, etw. zu tun; ~ **sb. wood-chopping** jmdn. Holz hacken schicken; ~ **oneself to sth./do sth.** sich an etw. *(Akk.)* machen/daran machen, etw. zu tun; ~ **sb. in charge of sth.** jmdn. mit etw. betrauen; ~ **a dog on sb.** einen Hund auf jmdn. hetzen; ~ **a dog/the police after sb.** einen Hund/die Polizei auf jmdn. hetzen; **they** ~ **their thugs/detectives on him** sie setzten ihre Schläger/Detektive auf ihn an; ~ **sb. against sb.** jmdn. gegen jmdn. aufbringen; ~ **father against son** Zwietracht säen zwischen Vater und Sohn; *see also* **work 1 a**; **s)** ~ **sth. to music** *or* **a tune** etw. vertonen; **t)** *(ornament)* besetzen; [ein]fassen ⟨*Edelstein, Ränder*⟩; bepflanzen ⟨*Beet*⟩; **the lid was** ~ **with gems** der Deckel war mit Edelsteinen besetzt; **a sky** ~ **with stars** ein sternenbesetzter Himmel; **u)** **be** ~ **on a hill** ⟨*Haus:*⟩ auf einem Hügel stehen; **v)** *(make fast)* fixieren ⟨*Farbe, Färbemittel*⟩. **2.** *v. i.*, -tt-, **set a)** *(solidify)* fest werden; **has the jelly** ~ **yet?** ist das Gelee schon fest?; **b)** *(go down)* ⟨*Sonne, Mond:*⟩ untergehen; **sb.'s star** ~**s** *(fig.)* jmds. Stern ist im Sinken begriffen; **c)** *(flow along)* **the current** ~**s eastwards** die Strömung geht nach Osten; ~ **against sth.** *(fig.)* sich gegen etw. richten; **d)** *(Bot.)* *(form into or develop fruit)* ⟨*Blüte, Pflanze:*⟩ Frucht ansetzen; *(develop out of blossom)* ⟨*Frucht:*⟩ sich entwickeln; **e)** *(Gesicht:)* sich verhärten (**with** vor + *Dat.*); **f)** *(take rigid attitude)* ~ **[rigidly]** ⟨*Jagdhund:*⟩ [fest] vorstehen. **3.** *n.* **a)** *(group)* Satz, *der*; ~ [**of two**] Paar, *das*; **a** ~ **of chairs** eine Sitzgruppe; eine Stuhlgarnitur; **a** ~ **of stamps** ein Satz Briefmarken; **a complete** ~ **of Dickens' novels** eine Gesamtausgabe der Romane von Dickens; **a** ~ **of lectures** eine Vortragsreihe; **chess** ~: Schachspiel, *das*; **b)** *see* **service 1 i**; **c)** *(section of society)* Kreis, *der*; **racing** ~: Rennsportfreunde *od.* -fans; **the younger** ~: die Jüngeren; **the fast** ~: die Lebewelt; *see also* **jet set**; **smart 1 c**; **d)** *(Math.)* Menge, *die*; **theory of** ~**s** Mengenlehre, *die*; **e)** ~ [**of teeth**] Gebiß, *das*; **f)** *(radio or TV receiver)* Gerät, *das*; Apparat, *der*; **g)** *(Tennis)* Satz, *der*; **h)** *(of hair)* Frisieren, *das*; Einlegen, *das*; **have a shampoo and** ~: sich *(Dat.)* die Haare waschen und legen lassen; **i)** *(Theatre: built-up scenery)* Szenenaufbau, *der*; *(of play)* Bühne, *die*; **on the** ~ *(for film)* bei den Dreharbeiten; *(for play)* bei den Proben; **k)** *(granite pavingblock)* Pflasterstein, *der*; **l)** *(burrow)* Bau, *der*; **m)** *(of dog)* [**dead**] ~: Vorstehen, *das*; **make a dead** ~ **at sb.** *(fig.)* *(try to win affections of)* sich an jmdn. heranmachen; *(attack)* über jmdn. herfallen; **n)** *(Hort.)* *(shoot, cutting)* Setzling, *der*; *(bulb)* Knolle, *die*; Zwiebel, *die*; **o)** *(literary: sunset)* **at** ~ **of sun** bei Sonnenuntergang; **p)** *no pl.* *(posture)* Haltung, *die*; **the** ~ **of his head** seine Kopfhaltung; **q)** *(way dress etc. sits or flows)* Sitz, *der*. **4.** *adj.* **a)** *(fixed)* ⟨*Linie, Gewohnheit, Blick, Lächeln*⟩; fest ⟨*Absichten, Zielvorstellungen, Zeitpunkt*⟩; **be** ~ **in one's ways** *or* **habits** in seinen Gewohnheiten festgefahren sein; **deep-**~ **eyes** tiefliegende Augen; **b)** *(assigned for study or discussion)* vorgeschrieben ⟨*Buch, Text*⟩; bestimmt, festgelegt ⟨*Thema*⟩; **be a** ~ **book** Pflichtlektüre sein; **c)** *(according to fixed menu)* ~ **meal** *or* **menu** Menü, *das*. **5.** *(ready)* **sth. is** ~ **to increase** etw. wird bald

steigen; **be/get** ~ **for sth.** zu etw. bereit sein/sich zu etw. fertigmachen; **be/get** ~ **to leave** bereit sein/sich fertigmachen zum Aufbruch; **all** ~**?** *(coll.)* alles klar *od.* fertig?; **be all** ~ **for sth.** zu etw. bereit sein; **be all** ~ **to do sth.** bereit sein, etw. zu tun; **are we all** ~**?** alle startklar? *(ugs.)*; **e)** *(determined)* **be** ~ **on sth./doing sth.** zu etw. entschlossen sein/entschlossen sein, etw. zu tun; **be** [**dead**] ~ **against sth.** [absolut] gegen etw. sein; **of** ~ **purpose** mit Absicht; absichtlich; *see also* **close-set**

~ **about** *v. t.* **a)** *(begin purposefully)* ~ **about sth.** sich an etw. *(Akk.)* machen; etw. in Angriff nehmen; ~ **about doing sth.** daran anmachen, etw. zu tun; **b)** *(spread)* verbreiten ⟨*Gerücht, Geschichte*⟩; **c)** *(coll.: attack)* herfallen über (+ *Akk.*)

~ a'**part** *v. t.* **a)** *(reserve)* reservieren; einplanen ⟨*Zeit*⟩; **b)** *(make different)* abheben (**from** von); **his strength** ~**s him apart from others** durch seine Kraft zeichnet er sich gegenüber anderen aus

~ a'**side** *v. t.* **a)** *(put to one side)* beiseite legen ⟨*Buch, Zeitung, Strickzeug*⟩; beiseite stellen ⟨*Stuhl, Glas usw.*⟩; unterbrechen ⟨*Arbeit, Tätigkeit*⟩; außer acht lassen ⟨*Frage*⟩; unberücksichtigt lassen ⟨*Angebot*⟩; *(postpone)* aufschieben ⟨*Arbeit*⟩; **b)** *(cancel)* aufheben ⟨*Urteil, Entscheidung*⟩; **c)** *(pay no attention to)* außer acht lassen ⟨*Unterschiede, Formalitäten*⟩; begraben ⟨*Feindschaft*⟩; vergessen ⟨*Bitterkeit, Stolz, Eifersucht*⟩; abschaffen ⟨*Recht*⟩; **d)** *(reserve)* aufheben ⟨*Essen, Zutaten*⟩; einplanen ⟨*Minute, Zeit*⟩; beiseite legen ⟨*Geld*⟩; *(save for customer)* zurücklegen ⟨*Ware*⟩; **why don't you** ~ **aside a day to come and visit me?** halt dir doch [einfach] einen Tag frei, an dem du mich besuchen kommst!

~ '**back** *v. t.* **a)** *(hinder progress of)* behindern ⟨*Fortschritt*⟩; aufhalten ⟨*Entwicklung*⟩; zurückwerfen ⟨*Projekt, Programm*⟩; **b)** *(coll.: be an expense to)* ~ **sb. back a fair amount/sum** jmdn. eine hübsche Summe kosten; **c)** *(place at a distance)* zurücksetzen; **the house is** ~ **back some distance from the road** das Haus steht in einiger Entfernung von der Straße; **d)** *(postpone)* verschieben ⟨*Termin*⟩ (**to** auf + *Akk.*). *See also* **set-back**

~ '**by** ~ **aside a, d**

~ '**down** *v. t.* **a)** *(allow to alight)* absetzen ⟨*Fahrgast, Ladung*⟩; **the bus will** ~ **you down there** der Bus hält dort; du kannst dort aus dem Bus aussteigen; **b)** *(record on paper)* niederschreiben; **c)** *(place on surface)* absetzen; abstellen; **d)** *(fix)* ansetzen ⟨*Sitzung, Treffen, Anhörung, usw.*⟩; **e)** *(attribute)* zuschreiben (**to** *Dat.*); **f)** ~ **down as** *or* **for** *or* **to be** *(judge)* halten für; *(record)* eintragen als

~ '**forth 1.** *v. i.* *(begin journey)* aufbrechen; ~ **forth on a journey** eine Reise antreten. **2.** *v. t.* *(present)* darstellen ⟨*Zahlen, Kosten*⟩; darlegen ⟨*Programm, Ziel, Politik*⟩

~ '**forward** *v. t.* **a)** *(move further in front)* weiter nach vorn stellen *od.* setzen; **b)** *(present)* darlegen ⟨*Programm, Plan usw.*⟩; **c)** *(bring forward in time)* voranbringen ⟨*Ernte, Entwicklung usw.*⟩; **d)** vorstellen ⟨*Uhr*⟩

~ '**in 1.** *v. i.* *(gain a hold)* ⟨*Dunkelheit, Regen, Reaktion, Verfall:*⟩ einsetzen; ⟨*Mode:*⟩ aufkommen. **2.** *v. t.* *(insert)* einsetzen

~ '**off 1.** *v. i.* *(begin journey)* aufbrechen; *(start to move)* loslaufen; ⟨*Zug:*⟩ losfahren; ~ **off for work** sich auf den Weg zur Arbeit machen. **2.** *v. t.* **a)** *(show to advantage)* hervorheben; **b)** *(start)* führen zu; auslösen ⟨*Reaktion, Alarmanlage*⟩; einleiten ⟨*Entwicklung*⟩; in Umlauf setzen ⟨*Gerücht*⟩; ~ **sb. off into hysterics** jmdn. hysterisch werden lassen; ~ **sb. off thinking/laughing** jmdn. zum Nachdenken anregen/zum La-

chen bringen; **c)** *(cause to explode)* explodieren lassen; abbrennen ⟨*Feuerwerk*⟩; **d)** *(counterbalance)* ausgleichen; ~ **sth. off against sth.** etw. einer Sache *(Dat.)* gegenüberstellen; *(use as compensatory item)* etw. als Ausgleich für etw. nehmen

~ **on** *v. t.* *(attack)* überfallen

~ '**out 1.** *v. i.* **a)** *(begin journey)* aufbrechen; **b)** *(begin with intention)* ~ **out to do sth.** *(Dat.)* vornehmen, etw. zu tun; ~ **out in business** sein eigenes Geschäft aufmachen; ~ **out on a career as ...**: eine Laufbahn als ... einschlagen. **2.** *v. t.* **a)** *(present)* darlegen ⟨*Gedanke, Argument*⟩; auslegen ⟨*Waren*⟩; ausbreiten ⟨*Geschenke*⟩; aufstellen ⟨*Schachfiguren*⟩; setzen ⟨*Pflanzen*⟩; **b)** *(state, specify)* darlegen ⟨*Bedingungen, Einwände, Vorschriften*⟩; **c)** *(mark out)* entwerfen. *See also* **set-out**

~ **over** *v. t.* stellen über (+ *Akk.*)

~ '**to** *v. i.* **a)** *(begin vigorously)* sich daranmachen; *(begin eating hungrily)* es sich *(Dat.)* schmecken lassen; **b)** *(begin to fight)* loslegen *(ugs.)*; *see also* **set-to**

~ '**up 1.** *v. t.* **a)** *(erect)* errichten ⟨*Straßensperre, Denkmal*⟩; aufstellen ⟨*Kamera*⟩; aufbauen ⟨*Zelt, Spieltisch*⟩; ~ **up the type** setzen; ~ **up a column in type** eine Spalte setzen; **b)** *(establish)* bilden ⟨*Regierung usw.*⟩; gründen ⟨*Gesellschaft, Organisation, Orden*⟩; aufbauen ⟨*Kontrollsystem, Verteidigung*⟩; einleiten ⟨*Untersuchung*⟩; einrichten ⟨*Büro*⟩; ~ **oneself up as a dentist/in business** sich als Zahnarzt niederlassen/ein Geschäft aufmachen; ~ **sb. up in business** jmdm. die Gründung eines eigenen Geschäfts ermöglichen; **c)** *(begin to utter)* anstimmen; **the class** ~ **up such a din** die Klasse veranstaltete einen solchen Lärm; **d)** *(cause)* auslösen ⟨*Infektion, Reaktion*⟩; **e)** *(coll.: make stronger)* stärken; **a good breakfast should** ~ **you up for the day** ein gutes Frühstück gibt dir Kraft für den ganzen Tag; **well** ~ **up** kerngesund; kraftstrotzend; **f)** *(achieve)* aufstellen ⟨*Rekord, Zeit*⟩; **g)** *(provide adequately)* ~ **sb. up with sth.** jmdm. mit etw. versorgen *od.* *(ugs.)* eindecken; **h)** *(place in view)* anbringen ⟨*Schild, Warnung*⟩; hissen ⟨*Flagge*⟩; **i)** *(prepare)* vorbereiten ⟨*Experiment*⟩; betriebsbereit machen ⟨*Maschine*⟩; **j)** *(propound)* aufstellen ⟨*Theorie*⟩; **k)** ~ **sb. up** *(coll.: frame)* jmdm. die Schuld in die Schuhe schieben. *See also* **house 1 a**; **set-up**; **shop 1 b**. **2.** *v. i.* ~ **up in business/in the fashion trade** ein Geschäft aufmachen/sich in der Modebranche etablieren; ~ **up as a dentist** sich als Zahnarzt niederlassen. **3.** *v. refl.* ~ **oneself up as** *or* **to be sb./sth.** *(coll.)* sich als jmd./etw. aufspielen

set: ~**-back** *n.* **a)** *(checking of progress)* Rückschlag, *der*; **b)** *(defeat)* Niederlage, *die*; ~**-off** *n.* **a)** *(counterbalance)* Ausgleich, *der* (**against** für); **b)** *(Commerc., Law)* Ausgleich, *der* (**to, against** für); **by** ~**-off against other cheques** durch Verrechnung mit anderen Schecks; **c)** *(start)* Aufbruch, *der*; **d)** *(adornment)* Zier, *der*; ~**-out** *n.* *(commencement)* Start, *der*; ~ **phrase** *n.* feste Wendung; Phrase, *die*; ~ **piece** *n.* **a)** *(design formed with fireworks)* Bild aus Feuerwerkskörpern; **b)** *(Footb.)* Standardsituation, *die*; ~ **point** *n.* *(Tennis etc.)* Satzball, *der*; ~ '**screw** *n.* *(Mech. Engin.)* Stellschraube, *die*; ~ '**scrum** *n.* *(Rugby)* Gedränge, *das*; ~ '**speech** *n.* fertige Rede; ~ **square** *n.* Zeichendreieck, *das*

sett [sɛt] *see* **set 3 k, l, n**

settee [sɛˈtiː] *n.* Sofa, *das*

setter [ˈsɛtə(r)] *n.* *(dog)* Setter, *der*

'**set theory** *n.* *(Math.)* Mengenlehre, *die*

setting [ˈsɛtɪŋ] *n.* **a)** *(Mus.)* Vertonung, *die*; **b)** *(frame for jewel)* Fassung, *die*; **c)** *(surroundings)* Rahmen, *der*; *(of novel etc.)* Schauplatz, *der*; **a cottage in a pleasant** ~:

ein Häuschen in schöner Umgebung; **d)** *(Theatre)* Bühnendekoration, *die;* **e)** *(plates and cutlery)* Gedeck, *das*

'setting-lotion *n.* Haarfestiger, *der*

settle ['setl] **1.** *v. t.* **a)** *(place) (horizontally)* [sorgfältig] legen; *(vertically)* [sorgfältig] stellen; *(at an angle)* [sorgfältig] lehnen; **~ a patient in his bed/an armchair** einen Patienten richtig ins Bett legen/im Sessel zurechtsetzen; **he ~d himself comfortably on the couch** er machte es sich *(Dat.)* auf der Couch bequem; **b)** *(establish) (in house or business)* unterbringen; *(in country or colony)* ansiedeln ⟨*Volk*⟩; **we got them ~d in their new house** wir haben ihnen geholfen, sich in ihrem neuen Haus einzurichten; **c)** *(determine, resolve)* aushandeln, sich einigen auf ⟨*Preis*⟩; beilegen ⟨*Streit, Konflikt, Meinungsverschiedenheit*⟩; beseitigen, ausräumen ⟨*Zweifel, Bedenken*⟩; entscheiden ⟨*Frage, Spiel*⟩; regeln, in Ordnung bringen ⟨*Angelegenheit*⟩; entscheiden über (+ *Akk.*) ⟨*Sieger*⟩; festlegen, planen ⟨*Urlaub*⟩; **nothing has been ~d as yet** es ist noch nichts entschieden; **that should ~ the match** damit dürfte das Spiel entschieden sein; **~ the matter among yourselves!** macht das unter euch aus!; **that ~s it** dann ist ja alles klar *(ugs.);* **expr. exasperation** jetzt reicht's! *(ugs.);* **~ a case out of court** sich außergerichtlich vergleichen; **~ one's affairs** seine Angelegenheiten in Ordnung bringen; seinen Nachlaß regeln; **~ the day/date/place** den Tag/Termin/Ort festsetzen *od.* festlegen; **is the date ~d yet?** steht der Termin schon fest?; **d)** *(deal with, dispose of)* fertig werden mit; *see also* **'hash 1;** **e)** *(pay money owed according to)* bezahlen, *(geh.)* begleichen ⟨*Rechnung, Betrag*⟩; erfüllen ⟨*Forderung, Anspruch*⟩; ausgleichen ⟨*Konto*⟩; *see also* **score 1 f;** **f)** *(cause to sink)* sich absetzen lassen ⟨*Bodensatz, Sand, Sediment*⟩; **a shower will ~ the dust** ein Schauer wird den Staub binden; **g)** *(calm)* beruhigen ⟨*Nerven, Magen*⟩; *(aid digestion of)* verdauen ⟨*Essen*⟩; **h)** *(colonize)* besiedeln; **i)** *(bestow)* **~ money/property on sb.** jmdm. Geld/Besitz übereignen; **~ an annuity on sb.** jmdm. eine Rente aussetzen. **2.** *v. i.* **a)** *(become established)* sich niederlassen; *(as colonist)* ansiedeln; **b)** *(end dispute)* sich einigen; **c)** *(pay what is owed)* abrechnen; **d)** *(in chair, in front of the fire, etc.)* sich niederlassen; *(to work etc.)* sich konzentrieren (**to** auf + *Akk.*); *(into way of life, retirement, middle age, etc.)* sich gewöhnen (**into** an + *Akk.*); **it took a long time to ~ in our new house** es dauerte lange, bis wir uns in unserem neuen Haus richtig eingelebt hatten; **the cold ~d on her chest** die Erkältung hat sich ihr auf die Bronchien gelegt; **the snow/dust ~d on the ground** der Schnee blieb liegen/der Staub setzte sich [am Boden] ab; **darkness/silence/fog ~d over the village** Dunkelheit/Stille/Nebel legte *od.* senkte sich über das Dorf; *see also* **dust 1 a;** **e)** *(subside)* ⟨*Haus, Fundament, Boden:*⟩ sich senken; ⟨*Schiff:*⟩ sinken; ⟨*Sediment:*⟩ sich ablagern; ⟨*Kristalle:*⟩ sich absetzen (**at, on** auf + *Dat.*); **f)** *(be digested)* ⟨*Essen:*⟩ sich setzen; *(become calm)* ⟨*Magen:*⟩ sich beruhigen; **g)** *(become clear)* ⟨*Wein, Bier:*⟩ sich klären

~ 'back *v. i.* **a)** *(relax)* sich zurücklehnen (**in** in + *Dat.*); **b)** **~ back into one's routine** sich wieder in die Alltagsroutine hineinfinden

~ 'down **1.** *v. i.* **a)** *(make oneself comfortable)* sich niederlassen (**in** in + *Dat.*); **~ down for the night** sich zur Ruhe legen; **b)** *(become established in a place)* seßhaft *od.* heimisch werden; *(in town or house)* seßhaft *od.* heimisch werden; *(in school)* sich einleben (**in** in + *Akk.*); **~ down in a job** *(find permanent work)* eine feste Anstellung finden; *(get used to a job)* sich einarbeiten; **c)** *(marry)* **it's about time he ~d down** er sollte allmäh-

lich häuslich werden [und heiraten]; **~ down to married life** ein häusliches Eheleben beginnen; **d)** *(calm down)* ⟨*Person:*⟩ sich beruhigen; ⟨*Lärm, Aufregung:*⟩ sich legen; **~ down to work** richtig mit der Arbeit anfangen. **2.** *v. t.* **a)** *(make comfortable)* **~ oneself down** sich [gemütlich] hinsetzen; **~ oneself down in a chair** sich [gemütlich] auf einen Stuhl setzen; **~ the baby down for the night/to sleep** das Baby schlafen legen; **b)** *(calm down)* beruhigen

~ for *v. t.* **a)** *(agree to)* sich zufriedengeben mit; **b)** *(decide on)* sich entscheiden für

~ 'in **1.** *v. i.* **a)** *(in new home)* sich einleben (**in** *new job or school*) sich eingewöhnen. **2.** *v. t.* **we all helped to ~ them in** wir trugen alle dazu bei, daß sie heimisch wurden

~ 'on *v. t.* **a)** *(decide on)* sich entscheiden für; **b)** *(agree on)* sich einigen auf (+ *Akk.*)

~ 'up *v. i.* abrechnen; **~ up with the waiter** beim Kellner bezahlen

~ 'with *v. t.* **~ with sb.** *(pay agreed amount to sb.)* jmdm. eine Abfindung zahlen; *(pay all the money owed to sb.)* bei jmdm. seine Rechnung begleichen; *(fig.)* mit jmdm. abrechnen; **now to ~ with 'you!** jetzt bist du dran! *(ugs.)*

settled ['setld] *adj.* fest ⟨*Meinung, Überzeugung, Grundsätze, Gewohnheit*⟩; festgelegt ⟨*Verfahren*⟩; vorausbestimmt ⟨*Zukunft*⟩; beständig ⟨*Wetter*⟩; geregelt ⟨*Lebensweise*⟩; **I don't feel ~ in this house/job** ich kann mich in diesem Haus nicht heimisch fühlen/in diese Arbeit nicht hineinfinden; **we can now expect ~ weather** jetzt ist eine Wetterberuhigung zu erwarten

settlement ['setlmənt] *n.* **a)** Entscheidung, *die;* *(in relation to price)* Einigung, *die;* *(of argument, conflict, dispute, differences, troubles)* Beilegung, *die;* *(of problem)* Lösung, *die;* *(of question)* Klärung, *die;* *(of affairs)* Regelung, *die;* *(of court case)* Vergleich, *der;* **reach a ~** zu einer Einigung kommen; **reach a ~ out of court** sich außergerichtlich vergleichen; **terms of ~** *(Law)* Vergleichsbedingungen, *die;* **b)** *(of bill, account, etc.)* Bezahlung, *die;* Begleichung, *die;* **a cheque in ~ of a bill** ein Scheck zur Begleichung einer Rechnung; **c)** *(law: bestowal)* Zuwendung, *die;* *(in will)* Legat, *das (fachspr.);* Vermächtnis, *das;* *see also* **marriage settlement;** **d)** *(colony)* Siedlung, *die;* *(colonization)* Besiedlung, *die;* **penal ~:** Strafkolonie, *die;* **e)** *(subsidence)* [Ab]senkung, *die*

settler ['setlə(r)] *n.* **a)** *(colonist)* Siedler, *der/*Siedlerin, *die;* **b)** *(sl.: decisive blow or argument)* entscheidender Schlag

settling day ['setlɪŋ deɪ] *n. (Brit. St. Exch.)* Abrechnungstermin, *der*

set: ~-to ['setuː] *n., pl.* **~-tos** Streit, *der;* **~-tos** Streiterei; *(with fists)* Prügeleien, *die;* **have a ~-to** Streit haben; *(with fists)* sich prügeln; **~-up** *n.* **a)** *(coll.) (organization)* System, *das;* *(structure)* Aufbau, *der;* **b)** *(situation)* Zustand, *der;* **isn't it a rather strange ~-up?** ist das nicht ein bißchen seltsam?; **what's the ~-up here?** wie läuft das hier? *(ugs.)*

seven ['sevn] **1.** *adj.* sieben; **the S~ Years War** der Siebenjährige Krieg; *see also* **eight 1;** **sea b;** **wonder 1 b. 2.** *n. (number, symbol)* Sieben, *die;* *see also* **eight 2 a, c, d**

'sevenfold *adj., adv.* siebenfach; *see also* **eightfold**

'seven-league boots *n. pl.* Siebenmeilenstiefel

seventeen [sevn'tiːn] **1.** *adj.* siebzehn; **sweet ~:** süße siebzehn [Jahre alt]; *see also* **eight 1. 2.** *n.* Siebzehn, *die;* *see also* **eight 2 a; eighteen 2**

seventeenth [sevn'tiːnθ] **1.** *adj.* siebzehnt...; *see also* **eighth 1. 2.** *n. (fraction)* Siebzehntel, *das;* *see also* **eighth 2**

seventh ['sevnθ] **1.** *adj.* sieb[en]t...; *see also*

eighth 1; **heaven a. 2.** *n.* **a)** *(in sequence)* sieb[en]te, *der/die/das;* *(in rank)* Sieb[en]te, *der/die/das;* *(fraction)* Sieb[en]tel, *das;* **b)** *(Mus.)* Septime, *die;* **c)** *(day)* **the ~ of May** der sieb[en]te Mai; **the ~ [of the month]** der Sieb[en]te [des Monats]; **S~~day Adventists** Siebenten-Tags-Adventisten

seventieth ['sevntɪɪθ] **1.** *adj.* siebzigst...; *see also* **eighth 1. 2.** *n. (fraction)* Siebzigstel, *das;* *see also* **eighth 2**

seventy ['sevntɪ] **1.** *adj.* siebzig; **one-and-~** *(arch.)* ~ **see seventy-one 1;** *see also* **eight 1. 2.** *n.* Siebzig, *die;* **one-and-~** *(arch.)* ~ **see seventy-one 2;** *see also* **eight 2 a; eighty 2**

seventy: ~-eight *n. (record)* Achtundsiebziger[platte], *die;* **~-first** *etc.* **1.** *adj.* einundsiebzigst... *usw.;* *see also* **eighth 1;** **~-one** *etc.* **1.** *adj.* einundsiebzig *usw.;* *see also* **eight 1;** **2.** *n.* Einundsiebzig *usw., die;* *see also* **eight 2 a**

seven-year 'itch *n.* **the ~:** ≈ das verflixte sieb[en]te Jahr

sever ['sevə(r)] **1.** *v. t.* **a)** *(cut)* durchtrennen; *(fig.: break off)* abbrechen ⟨*Beziehungen, Verbindung*⟩; **some cables were ~ed in the storm** einige Kabel sind bei dem Sturm gerissen; **b)** *(separate with force)* abtrennen; *(with axe etc.)* abhacken; **the axe ~ed his head from his body** die Axt trennte seinen Kopf vom Rumpf; **c)** *(divide)* **the sea ~s England and ~ from France** das Meer trennt England und *od.* von Frankreich. **2.** *v. i. (tear)* reißen; *(be torn off)* abreißen

several ['sevrl] **1.** *adv.* **a)** *(a few)* mehrere; einige; **~ times** mehrmals; mehrere *od.* einige Male; **~ more copies** noch einige Exemplare mehr; **b)** *(separate, diverse)* verschieden; **joint and ~** *(Law)* gesamtschuldnerisch ⟨*Haftung*⟩. **2.** *pron.* einige; **~ of us** einige von uns; **~ of the buildings** einige *od.* mehrere [der] Gebäude

severally ['sevrəlɪ] *adv.* gesondert; **jointly and ~** *(Law)* gesamtschuldnerisch

severance ['sevərəns] *n. (of diplomatic relations)* Abbruch, *der;* *(of communications)* Unterbrechung, *die;* *(of contract)* Lösung, *die;* **~ pay** Abfindung, *die*

severe [sɪ'vɪə(r)] *adj.,* **~r** [sɪ'vɪərə], **~st** [sɪ'vɪərɪst] **a)** *(strict)* streng; hart ⟨*Urteil, Strafe, Kritik*⟩; **be ~ on** *or* **with sb.** streng mit jmdm. sein *od.* umgehen; **b)** *(violent, extreme)* streng ⟨*Frost, Winter*⟩; schwer ⟨*Sturm, Dürre, Verlust, Behinderung, Verletzung*⟩; rauh ⟨*Wetter*⟩; heftig ⟨*Anfall, Schmerz*⟩; **c)** *(making great demands)* hart ⟨*Test, Prüfung, Konkurrenz*⟩; scharf ⟨*Tempo*⟩; **d)** *(serious, not slight)* bedrohlich ⟨*Mangel, Knappheit*⟩; heftig, stark ⟨*Blutung*⟩; schwer ⟨*Krankheit*⟩; **e)** *(unadorned)* streng ⟨*Stil, Schönheit, Dekor*⟩

severely [sɪ'vɪəlɪ] *adv.* hart; hart, streng ⟨*bestrafen*⟩; schwer ⟨*verletzt, behindert*⟩; **leave sth. ~ alone** unbedingt die Finger von etw. lassen *(ugs.);* **be ~ critical of sth.** etw. scharf kritisieren

severeness [sɪ'vɪənɪs], **severity** [sɪ'vɛrɪtɪ] *ns.* Strenge, *die;* *(of drought, shortage)* großes Ausmaß; *(of criticism)* Schärfe, *die;* **with ~:** streng ⟨*bestrafen*⟩; **the severities of army life** die Härte des Soldatenlebens

Seville [sɪ'vɪl] *pr. n.* Sevilla *(die)*

Seville orange [sevɪl 'ɒrɪndʒ] *n.* Pomeranze, *die;* Sevillaorange, *die*

sew [səʊ] **1.** *v. t., p.p.* **~n** [səʊn] *or* **~ed** [səʊd] nähen ⟨*Kleid, Naht, Wunde*⟩; heften, broschieren ⟨*Buch usw.*⟩; zunähen ⟨*Loch, Riß*⟩; **~ together** zusammennähen ⟨*Stoff, Leder usw.*⟩; **~ money into one's coat** Geld in seinen Mantel einnähen. **2.** *v. i., p.p.* **~n** *or* **~ed** nähen

~ 'down *v. t.* aufnähen

~ 'in *v. t.* einsetzen ⟨*Flicken*⟩

~ 'on *v. t.* annähen ⟨*Knopf*⟩; aufnähen ⟨*Abzeichen, Band*⟩

sewage

~ '**up** *v. t.* a) nähen ⟨*Saum, Naht, Wunde*⟩; **they ~ed me up after the operation** *(coll.)* nach der Operation haben sie mich wieder zugenäht; b) *(Brit. fig. coll.: settle, arrange)* **be ~n up** unter Dach und Fach sein; *(completely organized)* durchorganisiert sein; **we've got the match all ~n up** wir haben den Sieg schon in der Tasche *(ugs.)*
sewage ['sju:ɪdʒ, 'su:ɪdʒ] *n.* Abwasser, *das*
sewage: ~ **disposal** *n.* Abwasserbeseitigung, *die;* ~ **farm** *n.,* ~ **works** *n. sing., pl.* same Kläranlage, *die*
¹**sewer** ['sju:ə(r), 'su:ə(r)] *n. (tunnel)* Abwasserkanal, *der; (pipe)* Abwasserleitung, *die*
²**sewer** [səʊə(r)] *n. (person)* Näher, *der/*Näherin, *die*
sewerage ['sju:ərɪdʒ, 'su:ərɪdʒ] *n.* a) *(system of sewers)* Kanalisation, *die;* b) *no pl. (removal of sewage)* Abwasserbeseitigung, *die;* c) *(sewage)* Abwasser, *das*
sewing ['səʊɪŋ] *n.* Näharbeit, *die*
sewing: ~-**basket** *n.* Nähkorb, *der;* ~-**machine** *n.* Nähmaschine, *die*
sewn see **sew**
sex [seks] 1. *n.* a) Geschlecht, *das;* **what ~ is the baby/puppy?** welches Geschlecht hat das Baby/der Welpe?; b) *(sexuality; coll.: intercourse)* Sex, *der (ugs.);* **have ~ with sb.** *(coll.)* mit jmdm. schlafen *(verhüll.);* Sex mit jmdm. haben *(salopp).* 2. *attrib. adj.* Geschlechts⟨*organ, -trieb*⟩; Sexual⟨*verbrechen, -trieb, -instinkt*⟩. 3. *v. t.* a) *(determine ~ of)* ~ **a rabbit/chicken** das Geschlecht eines Kaninchens/Kükens bestimmen; b) **be highly ~ed** einen starken Sexualtrieb haben
'**sex act** *n.* Geschlechtsakt, *der*
sexagenarian [seksədʒɪ'neərɪən] 1. *adj.* sechzigjährig; *(more than 60 years old)* in den Sechzigern *nachgestellt.* 2. *n.* Sechziger, *der/*Sechzigerin, *die*
sex: ~ **aid** *n.* Mittel zur sexuellen Stimulation; ~ **appeal** *n.* Sex Appeal, *der;* ~ **bomb** *see* ~**pot;** ~ **change** *n.* Geschlechtsumwandlung, *die;* ~-**change operation** *n.* operative Geschlechtsumwandlung; ~ **chromosome** *n. (Biol.)* Geschlechtschromosom, *das;* ~ **discrimination** *n.* sexuelle Diskriminierung; ~ **education** *n.* Sexualkunde, *die*
sexily ['seksɪlɪ] *adv.* aufreizend, *(ugs.)* sexy ⟨*sprechen, lächeln*⟩; **walk** ~: einen aufreizenden *od. (ugs.)* sexy Gang haben
sexism ['seksɪzm] *n., no pl.* Sexismus, *der*
sexist ['seksɪst] 1. *n.* Sexist, *der/*Sexistin, *die.* 2. *adj.* sexistisch
'**sex kitten** *n.* Sexbiene, *die (salopp)*
sexless ['seksləs] *adj.* geschlechtslos
sex: ~ **life** *n.* Geschlechtsleben, *das;* Sexualleben, *das;* ~-**linked** *adj. (Biol.)* geschlechtsgebunden; ~ **maniac** *n.* Triebverbrecher, *der;* **you ~ maniac!** *(coll.)* du geiler Bock *(ugs.);* **he behaves like a ~ maniac** *(coll.)* er benimmt sich, als habe er nur Sex im Kopf
sexology [sek'sɒlədʒɪ] *n.* Sexologie, *die;* Sexualwissenschaft, *die*
sexploitation [seksplɔɪ'teɪʃn] *n.* [kommerzielle] Ausbeutung der Sexualität; Geschäft mit dem Sex; ~ **film** [kommerzieller] Sexfilm
sex: ~**pot** *n. (coll.)* Sexbombe, *die (salopp);* ~ **shop** *n.* Sex-Shop, *der;* ~-**starved** *adj.* sexuell ausgehungert; ~ **symbol** *n.* Sexidol, *das*
sextant ['sekstənt] *n.* Sextant, *der*
sextet, sextette [sek'stet] *n. (Mus.)* Sextett, *das*
sexton ['sekstən] *n.* Küster, *der;* Kirchendiener, *der*
'**sexton beetle** *n. (Zool.)* Totengräber, *der*
sextuplet [seks'tju:plɪt, sek'stju:plɪt] *n.* Sechsling, *der*
sexual ['seksjʊəl, 'sekʃʊəl] *adj.* a) sexuell, geschlechtlich ⟨*Anziehung, Erregung, Verlangen, Diskriminierung*⟩; ~ **maturity/behaviour** Geschlechtsreife, *die/*Sexualverhalten, *das;* b) *(Biol.)* Geschlechts-; geschlechtlich ⟨*Fortpflanzung*⟩
sexual 'intercourse *n., no pl., no indef. art.* Geschlechtsverkehr, *der*
sexuality [seksjʊ'ælɪtɪ, sekʃʊ'ælɪtɪ] *n., no pl.* Sexualität, *die;* Geschlechtlichkeit, *die*
sexually ['seksjʊəlɪ, 'sekʃʊəlɪ] *adv.* a) sexuell; ~ **mature** geschlechtsreif; ~ **transmitted disease** durch Geschlechtsverkehr übertragbare Krankheit; Geschlechtskrankheit, *die;* b) *(Biol.)* geschlechtlich
sexual 'organs *n. pl.* Geschlechtsorgane
sexy ['seksɪ] *adj.* sexy *(ugs.);* erotisch ⟨*Film, Buch, Gemälde*⟩
Seychelles [seɪ'ʃelz] *pr. n.* Seychellen *Pl.*
sez [sez] *v. i.* ~ '**you** = **says you** *see* **say 1 a**
SF *abbr.* science fiction SF
Sgt. *abbr.* Sergeant Uffz.
sh [ʃ] *int.* sch; pst
shabbily ['ʃæbɪlɪ] *adv.,* **shabby** ['ʃæbɪ] *adj.* schäbig
shabby-gen'teel *adj.* von schäbiger Eleganz *nachgestellt*
shack [ʃæk] 1. *n.* Hütte, *die.* 2. *v. i. (coll.)* ~ **up with sb.** mit jmdm. zusammenziehen
shackle ['ʃækl] 1. *n.* a) *usu. in pl. (lit. or fig.)* Fessel, *die; (fetter)* Fußfessel, *die;* b) *(coupling link)* Schäkel, *der (Technik).* 2. *v. t. (lit. or fig.)* anketten **(to** an + *Akk.);* **the chain is ~d to the anchor** die Kette ist mit einem Schäkel am Anker befestigt
shade [ʃeɪd] 1. *n.* a) Schatten, *der;* **the ~s of night/evening** *(literary)* die Schatten der Nacht/des Abends *(dichter.);* **put sb./sth. in[to] the ~** *(fig.)* jmdn./etw. in den Schatten stellen; **38[°C] in the ~:** 38° im Schatten; b) *(colour)* Ton, *der (fig.)* Schattierung, *die;* **the newest ~s of lipstick** die neuesten Lippenstiftfarben; **various ~s of purple** verschiedene Violetttöne; ~**s of meaning** Bedeutungsnuancen *od.* -schattierungen; **all ~s of opinion** Standpunkte der verschiedensten Schattierungen; c) *(small amount)* Spur, *die;* d) *(ghost)* Geist, *der;* ~**s of the past** die Schatten der Vergangenheit; **the ~s** *(Mythol.)* das Schattenreich; das Reich der Schatten; ~**s of ...!** das erinnert an ...!; e) *(eye-shield)* [Augen]schirm, *der; (lamp~)* [Lampen]schirm, *der; (window-blind)* Jalousie, *die;* f) *in pl. (coll.: sun-glasses)* Sonnenbrille, *die.* 2. *v. t.* a) *(screen)* beschirmen *(geh.);* Schatten geben (+ *Dat.);* **be ~d from the sun** vor Sonneneinstrahlung geschützt sein; ~ **one's eyes with one's hand** die Hand schützend über die Augen halten; b) abdunkeln ⟨*Fenster, Lampe, Licht*⟩; c) *(darken with lines)* ~ [**in**] [ab]schattieren; d) *(just defeat)* knapp überbieten. 3. *v. i. (lit. or fig.)* übergehen **(into** in + *Akk.);* ~ **[off] into another** *or* **each other** ineinander übergehen
~ '**in** *v. t.* [ab]schattieren
shading ['ʃeɪdɪŋ] *n.* Schattierung, *die; (protection from light)* Lichtschutz, *der*
shadow ['ʃædəʊ] 1. *n.* a) Schatten, *der;* **his life was lived in the ~s** *(fig.)* er lebte sein Leben im Verborgenen; **cast a ~ over** *(lit. or fig.)* einen Schatten werfen auf (+ *Akk.);* **cast a long ~** *(fig.)* großen *od.* nachhaltigen Einfluß haben; **be in sb.'s ~** *(fig.)* in jmds. Schatten stehen; **have deep ~s under one's eyes** tiefe Schatten unter den Augen haben; **be afraid of one's own ~** *(fig.)* sich vor seinem eigenen Schatten fürchten; **be in sb.'s ~** *(fig.)* jmds. Schatten sein; b) *(slightest trace)* **without a ~ of doubt** ohne den Schatten eines Zweifels; **catch a** *or* **chase after a ~** *(fig.)* einem Phantom *od. (geh.)* Schatten nachjagen; c) *(ghost, lit. or fig.)* Schatten, *der;* **be worn to a ~** *(fig.)* sich völlig aufgerieben haben; **he is only a ~ of his former self** *(fig.)* er ist nur noch ein *od.* der Schatten seiner selbst; d) **S~** *attrib. (Brit. Polit.) (Minister, Kanzler)* im Schattenkabinett; **S~ Cabinet** Schattenkabinett, *das.* 2. *v. t.* a) *(darken)* überschatten; b) *(follow secretly)* beschatten
'**shadow boxing** *n.* Schattenboxen, *das*
shadowy ['ʃædəʊɪ] *adj.* a) *(not distinct)* schattenhaft; schemenhaft *(geh.);* b) *(full of shade)* schattig
shady ['ʃeɪdɪ] *adj.* a) *(giving shade)* schattenspendend *(geh.); (situated in shade)* schattig; b) *(disreputable)* zwielichtig
shaft [ʃɑːft] *n.* a) *(of tool, golf club, feather, spear, lance)* Schaft, *der;* b) *(Archit.)* [Säulen]schaft, *der;* c) *(Mech. Engin.)* Welle, *die;* d) *(of cart or carriage)* Deichsel, *die;* **pair of ~s** Gabeldeichsel, *die;* e) *(of mine, blast-furnace, tunnel, drain, lift, etc.)* Schacht, *der;* f) *(arrow)* Pfeil, *der; (stem of arrow)* Schaft, *der;* g) *(of light or lightning)* Strahl, *der*
¹**shag** [ʃæg] *n.* a) *(tobacco)* Shag[tabak], *der;* Feinschnitt, *der;* b) *(Ornith.)* Krähenscharbe, *die*
²**shag** *v. t.,* -**gg**- *(sl.)* bumsen *(salopp)*
shagged [ʃægd] *adj. (sl.)* **be ~ [out]** fix und fertig sein *(ugs.)*
shaggy ['ʃægɪ] *adj.* a) *(hairy)* zottelig; b) *(unkempt)* struppig
shaggy-'dog story *n.* endlos langer Witz ohne richtige Pointe
Shah [ʃɑː] *n.* Schah, *der*
shake [ʃeɪk] 1. *n.* a) Schütteln, *das;* **give sb./sth. a ~:** jmdn./etw. schütteln; **with a ~ of the head** mit einem Kopfschütteln; **be all of a ~:** am ganzen Körper zittern; **be no great ~s** *(coll.)* nicht gerade umwerfend sein *(ugs.);* **get the ~s** *(coll.) (due to alcoholism)* einen Tatterich kriegen *(ugs.); (with fear)* das große Zittern kriegen *(ugs.);* b) *see* **milk shake;** c) *(Amer., NZ: earthquake)* Erdbeben, *das;* d) **in [half] a ~, in two** etc. **~s [of a lamb's tail], in a brace of ~s** in einer Sekunde. 2. *v. t.,* **shook** [ʃʊk], **shaken** ['ʃeɪkn] *or* **shook** a) *(move violently)* schütteln; **the dog shook itself** der Hund schüttelte sich; **be ~n to pieces** völlig durchgeschüttelt werden; ~ **one's fist/a stick at sb.** jmdm. mit der Faust/einem Stock drohen; ~ **salt/pepper over one's food** [sich *(Dat.)*] Salz/Pfeffer aufs *od.* über das Essen streuen; '~ **[well] before using**" „vor Gebrauch [gut] schütteln!"; ~ **hands** *(coll.) od.* einander die Hand geben *od.* *(coll.)* **they shook hands to conclude the deal** sie besiegelten das Geschäft durch Handschlag; **she won't ~ hands with me** sie gibt mir nicht die Hand; **let's ~ hands** gib mir deine Hand; ~ **sb. by the hand** jmdm. die Hand schütteln *od.* drücken; b) *(cause to tremble)* erschüttern ⟨*Gebäude usw.*⟩; ~ **one's head [over sth.]** [über etw. *(Akk.)*] den Kopf schütteln; *see also* **leg** a; c) *(weaken)* erschüttern; ~ **sb.'s faith in sth./sb.** jmds. Glauben an etw./jmdn. erschüttern; d) *(agitate)* erschüttern; **she was badly ~n by the news of his death** die Nachricht von seinem Tod erschütterte sie sehr; **she was not hurt, only badly ~n** sie wurde nicht verletzt, sondern erlitt nur einen schweren Schock; **he failed his exam – that shook him!** er hat die Prüfung nicht bestanden – das war ein Schock für ihn!; ~ **sb.'s composure** jmdn. aus dem Gleichgewicht bringen; ~ **sb. rigid** *(sl.)* jmdn. umhauen *(salopp).* 3. *v. i.,* **shook, shaken** *(arch./coll.)* **shook a)** *(tremble)* wackeln; ⟨*Boden, Stimme:*⟩ beben; ⟨*Hand:*⟩ zittern; ⟨*Baum:*⟩ schwanken; b) **[all over] with cold/fear** [am ganzen Leib] vor Kälte/Angst schlottern; ~ **like a leaf** wie Espenlaub zittern; ~ **with emotion** vor Erregung beben; ~ **in one's shoes** *(coll.)* vor Angst schlottern; b) *(coll.:* ~ **hands)** sich *(Dat.)* die Hand geben; **let's** ~ **on it!** schlag ein!; **Hand drauf!;** ~ **on sth.** etw. durch Handschlag besiegeln
~ '**down** 1. *v. t.* a) *(get down by shaking)* herunterschütteln; b) *(Amer. sl.:* extort money

649

shake-down

from) ausnehmen *(salopp);* ~ **sb. down for £50** jmdn. um 50 Pfund erleichtern *(ugs.).* **2.** *v. i.* **a)** *(sleep)* kampieren *(ugs.); see also* **shake-down; b)** *(settle)* ⟨Maschine, Motor:⟩ sich einlaufen; ⟨Person:⟩ sich eingewöhnen, sich akklimatisieren
~ **'off** *v. t. (lit. or fig.)* abschütteln; *see also* **dust 1 a**
~ **'out** *v. t.* ausschütteln; *(spread out)* ausbreiten; *see also* **shake-out**
~ **'up** *v. t.* **a)** *(mix)* schütteln; **b)** aufschütteln ⟨Kissen⟩; **c)** *(make uncomfortable by shaking)* durchschütteln; **d)** *(discompose)* einen Schrecken einjagen (+ *Dat.*); **she felt pretty ~n up** sie hatte einen ziemlichen Schrecken bekommen; **e)** *(rouse to activity)* aufrütteln; **f)** *(coll.: reorganize)* umkrempeln *(ugs.). See also* **shake-up**
'shake-down *n.* [improvisiertes] Nachtlager
shaken *see* **shake 2, 3**
'shake-out *n.* radikale Umorganisation; *(making workers redundant)* Rationalisierung, *die*
shaker ['ʃeɪkə(r)] *n.* **a)** *(vessel)* Mixbecher, *der;* Shaker, *der;* **b)** S~ *(Relig.)* Shaker, *der;* **c)** *(implement)* Streuer, *der*
Shakespe[a]rean, Shakespe[a]rian [ʃeɪk'spɪərɪən] *adj.* Shakespearesch ⟨Sonett, Stil⟩; ⟨Zeit, Zeitalter⟩ Shakespeares
'shake-up *n.* **a)** *(mixing)* **get a [good] ~**: [gut] geschüttelt werden; **b)** *(restoring to shape)* **give the pillows a good ~**: die Kissen tüchtig aufschütteln; **c)** *(coll.: reorganization)* **give sth. a [good] ~**: etw. [total] umkrempeln *(ugs.);* **sth. needs a ~**: etw. muß [mal] umgekrempelt werden *(ugs.);* **government ~**: Regierungsumbildung, *die;* **d)** *(rousing to activity)* Neubelebung, *die*
shakily ['ʃeɪkɪlɪ] *adv.* unsicher ⟨stehen, lachen⟩; wack[e]lig ⟨gehen, stehen⟩; mit zittriger Stimme ⟨sprechen⟩; mit zittriger Hand ⟨gießen⟩
shaky ['ʃeɪkɪ] *adj.* **a)** *(unsteady)* wack[e]lig ⟨Möbelstück, Leiter, Haus⟩; zittrig ⟨Hand, Stimme, Bewegung, Greis⟩; **feel ~**: sich zittrig fühlen; **be ~ on one's legs** wacklig auf den Beinen sein *(ugs.);* **b)** *(unreliable)* auf wackligen Füßen stehend *(ugs.);* **his German is rather ~**: sein Deutsch steht auf wackligen Füßen *(ugs.)*
shale [ʃeɪl] *n.* Schiefer, *der*
'shale oil *n.* Schieferöl, *das*
shall [ʃl, *stressed* ʃæl] *v.aux. only in pres.* **shall,** *neg.* **shan't** [ʃɑːnt], *past* **should** [ʃəd, *stressed* ʃʊd], *neg. (coll.)* **shouldn't** ['ʃʊdnt] **a)** *expr. simple future* werden; **b) should** *expr. conditional* würde/würdest/ würden/würdet; **he should not have gone if I could have prevented it** er wäre nicht gegangen, wenn ich es hätte verhindern können; **I should have been killed if I had let go** ich wäre getötet worden, wenn ich losgelassen hätte; **c)** *expr.* command **any person found in possession of such weapons will be guilty of an offence** *(Law)* jeder, der im Besitz solcher Waffen angetroffen wird, macht sich strafbar *od.* eines Vergehens schuldig; **the committee ~ not be disturbed** der Ausschuß darf nicht gestört werden; **thou shalt not steal** *(Bibl.)* du sollst nicht stehlen; **d)** *expr. will or intention* **what ~ we do?** was sollen wir tun?; **let's go in, ~ we?** gehen wir doch hinein, oder?; **I'll buy six, ~ I?** ich kaufe 6 [Stück], ja?; **you ~ pay for this!** das sollst du mir büßen!; **we should be safe now** jetzt dürften wir in Sicherheit sein; **he shouldn't do things like that!** er sollte so etwas nicht tun!; **oh, you shouldn't have!** das wäre doch nicht nötig gewesen!; **you should be more careful** du solltest vorsichtiger sein; *see also* **worry 2**; **e)** *in conditional clause* **if we should be defeated** falls wir unterliegen [sollten]; **should I be there, I will tell her** sollte ich dort sein, werde ich es ihr

sagen; **I should hope so** ich hoffe es; *(indignant)* das möchte ich hoffen!; **f)** *in tentative assertion* **I should like to disagree with you on that point** in dem Punkt *od.* da möchte ich dir widersprechen; **I should say it is time we went home** ich würde sagen *od.* ich glaube, es ist Zeit, daß wir nach Hause gehen; **g)** *forming question* **~ you be going to church?** gehst du in die Kirche?; **h)** *expr. purpose* **in order that he ~ or should be able to go** damit er gehen kann; **I gave him £5 so that he should have enough money for the journey** ich habe ihm 5 Pfund gegeben, so daß er genug Geld für die Reise hat/hatte. *See also* **seem a**
shallot [ʃə'lɒt] *n.* Schalotte, *die*
shallow ['ʃæləʊ] **1.** *adj.* seicht ⟨Wasser, Fluß⟩; flach ⟨Schüssel, Teller, Wasser⟩; *(fig.)* seicht *(abwertend)* ⟨Unterhaltung, Gerede, Roman⟩; flach *(abwertend)* ⟨Person, Denker, Geist⟩; platt *(abwertend)* ⟨Argument, Verallgemeinerung⟩; **~ breathing** flache Atmung. **2.** *n. in pl.* Flachwasser, *das*
shalom [ʃə'lɒm] **1.** *int.* Schalom. **2.** *n.* Schalom, *das*
sham [ʃæm] **1.** *adj.* unecht; imitiert ⟨Leder, Holz, Pelz, Stein⟩. **2.** *n. (pretence)* Heuchelei, *die; (person)* Heuchler, *der*/Heuchlerin, *die;* **it is all a mere ~**: das ist alles bloße Heuchelei; **their marriage is only a ~**: ihre Ehe besteht nur auf dem Papier; **his life is a ~**: sein Leben ist eine einzige Lüge. **3.** *v. t.* **-mm-** vortäuschen, simulieren; **~ dead/ill/ stupid** sich tot/krank/dumm stellen. **4.** *v. i.,* **-mm-** simulieren; sich verstellen
shaman ['ʃæmən] *n.* Schamane, *der*
shamble ['ʃæmbl] **1.** *v. i.* schlurfen; **a shambling gait** ein schlurfender Gang. **2.** *n.* Schlurfen, *das;* **move along at a ~**: sich [schwerfällig] schlurfend vorwärtsbewegen
shambles ['ʃæmblz] *n. sing. (coll.: mess)* Chaos, *das;* **the house/room was a ~**: das Haus/Zimmer glich einem Schlachtfeld; **the economy is in a ~**: in der Wirtschaft herrschen chaotische Zustände; **she made a ~ of her job** sie hat bei ihrer Arbeit ein heilloses Durcheinander angerichtet
shambolic [ʃæm'bɒlɪk] *adj. (coll.)* chaotisch
shame [ʃeɪm] **1.** *n.* **a)** Scham, *die;* **feel ~/no ~ for what one did** sich schämen/sich nicht schämen für das, was man tat; **hang one's head in** *or* **for ~**: beschämt den Kopf senken; **blush with ~**: vor Scham erröten; **schamrot werden; be without ~**: schamlos sein; **have no [sense of] ~**: kein[erlei] Schamgefühl besitzen; **have you no ~?** schämst du dich nicht?; **to my ~ I must confess ...**: ich muß zu meiner Schande gestehen ...; **for ~!** du solltest dich/er sollte sich *usw.* schämen!; **b)** *(state of disgrace)* Schande, *die;* **on you!** du solltest dich schämen!; **put sb./ sth. to ~**: jmdn./etw. in den Schatten stellen; **bring ~ on the family name, be a ~ to one's family** seiner Familie *(Dat.)* Schande machen; **c) what a ~!** *(disgrace)* was für eine Schande!; *(bad luck)* so ein Pech!; *(pity)* wie schade!; **it is a crying** *or* **terrible** *or* **great ~**: es ist eine wahre Schande. **2.** *v. t.* beschämen; **~ sb. into doing/out of doing sth.** jmdn. dazu bringen, daß er sich schämt und etw. tut/nicht tut; **~ one's family** seiner Familie *(Dat.)* Schande machen
'shamefaced *adj.* betreten; **have a ~ look, look ~**: betreten dreinblicken
shamefacedly ['ʃeɪmfeɪsɪdlɪ] *adv.* betreten
shameful ['ʃeɪmfl] *adj.* beschämend
shamefully ['ʃeɪmfəlɪ] *adv.* beschämend; **she is ~ ignorant** sie weiß beschämend wenig, **she is a ~ bad cook** sie kocht eine Schande, wie wenig sie weiß
shameless ['ʃeɪmlɪs] *adj.* schamlos; **are you completely ~?** hast du denn gar kein Schamgefühl?
shamelessly ['ʃeɪmlɪslɪ] *adv.* schamlos

shape

shammy ['ʃæmɪ] *n.* **~ [leather]** *(coll.)* Putzleder *das; (for windows)* Fensterleder, *das*
shampoo [ʃæm'puː] **1.** *v. t.* schamponieren ⟨Haar, Teppich, Polster, Auto⟩; **shall I ~ your hair for you?** soll ich dir die Haare waschen?. **2.** *n.* Shampoo[n], *das;* **carpet ~**: Teppichschaum, *der;* **medicated ~**: medizinisches Shampoo; **car ~**: Autoshampoo, *das;* **have a ~ and set** sich *(Dat.)* die Haare waschen und [ein]legen lassen; **give one's hair a ~**: sich *(Dat.)* die Haare [mit Shampoo] waschen *od.* schamponieren
shamrock ['ʃæmrɒk] *n.* Klee, *der; (emblem of Ireland)* Shamrock, *der*
shandy ['ʃændɪ] *n.* Bier mit Limonade; Radlermaß, *die (bes. südd.)*
Shangri-La [ʃæŋgrɪ'lɑː] *n.* Paradies, *das*
shank [ʃæŋk] *n.* **a)** *(of person)* Unterschenkel, *der;* [go] **on S~'s mare** *or* **pony** auf Schusters Rappen [reisen] *(scherzh.);* **b)** *(of horse)* Vordermittelfuß, *der;* Röhrbein, *das; (cut of meat)* [Hinter]hesse, *die;* **c)** *(Bot.)* Stiel, *der;* **d)** *(of pillar)* [Säulen]schaft, *der; (of key, anchor, nail, fish-hook)* Schaft, *der; (of spoon)* [Löffel]stiel, *der*
shan't [ʃɑːnt] *(coll.)* **= shall not**
shantung [ʃæn'tʌŋ] *n.* Shantung, *der (Textilw.);* Schantungseide, *die*
¹shanty ['ʃæntɪ] *n. (hut)* [armselige] Hütte
²shanty *n. (song)* Shanty, *das;* Seemannslied, *das*
'shanty town *n.* Elendsviertel, *das*
SHAPE [ʃeɪp] *abbr.* **Supreme Headquarters Allied Powers Europe** oberstes Hauptquartier der Nato-Streitkräfte in Europa
shape [ʃeɪp] **1.** *v. t.* **a)** *(create, form)* formen; bearbeiten ⟨Holz, Stein⟩ (into zu); **~ a dress at the waist** ein Kleid taillieren; **you can ~ plastic when it is hot** erwärmten Kunststoff läßt sich [ver]formen; **b)** *(adapt, direct)* prägen, formen ⟨Charakter, Person⟩; nehmen ⟨Kurs⟩ (**for** auf + *Akk.*); [entscheidend] beeinflussen ⟨Gang der Geschichte, Leben, Zukunft, Gesellschaft⟩. **2.** *v. i.* sich entwickeln; **the way things are shaping, we should be able to come** so wie sich die Dinge entwickeln, werden wir wohl kommen können. **3.** *n.* **a)** *(external form, outline)* Form, *die;* **spherical/rectangular in ~**: kugelförmig/rechteckig; **in the ~ of a circle** kreisförmig; **in the ~ of a dancer** sie hat die richtige Figur für eine Tänzerin; **take ~** ⟨Konstruktion, Skulptur:⟩ Gestalt annehmen *(see also* **c**); **b)** *(appearance)* Gestalt, *die;* **a monster in human ~**: ein Ungeheuer in Menschengestalt; **in the ~ of a woman** in Gestalt einer Frau; **a paperweight in the ~ of a lizard** ein Briefbeschwerer in Form einer Eidechse; **c)** *(specific form)* Form, *die;* Gestalt, *die;* **a surprise in the ~ of an invitation** eine Überraschung in Form einer Einladung/ Ferienreise; **nothing in the ~ of ...**: nichts in der Art (+ *Gen.*); **take ~** ⟨Plan, Vorhaben:⟩ Gestalt *od.* feste Formen annehmen *(see also* **a**); **get one's ideas into ~**: seine Gedanken sammeln; Ordnung in seine Gedanken bringen; **knock sth. out of ~**: etw. verbeulen *od.* demolieren; **knock sth. into ~**: etw. wieder in Form bringen; **we have knocked the plans into ~**: wir haben die Pläne jetzt im wesentlichen fertig; **all ~s and sizes, in every ~ and size** in allen Formen und Größen; **the ~ of things to come** die Dinge, die da kommen sollen/sollten; **this may be the ~ of things to come** so könnte das Zukunft aussehen; *see also* **lick 1 a**; **d)** *(condition)* Form, *die (bes. Sport);* **do yoga to keep in ~**: Yoga machen, um in Form zu bleiben; **be in good/bad ~**: gut/ schlecht in Form sein; **be in poor ~ mentally/physically** geistig/körperlich in schlechter Verfassung sein; **what sort of ~ is the business in?** wie steht es um die Firma?; **be in no ~ to do sth.** nicht in der Lage sein,

shaped

etw. zu tun; **e)** *(person seen, ghost)* Gestalt, *die;* **f)** *(mould) (for hats)* Hutform, *die; (for puddings, jellies, etc.)* Form, *die*
~ **'up** *v. i.* sich entwickeln; **how's the new editor shaping up?** wie macht sich der neue Redakteur?
shaped [ʃeɪpt] *adj.* geformt; **be ~ like a pear** die Form einer Birne haben; **this is an oddly ~ cake** dieser Kuchen hat eine ungewöhnliche *od.* eigentümliche Form
shapeless [ˈʃeɪplɪs] *adj.* formlos; unförmig ⟨*Kleid, Person*⟩; unstrukturiert ⟨*Theaterstück*⟩
shapely [ˈʃeɪplɪ] *adj.* wohlgeformt ⟨*Beine, Busen*⟩; gut ⟨*Figur*⟩; formschön ⟨*Auto, Design*⟩
shard [ʃɑːd] *see* **sherd**
share [ʃeə(r)] **1.** *n.* **a)** *(portion)* Teil, *der od. das; (part one is entitled to)* [fair] ~: Anteil, *der;* **he had a large ~ in bringing it about** er hatte großen Anteil daran, daß es zustande kam; **come in for one's full ~ of criticism** seinen Teil Kritik einstecken müssen *od.* abbekommen; **pay one's ~ of the bill** seinen Teil der Rechnung bezahlen; **have a ~ in the profits** am Gewinn beteiligt sein; **fair ~s** gerechte Teile; **do more than one's [fair] ~ of the work** mehr als seinen Teil zur Arbeit beitragen; **each had his ~ of the cake** jeder bekam seinen Teil vom Kuchen ab; **have more than one's [fair] ~ of the blame/attention** mehr Schuld zugewiesen bekommen/ mehr Beachtung finden, als man verdient; **she had her ~ of luck/bad luck** sie hat aber auch Glück/Pech gehabt; **take one's ~ of the responsibility** seinen Teil Verantwortung tragen; **take one's ~ of the blame** seinen Teil Schuld auf sich ⟨*Akk.*⟩ nehmen; **go ~s** teilen; **let me go ~s with you in the taxi fare** ich möchte mich an den Kosten für das Taxi beteiligen; **it was ~ and ~ alike** es wurde brüderlich geteilt; *see also* **lion a;** **b)** *(part-ownership of property)* [Geschäfts]anteil, *der; (part of company's capital)* Aktie, *die;* **have a ~ in a business** an einem Geschäft beteiligt sein; **hold ~s in a company** *(Brit.)* Anteile *od.* Aktien einer Gesellschaft besitzen; *see also* ¹**defer a;** **ordinary b. 2.** *v. t.* teilen; gemeinsam tragen ⟨*Verantwortung*⟩; **~ the same birthday/surname** am gleichen Tag Geburtstag/den gleichen Nachnamen haben. **3.** *v. i.* **~ in** teilhaben an (+ *Dat.*); beteiligt sein an (+ *Dat.*) ⟨*Gewinn, Planung*⟩; teilen ⟨*Freude, Erfahrung*⟩; **there are no single rooms left, so I'll have to ~:** es sind keine Einzelzimmer mehr frei, so daß ich mit jemandem ein Zimmer teilen muß
~ **'out** *v. t.* aufteilen (**among** unter + *Akk.*); *see also* **share-out**
share: ~ **certificate** *n.* Aktienurkunde, *die;* Mantel, *der (Finanzn.);* ~-**cropper** *n.* *(Amer.)* Teilpächter, *der;* ~**holder** *n.* Aktionär, *der/*Aktionärin, *die;* ~ **index** *n.* *(Econ.)* Aktienindex, *der;* ~-**out** *n.* Aufteilung, *die*
shariah [ʃəˈriːə] *n. (Islamic Law)* Scharia, *die*
shark [ʃɑːk] *n.* **a)** Hai[fisch], *der;* **b)** *(fig.: swindler)* gerissener Geschäftemacher; **property ~:** Grundstückshai, *der (ugs. abwertend)*
'**shark-skin** *n.* **a)** *(skin)* Haut des Haifischs; *(tanned)* Haifischleder, *das;* **b)** *(fabric)* Haifischhaut, *die (Textilw.)*
sharp [ʃɑːp] **1.** *adj.* **a)** *(with fine edge)* scharf; *(with fine point)* spitz ⟨*Nadel, Bleistift, Giebel, Gipfel*⟩; ~ **sand** scharfer Sand *(Bauw.);* **b)** *(clear-cut)* scharf ⟨*Umriß, Kontrast, Bild, Gesichtszüge, Linie*⟩; deutlich ⟨*Unterscheidung*⟩; präzise ⟨*Eindruck*⟩; scharf umrissen ⟨*Schatten*⟩; **c)** *(abrupt, angular)* scharf ⟨*Kurve, Winkel*⟩; eng, scharf ⟨*Kurve*⟩; spitz ⟨*Winkel*⟩; steil, schroff ⟨*Abhang*⟩; stark ⟨*Gefälle*⟩; **a ~ rise/fall in prices**

ein jäher Preisanstieg/Preissturz; **d)** *(intense)* groß ⟨*Appetit, Hunger[gefühl]*⟩; *(acid, pungent)* scharf ⟨*Würze, Geschmack, Sauce, Käse*⟩; sauer ⟨*Apfel*⟩; herb ⟨*Wein*⟩; *(shrill, piercing)* schrill ⟨*Schrei, Pfiff*⟩; *(biting)* scharf ⟨*Wind, Frost, Luft*⟩; *(sudden, severe)* heftig ⟨*Schmerz, Anfall, Krampf, Kampf*⟩; *(harsh, acrimonious)* scharf ⟨*Protest, Tadel, Ton, Stimme, Zunge, Worte*⟩; **a short ~ struggle** ein kurzer, heftiger Kampf; **a short ~ shock** ein kräftiger Schock; **e)** *(acute, quick)* scharf ⟨*Augen, Verstand, Gehör, Ohr, Beobachtungsgabe, Intelligenz, Geruchssinn*⟩; aufgeweckt ⟨*Kind*⟩; scharfsinnig ⟨*Bemerkung*⟩; begabt ⟨*Schüler, Student*⟩; raffiniert ⟨*Schachzug*⟩; **be ~ at maths** gut in Mathe sein *(ugs.);* **he can be ~** er kann sehr schlagfertig sein; **that was pretty ~!** das war ganz schön clever!; **keep a ~ look-out for the police!** halt die Augen offen, falls die Polizei kommt!; **keep a ~ watch** scharf aufpassen; **her mind is as ~ as a needle** sie hat einen messerscharfen Verstand; **f)** *(derog.: artful, dishonest, quick to take advantage)* gerissen; ~ **practice** unlautere Praktiken; **g)** *(vigorous, brisk)* flott *(ugs.);* **that was ~ work** das ging schnell; ~**'s the word!,** **be ~ about it!** mach schnell!; **h)** *(Mus.)* [um einen Halbton] erhöht ⟨*Note*⟩; **F/G/C etc.** ~: Fis/gis, Gis/cis, Cis *usw.;* **i)** *(sl.: stylish)* scharf *(ugs.);* todschick *(ugs.);* **she is a ~ dresser** sie ist [immer] todschick angezogen *(ugs.).* **2.** *adv.* **a)** *(punctually)* **at six o'clock ~:** Punkt sechs Uhr; **on the hour ~, ~ on the hour** genau zur vollen Stunde; **b)** *(suddenly)* scharf ⟨*bremsen*⟩; plötzlich ⟨*anhalten*⟩; **turn ~ right** scharf nach rechts abbiegen; **c) look ~!** halt dich ran! *(ugs.).* **d)** *(Mus.)* zu hoch ⟨*singen, spielen*⟩. **3.** *n. (Mus.)* erhöhter Ton; *(symbol)* Kreuz, *das;* Erhöhungszeichen, *das*
'**sharp-edged** *adj.* scharfkantig; scharf ⟨*Messer*⟩
sharpen [ˈʃɑːpn] *v. t.* schärfen *(auch fig.);* [an]spitzen ⟨*Bleistift*⟩; *(fig.)* anregen ⟨*Appetit*⟩; verstärken ⟨*Schmerz*⟩
'**sharp end** *(coll.)* **a)** *(Naut.)* Bug, *der;* **be at the ~:** im vorderen Teil des Schiffes sein; **b)** *(fig.: place of direct action or decision)* vorderste Linie *od.* Front; **at the ~:** in vorderster Front
sharpener [ˈʃɑːpnə(r)] *n. (for pencil)* Bleistiftspitzer, *der;* Spitzer, *der (ugs.); (for tools)* Abziehstein, *der;* Schleifstein, *der*
sharper [ˈʃɑːpə(r)] *n. (at cards)* Falschspieler, *der; (swindler)* Betrüger, *der*
sharp: ~-**eyed** *adj.* scharfäugig; **be ~-eyed** scharfe Augen haben; **be as ~-eyed as a hawk/lynx** Augen wie ein Adler/Luchs haben; **it was ~-eyed of you to spot the fault** daß du den Fehler entdeckt hast, zeigt, daß du ein scharfes Auge hast; ~-**featured** *adj.* scharf geschnitten ⟨*Gesicht*⟩*/Person*⟩ mit scharfen Gesichtszügen
sharpish [ˈʃɑːpɪʃ] *adv. (coll.) (quickly)* rasch; *(promptly)* unverzüglich; sofort
sharply [ˈʃɑːplɪ] *adv.* **a)** *(acutely)* spitz; ~-**angled** spitzwinklig; **come ~ to a point** spitz[winklig] zu *od.* in einem Punkt zusammenlaufen; **b)** *(clearly)* scharf ⟨*voneinander unterschieden, kontrastierend, umrissen*⟩; **c)** *(abruptly)* scharf ⟨*bremsen, abbiegen*⟩; steil, schroff ⟨*abfallen*⟩; **d)** *(acidly)* scharf ⟨*gewürzt*⟩; *(harshly)* in scharfem Ton ⟨*antworten*⟩; ~ **contested** hart umkämpft; ~ **worded letter** Brief in scharfem Ton; **e)** *(quickly)* schnell, rasch ⟨*denken, handeln*⟩
sharpness [ˈʃɑːpnɪs] *n., no pl.* Schärfe, *die; (fineness of point)* Spitzheit, *die*
sharp: ~**shooter** *n.* Scharfschütze, *der;* ~-**witted** *adj.* scharfsinnig
shat *see* **shit 1, 2**
shatter [ˈʃætə(r)] **1.** *v. t.* **a)** *(smash)* zertrümmern; **b)** *(destroy)* zerschlagen ⟨*Hoffnungen*⟩; ruinieren ⟨*Gesundheit*⟩; **c)** *(coll.: se-*

verely discompose) schwer mitnehmen. **2.** *v. i.* zerbrechen; zerspringen
shattered [ˈʃætəd] *adj.* **a)** zerbrochen, zersprungen ⟨*Scheibe, Glas, Fenster*⟩; *(fig.)* zerstört ⟨*Hoffnungen*⟩; zerrüttet ⟨*Nerven, Gesundheit*⟩; **b)** *(coll.: greatly upset)* **she was ~ by the news** die Nachricht hat sie schwer mitgenommen; **I'm ~!** ich bin ganz erschüttert!; **c)** *(Brit. coll.: exhausted)* **I'm ~:** ich bin [völlig] kaputt *(ugs.);* **I feel/she looks ~:** ich bin [völlig] kaputt/sie sieht [ziemlich] kaputt aus *(ugs.)*
shattering [ˈʃætərɪŋ] *adj.* **a)** *(ruinously destructive)* verheerend ⟨*Wirkung, Explosion*⟩; vernichtend ⟨*Schlag, Niederlage*⟩; **b)** *(coll.: very upsetting)* erschütternd; **it must have been ~ for you** es muß dich schwer mitgenommen haben; **c)** *(coll.: exhausting)* wahnsinnig anstrengend *(ugs.)*
'**shatter-proof** *adj.* splitterfrei; ~ **glass** Sicherheitsglas, *das*
shave [ʃeɪv] **1.** *v. t.* **a)** rasieren; abrasieren ⟨*Haare*⟩; **he ~d his beard** er hat sich ⟨*Dat.*⟩ den Bart abrasiert; **b)** *(pare surface of)* abhobeln; **c)** *(fig.)* ~ **a few hundredths of a second off the record** um ein paar Hundertstelsekunden verbessern; **d)** *(graze)* ⟨*Auto:*⟩ streifen. **2.** *v. i.* **a)** sich rasieren; **b)** *(scrape)* ~ **past sth.** etw. [leicht] streifen. **3.** *n.* **a)** Rasur, *die;* **have** *or* **get a ~:** sich rasieren; **have** *or* **get a ~ at the barber's** sich beim Friseur rasieren lassen; **this razor gives a good ~:** dieser Rasierapparat rasiert gut; **a clean** *or* **close ~:** eine Glattrasur; **b) close ~** *(fig.) see* **close 1 f; c)** *(tool)* Schabmesser, *das*
~ **'off** *v. t.* abrasieren ⟨*Bart, Haare*⟩
shaven [ˈʃeɪvn] *adj.* rasiert; [kahl]geschoren ⟨*Kopf*⟩
shaver [ˈʃeɪvə(r)] *n.* **a)** Rasierapparat, *der;* Rasierer, *der (ugs.);* **b)** *(dated coll.: lad)* [young] ~: junger Spund *(ugs.)*
'**shaver point** *n.* Anschluß *od.* Steckdose für den Rasierapparat
Shavian [ˈʃeɪvɪən] *adj.* Shawsch
shaving [ˈʃeɪvɪŋ] *n.* **a)** *(action)* Rasieren, *das;* **b)** *in pl. (of wood, metal, etc.)* Späne
shaving: ~-**brush** *n.* Rasierpinsel, *der;* ~-**cream** *n.* Rasiercreme, *die;* ~-**foam** *n.* Rasierschaum, *der;* ~-**mug** *n.* Rasierbecken, *das;* ~-**soap** *n.* Rasierseife, *die;* ~-**stick** *n.* Stangenrasierseife, *die*
shawl [ʃɔːl] *n.* Schultertuch, *das; (light blanket)* Umschlagtuch, *das*
she [ʃɪ, *stressed* ʃiː] **1.** *pron.* sie; *referring to personified things or animals which correspond to German masculines/neuters* er/es; **it was ~** *(formal)* sie war es; *see also* ¹,²**her; hers; herself. 2.** *n., pl.* **~s** [ʃiːz] Sie, *die (ugs.);* **is it a he** *or* **a ~?** ist es ein Er oder eine Sie?
she- [ʃiː] *pref.* weiblich; ~-**ass/-bear** Eselin, *die/*Bärin, *die;* ~-**cat,** ~-**devil** *(fig. derog.: malignant woman)* Drachen, *der (salopp abwertend)*
sheaf [ʃiːf] *n., pl.* **sheaves** [ʃiːvz] *(of corn etc.)* Garbe, *die; (of paper, arrows, etc.)* Bündel, *das*
shear [ʃɪə(r)] **1.** *v. t., p. p.* **shorn** [ʃɔːn] *or* ~**ed a)** *(clip)* scheren; **be shorn of sth.** *(fig.)* einer Sache *(Gen.)* beraubt sein/werden; **b)** *(Mech., Geol.: break)* abscheren. **2.** *v. i., p. p.* **shorn** *or* ~**ed** ⟨*Bolzen, Metallteil:*⟩ abscheren *(Technik);* **the motor boat ~ed through the water** *(fig.)* das Motorboot durchschnitt das Wasser *(fig.);* **the cutter blades ~ed through the metal** die Schneiden der Schere zerschnitten das Metall. **3.** *n. (Mech., Geol.)* Scherung, *die*
~ **'off 1.** *v. t.* abtrennen. **2.** *v. i.* abscheren *(Technik)*
shearer [ˈʃɪərə(r)] *n.* **a)** *(of sheep)* Scherer, *der;* **b)** *(metal-worker)* Metallschneider, *der;* **c)** *(machine)* Schneidemaschine, *die*
shearing [ˈʃɪərɪŋ] *n.* Scheren, *das*

shears [ʃɪəz] *n. pl.* [pair of] ~ *(große)* Schere, *die;* **garden** ~: Heckenschere, *die*
'**shearwater** *n. (Ornith.)* Sturmtaucher, *der*
sheath [ʃi:θ] *n., pl.* ~s [ʃi:ðz, ʃi:θs] **a)** *(for knife, dagger, sword, etc.)* Scheide, *die;* **b)** *(Zool.) (of insect)* Elytron, *das;* Schutzdecke, *die;* **c)** *(Electr.)* Mantel, *der;* **d)** *(condom)* Gummischutz, *der*
sheathe [ʃi:ð] *v. t.* **a)** *(put into sheath)* in die Scheide stecken ⟨*Messer, Schwert, Dolch*⟩; **b)** *(protect)* ummanteln (**in, with** mit)
sheathing ['ʃi:ðɪŋ] *n.* Ummantelung, *die*
'**sheath-knife** *n.* Fahrtenmesser, *das*
¹**sheave** [ʃi:v] *n.* Rolle, *die*
²**sheave** *v. t.* zu Garben binden ⟨*Getreide*⟩
sheaves *pl.* of **sheaf**
¹**shed** [ʃed] *v. t.,* -**dd-, shed** *v. t.* **a)** *(part with)* verlieren; abwerfen, verlieren ⟨*Laub, Geweih*⟩; abstreifen ⟨*Haut, Hülle, Badehose*⟩; ausziehen ⟨*Kleidung*⟩; **a duck's back ~s water** vom Rücken einer Ente läuft das Wasser ab; **the snake is ~ding its skin** die Schlange häutet sich; **dogs/cats ~ hairs** Hunde/Katzen haaren; **you should ~ a few pounds** du solltest ein paar Pfund abspecken *(salopp);* **b)** vergießen ⟨*Blut, Tränen*⟩; ~ **tears over sth.** wegen einer Sache Tränen vergießen; **don't ~ any tears over him** seinetwegen solltest du keine Tränen vergießen; **without ~ding blood** ohne Blutvergießen; **c)** *(dispense)* verbreiten ⟨*Wärme, Licht*⟩; see also ¹**light 1 h; d)** *(fig.: cast off)* abschütteln ⟨*Sorgen, Bürde*⟩; ablegen ⟨*Gewohnheit*⟩
²**shed** *n.* Schuppen, *der;* **wooden** ~: Holzschuppen, *der*
she'd [ʃɪd, *stressed* ʃi:d] **a)** = **she had; b)** = **she would**
sheen [ʃi:n] *n.* Glanz, *der*
sheep [ʃi:p] *n., pl. same* **a)** Schaf, *das;* **separate the ~ from the goats** *(fig.)* die Böcke von den Schafen trennen; **count ~** *(fig.)* Schäfchen zählen *(fam.);* **follow sb. like ~:** jmdm. wie eine Schafherde folgen; see also **black sheep; eye 1 a; lamb 1 a; wolf 1 a; b)** *(person)* Schäfchen, *das (fam.);* Schäflein, *das (fam.)*
sheep: ~-**dip** *n.* Desinfektionsbad für Schafe; ~-**dog** *n.* Hütehund, *der;* Schäferhund, *der;* **Old English S**~-**dog** Bobtail, *der;* ~-**farm** *n. (Brit.)* Schaffarm, *die;* ~-**farmer** *n. (Brit.)* Schafzüchter, *der/*-züchterin, *die;* ~-**fold** *n. (geh.)* Pferch, *der;* Schafhürde, *die;* Pferch, *der;* **b)** *(shelter)* Schafstall, *der*
sheepish ['ʃi:pɪʃ] *adj.* (awkwardly self-conscious) verlegen; (embarrassed) kleinlaut; **he felt a bit ~** *(foolish)* es war ihm ein bißchen peinlich
sheepishly ['ʃi:pɪʃlɪ] *adv.* see **sheepish:** verlegen; kleinlaut
sheep: ~**meat** *n.* Schaffleisch, *das;* ~-**pen** *see* **sheep-fold a;** ~**shank** *n. (knot)* lange Trompete *(Seemannsspr.);* ~-**shearing** *n.* Schafschur, *die;* ~**skin** *n.* **a)** Schaffell, *das;* ~**skin** [**jacket**] Schaffelljacke, *die;* **b)** *(leather)* Schafleder, *das;* ~-**walk** *n. (Brit.)* Schafweide, *die*
¹**sheer** [ʃɪə(r)] **1.** *adj.* **a)** *attrib. (mere, absolute)* rein; blank ⟨*Unsinn, Angst*⟩; **by ~ chance** rein zufällig; **it is a ~ impossibility to do it** es ist schier unmöglich, es zu tun; **that's ~ robbery!** das ist ja der reinste Wucher!; **the ~ insolence of it!** so eine Frechheit!; **only by ~ hard work** nur durch harte Arbeit; **b)** *(perpendicular)* schroff ⟨*Felsen, Abfall*⟩; steil ⟨*Felsen, Abfall, Aufstieg*⟩; **c)** *(finely woven)* hauchfein. **2.** *adv. (perpendicularly)* schroff; steil
²**sheer** *v. i. (Naut.)* [aus]scheren
~ **a'way** *v. i.* **a)** *(Naut.)* abscheren; **b)** ~ **away from** *(fig.: avoid)* ausweichen (+ *Dat.*) ⟨*Person, Thema*⟩
¹**sheet** [ʃi:t] **1.** *n.* **a)** Laken, *das; (for covering mattress)* Bettuch, *das;* Laken, *das;* **put clean ~s on the bed** das Bett frisch beziehen; **between the ~s** *(in bed)* im Bett; *see also* **white 1 b; b)** *(of thin metal, plastic)* Folie, *die; (of thicker metal, plastic)* Platte, *die; (of stamps)* Bogen, *der; (of paper)* Bogen, *der;* Blatt, *das;* **a ~ of iron/plastic** ein Eisenblech/eine Plastikfolie; **a ~ of paper** ein Papierbogen; ein Bogen *od.* Blatt Papier; **five ~s of wrapping paper** 5 Bögen Einwickelpapier; **a 250-~ roll of toilet-paper** eine 250-Blatt-Rolle Toilettenpapier; ~ **of music** Notenblatt, *das;* ~ **glass/metal/iron** Flachglas, *das/*Blech, *das/*Eisenblech, *das; see also* **clean 1 b; c)** *(wide expanse)* ⟨*Eis-, Lava-, Nebel-*⟩decke, *die;* **a ~ of water** covered the lawn der Rasen stand unter Wasser; **a huge ~ of flame** ein Flammenmeer; **the rain was coming down in ~s** es regnete in Strömen; **d)** *(Printing)* Druckbogen, *der;* **a book in ~s** ein Rohexemplar. **2.** *v. i.* **the rain was ~ing down** es regnete in Strömen
²**sheet** *n.* **a)** *(of sail)* Schot, *die;* **b) be three ~s in or to the wind** *(sl.)* voll wie eine Strandhaubitze sein
'**sheet-anchor** *n. (Naut.)* Notanker, *der; (fig.)* Rettungsanker, *der*
sheeting ['ʃi:tɪŋ] *n.* **a)** *(cloth for making bedsheets)* Bettzeugstoff, *der;* Haustuch, *das;* **b)** *(of thin metal, plastic, etc.)* Folie, *die; (of iron, tin)* Blech, *das; (of thicker metal, plastic)* Platte, *die*
sheet: ~ **lightning** *n. (Meteorol.)* Flächenblitz, *der;* ~ **music** *n.* Notenblätter
sheik, sheikdom *see* **sheikh, sheikhdom**
sheikh [ʃeɪk, ʃi:k] *n.* Scheich, *der*
sheikhdom [ʃeɪkdəm, ʃi:kdəm] *n.* Scheichtum, *das*
sheila ['ʃi:lə] *n. (Austral. and NZ sl.: young woman)* Puppe, *die (salopp)*
shekel ['ʃekl] *n.* **a)** Schekel, *der;* **b)** *in pl. (coll.: money, riches)* Moneten *Pl. (ugs.)*
sheldrake ['ʃeldreɪk] *n., fem. and pl.* **shelduck** *or* **sheld duck** ['ʃeldʌk] *(Ornith.)* Brandente, *die;* Brandgans, *die*
shelf [ʃelf] *n., pl.* **shelves** [ʃelvz] **a)** *(flat board)* Brett, *das;* Bord, *das; (compartment)* Fach, *das; (set of shelves)* Regal, *das;* ~ **of books** Bücherbrett, *das;* **be left on the ~** *(fig.)* sitzengeblieben sein *(ugs.);* **be put on the ~** *(fig.)* aufs Abstellgleis geschoben werden *(ugs.);* **b)** *(Geol.)* Riff, *das; see also* **continental shelf**
shelf-ful ['ʃelfful] *n.* **a ~ of books** *etc.* ein Bord voll Bücher *usw.*
shelf: ~**life** *n.* Lagerfähigkeit, *die;* ~-**mark** *n.* Standortnummer, *die;* ~-**room,** ~-**space** *ns.* Stellfläche [im Regal]; **give ~-room or -space to sth.** sich *(Dat.)* etw. ins Regal stellen
shell [ʃel] **1.** *n.* **a)** *(casing)* Schale, *die; (of turtle, tortoise)* Panzer, *der; (of pupa)* Hülle, *die; (of snail)* Haus, *das; (of pea)* Schote, *die;* Hülse, *die; (of insect's wing)* Flügeldecke, *die;* **collect ~s on the beach** am Strand Muscheln sammeln; **bring sb. out of his ~** *(fig.)* jmdn. aus der Reserve locken *(ugs.);* **come out of one's ~** *(fig.)* aus sich herausgehen; **retire or go into one's ~** *(fig.)* sich in sein Schneckenhaus zurückziehen *(ugs.);* **b)** *(frame)* Gerippe, *das (fig.); (of unfinished building)* Rohbau, *der; (of building needing to be refurbished)* Außenmauern und Dach; *(of ruinous building)* Ruine, *die;* **c)** *(pastry case)* Teighülle, *die;* **d)** *(racing-boat)* Rennruderboot, *das;* **e)** *(Motor Veh.) [body]* **a)** Aufbau, *der;* Karosserie, *die; (after fire, at breaker's, etc.)* [Karosserie]gerippe, *das;* **f)** *(Mil.) (bomb)* Granate, *die; (Amer.: cartridge)* Patrone, *die.* **2.** *v. t.* **a)** *(take out of ~)* schälen, knacken, schälen ⟨*Nuß*⟩ ⟨*Erbsen*⟩; **as easy as ~ing peas** kinderleicht; ~**ed nuts** Nußkerne, **b)** *(Mil.)* [mit Artillerie] beschießen
~ **'out** *v. t. & i. (sl.)* blechen *(ugs.)* (**on** für)

she'll [ʃɪl, *stressed* ʃi:l] = **she will**
shellac [ʃə'læk] **1.** *n.* Schellack, *der.* **2.** *v. t.,* -**ck-** **a)** *(varnish)* mit Schellack überziehen; **b)** *(Amer. sl.: defeat, thrash)* vermöbeln *(ugs.);* fertigmachen *(ugs.)*
shell: ~**fish** *n., pl. same* **a)** Schal[en]tier, *das; (oyster, clam)* Muschel, *die; (crustacean)* Krebstier, *das;* **b)** *in pl. (Gastr.)* Meeresfrüchte *Pl.;* ~-**pink** *adj.* muschelrosa; ~**proof** *adj.* bombensicher; ~-**shock** *n. (Psych.)* Kriegsneurose, *die;* ~-**shocked** *adj.* **be ~-shocked** eine Kriegsneurose haben; *(fig.)* niedergeschmettert sein
shelter ['ʃeltə(r)] **1.** *n.* **a)** *(shield)* Schutz, *der* (**against** vor + *Dat.,* gegen); **bomb** *or* **air-raid** ~: Luftschutzraum, *der;* **get under ~:** sich unterstellen; **under the ~ of the rocks/of night** im Schutz der Felsen/der Nacht; **wooden/mountain** ~: Holz-/Berg- *od.* Schutzhütte, *die;* **b)** *no pl. (place of safety)* Zuflucht, *die;* **we needed food and ~:** wir brauchten etwas zu essen und eine Unterkunft; **look for ~ for the night** eine Unterkunft für die Nacht suchen; **offer** *or* **give sb. ~, provide ~ for sb.** jmdm. Zuflucht gewähren *od.* bieten; **in the ~ of one's home** im Schutz *od.* in der Geborgenheit seines Heims; **take ~ [from a storm]** [vor einem Sturm] Schutz suchen; **seek/reach** ~: Schutz *od.* Zuflucht suchen/finden. **2.** *v. t.* schützen (**from** vor + *Dat.*); Unterschlupf gewähren (+ *Dat.*) ⟨*Flüchtling*⟩; ~ **sb. from blame/harm** jmdn. decken/gegen alle Gefahren schützen. **3.** *v. i.* Schutz *od.* Zuflucht suchen (**from** vor + *Dat.*); **this is a good place to ~:** hier ist man gut geschützt
sheltered ['ʃeltəd] *adj.* geschützt ⟨*Platz, Tal*⟩; behütet ⟨*Leben*⟩; ~ **workshops** beschützende Werkstätten; ~ **employment** Beschäftigung in beschützenden Werkstätten; **live in ~ housing** in einer Altenwohnung/in Altenwohnungen leben
shelve [ʃelv] **1.** *v. t.* **a)** *(put on shelves)* ins Regal stellen; *(fig.) (abandon)* ad acta *od. (ugs.)* zu den Akten legen; *(defer)* auf Eis legen *(ugs.);* **b)** *(fit with shelves)* mit Regal einbauen (+ *Akk.*) ⟨*Nische*⟩; ausfachen *(fachspr.),* mit Fächern versehen ⟨*Schrank*⟩; mit Borden versehen ⟨*Wand*⟩. **2.** *v. i.* **~ away/off/out into** ⟨*Berg, Boden, Ebene:*⟩ abfallen nach
shelves *pl. of* **shelf**
shelving ['ʃelvɪŋ] *n., no pl.* Regale *Pl.*
shemozzle [ʃɪ'mɒzl] *n. (sl.)* **a)** *(rumpus, brawl)* Keilerei, *die (ugs.);* **b)** *(muddle)* Schlamassel, *der (ugs.)*
shenanigans [ʃɪ'nænɪgənz] *n. pl. (coll.)* **a)** *(trickery)* Tricks, *pl.; (nonsense)* Fez, *der (ugs.);* **b)** *(high-spirited behaviour)* Klamauk, *der (ugs. abwertend)*
shepherd ['ʃepəd] **1.** *n.* Schäfer, *der;* Schafhirt, *der; (Relig. fig.)* Hirt[e], *der (geh.);* **the Good S**~: der Gute Hirte. **2.** *v. t.* hüten; *(fig.)* führen
'**shepherd dog** *n.* Hütehund, *der;* Schäferhund, *der; see also* **German shepherd [dog]**
shepherdess ['ʃepədɪs] *n.* Schäferin, *die;* Schafhirtin, *die*
shepherd: ~**'s 'crook** *n.* Schäferstock, *der;* Hirtenstab, *der (geh.);* ~**'s** '**pie** *n. (Gastr.)* Auflauf aus Hackfleisch mit einer Schicht Kartoffelbrei darüber; ~**'s 'purse** *n. (Bot.)* Hirtentäschelkraut, *das*
sherbet ['ʃɜ:bət] *n.* **a)** *(fruit juice; also Amer.: water-ice)* Sorbet[t], *der od. das;* **b)** *(effervescent drink)* Brauselimonade, *die; (powder)* Brausepulver, *das*
sherd [ʃɜ:d] *n.* Scherbe, *die*
sheriff ['ʃerɪf] *n.* Sheriff, *der*
'**sheriff court** *n. (Scot. Law)* Grafschaftsgericht mit Zuständigkeit in Zivil- und Strafsachen
Sherpa ['ʃɜ:pə] *n. (Ethnol.)* Sherpa, *der/*Sherpani, *die*

sherry

sherry [ˈʃerɪ] *n.* Sherry, *der;* ~ **glass** Sherryglas, *das;* ≈ Südweinglas, *das*
she's [ʃɪz, *stressed* ʃiːz] **a)** = she is; **b)** = she has
Shetland [ˈʃetlənd] *pr. n. see* Shetland Islands
Shetlander [ˈʃetləndə(r)] *n.* Shetländer, *der/*-länderin, *die*
Shetland Islands *pr. n. pl.* Shetlandinseln *Pl.;* Shetlands *Pl.*
Shetland: ~ ˈjumper *n.* Pullover aus Shetlandwolle; ~ ˈpony *n.* Shetlandpony, *das*
Shetlands [ˈʃetləndz] *pr. n. pl.* Shetlands *Pl.*
Shetland: ~ ˈsheepdog *n.* Sheltie, *der;* ~ ˈwool *n.* Shetlandwolle, *die*
shew *(arch.) see* show 2, 3
shh [ʃ] *int.* pst; sch
Shiah [ˈʃiːə] *n. (Muslim Relig.)* Schia, *die*
shibboleth [ˈʃɪbəleθ] *n.* Schibboleth, *das (geh.); (catchword)* Schlagwort, *das*
shield [ʃiːld] **1.** *n.* **a)** *(piece of armour)* Schild, *der;* **b)** *(in machinery etc.)* Schutz, *der; (protective plate)* Schutzplatte, *die; (protective screen)* Schutzschirm, *der;* radiation ~: Strahlenschutz, *der;* **c)** *(fig.: person or thing that protects)* Schild, *der (geh.);* **d)** *(Zool.)* Schild, *der;* **e)** *(Geol.)* Schild, *der;* **f)** *(Her.)* [Wappen]schild, *das;* **g)** *(Sport: trophy)* Trophäe, *die (in Form eines Schildes);* **h)** *(Amer.: policeman's badge)* Dienstmarke, *die.* **2.** *v. t.* **a)** *(protect)* schützen (**from** vor + *Dat.*); **b)** *(conceal)* decken ⟨*Schuldigen*⟩; ~ sb. **from the truth** die Wahrheit vor jmdm. fernhalten
shier, shiest *see* ¹**shy 1**
shift [ʃɪft] **1.** *v. t.* **a)** *(move)* verrücken, umstellen ⟨*Möbel*⟩; wegnehmen ⟨*Arm, Hand, Fuß*⟩; wegräumen ⟨*Schutt*⟩; entfernen ⟨*Schmutz, Fleck*⟩; *(to another floor, room, or place)* verlegen ⟨*Büro, Patienten, Schauplatz*⟩; bringen ⟨*Gerümpel*⟩; *(to another town)* versetzen ⟨*Person*⟩; ~ **one's weight to the other foot** sein Gewicht auf den anderen Fuß verlagern; ~ **the responsibility/blame on to sb.** *(fig.)* die Verantwortung/Schuld auf jmdn. schieben; see also ¹**ground 1 b; b)** *(Amer. Motor Veh.)* ~ **gears** schalten; **c)** *(sl.: consume)* verkonsumieren *(ugs.);* **d)** *(coll.: sell)* loswerden *(ugs.).* **2.** *v. i.* **a)** *(Wind:)* drehen (**to** nach); ⟨*Ladung:*⟩ verrutschen; *(in drama, novel, etc.)* ⟨*Szene:*⟩ sich verlagern (**to** nach); ⟨*Schauplatz:*⟩ sich verlagern (**to** nach); ~ **uneasily in one's chair** unruhig auf dem Stuhl hin und her rutschen; **b)** *(manage)* ~ **for oneself** selbst für sich sorgen; **c)** *(sl.: move quickly)* rasen; **this new Porsche really** ~**s** *(ugs.);* **d)** *(Amer. Motor Veh.: change gear)* schalten; ~ **down into second gear** in den zweiten Gang runterschalten *(ugs.).* **3.** *n.* **a) a** ~ **in emphasis** eine Verlagerung des Akzents; **a** ~ **in values/public opinion** ein Wandel der Wertvorstellungen/ein Umschwung der öffentlichen Meinung; **a** ~ **towards/away from liberalism** eine Hinwendung zum/Abwendung vom Liberalismus; **b)** *(for work)* Schicht, *die;* **eight-hour/late** ~: Achtstunden-/Spätschicht, *die;* **do** *or* **work the late** ~: Spätschicht haben; **work in** ~**s** Schichtarbeit machen; **c)** *(stratagem, dodge)* Kunstgriff, *der;* **d)** **make** ~ **with/ without sth.** sich *(Dat.)* mit/ohne etw. behelfen; **e)** *(of typewriter)* Umschaltung, *die; attrib.* ~ **key** Umschalttaste, *die;* Umschalter, *der;* **f)** *(Brit. Motor Veh.: gear-change)* Schaltung, *die;* **manual/automatic** ~: Hand-/Automatikschaltung, *die;* **g)** *(dress)* Hängekleid, *das;* Hänger, *der;* **h)** *(Phys.)* Verschiebung, *die;* **i)** *(Ling.)* **sound** ~: Lautverschiebung, *die*
shifting ˈ**sands** *n. pl. (lit. or fig.)* Flugsand, *der*
shiftless [ˈʃɪftlɪs] *adj. (lacking resourcefulness)* unbeholfen; *(incapable)* unfähig

shifty [ˈʃɪftɪ] *adj.* verschlagen *(abwertend)*
Shiite [ˈʃiːaɪt] *(Muslim Relig.)* **1.** *n.* Schiit, *der/*Schiitin, *die.* **2.** *adj.* schiitisch
shillelagh [ʃɪˈleɪlə, ʃɪˈleɪlɪ] *n.* Knüppel, *der (aus Schlehdorn- oder Eichenholz)*
shilling [ˈʃɪlɪŋ] *n.* Shilling, *der;* **take the King's/Queen's** ~ *(arch.)* sich als Rekrut [gegen Handgeld] anwerben lassen; *see also* **cut off f**
shilly-shally [ˈʃɪlɪʃælɪ] *v. i.* zaudern; **stop** ~**ing!** entschließ dich endlich!
shimmer [ˈʃɪmə(r)] **1.** *v. i.* schimmern. **2.** *n.* Schimmer, *der*
shimmery [ˈʃɪmərɪ] *adj.* schimmernd
shin [ʃɪn] **1.** *n.* Schienbein, *das;* ~ **of beef** *(Cookery)* [Vorder]hesse, *die.* **2.** *v. i.,* **-nn-:** ~ **up/down a tree** *etc.* einen Baum usw. hinauf-/hinunterklettern
ˈ**shin-bone** *n.* Schienbein, *das*
shindig [ˈʃɪndɪg] *n. (coll.)* **a)** *see* **shindy; b)** *(party)* Fete, *die (ugs.)*
shindy [ˈʃɪndɪ] *n. (brawl)* Rauferei, *die; (row)* Streit, *der; (noise)* Krach, *der; see also* **kick up b**
shine [ʃaɪn] **1.** *v. i.,* **shone** [ʃɒn] **a)** ⟨*Lampe, Licht, Stern:*⟩ leuchten; ⟨*Sonne:*⟩ scheinen; *(reflect light)* glänzen; ⟨*Mond:*⟩ scheinen; **his face shone with happiness/excitement** *(fig.)* er strahlte vor Glück/sein Gesicht glühte vor Aufregung; **a fine morning with the sun shining** ein schöner Morgen mit [strahlendem] Sonnenschein; **b)** *(fig.: be brilliant)* glänzen; **a shining example/light** ein leuchtendes Beispiel/eine Leuchte; ~ **at sport** im Sport glänzen; **he does not exactly** ~ **at maths** er ist nicht gerade eine Leuchte in Mathe *(ugs.).* **2.** *v. t.* **a)** *p.t. & p.p.* **shone** leuchten lassen; ~ **a light on sth./in sb.'s eyes** etw. anleuchten/jmdm. in die Augen leuchten; ~ **the torch this way** leuchte einmal hierher; **b)** *p.t. & p.p.* ~**d** *(clean and polish)* putzen; *(make shiny)* polieren. **3.** *n., no pl.* **a)** *(brightness)* Schein, *der;* Licht, *das; see also* **rain 1 a; b)** *(polish)* Glanz, *der;* **give your shoes a good** ~: bring deine Schuhe auf Hochglanz; **have a** ~ ⟨*Oberfläche:*⟩ glänzen; **put a** ~ **on sth.** etw. zum Glänzen bringen; **take the** ~ **off sth.** *(fig.: spoil sth.)* einen Schatten auf etw. *(Akk.)* werfen; **c) take a** ~ **to sb./sth.** *(coll.)* Gefallen an jmdn./etw. finden
¹**shingle** [ˈʃɪŋgl] **1.** *n.* **a)** *(Building)* Schindel, *die;* **b)** *(Amer.: signboard)* [Praxis]schild, *das;* **c)** *(Hairdressing)* Bubikopf, *der.* **2.** *v. t.* **a)** *(Building)* schindeln; **b)** *(Hairdressing)* zu einem Bubikopf schneiden ⟨*Haar*⟩; ~**d hair** Bubikopf, *der*
²**shingle** *n., no pl., no indef. art. (pebbles)* Kies, *der; attrib.* ~ **beach** Kiesstrand, *der*
shingles [ˈʃɪŋglz] *n. sing. (Med.)* Gürtelrose, *die*
shingly [ˈʃɪŋglɪ] *adj.* kiesig; ~ **beach** Kiesstrand, *der*
shin: ~-**guard,** ~-**pad** *ns.* Schienbeinschutz, *der*
Shinto [ˈʃɪntəʊ], **Shintoism** [ˈʃɪntəʊɪzm] *ns., no pl., no indef. art. (Relig.)* Schintoismus, *der*
Shintoist [ˈʃɪntəʊɪst] *n. (Relig.)* Schintoist, *der/*Schintoistin, *die*
shiny [ˈʃaɪnɪ] *adj.* **a)** *(glistening, polished)* glänzend; **b)** *(worn)* blank
ship [ʃɪp] **1.** *n.* **a)** Schiff, *das;* **take** ~: sich einschiffen **(for** nach); **when my** ~ **comes home** *or* **in** *(fig.)* wenn ich zu Geld komme; ~ **of the desert** *(fig.)* Wüstenschiff, *das (geh. scherzh.);* Schiff der Wüste *(geh.);* **we were just** ~**s that pass in the night** *(fig.)* nur einmal kreuzten sich unsere Wege; **the** ~ **of state** das Staatsschiff *(geh.); see also* ¹**break 1 g; company a, h;** ¹**tar 1; b)** *(Amer.: aircraft)* Flugzeug, *das;* Maschine, *die;* **c)** *(coll.: spacecraft)* Raumschiff, *das.* **2.** *v. t.,* **-pp- a)** *(take on board)* einschiffen, an Bord bringen ⟨*Vorräte, Ladung, Passagiere*⟩;

(transport by sea) verschiffen ⟨*Auto, Truppen*⟩; *(send by train, road, or air)* versenden, verschicken ⟨*Waren*⟩; **b)** *(Naut.: position)* setzen ⟨*Ruderpinne, Mast, Positionslichter*⟩; **c)** ~ **oars** *(bring them into the boat)* die Riemen einlegen *od.* ziehen; **d)** ~ **water/a sea** Wasser/eine See übernehmen *(Seemannsspr.).* **3.** *v. i.,* **-pp- a)** *(embark)* sich einschiffen; **b)** *(take service on* ~*)* anheuern, anmustern *(Seemannsspr.)*
~ ˈ**off** *v. t.* versenden, verschicken ⟨*Waren*⟩; verschicken ⟨*Person*⟩
~ ˈ**out** *v. t.* verschiffen ⟨*Ladung, Güter*⟩
ship: ~**board 1.** *adj.* ⟨*Romanze usw.*⟩ an Bord; **2.** *n., no pl., on* ~**board** an Bord; ~-**breaker** *n.* Abwrackfirma, *die;* ~-**broker** *n.* Schiffsmakler, *der;* ~**builder** *n.* Schiff[s]bauer, *der;* firm of ~**builders** Schiffbaufirma, *die;* ~**building** *n., no pl., no indef. art.* Schiffbau, *der; attrib.* -zieh-en; **c)** ~-**canal** *n.* Schiffahrtskanal, *der;* ~-**load** *n.* Schiffsladung, *die;* **a** ~ **of bananas** eine Ladung Bananen ~**mate** *n.* Schiffskamerad, *der*
shipment [ˈʃɪpmənt] *n.* **a)** Versand, *der;* *(by sea)* Verschiffung, *die;* **b)** *(amount)* Sendung, *die;* **a** ~ **of bananas** eine Ladung Bananen
ˈ**shipowner** *n.* Schiffseigentümer, *der/*-eigentümerin, *die;* Schiffseigner, *der/*-eignerin, *die; (of several ships)* Reeder, *der/*Reederin, *die*
shipper [ˈʃɪpə(r)] *n. (merchant)* Spediteur, *der/*Spediteurin, *die; (company)* Spedition, *die*
shipping [ˈʃɪpɪŋ] *n.* **a)** *no pl., no indef. art. (ships)* Schiffe *Pl.; (traffic)* Schiffahrt, *die;* Schiffsverkehr, *der;* **all** ~: alle Schiffe/der ganze Schiffsverkehr; **closed to** ~: für Schiffe/für die Schiffahrt gesperrt; **b)** *(transporting)* Versand, *der*
shipping: ~-**agent** *n.* Schiffsagent, *der;* ~ **forecast** *n.* Seewetterbericht, *der;* ~ **lane** *n.* Schiffahrtsweg, *der; (fairway)* Fahrrinne, *die;* ~ **line** *see* ¹**line 1 i;** ~-**office** *n.* **a)** *(of* ~-*agent)* Schiffsagentur, *die;* **b)** *(hiring seamen)* Heuerbüro, *das*
ship: ~'**s** ˈ**biscuit** *n.* Schiffszwieback, *der;* ~'**s chandler** *n.* Schiffsausrüster, *der;* ~-**shape** *pred. adj.* in bester Ordnung; **get sth.** ~**shape** etw. in Ordnung bringen; **find everything** ~**shape and Bristol fashion** *(fig.)* alles picobello *od.* tipptopp *(ugs.)* vorfinden; ~'**s** ˈ**papers** *n. pl.* Schiffspapiere *Pl.;* ~-**way** *n.* Helling, *die (Schiffbau);* ~-**wreck 1.** *n. (lit. or fig.)* Schiffbruch, *der;* **suffer** ~-**wreck** Schiffbruch erleiden; **end in** ~-**wreck** *(fig.)* scheitern; **2.** *v. t.* **be** ~**wrecked** Schiffbruch erleiden; *(fig.: be ruined)* ⟨*Hoffnung:*⟩ sich zerschlagen haben; ⟨*Karriere:*⟩ gescheitert sein; **be** ~**wrecked on an island** bei einem Schiffbruch auf eine Insel verschlagen werden; ~**wright** *n.* (~-*builder)* Schiff[s]bauer, *der;* (~'*s carpenter)* Schiffszimmermann, *der;* ~**yard** *n.* [Schiffs]werft, *die*
shire [ˈʃaɪə(r)] *n.* **a)** *(county)* Grafschaft, *die;* **b)** *the S*~**s** *(group of counties)* die auf -shire endenden englischen Grafschaften; *(midland counties)* die Grafschaften in Mittelengland; **c)** *see* **shire-horse**
ˈ**shire-horse** *n. bes. in* Mittelengland gezüchtetes schweres Zugpferd
shirk [ʃɜːk] *v. t.* sich entziehen (+ *Dat.*) ⟨*Pflicht, Verantwortung*⟩; ausweichen (+ *Dat.*) ⟨*Blick, Kampf*⟩; ~ **one's job/doing sth.** sich vor der Arbeit drücken/sich davor drücken *(ugs.),* etw. zu tun; **you're** ~**ing!** [du bist ein] Drückeberger! *(ugs. abwertend)*
shirker [ˈʃɜːkə(r)] *n.* Drückeberger, *der (ugs. abwertend)*
shirring [ˈʃɜːrɪŋ] *n.* Kräusel[ung], *die*
shirt [ʃɜːt] *n.* **[man's]** ~: [Herren- *od.* Ober]hemd, *das;* **[woman's** *or* **lady's]** ~: Hemdbluse, *die;* **sports/rugby/football** ~: Trikot/Rugby-/Fußballtrikot, *das;* **keep your** ~ **on!** *(fig. sl.)* [nur] ruhig Blut! *(ugs.);*

653

shirt blouse

have the ~ off sb.'s back *(fig.)* jmdm. das Hemd über den Kopf ziehen *(fig. ugs.)*; **lose the ~ off one's back** alles bis aufs Hemd verlieren *(ugs.)*; **put one's ~ on sth.** *(fig. sl.)* sein letztes Hemd für etw. verwetten *(ugs.)* **shirt: ~ blouse** *n.* Hemdbluse, *die;* **~ dress** *n.* Hemdblusenkleid, *das;* **~-front** *n.* Hemdbrust, *die; (separate or detachable)* Vorhemd, *das*
shirting ['ʃɜːtɪŋ] *n.* Hemdenstoff, *der*
shirt: ~-sleeve 1. *n.* Hemdsärmel, *der;* **work in one's ~-sleeves** in Hemdsärmeln arbeiten; **2.** *adj.* hemdsärmelig; körperlich ⟨*Arbeit*⟩; **it is real ~-sleeve weather** bei diesem Wetter kann man ohne Jacke gehen; **~-tail** *see* **tail 1d; ~waist** *(Amer.) see* **~ blouse; ~waister** ['ʃɜːtweɪstə(r)] *(Brit.) see* **~ dress**
shirty ['ʃɜːtɪ] *adj. (sl.)* sauer *(salopp);* **get ~ with sb./about sth.** auf jmdn./wegen etw. sauer werden; **be ~ with sb.** rotzig *(salopp abwertend)* zu jmdm. sein
shish kebab ['ʃɪʃ kɪbæb, 'ʃɪʃ kɪbɑːb] *n. (Gastr.)* Kebab, *der*
shit [ʃɪt] *(coarse)* **1.** *v. i.,* -tt-, **shitted** *or* **shit** *or* **shat** [ʃæt] scheißen *(derb);* **~ in one's pants** *od.* **~ in the Hose[n]** scheißen *(derb).* **2.** *v. refl.,* -tt-, **shitted** *or* **shit** *or* **shat** sich *(Dat.)* in die Hose[n] scheißen *(derb).* **3.** *int.* Scheiße *(derb).* **4.** *n.* **a)** *(excrement)* Scheiße, *die (derb);* **have** *(Brit.)* or *(Amer.)* **take a ~:** scheißen *(derb);* **have/get the ~s** die Scheißerei *(derb)* haben/kriegen; **when the ~ hits the fan** wenn die Kacke am Dampfen ist *(derb);* **b)** *(hashish)* Shit, *der od.* **das** *(Drogenjargon);* **c)** *(person)* Scheißkerl, *der; (nonsense)* Scheiß, *der (salopp abwertend);* **don't give me that ~:** erzähl mir nicht so einen Scheiß! *(salopp);* **I don't give a ~ [about it]** das ist mir scheißegal *(salopp);* **who gives a ~!** ist doch scheißegal! *(salopp);* **it's not worth a ~:** es ist einen Dreck wert *(salopp abwertend);* **beat** *or* **kick** *or* **knock the ~ out of sb.** *(fig.)* jmdn. gehörig verdreschen *(ugs.);* **I'll beat the ~ out of you!** ich mach' Hackfleisch aus dir! *(ugs.);* **be up ~ creek [without a paddle]** *(fig.)* bis zum Hals in der Scheiße stecken *(derb);* **have/get the ~s** *(fig.)* Schiß haben/kriegen *(salopp)*
shite [ʃaɪt] *(coarse)* **1.** *int.* Scheibenkleister *(ugs. verhüll.).* **2.** *n.* Scheiß, *der (salopp);* **not give a ~ for sb./sth.** sich einen [Scheiß]dreck um jmdn./etw. kümmern *(salopp)*
shitless ['ʃɪtlɪs] *adj. (coarse)* **be scared ~:** sich *(Dat.)* vor Angst in die Hose[n] scheißen *(derb)*
'shit-scared *pred. adj. (coarse)* **be ~:** Schiß haben *(salopp)*
shitty ['ʃɪtɪ] *adj. (coarse)* beschissen *(derb);* Scheiß- *(salopp)*
¹shiver ['ʃɪvə(r)] **1.** *v. i. (tremble)* zittern (**with** vor + *Dat.*); **~ all over** am ganzen Leib *od.* Körper zittern; **~ like a leaf** wie Espenlaub zittern *(geh.).* **2.** *n. (trembling, lit. of fig.)* Schau[d]er, *der (geh.);* **~ of cold/fear** Kälte-/Angstschauer, *der;* **send ~s** *or* **a ~ up** *or* **[up and] down sb.'s back** *or* **spine** jmdm. [einen] Schauder über den Rücken jagen; **give sb. the ~s** *(fig.)* jmdn. schaudern lassen; **get/have the ~s** *(fig.)* eine Gänsehaut bekommen/haben *(fig.) od. (bei Krankheit)* Schüttelfrost bekommen/haben
²shiver 1. *n.* in pl. *(fragments)* **break/burst into ~s** in Stücke zerbrechen *od.* zerspringen. **2.** *v. t.* zersplittern lassen; **~ me timbers** potz Blitz! *(veralt.).* **3.** *v. i.* zerspringen
shivery ['ʃɪvərɪ] *adj.* verfroren ⟨*Person*⟩; **I feel all ~:** mich fröstelt
¹shoal [ʃəʊl] *n.* **a)** *(shallow place)* Untiefe, *die; (sandbank)* Sandbank, *die;* **b)** in pl. *(fig.: hidden danger)* Klippen
²shoal *n. (of fish)* Schwarm, *der; (fig.)* Schar, *die;* **~s of letters/complaints** Unmengen von Briefen/Beschwerden

¹shock [ʃɒk] **1.** *n.* **a)** Schock, *der;* **I got the ~ of my life** ich erschrak zu Tode; **the general feeling is one of ~:** man ist allgemein erschüttert; **come as a ~ to sb.** ein Schock für jmdn. sein; **give sb. a ~:** jmdn. einen Schock versetzen; **he's in for a [nasty] ~!** er wird eine böse Überraschung erleben!; **~ horror!** *(joc.)* Schreck, laß nach! *(ugs. scherzh.); see also* **sharp 1d; b)** *(violent impact)* Erschütterung, *die* (**of** durch); **c)** *(Electr.)* Schlag, *der;* **d)** *(Med.)* Schock, *der;* **die of/be suffering from ~:** an einem Schock sterben/unter Schock[wirkung] stehen; **~ is dangerous** ein Schock kann gefährlich sein; **be in [a state of] ~:** unter Schock[wirkung] stehen; **[electric] ~:** Elektroschock, *der.* **2.** *v. t.* **a)** **~ sb. [deeply]** ein [schwerer] Schock für jmdn. sein; **sb. is [terribly] ~ed by/at sth.** etw. ist ein [schwerer] Schock für jmdn.; **b)** *(scandalize)* schockieren; **I'm not easily ~ed** mich schockiert so leicht nichts; **be ~ed by sth.** über etw. *(Akk.)* schockiert sein. **3.** *v. i.* schockieren
²shock *n. (of corn-sheaves)* Hocke, *die (meist aus zwölf Garben)*
³shock *n.* **a ~ of red hair** ein roter Haarschopf; **an untidy ~ of thick grey hair** eine dichte graue Mähne *(scherzh.)*
'shock absorber *n.* Stoßdämpfer, *der*
shocker ['ʃɒkə(r)] *n. (coll.)* **a)** **he is a ~ for gambling/drink/the girls** er ist ein hemmungsloser Zocker/Säufer/Weiberheld *(salopp);* **b)** *(novel etc.)* Schocker, *der (ugs.)*
shock-headed ['ʃɒkhedɪd] *adj.* **be ~:** eine Mähne haben *(ugs.);* **a ~ little boy/girl** ein kleiner Strubbelkopf *(ugs.)*
shocking ['ʃɒkɪŋ] **1.** *adj.* **a)** schockierend; **b)** *(coll.: very bad)* fürchterlich *(ugs.);* **what a ~ thing to say!** wie kann man nur so etwas sagen! *(ugs.).* **2.** *adv. (coll.)* **~ bad** fürchterlich *(ugs.)*
shockingly ['ʃɒkɪŋlɪ] *adv.* **a)** *(badly)* schockierend [schlecht] ⟨*behandeln, sich benehmen*⟩; **b)** *(extremely)* sündhaft *(ugs.) ⟨teuer⟩;* erbärmlich ⟨*schlecht*⟩
shocking 'pink *adj.* grellrosa
shock: ~-proof *adj.* stoßfest ⟨*Uhr, Kiste*⟩; erschütterungsfest ⟨*Gebäude*⟩; **~ tactics** *n. pl. (Mil.)* taktischer Einsatz von Stoßtruppen; *(fig.)* Überrumpelungstaktik, *die;* **~ therapy, ~ treatment** *ns. (Med.)* Schocktherapie, *die;* Schockbehandlung, *die;* **~ troops** *n. pl. (Mil.)* Stoßtruppen *(veralt.);* **~ wave** *n.* Druckwelle, *die* (**from** Gen.); *(of earthquake)* Erschütterungswelle, *die* (**from** Gen.)
shod *see* **shoe 2**
shoddily ['ʃɒdɪlɪ] *adv.* schludrig *(ugs. abwertend);* **treat sb. ~:** jmdn. schäbig behandeln *(abwertend)*
shoddy ['ʃɒdɪ] **1.** *n.* Shoddy, *das od. (Textilw.)* Reißwolle, *die.* **2.** *adj.* schäbig *(abwertend); (poorly done, poor in quality)* minderwertig ⟨*Arbeit, Stoff, Artikel*⟩
shoe [ʃuː] **1.** *n.* **a)** Schuh, *der;* **I shouldn't like to be in his ~s** *(fig.)* ich möchte nicht in seiner Haut stecken *(ugs.);* **put oneself into sb.'s ~s** *(fig.)* sich in jmds. Lage *(Akk.)* versetzen; **sb. shakes in his ~s** jmdm. schlottern die Knie; **if the ~ fits** *(Amer.) =* **if the cap fits** *see* **cap 1a;** *see also* **pinch 3a; b)** *(of horse)* [Huf]eisen, *das;* **c)** *(of brake)* Backe, *die.* **2.** *v. t.,* **~ing** ['ʃuːɪŋ], **shod** [ʃɒd] beschlagen ⟨*Pferd*⟩; *(protect with iron tip)* beschuhen ⟨*Pfahl*⟩; **be well shod** ⟨*Person:*⟩ gut beschuht sein
shoe: ~ bar *n.* Schnellschusterei, *die;* **~black** *n.* Schuhputzer, *der;* **~-box** *see* **²box 1a; ~-brush** *n.* Schuhbürste, *die;* **~-buckle** *n.* Schuhschnalle, *die;* **~ cream** *n.* Schuhcreme, *die;* **~-horn** *n.* Schuhlöffel, *der;* **~-lace** *n.* Schnürsenkel, *der;* Schuhband, *das;* **you can save your ~-leather** den Weg kannst du dir sparen

shoeless ['ʃuːlɪs] *adj.* ohne Schuhe
shoe: ~maker *n.* Schuhmacher, *der;* Schuster, *der;* **~making** *n., no pl.* Schuhmacherei, *die;* **~-polish** *n.* Schuhcreme, *die;* **~-repairer** *n.* Flickschuster, *der (veralt.);* Schuster, *der;* **~shine** *n. (Amer.)* **have** *or* **get a ~shine** sich *(Dat.)* die Schuhe putzen lassen; **~shine boy** *n. (Amer.)* Schuhputzer, *der;* **~-shop** *n.* Schuhgeschäft, *das;* **~ spray** *n.* Schuhspray, *der od. das;* **~-string** *n.* **a)** *see* **~-lace; b)** *(coll.: small amount)* **on a ~-string** nicht gerade viel Geld; **a ~-string budget** ein minimaler Etat; **~-string financing** Finanzierung mit ganz wenig Geld; **~-string 'tie** *n.* wie eine Krawatte getragene, durch einen Ring oder eine Schleife gehaltene Schnur; **~-tree** *n.* Schuhspanner, *der*
shone *see* **shine 1, 2**
shoo [ʃuː] **1.** *int.* sch. **2.** *v. t.* scheuchen; **~ away** fort- *od.* wegscheuchen
shook *see* **shake 2, 3**
shoot [ʃuːt] **1.** *v. i.,* **shot** [ʃɒt] **a)** schießen (**at** auf + *Akk.*); **~ to kill** ⟨*Polizei:*⟩ scharf schießen; **have sth. to ~ at** *(fig.)* ein Ziel vor Augen *od.* eine Zielvorstellung haben; *see also* **¹hip a; b)** *(move rapidly)* schießen *(ugs.);* **~ past sb./down the stairs** an jmdm. vorbeischießen/die Treppe hinunterschießen *(ugs.);* **come ~ing in** hereingeschossen kommen *(ugs.);* **pain shot through/up his arm** ein Schmerz schoß durch seinen Arm/seinen Arm hinauf; **c)** *(Bot.)* austreiben; **d)** *(Sport)* schießen; **e)** *(coll.: speak out)* **~!** schieß los! *(ugs.).* **2.** *v. t.* **a)** **shot at** ⟨*wound*⟩ anschießen; *(kill)* erschießen; ⟨*hunt*⟩ schießen; **~ sb. dead** jmdn. erschießen *od. (ugs.)* totschießen; **~ an animal and kill it** ein Tier tödlich treffen; **he was fatally shot in the head** ihn traf ein tödlicher Kopfschuß; **~ oneself in the foot** *(fig. coll.)* sich *(Dat.)* ins eigene Fleisch schneiden; **you'll get shot for this** *(fig.)* du kannst dein Testament machen *(ugs.);* **he ought to be shot** *(fig.)* der gehört aufgehängt *(ugs.);* **b)** schießen mit ⟨*Bogen, Munition, Pistole*⟩; abschießen ⟨*Pfeil, Kugel*⟩ (**at** auf + *Akk.*); **c)** *(sl.: inject)* schießen *(Drogenjargon)* ⟨*Heroin, Kokain*⟩; **d)** *(send out)* zuwerfen ⟨*Lächeln, Blick*⟩ (**at** Dat.); **the volcano shot lava high into the air** der Vulkan schleuderte Lava hoch in die Luft; **~ a line** *(fig. sl.)* angeben *(ugs.);* **~ the moon** *(Brit. sl.)* bei Nacht und Nebel abhauen *(ugs.);* **~ bolt 1c; e)** *(Sport)* schießen ⟨*Tor, Ball, Puck*⟩; *(Basketball)* werfen ⟨*Korb*⟩; **~ dice** würfeln; **~ a hole in one** *(Golf)* ein Loch mit einem Schlag spielen; *see also* **craps; f)** *(push, slide)* vorschieben ⟨*Riegel*⟩; herausziehen ⟨*Manschetten*⟩; schütten ⟨*Mehl, Kohle*⟩; **g)** *(Cinemat.)* drehen ⟨*Film, Szene*⟩; **h)** *(pass swiftly over)* schießen über (+ *Akk.*) ⟨*Brücke, Stromschnelle, Wasserfall*⟩; **~ the lights** *(sl.)* eine rote Ampel überfahren. **3.** *n.* **a)** *(Bot.)* Trieb, *der;* **b)** *see* **chute a; c)** (**~ing-party, -expedition, -practice, -land**) Jagd, *die;* **a duck ~:** eine Entenjagd; **the whole [bang] ~** *(sl.)* der ganze Kram *od.* Krempel *(ugs.)*
~ a'head *v. i.* vorpreschen; **~ ahead of sb.** jmdn. blitzschnell hinter sich *(Dat.)* lassen
~ a'long *v. i.* dahinschießen
~ 'down *v. t.* abschießen ⟨*Flugzeug*⟩; niederschießen ⟨*Person*⟩; *(fig.)* entkräften ⟨*Argument*⟩; **be shot down in flames** ⟨*Flugzeug:*⟩ in Brand geschossen werden und abstürzen; *(fig.)* ⟨*Person, Argument:*⟩ in der Luft zerrissen werden
~ 'off 1. *v. t.* abschießen ⟨*Gewehr*⟩; **~ one's mouth off** *(sl.)* das Maul aufreißen *(derb).* **2.** *v. i.* losschießen *(ugs.)*
~ 'out 1. *v. i.* hervorschießen; **the dog shot out of the gate** der Hund schoß aus dem Tor heraus *(ugs.).* **2.** *v. t.* herausschleudern; **~ out** *(sl.)* sich schießen; *see also* **shoot-out**

shooter

~ **up** 1. *v. i.* in die Höhe schießen; ⟨*Preise, Temperatur, Kosten, Pulsfrequenz:*⟩ in die Höhe schnellen. 2. *v. t.* herumschießen in (+ *Dat.*) *(ugs.);* **be badly shot up** schwer beschossen werden
shooter ['ʃuːtə(r)] *n. (coll.: gun)* Ballermann, *der (ugs.)*
shooting ['ʃuːtɪŋ] *n.* a) Schießerei, *die;* **new outbreaks of ~ were reported** ein erneutes Aufflammen der Schießereien wurde gemeldet; **two more ~s were reported** Meldungen zufolge wurden erneut zwei Menschen von Schüssen getroffen; b) *(Sport)* Schießen, *das;* **rifle ~**: Gewehrschießen, *das;* c) *(Hunting)* **go ~**: auf die Jagd gehen; d) *(Cinemat.)* Dreharbeiten *Pl.*
shooting: ~-**box** *n. (Brit. Hunting)* Jagdhütte, *die;* ~-**brake**, ~-**break** *n. (Brit. Motor Veh.)* Kombiwagen, *der;* ~-**gallery** *n.* Schießstand, *der; (at fun-fair)* Schießbude, *die;* ~-**iron** *n. (sl.)* Schießeisen, *das (ugs.);* Schießprügel, *der (salopp);* ~-**match** *n.* a) Wettschießen, *das;* b) **the whole ~match** *(sl.)* der ganze Kram *od.* Krempel *(ugs. abwertend);* ~-**party** *n.* Jagdgesellschaft, *die;* ~-**range** *n.* Schießstand, *der;* ~'**star** *n.* Sternschnuppe, *die;* ~-**stick** *n.* Jagdstock, *der;* ~ **war** *n.* offener Krieg
'**shoot-out** *n.* Schießerei, *die*
shop [ʃɒp] 1. *n.* a) *(premises)* Laden, *der;* Geschäft, *das;* **go to the ~** einkaufen gehen; **keep a ~**: einen Laden *od.* ein Geschäft haben; **keep [the] ~ for sb.** jmdn. im Laden *od.* Geschäft vertreten; *(fig. sl.)* überall; **look for sth. all over the ~** *(fig. sl.)* in jedem Winkel nach etw. suchen; **my books are all over the ~** *(fig. sl.)* meine Bücher liegen wie Kraut und Rüben durcheinander *(ugs.);* b) *(business)* **set up ~**: ein Geschäft eröffnen; *(as a lawyer, dentist, etc.)* eine Praxis aufmachen; **shut up ~**: das Geschäft schließen; **talk ~**: fachsimpeln *(ugs.);* **no [talking] ~, please!** keine Fachsimpelei, bitte! *(ugs.);* c) *(sl.: institution, establishment)* Laden, *der (ugs.);* d) *(workshop)* Werkstatt, *die; engineering ~*: Maschinenbauhalle, *die;* **pattern/machine ~**: Modell-/Maschinenwerkstatt, *die;* e) *(action)* Einkauf, *der.* See also **closed shop.** 2. *v. i.* -**pp**- einkaufen; **go ~ping** einkaufen gehen; ~ **or so ~ping for shoes** Schuhe kaufen gehen. 3. *v. t.* -**pp**- *(Brit. sl.)* verpfeifen
~ **a'round** *v. i.* sich umsehen (**for** nach)
shop: ~ **assistant** *n. (Brit.)* Verkäufer, *der/*Verkäuferin, *die;* ~-**boy** *n.* Ladenbursche, *der (veralt.);* ~-**fitter** *n.* Ladenbauer, *der;* **firm of ~-fitters** Ladenbaufirma, *die;* ~-**fittings** *n. pl.* Ladeneinrichtung, *die;* ~-**floor** *n.* a) *(place)* Produktion, *die (ugs.);* **the worker on the ~-floor** der einfache Arbeiter; **what is the feeling on the ~-floor?** was ist die Meinung der Arbeiter?; b) *(workers)* die Arbeiter *od.* die Arbeiter; *attrib.* Arbeiter-; ~-**floor democracy** Demokratie am Arbeitsplatz; ~-**front** *n.* Schaufensterfront, *die;* ~ **girl** *n.* Ladenmädchen, *das (veralt.);* ~-**keeper** *n.* Ladenbesitzer, *der/*-besitzerin, *die;* ~-**lifter** *n.* Ladendieb, *der/*-diebin, *die;* ~-**lifting** *n., no pl., no indef. art.* Ladendiebstahl, *der;* ~ **owner** *see* ~ **keeper**
shopper ['ʃɒpə(r)] *n.* a) *(person)* Käufer, *der/*Käuferin, *die;* b) *(wheeled bag)* Einkaufsroller, *der*
shopping ['ʃɒpɪŋ] *n.* a) *(buying goods)* Einkaufen, *das;* **do the/one's ~** einkaufen/[seine] Einkäufe machen; b) *(items bought)* Einkäufe *Pl.*
shopping: ~-**bag** *n.* Einkaufstasche, *die;* ~-**basket** *n.* Einkaufskorb, *der;* ~ **centre** *n.* Einkaufszentrum, *das;* ~ **day** *n.* Einkaufstag, *der;* ~-**list** *n.* Einkaufszettel, *der;* ~ **mall** *n. (Amer.)* Einkaufszentrum, *das;* ~ **street** *n.* Ge-

schäftsstraße, *die;* ~ **trolley** *n.* Einkaufswagen, *der*
shop: ~-**soiled** *adj. (Brit.) (slightly damaged)* leicht beschädigt; *(slightly dirty)* angeschmutzt; ~-**steward** *n.* [gewerkschaftlicher] Vertrauensmann; ~-**talk** *n., no pl.* Fachsimpelei, *die (ugs.);* ~-**walker** *n. (Brit.)* ≈ Abteilungsleiter, *der/*-leiterin, *die;* ~-'**window** *n.* Schaufenster, *das;* ~-**worn** see ~-**soiled**
¹**shore** [ʃɔː(r)] *n.* Ufer, *das; (coast)* Küste, *die; (beach)* Strand, *der;* **on the ~**: am Ufer/an der Küste/am Strand; **on the ~[s] of Lake Garda** am Ufer des Gardasees; **off ~**: vor der Küste; **a mile off [the] ~**: eine Meile vom Ufer entfernt/von der Küste/vom Strand entfernt; **be on ~** ⟨*Seemann:*⟩ an Land sein; **these ~s** dieses Land; diese Gestade *(dichter.)*
²**shore** 1. *n. (prop, beam)* Stützbalken, *der;* Stütze, *die.* 2. *v. t. (support)* abstützen *(Tunnel)*
~ '**up** *v. t. (support)* abstützen ⟨*Mauer, Haus*⟩; *(fig.)* stützen ⟨*Währung, Wirtschaft*⟩
shore: ~-**based** ['ʃɔːbeɪst] *adj.* landgestützt ⟨*Rakete*⟩; ~ **leave** *n. (Naut.)* Landurlaub, *der;* ~-**line** *n. (Geog.)* Uferlinie, *die*
shoring ['ʃɔːrɪŋ] *n.* Abstützung, *die*
shorn see **shear** 1, 2
short [ʃɔːt] 1. *adj.* a) kurz; **a ~ time** *or* **while ago/later** vor kurzem/kurze Zeit später; **for a ~ time** *or* **while** eine kleine Weile; **a ~ time** [kleines] Weilchen; **a ~ time before he left** kurz bevor er ging; **a ~ time** *or* **while before/after sth.** kurz vor/nach etw. *(Dat.);* **a ~ time** *or* **while (soon)** bald; in Kürze; **within a ~ [space of] time** innerhalb kurzer Zeit; **a few ~ years of happiness** einige wenige Jahre des Glücks; **in the ~ run** *or* **term** kurzfristig; kurzzeitig; **there is only a ~ haul ahead of us** *(fig.)* wir haben es bald geschafft; **wear one's hair/skirts ~**: seine Haare kurz tragen/kurze Röcke tragen; **be ~ in the arm/leg** ⟨*Person:*⟩ kurzarmig/kurzbeinig sein; ⟨*Kleidungsstück:*⟩ im Arm/Bein kurz sein; **have/get sb. by the ~ hairs** *or (sl.)* **by the ~ and curlies** jmdn. in der Hand haben/in die Hand kriegen *(ugs.);* ~ **back and sides** kurzer Haarschnitt; **make ~ work of sb./sth.** mit jmdm./etw. kurzen Prozeß machen *(ugs.);* **he made ~ work of the puzzle** er hatte das Rätsel im Handumdrehen gelöst; *see also* **neck 1 b; notice 1 b; range 1 d; shrift; straw b;** b) *(not tall)* klein ⟨*Person, Wuchs*⟩; niedrig ⟨*Gebäude, Baum, Schornstein*⟩; c) *(not far-reaching)* kurz ⟨*Wurf, Schuß, Gedächtnis*⟩; **take a ~ view of things** kurzsichtig sein; d) *(deficient, scanty)* knapp; **be ~ in supply** knapp sein; **good doctors are in ~ supply** gute Ärzte sind rar *od. (ugs.)* sind Mangelware; **give sb. ~ weight** jmdn. beim Abwiegen übervorteilen; *(inadvertently)* sich zu jmds. Ungunsten beim Abwiegen versehen; **be [far/not far] ~ of a record** einen Rekord [bei weitem] nicht erreichen/[knapp] verfehlen; **his jump was 4 cm. ~ of the record** sein Sprung verfehlte den Rekord um 4 cm; **sb./sth. is so much/so many ~**: jmdm./einer Sache fehlt soundsoviel/fehlen soundsoviele; **sb. is ~ of sth.** jmdm. fehlt es an etw. *(Dat.);* **he is [rather] ~ on talent** er ist nicht besonders talentiert; **time is getting/is ~**: die Zeit wird/ist knapp; **the poor harvest has left them ~ of food** wegen der schlechten Ernte fehlt es ihnen an Nahrung; **don't leave yourself ~ [of money/food]** paß auf, daß du selbst noch genug [Geld/zu essen] hast; **keep sb. ~ [of sth.]** jmdn. [mit etw.] kurzhalten; **[have to] go ~ [of sth.]** [an etw. *(Dat.)*] Mangel leiden [müssen]; **she is ~ of milk today** sie hat heute nicht genug Milch; **the firm is ~ of staff** die Firma hat zu wenig Arbeitskräfte; **be ~ [of cash]** knapp [bei Kasse] sein *(ugs.);* **be ~ of sth.** ⟨*Preis, Temperatur, Leistung usw.:*⟩ unter

shortcoming

etw. *(Dat.)* liegen; **he is just ~ of six feet/not far ~ of 60** er ist knapp sechs Fuß [groß]/sechzig [Jahre alt]; **a few inches ~ of the line** nur wenige Zoll vor der Linie; **she is three months ~ of retirement** sie steht 3 Monate vor ihrer Pensionierung; **be still far ~ of one's target** von seinem Ziel noch weit entfernt sein; **his behaviour has been little or not far ~ of criminal** sein Verhalten war beinahe kriminell; **if it was not fraud, it was not far ~ of it** wenn es auch kein ausgesprochener Betrug war, so war es doch nicht weit davon entfernt; **it is nothing ~ of miraculous** es ist ein ausgesprochenes Wunder; *see also* **hundredweight c; measure 1 a; ration 1 a; run 2 l; ton a;** e) *(brief, concise)* kurz; **a ~ history of Wales** eine kurzgefaßte Geschichte von Wales; **the ~ answer is ...**: um es kurz zu machen: die Antwort ist ...; ~ **and sweet** *(iron.)* kurz und schmerzlos *(ugs.);* ~ **and to the point** kurz und geradeheraus *(ugs.) od.* direkt; **something ~** *(drink)* ein Schnaps; **in ~, ...**: kurz, ... ; **his name is Robert, [but he is called] Bob for ~**: er heißt Robert, [wird aber] kurz Bob [genannt]; **Dick is ~ for Richard** *od.* kurz für Richard; f) *(curt, uncivil)* kurz angebunden; barsch; g) *(Cookery)* mürbe ⟨*Teig*⟩; h) *(Pros., Phonet.)* kurz; i) *(St. Exch.)* ~ **sale** Leerverkauf, *der;* **make a ~ sale** fixen; **sell sth. ~**: etw. leer verkaufen; **sell oneself ~** *(fig.)* sein Licht unter den Scheffel stellen; **sell sb./sth. ~** *(fig.)* jmdn./etw. unterschätzen; j) *(Cricket) relativ nahe beim Schlagmann [stehend];* ~ **ball** kurzer Ball; k) *(cards)* ~ **suit** kurze Farbe. 2. *adv.* a) *(abruptly)* plötzlich; **stop ~** *(fig.)* plötzlich abbrechen; ⟨*Musik, Gespräch:*⟩ jäh *(geh.)* abbrechen; **stop ~ at sth.** über etw. *(Akk.)* nicht hinausgehen; **stop sb. ~** jmdn. ins Wort fallen; **pull up ~** plötzlich anhalten; **bring** *or* **pull sb. up ~**: jmdn. stutzen lassen; *see also* **cut 1 c;** b) *(curtly)* kurz angebunden; barsch; c) *(before the expected place or time)* **jump/land ~**: zu kurz springen/zu früh landen *(ugs.);* ~ **of** etw. vor etw. *(Dat.);* **stop ~ of the line** vor der Linie stehen-/liegenbleiben; **the bomb dropped/landed ~ [of its target]** die Bombe fiel vor das/landete *(ugs.)* vor dem Ziel; **fall** *or* **come ~** *(fig.) (Leistung, Vorstellung usw.:*⟩ enttäuschen; **fall** *or* **come [far/considerably] ~ of sth.** etw. [bei weitem] nicht erreichen; **stop ~ of sth.** *(fig.)* vor etw. zurückschrecken; **stop ~ of doing sth.** davor zurückschrecken, etw. zu tun; **be caught** *or* **taken ~** *(at a disadvantage)* in Bedrängnis geraten; *(coll.: need to go to toilet)* plötzlich dringend müssen *(fam.);* d) **nothing ~ of a catastrophe/miracle can ...**: nur eine Katastrophe/ein Wunder kann ...; ~ **of locking him in, how can I keep him from going out?** wie kann ich ihn daran hindern auszugehen, es sei denn ich schlösse ihn ein? 3. *n.* a) *(Electr. coll.)* Kurze, *der (ugs.);* b) *(coll.: drink)* Schnaps, *der (ugs.);* c) *(Cinemat.)* Kurzfilm, *der. See also* ¹**long 2 b; shorts.** 4. *v. t. (Electr. coll.)* kurzschließen. 5. *v. i. (Electr. coll.)* einen Kurzschluß kriegen *(ugs.).*
shortage ['ʃɔːtɪdʒ] *n.* Mangel, *der* (**of an** + *Dat.);* ~ **of fruit/teachers** Obstknappheit, *die/*Lehrermangel, *der*
short: ~**bread** *n.* Shortbread, *das;* Keks aus Butterteig; ~**cake** *n.* a) *see* ~**bread;** b) *(cake served with fruit)* Obstkuchen mit Mürbeteigboden; **a strawberry ~cake** ein Erdbeerkuchen aus Mürbeteig; ~-'**change** *v. t.* zu wenig [Wechselgeld] herausgeben (+ *Dat.); (fig.)* übers Ohr hauen *(ugs.);* prellen; ~ '**circuit** *n. (Electr.)* Kurzschluß, *der;* ~-'**circuit** *(Electr.)* 1. *v. t.* kurzschließen; *(fig.)* umgehen. 2. *v. i.* einen Kurzschluß bekommen; ~**coming** *n., usu. in pl.* Unzulänglichkeit, *die;* **he has only one**

655

~coming er hat nur einen Fehler; ~ 'commons n. pl. be on ~ commons zu wenig zu essen haben; ~ 'cut n. Abkürzung, die; take a ~ cut (lit. or fig.) eine Abkürzung machen; be a ~ cut to sth. (fig.) den Weg zu etw. abkürzen; there is no ~ cut to success (fig.) der Weg zum Erfolg läßt sich nicht abkürzen; ~ division see division g; ~ 'drink n. hochprozentiges Getränk; have a ~ drink etwas Hochprozentiges trinken

shorten ['ʃɔːtn] **1.** v. i. a) (become shorter) kürzer werden; b) (decrease) sich verkleinern; ⟨Preis, Gewinnquote:⟩ sinken. **2.** v. t. a) (make shorter) kürzen; (curtail) verkürzen ⟨Besuch, Wartezeit, Inkubationszeit⟩; b) (decrease) senken; reduzieren; ~ sail (Naut.) die Segel reffen; c) (Cookery) mürbe machen

shortening ['ʃɔːtnɪŋ] n. a) (making shorter) [Ver]kürzung, die; (growing shorter) Kürzerwerden, das; b) (Cookery) Ziehfett, das (zum Mürbemachen des Teigs)

short: ~**fall** n. Fehlmenge, die; (in budget, financial resources) Defizit, das; ~-**haired** adj. kurzhaarig; ~**hand** n. Kurzschrift, die; Stenographie, die; write ~**hand** stenographieren; ~**hand writer** Stenograph, der/Stenographin, die; that's ~**hand for** ... (fig.) das ist eine Kurzformel für ...; see also typist; ~-**handed** [ʃɔːtˈhændɪd] adj. zu klein ⟨Team⟩; we are terribly ~-**handed** wir haben furchtbar wenig Leute; ~ **haul** n. Kurzstreckentransport, der; [Güter]nahtransport, der; ~-**haul** (Lastwagen, Bus) für den Nahverkehr; ~-**haul route** Kurzstrecke, die; ~-**haul transport** Güternahverkehr, der; ~ 'head n. (Brit. Horse-racing) kurzer Kopf (fachspr.); win by a ~ head mit einem kurzen Kopf Vorsprung gewinnen; win an election by a ~ head eine Wahl knapp gewinnen; ~**hold** adj. kurzzeitig ⟨Mietverhältnis⟩; ~**horn** n. (Agric.) Shorthornrind, das; attrib. Shorthorn-

shortie ['ʃɔːtɪ] n. (coll.) a) see shorty a; b) (garment) Shorty, das; ~ **night-dress/dress** kurzes Nachthemd/kurzes Kleid

shortish ['ʃɔːtɪʃ] adj. ziemlich kurz; ziemlich klein ⟨Person⟩

short: ~-**legged** adj. kurzbeinig; ~ **list** n. (Brit.) engere Auswahl; be on/put sb. on the ~ list in der engeren Auswahl sein/jmdn. in die engere Auswahl nehmen; ~-**list** v. t. in die engere Auswahl nehmen; ~-**lived** ['ʃɔːtlɪvd] adj. kurzlebig

shortly ['ʃɔːtlɪ] adv. a) (soon) in Kürze; gleich (ugs.); ~ **before/after sth.** kurz vor/nach etw.; ~ **before/after arriving, he phoned us** kurz vor/nach seiner Ankunft rief er uns an; (outside cinema, theatre) 'coming ~' „demnächst"; „Voranzeige"; b) (briefly) kurz; (curtly) kurz angebunden; in barschem Ton

shortness ['ʃɔːtnɪs] n., no pl. a) (short extent or duration) Kürze, die; despite the ~ of his life trotz seines kurzen Lebens; b) (smallness) (of person) Kleinheit, die; (of height) geringe Körpergröße; c) (scarcity, lack) Knappheit, die (of a ~ of Dat.); d) (briefness) Kürze, die; e) (curtness) Barschheit, die; f) (of pastry) Mürbheit, die

short: ~ '**odds** n. pl. (Racing, also fig.) **it's/I would give you** ~ **odds on X winning** es ist so gut wie sicher, daß X gewinnt; ~ '**order** n. (Amer.) (for food) Schnellgericht, das; **by** **in** ~ **order** auf der Stelle; ~-**order** adj. (Amer.) Schnell-; ~-**order counter** Selbstbedienungsbüffett, das; ~ '**pastry** n. (Cookery) Mürbeteig, der; ~-**range** adj. a) (with ~ range) Kurzstrecken-; b) (relating to ~ future period) kurzfristig

shorts [ʃɔːts] n. pl. a) (trousers) kurze Hose[n]; Shorts Pl.; (in sports) Sporthose, die; **football** ~: Fußballshorts, die; b) (Amer.: underpants) Unterhose, die

short: ~ '**sight** n., no pl., no art. Kurzsichtigkeit, die; have ~ **sight** kurzsichtig sein; ~-**sighted** [ʃɔːtˈsaɪtɪd] adj., ~-**sightedly** [ʃɔːtˈsaɪtɪdlɪ] adv. (lit. or fig.) kurzsichtig; ~-**sightedness** [ʃɔːtˈsaɪtɪdnɪs] n., no pl. (lit. or fig.) Kurzsichtigkeit, die; ~-**sleeved** ['ʃɔːtsliːvd] adj. kurzärm[e]lig; ~ '**sleeves** n. pl. kurze Ärmel; ~-**staffed** [ʃɔːtˈstɑːft] adj. **be [very]** ~-**staffed** [viel] zu wenig Personal haben; ~ **stop** n. (Baseball) no pl., no art. (position) Shortstopposition, die; b) (player) Shortstop, der; ~ '**story** n. (Lit.) Short story, die; Kurzgeschichte, die; **short** ~ **story** Short short story, die; ~ '**suit** n. (Cards) kurze Farbe; **have a** ~ **suit in hearts** wenig Herz haben; ~ '**temper** n. aufbrausendes od. cholerisches Temperament; have a ~ **temper** aufbrausend od. cholerisch sein; ~-'**tempered** adj. aufbrausend; cholerisch; **be** ~-**tempered with sb.** ungehalten zu jmdm. sein; ~-**term** adj. kurzfristig; (provisional) vorläufig ⟨Lösung, Antwort⟩; ~ '**time** n. (Industry) Kurzarbeit, die; be on or work ~ **time** kurzarbeiten; ~-**time** adj. ~-**time working** Kurzarbeit, die; ~ '**title** n. Kurztitel, der; ~ '**trousers** n. pl. kurze Hose[n]; ~ '**wave** n. (Radio) Kurzwelle, die; ~-**wave** adj. (Radio) Kurzwellen-; ~-**winded** [ʃɔːtˈwɪndɪd] adj. kurzatmig

shorty ['ʃɔːtɪ] n. (coll.) a) (person) Kleine, der/die (ugs.); he/she is a ~ist so'n Kleiner/sie ist ne Kleine (ugs.); b) see shortie b

shot [ʃɒt] n. a) pl. same (single projectile for cannon or gun) Geschoß, das; Kugel, die (ugs.); collect. Munition, die; (Athletics) Kugel, die; put the ~: die Kugel stoßen; kugelstoßen; [**putting**] the ~: Kugelstoßen, das; c) pl. same (lead pellet) [Schrot]kugel, die; collect. Schrot, der od. das; see also **lead shot**; d) (discharge of gun) Schuß, der; (firing of rocket) Abschuß, der; Start, der; **he had gone home** (fig.) das hatte gesessen (ugs.); **fire a** ~ [**at sb./sth.**] einen Schuß [auf jmdn./etw.] abgeben; **like a** ~ (fig.) wie der Blitz (ugs.); **I'd do it like a** ~: ich würde es auf der Stelle tun; **call the** ~**s** (fig.) das Sagen haben; **let sb. call the** ~**s** nach jmds. Pfeife tanzen (ugs.); **have a** ~ **at sth./at doing sth.** (fig.) etw. versuchen/versuchen, etw. zu tun; **the answer is not correct, but it is a good** ~: die Antwort ist nicht richtig, aber es war [für den Anfang] schon ganz gut (ugs.); see also **dark 2c**; **long shot**; **Parthian shot**; **parting 2**; **snap shot**; e) (Sport: stroke, kick, throw) Schuß, der; (Archery, Shooting) Schuß, der; f) (Photog.) Aufnahme, die; (Cinemat.) Einstellung, die; **do or film interior/exterior/location** ~ (Cinemat.) Innenaufnahmen machen/Außenaufnahmen machen/am Originalschauplatz drehen; **out of/in** ~ (Photog.) außerhalb des Bildes/im Bild; g) (person who shoots in specified way) Schütze, der (fig.); h) (injection) Spritze, die; (of drug) Schuß, der (Jargon); **be a** ~ **in the arm for sb./sth.** (fig.) jmdm./einer Sache Auftschwung geben; i) (coll.: dram of spirits) Schluck, der (fig.); **a** ~ **of whisky/rum** etc. ein Schluck Whisky/Rum usw. **2.** v. t. & i. see **shoot 1**, **2**, **3**. adj. a) (iridescent) durchschossen; [through] with sth. mit etw. durchschossen; **hair** ~ **with grey** graumeliertes Haar; b) get ~ **of sb./sth.** (sl.) jmdn./etw. loswerden; **I wish I could get** ~ **of him** ich würde ihn am liebsten auf den Mond schießen (ugs.) (sl.) b) ~ (exhausted, finished) im Eimer sein (salopp); **my nerves are** ~ [**to pieces**] ich bin mit den Nerven [völlig] fertig (ugs.)

shot: ~-**blasting** ['ʃɒtblɑːstɪŋ] n. Kugelstrahlen, das (Technik); ~-**firer** ['ʃɒtfaɪərə(r)] n. Sprengmeister, der; Schießmeister, der; ~**gun** n. [Schrot]flinte, die; ~**gun wed-**

ding/marriage (fig. coll.) Mußheirat/Mußehe, die (ugs.); ~-**put** n., no pl., no indef. art. (Athletics) Kugelstoßen, das; ~-**putter** ['ʃɒtpʊtə(r)] n. (Athletics) Kugelstoßer, der/-stoßerin, die

should see **shall**

shoulder ['ʃəʊldə(r)] **1.** n. a) Schulter, die; (lit. or fig.) Schulter an Schulter; **put** or **set one's** ~ **to the wheel** (fig.) sich ins Geschirr legen; **straight from the** ~ (fig.) unverblümt; **cry on sb.'s** ~ (fig.) sich bei jmdm. ausweinen; see also **chip 1 a**; **cold shoulder**; **head 1 a**; **rub 1 a**; b) in pl. (upper part of back) Schulterpartie, die; **lie or rest/fall on sb.'s** ~**s** (fig.) auf jmds. Schultern (Dat.) lasten/jmdm. aufgebürdet werden; **he has broad** ~**s** (fig.: is able to take responsibility) er hat einen breiten Rücken; **have or be an old head on young** ~**s** (fig.) reif für sein Alter sein; **have a good head on one's** ~**s** (fig.) Köpfchen haben (ugs.); c) see **joint a**; d) (Gastr.) Bug, der; Schulter, die; ~ **of lamb/veal** Lamm-/Kalbsschulter, die; e) (Road Constr.) Randstreifen, der; Seitenstreifen, der; see also **hard shoulder**. **2.** v. t. a) (push with ~) rempeln; ~ **one's way through the crowd** sich rempelnd einen Weg durch die Menge bahnen; b) (take on one's ~s) schultern; (fig.) übernehmen ⟨Verantwortung, Aufgabe⟩; auf sich (Akk.) nehmen ⟨Schuld, Bürde⟩; ~ **arms** (Mil.) das Gewehr schultern

~ **a'side** v. t. beiseite rempeln; (fig.) beiseite schieben

shoulder: ~-**bag** n. Umhängetasche, die; ~-**belt** n. Schulterband, das; ~-**blade** n. Schulterblatt, das

-**shouldered** ['ʃəʊldəd] adj. in comb. -schult[e]rig; **square-/straight-**~: mit eckigen/geraden Schultern nachgestellt

shoulder: ~-**high 1.** ['---] adj. schulterhoch; **2.** [-'--] adv. **lift/carry sb.** ~-**high** jmdn. auf die Schultern heben/auf den Schultern tragen; **they carried him through the streets,** ~-**high** sie trugen ihn auf den Schultern durch die Straßen; ~-**holster** n. Schulterhalfter, die; ~-**joint** n. a) (Anat.) Schultergelenk, das; b) (Gastr.) Schulterstück, das; Bugstück, das; ~-**length** adj. schulterlang; ~-**pad** n. Schulterpolster, das; ~-**strap** n. a) (on garment) Schulterklappe, die; b) (on bag) Trageriemen, der; (suspending a garment) Träger, der

shouldn't ['ʃʊdnt] (coll.) = **should not**; see **shall**

shout [ʃaʊt] **1.** n. a) Ruf, der; (inarticulate) Schrei, der; **warning** ~, ~ **of alarm** Warnruf, der/-schrei, der; ~ **of joy/rage** Freuden-/Wutschrei, der; ~ **of encouragement/approval** Anfeuerungs-/Beifallsruf, der; **give sb. a** ~: jmdm. rufen; (fig. coll.: let sb. know) jmdm. Bescheid sagen; b) (coll.: turn to pay for drinks) Runde, die; **stand sb. a** ~: jmdm. einen ausgeben (ugs.). **2.** v. i. a) schreien; ~ **with laughter/pain** vor Lachen/Schmerzen schreien; ~ **with** or **for joy** vor Freude schreien; ~ **at sb.** (be loudly abusive to sb.) jmdn. anschreien; **you don't have to** ~ [**at me**] – **I can hear you** Du brauchst nicht zu schreien. Ich höre dich auch so; **don't** ~! she ~**ed for him to come** sie schrie od. rief, er solle kommen; **he** ~**ed to me to be careful/help him** er schrie od. rief mir zu, ich solle vorsichtig sein/ihm helfen; ~ **for sb./sth.** nach jmdm./etw. schreien; ~ **for help** um Hilfe schreien od. rufen; **it's nothing to** ~ **about** (fig.) darauf braucht er/sie/man usw. sich (Dat.) nichts einzubilden; b) (Austral. and NZ coll.: stand drinks etc.) eine ausgeben (ugs.) (**for** Dat.). **3.** v. t. a) schreien; ~ **abuse** pöbeln; ~ **oneself hoarse** sich heiser schreien; b) (Austral. and NZ coll.) ~ **a beer for sb.,** ~ **sb. to a beer** jmdm. ein Bier ausgeben (ugs.)

shouting | **showman**

~ 'down v.t. a) runterrufen; b) ~ sb. down (prevent from being heard) jmdn. niederschreien
~ 'out 1. v.i. aufschreien; if you know the answer, don't ~ out – wait till ...: wenn ihr die Antwort wißt, schreit nicht einfach los – wartet, bis ... 2. v.t. [laut] rufen; schreien
shouting ['ʃaʊtɪŋ] 1. adj. schreiend. 2. n. (act of shouting) Schreien, das; Schreierei, die (abwertend); (shouts) Geschrei, das; **it's all over but or bar the ~** (fig.) das Rennen ist im Grunde schon gelaufen (ugs.)
shove [ʃʌv] 1. n. Stoß, der; little ~: Schubs, der (ugs.); **a ~ with one's foot** ein Tritt [mit dem Fuß]; ein Fußtritt; **get the ~** (coll.) rausfliegen (ugs.); **give sb. the ~** (coll.) jmdn. rausschmeißen (ugs.). 2. v.t. a) stoßen; schubsen (ugs.); b) (use force to propel) schieben; c) (coll.: put) tun. See also **throat a**. 3. v.i. drängen; drängeln (ugs.); **~ past the vehicles/through the crowd** (coll.) sich an den Fahrzeugen vorbei/durch die Menge drängeln (ugs.). See also **push 2a, 3d**
~ a'bout see ~ around
~ a'long (coll.) 1. v.t. schieben. 2. v.i. sich vorwärtsschieben; (fig. sl.: depart) abscheiben (ugs.)
~ a'round v.t. (coll.) herumschieben (fig.) herumschubsen (ugs.)
~ a'way v.t. (coll.) wegschubsen (ugs.)
~ 'off 1. v.t. (coll.) a) (away) wegschubsen (ugs.); b) (down) runterschubsen (ugs.). 2. v.i. a) (coll.: move boat from shore) abstoßen; b) (sl.: depart) tun. See also **shove off** (ugs.)
~ 'over (coll.) 1. v.t. rüberschieben (ugs.). 2. v.i. rüberrücken (ugs.)
~ 'past v.i. (coll.) sich vorbeidrängeln od. -quetschen (ugs.)
shove-'halfpenny n. Spiel, bei dem Münzen in die Felder des Spielbretts gestoßen werden müssen
shovel ['ʃʌvl] 1. n. a) (implement, part of machine) Schaufel, die; (machine) Bagger, der; see also **spade a**; b) (quantity) see **shovelful**. 2. v.t., (Brit.) -ll- a) schaufeln; b) (fig.) ~ **food into one's mouth** Essen in sich reinschaufeln od. -stopfen (ugs.)
shovelful ['ʃʌvlfʊl] n. a) ~ **of earth** etc. eine Schaufel Erde usw.; b) ~s **of earth** schaufelweise Erde
show [ʃəʊ] 1. n. a) (act of making visible) Zeigen, das; **without any ~ of anger/emotion/grief** ohne jedes Zeichen des Ärgers/von Gefühl/der Trauer; ~ **of generosity** Geste der Großzügigkeit; **make a ~ of sth.** etw. zur Schau stellen; ~ **of force/strength etc.** Demonstration der Macht/Stärke usw.; b) (display) Pracht, die; (spectacle, pageant) Schauspiel, das (geh.); **a ~ of flowers/colour** eine Blumen-/Farbenpracht; **the trees make a wonderful ~**: die Bäume entfalten eine wunderbare Pracht; **be on ~**: ausgestellt sein; **put sth. on ~** etw. ausstellen; c) (exhibition) Ausstellung, die; Schau, die (z.B.: Hundeschau, die; ~ **animal** ausgestelltes Tier; d) (entertainment, performance) Show, die; (Theatre) Vorstellung, die; (Radio, Telev.) [Unterhaltungs]sendung, die; **summer ~**: Sommerprogramm, die; **the ~ must go on** die Show geht weiter; (fig.) das Leben geht weiter; see also **steal 1a**; **stop 1b**; e) (coll.: effort) **that's a very good ~**: das kann sich sehen lassen; **it's a poor ~**: das ist ein schwaches Bild; **put up a good/poor ~**: eine gute/schlechte Figur machen; **good ~!** eine [gemacht]!; **bad or poor ~!** schwaches Bild!; f) (sl.: undertaking, business) **it's his ~**: er ist der Boss (ugs.); **who is running this ~?** wer ist hier der Boss? (ugs.); **give the [whole] ~ away** alles ausquatschen (salopp); see also **run 3c**; g) (outward appearance) Anschein, der; **make a great ~ of friendliness** ungeheuer freundlich tun; **make or put on a [great] ~ of doing sth.** sich (Dat.) [angestrengt] den Anschein geben, etw. zu tun; **she puts on a brave ~ of being able to cope** sie gibt sich (Dat.) tapfer den Anschein, als käme sie immer gut zurecht; h) (pomp) **the pomp and ~ of great State occasions** der Pomp und Prunk großer Staatsakte; **be for ~**: reine Angeberei sein (ugs.); i) (Med.: discharge) (at onset of labour) leichte Blutung als erstes Anzeichen der beginnenden Geburt; (at beginning of menstrual period) Vorzeichen der beginnenden Menstruation. 2. v.t., p.p. ~**n** [ʃəʊn] or ~**ed** a) (allow or cause to be seen) zeigen; (produce) vorzeigen ⟨Paß, Fahrschein usw.⟩; ~ **one's cards** or **hand** (Cards) seine Karten aufdecken; (fig.: reveal one's intentions) die Karten auf den Tisch legen; **have nothing/something to ~ for it** [dabei] nichts/etwas zum Vorzeigen haben; see also **cause 1c**; **face 1a**; **feather 1a**; ¹**flag 1**; **tooth a**; b) (reveal, disclose) zeigen; ~ **sb. sth.**, ~ **sth. to sb.** jmdm. etw. zeigen; ~ **me an A and I will ~ you a B** jedes A ist ein B; **that dress ~s your petticoat** bei diesem Kleid sieht man deinen Unterrock; **this material does not ~ the dirt** auf diesem Material sieht man den Schmutz nicht; ~ **oneself** v.t. (coll.) zum Vorschein kommen; ~ **itself** (become visible) sich zeigen/erkennbar sein; ~ **itself at its best/in all its glory** sich von der besten Seite/in all seiner Herrlichkeit zeigen; **the task has been ~n to be difficult** die Aufgabe hat sich als schwierig erwiesen; **this episode ~s him to be honest/a liar** dieser Vorfall zeigt, daß er ehrlich/ein Lügner ist; ~ **oneself/itself to be sth.** sich als etw. erweisen; see also ¹**heel 1a**; **colour 1h**; **sign 1e**; c) (manifest, give evidence of) zeigen; beweisen ⟨Mut, Entschlossenheit, Urteilsvermögen usw.⟩; ~ **hesitation** zaudern; **he is ~ing his age** man sieht ihm sein Alter an; see also **fight 3c**; **mettle a**; **willing 2**; d) ~ **[sb.] kindness/mercy** freundlich [zu jmdm.] sein/Erbarmen mit jmdm.] haben; ~ **mercy on or to sb.** Erbarmen mit jmdm. haben; e) (indicate) zeigen ⟨Gefühl, Freude usw.⟩; ⟨Thermometer, Uhr usw.⟩ anzeigen; **as ~n in the illustration** wie die Abbildung zeigt; **the frontiers are ~n by a blue line/towns are ~n in red** die Grenzen sind durch eine blaue Linie/Städte sind rot gekennzeichnet; **the accounts ~ a profit** die Bücher weisen einen Gewinn aus; **the firm ~s a profit/loss** die Firma macht Gewinn/Verlust; f) (offer for viewing) zeigen; (exhibit in a show) ausstellen; g) (demonstrate, prove) zeigen; beweisen, daß ...; **it all/just goes to ~ that ...**: das beweist nur, daß ...; **it all goes to ~, doesn't it? das beweist es doch, oder?; I'll ~ you/him etc.!** ich werd's dir/ihm usw. schon zeigen!; ~ **sb. who's boss** jmdn. zeigen, wer das Sagen hat; see also **door**; **h)** (conduct) führen; ~ **sb. over the house/to his place** jmdn. durchs Haus/an seinen Platz führen. 3. v.i., p.p. ~**n** or ~**ed** a) (be visible) sichtbar od. zu sehen sein; (come into sight) sich zeigen; zum Vorschein kommen; **he was angry/bored, and it ~ed** er war wütend/langweilte sich, und man sah es [ihm an]; **his age is beginning to ~**: man sieht ihm sein Alter allmählich an; **your slip is ~ing** dein Unterrock guckt raus; b) (coll.: arrive) sich blicken lassen (ugs.); auftauchen (ugs.); c) (be ~n) ⟨Film:⟩ laufen; ⟨Künstler:⟩ ausstellen; **'Gandhi' – now ~ing in the West End** "Gandhi" – Jetzt im West End; d) (make sth. known) **time will ~**: man wird es [ja] sehen; **only time will ~**: das wird sich erst im Laufe der Zeit herausstellen; e) (Amer. Horse-racing) sich [unter den ersten drei] plazieren
~ **in** v.t. hineinführen/hereinführen
~ '**off** 1. v.t. a) (display) ~ **sth./sb. off** etw./jmdn. vorführen od. vorzeigen; (in order to impress) mit etw./jmdm. prahlen od. (ugs.) angeben; b) (display to advantage) zur Geltung bringen. 2. v.i. angeben (ugs.); prahlen; see also **show-off**
~ '**out** v.t. hinausführen
~ '**round** v.t. herumführen
~ '**through** v.i. durchscheinen
~ '**up 1.** v.t. a) (conduct upstairs) hinaufführen/heraufführen; b) (make visible) deutlich sichtbar machen; aufdecken ⟨Betrug⟩; **this incident has ~n him up as or for a coward** or **to be a coward** dieser Vorfall hat gezeigt, daß er [in Wirklichkeit od. eigentlich] ein Feigling ist; c) (embarrass) blamieren. 2. v.i. a) (be easily visible) [deutlich] zu sehen od. erkennen sein; (fig.) sich zeigen; **it will not ~ up on the photocopy** das kommt auf der Photokopie nicht heraus; b) (coll.: arrive) sich blicken lassen (ugs.); auftauchen (ugs.)
show: ~ **biz** (sl.), ~ **business** ns., no pl., no art. Schaugeschäft, das; Showbusineß, das; ~-**business personalities/connections** Persönlichkeiten aus dem/Verbindungen zum Schaugeschäft od. Showbusineß; ~-**case** n. Vitrine, die; Schaukasten, der; (fig.) Schaufenster, das; ~**down** n. (fig.) Kraftprobe, die; **have a ~down [with sb.]** sich [mit jmdm.] auseinandersetzen
shower ['ʃaʊə(r)] 1. n. a) Schauer, der; ~ **of rain/sleet/hail** Regen-/Schneeregen-/Hagelschauer, der; **a ~ of confetti/sparks/stones/petals** ein Konfettiregen/Funkenregen/Steinhagel/Regen von Blütenblättern; **a ~ of letters/curses** eine Flut von Briefen/Flüchen; b) (~-bath) Dusche, die; attrib. Dusch-; **have a cold/quick/daily ~**: [kalt/schnell/täglich] duschen; **be under the ~**: unter der Dusche stehen; **the ~s** der Duschraum; c) (Amer.: party) ~ **[party]** Geschenkparty, die (für eine Braut, bei der sie Aussteuergegenstände geschenkt bekommt); **baby ~**: Geschenkparty für eine werdende Mutter, bei der sie Babyartikel geschenkt bekommt); d) (Brit. sl.: contemptible persons) Sauhaufen, der (salopp). 2. v.t. a) ~ **sth. over sb. on sb.**, ~ **sb. with sth.** jmdn. mit etw. überschütten; b) (fig.: lavish) ~ **sth. [up]on sb.**, ~ **sb. with sth.** jmdn. mit etw. überhäufen. 3. v.i. a) (fall in ~s) ~ **down [up]on sb.** ⟨Wasser, Konfetti:⟩ auf jmdn. herabregnen; ⟨Steine, Verwünschungen:⟩ auf jmdn. niederhageln; b) (have a ~-bath) duschen
shower: ~-**bath** n. Dusche, die; ~-**cap** n. Duschhaube, die; ~-**curtain** n. Duschvorhang, der; ~ **gel** n. Duschgel, das; ~-**proof** adj. [bedingt] regendicht
showery ['ʃaʊərɪ] adj. **the weather is ~**: es herrscht Schauerwetter; **outlook ~**: weitere Aussichten: schauerartige Regenfälle; **a cold and ~ day** ein kalter Tag mit häufigen Schauern
show: ~ **flat** n. (Brit.) Musterwohnung, die; ~**girl** n. Showgirl, das; ~**ground** n. Ausstellungsgelände, das; ~ **house** n. Musterhaus, das
showily ['ʃəʊɪlɪ] adv. angeberisch; **behave ~**: eine Schau machen (ugs.); angeben
showing ['ʃəʊɪŋ] n. a) (of film) Vorführung, die; (of television programme) Sendung, die; **at the film's first ~**: bei der Premiere des Films; b) (evidence) on ~ ...: demnach; **on any ~**: wie man es auch [dreht] wendet; **on or by sb.'s own ~**: nach jmds. eigener Darstellung; c) (quality of performance) Leistung, die; **make a good/poor etc. ~**: eine gute/schwache Leistung zeigen; **on this ~**: bei dieser Leistung
show: ~-**jumper** n. (Sport) a) (person) Springreiter, der/-reiterin, die (horse) Springpferd, das; ~-**jumping** n. (Sport) Springreiten, das; ~-**man** ['ʃəʊmən] n., pl. ~**men** ['ʃəʊmən] a) (proprietor of fairground

657

showmanship — **shut**

booth etc.) Schausteller, *der;* **b)** *(person skilled in showmanship)* Showman, *der*
showmanship ['ʃəʊmənʃɪp] *n., no pl.* schauspielerisches Talent; **it's nothing but ~:** es ist reine Schauspielerei
shown see **show 2, 3**
show: ~-**off** *n.* Aufschneider, *der/*Aufschneiderin, *die;* Angeber, *der/*Angeberin, *die (ugs.);* **don't be such a ~-off gib nicht so an!;** ~-**piece** *n.* Renommierstück, *das (geh.); (of exhibition, collection)* Schaustück, *das;* (*highlight*) Paradestück, *das;* **a real ~-piece** ein richtiges Prachtexemplar *od.* -stück *(ugs.);* ~-**place** *n.* Attraktion, *die;* ~**room** *n.* Ausstellungsraum, *der;* ~**room price** Endverbraucherpreis, *der;* ~-**stopper** *n. (coll.)* **be a ~-stopper** Furore machen; ~ **trial** *n.* Schauprozeß, *der*
showy ['ʃəʊɪ] *adj.* **a)** *(gaudy, ostentatious)* protzig *(ugs.);* **b)** *(striking)* großartig; prächtig ⟨Farben⟩; [farben]prächtig ⟨Blumen, Blüten⟩
shrank see **shrink 1, 2**
shrapnel ['ʃræpnl] *n.* (*Mil.*) **a)** *(fragments)* Bomben-/Granatsplitter; **piece of ~:** Bomben-/Granatsplitter, *der;* **b)** *(projectile)* Schrapnell, *das; collect.* Schrapnelle
shred [ʃred] **1.** *n.* Fetzen, *der;* **without a ~ of clothing on him/her** ohne einen Fetzen [Kleidung] am Leib; **not a ~ of evidence/truth** keine Spur eines Beweises/kein Fünkchen Wahrheit; **cut/tear** *etc.* **sth. to ~s** etw. in Fetzen schneiden/reißen *usw.;* **tear sb.'s reputation to ~s** jmds. Ruf ruinieren; **tear sb.['s character] to ~s** kein gutes Haar an jmdm. lassen; **tear a theory/an argument to ~s** eine Theorie/eine Argumentation zerpflücken; **in ~s** in Fetzen; **our clothes were in ~s** unsere Kleidung war zerfetzt; **sb.'s nerves are in ~s** *(fig.)* jmd. ist mit den Nerven am Ende; **sb.'s reputation is in ~s** jmds. guter Ruf ist ruiniert. **2.** *v. t.* -**dd**- [im Reißwolf] zerkleinern ⟨Papier, Textilien⟩; raspeln ⟨Gemüse⟩
shredder ['ʃredə(r)] *n. (for paper, clothes)* Reißwolf, *der; (kitchen aid)* Raspel, *die;* ~ **[attachment]** Schnitzelwerk, *das*
shrew [ʃru:] *n.* **a)** *(Zool.)* Spitzmaus, *die;* **b)** *(woman)* Beißzange, *die (salopp)*
shrewd [ʃru:d] *adj.* scharfsinnig ⟨Mensch⟩; klug ⟨Entscheidung, Investition, Schritt, Geschäftsmann⟩; genau ⟨Urteil, Einschätzung⟩; treffsicher ⟨Urteilsvermögen⟩; **I had a pretty ~ idea** *or* **suspicion what his next move would be** mir war ziemlich klar, was er als nächstes tun würde; **have a ~ mind** scharfsinnig sein
shrewdly ['ʃru:dlɪ] *adv.* klug; **he ~ decided to take the job** und entschloß sich klugerweise dazu, die Stelle anzunehmen
shrewdness ['ʃru:dnɪs] *n., no pl.* see **shrewd:** Scharfsinnigkeit, *die;* Klugheit, *die;* Genauigkeit, *die* Treffsicherheit, *die*
shrewish ['ʃru:ɪʃ] *adj..* **shrewishly** ['ʃru:ɪʃlɪ] *adv.* zänkisch
'**shrew-mouse** see **shrew a**
shriek [ʃri:k] **1.** *n.* **a)** *(shrill cry)* [Auf]schrei, *der;* **give a ~:** [auf]schreien; **give a ~ of horror/fear** *etc.* einen Schrei des Entsetzens/der Angst *usw.* ausstoßen; **there were ~s of laughter from the children** die Kinder kreischten vor Lachen, *das.* **2.** *v. i.* **a)** *(give shrill cry)* [auf]schreien; ~ **with horror/fear** *etc.* vor Entsetzen/Angst *usw.* [auf]schreien; **b)** **[with laughter]** vor Lachen kreischen; **c)** *(make high-pitched sound)* kreischen. **3.** *v. t.* schreien
~ '**out 1.** *v. i.* aufschreien. **2.** *v. t.* schreien
shrift [ʃrɪft] *n.* **give sb. short ~:** jmdn. kurz abfertigen *(ugs.);* **get short ~ [from sb.]** [von jmdm.] kurz abgefertigt werden *(ugs.)*
shrike [ʃraɪk] *n. (Ornith.)* Würger, *der*
shrill [ʃrɪl] **1.** *adj.* schrill; *(fig.)* lautstark **2.** *v. i.* schrillen. **3.** *v. t.* gellend schreien

shrillness ['ʃrɪlnɪs] *n., no pl.* Schrillheit, *die*
shrilly ['ʃrɪlɪ] *adv.* schrill; *(fig.)* lautstark ⟨fordern, protestieren⟩
shrimp [ʃrɪmp] **1.** *n.* **a)** *pl.* ~**s** *or* ~ *(Zool.)* Garnele, *die;* Krabbe, *die (ugs.); (Gastr.)* Krabbe, *die; attrib.* Garnelen-/Krabben-; **b)** *(derog.: small person)* Knirps, *der (abwertend).* **2.** *v. i.* Garnelen/Krabben fangen
shrine [ʃraɪn] *n.* **a)** *(tomb)* Grab, *das; (casket)* Schrein, *der (veralt.); (casket holding sacred relics)* Reliquienschrein, *der;* **be a sacred ~ of Christendom** ⟨Altar, Kapelle:⟩ eines der größten Heiligtümer der Christenheit sein; **b)** *(fig.: place hallowed by memory)* Gedenkstätte *(die);* ~ **to sb./sth.** Gedenkstätte für jmdn./etw.
shrink [ʃrɪŋk] **1.** *v. i.,* shrank [ʃræŋk], shrunk [ʃrʌŋk] **a)** *(grow smaller)* schrumpfen ⟨Mensch:⟩ kleiner werden ⟨Kleidung, Stoff:⟩ einlaufen ⟨Metall, Holz:⟩ sich zusammenziehen; ~ **to nothing** ⟨Handel, Einkünfte:⟩ einen absoluten Tiefstand erreichen; **b)** *(recoil)* sich zurückziehen; ~ **from sb./sth.** vor jmdm. zurückweichen/vor etw. *(Dat.)* zurückschrecken; ~ **from doing sth.** sich scheuen, etw. zu tun; *see also* **violet 1 a. 2.** *v. t.,* shrank, shrunk sich zusammenziehen lassen ⟨Metall, Holz⟩; einlaufen lassen ⟨Textilien⟩. **3.** *n.* **a)** *(act)* Schrumpfen, *das; (of fabric)* Einlaufen, *das;* **b)** *(degree)* see **shrinkage b; c)** *(sl.: psychiatrist)* Seelendoktor, *der*
~ a'**way** *v. i.* **a)** *(recoil)* zurückweichen (**from** vor + *Dat.*); **b)** *(grow smaller)* zusammenschrumpfen
~ '**back** *v. i.* zurückweichen (**from** vor + *Dat.*); ~ **back from sth./doing sth.** vor etw. *(Dat.)* zurückschrecken/sich scheuen, etw. zu tun
shrinkage ['ʃrɪŋkɪdʒ] *n.* **a)** *(act) (of clothing, material)* Einlaufen, *das; (of income, trade, etc.)* Rückgang, *der;* **b)** *(degree)* Schrumpfung, *die*
shrink: ~-**proof,** ~-**resistant** *adjs.* schrumpffrei; **be ~-proof** nicht einlaufen; ~-**wrap** *v. t.* in einer Schrumpffolie verpacken
shrive [ʃraɪv] *v. t.,* **shrove** [ʃrəʊv], **shriven** [ʃrɪvn] *(R.C.Ch. arch.)* ~ **sb.** jmdm. die Beichte abnehmen
shrivel ['ʃrɪvl] **1.** *v. t., (Brit.)* -**ll**-: **[up]** schrump[e]lig machen; runzlig machen ⟨Haut, Gesicht⟩. **2.** *v. i., (Brit.)* -**ll**-: **[up]** verschrump[e]ln; ⟨Haut, Gesicht:⟩ runzlig werden; ⟨Ballon:⟩ zusammenschrumpfen
~ **up 1.** *v. t.* see ~ **1. 2.** *v. i.* **a)** see ~ **2; b)** *(fig.: from fear or nervousness)* verschüchtert werden; **I just wanted to ~ up when ...** ich wäre am liebsten in den Erdboden versunken, als ...
shrivelled *(Amer.:* **shriveled)** ['ʃrɪvld] *adj.* schrump[e]lig; verschrumpelt; **a ~ old lady** eine verhutzelte alte Frau
shriven see **shrive**
shroud [ʃraʊd] **1.** *n.* **a)** Leichentuch, *das (veralt.);* **b)** *(fig.) (of fog, mystery, etc.)* Schleier, *der; (of ship)* Wanten *Pl.; (of parachute)* Fangleine, *die.* **2.** *v. t. (cover and conceal)* einhüllen; ~ **sth. in sth.** etw. in etw. *(Akk.)* hüllen; **mystery/uncertainty ~s their fate** ein Geheimnis/Ungewißheit umgibt ihr Schicksal *(geh.)*
shrove see **shrive**
Shrove [ʃrəʊv]: ~-**tide** *n.* Fastnacht, *die;* ~ '**Tuesday** *n.* Fastnachtsdienstag, *der*
shrub [ʃrʌb] *n.* Strauch, *der*
shrubbery ['ʃrʌbərɪ] *n.* **a)** Gesträuch, *das;* **b)** *(shrubs collectively)* Sträucher
shrubby ['ʃrʌbɪ] *adj.* **a)** *(like a shrub)* strauchartig; **b)** *(covered with shrubs)* mit Strauchwerk bewachsen
shrug [ʃrʌɡ] **1.** *n.* ~ **[of one's** *or* **the shoulders]** Achselzucken, *das;* **give a ~ [of one's** *or* **the shoulders]** die/mit den Achseln

zucken; **give a ~ of resignation/indifference** *etc.* resigniert/gleichgültig *usw.* mit den Achseln zucken. **2.** *v. t. & i.* -**gg**-: **[one's shoulders]** die *od.* mit den Achseln zucken ~ '**off** *v. t.* in den Wind schlagen; ~ **sth. off as unimportant** etw. als unwichtig abtun
shrunk see **shrink 1, 2**
shrunken ['ʃrʌŋkn] *adj.* verhutzelt *(ugs.)* ⟨Mensch⟩, verschrump[e]lt ⟨Äpfel⟩; *(fig.)* geschrumpft ⟨Reserven, Gewinn, Resourcen⟩; ~ **head** Schrumpfkopf, *der*
shuck [ʃʌk] *(Amer.)* **1.** *n.* **a)** Schale, *die; (pea-pod)* Hülse, *die;* **b)** *in pl. (slightest amount)* **I don't care ~s about it** es kümmert mich nicht die Bohne *(ugs.);* ~**s!** *expr.* annoyance, regret verdammt! *(salopp).* **2.** *v. t.* ausschälen
shudder ['ʃʌdə(r)] **1.** *v. i.* **a)** *(shiver)* zittern (**with** + *Dat.);* **sb. ~s to think of sth.** jmdn. schaudert bei dem Gedanken an etw. *(Akk.);* **b)** *(vibrate)* zittern; ~ **to a halt** zitternd zum Stehen kommen. **2.** *n.* **a)** *(shivering)* Zittern, *das;* Schauder, *der;* **sb. has/gets the ~s** *(coll.)* jmdn. schaudert, **it gives me the ~s to think of it** *(coll.)* mich schaudert, wenn ich daran denke; **b)** *(vibration)* Zittern, *das;* **a ~ went through the building** das Gebäude erzitterte
shuffle ['ʃʌfl] **1.** *n.* **a)** Schlurfen, *das;* **walk with a ~:** schlurfend gehen; schlurfen; **b)** *(Cards)* Mischen, *das;* **give the cards a [good] ~:** die Karten [gut] mischen; **it is his ~:** er ist an der Reihe zu mischen; er muß mischen; **c)** *(fig.: change)* Umbildung, *die;* **cabinet/ministerial ~:** Kabinettsumbildung, *die,* **d)** *(Dancing) (movement)* Schlurfschritt, *der; (dance)* schlurfender Tanz; ≈ Schleifer, *der.* **2.** *v. t.* **a)** *(rearrange)* umbilden ⟨Kabinett⟩; umbesetzen ⟨Posten⟩; sortieren ⟨Schriftstücke *usw.*⟩; *(mix up)* durcheinanderbringen; **b)** *(Cards)* mischen; **c)** ~ **one's feet in embarrassment** verlegen von einem Fuß auf den anderen treten; **he ~s his feet when he walks** er schlurft beim Gehen. **3.** *v. i.* **a)** *(Cards)* mischen; **b)** *(move, walk)* schlurfen; **c)** *(shift one's position)* herumrutschen
~ a'**long** *v. i.* schlurfen
~ '**off 1.** *v. t.* abstreifen ⟨Kleidungsstück⟩; ~ **the responsibility off [on to sb.]** die Verantwortung auf jmdn. abwälzen. **2.** *v. i.* wegschlurfen *(ugs.)*
shuffling ['ʃʌflɪŋ] *adj.* schlurfend
shufti ['ʃʊftɪ, 'ʃʌftɪ] *n. (Brit. sl.)* **have a ~ at sth.** sich *(Dat.)* etw. angucken *(ugs.)*
shun [ʃʌn] *v. t.,* -**nn**- meiden
'**shun** [ʃʌn] *int. (Brit. Mil.)* stillgestanden!
shunt [ʃʌnt] **1.** *v. t.* **a)** *(Railw.)* rangieren; ~ **[off]** *(fig.)* abschieben; **b)** *(Electr.)* shunten. **2.** *v. i. (Brit. Railw.)* rangieren. **3.** *n.* **a)** *(Railw.)* Rangieren, *das;* **b)** *(Electr.)* Neben[schluß]widerstand, *der;* Shunt, *der;* **c)** *(Med.)* Shunt, *der;* **d)** *(sl.: collision)* Karambolage, *die (ugs.);* **have a ~:** eine Karambolage haben *(ugs.)*
shunter ['ʃʌntə(r)] *n. (Railw.)* Rangierer, *der*
shush [ʃʊʃ] **1.** *int.* see **hush 3. 2.** *v. i.* **a)** *(call for silence)* um Ruhe bitten; **b)** *(be silent)* still *od.* ruhig sein. **3.** *v. t.* zum Schweigen bringen
shut [ʃʌt] **1.** *v. t.,* -**tt**-, **shut a)** zumachen; schließen; ~ **sth. to sb./sth.** etw. für jmdn./etw. schließen; ~ **a road to traffic** eine Straße für den Verkehr sperren; **the strike ~ the factory for a month** der Streik hat die Fabrik für einen Monat lahmgelegt; ~ **the door on sb.** jmdm. die Tür vor der Nase zuschlagen *(ugs.);* ~ **the door on sth.** *(fig.)* die Möglichkeit einer Sache *(Gen.)* verbauen; ~ **one's eyes to sth.** *(fig.)* seine Augen vor etw. *(Dat.)* verschließen; *(turn a blind eye to sth.)* über etw. *(Akk.)* hinwegsehen; ~ **one's ears to sth.** *(fig.)* die Ohren vor etw. *(Dat.)*

658

verschließen; ~ one's heart to sb./mind to sth. (fig.) sich jmdm./einer Sache verschließen; ~ your mouth or trap or face or gob or (Amer.) head! (sl.: stop talking) halt den Mund (ugs.) od. die Klappe (salopp) od. die Fresse (derb) od. Schnauze (derb)!; ~ it! (sl.: stop talking) halt die Klappe! (salopp); b) (confine) ~ sb./an animal in[to] sth. jmdn./ein Tier in etw. (Akk.) sperren; ~ oneself in[to] a room sich in einem Zimmer einschließen; ~ sth. in a safe etw. in einen Safe schließen; c) (exclude) ~ sb./an animal out of sth. jmdn./ein Tier aus etw. aussperren; d) (catch) ~ one's finger/coat in a door sich (Dat.) den Finger/den Mantel in einer Tür einklemmen; e) (fold up) schließen, zumachen ⟨Buch, Hand⟩; zusammenklappen ⟨Klappmesser, Fächer⟩. 2. v.i. -tt-, shut schließen; ⟨Laden:⟩ schließen, zumachen; ⟨Blüte:⟩ sich schließen; the door/case won't ~: die Tür/der Koffer geht nicht zu od. schließt nicht; the door ~ on/after him die Tür schloß sich vor/hinter ihm. 3. adj. zu; geschlossen; bang/kick sth. ~: etw. zuknallen/mit einem Fußtritt zuschlagen; bang/swing ~ ⟨Tür:⟩ zuknallen/zufallen; we are ~ for lunch/on Saturdays wir haben über Mittag/samstags geschlossen od. zu; remain or stay ~: geschlossen bleiben; zu bleiben; keep sth. ~: etw. geschlossen halten od. zu lassen; be or get ~ of sb./sth. (sl.) = get shot of sb./sth. see shot 3 b
~ a'way v.t. wegschließen; keep sth. ~ away safely etw. unter sicherem Verschluß halten
~ 'down 1. v.t. a) zumachen, schließen ⟨Deckel, Fenster⟩; b) (shut off) absperren; c) (terminate operation of) stillegen, abschalten ⟨Kernreaktor;⟩ einstellen ⟨Aktivitäten⟩; ⟨Radio, Telev.⟩ einstellen ⟨Sendebetrieb⟩; the strike has ~ down the factory/newspaper der Streik hat die Fabrik lahmgelegt/hat das Erscheinen der Zeitung verhindert. 2. v.i. (cease working) ⟨Laden, Fabrik:⟩ geschlossen werden; ⟨Zeitung, Sendebetrieb:⟩ eingestellt werden; the winter resorts/ski-lifts ~ down during the summer die Einrichtungen der Winterkurorte sind im Sommer geschlossen/die Skilifte sind im Sommer außer Betrieb; the radio/television ~s down after midnight der Rundfunk/das Fernsehen stellt den Sendebetrieb nach Mitternacht ein; see also shut-down
~ 'in v.t. a) (keep in) einschließen; ⟨Damm:⟩ zurückhalten ⟨Wasser⟩; b) (encircle) umschließen; feel ~ in sich eingeschlossen fühlen
~ 'off 1. v.t. a) (stop) unterbrechen ⟨Strom, Fluß⟩; abstellen ⟨Motor, Maschine, Gerät⟩; b) (isolate) absperren; ~ sb. off from sb./sth. jmdn. von jmdm./etw. abschneiden; ~ sb. off from society jmdn. aus der Gesellschaft ausschließen; ~ oneself off from sb./sth. sich gegen jmdn./etw. abkapseln. 2. v.i. (stop working) sich abstellen
~ 'out v.t. a) (keep out) aussperren; versperren ⟨Aussicht⟩; (exclude from view) verdecken; (prevent) ausschließen ⟨Gefahr, Möglichkeit⟩; the skyscraper/tree ~s out the light der Wolkenkratzer/Baum nimmt das Licht weg; b) (fig.: exclude) ~ sb. out from sth. jmdn. von etw. ausschließen; ~ out all thoughts/memories of sb./sth. alle Gedanken/Erinnerungen an jmdn./etw. beiseite schieben; c) (Amer. Sport) ~ sb. out jmdn. nicht zum Zuge kommen lassen. See also shut-out
~ 'to 1. v.t. [ganz] schließen. 2. v.i. ⟨Tür:⟩ zufallen
~ 'up 1. v.t. a) (close) abschließen; zuschließen; ~ up [the/one's] house das/sein Haus [sicher] abschließen; b) see shop 1 b; c) (put away) einschließen ⟨Dokumente, Wertsachen usw.⟩; einsperren ⟨Tier, Menschen⟩; ~ sth. up in sth. etw. in etw. (Akk.) schließen; ~ sb. up in an asylum/a prison jmdn. in eine Anstalt/ein Gefängnis sperren; c) (reduce to silence) zum Schweigen bringen. 2. v.i. ~ up! (coll.: be quiet) den Mund halten (ugs.); ~ up! halt den Mund! (ugs.); b) (lock up premises) abschließen

shut: ~-down n. a) (stoppage) Schließung, die; (of newspaper, operations) Einstellung, die; b) (Radio, Telev.) Sendeschluß, der; (period) Sendepause, die; ~-eye n. (coll.) Nickerchen, das (fam.); get or have a bit or a spot of ~-eye ein Nickerchen halten; ~-out n. a) (Amer. Sport) Zu-null-Spiel, das; b) (in industrial dispute) see lock-out
shutter ['ʃʌtə(r)] n. a) Laden, der; (of window) Fensterladen, der; put up the ~s (fig.: cease business) zumachen; schließen; b) (Photog.) Verschluß, der; ~ release Auslöser, der; ~ speed Verschlußzeit, die
shuttle ['ʃʌtl] 1. n. a) (in loom) [Web]schützen, der; Schiffchen, das; (in sewing-machine) Schiffchen, das; b) (Transport) (service) Pendelverkehr, der; Pendelservice, der; (bus) Pendelbus, der; (aircraft) Pendelmaschine, die; (train) Pendelzug, der; see also space ~; c) see shuttlecock. 2. v.t. a) (cause to move to and fro) ~ sth. backwards and forwards etw. hin und her schicken; ~ passengers about Passagiere hin und her fahren; b) (transport) im Pendelverkehr transportieren. 3. v.i. pendeln; ~ backwards and forwards or to and fro or back and forth hin und her pendeln
shuttle: ~cock n. Federball, der; be tossed backwards and forwards like a ~cock wie ein Pingpongball hin- und hergehen; ~ diplomacy n. ≈ Reisediplomatie, die; ~ service n. Pendelverkehr, der; Pendelservice, der
¹shy [ʃaɪ] 1. adj. ~er or shier ['ʃaɪə(r)], ~est or shiest ['ʃaɪɪst] a) scheu; (diffident) schüchtern; don't be ~: sei nicht [so] schüchtern!; feel ~ about doing sth. sich genieren, etw. zu tun; feel ~ in sb.'s presence/with sb. sich in jmds. Gegenwart/bei jmdm. gehemmt fühlen; be ~ of strangers eine Scheu vor Fremden haben; be ~ of doing sth. Hemmungen haben, etw. zu tun; see also bite 1; fight 1 a; b) (sl.: short) be ~ of sth. nicht mit etw. sein; he is six months ~ of his retirement ihm fehlt noch ein halbes Jahr, bis er pensioniert wird (ugs.). 2. v.i. scheuen (at vor + Dat.)
~ a'way v.i. ~ away from sth. ⟨Pferd:⟩ vor etw. (Dat.) scheuen; ~ away from sth./doing sth. (fig.) etw. scheuen/sich scheuen, etw. zu tun
²shy 1. v.t. (throw) ~ sth. at sth./sb. etw. auf etw./jmdn. schmeißen (ugs.). 2. v.i. ~ at sth. schmeißen (ugs.) (at nach). 3. n. Wurf, der; have a ~ at sth. nach etw. schmeißen (ugs.); see also coconut shy
shyly ['ʃaɪlɪ] adv. scheu; (diffidently) schüchtern
shyness ['ʃaɪnɪs] n., no pl. Scheuheit, die; (diffidence) Schüchternheit, die
shyster ['ʃaɪstə(r)] n. (Amer. coll.) Ganove, der; (lawyer) Winkeladvokat, der (abwertend)
SI [es'aɪ] adj. (Phys.) SI-; SI units SI-Einheiten
si [siː] see te
Siamese [saɪə'miːz] 1. adj. siamesisch. 2. n., pl. same a) (Hist.: native of Siam) Siamese, der/Siamesin, die; b) (Ling. Hist.) see Thai 2 b; c) (Zool.) Siamese, der
Siamese: ~ 'cat n. Siamkatze, die; ~ 'twins n. pl. siamesische Zwillinge
Siberia [saɪ'bɪərɪə] n. Sibirien (das)
Siberian [saɪ'bɪərɪən] 1. adj. sibirisch. 2. n. Sibirjake, der/Sibirjakin, die
sibilant ['sɪbɪlənt] 1. adj. zischend; ~ sound see 2. 2. n. (Phonet.) Zischlaut, der; Sibilant, der (fachspr.)
sibling ['sɪblɪŋ] n. (male) Bruder, der; (female) Schwester, die; in pl. Geschwister Pl.; attrib. Geschwister-
sibyl ['sɪbɪl] n. Sibylle, die
sic [sɪk] adv. sic
Sicilian [sɪ'sɪljən, sɪ'sɪlɪən] 1. adj. sizil[ian]isch. 2. n. Sizilianer, der/Sizilianerin, die
Sicily ['sɪsɪlɪ] pr. n. Sizilien (das)
sick [sɪk] 1. adj. a) (ill) krank; (mentally ~: geisteskrank; be ~ with or (arch.) of sth. an etw. (Dat.) erkrankt sein; etw. haben; go ~, fall or (coll.) take ~: krank werden; be off ~: krank [gemeldet] sein; see also report 2 b; b) (Brit.: vomiting or about to vomit) be ~: sich erbrechen; be ~ over sb./sth. sich über jmdn./etw. erbrechen; I think I'm going to be ~: ich glaube, ich muß mich erbrechen od. ich muß kotzen; be ~: ich muß kotzen; sb. is ~ at or to his/her stomach (Amer.) jmdn. ist [es] schlecht od. übel; a ~ feeling ein Übelkeitsgefühl; sb. gets/feels ~: jmdm. wird/ist [es] übel od. schlecht; he felt ~ with fear ihm war vor Angst [ganz] übel; [as] ~ as a cat or dog (coll.) speiübel; kotzübel (derb); be ~ in cars beim Autofahren wird mir immer schlecht; sth. makes sb. ~: von etw. wird [es] jmdm. schlecht od. übel (see also b and c); (sickly) elend ⟨Aussehen⟩; leidend ⟨Blick⟩; matt ⟨Lächeln⟩; ungesund ⟨Blässe⟩; d) (fig.) ~ at heart niedergeschlagen; worried ~: krank vor Sorgen; the team was ~ at losing (coll.) es hat der Mannschaft schwer zu schaffen gemacht, daß sie verloren hat; ~ for home Heimweh haben; [as] ~ as a parrot (sl.) völlig fertig (ugs.); be/get ~ of sb./sth. jmdn./etw. nicht mehr/allmählich nicht mehr ausstehen können od. satt haben/allmählich satt haben; be ~ and tired or ~ to death of sb./sth. (coll.) von jmdm./etw. die Nase [gestrichen] voll haben (ugs.); be ~ of the sight/sound of sb./sth. (coll.) jmdn./etw. nicht mehr sehen/hören können; be ~ of doing sth. es satt haben, etw. zu tun; make sb. ~: (disgust) jmdn. anekeln; (coll.: make envious) jmdn. ganz neidisch machen; look ~ (sl.) (be discomfited, upset) dumm dastehen (ugs.); (be unimpressive) ⟨Leistung, Ergebnis, Bilanz usw.:⟩ ein schwaches Bild sein (ugs.) ⟨Aktie, Währung usw.:⟩ mies sein (ugs.) ⟨Firma:⟩ mies dastehen (ugs.) (see also b); see enough 2; e) (deranged) pervers; (morally corrupt) ⟨Gesellschaft⟩; (morbid) makaber ⟨Witz, Humor, Phantasie⟩. 2. n. a) the ~: die Kranken; b) (Brit. coll.: vomit) Erbrochene, das; Kotze, die (salopp). 3. v.t. (coll.) ~ [up] erbrechen; ausspucken (ugs.)
sick: ~-bay n. Sanität, die; ~-bay b; c; ~-bed n. Krankenbett, das; ~-benefit n. (Brit.) Krankengeld, das
sicken ['sɪkn] 1. v.i. a) (become ill) krank werden; erkranken (geh.); be ~ing for an illness/the measles (Brit.) krank werden/[die] Masern bekommen; that child is ~ing for something (Brit.) das Kind wird krank od. (ugs.) brütet etwas aus; b) (feel nausea or disgust) ~ at sth. vor etw. (Dat.) ekeln; ~ of sth./of doing sth. einer Sache (Gen.) überdrüssig sein/es überdrüssig sein, etw. zu tun. 2. v.t. a) (cause to feel ill) ~s sb. bei etw. wird jmdm. übel; b) (disgust) you ~/your behaviour ~s me du widerst mich an/dein Benehmen widert mich an; doesn't it ~ you? findest du es nicht auch widerlich?
sickening ['sɪknɪŋ] adj. a) ekelerregend; widerlich ⟨Anblick, Geruch⟩; with a ~ thud mit einem entsetzlichen dumpfen Geräusch; b) (coll.: infuriating) unerträglich; it's really ~: es kann einen krank machen
sickeningly ['sɪknɪŋlɪ] adv. a) ekelerregend; his ~ unctuous manner seine widerliche salbungsvolle Art; b) (coll.: infuriatingly) unverschämt (ugs.)
sick 'headache n. Migräne, die

sickle

sickle ['sɪkl] *n.* Sichel, *die; see also* **hammer 1 a**
¹**sick-leave** *n.* Urlaub wegen Krankheit, *der;* Genesungsurlaub, *der (Milit.);* **be on ~:** ≈ krank geschrieben sein
sickle: ~ **cell** *n. (Med.)* Sichelzelle, *die;* **~-cell anaemia** Sichelzellenanämie, *die;* **~-shaped** *adj.* sichelförmig
²**sick-list** *n.* Liste der Kranken, *die;* **on the ~:** krank [gemeldet/geschrieben]
sickly ['sɪklɪ] *adj.* **a)** *(ailing)* kränklich; **b)** *(weak, faint)* schwach; matt ⟨*Lächeln*⟩; kraftlos ⟨*Sonne*⟩; fahl ⟨*Licht*⟩; blaß ⟨*Hautfarbe, Gesicht*⟩; **a ~ grey dawn/light** eine fahlgraue Dämmerung/ein fahlgraues Licht; **c)** *(nauseating)* ekelhaft, widerlich; *(mawkish)* süßlich; **~-sweet** ekelhaft süßlich; *(fig.: over-sentimental)* zuckersüß *(abwertend)*
¹**sick-making** *adj. (coll.)* **a)** *sth.* **is ~:** von etw. wird einem schlecht; **b)** *(fig.: annoying)* unverschämt *(ugs.)*
sickness ['sɪknɪs] *n.* **a)** *no art. (being ill)* Krankheit, *die;* **in ~ and in health** in Gesundheit und in Krankheit; *see also* **bed 1 a; benefit 1 b;** **b)** *(disease; also fig.)* Krankheit, *die;* **childhood ~** Kinderkrankheit, *die;* **c)** *(nausea)* Übelkeit, *die;* *(vomiting)* Erbrechen, *das;* **bout of ~:** Anfall von Erbrechen; *see also* **morning sickness**
sick: **~-nurse** *see* **nurse 1;** **~-pay** *n.* Entgeltfortzahlung im Krankheitsfalle; *(paid by insurance)* Krankengeld, *das;* **~-room** *n.* Krankenzimmer, *das*
side [saɪd] **1.** *n.* **a)** Seite, *die;* **another car rammed the ~ of ours** ein anderer Wagen rammte unseren an der Seite; **this ~ up** oben; **lie on its ~:** auf der Seite liegen; **put** *or* **lay sth. on its ~:** etw. auf die Seite legen; **over the ~** *(over gunwale of ship/boat)* über Bord *(Akk.);* **lean over the ~** *(Naut.)* sich über die Reling lehnen; **b)** *(Math.: boundary of plane figure)* Seite, *die;* **c)** *(of flat object)* Seite, *die;* **on both ~s** auf beiden Seiten; *see also* **bread 1 a; coin 1; right side; wrong side;** **d)** *(of animal or person)* Seite, *die;* **be hit in the ~:** in die Seite getroffen werden; **sleep on one's right/left ~:** auf der rechten/linken Seite schlafen; **paralysed in/on/down one ~:** halbseitig gelähmt; **~ of mutton/beef/pork** Hammel-/Rinder-/Schweinehälfte, *die;* **~ of bacon** Speckseite, *die;* **~ split** *(fig.)* **or burst** *(fig.)* **shake one's ~s** [laughing *or* with laughter] vor Lachen platzen/sich vor Lachen nicht mehr halten können; **walk/stand ~ by ~:** nebeneinander gehen/stehen; **work/fight** *etc.* **~ by ~** [with sb.] Seite an Seite [mit jmdm.] arbeiten/kämpfen *usw.*; **live ~ by ~** [with sb.] in [jmds.] unmittelbarer Nachbarschaft leben; **live ~ by ~ with death/poverty** in der ständigen Gegenwart des Todes/der Armut leben; *see also* **blind side; thorn c;** **e)** *(part away from the centre)* Seite, *die;* **the eastern ~ of the town** der Ostteil der Stadt; **the ~s of sb.'s mouth** jmds. Mundwinkel; **right**[**-hand**]/**left**[**-hand**] **~:** rechte/linke Seite; **on the right**[**-hand**]/**left**[**-hand**] **~ of the road** auf der rechten/linken Straßenseite; **from ~ to ~** *(right across)* quer hinüber; *(alternately each way)* von einer Seite auf die andere *od.* zur anderen; **to one ~:** zur Seite; **on one ~:** an der Seite; **on one ~ of his face** auf einer Seite seines Gesichts; **stand on** *or* **to one ~:** an *od.* auf der Seite stehen; **take sb. to** *or* **on one ~:** jmdn. zur Seite nehmen; **leave a question to** *or* **on one ~:** eine Frage beiseite lassen; **put** *or* **set** *or* **place sth. to one ~** [for sb./sth.] etw. [für jmdn./etw.] beiseite legen; **put sth. on one ~** *(fig.) (postpone dealing with sth.)* etw. beiseite legen; **on the ~** *(fig.) (in addition to regular work or income)* nebenbei; nebenher; *(as a ~-bet)* als zusätzliche Wette; *(secretly)* insgeheim; *(Amer.: as a ~-dish)* als Beilage;

tell sb. sth. on the ~: jmdm. etw. im Vertrauen erzählen/sagen; **she is his/he has a bit on the ~** *(sl.)* mit ihr treibt er's noch nebenbei *(ugs.);* er hat nebenbei noch 'ne andere *(ugs.);* **pass by on the other ~** *(fig.)* so tun, als ginge es einen nichts an; *see also* **laugh 2; f)** *(space beside person or thing)* Seite, *die;* **he never left her ~:** er wich nie von ihrer Seite; **at** *or* **by sb.'s ~:** an jmds. Seite; neben jmdm.; **at** *or* **by the ~ of the car** beim *od.* am Auto; **at** *or* **by the ~ of the road/lake/grave** an der Straße/am See/am Grab; **look tiny by the ~ of sb./sth.** neben jmdm./etw. winzig wirken; **on all ~s** *or* **every ~:** von allen Seiten *(umzingelt, kritisiert);* **look on all ~s** sich nach allen Seiten umsehen; **from all ~s** *or* **every ~:** von allen Seiten; **g)** *(in relation to dividing line)* Seite, *die;* **either ~ of** beiderseits, auf beiden Seiten (+ *Gen.*); [**to** *or* **on**] **one ~ of** neben (+ *Dat.*); **this/the other ~ of** *(with regard to space)* diesseits/jenseits (+ *Gen.*); *(with regard to time)* vor/nach (+ *Dat.*); **he is this ~ of fifty** er ist unter fünfzig; **what he did was only just this ~ of fraud/perfection** was er tat, war hart an der Grenze zum Betrug/war schon fast perfekt; **this ~** [**of**] **the grave** im Diesseits; **on the other ~** *(fig.: after death)* im Jenseits; *see also* **grass 1 a; right side; wrong side; h)** *(aspect)* Seite, *die;* *(department)* Bereich, *der; see* **both ~s** [**of the question**] beide Seiten verstehen; **there are two ~s to every question** alles hat seine zwei Seiten; **look on the bright/gloomy ~** [**of things**] die Dinge von der angenehmen/düsteren Seite sehen; **see the funny ~ of sth.** etw. von der komischen Seite sehen; **be on the high/flat/expensive** *etc.* **~:** [etwas] hoch/flach/teuer *usw.* sein; *see also* **err; safe 2 b; seamy b; i)** *(opposing group or position)* Seite, *die;* Partei, *die;* *(Sport: team)* Mannschaft, *die;* **put sb.'s ~:** jmds. Seite vertreten; **be on the winning ~** *(fig.)* auf der Seite der Gewinner stehen; **let the ~ down** *(fig.)* versagen; **change ~** zur anderen Seite überwechseln; **time is on sb.'s ~:** die Zeit arbeitet für jmdn.; **whose ~ are you/is he on?** auf wessen Seite stehst du/steht er?; **take sb.'s ~:** sich auf jmds. Seite stellen; **take ~s** [**with/against sb.**] [für/gegen jmdn.] Partei ergreifen; **keep one's ~ of a bargain** seinen Teil einer Abmachung einhalten; *see also* **no side; j)** *(of family)* Seite, *die;* **on one's/sb.'s father's/mother's ~:** väterlicher-/mütterlicherseits; **the Welsh ~ of the family** der walisische Teil der Familie; **k)** *(Brit. Billiards/Snooker)* Effet, *der;* **put ~ on** *or* **apply ~ to the ball** dem Ball Effet geben; **l)** *(Math.: of equation)* Seite, *die.* **2.** *v. i.* **~ with sb.** sich auf jmds. Seite *(Akk.)* stellen; **~ against sb.** sich gegen jmdn. stellen. **3.** *adj.* seitlich; Seiten-
side: **~-arms** *n. pl. (Mil.)* Seitengewehre; **~-band** *n. (Radio)* Seitenband, *das;* **~-bet** *n. (Gambling)* zusätzliche Wette; **~board** *n.* Anrichte, *die;* Sideboard, *das;* **~boards** *(coll.),* **~burns** *ns. pl.* **a)** Backenbart, *der;* **b)** *(hair growing down in front of the ears)* Koteletten *Pl.;* **~-car** *n.* Beiwagen, *der*
-sided [saɪdɪd] *adj. in comb.* -seitig; **a high-~ enclosure/box** eine hohe Einfriedung/Schachtel; **a glass-~ showcase** ein Schaukasten mit gläsernen Seitenwänden; **a steep-~ mountain** ein steiler Berg; **an open-~ structure** eine seitlich offene Konstruktion
side: **~-dish** *n.* Beilage, *die;* **~-door** *n.* Seitentür, *die;* **by a ~-door** *(fig.)* durch eine Hintertür; **~-drum** *n. (Mus.)* kleine Trommel; **~-effect** *n.* Nebenwirkung, *die;* **~-entrance** *n.* Seiteneingang, *der;* **~-exit** *n.* Seitenausgang, *der;* **~-glance** *n. (lit. or fig.)* Seitenblick, *der (at auf* + *Akk.);* **~-issue** *n.* Randproblem, *das;* **~-kick** *n. (coll.)* Kumpan, *der;* **~light** *n.* **a)** *(Motor Veh.)* Begrenzungsleuchte, *die;* **drive on**

siesta

~lights mit Standlicht fahren; **b)** *(Naut.)* Seitenlaterne, *die;* **c)** *(light from the ~)* Seitenlicht, *das;* **d)** *(fig.: incidental information)* Streiflicht, *das;* **~-line 1.** *n.* **a)** *(goods)* Nebensortiment, *das;* **b)** *(occupation)* Nebenbeschäftigung, *die;* **c)** *in pl. (Sport)* Begrenzungslinien; **on the ~lines** *(outside play area/track etc.)* am Spielfeldrand/am Rande der Bahn *(usw.);* **be content to sit on the ~lines** *(fig.)* sich mit einer Zuschauerrolle begnügen; **remain on the ~lines** *(fig.)* sich [aus allem] heraushalten; **2.** *v. t. (Amer. Sport)* **be ~-lined because of injury/with a broken arm** wegen einer Verletzung/eines gebrochenen Arms ausfallen; **~ s.o. for foul play** jmdn. wegen eines Fouls vom Platz stellen; **~long 1.** *adj. (directed to one ~)* **a ~long look/glance** ein Seitenblick; **2.** *adv.* seitwärts; **look/glance ~long at sb.** einen Seitenblick auf jmdn. werfen; **~-on 1.** *adj.* seitlich; **look at sth. ~-on** etw. von der Seite ansehen; **~-piece** *n.* Seitenteil, *das;* *(of ladder)* Holm, *der;* *(of spectacles)* Bügel, *der;* **~-plate** *n.* kleiner Teller *(neben dem Teller für das Hauptgericht)*
sidereal [saɪ'dɪərɪəl] *adj.* siderisch; **~ time** siderische [Umlauf]zeit; *see also* **year a**
side: **~-road** *n.* Seitenstraße, *die;* **~-saddle 1.** *n.* Damensattel, *der;* **2.** *adv.* **ride ~-saddle** im Damensattel reiten; **~-salad** *n.* Salat [als Beilage]; **steak with chips and a ~-salad** Steak mit Pommes frites und dazu ein Salat; **~-shoot** *n. (Bot.)* Seitensproß, *der;* **~-show** *n.* Nebenattraktion, *die;* **~-slip 1.** *n.* **a)** *(Aeronaut.)* seitliches Abrutschen; **b)** *(sideways skid)* seitliches Wegrutschen; **2.** *v. i.* **a)** *(Aeronaut.)* seitlich abrutschen; **b)** *(skid sideways)* seitlich wegrutschen; **~-sman** ['saɪdzmən] *n.,* *pl.* **~-smen** ['saɪdzmən] *(Eccl.)* Kirchendiener, *der;* **~-spin** *see* **~ 1 k;** **~-splitting** *adj.* zwerchfellerschütternd; **be ~-splitting zum Brüllen sein** *(ugs.);* **~-splittingly** ['saɪdsplɪtɪŋlɪ] *adv.* **be ~-splittingly funny** zum Brüllen sein *(ugs.);* **~-step 1.** *n.* Schritt zur Seite, *der;* *(in dancing)* Seitenschritt, *der;* **2.** *v. t. (lit. or fig.)* ausweichen (+ *Dat.*); **3.** *v. i.* zur Seite treten; *(fig.)* ausweichen; **~-street** *n.* Seitenstraße, *die;* **~-swipe** *n.* Seitenhieb, *der;* **take a ~-swipe at sb./sth.** *(fig.)* einen Seitenhieb auf jmdn./etw. austeilen; **~-table** *n.* Beistelltisch, *der;* **~-track 1.** *n. (Railw.) see* **siding 2;** **2.** *v. t.* **a)** *(Railw.)* auf ein Nebengleis schieben; **b)** *(fig.)* **get ~-tracked** abgelenkt werden; **~-trip** *n.* kleiner Ausflug; Abstecher, *der;* **~-view** *n.* Seitenansicht, *die;* **~-walk** *n. (Amer.) see* **pavement a;** **~-wall** *n.* Seitenwand, *die;* **~-ways** ['saɪdweɪz] **1.** *adv.* seitwärts; **look at sb./sth.** **~-ways** jmdn./etw. von der Seite ansehen; **look ~-ways at sb.** *(fig.)* jmdn. von der Seite ansehen; jmdn. schief ansehen *(ugs.);* **be knocked ~-ways** *(fig. coll.)* *(be devastated)* am Boden zerstört sein *(ugs.)* **(by** von); *(be very amazed)* [ganz] von den Socken sein *(ugs.)* **(by** über + *Akk.*); **~-ways on** von der Seite; **~-ways on to sth.** quer zu etw.; **2.** *adj.* seitlich; **~-ways view/look** *or* **glance** Seitenansicht, *die*/Seitenblick, *der;* **~-whiskers** *n. pl.* Backenbart, *der;* **~ wind** *n.* Seitenwind, *der*
siding *n. (Railw.)* Abstellgleis, *das;* Rangiergleis, *das*
sidle ['saɪdl] *v. i.* schleichen; **~ up to sb.** [sich] zu jmdm. schleichen
siege [siːdʒ] *n. (Mil.)* Belagerung, *die;* *(by police)* Umstellung, *die;* **be under ~** *(lit. or fig.)* belagert sein; *(by police)* umstellt sein; **lay ~ to sth.** *(lit. or fig.)* etw. belagern
sienna [sɪ'enə] *n. (Art)* **raw/burnt ~:** Siena natur/gebrannte Siena
sierra [sɪ'erə] *n. (Geog.)* Sierra, *die*
siesta [sɪ'estə] *n.* Siesta, *die;* **have** *or* **take a ~:** [eine] Siesta halten *od.* machen

sieve [sɪv] 1. *n.* Sieb, *das;* **have a head or memory like a ~** *(coll.)* ein Gedächtnis wie ein Sieb haben *(ugs.).* 2. *v. t.* sieben; *(fig.: select by examining)* [aus]sieben ~ **'out** *v. t.* aussieben

sift [sɪft] 1. *v. t.* sieben; *(fig.: examine closely)* unter die Lupe nehmen; ~ **together the flour, salt, and baking-powder** Mehl, Salz und Backpulver [zusammen] in ein Gefäß sieben; ~ **sth. from sth.** etw. von etw. trennen. 2. *v. i.* ~ **through** durchsehen ⟨*Briefe, Dokumente usw.*⟩; durchsuchen ⟨*Trümmer, Asche, Habseligkeiten usw.*⟩ ~ **'out** *v. t. (lit. or fig.)* aussieben; ~ **out sth. from sth.** etw. aus etw. heraussieben; *(fig.)* etw. von etw. trennen

sifter ['sɪftə(r)] *n. (Cookery)* Sieb, *das*

sigh [saɪ] 1. *n.* Seufzer, *der;* **give or breathe or utter or heave a ~:** einen Seufzer ausstoßen *od.* tun; ~ **of relief/sadness/contentment** Seufzer der Erleichterung/trauriger Seufzer/Seufzer der Zufriedenheit. 2. *v. i.* seufzen; ~ **with** relief/despair/contentment *etc.* vor Erleichterung/Verzweiflung/Zufriedenheit *usw. od.* erleichtert/verzweifelt/zufrieden *usw.* seufzen; ~ **for sth.** *(fig.)* sich nach etw./jmdm. sehnen; nach etw./ jmdm. seufzen *(geh.).* 3. *v. t.* seufzen

sight [saɪt] 1. *n.* **a)** *(faculty)* Sehvermögen, *das;* **loss of ~:** Verlust des Sehvermögens; **spoil** *or* **ruin one's ~:** sich *(Dat.)* die Augen verderben; **have ~:** das Zweite Gesicht; **near ~** *see* **short sight; by ~:** mit dem Gesichtssinn *od.* den Augen; **know sb. by ~:** jmdn. vom Sehen kennen; *see also* **long sight; short sight; b)** *(act of seeing)* Anblick, *der;* **at [the] ~ of sb./of blood** bei jmds. Anblick/beim Anblick von Blut; **it was our first ~ of the sea** es war das erste Mal, daß wir das Meer sahen; **catch ~ of sb./sth.** *(lit. or fig.)* jmdn./etw. erblicken; **lose ~ of sb./ sth.** *(lit. or fig.)* jmdn./etw. aus dem Auge *od.* den Augen verlieren; **be lost to ~:** den Blicken entschwunden sein *(geh.); (disappear from ~:* [den] Blicken entschwinden *(geh.);* **have** *or* **get a good/quick ~ of sb.** etw. gut/kurz sehen können; **keep ~ of sth.** *(lit. or fig.)* etw. im Auge behalten; **read music at ~:** Noten vom Blatt lesen; **play sth. at ~:** etw. vom Blatt spielen; **translate a text at ~:** einen Text aus dem Stegreif übersetzen; **shoot sb. at** *or* **on ~:** jmdn. gleich [bei seinem Erscheinen] erschießen; **the guards had orders to shoot at** *or* **on ~:** die Wachen hatten Befehl, [auf jeden] sofort zu schießen; ; **buy sth. ~ unseen** etw. unbesehen kaufen; **at first ~:** auf den ersten Blick; **love at first ~:** Liebe auf den ersten Blick; *see also* **'line 1 c; c)** *(opinion)* **in sb.'s ~:** in jmds. Augen *(Dat.);* **in the ~ of God/of the law** vor Gott/vor dem Gesetz; **d)** *(spectacle)* Anblick, *der;* **be a sorry ~:** einen traurigen Anblick *od.* ein trauriges Bild bieten; **it is a ~ to see** *or* **to behold** *or* **worth seeing** das muß man gesehen haben; **a ~ for sore eyes** eine Augenweide; **be/look a [real] ~** *(coll.) (amusing)* [vollkommen] unmöglich aussehen *(ugs.); (horrible!)* böse *od.* schlimm aussehen; **e)** *in pl. (noteworthy features)* Sehenswürdigkeiten *Pl.;* **see the ~s** sich *(Dat.)* die Sehenswürdigkeiten ansehen; **f)** *(range)* Sichtweite, *die;* **in ~** *(lit. or fig.)* in Sicht; **in sb.'s ~, in ~ of sb.** vor jmds. Augen *(Dat.);* **come into ~:** in Sicht kommen; **keep sb./ sth. in ~** *(lit. or fig.)* jmdn./etw. im Auge behalten; **victory/our goal is now within** *or* **in [our] ~** *(fig.)* der Sieg/unser Ziel ist jetzt in Sicht; **within** *or* **in ~ of sth.** in Sichtweite *(Dat.)* einer Sache/ in jmds. Sichtweite *(Dat.);* **come/get within ~ of sb./sth.** in Sichtweite einer Sache kommen; **keep** *or* **stay within** *or* **in ~ of sth./sb.** in Sichtweite *(Dat.)* bleiben; **out of sb.'s ~:** außerhalb jmds. Sichtweite; **be out of ~:** außer Sicht sein; *(sl.: be excellent)* wahnsinnig sein *(ugs.);* **drop out of ~** *(fig.)* aus dem Blickfeld verschwinden; **vanish out of ~:** verschwinden; **keep out of [sb.'s] ~:** sich [von jmdm.] nicht sehen lassen; sich [jmdm.] nicht zeigen; **I thought it best to keep out of his ~:** ich hielt es für das beste, ihm nicht unter die Augen zu kommen; **keep sth./sb. out of sb.'s ~:** jmdn. etw./ jmdn. nicht sehen lassen; **put sth. out of [sb.'s] ~:** etw. [vor jmdm.] verstecken; **not let sb./sth. out of one's ~:** jmdn./etw. nicht aus den Augen lassen; [get] **out of my ~!** geh mir aus den Augen!; verschwinde! *(ugs.);* **out of ~, out of mind** *(prov.)* aus den Augen, aus dem Sinn; **g)** *(aim, observation)* **take a ~:** zielen; **take a ~ at sth.** etw. anvisieren; *(with gun)* auf etw. *(Akk.)* zielen; **h)** *(device for aiming)* Visier, *das;* **~s** Visiervorrichtung, *die;* **telescopic ~:** Zielfernrohr, *das;* **line sth./sb. up in one's ~s** auf etw./jmdn. zielen; etw./jmdn. anvisieren; **have sth./sb. [lined up] in one's ~s** etw./jmdn. im Visier haben; *(fig.)* es auf etw./jmdn. abgesehen haben; **have** *or* **set one's ~s on sth.** *(fig.)* etw. anpeilen; **his ~s were set on doing it** er hatte es sich *(Dat.)* zum Ziel gesetzt, es zu tun; **set one's ~s [too] high** *(fig.)* seine Ziele [zu] hoch stecken; **lower/raise one's ~s** *(fig.)* zurückstecken/sich *(Dat.)* ein höheres Ziel setzen; **i)** *no pl., no def. art. (coll.: great deal)* **a ~ too clever/expensive** *etc.* entschieden zu schlau/teuer *usw.;* **a [long** *or* **damn** *or* **damned]** ~ **better/more expensive** *etc.* entschieden besser/teurer *usw.;* **not by a long ~:** lange *od.* längst nicht. 2. *v. t.* **a)** sichten ⟨*Land, Schiff, Flugzeug, Wrack*⟩; sehen ⟨*Entflohenen, Vermißten*⟩; antreffen ⟨*seltenes Tier, seltene Pflanze*⟩; **b)** *(take ~ of)* anvisieren

sighted ['saɪtɪd] *adj.* sehend; **partially ~:** [hochgradig] sehbehindert; **the blind and the partially ~** Blinde und [hochgradig] Sehbehinderte

sighting ['saɪtɪŋ] *n.* Beobachtung, *die;* **there have been several ~s of the escaped prisoner** der entflohene Häftling wurde mehrfach gesehen

sightless ['saɪtlɪs] *adj.* blind

sight: ~**-read** *(Mus.) v. t. & i. (Pianist usw.:)* vom Blatt spielen; ⟨*Sänger:*⟩ vom Blatt singen; ~**-reader** *n. (Mus.)* **be a good/poor ~-reader** *(Pianist usw.:)* gut/schlecht vom Blatt spielen; ⟨*Sänger:*⟩ gut/schlecht vom Blatt singen; ~**-reading** *n., no pl. (Mus.:)* **be good/bad or poor at ~-reading** *(Pianist usw.:)* gut/schlecht vom Blatt spielen [können]; ⟨*Sänger:*⟩ gut/schlecht vom Blatt singen [können]; ~**-screen** *n. (Cricket)* Kontrastschirm, *der;* ~**-seeing** *n.* Sightseeing, *das (Touristikjargon);* **go ~-seeing** Besichtigungen machen; **do [a lot of] ~-seeing** [viele] Sehenswürdigkeiten besichtigen; ~**-seeing bus** Sightseeingbus, *der;* ~**-seeing tour/trip** Besichtigungsfahrt, *die;* *(in town)* Stadtrundfahrt, *die (Touristikjargon);* ~**-seer** *n.* Tourist *(der Sehenswürdigkeiten besichtigt);* ~**-testing** *n.* Durchführung von Sehtests; ~**-testing is free** Sehtests sind kostenlos

sigma ['sɪɡmə] *n.* Sigma, *das*

sign [saɪn] 1. *n.* **a)** *(symbol)* Zeichen, *das;* **chemical/mathematical ~:** chemisches/ mathematisches Zeichen; **b)** *(Astrol.)* **~ [of the zodiac]** [Tierkreis]zeichen, *das;* Sternzeichen, *das;* **what ~ are you?** welches Tierkreiszeichen *od.* Sternzeichen bist du?; **sb.'s birth ~:** jmds. Tierkreiszeichen; **c)** *(notice)* Schild, *das;* **direction ~:** Wegweiser, *der;* [**advertising**] **~:** Reklameschild, *das;* Reklame, *die;* *(illuminated, flashing)* Leuchtreklame, *die;* **danger ~** *(lit. or fig.)* Gefahrenzeichen, *das;* **d)** *(outside shop etc.) see* **signboard; e)** *(indication)* Zeichen, *das;* *(of future event)* Anzeichen, *das;* **his behaviour is a ~ that he is unhappy** sein Verhalten ist ein Zeichen dafür, daß er unglücklich ist; **there is little/no/every ~ of a quick settlement of the strike** *or* **that the strike will be settled quickly** wenig/nichts/alles deutet auf eine baldige Beendigung des Streiks hin *od.* deutet darauf hin, daß der Streik bald beendet wird; **this is a ~ of his intelligence** das zeugt von seiner Intelligenz; **she gave** *or* **showed no ~ of having heard** *or* **that she had heard me** *(did not reveal)* sie ließ durch nichts erkennen, daß sie mich gehört hatte; *(there was no indication)* es deutete nichts darauf hin, daß sie mich gehört hatte; **if he was angry, he gave no ~ of it** wenn er ärgerlich war, so zeigte er es doch nicht; **show [no] ~s of fear/fatigue/strain/improvement** *etc.* [keine] Anzeichen der Angst/ Müdigkeit/Anstrengung/Besserung *usw.* zeigen *od.* erkennen lassen; **the carpet showed little/some ~[s] of wear** der Teppich wirkte kaum/etwas abgenutzt; **the cave shows ~s of having been inhabited** in der Höhle gibt es Anzeichen dafür, daß sie bewohnt war; **the window shows no ~[s] of having been forced** das Fenster zeigt keine Spuren von Gewaltanwendung; **as a ~ of sth.** Zeichen (+ *Gen.*); **do sth. as a ~ of sth.** etw. zum Zeichen einer Sache *(Gen.)* tun; **at the first** *or* **slightest ~ of sth.** schon beim geringsten Anzeichen von etw.; **there was no ~ of him/the car anywhere** er/der Wagen war nirgends zu sehen; **there was no ~ of life** keine Menschenseele war zu sehen; **~ of the times** Zeichen der Zeit; **f)** *(gesture, signal)* Zeichen, *das;* **give sb. a ~ to do sth., make a ~ to** *or* **for sb. to do sth.** jmdm. ein Zeichen geben, etw. zu tun; *see also* **V-sign; g)** *(mark)* Zeichen, *das;* **h)** *(Math.)* Vorzeichen, *das.* 2. *v. t.* **a)** *(write one's name etc. on)* unterzeichnen; unterschreiben; ⟨*Künstler, Autor:*⟩ signieren ⟨*Werk*⟩; **~ the guestbook** sich ins Gästebuch eintragen; **a ~ed copy [of a book]** ein [hand]signiertes Exemplar [eines Buches]; **~ed, sealed, and delivered** *(Law)* unterschrieben, gesiegelt und ausgehändigt; *(fig.)* unter Dach und Fach; **b)** ~ **one's name** [mit seinem Namen] unterzeichnen *od.* unterschreiben; ~ **oneself R. A. Smith** mit R. A. Smith unterschreiben; **c)** *see* ~ **up 1; d)** *(indicate)* zeigen. 3. *v. i.* **a)** *(write one's name)* unterschreiben; ~ **for sth.** *(acknowledge receipt of sth.)* etw. quittieren; ⟨*~ a contract etc. for sth.*⟩ [einen Vertrag über] etw. *(Akk.)* unterschreiben; **b)** *(signal)* ~ **to sb. to do sth.** jmdm. ein Zeichen geben, etw. zu tun; **c)** *see* ~ **on 2 a**

~ **a'way** *v. t.* abtreten ⟨*Eigentum usw.*⟩; verzichten auf ⟨*Recht, Freiheit usw.*⟩

~ **'in 1.** *v. t.* ~ **sb./sth. in [on arrival]** jmds. Eintreffen Eintreffen von einer Sache schriftlich vermerken *od.* registrieren. 2. *v. i.* sich [bei der Ankunft] eintragen

~ **'off 1.** *v. i.* **a)** *(cease employment)* kündigen; ⟨*Seemann:*⟩ abheuern, abmustern *(Seemannsspr.);* **b)** *(at end of shift etc.)* sich [zum Feierabend *usw.*] abmelden; ⟨*Pilot:*⟩ *(Radio)* sich verabschieden; ⟨*Pilot:*⟩ die Frequenz verlassen *(Funkw.);* **d)** *(at end of letter)* Schluß machen. 2. *v. t.* kündigen; abheuern, abmustern ⟨*Seemann*⟩ *(Seemannsspr.)*

~ **'on 1.** *v. t.* einstellen ⟨*Arbeitskräfte*⟩; verpflichten ⟨*Fußballspieler*⟩; anwerben ⟨*Soldaten*⟩; anheuern, abmustern ⟨*Seeleute*⟩. 2. *v. i.* **a)** *(~ an engagement)* sich verpflichten **(with** bei**); b)** *(at start of shift etc.)* ~ **on for the night shift** sich [per Unterschrift] zur Nachtschicht anmelden; **c)** *(Radio)* ⟨*Rundfunkstation:*⟩ seine Sendungen aufnehmen; ⟨*Funker:*⟩ sich melden; **d)** ~ **on [for the dole]** *(coll.)* sich arbeitslos melden; stempeln gehen *(ugs. veralt.)*

~ **'out 1.** *v. t.* ~ **books out from the library** Bücher als [aus der Bibliothek] entliehen

eintragen. 2. *v.i.* sich [schriftlich] abmelden; ⟨*Hotelgast:*⟩ abreisen
~ '**over** *v.t.* überschreiben ⟨*Immobilien*⟩; übertragen ⟨*Rechte*⟩
~ '**up** 1. *v.t. (engage)* [vertraglich] verpflichten; einstellen ⟨*Arbeiter*⟩; aufnehmen ⟨*Mitglied*⟩; einschreiben ⟨*Kursteilnehmer*⟩. 2. *v.i.* sich [vertraglich] verpflichten (**with** bei); *(join a course etc.)* sich einschreiben
signal ['sɪgnl] 1. *n.* **a)** Signal, *das;* **a ~ for sth./to sb.** ein Zeichen zu etw./für jmdn.; **at a ~ from the headmaster** auf ein Zeichen des Direktors; **the ~ was for/against us/at red** *(Railw.)* das Signal zeigte „halt"/„freie Fahrt"/"stand or Rot; **alarm** *or* **danger/warning ~**: Gefahr-/Warnsignal, *das;* **hand ~s** *(Motor Veh.)* Handzeichen; **sound/light/flag ~**: akustisches Signal/Lichtsignal, *das*/Flaggensignal, *das;* **radio** *or* **wireless ~**: Funkspruch, *der;* **distress ~**: Notsignal, *das; code of ~s see* signal-book; **the Royal Corps of S~s**, *(coll.)* **the S~s** *(Brit. Mil.)* die Fernmeldetruppe der britischen Armee; **b)** *(occasion, cause)* Signal, *das;* Zeichen, *das;* **the ~ for rioting/pandemonium** das Zeichen zum Aufruhr/Chaos; **c)** *(Electr., Radio, etc.)* Signal, *das.* 2. *v.i., (Brit.)* **-ll-** signalisieren; Signale geben; ⟨*Kraftfahrer:*⟩ blinken; *(using hand etc. signals)* anzeigen; **~ for assistance** ein Hilfesignal geben; **~ to sb.** [**to do sth.**] jmdm. ein Zeichen geben[, etw. zu tun]. 3. *v.t., (Brit.)* **-ll-** **a)** *(lit. or fig.)* signalisieren; **~ sb.** [**to do sth.**] jmdm. ein Zeichen geben[, etw. zu tun]; **the driver ~led a right turn/that he was turning right** der Fahrer zeigte an, daß er [nach] rechts abbiegen wollte; **b)** *(Radio etc.)* funken; [über Funk] durchgeben. 4. *adj.* außergewöhnlich
signal: **~-book** *n. (Mil., Navy)* Signalbuch, *das;* **~-box** *n. (Railw.)* Stellwerk, *das*
signaler *(Amer.) see* signaller
'**signal-flag** *n. (Mil., Navy, Railw.)* Signalflagge, *die*
'**signal-lamp** *n. (Naut., Railw.)* Signallampe, *die*
signaller ['sɪgnələ(r)] *n. (Mil.)* Blinker, *der; (with flags)* Signalgast, *der (Seew.)*
signally ['sɪgnəlɪ] *adv.* ungeheuer; unerhört; **~ ineffective** bemerkenswert ineffektiv; **not ~ successful** nicht übermäßig erfolgreich
signal: **~man** ['sɪgnlmən] *n., pl.* **~men** ['sɪgnlmən] **a)** *(Brit. Railw.)* Bahnwärter, *der;* **b)** *see* signaller; **~-tower** *(Amer.) see* signal-box
signatory ['sɪgnətərɪ] 1. *adj.* unterzeichnend; vertragsschließend ⟨*Partei, Land*⟩; Signatar⟨*macht, -staat*⟩ *(Politik).* 2. *n. (person)* Unterzeichner, *der; (party)* vertragsschließende Partei; *(state)* Signatarstaat, *der;* **~ to a petition** Unterzeichner einer Petition; **~ to the treaty/agreement** *(state)* Signatarstaat des Abkommens
signature ['sɪgnətʃə(r)] *n.* **a)** Unterschrift, *die; (on painting)* Signatur, *die;* **put one's ~ to sth.** seine Unterschrift unter etw. *(Akk.)* setzen; **b)** *(Mus.) see* key signature; time signature; **c)** *(Printing) (figure or letter)* Signatur, *die (Buchw.)*; *(folded sheet)* Bogen, *der;* **d)** *(Amer. Med.)* Signatur, *die*
'**signature tune** *n. (Radio, Telev.)* Erkennungsmelodie, *die*
'**signboard** *n.* Schild, *das; (advertising)* Reklameschild, *das*
signet ['sɪgnɪt] *n.* Petschaft, *das;* Signet, *das (veralt.)*
'**signet-ring** *n.* Siegelring, *der*
significance [sɪg'nɪfɪkəns] *n.* **a)** *(meaning, importance)* Bedeutung, *die;* **be of** [**no**] **~**: [nicht] von Bedeutung sein; **a matter of great/little/no ~** eine [sehr] wichtige/ziemlich unwichtige/völlig unwichtige Angelegenheit; **b)** *(meaningfulness)* Bedeutsamkeit, *die*

significant [sɪg'nɪfɪkənt] *adj.* **a)** *(noteworthy, important)* bedeutend; **b)** *(suggestive)* bedeutsam; **be ~ of sth.** etw. verraten; etwas über etw. *(Akk.)* aussagen; **c)** *(having a meaning)* bedeutungstragend *(Sprachw.);* **be ~**: etwas bedeuten; **d)** *(Statistics)* signifikant
significant 'figure *n. (Math.)* signifikante Ziffer
significantly [sɪg'nɪfɪkəntlɪ] *adv.* **a)** *(suggestively)* bedeutungsvoll; **as sentence-modifier ~** [**enough**] bedeutsamerweise; **b)** *(notably)* bedeutend; signifikant *(geh., fachspr.)*
signification [sɪgnɪfɪ'keɪʃn] *n.* Bedeutung, *die*
signify ['sɪgnɪfaɪ] 1. *v.t.* **a)** *(indicate, mean)* bedeuten; **b)** *(communicate, make known)* kundtun *(geh.);* zum Ausdruck bringen. 2. *v.i.* **it does not ~**: es hat nichts zu bedeuten *od. (ugs.)* zu sagen
signing ['saɪnɪŋ] *n.* **a)** Unterschreiben, *das; (formal)* Unterzeichnung, *die;* **b)** (~ **up**) Verpflichtung, *die*
'**sign language** *n.* Zeichensprache, *die*
sign: **~-painter** *see* **~-writer**; **~post** 1. *n. (lit. or fig.)* Wegweiser, *der;* 2. *v.t.* ausschildern ⟨*Route, Umleitungsstrecke usw.*⟩; mit Wegweisern versehen ⟨*Straße*⟩; **~-writer** *n.* Schildermaler, *der*
Sikh [siːk, sɪk] *n.* Sikh, *der;* **she is a ~**: sie gehört der Sikh-Religion an
Sikhism ['siːkɪzm, 'sɪkɪzm] *n., no pl.* Sikh-Religion, *die*
silage ['saɪlɪdʒ] *(Agric.)* 1. *n.* Silage, *die;* Gärfutter, *das.* 2. *v.t.* silieren
silence ['saɪləns] 1. *n.* Schweigen, *das; (keeping a secret)* Verschwiegenheit, *die; (taciturnity)* Schweigsamkeit, *die; (stillness)* Stille, *die;* **there was ~**: es herrschte Schweigen/Stille; **there was a sudden/** *(iron.)* **deafening ~**: es trat plötzlich Stille ein/es herrschte Totenstille; **an awkward ~/awkward ~s** es entstehen betretene Schweigen/peinliche [Gesprächs]pausen; **his story was punctuated by long ~s** lange Sprechpausen unterbrachen seine Erzählung; **~! Ruhe!;** '**~ ~ recording in progress**" „Bitte Ruhe – Aufnahme"; **~ on sth.** Schweigen zu etw.; **in ~**: schweigend; **suffer in ~**: schweigend leiden; **call for ~**: um Ruhe bitten; **keep ~** *(lit. or fig.)* schweigen; **break the ~** die Stille unterbrechen; *(be the first to speak)* das Schweigen brechen; **break one's ~** *(lit. or fig.)* sein Schweigen brechen; **reduce sb. to ~** *(lit. or fig.)* jmdn. zum Schweigen bringen; Verstummen bringen; **a minute's ~**: eine Schweigeminute; **the** [**two minutes**"] **~ on Remembrance Sunday** die zwei Schweigeminuten *(am Heldengedenktag);* **~ is golden** Schweigen ist Gold; *see also* **pass over 1.** 2. *v.t.* **a)** *(make silent)* zum Schweigen *od.* Verstummen bringen; *(fig.)* ersticken ⟨*Zweifel, Ängste, Proteste*⟩; mundtot machen ⟨*Gegner, Zeugen*⟩; *(coll.* kill) zum Schweigen bringen *(verhüllend);* **b)** *(make quieter)* leiser machen ⟨*Motor, Maschine, Auspuff, Bohrmaschine usw.*⟩
silencer ['saɪlənsə(r)] *n. (for door)* Türschließer, *der; (Brit. Motor Veh.)* Schalldämpfer, *der;* Auspufftopf, *der; (Arms)* Schalldämpfer, *der*
silent ['saɪlənt] *adj.* **a)** stumm; *(noiseless)* unhörbar; *(still)* still; **as ~ as the grave** *or* **tomb** totenstill; **deaf people live in a ~ world** Taube leben in einer lautlosen Welt; **be ~** *(say nothing)* schweigen; *(be still)* still sein; *(not be working)* ⟨*Maschine:*⟩ stillstehen; ⟨*Waffen:*⟩ **fall ~**: verstummen; **keep** *or* **remain ~** *(lit. or fig.)* schweigen; ⟨*jmd., der verhört wird:*⟩ beharrlich schweigen; **b)** *(taciturn)* schweigsam; **the strong, ~ type** der starke, tatkräftige Typ, der nicht viel Worte macht; **c)** *(Ling.)* stumm; **d)** *(Cinemat.)* **~ film** Stummfilm, *der;* **the early**

motion pictures were ~: die ersten Filme waren Stummfilme *od.* waren ohne Ton
silently ['saɪləntlɪ] *adv.* schweigend; stumm ⟨*weinen, beten*⟩; *(noiselessly)* lautlos
silent: **~ ma'jority** *n.* schweigende Mehrheit; **~ 'partner** *(Amer.) see* sleeping partner
Silesia [saɪ'liːʃə] *pr. n.* Schlesien *(das)*
Silesian [saɪ'liːʃn] 1. *adj.* schlesisch; **sb. is ~**: jmd. ist Schlesier/Schlesierin. 2. *n.* **a)** *(person)* Schlesier, *der*/Schlesierin, *die;* **b)** *(dialect)* Schlesisch, *das;* **speak ~**: schlesischen Dialekt sprechen
silhouette [sɪlʊ'et] 1. *n.* **a)** *(picture)* Schattenriß, *der;* Silhouette, *die;* **in ~**: als Silhouette. 2. *v.t.* **be ~d against sth.** sich als Silhouette gegen etw. abheben
silica ['sɪlɪkə] *n.* Kieselerde, *die*
silicate ['sɪlɪkeɪt] *n. (Chem.)* Silikat, *das*
siliceous [sɪ'lɪsɪəs] *adj.* Kiesel-
silicon ['sɪlɪkən] *n. (Chem.)* Silicium, *das;* Silizium, *das;* **~ chip** Siliciumchip, *der;* Siliziumchip, *der*
silicone ['sɪlɪkəʊn] *n. (Chem.)* Silikon, *das*
silicosis [sɪlɪ'kəʊsɪs] *n., pl.* **silicoses** [sɪlɪ'kəʊsiːz] *(Med.)* Silikose, *die*
silk [sɪlk] 1. *n.* **a)** Seide, *die;* **sewing/embroidery ~**: Näh-/Stickseide, *die;* **take ~** *(Brit. Law)* Kronanwalt werden; **b)** *in pl. (kinds of ~ material)* Seidenstoffe; *(garments)* seidene Kleider *od.* Kleidungsstücke; *(Horse-racing)* Rennfarben *Pl.;* **c)** *(of spider etc.)* [Spinnen]faden, *der;* **d)** *(Bot.)* Seide, *die;* **e)** *(Brit. Law coll.)* Kronanwalt, *der.* 2. *attrib. adj.* seiden; Seiden-; **you can't make a ~ purse out of a sow's ear** *(prov.)* aus einem Kuhohr läßt sich kein seidener Beutel machen
silken ['sɪlkn] *adj.* **a)** seiden; Seiden-; **b)** *(lustrous)* seidig; **c)** *see* silky b
silk: **~ 'finish** *n.* Seidenglanz, *der;* **~ 'hat** *n.* Zylinder, *der*
silkily ['sɪlkɪlɪ] *adv.* **a)** *(lustrously)* seiden; seidig; **b)** *(suavely)* **speak ~**: mit samtener Stimme sprechen
silk: **~-mill** *n.* Seidenspinnerei, *die;* **~-screen printing** *see* screen-printing; **~worm** *n. (Zool.)* Seidenraupe, *die*
silky ['sɪlkɪ] *adj.* **a)** seidig; **have a ~ feel** sich wie Seide anfühlen; **b)** *(suave)* glatt; samten, samtig ⟨*Stimme*⟩
sill [sɪl] *n.* **a)** *(of door)* [Tür]schwelle, *die; (of window)* Fensterbank, *die;* **b)** *(Geol.)* [schichtparalleler] Lagergang; Sill, *der (fachspr.)*
sillabub *see* syllabub
silliness ['sɪlɪnɪs] *n.* **a)** *no pl.* Dummheit, *die;* Blödheit, *die (ugs.);* **b)** *usu. in pl. (instance)* Dummheit, *die; (piece of childishness)* Albernheit, *die*
silly ['sɪlɪ] 1. *adj.* dumm; blöd[e] *(ugs.);* **imprudent, unwise)* töricht; unklug; *(childish)* albern; **only a ~ little cut** [**in the finger**] bloß ein läppischer *(ugs.)* kleiner Schnitt [im Finger]; **with a ~ little hammer like this one** mit so einem albernen kleinen Hammer wie diesem; **the ~ season** *(Journ.)* die Sauregurkenzeit; [**you**] **~ child/thing!** [du] dummes Kind/dummes Ding!; **the ~ thing** *(inanimate object)* das dumme *od. (ugs.)* blöde Ding; **a ~ thing** *(a foolish action)* etwas Dummes *od. (ugs.)* Blödes; *(a trivial matter)* eine blödsinnige Kleinigkeit *(ugs.);* **(a stupid person)* ein dummes Ding; **it/that was a ~ thing to do** *od.* das war dumm *od. (ugs.)* blöd; **~ fool** Dummkopf, *der (ugs.);* **not do anything ~**: keine Dummheit[en] machen; **knock sb. ~**: jmdn. bewußtlos schlagen; **I was scared ~**: mir rutschte das Herz in die Hose *(ugs.);* **laugh oneself ~**: sich halb totlachen; *see also* **¹me.** 2. *n. (coll.)* Dummchen, *das;* Dummerchen, *das (fam.)*
'**silly-billy** *n. (coll.)* Kindskopf, *der;* **be a ~**

silo — **sincere**

[about sth.] sich [bei etw.] dumm *od.* kindisch anstellen
silo ['saɪləʊ] *n., pl.* ~s **a)** *(Agric.)* Silo, *der;* **b)** *(Brit.)* [grain/cement] ~: [Getreide-/Zement]silo, *der;* **c)** *(Mil.)* [missile] ~: [Raketen]silo, *der*
silt [sɪlt] **1.** *n.* Schlamm, *der;* Schlick, *der.* **2.** *v.t.* ~ **up** verschlämmen. **3.** *v.i.* ~ **up** verschlammen
siltation [sɪl'teɪʃn] *n.* **a)** *(process)* Verschlämmung, *die;* **b)** *(state)* Verschlammung, *die*
Silurian [saɪ'ljʊərɪən, sɪ'ljʊərɪən] *(Geol.)* **1.** *adj.* silurisch. **2.** *n.* Silur, *das*
silver ['sɪlvə(r)] **1.** *n.* **a)** *no pl., no indef. art.* Silber, *das;* **the price of** ~: der Silberpreis; **b)** *(colour)* Silber, *das;* ~ *no indef. art. (coins)* Silbermünzen *Pl.;* Silber, *das (ugs.);* **for thirty pieces** *or* **a handful of** ~ *(fig.)* für einen Judaslohn; **d)** *(vessels, cutlery)* Silber, *das; (cutlery of other material)* Besteck, *das;* **e)** *(medal)* Silber, *das;* **win two** ~**s** zweimal Silber gewinnen. **2.** *attrib. adj.* silbern; Silber⟨*pokal, -münze*⟩; **have a** ~ **tongue** zungenfertig sein; *see also* ¹**spoon 1 a**; **standard 1 h. 3.** *v.t.* **a)** *(coat with* ~) versilbern; *(coat with amalgam)* verspiegeln ⟨*Glas*⟩; **b)** ergrauen lassen ⟨*Haar*⟩. **4.** *v.i.* ergrauen
silver: ~ '**band** *n. (Mus.)* Blaskapelle *(deren Instrumente versilbert sind);* ~ '**birch** *n. (Bot.)* Weißbirke, *die;* ~ **collection** *n.* Sammlung, *die (bei der Silbermünzen gespendet werden);* ~**-coloured** *adj.* silberfarben; silberfarbig; ~ '**fir** *n. (Bot.)* Weißtanne, *die;* Silbertanne, *die;* ~**-fish** *n. (Zool.)* **a)** *(insect)* Silberfischchen, *das;* **b)** *(fish)* Silberfisch, *der; (variety of goldfish)* weißer Goldfisch; ~ '**foil** *n.* **a)** Silberfolie, *die; (aluminium foil)* Alufolie, *die;* **b)** *(tin foil)* Stanniol, *das;* ~ '**fox** *n. (Zool.; also fur)* Silberfuchs, *der;* ~ '**gilt** *n.* **a)** *(gilded* ~) vergoldetes Silber; ~ **gilt dish/tray** Teller/ Tablett *das* vergoldetem Silber; **b)** *(imitation gilt)* Goldimitation, *die;* ~**-grey** *adj.* silbergrau; silbriggrau; ~**-haired** *adj.* silberhaarig *(geh.);* ~ '**jubilee** *n.* silbernes Jubiläum; ~ '**leaf** *n.* Blattsilber, *das;* ~ '**medal** *n.* Silbermedaille, *die;* ~ '**medallist** *n.* Silbermedaillengewinner, *der;* ~**-mine** *n.* Silbermine, *die;* ~ '**paper** *n.* Silberpapier, *das;* ~ **plate** *n., no pl., no indef. art.* **a)** versilberte Ware; *(coating)* Silberauflage, *die;* **b)** *(vessels, tableware)* Silbergeschirr, *das;* **be** ~ **plate** versilbert sein; ~**-plate** *v.t.* versilbern; ~**-plated** *adj.* versilbert; ~ **sand** *n. feiner, reiner Sand;* ~ '**screen** *n.* **the** ~ **screen** die Leinwand; ~ **service** *n.* **a)** *(set of* ~*ware)* silbernes Service; **b)** *no pl. (method of restaurant service)* englisches Service; Rundservice, *das;* ~**-side** *n. (Brit. Gastr.)* Schwanzstück, *das;* ~**smith** *n.* Silberschmied, *der/*-schmiedin, *die;* ~**-tongued** *adj. (fig.)* zungenfertig; ~**ware** *n., no pl.* Silber, *das;* ~ '**wedding** *n.* Silberhochzeit, *die;* silberne Hochzeit
silvery ['sɪlvərɪ] *adj. (silver-coloured)* silbrig; *(clear-sounding)* silbern *(dichter.);* silbrig *(geh.)*
silviculture ['sɪlvɪkʌltʃə(r)] *n.* Waldbau, *der*
simian ['sɪmɪən] **1.** *adj.* **a)** *(apelike)* affenähnlich; **b)** *(Zool.)* ⟨*Gehirn usw.*⟩ des/der Affen. **2.** *n.* **a)** *(ape or monkey)* Affe, *der;* **b)** *(Zool.)* Menschenaffe, *der*
similar ['sɪmɪlə(r)] *adj. (also Geom.)* ähnlich (**to** *Dat.*); **some flour and a** ~ **amount of sugar** etwas Mehl und ungefähr die gleiche Menge Zucker; **our tastes are very** ~: wir haben einen sehr ähnlichen Geschmack; **of** ~ **size/colour** *etc.* von ähnlicher Größe/ Farbe *usw.;* **be** ~ **in size/appearance** *etc.* [to sb./sth.] eine ähnliche Größe/ein ähnliches Aussehen haben [wie jmd./etw.]; **look/ taste/smell** *etc.* ~ **[to sth.]** ähnlich aussehen/

schmecken/riechen *usw.* [wie etw.]; **the two brothers look very** ~: die beiden Brüder sehen sich *(Dat.)* sehr ähnlich
similarity [sɪmɪ'lærɪtɪ] *n.* Ähnlichkeit, *die* (**to** *mit*); **point of** ~: Ähnlichkeit, *die;* **there the** ~ **ends** sonst gibt es keine Gemeinsamkeiten
similarly ['sɪmɪləlɪ] *adv.* ähnlich; *(in exactly the same way)* ebenso; ~ **effective/costly** *etc.* ähnlich/ebenso effektiv/teuer *usw.*
simile ['sɪmɪlɪ] *n. (Lit.)* Vergleich, *der;* Simile, *das (geh., veralt.)*
similitude [sɪ'mɪlɪtjuːd] *n. (literary)* Ähnlichkeit, *die*
simmer ['sɪmə(r)] **1.** *v.i.* **a)** *(Cookery)* ⟨*Flüssigkeit:*⟩ sieden; **put the fish in the water and allow to** ~ **for ten minutes** den Fisch ins Wasser legen und zehn Minuten ziehen lassen; **b)** *(fig.)* gären; **let things** ~: die Dinge sich entwickeln lassen; ~ **with rage/excitement** eine Wut haben/innerlich ganz aufgeregt sein. **2.** *v.t. (Cookery)* köcheln lassen ⟨*Suppe, Soße usw.*⟩; ziehen lassen ⟨*Fisch, Klöße usw.*⟩. **3.** *n. (Cookery)* **keep at a** *or* **on the** ~: sieden lassen ⟨*Wasser*⟩; köcheln lassen ⟨*Suppe, Soße usw.*⟩
~ '**down** *v.i.* sich abregen *(ugs.);* **let things/ the situation** ~ **down** abwarten, bis sich die Wogen geglättet haben
simnel cake ['sɪmnl keɪk] *n. (Brit.)* ≈ Rosinenkuchen, *der*
simper ['sɪmpə(r)] **1.** *v.i.* affektiert *od.* gekünstelt lächeln. **2.** *v.t.* mit einem affektierten *od.* gekünstelten Lächeln sagen. **3.** *n.* affektiertes *od.* gekünsteltes Lächeln
simpering ['sɪmpərɪŋ] *adj.* affektiert, gekünstelt ⟨*Lächeln, Art*⟩; affektiert ⟨*Frau*⟩
simple ['sɪmpl] *adj.* **a)** *(not compound, not complicated)* einfach; *(not elaborate)* schlicht ⟨*Mobiliar, Schönheit, Kunstwerk, Kleidung*⟩; **the** ~ **life** das einfache Leben; *see also* **simple interest;** **b)** *(unqualified, absolute)* einfach; simpel; **it was a** ~ **misunderstanding** es war [ganz] einfach ein Mißverständnis; **it is a** ~ **fact that** ...: es ist [ganz] einfach eine Tatsache, *od.* eine simple Tatsache, daß ...; *see also* **pure 1 c; c)** *(easy)* einfach; **the** ~**st thing would be** *or* **it would be the** ~**st if** ...: es wäre am einfachsten *od.* am einfachsten, wenn ...; **as** ~ **as ABC** kinderleicht; **it's/it isn't as** ~ **as that** so einfach ist das/ist das nicht; **it would make things so** ~ **if** ...: es wäre alles so einfach, wenn ...; '**Electronics made** ~' „Elektronik leicht gemacht"; **it would make my job/task much** ~**r** es würde mir meine Arbeit sehr erleichtern/meine Aufgabe sehr vereinfachen; **d)** *(unsophisticated)* schlicht; *(foolish)* dumm; einfältig; *(feeble-minded)* debil; *(humble)* einfach ⟨*Person, Arbeiter, Bauer, Leute*⟩; **the** ~ **pleasures of life** die kleinen Freuden des Lebens; **e)** *(Ling.)* ~ **tense** einfache Zeitform; ~ **past** Präteritum, *das;* ~ **sentence** einfacher Satz
simple: ~**-hearted** ['sɪmplhɑːtɪd] *adj.* schlicht; ~ '**interest** Kapitalzins, *der;* ~**-minded** *adj.* **a)** *(unsophisticated)* schlicht; **b)** *(feeble-minded)* debil
'**simple time** *n. (Mus.)* nicht zusammengesetzte Taktart
simpleton ['sɪmpltən] *n.* Einfaltspinsel, *der*
simplex ['sɪmpleks] *n. (Ling.)* Simplex, *das*
simplicity [sɪm'plɪsɪtɪ] *n., no pl.* Einfachheit, *die; (unpretentiousness, lack of sophistication)* Schlichtheit, *die;* **be** ~ **itself** ein Kinderspiel sein
simplification [sɪmplɪfɪ'keɪʃn] *n.* **a)** *no pl.* Vereinfachung, *die;* Simplifizierung, *die (geh.);* **b)** *(instance)* Vereinfachung, *die;* Simplifizierung, *die*
simplify ['sɪmplɪfaɪ] *v.t.* vereinfachen; simplifizieren *(geh.);* **it would** ~ **matters if** ...: es würde die Sache vereinfachen, wenn ...
simplistic [sɪm'plɪstɪk] *adj.* [all]zu simpel

simply ['sɪmplɪ] *adv.* **a)** *(in an uncomplicated manner)* einfach; *(in an unsophisticated manner)* schlicht; **live/eat** ~: einfach leben/ essen; **speak** ~: in schlichten Worten sprechen; **b)** *(absolutely)* einfach; **he's** ~ **wonderful** er ist einfach großartig; **c)** *(categorically, without good reason, without asking)* einfach; *(merely)* nur; **it** ~ **isn't true** es ist einfach nicht wahr; **you** ~ **must see that film** du mußt den Film einfach sehen; **I was** ~ **trying to help** ich wollte nur helfen; **quite** ~: ganz einfach; ~ **because** ...: einfach weil ...; nur weil ...; **he** ~ **didn't feel like working** er hatte ganz einfach keine Lust zu arbeiten
simulate ['sɪmjʊleɪt] *v.t.* **a)** *(feign)* vortäuschen; heucheln ⟨*Reue, Tugendhaftigkeit, Entrüstung, Begeisterung*⟩; simulieren, vortäuschen ⟨*Krankheit*⟩; **b)** *(mimic)* nachahmen; *(resemble)* aussehen wie (+ *Nom.*); **c)** simulieren ⟨*Bedingungen, Wetter, Umwelt usw.*⟩
simulated ['sɪmjʊleɪtɪd] *adj.* **a)** *(feigned)* geheuchelt; vorgetäuscht; **b)** *(artificial)* imitiert ⟨*Leder, Pelz usw.*⟩; **c)** simuliert ⟨*Bedingungen, Wetter, Umwelt usw.*⟩
simulation [sɪmjʊ'leɪʃn] *n.* **a)** *(feigning)* Vortäuschung, *die; (of illness)* Vortäuschung, *die;* Simulation, *die;* **b)** *(imitation of conditions)* Simulation, *die;* **c)** *(simulated object)* Imitation, *die*
simulator ['sɪmjʊleɪtə(r)] *n.* Simulator, *der*
simultaneity [sɪmltə'niːɪtɪ] *n., no pl.* Gleichzeitigkeit, *die*
simultaneous [sɪml'teɪnɪəs] *adj.* gleichzeitig (**with** mit);-simultan *(fachspr., geh.);* **be** ~: gleichzeitig/simultan erfolgen
simultaneous: ~ **display** *n. (Chess)* Simultanvorstellung, *die;* ~ **equations** *n. pl. (Math.)* Gleichungssystem, *das;* ~ **interpretation** *n.* Simultandolmetschen, *das*
simultaneously [sɪml'teɪnɪəslɪ] *adv.* gleichzeitig; simultan *(fachspr., geh.)*
sin [sɪn] **1.** *n.* Sünde, *die;* **a life of** ~: ein Leben in Sünde; **ein sündiges Leben**; **live in** ~ *(coll.)* in Sünde leben *(veralt., scherzh.);* [as] **miserable as** ~: todunglücklich; **for my** ~**s** *(joc.)* um meiner Missetaten willen *(scherzh.);* **the** ~**s of the fathers** die Missetat[en] der Väter; *see also* **beset b; find out b; multitude a; omission b; original 1 a; wage 1. 2.** *v.i.,* -**nn**- sündigen; ~ **against sb./ God** an jmdm./Gott *od.* gegen jmdn./Gott sündigen; sich an jmdm./Gott versündigen *(geh.);* ~ **against the rules** gegen die Regeln verstoßen; **he is more** ~**ned against than** ~**ning** man sündigt mehr an ihm, als daß er selbst sündigt
Sinai Peninsula [saɪnaɪ pɪ'nɪnsjʊlə] *pr. n.* Halbinsel Sinai
'**sin bin** *n. (Sport coll.)* Strafbank, *die*
since [sɪns] **1.** *adv.* seitdem; **he has** ~ **remarried, he has remarried** ~: er hat danach wieder geheiratet; **she had not eaten anything so delicious before** *or* ~: sie hatte weder vorher noch nachher je etwas so Köstliches gegessen; **long** ~: vor langer Zeit; **not long** ~: vor nicht allzulanger Zeit; **he is long** ~ **dead** er ist seit langem tot; **a long time/many years/ six weeks** ~: vor langer Zeit/vielen Jahren/ sechs Wochen. **2.** *prep.* seit; ~ **seeing you** ...: seit ich dich gesehen habe; ~ **then/that time** inzwischen; **he joined the firm 16 years ago and has been with them** ~ **then** er ist vor 16 Jahren in die Firma eingetreten und ist heute noch dort; ~ **when?** seit wann?; **her mother died in 1980,** ~ **when/**~ **which time she has been looking after her father** ihre Mutter starb 1980, und seitdem versorgt sie ihren Vater. **3.** *conj.* **a)** seit; **it is a long time/so long/not so long** ~ ...: es ist lange/so lange/gar nicht lange her, daß ...; **how long is it** ~ **he left you?** wie lange ist es her, daß er dich verlassen hat?; **b)** *(seeing that, as)* da
sincere [sɪn'sɪə(r)] *adj.,* ~**r** [sɪn'sɪərə(r)], ~**st**

663

sincerely

[sɪn'sɪərɪst] aufrichtig; herzlich ⟨*Grüße, Glückwünsche usw.*⟩; wahr ⟨*Freund*⟩
sincerely [sɪn'sɪəlɪ] *adv.* aufrichtig; **I [most] ~ hope so** (*coll.*) das will ich schwer hoffen (*ugs.*); **yours ~** (*in letter*) mit freundlichen Grüßen
sincerity [sɪn'serɪtɪ] *n., no pl.* Aufrichtigkeit, *die;* **in all ~:** in aller Aufrichtigkeit; **have the ring of ~:** aufrichtig klingen
sine [saɪn] *n.* (*Math.*) Sinus, *der*
sinecure ['sɪnɪkjʊə(r), 'saɪnɪkjʊə(r)] *n.* Pfründe, *die;* Sinekure, *die;* **this job is no ~:** diese Arbeit ist kein reines Honiglecken (*ugs.*)
sine die [saɪnɪ 'daɪɪ, sɪneɪ 'diːeɪ] *adv.* auf unbestimmte Zeit
sine qua non [saɪnɪ kweɪ 'nɒn, sɪneɪ kwɑː 'nəʊn] *n.* notwendige Bedingung; Conditio sine qua non (*geh.*)
sinew ['sɪnjuː] *n.* a) (*Anat.*) Sehne, *die;* **strain every nerve and ~ [to do sth.]** (*fig.*) alle Muskeln anspannen[, um etw. zu tun]; b) (*strength*) Kraft, *die*
'**sine wave** *n.* (*Math.*) Sinuswelle, *die*
sinewy ['sɪnjuːɪ] *adj.* sehnig; (*fig.: vigorous*) kraftvoll; **the ~ vigour/strength of his style** sein kraftvoller Stil
sinfonia [sɪnˈfəʊnɪə] *n.* (*Mus.*) Sinfonia, *die;* (*in name of orchestra*) Sinfonieorchester, *das;* Sinfoniker *Pl.*
sinfonietta [sɪnfəʊnɪˈetə] *n.* (*Mus.*) a) Sinfonietta, *die;* b) (*orchestra*) kleines Sinfonieorchester, *das;* (*string orchestra*) Streichorchester, *das*
sinful ['sɪnfl] *adj.* sündig; (*reprehensible*) sündhaft; **it is ~ to ...:** es ist eine Sünde, ... zu ...
sing [sɪŋ] 1. *v.i., sang* [sæŋ], *sung* [sʌŋ] singen; (*fig.*) ⟨*Kessel, Wind:*⟩ singen; ⟨*Geschoß:*⟩ sirren, pfeifen; (*sl.: turn informer*) singen (*salopp*); **~ to sb.** jmdm. etw. [vor]singen; **~ to the guitar/piano** zur Gitarre/ zum Klavier singen; **his ears are ~ing** die Ohren sausen; **~ of sb./sth.** (*celebrate in verse*) jmdn./etw. besingen (*geh.*); von jmdm./etw. singen (*dichter. veralt.*) 2. *v.t.* **sang, sung** singen; **~ [the] alto** [den] Alt singen; **~ sb. a song** *or* **a song for sb.** jmdm. ein Lied vorsingen; **~ sb. to sleep** jmdn. in den Schlaf singen; *see also* **praise 2 a; tune 1 a, b.** 3. *n.* (*Amer.*) **have a ~:** [gemeinsam] singen

~ a'long *v.i.* mitsingen
~ 'out 1. *v.i.* a) (*~ loudly*) [laut *od.* aus voller Kehle] singen; **~ out merrily** fröhlich singen; b) (*call out*) [laut] rufen; **~ out for sb./ sth.** nach jmdm./etw. rufen. 2. *v.t.* (*shout*) rufen; schreien
~ 'up *v.i.* lauter singen
singable ['sɪŋəbl] *adj.* singbar; (*easily ~*) sangbar; kantabel (*geh.*)
Singapore [sɪŋə'pɔː(r)] *pr. n.* Singapur (*das*)
singe [sɪndʒ] 1. *v.t., ~ing* ansengen; versengen (*Geflügel, Schwein*); **~ sb.'s hair** (*Hairdressing*) jmdm. die Haarspitzen abbrennen. 2. *v.i., ~ing* [ver]sengen. 3. *n.* Brandfleck, *der*
singer ['sɪŋə(r)] *n.* Sänger, *der*/Sängerin, *die;* **this canary is a good ~:** dieser Kanarienvogel singt schön
singing ['sɪŋɪŋ] *n., no pl.* a) Singen, *das;* (*fig.*) *see* **sing 1:** Singen, *das;* Sirren, *das;* Pfeifen, *das;* **beautiful/loud ~:** schöner/ lauter Gesang; **the ~ of the birds** der Gesang der Vögel; **his ~ is terrible** er singt furchtbar; **have a ~ in one's ears** Ohrensausen haben; b) *no art.* (*Art*) Gesang, *der; attrib.* Gesangs-; **~ voice** Singstimme, *die*
single ['sɪŋgl] 1. *adj.* a) einfach; einzig ⟨*Ziel, Hoffnung*⟩; für eine Person ⟨*Bett, -zimmer*⟩; einfach ⟨*Größe*⟩; (*without the other one of a pair*) einzeln; **~ flower/stem** *etc.* einzelne Blume/einzelner Stamm *usw.;* **speak with a ~ voice** (*fig.*) mit einer Stimme sprechen; **~ sheet/cover** Bettuch/Bettbezug für ein Einzelbett; **~ ticket** (*Brit.*) einfache Fahrkarte; **~ fare** (*Brit.*) Preis für [die] einfache Fahrt; *see also* **combat 1; entry h;** ³**file 1 a; track 1 b, d;** b) (*one by itself*) einzig; (*isolated*) einzeln; **one ~ ...:** ein einziger/eine einzige/ein einziges ...; **at a** *or* **one ~ blow** *or* **stroke** mit einem Schlag; **two minds with but a ~ thought** zwei Seelen mit einem Gedanke; c) (*unmarried*) ledig; **a ~ man/woman/ people** ein Lediger/eine Ledige/Ledige; **~ parent** alleinerziehender Elternteil; **he/she is a ~ parent** er/sie ist alleinerziehend; d) (*separate, individual*) einzeln; **can a ~ argument be advanced for it?** läßt sich dafür überhaupt irgendein Argument vorbringen?; **every ~ one** jeder/jede einzelne; **every ~ time/day** aber auch jedesmal/jeden Tag; **not a ~ one** kein einziger/keine einzige/kein einziges; **not a ~ word/dress/ soul** kein einziges Wort/Kleid/keine Menschenseele; **she did not see a ~ thing she liked** sie hat aber auch nichts gesehen, was ihr gefiel; **not/never for a ~ minute** *or* **moment** keinen [einzigen] Augenblick [lang]. 2. *n.* a) (*Brit.: ticket*) einfache Fahrkarte; **~/two ~s to Manchester, please** einmal/ zweimal einfach nach Manchester, bitte; b) (*record*) Single, *die;* c) *in pl.* (*Golf*) Single, *das;* (*Tennis*) Einzel, *das;* **women's** *or* **ladies'/men's ~s** Damen-/Herreneinzel, *das;* d) (*Brit.: pound note*) Einpfundschein, *der;* (*Amer.: dollar note*) Eindollarschein, *der;* e) (*Cricket*) Schlag für einen Lauf. 3. *v.t.* **~ out** aussondern; (*for the distinctive quality of*) auszeichnen (**from** vor + *Dat.*); **~ sb./sth. out as/for sth.** jmdn./etw. auswählen ...; **~ sb. out for promotion/special attention** jmdn. für eine Beförderung vorsehen/sich mit jmdm. besonders befassen

single: ~-barrelled (*Amer.:* **~-barreled**) ['sɪŋglbærəld] *adj.* (*Arms*) einläufig; **~-bedded room** ['sɪŋglbedɪd ruːm] *n.* Einzelzimmer, *das;* **~-breasted** ['sɪŋglbrestɪd] *adj.* (*Tailoring*) einreihig; **~ cream** *n.* [einfache] Sahne; **~-decker 1.** *n.* **be a ~-decker** ⟨*Bus, Straßenbahn:*⟩ nur ein Deck haben; 2. *adj.* **~-decker bus/tram** Bus/Straßenbahn mit [nur] einem Deck; **~-engined** ['sɪŋglendʒɪnd] *adj.* einmotorig; **~ [European] market** *n.* [europäischer] Binnenmarkt; **~-handed 1.** ['----] *adj.* a) Einhand⟨segeln, -segler⟩; **~-handed attempt to row across the Atlantic** Versuch, allein über den Atlantik zu rudern; **his ~-handed efforts to get a new hospital** seine einsamen Bemühungen um ein neues Krankenhaus; b) (*for one hand*) **~-handed weapon/fishing rod** Waffe/Angelrute für eine Hand; 2. [-'--] *adv.* a) allein; **sail ~-handed the world** als Einhandsegler um die Welt fahren; **root out corruption ~-handed** in Alleingang die Korruption ausrotten; b) (*with one hand*) mit einer Hand; einhändig; **~-lens 'reflex camera** *n.* (*Photog.*) einäugige Spiegelreflexkamera; **~-line** *adj.* einspurig; **~-minded** *adj.* zielstrebig; **be ~-minded in one's aim** unbeirrbar sein Ziel verfolgen; **~-mindedly** [sɪŋgl'maɪndɪdlɪ] *adv.* zielstrebig; **~-mindedness** [sɪŋgl'maɪndɪdnɪs] *n., no pl.* **~ of purpose** Zielstrebigkeit, *die*
'**single-phase** *adj.* (*Electr.*) einphasig; **~ current** Einphasenstrom, *der*
'**singles bar** *n.* Singlekneipe, *die*
single: ~-seater *n.* Einsitzer, *der;* **~-seater aircraft** einsitziges Flugzeug; **~-storey** *adj.* eingeschossig
singlet ['sɪŋglɪt] *n.* (*Brit.: vest*) Unterhemd, *das;* (*Sport*) Trikot, *das*
singleton ['sɪŋgltən] *n.* (*Cards*) blanke Karte; **a ~ in hearts, a ~ heart** ein blankes Herz
'**single-track** *adj.* eingleisig ⟨*Bahnlinie*⟩; einspurig ⟨*Straße*⟩

sink

singly ['sɪŋglɪ] *adv.* a) einzeln; b) (*by oneself*) allein
'**singsong 1.** *adj.* leiernd (*ugs.*); **say/recite sth. in a ~ manner/voice** etw. herunterleiern (*ugs.*); **his ~ accent** sein Singsang. 2. *n.* a) (*monotonous tone or rhythm*) leiernder Ton; **recite sth./say sth. in a ~:** etw. herunterleiern (*ugs.*); **speak in a ~:** leiernd sprechen; b) (*Brit.: singing*) gemeinschaftliches Singen; **have a ~:** gemeinsam singen
singular ['sɪŋgjʊlə(r)] 1. *adj.* a) (*Ling.*) singularisch; Singular-; **~ noun** Substantiv im Singular; **~ form** Singularform, *die;* **first person ~:** erste Person Singular; **~ number** *see* **2;** b) (*individual*) einzeln; (*unique*) einmalig; einzigartig; c) (*extraordinary*) einmalig; einzigartig; (*odd*) eigenartig; sonderbar; **how very ~!** wie eigenartig *od.* sonderbar! 2. *n.* (*Ling.*) Einzahl, *die;* Singular, *der;* **I said you could have 'an apple – in the ~** (*coll.*) ich habe gesagt, du kannst einen Apfel haben – von Äpfeln war nicht die Rede
singularity [sɪŋgjʊ'lærɪtɪ] *n., no pl.* Eigenartigkeit, *die;* Sonderbarkeit, *die*
singularly ['sɪŋgjʊləlɪ] *adv.* (*extraordinarily*) außerordentlich; einmalig ⟨*schön*⟩; (*strangely*) seltsam
Sinhalese [sɪnhə'liːz, sɪnə'liːz] 1. *adj.* singhalesisch; **Sb. is ~:** jmd. ist Singhalese/ Singhalesin. 2. *n.* a) *pl. same* (*person*) Singhalese, *der*/Singhalesin, *die;* b) *no pl.* (*language*) Singhalesisch, *das*
sinister ['sɪnɪstə(r)] *adj.* a) (*of evil omen*) unheilverkündend; b) (*suggestive of malice*) finster; (*wicked*) übel ⟨*Her.*⟩ link..., sinister (*fachspr.*); *see also* **baton 2;** ²**bend b**
sink [sɪŋk] 1. *n.* a) Spülbecken, *das;* Spüle, *die;* **pour sth. down the ~:** etw. in den Ausguß schütten; *see also* **kitchen sink;** b) (*cesspool*) Senkgrube, *die;* Kloake, *die;* **~ of vice** *etc.* Kloake, *die;* Pfuhl, *der;* c) (*Geog.: pool*) Senke, *die;* Vertiefung, *die;* (*Geol.*) *see* **sink-hole;** e) (*Phys.*) Feldsenke, *die.* 2. *v.i., sank* [sæŋk] *or* **sunk** [sʌŋk], **sunk** a) sinken; **we shall ~** *or* **swim together** (*fig.*) wir werden gemeinsam untergehen oder gemeinsam überleben; **leave sb. to ~** *or* **swim** (*fig.*) jmdn. seinem Schicksal überlassen; **b) ~ into** (*become immersed in*) sinken in (+ *Akk.*); versinken in (+ *Dat.*); (*penetrate*) eindringen in (+ *Akk.*); (*fig.: be absorbed into*) dringen in (+ *Akk.*) ⟨*Bewußtsein*⟩; **~ into an armchair/the cushions** in einen Sessel/die Kissen sinken; **~ into sb.'s/each other's arms** jmdm./sich in die Arme sinken; **~ into a deep sleep/a coma/ trance/reverie** in einen tiefen Schlaf/ein Koma/in Trance/in Träumerei sinken (*geh.*); **~ into depression/despair** in Schwermut/Verzweiflung (*Akk.*) versinken; **~ into crime/poverty** *etc.* dem Verbrechen/der Armut *usw.* verfallen; **be sunk in thought/despair** in Gedanken/in Verzweiflung (*Akk.*) versunken sein; *see also* **oblivion;** c) (*come to lower level or pitch*) sinken; (*suffer subsidence*) absinken; (*slope down*) sich senken; (*be turned downwards*) ⟨*Augen:*⟩ sich senken; (*shrink inwards*) ⟨*Augen, Wangen:*⟩ einfallen; (*subside, abate*) ⟨*Flut, Wasser, Fluß:*⟩ sinken; (*fig.: fail*) ⟨*Moral, Hoffnung:*⟩ sinken; **the patient is ~ing [fast]** mit dem Patienten geht es zu Ende (*verhüll.*); **sb.'s heart ~s/spirits ~:** jmds. Stimmung sinkt; **sb.'s heart/courage ~s into his/her boots** (*coll.*) jmdm. fällt das Herz in die Hose[n] (*ugs.*); **~ to one's knees** auf die *od.* seine Knie sinken; d) (*fall*) ⟨*Preis, Temperatur, Währung, Produktion usw.*⟩ sinken; **~ in value** im Wert sinken. 3. *v.t., sank* *or* **sunk, sunk** a) versenken; (*cause failure of*) zunichte machen; **be sunk** (*fig. coll.: have failed*) aufgeschmissen sein (*ugs.*); **~ one's differences** seine Streitigkeiten begraben; **enough luggage/make-up to ~ a battleship** (*fig. joc.*) tonnenweise (*ugs.*)

Gepäck/pfundweise *(ugs.)* Make-up; **b)** *(lower)* senken; *(Golf)* ins Loch schlagen ⟨*Ball*⟩; **c)** *(dig)* niederbringen; *(inlay)* einlegen; *(recess)* versenken; *(embed)* stoßen ⟨*Messer, Schwert*⟩; graben *(geh.)* ⟨*Zähne, Klauen*⟩; **~ a pole into the ground** einen Pfahl in den Boden senken; *see also* **fence 1 a**

~ '**back** *v. i.* zurücksinken; **~ back into crime/poverty** *(fig.)* wieder dem Verbrechen/der Armut verfallen

~ '**down** *v. i.* hinabsinken; niedersinken; **~ down to the floor/ground** auf den/zu Boden sinken; **~ down into the mud** im Schlamm versinken; **his head sank down on to his chest** der Kopf sank ihm auf die Brust; **she sank down [on her knees] before him** sie sank vor ihm [auf die Knie] nieder

~ '**in 1.** *v. i.* **a)** *(become immersed)* einsinken; *(penetrate)* eindringen; **b)** *(fig.: be absorbed into the mind)* jmdm. ins Bewußtsein dringen; ⟨*Warnung, Lektion:*⟩ verstanden werden. **2.** *v. t.* einsenken ⟨*Stütze, Pfahl*⟩

sinker ['sɪŋkə(r)] *n. (Fishing)* Senker, *der;* *(of drift-net)* Grundgewicht, *das; see also* **hook 1 a**

'**sink-hole** *n. (Geol.)* Schluckloch, *das*

sinking ['sɪŋkɪŋ] **1.** *adj.* **a)** sinkend; **[the] rats desert a ~ ship** die Ratten verlassen das sinkende Schiff; **b)** *(declining)* untergehend ⟨*Sonne*⟩; **c)** *(falling in value)* sinkend; **d) with a ~ heart** *(fig.)* beklommen; resigniert. **2.** *n.* **a)** *(of ship) (deliberate)* Versenkung, *die;* *(accidental)* Sinken, *das;* Untergang, *der;* *(of well)* Niederbringung, *die;* **b) ~ of the heart** *(fig.)* Beklommenheit, *die;* **a ~ feeling** *(fig.)* ein flaues Gefühl [im Magen]

'**sinking fund** *n. (Finance)* Tilgungsfonds, *der*

'**sink unit** *n.* Spüle, *die*

sinless ['sɪnlɪs] *adj.* sündenfrei, sündlos ⟨*Mensch, Leben*⟩; untad[e]lig ⟨*Verhalten*⟩

sinner ['sɪnə(r)] *n.* Sünder, *der*/Sünderin, *die*

Sinn Fein [ʃɪn 'feɪn] *n., no pl., no indef. art.* Sinn Fein, *die (nationalistische irische Partei)*

Sino- ['saɪnəʊ] *in comb.* sino-/Sino-; **a ~-Russian war** ein chinesisch-russischer Krieg

sinter ['sɪntə(r)] **1.** *v. t.* sintern *(Technik).* **2.** *v. i.* sintern

sinuous ['sɪnjʊəs] *adj.* gewunden; sich schlängelnd ⟨*Schlange*⟩; *(lithe)* geschmeidig ⟨*Körper, Bewegungen*⟩

sinus ['saɪnəs] *n. (Anat.)* Sinus, *der (fachspr.);* **[paranasal] ~ :** Nebenhöhle, *die*

sinusitis [saɪnə'saɪtɪs] *n. (Med.)* Nebenhöhlenentzündung, *die;* Sinusitis, *die (fachspr.)*

Sioux [su:] *n., pl. same (Ethnol.)* Sioux, *der/ die; attrib.* Sioux-

sip [sɪp] **1.** *v. t.,* -**pp**- : [up] schlürfen. **2.** *v. i.,* -**pp**- : **~ at/from sth.** an etw. *(Dat.)* nippen. **3.** *n.* Schlückchen, *das;* **have or take a ~ [of sth.]** ein Schlückchen [von etw.] nehmen; in ~s schlückchenweise

siphon ['saɪfn] **1.** *n.* **a)** *(bottle)* Siphon, *der;* **b)** *(pipe)* Saugheber, *der.* **2.** *v. t.* [durch einen Saugheber] laufen lassen; **~ sth. from a tank** etw. aus einem Tank ablassen. **3.** *v. i.* [durch einen Saugheber] laufen; *(fig.: flow as if through a ~)* laufen

~ '**off** *v. t.* [mit einem Saugheber] ablassen; *(fig.: transfer)* abzweigen

~ '**out** *v. t.* [mit einem Saugheber] ablassen

sir [sɜ:(r)] *n.* **a)** *(formal address)* der Herr; *(to teacher)* Herr Meier/Schmidt *usw.;* Herr Lehrer/Studienrat *usw. (veralt.);* **no ~ !** keinesfalls!; von wegen! *(ugs.);* **yes '~ !** allerdings; **Sir!** *(Mil.)* Herr Oberst/Leutnant *usw.!;* *(yes)* jawohl, Herr Oberst/Leutnant *usw.!;* **b)** *(in letter)* **Dear Sir** Sehr geehrter Herr; **Dear Sirs** Sehr geehrte [Damen und] Herren; **Dear Sir or Madam** Sehr geehrte

Dame/Sehr geehrter Herr; **c)** **Sir** [sə(r)] *(titular prefix)* Sir; **d)** [sɜ:(r)] *(person addressed as 'Sir')* Sir; **e)** *no art. (Sch. sl.: teacher)* der [Herr] Lehrer; **I shall tell ~ :** das sag' ich *(ugs.)*

sire ['saɪə(r)] **1.** *n.* **a)** Vatertier, *das;* **b)** *(poet.) (father)* Vater, *der;* *(ancestor)* Ahnherr, *der (geh. veralt.);* **c)** *(arch.)* yes, **~ :** ja, Herr. **2.** *v. t.* zeugen

siren ['saɪərən] **1.** *n.* **a)** Sirene, *die;* **factory/ ship's ~ :** Fabrik-/Schiffssirene, *die;* **air-raid ~ :** Luftschutzsirene, *die;* **b)** *(temptress)* Sirene, *die (geh.);* Circe, *die (geh.);* **c)** *(Greek Mythol.)* Sirene, *die.* **2.** *adj.* sirenenhaft; **~ song** Sirenengesang, *der*

sirloin ['sɜ:lɔɪn] *n.* **a)** *(Brit.: upper part of loin of beef)* Roastbeef, *das;* **a ~ of beef** ein Stück Roastbeef; **~ steak** Rumpsteak, *das;* **b)** *(Amer.)* Rumpsteak, *das*

sirocco [sɪ'rɒkəʊ] *n., pl.* ~**s** Schirokko, *der*

sirup *(Amer.) see* **syrup**

sis [sɪs] *n. (coll.)* Schwesterherz, *das (scherzh.)*

sisal ['saɪsl] *n.* **a)** *(fibre)* Sisal, *der; attrib.* Sisal-; **b)** *(Bot.)* Sisalagave, *die; attrib.* Sisal-

siskin ['sɪskɪn] *n. (Ornith.)* [Erlen]zeisig, *der*

sissified ['sɪsɪfaɪd] *adj.* weibisch *(abwertend);* *(cowardly)* feige *(abwertend)*

sissy ['sɪsɪ] **1.** *n.* **a)** *(effeminate man)* weibischer Typ; *(cowardly person)* Waschlappen, *der (ugs. abwertend).* **2.** *adj.* weibisch *(abwertend);* *(cowardly)* feige *(abwertend)*

sister ['sɪstə(r)] *n.* **a)** Schwester, *die;* **she has been a ~ to him/her** *(fig.)* sie war für ihn/sie wie eine Schwester; **the Robinson ~s** die Robinson-Schwestern; **b)** *(friend, associate fellow member)* Schwester, *die;* *(in trade union)* Kollegin, *die;* **~ company** Schwesterfirma, *die;* **c)** *(Relig.)* Schwester, *die;* **S~ of Mercy** Barmherzige Schwester; **d)** *(Brit.: senior nurse)* Oberschwester, *die;* **ward ~ :** Stationsschwester, *die;* **theatre ~ :** Operationsschwester, *die;* **e)** *(Brit. coll.: nurse)* Schwester, *die*

sisterhood ['sɪstəhʊd] *n.* **a)** *no pl.* Schwesterschaft, *die;* schwesterliches Verhältnis; **b)** *(religious society)* Schwesternschaft, *die*

'**sister-in-law** *n., pl.* **sisters-in-law** Schwägerin, *die*

sisterly ['sɪstəlɪ] *adj.* schwesterlich; **~ love** Schwesterliebe, *die*

'**sister ship** *n. (Naut.)* Schwesterschiff, *das*

Sistine Chapel [sɪsti:n 'tʃæpl, sɪstaɪn 'tʃæpl] *n.* **the ~ :** die Sixtinische Kapelle

sit [sɪt] **1.** *v. i.,* **-tt-,** **sat** [sæt] **a)** *(become seated)* sich setzen; **~ on or in a chair/in an armchair** sich auf einen Stuhl/in einen Sessel setzen; **~ !** *(to dog)* sitz!; **~ up to sb.** sich zu jmdm. setzen; **~ over there!** setz dich dort drüben hin!; **b)** *(be seated)* sitzen; **don't just ~ there!** sitz nicht einfach rum *(ugs.);* **~ at home** *(fig.)* zu Hause sitzen; **in judgement on** *or* **over sb./sth.** über jmdn./ etw. zu Gericht sitzen; **~ on one's hands** *(fig.)* sich nicht rühren; **~ still!** sitz ruhig *od.* still!; **~ tight** *(coll.)* ruhig sitzen bleiben; *(fig.: stay in hiding)* sich nicht fortrühren; *(fig.: persevere in a course of action)* sich nicht beirren lassen; **~ well [in the saddle/on one's horse]** einen guten Sitz haben; *see also* **fence 1 a; foot 1 a; pretty 2; c)** **~ for one's portrait/to a painter** *etc.* Porträt sitzen/einem Maler *usw.* Modell sitzen; **d)** *see* **baby-sit; e)** *(take a test)* **~ for sth.** die Prüfung für etw. machen; **f)** *(be in session)* tagen; **g)** *(be on perch or nest)* sitzen; **h)** *(be situated)* sich befinden; **the sewing-machine sat in the attic** die Nähmaschine stand auf dem Dachboden herum; **~ well on sb.** *(fit)* jmdm. gut passen; *(suit)* jmdm. gut stehen; *(fig.)* gut zu jmdm. passen; **i)** *(be member of elected body)* **~ at Westminster** Mitglied des [britischen] Parlaments sein; **~ for** *(Brit. Parl.)* vertreten; Abgeordneter/Abgeordnete sein für. **2.** *v. t.,* **-tt-,** **sat a)** *(cause to be seated, place)* setzen; **b)** *(Brit.)* **~ an examination** eine Prüfung machen; *(have space for) see* **seat 2 b**

~ **a'bout, ~ a'round** *v. i.* herumsitzen *(ugs.)*

~ '**back** *v. i.* **a)** sich zurücklehnen; **b)** *(fig.: do nothing)* sich im Sessel zurücklehnen *(fig.);* **the government is ~ting back and letting the situation worsen** die Regierung sieht tatenlos zu, wie sich die Lage verschlechtert

~ '**by** *v. i.* tatenlos zusehen

~ '**down 1.** *v. i.* **a)** *(become seated)* sich setzen **(on/in** auf/in + *Akk.);* **~ you down** *(coll.)* setz dich hin; **b)** *(be seated)* sitzen; **take sth. ~ting down** *(fig.)* etw. auf sich *(Dat.)* sitzen lassen. **2.** *v. t.* *(cause to be seated)* **~ sb. down** *(invite to ~)* jmdn. Platz nehmen lassen; *(help to ~)* jmdm. helfen, sich zu setzen. *See also* **sit-down**

~ '**in** *v. i.* **a)** *(occupy place as protest)* ein Sit-in veranstalten; **b)** *(stay in)* zu Hause bleiben; **c)** *(participate)* mitspielen; **~ in on** *(be present at)* teilnehmen an (+ *Dat.);* dabeisein bei; **d)** *see* **stand in.** *See also* **sit-in**

~ **on** *v. t.* **a)** *(serve as member of)* sitzen in (+ *Dat.)* ⟨*Ausschuß usw.*⟩; **~ on the jury** *(Law)* Geschworener sein; **b)** *(coll.: delay)* in der Schublade liegen lassen *(fig. ugs.);* auf die lange Bank schieben *(ugs.)* ⟨*Entscheidung*⟩; **c)** *(coll.: repress)* unterdrücken; nicht aufkommen lassen ⟨*Wunsch, Gedanken*⟩; **people like her want ~ting on/ought to be sat on** Leute wie sie muß/sollte man in der kurzen Leine halten *(ugs.);* **d)** *(fig.: hold on to)* festhalten

~ '**out 1.** *v. i.* draußen *od.* im Freien sitzen. **2.** *v. t.* **a)** *(take no part in)* aussetzen; **~ out a dance** einen Tanz auslassen; **b)** *(endure)* durchstehen

~ '**through** *see* **~ out 2 b**

~ '**up 1.** *v. i.* **a)** sich aufsetzen; **b)** *(be sitting erect)* [aufrecht] sitzen; **c)** *(not slouch)* gerade sitzen; **~ up straight!** sitz gerade!; **make sb. ~ up** *(fig. coll.)* jmdn. aufhorchen lassen; **~ up and take notice** *(fig. coll.)* aufhorchen; **d)** *(delay going to bed)* aufbleiben; **~ up [waiting] for sb.** aufbleiben und auf jmdn. warten; **~ up with sb.** bei jmdm. Nachtwache halten. **2.** *v. t.* aufsetzen. *See also* **sit-up**

~ **upon** *see* **~ on;** *see also* **sit-upon**

sitar ['sɪtɑ:(r), sɪ'tɑ:(r)] *n. (Mus.)* Sitar, *der*

sitcom ['sɪtkɒm] *(coll.) see* **situation comedy**

'**sit-down 1.** *n.* **have a ~ :** sich setzen; **enjoy a ~ :** sich gern einmal hinsetzen. **2.** *adj.* **~ demonstration** Sitzblockade, *die;* **~ meal** *(im Sitzen eingenommenes)* Essen; **~ strike** Sitzstreik, *der*

site [saɪt] **1.** *n.* **a)** *(land)* Grundstück, *das;* **archaeological/prehistoric burial ~ :** archäologische Grabungsstätte/vorgeschichtliche Grabstätte; **exhibition ~ :** Ausstellungsgelände, *das;* **~ of a battle** Kampfplatz, *der;* **b)** *(location)* Sitz, *der;* *(of new factory etc.)* Standort, *der;* **c)** *see* **building-site. 2.** *v. t.* *(locate)* stationieren ⟨*Raketen*⟩; **~ a factory in London** London als Standort einer Fabrik wählen; **be ~d** gelegen sein

'**sit-in** *n.* Sit-in, *das*

siting ['saɪtɪŋ] *n.* **a)** Standortwahl, *die* **(of** für); *(position)* Lage, *die;* *(of missiles)* Stationierung, *die;* **the ~ of the new exhibition centre in Leeds** die Wahl von Leeds als Standort des neuen Ausstellungszentrums

sitter ['sɪtə(r)] *n.* **a)** *(Sport sl.) (easy catch)* leicht zu fangender Ball; *(easy shot)* idiotensichere Vorlage *(ugs. scherzh.);* **b)** *(artist's model)* Modell, *das;* **c)** *(hen)* Glucke, *die;* Bruthenne, *die;* **d)** *see* **baby-sitter**

sitting ['sɪtɪŋ] **1.** *n.* **a)** *(session)* Sitzung, *die;* **lunch is served in two ~s** es wird in zwei Schichten Mittag gegessen; **when is the first ~ [for lunch]?** wann geht der erste Schub [zum Mittagessen]?; **in one** *or* **at a ~** *(fig.)* in einem Zug[e]; **b)** *(Law)* Sitzungsperiode,

sitting duck

die. 2. *adj.* **a)** *(not flying or running)* sitzend; **b)** *(hatching)* sitzend; brütend; **these are ~ hens** das sind Bruthennen
sitting: ~ **'duck** *n. (fig.)* leichtes Ziel; ~ **'member** *n. (Brit. Parl.)* **she is/was the ~ member** sie ist/war die derzeitige/damalige Abgeordnete; **~-room** *n.* **a)** *(lounge)* Wohnzimmer, *das;* **b)** *(in public buildings)* Aufenthaltsraum, *der;* **b)** *(space)* Sitzplatz, *der;* ~ **'target** *see* ~ **duck;** ~ **'tenant** *n.* **he is/was the ~ tenant** er ist/war der jetzige/damalige Mieter; **there is a ~ tenant** es ist ein Mieter vorhanden
situate 1. ['sɪtjʊeɪt] *v.t.* legen; einrichten ⟨*Büro*⟩. 2. ['sɪtjʊət] *p.p.* see **situated**
situated ['sɪtjʊeɪtɪd] *adj.* **a)** gelegen; **be ~:** liegen; **a badly ~ house** ein Haus in schlechter *od.* ungünstiger Lage; **the house is well ~ for the shops** in der Nähe des Hauses gibt es gute Einkaufsmöglichkeiten; **b) be well/badly ~ financially** finanziell gut/schlecht gestellt sein
situation [sɪtjʊ'eɪʃn] *n.* **a)** *(location)* Lage, *die;* **b)** *(circumstances)* Situation, *die;* **a ~ of some delicacy** eine ziemlich heikle Situation; **be in the happy ~ of being able to do sth.** in der glücklichen Lage sein, etw. tun zu können; **his ~ is as follows:** ...; seine Lage stellt sich folgendermaßen dar: ...; **what's the ~?** wie steht's?; **lead to a compromise ~:** zu einem Kompromiß führen; **the firm is in a profit ~:** die Firma schreibt Gewinne; **c)** *(job)* Stelle, *die;* **~s vacant/wanted** Stellenangebote/-gesuche
situational [sɪtjʊ'eɪʃənl] *adj.* **Situations-;** ~ **drama** Handlungsdrama, *das (Literaturw.)*
situation 'comedy *n.* Situationskomödie, *die* (Serie von Radio- oder Fernsehkomödien mit unverbundenen Episoden bei gleichbleibenden Rollen)
sit: ~ **'up** *v.i.* Bewegung aus der Rückenlage in den Langsitz (als gymnastische Übung); **do twenty ~-ups** sich zwanzigmal aufsetzen; **~-upon** *n. (coll.)* Sitzfläche, *die (ugs. scherzh.)*
six [sɪks] 1. *adj.* sechs; **be ~ feet or four under** *(coll.)* unter der Erde liegen; **it is ~ of one and half-a-dozen of the other** *(coll.)* das ist Jacke wie Hose *(ugs.); see also* **eight 1**. 2. *n.* **a)** *(number, symbol)* Sechs, *die;* **be at ~es and sevens** sich in einem heillosen Durcheinander befinden; *(on an issue or matter)* heillos zerstritten sein **(on** über + Akk.); *see also* **best 3 d; eight 2 a, c, d;** **b)** *(Cricket)* Schlag, mit dem man sechs Punkte gewinnt; *see also* **hit 1 k**
Six 'Counties *n. pl.* **the ~:** Nordirland *(das)* mit Londonderry, Antrim, Down, Armagh, Tyrone, Fermanagh)
six: ~ **fold** *adj., adv.* sechsfach; *see also* **eightfold;** ~ **'footer** *n. (person)* Zwei-Meter-Mann, *der*/-Frau, *die;* **most of them are ~-footers** die meisten sind fast zwei Meter groß; **~-pack** *n.* Sechserpack, *der;* **~pence** *n.* ['sɪkspəns] *n. (Brit. Hist.: coin)* Sixpence, *der;* **~penny** ['sɪkspənɪ] *adj. (Brit.)* zu sechs Pennies nachgestellt; *see also* ²**bit g; ~-shooter** *n.* sechsschüssiger Revolver
sixteen [sɪks'ti:n] 1. *adj.* sechzehn; **sweet ~:** süße sechzehn [Jahre alt]; *see also* **eight 1**. 2. *n.* Sechzehn, *die; see also* **eight 2 a, d; eighteen 2**
sixteenth [sɪks'ti:nθ] 1. *adj.* sechzehnt...; *see also* **eighth 1**. 2. *n.* *(fraction)* Sechzehntel, *das; see also* **eighth 2**
six'teenth-note *n. (Amer. Mus.)* Sechzehntelnote, *die*
sixth [sɪksθ] 1. *adj.* sechst...; *see also* **eighth 1**. 2. *n.* **a)** *(in sequence)* sechste, *der/die/das;* (in rank) Sechste, *der;* **b)** *see* **sixth form; c)** *(Mus.)* Sexte, *die;* **d)** *(day)* **the ~ of May** der sechste Mai; **the ~ [of the month]** der Sechste [des Monats]. *See also* **eighth 2**
sixth: ~ **form** *n. (Brit. Sch.)* ≈ zwölfte/dreizehnte Klasse *(Brit. Sch.)*; **~-form college** *n. (Brit. Sch.)* ≈ Oberstufenzentrum, *das;* College, das nur Schüler der zwölften/dreizehnten Klasse aufnimmt; **~-former** *n. (Brit. Sch.)* Schüler/Schülerin der zwölften/dreizehnten Klasse
sixtieth ['sɪkstɪɪθ] 1. *adj.* sechzigst...; *see also* **eighth 1**. 2. *n.* *(fraction)* Sechzigstel, *das; see also* **eighth 2**
sixty ['sɪkstɪ] 1. *adj.* sechzig; *see also* **eight 1; one-and-~** *(arch.) see* **sixty-one 1**. 2. *n.* Sechzig, *die;* **one-and-~** *(arch.) see* **sixty-one 2;** *see also* **eight 2 a;** **eighty 2**
sixty: ~**-'first** *etc. adj.* einundsechzigst... *usw.; see also* **eighth 1; ~-'one** *etc.* 1. *adj.* einundsechzig *usw.* 2. *n.* Einundsechzig *usw., die; see also* **eight 2 a**
¹**size** [saɪz] 1. *n.* **a)** Größe, *die; (fig. of problem, project)* Umfang, *der;* Ausmaß, *das;* **reach full ~:** auswachsen; **be quite a ~:** ziemlich groß sein; **what a ~ he is!** wie groß er ist!; **be twice the ~:** zweimal so groß wie etw. sein; **who can afford a car that ~?** wer kann sich *(Dat.)* einen so großen Wagen leisten?; **what ~ [of] box do you want?** welche Größe soll die [gewünschte] Schachtel haben?; **take the ~ of sth.** etw. [aus]messen; **be small in ~:** klein sein; **be of great/small ~:** groß/klein sein; **a car of some ~:** ein ziemlich großes Auto; **be of a ~:** gleich groß sein; **be the ~ of sth.** so groß wie etw. sein; **be the ~ of a pea** erbsengroß sein; **a house the ~ of a palace** ein Haus so groß wie ein Palast; **that's [about] the ~ of it** *(fig. coll.)* so sieht die Sache aus *(ugs.)*; **try sth. for ~:** etw. [wegen der Größe] anprobieren; *(fig.)* es einmal mit etw. versuchen; **what ~?** wie groß?; *see also* **cut down 1 c;** **b)** *(graded class)* Größe, *die; (of paper)* Format, *das;* **collar/waist ~:** Kragen-/Taillenweite, *die;* **take a ~ 7 shoe/ ~ 7 in shoes** welche Schuhgröße hat die Dame?; **A 5 ~ paper** A 5-Papier; **E 10 ~:** Größe E 10. 2. *v.t.* nach der Größe sortieren
~ **'up** *v.t.* taxieren ⟨*Lage*⟩; **I can't ~ her up** ich werde aus ihr nicht schlau *(ugs.)*
²**size** 1. *n.* Leim, *der; (for textiles)* Schlichte, *die.* 2. *v.t.* leimen; schlichten ⟨*Textilfaser*⟩
-size [saɪz] *adj. in comb.* **average-~:** durchschnittlich groß; **full-~ portrait/bottle** lebensgroßes Porträt; in Lebensgröße/große Flasche; **small-/medium-/large-~:** klein/mittelgroß/groß
sizeable ['saɪzəbl] *adj.* ziemlich groß; beträchtlich ⟨*Summe, Schwierigkeiten, Wissen, Einfluß, Unterschied*⟩; ansehnlich ⟨*Betrag*⟩
-sized [saɪzd] *adj. in comb.* **-size; good-~:** größer
sizzle ['sɪzl] 1. *v.i.* **a)** zischen; **b)** *(coll.: be hot or excited)* schmoren *(ugs.)*; **be sizzling with anger** vor Wut kochen *(ugs.)*. 2. *n.* Zischen, *das*
sizzling ['sɪzlɪŋ] 1. *adj.* **a)** zischend; **b)** *(very hot)* brütendheiß; ~ **heat/weather** Gluthitze, *die;* **b)** *(very fast)* blitzschnell *(ugs.)*. 2. *adv.* ~ **hot** brütendheiß ⟨*Wetter*⟩; zischend heiß ⟨*Steak*⟩
skat [skæt] *n. (Cards)* Skat, *der*
¹**skate** [skeɪt] *n. (Zool.)* Rochen, *der*
²**skate** 1. *n.* **a)** *(ice-~)* Schlittschuh, *der; (roller-~)* Rollschuh, *der;* **get one's ~s on** *(Brit. fig. coll.)* sich sputen. 2. *v.i. (ice-~)* Schlittschuh laufen; *(roller-~)* Rollschuh laufen; **he ~d over to her/in circles** er lief zu ihr hinüber/drehte Kreise; **the insects ~ on the water** *(fig.)* die Insekten gleiten auf dem Wasser; **on thin ice** *(fig.)* sich auf dünnem Eis bewegen; **[put oneself in danger] sich auf dünnes Eis begeben**
~ **over, ~ round** *v.t. (fig.) (avoid)* hinweggehen über (+ Akk.) ⟨*Frage, Problem*⟩; *(touch lightly on)* [nur] streifen
³**skate** *n. (sl.: contemptible person)* [cheap] ~:

ski cap

mieser Kerl *(ugs. abwertend);* **you dirty ~:** du Dreckskerl *(derb abwertend)*
skate: ~**board** 1. *n.* Skateboard, *das;* Rollerbrett, *das;* 2. *v.i.* Skateboard fahren; **~boarder** *n.* Skateboardfahrer, *der*/-fahrerin, *die;* **~boarding** *n., no pl.* Skateboardfahren, *das*
skater ['skeɪtə(r)] *n. (ice-~)* Eisläufer, *der*/-läuferin, *die; (roller-~)* Rollschuhläufer, *der*/-läuferin, *die*
skating ['skeɪtɪŋ] *n., no pl. (ice-~)* Schlittschuhlaufen, *das; (roller-~)* Rollschuhlaufen, *das*
'skating-rink *n.* **a)** *(ice)* Eisbahn, *die;* Eisfläche, *die;* **b)** *(for roller-skating)* Rollschuhbahn, *die*
skedaddle [skɪ'dædl] *v.i. (coll.)* türmen *(salopp)*
skeet [ski:t] *n. (Sport)* ~ **[shooting]** Skeetschießen, *das*
skein [skeɪn] *n.* **a)** *(of wool etc.)* Strang, *der;* Docke, *die;* **b)** *(fig.: tangle)* Knäuel, *das; (of lies)* Netz, *das;* **c)** **a ~ of wild geese** eine Schar Wildgänse
skeletal ['skelɪtl] *adj.* **a)** *(relating to the skeleton)* Skelett-; **b)** *(emaciated)* knochendürr ⟨*Körper, Hand*⟩; **have a ~ appearance, look ~:** wie ein Skelett *od.* Gerippe aussehen
skeleton ['skelɪtn] *n.* **a)** Skelett, *das;* Gerippe, *das;* **have a ~ in the cupboard** *(Brit.)* or *(Amer.)* **closet** *(fig.)* eine Leiche im Keller haben *(ugs.);* **b)** *(framework)* Skelett, *das (Bauw.); (of ship)* Gerippe, *das;* **c)** *(outline)* Gerüst, *das;* **d)** *(fig.: thin person or animal)* Gerippe, *das;* **she was reduced to a ~:** sie magerte fast bis zum Gerippe ab
skeleton: ~ **'crew** *n.* Stammbesatzung, *die;* ~ **'key** *n.* Dietrich, *der;* ~ **'service** *n.* **provide a ~ service** den Betrieb notdürftig aufrechterhalten; **there were buses running, but it was only a ~ service** es fuhren zwar Busse, aber nur einige wenige; ~ **'staff** *n.* Minimalbesetzung, *die*
skepsis, skeptic *(Amer.) see* **scepsis, sceptic**
sketch [sketʃ] 1. *n.* **a)** *(drawing)* Skizze, *die;* **do or make a ~:** eine Skizze anfertigen; **b)** *(fig.: outline)* **give or deliver a ~ of the situation** die Lage skizzieren; **the plan is only a ~ at the moment** zur Zeit existiert der Plan nur in [groben] Umrissen; **c)** *(play)* Sketch, *der;* **d)** *(Lit., Mus.)* Skizze, *die.* 2. *v.t. (lit. or fig.)* skizzieren. 3. *v.i.* skizzieren
~ **'in** *v.t.* **a)** *(draw)* einzeichnen; **b)** *(fig.: outline)* skizzieren
~ **'out** *v.t. (lit. or fig.)* [in groben Umrissen] skizzieren
sketch: ~**-block** *n.* Skizzenblock, *der;* ~**-book** *n.* Skizzenbuch, *das*
sketcher ['sketʃə(r)] *n.* Skizzenmaler, *der*/-malerin, *die* (of für)
sketchily ['sketʃɪlɪ] *adv.* skizzenhaft; flüchtig ⟨*vorbereiten, berichten, aufzeichnen*⟩
sketching ['sketʃɪŋ] *n.*
sketch: ~ **map** *n.* Faustskizze, *die;* ~**-pad** *n.* see **sketch-block**
sketchy ['sketʃɪ] *adj.* **a)** skizzenhaft; **b)** *(incomplete)* lückenhaft ⟨*Information, Bericht*⟩; **c)** *(inadequate)* unzureichend
skew [skju:] 1. *adj.* schief ⟨*Gesicht*⟩. 2. *n.* **on the ~:** schräg ⟨*überqueren*⟩; schief ⟨*tragen, aufstellen*⟩; **the picture is [hanging] on the ~:** das Bild hängt schief. 3. *v.t.* abschrägen; verzerren ⟨*Gesicht, Gestalt, Sachverhalt*⟩. 4. *v.i.* ~ **round** sich drehen
skewer ['skju:ə(r)] 1. *n.* [Brat]spieß, *der.* 2. *v.t.* aufspießen
skew-'whiff *(Brit. coll.) see* **askew**
ski [ski:] 1. *n.* **a)** Ski, *der;* **b)** *(on vehicle)* Kufe, *die.* 2. *v.i.* Ski laufen *od.* fahren; ~ **down the hill** [auf Skiern] den Berg hinabfahren; ~ **cross-country** Skilanglauf machen
ski: ~**-bob** *n.* Skibob, *der;* ~**-bobbing** *n.* Skibobfahren, *das;* ~ **boot** *n.* Skistiefel, *der;* ~ **cap** *n.* Skimütze, *die*

skid [skɪd] 1. *v. i.*, -dd- a) schlittern; *(from one side to the other; spinning round)* schleudern; ~ to a halt schlitternd/schleudernd zum Stehen kommen; b) *(on foot)* rutschen. 2. *n.* a) Schlittern, *das; (from one side to the other; spinning round)* Schleudern, *das;* **go into a ~**: ins Schlittern/Schleudern geraten; **get out of the ~, correct the ~**: das Schlittern/Schleudern abfangen; **steer into the ~**: gegenlenken; b) *(Aeronaut.)* Gleitkufe, *die;* **tail/wing ~**: Gleitkufe unter dem Leitwerk/Flügel; c) *(braking device)* Radschuh, *der;* Hemmschuh, *der;* d) *(support)* Stützbalken, *der;* e) *(slideway)* Schrotbaum, *der; (used in pairs or sets)* Schrotleiter, *die; (roller)* Rolle, *die;* **be on the ~s** *(fig. coll.)* auf dem absteigenden Ast sein; **the plan/project is on the ~s** *(fig. coll.)* der Plan/das Projekt droht zu scheitern; **put the ~s under sb./sth.** *(fig. coll.)* zu Fall bringen

skid: ~ **chains** see snow chains; ~ **-lid** *n. (sl.)* Sturzhelm, *der;* ~**-marks** *n. pl.* Schleuderspur, *die;* ~**pad** *n. (Amer.),* ~**-pan** *n. (Brit.)* Gelände, *auf dem ein Schleudertraining durchgeführt wird;* ~ **row** [skɪd'rəʊ] *n. (Amer.)* Pennerviertel, *das (salopp abwertend);* **end up on ~ row** *(coll.)* als Penner enden *(salopp abwertend)*

skier ['skiːə(r)] *n.* Skiläufer, *der/-*läuferin, *die;* Skifahrer, *der/*-fahrerin, *die*

skiff [skɪf] *n.* Skiff, *das; (racing-boat also)* Einer, *der*

skiffle ['skɪfl] *n.* Skiffle, *der od. das; attrib.* Skiffle-

'ski goggles *n. pl.* Skibrille, *die*

skiing ['skiːɪŋ] *n., no pl.* Skilaufen, *das;* Skifahren, *das; (Sport)* Skisport, *der*

ski: ~**-jump** *n.* a) *(slope)* Sprungschanze, *die;* b) *(leap)* Skisprung, *der;* ~**-jumper** *n.* Skispringer, *der/-*springerin, *die;* ~**-jumping** *n., no pl.* Skispringen, *das*

skilful ['skɪlfl] *adj.* a) *(having skill)* geschickt; gewandt ⟨*Redner,*⟩; gut ⟨*Beobachter, Lehrer*⟩; b) *(well executed)* geschickt; kunstvoll ⟨*Gemälde, Plastik, Roman, Komposition*⟩; *(expert)* fachgerecht ⟨*Beurteilung*⟩; kunstgerecht ausgeführt ⟨*Operation*⟩

skilfully ['skɪlfəlɪ] *adv.* geschickt; kunstvoll ⟨*malen, dichten, komponieren*⟩; fachgerecht ⟨*urteilen*⟩; kunstgerecht ⟨*operieren*⟩

skilfulness ['skɪlflnɪs] *n., no pl. see* skill a

'ski-lift *n.* Skilift, *der*

skill [skɪl] *n.* a) *(expertness)* Geschick, *das;* Fertigkeit, *die; (of artist)* Können, *das;* **have ~ at** *or* **in sth.** Geschick/Fertigkeit in etw. *(Dat.)* haben; b) *(technique)* Fertigkeit, *die; (of weaving, bricklaying)* Technik, *die;* Kunst, *die;* **the ~ of making guests feel at home** die Kunst, Gäste sich wie zu Hause fühlen zu lassen; c) *in pl. (abilities)* Fähigkeiten; **office ~s** Büroerfahrung, *die;* **language ~s** Sprachkenntnisse, *die;* d) *(dexterity)* Geschicklichkeit, *die; (of speech)* Gewandtheit, *die; (of painting)* Kunstfertigkeit, *die*

skilled [skɪld] *adj.* a) *see* skilful a; b) *(requiring skill)* qualifiziert ⟨*Arbeit, Tätigkeit*⟩; ~ **trade** Ausbildungsberuf, *der;* Lehrberuf, *der (veralt.);* c) *(trained)* ausgebildet; *(experienced)* erfahren; **be ~ in diplomacy/sewing** ein guter Diplomat sein/gut nähen können; ~ **men** Fachleute *Pl.*

skillet ['skɪlɪt] *n.* a) *(Brit.: cooking-pot)* Tiegel, *der (mit Füßen);* b) *(Amer.: frying-pan)* Bratpfanne, *die*

skillful, skillfully, skillfulness *(Amer.) see* skilful *etc.*

skim [skɪm] 1. *v. t.*, -mm- a) *(remove)* abschöpfen; abrahmen ⟨*Milch*⟩; b) *(touch in passing)* streifen; c) *(pass closely over)* ~ **sth.** dicht über etw. *(Akk.)* fliegen; d) *(throw)* segeln lassen; hüpfen lassen ⟨*Stein*⟩; e) *(scan briefly) see* ~ **through.** 2. *v. i.*, -mm- segeln; **a bullet ~med past** *or* **by my arm** eine Kugel schwirrte an meinem Arm vorbei

~ **'off** *v. t.* a) abschöpfen; b) *(fig.) see* cream off

~ **through** *v. t.* überfliegen ⟨*Buch, Zeitung*⟩

skimmed 'milk, skim 'milk *n.* entrahmte Milch

skimp [skɪmp] 1. *v. t.* sparen an (+ *Dat.*); **he did the work badly, ~ing it** er schluderte bei seiner Arbeit *(ugs.).* 2. *v. i.* sparen (**with, on** an + *Dat.*); **he had to ~ on food/clothes** er mußte am Essen/an der Kleidung sparen

skimpily ['skɪmpɪlɪ] *adv.* sparsam ⟨*bekleidet*⟩; kärglich ⟨*essen*⟩; knapp ⟨*geschneidert*⟩

skimpy ['skɪmpɪ] *adj.* sparsam; karg ⟨*Mahl*⟩; kärglich ⟨*Leben*⟩; winzig ⟨*Badeanzug*⟩; [zu] knapp ⟨*Anzug*⟩; spärlich ⟨*Wissen*⟩

skin [skɪn] 1. *n.* a) Haut, *die;* **be all** *or* **just ~ and bone** *(fig.)* nur Haut und Knochen sein *(ugs.);* **be soaked** *or* **wet to the ~**: bis auf die Haut durchnäßt sein; **change one's ~** *(fig.)* sich völlig verwandeln; **by** *or* **with the ~ of one's teeth** mit knapper Not; **get under sb.'s ~** *(fig. coll.) (irritate sb.)* jmdm. auf die Nerven gehen *od.* fallen *(ugs.); (fascinate or enchant sb.)* jmdm. unter die Haut gehen *(ugs.);* **have a thick/thin ~** ein dickes Fell haben *(ugs.)/*dünnhäutig sein; **jump out of one's ~** *(fig.)* aus dem Häuschen geraten *(ugs.);* **save one's ~** *(fig.)* seine Haut retten *(ugs.);* **it's no ~ off my/his** *etc.* **nose** *(coll.)* das braucht mich/ihn *usw.* nicht zu jucken *(ugs.);* **wear sth. next to one's ~**: etw. auf der [bloßen] Haut tragen; **we are all brothers under the ~**: wir sind uns im Grunde alle sehr ähnlich; b) *(hide)* Haut, *die;* *(fur)* Fell, *das;* d) *(peel)* Schale, *die; (of onion, peach also)* Haut, *die;* e) *(sausage-casing)* Haut, *die;* Pelle, *die (landsch., bes. nordd.);* f) *(leather)* Leder, *das;* g) *(Brit. sl.) see* skinhead a; h) *(vessel)* Schlauch, *der;* i) *(Naut., Aeronaut.)* Außenhaut, *die;* j) *(stencil)* Matrize, *die.* 2. *v. t.*, -nn- *(remove from)* häuten ⟨*Frucht*⟩; ~ **one's knee** *etc.* sich *(Dat.)* das Knie *usw.* [auf]schürfen (**on** an, auf + *Dat.*, **against** an + *Dat.*); ~ **sb. alive** *(fig. coll.)* Hackfleisch aus jmdm. machen *(ugs.); see also* eye 1 a

skin: ~ **-cream** *n.* Hautcreme, *die;* ~**-'deep** *adj. (fig.)* oberflächlich; ~ **-deep beauty** *n.;* ~ **-disease** *n.* Hautkrankheit, *die;* ~**-dive** *v. i.* tauchen; ~**-diver** *n.* Taucher, *der/*Taucherin, *die;* ~**-diving** *n., no pl.* Tauchen, *das;* ~**-flick** *n. (sl.)* Pornofilm, *der (ugs.);* ~**flint** *n.* Geizhals, *der (abwertend);* ~**-food** *n.* Nährcreme, *die*

skinful ['skɪnfʊl] *n. (coll.)* **have [got] a ~**: voll sein *(salopp)*

skin: ~ **game** *n. (Amer. sl.)* [betrügerisches] Glücksspiel, *das;* ~**-graft** *n.* Hauttransplantation, *die;* ~**head** *n.* a) *(Brit.)* Skinhead, *der;* b) *(Amer. sl.: naval recruit)* Marinerekrut, *der*

-skinned [skɪnd] *adj. in comb.* -häutig

skinny ['skɪnɪ] *adj.* mager

'skinny-dipping *n. (Amer. sl.)* Nacktbaden, *das*

skint [skɪnt] *adj. (Brit. coll.)* bankrott; **be ~**: blank *od.* pleite sein *(ugs.)*

skin: ~**-test** *n.* Hauttest, *der;* ~**-tight** *adj.* hauteng

¹**skip** [skɪp] 1. *v. i.*, -pp- a) hüpfen; b) *(use skipping-rope)* seilspringen; c) *(change quickly)* springen; d) *(make omissions)* überspringen; e) *(coll.: flee)* abhauen *(ugs.).* 2. *v. t.*, -pp- a) *(omit)* überspringen; *(in mentioning names)* übergehen; ~ **it!** *(sl.)* vergiß es *(ugs.);* **my heart ~ped a beat** *(fig.)* mir stockte das Herz; b) *(coll.: miss)* schwänzen *(ugs.)* ⟨*Schule usw.*⟩; liegenlassen ⟨*Hausarbeit*⟩; ~ **breakfast/lunch** das Frühstück/Mittagessen *usw.* auslassen; c) *(coll.: flee from)* abhauen aus *(ugs.); see also* ¹bail 1 a; d) ~ **rope** *(Amer.)* seilspringen. 3. *n.* Hüpfer, *der;* Hopser, *der (ugs.);* **give a ~ of delight** vor Freude hüpfen

~ **a'bout** *v. i.* a) herumhüpfen; b) **he did not stay with his subject but ~ped about** er hielt sich nicht an sein Thema, sondern sprang von einem Gegenstand zum anderen *od.* nächsten

~ **a'cross** *v. i.* hinüberspringen; rüberspringen *(ugs.);* ~ **across to France** *(fig.)* kurz nach Frankreich hinüberfahren *od. (ugs.)* rüberfahren

~ **a'round** *see* ~ about

~ **'off** *v. i.* a) *see* pop off b; b) *(flee)* sich absetzen *(ugs.)*

~ **over** 1. [-ˈ--] *v. i. see* ~ across. 2. [ˈ---] *v. t. see* ~ 2 a

~ **through** *v. t.* a) *see* skim through; b) *(make short work of)* [rasch] durchziehen *(ugs.);* herunterschnurren *(ugs.)* ⟨*Vorlesung*⟩

²**skip** *n.* a) *(Building)* Container, *der;* b) *(Mining)* Skip, *der;* Fördergefäß, *das*

³**skip** *(Sport coll.) see* skipper 1 c

ski: ~**-plane** *n.* Kufenflugzeug, *das;* ~ **pole** *n.* Skistock, *der*

skipper ['skɪpə(r)] *n.* a) *(Naut.)* Kapitän, *der; (of yacht)* Skipper, *der (Seglerjargon);* b) *(Aeronaut.)* [Flug]kapitän, *der;* c) *(Sport)* [Mannschafts]kapitän, *der.* 2. *v. t.* ~ **a yacht** *etc.* Kapitän einer Jacht *usw.* sein; ~ **the team to victory** die Mannschaft zum Sieg führen

skipping-rope ['skɪpɪŋrəʊp] *(Brit.),* **'skiprope** *(Amer.) ns.* Sprungseil, *das;* Springseil, *das*

'ski resort *n.* Skiurlaubsort, *der*

skirl [skɜːl] *n.* durchdringendes *od.* gellendes Pfeifen

skirmish ['skɜːmɪʃ] 1. *n.* a) *(fight)* Rangelei, *die (ugs.); (of troops, armies)* Gefecht, *das (Milit.);* b) *(fig.: argument)* Auseinandersetzung, *die.* 2. *v. i.* a) *(fight)* miteinander rangeln *(ugs.)* ⟨*Armeen, Truppen:*⟩ sich *(Dat.)* Gefechte *(Milit.)* liefern; b) *(fig.: argue)* [sich] streiten

skirt [skɜːt] 1. *n.* a) Rock, *der;* b) *(of coat)* Schoß, *der;* c) *(border)* Rand, *der;* Saum, *der (geh.);* d) *(on hovercraft)* Schürze, *die;* e) *(Riding)* Seitenblatt, *das;* f) *(Brit.: cut of meat)* ~ **of beef** Rindfleisch vom Unterbauch; g) *(sl.: woman)* [**a bit of**] ~: [eine] Mieze *(salopp).* 2. *v. t.* a) *(go past edge of)* herumgehen um; b) *(border on)* ⟨*Straße, Weg:*⟩ entlangführen an (+ *Dat.*). 3. *v. i.* ~ **along sth.** an etw. *(Dat.)* entlanggehen/-fahren/-reiten *usw.*

~ **round** *v. t.* herumgehen um; *(fig.)* umgehen; ausweichen (+ *Dat.*)

skirting ['skɜːtɪŋ] *n.* ~**[-board]** *(Brit.)* Fußleiste, *die*

ski: ~**-run** *n.* Skihang, *der; (prepared)* [Ski]piste, *die;* ~**stick** *n.* Skistock, *der;* ~ **suit** *n.* Skianzug, *der*

skit [skɪt] *n.* parodistischer Sketch (**on** über + *Akk.*)

'ski tow *n.* Schlepplift, *der*

skittish ['skɪtɪʃ] *adj.* a) *(nervous)* nervös ⟨*Pferd*⟩; *(inclined to shy)* schreckhaft ⟨*Pferd*⟩; b) *(lively)* ausgelassen; aufgekratzt *(ugs.)*

skittishly ['skɪtɪʃlɪ] *adv. see* skittish: nervös; schreckhaft; ausgelassen; aufgekratzt *(ugs.)*

skittle ['skɪtl] *n.* a) Kegel, *der;* b) *in pl., constr. as sing. (game)* Kegeln, *das;* **play [at] ~s** kegeln; *see also* beer

~ **'out** *v. t. (Cricket)* in schneller Folge ausscheiden lassen ⟨*die gegnerischen Schlagmänner*⟩

skive [skaɪv] 1. *v. t.* a) *(pare)* schaben ⟨*Leder, Fell*⟩; b) *(Brit. sl.: evade)* schwänzen *(ugs.)* ⟨*Schule usw.*⟩. 2. *v. i. (Brit. sl.)* sich drücken vor (+ *Dat.*); schwänzen *(ugs.)* ⟨*Schule usw.*⟩

~ **'off** *(Brit. sl.)* 1. *v. i.* sich verdrücken *(ugs.).* 2. *v. t.* schwänzen *(ugs.)*

skiver ['skaɪvə(r)] *n. (Brit. sl.)* Drückeberger, *der/*Drückebergerin, *die*

skivvy ['skɪvɪ] *n. (Brit. coll. derog.)* Dienstmädchen, *das (fig. ugs.);* Dienstbolzen, *der (salopp abwertend)*
skua ['skjuːə] *n. (Ornith.)* Skua[raubmöwe], *die*
skulduggery [skʌl'dʌgərɪ] *n. (joc.)* Hinterlist, *die; (Polit.)* Intrige, *die;* **a piece/an act of ~:** eine Hinterlist/Intrige; **what ~ got you the job?** mit welchen Tricks hast du die Stelle bekommen?
skulk [skʌlk] *v. i.* **a)** *(lurk)* lauern; **b)** *(move stealthily)* schleichen; **c)** *(be cowardly)* sich verkriechen; **d)** *(shirk duty)* krankfeiern *(ugs.)*
~ 'off *v. i.* sich fortschleichen
skull [skʌl] *n.* **a)** *(Anat.)* Schädel, *der;* **b)** *(as object)* Totenschädel, *der; (representation)* Totenkopf, *der;* **c)** *(fig.: seat of intelligence)* Schädel, *der;* **can't you/when will you get it into** *or* **through your thick ~?** *(coll.)* geht das nicht/wann geht das endlich in deinen Schädel [hinein]? *(ugs.)*
skull: ~ and cross-bones [skʌlən-'krɒsbəʊnz] *n.* Totenkopf, *der (mit gekreuzten Knochen); (flag)* Totenkopfflagge, *die;* **~-cap** *n.* **a)** *(hat)* Scheitelkäppchen, *das;* **b)** *(Anat.)* Schädeldach, *das*
skullduggery *see* **skulduggery**
-skulled *adj. in comb.* -schädelig
skunk [skʌŋk] *n.* **a)** *(Zool.)* Stinktier, *das;* Skunk, *der;* **b)** *(coll.: contemptible person)* Stinktier, *das (derb);* **c)** *(fur)* Skunk, *der*
'skunk-bear *(Amer.) see* **wolverine**
sky [skaɪ] 1. *n.* Himmel, *der;* **in the ~:** am Himmel; **out of a clear [blue] ~** *(fig.)* aus heiterem Himmel *(ugs.);* **praise sb./sth. to the skies** jmdn./etw. in den Himmel heben *(ugs.);* **there is not a cloud in the ~** *(lit. or fig.)* es zeigt sich kein Wölkchen am Himmel; **the ~'s the limit** *(fig.)* da gibt es [praktisch] keine Grenze; **for a man with his qualifications the ~'s the limit** *(fig.)* einem so hochqualifizierten Mann stehen alle Möglichkeiten offen; **under the open ~:** unter freiem Himmel. 2. *v. t. (Sport)* hoch in die Luft schlagen
sky: ~-blue 1. *adj.* himmelblau; 2. *n.* Himmelblau, *das;* **~-diver** *n.* Fallschirmspringer, *der/*-springerin, *die;* **~-diving** *n.* Fallschirmspringen, *das (als Sport);* Fallschirmsport, *der;* **~-high** 1. *adj.* himmelhoch; astronomisch *(ugs.) ⟨Preise usw.⟩.* 2. *adv.* hoch in die Luft *⟨werfen, steigen usw.⟩;* **go ~-high** *⟨Preise usw.⟩:* in astronomische Höhen klettern *(ugs.);* **blow a building/a theory ~-high** ein Gebäude in die Luft jagen *(ugs.)/*eine Theorie völlig umwerfen; **~jack** *(Journ. coll.)* 1. *v. t.* entführen; 2. *n.* Flugzeugentführung, *die;* **~-jacker** ['skaɪdʒækə(r)] *n. (Journ. coll.)* Flugzeugentführer, *der/*-entführerin, *die;* **~lark** 1. *n. (Ornith.)* [Feld]lerche, *die;* 2. *v. i.* **~lark [about** *or* **around]** herumalbern *(ugs.);* **~light** *n.* Dachfenster, *das;* **~line** *n.* Silhouette, *die; (characteristic of certain town)* Skyline, *die;* **~-rocket** 1. *n.* Rakete, *die;* 2. *v. i. (fig. coll.) ⟨Preise usw.⟩:* in die Höhe schnellen; *⟨Beliebtheit:⟩* ungeheuer *(ugs.)* wachsen; **~sail** ['skaɪsl, 'skaɪsl] *n. (Naut.)* Skysegel, *das;* **~scraper** *n.* Wolkenkratzer, *der*
skyward ['skaɪwəd] 1. *adj.* zum Himmel gerichtet; **in a ~ direction/on a ~ path** himmelwärts *(geh.).* 2. *adv.* himmelwärts *(geh.);* zum *od. (veralt.)* gen Himmel
skywards *see* **skyward** 2
sky: ~way *n. (Aeronaut.)* Fluglinie, *die;* **~-writing** *n.* Himmelsschrift, *die*
slab [slæb] *n.* **a)** *(flat stone etc.)* Platte, *die;* **mortuary ~:** Totenbank, *die;* **b)** *(thick slice) [dicke]* Scheibe, *die;* **c)** *(of cake) [dickes]* Stück, *das;* **d)** *(of chocolate, toffee)* Tafel, *die*
'slab cake *n.* Kastenkuchen, *der*
¹slack [slæk] 1. *adj.* **a)** *(lax)* nachlässig; schlampig *(ugs. abwertend);* **his ~ attend**ance sein unregelmäßiges Erscheinen; **be ~ about** *or* **in** *or* **with sth.** in bezug auf etw. *(Akk.)* nachlässig sein; **not be ~ about** *or* **in** *or* **at doing sth.** nicht lange zögern, etw. zu tun; **b)** *(loose)* schlaff; locker *⟨Schraube, Verband, Strumpfband⟩;* **c)** *(sluggish)* schlaff; schwach *⟨Wind, Flut⟩;* **d)** *(Commerc.: not busy)* flau; **a ~ three weeks** eine dreiwöchige Flaute. 2. *n.* **a)** *(Naut.)* Lose, *die;* **take in** *or* **up the ~ on sth.** die Lose an etw. *(Dat.)* durchholen; **b)** *(lull)* Flaute, *die.* 3. *v. i. (coll.)* bummeln *(ugs.)*
~ 'off *see* **slacken off**
~ 'up *see* **slacken up**
²slack *n. (coal-dust)* Grus, *der*
slacken ['slækn] 1. *v. i.* **a)** *(loosen)* sich lockern; **b)** *(diminish)* nachlassen; *⟨Geschwindigkeit:⟩* sich verringern; *⟨Schritt:⟩* sich verlangsamen. 2. *v. t.* **a)** *(loosen)* lockern; **b)** *(diminish)* verringern; verlangsamen *⟨Schritt⟩;* **~ one's efforts/attempts to do sth.** in seinen Anstrengungen/Bemühungen nachlassen
~ 'off 1. *v. i.* **a)** *(loosen) see* **~ 1 a**; **b)** *(diminish) see* **~ 1 b**; **c)** *(relax)* es etwas langsamer angehen lassen *(ugs.).* 2. *v. t.* **a)** *(loosen) see* **~ 2 a**; **b)** *(diminish) see* **~ 2 b**
~ 'up *v. i.* **a)** *(reduce speed) ⟨Zug, Auto:⟩* die Fahrt verlangsamen; **b)** *see* **~ off 1 c**
slacker ['slækə(r)] *n. (derog.)* Faulenzer, *der*
slackly ['slæklɪ] *adv.* **a)** *(negligently)* nachlässig; schlampig *(ugs. abwertend);* **b)** *(loosely)* locker; schlaff *⟨hängen⟩*
slackness ['slæknɪs] *n., no pl.* **a)** *(negligence)* Nachlässigkeit, *die;* **b)** *(idleness)* Bummelei, *die;* **c)** *(looseness)* Schlaffheit, *die;* **d)** *(of market, trade)* Flaute, *die*
slacks [slæks] *n. pl.* [pair of] **~:** lange Hose; Slacks *Pl. (Mode)*
slack 'water *n.* Stauwasser, *das*
slag [slæg] 1. *n.* **a)** *(Metallurgy, Geol.)* Schlacke, *die;* see also **basic slag**; **b)** *(sl.: slattern)* Schlampe, *die (salopp).* 2. *v. t.* **[off]** herziehen über *(+ Akk.) (ugs.)*
'slag-heap *n. (Mining)* Schlackenhalde, *die*
slain *see* **slay**
slake [sleɪk] *v. t.* **a)** stillen, löschen, stillen *⟨Durst⟩;* **b)** *(Chem.)* löschen
slaked lime [sleɪkt 'laɪm] *see* **¹lime a**
slalom ['slɑːləm] *n. (Skiing; Motor-/Canoe-racing)* Slalom, *der; see also* **giant slalom**
¹slam [slæm] 1. *v. t., -mm-* **a)** *(shut)* zuschlagen; zuknallen *(ugs.);* **~ the door in sb.'s face** jmdm. die Tür vor der Nase zuschlagen; **b)** *(put violently)* knallen *(ugs.);* **~ in[to] prison** *(coll.)* jmdn. einbuchten *(salopp);* **~ one's foot on the brake** *(coll.)* auf die Bremse steigen *(ugs.);* **c)** *(sl.: criticize) see* **slate 3 a**; **d)** *(coll.: hit with force)* knallen *(ugs.) ⟨Ball⟩.* 2. *v. i.* **a)** *(-mm-* **a)** zuschlagen; zuknallen; **b)** *(move violently)* stürmen; **the car ~med against** *or* **into the wall** das Auto knallte *od.* raste gegen die Mauer. 3. *n. (sound)* Knall, *der;* **hear the ~ of the door** die Tür zuknallen hören *(ugs.)*
~ 'down *v. t.* [hin]knallen *(ugs.);* **~ sth. down on sth.** etw. auf etw. *(Akk.)* knallen *(ugs.);* **~ down a window** ein Fenster zuknallen *(ugs.)*
~ 'on *v. t. (coll.)* **~ on the brakes** auf die Bremse latschen *(salopp)*
~ 'to 1. *v. i.* zuschlagen; zuknallen. 2. *v. t.* zuschlagen; zuknallen *(ugs.)*
²slam *n.* **a)** *(Cards)* Schlemm, *der;* **grand/ little** *or* **small ~:** großer/kleiner Schlemm; **b)** *(Sport)* **achieve the grand ~:** alle [wichtigen] Meistertitel gewinnen; *(Tennis)* den Grand Slam gewinnen
slam'bang *adv.* mit einem Knall
slammer ['slæmə(r)] *n. (sl.)* Kittchen, *das (ugs.)*
slander ['slɑːndə(r)] 1. *n.* **a)** *(false report, defamation)* Verleumdung, *die* (on *Gen.);* **b)** *(Law)* [mündliche] Verleumdung. 2. *v. t.* verleumden *(Ruf)*

slanderer ['slɑːndərə(r)] *n.* Verleumder, *der/*Verleumderin, *die*
slanderous ['slɑːndərəs] *adj.* verleumderisch
slang [slæŋ] 1. *n.* Slang, *der; ⟨Theater-, Soldaten-, Juristen⟩*jargon, *der; attrib.* Slang-*⟨wort, -ausdruck⟩.* 2. *v. t.* **~ sb.** jmdn. übel beschimpfen; **~ sth.** etw. zerreißen *(ugs.)*
'slanging-match *n.* gegenseitige [lautstarke] Beschimpfung; **I had a ~ with her** wir warfen uns gegenseitig Beschimpfungen an den Kopf
slangy ['slæŋɪ] *adj.* Slang*⟨ausdruck, -wort⟩;* salopp *⟨Wortwahl, Redeweise⟩*
slant [slɑːnt] 1. *v. i. ⟨Fläche:⟩* sich neigen; *⟨Linie:⟩* schräg verlaufen; **the roof ~s at an angle of 45°** das Dach hat eine Neigung von 45°; **green hills ~ing down to the sea** grüne Hügel, die schräg zum Meer abfallen; **his writing ~s from left to right** seine Schrift ist nach rechts geneigt *od.* er schreibt nach rechts; **the desk-top ~s** die Schreibtischplatte ist geneigt. 2. *v. t.* **a)** abschrägen; **b)** *(fig.: bias)* [so] hinbiegen *(ugs.) ⟨Meldung, Bemerkung⟩.* 3. *n.* **a)** Schräge, *die;* **have a ~ to the right** nach rechts geneigt sein; **cut sth. with** *or* **on a** *or* **the ~:** etw. schräg abschneiden; **be on a** *or* **the ~:** schräg sein; **write on the ~:** schräg schreiben; **b)** *(fig.: bias)* Tendenz, *die;* Färbung, *die;* **have a left-wing ~** *⟨Bericht:⟩:* links gefärbt sein; **put a right-wing ~ on sth.** von etw. eine rechts gefärbte Darstellung geben; **give an unfair ~ to events** die Vorfälle schief darstellen
slanted ['slɑːntɪd] *adj. (fig.)* gefärbt; **a ~ question** eine Suggestivfrage
'slant-eyed *adj. (also derog.)* schlitzäugig
slanting ['slɑːntɪŋ] *adj.* schräg
'slantways ['slɑːntweɪz], **slantwise** ['slɑːntwaɪz] *adv.* schräg
slap [slæp] 1. *v. t., -pp-* **a)** schlagen; **~ sb. on the face/arm/hand** jmdm. ins Gesicht/auf den Arm/auf die Hand schlagen; **~ sb.'s face** *or* **sb. in** *or* **on the face** jmdn. ohrfeigen; **I'll ~ your face!** du bekommst eine Ohrfeige; **~ one's thigh[s]** sich *(Dat.)* auf die Schenkel schlagen; **~ sb. on the back** jmdm. auf die Schulter klopfen; **she deserves to be ~ped on the back** *(fig.)* sie verdient Beifall; Hut ab vor ihr! *(ugs.);* **b)** *(put forcefully)* knallen *(ugs.);* **he ~ped the handcuffs on the prisoner** er ließ ihm die Handschellen an den Armen des Gefangenen zuschnappen; **~ a fine on sb.** *(fig.)* jmdm. eine Geldstrafe aufbrummen *(ugs.);* **~ sb. in jail** *(coll.)* jmdn. ins Gefängnis stecken *(ugs.);* **c)** *(put hastily or carelessly)* klatschen *(ugs.).* 2. *v. i., -pp-* schlagen; klatschen. 3. *n.* Schlag, *der;* **give sb. a ~:** jmdm. [mit den flachen Hand] schlagen; **give sth. a ~:** [mit der flachen Hand] auf etw. *(Akk.)* schlagen; **a ~ in the face** *(lit. or fig.)* ein Schlag ins Gesicht; **give sb. a ~ on the back** *(lit. or fig.)* jmdm. auf die Schulter klopfen; **a ~ on the back for sb./sth.** *(fig.)* eine Anerkennung für jmdn./etw.; **the judge gave him more than just a ~ on the wrist** *(fig.)* der Richter verpaßte ihm einen ordentlichen Denkzettel *(ugs.).* 4. *adv.* voll; direkt; **run ~ into sb.** *(lit. or fig.)* mit jmdm. zusammenprallen; **hit sb. ~ in the eye/face** *etc.* jmdn. mit voller Wucht ins Auge/Gesicht treffen; **~ in the middle** genau in der Mitte; **he arrived ~ on time** er kam auf die Minute pünktlich
~ 'down *v. t.* **a)** *(lay forcefully)* hinknallen *(ugs.);* **~ sth. down on sth.** etw. auf etw. *(Akk.)* knallen *(ugs.);* **b)** *(coll.: check, suppress, reprimand)* **~ sb. down** jmdm. eins auf den Deckel geben *(ugs.);* **be ~ped down** eins auf den Deckel kriegen *(ugs.)*
~ 'on *v. t.* **a)** *(coll.: apply hastily)* draufklatschen *(ugs.) ⟨Farbe, Tapete, Make-up⟩;* zuschnappen lassen *⟨Handschellen⟩;* **b)** *(coll.: impose)* draufschlagen *(ugs.)*

slap: ~ and 'tickle *n. (Brit. coll.)* Fummelei, *die (salopp);* ~-**bang** *adv.* the table was ~-bang in the middle of the room der Tisch stand einfach mitten im Zimmer; ~**dash** 1. *adv.* ruck, zuck *(ugs.);* 2. *adj.* in a ~dash way/fashion/manner im Schnellverfahren; *(carelessly)* schludrig *(ugs. abwertend);* her essay is ~dash ihr Aufsatz ist hingeschludert *(ugs. abwertend);* he is a ~dash sort of er ist ein schludriger Typ; be ~dash in one's work bei seiner Arbeit schludern *(ugs. abwertend);* ~-**happy** *adj. (coll.)* a) *(punchdrunk, lit. or fig.)* taumelig; b) *(cheerfully casual)* unbekümmert; ~**stick** *n. (Theatre: comedy style)* Slapstick, *der;* ~**stick comedy/humour** Slapstickkomödie, *die/* -humor, *der;* ~-**up** *attrib. adj. (sl.)* ⟨*Essen, Diner*⟩ mit allen Schikanen *(ugs.)*
slash [slæʃ] 1. *v.i.* ~ with one's sword sein Schwert schwingen; ~ at sth. with a knife/stick auf jmdn./etw. mit einem Messer losgehen/mit einem Stock ausholen. 2. *v.t.* a) *(make gashes in)* aufschlitzen; ~ one's wrists sich *(Dat.)* die Pulsadern aufschneiden; ~ sth. to ribbons or shreds *(Dressm., Tailoring)* [auf]schlitzen; c) *(fig.: reduce sharply)* [drastisch] reduzieren; [drastisch] kürzen ⟨*Etat, Gehalt, Umfang*⟩; ~ costs by one million die Kosten um eine Million reduzieren; ~ a book to half its original length ein Buch auf die Hälfte der ursprünglichen Länge zusammenstreichen; he ~ed five seconds off the world record er hat die Weltrekordmarke um [beachtliche] fünf Sekunden unterboten; d) *(clear by ~ing)* he ~ed his way through the undergrowth er schlug sich *(Dat.)* einen Weg durch das Unterholz frei. 3. *n.* a) *(slashing stroke)* Hieb, *der;* b) *(wound)* Schnitt, *der;* give sb. a ~ on the arm jmdn. den Arm aufschlitzen; c) *(slit; Dressm., Tailoring)* Schlitz, *der;* d) *(Amer.: tree debris)* Holzabfall *(bei Waldbränden, Naturkatastrophen oder Holzschlag);* e) go for a or have a ~ *(sl.: urinate)* sich auspissen gehen *(derb)*
slash-and-'burn *attrib. adj. (Agric.)* ~ method Brandrodung, *die*
slashed [slæʃt] *adj. (Dressm., Tailoring)* geschlitzt; ~ sleeves Schlitzärmel
slashing ['slæʃɪŋ] *adj.* vernichtend ⟨*Angriff, Kritik*⟩
slat [slæt] *n.* Leiste, *die; (of wood in bedstead, fence)* Latte, *die; (in Venetian blind)* Lamelle, *die*
slate [sleɪt] 1. *n.* a) *(Geol.)* Schiefer, *der;* b) *(Building)* Schieferplatte, *die;* c) *(writing-surface)* Schiefertafel, *die;* put sth. on the ~ *(Brit. coll.)* etw. anschreiben *(ugs.);* wipe the ~ clean *(fig.)* reinen Tisch machen; d) *(Amer. Polit.: list of candidates)* Kandidatenliste, *die.* 2. *attrib. adj.* Schiefer-; ~ roof Schieferdach, *das.* 3. *v.t. a) (Brit. coll.: criticize)* in der Luft zerreißen *(ugs.)* **(for** wegen); b) *(Amer.: schedule)* ansetzen ⟨*Treffen, Besprechung*⟩
slate: ~-**colour** *n.* Schieferfarbe, *die;* ~-**coloured** *adj.* schieferfarben; ~-**grey** 1. *n.* Schiefergrau, *das.* 2. *adj.* schiefergrau; ~-**pencil** *n.* Schiefergriffel, *der*
slating ['sleɪtɪŋ] *n. (Brit. coll.)* get or take a ~: in der Luft zerrissen werden *(ugs.)* **(for** wegen); give sb./sth. a ~: jmdn./etw. in der Luft zerreißen *(ugs.)* **(for** wegen)
slattern ['slætən] *n.* Schlampe, *die (ugs. abwertend)*
slatternly ['slætənlɪ] *adj.* schlampig *(ugs. abwertend)*
slaughter ['slɔ:tə(r)] 1. *n.* a) *(killing for food)* Schlachten, *das;* Schlachtung, *die; see also* lamb 1 a; b) *(in battle, war)* Gemetzel, *das;* the wholesale ~ of birds der Vogelmord im großen Stil. 2. *v.t.* a) *(kill for food)* schlachten; b) *(massacre)* abschlachten; niedermetzeln;

(abwertend); c) *(coll.: defeat utterly)* fertigmachen *(salopp)*
'**slaughterhouse** *see* abattoir
Slav [slɑːv] 1. *n.* Slawe, *der/*Slawin, *die.* 2. *adj.* slawisch
slave [sleɪv] 1. *n.* a) Sklave, *der/*Sklavin, *die; see also* white slave; b) *(fig.)* be a ~ of or to sth. Sklave von etw. sein; be a ~ to sb. jmdm. verfallen sein; c) *(drudge)* Kuli, *der;* work like a ~: wie ein Kuli *od.* Brunnenputzer schuften *(ugs.).* 2. *v.i.* schuften *(ugs.);* ~ at sth. sich mit etw. abplagen; ~ over a hot stove all day den ganzen Tag am Herd stehen *(ugs.)*
~ a'way *v.i.* sich abplagen; sich abrackern *(salopp);* ~ away at sth. sich mit etw. abplagen
slave: ~-**drive** *v.t.* schinden; ~-**driver** *n.* a) Sklavenaufseher, *der;* b) *(fig.: taskmaster)* Sklaventreiber, *der/*-treiberin, *die (abwertend);* ~ '**labour** *n.* Sklavenarbeit, *die; (fig.)* Ausbeutung, *die*
¹**slaver** ['slævə(r)] *v.i.* sabbern *(ugs.);* ⟨*Tier:*⟩ geifern; he was ~ing at the mouth ihm rann Speichel aus dem Mund; ~ over sb./sth. *(fig. derog.)* nach jmdm./etw. gieren. 2. *n., no indef. art.* Geifer, *der*
²**slaver** ['sleɪvə(r)] *n.* Sklavenhändler, *der/* -händlerin, *die*
slavery ['sleɪvərɪ] *n., no pl.* a) Sklaverei, *die;* b) *(drudgery)* Sklavenarbeit, *die;* Sklaverei, *die*
slave: ~-**trade** *n.* Sklavenhandel, *der;* ~-**trader** *n.* Sklavenhändler, *der/*-händlerin, *die*
Slavic ['slɑːvɪk] 1. *adj.* slawisch. 2. *n.* Slawisch, *das*
slavish ['sleɪvɪʃ] *adj.* sklavisch
slavishly ['sleɪvɪʃlɪ] *adv.* sklavisch
Slavonia [slə'vəʊnɪə] *n.* Slawonien *(das)*
Slavonic [slə'vɒnɪk] 1. *adj.* slawisch. 2. *n.* Slawisch, *das;* Church or Old [Church] ~: Altkirchenslawisch, *das*
slay [sleɪ] *v.t.,* slew [sluː], slain [sleɪn] *(see also* c) a) *(literary)* ermorden; *(with sword, club also)* erschlagen; vernichtend schlagen ⟨*Armee*⟩; b) *(coll.: defeat utterly)* in die Pfanne hauen *(ugs.);* c) *p.t., p.p.* ~ed *(coll.: amuse greatly)* he/his jokes ~ed me über ihn/seine Witze hätte ich mich totlachen können *(ugs.)*
SLD *abbr. (Brit. Polit.)* **Social and Liberal Democrats** Sozial-Liberaldemokratische Partei
sleazily ['sliːzɪlɪ] *adv.* schäbig *(abwertend);* in schäbigen Verhältnissen ⟨*leben*⟩; **dress** ~: schäbig angezogen sein
sleazy ['sliːzɪ] *adj.* *(squalid)* schäbig *(abwertend);* heruntergekommen *(ugs.)* ⟨*Person*⟩; *(disreputable)* anrüchig
sled [sled] *(Amer.)* 1. *v.i.,* -dd- *see* ¹sledge 2. 2. *n.* Schlitten, *der*
¹**sledge** [sledʒ] 1. *n.* Schlitten, *der.* 2. *v.i.* Schlitten fahren; rodeln. 3. *v.t.* mit dem Schlitten fahren
²**sledge** *see* sledge-hammer
sledge-hammer 1. *n.* Vorschlaghammer, *der.* 2. *adj.* schlagend ⟨*Argument*⟩; wuchtig ⟨*Schlag*⟩; ~ **style** Holzhammermethode, *die (ugs.)*
sleek [sliːk] 1. *adj.* a) *(glossy)* seidig ⟨*Fell, Haar, Pelz*⟩; ⟨*Tier*⟩ mit seidigem Fell; b) *(well-fed)* wohlgenährt; c) *(polished)* glatt; *(glossy)* seidig glänzend; the ~ lines of the car die schnittige Form des Wagens. 2. *v.t.* glätten
~ '**back** *see* slick back
~ '**down** *see* slick down
sleep [sliːp] 1. *n.* Schlaf, *der;* get some ~: schlafen; it's time we got some ~: es ist Zeit zum Schlafengehen; get three hours' ~: drei Stunden schlafen; get/go to ~: einschlafen; go to ~! schlaf jetzt!; not lose [any] ~ over sth. *(fig.)* wegen etw. keine schlaflose Nacht haben; some cocoa should put him to ~: etwas Kakao, und er müßte einschlafen; put an animal to ~ *(euphem.)* ein Tier einschläfern; he put or sent me to ~ with his stories *(coll.)* bei seinen Geschichten bin ich fast eingeschlafen; talk in one's ~: im Schlaf sprechen; one's last ~ *(fig.)* der ewige Schlaf; walk in one's ~: schlafwandeln; I can/could do it in my ~ *(fig.)* ich kann/ könnte es im Schlaf; be in a deep ~: fest schlafen; get or have a good night's ~: [sich] gründlich ausschlafen; have a short ~: ein [kurzes] Schläfchen machen. 2. *v.i.,* slept [slept] a) schlafen; ~ late lange schlafen; ausschlafen; ~ like a log or top wie ein Stein schlafen *(ugs.);* ~ tight! *(coll.)* schlaf gut!; ~ at sb.'s bei jmdm. schlafen; *see also* rough 3; b) *(fig.: be dormant)* schlafen *(fig.);* ⟨*Vulkan, Haß*⟩ ruhen, schlafen; c) *(fig.: lie in grave)* ruhen *(geh.).* 3. *v.t.,* slept a) ~ the sleep of the just or dead *(joc.)* den Schlaf des Gerechten schlafen *(scherzh.);* b) *(accommodate)* schlafen lassen; the hotel has ~ 80 das Hotel hat 80 Betten. *See also* wink 3 b
~ a'round *v.i. (coll.)* herumschlafen *(ugs.)*
~ a'way *v.t.* ~ verschlafen
~ 'in *v.i.* a) *(sleep late)* im Bett bleiben; b) *(live in)* im Hause wohnen
~ 'off *v.t.* ausschlafen; ~ it off seinen Rausch ausschlafen; ~ off one's lunch [nach dem Mittagessen] einen Verdauungsschlaf halten
~ 'on 1. *v.i.* [-'-] weiterschlafen. 2. *v.t.* ['-'-] überschlafen
~ 'out *v.i.* a) *(sleep in the open)* im Freien schlafen; b) *(live out)* nicht im Hause wohnen
~ '**through** *v.t.* ~ through the noise/alarm trotz des Lärms/Weckerklingelns [weiter]schlafen
~ **together** *v.i. (coll. euphem.)* miteinander schlafen
~ **with** *v.t.* ~ with sb. *(coll. euphem.)* mit jmdm. schlafen
sleeper ['sliːpə(r)] *n.* a) Schläfer, *der;* be a heavy/light ~: einen tiefen/leichten Schlaf haben; b) *(Brit. Railw.: support)* Schwelle, *die;* c) *(Railw.)* *(coach)* Schlafwagen, *der; (berth)* Schlafwagenplatz, *der; (overnight train)* [night] ~: Nachtzug mit Schlafwagen; d) *(ear-ring)* [medizinischer] Ohrstecker; e) *(slow starter)* the novel/film was a ~: dem Roman/Film gelang erst spät der Durchbruch *(fig.);* f) *(Amer.) see* sleepsuit
sleepily ['sliːpɪlɪ] *adv.* a) *(drowsily)* schlafrig; b) *(sluggishly)* schwerfällig; *(unobservantly)* schlafmützig *(ugs. abwertend)*
sleepiness ['sliːpɪnɪs] *n., no pl. (drowsiness)* Schläfrigkeit, *die*
sleeping ['sliːpɪŋ] *adj.* schlafend; *(lit. or fig.)* schlafend; schlummernd ⟨*Leidenschaft*⟩; let ~ dogs lie *(fig.)* keine schlafenden Hunde wecken
sleeping: ~ **accommodation** *n.* Übernachtungsmöglichkeit, *die;* the price includes ~ accommodation im Preis ist die Übernachtung inbegriffen; ~-**bag** *n.* Schlafsack, *der;* S~ '**Beauty** *pr. n.* Dornröschen *(das);* ~-**car[riage]** *n. (Railw.)* Schlafwagen, *der;* ~-**draught** *n.* Schlaftrunk, *der;* ~-**drug** *n.* Schlafmittel, *das;* ~ '**partner** *n. (Commerc.)* stiller Teilhaber; ~-**pill** *n.* Schlaftablette, *die;* ~ po'**liceman** *n. (Brit.)* Bodenschwelle, *die;* ~ **sickness** *n. (Med.)* Schlafkrankheit, *die;* ~-**suit** *see* sleepsuit; ~-**tablet** *see* ~-pill
sleepless ['sliːplɪs] *adj.* schlaflos
sleeplessness ['sliːplɪsnɪs] *n., no pl.* Schlaflosigkeit, *die*
sleep: ~-**suit** *n.* [Baby]schlafanzug, *der;* ~-**walk** *v.i.* schlafwandeln; ~-**walker** *n.* Schlafwandler, *der/*-wandlerin, *die;* ~-**walking** *n.* Schlafwandeln, *das*
sleepy ['sliːpɪ] *adj.* a) *(drowsy)* schläfrig; b)

sleepyhead | **slip**

(sluggish) schwerfällig; *(unobservant)* schlafmützig *(ugs.)*; **c)** *(peaceful)* verschlafen ⟨*Dorf, Stadt usw.*⟩.
sleepy: ~**head** *n.* Schlafmütze, die *(ugs.)*; ~ **sickness** *n.* *(Med.)* Kopfgrippe, die; europäische Schlafkrankheit
sleet [sli:t] **1.** *n., no indef. art.* Schneeregen, der. **2.** *v. i. impers.* **it was** ~**ing** es gab Schneeregen
sleeve [sli:v] *n.* **a)** Ärmel, der; **have sth. up one's** ~ *(fig.)* etw. in petto haben *(ugs.)*; **roll up one's** ~**s** *(lit. or fig.)* die Ärmel hochkrempeln *(ugs.)*; *see also* **heart 1 b**; **laugh**; **b)** *(record-cover)* Hülle, die; **c)** *(Mech.)* Muffe, die *(Technik)*; **d)** *(Aeronaut.)* *(wind-sock)* Windsack, der
-**sleeved** [sli:vd] *adj. in comb.* -ärmelig
sleeveless ['sli:vlɪs] *adj.* ärmellos
'**sleeve-note** *n.* Covertext, der
sleigh [sleɪ] **1.** *n.* Schlitten, der. **2.** *v. i. & t.* mit dem Schlitten fahren
sleigh: ~-**bell** *n.* Schlittenschelle, die; ~-**ride** *n.* Schlittenfahrt, die
sleight of hand [slaɪt əv ˈhænd] *n.* Fingerfertigkeit, die; **verbal** ~: verbale Taschenspielereien
slender ['slendə(r)] *adj.* **a)** *(slim)* schlank; schmal ⟨*Buch, Band*⟩; **b)** *(meagre)* mager ⟨*Einkommen, Kost*⟩; gering ⟨*Chance, Mittel, Vorräte, Hoffnung, Kenntnis*⟩; schwach ⟨*Entschuldigung, Argument, Grund*⟩; **be a person of** ~ **means or resources** wenig Geld haben; einen schmalen *(geh.)* Geldbeutel haben
slenderize ['slendəraɪz] **1.** *v. t.* ~ [**the figure**] schlank machen. **2.** *v. i.* abnehmen
slenderly ['slendəlɪ] *adv.* **a)** **built/made of** ~: von schlankem Wuchs nachgestellt; **be** ~ **provided for** schlecht versorgt sein
slept *see* **sleep 2, 3**
sleuth [slu:θ] **1.** *n.* Detektiv, der. **2.** *v. i.* **go** ~**ing** sich detektivisch betätigen
¹**slew** [slu:] **1.** *v. i.* ~ **to the left/right/side** sich [schnell] nach links/rechts/seitwärts drehen; ⟨*Kran:*⟩ nach links/rechts/seitwärts schwenken. **2.** *v. t.* herumschleudern; schwenken ⟨*Kran*⟩
~ [**a**]**round 1.** *v. i.* sich [schnell] drehen; ~ **around to the left** ⟨*Kran:*⟩ nach links schwenken. **2.** *v. t.* [schnell] drehen; schwenken ⟨*Kran*⟩
²**slew** *see* **slay a, b**
³**slew** *n.* *(Amer. coll.)* Haufen, der *(ugs.)*; **a** ~ **of people/things** ein Haufen *(ugs.)* Leute/Dinge; ~ **of spectators/snow** massenhaft *(ugs.)* Zuschauer/Schnee; ~**s of work** Berge von Arbeit
slice [slaɪs] **1.** *n.* **a)** *(cut portion)* Scheibe, die; *(of apple, melon, peach, apricot, cake, pie)* Stück, das; **a** ~ **of life** ein Ausschnitt aus dem Leben; *see also* **cake 1 a, b**; **b)** *(share)* Teil, der; *(allotted part of profits, money)* Anteil, der; **have a** ~ **of luck** Glück haben; **c)** *(utensil)* [Braten]wender, der; **d)** *(Golf, Tennis: stroke)* Slice, der. **2.** *v. t.* **a)** *(cut into portions)* in Scheiben schneiden; in Stücke schneiden ⟨*Bohnen, Apfel, Pfirsich, Kuchen usw.*⟩; ~ **sth. thick/thin/into pieces** etw. dick/dünn/in Stücke schneiden; **b)** *(Golf)* slicen; *(Tennis)* unterschneiden; slicen. **3.** *v. i.* schneiden **a)** **through** durchschneiden, durchpflügen ⟨*Wellen, Meer*⟩
~ **'off** *v. t.* abschneiden
~ **'up** *v. t.* aufschneiden; *(fig.: divide)* aufteilen
sliced [slaɪst] *adj. (cut into slices)* aufgeschnitten; kleingeschnitten ⟨*Gemüse*⟩; ~ **bread** Schnittbrot, das; **the greatest thing since** ~ **bread** *(coll. joc.)* der/die/das Größte seit der Erfindung der Bratkartoffel *(ugs. scherzh.)*
-**slicer** [slaɪsə(r)] *n. in comb.* -schneidemaschine, die; **egg-**~: Eierschneider, der
slick [slɪk] **1.** *adj.* **a)** *(coll.)* **a)** *(dextrous)* professionell; **b)** *(pretentiously dextrous)* clever *(ugs.)*; **c)** *(slippery)* glatt ⟨*Fußboden*⟩; rutschig ⟨*Straße, Weg*⟩; **d)** *(glossy)* seidig glänzend; **e)** *(glib)* glatt; glattzüngig *(geh. abwertend)*; **have a** ~ **tongue** glattzüngig sein *(geh. abwertend)*. **2.** *n.* **[oil-]**~: Ölteppich, der. **3.** *v. t. see* **sleek 2**
~ **'back** *v. t.* ~ **back one's hair** sich *(Dat.)* die Haare anklatschen *(salopp)*
~ **'down** *v. t.* ~ **down one's hair** sich *(Dat.)* die Haare anklatschen *(salopp)*
slicker ['slɪkə(r)] *n.* *(Amer.)* **a)** *(swindler)* Trickbetrüger, der/-betrügerin, die; **b)** *see* **city slicker**; **c)** *(raincoat)* Regenmantel, der; *(oilskin)* [gelbe] Ölpacke
slid *see* **slide 1, 2**
slide [slaɪd] **1.** *v. i.* **slid** [slɪd] **a)** rutschen ⟨*Kolben, Schublade, Feder*⟩ gleiten; **the bolt slid home** der Riegel glitt ins Schloß; ~ **down sth.** etw. hinunterrutschen; **b)** *(glide over ice)* schlittern; **c)** *(move smoothly)* gleiten; **everything slid into place** *(fig.)* alles fügte sich zusammen; **d)** *(fig.: take its own course)* **let sth./things** ~: etw./die Dinge schleifen lassen *(fig.)*; **e)** *(fig.: go imperceptibly)* ~ **into** hineinschlittern in (+ *Akk.*) *(ugs.)*; ~ **from one note to another** ⟨*Sänger, Stimme, Musik:*⟩ von einem Ton zum nächsten gleiten. **2.** *v. t.* **slid a)** schieben; ~ **the bolt across on a door** an einer Tür den Riegel vorschieben; ~ **the envelope under the door** den Brief unter der Tür durchschieben; **b)** *(place unobtrusively)* gleiten lassen. **3.** *n.* **a)** *(Photog.)* Dia[positiv], das; **b)** *(track on ice)* Rutschbahn, die *(ugs.)*; Schlitterbahn, die *(landsch.)*; **c)** *(toboggan slope)* [toboggan] ~: Rodelbahn, die; **d)** *(chute)* *(in children's playground)* Rutschbahn, die; *(for goods etc.)* Rutsche, die; **e)** *(Mech. Eng.)* Gleitbahn, die; *(moving part)* Gleitstück, das; Schieber, der; **f)** *(see* **hair-slide**; **g)** *(act of sliding)* Ausrutscher, der *(ugs.)*; **go for or have a** ~ *(on chute)* rutschen [gehen]; *(on ice)* schlittern [gehen]; **h)** *(fig.: decline)* **be on the** ~: auf dem absteigenden Ast sein; **the** ~ **in the value of the pound** das Abgleiten des Pfundes; **i)** *(Mus.)* Zug, der; **j)** *(for microscope)* Objektträger, der
slide: ~ **control** *n.* Flachbahnregler, der *(Technik)*; ~ **fastener** *n.* *(Amer.)* *see* **zip 1 a**; ~ **film** *n.* *(Photog.)* Diafilm, der; ~ **lecture** *n.* Diavortrag, der; ~ **projector** *n.* Diaprojektor, der; ~-**rule** *n.* *(Math.)* Rechenschieber, der; ~-**valve** *n.* *(Mech. Engin.)* [Absperr]schieber, der *(Technik)*
sliding ['slaɪdɪŋ]: ~ '**door** *n.* Schiebetür, die; ~ '**keel** *n.* *(Naut.)* Schwert, der; ~ '**roof** *n.* Schiebedach, das; ~ '**scale** *n.* **scale [of fees]** gleitende [Gebühren]skala; ~ **seat** *n.* *(Rowing)* Rollsitz, der
slight [slaɪt] **1.** *adj.* **a)** leicht; schwach ⟨*Hoffnung, Aussichten, Wirkung*⟩; gedämpft ⟨*Optimismus*⟩; gering ⟨*Bedeutung*⟩; **have only a** ~ **acquaintance with sth.** etw. nur oberflächlich kennen; **on the** ~**est pretext** unter dem geringsten Vorwand; **the** ~**est thing makes her nervous** die kleinste Kleinigkeit macht sie nervös; **b)** *(scanty)* oberflächlich; **with but** ~ **inconvenience** ohne eine größere Unannehmlichkeit; **pay sb.** ~ **attention** jmdn. kaum beachten; **c)** *(slender)* zierlich; *(weedy)* schmächtig; *(flimsy)* zerbrechlich; **d) not in the** ~**est** nicht im geringsten; **not the** ~**est ...**: kein/die/das geringste ...; **I haven't the** ~**est idea** ich habe nicht die leiseste Ahnung. **2.** *v. t.* *(disparage)* herabsetzen; *(fail in courtesy or respect to)* *(ignore)* ignorieren. **3.** *n.* **on sb.'s character, reputation, good name** Verunglimpfung, die **(on Gen.)**; **on sb.'s abilities** Herabsetzung, die **(on Gen.)**; *(lack of courtesy)* Affront, der **(on gegen)**; *(neglect)* Nichtachtung, die
slightly ['slaɪtlɪ] *adv.* **a)** ein bißchen; leicht *(verletzen, riechen nach, gewürzt sein, an-*

steigen); flüchtig ⟨*jmdn. kennen*⟩; oberflächlich ⟨*etw. kennen*⟩; **b)** ~ **built** *(slender)* zierlich; *(weedy)* schmächtig
slily *see* **slyly**
slim [slɪm] **1.** *adj.* **a)** schlank; schmal ⟨*Band, Buch*⟩; **b)** *(meagre)* mager; schwach ⟨*Entschuldigung, Aussicht, Hoffnung*⟩; gering ⟨*Gewinn, Chancen*⟩; **the profit/the supper was** ~ **pickings** der Gewinn/das Abendessen war ziemlich mickrig; **there were only** ~ **pickings left** da war nicht mehr viel zu holen. **2.** *v. i.* -**mm**- abnehmen. **3.** *v. t.* -**mm**- schlanker machen; *(fig.: decrease)* kürzen ⟨*Budget*⟩; verschlanken ⟨*Produktion*⟩; reduzieren ⟨*Nachfrage, Anzahl*⟩
~ '**down 1.** *v. i.* abnehmen; schlanker werden. **2.** *v. t.* *see* ~ 3
slime [slaɪm] **1.** *n.* Schlick, der; *(mucus, viscous matter)* Schleim, der. **2.** *v. t.* mit Schlick/Schleim bedecken
'**slime mould** *n.* *(Bot.)* Schleimpilz, der
'**slimline** *adj.* schlank; schlank geschnitten ⟨*Kleid*⟩; kalorienarm ⟨*Lebensmittel*⟩
slimmer ['slɪmə(r)] *n.* *(Brit.)* jmd., der etwas für die schlanke Linie tut; **advice/a diet for** ~**s** Ratschläge/eine Diät zum Abnehmen
slimming ['slɪmɪŋ] **1.** *n.* **a)** Abnehmen, das; *attrib.* Schlankheits-; **be fond of** ~: abnehmen müssen; **b)** *(fig.: reduction of budget)* Kürzung, die; *(of number)* Reduzierung, die. **2.** *adj.* schlank machend ⟨*Lebensmittel*⟩; **be** ~: schlank machen
slimness ['slɪmnɪs] *n., no pl.* *(slenderness)* Schlankheit, die; *(of book)* geringer Umfang
slimy ['slaɪmɪ] *adj.* **a)** schleimig; schlickig ⟨*Schlamm*⟩; **b)** *(slippery)* glitschig *(ugs.)*; **c)** *(fig.: obsequious)* schleimig *(abwertend)*; schmierig *(abwertend)*
¹**sling** [slɪŋ] **1.** *n.* **a)** *(weapon)* Schleuder, die; **b)** *(Med.)* Schlinge, die; **c)** *(carrying-belt)* Tragriemen, der; *(for carrying babies)* Tragehöschen, das; **d)** *(hoist)* Anschlagseil, das *(Technik)*; *(belt)* Anschlagband, das *(Technik)*; *(chain)* Anschlagkette, die *(Technik)*. **2.** *v. t.* **slung** [slʌŋ] **a)** *(hurl from* ~) schleudern; **b)** *(coll.: throw)* schmeißen *(ugs.)*; **she slung him his coat** sie schmiß ihm seinen Mantel zu *(ugs.)*; *see also* **mud c**; **c)** *(suspend)* hängen; *(put in* ~ *ready for hoisting)* anhängen *(Last)*; **she slung the bag over her arm** sie hängte sich *(Dat.)* die Tasche über den Arm
~ **a'way** *v. t.* *(coll.)* wegschmeißen *(ugs.)*
~ **'out** *v. t.* *(coll.)* **a)** *(throw out)* ~ **sb. out** jmdn. rausschmeißen *od.* -werfen *(ugs.)*; **b)** *see* ~ **away**
²**sling** *n.* *(drink)* Sling, der *(Mischgetränk mit Brandy od. Rum)*; *see also* **gin sling**
sling: ~-**back** *n.* ~-**back** [shoe] Slingpumps, die; ~-**shot** *n.* *(Amer.)* *see* **catapult 1**
slink [slɪŋk] *v. i.*, **slunk** [slʌŋk] schleichen
~ **a'way**, ~ **off** *v. i.* davonschleichen; sich fortstehlen
slinkily ['slɪŋkɪlɪ] *adv.* aufreizend
slinky ['slɪŋkɪ] *adj.* **a)** aufreizend; hauteng ⟨*Kleidung*⟩
slip [slɪp] **1.** *v. i.*, -**pp**- **a)** *(slide)* rutschen *(Messer:)* abrutschen; *(and fall)* ausrutschen; **he** ~**ped and broke his leg** er rutschte aus und brach sich *(Dat.)* das Bein; **b)** *(escape)* schlüpfen; **money** ~**s through my fingers like water** Geld zerrinnt mir zwischen den Fingern; **let the reins** ~ **out of one's hands** *(lit. or fig.)* sich *(Dat.)* die Zügel entgleiten lassen; **let a chance/opportunity** ~: sich *(Dat.)* eine Chance/Gelegenheit entgehen lassen; **let [it]** ~ **that ...**: verraten, daß ...; **let** ~ **the dogs of war** *(rhet.)* die Kriegsfurie loslassen; **c)** *(go)* ~ **to the butcher's** [rasch] zum Fleischer rüberspringen *(ugs.)*; ~ **from the room/** ~ **behind a curtain** aus dem Zimmer/hinter einen Vorhang schlüpfen; **d)** *(move smoothly)* gleiten; **everything** ~**ped into place** *(fig.)* alles fügte

slip-case

sich zusammen; e) *(make mistake)* [Flüchtigkeits]fehler machen; f) *(deteriorate)* nachlassen; (*Moral, Niveau, Ansehen:*) sinken. 2. *v. t.*, -pp- a) stecken; ~ **the dress over one's head** das Kleid über den Kopf streifen; ~ **sb. sth.** jmdm. etw. zustecken; ~ **sb. a glance** jmdm. einen verstohlenen Blick zuwerfen; b) *(escape from)* entwischen (+ *Dat.*); **the dog ~ped its collar** der Hund streifte sein Halsband ab; **the boat ~ped its mooring** das Boot löste sich aus seiner Verankerung; ~ **sb.'s attention** jmds. Aufmerksamkeit *(Dat.)* entgehen; ~ **sb.'s memory** or **mind** jmdm. entfallen; c) *(release)* loslassen; ~ **a dog from its chain** einen Hund von der Kette lassen; d) *(Naut.)* slippen; ~ **anchor** den Anker lichten; e) *(Motor Veh.)* schleifen lassen *(Kupplung);* f) *(Knitting)* ~ **a stitch** eine Masche abheben; g) *(Med.)* ~ **a disc** einen Bandscheibenvorfall erleiden; *see also* **slipped disc**. 3. *n.* a) *(fall)* after his ~: nachdem er ausgerutscht [und gestürzt] war; **a** ~ **on these steps could be nasty** auf diesen Stufen auszurutschen könnte schlimme Folgen haben; **have a [bad]** ~: [sehr unglücklich] ausrutschen; b) *(mistake)* Versehen, *das;* Ausrutscher, *der (ugs.);* **there's been a** ~ **in the accounts** bei der Berechnung ist ein Fehler unterlaufen; **a** ~ **of the tongue/pen** ein Versprecher/ Schreibfehler, *der;* **I'm sorry, it was a** ~ **of the tongue/pen** Entschuldigung, ich habe mich versprochen/verschrieben; **make a** ~: einen Fehler machen; *see also* **cup 1 a**; c) *(underwear)* Unterrock, *der; see also* **show 3 a**; d) *(pillowcase)* [Kopf]kissenbezug, *der;* e) *(strip)* ~ **of metal/plastic** Metall-/Plastikstreifen, *der;* ~ **of wood** Holzleiste, *die;* ~ **of glass** langes, schmales Stück Glas; f) *(piece of paper) (Einzahlungs-, Wett)*schein, *der;* ~ **[of paper]** Zettel, *der;* g) **give sb. the** ~ *(escape)* jmdm. entwischen *(ugs.); (avoid)* jmdm. ausweichen; h) *(Naut.: landing-stage)* Aufschleppe, *die;* Slip, *der;* i) *in pl. (Shipb.)* Helling, *die* od. *der;* j) **a** ~ **of a boy/girl** ein zierlicher Junge/ein zierliches Mädchen; eine halbe Portion *(ugs.);* k) *(Cricket)* Feldspieler, *der seitlich hinter dem Tor aufgestellt ist;* **he was caught at** ~ **or in the** ~**s** sein Ball wurde seitlich hinter dem Tor gefangen; l) *(Ceramics)* geschlämmter Ton. *See also* **gym-slip**

~ a'**cross** *v. i.* rüberspringen *(ugs.)*
~ a'**way** *v. i.* a) *(leave quietly)* ⟨*Person:*⟩ sich fortschleichen; b) *(pass quickly)* ⟨*Zeit, Tage, Wochen usw.:*⟩ verfliegen
~ '**back** *v. i.* zurückschleichen; *(very quickly)* zurückhasten; ~ **back into unconsciousness** wieder das Bewußtsein verlieren
~ be'**hind** *v. i.* zurückfallen; *(with one's work)* in Rückstand geraten
~ '**by** *v. i.* a) *(pass unnoticed)* vorbeischleichen; ⟨*Fehler:*⟩ durchrutschen *(ugs.);* b) *see* ~ **away b**
~ '**down** *v. i.* runterrutschen *(ugs.);* ⟨*Getränk:*⟩ die Kehle runterlaufen *(ugs.)*
~ '**in** 1. *v. i.* sich hineinschleichen; *(enter briefly)* [kurz] reinkommen *(ugs.); (enter unnoticed)* sich hereinschleichen. 2. *v. t.* einfließen lassen ⟨*Bemerkung*⟩
~ **into** *v. t.* a) *(put on)* schlüpfen in (+ *Akk.*) ⟨*Kleidungsstück*⟩; b) *(lapse into)* verfallen in (+ *Akk.*)
~ '**off** 1. *v. i.* a) *(slide down)* runterrutschen *(ugs.);* b) *see* ~ **away a**. 2. *v. t.* abstreifen ⟨*Schmuck, Bezug, Handschuh*⟩; schlüpfen aus ⟨*Kleid, Hose, Schuh*⟩; ausziehen ⟨*Strumpf, Handschuh*⟩
~ '**on** *v. t.* überstreifen ⟨*Bezug, Handschuh, Ring*⟩; schlüpfen in (+ *Akk.*) ⟨*Kleid, Hose, Schuh*⟩; anziehen ⟨*Strumpf, Handschuh*⟩; anlegen ⟨*Schmuck*⟩; *see also* **slip-on**
~ '**out** *v. i.* a) *(leave)* sich hinausschleichen; ~ **out to the butcher's** zum Fleischer rüberspringen *(ugs.);* ~ **out to have a cigarette** hinausschlüpfen, um eine Zigarette zu rauchen; b) *(be revealed)* **it** ~**ped out** es ist mir/ dir/ihm *usw.* herausgerutscht

~ '**over** *v. i.* a) *(fall)* ausrutschen; b) *see* ~ **across**
~ '**past** *see* ~ **by**
~ '**round** *v. i.* rübergehen *(ugs.); (towards speaker)* rüberkommen *(ugs.)*
~ '**through** *v. i.* durchschlüpfen ⟨*Fehler:*⟩ durchrutschen *(ugs.)*
~ '**up** *v. i.* **(coll.)** einen Schnitzer machen *(ugs.);* **(on, over bei);** *see also* **slip-up**

slip: ~-**case** *n.* Schuber, *der;* ~-**cover** *n.* a) *(for unused furniture)* Schutzüberzug, *der;* b) *(Amer.: loose cover)* Überzug, *der;* c) *(protective book-jacket)* Schutzhülle, *die;* Buchhülle, *die;* d) *see* ~-**case;** ~-**knot** *n.* a) *(easily undone knot)* Slipstek, *der;* b) *see* **running knot;** ~-**on** 1. *adj.* ~-**on shoes** Slipper, *der;* 2. *n. (shoe)* Slipper, *der;* a ~ Pullunder, *der*

slippage ['slɪpɪdʒ] *n.* a) *(Mech.)* Schlupf, *der;* b) *(Commerc.)* Rückstand, *der*

slipped 'disc *n. (Med.)* Bandscheibenvorfall, *der*

slipper ['slɪpə(r)] *n.* Hausschuh, *der; see also* **hunt 2 b**

'**slipper-bath** *n. (Brit.)* teilweise abgedeckte Badewanne; *(individual bath in public baths)* Wannenbad, *das*

slippered ['slɪpəd] *adj.* in Hausschuhen nachgestellt

slippery ['slɪpərɪ] *adj.* a) *(causing slipping)* schlüpfrig; glitschig; **the shoes are** ~: die Schuhe haben [sehr] glatte Sohlen; **be on a** ~ **path** or **slope** *(fig.)* auf einem verhängnisvollen Weg sein; b) *(elusive)* schlüpfrig; glitschig; wendig ⟨*Spieler*⟩; *(shifty)* aalglatt *(abwertend); (unreliable)* windig *(ugs.);* **he is a** ~ **customer** er ist aalglatt *(abwertend);* **as** ~ **as an eel** aalglatt *(abwertend);* c) *(fig.: delicate)* heikel ⟨*Thema, Fall*⟩

slippy ['slɪpɪ] *adj.* a) *(coll.)* **see slippery**; b) *(Brit. coll.)* **be** or **look** ~: sich sputen *(veralt.);* sich ranhalten *(ugs.)*

slip: ~-**ring** *n. (Electr.)* Schleifring, *der;* ~-**road** *n. (Brit.) (for approach)* Zufahrtsstraße, *die; (to motorway)* Auffahrt, *die; (to estate)* Einfahrt, *die; (for leaving)* Ausfahrt, *die;* ~**shod** *adj.* schlampig *(ugs. abwertend);* abgetreten ⟨*Schuh*⟩; *(fig.: careless, unsystematic)* nachlässig *(ugs. abwertend);* ~-**stream** *n.* a) *(of car, motor cycle)* Fahrtwind, *der; (Racing)* Windschatten, *der;* b) *(of propeller)* Propellerwind, *der; (of ship; also Brit. fig.)* Kielwasser, *das;* ~-**up** *n. (coll.)* Schnitzer, *der (ugs.);* **there's been a** ~-**up somewhere** irgendwo hat jemand einen Schnitzer gemacht *(ugs.);* ~**way** *see* **slip 3 h, i**

slit [slɪt] 1. *n.* Schlitz, *der;* **the sleeves have** ~**s in them** die Ärmel haben Schlitze od. sind geschlitzt; **make** ~**s in the fat of the pork** die Schwarte des Schweinebratens einritzen. 2. *v. t.,* -**tt**-, **slit** a) aufschlitzen; ~ **sb.'s throat** jmdm. die Kehle durchschneiden; b) *(Dressmaking)* schlitzen ⟨*Rock, Ärmel*⟩

'**slit-eyed** *adj.* schlitzäugig

slit: ~-'**pocket** *n.* Durchgrifftasche, *die;* ~ **trench** *n. (Mil.)* Schützenloch, *das*

sliver ['slɪvə(r)] *n.* a) *(slip) of wood* Span, *der; of paper* Streifen, *der; of food* dünne Scheibe; b) *(splinter)* Splitter, *der;* ~ **of wood/glass/bone** Holz-/Glas-/Knochensplitter, *der;* c) *(Textiles)* Kammzug, *der*

slivovitz ['slɪvəvɪts] *n.* Slibowitz, *der*

slob [slɒb] *n. (coll.)* Schwein, *das (derb);* **lazy** ~: fauler Sack *(salopp abwertend);* **fat** ~ *(salopp abwertend)*

slobber ['slɒbə(r)] 1. *v. i.* sabbern *(ugs.);* ~ **over sb./sth.** jmdn./etw. besabbern; *(fig.)* von jmdm./etw. schwärmen. 2. *v. t.* vollsabbern *(ugs.).* 3. *n. see* ¹**slaver 2**

slobbery ['slɒbərɪ] *adj.* **the bib is all** ~: das Lätzchen ist ganz vollgesabbert *(ugs.);* **a** ~ **kiss** ein [feuchter] Schmatz *(ugs.)*

sloe [sləʊ] *n. (Bot.)* Schlehe, *die*

sloe: ~-**eyed** *adj.* a) *(with* ~-*coloured eyes)* mit schwarzblauen Augen nachgestellt; b) *(slant-eyed)* schlitzäugig; ~-**gin** *n.* ≈ Schlehenlikör, *der;* Sloe-Gin, *der*

slog [slɒg] 1. *v. t.,* -**gg**- a) *(hit) (Ball); (in boxing, fight)* voll treffen; *(with several blows)* eindreschen auf (+ *Akk.*) *(ugs.);* b) *(fig.: work doggedly)* sich abplagen; schuften *(ugs.); (for school, exams)* büffeln *(ugs.);* c) *(walk doggedly)* sich schleppen *(ugs.)* od. dahinschleppen. 3. *n.* a) *(hit)* [wuchtiger] Schlag; **give sb./sth. a** ~: jmdm./einer Sache einen wuchtigen Schlag versetzen; b) *(hard work)* Plackerei, *die (ugs.);* **it took me a good two hours'** ~: ich mußte mich gut zwei Stunden abplagen; c) *(tiring walk, hike)* [auf die Knochen gehender] Fußmarsch

~ **at** *v. t.* a) *(hit)* ~ **at sb./sth.** auf jmdn./etw. eindreschen *(ugs.);* b) *(work hard at)* sich abplagen mit

~ a'**way** *v. i.* sich abplagen; ~ **away at sth.** sich mit etw. abplagen; **keep** ~**ging away!** streng dich weiter an!

~ '**out** *v. t. (coll.)* ~ **it out** es [bis zum Ende] durchstehen; ~ **one's guts out** sich kaputtarbeiten *(ugs.)*

slogan ['sləʊgən] *n.* a) *(striking phrase)* Slogan, *der; (advertising* ~*)* Werbeslogan, *der;* Werbespruch, *der;* b) *(motto)* Wahlspruch, *der; (in political campaign)* [Wahl]slogan, *der*

slogger ['slɒgə(r)] *n.* a) *(hitter)* **be a [real]** ~: immer nur draufschlagen *(ugs.);* b) *(hard worker)* Arbeitstier, *das (fig.)*

sloop [slu:p] *n. (Naut.)* Slup, *die*

'**sloop-rigged** *adj. (Naut.)* mit Sluptakelung nachgestellt; **be** ~: Sluptakelung haben

slop [slɒp] 1. *v. i.,* -**pp**- schwappen (**out of, from** aus). 2. *v. t.,* -**pp**- a) *(spill) (unintentionally)* schwappen; *(intentionally)* kippen; klatschen *(ugs.)* ⟨*Farbe an die Wand*⟩; b) *(make mess on)* vollschütten. 3. *n.* a) *(liquid food)* Schleim, *der;* Geschlabber, *das (ugs.);* b) *(spilt liquid)* Lache, *die;* c) *(fig. derog.: gush)* Geseire, *das (ugs.). See also* **slops a**

~ a'**bout,** ~ a'**round** *v. i.* a) *(splash about)* herumschwappen *(ugs.);* b) *(move in slovenly manner)* herumschlurfen *(ugs.)*

~ '**out** *v. i.* die Toiletteneimer leeren

~ '**over** *v. i. (splash over)* überschwappen

'**slop-basin** *n. (Brit.)* Schale für den Bodensatz aus der [Tee]tasse

slope [sləʊp] 1. *n.* a) *(slant)* Neigung, *die; (of river)* Gefälle, *das;* **there is a downward/ upward** ~ **to the garden** der Garten fällt ab/ steigt an; **the house is built on a steep/gentle** ~: das Haus steht auf einem steilen/sanften Hang; **the roof was at a** ~ **of 45°** das Dach hatte eine Neigung von 45°; **be on a** *or* **the** ~: geneigt sein; b) *(slanting ground)* Hang, *der;* c) *(Skiing)* Piste, *die.* 2. *v. i. (slant)* ⟨*Wand, Mauer:*⟩ schief sein; ⟨*Boden, Garten:*⟩ abschüssig sein; ~ **upwards/downwards** ⟨*Straße:*⟩ ansteigen/abfallen. 3. *v. t.* abschrägen; ~ **arms** *(Mil.)* das Gewehr schultern; ~ **arms!** *(Mil.)* Gewehr über!

~ a'**way** *v. i.* a) *(slant)* abfallen; b) *see* ~ **off**

~ **down** *v. i.* sich hinabneigen

~ '**off** *v. i. (sl.)* sich verdrücken *(ugs.)*

~ '**up** *v. i.* a) *(rise)* ansteigen; b) *(approach casually)* daherkommen; ~ **up to sb.** auf jmdn. zugehen/zukommen *(ugs.)*

'**slop-pail** *n.* Toiletteneimer, *der; (for kitchen slops)* Abfalleimer, *der*

sloppily ['slɒpɪlɪ] *adv.* a) *(carelessly)* schlud[e]rig *(ugs. abwertend);* **she speaks**

671

sloppy | **sluice-way**

English rather ~: sie spricht ein ziemlich schlud[e]riges Englisch *(ugs. abwertend);* **b)** *(untidy)* unordentlich; schlampig *(ugs. abwertend);* **c)** *(sentimentally)* voller Rührseligkeit
sloppy ['slɒpɪ] *adj.* **a)** *(careless)* schlud[e]rig *(ugs. abwertend);* **b)** *(untidy)* unordentlich; schlampig *(ugs. abwertend);* **c)** *(splashed)* vollgeschwappt; **d)** *(sentimental)* rührselig; **it's ~ to kiss Grandma at my age** ich bin schon zu erwachsen, um Großmama einen Kuß zu geben
sloppy Joe [slɒpɪ 'dʒəʊ] *n.* langer, weiter Pullover für Mädchen; Schlabberpulli, *der (ugs.)*
slops [slɒps] *n. pl.* **a)** Schmutzwasser, *das; (contents of bedroom or prison vessels)* Fäkalien *Pl.*; **empty the ~:** die Nachttöpfe leeren und das Schmutzwasser beseitigen; **b)** *see* **slop 3 a**
slosh [slɒʃ] **1.** *v. i.* platschen *(ugs.);* ⟨*Flüssigkeit:*⟩ schwappen. **2.** *v. t.* **a)** *(coll.: pour clumsily)* schwappen; **b)** *(coll.: pour liquid on)* übergießen; **c)** *(Brit. sl.: hit)* verdreschen *(ugs.)*. **3.** *n.* **a)** *see* **slush**; **b)** *(Brit. sl.: heavy blow)* [wuchtiger] Schlag
~ a'bout, ~ a'round 1. *v. i.* **a)** *(splash about playfully)* herumspritzen *(ugs.);* **b)** *(slop about)* herumschwappen *(ugs.)*. **2.** *v. t.* verspritzen
sloshed [slɒʃt] *adj. (Brit. coll.)* blau *(ugs.)*
slot [slɒt] *n.* **a)** *(hole)* Schlitz, *der;* **b)** *(groove)* Nut, *die;* **the ~ for a tenon** das Zapfenloch *(Technik);* **c)** *(coll.: position)* Platz, *der;* **d)** *(coll.: in schedule)* Termin, *der; (Radio, Telev.)* Sendezeit, *die;* **the news will go out in its usual ~ at 10 o'clock** die Nachrichten werden wie üblich um 10 Uhr gesendet. **2.** *v. t.,* **-tt-** **a)** *(provide with holes)* schlitzen; *(provide with grooves)* nuten; **b)** *(insert)* **~ sth. into place/sth.** etw. einfügen in etw. *(Akk.)*. **3.** *v. i.,* **-tt-**: **~ into place/sth.** *(lit. or fig.)* sich einfügen/in etw. *(Akk.)* einfügen; **everything ~ted into place** *(fig.)* alles fügte sich zusammen
~ 'in 1. *v. t.* einfügen; **can you ~ me in at 10 o'clock?** *(fig.)* können Sie mich um 10 Uhr dazwischenschieben?. **2.** *v. i. (lit. or fig.)* sich einfügen
~ to'gether 1. *v. t.* zusammenfügen. **2.** *v. i. (lit. or fig.)* sich zusammenfügen
sloth [sləʊθ] *n.* **a)** *(lethargy)* Trägheit, *die;* **b)** *(Zool.)* Faultier, *das*
'sloth-bear *n. (Zool.)* Lippenbär, *der*
slothful ['sləʊθfl] *adj.* träge; schwerfällig ⟨*Anstrengungen, Versuche*⟩; **a life of ~ ease** ein Leben träger Bequemlichkeit; **develop ~ habits** leicht träge werden
slot: **~-machine** *n.* **a)** *(vending-machine)* Automat, *der;* **b)** *(Amer.) see* **fruit machine**; **~-meter** *n.* Münzzähler, *der*
slouch [slaʊtʃ] **1.** *n.* **a)** *(posture)* schlaffe Haltung; **walk with a ~:** einen nachlässigen Gang haben; **b)** *(sl.: lazy person)* Faulpelz, *der;* **be no ~ at sth.** etwas loshaben in etw. *(Dat.);* **he's no ~ at billiards/at geography** er ist verdammt gut im Billard/in Geographie *(ugs.)*. **2.** *v. i.* sich schlecht halten; **don't ~!** halte dich gerade!; **b)** *(be ungainly)* sich herumflegeln *(ugs. abwertend);* **sit ~ed over one's desk** schlaff über seinem Schreibtisch hängen
~ a'bout, ~ a'round *v. i.* herumlungern *(salopp)*
'slouch hat *n.* Schlapphut, *der*
¹slough [slaʊ] *n. (literary)* Sumpf, *der; see also* **despond 2**
²slough [slʌf] **1.** *n.* **a)** *(Zool.)* abgestreifte Haut; *(whole skin of snake)* Natternhemd, *das;* **b)** *(Med.)* Schorf, *der.* **2.** *v. t. (Zool. fig.: abandon)* abstreifen
~ 'off *see* **²slough 2**
Slovak ['sləʊvæk] **1.** *adj.* slowakisch; **sb. is ~:** jmd. ist Slowake/Slowakin; *see also* **English 1. 2.** *n.* **a)** *(person)* Slowake, der/Slowakin, die; **b)** *(language)* Slowakisch, das; *see also* **English 2 a**
Slovakia [sləˈvɑːkɪə] *pr. n.* Slowakei, *die*
sloven ['slʌvn] *n. (female)* Schlampe, *die (ugs. abwertend); (male)* Liederjan, *der (ugs. abwertend)*
Slovene ['sləʊviːn] **1.** *adj.* slowenisch. **2.** *n.* **a)** *(person)* Slowene, der/Slowenin, die; **b)** *(language)* Slowenisch, das
Slovenia [sləˈviːnɪə] *pr. n.* Slowenien *(das)*
Slovenian [sləˈviːnɪən] *see* **Slovene**
slovenliness ['slʌvnlɪnɪs] *n., no pl.* Schlampigkeit, *die (ugs. abwertend)*
slovenly ['slʌvnlɪ] *adj.* schlampig *(ugs.);* schlud[e]rig *(ugs.);* **be a ~ dresser** sich schlampig od. schlud[e]rig anziehen *(ugs.)*. **2.** *adv.* schlampig *(ugs.);* schlud[e]rig *(ugs.)*
slow [sləʊ] **1.** *adj.* **a)** langsam; **~ and steady wins the race, ~ and sure does it** eile mit Weile! *(Spr.);* **~ but sure** langsam, aber zuverlässig; **b)** *(gradual)* langsam; langwierig ⟨*Suche, Arbeit*⟩; **make a ~ recovery from one's illness** sich nur langsam von seiner Krankheit erholen; **be ~ in doing sth.** etw. langsam tun; **get off to a ~ start** beim Start langsam wegkommen; ⟨*Aufruf, Produkt:*⟩ zunächst nur wenig Anklang finden; **make ~ progress [in or at or with sth.]** nur langsam [mit etw.] vorankommen; **be going 1 b; c) be ~ [by ten minutes], be [ten minutes] ~** ⟨*Uhr:*⟩ [zehn Minuten] nachgehen; **d)** *(preventing quick motion)* nicht gut befahrbar ⟨*Strecke, Straße, Belag*⟩; **e)** *(tardy)* [not] **be ~ to do sth.** [nicht] zögern, etw. zu tun; **f)** *(not easily roused)* **be ~ to anger/to take offence** sich nicht leicht ärgern/beleidigen lassen; **g)** *(dull-witted)* schwerfällig; langsam; **be ~ at mathematics** in Mathematik schwertun *(ugs.);* **be ~ [to understand]** schwer od. langsam von Begriff sein *(ugs.);* **be ~ of speech** schwerfällig od. unbeholfen sprechen; *see also* **uptake**; **h)** *(burning feebly)* schwach; **i)** *(uninteresting)* langweilig; **j)** *(Commerc.)* flau ⟨*Geschäft*⟩; **k)** *(not hot)* **bake in a ~ oven** bei schwacher Hitze backen; **l)** *(Photog.)* niedrigempfindlich ⟨*Film*⟩; lichtschwach ⟨*Objektiv*⟩; **m)** ⟨*court (Tennis)/~ wicket (Cricket)*⟩ langsamer Platz. **2.** *adv.* langsam; **'~'** „langsam fahren!"; **go ~:** langsam fahren; *(Brit. Industry)* langsam arbeiten. **3.** *v. i.* langsamer werden; **we ~ed to a gentle walk** wir wurden immer langsamer, bis wir nur noch langsam gingen; **~ to a halt** anhalten; ⟨*Zug:*⟩ zum Stehen kommen; ⟨*Produktion:*⟩ zum Erliegen kommen. **4.** *v. t.* **~ a train/car** die Geschwindigkeit eines Zuges/Wagens verringern; **the accident ~ed traffic to a crawl** der Unfall verlangsamte den Verkehr derart, daß er sich nur noch kriechend vorwärtsbewegte
~ 'down. 1. *v. i.* **a)** langsamer werden; seine Geschwindigkeit verringern; *(in working/speaking)* langsamer arbeiten/sprechen; ⟨*Produktion, Geburten-/Sterbeziffer, Inflationsfrate]:*⟩ sinken; **b)** *(reduce pace of living)* langsamer machen *(ugs.);* **have to ~ down after a heart attack** nach einem Herzanfall kürzertreten müssen. **2.** *v. t.* **a)** langsamer werden lassen; **the driver ~ed the car/train down** der Autofahrer/Lokomotivführer fuhr langsamer; **the accident ~ed traffic down to a crawl** der Unfall verlangsamte den Verkehr derart, daß er sich nur noch kriechend vorwärtsbewegte; **[You can't help me.] You'd only ~ me down** [Du kannst mir nicht helfen.] Du würdest mich nur aufhalten; **his illness has ~ed him down a lot** durch seine Krankheit ist seine Leistungsfähigkeit stark zurückgegangen. *See also* **slow-down**
~ 'up ~ down
slow: **~ 'bowler** *n. (Cricket)* langsamer Werfer; **~coach** *n.* Trödler, der/Trödlerin, die *(ugs. abwertend);* **~-down** *n.* **a)** *(deceleration)* Verlangsamung, *die* **(in Gen.);** *(in birth, death, inflation rate, output, production, number)* Sinken, *das* **(in Gen.);** **there's been a ~-down in the number of ...:** die Zahl der ... ist gesunken; **b)** *(go-slow)* Bummelstreik, *der (Brit.)* müdes Klatschen *(als Ausdruck des Mißfallens)*
slowly ['sləʊlɪ] *adv.* langsam; **~ but surely** langsam, aber sicher
slow: **~ 'march** *n. (Mil.)* langsamer Defiliermarsch; **~-match** *n.* Lunte, *die;* **'motion** *n. (Cinemat.)* Zeitlupe, *die;* **in ~-motion** in Zeitlupe; **~ motion replay** *(Sport)* Zeitlupenwiederholung, *die;* **~-moving** *adj.* **a)** sich langsam fortbewegend; **b)** *(Commerc.)* schlecht gehend; **be ~-moving** schlecht gehen
slowness ['sləʊnɪs] *n., no pl.* **a)** Langsamkeit, *die;* **b)** *(gradualness)* Langwierigkeit, *die;* *(of search, work)* Langwierigkeit, *die;* **c)** *(slackness)* Zögern, *das;* **his ~ to react or in reacting** sein zögerndes Reagieren; **d)** *(stupidity)* Schwerfälligkeit, *die;* [**of comprehension/mind/wit]** Begriffsstutzigkeit, *die (abwertend);* **e)** *(dullness)* Langweiligkeit, *die*
slow: **~ 'poison** *see* **poison 1**; **~poke** *(Amer.) see* **slowcoach**; **~ 'puncture** *n.* winziges Loch *(durch das ein Reifen o. ä. nur langsam die Luft verliert);* **~-witted** [sləʊˈwɪtɪd] *adj.* [geistig] schwerfällig; **~-worm** *n. (Zool.)* Blindschleiche, *die*
SLR *abbr. (Photog.)* **single-lens reflex**
slub [slʌb] *n. (Textiles)* Noppe, *die*
sludge [slʌdʒ] *n.* **a)** *(mud)* Matsch, *der (ugs.);* Schlamm, *der;* **b)** *(sediment)* [schlammiger] Bodensatz; **c)** *(Motor Veh.)* Ölschlamm, *der;* **d)** *(sewage)* Klärschlamm, *der*
¹slug [slʌg] *n.* **a)** *(Zool.)* Nacktschnecke, *die;* **b)** *(bullet)* [rohe] Gewehrkugel; Flintenlaufgeschoß, *die (Waffent.);* **c)** *(for air-gun)* Luftgewehrkugel, *die;* **d)** *(lump of metal)* [rundlicher] Metallklumpen; **a ~ of gold/platinum/silver** *etc.* ein Klumpen Gold/Platin/Silber *usw.;* **e)** *(Amer.: tot of liquor)* **a ~ of whisky/rum** *etc.* ein Schluck Whisky/Rum *usw.;* **f)** *(Printing) (bar)* Reglette, *die; (line)* gegossene Zeile
²slug *(Amer.: hit)* **1.** *v. t.,* **-gg-** niederschlagen. **2.** *n.* [harter] Schlag; **give sb. a ~:** jmdn. niederschlagen
~ 'out *v. t.* **~ it out** es [bis zum Ende] austragen; **the boys were ~ging it out to decide who ...:** die Jungen prügelten sich darum, wer ...
sluggard ['slʌgəd] *n.* Faulpelz, *der; (lacking in speed)* lahme Ente *(ugs.)*
sluggish ['slʌgɪʃ] *adj.* träge; schleppend ⟨*Gang, Schritt*⟩; schwerfällig ⟨*Reaktion, Vorstellungskraft*⟩; *(Commerc.)* flau; schleppend ⟨*Nachfrage, Geschäftsgang*⟩
sluggishly ['slʌgɪʃlɪ] *adv.* träge; schleppenden Schrittes ⟨*gehen, sich bewegen*⟩; schwerfällig ⟨*reagieren*⟩; *(Commerc.)* schleppend ⟨*sich verkaufen, vorangehen*⟩
sluice [sluːs] **1.** *n.* **a)** *(Hydraulic Engin.)* Schütz, *das;* **b)** *(water)* vom Schütz aufgestautes/durch das Schütz fließendes Wasser; **c)** *see* **sluice-way**; **d)** *(rinsing)* **give sb./sth. a ~ [down]** *(with hose)* jmdn./etw. abspritzen; *(with bucket)* jmdn./etw. [mit Wasser] übergießen. **2.** *v. t.* **a)** *(Hydraulic Engin.)* unter Wasser setzen; **b)** *(provide with sluices)* mit Schützen versehen; **c)** *(Mining)* waschen; **d)** [down] *(douse) (with hose)* abspritzen; *(with bucket)* übergießen
~ a'way *v. t.* wegspülen; *(with hose)* wegspritzen
~ 'out *v. t.* ausspülen; *(with hose)* ausspritzen
sluice: **~-gate** *n. (Hydraulic Engin.)* Schütz, *das;* **~-valve** *n. (Hydraulic Engin.)* Schieber, *der;* **~-way** *n.* **a)** *(Hydraulic*

Engin.:channel for sluice) Gerinne, *das;* b) *(Mining)* Waschrinne, *die*

slum [slʌm] 1. *n.* Slum, *der;* (single house or apartment) Elendsquartier, *das.* 2. *v. i.* -mm-: go ~ming in die Slums gehen; *(fig.)* sich unters [gemeine] Volk mischen. 3. *v. t.* -mm-: ~ it wie arme Leute leben; *(fig.)* sich unters [gemeine] Volk mischen

slumber ['slʌmbə(r)] *(poet./rhet.)* 1. *n. (lit. or fig.)* ~[s] Schlummer, *der (geh.);* fall into a light/long ~: in leichten/tiefen Schlummer sinken; be in a ~ *(fig.)* schlummern *(geh.).* 2. *v. i. (lit. or fig.)* schlummern *(geh.);* ⟨Vulkan:⟩ ruhen
~ a'way *v. t.* verschlafen

slumberous ['slʌmbərəs] *adj. (poet./rhet.)* a) *(sleepy)* schläfrig; b) *(sleep-inducing)* einschläfernd

'**slumber-wear** *n. (Commerc.)* Nachtwäsche, *die*

slumbrous ['slʌmbrəs] see slumberous

'**slum clearance** *n.* Slumsanierung, *die*

slummy ['slʌmɪ] *adj.* verslumt

slump [slʌmp] 1. *n.* Sturz, *der (fig.);* (in demand, investment, sales, production) starker Rückgang (in Gen.); *(economic depression)* Depression, *die (Wirtsch.);* (in morale, interest, popularity) Nachlassen, *das* (in Gen.); ~ in prices Preissturz, *der;* 2. *v. i. a) (Commerc.)* stark zurückgehen; ⟨Preise, Kurse:⟩ stürzen *(fig.);* the economy ~ed die Wirtschaft geriet in eine Depression; b) *(be diminished)* ⟨Popularität, Moral, Unterstützung usw.:⟩ nachlassen; c) *(collapse)* fallen; **they found him ~ed over the table/in his chair/on the floor** sie fanden ihn über dem Tisch/auf seinem Stuhl/auf dem Boden zusammengesunken
~ '**down** *v. i.* zusammensinken

slung see ¹sling 2

slunk see slink

slur [slɜː(r)] 1. *v. t.* -rr-: ~ one's words/speech undeutlich sprechen; ~**red** ~**red speech** undeutliche Aussprache. 2. *v. i.* -rr-: his speech began to ~: er begann undeutlich zu sprechen. 3. *n.* a) *(stigma)* Schande, *die* (on für); *(imputation)* Verleumdung, *die;* (insult) Beleidigung, *die* (on für); cast a ~ on sb./sth. jmdn./etw. verunglimpfen *(geh.);* it's a/no ~ on his reputation es schmälert seinen Ruf/seinen Ruf nicht; b) *(Mus.)* [Legato]bogen, *der*

slurp [slɜːp] *(coll.)* 1. *v. t.* ~ [up] schlürfen. 2. *n.* Schlürfen, *das;* drink one's juice in three big ~s seinen Saft in drei Zügen ausschlürfen; **drink** [one's beer] **with a** ~: beim [Bier]trinken schlürfen

slurry ['slʌrɪ] *n.* a) *(liquid cement)* Zementbrühe, *die;* b) *(suspension)* Schlamm, *der;* Suspension, *die (Chemie);* c) *(thin mud)* Schlammbrühe, *die;* d) *(Mining)* Kohlenschlamm, *der;* e) *(Agric.)* Gülle, *die*

slush [slʌʃ] *n.* a) *(thawing snow)* Schneematsch, *der;* b) *(fig. derog.: sentiment)* sentimentaler Kitsch

'**slush fund** *n.* Fonds für Bestechungsgelder

slushy ['slʌʃɪ] *adj.* a) *(wet)* matschig; b) *(derog.: sloppy)* sentimental

slut [slʌt] *n.* Schlampe, *die (ugs. abwertend)*

sluttish ['slʌtɪʃ] *adj.* schlampig *(ugs. abwertend)*

sly [slaɪ] 1. *adj.* a) *(crafty)* schlau; gerissen *(ugs.)* ⟨Geschäftsmann, Schachzug, Trick⟩; verschlagen ⟨Blick⟩; he is a ~ one or type or customer er ist ein ganz Gerissener *od.* Schlauer *(ugs.);* b) *(secretive)* heimlichtuerisch; verschwiegen *(abwertend)* ⟨Rivale⟩; what a ~ one he is! so ein Heimlichtuer!; a ~ dog *(fig. coll.)* ein Heimlichtuer/eine Heimlichtuerin; c) *(knowing)* vielsagend ⟨Blick, Lächeln⟩. 2. *n.* on the ~: heimlich; he is a womanizer on the ~: er ist ein heimlicher Schürzenjäger

'**slyboots** *n. sing. (coll.)* Schlauberger, *der*

(ugs.); (secretive person) Heimlichtuer, *der/*Heimlichtuerin, *die*

slyly ['slaɪlɪ] *adv.* a) *(craftily)* schlau; arglistig ⟨täuschen⟩; b) *(secretively)* heimlich; c) *(knowingly)* vielsagend ⟨blicken, lächeln⟩

¹**smack** [smæk] 1. *n.* a) *(flavour)* Beigeschmack, *der;* b) *(smell)* Duft, *der;* c) *(trace)* Spur, *die; (fig.)* Anflug, *der.* 2. *v. i.* ~ of (taste of) schmecken nach; *(smell of)* riechen nach; *(fig.)* riechen nach *(ugs.)*

²**smack** 1. *n.* a) *(sound)* Klatsch, *der;* (of lips) Schmatzen, *das;* (of hand, stick) Klatschen, *das;* (blow) Schlag, *der;* (on child's bottom) Klaps, *der (ugs.);* a ~ in the face or face *(fig.)* ein Schlag ins Gesicht; c) *(coll.: attempt)* have a ~ at sth. mit etw. versuchen; he had a ~ at the world record er versuchte, den Weltrekord zu verbessern; have a ~ at doing sth. versuchen, etw. zu tun; d) *(loud kiss)* Schmatz, *der (ugs.).* 2. *v. t.* a) *(slap)* [mit der flachen Hand] schlagen; *(lightly)* einen Klaps *(ugs.)* geben (+ *Dat.);* b) ~ **sb.'s face/bottom/hand** jmdn. ohrfeigen/jmdm. eins hintendrauf geben *(ugs.)/*jmdm. eins auf die Hand geben *(ugs.);* **I'll ~ your bottom!** du kriegst eins hinten drauf! *(ugs.);* b) ~ **one's lips** [mit den Lippen] schmatzen; c) *(propel)* knallen *(ugs.).* 3. *v. i.* ~ **into the net/wall** ins Netz/gegen die Mauer knallen *(ugs.);* **I ~ed into him** wir knallten zusammen *(ugs.).* 4. *adv.* a) *(coll.: with a smack)* **go ~ into a lamp-post** gegen einen Laternenpfahl knallen *(ugs.);* b) *(exactly)* direkt

³**smack** *n. (sl.: heroin)* Junk, *der (Drogenjargon)*

⁴**smack** *n. (Naut.)* Fischkutter, *der*

smacker ['smækə(r)] *n. (sl.)* a) *(loud kiss)* Schmatz, *der;* b) *(blow)* [wuchtiger] Schlag; **give** or **deal sb. a** ~ **on the nose** jmdm. voll auf die Nase hauen *(ugs.);* c) *(Brit.: £1)* Pfund, *das;* ≈ Scheinchen, *das (ugs.);* d) *(Amer.: $1)* Dollar, *der;* ≈ Scheinchen, *das (ugs.)*

small [smɔːl] 1. *adj.* a) *(in size)* klein; gering ⟨Wirkung, Appetit, Fähigkeit⟩; schmal ⟨Taille, Handgelenk⟩; dünn ⟨Stimme⟩; **I'm afraid I've nothing ~er** ich habe es leider nicht kleiner *(ugs.);* **it's a ~ world** die Welt ist klein; **they came in ~ numbers** es kamen nur wenige; **the ~est room** *(fig. coll. euphem.)* das Örtchen *(fam. verhüll.);* see also **hour** b; **still 1**; b) *attrib.* (~-scale) klein; Klein⟨aktionär, -sparer, -händler, -betrieb, -bauer⟩; see also **way 1 k** (*q*); *(young, not fully grown)* klein; *see also* ²**fry**; d) *(of the ~er kind)* klein; ~ **letter** Kleinbuchstabe, *der;* **spell with a ~ letter** klein schreiben; **feel ~** *(fig.)* sich *(Dat.)* ganz klein vorkommen; **look ~** *(fig.)* [ziemlich] schlecht aussehen *(ugs.);* **make sb. feel/look ~** *(fig.)* jmdn. beschämen/ein schlechtes Licht auf jmdn. werfen; *see also* ²**arm 1 a; beer; circle 1 a; intestine;** ²**mercy 1 b;** ²**slam a; e)** *(not much)* wenig; **it's ~ comfort** es ist ein geringer Trost; **the demand for/interest in the product was ~:** die Nachfrage nach/das Interesse an dem Produkt war gering; **have ~ cause for sth./to do sth.** wenig Grund zu etw. haben/wenig Grund haben, etw. zu tun; [it's] ~ **wonder** [es ist] kein Wunder; **no ~ excitement/feat** einige Aufregung/keine geringe Leistung; f) *(trifling)* klein; **we have a few ~ matters/points/problems to clear up before ...:** es sind noch ein paar Kleinigkeiten zu klären, bevor ...; g) *(minor)* unbedeutend; gering ⟨Ruhm, Anerkennung⟩; **great and ~:** hoch und niedrig; h) *(petty)* kleinlich *(abwertend);* **have a ~ mind** ein Kleinkrämer sein *(abwertend);* i) *(fine)* fein ⟨Kies, Schrot⟩. 2. *n. (Anat.)* ~ **of the back** Kreuz, *das; see also* **smalls**. 3. *adv.* klein

small: ~ '**ad** *n. (coll.)* Kleinanzeige, *die;* **the ~ ads section/pages/column** der Teil/die Seiten/die Rubrik mit den Kleinanzeigen;

~-**bore** *adj. (Arms)* kleinkalibrig; Kleinkaliber-; ~ '**capital** *n. (Printing)* Kapitälchen, *das;* ~ '**change** *n., no pl., no indef. art.* a) *(coins)* Kleingeld, *das;* b) *(remarks)* Trivialitäten; *(business)* Kleinkram, der *(ugs.);* ~ '**claim** *n. (Law)* ≈ Bagatellsache, *die;* ~ '**claims court** *n. (Law)* Gericht für Bagatellsachen; ~ **craft** *n. pl. (Naut.)* Boote; ~ **goods** *n. pl. (Austral.)* feine Fleisch- und Wurstwaren; ~**holder** *n. (Brit. Agric.)* Kleinbauer, *der/*-bäuerin, *die;* ~**holding** *n. (Brit. Agric.)* landwirtschaftlicher Kleinbetrieb

smallish ['smɔːlɪʃ] *adj.* ziemlich klein/gering

small: ~-'**minded** *adj.* kleinlich; engstirnig, kleingeistig ⟨Einstellung⟩; ~-**mindedness** [smɔːlˈmaɪndɪdnɪs] *n.* kleinliche Art; Krämergeist, *der (abwertend)*

smallness ['smɔːlnɪs] *n., no pl.* a) Kleinheit, *die;* (of waist) Schmalheit, *die;* (of income, amount, stock) Bescheidenheit, *die;* b) *(pettiness)* Kleinlichkeit, *die;* ~ **of mind** see **small-mindedness**

small: ~**pox** *n. (Med.)* Pocken *Pl.;* ~ '**print** *n. (lit. od. fig.)* Kleingedruckte, *das*

smalls [smɔːlz] *n. pl. (Brit. coll.)* Unterwäsche, *die*

small: ~-**scale** *attrib. adj.* in kleinem Maßstab nachgestellt; klein ⟨Konflikt, Unternehmer⟩; Klein⟨betrieb, -bauer, -gärtner⟩; ~ **screen** *n. (Telev.)* Bildschirm, *der;* ~-**size** *adj. see* -**size**; ~ **talk** *n.* leichte Unterhaltung; *(at parties)* Smalltalk, *der;* **engage in** or **make** ~ **talk [with sb.]** [mit jmdm.] Konversation machen; **sb. has no ~ talk** leichte Konversation liegt jmdm. einfach nicht; ~-**time** *attrib. adj. (coll.)* Schmalspur- *(ugs. abwertend);* ~-**time crook** kleiner Ganove *(ugs. abwertend);* ~-**town** *attrib. adj.* Kleinstadt-; kleinstädtisch

smarm [smɑːm] *v. i. (coll.)* schöntun *(ugs.);* ~ **to sb.** jmdm. schöntun *(ugs.);* ~ **over sb.** sich bei jmdm. anbiedern *(abwertend)*
~ '**down** *v. t.* ~ **down one's hair** sein Haar [mit Frisiercreme/Haarwasser] glätten

smarmy ['smɑːmɪ] *adj. (coll.)* kriecherisch *(abwertend);* schmeichlerisch ⟨Stimme⟩; **her ~ approaches** ihre Anbiederungsversuche; **he's so ~:** er ist solch ein Kriecher *(abwertend)*

smart [smɑːt] 1. *adj.* a) *(clever)* clever; smart; *(ingenious)* raffiniert; *(accomplished)* hervorragend; **get ~** *(Amer. coll.)* zur Vernunft kommen; **act** or **get ~ with sb.** *(Amer. coll.)* zu jmdm. *od.* jmdm. gegenüber frech werden; ~ **money** *(Finance)* Geld der klugen Geschäftsleute; b) *(neat)* schick; schön ⟨Haus, Garten, Auto⟩; **keep sth. ~:** etw. gut in Ordnung halten; **he made a ~ job of it** er hat es schön gemacht; c) *attrib. (fashionable)* elegant; smart; **the ~ set** die elegante Welt; die Schickeria; d) *(vigorous)* hart ⟨Schlag, Gefecht⟩; scharf ⟨Zurechtweisung, Schmerz, Schritt⟩; e) *(prompt)* flink; **look ~:** sich beeilen; f) *attrib. (dishonest)* nicht ganz reell ⟨Geschäft, Handel, Praktiken, Trick⟩; g) *attrib. (unscrupulous)* clever. 2. *adv. see* **smartly**. 3. *v. i.* schmerzen; **I/my leg ~ed with pain** ich verspürte einen Schmerz/mein Bein schmerzte; **his vanity/pride ~ed** *(fig.)* er fühlte sich in seiner Eitelkeit/seinem Stolz verletzt; **she ~ed from his remarks** seine Bemerkungen verletzten sie; ~ **under sth.** *(fig.)* unter etw. *(Dat.)* leiden. 4. *n. (lit. or fig.)* Brennen, *das; (from wound, ointment)* Brennen, *das; (from pain)* Stechen, *das*

smart alec[k], smart alick [smɑːt ˈælɪk] *(coll. derog.)* 1. *n.* Besserwisser, *der (salopp abwertend).* 2. *attrib. adj.* neunmalklug; besserwisserisch *(abwertend)*

'**smart-arse**, *(Amer.)* '**smart-ass** *(sl.)* 1. *ns.* Klugscheißer, *der (salopp abwertend).* 2. *attrib. adjs.* klugscheißerisch *(salopp abwertend)*

smart card *n.* Chipkarte, *die*

smarten ['smɑːtn] **1.** *v. t.* **a)** *(make spruce)* herrichten; **she ~ed her appearance** sie machte sich zurecht; **he ~ed his hair/clothes** er brachte sein Haar/seine Kleidung in Ordnung *(ugs.);* **~ oneself** *(tidy up)* sich zurechtmachen; *(dress up)* sich herrichten; *(improve appearance in general)* auf sein Äußeres achten; **b)** *(accelerate)* **~ one's pace** seinen Schritt/seine Schritte beschleunigen. **2.** *v. i.* **the pace ~ed** das Tempo beschleunigte sich
~ 'up 1. *v. t.* **a)** see **~ 1 a**; **b)** *(fig.)* **~ up one's ideas** sich am Riemen reißen *(ugs.)*. **2.** *v. i.* *(tidy up)* sich zurechtmachen; *(dress up)* sich herrichten; *(improve appearance in general)* auf sein Äußeres achten; **the hotel/town has ~ed up a great deal** das Hotel/die Stadt hat sich sehr gemacht *(ugs.)*

smartish ['smɑːtɪʃ] **1.** *adj. (fairly neat)* ganz schick; *(fairly prompt)* ziemlich flink. **2.** *adv.* **[pretty] ~:** [ganz] schnell

smartly ['smɑːtlɪ] *adv.* **a)** *(cleverly)* clever; *(in a know-all way)* besserwisserisch *(abwertend);* **that was ~ put** das war gut gesagt; **b)** *(neatly)* schmuck *([an]gestrichen);* smart, flott *(gekleidet, geschnitten);* **c)** *(fashionably)* vornehm; **d)** *(vigorously)* hart; *(sharply)* scharf *(zurechtweisen);* hart *(anpacken);* **set off ~ down the road** in scharfem Schritt die Straße hinuntergehen; **e)** *(promptly)* sofort; auf der Stelle

smartness ['smɑːtnɪs] *n., no pl.* **a)** *(cleverness)* Cleverneß, *die;* *(attitude of know-all)* Besserwisserei, *die (abwertend);* **b)** *(neatness)* Gepflegtheit, *die;* **~ [of appearance]** ansprechendes Äußeres, *die;* **c)** *(vigour)* Härte, *die;* *(sharpness)* Schärfe, *die;* **~ of pace** Tempo, *das;* **d)** *(promptness)* Flinkheit, *die*

smarty ['smɑːtɪ] *n.:* **~-boots, ~-pants** *ns. sing.* see **smart aleck 1**

smash [smæʃ] **1.** *v. t.* **a)** *(break)* zerschlagen; **~ sth. against the wall/down on the floor** etw. an die Wand/auf den Boden schmettern; **~ one's hand/arm/leg** sich *(Dat.)* die Hand/den Arm/das Bein schmettern; **~ sth. to pieces** etw. zerschmettern; **b)** *(defeat)* zerschlagen *(Rebellion, Revolution, Opposition);* zerschmettern *(Feind);* *(in games)* vernichtend schlagen; klar verbessern *(Rekord);* **c)** *(hit hard)* **~ sb. in the face/mouth** jmdm. [hart] ins Gesicht/auf den Mund schlagen; **I'll ~ your face** *(sl.)* ich polier' dir die Fresse *(derb);* **d)** *(Tennis)* schmettern; **e)** *(propel forcefully)* **he ~ed the car into a wall/his fist down on the table** er knallte *(ugs.)* mit dem Wagen gegen eine Mauer/schlug mit der Faust auf den Tisch; **he ~ed his way into the house with an iron bar** er schlug sich *(Dat.)* seinen Weg in das Haus mit einer Eisenstange frei. **2.** *v. i.* **a)** *(shatter)* zerbrechen; **b)** *(crash)* krachen; **~ into a wall/lamp-post** in eine Mauer/einen Laternenpfahl krachen; **the cars ~ed into each other** die Wagen krachten zusammen *(salopp);* **c)** *(Commerc.)* see **crash 3 d**. **3.** *n.* **a)** *(sound)* Krachen, *das;* *(of glass)* Klirren, *das;* **b)** see **smash-up;** **c)** *(coll.)* see **smash hit;** **d)** *(Tennis)* Schmetterball, *der;* **e)** *(Commerc.)* see **crash 1 c**. **4.** *adv.* krach
~ 'down *v. t.* einschlagen *(Tür)*
~ 'in *v. t.* zerschmettern; eindrücken *(Rippen, Motorhaube, Kotflügel);* einschlagen *(Fenster, Tür, Schädel);* *(Explosion:)* eindrücken *(Fenster, Tür);* **~ sb.'s face in** *(coll.)* jmdm. die Fresse polieren *(derb)*
~ 'up 1. *v. t.* zertrümmern. **2.** *v. i.* zerschellen; *(Auto:)* zertrümmert werden; see also **smash-up**

smash-and-'grab [raid] *n. (coll.)* Schaufenstereinbruch, *der*

smashed [smæʃt] *adj. (sl.)* **a)** *(drunk)* **get ~ on sth.** von etw. besoffen werden *(derb);* **b)** *(deliberately)* sich mit etw. vollaufen lassen *(salopp);* **be ~ out of one's head** *or* **mind** *or* **brains** sturzbetrunken *(ugs.) od. (derb)* sturzbesoffen sein; **b)** *(on drugs)* stoned *(Drogenjargon)*

smasher ['smæʃə(r)] *n. (coll.)* **be a ~:** [ganz] große Klasse sein *(ugs.);* **what a ~ he/she/it is!** er/sie/es ist ganz große Klasse! *(ugs.);* **a ~ of a girl-friend** eine tolle Freundin

smash 'hit *n. (coll.) (film, play)* Kassenschlager, *der (ugs.);* *(song, record)* Riesenhit, *der (ugs.)*

smashing ['smæʃɪŋ] *adj. (coll.: excellent)* toll *(ugs.);* klasse *(ugs.);* **[how] ~!** toll! *(ugs.);* klasse! *(ugs.);* **he/she is ~** *od.* ganz toll *(ugs.);* **he/she looks ~** er/sie sieht klasse *od.* ganz toll aus *(ugs.)*

'smash-up *n.* schwerer Zusammenstoß; **there has been a ~ between two cars/trains** zwei Autos/Züge sind zusammengekracht *(ugs.);* **multiple ~:** Massenkarambolage, *die*

smatter ['smætə(r)], **smattering** ['smætərɪŋ] *ns.* oberflächliche Kenntnisse; *(feeble)* Halbwissen, *das;* **a ~ of German** ein paar Brocken Deutsch können

smear [smɪə(r)] **1.** *v. t.* **a)** *(daub)* beschmieren; *(put on* or *over)* schmieren; **~ one's body/face with a cream/lotion/ointment** sich/seinen Körper/sein Gesicht mit einer Creme/Lotion/Salbe einreiben; **~ cream/ointment over one's body/face/hands** sich *(Dat.)* den Körper/das Gesicht/die Hände mit Creme/Salbe einreiben; **~ed with blood** blutbeschmiert *od.* -verschmiert; **he had paint ~ed on his face** sein Gesicht war mit Farbe beschmiert; **ink was ~ed all over the letter** der ganze Brief war mit Tinte verschmiert; **b)** *(smudge)* verwischen; verschmieren; **c)** *(fig.: defame)* in den Schmutz ziehen. **2.** *n.* **a)** *(blotch)* [Schmutz]Fleck, *der;* **~ of ink/paint/fat** *etc.* ein [verschmierter] Tinten-/Farb-/Fettfleck *usw.;* **b)** *(fig.: defamation)* **a ~ on him/his [good] name/his [good] reputation** eine Beschmutzung seiner Person/seines [guten] Namens/seines Ansehens; **c)** *(Med.)* Abstrich, *der;* **~ test** *n.* Blutausstrich, *der*

smear: ~ campaign *n.* Schmutzkampagne, *die;* **~ tactics** *n. pl.* schmutzige Mittel; **~ test** *n.* Abstrich, *der;* **~ word** *n.* Schmähwort, *das*

smeary ['smɪərɪ] *adj.* **a)** verschmiert *(Glas, Tischplatte, Kleid);* schmierig. **b)** *(likely to smear)* schmierend; **be very ~:** *(Farbe, Tinte:)* leicht schmieren

smegma ['smegmə] *(Physiol.)* Smegma, *das*

smell [smel] **1.** *n.* **a)** *no pl., no art.* **have a good/bad sense of ~:** einen guten/schlechten Geruchssinn haben; **b)** *(odour)* Geruch, *der* (of nach); *(pleasant also)* Duft, *der* (of nach); **a ~ of burning/gas** ein Brand-/Gasgeruch; **there was a ~ of coffee** es duftete nach Kaffee; **sth. has a nice/strong** *etc.* **~** [to it] etw. riecht angenehm/stark *usw.;* **b)** *(stink)* Gestank, *der;* **c)** *(act of inhaling)* **one ~ was enough** einmal riechen genügte; **have** *or* **take a ~ at** *or* **of sth.** an etw. *(Dat.)* riechen. **2.** *v. t.* **smelt** [smelt] *or* **~ed a)** *(perceive)* riechen; *(fig.)* wittern; **I can ~ burning/gas** es riecht brandig/nach Gas; **I could ~ trouble** *(fig.)* es roch nach Ärger; see also **rat 1 a;** **b)** *(inhale ~ of)* riechen **(+** *Dat.);* **just ~ the sea air!** hier [doch] mal nur die Seeluft! **3.** *v. i.,* **smelt** *or* **~ed a)** *(emit ~)* riechen; *(pleasantly also)* duften; **b)** *(recall ~; fig.)* riechen. **c)** *(stink)* riechen; **his breath ~s** er riecht aus dem Mund; **d)** *(perceive ~)* riechen; **she can't ~ because of her cold** sie riecht nichts wegen ihrer Erkältung; **~ at sth.** an etw. *(Dat.)* riechen
~ 'out *v. t.* riechen; *(fig.)* aufspüren

smelling salts ['smelɪŋ sɔːlts, 'smelɪŋ sɒlts] *n. pl.* Riechsalz, *das*

smelly ['smelɪ] *adj.* stinkend *(abwertend);* **be ~:** stinken *(abwertend)*

¹**smelt** [smelt] *v. t. (Metallurgy)* **a)** *(melt)* verhütten *(Erz);* **b)** *(refine)* erschmelzen *(Metall)*
²**smelt** *n., pl.* **~s** *or* same *(Zool.)* Stint, *der*
³**smelt** see **smell 2, 3**

smelter ['smeltə(r)] *n. (Metallurgy)* **a)** *(person)* Schmelzer, *der;* **b)** *(smelting-works)* Schmelzhütte, *die*

smidgen, smidgin ['smɪdʒən] *n. (coll.)* **a ~:** ein klein bißchen

smile [smaɪl] **1.** *n.* Lächeln, *das;* **a ~ of joy/satisfaction** ein freudiges/befriedigtes Lächeln; **be all ~s** über das ganze Gesicht strahlen; **break into a ~** *(plötzlich)* zu lächeln beginnen; **give a [little] ~:** [schwach] lächeln; **give sb. a ~:** jmdn. anlächeln; **give me a big ~ now!** jetzt mal lächeln bitte!; **raise a ~:** ein Lächeln hervorlocken; *(make oneself ~)* sich *(Dat.)* ein Lächeln abringen; **raise a few ~s** zum Lächeln anregen; **take that ~ off your face!** hör auf zu grinsen!; **this'll put a ~ on your face** das wird dich freuen; **with a ~:** mit einem Lächeln [auf den Lippen]; lächelnd. **2.** *v. i.* lächeln; **make sb. ~:** jmdn. zum Lachen bringen; **keep smiling** *(fig.: not despair)* den Kopf nicht verlieren *(fig.);* **keep smiling!** Kopf hoch!; **keep smiling!; come up smiling** *(fig. coll.)* sich nicht unterkriegen lassen *(ugs.);* **~ at sb.** jmdn. anlächeln; **~ at sth.** *(lit. or fig.)* über etw. *(Akk.)* lächeln; **~, please!** bitte recht freundlich! **~ with delight/pleasure** vor Freude strahlen; **Fortune ~d on us/our efforts** das Glück lachte uns *(veralt.).* **3.** *v. t.* **~ encouragement/one's thanks** aufmunternd/dankend lächeln; **~ a welcome** zur Begrüßung [freundlich] lächeln; **b)** **~ a friendly/sad smile** freundlich/traurig lächeln

smirch [smɜːtʃ] *(literary)* **1.** *v. t.* besudeln *(geh.);* **b)** *(fig.: disgrace)* see **besmirch**. **2.** *n.* **a)** [Schmutz]fleck, *der;* **b)** *(fig.: disgrace)* Schandfleck, *der;* **a ~ on sb./sth.** ein Schandfleck für jmdn./etw. sein

smirk [smɜːk] **1.** *v. i.* grinsen. **2.** *n.* Grinsen, *das*

smite [smaɪt] *v. t.,* **smote** [sməʊt], **smitten** ['smɪtn] *(arch./literary)* **a)** *(strike)* schlagen (on auf, an **+** *Akk.);* **~ sb.'s breast/forehead** sich *(Dat.)* an die Brust/Stirn schlagen; **b)** *(affect suddenly)* **an idea/his conscience smote him** eine Vorstellung bemächtigte sich seiner *(geh.)/*ihm schlug das Gewissen *(geh.);* **the light smote our eyes** das Licht blendete unsere Augen; **c)** *(afflict)* **be smitten by** *or* **with desire/terror/the plague** von Verlangen/Schrecken ergriffen/mit der Pest geschlagen sein *(geh.);* **be smitten by** *or* **with a desire to do sth.** von dem Verlangen ergriffen sein, etw. zu tun; **be smitten by** *or* **with sb.'s/sb.'s charms** jmdm./jmds. Zauber erlegen sein; **d)** *(defeat)* zerschmettern; erschlagen *(Person)*

smith [smɪθ] *n.* Schmied, *der*
-smith *n. suf.* **a)** *(metal-worker)* -schmied, *der;* **b)** *(fig.: creator)* **song-~:** versierter Songkomponist; **word-~** *(creator of words)* Wortschöpfer, *der;* **the word-~ John Updike** der versierte Schriftsteller John Updike

smithereens [smɪðə'riːnz] *n. pl.* **blow/smash sth. to ~:** etw. in tausend Stücke sprengen/schlagen; **in ~:** in tausend Stücken

smithy ['smɪðɪ] *n.* Schmiede, *die*
smitten see **smite**

smock [smɒk] **1.** *n.* **a)** [Arbeits]kittel, *der;* **painter's ~:** Malerkittel, *der;* **b)** see **smockfrock**. **2.** *v. t. (Sewing)* smoken

'smock-frock *n.* Bauernkittel, *der (veralt.)*

smocking ['smɒkɪŋ] *n. (Sewing)* Smokarbeit, *die*

smog [smɒg] *n.* Smog, *der*

smoke [sməʊk] **1.** *n.* **a)** Rauch, *der;* **go up in ~:** in Rauch [und Flammen] aufgehen; *(fig.)* in Rauch aufgehen; **like ~** *(sl.)* wie ein

geölter Blitz *(ugs.)* ⟨*laufen, fahren*⟩; *(without hindrance)* wie geschmiert *(ugs.)* ⟨*zusammenarbeiten, funktionieren*⟩; [there is] no ~ without fire *(prov.)* kein Rauch ohne Flamme *(Spr.)*; **b)** *(act of smoking tobacco)* **a ~ would be nice just now** jetzt würde ich gern eine rauchen; **have a [quick] ~:** [schnell eine] rauchen; **I'm dying for a ~:** ich würde schrecklich gern eine rauchen *(ugs.)*; **c)** *(sl.: cigarette)* **a packet of ~s** ein Päckchen Zigaretten; **have you got a ~?** hast du was *(ugs.)* zu rauchen?. **2.** *v. i.* **a)** *(~ tobacco)* rauchen; **do you mind if I ~?** stört es Sie, wenn ich rauche?; **~ like a chimney** rauchen wie ein Schlot *(ugs.)*; **b)** *(emit ~)* rauchen; *(burn imperfectly)* qualmen; *(emit vapour)* dampfen. **3.** *v. t.* **a)** rauchen; *see also* **pipe 1 d**; **b)** *(darken)* schwärzen ⟨*Glas*⟩; ⟨*Petroleumlampe:*⟩ verräuchern ⟨*Wand, Decke*⟩; **c)** räuchern ⟨*Fleisch, Fisch*⟩
~ **'out** *v. t.* **a)** *(exterminate, expel)* ausräuchern; **b)** *(fill with ~)* verräuchern; **c)** *(fig.: discover)* aufspüren ⟨*Verbrecher*⟩; auf die Spur kommen (+ *Dat.*) ⟨*Absicht, Plan*⟩
smoke: ~ **a'batement** *n.* Rauchverringerung, *die;* ~-**bomb** *n.* Rauchbombe, *die*
smoked [smoʊkt] *adj.* *(Cookery)* geräuchert; ~ **glass** dunkel getöntes Glas; *(for decorative purposes)* Rauchglas, *das*
'**smoke-detector** *n.* Rauchmelder, *der*
'**smoke-dried** *adj.* geräuchert
smokeless ['sməʊklɪs] *adj.* rauchlos; rauchfrei ⟨*Zone*⟩
smoker ['sməʊkə(r)] *n.* **a)** Raucher, *der*/Raucherin, *die;* **be a heavy ~:** ein starker Raucher/eine starke Raucherin sein; **~'s companion** Raucherbesteck, *das;* **~'s cough/heart/throat** *(Med.)* Raucherhusten, *der*/-herz, *das*/-kehle, *die;* **b)** *(Railw.) see* **smoking-compartment**
smoke: ~-**ring** *n.* Rauchring, *der;* ~-**room** *n.* *(Brit.)* Rauchsalon, *der;* Rauchzimmer, *das;* ~-**screen** *n.* [künstliche] Nebelwand, *die* **(fig.)** Vernebelung, *die* **(for Gen.)**; **throw up a thick ~screen round a scandal** die Fakten eines Skandals gründlich vernebeln; ~-**signal** *n.* Rauchzeichen, *das;* Rauchsignal, *das;* ~-**stack** *see* **stack 1 f**
smoking ['sməʊkɪŋ] *n.* **a)** *(act)* Rauchen, *das;* '**no ~**' „Rauchen verboten"; **no-~ compartment** *(Railw.)* Nichtraucherabteil, *das;* **b)** *no art. (seating area)* [do you want to sit in] ~ **or non-~?** [möchten Sie für] Raucher oder Nichtraucher?; **the next carriage is ~:** der nächste Wagen ist für Raucher
smoking: ~-**compartment** *n.* *(Railw.)* Raucherabteil, *das;* ~-**jacket** *n.* Rauchjacke, *die;* Hausrock, *der;* ~-**room** *(Brit.) see* **smoke-room**
smoky ['sməʊkɪ] *adj.* *(emitting smoke)* rauchend, qualmend; *(smoke-filled, smoke-stained)* verräuchert; *(coloured or tasting like smoke)* rauchig; **be too ~** ⟨*Feuer, Kamin, Lampe:*⟩ zu stark rauchen *od.* qualmen; ~ **quartz/topaz/glass** Rauchquarz, *der*/-topas/-glas, *das;* ~ **grey** rauchgrau
smolder *(Amer.) see* **smoulder**
smooch [smuːtʃ] *(coll.)* **1.** *v. i.* [sich] knutschen *(ugs.)*. **2.** *n.* Knutschen, *das (ugs.)*; **have a ~:** [sich] knutschen *(ugs.)*
smooth [smuːð] **1.** *adj.* **a)** *(even)* glatt; eben ⟨*Straße, Weg*⟩; **as ~ as glass/silk/a baby's bottom** spiegelglatt/glatt wie Seide/wie ein Kinderpopo *(ugs.)*; **beat the mixture until ~:** die Mischung glattrühren; **be ~ to the touch** sich glatt anfühlen; **make sth.** ~: glätten; **be worn ~** ⟨*Treppenstufe:*⟩ abgetreten sein; ⟨*Reifen:*⟩ abgefahren sein; ⟨*Fels, Stein:*⟩ glattgeschliffen sein; **this razor gives a ~ shave** dieser Rasierapparat rasiert glatt; **b)** *(mild)* weich; **as ~ as velvet** *(fig.)* samtweich; **c)** *(fluent)* flüssig; geschliffen ⟨*Stil, Diktion*⟩; **d)** *(not jerky)* geschmeidig ⟨*Bewegung:*⟩ ruhig ⟨*Fahrt, Flug, Lauf einer Maschine, Bewegung, Atmung*⟩; weich ⟨*Start, Landung, Autofahren, Schalten*⟩; ~ **stop** ⟨*Wagen, Bus, Zug:*⟩ weich zum Stehen kommen; **e)** *(without problems)* reibungslos; **the change-over was fairly ~:** der Wechsel ging ziemlich reibungslos vonstatten; **f)** *(equable)* ruhig ⟨*Art, Wesen*⟩; **g)** *(derog.: suave)* glatt; *(~-tongued)* glattzüngig *(geh. abwertend);* **he is a ~ operator** er ist gewieft; **h)** *(coll.: elegant)* schick; **i)** *(skilful)* geschickt; souverän. **2.** *adv. see* **smoothly**. **3.** *v. t.* glätten; glattstreichen, glätten ⟨*Stoff, Tuch, Papier*⟩; glattstreichen ⟨*Haar*⟩; glatthobeln ⟨*Holz*⟩; *(with sandpaper)* glattschleifen, glätten ⟨*Holz*⟩; *(fig.: soothe)* besänftigen; **he ~ed the creases/wrinkles from the paper/cloth** er strich die Falten aus dem Papier/Stoff; **b)** *(Statistics)* bereinigen; **c)** *(fig.: free from impediments)* ~ **sb.'s/sth.'s path** jmdm./einer Sache den Weg ebnen *od.* die Wege ebnen; ~ **the way for sb./sth.** jmdm./einer Sache den Weg *od.* die Wege ebnen. **4.** *v. i. (lit. or fig.)* sich glätten
~ **a'way** *v. t.* glätten, ausstreichen ⟨*Falten*⟩; *(fig.)* vertreiben ⟨*Sorgen, Ängste*⟩; ausräumen ⟨*Differenzen, Schwierigkeiten*⟩
~ **'back** *v. t.* glattstreichen ⟨*Haare*⟩; *(with comb)* [glatt] zurückkämmen
~ **'down 1.** *v. t.* glattstreichen ⟨*Haar*⟩; *(fig.)* schlichten ⟨*Streit*⟩; besänftigen ⟨*Person*⟩; ~ **things down a bit** ein wenig die Wogen glätten. **2.** *v. i. see* **smooth 4**
~ **out** *v. t.* glattstreichen ⟨*Falte, Tuch*⟩; ausstreichen ⟨*Farbe, Teig*⟩; *(fig.)* ausräumen ⟨*Schwierigkeiten, Hindernisse*⟩
~ **'over** *v. t.* *(fig.)* beilegen ⟨*Streit*⟩; ausräumen ⟨*Schwierigkeiten*⟩; **we ~ed things over** wir bereinigten die Angelegenheit
'**smooth-bore** *n.* *(Arms)* Gewehr mit glattem Lauf
smoothie ['smuːðɪ] *n. (coll. derog.)* aalglatter Typ *(ugs.)*
smoothly ['smuːðlɪ] *adv.* **a)** *(evenly)* glatt; **b)** *(fluently)* flüssig; ~ **flowing** eingängig ⟨*Poesie, Prosa, Musik*⟩; **c)** *(not jerkily)* geschmeidig ⟨*sich bewegen*⟩; reibungslos ⟨*funktionieren*⟩; ruhig ⟨*atmen, fließen, fahren*⟩; weich ⟨*starten, landen, schalten*⟩; **a ~ running engine** *(Motor Veh.)* ein rund laufender Motor; **this pen writes ~:** dieser Füller *(ugs.)* schreibt einwandfrei; **d)** *(without problems)* reibungslos; glatt; **e)** *(derog.: suavely)* glattzüngig *(geh. abwertend)* ⟨*sprechen*⟩; **f)** *(coll.: elegantly)* schick; **g)** *(skilfully)* geschickt; souverän
smoothness ['smuːðnɪs] *n., no pl.* **a)** *(evenness)* Glätte, *die;* **have the ~ of silk** seidig glatt sein; **b)** *(mildness)* Weichheit, *die;* **c)** *(fluency)* Flüssigkeit, *die;* **d)** *(lack of jerkiness) (of movement)* Geschmeidigkeit, *die;* *(of machine operation, breathing)* Gleichmäßigkeit, *die;* **the ~ of his driving** sein gefühlvolles Fahren; **e)** *(lack of problems)* Reibungslosigkeit, *die;* **f)** *(equability)* Sanftheit, *die;* **g)** *(derog.: suavity)* Glätte, *die (abwertend);* **h)** *(coll.: elegance)* Schick, *der;* **i)** *(skill)* Geschicklichkeit, *die;* Souveränität, *die*
smooth: ~ **'tongue** *n. (fig.: suavity)* Glattzüngigkeit, *die (geh. abwertend);* **have a ~:** eine einschmeichelnde Art haben; ~-**tongued** *adj.* glattzüngig
smote *see* **smite**
smother ['smʌðə(r)] **1.** *v. t.* **a)** *(stifle)* ersticken; **he was ~ed by the avalanche** er erstickte in der Lawine; **b)** *(overwhelm)* überschütten (**with, in** mit); ~ **sb. with kisses** jmdn. mit seinen Küssen [fast] ersticken; **c)** *(extinguish)* ersticken; **d)** *(fig.: suppress)* unterdrücken ⟨*Kichern, Gähnen, Schluchzen, Tatsachen, Wahrheit*⟩; ⟨*Kritik, Gerücht, Schluchzen, Gelächter, Schreie:*⟩ dämpfen ⟨*Lärm*⟩; **e)** *(Amer.: defeat quickly)* erledigen ⟨*Feind, Gegner*⟩; **f)** *(cover entirely)* ~ **sth. in sth.** etw. mit etw. bedecken; ~**ed in dust/dirt** voller Staub/Schmutz; **strawberries ~ed in** *or* **with cream** Erdbeeren mit reichlich [flüssiger] Sahne. **2.** *v. i.* ersticken
~ **'up** *v. t.* vertuschen ⟨*Verbrechen, Skandal*⟩; unterdrücken ⟨*Gerücht, Wahrheit, Vorschlag*⟩
smothery ['smʌðərɪ] *adj.* stickig; *(overwhelming)* erdrückend
smoulder ['sməʊldə(r)] *v. i.* **a)** schwelen; **b)** *(fig.)* ⟨*Haß, Rebellion:*⟩ schwelen; ⟨*Liebe:*⟩ glimmen *(geh.);* **she was ~ing with rage** Zorn schwelte in ihr; **she/her eyes ~ed with desire/rage** sie glühte *(geh.)*/ihre Augen glühten vor Verlangen/Zorn; **a ~ing beauty** eine glutvolle Schönheit
¹**smudge** [smʌdʒ] **1.** *v. t.* **a)** *(blur)* verwischen; **b)** *(smear)* schmieren; ~ **sth. on sth.** etw. auf etw. (Akk.) schmieren; **c)** *(make smear on)* verschmieren; **d)** *(fig.: disgrace)* beschmutzen. **2.** *v. i.* ⟨*Füller, Tinte, Farbe:*⟩ schmieren; **my hand slipped and the drawing/ink/paint ~d** meine Hand rutschte aus, und die Zeichnung/Tinte/Farbe war verwischt. **3.** *n.* **a)** *(smear)* Fleck, *der;* *(fig.)* Schandfleck, *der;* **b)** *(blur)* Schmierage, *die (ugs.);* **be a mass of ~s** eine einzige Schmiererei sein *(ugs. abwertend)*
²**smudge** *n.* *(Amer.: fire)* Rauchfeuer, *das (zum Schutz vor Insekten od. Kälte)*
'**smudge-pot** *n. (Amer.)* Kessel mit Brennmaterial für ein Rauchfeuer zur Vertreibung von Insekten *od.* zum Kälteschutz
smudgy ['smʌdʒɪ] *adj.* **a)** *(dirty)* schmutzig; verschmutzt; **b)** *(blurred)* verwischt; **c)** *(smudging easily)* schmierend; **be ~** ⟨*Füller, Tinte:*⟩ schmieren
smug [smʌg] *adj.* selbstgefällig *(abwertend);* **she is very ~ about it/her new house** sie ist darauf/auf ihre Stelle/auf ihr neues Haus sehr eingebildet *(abwertend)*
smuggle ['smʌgl] *v. t.* schmuggeln
~ **a'way** *v. t.* wegschaffen; ~ **sb. away through a back door** jmdn. durch eine Hintertür hinausschmuggeln
~ **'in** *v. t.* einschmuggeln; hinein-/hereinschmuggeln ⟨*Person*⟩
~ **'out** *v. t.* hinaus-/herausschmuggeln
smuggler ['smʌglə(r)] *n.* Schmuggler, *der*/Schmugglerin, *die*
smuggling ['smʌglɪŋ] *n.* Schmuggel, *der;* Schmuggeln, *das;* **the ~ of dogs into Britain** das Einschmuggeln von Hunden nach Großbritannien
smugly ['smʌglɪ] *adv.* selbstgefällig *(abwertend)*
smugness ['smʌgnɪs] *n., no pl.* Selbstgefälligkeit, *die (abwertend)*
smut [smʌt] *n.* **a)** Rußflocke, *die;* *(smudge)* Rußfleck, *der;* **be covered in ~s** voller Ruß sein; **b)** *no art. (lewd matter)* Schund, *der (abwertend);* **talk ~:** Schweinigeln *(ugs. abwertend);* **c)** *(Bot.) (disease)* Brand, *der;* *(fungus)* Brandpilz, *der*
smutty ['smʌtɪ] *adj.* **a)** *(dirty)* verschmutzt; **b)** *(lewd)* schmutzig *(abwertend);* **he is ~:** er ist schweinisch *(ugs. abwertend)*
snack [snæk] *n.* Imbiß, *der;* Snack, *der;* **eat many ~s between meals** viel zwischendurch essen; **have a [quick] ~:** [rasch] eine Kleinigkeit essen *(ugs.)*
'**snack-bar** *n.* Schnellimbiß, *der;* Snackbar, *die*
snaffle ['snæfl] **1.** *n. (Riding)* Trense, *die.* **2.** *v. t.* **a)** *(sl.)* mopsen *(fam.)* ⟨*Schokolade, Zeitung*⟩; klauen *(salopp)* ⟨*Diamanten, Geheimdokumente, Geld*⟩; **b)** *(Riding)* die Trense anlegen (+ *Dat.*)
~ **'up** *v. t.* [sich (*Dat.*)] schnappen *(ugs.)*
'**snaffle-bit** *n. (Riding)* Trensengebiß, *das*
snafu [snæ'fuː] *(Amer. sl.)* **1.** *pred. adj.* chaotisch. **2.** *n.* Chaos, *das;* **they left us in ~:** sie ließen uns im Schlamassel stecken *(ugs.)*

snag [snæg] 1. *n.* a) *(jagged point)* Zacke, *die;* b) *(problem)* Haken, *der;* **what's the ~?** wo klemmt es [denn]? *(ugs.);* **hit a ~, run up against a ~:** auf ein Problem *od.* eine Schwierigkeit stoßen; **there's a ~ in it** die Sache hat einen Haken; c) *(tear)* Loch, *das;* *(pulled thread)* gezogener Faden. 2. *v. t.,* -gg- a) *(catch)* **I've ~ged my coat** mein Mantel hat sich verfangen; ich bin mit dem Mantel hängengeblieben; b) *(tear)* einreißen; c) *(Amer.: catch quickly)* **~ sth.** sich *(Dat.)* etw. schnappen *(ugs.)*

snail [sneɪl] *n.* Schnecke, *die;* **Roman ~:** Weinbergschnecke, *die;* **at [a] ~'s pace** im Schneckentempo *(ugs.)*

'snail-like *adj.* schneckenartig; schneckenhaft *(ugs.)*

snake [sneɪk] 1. *n.* a) Schlange, *die;* **~s and ladders** Brettspiel, *bei dem je nach Augenzahl beim Würfeln Spielsteine "Leitern" hinauf- und "Schlangen" hinabbewegt werden;* b) *(derog.)* **~ [in the grass]** *(woman)* [falsche] Schlange; *(man)* falscher Kerl *od.* *(ugs.)* Hund; c) *(Econ.)* **the ~:** die Währungsschlange *(Jargon.).* 2. *v. i.* sich schlängeln

snake: **~-bite** *n.* a) Schlangenbiß, *der;* b) *(drink)* Getränk aus gleichen Teilen Apfelwein und Lagerbier; **~-charmer** *n.* Schlangenbeschwörer, *der;* **~-skin** *n.* Schlangenleder, *das*

snaky ['sneɪkɪ] *adj.* a) *(winding)* gewunden; schlangenartig *(Bewegung);* b) *(sly)* hinterhältig

snap [snæp] 1. *v. t.,* -pp- a) *(break)* zerbrechen; **~ sth. in two** *or* **in half** etw. in zwei Stücke brechen; b) **~ one's fingers** mit den Fingern schnalzen; **~ one's fingers at sth./ sb.** *(fig.)* auf etw./jmdn. pfeifen *(ugs.);* c) *(move with ping sound)* **~ sth. home** *or* **into place** etw. einrasten *od.* einschnappen lassen; **~ shut** zuschnappen lassen *(Portemonnaie, Tür, Schloß);* zuklappen *(Buch, Zigarettendose, Etui);* **~ sth. open** etw. aufschnappen lassen; d) *(take photograph of)* knipsen; e) *(say in sharp manner)* bellen. 2. *v. i.,* -pp- a) *(break)* brechen; b) *(fig.: give way under strain)* ausrasten *(ugs.);* **my patience has finally ~ped** nun ist mir der Geduldsfaden aber gerissen; **something ~ped in me** *(fig.)* da war bei mir das Maß voll; c) *(make as if to bite)* [zu]schnappen; d) *(move smartly)* **~ into action** loslegen *(ugs.);* **~ into life** aufschrecken; **~ to attention** strammstehen; **~ to it!** *(coll.)* leg/legt los! *(ugs.);* e) *(move with ~ping sound)* **~ home** *or* **into place** einrasten; einschnappen; **~ shut** zuschnappen *(Kiefer:)* zusammenklappen; *(Mund:)* zuklappen; **~ together** zusammenklappen; **~ open** aufschnappen; f) *(speak in sharp manner)* fauchen; g) *(take photograph)* knipsen. 3. *n.* a) *(sound)* Knacken, *das;* *(of whip)* Knallen, *das;* b) *(biscuit)* Plätzchen, *das; see also* **brandy-snap;** c) *(Photog.)* Schnappschuß, *der;* d) *(Brit. Cards)* Schnippschnapp[schnurr], *das;* e) **cold ~:** kurze Kälteperiode; f) *(zest)* Schwung, *der.* 4. *attrib. adj.* *(spontaneous)* spontan; **call a ~ election/vote** Knall und Fall *(ugs.)* einen Wahltermin festsetzen/eine Abstimmung herbeiführen. 5. *int.* a) *(Brit. Cards)* schnapp; b) *(when two things are seen to match coincidentally)* genau gleich *(ugs.)*

~ at *v. t.* a) *(bite)* **~ at sb./sth.** nach jmdm./ etw. schnappen; **~ at sb.'s heels** jmdm. auf den Fersen sein; **he ran with a pack of dogs ~ping at his heels** er rannte, dicht gefolgt von einer Hundemeute; b) *(speak sharply to)* anfauchen *(ugs.);* c) *(Amer.: accept eagerly)* **~ at a chance** eine Gelegenheit beim Schopf[e] ergreifen; **~ at an invitation/a job** bei einer Einladung/einem Job keinesfalls nein sagen *od.* *(salopp)* gleich zuschlagen

~ 'back 1. *v. i.* a) *(return)* zurückschnellen; b) *(reply)* **~ back [at sb.]** jmdm. anfauchen *(ugs.);* c) *(Amer. fig.: make quick recovery)* sich schnell [wieder] erholen. 2. *v. t.* *(say as a retort)* zurückgeben

~ 'off 1. *v. i.* abbrechen; abknicken *(Zweig, Antenne).* 2. *v. t.* a) *(break)* abbrechen; **~ sth. off** etw. etw. von etw. abbrechen; b) *(bite)* abbeißen; **~ sb.'s head off** *(fig.)* jmdm. den Kopf abreißen *(fig.);* c) *(Amer.: switch off)* ausknipsen *(ugs.);* ausschalten; d) aufklappen *(Deckel, Verschluß)*

~ 'on 1. *v. i.* zuschnappen; **~ on to sth.** sich an etw. *(Dat.)* festklemmen. 2. *v. t.* a) *(fasten)* festklemmen; zuklappen *(Deckel);* **~ sth. on sth.** etw. auf etw. *(Akk.)* klemmen; b) *(Amer.: switch on)* anknipsen *(ugs.). See also* **snap-on**

~ 'out *v. t.* bellen *(Befehl, Anweisung)*

~ 'out of *v. i.* sich befreien von *(Gefühl, Stimmung, Komplex);* **~ out of it!** *(coll.)* hör auf damit!; *(wake up)* wach auf!

~ 'up *v. t.* a) *(pick up)* [sich *(Dat.)*] schnappen; b) *(fig. coll.: seize)* [sich *(Dat.)*] schnappen *(ugs.);* **~ up a bargain/an offer** bei einem Angebot [sofort] zugreifen *od.* *(salopp)* zuschlagen; **~ sth. up in the sales** etw. beim Ausverkauf ergattern *(ugs.);* **the tickets were ~ped up immediately** die Karten waren sofort weg

snap: ~ bean *n.* *(Amer.)* Brechbohne, *die;* **~dragon** *n.* *(Bot.)* Löwenmäulchen, *das;* **~-fastener** *n.* Druckknopf, *der;* **~-on** *attrib. adj.* Klemm-

snappy ['snæpɪ] *adj.* a) *(lively)* lebhaft; temperamentvoll *(Tanz, Musik);* b) *(smart)* schick; **be a ~ dresser** sich flott *od.* schick kleiden; c) *(coll.)* **look ~!, make it ~!** ein bißchen dalli! *(ugs.)*

snap: ~ 'shot *(gunshot)* ungezielter Schuß; **~shot** *(Photog.)* *n.* Schnappschuß, *der*

snare [sneə(r)] 1. *n.* a) *(trap)* Schlinge, *die;* Falle, *die (auch fig.);* **set a ~ [for sb.]** [jmdm.] eine Falle stellen; b) *(temptation)* Fallstrick, *der;* c) *(Mus.)* Schnarrsaite, *die;* d) *(Mus.) see* **~ drum.** 2. *v. t.* [mit einer Schlinge] fangen *(Tier, Vogel);* **~ sb.** jmdn. in eine Falle locken

'snare drum *n.* Wirbeltrommel, *die;* kleine Trommel

¹**snarl** [snɑːl] 1. *v. i.* a) *(growl)* *(Hund:)* knurren; *(Tiger:)* fauchen; b) *(speak)* knurren. 2. *v. t.* knurren. 3. *n.* Knurren, *das; (of tiger)* Fauchen, *das;* **..., he said to him with a ~:** ..., knurrte er ihn an

~ at *v. t.* anknurren; *(Tiger:)* anfauchen

²**snarl** 1. *n.* *(tangle)* Knoten, *der.* 2. *v. i.* sich verheddern *(ugs.)*

~ 'up 1. *v. t.* *(confuse)* durcheinanderbringen; *(bring to a halt)* zum Erliegen bringen; **get ~ed up** *(Wolle usw.)* sich verheddern *(ugs.);* **get ~ed up in the traffic** im Verkehr steckenbleiben. 2. *v. i.* *(Verkehr:)* stocken; *(Wolle:)* sich verheddern *(ugs.)*

'snarl-up *n.* Stau, *der;* Stockung, *die*

snatch [snætʃ] 1. *v. t.* a) *(grab)* schnappen; **~ a bite to eat** [schnell] einen Bissen zu sich nehmen; **~ a kiss** einen Kuß stehlen *(scherzh.);* **~ an opportunity** eine Gelegenheit beim Schopf[e] ergreifen; **~ a rest** sich *(Dat.)* eine Ruhepause verschaffen; **~ hold of sb./sth.** jmdn./etw. schnappen; **~ hold of sb. by the collar/ear** jmdn. am Kragen/Ohr packen; **~ some sleep** ein bißchen schlafen; **~ a nap** *(coll.)* ein Nickerchen *(fam.)* halten; **~ the lead** die Führung übernehmen *od.* an sich *(Akk.)* nehmen; **~ sth. from sth.** etw. schnell von etw. nehmen; *(very abruptly)* etw. von etw. reißen; **~ sth. from sb.** jmdm. etw. wegreißen; **~ sth. out of sb.'s hand/pocket** jmdm. etw. aus der Hand reißen/schnell aus der Tasche ziehen; e) *(steal)* klauen *(ugs.);* *(kidnap)* kidnappen *(ugs.).* 2. *v. i.* einfach zugreifen;

3. *n.* a) **make a ~ at sb./sth.** nach jmdm./ etw. greifen; b) *(Brit. sl.: robbery)* Raub, *der;* c) *(sl.: kidnap)* Kidnapping, *das;* d) *(fragment)* **a ~ of a song** ein paar Takte von einem Lied; **~es of talk/conversation** Gesprächsfetzen *od.* -brocken *Pl.;* e) *in pl.* *(spells)* **do sth. in** *or* **by ~es** etw. mit Unterbrechungen tun; f) *(weight-lifting)* Reißen, *das*

~ at *v. t.* a) **~ at sb./sth.** nach jmdm./etw. schnappen; b) *(fig.) see* **jump at b**

~ a'way *v. t.* *(schnell)* wegziehen **(from** *Dat.);* **~ sth. away from sb.** jmdm. etw. wegreißen

~ 'up *v. t.* [sich *(Dat.)*] schnappen

snazzy ['snæzɪ] *adj.* *(sl.)* [super]schick *(ugs.)*

sneak [sniːk] 1. *v. t.* a) *(take)* stibitzen *(fam.);* b) *(fig.)* **~ a look at sb./sth.** nach jmdm./etw. schielen; c) *(bring)* **~ sth./sb. into a place** heimlich in einen Ort schmuggeln; **~ sth. into one's bag** etw. heimlich in die Tasche stecken; d) *(sl.: steal)* klauen *(ugs.);* mitgehen lassen *(ugs.).* 2. *v. i.* a) *(Brit. Sch. sl.: tells tales)* petzen *(Schülerspr.).* b) *(inform)* **~ to sb.** jmdn. verpetzen *(Schülerspr.);* b) *(move furtively)* schleichen. 3. *attrib. adj.* a) *(without warning)* **~ attack/ raid** Überraschungsangriff, *der;* b) **a ~ preview of the film/play/programme** eine inoffizielle Vorpremiere des Films/Stücks/Programms. 4. *n.* a) *(shifty person)* Fiesling, *der (salopp)* b) *(Brit. Sch. sl.: tell-tale)* Petze, *die (Schülerspr.)*

~ a'way *v. i.* [sich] fortschleichen; sich davonmachen

~ 'in 1. *v. i.* a) *(enter stealthily)* sich hineinschleichen; *(fig.)* *(win narrowly)* knapp siegen. 2. *v. t.* a) *(bring in)* einschmuggeln *(ugs.);* b) *(Amer.: include)* **~ in a mention of sth./a word about sth.** etw. [beiläufig] erwähnen/ein Wort über etw. *(Akk.)* einstreuen

~ 'out *v. i.* [sich] hinausschleichen

~ 'out of *(Amer.: avoid)* **~ out of sth./doing sth.** sich vor etw. *(Dat.)* drücken *(ugs.)*/sich davor drücken *(ugs.),* etw. zu tun

sneaker ['sniːkə(r)] *(Amer.)* Turnschuh, *der*

sneaking ['sniːkɪŋ] *attrib. adj.* heimlich; leise *(Verdacht)*

'sneak-thief *n.* Einschleichdieb, *der*

sneaky ['sniːkɪ] *adj.* a) *(underhand)* hinterhältig; b) **have a ~ feeling that...:** so ein leises Gefühl haben, daß...

sneer [snɪə(r)] 1. *v. i.* a) *(smile scornfully)* spöttisch *od.* höhnisch lächeln/grinsen; hohnlächeln; b) *(speak scornfully)* höhnen *(geh.);* spotten. 2. *v. t.* *(say)* höhnen *(geh.);* spotten. 3. *n.* a) *(look)* Hohnlächeln, *das;* b) *(remark)* höhnische *od.* spöttische Bemerkung; **a cynical/sarcastic ~:** eine zynische/ sarkastische Bemerkung

~ at *v. t.* a) *(smile scornfully at)* höhnisch anlächeln/angrinsen; b) *(express scorn for)* verhöhnen *(geh.);* spotten über (+ *Akk.)*

sneeze [sniːz] 1. *v. i.* niesen; **not to be ~d at** *(fig. coll.)* nicht zu verachten *(ugs.).* 2. *n.* Niesen, *das*

snicker ['snɪkə(r)] *see* **snigger**

snide [snaɪd] *adj.* a) *(sneering)* abfällig; b) *attrib.* *(Amer.: mean, underhand)* mies *(ugs.)*

sniff [snɪf] 1. *n.* a) Schnüffeln, *das;* Schnuppern, *das; (with running nose, while crying)* Schniefen, *das; (contemptuous)* Naserümpfen, *das;* **give a disdainful ~:** geringschätzig die Nase rümpfen; **have a ~ at sth.** an etw. *(Dat.)* riechen *od.* schnuppern; **have a ~ at this!** hier, riech mal *od.* schnupper mal!; **I didn't get a ~ of the food** *(coll.)* ich habe von dem Essen keinen Krümel abbekommen; **not a ~!** leer ausgegangen!; b) *(quantity)* **~ed) have a [good] ~ of sea air/of perfume** [ausgiebig] die Seeluft/am Parfüm schnuppern. 2. *v. i.* schniefen; die Nase hochziehen; *(to detect a smell)* schnuppern; *(to ex-*

sniffer dog | **snugly**

press contempt) die Nase rümpfen. **3.** *v. t.* **a)** *(smell)* riechen *od.* schnuppern an (+ *Dat.*) ⟨*Blume, Essen*⟩ **b)** *(show contempt for)* die Nase rümpfen über (+ *Akk.*); not to be ~ed at = not to be sneezed at *see* sneeze 1
~ **at** *v. t.* **a)** schnuppern *od.* riechen an (+ *Dat.*) ⟨*Blume, Essen*⟩ **b)** *(show contempt for)* die Nase rümpfen über (+ *Akk.*); not to be ~ed at = not to be sneezed at *see* sneeze 1
~ **'out** *v. t.* aufspüren
sniffer dog ['snɪfə dɒg] *n.* Spürhund, *der*
sniffle ['snɪfl] **1.** *v. i.* schniefen; schnüffeln *(ugs.).* **2.** *n.* *(coll.)* **a)** Schniefen, *das*; Schnüffeln, *das (ugs.);* **b)** *in pl.* have the ~s [einen] Schnupfen haben
sniffy ['snɪfɪ] *adj. (coll.)* **a)** *(contemptuous)* hochnäsig *(ugs.);* **b)** *(sniffing)* sb. is ~: jmd. schnüffelt; *(has a cold)* jmd. schnieft
snifter ['snɪftə(r)] *n.* **a)** *(sl.: drink)* Kurze, *der (ugs.);* **b)** *(Amer.: glass)* [Kognak]schwenker, *der*
snigger ['snɪɡə(r)] **1.** *v. i.* (boshaft) kichern. **2.** *n.* [boshaftes] Kichern
snip [snɪp] **1.** *v. t.,* **-pp-** schnippeln *(ugs.),* schneiden ⟨*Loch*⟩; schnippeln *(ugs.) od.* schneiden an (+ *Dat.*) ⟨*Tuch, Haaren, Hecke*⟩; *(cut off)* abschneiden *(ugs.);* abschneiden. **2.** *v. i.,* **-pp-** schnippeln *(ugs.);* schneiden. **3.** *n.* **a)** *(Brit. sl.: certainty)* be a ~: idiotensicher sein *(ugs.);* **b)** *(Brit. sl.: good bargain)* Schnäppchen, *das (ugs.);* **c)** *(cut)* Schnitt, *der*; Schnipser, *der (ugs.);* **d)** *(piece)* Schnipsel, *der od. das;* **e)** *in pl. (shears)* [Hand]blechschere, *die*
snipe [snaɪp] **1.** *n., pl. same or* ~s *(Ornith.)* Schnepfe, *die.* **2.** *v. i. (Mil.)* aus dem Hinterhalt schießen
~ **at** *v. t.* **a)** *(Mil.)* aus dem Hinterhalt beschießen; **b)** *(fig.: make snide comments about)* anschießen *(ugs.)*
sniper ['snaɪpə(r)] *n.* Heckenschütze, *der*
snippet ['snɪpɪt] *n.* **a)** *(piece)* Schnipsel, *der od. das;* **b)** *(of information in newspaper)* Notiz, *die;* *(of knowledge)* Bruchstück, *das; (from a book)* Passage, *die; (of conversation)* Gesprächsfetzen, *der;* useful ~s of information nützliche Hinweise
snipping ['snɪpɪŋ] *n.* Schnipsel, *der od. das*
snit [snɪt] *n. (Amer. sl.)* be in a ~ *(agitated)* am Rotieren sein *(ugs.); (annoyed)* auf schnötzig sein *(ugs.)*
snitch [snɪtʃ] *(sl.)* **1.** *v. t.* klauen *(ugs.).* **2.** *v. i.* auspacken *(salopp);* ~ **on sb.** jmdn. verpfeifen *(salopp)*
snivel ['snɪvl] *v. i., (Brit.)* -**ll- a)** *(have runny nose)* stop ~ling, use a handkerchief hör auf, dauernd die Nase hochzuziehen – nimm ein Taschentuch; **b)** *(sniff, sob)* schniefen; schnüffeln *(ugs.)*
snivelling *(Amer.:* **sniveling)** ['snɪvlɪŋ] *(fig.)* **1.** *attrib. adj.* heulend; greinend *(ugs.)* ⟨*Opposition*⟩. **2.** *n.* Geheule, *das;* Gegreine, *das (ugs.)*
snob [snɒb] *n.* Snob, *der (abwertend); attrib.* ~ **appeal** *or* **value** Snob-Appeal, *der; see also* **inverted snob**
snobbery ['snɒbərɪ] *n.* Snobismus, *der*
snobbish ['snɒbɪʃ] *adj.,* **snobbishly** ['snɒbɪʃlɪ] *adv.* snobistisch
snog [snɒg] *(Brit. sl.)* **1.** *v. i.,* **-gg-** knutschen *(ugs.).* **2.** *n.* Knutschen, *das (ugs.);* have a ~ [with sb.] [mit jmdm.] knutschen
snood [snuːd] *n.* Haarnetz, *das*
snook [snuːk] *n. (sl.)* cock a ~ at sb. jmdm. eine lange Nase drehen *(ugs.); (fig. also)* jmdm. eine Nase drehen *(ugs.)*
snooker ['snuːkə(r)] **1.** *n.* **a)** *no pl., no indef. art.* Snooker [Pool], *das;* Taschenbillard, *das;* **b)** *(tactical position)* Situation beim Billardspiel, in der der Spieler die richtige Kugel nicht direkt spielen kann. **2.** *v. t.* **a)** in eine Lage bringen, in der die richtige Kugel nicht direkt gespielt werden kann; be ~ed die richtige Kugel nicht direkt spielen können; **b)** *(fig. sl.: thwart)* vereiteln; he was ~ed ihm wurde ein Strich durch die Rechnung gemacht

snoop [snuːp] *(coll.)* **1.** *v. i.* schnüffeln *(ugs.);* ~ **into sth.** in einer Sache [herum]schnüffeln *(ugs.);* ~ **about** *or* **around** herumschnüffeln *(ugs.);* ~ **around the village** im Dorf herumschnüffeln *(ugs.).* **2.** *n.* have a ~ **around** sich [ein bißchen] umsehen
snooper ['snuːpə(r)] *n. (coll.)* Schnüffler, *der*/Schnüfflerin, *die (ugs.)*
snootily ['snuːtɪlɪ] *adv.,* **snooty** ['snuːtɪ] *adj. (coll.)* hochnäsig *(ugs.)*
snooze [snuːz] *(coll.)* **1.** *v. i.* dösen *(ugs.).* **2.** *n.* Nickerchen, *das (fam.);* have a ~: ein Nickerchen machen
snore [snɔː(r)] **1.** *v. i.* schnarchen. **2.** *n.* Schnarchen, *der (ugs.);* ~s Schnarchen, *das*
snorkel ['snɔːkl] **1.** *n.* Schnorchel, *der.* **2.** *v. i., (Brit.)* -**ll-** schnorcheln
snort [snɔːt] **1.** *v. i.* schnauben (**with,** in *od.* + *Dat.*); ~ **with laughter** vor Lachen prusten; ~ **in disbelief** ungläubig schnauben. **2.** *v. t.* **a)** schnauben; ~ **one's disgust/disbelief/anger** vor Ekel/ungläubig/wütend schnauben; **b)** *(sl.: take)* ~ **[coke]** [Koks] sniffen *(Drogenjargon).* **3.** *n.* **a)** Schnauben, *das;* give a ~ **of indignation/rage** vor Mißbilligung/Wut schnauben; **with a ~ of rage** wutschnaubend; ~s **of laughter** prustendes Gelächter; **b)** *(coll.: drink)* Kurze, *der (ugs.);* **c)** *(sl.: of drug)* Sniff, *der (Jargon)*
snorter ['snɔːtə(r)] *n. (sl.)* **a)** *(gale)* Orkan, *der;* **b)** *(difficult task)* **a** ~ **[of a job]** eine Plackerei *(ugs.);* **the exam was a** ~: die Prüfung war ein Schlauch *(ugs.)*
snot [snɒt] *n. (sl.)* Rotz, *der (derb);* Schnodder, *der (derb)*
'snot-rag *n. (sl.)* Rotzfahne, *die (salopp)*
snotty ['snɒtɪ] *adj. (sl.)* **a)** *see* **snooty;** **b)** *(running with nasal mucus)* rotznäsig *(salopp);* ~ **child** Rotznase, *die (salopp);* ~ **handkerchief** Rotzfahne, *die (salopp);* ~ **nose** Rotznase, *die (salopp)*
'snotty-nosed *adj.* **a)** rotzig; rotznäsig *(salopp);* **b)** *see* **snooty**
snout [snaʊt] *n.* **a)** *(nose)* Schnauze, *die; (of pig, ant-eater)* Rüssel, *der; (of wild boar)* Gebrech, *das (Jägerspr.);* **b)** *(nose-piece)* Nase, *die;* **c)** *(derog.: nose)* Rüssel, *der (salopp);* Zinken, *der (salopp);* **d)** *(Brit. sl.: tobacco)* Kraut, *das (ugs., oft abwertend); (cigarette)* Kippe, *die (ugs.);* Lulle, *die (ugs.);* **e)** *(Brit. sl.: informer)* Schnüffler, *der (ugs. abwertend);* Spürhund, *der (ugs.)*
snow [snəʊ] **1.** *n., no indef. art.* **a)** Schnee, *der;* **be [as] pure as the driven** ~ ⟨*Person:*⟩ unschuldig wie ein/die Engel sein; **b)** *in pl. (areas)* Schnee, *der; (falls)* Schneefälle *Pl.; (sl.: cocaine)* Schnee, *der (Drogenjargon);* **d)** *(on TV screen etc.)* Schnee, *der.* **2.** *v. i. impers.* **it is** ~**ing** es schneit; **it starts** ~**ing** *or* **to** ~ es fängt an zu schneien. **3.** *v. t. (Amer. sl.)* ~ **sb.** bei jmdm. Eindruck schinden *(ugs.)*
~ '**in** *v. t.* **they are** ~**ed in** sie sind eingeschneit
~ **under** *v. t.* **be** ~**ed under** ⟨*Haus:*⟩ eingeschneit sein; ⟨*Straße:*⟩ zugeschneit sein; *(fig.) (with work)* erdrückt werden; *(with presents, letters)* überschüttet werden
~ '**up** *see* ~ **in**

snow: ~**ball** *n.* Schneeball, *der;* ~**ball fight** Schneeballschlacht, *die;* **have a** ~**ball effect** eine Kettenreaktion auslösen; **not have** *or* **stand a** ~**ball's chance in hell** *(coll.)* nicht die geringste Chance haben; **2.** *v. t.* mit Schneebällen bewerfen; **3.** *v. i. (fig.: increase greatly)* lawinenartig zunehmen; ~-**blower** *n.* Schneefräse, *die;* ~-**boot** *n.* Schneestiefel, *der;* ~-**bound** *adj.* eingeschneit; ~-**capped** *adj.* schneebedeckt; schneegekrönt *(dichter.);* ~ **chains** *n. pl.* Schneeketten *Pl.;* ~-**covered** *adj.* schneebedeckt; ~-**drift** *n.* Schneeverwehung, *die;* Schneewehe, *die;* ~-**drop** *n.* Schneeglöckchen, *das;* ~**fall** *n.* Schneefall, *der;* ~**flake** *n.* Schneeflocke, *die;* ~-**goose** *n.* Schneegans, *die; (Amer. sl.)* **do a** ~ **job on sb.** jmdn. beschwatzen *(ugs.);* ~-**leopard** *n.* Schneeleopard, *der;* ~**line** *n.* Schneegrenze, *die;* ~**man** *n.* Schneemann, *der; see also* **abominable;** ~**mobile** ['snəʊməbiːl] *n.* Schneemobil, *das;* ~-**plough** *n.* Schneepflug, *der;* ~**scape** *n.* Schneelandschaft, *die;* ~-**shoe** *n.* Schneeschuh, *der;* ~-**shovel** *n.* Schneeschaufel, *die;* ~-**shower** *n.* Schneeschauer, *der;* ~-**storm** *n.* Schneesturm, *der;* ~-**white** *adj.* schneeweiß; **S**~ '**White** *pr. n.* Schneewittchen, *das*

snowy ['snəʊɪ] *adj.* **a)** *(having much snow)* schneereich ⟨*Gegend, Monat*⟩; schneebedeckt ⟨*Berge*⟩; ~ **weather** Schneewetter, *das;* **b)** *(white)* schneeweiß
snowy 'owl *n.* Schnee-Eule, *die*
SNP *abbr.* **Scottish National Party** Schottische Nationalpartei
snub [snʌb] **1.** *v. t.,* **-bb- a)** *(rebuff)* brüskieren; vor den Kopf stoßen; **b)** *(reprove)* zurechtweisen; *(insult)* beleidigen; **c)** *(reject)* ablehnen; **d)** *(Amer.)* ~ **out** ausdrücken. **2.** *n.* Abfuhr, *die;* **get** *or* **receive a** ~: eine Abfuhr erhalten; **give sb. a [proper]** ~: jmdm. eine [gehörige] Abfuhr erteilen
snub: ~ '**nose** *n.* Stupsnase, *die;* Stupsnäschen, *das (fam.); (of car, aeroplane)* stumpfe Schnauze *(ugs.) od.* Nase; ~-**nosed** *adj.* stupsnasig; stumpfnasig ⟨*Auto, Flugzeug*⟩ mit stumpfer Schnauze *(ugs.)* nachgestellt
¹**snuff** [snʌf] *n.* **a)** *(tobacco)* Schnupftabak, *der;* **take a pinch of** ~: eine Prise schnupfen; **b)** be **up to** ~ *(deceived)* mit allen Wassern gewaschen sein *(ugs.); (in good health or condition)* auf der Höhe sein *(ugs.)*
²**snuff** *v. t.* beschneiden, putzen ⟨*Kerze*⟩; ~ **it** *(sl.: die)* ins Gras beißen *(salopp)*
~ '**out** **1.** *v. t.* **a)** *(extinguish)* löschen ⟨*Kerze*⟩; **b)** *(fig.: put an end to)* zerstören; zunichte machen ⟨*Hoffnung*⟩; niederschlagen ⟨*Revolte*⟩; *(kill)* töten; umbringen. **2.** *v. i. (sl.)* ins Gras beißen *(salopp)*
'**snuff-box** *n.* Schnupftabak[s]dose, *die*
snuffer ['snʌfə(r)] *n.* Löschhütchen, *das;* **pair of** ~s Licht[putz]schere, *die*
snuffle ['snʌfl] **1.** *v. i.* **a)** *(sniff)* schnüffeln (**at** an + *Dat.*); *(with cold, after crying)* schniefen; **b)** *(make sniffing sound)* schnüffeln (**at** an + *Dat.*); **c)** *(breathe noisily)* schnaufen. **2.** *n.* **a)** *(sniff)* ~[**s**] Schnaufen, *das; (of horses)* Schnauben, *das;* **b)** *in pl.* **have the** ~**s** [einen] Schnupfen haben
snug [snʌg] **1.** *adj.* **a)** *(cosy)* gemütlich, behaglich ⟨*Haus, Zimmer, Bett*⟩; *(warm)* mollig warm ⟨*Zimmer, Mantel, Bett*⟩; **in bed sb. is as** ~ **as a bug in a rug** im Bett hat es jmd. urgemütlich *od.* richtig kuschelig; **b)** *(sheltered)* geschützt; **c)** *(close-fitting)* **be a** ~ **fit** genau passen; ⟨*Kleidung:*⟩ wie angegossen sitzen *od.* passen. **2.** *n. (Brit.: bar-parlour)* Nebenzimmer in einer Gaststätte, bes. für Stammgäste
snuggle ['snʌɡl] **1.** *v. i.* ~ **together** sich aneinanderschmiegen *od.* -kuscheln; ~ **down in bed** sich ins Bett kuscheln; ~ **up with a book** es sich *(Dat.)* mit einem Buch gemütlich machen. **2.** *v. t.* **she** ~**d the crying child to her body** sie drückte das weinende Kind zärtlich an sich
snugly ['snʌɡlɪ] *adv.* **a)** *(cosily)* gemütlich; behaglich; **be/lie** ~ **tucked up** behaglich eingemummelt sein/liegen *(fam.);* **b)** *(close-fitting)* **fit** ~: genau passen; ⟨*Kleidung:*⟩ wie angegossen sitzen *od.* passen

677

¹so [səʊ] **1.** *adv.* **a)** *(by that amount)* so; **as winter draws near, so it gets darker** je näher der Winter rückt, desto dunkler wird es; **as fast as the water poured in, so we bailed it out** in dem Maße, wie das Wasser eindrang, schöpften wir es heraus; **so ... as so ... wie; there is nothing so fine as ...**: es gibt nichts Schöneres als ...; nichts ist so schön wie ...; **not so [very] difficult/easy** *etc.* nicht so schwer/leicht *usw.*; **it's not so easy/big after all** so einfach/groß ist es nun wieder auch nicht; **so beautiful a present** so ein schönes Geschenk; ein so schönes Geschenk; **so great a general as X** ein so großer General wie X; **[it's] not so bad as ...**: [es ist] nicht so schlecht wie ...; **so far** bis hierher; *(until now)* bisher; bis jetzt; *(to such a distance)* so weit; **I trust him only so far** ich traue ihm nur bis zu einem gewissen Grad; **and so on [and so forth]** und so weiter und so fort; und so weiter; und so fort; **so long!** bis dann *od.* gleich *od.* nachher *od.* später! *(ugs.);* **so many** so viele; *(unspecified number)* soundso viele; **they looked like so many chimney-sweeps** sie sahen alle aus wie die Schornsteinfeger; **so much** so viel; *(unspecified amount)* soundsoviel; **[just] so much/many** *(nothing but)* nichts als; **his books are just so much rubbish** seine Bücher taugen alle nichts; **the villages are all so much alike** die Dörfer gleichen sich alle so sehr; **so much for the agenda** so viel zur Tagesordnung; **so much for him/his plans** das wär's, was ihn/seine Pläne angeht; **so much for my hopes** und ich habe mir solche Hoffnungen gemacht; **so much for that** *(after having dealt with a tricky problem)* das wäre geschafft; das hätten wir; **so much the better** um so besser; **if he doesn't want to stay, so much the worse for him** wenn er nicht bleiben will, ist er selber schuld; **not so much ... as** weniger ... als [eher]; **be not so much angry as disappointed** weniger verärgert als [viel mehr] enttäuscht sein; **not so much as** *(not even)* [noch] nicht einmal; **not so much as glance at sth.** auf etw. *(Akk.)* nicht einmal einen Blick werfen; *see also* **ever f; every c; far 1 d; ¹long 3 a, b; more 3 h; never a; b)** *(in that manner)* so; **so be it** einverstanden; so sei es *(geh.);* **this being so** da dem so ist *(geh.);* **it so happened that he was not then** er war [zufällig] gerade nicht da; **c)** *(to such a degree)* so; **this answer so provoked him that ...**: diese Antwort provozierte ihn so *od.* derart, daß ...; **I went straight to bed, I was so tired** ich war so müde, daß ich gleich zu Bett ging; **put it so as not to offend him** sag es so, daß es ihn nicht kränkt; **I am not so big a fool as to believe that** ich bin nicht so dumm, das zu glauben; ist er so [dumm] *(Amer.)* ich war soweit, daß ich ... konnte; **so much so that ...**: so sehr, daß ...; das geht/ ging so weit, daß ...; **d)** *(with the intent)* **so as to um ... zu; run so as not to get wet** rennen, um nicht naß zu werden; **so [that]** damit; **e)** *(emphatically)* so; **I'm so glad/tired!** ich bin ja so froh/müde!; **so kind of you!** wirklich nett von Ihnen!; **so sorry!** *(coll.)* Entschuldigung!; Verzeihung!; **f)** *(indeed)* **It's a rainbow! – So it is!** Es ist ein Regenbogen! – Ja, wirklich!; **'You suggested this trip. – So I did** Du hast diese Reise vorgeschlagen. – Das stimmt; **you said it was good, and so it was** du sagtest, es sei gut, und so war es auch; **is that so?** so? *(ugs.);* wirklich?; **and so he did** und das machte/tat er [dann] auch; **it 'is so** *expr. certainty* doch!; **it may be so, possibly so** [das ist] möglich; **g)** *(likewise)* **so am/have/would/could/will/do I** ich auch; **as he is so is c to d a** verhält sich zu b wie c to d; **as in the arts, so in politics, it's true that ...**: in der Politik wie in der Kunst gilt, daß ...; **h)** *(thus)* so; **and so it was that ...**: und so geschah es, daß ...; **not so!** nein, nein! *See also* **how 1; if 1 a; just 2 a;** quite a; so so. **2.** *pron.* **he suggested that I should take the train, and if I had done so, ...**: er riet mir, den Zug zu nehmen, und wenn ich es getan hätte, ...; **we must consider what would be the result of so doing** wir müssen bedenken, was das für Folgen hätte; **I'm afraid so** leider ja; ich fürchte schon; **the teacher said so** der Lehrer hat es gesagt; **it was self-defence – or so the defendant said** es war Selbstverteidigung – so sagte jedenfalls der Angeklagte; mit diesen Worten ging er; **so say all of us** das sagen wir alle; **Why do I have to go to bed? – Because I say so** Warum muß ich ins Bett? – Weil ich es sage; **I suppose so** ich nehme an *(ugs.); expr. reluctant agreement* wenn es sein muß; *(granting grudging permission* von mir aus; **I told you so** ich habe es dir [doch] gesagt; **so I gathered** ich weiß [es]; **so I gathered from the newspaper** ich weiß es aus der Zeitung *od.* habe es aus der Zeitung erfahren; **he is a man of the world, so to say** *or* **speak** er ist menschelt sozusagen bei ihm; **it will take a week or so** es wird so *(ugs.) od.* etwa eine Woche dauern; **there were twenty or so people** es waren so *(ugs.)* um die zwanzig Leute da; **very much so in** der Tat; allerdings; *see also* **say 1 a. 3.** *conj. (therefore)* daher; **so 'that's what he meant** das hat er also gemeint; **cigarettes are dangerous, so don't smoke** Zigaretten sind schädlich, also rauch nicht!; **so what is the answer?** wie lautet also die Antwort?; **so you are from Oxford then?** Sie kommen also aus Oxford?; **so 'there you are!** da bist du also!; **so there you 'are!** ich habe also recht!; **so what are you going to do now?** was machen Sie denn jetzt?; **so what's the joke/ problem?** was ist denn daran witzig?/was ist denn das Problem?; **so where have you been?** wo warst du denn?; **so that's 'that** *(coll.) (it's done)* [al]so, das war's *(ugs.); (it's over)* das war's also *(ugs.); (everything has been taken care of)* das wär's dann *(ugs.);* **so there!** [und] fertig!; [und damit!] basta! *(ugs.);* **so you see ...**: du siehst also ...; **so?** na und?

²so *see* **soh**
So. *abbr. (Amer.)* South S
soak [səʊk] **1.** *v.t.* **a)** *(steep)* einweichen ⟨*Wäsche in Lauge*⟩; eintauchen ⟨*Brot in Milch, Tapete in Wasser*⟩; ~ **oneself in the sun** sich in der Sonne aalen *(ugs.);* **b)** *(wet)* naß machen; durchnässen; durchtränken ⟨*Erde*⟩; ~ **sb. from head to foot** jmdn. von Kopf bis Fuß durchnässen *od. (ugs.)* patschnaß machen; ~**ed in sth.** von etw. durchtränkt; mit *od.* von etw. getränkt; **a rag ~ed in petrol** ein mit Benzin getränkter Lappen; ~**ed in sweat** schweißgebadet; ~**ed with sweat** schweißgetränkt; **this town is ~ed in history** *(fig.)* in dieser Stadt weht der Hauch der Geschichte; **c)** *(absorb)* aufsaugen; **d)** *(sl.: obtain money from)* melken *(salopp);* schröpfen *(ugs.).* **2.** *v.i.* **a)** *(steep)* put sth. in to ~: etw. in etw. *(Dat.)* einweichen; **lie ~ing in the bath** ⟨*Person:*⟩ sich im Bad durchweichen lassen; **the liver was put to ~ in milk** die Leber wurde in Milch eingelegt; **b)** *(drain)* ⟨*Feuchtigkeit, Nässe:*⟩ sickern; ~ **away** wegsickern. **3.** *n.* **a)** **give sth. a [good] ~**: etw. durchweichen lassen; **give the garden a [good] ~**: den Garten [gut] wässern; **put in ~**: einweichen; **he leaves his dentures in ~ overnight** er legt sein künstliches Gebiß über Nacht in eine Reinigungsflüssigkeit; **b)** *(coll.: drinker)* Säufer, der/Säuferin, die *(derb, oft abwertend);* Suffkopp, der *(ugs.).*

~ **in 1.** *v.i.* **a)** *(seep in)* einsickern; eindringen; ⟨*Flecken:*⟩ einziehen; **b)** *(fig.)* **let the atmosphere ~ in** die Atmosphäre auf sich *(Akk.)* einwirken lassen. **2.** *v.t.* see **~ up**
~ **into** *v.t.* sickern in (+ *Akk.*); ⟨*Tinte usw.:*⟩ einziehen in (+ *Akk.*)

~ **through 1.** *v.t.* **a)** [`--`] *(penetrate)* ⟨*Flüssigkeit, Strahlen:*⟩ dringen durch; ⟨*Regenwasser, Blut:*⟩ sickern durch; **b)** [`-'-`] *(drench)* durchnässen. **2.** *v.i.* [`-'-`] durchdringen
~ **'up** *v.t.* **a)** *(absorb)* aufsaugen; ~ **up the sunshine** in der Sonne baden; **b)** *(fig.)* auf sich *(Akk.)* einwirken lassen, aufnehmen ⟨*Atmosphäre*⟩; aufsaugen ⟨*Wissen usw.*⟩
'soak-away *n. (Brit.)* Abflußgrube, die
soaking ['səʊkɪŋ] **1.** *n. (drenching)* **need a [good] ~** ⟨*Garten:*⟩ [gut] gewässert werden müssen; ⟨*Tuch:*⟩ [gründlich] eingeweicht werden müssen; **get a ~**: jmdn./etw. abbekommen; **give sb./sth. a ~**: jmdn./etw. naß machen. **2.** *adv.* ~ **wet** völlig durchnäßt; klatsch- *od.* patschnaß *(ugs.).* **3.** *adj.* **a)** *(drenched)* naß [bis auf die Haut]; patschnaß *(ugs.);* **be ~** ⟨*Kleidung:*⟩ völlig durchnäßt sein; ⟨*Gras:*⟩ patschnaß sein *(ugs.);* **b)** *(saturating)* alles durchnässend ⟨*Regen, Strom*⟩
'so-and-so *n., pl.* **~'s a)** *(person not named)* [Herr/Frau] Soundso; *(thing not named)* Dings, das; **b)** *(coll.: contemptible person)* Biest, *das (ugs.);* armes Schwein *(ugs.)*
soap [səʊp] **1.** *n., no indef. art.* **a)** Seife, die; **a bar** *or* **tablet of ~**: ein Stück Seife; **~ and water** mit Wasser und Seife; **b)** *(coll.) see* **soap opera. 2.** *v.t.* **~ [down]** einseifen
soap: **~-box** *n.* **a)** *see* **~-dish a; b)** *(packing-box)* Seifenschachtel, die; **c)** *(stand)* ≈ Apfelsinenkiste, die; **get on one's ~-box** *(fig.)* laut seine Meinung äußern; Volksreden halten; **d)** *(cart)* Seifenkiste, die; **~-box derby** Seifenkistenrennen, das; **~-bubble** *n.* Seifenblase, die; **~-dish** *n. (container)* Seifendose, die; **b)** *(open dish)* Seifenschale, die; **~-flakes** *n. pl.* Seifenflocken *Pl.;* **~ opera** *n. (Telev., Radio)* Seifenoper, die *(ugs.);* **~ powder** *n.* Seifenpulver, das; **~ stone** *n. (Min.)* Speckstein, der; **~suds** *n. pl.* Seifenschaum, der; Seifenlauge, die
soapy ['səʊpɪ] *adj.* seifig; **~ water** Seifenwasser, das; Seifenlauge, die
soar [sɔː(r)] *v.i.* **a)** *(fly up)* aufsteigen; *(hover in the air)* segeln; **b)** *(extend)* ~ **into the sky** in den Himmel ragen; **c)** *(fig.: rise rapidly)* steil ansteigen; ⟨*Preise, Kosten usw.:*⟩ in die Höhe schießen *(ugs.);* **my hopes have ~ed again** ich schöpfe wieder große Hoffnung; ~ **above sb./sth.** jmdn./etw. überrunden *od.* überragen *od.* hinter sich *(Dat.)* lassen
soaring ['sɔːrɪŋ] *attrib. adj.* **a)** *(flying)* segelnd; [hoch am Himmel] schwebend; **b)** *(fig.: rising rapidly)* sprunghaft ansteigend; galoppierend ⟨*Preise, Inflation, Kosten*⟩; hoch[fliegend, -gesteckt] ⟨*Ideale*⟩; **c)** *(lofty)* hoch aufragend
SOB [esəʊ'biː] *abbr. (Amer.)* son of a bitch
sob [sɒb] **1.** *v.i.,* -bb- schluchzen (**with** vor + *Dat.*). **2.** *v.t.,* -bb- schluchzen. **3.** *n.* Schluchzer, der; **~s [of anguish/pain]** [schmerzvolles] Schluchzen
~ **'out** *v.t.* ⟨*Person:*⟩ **she ~bed out her story** sie erzählte schluchzend *od.* unter Schluchzen ihre Geschichte; ~ **one's heart out** bitterlich weinen
sobbing ['sɒbɪŋ] **1.** *n.* Schluchzen, das. **2.** *adj.* schluchzend
sober ['səʊbə(r)] *adj.* **a)** *(not drunk)* nüchtern; **as ~ as a judge** stocknüchtern; **b)** *(moderate)* solide; **c)** *(solemn)* ernst; **d)** *(subdued)* schlicht; gedeckt ⟨*Farben*⟩; nüchtern ⟨*Umgebung*⟩; **be a ~ dresser** sich solide kleiden; **e)** *(rational, realistic)* nüchtern; **the ~ truth/fact** die nackte Wahrheit/Tatsache
~ **'down** *v.i.* ruhig werden; *(after being excited)* sich abkühlen *(ugs.);* **he has ~ed down a lot** er ist wesentlich vernünftiger geworden
~ **'up 1.** *v.i.* nüchtern werden; ausnüchtern. **2.** *v.t.* ausnüchtern

sobering ['səʊbərɪŋ] *adj.* ernüchternd; **he found it a ~ experience** das Erlebnis ernüchterte ihn *od.* brachte ihn zur Vernunft; **it is a ~ thought that ...**: der Gedanke ist ganz schön ernüchternd, daß ...

soberly ['səʊbəlɪ] *adv.* nüchtern; vernünftig; **dress ~**: sich solide kleiden

sober: ~-minded *adj.* nüchtern; vernünftig; **~-sides** *n., pl. same* Miesepeter, *der (ugs. abwertend)*

sobriety [sə'braɪətɪ] *n., no pl., no indef. art.* a) *(not being drunk)* Nüchternheit, *die;* b) *(moderation)* Bescheidenheit, *die;* c) *(seriousness)* Ernsthaftigkeit, *die;* ~ **of mind/judgment** Nüchternheit im Denken/Urteilen

sobriquet ['səʊbrɪkeɪ] *n. (nickname)* Spitzname, *der*

sob: ~-sister *n. (Amer. Journ.)* Schreiberin rührseliger Geschichten; *(giving advice to readers)* Briefkastentante, *die (ugs.);* **~-story** *n.* rührselige Geschichte; **~-stuff** *n., no indef. art., no pl. (coll.)* Schmalz, *das (ugs.); (book, film, etc.)* Schmachtfetzen, *der (salopp)*

'so-called *adj.* sogenannt; *(alleged)* angeblich

soccer ['sɒkə(r)] *n. (coll.)* Fußball, *der;* **~ ball** Fußball, *der*

sociability [səʊʃə'bɪlɪtɪ] *n., no pl.* Geselligkeit, *die*

sociable ['səʊʃəbl] *adj.* gesellig; **she's not feeling ~ today** ihr ist heute nicht nach Gesellschaft zumute; **he did it just to be ~**: er hat es nur getan, um nicht ungesellig zu sein

sociably ['səʊʃəblɪ] *adv.* gesellig; aufgeschlossen; **they spent the evening ~ together** sie verbrachten den Abend in geselliger Runde

social ['səʊʃl] **1.** *adj.* a) sozial; gesellschaftlich; ~ **welfare** Fürsorge, *die;* b) *(of ~ life)* gesellschaftlich; gesellig ⟨*Abend, Beisammensein*⟩; ~ **behaviour** Benehmen in Gesellschaft; ~ **engagement** gesellschaftliche Verpflichtung; c) *(Zool.)* sozial; gesellig [lebend]. **2.** *n. (gathering)* geselliges Beisammensein

social: ~ **anthro'pology** *n.* Sozialanthropologie, *die;* ~ **'class** *n.* Gesellschaftsschicht, *die;* [Gesellschafts]klasse, *die;* ~ **'climber** *n.* Emporkömmling, *der (abwertend); (sozialer)* Aufsteiger *(ugs.);* ~ **club** *n.* Klub für geselliges Beisammensein; ~ **compact,** ~ **contract** *ns. (Polit.)* Gesellschaftsvertrag, *der;* **S~ 'Democrat** *n. (Polit.)* Sozialdemokrat, *der/-demokratin, die;* **S~ Demo'cratic Party** *n. (Polit.)* Sozialdemokratische Partei; ~ **engineering** *n.* Social engineering, *das;* Sozialtechnologie, *die;* ~ **'history** *n.* Sozialgeschichte, *die*

socialisation, socialise *see* **socializ-**

socialism ['səʊʃəlɪzm] *n.* Sozialismus, *der*

socialist ['səʊʃəlɪst] **1.** *n.* Sozialist, *der/*Sozialistin, *die.* **2.** *adj.* sozialistisch

socialite ['səʊʃəlaɪt] *n.* bekannte Persönlichkeit des gesellschaftlichen Lebens

socialization [səʊʃəlaɪ'zeɪʃn] *n.* Sozialisation, *die*

socialize ['səʊʃəlaɪz] **1.** *v.t.* umgänglich machen; become ~d umgänglich[er] werden; **~d medicine** *(Amer.)* öffentliche Gesundheitsfürsorge. **2.** *v.i.* geselligen Umgang pflegen; ~ **with sb.** *(chat)* sich mit jmdm. unterhalten; **he is not socializing** er ist mit Bekannten *od. (ugs.)* irgendwelchen Leuten unterwegs

social life *n.* gesellschaftliches Leben; **a place with plenty of ~**: ein Ort, wo etwas los ist *(ugs.);* **not have much ~** ⟨*Person*:⟩ nicht viel ausgehen

socially ['səʊʃəlɪ] *adv.* **meet ~**: sich privat treffen; **have a good time ~** viel unter die Leute kommen; ~ **acceptable** aus der richtigen Gesellschaftsschicht; ~ **deprived** sozial benachteiligt

social: ~ **'order** *n.* Gesellschaftsordnung, *die;* ~ **'outcast** *n.* Außenseiter der Gesellschaft; ~ **'policy** *n. (Polit.)* Sozialpolitik, *die;* ~ **re'form** *n.* Sozialreform, *die;* **fight for ~ reform** für Sozialreformen *od.* gesellschaftliche Reformen kämpfen; ~ **'science** *n.* Sozialwissenschaften *Pl.;* **Ge**sellschaftswissenschaften *Pl.;* ~ **'scientist** *n.* Sozialwissenschaftler, *der/-*wissenschaftlerin, *die;* ~ **se'curity** *n. (Brit.: benefit)* Sozialhilfe, *die;* b) *(welfare system)* soziale Sicherheit; c) *(Amer.: insurance)* Sozialversicherung, *die;* ~ **'service** *n.* a) *(service to society)* soziales Engagement; b) *(a service provided by the government)* staatliche Sozialleistung; ~ **'status** *n.* sozialer Status; ~ **structure** *n.* Sozialstruktur, *die;* ~ **studies** *n. sing. (Educ.)* Gemeinschaftskunde, *die;* ~ **system** *n.* Gesellschaftssystem, *das;* ~ **work** *n.* Sozialarbeit, *die;* ~ **worker** *n.* Sozialarbeiter, *der/-*arbeiterin, *die*

societal [sə'saɪətl] *adj. (formal)* gesellschaftlich

society [sə'saɪətɪ] **1.** *n.* a) Gesellschaft, *die;* **be embarrassed in ~**: in Gegenwart anderer verlegen sein; **avoid ~** gesellschaftlichen Umgang meiden; **high ~** High-Society, *die;* b) *(club, association)* Verein, *der; (Commerc.)* Gesellschaft, *die; (group of persons with common beliefs, aims, interests, etc.)* Gemeinschaft, *die; see also* **friend c; Jesus. 2.** *attrib.* **all of high ~**⟩ Gesellschafts-; [High-]Society-; **she is a ~ hostess** sie gibt Feste für die [gehobene] Gesellschaft; ~ **people** Leute der High-Society; b) *(of club or association)* Vereins-, Klub⟨*vorsitzender, -treffen, -ausflug, -sekretär usw.*⟩

socio- ['səʊsɪəʊ] *in comb.* sozio-/Sozio-

sociobi'ology *n.* Soziobiologie, *die*

socio'cultural *adj.* soziokulturell

socio-eco'nomic *adj.* sozioökonomisch

sociolingu'istic *adj.* soziolinguistisch

sociolingu'istics *n. sing.* Soziolinguistik, *die*

sociological [səʊsɪə'lɒdʒɪkl] *adj.* soziologisch

sociologist [səʊsɪ'ɒlədʒɪst] *n.* Soziologe, *der/*Soziologin, *die*

sociology [səʊsɪ'ɒlədʒɪ] *n.* Soziologie, *die*

¹sock [sɒk] *n.* a) *pl.* ~**s** *or (Commerc./coll.)* **sox** [sɒks] Socke, *die;* Socken, *der (südd., österr., schweiz.); (ankle ~, esp. for children also)* Söckchen, *das;* **knee-length ~s** Kniestrümpfe *Pl.;* **pull one's ~s up** *(Brit. fig. coll.)* sich am Riemen reißen *(ugs.);* **put a ~ in it** *(Brit. sl.)* halt die Klappe! *(salopp); (stop doing sth.)* hör auf [damit]!; b) *see* **insole d;** c) *(of horse) see* **¹stocking b**

²sock *(coll.)* **1.** *v.t. (hit)* schlagen, hauen *(ugs.);* ~ **sb. in the mouth/on the chin/jaw** jmdm. eine reinhauen *(salopp);* jmdn. in die Schnauze hauen *(derb);* ~ **it to sb.** *(Amer. sl.)* jmdm. Saures geben *(salopp); (fig.: impress sb.)* jmdm. zeigen *(ugs.).* **2.** *n.* **give sb. a ~ on the chin/jaw/in the mouth** jmdm. eine reinhauen *(salopp)*

socket ['sɒkɪt] *n.* a) *(Anat.) (of eye)* Höhle, *die; (of joint)* Pfanne, *die;* ~ **of a tooth** Zahnfach, *das (Anat.);* b) *(Electr.)* Steckdose, *die; (receiving a bulb)* Fassung, *die;* c) *(for attachment)* Fassung, *die; (of pipe)* Muffe, *die;* ⟨*of candle-holder*⟩ [Kerzen]tülle, *die*

socket: ~**-spanner,** *(Amer.)* ~**-wrench** *ns.* Steckschlüssel, *der*

sockeye ['sɒkaɪ] *n. (Zool.)* ~ **[salmon]** Blaurückenlachs, *der*

Socrates ['sɒkrətiːz] *pr. n.* Sokrates, *der*

Socratic [sə'krætɪk] *adj.* sokratisch

¹sod [sɒd] *n. (turf)* Sode, *die;* **be/lie under** ~: unter der Erde liegen

²sod *(sl.)* **1.** *n. (bastard, swine)* Sau, *die (derb); (fool)* Rindvieh, *das (salopp);* **that's ~'s law, ~'s law was proved right** *(coll.)* es mußte ja so kommen; **the poor old ~**: das arme Schwein *(salopp);* **not give a ~ = not give a damn** *see* **damn 2 b. 2.** *v.t.,* **-dd-**: ~ **that/you!** verdammter Mist/scher dich zum Teufel! *(ugs.)*

~ **'off** *v.i. imper. (sl.)* verpiß dich *(derb)*

soda ['səʊdə] *n.* a) *(sodium compound)* Soda, *die od. das; see also* **caustic 1 b;** b) *(drink)* Soda[wasser], *das;* **whisky and ~**: Whisky mit Soda

soda: ~**-bread** *n.* mit Backsoda gebackenes Brot; ~**-fountain** *n. (Amer.)* a) *(container)* Mineralwasserbehälter, *der;* b) *(shop)* Erfrischungshalle bzw. -bar, in der es vor allem Erfrischungsgetränke und Speiseeis gibt; ~**-siphon** *n.* Siphon, *der;* Siphonflasche, *die;* ~**-water** *n.* Soda[wasser], *das*

sodden ['sɒdn] *adj.* durchnäßt *(with von)*

sodding ['sɒdɪŋ] *attrib. adj. (sl.)* Scheiß- *(derb)*

sodium ['səʊdɪəm] *n. (Chem.)* Natrium, *das*

sodium: ~ **bi'carbonate** *n. (Chem.)* doppeltkohlensaures Natrium; Natriumhydrogenkarbonat, *das (Chem.)* Natriumkarbonat, *das;* ~ **'carbonate** *n. (Chem.)* Soda, *die od. das;* ~ **'chloride** *n. (Chem.)* Natriumchlorid, *das;* ~ **hy'droxide** *n. (Chem.)* Ätznatron, *das;* ~ **lamp** *n.* Natriumdampflampe, *die;* ~ **'nitrate** *n. (Chem.)* Natriumnitrat, *das*

sodomite ['sɒdəmaɪt] *n.* Sodomit, *der*

sodomize ['sɒdəmaɪz] *v.t.* sodomisieren *(geh.);* anal verkehren mit; Sodomie betreiben mit ⟨*Tier*⟩

sodomy ['sɒdəmɪ] *n.* Analverkehr, *der;* Sodomie, *die (veralt.); (with animal)* Sodomie, *die*

soever *see* **howsoever, whatsoever,** *etc.*

sofa ['səʊfə] *n.* Sofa, *das;* ~ **bed** Bettcouch, *die*

soffit ['sɒfɪt] *n. (Archit.)* Windbrett, *das*

soft [sɒft] **1.** *adj.* a) weich; zart, weich ⟨*Haut*⟩; **the ground is ~**: der Boden ist aufgeweicht; *(Sport)* der Boden ist schwer; **as ~ as butter** weich wie Butter; butterweich; ~ **ice-cream** Soft-Eis, *das;* ~ **toys** Stofftiere *Pl.;* ~ **water area** Gebiet mit weichem Wasser; b) *(mild)* sanft; mild ⟨*Klima*⟩; zart ⟨*Duft*⟩; c) *(compassionate)* **have a ~ heart** ein weiches Herz haben; weichherzig sein; **have a ~ spot for sb./sth.** eine Vorliebe *od.* Schwäche für jmdn./etw. haben; **you are too ~!** du bist zu weich[herzig!]; d) *(delicate)* sanft ⟨*Augen*⟩; weich ⟨*Farbe, Licht*⟩; e) *(quiet)* leise; sanft; f) *(gentle)* sanft; *(amorous)* zärtlich ⟨*Blicke*⟩; ~ **(coll.: be in love with)** in jmdn. verknallt sein *(ugs.);* für jmdn. schwärmen; **be ~ on or with sb.** *(coll.: be unusually lenient with)* mit jmdm. sanft umgehen; jmdn. [zu] sanft anfassen; *see also* **nothing 1 c;** g) *(sl.: easy)* bequem, *(ugs.)* locker ⟨*Job, Leben*⟩; **have a ~ job** eine ruhige Kugel schieben *(ugs.);* h) *(compliant)* nachgiebig; *see also* **touch 3 i;** i) *(too indulgent)* zu nachsichtig; zu lasch *(ugs.);* **be ~ with sb.** sich *(Dat.)* von jmdm. alles bieten lassen; j) *(gently curved)* weich ⟨*Umriß, Linien, Züge*⟩; k) *(weak)* schlaff ⟨*Muskeln*⟩; weichlich *(abwertend)* ⟨*Mann*⟩; verweichlicht ⟨*Volk*⟩; l) **be/go ~ in the head** *(coll.)* nicht alle Tassen im Schrank haben *(ugs.)/*verrückt werden *(ugs.);* m) *(Scot., Ir.: moist)* feucht ⟨*Wetter, Tag*⟩; n) *(Phonet.)* weich. **2.** *adv. (quietly)* leise

soft: ~**ball** *n.* Softball, *der (Variante des Baseballs mit weicherem Ball);* ~**-boiled** *adj.* weichgekocht ⟨*Ei*⟩; ~**-centred** *adj.* ⟨*Praline usw.*⟩ mit weicher Füllung; ~ **coal** *n.* Fettkohle, *die;* ~ **copy** *n. (Computing)* Softcopy, *die;* ~ **cover** *n.* book with a ~ cover Buch mit einem Softcover *(Verlagsw.) od.* mit einem flexiblen Einband; ~ **currency** *n. (Econ.)* weiche Währung; *attrib.*

⟨*Markt, Land*⟩ mit weicher Währung; **~ detergent** *n.* biologisch abbaubares Waschmittel; **~ drink** *n.* alkoholfreies Getränk; **~ drug** *n.* weiche Droge
soften ['sɒfn] **1.** *v. i.* weicher werden; **~ing of the brain** Gehirnerweichung, *die (Med.);* *(coll.: stupidity)* Verkalkung, *die (ugs.).* **2.** *v. t.* weich klopfen ⟨*Fleisch*⟩; aufweichen ⟨*Boden*⟩; dämpfen ⟨*Beleuchtung*⟩; mildern ⟨*Farbe, Farbton*⟩; enthärten ⟨*Wasser*⟩; **~ the blow** *(fig.)* den Schock mildern
~ 'up *v. t.* weichklopfen *(ugs.)* ⟨*Boxgegner*⟩; aufweichen ⟨*Verteidigungsanlagen*⟩; *(verbally)* milder stimmen
softener ['sɒfənə(r)] *n.* **a)** *(for water)* [Wasser]enthärter, *der;* **b)** *(for fabrics)* Weichspülmittel, *das;* Weichspüler, *der*
soft: **~ 'focus** *n. (Photog.)* Weichzeichnung, *die;* **~ fruit** *n.* Beerenobst, *das;* **~ 'furnishings** *n. pl. (Brit.)* Raumtextilien *Pl.;* **~ goods** *n. pl. (Brit.)* Textilien *Pl.;* **~-'headed** *adj.* dumm; schwachköpfig; **~-'hearted** *adj.* weichherzig
softie *see* **softy**
soft 'landing *n. (Astronaut.)* weiche Landung
softly ['sɒftlɪ] *adv.* **a)** *(quietly)* leise ⟨*sprechen, singen, gehen*⟩; **b)** *(gently)* sanft; **speak ~:** mit sanfter Stimme sprechen; **c)** *(not dazzlingly)* sanft ⟨*scheinen, leuchten*⟩; **d)** *(affectionately)* zärtlich
softness ['sɒftnɪs] *n., no pl. see* **soft 1:** **a)** Weichheit, *die;* Zartheit, *die;* **the silky ~ of her hair** ihr seidenweiches Haar; **b)** Sanftheit, *die;* Milde, *die;* Zartheit, *die;* **there is a ~ in the air** die Luft ist mild *od. (geh.)* lind; **c)** *~ of heart* Weichherzigkeit, *die;* **d)** *(delicacy)* Sanftheit, *die;* Weichheit, *die;* **e)** *(of voice, music, etc.)* Gedämpftheit, *die;* **f)** *(gentleness)* Sanftheit, *die;* Zärtlichkeit, *die;* **g)** *(compliance)* Nachgiebigkeit, *die;* **h)** *(leniency)* Nachsichtigkeit, *die;* Laschheit, *die (ugs.);* **i)** *(of lines, features, outline)* Weichheit, *die;* **j)** *(weakness)* Schlaffheit, *die;* Weichlichkeit, *die (abwertend);* **k)** *(coll.: silliness)* **~ in the head** Gehirnerweichung, *die (ugs.)*
soft: **~ option** *n.* Weg des geringsten Widerstandes; **~ 'palate** *n. (Anat.)* weicher Gaumen; Gaumensegel, *das (fachspr.);* **~ pedal** *see* **pedal 1a;** **~-'pedal 1.** *v. i.* *(Mus.)* mit [dem] Pianopedal spielen; *(fig.: go easy)* sich zurückhalten; **~-pedal on sth.** etw. herunterspielen; **2.** *v. t. (Mus.)* mit [dem] Pianopedal spielen; *(fig.: tone down)* herunterspielen; **~ 'porn** *(coll.).* **~ por'nography** *ns.* Softpornographie, *die;* **~ roe** *n.* Milch, *die;* **~ 'sell** *n.* **eye sb. the ~ sell** jmdn. auf die sanfte Tour *(ugs.)* zum Kauf zu bewegen versuchen; *attrib.* **~ sell salesmanship** sanfte Tour im Verkaufsgespräch; **give sb. the ~ sell treatment** jmdn. auf die sanfte Tour *(ugs.)* zum Kauf zu bewegen versuchen; **~-'shell, ~-'shelled** *adjs.* **a)** *(Zool.)* mit weicher Schale *nachgestellt;* **b)** *(fig.)* gemäßigt; lasch *(abwertend);* **~ 'soap** *n.* **a)** *(cleanser)* Schmierseife, *die;* **b)** *(fig.: flattery)* Schmeichelei, *die;* **use ~ soap** schmeicheln; schöntun *(ugs.);* *attrib.* **~-soap tactics/policy/treatment** gezielte Schmeichelei; gezieltes Schöntun *(ugs.);* **~-'soap** *v. t.* **~-soap sb.** jmdm. Honig um den Bart schmieren *(ugs.);* **~-spoken** *adj.* leise sprechend ⟨*Person*⟩; leise [gesprochen] ⟨*Wort*⟩; **be ~-spoken** leise sprechen; **~ 'tissue** *n. (Anat.)* weiches Körpergewebe; **~ touch** *see* **touch 3j;** **~ verge** *n. (Brit.)* Grünstreifen, *der;* **~ware** *n., no pl., no indef. art. (Computing)* Software, *die;* **~wood** *n.* Weichholz, *das; attrib.* Weichholz-
softy ['sɒftɪ] *n.* **a)** *(coll.: weakling)* Weichling, *der;* Waschlappen, *der (ugs.);* *(boy/girl who easily cries)* Heulpeter, *der/*Heulsuse, *die (ugs.);* **b)** *(sentimental person)* **be a ~:**

sentimental sein; **you old ~!** du sentimentales Huhn! *(ugs.)*
soggy ['sɒgɪ] *adj.* aufgeweicht ⟨*Boden*⟩; durchnäßt ⟨*Kleider*⟩; matschig ⟨*Salat*⟩; nicht durchgebacken, *(landsch.)* glitschig ⟨*Brot, Kuchen*⟩
soh [səʊ] *n. (Mus.)* sol
soi-disant [swɑˈdiːzɑ̃] *adj. (calling oneself)* selbsternannt; *(claimed as such)* sogenannt
soigné *(fem.: ***soignée***)* ['swɑːnjeɪ] *adj.* soigniert *(geh.)* ⟨*Person, Restaurant*⟩; elegant ⟨*Kleid*⟩
¹soil [sɔɪl] *n.* **a)** *(earth)* Erde, *die;* Boden, *der;* **b)** *(ground)* Boden, *der;* **on British/foreign ~:** auf britischem Boden/im Ausland *od. (geh.)* in der Fremde
²soil **1.** *v. t. (lit. or fig.)* beschmutzen; **~ one's/sb.'s reputation** *(by scandal, criminal activities)* sein/jmds. Ansehen *od.* seinen/jmds. guten Ruf beflecken *(geh.);* *(by failure)* seinen/jmds. Ruf schmälern; *see also* **hand 1a.** **2.** *n.* Schmutz, *der*
'soil conservation *n.* Bodenschutz, *der*
soiled [sɔɪld] *adj.* schmutzig ⟨*Wäsche, Windel*⟩; gebraucht ⟨*Damenbinde*⟩
soil: **~-pipe** *n.* senkrechtes Abflußrohr; **~ science** *n.* Bodenkunde, *die*
soirée ['swɑːreɪ] *n.* Soiree, *die*
sojourn ['sɒdʒɜːn, 'sɒdʒən] *(literary)* **1.** *v. i.* verweilen *(geh.);* weilen *(geh.)* (**at** in + *Dat.*). **2.** *n.* Aufenthalt, *der*
¹sol [sɒl] *n. (Chem.)* Sol, *das*
²sol *see* **soh**
solace ['sɒləs] **1.** *n.* Trost, *der;* **take** *or* **find ~ in sth.** Trost in etw. *(Dat.)* finden; sich mit etw. trösten; **turn to sb./sth. for ~:** bei jmdm./etw. Trost suchen. **2.** *v. t.* trösten
solar ['səʊlə(r)] *adj. (Astron.)* Sonnen-
solar: **~ battery** *n.* Sonnenbatterie, *die;* Solarbatterie, *die;* **~ cell** *n.* Sonnenzelle, *die;* Solarzelle, *die;* **~ 'day** *n. (Astron.)* Sonnentag, *der;* **~ e'clipse** *n. (Astron.)* Sonnenfinsternis, *die;* **~ 'energy** *n.* Solarenergie, *die;* Sonnenenergie, *die*
solarium [səˈleərɪəm] *n., pl. ***solaria*** [səˈleərɪə] Solarium, *das*
solar: **~ 'panel** *n.* Sonnenkollektor, *der;* *(on satellite)* Sonnensegel, *das;* **~ 'plexus** *n. (Anat.)* Solarplexus, *der;* Sonnengeflecht, *das;* **~ 'power** *n.* Sonnenenergie, *die;* **~-powered** *adj.* mit Sonnenenergie betrieben; **~ radiation** *n.* Sonnenstrahlung, *die;* **~ system** *n. (Astron.)* Sonnensystem, *das*
sold *see* **sell 1, 2**
solder ['sɒldə(r), 'səʊldə(r)] **1.** *n.* Lot, *das (Technik).* **2.** *v. t.* löten
soldering-iron ['sɒldərɪŋaɪən, 'səʊldərɪŋaɪən] *n.* Lötkolben, *der*
soldier ['səʊldʒə(r)] **1.** *n.* Soldat, *der;* [common] **~:** einfacher Soldat; **officers and ~:** Offiziere und Mannschaften; **~ of fortune** Glücksritter, *der (abwertend: mercenary)* Söldner, *der; see also* **old soldier;** **private 2a; tin soldier; toy soldier; unknown 1.** **2.** *v. i.* als Soldat dienen
~ 'on *v. i. (coll.)* weitermachen
soldierly ['səʊldʒəlɪ] **1.** *adj.* soldatisch. **2.** *adv.* wie ein Soldat
soldiery ['səʊldʒərɪ] *n.* **a)** *constr. as pl. (soldiers)* Militär, *das;* **b)** *(troop)* Soldateska, *die (abwertend)*
¹sole [səʊl] **1.** *n.* **a)** *(Anat.: of shoe)* Sohle, *die;* **inner ~** *see* **insole b;** **b)** *(of plough)* Pflugsohle, *die; (of plane)* Sohle, *die.* **2.** *v. t.* [be]sohlen
²sole *n. (fish)* Seezunge, *die; see also* **lemon sole**
³sole *adj.* einzig, alleinig ⟨*Verantwortung, Erbe, Recht*⟩; Allein⟨*erbe, -eigentümer*⟩; **the operation is the surgeon's ~ responsibility** für die Operation ist allein[e] der Chirurg zuständig; **he is the ~ judge of whether ...:** er allein urteilt darüber, ob .../entscheidet, ob ...

solecism ['sɒlɪsɪzm] *n.* **a)** *(blunder)* [sprachlicher] Fehler; **b)** *(social gaffe)* Fauxpas, *der*
soled [səʊld] *adj.* **leather-/thick-~** ⟨*Schuhe*⟩ mit Ledersohlen/dicken Sohlen
solely ['səʊllɪ] *adv.* einzig und allein; ausschließlich; **~ because ...:** nur [deswegen], weil ...; einzig und allein, weil ...
solemn ['sɒləm] *adj.* feierlich; ernst ⟨*Anlaß, Gespräch*⟩; **the ~ truth** die reine Wahrheit
solemnity [səˈlemnɪtɪ] *n.* **a)** *no pl.* Feierlichkeit, *die;* **b)** *(rite)* Feierlichkeit, *die*
solemnization [sɒləmnaɪˈzeɪʃn] *n.* feierlicher Vollzug; *(of mass)* Zelebration, *die;* Feier, *die*
solemnize ['sɒləmnaɪz] *v. t.* [feierlich] vollziehen; zelebrieren, feiern ⟨*Messe*⟩
solemnly ['sɒləmlɪ] *adv.* feierlich
solemn 'mass *n.* Hochamt, *das*
solenoid ['səʊlənɔɪd] *n.* Zylinderspule, *die;* *(converting energy)* Magnetspule, *die*
sol-fa [sɒlˈfɑː] *(Mus.)* **1.** *v. t. & i.* solmisieren. **2.** *n.* Solmisation, *die; see also* **tonic sol-fa**
solicit [səˈlɪsɪt] **1.** *v. t.* **a)** erregen ⟨*Interesse*⟩; **~ sb. for sth.** jmdn. um etw. bitten; **b)** *(Commerc.)* **~ sb. for sth.** bei jmdm. um etw. werben; **be ~ed interested people for] investment in his enterprise** er warb um Kapitalanleger für sein Unternehmen; **c)** *(make sexual offer to)* **~ sb.** sich jmdm. anbieten. **2.** *v. i.* **a)** *(make request)* **~ for sth.** um etw. bitten *od. (geh.)* ersuchen; *(in a petition)* etw. [mit einer Eingabe] fordern; **b)** *(Commerc.)* **~ for sth.** um etw. werben; **c)** *(offer illicit sex)* **~ [for custom]** sich anbieten; **be arrested for ~ing** *(Prostituierten)* wegen öffentlichen Sichanbietens festgenommen werden
solicitation [səlɪsɪˈteɪʃn] *n. (formal: request)* Drängen, *das*
solicitor [səˈlɪsɪtə(r)] *n.* **a)** *(Brit.: lawyer)* Rechtsanwalt, *der/*-anwältin, *die (der/die nicht vor höheren Gerichten auftritt);* **b)** *(Amer.: canvasser)* Werber, *der*
Solicitor-'General *n., pl.* **Solicitors-General** **a)** *(Brit. Law)* zweiter Kronanwalt; **b)** *(Amer. General)* ranghöchster [beamteter] Staatssekretär im Justizministerium
solicitous [səˈlɪsɪtəs] *adj.* **a)** *(eager)* **be ~ of sth.** um etw. bemüht sein; **be ~ to do sth.** *(darum)* bemüht sein, etw. zu tun; **b)** *(anxious)* **be ~ of** *or* **about** *or* **for sb./sth.** um jmdn./etw. besorgt sein
solicitously [səˈlɪsɪtəslɪ] *adv.* **a)** *(eagerly)* eifrig; **b)** *(anxiously)* besorgt
solicitude [səˈlɪsɪtjuːd] *n. (anxiety, concern)* Besorgtheit, *die*
solid ['sɒlɪd] **1.** *adj.* **a)** *(rigid)* fest; **freeze/be frozen ~:** [fest] gefrieren/gefroren sein; **get ~:** fest werden; **b)** *(of the same substance all through)* massiv; **~ silver** massives Silber; **a ~-silver tea service/watch** *etc.* ein Teeservice/eine Uhr *usw.* aus massivem *od.* reinem Silber; **~ gold** reines Gold; **a ~-gold watch/crown/bar** eine reingoldene Uhr/Krone/ein Barren reines Gold; **~ tyre** Vollgummireifen, *der;* **be packed ~** *(coll.)* gerammelt voll sein *(ugs.);* **c)** *(well-built)* solide; solide gebaut ⟨*Haus, Mauer usw.*⟩; **have a ~ majority** *(Polit.)* eine solide Mehrheit haben; **d)** *(reliable)* verläßlich, zuverlässig ⟨*Freund, Helfer, Verbündeter*⟩; fest ⟨*Stütze*⟩; **e)** *(complete)* ganz; **a good ~ meal** eine kräftige Mahlzeit; **a ~ day/hour/week** ein ganzer Tag/eine ganze od. volle Stunde/eine ganze Woche; **f)** *(sound)* stichhaltig ⟨*Argument, Grund*⟩; solide ⟨*Arbeiter, Finanzlage, Firma*⟩; solide, gediegen ⟨*Komfort, Grundlage*⟩; **g)** *(Geom.: having three dimensions)* dreidimensional; räumlich; **h)** *(Geom.: concerned with solids)* stereometrisch; **~ geometry** Stereometrie, *die;* **i)** *(Printing)* kompreß; kompreß gesetzt ⟨*Seite*⟩; **j)** *(united)* einig; **a ~ vote for ...:** eine einstimmige Entscheidung für ...; **be ~ with sb.** mit jmdm. einig sein; *(Amer. coll.: friendly)* mit jmdm.

auf gutem Fuß stehen; go *or* be ~ for sb./ sth. uneingeschränkt für jmdn./etw. sein; k) heftig ⟨*Schlag*⟩. 2. *n.* a) *(substance)* fester Körper; b) *in pl. (food)* feste Nahrung; c) *(Geom.)* Körper, *der*
solid 'angle *n. (Geom.)* Raumwinkel, *der*
solidarity [sɒlɪˈdærɪtɪ] *n., no pl.* Solidarität, *die;* show ~ with sb. sich mit jmdm. solidarisch zeigen
solid: ~ ˈfuel *n.* fester Brennstoff; ~-ˈfuel *attrib. adj.* Feststoff-; ~-fuel rocket Feststoffrakete, *die*
solidification [səlɪdɪfɪˈkeɪʃn] *n.* Verfestigung, *die;* Verhärtung, *die;* Erstarrung, *die*
solidify [səˈlɪdɪfaɪ] 1. *v. t.* verfestigen. 2. *v. i. (become solid)* hart *od.* fest werden; erstarren; ⟨*Flüssigkeit, Lava:*⟩ fest werden
solidity [səˈlɪdɪtɪ] *n., no pl. see* solid 1: a) Festigkeit, *die;* b) Massivität, *die;* c) Stabilität, *die;* d) *(of reasons, argument)* Stichhaltigkeit, *die*
solidly [ˈsɒlɪdlɪ] *adv.* a) *(firmly)* stabil; b) *(compactly)* a ~ built person ein kräftig gebauter Mensch; c) *(ceaselessly)* pausenlos; he wrote ~ for four hours er schrieb vier Stunden ohne Pause; d) *(whole-heartedly)* be ~ behind sb./sth. uneingeschränkt hinter jmdm./einer Sache stehen; e) *(with sound reasons)* stichhaltig; argue ~ for sth. stichhaltige Argumente für etw. vorbringen
solid: ~ soˈlution *n. (Chem.)* feste Lösung; ~ ˈstate *n. (Phys.)* fester Zustand; ~-state *adj. (Phys.)* Festkörper⟨*physik, -geräte, -schaltung*⟩
soliloquize [səˈlɪləkwaɪz] *v. i.* monologisieren; *(to oneself)* Selbstgespräche führen
soliloquy [səˈlɪləkwɪ] *n.* Monolog, *der; (talking to oneself)* Selbstgespräch, *das*
solipsism [ˈsɒlɪpsɪzm, ˈsəʊlɪpsɪzm] *n. (Philos.)* Solipsismus, *der*
solitaire [sɒlɪˈteə(r)] *n.* a) *(gem)* Solitär, *der;* a ~ diamond/ring ein [Diamant]solitär/ein Solitärring; b) *(ring)* Solitärring, *der;* c) *(game)* Solitär, *das;* d) *(Amer. Cards)* Patience, *die;* e) *(Ornith.)* Einsiedler, *der*
solitary [ˈsɒlɪtərɪ] 1. *adj.* a) einsam; a ~ existence/life ein Einsiedlerdasein/-leben; ~ confinement Einzelhaft, *die;* b) *(sole)* einzig; c) *(Zool.)* solitär; d) *(Bot.) see* single 1 a. 2. *n. (sl.)* Einzelhaft, *die*
solitude [ˈsɒlɪtjuːd] *n.* a) *(loneliness, remoteness)* Einsamkeit, *die;* b) *(lonely place)* Einöde, *die*
solmization [sɒlmɪˈzeɪʃn] *n. (Mus.)* Solmisation, *die*
solo [ˈsəʊləʊ] 1. *n., pl.* ~s a) *(Mus.)* Solo, *das;* b) *(Cards)* ~ [whist] Solo[-whist], *das;* go ~ in *(Mus.)* Solo gehen; c) *(Aeronaut.)* Alleinflug, *der.* 2. *adj.* a) *(Mus.)* Solo⟨*spiel, -part, -tanz, -instrument*⟩; b) *(unaccompanied)* ~ flight Alleinflug, *der;* ~ performance Solo- *od.* Alleinvorstellung, *die;* a ~ achievement/effort Einzelleistung, *die;* a ~ act on the trapeze eine Solonummer auf dem Trapez; ~ motor cycle Motorrad ohne Beiwagen. 3. *adv. (unaccompanied)* solo ⟨*singen, spielen, tanzen usw.*⟩; go/fly ~ *(Aeronaut.)* einen Alleinflug machen
soloist [ˈsəʊləʊɪst] *n. (Mus.)* Solist, der/Solistin, *die*
Solomon [ˈsɒləmən] *pr. n.* Salomo[n] *(der);* be as wise as ~: salomonische Weisheit besitzen; judgment of ~: salomonisches Urteil; *see also* song
Solomon 'Islands *pr. n. pl.* the ~: die Salomoninseln; die Salomonen
Solomon's 'seal *n. (figure; also Bot.)* Salomonssiegel, *das*
solstice [ˈsɒlstɪs] *n.* a) *(time of year)* Sonnenwende, *die;* summer/winter ~: Sommer-/Wintersonnenwende, *die;* b) *(point)* Wendepunkt, *der*
solubility [sɒljʊˈbɪlɪtɪ] *n.* a) *(capacity to be dissolved)* Löslichkeit, *die;* b) *(of problem etc.)* Lösbarkeit, *die*

soluble [ˈsɒljʊbl] *adj.* a) *(that can be dissolved)* löslich; solubel *(fachspr.);* ~ in water, water-~: wasserlöslich; fat-~: fettlöslich; b) *(solvable)* lösbar
solute [ˈsɒljuːt] *n. (Chem.)* gelöster Stoff
solution [səˈluːʃn, səˈljuːʃn] *n.* a) *(Phys., Chem.)* Lösung, *die* (to Gen.); b) *[result of] solving* Lösung, *die* (to Gen.); there is/is no ~ to sth. etw. kann/kann nicht gelöst werden; find a ~ to sth. eine Lösung für etw. finden; etw. lösen
solvable [ˈsɒlvəbl] *adj.* lösbar
solve [sɒlv] *v. t.* lösen
solvency [ˈsɒlvənsɪ] *n. (Finance)* Solvenz, *die*
solvent [ˈsɒlvənt] 1. *adj.* a) *(Chem.: dissolving)* lösend; ~ liquid *or* fluid Lösungsmittel, *das;* b) *(Finance)* solvent. 2. *n. (Chem.)* Lösungsmittel, *das* (of, for für); ~ abuse Mißbrauch von Lösungsmitteln als Rauschmittel
Somali [səˈmɑːlɪ] 1. *adj.* somalisch. 2. *n.* a) *(person)* Somali, *der/die;* b) *(language)* Somali, *das*
Somalia [səˈmɑːlɪə] *pr. n.* Somalia *(das)*
Somalian [səˈmɑːlɪən] 1. *adj.* somalisch. 2. *n.* Somalier, *der*/Somalierin, *die*
somatic [səˈmætɪk] *adj.* somatisch
sombre *(Amer.:* **somber**) [ˈsɒmbə(r)] *adj.* dunkel; düster ⟨*Atmosphäre, Stimmung*⟩; ernst ⟨*Anlaß*⟩
sombre: ~-coloured *adj.* düster ⟨*gekleidet*⟩; ~-looking *adj.* düster [aussehend]
sombrely [ˈsɒmbəlɪ] *adv.* dunkel ⟨*gekleidet*⟩; schwach ⟨*leuchten*⟩
sombrero [sɒmˈbreərəʊ] *n., pl.* ~s Sombrero, *der*
some [səm, *stressed* sʌm] 1. *adj.* a) *(one or other)* [irgend]ein; ~ fool irgendein Dummkopf *(ugs.);* ~ day eines Tages; irgendwann einmal; ~ [experienced] person [irgend] jemand[, der Erfahrung hat]; ~ shop/book *or* other irgendein Laden/Buch; ~ person *or* other irgend jemand; irgendwer; b) *(a considerable quantity of)* einig...; etlich... *(ugs. verstärkend);* speak at ~ length/wait for ~ time ziemlich lang[e] sprechen/warten; ~ time/weeks/days/years ago vor einiger Zeit/ vor einigen Wochen/Tagen/Jahren; ~ time soon bald [einmal]; as ~ small token of als ein kleines Zeichen (+ Gen.); thirty ~ *(coll.)* über dreißig Jahre; *see also* few 1 b; c) *(a small quantity of)* ein bißchen; would you like ~ wine? möchten Sie [etwas] Wein?; ~ do ~ shopping/reading einkaufen/ lesen; have ~ sense of decency ein gewisses Gefühl für Anstand besitzen; do have ~ sense! sei doch vernünftig!; d) *(to a certain extent)* ~ guide eine gewisse Orientierungshilfe; that is ~ proof das ist [doch] gewissermaßen ein Beweis; it was ~ help having my sister here es war mir eine gewisse Hilfe, daß meine Schwester hier war; you are ~ help! *(iron.)* du bist [mir] vielleicht eine Hilfe! *(ugs.);* e) *(sl.: true)* this is ~ war/poem/ car! das ist vielleicht ein Krieg/Gedicht/ Wagen! *(ugs.);* he's ~ fool! er ist vielleicht ein Dummkopf!; f) *(approximately)* etwa; ungefähr. 2. *pron.* einig...; Do you want any potatoes? – I have ~ already Möchtest du Kartoffeln? – Ich habe schon welche; This chocolate is delicious. – Do have ~ more Diese Schokolade ist köstlich. – Nimm dir doch noch etwas [davon]; she only ate ~ of it sie hat nur etwas davon gegessen; I collect stamps – If I find ~, I'll send them Ich sammle Briefmarken – Wenn ich welche finde, schicke ich sie dir; ~ of her ideas are good sie hat einige gute Ideen; ~ of the greatest music einige der größten Werke der Musik; this country has ~ of the highest mountains in the world in diesem Land sind mit die höchsten Berge der Welt *(ugs.);* ~ say ...: manche sagen ...; ~ ..., others ...: manche ..., andere ...; die einen ..., ande-

re...; ... and then ~: und noch einige/einiges mehr. 3. *adv. (coll.: in ~ degree)* ein bißchen; etwas; ~ more noch ein bißchen
somebody [ˈsʌmbədɪ] *n. & pron.* jemand; ~ *or* other irgend jemand; *(important person)* be [a] ~: jemand *od.* etwas sein; etwas vorstellen
someday *adv. (Amer.)* eines Tages; irgendwann einmal
somehow *adv.* ~ [or other] irgendwie; we must find money ~ [or other] wir müssen irgendwie Geld beschaffen
someone [ˈsʌmwən, *stressed* ˈsʌmwʌn] *pron. see* somebody
someplace *(Amer. coll.) see* somewhere
somersault [ˈsʌməsɔːlt, ˈsʌməsɒlt] 1. *n.* Purzelbaum, *der (ugs.);* Salto, *der (Sport);* turn a ~: einen Purzelbaum schlagen *(ugs.);* einen Salto springen *(Sport).* 2. *v. i.* einen Purzelbaum schlagen *(ugs.);* einen Salto springen *(Sport)*
something *n. & pron.* a) *(some thing)* etwas; ~ new/old/good/bad etwas Neues/Altes/Gutes/Schlechtes; ~ told me that .../to do sth. *(coll.)* etwas sagte mir, daß .../befahl mir, etw. zu tun; b) *(some unspecified thing)* [irgend] etwas; ~ *or* other irgend etwas; she is a lecturer in ~ or other sie ist Dozentin für irgendwas *(ugs.);* c) *(some quantity of a thing)* etwas; have ~ before you go nimm etwas zu dir *od.* iß was, bevor du gehst; will you have a drop of ~? nimmst du einen Schluck?; I have seen ~ of his work ich habe einige seiner Arbeiten *od. (ugs.)* etwas von ihm gesehen; see ~ of a place/festival ein bißchen was von einem Ort/Fest sehen *(ugs.);* there is ~ in what you say was du sagst, hat etwas für sich; an dem, was du sagst, ist etwas dran *(ugs.);* he has ~ about him er hat etwas Besonderes an sich *(Dat.);* ~ is to have got so far es ist schon etwas [Besonderes], so weit gekommen zu sein; you may have ~ there *(you have had a good idea)* der Gedanke hat etwas für sich; d) *(impressive or important thing, person, etc.)* the party was quite ~: die Party war spitze *(ugs.);* make ~ of oneself etwas aus sich machen; to be world champion at that age is quite ~: in diesem Alter Weltmeister zu sein, das ist schon etwas; e) or ~ ˈor c; f) ~ like etwa wie; he left ~ like a million er hinterließ etwa eine Million; it looks ~ like a cross es sieht [etwa] wie ein Kreuz aus; that's ~ ˈlike *(coll.)* läßt sich hören/sehen! *(ugs.);* that's ~ like it das ist schon besser; g) ~ of an expert/a specialist so etwas wie ein Fachmann/Spezialist; see ~ of sb. jmdn. sehen. *See also* else a, b
sometime 1. *adj.* ehemalig; he was ~ captain of the team er war früher Mannschaftskapitän. 2. *adv.* irgendwann
sometimes *adv.* manchmal; ~ ..., at other times ...; manchmal ..., manchmal ...
somewhat 1. *adv. (rather)* irgendwie; ziemlich; more than ~ surprised/disappointed *(coll.)* ganz schön *(ugs.) od.* mehr als [nur] überrascht/enttäuscht. 2. *pron.* ~ of an expert so etwas wie ein Fachmann
somewhere 1. *adv.* a) *(in a place)* irgendwo; ~ about *or* around thirty [years old] [so *(ugs.)*] um die dreißig [Jahre alt]; ~ between five and ten [so *(ugs.)*] zwischen fünf und zehn; b) *(to a place)* irgendwohin; get ~ *(coll.) (in life)* es zu etwas bringen; *(in a task)* weiterkommen. 2. *n.* look for ~ to stay sich nach einer Unterkunft umsehen; find ~ suitable to do sth. einen geeigneten Ort finden, [um] etw. zu tun; she prefers ~ hot for her holidays in den Ferien fährt sie am liebsten irgendwohin, wo es heiß ist
somnolence [ˈsɒmnələns] *n.* Schläfrigkeit, *die*
somnolent [ˈsɒmnələnt] *adj.* a) *(sleepy)* schläfrig; b) *(sleep-inducing)* einschläfernd; c) *(Med.)* somnolent

son [sʌn] *n.* Sohn, *der; (as address)* [my] ~: mein Sohn; **adopted ~**: Adoptivsohn, *der;* **~ and heir** Sohn und Erbe; **be a ~ of the soil** mit der Scholle verbunden sein; **the Son of Man** *(Relig.)* der Menschensohn; **the ~s of men** *(Relig.)* der Sohn [Gottes]; **~ of a bitch** *(derog.)* Scheißkerl, *der (derb); (thing)* Scheißding, *das (derb); see also* **father 1 a, e; gun 1 a; mother 1 a**
sonar ['səʊnɑː(r)] *n.* Sonar, *das*
sonata [sə'nɑːtə] *n. (Mus.)* Sonate, *die;* **~ form** Sonatenform, *die*
sonde [sɒnd] *n. (Meteorol.)* [Raum]sonde, *die*
song [sɒŋ] *n.* **a)** Lied, *das; (esp. political ballad)* Song, *der; (pop ~)* [Pop]song, *der;* **S~ of S~s, S~ of Solomon** *(Bibl.)* Hohelied, *das;* Lied der Lieder, *das;* **b)** *no pl. (singing)* Gesang, *der;* **on ~** *(fig. coll.)* in Spitzenform; **break** *or* **burst forth into ~**: ein Lied anstimmen; **for a ~**: für einen Apfel und ein Ei *(ugs.);* **it is nothing to make a ~ about** *(coll.)* es ist nicht der Rede wert; **~ and dance** *(Brit. coll.: fuss; Amer. coll.: rigmarole)* viel *od.* großes Trara *(ugs.);* **c)** *(bird cry)* Gesang, *der; (of cuckoo)* Ruf, *der*
song: **~bird** *n.* Singvogel, *der;* **~-book** *n.* Liederbuch, *das;* **~-cycle** *n. (Mus.)* Liederzyklus, *der*
songster ['sɒŋstə(r)] *n.* **a)** *(singer, poet)* Sänger, *der;* **b)** *(Amer.: song-book)* Liederbuch, *das*
songstress ['sɒŋstrɪs] *n. fem.* Sängerin, *die*
'song-writer *n.* Songschreiber, *der*/-schreiberin, *die*
sonic ['sɒnɪk] *attrib. adj.* Schall-; **~ depth finder** Echolot, *das*
sonic: **~ 'bang** *see* **~ boom;** **~ barrier** *see* **sound barrier;** **~ boom** *n.* Überschallknall, *der;* **~ mine** *n.* Geräuschmine, *die*
'son-in-law *n., pl.* **sons-in-law** Schwiegersohn, *der*
sonnet ['sɒnɪt] *n.* Sonett, *das;* **~ sequence** Sonettenzyklus, *der*
sonny ['sʌnɪ] *n. (coll.)* Kleiner *(der);* kleiner Mann *(ugs.)*
sonority [sə'nɒrɪtɪ] *n. (of voice)* Wohlklang, *der;* Sonorität, *die (geh. selten); (of ship's horn, bell, etc.)* voller Klang
sonorous [sə'nɔːrəs, 'sɒnərəs] *adj.* volltönend *(Stimme);* klangvoll *(Instrument, Sprache)*
soon [suːn] *adv.* **a)** bald; *(quickly)* schnell; **b)** *(early)* früh; **how ~ will it be ready?** wann ist es denn fertig?; **none too ~**: keinen Augenblick zu früh; **no ~er said than done** gesagt, getan; **~er said than done** leichter gesagt als getan; **no ~er had I arrived than ...**: kaum war ich angekommen, da ...; **~ enough** früh genug; **~er or later** früher oder später; **Which train shall I take? – Whichever arrives the ~er** Welchen Zug soll ich nehmen? – Den, der zuerst ankommt; **the car must be serviced every 12 months or every six thousand miles, whichever is the ~er** der Wagen muß alle 12 Monate bzw. alle sechstausend Meilen gewartet werden, je nachdem [, was früher der Fall ist]; **the ~er [...], the better** *(coll.),* **better ~er than later** je früher *od.* eher [...], desto besser; **c)** **as ~ as his death was known/he heard of it** sobald sein Tod bekannt wurde/*od.* davon gehört hatte; **we'll set off just as ~ as he arrives** sobald er ankommt, machen wir uns auf den Weg; **as ~ as possible** so bald wie möglich; **d)** *(willingly)* gern; **just as ~ [as ...]** genauso gern [wie ...]; **he would ~er die than ...**: er würde lieber sterben, als ...; **which would you ~er/~est do?** was würdest du lieber/am liebsten tun?; **they would kill you as ~ as look at you** *(coll.)* sie würden dich sofort *od.* auf der Stelle umbringen; **~er you than me** lieber du als ich
soonish ['suːnɪʃ] *adv. (coll.)* recht bald

soot [sʊt] **1.** *n.* Ruß, *der.* **2.** *v. t.* verrußen; rußig machen
soothe [suːð] *v. t.* **a)** *(calm)* beruhigen; beschwichtigen *(Gefühle);* **b)** *(make less severe)* mildern; lindern *(Schmerz);* **~ sb.'s cares away** jmds. Sorgen vertreiben
soothing ['suːðɪŋ] *adj.* beruhigend; wohltuend *(Bad, Creme, Massage)*
soothsayer ['suːθseɪə(r)] *n. (arch.)* Wahrsager, *der*/Wahrsagerin, *die*
sooty ['sʊtɪ] *adj.* **a)** *(soot-covered)* verrußt; rußig; **b)** *(black)* schwarz [wie Ruß]
sop [sɒp] **1.** *n.* **a)** *(piece of bread)* Stück eingeweichtes Brot; **b)** *(fig.)* Beschwichtigungsmittel, *das;* **sth. is intended as a ~ to sb., sth. is a ~ given to sb.** etw. soll jmdn. beschwichtigen. **2.** *v. t.,* **-pp-: be ~ping [wet] [with rain]** *[vom Regen]* völlig durchnäßt sein
~ 'up *v. t.* aufnehmen
sophism ['sɒfɪzm] *n.* Sophismus, *der*
sophist ['sɒfɪst] *n.* Sophist, *der*/Sophistin, *die*
sophistical [sə'fɪstɪkl] *adj.* sophistisch
sophisticate **1.** [sə'fɪstɪkeɪt] *v. t.* verbilden. **2.** [sə'fɪstɪkət] *adj. see* **sophisticated a. 3.** *n.* Kultursnob, *der*
sophisticated [sə'fɪstɪkeɪtɪd] *adj.* **a)** *(cultured)* kultiviert; gepflegt *(Restaurant, Küche);* anspruchsvoll *(Roman, Autor, Unterhaltung, Stil);* **b)** *(elaborate)* ausgeklügelt *(Autozubehör);* differenziert, subtil *(Argument, System, Ansatz);* hochentwickelt *(Technik, Elektronik, Software, Geräte); (derog.: over-complex)* spitzfindig *(Argument);* **~ in style** stilistisch verfeinert
sophistication [səfɪstɪ'keɪʃn] *n.* **a)** *(refinement)* Kultiviertheit, *die; (of argument)* Differenziertheit, *die; (derog.)* Spitzfindigkeit, *die; (of style, manner)* Subtilität, *die;* **the ~ of French cooking** die Raffinesse der französischen Küche; **b)** *(advanced methods)* hoher Entwicklungsstand *[der Technik];* **era of technical ~**: Zeitalter hochentwickelter Technik
sophistry ['sɒfɪstrɪ] *n.* Sophisterei, *die*
sophomore ['sɒfəmɔː(r)] *n. (Amer. Sch./Univ.)* Student/Studentin einer High-School bzw. Universität im zweiten Studienjahr
soporific [sɒpə'rɪfɪk] **1.** *adj.* **a)** schläfrig *(Person);* einschläfernd *(Wirkung, Rede);* **b)** **drug/medicine** Schlafmittel, *das.* **2.** *n.* Schlafmittel, *das*
sopping *see* **sop 2**
soppy ['sɒpɪ] *adj. (Brit. coll.: sentimental)* rührselig; sentimental *(Person);* **be ~ on sb.** in jmdn. verschossen sein *(ugs.)*
soprano [sə'prɑːnəʊ] *n., pl.* **~s** *or* **soprani** [sə'prɑːnɪ] *(Mus.) (voice, singer, part)* Sopran, *der; (female singer also)* Sopranistin, *die;* **~ flute/clarinet** Sopranflöte, *die*/-klarinette, *die;* **~ clef** Sopranschlüssel, *der*
sorbet ['sɔːbɪt, 'sɔːbeɪ] *n.* Sorbet, *das*
sorcerer ['sɔːsərə(r)] *n.* Zauberer, *der*
sorceress ['sɔːsərɪs] *n.* Zauberin, *die*
sorcery ['sɔːsərɪ] *n.* Zauberei, *die*
sordid ['sɔːdɪd] *adj.* **a)** *(base)* dreckig *(abwertend);* unehrenhaft, unlauter *(Motiv);* unerfreulich *(Detail, Geschichte);* **b)** *(greedy)* habgierig *(Person);* schmutzig *(Geschäft);* **c)** *(squalid)* schmutzig; schäbig *(Wohnung, Verhältnisse);* heruntergekommen *(Stadtviertel)*
sore [sɔː(r)] **1.** *n.* **a)** *(painful)* weh; *(inflamed or injured)* wund; **sb. has a ~ back/foot/arm etc.** jmdm. tut der Rücken/Fuß/Arm usw. weh; **~ point** *or* **spot** *(fig.)* wunder Punkt; **touch on a ~ point, touch a ~ spot** *(fig.)* an einen wunden Punkt rühren; **a ~ subject** ein heikles Thema; **have ~ feelings about sth.** wegen einer Sache verletzt sein; **b)** *(irritated)* verärgert; sauer *(ugs.);* **feel ~**: sich ärgern *od.* aufregen; **c)** *(Amer.: vexed)* böse; sauer *(ugs.);* **be ~ at sb./about** *or* **over sth.** böse *od. (ugs.)* sauer jmdn./über etw. *(Akk.)* sein; **d)** *(severe)* schwer;

groß *(Not, Schwierigkeiten);* dringlich *(Problem).* **2.** *n.* **a)** *(abrasion)* wunde Stelle; **b)** *(fig.: painful thought)* Wunde, *die*
sorely ['sɔːlɪ] *adv.* sehr; arg *(südd.);* **be ~ in need of sth.** etw. dringend brauchen; **~ tempted** stark versucht
soreness ['sɔːnɪs] *n.* Schmerz, *der; (inflammation)* Wundsein, *das*
sorghum ['sɔːgəm] *n.* Sorghum, *das*
sorority [sə'rɒrɪtɪ] *n.* **a)** *(sisterhood)* Schwesternorden, *der;* **b)** *(Amer.: female section of church congregation)* Frauen der Gemeinde; **b)** *(Amer.: society)* Studentinnenvereinigung, *die*
¹sorrel ['sɒrl] *n. (Bot.)* Sauerampfer, *der*
²sorrel **1.** *adj.* fuchsrot; rotbraun. **2.** *n. (horse)* Fuchs, *der;* fuchsbraunes Pferd
sorrow ['sɒrəʊ] **1.** *n.* **a)** *(distress)* Kummer, *der;* Leid, *das;* **feel [great] ~ that ...**: es *[sehr]* bedauern daß ...; **he felt great ~ at the news** die Nachricht bekümmerte ihn sehr; **cause sb. [great] ~**: jmdm. [großen] Kummer bereiten; **act more in ~ than in anger** mehr aus Kummer als aus Betrübnis handeln als aus Zorn; **b)** *(misfortune)* Sorge, *die;* **he has had many ~s** er hat viel *[Schweres]* durchgemacht; **all the ~s of the world** alles *od.* das ganze Leid der Welt; **the Man of S~s** *(Relig.)* der Schmerzensmann; *see also* **drown 2 b. 2.** *v. i.* **a)** *(feel sorrow)* sich grämen *(geh.)* **(at, over, for** über + *Akk.,* **um); b)** *(mourn)* trauern **(for, after** um**)**
sorrowful ['sɒrəʊfl, 'sɒrəfl] *adj.* **a)** *(sad)* betrübt *(Person);* traurig *(Anlaß, Lächeln, Herz);* **with a ~ heart** mit Kummer im Herzen; **feel ~ at sth.** über etw. *(Akk.)* bekümmert sein; **b)** *(distressing)* traurig; leidvoll *(Dasein)*
sorrowing ['sɒrəʊɪŋ] *attrib. adj.* trauernd
sorry ['sɒrɪ] *adj.* **a)** *(regretful)* **sb. is ~ to do sth.** jmdm. tut es leid, etw. tun zu müssen; **I am ~ to disappoint you** ich muß dich leider enttäuschen; **sb. is ~ that ...**: es tut jmdm. leid, daß ...; **sb. is ~ about sth.** jmdm. tut etw. leid; **~ about your accident** es tut mir leid, daß du einen Unfall hattest; **~, but ...** *(coll.)* tut mir leid, aber ...; **I'm ~** *(won't change my mind)* tut mir leid; **~ I'm late** *(coll.)* Entschuldigung, daß ich zu spät komme; **My mother died two months ago. – Oh, I 'am ~!** Meine Mutter ist vor zwei Monaten gestorben. – Herzliches Beileid!; **I'm ~ to say** leider; **I can't say [that] I'm ~!** ich bin nicht gerade traurig darüber; **sb. is** *or* **feels ~ for sb./sth.** jmd. tut jmdm. leid/jmd. bedauert etw.; **you'll be ~**: das wird dir noch leid tun; **feel ~ for oneself** *(coll.)* sich selbst bemitleiden; sich *(Dat.)* leid tun; **~! Entschuldigung!**; **~?** wie bitte?; **~ about that!** *(coll.)* tut mir leid!; **~ to bother you** Entschuldigung, wenn ich störe; *see also* **safe 2 b; b)** *attrib. (wretched)* traurig; faul, fadenscheinig *(Entschuldigung)*
sort [sɔːt] **1.** *n.* **a)** *(type)* Sorte, *die;* **cakes of several ~s** verschiedene Kuchensorten; **a ~ of bicycle** ein neuartiges Fahrrad; **people of every/that ~**: Menschen jeden/dieses Schlages; **people of every ~ and kind** alle möglichen Leute; **it takes all ~s [to make a world]** *(coll.)* es gibt so 'ne und solche *(ugs.); (when referring to eccentric behaviour)* jedem Tierchen sein Pläsierchen *(scherzh.);* **all ~s of ...**: alle möglichen ...; **support sb. in all ~s of ways** jmdn. auf vielerlei Art und Weise unterstützen; **there are all ~s of things to do** es gibt alles mögliche *od.* allerlei zu tun; **she is** *or* **just/not my ~**: sie ist genau/nicht mein Typ *(ugs.);* **she is not the ~ to do that** es ist nicht ihre Art, das zu tun; **what ~ of [a] person do you think I am?** für wen hältst du mich?; **you'll do nothing of the ~**: das kommt gar nicht in Frage; **he's a ~ of stockbroker, I believe** *(coll.)* er ist [so] eine Art [von] Börsenmakler, glaube ich; **~**

of *(coll.)* irgendwie; irgendwo *(salopp); (more or less)* mehr oder weniger; *(to some extent)* ziemlich *(coll.);* **it's ~ of difficult for me to explain** *(coll.)* ich kann es irgendwie nicht so gut *od.* leicht erklären; **Have you finished? – Well, ~ of** *(coll.)* Bist du fertig? – Mehr oder weniger; **I ~ of expected it** *(coll.)* ich habe es irgendwie erwartet; **nothing of the ~s** nichts dergleichen; **or something of the ~:** oder so [etwas ähnliches] *(ugs.);* **a funny ~ of person/day/car** ein komischer Mensch/Tag/Wagen; **it is music of a ~** *(derog.)* es ist so was ähnliches wie Musik; **he is a doctor/footballer of a ~ or of ~s** *(derog.)* er nennt sich Arzt/Fußballspieler; **we don't mix with people of that ~:** mit solchen Leuten wollen wir nichts zu tun haben; **he/she is a good ~** *(coll.)* er/sie ist schon in Ordnung *(ugs.);* **he is not a bad ~ at all** *(coll.)* er ist nicht der Schlechteste *(ugs.);* **b) be out of ~s** nicht in Form sein; *(be irritable)* schlecht gelaunt sein; **c)** *(Printing)* Letter, *die.* **2.** *v. t.* sortieren

~ 'out *v. t.* **a)** *(arrange)* sortieren; **~ out material for an essay** Material für einen Aufsatz zusammenstellen; **b)** *(settle)* klären; schlichten *(Streit);* beenden *(Verwirrung);* **it will ~ itself out** es wird schon in Ordnung kommen; **c)** *(organize)* durchorganisieren; auf Vordermann bringen *(ugs.);* **~ oneself out** 〈*Neuankömmling usw.*〉: sich einrichten; **things have ~ed themselves out** die Dinge haben sich eingerenkt; **d)** *(sl.: punish)* **~ sb. out** jmdm. zeigen, wo's langgeht *(ugs.);* **e)** *(select)* aussuchen; wählen; **~ out the truth from the lies** die Lügen von der Wahrheit unterscheiden; Lüge und Wahrheit unterscheiden; **~ out the good apples/singers from the bad [ones]** die guten Äpfel/Sänger von den schlechten trennen

sort code *n. (Banking)* Bankleitzahl, *die*
sorter ['sɔːtə(r)] *n.* **a)** *(arranger)* Sortierer, *der*/Sortiererin, *die;* **b)** *(for punched cards)* Sorter, *der;* Sortiermaschine, *die*
sortie ['sɔːtiː, 'sɔːtiː] *n. (Mil.; also fig.)* **a)** Ausfall, *der;* **b)** *(flight)* Einsatz, *der*
sorting ['sɔːtɪŋ] *n.* Sortieren, *das*
sorting: ~-machine *n.* Sortiermaschine, *die;* **~-office** *n.* Postverteilstelle, *die*
SOS [ɛsəʊˈɛs] *n.* **a)** SOS, *das;* **~ appeal** Hilfeaufruf, *der;* **b)** *(Brit.: broadcast)* **~ message** Suchmeldung, *die; (to motorists)* Reiseruf, *der*
'so so, 'so-so *adj., adv.* so lala *(ugs.)*
sot [sɒt] *n.* Trinker, *der*/Trinkerin, *die;* Säufer, *der*/Säuferin, *die (salopp)*
sottish ['sɒtɪʃ] *adj.* versoffen *(salopp)*
sotto voce [sɒtəʊ ˈvəʊtʃɪ] *adv.* mit gedämpfter Stimme
sou [suː] *n. (Hist./coll.)* Sou, *der;* **not have a ~:** keinen roten Heller haben
soubrette [suːˈbrɛt] *n. (Theatre)* Soubrette, *die*
soufflé ['suːfleɪ] *n. (Gastr.)* Soufflé, *das;* **~ dish** Souffléform, *die*
sough [sʌf, saʊ] *(literary)* **1.** *n.* Rauschen, *das.* **2.** *v. i.* rauschen
sought *see* **seek**
soul [səʊl] *n.* **a)** Seele, *die;* **sell one's ~ for sth.** *(fig.)* seine Seele für etw. verkaufen; **upon my ~!** *(dated)* meiner Treu!; *(veralt.);* **bare one's ~ to sb.** jmdm. sein Herz ausschütten; **also heart 1 b; life b; b)** *(intellect)* Geist, *der;* **not be able to call one's ~ one's own** nicht sein eigener Herr sein; **his whole ~ revolted from it** er sträubte sich mit ganzer Seele dagegen; **c)** *(person)* Seele, *die;* **not a ~:** keine Menschenseele; **be the ~ of discretion** die Verschwiegenheit selbst *od.* in Person sein; **be a good ~ and fetch me a cup of tea** sei ein Schatz *(ugs.)* und hol mir die arme kleine Tasse Tee; **d)** *(Negro Culture)* die Kultur der schwarzen US-Amerikaner; *(music)* Soul, *der*

soul: ~ brother *n.* schwarzer Nordamerikaner *(als [bewußter] Teilhaber der schwarzen Kultur);* ≈ Bruder, *der;* **~-destroying** [ˈsəʊldɪstrɔɪɪŋ] *adj.* **a)** *(boring)* nervtötend; geisttötend; **b)** *(depressing)* deprimierend
'soul food *n.* traditionelle Küche der schwarzen Nordamerikaner
soulful ['səʊlfl] *adj.* gefühlvoll; *(sad)* schwermütig
soulfully ['səʊlfəlɪ] *adv.* mit viel Gefühl; *(sadly)* voll Schwermut
soulless ['səʊllɪs] *adj.* **a)** *(ignoble)* seelenlos *(geh.);* gefühllos; **b)** *(dull)* öde
soul: ~ mate *n.* Seelenverwandte, *der/die;* **~ music** *n.* Soul, *der;* Soulmusik, *die;* **~-searching** *n.* Gewissenskampf, *der;* **~ sister** *n.* schwarze Nordamerikanerin *(als [bewußte] Teilhaberin der schwarzen Kultur);* ≈ Schwester, *die;* **~-stirring** *adj.* aufwühlend; *(inspiring)* mitreißend
¹**sound** [saʊnd] **1.** *adj.* **a)** *(healthy)* gesund; intakt 〈*Gebäude, Mauerwerk*〉; gut 〈*Frucht, Obst, Holz, Boden*〉; **of ~ mind** im Vollbesitz der geistigen Kräfte; **~ in mind and body** gesund an Geist und Seele; **~ in wind and limb** kerngesund; **the building was structurally ~:** das Gebäude hatte eine gesunde Bausubstanz; *see also* **bold 1 a; b)** *(well-founded)* vernünftig 〈*Argument, Rat*〉; klug 〈*Wahl*〉; **it makes ~ sense** es ist sehr vernünftig; **make ~ progress** gute Fortschritte machen; **c)** *(Finance: secure)* gesund, solide 〈*Basis*〉; klug 〈*Investition*〉; **d)** *(competent, reliable)* solide 〈*Spieler*〉; **have a ~ character** charakterfest sein; **e)** *(undisturbed)* tief, gesund 〈*Schlaf*〉; **be a ~ sleeper** einen gesunden Schlaf haben; **f)** *(thorough)* gehörig *(ugs.)* 〈*Niederlage, Tracht Prügel*〉: gekonnt 〈*Leistung*〉. **2.** *adv.* fest, tief 〈*schlafen*〉; **fall/be ~ asleep** in einen tiefen *od.* festen Schlaf fallen/tief *od.* fest schlafen

²**sound 1.** *n.* **a)** *(Phys.)* Schall, *der;* **the speed of ~:** die Schallgeschwindigkeit; **b)** *(noise)* Laut, *der; (of wind, sea, car, footsteps, breaking glass or twigs)* Geräusch, *das; (of voices, laughter, bell)* Klang, *der;* **do sth. without a ~:** etw. lautlos tun; **c)** *(Radio, Telev., Cinemat.)* Ton, *der;* **loss of ~:** Tonausfall, *der;* **d)** *(music)* Klang, *der; (jazz, pop, rock)* Sound, *der;* **the king entered to the ~ of trumpets** von Trompetenstößen begleitet, trat der König ein; **the ~ of drums** Trommellaute *Pl.;* **dance to the ~ of a band** zu den Klängen einer Band tanzen; **e)** *(Phonet.: articulation)* Laut, *der;* **f)** *(fig.: impression)* **I like the ~ of your plan** ich finde, Ihr Plan hört sich gut an; **I like the ~ of him** was du von ihm erzählst, hört sich gut an; **I don't like the ~ of this** das hört sich nicht gut an; **g)** *in pl.* *(~-waves)* Töne; **h)** *(meaningless noise)* Wortgeklingel, *das;* Wortschwall, *der;* **i)** *(earshot)* **within ~ of sb./sth.** in Hörweite/im Hörweite einer Sache. **2.** *v. i.* *(seem)* klingen; **it ~s as if .../like ...:** es klingt, als .../wie ...; **it ~s to me as if .../like ...:** es hört sich für mich an, als .../wie ...; **from his lack of enthusiasm it ~s as if he wanted to give up** nach seinem Mangel an Begeisterung zu urteilen, klingt es so, als wolle er aufgeben; **it ~s to me from what you have said that ...:** was du gesagt hast, klingt für mich so, als ob ...; **that ~s a good idea to me** finde ich, die Idee hört sich gut an; **~s good to me!** klingt gut! *(ugs.);* **give ideas!** *(ugs.);* **that ~s odd to me** das hört sich seltsam an, finde ich; **b)** *(emit ~)* [er]tönen. **3.** *v. t.* **a)** *(cause to emit ~)* ertönen lassen; **~ the trumpet** trompeten; in die Trompete blasen; **b)** *(utter)* **~ a note of caution** zur Vorsicht mahnen; **his words ~ed a note of alarm in my mind** seine Worte versetzten mich in Alarmstimmung; **c)** *(pronounce)* aussprechen; **d)** *(cause to be heard)* **~ sb.'s praises** ein Loblied auf jmdn. sin-

gen; **~ a fanfare** eine Fanfare erklingen lassen
~ 'off *v. i. (coll.: talk pompously)* tönen *(ugs.),* schwadronieren **(on, about** von)
³**sound** *n.* **a)** *(strait)* Sund, *der;* Meerenge, *die;* **b)** *(inlet)* Meeresarm, *der;* **Plymouth S~:** die Bucht von Plymouth
⁴**sound** *v. t.* **a)** *(Naut.: fathom)* ausloten; sondieren; **b)** *(fig.: test) see* **~ out; c)** *(Meteorol.)* untersuchen; erforschen; sondieren; **e)** *(Med.)* abhorchen
~ 'out *v. t.* ausfragen 〈*Person*〉; sondieren *(geh.),* herausbekommen 〈*Sache*〉; **~ sb. out on sth.** bei jmdm. wegen etw. vorfühlen
sound: ~ barrier *n.* Schallmauer, *die;* **go through** *or* **break the ~ barrier** die Schallmauer durchbrechen; **~-box** *n. (in violin, guitar, etc.)* Resonanzkörper, *der;* **~ broadcasting** *n.* Hörfunk, *der;* **~ check** *n.* Soundcheck, *der;* Tonprobe, *die;* **~ effect** *n. (Radio, Telev., Cinemat.)* Toningenieur, *der/*-ingenieurin, *die;* **~-hole** *n. (Mus.)* Schalloch, *das*
¹**sounding** ['saʊndɪŋ] *adj. in comb.* **strange-/clear-/loud-~:** seltsam/klar/laut [klingend]
²**sounding** *n.* **a)** *(Naut.: measurement)* Lotung, *die;* **take ~s** Lotungen vornehmen; loten; **b)** *(fig.)* Sondierung *(geh.);* **make ~s in a locality** ein Terrain sondieren; **carry out ~s of public opinion/of interested parties** die öffentliche Meinung sondieren/mit den Beteiligten Sondierungsgespräche führen
sounding: ~-board *n.* **a)** *(canopy)* Schalldeckel, *der;* **b)** *(Mus.)* Decke, *der;* **c)** *(fig.: means of spreading opinions)* Sprachrohr, *das;* **d)** *(fig.: trial audience)* ≈ Testgruppe, *die;* **~-line** *n. (Naut.)* Lotleine, *die;* **~-rod** *n. (Naut.)* Peilstock, *der*
soundless ['saʊndlɪs] *adj.* lautlos; stumm; tonlos 〈*Sprache, Gebet*〉
soundly ['saʊndlɪ] *adv.* **a)** *(solidly)* stabil, solide 〈*bauen*〉; **b)** *(well)* vernünftig 〈*argumentieren, urteilen, investieren*〉; **c)** *(deeply)* tief, fest 〈*schlafen*〉; **d)** *(thoroughly)* anständig, ordentlich *(ugs.)* 〈*verhauen*〉; vernichtend 〈*schlagen, besiegen*〉; **perform ~:** eine gute Leistung zeigen
soundness ['saʊndnɪs] *n., no pl.* **a)** *(of mind, body)* Gesundheit, *die;* **b)** *(of construction, structure)* Solidität, *die;* **c)** *(of argument)* Stichhaltigkeit, *die; (of policy, views)* Vernünftigkeit, *die;* **d)** *(of sleep)* Tiefe, *die;* **d)** *(competence, reliability)* Solidität, *die;* **e)** *(solvency)* wirtschaftliche Gesundheit; Solvenz, *die*
sound: ~-post *n. (Mus.)* Stimmstock, *der;* **~-proof 1.** *adj.* schalldicht; **2.** *v. t.* schalldicht machen; **~-proofing** *n.* Schallisolierung, *die;* **~ recorder** *n.* Tonaufnahmegerät, *das;* **~ shift** *see* **shift 3 i; ~ technician** *see* **~ engineer; ~-track** *n. (Cinemat.)* Soundtrack, *der;* **~ truck** *n. (Amer.)* Lautsprecherwagen, *der;* **~-wave** *n. (Phys.)* Schallwelle, *die*
soup [suːp] *n.* Suppe, *die;* **be/land in the ~** *(fig. sl.)* in der Patsche sitzen/landen *(ugs.)*
~ 'up *v. t. (Motor Veh. coll.)* frisieren *(ugs.)*
soupçon ['suːpsɒ̃] *n.* Spur, *die; (of anger, irony)* Anflug, *der;* **a ~ of garlic/grey** eine Spur Knoblauch/von Grau
souped-up ['suːptʌp] *attrib. adj. (Motor Veh. coll.)* frisiert *(ugs.)*
soup: ~-kitchen *n.* Volksküche, *die;* Suppenküche, *die;* **~-plate** *n.* Suppenteller, *der;* **~-spoon** *n.* Suppenlöffel, *der*
soupy ['suːpɪ] *adj.* **a)** *(thick)* sämig 〈*Flüssigkeit*〉; trübe, schlammig 〈*Wasser*〉; **b)** *(coll.: sentimental)* rührselig; sentimental
sour [saʊə(r)] **1.** *adj.* **a)** *(having acid taste)* sauer; **b)** *(morose)* griesgrämig *(abwertend);* säuerlich 〈*Blick*〉; **c)** *(unpleasant)* bitter; **when things go ~:** wenn man *od.* einem alles leid wird; **the place has gone ~ on him** der Ort ist ihm verleidet [worden]; **d)** *(rank)*

source

säuerlich ⟨Geruch⟩; e) (deficient in lime) sauer ⟨Boden⟩. See also grape. 2. v. t. a) versauern lassen; sauer machen; b) (fig.: spoil) verbauen ⟨Karriere⟩; trüben ⟨Beziehung⟩; c) (fig.: make gloomy) verbittern. 3. v. i. a) sauer werden; b) (deteriorate) ⟨Beziehungen:⟩ sich trüben. 4. n. (Amer.: cocktail) Sour, der
source [sɔ:s] n. Quelle, die; ~ **of income/infection** Einkommensquelle, die/Infektionsherd, der; **the ~ of all woes** die Wurzel allen Übels; **locate the ~ of a leak** (lit. or fig.) feststellen, wo eine undichte Stelle ist; **the whole thing is a ~ of some embarrassment to us** das Ganze ist für uns ziemlich unangenehm; **at ~:** an der Quelle; **tax deducted at ~:** Quellensteuer, die; **my wages are taxed at ~:** die Steuer wird direkt von meinem Lohn abgezogen
source: ~**book** n. Quellensammlung, die; ~ **language** n. Ausgangssprache, die
sour 'cream n. saure Sahne; Sauerrahm, der
sourly ['saʊəlɪ] adv. säuerlich
sour: ~**puss** n. (sl.) (male) Miesepeter, der (ugs.); (female) miesepetrige Ziege (ugs.)
sousaphone ['su:zəfəʊn] n. (Mus.) Sousaphon, das
souse [saʊs] v. t. a) (plunge into liquid) eintauchen; b) (soak) get/be ~d durchnäßt werden/sein; c) (pickle) einlegen
soutane [su:'tɑ:n] n. (RCCh.) Soutane, die
south [saʊθ] 1. n. a) Süden, der; **the ~:** Süd (Met., Seew.); **in/to[wards]/from the ~:** im/nach od. (geh.) gen/von Süden; **to the ~ of** südlich von; südlich (+ Gen.); b) usu. **S~:** (part lying to the ~) Süden, der; **from the S~:** aus dem Süden; c) (Cards) Süd. 2. adj. südlich; Süd⟨küste, -wind, -grenze, -tor⟩. 3. adv. südwärts; nach Süden; **a ~-facing wall** eine nach Süden gelegene Mauer; ~ **of** südlich von; südlich (+ Gen.); see also ¹**by 1d**
South: ~ 'Africa pr. n. Südafrika (das); ~ 'African 1. adj. südafrikanisch; 2. n. Südafrikaner, der/-afrikanerin, die; ~ A'merica pr. n. Südamerika (das); ~ A'merican 1. adj. südamerikanisch; 2. n. Südamerikaner, der/-amerikanerin, die
south: ~**bound** adj. (Zug usw.) in Richtung Süden; ~-'**east 1**. n. Südosten, der; **in/to[wards]/from the ~~-east** im/nach od. (geh.) gen/von Südosten; **to the ~-east of** südöstlich von; südöstlich (+ Gen.); 2. adj. südöstlich; Südost⟨wind, -fenster, -küste⟩; 3. adv. südwärts; nach Südosten; **~-east of** südöstlich von; südöstlich (+ Gen.); ~-'**easter** n. Südostwind, der; ~-'**easterly 1.** adj. südöstlich; 2. adv. (position) im Südosten; (direction) nach Südosten; ~-'**eastern** adj. südöstlich
southerly ['sʌðəlɪ] 1. adj. a) (in position or direction) südlich; **in a ~ direction** nach Süden; b) (from the south) ⟨Wind⟩ aus südlichen Richtungen; **the wind was ~:** der Wind kam aus südlichen Richtungen. 2. adv. a) (in position) südlich; (in direction) südwärts; b) (from the south) aus od. von Süd[en]. 3. n. Süd[wind], der
southern ['sʌðən] adj. südlich⟨grenze, -hälfte, -seite, -fenster, -wind⟩; südländisch ⟨Temperament⟩; ~ **Spain** Südspanien; das südliche Spanien; ~ **Africa** das südliche Afrika; see also **cross 1 f; hemisphere a**
southerner [sʌðənə(r)] n. (male) Südengländer/-franzose/-italiener usw., der; (female) Südengländerin/-französin/-italienerin, die; (Amer.) Südstaatler, der/-staatlerin, die; **he's a ~:** er kommt aus dem Süden
Southern: ~ 'Europe pr. n. Südeuropa (das); ~ **European 1.** adj. südeuropäisch; 2. n. Südeuropäer, der/-europäerin, die; ~ '**Ireland** pr. n. Südirland (das); s~ '**lights** n. pl. Südlicht, das
southernmost ['sʌðənməʊst] adj. südlichst ...

South: ~ '**German 1.** adj. süddeutsch; 2. n. Süddeutsche, der/die; ~ '**Germany** pr. n. Süddeutschland (das); ~ **Ko'rea 1.** adj. südkoreanisch; 2. n. Südkoreaner, der/-koreanerin, die
South of 'England pr. n. Südengland (das); attrib. südenglisch
south: ~**paw** (Boxing coll.) 1. n. Linkshänder, der/Linkshänderin, die; 2. adj. linkshändig; **S~** '**Pole** pr. n. Südpol, der; **S~ Sea** adj. Südsee⟨. ⟩; ~ **Ko'rea** etc. Südseeinsulaner, der/-insulanerin, die; **S~** '**Seas** pr. n. pl. Südsee, die; ~~-~'**east 1.** n. Südsüdosten, der/; 2. adj. südsüdöstlich; Südsüdost-; 3. adv. südsüdöstwärts; ~~-~'**west 1.** n. Südsüdwesten, der/; 2. adj. südsüdwestlich; Südsüdwest-; 3. adv. südsüdwestwärts
southward ['saʊθwəd] 1. adj. nach Süden gerichtet; (situated towards the south) südlich; **in a ~ direction** nach Süden; [in] Richtung Süden. 2. adv. südwärts; **they are ~ bound** sie fahren nach Süd. [in] Richtung Süden. 3. n. Süden, der
southwards ['saʊθwədz] see **southward 2**
south: ~-'**west 1.** n. Südwesten, der; **in/to[wards]/from the ~~-west** im/nach od. (geh.) gen/von Südwesten; **to the ~-west of** südwestlich von; südwestlich (+ Gen.). 2. adj. südwestlich; Südwest⟨wind, -fenster, -küste⟩. 3. adv. südwestwärts; nach Südwesten; **~-west of** südwestlich von; südwestlich (+ Gen.); **S~-West 'Africa** pr. n. Südwestafrika, (das) (ugs.); ~-'**wester** pr. n. Südwestwind, der; ~-'**westerly 1.** adj. südwestlich; 2. adv. (position) im Südwesten; (direction) nach Südwesten; ~-'**western** adj. südwestlich
souvenir [su:və'nɪə(r)] n. (of holiday) Andenken, das; Souvenir, das (of aus); (of wedding-day, one's youth, etc.) Andenken, das (of an + Akk.)
sou'wester [saʊ'westə(r)] n. a) (hat) Südwester, der; b) (coat) Ölhaut, die
sovereign ['sɒvrɪn] 1. n. a) (ruler) Souverän, der; b) (Brit. Hist.: coin) Sovereign, der; 20-Shilling-Münze, die. 2. adj. a) (independent) souverän ⟨Staat, Volk⟩; b) (supreme) höchst...; c) (arch.: royal) souverän; d) (very good) ausgezeichnet ⟨Medikament⟩
sovereignty ['sɒvrɪntɪ] n. a) (supreme power) Souveränität, die; Oberhoheit, die; b) (royal position) Stellung als Souverän; c) (autonomous state) souveräner Staat
Soviet ['səʊvɪət, 'sɒvɪət] (Hist.) 1. adj. sowjetisch; Sowjet⟨bürger, -literatur, -kultur, -ideologie⟩. 2. n. Sowjet, der; **Supreme S~:** Oberster Sowjet
Soviet: ~ '**Russia** pr. n. (Hist.) Sowjetrußland (das); ~ '**Union** pr. n. (Hist.) Sowjetunion, die
¹**sow** [saʊ] v. t., p.p. **sown** [saʊn] or ~**ed** [saʊd] a) (plant) [aus]säen; (fig.) legen ⟨Minen⟩; b) (plant with seed) einsäen, besäen ⟨Feld, Boden⟩; c) (cover thickly) spicken (ugs.); **meadows ~n with daisies** mit Gänseblümchen bedeckte Wiesen; d) (fig.: initiate) säen. See also **oat b; seed 1 c; whirlwind a**
²**sow** [saʊ] n. a) (female pig) Sau, die; b) (Metallurgy) (trough) Kokille, die; (block of iron) Massel, die. See also **silk 2**
sower ['səʊə(r)] n. Sämann, der/Säerin, die; **be a ~ of discord** Zwietracht säen
sowing ['səʊɪŋ] n. Säen, das; Aussaat, die
sown see ¹**sow**
sox [sɒks] n. pl. (Commerc./coll.) see ¹**sock a**
soya [bean] ['sɔɪə (bi:n)], **soy bean** ['sɔɪ bi:n] ns. a) (plant) Sojabohne, die; b) (seed) Sojabohne, die
soy sauce ['sɔɪ sɔ:s] n. Sojasoße, die
sozzled ['sɒzld] adj. (sl.) voll (ugs.); besoffen (derb); **get ~:** sich besaufen (derb)
spa [spɑ:] n. a) (place) Bad, das; Badeort, der; b) (spring) Mineralquelle, die

span

space [speɪs] 1. n. a) Raum, der; **stare into ~:** in die Luft od. ins Leere starren; b) (interval between points) Platz, der; **the houses are separated by a ~ of ten feet** die Häuser sind durch einen 10 Fuß breiten Zwischenraum getrennt; clear a ~: Platz schaffen; **he needs ~** (fig.) er braucht Bewegungsfreiheit; c) (area on page) Platz, der; d) **the wide open ~s** das weite, flache Land; **the vast ~s of the prairie/desert** die weite Fläche od. die Weite[n] der Prärie/Wüste; e) (Astron.) Weltraum, der; see also **outer space**; f) (blank between words) Zwischenraum, der; Spatium, das (Druckw.); **five ~s from the left margin** fünf Anschläge vom linken Rand [entfernt]; g) (interval of time) Zeitraum, der; **in the ~ of a minute/an hour** etc. innerhalb einer Minute/Stunde usw.; **in a short ~ of time** nach kurzer Zeit **war er zurück.** 2. v. t. **the line is/the letters are badly ~d** die Zeile ist/die Buchstaben sind schlecht spationiert (Druckw.); **the posts are ~d at intervals of one metre** die Pfosten sind im Abstand von einem Meter aufgestellt
~ **'out** v. t. verteilen; **~ the figures out clearly** die Zahlen so weit auseinanderschreiben, daß sie deutlich lesbar sind
space: ~ **age** n. (Welt)raumzeitalter, das; Zeitalter der Raumfahrt, das; ~-**bar** n. Leertaste, die; ~**craft** n. Raumfahrzeug, das; (unmanned) Raumsonde, die
spaced [out] [speɪst ('aʊt)] adj. (sl.: under influence of drug) high (Drogenjargon)
space: ~ **flight** n. a) (a journey through ~) [Welt]raumflug, der; b) see **travel**; ~-**heater** n. Heizgerät, das; ~ **man** see **traveller**; ~ **medicine** n. Raumfahrtmedizin, die; ~ **opera** n. (esp. Amer.) Weltraumoper, die (ugs.); ~ **probe** n. Raumsonde, die; ~-**saving** adj. platzsparend; raumsparend; ~**ship** n. Raumschiff, das; Raumtransporter, der; ~ **shuttle** n. Raumfähre, die; Raumtransporter, der; ~ **station** n. [Welt]raumstation, die; ~**suit** n. Raumanzug, der; ~-**time** n. (Phys.) Raum-Zeit-Welt, die; ~ **travel** n. Raumfahrt, die; ~ **traveller** n. Raumfahrer, der/-fahrerin, die; ~ **vehicle** see **spacecraft**; ~ **walk** n. Spaziergang im All
spacial, spacially see **spatial, spatially**
spacing ['speɪsɪŋ] n. Zwischenräume, der; (Printing) Sperrungen; Spationierung, die (Druckw.); **single/double ~** (on typewriter) einfacher/doppelter Zeilenabstand
spacious ['speɪʃəs] adj. a) (vast in area) weitläufig ⟨Garten, Park, Ländereien⟩; b) (roomy) geräumig ⟨Raum⟩; breit ⟨Straße⟩
spaciously ['speɪʃəslɪ] adv. weitläufig
spade [speɪd] n. a) (for digging) Spaten, der; **call a ~ a ~** or (joc.) **a bloody shovel** das Kind beim [rechten] Namen nennen (ugs.); **she was never afraid to call a ~ a ~:** sie nahm nie ein Blatt vor den Mund (ugs.); b) (Cards) Pik, das; see also **club 1 d**; c) (Amer. sl. derog.) Neger, der
spadeful ['speɪdfʊl] n. **a ~/two ~s of soil** ein/zwei Spaten [voll] Erde
'**spadework** n. (fig.) Kleinarbeit, die; (preliminary work) Vorarbeit, die
spadix ['speɪdɪks] n., pl. **spadices** ['speɪdɪsi:z] (Bot.) Kolben, der
spaghetti [spə'getɪ] n. a) Spaghetti Pl.; b) (joc.: cables) Kabelsalat, der (ugs.)
spaghetti 'Western n. (Cinemat.) Italowestern, der
Spain [speɪn] pr. n. Spanien (das)
spall [spɔ:l] 1. v. t. a) (chip) absplittern; b) (Mining) mit dem Hammer zerkleinern ⟨Erz⟩. 2. v. i. splittern. 3. n. Splitter, der
Spam, (P) [spæm] n. Frühstücksfleisch, das
¹**span** [spæn] n. a) (full extent) Spanne, die; ~ **of life/time** Lebens-/Zeitspanne, die; **throughout the whole ~ of Roman history** in der gesamten römischen Geschichte; b) (of

span — **speaking**

bridge) Spannweite, *die;* **the bridge crosses the river in a single ~:** die Brücke überspannt den Fluß in einem einzigen Bogen; **c)** *(Aeronaut.)* Spannweite, *die;* **d)** *(of hand)* Spanne, *die.* **2.** *v. t.* **-nn- a)** *(extend across)* überspannen ⟨*Fluß*⟩; umfassen ⟨*Zeitraum*⟩; **b)** *(measure)* nach Spannen messen

²**span** *see* spick

spandrel ['spændrl] *n.* *(Archit.)* [Bogen]zwickel, *der;* Spandrille, *die*

spang [spæŋ] *adv.* *(Amer. coll.)* ganz; **~ in the middle of the night/the road** mitten in der Nacht/auf der Straße

spangle ['spæŋgl] **1.** *n. see* sequin. **2.** *v. t.* **~d with stars/buttercups** von glitzernden Sternen/mit leuchtenden Butterblumen übersät; *see also* **star-spangled**

Spaniard ['spænjəd] *n.* Spanier, *der*/Spanierin, *die*

spaniel ['spænjəl] *n.* Spaniel, *der*

Spanish ['spænɪʃ] **1.** *adj.* spanisch; **sb. is ~:** jmd. ist Spanier/Spanierin; *see also* **English 1. 2.** *n.* **a)** *(language)* Spanisch, *das; see also* **English 2 a; b)** *constr. as pl. (people)* Spanier

Spanish: ~ **A'merica** *pr. n.* die spanischsprachigen Länder Lateinamerikas; ~ **'fly** *n.* Spanische Fliege; ~ **'Main** *pr. n.* *(Hist.)* **the ~ Main** die Nordostküste Südamerikas zwischen dem Orinoko und Panama sowie der angrenzende Teil der Karibik; ~ **'omelette** *n.* Omelette mit Zwiebeln, grünem Paprika und Tomaten; ≈ Omelette andalusische Art *(Kochk.);* ~ **'onion** *n.* spanische Zwiebel; Bermudazwiebel, *die (Kochk.)*

spank [spæŋk] **1.** *n.* ≈ Klaps, *der (ugs.).* **2.** *v. t.* **~ sb.** jmdm. den Hintern versohlen *(ugs.);* **get ~ed** den Hintern voll kriegen *(ugs.).* **3.** *v. i.* ⟨*Pferd:*⟩ traben

spanking ['spæŋkɪŋ] **1.** *n.* Tracht Prügel, *die (ugs.); (for sexual gratification)* Hinternversohlen, *das (ugs.).* **2.** *adj. (coll.)* scharf ⟨*Trab, Lauf, Galopp, Tempo*⟩. **3.** *adv. (coll.)* **~ new** funkelnagelneu *(ugs.)*

spanner ['spænə(r)] *n.* *(Brit.)* Schraubenschlüssel, *der;* **put** *or* **throw a ~ in the works** *(fig.)* Sand ins Getriebe streuen

'**span roof** *n.* Satteldach, *das*

¹**spar** [spɑː(r)] *v. i.,* **-rr- a)** *(Boxing)* sparren; **b)** *(fig.: argue)* [sich] zanken

²**spar** *n.* **a)** *(pole)* Rundholz, *das;* Spiere, *die (Seemannsspr.);* **b)** *(Aeronaut.)* Holm, *der*

³**spar** *n.* *(Min.)* Spat, *der*

spare [speə(r)] **1.** *adj.* **a)** *(not in use)* übrig; **~ time/moment** Freizeit, *die*/freier Augenblick; **not have ~ cash** kein Bargeld [übrig] haben; **have sth. going ~** *(coll.)* etwas übrig haben; **there is one ~ seat** ein Platz ist noch frei; **are there any ~ tickets for Friday?** gibt es noch Karten für Freitag? **b)** *(for use when needed)* zusätzlich, Extra⟨*bett, -tasse*⟩; **~ room** Gästezimmer, *das;* **go ~** *(Brit. sl.:* be very angry*)* durchdrehen *(salopp);* **c)** *(frugal)* karg ⟨*Kost, Mahlzeit*⟩; **d)** *(lean)* schlank ⟨*Wuchs, Gestalt*⟩; **e)** schlicht ⟨*Stil*⟩. **2.** *n.* Ersatzteil, *das*/-reifen, *der usw.;* **I haven't got a pen; have you a ~?** ich hab' keinen Stift, hast du einen übrig? **3.** *v. t.* **a)** *(do without)* entbehren; **can you ~ me a moment?** hast du einen Augenblick Zeit für mich?; **we arrived with ten minutes to ~:** wir kamen zehn Minuten früher an; als wir ankamen, hatten wir noch zehn Minuten Zeit [übrig]; **b)** *(not inflict on)* **~ sb. sth.** jmdm. etw. ersparen; **c)** *(not hurt)* [ver]schonen; **if I am ~d** wenn ich so lange lebe; **d)** *(not cause)* **~ sb. sth.** jmdm. die Verlegenheit *od.* Peinlichkeit ersparen; **e)** *(fail to use)* **not ~ any expense/pains** *or* **efforts** keine Kosten/Mühe scheuen; **no expense ~d** an nichts gespart; **not ~ oneself in one's efforts to ...:** keine Mühe scheuen ... *See also* **enough 2; rod c**

sparely ['speəlɪ] *adv.* **~ built** schlank [gebaut]

spare: ~ **'part** *n.* Ersatzteil, *das;* ~-**rib** *n.*

a) *(cut of meat)* Kamm, *der;* **b)** *(dish)* [Schäl]rippchen, *das;* ~ **'tyre** *n.* **a)** Reserve-, Ersatzreifen, *der;* **b)** *(Brit. fig. coll.)* Rettungsring, *der (ugs.);* ~ **'wheel** *n.* Ersatzrad, *das*

sparing ['speərɪŋ] *adj.* sparsam; **be ~ of sth./in the use of sth.** mit etw. sparsam umgehen

sparingly ['speərɪŋlɪ] *adv.* sparsam

spark [spɑːk] **1.** *n.* **a)** Funke, *der;* **shower of ~s** Funkenregen, *der;* **the ~s [begin to] fly** *(fig.)* es funkt *(ugs.);* **a ~ of generosity/decency** *(fig.)* ein Funke[n] Großzügigkeit/Anstand; **not a ~ of life remained** *(fig.)* keine Spur von Leben blieb übrig; **b)** *(electrical discharge)* Funkenentladung, *die;* **c)** *(in sparking-plug)* Zündfunke[n], *der (Kfz-W.);* **d) a bright ~** *(clever person; also iron.)* ein schlauer Kopf. **2.** *v. t. see* ~ **off. 3.** *v. i.* **a)** Funken sprühen; **b)** *(Electr.)* funken

~ **'off** *v. t.* **a)** *(cause to explode)* zünden; **b)** *(fig.: start)* auslösen

'**spark-gap** *n.* *(Electr.)* Funkenstrecke, *die*

'**sparking-plug** ['spɑːkɪŋplʌg] *n.* *(Brit. Motor Veh.)* Zündkerze, *die*

sparkle [spɑːkl] **1.** *v. i.* **a)** *(flash)* ⟨*Tautropfen:*⟩ glitzern; ⟨*Augen:*⟩ funkeln; **b)** *(perform brilliantly)* glänzen; **c)** *(be lively)* sprühen (**with** *vor* + *Dat.*). **2.** *n.* Glitzern, *das;* Funkeln, *das;* **he lost all his ~** *(fig.)* er hat sein sprühendes Temperament verloren

sparkler ['spɑːklə(r)] *n.* **a)** *(firework)* Wunderkerze, *die;* **b)** *(sl.: diamond)* Klunker, *der (ugs.)*

sparkling ['spɑːklɪŋ] *adj.* **a)** *(flashing)* glitzernd ⟨*Stein, Diamant*⟩; **b)** *(bright)* funkelnd ⟨*Augen*⟩; ~ **vivacity** sprühende Lebhaftigkeit; **c)** *(brilliant)* glänzend ⟨*Schauspiel, Aufführung, Rede*⟩

sparkling 'wine *n.* Schaumwein, *der*

'**spark-plug** *n. see* **sparking-plug**

'**sparring partner** *n.* *(Boxing)* Sparringspartner, *der;* **this is my old ~** *(fig.)* dies ist mein alter Freund, mit dem ich oft beide Klingen gekreuzt habe *(geh.)*

sparrow ['spærəʊ] *n.* Sperling, *der;* Spatz, *der;* **house ~:** Haussperling, *der;* Hausspatz, *der; see also* **hedge-sparrow**

'**sparrow-hawk** *n.* Sperber, *der*

sparse [spɑːs] *adj.* spärlich, dünn ⟨*Besiedlung*⟩

sparsely ['spɑːslɪ] *adv.* spärlich, dünn ⟨*besiedelt*⟩

sparseness ['spɑːsnɪs], **sparsity** ['spɑːsɪtɪ] *ns., no pl.* Spärlichkeit, *die*

Spartan ['spɑːtn] **1.** *adj.* spartanisch. **2.** *n.* Spartaner, *der*/Spartanerin, *die*

spasm [spæzm] *n.* **a)** Krampf, *der;* Spasmus, *der (Med.);* **b)** *(convulsive movement)* Anfall, *der;* ~ **of coughing** Hustenanfall, *der;* **c)** *(coll.)* **a ~ of activity** plötzliche fieberhafte Aktivität

spasmodic [spæz'mɒdɪk] *adj.* **a)** *(marked by spasms)* krampfartig; spasmodisch *(Med.);* **b)** *(intermittent)* sporadisch ⟨*Anwachsen, Bemühungen*⟩

spasmodically [spæz'mɒdɪkəlɪ] *adv.* **a)** krampfartig, *(Med.)* spasmodisch ⟨*zucken*⟩; **b)** *(intermittently)* sporadisch

spastic ['spæstɪk] *(Med.)* **1.** *n.* Spastiker, *der*/Spastikerin, *die.* **2.** *adj.* spastisch [gelähmt]

¹**spat** *see* ¹**spit 1, 2**

²**spat** [spæt] *n. (gaiter)* Gamasche, *die*

³**spat** *n. (coll.: quarrel)* Krach, *der (ugs.)*

spate [speɪt] *n.* **a)** *(flood)* **the river/waterfall is in [full] ~:** der Fluß/Wasserfall führt Hochwasser; **b)** *(fig.: large amount)* **a ~ of sth.** eine Flut von etw.; **a ~ of burglaries** eine Einbruchsserie

spatial ['speɪʃl] *adj.,* **spatially** ['speɪʃəlɪ] *adv.* räumlich

spatter ['spætə(r)] **1.** *v. t.* spritzen ⟨*Lehm, Wasser*⟩; ~ **sb./sth. with sth.** jmdn./etw. mit etw. bespritzen. **2.** *n.* Spritzer, *der*

spatula ['spætjʊlə] *n.* **a)** Spachtel, *die;* *(Surg.)* Spatel, *der od.* die

spatulate ['spætjʊlət] *adj.* spatelförmig

spawn [spɔːn] **1.** *v. t.* **a)** *(produce)* ablegen ⟨*Eier*⟩; *(fig.)* hervorbringen; **b)** *(derog.: breed)* produzieren. **3.** *n., constr. as sing. or pl.* **a)** *(Zool.)* Laich, *der;* **b)** *(derog.: offspring)* Brut, *die (salopp abwertend)*

spay [speɪ] *v. t.* sterilisieren ⟨*Katze, Hündin*⟩

speak [spiːk] **1.** *v. i.,* **spoke** [spəʊk], **spoken** ['spəʊkn] **a)** sprechen; **we spoke this morning** wir sprachen heute morgen miteinander; ~ **with sb.** mit jmdm. sprechen; ~ **[with sb.] on** *or* **about sth.** mit jmdm. über etwas *(Akk.)* sprechen; ~ **for/against sth.** sich für/gegen etw. aussprechen; **sth. ~s well for sb.** etw. spricht für jmdn.; ~ **as a trade unionist/a European** als Gewerkschafter/Europäer; **the minister rose to ~:** der Minister erhob sich, um das Wort zu ergreifen; **b)** *(on telephone)* **Is Mr Grant there? – S~ing!** Ist Mister Grant da? – Am Apparat!; **Mr Grant ~ing** *(when connected to caller)* Grant hier; hier ist Grant; **who is ~ing, please?** wer ist am Apparat, bitte?; mit wem spreche ich, bitte? *See also* **manner a;** ¹**so 2. 2.** *v. t.,* **spoke, spoken a)** *(utter)* sprechen ⟨*Satz, Wort, Sprache*⟩; **b)** *(make known)* sagen ⟨*Wahrheit*⟩; ~ **one's opinion/mind** seine Meinung sagen; sagen, was man denkt; **c)** *(convey without words)* **sth. ~s volumes** etw. spricht Bände; **sth. ~s volumes for sth.** etw. spricht sehr für etw.

~ **for** *v. t.* sprechen für; ~ **for oneself** für sich selbst sprechen; ~**ing for myself, I prefer tea to coffee** ich selber trinke lieber Tee als Kaffee; ~ **for yourself!** das ist [nur] deine Meinung!; ~ **for itself/themselves** für sich selbst sprechen; **We're all depressed – S~ for yourself!** Wir sind alle deprimiert. – Du vielleicht, ich nicht!; **sth. is spoken for** *(reserved)* etw. ist schon vergeben

~ **of** *v. t.* ~**ing of Mary** da wir gerade von Mary sprechen; apropos Mary; **nothing to ~ of** nichts Besonderes *od.* Nennenswertes; **no trees to ~ of** kaum Bäume; **these tyres have no tread to ~ of** bei diesen Reifen kann man kaum noch von Profil sprechen; *see also* **devil 1 c**

~ **'out** *v. i.* seine Meinung sagen; seine Stimme erheben; ~ **out against sth.** seine Stimme gegen etw. erheben; sich gegen etw. aussprechen

~ **to** *v. t.* **a)** *(address)* sprechen mit; reden mit; **I know him to ~ to** ich kenne ihn [nur] flüchtig; ~ **when** *or* **don't ~ until you are spoken to** rede nur, wenn du gefragt wirst; **b)** *(request action from)* ~ **to sb. about sth.** mit jmdm. wegen einer Sache *od.* über etw. *(Akk.)* sprechen; **c)** *(coll.: reprove)* ~ **to sb.** sich mit jmdm. unterhalten *(verhüllend);* **d)** ~ **to a subject** sich zu einem Thema äußern; **e)** ~ **in confirmation of I can ~ to his having been there** ich kann bestätigen *od.* bezeugen, daß er dort war

~ **'up** *v. i.* **a)** ~ *(more loudly)* lauter sprechen; **b)** *see* ~ **out**

'**speakeasy** *n.* *(Amer. Hist. sl.)* Lokal, in dem illegal Alkohol ausgeschenkt wurde

speaker ['spiːkə(r)] *n.* **a)** *(in public)* Redner, *der*/Rednerin, *die;* **be a/the ~ for** *or* **at an event** bei einem Anlaß die Rede halten; **b)** *(of a language)* Sprecher, *der*/Sprecherin, *die;* **be a French ~, be a ~ of French** Französisch sprechen; **c) S~** *(Polit.)* Sprecher, *der;* ≈ Parlamentspräsident, *der;* **Mr S~:** Herr Vorsitzender; *see also* **catch 1 f; d)** *see* **loudspeaker**

speaking ['spiːkɪŋ] **1.** *n.* **a)** *(talking)* Sprechen, *das;* **a good ~ voice** eine gute Sprechstimme; **not be on ~ terms with sb.** nicht [mehr] mit jmdm. reden; **b)** *(speech-making)* Rede, *die; see also* **public speaking. 2.** *adv.* **strictly/roughly/generally/legally ~:** ge-

naugenommen/grob gesagt/im allgemeinen/aus juristischer Sicht; **figuratively ~:** bildlich gesprochen
speaking: ~ **acquaintance** *n.* [flüchtige] Bekannte, *der/die;* ~ **'clock** *n. (Brit.)* telefonische Zeitansage; ~**-tube** *n. Sprechverbindung zwischen zwei Räumen, Gebäuden usw. mittels einer Rohrleitung;* Sprachrohr, *das*
spear [spɪə(r)] **1.** *n.* **a)** Speer, *der;* **b)** *(of plant)* Stange, *die.* **2.** *v. t.* aufspießen
spear: ~**head 1.** *n. (fig.)* Speerspitze, *die; (Mil.)* Angriffsspitze, *die;* **2.** *v. t. (fig.)* ~**head sth.** etw. anführen; die Speerspitze von etw. bilden *(bes. Pol.); (Mil.)* bei etw. die Angriffsspitze bilden; ~**mint** *n.* Grüne Minze; ~**mint sweet/chewing-gum** Pfefferminzbonbon/-kaugummi, *der od. das*
¹spec [spek] *n. (coll.: speculation)* Spekulation, *die;* **on** ~**:** auf gut Glück; auf Verdacht *(ugs.)*
²spec [spek] *(coll.)* see **specification a**
special ['speʃl] **1.** *adj.* speziell; besonder...; Sonder⟨*korrespondent, -zug, -mission, -behandlung, -ausgabe, -bedeutung, -auftrag*⟩; **nobody ~:** niemand Besonderer; **her own ~ way** ihre eigene Art; **a ~ occasion** ein besonderer Anlaß; **a very ~ relationship** eine besonders enge Beziehung; ~ **friend** besonders enger Freund/enge Freundin. **2.** *n. (newspaper)* Sonderausgabe, *die; (train)* Sonderzug, *der*
special: S~ Branch *n. (Brit. Police) Abteilung der britischen Polizei, deren Aufgabe die Wahrung der inneren Sicherheit ist;* ≈ Sicherheitsdienst, *der;* ~ **'case** *n.* Sonderfall, *der;* ~ **'constable** *n. (Brit. Police)* Hilfspolizist, *der/-polizistin, die;* ~ **correspondent** *n.* Sonderkorrespondent, *der/ -korrespondentin, die;* Sonderberichterstatter, *der/-berichterstatterin, die;* ~ **de'livery** *n. (Post)* Eilzustellung, *die;* ~ **'drawing rights** *n. pl. (Finance)* Sonderziehungsrechte *Pl.* [auf den Internationalen Währungsfonds]; ~ **e'dition** *n.* Sonderausgabe, *die;* ~ **ef'fects** *n. pl. (Cinemat.)* Special effects *Pl. (fachspr.);* Spezialeffekte
specialisation, specialise see **specializ-**
specialism ['speʃəlɪzm] *n.* **a)** see **specialization; b)** *(field of study)* Spezialgebiet, *das*
specialist ['speʃəlɪst] *n.* **a)** Spezialist, *der/*Spezialistin, *die;* Fachmann, *der/*Fachfrau, *die;* **an eighteenth-century ~:** ein Spezialist für das achtzehnte Jahrhundert; ~ **knowledge** Fachwissen, *das;* **b)** *(Med.)* Facharzt, *der/-ärztin, die;* **eye/heart/cancer ~:** Augenarzt/Herz-/Krebsspezialist, *der*
speciality [speʃɪ'ælɪtɪ] *n.* **a)** *(activity, skill, product)* Spezialität, *die; (interest)* Spezialgebiet, *das;* **she makes a ~ of her pies** Pasteten sind ihre Spezialität; **b)** *(special feature)* [besonderes] Merkmal *od.* Kennzeichen
specialization [speʃəlaɪ'zeɪʃn] *n.* Spezialisierung, *die*
specialize ['speʃəlaɪz] **1.** *v. i.* sich spezialisieren **(in** auf + *Akk.).* **2.** *v. t. (Biol.: modify)* **become ~d** ⟨*Glied, Organ:*⟩ sich gesondert ausbilden
special 'licence *n. (Brit.) Sondererlaubnis, die die Heirat ohne Aufgebot oder an einem anderen als dem gewöhnlichen Ort zuläßt*
specially ['speʃəlɪ] *adv.* **a)** speziell; **make sth. ~:** etw. speziell *od.* extra anfertigen; ~ **made/chosen for me** eigens für mich gemacht/ausgewählt; **a ~ made wheelchair/ lift** ein speziell angefertigter Rollstuhl/Lift; **a ~ adapted bus** ein spezieller Bus; **b)** *(especially)* besonders
special: ~ **'offer** *n.* Sonderangebot, *das;* **have a ~ offer on sth.** etw. im Sonderangebot haben; **on ~ offer** im Sonderangebot; ~ **'pleading** *n.* **a)** *(biased argument)* Rechtsverdrehung, *die (abwertend);* **b)** *(Law)* Plädoyer, *das, das die Umstände eines Falles besonders berücksichtigt*

specialty ['speʃltɪ] *(esp. Amer.)* see **speciality a**
speciation [spi:sɪ'eɪʃn, spi:ʃɪ'eɪʃn] *n. (Biol.)* Art[en]bildung, *die*
specie ['spi:ʃi:, 'spi:ʃɪ] *n.* Hartgeld, *das*
species ['spi:ʃi:z, 'spi:ʃɪz] *n., pl.* **same a)** *(Biol.)* Spezies, *die (fachspr.);* Art, *die;* **b)** *(sort)* Art, *die;* **a dangerous ~ of criminal** ein gefährlicher Typ [von] Verbrecher
specific [spɪ'sɪfɪk] **1.** *adj.* **a)** *(definite)* deutlich, klar ⟨*Aussage*⟩; bestimmt ⟨*Ziel, Grund*⟩; **a ~ request** einen bestimmten Wunsch äußern; **make no ~ preparations** keine besonderen Vorbereitungen treffen; **could you be more ~?** kannst du dich genauer ausdrücken?; **b)** *(of a species)* **the ~ name of a plant** der Name einer Pflanzenart; **c)** *(individual)* eigen **(to** *Dat.);* see also **gravity d; heat 1 b. 2.** *n.* **a)** *(arch. Med.: remedy)* Spezifikum, *das;* **b)** *in pl. (details)* Einzelheiten *Pl.;* Details *Pl.*
specifically [spɪ'sɪfɪkəlɪ] *adv.* ausdrücklich; eigens; extra *(ugs.)*
specification [spesɪfɪ'keɪʃn] *n.* **a)** *often pl. (details)* technische Daten; *(instructions)* Konstruktionsplan, *der; (for building)* Baubeschreibung, *die (geh.);* **c)** **[patent]** ~**:** Patentschrift, *die*
specificity [spesɪ'fɪsɪtɪ] *n.* Genauigkeit im Detail
specify ['spesɪfaɪ] *v. t. (name expressly)* ausdrücklich sagen; ausdrücklich nennen ⟨*Namen*⟩; *(include in specifications)* [genau] aufführen; **as specified above** wie oben aufgeführt; **unless otherwise specified** wenn nicht anders angegeben; **'other (please specify)'** „andere (bitte genaue Angaben machen)"
specimen ['spesɪmən] *n.* **a)** *(example)* Exemplar, *das;* **a ~ of his handwriting** eine Schriftprobe von ihm; **some ~s of her work** ein paar Arbeitsproben von ihr; ~ **signature** Unterschriftsprobe, *die;* **b)** *(sample)* Probe, *die;* **a ~ of his urine was required** es wurde eine Urinprobe von ihm benötigt; **c)** *(coll./ derog.: type)* Marke, *die (salopp)*
'specimen page *n.* Probeseite, *die*
specious ['spi:ʃəs] *adj.* **a ~ argument** ein nur scheinbar treffendes Argument; **a ~ pretence/appearance of honesty** ein Anschein von Ehrlichkeit
speck [spek] *n.* **a)** *(spot)* Fleck, *der; (of paint also)* Spritzer, *der;* **b)** *(particle)* Teilchen, *das;* ~ **of soot/dust** Rußflocke, *die*/Staubkörnchen, *das;* **a ~ on the horizon** ein Pünktchen am Horizont; **the one sparkled with ~s of gold** in dem Erz glitzerten Goldsprenkel; **c)** *(blemish)* Fleck, *der;* **have ~s** fleckig sein
specked [spekt] *adj.* fleckig ⟨*Frucht*⟩; **his coat is ~ with paint/mud** auf seinem Mantel sind Farb-/Schlammspritzer
speckle ['spekl] *n.* Tupfen, *der,* Sprenkel, *der*
speckled ['spekld] *adj.* gesprenkelt
specs [speks] *n. pl. (coll.: spectacles)* Brille, *die*
spectacle ['spektəkl] *n.* **a)** *in pl.* **[pair of]** ~**s** Brille, *die;* **b)** *(public show)* Spektakel, *das;* **c)** *(object of attention)* Anblick, *der;* Schauspiel, *das;* **make a ~ of oneself** sich unmöglich aufführen
spectacled ['spektəkld] *adj.* bebrillt
spectacular [spek'tækjʊlə(r)] **1.** *adj.* spektakulär. **2.** *n.* Spektakel, *das*
spectacularly [spek'tækjʊləlɪ] *adv.* außergewöhnlich; **be ~ successful** [einen] spektakulären Erfolg haben
spectator [spek'teɪtə(r)] *n.* Zuschauer, *der/*Zuschauerin, *die*
spec'tator sport *n.* Publikumssport, *der*
specter *(Amer.)* see **spectre**
spectra *pl. of* **spectrum**

spectral ['spektrl] *adj.* **a)** *(ghostly)* geisterhaft; gespenstisch; **b)** *(Phys.)* spektral
spectre ['spektə(r)] *n. (Brit.)* **a)** *(apparition)* Gespenst, *das;* **b)** *(disturbing image)* Schreckgespenst, *das*
spectrogram ['spektrəgræm] *n. (Phys.)* Spektrogramm, *das*
spectrograph ['spektrəgrɑ:f] *n. (Phys.)* Spektrograph, *der*
spectrometer [spek'trɒmɪtə(r)] *n. (Phys.)* Spektrometer, *das*
spectroscope ['spektrəskəʊp] *n. (Phys.)* Spektroskop, *das*
spectroscopy [spek'trɒskəpɪ] *n. (Phys.)* Spektroskopie, *die*
spectrum ['spektrəm] *n., pl.* **spectra** ['spektrə] *(Phys.; also fig.)* Spektrum, *das;* ~ **of opinion** Meinungsspektrum, *das*
specula *pl. of* **speculum**
speculate ['spekjʊleɪt] *v. i.* spekulieren **(about, on** über + *Akk.);* Vermutungen *od.* Spekulationen anstellen **(about, on** über + *Akk.);* ~ **as to what .../as to the wisdom of doing sth.** Vermutungen, was .../ob es klug sei, etw. zu tun; ~ **on the Stock Exchange/in the gold market/in rubber** an der Börse/am Goldmarkt/mit *od. (Wirtsch. Jargon)* in Gummi spekulieren
speculation [spekjʊ'leɪʃn] *n.* Spekulation, *die* **(over** über + *Akk.);* ~ **on the Stock Exchange/in the gold market/in rubber** Spekulation an der Börse/am Goldmarkt/mit *od. (Wirtsch. Jargon)* in Gummi; **there has been much ~ that ...:** man hat viel darüber spekuliert, daß ..
speculative ['spekjʊlətɪv] *adj.* spekulativ; ~ **transactions** Spekulationsgeschäfte
speculatively ['spekjʊlətɪvlɪ] *adv.* spekulativ
speculator ['spekjʊleɪtə(r)] *n.* Spekulant, *der/*Spekulantin, *die*
speculum ['spekjʊləm] *n., pl.* **specula** ['spekjʊlə] *(Med.)* Spekulum, *das*
sped *see* **speed 2, 3**
speech [spi:tʃ] *n.* **a)** *(public address)* Rede, *die;* **make** *or* **deliver** *or* **give a ~:** eine Rede halten; ~ **for the defence** *(Law)* Plädoyer des Verteidigers; **King's/Queen's S~** *(Parl.)* Thronrede, *die;* **b)** *(faculty of speaking)* Sprache, *die;* **lose/recover** *or* **find one's [power of] ~:** die Sprache verlieren/wiederfinden; **c)** *(act of speaking)* Sprechen, *das;* Sprache, *die;* **d)** *(manner of speaking)* Sprache, *die,* Sprechweise, *die;* **his ~ was slurred** er sprach undeutlich; **e)** *(Ling.: utterances)* Sprache, *die;* **children's ~:** Kindersprache, *die. See also* **figure 1 h; part 1 j; set speech**
speech: ~ **act** *n. (Ling.)* Sprechakt, *der;* ~**-day** *n. (Brit. Sch.)* jährliches Schulfest; ~ **defect** *n.* Sprachfehler, *der*
speechify ['spi:tʃɪfaɪ] *v. i. (coll.)* eine Rede schwingen *(ugs.)*
speechless ['spi:tʃlɪs] *adj.* **a)** sprachlos **(with** *or* + *Dat.);* ~ **with rage** sprachlos vor Wut; **b)** *(dumb)* stumm
speech: ~**-making** *n., no pl.* **be good at ~-making** ein guter Redner/eine gute Rednerin sein; **all the ~-making was over** alle Reden waren gehalten; ~ **therapy** *n.* Sprachtherapie, *die;* **have ~ therapy** sprachtherapeutisch behandelt werden; ~**-writer** *n.* Redenschreiber, *der/-*schreiberin, *die*
speed [spi:d] **1.** *n.* **a)** Geschwindigkeit, *die;* Schnelligkeit, *die; (of typist)* Schreibgeschwindigkeit, *die;* **at full** *or* **top ~:** mit Höchstgeschwindigkeit; mit Vollgas *(ugs.);* **pick up ~:** schneller werden; **top ~:** Spitzengeschwindigkeit, *die;* **with the ~ of light** mit Lichtgeschwindigkeit; *(fig.)* blitzschnell; **drive at a reckless ~:** rücksichtslos schnell fahren; **at a ~ of eighty miles an hour** mit einer Geschwindigkeit von achtzig Meilen in der Stunde; **at ~:** mit hoher Geschwindigkeit; **b)** *(gear)* Gang, *der;* **a**

speedboat

five-~ gearbox eine 5-Gang-Schaltung; c) (Photog.) (of film etc.) Lichtempfindlichkeit, die; (of lens) [shutter] ~: Belichtungszeit, die; d) (sl.: drug) Speed, das (Jargon). See also air speed; ¹full 1 d; ground speed. 2. v. i., sped [sped] or ~ed a) (go fast) schnell fahren; rasen (ugs.); the hours/days sped by die Stunden/Tage vergingen wie im Fluge; b) p. t. & p. p. ~ed (go too fast) zu schnell fahren; rasen (ugs.). 3. v. t., sped or ~ed: ~ sb. on his/her way jmdn. verabschieden; God ~ you Gott steh dir/euch bei
~ **off** v. i. davonbrausen
~ **up** 1. v. t. ~ed up beschleunigen; ~ up the work die Arbeit vorantreiben; (one's own work) sich mit der Arbeit beeilen. 2. v. i., ~ed up sich beeilen. See also speed-up
speed: ~**boat** n. Rennboot, das; ~ **bump,** ~ **hump** ns. Bodenschwelle, die
speedily ['spi:dɪlɪ] adv. a) (at speed) schnell; b) (soon) umgehend
speeding ['spi:dɪŋ] n. (going too fast) zu schnelles Fahren; Rasen, das (ugs. abwertend); Geschwindigkeitsüberschreitung, die (Verkehrsw.); his third ~ offence seine dritte Geschwindigkeitsüberschreitung
speed: ~ **limit** n. Tempolimit, das; Geschwindigkeitsbeschränkung, die (Verkehrsw.); ~ **merchant** n. (coll.) Raser, der (ugs. abwertend)
speedo ['spi:dəʊ] n., pl. ~s (Brit. coll.) Tacho, der (ugs.)
speedometer [spi:'dɒmɪtə(r)] n. Tachometer, der od. das
speed: ~ **ramp** n. Bodenschwelle, die; ~ **trap** n. Geschwindigkeitskontrolle, die; (with radar) Radarfalle, die (ugs.); ~**-up** n. a) (acceleration) Beschleunigung, die; b) (increase in work rate) Steigerung der [Arbeits]produktivität; ~**way** n. a) (motorcycle racing) Speedwayrennen, die, ~**way world champion** der Speedwayweltmeister; b) (race-track) Speedwaybahn, die; c) (Amer.: public road) Schnellstraße, die
speedwell ['spi:dwel] n. (Bot.) Ehrenpreis, der
speedy ['spi:dɪ] adj. schnell; umgehend ⟨prompt ⟨Antwort⟩; the medication is ~ and effective das Medikament wirkt schnell und gut
speleology [spelɪ'ɒlədʒɪ, spi:lɪ'ɒlədʒɪ] n. Speläologie, die; Höhlenkunde, die
¹**spell** [spel] 1. v. t., spelt [spelt] (Brit.) or ~ed a) schreiben; ⟨aloud⟩ buchstabieren; b) (form) what do these letters/what does b-a-t ~? welches Wort ergeben diese Buchstaben/die Buchstaben b-a-t (?); c) (fig.: have as result) bedeuten; that ~s trouble das bedeutet nichts Gutes. 2. v. i., spelt (Brit.) or ~ed (say) buchstabieren; (write) richtig schreiben; he can't ~: er kann keine Rechtschreibung (ugs.)
~ **'out,** ~ **'over** v. t. a) (read letter by letter) [langsam] buchstabieren; b) (fig.: explain precisely) genau erklären; genau darlegen
²**spell** n. a) (period) Weile, die; **do a** ~ **of joinery/in prison** eine Weile od. Zeitlang als Tischler arbeiten/im Gefängnis sitzen; **a** ~ **of overseas service** eine Zeitlang Dienst in Übersee; **on Sunday it will be cloudy with some sunny** ~**s** am Sonntag wolkig mit sonnigen Abschnitten; **a cold** ~: eine Kälteperiode; **return from a** ~ **in America** von einem Aufenthalt in Amerika zurückkehren; **a long** ~ **when ...:** eine lange Zeit, während der ...; b) (Austral.: period of rest) [Ruhe]pause, die; **have a ten minutes'** ~: zehn Minuten Pause machen
³**spell** n. a) (words used as a charm) Zauberspruch, der; **cast a** ~ **over** or **on sb./sth., put a** ~ **on sb./sth.** jmdn./etw. verzaubern; b) (fascination) Zauber, der; **break the** ~: den Bann brechen; **be under a** ~: unter einem Bann stehen

spell: ~**bind** v. t. bezaubern; ~**bound** adj. verzaubert; **he can hold his readers** ~**bound** er kann seine Leser in seinem Bann halten
spelling ['spelɪŋ] n. a) Rechtschreibung, die; **the original Shakespearian** ~ die ursprüngliche Schreibung nach Shakespeare; b) (sequence of letters) Schreibweise, die
spelling: ~**-bee** n. Rechtschreib[e]wettbewerb, der; ~ **checker** n. Rechtschreibprogramm, das; ~ **mistake** n. Rechtschreibfehler, der
¹**spelt** see ¹spell
²**spelt** [spelt] n. (Agric.) Dinkel, der
spend [spend] v. t., **spent** [spent] a) (pay out) ausgeben; ~ **money like water** or (coll.) **as if it's going out of fashion** sein od. das Geld mit beiden Händen ausgeben od. hinauswerfen (ugs.); **money well spent** sinnvoll ausgegebenes Geld; **it was money well spent** es hat sich ausgezahlt; ~ **a penny** (fig. coll.) mal verschwinden [müssen] (ugs.); b) (use) aufwenden (on für); ~ **one's time/a day well spent** sinnvoll verwendete Zeit; **it was effort/time well spent** es hat sich ausgezahlt; c) ~ **itself** (fig.) ⟨Sturm, Wut:⟩ sich legen
spendable ['spendəbl] adj. verfügbar
spender ['spendə(r)] n. **he's a** [**big**] ~: bei ihm sitzt das Geld locker (ugs.)
¹**spending money** n. (Amer.) see pocket-money; b) (Brit.: sum intended for spending) verfügbares Geld
¹**spendthrift** n. Verschwender, der/Verschwenderin, die
spent 1. see spend. 2. adj. a) (used up) verbraucht; ~ **cartridge** leere Geschoßhülse; b) (drained of energy) erschöpft; ausgelaugt; hinfällig ⟨Kranker, Greis⟩; **a** ~ **force** (fig.) eine Kraft, die sich erschöpft hat
sperm [spɜ:m] n., pl. ~**s** or same (Biol.) a) (semen) Sperma, der; b) (spermatozoon) Samenfaden, der
spermatic [spɜ:'mætɪk] adj. Samen-
spermatic 'cord n. Samenstrang, der
spermatozoon [spɜ:mətə'zəʊɒn] n., pl. **spermatozoa** [spɜ:mətə'zəʊə] Spermatozoon, das; Spermium, das
¹**sperm bank** n. Samenbank, die
spermicidal [spɜ:mɪ'saɪdl] adj. spermizid
spermicide ['spɜ:mɪsaɪd] n. Spermizid, das
¹**sperm whale** n. Pottwal, der
spew [spju:] 1. v. t. spucken. 2. v. i. sich ergießen
~ **'out.** 1. v. t. erbrechen, [aus]spucken ⟨Gegessenes⟩; ⟨Vulkan:⟩ spucken, speien ⟨Lava⟩; ~ **out waste products into the rivers** ⟨Fabriken:⟩ Abfälle in die Flüsse [aus]speien; **propaganda was** ~**ed out by the stations** (fig.) die Sender spien Propaganda. 2. v. i. sich ergießen (**of, from** aus)
sphagnum ['sfægnəm] n., pl. **sphagna** ['sfægnə] n. Torf, der; ~ **moss** Torfmoos, das
sphere [sfɪə(r)] n. a) (field of action) Bereich, der; Sphäre, die (geh.); **be distinguished in many** ~**s** sich auf vielen Gebieten ausgezeichnet haben; **that's outside my** ~: das gehört nicht zu meinem Tätigkeitsbereich; ~ **of life** Lebensbereich, der; ~ **of influence** Einflußbereich, der; b) (Geom.) Kugel, die; c) (heavenly body) Sphäre, die; **music/harmony of the** ~**s** Sphärenmusik/-harmonie, die
spherical ['sferɪkl] adj. a) (globular) kugelförmig; b) (Math.) sphärisch
sphincter ['sfɪŋktə(r)] n. (Anat.) Sphinkter, der (fachspr.); Schließmuskel, der
sphinx [sfɪŋks] n. Sphinx, die
sphinxlike ['sfɪŋkslaɪk] adj. sphinxhaft; **she gave a** ~ **smile** sie lächelte wie eine Sphinx
spica ['spaɪkə] n. a) (Bot.) Ähre, die; b) (Med.) Spica, die
spice [spaɪs] 1. n. a) Gewürz, das; (collectively) Gewürze Pl.; attrib. Gewürz-; **dealer in** ~**s** Gewürzhändler, der; b) (fig.: excite-

spin

ment); Würze, die; **the** ~ **of life** die Würze des Lebens. 2. v. t. würzen; **a** ~**d account** (fig.) ein ausgeschmückter Bericht; **a book** ~**d with humour** (fig.) ein mit Humor gewürztes Buch
¹**spice-rack** n. Gewürzregal, das
spicily ['spaɪsɪlɪ] adv. mit Würze
spiciness ['spaɪsɪnɪs] n., no pl. Würze, die
spick [spɪk] adj. ~ **and span** blitzblank od. -sauber (ugs.)
spicy ['spaɪsɪ] adj. a) pikant; würzig; b) (racy) pikant; ~ **things** Pikanterien Pl.
spider ['spaɪdə(r)] n. Spinne, die; (~-like creature) Spinnentier, das; ~ **and fly** (fig.) Raubtier und Beute
spider: ~ **crab** n. See- od. Meeresspinne, die; ~**-man** n. Bauarbeiter, der auf Gerüsten in großer Höhe arbeitet; ~ **monkey** n. Klammeraffe, der; ~ **plant** n. Grünlilie, die; ~**'s web** (Amer.: ~ **web**) Spinnennetz, das; (fig.) Netz, das
spidery ['spaɪdərɪ] adj. spinnenförmig; krakelig (ugs.) ⟨Schrift⟩; ~ **legs** Spinnenbeine
spiel [spi:l] (sl.) 1. n. Sermon, der (ugs.); (excuse) Story, die; **don't give me all that** ~: erzähl mir doch nichts! 2. v. i. (Amer.) schwadronieren; labern (salopp)
~ **'off** v. t. (Amer. sl.) **he can** ~ **off answers to 250 questions** er kann Antworten auf 250 Fragen herunterrasseln (ugs.)
spiffing ['spɪfɪŋ] adj. (arch. coll.) ausgezeichnet; famos (ugs. veralt.)
spigot ['spɪgət] n. Zapfen, der
¹**spike** [spaɪk] 1. n. a) Stachel, der; (of running-shoe) Spike, der; b) in pl. (shoes) Spikes Pl.; c) (large nail) großer Nagel; (Railw.) Schienennagel, der; d) (for holding papers) Zettelspieß, der. 2. v. t. a) mit [großen] Nägeln befestigen ⟨Schiene⟩; mit Spikes versehen ⟨Schuhe⟩; ~ **sb.'s guns** (fig.) jmdm. einen Strich durch die Rechnung machen (ugs.); b) (coll.: add spirits or drugs to) **sb.** ~**d his drink** jmd. hat ihm etwas in seinen Drink getan; ~ **coffee with cognac/spirits with LSD** Cognac in den Kaffee/LSD in den Schnaps tun
²**spike** n. (Bot.) Ähre, die
spike 'heel see stiletto b
spikelet ['spaɪklɪt] n. (Bot.) Ährchen, das
spiky ['spaɪkɪ] adj. a) (like a spike) spitz [zulaufend]; stachelig ⟨Haare⟩; b) (having spikes) stach[e]lig; c) (coll.: easily offended) see prickly b
¹**spill** [spɪl] 1. v. t., **spilt** [spɪlt] or ~**ed** a) verschütten ⟨Flüssigkeit⟩; ~ **sth. on sth.** etw. auf etw. (Akk.) schütten; ~ [**sb.'s**] **blood** [jmds.] Blut vergießen; b) (sl.: divulge) ausquatschen (salopp); ~ **the beans** [**to sb.**] [jmdm. gegenüber] aus der Schule plaudern; **not** ~ **the beans** [**to sb.**] (ugs.): jmdm. gegenüber] dichthalten (ugs.). See also **milk** 1. 2. v. i., **spilt** or ~**ed** überlaufen. 3. n. (fall) Sturz, der; **have/take a** ~: stürzen
~ **'over** v. i. überlaufen; (fig.) überquellen ⟨Unruhen:⟩ sich ausbreiten; (develop into something else) umschlagen
²**spill** n. (for lighting) Fidibus, der
spillage ['spɪlɪdʒ] n. a) (act) Verschütten, das; ~ **of oil** (from tanker) das Auslaufen von Öl; b) (quantity) Verschüttete, das; **there was little** ~: es wurde wenig verschüttet; (from tanker) es lief wenig Öl aus
spillikins ['spɪlɪkɪnz] n. sing. Mikado, das
¹**spillway** n. Überfall, der
spilt see ¹spill 1, 2
spin [spɪn] 1. v. t., **-nn-, spun** [spʌn] a) spinnen; ~ **yarn** Garn spinnen; ~ **a yarn** (fig.) ein Garn spinnen (bes. Seemannsspr.); fabulieren; b) (in washing-machine etc.) schleudern; c) (cause to whirl round) [schnell] drehen; ~ **a top** kreiseln; ~ **a coin** eine Münze kreiseln lassen; (toss) eine Münze werfen; d) (Sport: impart ~ **to**) Effet od. Spin geben (+ Dat.) ⟨Ball⟩. 2. v. i., **-nn-, spun** sich drehen; **my**

687

head is ~**ning** *(fig.) (from noise)* mir brummt der Schädel *(ugs.); (from too much work)* ich weiß nicht [mehr], wo mir der Kopf steht; *(from many impressions)* mir schwirrt der Kopf. **3.** *n.* **a)** *(whirl)* **give sth. a** ~: etw. in Drehung versetzen; **give the washing a [short]** ~: die Wäsche [kurz] schleudern; **the decision rested on the** ~ **of a coin** die Entscheidung sollte durch das Werfen einer Münze herbeigeführt werden; **b)** *(Aeronaut.)* Trudeln, *das; see also* **flat spin; c)** *(Sport: revolving motion)* Effet, *der;* Spin, *der;* **d)** *(outing)* **go for a** ~: einen Ausflug machen; **a** ~ **in the car** eine Spritztour mit dem Auto; **e)** *(Phys.)* Spin, *der*
~ **'out** *v. t.* **a)** *(prolong)* in die Länge ziehen; **b)** *(use sparingly)* ~ **one's money out until pay-day** sein Geld bis zum Zahltag strecken; **he spun out his glass of whisky** er trank lange an seinem Glas Whisky
~ **'round 1.** *v. i.* sich drehen; ⟨*Person:*⟩ sich [schnell] umdrehen. **2.** *v. t.* [schnell] drehen
spina bifida [spaɪnə 'bɪfɪdə] *n. (Med.)* Spina bifida, *die (fachspr.);* Spaltwirbel, *der*
spinach ['spɪnɪdʒ] *n.* **a)** Spinat, *der;* **b)** *(Amer. coll.: inessential decoration)* Schnickschnack, *der (ugs.)*
spinal ['spaɪnl] *adj. (Anat.)* Wirbelsäulen-; Rückgrat[s]-; *see also* **marrow b**
spinal: ~ **'column** *n.* Wirbelsäule, *die;* ~ **cord** *n.* Rückenmark, *das*
'**spin bowler** *n. (Cricket)* Werfer, *der* Spins wirft
spindle ['spɪndl] *n.* **a)** Spindel, *die;* **b)** *(pin bearing bobbin)* Spulenhalter, *der*
spindle: ~-**shanks** *n. sing.* **be a** ~-**shanks** spindeldürre Beine haben; ~-**shaped** *adj.* spindelförmig
spindly ['spɪndlɪ] *adj.* spindeldürr ⟨*Person, Beine, Arme*⟩
spin-'drier *n.* Wäscheschleuder, *die*
'**spindrift** *n.* Gischt, *der od. die*
spin-'dry *v. t.* schleudern
spine [spaɪn] *n.* **a)** *(backbone)* Wirbelsäule, *die;* **b)** *(Bot., Zool.)* Stachel, *der;* **c)** *(fig.: source of strength)* Rückgrat, *das;* **d)** *(of book)* Buchrücken, *der;* **e)** *(ridge)* [Gebirgs]grat, *der*
spine: ~-**chiller** *n.* Schocker, *der (ugs.);* **this film is a** ~-**chiller** bei diesem Film läuft es einem eiskalt den Rücken herunter *(ugs.);* ~-**chilling** *adj.* gruselig
spineless ['spaɪnlɪs] *adj.* **a)** *(fig.)* rückgratlos; **b)** *(Zool.: without spines)* ⟨*Fisch*⟩ ohne Flossenstrahlen
spinelessly ['spaɪnlɪslɪ] *adv.* **give in/surrender** ~: so rückgratlos sein und nachgeben/sich ergeben
spinet [spɪ'net, 'spɪnɪt] *n. (Mus. Hist.)* Spinett, *das*
spinnaker ['spɪnəkə(r)] *n. (Naut.)* Spinnaker, *der*
spinner ['spɪnə(r)] *n.* **a)** *(Cricket)* Werfer, *der* Spins wirft; **b)** *(spin-drier)* Wäscheschleuder, *die;* **c)** *(manufacturer engaged in spinning)* Spinner, *der*/Spinnerin, *die*
spinneret ['spɪnəret] *n.* **a)** *(Zool.)* Spinndrüse, *die;* **b)** *(Textiles)* Spinndüse, *die*
spinney ['spɪnɪ] *n. (Brit.)* Gehölz, *das*
spinning ['spɪnɪŋ] *n.* Spinnen, *das*
spinning: ~ **jenny** *n.* Jenny-[Spinn]maschine, *die;* ~-**top** *n.* Kreisel, *der;* ~-**wheel** *n.* Spinnrad, *das*
'**spin-off** *n.* Nebenprodukt, *das*
spinster ['spɪnstə(r)] *n.* **a)** ledige Frau, Junggesellin, *die;* **remain a** ~: ledig bleiben; **b)** *(derog.: old maid)* alte Jungfer *(abwertend)*
spinsterhood ['spɪnstəhʊd] *n., no pl.* Ledigsein, *das*
spiny ['spaɪnɪ] *adj.* dornig; stachelig
spiny 'lobster *n.* Languste, *die*
spiraea [spaɪə'riːə] *n. (Bot.)* Spierstrauch, *der*
spiral ['spaɪrl] **1.** *adj.* spiralförmig; spiralig; ~ **spring** Spiralfeder, *die.* **2.** *n.* Spirale, *die;* **the** ~ **of rising prices and wages** die Lohn-Preis-Spirale. **3.** *v. i. (Brit.)* -**ll**- ⟨*Weg:*⟩ sich hochwinden; ⟨*Kosten, Profite:*⟩ in die Höhe klettern; ⟨*Rauch:*⟩ in einer Spirale aufsteigen
spirally ['spaɪrəlɪ] *adv.* spiralig; spiralförmig
spiral: ~ '**nebula** *n. (Astron.)* Spiralnebel, *der;* ~ '**staircase** *n.* Wendeltreppe, *die*
spirant ['spaɪrənt] *(Phonet.)* **1.** *adj.* spirantisch. **2.** *n.* Spirant, *der (fachspr.);* Reibelaut, *der*
spire [spaɪə(r)] *n.* Turmspitze, *die*
spirit ['spɪrɪt] **1.** *n.* **a)** *in pl. (distilled liquor)* Spirituosen *Pl.;* **tax on** ~**s** Alkoholsteuer, *die;* **b)** *(mental attitude)* Geisteshaltung, *die;* **in the right/wrong** ~: mit der richtigen/falschen Einstellung; **take sth. in the wrong** ~: etw. falsch auffassen; etw. in den falschen Hals kriegen *(ugs.);* **take sth. in the** ~ **in which it is meant** etw. so auffassen, wie es gemeint ist; **as the** ~ **takes/moves one** wie man gerade Lust hat; **do sth. in a** ~ **of mischief** etw. in böser Absicht tun ; **enter into the** ~ **of sth.** innerlich bei einer Sache [beteiligt] sein *od.* dabeisein; '**that's the** ~**!** das ist die richtige Einstellung!; **c)** *(courage)* Mut, *der;* **play with** ~: mit ganzer Seele spielen; **d)** *(vital principle, soul, inner qualities)* Geist, *der;* **the** ~ **is willing but the flesh is weak** der Geist ist willig, aber das Fleisch ist schwach; **give up one's** ~: seinen Geist *od.* seine Seele aushauchen *(geh. verhüll.);* **in [the]** ~: innerlich; im Geiste; **be with sb. in** ~: in Gedanken *od.* im Geist[e] bei jmdm. sein; **the poor in** ~ *(arch.)* die Armen im Geiste; **e)** *(person supplying energy)* treibende Kraft; Motor, *der (fig.);* **f)** *(real meaning)* Geist, *der;* Sinn, *der;* **follow the** ~ **of the instructions** die Anweisungen sinngemäß ausführen; **obey the letter but not the** ~ **of the law** dem Buchstaben, nicht dem Geist[e] des Gesetzes gehorchen; **g)** *(mental tendency)* Geist, *der; (mood)* Stimmung, *die;* **the** ~ **of the age or times** der Zeitgeist; **h) high** ~**s** gehobene Stimmung; gute Laune; **in high** *or* **great** *or* **good** ~**s** in gehobener Stimmung; gut gelaunt; **in poor** *or* **low** ~**s** niedergedrückt; **i)** *(liquid got by distillation)* Spiritus, *der;* **j)** *(purified alcohol)* reiner Alkohol; **k)** *(solution in alcohol)* Geist, *der;* Spiritus, *der;* ~[**s**] **of wine** *(arch.)* Weingeist, *der.* **2.** *v. t.* ~ **away,** ~ **off** verschwinden lassen; **be** ~**ed away** *or* **off** verschwinden
spirited ['spɪrɪtɪd] *adj.* **a)** *(lively)* lebendig ⟨*Übersetzung, Vortrag*⟩; beherzt ⟨*Angriff, Versuch, Antwort, Verteidigung*⟩; lebhaft ⟨*Antwort*⟩; **b) low/proud-**~: niedergedrückt/stolz; **high-**~: ausgelassen; temperamentvoll ⟨*Pferd*⟩; **mean-**~: gemein ⟨*schreiben*⟩; vehement ⟨*ablehnen*⟩
'spirit lamp *n.* Spirituslampe, *die*
spiritless ['spɪrɪtlɪs] *adj.* dumpf ⟨*Person*⟩; stumpfsinnig ⟨*Apathie*⟩
'spirit-level *n.* Wasserwaage, *die*
spiritual ['spɪrɪtʃʊəl] **1.** *adj.* **a)** spirituell *(geh.);* **a** ~ **relationship** eine platonische *(geh.)* Beziehung; **his** ~ **home** seine geistige Heimat; **b)** *(concerned with religion)* geistlich; **lords** ~ *(Brit. Parl.)* Bischöfe und Erzbischöfe im britischen Oberhaus. **2.** *n.* **[Negro]** ~: [Negro] Spiritual, *das*
spiritualism ['spɪrɪtʃʊəlɪzm] *n.* **a)** *(belief in contact with spirits)* Spiritismus, *der;* **b)** *(system of doctrines)* Spiritualismus, *der*
spiritualist ['spɪrɪtʃʊəlɪst] *n.* Spiritist, *der*/Spiritistin, *die*
spirituality [spɪrɪtʃʊ'ælɪtɪ] *n., no pl.* Spiritualität, *die (geh.)*
spiritually ['spɪrɪtʃʊəlɪ] *adv.* spirituell; ~ **minded** vergeistigt ⟨*Person*⟩
spirt *see* ²**spurt**
¹**spit** [spɪt] *v. i.,* -**tt**-, **spat** [spæt] *or* **spit a)** spucken; **he spat in his enemy's face** er spuckte seinem Feind ins Gesicht; **it makes you [want to]** ~: es kann einen auf die Palme bringen *(ugs.);* **b)** *(make angry noise)* fauchen; ~ **at sb.** jmdn. anfauchen; **c)** *(rain lightly)* ~ **[down]** tröpfeln *(ugs.);* **d)** *(throw out sparks)* ⟨*Feuer:*⟩ Funken sprühen; ⟨*Öl:*⟩ spritzen. **2.** *v. t.,* -**tt**-, **spat** *or* **spit a)** spucken; ~ **sth. at sb.** mit etw. nach jmdm. spucken; **b)** *(fig.: utter angrily)* ~ **defiance at sb.** jmdm. trotzig entgegnen. **3.** *n.* **a) [dead** *or* **very]** ~ **[and image]** *(coll.) see* **spitting image; b)** *(spittle)* Spucke, *die;* ~ **and polish** *(cleaning work)* Putzen und Reinigen; Wienern, *das;* **all that** ~ **and polish in the army** das ewige Putzen und Wienern in der Armee
~ **'out** *v. t.* ~ **sth. out** etw. ausspucken; ~ **out curses at sb.** jmdm. die Flüche nur so ins Gesicht spucken; **she spat out the words** sie spuckte die Worte nur so aus; ~ **it out!** *(fig. coll.)* spuck es aus! *(ugs.)*
²**spit 1.** *n.* **a)** *(point of land)* Halbinsel, *die;* **b)** *(reef)* Riff, *das; (shoal)* Untiefe, *die; (sandbank)* Sandbank, *die;* **c)** *(for roasting meat)* Spieß, *der.* **2.** *v. t.,* -**tt**- *(pierce)* [auf]spießen
³**spit** *n. (spade-depth)* Spatentiefe, *die*
'**spitball** *n. (Amer.: pellet)* [mit Speichel getränktes] Papierkügelchen
spite [spaɪt] **1.** *n.* **a)** *(malice)* Boshaftigkeit, *die;* **do sth. from** *or* **out of** ~: etw. aus Boshaftigkeit tun; **b) in** ~ **of** trotz; **in** ~ **of oneself** obwohl man es eigentlich nicht will; wider *od.* gegen seinen [eigenen] Willen. **2.** *v. t.* ärgern; **cut off one's nose to** ~ **one's face** sich *(Dat. od. Akk.)* ins eigene Fleisch schneiden
spiteful ['spaɪtfl] *adj.,* **spitefully** ['spaɪtfəlɪ] *adv.* boshaft; gehässig *(abwertend)*
'**spitfire** *n.* Giftspritze, *die (ugs. abwertend)*
spitting 'image *n.* **be the** ~ **of sb.** jmdm. wie aus dem Gesicht geschnitten sein
spittle ['spɪtl] *n.* Spucke, *die;* Speichel, *der*
spittoon [spɪ'tuːn] *n.* Spucknapf, *der*
spiv [spɪv] *n. (Brit. sl.)* **a)** *(person living by his wits)* smarter kleiner Geschäftemacher; **b)** *(black-market dealer)* Schwarzhändler, *der;* Schieber, *der (ugs.)*
splash [splæʃ] **1.** *v. t.* **a)** spritzen; ~ **sb./sth. with sth.** jmdn./etw. mit etw. bespritzen; ~ **sth. on [to]** *or* **over sb./sth.** jmdn./etw. mit etw. bespritzen; etw. auf jmdn./etw. spritzen; ~ **sth. about** etw. herumspritzen; ~ **sth. gets** ~**ed on sth.** etw. spritzt auf etw. *(Akk.);* **b)** *(Journ.: display prominently)* als Aufmacher bringen ⟨*Story usw.*⟩; **be** ~**ed all over the front page** auf der ersten Seite groß aufgemacht sein *(ugs.);* **c)** *(with scattered colour)* sprenkeln. **2.** *v. i.* **a)** *(fly about in drops)* spritzen; **b)** *(cause liquid to fly about)* [umher]spritzen; **c)** *(move with* ~*ing)* platschen *(ugs.).* **3.** *n.* **a)** Spritzen, *das;* **hit the water with a** ~: ins Wasser platschen *(ugs.);* **make a [big]** ~ *(fig.)* Furore machen; **b)** *(liquid)* Spritzer, *der;* **c)** *(noise)* Platschen, *das;* **d)** *(prominent display of news etc.)* **get a front-page** ~: der Aufmacher auf der Titelseite sein; **e)** *(coll.: dash)* Schuß *(Sodawasser);* **whisky and a** ~ **of ginger-ale** Whisky mit einem Schuß Ingwerbier; **f)** *(spot of dirt etc.)* Spritzer, *der;* **g)** *(patch of colour)* Tupfer, *der*
~ **a'bout** *v. i.* herumspritzen *(ugs.);* [herum]planschen
~ '**down** *v. i.* wassern; *see also* **splash-down**
~ '**out** *v. i. (coll.)* ~ **out on sth.** für etw. unbekümmert Geld ausgeben
splash: ~**back** *n.* Wandverkleidung zum Schutz vor Spritzern; ~-**down** *n.* Wasserung, *die*
splatter ['splætə(r)] **1.** *v. i.* ⟨*Bach:*⟩ plätschern; ⟨*Blut:*⟩ spritzen. **2.** *v. t.* bespritzen. **3.** *n.* Plätschern, *das*
splay [spleɪ] **1.** *v. t.* **a)** *(spread)* ~ **[out]** sprei-

splay-foot

zen; b) *(construct with divergent sides)* ausschrägen. 2. *v. i.* ⟨*Linien:*⟩ [schräg] auseinanderlaufen; ⟨*Tischbeine, Stuhlbeine:*⟩ schräg nach außen gehen; ⟨*Finger, Zehen:*⟩ gespreizt sein; ⟨*Räder:*⟩ schräg zueinander stehen. 3. *n.* Ausschrägung, *die.* 4. *adj.* gespreizt
splay: ~-**foot** 1. *n.* Spreizfuß, *der*; 2. *adj. see* ~-**footed**; ~-**footed** *adj.* spreizfüßig
spleen [spliːn] *n.* a) *(Anat.)* Milz, *die*; b) *(bad mood)* schlechte Laune; Übellaunigkeit, *die*; *(anger, rage)* Wut, *die*; **vent one's** ~ [**on sb.**] seine schlechte Laune/Wut [an jmdm.] abreagieren
splendid ['splendɪd] *adj. (excellent, outstanding)* großartig; *(beautiful)* herrlich; *(sumptuous, magnificent)* prächtig; **live in** ~ **isolation** von der Außenwelt abgeschirmt leben; **cut a** ~ **figure** imposant aussehen
splendidly ['splendɪdlɪ] *adv. (excellently, outstandingly)* großartig; *(sumptuously, magnificently)* prächtig; **live** ~: prunkvoll leben; **get along** ~ **with sb.** bestens mit jmdm. auskommen; **this flat will suit you** ~: diese Wohnung ist genau das Richtige für Sie
splendiferous [splen'dɪfərəs] *adj. (coll.)* prachtvoll
splendour *(Brit.; Amer.:* **splendor)** ['splendə(r)] *n.* a) *(magnificence)* Pracht, *die*; b) *(brightness)* Glanz, *der*
splenetic [splɪ'netɪk] *adj.* mürrisch; unwirsch
splice [splaɪs] 1. *v. t.* a) *(join ends of by interweaving)* verspleißen *(Seemannsspr.)*; b) *(join in overlapping position)* [an den Enden überlappend] zusammenfügen; zusammenkleben ⟨*Filmstreifen usw.*⟩; ~ **a scene into a film** eine Szene in einen Film einschneiden; c) *get* ~**d** *(coll.: get married)* sich verehelichen. *See also* **main brace.** 2. *n.* Spleiß, *der (Seemannsspr.)*
splint [splɪnt] 1. *n.* Schiene, *die*; **put sb.'s arm in a** ~: jmds. Arm schienen. 2. *v. t.* schienen
splinter ['splɪntə(r)] 1. *n.* Splitter, *der.* 2. *v. i.* a) *(become split into long pieces)* splittern; ~ **away from sth.** von etw. absplittern; b) *(fig.: split into factions)* sich aufsplittern. 3. *v. t. also fig.: split into factions)* zersplittern
splinter: ~ **group** *n.* Splittergruppe, *die*; ~ **party** *n.* Splitterpartei, *die*; ~-**proof** *adj.* splittersicher
splintery ['splɪntərɪ] *adj.* splitterig
split [splɪt] 1. *n.* a) *(tear)* Riß, *der*; b) *(division into parts)* [Auf]teilung, *die*; c) *(fig.: rift)* Spaltung, *die*; **a** ~ **between Moscow and her allies** ein Bruch zwischen Moskau und seinen Verbündeten; d) *(Gymnastics, Skating)* **the** ~**s** *or (Amer.:)* **the** ~: Spagat, *der od. das;* **do the** ~**s** Spagat machen; in den Spagat gehen. **e)** *also* **banana split.** 2. *adj.* gespalten; ~ **lip** aufgeplatzte Lippe; ~ **decision** *(Boxing)* nicht einstimmige Entscheidung; **be** ~ **on a question** [sich *(Dat.)*] in einer Frage uneins sein; **be** ~ **down the middle** in zwei Lager gespalten sein; *see also* **pin** 1 b. 3. *v. t.,* -**tt**-, **split** a) *(tear)* zerreißen; **spalten** ⟨*Holz*⟩; **let's** ~ **the money between us** laßt uns das Geld unter uns aufteilen; ~ **persons/things into groups** Personen/Dinge in Gruppen *(Akk.)* aufteilen *od.* einteilen; **they** ~ **a bottle of wine** sie teilen/teilten sich *(Dat.)* eine Flasche Wein; ~ **the difference** sich in der Mitte treffen; ~ **hairs** *(fig.)* Haare spalten; **c)** *(divide into disagreeing parties)* spalten; ~ **the ticket** *or* **one's vote** *(Amer. Polit.)* splitten; **d)** *(remove by breaking)* ~ [**off** *or* **away**] abbrechen; **e)** *(Phys.)* spalten ⟨*Atom*⟩. *See also* **side** 1 d. 4. *v. i.,* -**tt**-, **split** a) *(break into parts)*⟨*Holz:*⟩ splittern; ⟨*Stoff, Seil:*⟩ reißen; b) *(divide into parts)* sich teilen; ⟨*Gruppe:*⟩ sich spalten; ⟨*zwei Personen:*⟩ sich trennen;

c) *(be removed by breaking)* ~ **from** absplittern von; ~ **apart** zersplittern; **d)** *(sl.: betray secrets)* auspacken *(ugs.);* quatschen *(ugs.);* e) *(sl.: depart)* abhauen *(ugs.)*
~ **a'way** *v. i.* absplittern; ~ **away from** absplittern von; ⟨*Parteiflügel, Gruppierung:*⟩ sich abspalten von
~ **off** 1. *v. t.* abspalten. 2. *v. i. see* ~ **away**
~ **on** *v. t. (sl.)* ~ **on sb.** [**to sb.**] jmdn. [bei jmdm.] verpfeifen *(ugs.)*
~ **'open** 1. *v. i.* aufbrechen. 2. *v. t.* öffnen ⟨*Nuß, Schote⟩;* **he** ~ **his head open** er hat sich *(Dat.)* den Kopf aufgeschlagen
~ **'up** 1. *v. t.* aufteilen. 2. *v. i.* ⟨*zwei Trennen:*⟩ ~ **up with sb.** sich von jmdm. trennen; mit jmdm. Schluß machen *(ugs.)*
~ **with** *v. t. (coll.)* brechen mit
split: ~ **in'finitive** *n. (Ling.)* Konstruktion im Englischen, bei der zwischen Infinitivjunktion und Infinitiv ein Adverb eingeschoben wird; ~-**level** *adj.* mit Zwischengeschoß; auf zwei Ebenen; **a** ~-**level lounge** ein Wohnraum auf zwei Ebenen; ~-**level cooker** Einbauherd, bei dem Kochplatten und Backofen getrennt sind; ~ **'pea** *n.* getrocknete [halbe] Erbse; ~ **perso'nality** *n.* gespaltene Persönlichkeit *(Psych.);* ~ **pin** *n.* Splint, *der;* ~ **ring** *n.* Spaltring, *der;* ~ **'second** *n.* **in a** ~ **second** im Bruchteil einer Sekunde; **a** ~ **second from now** in einem Augenblick; ~-**second timing** [zeitlich] Abstimmung auf die Sekunde genau; ~ **'shift** *n.* Teilschicht, *die;* ~ **'ticket** *n. (Amer. Polit.* Stimmzettel, auf dem mehrere Kandidaten verschiedener Parteien angekreuzt werden können
splitting ['splɪtɪŋ] *adj.* **a** ~ **headache** rasende Kopfschmerzen; **sb.'s head is** ~: jmd. hat rasende Kopfschmerzen
splodge [splɒdʒ] *(Brit.) see* **splotch**
splosh [splɒʃ] *(coll.)* 1. *n.* Platschen, *das (ugs.);* **there was a great** ~: es platschte *(ugs.).* 2. *v. i.* platschen *(ugs.).* 3. *v. t. see* **splash** 1 a
splotch [splɒtʃ] 1. *n.* Fleck, *der;* Klecks, *der.* 2. *v. t.* a) *(daub)* verschmieren; b) *(make* ~ *on)* beklecksen
splurge [splɜːdʒ] 1. *n.* Wirbel, *der;* **go on a** ~: ein paar größere Anschaffungen machen; ~ **of activity** Aktivitätsschub, *der.* 2. *v. i. see* **splash out**
splutter ['splʌtə(r)] 1. *v. i.* ⟨*Feuer, Gaslampe:*⟩ flackern; ⟨*Fett:*⟩ spritzen; ⟨*Person:*⟩ prusten; ⟨*Motor:*⟩ stottern; ~ **with rage/indignation** vor Wut/Entrüstung schnauben. 2. *v. t.* stottern ⟨*Worte*⟩
spoil [spɔɪl] 1. *v. t.,* ~**t** [spɔɪlt] *or* ~**ed** a) *(impair)* verderben; ruinieren ⟨*Leben*⟩; **he always** ~**s a joke in the telling** wenn er einen Witz erzählt, verdirbt er immer die Pointe; **the news** ~**t his dinner/evening** die Nachricht verdarb ihm das Essen/den Abend; ~**t ballot papers** ungültige Stimmzettel; *see also* ¹**tar** 1; b) *(injure character of)* verderben *(geh.);* verziehen ⟨*Kind*⟩; ~ **sb. for sth.** jmdn. für etw. anspruchsvoll machen; *see also* **rod** c; c) *(pamper)* verwöhnen; **be** ~**t for choice** die Qual der Wahl haben. 2. *v. i.,* ~**t** *or* ~**ed** a) *(go bad)* verderben; b) **be** ~**ing for a fight/for trouble** Streit/Ärger suchen. 3. *n. (plunder)* ~[**s**] Beute, *die;* ~**s of war** Kriegsbeute, *die;* ⟨*Mining etc.: waste material:*⟩ Abraum, *der*
spoiler ['spɔɪlə(r)] *n. (of car, aircraft)* Spoiler, *der; (of glider)* Bremsklappe, *die*
spoil: ~-**sport** *n.* Spielverderber, *der*/-verderberin, *die;* ~**s system** *n. (Amer.)* vom Gewinner einer Wahl betriebene Ämterpatronage
spoilt 1. *see* **spoil** 1, 2. 2. *adj.* verzogen ⟨*Kind*⟩
¹**spoke** [spəʊk] *n.* a) *(of wheel)* Speiche, *die;* **put a** ~ **in sb.'s wheel** *(fig.)* jmdm. einen Knüppel zwischen die Beine werfen; b) *see* ¹**rung a**

spoon

²**spoke, spoken** *see* **speak**
'**spokeshave** *n.* Schabhobel, *der*
spokesman ['spəʊksmən] *n., pl.* **spokesmen** ['spəʊksmən] Sprecher, *der*
spokesperson ['spəʊkspɜːsn] *n.* Sprecher, *der*/Sprecherin, *die*
spokeswoman ['spəʊkswʊmən] *n.* Sprecherin, *die*
spoliation [spəʊlɪ'eɪʃn] *n. (plunder)* Plünderung, *die; (of vessel)* Kaperung, *die*
spondee ['spɒndiː, 'spɒndɪ] *n. (Pros.)* Spondeus, *der*
sponge [spʌndʒ] 1. *n.* a) Schwamm, *der;* **throw in the** ~ *(Boxing)* das Handtuch werfen *od.* schmeißen *(fig.)* das Handtuch werfen *(ugs.);* b) *see* **sponge-cake**; **sponge pudding,** c) *(Surg.)* Tupfer, *der;* d) *(porous metal)* Schwamm, *der;* e) **have a** ~ **down** sich mit dem Schwamm abwaschen; **give the chair a** ~ **down** den Stuhl [mit dem Schwamm] abwischen. 2. *v. t. see* **cadge** 1; b) *(wipe)* mit einem Schwamm waschen
~ '**down** *v. t.* mit einem Schwamm abwaschen
~ **off** *v. t.* a) [-'-] *(wipe off)* mit einem Schwamm abwischen; b) ['--] *see* ~ **on**
~ **on** *v. t. (coll.)* ~ **on sb.** bei *od.* von jmdm. schnorren *(ugs.)*
sponge: ~-**bag** *n. (Brit.)* Kulturbeutel, *der;* ~ **biscuit** *n.* Biskotte, *die (Kochk.);* ~-**cake** *n.* Biskuitkuchen, *der;* ~ '**pudding** *n.* Schwammpudding, *der (Kochk.);* leichter, im Wasserbad zubereiteter Pudding
sponger ['spʌndʒə(r)] *n.* Schmarotzer, *der*/Schmarotzerin, *die;* Schnorrer, *der*/Schnorrerin, *die*
sponge 'rubber *n.* Schaumgummi, *der*
spongy ['spʌndʒɪ] *adj.* schwammig
sponsor ['spɒnsə(r)] 1. *n.* a) *(firm paying for event, one donating to charitable event)* Sponsor, *der;* b) *(of legislative proposal)* **the** ~**s of this Bill are Labour MPs** hinter dieser Gesetzesvorlage stehen Labour-Abgeordnete; c) *(group supporting candidate)* **his** ~ **is a trade union** er wird von einer Gewerkschaft unterstützt; d) *(godparent)* Pate, *der*/Patin, *die.* 2. *v. t.* a) *(pay for)* sponsern ⟨*Programm, Veranstaltung*⟩; b) *(subscribe to)* finanziell unterstützen, sponsern ⟨*Wohlfahrtsverband*⟩; c) *(introduce for legislation)* einbringen ⟨*Gesetzesvorlage*⟩; d) *(support)* unterstützen ⟨*Kandidaten*⟩
sponsored ['spɒnsəd] *adj.* gesponsert; finanziell gefördert; ~ **run** als Wohltätigkeitsveranstaltung durchgeführter Dauerlauf mit gesponserten Teilnehmern
sponsorship ['spɒnsəʃɪp] *n.* a) *(financial support)* **take over the** ~ **of sth.** etw. sponsern; **withdraw from the** ~ **of sth.** etw. nicht mehr sponsern; b) *(introduction of legislation)* Einbringen, *das;* c) *(support of candidate)* Unterstützung, *das*
spontaneity [spɒntə'niːɪtɪ] *n., no pl.* Spontan[e]ität, *die*
spontaneous [spɒn'teɪnɪəs] *adj.* spontan; **make a** ~ **offer of sth.** spontan etw. anbieten
spontaneous: ~ **com'bustion** *n.* Selbstentzündung, *die;* ~ **gene'ration** *n.* Urzeugung, *die*
spontaneously [spɒn'teɪnɪəslɪ] *adv.* spontan; von selbst *(passieren)*
spoof [spuːf] *(coll.)* 1. *n.* Veralberung, *die* (**of,** von); Parodie, *die* (**of,** auf + *Akk.*). 2. *v. t.* durch den Kakao ziehen *(ugs.)*
spook [spuːk] *n. (joc.)* Geist, *der;* Gespenst, *das; (sl.: spy)* Spion, *der;* **it gives me the** ~**s** es ist mir richtig unheimlich
spooky ['spuːkɪ] *adj.* gespenstisch
spool [spuːl] *n.* a) *(reel)* Spule, *die* b) *(Angling)* Trommel, *die.* 2. *v. t.* spulen
¹**spoon** [spuːn] 1. *n.* a) Löffel, *der;* **fruit-**~: Kompottlöffel, *der;* **be born with a silver** ~ **in one's mouth** mit einem goldenen *od.* sil-

bernen Löffel im Mund geboren werden; **wooden ~** *(fig.)* Trostpreis *(für den Letzten eines Wettbewerbs, oft in ironischer Weise überreicht);* b) *(amount) see* **spoonful;** c) *(Angling)* Blinker, *der.* 2. *v. t.* löffeln
~ 'up *v. t.* auflöffeln
²**spoon** *v. i. (arch.: be amorous)* schmusen
'**spoonbill** *n. (Ornith.)* Löffler, *der*
spoonerism ['spu:nərɪzm] *n.* witziges Vertauschen der Anfangsbuchstaben o. ä. von zwei oder mehr Wörtern (wie bei „Leichenzehrer" für „Zeichenlehrer")
'**spoon-feed** *v. t.* mit dem Löffel füttern; ~ sb. *(fig.)* jmdm. alles vorkauen *(ugs.)*
spoonful ['spu:nfʊl] *n.* **a ~ of sugar** ein Löffel [voll] Zucker
spoor [spʊə(r)] *n.* Spur, *die;* Fährte, *die*
sporadic [spə'rædɪk] *adj.* sporadisch; vereinzelt ⟨*Schauer, Schüsse, Gebäude*⟩
sporadically [spə'rædɪkəlɪ] *adv.* hin und wieder
spore [spɔː(r)] *n.* a) *(Bot.: cell)* Spore, *die;* b) *(Biol.: bacterium)* Spore, *die*
sporran ['spɒrən] *n. (Scot.)* mit Fell besetzte Tasche, die von den Bewohnern der Highlands vorne über dem Kilt getragen wird
sport [spɔːt] **1.** *n.* a) *(pastime)* Sport, *der;* ~s Sportarten; **team/winter/water/indoor ~ :** Mannschafts-/Winter-/Wasser-/Hallensport, *der;* b) *no pl., no art. (collectively)* Sport, *der;* **go in for ~, do ~ :** Sport treiben; **he likes doing ~ at school** er mag den Sport[unterricht] in der Schule; **have good ~** *(Hunting)* großes Jagdglück haben; ~ *in pl. (Brit.)* [**athletic**] ~s Athletik, *die;* **S~s Day** *(Sch.)* Sportfest, *das;* **the ~s** der sportliche Wettkampf; d) *no pl., no art. (fun)* Spaß, *der;* **do/say sth. in ~ :** etw. zum Scherz tun/sagen; **make ~ of sb./sth.** sich über jmdn./etw. lustig machen; e) *(coll.: good fellow)* netter Kerl *(ugs.); (Austral. as voc.: mate)* Kumpel! *(ugs.);* Sportsmann! *(ugs.);* **Aunt Joan is a real ~ :** Tante Joan ist echt *(ugs.)* in Ordnung; **be a [good] ~ and help me** sei so nett und hilf mir; **be a good/bad ~** *(in games)* ein guter/schlechter Verlierer sein; f) *(Amer.: playboy)* Playboy, *der;* g) *(Zool., Bot.)* Variante, *die.* **2.** *v. t.* stolz tragen ⟨*Kleidungsstück*⟩; protzen mit ⟨*Neuerwerbung*⟩. **3.** *v. i.* a) *(amuse oneself)* sich tummeln; b) *(Biol.: mutate)* variieren
sporting ['spɔːtɪŋ] *adj.* a) *(interested in sport)* sportlich; b) *(generous)* großzügig; *(fair)* fair; anständig; **do the ~ thing and do sth.** so anständig sein, etw. zu tun; **give sb. a ~ chance** jmdm. eine [faire] Chance geben; c) *(relating to sport)* Sport-; **~ dog/rifle** Jagdhund, *der/*Pirschbüchse, *die;* **~ giant or hero** Sportgröße, *die*
'**sporting house** *n. (Amer.)* Bordell, *das*
sportingly ['spɔːtɪŋlɪ] *adv.* a) *(generously)* ~ **do sth.** so großzügig sein, etw. zu tun; b) *(sportively)* in sportlichem Geist
sportive ['spɔːtɪv] *adj.* verspielt ⟨*junges Tier*⟩; ausgelassen ⟨*Stimmung, Schar*⟩; **be in a ~ mood** zum Spielen aufgelegt sein
sports: ~ car *n.* Sportwagen, *der;* **~ commentator** *n. (Radio, Telev.)* Sportberichterstatter, *der/-*berichterstatterin, *die;* **~ editor** *n. (Journ.)* Sportredakteur, *der/-*redakteurin, *die;* **~ field** *n.* Sportplatz, *der;* **~ jacket** *n.* sportlicher Sakko; **~ man** ['spɔːtsmən] *n., pl.* ~**men** ['spɔːtsmən] a) *(generous person)* großzügiger Mensch; *(fair-minded person)* anständiger Mensch; c) *(Hunting)* Jäger, *der*
sportsmanlike ['spɔːtsmənlaɪk] *see* **sporting** b
sportsmanship ['spɔːtsmənʃɪp] *n.* a) *(fairness)* [sportliche] Fairneß; b) *(skill)* sportliche Leistung
sports: ~ news *n. (Radio, Telev.)* Sportnachrichten, *die;* **~ page** *n. (Journ.)* Sportseite, *die;* **~ programme** *n. (Radio, Telev.)* Sportsendung, *die;* **~ section** *n. (Journ.)*

Sportteil, *der;* **~wear** *n., no pl.* Sport[be]kleidung, *die;* **~woman** *n.* Sportlerin, *die*
sporty ['spɔːtɪ] *adj.* a) *(coll.: sport-loving)* sportlich; **the whole family is ~ :** die ganze Familie ist sportbegeistert; b) *(jaunty)* **wear one's hat at a ~ angle** seinen Hut flott aufgesetzt haben; **be a ~ dresser** sich sportlich kleiden; c) *(designed for sport)* Sport⟨*boot, -wagen, -rad*⟩
spot [spɒt] **1.** *n.* a) *(precise place)* Stelle, *die;* **this is the precise/exact/very ~ where he landed** genau an dieser Stelle *od.* genau hier ist er gelandet; **on this ~ :** an dieser Stelle; **the very same ~ :** genau die gleiche Stelle; **in ~s** stellenweise; *(fig.: partly)* teilweise; **run on the ~ :** auf der Stelle laufen; **on the ~** *(fig.) (instantly)* auf der Stelle; **be on the ~ *(be present)*** zur Stelle sein; **and now over to our man on the ~** *(Radio, Telev.)* und nun schalten wir um zu unserem Mann am Ort des Geschehens; **be in/get into/get out of a [tight] ~** *(fig. coll.)* in der Klemme sitzen/in die Klemme geraten/sich aus einer brenzligen Lage befreien *(ugs.);* **put sb. on the ~** *(fig. coll.: cause difficulties for sb.)* jmdn. in Verlegenheit bringen; *(Amer. sl.: decide to kill sb.)* jmdn. auf die Abschußliste setzen; b) *(inhabited place)* Ort, *der;* **a nice ~ on the Moselle** ein hübscher Flecken an der Mosel; c) *(suitable area)* Platz, *der;* **holiday/sun ~ :** Ferienort, *der/*Ferienort *[mit Sonnengarantie];* **picnic ~ :** Picknickplatz, *der;* **a sheltered ~ :** ein geschützter Platz; **a nice ~ to live** eine hübsche Wohngegend; d) *(dot)* Tupfen, *der;* Tupfer, *der;* *(larger)* Flecken, *der;* **change one's ~s** *(fig.)* aus seiner Haut herauskommen *(fig.);* **knock ~s off sb.** *(fig. coll.)* jmdn. in die Pfanne hauen *(ugs.); see* ~**s before one's eyes** Sterne sehen *(ugs.);* e) *(stain)* ~ **[of blood/grease/ink]** [Blut-/Fett-/Tinten]fleck, *der;* f) *(Brit. coll.: small amount)* **do a ~ of work/sewing** ein bißchen arbeiten/nähen; **how about a ~ of lunch?** wie wär's mit einem Bissen zu Mittag?; **a ~ of whisky** ein Schluck Whisky; **a ~ of culture** ein bißchen Kultur; **have ~ or be in a ~ of bother *or* trouble** etwas Ärger haben; **be in a ~ of trouble with the law** Ärger mit der Polizei haben; g) *(drop)* **a ~ *or* a few ~s of rain** ein paar Regentropfen; h) *(establishment)* **eating/drinking/entertainment ~ :** Eß-/Trink-/Vergnügungslokal, *das;* i) *(area on body)* [Körper]stelle, *die;* **a tender/sore ~ :** *(lit.)* eine empfindliche/wunde Stelle; **~ with sb.** *(fig.)* jmds. neuralgischer Punkt; **have a weak ~** *(fig.)* eine Schwachstelle haben; *see also note* 1 a; j) *(fig. coll.: job)* Job, *der (ugs.);* k) *(Telev. coll.: position in programme)* Sendeplatz, *der;* **the 7 o'clock ~ :** das Siebenuhrprogramm; l) *(Med.)* Pickel, *der;* **heat ~ :** Hitzebläschen, *das;* **break out in ~s** Ausschlag bekommen; m) *(on dice, dominoes)* Punkt, *der;* n) *(spotlight)* Spot, *der;* o) *(fig.: blemish)* Schandfleck *(emotional);* **remain without a ~ on one's reputation** immer eine weiße Weste behalten *(ugs.);* p) *(Sport: dot)* Aufsetzmarke, *die;* **the ~[-ball]** *(Billiards)* der Punktball; **the [penalty] ~ :** die Elfmetermarke; der Elfmeterpunkt; q) *(Commerc.)* ~**s, ~ goods** sofort lieferbare Ware; Lokoware, *die (fachspr.);* **pay ~ cash** [sofort] bar zahlen. *See also* **blind spot; leopard; soft 1c;** ¹**tender b.** **2.** *v. t.,* **-tt-** a) *(detect)* entdecken; identifizieren ⟨*Verbrecher*⟩; erkennen ⟨*Gefahr*⟩; **it is easy to ~ an American among a group of tourists** man kann ihn in einer Gruppe von Touristen leicht als Amerikaner *(ugs.)* erkennen ⟨*Flugzeugtyp, Vogel, Talent*⟩; **go train-/plane-~ting** Zug-/Flugzeugtypen bestimmen; c) *(coll.: pick out)* tippen auf (+ *Akk.*) *(ugs.)* ⟨*Sieger, Gewinner usw.*⟩; d) *(stain)* beflecken; *(with ink or paint)* beklecksen;

(with mud) beschmutzen; e) *(Billiards etc.)* aufstellen; f) *(Mil.: locate)* orten. **3.** *v. i.,* **-tt-:** **it is ~ting with rain** es tröpfelt *(ugs.)*
spot: ~ 'check *n. (test made immediately)* sofortige Überprüfung (**on** *Gen.*); *(test made on randomly selected subject)* Stichprobe, *die;* **make *or* carry out a ~ check on sth.** etw. sofort stichprobenweise überprüfen; **~-check** *v. t.* stichprobenweise überprüfen; **~ height** *n. (Geog.)* Höhenangabe, *die;* **~ lamp** *n.* Spotlight, *das; (Motor Veh.)* Scheinwerfer, *der*
spotless ['spɒtlɪs] *adj.* a) *(unstained)* fleckenlos; **her house is absolutely ~ :** ihr Haus ist makellos sauber; **clean sth. until it is ~ :** etw. reinigen, bis man kein Stäubchen mehr findet; b) *(fig.: blameless)* mustergültig; untadelig ⟨*Charakter*⟩
spotlessly ['spɒtlɪslɪ] *adv.* **~ clean/white** tadellos sauber/makellos weiß
spot: ~light 1. *n.* a) *(Theatre)* [Bühnen]scheinwerfer, *der;* b) *(Motor Veh.)* Scheinwerfer, *der;* c) *(fig.: attention)* **the ~light is on sb.** jmd. steht im Rampenlicht [der Öffentlichkeit]; **be in the ~light** im Rampenlicht der Öffentlichkeit stehen; **keep out of the ~light** sich von der Öffentlichkeit fernhalten; **2.** *v. t.,* **~lighted *or* ~lit** a) *(Theatre)* [mit dem Scheinwerfer] anstrahlen; b) *(fig.: highlight)* in den Blickpunkt der Öffentlichkeit bringen; **~ market** *n. (Commerc.)* Spotmarkt, *der;* **~'on** *(coll.)* **1.** *adj.* goldrichtig *(ugs.);* **I was ~~on** ich lag genau richtig *(ugs.);* **your estimate was ~~on** mit deiner Schätzung hast du ins Schwarze getroffen; **2.** *adv.* haargenau *(ugs.);* **~remover** *n.* Fleck[en]entferner, *der;* **~ 'survey** *n.* [Blitz]umfrage, *die*
spotted ['spɒtɪd] *adj.* a) *(gepunktet);* **a blue dress/tie ~ with white** ein blaues Kleid mit weißen Tupfen/eine blaue Krawatte mit weißen Punkten; b) *(Zool.)* **~ woodpecker/hyena** Buntspecht, *der/*Tüpfelhyäne, *die*
spotted: ~ 'Dick *n. (Brit.: pudding)* Pudding mit getrockneten Früchten; **~ 'dog** *n.* a) *(coll.: Dalmatian)* Dalmatiner, *der;* b) *see* **~ Dick**
spotter ['spɒtə(r)] *n.* **~ [plane]** Erkundungsflugzeug, *das*
spotty ['spɒtɪ] *adj.* a) *(spotted)* gefleckt; *(stained)* fleckig; b) *(pimply)* picklig; **be ~ :** viele Pickel haben; *(have a rash)* einen [starken] Ausschlag haben
spot: ~-weld 1. *v. t.* punktschweißen; **2.** *n.* Punktschweißung, *die;* **~-welding** *n.* Punktschweißen, *das*
spouse [spaʊz] *n.* [Ehe]gatte, *der/-*gattin, *die; (joc.)* Angetraute, *der/*Gemahl, *der/*Gemahlin, *die*
spout [spaʊt] *n.* a) *(tube)* Schnabel, *der; (of water-pump)* [Auslauf]rohr, *das; (of overflow)* Überlaufrohr, *das; (of tap)* Ausflußrohr, *das; (of gargoyle)* Speirohr, *das; (of fountain)* Spritzdüse, *die;* **be up the ~** *(sl.: pawned)* im Leihhaus sein; *(sl.: ruined)* ein Eimer sein *(ugs.); (Brit. sl.: pregnant)* ein Kind kriegen *(ugs.);* b) *(chute)* Rutsche, *die.* **2.** *v. t.* a) *(discharge)* ausstoßen ⟨*Wasser, Lava, Öl*⟩; **the wound ~s blood** aus der Wunde strömt Blut; b) *(declaim)* deklamieren ⟨*Verse*⟩; *(rattle off)* herunterrasseln *(ugs.)* ⟨*Zahlen, Fakten usw.*⟩; **~ compliments/remarks** mit Komplimenten/Bemerkungen um sich werfen; **~ nonsense** Unsinn verzapfen *(ugs.).* **3.** *v. i.* a) *(gush)* sprudeln (**from** aus); b) *(declaim)* schwadronieren *(abwertend);* schwafeln *(ugs. abwertend);* **~ about sth.** jmdm. etwas vorpredigen *(ugs.)*
~ 'out *v. i.* herausströmen; **~ out of sth.** aus etw. strömen
sprain [spreɪn] **1.** *v. t.* verstauchen; **~ one's ankle/wrist** sich *(Dat.)* den Knöchel/das Handgelenk verstauchen. **2.** *n.* Verstauchung, *die*
sprang *see* **spring** 2, 3

sprat [spræt] *n.* Sprotte, *die;* **set a ~ to catch a mackerel** *or* **herring** *or* **whale** *(fig.)* mit der Wurst nach dem Schinken *od.* der Speckseite werfen *(ugs.)*

sprawl [sprɔːl] **1.** *n.* **a)** *(slump)* lie in a ~: ausgestreckt [da]liegen; **b)** *(straggle)* verstreute Ansammlung; **the city was one huge ~ over the map** die Stadt dehnte sich auf der Landkarte als riesiger Fleck aus; **the ~ of the handwriting across the page** die quer über die ganze Seite gezogene Handschrift; *see also* **urban. 2.** *v. i.* **a)** *(spread oneself)* sich ausstrecken; **b)** *(fall)* der Länge nach hinfallen; **send sb. ~ing** jmdn. zu Boden strecken *(geh.);* **c)** *(straggle)* sich ausbreiten. **3.** *v. t.* **a)** *(splay out)* ausstrecken; **be** *or* **lie ~ed in/on/over sth.** ausgestreckt in/auf/ über etw. *(Dat.)* liegen; **b)** *(spread)* verstreuen; **~ words/letters across the page** Wörter/Buchstaben großzügig über die ganze Seite pinseln

~ aʹbout *v. i.* sich herumflegeln *(ugs. abwertend)*

~ ʹout *v. i.* **a)** *(stretch out)* sich ausstrecken; **b)** *(straggle)* sich hinziehen

sprawled out [sprɔːld ˈaʊt] *adj.* ausgestreckt [liegend]

sprawling [ˈsprɔːlɪŋ] *attrib. adj.* **a)** *(extended)* ausgestreckt [liegend]; **b)** *(falling)* der Länge nach hinfallend; **c)** *(straggling)* verstreut liegend ⟨*Gebäude*⟩; wuchernd ⟨*Großstadt*⟩; **d)** *(spidery)* ausladend, *(scrawled)* krakelig *(ugs.)* ⟨*Handschrift*⟩

¹spray [spreɪ] *n.* **a)** *(bouquet)* Strauß, *der;* **a ~ of roses** ein Strauß Rosen; **b)** *(branch)* Zweig, *der; (of palm or fern)* Wedel, *der;* **c)** *(brooch)* Brosche in der Form eines kleinen Straußes *od.* Zweigs

²spray 1. *v. t.* **a)** *(in a stream)* spritzen; *(in a mist)* sprühen ⟨*Parfum, Farbe, Spray*⟩; **they ~ed the general's car with bullets** sie durchsiebten den Wagen des Generals mit Kugeln; **b)** *(treat)* besprühen ⟨*Haar, Haut, Pflanze*⟩; spritzen ⟨*Nutzpflanzen*⟩; **the vandals ~ed the car with paint** die Rabauken besprühten das Auto mit Farbe. **2.** *v. i.* spritzen. **3.** *n.* **a)** *(drops)* Sprühnebel, *der;* **b)** *(liquid)* Spray, *der od.* **c)** *(container)* Spraydose, *die; (in gardening)* Spritze, *die;* **hair/throat ~:** Haar-/Rachenspray, *der od. das;* **perfume ~:** Parfümzerstäuber, *der*

~ on [to] *v. t.* **~ sth. on [to] sth.** etw. mit etw. besprühen

~ ʹout *v. i.* herausspritzen

ʹspray can *see* aerosol **a**

sprayer [ˈspreɪə(r)] *n.* **a)** *(person)* [paint] ~: Spritzlackierer, *der/*-lackiererin, *die;* **b)** *(tool)* Sprühgerät, *das; (in pest control, gardening)* Spritze, *die*

ʹspray-gun *n.* Spritzpistole, *die*

spread [spred] **1.** *v. t.,* **spread a)** ausbreiten ⟨*Tuch, Landkarte*⟩ (**on** auf + *Dat.*); streichen ⟨*Butter, Farbe, Marmelade*⟩; **the peacock ~ its tail** der Pfau schlug ein Rad; **the yacht ~ its sails** die Segel der Jacht blähten sich; **b)** *(cover)* **a roll with marmalade/ butter ~:** ein Brötchen mit Marmelade/Butter bestreichen; **the sofa was ~ with a blanket** auf dem Sofa lag eine Decke [ausgebreitet]; **c)** *(fig. display)* **a magnificent view/meal was ~ before us** uns *(Dat.)* bot sich eine herrliche Aussicht/uns *(Dat.)* wurde ein herrliches Mahl aufgetragen; **d)** *(make extend range of)* verbreiten; **drought has ~ famine to many areas** durch die Dürre breitete sich in vielen Gebieten eine Hungersnot aus; **e)** *(distribute)* verteilen; *(untidily)* verstreuen; streuen ⟨*Dünger*⟩; verbreiten ⟨*Zerstörung, Angst, Niedergeschlagenheit*⟩; **f)** *(make known)* verbreiten; **~ the word** *(tell news)* es weitersagen; *(coll. pass on a message)* die Nachricht weitergeben; *(Relig.)* das Wort Gottes verkünden; **g)** *(separate)* ausbreiten ⟨*Arme*⟩; öffnen ⟨*Lippen*⟩; spreizen ⟨*Beine*⟩; *see also* wing **1 a**. **2.** *v. i.,* **spread a)** sich ausbreiten; **a smile/a blush ~ across** *or* **over his face** ein Lächeln breitete sich *(geh.)* über sein Gesicht/er wurde ganz rot im Gesicht; **margarine ~s easily** Margarine läßt sich leicht streichen; **~ing branches/trees** ausladende Äste/Bäume; **like wildfire** sich in *od.* mit Windeseile verbreiten; **b)** *(scatter, disperse)* sich verteilen; **the odour ~s through the room** der Geruch breitet sich im ganzen Zimmer aus; **c)** *(circulate)* ⟨*Neuigkeiten, Gerücht, Kenntnis usw.*:⟩ sich verbreiten. **3.** *n.* **a)** *(expanse)* Fläche, *die;* **we could see the whole ~ of the town** wir konnten das ganze Stadtgebiet überblicken; **b)** *(span) (of tree)* Krone, *die; (of wings)* Spann[weite], *die;* **an oak with a magnificent ~ of branches** eine Eiche mit einer prächtigen Baumkrone; **c)** *(breadth)* **have a wide ~ of** ⟨*Interessen, Ansichten*⟩ breit gefächert sein; **a wide ~ of responsibility** ein großer Verantwortungsbereich; **d)** *(extension)* Verbreitung, *die; (of city, urbanization, poverty)* Ausbreitung, *die;* **e)** *(diffusion)* Ausbreitung, *die; (of learning, knowledge)* Verbreitung, *die;* Vermittlung, *die;* **f)** *(distribution)* Verteilung, *die;* **g)** *(coll. meal)* Festessen, *das;* Schmaus, *der (veralt.);* **h)** *(paste)* Brotaufstrich, *der;* ⟨*Rindfleisch-, Lachs-*⟩paste, *die;* ⟨*Käse-, Erdnuß-, Schokoladen-*⟩krem, *die;* **i)** *(girth) see* middle-aged; **j)** *see* bedspread; **k)** *(Printing)* **the advertisement was a full-page/double-page ~:** die Anzeige war ganzseitig/doppelseitig; **l)** *(Amer. sl.: ranch)* Ranch, *die.* **4.** *v. refl.* **a)** *(stretch out)* sich ausstrecken; **b)** *(talk* or *write at length)* sich verbreiten

~ aʹbout, ~ aʹround *v. t.* **a)** *(convey)* verbreiten ⟨*Neuigkeiten, Gerücht usw.*⟩; **b)** *(strew)* verstreuen; ausstreuen ⟨*Samen*⟩

~ ʹout 1. *v. t.* **a)** *(extend)* ausbreiten ⟨*Arme*⟩; **b)** *(space out)* verteilen ⟨*Soldaten, Tänzer, Pfosten*⟩; legen ⟨*Karten*⟩; ausbreiten ⟨*Papiere*⟩. **2.** *v. i.* sich verteilen ⟨*Soldaten*:⟩ ausschwärmen

~ ʹover 1. *v. t.* **a)** **~ sth. over a certain time** etw. über eine bestimmte Zeit ausdehnen; **the mortgage/repayment is ~ over twenty years** die Hypothek hat eine Laufzeit von zwanzig Jahren/die Rückzahlung wird [ratenweise] innerhalb von zwanzig Jahren geleistet. **2.** *v. i.* sich erstrecken über (+ *Akk.*); **~ over into** hineinreichen in (+ *Akk.*)

spread-ʹeagle *v. t.* **a)** *(tie)* an den ausgestreckten Armen und Beinen fesseln; **b)** *(flatten)* **the police ~d the suspect against the car** die Polizei ließ den Verdächtigen sich mit ausgestreckten Armen und Beinen gegen den Auto stellen; **lie** *or* **be ~d** ausgestreckt [da]liegen

spreader [ˈspredə(r)] *n.* Streugerät, *das;* **grit-~:** Splittstreuwagen, *der;* **manure/ fertilizer-~:** Stallmist-/Düngerstreuer, *der*

ʹspreadsheet *n.* *(Computing)* Arbeitsblatt, *das*

spree [spriː] *n.* **a)** *(spell of spending)* Einkaufsorgie, *die (ugs.);* **go on a shopping ~:** ganz viel Geld einkaufen gehen; **have a ~:** viel Geld ausgeben; **b)** **be/go out on the ~** *(coll.)* einen draufmachen *(ugs.)*

sprig [sprɪɡ] *n.* **a)** *(twig)* Zweig, *der;* **b)** *(ornament)* Schmuck in der Form eines Zweiges; **c)** *(young person)* Sproß, *der (scherzh.);* **d)** *(tack)* Stift, *der*

sprightly [ˈspraɪtlɪ] *adj.* munter

spring [sprɪŋ] **1.** *n.* **a)** *(season)* Frühling, *der;* **in ~ 1969, in the ~ of 1969** im Frühjahr 1969; **in early/late ~:** zu Anfang/Ende des Frühjahrs; **last/next ~:** letzten/nächsten Frühling; **full of the joys of ~** *(iron.)* aufgekratzt *(ugs.);* fröhlich; **~ weather/fashions/ flowers** Frühlingswetter, *das/*Frühlingsmoden/-blumen; **in [the] ~:** im Frühling; **in the ~ of his/her life** *(literary)* im Frühling seines/ihres Lebens *(dichter.);* **b)** *(source, lit. or fig.)* Quelle, *die;* **c)** *(Mech.)* Feder, *die;* **~s** *(vehicle suspension)* Federung, *die;* **d)** *(jump)* Sprung, *der;* **make a ~ at sb./at an animal** nach jmdn./ein Tier stürzen; **make a ~ at sth.** auf etw. *(Akk.)* zuspringen; **e)** *(elasticity)* Elastizität, *die;* **the mattresses have no ~ in them** die Matratzen federn nicht; **walk with a ~ in one's step** mit beschwingten Schritten gehen; **put a ~ in[to] sb.'s step** jmds. Schritt beschwingen; **f)** *(recoil)* Zurückschnellen, *das;* **snap back with a ~:** zurückschnellen. **2.** *v. i.,* **sprang** [spræŋ] *or (Amer.)* **sprung** [sprʌŋ], **sprung a)** *(jump)* springen; **~ [up] from sth.** von etw. aufspringen; **~ at sb.'s throat** jmdm. an die Kehle springen; **the blood sprung to his face;** ⟨*Blut:*⟩ **~ to one's feet** aufspringen; **~ to sb.'s assistance/ defence** jmdm. beispringen; **~ to life** *(fig.)* [plötzlich] zum Leben erwachen; **b)** *(arise)* entspringen (**from** *Dat.*); ⟨*Saat, Hoffnung:*⟩ keimen ⟨*Bogen:*⟩ aufstreben *(geh.);* **~ to fame** über Nacht bekannt werden; **his actions ~ from a false conviction** seine Handlungen entspringen einer falschen Ansicht; **~ to mind** jmdm. einfallen; **c)** *(recoil)* **~ back into position** zurückschnellen; **~ to** *or* **shut** ⟨*Tür, Falle, Deckel:*⟩ zuschnappen; **d)** *(split)* zerbrechen; *(become warped)* sich verziehen; **~ from sth.** von etw. abbrechen. **3.** *v. t.,* **sprang** *or (Amer.)* **sprung, sprung a)** *(make known suddenly)* **~ a new idea/a proposal/a question on sb.** jmdn. mit einer neuen Idee/einem Vorschlag/einer Frage überfallen; **~ a surprise on sb.** jmdn. überraschen; **b)** *(cause to operate)* zünden ⟨*Mine*⟩; aufspringen lassen ⟨*Schloß*⟩; zuschnappen lassen ⟨*Falle*⟩; **c)** *(sl.: set free)* herausholen (**from** aus); **d)** *(Hunting: rouse)* aufscheuchen (**from** aus); **e)** *(split)* bersten lassen *(geh.);* **I've sprung my racket** mein Schläger ist gesprungen; **f)** *(provide with ~s)* federn; **be well sprung** gut gefedert sein

~ ʹback *v. i.* zurückschnellen

~ ʹfrom *v. t.* **a)** *(appear from)* [plötzlich] herkommen; **where did you ~ from?** wo kommst du so plötzlich her?; **b)** *(originate from)* herrühren von; ⟨*Person:*⟩ abstammen von; **he ~s from a country family** er stammt aus einer ländlichen Familie

~ ʹup *v. i.* ⟨*Wind, Zweifel:*⟩ aufkommen; ⟨*Gebäude:*⟩ aus dem Boden wachsen; ⟨*Pflanze:*⟩ aus dem Boden schießen; ⟨*Organisation, Freundschaft:*⟩ entstehen

spring: ~ ʹbalance *n.* Federwaage, *die;* **~ bed** *see* bed **1 a**; **~ ʹbinder** *n.* Klemmappe, *die;* **~ʹboard** *n. (Sport; also fig.)* Sprungbrett, *das; (in circus)* Schleuderbrett, *das*

springbok [ˈsprɪŋbɒk] *n.* **a)** *(Zool.)* Springbock, *der;* **b)** *in pl.* **the S~s** *(Rugby)* die Südafrikaner; Spitzname für Mitglieder südafrikanischer Rugby-/Cricketmannschaften

spring: ~ ʹcabbage *n.* Frühkohl, *der;* **~ ʹchicken** *n.* **a)** *(fowl)* junges Hähnchen; **b)** *(fig.: person)* **be no ~ chicken** nicht mehr der/die Jüngste sein *(ugs.);* **~-ʹclean n.** [großer] Hausputz; *(in spring)* Frühjahrsputz, *der;* **~-ʹclean** [the whole house] [großen] Hausputz/Frühjahrsputz machen; **~-clip** *n.* Klammer, *die*

springer [ˈsprɪŋə(r)] *n.* **~** [spaniel] Springerspaniel, *der*

spring: ~ ʹgun *n. (Hunting)* Legbüchse, *die; (Mil.)* Selbstschuß, *der;* **~-ʹloaded** *adj.* mit Sprungfeder nachgestellt; **~ ʹmattress** *n.* Sprungfedermatratze, *die;* **~ ʹonion** *n.* Frühlingszwiebel, *die;* **~ susʹpension** *n. (Motor Veh.)* federnde Aufhängung; **~ ʹtide** *n.* Springflut, *die;* **~tide** *n. (literary)* Frühlingszeit, *die (geh.);* **~time** *n.* Frühling, *der;* **~ ʹwater** *n.* Quellwasser, *das*

springy [ˈsprɪŋɪ] *adj.* elastisch, federnd ⟨*Schritt, Brett, Boden*⟩

sprinkle [ˈsprɪŋkl] *v. t.* **a)** *(scatter)* streuen; sprengen ⟨*Flüssigkeit*⟩; **~ sth. over/on sth.** etw. über/auf etw. *(Akk.)* streuen/spren-

691

sprinkler

gen; ~ **sth. with sth.** etw. mit etw. bestreuen/besprengen; **b)** *(fig.: distribute)* verteilen; **c)** *(fall on)* spritzen auf (+ *Akk.*)
sprinkler ['sprɪŋklə(r)] *n.* **a)** *(Hort.: for watering)* Sprinkler, *der;* **(Agric.)* Regner, *der;* **b)** *(fire extinguisher)* ~s, ~ **system** Sprinkleranlage, *die*
sprinkling ['sprɪŋklɪŋ] *n.* **a** ~ **of snow/sugar/dust** eine dünne Schneedecke/Zucker-/Staubschicht; **a** ~ **of gold dust/rain** eine winzige Menge Goldstaub/ein paar Regentropfen; **there was only a** ~ **of holiday-makers on the beach** nur ein paar vereinzelte Urlauber waren am Strand
sprint [sprɪnt] **1.** *v. t. & i.* rennen; sprinten *(bes. Sport);* spurten *(bes. Sport);* ~ **for the line** *or* **tape** den Endspurt anziehen. **2.** *n.* **a)** *(race)* Sprint, *der (bes. Sport);* **the hundred-metres** ~ *(competition)* der Hundertmeterlauf; **b)** *(fig.: short burst of speed)* Sprint, *der (bes. Sport);* Spurt, *der (bes. Sport);* **final** ~: Endspurt, *der*
sprinter ['sprɪntə(r)] *n.* Sprinter, *der/*Sprinterin, *die*
sprit [sprɪt] *n. (Naut.)* Spriet, *das*
sprite [spraɪt] *n.* [Elementar]geist, *der;* **a** ~ **of the air** ein Luftgeist
spritsail ['sprɪtseɪl, 'sprɪtsl] *n. (Naut.)* Sprietsegel, *das*
spritzer ['sprɪtsə(r)] *n. (Amer.)* Schorle, *die*
sprocket ['sprɒkɪt] *n. (Mech. Engin.)* Zahn, *der*
'sprocket-wheel *n. (Mech. Engin.)* [Ketten]zahnrad, *das*
sprog [sprɒg] *n. (sl.)* **a)** *(child)* Sprößling, *der;* **b)** *(trainee)* Stift, *der*
sprout [spraʊt] **1.** *n.* **a)** *in pl. (coll.) see* **Brussels sprouts; b)** *(Bot.)* Trieb, *der* *(lit. or fig.)* sprießen *(geh.);* ~ **into life** *(Pflanzen:)* sprießen [und blühen]; **b)** *(grow)* emporschießen; *(Bart:)* wachsen; **c)** *(fig.) (Gebäude:)* wie Pilze aus dem Boden schießen; **the garden is** ~**ing all over with flowers** im Garten schießen überall die Blumen empor. **3.** *v. t.* [aus]treiben *(Blüten, Knospen);* sich *(Dat.)* wachsen lassen *(Bart);* *(fig.)* aus dem Boden wachsen lassen *(Gebäude);* hervorbringen *(Ideen);* schaffen *(Arbeitsplätze);* **the young deer was** ~**ing antlers** dem jungen Rehbock wuchs das Geweih; **my chin is sprouting hairs** auf meinem Kinn wachsen [Bart]haare
spruce [spruːs] **1.** *adj.* gepflegt; **look** ~: adrett aussehen. **2.** *n. (Bot.)* Fichte, *die.* **3.** *v. t.* ~ **up** verschönern; ~ **the house up** das [ganze] Haus aufräumen und putzen; ~ **sb./oneself up** [for sth.] jmdn./sich [für etw.] zurechtmachen *(ugs.);* **get** ~**d up** sich feinmachen *(ugs.)*
sprucely ['spruːslɪ] *adv.* adrett. *(sich kleiden);* **be** ~ **kept** sehr gepflegt sein
sprung [sprʌŋ] **1.** *see* **spring 2, 3. 2.** *attrib. adj.* gefedert
spry [spraɪ] *adj.* rege
spryly ['spraɪlɪ] *adv.* munter; **walk** *or* **move** ~: munteren Schrittes gehen
spud [spʌd] *n.* **a)** *(Brit. sl.: potato)* Kartoffel, *die;* **b)** *(spade)* Unkrautstecher, *der*
spud-bashing ['spʌdbæʃɪŋ] *n. (Brit. Mil. sl.)* Kartoffelschälen, *das*
spue *see* **spew**
spume [spjuːm] **1.** *n.* Gischt, *die.* **2.** *v. i.* aufschäumen; gischten *(geh.)*
spun *see* **spin 1, 2**
spunk [spʌŋk] *n.* **a)** *(coll.: courage)* Mumm, *der (ugs.);* **b)** *(Brit. sl.: semen)* Samen, *der;* Soße, *die (vulg.)*
spunky ['spʌŋkɪ] *adj.* mutig; **he is very** ~: er hat viel Mumm in den Knochen *(ugs.)*
spur [spɜː(r)] **1.** *n.* Sporn, *der;* **put** *or* **set** ~**s to stone's horse** seinem Pferd die Sporen geben; **win one's** ~**s** *(Hist./fig.)* sich *(Dat.)* die [ersten] Sporen verdienen; **b)** *(fig.: stimulus)* Ansporn, *der* (**to für**); **act** *or* **serve as a** ~ **to sb. in sth.** jmdn. bei etw. anspor-

nen; **on the** ~ **of the moment** ganz spontan; **c)** *(branch road)* Nebenstraße, *die;* **d)** *(Railw.: branch line)* Nebengleis, *das;* **e)** *(climbing-iron)* Steigeisen, *das;* **f)** *(Bot.: short branch)* Kurztrieb, *der;* kurzer Zweig. **2.** *v. t.* **-rr- a)** *(prick)* die Sporen geben (+ *Dat.*); spornen *(veralt.);* **b)** *(fig.: incite)* anspornen; ~ **sb.** [on] **to sth./to do sth.** jmdn. zu etw. anspornen/ansporen, etw. zu tun; **c)** *(fig.: stimulate)* hervorrufen; in Gang setzen *(Aktivität);* erregen *(Interesse).* **3.** *v. i.* **-rr-** das Pferd/die Pferde antreiben
~ **'on** *v. t.* anspornen; antreiben *(Pferd); (Habgier:)* treiben; *see also* **2 b**
spurge [spɜːdʒ] *n. (Bot.)* Wolfsmilch, *die*
'spur-gear *n. (Mech.)* Stirnrad, *das*
spurious ['spjʊərɪəs] *adj.* unaufrichtig *(Charakter, Handlung, Verhalten);* gespielt *(Anspruch, Vergnügen);* falsch *(Name, Münze);* ~ **coins** Falschgeld, *das;* **be of** ~ **character/descent** einen unaufrichtigen Charakter haben/illegitimer Abstammung sein
spuriously ['spjʊərɪəslɪ] *adv.* fälschlicherweise
spurn [spɜːn] *v. t. (reject)* zurückweisen; abweisen; ausschlagen *(Angebot, Gelegenheit);* sich entziehen (+ *Dat.*) *(Realität, Umwelt);* von sich weisen *(Ansinnen)*
¹spurt [spɜːt] **1.** *n.* Spurt, *der (bes. Sport);* **final** ~: Endspurt, *der;* **there was a** ~ **of activity** es brach kurzzeitig lebhafte Aktivität aus; **in a sudden** ~ **of energy** in einem plötzlichen Anfall von Energie; **put on a** ~: einen Spurt einlegen. **2.** *v. i.* spurten *(bes. Sport)*
²spurt 1. *v. i. (burst)* ~ **out** [from *or* of] herausspritzen [aus]; ~ **from** *(Rauch:)* quellen aus; *(Flüssigkeit:)* spritzen aus. **2.** *v. t.* **the wound** ~**ed** blood aus der Wunde spritzte Blut. **3.** *n.* Strahl, *der*
sputnik ['spʊtnɪk, 'spʌtnɪk] *n.* Sputnik, *der*
sputter ['spʌtə(r)] **1.** *v. t. (utter)* herausdeln; *(incoherently)* stottern. **2.** *v. i.* **a)** *(speak) (vehemently)* wettern; *(in hurried fashion)* stammeln; **b)** *(crackle)* zischen; **c)** *see* **splutter 1**
sputum ['spjuːtəm] *n., pl.* **sputa** ['spjuːtə] *(Med.)* **a)** *(saliva)* Speichel, *der;* **b)** *(phlegm)* Sputum, *das*
spy [spaɪ] **1.** *n.* **a)** *(secret agent)* Spion, *der/*Spionin, *die;* **b)** *(watcher)* Spion, *der/*Spionin, *die;* Schnüffler, *der/*Schnüfflerin, *die (abwertend);* **be a** ~ **for sb./sth.** für jmdn./etw. als Spitzel arbeiten; ~ **in the sky/cab** *(coll.)* Spionagesatellit, *der/*Fahrt[en]schreiber, *der.* **2.** *v. t. (literary) consider* ~ **a way out of the situation** einen Ausweg aus der Lage finden. **3.** *v. i. (watch closely)* [herum]spionieren; *(practise espionage)* Spionage treiben; ~ **on sb./a country** jmdn. nachspionieren/gegen ein Land spionieren; ~ **on sb.'s movements** jmdm. auf Schritt und Tritt nachspionieren; ~ **on each other** sich gegenseitig argwöhnisch beobachten
~ **'out** *v. t.* ausspähen; ausspionieren *(Feind, feindliche Stellung);* ~ **out the land** *(lit. or fig.)* die Lage erkunden
spy: ~**glass** *n.* Handfernrohr, *das;* Perspektiv, *das;* ~**hole** *n.* Spion, *der;* Guckloch, *das;* ~**master** *n. (coll.)* Chef eines Spionagerings; ~ **ring** *n.* Spionagering, *der;* ~ **satellite** *n.* Spionagesatellit, *der*
sq., Sq. *abbr.* **square, Square**
squab [skwɒb] *n.* **a)** *(Ornith.: fledgeling)* [noch nicht flügger] Jungvogel; *(pigeon)* Jungtaube, *die;* **b)** *(cushion)* Kissen, *das;* *(Brit.: of car seat)* Rücken-/Seitenlehne, *die*
squabble ['skwɒbl] **1.** *n.* Streit, *der;* **petty** ~**s** kleine Streitereien; **have a** ~ [**with sb.**] **about sth.**] [mit jmdm. wegen einer Sache] Streit haben *(ugs.);* [mit jmdm. wegen einer Sache] streiten. **2.** *v. i.* sich zanken (**over, about** wegen)

square

squad [skwɒd] *n.* **a)** *(Mil.)* Gruppe, *die;* Trupp, *der;* **b)** *(group)* Mannschaft, *die; see also* **firing-squad; c)** *(Police)* special ~: Sonder[einsatz]kommando, *das;* **Drug/Fraud S**~: Rauschgift-/Betrugsdezernat, *das;* ~ **car** *(Amer.)* Einsatzwagen, *der; see also* **flying squad; vice squad**
squaddie, squaddy ['skwɒdɪ] *n. (Brit. Mil. sl.)* Gemeine, *der*
squadron ['skwɒdrən] *n. (Mil.) (of tanks)* Bataillon, *das; (of cavalry)* Schwadron, *die;* **b)** *(Navy)* Geschwader, *das;* **(Air Force)** Staffel, *die;* ~ **leader** *(Air Force)* Major der Luftwaffe
squalid ['skwɒlɪd] *adj.* **a)** *(dirty)* [abstoßend] schmutzig; **living conditions were** ~: man lebte mitten im Schmutz; **b)** *(poor)* schäbig; armselig; **c)** *(fig.: sordid)* abstoßend
squall [skwɔːl] **1.** *n. (gust)* Bö, *die;* **look out** *or* **be on the look out for** ~**s** *(fig.)* auf der Hut sein. **2.** *v. i.* brüllen; ~ **in pain** brüllen *od.* schreien vor Schmerz
squally ['skwɔːlɪ] *adj.* böig
squalor ['skwɒlə(r)] *n., no pl.* **a)** *(dirtiness)* Schmutz, *der;* **live in** ~: in Schmutz und Elend leben; **a life of** ~: ein Leben in Schmutz und Elend; **b)** *(fig.)* Schmutzigkeit, *die*
squander ['skwɒndə(r)] *v. t.* vergeuden *(Talent, Zeit, Geld);* verschleudern *(Ersparnisse, Vermögen);* nicht nutzen *(Chance, Gelegenheit);* ~ **one's life** sein Leben wegwerfen
square [skweə(r)] **1.** *n.* **a)** *(Geom.)* Quadrat, *das;* **b)** *(object, arrangement)* Quadrat, *das;* **carpet** ~: Teppichfliese, *die;* **cheese** ~: Scheiblette, *die* ⓌⓇ; **tile** ~: [quadratische] Kachel; **c)** *(on board in game)* Feld, *das;* **be** *or* **go back to** ~ **one** *(fig. coll.)* wieder von vorn anfangen müssen; **d)** *(open area)* Platz, *der;* **e)** *(of scarf)* [quadratisches] Tuch; **silk** ~: Seidentuch, *das;* **f)** *(Mil.: drill area)* **[barrack-]**~: Kasernenhof, *der;* **g)** *(Math.: product)* Quadrat, *das;* **a perfect** ~: eine Quadratzahl; **h)** *(sl.: old-fashioned person)* Spießer, *der/*Spießerin, *die (abwertend);* **i)** **on the** ~ = **on the level see level 1 a; j)** *(instrument)* Winkel, *der;* **L-/T**~: L-förmiger Meßwinkel/Kreuzwinkel, *der;* **set square; try-square; k)** *(Amer.: block of buildings)* Quadrat, *das;* Karree, *das;* **l)** *(Cricket: pitch area)* [Haupt]spielfläche, *die. See also* **inverse square law; magic square; word-square. 2.** *adj.* **a)** quadratisch; *see also* **hole 1 a; b)** **a** ~ **foot/mile/metre** *etc.* ein Quadratfuß/eine Quadratmeile/ein Quadratmeter *usw.;* **a foot** ~: ein Fuß im Quadrat; **the S**~ **Mile** die City von London; **c)** *(right-angled)* rechtwink[e]lig; ~ **with** *or* **to** im rechten Winkel zu; **the wall is not** ~ **with the ceiling** die Wand ist nicht im Lot mit der Decke; ~ **on to sth.** rechtwinklig zu etw.; **d)** *(stocky)* gedrungen *(Statur, Gestalt); (Gegenstand:)* von gedrungenem Format; **be** ~ **in build** gedrungen gebaut sein; **e)** *(in outline)* rechteckig; eckig *(Schultern, Kinn);* ~**-shouldered** breitschultrig. **f)** *(quits)* quitt *(ugs.);* **be [all]** ~: [völlig] quitt sein *(ugs.); (Spieler:)* gleich stehen; *(Spiel:)* unentschieden stehen; **the match finished all** ~: das Spiel ging unentschieden aus; **get** ~ **with sb.** mit jmdm. quitt werden *(ugs.);* *(get revenge)* es jmdm. heimzahlen; **g)** *(sl.: old-fashioned)* spießig *(abwertend).* **3.** *adv.* **a)** *bereit (sitzen);* **put sth.** ~ **in the middle of sth.** etw. mitten auf etw. *(Akk.)* stellen; **hit sb.** ~ **on the jaw** jmdm. genau auf die Kinnlade schlagen; **the ball hit him** ~ **on the head** der Ball traf ihn genau am Kopf; **look sb.** ~ **in the face** *or* **between the eyes** jmdm. fest in die Augen sehen; **b)** *(fairly)* ehrlich; fair *(behandeln).* *See also* **²fair 2 c. 4.** *v. t.* **a)** *(make right-angled)* rechtwinklig machen; vierkantig zuschneiden *(Holz);* **b)** *(place squarely)* ~ **one's shoulders** seine Schultern

straffen; **c)** *(divide into ~s)* in Karos einteilen; **~d paper** kariertes Papier; **d)** *(Math.: multiply)* quadrieren; **3 ~d is 9** 3 [im] Quadrat ist 9; 3 hoch 2 ist 9; **e)** *(reconcile)* **~ sth. with sth.** etw. mit etw. in Einklang bringen; **f) ~ it with sb.** *(coll.: get sb.'s approval)* es mit jmdm. klären; **g)** *(coll.: bribe)* schmieren *(salopp)*; **h)** *(settle)* begleichen; **~ one's debt[s]** seine Schuld[en] begleichen; **I have a debt to ~ with him** *(fig.)* mit ihm werde ich [noch] abrechnen; *see also* **account 2 a**; **i)** *(draw level in)* ~ **[the/one's match** *or* **score]** zum Unentschieden verkürzen; gleichziehen; **j) ~ the circle** *(Geom.)* den Kreis quadrieren. **5.** *v. i.* (*be consistent*) übereinstimmen; **sth. does not ~ with sth.** etw. steht nicht im Einklang mit etw.; **it just does not ~:** hier stimmt doch etwas nicht
~ 'off 1. *v. t.* *(make ~) see* **~ 4 a. 2.** *v. i. (raise fists)* die Fäuste heben
~ 'up *v. i. (settle up)* abrechnen
~ 'up to *v. t.* **a)** *(raise fists against)* sich mit erhobenen Fäusten aufbauen *(ugs.)* vor (+ *Dat.*); **they ~d up to each other** sie traten sich kampfbereit gegenüber; **b)** *(confront)* **~ up to sb./sth.** jmdm./einer Sache entgegentreten
square: **~-bashing** ['skweəbæʃɪŋ] *n. (Brit. Mil. sl.)* Kasernenhofdrill, *der*; **~'brackets** *n. pl.* eckige Klammern; **~-built** *adj.* quadratisch ⟨*Gebäude*⟩; gedrungen ⟨*Person*⟩; vierschrötig ⟨*Mann*⟩; **~ dance** *n.* Square dance, *der*; **~ 'deal** *n.* faires Geschäft; **get a ~ deal** *(not be swindled)* kein schlechtes Geschäft machen; *(receive adequate compensation)* fair *od.* anständig behandelt werden; **~ 'leg** *n. (Cricket)* Feldspieler, der für die Stellung hinter dem Schlagmann innehat
squarely ['skweəlɪ] *adv.* **a)** *(directly)* fest ⟨*ansehen*⟩; genau ⟨*treffen*⟩; aufrecht ⟨*sitzen*⟩; **his works place him ~ in the Romantic tradition** mit seinem Werk steht er direkt in der romantischen Tradition; **b)** *see* **fairly e**
square: **~ 'meal** *n.* anständige Mahlzeit *(ugs.)*; **~ number** *n. (Math.)* Quadratzahl, *die*; **~-'rigged** *adj. (Naut.)* ⟨*Schoner*⟩ mit Rahsegeln; **a ~-rigged sailing ship** ein voll getakelter Rahsegler; **~ 'root** *n. (Math.)* Quadratwurzel, *die*; **~root sign** [Quadrat]wurzelzeichen, *das*; **~ 'sail** *n. (Naut.)* Rahsegel, *das*; **~-toed** ['skweətəʊd] *adj.* **~-toed shoes/boots** [an den Zehen] breite Schuhe/Stiefel; **~ wave** *n. (Phys.)* Rechteckwelle, *die*
¹squash [skwɒʃ] **1.** *v. t.* **a)** *(crush)* zerquetschen; **~ sth. flat** etw. platt drücken; **b)** *(compress)* pressen; **~ in/up** eindrücken/zusammendrücken ⟨*Gegenstand*⟩; **~ sb./sth. into sth.** jmdn./etw. in etw. *(Akk.)* [hinein]zwängen; **c)** *(put down)* niederschlagen ⟨*Aufstand*⟩; zunichte machen ⟨*Hoffnung, Traum*⟩; **d)** *(coll.: dismiss)* ablehnen ⟨*Vorschlag, Theorie*⟩; **e)** *(coll.: silence)* zum Schweigen bringen. **2.** *v. i.* sich quetschen; **~ in** sich hineinquetschen; **we ~ed up wir drängten uns zusammen; ~ into the back seat of a car** sich auf den Rücksitz eines Wagens quetschen. **3.** *n.* **a)** *(drink)* Fruchtsaftgetränk, *das*; **orange ~:** Orangensaftgetränk, *das*; *(concentrated)* Orangensaftkonzentrat, *das*; **b)** *(Sport)* **~ [rackets]** Squash, *das*; *c)* **see** **crush 2 a**
²squash *n. (gourd)* [Speise]kürbis, *der*
squash: **~ ball** *n.* Squashball, *der*; **~ court** *n.* Squashfeld, *das*; **~ racket** *n.* Squashschläger, *der*; **~ rackets** *see* ¹**squash 3 b**
squashy ['skwɒʃɪ] *adj.* weich ⟨*Kuchen, Obst*⟩
squat [skwɒt] **1.** *v. i.*, **-tt-** **a)** *(crouch)* hocken *(crouch down)* sich hocken; **b)** *(coll.: sit)* sitzen; *(sit down)* sich setzen; **c)** *(coll.: occupy property)* *(house)* eine Hausbesetzung machen; *(land)* eine Landbesetzung machen;

~ in a house/on land ein Haus besetzen/Land besetzen. **2.** *adj.* rundlich; untersetzt. **3.** *n.* *(coll.)* **a)** *(occupation)* *(of house)* Hausbesetzung, *die*; *(of land)* Landbesetzung, *die*; **b)** *(house)* besetztes Haus; *(land)* besetztes Land
~ 'down *v. i.* sich [nieder]hocken; *(on seat)* sich hinsetzen
squatter ['skwɒtə(r)] *n. (illegal occupier)* Besetzer, *der*/Besetzerin, *die*; *(of house also)* Hausbesetzer, *der*/-besetzerin, *die*
squaw [skwɔː] *n.* Squaw, *die*
squawk [skwɔːk] **1.** *v. i.* ⟨*Hahn, Krähe, Rabe:*⟩ krähen; ⟨*Huhn:*⟩ kreischen; *(complain)* ⟨*Person:*⟩ sich beschweren. **2.** *n.* **a)** *(bird-cry)* ~[s] *(of crow, cockerel, raven)* Krähen, *das*; *(of hen)* Kreischen, *das*; **b)** *(complaint)* Gekeif[e], *das (ugs. abwertend)*; **utter ~s of complaint** sich keifend beschweren; **~ of anger/indignation** wütendes/entrüstetes Gezeter
squeak [skwiːk] **1.** *n.* **a)** *(of animal)* Quieken, *das*; **b)** *(of hinge, door, brake, shoe, etc.)* Quietschen, *das*; **c)** *(coll.: escape)* **have a narrow ~:** gerade noch [mit dem Leben] davonkommen; **that was a narrow ~!** das war knapp! *(ugs.)*. *See also* **bubble and squeak**. **2.** *v. i.* ⟨*Tier:*⟩ quieken; **b)** ⟨*Scharnier, Tür, Bremse, Schuh usw.:*⟩ quietschen; **c)** *(coll.: pass)* **~ through/past [sth.]** mit Müh und Not [durch etw.] durchkommen/[an etw. *(Dat.)*] vorbeikommen; **d)** *(sl.) see* **squeal 1 d**
squeaky ['skwiːkɪ] *adj.* quietschend; schrill ⟨*Stimme*⟩; **be ~ clean** blitzsauber sein *(ugs.)*; *(fig.)* eine blütenweiße Weste haben *(fig. ugs.)*
squeal [skwiːl] **1.** *v. i.* **a)** **~ with pain/in fear** ⟨*Person:*⟩ vor Schmerz/Angst aufschreien; ⟨*Tier:*⟩ vor Schmerz/Angst laut quieken; **~ with laughter/for joy/in excitement** vor Lachen/Freude/Aufregung kreischen; **b)** ⟨*Bremsen, Räder:*⟩ kreischen; ⟨*Reifen:*⟩ quietschen; **c)** *(sl.: protest)* **~ [in protest]** lauthals protestieren; **d)** *(sl.: inform)* singen *(salopp)* (**to** bei); **~ on sb.** jmdn. verpfeifen *(salopp)*. **2.** *v. t.* kreischen. **3.** *n.* Kreischen, *das*; *(of tyres)* Quietschen, *das*; *(of animal)* Quieken, *das*; **give a ~ of fear** ⟨*Person:*⟩ vor Angst laut quieken; ⟨*Tier:*⟩ vor Angst laut quieken; **give a ~ of anger** vor Zorn aufschreien; **give a ~ of delight/excitement/joy** vor Vergnügen/Aufregung/Freude kreischen; **with a ~ of delight** kreischend vor Entzücken
squeamish ['skwiːmɪʃ] *adj.* **a)** *(easily nauseated)* **be ~:** zartbesaitet sein; **this film is not for the ~:** dieser Film ist nichts für zarte Gemüter; **b)** *(fastidious)* zimperlich
squeegee [skwiːˈdʒiː] **1.** *n.* **a)** *(for floor)* [Boden]wischer, *der*; *(for window)* [Fenster]wischer, *der*; *(Photog.: roller)* Rollenquetscher, *der*; *(stripper)* Abstreifer, *der*. **2.** *v. t.* **a)** *(wipe)* mit dem [Boden]wischer putzen ⟨*Fußboden*⟩; mit dem [Fenster]wischer putzen ⟨*Fenster*⟩; **b)** *(Photog.: roll)* mit dem Rollenquetscher/Abstreifer rollen
squeeze [skwiːz] **1.** *n.* *(pressing)* Druck, *der*; **it only takes a gentle ~:** man braucht nur leicht zu drücken; **give sth. a small [~]:** etw. [leicht] drücken; **put the ~ on sb.** *(fig. sl.)* jmdn. [die] Daumenschrauben anlegen; jmdn. durch die Mangel drehen *(salopp)*; **b)** *(small quantity)* **a ~ of juice/washing-up liquid** ein Spritzer Saft/Spülmittel; **a ~ of toothpaste/icing sugar** wenig Zahnpasta/Zuckerguß; **c)** *(crush)* Gedränge, *das*; **be in a tight ~** *(fig.)* = **be in a fix** *see* **fix 4 a**; **d)** *(Econ.: restriction)* Beschränkung, *die* (**on** *Gen.*); **e)** *(Brit.: embrace)* **give sb. a [big/final] ~:** jmdn. [fest/ein letztes Mal] an sich drücken. **2.** *v. t.* **a)** *(press)* drücken; drücken auf (+ *Akk.*) ⟨*Tube, Plastikflasche*⟩; kneten ⟨*Ton, Knetmasse*⟩; ausdrücken ⟨*Schwamm, Wäsche,*

Pickel⟩; *(to get juice)* auspressen ⟨*Früchte, Obst*⟩; **~ sb.'s hand** jmdm. die Hand drücken; **~ the trigger** auf den Abzug drücken; **b)** *(extract)* drücken (**out of** aus); **~ out sth.** etw. herausdrücken; **~ sth. on to sth.** etw. auf etw. *(Akk.)* drücken; **c)** *(force)* zwängen; **~ one's way past/into/out of sth.** sich an etw. *(Dat.)* vorbei-/in etw. *(Akk.)* hinein-/aus etw. herauszwängen; **d)** *(fig. coll.)* **~ sth. from sb.** etw. aus jmdm. herauspressen; **e)** *(emit)* **~ [out]** herauspressen ⟨*Träne*⟩; herausbringen ⟨*Laut, Antwort*⟩; sich abringen ⟨*Lächeln*⟩; **f)** *(fig.: constrain)* unter Druck setzen; **~ sb. into doing sth.** jmdn. dazu bringen, etw. zu tun; **~ sb. out of sth./out** *(fig. coll.)* jmdn. aus etw. drängen/hinausdrängen; **g)** *(Bridge)* zum Abwerfen zwingen; **h)** *(coll.: extort)* **~ money out of sb.** Geld aus jmdm. herauspressen. **3.** *v. i.* **~ past sb./sth.** sich an jmdm./etw. vorbeidrängen; **between two persons** sich zwischen zwei Personen *(Dat.)* durchdrängen; **~ under** *or* **underneath sth.** sich unter etw. *(Dat.)* hindurchdrängen; **~ under a bed** sich unter ein Bett zwängen; **~ together** sich zusammendrängen; **~ down a hole** sich in ein Loch zwängen
~ 'in 1. *v. t.* **a)** reinquetschen; **b)** *(fig.: fit in)* einschieben. **2.** *v. i.* sich hineinzwängen
~ 'up *v. i.* sich zusammendrängen; **~ up against sb./sth.** sich [fest] an jmdn./etw. drücken
squeeze: **~ bottle** *see* **squeezy bottle**; **~-box** *n. (sl.)* Quetschkommode, *die (salopp scherzh.)*
squeezer ['skwiːzə(r)] *n. (device)* Presse, *die*
squeezy bottle ['skwiːzɪ bɒtl] *n.* [elastische] Plastikflasche
squelch [skweltʃ] **1.** *v. t.* **a)** *(stamp on)* stampfen; **b)** *(silence)* zum Schweigen bringen. **2.** *v. i.* **a)** *(make sucking sound)* quatschen *(ugs.)*; **b)** *(go over wet ground)* patschen
squib [skwɪb] *n.* **a)** *(firework)* Knallfrosch, *der*; **damp ~** *(fig.)* Reinfall, *der*; **b)** *(lampoon)* [kurze] Satire
squid [skwɪd] *n. (Zool., Gastr.)* Kalmar, *der*
squidgy ['skwɪdʒɪ] *adj. (Brit. coll.)* durchweicht; matschig *(ugs.)*
squiggle ['skwɪgl] *n.* Schnörkel, *der*
squiggly ['skwɪglɪ] *adj.* schnörk[e]lig; **put a ~ line under sth.** etw. unterschlängeln
squint [skwɪnt] **1.** *n.* **a)** *(Med.)* Schielen, *das*; **have a ~:** schielen; **b)** *(stealthy look)* Schielen, *das*; **c)** *(coll.: glance)* kurzer Blick; **have** *or* **take a ~:** einen Blick werfen auf (+ *Akk.*); überfliegen ⟨*Text, Zeitung*⟩; **d)** *(Eccl.: opening)* schräge Maueröffnung, durch die man den Altar sieht. **2.** *v. i.* **a)** *(Med.)* schielen; **b)** *(with half-closed eyes)* blinzeln; die Augen zusammenkneifen; **~ at sth.** etw. blinzelnd anschauen; **c)** *(obliquely)* **~ through a gap** durch eine Lücke lugen; **d)** *(coll.: glance)* **~ at** einen [kurzen] Blick werfen auf (+ *Akk.*); überfliegen ⟨*Zeitung, Text*⟩; **I ~ed through his window as I passed** ich schielte im Vorbeigehen durch sein Fenster. **3.** *v. t.* **~ one's eyes** die Augen zusammenkneifen
squire ['skwaɪə(r)] *n.* **a)** *(country gentleman)* Squire, *der*; ≈ Gutsherr, *der*; **b)** *(Brit. coll. voc.: sir)* **want to buy any watches, ~?** möchte der Herr Uhren kaufen? *(veralt.)*; **c)** *(Hist.: attendant)* Knappe, *der*. **2.** *v. t.* begleiten
squirm [skwɜːm] *v. i.* **a)** *see* **wriggle 1**; **b)** *(fig.: show unease)* sich winden (**with** vor)
squirrel ['skwɪrl] *n.* **a)** *(Zool.)* Eichhörnchen, *das*; *see also* **grey squirrel**; **groundsquirrel**; **red squirrel**; **b)** *(fur)* Eichhörnchen[fell], *das*; **Feh**, *das*
squirt [skwɜːt] **1.** *v. t.* **a)** spritzen; sprühen ⟨*Spray, Puder*⟩; **~ sth. at sb.** jmdn. mit etw. besprizen/besprühen; **~ sb. in the eye/face [with sth.]** jmdn. [etw.] ins Auge/Gesicht

693

spritzen/sprühen; ~ oneself with water/deodorant sich mit Wasser bespritzen/mit Deodorant besprühen. 2. *v.i.* spritzen. 3. *n.* Spritzer, *der*; a ~ of juice ein Spritzer Saft
squishy ['skwɪʃɪ] *adj.* patschend *(ugs.)*
Sr. *abbr.* a) Senior sen.; sr.; b) Señor; c) *(Relig.)* Sister Sr.
Sri Lanka [sriː'læŋkə] *pr.n.* Sri Lanka *(das)*
Sri Lankan [sriː'læŋkən] 1. *adj.* srilankisch. 2. *n.* Srilanker, *der*/Srilankerin, *die*; sb. is a ~: jmd. ist aus Sri Lanka
SRN *abbr.* State Registered Nurse staatl. gepr. Krankenschwester/-pfleger
SS *abbr.* a) [seɪnts] Saints St.; b) steamship D; c) *(Nazi élite force)* SS, *die*
SSE [saʊθsaʊθ'iːst] *abbr.* south-south-east SSO
SSW [saʊθsaʊθ'west] *abbr.* south-south-west SSW
St *abbr.* Saint St.
St. *abbr.* Street Str.
st. *abbr. (Brit.: unit of weight)* stone
stab [stæb] 1. *v.t.*, -bb- a) *(pierce)* stechen; ~ the air in der Luft herumfuchteln; ~ sb. in the chest jmdm. in die Brust stechen; ~ a piece of meat in ein Stück Fleisch stechen; he had been severely ~bed er hatte wesentliche Stichwunden erhalten; b) *(fig.) (hurt)* ~ sb.'s heart jmdm. ins Herz schneiden *(geh.)*; ~ sb.'s conscience jmds. Gewissen quälen; *(attack)* ~ sb. in the back *(fig.)* jmdm. in den Rücken fallen. 2. *v.i.*, -bb- a) *(pierce)* stechen; b) *(thrust)* zustechen; ~ at sb. nach jmdm. stechen. 3. *n.* a) *(act)* Stich, *der*; *(fig.)* that was a real ~ in the back ich fühle mich/er fühlte sich *usw.* wirklich verraten und verkauft; b) *(coll.: attempt)* make or have a ~ [at it] [es] probieren; c) *(blow)* Stich, *der*; *(with beak)* Hieb, *der*; d) *(wound)* Stichwunde, *die*; e) *(fig.) (pang)* ~ of conscience/guilt Gewissensbiß, *der*/[quälendes] Schuldbewußtsein
stabbing ['stæbɪŋ] 1. *n.* Messerstecherei, *die.* 2. *attrib. adj.* stechend *(Schmerz)*
stabilisation etc. *see* stabiliz-
stability [stə'bɪlɪtɪ] *n., no pl.* Stabilität, *die*; his character lacks ~: er ist charakterlich nicht gefestigt
stabilization [steɪbɪlaɪ'zeɪʃn] *n.* Stabilisierung, *die*
stabilize ['steɪbɪlaɪz] 1. *v.t.* stabilisieren. 2. *v.i.* sich stabilisieren
stabilizer ['steɪbɪlaɪzə(r)] *n.* a) *(Naut.)* Stabilisator, *der*; b) *(Aeronaut.)* vertical ~ *see* tail-fin; horizontal ~ *see* tailplane; c) *(Cycling)* Stützrad, *das*
¹**stable** ['steɪbl] *adj.* a) *(steady)* stabil; the patient who is in a ~ condition or was ~: der Zustand des Patienten *od.* der Patient war stabil; a ~ family background geordnete Familienverhältnisse; *see also* equilibrium; b) *(resolute)* gefestigt ⟨Person, Charakter⟩
²**stable** 1. *n.* a) *(for horses)* Stall, *der*; b) *(Horse-racing: establishment)* [Renn]stall, *der*; the horses are trained at his ~: die Pferde werden in seinem Stall trainiert; c) *(fig.: origin)* Stall, *der (ugs.)*; the latest model from the X ~: das jüngste Modell aus dem Hause X; from the same ~ ⟨Person⟩ aus demselben Stall *(ugs.)*/⟨Produkt⟩ aus demselben Haus. 2. *v.t.* (put in) in den Stall bringen; *(keep in)* the pony was ~d at a nearby farm das Pony war im Stall eines nahegelegenen Bauernhofes untergebracht
stable: ~-**boy** *see* ~-**lad**; ~-**door** *n.* (made in two parts) quergeteilte Tür; *see also* ²**lock** 2 a; ~-**lad**, ~**man** *ns.* Stallbursche, *der*
stabling ['steɪblɪŋ] *n., no indef. art.* Ställe, *pl.* Stallungen
staccato [stə'kɑːtəʊ] *(Mus.)* 1. *adj.* staccato gesetzt; *(fig.)* abgehackt ⟨Sprache⟩; **speak with a** ~ **delivery** schnell und abgehackt sprechen; ~ **bursts of gun-fire** ein Stakkato von Gewehrfeuer. 2. *adv.* staccato. 3. *n. (also fig.)* Stakkato, *das*

stac'cato mark *n. (Mus.)* Stakkatozeichen, *das*
stack [stæk] 1. *n.* a) *(of hay etc.)* Schober, *der (südd., österr.)*; Feim, *der (nordd., md.)*; b) *(pile)* Stoß, *der*; Stapel, *der*; **place sth. in** ~**s** etw. [auf]stapeln; c) *(coll.: large amount)* Haufen, *der (ugs.)*; a ~ of **work/money** ein Haufen Arbeit/Geld; **have a** ~ **of things to do** eine Menge Dinge zu tun haben *(ugs.)*; **have** ~**s of money** Geld wie Heu haben *(ugs.)*; d) **[chimney-]**~: Schornstein, *der*; e) *(factory chimney)* Fabrikschornstein, *der*; **blow one's** ~ *(Amer. fig. coll.)* = **blow one's top** *see* ¹**blow** 2 h; f) *(funnel)* **[smoke-]**~: Schornstein, *der*; g) *(Aeronaut.)* übereinander in Warteschleifen kreisende Flugzeuge; h) *(Brit.: rock pillar)* Felssäule, *die*; i) *(in library)* Magazin, *das*. 2. *v.t.* a) *(pile)* ~ [up] [auf]stapeln; ~ **logs in a pile** Holz zu einem Stoß aufschichten; **be well** ~**ed** *(fig. sl.: have large bust)* viel Holz vor der Hütte haben *(ugs. scherzh.)*; ~**ing** stapelbar ⟨Stühle *usw.*⟩; b) *(arrange fraudulently)* ~ **the cards** beim Mischen betrügen; **the odds** *or* **cards** *or* **chips are** ~**ed against sb.** *(fig.)* jmd. hat schlechte Karten *(fig. ugs.)*; c) *(Aeronaut.)* Warteschleifen fliegen lassen; **we are** ~**ed right up to 30,000 feet** der Warteraum ist schon bis in 30 000 Fuß Höhe belegt
~ '**up** *see* ~ 2 a
stadium ['steɪdɪəm] *n.* Stadion, *das*
staff [stɑːf] 1. *n.* a) *(stick)* Stock, *der*; b) *constr. as pl. (personnel)* Personal, *das*; **editorial** ~: Redaktion, *die*; **diplomatic** ~: diplomatisches Korps; **the** ~ **of the firm** die Betriebsangehörigen; die Belegschaft [der Firma]; ~ **meeting** Belegschaftsversammlung, *die*; c) *constr. as pl. (of school)* Lehrerkollegium, *das*; Lehrkörper, *der (Amtsspr.)*; *(of university or college)* Dozentenschaft, *die*; ~-**student ratio** Verhältnis zwischen Lehrenden und Studierenden; ~ **meeting** *(at school)* Lehrerkonferenz, *die*; *(at university or college)* Dozentenkonferenz, *die*; *pl.* **staves** [steɪvz] *(Mus.)* Liniensystem, *das*; ~ **notation** Notation mit Hilfe des Liniensystems; e) *(Mil.: officers)* Stab, *der*; *see also* **chief** 1 b; f) *(ceremonial rod)* Stab, *der*; **pastoral** ~ *(Eccl.)* Bischofsstab, *der*; *(support)* Stütze, *die*; **bread/Christ is the** ~ **of life** Brot ist die Grundlage des Lebens/Christus ist das Brot des Lebens; h) *(Surv.: rod)* Meßlatte, *die*. *See also* **flagstaff**; **general staff**. 2. *v.t.* mit Personal ausstatten; **a hospital** ~**ed by women** ein Krankenhaus, dessen Personal aus Frauen besteht
'**staff college** *n. (Brit. Mil.)* Stabsakademie, *die (Milit.)*
staffed [stɑːft] *adj.* mit Personal ausgestattet
staffer ['stɑːfə(r)] *n. (Amer. Journ.)* Redaktionsmitglied, *das*
staff: ~ **nurse** *n. (Brit.)* Zweitschwester, *die*/Krankenpfleger in der Stellung einer Zweitschwester; ~ **officer** *n. (Mil.)* Stabsoffizier, *der*; ~-**room** *n.* Lehrerzimmer, *das*; ~ **sergeant** a) *(Brit. Mil.)* ≈ Oberfeldwebel, *der*; b) *(Amer. Mil.)* ≈ Feldwebel, *der*
stag [stæg] *n.* a) Hirsch, *der*; b) *(Amer.: lone man)* Herr ohne Damenbegleitung; c) *(Brit. St. Exch. sl.)* Konzertzeichner, *der*
'**stag beetle** *n. (Zool.)* Hirschkäfer, *der*
stage [steɪdʒ] 1. *n.* a) *(Theatre)* Bühne, *die*; **down/up** ~ *(position)* vorne/hinten auf der Bühne; *(direction)* nach vorn/nach hinten; **[be/appear] on** ~: auf der Bühne [stehen/erscheinen]; **be appearing on** ~ **at the Royal** am Royal spielen; b) *(fig.)* **the** ~: das Theater; **write for the** ~: für die Bühne schreiben; **go on the** ~: zur Bühne gehen; c) *(part of process)* Stadium, *das*; **Phase**, *die*; **be at a difficult/late/critical** ~: sich in einer schwierigen/späten/kritischen

Phase befinden; **negotiations are at an early** ~: die Verhandlungen befinden sich im Anfangsstadium; **at such a late** ~: zu einem so späten Zeitpunkt; **at this** ~: in diesem Stadium; **do sth. in** *or* **by** ~**s** etw. abschnittsweise *od.* nach und nach tun; **I am past the** ~ **of caring** das ist mir inzwischen gleich; **in the final** ~**s** in der Schlußphase; d) *(raised platform)* Gerüst, *das*; *see also* **landing-stage**; e) *(of microscope)* Mikroskoptisch, *der*; f) *(fig.: scene)* Bühne, *die*; **quit the political** ~ *or* **the** ~ **of politics** von der politischen Bühne abtreten; **hold the** ~: die Szene beherrschen; **set the** ~ **for sb./sth.** jmdm. den Weg ebnen/etw. in die Wege leiten; **the** ~ **was set for a bitter argument** damit waren die Voraussetzungen für eine erbitterte Auseinandersetzung gegeben; g) *(stopping-place)* Station, *die*; *(distance)* Etappe, *die*; **the** ~ **from Paris to Marseilles** die Strecke Paris−Marseille; **travel by [easy]** ~**s** in [kurzen] Etappen reisen; *see also* **fare-stage**; i) *(Geol., Electr., Astronaut.)* Stufe, *die*. 2. *v.t.* a) *(present)* inszenieren; b) *(arrange)* veranstalten ⟨Wettkampf, Ausstellung⟩; ausrichten ⟨Veranstaltung⟩; organisieren ⟨Streik⟩; bewerkstelligen ⟨Rückzug⟩; ~ **a comeback** ein Comeback schaffen
stage: ~-**coach** *n.* Postkutsche, *die*; ~**craft** *n., no indef. art. (Theatre)* Bühnenkunst, *die*; ~ **direction** *n. (Theatre)* Bühnenanweisung, *die*; ~ **door** *n. (Theatre)* Bühneneingang, *der*; ~ **effect** *n. (Theatre)* Bühneneffekt, *der*; ~**fright** *n. (Theatre)* Lampenfieber, *das*; ~**hand** *n. (Theatre)* Bühnenarbeiter, *die*; ~ **left** *see* ²**left** 3 c; ~-**manage** *v.t.* a) *(Theatre)* als Inspizient/Inspizientin mitwirken bei ⟨Inszenierung⟩; b) *(fig.)* veranstalten; inszenieren ⟨Revolte *usw.*⟩; ~-**manager** *n. (Theatre)* Inspizient, *der*/Inspizientin, *die*; ~-**name** *n. (Theatre)* Künstlername, *der*; ~ **play** *n. (Theatre)* Bühnenstück, *das*
stager ['steɪdʒə(r)] *see* **old** 1 b
stage: ~ **right** *see* **right** 3 h; ~ **rights** *n. pl.* Aufführungsrechte, *pl.*; ~-**struck** *adj.* theaterbesessen; ~ **whisper** *n.* Beisprechen, *das*; **in a** ~ **whisper** beiseite
stagflation [stæg'fleɪʃn] *n. (Econ.)* Stagflation, *die*
stagger ['stægə(r)] 1. *v.i.* schwanken; torkeln *(ugs.)*. 2. *v.t.* a) *(cause to totter)* zum Schwanken bringen; b) *(astonish)* die Sprache verschlagen (+ *Dat.*); **I was** ~**ed** es hat mir die Sprache verschlagen; c) *(position out of line, arrange alternately)* versetzt anordnen; ~**ed junction** versetzt angelegte Kreuzung; ~**ed** *(fig.)* gestaffelt ⟨Ferien, Schichten, Essenszeiten⟩
~ **a'bout**, ~ **a'round** *v.i.* [hin- und her]taumeln; [herum]torkeln *(ugs.)*
staggering ['stægərɪŋ] *adj.* erschütternd ⟨Schlag, Schock, Verlust⟩; schwindelerregend ⟨Menge, Höhe⟩; folgenschwer ⟨Auswirkung, Bedeutung⟩; zutiefst beunruhigend ⟨Nachricht⟩; **the** ~ **fact is that no one really knew who he was** erschütternd ist, daß niemand ihn wirklich kannte
staggeringly ['stægərɪŋlɪ] *adv.* erstaunlich; *as sentence-modifier* erstaunlicherweise
stagily ['steɪdʒɪlɪ] *adv.* betont auffällig ⟨sich kleiden⟩; affektiert ⟨sich benehmen⟩
staging ['steɪdʒɪŋ] *n., no indef. art.* a) Gerüst, *das*; *(used as stage)* Bühne, *die*; b) *(Hort.: shelves)* Regale, *pl.*; c) *(Theatre: production)* Inszenierung, *die*
staging: ~ **area** *n. (Mil.)* Sammelplatz, *der*; ~ **post** *n.* Zwischenstation, *die*
stagnant ['stægnənt] *adj.* a) *(motionless)* stehend ⟨Gewässer⟩; **the water is** ~ ⟨Gewässer⟩: das Wasser steht; b) *(fig.: lifeless)* abgestumpft ⟨Geist, Seele⟩; stagnierend ⟨Wirtschaft⟩; dumpf ⟨Leben⟩; **the economy is** ~: die Wirtschaft stagniert

stagnate [stæg'neɪt] *v. i.* **a)** ⟨*Wasser usw.:*⟩ abstehen; **b)** *(fig.)* ⟨*Wirtschaft, Geschäft:*⟩ stagnieren; ⟨*Geist, Künstler:*⟩ in Lethargie verfallen; ⟨*Person:*⟩ abstumpfen

stagnation [stæg'neɪʃn] *n., no pl.* **a)** *(of water etc.)* Stehen, *das;* **b)** *(fig.)* Stagnation, *die*

stag: ~ **night** *n.* Zechabend des Bräutigams mit seinen Freunden kurz vor seiner Hochzeit; ~ **party** *n.* Herrenabend, *der; (before wedding)* Trinkgelage des Bräutigams mit seinen Freunden kurz vor seiner Hochzeit

stagy ['steɪdʒɪ] *adj.* theatralisch; **be a** ~ **dresser** sich betont auffällig kleiden; **they have a** ~ **manner** sie benehmen sich wie die Schauspieler

staid [steɪd] *adj.* **a)** *(steady, sedate)* gesetzt; **lead a** ~ **existence** ein gleichförmiges Leben führen; **b)** *(serious)* bieder

staidly ['steɪdlɪ] *adv.* **a)** *(soberly)* bieder; **b)** *(sedately)* ruhig

stain [steɪn] **1.** *v. t.* **a)** *(discolour)* verfärben; *(make* ~ *on)* Flecken hinterlassen auf (+ *Dat.);* **b)** *(fig.: besmirch)* beflecken; besudeln *(geh. abwertend);* **c)** *(colour)* färben; beizen ⟨*Holz*⟩; *(Biol.: impregnate)* anfärben. **2.** *v. i.* sich verfärben; *(take* ~*s)* Flecken bekommen. **3.** *n.* **a)** *(discoloration)* Fleck, *der;* **b)** *(fig.: blemish)* Schandfleck, *der;* **without a** ~ **on his character** mit einem fleckenlosen Charakter *od. (fig.)* einer fleckenlosen Weste; **c)** *(colouring-material)* Beize, *die;* **d)** *(Biol.)* Farbstoff, *der*

stained 'glass *n.* farbiges Glas; Farbglas, *das;* **the** ~ **at the church** die farbigen Glasfenster *od.* die Glasmalereien in der Kirche; ~ **window** Fenster mit Glasmalerei

stainless ['steɪnlɪs] *adj.* **a)** *(spotless)* fleckenlos; **b)** *(non-rusting)* rostfrei

stainless 'steel *n.* Edelstahl, *der*

'stain-remover *n.* Fleck[en]entferner, *der*

stair [steə(r)] *n.* **a)** *(set of steps)* ~**s,** *(arch./Scot.)* ~**:** Treppe, *die; below* ~**s** in den Wirtschaftsräumen [im Souterrain]; **b)** *(step)* [Treppen]stufe, *die;* **b)** *in pl. (landing-stage)* Landungssteg, *der. See also* **downstairs;** ¹**flight 1 d; upstairs**

stair: ~ **carpet** *see* **carpet 1 a;** ~~**-carpeting** *see* **carpeting a;** ~~**case** *n.* Treppenhaus, *das; (one flight)* Treppe, *die;* **on the** ~**case** auf der Treppe; *see also* **spiral staircase; winding staircase;** ~**head** *see* **landing d;** ~**rod** *n.* Läuferstange, *die;* **it's raining** ~**rods** *(coll.)* es regnet Bindfäden *(ugs.);* ~**way** *n.* **a)** *(access via* ~*)* Treppenaufgang, *der;* **b)** *(*~*-case)* Treppe, *die;* ~**well** *n.* Treppenhaus, *das*

stake [steɪk] **1.** *n.* **a)** *(pointed stick)* Pfahl, *der;* **pull up** ~**s** *(Amer. fig. coll.)* seine Zelte abbrechen; **b)** *(wager)* Einsatz, *der;* **be at** ~**:** auf dem Spiel stehen; **at** ~ **is the Gold Medal** es geht um die Goldmedaille; **have a lot of money at** ~ **on a project** viel Geld in ein Projekt gesteckt haben; **have a** ~ **in sth.** etw. *(Akk.)* investiert haben; **have a 50%** ~ **in a firm** einen fünfzigprozentigen Anteil an einer Firma halten; **c)** *in pl. (Horse-racing) (prize-money)* Geldpreis, *der; (race)* [Wett]rennen um einen Geldpreis; **d)** *(for execution)* **be burnt at the** ~**:** auf dem Scheiterhaufen verbrannt werden; **go to the** ~ **for sth.** *(fig.)* sich für etw. kreuzigen lassen. **2.** *v. t.* **a)** *(secure)* [an einem Pfahl/an Pfählen] anbinden; ~ **sth. down** etw. festpflocken; **a claim [to sb./sth.]** *see* **claim 3 e; b)** *(wager)* setzen (**on** auf + *Akk.*); **c)** *(risk)* aufs Spiel setzen (**on** für); **I'll** ~ **my reputation on his innocence** ich verbürge mich mit meinem guten Namen für seine Unschuld; ~ **one's life on sth.** seinen Kopf auf etw. *(Akk.)* wetten *(ugs.);* **you can** ~ **your life on that** darauf kannst du Gift nehmen *(ugs.);* **d)** *(Amer. coll.: finance)* ~ **sb.** jmdm. finanziell unter die Arme greifen; ~ **a business/venture** Geld in ein Geschäft/Unternehmen stecken

~ **'off** *v. t.* [mit Pfählen] abstecken

~ **'out** *v. t.* **a)** *(mark out)* mit Pfählen begrenzen; eingrenzen; **b)** *(fig.: claim)* beanspruchen; **have** ~**d out a field of study as one's own** ein Fachgebiet für sich alleine gepachtet haben *(ugs.);* **c)** *(Amer. coll.: observe)* überwachen; *see also* **stake-out**

stake: ~**-boat** *n. (Rowing)* verankertes Boot, *das,* die Rennstrecke bei einem Bootsrennen markiert; ~**-out** *n. (Amer. coll.)* Überwachung, *die*

stalactite ['stæləktaɪt] *n. (Geol.)* Stalaktit, *der*

stalagmite ['stæləgmaɪt] *n. (Geol.)* Stalagmit, *der*

stale [steɪl] **1.** *adj.* **a)** alt; muffig; abgestanden ⟨*Luft*⟩; alt[backen] ⟨*Brot*⟩; schal ⟨*Bier, Wein usw.*⟩; *(fig.)* abgedroschen ⟨*Witz, Trick*⟩; überholt ⟨*Nachricht*⟩; **b)** *(jaded)* ausgelaugt. **2.** *v. t.* alt werden lassen ⟨*Lebensmittel*⟩; auslaugen ⟨*Sportler, Schauspieler*⟩

¹**stalemate 1.** *n. (Chess; also fig.)* Patt, *das;* **end in** *or* **reach** ~**:** mit einem Patt enden. **2.** *v. t.* **a)** *(Chess)* ~ **sb.** jmdn. in eine Pattsituation bringen; **b)** *(fig.: halt)* zum Stillstand bringen; aufhalten ⟨*Verfahren*⟩; verhindern ⟨*Fortschritte*⟩

staleness ['steɪlnɪs] *n., no pl.* **a)** *(lack of freshness)* Muffigkeit, *die; (of air)* Abgestandenheit, *die; (of bread)* Altbackenheit, *die; (of beer etc.)* Schalheit, *die; (fig.: lack of novelty)* Abgedroschenheit, *die; (of news)* Überholtheit, *die;* **b)** *(jadedness)* Ausgelaugtheit, *die*

Stalinism ['stɑ:lɪnɪzm] *n. (Polit.)* Stalinismus, *der*

Stalinist ['stɑ:lɪnɪst] *n. (Polit.)* Stalinist, *der/* Stalinistin, *die*

¹**stalk** [stɔ:k] **1.** *v. i.* ~ stolzieren; ~ **along** einherschreiten/-stolzieren *(geh.);* **b)** *(Hunting)* pirschen; **be** ~**ing** *od.* **on the Pirsch sein. 2.** *v. t.* sich heranpirschen an (+ *Akk.*).

²**stalk** [stɔ:k] *n.* **a)** *(Bot.) (main stem)* Stengel, *der; (of leaf, flower, fruit)* Stiel, *der; (of cabbage)* Strunk, *der;* **b)** *(Zool.)* Stiel, *der; (of crab etc.)* [Augen]stiel, *der;* **his eyes stood** *or* **were out on** ~**s** *(fig.)* er machte *od.* bekam Stielaugen *(ugs.)*

stalker ['stɔ:kə(r)] *n.* Pirscher, *der*

¹**stall** [stɔ:l] *n.* **a)** Stand, *der;* **b)** *(for horse)* Box, *die; (for cow)* Stand, *der;* **c)** *(Eccl.: seat)* Stuhl, *der;* **the choir** ~**s** das Chorgestühl; **d)** *in pl. (Brit. Theatre: seats)* [front] ~**s** Parkett, *das;* **in the rear/cheap** ~**s** auf den hinteren/billigen Parkettplätzen; **e)** *(Brit. Horse-racing)* **the [starting-]**~**s** die Startboxen; **f)** *(of engine)* Stehenbleiben, *das;* **g)** *(Aeronaut.)* Überziehen, *das;* **go into a** ~**:** durchsacken. **2.** *v. t.* abwürgen *(ugs.)* ⟨*Motor*⟩. **3.** *v. i.* ⟨*Motor:*⟩ stehenbleiben; **b)** *(Aeronaut.)* durchzusacken beginnen

²**stall 1.** *v. i.* ausweichen; ~ **on a promise** *(delay)* die Einlösung eines Versprechens hinauszögern; **quit** ~**ing!** *(Amer. coll.)* hör auf, herum herumzureden! *(ugs.).* **2.** *v. t.* blockieren ⟨*Gesetz, Fortschritt*⟩; aufhalten ⟨*Feind, Fortschritt*⟩

'stall-holder *n.* Standinhaber, *der/*-inhaberin, *die*

stallion ['stæljən] *n.* Hengst, *der*

stalwart ['stɔ:lwət] **1.** *adj.* **a)** *(sturdy)* stämmig; **b)** *attrib. (fig.: determined)* entschieden; entschlossen ⟨*Kämpfer*⟩; *(loyal)* treu; getreu *(geh.).* **2.** *n. (loyal supporter)* treuer Anhänger/treue Anhängerin; **Party** ~**:** treues Parteimitglied

stamen ['steɪmən, 'steɪmən] *n. (Bot.)* Staubblatt, *das*

stamina ['stæmɪnə] *n.* **a)** *(physical staying-power)* Ausdauer, *die;* **b)** *(endurance)* Durchhaltevermögen, *das*

stammer ['stæmə(r)] **1.** *v. i.* stottern. **2.** *v. t.* stammeln; ~ **[out] one's thanks/apologies** stammelnd danken/eine Entschuldigung stammeln. **3.** *n.* Stottern, *das;* **have a** ~**, speak with a** ~**:** stottern

stammerer ['stæmərə(r)] *n.* Stotterer, *der/* Stotterin, *die*

stamp [stæmp] **1.** *v. t.* **a)** *(impress, imprint sth. on)* [ab]stempeln; ~ **sth. on sth.** etw. auf etw. *(Akk.)* [auf]stempeln; ~ **envelopes with sth.** etw. auf Umschläge drucken; **b)** ~ **one's foot/feet** mit dem Fuß/den Füßen stampfen; ~ **the snow from one's boots** den Schnee von den Stiefeln stampfen; ~ **the floor** *or* **ground [in anger/with rage]** [ärgerlich/wütend] auf den Boden stampfen; **c)** *(put postage* ~ *on)* frankieren; freimachen *(Postw.);* ~**ed addressed envelope** frankierter Rückumschlag; **d)** *(mentally)* ~ **oneself/itself on** *or* **become** *or* **be** ~**ed on sb.['s] memory** *or* **mind]** sich jmdm. fest einprägen; **e)** *(crush)* zerstampfen; **f)** *(flatten)* ~ **flat** platt stampfen *od.* treten ⟨*Schachtel, Dose*⟩; ~ **down** feststampfen *od.* -treten ⟨*Erde, Schnee, Steine*⟩; **g)** *(characterize)* kennzeichnen; ~ **sb. [as] a genius** zeigen, daß jmd. ein Genie ist. **2.** *v. i.* aufstampfen; ~ **up and down** auf und ab stampfen. **3.** *n.* **a)** Marke, *die; (postage* ~*)* Briefmarke, *die; see also* **first-class 1 a; insurance stamp; second-class 1 b; trading stamp;** **b)** *(instrument for* ~*ing, mark)* Stempel, *der;* **c)** *(fig.: characteristic)* **bear the** ~ **of genius/greatness** Genialität/Größe erkennen lassen; **leave one's** ~ **on sth.** einer Sache seinen Stempel aufdrücken; **d)** *(fig.: kind)* [Menschen]schlag, *der;* **men of his** ~**:** Menschen seines Schlages *od.* seiner Prägung

~ **on** *v. t.* **a)** *(crush)* zertreten ⟨*Insekt, Dose*⟩; zertrampeln ⟨*Blumen*⟩; ~ **on sb.'s foot** jmdm. auf den Fuß treten; **b)** *(suppress)* durchgreifen gegen. *See also* ~ **1 a, d**

~ **'out** *v. t.* **a)** *(eliminate)* ausmerzen; ersticken ⟨*Aufstand, Feuer*⟩; niederwalzen ⟨*Opposition, Widerstand*⟩; **b)** *(cut out)* [aus]stanzen

stamp: ~~**album** *n.* Briefmarkenalbum, *das;* ~~**book** *n.* Briefmarkenheftchen, *das;* ~~**collecting** *n.* Briefmarkensammeln, *das;* ~~**collection** *n.* Briefmarkensammlung, *die;* ~~**collector** *n.* Briefmarkensammler, *der/*-sammlerin, *die;* ~~**duty** *n.* Stempelsteuer, *die*

stampede [stæm'pi:d] **1.** *n.* **a)** Stampede, *die;* **b)** *(rush of people) (due to interest)* Ansturm, *der; (due to panic)* wilde Flucht; **c)** *(Amer. Polit.)* starker Zulauf. **2.** *v. i.* **a)** in Panik fliehen; **b)** *(rush)* ⟨*Personen:*⟩ stürmen. **3.** *v. t.* **a)** ~ **a herd** bei einer Herde eine Stampede auslösen; **b)** ~ **sb. into doing sth.** jmdn. dazu drängen, etw. zu tun

'stamp-hinge *see* **hinge 1 c**

stamping-ground ['stæmpɪŋgraʊnd] *n.* Revier, *das;* **sb.'s old** ~**:** der Ort, wo man früher immer zu finden war

'stamp-machine *n.* Briefmarkenautomat, *der*

stance [stæns, stɑ:ns] *n.* **a)** *(Golf, Cricket: position)* Stellung, *die;* **b)** *(posture; fig.: attitude)* Haltung, *die;* **take up a** ~ **over** *or* **on sth.** *(fig.)* eine Haltung zu etw. einnehmen

stanch [stɑ:nʃ, stɔ:ntʃ] *v. t.* **a)** *(stop flow of)* stillen ⟨*Blut*⟩; **b)** *(stop flow from)* abbinden ⟨*Wunde*⟩

stanchion ['stɑ:nʃn] *n.* Stütze, *die; (of flat wagon)* Runge, *die; (of awning)* Sonnengelstütze, *die*

stand [stænd] **1.** *v. i.,* **stood** [stʊd] **a)** stehen; **all** ~**!** aufstehen!; **don't just** ~ **there [, do something]!** steh nicht so herum[, tu doch etwas!]; ~ **for the National Anthem/for a minute's silence** zur Nationalhymne/zu einer Schweigeminute aufstehen; ~ **in a line** *or* **row** sich in einer Reihe aufstellen; *(be* ~*ing)* in einer Reihe stehen; **we stood talk-**

stand-alone

ing wir standen da und unterhielten uns; ~ **or fall by sth.** *(fig.)* mit etw. stehen und fallen; ~ **empty** leer stehen; *see also* **standstill**; **b)** *(have height)* he ~s **six feet tall/the tree** ~s **30 feet high** er ist sechs Fuß groß/der Baum ist 30 Fuß hoch; ~ **high above sb./sth.** *(fig.)* [rangmäßig] weit über jmdm. stehen/etw. bei weitem übersteigen; **c)** *(be at level)* ⟨Aktien, Währung, Thermometer:⟩ stehen **(at** auf + *Dat.*); ⟨*Fonds:*⟩ sich belaufen **(at** auf + *Akk.*); ⟨*Absatz, Export usw.:*⟩ liegen **(at** bei); **d)** *(hold good)* bestehenbleiben; **my decision still** ~s an meiner Entscheidung hat sich nichts geändert; **my offer/promise still** ~s mein Angebot/Versprechen gilt nach wie vor; **e)** *(find oneself, be)* ~ **first in line for the throne** in der Thronfolge der Erste sein; ~ **convicted of treachery** wegen Verrats verurteilt sein; **as it** ~**s, as things** ~ wie die Dinge [jetzt] liegen; **the law as it** ~**s** das bestehende *od.* gültige Recht; **the matter** ~**s thus** die Sache steht so; ~ **prepared to dispute sth.** bereit sein, über etw. *(Akk.)* zu diskutieren; **as a statesman he** ~**s alone in contemporary politics** *(fig.)* es gibt in der gegenwärtigen Politik keinen, der ihm als Staatsmann das Wasser reichen könnte; **I'd like to know where I** ~ *(fig.)* ich möchte wissen, wo ich dran bin; ~ **in need** Not leiden; ~ **in need of sth.** *(Gen.)* dringend bedürfen; **f)** *(be candidate)* kandidieren **(for** für); ~ **in an election** bei einer Wahl kandidieren; ~ **as a candidate/nominee** kandidieren/nominiert sein; ~ **as a Liberal/Conservative** für die Liberalen/Konservativen kandidieren; ~ **for Parliament** *(Brit.)* für einen Parlamentssitz kandidieren; ~ **for office** *(Brit.)* sich um ein Amt bewerben; **g)** ~ **proxy for sb.** jmdn. vertreten; **h)** *(place oneself)* sich stellen; ~ **from under sb.** or **sb.'s feet** *(Amer.)* jmdm. nicht ständig vor den Füßen herumlaufen; ~ **in the way of sth.** *(fig.)* einer Sache *(Dat.)* im Weg stehen; **[not]** ~ **in sb.'s way** *(fig.)* jmdm. [keine] Steine in den Weg legen; **i)** *(be likely)* ~ **to win** or **gain/lose sth.** etw. gewinnen/verlieren können; **what do I** ~ **to gain from/by it?** was kann ich dabei gewinnen?; **j)** *(Cricket: be umpire)* schiedsrichtern; **k)** *(Naut.: hold course)* ~ **in for** or **towards sth.** Kurs auf etw. *(Akk.)* nehmen; ~ **into danger** auf etw. Gefahr zusteuern. *See also* **correct 1 a**; **deliver 2 e**; **ease 1 f**; **easy 2**; ¹**fast 2 a**; ²**firm 2**; **foot 1 a**; **leg 1 a**; ¹**light 1 a**; ¹**pat a. 2.** *v. t.*, **stood a)** *(set in position)* stellen; ~ **sth. on end/upside down** *(fig.)* hochkant/auf den Kopf stellen; **b)** *(endure)* ertragen; vertragen ⟨*Klima*⟩; **I can't** ~ **the heat/noise** ich halte die Hitze/den Lärm nicht aus; **I cannot** ~ **[the sight of] him** ich kann ihn nicht ausstehen; **he can't** ~ **the pressure/strain/stress** er ist dem Druck/den Strapazen/dem Streß nicht gewachsen; **I can't** ~ **it any longer!** ich halte es nicht mehr aus; ~ **closer examination** einer genaueren [Über]prüfung standhalten; ~ **the test of time** sich bewähren; **he can't** ~ **being told what to do** er kann es nicht leiden *od.* ausstehen, wenn man ihm Vorschriften macht; **c)** *(undergo)* ausgesetzt sein (+ *Dat.*); **the play/player has stood much criticism** das Stück/der Spieler stieß auf viel Kritik; ~ **trial [for sth.]** [wegen einer Sache] vor Gericht stehen; **d)** *(buy)* ~ **sb. sth.** jmdm. etw. ausgeben *od.* spendieren *(ugs.)*; **can I** ~ **you a lunch?** Gehen wir zusammen was essen? Ich lade dich ein. *See also* **chance 1 c**; ¹**ground 1 b**; ¹**pace 1 b**; **treat 1 c**. **3.** *n.* **a)** *(support)* Ständer, *der*; **b)** *(stall: at exhibition)* Stand, *der*; **c)** *(raised structure)* Tribüne, *die*; **d)** *(resistance)* Widerstand, *der*; **put up a brave** ~ **against sb./sth.** jmdm./einer Sache tapfer Widerstand leisten; **take** or **make a** ~ *(fig.)* klar Stellung beziehen **(for/against/on** für/gegen/zu); **e)**

696

(Cricket) **a** ~ **of 90 runs** eine gemeinsame Serie von 90 Läufen; **f)** *(*~*ing-place for taxi, bus, etc.)* Stand, *der*; **g)** *(performance on tour)* Auftritt, *der*; **h)** *(of trees, corn, clover, etc.)* Bestand, *der*; **i)** *(position)* **take one's** ~; **take sb.'s** ~ **on the podium** seinen Platz auf der Tribüne einnehmen; **take a [firm]** ~ **[on sth.]** [in etw. *(Dat.)*] einen festen Standpunkt vertreten; **what's your** ~ **[on this matter]?** welchen Standpunkt vertrittst du [in dieser Sache]? **j)** *(Amer.: witness-box)* Zeugenstand, *der*; **take the** ~: in den Zeugenstand treten. *See also* **grandstand**; **one-night stand**

~ **a'bout, a'round** *v. i.* herumstehen

~ **a'side** *v. i.* **a)** *(step aside)* zur Seite treten; Platz machen; **b)** *(fig.: withdraw)* abseits stehen; ~ **aside from sth.** sich an etw. nicht beteiligen

~ **'back** *v. i.* **a)** ~ **[well] back [from sth.]** ein gutes Stück [von etw.] entfernt stehen; **b)** *see* ~ **aside a**; **c)** *(fig.: distance oneself)* zurücktreten; **sometimes one must** ~ **back from daily affairs** von Zeit zu Zeit muß man von seinen Alltagsgeschäften Abstand gewinnen; **d)** *(fig.: withdraw)* ~ **back from sth.** sich aus einer Sache heraushalten

~ **behind** *v. t.* ~ **behind sb./sth.** *(lit. or fig.)* hinter jmdm./etw. stehen

~ **between** *v. t.* ~ **sth.** ~**s between sb. and sth.** *(fig.)* etw. steht jmdm. bei etw. im Wege

~ **by 1.** [-'-] *v. i.* **a)** *(remain apart)* abseits stehen; ~ **[idly] by and watch sth. happen** or **while sth. happens** untätig zusehen, wie etw. geschieht; ~ **by and do nothing to prevent sth.** sich abseits halten und nicht eingreifen, um etw. zu verhindern; **b)** *(be near)* daneben stehen; **c)** *(be ready)* zur Verfügung halten; ~ **by ready to do sth.** Gewehr bei Fuß stehen, um etw. zu tun. **2.** [-'-] *v. t.* **a)** *(support)* ~ **by sb./one another** sich [gegenseitig] *od. (geh.)* einander beistehen; **b)** *(adhere to)* ~ **by sth.** zu etw. stehen; ~ **by the terms of a contract** einen Vertrag einhalten; ~ **by a promise** ein Versprechen halten; ~ **by a resolution** einen Beschluß [in die Tat] umsetzen; **c)** *(Naut.: prepare to use)* klarmachen. *See also* **stand-by**

~ **'down 1.** *v. i.* **a)** *(withdraw, retire)* verzichten; ~ **down in favour of a person** zugunsten einer Person *(Gen.)* zurücktreten; **b)** *(leave witness-box)* den Zeugenstand verlassen; **c)** *(Brit. Mil.: go off duty)* seinen Posten verlassen; ~ **down from guard duty** seinen Wachdienst beenden; **d)** *(Mil.: disband)* sich auflösen. **2.** *v. t.* **a)** *(Brit. Mil.: relieve from duty)* abziehen; **b)** *(Mil.: disband)* auflösen

~ **for** *v. t.* **a)** *(signify)* bedeuten; **she hates him and all that he** ~**s for** sie haßt ihn und alles, was mit ihm zusammenhängt; **b)** *(represent)* ~ **for sb./sth.** für jmdn./etw. eintreten; *see* **for office**; *see* **einsetzen**; **c)** *see* **stand 1 f**; **d)** *(coll.: tolerate)* sich bieten lassen; **that's one thing I won't** ~ **for** das ist etwas, was ich nicht haben kann

~ **'in** *v. i.* **a)** *(deputize)* aushelfen; ~ **in for sb.** für jmdn. einspringen; **b)** *(share)* ~ **in with sb. [for sth.]** mit jmdm. die Kosten [für etw.] teilen; **c)** *(Naut.)* *see* **stand 1 k**. *See also* **stand-in**

~ **'off 1.** *v. i.* **a)** *(move away)* sich entfernen; *(keep away)* sich in einiger Entfernung halten. **2.** *v. t. see* ²**lay off 1 a**

~ **'out** *v. i.* **a)** *(persist)* ~ **out for/against sth.** hartnäckig für etw. kämpfen/sich hartnäckig gegen etw. wehren; **b)** *(be prominent)* herausragen; **the reason for the crisis** ~**s out** der Grund für die Krise ist augenfällig; ~ **out against** or **in contrast to sth.** sich gegen etw. abheben; ~ **out a mile not to overlook** ⟨*Grund, Antwort:*⟩ [klar] auf der Hand liegen; **c)** *(be outstanding)* herausragen **(from** aus); **d)** *(Naut.)* ~ **out to sea** in See gehen

standard-bearer

~ **over 1.** *v. t.* **a)** [-'--] *see* **hold over**; **b)** ['---] *(watch)* beaufsichtigen. **2.** [-'--] *v. i.* **sth. can** ~ **over** etw. kann warten; **any unfinished business** ~**s over to the next meeting** alle unerledigten Punkte werden bis zum nächsten Treffen zurückgestellt

~ **to** *see* ~ **by 1 d**; *see also* **reason 1 b**

~ **to'gether** *v. i.* zusammenstehen; *(for a photograph)* sich [gemeinsam] aufstellen; *(fig.)* zusammenhalten

~ **'up 1.** *v. i.* **a)** *(rise)* aufstehen; ~ **up and be counted** *(fig.)* Farbe bekennen; **b)** *(be upright)* stehen; **I have only the clothes I** ~ **up in** ich besitze nur die Kleider, die ich am Leibe trage; ~ **up straight** sich aufrecht hinstellen; **c)** *(be valid)* *see* ²**hold 2 d**; **d)** ~ **up well [in comparison with sb./sth.]** [im Vergleich zu etw./jmdm.] gut abschneiden; *(maintain worth or position)* ⟨*Preis, Wert:*⟩ sich [im Vergleich zu etw.] gut halten. **2.** *v. t.* **a)** *(coll.: fail to keep date with)* ~ **sb. up** jmdn. versetzen (*ugs.*). *See also* **stand-up**

~ **'up for** *v. t.* ~ **up for sb./sth.** für jmdn./etw. Partei ergreifen; sich für jmdn./etw. stark machen; **why didn't you** ~ **up for me?** warum hast du mich nicht unterstützt?

~ **'up to** *v. t.* **a)** *(face steadfastly)* ~ **up to sb.** sich jmdm. entgegenstellen; jmdm. die Stirn bieten; ~ **up to sth.** einer Sache *(Dat.)* stellen; ~ **up to an ordeal well/badly** eine Tortur tapfer/nicht aushalten; ~ **up to criticism** von Kritik nicht kaputt werden lassen; **b)** *(survive intact under)* ~ **up to sth.** einer Sache *(Dat.)* standhalten; ~ **up to wear and tear** eine starke Beanspruchung aushalten

stand-alone [stændə'ləʊn] *adj. (Computing)* selbständig

standard ['stændəd] **1.** *n.* **a)** *(norm)* Maßstab, *der*; **safety** ~**s** Sicherheitsnormen; **above/below/up to** ~: überdurchschnittlich [gut]/unter dem Durchschnitt/der Norm entsprechend; **by anybody's** ~ für jeden; **b)** *(degree)* Niveau, *das*; **of [a] high/low** ~: von hohem/niedrigem Niveau; **a high** ~ **of competence** ein hohes Maß an Kompetenz; **set a high/low** ~ **in** or **of sth.** hohe/niedrige Ansprüche an etw. *(Akk.)* stellen; **the first competitor set a high** ~: der erste Bewerber setzte einen hohen Maßstab; **this pupil sets himself too low a** ~ **in his work** dieser Schüler verlangt zu wenig von sich selbst; ~ **of living** Lebensstandard, *der*; **c)** *in pl. (moral principles)* Prinzipien; ~**s of sexual behaviour** Maßstäbe für das Sexualverhalten; **d)** *(flag)* Standarte, *die*; **e)** *(: cause)* Banner, *das (geh.)*; **many flocked to the** ~ *(fig.)* viele strömten zur Fahne; **e)** *(Hort.)* Hochstamm, *der*; ~ **rose** Hochstammrose, *die*; **f)** *(Bot.)* ~ **[shrub]** natürlich gewachsener Strauch; **[tree]** Baum mit naturgemäßem Kronenaufbau; **g) lamp** ~ *see* **lamp-post**; **h)** *(in currency)* Feingehalt, *der*; **Standard**, *der*; **the silver/monetary** ~: der Silberstandard/Münzfuß. *See also* **double standard**; **gold standard**; **royal standard**. **2.** *adj.* **a)** *(conforming to* ~, *authoritative)* Standard-; *(used as reference)* Normal-; **b)** *(widely used)* normal; **what is the** ~ **thing to do in such cases?** was macht man normalerweise in solchen Fällen?; **be** ~ **procedure** Vorschrift sein; **have** ~ **or include sth.** or **be fitted with sth. as** ~: serienmäßig mit etw. ausgerüstet sein; **sth. is a** ~ **feature** etw. gehört zur Standardausrüstung; **a** ~ **letter** ein Schemabrief *(Bürow.)*; **a** ~ **model** ein Standardmodell; **be** ~ **practice** allgemein üblich sein; **it is** ~ **practice to do sth.** es ist üblich, daß jmd. etw. tut; **follow the** ~ **pattern** dem üblichen Muster folgen

standard: ~-**bearer** *n.* **a)** *(Mil.: flag-bearer)* Standartenträger, *der*; **b)** *(fig.: leader)* Bannerträger, *der*/-trägerin, *die (geh.)*; Vorkämpfer, *der*/-kämpferin, *die*; ~-**bearer for** or **in sth.** Vorkämpfer einer Sa-

che *(Gen.)*; **S~-bred** *n. (Amer.)* Amerikanischer Traber; **S~ ˈEnglish** *n.* Standardenglisch, *das*
standardisation, standardise *see* **standardiz-**
standardization [stændədaɪˈzeɪʃn] *n.* Standardisierung, *die*
standardize [ˈstændədaɪz] *v. t.* standardisieren
standard: ~ ˈlamp *n. (Brit.)* Stehlampe, *die;* ~ **time** *n.* Normalzeit, *die*
ˈ**stand-by 1.** *n., pl.* **~s a** *(reserve)* [act] as a ~: als Ersatz [bereitstehen]; be on ~ ⟨*Polizei, Feuerwehr, Truppen:*⟩ einsatzbereit sein; ⟨*Schauspieler:*⟩ sich bereithalten; ⟨*Flugzeug:*⟩ startbereit sein; **the army was put on ~**: die Armee wurde in Einsatzbereitschaft versetzt; **b)** *(resource)* Rückhalt, *der;* **sth. is a good ~**: auf etw. *(Akk.)* kann man jederzeit zurückgreifen; **drink was his only ~**: das Trinken war seine einzige Zuflucht; **have some tins of food/an emergency pack as a ~**: einige Konserven für Notfälle/einen Notvorrat haben; **the generator is a ~**: der Generator dient als Notaggregat. **2.** *attrib. adj.* **safety equipment** zusätzliche Sicherheitsausrüstung; ~ **ticket/passenger** Stand-by-Ticket, *das/-*Passagier, *der*
standee [stænˈdiː] *n. (Amer. coll.)* stehender Passagier/Zuschauer
ˈ**stand-in 1.** *n.* Ersatz, *der; (in theatre, film)* Ersatzdarsteller, *der/-*darstellerin, *die; (Sport)* Ersatzspieler, *der/-*spielerin, *die.* **2.** *attrib. adj.* Ersatz-
standing [ˈstændɪŋ] **1.** *n.* **a)** *(repute)* Ansehen, *das;* **have some ~**: recht angesehen sein; **be of** *or* **have a ~ high ~**: ein hohes Ansehen genießen; **have no ~**: ein Niemand sein; **what is his ~?** welchen Rang bekleidet er?; **be in good ~ with sb.** sich gut mit jmdm. stehen; *see also* **equal 1 a**; **b)** *(service)* **be an MP of twenty years' ~**: seit zwanzig Jahren [ununterbrochen] dem Parlament angehören; **be a member/judge of long/short ~**: seit langem/kurzem Mitglied/Richter sein; **a girl-friend of long ~**: eine langjährige Freundin; *see also* **long-standing**; **c)** *(duration) of* **long/short ~**: von langer/kurzer Dauer; **a feud of long ~**: ein alter Zwist; **d)** ~ **place** Standplatz, *der.* **2.** *adj.* **a)** *(erect)* stehend; **after the storm there was scarcely a tree still ~**: nach dem Sturm stand kaum mehr ein Baum; ~ **corn** stehendes Korn; ~ **stone** Menhir, *der;* **leave sb. ~** *(lit. or fig.) (progress much faster)* jmdn. weit hinter sich *(Dat.)* lassen; **b)** *attrib. (established)* fest ⟨*Regel, Brauch*⟩; **he has a ~ excuse** er bringt immer wieder die gleiche Entschuldigung; *see also* **joke 1 b**; **c)** *attrib. (permanent)* stehend ⟨*Heer*⟩; feststehend ⟨*Praxis*⟩; **I have a ~ invitation to visit them whenever I want to** sie haben mich eingeladen, sie, wann immer ich will, zu besuchen; **d)** *attrib. (stationary)* ~ **jump** Standsprung, *der;* ~ **start** Hochstart, *der*
standing: ~ **comˈmittee** *n.* ständiger Ausschuß; ~ ˈ**order** *n.* **a)** *(payment instruction)* Dauerauftrag, *der; (for regular supply)* Abonnement, *das;* **b)** *in pl. (rules)* Geschäftsordnung, *die;* ~ **oˈvation** *n.* stürmischer Beifall; stehende Ovation *(geh.);* **~-room** *n., no pl., no indef. art.* Stehplätze; ~ ˈ**water** *n.* stehendes Gewässer; *(Golf)* Wassergraben, *der;* ~ **wave** *n. (Phys.)* stehende Welle
ˈ**stand-off** *n.* **a)** *(Amer.: deadlock)* verfahrene Situation; **finish/result in a ~**: in einer Sackgasse enden/in eine Sackgasse geraten; **b)** ~ **[half]** *(Rugby) see* **fly-half**
stand-offish [stændˈɒfɪʃ] *adj.* reserviert
stand: ~ ˈ**patter** *n. (Amer. Polit.)* strammer Konservativer/stramme Konservative; **~-pipe** *n. (for water-supply)* Standrohr, *das;* **~point** *n.* **a)** *(observation point)* Standort,

b) *(fig.: viewpoint)* Standpunkt, *der;* **~still** *n.* Stillstand, *der;* **be at a ~still** stillstehen; ⟨*Fahrzeug, Flugzeug:*⟩ stehen; ⟨*Produktion, Verkehr:*⟩ zum Erliegen gekommen sein; **come to a ~still** zum Stehen kommen; ⟨*Verhandlungen:*⟩ zum Stillstand kommen; **the traffic/production came to a ~still** der Verkehr/die Produktion kam zum Erliegen; **bring to a ~still** zum Stehen bringen; zum Erliegen bringen ⟨*Produktion*⟩; **~-up** *adj.* **~-up fight** Schlägerei, *die*
stank *see* **stink 1**
stanza [ˈstænzə] *n. (Pros.)* Strophe, *die*
¹**staple** [ˈsteɪpl] **1.** *n. (for fastening paper)* [Heft]klammer, *die; (for fastening netting)* Krampe, *die.* **2.** *v. t. (with a stapler)* heften (on to an + *Akk.*); *(with a hammer)* krampen (to an + *Akk.*)
²**staple 1.** *attrib. adj.* **a)** *(principal)* Grund-; **a ~ diet** *or* **food** ein Grundnahrungsmittel; **b)** *(Commerc.: important)* grundlegend; **~ goods** Haupthandelsartikel; **the ~ export of a country** das Hauptexportgut eines Landes. **2.** *n.* **a)** *(Commerc.: major item)* Haupterzeugnis, *das;* **b)** *(raw material)* Rohstoff, *der;* **c)** *(fig.: fundamental item)* **the ~ of conversation** das zentrale Thema der Unterhaltung; **d)** *(Textiles: fibre)* Faser, *die*
stapler [ˈsteɪplə(r)] *n.* [Draht]hefter, *der*
star [stɑː(r)] **1.** *n.* Stern, *der;* **reach for the ~s** *(fig.)* nach hohen Zielen streben; **three-~ general** *(Amer. Mil.)* Drei-Sterne-General, *der;* **three/four ~ hotel** Drei-/Vier-Sterne-Hotel, *das;* **two/four ~ [petrol]** Normal-/Super[benzin], *das;* **the S~s and Stripes** *(Amer.)* das Sternenbanner; **the pupil got a ~ for his work** der Schüler erhielt für seine Arbeit ein Sternchen **(als Auszeichnung); b)** *(prominent person)* Star, *der;* **be a rising ~ [of the tennis world]** ein aufgehender Stern [am Tennishimmel]; **c)** *(asterisk)* Stern, *der;* Sternchen, *das;* **d)** *(Astrol.)* Stern, *der;* **read one's/the ~s** sein/das Horoskop lesen; **be born under an unlucky ~**: unter einem ungünstigen Stern geboren sein. *See also:* **double star; evening star; morning star;** ¹**see 1 a; shooting star. 2.** *attrib. adj.* **Star-**; ~ **pupil** bester Schüler/beste Schülerin, *die;* ~ **turn** *or* **attraction** Hauptattraktion, *die;* ~ **receive** ~ **billing** als Star/Stars des Abends auftreten. **3.** *v. t.,* -rr- **a)** *(decorate)* mit Sternen schmücken; **~ **pattern** Sternenmuster, *das;* **b)** *(mark with asterisk)* mit einem Stern[chen] versehen; **c)** *(feature as star)* ~ **ring** Humphrey **Bogart and Lauren Bacall** mit Humphrey Bogart und Lauren Bacall in den Hauptrollen; **the film ~red Newman and Redford** in dem Film spielten Newman und Redford die Hauptrollen. **4.** *v. i.,* -rr-: ~ **in a film/play/TV series** in einem Film/einem Stück/einer Fernsehserie die Hauptrolle spielen
starboard [ˈstɑːbəd] *(Naut., Aeronaut.)* **1.** *n.* Steuerbord, *das;* **land to ~!** Land an Steuerbord!; **turn** *or* **put the helm to ~**: nach Steuerbord drehen. **2.** *adj.* steuerbord-: steuerbordseitig; **on the ~ bow/quarter** Steuerbord voraus/achteraus; *see also* ¹**tack 1 c; watch 1 c**
starch [stɑːtʃ] **1.** *n.* **a)** Stärke, *die;* **b)** *(fig.)* Steifheit, *die.* **2.** *v. t.* stärken
Star ˈChamber *n.* **a)** *(Brit. Hist.)* Sternkammer, *die (Gericht zur Verfolgung von Straftaten gegen die Krone);* **b)** *(fig.: tribunal)* ≈ Volksgerichtshof, *der*
starched [stɑːtʃt] *adj.* gestärkt; *(fig.)* steif
ˈ**starch-reduced** *adj.* stärkearm
starchy [ˈstɑːtʃɪ] *adj.* **a)** *(containing much starch)* stärkehaltig ⟨*Nahrungsmittel*⟩; **b)** *(fig.: prim)* steif
ˈ**star-crossed** *adj.* **they were ~ lovers** ihre Liebe stand unter einem schlechten Stern
stardom [ˈstɑːdəm] *n.* Starruhm, *der*
stare [steə(r)] **1.** *v. i.* **a)** *(gaze)* starren; ~ **in surprise/amazement** überrascht/erstaunt

starren; ~ **in horror** erschreckt starren; ~ **at sb./sth.** jmdn./etw. anstarren; **it is rude to ~ at people** es ist unhöflich, andere [Leute] anzustarren; **b)** *(have fixed gaze)* starr blicken. **2.** *v. t.* ~ **sb. into silence** jmdn. durch Anstarren zum Schweigen bringen; ~ **sb. in the face** jmdn. [feindselig] fixieren; *(fig.)* jmdm. ins Auge springen; **ruin was staring him in the face** ihm drohte der Ruin; **I looked for my purse for ages and it was staring me in the face all the time** ich suchte eine Ewigkeit nach meinem Portemonnaie, und dabei lag es die ganze Zeit direkt vor meiner Nase *(ugs.).* **3.** *n.* Starren, *das;* **fix sb. with a [curious/malevolent] ~**: jmdn. [neugierig/böse] anstarren
~ **ˈdown,** ~ ˈ**out** *v. t.* ~ **sb. down** *or* **out** jmds. Blick niederzwingen *(geh.);* jmdn. so lange anstarren, bis er/sie die Augen abwendet
star: **~fish** *n.* Seestern, *der;* **~-gazer** [ˈstɑːgeɪzə(r)] *n. (coll.)* Sterngucker, *der (ugs. scherzh.)*
staring [ˈsteərɪŋ] *attrib. adj.* starrend ⟨*Augen*⟩; **with ~ eyes** mit starrem Blick; **be stark ~ mad** *(fig. coll.)* völlig verrückt sein *(ugs.)*
stark [stɑːk] **1.** *adj.* **a)** *(bleak)* öde; spröde ⟨*Schönheit, Dichtung*⟩; **b)** *(obvious)* scharf umrissen; nackt ⟨*Wahrheit*⟩; scharf ⟨*Kontrast, Umriß*⟩; kraß ⟨*Unterschied, Gegensatz, Realismus*⟩; **be in ~ contrast [to sb./sth.]** sich stark unterscheiden [von jmdm./etw.]; **c)** *(extreme)* schier ⟨*Entsetzen, Dummheit*⟩; nackt ⟨*Armut, Angst*⟩. **2.** *adv.* völlig; ~ **naked** splitternackt *(ugs.); see also* **staring**
starkers [ˈstɑːkəz] *pred. adj. (Brit. sl.)* splitternackt *(ugs.)*
starkly [ˈstɑːklɪ] *adv.* **a)** *(clearly)* überdeutlich; scharf ⟨*kontrastieren*⟩; **b)** *(harshly)* grell ⟨*erleuchten*⟩; **state a problem in ~ realistic terms** ein Problem kraß und realistisch darlegen
starless [ˈstɑːlɪs] *adj.* stern[en]los
starlet [ˈstɑːlɪt] *n. (Cinemat.)* Starlet[t], *das*
ˈ**starlight** *n., no pl.* Sternenlicht, *das*
starling [ˈstɑːlɪŋ] *n. (Ornith.)* **a)** *(Gemeiner)* Star, *der;* **b)** *(of family Sturnidae)* Star, *der; (of family Icteridae)* Stärling, *der*
ˈ**starlit** *adj.* sternhell
Star: ~ **of Bethlehem** [stɑːr əv ˈbeθlɪhem] *n. (Bot.)* Stern von Bethlehem; Milchstern, *der;* ~ **of David** [stɑːr əv ˈdeɪvɪd] *n.* Davi[d]stern, *der*
starry [ˈstɑːrɪ] *adj.* **a)** sternklar ⟨*Himmel, Nacht*⟩; sternenübersät ⟨*Himmel*⟩; **b)** *(shining)* strahlend, leuchtend ⟨*Augen*⟩
ˈ**starry-eyed** *adj.* blauäugig *(fig.)*
star: ~ **ˈshell** *n. (Mil.)* Leuchtgeschoß, *das;* ~ **sign** *n.* Sternzeichen, *das;* **~-spangled** *adj.* mit Sternen übersät; sternbesät *(dichter.);* **the S~-Spangled Banner** das Sternenbanner; **~-studded** *adj.* **a)** mit Sternen übersät; **b)** ⟨*Show, Film, Besetzung*⟩ mit großem Staraufgebot
start [stɑːt] **1.** *v. i.* **a)** *(begin)* anfangen; beginnen *(oft geh.);* **when we first ~ed** ganz zu Anfang; **don't ˈ you ~ ~!** *(coll.)* nun fang du auch noch [damit] an!; ~ **on [at] sb.** *(coll.)* auf jmdn. einhacken *(ugs.);* **don't ~ on at me about that again!** nun fang nicht schon wieder damit an!; ~ **on sth.** etw. beginnen; ~ **on Latin** mit Latein beginnen; ~ **with sth./sb.** bei *od.* mit etw./jmdm. anfangen; **prices ~ at ten dollars** die Preise beginnen bei zehn Dollar; ~ **at the beginning** am Anfang beginnen; **to ~ with** zuerst *od.* zunächst einmal; **~-ing from next month** ab nächsten Monat; *see also* **get 2 b; scratch 3 a**; **b)** *(set out)* aufbrechen; **c)** *(make sudden movement)* aufschrecken; ~ **with pain/surprise** vor Schmerz/Überraschung auffahren; ~ **from one's chair** von seinem Stuhl hochfahren; ~ **back** zurückfahren; ~ **with fright** vor Schreck zurückwei-

starter

chen; **d)** *(begin to function)* anlaufen; ⟨Auto, Motor usw.:⟩ anspringen; **e)** *(burst)* **his eyes ~ed from their sockets/his skull** *or* **head** die Augen traten ihm aus den Höhlen/dem Kopf. **2.** *v. t.* **a)** *(begin)* beginnen [mit]; **we ~ed the holiday on Sunday** unser Urlaub begann am Sonntag; **I have just ~ed a book by Böll** ich habe gerade ein Buch von Böll angefangen; **~ life in Australia** *(be born)* seine ersten Lebensjahre in Australien verbringen; **have ~ed life as sth.** *(fig.)* ursprünglich etw. gewesen sein; **~ school** in die Schule kommen; **~ work** mit der Arbeit beginnen (**on an** + *Dat.*); *(after leaving school)* zu arbeiten anfangen; **~ doing** *or* **to do sth.** [damit] anfangen, etw. zu tun; **b)** *(cause)* auslösen; anfangen ⟨Streit, Schlägerei⟩; legen ⟨Brand⟩; *(accidentally)* verursachen ⟨Brand⟩; **you've really ~ed something now!** jetzt hast du aber was angerichtet!; **you trying to ~ something?** *(coll.)* willst du 'ne Schlägerei anfangen?; **c)** *(set up)* ins Leben rufen ⟨Organisation, Projekt⟩; aufmachen ⟨Laden, Geschäft⟩; herausbringen ⟨Zeitung⟩; gründen ⟨Verein, Firma, Zeitung⟩; **d)** *(switch on)* einschalten; starten, anlassen ⟨Motor, Auto⟩; **e)** **~ sb. doing sth.** jdmn. anfangen lassen, etw. zu tun; **~ sb. working on a project** jmdn. mit der Arbeit an einem Projekt anfangen lassen; **they ~ the children writing at an early age** sie bringen den Kindern schon früh das Schreiben bei; **~ sb. drinking/coughing/laughing** jmdn. zum Trinken/Husten/Lachen bringen; **~ sb. on a diet** jmdn. auf Diät *(Akk.)* setzen; **she ~ed the baby on solid foods** sie gab dem Baby erstmals feste Nahrung; **~ sb. in business/a trade** jmdm. die Gründung eines Geschäfts ermöglichen/jmdn. in ein Handwerk einführen; **f)** *(Sport)* **~ a race** ein Rennen starten; **~ a football match** ein Fußballspiel anpfeifen; **g)** **~ a family** eine Familie gründen; **they have ~ed a baby** sie erwarten ein Kind; **h)** *(Hunting: rouse)* aufscheuchen (**from** aus). **3.** *n.* **a)** Anfang, *der;* Beginn, *der; (of race)* Start, *der;* **from the ~** von Anfang an; **from ~ to finish** von Anfang bis Ende; **at the ~:** am Anfang; **at the ~ of the war/day** bei Kriegsbeginn/zum Tagesanfang; **be in at** *or* **on the ~ of sth.** von Anfang an bei etw. dabei sein; **it could be the ~ of something big** *(coll.)* daraus könnte eine größere Sache werden *(ugs.);* **make a ~:** anfangen (**on, with** mit); *(on journey)* aufbrechen; **make an early/late ~ [for town/to one's holiday]** früh/spät [in die Stadt/in die Ferien] aufbrechen; **get off to** *or* **make a good/slow/poor ~:** einen guten/langsamen/ schlechten Start haben; **for a ~** *(coll.)* zunächst einmal; **b)** *(Sport:* ~ing-place*)* Start, *der;* **c)** *(Sport: advantage)* Vorsprung, *der;* **give sb. 60 metres ~:** jmdm. eine Vorgabe von 60 Metern geben; **have a ~ over** *or* **on sb./sth.** *(fig.)* einen Vorsprung vor jdmn./etw. haben; *see also* **head start; d)** *(good beginning)* [good] **~:** guter Start; **get a good ~ in life** einen guten Start ins Leben haben; **e)** *(jump)* **she remembered** *or* **realized with a ~ that ...:** sie schreckte zusammen, als ihr einfiel, daß ...; **give sb. a ~:** jmdm. einen Schreck einjagen; **give a ~:** zusammenfahren; **f)** *in pl. (jerks)* **give several ~s** mehrmals rucken; *see also* ¹**fit b**

~ for *v. t.* sich auf den Weg machen nach/zu

~ 'in *v. i.* **a)** *(coll.: begin to do)* **~** sich daranmachen *(ugs.),* etw. zu tun; **~ in on sth./on doing sth.** *(Amer. coll.)* sich an etw. *(Akk.)* machen *(ugs.)/*sich daranmachen *(ugs.),* etw. zu tun; **b)** **~ in on sb. [for sth.]** *(criticize)* jmdn. [wegen etw.] attackieren

~ 'off 1. *v. i.* **a)** *see* **set off 1; b)** *(coll.: begin action)* **~ off by showing sth.** zu Beginn etw. zeigen; **c)** **~ off with** *or* **on sth.** *(begin on)* mit etw. beginnen; **today we ~ed off with Latin**

698

heute hatten wir zuerst Latein. **2.** *v. t.* **a)** **~ sb. off working** jmdn. mit der Arbeit anfangen lassen; **~ sb. off on a task/job** jmdn. in eine Aufgabe/Arbeit einweisen; **~ sb. off on a craze** jmdm. einen Floh ins Ohr setzen *(ugs.);* **b)** *see* **set off 2 b**

~ 'out *v. i.* **a)** *see* **set out 1; b)** *see* **set off 1**

~ 'up 1. *v. i.* **a)** *see* **jump up; b)** *(be set going)* starten; ⟨Motor:⟩ anspringen; **c)** *(begin to work)* **~ up in engineering/insurance** als Ingenieur/in der Versicherungsbranche anfangen; **~ up in a trade/as a plumber** sich als Handwerker/als Klempner selbständig machen. **2.** *v. t.* **a)** *(form)* beginnen ⟨Gespräch⟩; gründen ⟨Geschäft, Firma⟩; schließen ⟨Freundschaft⟩; **b)** *(~ [engine of])* starten; anlassen

starter ['stɑ:tə(r)] *n.* **a)** *(Sport: signaller)* Starter, *der;* **be under ~'s orders** *(Horseracing)* am Start stehen; **b)** *(Sport: entrant)* Starter, *der/*Starterin, *die; (horse)* startendes Pferd; **be a ~ in a race** in einem Rennen starten; **c)** *(Motor Veh.:)* [motor] Anlasser, *der;* **press the ~:** den Starter- *od.* Anlasserknopf drücken; **d)** *(initial action)* Anfang, *der;* **an easy question for a ~:** als erstes eine leichte Frage; **as a ~:** zuerst; **for ~s** *(coll.)* erstens einmal; **e)** *(hors d'œuvre etc.)* Vorspeise, *die;* **for a ~:** als Vorspeise

starting ['stɑ:tɪŋ]: **~-block** *n. (Athletics)* Startblock, *der;* **~-gate** *n. (Horse-racing)* Startmaschine, *die;* **~-grid** *n. (Motor-racing)* Startplatz, *der;* **on the second row of the ~-grid** in der zweiten Startreihe; **~-handle** *n. (Brit.)* [Anlasser]kurbel, *die;* **~-line** *n.* Startlinie, *die; (Sport)* Startpistole, *die;* **~-point** *n. (lit. or fig.)* Ausgangspunkt, *der; (for solving a problem)* Ansatzpunkt, *der;* **~-post** *n. (Sport)* Startpfosten, *der;* **~-price** *n. (Horse-racing)* endgültige Quote; **~-stall** *see* ¹**stall 1 e; ~ time** *n.* Anfangszeit, *die*

startle ['stɑ:tl] *v. t.* erschrecken; **be ~d by sth.** über etw. *(Akk.)* erschrecken

startling ['stɑ:tlɪŋ] *adj.* erstaunlich; überraschend ⟨Nachricht⟩; *(alarming)* bestürzend ⟨Nachricht, Entdeckung⟩

startlingly ['stɑ:tlɪŋlɪ] *adv.* erstaunlich; *(alarmingly)* bestürzend

starvation [stɑ:'veɪʃn] *n.* Verhungern, *das;* **die** *of or* **from/suffer from ~:** verhungern/ hungern *od.* Hunger leiden; **be** *or* **live on a ~ diet** fast am Verhungern sein; **~ wages** Hungerlohn, *der*

starve [stɑ:v] **1.** *v. i.* **a)** *(die of hunger)* **~** [to death] verhungern; **b)** *(suffer hunger)* hungern; **c)** **be starving** *(coll.: feel hungry)* am Verhungern sein *(ugs.);* **you must be starving!** *(coll.)* du mußt einen Mordshunger haben! *(ugs.);* **d)** *(fig.: suffer want)* hungern *(geh.);* **for** nach); **be spiritually ~d** seelisch ausgehungert sein. **2.** *v. t.* **a)** *(kill by starving)* **~ sb.** [to death] jmdn. verhungern lassen; **be ~d** [to death] verhungern; **b)** *(deprive of food)* hungern lassen; **feed a cold, ~ a fever** bei Erkältung soll man essen, bei Fieber hungern; **c)** *(deprive)* **we were ~d of knowledge** uns *(Dat.)* wurde [viel] Wissen vorenthalten; **feel ~d of affection** unter einem Mangel an Zuneigung leiden; *see also* **sex-starved; d)** *(force)* **~ sb. into submission/ surrender** jmdn. bis zur Unterwerfung/ Kapitulation aushungern

~ 'out *v. t.* aushungern

'star wars *n. pl.* der Krieg der Sterne

stash [stæʃ] *(sl.)* **1.** *v. t.* **~** [**away**] verstecken; **he ~ed the sweets in his pocket** er ließ die Bonbons in seiner Tasche verschwinden; **~ money away** Geld beiseite schaffen. **2.** *n.* [geheimes] Lager

stasis ['steɪsɪs, 'steɪsɪs] *n., pl.* **stases** ['steɪsi:z, 'steɪsi:z] **a)** *(stagnation)* Stillstand, *der; (of economy)* Stagnation, *die;* **b)** *(Biol.: stoppage)* Stase, *die*

state [steɪt] **1.** *n.* **a)** *(condition)* Zustand, *der;*

statement

~ of the economy Wirtschaftslage, *die;* **the ~ of play** *(Sport)* der Spielstand; **the ~ of play** [at the moment] ist, daß X leads **[at the moment]** ist, daß X leads [at the moment] ist, daß X leads **[at the moment]** ist, daß X leads den gegenwärtigen Spielstand führt X; **the ~ of play in the negotiations/debate** *(fig.)* der [gegenwärtige] Stand der Verhandlungen/ Debatte; **the ~ of things** der Stand der Dinge; **the ~ of things in general** die allgemeine Lage; **the ~ of the art** der [gegenwärtige] Stand der Technik; *see also* **state-of-the-art; the ~ of the nation** die Lage der Nation; **be in a ~ of war** sich im Kriegszustand befinden; **a ~ of war exists** es herrscht Kriegszustand; **be in a ~ of excitement/sadness/anxiety** aufgeregt/traurig/ängstlich sein; **b)** *(mess)* **what a ~ you're in!** wie siehst du denn aus! **things are in a ~, I can tell you** es herrschen wirklich finstere Zustände, sag' ich dir; **c)** *(anxiety)* **be in a ~** *(be in a panic)* aufgeregt sein; *(be anxious)* sich *(Dat.)* Sorgen machen; *(be excited)* ganz aus dem Häuschen sein *(ugs.);* **get into a ~** *(coll.)* Zustände kriegen *(ugs.);* **don't get into a ~!** reg dich nicht auf! *(ugs.);* **d)** *(nation)* Staat, *der;* **[affairs] of S~:** Staats[geschäfte]; **e)** *(federal)* ~ *(of Germany, Austria)* Land, *das; (of America)* Staat, *der;* **the [United] S~s** *sing.* die [Vereinigten] Staaten; **the Northern/Southern S~s** *(Amer.)* die Nord-/Südstaaten; **S~s' Rights** *(Amer.)* Rechte der einzelnen Bundesstaaten; **f)** **S~** *(civil government)* Staat, *der;* **g)** *(pomp)* Prunk, *der;* **in ~:** in vollem Staat; **keep ~:** hofhalten; **lie in ~:** aufgebahrt sein; **h)** *(social rank)* soziale Stellung; **i)** *(Bibliog.: variant)* Abdruckzustand, *der;* **j)** *(Bot.: stage)* Stadium, *das;* **the larval ~** *(Zool.)* das Larvenstadium. *See also* **affair b; evidence 1 b; grace 1 e; mind 1 e. 2.** *attrib. adj.* **a)** *(of nation or federal)* ~ staatlich; Staats⟨bank, -sicherheit, -geheimnis, -dienst⟩; **~ control** staatliche Kontrolle; **~ education** staatliches Erziehungswesen; **S~ university** *(Amer.)* [öffentliche] Universität eines Bundesstaates; **b)** *(ceremonial)* Staats-; **the ~ opening of Parliament** *(Brit.)* die feierliche Eröffnung des Parlaments [nach der Sommerpause]. **3.** *v. t.* **a)** *(express)* erklären; *(fully or clearly)* darlegen ⟨Meinung⟩; angeben ⟨Alter usw.⟩; **'please ~ full particulars'** „bitte genaue Angaben machen"; **this condition is ~d in the insurance policy** so steht es ausdrücklich in der Versicherungspolice; **~ one's opinion that ...:** die Überzeugung äußern, daß ...; **b)** *(specify)* festlegen; **can you ~ the year when ...?** kannst du das Jahr nennen, in dem ...?; **at ~d intervals** in genau festgelegten Abständen; **at** *or* **by the ~d time** zur festgesetzten Zeit; **c)** *(Law: set out)* **~ a case** einen Fall vortragen; **d)** *(Mus.: introduce)* einführen

state: **~-aided** *adj.* staatlich gefördert; **~-controlled** *adj.* **a)** *(owned)* staatseigen; **b)** *(restricted)* staatlich kontrolliert; **~-craft** *n. (statesmanship)* Kunst der Staatsführung; **S~ Department** *n. (Amer. Polit.)* Außenministerium, *das*

statehood ['steɪthʊd] *n.* **a)** *(sovereignty)* Eigenstaatlichkeit, *die;* **b)** *(Amer.: federation)* **be admitted to ~:** als Bundesstaat aufgenommen werden

'state-house *n. (Amer.: legislature building)* Parlamentsgebäude, *das*

stateless ['steɪtlɪs] *adj.* staatenlos; **~ person** Staatenlose, *der/die*

stately ['steɪtlɪ] *adj.* majestätisch; stattlich ⟨Körperbau, Erscheinung, Gebäude⟩; hochtrabend ⟨Stil⟩; feierlich ⟨Prozession⟩; **at a ~ pace** gemessenen Schrittes

stately 'home *n. (Brit.)* Herrensitz, *der;* (*grander*) Schloß, *das*

statement ['steɪtmənt] *n.* **a)** *(stating, account, thing stated)* Aussage, *die; (declaration)* Erklärung, *die; (allegation)* Behauptung, *die;* **make a ~** ⟨Zeuge:⟩ eine Aussage

machen; ⟨*Politiker:*⟩ eine Erklärung abgeben (on zu); b) ⟨*Finance: report*⟩ ~ [of account], [bank] ~: Kontoauszug, *der*
state: ~-**of-the-'art** *adj.* auf dem neuesten Stand der Technik *nachgestellt*; ~-**owned** *adj.* staatlich; in Staatsbesitz *nachgestellt*; ~**room** *n.* a) Prunkzimmer, *das;* b) *(Naut.)* private [Luxus]kabine; *c) (Amer. Railw.)* privates [Luxus]abteil; **S~ school** *n.* *(Brit.)* staatliche Schule; **S~side** *(Amer. coll.)* **1.** *adv.* be/work/travel/head S~side in den Staaten *(ugs.)* sein/arbeiten/in die Staaten *(ugs.)* reisen/fahren; **2.** *adj.* ⟨*Szene, Mode*⟩ in den Staaten *(ugs.)*
statesman ['steɪtsmən] *n., pl.* **statesmen** ['steɪtsmən] Staatsmann, *der; see also* **elder statesman**
statesmanlike ['steɪtsmənlaɪk] *adj.* staatsmännisch; diplomatisch ⟨*Lösung*⟩
statesmanship ['steɪtsmənʃɪp] *n., no pl.* a) *(Polit.: management)* Staatslenkung, *die*; b) *(wise leadership)* staatsmännisches Geschick
'**State system** *n., no pl. (Brit. Educ.)* staatliches Schulwesen
'**statewide** *adj.* landesweit; *(in USA)* im ganzen [Bundes]staat *nachgestellt*
static ['stætɪk] **1.** *adj.* a) *(Phys.)* statisch; b) *(not moving)* statisch; *(not changing)* konstant ⟨*Umweltbedingungen*⟩; be ~: stagnieren; remain ~ ⟨*Zustand:*⟩ unverändert bleiben; ⟨*Preise:*⟩ gleich bleiben; **c)** *(Electr.)* [elektro]statisch. **2.** *n.* a) *(atmospherics)* atmosphärische Störungen; b) *see* **static electricity**
static elec'tricity *n. (Phys.)* statische Elektrizität
statics ['stætɪks] *n., no pl. (Mech.)* Statik, *die*
station ['steɪʃn] **1.** *n.* a) *(position)* Position, *die*; be assigned a ~: einen [Stand]ort zugewiesen bekommen; take up one's ~: seine Position einnehmen; b) *(establishment)* Station, *die*; *(Broadcasting)* Sender, *der*; radar [tracking] ~ *(Mil.)* Radarstation, *die*; **c)** *see* **railway-station**; **d)** *(status)* Rang, *der*; occupy a humble/an exalted ~: eine niedrige/ hohe Position bekleiden; have ideas above one's ~: sich für etwas Besseres halten; marry above/below *or* beneath one's ~: über/unter seinem Stand heiraten; **e)** *(Amer.: post office)* Poststelle, *die*; **f)** *(post)* *(Mil.)* Posten, *der*; *(Navy, Air Force)* Stützpunkt, *der*; *(Police)* Wache, *die*; **g)** *(Austral.: farm)* Farm, *die*; [sheep-]~: Schaffarm, *die*; **h)** ~ of the Cross *(Relig.)* Kreuzwegstation, *die* (kath. Kirche). **2.** *v. t.* a) *(assign position to)* stationieren; abstellen ⟨*Auto*⟩; aufstellen ⟨*Wache*⟩; **b)** *(place)* stellen; *(Sport)* aufstellen; ~ oneself sich aufstellen
stationary ['steɪʃənərɪ] *adj.* a) *(not moving)* stehend; **be ~:** stehen; the traffic was ~: der Verkehr war zum Erliegen gekommen; b) *(fixed)* stationär
'**station break** *n. (Amer. Radio and Telev.)* Pausenzeichen, *das*
stationer ['steɪʃənə(r)] *n.* Schreibwarenhändler, *der*/-händlerin, *die*; ~'s [shop] Schreibwarengeschäft, *das*
stationery ['steɪʃənərɪ] *n.* a) *(writing-materials)* Schreibwaren *Pl.;* b) *(writing-paper)* Briefpapier, *das*; **a ~ set** [eine Mappe mit] Briefpapier; eine Briefmappe; office ~: Bürobedarf, *der; see also* **continuous stationery**
'**Stationery Office** *n. (Brit.)* [Her/His] Majesty's ~ britischer Staatsverlag, der auch die staatlichen Stellen mit Bürobedarf versorgt
station: ~-**house** *n. (Amer.: police station)* [Polizei]wache, *die*; ~-**master** *n. (Railw.)* Stationsvorsteher, *der*/-vorsteherin, *die*; ~-**wagon** *n. (Amer.)* Kombi[wagen], *der*
sergeant *n. (Brit. Police)* Leiter einer Polizeiwache im Range eines Sergeanten;
statistic [stəˈtɪstɪk] *n.* statistische Tatsache; I disliked being treated as just a ~: es mißfiel mir, nur als Nummer behandelt zu werden
statistical [stəˈtɪstɪkl] *attrib. adj.*, **statistically** [stəˈtɪstɪkəlɪ] *adv.* statistisch
statistician [stætɪˈstɪʃn] *n.* Statistiker, *der/* Statistikerin, *die*
statistics [stəˈtɪstɪks] *n.* a) *as pl. (facts)* Statistik, *die*; **~ of population/crime, population/crime ~:** Bevölkerungs-/Kriminalitätsstatistik, *die*; **according to ~:** nach der Statistik; **~ show that one in three marriages ends in divorce** nach der Statistik endet eine von drei Eheschließungen mit Scheidung; b) *no pl. (science)* Statistik, *die*
statue ['stætʃuː, 'stætjuː] *n.* Statue, *die*; **as still as a ~:** reglos wie eine Statue; *see also* **liberty**
statuesque [stætjuˈesk, stætʃuˈesk] *adj.* statuenhaft; *(imposing)* stattlich
statuette [stætʃuˈet, stætjuˈet] *n.* Statuette, *die*
stature ['stætʃə(r)] *n.* a) *(body height)* Statur, *die*; **be short ~, be short in ~:** von kleiner Statur sein; b) *(fig.: standing)* Format, *das*; **be of international ~ in one's field** auf einem Gebiet eine international anerkannte Kapazität sein; **a person of [some] ~:** eine [recht] bedeutende Persönlichkeit; **he was not of the same ~ as Picasso** er hatte nicht das Format *od.* die Größe Picassos
status [ˈsteɪtəs] *n.* a) *(position)* Rang, *der*; have no ~ in society kein angesehenes Mitglied der Gesellschaft sein; rise in ~: an Ansehen gewinnen; social ~: [gesellschaftlicher] Status; **the ~ of this information is 'secret'** diese Information ist als „geheim" eingestuft; **be a person of high/low ~ in a firm** in einer Firma eine hohe/niedrige Stellung haben; **her ~ among scientists** ihr wissenschaftlicher Rang; **equality of ~ [with sb.]** Gleichstellung [mit jmdm.]; **financial ~:** finanzielle *od.* wirtschaftliche Lage; b) *(superior position)* Status, *der*; **have [some] ~ in the firm** in der Firma einen [ziemlich] hohen Rang bekleiden; c) *(Law)* Status, *der*; have [no] legal ~: [keine] rechtsgültig sein; ⟨*Person:*⟩ über keinerlei Rechte verfügen
status: ~ **quo** [steɪtəs ˈkwəʊ] *n.* Status quo, *der*; ~ **symbol** *n.* Statussymbol, *das*
statute ['stætjuːt] *n.* a) *(Law)* Gesetz, *das*; **by ~:** per Gesetz; b) *in pl. (rules)* Statut, *das*; Satzung, *die*
statute: ~-**barred** *adj. (Law)* verjährt; ~-**book** *n. (Law)* Gesetzbuch, *das*; **put an Act or a law on the** ~-**book** ein Gesetz durchbringen; **put a measure/provision on the** ~-**book** einer Maßnahme/Bestimmung Gesetzeskraft *(Dat.)* verleihen; ~ **law** *n. (Law)* a) *(statute)* Gesetz, *das*; b) *no pl., no indef. art.* kodifiziertes *od.* schriftlich niedergelegtes Recht; ~ **mile** *n.* englische Meile
statutory ['stætjʊtərɪ] *adj.* a) *(Law)* gesetzlich ⟨*Feiertag, Bestimmung, Erfordernis, Erbe*⟩; gesetzlich vorgeschrieben ⟨*Strafe*⟩; gesetzlich festgeschrieben ⟨*Löhne, Zinssatz*⟩, gesetzlich festgelegt ⟨*Voraussetzung, Sätze, Zeit*⟩; ~ **law** kodifiziertes Recht; ~ **rights** [gesetzliche] Rechte; *see also* ¹**rape 1**; b) *(relating to the statutes of an institution)* Satzungs⟨*bestimmungen*⟩; von der Satzung vorgesehen ⟨*Geldbuße usw.*⟩; **in accordance with the ~ requirements or conditions** satzungsgemäß
¹**staunch** [stɔːnʃ, stɑːnʃ] *adj.* treu ⟨*Freund, Anhänger*⟩; streitbar ⟨*Kämpfer, Anhänger*⟩; überzeugt ⟨*Katholik, Demokrat usw.*⟩; unerschütterlich ⟨*Mut, Hingabe, Glaube*⟩; standhaft ⟨*Herz*⟩; **be ~ in one's belief** an seinem Glauben unerschütterlich festhalten; **be ~ in one's support for sb./sth.** jmdn./etw. getreu unterstützen
²**staunch** *see* **stanch**
staunchly ['stɔːnʃlɪ, 'stɑːnʃlɪ] *adv.* standhaft ⟨*beistehen*⟩; unerschrocken ⟨*kämpfen,*

stave [steɪv] **1.** *n.* a) *(Mus.) see* **staff 1 d**; b) *(of barrel)* Daube, *die*; c) *(rung)* Sprosse, *die*; d) *(lit.: stanza)* Strophe, *die*. **2.** *v. t.,* ~d *or* **stove** [stəʊv] ein Loch schlagen in (+ Akk.)
~ 'in *v. t. (crush)* eindrücken ⟨*Karosserie, Tür, Fenster, Rippen*⟩; einschlagen ⟨*Kopf, Kiste*⟩; *(break hole in)* ein Loch schlagen in (+ Akk.); **the boat was ~d in** das Boot schlug leck
~ 'off *v. t.,* ~d **off** abwenden; abwehren ⟨*Angriff*⟩; verhindern ⟨*Krankheit*⟩; stillen ⟨*Hunger, Durst*⟩; zurückweisen ⟨*Forderung*⟩
¹**stay** [steɪ] **1.** *n.* a) Aufenthalt, *der;* ⟨*visit*⟩ Besuch, *der*; **during her ~ with us** während sie bei uns zu Besuch war; **come/go for a short ~ with sb.** jmdn. kurz besuchen; **have a week's ~ in London** eine Woche in London verbringen; b) *(Law)* ~ [of execution] Aussetzung [der Vollstreckung]; *(fig.)* Galgenfrist, *die*; c) *(support)* Stütze, *die*; d) *in pl. (Hist.) see* **corset 1 a**. **2.** *v. i.* a) *(remain)* bleiben; **he ~ed in the club/army for five years** er war fünf Jahre Klubmitglied/in der Armee; ~ **open till 10 o'clock** ⟨*Geschäft:*⟩ bis 10 Uhr geöffnet sein; **be here to ~, have come to ~:** sich fest eingebürgert haben; ⟨*Arbeitslosigkeit, Inflation:*⟩ zum Dauerzustand geworden sein; ⟨*Modeartikel:*⟩ in Mode bleiben; ~ **with the leaders** sich an der Spitze halten *od.* behaupten; ~! halt!; *(to dog)* bleib hier!; ~ **for** *or* **to dinner/for the party** zum Essen/zur Party bleiben; ~ **put** *(coll.)* ⟨*Ball, Haar:*⟩ liegen bleiben; ⟨*Hut:*⟩ fest sitzen; ⟨*Bild:*⟩ hängen bleiben; ⟨*Person:*⟩ bleiben[, wo man ist]; **I am ~ing put in this armchair** aus diesem Sessel rühre ich mich so schnell nicht weg; ~ **sitting** sitzen bleiben; ~ **'with it!** *(coll.)* bleib dran! *(ugs.);* ~ **with me!** bleib bei mir!; ~ **around!** bleib in der Nähe!; b) *(dwell temporarily)* wohnen; ~ **abroad** im Ausland leben; ~**ed [for] two weeks in London before flying to Brussels** verbrachte zwei Wochen in London, bevor er nach Brüssel flog; ~ **the night in a hotel** die Nacht in einem Hotel verbringen; ~ **at sb.'s** *or* **with sb. for the weekend** das Wochenende bei jmdm. verbringen; c) *(Sport)* durchhalten; ~ **well at a fast pace/over any distance** bei schnellem Tempo/über jede Entfernung gut mithalten. **3.** *v. t.* a) *(arch./literary: stop)* aufhalten; ~ **one's hand** *(fig.)* sich bedeckt halten; ~ **sb.'s hand** *(fig.)* jmdn. zurückhalten; b) *(endure)* ~ **the course** *or* **distance** die [ganze] Strecke durchhalten; *(fig.)* durchhalten; *see also* ¹**pace 1 b**; c) *(satisfy)* stillen ⟨*Hunger, Durst*⟩; d) *(Law)* aussetzen; e) *(literary: support)* stützen
~ **a'head** *v. i.* die Führung halten
~ **a'way** *v. i.* a) *(not attend)* ~ **away [from sth.]** von etw.] wegbleiben; [einer Sache *(Dat.)*] fernbleiben; ~ **away from school/a meeting** nicht zur Schule/zu einem Treffen gehen/kommen; **if the visitors/customers ~ away** wenn die Besucher/Käufer ausbleiben; b) ~ *(distant)* ~ **away from the dog!** komm dem Hund nicht zu nahe!; **he ~ed well away from the wall** er hielt sich ein gutes Stück von der Wand entfernt; ~ **away from him!** laß ihn in Ruhe!; ~ **away from drugs** die Finger von Drogen lassen *(ugs.)*
~ **'back** *v. i.* a) *(not approach)* zurückbleiben; b) *see* ~ **behind**; c) *(remain in place)* **the door won't ~ back** die Tür bleibt nicht offen
~ **be'hind** *v. i.* zurückbleiben; **have to ~ behind [after school]** nachsitzen müssen; **we ~ed behind after the lecture** wir sind nach der Vorlesung noch dageblieben; **can you ~ behind for a moment?** kannst du einen Augenblick [hier] warten?
~ **'down** *v. i.* a) *(remain lowered)* unten blei-

699

ben; **they ~ed down out of sight** sie blieben unten, so daß man sie nicht sehen konnte; **b)** *(not increase)* stabil bleiben; **c)** *(Educ.: not go to higher form)* sitzenbleiben *(ugs.)*
~ 'in *v. i.* **a)** *(remain in position)* halten; **will these creases ~ in?** bleiben diese Falten [drin *(ugs.)*]?; **this passage [of the book] should ~** in diese Passage sollte nicht gestrichen werden; **b)** *(remain indoors)* im Hause bleiben; *(remain at home)* zu Hause bleiben
~ 'off 1. *v. i.* **a)** *(away from work, school)* [**have to**] **~ off** nicht zur Schule/Arbeit gehen [können]. **2.** *v. t.* **a)** *(not go on to)* nicht betreten ⟨*Rasen, Teppich, Beete*⟩; nicht gehen auf (+ *Akk.*) ⟨*Straße usw.*⟩; **~ off the bottle/off drugs** die Finger vom Alkohol/von Drogen lassen *(ugs.)*; **b)** *(be absent from)* **~ off school/work** nicht zur Schule/Arbeit gehen
~ 'on *v. i.* **a)** *(remain in place)* ⟨*Hut, Perücke, Kopftuch:*⟩ sitzen bleiben; ⟨*falsche Wimpern, Aufkleber:*⟩ haften; ⟨*Deckel, Rad:*⟩ halten; **b)** *(remain in operation)* angeschaltet bleiben; anbleiben *(ugs.)*; **c)** *(remain present)* noch [da]bleiben; **~ on at school** auf der Schule bleiben; **~ on as chairman** Vorsitzender bleiben
~ 'out *v. i.* **a)** *(not go home)* wegbleiben *(ugs.)*; nicht nach Hause kommen/gehen; **don't ~ out late!** komm nicht zu spät nach Hause!; **b)** *(remain outside)* draußen bleiben; **c)** *(fig.)* **~ out of sb.'s way** jmdm. aus dem Wege gehen; **d)** *(remain on strike)* **~ out [on strike]** im Ausstand bleiben
~ 'over *v. i. (coll.)* über Nacht bleiben
~ 'up *v. i.* **a)** *(not go to bed)* aufbleiben; **b)** *(remain in position)* ⟨*Pfosten, Gebäude:*⟩ stehenbleiben; ⟨*Plakat:*⟩ hängen bleiben; ⟨*Flugzeug, Haare:*⟩ oben bleiben; **my socks won't ~ up** meine Socken rutschen [ständig]
²**stay 1.** *n.* **a)** *(Naut.)* Stag, *das;* **b)** *(guy-rope)* Zeltleine, *die;* *(guy-wire)* Drahtseil, *das;* **c)** *(Aeronaut., Archit.)* Strebe, *die.* **2.** *v. t. (Naut.)* stagen
'**stay-at-home 1.** *n.* häuslicher Mensch; **be a real ~:** ein richtiger Stubenhocker *(ugs. abwertend)* sein. **2. attrib. adj.** häuslich
stayer ['steɪə(r)] *n. lit. or fig.* Steher, *der*
staying-power ['steɪŋpaʊə(r)] *n.* Durchhaltevermögen, *das*
staysail ['steɪseɪl, 'steɪsl] *n. (Naut.)* Stagsegel, *das*
STD *abbr.* **a)** *(Brit. Teleph.)* **subscriber trunk dialling** Selbstwählfernverkehr, *der;* **~ code** Vorwahl[nummer], *die;* **b)** *(Med.)* **sexually transmitted disease** *see* **sexually a**
stead [sted] *n.,* **a) in sb.'s ~:** an jmds. Stelle *(Dat.);* **the bishop's deputy went in his ~:** anstelle des Bischofs ging sein Vertreter; **b) stand sb. in good ~:** jmdm. zustatten kommen; **that car has stood her in good ~:** dieser Wagen hat ihr gute Dienste geleistet
steadfast ['stedfəst, 'stedfɑːst] *adj.* standhaft; zuverlässig ⟨*Freund*⟩; fest ⟨*Entschluß*⟩; unverwandt ⟨*Blick*⟩; unerschütterlich ⟨*Glaube*⟩; unverbrüchlich *(geh.)* ⟨*Freundschaft, Treue*⟩; **be ~ in one's belief that ...:** fest daran glauben, daß ...
steadfastly ['stedfəstlɪ, 'stedfɑːstlɪ] *adv.* standhaft; fest ⟨*glauben*⟩; unverwandt ⟨*[an]blicken*⟩; **adhere ~ to one's principles/faith** fest zu seinen Grundsätzen/seinem Glauben stehen
steadily ['stedɪlɪ] *adv.* **a)** *(stably)* fest; festen Schrittes ⟨*gehen*⟩; sicher ⟨*radfahren*⟩; **b)** *(without faltering)* fest ⟨*[an]blicken*⟩; **c)** *(continuously)* stetig; ohne Unterbrechung ⟨*arbeiten, marschieren*⟩; **it was raining ~:** es hat ununterbrochen geregnet; **progress ~:** stetige Fortschritte machen; **news flowed in ~ all day** den ganzen Tag gingen pausenlos Nachrichten ein; **d)** *(firmly)* standhaft ⟨*sich weigern*⟩; fest ⟨*glauben*⟩; **e)** *(reliably)* zuverlässig

steady ['stedɪ] **1.** *adj.* **a)** *(stable)* stabil; *(not wobbling)* standfest; **as ~ as a rock** völlig standfest ⟨*Leiter, Tisch*⟩; völlig stabil ⟨*Boot*⟩; ganz ruhig ⟨*Hand*⟩; **in an emergency he is as ~ as a rock** *(lit. or fig.)* in einer Notsituation läßt er sich durch nichts erschüttern; **be ~ on one's feet** *or* **legs/bicycle** sicher auf den Beinen sein/Fahrrad fahren; **hold** *or* **keep one's hand ~:** die Hand ruhig halten; **hold** *or* **keep the ladder ~:** die Leiter festhalten; **~ as she goes!** *(coll.)* immer so weiter!; **b)** *(still)* ruhig; **turn a ~ eye** *or* **gaze** *or* **look on sb.** jmdn. fest ansehen; **c)** *(regular, constant)* stetig; gleichmäßig ⟨*Arbeit, Tempo*⟩; stabil ⟨*Preis, Lohn*⟩; gleichbleibend ⟨*Temperatur*⟩; beständig ⟨*Klima, Summen, Lärm*⟩; **we had rain/drizzle** wir hatten Dauerregen/es nieselte [bei uns] ständig; **at a ~ pace** mit gleichmäßiger Geschwindigkeit; **[keep her] ~!** *(Naut.)* Kurs halten!; **prices have remained ~:** die Preise sind stabil geblieben; **~!** Vorsicht!; *(to dog, horse)* ruhig!; **~ on!** langsam! *(ugs.)*; **~ on, or you'll knock the vase over/hurt me** Vorsicht, sonst wirfst du die Vase um/verletzt du mich; **d)** *(invariable)* unerschütterlich; beständig ⟨*Wesensart*⟩; standhaft ⟨*Weigerung*⟩; fest ⟨*Charakter, Glaube*⟩; **have a ~ character** charakterfest sein; **~ purpose** Zielstrebigkeit, *die;* **e)** *(enduring)* **a ~ job** eine feste Stelle; **a ~ boy-friend/girl-friend** ein fester Freund/eine feste Freundin *(ugs.)*; **f)** *(reliable)* zuverlässig. **2.** *v. t.* festhalten ⟨*Leiter*⟩; beruhigen ⟨*Pferd, Nerven*⟩; ruhig halten ⟨*Boot, Flugzeug*⟩; **~ the table/vase** für einen festen Stand des Tisches/der Vase sorgen; **she steadied herself against the table/with a stick** sie hielt sich am Tisch fest/stützte sich mit einem Stock. **3.** *v. i. (Preise:)* sich stabilisieren; *(Geschwindigkeit:)* sich mäßigen; **the boat steadied** das Boot wurde [wieder] ruhiger. **4.** *n. (coll.)* fester Freund/feste Freundin *(ugs.).* **5.** *adv.* **go ~ with sth.** mit etw. vorsichtig sein; **go ~ with sb.** *(coll.)* mit jmdm. gehen *(ugs.)*; **are you going ~ with anyone?** hast du einen festen Freund/eine feste Freundin? *(ugs.)*
steak [steɪk] *n.* Steak, *das; (of ham, bacon, gammon, salmon, etc.)* Scheibe, *die;* **a chicken/turkey/veal ~:** ein Hähnchen-/Puten-/Kalbssteak; **~ and kidney pie/pudding** Rindfleisch-Nieren-Pastete, *die;* **~ au poivre** [ˌsteɪk əʊ 'pwɑːvr] Pfeffersteak, *das;* **~ tartare** Tatarbeefsteak, *das;* **a [fish] ~:** eine Scheibe [Fisch]; *see also* **fillet 1 a; sirloin a**
steak: **~-house** *n.* Steakhaus, *das;* **~-knife** *n.* Messer mit Sägezahnung
steal [stiːl] **1.** *v. t.,* **stole** [stəʊl], **stolen** ['stəʊln] **a)** stehlen (*from Dat.*); **~ a ride** schwarzfahren; **~ sb.'s boy-friend/girl-friend** jmdm. den Freund/die Freundin ausspannen *(ugs.)*; **she was the star of the play, but the little dog stole the show** *(fig.)* sie war der Star des Stückes, aber der kleine Hund sahl ihr die Schau; *see also* **scene b; thunder 1 c;** **b)** *(get slyly)* rauben *(geh. scherzh.)* ⟨*Kuß, Umarmung*⟩; entlocken ⟨*Worte, Interview*⟩; stibitzen *(Dat.)* *(ugs. scherzh.)* ⟨*Nickerchen*⟩; **~ a glance [at sb./sth.]** jmdm. einen verstohlenen Blick zuwerfen/einen verstohlenen Blick auf etw. *(Akk.)* werfen; **c)** *(fig.: win)* **she stole my heart** sie eroberte mein Herz; **~ a march on sb.** jmdm. zuvorkommen. **2.** *v. i.,* **stole, stolen a) ~ from sb.** jmdn. bestehlen; **~ from the till/supermarket** aus der Kasse/im Supermarkt stehlen; **b)** *(move furtively)* sich stehlen; **~ in/out/up** sich hinein-/hinaus-/hinaufstehlen; **mist stole over the valley** beinahe unbemerkt breitete sich Nebel über das Tal aus; **~ up [on sb./sth.]** sich [an jmdn./etw.] heranschleichen; **old age is ~ing up on me** langsam, aber sicher werde ich alt. **3.** *n. (Amer. coll.)* **a)** *(theft)*

Diebstahl, *der;* **b)** *(bargain)* **that dress is a ~:** dieses Kleid ist [fast *od.* halb] geschenkt *(ugs.)*
~ a'bout, ~ a'round *v. i.* herumschleichen *(ugs.)*
~ a'way *v. i.* sich fortstehlen
stealth [stelθ] *n.* Heimlichkeit, *die;* **use ~:** heimlich vorgehen; **by ~:** heimlich
stealthily ['stelθɪlɪ] *adv.* heimlich; verstohlen
stealthy ['stelθɪ] *adj.* heimlich; verstohlen ⟨*Blick, Bewegung, Tun*⟩
steam [stiːm] **1.** *n., no pl., no indef. art.* Dampf, *der;* **the window was covered with ~:** das Fenster war beschlagen; **all the ~ has gone out of him/the idea** *(coll.)* er hat seinen ganzen Schwung verloren/aus der Idee ist der Dampf raus *(ugs.)*; **get up ~:** Dampf aufmachen; *(fig.)* in Fahrt kommen; **get up ~ to do sth.** *(fig.)* den nötigen Dampf aufbringen, um etw. zu tun; **let off ~** *(fig.)* Dampf ablassen *(ugs.)*; **run out of ~** *(fig.)* keinen Dampf mehr haben; *(fig.)* den Schwung verlieren; **under its own ~:** mit eigener Kraft; **under one's own ~** *(fig.)* aus eigener Kraft; *see also* ¹**full 1 d. 2.** *v. t. (Cookery)* dämpfen; dünsten; **~ed pudding** gedämpfter Pudding; **b) ~ open an envelope** einen Umschlag mit [heißem] Wasserdampf öffnen. **3.** *v. i.* **a)** *(emit steam)* dampfen; **~ing hot** dampfend heiß; **heat the water till ~ing hot** das Wasser erhitzen, bis es dampft; **b)** *(move)* dampfen; **he went ~ing after the thief** *(fig. coll.)* er stürmte mit Volldampf *(ugs.)* hinter dem Dieb her
~ a'head *v. i. (fig. coll.)* rasche Fortschritte machen
~ 'over *v. i.* [sich] beschlagen
~ 'up 1. *v. t.* **a)** beschlagen lassen; **be ~ed up** beschlagen sein; **b)** *(fig. coll.)* **get/be [all] ~ed up [total]** ausrasten *(ugs.)*; **don't get ~ed up about it!** reg dich doch darüber nicht so auf! **2.** *v. i.* beschlagen
steam: **~-bath** *n.* Dampfbad, *das;* **~-boat** *n.* Dampfschiff, *das; (small)* Dampfboot, *das;* **~-boiler** *n.* Dampfkessel, *der;* **~-coal** *n.* Dampfkesselkohle, *die;* **~-driven** *adj.* dampfgetrieben; **a ~-driven boat/train/tractor** ein Dampfboot/eine Dampflok/ein Traktor mit Dampfantrieb; **~-engine** *n.* **a)** *(Railw.)* Dampflok[omotive], *die;* **b)** *(stationary engine)* Dampf[kraft]maschine, *die*
steamer ['stiːmə(r)] *n.* **a)** *(Naut.)* Dampfer, *der;* **b)** *(Cookery)* Dämpfer, *der*
steam: **~-gauge** *n.* Dampfdruckmesser, *der;* **~-hammer** *n. (Metallurgy)* Dampfhammer, *der;* **~ iron** *n.* Dampfbügeleisen, *das;* **~ 'radio** *n. (coll. joc.)* Dampfradio, *das (ugs. scherzh.);* **~-roller** **1.** *n. (lit. or fig.)* Dampfwalze, *die;* **2.** *v. t.* [mit der Dampfwalze] walzen; *(fig.)* niederwalzen; **~-roller a bill through Parliament** ein Gesetz durchpeitschen *(ugs.)*; **~-ship** *n.* Dampfschiff, *das;* **~ train** *n. (Railw.)* Dampfzug, *der;* **~ turbine** *n.* Dampfturbine, *die;* **~ whistle** *n.* Dampfpfeife, *die*
steamy ['stiːmɪ] *adj.* **a)** dunstig; Dunst⟨*wolke*⟩; feucht ⟨*Hitze*⟩; beschlagen ⟨*Glas*⟩; **b)** *(coll.: erotic)* heiß
steed [stiːd] *n. (literary/joc.)* Roß, *das (geh./scherzh.)*
steel [stiːl] **1.** *n.* **a)** Stahl, *der;* **have a heart of ~** *(fig.)* stahlhart sein; **a man of ~:** ein stahlharter Mann; **as hard/true as ~:** stahlhart/treu wie Gold; **cold ~:** blanker Stahl; **pressed ~:** Preßstahl, *der;* **b)** *(knife-sharpener)* Wetzstahl, *der;* **c)** *(literary: sword)* Schwert, *das.* **2. attrib. adj.** stählern; Stahl⟨*helm, -block, -platte*⟩. **3.** *v. t.* **~ oneself for/against sth.** sich für/gegen etw. wappnen *(geh.)*; **she ~ed her heart/herself against his pleas** sie verschloß ihr Herz/sich seinen Bitten; **~ oneself to do sth.** allen Mut zusammennehmen, um etw. zu tun

steel: ~ˈband *n. (Mus.)* Steelband, *die;* ~ˈdrum *n. (Mus.)* Steeldrum, *die;* ~**grey** 1. *n.* Stahlgrau, *das;* 2. *adj.* stahlgrau; ~ˈguiˈtar *n. (Mus.)* Hawaiigitarre, *die;* ~**maker** *n.* Stahlproduzent, *der*/-produzentin, *die;* ~-**mill** *n.* Stahlwalzwerk, *das;* ~ˈplate *n.* Stahlplatte, *die;* ~-**plated** [ˈstiːlpleɪtɪd] *adj. (for protection)* mit Stahlplatten gepanzert; *(for durability)* mit Stahl überzogen; ~ˈwool *n.* Stahlwolle, *die;* ~**worker** *n.* Stahlarbeiter, *der*/-arbeiterin, *die;* ~**works** *n. sing., pl.* same Stahlwerk, *das*

steely [ˈstiːlɪ] *adj.* a) *(strong)* stählern; b) *(resolute)* eisern; c) *(severe)* steinern

ˈ**steelyard** *n.* Laufgewichtswaage, *die*

¹**steep** [stiːp] *adj.* a) steil; b) *(rapid)* stark ⟨*Preissenkung*⟩; steil ⟨*Preisanstieg*⟩; c) *(Coll.: excessive)* happig *(ugs.);* **the bill is [a bit] ~:** die Rechnung ist [ziemlich] gesalzen *(ugs.);* **be a bit ~** = **be a bit much** *see* **much 1 b;** **that's pretty ~!, coming from you/him]** das ist ein starkes Stück *(ugs.)* [von dir/ihm]

²**steep** *v. t.* a) *(soak)* einweichen; b) *(bathe)* baden

steeped [stiːpt] *adj.* durchdrungen (in von); **a place ~ in history/tradition** ein geschichtsträchtiger/von der Tradition durchdrungener Ort

steepen [ˈstiːpn] 1. *v. i.* steil[er] werden. 2. *v. t.* steil[er] machen

steeple [ˈstiːpl] *n.* Kirchturm, *der*

steeple: ~**chase** *n. (Sport)* a) *(horse-race)* Steeplechase, *die;* Hindernisrennen, *das;* b) *(Athletics)* Hindernislauf, *der;* ~**chaser** *n. (Sport)* a) *(rider)* Reiter/Reiterin bei einer Steeplechase; b) *(runner)* Hindernisläufer, *der*/-läuferin, *die;* c) *(horse)* Steepler, *der;* ~**chasing** [ˈstiːpltʃeɪsɪŋ] *n. (Sport)* Hindernisrennen, *das;* ~**jack** *n.* Arbeiter, *der*/Arbeiterin, *die* Reparaturarbeiten an Kaminen, Kirchtürmen usw. ausführt

steeply [ˈstiːplɪ] *adv.* steil ⟨*ansteigen, abfallen*⟩

ˈ**steep-sided** *see* -**sided**

¹**steer** [stɪə(r)] 1. *v. t.* a) steuern; lenken; **this car is easy to ~:** dieser Wagen ist leicht lenkbar; b) *(direct)* ~ **a** *or* **one's way through ...:** steuern durch ...; ~ **a** *or* **one's course for a place** auf einen Ort zusteuern; *(in ship, plane, etc.)* Kurs auf einen Ort nehmen; ~ **a** *or* **one's course for home** Kurs in Richtung Heimat nehmen; ~ **a middle course** *(fig.)* einen Mittelweg einschlagen; c) *(guide movement of)* führen, lotsen ⟨*Person*⟩; ~ **a bill through Parliament** eine Gesetzesvorlage über die parlamentarischen Hürden bringen; ~ **sb./the conversation towards/away from a subject** jmdn./das Gespräch auf ein Thema lenken/von einem Thema ablenken. 2. *v. i.* steuern; ~ **in and out of/~ between the obstacles** zwischen den Hindernissen hindurchsteuern; ~ **clear of sb./sth.** *(fig. coll.)* jmdm./einer Sache aus dem Weg[e] gehen; ~ **clear of opium/politics** die Finger von Opium/der Politik lassen; ~ **for sth.** etw. ansteuern; ~ **left/right** nach links/rechts steuern; ~ **due north** *(Naut.)* direkt nach Norden steuern

²**steer** *n. (Zool.)* junger Ochse

steering [ˈstɪərɪŋ] *n.* a) *(Motor Veh.)* Lenkung, *die;* b) *(Naut.)* Ruder, *das;* Steuerung, *die*

steering: ~-**column** *n. (Motor Veh.)* Lenksäule, *die;* ~ **committee** *n.* Lenkungsausschuß, *der;* ~-**gear** *n. (Naut.)* Steuervorrichtung, *die;* Ruderanlage, *die;* ~-**lock** *n. (Motor Veh.)* Lenkradschloß, *das;* ~-**wheel** *n.* a) *(Motor Veh.)* Lenkrad, *das;* b) *(Naut.)* Steuerrad, *das*

steersman [ˈstɪəzmən] *n., pl.* **steersmen** [ˈstɪəzmən] *(Naut.)* Steuermann, *der*

stein [staɪn] *n.* Bierkrug, *der;* Stein, *der (südd.)*

stellar [ˈstelə(r)] *adj.* stellar

¹**stem** [stem] 1. *n.* a) *(Bot.) (of tree, shrub)* Stamm, *der; (of flower, leaf, fruit)* Stiel, *der; (of corn)* Halm, *der;* b) *(of glass)* Stiel, *der;* c) *(Mus.)* Notenhals, *der;* d) *(of tobaccopipe)* Pfeifenrohr, *das;* e) *(Ling.)* Stamm, *der;* f) *(Naut.)* **from ~ to stern** vom Bug bis zum Heck. 2. *v. i.,* -**mm-:** ~ **from sth.** auf etw. *(Akk.)* zurückzuführen sein. 3. *v. t.,* -**mm-** *(make headway against)* standhalten (+ *Dat.*)

²**stem** *v. t.,* -**mm-** *(check, dam up)* aufhalten; eindämmen ⟨*Flut*⟩; stillen ⟨*Blutung, Wunde*⟩; *(fig.)* Einhalt gebieten (+ *Dat.*) *(geh.);* stoppen ⟨*Redefluß*⟩; ~ **the tide of criticism** die Welle[n] der Kritik eindämmen

-**stemmed** [stemd] *adj. in comb.* -stielig ⟨*Glas, Pfeife, Blume, Frucht*⟩; -stämmig ⟨*Baum, Strauch*⟩

ˈ**stem-turn** *n. (Skiing)* Stemmbogen, *der*

stench [stentʃ] *n.* Gestank, *der (abwertend)*

stencil [ˈstensl] 1. *n.* a) ~ [-**plate**] Schablone, *die;* b) *(for duplicating)* Matrize, *die;* c) *(~led pattern/lettering)* schabloniertes Muster/schablonierte Schrift. 2. *v. t., (Brit.)* -**ll**- a) *(produce with ~)* mit einer Schablone zeichnen; schablonieren; b) *(ornament)* [mittels Schablone] mustern

Sten gun [ˈsten ɡʌn] *n. (Arms)* Art Maschinenpistole

stenographer [steˈnɒɡrəfə(r)] *n.* Stenograph, *der*/Stenographin, *die*

stentorian [stenˈtɔːrɪən] *adj.* laut [hallend]; **a ~ voice** eine Stentorstimme *(geh.)*

step [step] 1. *n.* a) *(movement, distance)* Schritt, *der;* **at every ~:** mit jedem Schritt; **watch sb.'s every ~** *(fig.)* jmdn. auf Schritt und Tritt überwachen; **take a ~ towards/away from sb.** einen Schritt auf jmdn. zugehen/von jmdm. wegtreten; **take a ~ back/sideways/forward** einen Schritt zurücktreten/zur Seite treten/nach vorn treten; **a ~ forward/back** *(fig.)* ein Schritt nach vorn/zurück; ein Fortschritt/Rückschritt; **a ~ in the right/wrong direction** *(fig.)* ein Schritt in die richtige/falsche Richtung; **mind** *or* **watch your ~!** *(lit. or fig.)* paß auf!; **I can't walk another ~:** ich kann keinen Schritt mehr gehen; **don't move another ~!** keinen Schritt weiter!; b) *(stair)* Stufe, *die; (on vehicle)* Tritt, *der;* **a flight of ~s** eine Treppe; **mind the ~!** Vorsicht, Stufe!; *(warning by one person to another)* paß auf die Stufe auf!; [**pair of**] ~**s** *(ladder)* Stehleiter, *die; (small)* Trittleiter, *die;* c) **follow** *or* **walk in sb.'s ~s** *(fig.)* in jmds. Fußstapfen treten; d) *(short distance)* **it's only a ~ to my house** es sind nur ein paar Schritte bis zu mir; e) **be in ~:** im Schritt sein; *(with music, in dancing)* im Takt sein; **be in/out of ~ with sth.** *(fig.)* mit etw. Schritt/nicht Schritt halten; **he is rarely in ~ with others** er befindet sich selten in Einklang mit anderen; **be out of ~:** aus dem Schritt geraten sein; *(with music, in dancing)* nicht im Takt sein; **he is out of ~ with his colleagues/the official party line** er ist über Kreuz mit seinen Kollegen/weicht von der offiziellen Parteilinie ab; **break ~:** aus dem Tritt geraten *od.* kommen; **change ~:** den Schritt wechseln; **fall into** *or* **get in ~:** in den Gleichschritt fallen; **fall into** *or* **get in ~ with sb./sth.** mit jmdm./etw. im Gleichschritt [mit]marschieren; *(fig.)* sich jmdm./einer Sache fügen; **prices are out of ~ with wage increases** die Preise stehen in keinem Verhältnis zu den Lohnerhöhungen; **keep in ~:** den Schritt halten; *(with music, in dancing)* im Takt bleiben; **keep in ~ with sth./sb.** *(fig.)* mit etw./jmdm. Schritt halten; f) *(action)* Schritt, *der;* **take ~s to do sth.** Schritte unternehmen, um etw. zu tun; *see also* **false step;** g) *(stage in process)* Schritt, *der;* **S~ one: ...:** erster Schritt: ...; **keep one ~ ahead [of sb./sth.]** [jmdm./einer Sache] eine Nasenlänge voraus sein; ~ **by** ~: Schritt für Schritt; **the first ~ in sb.'s career** die erste Sprosse auf jmds. Karriereleiter; **what is the next ~?** wie geht es weiter?; h) *(grade)* Stufe, *die;* i) *(sound of foot, manner of walking)* Schritt, *der;* **know sb. from his ~, know sb.'s ~:** jmdn. an seinem Schritt erkennen; **walk with a skip in one's ~:** hüpfenden Schrittes gehen; j) *(Amer. Mus.)* große Sekunde. 2. *v. i.,* -**pp**- treten; ~ **lightly** *or* **softly** leise auftreten; ~ **hesitantly/heavily/clumsily** mit zögernden Schritten gehen/einen schweren/unbeholfenen Schritt haben; ~ **from the pavement on to the road** vom Bürgersteig auf die Straße treten; ~ **across** *or* **over a puddle/gap** einen [großen] Schritt über eine Pfütze/Spalte machen; **don't** ~ **across the line!** nicht über die Linie treten!; ~ **inside** eintreten; **please** ~ **inside for a moment** kommen Sie bitte auf einen Augenblick herein; ~ **into** treten in (+ *Akk.*); steigen in (+ *Akk.*) ⟨*Fahrzeug, Flugzeug, Wanne*⟩; ~ **into sb.'s shoes** *(fig.)* an jmds. Stelle treten; ~ **into one's dress/trousers** in sein Kleid/seine Hose steigen *(ugs.);* ~ **on sth.** *(on the ground)* auf etw. *(Akk.)* treten; ~ **on sb.'s foot/on the dog's tail** jmdm. auf den Fuß/dem Hund auf den Schwanz treten; ~ **on a patch of oil/water** in eine Öl-/Wasserpfütze treten; ~ **on [to]** steigen auf (+ *Akk.*); **steigen in** (+ *Akk.*) ⟨*Fahrzeug, Flugzeug*⟩; ~ **on it** *(coll.)* auf die Tube drücken *(ugs.);* ~ **on sb.'s toes** = **tread on sb.'s toes** *see* **tread 2**; ~ **out of** treten aus; steigen aus ⟨*Fahrzeug, Bad, Fluß*⟩; ~ **out of the room for a few minutes** für ein paar Minuten aus dem Zimmer gehen; ~ **out of one's dress/trousers** aus seinem Kleid/seiner Hose steigen *(ugs.);* ~ **out of line** *(fig.)* aus der Reihe tanzen *(ugs.);* **I ~ped outside** ich trat hinaus; **Have you been calling my girl-friend names? I think you'd better ~ outside!** Hast du meine Freundin beschimpft? Komm, wir gehen mal zusammen raus *(ugs.);* ~ **over sb./sth.** über jmdn./etw. steigen; ~ **over the starting-line** über die Startlinie treten; ~ **this way, please** hier entlang, bitte; ~ **through a door/window** durch eine Tür treten/ein Fenster steigen; *see also* **breach 1 c; gas 1 b**

~ **aˈside** *v. i.* a) zur Seite treten; b) *(fig.: resign)* seine Stellung räumen

~ ˈ**back** *v. i.* zurücktreten; ~ **back in fright/surprise** vor Schreck/Überraschung [einen Schritt] zurückweichen

~ ˈ**down** 1. *v. i.* a) ~ **down into the auditorium** ins Publikum herunterkommen *od.* -steigen; ~ **down from the train/into the boat** aus dem Zug/in das Boot steigen; b) *(fig.) see* **stand down 1 a.** 2. *v. t. (Electr.)* heruntertransformieren *(ugs.); see also* **stepdown**

~ ˈ**forward** *v. i.* a) [einen Schritt] vortreten; b) *(fig.: present oneself)* sich melden; **would somebody like to ~ forward and help me with the trick?** würde jemand gern nach vorn kommen und mir bei dem Trick assistieren?; **he has ~ped forward as the new candidate** er präsentierte sich als neuer Kandidat; **several ~ped forward** einige meldeten sich [freiwillig]

~ ˈ**in** *v. i.* a) eintreten; *(into vehicle)* einsteigen; *(into pool)* hineinsteigen; **would you mind ~ping in for a moment?** würden Sie bitte einen Augenblick hereinkommen?; b) *(fig.) (take sb.'s place)* einspringen; *(intervene)* eingreifen

~ ˈ**off** 1. *v. i.* a) *(get off) (from vehicle)* aussteigen; *(from a height)* hinabspringen; b) *(Mil.: begin to march)* abmarschieren. 2. *v. t.* a) *(get off)* steigen aus ⟨*Fahrzeug*⟩; treten von ⟨*Bürgersteig*⟩; springen von ⟨*Klippe, Brücke*⟩; b) *(measure by pacing)* abschreiten *(geh.)*

~ ˈ**out** 1. *v. i.* a) *(leave a place)* hinausgehen; **the car/boat stopped and she ~ped out** der Wagen/das Boot hielt an und sie stieg aus;

b) *(lengthen stride)* ausschreiten *(geh.)*; **c)** *(dated fig.: be active socially)* ausgehen; **he has been ~ping out with this girl for a few months now** er geht jetzt schon seit ein paar Monaten mit diesem Mädchen *(ugs.)*. **2.** *v. t.* steigen aus ⟨*Fahrzeug*⟩. **~ up 1.** *v. i.* **a)** *(ascend)* hinaufsteigen; **~ up into** [ein]steigen in (+ *Akk.*) ⟨*Fahrzeug*⟩; **~ up on to** steigen auf (+ *Akk.*) ⟨*Podest, Tisch*⟩; **b)** *(approach)* **~ up and ask sb.'s name** auf jmdn. zugehen und ihn nach seinem Namen fragen; **~ right up!** treten Sie näher!; **~ up to sb.** zu jmdm. treten; **c)** *(increase)* zunehmen. **2.** *v. t.* **a)** *(increase)* erhöhen; intensivieren ⟨*Wahlkampf*⟩; verstärken ⟨*Anstrengungen*⟩; verschärfen ⟨*Sicherheitsmaßnahmen, Streik*⟩; **b)** *(Electr.)* hinauftransformieren *(ugs.)*; see also **step-up 2**
step: **~brother** *n.* Stiefbruder, *der;* **~child** *n.* Stiefkind, *das;* **~~daughter** *n.* Stieftochter, *die;* **~~down** *attrib. adj.* *(Electr.)* **~~down converter** *or* **transformer** Abwärtstransformator, *der;* **~~father** *n.* Stiefvater, *der;* **~~ladder** *n.* Stehleiter, *die;* **~mother** *n.* Stiefmutter, *die;* **~parent** *n.* Stiefelternteil, *der;* **~parents** Stiefeltern *Pl.*
steppe [step] *n.* *(Geog.)* Steppe, *die*
stepped [stept] *adj.* gestuft; terrassiert ⟨*Berg, Hang*⟩; Stufen⟨*pyramide, -giebel*⟩
¹**steppeland** *n.* *(Geog.)* Steppenland, *das*
stepping-stone ['stepɪŋstəʊn] *n.* Trittstein, *der;* *(fig.)* Sprungbrett, *das* (**to** für, in)
step: **~sister** *n.* Stiefschwester, *die;* **~son** *n.* Stiefsohn, *der;* **~~up 1.** *n.* Erhöhung, *die;* **a ~~up in output/production/security measures** eine Steigerung des Ausstoßes/ der Produktion/Verschärfung der Sicherheitsmaßnahmen, **2.** *attrib. adj.* *(Electr.)* **~~up converter** *or* **transformer** Aufwärtstransformator, *der*
stereo ['stɪərɪəʊ, 'stɛərɪəʊ] **1.** *n., pl.* **~s a)** *(equipment)* Stereoanlage, *die;* see also **personal d; b)** *(sound reproduction)* Stereo, *das.* **2.** *adj.* **a)** *(sound)* stereo; Stereo⟨*effekt, -aufnahme, -platte*⟩; **b)** *(Optics)* stereoskopisch
stereophonic [stɛrɪə'fɒnɪk, stɪərɪə'fɒnɪk] *adj.*, **stereophonically** [stɛrɪə'fɒnɪkəlɪ, stɪərɪə'fɒnɪkəlɪ] *adv.* stereophon
stereoscope ['stɛrɪəskəʊp, 'stɪərɪəskəʊp] *n.* Stereoskop, *das*
stereoscopic [stɛrɪə'skɒpɪk, stɪərɪə'skɒpɪk] *adj.* stereoskopisch
stereotype ['stɛrɪətaɪp, 'stɪərɪətaɪp] **1.** *n.* **a)** Stereotyp, *das (Psych.);* Klischee, *das;* **b)** *(Printing)* **plate]** Stereotyp[ie]platte, *die;* **c)** *no pl.* *(Printing) process] (making of ~s)* Stereotypie, *die;* **— [printing]** Drucken mit Stereotyp[ie]platten. **2.** *v. t.* **a)** in ein Klischee zwängen; **~ sb. as a villain** jmdn. in das Klischee des Schurken zwängen; **~d** stereotyp ⟨*Redensart, Frage, Vorstellung*⟩; klischeehaft ⟨*Sprache, Denkweise*⟩; **the ~d business man** das Klischee des Geschäftsmanns
sterile ['stɛraɪl] *adj.* **a)** *(germ-free)* steril; **b)** *(barren, lit. or fig.)* steril; unfruchtbar *(fig.)* erfolglos ⟨*Geschäftsjahr, Bemühung*⟩; nutzlos ⟨*Tätigkeit*⟩; fruchtlos ⟨*Diskussion, Gespräch*⟩
sterilisation, sterilise, steriliser see **steriliz...**
sterility [stə'rɪlɪtɪ] *n.*, *no pl.* **a)** *(absence of germs)* Sterilität, *die;* **b)** *(barrenness, lit. or fig.)* Sterilität, *die;* Unfruchtbarkeit, *die; (fig.: of discussion)* Fruchtlosigkeit, *die*
sterilization [stɛrɪlaɪ'zeɪʃn] *n.* Sterilisation, *die*
sterilize ['stɛrɪlaɪz] *v. t.* **a)** *(make germ-free)* sterilisieren; **b)** *(make barren)* sterilisieren ⟨*Tier, Mensch*⟩; unfruchtbar machen ⟨*Land*⟩
sterilizer ['stɛrɪlaɪzə(r)] *n.* Sterilisator, *der*
sterling ['stɜ:lɪŋ] **1.** *n., no pl., no indef. art.* Sterling, *der;* **do they accept or take ~?** kann man bei ihnen in Pfund [Sterling] bezahlen?; **five pounds ~:** fünf Pfund Sterling; **in ~:** in Pfund [Sterling]; **~ area** *(Hist.)* Sterlingblock, *der.* **2.** *attrib. adj.* **a)** **~ silver** Sterlingsilber, *das;* **b)** *(fig.)* gediegen; **he is a ~ chap!** er ist ein zuverlässiger Bursche!; **do ~ work** erstklassige Arbeit leisten; **[this is] ~ stuff!** *(coll.)* tadellos!; erstklassig!
¹**stern** [stɜ:n] *adj.* streng; hart ⟨*Strafe*⟩; ernst ⟨*Warnung*⟩; **made of ~er stuff** *(fig.)* aus härterem Holz [geschnitzt]; **be ~ with sb.** mit jmdm. streng sein; jmdn. hart anpacken *(ugs.)*
²**stern** *n.* *(Naut.)* Heck, *das;* **~ foremost** [mit dem] Heck voraus; see also ¹**stem 1 f**
sternly ['stɜ:nlɪ] *adv.* streng; ernsthaft ⟨*warnen*⟩; in strengem Ton ⟨*sprechen*⟩; mit strenger Hand ⟨*regieren*⟩
stern-post *n.* *(Naut.)* Achtersteven, *der*
sternum ['stɜ:nəm] *n., pl.* **~s** *or* **sterna** ['stɜ:nə] *(Anat.)* Brustbein, *das;* Sternum, *das (fachspr.*
steroid ['stɪərɔɪd, 'stɛrɔɪd] *n.* *(Chem.)* Steroid, *das*
stet [stet] *(Printing) v. i. imper.* bleibt
stethoscope ['stɛθəskəʊp] *n.* *(Med.)* Stethoskop, *das*
stetson ['stɛtsn] *n.* Stetson[hut], *der*
stevedore ['sti:vədɔ:(r)] *n.* *(Naut.)* Schauermann, *der*
stew [stju:] **1.** *n.* **a)** *(Gastr.)* Eintopf, *der;* **Irish ~:** Irish-Stew, *das;* **b)** *(coll.: state)* **be in/get into a ~** in heller Aufregung sein/völlig aus dem Häuschen geraten *(ugs.)*; **be in** *or* **get into a ~ about** *or* **over sth.** sich über etw. *(Akk.)* [schrecklich] aufregen; **don't get into a ~ about nothing!** dreh nicht unnötig durch! *(ugs.)*. **2.** *v. t.* *(Cookery)* schmoren [lassen]; **~ apples/plums** Apfel-/Pflaumenkompott kochen. **3.** *v. i.* **a)** *(Cookery)* schmoren; ⟨*Obst:*⟩ gedünstet werden; **~ in one's own juice** *(fig.)* [im eigenen Saft] schmoren *(fig.);* **b)** *(fig.: fret)* **~ over a problem** sich *(Dat.)* über ein Problem den Kopf zerbrechen *(ugs.) (fig.: swelter)* schmoren *(ugs.)*
steward ['stjuəd] **1.** *n.* **a)** *(on ship, plane)* Steward, *der;* **b)** *(supervising official)* (at public meeting, ball, etc.) Ordner, *der*/Ordnerin, *die;* **~s** *(of race)* Rennleitung, *die;* **~s' enquiry** *(Horse-racing)* [Untersuchung und] Beratung der Rennleitung; see also **shop-steward; c)** *(estate manager)* Verwalter, *der*/Verwalterin, *die.* **2.** *v. t.* verwalten; **~ a meeting** bei einer öffentlichen Veranstaltung Ordner/Ordnerin sein
stewardess ['stjuədɪs] *n.* Stewardeß, *die*
stewardship ['stjuədʃɪp] *n.* Verwaltung, *die;* **hold the ~ of an estate** Verwalter/Verwalterin eines Gutes sein
stewed [stju:d] *adj.* **a)** *(Cookery)* geschmort; **~ apples/plums** Apfel-/Pflaumenkompott, *das;* **b)** *(over-brewed)* **the tea is ~:** der Tee hat zu lange gezogen; **c)** *(sl.: drunk)* blau *(ugs.)*; voll *(ugs.)*
stew: **~-pan** *n.* *(Cookery)* Schmorpfanne, *die;* **~~pot** *n.* *(Cookery)* Schmortopf, *der*
stick [stɪk] **1.** *v. t.*, **stuck** [stʌk] *(thrust point of)* stecken; **~ sth. in[to] sth.** mit etw. in etw. *(Akk.)* stechen; **she stuck a needle in[to] her finger** sie stach sich *(Dat.)* mit einer Nadel in den Finger; **get stuck into sb./sth./a meal** *(sl.: begin action)* jmdm. eine Abreibung verpassen/sich in etw. *(Akk.)* reinknien/tüchtig reinhauen *(salopp);* **I stuck a knife in[to] him** ich stieß *od. (ugs.)* rammte ihm ein Messer in den Leib; **b)** *(impale)* spießen; **~ sth. [up]on sth.** etw. auf etw. *(Akk.)* [auf]spießen; **like a stuck pig** ⟨*bluten*⟩ wie ein Schwein; ⟨*schreien*⟩ wie eine gestochene Sau; **c)** *(coll.: put)* stecken; **he stuck a feather in his hat/a rose in his buttonhole** er steckte sich *(Dat.)* eine Feder an den Hut/ eine Rose in das Knopfloch; **~ a picture on the wall/a vase on the shelf** ein Bild an die Wand hängen/eine Vase aufs Regal stellen; **~ 10% on the bill** 10% zusätzlich auf die Rechnung setzen; **~ one's hat on one's head** sich *(Dat.)* den Hut auf den Kopf stülpen; **~ one's head out of the window** den Kopf aus dem Fenster strecken; **~ sth. in the kitchen** etw. in die Küche tun *(ugs.);* **~ one on sb.** *(sl.: hit)* jmdm. eine langen *(ugs.);* **~ one's hands in one's pockets** die Hände in den Taschen vergraben; **you know where you can ~ that!, [you can] ~ it!** *(sl.)* das kannst du dir sonstwohin stecken!; **d)** *(with glue etc.)* kleben; **e)** *(make immobile)* **the car is stuck in the mud** das Auto ist im Schlamm steckengeblieben; **the door is stuck** die Tür klemmt [fest]; **she's been stuck indoors all day** *(fig. coll.)* sie hat den ganzen Tag im Haus hocken müssen *(ugs.);* **f)** *(puzzle)* **be stuck for an answer/for ideas** um eine Antwort/um Ideen verlegen sein; **Can you help me with this problem? I'm stuck** Kannst du mir bei diesem Problem helfen? Ich komme nicht weiter; **be stuck for money** *(coll.)* gerade kein Geld haben; **g)** *(cover)* **~ sth. with pins/needles** Stecknadeln/Nadeln in etw. *(Akk.)* stecken; **h)** *(stab)* **~ sb. with a knife** jmdm. einen Messerstich beibringen; **i)** *(Brit.: paste on wall)* kleben; **'~ no bills'** „Plakate ankleben verboten!"; **j)** *(Brit. coll.: tolerate)* **~ it** durchhalten; **she can't ~ him** sie kann ihn nicht riechen *(salopp);* **he can't ~ the book/film** er kann das Buch/den Film nicht ausstehen; **she can't ~ the heat/ such conditions** sie kann die Hitze/solche Bedingungen nicht ertragen; **I can't ~ it/my job any longer** das/mein Job steht mir bis oben *od.* hier *(ugs.);* **k)** *(coll.)* **be stuck with sth.** *(have to accept)* sich mit etw. herumschlagen müssen *(ugs.);* **be stuck with sb.** jmdn. am *od.* auf dem Hals haben *(ugs.);* **if we don't sell our car soon we'll be stuck with it** wenn wir unser Auto nicht bald verkaufen, werden wir's überhaupt nicht mehr los *(ugs.);* **l)** *(sl.)* **be stuck on sb./sth.** *(captivated by)* auf jmdn./etw. abfahren *(salopp);* **be stuck on an idea** eine fixe Idee haben. **2.** *v. i.*, **stuck a)** *(be fixed by point)* stecken; **there's a splinter ~ing in my finger** ich habe einen [Holz]splitter im Finger; **b)** *(adhere)* kleben; **mud ~s** *(fig.)* etwas bleibt immer hängen *(fig.);* **~ to sth.** an etw. *(Dat.)* kleben; **my wet clothes stuck to my body** meine nassen Kleider klebten mir am Körper; **~ in the/sb.'s mind** *(fig.)* im/jmdm. im Gedächtnis haftenbleiben; **she was called the 'iron lady' and the nickname stuck** sie wurde „Eiserne Lady" genannt, und der Spitzname blieb an ihr hängen; **c)** *(become immobile)* ⟨*Auto, Räder:*⟩ steckenbleiben; ⟨*Schublade, Tür, Griff, Bremse:*⟩ klemmen; ⟨*Schlüssel:*⟩ feststecken; **~ fast** ⟨*Auto, Rad:*⟩ feststecken; ⟨*Reißverschluß, Tür, Schublade:*⟩ festklemmen; **the words stuck in his throat** die Worte blieben ihm in der Kehle stecken; **the record is stuck** die Platte ist hängengeblieben; see also **stick-in-the-mud; d)** *(protrude)* **a letter stuck from his pocket** ein Brief schaute ihm aus der Tasche; **e)** *(coll.: remain)* bleiben; **are you going to ~ indoors all day?** willst du den ganzen Tag im Hause [herum]hocken? *(ugs.);* **f)** *(be considered valid)* **the accusations will not ~:** die Anschuldigungen ziehen nicht *(ugs.);* **make a charge ~:** mit einer Anklage durchkommen *(ugs.);* **be made to ~:** hieb- und stichfest gemacht werden; **g)** *(Cards)* **Do you want another card? – No, I'll ~:** Willst du noch eine Karte? – Nein, ich behalte mein Blatt. **3.** *n.* **a)** *([cut] shoot of tree, piece of wood)* Stock, *der;* *(staff)* [Holz]stab, *der;* *(walking-~)* Spazierstock, *der;* *(for handicapped person)* Krückstock, *der;* **pick up a large ~ from the ground** einen großen Knüppel vom Boden aufheben; **gather dry ~s** trockene Äste sammeln; *see*

stick deodorant

also **big 1 a;** b) *see* **rod c;** c) *(Hockey etc.)* Schläger, *der;* ~s! hoher Stock!; d) *(long piece)* **a ~ of chalk/shaving-soap** ein Stück Kreide/Rasierseife; **a ~ of dynamite/sealing-wax** eine Stange Dynamit/Siegellack; **a ~ of rock/celery/rhubarb** eine Stange Rocks/Sellerie/Rhabarber; **a cinnamon ~:** eine Zimtstange; e) *no pl., no art. (coll.: criticism)* **get** *or* **take [some] ~:** viel einstecken müssen; **give sb. [some] ~:** jmdn. zusammenstauchen *(ugs.);* f) **give sb. the ~, take the ~ to sb.** *(cane sb.)* jmdn. den Stock spüren lassen; g) *~* **of furniture** *(coll.)* Möbelstück, *das;* **up ~s** *(sl.)* seine [Sieben]sachen zusammenpacken *(ugs.);* h) *(Motor Veh.: gear-lever) see* **gear-stick;** i) *(Mus.) see* **baton c;** j) *(Printing)* Winkelhaken, *der;* **the ~s** *(Horse-racing sl.)* die Hürden; die Hindernisse; **the race is over the ~s** das Rennen geht über Hindernisse; l) *in pl. (sl.: rural area)* **in the ~s** in der hintersten Provinz; m) *(coll.: person)* **a queer ~:** komischer Kauz *(ugs.);* **a funny old ~:** ein komischer alter Kauz *(ugs.);* n) *(Mil.: of bombs)* Reihenwurf, *der. See also* ²**cleft 2; cross 4 b;** **dirty 1 h; wrong 1 c**

~ a'bout, ~ a'round *v. i. (coll.)* dableiben; *(wait)* warten

~ at *v. t.* a) *(hesitate at)* **~ at sth./nothing** vor etw. *(Dat.)*/nichts zurückschrecken; b) *(keep on with)* **~ at one's books/studying** fleißig Bücher wälzen/studieren; **~ 'at it** *(coll.)* dranbleiben *(ugs.)*

~ by *v. t. (fig.)* stehen zu

~ 'down *v. t.* a) *(glue down)* festkleben; zukleben *(Umschlag);* b) *(coll.: put down)* hinknallen *(ugs.)(Tisch, Kiste);* c) *(coll.: write down)* schreiben

~ 'in *v. t.* a) *(jab in)* hineinstechen *(Spritze, Nadel);* anstecken *(Hutnadel);* **get stuck in** *(sl.)(working)* ranklotzen *(salopp); (eating)* reinhauen *(salopp);* b) *(glue in)* einkleben; c) *(coll.: put in)* hineinstecken; *see also* **nose 1 a**

~ 'on 1. *v. t.* a) *(glue on)* aufkleben *(Briefmarke, Etikett);* ankleben *(Tapete);* b) *(attach by pin etc.)* anstecken; c) *(coll.: put on)* aufsetzen *(Hut, Wasserkessel);* auflegen *(Schallplatte);* **stick an extra amount on the bill** *(fig.)* einen zusätzlichen Betrag auf die Rechnung setzen. **2.** *v. i.* kleben[bleiben]. *See Also* **stick-on**

~ 'out 1. *v. t.* a) herausstrecken *(Brust, Zunge);* ausstrecken *(Arm, Bein);* **~ one's tongue out at sb.** jmdm. die Zunge herausstrecken; **would you like to ~ your neck out and predict the winner of the race?** *(fig. coll.)* willst du eine Prognose wagen, wer das Rennen gewinnt?; **he is not one to ~ his chin out** *(fig. coll.)* er verbrennt sich *(Dat.)* nicht gern die Finger *(ugs.);* **b) ~ it out** *(coll.)* = **sweat it out** *see* **sweat 3 d. 2.** *v. i.* a) *(project)(Brust, Bauch:)* vorstehen; *(steifes Kleid:)* abstehen; *(Nagel, Ast:)* herausstehen; **his ears ~ out** er hat abstehende Ohren; **her hair stuck out from under the hat** ihr Haar schaute unter dem Hut hervor; **she lay in bed with her legs/toes ~ing out** sie lag im Bett, und ihre Beine/Zehen schauten heraus; b) *(fig.: be obvious)* sich abheben; **~ out a mile** *(sl.)* [klar] auf der Hand liegen; **it ~s out a mile that he is only after her money** *(sl.)* daß er nur hinter ihrem Geld her ist, ist klar wie dicke Tinte *(ugs.);* **~ out like a sore thumb** *(coll.)* ins Auge springen; **if you don't wear the correct clothes you'll ~ out like a sore thumb** *(coll.)* wenn du nicht korrekt gekleidet bist, fällst du unangenehm auf; c) **~ out for sth.** *see* **hold out 2 c**

~ to *v. t.* a) *(be faithful to)* halten zu *(Person);* halten *(Versprechen);* bleiben bei *(Entscheidung, Meinung);* treu bleiben *(+ Dat.)(Idealen, Grundsätzen);* b) *(not deviate from)* sich halten an *(+ Akk.)(Plan, Text, Original);* bleiben bei *(+ Dat.)(Ar-*

beit); bleiben bei *(Wahrheit, Thema);* **~ to business** bei der Sache bleiben; **~ to the point** beim Thema bleiben; **~ to what you are good at** bleibe bei dem, was du [gut] kannst; **thanks, but I'll ~ to beer** danke, ich bleibe bei Bier. *See also* **gun 1 a;** ³**last; stick-to-it-ive;** ¹**story a**

~ to'gether 1. *v. t.* zusammenkleben. **2.** *v. i.* a) *(adhere together)* zusammenkleben; b) *(fig.: remain united)* zusammenhalten

~ 'up 1. *v. t.* a) *(seal)* zukleben; b) **be stuck up with sth.** *(coll.: sticky)* von etw. klebrig sein; c) *(coll.: put up, raise)* strecken, recken *(Kopf, Hals);* anschlagen *(Bekanntmachung, Poster);* aufschlagen *(Zelt);* hinbauen, -setzen *(Häuser);* raufsetzen *(ugs.) (Preise);* anbringen *(Regal);* **he stuck his nose up [in the air]** er streckte seine Nase in die Luft; **~ up one's hand** die Hand heben; **~ sth. up on a shelf** etw. auf ein Regal tun *(ugs.);* **~ 'em up!** *(sl.)* Pfoten hoch!; *(salopp)* d) *(sl.: rob)* ausrauben; *see also* **stick-up;** e) **stuck up** *(conceited)* eingebildet; **be stuck up about sth.** sich *(Dat.)* etwas auf etw. *(Akk.)* einbilden. **2.** *v. i.* a) *(Haar, Kragen:)* hochstehen; *(Nagel, Pflasterstein:)* hervorstehen; b) **~ up for sth.** für jmdn./etw. eintreten; **~ up for yourself!** setz dich zur Wehr!

~ with *v. t. (coll.)* a) *(keep contact with)* **~ with the leaders** sich an der Spitze halten *(bes. Sport);* **~ 'with it!** bleib dran! *(ugs.);* b) *(remain faithful to)* bleiben bei *(Gruppe, Partei);* halten zu *(Freund);* die Treue halten *(+ Dat.)(Verein)*

stick de'odorant *n.* Deo[dorant]stift, *der*

sticker ['stɪkə(r)] *n.* Aufkleber, *der; see also* **billsticker**

'stick figure *n.* Strichmännchen, *das*

sticking ['stɪkɪŋ]: **~-place** *see* **~-point; ~-plaster** *n. (Med.)* Heftpflaster, *das;* **~-point** *n. (fig.)* Hürde, *die*

stick: ~-insect *n.* Gespenst[heu]schrecke, *die;* **~-in-the-mud** *n. (person lacking initiative)* Trantüte, *die (ugs. abwertend); (unprogressive person)* Spießer, *der (abwertend);* **2.** *adj. (lacking in initiative)* schlafmützig *(ugs. abwertend); (unprogressive)* spießig *(abwertend)*

stickleback ['stɪklbæk] *n. (Zool.)* Stichling, *der*

stickler ['stɪklə(r)] *n.* **be a ~ for tidiness/authority** es mit der Sauberkeit sehr genau nehmen/in puncto Autorität keinen Spaß verstehen

stick: ~-on *adj.* selbstklebend; **~pin** *n. (Amer.)* Krawattennadel, *die;* **~-to-it-ive** [stɪk'tuːɪtɪv] *adj. (Amer.)* verbissen; hartnäckig *(ugs.);* **~-up** *n. (sl.)* bewaffneter Raubüberfall

sticky ['stɪkɪ] *adj.* a) klebrig; feucht *(Farbe, gestrichener/gewaschener Gegenstand);* zäh *(Teig, Brei, Mischung);* **~ label** Aufkleber, *der;* **~ tape** Klebestreifen, *der;* b) *(humid)* schwül *(Klima, Luft);* feucht *(Haut);* **be all hot and ~:** ganz verschwitzt sein; c) *(coll.: uncooperative)* unnachgiebig; **be ~ about doing sth.** etw. [nur] widerwillig tun; d) *(sl.: unpleasant)* vertrackt *(ugs.);* heikel; **a ~ situation** eine brenzlige Lage; *see also* **end 1 h**

sticky 'wicket *n. (Cricket)* Spielfeld, *das* nach einem Regen schlecht zu bespielen ist; **bat** *or* **be on a ~** *(fig.)* sich auf schlüpfrigem Boden befinden

stiff [stɪf] **1.** *adj.* a) *(rigid)* steif; hart *(Bürste, Stock);* **be frozen ~:** steif vor Kälte sein; *(Wäsche, Körperfteile:)* steif geworden sein; **this brush is ~ with paint** dieser Pinsel ist mit Farbe verklebt; *see also* **lip a;** b) *(intense, severe)* heftig *(Absage);* kräftig *(Standpauke);* **~ competition** scharfe Konkurrenz; c) *(formal)* steif; förmlich *(Brief, Stil);* d) *(difficult)* hart *(Test);* schwer *(Frage, Prüfung);* steil *(Abstieg, An-*

stieg); **be ~ going** *(fig. coll.)* harte Arbeit sein; e) stark, *(Seemannsspr.)* steif *(Wind, Brise);* f) *(not bending, not working freely, aching)* steif *(Gelenk, Gliedmaßen, Nacken, Person);* schwergängig *(Angel, Kolben, Gelenk);* g) *(coll.: excessive)* saftig *(ugs.)(Preis, Strafe);* h) *(strong)* steif *(ugs.)(Drink);* stark *(Dosis, Medizin);* **a ~ shot of rum** ein Schuß steifen Rum; **i)** *(thick)* zäh[flüssig]; **j)** *(coll.)* **be bored/scared/worried ~:** sich zu Tode langweilen/eine wahnsinnige Angst haben *(ugs.)*/sich *(Dat.)* furchtbare *(ugs.)* Sorgen machen; **bore/scare/worry sb. ~:** jmdn. zu Tode langweilen/jmdm. eine wahnsinnige Angst einjagen *(ugs.)*/jmdm. furchtbare *(ugs.)* Sorgen machen; k) *pred.* **the road was ~ with police** auf der Straße wimmelte es von Polizisten. **2.** *n. (sl.)* Leiche, *die*

stiffen ['stɪfn] **1.** *v. t.* a) steif machen; stärken *(Kragen);* versteifen *(Material);* zäh[flüssig]er machen *(Paste, Teig);* steif werden lassen *(Gliedmaße);* b) *(fig.: bolster)* verstärken *(Widerstand);* stärken *(Moral, Entschlossenheit).* **2.** *v. i.* a) *(Person:)* erstarren; b) *(Wind, Brise:)* auffrischen; c) *(become thicker)(Teig:)* steifer werden; *(Mischung:)* zäher werden; d) *(fig.: become more resolute)* sich verstärken; **his resolve ~ed** er wurde in seinem Entschluß bestärkt

stiffener ['stɪfnə(r)] *n.* a) *(for collar, corset)* Stäbchen, *das;* b) *(starch)* Stärke, *die;* c) *(Building)* Queraussteifung, *die;* d) *(coll.: drink)* kleine Stärkung *(scherzh.)*

stiffening ['stɪfnɪŋ] *n.* Versteifung, *die*

stiffly ['stɪflɪ] *adv.* a) *(rigidly, formally)* steif *(fig.)* hartnäckig *(Widerstand leisten);* b) *(strongly)* stark, *(Seemannsspr.)* steif *(wehen);* c) *(erectly, with restricted movement)* steif *(sitzen, gehen);* kerzengerade *(stehen)*

stiff-'necked *adj. (fig.)* starrsinnig

stiffness ['stɪfnɪs] *n., no pl.* a) *(rigidity, formality)* Steifheit, *die; (of letter, language)* Förmlichkeit, *die;* b) *(intensity)* Härte, *die;* c) *(difficulty)* Schwierigkeit, *die;* d) *(of wind)* Stärke, *die,* Steifheit, *die (Seemannsspr.);* e) *(lack of suppleness)* Steifheit, *die; (of hinge, piston)* geringe Beweglichkeit; **have a ~ in one's limbs** steife Glieder haben; *(due to exercise)* Muskelkater haben; f) *(coll.: excessively)* ~ of punishment) Strenge, *die; (of demand, price)* Überzogenheit, *die;* g) *(thick consistency)* Zähheit, *die*

stifle ['staɪfl] **1.** *v. t.* a) *(fig.: suppress)* unterdrücken; ersticken *(Widerstand, Aufstand, Schrei); (stifle)* *(Einwand);* **we were ~d by the heat** wir erstickten fast vor Hitze. **2.** *v. i.* ersticken; **~ in the bad air/smoke** in der schlechten Luft/vom Rauch fast ersticken

stifling ['staɪflɪŋ] *adj.* stickig, drückend *(Hitze); (fig.)* einengend *(Atmosphäre);* erdrückend *(Einfluß, Herrschaft);* **the heat was ~:** es war drückend heiß

stigma ['stɪgmə] *n., pl. ~s* or *~ta* ['stɪgmətə, stɪɡˈmɑːtə] a) *(mark of shame)* Stigma, *das (geh.);* Makel, *der (geh.);* **the ~ of having been in prison** das Stigma, im Gefängnis gewesen zu sein; b) *(Bot.)* Stigma, *die,* Narbe, *die;* c) *in pl. ~ta (Relig.)* Stigmata

stigmatize (stigmatise) ['stɪgmətaɪz] *v. t.* stigmatisieren *(geh.);* brandmarken

stile [staɪl] *n.* Zauntritt, *der,* Trittleiter, *die; see also* **dog 1 a**

stiletto [stɪ'letəʊ] *n., pl.* ~s *or* ~es a) *(dagger)* Stilett, *das;* b) **[heel** Stöckelabsatz, *der;* **~[-heeled shoe]** Stöckelschuh, *der*

'still [stɪl] **1.** *adj.* a) *pred.* still; **be ~:** [still] stehen; *(Hand:)* ruhig sein; **hold** *or* **keep sth. ~:** etw. ruhig halten; **hold** *or* **keep a ladder/horse ~:** eine Leiter/ein Pferd festhalten; **hold ~!** halt still!; **keep** *or* **stay ~:** stillhal-

703

ten; *(not change posture)* ruhig bleiben; ⟨*Pferd:*⟩ stillstehen; ⟨*Gegenstand:*⟩ liegenbleiben; **sit ~:** stillsitzen; **stand ~:** stillstehen; ⟨*Uhr:*⟩ stehen; ⟨*Arbeit:*⟩ ruhen; *(stop)* stehenbleiben; **my heart stood ~** *(fig.)* mir blieb das Herz stehen; **the country has just stood ~ for the last 20 years** *(fig.)* das Land hat sich die letzten 20 Jahre einfach nicht weiterentwickelt; **time stood ~:** die Zeit schien stillzustehen; *see also* **statue**; **b)** *(calm)* ruhig; *see also* **deep 2**; **c)** *(without sound)* nicht moussierend ⟨*Wein*⟩; still ⟨*Mineralwasser*⟩; **is this water sparkling or ~?** ist dieses Wasser mit oder ohne Kohlensäure?; **e)** *(hushed)* leise; **a ~ or the ~ small voice [of conscience]** die [leise] Stimme des Gewissens. **2.** *adv.* **a)** *(without change)* noch; *expr. surprise or annoyance* immer noch; **drink your tea while it is ~** heiß ist; **b)** *(nevertheless)* trotzdem; **~, we must not forget the opposite standpoint** wir dürfen aber auch den gegensätzlichen Standpunkt nicht außer acht lassen; **~, what can you do about it?** aber was kann man dagegen tun?; **c)** *with comparative (even)* noch; **become fatter ~ or ~ fatter** noch *od.* immer dicker werden; **better/worse ~** *as sentence-modifier* besser/schlimmer noch; *see also* **less 2. 3.** *n.* **a)** *(Photog.)* Fotografie *die*; **~s from the film** Filmbilder; **b)** *(silence)* **in the ~ of the night** in der Stille der Nacht. **4.** *v. t. (literary)* beruhigen; glätten ⟨*Wogen*⟩; stillen ⟨*Hunger, Durst, Schmerz*⟩; beschwichtigen ⟨*Gefühle*⟩; befriedigen ⟨*Ehrgeiz*⟩; ausräumen ⟨*Zweifel*⟩; dämpfen ⟨*Geräusch*⟩

²**still** *n.* Destillierapparat, *der*

still: ~ birth *n.* Totgeburt, *die*; **~born** *adj.* **a)** totgeboren; **the child was ~born** das Kind war tot zur Welt; **b)** *(fig.) see* **abortive**; **~ life** *n., pl.* **~ lifes** *or* **lives** *(Art)* Stilleben, *das*

stillness ['stɪlnɪs] *n., no pl.* **a)** *(motionlessness)* Bewegungslosigkeit, *die*; **b)** *(quietness)* Stille, *die*

still: ~ picture *see* ¹**still 3 a**; **~-room** *n. (Brit.)* Destillierraum, *der*

stilt [stɪlt] *n.* **a)** Stelze, *die*; **b)** *(support of building)* Pfahl, *der*; **c)** *(Ornith.)* Stelzenläufer, *der*

stilted ['stɪltɪd] *adj.* gestelzt; gespreizt

Stilton ['stɪltən] *n.* Stilton[käse], *der*

stimulant ['stɪmjʊlənt] **1.** *attrib. adj. (Med.)* stimulierend. **2.** *n. (lit. or fig.)* Stimulans, *das*; Anregungsmittel, *das*

stimulate ['stɪmjʊleɪt] *v. t.* **a)** anregen; stimulieren *(geh.)*; beleben ⟨*Körper*⟩; *(sexually)* erregen; **b)** *(fig.)* anregen ⟨*Geist, Diskussion, Appetit*⟩; hervorrufen ⟨*Reaktion*⟩; wecken ⟨*Interesse, Neugier*⟩; beleben ⟨*Wirtschaft, Wachstum, Markt, Absatz*⟩; **~ sb. to sth./to do sth.** jmdn. zu etw. anregen/dazu anregen, etw. zu tun

stimulating ['stɪmjʊleɪtɪŋ] *adj.* **a)** anregend; stimulierend *(geh.)*; belebend ⟨*Bad*⟩; *(sexually)* erregend; **b)** *(fig.)* interessant; inspirierend ⟨*Prediger, Einfluß, Musik, Buch*⟩

stimulation [stɪmjʊ'leɪʃn] *n.* **a)** Anregung, *die*; Stimulierung, *die*; *(sexual)* Erregung, *die*; **b)** *(fig.)* Anregung, *die*; *(of reaction)* Hervorrufen, *das*; *(of interest, curiosity)* Wecken, *das*; *(of economy, market, growth, sales)* Belebung, *die*

stimulative ['stɪmjʊlətɪv] *adj.* stimulierend *(geh.)*; **the ~ effect of a cold shower** die belebende Wirkung einer kalten Dusche

stimulus ['stɪmjʊləs] *n., pl.* **stimuli** ['stɪmjʊlaɪ] **a)** *(spur)* Ansporn, *der* (**to** zu); **act as a ~ to sb.'s ambition** jmds. Ehrgeiz anspornen; **b)** *(rousing effect)* Anregung, *die*; **give a ~ to sales** den Umsatz beleben; **c)** *(Physiol.)* Stimulus, *der*; Reiz, *der*

sting [stɪŋ] **1.** *n.* **a)** *(wounding)* Stich, *der*; *(by jellyfish, nettles)* Verbrennung, *die*; **b)** *(pain)* Stechen, *das*; stechender Schmerz; *(from ointment, cane, whip, wind, rash)* Brennen, *das*; **the ~ of his criticism/remark/reproach** der Stachel seiner Kritik/Bemerkung/seines Vorwurfs; **a ~ in the tail** *(fig.)* ein Pferdefuß; **the story/film/letter had a ~ in the tail** am Ende der Geschichte/des Films/Briefs kam es knüppeldick *(ugs.)*; **take the ~ out of sth.** *(fig.)* einer Sache *(Dat.)* den Stachel nehmen *(geh.)*; **c)** *(Zool.)* [Gift]stachel, *der*; *(of jellyfish)* Nesselkapsel, *die*; *(of snake)* Giftzahn, *der*; **d)** *(Bot.)* Brennhaar, *das*; **e)** *(vigour) see* **bite 3 e**; **f)** *(fraud)* Ding, *das*; *(police operation)* Operation, *die*. **2.** *v. t.*, **stung** [stʌŋ] **a)** *(wound)* stechen; **a bee stung [him on] his arm** eine Biene stach ihm in den Arm; **a jellyfish stung me/my leg** ich habe mich/mein Bein an einer Qualle verbrannt; **b)** *(cause pain to)* **the cane stung the boy's fingers** der Stock brannte dem Jungen auf den Fingern; **the smoke/the wind stung my eyes** der Rauch/der Wind brannte mir in den Augen; **c)** *(hurt mentally)* tief treffen; [zutiefst] verletzen; **his remark stung me** er hatte Gewissensbisse; **~ing** scharf ⟨*Vorwürfe, Anklagen, Kritik*⟩; **stung by remorse** von Reue gequält; **d)** *(incite)* **~ sb. into sth./doing sth.** jmdn. zu etw. anstacheln/dazu anstacheln, etw. zu tun; **he was stung to anger by their insults** ihre Beleidigungen erregten seinen Zorn; **e)** *(sl.: swindle)* übers Ohr hauen *(ugs.)*; **~ sb. for sth.** jmdn. um etw. neppen *(ugs.)*; **how much did they ~ you for [it]?** was haben sie dir [dafür] abgeknöpft? *(salopp)*.
3. *v. i.*, **stung a)** *(feel pain)* brennen; **smoke makes my eyes ~:** Rauch brennt mir in den Augen; **the antiseptic made the wound/my skin ~:** das Antiseptikum brannte auf der Wunde/auf meiner Haut; **b)** *(have ~)* stechen; **not all nettles/sorts of jellyfish ~:** nicht alle Nesseln/Quallenarten brennen

stingily ['stɪndʒɪlɪ] *adv.* geizig; **behave ~:** knausern *(ugs.)*

stinging-nettle ['stɪŋɪŋnetl] *n. (Bot.)* Brennessel, *die*

'**sting-ray** *n. (Zool.)* Stechrochen, *der*

stingy ['stɪndʒɪ] *adj.* geizig; knaus[e]rig *(ugs.)*; kümmerlich ⟨*Spende, Portion, Mahlzeit*⟩; **be ~ with sth.** mit etw. geizen

stink [stɪŋk] **1.** *v. i.*, **stank** [stæŋk] *or* **stunk** [stʌŋk], **stunk a)** stinken (**of** nach); **~ to high heaven** *(coll.)* gottserbärmlich stinken; *(fig.)* ⟨*Angelegenheit, Korruption:*⟩ zum Himmel stinken; **he ~s of money** *(sl.)* er stinkt vor Geld *(ugs.)*; **something ~s here** *(coll.: is suspicious)* bei dieser Sache stinkt etwas *(ugs.)*; **b)** *(fig.: be repulsive)* **sth. ~s** an etw. (+ *Dat.*) stinkt etwas *(ugs.)*; **the book/film ~s** das Buch/der Film ist widerwärtig. **2.** *n.* **a)** *(bad smell)* Gestank, *der*; **b)** *(coll.: fuss)* Stunk, *der (ugs.)*; **the scandal created an al- mighty ~:** das Skandal führte zu einem Riesenstunk *(ugs.)*; **kick up** *or* **raise a ~ about sth.** wegen etw. Stunk machen *(ugs.)*; **c)** *(sl.)* **like ~:** wie verrückt *(ugs.)*; **run like ~:** wie eine gesengte Sau *(derb)* rennen

'**stink-bomb** *n.* Stinkbombe, *die*

stinker ['stɪŋkə(r)] *n. (sl.)* **a)** *(offensive person)* Stinker, *der (salopp)*; Stinktier, *das (derb)*; **b)** *(offensive thing)* Widerlichkeit, *die (abwertend)*; **a ~ [of a letter/reply]** ein stinkiger Brief/eine stinkige Antwort *(salopp)*; **a ~ [of a task]** eine saumäßige Erklärung *(derb)*; **c)** *(difficult task)* Hammer, *der (ugs.)*; harte Nuß *(ugs.)*

stinking ['stɪŋkɪŋ] **1.** *adj.* stinkend; **b)** *(sl.: objectionable)* widerlich *(abwertend)*; **a ~ cold** eine saumäßige Erkältung *(derb)*. **2.** *adv. (sl.)* **~ rich/drunk** stinkreich *(salopp)*/stinkbesoffen *(derb)*

stint [stɪnt] **1.** *v. t.* **a)** *(restrict share of)* kurzhalten; **~ oneself [of sth.]** sich [mit etw.] einschränken; **~ sb. of sth.** jmdn. mit etw. kurzhalten; **b)** *(supply stingily)* geizen mit; sparen mit ⟨*Worten*⟩. **2.** *v. i.* **~ on sth.** an etw. *(Dat.)* sparen. **3.** *n.* **a)** *(allotted amount)* [Arbeits]pensum, *das*; **do** *or* **work** *or* **have a long ~:** ein großes Arbeitspensum erledigen; **each of us did our ~ at the wheel** jeder von uns saß eine Zeitlang am Steuer; **b)** *(limitation)* Einschränkung, *die*; **without ~:** uneingeschränkt

stipend ['staɪpend] *n.* Besoldung, *die*; *(Eccl.)* Gehalt, *das*

stipendiary [staɪ'pendɪərɪ, stɪ'pendɪərɪ] **1.** *attrib. adj.* besoldet; **~ magistrate** *see* **2. 2.** *n. (Brit.)* besoldeter Friedensrichter

stipple ['stɪpl] *v. t.* **a)** *(Art)* punktieren; **b)** *(roughen)* [auf]rauhen ⟨*Putz, Farbe*⟩

stipulate ['stɪpjʊleɪt] *v. t.* **a)** *(demand)* verlangen; **b)** *(lay down)* festlegen; *(insist on)* sich *(Dat.)* ausbedingen

stipulation [stɪpjʊ'leɪʃn] *n.* **a)** *(condition)* Bedingung, *die*; **on** *or* **with the ~ that ...:** unter der Bedingung, daß ...; **b)** *(act) see* **stipulate:** Forderung, *die*; Festlegung, *die*; Ausbedingung, *die*

stipule ['stɪpjuːl] *n. (Bot.)* Nebenblatt, *das*

¹**stir** [stɜː(r)] **1.** *v. t.*, **-rr- a)** *(mix)* rühren ⟨*Tee, Kaffee*⟩; **keep ~ring the soup** die Suppe ständig umrühren; **~ sth. into sth.** in etw. *(Akk.)* [ein]rühren; **b)** *(move)* bewegen; **~ oneself out of bed** sich aus dem Bett bewegen *od. (geh.)* bequemen; **~ one's stumps** *(coll.)* einen Zahn zulegen *(ugs.)*; **c)** *(fig.: arouse)* bewegen; wecken ⟨*Neugier, Interesse, Gefühle, Phantasie*⟩; **a story to ~ the heart/blood** eine herzergreifende Geschichte/eine Geschichte, die das Blut in Wallung bringt; **~ sb. to action** jmdn. zum Handeln anstacheln; **~ sb. to greater efforts** jmdn. zu größeren Anstrengungen anspornen. **2.** *v. i.*, **-rr- a)** *(move)* sich rühren; *(in sleep, breeze)* sich bewegen; **without ~ring** regungslos; [not] **~ from the spot** sich [nicht] vom Fleck rühren; **b)** *(fig. be aroused)* sich regen *(geh.)*; **c)** *(rise from bed)* aufstehen; **nobody was ~ring in the house/village** das ganze Haus/Dorf schlief noch. **3.** *n., no pl.* **a)** *(commotion)* Aufregung, *die*; *(bustle, activity)* Betriebsamkeit, *die*; **cause** *or* **create a make a [big** *or* **great] ~:** [großes] Aufsehen erregen; **b)** *(act of ~ring sth.)* **give the coffee/paint a ~:** den Kaffee umrühren/die Farbe umrühren
~ 'in *v. t.* einrühren
~ 'up *v. t.* **a)** *(disturb)* aufrühren; **b)** *(fig.: arouse, provoke)* wecken ⟨*Neugier, Interesse, Leidenschaft*⟩; aufrütteln ⟨*Anhänger, Gefolgsleute*⟩; entfachen ⟨*Liebe, Haß, Streit, Zorn, Revolution*⟩; schüren ⟨*Haß, Feindseligkeit*⟩; **~ up the past/ill feelings** die Vergangenheit aufrühren/ungute Gefühle wecken; **~ up public opinion** die öffentliche Meinung aufbringen; **~ it up** *(coll.)* Unfrieden stiften

²**stir** *n. (sl.: prison)* Knast, *der (ugs.)*; **be in ~:** Knast schieben *(salopp)*

stir: ~-crazy *adj.* **~ a)** *(sl.)* **be ~-crazy** eine Gefängnispsychose haben; **~-fry** *v. t. (Cookery)* unter Rühren schnell braten

stirrer ['stɜːrə(r)] *n.* **a)** *(utensil)* Rührer, *der*; **b)** *(one who provokes)* Aufwiegler, *der*/Aufwieglerin, *die*

stirring ['stɜːrɪŋ] *adj.* bewegend ⟨*Musik, Theaterstück, Poesie*⟩; spannend ⟨*Roman, Geschichte*⟩; mitreißend ⟨*Auftritt, Rede, Marsch*⟩; bewegte ⟨*Zeiten*⟩

stirringly ['stɜːrɪŋlɪ] *adv.* bewegend *(gespielt)*; spannend ⟨*erzählt*⟩; mitreißend *(gespielter Marsch)*

stirrup ['stɪrəp] *n.* **a)** *(Riding)* Steigbügel, *der*; **b)** *(of garment)* Steg, *der*; **c)** *(Anat.)* ~[-bone] Steigbügel, *der*

stirrup: ~-cup *n.* Abschiedstrunk, *der (geh.)*; **~-iron** *n. (Riding)* Steigbügel, *der*; **~-pump** *n.* Handpumpe, *die* (mit Fußstütze)

stitch [stɪtʃ] 1. *n.* a) *(Sewing: pass of needle)* Stich, *der; see also* save 1 f; b) *(result of needle movement)* (*Knitting, Crocheting*) Masche, *die;* (*Sewing, Embroidery*) Stich, *der;* drop a ~ *(Knitting)* eine Masche fallenlassen; undo the ~es aufzeihen; *(in seam, hem)* die Naht auftrennen; c) *(kind of ~)* (*Knitting*) Muster, *das;* (*Sewing, Embroidery*) Stich, *der;* d) (*coll.: piece of clothing*) not have a ~ on splitter[faser]nackt *(ugs.)* sein; the burglars stole every ~ of clothing I had die Einbrecher stahlen mir sämtliche Klamotten *(salopp);* e) *(pain)* [have] a ~ [in the side] Seitenstechen [haben]; f) *(coll.)* be in ~es sich kugeln vor Lachen *(ugs.);* he/his jokes had me in ~es ich wäre [beinahe] vor Lachen über ihn/seine Witze gestorben *(ugs.);* g) *(Med.: to sew up wound)* Stich, *der;* ~es Naht, *die;* he had his ~es taken out ihm wurden die Fäden gezogen; need [five] ~es [mit fünf Stichen] genäht werden müssen; h) *(Bookbinding)* Heftung, *die.* 2. *v. t.* nähen; *(Embroidery)* sticken; *(Bookbinding)* heften. 3. *v. i.* nähen; *(Embroidery)* sticken; *(Bookbinding)* heften
~ ˈdown *v. t.* festnähen
~ ˈon *v. t.* annähen ⟨*Knopf*⟩; aufnähen ⟨*Flicken, Borte*⟩
~ ˈup *v. t.* nähen; zusammennähen ⟨*Stoffteile*⟩; vernähen ⟨*Loch, Riß, Wunde*⟩
stitching [ˈstɪtʃɪŋ] *n.* a) *(series of stitches)* Naht, *die;* b) *(ornamental stitches)* Stickerei, *die;* c) *(Bookbinding: fastening)* Heftung, *die*
stoat [stəʊt] *n.* Hermelin, *das*
stochastic [stəˈkæstɪk] *adj.* stochastisch
stock [stɒk] 1. *n.* a) *(origin, family, breed)* Abstammung, *die;* a horse of good racing/breeding ~: ein Renn-/Zuchtpferd mit gutem Stammbaum; be *or* come of farming/French/good ~: bäuerlicher/französischer Herkunft sein/aus einer guten Familie stammen; b) *(supply, store)* Vorrat, *der; (in shop etc.)* Warenbestand, *der;* our ~ is high/low wir haben genug/zu wenig vorrätig; our ~s of food/sherry unsere Lebensmittelvorräte/unser Vorrat an Sherry *(Dat.);* have a good ~ of information/knowledge umfangreiche Informationen/ein umfangreiches Wissen haben; be in ~/out of ~: vorrätig/nicht vorrätig sein; sb. is out of ~ of sth. jmd. hat etw. nicht vorrätig; get *or* lay in a ~ of coal sich *(Dat.)* einen Kohlevorrat anlegen; have sth. in ~: etw. auf od. *(Kaufmannsspr.)* am Lager haben; keep sth. in ~: *(have available as a general policy)* etw. führen; renew *or* replenish one's ~ of sth. seinen Vorrat an etw. *(Dat.)* auffüllen; take ~: Inventur machen; *(fig.)* Bilanz ziehen; take ~ of sb. *(fig.)* jmdn. mustern; take ~ of sth. *(fig.)* Bilanz ziehen; über etw. *(Akk.)* Bilanz ziehen; take ~ of oneself *(fig.)* sein Leben Revue passieren lassen; take ~ of one's position/situation/prospects seinen Standort/seine Situation/seine Zukunftsaussichten bestimmen; *see also* rolling-stock; c) *(Cookery)* Brühe, *die;* d) *(Finance)* Wertpapiere; *(shares)* Aktien; sb.'s ~ is high/low *(fig.)* jmds. Aktien stehen gut/schlecht *(fig.);* take *or (Amer.)* put ~ in sth. *(fig.)* viel von etw. halten; *see also* ¹defer a; ordinary b; e) *(Hort.)* Stamm, *der; (for grafting)* Unterlage, *die;* f) *(handle)* Griff, *der; (of gun)* Schaft, *der; (of plough)* Sterz, *der; see also* ²lock 1 e; g) *(Agric.)* [lebendes und totes] Inventar [eines landwirtschaftlichen Betriebes]; *see also* fatstock; livestock; h) *(raw material)* [Roh]material, *das;* i) *(film)* Filmmaterial, *das;* [paper] ~: Papierstoff, *der; (for printing on)* Papier, *das;* i) *(Bot.)* Levkoje, *die; see also* night-scented stock; Virginia stock; j) in pl. *(Hist.: punishment-frame)* Stock, *der;* k) *(Naut.: anchor crossbar)* Stock, *der;* l) in pl. *(Naut.: construction support)* Helling, *die,* Helgen, *der;* be on the ~s auf dem Stapel liegen;

(fig.) in Vorbereitung sein; have sth. on the ~s *(fig.)* an etw. *(Dat.)* arbeiten; m) *(treestump)* [Baum]stumpf, *der. See also* laughing-stock. 2. *v. t.* a) *(supply with ~)* beliefern; ~ a pond/river/lake with fish einen Teich/Fluß/See mit Fischen besetzen; her larder is ~ed with tins sie hat einen [großen] Vorrat an Konserven in der Speisekammer; a cellar ~ed with wine/sherry ein gut mit Wein/Sherry bestückter Keller; he has a memory ~ed with useless information sein Gedächtnis ist mit nutzlosem Wissen vollgepfropft *(ugs.);* b) *(Commerc.: keep in ~)* auf od. *(fachspr.)* am Lager führen. 3. *attrib. adj.* a) *(Commerc.)* vorrätig; a ~ size/model eine Standardgröße/ein Standardmodell; b) *(fig.: trite, unoriginal)* abgedroschen *(ugs.);* ~ character Standardrolle, *die*
~ ˈup 1. *v. i.* ~ up [with sth.] sich *(Dat.)* einen Vorrat an etw. *(Dat.)* anlegen; ~ up with coal for the winter sich für den Winter mit Kohlen eindecken; ~ up on sth. seine Vorräte an etw. auffüllen. 2. *v. t.* auffüllen; mit Fischen besetzen ⟨*Teich, Fluß, See*⟩; the library needs ~ing up with new books die Bibliothek muß ihren Bestand um neue Bücher erweitern
stockade [stɒˈkeɪd] 1. *n.* Palisade, *die.* 2. *v. t.* mit einer Palisade befestigen
stock: ~-breeder *n.* Viehzüchter, *der/*-züchterin, *die;* ~-breeding *n.* Viehzucht, *die;* ~broker *n. (Finance)* Effektenmakler, *der/*-maklerin, *die;* ~broker belt Wohngebiet reicher Geschäftsleute in der Umgebung einer Großstadt; ≈ Speckgürtel, *der (ugs.);* ~broking [ˈstɒkbrəʊkɪŋ] *n., no pl. (Finance)* Effektenhandel, *der;* ~broking is a lucrative profession der Handel mit Wertpapieren ist ein einträglicher Beruf; ~-car *n.* a) *(Amer. Railw.)* Viehwaggon, *der;* b) *(racing-car)* Stock-Car, *der;* ~-car racing *n.* Stock-Car-Rennen, *das;* ~ cube *n. (Cookery)* Brühwürfel, *der;* ~ exchange *n. (Finance)* Börse, *die;* the S~ Exchange *(Brit.)* die [Londoner] Börse; ~ fish *n. (Cookery)* Stockfisch, *der;* ~holder *n. (Finance)* Wertpapierbesitzer, *der/*-besitzerin, *die; (of shares)* Aktionär, *der/*Aktionärin, *die;* be a ~holder in the company Anteile an der Gesellschaft besitzen
stockily [ˈstɒkɪlɪ] *adv.* ~ built stämmig
stockinet[te] [ˌstɒkɪˈnet] *n. (Textiles)* Trikot, *der*
¹**stocking** [ˈstɒkɪŋ] *n.* a) Strumpf, *der;* in one's ~[ed] feet in Strümpfen; hang up one's ~: den Strumpf für den Weihnachtsmann aufhängen; b) *(of horse)* Strumpf, *der*
²**stocking** *n. see* stock 2: Belieferung, *die,* Besatz, *der;* Lagerhaltung, *die*
stockinged [ˈstɒkɪŋd] *adj. see* ¹stocking a
stocking: ~-filler *n. (Brit.)* a) *kleines Geschenk, das in den für den Weihnachtsmann aufgehängten Strumpf gesteckt wird;* b) zusätzliche Kleinigkeit *(als Weihnachtsgeschenk);* ~ mask *n.* Strumpfmaske, *die;* ~-stitch *n. (Knitting)* Glattgestrick, *das;* knit in ~-stitch glatt rechts stricken; ~-stuffer *(Amer.) see* ~-filler
stock-in-ˈtrade *n.* Inventar, *das; (workman's tools)* Handwerkszeug, *das; (fig.: resource)* [festes] Repertoire; be the ~ of sb. zu jmds. festem Repertoire gehören
stockist [ˈstɒkɪst] *n. (Brit. Commerc.)* Fachhändler/-händlerin, *die* [mit größerem Warenlager]
stock: ~jobber *n. (Finance)* a) *(Brit.: dealer)* Jobber, *der;* b) *(Amer. derog.: broker)* [Börsen]spekulant, *der/*-spekulantin, *die;* ~jobbing *n. (Brit. Finance)* Börsenspekulation, *die;* ~list *n.* a) *(Finance)* Kurszettel, *der;* b) *(Commerc.)* Inventarliste, *die;* ~-market *n. (Finance)* a) *see* stock exchange; b) *(trading)* Börsengeschäft, *das;* lose money on the ~-market Geld an der

Börse verlieren; ~pile 1. *n.* Vorrat, *der; (of weapons)* Arsenal, *das;* 2. *v. t.* horten; anhäufen ⟨*Waffen*⟩; ~pot *n. (Cookery)* Suppentopf, *der;* ~-room *n.* Lager, *das;* ~-ˈstill *pred. adj.* bewegungslos; stand ~-still regungslos [da]stehen; ~-taking *n. (Commerc.)* Inventur, *die;* closed for ~-taking wegen Inventur geschlossen
stocky [ˈstɒkɪ] *adj.* stämmig; kräftig ⟨*Pflanze, Trieb*⟩
ˈ**stockyard** *n.* Viehhof, *die*
stodge [stɒdʒ] *n. (coll.: food)* Brei, *der*
stodgy [ˈstɒdʒɪ] *adj.* a) pappig [und schwerverdaulich] ⟨*Essen*⟩; b) *(heavy, uninteresting)* langweilig ⟨*Buch*⟩; schwerfällig ⟨*Stil, Poesie*⟩; c) *(dull, drab)* trübselig ⟨*Person, Leben usw.*⟩
stoic [ˈstəʊɪk] 1. *n.* a) S~ *(Philos.)* Stoiker, *der;* b) *(impassive person)* Stoiker, *der/*Stoikerin, *die.* 2. *adj.* a) S~ *(Philos.)* stoisch; the S~ philosophers/school die Stoiker/die Stoa; b) stoisch ⟨*Person, Ablehnung, Antwort usw.*⟩
stoical [ˈstəʊɪkl] *adj.,* **stoically** [ˈstəʊɪkəlɪ] *adv.* stoisch
stoicism [ˈstəʊɪsɪzm] *n., no pl.* a) S~ *(Philos.)* Stoizismus, *der;* b) *(impassiveness)* Stoizismus, *der (geh.);* stoische Ruhe; do sth. with ~: etw. mit stoischer Gelassenheit tun
stoke [stəʊk] 1. *v. t.* heizen ⟨*Ofen, Kessel*⟩; unterhalten ⟨*Feuer*⟩; ~ a fire with coal Kohle nachlegen. 2. *v. i. see* ~ up 2
~ ˈup 1. *v. t.* aufheizen ⟨*Kessel, Ofen, Dampfmaschine*⟩; ~ a fire up Brennstoff auf ein Feuer legen⟩. 2. *v. i. (coll.: feed oneself)* sich vollstopfen *(ugs.)*
stoke: ~-hold *n. (Naut.)* Heizraum, *der;* ~hole *n.* Heizerstand, *der*
stoker [ˈstəʊkə(r)] *n.* Heizer, *der/*Heizerin, *die (Berufsbez.)*
STOL [stɒl] *abbr. (Aeronaut.)* short take off and landing STOL; Kurzstart
¹**stole** [stəʊl] *n.* Stola, *die*
²**stole** *see* steal 1, 2
stolen [ˈstəʊln] 1. *see* steal 1, 2. 2. *attrib. adj.* heimlich ⟨*Vergnügen, Kuß*⟩; verstohlen ⟨*Blick*⟩; ~ goods Diebesgut, *das;* receiving ~ goods Hehlerei, *die;* receiver of ~ goods Hehler, *der/*Hehlerin, *die*
stolid [ˈstɒlɪd] *adj.* stur *(ugs.);* wacker *(iron.)* ⟨*Arbeiter*⟩; unbeirrbar ⟨*Entschlossenheit*⟩; hartnäckig ⟨*Schweigen, Weigerung, Gleichgültigkeit*⟩
stolidity [stəˈlɪdɪtɪ] *n., no pl.* Sturheit, *die (ugs.); (of refusal, opposition)* Hartnäckigkeit, *die*
stolidly [ˈstɒlɪdlɪ] *adv.* stur *(ugs.);* wacker *(iron.)* ⟨*arbeiten*⟩; starrsinnig ⟨*sich widersetzen, schweigen*⟩; stumpf ⟨*blicken, marschieren*⟩
stoma [ˈstəʊmə] *n., pl.* ~s *or* ~ta [ˈstəʊmətə] a) *(Zool.)* Körperöffnung, *die;* b) *(Bot.)* Spaltöffnung, *die*
stomach [ˈstʌmək] 1. *n.* a) *(Anat., Zool.)* Magen, *der;* lie heavy on sb.'s ~: jmdm. schwer im Magen liegen; on an empty ~: mit leerem Magen ⟨*arbeiten, fahren, weggehen*⟩; auf nüchternen Magen ⟨*Alkohol trinken, Medizin einnehmen*⟩; on a full ~: mit vollem Magen; turn sb.'s ~: jmdm. den Magen umdrehen *(ugs.);* the smell/sight of food turned her ~: bei dem Geruch/beim Anblick des Essens drehte sich ihr der Magen um *(ugs.);* b) *(abdomen, paunch)* Bauch, *der;* have a pain in one's ~: Bauchschmerzen haben; lie on one's ~: auf dem Bauch liegen; develop a ~: einen Bauch ansetzen; pull your ~ in! zieh deinen Bauch ein!; *see also* ¹pit 1 b; c) have the/no ~ [for sth.] *(wish/not wish to eat)* Appetit/keinen Appetit [auf etw. *(Akk.)*] haben; *(fig.: interest)* Lust/keine Lust [auf etw. *(Akk.)*] haben; *(fig.: courage)* Mut/keinen Mut [zu etw.] haben. 2. *v. t.* a) *(eat, drink)* herunter-

stomach-ache bekommen *(ugs.)*; *(keep down)* bei sich behalten; **b)** *(fig.: tolerate)* aussstehen; hinnehmen ⟨*Beleidigung*⟩; akzeptieren ⟨*Vorstellung, Vorgehen, Rat*⟩

stomach: ~**-ache** *n.* Magenschmerzen *Pl.*; **have a** ~**-ache** Magenschmerzen haben; ~**-pump** *n. (Med.)* Magenpumpe, *die*; ~ **upset** *n.* Magenverstimmung, *die*

stomp [stomp] **1.** *n. (dance)* Stomp, *der*. **2.** *v. i.* **a)** *(tread heavily)* ~ [about *or* around] [umher]stampfen; **b)** *(Amer.: stamp feet)* [mit den Füßen] aufstampfen

stone [stəʊn] **1.** *n.* **a)** Stein, *der;* [as] **hard as** [a] ~ : steinhart; **his heart is** *or* **he has a heart of** *or* [as] **hard as** [a] ~ *(fig.)* sein Herz ist aus Stein; er hat ein Herz aus Stein; **throw** ~**s/a** ~ **at sb.** mit Steinen bewerfen/einen Stein auf jmdn. werfen; *(fig.)* jmdm. am Zeug flicken *(ugs.);* **cast** *or* **throw the first** ~ *(fig.)* den ersten Stein werfen; **only a** ~'**s throw** [away] *(fig.)* nur einen Steinwurf weit entfernt; **leave no** ~ **unturned** *(fig.)* Himmel und Hölle in Bewegung setzen; **leave no** ~ **unturned to achieve sth.** *(fig.)* alles dransetzen, um etw. zu erreichen; *see also* **bird a; blood 1a; glass 2; philosopher's stone; Portland stone; rolling stone; b)** *(gem)* [Edel]stein, *der;* **c)** *(Med., Bot.)* Stein, *der;* **d)** *see* **hailstone; e)** *pl. same (Brit.: weight unit)* Gewicht von 6,35 kg. **2.** *adj.* steinern; Stein⟨hütte, -kreuz, -mauer, -brücke⟩; ~ **jar/urn** Krug/Urne aus Steingut. **3.** *v. t.* **a)** Steinen bewerfen; ~ **sb.** [to death] jmdn. steinigen; ~ **me!,** ~ **the crows!** *(sl.)* mich laust der Affe! *(ugs.);* **b)** entsteinen ⟨*Obst*⟩

stone: S~ Age *n. (Archaeol.)* Steinzeit, *die; attrib.* Steinzeit-; ~**-cold 1.** *adj.* eiskalt; **2.** *adv.* ~**-cold sober** stocknüchtern

stoned [stəʊnd] *adj. (sl.)* stoned ⟨*Drogenjargon*⟩; *(drunk)* voll zu *(salopp);* **get** ~ [on drugs] sich anturnen *(ugs.);* **be** ~ **out of one's head** *or* **mind** völlig stoned *od.* zugekifft sein ⟨*Drogenjargon*⟩; *(drunk)* total zu sein *(ugs.)*

stone: ~-'**dead** *pred. adj.* mausetot *(fam.);* **kill sth.** ~-'**dead** *(fig.)* etw. völlig zunichte machen; ~-'**deaf** *adj.* stocktaub *(ugs.);* ~-**ground** *adj.* mit Mühlsteinen gemahlen; ~-**mason** *n.* Steinmetz, *der;* ~-**pine** *n. (Bot.)* Pinie, *die;* Nußkiefer, *die;* ~'**wall** *(Brit.)* **1.** *v. i. (fig.)* ~**wall on an issue** in einer Angelegenheit mauern; **2.** *v. t.* ~**wall sth.** bei etw. mauern; ~**walling** ['stəʊnwɔːlɪŋ] *n. (Brit.)* ~**walling** [tactics] Hinhaltetaktik, *die;* ~**ware** *n., no pl.* Steingut, *das; attrib.* ⟨*Krug, Vase*⟩ aus Steingut; ~**work** *n.* Mauerwerk, *das*

stony ['stəʊnɪ] *adj.* **a)** *(full of stones)* steinig; **fall on** ~ **ground** *(fig.)* auf unfruchtbaren Boden fallen; **b)** *(like stone)* steinartig; **c)** *(hostile)* steinern *(geh.)* ⟨*Blick, Miene*⟩; frostig ⟨*Person, Empfang, Schweigen*⟩; **d)** *pred. (sl.) see* **stony-broke**

stony-'broke *pred. adj. (sl.)* völlig abgebrannt *(ugs.)*

stood *see* **stand 1, 2**

stooge [stuːdʒ] *(sl.)* **1.** *n.* **a)** *(Theatre: comedian)* Stichwortgeber, *der/*-geberin, *die;* **b)** *(compliant person)* Marionette, *die*. **2.** *v. i.* ~ **for sb.** *(for comedian)* jmdm. die Stichworte liefern; *(as deputy etc.)* jmds. Marionette sein

stool [stuːl] *n.* **a)** Hocker, *der;* **fall between two** ~**s** *(fig.)* sich zwischen zwei Stühle setzen; **b)** *see* **footstool; c)** *in sing. or pl. (Physiol.: faeces)* Stuhl, *der;* **d)** *(Bot.: of tree)* Baumstumpf mit frisch austreibenden Schößlingen; *(of dormant plant)* Wurzelstock, *der;* *(of cut plant)* Mutterpflanze, *die*

'**stool-pigeon** *n.* **a)** *(Hunting)* Locktaube, *die;* **b)** *(decoy)* Lockvogel, *der;* **c)** *(police-informer)* Polizeispitzel, *der*

¹**stoop** [stuːp] **1.** *v. i.* **a)** [down] sich bücken; **2.** *v. t.* beugen. **3.** *v. i. (fig.: descend)* sich herablassen; **he'd** ~ **to anything to get his way** *(fig.)* ihm ist jedes Mittel recht[, um sein Ziel zu erreichen]; **I wouldn't** ~ **so low!** *(fig.)* ich würde mich nicht so erniedrigen!; ~ **to do sth.** *(fig.)* sich dazu erniedrigen, etw. zu tun; ~ **to deceit/a lie** sich für Verrat/eine Lüge hergeben; **b)** *(have* ~) gebeugt gehen; **c)** *see* **swoop 2. 2.** *v. t.* beugen; ~**ed with old age** von Alter gebeugt. **3.** *n.* gebeugte Haltung; **have a/walk with a** ~ : einen krummen Rücken haben/gebeugt gehen

²**stoop** *n. (Amer.)* nicht überdachte, über Treppen erreichbare Terrasse vor einem Haus

stop [stɒp] **1.** *v. t.,* -**pp- a)** *(not let move further)* anhalten ⟨*Person, Fahrzeug*⟩; aufhalten ⟨*Fortschritt, Verkehr, Feind*⟩; verstummen lassen ⟨*Gerücht, Geschichte, Lüge*⟩; ⟨*Tormann:*⟩ halten ⟨*Ball*⟩; **she** ~**ped her car** sie hielt an; ~ **thief!** haltet den Dieb!; **there's no** ~**ping sb.** jmd. läßt sich nicht aufhalten; ~ **a bullet** *or* **one** *(sl.) (get killed)* umgelegt werden *(salopp); (get wounded)* eine Kugel abkriegen *(ugs.); see also* **track 1 b; b)** *(not let continue)* unterbrechen ⟨*Redner, Spiel, Gespräch, Vorstellung*⟩; beenden ⟨*Krieg, Gespräch, Treffen, Spiel, Versuch, Arbeit*⟩; stillen ⟨*Blutung*⟩; stoppen ⟨*Produktion, Uhr, Streik, Inflation*⟩; einstellen ⟨*Handel, Zahlung, Lieferung, Besuche, Subskriptionen, Bemühungen*⟩; abstellen ⟨*Strom, Gas, Wasser, Mißstände*⟩; beseitigen ⟨*Schmerz*⟩; ~ **that/that nonsense/that noise/your threats!** hör damit/mit diesem Unsinn/diesem Lärm/diesen Drohungen auf!; **he had his grant/holidays** ~**ped** seine Unterstützung wurde/Ferien wurden gestrichen; **bad light** ~**ped play** *(Sport)* das Spiel wurde wegen schlechter Lichtverhältnisse abgebrochen; ~ **the show** *(fig.)* Furore machen; **just you try and** ~ **me!** versuch doch, mich daran zu hindern!; ~ **working** mit der Arbeit aufhören; ~ **smoking/crying** aufhören zu rauchen/weinen; **never** ~ **doing sth.** etw. unaufhörlich tun; ~ '**saying that!** sag das nicht mehr!; ~ **being silly!** hör mit diesem Quatsch auf!; ~ **it! hör auf** [damit]!; *(in more peremptory tone)* Schluß damit!; ~ **oneself** sich zurückhalten; **I couldn't** ~ **myself** ich konnte nicht anders; *see also* **rot 1 a; c)** *(not let happen)* verhindern ⟨*Verbrechen, Unfall*⟩; **I managed to** ~ **myself [from] punching him** ich mußte mich sehr zurückhalten, um ihn nicht zu schlagen; **He was determined to do/say it. We couldn't** ~ **him** Er war entschlossen, es zu tun/sagen. Wir konnten ihn nicht davon abhalten; **she couldn't** ~ **herself [from] coughing** sie versuchte vergeblich, ihren Husten zu unterdrücken; **you won't** ~ **me [from] seeing her** du wirst mich nicht daran hindern, sie zu sehen; **he tried to** ~ **us parking** er versuchte uns am Parken zu hindern; **he phoned his mother to** ~ **her [from] worrying** er rief seine Mutter an, damit sie keine Sorgen machte; ~ **sth. [from] happening** verhindern, daß etw. geschieht; **there's nothing to** ~ **me/you** *etc.* [doing sth.] es gibt nichts, was mich/dich *usw.* daran hindern könnte[, etw. zu tun]; **d)** *(cause to cease working)* abstellen ⟨*Maschine usw.*⟩; ⟨*Streikende:*⟩ stillegen ⟨*Betrieb*⟩; **his/her face is enough to** ~ **a clock** *(fig. coll.)* wenn man sein/ihr Gesicht sieht, haut es einen um *(ugs.);* **e)** *(block up)* zustopfen ⟨*Loch, Öffnung, Riß, Ohren*⟩; verschließen ⟨*Wasserrohr, Rohr, Schlauch, Flasche*⟩; ~ **holes in a wall with concrete/filler** Löcher in einer Wand mit Beton/Spachtelmasse füllen; ~ **sb.'s mouth** *(fig.)* jmdm. den Mund stopfen *(ugs.);* **f)** *(withhold)* streichen; **the cost will be** ~**ped** *or* **from his salary** die Kosten werden von seinem Gehalt abgezogen; ~ **payment** *(Finance)* die Zahlungen [wegen Insolvenz] einstellen; ~ **[payment of] a cheque** einen Scheck sperren lassen; **g)** *(Boxing)* parieren; *(knock out)* k. o. schlagen; **h)** *(Mus.)* ~ **a string** eine Saite greifen; ~ **a pipe [of an organ]** eine gedackte [Orgel]pfeife. **2.** *v. i.,* -**pp- a)** *(not extend further)* aufhören; ⟨*Straße, Treppe:*⟩ enden; ⟨*Ton:*⟩ verstummen; ⟨*Ärger:*⟩ verfliegen; ⟨*Schmerz:*⟩ abklingen; ⟨*Zahlungen, Lieferungen:*⟩ eingestellt werden; **at this point his knowledge** ~**s** an diesem Punkt ist sein Wissen erschöpft; **b)** *(not move or operate further)* ⟨*Fahrzeug, Fahrer:*⟩ halten; ⟨*Maschine, Motor:*⟩ stillstehen; ⟨*Uhr, Fußgänger, Herz:*⟩ stehenbleiben; **he** ~**ped in the middle of the sentence** er unterbrach sich mitten im Satz; **he never** ~**s to think** [before he acts] er denkt nie nach [bevor er handelt]; ~! **halt!;** ~ **at nothing** vor nichts zurückschrecken; ~ **dead** plötzlich stehenbleiben; ⟨*Redner:*⟩ abbrechen; **you never know when to** ~: du weißt einfach nicht, wann du aufhören mußt; *see also* **short 2 a; track 1 b; c)** *(coll.: stay)* bleiben; ~ **at a hotel/at a friend's** in einem Hotel/im Hause eines Freundes/bei jmdm. wohnen; ~ **for** *or* **to dinner** zum Essen bleiben; ~ **for coffee afterwards** zum Kaffeetrinken [noch] bleiben; **I'm not** ~**ping** ich kann nicht lange bleiben. **3.** *n. (halt)* Halt, *der;* **there will be two** ~**s for coffee on the way** es wird unterwegs zweimal zum Kaffeetrinken angehalten; **this train goes to London with only two** ~**s** dieser Zug fährt mit nur zwei Zwischenhalten nach London; **bring to a** ~: zum Stehen bringen ⟨*Fahrzeug*⟩; zum Erliegen bringen ⟨*Verkehr*⟩; unterbrechen ⟨*Arbeit, Diskussion, Treffen*⟩; **the fire brought the show/performance to a [sudden]** ~: das Feuer setzte der Show/dem Auftritt ein [plötzliches] Ende *(geh.);* **come to a** ~: stehenbleiben; ⟨*Fahrzeug:*⟩ zum Stehen kommen; ⟨*Gespräch:*⟩ abbrechen; ⟨*Arbeit, Verkehr:*⟩ zum Erliegen kommen; ⟨*Vorlesung:*⟩ abgebrochen werden; **make a** ~ **at** *or* **in a place** in einem Ort haltmachen; **put a** ~ **to** abstellen ⟨*Mißstände, Unsinn*⟩; unterbinden ⟨*Versuche*⟩; aus der Welt schaffen ⟨*Gerücht*⟩; **put a** ~ **on a cheque** einen Scheck sperren lassen; **without a** ~: ohne Halt *(fahren, fliegen)*; ohne anzuhalten *(arbeiten, reden)*; **b)** *(place)* Haltestelle, *die;* **the ship's first** ~ **is Cairo** der erste Hafen, den das Schiff anläuft, ist Kairo; **the plane's first** ~ **is Frankfurt** die erste Zwischenlandung des Flugzeuges ist in Frankfurt; **c)** *(Brit.: punctuation-mark)* Satzzeichen, *das; see also* **full stop a; d)** *(in telegram)* stop; **e)** *(Mus.: row of organ-pipes)* Register, *das; (organ-knob)* Registerzug, *der;* **pull out all the** ~**s** *(fig.)* alle Register ziehen; **f)** *(to limit movement)* Anschlag, *der;* **g)** *(Photog.)* Blende, *die;* **h)** *(Phonet.)* Verschlußlaut, *der*

~ **a**'**way** *(coll.) see* **stay away a**
~ **be**'**hind** *(coll.) see* **stay behind**
~ '**by** *(Amer.)* **1.** *v. i.* vorbeischauen *(ugs.);* ~ **by at the store** im Geschäft vorbeigehen *(ugs.).* **2.** *v. t.* ~ **by sb.'s house** *or* **place** [and have a drink] bei jmdm. [auf einen Drink] vorbeischauen *(ugs.);* **we'll** ~ **by the shop and get some apples** wir gehen schnell im Laden vorbei und kaufen [uns] ein paar Äpfel
~ '**down** *v. t. (Photog.)* ~ **down to f/16** auf Blende 16 abblenden
~ '**in** *(coll.) see* **stay in b**
~ '**off** *v. i.* einen Zwischenaufenthalt einlegen; ~ **off at the pub for a packet of cigarettes** an der Kneipe kurz anhalten, um Zigaretten zu kaufen; *see also* **stopoff**
~ '**on** *(coll.) see* **stay on c**
~ '**out** *v. i. (coll.)* **a)** draußen bleiben; **b)** *(remain on strike)* ⟨*Arbeiter:*⟩ weiterstreiken *(ugs.)*
~ '**over** *v. i.* einen Zwischenaufenthalt ma-

stop-button

chen; *(remain for the night)* übernachten (at bei); *see also* **stopover**
~ **'up 1.** *v. t. see* ~ **1 e. 2.** *v. i. (coll.) see* **stay up a**
stop: ~-button *n.* Stopptaste, *die;* press the ~-button [auf] die Stopptaste drücken; ~**cock** *n.* Abstellhahn, *der;* Absperrhahn, *der (Technik);* ~**gap** *n.* Notbehelf, *der; (scheme, measure, plan, person)* Notlösung, *die; attrib.* behelfsmäßig; **a ~gap measure** eine Behelfsmaßnahme; ~-**'go** *n. (Brit.)* Hin und Her, *das; (boom and recession)* Auf und Ab, *das; attrib.* ~-**go strategy/policies** strategisches/politisches Hin und Her; ~-**light** *n.* a) *(red traffic-light)* rotes Licht; **if the ~-light shows** wenn die Ampel rot ist; b) *(Motor Veh.)* Bremslicht, *das;* ~ **line** *n. (on road)* Haltelinie, *die;* ~**off** *see* ~**over;** ~-**order** *n.* a) *(Finance)* limitierter Börsenauftrag; b) *(Law)* gerichtliche Anordnung, *daß über bei Gericht hinterlegte Wertpapiere nicht verfügt werden darf;* ~**over** *n.* Stopover, *der;* Zwischenaufenthalt, *der; (of aircraft)* Zwischenlandung, *die*
stoppage ['stɒpɪdʒ] *n.* a) *(halt)* Stillstand, *der; (strike)* Streik, *der; (in traffic)* Stau, *der; (Sport)* Unterbrechung, *die;* b) *(cancellation)* Sperrung, *die; (of delivery)* Einstellung, *die;* c) *(deduction)* Abzug, *der*
stopper ['stɒpə(r)] **1.** *n.* a) Stöpsel, *der;* Pfropfen, *der;* **put a ~ on sth./sb.** *(fig.)* einer Sache *(Dat.)* einen Riegel vorschieben/jmdm. einen Strich durch die Rechnung machen. **2.** *v. t.* zustöpseln
stopping ['stɒpɪŋ] *see* **filling 1 a**
stopping: ~ distance *n.* Anhalteweg, *der (fachspr.);* ~ **place,** ~**point** *ns.* Station, *die; (where train must stop)* Haltepunkt, *der; (where one might rest)* Ort zum Rasten; ~ **train** *n. (Brit. Railw.)* Nahverkehrszug, *der*
stop: ~-press *n. (Brit. Journ.)* letzte Meldung/Meldungen; *attrib.* ~-**press news** letzte Meldungen; **~ sign** *n.* Stoppschild, *das;* ~-**signal** *n.* Haltesignal, *das;* ~-**watch** *n.* Stoppuhr, *die*
storage ['stɔ:rɪdʒ] *n.* a) *no pl., no indef. art. (storing)* Lagerung, *die; (of furniture)* Einlagerung, *die; (of films, books, documents)* Aufbewahrung, *die; (of data, water, electricity)* Speicherung, *die;* **my furniture is in ~:** meine Möbel sind [bei einer Spedition] eingelagert; **put in[to] ~:** zur Aufbewahrung geben ⟨*Möbel*⟩; *see also* **cold storage;** b) *see* **storage space;** c) *(cost of warehousing)* Lagergebühr, *die*
storage: ~ battery *n. (Electr.)* Akkumulator, *der;* ~ **capacity** *n. (Computing)* Speicherkapazität, *die;* ~ **cell** *n. (Electr.)* Akkumulator, *der;* ~ **heater** *n.* [Nacht]speicherofen, *der;* ~ **space** *n.* Lagerraum, *der; (in house)* Platz [zum Aufbewahren]; **I need ~ space for all my books** ich brauche Platz, um alle meine Bücher aufzubewahren; ~ **tank** *n.* Sammelbehälter, *der;* Lagertank, *der*
store [stɔ:(r)] **1.** *n.* a) *(Amer.: shop)* Laden, *der;* b) *in sing. or pl. (Brit.: large general shop)* Kaufhaus, *das; see also* **department store;** c) *(warehouse)* Lager, *das; (for grain, hay)* Speicher, *der; (for valuables)* Depot, *das; (for arms)* Waffenkammer, *die; (for books, films, documents)* Magazin, *das;* **put sth. in ~:** etw. [bei einer Spedition] einlagern; d) *(stock)* Vorrat, *der* (**of** an + *Dat.*); **a great ~ of knowledge** ein großer Wissensschatz; **I don't have an unlimited ~ of patience** meine Geduld ist nicht unerschöpflich; **get in** *or* **lay in a ~ of sth.** einen Vorrat an etw. *(Dat.)* anlegen; **have** *or* **keep coal/food in ~:** einen Kohlenvorrat/einen Vorrat an Lebensmitteln haben; **have enough arms/ammunition in ~:** genug Waffen/Munition in Reserve haben; **be** *or* **lie in ~ for sb.** jmdn. erwarten; **have a surprise in ~ for sb.** eine Überraschung für jmdn. [auf Lager]

haben; **there was another surprise in ~ for him** noch eine Überraschung wartete auf ihn; **that's a treat in ~:** das ist eine erfreuliche Aussicht; **there'll be trouble in ~:** es wird Ärger geben; **who knows what the future has in ~?** wer weiß, was die Zukunft mit sich bringt?; e) *in pl. (supplies)* Vorräte; **the ~s** *(place)* das [Vorrats]lager; **f) lay** *or* **put** *or* **set [great] ~ by** *or* **on sth.** [großen] Wert auf etw. legen; g) *(Brit. Computing)* Speicher, *der.* **2.** *v. t.* a) *(put in ~)* einlagern; speichern ⟨*Getreide, Energie, Wissen*⟩; einspeichern ⟨*Daten*⟩; ablegen ⟨*Papiere, Dokumente*⟩; ~ **food/nuts/coal/wine** *(collect as reserve)* sich *(Dat.)* einen Vorrat an Lebensmitteln/Nüssen/Kohle/Wein anlegen; b) *(leave for storage)* unterbringen; c) *(hold)* aufnehmen; speichern ⟨*Energie, Daten*⟩. **3.** *attrib. adj.* a) *(Breeding)* Mast-; b) *(Amer.: shop-bought)* Konfektions⟨*kleidung*⟩
~ **a'way** *v. t.* lagern; ablegen ⟨*Akten*⟩; ~ **food away** *(Dat.)* einen Lebensmittelvorrat anlegen; ~ **things away in a trunk/at a friend's house** Sachen in einer Truhe verstauen/bei einem Freund aufbewahren; ~ **away information** Informationen sammeln und aufbewahren
~ **'up** *v. t.* speichern; ~ **up provisions/food/wine/coal/nuts** sich *(Dat.)* Vorräte/Lebensmittel/Wein-/Kohlenvorräte/einen Vorrat an Nüssen anlegen; **you're only storing up trouble for yourself** du handelst dir nur immer mehr Schwierigkeiten ein
store: ~ detective *n.* Kaufhausdetektiv, *der;* ~**house** *n.* Lager[haus], *das;* **sb. is a ~house of knowledge/information [about angling]** jmd. ist ein wandelndes Lexikon[, was das Angeln betrifft]; **the book is a real ~house of facts [about Germany]** das Buch ist eine wahre Fundgrube [für jeden, der sich über Deutschland orientieren will]; ~**keeper** *n.* a) *(person in charge of ~s)* Lagerist, *der*/Lageristin, *die; (Mil.)* Verwalter der Materialausgabe; b) *(Amer.: shopkeeper)* Besitzer eines Einzelhandelsgeschäftes; ~**man** ['stɔ:mən] *n., pl.* ~**men** ['stɔ:mən] a) *(man in charge of ~s)* Lagerist, *der; (Mil.)* Verwalter der Materialausgabe; b) *(handler of ~d goods)* Lagerarbeiter, *der;* ~-**room** *n.* Lagerraum, *der; (for food on ship)* Proviantraum, *der; (in restaurant, canteen)* Speisekammer, *die*
storey ['stɔ:rɪ] *n.* Stockwerk, *das;* Geschoß, *das;* **a five-~ house** ein fünfgeschossiges Haus; **third-~ window** Fenster im zweiten Stock[werk]
-**storeyed** ['stɔ:rɪd] *adj. in comb.* -geschossig; **three-~ house** dreigeschossiges Haus
storied ['stɔ:rɪd] *adj. (literary: legendary)* legendenumwoben
-**storied** *(Amer.) see* -**storeyed**
stork [stɔ:k] *n.* Storch, *der*
storm [stɔ:m] **1.** *n.* a) Unwetter, *das; (thunder~)* Gewitter, *das;* **the night of the ~:** den Ärmelkanal im Sturm überqueren; **a ~ in a teacup** *(fig.)* ein Sturm im Wasserglas; b) *(fig.: dispute)* Sturm der Entrüstung; ~ **and stress** Sturm und Drang; c) *(fig.: outburst) (of applause, protest, indignation, criticism)* Sturm, *der; (of abuse, insults, tears)* Flut, *die; (of missiles, shots, arrows, blows)* Hagel, *der;* **a ~ of blows rained down on his head** Schläge hagelten auf seinen Kopf; d) *(Mil.: attack)* Sturm, *der;* **take sb./sth. by ~:** jmdn. überrumpeln/etw. im Sturm nehmen; e) *(Meteorol.: wind)* [schwerer] Sturm. **2.** *v. i.* a) stürmen; **he ~ed in** er kam hereingestürmt; ~ **about** *or* **around in a violent temper** voller Wut herumtoben *(ugs.);* b) *(talk violently)* toben; ~ **at sb.** jmdn. andonnern *(ugs.);* ~ **against sth./sb.** gegen etw. wettern *(ugs.)/*gegen jmdn. vom Leder ziehen. **3.** *v. t. (Mil.)* stürmen

storm: ~-centre *n. (Meteorol.)* Auge *od.* Zentrum eines Wirbelsturms; ~-**cloud** *n.* a) *(Meteorol.)* Gewitterwolke, *die;* b) *(fig.)* **the ~-clouds [of war] are gathering** dunkle Wolken ziehen am Horizont auf [und kündigen Krieg an]; ~-**door** *n.* äußere Windfangtür; ~-**trooper** *n. (Hist.)* SA-Mann, *der (ns.);* ~-**troops** *n. pl.* a) *(Mil.)* Sturmtruppen; b) *(Hist.)* Sturmabteilung, *die (ns.);* SA, *die (ns.)*
stormy ['stɔ:mɪ] *adj.* a) stürmisch; wild ⟨*Beschimpfung*⟩; hitzig ⟨*Auseinandersetzung*⟩; b) *(indicating storms)* auf Sturm hindeutend; **be** *or* **look ~:** nach Sturm aussehen
¹**story** ['stɔ:rɪ] *n.* a) *(account of events)* Geschichte, *die;* **give the ~ of sth.** etw. schildern *od.* darstellen; **the suspects' stories did not coincide** die Aussagen der Verdächtigen stimmten nicht überein; **[that's] a likely ~:** *(iron.)* wer's glaubt, wird selig *(ugs. scherzh.);* **it is quite another ~ now** *(fig.)* jetzt sieht alles ganz anders aus; **the [old,] old ~, the same old ~** *(fig.)* das alte Lied *(ugs.);* **tall ~:** unglaubliche Geschichte; **that's [a bit of] a tall ~!** das ist ein bißchen dick aufgetragen! *(ugs.);* **that's a different ~** *(fig.)* das ist etwas ganz anderes; **that's his ~** [**and he's sticking to it**] er bleibt bei dem, was er gesagt hat; **that's only 'half the ~:** das ist noch nicht alles; **the bruise told its 'own ~:** der blaue Fleck sprach für sich selbst; **the ~ goes that ...:** man erzählt sich, daß ...; **or so the ~ goes** so erzählt man sich; **the whole ~ came out** alles kam heraus *(ugs.);* **that's not the whole ~:** das ist noch nicht alles; **to cut** *or* **make a long ~ short, ...:** kurz [gesagt], ...; b) *(narrative)* Geschichte, *die;* **but that is another ~:** aber das ist eine andere Geschichte; **that's the ~ of my life!** *(fig.)* das ist mein ewiges Problem!; *see also* **short story;** c) *(news item)* Bericht, *der;* Story, *die (ugs.);* d) *(past) see* **history a;** e) *(plot)* Story, *die;* f) *(set [of interesting] facts)* **the objects in the room have a ~:** die Gegenstände in dem Zimmer haben ihre eigene Geschichte; **there is an interesting ~ behind that sword** um dieses Schwert rankt sich eine interessante Geschichte *(geh.);* g) *(coll./child lang.: lie)* Märchen, *das;* **tell stories** Märchen erzählen
²**story** *(Amer.) see* **storey**
story: ~-book 1. *n.* Geschichtenbuch, *das; (with fairy-tales)* Märchenbuch, *das;* **2.** *attrib. adj.* Bilderbuch-; ~-**book world** Märchenwelt, *die;* ~-**line** *see* ¹**story e;** ~-**teller** *n.* a) *(narrator)* [Geschichten]erzähler, *der*/-erzählerin, *die;* b) *(writer)* Erzähler, *der*/Erzählerin, *die;* c) *(raconteur)* Anekdotenerzähler, *der*/-erzählerin, *die;* **she's a wonderful ~-teller** sie kann wundervoll erzählen; d) *(coll./child lang.: liar)* Lügenbold, *der;* ~-**telling** *n.* Geschichtenerzählen, *das; (fig.: lying)* Lügengeschichten- *od.* Märchenerzählen, *das*
stout [staʊt] **1.** *adj.* a) *(strong)* fest; stabil ⟨*Boot, Werkzeug, Messer, Zaun*⟩; dick ⟨*Tür, Mauer, Damm, Stock, Papier*⟩; robust ⟨*Material, Kleidung*⟩; stark ⟨*Seil, Abwehr*⟩; kräftig ⟨*Pflanze, Pferd, Pfeiler*⟩; b) *(fat)* beleibt; **of ~ build** von gedrungenem Körperbau; c) *(brave, staunch)* unverzagt; heftig ⟨*Widerstand, Opposition*⟩; entschieden ⟨*Ablehnung*⟩; stark ⟨*Gegner*⟩; fest ⟨*Glaube*⟩; **a ~ heart** ein festes Herz; **be ~ of heart** sehr beherzt sein; ~ **fellow** *(arch./coll.)* wackerer Kerl *(veralt.).* **2.** *n. (drink)* Stout, *der*
stout-hearted ['staʊthɑ:tɪd] *adj.* beherzt; unerschrocken
stoutly ['staʊtlɪ] *adv.* a) *(strongly)* stabil ⟨*gebaut, gezimmert*⟩; ~ **made** solide, robust ⟨*Schuhwerk*⟩; stark ⟨*Seil*⟩; ~ **built** stämmig, kräftig ⟨*Tier*⟩; stabil ⟨*Haus, Zaun, Tor*⟩; dick ⟨*Tür, Mauer*⟩; b) *(staunchly)* beherzt; hartnäckig ⟨*behaupten, ablehnen, widerstehen*⟩; fest ⟨*glauben*⟩

stoutness ['staʊtnɪs] *n., no pl. (fatness)* Beleibtheit, *die*

¹**stove** [stəʊv] *n.* Ofen, *der; (for cooking)* Herd, *der;* **electric** ~: Elektroherd, *der*

²**stove** *see* stave 2

'**stove-pipe** *n. (also hat)* Ofenrohr, *das*

stow [stəʊ] *v. t.* **a)** *(put into place)* packen (into in + *Akk.*); verstauen (into in + *Dat.*); *(Naut.)* stauen; **she ~ed the letter out of sight/behind some books** sie steckte den Brief weg *(ugs.)*/hinter ein paar Bücher; **b)** *(fill)* vollpacken; vollstopfen *(ugs.); (Naut.)* befrachten; **c)** *(sl.: stop)* aufstecken *(ugs.);* ~ **it!** hör auf! *(ugs.); (stop talking)* [halt die] Klappe! *(salopp)*

~ **a'way 1.** *v. t.* verwahren; **he keeps his savings ~ed away in a sock** er hat seine Ersparnisse in einem Strumpf versteckt. **2.** *v. i.* als blinder Passagier reisen; *see also* **stowaway**

stowage ['stəʊɪdʒ] *n.* **a)** *(space for stowing)* Platz, *der; (Naut.)* Stauraum, *der;* **b)** *(action of stowing)* Aufbewahrung, *die;* Unterbringung, *die; (Naut.)* Stauen, *das;* **c)** *(Naut.: stowed goods)* Ladung, *die*

'**stowaway** *n.* blinder Passagier

straddle ['strædl] *v. t.* **a)** *(be positioned across)* ~ *or* **sit straddling a fence/chair** rittlings auf einem Zaun/Stuhl sitzen; ~ *or* **stand straddling a ditch** mit gespreizten Beinen über einem Graben stehen; **his legs ~d the chair/brook** er saß rittlings auf dem Stuhl/stand mit gespreizten Beinen über dem Bach; **their farm ~s the border** ihre Farm liegt beiderseits der Grenze; **the bridge ~s the river/road** die Brücke überspannt den Fluß/die Straße; **b)** *(part widely)* **sit/stand with legs ~d** *or* **~d legs** mit gespreizten Beinen sitzen/stehen; ~ **one's legs** die Beine spreizen; **c)** *(Mil.)* eindecken; **the bombs ~d the target** die Bomben schlugen zu beiden Seiten *od.* beiderseits des Ziels ein

Stradivarius [strædɪ'veərɪəs] *n. (Mus.)* Stradivari, *die*

strafe [strɑːf] *v. t. (Mil.)* beharken *(Soldatenspr.)*

straggle ['strægl] *v. i.* **a)** *(trail)* ~ **[along] behind the others** den anderen hinterherzockeln *(ugs.);* **the last few walkers ~ed in** die letzten Geher trotteten ins Ziel; **the procession ~d** [**out**] **along the road** der Zug zockelte die Straße entlang *(ugs.);* **b)** *(spread in irregular way)* ⟨*Dorf, Stadt:*⟩ sich ausbreiten; ⟨*Häuser, Bäume:*⟩ verstreut stehen; **the brook/fence goes straggling through/over the meadow** der Bach zieht sich mit vielen Windungen/der Zaun verläuft kreuz und quer über die Wiese; **c)** *(grow untidily)* ⟨*Pflanze:*⟩ wuchern; ⟨*Haar, Bart:*⟩ zottig wachsen

straggler ['stræglə(r)] *n.* Nachzügler, *der*

straggling ['stræglɪŋ] *adj.* **a)** *(trailing)* nachzockelnd *(ugs.);* **b)** *(irregular)* unregelmäßig ⟨*Baumreihe, Schrift*⟩; ⟨*Fluß, Zaun, Straße*⟩ mit vielen Krümmungen; weiträumig angelegt ⟨*Stadt, Gebäude*⟩; **a ~ village** eine Streusiedlung; **c)** *(long and untidy)* wuchernd ⟨*Haar, Bart*⟩

straggly ['strælɪ] *see* **straggling c**

straight [streɪt] **1.** *adj.* **a)** gerade; aufrecht ⟨*Haltung*⟩; glatt ⟨*Haar*⟩; **in a ~ line** in gerader Linie; **the ~ and narrow** der Pfad der Tugend; **keep sb. on/keep to the ~ and narrow** jmdn. im Zaum halten/auf dem Pfad der Tugend wandeln *(geh.); see also* **arrow 1; b)** *(not having been bent)* ausgestreckt ⟨*Arm, Bein*⟩; durchgedrückt ⟨*Knie*⟩; **c)** *(not misshapen)* gerade ⟨*Bein*⟩; **d)** *(Fashion)* gerade geschnitten; **e)** *(undiluted, unmodified)* unvermischt; **have** *or* **drink whisky/gin ~**: Whisky/Gin pur trinken; **a ~ choice** eine klare Wahl; **a ~ bet on a horse** auf ein Pferd auf Sieg setzen; **f)** *(successive)* fortlaufend; **win in ~ sets** *(Tennis)* ohne Satzverlust gewinnen; **the team had ten ~ wins** die Mannschaft hat zehn Spiele hintereinander gewonnen; ~ **As** *(Amer.)* lauter Einsen; **g)** *(undeviating)* direkt ⟨*Blick, Schlag, Schuß, Paß, Ball, Weg*⟩; **sb. has a ~ aim, sb.'s aim is ~**: jmd. zielt genau; **a ~ hit** *or* **blow** *(Boxing)* eine Gerade; **a ~ left/right** *(Boxing)* eine linke/rechte Gerade; **give sb. a ~ look** jmdn. scharf ansehen; **h)** *(candid)* geradlinig ⟨*Mensch*⟩; ehrlich ⟨*Antwort*⟩; klar ⟨*Abfuhr, Weigerung, Verurteilung*⟩; unmißverständlich ⟨*Rat*⟩; ~ **dealings/speaking** direkte Verhandlungen/unverblümte Sprache; **a ~ answer to a question** eine klare Antwort auf eine klare Frage; **he did some ~ talking with her** er sprach sich mit ihr offen aus; **be ~ with sb.** zu jmdm. offen sein; **i)** *(logical)* klar; **her thinking is clear and ~**: ihr Denken ist klar und logisch; **j)** *(Theatre)* ernst; nicht avant-garde konventionell; **k)** *(in good order, not askew)* **we/the rooms are ~** now after the move wir haben uns/die Zimmer nach dem Umzug jetzt eingerichtet; **the accounts are ~**: die Bücher sind in Ordnung; **the picture is ~**: das Bild hängt gerade; **is my hair/tie ~?** sitzt meine Frisur/Krawatte [richtig]?; **is my hat** [on] **~?** sitzt mein Hut [richtig]?; **pull sb. ~** ihn. geradeziehen; **put ~**: geradeziehen ⟨*Krawatte*⟩; gerade aufsetzen ⟨*Hut*⟩; gerade hängen ⟨*Bild*⟩; aufräumen ⟨*Zimmer, Sachen*⟩; richtigstellen ⟨*Fehler, Mißverständnis*⟩; **put things ~**: alles in Ordnung bringen; **put things ~ with sb.** mit jmdn. alles klären; **get sth. ~** *(fig.)* etw. genau *od.* richtig verstehen; **let's get it** *or* **the facts** *or* **things ~**: wir sollten alles genau klären; **get this ~!** merk dir das [ein für allemal]!; **put sb. ~**: jmdn. aufklären; **put** *or* **set the record ~**: die Sache *od.* Angelegenheit klären; *see also* **straight face; l)** *(sl.: heterosexual)* hetero *(ugs.);* **m)** *(coll.: conventional)* [spieß]bürgerlich *(abwertend); (Mus.)* konventionell. **2.** *adv.* **a)** *(in a ~ line)* gerade; **she came ~ at me** sie kam geradewegs auf mich zu; ~ **opposite** genau gegenüber; **head ~ for the wall** genau auf die Mauer zusteuern; **go ~** *(fig.: give up crime)* ein bürgerliches Leben führen; **b)** *(directly)* geradewegs; ~ **after** sofort nach; **the knife went ~ through his hand** das Messer ging mitten durch seine Hand; **the pianist went ~ into the next piece** der Klavierspieler ging sofort zum nächsten Stück über; ~ **to the point** direkt *od.* gleich zur Sache kommen; **look sb. ~ in the eye** jmdn. direkt in die Augen blicken; ~ **ahead** *or* **on** immer geradeaus; **they went ~ ahead and did it** sie taten es sofort; *see also* **horse 1a; shoulder 1a; c)** *(honestly, frankly)* aufrichtig; **give it to me ~**: sag es ganz offen zu mir!; **he came ~ out with it** er sagte es ohne Umschweife; **I told him ~** [**out**] **that** ...: ich sagte [es] ihm ins Gesicht, daß ...; **play ~ with sb.** mit jmdn. ein ehrliches Spiel spielen; **d)** *(upright)* gerade ⟨*sitzen, stehen, wachsen*⟩; **e)** *(accurately)* gerade; **he can't shoot** [very] ~: er ist nicht [sehr] zielsicher; **f)** *(clearly)* klar ⟨*sehen, denken*⟩. **3.** *n.* **a)** *(~ condition)* **out of the ~**: out of true *see* **true; b)** *(~ stretch)* gerade Strecke *(Sport); (also fig.)* Zielgerade, *die;* **c)** *(Cards)* Straße, *die;* Folge, *die*

straight: ~ **a'way** *adv. (coll.)* sofort; gleich; ~**away** *(Amer.) adj.* **a)** *attrib. (straight)* gerade; **b)** *(straightforward)* nüchtern; sachlich; ~ **'bat** *(Cricket)* aufrecht gehaltener Schläger; **keep a ~ bat** *(Brit. fig.)* sich anständig benehmen; ~**-edge** *n. (for paper-hanging)* Tapezierschiene, *die; (Metalw.)* Haarlineal, *das*

straighten ['streɪtn] **1.** *v. t.* **a)** geradeziehen ⟨*Kabel, Teppich, Seil*⟩; geradebiegen ⟨*Draht*⟩; glätten ⟨*Falte, Kleidung, Haare*⟩; geraderücken ⟨*Hut, Krawatte, Brille*⟩; gerade machen ⟨*Tischkante*⟩; begradigen ⟨*Fluß, Straße*⟩; geradehalten ⟨*Rücken*⟩; strecken ⟨*Beine, Arme*⟩; gerade hängen ⟨*Bild*⟩; **b)** *(put in order)* aufräumen; einrichten ⟨*neue Wohnung*⟩; in Ordnung bringen ⟨*Geschäftsbücher, Finanzen*⟩. **2.** *v. i.* gerade werden; ⟨*Haar:*⟩ glatt werden

~ **out 1.** *v. t.* **a)** geradebiegen ⟨*Draht*⟩; geradeziehen ⟨*Seil, Kabel*⟩; glätten ⟨*Decke, Teppich*⟩; begradigen ⟨*Fluß, Straße*⟩; **b)** *(put in order, clear up)* klar schaffen ⟨*Mißverständnis, Meinungsverschiedenheit*⟩; in Ordnung bringen ⟨*Angelegenheit*⟩; berichtigen ⟨*Fehler*⟩; ~ **sb. out** zur Einsicht bringen; ~ **sb. out on sth.** jmdn. über etw. *(Akk.)* aufklären; **things will** ~ **themselves out** das wird sich von selbst regeln; **c)** *(sl.: beat up)* jmdn. vermöbeln *(salopp);* **do you want ~ing out?** soll ich dir eine reinhauen? *(salopp).* **2.** *v. i.* gerade werden; ⟨*Haar:*⟩ glatt werden; **things will ~ out** das wird sich von selbst regeln

~ '**up 1.** *v. t. see* **tidy up 2. 2.** *v. i.* sich aufrichten

straight: ~ '**eye** *n.* gute Augen; ~ '**face** *n.* unbewegtes Gesicht; **with a ~ face** ohne eine Miene zu verziehen; **keep a ~ face** keine Miene verziehen; **with unbewegter Miene** *nachgestellt;* **be ~-faced** keine Miene verziehen; ~ '**fight** *n. (Brit. Polit.)* direkter Kampf zwischen zwei Kandidaten; ~ '**flush** *see* '**flush;** ~ '**forward** *adj.* **a)** *(frank)* freimütig; geradlinig ⟨*Politik*⟩; schlicht ⟨*Stil, Sprache, Erzählung, Bericht*⟩; klar ⟨*Anweisung, Vorstellungen*⟩; **have a ~forward approach to a problem** ein Problem direkt angehen; **be ~forward in one's dealings** offen und gerade sein; **b)** *(simple)* einfach; eindeutig ⟨*Lage*⟩; ~'**forwardly** *adv.* **a)** *(frankly)* ehrlich ⟨*handeln*⟩; offen ⟨*sprechen, sagen*⟩; **b)** *(simply)* deutlich ⟨*erklären*⟩; ~ **man** *n. (Theatre)* Schauspieler, *der* der Komiker die Stichwörter für seine Gags liefert

straightness ['streɪtnɪs] *n., no pl.* **a)** Geradheit, *die; (of hair)* Glattheit, *die; (Fashion)* gerader Schnitt; **b)** *(fig.) (candour) (of answer)* Offenheit, *die; (of purpose)* Geradlinigkeit, *die; (of dealings)* Ehrlichkeit, *die*

straight: ~ '**off** *adv. (coll.)* schlankweg *(ugs.);* ~ '**ticket** *n. (Amer. Polit.)* **vote the** ~ [**Republican/Democratic**] **ticket** *die* [republikanische/demokratische] Liste unverändert wählen; ~ '**tip** *n.* Insidertip, *der;* ~ '**up** *adv. (sl.: honestly)* echt *(ugs.);* **Do you mean what you say?** – S~ **up!** Meinst du auch, was du sagst? – Na klar!; **he offered me a lot of money,** ~ **up!** er hat mir einen Haufen Geld angeboten, ehrlich! *(ugs.)*

¹**strain** [streɪn] **1.** *n.* **a)** *(pull)* Belastung, *die; (on rope)* Spannung, *die;* **put a ~ on sb./sth.** jmdn./etw. belasten; **b)** *(extreme physical or mental tension)* Streß, *der;* **feel the ~**: die Anstrengung spüren; **stand** *or* **take the ~**: die Belastung *od.* den Streß aushalten; **he has a lot of ~ at work** die Arbeit nimmt ihn stark in Anspruch; **place sb. under** [**a**] **great ~**: jmdn. einer starken Belastung aussetzen; **be under** [**a great deal of**] ~: unter großem Streß stehen; **c)** *(person, thing)* **be a ~ on sb./sth.** jmdn./etw. belasten; eine Belastung für jmds. Nerven sein; **be a ~ on sb.'s nerves** jmds. Nerven zerren; **find sth. a ~**: etw. als Belastung empfinden; **d)** *(injury) (muscular)* Zerrung, *die; (over~ on heart, back, etc.)* Überanstrengung, *die;* **e)** *in sing. or pl. (burst of music)* Klänge; *(burst of poetry)* Vers, *der;* Zeile, *die;* **take up the ~** *(lit. or fig.)* einstimmen; einfallen; **f)** *(tone)* Ton, *der* **g)** *(Phys.)* Deformation, *die.* **2.** *v. t.* **a)** *(over-exert)* überanstrengen; zerren ⟨*Muskel*⟩; überbeanspruchen ⟨*Geduld, Loyalität usw.*⟩; ~ **one's back carrying heavy boxes** sich beim Tragen schwerer Kisten verheben; ~ **oneself** *(lit. or fig. iron.)* sich

übernehmen; sich überanstrengen; b) *(stretch tightly)* [fest] spannen; ~ed relations *(fig.)* gespannte Beziehungen; c) *(exert to maximum)* ~ oneself/sb./sth. das Letzte aus sich/jmdm./etw. herausholen; ~ **one's ears/ eyes/voice** seine Ohren/Augen/Stimme anstrengen; ~ **oneself to do sth.** sich nach Kräften bemühen, etw. zu tun; d) *(use beyond proper limits)* verzerren ⟨*Wahrheit, Lehre, Tatsachen*⟩; überbeanspruchen ⟨*Geduld, Wohlwollen*⟩; e) *in p.p. (forced)* gezwungen ⟨*Lächeln*⟩; künstlich ⟨*Humor, Witz*⟩; gewagt ⟨*Interpretation*⟩; f) *(hug)* ~ **sb./sth. to oneself/to sth.** jmdn./etw. an sich/etw. *(Akk.)* drücken; g) *(filter)* durchseihen; seihen (**through** durch); ~ [**the water from**] **the vegetables** das Gemüse abgießen; ~ **sth. from a liquid** etw. aus einer Flüssigkeit herausfiltern. 3. *v. i.* a) *(strive intensely)* sich anstrengen; *(resist while being close to breaking-point)* ächzen (**under** unter + *Dat.*); **he ~ed to lift the box** er versuchte ächzend od. mit aller Kraft, die Kiste hochzuheben; ~ **at sth.** an etw. *(Dat.)* zerren; ~ **at the leash** an der Leine zerren; *(fig.)* es kaum erwarten können; ~ **after sth.** sich mit aller Gewalt um etw. bemühen; ~ **after an effect** Effekthascherei betreiben; b) *(be filtered)* durchlaufen; *(fig.: suppress)* unterdrücken; ~ **at birth** im Keim ersticken
'**stranglehold** *n. (lit. or fig.)* Würgegriff, *der*; ~ **hernia** eingeklemmter Bruch
strangulation [stræŋgjʊ'leɪʃn] *n.* Erdrosseln, *das*; Erwürgen, *das*; *(fig.)* Unterdrückung, *die*; Strangulierung, *die (geh.)*
strap [stræp] 1. *n.* a) *(leather strip)* Riemen, *der*; *(textile strip)* Band, *das*; *(shoulder-)* ~ Träger, *der*; *(for watch)* Armband, *das*; **the** ~ *(punishment)* die Züchtigung mit dem Riemen; **be given [a lick of] the** ~: den Riemen zu schmecken bekommen; b) *(to grasp in vehicle)* Halteriemen, *der*. 2. *v. t.*, -**pp**- a) *(secure with* ~ *)* [**into position/down**] festschnallen; ~ **oneself in** sich anschnallen; b) *see* ~ **up** b; ~ **ped for cash** *(coll.)* sehr klamm sein *(ugs.)*; d) *(punish with* ~ *)* mit dem Riemen züchtigen
~ '**up** *v. t.* a) *(fasten* ~ *s of)* zuschnallen; b) *(bind with adhesive plaster)* verpflastern
strap: ~-**hanger** *n.* stehender Fahrgast; ~ **hinge** *n. (fig.)* Langband, *das*
strapless ['stræplɪs] *adj.* trägerlos
strapping ['stræpɪŋ] *adj.* stramm
Strasbourg ['stræzbɜːg] *pr. n.* Straßburg *(das)*
strata *pl. of* **stratum**
stratagem ['strætədʒəm] *n. (trick)* [Kriegs]list, *die*; Strategem, *das (geh.)*
strategic [strə'tiːdʒɪk], **strategical** [strə'tiːdʒɪkl] *adj.* a) strategisch; **a** ~ **moment** ein strategisch günstiger Zeitpunkt; b) *(of great military importance)* strategisch wichtig; *(necessary to plan)* bedeutsam ⟨*Element, Faktor*⟩
strategically [strə'tiːdʒɪkəlɪ] *adv.* strategisch
strategic 'studies *n., no pl.* Strategie, *die*
strategist ['strætɪdʒɪst] *n.* Stratege, *der*/Strategin, *die*
strategy ['strætɪdʒɪ] *n.* Strategie, *die*; *(fig. also)* Taktik, *die*; **use** ~ *(fig.)* taktisch od. strategisch vorgehen; **it was bad** ~ *(fig.)* es war taktisch od. strategisch unklug
stratification [strætɪfɪ'keɪʃn] *n.* a) *(Geol., Archaeol.)* Schichtung, *die*; Stratifikation, *die (fachspr.)*; b) *(Sociol.)* [soziale] Schichtung
stratify ['strætɪfaɪ] *v. t.* a) *(Geol., Archaeol.)* stratifizieren; **stratified rock** in Schichten gewachsener Fels; b) *(Sociol.)* in Schichten einteilen; Schichten zuordnen; **a stratified society** eine mehrschichtige Gesellschaft
stratosphere ['strætəsfɪə(r)] *n. (Geol.)* Stratosphäre, *die*; *(fig.)* höhere Regionen
stratospheric [strætə'sferɪk] *adj. (Geog.)* stratosphärisch; Stratosphären⟨*flugzeug, -flug*⟩; *(fig.)* schwindelerregend ⟨*Höhe*⟩

stratum ['strɑːtəm, 'streɪtəm] *n., pl.* **strata** ['strɑːtə, 'streɪtə] Schicht, *die*; Stratum, *das (fachspr.)*
stratus ['streɪtəs, 'strɑːtəs] *n., pl.* **strati** ['streɪtaɪ, 'strɑːtaɪ] *(Meteorol.)* Schichtwolke, *die*; Stratus, *der (fachspr.)*; *attrib.* ~ **clouds** Stratuswolken
straw [strɔː] *n.* a) *no pl. (stalks of grain)* Stroh, *das*; *(attrib.* Stroh-; **Strohhalm**, *der*; **catch** *or* **clutch** *or* **grasp at** ~**s** *or* **a** ~ *(fig. coll.)* sich an einen Strohhalm klammern; **be the last** ~ **that broke the camel's back** *(coll.)* das Faß zum Überlaufen bringen; **that's the last** *or* **final** ~: jetzt reicht's aber; **draw** ~**s** [**for sth.**] Hölzchen [um etw.] ziehen; **draw** *or* **pick the short** ~: das kürzere Hölzchen ziehen; *(fig.)* das schlechtere Los ziehen; ~ **in the wind** Vorzeichen, *das*; Vorbote, *der*; c) [**drinking-**]~: Trinkhalm, *der*; Strohhalm, *der*; d) *(trifle)* Nichtigkeit, *die*; **it doesn't matter a** ~ **to me** es kümmert mich keinen Pfifferling *(ugs.)*; **I don't give a** ~: ich gebe keinen Pfifferling dafür *(ugs.)*; e) *(hat)* Strohhut, *der. See also* **cheese straw**
strawberry ['strɔːbərɪ] *n.* a) Erdbeere, *die*; b) *(colour)* Erdbeerrot, *das; see also* **crush 1 a**
strawberry: ~ '**blonde** 1. *adj.* rotblond; 2. *n.* Rotblonde, *die*; ~-**mark** *n.* [rötliches] Muttermal
straw: ~-**board** *n.* Strohpapier, *das*; Strohpappe, *die*; ~ **boss** *n. (Amer.)* Vorarbeiter, *der*; ~-**colour** *n.* Strohgelb, *das*; ~-**coloured** *adj.* strohgelb; ~ '**hat** *n.* Strohhut, *der*; ~ **poll**, ~ **vote** *ns.* Testabstimmung, *die*
stray [streɪ] 1. *v. i.* a) *(wander)* streunen; *(fig.: in thought etc.)* abschweifen (**into** in + *Akk.*); ~ [**away**] **from** sich absondern von; **the child had** ~**ed from his parents** das Kind war seinen Eltern weggelaufen; ~ **into enemy territory** sich auf feindliches Gebiet verirren; b) *(move in meandering course)* ⟨*Auto:*⟩ schlingern; *(move without deliberate control)* **my gaze kept** ~**ing to the wart on his nose** mein Blick wanderte immer wieder zu der Warze auf seiner Nase; **he could not control his** ~**ing hands** er konnte seine Hände einfach nicht bei sich behalten; c) *(deviate)* abweichen (**from** von); **have** ~**ed sich verirrt haben**; ~ **from the path of virtue** vom Pfad der Tugend abweichen *(geh.)*; **he had** ~**ed once** einmal war er vom Wege abgekommen *(fig.)*; ~ **from the point/from** *or* **off the road** vom Thema/von der Straße abkommen; **somehow I** ~**ed into acting/the theatre** irgendwie habe ich mich aufs Schauspielern verlegt/bin ich am Theater gelandet. 2. *n. (animal)* streunendes Tier; *(without owner)* herrenloses Tier; *(person)* Streuner, *der*/Streunerin, *die (abwertend)*; *see also* **waif**. 3. *adj.* a) streunend; *(without owner)* herrenlos; *(out of proper place)* verirrt; b) *(occasional, isolated)* vereinzelt; c) *(Phys.)* Streu-
streak [striːk] 1. *n.* a) *(narrow line)* Streifen, *der*; *(in hair)* Strähne, *die*; ~ **of lightning** Blitzstrahl, *der*; **like a** ~ [**of lightning**] [schnell] wie der Blitz *(ugs.)*; wie ein geölter Blitz *(ugs.)*; b) *(fig.: element)* **have a jealous/ cruel** ~: zur Eifersucht/Grausamkeit neigen; **have a** ~ **of meanness/jealousy** eine geizige/eifersüchtige Ader haben; c) *(fig.: spell)* ~ **of good/bad luck, lucky/unlucky** ~: Glücks-/Pechsträhne, *die*; **be on a** *or* **have a winning/losing** ~: eine Glücks-/Pechsträhne haben. 2. *v. t.* a) *(mark)* streifen; etw. mit grünen Streifen versehen; **hair** ~**ed with grey** Haar mit grauen Strähnen; ~**ed with paint/mud/tears** farbverschmiert/ dreckbeschmiert/tränenverschmiert. 3. *v. i.* a) *(move rapidly)* flitzen *(ugs.)*; b) *(coll.: run naked)* blitzen *(ugs.)*; flitzen *(ugs.)*
streaker ['striːkə(r)] *n. (coll.)* Blitzer,

streaking | **stretcher**

der/Blitzerin, *die (ugs.)*; Flitzer, *der*/Flitzerin, *die (ugs.)*
streaking ['stri:kɪŋ] *n. (coll.: running naked)* Blitzen, *das (ugs.)*; Flitzen, *das (ugs.)*
streaky ['stri:ki] *adj.* streifig; gestreift ⟨*Muster, Fell*⟩
streaky 'bacon *n.* durchwachsener Speck
stream [stri:m] **1.** *n.* **a)** *(of flowing water)* Wasserlauf, *der;* (*brook*) Bach, *der;* **b)** *(flow, large quantity)* Strom, *der;* (*of abuse, excuses, words*) Schwall, *der;* ~s or a ~ **of applications** eine Flut von Bewerbungen; **in** ~**s** in Strömen; **the children rushed in** ~**s/in a ~ through the school gates** die Kinder strömten durch die Schultore; **c)** *(current)* Strömung, *die;* (*fig.*) Trend, *der;* **against/with the ~ of sth.** *(fig.)* gegen den/mit dem Strom einer Sache; **go against/with the ~** ⟨*Person:*⟩ gegen den/mit dem Strom schwimmen; *see also* **Gulf Stream**; **d)** *(Brit. Educ.)* Parallelzug, *der;* **e) be/go on ~** *(Industry)* in Betrieb sein/den Betrieb aufnehmen. **2.** *v.i.* **a)** *(flow)* strömen; ⟨*Sonnenlicht:*⟩ fluten; **tears** ~**ed down her face** Tränen strömten ihr über das Gesicht; **b)** *(run with liquid)* **my eyes** ~**ed** mir tränten die Augen; **the windows/walls were** ~**ing with condensation** die Fenster/Wände schwitzten; **his back was** ~**ing with sweat** sein Rücken war schweißnaß *od.* schweißüberströmt; **c)** *(wave)* ⟨*Haare, Fahne:*⟩ flattern, wehen. **3.** *v.t.* **a)** *(emit)* **his nose was** ~**ing blood** Blut floß ihm aus der Nase; **b)** *(Brit. Educ.)* in Parallelzüge *od.* leistungshomogene Gruppen einteilen

~ 'down *v.i.* ⟨*Sonne:*⟩ vom Himmel strahlen; **the rain is** ~**ing down** es regnet in Strömen
~ 'in *v.i.* hereinströmen/hineinströmen
~ 'out *v.i.* **a)** *(move out like ~)* herausströmen/hinausströmen; **b)** *(float)* flattern, wehen
~ 'past *v.i.* vorbeiströmen
~ 'through *v.i.* hindurchströmen

streamer ['stri:mə(r)] *n.* **a)** *(ribbon)* Band, *das;* (*of paper*) Luftschlange, *die;* **b)** *(Journ.: headline)* Schlagzeile, *die;* **c)** *(pennon)* Wimpel, *der*
streaming ['stri:mɪŋ] **1.** *n. (Brit. Educ.)* Einteilung in Parallelzüge *od.* leistungshomogene Gruppen; Streaming, *das.* **2.** *adj. (flowing)* laufend ⟨*Nase,*⟩ tränend ⟨*Auge,*⟩ schwitzend ⟨*Wand, Fenster*⟩; **have a ~ cold** Schnupfen haben
streamlet ['stri:mlɪt] *n.* Bächlein, *das*
stream: ~**line 1.** *n.* **a)** *(shape)* Stromlinienform, *die (Physik, Technik);* **b)** *(line of flow)* Stromlinie, *die (Physik);* **2.** *v.t.* **a)** *(give shape to)* [eine] Stromlinienform geben (+ *Dat.*); **be** ~**lined** eine Stromlinienform haben; **b)** *(simplify)* rationalisieren; *(reduce)* einschränken; **~ of 'consciousness** *n. (Lit.)* (*flow of thoughts*) Bewußtseinsstrom, *der;* (*literary style*) Stream of consciousness, *der*
street [stri:t] *n.* **a)** Straße, *die;* **in** *(Brit.)* or **on ... Street** in der ...straße; **in the ~ :** auf der Straße; *(St. Exch.)* nach Börsenschluß; **I wouldn't cross the ~ to do that** *(fig.)* ich würde mir deswegen kein Bein ausreißen *(ugs.);* **be on the** ~**[s]** *(be published)* ⟨*Zeitung:*⟩ draußen sein; *(have no place to live)* auf der Straße liegen *(ugs.); (be available to be bought)* im [Straßen]verkauf sein; **be/go on the** ~**s** *(be/become a prostitute)* auf die Straße gehen *(ugs.);* **take to the** ~**s** auf die Straße gehen *(ugs.);* **keep the youngsters off the** ~**s** dafür sorgen, daß sich die Jugendlichen nicht auf der Straße herumtreiben; **it isn't a very interesting job, but at least it keeps me off the** ~**s** *(iron.)* der Job ist zwar nicht sehr interessant, aber wenigstens stehe ich nicht mehr auf der Straße *(ugs.);* **not in the same ~** [**as sb./sth.**] *(fig. coll.)* nicht zu

vergleichen [mit jmdm./etw.]; ~**s ahead** [**of sb./sth.**] *(coll.)* um Längen besser [als jmd./ etw.] *(ugs.);* **be** [**right** *or* **just**] **up sb.'s ~** *(coll.)* jmds. Fall sein *(ugs.);* **the** ~**s of San Francisco are paved with gold** *(fig.)* in San Francisco liegt das Geld auf der Straße; **b)** *(people in ~)* Straße, *die*
street: ~**car** *n. (Amer.)* Straßenbahn, *die;* Tram, *die (südd., österr., schweiz.);* ~ **cred** ['stri:t krεd] *(coll.),* ~ **credibility** *ns.* [glaubwürdiges] Image; ~ **cries** *n. pl. (Brit.)* Straßen- *od.* Händlerrufe; ~ **crime** *n., no pl., no indef. art.* Straßenkriminalität, *die;* ~ **door** *n.* [vordere] Haustür; ~ **enter'tainer** *n.* Straßenkünstler, *der*/-künstlerin, *die;* ~**-fight** *n.* Straßenkampf, *der;* (*heavy fighting*) Straßenschlacht, *die;* ~**-fighting** *n.* Straßenkampf, *der;* sporadic ~-fighting broke out vereinzelt kam es zu Straßenkämpfen aus; ~**-lamp,** ~**-light** *ns.* Straßenlaterne, *die;* Straßenlampe, *die;* ~**-lighting** *n.* Straßenbeleuchtung, *die;* ~ **map** *n.* Stadtplan, *der;* ~**-market** *n.* Markt, *der;* ~**-party** *n.* Straßenfest, *das;* ~**-plan** *see* ~**map;** ~**-sweeper** *n.* **a)** *(person)* Straßenfeger, *der*/-fegerin, *die (bes. nordd.)*; **b)** *(machine)* Kehrmaschine, *die;* (*vehicle*) Straßenkehrmaschine, *die;* ~ **theatre** *n.* Straßentheater, *das;* ~ **urchin** *n.* Straßenkind, *das;* ~ **value** *n.* Straßenverkaufswert, *der;* ~**-walker** *n. fem.* Nutte, *die (ugs.);* ~**-wise** *adj. (coll.)* **be** ~**-wise** wissen, wo es langgeht

strength [strεŋθ] *n.* **a)** *(power)* Kraft, *die;* (*strong point, force, intensity, amount of ingredient;* also *Finance*) Stärke, *die;* (*of argument*) Überzeugungskraft, *die;* (*of poison, medicine*) Wirksamkeit, *die;* (*of legal evidence*) Tragfähigkeit, *die;* (*resistance of material, building, etc.*) Stabilität, *die;* (*artistic forcefulness*) [künstlerische/musikalische] Kraft; **recover/exhaust one's ~:** seine Kräfte wiedererlangen/erschöpfen; **not to know one's own ~** nicht wissen, wie stark man ist; **give sb. ~:** jmdn. stärken; jmdm. Kraft geben; *see also* **give 1e;** ~ **of conviction/feeling** Überzeugungskraft, *die*/ Stärke der Emotionen; ~ **of character/ will/purpose** Charakterstärke, *die*/Willensstärke *od.* -kraft, *die*/Zielstrebigkeit, *die;* **from ~ to ~:** aus einer Position der Stärke heraus; **go from ~ to ~ :** immer erfolgreicher werden; **on the ~ of sth./that** auf Grund einer Sache *(Gen.)*/dessen; **we can have a drink on the ~ of that** darauf können wir einen trinken; **b)** *(proportion present)* Stärke, *die;* (*full complement*) **be below ~**/**up to ~ :** weniger als/etwa die volle Stärke haben; **in** [**full**] ~**:** in voller Stärke; **the police were there in** ~**:** ein starkes Polizeiaufgebot war da
strengthen ['strεŋθən, 'strεŋkθən] **1.** *v.t.* (*give power to*) stärken; (*reinforce, intensify, increase in number*) verstärken; erhöhen ⟨*Anteil*⟩; (*make more effective*) unterstützen; (*increase main ingredient of*) stärker machen ⟨*Getränk*⟩; kräftiger machen ⟨*Farbe, Anstrich*⟩; ~ **sb.'s resolve** jmdn. in seinem Entschluß bestärken; ~ **sb.'s hand** *(fig.)* jmds. Position stärken. **2.** *v.i.* stärker werden
strenuous ['strεnjʊəs] *adj.* **a)** *(energetic)* energisch; gewaltig ⟨*Anstrengung*⟩; **b)** *(requiring exertion)* anstrengend
strenuously ['strεnjʊəslɪ] *adv.* mit aller Kraft ⟨*sich anstrengen*⟩; *(arbeiten);* heftig ⟨*bestreiten, bekräftigen*⟩
strenuousness ['strεnjʊəsnɪs] *n., no pl.* Schwere, *die*
streptococcus [strεptə'kɒkəs] *n., pl.* **streptococci** [strεptə'kɒkaɪ] *(Bacteriol.)* Streptokokkus, *der*
stress [strεs] **1.** *n.* **a)** *(strain)* Streß, *der;* **be**

[**placed**] **under ~ :** unter Streß *(Dat.)* stehen; **b)** *(emphasis)* Betonung, *die;* Nachdruck, *der;* **lay** *or* **place** *or* **put** [**a**] **~ on sth.** auf etw. *(Akk.)* Wert *od.* Gewicht legen; **c)** *(accentuation)* Betonung, *die;* (*in verse*) Hebung, *die;* **put the**/**a ~ on** etw. betonen; **which syllable carries the ~ ?** welche Silbe trägt den Ton?; **d)** *(Mech.)* Belastung, *die;* [elastische] Spannung *(fachspr.). See also* **storm 1 b. 2.** *v.t.* **a)** *(emphasize)* betonen; Wert legen auf (+ *Akk.*) ⟨*richtige Ernährung, gutes Benehmen, Sport usw.*⟩; ~ [**the point**] **that ...:** darauf hinweisen, daß ...; **b)** *(Ling.)* betonen ⟨*Silbe, Vokal usw.*⟩; **c)** *(subject to strain)* überanstrengen; *(Mech.)* belasten; [elastischer] Spannung aussetzen *(fachspr.).*
'**stress disease** *n.* Streßkrankheit, *die;* Managerkrankheit, *die (volkst.)*
stressful ['strεsfl] *adj.* anstrengend; stressig *(ugs.)*
'**stress-mark** *n.* Betonungszeichen, *das*
stretch [strεtʃ] **1.** *v.t.* **a)** *(lengthen, extend)* strecken ⟨*Arm, Hand*⟩; recken ⟨*Hals*⟩; dehnen ⟨*Gummiband*⟩; *(spread)* ausbreiten ⟨*Decke*⟩; *(tighten)* spannen; **he lay** ~**ed out on the ground** er lag ausgestreckt auf dem Boden; ~ **one's legs** *(by walking)* sich *(Dat.)* die Beine vertreten; **b)** *(widen)* dehnen ⟨**out of shape**⟩ ausweiten ⟨*Schuhe, Jacke*⟩; **c)** *(fig.: make the most of)* ausschöpfen ⟨*Reserve*⟩; fordern ⟨*Person, Begabung*⟩; **d)** *(fig.: extend beyond proper limit)* überschreiten ⟨*Befugnis, Grenzen des Anstands*⟩; strapazieren *(ugs.)* ⟨*Geduld*⟩; es nicht so genau nehmen mit ⟨*Gesetz, Bestimmung, Begriff, Grundsätzen*⟩; ~ **a point** großzügig sein; ~ **credibility** nicht sehr glaubhaft sein; ~ **the truth** ⟨*Aussage:*⟩ nicht ganz der Wahrheit entsprechen; **he's certainly ~ing the truth there** er nimmt es hier mit der Wahrheit nicht so genau; **we're a bit ~ed at the moment** wir sind zur Zeit ziemlich überlastet; ~ **it/things** den Bogen überspannen; *see also* **wing 1a. 2.** *v.i.* **a)** *(extend in length)* sich weiten; sich dehnen; ⟨*Person, Tier:*⟩ sich strecken; **b)** *(have specified length)* sich [aus]dehnen; ~ **from A to B** sich von A bis B erstrecken; **the traffic jam** ~**ed all the way back to Junction 9** der Verkehr staute sich bis zur Auffahrt Neun [zurück]; **c)** ~ **to sth.** *(be sufficient for)* für etw. reichen; **could you ~ to £10?** hätten Sie vielleicht sogar 10 Pfund? **3.** *v.refl.* sich [dehnen und] strecken. **4.** *n.* **a)** *(lengthening, drawing out)* **have a ~, I can reach ...:** wenn ich mich strecke, kann ich bis an ... *(Akk.)* reichen; **give sth. a ~ :** etw. *od.* weiter machen; **b)** *(exertion)* **by no ~ of the imagination** auch mit viel Phantasie nicht; **at a ~** *(fig.)* wenn es sein muß *(see also* **c***);* **at full ~ :** auf Hochtouren; **c)** *(expanse, length)* Abschnitt, *der;* **a ~ of road/open country** ein Stück Straße/ Land; **at a ~** ohne Unterbrechung; *see also* **b**); **d)** *(Amer. Racing)* Gerade, *die;* **e)** *(sl.: length of imprisonment)* **do a** [**five-year**] ~**:** [fünf Jahre] im Knast sitzen *(ugs.);* **go down for another ~:** wieder einmal in den Knast wandern *(ugs.);* **f)** *(in fabric)* Elastizität, *die;* **there is a lot of ~ in this material** das Material ist sehr dehnbar. **5.** *adj.* dehnbar; Stretch⟨*hose, -gewebe*⟩
~ '**out 1.** *v.t.* **a)** *(extend by straightening)* [aus]strecken ⟨*Arm, Bein*⟩; ausbreiten ⟨*Decke*⟩; ~ **oneself out** sich [lang] ausstrecken; **b)** *(eke out)* ~ **sth. out** mit etw. reichen. **2.** *v.i.* **a)** (~ **one's hands out**) *(fig.)* die Hände ausstrecken (**to** nach); **b)** *(last sufficient time)* reichen
stretcher ['strεtʃə(r)] **1.** *n.* **a)** *(for carrying a person)* [Trag]bahre, *die;* **b)** *(between chairlegs)* Steg, *der;* **c)** *(for canvas)* Rahmen, *der;* **d)** *(in boat)* Stemmbrett, *das;* **e)** *(Building)* Läufer, *der.* **2.** *v.t.* auf einer Bahre tragen

stretcher-bearer

'**stretcher-bearer** n. [Kranken]träger, der
stretch: ~ **marks** n. pl. (after pregnancy) Schwangerschaftsstreifen; ~ **pants** n. pl. Stretchhose, die
stretchy ['stretʃɪ] adj. (coll.) dehnbar
strew [stru:] v. t., p.p. ~**ed** [stru:d] or ~**n** [stru:n] **a)** (scatter) streuen ⟨Blumen, Sand usw.⟩; clothes were ~n about the room Kleider lagen im ganzen Zimmer verstreut herum; **b)** (cover, lit. or fig.) bestreuen; the grass was ~n with litter [überall] auf dem Gras war Abfall verstreut
stricken ['strɪkn] adj. **a)** (afflicted) heimgesucht; havariert ⟨Schiff, Flugzeug⟩; (showing affliction) schmerzerfüllt; **be ~ with fever/a disease** von Fieber geschüttelt/einer Krankheit heimgesucht werden; ~ **with fear/grief/misfortune** angsterfüllt/grambeugt/vom Schicksal geschlagen; ~ **in years** (arch.) von den Jahren gezeichnet; **b)** (Amer.: deleted) ~ **from sth.** aus etw. gestrichen
strict [strɪkt] adj. **a)** (firm) streng; strenggläubig ⟨Katholik, Moslem usw.⟩; **in ~ confidence** streng vertraulich; **he is ~ about what his children wear** er achtet streng darauf, was seine Kinder anziehen; **b)** (precise) streng; genau ⟨Übersetzung⟩; **keep a ~ watch** genau od. scharf aufpassen; **in the ~ sense [of the word]** im strengen Sinn[e] [des Wortes]
strictly ['strɪktlɪ] adv. streng; **there is ~ no smoking here** Rauchen ist hier streng[stens] verboten; ~ **between ourselves** ganz im Vertrauen; **this is ~ between ourselves** das muß unter uns bleiben; ~ **[speaking]** strenggenommen; see also **bird a**
strictness ['strɪktnɪs] n., no pl. **a)** (firmness) Strenge, die; **b)** (precision) Genauigkeit, die
stricture ['strɪktʃə(r)] n. **a)** usu. in pl. (critical remark) ~**[s]** [scharfe od. heftige] Kritik; ~**[s] [up]on sth.** Kritik an etw. (Dat.); **pass ~s [up]on sb.** jmdn. kritisieren; **b)** (Med.) Verengung, die; Striktur, die
stride [straɪd] **1.** n. **a)** Schritt, der; (of galloping horse) [Galopp]sprung, der; **make ~s [towards sth.]** (fig.) [in Richtung auf etw. (Akk.)] Fortschritte machen; **make great ~s** (fig.) große Fortschritte machen; **get into one's ~:** seinen Rhythmus finden; (fig.) in Fahrt od. Schwung kommen; **put sb. off his ~, throw sb. out of his ~** (fig.) jmdn. aus dem Konzept bringen; **be thrown out of or lose one's ~** (lit. or fig.) aus dem Tritt kommen; **take sth. in one's ~** (fig.) mit etw. gut fertig werden; **b)** in pl. (Brit. and Austral. sl.: trousers) Hose, die. **2.** v.i., **strode** [strəʊd], **stridden** ['strɪdn] (with great Schritten) gehen; (solemnly) schreiten (geh.); (take single step) ~ **across sth.** über etw. (Akk.) hinwegschreiten (geh.). **3.** v. t., **strode, stridden:** ~ **the streets/moors** durch die Straßen/über die Moore wandern
~ **'out** v. i. ausschreiten (geh.)
stridency ['straɪdənsɪ] n., no pl. see **strident:** Schrillheit, die; Grellheit, die
strident ['straɪdənt] adj. schrill ⟨Stimme, Blech[bläser]⟩; (fig.) grell ⟨Farbe, Satire⟩; schrill ⟨Protest, Ton⟩
stridently ['straɪdəntlɪ] adv. gellend ⟨rufen, laut⟩; (fig.) grell ⟨sich kleiden⟩; aufdringlich ⟨vulgär⟩; in schrillem Ton ⟨sich beklagen⟩
strife [straɪf] n., no pl., no indef. art. Streit, der; Zwist, der (geh.); **we live in a world of ~:** wir leben in einer Welt der Zwietracht (geh.)
strike [straɪk] **1.** n. **a)** (Industry) Streik, der; Ausstand, der; **be on/go [out] or come out on ~:** in den Streik getreten sein/in den Streik treten; see also **hunger-strike; sit-down 2; b)** (Finance, Mining, Oil Industry) Treffer, der (fig. ugs.); **make a ~:** sein Glück machen; (Mining) fündig werden; **make a gold/an oil ~:** auf Gold/Öl (Akk.) stoßen; **c)** (sudden success) **[lucky] ~:** Glückstreffer, der; **make**

a **lucky ~, get one's lucky ~:** Glück haben; **d)** (act of hitting) Schlag, der; (of snake) Biß, der; (Mil.) Angriff, der (at auf + Akk.); **pre-emptive ~:** Präventivschlag, der; **f)** (Bowling) Abräumen, das; **get a ~:** abräumen; **g)** (Baseball) Fehlschlag, der; **h)** (Geol.) Streichen, das; **angle of ~:** Streichwinkel, der. **2.** v. t., **struck** [strʌk], **struck** or (arch.) **stricken** ['strɪkn] **a)** (hit, send by hitting) schlagen; ⟨Schlag, Geschoß:⟩ treffen ⟨Ziel⟩; ⟨Blitz:⟩ [ein]schlagen in (+ Akk.), treffen; (afflict) treffen ⟨Epidemie, Seuche, Katastrophe usw.:⟩ heimsuchen; ⟨Schmerz:⟩ durchzucken; ~ **one's head on** or **against the wall** mit dem Kopf gegen die Wand schlagen; **his head struck the pavement** er schlug mit dem Kopf auf das Pflaster; **the car struck a pedestrian** das Auto erfaßte einen Fußgänger; **the ship struck the rocks** das Schiff lief auf die Felsen; ~ **sth. in two** etw. entzweischlagen; etw. spalten; ~ **sth. from sb.'s hand** jmdm. etw. aus der Hand schlagen; ~ **sb./sth. aside** jmdn. zur Seite stoßen/etw. zur Seite schlagen; **b)** (delete) streichen (from, off aus); **c)** (deliver) ~ **two punches** zweimal zuschlagen; ~ **sb. a blow** jmdm. einen Schlag versetzen; **who struck [the] first blow?** wer hat zuerst geschlagen?; ~ **a blow against/against or to sth.** (fig.) jmdm./einer Sache einen Schlag versetzen; ~ **a blow for sth.** (fig.) eine Lanze für etw. brechen; **d)** (produce by hitting flint) schlagen ⟨Funken⟩; (ignite) anzünden ⟨Streichholz⟩; ~ **a light!** (dated sl., expr. disgust) das darf doch nicht wahr sein! (ugs.); **e)** (chime) schlagen; **f)** (Mus.) anschlagen ⟨Töne auf dem Klavier⟩; anzupfen, anreißen ⟨Töne auf der Gitarre⟩; (fig.) anschlagen ⟨Ton⟩; see also '**chord c; g)** (impress) beeindrucken; ~ **sb.'s notice** jmdm. auffallen; ~ **sb. as [being] silly** jmdm. dumm zu sein scheinen od. dumm erscheinen; **it ~s sb. that ...:** es scheint jmdm., daß...; **how does it ~ you? was hältst du davon?; h)** (occur to) einfallen (+ Dat.); **i) struck on sb./sth.** (coll.: infatuated with) hingerissen von jmdm./etw.; **j)** (cause to become) **a heart attack struck him dead** er erlag einem Herzanfall; **be struck blind/dumb** erblinden/verstummen; **I was struck speechless by the news** die Nachricht verschlug mir die Sprache; ~ **me dead!** (sl.) du warst ihn mich totschlagen (ugs.); **k)** (attack) überfallen; (Mil.) angreifen; ⟨wound with fangs⟩⟨Schlange:⟩ ihre Zähne schlagen in (+ Akk.); **l)** (encounter) begegnen (+ Dat.); ~ **a patch of bad luck** eine Pechsträhne haben; **m)** (Mining) stoßen auf (+ Akk.) ⟨auf Gold stoßen; (fig.) einen Glückstreffer landen (ugs.) (in mit); see also **oil 1 a; n)** (reach) stoßen auf (+ Akk.) ⟨Hauptstraße, Weg, Fluß⟩; **o)** (achieve) ~ **success** [plötzlich] Erfolg haben; ~ **a compromise** einen Kompromiß erreichen; see also **balance 1 d; bargain 1 a; p)** [cause to] penetrate] **the cold struck his very marrow** die Kälte ging ihm durch Mark und Bein; ~ **sb.'s heart/sb. to the quick** jmdn. ins Herz/Mark treffen; ~ **fear into sb.** jmdn. in Angst versetzen; ~ **root** Wurzeln treiben od. schlagen; **q)** (fill) ~ **sb. with fear/foreboding** jmdn. mit Furcht/Vorahnungen erfüllen; **r)** (Hort.) setzen; aus Ablegern ziehen ⟨Pflanze⟩; **s)** (adopt) einnehmen ⟨[Geistes]haltung⟩; **t)** (take down) einholen ⟨Segel, Flagge⟩; abbrechen ⟨Zelt, Lager⟩; ~ **one's flag** (fig.) die Flagge streichen; **u)** (mint) prägen; schlagen (veralt.). See also **happy a; note 1a; rich 1 b; stricken. 3.** v. i., **struck, struck** or (arch.) **stricken a)** (deliver a blow) zuschlagen; ⟨Pfeil:⟩ treffen; ⟨Blitz:⟩ einschlagen; ⟨Unheil, Katastrophe, Krise, Leid:⟩ hereinbrechen (geh.); (collide) zusammenstoßen; (hit) schlagen (against gegen, **[up]on** auf + Akk.); ⟨Schiff:⟩ auflaufen (on auf + Akk.); **b)** (ignite) zünden; **c)**

(chime) schlagen; **eight o'clock has struck** es hat acht Uhr geschlagen; **hear the hour ~:** den Stundenschlag hören; **d)** (Industry) streiken; **e)** (attack; also Mil.) zuschlagen (fig.); (wound with fang) zubeißen; **f)** (make a find) (Mining) fündig werden; (Hunting) die Witterung aufnehmen; ~ **lucky** Glück haben; **g)** (penetrate) ~ **through sth.** durch etw. dringen; **the wind ~s cold** der kalte Wind geht durch und durch; **his words struck into my heart** seine Worte trafen mich ins Herz; **h)** (direct course) ~ **south** etc. sich nach Süden usw. wenden; ⟨Straße:⟩ nach Süden usw. verlaufen; ⟨Schiff:⟩ Kurs nach Süden usw. nehmen; ~ **across the fields/down the hill/through the forest** über die Felder/den Hügel hinunter/ durch den Wald gehen; **i)** (launch) ~ **into sth.** mit etw. beginnen; **j)** (Hort.) Wurzeln treiben od. schlagen; **k)** (Angling) (hook fish) anschlagen; (seize bait) anbeißen. See also **iron 1 a**

~ **at** v. t. schlagen nach; (fig.) rütteln an (+ Dat.) ⟨Grundfesten⟩; see also '**root 1 a**

~ '**back** v. i. (lit. or fig.) zurückschlagen; ~ **back at sb./sth.** sich gegen jmdn./etw. zur Wehr setzen

~ '**down** v. t. niederschlagen; (fig.) niederwerfen (geh.); (Amer. Law: reverse) aufheben

~ '**off 1.** v. t. **a)** (remove) abschlagen; **b)** (remove from membership) streichen ⟨Namen⟩; (from professional body) die Zulassung/Approbation entziehen (+ Dat.); **c)** (produce by copying) abziehen. **2.** v. i. aufbrechen

~ **on** see ~ **upon**

~ '**out 1.** v. t. **a)** (devise) ausarbeiten; **b)** (delete) streichen; **c)** (Baseball) ausmachen. **2.** v. i. **a)** (hit out) zuschlagen; ~ **out at sb./sth.** nach jmdn./etw. schlagen; (fig.) jmdn./etw. scharf angreifen; ~ **out on all sides** um sich schlagen; **a)** wildly wild um sich schlagen; **b)** (swim vigorously) mit kräftigen Zügen schwimmen; (fig.) Anstrengungen unternehmen; ~ **out for sth.** (fig.) sich mit aller Kraft um etw. bemühen; **c)** (set out) (lit. or fig.) aufbrechen; **d)** (Baseball) aussein

~ **through** v. t. durchstreichen ⟨Wort⟩; (on list also) ausstreichen

~ **up 1.** ['-'-] v. t. **a)** (start) beginnen ⟨Unterhaltung⟩; anknüpfen ⟨Bekanntschaft⟩; schließen ⟨Freundschaft⟩; ~ **up a friendship with sb.** sich mit jmdm. anfreunden; **b)** (begin to play) anstimmen. **2.** [-'-] v. i. beginnen

~ **upon** v. t. finden ⟨Lösung, Ausweg⟩; **I have just struck upon an idea** mir ist gerade eine Idee gekommen

strike: ~ **action** n. Streikaktionen; **take ~ action** Streikmaßnahmen ergreifen; ~ **ballot** n. Urabstimmung, die; ~ **benefit** see ~ **pay;** ~**bound** adj. bestreikt ⟨Fabrik⟩; vom Streik/von Streiks betroffen ⟨Industrie⟩; ⟨Zugverkehr, Land:⟩ lahmgelegt ~ **breaker** n. Streikbrecher, der/-brecherin, die; ~**force** see **striking-force;** ~ **pay** n. Streikgeld, das

striker ['straɪkə(r)] n. **a)** (worker on strike) Streikende, der/die; **b)** (Cricket) Schläger, der/Schlägerin, die; (Footb.) Stürmer, der/Stürmerin, die; (Billiards) Spieler/Spielerin, der/die am Stoß ist; **c)** (Arms) Schlagbolzen, der; **d)** (Horol.) (clock) Schlagwerk, die; (mechanism) Schlagwerk, das

striking ['straɪkɪŋ] adj. **a)** (arresting) auffallend; erstaunlich ⟨Ähnlichkeit, Unterschied⟩; bemerkenswert ⟨Idee⟩; schlagend ⟨Beispiel⟩; **b)** (Horol.) mit Schlagwerk nachgestellt; **b)** Schlagwerks-

striking: ~**-distance** n. Reichweite, die; (of [bullet from] gun etc.) Schußweite, die; **the troops had advanced to within ~-distance**

of the capital die Truppen hatten sich der Hauptstadt auf Reichweite genähert; **within easy ~-distance of a town** *(fig.)* in unmittelbarer Nähe einer Stadt; **I'm now [with]in ~-distance of my own car** *(can almost afford it)* ein eigener Wagen ist inzwischen in Reichweite gekommen; **~-force** *n. (Mil., Police)* Einsatzkommando, *das*
strikingly ['straɪkɪŋlɪ] *adv.* auffallend; umwerfend ⟨*ähnlich sehen*⟩; **be ~ obvious** ins Auge springen
Strine [straɪn] *n., no pl., no art.* australisches Englisch; *attrib.* australisch ⟨*Akzent usw.*⟩
string [strɪŋ] 1. *n.* **a)** *(thin cord)* Schnur, *die;* *(to tie up parcels etc. also)* Bindfaden, *der;* *(ribbon)* Band, *das;* **a puppet on ~s/on a ~**: eine Marionette; **how long is a piece of ~?** wie weit ist der Himmel?; **[have/keep sb.] on a ~**: [jmdn.] an der Leine *(ugs.) od.* am Gängelband [haben/halten]; **pull the ~s** *(fig.)* die Fäden in der Hand haben; **pull [a few or some] ~s** *(fig.)* seine Beziehungen spielen lassen; **there are ~s attached** *(fig.)* es sind Bedingungen/es ist eine Bedingung damit verknüpft; ..., **but there are ~s attached** ..., aber nur unter Bedingungen/einer Bedingung; **without ~s, with no ~s attached** ohne Bedingung[en]; **(**of bow) Sehne, *die;* *(of racket, musical instrument)* Saite, *die;* **have another ~ to one's bow** *(fig.)* noch ein Eisen im Feuer haben *(ugs.);* **first/second ~**: erste/zweite Wahl; **as a second ~**: als zweites Eisen im Feuer *(ugs.);* **a racket with nylon ~s** ein Schläger mit Nylonbespannung; **a six-~ guitar** eine sechssaitige Gitarre; **c)** *in pl. (Mus.) (instruments)* Streichinstrumente; *(players)* Streicher; **~ quartet/orchestra** Streichquartett/-orchester, *das;* **he plays in the ~s** er spielt bei den Streichern; **d)** *(series, sequence)* Kette, *die;* *(procession)* Zug, *der;* *(of onions)* Zopf, *der;* *(Computing)* String, *der;* Zeichenfolge, *die;* **he owns a ~ of racehorses** ihm gehören etliche Rennpferde; **he has had a ~ of girlfriends** er hat eine Freundin nach der anderen gehabt; **e)** *(in bean)* Faden, *der.* See also **apron a; bowstring; shoe-string.** 2. *v. t.,* **strung** [strʌŋ] **a)** bespannen ⟨*Tennisschläger, Bogen, Gitarre usw.*⟩; **be strung to breaking-point** *(fig.)* ⟨*Nerven:*⟩ zum Zerreißen gespannt sein; **b)** *(thread)* auffädeln; aufziehen; **c)** *(arrange in line)* aufreihen; *(stretch out)* spannen; ~ **sth. round one's neck** sich *(Dat.)* etw. um den Hals hängen; **d)** *(tie with ~)* verschnüren; **e)** die Fäden abziehen von ⟨*Bohnen*⟩. See also **highly-strung**
~ **a'long** *(coll.)* 1. *v. i.* sich anschließen; ~ **along with sb.** mit jmdm. mitgehen; *(have relationship)* mit jmdm. gehen *(ugs.).* 2. *v. t.* **a)** *(deceive)* an der Nase herumführen *(ugs.);* **b)** *(keep dangling)* hinhalten
~ **'out** 1. *v. t.* verstreuen; ~ **one's meals out at longer intervals** die Abstände zwischen den Mahlzeiten vergrößern. 2. *v. i. (in space)* sich verteilen
~ **to'gether** *v. t. (join on a thread)* auffädeln; aufziehen; *(join by tying)* zusammenbinden; *(join coherently)* miteinander verknüpfen; **he can't ~ two sentences together** er kann keine zwei zusammenhängende Sätze hervorbringen
~ **'up** *v. t.* **a)** *(tie with ~)* schnüren; *(hang up)* aufhängen ⟨*Lampions, Papiergirlanden*⟩; **b)** *(coll.: kill by hanging)* aufhängen *(ugs.);* **c)** *(make tense)* unter Druck setzen; **strung up** angespannt
string: ~ **bag** *n.* [Einkaufs]netz, *das;* ~ **band** *n. (Mus.)* Streichorchester, *das;* ~ **bass** [strɪŋ 'beɪs] *n. (Mus.)* Kontrabaß, *der;* ~ **bean** *n. (Amer.)* grüne Bohne; *(fig. joc.: tall thin person)* Bohnenstange, *die (ugs. scherzh.)*
stringed [strɪŋd] *attrib. adj. (Mus.)* Saiten-
-stringed *adj. in comb. (Mus.)* -saitig

stringency ['strɪndʒənsɪ] *n., no pl.* **a)** *(strictness)* Strenge, *die;* **b) financial ~**: Geldknappheit, *die*
stringent ['strɪndʒənt] *adj.* **a)** *(strict)* streng ⟨*Bestimmung, Gesetz, Maßnahme, Test*⟩; schlüssig ⟨*Argumentation*⟩; überzeugend ⟨*Plan*⟩; **b)** *(tight)* angespannt ⟨*Finanzlage*⟩
stringently ['strɪndʒəntlɪ] *adv.* **a)** *(strictly)* streng; energisch ⟨*durchsetzen*⟩; stringent ⟨*logisch*⟩; schlüssig ⟨*argumentieren*⟩; **b)** eisern ⟨*sparen*⟩
stringer ['strɪŋə(r)] *n.* **a)** *(in construction)* Stringer, *der (Bauw.);* **b)** *(Journ.)* Korrespondent, *der*/Korrespondentin, *die (in freier Mitarbeit)*
string 'vest *n.* Netzhemd, *das*
stringy ['strɪŋɪ] *adj.* **a)** *(fibrous)* faserig; **b)** *(resembling string)* dünn ⟨*Haar*⟩; faserig ⟨*Gewebe*⟩; **c)** *(forming threads)* Fäden ziehend; ⟨*Konsistenz*⟩; **be ~**: Fäden ziehen; ⟨*Konsistenz*:⟩ zäh sein
¹**strip** [strɪp] 1. *v. t.* **-pp- a)** *(denude)* ausziehen ⟨*Person*⟩; leerräumen, ausräumen ⟨*Haus, Schrank, Regal*⟩; abziehen ⟨*Bett*⟩; abtakeln *(Seemannsspr.)* ⟨*Schiff*⟩; entrinden ⟨*Baum*⟩; abbeizen ⟨*Möbel, Türen*⟩; ausschlachten, *(dismantle)* auseinandernehmen ⟨*Maschine, Auto*⟩; überdrehen ⟨*Schraube, Mutter*⟩; beschädigen ⟨*Getriebe*⟩; **~ped to the waist** mit nacktem Oberkörper; **~ sb. of sth.** jmdn. einer Sache *(Gen.)* berauben *(geh.);* **~ sb. of his rank/title/medals/decorations/office** jmdn. seinen Rang/Titel/seine Medaillen/Auszeichnungen aberkennen/jmdn. seines Amtes entkleiden *(geh.);* **~ sb. of his power** jmdm. die Macht nehmen; **~ A of B B from A** entfernen; **~ the garden of [all its] flowers** alle Blumen im Garten abpflücken; **~ a tree [of fruit]** einen Baum abernten; **~ the trees [of leaves]** die Bäume entlauben; **~ the walls** die Tapeten entfernen; **b)** *(remove)* entfernen *(from, of* von); abziehen ⟨*Laken*⟩; abnehmen ⟨*Vorhang, Bild*⟩; abschälen ⟨*Rinde, Schale*⟩; abstreifen ⟨*Hülle*⟩; **~ the clothes/shirt off sb.'s back or off sb.** jmdm. die Kleider/das Hemd vom Leibe reißen; **~ the medals off or from sb.'s chest** jmdm. die Orden abreißen; **~ sb.'s property/title from him** *(fig.)* jmdm. seinen Besitz abnehmen/Titel aberkennen. 2. *v. i.,* **-pp-** sich ausziehen; ~ **to the waist/[down]** to one's underwear den Oberkörper freimachen/sich bis auf die Unterwäsche ausziehen. 3. *n.* **do a ~**: sich ausziehen; *(erotically)* einen Striptease vorführen; *attrib.* **~ act** Striptease, *der*

~ **'down** 1. *v. t.* **a)** *(dismantle)* auseinandernehmen; **b)** *(undress)* ausziehen; **c)** *(reduce)* einschränken. 2. *v. i.* sich ausziehen
~ **'off** 1. *v. t.* **a)** abreißen; abschälen ⟨*Rinde*⟩; abziehen ⟨*Tapete*⟩; **~ sth. off sth.** etw. von etw. abreißen/abschälen/abziehen; **be ~ped of the soldier's medals** er riß dem Soldaten die Orden ab; **b)** ausziehen ⟨*Kleidung*⟩. 2. *v. i.* sich ausziehen
²**strip** *n.* **a)** *(narrow piece)* Streifen, *der;* **the curtains hung in ragged ~s** die Vorhänge hingen in Fetzen; **a ~ of land** ein schmales Stück *od.* Streifen Land; **tear sb. off a ~, tear a ~ off sb.** *(Brit. sl.)* jmdm. den Marsch blasen *(ugs.);* **b)** *(Metallurgy)* Band, *das;* **c)** see **strip cartoon;** **d)** *(Brit. Sport coll.: clothes)* Trikot, *das*
strip: ~ **cartoon** *n.* Comic[strip], *der;* ~ **club** *n.* Stripteaselokal, *das*
stripe [straɪp] *n.* **a)** Streifen, *der;* **b)** *(Mil.)* [Ärmel]streifen, *der;* **get/lose a ~**: befördert/degradiert werden; **c)** *(Amer.: nature)* Schlag, *der.* See also **star 1 a**
striped [straɪpt] *adj.* Streifen⟨*muster, -hyäne*⟩
strip: ~ **farming** *n., no pl., no indef. art.* Streifenflurwirtschaft, *die;* ~ **light** *n.* Neonröhre, *die;* *(Theatre)* Lichtwanne, *die;* ~

lighting *n.* Neonbeleuchtung, *die;* Neonlicht, *das*
stripling ['strɪplɪŋ] *n.* Jüngelchen, *das*
'strip mine *n. (Amer. Mining)* Tagebau, *der*
stripped pine [strɪpt 'paɪn] *n.* abgebeizte Kiefer
stripper ['strɪpə(r)] *n.* **a)** *(solvent)* Farbentferner, *der;* *(for wallpaper)* Tapetenlöser, *der;* *(tool)* Kratzer, *der;* **b)** *(strip-tease performer)* Stripteasetänzer, *der/*-tänzerin, *die;* Stripper, *der*/Stripperin, *die (ugs.)*
strip: ~ **poker** *n. (Cards)* Strippoker, *das;* ~-**search** 1. *n.* Leibesvisitation, bei der der Durchsuchte sich ausziehen muß; **do a ~-search on a suspect** einen Verdächtigen, der sich zuvor ausziehen mußte, durchsuchen; 2. *v. t.* **we were ~-searched** wir mußten uns zur Durchsuchung ausziehen; ~-**show** *n.* Strip-Show, *die;* ~-**'tease** 1. *n.* Striptease, *der.* 2. *v. i.* strippen *(ugs.)*
stripy ['straɪpɪ] *adj.* gestreift ⟨*Fell, Blazer*⟩; Streifen⟨*muster, -stoff*⟩
strive [straɪv] *v. i.,* **strove** [strəʊv], **striven** ['strɪvn] **a)** *(endeavour)* sich bemühen; **~ to do sth.** bestrebt sein *(geh.) od.* sich bemühen, etw. zu tun; ~ **after** *or* **for sth.** nach etw. streben; **~ after** *or* **for the right answer** sich bemühen, die richtige Antwort zu finden; **b)** *(contend)* kämpfen *(for* um); ~ **together** *or* **with each other [for sth.]** miteinander [um etw.] ringen
strobe [strəʊb] *(coll.),* **stroboscope** ['strəʊbəskəʊp] *ns.* **a)** *(instrument)* Stroboskop, *das;* **b)** *(lamp)* Stroboskoplicht, *das*
stroboscopic [strəʊbə'skɒpɪk] *adj.* stroboskopisch; ~ **lamp/light** Stroboskoplicht, *das*

strode see **stride 2, 3**
¹**stroke** [strəʊk] 1. *n.* **a)** *(act of striking)* Hieb, *der;* Schlag, *der;* *(of sword, axe)* Hieb, *der;* *(of sword also)* Streich, *der;* **b)** *(Med.)* Schlaganfall, *der (see also* **g);** *paralytic/apoplectic ~*: paralytischer/apoplektischer Anfall; **c)** *(sudden impact)* ~ **of lightning** Blitzschlag, *der;* **by a ~ of fate/fortune** durch eine Fügung des Schicksals/einen [glücklichen] Zufall; ~ **of [good] luck** Glücksfall, *der;* **have a ~ of bad/[good] luck** Pech/Glück haben; **by a ~ of bad/[good] luck, the door was locked/open** das Unglück/Glück wollte es, daß die Tür verschlossen/offen war; **d)** *(single effort)* Streich, *der;* *(skilful effort)* Schachzug, *der;* **at a** *or* **one ~**: auf einen Schlag *od.* Streich; **not do a ~ [of work]** keinen [Hand]schlag tun; ~ **of genius** genialer Einfall; **e)** *(of pendulum, heart, wings, oar)* Schlag, *der;* *(in swimming)* Zug, *der;* *(of piston)* Hub, *der (Technik);* **f)** *(Billiards etc.)* Stoß, *der;* *(Tennis, Cricket, Golf, Rowing)* Schlag, *der;* *(Swimming, Rowing)* style] Stil, *der;* **off one's ~**: *(lit. or fig.)* nicht in Form; **put sb. off his/her ~**: *(lit. or fig.)* jmdn. aus dem Takt bringen; **g)** *(mark, line)* Strich, *der;* *(of handwriting) also fig.: detail)* Zug, *der;* *(symbol)* Schrägstrich, *der;* **with a ~ of the** *or* **one's pen** mit einem Federstrich; **finishing ~** *(lit. or fig.)* letzte Pinselstriche; *(fig.)* letztes Feilen *(see also* **2);** **h)** *(sound of clock)* Schlag, *der;* **on the ~ of nine** Punkt neun [Uhr]; **it was nine [Uhr], als ...;** **on the ~**: pünktlich; **i)** *(oarsman)* Schlagmann, *der.* 2. *v. t. (Rowing)* als Schlagmann rudern in (+ *Dat.*)
²**stroke** 1. *v. t.* streicheln; ~ **one's chin/beard** sich *(Dat.)* das Kinn/den Bart streichen; ~ **sth. over/across sth.** mit etw. über etw. *(Akk.)* streichen; ~ **one's hand across one's brow** sich *(Dat.)* mit der Hand über die Stirn streichen; ~ **sth. back** zurückstreichen. 2. *n.* **give sb./sth. a ~**: jmdn./etw. streicheln; **give the dog's ears a ~**: dem Hund die Ohren streicheln

~ 'down v.t. glattstreichen; (fig.) besänftigen

stroke: ~ **oar** n. (Rowing) (oar) Schlagriemen, der; (oarsman) Schlagmann, der; ~-**play** n. (Cricket) Spiel mit spektakulären, mutigen Schlägen

stroll [strəʊl] 1. v.i. a) (saunter) spazierengehen; ~ **into sth.** in etw. (Akk.) schlendern; b) (go from place to place) umherziehen; ~ **from town to town** von Ort zu Ort ziehen. 2. n. Spaziergang, der; **at a** ~: in gemächlichem Schritt od. Tempo; **go for a** ~: einen Spaziergang machen

~ **a'long** 1. v.i. daherspazieren od. -schlendern. 2. v.t. ~ **along sth.** an etw. (Dat.) entlangspazieren od. -schlendern

~'**on** v.i. weiterschlendern

stroller ['strəʊlə(r)] n. a) Spaziergänger, der; b) (push-chair) Sportwagen, der

strong [strɒŋ] 1. adj., ~**er** ['strɒŋɡə(r)], ~**est** ['strɒŋɡɪst] a) (resistant) stark; gefestigt ⟨Ehe⟩; stabil ⟨Möbel⟩; solide, fest ⟨Fundament, Schuhe⟩; streng ⟨Vorschriften, Vorkehrungen⟩; robust ⟨Konstitution, Magen, Stoff, Porzellan⟩; (Econ.) stark ⟨Währung⟩; **a man of** ~ **will/resolve** ein willensstarker Mann/Mann von großer Entschlußkraft; **you have to have a** ~ **stomach** (fig.) man muß einiges vertragen können; **have a** ~ **head [for alcohol]** viel [Alkohol] vertragen können; **be** ~ **[again]** ⟨Patient:⟩ [wieder] gesund sein; **the market [in oil] is** ~ (Commerc.) die Nachfrage [nach Öl] ist groß; b) (powerful) stark, kräftig ⟨Person, Tier⟩; kräftig ⟨Arme, Beine, Muskeln, Tritt, Schlag, Zähne⟩; stark ⟨Linse, Brille, Strom, Magnet⟩; gut ⟨Augen⟩; **as** ~ **as a horse** or **an ox** (fig.) bärenstark (ugs.); **the** ~ **silent man/type** der starke, schweigsame Mann/Typ; **a man of** ~ **character** ein charakterstarker Mann; c) (effective) stark ⟨Regierung, Herrscher, Wille⟩; streng ⟨Disziplin, Lehrer⟩; gut ⟨Gedächtnis, Schüler⟩; fähig ⟨Redner, Mathematiker⟩; (formidable) stark ⟨Gegner, Kombination⟩; aussichtsreich ⟨Kandidat⟩; (powerful in resources) reich ⟨Nation, Land⟩; leistungsfähig ⟨Wirtschaft⟩; stark ⟨Besetzung⟩; (numerous, of specified number) stark ⟨Delegation, Truppe, Kontingent usw.⟩; (Cards) gut ⟨Blatt⟩; (Games, Sport) spielstark; stark ⟨Mannschaft⟩; **she is** ~ **in Latin** Latein ist ihre Stärke; sie ist gut in Latein; **Latin is her** ~**est subject** in Latein ist sie am besten; **sb.'s** ~ **point** jmds. Stärke; **the article is not** ~ **on facts** was Tatsachen steht der Artikel auf schwachen Füßen; **the company is a dozen** ~: die Firma hat ein Dutzend Mitarbeiter; **a 10,000-**~ **army** eine 10000 Mann starke Armee; **fate dealt him a** ~ **hand** (fig.) das Schicksal hat es gut mit ihm gemeint; d) (convincing) gut, handfest ⟨Grund, Beispiel, Argument⟩; **there is a** ~ **possibility that** ...: es ist sehr wahrscheinlich, daß ...; e) (vigorous, moving forcefully) stark; voll ⟨Unterstützung⟩; spannend ⟨Plot⟩; fest ⟨Überzeugung⟩; kraftvoll ⟨Stil⟩; fest glühend ⟨Anhänger, Verfechter einer Sache⟩; **take** ~ **measures/ action** energisch vorgehen; **be a** ~ **believer in sth.** fest an etw. (Akk.) glauben; f) (affecting the senses) stark; kräftig, stark ⟨Geruch, Geschmack, Stimme⟩; markant ⟨Gesichtszüge⟩; (pungent) streng ⟨Geruch, Geschmack⟩; kräftig ⟨Käse⟩; **the fish is rather** ~: der Fisch riecht schon sehr; g) (concentrated) stark; konzentriert ⟨Lösung⟩; hochprozentig ⟨Alkohol⟩; kräftig ⟨Farbe⟩; **I need a** ~ **drink** ich muß mir erst mal einen genehmigen (ugs.); h) (emphatic) stark ⟨Ausdruck, Protest⟩; heftig ⟨Worte, Wortwechsel⟩; (Phonet., Pros.) stark betont ⟨Silbe⟩; i) (Ling.) stark ⟨Verb, Deklination usw.⟩. 2. adv. stark; **the wind was blowing** ~: es wehte ein starker Wind; **come on** ~ (sl.) in Fahrt kommen (ugs.); **sb. is going** ~: es geht jmdm. gut; **they are still going** ~ (after years of marriage) mit ihnen geht es noch immer gut; (after hours of work) sie sind noch immer eifrig dabei; **the restaurant is still going** ~: das Restaurant geht immer noch gut; see also **come o**

strong: ~ '**arm** n., no pl. Muskelkraft, die; attrib. ~-**arm methods** brutale Methoden; ~-**box** n. Kassette, die; ~-**hold** n. Festung, die; (fig.) Hochburg, die; ~ '**language** n., no pl., no indef. art. derbe Ausdrucksweise; **use** ~ **language** sich derb ausdrücken

strongly ['strɒŋlɪ] adv. a) stark; fest ⟨etabliert⟩; solide ⟨gearbeitet⟩; ~ **built** solide gebaut; (fig.) kräftig gebaut; b) (powerfully) stark; c) (convincingly) überzeugend ⟨darlegen⟩; d) (vigorously) energisch ⟨protestieren, bestreiten⟩; nachdrücklich ⟨unterstützen⟩; dringend ⟨raten⟩; fest ⟨glauben⟩; **I feel** ~ **about it** es ist mir sehr ernst damit; es liegt mir sehr am Herzen; **I** ~ **suspect that** ...: ich habe den starken Verdacht, daß ...

strong: ~ **man** n. Muskelmann, der (ugs.); (fig.) (capable man) führender Kopf; (dictator) starker Mann; ~ '**meat** n., no pl., no art. (fig.) starker Tobak (ugs.); ~-'**minded** adj. [seelisch] robust; (determined) willensstark; ~ **point** n. (fortified position) Stützpunkt, der; see also ~ **1 c**; ~-**room** n. Tresorraum, der; Stahlkammer, die; ~ '**suit** n. (Cards) lange Farbe; (fig.) Stärke, die; ~-'**willed** adj. willensstark

strontium ['strɒntɪəm] n. (Chem.) Strontium, das

strop [strɒp] 1. n. Streichriemen, der. 2. v.t., -**pp**- [auf dem Streichriemen] schärfen

stroppy ['strɒpɪ] adj. (Brit. sl.) pampig (salopp)

strove see **strive**

struck see **strike 2, 3**

structural ['strʌktʃərəl] adj. a) baulich; Bau- ⟨material⟩; tragend ⟨Wand, Säule, Balken⟩; Konstruktions⟨fehler⟩; statisch ⟨Probleme⟩; b) (Biol.) strukturell; Struktur⟨muster, -merkmal⟩; c) (Geol.) tektonisch; d) (Sociol.) strukturell

structural: ~ **engi'neering** n. Hochbau, der; ~ **formula** n. (Chem.) Strukturformel, die

structuralism ['strʌktʃərəlɪzm] n. Strukturalismus, der

structurally ['strʌktʃərəlɪ] adv. strukturell; (Geol.) tektonisch ⟨geformt⟩; **the building is** ~ **sound** das Gebäude hat eine gute Bausubstanz; ~, **the building is** ...: baulich gesehen ist das Gebäude ...

structural '**steel** n. (Building) Baustahl, der

structure ['strʌktʃə(r)] 1. n. a) (manner of construction) Bauweise, die; (interrelation of parts; also Anat., Biol., Geol., Ling., Lit., Phys.) Struktur, die; Aufbau, der; (Mus.) Kompositionsweise, die; Struktur, die; **bone/skeletal** ~: Knochenbau, der/Knochengerüst, das; **sentence** ~: Satzbau, der; **price** ~: Preisverhältnis, das; b) no pl., no indef. art. (formal arrangement of parts) Strukturierung, die; **people must have** ~ **in their daily lives** der Mensch braucht eine gewisse Ordnung in seinem Alltag; c) (something constructed) Konstruktion, die; (building) Bauwerk, das; (complex whole; also Biol.) Struktur, die. 2. v.t. strukturieren; regeln ⟨Leben⟩; aufbauen ⟨literarisches Werk⟩; (construct) konstruieren; bauen

structured ['strʌktʃəd] adj. strukturiert; geregelt ⟨Leben⟩

strudel ['struːdl] n. (Gastr.) Strudel, der

struggle ['strʌgl] 1. v.i. a) (try with difficulty) kämpfen; ~ **to do sth.** sich abmühen, etw. zu tun; ~ **for a place/a better world** um einen Platz/für eine bessere Welt kämpfen; ~ **for breath** nach Atem ringen; ~ **against** or **with sb./sth.** mit jmdm./etw. od. gegen jmdn./etw. kämpfen; ~ **with sth.** (try to cope) sich mit etw. quälen; mit etw. kämpfen; b) (proceed with difficulty) sich quälen; (into tight dress, through narrow opening) sich zwängen; **I** ~**d past** ich kämpfte mich vorbei; ~ **to one's feet** unter Schwierigkeiten aufstehen; c) (physically) kämpfen; (resist) sich wehren; ~ **free** freikommen; sich befreien; d) (be in difficulties, have difficulty in life) kämpfen (fig.); **after three laps I was struggling** nach drei Runden hatte ich zu kämpfen. 2. n. a) (exertion) **with a** ~: mit Mühe; **it was a long** ~: es kostete viel Mühe; **after all our valiant** ~**s** nach all unseren tapferen Bemühungen; **have a [hard]** ~ **to do sth.** [große] Mühe haben, etw. zu tun; **a life of hardship and** ~: ein hartes und mühseliges Leben; **the** ~ **for freedom** der Kampf für die Freiheit; b) (physical fight) Kampf, der; (confused wrestle) Handgemenge, das; **legal** ~: Rechtsstreit, der; **the** ~ **against** or **with sb./sth.** der Kampf gegen od. mit jmdm./ etw.; **the** ~ **for influence/power** der Kampf um Einfluß/die Macht; **the** ~ **for existence** or **life** or **survival** der Kampf ums Überleben; **surrender without a** ~: kampflos aufgeben

struggling ['strʌglɪŋ] adj. (in life) ums Überleben und um Anerkennung kämpfend

strum [strʌm] 1. v.i., -**mm**- klimpern (ugs.); (on auf + Dat.). 2. v.t., -**mm**- klimpern (ugs.) auf (+ Dat.). 3. n. Klimpern, das (ugs.); **have a** ~: klimpern (ugs.)

strumpet ['strʌmpɪt] n. (arch./rhet.) Dirne, die (veralt.)

strung see **string 2**

¹**strut** [strʌt] 1. v.i., -**tt**- (walk) stolzieren. 2. n. stolzierender Gang

²**strut** 1. n. (support) Strebe, die. 2. v.t., -**tt**- verstreben

'**struth** [struːθ] int. Himmel! (ugs.)

strychnine ['strɪknɪːn] n. Strychnin, das

Stuart ['stjuːət] (Brit. Hist.) 1. n. Stuart, der/die. 2. attrib. adj. **the** ~ **dynasty** etc. die Dynastie usw. der Stuart

stub [stʌb] 1. n. a) (short remaining portion) Stummel, der; (of cigarette) Kippe, die; ~ **of pencil** Bleistiftstummel, der; b) (counterfoil) Abschnitt, der; (of ticket) Abriß, der; c) (of tree, branch, tooth) Stumpf, der; d) (limb, tail, etc.) Stummel, der. 2. v.t., -**bb**- **a**) ~ **one's toe [against** or **on sth.]** sich (Dat.) den Zeh [an etw. (Dat.)] stoßen; b) ausdrücken ⟨Zigarette usw.⟩; (with one's foot) austreten ⟨Zigarette usw.⟩

~ **out** v.t. ausdrücken

'**stub-axle** n. (Mech.) Achsschenkel, der

stubble ['stʌbl] n., no pl. Stoppeln Pl.

stubbly ['stʌblɪ] adj. dopp[e]lig; ~ **field/ beard** Stoppelfeld, das/-bart, der (ugs.)

stubborn ['stʌbən] adj. a) (obstinate) starrköpfig ⟨abwertend⟩; dickköpfig (ugs.); störrisch ⟨Tier, Gesicht, Haltung⟩; hartnäckig ⟨Vorurteil, Streit⟩; **be** ~ **in insisting on sth.** stur ⟨ugs. abwertend⟩ auf etw. (Dat.) beharren; **[as]** ~ **as a mule** störrisch wie ein Maulesel (ugs.); b) (resolute) hartnäckig; fest ⟨Mut, Entschlossenheit, Treue⟩; hart ⟨Augen, Kinn⟩; c) (intractable) störrisch (fig.); vertrackt (ugs.) ⟨Problem⟩; hartnäckig ⟨Unkraut, Krankheit⟩

stubbornly ['stʌbənlɪ] adv. a) (obstinately) störrisch; wild ⟨entschlossen⟩; b) (resolutely, intractably) hartnäckig

stubbornness ['stʌbənnɪs] n., no pl. a) (obstinacy) Starrköpfigkeit, die; b) (resolution, intractability) Hartnäckigkeit, die

stubby ['stʌbɪ] adj. kurz [und dick]; gedrungen, untersetzt ⟨Person⟩; ~ **tail** Stummelschwanz, der

stucco ['stʌkəʊ] 1. n., pl. ~**es** (fine plaster) Stuck, der; (coarse plaster) Putz, der; (work) Stuckarbeit, die; attrib. Stuck-. 2. v.t. (coat with coarse plaster) verputzen; (decorate with fine plaster) stuckieren

stuck *see* **stick 1, 2**
'stuck up *see* **stick up 1 e**
¹stud [stʌd] **1.** *n.* **a)** *(boss)* Beschlagnagel, *der*; *(on clothes)* Niete, *die*; *(on boot)* Stollen, *der*; *(marker in road)* Nagel, *der* (Verkehrsw.); **b)** *(for shirt)* Knebel, *der*; *(cufflink)* Manschettenknopf, *der*; *(for ear)* Ohrstecker, *der*. **2.** *v. t.* **-dd-** *(set with ~s)* beschlagen; *(be scattered over)* verstreut sein über (+ *Akk.*); **~ded** mit Nägeln beschlagen ⟨*Tür, Möbel*⟩; mit Nieten verziert ⟨*Jacke, Gürtel*⟩; **~ded with flowers/stars** *etc.* mit Blumen/Sternen *usw.* übersät; **a jewel-~ded crown** eine juwelenbesetzte Krone
²stud *n.* **a)** *(Breeding)* Gestüt, *das*; **put a horse out to ~**: ein Pferd nur noch zur Zucht verwenden; **b)** *(stallion)* Deckhengst, *der*; Zuchthengst, *der* (fachspr.); **c)** *(sl.: man)* Zuchthengst, *der* (derb)
'stud-book *n.* *(Breeding)* Stutbuch, *das*; Gestütbuch, *das*
student ['stju:dənt] *n.* Student, *der*/Studentin, *die*; *(in school or training establishment)* Schüler, *der*/Schülerin, *die*; **a good ~**: ein eifriger Student/Schüler/eine eifrige Studentin/Schülerin; **be a ~ of sth.** etw. studieren; **~ of medicine** Student/Studentin der Medizin; **medical student**, *der*/-studentin, *die*; **eternal ~**: ewiger Student (ugs.); attrib. **~ days** Studenten-/Schulzeit, *die*; **~ demonstration** Studenten-/Schülerdemonstration, *die*; **~ driver** (Amer.) Fahrschüler, *der*/-schülerin, *die*; **~ nurse** Lernschwester, *die*/Pflegeschüler, *der*; **be a ~ doctor/teacher** ein medizinisches Praktikum/Schulpraktikum machen
stud: **~-farm** *n.* *(Breeding)* Gestüt, *das*; **~-horse** *see* **²stud b**
studied ['stʌdɪd] *adj.* **a)** *(thoughtful)* ⟨wohl⟩überlegt; **b)** *(intentional)* gesucht ⟨*Stil, Ausdrucksweise*⟩; gezielt ⟨*Beleidigung*⟩; **c)** *(well-read)* belesen
studiedly ['stʌdɪdlɪ] *adv.* **a)** *(thoughtfully)* überlegt; **b)** *(intentionally)* **be ~ casual** sich gewollt lässig geben
studio ['stju:dɪəʊ] *n., pl.* **~s a)** *(photographer's or painter's workroom)* Atelier, *das*; *(workshop for the performing arts)* Studio, *das*; **b)** *(Cinemat.)* Studio, *das*; *(room)* Studio, *das*; *(organization)* Filmgesellschaft, *die*; **~s** *(premises)* Studios; **c)** *(Radio, Telev.)* Studio, *das*
studio: **~ apartment** (Amer.) *see* **flat**; **~ 'audience** *n.* *(Radio, Telev.)* Publikum im Studio; **~ couch** *n.* Schlafcouch, *die*; Bettcouch, *die*; **~ flat** *n.* (Brit.) **a)** Atelier, *das*; **b)** (one-room flat) Einzimmerwohnung, *die*
studious ['stju:dɪəs] *adj.* **a)** *(assiduous in study)* lerneifrig; gelehrt ⟨*Beschäftigung, Buch, Aussehen, Atmosphäre*⟩; **~ Gelehrtendasein, *das*; **b)** *(earnest)* ernsthaft ⟨*Anstrengung*⟩; *(intentional)* bewußt; **~ to do or in doing sth.** bemüht, etw. zu tun
studiously ['stju:dɪəslɪ] *adv.* **a)** *(with attention to learning)* **be ~ inclined** gern studieren; lernbegierig sein; **b)** *(diligently)* eifrig; *(intentionally)* bewußt ⟨*rücksichtsvoll, kühl*⟩; geflissentlich ⟨*aus dem Weg gehen*⟩
studiousness ['stju:dɪəsnɪs] *n., no pl.* **a)** *(application to study)* Lerneifer, *der*; **b)** *(careful attention)* Beflissenheit, *die*
study ['stʌdɪ] **1.** *n.* **a)** Studium, *das*; Lernen, *das*; **I enjoy my studies** das Studium macht mir Spaß; **~ does not come naturally to him** das Lernen fällt ihm nicht leicht; **what branch of ~ is he engaged in?** welche Studienrichtung hat er eingeschlagen?; **the ~ of mathematics/law** das Studium der Mathematik/der Rechtswissenschaft; **be still under ~**: noch untersucht od. geprüft werden; **[books on] African/Social Studies** (Educ./Univ.) [Bücher zur] Afrikanistik/Sozialwissenschaft; **graduate studies** (Educ./Univ.) Graduiertenstudium, *das*; **b)**

(piece of work) **a ~ of** *or* **on sth.** eine Studie über etw. (Akk.); **studies are being carried out** zur Zeit werden Untersuchungen durchgeführt; **make a ~ of sth.** über etw. (Akk.) [wissenschaftliche] Untersuchungen anstellen; **c)** *(object of examination)* Studienobjekt, *das*; **make sth. one's ~**: sich (Dat.) etw. zur Aufgabe machen; **a ~ in sth.** ein Musterbeispiel *(fig.)* für etw.; **his face was a ~!** sein Gesicht war sehenswert!; **d)** *(Art)* Studie, *die*; *(Mus.)* Etüde, *die*; Übung, *die*; *(Lit., Theatre)* Studie, *die*, (in, of über + Akk.); **as a ~ in perspective/composition** als perspektivische Studie/Kontemplation, *die*; **e)** *(contemplation)* Kontemplation, *die*; *see also* **brown study**; **f)** *(room)* Arbeitszimmer, *das*. **2.** *v. t.* **a)** *(seek knowledge of)* studieren; *(at school)* lernen; **~ politics all one's life/~** Goethe sich sein Leben lang mit Politik/sich mit Goethe beschäftigen; **b)** *(scrutinize)* studieren; **c)** *(read attentively)* studieren ⟨*Fahrplan*⟩; sich (Dat.) [sorgfältig] durchlesen ⟨*Prüfungsfragen, Bericht*⟩; **d)** *(learn by heart)* studieren. **3.** *v. i.* lernen; *(at university)* studieren; **~ under sb.** bei jmdm. studieren; **~ to be a doctor/teach French** Medizin studieren/Französisch für das Lehramt studieren; **~ for the medical profession** Medizin studieren
'study group *n.* Arbeitsgruppe, *die*; Arbeitskreis, *der*
stuff [stʌf] **1.** *n.* **a)** *no pl., no indef. art.* (material[s]) Zeug, *das* (ugs.); *(artistic productions)* Sachen *Pl.* (ugs.); *(coll.: drugs)* Stoff, *der* (salopp); *(sl.: money)* Kohle, *die* (salopp); **garden ~** Grünzeug, *das* (ugs.); **have the ~ of a champion** das Zeug zum Champion haben (ugs.); **be made of sterner ~**: aus härterem Stoff gemacht sein *(fig.)*; **the ~ of fairy stories** der Stoff für Märchen; **the ~ that dreams/heroes are made of** der Stoff, aus dem die Träume sind/Helden gemacht sind *(fig.)*; **plastic is useful ~**: Plastik ist eine nützliche Sache; **push [the] ~** *(coll.: deal in drugs)* mit Stoff handeln (salopp); **there has been some interesting ~ in the papers/on the radio** es gab ein paar interessante Sachen in den Zeitungen/im Radio (ugs.); **that actor has been in some good ~ lately** dieser Schauspieler hat zuletzt ein paar gute Sachen gemacht (ugs.); **b)** *no pl., no indef. art.* *(activity, knowledge)* **do painting or drawing, ~ like that** malen oder zeichnen oder so was (ugs.); **do one's ~** *(coll.)* seine Sache machen; **get on and do your ~!** na los, mach schon! (ugs.); **know one's ~** *(coll.: be knowledgeable)* sich auskennen; *(know one's job)* seine Sache verstehen; **that's the ~!** *(coll.)* so ist's richtig!; **that's the ~ to give the troops** *(fig. coll.)* das ist jetzt das Richtige; **c)** *no pl., no indef. art.* (valueless matter) Zeug, *das* (ugs. abwertend); **~ [and nonsense]!** *(coll.)* dummes Zeug! (ugs. abwertend); **d)** *(Textiles)* Wolle, *die*; Wollzeug, *das* (veralt.); attrib. wollen ⟨*Hemd*⟩. *See also* **²bit a**; **hot stuff**; **kid 1 c**; **rough stuff**. **2.** *v. t.* **a)** stopfen; zustopfen ⟨*Loch, Ohren*⟩; *(in taxidermy)* ausstopfen; *(Cookery)* füllen; *(make eat to repletion)* stopfen, nudeln ⟨*Gans*⟩; *(coarse: copulate with)* stoßen *(vulg.)*; **~ envelopes [with letters]** Briefe in Umschläge stecken; **~ sth. with** *or* **full of sth.** etw. mit etw. vollstopfen (ugs.); **[go and] get ~ed!** *(sl.)* hau ab! (ugs.); **~ oneself** *(sl.)* sich vollstopfen (ugs.); **~ one's face** *(sl.)* sich (Dat.) den Bauch vollstopfen (ugs.); **~ ballot boxes** (Amer.: insert bogus votes) Stimmen fälschen; **he ~ed a banknote into my hand** er drückte mir eine Geldschein in die Hand; **b)** *(sl.)* **~ him/the family reputation!** zum Teufel mit ihm/der Familienehre!; **~ it!** Scheiß drauf! (derb); **he can ~ it!** er kann mich mal! (derb). **3.** *v. i.* sich vollstopfen (ugs.).
~ up *v. t.* verstopfen

stuffed 'shirt *n.* *(coll. derog.)* Wichtigtuer, *der* (ugs. abwertend)
stuffiness ['stʌfɪnɪs] *n., no pl.* **a)** *(airlessness)* Stickigkeit, *die*; **the ~ of the room** die stickige Luft im Zimmer; **b)** *(congestion)* **the ~ in his nose/head** seine verstopfte Nase/entzündete Stirnhöhle; **c)** *(coll.: ill humour)* Übellaunigkeit, *die*; **d)** *(coll.: primness)* Spießigkeit, *die* (abwertend)
stuffing ['stʌfɪŋ] *n.* **a)** *(material)* Füllmaterial, *das*; **a ~ of horsehair** eine Füllung aus Roßhaar; **knock** *or* **take the ~ out of sb./a theory** *(coll. fig.)* jmdn. umhauen (ugs.)/eine Theorie wie ein Kartenhaus in sich zusammenfallen lassen; **b)** *(Cookery)* Füllung, *die*
stuffy ['stʌfɪ] *adj.* **a)** *(stifling)* stickig ⟨*Zimmer, Atmosphäre*⟩; **b)** *(congested)* verstopft; **my head feels very ~**: meine Stirnhöhle ist ganz zu (ugs.); **c)** *(coll.: ill-humoured)* **he got very ~ about it** er reagierte sehr sauer (salopp) [darauf]; **d)** *(coll.: prim)* spießig (abwertend) (about gegenüber)
stultify ['stʌltɪfaɪ] *v. t.* **a)** *(reduce to absurdity)* der Lächerlichkeit preisgeben; ins Lächerliche ziehen ⟨*Entscheidung, Anstrengungen*⟩; **b)** *(neutralize)* zunichte machen; **c)** *(impair)* lähmen; **have a ~ing effect on sth.** sich lähmend auf etw. (Akk.) auswirken; **~ing boredom/monotony** lähmende Langeweile/Monotonie
stumble ['stʌmbl] **1.** *v. i.* **a)** stolpern (over über + Akk.); **b)** *(falter)* stocken; **~ over sth./through life** durchs Leben stolpern (ugs.); **c)** **~ across** *or* **[up]on sb./sth.** *(find by chance)* über jmdn. stolpern *(fig. ugs.)*/auf etw. (Akk.) stoßen. **2.** *n.* **a)** *(trip)* Stolpern, *das*; **b)** *(error)* Stocken, *das*
'stumbling-block ['stʌmblɪŋblɒk] *n.* Stolperstein, *der*
stump [stʌmp] **1.** *n.* **a)** *(of tree, branch, tooth)* Stumpf, *der*; *(of cigar, pencil)* Stummel, *der*; **up a ~** (Amer. sl.) aufgeschmissen (salopp); **b)** *(of limb, tail, etc.)* Stummel, *der*; *(artificial leg)* Stelze, *die*; **~s** *(joc.: legs)* Stelzen (salopp); *see also* **'stir 1 b**; **c)** *(Cricket)* Stab, *der*; **draw ~s** das Ende des Spieltages ansagen; **d)** *(improvised platform)* Rednertribüne, *die*; **on the ~** *(coll.)* im Wahlkampf; **go on** *or* **take the ~** *(lit. or fig.)* sich auf die Bühne begeben. **2.** *v. t.* **a)** *(confound)* verwirren; durcheinanderbringen; **be ~ed for an answer** um eine Antwort verlegen sein; **this problem has got me ~ed** bei diesem Problem weiß ich nicht mehr weiter; **b)** *(Cricket)* ausschalten ⟨*Schlagmann*⟩(, *der außerhalb der bestimmten Zone steht, durch Umwerfen der Stäbchen*); **c)** *(Amer. Polit.)* als Wahlkämpfer bereisen. **3.** *v. i.* **a)** *(walk stiffly)* stapfen; *(walk noisily)* trampeln; **b)** *(Amer. Polit.* **make speeches)** sich aufs Podium stellen; **~ing tour** Wahlkampfreise, *die*
~ out *see* **~ 2 b**
~ up *(Brit. coll.)* *v. t. & i.* blechen (ugs.)
stumpy ['stʌmpɪ] *adj.* gedrungen; **~ tail** Stummelschwanz, *der*; **~ pencil** Bleistiftstummel, *der*
stun [stʌn] *v. t.* **-nn- a)** *(knock senseless)* betäuben; **be ~ned** *(unconscious)* bewußtlos sein; *(dazed)* benommen sein; **b)** *(fig.)* **be ~ned at** *or* **by sth.** von etw. wie betäubt sein; **a ~ned silence** ein fassungsloses Schweigen; **a superb performance which ~ned the critics and audience alike** eine herausragende Darbietung, die Kritiker und Publikum gleichermaßen in ihren Bann schlug; **c)** *(deafen temporarily)* betäuben; **~ned by sth.** von etw. wie betäubt sein
stung *see* **sting 2, 3**
stunk *see* **stink 1**
stunner ['stʌnə(r)] *n.* *(coll.)* **be a ~**: Spitze sein (ugs.)
stunning ['stʌnɪŋ] *adj.* *(coll.)* **a)** *(splendid)*

stunningly

hinreißend; umwerfend *(ugs.);* **b)** *(causing insensibility)* wuchtig ⟨*Schlag*⟩; **c)** *(shocking)* bestürzend ⟨*Nachricht*⟩; horrend ⟨*Preis*⟩; *(amazing)* sensationell; **d)** *(deafening)* ohrenbetäubend *(ugs.)*

stunningly ['stʌnɪŋlɪ] *adv. (coll.)* umwerfend *(ugs.);* unfaßbar ⟨*langweilig, schrecklich, häßlich*⟩

¹stunt [stʌnt] *v. t.* hemmen, beeinträchtigen ⟨*Wachstum, Entwicklung*⟩; **~ed trees** verkümmerte Bäume; **emotionally ~ed** seelisch verkümmert

²stunt 1. *n.* halsbrecherisches Kunststück; *(Cinemat.)* Stunt, *der; (Advertising)* [Werbe]gag, *der.* **2.** *v. i.* Stunts vollführen

'stunt man *n.* Stuntman, *der*

stupefaction [stjuːpɪ'fækʃn] *n., no pl.* **a)** Benommenheit, *die;* **b)** *(astonishment)* Verblüffung, *die*

stupefy ['stjuːpɪfaɪ] *v. t.* **a)** *(benumb)*⟨*Hitze:*⟩ benommen machen; **be stupefied with** *or* **by** benommen sein von ⟨*Schlag, Alkohol, Droge*⟩; abgestumpft sein von ⟨*Armut, Kummer*⟩; **b)** *(astound)* die Sprache verschlagen (+ *Dat.*); **be stupefied** wie vor den Kopf geschlagen sein

stupendous [stjuː'pendəs] *adj.* gewaltig, außergewöhnlich ⟨*Schönheit, Intelligenz, Talent*⟩; großartig ⟨*Urlaub, Schauspieler*⟩

stupendously [stjuː'pendəslɪ] *adv.* außergewöhnlich; gewaltig ⟨*groß*⟩; großartig ⟨*sich verhalten*⟩

stupid ['stjuːpɪd] **1.** *adj. ,* **~er** ['stjuːpɪdə(r)], **~est** ['stjuːpɪdɪst] **a)** *(slow-witted, unintelligent)* dumm; einfältig ⟨*Person, Aussehen*⟩; *(ridiculous)* lächerlich; *(pointless)* dumm *(ugs.)*⟨*Witz, Geschichte, Gedanken*⟩; *expr.* rejection *or* irritation blöd *(ugs.);* **where is that ~ key?** wo ist jetzt der blöde *(ugs.)* Schlüssel?; **it would be ~ to do sth.** es wäre töricht, etw. zu tun; **that was a ~ place to leave the car** es war töricht, das Auto dort abzustellen; **b)** *(in state of stupor)* benommen **(with** von**);** teilnahmslos, apathisch ⟨*Blick*⟩; **be bored ~:** zu Tode gelangweilt sein. **2.** *n. (coll.)* Dummkopf, *der (ugs.)*

stupidity [stjuː'pɪdɪtɪ] *n.* Dummheit, *die; (of action also)* Torheit, *die; (of facial expression)* Einfältigkeit, *die*

stupidly ['stjuːpɪdlɪ] *adv.* dumm; **~ [enough], I have ...:** dummerweise habe ich ...; **he ~ admitted that ...:** törichterweise hat er zugegeben, daß ...

stupor ['stjuːpə(r)] *n.* **a)** *(torpidity)* Benommenheit, *die; (Med.)* Stupor, *der;* **drink oneself into a ~:** sich bis zur Bewußtlosigkeit betrinken; **b)** *(apathy)* Erstarrung, *die;* **c)** *(amazement)* **stand in a ~:** starr vor Staunen stehen

sturdily ['stɜːdɪlɪ] *adv. (robustly)* fest ⟨*annageln*⟩; mit festem Schritt ⟨*gehen*⟩; *(resolutely)* fest ⟨*überzeugt*⟩; entschlossen ⟨*sich entgegenstellen*⟩; **~ built** kräftig [gebaut] ⟨*Person, Pferd*⟩; stabil [gebaut] ⟨*Stuhl, Fahrrad*⟩

sturdiness ['stɜːdɪnɪs] *n., no pl. (robustness)* Stabilität, *die; (of person)* Stämmigkeit, *die; (resoluteness)* Stärke, *die;* Festigkeit, *die*

sturdy ['stɜːdɪ] *adj.* **a)** *(robust)* stabil ⟨*Haus, Stuhl, Schiff*⟩; kräftig ⟨*Rasse, Pflanze, Pferd, Kind*⟩; kräftig [gebaut] ⟨*Person*⟩; *(resistant to disease or rough weather)* robust; *(thickset)* stämmig ⟨*Mensch*⟩; *(strong)* stämmig ⟨*Beine, Arme*⟩; *(sound)* solide; *(resolute)* fest ⟨*Glaube, Grundsätze*⟩; stark ⟨*Gegner, Verfechter, Widerstand*⟩

sturgeon ['stɜːdʒən] *n. (Zool.)* Stör, *der*

stutter ['stʌtə(r)] **1.** *v. i.* stottern; ⟨*Gewehr:*⟩ tacken. **2.** *v. t.* stottern. **3.** *n. (Gewehr); (of gun)* Tacken, *das; (of flame)* Flackern, *das;* **speak with a ~:** stottern; **have a bad ~:** stark stottern

~ 'out *v. t.* stotternd hervorbringen

stutterer ['stʌtərə(r)] *n.* Stotterer, *der/*Stotterin, *die*

¹sty [staɪ] *see* **pigsty**

²sty, stye [staɪ] *n. (Med.)* Gerstenkorn, *das*

Stygian ['stɪdʒɪən] *adj. (Mythol.; also fig.)* stygisch

style [staɪl] **1.** *n.* **a)** *(manner)* Stil, *der; (in conversation)* Ton, *der; (in performance)* Art, *die;* **~ of swimming/running** Schwimm-/Laufstil, *der;* **that's the ~!** so ist es richtig!; **be bad** *or* **not good ~:** schlechter *od.* kein guter Stil sein; **b)** *(collective features) (in artistic presentation; also Printing, Publishing)* Stil, *der; (of firm)* Firmenart, *die;* **it's not my ~** [to do that] das ist nicht mein Stil; **dress in the latest/modern ~:** sich nach der neuesten/neuen Mode kleiden; **the costumes were in** *or* **of the ~ of the 1940s** es waren Kostüme im Stil der 40er Jahre; **cook in the French ~:** französisch kochen; *see also* **cramp 2 a; house style; c)** *(superior way of living, behaving, etc.)* Stil, *der;* **in ~:** stilvoll; *(on a grand scale)* im großen Stil; **in the grand ~:** im großen Stil; **she is a woman of ~:** sie hat Stil; **live a life of ~:** ein luxuriöses Leben führen; **have no ~:** keinen Stil haben; **d)** *(sort)* Art, *die;* **~ of music** Musikrichtung, *die;* **she is not his ~:** sie paßt nicht zu ihm; **this house is not my ~:** das Haus ist nichts für mich; **e)** *(pattern)* Art, *die; (of clothes)* Machart, *die; (hair-~)* Frisur, *die;* **she has had her hair cut in a page-boy ~:** sie hat sich *(Dat.)* einen Pagenkopf schneiden lassen; **have one's hair done in a different ~:** sich *(Dat.)* eine andere Frisur machen lassen; **f)** *(descriptive formula)* Titel, *der; (of firm)* Firmenbezeichnung, *die;* **~ [of address]** Anrede, *die;* **g)** *(Bot.)* Griffel, *der.* **2.** *v. t.* **a)** *(design)* entwerfen; stilisieren *(veralt.);* **~ one's own hair** sich *(Dat.)* seine Frisuren selbst machen; **elegantly ~d clothes** elegant geschnittene Kleidung; **clothes ~d for comfort** bequem geschnittene Kleidung; **b)** *(designate)* nennen; *(address)* anreden; **~ oneself sth.** sich bezeichnen als etw.

-style *in comb.* **a Tudor-~ house** ein Haus im Tudorstil; **a Queen-Anne-~ chair** ein Queen-Anne-Stuhl; **Indian-~ curry** indischer Curry; **French-~ cooking** französische Küche; **peasant-~ skirt** Bauernrock, *der;* **dressed cowboy-~:** wie ein Cowboy gekleidet

'style-book *n.* Buch mit Modellen; *(of hairdresser)* Frisurenheft, *das; (Printing, Publishing)* Buch mit Satzanweisungen

styling ['staɪlɪŋ] *n.* **a)** *(imparting of style)* Styling, *das;* **that hairdresser is good at ~:** dieser Friseur kann gut [neue] Frisuren entwerfen; **b)** *(Lit., Publishing)* stilistische Überarbeitung; **c)** *(ornamentation)* **intricate ~:** komplizierte Verzierungen

stylise *see* **stylize**

stylish ['staɪlɪʃ] *adj.* stilvoll; elegant ⟨*Kleidung, Auto, Hotel, Person*⟩

stylishly ['staɪlɪʃlɪ] *adv.* stilvoll; elegant ⟨*geschnitten, angezogen*⟩; **~ elegant** vornehm und elegant

stylishness ['staɪlɪʃnɪs] *n., no pl.* Stil, *der; (of clothes)* Eleganz, *die*

stylist ['staɪlɪst] *n.* **a)** *(Lit., Sport)* Stilist, *der/*Stilistin, *die;* **b)** *(designer)* Designer, *der/*Designerin, *die;* **(hair-~)** Haarstilist, *der/*-stilistin, *die*

stylistic [staɪ'lɪstɪk] *adj.* stilistisch; Stil⟨*mittel, -merkmale*⟩

stylistically [staɪ'lɪstɪkəlɪ] *adv.* stilistisch

stylistics [staɪ'lɪstɪks] *n., no pl.* Stilistik, *die*

stylize ['staɪlaɪz] *v. t.* stilisieren

stylus ['staɪləs] *n., pl.* **styli** ['staɪlaɪ] *or* **~es** **a)** *(gramophone needle)* [Abtast]nadel, *die;* **b)** *(writing-tool)* Griffel, *der;* *(engraving-tool)* Grabstichel, *der*

stymie ['staɪmɪ] **1.** *n.* **a)** *(difficult situation)* Sackgasse, *die (fig.).* **2.** *v. t. (thwart)* in die Klemme *(ugs.)* geraten lassen; **be ~d** aufgeschmissen sein *(salopp);* **~ oneself** sich *(Dat.)* selber ein Bein stellen

styptic ['stɪptɪk] **1.** *adj.* blutstillend. **2.** *n.* blutstillendes Mittel; Hämostyptikum, *das (Med.)*

Styria ['stɪrɪə] *pr. n.* Steiermark, *die*

Styx [stɪks] *pr. n. (Greek Mythol.)* Styx, *der;* **cross the ~** *(fig.)* den Styx überqueren *(geh.)*

suave [swɑːv] *adj.* **a)** *(affable)* verbindlich; **b)** *(agreeable)* sanft ⟨*Farbe, Licht, Musik*⟩; lieblich ⟨*Wein, Geschmack*⟩

suavely ['swɑːvlɪ] *adv.* **a)** *(affably)* verbindlich; **he was always ~ polite** er war stets verbindlich und höflich; **b)** *(agreeably)* sanft

suavity ['swɑːvɪtɪ] *n.* **a)** *(affability)* Verbindlichkeit, *die;* **b)** *(agreeableness)* [angenehme] Milde; **suavities** Annehmlichkeiten

sub [sʌb] **1.** *n. (coll.)* **a)** *(subscription)* Abo, *das (ugs.);* **b)** *(esp. Sport: substitute)* Ersatz, *der;* **c)** *(submarine)* U-Boot, *das;* **d)** *see* **sub-editor. 2.** *v. i.* **-bb-** *see* **sub-edit**

sub- *pref.* unter-; *(mit Fremdwörtern meist)* sub-

sub'alpine *adj. (Geog.) (of higher mountain slopes)* subalpin *(fachspr.); (of lower Alpine slopes)* Voralpen-

subaltern ['sʌbltən] *n. (Brit. Mil.)* Subalternoffizier, *der*

subaqua [sʌb'ækwə] *adj.* Tauch⟨*sport, -klub*⟩

suba'tomic *adj. (Phys.)* subatomar

'subcategory *n.* Subkategorie, *die*

'subclass *n. (esp. Biol.)* Unterklasse, *die*

'subcommittee *n.* Unterausschuß, *der*

sub'conscious *n. (Psych.)* **1.** *adj.* unterbewußt; **~ mind** Unterbewußtsein, *das.* **2.** *n.* Unterbewußtsein, *das*

sub'consciously *adv. (Psych.)* unterbewußt

'subcontinent *n. (Geog.)* Subkontinent, *der*

subcontract 1. [sʌbkən'trækt] *v. t. (accept under secondary contract)* als Subunternehmer übernehmen; *(offer under secondary contract)* an Subunternehmer/an einen Subunternehmer vergeben; **~ a job to sb.** eine Arbeit an jmdn. [in einem Untervertrag] vergeben. **2.** *v. i. (accept secondary contract)* als Subunternehmer arbeiten; *(offer secondary contract)* Aufträge an Subunternehmer/an einen Subunternehmer vergeben. **3.** [sʌb'kɒntrækt] *n.* Untervertrag, *der*

subcon'tractor *n.* Subunternehmer, *der/*-unternehmerin, *die*

'subculture *n. (Sociol.)* Subkultur, *die*

subcu'taneous *adj. (Anat.)* subkutan

subdivide ['sʌbdɪvaɪd, sʌbdɪ'vaɪd] **1.** *v. t. (further divide)* erneut teilen; *(divide into parts)* unterteilen. **2.** *v. i.* **~ into sth.** sich in etw. *(Akk.)* teilen

subdivision ['sʌbdɪvɪʒn, sʌbdɪ'vɪʒn] *n. (subdividing)* erneute Teilung; *(subordinate division)* Unterabteilung, *die;* **~ [of sth.] into sth.** Unterteilung [einer Sache *(Gen.)*] in etw. *(Akk.)*

sub'dominant *n. (Mus.)* Subdominante, *die*

subdue [səb'djuː] *v. t. (conquer)* besiegen; unterwerfen; *(bring under control)* bändigen ⟨*Kind, Tier*⟩; ruhigstellen ⟨*Patienten*⟩; unter Kontrolle bringen ⟨*Demonstranten usw.*⟩; bezähmen ⟨*Gefühle, zornige Person*⟩; urbar machen ⟨*Land*⟩; *(reduce in intensity)* dämpfen ⟨*Zorn, Heftigkeit, gute Laune, Lärm, Licht*⟩; abkühlen *(fig.)* ⟨*Leidenschaft*⟩; verblassen lassen ⟨*Farben*⟩

subdued [səb'djuːd] *adj.* gedämpft; **he seemed rather ~:** er schien ziemlich gedämpfter Stimmung zu sein

sub-'edit *v. t. (Journ., Publishing)* **a)** *(be assistant editor of)* mit herausgeben; **b)** *(Brit.: prepare copy for)* redigieren

sub-'editor *n. (Journ., Publishing)* **a)** *(assistant editor)* Mitherausgeber, *der/*Mitherausgeberin, *die;* **b)** *(Brit.: one who prepares ma-*

subgroup

terial) Redaktionsassistent, *der/*-assistentin, *die*
'**subgroup** *n.* Untergruppe, *die*
'**subhead**, '**subheading** *ns.* **a)** *(subordinate division)* Unterabschnitt, *der;* **b)** *(subordinate title)* Untertitel, *der*
sub'human *adj.* unmenschlich; *(Zool.)* menschenähnlich; *treat sb. as ~:* jmdn. wie einen Untermenschen behandeln
subject 1. ['sʌbdʒɪkt] *n.* **a)** *(citizen)* Staatsbürger, *der/*-bürgerin, *die; (in relation to monarch)* Untertan, *der/*Untertanin, *die; (under domination)* Sklave, *der/*Sklavin, *die (fig.);* **b)** *(topic)* Thema, *das; (department of study)* Fach, *das; (area of knowledge)* Fach[gebiet], *das; (Art)* Motiv, *das;* Sujet, *das (geh.); (Mus.)* Thema, *das;* **sb. is the ~ of a book** über jmdn. ist ein Buch geschrieben worden; **be the ~ of an investigation** Gegenstand einer Untersuchung sein; **on the ~ of money** über das Thema Geld *(reden usw.);* beim Thema Geld *(sein, bleiben);* **change the ~:** das Thema wechseln; **c) be a ~ for sth.** *(cause sth.)* zu etw. Anlaß geben; **she was a ~ for ridicule** man machte sich über sie lustig; **d)** *(Ling., Logic, Philos.)* Subjekt, *das;* **e)** *(Med.)* Patient, *der; (of scientific research)* Versuchsperson, *die/*-tier, *das/*-objekt, *das. See also* **liberty. 2.** *adj.* **a)** *(conditional)* **be ~ to sth.** von etw. abhängig sein *od.* abhängen; **sth. is ~ to alteration** kann geändert werden; **prices/dates/programme details [are] ~ to alteration without further notice** Preis-/Termin-/Programmänderungen sind vorbehalten; **b)** *(prone)* **be ~ to** anfällig sein für ⟨*Krankheit*⟩; neigen zu ⟨*Melancholie*⟩; ausgesetzt sein (+ *Dat.*) ⟨*Mißdeutung, Feuchtigkeit*⟩; **c)** *(dependent)* abhängig; **~ to** *(dependent on)* untertan (+ *Dat.*) ⟨*König usw.*⟩; unterworfen (+ *Dat.*) ⟨*Verfassung, Gesetz, Krone*⟩; untergeben (+ *Dat.*) ⟨*Dienstherrn*⟩. **3.** *adv.* **~ to sth.** vorbehaltlich einer Sache *(Gen.);* **~ to the weather['s] being fine** vorausgesetzt, das Wetter ist gut. **4.** [səb'dʒekt] *v.t.* **a)** *(subjugate, make submissive)* unterwerfen; **~ sb./sth. to sb./sth.** jmdn./etw. jmdm./einer Sache unterwerfen; **b)** *(expose)* **~ sb./sth. to sth.** jmdn./etw. einer Sache *(Dat.)* aussetzen; **~ sb. to torture** jmdn. der Folter unterwerfen; **~ sth. to chemical analysis** etw. einer chemischen Analyse unterziehen
'**subject: ~ catalogue** *n.* Schlagwortkatalog, *der;* **~ heading** *n.* Stichwort, *das;* **~ index** *n.* Sachregister, *das*
subjection [səb'dʒekʃn] *n. (subjugation)* Unterwerfung, *die* **(to** unter + *Akk.); (condition of being subject)* Abhängigkeit, *die* **(to** von)
subjective [səb'dʒektɪv] *adj.* **a)** subjektiv; **b)** *(Ling.)* Subjekt-; **be ~:** Subjekt sein
subjectively [səb'dʒektɪvlɪ] *adv.* **a)** subjektiv; **~ speaking, I like him** ich persönlich mag ihn; **b)** *(Ling.)* als Subjekt ⟨*gebrauchen*⟩
subjectiveness [səb'dʒektɪvnɪs], **subjectivity** [sʌbdʒɪk'tɪvɪtɪ] *ns., no pl.* Subjektivität, *die*
'**subject-matter** *n., no pl., no indef. art.* Gegenstand, *der;* **make good ~ for sth.** ein gutes Thema für etw. abgeben
sub judice [sʌb 'dʒuːdɪsɪ, sʊb'juːdɪkeɪ] *adj. (Law)* anhängig; *(not decided)* [noch] nicht entschieden
subjugate ['sʌbdʒʊɡeɪt] *v.t.* **a)** *(conquer)* unterjochen **(to** unter + *Akk.);* **b)** *(subdue)* bezwingen ⟨*Kind, Pferd*⟩
subjugation [sʌbdʒʊ'ɡeɪʃn] *n. (conquest)* Unterjochung, *die* **(to** unter + *Akk.);* **b)** *(moral subjection) (action)* Knechtung, *die (geh. abwertend); (result)* Knechtschaft, *die; (of passions etc.)* Bezwingung, *die;* Unterwerfung, *die* **(to** unter + *Akk.); (condition)* sklavische Abhängigkeit **(to** von)

subjunctive [səb'dʒʌŋktɪv] *(Ling.)* **1.** *adj.* konjunktivisch; Konjunktiv-. **2.** *n.* Konjunktiv, *der;* **past/present ~:** Konjunktiv II *od.* Präteritum/Konjunktiv I *od.* Präsens
subjunctive 'mood *n. (Ling.)* Konjunktiv, *der*
sub'lease *see* **sublet**
sub'let *v.t.,* -**tt**-, **sublet** untervermieten
sub-lieu'tenant *n. (Brit. Navy)* Oberleutnant zur See
sublimate 1. ['sʌblɪmeɪt] *v.t. (Chem., Psych.; also fig.)* sublimieren. **2.** ['sʌblɪmət] *n. (sublimated substance)* Sublimat, *das (Chemie)*
sublimation [sʌblɪ'meɪʃn] *n.* **a)** *(Chem.) (act)* Sublimierung, *die; (process)* Sublimation, *die; (substance)* Sublimat, *das;* **b)** *(elevation; Psych.: diversion)* Sublimierung, *die* **(to** zu, **into** in + *Akk.);* Sublimation, *die*
sublime [sə'blaɪm] **1.** *adj.,* ~**r** [sə'blaɪmə(r)], ~**st** [sə'blaɪmɪst] *(exalted)* erhaben *(iron.)* vollendet *(fig. iron.)* ⟨*Chaos*⟩; unglaublich ⟨*Frechheit*⟩; **sth. goes from the ~ to the ridiculous** *(iron.)* etw. ist ein echter Abstieg [ins Profane]. **2.** *v.t. (Chem.)* **a)** *(convert)* sublimieren; **b)** *(release)* freisetzen. **3.** *v.i. (Chem.)* sublimieren
sublimely [sə'blaɪmlɪ] *adv.* schlechthin vollkommen ⟨*tanzen*⟩; erhaben ⟨*handeln, edel*⟩; *(iron.)* vollkommen ⟨*töricht, betrunken*⟩; völlig ⟨*ohne Ahnung*⟩; **~ beautiful** von erhabener Schönheit nachgestellt
subliminal [sʌb'lɪmɪnl] *adj. (Physiol., Psych.)* unterschwellig; subliminal *(fachspr.);* **~ advertising** unterschwellige Werbung
sublimity [sə'blɪmɪtɪ] *n. (literary)* Erhabenheit, *die; (high degree)* hoher Grad **(of** an + *Dat.)*
Sub-Lt. *abbr. (Brit. Navy)* Sub-Lieutenant Olt. zur See
sub-ma'chine-gun *n.* Maschinenpistole, *die*
submarine [sʌbmə'riːn, 'sʌbməriːn] **1.** *n.* Unterseeboot, *das;* U-Boot, *das.* **2.** *adj.* Unterwasser-; unterseeisch *(Geol.);* **~ warfare** U-Boot-Krieg, *der*
submerge [səb'mɜːdʒ] **1.** *v.t.* **a)** *(place under water)* **~ sth.** [in the water] etw. eintauchen *od.* ins Wasser tauchen; **be ~d [at high tide]** [bei Flut] unter Wasser stehen; **b)** *(inundate)* ⟨*Wasser:*⟩ überschwemmen; **be in water under Wasser stehen; **c)** *(fig.: obscure, bury)* **be ~d by** *or* **in sth.** unter etw. *(Dat.)* verborgen sein. **2.** *v.i.* abtauchen *(Seemannsspr.)*
submerged [səb'mɜːdʒd] *adj.* versunken ⟨*Schiff, Stadt*⟩; überschwemmt ⟨*Felder*⟩; unter Wasser befindlich ⟨*Fels, Eisberg*⟩; **~ in work** *(fig.)* mit Arbeit überhäuft; **~ by debts** *(fig.)* bis über die Ohren verschuldet *(ugs.)*
submersible [səb'mɜːsɪbl] **1.** *adj.* tauchfähig. **2.** *n.* Tauchboot, *das*
submersion [səb'mɜːʃn] *n.* Eintauchen, *das; (in baptism)* Submersion, *die (Theol.);* **the watch will not withstand ~:** die Uhr ist nicht wasserfest
sub'miniature *adj.* Subminiatur-; *(Photog.)* Kleinstbild-
submission [səb'mɪʃn] *n.* **a)** *(surrender)* Unterwerfung, *die* **(to** unter + *Akk.);* **force/frighten sb. into ~:** jmdn. unterwerfen, sich zu unterwerfen/jmdm. durch Einschüchterung seinen Willen aufzwingen; **b)** *no pl., no art. (meekness)* Unterwerfung, *die;* **attitude of ~:** Demutshaltung, *die (Verhaltensf.);* **c)** *(presentation)* Einreichung, *die* **(to** bei); *(thing put forward)* Einsendung, *die; (by witness)* Aussage, *die;* **in my ~:** meiner Meinung nach
submissive [səb'mɪsɪv] *adj.* gehorsam *(abwertend);* **be ~ to sb./sth.** sich jmdm./einer Sache unterwerfen
submissively [səb'mɪsɪvlɪ] *adv.* gehorsam; unterwürfig *(abwertend)*

subscription

submissiveness [səb'mɪsɪvnɪs] *n., no pl.* Gehorsam, *der;* Unterwürfigkeit, *die (abwertend)*
submit [səb'mɪt] **1.** *v.t.,* -**tt**- **a)** *(present)* einreichen; vorbringen ⟨*Vorschlag*⟩; abgeben ⟨*[Doktor]arbeit usw.*⟩; **~ sth. for sb.'s approval/perusal** jmdm. etw. zur Billigung vorlegen/zu lesen geben; **~ sth. to sb.** jmdm. etw. vorlegen; **~ sth. to scrutiny/investigation** etw. einer Prüfung/Untersuchung unterziehen; **~ sth. to sb.'s examination** jmdm. etw. zur Prüfung vorlegen; **~ one's entry to a competition** seine Teilnehmerkarte usw. für ein Preisausschreiben einreichen; **entries must be ~ted by 1 May** Einsendeschluß ist der 1. Mai; **~ that ...** *(urge deferentially)* behaupten, daß ...; **b)** *(surrender)* **~ oneself to sb./sth.** sich jmdm./einer Sache unterwerfen; **~ oneself to Fate** sich in sein Schicksal fügen; **~ oneself to ridicule** sich dem Spott aussetzen; **c)** *(subject)* **~ sth. to heat** etw. der Hitze *(Dat.)* aussetzen; **~ sb. to a treatment** einer Behandlung *(Dat.)* unterziehen; **~ oneself to sth.** sich einer Sache *(Dat.)* unterziehen. **2.** *v.i.,* -**tt**- **a)** *(surrender)* aufgeben; sich unterwerfen **(to** *Dat.);* **~ to sb.'s charms** jmds. Zauber *(Dat.)* erliegen; **~ to sb.'s request** jmds. Bitte *(Dat.)* nachkommen; **b)** *(defer)* **~ to sb./sth.** sich jmdm./einer Sache beugen; **c)** *(agree to undergo)* **~ to sth.** sich einer Sache *(Dat.)* aussetzen
sub'normal *adj.* unterdurchschnittlich; subnormal *(Med.); (in intelligence)* minderbegabt
subordinate 1. [sə'bɔːdɪnət] *adj. (inferior)* untergeordnet; *(lower-ranking)* rangniedriger; *(secondary)* zweitrangig; **be ~ to sb./sth.** jmdm./einer Sache untergeordnet sein; **be of ~ importance** von untergeordneter Bedeutung sein; *see also* **clause b. 2.** *n.* Untergebene, *der/die.* **3.** [sə'bɔːdɪneɪt] *v.t. (place in lower class)* niedriger einstufen **(to** als); *(render subject to Ling.)* unterordnen **(to** *Dat.)*
suborn [sə'bɔːn] *v.t.* anstiften, *(by bribery)* bestechen
'**sub-plot** *n.* Nebenhandlung, *die*
subpoena [səb'piːnə, sə'piːnə] *(Law)* **1.** *n.* Vorladung, *die;* **serve a ~ [up]on sb.** jmdm. eine Vorladung persönlich zustellen. **2.** *v.t.,* -**ed** *or* -'**d** [səb'piːnəd, sə'piːnəd] vorladen
sub rosa [sʌb 'rəʊzə] *(literary)* **1.** *adj.* Sub-rosa- *(geh.);* [streng] geheim. **2.** *adv.* sub rosa *(geh.);* in aller Heimlichkeit
'**subroutine** *n. (Computing)* Unterprogramm, *das;* Subroutine, *die*
subscribe [səb'skraɪb] **1.** *v.t.* **a)** *(sign one's name to)* unterzeichnen; **b)** *([promise to] contribute)* **~ sth.** zusichern, etw. zu spenden; **be ~d as a Spende zugesichert worden sein; **have ~d half the costs** sich verpflichtet haben, die Hälfte der Kosten zu übernehmen. **2.** *v.i.* **a)** *(express adhesion)* **~ to sth.** sich einer Sache *(Dat.)* anschließen; **b)** *(sign one's name)* unterzeichnen **(to** *Akk.);* **c)** *([promise to] make contribution)* **~ to** *or* **for sth.** eine Spende für etw. zusichern; **~ [to a newspaper]** [eine Zeitung] abonnieren
subscriber [səb'skraɪbə(r)] *n.* **a)** *(one who signs)* Unterzeichner, *der/*Unterzeichnerin, *die* **(of, to** *Gen.);* Unterzeichnete, *der/die (Amtsdt.);* **b)** *(one who assents)* Befürworter, *der/*Befürworterin, *die* **(of, to** *Gen.);* **c)** *(contributor)* Spender, *der/*Spenderin, *die* **(to** für); *(to a newspaper etc.)* Abonnent, *der/*Abonnentin, *die* **(of, to** *Gen.); (of a society etc.)* Mitglied, *das;* **d)** *(Teleph.)* Fernsprechkunde, *der/*-kundin, *die*
subscriber trunk 'dialling *n. (Brit. Teleph.)* Selbstwählferndienst, *der*
'**subscript** *(Math. etc.)* **1.** *adj.* tiefgestellt. **2.** *n.* [tiefgestellter] Index
subscription [səb'skrɪpʃn] *n.* **a)** *(thing sub-*

scribed) Spendenbeitrag, *der* (to für); *(membership fee)* Mitgliedsbeitrag, *der* (to für); *(prepayment for newspaper etc.)* Abonnement, *das* (to *Gen.*); [buy] by ~: im Abonnement [beziehen]; a year's ~: ein Jahresabonnement; b) *(act of subscribing) (signing)* Unterzeichnung, *die*; *(subscribing money)* Spende, *die*; [be built] by ~: mit Spenden [gebaut werden]; c) *(Publishing: offer of lower price)* Subskription, *die*
subscription: ~ **concert** *n.* Abonnementskonzert, *das;* ~ **library** *n.* (Mitgliedsbeiträge erhebende) Leihbücherei
subsection *n.* Unterabschnitt, *der*
subsequent ['sʌbsɪkwənt] *adj.* folgend; nachfolgend ⟨*Kind*⟩; später ⟨*Gelegenheit*⟩; ~ **events** spätere *od.* die folgenden Ereignisse
subservient [səb'sɜːvɪənt] *adj.* a) *(merely instrumental)* dienend; **be** ~ **to sb./sth.** jmdm./einer Sache dienen; untergeordnet sein (to *Dat.*); c) *(obsequious)* unterwürfig; servil *(abwertend)*
subset *n.* *(Math.)* Teilmenge, *die*
subside [səb'saɪd] *v. i.* a) *(sink to lower level)* ⟨*Wasser, Flut, Fluß:*⟩ sinken; ⟨*Boden, Haus:*⟩ sich senken; ⟨*Schwellung:*⟩ zurückgehen; ⟨*schwebende Teile:*⟩ absinken, sich absetzen; ~ **in exhaustion** erschöpft zusammensinken; ~ [on] to one's knees/the ground auf die Knie/zu Boden sinken; b) *(abate)* nachlassen; ⟨*Wellen, Wind, Wut, Lärm, Beifall, Aufregung:*⟩ sich legen; ⟨*Fieber, Delirium, Migräne:*⟩ abklingen; *(cease activity)* müde werden; ermatten *(geh.);* ~ **into** verfallen in (+ *Akk.*) ⟨*Untätigkeit, Schweigen usw.*⟩
subsidence [səb'saɪdəns, 'sʌbsɪdəns] *n.* a) *(sinking)* (of ground, structure) Senkung, *die;* (of liquid) Sinken, *das;* (of swelling) Zurückgehen, *das;* (of suspended matter) Sichabsetzen, *das;* b) *(abatement)* see **subside** b: Nachlassen, *das;* Sichlegen, *das;* Abklingen, *das;* ~ **into sth.** Verfallen in etw. (Akk.)
subsidiary [səb'sɪdɪərɪ] 1. *adj.* a) *(auxiliary)* unterstützend; subsidiär *(fachspr.);* untergeordnet ⟨*Funktion, Stellung*⟩; Neben⟨*fach, -fluß, -aspekt*⟩; ~ **fund** Hilfsfond, *der;* ~ **to sth.** einer Sache (*Dat.*) untergeordnet; *(secondary)* folgend aus einer Sache zweitrangig; b) *(Commerc.)* ~ **company** see 2. *n.* (Commerc.) Tochtergesellschaft, *die*
subsidisation, subsidise see **subsidization, subsidize**
subsidization [sʌbsɪdaɪ'zeɪʃn] *n.* (act of subsidizing) Subventionierung, *die;* (money given as subsidy) Subventionen, *die* (of individual person) finanzielle Unterstützung
subsidize ['sʌbsɪdaɪz] *v. t.* subventionieren; finanziell unterstützen ⟨*Person*⟩
subsidy ['sʌbsɪdɪ] *n.* Subvention, *die;* receive a ~: subventioniert werden; grant/pay a ~ to sb./sth. jmdn./etw. subventionieren; jmdn./etw. mit öffentlichen Mitteln fördern
subsist [səb'sɪst] *v. i.* a) *([continue to] exist)* existieren; *(remain in force)* bestehen; b) *(keep oneself alive)* existieren; subsistieren *(veralt.);* ~ **on sth.** von etw. leben
subsistence [səb'sɪstəns] *n.* a) *(subsisting)* [Über]leben, *das;* be enough for a bare ~: gerade genug zum [Über]leben sein; ⟨*Einkommen:*⟩ das Existenzminimum sein; ~ **is not possible under these conditions** unter diesen Bedingungen kann man nicht leben *od.* existieren; b) [means of] ~: Lebensgrundlage, *die;* millet is their chief means of ~: sie leben hauptsächlich von Hirse
subsistence: ~ **allowance** *n.* Außendienstzulage, *die; (abroad)* Auslandszulage, *die,* ~ **farming** *n.* Subsistenzwirtschaft, *die* (Soziol., Wirtsch.); ~ **level** *n.* Existenzminimum, *das;* live at ~ level gerade genug zum Leben haben; ~ **wage** *n.* ≈ Existenzminimum, *das*
subsoil *n.* Untergrund, *der*

subsonic *adj.* Unterschall-
subspecies *n., pl.* same *(Biol.)* Unterart, *die*
substance ['sʌbstəns] *n.* a) Stoff, *der;* Substanz, *die;* b) *no pl. (solidity)* Substanz, *die;* **this is an argument of little ~:** dieses Argument ist ziemlich substanzlos; **the food lacks ~:** das Essen ist nicht sehr gehaltvoll; **a man of ~:** ein begüterter Mann; c) *no pl. (content)* (of book etc.) Inhalt, *der;* **there is not enough ~ in the plot** die Handlung gibt nicht genug her; **there is no ~ in his claim/the rumour** seine Behauptung/das Gerücht entbehrt jeder Grundlage; d) *no pl. (essence)* Kern, *der;* **in ~:** im wesentlichen
substandard *adj.* a) unzulänglich; **the printing/recording was ~:** der Druck/die Aufnahme war nicht zufriedenstellend; b) *(Ling.)* nicht standardsprachlich
substantial [səb'stænʃl] *adj.* a) *(considerable)* beträchtlich; erheblich ⟨*Zugeständnis, Verbesserung*⟩; größer... ⟨*Darlehen*⟩; **'~ price required''** „namhafte Summe erforderlich"; b) gehaltvoll ⟨*Essen, Nahrung*⟩; **you need something more ~** [to eat] du brauchst etwas Gehaltvolleres *od.* Kräftigeres [zu essen]; c) *(solid in structure)* solide, stabil ⟨*Möbel*⟩; solide ⟨*Haus*⟩; kräftig ⟨*Körperbau*⟩; wesentlich ⟨*Unterschied, Argument*⟩; d) *(having substance)* stofflich; materiell; e) *(well-to-do)* begütert ⟨*Person*⟩; zahlungskräftig ⟨*Firma*⟩; f) weitgehend ⟨*Übereinstimmung, Zustimmung*⟩; ziemlich sicher ⟨*Beweis*⟩; **be in ~ agreement** sich *(Dat.)* so gut wie *od.* praktisch einig sein
substantially [səb'stænʃəlɪ] *adv.* a) *(considerably)* wesentlich; b) *(solidly)* ~ **built** solide gebaut ⟨*Haus usw.*⟩; kräftig gebaut ⟨*Person*⟩; c) *(essentially)* im wesentlichen; ~ **free from sth.** weitgehend frei von etw.
substantiate [səb'stænʃɪeɪt] *v. t.* erhärten; untermauern
substantiation [səbstænʃɪ'eɪʃn] *n.* Erhärtung, *die* Untermauerung, *die;* **in ~ of his claim** zur Erhärtung *od.* Untermauerung seines Anspruchs
substantive 1. [səb'stæntɪv] *adj.* a) *(not amended)* in der vorliegenden Form nachgestellt; b) *(Mil.)* **a ~ rank** der Rang eines Berufssoldaten. 2. ['sʌbstəntɪv] *n. (Ling.)* Substantiv, *das*
substation *n. (Electr.)* Hochspannungsverteilungsanlage, *die*
substitutable ['sʌbstɪtjuːtəbl] *adj.* substituierbar
substitute ['sʌbstɪtjuːt] 1. *n.* a) ~[s] Ersatz, *der;* ~s for rubber Ersatzstoffe für Gummi; **coffee ~:** Kaffee-Ersatz, *der;* **there is no ~ for real ale/hard work** es geht nichts über das echte englische Bier/über harte Arbeit; b) *(Sport)* Ersatzspieler, *der/*-spielerin, *die.* 2. *adj.* **a ~ teacher/secretary** etc. eine Vertretung. 3. *v. t.* **a) ~ A for B** B durch A ersetzen; ~ **oil for butter** statt Butter Öl nehmen; ~ **a striker for a midfield player** einen Mittelfeldspieler gegen einen Stürmer auswechseln *od.* tauschen; **he doesn't like potatoes, so we ~d rice** da er keine Kartoffeln mag, gaben wir ihm statt dessen Reis; b) *(coll.)* ~ **A by or with B** A durch B ersetzen. 4. *v. i.* ~ **for sb.** jmdn. vertreten; für jmdn. einspringen; *(Sport)* für jmdn. ins Spiel kommen; **Thompson ~d for Clark just after half-time** kurz nach der Halbzeit kam Thompson für Clark ins Spiel *od.* wurde Clark gegen Thompson ausgetauscht
substitution [sʌbstɪ'tjuːʃn] *n.* Ersetzung, *die;* Substitution, *die (geh.). fachspr.);* *(Sport)* Spielerwechsel, *der;* ~ **of B for A** Verwendung von A statt B; **make a ~** *(Sport)* [einen Spieler] auswechseln
substratum *n., pl.* **substrata** *(Geol.)* **a ~ of rock** ein felsiger Untergrund; b) *(Ling., Biol., Chem., fig.)* Substrat, *das (geh.,* *fachspr.)*

'substructure *n.* Unterbau, *der; (of oil rig also)* Stützkonstruktion, *die*
subsume [səb'sjuːm] *v. t.* einordnen (**in, into** in + *Akk.*); ~ **an item under a category** einen Punkt einer Kategorie *(Dat.)* zuordnen
'sub-system *n.* Subsystem, *das (geh.);* Teilsystem, *das*
'subtenancy *n.* Untervermietung, *die;* (of land, farm, shop) Unterverpachtung, *die;* (relationship) Untermiete, *die;* (of land, farm, shop) Unterpacht, *die*
'subtenant *n.* Untermieter, *der/*-mieterin, *die;* (of land, farm, shop) Unterpächter, *der/*-pächterin, *die*
subtend [sʌb'tend] *v. t. (Geom.)* gegenüberliegen (+ *Dat.*) ⟨*Winkel*⟩; schneiden ⟨*Bogen*⟩
subterfuge ['sʌbtəfjuːdʒ] *n.* a) *no pl., no art.* Täuschungsmanöver *Pl.;* b) *(trick)* Trick, *der*
subterranean [sʌbtə'reɪnɪən] *adj.* unterirdisch; subterran *(fachspr.)*
'subtitle 1. *n. (for film, of book, etc.)* Untertitel, *der.* 2. *v. t.* untertiteln; **the book is ~d...:** das Buch hat den Untertitel ...
subtle ['sʌtl] *adj.* ~r ['sʌtl(r)], ~st ['sʌtlɪst] a) *(delicate)* zart ⟨*Duft, Dunst, Parfüm*⟩; fein ⟨*Geschmack, Aroma*⟩; b) *(elusive)* subtil *(geh.);* fein ⟨*Unterschied*⟩; unaufdringlich ⟨*Charme*⟩; c) *(refined)* fein ⟨*Ironie, Humor*⟩; zart ⟨*Hinweis*⟩; subtil *(geh.)* ⟨*Scherz*⟩; d) *(perceptive)* feinsinnig ⟨*Beobachter, Kritiker*⟩; fein ⟨*Intellekt*⟩; ~ **perception** feines Gespür; e) *(ingenious)* geschickt; raffiniert ⟨*Plan*⟩; ~ **art** hohe Kunst
subtlety ['sʌtltɪ] *n.* a) *no pl. see* **subtle:** Zartheit, *die;* Feinheit, *die;* Subtilität, *die (geh.);* Unaufdringlichkeit, *die;* Feinsinnigkeit, *die;* Geschicklichkeit, *die;* Raffiniertheit, *die;* b) **subtleties** Feinheiten
subtly ['sʌtlɪ] *adv.* auf subtile Weise *(geh.);* zart ⟨*hinweisen auf, andeuten*⟩; geschickt ⟨*argumentieren*⟩; ~ **flavoured/perfumed** von feinem Geschmack *nachgestellt/*zart duftend
'subtotal *n.* Zwischensumme, *die*
subtract [səb'trækt] *v. t.* abziehen (**from** von); subtrahieren (**from** von)
subtraction [səb'trækʃn] *n.* Subtraktion, *die;* Abziehen, *das*
sub'tropical *adj.* subtropisch
suburb ['sʌbɜːb] *n.* Vorort, *der;* **live in the ~s** am Stadtrand leben
suburban [sə'bɜːbən] *adj.* a) *(of suburbs)* Vorort-; ⟨*Leben, Haus*⟩ am Stadtrand; ~ **spread** or **sprawl** eintönige, endlose Vororte; b) *(derog.: limited in outlook)* spießig *(abwertend)*
suburbanite [sə'bɜːbənaɪt] *n.* Vorstädter, *der/*Vorstädterin, *die*
suburbia [sə'bɜːbɪə] *n. (derog.)* die [eintönigen] Vororte
subvention [səb'venʃn] *n.* Subvention, *die (Wirtsch.)*
subversion [səb'vɜːʃn] *n.* Subversion, *die; (of government, monarchy, etc.)* [Um]sturz, *der*
subversive [səb'vɜːsɪv] 1. *adj.* subversiv; **be ~ of sth.** etw. unterminieren. 2. *n.* Subversive, *der/die*
subversively [səb'vɜːsɪvlɪ] *adv.* subversiv
subvert [səb'vɜːt] *v. t.* stürzen ⟨*Monarchie, Regierung*⟩; unterminieren ⟨*Moral, Loyalität*⟩; [zur Illoyalität] aufstacheln ⟨*Person*⟩
'subway *n.* a) *(passage)* Unterführung, *die;* b) *(Amer.: railway)* Untergrundbahn, *die;* U-Bahn, *die* *(ugs.)*
sub'zero *adj.* ~ **temperatures/conditions** Temperaturen unter Null
succeed [sək'siːd] 1. *v. i.* a) *(achieve aim)* Erfolg haben; **sb.** ~**s in sth.** jmdm. gelingt etw.; jmd. schafft etw.; **sb.** ~**s in doing sth.** es gelingt jmdm., etw. zu tun; jmd. schafft es, etw. zu tun; ~ **in business/college** ge-

schäftlich/im Studium erfolgreich sein; **I did not ~ in doing it** ich habe es nicht geschafft; es ist mir nicht gelungen; **I ~ed in passing the test** ich habe die Prüfung mit Erfolg *od.* erfolgreich abgelegt; **he usually ~s in anything he puts his mind to** ihm gelingt gewöhnlich alles, was er sich *(Dat.)* vornimmt; **~ in one's aims** seine Ziele erreichen; **the plan did not ~:** der Plan ist gescheitert; **b)** *(come next)* die Nachfolge antreten; **~ to an office/the throne** die Nachfolge in einem Amt/die Thronfolge antreten; **~ to a title/an estate** einen Titel/ein Gut erben. **2.** *v.t.* **a)** *(take place of)* ablösen ⟨*Monarchen, Beamten*⟩; **~ sb.** [in a post] jmds. Nachfolge [in einem Amt] antreten; **b)** *(follow)* **day ~ed day** ein Tag folgte auf den anderen

succeeding [sək'si:dɪŋ] *adj.* [nach]folgend; *(one after another)* aufeinanderfolgend ⟨*Generationen, Regierungen*⟩

success [sək'ses] *n.* Erfolg, *der;* **meet with ~:** Erfolg haben; erfolgreich sein; **make a ~ of sth.** etw. Erfolg haben; **'wishing you every ~'** „ich wünsche/wir wünschen Ihnen viel Erfolg"; **have little/considerable ~ in doing sth.** wenig/beträchtliche Erfolg dabei haben, etw. zu tun; **I didn't have much ~ with her** ich war bei ihr nicht sonderlich erfolgreich; **~ at last!** endlich hat es geklappt! *(ugs.);* **nothing succeeds like ~** *(prov.)* nichts ist so erfolgreich wie der Erfolg *(Spr.);* **he was a great ~ as headmaster/Hamlet** er war als Schulleiter sehr erfolgreich/als Hamlet ein großer Erfolg

successful [sək'sesfl] *adj.* erfolgreich; **be ~ in sth./doing sth.** Erfolg bei etw. haben/dabei haben, etw. zu tun; **he was ~ in his attempts to ...:** es gelang ihm, ... zu ...; **she made a ~ attempt on the record** der Rekordversuch ist ihr gelungen

successfully [sək'sesfəlɪ] *adv.* erfolgreich; **he ~ avoided the question** es gelang ihm, der Frage auszuweichen

succession [sək'seʃn] *n.* **a)** Folge, *die;* **four games/years** *etc.* **in ~:** vier Spiele/Jahre *usw.* hintereinander; **in quick/rapid ~:** in schneller/rascher Folge; **in close ~** *(in space)* dicht hintereinander; *(in time)* kurz hintereinander; **the ~ of the seasons** die Abfolge der Jahreszeiten; **b)** *(series)* Serie, *die;* **a ~ of losses/visitors** eine Verlust-/Besucherserie; **c)** *(right of succeeding to the throne etc.)* Erbfolge, *die;* **he is second in ~:** er ist Zweiter in der Erbfolge; **in ~ to his uncle** als Nachfolger seines Onkels; **the apostolic ~** *(RC Ch.)* die Apostolische Nachfolge *od.* Sukzession

successive [sək'sesɪv] *adj.* aufeinanderfolgend; **five ~ games/jobs** fünf Spiele/Stellungen hintereinander

successively [sək'sesɪvlɪ] *adv.* hintereinander

successor [sək'sesə(r)] *n.* Nachfolger, *der/*Nachfolgerin, *die;* **sb.'s ~, the ~ to sb.** jmds. Nachfolger; **the ~ to the throne** der Nachfolger auf den Thron

suc'cess story *n.* Erfolgsstory, *die (ugs.);* **he is a typical American ~:** er hat eine typische amerikanische Erfolgskarriere hinter sich *(Dat.)*

succinct [sək'sɪŋkt] *adj.* *(terse)* knapp; *(clear, to the point)* prägnant

succinctly [sək'sɪŋktlɪ] *adv.* *(tersely)* in knappen Worten; *(clearly)* prägnant

succinctness [sək'sɪŋktnɪs] *n., no pl. (terseness)* Knappheit, *die; (clarity)* Prägnanz, *die*

succour *(Amer.:* **succor)** ['sʌkə(r)] *(literary)* **1.** *v.t.* Beistand leisten (+ *Dat.*). **2.** *n.* Beistand, *der;* Unterstützung, *die;* **bring ~ to the wounded** die Leiden der Verwundeten lindern

succulence ['sʌkjʊləns] *n., no pl.* Saftigkeit, *die*

succulent ['sʌkjʊlənt] **1.** *adj.* **a)** saftig ⟨*Pfir-sich, Steak usw.*⟩; **b)** *(Bot.)* sukkulent; fleischig; **~ plants** Sukkulenten. **2.** *n. (Bot.)* Sukkulente, *die;* Fettpflanze, *die*

succulently ['sʌkjʊləntlɪ] *adv.* saftig

succumb [sə'kʌm] *v.i.* **a)** *(be forced to give way)* unterliegen; **~ to sth.** einer Sache *(Dat.)* erliegen; **~ to grief/despair** in Kummer/Verzweiflung verfallen; **~ to temptation** der Versuchung erliegen; **~ to pressure** dem Druck nachgeben; **b)** *(die)* **[to one's illness/wounds** *etc.***]** seiner Krankheit/seinen Verletzungen *usw.* erliegen

such [sʌtʃ] **1.** *adj., no compar. or superl.* **a)** *(of that kind)* solch ...; **~ a person** solch *od. (ugs.)* so ein Mensch; ein solcher Mensch; **~ a book** solch *od. (ugs.)* so ein Buch; ein solches Buch; **~ people** solche Leute; **~ things** so etwas; **symphonies and other ~ compositions** Sinfonien und andere Kompositionen dieser Art; **shoplifting and ~ crimes** Ladendiebstahl und derartige *od.* ähnliche Vergehen; **there are many ~ cases** so etwas kommt oft vor; **or some ~ thing** oder so etwas; oder etwas in der Art; **some ~ plan** irgend ein Plan *(ugs.);* **I said no ~ thing** ich habe nichts dergleichen gesagt; **you'll do no ~ thing** das wirst du nicht tun; **there is no ~ bird** solch einen *od.* einen solchen Vogel gibt es nicht; **experiences ~ as these** solche *od.* derartige Erfahrungen; **there is no ~ thing as a unicorn** Einhörner gibt es gar nicht; **there is no ~ thing as honour among thieves** Diebe kennen keine Ehre; **~ writers as Eliot and Fry** Schriftsteller wie Eliot und Fry; **~ grapes as you never saw** Trauben, wie du sie noch nie gesehen hast; **I will take ~ steps as I think necessary** ich werde die Schritte unternehmen, die ich für notwendig halte; **~ money as I have** das bißchen Geld, das ich habe; **at ~ a time** zu einer solchen Zeit; **at ~ a moment as this** in einem Augenblick wie diesem; *(disapproving)* gerade jetzt; **in ~ a case** in einem solchen *od. (ugs.)* so einem Fall; **for or on ~ an occasion** zu einem solchen Anlaß; **by all means stay for lunch, ~ as it is** bleib doch zum Mittagessen, aber es gibt nichts Besonderes; **~ a one as he/she is impossible to replace** jemand wie er/sie ist unersetzlich; *see also* **another 1 b;** **luck b; b)** *(so great)* solch ...; derartig; **I got ~ a fright that ...:** ich bekam einen derartigen *od. (ugs.)* so einen Schrecken, daß ...; **your stupidity is ~ as to fill me with despair** deine Dummheit treibt mich noch zur Verzweiflung; **~ was the force of the explosion that ...:** die Explosion war so stark, daß ...; **to ~ an extent** dermaßen; **c)** *(with adj.)* so; **~ a big house** ein so großes Haus; **she has ~ lovely blue eyes** sie hat so schöne blaue Augen; **a wonderfully fresh green** so ein herrlich frisches Grün; **~ a long time** so lange. **2.** *pron.* **a)** **as ~:** als solcher/solche/solches; *(strictly speaking)* im Grunde genommen; an sich; **this is not a promotion as ~:** dies ist im Grunde genommen *od.* eigentlich keine Beförderung; **~ is not the case** das ist nicht der Fall; **~ is life** so ist das Leben; **~ as** wie [zum Beispiel]; **~ 'as?** zum Beispiel?; **b)** *(people or things of stated kind)* dergleichen; seinesgleichen/ihresgleichen; **we do not have any ~:** wir haben nichts dergleichen; **or some ~:** oder so etwas; **I can give you ~ as I have** ich kann dir [das Wenige] geben, was ich habe

such-and-such ['sʌtʃənsʌtʃ] **1.** *adj.* **in ~ a place at ~ a time** an einem und dem Ort um die und die Zeit; **Mr ~:** Herr Sowieso. **2.** *pron.* **so and so**

suchlike ['sʌtʃlaɪk] *(coll.)* **1.** *pron.* derlei. **2.** *attrib. adj.* dergleichen

suck [sʌk] **1.** *v.t.* saugen **(out of** aus); lutschen ⟨*Bonbon*⟩; saugen an (+ *Dat.*) ⟨*Pfeife*⟩; **~ one's thumb** am Daumen lutschen; **~ an orange dry** eine Apfelsine aus-lutschen; **~ sb. dry** *(extort all sb.'s money)* jmdn. bis aufs Blut aussaugen; *(exhaust sb.)* jmdn. auslaugen. **2.** *v.i.* ⟨*Baby:*⟩ saugen; **~ at sth.** an etw. *(Dat.)* saugen; **~ at a lollipop** an einem Lutscher lecken; einen Lolli lutschen. **3.** *n.* **have a ~ at an ice lolly/at a straw** an einem Eis lutschen/Strohhalm saugen *od.* ziehen

~ down *v.t.* hinunterziehen; ⟨*Strudel:*⟩ in die Tiefe ziehen

~ 'in *v.t.* einsaugen; ⟨*Strudel:*⟩ in die Tiefe ziehen

~ 'off *v.t. (coarse)* **~ sb. off** jmdm. einen ablutschen *od.* abkauen *(vulg.)*

~ under *v.t.* in die Tiefe ziehen

~ 'up **1.** *v.t.* aufsaugen ⟨*Staub, Feuchtigkeit*⟩; *(with a straw)* ansaugen; *(into a pipette)* ansaugen; *(by dredger, tubes, etc.)* verschlucken. **2.** *v.i.* **~ up to sb.** *(sl.)* jmdm. in den Hintern kriechen *(salopp)*

sucker ['sʌkə(r)] *n.* **a)** *(suction pad)* Saugfuß, *der; (Zool.)* Saugnapf, *der; (of leech)* Saugscheibe, *die;* **b)** *(one attracted)* **be a ~ for sb./sth.** eine Schwäche für jmdn./etw. haben; **c)** *(sl.: dupe)* Dumme, *der/die;* **poor ~:** armer Trottel; **he's always being had for a ~:** er fällt immer auf alles herein; **d)** *(Bot.)* unterirdischer Ausläufer; **e)** *(fish)* Sauger, *der;* **f)** *(Amer.) see* **lollipop**

'sucking-pig *n.* Spanferkel, *das*

suckle ['sʌkl] **1.** *v.t.* säugen. **2.** *v.i.* [an der Brust] trinken

suckling ['sʌklɪŋ] *n. (unweaned child)* Säugling, *der;* **these piglets are still ~s** diese Ferkel werden noch gesäugt; *see also* **mouth 1 a**

sucrose ['su:krəʊz, 'sju:krəʊz] *n. (Chem.)* Saccharose, *die*

suction ['sʌkʃn] *n.* **a)** *(sucking)* Absaugen, *das;* **b)** *(force)* Saugwirkung, *die;* **b)** *(of air, currents, etc.)* Sog, *der;* **work by ~:** durch Saugwirkung arbeiten

suction: **~-pad** *n.* Saugfuß, *der;* **~ pump** *n.* Saugpumpe, *die*

Sudan [suː'dɑːn] *pr. n.* **[the] ~:** [der] Sudan

Sudanese [suːdə'niːz] **1.** *adj.* sudanesisch; **sb. is ~:** jmd. ist Sudanese/Sudanesin. **2.** *n., pl. same* Sudanese *der/*Sudanesin, *die*

sudden ['sʌdn] *adj.* **a)** *(unexpected)* plötzlich; **I had a ~ thought** auf einmal *od.* plötzlich fiel mir etwas ein; **b)** *(abrupt, without warning)* jäh ⟨*Abgrund, Übergang, Ruck*⟩; **there was a ~ bend in the road** plötzlich machte die Straße eine Biegung. **2.** *n.* **all of a ~:** plötzlich

sudden 'death *attrib. adj. (Sport coll.)* **a ~ play-off** ein Stichentscheid; *(Footb.: using penalties)* ein Elfmeterschießen

suddenly ['sʌdnlɪ] *adv.* plötzlich

suddenness ['sʌdnnɪs] *n., no pl.* Plötzlichkeit, *die*

suds [sʌdz] *n. pl.* **a)** **[soap-]~** [Seifen]lauge, *die; (froth)* Schaum, *der;* **b)** *(Amer. sl.: beer)* Gerstensaft, *der (scherzh.)*

sudsy ['sʌdzɪ] *adj. (coll.)* seifig; *(frothy)* schaumig

sue [suː, sjuː] **1.** *v.t. (Law)* verklagen **(for** auf + *Akk.*). **2.** *v.i.* **a)** klagen **(for** auf + *Akk.);* **b)** *(fig.)* **~ for peace/mercy** um Frieden/Gnade bitten

suede [sweɪd] *n.* Wildleder, *das; (finer)* Velourslender, *das*

suet ['suːɪt, 'sjuːɪt] *n.* Talg, *der*

suet pudding *n.* mit Talg zubereiteter Pudding

Suez ['sʊɪz, 'sjuːɪz] *pr. n.* Suez *(das);* **~ Canal** Suez-Kanal, *der*

suffer ['sʌfə(r)] **1.** *v.t.* **a)** *(undergo)* erleiden ⟨*Verlust, Unrecht, Schmerz, Niederlage*⟩; durchmachen; erleben ⟨*Schweres, Kummer*⟩; dulden ⟨*Unverschämtheit*⟩; **~ disablement** invalide werden; **the dollar ~ed further losses against the yen** der Dollar mußte weitere Einbußen gegenüber dem Yen hinnehmen; **~ neglect** vernachlässigt werden; **b)** *(tolerate)* dulden; **not ~ fools gladly** mit dummen Leuten keine Geduld haben; **c)** *(arch.: allow)* lassen; ~ sth. to be done *(Bibl.)* etw. geschehen lassen; ~ **the little children to come unto me** *(Bibl.)* lasset die Kindlein zu mir kommen; **he** ~**s no one to contradict him** er duldet *od. (veralt.)* leidet keinen Widerspruch. **2.** *v. i.* leiden; ~ **for sth.** *(for a cause)* für etw. leiden; *(in expiation)* für etw. büßen; **the engine** ~**ed severely** der Motor hat sehr gelitten; **if you publish this article, your reputation will** ~: wenn Sie diesen Artikel veröffentlichen, wird das Ihrem Ruf schaden ~ **from** *v. t.* leiden unter (+ *Dat.*); leiden an (+ *Dat.*) ⟨*Krankheit*⟩; ~ **from shock** unter Schock[wirkung] stehen; ~ **from faulty planning/bad execution** an falscher Planung/schlechter Durchführung kranken; **the trees have** ~**ed from the frost** die Bäume haben durch den Frost gelitten

sufferance ['sʌfərəns] *n.* Duldung, *die;* **his behaviour is beyond** ~: sein Benehmen ist unerträglich; **he remains here on** ~ **only** er ist hier bloß geduldet

sufferer ['sʌfərə(r)] *n.* Betroffene, *der/die; (from disease)* Leidende, *der/die;* ~ **from rheumatism/arthritis,** rheumatism/arthritis ~s Rheuma-/Arthritisleidende

suffering ['sʌfərɪŋ] *n.* Leiden, *das;* **he had experienced untold** ~ **from cancer** als Krebskranker hatte er unsäglich gelitten; **her** ~**s are now at an end** sie hat jetzt ausgelitten *(geh.)*

suffice [sə'faɪs] **1.** *v. i.* genügen; ~ **it to say:** ...: nur soviel sei gesagt: ...; **this** ~**d to infuriate her** das genügte *od.* reichte schon, um sie wütend zu machen. **2.** *v. t.* genügen (+ *Dat.*); reichen für

sufficiency [sə'fɪʃənsɪ] *n., no pl.* Zulänglichkeit, *die; (sufficient amount)* ausreichende Menge

sufficient [sə'fɪʃənt] *adj.* genug; ~ **money/food** genug Geld/genug zu essen; **be** ~: genügen; ~ **reason** Grund genug; **I'm not** ~ **of an expert** ich bin nicht Fachmann genug; **have you had** ~? *(food, drink)* haben Sie schon genug?; **I think you have drunk quite** ~: ich glaube, du hast schon genug getrunken

sufficiently [sə'fɪʃəntlɪ] *adv.* genug; *(adequately)* ausreichend; ~ **large** groß genug; **a** ~ **large number** eine genügend große Zahl

suffix ['sʌfɪks] **1.** *n.* **a)** *(Ling.)* Suffix, *das (fachspr.);* Nachsilbe, *die;* **b)** *(Math.)* see **subscript 2. 2.** *v. t.* suffigieren *(fachspr.);* anhängen ⟨*Nachsilbe*⟩

suffocate ['sʌfəkeɪt] **1.** *v. t.* ersticken; **he was** ~**d by the smoke** der Rauch erstickte ihn; er erstickte an dem Rauch; **suffocating heat** drückende Hitze; **this dreary existence is suffocating me** *(fig.)* dieses eintönige Leben erdrückt mich. **2.** *v. i.* ersticken; **she was suffocating in the hot little kitchen** sie wäre in der heißen kleinen Küche fast erstickt

suffocation [sʌfə'keɪʃn] *n.* Erstickung, *die;* **a feeling of** ~: das Gefühl, zu ersticken

suffragan ['sʌfrəgən] *(Eccl.)* **1.** *adj.* ~ **bishop** Suffraganbischof, *der.* **2.** *n.* |bishop| ~: Suffragan, *der*

suffrage ['sʌfrɪdʒ] *n. (right of voting)* Wahlrecht, *das;* **female** *or* **women's** ~: das Frauenwahlrecht

suffragette [sʌfrə'dʒet] *n. (Hist.)* Frauenrechtlerin, *die;* Suffragette, *die*

suffuse [sə'fju:z] *v. t.* **a blush** ~**d her cheeks** Schamröte stieg ihr ins Gesicht; **the evening sky was** ~**d with crimson** der Abendhimmel war in purpurnes Licht getaucht

Sufi ['su:fɪ] *n. (Muslim Relig.)* Sufi, *der*

sugar ['ʃʊgə(r)] **1.** *n.* **a)** Zucker, *der;* **two** ~**s, please** *(spoonfuls)* zwei Löffel Zucker, bitte; *(lumps)* zwei Stück Zucker, bitte; **b)** *(fig.: flattery)* Schöntuerei, *die (abwertend);* **c)** *(Amer. sl.: money)* Kohle, *die (salopp);* **d)** *(Amer. coll.: darling)* Süße, *der/die (fam.).* **2.** *v. t.* zuckern; *(fig.)* versüßen; verzuckern **sugar:** ~ **basin** see ~-**bowl;** ~-**beet** *n.* Zuckerrübe, *die;* ~-**bowl** *n.* Zuckerschale, *die; (covered)* Zuckerdose, *die;* ~-**cane** *n.* Zuckerrohr, *das;* ~-**coated** *adj.* gezuckert; mit Zucker überzogen ⟨*Dragee usw.*⟩; ~-**daddy** *n. (sl.)* spendabler älterer Mann, der ein junges Mädchen aushält; ~-**loaf** *n.* Zuckerhut, *der;* ~-**lump** *n.* Zuckerstück, *das; (when counted)* Stück Zucker, *das;* ~-**pea** *n.* Zuckererbse, *die;* ~-**refinery** *n.* Zuckerraffinerie, *die;* ~-**shaker,** ~-**sifter** *ns.* Zuckerstreuer, *der;* ~-**tongs** *n. pl.* Zuckerzange, *die*

sugary ['ʃʊgərɪ] *adj.* süß; *(fig.)* süßlich ⟨*Lächeln, Stimme, Musik*⟩

suggest [sə'dʒest] **1.** *v. t.* **a)** *(propose)* vorschlagen; ~ **sth. to sb.** jmdm. etw. vorschlagen; **he** ~**ed going to the cinema** er schlug vor, ins Kino zu gehen; **b)** *(assert)* **are you trying to** ~ **that he is lying?** wollen Sie damit sagen, daß er lügt?; **he** ~**ed that the calculation was incorrect** er sagte, die Rechnung sei falsch; **I** ~ **that ...** *(Law)* ich unterstelle, daß ...; **c)** *(make one think of)* suggerieren; ⟨*Symptome, Tatsachen:*⟩ schließen lassen auf (+ *Akk.*); **what does this music** ~ **to you?** woran denken Sie bei dieser Musik? **2.** *v. refl.* ~ **itself** [**to sb.**] ⟨*Möglichkeiten, Ausweg:*⟩ sich [jmdm.] anbieten; ⟨*Gedanke:*⟩ sich [jmdm.] aufdrängen

suggestible [sə'dʒestɪbl] *adj.* beeinflußbar; suggestibel *(geh.)*

suggestion [sə'dʒestʃn] *n.* **a)** Vorschlag, *der;* **at** *or* **on sb.'s** ~: auf jmds. Vorschlag *(Akk.);* **I am open to** ~**s** ich bin Vorschlägen *od.* Anregungen aufgeschlossen; **b)** *(insinuation)* Andeutungen *Pl.;* **there is no** ~ **that he co-operated with the kidnappers** niemand unterstellt, daß er mit den Entführern zusammengearbeitet hat; **what a** ~**!** wie kann man so etwas nur sagen!; **c)** *(fig.: trace)* Spur, *die;* **not a** ~ **of condescension** nicht die Spur von Herablassung; **she speaks German with a** ~ **of a Polish accent** sie spricht Deutsch mit einem ganz leichten polnischen Akzent; **there is a** ~ **of blue in the grey** das Grau hat einen leichten Stich ins Blaue

sug'gestion[s] box *n.* Kummerkasten, *der*

suggestive [sə'dʒestɪv] *adj.* **a)** suggestiv *(geh.);* **be** ~ **of sth.** auf etw. *(Akk.)* schließen lassen; ~ **power** Suggestion, *die;* **b)** *(risqué)* anzüglich; gewagt; zweideutig ⟨*Scherze, Lieder*⟩

suggestively [sə'dʒestɪvlɪ] *adv.* **a)** vielsagend; **b)** *(in a risqué manner)* gewagt

suggestiveness [sə'dʒestɪvnɪs] *n., no pl.* **a)** Suggestion, *die;* **b)** *(sexual undertones)* Anzüglichkeit, *die;* Gewagtheit, *die*

suicidal [su:ɪ'saɪdl, sju:ɪ'saɪdl] *adj.* **a)** *(leading or tending to suicide)* selbstmörderisch ⟨*Akt, Absicht*⟩; suizidal *(fachspr.)* ⟨*Verhalten, Patient*⟩; ~ **tendencies** eine Neigung zum Selbstmord; **I felt** *or* **was quite** ~: ich hätte mich am liebsten selbst umgebracht; **b)** *(dangerous)* selbstmörderisch ⟨*Fahrweise, Verhalten usw.*⟩

suicide ['su:ɪsaɪd, 'sju:ɪsaɪd] *n.* **a)** Selbstmord, *der (auch fig.);* Suizid, *der (fachspr.); (viewed more positively)* Freitod, *der (geh.);* **commit** ~ Selbstmord *od. (fachspr.)* Suizid begehen; *(viewed more positively)* den Freitod wählen *(geh.);* **attempt** ~ einen Selbstmordversuch unternehmen; **b)** *(person)* Selbstmörder, *der/*-mörderin, *die;* Suizidant, *der/*Suizidantin, *die (fachspr.)*

suicide: ~ **attempt** *n.* Selbstmordversuch, *der;* ~ **pact** *n.* Selbstmordpakt, *der;* ~ **squad** *n.* Selbstmordkommando, *das*

sui generis [suːaɪ 'dʒenərɪs, suːɪ 'genərɪs] *adj.* einzigartig; **be** ~: einzig in seiner Art sein

suit [su:t, sju:t] **1.** *n.* **a)** *(for men)* Anzug, *der;* *(for women)* Kostüm, *das;* **a three-piece-**~: ein dreiteiliger Anzug; ein Dreiteiler; ~ **of armour** Harnisch, *der;* **buy [oneself] a new** ~ **of clothes** sich neu einkleiden; **b)** *(Law)* ~ [**at law**] Prozeß, *der;* **c)** *(Cards)* Farbe bedienen; *(fig.)* das Gleiche tun; *see also* '**long 1 m; d)** *(courtship)* Werbung, *die (um eine Frau).* **2.** *v. t.* **a)** anpassen (**to** *Dat.*); **he suited the action to the word** den Worten Taten folgen lassen; **b)** **be** ~**ed [to sth./one another]** [zu etw./zueinander] passen; **he is not at all** ~**ed to marriage** er eignet sich überhaupt nicht für die Ehe; **they are ill/well** ~**ed** sie passen schlecht/gut zusammen; **c)** *(satisfy needs of)* passen (+ *Dat.*); recht sein (+ *Dat.*); **will Monday** ~ **you?** ist Montag Ihnen recht?; **paßt Ihnen Montag?; he comes when it** ~**s him** er kommt, wann es ihm gerade paßt; **does the climate** ~ **you/your health?** bekommt Ihnen das Klima?; **dried fruit/asparagus does not** ~ **me** ich vertrage kein Trockenobst/keinen Spargel; **d)** *(go well with)* passen zu; **does this hat** ~ **me?** steht mir dieser Hut?; **black** ~**s her** Schwarz steht ihr gut. **3.** *v. i.* **a)** *(be convenient)* ⟨*Termin:*⟩ recht sein; **b)** *(go well)* **she'll** ~: sie ist genau richtig; **the job** ~**s with his abilities** die Stelle entspricht seinen Fähigkeiten. **4.** *v. refl.* ~ **oneself** tun, was man will; ~ **yourself!** [ganz] wie du willst!; **you can** ~ **yourself whether you come or not, ganz wie du willst kommen oder nicht, ganz wie du willst**

suitability [su:tə'bɪlɪtɪ, sju:tə'bɪlɪtɪ] *n., no pl.* Eignung, *die* (**for** für); *(of clothing, remark; for an occasion)* Angemessenheit, *die* (**for** für); **his** ~ **as a teacher** seine Eignung zum *od.* als Lehrer; **we must check the** ~ **of the date** wir müssen prüfen, ob der Termin paßt

suitable ['su:təbl, 'sju:təbl] *adj.* geeignet; *(for an occasion)* angemessen ⟨*Kleidung*⟩; angebracht ⟨*Bemerkung*⟩; *(matching; convenient)* passend; **I did not find anything** ~ **to go with this dress** ich habe nichts gefunden, was zu diesem Kleid paßt; **this girlfriend is not** ~ **for him** diese Freundin paßt nicht zu ihm; **Monday is the most** ~ **day [for me]** Montag paßt [mir] am besten

suitableness ['su:təblnɪs, 'sju:təblnɪs] *see* **suitability**

suitably ['su:təblɪ, 'sju:təblɪ] *adv.* angemessen; gehörig ⟨*entrüstet*⟩; entsprechend ⟨*beeindruckt*⟩; entsprechend ⟨*gekleidet*⟩; **a** ~ **treated metal** in geeigneter Weise bearbeitetes Metall

'**suitcase** *n.* Koffer, *der;* **live out of a** ~: aus dem Koffer leben

suite [swiːt] *n.* **a)** *(of furniture)* Garnitur, *die;* **three-piece** ~: Polstergarnitur, *die;* **bedroom** ~: Schlafzimmereinrichtung, *die;* **b)** *(of rooms)* Suite, *die;* **executive/bridal** ~: Chef-/Hochzeitssuite, *die;* **c)** *(Mus.)* Suite, *die*

suitor ['su:tə(r), 'sju:tə(r)] *n.* Freier, *der*

sulfate, sulfide, sulfite, sulfonamide, sulfur, sulfuric *(Amer.)* see **sulph-**

sulk [sʌlk] **1.** *n., usu. in pl.* **have a** ~ *or* ~**s, be in** *or* **have a fit of the** ~**s** eingeschnappt sein *(ugs.);* schmollen. **2.** *v. i.* schmollen; **he always** ~**s if he doesn't get his own way** er ist immer gleich eingeschnappt, wenn er seinen Willen nicht kriegt *(ugs.)*

sulkily ['sʌlkɪlɪ] *adv.* eingeschnappt *(ugs.);* schmollend

sulkiness ['sʌlkɪnɪs] *n., no pl.* Schmollen, *das;* **the** ~ **of her expression/look** ihr schmollender Gesichtsausdruck/Blick

sulky ['sʌlkɪ] **1.** *adj.* schmollend; eingeschnappt *(ugs.).* **2.** *n. (Horse-racing)* Sulky, *das*

sullen ['sʌlən] *adj.* mürrisch; verdrießlich; *(fig.)* düster ⟨*Himmel*⟩

sullenly ['sʌlənlɪ] *adv.* mürrisch; verdrießlich

sullenness ['sʌlənnɪs] *n., no pl.* Verdrießlichkeit, *die*
sully ['sʌlɪ] *v. t. (formal)* besudeln *(geh.)*
sulphate ['sʌlfeɪt] *n.* Sulfat, *das*
sulphide ['sʌlfaɪd] *n.* Sulfid, *das*
sulphite ['sʌlfaɪt] *n.* Sulfit, *das*
sulphonamide [sʌl'fɒnəmaɪd] *n.* Sulfonamid, *das*
sulphur ['sʌlfə(r)] *n.* Schwefel, *der*
sulphuric [sʌl'fjʊərɪk] *adj.* ~ **acid** Schwefelsäure, *die*
sultan ['sʌltən] *n.* Sultan, *der*
sultana [sʌl'tɑːnə] *n.* a) *(raisin)* Sultanine, *die;* b) *(wife of sultan)* Sultanin, *die*
sultriness ['sʌltrɪnɪs] *n., no pl.* Schwüle, *die; (fig.: sensuality)* Sinnlichkeit, *die*
sultry ['sʌltrɪ] *adj.* schwül ⟨*Wetter, Tag, Atmosphäre*⟩; *(fig.: sensual)* sinnlich; schwül ⟨*Schönheit*⟩
sum [sʌm] 1. *n.* a) *(total amount, lit. or fig.)* Summe, *die* (of aus); ~ [**total**] Ergebnis, *das;* that was the ~ **total of our achievements** *or* **of what we achieved** das war alles, was wir erreicht haben; **in** ~: summa summarum; b) *(amount of money)* Summe, *die;* **a cheque for this** ~: ein Scheck über diesen Betrag; *see also* **lump sum;** c) *(Arithmetic)* Rechenaufgabe, *die;* **do** ~**s** rechnen; **she is good at** ~**s** sie kann gut rechnen; sie ist gut im Rechnen. 2. *v. t.,* -mm- addieren
~ **up** 1. *v. t.* a) zusammenfassen; b) *(Brit.: assess)* einschätzen; **this** ~**med him up perfectly** damit war er treffend charakterisiert. 2. *v. i.* ein Fazit ziehen; ⟨*Richter:*⟩ resümieren; **in** ~**ming up, I should like to** ...: zusammenfassend möchte ich ...
sumac[h] ['suːmæk, 'ʃuːmæk, 'sjuːmæk] *n.* Sumach, *der*
summarily ['sʌmərɪlɪ] *adv.* a) *(shortly)* knapp; b) *(without formalities or delay)* summarisch; ~ **dismissed** fristlos entlassen; ~ **convicted** *(Law)* im summarischen Verfahren verurteilt
summarize ['sʌməraɪz] *v. t.* zusammenfassen
summary ['sʌmərɪ] 1. *adj.* a) *(short)* knapp; b) *(without formalities or delay)* summarisch *(geh.);* fristlos ⟨*Entlassung*⟩; *(Law)* ~ **justice/jurisdiction** Schnelljustiz, *die;* ~ **conviction** Verurteilung im summarischen Verfahren *(Rechtsw.).* 2. *n.* Zusammenfassung, *die*
summer ['sʌmə(r)] 1. *n.* a) Sommer, *der;* **in [the]** ~: im Sommer; **in early/late** ~: im Früh-/Spätsommer; **last/next** ~: letzten/nächsten Sommer; **a** ~**'s day/night** ein Sommertag/eine Sommernacht; **in the** ~ **of 1983, in** ~ **1983** im Sommer 1983; **two** ~**s ago we went to France** im Sommer vor zwei Jahren waren wir in Frankreich; *see also* **Indian summer; solstice a;** b) *in pl. (literary: years)* Lenze *(geh.).* 2. *attrib. adj.* Sommer-
summer: ~**-house** *n.* [Garten]laube, *die;* ~ **'lightning** *n.* Wetterleuchten, *das;* ~ **'pudding** *n. (Brit.)* Süßspeise aus Kompott und Weißbrot; ~ **school** *n.* Sommerkurs, *der;* ~ **term** *n.* Sommerhalbjahr, *das;* **S~ Time** *n. (Brit.: for daylight saving)* Sommerzeit, *die;* ~**time** *n. (season)* Sommer, *der;* ~ **visitor** *n.* Sommergast, *der;* ~ **weight** *adj. (Textiles)* [sommerlich] leicht; Sommer-
summery ['sʌmərɪ] *adj.* sommerlich
summing-up ['sʌmɪŋ'ʌp] *n.* Zusammenfassung, *die*
summit ['sʌmɪt] *n.* a) *(peak, lit. or fig.)* Gipfel, *der;* **he was at the** ~ **of his power** er stand auf dem Gipfel[punkt] seiner Macht; b) *(discussion)* Gipfel, *der;* ~ **conference/meeting** Gipfelkonferenz, *die/*-treffen, *das;* **at** ~ **level** auf höchster Ebene
summitry ['sʌmɪtrɪ] *n.* Gipfeldiplomatie, *die*
summon ['sʌmən] *v. t.* a) *(call upon)* rufen (**to** zu); holen ⟨*Hilfe*⟩; zusammenrufen ⟨Aktionäre⟩; b) *(call by authority)* zu sich zitieren; einberufen ⟨*Parlament*⟩; **she was** ~**ed to the presence of the Queen** sie wurde zur Königin befohlen *(veralt.);* c) *(Law: to court)* vorladen ⟨*Angeklagten, Zeugen*⟩; d) ~ **sb. to do sth.** jmdn. auffordern, etw. zu tun
~ **up** *v. t.* aufbringen ⟨*Mut, Kräfte, Energie, Begeisterung*⟩
summons ['sʌmənz] 1. *n.* a) Aufforderung, *die;* **receive a** ~ **from sb. to do sth.** von jmdm. aufgefordert werden, etw. zu tun; b) *(Law)* Vorladung, *die;* **serve a** ~ **on sb.** jmdm. eine Vorladung zustellen. 2. *v. t. (Law)* ~ **sb. to appear in court** jmdn. gerichtlich vorladen *od.* vor Gericht laden
sumo ['suːməʊ] *n., no pl.* ~**s:** [**wrestling**] Sumo, *das;* ~ [**wrestler**] Sumokämpfer, *der*
sump [sʌmp] *n.* a) *(Brit. Motor Veh.)* Ölwanne, *die;* b) *(Mining)* Sumpf, *der*
sumptuous ['sʌmptjʊəs] *adj.* üppig; luxuriös ⟨*Einband, Möbel, Kleidung*⟩
sumptuously ['sʌmptjʊəslɪ] *adv.* üppig; luxuriös ⟨*eingerichtet*⟩
sumptuousness ['sʌmptjʊəsnɪs] *n., no pl.* Üppigkeit, *die;* **the** ~ **of the binding/furnishings** der luxuriöse Einband/die luxuriöse Einrichtung
sun [sʌn] 1. *n.* Sonne, *die;* **rise with the** ~: in aller Herrgottsfrühe aufstehen; **a place in the** ~ *(fig.)* ein Platz an der Sonne; **catch the** ~ *(be in a sunny position)* viel Sonne abbekommen; *(get* ~**burnt)* einen Sonnenbrand bekommen; **a touch of the** ~: ein leichter Sonnenstich; **under the** ~ *(fig.)* auf der Welt; **chat about everything under the** ~: über alles Mögliche schwatzen; **there is nothing new under the** ~: es gibt nichts Neues unter der Sonne; *see also* **hay; midnight sun.** 2. *v. refl.,* -nn- *(lit. or fig.)* sich sonnen
Sun. *abbr.* Sunday So.
sun: ~**baked** *adj.* an der Sonne getrocknet ⟨*Ziegel*⟩; ausgedörrt ⟨*Landschaft, Prärie usw.*⟩; ~**bathe** *v. i.* sonnenbaden; ~**bather** *n.* Sonnenbadende, *der/die;* ~**bathing** *n.* Sonnenbaden, *das;* ~**beam** *n.* Sonnenstrahl, *der;* ~**-bed** *n. (with UV lamp)* Sonnenbank, *die; (in garden etc.)* Gartenliege, *die;* ~**belt** *n. (Amer.)* Sonnengürtel, *der;* **die südlichen Staaten der USA;** ~**-blind** *n.* Markise, *die;* ~**-bonnet** *n.* Sonnenhäubchen, *das;* ~**burn** *n.* 1. Sonnenbrand, *der;* 2. *v. i.* **my skin** ~**burns/I** ~**burn very easily** ich kriege sehr leicht einen Sonnenbrand; ~**burnt** *adj.* ⟨*suffering from* ~*burn*⟩ ~**burnt** einen Sonnenbrand haben; **have a** ~**burnt back/face** einen Sonnenbrand auf dem Rücken/im Gesicht haben; **get badly** ~**burnt** einen schlimmen Sonnenbrand bekommen; b) *(tanned)* sonnenverbrannt ⟨*Person, Gesicht usw.*⟩
sundae ['sʌndeɪ, 'sʌndɪ] *n.* [ice-cream] ~: Eisbecher, *der*
Sunday ['sʌndeɪ, 'sʌndɪ] 1. *n.* a) Sonntag, *der;* **never in a month of** ~**s** nie im Leben; b) *in pl. (newspapers)* Sonntagszeitungen. 2. *adv. (coll.)* **she comes** ~**s** sie kommt sonntags. *See also* **best 3 b; Friday**
Sunday: ~ **'driver** *n. (derog.)* Sonntagsfahrer, *der/-*fahrerin, *die. (abwertend);* ~ **painter** *n.* Sonntagsmaler, *der/-*malerin, *die;* ~ **school** *n.* Sonntagsschule, *die;* ≈ Kindergottesdienst, *der*
'sun-deck *n.* Sonnendeck, *das*
sunder ['sʌndə(r)] *n. (arch./literary) v. t.* brechen
sun: ~**dew** *n. (Bot.)* Sonnentau, *der;* ~**dial** *n.* Sonnenuhr, *die;* ~**down** *see* **sunset;** ~**downer** ['sʌndaʊnə(r)] *n. (Austral.)* Pennbruder, *der (ugs.);* ~**drenched** *adj.* sonnenüberflutet *(geh.);* ~**-dress** *n.* Strand- *od.* Sonnenkleid, *das;* ~**-dried** *adj.* an der Sonne getrocknet
sundry ['sʌndrɪ] 1. *adj.* verschieden; ~ **articles** verschiedene *od.* diverse Artikel. 2. *n. in pl.* Verschiedenes; Diverses; *see also* **all 2 a**
sun: ~**-fast** *adj. (Amer.)* lichtecht ⟨*Farben*⟩; ~**fish** *n.* Sonnen-, Mondfisch, *der;* ~**flower** *n.* Sonnenblume, *die;* ~**flower seeds** Sonnenblumenkerne
sung *see* **sing 1, 2**
sun: ~**glasses** *n. pl.* Sonnenbrille, *die;* ~**-god** *n.* Sonnengott, *der;* ~**-hat** *n.* Sonnenhut, *der;* ~**-helmet** *n.* Tropenhelm, *der*
sunk *see* **sink 2, 3**
sunken ['sʌŋkn] *adj.* versunken ⟨*Schatz*⟩; gesunken ⟨*Schiff*⟩; eingefallen ⟨*Augen, Wangen*⟩; tieferliegend ⟨*Garten, Zimmer*⟩; in den Boden eingelassen ⟨*Badewanne*⟩
sun-lamp *n.* Höhensonne, *die*
sunless ['sʌnlɪs] *adj.* ⟨*Ecke, Stelle, Tal*⟩ wo die Sonne nie hinkommt; trübe ⟨*Tag*⟩
sun: ~**light** *n.* Sonnenlicht, *das;* **come into the** ~**light!** komm in die Sonne!; ~**lit** *adj.* sonnenbeschienen ⟨*Landschaft*⟩; sonnig ⟨*Zimmer, Garten*⟩; ~ **lounge** *n.* Veranda, *die*
Sunni ['sʌnɪ] *n. (Muslim Relig.)* Sunnit, *der/*Sunnitin, *die.* sunnitisch
sunnily ['sʌnɪlɪ] *adv.* lustig; freundlich
Sunnite ['sʌnaɪt] *n. (Muslim Relig.)* Sunnit, *der/*Sunnitin, *die*
sunny ['sʌnɪ] *adj.* a) sonnig; ~ **intervals** Aufheiterungen; **the** ~ **side of the house/street** die Sonnenseite des Hauses/der Straße; ~ **side up** ⟨*Spiegelei*⟩ mit dem Gelben nach oben; b) *(cheery)* fröhlich ⟨*Wesen, Lächeln*⟩; **have a** ~ **disposition** eine Frohnatur sein
sun: ~**ray** *n.* Sonnenstrahl, *der;* ~**ray treatment** *n.* Bestrahlung, *die;* ~**rise** *n.* Sonnenaufgang, *der;* **at** ~**rise** bei Sonnenaufgang; *attrib.* ~**rise industry** Zukunftsindustrie, *die;* ~**-roof** *n.* Schiebedach, *das;* ~**-seeker** *n.* Sonnenhungrige, *der/die;* ~**set** *n.* Sonnenuntergang, *der;* **at** ~**set** bei Sonnenuntergang; ~ **shade** *n. (awning)* Markise, *die;* ~**shine** *n.* a) Sonnenschein, *der;* **sit in the** ~**shine** in der Sonne sitzen; b) *(joc.: as form of address) (to child)* Kleiner/Kleine; *(between men)* Kumpel *(ugs.);* ~**shine roof** *see* **sunroof;** ~**spot** *n.* a) *(Astron.)* Sonnenfleck, *der;* b) *(place)* Sonnenparadies, *das;* ~**stroke** *n.* Sonnenstich, *der;* **suffer from/get** ~**stroke** einen Sonnenstich haben/bekommen; ~**tan** *n.* [Sonnen]bräune, *die;* **get a** ~**-tan** braun werden; ~**-tan lotion** *n.* Sonnencreme, *die;* ~**tanned** *adj.* braun[gebrannt]; sonnengebräunt *(geh.);* ~**-tan oil** *n.* Sonnenöl, *das;* ~**-top** *n.* Sonnentop, *das;* ~**-trap** *n.* sonniges Plätzchen; ~**-up** *(Amer.) see* ~**rise;** ~ **visor** *n.* Blendschirm, *der;* ~**worshipper** *n. (lit./joc.)* Sonnenanbeter, *der/*-anbeterin, *die*
sup [sʌp] *v. t.,* -pp- a) *(arch.: have supper)* zu Abend essen; b) *(Scot., N. Engl.: drink)* süffeln *(ugs.)*
super ['suːpə(r)] *(coll.)* 1. *n.* a) *(actor)* Statist, *der/*Statistin, *die;* b) *(Police) see* **superintendent.** 2. *adj. (Brit.)* super *(ugs.);* **you've all been really** ~ **to me** ihr wart wirklich unheimlich nett zu mir
superabundance [suːpərə'bʌndəns] *n.* Überfluß, *der;* **a** ~ **of wealth** übermäßiger Wohlstand
superabundant [suːpərə'bʌndənt] *adj.* überreichlich
superannuate [suːpə'rænjʊeɪt] *v. t.* pensionieren
superannuated [suːpə'rænjʊeɪtɪd] *adj.* pensioniert; überaltert ⟨*Ideen*⟩
superannuation [suːpərænjʊ'eɪʃn] *n.* a) ~ [**contribution/payment**] Beitrag zur Rentenversicherung; ~ **fund** Rentenfonds, *der;* b) *(pension)* Rente, *die*
superb [sʊ'pɜːb, sjuː'pɜːb] *adj.* einzigartig; erstklassig ⟨*Essen, Zustand*⟩; **look** ~: phantastisch aussehen *(ugs.)*

superbly [sʊˈpɜːblɪ, sjuːˈpɜːblɪ] *adv.* erstklassig
supercargo [ˈsuːpəkɑːgəʊ] *n., pl.* ~es Superkargo, *der*
supercharge [ˈsuːpətʃɑːdʒ] *v. t.* aufladen ⟨*Motor*⟩; ~d car/engine Auto/Motor mit Kompressor
supercharger [ˈsuːpətʃɑːdʒə(r)] *n.* (Motor Veh.) Kompressor, *der*
supercilious [suːpəˈsɪlɪəs] *adj.*, **superciliously** [suːpəˈsɪlɪəslɪ] *adv.* hochnäsig
superciliousness [suːpəˈsɪlɪəsnɪs] *n., no pl.* Hochnäsigkeit, *die*
supercomputer [suːpəkəmˈpjuːtə(r)] *n.* Supercomputer, *der*
superconductivity [suːpəkɒndəkˈtɪvɪtɪ] *n.* (Phys.) Supraleitfähigkeit, *die*
superconductor [suːpəkənˈdʌktə(r)] *n.* (Phys.) Supraleiter, *der*
supercool [ˈsuːpəkuːl] *v. t.* (Phys.) unterkühlen
super-duper [ˈsuːpəduːpə(r)] *adj.* (Brit. coll.) Superklasse- *(ugs.)*; be ~: Superklasse sein *(ugs.)*
superego [suːpərˈiːgəʊ, suːpərˈegəʊ] *n., pl.* ~s (Psych.) Über-Ich, *das*
superficial [suːpəˈfɪʃl] *adj. (also fig.)* oberflächlich; leicht ⟨*Änderung, Schaden*⟩; äußerlich ⟨*Ähnlichkeit*⟩
superficiality [suːpəfɪʃɪˈælɪtɪ] *n.* Oberflächlichkeit, *die*
superficially [suːpəˈfɪʃəlɪ] *adv.* an der Oberfläche; ⟨*Thema*⟩ oberflächlich ⟨*behandeln*⟩; äußerlich ⟨*ähnlich sein*⟩
superfine [ˈsuːpəfaɪn] *adj.* a) *(of extra quality)* hochfein; b) *(excessively fine)* hauchdünn ⟨*Unterschied*⟩
superfluity [suːpəˈfluːɪtɪ] *n.* a) Überflüssigkeit, *die;* b) *(amount)* Überfluß, *der (of an + Dat.)*
superfluous [sʊˈpɜːfluəs, sjuːˈpɜːfluəs] *adj.* überflüssig
superfluously [sʊˈpɜːfluəslɪ, sjuːˈpɜːfluəslɪ] *adv.* überflüssigerweise
superfluousness [sʊˈpɜːfluəsnɪs, sjuːˈpɜːfluəsnɪs] *n., no pl.* Überflüssigkeit, *die*
superglue [ˈsuːpəgluː] *n.* Sekundenkleber, *der*
supergrass [ˈsuːpəgrɑːs] *n.* (Journ.) Superspitzel, *der (abwertend)*
superheat [suːpəˈhiːt] *v. t.* überhitzen
superhighway [ˈsuːpəhaɪweɪ] *n.* (Amer.) Autobahn, *die*
superhuman [suːpəˈhjuːmən] *adj.* übermenschlich
superimpose [suːpərɪmˈpəʊz] *v. t.* aufbringen ⟨*Schicht usw.*⟩; aufkopieren ⟨*Bild*⟩; ~ a on b a auf b legen; *(fig.)* ~ sth. on/upon sth. be ~d on sth. *(state, lit. or fig.)* etw. überlagern
superintend [suːpərɪnˈtend] *v. t.* überwachen; beaufsichtigen
superintendent [suːpərɪnˈtendənt] *n.* a) *(Brit. Police)* Kommissar, *der*/Kommissarin, *die;* *(Amer. Police)* [Polizei]präsident, *der*/-präsidentin, *die;* b) *(of hostel)* Leiter, *der*/Leiterin, *die;* ~ of schools Schulrat, *der*/-rätin, *die;* c) *(Amer.: caretaker)* Hausverwalter, *der*/-verwalterin, *die*
superior [suːˈpɪərɪə(r), sjuːˈpɪərɪə(r), sʊˈpɪərɪə(r)] 1. *adj.* a) *(of higher quality)* besonders gut ⟨*Restaurant, Qualität, Stoff*⟩; überlegen ⟨*handwerkliches Können, Technik, Intelligenz*⟩; he thinks he is ~ to us er hält sich für besser *od.* etwas Besseres als wir; this car is ~ in speed to mine dieser Wagen ist meinem an Geschwindigkeit überlegen; b) *(having higher rank)* höher... ⟨*Stellung, Rang, Gericht*⟩; be ~ to sb. einen höheren Rang als jmd. haben; c) *(greater in number)* zahlenmäßig überlegen ⟨*Truppen*⟩; the enemy's ~ numbers die zahlenmäßige Überlegenheit des Feindes; d) *(supercilious)* überlegen; hochnäsig *(abwertend)*; e) *(not influenced)* be ~ to sth. über etw. *(Dat.)* ste-

hen; f) *(Printing)* hochgestellt ⟨*Zahl, Buchstabe*⟩. 2. *n.* a) *(sb. higher in rank)* Vorgesetzte, *der/die;* b) *(sb. better)* Überlegene, *der/die;* he has no ~ in courage keiner hat mehr Mut als er
superiority [suːpɪərɪˈɒrɪtɪ, sjuːpɪərɪˈɒrɪtɪ, sʊpɪərɪˈɒrɪtɪ] *n.* Überlegenheit, *die* (to über + Akk.); *(of goods)* bessere Qualität; *(haughtiness)* Hochnäsigkeit, *die;* his ~ in talent sein größeres Talent
superlative [suːˈpɜːlətɪv, sjuːˈpɜːlətɪv] 1. *adj.* a) unübertrefflich; einmalig gut; b) *(Ling.)* superlativisch; the ~ degree der Superlativ; die zweite Steigerungsstufe; a ~ adjective/adverb ein Adjektiv/Adverb im Superlativ. 2. *n. (Ling.)* Superlativ, *der*
superlatively [suːˈpɜːlətɪvlɪ, sjuːˈpɜːlətɪvlɪ] *adv.* einmalig gut
superman [ˈsuːpəmæn] *n., pl.* supermen [ˈsuːpəmen] Supermann, *der;* (Philos., Lit.) Übermensch, *der*
supermarket [ˈsuːpəmɑːkɪt] *n.* Supermarkt, *der*
supernatural [suːpəˈnætʃərl] *adj.* übernatürlich; the ~: das Übernatürliche
supernaturally [suːpəˈnætʃərəlɪ] *adv.* auf übernatürliche Weise
supernova [suːpəˈnəʊvə] *n., pl.* ~e [suːpəˈnəʊviː] *or* ~s (Astron.) Supernova, *die*
supernumerary [suːpəˈnjuːmərərɪ] 1. *adj.* überzählig. 2. *n.* zusätzliche Arbeitskraft; *(actor)* Statist, *der*/Statistin, *die*
superpose [suːpəˈpəʊz] *see* superimpose
superpower [ˈsuːpəpaʊə(r)] *n.* (Polit.) Supermacht, *die*
superscript [ˈsuːpəskrɪpt] 1. *n.* hochgestelltes Zeichen. 2. *adj.* hochgestellt
supersede [suːpəˈsiːd] *v. t.* ablösen (by durch); old ~d ideas alte, überholte Vorstellungen
supersonic [suːpəˈsɒnɪk] *adj.* Überschall-; go ~: die Schallmauer durchbrechen
superstar [ˈsuːpəstɑː(r)] *n.* Superstar, *der*
superstition [suːpəˈstɪʃn] *n. (lit. or fig.)* Aberglaube, *der;* ~s abergläubische Vorstellungen; *(religious practices)* abergläubische Praktiken
superstitious [suːpəˈstɪʃəs] *adj.*, **superstitiously** [suːpəˈstɪʃəslɪ] *adv.* abergläubisch
superstore [ˈsuːpəstɔː(r)] *n.* Großmarkt, *der*
superstructure [ˈsuːpəstrʌktʃə(r)] *n.* a) Aufbau, *der;* b) *(Sociol.)* Überbau, *der*
supertanker [ˈsuːpətæŋkə(r)] *n.* Supertanker, *der*
supertax [ˈsuːpətæks] *n.* Ergänzungsabgabe *od.* -steuer, *die*
supertonic [suːpəˈtɒnɪk] *n.* (Mus.) zweite Stufe; Subdominantparallele, *die (fachspr.)*
supervene [suːpəˈviːn] *v. i.* dazwischenkommen
supervise [ˈsuːpəvaɪz] *v. t.* beaufsichtigen
supervision [suːpəˈvɪʒn] *n.* Aufsicht, *die*
supervisor [ˈsuːpəvaɪzə(r)] *n.* Aufseher, *der*/Aufseherin, *die;* (for Ph. D. thesis) Doktorvater, *der;* (Amer.: school officer) Fachbereichsleiter, *der*/-leiterin, *die;* works ~: Vorarbeiter, *der*/-arbeiterin, *die;* office ~: Bürovorsteher, *der*/-vorsteherin, *die*
supervisory [ˈsuːpəvaɪzərɪ] *adj.* Aufsichts-
supine [ˈsuːpaɪn] *adj.* he was *or* lay ~: er lag auf dem Rücken; assume a ~ position sich auf den Rücken legen; ~ acceptance *(fig.)* gleichgültige Hinnahme
supper [ˈsʌpə(r)] *n.* Abendessen, *das;* (simpler meal) Abendbrot, *das;* have *or* eat [one's] ~: zu Abend essen; be at *or* eating *or* having [one's] ~: beim Abendessen/Abendbrot sein; zu Abend essen; sing for one's ~ *(fig.)* etwas für sein Geld tun *(ugs.);* The Last S~: das [letzte] Abendmahl; *see also* Lord 1 b
'supper-time *n.* Abendbrotzeit, *die;* it's ~: es ist Zeit zum Abendessen

supplant [səˈplɑːnt] *v. t.* ablösen, ersetzen (by durch); ausstechen ⟨*Widersacher, Rivalen*⟩
supple [ˈsʌpl] *adj.* geschmeidig
supplement 1. [ˈsʌplɪmənt] *n.* a) Ergänzung, *die* (to + Gen.); *(addition)* Zusatz, *der;* vitamin ~: Vitaminpräparat, *das;* b) *(of book)* Nachtrag, *der;* *(separate volume)* Supplement, *das;* Nachtragsband, *der;* *(of newspaper)* Beilage, *die;* c) *(to fare etc.)* Zuschlag, *der.* 2. [ˈsʌplɪmənt, sʌplɪˈment] *v. t.* ergänzen
supplementary [sʌplɪˈmentərɪ] *adj.* zusätzlich; Zusatz⟨*rente, -frage*⟩; ~ fare/charge Zuschlag, *der; see also* benefit 1 b
suppleness [ˈsʌplnɪs] *n., no pl.* Geschmeidigkeit, *die*
supplicant [ˈsʌplɪkənt] *n.* Bittsteller, *der*/-stellerin, *die*
supplicate [ˈsʌplɪkeɪt] 1. *v. t.* anflehen. 2. *v. i.* flehen (for um)
supplication [sʌplɪˈkeɪʃn] *n.* Flehen, *das;* in ~: flehentlich
supplier [səˈplaɪə(r)] *n.* (Commerc.) Lieferant, *der*/Lieferantin, *die*
supply [səˈplaɪ] 1. *v. t.* a) liefern ⟨*Waren usw.*⟩; sorgen für ⟨*Unterkunft*⟩; zur Verfügung stellen ⟨*Lehrmittel, Arbeitskleidung usw.*⟩; beliefern ⟨*Kunden, Geschäft*⟩; versorgen ⟨*System*⟩; ~ sth. to sb., ~ sb. with sth. jmdn. mit etw. versorgen/(Commerc.) beliefern; could you ~ me with the tools? könnten Sie mir das Werkzeug zur Verfügung stellen?; b) *(make good)* erfüllen ⟨*Nachfrage, Bedarf*⟩; abhelfen (+ Dat.) ⟨*Mangel*⟩. 2. *n.* *(stock)* Vorräte *Pl.;* a large ~ of food große Lebensmittelvorräte; a good ~ of reading matter ausreichende Lektüre; new supplies of shoes neue Schuhlieferungen; military/medical supplies militärischer/medizinischer Nachschub; ~ and demand (Econ.) Angebot und Nachfrage; *see also* short 1 d; b) *(provision)* Versorgung, *die* (of mit); the wholesaler has cut off our ~: der Großhändler beliefert uns nicht mehr; their gas ~ was cut off ihnen ist das Gas abgestellt worden; the blood ~ to the brain die Versorgung des Gehirns mit Blut; c) *(Brit. Parl.)* Haushalt, *der;* S~ Day Tag der Verabschiedung des Parlamentshaushalts; d) ~ [teacher] Vertretung, *die;* be/go on ~: Vertretung sein/als Vertretung gehen. 3. *attrib.* Versorgungs⟨*schiff, -netz, -basis, -lager usw.*⟩; ~ lines Nachschubwege
sup'ply-side *adj.* (Econ.) angebotsseitig
support [səˈpɔːt] 1. *v. t.* a) *(hold up)* stützen ⟨*Mauer, Verletzten*⟩; *(bear weight of)* tragen ⟨*Dach*⟩; b) *(give strength to)* stärken; ~ sb. in his struggle jmdn. in seinem Kampf bestärken; c) unterstützen ⟨*Politik, Verein*⟩; *(Footb.)* ~ Spurs Spurs-Fan sein; d) *(give money to)* unterstützen; spenden für; e) *(provide for)* ernähren ⟨*Familie, sich selbst*⟩; f) *(Cinemat., Theatre: take secondary part to)* ~ed by ...: mit ... in weiteren Rollen; g) *(bring facts to confirm)* stützen ⟨*Theorie, Anspruch, Behauptung*⟩; *(speak in favour of)* befürworten ⟨*Streik, Maßnahme*⟩; h) *(represent adequately)* verkörpern ⟨*Rolle*⟩; i) *(usu. neg.: tolerate)* ertragen; hinnehmen ⟨*Dreistigkeit usw.*⟩. 2. *n.* a) Unterstützung, *die;* give ~ to sth. jmdn./etw. unterstützen; in ~: zur Unterstützung; speak in ~ of sb./sth. jmdn. unterstützen/etw. befürworten; b) *(money)* Unterhalt, *der;* c) *(sth. that ~s)* Stütze, *die;* hold on to sb./sth. for ~: sich an jmdn./etw. festhalten
supportable [səˈpɔːtəbl] *adj.* vertretbar; erträglich ⟨*Lärm*⟩
supporter [səˈpɔːtə(r)] *n.* Anhänger, *der*/Anhängerin, *die;* a football ~: ein Fußballfan, *der;* ~s of a strike Befürworter eines Streiks; b) *(Her.)* Schildhalter, *der*
sup'porters' club *n.* (Sport) Fanclub, *der*
supporting [səˈpɔːtɪŋ] *adj.* (Cinemat.,

721

supportive

Theatre) ~ **role** Nebenrolle, *die;* **the ~ cast** die Darsteller der Nebenrollen; ~ **actor/actress** Schauspieler/-spielerin in einer Nebenrolle; ~ **film** Vorfilm, *der;* Beifilm, *der*
supportive [sə'pɔ:tɪv] *adj.* hilfreich; **be very ~** [to sb.] [jmdm.] eine große Hilfe *od.* Stütze sein
sup'port price *n. (Finance)* Stützungspreis, *der*
suppose [sə'pəʊz] *v.t.* **a)** *(assume)* annehmen; ~ **or supposing [that] he ...:** angenommen, [daß] er ...; **always supposing that ...:** immer vorausgesetzt, daß ...; ~ **we wait until tomorrow/went for a walk** wir könnten eigentlich bis morgen warten/einen Spaziergang machen; ~ **we change the subject** reden wir lieber von etwas anderem; **b)** *(presume)* vermuten; **I ~d she was in Glasgow** ich vermutete sie in Glasgow; **I ~ she will be here by ten** sie wird wohl bis um zehn kommen; **whom do you ~ he meant by that remark?** wen, glaubst du, hat er mit der Bemerkung gemeint?; **I don't ~ you have an onion to spare?** Sie haben wohl nicht zufällig eine Zwiebel übrig?; **we're not going to manage it, are we?** – **I ~ not** wir werden es wohl nicht schaffen – ich glaube kaum; **I ~ so** ich nehme es an; *(doubtfully)* ja, vermutlich; *(more confidently)* ich glaube schon; **I ~ I shall have to tell you** ich werde es dir wohl sagen müssen; **c) be ~d to do/be sth.** *(be generally believed to do/be sth.)* etw. tun/sein sollen; **cats are ~d to have nine lives** Katzen sollen angeblich neun Leben haben; **that restaurant is ~d to be quite cheap** das Restaurant soll ziemlich billig sein; **d)** *(allow)* **you are not ~d to do that/to kick people** das darfst du nicht/du darfst andere Leute nicht treten!; **I'm not ~d to be here** ich dürfte eigentlich gar nicht hier sein; **e)** *(presuppose)* voraussetzen
supposed [sə'pəʊzd] *attrib. adj.* mutmaßlich
supposedly [sə'pəʊzɪdlɪ] *adv.* angeblich
supposition [sʌpə'zɪʃn] *n.* Annahme, *die;* Vermutung, *die;* **be based on ~:** auf Annahmen *od.* Vermutungen beruhen
suppository [sə'pɒzɪtərɪ] *n. (Med.)* Zäpfchen, *das;* Suppositorium, *das (fachspr.)*
suppress [sə'pres] *v.t.* **a)** unterdrücken; *(stop)* zum Stillstand bringen ⟨Blutung⟩; verbieten ⟨Zeitung⟩; **b)** *(Electr.)* entstören ⟨Zündung, Elektrogerät⟩; ausschalten ⟨Störung⟩
suppression [sə'preʃn] *n.* **a)** Unterdrückung, *die;* **b)** *(Electr.)* Entstörung, *die; (of interference)* Ausschaltung, *die*
suppressor [sə'presə(r)] *n. (Electr.)* Entstörgerät, *das*
suppurate ['sʌpjʊreɪt] *v.i. (Med.)* eitern
suppuration [sʌpjʊ'reɪʃn] *n. (Med.) (formation of pus)* Eiterung, *die; (discharge of pus)* Eitern, *das*
supremacy [su:'preməsɪ, sju:'preməsɪ] *n., no pl.* **a)** *(supreme authority)* Souveränität, *die;* **b)** *(superiority)* Überlegenheit, *die;* **air/naval ~:** Luft-/Seeherrschaft, *die;* **gain ~ over others** Vorherrschaft *od.* eine Vormachtstellung über andere erlangen; *see also* **white supremacy**
supreme [su:'pri:m, sju:'pri:m] **1.** *adj.* **a)** *(highest)* höchst...; **the S~ Being** das Höchste Wesen; **S~ Court** *(Law)* Oberster Gerichtshof; ~ **end** *or* **good** höchstes Gut; *see also* **Soviet 2; b)** *(ultimate)* **the ~ test** die schwierigste Probe; **make the ~ sacrifice** sein Leben zum Opfer bringen; **c)** *(greatest)* höchst...; größt... ⟨*Stunde*⟩; **a ~ moment** ein unvergleichlicher Augenblick; **he is ~ among musicians** er ist der größte aller Musiker; **a ~ artist** ein unübertroffener Künstler; **reign ~:** souverän herrschen; **confusion reigns ~:** es herrscht große Verwirrung. **2.** *n. (Gastr.)* **chicken ~:** Hühnchen in Rahmsoße; ~ **of sole** Seezunge in Rahmsoße

suprême [su:'prem] *see* **supreme 2**
supremely [su:'pri:mlɪ, sju:'pri:mlɪ] *adv.* äußerst; unvergleichlich ⟨*schön*⟩
supremo [su:'pri:məʊ, sju:'pri:məʊ] *n., pl.* **~s** *(Brit.)* Boß, *der (ugs.)*
Supt. *abbr.* **Superintendent**
sura[h] ['sʊərə] *n. (Muslim Relig.)* Sure, *die*
surcharge ['sɜ:tʃɑ:dʒ] **1.** *n.* **a)** *(extra cost)* Zuschlag, *der;* **b)** *(on postage stamp)* [Porto]aufdruck, *der;* **c)** *(fine for false tax return)* Steuerzuschlag, *der.* **2.** *v.t.* **a)** ~ **sb.** [10%] jmdm. mit einem Zuschlag [von 10%] belegen; **b)** *(overprint)* überdrucken ⟨*Briefmarke*⟩
surcoat ['sɜ:kəʊt] *n. (arch.)* Überjacke, *die*
surd [sɜ:d] *n. (Math.)* Wurzelausdruck, *der*
sure [ʃʊə(r)] **1.** *adj.* **a)** *(confident)* sicher; **be ~ of sth.** sich *(Dat.)* einer Sache *(Gen.)* sicher sein; **you may be ~ of his honesty** du kannst dich auf seine Ehrlichkeit verlassen; ~ **of oneself** selbstsicher; **he looks very ~ of himself** er macht einen sehr selbstsicheren Eindruck; **I'm not quite ~ why** ich weiß nicht genau, warum; **I can't be ~ about him** ich bin mir über ihn nicht im klaren; **I'm ~ I didn't mean to insult you** ich wollte dich ganz bestimmt nicht beleidigen; **I'm ~ I don't know** ich weiß es ganz bestimmt nicht; **don't be too ~:** da wäre ich mir nicht so sicher; **b)** *(safe)* sicher; **make sth. ~.:** etw. sichern; **be on ~r ground** *(lit. or fig.)* sich auf festerem Boden befinden; *see also* **slow 1 a; c)** *(certain)* sicher; **you're ~ to be welcome** Sie werden ganz sicher *od.* bestimmt willkommen sein; **it's ~ to rain** es wird bestimmt regnen; **there is ~ to be a garage** es gibt bestimmt eine Tankstelle; **don't worry, it's ~ to turn out well** keine Sorge, es wird schon alles gutgehen; **he is ~ to ask questions about the incident** er wird auf jeden Fall Fragen zu dem Vorfall stellen; **d)** *(undoubtedly true)* sicher; **to be ~** *expr. concession* natürlich; *expr. surprise* wirklich!; **for ~** *(coll.: without doubt)* auf jeden Fall!; **e) make ~ [of sth.]** sich [einer Sache] vergewissern; *(check)* [etw.] nachprüfen; **you'd better make ~ of a seat or that you have a seat** du solltest dir einen Platz sichern; **make ~ be ~ to do it** *(do not fail to do it)* sieh zu, daß du es tust; *(do not forget)* vergiß nicht, es zu tun; **be ~ to write** vergiß nicht zu schreiben; **make ~ you've got everything you need** sieh zu, daß du alles hast, du brauchst das; **make ~ you don't forget to do it** vergiß auf keinen Fall, es zu tun; **be ~ you finish the work by tomorrow** machen Sie die Arbeit auf jeden Fall bis morgen fertig; **be ~ you're not too late** sieh zu, daß du nicht zu spät kommst; **f)** *(reliable)* sicher ⟨*Zeichen*⟩; zuverlässig ⟨*Freund, Bote, Heilmittel*⟩; **a ~ winner** ein todsicherer Tip *(ugs.).* **2.** *adv.* **a) as ~ as can be** *(coll.)* so sicher wie das Amen in der Kirche; **as ~ as I'm standing here so wahr** ich hier stehe; **as hell** todsicher; ~ **enough** tatsächlich; **it's brandy ~ enough!** das ist tatsächlich Weinbrand!; **it's brandy ~ enough, but ...:** es ist wohl Weinbrand, aber ...; *see also* **¹egg; b)** *(Amer. coll.: certainly)* wirklich; oft *(ugs.);* **Can you dance?** – **I ~ can** Kannst du tanzen? – Und ob!. **3.** *int.* **~!, ~ thing!** *(Amer.)* na klar! (*ugs.*)
sure-'fire *attrib. adj. (Amer. coll.)* todsicher; **~-footed** *adj. (lit. or fig.)* trittsicher
surely ['ʃʊəlɪ] *adv.* **1. a)** *as sentence-modifier* doch; **there is no truth in it, ~!** das kann doch gar nicht stimmen!; ~ **we've met before?** wir kennen uns doch, oder?; **you are not going out in this snowstorm?** du willst doch wohl nicht in dem Schneesturm rausgehen?; **b)** *(steadily)* sicher; **slowly but ~:** langsam, aber sicher; **c)** *(certainly)* sicherlich; **the plan will ~ fail** der Plan wird garantiert scheitern. **2.** *int. (Amer.)* natürlich; selbstverständlich

surmise

sureness ['ʃʊənɪs] *n., no pl.* Sicherheit, *die;* ~ **of purpose** Entschlossenheit, *die*
surety ['ʃʊərətɪ, 'ʃʊətɪ] *n.* Bürge, *der*/Bürgin, *die;* **stand ~ for sb.** für jmdn. bürgen
surf [sɜ:f] **1.** *n.* Brandung, *die.* **2.** *v.i.* surfen
surface ['sɜ:fɪs] **1.** *n.* Oberfläche, *die;* **outer ~:** Außenfläche, *die;* **the earth's ~:** die Erdoberfläche; **on the ~ of the table** auf der Tischplatte; **the ~ of the road** die Straßendecke; **the ~ of the lake** die Seeoberfläche; **on the ~:** an der Oberfläche; *(Mining)* über Tage; **b)** *(outward appearance)* Oberfläche, *die;* **one never gets below the ~ with him** bei ihm bleibt alles immer oberflächlich; **on the ~:** oberflächlich betrachtet; **she remained calm on the ~:** äußerlich blieb sie ganz ruhig; **come to the ~:** an die Oberfläche kommen; ⟨*Taucher, Unterseeboot:*⟩ auftauchen; *(fig.)* ans Licht kommen *(fig.);* **c)** *(Geom.)* Fläche, *die.* **2.** *attrib. adj. (lacking depth)* oberflächlich. **3.** *v.i.* **a)** auftauchen; *(fig.)* hochkommen; ⟨*Untergrundbahn:*⟩ nach oben kommen; **b)** *(coll.: wake up, get up)* hochkommen *(ugs.).* **4.** *v.t.* mit einem Belag versehen ⟨*Straße*⟩
surface: ~ **area** Oberfläche, *die;* ~ **mail** n. gewöhnliche Post *(die auf dem Land- bzw. Seeweg befördert wird);* ~ **noise** *n. (on record)* Kratzen, *des;* ~ **soil** *n.* oberste Bodenschicht; ~ **'tension** *(Phys.)* Oberflächenspannung, *die;* **~-to-air** *adj.* **~-to-air missile** Boden-Luft-Rakete, *die;* ~ **vessel** *n.* Überwasserfahrzeug, *das;* **~-water** *n.* Oberflächenwasser, *das;* ~ **worker** *n. (Min.)* Tagesarbeiter, *der*
'surf-board *n.* Surfbrett, *das*
surfeit ['sɜ:fɪt] **1.** *n.* Übermaß, *das;* **a ~ of rich food** zuviel schweres Essen. **2.** *v.t.* übersättigen
surfer ['sɜ:fə(r)] *n.* Surfer, *der*/Surferin, *die*
'surf-riding *n.* Surfen, *das*
surge [sɜ:dʒ] **1.** *v.i.* ⟨*Wellen:*⟩ branden; ⟨*Fluten, Menschenmenge:*⟩ sich wälzen; ⟨*elektrischer Strom:*⟩ ansteigen; **anger ~ within him** Zorn wallte in ihm auf; **the crowd ~d forward** die Menschenmenge drängte sich nach vorn. **2.** *n.* **a)** *(of the sea)* Branden, *das;* **b)** *(of crowd)* Sichwälzen, *das;* *(of electric current)* Anstieg, *der;* **c)** *(fig.: of interest, enthusiasm, anger, pity)* Woge, *die*
~ **'up** *v.i.* aufsteigen; ⟨*Gefühl:*⟩ aufwallen
surgeon ['sɜ:dʒən] *n.* Chirurg, *der*/Chirurgin, *die;* *(Mil., Navy: medical officer)* Stabsarzt, *der*/-ärztin, *die*
surgeon 'general *n.* **a)** *(Amer. Mil.)* Generalstabsarzt, *der*/-ärztin, *die;* **b)** *(Amer. Administr.)* ≈ Gesundheitsminister, *der*/-ministerin, *die*
surgery ['sɜ:dʒərɪ] *n.* **a)** *no pl., no indef. art.* Chirurgie, *die;* **need ~:** operiert werden müssen; **undergo ~:** sich einer Operation *(Dat.)* unterziehen; **be saved by ~:** durch eine Operation gerettet werden; **b)** *(Brit.: place)* Praxis, *die;* **doctor's/dental ~:** Arzt-/Zahnarztpraxis, *die;* **c)** *(Brit.: time; session)* Sprechstunde, *die;* **the times of ~:** die Sprechzeiten; **when is his ~?** wann hat er Sprechstunde?; **hold a ~** *(Brit. coll.)* ⟨*Abgeordneter, Anwalt usw.:*⟩ eine Sprechstunde abhalten
surgical ['sɜ:dʒɪkl] *adj.* chirurgisch; ~ **treatment** Operation, *die*/Operationen, *die;* ~ **gauze** Verbandsmull, *der;* ~ **boot/stocking** orthopädischer Schuh/Strumpf; ~ **spirit** Methylalkohol *[zur Hautdesinfektion vor Operationen];* ≈ Alkohol, *der*
surgically ['sɜ:dʒɪkəlɪ] *adv.* operativ ⟨*behandeln, entfernen*⟩
surliness ['sɜ:lɪnɪs] *n., no pl.* Verdrießlichkeit, *die;* mürrische Art, *die;* **the ~ of his look** sein mürrischer Blick
surly ['sɜ:lɪ] *adj.* mürrisch; verdrießlich
surmise [sə'maɪz] **1.** *n.* Vermutung, *die;* Mutmaßung, *die.* **2.** *v.t.* mutmaßen; she

surmount

had ~d as much das hatte sie schon vermutet. 3. *v. i.* mutmaßen
surmount [sə'maʊnt] *v. t.* **a)** krönen; **a shield ~ed by a crown** ein bekrönter Wappenschild; **b)** *(overcome)* überwinden ⟨Hindernis, Schwierigkeiten⟩
surmountable [sə'maʊntəbl] *adj.* überwindbar
surname ['sɜːneɪm] **1.** *n.* Nachname, *der;* Zuname, *der.* **2.** *v. t.* **be ~d ...:** den Zunamen ... tragen
surpass [sə'pɑːs] *v. t.* übertreffen (**in** an + *Dat.*); **~ oneself** sich selbst übertreffen; **sth. ~es [sb.'s] comprehension** etw. ist [jmdm.] unbegreiflich
surpassing [sə'pɑːsɪŋ] *adj.* unvergleichlich ⟨Schönheit, Leistung⟩
surplice ['sɜːplɪs] *n. (Eccl.)* Chorhemd, *das*
surplus ['sɜːpləs] **1.** *n.* Überschuß, *der* (**of** an + *Dat.*); **a ~ of coffee** Kaffeeüberschüsse *Pl.;* **army ~:** Restbestände der Armee; **army ~ store/boots** Laden für Restbestände/Schuhe aus Restbeständen der Armee; *see also* **government surplus. 2.** *adj.* überschüssig; **be ~ to sb.'s requirements** von jmdm. nicht benötigt werden; **~ stocks** Überschüsse *Pl.*
surprise [sə'praɪz] **1.** *n.* **a)** Überraschung, *die;* **take sb. by ~:** jmdn. überrumpeln; **the fort was taken by ~:** die Festung wurde durch Überrumpelungstaktik eingenommen; **to my great ~, much to my ~:** zu meiner großen Überraschung; sehr zu meiner Überraschung; **look up in ~:** überrascht aufblicken; **it came as a ~ to us** es war für uns eine Überraschung; **~, ~!** *(iron.)* sieh mal einer an! *(spött.);* **b)** *attrib.* überraschend, unerwartet ⟨Besuch⟩; **a ~ attack/ defeat** ein Überraschungsangriff/eine überraschende Niederlage; **it's to be a ~ party** die Party soll eine Überraschung sein; **~ packet** *(Brit. fig.)* Wundertüte, *die (scherzh.).* **2.** *v. t.* überraschen; überrumpeln ⟨Feind⟩; **I shouldn't be ~d if ...:** es würde mich nicht wundern, wenn ...; **be ~d at sb./sth.** sich über jmdn./etw. wundern; **~ sb. into doing sth.** jmdn. dazu überrumpeln, etw. zu tun
surprising [sə'praɪzɪŋ] *adj.* überraschend; **there's nothing ~ about that** daran ist nichts Überraschendes; **it's hardly ~ that ...:** es ist kaum verwunderlich, daß ...; **~ though it may seem** so erstaunlich es auch klingen mag
surprisingly [sə'praɪzɪŋlɪ] *adv.* überraschend; **~ [enough], he was ...:** überraschenderweise war er ...
surreal [sə'rɪəl] *adj.* surrealistisch
surrealism [sə'rɪəlɪzm] *n., no pl.* Surrealismus, *der*
surrealist [sə'rɪəlɪst] **1.** *n.* Surrealist, *der/*Surrealistin, *die.* **2.** *adj.* surrealistisch
surrealistic [sərɪə'lɪstɪk] *adj.* surrealistisch
surrender [sə'rendə(r)] **1.** *n.* **a)** *(submitting to enemy)* Kapitulation, *die;* **b)** *(giving up possession)* Aufgabe, *die; (of insurance policy)* Rückkauf, *der; (of firearms)* Abgabe, *die.* **2.** *v. i.* kapitulieren; **~ to sb.** sich jmdm. beugen; **~ to despair/pressure/panic** sich der Verzweiflung ergeben/sich dem Druck beugen/sich zu Panik hinreißen lassen. **3.** *v. t.* **a)** *(give up possession of)* aufgeben; preisgeben ⟨Freiheit, Privileg⟩; niederlegen ⟨Amt⟩; abgeben, aushändigen ⟨Wertgegenstände⟩; **b)** zurückkaufen ⟨Versicherungspolice⟩. **4.** *v. refl.* sich hingeben (**to** + *Dat.*)
sur'render value *n.* Rückkaufswert, *der*
surreptitious [sʌrəp'tɪʃəs] *adj.* heimlich; verstohlen ⟨Blick⟩
surreptitiously [sʌrəp'tɪʃəslɪ] *adv.* heimlich; verstohlen ⟨blicken⟩
surrogate ['sʌrəgət] *n.* **a)** *(deputy)* Stellvertreter, *der/*-vertreterin, *die;* **b)** *(substitute)* Ersatz, *der*

surrogate 'mother *n.* Leihmutter, *die*
surround [sə'raʊnd] **1.** *v. t.* **a)** *(come or be all round)* umringen; ⟨Truppen, Heer:⟩ umzingeln ⟨Stadt, Feind⟩; **b)** *(enclose, encircle)* umgeben; **be ~ed by** *or* **with sth.** von etw. umgeben sein. **2.** *n. (Brit.)* Umrandung, *die*
surrounding [sə'raʊndɪŋ] *adj.* umliegend ⟨Dörfer⟩; **~ area** Umgebung, *die;* **the ~ countryside** die [Landschaft in der] Umgebung
surroundings [sə'raʊndɪŋz] *n. pl.* Umgebung, *die*
surtax ['sɜːtæks] *n.* Ergänzungsabgabe *od.* -steuer, *die*
surveillance [sə'veɪləns] *n.* Überwachung, *die;* **keep sb. under ~:** jmdn. überwachen; **be under ~:** überwacht werden
survey 1. [sə'veɪ] *v. t.* **a)** *(take general view of)* betrachten; *(from high point)* überblicken ⟨Landschaft, Umgebung⟩; **b)** *(examine)* inspizieren ⟨Gebäude usw.⟩; *(assess)* bewerten ⟨Situation, Problem usw.⟩; **d)** *(Surv.)* vermessen ⟨Grundstück, Land usw.⟩. **2.** ['sɜːveɪ] *n.* **a)** *(general view, critical inspection)* Überblick, *der* (**of** über + *Akk.*). **b)** *(by opinion poll)* Umfrage, *die; (by research)* Untersuchung, *die;* **conduct a ~ into sth.** eine Umfrage zu etw. veranstalten/etw. untersuchen; **a telephone ~:** eine Telefonbefragung; **c)** *(Surv.)* Vermessung, *die;* **d)** *(building inspection)* Inspektion, *die*
surveying [sə'veɪɪŋ] *n.* **a)** Landvermessung, *die;* **b)** *(Constr.)* Abstecken, *das;* **c)** *(profession)* **go into ~:** Landvermesser/-vermesserin werden
surveyor [sə'veɪə(r)] *n.* **a)** *(of building)* Gutachter, *der/*Gutachterin, *die; see also* **quantity surveyor; b)** *(of land)* Landvermesser, *der/*-vermesserin, *die;* Geodät, *der/* Geodätin, *die;* **c)** *(official inspector)* **S~ of Weights and Measures** Eichmeister, *der/*-meisterin, *die;* **d)** *(Amer.: customs officer)* Zollbeamte, *der/*-beamtin, *die*
survival [sə'vaɪvl] *n.* **a)** *no pl.* Überleben, *das; (of tradition)* Fortbestand, *der; (of building)* Erhaltung, *die;* **fight for ~:** Existenzkampf, *der;* **his ~ as Foreign Minister** *(fig.)* sein politisches Überleben als Außenminister; **the ~ of the fittest** *(Biol.)* [das] Überleben der Stärkeren; **b)** *(relic)* Überrest, *der*
sur'vival kit *n.* Notausrüstung, *die*
survive [sə'vaɪv] **1.** *v. t.* überleben; **she ~d her son by 20 years** sie überlebte ihren Sohn um 20 Jahre. **2.** *v. i. (Person:)* überleben; ⟨Schriften, Gebäude, Traditionen:⟩ erhalten bleiben; **he'll/you'll ~. (***iron.***)** er wird's/du wirst's *usw.* [schon] überleben
survivor [sə'vaɪvə(r)] *n.* Überlebende, *der/ die;* **he's a ~:** er ist nicht unterzukriegen
sus [sʌs] *(Brit. sl.)* **1.** *n.* **a)** *(suspect)* Verdächtige, *der/die;* **b)** *(suspicion)* Verdacht, *der;* **the ~ laws** die Gesetze, nach denen jmd. festgenommen werden darf, wenn er verdächtig wird, eine strafbare Handlung begehen zu wollen. **2.** *v. t.* **-ss-** spitzkriegen *(ugs.);* **get sb. ~sed** jmdn. durchschauen
~ 'out *v. t. (sl.)* checken *(ugs.);* spannen *(ugs.)*
susceptibility [səseptɪ'bɪlɪtɪ] *n.* **a)** *(being susceptible)* **(to flattery, persuasion, etc.)** Empfänglichkeit, *die* (**to** für); *(to illness, injury, etc.)* Anfälligkeit, *die* (**to** für); **~ to pain** Schmerzempfindlichkeit, *die;* **b)** *in pl. (feelings)* Feingefühl, *das*
susceptible [sə'septɪbl] *adj.* **a)** *(sensitive)* **(to flattery, persuasion, etc.)** empfänglich (**to** für); *(to illness, injury, etc.)* anfällig (**to** für); **b)** *(easily influenced)* empfindsam; beeindruckbar; **c)** **be ~ of sth.** etw. zulassen; **your work is ~ of improvement** Ihre Arbeit ließe sich verbessern; **~ of proof** beweisbar
suspect 1. [sə'spekt] *v. t.* **a)** *(imagine to be likely)* vermuten; **~ the worst** das Schlimm-

suspicion

ste befürchten; **~ sb. to be sth., ~ that sb. is sth.** glauben *od.* vermuten, daß jmd. etw. ist; **I ~ that he doesn't really want to come** ich vermute, daß er eigentlich gar nicht kommen will; **you, I ~, don't care** dir, habe ich das Gefühl, ist das egal; **b)** *(mentally accuse)* verdächtigen; **~ sb. of sth./of doing sth.** jmdn. einer Sache verdächtigen/jmdn. verdächtigen, etw. zu tun; **be ~ed of telling lies** man verdächtigt ihn der Lüge; **~ed of drug-trafficking** des Drogenhandels verdächtigt; **c)** *(mistrust)* mißtrauen; **~ sb.'s motives** jmds. Beweggründen mit Argwohn gegenüberstehen. **2.** ['sʌspekt] *adj.* fragwürdig; suspekt ⟨Stoff, Paket, Fahrzeug⟩. **3.** ['sʌspekt] *n.* Verdächtige, *der/die;* **political ~s** politisch Verdächtige; **~ in a murder case** ein Mordverdächtiger/eine Mordverdächtige
suspected [sə'spektɪd] *adj.* verdächtig; **there is a ~ connection between x and y** man vermutet einen Zusammenhang zwischen x und y; **~ smallpox cases, ~ cases of smallpox** Fälle mit Verdacht auf Pocken
suspend [sə'spend] *v. t.* **a)** *(hang up)* [auf]hängen; **be ~ed [from sth.]** [von etw.] [herab]hängen; **be ~ed in mid-air** frei in der Luft schweben; **b)** *(stop, defer)* suspendieren ⟨Rechte⟩; **~ hostilities/the publication of the magazine** Kampfhandlungen/das Erscheinen der Zeitschrift [vorübergehend] einstellen; **~ judgement** sich des Urteils enthalten; **~ the proceedings** die Verhandlungen/das Verfahren aussetzen *(Rechtsw.);* **c)** *(remove from post)* ausschließen *(from von);* sperren ⟨Sportler⟩; vom Unterricht ausschließen ⟨Schüler⟩; **~ sb. from duty [pending an inquiry]** jmdn. [während einer schwebenden Untersuchung] vom Dienst suspendieren
suspended: ~ ani'mation *n.* vorübergehender Atemstillstand; **wait in a state of ~ animation** *(fig.)* atemlos warten; **~ particle** *n. (Phys.)* schwebendes Teilchen; **~ 'sentence** *n. (Law)* Strafe mit Bewährung; **he was given a two-year ~ sentence** er erhielt zwei Jahre Haft auf Bewährung *(Rechtsw.)*
su'spender belt [sə'spendə belt] *n. (Brit.)* Strumpfbandgürtel, *der*
suspenders [sə'spendəz] *n. pl.* **a)** *(Brit.) (for stockings)* Strumpfbänder *od.* -halter; *(for socks)* Sockenhalter; **b)** *(Amer.: for trousers)* Hosenträger
suspense [sə'spens] *n.* Spannung, *die;* **the ~ is killing me** *(joc.)* ich komme um vor Spannung *(scherzh.);* ich bin gespannt wie ein Regenschirm *(ugs. scherzh.);* **keep sb. in ~:** jmdn. auf die Folter spannen
suspension [sə'spenʃn] *n.* **a)** *(action of debarring)* Ausschluß, *der; (from office)* Suspendierung, *die; (Sport)* Sperrung, *die;* **be under ~** ⟨Schüler:⟩ [zeitweilig] vom Unterricht ausgeschlossen sein; ⟨Sportler:⟩ [zeitweilig] gesperrt sein; **b)** *(temporary cessation)* Suspendierung, *die; (of publication, train service, hostilities)* [vorübergehende] Einstellung, *die;* **c)** *(hanging)* Aufhängen, *das;* **d)** *(Chem.)* Suspension, *die;* **e)** *(Motor Veh.)* Federung, *die; (mounting of wheels)* Radaufhängung, *die;* **f)** *(Mus.)* Vorhalt, *der*
su'spension bridge *n.* Hängebrücke, *die*
suspicion [sə'spɪʃn] *n.* **a)** *(uneasy feeling)* Mißtrauen, *das (of* gegenüber); *(more specific)* Verdacht, *der; (unconfirmed belief)* Ahnung, *die;* **have a ~ that ...:** den Verdacht haben, daß ...; **I have my ~s about him** er kommt mir verdächtig vor; ich traue ihm nicht; **view** *or* **regard sb./sth. with ~:** jmdn./etw. mit Mißtrauen begegnen; **b)** *(suspecting)* Verdacht, *der* (**of** auf + *Akk.*); **~ is not enough to** Verdacht genügt nicht; **protected from ~:** gegen Verdächtigungen geschützt; **on ~ of theft/murder** *etc.* wegen Verdachts auf Diebstahl/Mordverdachts *usw.;* **lay oneself**

723

open to ~: sich verdächtig machen; **be under ~:** verdächtigt werden; c) *(trace)* a ~ of salt eine Spur Salz
suspicious [səˈspɪʃəs] *adj.* a) *(tending to suspect)* mißtrauisch (of gegenüber); **be ~ of sb./sth.** jmdm./einer Sache mißtrauen; b) *(arousing suspicion)* verdächtig
suspiciously [səˈspɪʃəslɪ] *adv.* a) *(as to arouse suspicion)* verdächtig; **look ~ like sth.** verdächtig nach etw. aussehen; b) *(warily)* mißtrauisch
suspiciousness [səˈspɪʃəsnɪs] *n.*, no pl. Verdächtigkeit, *die; (disposition to suspect)* Argwohn, *der;* Mißtrauen, *das*
sustain [səˈsteɪn] *v. t.* a) *(withstand)* widerstehen (+ *Dat.*) ⟨*Druck*⟩; standhalten (+ *Dat.*) ⟨*Angriff*⟩; aushalten ⟨*Vergleich*⟩; tragen ⟨*Gewicht*⟩; b) *(support, uphold)* aufrechterhalten; **too little to ~ life** nicht genug zum Leben; **not enough to ~ a family** nicht genug, um eine Familie zu unterhalten; ~ **an objection** einem Einwand stattgeben; c) *(suffer)* erleiden ⟨*Niederlage, Verlust, Verletzung*⟩; ~ **damage** Schaden nehmen; d) *(maintain)* bestreiten ⟨*Unterhaltung*⟩; bewahren ⟨*Interesse*⟩; wahren ⟨*Ruf*⟩; [beibe]halten ⟨*Geschwindigkeit*⟩; durchhalten ⟨*Rolle*⟩; ~ **a note** *(Mus.)* eine Note aushalten; ~ **a task** einer Aufgabe gerecht werden
sustained [səˈsteɪnd] *adj.* a) *(prolonged)* länger ...; anhaltend ⟨*Beifall*⟩; ausdauernd ⟨*Anstrengung*⟩; ~ **speed** Dauergeschwindigkeit, *die;* b) *(Mus.)* ausgehalten
sustaining [səˈsteɪnɪŋ] *adj.* stärkend; nahrhaft ⟨*Essen, Mahlzeit*⟩
sustaining: ~ ˈ**pedal** *n.* (*Mus.*) Fortepedal, *das;* ~ ˈ**program** *n.* (*Amer. Radio and Telev.*) nicht von einem Sponsor getragenes Programm
sustenance [ˈsʌstɪnəns] *n.* a) *(nourishment, food)* Nahrung, *die;* **draw** or **get one's ~ from sth.** sich von etw. ernähren; b) *(nourishing quality)* **there is no ~ in it** es hat keinen Nährwert
suture [ˈsuːtʃə(r)] (*Med.*) 1. *n. (stitch)* Naht, *die; (thread)* Faden, *der.* 2. *v. t.* nähen
svelte [svelt] *adj.* grazil; anmutig ⟨*Bewegungen*⟩
SW *abbr.* a) [saʊθˈwest] **south-west** SW; b) [saʊθˈwestən] **south-western** sw.; c) *(Radio)* **short wave** KW
swab [swɒb] 1. *n.* a) *(Med.: absorbent pad)* Tupfer, *der;* b) *(Med.: specimen)* Abstrich, *der;* c) *(pad or mop for cleaning decks)* Dweil, *der (Seemannsspr.).* 2. *v. t.*, **-bb-** a) ~ [**down**] wischen; schwabbern ⟨*Deck*⟩ *(Seemannsspr.);* b) *(Med.)* betupfen ⟨*Wunde*⟩
Swabia [ˈsweɪbɪə] *pr. n.* Schwaben *(das)*
Swabian [ˈsweɪbɪən] 1. *adj.* schwäbisch; **sb. is ~:** jmd. ist Schwabe/Schwäbin. 2. *n.* a) *(person)* Schwabe, *der*/Schwäbin, *die;* b) *(dialect)* Schwäbisch, *das;* **sb. speaks ~:** jmd. schwäbelt
swaddle [ˈswɒdl] *v. t.* wickeln ⟨*Baby*⟩; **swaddling clothes** *(Bibl.)* Windeln
swag [swæg] *n.* a) *(sl.: stolen goods)* Beute, *die;* Sore, *die (Gaunerspr.);* b) *(Austral., NZ: bundle)* Bündel, *das*
swagger [ˈswægə(r)] 1. *v. i.* a) *(walk with a ~)* großspurig stolzieren; b) *(behave in domineering way)* großspurig auftreten; c) *(boast)* angeben *(ugs.);* aufschneiden. 2. *n.* see **1**: a) großspuriges Stolzieren; b) großspuriges Gehabe; **walk with a ~:** arrogant auftreten; c) Angeberei, *die (ugs.).*
ˈ**swagger cane** *(Brit.)* see **swagger stick**
swaggering [ˈswægərɪŋ] 1. *n.* a) *(boasting)* Angeberei, *die (ugs.);* b) *(manner)* arrogantes od. großspuriges Auftreten. 2. *adj.* stolzierend ⟨*Gang*⟩; großspurig ⟨*Gehabe*⟩
ˈ**swagger stick** *n.* Offiziersstöckchen, *das*
swagman [ˈswægmən] *n., pl.* **swagmen** [ˈswægmən] *(Austral., NZ)* Landstreicher, *der*

Swahili [swɑːˈhiːlɪ, swəˈhiːlɪ] 1. *adj.* Swahili-; *see also* **English** 1. 2. *n.* a) *no pl. (language)* Swahili, *das; see also* **English 2 a**; b) *pl.* same *(person)* Swahili, *der/die*
swain [sweɪn] *n.* (*arch./joc.*) a) *(peasant)* Bauernbursche, *der;* b) *(lover)* Freier, *der*
¹**swallow** [ˈswɒləʊ] 1. *v. t.* a) schlucken; *(by mistake)* verschlucken ⟨*Fischgräte, fig.: Wort, Silbe*⟩; ~ **the bait** *(fig.)* den Köder schlucken *(ugs.);* b) *(repress)* hinunterschlucken *(ugs.)* ⟨*Stolz, Ärger*⟩; ~ **one's words** [demütig] zurücknehmen, was man gesagt hat; c) *(believe)* schlucken *(ugs.),* glauben ⟨*Geschichte, Erklärung*⟩; **I find this hard to ~:** das kann ich kaum glauben; d) *(put up with)* schlucken *(ugs.)* ⟨*Beleidigung, Unrecht*⟩. 2. *v. i.* schlucken. 3. *n.* Schluck, *der*
~ ˈ**up** *v. t.* a) *(make disappear)* verschlucken; schlucken ⟨*kleinere Betriebe, Gebiete*⟩; **I wished the earth would ~ me up** ich wäre am liebsten vor Scham in den Boden versunken; b) *(exhaust, consume)* auffressen; verschlingen ⟨*große Summen*⟩
²**swallow** *n.* (*Ornith.*) Schwalbe, *die;* **one ~ does not make a summer** *(prov.)* eine Schwalbe macht noch keinen Sommer *(Spr.)*
swallow: ~-**dive** *n.* (*Brit.*) Tauchsprung, bei dem die Arme bis kurz vor dem Eintauchen seitlich ausgestreckt werden; ~-**tail** *n.* Schwalbenschwanz, *der*
swam see **swim 1, 2**
swamp [swɒmp] 1. *n.* Sumpf, *der.* 2. *v. t.* a) *(flood)* überschwemmen; b) *(overwhelm)* **be ~ed with letters/applications/orders/work** mit Briefen/Bewerbungen/Aufträgen überschwemmt werden/bis über den Hals in Arbeit stecken *(ugs.)*
ˈ**swampland** *n.* Sumpfland, *das*
swampy [ˈswɒmpɪ] *adj.* sumpfig
swan [swɒn] 1. *n.* Schwan, *der;* **black ~:** Schwarzer Schwan; Trauerschwan, *der.* 2. *v. i.*, **-nn-** *(sl.)* ziehen; ~ **about** or **around** herumziehen *(ugs.); (in small area)* rumlaufen *(ugs.);* ~ **off** losziehen *(ugs.)*
ˈ**swan-dive** *n.* (*Amer.*) see **swallow-dive**
swank [swæŋk] *(coll.)* 1. *n.* a) Angeberei, *die (ugs.);* Angabe, *die (ugs.);* b) *(person)* Angeber, *der*/Angeberin, *die.* 2. *v. i.* angeben *(ugs.)* *(about* mit); ~ **around** herumstolzieren *(ugs.)*
swanky [ˈswæŋkɪ] *adj.* (*coll.*) protzig *(ugs.);* ~ **car** Angeberauto, *das*
swan: ~-**neck** *n.* Schwanenhals, *der;* ~**down** *n.* Schwanendaunen *Pl.;* ~-**song** *n. (fig.)* Schwanengesang, *der*
swap [swɒp] 1. *v. t.,* **-pp-** tauschen (**for** gegen); austauschen ⟨*Erfahrungen, Erinnerungen*⟩; ~ **jokes** sich *(Dat.)* [gegenseitig] Witze erzählen; ~ **places** [**with sb.**] [mit jmdm.] den Platz od. die Plätze tauschen *(fig.)* [mit jmdm.] tauschen; *see also* **horse 1 a**. 2. *v. i.,* **-pp-** tauschen; **will you ~?** tauschst du? 3. *n.* Tausch, *der;* **do a ~** [**with sb.**] [mit jmdm.] tauschen
sward [swɔːd] *n.* (*literary*) Rasen, *der;* Rasenfläche, *die*
swarf [swɔːf] *n.* feine Metallspäne
swarm [swɔːm] 1. *n.* a) Schwarm, *der;* ~ [**of bees**] Bienenschwarm, *der; (settled in a hive)* Bienenvolk, *das;* b) *in pl. (large numbers)* ~**s of tourists/children** Scharen von Touristen/Kindern. 2. *v. i.* a) *(move in a ~)* schwärmen; b) *(teem)* wimmeln (**with** von); **the shops were ~ing with tourists** in den Geschäften wimmelte es von Touristen
~ **up** *v. t.* hochklettern
swarthiness [ˈswɔːðɪnɪs] *n., no pl. (complexion)* dunkle Gesichtsfarbe; *(of person)* Dunkelhäutigkeit, *die*
swarthy [ˈswɔːðɪ] *adj.* dunkel ⟨*Gesichtsfarbe*⟩; dunkelhäutig ⟨*Person*⟩
swashbuckler [ˈswɒʃbʌklə(r)] *n.* Draufgänger, *der*

swashbuckling [ˈswɒʃbʌklɪŋ] *adj.* draufgängerisch
swastika [ˈswɒstɪkə] *n. (of Nazis)* Hakenkreuz, *das; (ancient symbol)* Swastika, *die*
swat [swɒt] 1. *v. t.,* **-tt-** a) *(hit hard)* schlagen; hauen *(ugs.);* b) *(crush)* totschlagen ⟨*Fliege, Wespe*⟩. 2. *n.* a) *(slap)* Klaps, *der;* **give a fly a ~, take a ~ at a fly** nach einer Fliege schlagen; b) *(fly-swatter)* Klatsche, *die*
swatch [swɒtʃ] *n.* a) *(sample)* Muster, *das;* b) *(collection of samples)* Musterbuch, *das*
swath [swɔːθ] see **swathe 2**
swathe [sweɪð] 1. *v. t.* [ein]hüllen; ~**d in bandages** ganz in Bandagen eingewickelt; ~**d in mist** in Nebel gehüllt. 2. *n. (cut by mower)* gemähte Bahn; *(broad strip)* breiter Streifen; *(in forest)* Schneise, *die;* **cut a ~ through the corn/the undergrowth/the forest** eine Bahn durch das Getreide/Unterholz schneiden/eine Schneise durch den Wald schlagen
swatter [ˈswɒtə(r)] *n.* Klatsche, *die*
sway [sweɪ] 1. *v. i.* [hin und her] schwanken; *(gently)* sich wiegen; ~ **towards sth.** *(on one's feet)* einer Sache entgegenschwanken; *(lean down to)* sich einer Sache *(Dat.)* zuneigen. 2. *v. t.* a) wiegen ⟨*Kopf, Hüften, Zweig, Wipfel*⟩; hin und her schwanken lassen ⟨*Baum, Mast, Antenne*⟩; b) *(have influence over)* beeinflussen; *(persuade)* überreden; **be ~ed by sth.** sich von etw. beeinflussen lassen; **she will not be ~ed over sanctions** sie bleibt in der Frage der Sanktionen hart. 3. *n.* Herrschaft, *die;* **have sb. under one's ~, hold ~ over sb.** über jmdn. herrschen
swear [sweə(r)] 1. *v. t.,* **swore** [swɔː(r)], **sworn** [swɔːn] a) schwören ⟨*Eid usw.*⟩; **they swore eternal fidelity** sie schworen sich *(Dat.)* ewige Treue; **I could have sworn** [**that**] **it was him** ich hätte schwören können, daß er es war; *see also* **blind 2 b**; b) *(administer oath to)* vereidigen ⟨*Zeugen*⟩; ~ **sb. to secrecy** jmdn. auf Geheimhaltung einschwören; *see also* **sworn**. 2. *v. i.,* **swore, sworn** a) *(use ~-words)* fluchen; b) ~ **to sth.** (*be certain of*) etw. beschwören; einen Eid auf etw. *(Akk.)* ablegen; **I wouldn't like to ~ to it** *(coll.)* ich will es nicht beschwören; c) *(take oath)* schwören, einen Eid ablegen (**on** auf + *Akk.*). 3. *n.* Fluch, *der;* **have a ~:** fluchen
~ **at** *v. t.* beschimpfen
~ **by** *v. t.* (*coll.: have confidence in*) schwören auf (+ *Akk.*)
~ ˈ**in** *v. t.* vereidigen ⟨*Geschworenen, Zeugen*⟩
~ ˈ**out** *v. t. (Amer.)* ~ **a warrant out against sb.** gegen jmdn. eine eidliche [Straf]anzeige einen Haftbefehl erwirken
ˈ**swear-word** *n.* Kraftausdruck, *der;* Fluch, *der;* **use ~s** fluchen
sweat [swet] 1. *n.* a) Schweiß, *der;* **in** or **by the ~ of one's brow** im Schweiße seines Angesichts; **be in a ~** [**with fear**] *(vor Angst)* schwitzen; **be in a ~ to do sth.** *(fig.: be anxious)* danach fiebern, etw. zu tun; **I came** or **broke out in a ~:** mir brach der [Angst]schweiß aus; **don't get in such a ~!** reg dich nicht so auf!; **be all in a ~ at the prospect of the exam** beim Gedanken an die Prüfung ins Schwitzen geraten *od.* kommen; b) *(spell of ~ing)* **have a good ~:** richtig schwitzen; c) *(drudgery)* Plagerei, *die;* Plackerei, *die (ugs.);* **no ~!** *(coll.)* kein Problem! *(ugs.);* d) *(drops on surface)* Kondenswasser, *das; (on cheese)* Fetttröpfchen. *See also* **cold sweat**. 2. *v. i.,* ~**ed** or *(Amer.)* ~**a** *(perspire)* schwitzen; ~ **like a pig** *(coll.)* schwitzen wie die Sau *(salopp);* ~ **with fear** vor Angst schwitzen; b) *(fig.: suffer)* **he made me sit outside ~ing** er ließ mich draußen sitzen und schmoren; c) *(drudge)* sich placken *(ugs.);* **we had to ~ to get the job finished** wir mußten uns anstrengen, um mit der Arbeit fertig zu werden; **make sb. ~**

sweat-band / **swim**

(make work in bad conditions) jmdn. schwitzen *od. (ugs.)* schuften lassen; **d)** *(produce surface moisture)* schwitzen. **3.** *v. t.* **a)** *(employ in bad conditions)* schwitzen *od. (ugs.)* schuften lassen; **b)** ~ **blood** *(fig.)* Blut und Wasser schwitzen *(ugs.);* **c)** *(emit like* ~*)* ausschwitzen; **d)** ~ **it out** *(coll.)* durchhalten; ausharren
'**sweat-band** *n.* Schweißband, *das*
sweated labour [swetɪd 'leɪbə(r)] *n.* unterbezahlte [Schwer]arbeit; *(workers)* unterbezahlte Arbeitskräfte
sweater ['swetə(r)] *n.* Pullover, *der*
sweat: ~-**gland** *n.* Schweißdrüse, *die;* ~-**shirt** *n.* Sweatshirt, *das;* ~-**shop** *n.* ausbeuterische [kleine] Klitsche *(ugs.)*
sweaty ['swetɪ] *adj. (moist with sweat)* schweißig; schweißnaß; schwitzend ⟨Käse⟩
Swede [swi:d] *n.* Schwede, *der*/Schwedin, *die*
swede *n.* Kohlrübe, *die*
Sweden ['swi:dn] *pr. n.* Schweden *(das)*
Swedish ['swi:dɪʃ] **1.** *adj.* schwedisch; **sb. is** ~: jmd. ist Schwede/Schwedin; *see also* **English 1**. **2.** *n.* Schwedisch, *das; see also* **English 2 a**
sweep [swi:p] **1.** *v. t.,* swept [swept] **a)** fegen *(bes. nordd.);* kehren *(bes. südd.);* ~ **the board,** ~ **all before one** *(fig.: win all awards)* auf der ganzen Linie siegen; **b)** *(move with force)* fegen; **the current swept the logs along** die Strömung riß die Hölzer mit; **the wave of protest swept the opposition into office** die Protestwelle katapultierte die Opposition an die Macht; **c)** *(traverse swiftly)* ~ **the hillside/plain** ⟨Wind:⟩ über die Hügel/Ebene fegen; ~ **the country** ⟨Epidemie, Mode:⟩ das Land überrollen; ⟨Feuer:⟩ durch das Land fegen; **searchlights swept the sky** Suchscheinwerfer huschten über den Himmel; ~ **an area with fire** *(Mil.)* ein Gebiet mit Feuer bestreichen; **d)** *(search)* durchsuchen *(for* nach*);* ~ **a channel for mines** eine Fahrrinne nach Minen absuchen. *See also* **carpet 1 a**. **2.** *v. i.,* swept **a)** *(clean)* fegen *(bes. nordd.);* kehren *(bes. südd.);* **b)** *(go fast, in stately manner)* ⟨Vogel:⟩ gleiten; ⟨Mensch, Auto:⟩ rauschen; ⟨Wind usw.:⟩ fegen; **c)** *(extend)* sich erstrecken; **the road** ~**s to the left** die Straße macht einen großen Bogen nach links; **his glance swept from left to right** sein Blick glitt von links nach rechts. **3.** *n.* **a)** *(cleaning)* give sth. a ~: etw. fegen *(bes. nordd.);* etw. kehren *(bes. südd.);* **make a clean** ~ *(fig.) (get rid of everything)* gründlich aufräumen *(ugs.); (win all prizes)* gründlich abräumen *(ugs.);* **make a clean** ~ **of the prizes** alle Preise einheimsen *(ugs.);* **b)** *see* **chimney-sweep**; **c)** *(coll.) see* **sweepstake**; **d)** *(motion) (of arm)* ausholende Bewegung; **with an impatient** ~ **of his hand** mit einer ungeduldigen Handbewegung; **e)** *(stretch)* **a wide/an open** ~ **of country** ein weiter Landstrich; **f)** *(curve of road, river)* Bogen, *der;* **the wide** ~ **of the bay** die geschwungene Kurve der Bucht; **g)** *(sortie by aircraft)* Einsatz, *der (Milit.)*
~ **a**'**side** *v. t.* **a)** *(dismiss)* beiseite schieben ⟨Einwand, Zweifel⟩; überrennen ⟨gegnerische Mannschaft⟩; aus dem Weg scheuchen ⟨Reporter⟩; **b)** *(push aside)* wegfegen; beiseite fegen
~ **a**'**way** *v. t.* fortreißen; *(fig.)* hinwegfegen *(geh.)* ⟨Traditionen⟩; *(abolish)* aufräumen mit ⟨Privilegien, Korruption⟩
~ '**by** *v. i.* vorbeirauschen
~ '**down** *v. i.* **a)** ~ **down on sb./sth.** sich auf jmdn./etw. stürzen; **b)** **the hills** ~ **down to the sea** die Berge fallen in sanftem Bogen zum Meer hinab
~ '**in** *v. i. (enter majestically)* einziehen; **b)** *(Polit.)* [mit großer Mehrheit] an die Macht kommen
~ '**off** *v. i.* abrauschen *(ugs.).* **2.** *v. t.* fortreißen; *see also* **foot 1 a**

~ '**out 1.** *v. t.* ausfegen *(bes. nordd.);* auskehren *(bes. südd.).* **2.** *v. i.* abrauschen *(ugs.)*
~ '**up 1.** *v. t.* zusammenfegen *(bes. nordd.);* zusammenkehren *(bes. südd.).* **2.** *v. i.* angerauscht kommen
sweeper ['swi:pə(r)] *n.* **a)** [road] ~ *(person)* Straßenfeger, *der (bes. nordd.);* Straßenkehrer, *der (bes. südd.); (machine)* Straßenkehrmaschine, *die; see also* **carpet-sweeper; mine-sweeper**; **b)** *(Footb.)* Ausputzer, *der*
sweeping ['swi:pɪŋ] **1.** *adj.* **a)** *(without limitations)* pauschal; **b)** *(far-reaching)* weitreichend ⟨Einsparung⟩; umfassend ⟨Reform⟩; durchschlagend ⟨Sieg, Erfolg⟩; umwälzend ⟨Veränderung⟩; **c)** *(moving in a wide curve)* ausholend ⟨Geste, Bewegung⟩; schwungvoll ⟨Knicks, Verneigung⟩; schweifend ⟨Blick⟩. **2.** *n. in pl.* Kehricht, *der*
sweepingly ['swi:pɪŋlɪ] *adv.* pauschal
sweep: ~-'**second hand** *n. (Horol.)* Zentralsekundenzeiger, *der;* ~**stake** *n.* **a)** *(race, contest)* Sweepstake[rennen], *das;* **b)** *(lottery)* Pferdetoto, *bei dem die Gewinnsumme aus den Einsätzen zusammengesetzt*
sweet [swi:t] **1.** *adj.* **a)** *(to taste)* süß; ~ **tea** gesüßter Tee; **have a** ~ **tooth** gern Süßes mögen; **with a** ~ **tooth like yours** ...: da du so gern *od.* viel Süßes ißt ...; **b)** *(lovely)* süß; reizend ⟨Wesen, Gesicht, Mädchen, Kleid⟩; ~ **dreams!** träum[e]/träumt süß!; **how** ~ **of you!** wie nett *od.* lieb von dir!; **keep sb.** ~: jmdn. bei [guter] Laune halten; **he's** ~ **on her** *(dated coll.)* er hat eine Schwäche für sie; **at one's own** ~ **will, in one's own** ~ **way** wie es einem [gerade] paßt; **go one's own** ~ **way** machen, was einem paßt; **c)** *(fragrant)* süß; frisch ⟨Atem⟩; **be** ~ **with sth.** *(fig.)* nach etw. duften; **the** ~ **smell of success** *(fig.)* die Süße des Erfolgs *(geh., scherzh.);* **d)** *(musical)* süß *(geh.);* lieblich ⟨Stimme, Musik, Klang⟩. *See also* **basil**; **chestnut 1 a**; **pepper 1 b**; **sweet potato**; **seventeen 1**; **sixteen 1**; **violet 1 a**. **2.** *n.* **a)** *(Brit.: piece of confectionery)* Bonbon, *das od. der;* *(with chocolate, fudge, etc.)* Süßigkeit, *die;* **b)** *(Brit.: dessert)* Nachtisch, *der;* Dessert, *das;* **for** ~: zum Nachtisch *od.* Dessert; **c)** *in pl.* *(delights)* Freuden; Wonnen *(geh.);* **d)** *(darling)* **[my]** ~ *(female)* [meine] Liebste; *(male)* [mein] Liebster
sweet: ~-**and**-'**sour** *attrib. adj.* süßsauer; ~**bread** *n. (Gastr.)* Bries, *das;* ~ **brier** *n.* Weinrose, *die;* ~ **corn** *n.* Zuckermais, *der*
sweeten ['swi:tn] *v. t.* **a)** *(add sugar etc. to)* süßen; **b)** *(add fragrance to)* süß machen; versüßen; *(remove bad smell of)* reinigen ⟨Luft, Atem⟩; **c)** *(make agreeable)* versüßen ⟨Leben, Abend⟩; milde stimmen ⟨Person⟩; *see also* **pill b**
sweetener ['swi:tnə(r)] *n.* **a)** Süßstoff, *der;* **use honey as a** ~: Honig zum Süßen verwenden; **b)** *(bribe)* kleine Aufmerksamkeit *(iron.)*
'**sweetheart** *n.* Schatz, *der;* Liebling, *der;* **an old** ~: eine alte Liebe *(ugs.);* **how long have they been** ~**s?** wie lange gehen sie schon miteinander? *(ugs.)*
sweetie ['swi:tɪ] *n.* **a)** *(Brit. child lang.) see* **sweet 2 a**; **b)** *(coll.: darling)* Schatz, *der;* ~ **[pie]** *(term of endearment)* Liebling, *der;* Schätzchen, *das (ugs.)*
sweetish ['swi:tɪʃ] *adj.* süßlich
sweetly ['swi:tlɪ] *adv.* lieb; süß ⟨spielen, singen⟩; **run** ~ ⟨Motor:⟩ schön rund laufen
sweet: ~**meal** *adj.* ~**meal biscuits** süße Vollkornkekse; ~**meat** *n.* Süßigkeit, *die*
sweetness ['swi:tnɪs] *n., no pl.* **a)** *(in taste)* Süße, *die;* **b)** *(fragrance)* Süße, *die (geh.);* **c)** *(melodiousness)* Süße, *die (geh.);* **d)** **all is** ~ **and light** es herrscht eitel Freude und Sonnenschein *(meist scherzh.)*
sweet: ~ '**pea** *n. (Bot.)* Wicke, *die;* ~ po'**tato** *n.* Batate, *die;* Süßkartoffel, *die;* ~-**scented** *adj.* süß [duftend]; wohlriechend; ~-**shop** *n. (Brit.)* Süßwarengeschäft, *das;* ~-**smelling** *adj. see* ~-**scented**; ~-**talk** *(Amer.)* **1.** *n.* Süßholzgeraspel, *das (ugs.);* **2.** *v. t.* ~-**talk sb. [into doing sth.]** jmdn. beschwatzen[, etw. zu tun]; ~-**tempered** ['swi:ttempəd] *adj.* sanftmütig; ~ '**william** *n. (Bot.)* Bartnelke, *die*

swell [swel] **1.** *v. t.,* ~ed, swollen ['swəʊlən] *or* ~ed **a)** *(increase in size, height)* anschwellen lassen; aufquellen lassen ⟨Holz⟩; **b)** *(increase amount of)* anschwellen lassen; vergrößern; ~ **the ranks [of participants]** die Zahl der Teilnehmer vergrößern; **c)** blähen ⟨Segel⟩. **2.** *v. i.,* ~ed, swollen *or* ~ed **a)** *(expand)* ⟨Körperteil:⟩ anschwellen; ⟨Segel:⟩ sich blähen; ⟨Backen:⟩ sich aufblähen; ⟨Material:⟩ aufquellen; **b)** *(increase in amount)* ⟨Anzahl:⟩ zunehmen; ⟨Gehalt:⟩ steigen; **c)** *(become louder)* anschwellen (lin|to zu); **d)** *(fig.)* ⟨Herz:⟩ schwellen *(geh.).* **3.** *n.* **a)** *(of sea)* Dünung, *die;* **b)** *(Mus.)* Schwellwerk, *das;* **c)** *(dated coll.)* feiner Herr/feine Dame; **the** ~**s** die feinen Leute; *(smart set)* die Schickeria *(ugs.);* **d)** *(act, condition)* Schwellen, *das.* **4.** *adj. (coll.)* **a)** *(dated: stylish, socially prominent)* schick; fein; **b)** *(Amer.: excellent)* toll *(ugs.)*
'**swell-box** *n. (Mus.)* Jalousieschweller, *der*
swelling ['swelɪŋ] **1.** *n.* Schwellung, *die (Med.).* **2.** *adj.* **a)** *(growing larger, louder)* anschwellend; **b)** *(increasing)* wachsend; steigend ⟨Flut⟩; **c)** *(bulging)* gebläht ⟨Segel⟩
'**swell-organ** *n. (Mus.)* Schwellwerk, *das*
swelter ['sweltə(r)] *v. i.* [vor Hitze] [fast] vergehen; ~ **in the heat** in der Hitze schmoren *(ugs.);* ~**ing** glühend heiß ⟨Tag, Wetter⟩; ~**ing heat** Bruthitze, *die*
swept *see* **sweep 1, 2**
swept: ~-**back** *adj.* ~-**back wing** positiv gepfeilter Flügel; ~-**back hair** zurückgekämmtes Haar; ~-**wing** *adj.* ⟨Flugzeug⟩ mit Pfeilflügeln
swerve [swɜ:v] **1.** *v. i. (deviate)* einen Bogen *od. (ugs.)* Schlenker machen; ~ **to the right/left** nach rechts/links [aus]schwenken; ~ **from its path** ⟨Fahrzeug:⟩ ausscheren; ~ **in the air** ⟨Vogel, Ball:⟩ in der Luft abdrehen; **she never** ~**d from her duty** sie hat ihre Pflicht immer treu erfüllt. **2.** *n.* **a)** *(divergence from course)* Bogen, *der;* Schlenker, *der (ugs.);* **b)** *(swerving motion)* **put a** ~ **on a ball** einem Ball [einen] Effet geben
swift [swɪft] **1.** *adj.* schnell; flink, schnell ⟨Bewegung⟩; ~ **action** rasches Handeln; ~ **retribution** prompte Bestrafung; **have a** ~ **temper, be** ~ **to anger** jähzornig sein. **2.** *n. (Ornith.)* Mauersegler, *der*
swiftly ['swɪftlɪ] *adv.* schnell; *(soon)* bald
swiftness ['swɪftnɪs] *n.* Schnelligkeit, *die;* ~ **of action** schnelles *od.* rasches Handeln
swig [swɪg] *(coll.)* **1.** *v. t.,* -**gg**- schlucken *(ugs.);* [herunter]kippen *(ugs.).* **2.** *v. i.,* -**gg**- hastig trinken. **3.** *n.* Schluck, *der;* **have/take a** ~ **[of beer** *etc.***]** einen tüchtigen Schluck [Bier *usw.*] trinken/nehmen
swill [swɪl] **1.** *v. t.* **a)** *(rinse)* ~ **[out]** [aus]spülen; ~ **down the floor** den Fußboden abspülen; **b)** *(derog.: drink greedily)* hinunterspülen *(ugs.).* **2.** *n.* **a)** *(rinsing)* Spülen, *das;* **give sth. a** ~ **[out]/down** etw. [aus]spülen/abspülen; **b)** *(derog.: drink)* Brühe, *die (ugs. abwertend);* **c)** *(for pigs)* Schweinefutter, *das*
swim [swɪm] **1.** *v. i.,* -**mm**-, swam [swæm], swum [swʌm] **a)** schwimmen; ~ **with/against the tide/stream** *(fig.)* mit dem/gegen den Strom schwimmen; **b)** *(fig.: be flooded, overflow)* ~ **with** *or* **in sth.** in etw. *(Dat.)* schwimmen; **her eyes swam with tears** ihre Augen schwammen; **the deck was** ~**ming with water** das Deck stand unter Wasser; **c)** *(appear to whirl)* ~ **[before sb.'s eyes]** [vor jmds. Augen] verschwimmen; **d)** *(have dizzy sensation)* **my head was** ~**ming** mir war schwindelig. *See also* **sink 2 a**. **2.** *v. t.,* -**mm**-,

725

swam, swum schwimmen ⟨*Strecke*⟩; durchschwimmen ⟨*Fluß, See*⟩; ~ [the] breaststroke/crawl brustschwimmen/kraulen. 3. *n.* a) have a/go for a ~: schwimmen/schwimmen gehen; do you fancy a ~? möchtest du schwimmen gehen?; a refreshing ~: ein erfrischendes Bad; I like an early morning ~: ich gehe gern frühmorgens schwimmen; b) be in the ~ [of things] mitten im Geschehen sein

swimmer ['swɪmə(r)] *n.* Schwimmer, *der*/Schwimmerin, *die*; [not] be a ~: [nicht] schwimmen können; be a good/poor ~: gut/schlecht schwimmen können

swimming ['swɪmɪŋ] 1. *n.* Schwimmen, *das*; like ~: gern schwimmen. 2. *attrib. adj.* schwimmend

swimming: ~-**baths** *n. pl.* Schwimmbad, *das*; ~-**costume** *n.* Badeanzug, *der*; ~-**lesson** *n.* Schwimmstunde, *die*; ~-**lessons** Schwimmunterricht, *der*

swimmingly ['swɪmɪŋlɪ] *adv.* (*coll.*) glänzend; go ~: wie am Schnürchen klappen (*ugs.*)

swimming: ~-**pool** *n.* Schwimmbecken, *das*; (*in house or garden*) Swimmingpool, *der*; (*building*) Schwimmbad, *das*; ~-**trunks** *n. pl.* Badehose, *die*

'**swim-suit** *n.* Badeanzug, *der*

swindle ['swɪndl] 1. *v. t.* betrügen; ~ sb. out of sth. jmdn. um etw. betrügen; (*take by persuasion*) jmdm. etw. abschwindeln. 2. *n.* Schwindel, *der*; Betrug, *der*

swindler ['swɪndlə(r)] *n.* Schwindler, *der*/Schwindlerin, *die*

swine [swaɪn] *n., pl. same* a) (*Amer./formal/Zool.*) Schwein, *das*; b) (*derog.: contemptible person*) Schwein, *das* (*abwertend*); c) (*coll.: nasty thing*) harter Brocken (*ugs.*); be a ~ to operate ⟨*Maschine:*⟩ verteufelt schwer zu bedienen sein (*ugs.*); a ~ of a job eine verteufelt (*ugs.*) *od.* (*salopp*) tierisch schwere Arbeit. *See also* **pearl b**

swine: ~-**fever** *n.* Schweinepest, *die*; ~-**herd** *n.* Schweinehirt, *der*

swing [swɪŋ] 1. *n.* a) (*apparatus*) Schaukel, *die*; b) (*spell of ~ing*) Schaukeln, *das*; want/have a ~: schaukeln wollen/schaukeln; c) (*Sport: strike, blow*) Schlag, *der*; (*Boxing*) Schwinger, *der*; (*Golf*) Schwung, *der*; have a ~ at sb./sth. zum Schlag gegen jmdn./auf etw. (*Akk.*) ausholen; d) (*of suspended object*) Schwingen, *das*; in full ~ (*fig.*) in vollem Gang[e]; e) (*steady movement*) Rhythmus, *der*; the party went with a ~: auf der Party herrschte eine tolle Stimmung (*ugs.*); get into/be in the ~ of things *or* it richtig reinkommen/richtig drin sein (*ugs.*); f) (*Mus.*) Swing, *der*; g) (*shift*) Schwankung, *die*; (*of public opinion*) Wende, *die*; (*amount of change in votes*) Abwanderung, *die*; ~ to the Left/Right ein Linksruck/Rechtsruck (*Politik Jargon*). *See also* **pendulum**; roundabout 1 b. 2. *v. i.*, swung [swʌŋ] a) (*turn on axis, sway*) schwingen; (*in wind*) schaukeln; ~ open ⟨*Tür:*⟩ aufgehen; ~ at anchor schwojen (*Seemannsspr.*); b) (*go in sweeping curve*) schwenken; the plane swung low over the field das Flugzeug schwenkte tief über dem Feld im Tiefflug; ~ from sb.'s arm/a tree an jmds. Arm/einem Baum schwingen (*geh.*) *od.* baumeln; c) (*go with ~ing gait*) beschwingt gehen; ~ into action (*fig.*) loslegen (*ugs.*); d) (*move oneself by ~ing*) sich schwingen; ~ up sich hinaufschwingen; the car swung out of the drive der Wagen schwenkte aus der Einfahrt; e) (*sl.: be executed by hanging*) baumeln (*salopp*); he'll ~ for it dafür wird er baumeln (*salopp*); f) be ~ing (*sl.: be lively*) auf vollen Touren laufen (*ugs.*); g) (*sl.: be promiscuous*) die Abwechslung lieben (*ugs. verhüll.*); ~ both ways (*sl.*) es mit Männlein wie Weiblein machen (*ugs. verhüll.*). 3. *v. t.*, swung a) schwingen; (*rock*) schaukeln; ~ one's legs mit den Beinen baumeln; die Beine baumeln lassen; ~ a key on a chain mit einem Schlüssel an einer Kette schlenkern; ~ sth. round and round etw. kreisen *od.* im Kreise wirbeln lassen; cranes ~ cargo on to the ship Kräne befördern schwingende Lasten auf das Schiff; b) (*cause to face in another direction*) schwenken; ~ sb. round jmdn. herumwirbeln; he swung the car off the road/into the road er schwenkte [mit dem Auto] von der Straße ab/in die Straße ein; c) (*have influence on*) umschlagen lassen ⟨*öffentliche Meinung*⟩; ~ the elections den Ausgang der Wahlen entscheiden; what swung it for me ...: was für mich den Ausschlag gab ...; d) (*suspend by its ends*) aufhängen ⟨*Hängematte*⟩; e) (*sl.: arrange*) deichseln (*salopp*). *See also* **cat a**

~ **at** *v. t.* ~ **at sb./sth.** zum Schlag auf jmdn./etw. ausholen

~ '**round** *v. i.* sich schnell umdrehen (on nach); (*in surprise*) herumfahren

swing: ~ **bridge** *n.* Drehbrücke, *die*; ~-**door** *n.* Pendeltür, *die*

swingeing ['swɪndʒɪŋ] *adj.* (*Brit.*) hart ⟨*Schlag*⟩; (*fig.*) drastisch ⟨*Kürzung, Maßnahme*⟩; scharf ⟨*Attacke*⟩

swinging ['swɪŋɪŋ] *adj.* a) schwingend; b) (*with strong rhythm*) [stark] rhythmisch; schwungvoll ⟨*Schritt*⟩; c) (*sl.: lively*) wild (*ugs.*); swingend (*ugs.*)

'**swing-wing** *n.* Schwenkflügel, *der*

swipe [swaɪp] (*coll.*) 1. *v. i.* ~ **at** [wild] schlagen nach; eindreschen auf (+ *Akk.*) (*ugs.*). 2. *v. t.* a) (*hit hard*) knallen (*ugs.*); b) (*sl.: steal*) klauen (*ugs.*). 3. *n.* [wuchtiger] Schlag; take a wild ~ at sth. wild auf etw. (*Akk.*) losschlagen

swirl [swɜːl] 1. *v. i.* wirbeln. 2. *v. t.* umherwirbeln. 3. *n.* a) (*eddying motion*) Wirbel, *der*; ~ of the paddle durch Herumwirbeln des Paddels; b) (*spiralling shape*) Spirale, *die*

swish [swɪʃ] 1. *v. t.* schlagen mit ⟨*Schwanz*⟩; sausen lassen ⟨*Stock*⟩. 2. *v. i.* zischen; ~ past ⟨*Auto:*⟩ vorbeirauschen. 3. *n.* Zischen, *das*. 4. *adj.* (*coll.*) schick (*ugs.*)

Swiss [swɪs] 1. *adj.* Schweizer; schweizerisch; sb. is ~: jmd. ist Schweizer/Schweizerin. 2. *n.* Schweizer, *der*/Schweizerin, *die*; the ~ *pl.* die Schweizer

Swiss: ~ '**chard** *see* **chard**; ~ '**cheese** *n.* Schweizer Käse, *der*; ~ **cheese plant** Fensterblatt, *das*; ~ '**French** *n.* welschschweizerisch; ~ '**German** 1. *adj.* schweizerdeutsch; 2. *n.* Schweizerdeutsch, *das*; ~ '**guards** *n. pl.* (*in Vatican*) Schweizergarde, *die*; ~ '**roll** *n.* Biskuitrolle, *die*

switch [swɪtʃ] 1. *n.* a) (*esp. Electr.*) Schalter, *der*; b) (*Amer. Railw.*) Weiche, *die*; c) (*change with another*) Wechsel, *der*; (*change of procedure*) Umstellung, *die*; (*from* von, *to* auf + *Akk.*); ~ **of roles** Rollentausch, *der*; d) (*flexible shoot, whip*) Gerte, *die*; e) (*tress of hair*) Haarteil, *das*. 2. *v. t.* a) (*change*) ~ **sth.** [**over**] **to sth.** etw. auf etw. (*Akk.*) umstellen *od.* (*Electr.*) umschalten; ~ **a player to another position** einen Spieler auf eine andere Position stellen; ~ **sb. to night duty** jmdn. in den Nachtdienst versetzen; ~ **one's vote to another party** seine Stimme einer anderen Partei geben; ~ **the conversation to another topic** das Gespräch auf ein anderes Thema lenken; b) (*exchange*) tauschen; c) (*Railw.: transfer with ~*) [mittels einer Weiche] umleiten; d) (*swish*) schlagen mit ⟨*Schwanz*⟩; sausen lassen ⟨*Rohrstock*⟩. 3. *v. i.* wechseln; ~ [**over**] **to sth.** auf etw. (*Akk.*) umstellen *od.* (*Electr.*) umschalten

~ **a'round** 1. *v. t.* umstellen ⟨*Möbel, Dienstplan*⟩. 2. *v. i.* [die Stellung] wechseln

~ '**off** *v. t. & i.* ausschalten; (*also fig. coll.*) abschalten

~ '**on** 1. *v. t.* einschalten; anschalten; **be** ~**ed on** (*sl.*) (*high on drugs*) angeturnt sein (*ugs.*); (*up-to-date*) auf Draht sein (*ugs.*); **be** ~**ed on to jazz/rock** *etc.* auf Jazz/Rock usw. stehen (*ugs.*). 2. *v. i.* sich anschalten

~ '**over** 1. *v. t. see* ~ 2 a. 2. *v. i. see* ~ 3

~ '**round** *see* ~ **around**

~ '**through** *v. t.* durchstellen ⟨*Telefongespräch, Anrufer*⟩

switch: ~**back** *n.* (*Brit.*) (*road*) [berg]auf und [berg]ab führende Straße; (*rollercoaster*) Achterbahn, *die*; **that road is a real** ~**back:** diese Straße ist ein einziges Rauf und Runter (*ugs.*); ~-**blade** *n.* Springmesser, *das*; ~**board** *n.* (*Teleph.*) [Telefon]zentrale, *die*; Vermittlung, *die*; ~**board operator** Telefonist, *der*/Telefonistin, *die*; b) (*Electr.*) Schalttafel, *die*; ~-**engine** *n.* (*Amer. Railw.*) Rangierlok[omotive], *die*; ~-**gear** *n.* (*Electr.*) Schaltvorrichtung, *die*; ~-**over** *see* **change-over**; ~-**yard** *n.* (*Amer.*) Rangierbahnhof, *der*

Switzerland ['swɪtsələnd] *pr. n.* die Schweiz

swivel ['swɪvl] 1. *n.* Drehgelenk, *das*. 2. *v. i.*, (*Brit.*) -ll- sich drehen. 3. *v. t.*, (*Brit.*) -lldrehen

'**swivel chair** *n.* Drehstuhl, *der*

swiz, swizz [swɪz] *n., pl.* **swizzes** (*Brit. sl.*) Beschiß, *der* (*salopp*); Schwindel, *der*

'**swizzle-stick** ['swɪzlstɪk] *n.* Sektquirl, *der*

swollen ['swəʊlən] 1. *see* **swell** 1, 2. 2. *adj.* geschwollen; angeschwollen ⟨*Fluß*⟩; **eyes ~ with weeping** verweinte Augen; **have a ~ head** (*fig.*) sehr eingebildet *od.* von sich eingenommen sein

swollen-headed ['swəʊlənhedɪd] *adj.* eingebildet

swoon [swuːn] (*literary*) 1. *v. i.* a) (*faint*) ohnmächtig werden; b) (*go into ecstasies*) ~ **over sb./sth.** von jmdm./etw. schwärmen. 2. *n.* (*literary*) Ohnmacht, *die*

swoop [swuːp] 1. *n.* a) (*downward plunge*) Sturzflug, *der*; **at a** *or* **one [fell]** ~: auf einen Schlag (*ugs.*); b) (*coll.: raid*) Razzia, *die*; **make a** ~ **on a house/an area** eine Razzia in einem Haus/einem Bezirk machen. 2. *v. i.* (*plunge suddenly*) herabstoßen; (*pounce*) ~ **on sb.** sich auf jmdn. stürzen; (*to attack*) gegen jmdn. einen Schlag führen; **the police** ~**ed on several addresses** die Polizei führte in mehreren Wohnungen Razzien durch; **we'll** ~ **tomorrow** wir schlagen morgen zu (*ugs.*)

swoosh [swuːʃ] 1. *v. i.* rauschen; ~ **by** vorbeirauschen. 2. *n.* (*sound*) Rauschen, *das*; **go past with a** ~: vorbeirauschen

swop *see* **swap**

sword [sɔːd] *n.* Schwert, *das*; **put sb. to the** ~ (*literary*) jmdn. [mit dem Schwert] töten; *see also* **cross 2 a; Damocles**

sword: ~-**dance** *n.* Schwert[er]tanz, *der*; ~-**fish** *n.* Schwertfisch, *der*; ~-**play** *n.* (*Fencing*) [Schwert]fechten, *das*; ~**sman** ['sɔːdzmən] *n., pl.* ~**smen** ['sɔːdzmən] [Schwert]fechter, *der*; ~**smanship** ['sɔːdzmənʃɪp] *n., no pl.* Fechtkunst, *die*; ~-**stick** *n.* Stockdegen, *der*; ~-**swallower** ['sɔːdswɒləʊə(r)] *n.* Schwertschlucker, *der*

swore *see* **swear 1, 2**

sworn [swɔːn] 1. *see* **swear 1, 2**. 2. *attrib. adj.* a) (*bound by an oath*) verschworen ⟨*Freund*⟩; ~ **enemy** Todfeind, *der*; b) (*certified by oath*) beeidigt; ~ **evidence** Aussage unter Eid; ~ **affidavit/statement** eidesstattliche Versicherung/eidliche Erklärung

swot [swɒt] (*Brit. coll.*) 1. *n.* Streber, *der*/Streberin, *die* (*abwertend*). 2. *v. i.*, -ttbüffeln (*ugs.*)

~ '**up** *v. t.* büffeln (*ugs.*)

swotting ['swɒtɪŋ] *n.* (*Brit. coll.*) Büffelei, *die* (*ugs.*)

swum *see* **swim 1, 2**

swung *see* **swing 2, 3**

sybarite ['sɪbəraɪt] *n.* Sybarit, *der* (*geh.*)

sycamore ['sɪkəmɔː(r)] *n.* Bergahorn, *der*; (*Amer.: plane-tree*) Platane, *die*

sycophancy ['sɪkəfənsɪ, 'sɪkəfænsɪ] *n.* Kriecherei, *die*; Speichelleckerei, *die*

sycophant ['sɪkəfænt, 'sɪkəfənt] *n.* Kriecher, *der;* Schranze, *die*
syllabic [sɪ'læbɪk] *adj.* **a)** Silben-; **b)** *(Pros.)* silbenzählend
syllable ['sɪləbl] *n. (lit. or fig.)* Silbe, *die;* **she did not utter a ~ of reproach** mit keiner Silbe äußerte sie einen Vorwurf; **in words of one ~** *(fig.)* mit [sehr] einfachen Worten
syllabub ['sɪləbʌb] *n. (Gastr.)* aromatisierte Süßspeise aus geschlagener Sahne; *(with wine)* Weinschaumcreme, *die*
syllabus ['sɪləbəs] *n., pl.* **~es** *or* **syllabi** ['sɪləbaɪ] Lehrplan, *der; (for exam)* Studienplan, *der*
syllogism ['sɪlədʒɪzm] *n. (Logic)* Syllogismus, *der*
sylph [sɪlf] *n. (Mythol.) (male)* Sylphe, *der; (female; also fig.)* Sylphide, *die*
sylphlike *adj.* sylphidenhaft *(geh.)*
symbiosis [sɪmbɪ'əʊsɪs], *pl.* **symbioses** [sɪmbɪ'əʊsi:z] *n. (Biol.; also fig.)* Symbiose, *die*
symbiotic [sɪmbɪ'ɒtɪk] *adj.* symbiotisch
symbol ['sɪmbl] *n.* Symbol, *das* (of für)
symbolic [sɪm'bɒlɪk], **symbolical** [sɪm'bɒlɪkl] *adj.,* **symbolically** [sɪm'bɒlɪkəlɪ] *adv.* symbolisch
symbolise *see* **symbolize**
symbolism ['sɪmbəlɪzm] *n.* **a)** Symbolik, *die;* **b)** *(Art, Literature)* Symbolismus, *der*
Symbolist ['sɪmbəlɪst] *n.* Symbolist, *der/*Symbolistin, *die; attrib.* symbolistisch
symbolize ['sɪmbəlaɪz] *v. t.* symbolisieren
symmetric [sɪ'metrɪk], **symmetrical** [sɪ'metrɪkl] *adj.,* **symmetrically** [sɪ'metrɪkəlɪ] *adv.* symmetrisch
symmetry ['sɪmɪtrɪ] *n.* Symmetrie, *die*
sympathetic [sɪmpə'θetɪk] *adj.* **a)** *(showing pity)* mitfühlend; *(understanding)* verständnisvoll; **b)** *(favourably inclined)* wohlgesinnt; geneigt ⟨Leser⟩; **be ~ to a cause/to new ideas** einer Sache wohlwollend gegenüberstehen/für neue Ideen empfänglich *od.* zugänglich sein; **give sb. a ~ hearing** ein offenes Ohr für jmdn. haben; **he is not at all ~ to this idea** er ist von dieser Idee ganz und gar nicht angetan; **c)** *(to one's taste, likeable)* ansprechend; sympathisch ⟨Person, Persönlichkeit⟩; **I find sb./sth. ~:** ich finde jmdn./etw. sympathisch; jmd./etw. ist mir sympathisch; **d)** *(Med.)* sympathetisch ⟨Schmerz, Leiden⟩; *(Anat.)* sympathisch ⟨Nervensystem⟩; **e)** *(Mus.)* mitschwingend ⟨Saite, Ton⟩; **f)** *(Phys.)* **~ vibration** Mitschwingen, *das*
sympathetically [sɪmpə'θetɪkəlɪ] *adv. (with pity)* mitfühlend; *(understandingly)* verständnisvoll; **treat a subject ~:** ein Thema einfühlsam behandeln
sympathetic: ~ nerve *n. (Anat.)* Sympathikus, *der;* **~ nervous system** *n. (Anat.)* sympathisches *od.* sympathetisches Nervensystem
sympathise, sympathiser *see* **sympathiz-**
sympathize ['sɪmpəθaɪz] *v. i.* **a)** *(feel or express sympathy)* **~ with sb.** mit jmdm. [mit]fühlen; Mitleid haben; *(by speaking)* sein Mitgefühl mit jmdm. äußern; **~ with sb. over the death of a friend** jmds. Trauer beim Tod eines Freundes teilen; **I do ~:** es tut mir wirklich leid; **b)** **~ with** *(have understanding for)* Verständnis haben für ⟨jmds. Not, Denkweise usw.⟩; *(Polit.: share ideas of)* sympathisieren mit ⟨Partei usw.⟩
sympathizer ['sɪmpəθaɪzə(r)] *n.* Sympathisant, *der/*Sympathisantin, *die*
sympathy ['sɪmpəθɪ] *n.* **a)** *(sharing feelings of another)* Mitgefühl, *das;* **in deepest ~:** mit aufrichtigem Beileid; **my sympathies are with you in your sorrow** ich fühle mit Ihnen in Ihrem Schmerz; **b)** *(agreement in opinion or emotion)* Sympathie, *die;* **my sympathies are with Schmidt** ich bin auf Schmidts Seite; **he has radical sympathies/**

no ~ with the radicals er sympathisiert/sympathisiert nicht mit den Radikalen; **be in/out of ~ with sth.** mit etw. sympathisieren/nicht sympathisieren; **are you in ~ with what we are trying to do?** stimmst du unseren Zielen zu?; **come out** *or* **strike in ~ with sb.** mit jmdm. in einen Sympathiestreik treten; **vibrate in ~:** mitschwingen
'**sympathy strike** *n.* Sympathiestreik, *der*
symphonic [sɪm'fɒnɪk] *adj.* sinfonisch; symphonisch
symphony ['sɪmfənɪ] *n. (Mus.)* **a)** Sinfonie, *die;* **b)** *(esp. Amer.) see* **symphony orchestra**
'**symphony orchestra** *n.* Sinfonieorchester, *das*
symposium [sɪm'pəʊzɪəm] *n., pl.* **symposia** [sɪm'pəʊzɪə] Symposion, *das;* Symposium, *das*
symptom ['sɪmptəm] *n. (Med.; also fig.)* Symptom, *das*
symptomatic [sɪmptə'mætɪk] *adj. (Med.; also fig.)* symptomatisch (**of** für)
synagogue *(Amer.:* **synagog**) ['sɪnəgɒg] *n.* Synagoge, *die*
sync, synch [sɪŋk] *(coll.) n.* **a)** **in/out of ~:** synchron/nicht synchron; **b)** *(fig. coll.:* in tune) **be in ~/out of ~:** harmonieren/nicht harmonieren (**with** mit); **he is out of ~ with the rest** er hat nicht die gleiche Wellenlänge wie die anderen
synchromesh ['sɪŋkrəmeʃ] *(Motor Veh.) n.* **~ [gearbox]** Synchrongetriebe, *das;* **there is ~ on all gears** alle Gänge sind synchronisiert
synchronic [sɪŋ'krɒnɪk, sɪn'krɒnɪk] *adj. (Ling.)* synchronisch
synchronisation, synchronise *see* **synchroniz-**
synchronization [sɪŋkrənaɪ'zeɪʃn] *n.* Synchronisierung, *die*
synchronize ['sɪŋkrənaɪz] **1.** *v. t.* **a)** synchronisieren ⟨Vorgänge, Maschinen, Bild und Ton⟩; **b)** *(set to same time)* gleichstellen ⟨Uhren⟩; **we'd better ~ [our] watches** wir sollten Uhrenvergleich machen. **2.** *v. i.* *(Bild und Ton:)* synchron sein
synchronized 'swimming *n. (Sport)* Synchronschwimmen, *das*
synchronous ['sɪŋkrənəs] *adj.* synchron; **~ motor** *(Electr.)* Synchronmotor, *der*
syncopate ['sɪŋkəpeɪt] *v. t. (Mus., Ling.)* synkopieren
syncopation [sɪŋkə'peɪʃn] *n. (Mus., Ling.)* Synkopierung, *die*
syncope ['sɪŋkəpɪ] *n. (Ling., Med.)* Synkope, *die*
syndicalism ['sɪndɪkəlɪzm] *n.* Syndikalismus, *der*
syndicate 1. ['sɪndɪkət] *n.* **a)** *(for business, in organized crime)* Syndikat, *das;* **b)** *(in newspapers)* Presseagentur, die Beiträge ankauft und an eine *od.* mehrere Zeitungen vertreibt; **c)** **pools/lottery ~:** Tippgemeinschaft, *die.* **2.** ['sɪndɪkeɪt] *v. t.* in mehreren Zeitungen gleichzeitig veröffentlichen ⟨Bericht usw.⟩
syndrome ['sɪndrəʊm] *n. (Med.; also fig.)* Syndrom, *das*
synod ['sɪnəd] *n.* Synode, *die*
synonym ['sɪnənɪm] *n.* Synonym, *das*
synonymous [sɪ'nɒnɪməs] *adj.* **a)** *(Ling.)* synonym (**with** mit); **b)** *(fig.: suggestive of, linked with)* gleichbedeutend mit
synonymy [sɪ'nɒnəmɪ] *n. (Ling.)* Synonymie, *die*
synopsis [sɪ'nɒpsɪs] *n., pl.* **synopses** [sɪ'nɒpsi:z] Inhaltsangabe, *die; (overview)* Abriß, *der*
synoptic [sɪ'nɒptɪk] *adj.* synoptisch
syntactic [sɪn'tæktɪk] *adj.,* **syntactically** [sɪn'tæktɪkəlɪ] *adv.* syntaktisch
syntax ['sɪntæks] *n. (Ling.)* Syntax, *die*
synthesis ['sɪnθɪsɪs] *n., pl.* **syntheses** ['sɪnθɪsi:z] Synthese, *die*
synthesise, synthesiser *see* **synthesiz-**

synthesize ['sɪnθɪsaɪz] *v. t.* **a)** *(form into a whole)* zur Synthese bringen; **b)** *(Chem.)* synthetisieren; **c)** **~ speech** eine Kunstsprache schaffen; **~d speech** Kunstsprache, *die*
synthesizer ['sɪnθɪsaɪzə(r)] *n. (Mus.)* Synthesizer, *der*
synthetic [sɪn'θetɪk] **1.** *adj.* **a)** *(man-made)* synthetisch; **~ fibre** Kunstfaser, *die; see also* **resin b; b)** *(sham)* unecht. **2.** *n.* Kunststoff, *der;* **~s** *(Textiles)* Synthetics
synthetically [sɪn'θetɪkəlɪ] *adv.* synthetisch
syphilis ['sɪfɪlɪs] *n. (Med.)* Syphilis, *die*
syphilitic [sɪfɪ'lɪtɪk] *(Med.)* **1.** *n.* Syphilitiker, *der/*Syphilitikerin, *die.* **2.** *adj.* syphilitisch
Syracuse ['saɪrəkju:z] *pr. n.* Syrakus *(das)*
Syria ['sɪrɪə] *pr. n.* Syrien *(das)*
Syrian ['sɪrɪən] **1.** *adj.* syrisch; **sb. is ~:** jmd. ist Syrer/Syrerin. **2.** *n.* Syrer, *der/*Syrerin, *die*
syringa [sɪ'rɪŋgə] *n. (Bot.)* **a)** *(mock orange)* Falscher Jasmin; **b)** *(lilac)* Flieder, *der*
syringe [sɪ'rɪndʒ] **1.** *n.* Spritze, *die; see also* **hypodermic 1. 2.** *v. t.* spritzen; ausspritzen ⟨Ohr⟩
syrup ['sɪrəp] *n.* **a)** Sirup, *der;* **cough ~:** Hustensaft, *der;* **b)** *(fig.: sickly sentiment)* süßlicher Kitsch *(abwertend)*
syrupy ['sɪrəpɪ] *adj.* **a)** *(like syrup)* sirupähnlich; **b)** *(fig.: cloyingly sweet)* süßlich
system ['sɪstəm] *n.* **a)** *(lit. or fig.)* System, *das; (of roads, railways also)* Netz, *das;* **root ~** *(Bot.)* Wurzelgeflecht, *das; see also* '**go 4; b)** *(Anat., Zool.: body)* Körper, *der; (part)* **digestive/muscular/nervous/reproductive ~:** Verdauungsapparat, *der/*Muskulatur, *die/*Nervensystem, *das/*Fortpflanzungssystem, *das;* **get sth. out of one's ~** *(fig.)* etw. loswerden; *(by talking)* sich (Dat.) etw. von der Seele reden; **c)** **no art.** *(methodical procedure)* System *o. Art.;* **d)** *(Geol.)* Formation, *die*
systematic [sɪstə'mætɪk] *adj.,* **systematically** [sɪstə'mætɪkəlɪ] *adv.* systematisch
systematisation, systematise *see* **systematiz-**
systematization [sɪstəmətaɪ'zeɪʃn] *n.* Systematisierung, *die*
systematize ['sɪstəmətaɪz] *v. t.* systematisieren (**into** zu)
systemic [sɪ'stemɪk] *adj. (Biol.)* systemisch
systems: ~ analysis *n.* Systemanalyse, *die;* **~ analyst** *n.* Systemanalytiker, *der/*-analytikerin, *die*
systolic [sɪs'tɒlɪk] *adj. (Physiol.)* systolisch

T

T, t [ti:] *n., pl.* **Ts** *or* **T's** **a)** *(letter* T, t, *das;* **to a T** ganz genau; haargenau; **that's her to a T** das ist sie, wie sie leibt und lebt; **cross the t's** *(fig.)* peinlich genau sein; **b)** *(T-shaped object)* T, *das;* **T-junction** Einmündung, *die (in eine Vorfahrtstraße);* **T-bone steak** T-bone-Steak, *das;* **T-shirt** T-shirt, *das;* **T-square** *see* **square 1 j**

727

t. *abbr.* a) ton[s] [britische] Tonne[n]; b) tonne[s] t
TA *abbr. (Brit.)* Territorial Army
ta [tɑː] *int. (Brit. coll.)* danke
¹tab [tæb] **1.** *n.* a) *(projecting flap)* Zunge, *die;* *(label)* Schildchen, *das;* *(on clothing)* Etikett, *das;* *(with name)* Namensschild, *das;* *(on file [card])* Reiter, *der;* b) *(Amer. coll.: bill)* Rechnung, *die;* **pick up the ~:** die Zeche bezahlen; c) *(Amer. coll.: price)* Preis, *der;* d) **keep ~s or a ~ on sb./sth.** *(watch)* jmdn./etw. [genau] beobachten; e) *(Brit. Mil.: on collar)* Kragenspiegel, *der;* f) *(Theatre)* Hängestück, *das;* g) *(Aeronaut.)* Trimmruder, *das;* Hilfsruder, *das.* **2.** *v.t.* **-bb-** *see* **1 a:** mit Zunge/Schildchen/Etikett/Namensschild/Reitern versehen
²tab *see* **tabulator**
Tabasco, (P) [təˈbæskəʊ] *n.* Tabasco, *der;* Tabascosoße, *die*
tabby [ˈtæbɪ] *n.* a) ~ [cat] Tigerkatze, *die;* b) *(female cat)* [weibliche] Katze; Kätzin, *die*
tabernacle [ˈtæbənækl] *n.* a) *(Bibl.)* Stiftshütte, *die;* b) *(Relig.: meeting-house)* Gotteshaus, *das;* c) *(Eccl.: receptacle)* Tabernakel, *der*
table [ˈteɪbl] **1.** *n.* a) Tisch, *der;* **at ~:** bei Tisch; **sit down at ~:** sich zu Tisch setzen; **after two whiskies he was under the ~** *(coll.)* nach zwei Whisky lag er unter dem Tisch *(ugs.);* **drink sb. under the ~:** jmdn. unter den Tisch trinken *(ugs.);* **get sb./get round the ~:** jmdn. an einen Tisch bringen/sich an einen Tisch setzen; **turn the ~s [on sb.]** *(fig.)* [jmdm. gegenüber] den Spieß umdrehen *od.* umkehren; *see also* **²lay 1 e;** b) *(list)* Tabelle, *die;* ~ **of contents** Inhaltsverzeichnis, *das;* ~ **of logarithms** Logarithmentafel, *die;* **learn one's ~s** das Einmaleins lernen; **say one's nine times ~:** die Neunerreihe aufsagen; c) *(company at ~)* Runde, *die;* d) *(food provided)* **keep a good/wretched ~:** eine ausgezeichnete/jämmerliche Küche führen. **2.** *v.t.* a) *(bring forward)* einbringen, *(ugs.)* auf den Tisch legen ⟨Antrag, Resolution⟩; b) *(Amer.: shelve)* auf Eis legen *(ugs.)* ⟨Plan usw.⟩.
tableau [ˈtæbləʊ] *n., pl.* ~x [ˈtæbləʊz] *(lit. or fig.)* Tableau, *das*
¹table-cloth *n.* Tischdecke, *die;* Tischtuch, *das*
table d'hôte [ˌtɑːbl ˈdəʊt] *n.* Table d'hôte, *die (geh.);* ~ **menu** Tageskarte, *die*
table: ~**-knife** *n.* Messer, *das;* Tischmesser, *das (veralt.);* ~**-lamp** *n.* Tischlampe, *die;* ~**-land** *n. (Geog.)* Tafelland, *das;* ~**-leg** *n.* Tischbein, *das;* ~**-linen** *n.* Tischwäsche, *die;* ~**-manners** *n. pl.* Tischmanieren *Pl.;* ~**-mat** *n.* Set, *das;* **T~ 'Mountain** *pr. n.* Tafelberg, *der;* ~ **'napkin** *n.* Serviette, *die;* ~ **salt** *n.* Tafelsalz, *das;* ~**spoon** *n.* Servierlöffel, *der;* ~**spoonful** *n.* Servierlöffel[voll], *der*
tablet [ˈtæblɪt] *n.* a) *(pill)* Tablette, *die;* b) *(piece)* Stück, *das;* c) *(stone slab)* Tafel, *die;* d) *(for writing on)* [Schreib]tafel, *die; (Amer.: pad)* Notizblock, *der*
table: ~**-talk** *n., no pl.* Tischgespräch, *das;* **sb.'s ~-talk** jmds. Tischgespräche; ~ **tennis** *n. (Sport)* Tischtennis, *das;* ~ **tennis racket** Tischtennisschläger, *der;* ~**-top 1.** *n.* Tischplatte, *die;* **2.** *adj.* an einer Tischplatte angebracht ⟨Dosenöffner usw.⟩; Tisch-⟨kühlschrank, -waschmaschine⟩; ~**ware** *n., no pl.* Geschirr, Besteck und Gläser; ~ **wine** *n.* Tischwein, *der*
tabloid [ˈtæblɔɪd] *n. (kleinformatige, bebilderte)* Boulevardzeitung; **the ~s** *(derog.)* die Boulevardpresse; ~ **journalism** Sensationsjournalismus, *der*
taboo, tabu [təˈbuː] **1.** *n.* Tabu, *das;* **be under a ~** tabu sein. **2.** *adj.* tabuisiert; Tabu(*wort*); **be ~:** tabu sein. **3.** *v.t.* tabuisieren
tabular [ˈtæbjʊlə(r)] *adj.* tabellarisch

tabulate [ˈtæbjʊleɪt] *v.t.* tabellarisch darstellen; tabellarisieren
tabulation [ˌtæbjʊˈleɪʃn] *n.* tabellarische Aufstellung; Tabellarisierung, *die*
tabulator [ˈtæbjʊleɪtə(r)] *n.* Tabulator, *der*
tachograph [ˈtækəgrɑːf] *n. (Motor Veh.)* Fahrt[en]schreiber, *der*
tachometer [təˈkɒmɪtə(r)] *n.* Tachometer, *der od. das*
tacit [ˈtæsɪt] *adj.,* **tacitly** [ˈtæsɪtlɪ] *adv.* stillschweigend
taciturn [ˈtæsɪtɜːn] *adj.* schweigsam; wortkarg
taciturnity [ˌtæsɪˈtɜːnɪtɪ] *n., no pl.* Schweigsamkeit, *die;* Wortkargheit, *die*
¹tack [tæk] **1.** *n.* a) *(small nail)* kleiner Nagel; **carpet** ~ Teppichnagel, *der;* **shoe** ~ Täcks, *der; see also* **brass tacks;** b) *(temporary stitch)* Heftstich, *der;* c) *(Naut.) (direction of vessel; also fig.)* Kurs, *der; (in zigzag)* Kreuzen, *das;* **be on the port/starboard ~:** auf Backbord-/Steuerbordhalsen liegen; **on the right/wrong** ~ *(fig.)* auf dem richtigen/falschen Weg *od.* Kurs; **change one's ~, try another ~** *(fig.)* einen anderen Kurs einschlagen. **2.** *v.t.* a) *(stitch loosely)* heften; b) *(nail)* festnageln. **3.** *v.i. (Naut.)* kreuzen
~ **down** *v.t.* annageln; festnageln
~ **on** *v.t.* anhängen (**to** an + *Akk.*)
²tack *n. (Horse-riding)* [riding] ~: Sattel- und Zaumzeug, *das*
¹tackiness [ˈtækɪnɪs] *n., no pl.* Klebrigkeit, *die*
²tackiness *n., no pl. (coll. derog.)* a) *(tastelessness)* Geschmacklosigkeit, *die;* b) *(tattiness)* Schäbigkeit, *die*
tackle [ˈtækl] **1.** *v.t.* a) *(come to grips with)* angehen, in Angriff nehmen ⟨Problem usw.⟩; ~ **sb. about/on/over sth.** jmdn. auf etw. *(Akk.)* ansprechen; *(ask for sth.)* jmdn. um etw. angehen; b) *(Sport)* angreifen ⟨Spieler⟩; *(Amer. Footb.; Rugby)* fassen. **2.** *n.* a) *(equipment)* Ausrüstung, *die;* **shaving** ~: Rasierzeug, *das; see also* **fishing-tackle;** b) *(Sport)* Angriff, *der; (sliding* ~) Tackling, *das; (Amer. Footb., Rugby)* Fassen und Halten; c) *see* **block 1 n**
tackling [ˈtæklɪŋ] *n. (Sport)* Tackling, *das*
'tack-room *n.* Sattelkammer, *die*
¹tacky [ˈtækɪ] *adj.* klebrig
²tacky *adj. (coll. derog.)* a) *(tasteless)* geschmacklos; b) *(tatty)* schäbig
tact [tækt] *n.* Takt, *der;* **he has no ~:** er hat kein Taktgefühl
tactful [ˈtæktfl] *adj.,* **tactfully** [ˈtæktfəlɪ] *adv.* taktvoll
tactfulness [ˈtæktflnɪs] *n., no pl.* Taktgefühl, *das*
tactic [ˈtæktɪk] *n.* Taktik, *die;* **delaying ~:** Verzögerungstaktik, *die; see also* **tactics**
tactical [ˈtæktɪkl] *adj.* a) taktisch ⟨Fehler, Manöver, Rückzug⟩; ~ **voting** taktische Stimmabgabe; b) *(skilled in tactics)* taktisch klug; **have a good ~ sense** taktisch klug *od.* geschickt sein
tactically [ˈtæktɪkəlɪ] *adv.* taktisch
tactician [tækˈtɪʃn] *n.* Taktiker, *der*/Taktikerin, *die*
tactics [ˈtæktɪks] *n. pl.* a) *(methods)* Taktik, *die;* **dubious ~:** zweifelhafte Methoden; b) *constr. as sing. (Mil.)* Taktik, *die*
tactile [ˈtæktaɪl] *adj.* a) *(using touch)* Tast-⟨organ⟩; taktil *(Med.);* b) *(tangible)* tastbar
tactless [ˈtæktlɪs] *adj.* taktlos
tactlessly [ˈtæktlɪslɪ] *adv.* taktlos; *as sentence-modifier* taktloserweise
tactlessness [ˈtæktlɪsnɪs] *n., no pl.* Taktlosigkeit, *die*
tadpole [ˈtædpəʊl] *n.* Kaulquappe, *die*
taffeta [ˈtæfɪtə] *n. (Textiles)* Taft, *der*
taffrail [ˈtæfreɪl] *n. (Naut.)* Heckreling, *die*
Taffy [ˈtæfɪ] *n. (coll.: Welshman)* Waliser, *der*
taffy *n. (Amer.)* Karamelbonbon, *das*
¹tag [tæg] **1.** *n.* a) *(label)* Schild, *das; (on*

clothes) Etikett, *das; (on animal's ear)* Ohrmarke, *die;* b) *(loop)* Schlaufe, *die; (metal etc. point at end of lace)* Senkelstift, *der;* d) *(stock phrase)* Zitat, *das;* geflügeltes Wort; e) *(Amer.: licence-plate)* Nummernschild, *das. See also* **price-tag. 2.** *v.t.,* **-gg-** *(attach)* anhängen (**to** an + *Akk.*); ~ **together** aneinanderhängen; zusammenheften ⟨Blätter, Papier⟩; *(fig.)* aneinanderreihen. **3.** *v.i.* **-gg-:** ~ **behind** [nach]folgen; ~ **after sb.** hinter jmdm. hertrotteln *(ugs.)*
~ **a'long** *v.i.* hinterherlaufen; **do you mind if I ~ along?** darf ich mich anschließen?
~ **on** *v.t.* anhängen (**to** an + *Akk.*)
²tag *n. (game)* Fangen, *das*
tag: ~**-day** *(Amer.) see* **flag-day;** ~ **'question** *n. (Ling.)* Frageanhängsel, *das;* ~ **wrestling** *n. (Sport)* Ringkampf zwischen zwei Mannschaften von je zwei Ringern, von denen nur einer im Ring steht und sich von seinem Partner ablösen lassen kann
tail [teɪl] **1.** *n.* a) Schwanz, *der;* **tops and ~s** *(of carrots, turnips)* obere und untere Enden; b) *(fig.)* **have sb./sth. on one's ~** *(coll.)* jmdn./etw. auf den Fersen haben *(ugs.);* **be/keep on sb.'s ~** *(coll.)* jmdm. auf den Fersen sein/bleiben *(ugs.);* **with one's ~ between one's legs** mit eingezogenem Schwanz *(ugs.);* **sb. has his ~ up** jmd. ist übermütig; **turn ~ [and run]** Fersengeld geben *(ugs.);* die Flucht ergreifen; c) *(of comet)* Schweif, *der;* d) **[shirt-]~:** Hemdzipfel, *der;* *(of man's coat)* Schoß, *der;* f) *in pl. (man's evening dress)* Frack, *der;* g) *(on coin)* ~**s [it is]** Zahl; *see* **head 1 e;** h) *(Mus.: stem of note)* [Noten]hals, *der;* i) *(part of letter below line)* Unterlänge, *die;* j) *(coll.: person keeping watch)* Schatten, *der;* **have/put a ~ on sb.** jmdn. beschatten lassen. **2.** *v.t.* a) *(remove stalks of)* **top and ~ gooseberries** Stachelbeeren putzen; b) *(sl.: follow)* beschatten
~ **'away** *see* ~ **off**
~ **'back** *v.i.* sich stauen. *See also* **tailback**
~ **'off** *v.i.* a) *(decrease)* zurückgehen; b) *(fade into silence)* ersterben *(geh.);* verstummen
tail: ~**back** *n. (Brit.)* Rückstau, *der;* ~**-board** *n.* hintere Bordwand; ~ **coat** *n.* Frack, *der;* ~**-end** *n. (hindmost end)* Schwanz, *der; (fig.)* Ende, *das;* **come in at the ~-end** erst am Ende hinzustoßen; ~**-fin** *n. (Aeronaut.)* Seitenflosse, *die;* ~**-gate 1.** *n. (Motor Veh.)* Heckklappe, *die;* **2.** *v.i. (Amer.)* zu dicht auffahren
'tail-lamp *n. (esp. Amer.) see* **tail-light**
tailless [ˈteɪllɪs] *adj.* schwanzlos; **the animal was ~:** das Tier hatte keinen Schwanz
'tail-light *n.* Rück- *od.* Schlußlicht, *das*
tailor [ˈteɪlə(r)] **1.** *n.* Schneider, *der; see also* **baker. 2.** *v.t.* a) schneidern; b) *(fig.)* ~ed **to** *or* **for sb./sth.** für jmdn./etw. bestimmt. **be ~ed to sb.'s needs** auf jmds. Bedürfnisse zugeschnitten sein
tailored [ˈteɪləd] *adj.* maßgeschneidert; ~ **suit** Maßanzug, *der; (for woman)* Schneiderkostüm, *das*
tailoring [ˈteɪlərɪŋ] *n., no pl.* Schneiderei, *die;* Schneidern, *das*
tailor-made *adj. (lit. or fig.)* maßgeschneidert
tailor's: ~ **chalk** *n.* Schneiderkreide, *die;* ~ **'dummy** *n.* Schneiderpuppe, *die; (fig.)* Geck, *der*/Modepuppe, *die*
tail: ~**piece** *n.* a) *(appendage)* Anhang, *der;* b) *(Mus.: for string-ends)* Saitenhalter, *der;* c) *(decoration)* [Schluß]vignette, *die;* ~**pipe** *n.* Auspuffendstück, *das;* ~**plane** *n. (Aeronaut.)* Höhenleitwerk, *das;* ~**-skid** *n. (Aeronaut.)* Sporn, *der;* ~**spin** *n.* a) *(of aircraft)* Trudeln, *das;* b) *(fig.: state of panic)* **send sb./go into a ~spin** jmdn. in Panik versetzen/zu rotieren anfangen *(ugs.);* ~**wheel** *n. (Aeronaut.)* Spornrad, *das;* ~ **wind** *n.* Rückenwind, *der*

taint [teɪnt] 1. *n.* Makel, *der;* **hereditary ~:** erbliche Belastung. 2. *v. t.* verderben; beflecken ⟨*Ruf*⟩; **be ~ed with sth.** mit etw. behaftet sein *(geh.)*
Taiwan [taɪˈwɑːn] *pr. n.* Taiwan *(das)*
Taiwanese [taɪwəˈniːz] 1. *adj.* taiwanesisch. 2. *n.* Taiwanese, *der*/Taiwanesin, *die*
take [teɪk] 1. *v. t.,* took [tʊk], taken [ˈteɪkn] a) *(get hold of, grasp, seize)* nehmen; **~ sb.'s arm** jmds. Arm nehmen; **~ sb. by the hand/arm** jmdn. bei der Hand/am Arm nehmen; **he took me by the arm/elbow and steered me in the direction of the exit** er faßte mich am Arm/Ellbogen und dirigierte mich zum Ausgang; **~ matters into one's own hands** *(fig.)* die Sache selbst in die Hand nehmen; *see also* ¹**bit a;** ¹**bull 1 a; devil 1 c;** ²**hold 3 a; law d; life a;** b) *(capture)* einnehmen ⟨*Stadt, Festung*⟩; machen ⟨*Gefangenen*⟩; fassen ⟨*Banditen*⟩; *(chess)* schlagen; nehmen; *(Cards)* stechen; *see also* ²**hold 3 a; hostage; possession d; short 2 c; storm 1 d; surprise 1;** c) *(gain, earn)* ⟨*Laden:*⟩ einbringen; ⟨*Person:*⟩ einnehmen ⟨*Film, Stück:*⟩ einspielen; *(win)* gewinnen ⟨*Satz, Spiel, Preis, Titel*⟩; erzielen ⟨*Punkte*⟩; *(Cards)* machen ⟨*Stich*⟩; **~ a wicket** *(Cricket)* einen Schlagmann zum Ausscheiden bringen; **~ first/second** etc. **place** an erster/zweiter *usw.* Platz belegen; *(fig.)* an erster/zweiter *usw.* Stelle kommen; **~ the biscuit** *(Brit. coll.)* or *(coll.)* **cake** *(fig.)* alle/alles übertreffen; d) *(assume possession of)* nehmen; *(~ away with one)* mitnehmen; *(steal)* mitnehmen *(verhüll.); (obtain by purchase)* besorgen ⟨*Eintrittskarte, [Logen]platz*⟩; kaufen, *(by rent)* mieten ⟨*Auto, Wohnung, Haus*⟩; nehmen ⟨*Klavier-, Deutsch-, Fahrstunden*⟩; mitmachen ⟨*Tanzkurs*⟩; *(buy regularly)* nehmen; lesen ⟨*Zeitung, Zeitschrift*⟩; *(subscribe to)* beziehen; *(obtain)* erwerben ⟨*akademischen Grad*⟩; *(form a relationship with)* sich *(Dat.)* nehmen ⟨*Frau, Geliebten usw.*⟩; ins Haus nehmen ⟨*zahlende Gäste*⟩; **that woman took my purse** die Frau hat mir meinen Geldbeutel gestohlen; **he took his degree at Sussex University** er hat sein Examen an der Universität von Sussex gemacht; **~ place** stattfinden; *(spontaneously)* sich ereignen; ⟨*Wandlung:*⟩ sich vollziehen; **I'll ~ this handbag/the curry, please** ich nehme diese Handtasche/das Curry; **who has ~n my pencil?** wer hat meinen Bleistift weggenommen?; **~ [private] pupils** [Privat]stunden geben; **he took her as** or **for his wife** er nahm sie zur Frau; *see also* **order 1 c, h; possession d; silk 1 a;** e) *(avail oneself of, use)* nehmen; machen ⟨*Pause, Ferien, Nickerchen*⟩; nehmen ⟨*Beispiel, Zitat usw.*⟩ *(from* aus); **~ the opportunity to do/of doing sth.** die Gelegenheit dazu benutzen, etw. zu tun; **~ the car/bus into town** mit dem Auto/Bus in die Stadt fahren; **~ two eggs** etc. *(in recipe)* man nehme zwei Eier *usw..;* **~ all the time you want** nimm dir ruhig Zeit; **a story ~n from life** eine Geschichte aus dem Leben; **a quotation ~n from** Pope ein Zitat aus Pope; **[let's] ~ a more recent example/my sister [for example]** nehmen wir ein Beispiel jüngeren Datums/einmal meine Schwester; **thou shalt not ~ God's name in vain** *(Bibl.)* du sollst den Namen Gott[es] nicht unnütz führen; **do I hear someone taking my name in vain?** *(coll. joc.)* wer lästert denn da gerade über mich?; *see also* **advantage a; advice a; cure 1c;** ¹**leave c; liberty; time 1 b;** f) *(carry, guide, convey)* bringen; **~ sb.'s shoes to the mender['s]/sb.'s coat to the cleaner's** jmds. Schuhe zum Schuster/jmds. Mantel in die Reinigung bringen; **~ a message to sb.** jmdm. eine Nachricht überbringen; **the pipe ~s the water to the tank** das Rohr führt das Wasser zum Tank; **~ sb. to school/hospital** jmdn. zur Schule/ins Krankenhaus bringen; **~ sb. to visit sb.** jmdn. zu Besuch bei jmdm. mitnehmen; **~ sb. to the zoo/cinema/to dinner** mit jmdm. in den Zoo/ins Kino/zum Abendessen gehen; **~ sb. into one's home/house** jmdn. bei sich aufnehmen; **the road ~s you/story ~s us to London** die Straße führt nach/die Erzählung führt uns nach London; **my job has ~n me all over the world** ich bin beruflich in der ganzen Welt gereist; **his ability will ~ him far/to the top** mit seinen Fähigkeiten wird er es weit bringen/wird er ganz nach oben kommen; **~ sb./sth. with one** jmdn./etw. mitnehmen; *(earn)* nach Hause bringen ⟨*Geld*⟩; *(accompany)* nach Hause bringen. begleiten; *(to meet one's parents etc.)* mit nach Hause bringen; *see also* **take-home; ~ sb. before sb.** jmdn. jmdm. vorführen; **~ sb. through/over sth.** *(fig.)* mit jmdm. etw. durchgehen; **~ in hand** *(begin)* in Angriff nehmen; *(assume responsibility for)* sich kümmern um; **~ sb. into partnership [with one]/into the business** jmdn. zu seinem Teilhaber machen/in sein Geschäft aufnehmen; **~ an axe to sth.** etw. fällen; *(fig.)* bei etw. den Rotstift ansetzen; **~ a stick etc. to sb.** den Stock usw. bei jmdm. gebrauchen; **~ sth. to pieces** or **bits** etw. auseinandernehmen; **you can/can't ~ sb./sth. anywhere** *(fig. coll.)* man kann jmdn./etw. überallhin/nirgendwohin mitnehmen; **you can't ~ it 'with you** *(coll.)* man kann es ja nicht mitnehmen; *see also* **confidence e; court 1 d; head 1 b;** g) *(remove)* nehmen; *(deduct)* abziehen; **~ sth./sb. from sb.** jmdm. etw./jmdn. wegnehmen; **I took the parcel from her** ich nahm ihr das Paket ab; **death has ~n him from us** *(fig.)* der Tod hat ihn uns genommen; **the children were ~n from their parents by the authorities** die Kinder wurden den Eltern von Amts wegen weggenommen; **~n from sb.** *(fig.)* jmdm. genommen werden; **~n all the fun/hard work out of sth.** einem alle Freude an *(Dat.)* nehmen/einem die schwere Arbeit bei etw. ersparen; *see also* **life a;** ¹**wind 1 a;** h) *(conceive, experience)* **sb. ~s courage from sth.** etw. macht jmdm. Mut; **~ courage!** nur Mut!; i) **be ~n ill** or *(coll.)* **sick** krank werden; **be ~n ill with food poisoning** eine Lebensmittelvergiftung bekommen; j) *(make)* machen ⟨*Foto, Kopie*⟩; *(photograph)* aufnehmen; **hate having one's photograph/picture ~n** sich gar nicht gern fotografieren lassen; **the camera ~s good photographs** die Kamera macht gute Bilder *od.* Fotos; **~ sb.'s fingerprints** jmdm. Fingerabdrücke abnehmen; k) *(perform, execute)* aufnehmen ⟨*Prüfung, Diktat*⟩; machen ⟨*Prüfung, Sprung, Spaziergang, Reise, Umfrage*⟩; durchführen ⟨*Befragung, Volkszählung*⟩; ablegen ⟨*Gelübde, Eid*⟩; übernehmen ⟨*Rolle, Part*⟩; treffen ⟨*Entscheidung*⟩; **~ a fall/tumble** stürzen/straucheln; **~ a step forward/backward** einen Schritt vor-/zurücktreten; **~ a turn for the better/worse** eine Wende zum Besseren/Schlechteren nehmen; **~ a scene/movement more slowly** eine Szene/einen Satz langsamer nehmen; *see also* **action a;** ²**bow 3; effect 1 d; vote 1 a;** l) *(negotiate)* ⟨*Zaun, Mauer, Hürde, Kurve, Hindernis*⟩; **the bus took the corner too fast** der Bus ist zu schnell um die Kurve gefahren; m) *(conduct)* halten ⟨*Gottesdienst, Andacht, Unterricht*⟩; **he ~s the older pupils in Latin** er hat die älteren Schüler in Latein; **Ms X ~s us for maths** in Mathe haben wir Frau X; n) *(be taught, be examined in)* **~ Latin at school** in der Schule Latein haben; **~ Latin in an exam** in einem Examen in Latein geprüft werden; **~ an examination/a test** eine Prüfung machen; o) *(consume)* trinken ⟨*Tee, Kaffee, Kognak usw.*⟩; einnehmen *(geh.)* ⟨*Mahlzeit*⟩; nehmen ⟨*Zucker, Milch, Überdosis, Tabletten, Medizin*⟩; **~ some food** etwas essen; **~ sugar in one's tea** den Tee mit Zucker trinken; **what can I ~ for a cold?** was kann ich gegen eine Erkältung nehmen?; **to be ~n three times a day** dreimal täglich einzunehmen; **not to be ~n [internally]** nicht zur innerlichen Anwendung; *see also* **bite 3 a; drug 1 b; medicine; sip 3;** p) *(occupy)* einnehmen ⟨*Sitz im Parlament*⟩; übernehmen, antreten ⟨*Amt*⟩; **~ sb.'s seat** sich auf jmds. Platz setzen; **is that/this seat ~n?** ist da/hier noch frei?; *see also* **back seat; chair 1 a, b; place 1 f, j; seat 1 b;** q) *(need, require)* brauchen ⟨*Platz, Zeit*⟩; haben ⟨*Kleider-, Schuhgröße usw.*⟩; *(Ling.)* haben ⟨*Objekt, Plural-s*⟩; gebraucht werden mit ⟨*Kasus*⟩; **this verb ~s 'sein'** dieses Verb wird mit „sein" konjugiert; **the wound will ~ some time to heal** es braucht einige Zeit, bis die Wunde geheilt ist; **the ticket-machine ~s 20p and 50p coins** der Fahrkartenautomat nimmt 20-Pence- und 50-Pence-Stücke; **the work is taking too much of my time** die Arbeit kostet mich zuviel Zeit; **as long as it ~s** so lange wie nötig; **sth. ~s an hour/a year/all day** etw. dauert eine Stunde/ein Jahr/einen ganzen Tag; **it ~s an hour** etc. **to do sth.** es dauert eine Stunde *usw.,* [um] etw. zu tun; **the meat ~s three hours to cook** das Fleisch braucht drei Stunden, bis es gar ist; **sb. ~s** or **it ~s sb. a long time/an hour** etc. **to do sth.** jmd. braucht lange/eine Stunde *usw.,* um etw. zu tun; **what took you so long?** was hast du denn so lange gemacht?; **~ a lot of money/£3,000** viel Geld/3 000 Pfund kosten; **~ a lot of work/effort/courage** viel Arbeit/Mühe/Mut kosten; **it took all my strength/determination** ich brauchte alle meine Kraft/Entschlossenheit; **it doesn't ~ much to make him happy** es gehört nicht viel dazu, ihn glücklich zu machen; **have [got] what it ~s** das Zeug dazu haben; **he took a lot of/some convincing** er war schwer/nicht so leicht zu überzeugen; **these windows ~ a lot of cleaning** diese Fenster sind schwer zu putzen; **it will ~ [quite] a lot of explaining** es wird schwer zu erklären sein; **that story of his ~s some believing** die Geschichte, die er da erzählt, ist kaum zu glauben; **it ~s an expert to notice the difference** nur ein Fachmann kann den Unterschied feststellen; **it would ~ a saint to get along with him** man müßte ein Heiliger sein, um mit ihm auszukommen; **it ~s a thief to know a thief** nur ein Dieb kennt einen Dieb; **it ~s all sorts to make a world** es gibt solche und solche; *see also* **beating b; time 1 b;** r) *(accommodate, hold)* fassen; *(support)* tragen; **the car will ~ six adults** in dem Auto haben sechs Erwachsene Platz; **that room can't ~ a grand piano** in das Zimmer paßt kein Flügel; s) *(ascertain and record)* notieren ⟨*Namen, Adresse, Autonummer usw.*⟩; zu Protokoll nehmen ⟨*Hergang eines Unfalls usw.*⟩; fühlen ⟨*Puls*⟩; messen ⟨*Temperatur, Größe usw.*⟩; **~ sb.'s measurements for a new suit** [bei] jmdm. für einen neuen Anzug Maß nehmen; **~ the minutes of a meeting** bei einer Sitzung [das] Protokoll führen; **~ a reading from the barometer** den Barometerstand ablesen; t) *(apprehend, grasp)* **~ sb.'s meaning/drift,** *(arch.)* **~ sb.** verstehen, was jmd. meint; **... if you ~ my meaning ...** , Sie verstehen?; **~ sb.'s point** jmds. Standpunkt verstehen; **~ it [that] ...:** annehmen, [daß] ...; **can I ~ it that ...?** kann ich davon ausgehen, daß ...?; **am I to ~ it that ...?** soll ich das so verstehen, daß ...?; **~ sth. to mean sth.** etw. so verstehen; **what do you ~ that to mean/signify?** wie verstehen Sie das/was bedeutet das Ihrer Meinung nach?; **~ sth. as settled/as a compliment/refusal** etw. als erledigt betrachten/als eine Ablehnung/ein Kompliment auffassen; **~ sb./sth. for/to be sth.** jmdn./etw. für etw. halten; **what do you ~ me for?** wo-

take

für halten Sie mich?; **I ~ him to be in his fifties** ich schätze ihn zwischen fünfzig und sechzig; **not know how to ~ sb.'s reply** nicht wissen, wie man jmds. Antwort verstehen soll; **~ what sb. says the wrong way** jmdn. falsch verstehen; *see also* **gospel b**; **grant 1 c**; *literally* **a**; **word 1 b**; **u)** *(treat or react to in a specified manner)* aufnehmen; **~ sth. like a man** etw. wie ein Mann nehmen; **~ sth. well/badly/hard** etw. gut/schlecht/nur schwer verkraften; **sb. ~s sth. very badly/hard** etw. trifft jmdn. sehr; **~ sth. calmly or coolly** etw. gelassen [auf- *od.* hin]nehmen; **~ sth. as read** etw. als bekannt voraussetzen; **you can/may ~ it as read that ...**: du kannst sicher sein, daß ...; **taking it all in all, taking one thing with another** alles in allem; *see also* **amiss 2**; **easy 2**; **heart 1 b, c**; **kindly 1 c**; **stride 1 a**; **v)** *(accept)* annehmen; **~ money** *etc.* [from sb./for sth.] Geld *usw.* [von jmdm./für etw.] [an]nehmen; **will you ~ £500 for the car?** wollen Sie den Wagen für 500 Pfund verkaufen?; **[you can] ~ it or leave it** entweder du bist damit einverstanden, oder du läßt es bleiben; **I can ~ it or leave it** *(am indifferent)* ich mache mir nicht besonders viel daraus; **~ the hint** den Wink verstehen; **he can never ~ a hint** er hat kein Feingefühl; **I know how to take a hint** ich verstehe schon; **~ sb.'s word for it** sich auf jmdn. *od.* jmds. Wort[e] verlassen; **you can ~ his word for it that ...**: wenn er es sagt, kannst du dich darauf verlassen, daß ...; **you don't have to ~ my word for it** du brauchst es mir nicht zu glauben; **~ things as they come**, **~ it as it comes** nehmen, wie es kommt; *see also* **advice a**; **chance 1 e**; **consequence a**; **risk 1 a**; **w)** *(receive, submit to)* einstecken [müssen] ⟨*Schlag, Tritt, Stoß*⟩; *(Boxing)* nehmen [müssen] ⟨*Schlag*⟩; *(endure, tolerate)* aushalten; vertragen ⟨*Klima, Alkohol, Kaffee, Knoblauch*⟩; verwinden ⟨*Schock*⟩; *(put up with)* sich ⟨*Dat.*⟩ gefallen lassen [müssen] ⟨*Kritik, Grobheit*⟩; **~ one's punishment bravely** seine Strafe tapfer ertragen; **the boxer/the car took a lot of punishment** der Boxer mußte viel einstecken/das Auto mußte eine Menge aushalten; **no nonsense** sich ⟨*Dat.*⟩ nichts bieten lassen; **~ 'that!** nimm das!; **~ it** *(coll.)* es verkraften; *(referring to criticism, abuse)* damit fertigwerden; **There's a lot of pressure on you**. – **I can ~ it** Du stehst sehr unter Druck. – Ich werde damit schon fertig; **x)** *(adopt, choose)* ergreifen ⟨*Maßnahmen*⟩; unternehmen ⟨*Schritte*⟩; einschlagen ⟨*Weg*⟩; sich entschließen zu ⟨*Schritt, Handlungsweise*⟩; **~ the wrong road** die falsche Straße nehmen; **~ a firm** *etc.* **stand [with sb./on** *or* **over sth.]** jmdm. gegenüber/hinsichtlich einer Sache nicht nachgeben; **~ the easy way out** die einfachste Lösung wählen; *see also* **resistance a**; **side 1 i**; **view 1 d**; **y)** *(receive, accommodate)* [an]nehmen ⟨*Bewerber, Schüler*⟩; aufnehmen ⟨*Gäste*⟩; annehmen ⟨*Farbe, Glanz*⟩; **the city ~s its name from its founder** die Stadt ist nach ihrem Gründer benannt; **the rock ~s its colour from the minerals** der Fels hat seine Farbe von den Mineralien; **z)** *(swindle)* **he was taken for £500 by the con-man** *(coll.)* der Schwindler hat ihm 500 Pfund abgeknöpft *(ugs.)*; **aa) be ~n with sb./sth.** von jmdm./etw. angetan sein; **bb)** *(copulate with)* nehmen. **2.** *v. i.*, **took, taken a)** *(be successful, effective)* ⟨*Transplantat:*⟩ vom Körper angenommen werden; ⟨*Impfung:*⟩ anschlagen; ⟨*Pfropfreis:*⟩ anwachsen; ⟨*Sämling, Pflanze:*⟩ angehen; ⟨*Feuer:*⟩ zu brennen beginnen; ⟨*trockenes Holz:*⟩ Feuer fangen; ⟨*Farbe:*⟩ halten; ⟨*Fisch:*⟩ [an]beißen; **b)** *(detract)* **~ from sth.** etw. schmälern; **c)** *ill or (coll.)* **sick** krank werden; **d)** *well/badly (Photog.)* sich gut/schlecht fotografieren lassen. **3.** *n.* **a)** *(Telev., Cinemat.)* Einstellung, die; Take, der *od.* das *(fachspr.)*; *see also* **double take**; **b)** *(takings)* Einnahme, die; **our ~ was over £200 for the day** unsere Tageseinnahme betrug über 200 Pfund; **~ [of the loot]** Anteil [an der Beute]; **c)** *(catch of fish)* Fang, der; *(catch of game)* Jagdbeute, die

~ a'back *see* **aback**

~ after *v. t.* **a)** **~ after sb.** *(resemble)* jmdm. ähnlich sein; *(take as one's example)* es jmdm. gleichtun; **b)** *(Amer.: chase after)* nachsetzen (+ *Dat.*)

~ a'long *v. t.* mitnehmen

~ a'part *see* **apart b**

~ a'round *v. t.* **a)** *(take with one)* überallhin mitnehmen; **b)** *(show around)* herumführen

~ a'side *see* **aside 1**

~ a'way *v. t.* **a)** *(remove)* wegnehmen; *(to a distance)* mitnehmen; **~ sth. away from sb.** jmdm. etw. abnehmen; **~ sb.'s licence/passport away** jmdm. den Führerschein/Paß abnehmen; **what the taxman gives with one hand, he ~s away with the other** was der Fiskus mit der einen Hand gibt, das nimmt er mit der anderen wieder; **to ~ away** ⟨*Pizza, Snack usw.*⟩ zum Mitnehmen; **tablets that will ~ away the pain** Tabletten, die einem die Schmerzen nehmen; **~ away sb.'s rights/privileges/freedom/job** jmdn. seine Rechte/Privilegien/die Freiheit/seinen Arbeitsplatz nehmen; **~ away all the flavour of the food** dem Essen jeden Geschmack nehmen; **alcohol ~s away all your worries** Alkohol vertreibt die Sorgen; **it has ~n away all the pleasure in my win** es hat mir die Freude am Sieg verdorben; **no one can ~ that away from you** das kann dir niemand nehmen; **~ sb. away** jmdn. wegbringen; ⟨*Polizei:*⟩ jmdn. abführen; **~ him away!** schafft ihn fort!; hinweg mit ihm! *(geh.)*; **~ a child away from its parents/home/from school** ein Kind den Eltern wegnehmen/aus seiner häuslichen Umgebung herausreißen/aus der Schule nehmen; **~ sb. away from his/her work** jmdn. von der Arbeit abhalten; **my job ~s me away from my family/from home a lot** mein Beruf entzieht mich oft der Familie/durch meine Arbeit bin ich oft von zu Hause weg; **death/a cruel fate has ~n our father away from us** der Tod/ein grausames Schicksal hat uns den Vater genommen; **~ sb. away to the cells** jmdn. in seine Zelle bringen; **~ sb. away for a holiday** mit jmdm. in Urlaub fahren; *see also* **breath a**; **b)** *(Math.: deduct)* abziehen. *See also* **takeaway**

~ a'way from *v. t.* schmälern

~ 'back *v. t.* **a)** *(retract, have back)* zurücknehmen; wieder einstellen ⟨*Arbeitnehmer*⟩; wieder [bei sich] aufnehmen ⟨*Ehepartner*⟩; *(reclaim)* sich ⟨*Dat.*⟩ wiedergeben lassen; **b)** *(return)* zurückbringen; *(to somewhere again)* wieder mit zurück bringen ⟨*Person*⟩; *(carry or convey back)* wieder mitnehmen; **that ~s me back [to my childhood]** das weckt bei mir [Kindheits]erinnerungen; **c)** *(Printing)* hochnehmen; raufziehen *(ugs.)*

~ 'down *v. t.* **a)** *(carry or lead down)* hinunterbringen; **this path ~s you down to the harbour** auf diesem Weg kommen Sie zum Hafen [hinunter]; **b)** *(lower or lift down)* abnehmen ⟨*Bild, Ankündigung, Weihnachtsschmuck*⟩; einholen ⟨*Fahne*⟩; umlegen ⟨*Mast*⟩; herunterziehen, herunterlassen ⟨*Hose*⟩; tiefer setzen ⟨*Zeile*⟩; **~ a box down from a shelf** eine Schachtel von einem Regal herunternehmen; **c)** *(dismantle)* abbauen ⟨*Gerüst, Zelt*⟩; **d)** *(write down)* aufnehmen ⟨*Brief, Personalien*⟩; aufschreiben ⟨*Autonummer*⟩; mitschreiben ⟨*Vortrag*⟩; **e)** *(humiliate)* ducken; *see also* **peg 1**

~ 'in *v. t.* **a)** *(convey to a place)* hinbringen; *(conduct)* hineinführen ⟨*Gast*⟩; **~ sb. in a cup of tea** jmdm. eine Tasse Tee [hinein]bringen; **~ the car in for a service** das Auto zur Wartung bringen; **~ sb. in [in the car]** jmd. [mit dem Auto] reinfahren *(ugs.)*; **I took the car in** ich fuhr mit dem Auto rein *(ugs.)*; **the police took him in for questioning** die Polizei nahm ihn zum Verhör mit; **b)** *(bring indoors)* hereinholen; **~ in parcels for sb.** Pakete für jmdn. annehmen; **~ in the washing from the line** die Wäsche von der Leine [ab]nehmen [und hereinholen]; **c)** *(accept for payment)* **~ in washing** für andere Leute waschen; **d)** *(receive, admit)* aufnehmen; *(for payment)* vermieten an (+ *Akk.*); [auf]nehmen ⟨*[Kur]gäste*⟩; **~ in lodgers** ⟨*Haus-, Wohnungseigentümer:*⟩ Zimmer vermieten; ⟨*Mieter:*⟩ untervermieten; **e)** *(make narrower)* enger machen ⟨*Kleidungsstück*⟩; **f)** *(include, comprise)* einbeziehen; **g)** *(coll.: visit)* mitnehmen *(ugs.)*; **our tour took in most of the main sights** auf unserer Rundfahrt haben wir die wichtigsten Sehenswürdigkeiten besichtigt; **h)** *(understand, grasp)* begreifen; überblicken; erfassen ⟨*Lage*⟩; **I cannot ~ in any more of this lecture** ich kann mich auf diese Vorlesung nicht mehr konzentrieren; **I have won – I can't ~ it in yet** ich habe gewonnen – ich kann es noch gar nicht richtig begreifen; **i)** *(observe)* erfassen; *(watch, listen to)* mitbekommen; **j)** *(deceive)* einwickeln *(salopp)*; **be ~n in [by sb./sth.]** [von jmdm./durch etw.] einwickeln lassen *(salopp)*; *see also* **take-in**

~ 'off I. *v. t.* **a)** abnehmen ⟨*Deckel, Hut, Bild, Hörer, Tischtuch, Verband*⟩; abziehen ⟨*Kissenbezug*⟩; ausziehen ⟨*Schuhe, Handschuhe*⟩; ablegen ⟨*Hut, Mantel, Schmuck*⟩; ⟨*Säure:*⟩ weggätzen ⟨*Farbe*⟩; **~ off sb.'s/one's clothes** jmdm./sich die Kleider ausziehen; **~ sth. off the fire** etw. vom Feuer nehmen; **~ a door off the hinges** eine Tür aus den Angeln heben; **~ the cover off a pillow/bed** ein Kissen abziehen/ein Bett abdecken; **~ a parcel off sb.** jmdm. ein Paket abnehmen; **your hands off me!** faß mich nicht an!; **~ your feet off the settee!** nimm die Füße vom Sofa!; **~ off one's make-up** sich abschminken; **the heat has ~n off the door** durch die Hitze ist die Farbe von der Tür abgeblättert; **b)** *(transfer from)* übernehmen ⟨*Passagiere, Besatzung, Fracht*⟩; *(withdraw from a programme)* aus dem Programm nehmen; **~ sb. off sth.** jmdn. von etw. holen; *(withdraw from job, assignment, etc.)* jmdn. etw. entziehen; **he was ~n off the case** er wurde von dem Fall abgezogen; **~ sth. off a list/the menu** etw. von einer Liste streichen/von der Speisekarte nehmen; **~ a train/bus off a route** einen Zug/Bus vom Fahrplan streichen; **~ the weight off one's feet** seine Beine ausruhen; **~ years/ten years off sb.** jmdn. um Jahre jünger machen/jmdn. zehn Jahre jünger machen; *see also* **edge 1 a**; **eye 1 a**; **gilt 1 a**; **hat a**; **mind 1 c**; **smile 1**; **c)** *(cut off)* abtrennen; *(with saw)* absägen; *(with knife, scissors, etc.)* abschneiden; *(amputate)* abnehmen; **she had an inch ~n off her hair** sie ließ sich ⟨*Dat.*⟩ ihr Haar 2 cm kürzer schneiden; **d)** *(lead, conduct)* **~ sb. off to hospital/prison** jmdn. ins Krankenhaus/Gefängnis bringen; **~ sb. off on a stretcher/by ambulance** jmdn. auf einer Bahre/im Krankenwagen wegbringen; **~ sb. off to Paris** mit jmdm. nach Paris fahren; **I shall ~ my family off on** *or* **for a holiday** ich werde mit meiner Familie wegfahren *od.* in Urlaub fahren; **~ oneself off home/to bed** nach Hause/ins Bett gehen; **e)** *(deduct)* abziehen; **~ sth. off sth.** etw. von etw. reduzieren; **~ £10 off the price** den Preis um zehn Pfund reduzieren; **f)** **~ weight/a few pounds** *(lose weight)* abnehmen/einige Pfund abnehmen; **the diet has ~n pounds off my weight** die Diät hat mich um Pfunde leichter gemacht; **g)** *(have free)* ~ **a day** *etc.* off sich *(Dat.)* einen Tag *usw.* frei nehmen *(ugs.)*; ~ **time off** [**work** *or* **from work**] sich *(Dat.)* frei nehmen; **h)** *(mimic)* nachmachen *(ugs.).* **2.** *v. i.* **a)** *(Aeronaut.)* starten; **b)** *(Sport)* ⟨*Springer, Pferd:*⟩ abspringen; **c)** *(coll.: leave quickly)* losrennen; ~ **off after sb./sth.** hinter jmdm./etw. herrennen; **d)** *(become successful)* ⟨*Wirtschaft:*⟩ sich [sprunghaft] aufwärts entwickeln; ⟨*Verkaufszahlen:*⟩ [sprunghaft] steigen; ⟨*Produkt, Kampagne:*⟩ einschlagen; ⟨*Person:*⟩ Karriere machen; **his career is taking off** er macht eine steile Karriere. *See also* **take-off**

~ **'on 1.** *v. t.* **a)** *(undertake)* übernehmen; annehmen ⟨*Herausforderung, Wette usw.*⟩; auf sich *(Akk.)* nehmen ⟨*Bürde*⟩; *(accept responsibility for)* sich einlassen auf (+ *Akk.*) ⟨*Person*⟩; sich *(Dat.)* aufbürden *od.* aufladen ⟨*Sache*⟩; **b)** *(enrol, employ)* einstellen; aufnehmen ⟨*Schüler, Studenten*⟩; annehmen ⟨*Privatschüler*⟩; **c)** *(acquire, assume)* annehmen ⟨*Farbe, Form, Ausdruck, Ausmaße*⟩; erhalten ⟨*Bedeutung*⟩; **d)** *(accept as opponent)* sich auf eine Auseinandersetzung einlassen mit; es aufnehmen mit; den Kampf aufnehmen mit ⟨*Regierung, Gesetz*⟩; **I'll ~ you on** *(in a contest)* ich nehme es mit dir auf; *(in a bet)* die Wette gilt; **e)** *(take on board)* aufnehmen; **f)** *(transport farther)* weiterbringen. **2.** *v. i.* **a)** *(coll.: get upset)* sich aufregen; **don't ~ on so!** reg dich nicht so auf!; hab dich nicht so! *(ugs. abwertend);* **b)** *(be successful)* einschlagen

~ **'out** *v. t.* **a)** *(remove)* herausnehmen, ziehen ⟨*Zahn*⟩; ~ **sth. out of sth.**, ~ **out sth. from sth.** etw. aus etw. [heraus]nehmen; ~ **out a pizza** *etc.* sich *(Dat.)* eine Pizza *usw.* mitnehmen; **'... to ~ out'** „... zum Mitnehmen"; ~ **out a nail from a piece of wood/a splinter from sb.'s finger** einen Nagel aus einem Stück Holz ziehen/jmdm. einen Splitter aus dem Finger ziehen; ~ **a stain/mark out of a dress** einen Fleck aus einem Kleid entfernen; **the strong sun ~s all the natural moisture out of your skin** die starke Sonnenbestrahlung entzieht der Haut ihre natürliche Feuchtigkeit; ~ **the colour/vitamins out of sth.** etw. ausbleichen/einer Sache *(Dat.)* die Vitamine entziehen; ~ **sb. out of the courtroom** jmdn. aus dem Gerichtssaal führen; **the train took us out of the city** der Zug brachte uns aus der Stadt [heraus]; ~ **it/a lot out of sb.** *(fig.)* jmdn. mitnehmen/sehr mitnehmen; **b)** *(destroy)* zerstören; *(fig.) (Footb. etc.)* ausschalten; *(kill)* töten; **c)** *(withdraw)* abheben ⟨*Geld*⟩; **d)** *(deduct)* abziehen (**of** von); **e)** *(go out with)* ~ **sb. out** mit jmdm. ausgehen; ~ **sb. out for a walk/drive** mit jmdm. eine Spaziergang/eine Spazierfahrt machen; ~ **sb. out to or for lunch/dinner** jmdn. zum Mittagessen/Abendessen einladen; ~ **sb. out to the cinema/the theatre/a restaurant** jmdn. ins Kino/Theater/zum Essen einladen; ~ **the dog out** [**for a walk**] den Hund ausführen; ~ **sb. out of himself/herself** *(fig.)* jmdn. auf andere Gedanken bringen; **f)** *(get issued)* erwerben; erhalten; abschließen ⟨*Versicherung*⟩; ausleihen ⟨*Bücher*⟩; aufgeben ⟨*Anzeige*⟩; ~ **out a subscription to sth.** etw. abonnieren; **g)** ~ **it/sth. out on sb./sth.** seine Wut/etw. an jmdm./etw. auslassen. *See also* **take-out**

~ **'over 1.** *v. t.* **a)** *(assume control of)* übernehmen; ~ **sth. over from sb.** etw. von jmdm. übernehmen; *(take the lead)* ⟨*Sport*⟩ in Führung gehen; **let sth. ~ over one's life** *(fig.)* sein Leben von etw. bestimmen lassen; **b)** *(occupy, fig.)* von jmdm. Besitz ergreifen; ~ **over the world** die Weltherrschaft an sich reißen; **b)** *(carry or transport over)* ~ **sb./sth. over to sb./sb.'s flat/Guildford** jmdn./etw. zu jmds./jmds.

Wohnung/nach Guildford bringen *od. (ugs.)* rüberbringen; **I'll ~ you/it over next time** ich werde dich/es nächstes Mal mitnehmen; **c)** *(Printing)* rübernehmen *(ugs.).* **2.** *v. i.* übernehmen; ⟨*Manager, Firmenleiter:*⟩ die Geschäfte übernehmen; ⟨*Regierung, Präsident:*⟩ die Amtsgeschäfte übernehmen; ⟨*Junta:*⟩ die Macht übernehmen; ⟨*Beifahrer:*⟩ das Steuer übernehmen; **other organizations will ~ over [from it] and carry out its functions** andere Organisationen werden seine Funktion übernehmen; **the night nurse ~s over at 10 p.m.** um zehn Uhr tritt die Nachtschwester ihren Dienst an. *See also* **take-over**

~ **'round** *v. t.* **a)** *(carry, deliver)* vorbeibringen; **I'll ~ you round one day** ich nehme dich einmal mit hin; **b)** *(show around)* [herum]führen; ~ **sb. round the factory** jmdn. durch die Fabrik führen

~ **to** *v. i.* **a)** *(get into habit of)* ~ **to doing sth.** anfangen, etw. zu tun; es sich *(Dat.)* angewöhnen, etw. zu tun; ~ **to drugs/gambling/crime** zu Drogen greifen/dem Spiel/der Kriminalität verfallen; **b)** *(escape to)* sich flüchten in (+ *Person*); sich in die Boote retten; *see also* **bed 1 a;** ¹**heel 1 a; c)** *(develop a liking for)* sich hingezogen fühlen zu ⟨*Sache*⟩; *(adapt oneself to)* sich gewöhnen an (+ *Akk.*); *see also* ¹**duck 1 a**

~ **'up 1.** *v. t.* **a)** *(lift up)* hochheben; *(pick up)* aufheben; aufnehmen ⟨*Staub, Partikel, Laub*⟩; herausnehmen ⟨*Pflanzen*⟩; herausreißen ⟨*Schienenstrang, Dielen*⟩; aufreißen ⟨*Straße*⟩; hochholen, aufnehmen ⟨*Masche*⟩; **he took up his book again** *(started to read again)* er nahm seine Lektüre wieder auf; *see also* ²**arm 1 a;** **cudgel 1;** ¹**gauntlet d;** **glove a; b)** *(move up)* weiter nach oben rücken; *(shorten)* kürzer machen; **c)** *(carry or lead up)* ~ **sb./sth. up** jmdn./etw. hinaufbringen (**to** zu); **I'll ~ you up one day** ich werde dich einmal mit hinaufbringen; ~ **sth. up to sb.** jmdm. etw. hinaufbringen; **he took the suitcase up to the top floor with him** er nahm den Koffer mit in den obersten Stock; **d)** *(absorb)* aufnehmen; **e)** *(wind up)* aufwickeln; *see also* ¹**slack 2 a; f)** *(occupy, engage)* beanspruchen; **I'm sorry to have ~ up so much of your time** es tut mir leid, Ihre Zeit so lange in Anspruch genommen zu haben; **most of my time is ~n up with ... :** ich verbringe die meiste Zeit mit ...; **be ~n up with sb./sb.** no Wort nehmen/jmdm./etw. in Anspruch genommen sein; **g)** ergreifen ⟨*Beruf*⟩; anfangen ⟨*Jogging, Tennis, Schach, Gitarre*⟩; ~ **up a musical instrument** ein Instrument zu spielen beginnen; ~ **sth. up as a hobby/profession** etw. zu seinem Hobby/Beruf machen; ~ **up German/a hobby** anfangen, Deutsch zu lernen/sich *(Dat.)* ein Hobby zulegen; **h)** *(start, adopt)* aufnehmen ⟨*Arbeit, Kampf*⟩; antreten ⟨*Stelle*⟩; übernehmen ⟨*Pflicht, Funktion*⟩; einnehmen ⟨*Haltung, Position*⟩; eintreten für sich einsetzen für ⟨*Sache*⟩; ~ **up a/one's position** ⟨*Polizeiposten, Politiker:*⟩ Position beziehen; **i)** *(accept)* annehmen; aufnehmen ⟨*Idee, Vorschlag, Kredit, Geld*⟩; kaufen ⟨*Aktien*⟩; ~ **an option** optieren ⟨*Rechtsw.*⟩; **j)** *(raise, pursue further)* aufgreifen; ~ **sth. up with sb.** sich in einer Sache an jmdn. wenden; **k)** ~ **sb. up** [**on sth.**] *(accept)* jmdn. [in bezug auf etw. *(Akk.)*] beim Wort nehmen; *(challenge)* jmdn. [in bezug auf etw. *(Akk.)*] widersprechen; **I might ~ you up on that offer/challenge** dies Angebot/diese Herausforderung werde ich vielleicht annehmen; **he took me up on the remark I had made** er hatte mein Bemerkung etwas einzuwenden; **l)** *(join in)* einfallen in (+ *Akk.*) ⟨*Ruf*⟩; sich beteiligen an (+ *Dat.*) ⟨*Kampf*⟩; **m)** *(continue, resume)* [wieder] aufnehmen; weiterführen ⟨*Geschichte*⟩; ~

up sth. where one/sb. has left off mit etw. da fortfahren, wo man/jmd. aufgehört hat; **n)** *(be [very] ~n up with sb./sth.)* mit jmdm./etw. [sehr] beschäftigt sein. **2.** *v. i.* **a)** *(coll.: become friendly)* ~ **up with sb.** sich mit jmdm. einlassen; **b)** *(continue)* einsetzen; ~ **up where sb./sth. has left off** da einsetzen, wo jmd./etw. aufgehört hat; **c)** *(wind up)* aufwickeln. *See also* **take-up**

~ **upon** *v. t.* ~ **upon oneself** auf sich *(Akk.)* nehmen ⟨*Aufgabe, Pflicht, Verantwortung*⟩; ~ **upon oneself the right to do sth.** sich *(Dat.)* [einfach] das Recht nehmen, etw. zu tun; ~ **it upon oneself to do sth.** sich auf *(Akk.)* *(Dat.)* herausnehmen *(ugs.),* etw. zu tun

take: ~**-away** *n.* **a)** *(restaurant)* Restaurant mit Straßenverkauf; *(meal)* Essen zum Mitnehmen; *attrib.* ⟨*Restaurant*⟩ mit Straßenverkauf; ⟨*Essen, Mahlzeit*⟩ zum Mitnehmen; **let's get a Chinese ~-away for our supper** laß uns beim Chinesen was zum Abendessen holen; ~**-home** *attrib. adj.* ~**-home pay/wages** Nettolohn, *der;* ~**-in** *n. (coll.)* Schwindel, *der (abwertend)*

taken *see* **take 1, 2**

take: ~**-off** *n.* **a)** *(Sport)* Absprung, *der; (board)* [Ab]sprungbalken, *der;* ~**-off speed** Geschwindigkeit beim Absprung; **b)** *(Aeronaut.)* Start, *der;* Take-off, *das (fachspr.);* **be cleared/ready for** ~**-off** Starterlaubnis haben/startklar sein; ~**-off speed** Abhebegeschwindigkeit, *die;* **c)** *(coll.: caricature)* Parodie, *die;* **do a** ~**-off of sb.** jmdn. parodieren; **d)** *(Econ.)* [rapider] Aufschwung; ~**-out** *(Amer.) see* **take-away;** ~**-over** *n. (Commerc.)* Übernahme, *die;* ~**-over bid** Übernahmeangebot, *das*

taker ['teɪkə(r)] *n. (of a bet)* Wetter, *der; (of shares etc.)* Käufer, *der;* **there were no ~s** [**for the offer**] niemand hat [das Angebot] angenommen; *(at betting)* keiner nam die Wette an; **any ~s?** *(at auction)* wer bietet?

'**take-up** *n.* **a)** *(response)* **a ~ of over 2,000** über 2 000 Interessenten; ~ **has been very poor/low** es gab kaum *od.* sehr wenig Interessenten; **b)** *(winding up)* Aufwickeln, *das;* Aufwick[e]lung, *die; attrib.* Aufwickel- ⟨*spule, -geschwindigkeit*⟩

taking ['teɪkɪŋ] *n.* **a)** *in pl. (amount taken)* Einnahmen; **b)** *(seizure)* Einnahme, *die;* **c)** **they are yours/his** *etc.* **for the ~:** du kannst/er kann *usw.* sie haben; **victory was his for the ~:** sein Sieg war so gut wie sicher

talc [tælk] *n.* **a)** Talkum, *das;* **b)** *(Min.)* Talk, *der*

talcum ['tælkəm] *n.* ~ [**powder**] Talkumpuder, *der;* Talkum, *das; (as cosmetic)* Körperpuder, *der*

tale [teɪl] *n.* **a)** *(story)* Erzählung, *die;* Geschichte, *die (of* von, *about* über + *Akk.)*; **fisherman's** ~[**s**] Anglerlatein, *das;* **b)** *(piece of gossip)* Geschichte, *die (ugs.). See also* **tell 1 b; thereby; wife;** **woe a**

talent ['tælənt] *n.* **a)** *(ability)* Talent, *das;* **have** [**great/no** *etc.*] ~ **for sth.**] [viel/kein *usw.*] Talent [zu *od.* für etw.] haben; **have a** ~ **for music** musikalisches Talent haben; **have a** [**great**] ~ **for doing sth.** das Talent haben, etw. zu tun; **b)** *(people with ability)* Talente; Begabungen; **the** [**local**] ~ *(sl.: girls/men)* die interessanten Frauen/*(ugs.)* Typen am Ort; **c)** *(arch.: measure, money)* Talent, *das*

talented ['tæləntɪd] *adj.* talentiert; **this is a** ~ **essay** dieser Aufsatz zeugt von Talent

talent: ~**-scout,** ~**-spotter** *ns.* Talentsucher, *der;* Talentsuche, *die;* ~**-spotting** *n.* Talentsuche, *die*

tale-teller *n.* **a)** *see* **story-teller;** **b)** *(sneak/gossip)* jmd., der andere anschwärzt/schlechtmacht

talisman ['tælɪzmən] *n.* Talisman, *der*

talk [tɔːk] **1.** *n.* **a)** *(discussion)* Gespräch, *das;* **have a ~** [**with sb.**] [**about sth.**] [mit jmdm.] über etw. *(Akk.)* reden *od.* spre-

731

chen; **have a long ~ on the phone** lange miteinander telefonieren; **I've enjoyed our ~:** es war nett, mit Ihnen zu sprechen; **could I have a ~ with you?** könnte ich Sie einmal sprechen?; **have** or **hold ~s [with sb.]** [mit jmdm.] Gespräche führen; **b)** *(speech, lecture)* Vortrag, *der;* **give a ~/a series of ~s [on sth./sb.]** einen Vortrag/eine Vortragsreihe [über etw./jmdn.] halten; **c)** *jur.* (*form of communication*) Sprache, *die;* **sailors'/men's ~:** Seemanns-/Männersprache, *die;* **d)** *no pl. (talking)* Gerede, *das (abwertend);* **there's too much ~ [of ...]** es wird zuviel [von ...] geredet; **he is all ~ [and no action]** er redet nur [und tut nichts]; **there is [much/some] ~ of ...:** man hört [häufig/öfter] von ...; **be the ~ of the town/neighbourhood** *etc.* Stadtgespräch/das Thema in der Nachbarschaft *usw.* sein. *See also* **big 1g; small talk. 2.** *v. i.* **a)** *(speak)* sprechen, reden (**with,** to mit); *(lecture)* sprechen; *(converse)* sich unterhalten; *(have ~s)* Gespräche führen; *(gossip)* reden; **be ~ing in German** deutsch sprechen; **love to hear oneself ~:** sich gern reden hören; **can't** or **doesn't she ~!** *(coll.)* die kann vielleicht reden!; **we must ~:** wir müssen miteinander reden; **~ on the phone** telefonieren; **we ~ on the phone every day** wir telefonieren jeden Tag miteinander; **~ to sb. on the phone** mit jmdm. telefonieren; **he sat through the entire meal without ~ing** er hat während des gesamten Essens kein Wort gesagt; **keep sb. ~ing** jmdn. in ein [längeres] Gespräch verwickeln; **she kept me ~ing for an hour** ich mußte mich eine Stunde lang mit ihr unterhalten; **now you're ~ing!** *(coll.)* das hört sich schon besser an; **that's no way to ~/~ to your uncle** das darfst du nicht sagen/so darfst du aber nicht mit deinem Onkel reden!; **don't ~ to 'me like that!** mit mir kannst du so nicht reden!; **who do you think you're ~ing to?** was bildest du dir ein, so mit mir zu sprechen?; **it's easy for you/him** *etc.* **to ~:** du hast/er hat *usw.* gut reden; **look who's ~ing** *(iron.)* das mußt du gerade sagen; **~ her** *etc.* **can** *(iron.)* or **can't ~:** sei du nur ganz still!; **don't ~ daft** *(coll.)* rede doch kein dummes Zeug!; **I'll ~ to that boy when he gets in** *(coll.: scold)* ich werde mal ein ernstes Wort mit dem Jungen reden, wenn er nach Hause kommt; **could I ~ to you for a moment?** könnte ich Sie einen Augenblick sprechen?; **to sb. seriously** mit jmdm. ein ernstes Wort reden; **may I ~ with Mr Smith, please?** kann ich bitte Herrn Smith sprechen?; **get ~ing [to sb.]** [mit jmdm.] ins Gespräch kommen; **~ to oneself** mit sich selbst sprechen; Selbstgespräche führen; **ships ~ to each other by radio** Schiffe verständigen sich über Funk; **~ of** or **about sb./sth.** über jmdn./etw. reden; **everyone's ~ing about him/his divorce** er/seine Scheidung ist in aller Munde; **everyone is ~ing about his new film** jeder spricht von seinem neuen Film; **~ of** or **about doing sth.** davon reden, etw. zu tun; **get oneself ~ed about** ins Gespräch bringen; **[not] know what one is ~ing about** [gar nicht] wissen, wovon man redet; **[not] know what sb. is ~ing about** [nicht] wissen, was jmd. meint *od.* wovon jmd. spricht; **~ about trouble** *etc.!* *(coll.)* Erzähl mir noch einer was von Schwierigkeiten *usw.!*; **What are you ~ing about?** Of course he's not going to resign was redest du da? Natürlich tritt er nicht zurück; **~ing of holidays** *etc.* da wir [gerade] vom Urlaub *usw.* sprechen; *(apropos* Urlaub *usw.);* **b)** *(have power of speech)* sprechen; **animals don't ~:** Tiere können nicht sprechen; **c)** *(betray secrets)* reden; **the prisoner refused to ~:** der Gefangene verweigerte jede Aussage; **make sb. ~:** jmdn. zum Reden bringen; **we have ways of making you ~:** wir werden Sie schon zum Reden bringen.

See also **big 2; hat b; head 1 b. 3.** *v. t.* **a)** *(utter, express)* **~ [a load of] nonsense** [eine Menge] Unsinn *od. (ugs.)* Stuß reden; **b)** *(discuss)* **~ politics/music** *etc.* über Politik/Musik *usw.* reden; **~ business** geschäftliche Dinge besprechen; *(get down to business)* zur Sache kommen; *see also* **shop 1 b; c)** *(use)* sprechen ⟨Sprache, Dialekt *usw.*⟩; **d)** *(bring into certain condition)* **~ oneself hoarse** sich heiser reden; **~ oneself** or **one's way out of trouble** sich aus Schwierigkeiten herausreden; **he ~ed himself into/out of the job** er hat im Gespräch so eine gute/schlechte Figur gemacht, daß er die Stelle bekommen hat/nicht bekommen hat; **~ sb. into/out of sth.** jmdn. zu etw. überreden/jmdm. etw. ausreden; **~ oneself into believing sth.** sich (*Dat.*) etw. einreden. *See also* **donkey**.

~ at *v. t.* einreden auf (+ *Akk.*)

~ away 1. *v. i.* sich [angeregt] unterhalten (**to** mit). **2.** *v. t.* **a)** verplaudern ⟨Zeit⟩; **b)** **~ sb.'s fears away** jmdm. seine Angst ausreden

~ 'back *v. i* **a)** *(reply)* antworten; **b)** *(reply defiantly)* widersprechen (**to** *Dat.*)

~ 'down 1. *v. t.* **a)** *(silence)* in Grund und Boden reden; **b)** *(guide)* Landekommandos geben (+ *Dat.*). **2.** *v. i.* **~ down to sb.** von oben herab *od.* herablassend mit jmdm. reden

~ 'out *v. t.* **a)** *(discuss)* ausdiskutieren; **b)** *(Parl.)* **~ out a bill** die Verabschiedung eines Gesetzes verfahrensmäßig blockieren

~ 'over *v. t.* **a)** **~ sth. over [with sb.]** etw. [mit jmdm.] besprechen; **b)** *(persuade)* **~ sb. over** jmdn. überreden

~ 'round *v. t.* **a)** *(persuade)* **~ sb. round** jmdn. überreden; **b)** *(skirt)* **~ round sth.** um etw. herumreden *(ugs.)*

~ 'through *v. t.* **~ sb. through sth.** etw. mit jmdm. durchgehen *od.* durchsprechen; **~ sth. through** etw. durchsprechen

~ 'up 1. *v. t.* loben. **2.** *v. i.* see **speak up a talkative** ['tɔ:kətɪv] *adj.* gesprächig; geschwätzig *(abwertend)*

talkativeness ['tɔ:kətɪvnɪs] *n., no pl.* Gesprächigkeit, *die;* Geschwätzigkeit, *die (abwertend)*

talked-about ['tɔ:ktəbaʊt] *attrib. adj. see* **talked-of**

talked-of ['tɔ:ktɒv] *attrib. adj.* **a much ~ book/play/project** ein vieldiskutiertes Buch/Stück/Projekt; **a much ~ actor/artist** ein Schauspieler/Künstler, der in aller Munde ist

talker ['tɔ:kə(r)] *n.* **a)** Redner, *der/* Rednerin, *die;* **the parrot is an excellent ~:** der Papagei kann ausgezeichnet sprechen; **she is a great ~** *(talks a lot)* sie redet viel; **be a fast ~:** [sehr] schnell sprechen; *(fig. sl.)* verdammt gut reden können *(ugs.);* **b)** *(one who talks but does not act)* Schwätzer, *der/* Schwätzerin, *die;* **he's just a ~:** er redet immer nur

talkie ['tɔ:kɪ] *n. (coll.)* Tonfilm, *der*

talking ['tɔ:kɪŋ] **1.** *n.* Reden, *das;* **there's been so much ~:** es ist so viel geredet worden; **'no ~'** „bitte nicht sprechen"; **do [all] the ~:** das Gespräch dominieren; **let me do the ~:** überlaß lieber mir das Reden. **2.** *adj.* sprechend; **~ doll** Sprechpuppe, *die;* **~ book** Hörbuch, *das;* **~ film** or **picture** Tonfilm, *der*

talking: ~ 'heads *n. pl.* *(Telev. sl. derog.)* Leute, die man nur reden sieht; **~ point** *n.* Gesprächsthema, *das;* **~-shop** *n. (derog.)* Quasselbude, *die (ugs. abwertend);* **~-to** ['tɔ:kɪntu:] *n. (coll.)* Standpauke, *die (ugs.);* **give sb. a good ~-to** jmdm. eine ordentliche Standpauke halten *(ugs.)*

'talk-show *n.* Talk-Show, *die*

tall [tɔ:l] **1.** *adj.* **a)** hoch; groß ⟨Person, Tier⟩; **grow ~:** groß werden; wachsen; **feel ten feet ~** *(fig.)* riesig stolz sein; **b)** *(coll.: excessive)* **a ~ tale** eine unglaubwürdige Geschichte; **that is a ~ order** das ist ziemlich viel verlangt; *see also* **¹story a. 2.** *adv.* **stand six feet** *etc.* **~:** 6 Fuß *usw.* groß sein; **stand ~:** aufrecht stehen; *(be proud)* erhobenen Hauptes stehen/gehen *usw.* *(geh.); see also* **walk 1 a**

tall: ~boy *n.* Doppelkommode, *die;* Tallboy, *der;* **~ 'hat** *see* **top hat**

tallish ['tɔ:lɪʃ] *adj.* ziemlich hoch; ziemlich groß ⟨Person⟩

tallness ['tɔ:lnɪs] *n., no pl.* Höhe, *die; (of person)* Größe, *die*

tallow ['tæləʊ] *n.* Talg, *der*

'tallow candle *n.* Talgkerze, *die*

tall 'ship *n.* Windjammer, *der*

tally ['tælɪ] **1.** *n.* **a)** *(record)* **sb.'s ~ is 18 goals** jmd. kann 18 Tore für sich verbuchen; **a player with a ~ of 18 goals** ein Spieler, der 18 Tore für sich verbuchen kann; **keep a [daily] ~ of sth.** [täglich] über etw. *(Akk.)* Buch führen; **b)** *(label, ticket)* Schild, *das.* **2.** *v. i.* übereinstimmen

tally-ho **1.** *int.* ≈ horrido. **2.** *n., pl.* **~s** ≈ Horrido, *das*

Talmud ['tælmʊd, 'tælməd] *n.* Talmud, *der*

talon ['tælən] *n.* Klaue, *die;* **~s** *(fig.: long fingernails)* Krallen *(ugs. abwertend)*

tamarind ['tæmərɪnd] *n.* Tamarinde, *die*

tamarisk ['tæmərɪsk] *n. (Bot.)* Tamariske, *die*

tambourine [tæmbə'ri:n] *n. (Mus.)* Tamburin, *das*

tame [teɪm] **1.** *adj.* **a)** zahm; *(joc.)* hauseigen ⟨Anarchist, Genie⟩; **grow/become ~:** zahm werden; **b)** *(spiritless)* lahm *(ugs.),* lustlos ⟨Einwilligung, Anerkennung, Kampagne, Versuch⟩; zahm ⟨Besprechung, Kritik⟩; **c)** *(dull)* wenig aufregend; lasch ⟨Stil⟩. **2.** *v. t. (lit.* or *fig.)* zähmen

tameable ['teɪməbl] *adj. (lit.* or *fig.)* zähmbar; **be [not] ~:** sich [nicht] zähmen lassen

tamely ['teɪmlɪ] *adv.* **a)** *(docilely)* zahm *(ugs.);* **b)** *(fig.: unexcitingly)* lahm *(ugs.);* wenig aufregend

tameness ['teɪmnɪs] *n., no pl.* **a)** *(docility)* Zahmheit, *die;* **b)** *see* **tame 1 b:** Lahmheit, *die (ugs.);* Lustlosigkeit, *die;* Zahmheit, *die (ugs.);* **c)** *(dullness)* Langweiligkeit, *die; (of style)* Laschheit, *die*

tamer ['teɪmə(r)] *n.* Dompteur, *der/* Dompteuse, *die;* **a ~ of wild animals** ein Tierbändiger

Tamil ['tæmɪl] **1.** *adj.* tamilisch. **2.** *n.* **a)** *(person)* Tamile, *der/* Tamilin, *die;* **b)** *(language)* Tamil, *das*

tam-o-'shanter [tæmə'ʃæntə(r)] *n.* Tam-o-'Shanter, *der;* zur schottischen Tracht gehörende Tellermütze mit Pompon

tamper ['tæmpə(r)] *v. i.* **~ with sth.** *(Dat.)* zu schaffen machen mit (+ *Dat.*); *(make unauthorized changes in)* unerlaubte Änderungen vornehmen an (+ *Dat.*) ⟨Schriftstück, Text⟩; *(attempt to bribe)* zu bestechen versuchen ⟨Jury, Zeugen⟩; *(fig.)* ändern wollen ⟨Regeln, Tradition⟩; **the brakes had been ~ed with** jmd. hatte sich an den Bremsen zu schaffen gemacht

'tamper-proof *adj.* einbruchsicher ⟨Schloß⟩; verplombt ⟨Gasuhr⟩; aufbruchsicher ⟨Münztelefon⟩

tampon ['tæmpɒn] *n.* Tampon, *der*

¹tan [tæn] **1.** *v. t.,* **-nn-** **a)** gerben; **b)** *(bronze)* ⟨Sonne:⟩ bräunen; ⟨Person:⟩ braun werden lassen ⟨Körperteil⟩; **the sun had ~ned them dark brown** von der Sonne hatte sie dunkelbraun gebrannt; **c)** *(sl.: beat)* das Fell gerben *(salopp)* (+ *Dat.*); *see also* **²hide 2. 2.** *v. i.,* **-nn-** braun werden. **3.** *n.* **a)** *(colour)* Gelbbraun, *das;* **b)** *(sun-~)* Bräune, *die;* **have/get a ~:** braun werden; *(tanning agent)* Gerbmittel, *das.* **4.** *adj.* gelbbraun

²tan *abbr. (Math.)* tangent tan

tandem ['tændəm] **1.** *adv.* hintereinander; **be driven ~** ⟨Pferde:⟩ hintereinander im

Gespann laufen; **drive/ride** ~ ⟨*Kutscher, Radfahrer:*⟩ Tandem fahren. **2.** *n.* (*lit. or fig.*) Tandem, *das;* ~ **bicycle** Tandem, *das;* **coupled/harnessed in** ~**:** hintereinandergekoppelt/-gespannt; **work in** ~ (*fig.*) zusammenarbeiten

tandoori [tæn'dʊərɪ] *n.* (*Gastr.*) Tandoorigericht, *das; attrib.* Tandoori⟨*restaurant, -hühnchen*⟩; ~ **cooking** Tandooriküche, *die*

tang [tæŋ] *n.* **a)** (*taste/smell*) |**sharp**| ~: scharfer Geschmack/Geruch; |**spicy/salty**| ~: würziger/salziger Geschmack/Geruch; **there is a** ~ **of autumn in the air** es riecht nach Herbst; **b)** (*of chisel, knife, sword*) Angel, *die*

tangent ['tændʒənt] (*Math.*) **1.** *n.* Tangente, *die;* (*in triangle*) Tangens, *der;* **run/be drawn at a** ~ **to a curve/circle** eine Kurve/einen Kreis in einem Punkt berühren; **go** or **fly off at a** ~ (*fig.*) plötzlich vom Thema abschweifen. **2.** *adj.* Tangenten-; ~ **plane** Tangentialebene, *die;* **be** ~ **to** tangieren ⟨*fachspr.*⟩, in einem Punkt berühren ⟨*Kurve, Kreis*⟩

tangential [tæn'dʒenʃl] *adj.* (*Math.*) Tangential-; (*fig.:* *peripheral*) nebensächlich; nicht zur Sache gehörend ⟨*Kommentar, Information*⟩; **be merely** ~ **to sth.** (*fig.*) etw. nur am Rande berühren

tangerine [tændʒə'riːn] *n.* **a)** (*fruit*) ~ |**orange**| Tangerine, *die;* **b)** (*colour*) Orangerot, *das.* **2.** *adj.* Orangerot

tangible ['tændʒɪbl] *adj.* **a)** (*perceptible by touch*) fühlbar ⟨*Schwellung, Verdickung, Verhärtung*⟩; **b)** (*fig.:* *real, definite*) greifbar; spürbar, merklich ⟨*Unterschied, Verbesserung*⟩; handfest ⟨*Beweis*⟩; ~ **assets** (*Econ.*) Sachanlagevermögen, *das*

tangibly ['tændʒɪblɪ] *adv.* deutlich ⟨*sichtbar*⟩; **be** ~ **different** sich merklich unterscheiden (**from** von); **sth. can be** ~ **proved** es gibt handfeste Beweise für etw.; **you should have been** ~ **rewarded** man hätte dir eine handfestere Belohnung geben sollen

Tangier[s] [tæn'dʒɪə(z)] *pr. n.* Tanger (*das*)

tangle ['tæŋgl] **1.** *n.* Gewirr, *das;* (*in hair*) Verfilzung, *die;* (*fig.:* *dispute*) Auseinandersetzung, *die;* **be in a** ~: sich verheddert haben (*ugs.*); ⟨*Angelegenheiten:*⟩ in Unordnung (*Dat.*) sein; ⟨*Person:*⟩ verwirrt sein; **get oneself into a** ~ (*fig.*) sich in eine schwierige Lage bringen. **2.** *v. t.* verheddern (*ugs.*); verfilzen ⟨*Haar*⟩. **3.** *v. i.* sich verheddern (*ugs.*); ⟨*Haar:*⟩ sich verfilzen

~ **up 1.** *v. t.* verheddern (*ugs.*); verfilzen ⟨*Haar*⟩; **become** or **get** ~**d up** sich verheddern (*ugs.*); **he's got** ~**d up in a rather unpleasant affair** (*coll.*) er ist in eine ziemlich unangenehme Sache verstrickt; **get** ~**d up with sb.** (*fig.*) sich mit jmdm. einlassen. **2.** *v. i. see* ~ 3

~ **with** *v. t.* (*coll.*) ~ **with sb.** sich mit jmdm. anlegen

tangled ['tæŋgld] *adj.* verheddert (*ugs.*); verfilzt ⟨*Haar*⟩; (*confused, complicated*) verworren; verwickelt ⟨*Angelegenheit*⟩

tango ['tæŋgəʊ] **1.** *n., pl.* ~**s** Tango, *der.* **2.** *v. i.* Tango tanzen; **it takes two to** ~ (*fig. coll.*) dazu gehören immer noch zwei

tangy ['tæŋɪ] *adj.* scharf; (*spicy*) würzig; (*acid*) bitter; (*salty*) salzig

tank [tæŋk] *n.* **a)** Tank, *der;* (*Railw.:* *in tender*) Wasserkasten, *der;* (*for fish etc.*) Aquarium, *das;* (*for catching rain-water*) Auffangbecken, *das;* **fill the** ~ (*with petrol*) volltanken; **b)** (*Mil.*) Panzer, *der*

~ **up 1.** *v. i.* (*get fuel*) auftanken. **2.** *v. t.* (*sl.:* *drunk*) sich volltanken (*salopp*)

tankard ['tæŋkəd] *n.* Krug, *der;* **a** ~ **of beer** *etc.* ein Krug Bier *usw.*

'**tank-car** *n.* (*Railw.*) Kesselwagen, *der*

tanked-up [tæŋk'tʌp] *adj.* (*sl.*) vollgetankt (*salopp*)

'**tank-engine** *n.* (*Railw.*) Tenderlokomotive, *die*

tanker ['tæŋkə(r)] *n.* (*ship*) Tanker, *der;* Tankschiff, *das;* (*aircraft*) Tankflugzeug, *das;* (*vehicle*) Tank[last]wagen, *der*

tank: ~ **top** *n.* ≈ Pullunder, *der;* ~-**trap** *n.* (*Mil.*) Panzersperre, *die;* (*ditch*) Panzergraben, *der;* ~-**waggon** *n.* (*Brit. Railw.*) Kesselwagen, *der*

tanned [tænd] *adj.* **a)** (*treated by tanning*) gegerbt; **b)** (*bronzed*) braungebrannt

tanner ['tænə(r)] *n.* (*person*) Gerber, *der* /Gerberin, *die*

tannery ['tænərɪ] *n.* Gerberei, *die*

tannic ['tænɪk] *adj.* ~ **acid** (*Chem.*) Tannin, *das*

tannin ['tænɪn] *n.* (*Chem.*) Tannin, *das*

tanning ['tænɪŋ] *n.* **a)** (*of hides*) Gerben, *das;* (*craft also*) Gerberei, *die; attrib.* Gerb-; **b)** (*bronzing*) Bräunung, *die; attrib.* Bräunungs-; **c)** (*sl.:* *beating*) Abreibung, *die* (*ugs.*); **give sb. a** ~: jmdm. das Fell gerben (*salopp*)

Tannoy, (**P**) ['tænɔɪ] *n.* Lautsprecher, *der;* **over** or **on the** ~: über Lautsprecher

tansy ['tænzɪ] *n.* (*Bot.*) Rainfarn, *der*

tantalise, tantalising, tantalisingly *see* **tantaliz**-

tantalize ['tæntəlaɪz] *v. t.* reizen; (*tease also*) zappeln lassen (*ugs.*); (*with promises*) [falsche] Hoffnungen wecken bei

tantalizing ['tæntəlaɪzɪŋ] *adj.* verlockend; **a** ~ **puzzle** ein Rätsel, das einen nicht losläßt

tantalizingly ['tæntəlaɪzɪŋlɪ] *adv.* [falsche] Hoffnungen weckend; verlockend ⟨*schön, nah, duften, lächeln*⟩

tantamount ['tæntəmaʊnt] *pred. adj.* **be** ~ **to sth.** gleichbedeutend mit etw. sein; einer Sache (*Dat.*) gleichkommen

tantrum ['tæntrəm] *n.* Wutanfall, *der;* (*of child*) Trotzanfall, *der;* **be in a** ~ **have a** ~: einen Wutanfall/Trotzanfall haben; **get into/ throw a** ~: einen Wutanfall/Trotzanfall bekommen

Tanzania [tænzə'niːə] *pr. n.* Tansania (*das*)

Tanzanian [tænzə'niːən] **1.** *adj.* tansanisch; **sb. is** ~: jmd. ist Tansanier/Tansanierin. **2.** *n.* Tansanier, *der*/Tansanierin, *die*

Taoiseach ['tiːʃæx] *n.* (*Ir. Parl.*) Premierminister/-ministerin [der Republik Irland]

Taoism ['taʊɪzm] *n.* (*Relig.*) Taoismus, *der*

Taoist ['taʊɪst] (*Relig.*) **1.** *adj.* taoistisch. **2.** *n.* Taoist, *der*/Taoistin, *die*

¹**tap** [tæp] **1.** *n.* **a)** Hahn, *der;* (*on barrel, cask*) [Zapf]hahn, *der;* **hot/cold|-water|** ~: Warm-/Kaltwasserhahn, *der;* **leave the** ~ **running** den Wasserhahn laufen lassen; **on** ~ vom Faß nachgestellt; **be on** ~ (*fig.*) zur Verfügung stehen; **have on** ~ (*fig.*) zur Verfügung haben ⟨*Geld, Mittel*⟩; an der Hand haben ⟨*Experten*⟩; **b)** (*plug*) Zapfen, *der;* Spund, *der;* **c)** (*telephone*) ~: Telefonüberwachung, *die.* **2.** *v. t.,* -**pp- a)** (*make use of*) erschließen ⟨*Reserven, Ressourcen, Bezirk, Markt, Land, Einnahmequelle*⟩; anzapfen (*fig. ugs.*) ⟨*Reserven, Ressourcen*⟩; ~ **sb. for money/information** anzapfen (*ugs.*); ~ **sb. for a few pounds** versuchen, bei jmdm. ein paar Pfund lockerzumachen (*ugs.*); **b)** (*Teleph.:* *intercept*) abhören (*ugs.*); **c)** (*pierce*) anzapfen ⟨*Baum, Faß*⟩; anstechen ⟨*Faß*⟩; (*draw off*) anzapfen ⟨*Bier*⟩; ~ **a tree for resin** einen Baum zur Harzgewinnung anzapfen; **d)** (*Metalw.*) ein Gewinde schneiden in (+ *Akk.*)

~ '**off** *v. t.* abzapfen (**into** in + *Akk.*)

²**tap 1.** *v. t.,* -**pp-** (*strike lightly*) klopfen an (+ *Akk.*); (*on upper surface*) klopfen auf (+ *Akk.*); ~ **one's fingers on the table** (*repeatedly*) mit den Fingern auf den Tisch trommeln; ~ **one's finger against one's forehead** sich (*Dat.*) mit dem Finger an die Stirn tippen; ~ **one's foot** mit dem Fuß auf den Boden klopfen; ~ **one's foot to the music** mit dem Takt schlagen; ~ **sb. on**

the shoulder jmdm. auf die Schulter klopfen/(*more lightly*) tippen. **2.** *v. i.* -**pp-:** ~ **at/ on sth.** an etw. (*Akk.*) klopfen; (*on upper surface*) auf etw. (*Akk.*) klopfen. **3.** *n.* (*light blow, rap*) Klopfen, *das;* (*given to naughty child*) Klaps, *der;* (*ugs.:*) **give a nail a little** ~: leicht auf einen Nagel klopfen; **there was a** ~ **at/on the door** es klopfte an die Tür; **I felt a** ~ **on my shoulder** jemand klopfte/(*more lightly*) tippte mir auf die Schulter; ~**s** (*Amer. Mil.:* *signal*) Zapfenstreich, *der*

~ **a'way** *v. i.* ⟨*Schreibkraft, Funker am Morsegerät:*⟩ vor sich hin klappern; ~ **away on the table with one's fingers/a ruler** mit den Fingern/einem Lineal auf dem Tisch trommeln

~ '**in** *v. t.* einklopfen ⟨*Nagel usw.*⟩

~ '**out** *v. t.* **a)** (*knock out*) ausklopfen ⟨*Pfeife*⟩; herausklopfen ⟨*Nagel, Keil*⟩; **b)** klopfen ⟨*Rhythmus, Takt*⟩; (*write*) (*in Morse*) morsen ⟨*Nachricht*⟩; (*on typewriter*) tippen (*ugs.*)

tap: ~-**dance 1.** *n.* Stepp[tanz], *der;* **do a** ~-**dance** steppen. **2.** *v. i.* Step tanzen; steppen; ~-**dancer** *n.* Steptänzer, *der*/-tänzerin, *die;* ~-**dancing** *n.* Steptanz, *der;* Steppen, *das*

tape [teɪp] **1.** *n.* **a)** Band, *das;* **adhesive/** (*coll.*) **sticky** ~: Klebeband, *das; see also* **red tape;** **b)** (*Sport*) Zielband, *das;* **breast the** ~: durchs Ziel gehen; **c)** (*for recording*) [Ton]band, *das* (*of mit*); |**have sth.**| **on** ~: [etw.] auf Band (*Dat.*) [haben]; **put/record sth. on** ~, **make a** ~ **of sth.** etw. auf Band (*Akk.*) aufnehmen; **blank** ~: unbespieltes Band; **d)** |**paper**| ~ Papierstreifen, *der;* (*punched with holes*) Lochstreifen, *der;* **come in on the** ~: ⟨*Nachricht:*⟩ über Fernschreiber kommen. **2.** *v. t.* **a)** (*record on* ~) [auf Band (*Akk.*)] aufnehmen; ~**d music** Tonbandmusik, *die;* **b)** (*bind with* ~) [mit Klebeband] kleben ⟨*Einband, eingerissene Seite*⟩; **c)** **have got sb./sth.** ~**d** (*sl.*) jmdn. durchschaut haben/etw. im Griff od. unter Kontrolle haben

~ '**down** *v. t.* [mit Klebeband] festkleben

~ '**on** *v. t.* [mit Klebeband] ankleben

~ '**over** *v. t.* [mit Klebeband] überkleben

~ **to'gether** *v. t.* [mit Klebeband] zusammenkleben

~ '**up** *v. t.* [mit Klebeband] zukleben; [mit Klebeband] zusammenkleben ⟨*zerrissene Seite, zerbrochene Pfeife usw.*⟩

tape: ~ **cassette** *n.* Tonbandkassette, *die;* ~ **deck** *n.* Tapedeck, *das;* ~-**machine** *n.* Fernschreiber, *der;* ~-**measure** *n.* Bandmaß, *das;* (*for measuring garments etc.*) [Zenti]metermaß, *das;* ~-**player** *n.* Tonband[wiedergabe]gerät, *das*

taper ['teɪpə(r)] **1.** *v. t.* sich verjüngen lassen; |**to a point**| spitz zulaufen lassen; **be** ~**ed** sich verjüngen; (*to a point*) spitz zulaufen. **2.** *v. i.* sich verjüngen; |**to a point**| spitz zulaufen. **3.** *n.* **a)** |**wax**| ~: Wachsstock, *der;* **b)** (*narrowing*) Verjüngung, *die*

~ **away** ~ **off** *see*

~ '**off 1.** *v. t.* **a)** ~ 1; **b)** (*fig.:* *decrease gradually*) drosseln ⟨*Produktion*⟩. **2.** *v. i.* **a)** *see* ~ 2; **b)** (*fig.:* *decrease gradually*) zurückgehen

tape: ~-**record** ['teɪprɪkɔːd] *v. t.* [auf Tonband (*Akk.*)] aufnehmen od. aufzeichnen; ~ **recorder** *n.* Tonbandgerät, *das;* ~ **re-cording** *n.* Tonbandaufnahme, *die*

tapered ['teɪpəd] *adj.* sich verjüngend; (*to a point*) spitz zulaufend; ~ **trousers** unten eng geschnittene Hose

tapering ['teɪpərɪŋ] *adj.* sich verjüngend; (*to a point*) spitz zulaufend; **be** ~: sich verjüngen

'**tape-slide show** *n.* vertonte Diaschau

tapestry ['tæpɪstrɪ] *n.* Gobelinwebe, *das;* (*wall-hanging*) Bildteppich, *der;* Tapisserie, *die,* (*fig.*) Darstellung, *die;* **Gobelin** ~: Go-

tapeworm

belin[teppich], *der;* **the Bayeux ~:** der Bayeux-Teppich
'tapeworm *n.* Bandwurm, *der*
tapioca [tæpɪ'əʊkə] *n.* Tapioka, *die*
tapir ['teɪpə(r), 'teɪpɪə(r)] *n. (Zool.)* Tapir, *der*
tappet ['tæpɪt] *n. (Mech. Engin.)* Mitnehmer, *der;* **~ rod** Stößel, *der*
tap: ~room *n.* Schankraum, *der;* **~root** *n. (Bot.)* Pfahlwurzel, *die;* **~water** *n.* Leitungswasser, *das*
¹tar [tɑː(r)] **1.** *n.* Teer, *der;* **high-~/low-~ cigarette** Zigarette mit hohem/niedrigem Teergehalt; *(fig.)* **beat** *or* **knock the ~ out of sb.** *(Amer. coll.)* jmdn. fertigmachen *(salopp);* **spoil the ship for a ha'p'orth of ~:** am falschen Ende sparen. **2.** *v.t.,* **-rr-** teeren; **~red road** Teerstraße, *die;* **~ and feather sb.** jmdn. teeren und federn; **they are ~red with the same brush** *or* **stick** *(fig.)* der eine ist nicht besser als der andere
'up *v.i. (Brit. coll.)* **~ oneself up, get ~ed up** *(dress gaudily)* sich auftakeln *(ugs.); (smarten oneself up)* sich feinmachen; **~ a pub/restaurant up** *(fig.)* eine Kneipe/ein Lokal aufmotzen *(ugs.)*
²tar *n.* [Jack] **~** *(coll.)* Teerjacke, *die (scherzh.)*
tarantella [tærən'telə], **tarantelle** ['tærən'tel] *n. (Mus.)* Tarantella, *die*
tarantula [tə'ræntjʊlə] *n. (Zool.)* Tarantel, *die*
tardily ['tɑːdɪlɪ] *adv.* **a)** *(slowly)* [zögernd] langsam; **b)** *(late)* spät; *(too late)* zu spät
tardy ['tɑːdɪ] *adj.* **a)** *(slow)* [zögernd] langsam; **b)** *(late)* spät; *(too late)* zu spät; **be ~** *(Amer.)* mit Verspätung kommen **(for,** to zu); **be ~ in doing sth.** etw. erst spät tun
tare [teə(r)] *n. (Commerc.)* Tara, *die; (of lorry, car)* Leergewicht, *das*
target ['tɑːgɪt] **1.** *n. (lit. or fig.)* Ziel, *das;* **be the ~ of** *or* **a ~ for his mockery/fury** *(fig.)* die Zielscheibe seines Spottes/Zornes sein; **production/export/savings ~:** Produktions-/Export-/Sparziel, *das;* **fixed/moving/towed ~:** feststehendes/bewegliches Ziel/Schleppscheibe, *die;* **hit/miss the/one's/its ~:** [das Ziel] treffen/das Ziel verfehlen; **set oneself a ~** *(fig.)* sich *(Dat.)* ein Ziel setzen *od.* stecken; **set oneself a ~ of £5,000** sich *(Dat.)* 5 000 Pfund zum Ziel setzen; **set sb. a ~ of six months** jmdm. eine Frist von sechs Monaten setzen; **reach one's ~** *(fig.)* sein Ziel erreichen; **be on/off** *or* **not on ~** *⟨Geschoß, Schuß⟩:* treffen/danebengehen; **be on ~** *(fig.) ⟨Sparer, Sammler:⟩* auf dem Wege dahin sein[, sein Ziel zu erreichen]; **be ~ for sth.** *(lit. or fig.)* auf etw. *(Akk.)* zusteuern; **be above/below ~** *(fig.)* das Ziel über-/unterschritten haben; **b)** *(Sport)* Ziel- *od.* Schießscheibe, *die;* **c)** *(Phys.)* Target, *das.* See also **sitting target**. **2.** *v.t.* zielen auf ⟨Käufergruppe⟩; **~ benefits at those most in need** Unterstützung auf die Bedürftigsten konzentrieren; **be independently ~ed warheads** *(Mil.)* unabhängig voneinander lenkbare Einzelsprengköpfe; **be ~ed on sth.** auf etw. *(Akk.)* gerichtet sein; **be ~ed on** *or* **at sth.** *(fig.)* auf etw. *(Akk.)* abzielen
target: ~ date *n.* vorgesehener Termin; **~ figure** *n. (esp. Commerc.)* Ziel, *das;* **~ language** *n.* Zielsprache, *die;* **~ practice** *n.,* no art. Schießübungen
tariff ['tærɪf] *n.* **a)** *(tax)* Zoll, *der; (table or scale of customs duties)* Zolltarif, *der;* [import] **~:** Einfuhr- *od.* Importzoll, *der; (list of charges)* Tarif, *der;* Preisliste, *die;* **railway/postal ~:** Eisenbahn-/Posttarif, *der;* **hotel ~:** Hotelpreise
Tarmac, tarmac ['tɑːmæk] **1. (P) a)** Makadam, *der (Bauw.);* **b)** *(at airport)* Rollbahn, *die.* **2.** *v.t.,* **-ck-** makadamisieren *(Bauw.)*
tar macadam [tɑː mə'kædəm] *n.* Makadam, *der (Bauw.)*
tarn [tɑːn] *n.* [kleiner] Bergsee
tarnish ['tɑːnɪʃ] **1.** *v.t.* stumpf werden lassen ⟨Metall⟩; *(fig.)* beflecken ⟨Ruf, Namen⟩. **2.** *v.i.* ⟨Metall:⟩ stumpf werden, anlaufen. **3.** *n.* **a)** *(action)* Anlaufen, *das;* **b)** *(discolouring film)* Beschlag, *der;* Überzug, *der*

tarnished ['tɑːnɪʃt] *adj.* stumpf ⟨Metall⟩; *(fig.)* befleckt ⟨Ruf, Name, Image⟩
tarot ['tærəʊ] *n.* Tarock, *das od. der;* **~ card** Tarockkarte, *die*
tarpaulin [tɑː'pɔːlɪn] *n. (Zool.)* Tarpun, *der*
tarpon ['tɑːpən] *n. (Zool.)* Tarpun, *der*
tarragon ['tærəgən] *n. (Bot.)* Estragon, *der*
¹tarry ['tɑːrɪ] *adj.* teerig; teerverschmiert ⟨Hand, Kleidung⟩; ⟨Strand, Felsen⟩ voller Teer
²tarry ['tærɪ] *v.i. (literary)* verweilen *(geh.); (be slow)* säumen *(geh.);* **~ awhile** ein Weilchen bleiben
¹tart [tɑːt] *adj.* herb; sauer ⟨Obst usw.⟩; *(fig.)* scharfzüngig
²tart *n.* **a)** *(Brit.) (filled pie) ≈* Obstkuchen, *der; (small pastry)* Obsttörtchen, *das;* **jam ~:** Marmeladentörtchen, *das;* **b)** *(sl.: prostitute)* Nutte, *die (salopp)*
~ up *v.t. (Brit. coll.)* **~ oneself up, get ~ed up** *(dress gaudily)* sich auftakeln *(ugs.); (smarten oneself up)* sich feinmachen; **~ a pub/restaurant up** *(fig.)* eine Kneipe/ein Lokal aufmotzen *(ugs.)*
tartan ['tɑːtən] **1.** *n.* Schotten[stoff], *der; (pattern)* das Stewart ~ ⟨Textilw.⟩; das Schottenmuster des Stewart-Clans. **2.** *adj.* **a)** Schotten⟨rock, -jacke⟩; **~ plaid/rug** Tartan, *der;* **b)** **T~ track (P)** Tartanbahn, *die*
Tartar ['tɑːtə(r)] **1.** *adj.* tatarisch; Tataren-. **2.** *n.* **a)** *(person)* Tatar, *der/*Tatarin, *die;* **b)** *(language)* Tatarisch, *das;* **c)** *(violent-tempered person)* Choleriker, *der/*Cholerikerin, *die*
tartar *n.* **a)** *(Chem.)* Tartarus, *der (fachspr.)* Weinstein, *der;* see also **cream of tartar**; **b)** *(scale on teeth)* Zahnstein, *der*
tartare [tɑː'tɑː(r)] *adj.* **~ sauce, sauce ~** see **tartar sauce; steak ~** see **steak**
tartaric acid [tɑːtærɪk 'æsɪd] *n. (Chem.)* Weinsäure, *die*
tartar sauce *n. (Gastr.)* Remoulade[nsoße], *die*
tartly ['tɑːtlɪ] *adv.* in scharfem Ton ⟨sprechen, antworten⟩
tartness ['tɑːtnɪs] *n., no pl.* see **¹tart:** Herbheit, *die;* Säure, *die; (fig.)* Scharfzüngigkeit
tarty ['tɑːtɪ] *adj. (sl.)* nuttig *(ugs. abwertend)*
Tarzan ['tɑːzən] *n.* Tarzan, *der (fig.)*
task [tɑːsk] *n.* Aufgabe, *die;* **have sb. the ~ of doing sth.** jmdm. auftragen, etw. zu tun; **set oneself the ~ of doing sth.** es sich *(Dat.)* zur Aufgabe machen, etw. zu tun; **undertake the ~ of doing sth.** sich der Aufgabe *(Dat.)* unterziehen, etw. zu tun; **carry out/perform a ~:** eine Aufgabe erfüllen; **take sb. to ~:** jmdm. eine Lektion erteilen
task: ~ force, ~ group *ns. (sent out)* Sonderkommando, *das; (set up)* Sonderkommission, *die;* **~master** *n.* **a hard ~master** ein strenger Vorgesetzter; *(teacher)* ein strenger Lehrmeister
Tasmania [tæz'meɪnɪə] *pr. n.* Tasmanien *(das)*
Tasmanian [tæz'meɪnɪən] **1.** *adj.* **a)** tasmanisch; **b)** *(Zool.)* **~ devil/wolf** Beutelteufel/-wolf, *der.* **2.** *n.* Tasmanier, *der/*Tasmanierin, *die*
tassel ['tæsl] *n.* Quaste, *die*
taste [teɪst] **1.** *v.t.* **a)** schmecken *(try a little)* probieren, kosten; **she barely ~d her food** sie hat ihr Essen kaum angerührt; **she hadn't ~d food for two days** sie hatte seit zwei Tagen keinen Bissen gegessen; **b)** *(recognize flavour of)* [heraus]schmecken; **c)** *(fig.: experience)* kosten ⟨Macht, Freiheit, [Miß]erfolg, Glück, Niederlage⟩. **2.** *v.i.* **a)** *(have sense of flavour)* schmecken *(of* nach); **(have sense of flavour)** schmecken *(of* nach); **not ~ of anything** nach nichts schmecken. **3.** *n.* **a)** *(flavour)* Geschmack, *der;* **to ~** nach Geschmack ⟨verdünnen⟩; **this dish has no ~:** dieses Gericht schmeckt nach nichts;

tattoo

there's a ~ of garlic in sth. etw. schmeckt nach Knoblauch; **leave a nasty/bad** *etc.* **~ in the mouth** *(lit. or fig.)* einen unangenehmen/üblen *usw.* Nachgeschmack hinterlassen; **b)** *(sense)* [sense of] **~:** Geschmack[ssinn], *der;* **c)** *(discernment)* Geschmack, *der;* **person of ~:** Person mit Geschmack; **he is a person of ~:** er hat Geschmack; **~ in art/music** Kunst-/Musikgeschmack, *der;* **have good ~ in clothes** sich geschmackvoll kleiden; **it would be bad ~ to do that** es wäre geschmacklos *od.* eine Geschmacklosigkeit, das zu tun; **in good/bad ~:** geschmackvoll/geschmacklos; **in the best/worst of ~:** äußerst geschmackvoll/geschmacklos; **d)** *(sample) (lit. or fig.)* Kostprobe, *die;* **have a ~ of** probieren ⟨Speise, Getränk⟩; kennenlernen ⟨Freiheit, jmds. Jähzorn, Arroganz⟩; **do you want a ~?** möchtest du mal kosten *od.* probieren; **first ~ of success/of life in a big city** erstes Erfolgs-/Großstadterlebnis; **give sb. a ~ of sth.** *(lit. or fig.)* jmdm. eine Kostprobe einer Sache *(Gen.)* geben; **give sb. a ~ of the whip** jmdm. die Peitsche zu spüren *od. (geh.)* schmecken geben; **a ~ of things to come** ein Vorgeschmack dessen, was noch kommt; see also **medicine; e)** *(liking)* Geschmack, *der (in* für); **have a/no ~ for sth.** an etw. *(Dat.)* Geschmack/keinen Geschmack finden; **have expensive ~s in clothes** *etc.* eine Vorliebe für teure Kleidung *usw.* haben; **be/not be to sb.'s ~:** nach jmds./nicht nach jmds. Geschmack sein; **it's a question** *or* **matter of ~:** das ist eine Frage des Geschmacks; das ist Geschmackssache; **each** *or* **everyone to his ~:** jeder nach seinem Geschmack; **~s differ** die Geschmäcker sind verschieden *(ugs. scherzh.);* **there's no accounting for ~:** über Geschmack läßt sich nicht streiten; see also **acquire b**
'taste-bud *n. (Anat., Zool.)* Geschmacksknospe, *die*
tasteful ['teɪstfl] *adj.* geschmackvoll; ⟨Person⟩ mit Geschmack
tastefully ['teɪstfəlɪ] *adv.* geschmackvoll
tasteless ['teɪstlɪs] *adj.* geschmacklos
tastelessly ['teɪstlɪslɪ] *adv.* geschmackloserweise *as sentence-modifier* geschmackloserweise
taster ['teɪstə(r)] *n.* Verkoster, *der/*Verkosterin, *die*
tastily ['teɪstɪlɪ] *adv.* lecker
tastiness ['teɪstɪnɪs] *n., no pl.* leckerer Geschmack
tasty ['teɪstɪ] *adj.* lecker; **be a ~ morsel** *(lit. or fig.)* ein Leckerbissen sein
¹tat *n., no pl. (coll.)* Schrott, *der (ugs.)*
²tat see **²tit**
ta-ta [tæ'tɑː] *int. (child lang.)* ata, ata! *(Kinderspr.); (coll.)* tschüs! *(ugs.)*
tattered ['tætəd] *adj.* zerlumpt ⟨Kleidung, Person⟩; zerrissen ⟨Segel⟩; zerfleddert ⟨Buch, Zeitschrift⟩; *(fig.)* ramponiert *(ugs.)* ⟨Ruf⟩
tatters ['tætəz] *n. pl.* Fetzen; **be in ~:** in Fetzen sein; ⟨Karriere, Leben:⟩ ruiniert sein; ⟨Argument, Strategie:⟩ zunichte sein
tattily ['tætɪlɪ] *adv.* schäbig *(abwertend)*
tattiness ['tætɪnɪs] *n., no pl.* Schäbigkeit, *die (abwertend)*
tatting ['tætɪŋ] *n.* Schiffchen- *od.* Okkiarbeit, *die; (lace)* Schiffchen- *od.* Okkispitze, *die*
tattle ['tætl] *v.i.* tratschen *(ugs. abwertend)*
¹tattoo [tə'tuː] **1.** *v.t.* tätowieren; **~ sth. on sb.'s arm** jmdm. etw. auf den Arm tätowieren. **2.** *n.* Tätowierung, *die*
²tattoo *n.* **a)** *(Mil.: signal)* Zapfenstreich, *der;* **beat** *or* **sound the ~:** den Zapfenstreich schlagen/blasen; **b)** *(drumming noise)* Trommeln, *das;* **there was a ~ on the door** jemand trommelte gegen die Tür; **he/his fingers beat a ~ on the table** *(coll.)* er trommelte mit den Fingern auf den Tisch; **c)** *(military show)* **~:** Großer Zapfenstreich

tattooed [tə'tu:d] *adj.* tätowiert
tattooer [tə'tu:ə(r)], **tattooist** [tə'tu:ɪst] *ns.* Tätowierer, *der/*Tätowiererin, *die*
tatty ['tætɪ] *adj. (coll.)* schäbig *(abwertend)*; zerfleddert *(Zeitschrift, Buch)*; *(inferior)* mies *(ugs.) (Publikation, Firma)*; *(threadbare)* billig *(Argument, Ausrede)*
taught *see* teach
taunt [tɔ:nt] 1. *v. t.* verspotten (**about** wegen); ~ **sb. with being a weakling** jmdn. als Schwächling verspotten. 2. *n.* spöttische Bemerkung; **the ~ of cowardice or of being a coward hurt him deeply** daß man ihn als Feigling verspottete, traf ihn tief
taunting ['tɔ:ntɪŋ] 1. *adj.* spöttisch. 2. *n.* Spott, *der*
Taurean ['tɔ:rɪən] *n. (Astrol.)* Stier, *der*
Taurus ['tɔ:rəs] *n. (Astrol., Astron.)* der Stier; der Taurus; *see also* Aries
taut [tɔ:t] *adj.* **a)** *(tight)* straff *(Seil, Kabel, Saite)*; gespannt *(Muskel)*; **b)** *(fig.: tense)* angespannt *(Nerven, Ausdruck)*; **c)** *(fig.: concise)* kurz *(Geschichte, Erzählung)*; knapp *(Stil)*
tauten ['tɔ:tn] 1. *v. t.* straffen. 2. *v. i.* sich straffen; *(Muskel:)* sich spannen
tautly ['tɔ:tlɪ] *adv.* **a)** *(tightly)* straff; **b)** *(fig.: tensely)* zum Zerreißen; **c)** *(fig.: tersely)* knapp *(geheime)*; straff *(gebaut)*
tautological [tɔ:tə'lɒdʒɪkl], **tautologous** [tɔ:'tɒləgəs] *adjs.* tautologisch; ~ expression/statement Tautologie, *die*; **it is ~ to talk about ...**: es ist eine Tautologie, von ... zu sprechen
tautology [tɔ:'tɒlədʒɪ] *n.* Tautologie, *die*
tavern ['tævən] *n. (literary)* Schenke, *die*
tawdriness ['tɔ:drɪnɪs] *n., no pl.* Flitter, *der*; **the ~ of sb.'s finery** jmds. Flitterstaat
tawdry ['tɔ:drɪ] *adj.* billig und geschmacklos; *(fig.)* zweifelhaft
tawny ['tɔ:nɪ] *adj.* gelbbraun
tawny 'owl *n. (Ornith.)* Waldkauz, *der*
tax [tæks] 1. *n.* **a)** Steuer, *die*; **pay 20 % in ~ [on sth.]** 20% Steuern [für etw.] zahlen; **a third of my income will go in ~**: ein Drittel meines Einkommens geht an das Finanzamt; **before/after ~**: vor Steuern/nach Abzug der Steuern; **free of ~**: steuerfrei; *(after ~, ~ paid)* nach Abzug der Steuern; **~ paid, net of ~**: nach Abzug der Steuern; netto; **for ~ reasons** aus steuerlichen Gründen; **for ~ purposes** steuerlich gesehen; fürs Finanzamt *(ugs.); see also* **capital gains tax; corporation b; direct tax; income tax; polltax; purchase tax; value-added tax**; **b)** *(fig.: burden)* Belastung, *die* (**on** für). 2. *v. t.* **a)** *(impose ~ on)* besteuern; *(pay ~ on)* versteuern *(Einkommen)*; **~ sb. on his/her income** jmds. Einkommen besteuern; **I am** *or* **my income is ~ed at 30 %** ich bezahle 30% Lohnsteuer/Einkommensteuer; **b)** *(make demands on)* strapazieren *(Mittel, Kräfte, Geduld usw.)*; **c)** *(accuse)* beschuldigen, bezichtigen (**with** *Gen.*); **~ sb. with doing sth.** jmdn. beschuldigen *od.* bezichtigen, etw. getan zu haben
taxable ['tæksəbl] *adj.* steuerpflichtig
tax: ~ allowance *n.* Steuerfreibetrag, *der;* **~ assessment** *n.* Steuerbescheid, *der*
taxation [tæk'seɪʃn] *n. (imposition of taxes)* Besteuerung, *die; (taxes payable)* Steuern; **subject to ~**: steuerpflichtig
tax: ~ avoidance *n.* Steuerminderung, *die;* **~ bill** *n.* Steuerbescheid, *der; (amount)* Steuerschuld, *die;* **~ bracket** *n.* Stufe im Steuertarif; **move into a higher ~ bracket** nach einem höheren Steuersatz besteuert werden; **~-collector** *n.* Finanzbeamte, *der/-*beamtin, *die;* **~-deductible** *adj.* steuerabzugsfähig; [steuerlich] absetzbar; **~ demand** *n.* Steuerforderung, *die;* **~ disc** *n.* Steuerplakette, *die;* **~ dodge** *n.* Steuertrick, *der;* **~-dodger** *n.* Steuerbetrüger, *der/*-betrügerin, *die;* **~ evasion** *n.* Steuerhinterziehung, *die;* **~-exempt** *adj.*

(Amer.) steuerbefreit; steuerfrei *(Einkommen)*; **~ exile** *n.* **a)** *(person)* Steuerflüchtling, *der;* **b)** *(place)* Steueroase, *die (ugs.);* **~ form** *n.* Steuerformular, *das;* **~-free** 1. *adj.* steuerfrei; *(after payment of tax)* Netto-; **~-free allowance** Steuerfreibetrag, *der;* 2. *adv.* steuerfrei; *(after payment of tax)* netto; **~ haven** *n.* Steueroase, *die (ugs.);* Steuerparadies, *das (ugs.)*
taxi ['tæksɪ] 1. *n.* Taxi, *das;* **go by ~**: mit dem Taxi fahren. 2. *v. i.,* ~ing *or* taxying ['tæksɪɪŋ] *(Aeronaut.) (Pilot:)* das Flugzeug rollen lassen; **~ to a stop** *(Flugzeug:)* ausrollen. 3. *v. t.,* ~ing *or* taxying *(Aeronaut.)* rollen lassen
'**taxi-cab** *see* taxi 1
taxidermist ['tæksɪdɜ:mɪst] *n.* Taxidermist, *der/*Taxidermistin, *die;* Präparator, *der/*Präparatorin, *die*
taxidermy ['tæksɪdɜ:mɪ] *n.* Taxidermie, *die*
'**taxi-driver** *n.* Taxifahrer, *der/-*fahrerin, *die*
taximeter ['tæksɪmi:tə(r)] *n.* Taxameter, *das od. der;* Fahrpreisanzeiger, *der*
taxing ['tæksɪŋ] *adj.* strapaziös, anstrengend *(Arbeit, Rolle, Reise)*; schwierig *(Problem)*
'**tax inspector** *n.* Steuerinspektor, *der/-*inspektorin, *die*
taxi: ~-rank *(Brit.), (Amer.)* **~ stand** *ns.* Taxistand, *der;* **~way** *n.* Rollbahn, *die*
tax: ~-man *n. (coll.)* Finanzbeamte, *der/-*beamtin, *die;* **a letter from the ~-man** ein Brief vom Finanzamt; **work for the ~-man** [nur noch] fürs Finanzamt arbeiten *(fig.);* **~ office** *n.* Finanzamt, *das*
taxonomy [tæk'sɒnəmɪ] *n. (Biol.)* Taxonomie, *die*
tax: ~-payer *n.* Steuerzahler, *der/-*zahlerin, *die;* **~-paying** *attrib. adj.* Steuern zahlend...; **~ rebate** *n.* Steuerrückerstattung, *die;* **~ relief on insurance premiums** Versicherungsprämien von der Steuer absetzen; **~ return** *n.* Steuererklärung, *die;* **~ year** *n.* Steuerjahr, *das*
TB *abbr.* **tuberculosis** Tb, *die;* **~ sufferer** Tb-Kranke, *der/die*
T-bone *see* T b
te [ti:] *n. (Mus.)* si
tea [ti:] *n.* **a)** Tee, *der;* **mint/fennel ~**: Kräuter-/Fencheltee, *der;* **early morning ~**: frühmorgens [vor dem Aufstehen] getrunkener Tee; **[not]** be sb.'s cup of ~ *(fig. coll.)* **[nicht]** jmds. Fall sein *(ugs.);* **be just** *or* **exactly** *or* **very much sb.'s cup of ~** *(fig. coll.)*: genau *od.* ganz jmds. Fall sein *(ugs.);* **not for all the ~ in China** *(coll.)* nicht um alles in der Welt; **[come to sb. for] ~ and sympathy** *(fig. coll.)* Trost und Rat [bei jmdm. suchen]; **b)** *(meal)* [high] ~: Abendessen, *das;* **afternoon ~**: [Nachmittags]tee, *der*
tea: ~-bag *n.* Teebeutel, *der;* **~-boy** *n.* ≈ Stift, *der;* jüngerer Mann, der in einer Firma, Behörde *o. ä.* den Pausentee usw. zubereitet; **~-break** *n. (Brit.)* Teepause, *die;* **~-caddy** *n.* Teebüchse, *die;* **~-cake** *n.* **a)** *(Brit.: sweet bread bun)* ≈ Rosinenbrötchen, *das;* **b)** *(Amer.: sweet cake)* Keks, *der;* **~ cakes** Teegebäck, *das*
teach [ti:tʃ] 1. *v. t.,* **taught** [tɔ:t] unterrichten; *(at university)* lehren; **You can't dance? I'll ~ you** Du kannst nicht tanzen? Ich bringe es dir bei *od.* zeige es dir; **~ music etc. to sb., ~ sb. music etc.** jmdn. in Musik *usw.* unterrichten; jmdm. Musikunterricht *usw.* geben; **~ oneself** es sich *(Dat.)* selbst beibringen; **~ sb./oneself/an animal sth. ~ sth. to sb./oneself/an animal** to do sth.jmdn./sich/einem Tier etw. beibringen; **~ sb./oneself/an animal to do sth.** jmdn./sich/einem Tier beibringen, etw. zu tun; *(fig.)* jmdn./sich/ein Tier dazu erziehen, etw. zu tun; **~ sb. to ride/to play the piano** jmdm. das Reiten/Klavierspielen beibringen; **T~ yourself French/car maintenance** *(book-*

title) Französisch zum Selbststudium/Wie warte ich mein Auto selbst?; **this experience has taught me one thing ...**: diese Erfahrung hat mich eins gelehrt ...; **I'll/that'll ~ you** *etc.* **to do that!** *(coll. iron.)* ich werde/das wird *ich usw.* lehren, das *zu* tun! *(iron.);* **that'll ~ him/you** *etc.!* *(coll. iron.)* das hat er/hast du *usw.* nun davon! *(iron.);* **~ sb. how/that ...**: jmdm. beibringen, wie/daß ...; *(Bibel, Erfahrung:)* jmdn. lehren, wie/daß ...; **~ sb. tolerance** *or* **to be tolerant** jmdn. Toleranz lehren; jmdn. lehren, tolerant zu sein; **~ school** *(Amer.)* Lehrer/Lehrerin sein; *see also* **dog 1 a; lesson c**. 2. *v. i.,* **taught** unterrichten; **he wants to/is going to ~**: er will Lehrer werden/wird Lehrer
teachable ['ti:tʃəbl] *adj.* lernfähig *(Kind, Tier)*; erlernbar *(Eigenschaft);* **a ~ subject** ein Fach, das man gut lehren kann
teacher ['ti:tʃə(r)] *n.* Lehrer, *der/*Lehrerin, *die;* **she's a university/evening-class ~**: sie lehrt an der Universität/unterrichtet in der Abendschule; **kindergarten ~**: ≈ Vorschullehrer, *der/-*lehrerin, *die;* **geography/music ~**: Geographie-/Musiklehrer, *der/*Geographie-/Musiklehrerin, *die*
teacher: ~-training *n.* Lehrerausbildung, *die;* **~ training college** *n.* ≈ pädagogische Hochschule
'**tea-chest** *n.* Teekiste, *die*
'**teach-in** *n.* Teach-in, *das*
teaching ['ti:tʃɪŋ] *n.* **a)** *(act)* Unterrichten, *das* (of von); **the ~ of languages, language ~**: der Sprachunterricht; **I enjoy ~ very much** [das] Unterrichten macht mir großen Spaß; **all the ~ at this school is in French** an der Schule wird nur in französischer Sprache unterrichtet; **b)** *no pl., no art. (profession)* Lehrberuf, *der;* **want to go into** *or* **take up** *or* **do ~**: Lehrer/Lehrerin werden wollen; **c)** *(doctrine)* Lehre, *die*
teaching: ~ aid *n.* Lehr- *od.* Unterrichtsmittel, *das;* **~ hospital** *n.* Ausbildungskrankenhaus, *das;* **~-machine** *n.* Lernmaschine, *die;* **~ method** *n.* Lehr- *od.* Unterrichtsmethode, *die;* **~ profession** *n.* Lehrberuf, *der;* **~ staff** *n.* Lehrerkollegium, *das*
tea: ~-cloth *n.* **a)** *(for table)* ≈ Kaffeedecke, *die;* **b)** *(for drying)* Geschirrtuch, *das;* **~-cosy** *n.* Teewärmer, *der;* **~-cup** *n.* Teetasse, *die; see also* **storm 1 a; ~-cupful** *n.* Tasse, *die;* **a ~-cupful of sugar** eine Tasse Zucker; **~ dance** *n.* Tanztee, *der;* **~-garden** *n.* **a)** *(public place)* ≈ Gartencafé, *das;* **b)** *(plantation)* Teeplantage, *die;* **~-house** *n.* Teehaus, *das*
teak [ti:k] *n.* **a)** *(wood)* Teak[holz], *das; attrib.* Teak[holz]\(öl, -furnier, -möbel\); **b)** *(tree)* Teakbaum, *der*
'**tea-kettle** *n.* Teekessel, *der*
teal [ti:l] *n., pl. same (Ornith.)* Krickente, *die*
tea: ~-lady *n.* Frau, die in einer Firma, Behörde *o. ä.* den Pausentee *usw.* zubereitet; **~-leaf** *n.* Teeblatt, *das;* **read the ~-leaves** ≈ aus dem Kaffeesatz lesen
team [ti:m] 1. *n.* **a)** *(group)* Team, *das;* *(Sport also)* Mannschaft, *die;* **a football/ cricket ~**: eine Fußball-/Kricketmannschaft; **a ~ of scientists** eine Gruppe *od.* ein Team von Wissenschaftlern; **a research ~**: eine Forschungsgruppe; **make a good ~**: ein gutes Team *od.* Gespann sein; **work as a ~**: im Team zusammenarbeiten; **b)** *(draught animals)* Gespann, *das;* **a ~ of oxen/horses** ein Gespann Ochsen/Pferde; **a ~ of four horses** ein Viererspann [Pferde]. 2. *v. t. see* **~ up 1**. 3. *v. i. see* **~ up 2**
~ 'up 1. *v. t.* zusammenbringen. 2. *v. i.* sich zusammentun *(ugs.)*
'**tea-maker** *n.* Teemaschine, *die*
team: ~ effort *n.* Team- *od.* Gemeinschaftsarbeit, *die;* **a great ~ effort** eine großartige Gemeinschaftsleistung; **thanks**

team game

to good ~ **effort** dank guter Teamarbeit; ~ **game** n. Mannschaftsspiel, das; ~**-leader** n. Gruppenleiter, der/-leiterin, die; ~**-mate** n. Mannschaftskamerad, der/-kameradin, die; ~**-member** n. Mitglied des Teams/der Mannschaft/der Gruppe; ~ '**spirit** n. Teamgeist, der; (Sport also) Mannschaftsgeist, der
teamster ['ti:mstə(r)] n. (Amer.) Lkw-Fahrer, der/-Fahrerin, die
'**team-work** n. Teamarbeit, die; **by ~**: in Teamarbeit
tea: ~**-party** n. Teegesellschaft, die; ~**-plantation** n. Teeplantage, die; ~**-planter** n. (proprietor) Teeplantagenbesitzer, der/-besitzerin, die; (cultivator) Teepflanzer, der/-pflanzerin, die; ~**pot** n. Teekanne, die
¹**tear** [teə(r)] 1. n. Riß, der; see also **wear 1 a**. 2. v. t., **tore** [tɔː(r)], **torn** [tɔːn] **a)** (rip; lit. or fig.) zerreißen, (pull apart) auseinanderreißen; (damage) aufreißen; ~ **open** aufreißen ⟨Brief, Schachtel, Paket⟩; ~ **one's dress [on a nail]** sich (Dat.) das Kleid [an einem Nagel (Dat.)] aufreißen; ~ **one's finger-nail** sich (Dat.) einen Fingernagel einreißen; ~ **a muscle** sich (Dat.) einen Muskelriß zuziehen; **a torn muscle** ein Muskel[faser]riß; ~ **sb.'s heart** (fig.) jmdm. das Herz zerreißen (geh.); ~ **a hole/gash in sth.** ein Loch/eine klaffende Wunde in etw. (Akk.) reißen; ~ **sth. in half or in two** entzweireißen; ~ **to shreds or pieces** (lit.) zerfetzen; in Stücke reißen ⟨Flagge, Kleidung, Person⟩; ~ **to shreds** (fig.) ruinieren ⟨Ruf, Leumund⟩; zerrütten ⟨Nerven⟩; zunichte machen ⟨Argument, Alibi⟩; auseinandernehmen (salopp) ⟨Mannschaft⟩; (criticize) verreißen (ugs.); **a country torn by war** ein durch Krieg zerrissenes Land; **I was torn by or with grief** mein Herz war von Kummer zerrissen (geh.); **be torn between two things/people/between x and y** zwischen zwei Dingen/Personen/x und y hin- und hergerissen sein; **be torn as to what to do** hin- und hergerissen sein [und nicht wissen, was man tun soll]; **that's torn it** (Brit. fig. coll.) das hat alles vermasselt (salopp); **b)** (remove with force) reißen; ~ **sth. out of or from sb.'s hands/a book** jmdm. etw. aus der Hand reißen/etw. aus einem Buch [heraus]reißen; **the wind tore the cap from his head** der Wind riß ihm die Mütze vom Kopf; ~ **a child from its parents/home** (fig.) ein Kind seinen Eltern entreißen/aus seiner vertrauten Umgebung reißen; ~ **oneself from sb./a place** (fig.) sich von jmdm./einem Ort losreißen; ~ **one's hair** (fig.) sich (Dat.) die Haare raufen (ugs.). 3. v. i., **tore, torn a)** (rip) [zer]reißen; **it ~s along the perforation** es läßt sich entlang der Perforation abreißen; ~ **in half or in two** entzweireißen; durchreißen; **b)** (move hurriedly) rasen (ugs.); ~ **past** vorbeirasen (ugs.); ~ **along the street** die Straße hinunterrasen (ugs.); ~ **off** losrasen (ugs.); **come** ~**ing out/past** heraus-/vorbeigerast kommen (ugs.).
~ **apart** v. t. (lit. or fig.) auseinanderreißen; (coll.: criticize) zerreißen (ugs.); **they tore the place apart** sie haben den Laden auseinandergenommen (ugs.)
~ **at** v. t. zerren an (+ Dat.); ~ **at sb.'s heartstrings** jmdm. sehr zu Herzen gehen
~ **a'way** v. t. wegreißen; abreißen ⟨Tapete, Verpackung⟩; ~ **away sb.'s mask** (fig.) jmds. Maske herunterreißen; ~ **sb./oneself away [from sb./sth.]** (fig.) jmdn./sich [von jmdm./etw.] losreißen (ugs.); ~ **oneself away [from a sight/book/game]** (fig.) sich von einem Anblick/Buch/Spiel losreißen; see also **tearaway**
~ '**down** v. t. herunterreißen; niederreißen ⟨Zaun, Mauer⟩; abreißen ⟨Gebäude⟩; (fig.) niederreißen ⟨Schranken⟩
~ **into** v. t. ⟨Geschoß:⟩ ein Loch reißen in

(+ Akk.); ⟨Säge:⟩ sich [hinein]fressen in (+ Akk.); ⟨Raubtier:⟩ zerfleischen; (fig.: tell off, criticize) heftig angreifen
~ '**off** v. t. abreißen; see also **tear-off**
~ '**out** v. t. herausreißen; ausreißen ⟨Baum⟩; see also ~ **2 b**
~ '**up** v. t. **a)** (remove) aufreißen ⟨Straße, Bürgersteig⟩; herausreißen ⟨Zaun, Pflanze⟩; ausreißen ⟨Baum⟩; **b)** (destroy) zerreißen; (fig.) für null und nichtig erklären ⟨Vertrag, Abkommen⟩
²**tear** [tɪə(r)] n. Träne, die; **there were ~s in her eyes** sie hatte od. ihr standen Tränen in den Augen; **with ~s in one's eyes** mit Tränen in den Augen; **cry ~s of joy/rage/frustration** Freudentränen/Tränen der Wut/Enttäuschung vergießen; **cry ~s of laughter** Tränen lachen; **burst into ~s** in Tränen ausbrechen; **move sb. to ~s** jmdn. zu Tränen rühren; **bore sb. to ~s** jmdn. zu Tode langweilen; **be in ~s** in Tränen aufgelöst sein; **French/Cooking without ~s** (book-title) Französisch/Kochen leicht gemacht; **be wet with ~s** tränennaß sein; see also **crocodile tears; dissolve 2 a; reduce 1 b;** ¹**shed b; vale**
tearaway ['teərəweɪ] **1.** adj. rabaukenhaft (ugs.). **2.** n. Rabauke, der (ugs.)
tear [tɪə(r)]: ~**-drop** n. Träne, die; ~**-duct** n. (Anat.) Tränenkanal, der
tearful ['tɪəfl] adj. (crying) weinend; (wet with tears) tränenüberströmt; (accompanied by tears) tränenreich ⟨Versöhnung, Abschied, Anlaß⟩; **say a ~ goodbye** sich unter Tränen verabschieden; **she was looking very ~**: sie sah sehr verweint aus; (about to cry) sie schien den Tränen nahe
tearfully ['tɪəflɪ] adv. unter Tränen
tear-gas ['tɪəgæs] n. Tränengas, das
tearing ['teərɪŋ] adj. **a)** reißend ⟨Geräusch⟩; **b)** (coll.: violent) rasend; **be in a ~ hurry** schrecklich in Eile sein
tear-jerker ['tɪədʒɜːkə(r)] n. (coll.) Schnulze, die (ugs. abwertend); **this film is a real ~**: in diesem Film wird kräftig auf die Tränendrüsen gedrückt
tear-off ['teərɒf] attrib. adj. ~ **calendar** Abreißkalender, der; ~ **slip** Abriß, der
tea: ~**-room** n. Teestube, die; ≈ Café, das; ~**-rose** n. Teerose, die
tear-sheet ['teəʃiːt] n. Belegseite, die
tear-stained ['tɪəsteɪnd] adj. tränenüberströmt ⟨Gesicht⟩; ⟨Brief, Buchseite⟩ mit Tränenspuren
tease [tiːz] **1.** v. t. **a)** necken; ~ **sb. [about sth.]** jmdn. [mit etw.] aufziehen (ugs.); jmdn. [wegen etw.] verspotten; **he's only teasing you** er macht nur Spaß (ugs.); **stop teasing the dog** hör auf, den Hund zu ärgern; ~ **sb. that he has done sth.** jmdn. damit aufziehen (ugs.), daß er etw. getan hat; **the children ~d their father for sweets or to give them sweets** (Amer.) die Kinder lagen ihrem Vater damit in den Ohren (ugs.), daß er ihnen Süßigkeiten geben sollte; **b)** (Textiles: separate fibres of) krempeln ⟨Flachs, Wolle⟩; hecheln ⟨Flachs⟩; (dress with teasels) [auf]rauhen; **c)** (Amer. Hairdressing) toupieren. **2.** v. i. seine Späße machen; nur Spaß machen. **3.** n. (coll.) **he/she is a great ~**: er/sie muß einen immer aufziehen (ugs.)
~ '**out** v. t. **a)** (disentangle) auskämmen, kämmen, krempeln ⟨Wolle, Flachs⟩; hecheln ⟨Flachs⟩; **b)** (get out, lit. or fig.) herausholen; ~ **out the facts** die Tatsachen herausarbeiten
teasel ['tiːzl] n. **a)** (Bot.) Karde, die; **common/fuller's ~**: Wilde Karde/Weberkarde, die; **b)** (Textiles) Karde, die
teaser ['tiːzə(r)] n. **a)** (coll.: puzzle) **brain-~**: Denk[sport]aufgabe, die; **be a [real] ~** (fig.) eine harte Nuß sein (ugs.); **b)** (one who teases) **he/she is a great ~**: er/sie muß einen immer aufziehen (ugs.)

tea: ~**-service,** ~**-set** ns. Tee-Service, das; ~**-shop** (Brit.) see **tea-room**
teasing ['tiːzɪŋ] adj. neckend; **he was in a ~ mood** er war in der Stimmung, andere aufzuziehen (ugs.)
teasingly ['tiːzɪŋlɪ] adv. neckend; **speak ~**: frotzeln; **ask sb. sth. ~**: jmdn. frotzelnd etw. fragen
tea: ~**-spoon** n. Teelöffel, der; ~**spoonful** n. Teelöffel, der; **a ~spoonful** ein Teelöffel [voll]; ~**-strainer** n. Teesieb, das
teat [tiːt] n. **a)** (nipple) Zitze, die; **b)** (of rubber or plastic) Sauger, der
tea: ~**-table** n. Teetisch, der; **be at the ~-table** beim Tee sitzen; ~**-things** n. pl. (coll.) Teegeschirr, das; ~**-time** n. Teezeit, die; ~**-towel** n. Geschirrtuch, das; ~**-tray** n. Teebrett, das; ~**-trolley** n. Teewagen, der; ~**-urn** n. Teebehälter, der; ~**-wagon** (Amer.) see ~**-trolley**
teazel, teazle ['tiːzl] see **teasel**
Tech (Tec) [tek] n. (coll.) Fachhochschule, die; FH, die
technical ['teknɪkl] adj. **a)** technisch ⟨Problem, Detail, Daten, Fortschritt⟩; (of particular science, art, etc.) fachlich; ⟨Fachkenntnis, -berater, -sprache, -begriff, -wörterbuch⟩; (of the execution of a work of art) technisch ⟨Fertigkeit, Schwierigkeit⟩; ~ **expertise/expert** Sachkenntnis, die/Fachmann, der; ~ **college/school** Fachhochschule, die/Fachschule, die; **[highly] ~ book** [reines] Fachbuch; **the text is very/highly ~**: es ist ein reiner Fachtext; **the text is too ~ for me** der Text ist zu fachsprachlich für mich; **explain sth. without being or getting too ~**: etw. erklären, ohne sich zu fachsprachlich auszudrücken; ~ **hitch** technisches Problem; ~ **term** Fachbegriff, der; Fachausdruck, der; Fachterminus, der; **for ~ reasons** aus technischen Gründen; **b)** (strictly interpreted) (Law) formaljuristisch; ~ **knock-out** (Boxing) technischer K.o.
technical 'drawing n. (Brit.) technisches Zeichnen
technicality [teknɪˈkælɪtɪ] n. **a)** no pl. (technical quality) technischer Charakter, der; (of book, text, style) fachsprachlicher Charakter; **b)** (technical expression) Fachausdruck, der; **c)** (technical distinction) technisches Detail; (technical point) technische Frage; **legal/financial/military technicalities** rechtliche/finanzielle/militärische [Detail]fragen; **be acquitted on a ~**: auf Grund eines Formfehlers freigesprochen werden
technically ['teknɪklɪ] adv. **a)** technisch; (in a particular science, art, etc.) fachlich; **b)** (strictly speaking) im Prinzip; (Law) formaljuristisch
technician [tekˈnɪʃn] n. Techniker, der/Technikerin, die
Technicolor, (Amer. P) ['teknɪkʌlə(r)] n. (Cinemat.) Technicolor Ⓦ, das
technique [tekˈniːk] n. Technik, die; (procedure) Methode, die
technocracy [tekˈnɒkrəsɪ] n. Technokratie, die
technocrat ['teknəʊkræt] n. Technokrat, der/Technokratin, die
technocratic [teknəʊˈkrætɪk] adj. technokratisch
technological [teknəˈlɒdʒɪkl] adj., **technologically** [teknəˈlɒdʒɪkəlɪ] adv. see **technology**: technisch; technologisch
technologist [tekˈnɒlədʒɪst] n. Technologe, der/Technologin, die; ⟨Lebensmittel-, Erdöl-⟩techniker, der/-technikerin, die
technology [tekˈnɒlədʒɪ] n. **a)** Technik, die; (application of science) Technologie, die; **science and ~**: Wissenschaft und Technik; **college of ~**: Fachhochschule für Technik
techy see **tetchy**
tectonic [tekˈtɒnɪk] (Geol.) **1.** adj. tektonisch. **2.** n. in pl. Tektonik, die; **plate ~s** Plattentektonik, die

Ted [ted] *n. (Brit. coll.)* Teddy-Boy, *der*
teddy ['tedɪ] *n.* ~ **[bear]** Teddy[bär], *der*
Teddy: ~ **boy** *n. (Brit.)* Teddy-Boy, *der;* ~ **girl** *n. (Brit.)* Teddy-Girl, *das*
Te Deum [tiː 'diːəm, teɪ 'deɪəm] *n. (hymn)* Tedeum, *das*
tedious ['tiːdɪəs] *adj.* langwierig ⟨*Reise, Arbeit*⟩; *(uninteresting)* langweilig
tediously ['tiːdɪəslɪ] *adv.* langatmig ⟨*reden, schreiben*⟩; *(uninterestingly)* langweilig; ~ familiar bis zum Überdruß bekannt; ~ **repeat sth.** etw. bis zum Überdruß wiederholen; **a** ~ **long meeting** eine lange, langweilige Besprechung
tediousness ['tiːdɪəsnɪs] *n., no pl. (of work, journey)* Langwierigkeit, *die; (of book, lecture, wait)* Langweiligkeit, *die*
tedium ['tiːdɪəm] *n. (of journey)* Langwierigkeit, *die; (of waiting)* Langweiligkeit, *die;* **an hour of unrelieved** ~: eine unendlich langweilige Stunde
tee [tiː] **1.** *n.* **a)** *(Golf)* Tee, *das;* **b) to a** ~ *(coll.)* = **to a T** *see* **T a. 2.** *v. t. see* ~ **up 1**
~ **'off** *v. i. (Golf)* abschlagen
~ **'up** *(Golf)* **1.** *v. t.* auf das Tee legen; aufteen *(fachspr.)* **2.** *v. i.* den Ball auf das Tee legen
tee-hee ['tiː'hiː] *int.* hihi
teem [tiːm] *v. i.* **a)** *(abound)* wimmeln **(with** von); **b)** *(rain heavily)* ~ **[with rain]** in Strömen regnen
~ **'down** *v. i.* **it/the rain was** ~**ing down** es regnete in Strömen
teeming ['tiːmɪŋ] *adj.* **a)** *(pouring)* strömend ⟨*Regen*⟩; **b)** *(abundant)* wimmelnd ⟨*Menschenmenge*⟩; *(crowded)* von Menschen wimmelnd ⟨*Straße*⟩
teen [tiːn] *adj.* Teenager-
teenage ['tiːneɪdʒ], **teenaged** ['tiːneɪdʒd] *attrib. adj.* Teenageralter *nachgestellt*
teenager ['tiːneɪdʒə(r)] *n.* Teenager, *der; (loosely)* Jugendliche, *der/die*
teens [tiːnz] *n. pl.* Teenagerjahre; **be out of/in one's** ~: aus den Teenagerjahren heraussein/in den Teenagerjahren sein; **fashions from tots to** ~: Kinder- und Jugendmoden
teensy-weensy ['tiːnzɪ 'wiːnzɪ], **teeny** ['tiːnɪ] *adjs. (child lang./coll.)* klitzeklein *(ugs.)*
teeny: ~**-bopper** *n. (coll.)* Popfan im Teenageralter; ~**-weeny** *see* **teeny**
teepee *see* **tepee**
'tee-shirt *n.* T-shirt, *das*
teeter ['tiːtə(r)] *v. i.* **a)** *(waver)* wanken; ~ **on the edge or brink of** sth. schwankend am Rande einer Sache *(Gen.)* stehen; *(fig.)* am Rande einer Sache *(Gen.)* stehen; **b)** *(Amer.)* (*see-saw*) wippen; *(fig.)* hin- und herschwanken
teeth *pl. of* **tooth**
teethe [tiːð] *v. i.* zahnen
teething ['tiːðɪŋ] *n.* Zahnen, *das*
teething: ~**-ring** *n.* Beißring, *der;* ~ **troubles** *n. pl.* Beschwerden während des Zahnens; **have** ~ **troubles** *(fig.)* ⟨*Person, Vorhaben:*⟩ Anfangsschwierigkeiten haben; ⟨*Maschine usw.:*⟩ Kinderkrankheiten haben
teetotal [tiː'təʊtl] *adj.* abstinent lebend; alkoholfrei ⟨*Restaurant, Hotel, Feier*⟩; **sb. is** ~: jmd. ist Abstinenzler *(ugs.)*
teetotaler *(Amer.) see* **teetotaller**
teetotalism [tiː'təʊtəlɪzm] *n.* Abstinenz, *die*
teetotaller [tiː'təʊtələ(r)] *n.* Abstinenzler, *der/*Abstinenzlerin, *die*
Teflon, (P) ['teflɒn] *n.* Teflon ⓇⓌ, *das*
tektite ['tektaɪt] *n. (Min.)* Tektit, *der*
Tel., tel. *abbr.* **telephone** Tel.
telecast ['telɪkɑːst] **1.** *v. t.* **telecast** [im Fernsehen] senden. **2.** *v. t.* Fernsehsendung, *die*
telecommunication [telɪkəmjuːnɪ'keɪʃn] *n.* **a)** *(long-distance communication)* Fernmeldeverkehr, *der; attrib.* Fernmelde-; **b)** *in pl. (science)* Fernmelde- *od.* Nachrichtentechnik, *die; attrib.* Fernmelde- *od.* Nachrichten⟨*techniker, -satellit*⟩

telegram ['telɪgræm] *n.* Telegramm, *das; by* ~: telegrafisch
telegraph ['telɪgrɑːf] **1.** *n.* **a)** *(for sending telegrams)* Telegraf, *der; attrib.* Telegrafen-; **ship's** ~: Maschinentelegraf, *der (Technik); see also* **bush telegraph; b)** *(semaphore apparatus)* Semaphor, *der;* **c)** *(Sports, Racing: board)* Anzeigetafel, *die.* **2.** *v. t.* **a)** telegrafieren; telegrafisch anweisen ⟨*Geld*⟩; **b)** *(Boxing coll.)* telegrafieren ⟨*Schlag*⟩. **3.** *v. i.* telegrafieren; ~ **for sb.** jmdn. telegrafisch rufen lassen
telegraphese [telɪgrɑː'fiːz] *n.* Telegrammstil, *der*
telegraphic [telɪ'græfɪk] *adj.* telegrafisch; Telegramm⟨*adresse, -stil*⟩
telegraphist [tɪ'legrəfɪst] *n.* Telegrafist, *der/*Telegrafistin, *die*
telegraph: ~**-line** *n.* Telegrafenleitung, *die;* ~ **pole,** ~ **post** *ns.* Telegrafenmast, *der;* ~**-wire** *n.* Telegrafendraht, *der*
telegraphy [tɪ'legrəfɪ] *n.* Telegrafie, *die*
telemessage ['telɪmesɪdʒ] *n. (Brit.)* Telegramm, *das*
telemeter ['telɪmiːtə(r), tɪ'lemɪtə(r)] **1.** *n.* Fernmeßgerät, *das.* **2.** *v. t.* Meßwerte telemetrisch übertragen; ~**ing device** Fernmeßgerät, *das.* **3.** *v. t.* telemetrisch übertragen
telemetry [tɪ'lemɪtrɪ] *n.* Telemetrie, *die*
teleological [telɪə'lɒdʒɪkl] *adj. (Philos.)* teleologisch
teleology [telɪ'ɒlədʒɪ] *n. (Philos.)* Teleologie, *die*
telepathic [telɪ'pæθɪk] *adj.* telepathisch; **be** ~: telepathische Fähigkeiten haben
telepathically [telɪ'pæθɪkəlɪ] *adv.* telepathisch
telepathy [tɪ'lepəθɪ] *n.* Telepathie, *die; by* ~: telepathisch
telephone [ˈtelɪfəʊn] **1.** *n.* Telefon, *das; attrib.* Telefon-; ~ **answering machine** Anrufbeantworter, *der;* **[public]** ~: öffentlicher Fernsprecher *(Amtsspr.);* [öffentliches] Telefon; **answer the** ~: Anrufe entgegennehmen; *(on one occasion)* ans Telefon gehen; *(speak)* sich melden; **by** ~: telefonisch; **over or on the** ~: am Telefon; **speak or talk to sb. on the** *or* **by** ~: mit jmdm. telefonieren; **be on the** ~ *(be connected to the system)* Telefon haben; *(be speaking)* telefonieren **(to** mit); **it's your sister on the** ~: deine Schwester ist am Apparat; **get on the** ~ **to sb.** jmdn. anrufen; **get sb. on the** ~: jmdn. telefonisch erreichen; **be wanted on the** ~: am Telefon verlangt werden. **2.** *v. t.* anrufen; telefonisch übermitteln ⟨*Nachricht, Ergebnis usw.*⟩ **(to** *Dat.*); ~ **the office/** ~ **home** im Büro/zu Hause anrufen. **3.** *v. i.* telefonieren; ~ **for a taxi/the doctor** nach einem Taxi/dem Arzt telefonieren; ~ **to ask how ...**: telefonisch anfragen, wie ...; **from here?** können wir von hier aus telefonieren?
telephone: ~ **book** *n.* Telefonbuch, *das;* ~ **booth,** *(Brit.)* ~**-box** *ns.* Telefonzelle, *die;* ~ **call** *n.* Telefonanruf, *der;* Telefongespräch, *das;* **make a** ~ **call** ein Telefongespräch führen; **have** *or* **receive a** ~ **call** einen Anruf erhalten; **there was a** ~ **call for you** es hat jemand für Sie angerufen; **there was a** ~ **call for you from your brother** Ihr Bruder hat angerufen; **inland** ~ **call** Inlandsgespräch, *das;* **international** ~ **call** Auslandsgespräch, *das;* ~ **directory** *n.* Telefonverzeichnis, *das;* Telefonbuch, *das;* ~ **exchange** *n.* Fernmeldeamt, *das;* ~ **kiosk** *n.* Telefonzelle, *die;* ~ **line** *n.* Telefonleitung, *die;* ~ **message** *n.* telefonische Nachricht; ~ **number** *n.* Telefonnummer, *die;* ~ **operator** *n.* Telegrafist, *der/*Telegrafistin, *die;* ~ **receiver** *n.* Telesprechteilnehmer, *der/*-teilnehmerin, *die;* ~ **subscriber** *n.*
telephonic [telɪ'fɒnɪk] *adj.* telefonisch
telephonist [tɪ'lefənɪst] *n.* Telefonist, *der/*Telefonistin, *die*

telephony [tɪ'lefənɪ] *n.* Fernsprechwesen, *das*
telephoto [telɪ'fəʊtəʊ] *adj. (Photog.)* telefotografisch; ~ **lens** Teleobjektiv, *das*
teleprinter ['telɪprɪntə(r)] *n.* Fernschreiber, *der;* ~ **network** Fernschreibnetz, *das*
teleprompter, (Amer. P) ['telɪprɒmptə(r)] *n.* Teleprompter ⓦ, *der*
telescope ['telɪskəʊp] **1.** *n.* Teleskop, *das;* Fernrohr, *das.* **2.** *v. t.* zusammenschieben ⟨*Antenne, Rohr*⟩; ineinanderschieben ⟨*Abschnitte, Waggons*⟩; komprimieren **(into** zu). **3.** *v. i.* sich zusammenschieben; ⟨*Abschnitte, Waggons:*⟩ sich ineinanderschieben
telescopic [telɪ'skɒpɪk] *adj.* **a)** teleskopisch; ~ **lens** Teleobjektiv, *das;* **b)** *(collapsible)* ausziehbar; Teleskop⟨*antenne, -mast*⟩; ~ **umbrella** Taschenschirm, *der*
Teletex, (P) ['telɪteks] *n.* Teletex, *das*
teletext ['telɪtekst] *n.* Teletext, *der*
telethon ['telɪθɒn] *n.* Marathonsendung, *die (für einen guten Zweck)*
Teletype, (P) ['telɪtaɪp], *(Amer.)* **teletypewriter** [telɪ'taɪpraɪtə(r)] *n.* Fernschreiber, *der*
televise ['telɪvaɪz] *v. t.* im Fernsehen senden *od.* übertragen; ~**d football** Fußballübertragungen im Fernsehen
television ['telɪvɪʒn, telɪ'vɪʒn] *n.* **a)** *no pl., no art.* das Fernsehen; **colour/black and white** ~: das Farb-/Schwarzweißfernsehen; **the best-paid jobs are in** ~: die bestbezahlten Stellen gibt es beim Fernsehen; **go into** ~: zum Fernsehen gehen; **we have ten hours of** ~ **a day** bei uns gibt es täglich 10 Stunden Fernsehprogramm; **make/not make good** ~: sich gut/schlecht für das Fernsehen eignen; **live** ~: Live-Sendungen [im Fernsehen]; **on** ~: im Fernsehen; **what's on** ~? was läuft od. gibt's im Fernsehen?; **watch** ~: fernsehen; **b)** (~ *set)* Fernsehapparat, *der;* Fernseher, *der, (ugs.);* **portable** ~: tragbares Fernsehgerät, *der, od. das. See also* **closed-circuit; commercial television**
television: ~ **advertising** *n.* Fernsehwerbung, *die;* ~ **aerial** *n.* Fernsehantenne, *die;* ~ **camera** *n.* Fernsehkamera, *die;* ~ **channel** *n.* [Fernseh]kanal, *der;* ~ **coverage** *n.* Fernsehberichterstattung, *die;* **there will be full** ~ **coverage of sth.** das Fernsehen wird ausführlich über etw. *(Akk.)* berichten; ~ **engineer** *n.* Fernsehtechniker, *der/* -technikerin, *die;* ~ **licence** *n. (Brit.)* Fernsehgenehmigung, *die (die jährlich gegen Zahlen der Gebühren erneuert wird); attrib.* ~ **licence fee** Fernsehgebühren *Pl.;* ~ **personality** *n.* Fernsehgröße, *die (ugs.);* ~ **picture** *n.* Fernsehbild, *das;* ~ **programme** *n.* Fernsehsendung, *die; (sequence)* Fernsehprogramm, *das;* **my favourite** ~ **programme** meine Lieblingssendung im Fernsehen; ~ **screen** *n.* Bildschirm, *der;* ~ **set** *n.* Fernsehgerät, *das;* ~ **studio** *n.* Fernsehstudio, *das;* ~ **transmitter** *n.* Fernsehsender, *der;* ~ **viewer** *n.* Fernsehzuschauer, *der/*-zuschauerin, *die*
Telex, telex ['teleks] **1.** *n.* Telex, *das; by* ~: über Telex. **2.** *v. t.* telexen ⟨*Nachricht*⟩; ein Telex schicken **(+** *Dat.)* ⟨*Person, Firma*⟩
tell [tel] **1.** *v. t.,* **told** [təʊld] **a)** *(make known)* sagen ⟨*Name, Adresse, Alter*⟩; *(give account of)* erzählen ⟨*Neuigkeit, Sorgen*⟩; anvertrauen ⟨*Geheimnis*⟩; ~ **sb. sth.** *or* **sth. to sb.** jmdm. etw. sagen/erzählen/anvertrauen; **if he asks,** ~ **him** sag's ihm, wenn er fragt; ~ **sb. the way to the station** jmdm. den Weg zum Bahnhof beschreiben; ~ **sb. the time** jmdm. sagen, wie spät es ist; jmdm. die Uhrzeit sagen; ~ **sb. goodbye/good night** *(Amer.)* jmdm. auf Wiedersehen/gute Nacht sagen; ~ **all** auspacken *(ugs.);* ~ **me another!** *(coll.)* du kannst mir viel erzählen *(ugs.);* ~ **sb. [something] about sb./sth.**

teller

jmdm. [etwas] von jmdm./etw. erzählen; ~ **sb. nothing/all about what happened** jmdm. nichts davon/alles erzählen, was passiert ist; **will you ~ him [that] I will come?** sag ihm bitte, daß ich kommen werde; **they ~ me/us [that]** ... *(according to them)* man sagt, daß ...; **I['ll] ~ you what, ...:** paß mal auf, ...; **I'll ~ you what I'll do** weißt du, was ich machen werde?; **~ everyone/** *(coll.)* **the world [that/how** *etc.***]** jedem/*(ugs.)* aller Welt erzählen[, daß/wie *usw.*]; **more than I/words can ~:** mehr, als ich es mit Worten ausdrücken kann/als Worte es ausdrücken können; **I cannot ~ you how ...** *(cannot express how ...)* ich kann dir gar nicht sagen, wie ...; **I couldn't ~ you** *(I don't know)* das kann ich nicht sagen; **I can ~ you, ...** *(I can assure you)* ich kann dir sagen, ...; **, I can ~ you ...** , das kann ich dir sagen; **you can't ~ me [that]** ... *(it can't be true that ...)* du kannst mir doch nicht erzählen, daß ...; **you can't ~ him anything** *(he won't accept advice)* er läßt sich *(Dat.)* ja nichts sagen; *(he is well-informed)* ihm kannst du nichts erzählen; **words cannot ~ how ...**, **no words can ~ how ...:** es läßt sich nicht mit Worten ausdrücken, wie ...; **..., let me ~ you** *(let me assure you)* ..., das kann ich dir sagen; **let me ~ you that ...:** ich kann dir versichern, daß ...; **..., I ~ you** *or* **I'm ~ing you ...**, das sage ich dir; **you're ~ing me** *or* **are you ~ing me [that]** ...? du willst mir doch wohl nicht erzählen, daß ...?; **you're ~ing 'me!** *(coll.)* wem sagst du das! *(ugs.);* **he keeps ~ing me [that]** ...: er erzählt mir ständig, daß ...; **... , or so they keep ~ing us** das erzählen sie uns jedenfalls immer; **I don't need to ~ [that]** ...: ich brauche dir wohl nicht extra zu sagen, daß ...; **be told sth. by sb.** etw. von jmdm. erfahren; **I was told that ...:** mir wurde gesagt, daß ...; **so I've been told** *(I know that)* [das] habe ich schon gehört; **... or so I've been/I'm told ...** , wie ich gehört habe/höre; **... or so we are told ...** , so heißt es jedenfalls; **but he won't be told** *(won't accept advice)* aber er läßt sich ja nichts sagen; **didn't I ~ you?** *(I told you so)* hab' ich's nicht gleich gesagt?; **no, don't ~ me, let me guess** [nein,] sag's nicht, laß mich raten; **don't ~ me [that]** ... *(expressing incredulity, dismay, etc.)* jetzt sag bloß nicht, [daß] ...; **you aren't trying** *or* **don't mean to ~ me [that]** ...? du wirst doch nicht sagen wollen, daß ...?; **b)** *(relate, lit. or fig.)* erzählen; **has he ever told you the story of how ...:** hat er dir jemals die Geschichte erzählt, wie ...; **one's own story** *or* **tale** *(give one's own account)* selbst erzählen *od.* berichten; **sth. ~ its own story** *or* **tale** *(needs no comment)* etw. spricht für sich selbst; **~ a different story** *or* **tale** *(reveal the truth)* eine andere Sprache sprechen *(fig.);* **every picture ~s a story** das spricht Bände; **live** *or* **survive to ~ the tale** überleben; **~ tales [about sb.]** *(gossip; reveal secret)* [über jmdn.] tratschen *(ugs. abwertend);* **~ tales [to sb.]** *(report)* anschwärzen; [bei jmdm.] petzen *(Schülerspr. abwertend);* **~ tales** *(lie)* Lügengeschichten erzählen; **~ tales out of school** *(fig.)* aus der Schule plaudern; **dead men ~ no tales** Tote reden nicht; **the blood stains told their own tale** die Blutflecken sprachen für sich; **now it can be told** jetzt kann man es ja erzählen; **c)** *(instruct)* sagen; **~ sb. [not] to do sth.** jmdm. sagen, daß *od.* etw. [nicht] tun soll; **I thought I told you to go to bed** ich habe dir doch gesagt, daß du ins Bett gehen sollst; **~ sb. what to do** jmdm. sagen, was er tun soll; **no one ~s 'me what to do** ich lasse mir keine Vorschriften machen; **do as** *or* **what I ~ you** tu, was ich dir sage; **I shan't** *or* **won't ~ you again, don't let me have to ~ you again** ich sag's dir nicht noch einmal; **do as you are told** tu, was man dir sagt; **d)** *(determine)* feststellen; *(see, recognize)* erkennen (**by** an + *Dat.*); *(with reference to the future)* [vorher]sagen; **~ the time [from the sun]** [am Stand der Sonne] erkennen, wie spät es ist; **the child can't ~ the time yet** das Kind kennt die Uhr noch nicht; **~ the difference [between ...]** den Unterschied [zwischen ...] erkennen *od.* feststellen; **I can't ~ which of the twins ...:** ich kann nicht sagen, welcher der Zwillinge ...; **it's impossible/difficult to ~ [if/what** *etc.***]** es ist unmöglich/schwer zu sagen[, ob/was *usw.*]; **it's easy to ~ whether ...:** es läßt sich leicht sagen, ob ...; **you never can ~ how/what** *etc.* man weiß nie, wie/was *usw.;* **how could you ~ he was a policeman?** woran hast du erkannt, daß es ein Polizist war?; **e)** *(distinguish)* unterscheiden; **[not] be able to ~ right from wrong** [nicht] zwischen richtig und falsch unterscheiden können; **f)** *(utter)* sagen; **~ the truth and shame the devil** die Wahrheit sagen, auch wenn es nicht leichtfällt; *see also* **fib 1; 'lie 1 a; truth b; g)** *(count)* auszählen 〈Wählerstimmen〉; **all told** insgesamt. **2.** *v.i.* **told a)** *(determine)* feststellen *od.* wissen?; **it's difficult to ~:** das ist schwer zu sagen; **[it's] hard to ~:** [das ist] schwer zu sagen; **[it's] I can ~ he's lying so slightly, even the experts can hardly ~:** der Unterschied ist so gering, daß selbst die Experten ihn kaum erkennen können; **how can one ~?, how can** *or* **do you ~?** woran kann man das erkennen?; **as far as one/I can ~, ...:** wie es aussieht, ...; **you never can ~ ...:** man kann nie wissen; **who can ~?** wer kann das sagen *od.* will das wissen?; **b)** *(give information)* erzählen (**of, about** von); *(give evidence)* **~ of sth.** von etw. Zeugnis geben *od.* ablegen; **c)** *(reveal secret)* es verraten; **time [alone] will ~:** das wird sich [erst noch] zeigen; **d)** *(produce an effect)* sich auswirken; 〈Wort, Fausthieb, Schuß:〉 sitzen; **quality ~s** *or* **will ~** *(be important)* Qualität ist das, was zählt; **he made every blow ~:** jeder seiner Schläge saß; **make every shot ~:** dafür sorgen, daß jeder Schuß sitzt; **~ in favour of sb.** *or* **sth.'s favour** sich zu jmds. Gunsten auswirken; **~ against sb./sth.** sich nachteilig für jmdn./auf etw. *(Akk.)* auswirken; *see also* **fortune c; marine 2 a; 'so 2; what 5 a**

~ a'part *v.t.* auseinanderhalten

~ 'off *v.t.* **a)** *(coll.: scold)* **~ sb. off [for sth.]** jmdn. [für *od.* wegen etw.] ausschimpfen; 〈Chef:〉 jmdn. [für *od.* wegen etw.] rüffeln *(ugs.); see also* **telling-off; b)** *(assign)* **~ sb. off [for sth.]** jmdn. [zu etw.] abkommandieren

~ on *v.t.* **a)** *(affect)* **~ on sb./sth.** sich bei jmdm. bemerkbar machen/sich [nachteilig] auf etw. *(Akk.)* auswirken; **b)** *(coll.: inform against)* **~ on sb.** jmdn. verpetzen *(Schülerspr. abwertend)*

~ upon *see* **~ on a**

teller ['telə(r)] *n.* **a)** *(in bank) see* **¹cashier; b)** *(counter of votes)* Stimmenzähler, *der*/-zählerin, *die*

telling ['telɪŋ] **1.** *adj. (effective, striking)* schlagend 〈Argument, Antwort〉; wirkungsvoll 〈Worte, Phrase, Stil〉; *(revealing)* vielsagend 〈Lächeln, Blick〉; **~ blow** *(Boxing)* Wirkungstreffer, *der; (fig.)* empfindlicher Schlag; **with ~ effect** mit durchschlagender Wirkung. **2.** *n.* Erzählen, *das;* **he did not need any ~,** he needed no **~:** dazu brauchte man ihn nicht lange *od.* eigens aufzufordern; **that would be ~:** damit würde ich ein Geheimnis verraten; **there's no ~ what/how ...:** man weiß nie, was/wie ...; **there's no** *or* **never any ~ with her** bei ihr weiß man nie[, woran man ist]; *see also* **lose 2 a**

tellingly ['telɪŋli] *adv.* wirkungsvoll; **be ~**

temperature

effective eine deutlich sichtbare Wirkung zeigen

telling-'off *n. (coll.)* Standpauke, *die (ugs.);* **give sb. a ~:** jmdn. ausschimpfen **(for** wegen); 〈Chef:〉 jmdn. rüffeln *(ugs.);* **get a ~:** Schimpfe kriegen *(ugs.);* 〈Untergebener:〉 einen Rüffel kriegen *(ugs.)*

'tell-tale *n.* **a)** Klatschmaul, *das (ugs. abwertend);* Petze, *die (Schülerspr. abwertend); attrib.* vielsagend 〈Blick, Lächeln〉; verräterisch 〈Röte, Fleck, Glanz, Zucken, Zeichen〉; **b)** *(indicator)* Anzeiger, *der; (for recording attendance)* Stechuhr, *die*

tellurium [te'ljʊərɪəm] *n. (Chem.)* Tellur, *das*

telly ['telɪ] *n. (Brit. coll.)* Fernseher, *der (ugs.);* Glotze, *die (salopp);* **watch ~:** Fernsehen gucken *(ugs.);* **what's on [the] ~?** was kommt im Fernsehen?

temerity [tɪ'merɪtɪ] *n.* Kühnheit, *die;* **have the ~ to do sth.** die Stirn haben, etw. zu tun

temp [temp] *(Brit. coll.)* **1.** *n.* Zeitarbeitskraft, *die; attrib.* Zeitarbeitsunternehmen, *das.* **2.** *v.i.* Zeitarbeit machen

temper ['tempə(r)] **1.** *n.* **a)** *(disposition)* Naturell, *das;* **be in a good/bad ~:** gut/schlechte Laune haben; gut/schlecht gelaunt sein; **be in a foul** *or* **filthy ~:** eine miese Laune haben *(ugs.);* **keep/lose one's ~:** sich beherrschen/die Beherrschung verlieren; **lose one's ~ with sb.** die Beherrschung bei jmdm. verlieren; **control one's ~:** sich beherrschen; **b)** *(anger)* **fit/outburst of ~:** Wutanfall, *der*/-ausbruch, *der;* **have a ~:** jähzornig sein; **be in/get into a ~:** wütend sein/werden **(over** wegen); **be in a terrible ~:** schrecklich wütend sein; **c)** *(degree of hardness of metal)* Härte, *die.* **2.** *v.t. (moderate)* mäßigen; mildern 〈Trostlosigkeit, Strenge, Kritik〉; **~ sb.'s enthusiasm/radical views** jmds. Begeisterung für/Radikalismus mildern; **~ justice with mercy** bei aller Gerechtigkeit Milde walten lassen *(geh.);* **b)** *(Metallurgy)* anlassen; **c)** *(Mus.)* temperieren

tempera ['tempərə] *n. (Art)* Tempera, *die*

temperament ['tempərəmənt] *n.* **a)** *(nature)* Veranlagung, *die;* Natur, *die; (disposition)* Temperament, *das;* **have an artistic ~:** künstlerisch veranlagt sein; **b)** *(passionate disposition)* Temperament, *das*

temperamental [tempərə'mentl] *adj.* **a)** *(having changeable moods)* launisch *(abwertend);* launenhaft; **be a bit ~** *(fig. coll.)* 〈Auto, Maschine:〉 seine Mucken haben *(ugs.);* **b)** *(caused by, relating to temperament)* anlagebedingt; **suffer from a ~ inability to cope with stress** von Natur aus nicht fähig sein, Streß zu bewältigen

temperamentally [tempərə'mentəlɪ] *adv.* **a)** *(in a temperamental manner)* launisch *(abwertend);* **the car tends to behave ~** *(fig. coll.)* das Auto hat gelegentlich seine Mucken *(ugs.);* **b)** *(by reason of temperament)* der Veranlagung nach

temperance ['tempərəns] *n.* **a)** *(moderation)* Mäßigung, *die; (in one's eating, drinking)* Mäßigkeit, *die;* **b)** *(total abstinence)* Abstinenz, *die*

temperate ['tempərət] *adj.* gemäßigt; **be ~ in one's eating/drinking** maßvoll *od.* mäßig im Essen/Trinken sein; **~ climate** *(Geog.)* gemäßigtes Klima; *see also* **zone 1**

temperature ['temprɪtʃə(r)] *n.* **a)** Temperatur, *die;* **what is the ~?** wieviel Grad sind es?; **the ~ is below/above ...:** die Temperatur liegt unter/über ... *(Dat.);* **there are no extremes of ~:** es gibt keine extremen Temperaturen; **the ~ rose during the debate** *(fig.)* die Debatte wurde im Verlauf immer hitziger; **at a ~ of 10°** bei einer Temperatur von 10° 〈kochen〉; auf eine Temperatur von 10° 〈einstellen〉; **keep the room at a ~ of 10°** die Zimmertemperatur auf 10° *(Dat.)* halten; **at high/low ~s** bei hohen/niedrigen

tempered

Temperaturen; b) *(Med.)* Temperatur, *die;* have *or* run a ~ *(coll.)* Temperatur *od.* Fieber haben; **have a slight/high ~:** leichtes/ hohes Fieber haben; **take sb.'s ~:** jmds. [Körper]temperatur messen; **a cold accompanied by a ~:** eine fiebrige Erkältung; *see also* **run 3 l**
tempered ['tempəd] *adj.* a) *(Metallurgy)* vergütet; b) *(Mus.)* temperiert
tempest ['tempɪst] *n. (lit. or fig.)* Sturm, *der;* **~ in a teapot** *(Amer.)* Sturm im Wasserglas
tempestuous [tem'pestjʊəs] *adj. (lit. or fig.)* stürmisch; **be in a ~ rage** vor Wut rasen
Templar ['templə(r)] *n. (Hist.)* [**Knight**] **~:** Templer, *der;* Tempelritter, *der;* **the** [**Knights**] **~s** der Templerorden
template ['templɪt] *n.* Schablone, *die*
¹temple ['templ] *n.* Tempel, *der; (Amer.: synagogue)* Synagoge, *die*
²temple *n. (Anat.)* Schläfe, *die*
templet *see* **template**
tempo ['tempəʊ] *n., pl.* **~s** *or* **tempi** ['tempiː] a) *(fig.: pace)* **the ~ of life in the town** der Rhythmus der Stadt; **the campaign ~ stepped up** der Wahlkampf ging in die heiße Phase über; b) *(Mus.: speed)* Tempo, *das*
temporal ['tempərəl] *adj.* a) *(of this life)* diesseitig *(geh.); (secular)* weltlich; **~ power** *(Eccl.)* weltliche Macht; **lords ~** *(Brit. Parl.)* weltliche Mitglieder des britischen Oberhauses; b) *(of time)* zeitlich; c) *(Anat.)* Schläfen-; d) *(Ling.)* temporal
temporally ['tempərəli] *adv.* zeitlich
temporarily ['tempərərɪlɪ] *adv.* vorübergehend
temporary ['tempərərɪ] 1. *adj.* vorübergehend; provisorisch ⟨Gebäude, Büro⟩; **~ worker** Aushilfe, *die.* 2. *n.* Aushilfe, *die;* Aushilfskraft, *die*
temporise, temporiser *see* **temporize-**
temporize ['tempəraɪz] *v. i.* a) *(adopt indecisive policy)* sich nicht festlegen; b) *(act so as to gain time)* sich abwartend verhalten; **~ with sb.** jmdn. hinhalten; c) *(comply temporarily)* Kompromisse eingehen; sich fügen
temporizer ['tempəraɪzə(r)] *n.* a) *(one who compromises)* Kompromißler, *der/*Kompromißlerin, *die (abwertend);* b) *(one who acts to gain time)* Hinhaltetaktiker, *der/*-taktikerin, *die*
tempt [tempt] *v. t.* a) *(attract)* **~ sb. out/into the town** jmdn. hinauslocken/in die Stadt locken; **~ sb. to do sth.** in jmdm. den Wunsch wecken, etw. zu tun; b) *(cause to have strong urge)* **~ sb. to do sth.** jmdn. geneigt machen, etw. zu tun; **be ~ed to do sth.** versucht sein, etw. zu tun; **I'm ~ed to question this** das möchte ich bis sehr bezweifeln; **be ~ed to resign** an Rücktritt denken; **be strongly ~ed to dismiss sb.** sehr versucht sein, jmdn. zu entlassen; c) *(entice)* verführen; **be ~ed into doing sth.** sich dazu verleiten lassen, etw. zu tun; **~ sb. away from sth.** jmdn. von etw. weglocken; **don't ~ me!** verleite mich nicht!; **are you sure I can't ~ you to have a whisky?** kann ich dich wirklich nicht zu einem Whisky überreden?; d) *(provoke)* herausfordern; **~ fate** *or* **providence** das Schicksal herausfordern
temptation [temp'teɪʃn] *n.* a) *no pl. (attracting)* Verlockung, *die; (being attracted)* Versuchung, *die; (enticing)* Verführung, *die (into* zu); *(being enticed)* Versuchung, *die (geh.);* **feel a ~ to do sth.** versucht sein, etw. zu tun; **please resist the ~ to make any funny remarks** mach jetzt bitte keine dummen Witze; **give in to** [**the**] **~:** der Versuchung erliegen; **the T~** *(Relig.)* die Versuchung [Jesu]; b) *(thing)* Verlockung, *die* (**to** zu); **special offers are just a ~ to spend money** Sonderangebote verleiten nur dazu, Geld auszugeben; c) **lead us not into ~** *(Bibl.)* führe uns nicht in Versuchung

tempter ['temptə(r)] *n.* Verführer, *der;* **the T~** *(Relig.)* der Versucher
tempting ['temptɪŋ] *adj.* a) *(inviting)* verlockend; verführerisch; b) *(enticing)* verführerisch
temptingly ['temptɪŋli] *adv.* a) *(attractively)* verlockend; verführerisch; b) **leave money lying about ~:** Geld [verführerisch] offen herumliegen lassen
temptress ['temptrɪs] *n.* Verführerin, *die*
ten [ten] 1. *adj.* zehn; **feel ~ feet tall** *(fig.)* sehr stolz auf sich *(Akk.)* sein; *see also* **eight 1. 2.** *n.* a) *(number, symbol)* Zehn, *die;* b) *(set of ~)* Zehnerpackung, *die;* **Zehnerstoß,** *der;* c) **bet sb. ~ to one that ...** *(fig.)* jede Wette halten, daß ... *(ugs.). See also* **eight 2 a, c, a**
tenable ['tenəbl] *adj.* a) haltbar; *(fig.)* haltbar ⟨Theorie, Annahme⟩; b) **~ for five years** auf fünf Jahre befristet ⟨Arbeitsverhältnis, Stelle⟩; **~ at the university of ...:** [anzutreten] an der Universität ...
tenacious [tɪ'neɪʃəs] *adj.* a) *(holding fast)* hartnäckig haftend ⟨Dornen, Samen⟩; **hold sth. in a ~ grip** etw. hartnäckig *od.* eisern festhalten; b) *(resolute)* hartnäckig; **be ~:** sich hartnäckig halten; **be ~ of sth.** hartnäckig an etw. *(Dat.)* festhalten; c) *(retentive)* **~ memory** hervorragendes Gedächtnis; d) *(strongly cohesive)* fest; **a very ~ link** eine sehr beständige Verbindung
tenaciously [tɪ'neɪʃəslɪ] *adv.* zäh; *(resolutely)* hartnäckig
tenacity [tɪ'næsɪtɪ] *n., no pl.* Hartnäckigkeit, *die; (resoluteness)* Beharrlichkeit, *die;* Hartnäckigkeit, *die;* **~ of life** zäher Lebenswille
tenancy ['tenənsɪ] *n.* a) *(of flat, residential building)* Mietverhältnis, *das; (of farm, shop)* Pachtverhältnis, *das;* **have ~ of a flat** eine Wohnung gemietet haben; **~ agreement** Miet-/Pachtvertrag, *der;* b) *(period)* Mietdauer, *die;* c) *(occupation of post)* Bekleidung, *die;* **the post will be for 10 years** die Stelle ist auf 10 Jahre befristet
tenant ['tenənt] 1. *n.* a) *(of flat, residential building)* Mieter, *der/*Mieterin, *die; (of farm, shop)* Pächter, *der/*Pächterin, *die;* b) *(occupant)* Bewohner, *der/*Bewohnerin, *die;* c) *(possessor)* Besitzer, *der/*Besitzerin, *die; (owner)* Eigentümer, *der/*Eigentümerin, *die.* 2. *v. t.* mieten ⟨Wohnung, Haus usw.⟩; pachten ⟨Land, Bauernhof, Geschäft⟩
tenant farmer *n.* Pächter, *der/*Pächterin, *die*
tenantry ['tenəntrɪ] *n.* a) *(people)* Mieter, *(of farm, shop)* Pächter; b) *(condition)* Mietverhältnis, *das; (of farm, shop)* Pachtverhältnis, *das*
tench [tentʃ] *n., pl.* same *(Zool.)* Schleie, *die*
¹tend [tend] *v. i.* a) *(be moving or directed)* ⟨Strom, Bach⟩ fließen (**towards** in Richtung); ⟨Sterne⟩ zustreben (**towards** auf + *Akk.*); *(fig.)* sich zubewegen (**towards** auf + *Akk.*); **this ~s to suggest that ...:** dies deutet darauf hin, daß ...; **all opinions ~ to the same conclusion** alle Meinungen führen zur gleichen Schlußfolgerung; b) *(be apt or inclined)* **~ to do sth.** dazu neigen, etw. zu tun; **~ to sth.** zu etw. neigen; **~s to get quite cold there at nights** es wird dort nachts oft sehr kalt; **he ~s to get upset if ...:** er regt sich leicht auf, wenn ...
²tend *v. t.* sich kümmern um; hüten ⟨Schafe⟩; bedienen ⟨Maschine⟩; **the rice has to be ~ed carefully** der Reis erfordert sorgfältige Pflege
tendency ['tendənsɪ] *n. (inclination)* Tendenz, *die;* **artistic tendencies** künstlerische Neigungen; **have a ~ to do sth.** dazu neigen, etw. zu tun; **there is a ~ for everyone to get complacent** die Leute neigen dazu, selbstzufrieden zu werden

tenor

tendentious [ten'denʃəs] *adj.,* **tendentiously** [ten'denʃəslɪ] *adv. (derog.)* tendenziös
tendentiousness [ten'denʃəsnɪs] *n., no pl. (derog.)* tendenziöse Färbung
¹tender ['tendə(r)] *adj.* a) *(not tough)* zart; b) *(sensitive)* empfindlich; **~ spot** *(fig.)* wunder Punkt; c) *(loving)* zärtlich; liebevoll; **~ loving care** liebevolle Zuwendung; d) *(requiring careful handling)* heikel; e) *(delicate)* zart ⟨Gesundheit, Konstitution⟩; **be of ~ age** *or* **years** noch sehr jung sein; **at a ~ age** in jungen Jahren; **at the ~ age of twelve** im zarten Alter von zwölf Jahren. *See also* **mercy 1 b**
²tender *n. (Naut., Railw.)* Tender, *der*
³tender 1. *v. t.* a) *(present)* einreichen ⟨Rücktritt⟩; anbieten ⟨Rat⟩; vorbringen ⟨Entschuldigung⟩; b) *(offer as payment)* anbieten; **~ a £20 note** mit einem 20-Pfund-Note bezahlen; **please ~ exact fare** bitte den genauen Betrag bereithalten; **the cash register records the amount ~ed** die Registrierkasse zeigt den gezahlten Geldbetrag an. 2. *v. i.* **~ for sth.** ein Angebot für etw. einreichen. 3. *n.* a) Angebot, *das;* **put in a ~:** ein Angebot einreichen; **put sth. out to ~:** etw. ausschreiben; b) **legal ~:** gesetzliches Zahlungsmittel
tender: ~foot *n., pl.* **~foots** *or* **~feet** Greenhorn, *das; (in Scouts)* Neuling, *der;* **~-hearted** ['tendəhɑːtɪd] *adj.* weichherzig
tenderize ['tendəraɪz] *v. t. (Cookery)* zart machen; *(by beating)* weich klopfen
tenderizer ['tendəraɪzə(r)] *n. (Cookery)* Fleischklopfer, *der*
'tenderloin ['tendəlɔɪn] *n.* a) *(Gastr.) (Brit.)* Lendenstück, *das;* b) *(Amer.)* Filet, *das*
tenderly ['tendəlɪ] *adv.* a) *(gently)* behutsam ⟨behandeln⟩; b) *(lovingly)* zärtlich
tenderness ['tendənɪs] *n., no pl.* a) *(of meat etc.)* Zartheit, *die;* b) *(loving quality)* Zärtlichkeit, *die;* c) *(delicacy)* Empfindlichkeit, *die*
tendon ['tendən] *n. (Anat.)* Sehne, *die;* **Achilles ~:** Achillessehne, *die*
tendril ['tendrɪl] *n.* Ranke, *die*
tenement ['tenɪmənt] *n.* a) *(Scot.: house containing several dwellings)* Mietshaus, *das;* Mietskaserne, *die (abwertend);* b) *(dwelling-place)* Behausung, *die;* c) *(Amer.:* **~[-house]** Mietshaus, *das;* d) *(Law)* Besitz, *der*
Tenerife [tenə'riːf] *pr. n.* Teneriffa *(das)*
tenet ['tenɪt, 'tiːnet] *n.* Grundsatz, *der*
ten: **~fold** ['tenfəʊld] *adj., adv.* zehnfach; *see also* **eightfold;** **~-gallon 'hat** *n.* Cowboyhut, *der*
tenner ['tenə(r)] *n. (coll.) (Brit.)* Zehnpfundschein, *der;* Zehner, *der (ugs.); (Amer.)* Zehndollarschein, *der;* Zehner, *der (ugs.)*
tennis ['tenɪs] *n., no pl.* Tennis, *das;* **real** *or* **royal** *or (Amer.)* **court ~:** Real *od.* Royal *od.* Court Tennis, *das; see also* **lawn tennis; table tennis**
tennis: ~ 'arm *n. (Med.)* Tennisarm, *der;* **~-ball** *n.* Tennisball, *der;* **~-club** *n.* Tennisverein, *der;* **~-court** *n.* a) *(for lawn ~)* Tennisplatz, *der;* *(for indoor ~)* Tennishalle, *die;* b) *(for real ~)* Tennishalle, *die;* Ballhaus, *das (hist.);* **~ 'elbow** *n., no pl., no art. (Med.)* Tennisell[en]bogen, *der;* **~-match** *n.* Tennismatch, *das;* Tennisspiel, *das;* **~-player** *n.* Tennisspieler, *der/*-spielerin, *die;* **~-racket** *n.* Tennisschläger, *der*
tenon ['tenən] *n. (Woodw.)* Zapfen, *der*
'tenon-saw *n. (Woodw.)* Feinsäge, *die;* feste Zapfensäge *(fachspr.)*
tenor ['tenə(r)] *n.* a) *(Mus.: voice, singer, part)* Tenor, *der;* **~ voice** Tenorstimme, *die;* b) *(prevailing course)* Verlauf, *der;* **the general ~ of his life** seine allgemeine Lebensführung; c) *(of argument, speech)* Te-

nor, der; d) (Law) (actual wording) Wortlaut, der; Tenor, der (fachspr.); (exact copy) Abschrift, die; e) (Mus.: instrument with range like ~) Tenor, der; ~ saxophone/recorder Tenorsaxophon, das/-blockflöte, die
tenpenny ['tenpənɪ] adj. für zehn Pence nachgestellt
tenpenny 'piece n. (Brit.) Zehnpencemünze, die
tenpin bowling [tenpɪn 'bəʊlɪŋ] n. Bowling, das
¹**tense** [tens] n. (Ling.) Zeit, die; **in the present/future** etc. ~: im Präsens/Futur usw.
²**tense** 1. adj. a) (taut; showing nervous tension) gespannt; **her face was ~ with anxiety** ihr Gesicht war vor Sorge angespannt; **his voice was ~ with emotion** seine Stimme bebte vor Erregung; **a ~ silence** eine [an]gespannte Stille; b) (causing nervous tension) spannungsgeladen. 2. v.i. **sb. ~s** jmds. Muskeln spannen sich an; **he ~d with fear** er verkrampfte sich vor Angst. 3. v.t. anspannen
~ 'up v.i. ⟨Muskeln:⟩ sich anspannen, ⟨Person:⟩ sich verkrampfen
tensely ['tenslɪ] adv. a) (tightly) straff; b) (with nervous tension) angespannt; **~ gripping** packend ⟨Geschichte, Film⟩
tenseness ['tensnɪs] n., no pl. (of person) Anspannung, die; (of situation etc.) Angespanntheit, die
tensile ['tensaɪl] adj. a) Zug⟨belastung, -festigkeit⟩; b) (capable of being stretched) zugfest
tension ['tenʃn] 1. n. a) (latent hostility) Spannung, die; **~ between the police and the people is on the increase** die Spannungen zwischen Polizei und Bevölkerung wachsen; **there is a lot of ~ between them** zwischen ihnen herrscht ein gespanntes Verhältnis; **there is a high level of ~ in that area** die Lage in diesem Gebiet ist sehr angespannt; **racial ~**: Rassenspannungen Pl.; b) (mental strain) Anspannung, die; c) no pl. (of violin string, tennis racquet) Spannung, die; d) (stretching) Mech. Engin.: Spannung, die; e) (Knitting) Festigkeit, die; **check the ~**: eine Maschenprobe machen. See also **surface tension**. 2. v.t. spannen
tent [tent] n. Zelt, das
tentacle ['tentəkl] n. a) (Zool., Bot.) Tentakel, der od. das; b) (fig.) Fühler, der; (with sinister connotations) Fangarm, der
tentative ['tentətɪv] adj. a) (not definite) vorläufig; **make a ~ suggestion** einen Vorschlag in den Raum stellen; **say a 'yes'** vorläufig „ja" sagen; b) (hesitant) zaghaft
tentatively ['tentətɪvlɪ] adv. a) not definitely) vorläufig; b) (hesitantly) zaghaft
tenterhooks ['tentəhʊks] n. pl. **be on ~**: [wie] auf glühenden Kohlen sitzen; **keep sb. on ~**: jmdn. auf die Folter spannen
tenth [tenθ] 1. adj. zehnt...; see also **eighth** 1. 2. n. a) (in sequence) zehnte, der/die/das; (in rank) Zehnte, der/die/das; (fraction) Zehntel, das; b) (day) **the ~ of May** der zehnte Mai; **the ~ [of the month]** der Zehnte [des Monats]. See also **eighth** 2
'**tent-peg** n. Zeltpflock, der; Hering, der
tenuity [te'njuːɪtɪ] see **tenuousness**
tenuous ['tenjʊəs] adj. dünn ⟨Faden⟩; zart ⟨Spinnwebe⟩; (fig.) dünn ⟨Atmosphäre⟩; dürftig ⟨Argument⟩; unbegründet ⟨Anspruch⟩; **there are only ~ connections** es bestehen kaum Verbindungen; **he had but a ~ hold on life** sein Leben hing nur noch an einem seidenen Faden
tenuously ['tenjʊəslɪ] adv. dünn; (fig.) schwach; [nur] locker ⟨verbunden sein⟩; **cling only ~ to life** nur noch einen schwachen Lebenswillen haben
tenuousness ['tenjʊəsnɪs] n., no pl. Dünne, die; (fig.) Dürftigkeit, die
tenure ['tenjə(r)] n. a) (right, title) Besitztitel, der; b) (possession) Besitz, der; **his ~ of** **the house is only for a limited period** er kann nur eine begrenzte Zeit über das Haus verfügen; c) (period) ~ **[of office]** Amtszeit, die; d) (permanent appointment) Dauerstellung, die; **have [security of] ~**: eine Dauerstellung haben
tenuto [tə'nuːtəʊ] adj., adv. (Mus.) tenuto
tepee ['tiːpiː] n. Tipi, das
tepid ['tepɪd] adj. a) lauwarm; b) (fig.) halbherzig ⟨Interesse, Willkommensgruß⟩; verhalten ⟨Lob, Begeisterung⟩
tequila [te'kiːlə] n. (drink) Tequila, der
tercentenary [tɜːsen'tiːnərɪ, tɜːsen'tenərɪ] 1. adj. Dreihundertjahr⟨feier, -feierlichkeiten⟩. 2. n. Dreihundertjahrfeier, die
term [tɜːm] 1. n. a) (word expressing definite concept) [Fach]begriff, der; **scientific/legal/medical ~**: wissenschaftlicher/juristischer/medizinischer Fachausdruck; **~ of reproach** Vorwurf, der; **in ~s of money/politics** unter finanziellem/politischem Aspekt; **in ~s of financial success** im finanziellen Erfolg her gesehen; **in set ~s** klipp und klar; see also **contradiction**; b) in pl. (conditions) Bedingungen, Pl.; **he does everything on his own ~s** er tut alles, wie er es für richtig hält; **~s of surrender** Kapitulationsbedingungen; **accept sb.'s ~s of contract** Vertragsbedingungen; **accept sb. on his own ~s** jmdn. so akzeptieren, wie er ist; **come to or make ~s [with sb.]** [mit jmdm.] einigen; **come to ~s [with each other]** sich einigen; **come to ~s with sth.** (be able to accept sth.) mit etw. zurechtkommen; **resign oneself to sth.**) sich mit etw. abfinden; **come to ~s with oneself** mit sich selbst ins reine kommen; **~s of reference** (Brit.) Aufgabenbereich, der; **~s of trade** Austauschverhältnis, das (Wirtsch.); c) in pl. (charges) Konditionen; **their ~s are ...**: sie verlangen ...; **hire-purchase on easy ~s** Ratenkauf zu günstigen Bedingungen; see also **inclusive** b; d) **in the short/long/medium ~**: kurz-/lang-/mittelfristig; e) (Sch.) Halbjahr, das; (Univ.: one of two/three/four divisions per year) Semester, das/Trimester, das/Quartal, das; **during ~**: während des Halbjahres/Semesters usw.; **out of ~**: in den Ferien; **end of ~**: Halbjahres-/Semesterende usw.; f) (limited period) Laufzeit, die; (of insurance policy etc.) Laufzeit, die; (period of tenure) **~ [of office]** Amtszeit, die; g) (completion of pregnancy) **[full] ~**: normale Schwangerschaftszeit; h) (period of imprisonment) Haftzeit, die; **be put in prison for a long ~**: für eine längere Haftstrafe ins Gefängnis kommen; i) in pl. (mode of expression) Worte; **praise in the highest ~s** in den höchsten Tönen loben; **talk in vague ~s of sth.** sich in vagen Andeutungen über etw. ⟨Akk.⟩ ergehen; **in flattering ~s** mit schmeichelnden Worten; see also **uncertain** e; j) in pl. (relations) **be on good/poor/friendly ~s with sb.** mit jmdm. auf gutem/schlechtem/freundschaftlichem Fuß stehen; see also **equal** 1 a; **speaking** 1 a; k) (Logic, Math.) Term, der. 2. v.t. nennen
termagant ['tɜːməgənt] n. Furie, die
terminal ['tɜːmɪnl] 1. n. a) (Electr.) Anschluß, der; (of battery) Pol, der; b) (for train or bus) Bahnhof, der; (for airline passengers) Terminal, der od. das; **helicopter ~**: Hubschrauberlandeplatz, der; c) (Teleph., Computing) Terminal, das. 2. adj. a) (final/ending, -station); End⟨reim, -silbe⟩; **the ~ problem** das letzte große Problem; b) (Med.) unheilbar; **have a ~ illness** unheilbar krank sein; **a ~ case** ein hoffnungsloser Fall; (Bot.) **~ bud** Endknospe, die; e) (Zool., Anat.) End⟨glied, -lappen⟩
terminally ['tɜːmɪnəlɪ] adv. (Med.) **~ ill** unheilbar krank
terminal ve'locity n. (Phys.) Grenzgeschwindigkeit, die

terminate ['tɜːmɪneɪt] 1. v.t. a) (bring to an end) beenden; **the contract was ~d** der Vertrag wurde gelöst; b) (Med.) unterbrechen ⟨Schwangerschaft⟩. 2. v.i. a) (come to an end) enden; ⟨Vertrag:⟩ ablaufen; b) (Ling.) enden; auslauten
termination [tɜːmɪ'neɪʃn] n. a) no pl. (coming to an end) Ende, das; (of lease) Ablauf, der; b) no pl. (bringing to an end) Beendigung, die; (of a marriage) Auflösung, die; c) (Med.) Schwangerschaftsabbruch, der
terminological [tɜːmɪnə'lɒdʒɪkl] adj. terminologisch; (of science of terminology) Terminologie-
terminologically [tɜːmɪnə'lɒdʒɪkəlɪ] adv. terminologisch
terminologist [tɜːmɪ'nɒlədʒɪst] n. Terminologe, der/Terminologin, die
terminology [tɜːmɪ'nɒlədʒɪ] n. Terminologie, die
terminus ['tɜːmɪnəs] n., pl. ~**es** or **termini** ['tɜːmɪnaɪ] (end of route or line) Ende, das; (of bus, train, etc.) Endstation, die
termite ['tɜːmaɪt] n. (Zool.) Termite, die
tern [tɜːn] n. (Ornith.) Seeschwalbe, die
ternary ['tɜːnərɪ] adj. ternär
terrace ['terəs, 'terɪs] 1. n. a) (row of houses) Häuserreihe, die; (adjacent to house) Agric.: on hillside) Terrasse, die; c) (p.) (Footb.) Ränge; d) (Geol.) Terrasse, die; Stufe, die. 2. v.t. terrassieren
'**terraced house, 'terrace-house** ns. Reihenhaus, das
terracotta [terə'kɒtə] n., no pl., no indef. art. Terrakotta, die
terra firma [terə 'fɜːmə] n., no pl., no art. fester Boden, der; **~ be back on ~**: wieder festen Boden unter den Füßen haben
terrain [te'reɪn] n. Gelände, das; Terrain, das (bes. Milit.)
terrapin ['terəpɪn] n. (Zool.) Sumpfschildkröte, die
terrestrial [tə'restrɪəl, tɪ'restrɪəl] 1. adj. a) terrestrisch ⟨Raumschiff, Bevölkerung⟩; Erd⟨satellit, -bevölkerung⟩; (mundane) irdisch; weltlich; **the ~ globe** der Erdball; **a ~ globe** ein Erdglobus; see also **magnetism** a; b) (of the land) kontinental; terrestrisch (Geol.); (Biol.) Land-. 2. n. Erdbewohner, der/-bewohnerin, die
terrible ['terɪbl] adj. (coll.: very great or bad) schrecklich (ugs.); fürchterlich (ugs.); **I feel ~ about doing it** es tut mir schrecklich leid, es zu tun; b) (coll.: incompetent) **be ~ at maths/tennis/carpentry** in Mathe schlecht sein/schlecht Tennis spielen/ein schlechter Tischler sein; c) (causing terror) furchtbar. See also **enfant terrible**
terribly ['terɪblɪ] adv. a) (coll.: very) unheimlich (ugs.); furchtbar (ugs.); b) (coll.: appallingly) furchtbar (ugs.); c) (coll.: incompetently) schlecht; d) (fearfully) auf erschreckende Weise
terrier ['terɪə(r)] n. Terrier, der
terrific [tə'rɪfɪk] adj. (coll.) a) (great, intense) irrsinnig (ugs.); Wahnsinns- (ugs.); unwahrscheinlich (ugs.); b) (magnificent) sagenhaft (ugs.); c) (highly expert) klasse (ugs.); **be ~ at sth.** in etw. ⟨Dat.⟩ Spitze sein (ugs.); **a ~ singer** ein Spitzensänger/eine Spitzensängerin (ugs.)
terrifically [tə'rɪfɪkəlɪ] adv. (coll.: extremely) wahnsinnig (ugs.)
terrify ['terɪfaɪ] v.t. a) (fill with terror) angst machen (+ Dat.); **terrified** verängstigt; b) (coll.: make very anxious) angst machen (+ Dat.); **be terrified that ...**: Angst haben, daß ...; c) (scare) Angst einjagen (+ Dat.); **~ sb. into doing sth.** jmdm. eine solche Angst einjagen, daß er etw. tut
terrifying ['terɪfaɪɪŋ] adj. a) (causing terror) entsetzlich ⟨Erlebnis, Film, Buch, Theaterstück⟩; erschreckend ⟨Klarheit, Gedanke⟩; furchterregend ⟨Anblick⟩; beängstigend ⟨Geschwindigkeit, Neigungswinkel⟩; b) (for-

terrifyingly

midable) furchterregend; beängstigend ⟨*Gelehrsamkeit, Förmlichkeit, Intensität*⟩
terrifyingly ['terɪfaɪɪŋlɪ] *adv.* ⟨*dicht, knapp*⟩; entsetzlich ⟨*einsam*⟩
terrine [təˈriːn] *n.* **a)** *(dish)* Steinguttopf, *der;* **b)** *(Gastr.)* Terrine, *die*
territorial [terɪˈtɔːrɪəl] **1.** *adj.* **a)** territorial; Gebiets⟨*anspruch, -hoheit usw.*⟩; Hoheits-⟨*gewässer, -gebiet usw.*⟩; ~ **possessions** Territorialbesitz, *der;* **b)** *(limited to a district)* regional begrenzt ⟨*Maßnahme, Regelung*⟩. **2.** T~ *n.* *(Brit. Mil.)* Landwehrsoldat, *der*
Territorial ˈArmy *n.* *(Brit. Mil.)* Landwehr, *die;* Territorialarmee, *die*
territorially [terɪˈtɔːrɪəlɪ] *adv.* territorial
territorial ˈwaters *n. pl.* Hoheitsgewässer
territory ['terɪtərɪ] *n.* **a)** *(Polit.)* Staatsgebiet, *das;* Hoheitsgebiet, *das;* **b)** *(fig.: area of knowledge or action)* Gebiet, *das;* **c)** *(of commercial traveller etc.)* Bezirk, *der;* **d)** *(large tract of land)* Region, *die;* Gebiet, *das;* **e)** *(Amer.: land not yet a full State)* Territorium, *das;* **f)** *(Zool.)* Revier, *das;* **g)** *(Sport)* Spielfeldhälfte, *die*
terror ['terə(r)] *n.* **a)** *(extreme fear)* [panische] Angst; **in ~:** in panischer Angst; **reign of ~:** Schreckensherrschaft, *die;* **the [Red] T~, the Reign of T~** *(Hist.)* die Schreckensherrschaft [der Französischen Revolution]; **b)** *(person or thing causing ~)* Schrecken, *der;* **c)** **[holy]** ~ *(troublesome person)* Plage, *die; (formidable person)* Schrecken, *der*
terrorisation, terrorise *see* **terrorization, terrorize**
terrorism ['terərɪzm] *n.* Terrorismus, *der; (terrorist acts)* Terror, *der;* **acts of ~:** Terrorakte
terrorist ['terərɪst] *n.* Terrorist, *der*/Terroristin, *die; attrib.* Terror⟨*gruppe, -organisation*⟩
terroristic [terəˈrɪstɪk] *adj.* terroristisch
terrorization [terəraɪˈzeɪʃn] *n., no pl.* Terror, *der*
terrorize ['terəraɪz] *v.t.* **a)** *(frighten)* in [Angst und] Schrecken versetzen; **b)** *(coerce by terrorism)* terrorisieren; *(intimidate)* durch Terror[akte] einschüchtern; ~ **sb. into submission** jmdn. durch Terror in die Knie zwingen
terror: ~**-stricken,** ~**-struck** *adjs.* zu Tode erschrocken
terry ['terɪ] *adj.* *(Textiles)* ~ **towel** Frottier[hand]tuch, *das;* ~ **towelling** Frottee, *das od. der*
terse [tɜːs] *adj.* **a)** *(concise)* kurz und bündig; **b)** *(curt)* knapp
tersely ['tɜːslɪ] *adv.* **a)** *(concisely)* in kurzen Worten; **b)** *(curtly)* kurz angebunden
terseness ['tɜːsnɪs] *n., no pl.* **a)** *(conciseness)* Bündigkeit, *die;* **b)** *(curtness)* Knappheit, *die*
tertiary ['tɜːʃərɪ] *adj.* **a)** *(of third order or rank)* tertiär; **b)** *(next after secondary)* ~ **education** der tertiäre Bildungsbereich; **c)** T~ *(Geol.)* tertiär
Terylene, (P) ['terɪliːn] *n.* Terylen, *das* ⓦ
terza rima [teətsə ˈriːmə] *n.* *(Pros.)* Terzine, *die*
tessellated ['tesəleɪtɪd] *adj.* mosaikartig; tessellarisch
tessellation [tesəˈleɪʃn] *n.* mosaikartige Musterung
test [test] **1.** *n.* **a)** *(examination)* *(Sch.)* Klassenarbeit, *die;* *(Univ.)* Klausur, *die;* *(short examination)* Test, *der;* ~ **of character** Charakterprüfung, *die;* **put sb./sth. to the ~:** jmdn./etw. erproben; **b)** *(critical inspection, analysis)* Test, *der;* **d)** *(Cricket)* Test Match, *das;* **e)** *(ground of admission or rejection)* Aufnahmeprüfung, *die;* **f)** *(Chem.)* Reagens, *das;* **serve as a ~ for starch** zum Nachweis von Stärke dienen. **2.** *v.t.* **a)** *(examine, analyse)* untersuchen ⟨*Wasser, Gehör, Augen*⟩; testen ⟨*Gehör, Augen*⟩; prüfen ⟨*Schüler*⟩;

überprüfen ⟨*Hypothese, Aussage, Leitungen*⟩; ~ **a pupil on his/her vocabulary** einem Schüler/einer Schülerin die Vokabeln abfragen; ~ **the accuracy of a statement** den Wahrheitsgehalt einer Aussage überprüfen; ~ **sb. for AIDS** jmdn. auf Aids untersuchen; ~ **the reaction of the work-force** sehen, wie die Belegschaft reagiert; **b)** *(try severely)* auf die Probe stellen; **c)** *(Chem.)* analysieren; ~ **a substance for sth.** eine Substanz auf etw. *(Akk.)* untersuchen; **send sth. for AIDS** jmdn. auf Aids untersuchen lassen; ~ **ing** etw. Anstrengendes.
~ **out** *v.t.* ausprobieren ⟨*neue Produkte*⟩ (on an + *Dat.*); erproben ⟨*Theorie, Idee*⟩
testament ['testəmənt] *n.* **a)** **Old/New T~** *(Bibl.)* Altes/Neues Testament; **b)** *see* ²**will 1b**
testamentary [testəˈmentərɪ] *adj.* testamentarisch
testator [teˈsteɪtə(r)] *n.* Erblasser, *der (Rechtsspr.)*
testatrix [teˈsteɪtrɪks] *n.* Erblasserin, *die (Rechtsspr.)*
test: ~ **ban** *n.* Atom[waffen]teststopp, *der;* ~ **ban treaty** *n.* [Atom]teststopp-Abkommen, *das;* ~ **bed** *n.* *(Aeronaut.)* Prüfstand, *der;* ~ **card** *n.* *(Telev.)* Testbild, *das;* ˈ~ **case** *n.* *(Law)* Musterprozeß, *der;* ~ **drive** *n.* Probefahrt, *die;* ~**-drive** *v.t.* probefahren
~ **ing** *etw.* Anstrengendes
tester ['testə(r)] *n.* Prüfer, *der*/Prüferin, *die; (device)* Prüfgerät, *das; (sample)* Probe, *die*
ˈ**test flight** *n.* Testflug, *der;* Erprobungsflug, *der;* **first ~:** Jungfernflug, *der*
testicle ['testɪkl] *n.* *(Anat., Zool.)* Testikel, *der (fachspr.)*; Hoden, *der*
testify ['testɪfaɪ] **1.** *v.i.* **a)** ~ **to sth.** etw. bezeugen; ~ **to sb.'s high intelligence** jmdm. große Intelligenz bescheinigen; **this testifies to his skills** das zeugt von seinen Fähigkeiten; **b)** *(Law)* ~ **against sb./before sth.** gegen jmdn./vor etw. *(Dat.)* aussagen. **2.** *v.t.* **a)** *(declare)* bestätigen; **b)** *(be evidence of)* beweisen
testily ['testɪlɪ] *adv.* gereizt
testimonial [testɪˈməʊnɪəl] *n.* **a)** *(certificate of character)* Zeugnis, *das;* *(recommendation)* Referenz, *die;* **b)** *(gift)* Geschenk [als Ausdruck der Wertschätzung]
testimony ['testɪmənɪ] *n.* **a)** *(witness)* Aussage, *die;* **bear ~ to sth., be ~ to** *or* **of sth.** *see* **sb.'s ~ for sth.** jmds. Wort für etw. haben; ~ **of his respectability** Zeichen *od.* Beweis seiner Anständigkeit, *die;* **b)** *(Law)* [Zeugen]aussage, *die;* **c)** *no pl. (statements)* Angaben
testiness ['testɪnɪs] *n., no pl.* Gereiztheit, *die*
testis ['testɪs] *n., pl.* **testes** ['testiːz] *see* **testicle**
ˈ**test match** *n.* *(Sport)* Test Match, *das*
testosterone [teˈstɒstərəʊn] *n.* *(Physiol.)* Testosteron, *das*
test: ~ **paper** *n.* **a)** *(Educ.)* Übungsarbeit, *die;* *(Univ.)* Übungsklausur, *die;* **b)** *(Chem.)* Indikatorpapier, *das;* ~**-piece** *n.* Pflicht[übung], *die;* *(Mus.)* Pflichtstück, *das;* ~ **pilot** *n.* *(Aeronaut.)* Testpilot, *der*/-pilotin, *die;* ~**-tube** *n.* *(Chem., Biol.)* Reagenzglas, *das;* ~**-tube baby** *(coll.)* Retortenbaby, *das (ugs.)*
testy ['testɪ] *adj.* leicht reizbar ⟨*Person*⟩; gereizt ⟨*Antwort*⟩
tetanus ['tetənəs] *n.* *(Med.)* Tetanus, *der (fachspr.)*; *(Wund)*starrkrampf, *der*
tetchy ['tetʃɪ] *adj.* leicht reizbar; *(on single occasion)* gereizt
tête-à-tête [teɪtɑːˈteɪt] **1.** *n.* Tête-à-tête, *das (veralt.);* Gespräch unter vier Augen. **2.** *adj.* privat; ~ **interview/discussion** Gespräch/Diskussion unter vier Augen; ~ **conversation** Zwiegespräch, *das.* **3.** *adv.* unter vier Augen
tether ['teðə(r)] **1.** *n.* **a)** *(chain)* Kette, *die;* *(rope)* Strick, *der;* **b)** *(fig.: limit)* Grenze, *die;* **give sb. a short ~:** jmdn. an der kurzen Leine halten; **be at the end of one's ~:** am Ende [seiner Kraft] sein. **2.** *v.t.* anbinden (to an)
tetrahedron [tetrəˈhiːdrən] *n., pl.* ~**s** *or* **tetrahedra** [tetrəˈhiːdrə] *(Geom.)* Tetraeder, *das*
Teuton ['tjuːtən] *n.* *(Hist.)* Teutone, *der*/Teutonin, *die*
Teutonic [tjuːˈtɒnɪk] *adj.* **a)** *(Germanic)* germanisch; **b)** *(with Germanic characteristics)* [typisch] deutsch; teutonisch *(abwertend, auch scherzh.);* **c)** *(Hist.: of the Teutons)* teutonisch
Texan ['teksn] **1.** *adj.* texanisch. **2.** *n.* Texaner, *der*/Texanerin, *die*
text [tekst] *n.* **a)** *(Text, der;* **they couldn't agree on the ~ of the agreement** sie konnten sich über den Wortlaut des Vertrages nicht einigen; **b)** *(passage of Scripture)* Bibelstelle, *die;* **take as one's ~:** als Predigttext nehmen; predigen über (+ *Akk.*); **c)** *(Amer.: book) see* **textbook; d)** in *pl. (books to be studied)* [Pflicht]lektüre, *die*
ˈ**textbook** *n.* *(Educ.)* Lehrbuch, *das; attrib.* ~ **case** Paradefall, *der;* ~ **landing** Bilderbuchlandung, *die*
textile ['tekstaɪl] **1.** *n.* Stoff, *der;* ~**s** Textilien *Pl.* **2.** *adj. (woven)* textil; ~ **fabrics** Textilien *Pl.*
textual ['tekstjʊəl] *adj.* textlich
textual ˈcriticism *n.* Textkritik, *die*
textural ['tekstʃərl] *adj.* strukturell
texture ['tekstʃə(r)] *n.* **a)** Beschaffenheit, *die;* *(of fabric, material)* Struktur, *die;* *(of food)* Konsistenz, *die;* **have a smooth ~:** sich glatt anfühlen; **b)** *(of prose, music, etc.)* Textur, *die (geh.);* **c)** *(Art)* materielle Struktur
textured ['tekstʃəd] *adj.* Struktur⟨*garn, -farbe*⟩; ~ **vegetable protein** Sojafleisch, *das*
textureless ['tekstʃəlɪs] *adj.* gestaltlos ⟨*Prosa, Gemälde, Darbietung*⟩; formlos ⟨*Masse*⟩
Th. *abbr.* **Thursday** Do.
Thai [taɪ] **1.** *adj.* **a)** *(of Thailand)* thailändisch; **b)** *(Ethnol./Ling.)* Thai-. **2.** *n.* **a)** *pl.* ~**s** *or same* Thai, *der/die;* Thailänder, *der*/Thailänderin, *die;* **b)** *(language)* Thai, *das*
Thailand ['taɪlænd] *pr. n.* Thailand, *das*
Thailander ['taɪləndə(r)] *see* **Thai 2 a**
thalamus ['θæləməs] *n.* *(Anat.)* Thalamus, *der*
thalidomide [θəˈlɪdəmaɪd] *n.* *(Med.)* Contergan, *das* ⓦ; Thalidomid, *das*
thalidomide: ~ **baby,** ~ **child** *ns.* Contergankind, *das (ugs.)*
Thames [temz] *pr. n.* Themse, *die; see also* **father 1 g; fire 1 a**
than [ðən, *stressed* ðæn] *conj.* **a)** *(in comparison)* als; **I know you better ~ [I do] him** ich kenne dich besser als ihn; **I know you better ~ he [does]** ich kenne dich besser als er; **you are taller ~ he [is]** *or* *(coll.)* **him** du bist größer als er; *see also* **rather; b)** *(introducing statement of difference)* als; **anywhere else ~ at home** überall außer zu Hause; *see also* **none 1c; other 1c, 2b, 3**
thank [θæŋk] *v.t.* ~ **sb. [for sth.]** jmdm. [für etw.] danken; sich bei jmdm. [für etw.] bedanken; **I don't know how to ~ you** ich weiß gar nicht, wie ich Ihnen danken soll; **I can't ~ you enough** ich kann Ihnen gar nicht genug danken; **have sb./sth. to ~ for sth.** jmdm./einer Sache etw. zu verdanken haben; **have [only] oneself to ~ for sth.** etw. sich *(Dat.)* selbst zuzuschreiben haben; **he won't ~ you for that/for doing that** *(iron.)* er wird dir dafür nicht gerade dankbar sein/er wird dir nicht gerade dankbar sein, daß du das getan hast; ~ **God** *or* **goodness** *or* **heaven[s]** Gott sei Dank; **[I]** ~ **you** *(slightly formal)* vielen Dank; **no,** ~ **you** nein, danke; **yes,** ~ **you** ja, bitte; danke ja; **doing very nicely,** ~ **you** es läuft alles prima

741

(auch iron.); **I can do without language like that, ~ you!** *(iron.)* auf diesen Ton kann ich verzichten, vielen Dank!; **~ you very much [indeed]** vielen herzlichen Dank; **I'll stay in London, ~ you** *(iron.)* vielen Dank, ich bleibe lieber in London; **~ing 'you** *(coll.)* danke; **~ you for nothing!** *(iron.)* danke bestens!; **I will ~ you to do as you are told** *(iron.)* ich wäre dir sehr verbunden, wenn du tätest, was man dir sagt; **~ one's [lucky] stars that ...**: dem Himmel danken, daß ...

thankful ['θæŋkfl] *adj.* dankbar; **I am just ~ that it's all over** ich bin nur froh, daß das jetzt alles vorüber ist

thankfully ['θæŋkflɪ] *adv.* **a)** *(gratefully)* dankbar; **b)** *(as sentence-modifier: fortunately)* glücklicherweise

thankfulness ['θæŋkflnɪs] *n., no pl.* Dankbarkeit, *die*

thankless ['θæŋklɪs] *adj.* undankbar 〈*Aufgabe, Person*〉

thanks [θæŋks] *n.pl.* **a)** *(gratitude)* Dank, *der;* **accept sb. with ~:** etw. dankend annehmen; **smile one's ~:** dankend lächeln; **they gave me little ~** *or (iron.)* **much ~ they gave me for my troubles** sie haben mir meine Mühen kaum gedankt; **that's all the ~ one gets** das ist nun der Dank dafür!; **give ~ [to God]** dem Herrn danken; **das Dankgebet sprechen; ~ to** *(with the help of)* dank; *(on account of the bad influence of)* wegen; **~ to you** dank deiner; *(reproachfully)* deinetwegen; **no ~ to you** *(iron.)* dein Verdienst war es nicht; **it is small** *or* **no ~ to him that we won** ihm haben wir es jedenfalls nicht zu verdanken, daß wir gewonnen haben; **~ to his arriving in time** dank seines rechtzeitigen Erscheinens; *see also* **return 2 a; b)** *(as formula expressing gratitude)* danke; **no, ~:** nein, danke; **yes, ~:** ja, bitte; **~ awfully** *or* **a lot** *or* **very much, many ~** *(coll.)* vielen od. tausend Dank

thanksgiving ['θæŋksgɪvɪŋ] *n.* **a)** *(expression of gratitude)* Dankbarkeit, *die;* **T~ [Day]** *(Amer.)* [amerikanisches] Erntedankfest; **Thanksgiving Day,** *der;* **b)** *(Relig.)* Dankgebet, *das*

'thank-you *n. (coll.)* Dankeschön, *das;* **a warm** *or* **hearty ~:** ein herzliches Dankeschön; **~ letter** Dankbrief, *der;* **give sb. a ~ present** jmdm. zum Dank etwas schenken

that 1. [ðæt] *adj.,* pl. **those** [ðəʊz] **a)** *dieser/ diese/dieses;* **~ son of yours** Ihr/dein Sohn; **b)** *expr. strong feeling* der/die/das; **never will I forget ~ day** den Tag werde ich nie vergessen; **c)** *(coupled or contrasted with 'this')* der/die/das [da]. **2.** *pron., pl.* **those a)** *der/die/das;* **who is ~ in the garden?** wer ist das [da] im Garten?; **what bird is ~?** was für ein Vogel ist das?; **I know all ~:** ich weiß das alles; **I 'am ~!** das kannst du wohl glauben!; **those below the standard will be rejected** alle, die den Anforderungen nicht genügen, werden abgelehnt; **and [all] ~:** und so weiter; **like ~:** *(of the kind or in the way mentioned, of ~ character)* so; **[just] like ~** *(without effort, thought)* einfach so; **don't be like ~!** sei doch nicht so!; **if she 'wants to be like ~:** wenn sie sich so anstellen will; **don't talk like ~:** hör auf, so zu reden; **he is 'like ~:** so ist er eben; **~ is [to say]** *introducing explanation* das heißt; *introducing reservation* das heißt; genauer gesagt; **if they'd have me, ~ is** das heißt, wenn sie mich nehmen; **'~'s more like it** *(of suggestion, news)* das hört sich schon besser an; *(of action, work)* das sieht schon besser aus; **~'s right!** *expr. approval* gut od. recht so; *(iron.)* nur so weiter!; *(coll.: expr. assent)* jawohl; **~'s a good boy/girl** das ist lieb [von dir, mein Junge/Mädchen]; *(with request)* sei so lieb *usw.;* **~ will do** das reicht; **sb./ sth. is not as ... as all '~** *(coll.)* so ... ist jmd./ etw. nun auch wieder nicht; **[so] ~'s '~** *(it's finished)* so, das wär's; *(it's settled)* so es es

nun mal; **you are not going to the party, and ~'s '~!** du gehst nicht zu der Party, und damit Schluß!; *see also* **at d; how 1; it g, j; take 1w; this 2e; with g; b)** *(Brit.: person spoken to)* **who is ~?** wer ist da?; *(behind wall etc.)* wer ist denn da?; *(on telephone)* wer ist am Apparat?; **who was ~?** wer war das? **3.** [ðət] *rel. pron., pl. same* der/die/das; **the people ~ you got it from** die Leute, von denen du es bekommen hast; **the box ~ you put the apples in** die Kiste, in die du die Äpfel getan hast; **is the man ~ you saw last night?** ist das der Mann, den Sie gestern abend gesehen haben?; **everyone ~ I know** jeder, den ich kenne; **this is all [the money] ~ I have** das ist alles [Geld], was ich habe; **they ~ ...:** diejenigen, die *od.* welche ...; **what is it ~ is making you sad?** was stimmt dich so traurig? **4.** [ðæt] *adv. (coll.)* so; **he may be daft, but he's not [all] '~ daft** er mag ja blöd sein, aber so blöd [ist er] auch wieder nicht; **a nail about ~ long** ein etwa so langer Nagel. **5.** [ðət] *rel. adv.* der/die/das; **at the speed ~ he was going** bei der Geschwindigkeit, die er hatte; **tell the way ~ the accident happened** erzählen, wie der Unfall geschah; **the day ~ I first met her** der Tag, an dem ich sie zum ersten Mal sah. **6.** [ðət, *stressed* ðæt] *conj.* **a)** *introducing statement; expr. result, reason or cause* daß; **b)** *expr. purpose* [in order] ~: damit; **he died ~ others might live** er starb, damit andere [weiter]leben konnten; **c)** *expr. wish* **oh ~ I could forget her!** ach, daß ich sie doch vergessen könnte! *See also* **not b; now 2**

thatch [θætʃ] **1.** *n.* **a)** *(of straw)* Strohdach, *das;* *(of reeds)* Schilf- *od.* Reetdach, *das;* *(of palm-leaves)* Palmblattdach, *das;* *(material)* Stroh, *das*/Schilf, *das*/Palmblätter, *(roofing)* Dachbedeckung, *die;* **b)** *(coll.: hair)* Matte, *die (salopp).* **2.** *v.t.* mit Stroh/Schilf/ Palmblättern decken

thatched [θætʃt] *adj.* strohgedeckt/schilfod. reetgedeckt; *(Dach);* Stroh-/ Schilf-/Reet(*dach*)

thatcher ['θætʃə(r)] *n.* Dachdecker, *der/*-deckerin, *die*

Thatcherism ['θætʃərɪzm] *n. (Polit.)* Thatcherismus, *der*

thaw [θɔː] **1.** *n.* **a)** *(warmth)* Tauwetter, *das;* **b)** *(act of ~ing)* **after the ~:** nachdem es getaut hat/hatte; *(fig.)* Tauwetter, *die.* **2.** *v.i.* **a)** *(melt)* auftauen; **b)** *(become warm enough to melt ice etc.)* tauen; **it looks like ~ing** es sieht nach Tauwetter aus; **c)** *(fig.: become less aloof or hostile)* auftauen; **d)** *(lose numbness)* [wieder] warm werden. **3.** *v.t.* **a)** *(cause to melt)* auftauen; **b)** *(fig.: cause to be less aloof or hostile)* auftauen; entspannen 〈*Atmosphäre*〉; **c)** *(cause to lose numbness)* aufwärmen ~ **'out** *see* ~ **2, 3**

the [*before vowel* ðɪ, *before consonant* ðə, *when stressed* ðiː] **1.** *def. art.* **a)** *(class group; all ~ doors alle Türen;* **play ~ piano** Klavier spielen; **if you want a quick survey, this is ~ book** für einen raschen Überblick ist dies das richtige Buch; **it's** *or* **there's only ~ one** es ist nur dieser/diese/dieses eine; **he lives in ~ district** er wohnt in dieser Gegend; **he was quite ~ philosopher about his misfortune** er trug sein Unglück wie ein Philosoph; **£5 ~ square metre/~ gallon/~ kilogram** 5 Pfund der Quadratmeter/die Gallone/das Kilogramm; **14 miles to ~ gallon** 14 Meilen auf eine Gallone; ≈ 20 l auf 100 km; **a scale of one mile to ~ inch** ein Maßstab von 1 : 63 360; **none but ~ brave deserves ~ fair** allein dem Tapferen gehört der Schöne; **b)** *(denoting one best known)* **it is '~ restaurant in this town** das ist das Restaurant in dieser Stadt; **red is '~ colour this year** Rot ist in diesem Jahr die Farbe; **she is no relation to '~ Kipling** mit dem Kipling ist sie nicht verwandt; **c)** *with names of diseases have got ~*

(coll.) Zahnschmerzen/die Masern haben; **d)** *(Brit. coll.: my, our, etc.)* mein/unser *usw.;* **leave ~ wife and ~ dog at home** Frau und Hund zu Hause lassen; **e)** *(Scot., Ir.: with name of clan)* ~ **Macnab** das Oberhaupt des Macnab-Clans. **2.** *adv.* ~ **more I practise ~ better I play** je mehr ich übe, desto *od.* um so besser spiele ich; **I am not ~ more inclined to help him because he is poor** ich würde ihm genauso gern helfen, wenn er nicht arm wäre; **his car runs ~ faster for having been tuned properly** jetzt, wo es richtig eingestellt ist, fährt sein Auto schneller; **so much ~ worse for sb./sth.** um so schlimmer für jmdn./etw.; *see also* **all 3; more 1b, 3h**

theatre *(Amer.:* **theater)** ['θɪətə(r)] *n.* **a)** Theater, *das;* **at the ~:** im Theater; **go to the ~:** ins Theater gehen; **b)** *(lecture ~)* Hörsaal, *der;* **c)** *(Brit. Med.) see* **operating-theatre; d)** *(dramatic art)* **the ~:** das Theater; **go into the ~:** zum Theater gehen *(ugs.);* **e)** *no pl.* **make good ~:** sehr bühnenwirksam sein; sich gut für die Bühne eignen; **f)** *(scene of action)* Schauplatz, *der;* *(of war)* Kriegsschauplatz, *der*

theatre: ~**-goer** *n.* Theaterbesucher, *der/*-besucherin, *die;* ~**-going 1.** *n. no pl. no indef. art.* Theaterbesuche, *die;* ~**-going is on the increase** die Zahl der Theaterbesucher steigt; **2.** *adj.* **the ~-going public/type** die Theaterbesucher/der typische Theaterbesucher; ~ **sister** *n. (Brit. Med.)* OP-Schwester, *die;* ~ **weapon** *n. (Mil.)* Kurzstreckenrakete, *die*

theatrical [θɪ'ætrɪkl] *adj.* **a)** schauspielerisch; **a ~ company** eine Schauspiel- *od.* Theatertruppe; **b)** *(showy)* theatralisch 〈*Benehmen, Verbeugung, Person*〉

theatrically [θɪ'ætrɪkəlɪ] *adv.* **a)** ~, **the play was a disaster** was die Aufführung angeht, war das Stück ein Reinfall; **b)** *(showily)* theatralisch

theatricals [θɪ'ætrɪklz] *n. pl.* **a)** *(dramatic performances)* Theateraufführungen, *die;* **private** *or* **amateur ~:** Amateur- *od.* Laientheater, *das;* **b)** *(showy actions)* Theatralik, *die (geh.)*

Thebes [θiːbz] *pr. n. (Greek/Egyptian Ant.)* Theben *(das)*

thee [ðiː] *pron. (arch./poet./dial.)* dich; *(Relig.: God)* Dich/Dir; *see also* ¹**her**

theft [θeft] *n.* Diebstahl, *der;* ~ **of cars** Autodiebstahl, *der*

their [ðeə(r)] *poss. pron. attrib.* **a)** ihr; *see also* ²**her; our a; b)** *(coll.: his or her)* **who has forgotten ~ ticket?** wer hat seine Karte vergessen?

theirs [ðeəz] *poss. pron. pred.* ihrer/ihre/ihres; *see also* **hers; ours**

theism ['θiːɪzm] *n. (Philos.)* Theismus, *der*

theist ['θiːɪst] *n. (Philos.)* Theist, *der/*Theistin, *die*

them [ðəm, *stressed* ðem] *pron.* **a)** sie; *(as indirect object)* ihnen; *see also* ¹**her; b)** *(coll.: him/her)* ihn/sie

thematic [θɪ'mætɪk] *adj.* thematisch

thematically [θɪ'mætɪkəlɪ] *adv. (with regard to topic[s]; also Mus.)* thematisch; **arrange ~:** nach Themen ordnen

theme [θiːm] *n.* **a)** *(of speaker, writer, or thinker)* Gegenstand, *der;* Thema, *das;* **b)** *(Mus.)* Thema, *das;* Leitmotiv, *das;* **a ~ from 'My Fair Lady'** eine Melodie aus My Fair Lady; **c)** *(Amer. Educ.)* Aufsatz, *der*

theme: ~ **music** *n.* Titelmelodie, *der* ~ **park** *n.* Freizeitpark, *dessen Attraktionen und Einrichtungen auf ein bestimmtes Thema bezogen sind;* ~ **song** *n.* **a)** *see* ~ **music; b)** *see* **signature tune; c)** ~ **tune** *see* **signature tune**

themselves [ðəm'selvz] *pron.* **a)** *emphat.* selbst; **they ~ were astonished** sie waren selbst ganz erstaunt; **the results ~ were ...:**

die Ergebnisse an sich waren ...; b) *refl.* sich ⟨*waschen usw.*⟩; sich selbst ⟨*die Schuld geben, regieren*⟩. *See also* **herself; ourselves**
then [ðen] **1.** *adv.* **a)** *(at that time)* damals; **the ~ existing laws** die damals geltenden *od.* damaligen Gesetze; **~ and there, there and ~**: auf der Stelle; *see also* **now 1 a**; **b)** *(after that)* dann; **~ [again]** *(and also)* außerdem; **the journey will take a long time, and ~ don't forget that it gets dark early** die Fahrt wird lange dauern, und dann dürft ihr auch nicht vergessen, daß es früh dunkel wird; **but ~** *(after all)* aber schließlich; **c)** *(in that case)* dann; **~ why didn't you say so?** warum hast du dann nichts gesagt?; **hurry up, ~:** dann beeil dich aber; **but ~ again** aber andererseits; **d)** *expr.* grudging or impatient concession dann eben; **well, take it, ~:** dann nimm es eben; **e)** *(accordingly)* [dann] also; **the cause of the accident, ~, seems to be established** die Ursache des Unfalls scheint [dann] also festzustehen. *See also* ²**well 1 d, g; what 5 a**. **2.** *n.* **before ~:** vorher; davor; **by ~:** bis dahin; **from ~ on** von da an; **till ~:** bis dahin; **oh, we should get there long before ~:** ach, bis dahin sind wir längst dort; **since ~:** seitdem. **3.** *adj.* damalig
thence [ðens] *adv.* *(arch./literary)* **[from] ~:** von dort; *(for that reason)* von daher
thence: ~'forth, ~'forward *advs.* *(arch./literary)* **[from] ~forth** *or* **~forward** seit dieser Zeit; von da an
theodolite [θɪˈɒdəlaɪt] *n.* *(Surv.)* Theodolit, *der*
theologian [θiːəˈləʊdʒɪən] *n.* Theologe, *der*/Theologin, *die*
theological [θiːəˈlɒdʒɪkl] *adj.* theologisch; **Theologie⟨*student, -dozent*⟩**
theology [θɪˈɒlədʒɪ] *n.* **a)** *no pl., no indef. art.* Theologie, *die*; **b)** *(religious system)* Glaubenslehre, *die*
theorem [ˈθɪərəm] *n.* *(Math.)* [Lehr]satz, *der*; Theorem, *das* *(fachspr.)*
theoretic [θɪəˈretɪk], **theoretical** [θɪəˈretɪkl] *adj.* theoretisch; **your arguments are only ~:** deine Argumentation ist reine Theorie
theoretically [θɪəˈretɪkəlɪ] *adv.* theoretisch
theoretician [θɪərɪˈtɪʃn] *n.* Theoretiker, *der*/Theoretikerin, *die*
theorise *see* **theorize**
theorist [ˈθɪərɪst] *n.* Theoretiker, *der*/Theoretikerin, *die*
theorize [ˈθɪəraɪz] *v. i.* theoretisieren
theory [ˈθɪərɪ] *n.* *(also Math.)* Theorie, *die*; **~ of evolution/music** Evolutions-/Musiktheorie, *die*; **in ~:** theoretisch; **it's a ~!** das wäre eine Möglichkeit; **I always go on the ~ that ...:** ich gehe immer davon aus, daß ...; **have a ~ that ...:** die Theorie vertreten, daß ...
theosophic [θiːəˈsɒfɪk], **theosophical** [θiːəˈsɒfɪkl] *adj.* theosophisch
theosophy [θɪˈɒsəfɪ] *n., no pl., no indef. art.* Theosophie, *die*
therapeutic [θerəˈpjuːtɪk] *adj.* therapeutisch; *(curative)* therapeutisch wirksam
therapeutically [θerəˈpjuːtɪkəlɪ] *adv.* therapeutisch
therapeutics [θerəˈpjuːtɪks] *n., no pl.* *(Med.)* Therapeutik, *die*
therapist [ˈθerəpɪst] *n.* *(Med.)* Therapeut, *der*/Therapeutin, *die*
therapy [ˈθerəpɪ] *n.* *(Med., Psych.)* Therapie, *die*; [Heil]behandlung, *die*; **undergo ~:** sich einer Therapie *(Dat.)* unterziehen
there [ðeə(r)] **1.** *adv.* **a)** *(in/at that place)* da; dort; *(fairly close)* da; **sb. has been ~ before** *(fig. coll.)* jmd. weiß Bescheid; **~ or ~a'bouts** so ungefähr; **be down/in/up ~:** da unten/drin/oben sein; **~ goes ...: da geht/fährt usw. ...; are you ~?** *(on telephone)* sind Sie noch da *od.* *(ugs.)* dran?; **~ and then ~ then and ~** *see* **then 1 a**; *see also* **all 3**; **here**

1 a; **b)** *(calling attention)* hello *or* hi **~!** hallo!; **you ~!** Sie da!; **move along ~!** weitergehen!; **~'s a good** etc. **boy/girl = that's a good** etc. **boy/girl** see **that 2 a**; see also for **1 h**; **c)** *(in that respect)* da; **so ~:** und damit basta *(ugs.)*; **~ you are wrong** da irrst du dich; **~, it is a loose wire** da haben wir's - ein loser Draht; **~ it is** *(nothing can be done about it)* da kann man nichts machen; **~ you are** *(giving sth.)* [da,] bitte schön; **~ you have it** *(fig.)* da ist der Punkt; *see also* **2 b; rub ~** *(to that place)* dahin, dorthin *(gehen, gelangen, fahren, rücken, stellen)*; **we got ~ and back in two hours** wir brauchten für Hin- und Rückweg [nur] zwei Stunden; **down/in/up ~:** dort hinunter/hinein/hinauf; **get ~ first** jmdm./den anderen zuvorkommen; **get ~** *(fig.) (achieve)* es [schon] schaffen; *(understand)* es verstehen; **e)** [ðə(r), *stressed* ðeə(r)] *(as introductory function-word)* **what ~:** war da irgend etwas drin? *(ugs.)*; **~ is enough food** es gibt genug zu essen; **~ are many kinds of ...:** es gibt vielen Arten von ...; **~ were four of them** sie waren zu viert; **~ was once an old woman who ...:** es war einmal eine alte Frau, die ...; **~ was no beer left** es gab kein Bier mehr; **~ appears to be some error** da scheint ein Irrtum unterlaufen zu sein; **~'s no time for that now** dafür haben wir/habe ich jetzt keine Zeit; **~ being no further point in waiting, I left** weil es keinen Zweck mehr hatte, noch länger zu warten, ging ich; **... if ever ~ was one** ... wie er/sie/es im Buche steht; **what is ~ for supper?** was gibt's zum Abendessen?; **not a sound was ~ to indicate their presence** kein Laut verriet ihre Anwesenheit; **seldom has ~ been more fuss** selten hat es soviel Aufhebens gegeben; **a fine mess ~ is!** da sieht es vielleicht aus! *(ugs.)*. **2.** [ðeə(r)] *int.* **a)** *(to soothe child etc.)* **~, ~:** na, na *(ugs.)*; **b)** *expr.* triumph or dismay **~ [you are]!** da, siehst du!; **~, you've dropped it!** da, jetzt hast du es doch fallen lassen!; *see also* **1 c**. **3.** *n.* **da, dort; near ~:** da *od.* dort in der Nähe; **the tide comes up to ~:** die Flut kommt bis dahin *od.* da hoch
there: ~abouts [ˈðeərəbaʊts] *adv.* **a)** *(near that place)* da [in der Nähe]; **the locals ~abouts** die Leute, die dort wohnen; **b)** *(near that number)* **two litres or ~abouts** zwei Liter [so] ungefähr; *see also* **there 1 a**; **~after** *adv.* danach; **~by** [ðeəˈbaɪ, ˈðeəbaɪ] *adv.* dadurch; **~by hangs a tale** dazu gibt es noch etwas zu erzählen; **~fore** *adv.* deshalb; also; **~from** *adv.* *(formal)* daraus; **~in** *adv.* *(formal)* darin; **~of** *adv.* *(formal)* davon; **the island and all the ports ~of** die Insel und alle ihre Häfen; **~to** *adv.* *(formal)* dazu; **~upon** *adv.* **a)** *(soon after that)* kurz darauf; alsbald *(veralt.)*; **b)** *(in consequence of that)* daraufhin; **~'with** *adv.* *(formal)* damit
therm [θɜːm] *n.* *(Brit.)* englische Einheit der Wärmemenge (ca. $1,055 \times 10^8$ J)
thermal [ˈθɜːml] **1.** *adj.* thermisch ⟨*Erscheinung, Anforderungen*⟩; Wärme⟨*dämmung, -strahlung*⟩; **underwear** kälteisolierende Unterwäsche. **2.** *n.* *(Aeronaut.)* Thermik, *die*
thermally [ˈθɜːməlɪ] *adv.* thermisch
thermal: ~ 'springs *n. pl.* Thermalquelle, *die*; **~ 'unit** *n.* *(Phys.)* Wärmeeinheit, *die*
thermionic [θɜːmɪˈɒnɪk]: **~ 'tube** *(Amer.)*, **~ 'valve** *(Brit.)* ns. *(Electronics)* Glühkathodenröhre, *die*
thermocouple [ˈθɜːməkʌpl] *n.* *(Phys.)* Thermoelement, *das*
thermodynamic [θɜːməʊdaɪˈnæmɪk] *adj.* thermodynamisch
thermodynamics [θɜːməʊdaɪˈnæmɪks] *n., no pl.* *(Phys.)* Thermodynamik, *die*
thermometer [θəˈmɒmɪtə(r)] *n.* Thermometer, *das*; *see also* **clinical a**
thermonuclear [θɜːməʊˈnjuːklɪə(r)] *adj.*

(Phys.) thermonuklear ⟨*Waffe*⟩; Kern⟨*fusion, -energie*⟩; Atom⟨*krieg, -energie*⟩
thermoplastic [θɜːməʊˈplæstɪk] **1.** *adj.* **a)** thermoplastisch; **b) ~ tiles** Kunststofffliesen. **2.** *n.* Thermoplast, *der*
Thermos, thermos, (P) [ˈθɜːməs] *n.* **~ [flask/jug/bottle]** Thermosflasche, *die* ⓦ
thermostat [ˈθɜːməstæt] *n.* Thermostat, *der*
thermostatic [θɜːməˈstætɪk] *adj.* Temperatur⟨*regler, -schalter*⟩
thermostatically [θɜːməˈstætɪkəlɪ] *adv.* durch ein/das Thermostat ⟨*kontrolliert, reguliert*⟩
thesaurus [θɪˈsɔːrəs] *n., pl.* **thesauri** [θɪˈsɔːraɪ] *or* **~es** Thesaurus, *der*
these *pl.* of **this 1, 2**
thesis [ˈθiːsɪs] *n., pl.* **theses** [ˈθiːsiːz] **a)** *(proposition)* These, *die*; **b)** *(dissertation)* Dissertation, *die*, Doktorarbeit, *die* (**on** über + *Akk.*)
Thespian [ˈθespɪən] **1.** *adj.* Theater-. **2.** *n.* Schauspieler, *der*/Schauspielerin, *die*
they [ðeɪ] *pron.* **a)** sie; **b)** *(people in general)* man; **c)** *(coll.: he or she)* everyone thinks **~** know best jeder denkt, er weiß es am besten; **d)** *(those in authority)* sie; die *(ugs.)*. *See also* **their; theirs; them; themselves**
they'd [ðeɪd] **a) = they would; b) = they had**
they'll [ðeɪl] **= they will**
they're [ðeə(r)] **= they are**
they've [ðeɪv] **= they have**
thick [θɪk] **1.** *adj.* **a)** dick; breit, dick ⟨*Linie*⟩; **that's laying it on [a bit] ~** *(fig. coll.)* das ist ja wohl etwas dick aufgetragen *(ugs.)*; **isn't she laying it on a bit ~?** *(fig. coll.)* trägt sie da nicht ein bißchen zu dick auf? *(ugs.)*; **that's** *or* **it's a bit ~!** *(Brit. fig. coll.)* das ist ein starkes Stück! *(ugs.)*; **get the ~ end of the stick** *(fig.)* den schlechteren Teil erwischen; **have a ~ skin** *(fig.)* ein dickes Fell haben *(ugs.)*; **a rope two inches ~, a two-inch ~ rope** ein zwei Zoll starkes *od.* dickes Seil; **b)** *(dense)* dicht ⟨*Haar, Nebel, Wolken, Gestrüpp usw.*⟩; dichtgedrängt ⟨*Menschenmenge*⟩; **c)** *(filled)* **~ with** voll von; **air ~ with fog and smoke** von Nebel und Rauch erfüllte Luft; **the air was ~ with rumours** überall gingen Gerüchte um; **the furniture was ~ with dust** auf den Möbeln lag eine dicke Staubschicht; **d)** *(of firm consistency)* steif ⟨*Gallerte*⟩; dickflüssig ⟨*Sahne*⟩; *(containing much solid matter)* dick ⟨*Suppe, Schlamm, Brei, Kleister*⟩; **e)** *(stupid)* dumm; **you're just plain ~!** du bist ganz einfach doof *(salopp);* **[as] ~ as two short planks** *(coll.)* dumm wie Bohnenstroh *(ugs.)*; **f)** *(coll.: intimate)* **be very ~ with sb.** mit jmdm. dick befreundet sein *(ugs.);* **[as] ~ as thieves** dicke Freunde sein *(ugs.);* **g)** tief ⟨*Dunkelheit*⟩; **h)** *(not clear)* trüb ⟨*Wetter, Morgen, Fluß*⟩; **have a ~ head** einen dicken Kopf haben *(ugs.);* **i)** *(Printing)* fett; **j)** *(numerous)* dicht; **they are ~/not exactly ~ on the ground** die gibt es wie Sand am Meer/die sind dünn gesät *(ugs.);* **k)** *(indistinct)* dumpf; **his speech was ~** *(with drink)* er sprach mit schwerer Zunge *(ugs.);* **l)** *(marked)* **he has a ~ German accent** er hat einen starken deutschen Akzent. **2.** *n., no pl., no indef. art.* **the ~** of mitten in (+ *Dat.*); **in the ~ of it** *or* **things** mitten drin; **in the ~ of the battle** im dichtesten Kampfgetümmel; **she is always in the ~ of things** sie ist bei allem immer voll dabei *(ugs.);* **stay with sb./stick together through ~ and thin** mit jmdm./zusammen durch dick und dünn gehen. **3.** *adv.* **snow was falling ~:** es schneite dicke Flocken; **blows rained on him ~ and fast** die Schläge prasselten nur so auf ihn nieder; **job offers/complaints came in ~ and fast** es kam eine Flut von Stellenangeboten/Beschwerden
thick 'ear *n.* *(Brit. sl.)* **give sb. a ~:** jmdm. ein paar hinter die Ohren geben *(ugs.)*

thicken — think

thicken [ˈθɪkn] 1. *v.t.* dicker machen; eindicken ⟨*Sauce*⟩. 2. *v.i.* **a)** dicker werden; **sb.'s waist[line] ~s** jmds. Taille wird umfangreicher; **b)** *(become dense)* ⟨*Nebel:*⟩ dichter werden; **c)** *(become blurred)* **his speech ~ed** er bekam eine schwere Zunge *(geh.)*; **d)** *(become complex)* **the plot ~s!** die Sache wird kompliziert!; *(iron.)* die Sache wird langsam interessant!
thickening [ˈθɪknɪŋ] *n.* *(in food)* Bindemittel, *das*; *(in dye)* Verdickungsmittel, *das*
thicket [ˈθɪkɪt] *n.* Dickicht, *das*
thick: **~ 'head** *n.* dicker Kopf *(ugs.)*; **~head** *n.* Dummkopf, *der*; **~-'headed** *adj.* dumm
thickly [ˈθɪklɪ] *adv.* **a)** *(in a thick layer)* dick; **b)** *(densely, abundantly)* dicht; **c)** *(in great numbers)* **hailstones fell ~:** die Hagelkörner prasselten nur so herab; **d)** *(indistinctly)* mit schwerer Zunge *(geh.)*; *(from emotion)* undeutlich ⟨*sprechen*⟩
thickness [ˈθɪknɪs] *n.* **a)** Dicke, *die*; **be two metres in ~:** zwei Meter dick sein; **a plank whose ~ is two centimetres** ein Brett mit einer Dicke *od.* Stärke von 2 Zentimetern; **~ of paper/card** Papier-/Kartonstärke, *die*; **b)** *no pl.* *(denseness)* Dichte, *die*; *(of hair)* Fülle, *die*; **c)** *no pl.* *(firm consistency)* *(of jelly)* Steifheit, *die*; *(of cream)* Dickflüssigkeit, *die*; *(of soup, mud, porridge, glue)* Dicke, *die*; **d)** *(layer)* Lage, *die*; **e)** *no pl.* *(stupidity)* Dummheit, *die*
thicko [ˈθɪkəʊ] *n., pl.* **~s** *(coll.)* Schwachkopf, *der (ugs.)*
thick: **~set** *adj.* **a)** *(stocky)* gedrungen; **b)** *(set close together)* dicht nebeneinanderstehend ⟨*Bäume, Häuser*⟩; **~-skinned** *adj.* *(fig.)* unsensibel; dickfellig *(ugs. abwertend)*
thief [θiːf] *n., pl.* **thieves** [θiːvz] Dieb, *der*/Diebin, *die*; **like *or* as a ~ in the night** wie ein Dieb in der Nacht *(geh.)*; *see also* Latin 2; take 1 q; thick 1 f
thieve [θiːv] 1. *v.i.* stehlen; **he makes a living out of petty thieving** er lebt vom Gelegenheitsdiebstahl. 2. *v.t.* stehlen
thievish [ˈθiːvɪʃ] *adj.* diebisch ⟨*Wesen, Art*⟩
thigh [θaɪ] *n.* **a)** *(Anat.)* Oberschenkel, *der*; **b)** *(Zool.)* Schenkel, *der*
thigh: **~-bone** *n.* *(Anat.)* Oberschenkelknochen, *der*; **~-boot** *n.* Kanonenstiefel, *der*; Schaftstiefel, *der*
-thighed [θaɪd] *adj. in comb.* -schenkelig
thimble [ˈθɪmbl] *n.* Fingerhut, *der*
thimbleful [ˈθɪmblfʊl] *n.* Fingerhut [voll], *der*; **in ~s** in winzigen Mengen
thin [θɪn] 1. *adj.* **a)** *(of small thickness or diameter)* dünn; *see also* ice 1 a; wedge 1 a; **b)** *(not fat)* dünn; **a tall, ~ man** ein großer, hagerer Mann; **as ~ as a rake *or* lath** spindeldürr; **c)** *(narrow)* schmal ⟨*Baumreihe*⟩; **d)** *(sparse)* dünn, schütter ⟨*Haar*⟩; fein ⟨*Regen, Dunst*⟩; spärlich ⟨*Publikum, Besuch*⟩; gering ⟨*Beteiligung*⟩; dünn ⟨*Luft*⟩; **the country's population is ~:** das Land ist dünn bevölkert *od.* besiedelt; **he is already ~ on top *or* going ~ on top** bei ihm lichtet es sich oben schon; **the attendance at the meeting was ~:** die Versammlung war schwach besucht; **be ~ on the ground** *(fig.)* dünn gesät sein; **vanish *or* disappear into ~ air** *(fig.)* sich in Luft auflösen; **it won't appear out of ~ air!** *(fig.)* es fällt nicht einfach vom Himmel!; **produce a delicious meal out of ~ air** *(fig.)* ein köstliches Essen aus dem Nichts zaubern; **e)** *(lacking substance or strength)* dünn ⟨*Bier, Blut, Stimme*⟩; **f)** *(fig.: inadequate)* dürftig; fadenscheinig ⟨*Ausrede*⟩; **sb.'s patience is wearing ~:** jmds. Geduld geht zu Ende; jmdn. reißt allmählich der Geduldsfaden *(ugs.)*; **sb.'s credibility begins to wear ~:** jmd. verliert immer mehr an Glaubwürdigkeit; **g)** *(sl.: wretched)* enttäuscht, unbefriedigend ⟨*Zeit*⟩; **he had a pretty ~ time [of it]** er machte eine ziemlich schlimme Zeit durch; **h)** *(consisting of ~ lines)* fein ⟨*Handschrift*⟩; *(Printing)* mager. *See also* thick 2. 2. *adv.* dünn. 3. *v.t.*, **-nn-** **a)** *(make less deep or broad)* dünner machen; **b)** *(make less dense, dilute)* verdünnen; **c)** *(reduce in number)* dezimieren; **d)** *(remove young fruit from)* ausbrechen ⟨*Reben*⟩; ausdünnen ⟨*Obstbäume*⟩. 4. *v.i.*, **-nn-** ⟨*Haar, Nebel:*⟩ sich lichten; ⟨*Menschenmenge:*⟩ sich zerstreuen; **~ down to a mere trickle** zu einem kleinen Rinnsal werden
~ out 1. *v.i.* ⟨*Menschenmenge:*⟩ sich verlaufen; ⟨*Verkehr:*⟩ abnehmen; ⟨*Reihen der Zuschauer:*⟩ sich lichten; ⟨*Häuser:*⟩ spärlicher werden. 2. *v.t.* ⟨*Hort., Forestry*⟩ vereinzeln, ausdünnen ⟨*Pflanzen*⟩; lichten ⟨*Wald*⟩
thine [ðaɪn] *poss. pron.* *(arch./poet./dial.)* **a)** *pred.* deiner/deine/dein[e]s, *der/die/das* deinige *(geh.)*; *see also* hers; **b)** *attrib.* dein
thing [θɪŋ] *n.* **a)** *(inanimate object)* Sache, *die*; Ding, *das*; **what's that ~ in your hand?** was hast du da in der Hand?; **be a rare ~:** etwas Seltenes sein; **books are strange *or* funny ~s, aren't they?** Bücher sind schon etwas Seltsames, nicht wahr?; **neither one ~ nor the other** weder das eine noch das andere; **I haven't a '~ to wear** ich habe nichts zum Anziehen; **you haven't a ~ to worry about** du brauchst dir überhaupt keine Sorgen zu machen; **not a ~:** überhaupt *od.* gar nichts; **b)** *(action)* **that was a foolish/friendly ~ to do** das war eine große Dummheit/das war sehr freundlich; **that was a mean ~ to do to your brother** das war sehr gemein deinem Bruder gegenüber; **it was the right ~ to do** es war das einzig Richtige; **she is expecting to do great ~s** sie hat große Dinge vor; **the only ~ now is to shout for help** es bleibt uns jetzt nichts anderes mehr übrig, als um Hilfe zu rufen; **we can't do a ~ about it** wir können nichts dagegen tun; **do ~s to sb./sth.** *(fig. coll.)* auf jmdn./ etw. eine enorme Wirkung haben *(ugs.)*; **she does ~s to me** *(fig. coll.)* sie macht mich total an *(ugs.)*; **c)** *(fact)* [Tat]sache, *die*; **a ~ which is well known to everybody** eine allgemein bekannte Tatsache; **it's a strange ~ that ...:** es ist seltsam, daß ...; **for one ~, you don't have enough money[, for another ~ ...]** zunächst einmal hast du nicht genügend Geld [, außerdem ...]; **and another ~, why were you late this morning?** und noch etwas: Warum bist du heute morgen so spät gekommen?; **the best/worst ~ about the situation/her** das Beste/Schlimmste an der Situation/an ihr; **know/learn a ~ or two about sth./sb.** sich mit etw./jmdm. auskennen/einiges über etw./jmdn. erfahren; **I'll teach him a ~ or two!** dem werde ich's [mal] zeigen!; **the [only] ~ is that ...:** die Sache ist [nur] die, daß ...; *see also* another 1 a, d, 2 c; **d)** *(idea)* **say the first ~ that comes into one's head** das sagen, was einem gerade so einfällt; **what a ~ to say!** wie kann man nur so etwas sagen!; **have a ~ about sb./sth.** *(coll.)* *(be obsessed about)* auf jmdn./etw. abfahren *(salopp)*; *(be prejudiced against)* etwas gegen jmdn./etw. haben; *(be afraid of or repulsed by)* einen Horror vor jmdn./etw. haben *(ugs.)*; **e)** *(task)* **she has a reputation for getting ~s done** sie ist für ihre Tatkraft bekannt; **a big ~ to undertake** ein großes Unterfangen; **f)** *(affair)* **make a mess of ~s** alles vermasseln *(salopp)*; **make a [big] ~ of sth.** *(regard as essential)* auf etw. besonderen Wert legen; *(get excited about)* sich über etw. (Akk.) aufregen; **you don't have to make such a big ~ of it!** nun mach mal halblang! *(ugs.)*; **it's one ~ after another** es kommt eins zum anderen; **g)** *(circumstance)* **take ~s too seriously** alles zu ernst nehmen; **how are ~s?** wie geht's [dir]?; **it was a terrible ~:** es war furchtbar; **a strange ~ struck me** mir fiel etwas Seltsames auf; **it was a lucky ~ he didn't do that** es war ein Glück, daß er das nicht tat; **as ~s stand [with me]** so wie die Dinge [bei mir] liegen; **one has to accept these ~s** man muß sich eben damit abfinden; **~s don't work out like that** die Realität sieht anders aus; **it's just one of those ~s** *(coll.)* so was kommt schon mal vor *(ugs.)*; *see also* close 1 g; good 1 b; **h)** *(individual, creature)* Ding, *das*; **she is in hospital, poor ~:** sie ist im Krankenhaus, das arme Ding; **you spiteful ~!** du [gemeines] Biest!; **she's a kind old ~:** sie ist sehr liebenswürdig *od.* *(ugs.)* furchtbar nett; *see also* old 1 c, d; **i)** *in pl.* *(personal belongings, outer clothing)* Sachen; **put one's ~s on** sich *(Dat.)* etwas überziehen; **wash up the dinner ~s** das Geschirr vom Abendessen abwaschen; **j)** *in pl.* *(matters)* **an expert/authority on ~s historical** ein Fachmann/eine Autorität in geschichtlichen Fragen; **as regards ~s financial** I haven't a clue von finanziellen Dingen habe ich keine Ahnung; **~s feminine** Frauenangelegenheiten; **and ~s** *(coll.)* und so *(ugs.)*; **k)** *(product of work)* Sache, *die*; **the latest ~ in hats** der letzte Schrei in der Hutmode; **a little ~ of mine** etwas von mir; **l)** *(special interest)* **what's your ~?** was machst du gerne?; **do one's own ~** *(coll.)* sich selbst verwirklichen; **we do our own ~ on holiday** im Urlaub macht jeder von uns, was er will; **m)** *(coll.: sth. remarkable)* **now 'there's a ~!** das ist ja ein Ding! *(ugs.)*; **n)** *in pl.* *(Law)* Sachen; **~s real** unbewegliche Sachen; Immobilien; **~s personal** bewegliche Sachen; Mobilien *(fachspr.)*; **o)** **the ~** *(what is proper or needed or important)* das Richtige; **blue jeans are the ~ among teenagers** Bluejeans sind der Hit *(ugs.)* unter den Teenagern; **telling jokes is not the ~ for an occasion such as this one** es ist unpassend, bei einer Gelegenheit wie dieser Witze zu erzählen; **the ~ is to get orders** es geht vor allem darum, Aufträge zu bekommen; **the ~ about him is his complete integrity** sein wesentlicher Vorzug ist seine vollkommene Integrität; **but the ~ is, will she come in time?** aber die Frage ist, wird sie auch tatsächlich kommen?; **p)** *(sl.: penis)* **his ~:** sein Ding *(ugs.)*. *See also* first 1, 2 a; good 1 d; ¹last 1; ²see 1 a; sure 3
thingamy [ˈθɪŋəmɪ], **thingumabob** [ˈθɪŋəməbɒb], **thingumajig** [ˈθɪŋəmədʒɪɡ], **thingumbob** [ˈθɪŋəmbɒb], **thingummy** [ˈθɪŋəmɪ], **thingy** [ˈθɪŋɪ] *ns.* *(coll.)* Dings, *der/die/das (salopp)*; Dingsbums, *der/die/das (ugs.)*; **you know, ~ ...** *(person)* du weißt schon, der/die Dingsda, ...; *(object)* du weißt schon, das Dingsda, ...
think [θɪŋk] 1. *v.t.*, **thought** [θɔːt] **a)** *(consider)* meinen; **we ~ [that] he will come** wir denken *od.* glauben, daß er kommt; **we do not ~ it probable** wir halten es nicht für wahrscheinlich; **I ~ it a shame that ...:** ich finde, es ist eine Schande, daß ...; **he ~s himself very fine** er meint, er sei etwas Besonderes; **it is not thought proper** es gilt als unschicklich; **he is thought to be a fraud** man hält ihn für einen Betrüger; **what do you ~?** was meinst du?; **what do you ~ of *or* about him/it?** was hältst du von ihm/ davon?; **I thought to myself ...:** ich dachte mir [im stillen]: That's what 'they ~! das meinen die!; **..., don't you ~?** ..., findest *od.* meinst du nicht auch?; **where do you ~ you are?** was glaubst du eigentlich, wo du bist?; **who does he/she ~ he/she is?** für wen *od.* wofür hält er/sie sich eigentlich?; **you *or* one *or* anyone would ~ that ...:** man sollte [doch] eigentlich annehmen, daß ...; **I ~ not** ich glaube nicht; **I should '~ so/'~ 'not!** *(indignant)* das will ich meinen/das will ich nicht hoffen; **I thought as much *or* so** das habe ich mir schon gedacht; **I ~ so** ich glaube schon; **do you really ~ so?** findest du wirklich?; **I wouldn't ~ so** das glaube ich

kaum; **yes, I ~ so too** ja, das finde ich auch *(ugs.)*; **I should ~ not!** *(no!)* auf keinen Fall; **you are a model of tact, I 'don't ~!** *(coll. iron.)* du bist mir vielleicht ein Ausbund von Taktgefühl! *(iron.)*; **that'll be great fun, I 'don't ~** *(coll. iron.)* das kann ja lustig werden *(ugs. iron.)*; **I'll have made my fortune by then, I 'don't ~** *(coll. iron.)* na klar, bis dahin habe ich mein Glück gemacht *(iron.)*; **to ~ [that] he should treat me like this!** man sollte es nicht für möglich halten, daß er mich so behandelt!; **this animal was thought to be extinct** dieses Tier galt als ausgestorben; **I wouldn't have thought it possible** ich hätte das nicht für möglich gehalten; **b)** *(coll.: remember)* **~ to do sth.** daran denken, etw. zu tun; **c)** *(intend)* **we ~s to deceive us or will us täuschen; we thought to return early** wir hatten vor *od.* gedachten, früh zurückzukehren; **that's what 'they ~! das meinen d*ie* [vielleicht]!**; **d)** *(imagine)* sich *(Dat.)* vorstellen. **2.** *v.i.*, thought **a)** [nach]denken; **I ~, therefore I am** ich denke, also bin ich; **we want to make the students ~:** wir möchten die Studenten zum Denken bringen; **animals cannot ~:** Tiere können nicht denken; **I need time to ~:** ich muß es mir erst überlegen; **ability to ~:** Denkfähigkeit, *die*; **I've been ~ing ich habe nachgedacht; ~ in German** *etc.* deutsch *usw.* denken; **it makes you ~:** es macht *od.* stimmt einen nachdenklich; **just ~!** stell dir das mal vor!; **~ for oneself** sich *(Dat.)* seine eigene Meinung bilden; **~ [to oneself]...:** sich *(Dat.)* im stillen denken ...; bei sich denken ...; **let me ~:** laß [mich] mal nachdenken *od.* überlegen; **I would ~ again** ich würde mir das noch mal überlegen; **there's still time to ~ again** du kannst/wir können das noch einmal überlegen; **you'd better ~ again!** da hast du dich aber geschnitten! *(ugs.)*; **~ twice** es sich *(Dat.)* zweimal überlegen; **this made he ~ twice** das gab ihr zu denken; *see also* **big 2; b)** *(have intention)* **I ~ I'll try ich glaube od.* denke, ich werde es versuchen; **we ~ we'll enter for the regatta** wir haben vor, an der Regatta teilzunehmen. *See also* **aloud;** ²fit 1c. **3. *n.*** *(coll.)* **have a [good] ~:** es sich *(Dat.)* überlegen; **have a ~ about that!** denk mal drüber nach! *(ugs.);* **you have [got] another ~ coming!** da irrst du dich aber gewaltig!

~ a'bout *v.t.* **a)** *(consider)* nachdenken über (+ *Akk.*); **what are you ~ing about?** woran *od.* was denkst du [gerade]?; **give sb. something to ~ about** jmdm. etwas geben, worüber er/sie nachdenken kann; *(to worry about)* jmdm. zu denken geben; **it doesn't bear ~ing about** man darf gar nicht daran denken; **b)** *(consider practicability of)* sich *(Dat.)* durch den Kopf gehen lassen; sich *(Dat.)* überlegen; **it's worth ~ing about** es ist überlegenswert

~ a'head *v.i.* vorausdenken

~ 'back to *v.t.* sich zurückerinnern an (+ *Akk.*); **I thought back to when it had first begun** ich erinnerte mich daran, wie es anfing

~ of *v.t.* **a)** *(consider)* denken an (+ *Akk.*); **I have many things to ~ of** ich muß an so vieles denken; **... but I can't ~ of everything at once!** ... aber ich habe schließlich auch nur einen Kopf!; **he ~s of everything** er denkt einfach an alles; **he never ~s of anyone but himself** er denkt immer nur an sich; **[just] ~ or to ~ of it!** man stelle sich *(Dat.)* das bloß vor!; **[now I] come to ~ of it, ...:** wenn ich es mir recht überlege, ...; **b)** *(be aware of in the mind)* denken an (+ *Akk.*); **we ~ of you a lot** wir denken oft an dich; **c)** *(consider the possibility of)* denken an (+ *Akk.*); **we must be ~ing of going home soon** wir müssen bald ans Nachhausegehen denken; **be ~ing of getting a new car** mit dem Gedanken spielen, sich *(Dat.)* ein neues Auto anzuschaffen; **be ~ing of resigning** sich mit dem Gedanken tragen, zurückzutreten; **not for a minute would she ~ of helping anybody else** ihr würde es nicht im Traum einfallen, anderen zu helfen; **I couldn't ~ of such a thing** *or* **of doing that** das würde mir nicht im Traum einfallen; **I don't know what she was ~ing of!** ich weiß nicht, was sie sich dabei gedacht hat!; **d)** *(choose from what one knows)* **I want you to ~ of a word beginning with B** überlege dir ein Wort, das mit B beginnt; **~ of a number, double it and ...:** denk dir eine Zahl, verdopple sie und ...; **e)** *(have as idea)* **we'll ~ of something** wir werden uns etwas einfallen lassen; **can you ~ of anyone who ...?** fällt dir jemand ein, der ...?; **we're still trying to ~ of a suitable title for the book** wir suchen noch immer einen passenden Titel für das Buch; **he's never yet thought of showing gratitude** bis jetzt ist es ihm noch nie eingefallen, sich dankbar zu zeigen; **I would have telephoned if I had thought of it** ich hätte angerufen, wenn ich daran gedacht hätte; **what 'will they ~ of next?** was werden sie sich *(Dat.)* wohl [sonst] noch alles einfallen lassen?; **f)** *(remember)* sich erinnern an (+ *Akk.*); **I just can't ~ of her name** ich komme einfach nicht auf ihren Namen; **g)** **~ little/nothing of sb./sth.** *(consider contemptible)* wenig/nichts von jmdm./etw. halten; **~ little/nothing of doing sth.** *(consider insignificant)* wenig/nichts dabei finden, etw. zu tun; **~ much** *or* **a lot** *or* **well** *or* **highly of sb./sth.** viel von jmdm./etw. halten; **not ~ much of sb./sth.** nicht viel von jmdm./etw. halten. *See also* **better 3a**

~ 'out *v.t.* **a)** *(consider carefully)* durchdenken ⟨Plan, Idee⟩; **~ out what the long-term solution may be** sich *(Dat.)* darüber Gedanken machen, wie eine langfristige Lösung aussehen könnte; **b)** *(devise)* sich *(Dat.)* ausdenken ⟨Plan, Verfahren⟩; **the plan had been thought out in a hurry** der Plan entstand unter Zeitdruck

~ 'over *v.t.* sich *(Dat.)* überlegen; überdenken; **~ things over** sich *(Dat.)* die Lage überdenken; **I will ~ it over** ich lasse es mir durch den Kopf gehen

~ 'through *v.t.* [gründlich] durchdenken ⟨Problem, Angelegenheit⟩

~ 'up *v.t.* sich *(Dat.)* ausdenken ⟨Plan⟩; **they thought up ideas of their own** sie entwickelten ihre eigenen Ideen

thinkable ['θɪŋkəbl] *adj.* **a)** *(capable of being thought about)* denkbar; **b)** *(conceivably possible)* vorstellbar

thinker ['θɪŋkə(r)] *n.* Denker, *der*/Denkerin, *die*

thinking ['θɪŋkɪŋ] **1. *n.*** **in modern ~ ...:** nach heutiger Auffassung **...; what is your ~ on this question?** wie ist deine Meinung zu dieser Frage?; **to my [way of] ~:** meiner Meinung nach. **2.** *attrib. adj.* [vernünftig] denkend

'thinking-cap *n.* **put on one's ~:** scharf nachdenken; seinen Geist anstrengen

think: ~-piece *n.* Kommentar, *der;* **~-tank** *n.* **a)** *(organization)* Beraterstab, *der;* **b)** *(Amer. sl.: brain)* [Ge]hirnkasten, *der (salopp scherzh.)*

'thin-lipped *adj.* dünnlippig ⟨Mund, Person⟩

thinly ['θɪnlɪ] *adv.* **a)** dünn; **b)** *(sparsely)* spärlich ⟨bevölkert, bewaldet⟩; dünn ⟨besiedelt⟩; schwach ⟨besucht⟩; **c)** *(inadequately)* leicht ⟨bekleidet⟩; *(fig.)* dürftig ⟨verschleiert, verkleidet⟩

thinner ['θɪnə(r)] **1.** *adj., adv. compar.* of **thin 1, 2. 2.** *n.* **~[s]** Verdünner, *der;* Verdünnungsmittel, *das*

thinness ['θɪnnɪs] *n., no pl.* **a)** *(lack of depth etc.)* Dünne, *die;* geringe Dicke; **b)** *(slimness)* Magerkeit, *die;* **c)** *(sparseness)* Spärlichkeit, *die;* **d)** *(slightness of consistency)* Dünnflüssigkeit, *die;* **e)** *(lack of substance or strength)* Dürftigkeit, *die;* **the ~ of her voice** ihre dünne Stimme; **f)** *(fig.: inadequacy)* Dürftigkeit, *die*

'thin-skinned *adj.* *(fig.)* empfindlich; dünnhäutig *(geh.)*

third [θɜːd] **1.** *adj.* dritt...; **the ~ finger** der Ringfinger; **~ largest/highest** *etc.* drittgrößt.../-höchst... *usw.*; **come in/be ~:** dritter/dritte sein/als dritter/dritte ankommen; **every ~ week** jede dritte Woche; **a ~ part** *or* **share** ein Drittel. **2. *n.*** **a)** *(in sequence)* Dritte, *der/die/das;* *(in rank)* Dritte, *der/die/das; (fraction)* Drittel, *das;* **be the ~ to arrive** als dritter/dritte ankommen; **b)** *(~ form)* dritte [Schul]klasse; Dritte, *die (Schuljargon);* **c)** *(Motor Veh.)* dritter Gang; **in ~:** im dritten [Gang]; **change into ~:** in den dritten [Gang] schalten; **d)** *(Brit. Univ.)* Drei, *die;* **he has a ~ [in History]** er hat eine Drei [in Geschichte]; **get** *or* **take** *or* **be awarded a ~ in one's finals** sein Examen mit [der Note] Drei bestehen; **e)** *(Mus.)* Terz, *die;* **f)** *(day)* **the ~ of May** der dritte Mai; **the ~ [of the month]** der Dritte [des Monats]. *See also* **eighth 2**

third: **~-best 1.** ['-'-] *adj.* drittbest...; **2.** [-'-] *n., no pl.* Drittbeste, *der/die/das;* **~ 'class** *n.* **a)** *(set ranking after second class)* dritte Kategorie; **b)** *(Transport)* dritte Klasse; **c)** *(Brit. Univ.)* *see* **third 2d;** **~-class 1.** ['--] *adj.* **a)** drittklassig; **he got a ~-class degree** er hat einen Abschluß mit der Note Drei; **b)** Dritte[r]-Klasse-⟨Wagen, Reisender, Fahrkarte⟩; ⟨Wagen, Fahrkarte⟩ dritter Klasse; ⟨Reisender⟩ der dritten Klasse; **2.** [-'-] *adv.* dritter Klasse ⟨reisen⟩; **~ de'gree** *see* **degree i;** **~ 'force** *see* **force 1a;** **~ 'form** *see* **form 1 d;** **~ 'gear** *n., no pl. (Motor Veh.)* dritter Gang; *see also* **gear 1a**

thirdly ['θɜːdlɪ] *adv.* drittens

third: **~ 'man** *n. (Cricket)* [weit zurückstehender] Eckmann; **~ 'party** *n.* Dritte, *der/die;* dritte Person; *attrib.* **~-party insurance** Haftpflichtversicherung, *die;* **be covered by ~-party insurance** haftpflichtversichert sein; **take out ~-party insurance** eine Haftpflichtversicherung abschließen; **~ 'person** *n.* **a)** *see* **party; b)** *see* **person d;** **~ 'rail** *n. (Railw.)* Stromschiene, *die;* **~-rate** *adj.* drittklassig; **~ 'reading** *see* **reading g;** **T~ 'World** *n.* dritte Welt; **countries of the T~ World, T~ World countries** Länder der dritten Welt

thirst [θɜːst] **1.** *n.* Durst, *der;* **die of ~:** verdursten; *(fig.: be very thirsty)* vor Durst sterben *(ugs.);* **~ for knowledge** Wissensdurst, *der;* **~ for revenge/after fame** Rachedurst, *der*/Ruhmsucht, *die;* **~ for news** sehnsüchtiges Warten auf Nachricht. **2.** *v.i.* **~ for revenge/knowledge** nach Rache/Wissen dürsten *(geh.)*

thirstily ['θɜːstɪlɪ] *adv.* durstig

'thirst-quencher *n.* Durstlöscher, *der*

thirsty ['θɜːstɪ] *adj.* **a)** durstig; **be ~:** Durst haben; **sb. is ~ for sth.** *(fig.)* jmd. *od.* jmdn. dürstet nach etw. *(dichter.);* **~ gain/for knowledge/revenge** *(fig.)* gewinnsüchtig/wißbegierig/rachedurstig *(geh.);* **b)** *(coll.: causing thirst)* durstig machend; **this is ~ work** diese Arbeit macht durstig

thirteen [θɜːˈtiːn] **1.** *adj.* dreizehn; *see also* **eight 1. 2.** *n.* Dreizehn, *die;* *see also* **eight 2 a, d; eighteen 2**

thirteenth [θɜːˈtiːnθ] **1.** *adj.* dreizehnt...; *see also* **eighth 1. 2.** *n.* **a)** *(fraction)* Dreizehntel, *das;* **b)** **Friday the ~:** Freitag, der Dreizehnte. *see also* **eighth 2**

thirtieth ['θɜːtɪɪθ] **1.** *adj.* dreißigst...; *see also* **eighth 1. 2.** *n.* *(fraction)* Dreißigstel, *das;* *see also* **eighth 2**

thirty ['θɜːtɪ] **1.** *adj.* dreißig; **one-and-~** *(arch.)* *see* **thirty-one 1;** *see also* **eight 1. 2.** *n.* Dreißig, *die;* **one-and-~** *(arch.)* *see* **thirty-one 2;** *see also* **eight 2 a; eighty 2**

745

thirty: ~-'**first** *etc. adj.* einunddreißigst... *usw.; see also* **eighth 1;** ~-'**one** *etc.* **1.** *adj.* einunddreißig *usw.; see also* **eight 1; 2.** *n.* Einunddreißig *usw., die; see also* **eight 2 a;** ~-'**second-note** *n. (Amer. Mus.)* Zweiunddreißigstel[note], *die*
this [ðɪs] **1.** *adj., pl.* **these** [ðiːz] **a)** dieser/diese/dieses; *(with less emphasis)* der/die/das; **at** ~ **time** zu dieser Zeit; **before** ~ **time** vorher; zuvor; **these days** heut[zutag]e; **I'll say** ~ **much/I can tell you** ~ **much** ...: soviel kann ich sagen/soviel kann ich dir verraten ...; **b)** *(that is the present)* dieser/diese/dieses; **all** ~ **week** die[se] ganze Woche; **by** ~ **time** inzwischen; mittlerweile; **c)** *(of today)* ~ **morning/evening** *etc.* heute morgen/abend *usw.;* **where are you going to eat** ~ **lunch-time?** wo wirst du heute zu Mittag essen?; **d)** *(just past)* **these last three weeks** die letzten drei Wochen; ~ **day has been a really hard one** der heutige Tag war wirklich anstrengend; **e)** *(to come)* ~ **Monday** nächsten Montag; **it will not be wanted these eight months** es wird in den nächsten acht Monaten nicht gebraucht werden; **f)** *(coll.: previously unspecified)* **they dug** ~ **great big trench** sie hoben einen riesigen Graben aus; **I was in the pub when** ~ **fellow came up to me** ich war in der Kneipe, als [so] einer *od.* so'n Typ auf mich zukam *(ugs.);* **g) he's tried** ~ **drink and that [drink]** *or* ~ **and that drink** er hat schon so manchen Drink *od.* schon allerlei Drinks probiert; **I went to** ~ **doctor and that** ich ging von einem Arzt zum anderen. *See also* **that 1 c; world b. 2.** *pron., pl.* **these a) what's** ~**?** was ist [denn] das?; **what is all** ~**?**: was soll das alles?; **what flower is** ~**?**: was ist das für eine Blume?; **fold it like** ~**!** falte es so!; **I knew all** ~ **before** ich wußte dies *od.* das alles schon vorher; ~ **is not fair!** das ist nicht fair!; **what's all** ~ **about Jan and Angela separating?** stimmt das, daß Jan und Angela sich trennen wollen?; **what's** ~ **about holidays?** was war da mit Ferien?; **John,** ~ **is Mary** John, das ist Mary; *see also* ¹**that b)** *(the present)* **before** ~: bis jetzt; **c)** *(Brit. Teleph.: person speaking)* ~ **is Andy [speaking]** hier [spricht *od.* ist] Andy; **d)** *(Amer. Teleph.: person spoken to)* **who did you say** ~ **was?** wer ist am Apparat?; mit wem spreche ich, bitte?; **e)** ~ **and that** dies und das; ~, **that, and the other** alles mögliche. **3.** *adv. (coll.)* **so;** ~ **much** so viel
thistle [ˈθɪsl] *n.* Distel, *die*
'**thistledown** *n.* Distelwolle, *die;* **[as] light as** ~: leicht wie eine Feder
thither [ˈðɪðə(r)] *adv. (arch.)* dorthin; *see also* **hither**
tho' *see* **though**
thong [θɒŋ] *n.* [Leder]riemen, *der*
thoracic [θɔːˈræsɪk] *adj. (Anat.)* Thorax‹höhle, -segment, -wirbel›
thorax [ˈθɔːræks] *n., pl.* **thoraces** [ˈθɔːrəsiːz] *or* ~**es** *(Anat., Zool.)* Thorax, *der*
thorn [θɔːn] *n.* **a)** *(part of plant)* Dorn, *der;* **be on** ~**s** *(fig.)* wie auf Nesseln sitzen *(ugs.);* **b)** *(plant)* Dornenstrauch, *der;* **c) a** ~ **in the flesh** *or* **side/in sb.'s flesh** *or* **side** ein Pfahl im Fleische/im Fleische für jmdn.
thorn-bush *n.* Dornbusch, *der*
thornless [ˈθɔːnlɪs] *adj.* dornenlos
thorny [ˈθɔːnɪ] *adj.* **a)** dornig; **b)** *(fig.: difficult)* heikel; dornenreich ‹Weg›
thorough [ˈθʌrə] *adj.* **a)** gründlich; durchgreifend ‹Reform›; genau ‹Beschreibung, Anweisung›; **b)** *(downright)* ausgemacht ‹Halunke, Nervensäge›; tief ‹Verachtung›. *See also* ³**bass 2 c**
thorough: ~**bred 1.** *adj.* **a)** reinrassig ‹Tier›; vollblütig ‹Pferd›; **b)** *(fig.)* rassig ‹Sportwagen›; **2.** *n.* **a)** reinrassiges Tier; *(horse)* Rassepferd, *das; (Horse Racing)* Vollblut, *das;* **b)** *(fig.: car)* Klassewagen, *der (ugs.);* ~**fare** *n.* Durchfahrtsstraße, *die;* '**no** ~**fare**' „Durchfahrt verboten"; *(on foot)* „kein Durchgang"; ~**going** *adj.* **a)** *see* **thorough a; b)** *(extreme)* radikal ‹Konservative, Sozialist›; ausgemacht ‹Halunke›
thoroughly [ˈθʌrəlɪ] *adv.* gründlich ‹untersuchen, prüfen›; gehörig ‹müde, erschöpft›; so richtig ‹genießen›; ausgesprochen ‹langweilig›; zutiefst ‹beschämt›; *(completely)* völlig ‹durchnäßt, verzogen›; total ‹verdorben, verwöhnt›; **be** ~ **fed up with sth.** *(sl.)* von etw. die Nase gestrichen voll haben *(ugs.);* **be** ~ **delighted with sth.** sich außerordentlich über etw. *(Akk.)* freuen
thoroughness [ˈθʌrənɪs] *n., no pl.* Gründlichkeit, *die*
those *see* **that 1, 2**
¹**thou** [ðaʊ] *pron. (arch./poet./dial.)* du; *(Relig.: God)* Du
²**thou** [θaʊ] *n., pl.* **same** *(coll.)* **a)** *see* **thousand 2 a; b)** *(Mech. Engin.)* tausendstel Inch
though [ðəʊ] **1.** *(conj.)* **a)** *(despite the fact that)* obwohl; **late** ~ **it was** obwohl es so spät war; **the car,** ~ **powerful, is also economical** der Wagen ist zwar stark, aber [zugleich] auch wirtschaftlich; **b)** *(but nevertheless)* aber; **a slow** ~ **certain method** eine langsame, aber sichere Methode; **c)** *(even if)* [even] ~: auch wenn; **as** ~ = **as if** *see* **if 1 a; d)** *(and yet)* ~: man weiß nie; **she read on,** ~ **not to the very end** sie las weiter, wenn auch nicht bis ganz zum Schluß. **2.** *adv. (coll.)* trotzdem; **I like him** ~: ich mag ihn aber [trotzdem]; **you don't know him,** ~: aber du kennst ihn nicht
thought [θɔːt] **1.** *see* **think 1, 2. 2.** *n.* **a)** *no pl.* Denken, *das;* **[lost] in** ~: in Gedanken [verloren *od.* versunken]; **quick as** ~: blitzschnell; **Greek/Western** ~: das Denken der Griechen/das westliche Denken; **b)** *no pl., no art. (reflection)* Überlegung, *die;* Nachdenken, *das;* **act without** ~: gedankenlos handeln; **after serious** ~: nach reiflicher Überlegung; **c)** *(consideration)* Rücksicht, *die* (**for** auf + *Akk.*); **he has no** ~/**is full of** ~ **for others** er nimmt keine Rücksicht auf andere/ist sehr rücksichtsvoll anderen gegenüber; **give [plenty of]** ~ **to sth., give sth. [plenty of]** ~: [reiflich] über etw. *(Akk.)* nachdenken; **give no** ~ **to sth.** an etw. *(Akk.)* nicht denken; **he never gave the matter a moment's** ~: er dachte keinen Augenblick daran; **take** ~: überlegen; **she criticized his lack of** ~ **for his parents** sie kritisierte, daß er zu wenig an seine Eltern dachte; **built with some** ~ **for the crew** mit Blick auf die Mannschaft gebaut; **with no** ~ **for her own safety** ohne an ihre eigene Sicherheit zu denken; **d)** *(idea, conception)* Gedanke, *der;* **I've just had a** ~**!** mir ist gerade ein [guter] Gedanke gekommen; **it's the** ~ **that counts** der gute Wille zählt; **his one** ~ **is how to get rich** er hat nichts anderes im Sinn, als reich zu werden; **he hasn't a** ~ **in his head** er ist ein Schussel *(ugs.);* **at the [very]** ~ **of sth./of doing sth./that ...:** beim [bloßen] Gedanken an etw. *(Akk.)*/daran, etw. zu tun/, daß ...; **that's** *or* **there's a** ~**!** das ist aber eine [gute] Idee!; **don't give it another** ~: mach dir darüber keine Gedanken; **she is [constantly] in his** ~**s** er muß ständig an sie denken; *see also* **penny c;** **e)** *in pl. (opinion)* Gedanken; **I'll tell you my** ~**s on the matter** ich sage dir, wie ich darüber denke; **f)** *(intention)* **have no** ~ **of doing sth.** überhaupt nicht daran denken, etw. zu tun; **give up all** ~[**s**] **of sth./doing sth.** sich *(Dat.)* etw. aus dem Kopf schlagen/es *(Dat.)* aus dem Kopf schlagen, etw. zu tun; **have some** ~**s of doing sth.** sich mit dem Gedanken tragen *od.* mit dem Gedanken spielen, etw. zu tun; **nothing was further from my** ~**s** nicht im Traum hätte ich daran gedacht; **g)** *(somewhat)* **a** ~ **arrogant/more considerate** ein wenig arrogant/rücksichtsvoller

thoughtful [ˈθɔːtfl] *adj.* **a)** *(meditative)* nachdenklich; **b)** *(considerate)* rücksichtsvoll; *(helpful)* aufmerksam; **c)** *(showing original thought)* gedankenreich; *(well thought out)* [gut] durchdacht; wohlüberlegt ‹Bemerkung›
thoughtfully [ˈθɔːtfəlɪ] *adv.* **a)** *(meditatively)* nachdenklich; **b)** *(considerately)* rücksichtsvollerweise; **she** ~ **provided blankets** sie war so umsichtig, Decken bereitzustellen; **c)** *(in a well-thought-out manner)* **a** ~ **written article** ein gut durchdachter Artikel
thoughtfulness [ˈθɔːtflnɪs] *n., no pl.* **a)** *see* **thoughtful: a)** Nachdenklichkeit, *die;* **b)** Rücksicht, *die* (**for** auf + *Akk.*); **c)** Gedankenreichtum, *der;* Wohlüberlegtheit, *die*
thoughtless [ˈθɔːtlɪs] *adj.* **a)** gedankenlos; ~ **of the danger, ...:** ohne an die Gefahr zu denken ...; **b)** *(inconsiderate)* rücksichtslos; **c)** *(due to lack of thought)* leichtfertig ‹Fehler›
thoughtlessly [ˈθɔːtlɪslɪ] *adv.* gedankenlos; **he** ~ **gave his son a box of matches** in seiner Gedankenlosigkeit gab er seinem Sohn eine Schachtel Streichhölzer
thoughtlessness [ˈθɔːtlɪsnɪs] *n., no pl.* **a)** Gedankenlosigkeit, *die;* **b)** *(lack of consideration)* Rücksichtslosigkeit, *die*
thought: ~ **process** *n.* Denkprozeß, *der;* ~-**provoking** *adj.* nachdenklich stimmend; **be** ~-**provoking** nachdenklich stimmen; ~-**reader** *n.* Gedankenleser, *der*/-leserin, *die;* **you must be/I'm not a** ~-**reader** du kannst wohl Gedanken lesen/ich bin doch kein Hellseher; ~-**reading** *n.* Gedankenlesen, *das;* ~-**transference** *n.* Gedankenübertragung, *die*
thousand [ˈθaʊznd] **1.** *adj.* **a)** **tausend; a** *or* **one** ~: eintausend; **two/several** ~: zweitausend/mehrere tausend; **one and a half** ~ [ein]tausendfünfhundert; **a** *or* **one** ~ **and one** [ein]tausend[und]eins; **a** *or* **one** ~ **and one people** [ein]tausendundeine Person; **a T**~ **and one Nights** Tausendundeine Nacht; **b) a** ~ **[and one]** *(fig.: innumerable)* tausend *(ugs.);* **a** ~ **thanks** tausend Dank; **a** ~ **apologies** ich bitte tausendmal um Entschuldigung. *See also* **pity 1 b; time 1 f. 2.** *n.* **a)** *(number)* tausend; **a** *or* **one/two** ~: ein-/zweitausend; **a** ~ **and one** [ein]tausend[und]eins; **a** ~-**to-one chance** eine Chance von tausend zu eins; **she/this chance is one in a** ~ *(fig.)* sie ist einmalig/das ist eine einmalige Chance; **b)** *(symbol)* Tausend, *die;* *(in adding numbers by columns)* Tausender, *der (Math.); (set or group)* Tausend, *das;* **c)** *(indefinite amount)* ~**s** Tausende; **they came by the** ~ *or* **in their** ~**s** sie kamen zu Tausenden; ~**s and** ~**s of people** tausend und aber tausend Menschen
'**thousandfold 1.** *adv.* tausendfach. **2.** *adj.* tausendfach. **3.** *n.* Tausendfache, *das; see also* **hundredfold 3**
thousandth [ˈθaʊzndθ] **1.** *adj.* tausendst...; **a** ~ **part** ein Tausendstel; *see also* **eighth 1. 2.** *n.* **a)** *(fraction)* Tausendstel, *das;* **b)** *(in sequence)* Tausendste, *der/die/das; (in rank)* Tausendste, *der/die/das*
thraldom [ˈθrɔːldəm] *n., no pl. (literary)* Sklaverei, *die*
thrall [θrɔːl] *n. (literary)* **a)** *(slave, lit. or fig.)* Sklave, *der*/Sklavin, *die* (**to, of** *Gen.*); *(serf)* Hörige, *der/die;* **b) have** *or* **hold sb. in** ~ *(fig.)* jmdn. in seinen Bann geschlagen haben
thralldom *(Amer.) see* **thraldom**
thrash [θræʃ] **1.** *v. t.* **a)** *(beat)* [ver]prügeln; ~ **the life out of sb.** jmdm. die Seele aus dem Leib prügeln; **b)** *(defeat)* vernichtend schlagen; **c)** *see* **thresh. 2.** *v. i.* **a)** ~ **at sth.** auf etw. *(Akk.)* einschlagen; **b)** *(Naut.)* ~ **to windward** luvwärts gegen die See knüppeln. **3.** *n. (sl.: party)* große Fete

thrashing

~ a'bout, ~ a'round v. i. sich hin- und herwerfen; ⟨Fisch:⟩ zappeln
~ 'out v. t. ausdiskutieren ⟨Problem, Frage⟩; ausarbeiten ⟨Plan⟩; **~ out the whole business** Klarheit in die ganze Sache bringen
thrashing ['θræʃɪŋ] n. a) (beating) Prügel Pl.; **give sb. a ~**: jmdm. eine Tracht Prügel verpassen (ugs.); **get a ~**: Prügel bekommen; b) (defeat) Schlappe, die; **give sb. a ~**: jmdn. vernichtend schlagen
thread [θred] 1. n. a) Faden, der; **sb. has not a dry ~ on him** jmd. hat keinen trockenen Faden [mehr] am Leib (ugs.); b) (fig.) **hang by a ~** (be in a precarious state) an einem [dünnen od. seidenen] Faden hängen; (depend on sth. still in doubt) auf Messers Schneide stehen; **lose the ~:** den Faden verlieren; **take** od. **pick up the ~ of the conversation** den Gesprächsfaden wieder aufnehmen; **gather up the ~s of sth.** etw. erläuternd zusammenfassen; c) (sth. very thin) **a ~ of light/water** ein feiner Lichtstrahl/ein Rinnsal (geh.); d) (Mech. Engin.: of screw) Gewinde, das. 2. v. t. a) (pass ~ through) einfädeln; auffädeln ⟨Perlen⟩; (make chain of) aufreihen; b) (place in position) einfädeln ⟨Film, Tonband⟩ **(through** in + Akk.); c) **~ one's way through sth.** (lit. or fig.) sich durch etw. schlängeln; d) (Mech. Engin.) mit einem Gewinde versehen
thread: ~bare adj. a) (worn) abgenutzt; abgetragen ⟨Kleidung⟩; b) (fig.) abgedroschen ⟨Argument⟩ (ugs.); **~worm** n. (Zool., Med.) Fadenwurm, der
threat [θret] n. a) Drohung, die; **make a ~ against sb.** jmdm. drohen; **under ~ of** unter Androhung von; **sb./sth. is under ~ of sth.** jmdm./einer Sache droht etw.; **issue ~s to sb.'s life** Morddrohungen gegen jmdn. richten; b) (indication of sth. unpleasant) **at the slightest ~ of sth.** wenn etw. auch nur ganz entfernt droht; **there is a ~ of rain** es kann Regen geben; c) (danger) Bedrohung, die (to für); **a ~ to our liberty** eine Bedrohung unserer Freiheit
threaten ['θretn] v. t. a) (use threats towards) bedrohen; **~ sb. with prosecution/a beating** jmdn. Verfolgung/Schläge androhen; **I am ~ed with a visit from my mother** (joc.) mir droht ein Besuch meiner Mutter (scherzh.); b) (announce one's intention) **~ to do sth.** damit drohen, etw. zu tun; **the fire ~ed to engulf the whole village** (fig.) das Feuer drohte das ganze Dorf einzuschließen; **~ to commit suicide/to resign** mit Selbstmord/dem Rücktritt drohen; c) drohen mit ⟨Gewalt, Repressalien, Rache usw.⟩; **the sky ~s rain** am Himmel hängen drohende Regenwolken; d) abs. **when danger ~s** wenn [eine] Gefahr droht
threatening ['θretnɪŋ] adj. drohend; bedrohlich ⟨Gegenwart, Verhalten, Situation⟩; **~ letter** Drohbrief, der
threateningly ['θretnɪŋlɪ] adv. drohend; **~ close** bedrohlich nahe
three [θriː] 1. adj. drei; **~ parts wine and one part ...**: drei Teile Wein und ein Teil ...; **be ~ parts finished** dreiviertel fertig sein; see also **cheer 1 a; eight 1; R b**. 2. n. a) (number, symbol) Drei, die; b) (set of people) Dreiergruppe, die; **the ~ [of them]** die Drei. See also **eight 2 a, c, d**
three: ~-cornered ['θriːkɔːnəd] adj. dreieckig; **~-cornered hat** Dreispitz, der; **~-cornered contest** Wettkampf mit drei Teilnehmern; **~-di'mensional** adj. dreidimensional; **~fold** adj. adv. dreifach; see also **eightfold; ~'four time** n. (Mus.) Dreivierteltakt, der; **~-handed** adj. (Cards) ⟨Bridge usw.⟩ zu dritt; **~-lane** adj. dreispurig; **~-legged** [θriːlegd, 'θriːlegɪd] adj. dreibeinig; **~-legged race** n. Wettlauf zwischen Paaren, bei denen jeweils das linke Bein des einen Partners mit dem rechten Bein des anderen zusammengebunden

ist; **~-line 'whip** see **whip 1 c; ~pence** ['θrepəns, 'θrɪpəns] n. (Brit. Hist.) drei Pence; **~penny** ['θrepənɪ, 'θrɪpənɪ] adj. (Brit. Hist.) Drei-Pence-; see also ²**bit g; ~-phase** adj. Dreiphasen-; dreiphasig; **~-phase current** Dreiphasenstrom, der; **~-piece** adj. see **piece 1 b; ~-pin** adj. see **pin 1 c; ~-ply 1.** adj. dreilagig; dreifädig ⟨Wolle⟩; 2. n. a) (wool) dreifädige Wolle; b) (wood) dreischichtiges [Sperr]holz; **~-point** attrib. adj. **~-point landing** (Aeronaut.) Dreipunktlandung, die; **~-point turn** (Brit. Motor Veh.) Wendemanöver auf engem Raum, bei dem vorwärts, rückwärts und wieder vorwärts gefahren wird; **~-quarter 1.** adj. dreiviertel; **~-quarter portrait** (down to hips) Dreiviertelporträt, das; (of face) Halbprofilporträt, das; **~-quarter length** dreiviertellang; see **back 2; 2.** n. (Rugby) Dreiviertel, der; **~-quarters 1.** n. a) (three quarters) drei Viertel (of Gen.); **~-quarters of an hour** eine Dreiviertelstunde; b) attrib. Dreiviertel⟨mehrheit usw.⟩; 2. adv. dreiviertel ⟨voll⟩; zu drei Vierteln ⟨fertig⟩; **~ score** adj. (arch.) sechzig; **~score and ten** siebzig
threesome ['θriːsəm] n. Dreigespann, das; Trio, das; **go as a ~**: zu dritt gehen
three: ~-way adj. Dreiwege-; **~-way adapter** (Electr.) Dreifachstecker, der; **~-way intersection** Kreuzung, an der sich drei Straßen treffen; **~-way tie** Unentschieden, bei dem drei Spieler/Mannschaften die gleiche Punktzahl usw. haben; **~-way profit split** Dreiteilung des Gewinns; **~-way play-off** Stechen (Sport) von drei Spielern; **~-'wheeler** n. Dreirad, das (Kfz-W.)
thresh [θreʃ] v. t. (Agric.) dreschen
thresher ['θreʃə(r)] n. a) (Agric.) (person) Drescher, der/Drescherin, die; (machine) Dreschmaschine, die; b) (Zool.: shark) Fuchshai, der; Drescher, der
threshing ['θreʃɪŋ]: **~-floor** n. (Agric.) Tenne, die; **~-machine** n. (Agric.) Dreschmaschine, die
threshold ['θreʃəʊld] n. a) (lit. or fig.) Schwelle, die; **be on the ~ of sth.** (fig.) an der Schwelle einer Sache (Gen.) stehen; **pain ~** (Physiol., Psych.) Schmerzschwelle, die; b) (Phys.) Schwellenwert, der
threw see **throw 1**
thrice [θraɪs] adv. (arch./literary) dreimal
thrift [θrɪft] n. a) no pl. Sparsamkeit, die; b) (Bot.) Grasnelke, die
'thrift account n. (Amer.) Sparkonto, das
thriftily ['θrɪftɪlɪ] adv. sparsam
thriftiness ['θrɪftɪnɪs] n., no pl. Sparsamkeit, die
thrifty ['θrɪftɪ] adj. sparsam
thrill [θrɪl] 1. v. t. (excite) faszinieren; (delight) begeistern; **be ~ed by/with sth.** von etw. fasziniert/begeistert sein; **we were ~ed to have your letter** wir haben uns wahnsinnig über deinen Brief gefreut (ugs.); see also ²**bit a. 2.** v. i. **~ with** zittern od. (geh.) beben vor (+ Dat.); **~ to** wie elektrisiert sein bei; **~ with horror** vor Entsetzen schaudern; **~ with excitement** ein Prickeln der Erregung verspüren; **~ at the sight of sth./at sb.'s touch** beim Anblick einer Sache (Gen.)/bei jmds. Berührung von einem Schauder überlaufen werden. 3. n. a) (wave of emotion) Erregung, die; **a ~ of joy/pleasure** freudige Erregung; **a ~ of excitement/hate/horror** prickelnde Erregung/ein starkes Haßgefühl/ein Schauder (geh.) des Entsetzens; **a ~ of anticipation** prickelnde Vorfreude; b) (exciting experience) aufregendes Ereignis; (titillation) Nervenkitzel, der (ugs.); **sb. gets a ~ out of sth.** etw. bereitet jmdm.; **cheap ~s** anspruchsloser Nervenkitzel (ugs.); **this film will give you the ~ of a lifetime** dieser Film wird das Aufregendste sein, was du je erlebt hast; **~s and spills** Nervenkitzel, der
thriller ['θrɪlə(r)] n. Thriller, der

thrilling ['θrɪlɪŋ] adj. aufregend; spannend ⟨Buch, Film, Theaterstück, Geschichte⟩; packend ⟨Ereignis⟩; mitreißend ⟨Musik⟩; prickelnd ⟨Gefühl⟩
thrive [θraɪv] v. i. **~d** or **throve** [θrəʊv], **~d** or **thriven** ['θrɪvn] a) (grow vigorously) wachsen und gedeihen; **on good food/sunlight** bei guter Ernährung/Sonnenschein prächtig gedeihen; b) (prosper) reich werden; **business is thriving** das Geschäft floriert; **a thriving businessman** ein erfolgreicher Geschäftsmann; c) (grow rich) reich werden; **~ on other people's misfortune** sich am Unglück der anderen bereichern
thro' see **through**
throat [θrəʊt] n. a) (outside and inside of neck) Hals, der; (esp. inside) Kehle, die; **look down sb.'s ~**: jmdm. in den Hals od. Rachen schauen; **pour sth. down one's ~**: etw. hinunterschütten; **cancer of the ~**: Kehlkopfkrebs, der; **a [sore] ~**: Halsschmerzen; **cut sb.'s ~**: jmdm. die Kehle durchschneiden; **cut one's own ~** (fig.) sich (Dat.) ins eigene Fleisch schneiden; **cut one another's ~s** (fig.) sich (Dat.) gegenseitig das Wasser abgraben; **ram** or **cram** or **shove** or **thrust sth. down sb.'s ~** (fig.) jmdm. etw. aufzwingen; b) (of bottle, vase) Hals, der; (of blast-furnace) Gicht, die (Hüttenw.)
-throated [θrəʊtɪd] adj. in comb. -halsig ⟨Mensch, Tier⟩; **full-~**: aus vollem Halse
throat: ~ lozenge n. Halspastille, die; **~ microphone** n. Kehlkopfmikrophon, das
throaty ['θrəʊtɪ] adj. a) (produced in throat) kehlig; b) (hoarse) heiser
throb [θrɒb] 1. v. i. **-bb-** a) (palpitate, pulsate) pochen; **his fingers were ~bing [with pain]** er hatte einen pochenden Schmerz in den Fingern; b) (vibrate) ⟨Motor, Artillerie:⟩ dröhnen; **the walls seemed to ~**: die Wände schienen zu vibrieren. 2. n. a) (palpitation) Pochen, das; **be ~bing with life** voll von pulsierendem Leben sein; **he felt a sudden ~ of pain** ein plötzlicher Schmerz durchfuhr ihn; b) (vibration) Dröhnen, das; (loud) Hämmern, das
throes [θrəʊz] n. pl. Qual, die; **~ of childbirth** Geburtswehen Pl.; **death-~**: Todesqual[en] (geh.); **be in the ~ of sth.** (fig.) mitten in etw. (Dat.) stecken (ugs.)
thrombosis [θrɒm'bəʊsɪs] n., pl. **thromboses** [θrɒm'bəʊsiːz] (Med.) Thrombose, die
throne [θrəʊn] n. Thron, der; **succeed to the ~**: die Thronfolge antreten; **on the ~** (coll. joc.) auf den Thron od. Topf (ugs. scherzh.)
'throne-room n. Thronsaal, der
throng [θrɒŋ] 1. n. [Menschen]menge, die; **stand in a ~ around sb.** eine [Menschen]traube um jmdn. bilden; **~s of people** Scharen von Menschen; **join the ~** (joc.) sich ins Gewühl stürzen. 2. v. i. strömen (into in + Akk.); (press) sich drängen; **~ round the notice-board** sich um das Schwarze Brett drängen. 3. v. t. sich drängen in (+ Dat.)
throttle ['θrɒtl] 1. n. (Mech. Engin.) **~[-valve]** Drosselklappe, die; **~[-pedal]** (Motor Veh.) Gas[pedal], das; **~[-lever]** Gashebel, der; **at full ~** (Motor Veh.) mit Vollgas. 2. v. t. erdrosseln; (fig.) ersticken; **~ back, ~ down 1.** v. t. drosseln ⟨Motor⟩. 2. v. i. den Motor drosseln
through [θruː] 1. prep. a) durch; (fig.) **search/read ~ sth.** etw. durchsuchen/durchlesen; **wait ~ ten long years** zehn lange Jahre hindurch warten; **live ~ sth.** (survive) etw. überleben; (experience) etw. erleben; **sit ~ a long sermon** eine lange Predigt hindurch still sitzen bleiben; **~**; (Amer.: up to and including) bis [einschließlich]; c) (by reason of) durch; infolge von ⟨Vernachlässigung, Einflüssen⟩; **it was all ~ you that we were late** es war nur deine Schuld, daß wir zu spät gekommen sind; **it all came about ~ his not knowing the way** alles kam so, weil er

747

den Weg nicht wußte; **it happened ~ no fault of yours** es geschah nicht durch deine Schuld; **conceal sth. ~ shame** etw. aus Scham verheimlichen. **2.** *adv.* **a) let sb. ~:** jmdn. durchlassen; **book your tickets ~ to Vienna** löst eure Fahrkarten durchgehend bis Wien; **be a Communist/be wet ~ and ~:** durch und durch Kommunist/naß sein; **be ~ with a piece of work/with sb.** mit einer Arbeit fertig/mit jmdm. fertig *(ugs.)* sein; **we are ~!** *(have succeeded/finished)* wir haben es geschafft!; *(with each other)* wir sind miteinander fertig!; **b)** *(Teleph.)* **be ~:** durch sein *(ugs.)*; **be ~ to sb.** mit jmdm. verbunden sein. **3.** *adj.* durchgehend 〈*Zug*〉; **~ coach** *or* **carriage** Kurswagen, *der* (for nach); **~ traffic** Durchgangsverkehr, *der*; **'no ~ road'** „keine Durchfahrt[sstraße]"
through: **~-composed** *adj.* *(Mus.)* durchkomponiert; **~'out 1.** *prep.* **~out the war/period** den ganzen Krieg/die ganze Zeit hindurch; **spread ~out the country** sich im ganzen Land verbreiten; **2.** *adv.* **a)** *(entirely)* ganz; *(always)* stets; **die ganze Zeit [hindurch]; lined with fur ~out** ganz mit Pelz gefüttert; **repainted ~out** von oben bis unten neu gestrichen; **~put** *n.* Durchsatz, *der (Wirtsch.)*; **~way** *n.* *(Amer.: expressway)* Schnellstraße, *die*
throve *see* **thrive**
throw [θrəʊ] **1.** *v. t.*, threw [θruː], thrown [θrəʊn] **a)** werfen; **~ sth. to sb.** jmdm. etw. zuwerfen; **~ sth. at sb.** etw. nach jmdm. werfen; **~ me that towel, please** wirf mal bitte das Handtuch rüber *(ugs.)*; **the hose ~s a jet of water 50 feet** der Schlauch spritzt das Wasser 50 Fuß weit; **this cannon ~s 50-mm. shells** diese Kanone schießt '50-mm-Geschosse; **~ a punch/punches** zuschlagen; **~ a left/right** eine Linke/Rechte schlagen; **~ oneself on one's knees/to the floor/into a chair** sich auf die Knie/zu Boden/in einen Sessel werfen; **~ oneself down** sich niederwerfen; **~ oneself at sb.** sich jmdm. an den Hals werfen *(ugs.)*; *(fig.)* sich jmdm. an den Hals werfen *(ugs.)*; **~ good money after bad** *(fig.)* [noch mehr] Geld hinauswerfen; *see also* **glass 2; b)** *(fig.)* **~ sb. out of work/into prison** jmdn. entlassen *od.* *(ugs.)* hinauswerfen/ins Gefängnis werfen *(geh.)*; **be ~n upon one's own resources** selbst für sich aufkommen müssen; **~ sb. into confusion** jmdn. durcheinanderbringen; **~ oneself into a task** sich in eine Arbeit *(Akk.)* stürzen; **~ sth. into disarray** *or* **disorder** etw. durcheinanderbringen; *see also* **scent 1 b; c)** *(project, direct)* werfen; **~ an icy look at sb.** jmdm. einen eisigen Blick zuwerfen; *see also* '**light 1 h; d)** *(bring to the ground)* zu Boden werfen 〈*Ringer, Gegner*〉; *(unseat)* abwerfen 〈*Reiter*〉; **e)** *(coll.: disconcert)* 〈*Frage:*〉 aus der Fassung bringen; **f)** *(cause to change position)* **~ troops into action** Truppen in den Kampf werfen; **~ a switch/lever** einen Schalter/Hebel betätigen; **~ the car into reverse** den Rückwärtsgang einlegen *od.* *(salopp)* reinhauen; *see also* **open 1 a; g)** *(construct)* **~ a bridge across a river** eine Brücke über einen Fluß schlagen; **h)** *(Textiles)* **~ silk** Seidenfäden drehen; **i)** *(Pottery)* Dreher, **j)** **~ a fit/tantrum** einen Anfall/Wutanfall bekommen; **k)** **~ a party** *(coll.)* eine Party schmeißen *(ugs.)*; **l)** *(Amer.: lose intentionally)* absichtlich verlieren 〈*Kampf, Rennen*〉; **m)** *(Cards)* ausspielen; *(discard)* abwerfen; **n)** *also abs.* *(Games)* werfen; **~ [the/a dice]** würfeln. **2.** *n.* **a)** *(act)* Wurf, *der*; **the first ~ went to the champion** *(Wrestling)* der erste Wurf gelang dem Meister; **$5 a ~** *(sl.: each)* $5 das Stück; *see also* **stone 1 a; b)** *(Geol.) (fault)* Verwerfung, *die*.
~ a'bout *v. t.* herumwerfen *(ugs.)*; **~ one's arms about** mit den Armen fuchteln *(ugs.)*; **~ one's money about** *(fig.)* mit Geld um sich werfen; *see also* **weight 1 a**

~ a'round *v. t.* **a)** *see* **~ about; b)** *(surround with)* **~ a cordon around an area** ein Gebiet abriegeln
~ a'way *v. t.* **a)** *(get rid of, waste)* wegwerfen; *(discard)* abwerfen 〈*Spielkarte*〉; **~ away money on sth.** Geld für etw. wegwerfen; **b)** *(lose by neglect)* verschenken 〈*Vorteil, Vorsprung, Spiel usw.*〉; **c)** *(Theatr.)* beiläufig fallenlassen 〈*Worte*〉. *See also* **throw-away**
~ 'back *v. t.* **a)** *(return, repulse)* zurückwerfen; **be ~n back on sth.** *(fig.)* auf etw. *(Akk.)* zurückgreifen müssen; **b)** *(move back rapidly)* zurückschicken 〈*Bettuch, Vorhang, Teppich*〉; zurückwerfen 〈*Kopf*〉. *See also* **throw-back**
~ 'down *v. t.* **~ down [on the ground]** auf den Boden werfen; **it's ~ing it down** *(coll.)* es gießt [wie aus Eimern] *(ugs.)*; *see also* '**gauntlet d**
~ 'in *v. t.* **a)** *(include as free extra)* [gratis] dazugeben; **with ... ~ in** mit ... als Zugabe; **b)** *(interpose)* einstreuen 〈*Bemerkung*〉; **c)** *(Footb., Rugby)* einwerfen; *see also* **throw-in; d)** *(Cricket)* [vom Außenfeld] in das Innenfeld [zurück]werfen; **e)** **~ one's hand in** *(Cards)* aussteigen *(ugs.)*; *(fig.: withdraw)* aufgeben. *See also* **lot g; towel 1 a**
~ 'off *v. t.* **a)** *(discard)* ablegen 〈*Maske, Verkleidung*〉; von sich werfen 〈*Kleider*〉; *(get rid of)* loswerden 〈*Erkältung, lästige Person*〉; **b)** *(perform or write casually)* [mühelos] hinwerfen 〈*Rede, Gedicht usw.*〉
~ 'on 1. *v. t.* **~ on** sich werfen in 〈*Kleider*〉. **2.** *v. refl.* **~ oneself [up]on** sich auf jmdn. stürzen; **~ oneself [up]on sb.'s mercy** sich jmdm. auf Gnade oder Ungnade ausliefern
~ 'out *v. t.* **a)** *(discard)* wegwerfen; **b)** *(expel)* **~ sb. out [of sth.]** jmdn. [aus etw.] hinauswerfen *(ugs.)*; **~ sb. out of work** jmdn. [aus etw.] hinauswerfen *(ugs.)*; **c)** *(refuse)* verwerfen 〈*Plan usw.*〉; **d)** *(put forward tentatively)* in den Raum stellen 〈*Vorschläge*〉; **e)** **~ out one's chest** die Brust herausdrücken; **f)** *(confuse)* durcheinanderbringen; aus dem Konzept bringen 〈*Sprecher*〉; **the mistake threw us out in our calculation/results** der Fehler warf unsere Rechnung um *(ugs.)*/verfälschte unsere Ergebnisse *(ugs.)*; **g)** *(radiate)* ausstrahlen 〈*Wärme*〉. *See also* **throw-out**
~ 'over *v. t.* sitzenlassen *(ugs.)* 〈*Freund[in] usw.*〉; den Rücken kehren (+ *Dat.*) 〈*Partei, Bekannten, Familie*〉
~ to'gether *v. t.* **a)** *(assemble hastily)* zusammenhauen *(ugs.)*; zusammenwerfen 〈*Zutaten, Ideen*〉; herzaubern 〈*Essen*〉; zusammenschustern *(ugs. abwertend)* 〈*Aufsatz, Artikel*〉; zusammenschreiben 〈*Buch, Artikel, Rede*〉; **b)** *(bring together)* zusammenwürfeln
~ 'up 1. *v. t.* **a)** *(lift quickly)* hochwerfen 〈*Arme, Hände*〉; [plötzlich] hochreißen 〈*Fenster*〉; **b)** *(erect quickly)* hochziehen *(salopp)* 〈*Gebäude*〉; **c)** *(give up)* hinwerfen *(ugs.)* 〈*Arbeit*〉; aufgeben 〈*Versuch*〉; abbrechen 〈*Laufbahn, Ausbildung*〉; **d)** *(produce)* hervorbringen 〈*Führer, Ideen usw.*〉; **e)** *(coll.: vomit)* ausspucken *(ugs.)*. **2.** *v. i. (coll.: vomit)* brechen *(ugs.)*; **he makes me want to ~ up** ich finde ihn zum Kotzen *(derb)*
throw: **~-away 1.** *adj.* **a)** *(disposable)* Wegwerf-; Einweg-; **b)** *(underemphasized)* beiläufig [gesprochen] 〈*Bemerkung*〉; **2.** *n.* **a)** *(disposable thing)* Wegwerfartikel, *der*; *(bottle)* Einwegflasche, *die*; **b)** *(remark)* beiläufige Bemerkung; **~-back** *n.* Rückkehr, *die* (**to** zu); **he/this horse is a ~-back** in ihm/diesem Pferd schlägt altes Blut wieder durch
thrower ['θrəʊə(r)] *n.* Werfer, *der*/Werferin, *die*; *(Pottery)* Dreher, *der*/Dreherin, *die*
'throw-in *n.* *(Footb., Rugby)* Einwurf, *der*
thrown *see* **throw 1**

throw: **~-out** *n.* **a)** **have a ~-out** ausmisten *(ugs.)*; **b) sb.'s ~-outs** das, was jmd. wegwerfen will; *(clothes)* jmds. abgelegte Kleider; **these are ~-outs** diese sind zum Wegwerfen; **~-rug** *n.* *(Amer.)* Überwurf, *der*
thru *(Amer.)* *see* **through**
thrum [θrʌm] **1.** *v. t.*, **-mm-** klimpern auf (+ *Dat.*) 〈*Gitarre usw.*〉; trommeln auf (+ *Dat.*) 〈*Tisch usw.*〉; **~ a tune** eine Melodie [herunter]klimpern. **2.** *v. i.*, **-mm-** *(on guitar)* klimpern (**on** auf + *Dat.*); *(on flat surface)* trommeln (**on** auf + *Dat.*)
¹**thrush** [θrʌʃ] *n.* *(Ornith.)* Drossel, *die*
²**thrush** *n.*, *no pl.*, *no art.* *(Med.)* Soor, *der*; Soormykose, *die*
thrust [θrʌst] **1.** *v. t.*, **thrust a)** *(push suddenly)* stoßen; **he ~ his fist into my face** er stieß mir seine Faust ins Gesicht; **~ a letter into sth.** einen Brief in etw. *(Akk.)* stecken; **~ out one's hand** die Hand ausstrecken; **~ a ten-pound note into sb.'s hand** jmdm. eine Zehnpfundnote in die Hand drücken; *(fig.)* **~ aside** beiseite schieben; **in den Wind schlagen** 〈*Warnungen*〉; **~ extra work [up]on sb.** jmdm. zusätzliche Arbeit aufbürden; **~ oneself/one's company upon sb.** sich/seine Gesellschaft jmdm. aufdrängen; **fame was ~ upon her** sie wurde unversehens berühmt; **b)** **~ one's way through/into/out of sth.** sich durch/in/aus etw. drängen; **c)** *(pierce)* **~ sb./sth. through** jmdn./etw. durchbohren. **2.** *v. i.*, **thrust a)** *(push)* **~ at sb.** stoßen; **b)** *(force one's way)* **~ through the crowd/to the front** sich durch die Menge/nach vorn drängen *od.* kämpfen. **3.** *n.* **a)** *(sudden push)* Stoß, *der*; **b)** *(fig.: verbal attack)* Seitenhieb, *der* (**at** auf + *Akk.*); **c)** *(gist)* Stoßrichtung, *die*; **d)** *(Mil.: advance)* Vorstoß, *der*; **e)** *(force) (of jet engine)* Schub, *der*; *(of arch)* Gewölbeschub, *der*
'**thrust-bearing** *n.* *(Mech. Engin.)* Axiallager, *das*
thruster ['θrʌstə(r)] *n.* *(Astronaut.)* Korrekturtriebwerk, *das*
thrustful ['θrʌstfl] *adj.* energisch
thrusting ['θrʌstɪŋ] *adj.* [energisch und] zielstrebig
thruway *(Amer.)* *see* **throughway**
thud [θʌd] **1.** *n.* dumpfer Schlag; **~ to the floor/ground** dumpf [auf dem Fußboden/Boden] aufschlagen. **2.** *n.* dumpfer Schlag; **fall with a ~ [to the ground]** dumpf [auf dem Boden] aufschlagen; **the ~ of hoofbeats** dröhnender Hufschlag
thug [θʌg] *n.* Schläger, *der*; **football ~s** Fußballrowdys
thuggery ['θʌgərɪ] *n.*, *no pl.* Schlägerunwesen, *das*
thuggish ['θʌgɪʃ] *adj.* aggressiv 〈*Verhalten, Fußballfan*〉; **~ lout** Schläger, *der*; **~ youth** jugendlicher Schläger
thumb [θʌm] **1.** *n.* Daumen, *der*; **give sb. the ~s down on a proposal/idea** jmds. Vorschlag/Idee ablehnen; **get the ~s down** 〈*Kandidat:*〉 abgelehnt werden; **give a project the ~s up** für ein Projekt grünes Licht geben; **get the ~s up** 〈*Person, Projekt:*〉 akzeptiert werden; **have ten ~s, be all ~s** zwei linke Hände haben *(ugs.)*; **have sb. under one's ~:** jmdn. unter der Fuchtel haben *(ugs.)*; **be under sb.'s ~:** unter jmds. Fuchtel stehen; *see also* **rule 1 a; stick out 2 b. 2.** *v. t.* **a) ~ a lift** einem Autofahrer winken, um sich mitnehmen zu lassen; **(hitch-hike)** per Anhalter fahren; **b)** *(turn over)* [mit dem Daumen] durchblättern 〈*Buch*〉; [mit dem Daumen] umblättern 〈*Seiten*〉; **well-~ed** abgegriffen 〈*Buch*〉; **c) ~ one's nose [at sb.]** [jmdm.] eine lange Nase machen
~ 'through *v. t.* [mit dem Daumen] durchblättern 〈*Buch*〉
thumb: **~-index 1.** *n.* Daumenregister, *das*; **2.** *v. t.* mit Daumenregister ausstatten; **~-indexed edition** Ausgabe mit Daumenre-

gister; ~-**nail** n. Daumennagel, der; ~-**nail sketch** (Art) Miniaturportrait, das; (fig.: brief description) kurze Beschreibung; ~-**print** n. Daumenabdruck, der; ~-**screw** n. (Hist.) Daumenschraube, die; ~-**stall** n. Däumling, der; ~-**sucking** [ˈθʌmsʌkɪŋ] n., no pl., no indef. art. Daumenlutschen, das; ~**tack** (Amer.) n. Reißzwecke, die

thump [θʌmp] **1.** v. t. a) (strike heavily) [mit Wucht] schlagen; **I'll ~ you if ...**: ich hau' dir eine, wenn ... (ugs.); **they ~ed each other** sie prügelten sich; ~ **the door with one's fist** mit der Faust an die Tür hämmern; b) (play on piano etc.) ~ **[out]** a tune eine Melodie hämmern (ugs.). **2.** v. i. a) hämmern (**at, on** gegen); ⟨Herz⟩ heftig pochen; b) (move noisily) ~ **around** herumpoltern; ~ **down the stairs** die Treppe hinabpoltern. **3.** n. a) (blow) Schlag, der; b) (dull sound) Bums, der (ugs.); dumpfer Schlag

thumping [ˈθʌmpɪŋ] (coll.) **1.** adj. (huge) gewaltig (ugs.); überwältigend ⟨Mehrheit⟩; faustdick (ugs.) ⟨Lüge⟩. **2.** adv. ~ **great** riesengroß (ugs.); **a ~ big majority** eine überwältigende Mehrheit

thunder [ˈθʌndə(r)] **1.** n. a) no pl., no indef. art. Donner, der; **roll/crash of ~**: Donnerrollen, das/-schlag, der; b) (fig.: censure) Donnerwetter, das (ugs.); c) **steal sb.'s ~** (fig.) jmdm. die Schau stehlen (ugs.). **2.** v. i. a) donnern; b) (speak) ~ **against sth.** gegen etw. wettern (ugs.); ~ **at sb.** jmdn. andonnern (ugs.). **3.** v. t. [mit Donnerstimme] brüllen; ~ **[out] orders at sb.** jmdm. Befehle zubrüllen

thunder: ~-**bolt** n. a) Blitzschlag [mit Donner]; (from god) Blitzstrahl, der (geh.); b) (fig.: unexpected event) **come as something of a ~bolt** wie ein Blitz einschlagen; ~-**box** n. (coll.) Plumpsklo[sett], das (ugs.); ~-**clap** n. a) Donnerschlag, der; b) (fig.) **come or be like a ~clap** wie der Blitz einschlagen; ~-**cloud** n. Gewitterwolke, die

thundering [ˈθʌndərɪŋ] (coll.) **1.** adj. (huge) gewaltig (ugs.) ⟨Erfolg⟩; faustdick (ugs.) ⟨Lüge⟩; **be in a ~ rage** eine Mordswut haben (ugs.). **2.** adv. ~ **great** gewaltig (ugs.); **we had a ~ good time** wir hatten einen unheimlichen Spaß

thunderous [ˈθʌndərəs] adj. donnernd; **in a ~ voice** mit Donnerstimme

thunder: ~-**shower** n. Gewitterschauer, der; ~-**storm** n. Gewitter, das; (very heavy) Gewittersturm, der; ~-**struck** adj. (fig.) amazed) **be ~struck** wie vom Donner gerührt sein

thundery [ˈθʌndərɪ] adj. gewittrig; **it looks ~**: es sieht nach Gewitter aus

Thuringia [θʊəˈrɪŋɪə] pr. n. Thüringen (das)

Thuringian [θʊəˈrɪŋɪən] **1.** adj. thüringisch ⟨Stadt⟩; Thüringer ⟨Wald, Dialekt⟩. **2.** n. Thüringer, der/Thüringerin, die

Thurs. abbr. Thursday Do.

Thursday [ˈθɜːzdeɪ, ˈθɜːzdɪ] **1.** n. Donnerstag, der. **2.** adv. (coll.) **she comes ~s** sie kommt donnerstags. See also **Friday**

thus [ðʌs] adv. a) (in the way indicated) so; (thereby) dadurch; **I picture the process as happening ~ ...**: ich stelle mir den Ablauf folgendermaßen vor: ...; b) (accordingly) deshalb; daher; c) (to this extent) ~ **much/far** so viel/so weit

thwack [θwæk] see ²**whack** 1, 2 a

thwart [θwɔːt] **1.** v. t. durchkreuzen ⟨Pläne, Absichten⟩; vereiteln ⟨Versuch⟩; ~ **sb.** jmdm. einen Strich durch die Rechnung machen; **she was ~ed in her plans** ihre Pläne wurden durchkreuzt. **2.** n. (Naut.) Ducht, die (fachspr.); Ruderbank, die

thy [ðaɪ] poss. pron. attrib. (arch./poet./dial.) dein; see ²**her**

thyme [taɪm] n. (Bot.) Thymian, der; **wild ~**: Feldthymian, der; Quendel, der

thymus [ˈθaɪməs] n., pl. ~**es** or **thymi** [ˈθaɪ- maɪ] ~ **[gland]** (Anat.) Thymus, der; Thymusdrüse, die

thyroid [ˈθaɪrɔɪd] n. ~ **[gland]** (Anat., Zool.) Schilddrüse, die

thyself [ðaɪˈsɛlf] pron. (arch./poet./dial.) a) emphat. selbst; b) refl. dich/dir; **know ~!** erkenne dich selbst! See also **herself**

ti see **te**

tiara [tɪˈɑːrə] n. a) (pope's crown) Tiara, die; b) (jewelled band) Diadem, das

Tibet [tɪˈbɛt] pr. n. Tibet (das)

Tibetan [tɪˈbɛtn] **1.** adj. tibetisch; **sb. is ~**: jmd. ist Tibeter/Tibeterin. **2.** n. a) (person) Tibeter, der/Tibeterin, die; b) (language) Tibetisch, das

tibia [ˈtɪbɪə] n., pl. ~**e** [ˈtɪbɪiː] or ~**s** (Anat.) Tibia, die (fachspr.); Schienbein, das

tic [tɪk] n. Tic, der (Med.); nervöse Muskelzuckung

tich [tɪtʃ] see **titch**

titchy see **titchy**

Ticino [tɪˈtʃiːnəʊ] pr. n. das Tessin

¹**tick** [tɪk] **1.** v. i. ticken; **what makes sb. ~** (fig.) worauf jmd. anspricht. **2.** v. t. a) (mark with tick) mit einem Häkchen versehen; b) see ~ **off** a. **3.** n. a) (of clock etc.) Ticken, das; b) (Brit. coll.: moment) Sekunde, die; **half a ~!** Momentchen! (ugs.); **I'll be with you in a ~ or two** ~**s** ich komme gleich; c) (mark) Häkchen, das; **put a ~ against your preference** kennzeichnen Sie das, was Sie bevorzugen, mit einem Häkchen

~ **a'way** v. i. [weiter] ticken; **the minutes ~ed away** die Minuten verstrichen

~ **'off** v. t. a) (cross off) abhaken; b) (coll.: reprimand) rüffeln (ugs.)

~ **'over** v. i. a) im Leerlauf laufen; ~ **over noisily/too slowly/too fast** im Leerlauf [zu] laut/zu langsam/zu schnell drehen; b) (fig.) ~ **over [nicely]** (progress satisfactorily) ganz gut laufen (ugs.); **keep things ~ing over while I'm away** sieh zu, daß alles gemächlich weiterläuft, während ich weg bin. See also **tick-over**

²**tick** n. (Zool.) (arachnid) Zecke, die; (insect) Lausfliege, die

³**tick** n. (coll.: credit) **buy on ~**: auf Pump kaufen (salopp); **can I have it on ~?** kann ich das anschreiben lassen?

ticker [ˈtɪkə(r)] n. a) (coll.: watch) Zwiebel, die (ugs. scherzh.); b) (coll.: tape-machine) Ticker, der (ugs.); c) (joc.: heart) Pumpe, die (salopp)

'**ticker-tape** n. (Amer.) [Papier]streifen, der (aus dem Fernschreiber); ~ **welcome** Konfettiparade, die

ticket [ˈtɪkɪt] **1.** n. a) Karte, die; (for concert, theatre, cinema, exhibition) [Eintritts]karte, die; (for public transport) Fahrschein, der; (of cardboard) Fahrkarte, die; (for aeroplane) Flugschein, der; Ticket, das; (for ship) Schiffskarte, die; Ticket, das; (for lottery, raffle) Los, das; (for library) Ausweis, der; (for car park) Parkschein, der; **cloakroom/ ~**: Garderobenmarke, die/ Pfandschein, der; **entrance by ~ only** Einlaß nur gegen Eintrittskarte; **price ~**: Preisschild, das; **[parking] ~**: Strafmandat, das; Strafzettel, der; **(certificate)** (Naut.) Patent, das; (Aeronaut.) Pilotenschein, der; c) (Amer. Polit.: list of candidates) [Wahl]liste, die; **run on the Democratic/Republican ~**: für die Demokraten/Republikaner kandidieren; **run on a youth ~** (fig.) mit einem auf Jungwähler zugeschnittenen Programm antreten; see also **split** 3 c; d) **be [just] the ~** (sl.) genau das Richtige sein. **2.** v. t. auszeichnen ⟨Waren⟩

ticket: ~-**agency** n. Kartenvorverkaufsstelle, die; ~-**agent** n. Inhaber/Inhaberin einer Kartenvorverkaufsstelle; ~-**collector** n. (on train) Schaffner, der/Schaffnerin, die; (on station) Fahrkartenkontrolleur, der/-kontrolleurin, die; ~-**holder** n. Besitzer/Besitzerin einer Eintrittskarte; ~-**inspector** Fahrkartenkontrolleur, der/-kontrolleurin, die; ~-**office** n. Kartenschalter, der; (for public transport) Fahrkartenverkaufsstelle, die; (for advance booking) Kartenvorverkaufsstelle, die

ticking [ˈtɪkɪŋ] n. (Textiles) Drillich, der; Drell, der (fachspr.)

'ticking-off n. (sl.) Rüffel, der (ugs.)

tickle [ˈtɪkl] **1.** v. t. a) (touch lightly) kitzeln; ~ **sb.'s ribs** (fig.) jmdn. zum Lachen bringen; abs. **don't ~!** kitzle mich nicht!; **you're tickling!** das kitzelt!; b) (amuse) **be ~d by sth.** sich über etw. (Akk.) amüsieren; **be ~d pink about sth.** (coll.) sich wahnsinnig über etw. (Akk.) freuen (ugs.); ~ **sb.'s fancy** jmdn. reizen. **2.** v. i. kitzeln. **3.** n. Kitzeln, das; **give sb. a ~**: jmdn. kitzeln

ticklish [ˈtɪklɪʃ] adj. (lit. or fig.) kitzlig

tickly [ˈtɪklɪ] adj. (coll.) kitzlig

tick: ~-**over** n. (Motor Veh.) Leerlauf, der; ~-**tack-'toe** (Amer.) n. = **noughts and crosses** see **nought** a; ~-**tock** [ˈtɪktɒk] n. a) no pl. (sound) Ticktack, das; b) (child lang.: clock) Ticktack, die (Kinderspr.)

tidal [ˈtaɪdl] adj. Gezeiten-; ~ **river** Tidefluß, der; ~ **basin/harbour** Tidebecken, das/-hafen, der (Seemannsspr.); ~-**powerstation** Gezeitenkraftwerk, das

tidal: ~ **flow** n. (Transport) dem Verkehrsfluß angepaßtes System der Verkehrsführung; ~ **wave** n. Flutwelle, die; **a ~ wave of enthusiasm/protest** (fig.) eine gewaltige Welle der Begeisterung/von Protesten

tidbit [ˈtɪdbɪt] (Amer.) see **titbit**

tiddledy-wink [ˈtɪdldɪwɪŋk] (Amer.) see **tiddly-wink**

tiddler [ˈtɪdlə(r)] n. (Brit. coll./child lang.) a) (fish) Fischchen, das; b) (child) Kleine, das; ~**s** (things) Kleinzeug, das (ugs. abwertend)

tiddl[e]y [ˈtɪdlɪ] adj. (Brit.) a) (sl.: slightly drunk) angesäuselt (ugs.); b) ~ **[little]** (coll.: very small) klitzeklein (ugs.)

tiddly-wink n. a) (counter) farbiges Plättchen; b) ~**s** sing. (game) Flohhüpfen, das

tide [taɪd] **1.** n. a) (rise or fall of sea) Tide, die (nordd., bes. Seemannsspr.); **high ~**: Flut, die; **low ~**: Ebbe, die/ **the ~s** die Gezeiten, die; **sail on the next ~**: mit der nächsten Flut auslaufen; **cut off/washed up by the ~**: von der Flut abgeschnitten/angeschwemmt; **the ~ is in/out** es ist Flut/Ebbe; **when the ~ is in/out** bei Flut/Ebbe; **the rise and fall of the ~s** Ebbe und Flut; **der Tidenhub** (Seemannsspr.); see also **turn** 1 g; b) (fig.: trend) Trend, der; **go with/against the ~**: mit dem Strom schwimmen; **the ~ of war was turning** das Kriegsglück wendete sich; **rising ~ of opposition** zunehmende Opposition; see also **turn** 3 c. **2.** v. t. ~ **sb. over** jmdm. über die Runden helfen (ugs.); **I have enough to ~ me over/over the winter** ich habe genug, um mich über Wasser zu halten/um durch od. über den Winter zu kommen; ~ **sb. over a difficult period** jmdm. über eine schwierige Zeit hinweghelfen

'tide-gate n. (Naut.) Fluttor, das

tideless [ˈtaɪdlɪs] adj. gezeitenlos

tide: ~-**mark** n. a) Flutmarke, die; b) (Brit. coll.: line on body, bath, etc.) Schmutzrand, der; ~-**table** n. (Navig.) Gezeitentafel, der; ~**way** n. (of river) Tidefluß, der; (channel) Priel, der; (current) Gezeitenströmung, die

tidily [ˈtaɪdɪlɪ] adv. (neatly) ordentlich; (clearly) übersichtlich ⟨präsentieren, gestalten⟩

tidiness [ˈtaɪdɪnɪs] n., no pl. Ordentlichkeit, die

tidings [ˈtaɪdɪŋz] n. pl. (literary) Kunde, die (geh.)

tidy [ˈtaɪdɪ] **1.** adj. a) (neat) ordentlich; aufgeräumt ⟨Zimmer, Schreibtisch⟩; **make oneself/a room ~**: sich zurechtmachen/ein Zimmer aufräumen; **have ~ habits** ein ordentlicher Mensch sein; b) (coll.: considerable) ordentlich (ugs.); **a ~ sum** or **penny**

ein hübsches Sümmchen *(ugs.).* **2.** *n. (receptacle)* **kitchen/bathroom/desk ~:** Behälter für Küchen-/Badezimmer-/Schreibtischutensilien; **sink ~:** Einsatzkörbchen für die Spüle. **3.** *v. t.* aufräumen ⟨Zimmer⟩; **~ oneself** sich zurechtmachen; **~ one's hair** sich kämmen; *abs.* **be busy ~ing** mit [dem] Aufräumen beschäftigt sein
~ a'way *v. t.* wegräumen
~ 'up 1. *v. i.* aufräumen. **2.** *v. t.* aufräumen; in Ordnung bringen ⟨Text⟩
tie [taɪ] **1.** *v. t.,* **tying** ['taɪɪŋ] **a)** binden **(to an + Akk., into** zu); **~ the prisoner's legs together** dem Gefangenen die Beine zusammenbinden; **~ an apron round you[r waist]** binde dir eine Schürze um; **can he ~ his own shoes/tie?** kann er sich *(Dat.)* die Schuhe/die Krawatte selbst binden?; **~ a knot** einen Knoten machen; *see also* **hand 1 a; b)** *(Sport: gain equal score in)* **~ the match** unentschieden spielen; **they ~d the match at 3 all** es stand unentschieden drei beide; **c)** *(restrict)* binden **(to an + Akk.); d)** *(Building)* verbinden ⟨Balken⟩. **2.** *v. i.,* **tying a)** *(be fastened)* **it won't ~:** es läßt sich nicht binden; **it ~s at the back** es wird hinten gebunden; **where does the sash ~?** wo bindet man die Schärpe?; **b)** *(have equal scores, votes, etc.)* **~ for second place in the competition/election** mit gleicher Punktzahl den zweiten Platz im Wettbewerb/mit gleicher Stimmenzahl den zweiten Platz bei der Wahl erreichen; **~ 6:6** mit 6:6 ein Unentschieden erreichen. **3.** *n.* **a)** Krawatte, *die; see also* **old 1 f; b)** *(cord etc. for fastening)* Band, *das;* **~ fastening** Verschnürung, *die;* **(fig.) (bond)** Band, *das;* **(restriction)** Bindung, *die;* **~s of friendship/family ~s** Freundschafts-/Familienbande *Pl. (geh.);* **have ~s with a firm** Beziehungen zu einer Firma unterhalten; **find that sth. is a ~:** sich durch etw. gebunden fühlen; **be a ~ for sb.** für jmdn. eine Belastung sein; **d)** *(Building)* Binder, *der;* **e)** *(Amer. Railw.)* Schwelle, *die;* **f)** *(Mus.)* Haltebogen, *der;* **g)** *(equality)* *(of scores)* Punktgleichheit, *die; (of votes)* Patt, *das;* Stimmengleichheit, *die;* **there was a ~ for third place** zwei Teilnehmer landeten punktgleich auf dem dritten Platz; **end in ~ or be a ~:** unentschieden *od.* im Unentschieden enden; **h)** *(Sport: match)* Begegnung, *die;* **draw an easy ~:** einen leichten Gegner ziehen; **i)** *(Amer.: shoe)* Schnürschuh, *der*
~ 'back *v. t.* zurückbinden; **~ one's hair back in a pony-tail** sein Haar hinten zu einem Pferdeschwanz zusammenbinden
~ 'down *v. t.* **a)** *(fasten)* festbinden; **b)** *(fig.: restrict)* binden; **there are too many things tying me down here** ich bin hier zu sehr gebunden; **be ~d down by sth.** durch etw. gebunden *od.* eingeschränkt sein; **~ sb. down to conditions/a time/a schedule** jmdn. auf Bedingungen/eine Zeit/einen Zeitplan festlegen
~ 'in 1. *v. i.* **~ in with sth.** zu etw. passen. **2.** *v. t.* **~ sth. in with sth.** etw. mit etw. abstimmen; *see also* **tie-in**
~ 'up *v. t.* **a)** *(bind)* festbinden; festmachen ⟨Boot⟩; **~ up a parcel with string** ein Paket verschnüren; **~ sth. up in[to] bundles** etw. zu Bündeln zusammenbinden; **b)** *(complete arrangements for)* abschließen; **~ up a few loose ends** *(fig.)* in paar letzte Kleinigkeiten erledigen; **c)** *(make unavailable)* fest anlegen ⟨Geld⟩; **~ up property** Eigentum einer Verfügungsbeschränkung unterwerfen; **d)** *see* **~ in 2; e)** *(keep busy)* beschäftigen; **I am ~d up this evening** ich habe heute abend zu tun. *See also* **tie-up**
tie: **~-bar** *n. (Building)* Anker, *der;* **~-beam** *n. (Building)* Binderbalken, *der;* **~-break, ~-breaker** *n.* Tie-Break, *der od. das;* **~-clip** *n.* Krawattenhalter, *der*
tied [taɪd] *adj. (Brit.)* **a)** **~ cottage** *or* **house** *(of farm-worker)* Wohnhaus für Farmarbeiter; *(of caretaker etc.)* Dienstwohnhaus, *das;* **b)** **~ house** *(public house supplying one brewer's beers)* Vertragsgaststätte, *die*
tie: **~-in** *n.* gleichzeitige [Wieder]aufführung eines Films *o. ä.* mit der [Neu]veröffentlichung des zugrunde liegenden Buches; **~-on** *adj.* Anhänge-; **~-on label** Anhänger, *der;* **~-pin** *n.* Krawattennadel, *die*
tier [tɪə(r)] *n.* **a)** *(row)* Rang, *der;* **b)** *(unit)* Stufe, *die*
tiered [tɪəd] *adj.* gestuft ⟨Hörsaal, Theater⟩; **a three-~ wedding cake** eine dreistöckige Hochzeitstorte; **a three-~ shelf [unit]** ein Regal mit drei Fächern
tie-rod *n.* **a)** *(Motor Veh.)* Spurstange, *die;* **b)** *(Building)* Querlatte, *die*
Tierra del Fuego [tɪərə del 'fweɪgəʊ] *pr. n.* Feuerland, *das*
tie-up *n.* Verbindung, *die*
tiff [tɪf] *n.* Krach, *der (ugs.);* Streit, *der;* **have a ~ with sb. over sth.** mit jmdm. wegen etw. Krach haben
tiger ['taɪgə(r)] *n.* **a)** *(Zool.)* Tiger, *der;* **American ~** *see* **jaguar; paper ~** *(fig.)* Papiertiger, *der;* **ride a ~** *(fig.)* mit dem Feuer spielen; **b)** *(fierce or energetic person)* Kämpfernatur, *die*
tiger: **~-cat** *n. (Zool.)* Tigerkatze, *die;* **~-eye** *n. (Min.)* Tigerauge, *das;* **~-lily** *n. (Bot.)* Tigerlilie, *die;* **~-moth** *n. (Zool.)* Bärenspinner, *der;* **~-shark** *n. (Zool.)* Tigerhai, *der*
tight [taɪt] **1.** *adj.* **a)** *(firm)* fest; fest angezogen ⟨Schraube, Mutter⟩; festsitzend ⟨Korken, Deckel⟩; **be very ~:** sehr fest sitzen; **the drawer/window is ~:** die Schublade/das Fenster klemmt; **b)** *(close-fitting)* eng ⟨Kleid, Hose, Schuh usw.⟩; **this shoe is rather [too] ~** *or* **a rather ~ fit** dieser Schuh ist etwas zu eng; **c)** *(impermeable)* **~ seal/joint** dichter Verschluß/dichte Fuge; **d)** *(taut)* straff; **a ~ feeling in one's chest** ein Gefühl der Beklemmung *od.* Enge in der Brust; **e)** *(with little space)* knapp; gedrängt ⟨Programm⟩; **it is a ~ space** der Platz ist knapp; **it is [so] very ~ squeeze with seven people in the car** es ist sehr eng zu siebt im Wagen; **f)** *(strict)* streng ⟨Kontrolle, Disziplin⟩; **g)** *(Econ.)* knapp ⟨Geld⟩; angespannt ⟨Markt⟩; **h)** *(coll.: stingy)* knauserig *(ugs.);* **i)** *(difficult to negotiate)* **a ~ corner** eine enge Kurve; **be in/get oneself into a ~ corner** *or (coll.)* **spot [over sth.]** *(fig.)* [wegen etw.] in der Klemme sein/in die Klemme geraten *(ugs.);* **j)** *(coll.: drunk)* voll *(salopp);* **get ~:** sich vollaufen lassen *(salopp);* **she got ~ on a couple of drinks** nach ein paar Drinks war sie voll *(salopp);* **k)** *(Sport: evenly contested)* hart umkämpft; knapp ⟨Rennen⟩. **2.** *adv.* **a)** *(firmly)* fest; **hold ~!** halt dich fest!; *see also* **sit 1 b; sleep 2 a; b)** *(so as to leave no space)* [ganz] voll; **a train packed ~ with commuters** ein mit Pendlern vollgestopfter Zug *(ugs.).* **3.** *n. in pl.* **a)** *(Brit.)* **[pair of] ~s** Strumpfhose, *die;* **b)** *(of dancer etc.)* Trikothose, *die*
tighten ['taɪtn] **1.** *v. t.* **a)** [fest] anziehen ⟨Knoten, Schraube, Mutter usw.⟩; straffziehen ⟨Seil, Schnur⟩; anspannen ⟨Muskeln⟩; verstärken ⟨Griff⟩; **~ one's belt** *(fig.)* den Gürtel enger schnallen *(ugs.);* **b)** *(make stricter)* verschärfen ⟨Kontrolle, Gesetz, Vorschrift⟩. **2.** *v. i.* **a)** sich spannen ⟨Knoten⟩; sich zusammenziehen; **her hands ~ed on the steering-wheel** ihre Hände krampften sich um das Steuer; **b)** *(become stricter)* ⟨Gesetze, Bestimmungen:⟩ verschärft werden
~ 'up 1. *v. t.* **a)** anziehen; *(retighten)* nachziehen; **b)** *(make stricter)* verschärfen ⟨Gesetze, Bestimmungen, Kontrollen⟩; **~ up security** die Sicherheitsmaßnahmen verschärfen. **2.** *v. i.* härter durchgreifen; **~ up on security/** **drunken driving** die Sicherheitsmaßnahmen verschärfen/bei Trunkenheit am Steuer schärfer durchgreifen
tight: **~-'fisted** *adj.* geizig; **a ~-fisted old fellow** ein alter Geizhals; **~-fitting** *adj.* enganliegend ⟨Pullover, Trikot⟩; **~-lipped** *adj.* **a)** *(without emotion)* mit zusammengepreßten Lippen *nachgestellt;* **b)** *(silent)* verschwiegen
tightly ['taɪtlɪ] *adv.* **a)** *(firmly)* fest; **fit ~** ⟨Maschinenteil *usw.:*⟩ fest sitzen; ⟨Kleidungsstück:⟩ eng anliegen; **fasten sth. ~:** etw. gut befestigen; **put the cork in ~:** den Korken fest hineindrücken; **b)** *(strictly)* streng; **c)** *(tautly)* straff; **d)** *(closely)* dicht; **~ packed** vollgestopft *(ugs.)* ⟨Zug, Koffer⟩; **a ~ organized schedule** ein gedrängtes Programm; **e)** **~ fought** *(evenly contested)* hart umkämpft
tightness ['taɪtnɪs] *n., no pl.* **a)** *(lack of leakage)* Dichtheit, *die;* **b)** *(firmness)* Festigkeit, *die; (closeness of fit)* enger Sitz; **c)** *(strictness of control or discipline)* Schärfe, *die;* Strenge, *die;* **d)** *(tautness)* Straffheit, *die;* **feel [a] ~ across the chest** ein Gefühl der Beklemmung in der Brust haben; **e)** *(of schedule)* Gedrängtheit, *die;* **f)** *(Econ.: scarcity)* Knappheit, *die; (of market)* Angespanntheit, *die;* **g)** *(of bend in road)* Enge, *die;* **h)** **~ with money** Knauserigkeit, *die (ugs.);* **i)** *(Sport: of match)* Ausgeglichenheit, *die*
'tightrope *n.* Drahtseil, *das;* **walk a ~** *(fig.)* einen Balanceakt vollführen
tigress ['taɪgrɪs] *n. (Zool.)* Tigerin, *die*
tilde ['tɪldə] *n. (Ling.)* Tilde, *die*
tile [taɪl] *n.* **a)** *(on roof)* Ziegel, *der; (on floor, wall)* Fliese, *die; (on stove; also esp. designer ~)* Kachel, *die;* **spend the night on the ~s** *(fig. sl.)* die ganze Nacht durchsumpfen *(salopp);* **b)** *(Games)* Spielstein, *der.* **2.** *v. t.* [mit Ziegeln] decken ⟨Dach⟩; fliesen ⟨Wand, Fußboden, Bad⟩; kacheln ⟨Wand, Bad⟩; **~d roof** Ziegeldach, *das;* **~d floor** Fliesenboden, *der*
tiler ['taɪlə(r)] *n. (of roofs)* Dachdecker, *der/-deckerin, die; (of floors, walls)* Fliesenleger, *der/-legerin, die*
tiling ['taɪlɪŋ] *n., no pl., no indef. art. see* **tile 1 a:** **a)** *(fixing tiles)* *(on roof)* [Dach]decken, *das; (on floor)* Fliesen[legen], *das; (on wall)* Kacheln, *das;* Fliesen, *das;* **b)** *(set of tiles)* Ziegel/Kacheln/Fliesen
¹till [tɪl] *v. t.* bestellen
²till 1. *prep.* bis; *(followed by article + noun)* bis zu; **not [...] ~:** erst; **from morning ~ evening** von morgens bis abends; *see also* **until 1. 2.** *conj.* bis; *see also* **until 2**
³till *n.* Kasse, *die;* **at the ~:** an der Kasse; **have/put one's hand** *or* **fingers in the ~** *(fig.)* in die Kasse greifen
tillage ['tɪlɪdʒ] *n., no pl. (Agric.) (tilling)* Bestellung, *die; (land tilled)* Ackerland, *das*
tiller ['tɪlə(r)] *n. (Naut.)* Pinne, *die* (Seemannsspr.)
tilt [tɪlt] **1.** *v. i.* **a)** kippen; **the chair ~s back** die Sessellehne kippt nach hinten; **the board ~ed [up] when he stepped on it** das Brett schnellte hoch, als er darauftrat; **b)** *(Hist.: joust)* tjostieren; **~ at** mit der Lanze angreifen; *(fig.)* anprangern; *see also* **windmill a. 2.** *v. t.* kippen; neigen ⟨Kopf⟩. **3.** *n.* **a)** *(sloping position)* Schräglage, *die;* **give sth. a ~:** etw. schräg stellen; **a 45° ~:** eine Neigung *od.* ein Neigungswinkel von 45°; **b)** *(fig.: attack)* Angriff, *der;* **have** *or* **make a ~ at sb./sth.** jmdn./etw. angreifen; **c)** **[at] full ~:** mit voller Wucht
tilth [tɪlθ] *n.* Ackerkrume, *die;* **rake a seedbed to a good ~:** ein Saatbeet gut [auf]lockern
timber ['tɪmbə(r)] **1.** *n.* **a)** *no pl. (wood for building)* [Bau]holz, *das;* **sawn ~:** Schnittholz, *das;* **b)** *(type of wood)* Holzart, *die;* Holz, *das;* **c)** *no pl., no indef. art. (trees)*

timbered

Wald, *der;* **cut down** *or* **fell ~:** Holz schlagen; **put land under ~:** Land aufforsten *(Forstw.);* **b)** *standing* **~:** Baumholz, *das (Forstw.);* **d)** *(beam, piece of wood)* Balken, *der; (Naut.)* Spant, *das;* **floor ~s** [Bodenbalken; *see also* ²*shiver 2. 2. int. (Forestry)* Holz

timbered ['tɪmbəd] *adj.* **a)** *(wooded)* bewaldet; **b)** *(built of wood)* hölzern; Holz-; *(covered with planks)* holzverkleidet

timber: **~-framed** *adj.* Fachwerk‹bau, -haus›;‹Rathaus, Jagdschloß usw.› in Fachwerkbauweise; **~-framing** *n., no pl., no indef. art. (structure)* Fachwerk, *das; (method)* Fachwerkbauweise, *die*

timbering ['tɪmbərɪŋ] *n., no pl., no indef. art.* Balkenwerk, *das; (of timber-framed house)* Fachwerk, *das*

timber: **~-line** *n. (Geog.)* Baumgrenze, *die;* **~-yard** *n.* Holzlager, *das*

timbre ['tæmbə(r), 'tæbr] *n. (Mus.)* Timbre, *das*

Timbuctoo [tɪmbʌk'tu:] *pr. n.* Timbuktu *(das)*

time [taɪm] **1.** *n.* **a)** *no pl., no art.* Zeit, *die;* **the greatest composer of all ~:** der größte Komponist aller Zeiten; **for all ~:** für immer [und ewig]; **past/present/future ~:** Vergangenheit, *die*/Gegenwart, *die*/Zukunft, *die;* **stand the test of ~:** die Zeit überdauern; sich bewähren; **in [the course of] ~, as ~ goes on/went on** mit der Zeit; **im Laufe der Zeit; as old as ~:** uralt; **~ will tell** *or* **show** die Zukunft wird es zeigen; **~ and tide wait for no man** das Rad der Zeit läßt sich nicht anhalten; **at this point** *or* **moment in ~:** zum gegenwärtigen Zeitpunkt; **~ flies** die Zeit vergeht [wie] im Fluge; **how ~ flies!** wie [schnell] die Zeit vergeht!; **work against ~:** unter Zeitdruck arbeiten; **in ~, with ~** *(sooner or later)* mit der Zeit; *see also* **healer;** **b)** *(interval, available or allotted period)* Zeit, *die;* **in a week's/month's/year's ~:** in einer Woche/in einem Monat/Jahr; **there is ~ for** that dafür ist *od.* haben wir noch Zeit; **it takes me all my ~ to do it** es beansprucht meine ganze Zeit, es zu tun; **I took me all my ~ to persuade him** ich hatte die größte Mühe, ihn zu überreden; **give one's ~ to sth.** einer Sache *(Dat.)* seine Zeit opfern; **waste of ~:** Zeitverschwendung, *die;* **spend [most of one's/a lot of] ~ on sth./ [in] doing sth.** [die meiste/viel] Zeit mit etw. zubringen/damit verbringen, etw. zu tun; **I have been waiting for some/a long ~:** ich warte schon seit einiger Zeit/schon lange; **she will be there for [quite] some ~:** sie wird ziemlich lange dort sein; **spend some ~ in a place** sich eine Zeitlang an einem Ort aufhalten; **be pressed for ~:** keine Zeit haben; *(have to finish quickly)* in Zeitnot sein; **pass the ~:** sich *(Dat.)* die Zeit vertreiben; **length of ~:** Zeit[dauer], *die;* **make ~ for sb./sth.** sich *(Dat.)* für jmdn./etw. Zeit nehmen; **a short ~ ago** vor kurzem; **that's a long ~ ago** das ist schon lange her; **in one's own ~:** in seiner Freizeit; *(whenever one wishes)* wann man will; **one's ~ is one's own** man kann über seine Zeit frei verfügen; **take one's ~ [over sth.]** sich *(Dat.)* [für etw.] Zeit lassen; *(be slow)* sich *(Dat.)* [für mit etw.] lassen; **~ is money** *(prov.)* Zeit ist Geld *(Spr.);* **we're out of ~, our ~'s up** unsere Zeit ist um; **on ~** *(Amer.: on hire-purchase)* auf Raten; **in [good] ~** *(not late)* rechtzeitig; **all the** *or* **this ~:** die ganze Zeit; *(without ceasing)* ständig; **all the ~ you're standing there arguing things are only getting worse** während du hier herumstehst und argumentierst, wird alles nur immer schlimmer; **since ~ immemorial** *or* **out of mind** seit undenklichen Zeiten; **in [less than** *or* **next to] 'no ~:** innerhalb kürzester Zeit; im Nu *od.* Handumdrehen; **it was 'no ~ [at all] before she was back** sie war im Nu zurück; **in 'half the ~:** in der Hälfte der Zeit; **'half the ~** *(coll.: as often as not)* die halbe Zeit; **it will take [some] ~:** es wird einige Zeit dauern; **have ~ on one's hands** viel Zeit und Muße haben; *(have nothing to do)* nichts zu tun haben; **have the/no ~:** Zeit/keine Zeit haben; **have no ~ for sb./sth.** für jmdn./etw. ist einem seine Zeit zu schade; **we have no ~ to lose** wir dürfen keine Zeit verlieren; **there is no ~ to lose** *or* **be lost** es ist keine Zeit zu verlieren; **lose no ~ in doing sth.** *(not delay)* etw. unverzüglich tun; **lose no ~ doing sth.** *(not waste ~)* keine Zeit damit vergeuden, etw. zu tun; **do ~** *(sl.)* eine Strafe absitzen *(ugs.);* **he lived out his ~ in peace** er verbrachte den Rest seines Lebens in Ruhe; **in my '~** *(heyday)* zu meiner Zeit *(ugs.); (in the course of my life)* im Laufe meines Lebens; **in 'my ~** *(period at a place)* zu meiner Zeit *(ugs.);* **in my father's ~:** zu [Leb]zeiten meines Vaters; **~ off** *or* **out** freie Zeit; **get/take ~ off** frei bekommen/sich *(Dat.)* frei nehmen *(ugs.);* **take ~ out to look at this properly** nimm dir die Zeit, das richtig anzuschauen; **T~!** *(Boxing)* Stop!; Time!; *(Brit.: in pub)* Feierabend!; **~, [ladies and] gentlemen, please!** wir machen Feierabend, meine [Damen und] Herren!; *see also* **gain 2 a; hand 1 c;** **c)** *no pl. (moment or period destined for purpose)* Zeit, *die;* **harvest/Christmas ~:** Ernte-/Weihnachtszeit, *die;* **there is a ~ and place for everything** alles zu seiner Zeit; **now is the ~ to do it** jetzt ist die richtige Zeit, es zu tun; **~ for lunch** Zeit zum Mittagessen; **it is ~ to go** es wird Zeit zu gehen; **it's ~ [about] they were going** es ist [an der] Zeit, daß sie gehen; **his ~ was drawing near** *(~ of death)* seine Zeit nahte *(geh. verhüll.);* **look/get old before one's ~:** vorzeitig altern; **and not before ~:** und es wurde auch Zeit; **when the ~ comes/came** wenn es so weit ist/als es so weit war; **on ~** *(punctually)* pünktlich; **ahead of ~:** zu früh ‹ankommen›; vorzeitig *(fertig werden);* **all in good ~:** alles zu seiner Zeit; **you'll find out in good ~:** du wirst es früh genug herausfinden; *see also* **be 2 a; behind 2 e;** **d)** *in sing. or pl. (circumstances)* Zeit, *die;* **~s are good/bad/have changed** die Zeiten sind gut/schlecht/haben sich verändert; **have a good ~:** Spaß haben *(ugs.);* sich amüsieren; **have quite a ~ [of it]** viel durchmachen; **have a hard ~ [of it]** eine schwere Zeit durchmachen; *see also* **life e;** **e)** *(associated with events or person[s])* Zeit, *die;* **in ~ of peace/war** in Friedens-/Kriegszeiten; **in Tudor/Napoleon's/ancient ~s** zur Zeit der Tudors/Napoleons/der Antike; **in prehistoric ~s** in vorgeschichtlicher Zeit; **in former/modern ~s** früher/heutzutage; **scientists of the ~:** Wissenschaftler jener Zeit; **the good old ~s** die gute alte Zeit; **Queen Victoria and her ~[s]** Königin Viktoria und ihre Zeit; **~ 'was when ...:** es gab eine Zeit, da ...; **ahead of** *or* **before one's/its ~:** seiner Zeit voraus; **at 'one ~** *(previously)* früher; *see also* **behind 2 c;** **f)** *(occasion)* Mal, *das;* **this ~:** diesmal; **for the first ~:** zum ersten Mal; **[the] second ~ [a]round** beim zweiten Mal; **next ~ you come** wenn du das nächste Mal kommst; **ten/a hundred/a thousand ~s** zehn-/hundert-/tausendmal; **~s without number** unzählige Male; **I've told you a hundred ~s:** ich habe dir schon hundertmal gesagt, ... *(ugs.);* **many ~s** sehr oft; **many's the ~ [that] ..., many a ~ ...:** viele Male ...; **there are/were ~s when ...:** es gibt Zeiten, wenn .../es gab Zeiten, als ...; **at all ~s** jederzeit; **at ~s** gelegentlich; **from ~ to ~:** von Zeit zu Zeit; **at other ~s** sonst; **at all other ~s** zu allen anderen Zeiten; **at ~ one** *or* **another** irgendwann einmal; **this is no ~ to do that** es ist jetzt nicht die Zeit, das zu tun; **at a ~ like this/that** unter diesen/solchen Umständen; **at the** *or* **that ~** *(in the past)* damals; **it depends on which doctor is on duty at the ~:** es hängt davon ab, welcher Arzt gerade Bereitschaftsdienst hat; **at one ~, at [one and] the same ~** *(simultaneously)* gleichzeitig; **at the same ~** *(nevertheless)* gleichwohl; **at the best of ~s** im günstigsten Fall; **a 'fine ~** *(iron.)* genau die richtige Zeit *(iron.);* **between ~s** zwischendurch; **~ and [~] again, ~ after ~:** immer [und immer] wieder; **pay sb. £6 a ~:** jmdm. für jedes Mal 6 Pfund zahlen; **oranges cost 16p a ~:** Orangen kosten 16 Pence das Stück; **one at a ~:** einzeln; **one stone at a ~:** jeweils nur ein Stein; **two at a ~:** jeweils zwei; **hand me the cups two at a ~:** reich mir immer zwei Tassen gleichzeitig; **for hours/weeks at a ~:** stundenlang/wochenlang [ohne Unterbrechung]; **at ~s** *(Amer.)* heute; *(at this moment)* jetzt; *see also* **be 2 a; every a; g)** *(point in day etc.)* [Uhr]zeit, *die;* **at the same ~ every morning** jeden Morgen um dieselbe Zeit; **what ~ is it?, what is the ~?** wie spät ist es?; **have you [got] the ~?** kannst du mir sagen, wie spät es ist?; **tell the ~** *(read a clock)* die Uhr lesen; **~ of day** Tageszeit, *die;* **[at this] ~ of [the] year** [um diese] Jahreszeit; **this ~ of the month** diese Zeit im Monat; **at this ~ of [the] night** zu dieser Nachtstunde; **know the ~ of day** *(fig.)* sich auskennen; **not give sb. the ~ of day** jmdm. nicht einmal guten Tag sagen; **pass the ~ of day** *(coll.)* ein paar Worte wechseln; **by this/that ~:** inzwischen; **by the ~ [that] we arrived** bis wir hinkamen; **[by] this ~ tomorrow** morgen um diese Zeit; **keep good ~** ‹*Uhr.*›: genau *od.* richtig gehen; **h)** *(amount)* Zeit, *die;* **make good ~:** gut vorwärtskommen; **get paid ~ and a half** 50% Zuschlag bekommen; **[your] ~'s up!** deine Zeit ist um *(ugs.) od.* abgelaufen; **i)** *(multiplication)* mal; **three ~s four** drei mal vier; **four ~s the age of** *or* **higher than sth.** viermal so groß wie/höher als etw.; **~s sign** Malzeichen, *das;* **magnified six ~s** auf das Sechsfache vergrößert; **j)** *(Mus.) (duration of note)* Zeitdauer, *die; (measure)* Takt, *der;* **in three-four ~:** im Dreivierteltakt; **keep in ~ with the music** den Takt halten; **out of ~/in ~:** aus dem/im Takt; **keep ~ with sth.** bei etw. den Takt [ein]halten; **k)** *(dated: date of childbirth)* Zeit, *die;* **her ~ is near** *or* **nearing her ~:** ihre Zeit rückt näher *(geh. verhüll.).* **2.** *v. t.* **a)** *(do at correct ~)* zeitlich abstimmen; **be well/ill ~d** zur richtigen/falschen Zeit kommen; **b)** *(set to operate at correct ~)* justieren *(Technik);* einstellen; **~ the bomb to explode at 4 p.m.** den Zeitzünder der Bombe auf 16 Uhr einstellen; **c)** *(arrange time of arrival/departure of)* **the bus is ~d to connect with the train** der Bus hat einen direkten Anschluß an den Zug; **be ~d to take 90 minutes** fahrplanmäßig 90 Minuten dauern; **d)** *(measure time taken by)* stoppen; **~ an egg** auf die richtige Kochdauer für ein Ei achten

time: **~-and-'motion** *adj.* REFA-‹*Techniker, Fachmann*›; **~-and-motion study** Arbeitsstudie, *die;* **~ bomb** *n. (lit. or fig.)* Zeitbombe, *die;* **~ capsule** *n.* Behälter mit Zeitdokumenten, der bei der Grundsteinlegung von [öffentlichen] Bauten eingemauert wird; **~-check** *n.* Zeitvergleich, *der; (to verify)* Blick auf die Uhr; **~-consuming** *adj.* **a)** *(taking ~)* zeitaufwendig; **b)** *(wasteful of ~)* zeitraubend; **~ exposure** *n. (Photog.)* Zeitaufnahme, *die;* **~ factor** *n., no pl.* Zeitfaktor, *der;* **~ fault** *n. (Show Jumping)* Zeitfehler, *der;* **~-fuse** *n.* Zeitzünder, *der;* **~-honoured** *adj.* altehrwürdig *(geh.);* altgebraucht ‹*Brauch, Vorstellung*›; **~-keeper** *n.* **a)** *(person)* Zeitnehmer, *der/-*nehmerin, *die;* **b) the watch is a good/bad ~-keeper** die Uhr geht genau/nicht genau; **~-keeping** *n.* **a)** *(Sport)* Zeitmessung, *die;* Zeitnahme, *die;* **b)** *(at work)* Einhaltung der Arbeitsstunden; **~-lag** *n.* zeit-

time-lapse

liche Verzögerung; **~-lapse** *attrib. adj. (Photog., Cinemat., Telev.)* Zeitraffer-
timeless ['taɪmlɪs] *adj. (rhet./poet.)* zeitlos
'**time-limit** *n.* Frist, *die;* **put a ~ on sth.** eine Frist für etw. setzen
timeliness ['taɪmlɪnɪs] *n., no pl.* Rechtzeitigkeit, *die*
'**time lock** *n.* Zeitschloß, *das*
timely ['taɪmlɪ] *adj.* rechtzeitig; **be ~:** zur rechten Zeit kommen; **a ~ piece of advice** ein [guter] Rat zur rechten Zeit
time: ~-machine *n.* Zeitmaschine, *die;* **~-**'**out** *n. (Sport)* Spielunterbrechung, *die; (called by one team)* Auszeit, *die;* **~piece** *n.* Chronometer, *der*
timer ['taɪmə(r)] *n.* **a)** *see* **timekeeper a; b)** *(device)* Kurzzeitmesser, *der; (with switch)* Schaltuhr, *die*
time: ~-scale *n.* Zeitskala, *die;* **~-share 1.** *attrib. adj.* **~-share apartment** Ferienwohnung, *an der man einen Besitzanteil hat, der es einem erlaubt, eine bestimmte Zeit pro Jahr in dieser Wohnung zu verbringen;* **2.** *n. see* **~-sharing b; ~-sharing** *n., no pl., no art.* **a)** *(Computing)* Time-sharing, *das;* **b)** *(joint ownership)* Eigentum an einer Ferienwohnung o. ä., *das für eine festgelegte Zeit des Jahres gilt;* Time-sharing, *das (Wirtsch.);* **~-sheet** *n.* Stundenzettel, *der;* **~-signal** *n.* Zeitzeichen, *das;* **~-signature** *n. (Mus.)* Taktbezeichnung, *die;* **~-switch** *n.* Zeitschalter, *der;* **~-table** *n.* **a)** *(scheme of work)* Zeitplan, *der; (Educ.)* Stundenplan, *der;* **b)** *(Transport)* Fahrplan, *der;* **~-travel** *n.* Reise durch die Zeit; **~ warp** *n.* Verwerfung im Raum-Zeit-Kontinuum; **~-worn** *adj.* abgegriffen ⟨*Witz, Klischee*⟩; verwittert ⟨*Gebäude*⟩; **~-zone** *n.* Zeitzone, *die*
timid ['tɪmɪd] *adj.* **a)** scheu ⟨*Tier, Vogel*⟩; **b)** *(fearful)* ängstlich ⟨*Person, Miene, Worte*⟩; **c)** *(lacking boldness)* zaghaft, *(shy)* schüchtern
timidity [tɪ'mɪdɪtɪ] *n., no pl. see* **timid:** Scheu, *die;* Ängstlichkeit, *die;* Schüchternheit, *die*
timidly ['tɪmɪdlɪ] *adv. see* **timid:** scheu; ängstlich; schüchtern
timing ['taɪmɪŋ] *n., no pl.* **a)** zeitliche Abstimmung; Timing, *das;* **that was perfect ~!** *(as sb. arrives)* du kommst gerade im richtigen Augenblick!; **the ~ of the statement was excellent** der Zeitpunkt für die Erklärung war hervorragend [gewählt]; **b)** *(Theatre)* Timing, *der;* **c)** *(Motor Veh.)* ignition/valve **~:** Zündeinstellung, *die/*Ventilsteuerzeiten; **adjust the [ignition] ~:** die Zündung einstellen
timorous ['tɪmərəs] *adj.* ängstlich; verängstigt ⟨*Tier*⟩; *(lacking boldness)* zaghaft ⟨*Stimme, Auftreten*⟩
timpani ['tɪmpənɪ] *n. pl. (Mus.)* Kesselpauken; Timpani *(fachspr.)*
timpanist ['tɪmpənɪst] *n. (Mus.)* Paukist, *der/*Paukistin, *die*
tin [tɪn] **1.** *n.* **a)** *(metal)* Zinn, *das;* **~[-]plate** Weißblech, *das;* **b)** *(Cookery)* cooking **~s** Back- und Bratformen; **c)** *(Brit.: for preserving)* [Konserven]dose, *die;* **a ~ of peas** eine Dose Erbsen; **d)** *(with separate or hinged lid)* Dose, *die;* **bread ~:** Brotkasten, *der.* **2.** *v. t.,* **-nn-** *(Brit.)* zu Konserven verarbeiten. **3.** *attrib. adj.* Zinn-; *see also* **lid a**
tincture ['tɪŋktʃə(r)] *n.* **a)** *(solution)* Tinktur, *die;* **b)** *(slight flavour)* leichter Geschmack; *(unpleasant)* Beigeschmack, *der; (fig.)* Anflug, *der;* **a ~ of green/red** ein Stich ins Grüne/Rote
tinder ['tɪndə(r)] *n.* Zunder, *der*
'**tinder-box** *n.* Zunderbüchse, *die (veralt.); (fig.: person)* Hitzkopf, *der; (fig.: thing)* Pulverfaß, *das;* **the old houses are like ~es** die alten Häuser sind wie Zunder
tine [taɪn] *n.* **a)** *(of deer)* Ende, *das (Jägerspr.);* **b)** *(of rake, fork)* Zinke, *die*

tin '**foil** *n., no pl.* Stanniol, *das; (aluminium foil)* Alufolie, *die*
ting-a-ling ['tɪŋəlɪŋ] **1.** *n.* Klingeling, *das.* **2.** *adv.* klingeling
tinge [tɪndʒ] **1.** *v. t.* **~ing** ['tɪndʒɪŋ] tönen; **a white curtain ~d with pink** ein weißer, ins Zartrosa gehender Vorhang; **her black hair was ~d with grey** ihr schwarzes Haar war graumeliert; *(fig.)* **her admiration was ~d with envy** ihre Bewunderung war nicht ganz frei von Neid. **2.** *n.* [leichte] Färbung; *(fig.)* Hauch, *der;* **a ~ of red in the sky** eine leicht rötliche Färbung des Himmels; **white with a ~ of blue** weiß mit einem Stich ins Bläuliche
tingle ['tɪŋgl] **1.** *v. i.* **a)** *(feel sensation)* kribbeln; **b)** *(cause sensation)* **~ in sb.'s ears** jmdm. in den Ohren klingen *od.* tönen. **2.** *n.* Kribbeln, *das;* **feel a ~ of excitement** vor Aufregung ganz kribbelig sein *(ugs.)*
tin: ~ '**god** *n.* Götze, *der (geh.);* Abgott, *der;* **~** '**hat** *n. (sl.)* Blechdeckel, *der (salopp);* **~horn** *(Amer.)* **1.** *n.* Angeber, *der;* **2.** *adj.* angeberisch *(ugs.)*
tinker ['tɪŋkə(r)] **1.** *n.* Kesselflicker, *der;* **I don't give a ~'s cuss** *(coll.)* es ist mir völlig Wurs[ch]t *(ugs.).* **2.** *v. i.* **~ with sth.** an etw. *(Dat.)* herumbasteln *(ugs.)/(incompetently; also fig.)* herumpfuschen *(ugs.)*
tinkle ['tɪŋkl] **1.** *n.* Klingeln, *das; (of coins)* Klimpern, *das;* **give sb. a ~** *(Brit. coll.: telephone call)* bei jmdm. anklingeln *(ugs.).* **2.** *v. t.* klingeln mit; klimpern mit ⟨*Münzen*⟩. **3.** *v. i.* ⟨*Glocke:*⟩ klingeln ⟨*Münzen:*⟩ klimpern; **~ on a piano** auf einem Klavier klimpern
'**tin mine** *n.* Zinnbergwerk, *das*
tinned [tɪnd] *adj. (Brit.)* Dosen-; **be ~:** aus der Dose sein
tinny ['tɪnɪ] *adj.* **a)** *(metallic)* Metall⟨*geschmack*⟩; blechern ⟨*Klang*⟩; **taste ~:** nach Metall *od. (ugs.)* Büchse schmecken; **b)** *(of inferior quality)* billig; **be ~:** Tinnef sein *(ugs.)*
tin: ~-opener *n. (Brit.)* Dosen-, Büchsenöffner, *der;* **~-pan** '**alley** *n.* die Schlagerindustrie *(ugs.);* **~** '**plate** *n.* Weißblech, *das;* **~-plate** *v. t.* verzinnen; **~-plating** *n.* Verzinnung, *die;* **~-pot** *adj. (derog.)* schäbig; **~-pot town** Kaff, *das (ugs.);* **~-pot little firm** [kleine] Klitsche *(ugs.);* **~-pot dictator** Operettendiktator, *der*
tinsel ['tɪnsl] *n.* **a)** *(thread)* Metallfaden, *der;* **(for decoration)** Lametta, *das; (strip)* Lahn, *der (Textilw.); (sheet)* Metallfolie, *die;* **b)** *also attrib. (fig.) (glamour)* Talmiglanz, *der*
tin: ~smith *n.* Blechschmied, *der;* **~** '**soldier** *n.* Zinnsoldat, *der*
tint [tɪnt] **1.** *n.* Farbton, *der;* **flesh ~s** Fleischtöne; **autumn ~s** herbstliche Farbtöne; **red with a blue ~:** Rot mit einem Stich ins Blaue. **2.** *v. t.* tönen; kolorieren ⟨*Zeichnung, Stich*⟩; **~ with blue** blau tönen/kolorieren
tin: ~ tack *n.* [verzinnter] Drahtstift; **~** '**whistle** *n.* Blechflöte, *die*
tiny ['taɪnɪ] *adj.* winzig; **a ~ bit better** *(coll.)* ein klein wenig besser; **sb.'s ~ mind** *(derog.)* jmds. Spatzenhirn *(ugs.)*
¹**tip** [tɪp] **1.** *n. (end, point)* Spitze, *die;* **the ~ of his nose/finger/toe** seine Nasen-/Finger-/Zehenspitze; **on the ~ of one's toes** auf Zehenspitzen; **from ~ to toe** vom Scheitel bis zur Sohle; **it is on the ~ of my tongue** es liegt mir auf der Zunge; **a cigarette with a [filter-]~:** eine Zigarette mit Filter. **2.** *v. t.,* **-pp-** a) **with [stone/brass]** etw. mit einer [Stein-/Messing]spitze versehen; **~ped cigarette** Filterzigarette, *die*
²**tip 1.** *v. i.,* **-pp-** *(lean, fall)* kippen; **~ over** umkippen; **~ [up]** ⟨*Sitz:*⟩ nach oben klappen. **2.** *v. t.,* **-pp-** **a)** *(make tilt)* kippen; neigen ⟨*Kopf*⟩; **~ one's hat [to sb.]** *(Amer.)* seinen Hut lüften[, um jmdn. zu grüßen]; **~ the**

tiresomely

balance *(fig.)* den Ausschlag geben; *see also* ²**scale 1 b; b)** *(make overturn)* umkippen; *(Brit.: discharge)* kippen; '**no ~ping**', '**no rubbish to be ~ped**' „Müll abladen verboten"; **he was ~ped into the ditch** er wurde in den Graben geworfen; **c)** *(mention as likely winner etc.)* voraussagen ⟨*Sieger*⟩; **~ sb. to win** auf jmds. Sieg tippen; **be ~ped for the Presidency/a post** als Favorit für die Präsidentschaftswahlen/einen Posten genannt werden; **d)** *(sl.: give)* geben; **~ sb. the wink** *(fig.)* jmdm. Bescheid sagen; (~ sb. *off)* jmdm. einen Tip geben *(ugs.);* **e)** *(give money to)* **~ sb. [20p]** jmdm. [20 Pence] Trinkgeld geben. **3.** *n.* **a)** *(money)* Trinkgeld, *das;* **as a ~:** als Trinkgeld; **b)** *(special information)* Hinweis, *der;* Tip, *der (ugs.); (advice)* Rat, *der;* **hot ~:** heißer Tip; **give sb. a ~ about doing sth.** jmdm. einen Tip geben, wie man etw. macht; **c)** *(Brit.: place for refuse)* Müllkippe, *die;* **d)** *(derog.: untidy place)* Schweinestall, *der;* **e)** *(Mining)* Halde, *die*
~ '**off** *v. t.* **~ sb. off** jmdm. einen Hinweis *od. (ugs.)* Tip geben; **be ~ped off by sb.** einen Hinweis *od. (ugs.)* Tip von jmdm. erhalten; *see also* **tip-off**
~ '**over** *v. t. & i.* umkippen
~ '**up** *v. t. & i.* hochklappen ⟨*Sitz*⟩
tip: ~-and-'**run raid** *n.* Blitzangriff [mit anschließendem sofortigem Rückzug]; **~-off** *n.* Hinweis, *der*
tipper ['tɪpə(r)] *n. (Brit. Motor Veh.)* Kipper, *der*
tipple ['tɪpl] **1.** *v. i.* trinken. **2.** *n. (coll.: drink)* **have a ~:** einen trinken *(ugs.);* **what's your ~?** was trinken Sie?
tippler ['tɪplə(r)] *n.* Trinker, *der/*Trinkerin, *die;* **be a ~:** gern einen trinken *(ugs.)*
tipsily ['tɪpsɪlɪ] *adv. (coll.)* angeheitert; beschwipst *(ugs.)*
tipster ['tɪpstə(r)] *n.* Tipgeber, *der/*-geberin, *die*
tipsy ['tɪpsɪ] *adj. (coll.)* angeheitert; beschwipst *(ugs.)*
tip: ~-'**toe 1.** *v. i.* auf Zehenspitzen gehen; *(walk quietly)* sich schleichen *od.* stehlen. **2.** *adv.* auf Zehenspitzen; **3.** *n.* **on ~toe[s]** auf Zehenspitzen; **stand on ~toe** sich auf die Zehenspitzen stellen; **be standing on ~toe** auf den Zehenspitzen stehen; **~top** ['tɪptɒp] **1.** *adj.* ausgezeichnet; tipptopp *(ugs.);* **it was a ~top hotel** das Hotel war tipptopp; **be in ~top condition** in einem Topzustand/⟨*Mensch.:*⟩ in Topform sein; **2.** *adv.* tipptopp; **3.** ausgezeichnet; **~-up seat** *n.* Klappsitz, *der*
TIR *abbr. (Brit.)* **T**ransport **I**nternational **R**outier *Internationaler Straßentransport*
tirade [taɪ'reɪd, tɪ'reɪd] *n.* Tirade, *die (geh.);* **a ~ of abuse** eine Schimpfkanonade *(ugs.)*
¹**tire** ['taɪə(r)] *n. (Amer.) see* **tyre**
²**tire 1.** *v. t.* ermüden. **2.** *v. i.* müde werden; ermüden; **~ of sth./doing sth.** einer Sache *(Gen.)* überdrüssig werden/es müde werden *(geh.),* etw. zu tun
~ out *v. t.* erschöpfen; **~ oneself out doing sth.** etw. bis zur Erschöpfung tun
tired ['taɪəd] *adj.* **a)** *(weary)* müde; **be ~ up)** *be ~ of sth./doing sth.* etw. satt haben/es satt haben *od. (geh.)* es müde sein, etw. zu tun; **get or grow ~ of sb./sth.** jmds./einer Sache überdrüssig werden; **c)** *(fig.: hackneyed)* abgegriffen; abgedroschen *(ugs.)*
tiredness ['taɪədnɪs] *n., no pl.* Müdigkeit, *die*
tireless ['taɪəlɪs] *adj.,* **tirelessly** ['taɪəlɪslɪ] *adv.* unermüdlich
tiresome ['taɪəsəm] *adj.* **a)** *(wearisome)* mühsam; **b)** *(annoying)* lästig; **how ~!** so ein Ärger!
tiresomely ['taɪəsəmlɪ] *adv.* **a)** *(wearisomely)* mühsam; **~ lengthy** mühsam und langwierig; **b)** *(annoyingly)* lästigerweise; **~ facetious** auf unangenehme Art albern

tiring ['taɪərɪŋ] *adj.* ermüdend; anstrengend ⟨*Tag, Person*⟩
tiro ['taɪərəʊ] *n., pl.* ~s Anfänger, *der*/Anfängerin, *die*
'**tis** [tɪz] *(arch./poet.)* = **it is**
tissue ['tɪʃuː, 'tɪsjuː] *n.* **a)** *(woven fabric; also Biol.)* Gewebe, *das;* **b)** *(absorbent paper)* [**paper**] ~: Papiertuch, *das; (handkerchief)* Papiertaschentuch, *das;* **c)** *(for wrapping)* ~ [**paper**] Seidenpapier, *das;* **d)** *(fig.: web)* Geflecht, *das;* ~ **of lies** Lügengewebe, *das*
¹**tit** [tɪt] *n. (Ornith.)* Meise, *die; see also* **blue tit; great tit**
²**tit** *n.* **it's ~ for tat** wie du mir, so ich dir; **give sb.** ~ **for tat** es jmdm. mit gleicher Münze heimzahlen
³**tit** *n. (coarse)* **a)** *(nipple)* Zitze, *die (derb);* **b)** *usu. pl. (breast)* Titte, *die (derb)*
⁴**tit** *n. (sl.: fool)* Trottel, *der (ugs.)*
Titan ['taɪtən] *n. (fig.)* Titan, *der (geh.)*
titanic [taɪ'tænɪk] *adj.* gigantisch
titanium [taɪ'teɪnɪəm, tɪ'teɪnɪəm] *n. (Chem.)* Titan, *das*
titbit ['tɪtbɪt] *n.* **a)** *(food)* Häppchen, *das (ugs.);* **b)** *(piece of news)* Neuigkeit, *die*
titch [tɪtʃ] *n. (coll.)* Knirps, *der (ugs.)*
titchy ['tɪtʃɪ] *adj. (coll.)* klitzeklein *(ugs.)*
tithe [taɪð] *n. (Hist.)* Zehnt[e], *der;* **pay ~s** den Zehnten bezahlen; ~ **barn** Zehntscheuer, *die*
Titian ['tɪʃn] **1.** *pr. n.* Tizian *(der).* **2.** *n.* = [**red**] Tizianrot, *das.* **3.** *adj.* ~ [**red**] tizianrot
titillate ['tɪtɪleɪt] *v.t.* erregen; ~ **sb.'s palate** jmds. Gaumen kitzeln
titillation [tɪtɪ'leɪʃn] *n.* Kitzel, *der*
titivate ['tɪtɪveɪt] *v.t. (coll.)* aufmöbeln *(ugs.);* ~ [**oneself**] sich zurechtmachen
title ['taɪtl] *n.* **a)** *(of book etc.)* Titel, *der; (of article, chapter)* Überschrift, *die;* **the flyweight** ~ *(Sport)* der Titel im Fliegengewicht; **the ~s** *(Cinemat., Telev.)* der Vorspann; **b)** *(of person)* Titel, *der; (of nobility)* [Adels]titel, *der; (of organization)* Name, *der;* **people with** ~**s** Adlige, *die;* **c)** *(Law: recognized claim)* Rechtsanspruch, *der* (**to** auf + *Akk.*); ~ [**of ownership**] Besitztitel, *der*
titled ['taɪtld] *adj.* adlig
title: ~-**deed** *n. (Law)* Eigentumsurkunde, *die;* ~-**holder** *n. (Sport)* Titelhalter, *der*/-halterin, *die;* ~-**page** *n.* Titelseite, *die;* ~-**role** *n.* Titelrolle, *die*
titmouse *n.* Meise, *die*
titter ['tɪtə(r)] **1.** *v.i.* kichern. **2.** *n.* ~[**s**] Kichern, *das*
tittle-tattle ['tɪtltætl] **1.** *n.* Klatsch, *der (ugs. abwertend).* **2.** *v.i.* klatschen *(ugs. abwertend)*
titular ['tɪtjʊlə(r)] *adj.* **a)** *(only in name)* nominell *(geh.)* ⟨*Führer, Staatsoberhaupt*⟩; **b)** *(going with title)* Adels⟨*rang*⟩; mit einem Adelstitel verbunden ⟨*Besitztümer*⟩; **c)** ~ **hero** Titelheld, *der*
tizzy ['tɪzɪ] *n. (sl.)* **be in a/get into a** ~: durchdrehen *(ugs.) (*über wegen*);* **be all of a** ~: ganz aus dem Häuschen sein *(ugs.)*
T-junction *see* **T b**
TNT *abbr.* trinitrotoluene TNT, *das*
to 1. [*before vowel* tʊ, *before consonant* tə, *stressed* tuː] *prep.* **a)** *(in the direction of and reaching)* zu; *(with name of place)* nach; **go to work/to the theatre** zur Arbeit/ins Theater gehen; **to Paris/France** nach Paris/Frankreich; **go from town to town** von Stadt zu Stadt ziehen; **throw the ball to me** wirf mir den Ball zu; **to bed with you!** ins Bett mit dir/euch!; **b)** *(towards a condition or quality)* zu; **appoint sb. to a post** jmdn. auf einen Posten berufen; **be born to a fortune** reich geboren sein; **c)** *(as far as)* bis zu; **from London to Edinburgh** von London [bis] nach Edinburgh; **increase from 10 % to 20 %** von 10 % auf 20 % steigen; **from green to violet** von Grün bis Violett; **d)** *(next to, facing)* **with one's back to the wall** mit dem Rücken zur Wand; **e)** *(implying comparison, ratio, etc.)* [**compared**] **to** verglichen mit; im Vergleich zu; **3 is to 4 as 6 is to 8** 3 verhält sich zu 4 wie 6 zu 8; **it's ten to one he does sth.** die Chancen stehen zehn zu eins, daß er etw. tut; **sing to a guitar** zur Gitarre singen; **f)** *(introducing relationship or indirect object* **to sb./sth.** jmdm./einer Sache *(Dat.);* **lend/give/write/explain** *etc.* **sth. to sb.** jmdm. etw. leihen/geben/schreiben/erklären *usw.;* **speak to sb.** mit jmdm. sprechen; **relate to sth.** sich auf etw. *(Akk.)* beziehen; **to me** *(in my opinion)* meiner Meinung nach; **be pleasant to the taste** gut schmecken; **secretary to the Minister** Sekretär des Ministers; **be a good father to one's children** seinen Kindern ein guter Vater sein; **a room to oneself** ein eigenes Zimmer; **get four apples to the pound** vier Äpfel je Pfund bekommen; **there is a moral to this tale** diese Geschichte hat eine Moral; **is there a point to all this?** hat das alles einen Sinn?; **that's all there is to it** mehr ist nicht dazu zu sagen; **what's that to you?** was geht das dich an?; **to repair of rear door** *(in bill or account)* Reparatur [der] Hintertür; **g)** *(until)* bis; **to the end** bis zum Ende; **to this day** bis heute; **five [minutes] to eight** fünf [Minuten] vor acht; **one minute/two minutes to eight** eine Minute/zwei Minuten vor acht; **h)** *with infinitive of a verb* zu; *(expressing purpose, or after* **too**) um [...] zu; **want to know** wissen wollen; **do sth. to annoy sb.** etw. tun, um jmdn. zu ärgern; **too young to marry** zu jung, um zu heiraten; zu jung zum Heiraten; **too hot to drink** zu heiß zum Trinken; **to rebel is pointless** es ist sinnlos zu rebellieren; **he woke to find himself in a strange room** er erwachte und fand sich in einem fremden Zimmer wieder; **those days are gone, never to return** diese Zeit ist vorbei und wird nie wiederkehren *(geh.);* **to be honest/precise, ...:** offen/genau[er] gesagt, ...; **to use a technical term** um einen Fachausdruck zu gebrauchen; **to hear him talk ...:** wenn man ihn reden hört, ...; **i)** *as substitute for infinitive* **he would have phoned but forgot to** er hätte angerufen, aber er vergaß es; **she didn't want to go there, but she had to** sie wollte nicht hingehen, aber sie mußte; **he said he would ring her, but he had no time to** er sagte, er wolle sie anrufen, aber er hatte keine Zeit [dazu]; **you should buy it; you'd be silly not to** du solltest es kaufen; du wärst dumm, wenn du es nicht tätest. **2.** [tuː] *adv.* **a)** *(just not shut)* **be to** ⟨*Tür, Fenster*⟩ angelehnt sein; **b) to and fro** hin und her
toad [təʊd] *n. (Zool.; fig. derog.)* Kröte, *die*
toad: ~**flax** *n. (Bot.)* Leinkraut, *das;* ~-**in-the-hole** *n. (Gastr.)* Würstchen, in einem Teig eingebacken; ~**stool** *n.* Giftpilz, *der; (Bot.)* Schirmpilz, *der*
toady ['təʊdɪ] **1.** *n.* Kriecher, *der.* **2.** *v.i.* [**to sb.**] *(vor* jmdm.*)* kriechen *(abwertend)*
toast [təʊst] **1.** *n.* **a)** *no pl., no indef. art.* Toast, *der;* **a piece of** ~: eine Scheibe Toast; **cheese/egg on** ~: Toast mit Käse/Ei; **as warm as** ~ *(fig.)* schön warm *(ugs.);* **b)** *(call to drink)* Toast, *der;* **drink/propose a** ~ **to sb./sth.** auf jmdn./etw. trinken/einen Toast auf jmdn./etw. ausbringen; **be the** ~ **of the town** von der ganzen Stadt gefeiert werden. **2.** *v.t.* **a)** rösten; toasten ⟨*Brot*⟩; **b)** *(fig.: warm)* ~ **one's feet** sich *(Dat.)* die Füße wärmen; ~ **oneself in the sun** in der Sonne rösten *(scherzh.);* **c)** *(drink in honour of)* trinken auf *(+ Akk.)*
toaster ['təʊstə(r)] *n.* Toaster, *der*
'**toasting-fork** *n.* Gabel zum Rösten vor dem offenen Feuer
toast: ~-**master** *n.* jmd., der bei einem öffentlichen Essen die Toasts ausbringt; ~-**rack** *n.* Toastständer, *der*
tobacco [tə'bækəʊ] *n. pl.* ~**s** Tabak, *der;* ~ **jar** *n.* Tabak[s]dose, *die;* ~ **leaf** *n.* Tabakblatt, *das*
tobacconist [tə'bækənɪst] *n.* Tabak[waren]händler, *der*/-händlerin, *die; see also* **baker**
to'bacco-pouch *n.* Tabak[s]beutel, *der*
toboggan [tə'bɒgən] **1.** *n.* Schlitten, *der;* Toboggan, *der.* **2.** *v.i.* Schlitten fahren
toby ['təʊbɪ] *n.* ~ [**jug**] Figurenkrug, *der;* Toby jug, *der*
toccata [tə'kɑːtə] *n. (Mus.)* Tokkata, *die*
Toc H [tɒk 'eɪtʃ] *n. (Brit.)* christlich und sozial orientierte Vereinigung [ehemaliger Armeeangehöriger]
tod [tɒd] *n. (Brit. sl.)* **on one's** ~: [ganz] allein
today [tə'deɪ] **1.** *n.* heute; ~**'s newspaper** die Zeitung von heute; ~**'s film industry** die heutige Filmindustrie; **live for** ~: für den Tag leben. **2.** *adv.* heute; **a week/fortnight [from]** ~: heute in einer Woche/in vierzehn Tagen; **a year [ago]** ~: heute vor einem Jahr; **early** ~: heute früh; **later [on]** ~: später [am Tage]; **earlier** ~: heute vor wenigen Stunden
toddle ['tɒdl] *v.i.* **a)** *(with tottering steps)* mit wackligen Schritten gehen; wackeln *(ugs.);* **b)** *(coll.: leave)* ~ [**off**] sich verziehen *(ugs.);* **I must** ~ [**along** *or* **off**] **now** ich muß mich jetzt auf die Socken machen *(ugs.);* **c)** *(coll.: go)* ~ **along** *or* **down to the post** zum Postamt wandern *(ugs.)*
toddler ['tɒdlə(r)] *n.* ≈ Kleinkind, *das;* **he is only a** ~: er hat gerade laufen gelernt
toddy ['tɒdɪ] *n.* Toddy, *der;* **rum** ~: ≈ Grog, *der*
to-do [tə'duː] *n.* Getue, *das (ugs.);* **make a great** ~ **about sth.** viel Theater um etw. machen *(ugs.);* **there was a great** ~ **when ...:** es gab eine große Aufregung, als ...:
toe [təʊ] **1.** *n.* **a)** *(Anat.)* Zeh, *der;* Zehe, *die;* **be on one's** ~**s** *(fig.)* auf Zack sein *(ugs.);* **keep sb. on his/her** ~**s** *(fig.)* jmdn. in Trab halten *(ugs.);* **turn up one's** ~**s** *(sl. euphem.: die)* ins Gras beißen *(salopp);* **b)** *(of footwear)* Spitze, *die;* **at the** ~: an den Zehen; **the** ~**s of the boots are reinforced** die Stiefel sind an der Spitze verstärkt; **c)** *(Zool.)* Zeh, *der.* **2.** *v.t.* ~**ing** *(fig.)* ~ **the line** *or (Amer.)* **mark** sich einordnen; **refuse to** ~ **the line** aus der Reihe tanzen *(ugs.);* ~ **the party line** linientreu sein
'**toe-cap** *n.* Vorderkappe, *die; (of boot)* Stiefelkappe, *die;* **steel** ~: Stahlkappe, *die*
-toed [təʊd] *adj. in comb.* -zehig
'**toe-hold** *n. (fig.)* **gain a** ~: einen Fuß in die Tür bekommen; **have only a** ~ **in Europe** nur ein kleines Gebiet in Europa haben; *(for sales)* in Europa nur schwach vertreten sein
'**toe-nail** *n.* Zeh[en]nagel, *der*
toff [tɒf] *n. (Brit. sl. dated)* Lackaffe, *der (ugs. abwertend)*
toffee ['tɒfɪ] *n.* **a)** Karamel, *der;* **b)** *(Brit.: piece)* Toffee, *das;* Sahnebonbon, *das;* **c) sb. can't do sth. for** ~ *(fig. sl.)* jmd. kann etw. nicht für fünf Pfennig tun *(ugs.)*
toffee: ~-**apple** *n.* mit Karamel überzogener Apfel am Stiel; ~-**nosed** *adj. (Brit. sl.)* hochnäsig
tog [tɒg] **1.** *n.* **a)** *in pl. (sl.: garments)* Klamotten *(ugs.);* **b)** *(Textiles)* Einheit für das Wärmerückhaltevermögen von Textilien. **2.** *v.t.* -**gg**-: ~ [**oneself**] **out** *or* **up** sich in Schale werfen *(ugs.);* **they were** ~**ged out in their Sunday best** sie waren mit ihrem besten Sonntagsstaat ausstaffiert
toga ['təʊgə] *n. (Roman Ant.)* Toga, *die*
together [tə'geðə(r)] *adv.* **a)** *(in or into company)* zusammen; **sit down** ~: sich zusammensetzen; **gather** ~: sich [ver]sammeln; **soloist and orchestra were not** ~: Solist und Orchester spielten nicht im Takt; **taken all** ~: alle zusammengenommen; ~ **with** zusammen mit; **b)** *(simultaneously)* gleichzeitig; **all** ~ **now!** jetzt alle zusammen *od.* im

togetherness | **tone**

Chor!; **c)** *(one with another)* miteinander; **put them ~ to compare them** halte sie nebeneinander, um sie zu vergleichen; **d)** *(without interruption)* **for weeks/days/hours ~**: wochen-/tage-/stundenlang; **for three days ~**: drei Tage hintereinander; **e)** *(coll.: organized)* **not ~** chaotisch *(ugs.)* ⟨*Person*⟩
togetherness [tə'geðənɪs] *n., no pl.* Zusammengehörigkeit, *die*
toggle ['tɒgl] *n.* **a)** *(button)* Knebelknopf, *der;* **b)** *(cross-piece)* Knebel, *der*
'**toggle-switch** *n. (Electr.)* Kippschalter, *der*
Togo ['təʊgəʊ], **Togoland** ['təʊgəʊlænd] *pr. ns.* Togo *(das)*
Togolese [təʊgəʊ'liːz] **1.** *adj.* togolesisch. **2.** *n., pl.* same Togolese, *der*/Togolesin, *die*
toil [tɔɪl] **1.** *v. i.* **a)** *(work laboriously)* schwer arbeiten; sich abarbeiten; **~ at/over sth.** sich mit etw. abplagen/abmühen; **~ through a book** sich mühsam durch ein Buch arbeiten; **~ [away] on sth.** sich mit etw. abmühen; **b)** *(move laboriously)* sich schleppen; **the train ~ed up the incline** der Zug mühte sich die Steigung hinauf; **~ on** sich weiterschleppen. **2.** *n.* [harte] Arbeit; **with much ~**: mit großer Mühe; **the ~s of the day** die Mühen des Tages
toiler [tɔɪlə(r)] *n. (for peace, justice, etc.)* Kämpfer, *der*/Kämpferin, *die*
toilet ['tɔɪlɪt] *n.* **a)** *(lavatory)* Toilette, *die;* **down the ~**: in die Toilette; **go to the ~**: auf die Toilette gehen; **be in the ~**: auf der Toilette sein; **on the ~** *(coll.)* auf dem Klo *(ugs.);* **b)** *(washing and dressing)* Toilette, *die;* **be at one's ~** *(dated)* bei der Toilette sein
toilet: ~-bag *n.* Kulturbeutel, *der;* **~-bowl** *n.* Toilettenbecken, *das;* Klosettbecken, *das;* **~-brush** *n.* Klosettbürste, *die;* **~-paper** *n.* Toilettenpapier, *das*
toiletries ['tɔɪlɪtrɪz] *n. pl.* Körperpflegemittel; Toilettenartikel
toilet: ~-roll *n.* Rolle Toilettenpapier, *die;* **~-roll holder** *n.* Toilettenpapierhalter, *der;* **~-seat** *n.* Klosettbrille, *die (ugs.);* Toilettensitz, *der;* **~ soap** *n.* Toilettenseife, *die;* **~ tissue** *see* **toilet-paper;** **~ training** *n.* Sauberkeitserziehung, *die;* **~ water** *n.* Toilettenwasser, *das;* Eau de Toilette, *das*
toils [tɔɪlz] *n. pl. (literary)* Fangnetz, *das;* Fanggarn, *das (Jägerspr.);* *(fig.)* Fallstrick, *der*
'**toil-worn** *adj.* abgearbeitet ⟨*Person*⟩; erschöpft ⟨*Reisender*⟩; abgehärmt ⟨*Gesicht*⟩
toing and froing [tuːɪŋ ən 'frəʊɪŋ] *n.* Hin und Her, *das*
Tokay [tə'keɪ] *n.* Tokaier, *der;* Tokajer, *der*
token ['təʊkn] **1.** *n.* **a)** *(voucher)* Gutschein, *der; see also* **book token; gift token; record token; b)** *(counter, disc)* Marke, *die;* Jeton, *der;* **c)** *(sign)* Zeichen, *das;* *(evidence)* Beweis, *der;* **as a** *or* **in ~ of sth.** als Zeichen/zum Beweis einer Sache; **he received a present as a** *or* **in ~ of his 30 years' service with the firm** anläßlich seiner dreißigjährigen Zugehörigkeit zur Firma erhielt er ein Geschenk; **d) by the same** *or* **this ~**: ebenso; **if you don't believe me, then by the same ~ you can't believe him** wenn du mir nicht glaubst, dann heißt das, daß du ihm auch nicht glauben kannst; **his wages are low and, by the same ~, not nearly enough to make him stay in this job** seine Bezahlung ist schlecht und daher natürlich auch nicht ausreichend, ihn in diesem Job zu halten; **e)** *(keepsake)* Abschiedsgeschenk, *das;* Andenken, *das.* **2.** *attrib. adj.* symbolisch ⟨*Preis*⟩; nominal ⟨*Wirtsch.*⟩ ⟨*Lohnerhöhung, Miete*⟩; *(minimal)* geringfügig ⟨*Schaden*⟩; **a ~ woman/black person on the staff** eine Alibifrau/ein Alibischwarzer als Mitarbeiterin/Mitarbeiter; **his offer of help is only a ~ offer** sein Hilfsangebot ist nur ein Proforma-Angebot; **offer** *or* **put up ~ resistance** pro forma Widerstand leisten; **~ strike** Warnstreik, *der*
tokenism ['təʊkənɪzm] *n.* sth. **is just ~**: etw. hat nur Alibifunktion
Tokyo ['təʊkjəʊ] *pr. n.* Tokio *(das)*
told *see* **tell**
tolerable ['tɒlərəbl] *adj.* **a)** *(endurable)* erträglich (**to, for** für); **b)** *(fairly good)* leidlich; annehmbar; **a very ~ lunch** ein sehr ordentliches Mittagessen; **How are things? – Oh, ~**: Wie geht's? – Oh, es geht
tolerably ['tɒlərəblɪ] *adv.* leidlich; annehmbar; einigermaßen ⟨*gut, richtig*⟩
tolerance ['tɒlərəns] *n.* **a)** Toleranz, *die* (**for, towards,** gegen[über]); **have no ~ for sth.** für etw. kein Verständnis haben; etw. nicht tolerieren [können]; **a mother with three children needs a lot of ~**: eine Mutter mit drei Kindern braucht viel Verständnis; **b)** *(Med., Mech. Engin.)* Toleranz, *die*
tolerant ['tɒlərənt] *adj.* **a)** tolerant (**of, towards** gegen[über]); **be ~ of criticism** Kritik vertragen; **b)** *(Med.)* widerstandsfähig
tolerate ['tɒləreɪt] *v. t.* **a)** dulden; tolerieren *(geh.);* **this material will ~ high temperatures/hard wear** dieses Material ist hitzebeständig/strapazierfähig; **b)** *(put up with)* ~ **sb./sth.** sich mit jmdm./etw. abfinden; **she ~d his moods** sie ließ seine Launen über sich (*Akk.*) ergehen; **~ one another** sich [gegenseitig] akzeptieren; **how can you ~ this awful man?** wie kannst du diesen schrecklichen Mann ertragen?; **I can't ~ football/fanaticism** ich kann im Fußball/Fanatismus nicht ausstehen; **c)** *(sustain)* ertragen ⟨*Schmerzen, Hitze, Lärm*⟩; **d)** *(Med.)* vertragen
toleration [tɒlə'reɪʃn] *n.* Tolerierung, *die (geh.);* **religious/mutual ~**: religiöse/gegenseitige Toleranz
¹**toll** [təʊl] *n.* **a)** *(tax, duty)* Gebühr, *die; (for road)* [Straßen]gebühr, *die;* Maut, *die (bes. österr.);* **b)** *(damage etc. incurred)* Aufwand, *der;* **take** *or* **exact a /its ~ of sth.** einen Tribut an etw. *(Dat.)* fordern *(fig.);* **the hurricane took ~ of 5,000 lives** der Hurrikan forderte 5000 Todesopfer; **the revolution took a heavy ~ of human life** die Revolution forderte viele Menschenleben; **time took its ~ of him** er mußte dem Alter Tribut zollen; **c)** *(Amer.: Teleph.)* [Gesprächs]gebühr, *die*
²**toll** **1.** *v. t.* läuten; ⟨*Turmuhr:*⟩ schlagen ⟨*Stunde.*⟩. **2.** *v. i.* läuten
toll: ~-bar *n.* Schlagbaum auf gebührenpflichtigen Straßen oder Brücken; Mautschranke, *die (bes. österr.);* **~-bridge** *n.* gebührenpflichtige Brücke; Mautbrücke, *die (bes. österr.);* **~ call** *n. (Amer. Teleph.)* gebührenpflichtiges Gespräch; **~-free** *adj., adv. (Amer. Teleph.)* gebührenfrei; **~-gate** *n.* Absperrung von einer gebührenpflichtigen Straße/Brücke; **~-road** *n.* gebührenpflichtige Straße; Mautstraße, *die (bes. österr.)*
tom [tɒm] *n.* **a)** any *or* every **Tom, Dick, and Harry** Hinz und Kunz *(ugs. abwertend);* **it's me you're talking to, not any Tom, Dick, and Harry** du sprichst mit mir, nicht mit irgend jemandem; **every Tom, Dick, and Harry is talking about it** alle Welt redet davon; **any Tom, Dick, or Harry can open a shop** jeder, der Lust hat, kann einen Laden aufmachen; **b)** *(cat)* Kater, *der. See also* **peeping Tom**
tomahawk ['tɒməhɔːk] *n.* Tomahawk, *der; see also* **bury b**
tomato [tə'mɑːtəʊ] *n., pl.* **~es** Tomate, *die*
tomato: ~-juice *n.* Tomatensaft, *der;* '**ketchup** *n.* Tomatenketchup, *der. das;* **~ 'purée** *n.* Tomatenmark, *das;* **~ 'sauce** *n.* Tomatensoße, *die;* **b)** *see* **ketchup;** '**soup** *n.* Tomatensuppe, *die*
tomb [tuːm] *n.* **a)** *(grave)* Grab, *das;* **b)** *(monument)* Grabmal, *das;* **c)** **the ~** *(state of death)* das Grab *(geh.);* **der Tod; his ghost** **came back from the ~**: sein Geist kehrte aus dem Grab zurück; **[as] silent as the ~**: totenstill; **the village/the house is/seems [as] silent as the ~**: im Dorf/Haus herrscht Totenstille; **d)** *(vault)* Gruft, *die (geh.)*
tombola [tɒm'bəʊlə] *n.* Tombola, *die*
'**tomboy** *n.* Wildfang, *der*
'**tombstone** *n.* Grabstein, *der;* Grabmal, *das*
'**tom-cat** *n.* Kater, *der*
tome [təʊm] *n.* dicker Band; Wälzer, *der (ugs.)*
tom: ~fool *attrib. adj.* blödsinnig; **~foolery** *n.* Blödsinn, *der (ugs.)*
Tommy ['tɒmɪ] *n. (coll.: British soldier)* Tommy, *der*
tommy: ~-gun *n.* Maschinenpistole, *die;* **~-rot** *n., no pl., no indef. art.* Unfug, *der;* Quatsch, *der (ugs.)*
tomorrow [tə'mɒrəʊ] **1.** *n.* **a)** morgen; **~ morning/afternoon/evening/night** morgen früh *od.* vormittag/nachmittag/abend/nacht; **~ is another day** *(prov.)* morgen ist auch [noch] ein Tag *(Spr.);* **~ never comes** *(prov.)* morgen, morgen, nur nicht heute[, sagen alle faulen Leute] *(Spr.);* **You always say you'll do it some time. But with you, ~ never comes!** Du sagst immer, daß du es einmal tust. Aber bei dir dauert das bis Sankt Nimmerleinstag; **~'s edition/newspaper** die morgige Ausgabe/Zeitung; die Ausgabe/Zeitung von morgen; **~'s events will bear me out** morgen wird man sehen, daß ich recht habe; **~ evening's concert** das Konzert morgen abend *od.* am morgigen Abend; **b)** *(the future)* Morgen, *das;* **who knows what ~ will bring?** wer weiß, was die Zukunft bringt?; **like there's no ~** *(coll.)* als gäbe es kein Morgen; als ginge morgen die Welt unter; **the men and women of ~**: die Männer und Frauen von morgen; **~'s world** die Welt von morgen. **2.** *adv.* **a)** morgen; **a week/month [from] ~**: morgen in einer Woche/in einem Monat; **a year [ago] ~**: morgen vor einem Jahr; **[I'll] see you ~!** *(coll.)* bis morgen!; **never put off till ~ what you can do today** *(prov.)* was du heute kannst besorgen, das verschiebe nicht auf morgen *(Spr.);* **the day after ~**: übermorgen; **this time ~**: morgen um diese Zeit; **~ afternoon/morning** morgen nachmittag/früh; **~ evening** *or* **night** morgen abend; **b)** *(in the future)* morgen; **what will the world be like ~?** wie wird die Welt von morgen aussehen?
tom: T~ 'Thumb *n.* **a)** *(Lit.)* Däumling, *der;* **b)** *(diminutive person)* Knirps, *der (ugs.);* **~tit** *n. (Ornith.)* Blaumeise, *die;* **~tom** *n. (Mus.)* Tomtom, *das*
ton [tʌn] *n.* Tonne, *die;* **a five-~ lorry** ein Lastwagen von fünf Tonnen [Leergewicht] ein Fünftonner *(ugs.);* **[long] ~**: Tonne, *die;* 1016,05 kg; **metric ~**: metrische Tonne; **[short] ~**: Tonne, *die;* 907,185 kg; **two ~[s] of coal** zwei Tonnen Kohle; *see also* **brick 1 a;** **b)** *(Naut.)* Tonne, *die;* **gross ~**: Bruttoregistertonne, *die;* **net** *or* **register ~**: Registertonne, *die;* **c)** *(fig. coll.: a lot)* **it weighs [half] a ~**: es ist zentnerschwer *(fig.);* **I've asked him ~s of times** ich habe ihn x-mal gefragt *(ugs.);* **~s [of food/people/reasons** *etc.*] haufenweise *(ugs.)* [Essen/Leute/Gründe usw.]; **d)** *(Brit. sl.: 100 m.p.h.)* **do a** *or* **the ~**: mit 160 Sachen fahren; *(Cricket sl.) see* **century b**
tonal ['təʊnl] *adj.* **a)** *(Ling.)* intonatorisch; **~ language** Tonsprache; **~ changes** *or* **variations** Klangvariationen; **b)** *(Musik)* tonal *(Musik);* **c)** *(Art)* Farbwirkung, *die;* **~ differences between colours** Unterschiede in den Farbtönen
tonality [tə'nælɪtɪ] *n.* **a)** *(Mus.)* Tonalität, *die;* **b)** *(Art)* Farbwirkung, *die*
tonally ['təʊnəlɪ] *adv. (Mus.)* tonal
tone [təʊn] **1.** *n.* **a)** *(sound)* Klang, *der; (Teleph.)* Ton, *der;* **the clear ~s of the speaker** die klare Stimme des Redners; **the**

|shrill] ~s of her voice ihre [schrille] Stimme; a **high-/low-pitched** ~: ein hoher/tiefer Ton; **b)** *(style of speaking)* Ton, *der;* **don't speak to me in that** ~ [**of voice**] sprich mit mir nicht in diesem Ton; **in an angry** *etc.* ~, **in angry** *etc.* ~s in ärgerlichem *usw.* Ton; **in a** ~ **of reproach/anger** *etc.* in vorwurfsvollem/wütendem *usw.* Ton; **c)** *(tint, shade)* [Farb]ton, *der;* ~**s of blue** Blautöne; blaue Töne; **grey with a blue** ~: bläulichgrau; **d)** *(style of writing)* [Grund]stimmung, *die; (of letter)* Ton, *der;* **e)** *(Mus.) (note)* Ton, *der; (quality of sound)* Klang, *der; (Brit.: interval)* Intervall, *das;* **whole-~ scale** Ganztonleiter, *die;* **see also fundamental 1 b; f)** *(fig.: character)* Stimmung, *die;* **a** ~ **of quiet elegance** eine Atmosphäre stiller Eleganz; **the peaceful** ~ **of the discussions** die friedliche Atmosphäre der Gespräche; **give a serious/ flippant** ~ **to sth.** einer Sache *(Dat.)* eine ernsthafte/frivole Note verleihen; **lower/ raise the** ~ **of sth.** das Niveau einer Sache *(Gen.)* senken/erhöhen; **set the** ~: den Ton angeben; **set the** ~ **of** *or* **for sth.** für etw. bestimmend sein; **g)** *(Art: general effect of colour)* Farbgebung, *die;* Kolorit, *das;* **h)** *(degree of brightness)* Nuancierung, *die;* **bright** ~: Helligkeit, *die;* **i)** *(Photog.)* Ton, *der;* **j)** *(accent on syllable)* Betonung, *die;* Akzent, *der; (way of pronouncing)* Ton, *der;* **k)** *(Physiol.: firmness of muscles)* Tonus, *der; (of athlete etc.)* Fitneß, *die;* **keep oneself** *or* **one's body in** ~: sich fit halten. **2.** *v. t.* **a)** *(modify colouring of)* tönen; abtönen ⟨*Farbe*⟩; ~ **paint [with] a darker/lighter shade** Farbe abdunkeln/aufhellen; **b)** *(Photog.)* tonen; ~ **sth. a reddish-brown** etw. rötlichbraun tonen. **3.** *v. i.* see ~ **in**

~ '**down** *v. t.* **a)** *(Art)* [ab]dämpfen ⟨*Farbe*⟩; ~ **a painting down** die Farben eines Bildes abdämpfen; **b)** *(fig.: soften)* mäßigen ⟨*Sprache*⟩; abschwächen ⟨*Verbalattacke, Forderung*⟩; dämpfen ⟨*Erregung, Begeisterung*⟩; besänftigen ⟨*Wut*⟩

~ '**in** *v. i.* farblich harmonieren

~ '**up 1.** *v. t.* **a)** *(Art)* ~ **up a picture/colour** die Farben eines Bildes/eine Farbe kräftiger machen; **b)** *(Physiol.)* fit machen; straffen ⟨*Muskeln, Körper*⟩; stärken ⟨*Nerven*⟩. **2.** *v. i.* sich fit machen

tone: ~-**arm** *n.* Tonarm, *der;* ~ **control** *n.* *(process)* Klangregelung, *die; (device)* Klangregler, *der;* Tonblende, *die;* ~-'**deaf** *adj.* ohne musikalisches Gehör *(Musik);* **be** ~-**deaf** kein musikalisches Gehör haben; ~-**deaf people** Leute ohne musikalisches Gehör; ~ **language** *n. (Ling.)* Tonsprache, *die*

toneless ['təʊnlɪs] *adj.* **a)** tonlos ⟨*Stimme, Antwort*⟩; **b)** *(Mus.)* monoton; **c)** *(dull)* stumpf ⟨*Farbe*⟩

tone: ~ **painting** *n. (Mus.)* Tonmalerei, *die;* ~ **poem** *n.* **a)** *(Mus.)* Tondichtung, *die;* **b)** *(Art)* Gemälde, bei dem die Farbtöne auf poetische Weise harmonieren

toner ['təʊnə(r)] *n.* **a)** *(Photog.)* Toner, *der;* **b)** *(cosmetic)* Tönungsmittel, *das*

tongs [tɒŋz] *n. pl.* [**pair of**] ~: Zange, *die; see also* **curling-tongs; fire-tongs; hammer 1 a; sugar-tongs**

tongue [tʌŋ] *n.* **a)** Zunge, *die;* **bite one's** ~ *(lit. or fig.)* sich auf die Zunge beißen; **put out your** ~, **please** strecken Sie [bitte] mal Ihre Zunge heraus!; **put** *or* **stick one's** ~ **out** [**at sb.**] [jmdm.] die Zunge herausstrecken; **with one's** ~ **hanging out mit** [heraus]hängender Zunge; **he came into the pub with his** ~ **hanging out** *(fig.)* ihm hing die Zunge aus dem Hals, als er in das Gasthaus kam; **he made the remark** ~ **in cheek** *(fig.)* er meinte das nicht ernst; **hold one's** ~ *(fig.)* stillschweigen; **keep a civil** ~ **in one's head** seine Zunge hüten; *see also* **edge 1 a;** **b)** *(meat)* Zunge, *die;* **c)** *(manner or power of speech)* **find/lose one's** ~: seine Sprache wiederfinden/die Sprache verlieren; **have you lost your** ~? hat es dir die Sprache verschlagen?; **hast du die Sprache verloren**?; **get one's** ~ **round sth.** etw. aussprechen; **the name is difficult to get one's** ~ **round** bei dem Namen bricht man sich *(Dat.)* die Zunge ab *od.* verrenkt man sich *(Dat.)* die Zunge *(ugs.);* **have a ready/sharp/wicked** *etc.* ~: eine flinke/scharfe/böse *usw.* Zunge haben; **the hounds gave** ~: die Hunde gaben Hals *(Jägerspr.);* **give** ~: sprechen; **d)** *(language)* Sprache, *die;* Zunge, *die (geh., dichter.);* **gift of** ~**s** *(Bibl.)* Zungenreden, *das; see also* **confusion a; mother tongue;** **e)** *(of shoe)* Zunge, *die;* **f)** *(promontory)* ~ [**of land**] Landzunge, *die;* **g)** *(of bell)* Klöppel, *der;* **h)** *(of buckle)* Dorn, *der;* **i)** *(Woodw.)* Feder, *die;* **j)** *(pointer of scale etc.)* Zunge, *die;* **k)** *(Mus.)* Zunge, *die;* **l) there were** ~**s of flame rising from the fire** von der Feuerstelle züngelten Flammen empor. *See also* **cat a;** ¹**tip 1;** ¹**wag 2**

tongue: ~-**in**-'**cheek** *adj.* nicht ernst gemeint; *(ironical)* ironisch; *see also* **tongue a;** ~-**lashing** *n.* Rüffel, *der (ugs.);* **give sb. a** ~-**lashing** jmdm. einen Rüffel geben; jmdn. zusammenstauchen *(ugs.);* **get a** ~-**lashing** [**from sb.**] [von jmdm.] einen Rüffel bekommen/zusammengestaucht werden *(ugs.);* ~-**tied** *adj.* schüchtern; gehemmt; **the boy sat** ~-**tied the whole evening** der Junge saß den ganzen Abend und brachte kein Wort heraus; **be** ~-**tied** [**with** *or* **by fear/embarrassment** *etc.*] [vor Angst/Verlegenheit *usw.*] kein Wort herausbringen; ~-**twister** *n.* Zungenbrecher, *der (ugs.)*

tonic ['tɒnɪk] *n.* **a)** *(Med.)* Tonikum, *das;* **it was as good as a** ~: es hat mir/ihm *usw.* richtig gutgetan; **b)** *(fig.: invigorating influence)* Wohltat, *die (geh.);* **the good news/ his visit was a welcome** ~: die gute Nachricht/sein Besuch war eine wahre Wohltat; **c)** *(*~ *water)* Tonic, *das;* **gin** *etc.* **and** ~: Gin *usw.* [mit] Tonic; **d)** *(Mus.)* Tonika, *die.* **2. adj. a)** *(Med.)* kräftigend; tonisch *(fachspr.); (fig.)* wohltuend ⟨*Wirkung*⟩; **b)** *(Mus.)* tonisch

tonic: ~ '**accent** *n. (Phonet.: of word)* Betonung, *die;* ~ **sol**-'**fa** *n. (Mus.)* Tonika-Do-System, *das;* ~ **water** *n.* Tonic[wasser], *das*

tonight [təˈnaɪt] *n.* **a)** *(this evening)* heute abend; ~ **has been such fun** heute abend war so lustig; **after** ~ nach dem heutigen Abend; **I enjoyed** ~: es war ein schöner Abend; ~'**s** [**news**]**paper** die heutige Abend[zeitung]; ~'**s performance** die heutige [Abend]vorstellung; ~'**s the night!** heute abend ist es soweit!; ~'**s weather will be cold** heute abend wird es kalt; **b)** *(this or the coming night)* heute nacht; ~ **will be colder** heute nacht wird es kälter werden. **2. adv. a)** *(this evening)* heute abend; **b)** *(during this or the coming night)* heute nacht; [**I'll**] **see you** ~! bis heute abend!

tonnage ['tʌnɪdʒ] *n.* **a)** *(Naut.)* **a)** Tonnage, *die;* **b)** *(charge on cargo)* Tonnageabgabe, *die*

tonne [tʌn] *n.* [metrische] Tonne

tonsil ['tɒnsl] *n. (Anat.)* [Gaumen]mandel, *die;* **have one's** ~**s out** sich *(Dat.)* die Mandeln herausnehmen lassen

tonsillectomy [tɒnsɪˈlektəmɪ] *n. (Med.)* Mandeloperation, *die;* Tonsillektomie, *die (fachspr.)*

tonsillitis [tɒnsəˈlaɪtɪs] *n. (Med.)* Mandelentzündung, *die;* Tonsillitis, *die (fachspr.)*

tonsure ['tɒnʃə(r)] *n. (Relig.)* **1.** *n.* Tonsur, *die.* **2.** *v. t.* tonsurieren

ton-'**up** *adj. (sl.)* ~ **boys** Motorradrocker; ~ *(ugs.)*

too [tu:] *adv.* **a)** *(excessively)* zu; **far** *or* **much** ~ **much** viel zu viel; ~ **much** zuviel; **I've had** ~ **much to eat/drink** ich habe zuviel gegessen/getrunken; **but not** ~ **much, please** aber bitte nicht allzuviel; **the problem/he was** ~ **much for her** sie war der Aufgabe/ihm nicht gewachsen; **things are getting** ~ **much for me** es wird mir allmählich zu viel; es wächst mir allmählich über den Kopf; **this is** '~ **much!** *(indignantly)* jetzt reicht's!; **she's/that's just** '~ **much** *(intolerable)* sie ist/das ist zuviel! *(ugs.); (sl.: wonderful)* sie ist/das ist echt spitze *(ugs.);* ~ **difficult a task** eine zu schwierige Aufgabe; **none** *or* **not any** ~ **easy** nicht allzu leicht; *(less than one had expected)* gar nicht so leicht; **he is none** ~ *or* **not any** ~ **clever/quick** *etc.* er ist nicht der Schlauste/Schnellste *usw.;* **none** ~ **soon** keinen Augenblick zu früh; **the holidays can come none** ~ **soon as far as I am concerned** für mich können die Ferien nicht früh genug kommen; *see also* **all 3; good 1 b, e; many 1 a; much 1 a, 3 d; only 2 d; b)** *(also)* auch; **she can sing, and play the piano,** ~: sie kann singen und auch *od.* außerdem Klavier spielen; **I have been** [**to Berlin, and**] **to Cologne,** ~: ich war [in Berlin und] auch *od.* außerdem in Köln; **I,** ~, **have been to Cologne,** '**I have been to Cologne,** ~: ich war auch in Köln; auch ich war in Köln; **c)** *(coll.: very)* besonders; **I'm not feeling** ~ **good** mir geht es nicht besonders [gut]; **I'm not** ~ **sure** ich bin mir nicht ganz sicher; **not** ~ **pleased** nicht gerade erfreut; **you're** '~ **kind!** zu nett von dir!; **the dessert was** '~ **delicious** die Nachspeise war zu köstlich; *(moreover)* **he lost in twenty moves, and to an amateur** ~: er verlor in zwanzig Zügen, und noch dazu gegen einen Amateur; **there was frost last night, and in May/Spain** ~! es hat letzte Nacht gefroren, und das im Mai/in Spanien!

toodle-oo [tu:dlˈu:] *int. (Brit. sl.)* tschüs *(ugs.);* ciao *(ugs.)*

took *see* **take 1, 2**

tool [tu:l] **1.** *n.* **a)** Werkzeug, *das; (garden* ~) Gerät, *das;* **set of** ~**s** Werkzeuge, *das; see also* ³**down 4 d; b)** *(machine)* Werkzeugmaschine, *die;* **electrical** ~: Elektrowerkzeug, *das; see also* **machine tool; c)** *(Mech. Engin.: lathe* ~) Meißel, *der;* **d)** *(fig.: means)* [Hilfs]mittel, *das;* **knowledge is a great** ~ **in the hands of men** [das] Wissen ist für den Menschen ein großartiges Werkzeug; **pen and paper are the writer's basic** ~**s** Feder und Papier sind das wichtigste Handwerkszeug des Schriftstellers; **the** ~**s of the trade** das Handwerkszeug; das Rüstzeug; **e)** *(fig.: person)* Werkzeug, *das;* **a mere** ~ [**in the hands**] **of the dictator** ein bloßes Werkzeug des Diktators; **f)** *(sl.: penis)* Apparat, *der (ugs.);* Gerät, *das (salopp).* **2.** *v. t.* **a)** bearbeiten; **b)** *(Bookbinding)* prägen

~ '**up** *v. t.* mit Maschinen ausrüsten; **the expense of** ~-**ing**-**up** die Kosten für die Anschaffung von Maschinen

tool: ~-**bag** *n.* Werkzeugtasche, *die;* ~-**box**, ~-**case** *ns.* Werkzeugkasten, *der;* ~-**chest** *n.* Werkzeugschrank, *der;* ~-**holder** *n.* **a)** *(in lathe)* Meißelhalter, *der;* **b)** *(handle)* Werkzeuggriff, *der*

tooling ['tu:lɪŋ] *n.* **a)** *(Building)* [steinmetzmäßige] Bearbeitung, *die;* **b)** *(Bookbinding)* Prägen, *das; (thing tooled)* Prägung, *die*

tool: ~-**kit** *n. (Brit.)* Werkzeugsatz, *der; (more general)* Werkzeug, *das; (for vehicle)* **is there a** ~-**kit?** gibt es Bordwerkzeug?; ~-**maker** *n.* Werkzeugmacher, *der*/-macherin, *die;* ~-**pusher** *n.* Bohrtechniker, *der;* ~-**set** *n.* Werkzeugsatz, *der;* ~-**shed** *n.* Geräteschuppen, *der*

toot [tu:t] **1.** *v. t.* tuten; **the boy** ~**ed his toy trumpet** der Junge blies in seine Spielzeugtrompete; **the driver** ~**ed his horn** der Fahrer hupte. **2.** *v. i.* **a)** *(on wind instrument)* blasen; *(on whistle, pipe)* pfeifen; *(on car etc. horn)* hupen; **b)** ⟨*Hupe:*⟩ hupen; ⟨*Lokomotive, Pfeife:*⟩ pfeifen; ⟨*Nebelhorn, Schiff:*⟩

755

tooth [tu:θ] *n., pl.* **teeth** [ti:θ] **a)** Zahn, *der;* **say sth. between one's teeth** etw. mit zusammengebissenen Zähnen hervorstoßen; **draw sb.'s teeth** *(lit.)* jmdm. die Zähne ziehen; *(fig.)* jmdn. kaltstellen; **sth.'s teeth have been drawn** *(fig.)* etw. ist unschädlich gemacht worden; **have a ~ out/filled** sich *(Dat.)* einen Zahn ziehen/füllen lassen; **armed to the teeth** bis an die Zähne bewaffnet; **cast** *or* **fling sth. in sb.'s teeth** *(fig.)* jmdm. etw. [wutentbrannt] unter die Nase reiben *(ugs.);* **~ and nail** verbissen ⟨*kämpfen, bekämpfen*⟩*;* **I'm going to fight ~ and nail to keep this house** ich werde dieses Haus mit Zähnen und Klauen verteidigen; **get one's teeth into sth.** *(fig.)* etw. in Angriff nehmen; **sb. would give his back teeth for sth./to do sth.** *(fig.)* jmd. würde alles für etw. geben/alles dafür *od.* darum geben, etw. zu tun; **in the teeth of criticism** ungeachtet der Kritik; **sail in the teeth of the wind** gegen den Wind segeln; **put teeth into a law, give a law some teeth** ein Gesetz zu einem wirksamen Instrument machen; **show one's teeth** ⟨*Hund:*⟩ die Zähne fletschen; *(fig.)* die Zähne zeigen *(ugs.); see also* **edge 1 a; false teeth; kick 1 a, 3 a;** ¹**lie 2;** ¹**tooth 1 a; set 1 p; skin 1 a;** **b)** *(of rake, fork, comb)* Zinke, *der; (of cog-wheel, saw, comb)* Zahn, *der;* **c)** *(liking)* **have a ~ for salad** eine Vorliebe für Salat haben; Salat gern essen; *see also* **sweet 1 a;** **d)** *(Bot.)* Zahn, *der;* **have teeth** gezähnt sein

tooth: **~ache** *n.* Zahnschmerzen *Pl.;* Zahnweh, *das (ugs.);* **~brush** *n.* Zahnbürste, *die;* **~brush moustache** Bürste, *die (fig.)*

toothed [tu:θt] *adj.* **a)** *(Mech. Engin.)* gezähnt; **~ wheel** Zahnrad *(s.);* **b)** *(Bot.)* gezähnt; **c)** *in comb. (having teeth)* **sharp-~** ⟨*Tier*⟩ mit scharfen Zähnen

'**tooth-glass** *n.* Zahnputzglas, *das*

toothless ['tu:θlɪs] *adj.* zahnlos

tooth: **~mug** *n.* Zahnputzbecher, *der;* **~paste** *n.* Zahnpasta, *die;* **~pick** *n.* Zahnstocher, *der;* **~powder** *n.* Zahnpulver, *das*

toothsome ['tu:θsəm] *adj.* köstlich

toothy ['tu:θɪ] *adj.* **give sb. a ~ smile** jmdn. mit entblößten Zähnen anlächeln; **he is a bit ~:** er hat ein ziemliches Pferdegebiß *(ugs.)*

toothypeg ['tu:θɪpeg] *n. (child lang.)* Beißerchen, *das*

tootle ['tu:tl] *v. i.* **a)** blasen; dudeln *(ugs. abwertend); (on whistle)* pfeifen; *(on flute)* flöten; **~ on sth.** in etw. *(Akk.)* blasen; **b)** *(coll.: move casually)* zuckeln *(ugs.); (walk casually)* schlendern; *(drive casually)* juckeln *(ugs.);* **I'm just tootling off to the shops/pub** ich gehe nur eben was einkaufen/ich gehe nur eben in die Kneipe *(ugs.)*

too-too *(coll.)* **1.** [tu:tu:] *pred. adj. (marvellous)* himmlisch *(ugs.); (la-di-da)* oberfein *(ugs.).* **2.** [tu:'tu:] *adv.* überaus; über die Maßen *(geh.); (too)* übertrieben

tootsy[-wootsy] ['tʊtsɪ(wʊtsɪ)] *n. (joc./ child lang.)* Füßchen, *das*

¹**top** [tɒp] **1.** *n.* **a)** *(highest part)* Spitze, *die; (of table)* Platte, *die; (of bench seat)* Sitzfläche, *die; (top floor)* oberstes Stockwerk, *das; (flat roof, roof garden)* Dach, *das; (rim of glass, bottle, etc.)* Rand, *der; (top end)* oberes Ende, *das; (crest of wave)* Kamm, *der; (of tree)* Spitze, *die;* Wipfel, *die;* **the ~ of his head is smooth and shiny** sein Kopf ist oben glatt und glänzend; **a cake with a cherry on ~:** ein Kuchen mit einer Kirsche [oben]drauf; **at the ~:** [oben]; **at the ~ of the building/hill/pile/stairs** oben im Gebäude/[oben] auf dem Hügel/[oben] auf dem Stapel/oben an der Treppe; **bake at the ~ of the oven** auf der obersten Schiene des Backofens backen; oben im Backofen backen; **be at/get to** *or* **reach the ~** [of the ladder *or* tree] *(fig.)* an der obersten Sprosse [der Leiter] stehen/die oberste Sprosse [der Leiter] erreichen *(fig.);* oben sein/nach oben kommen *(ugs.);* **be/get on ~ of a situation/ subject** eine Situation/eine Materie im Griff haben/in den Griff bekommen; **don't let it get on ~ of you** *(fig.)* laß dich davon nicht unterkriegen! *(ugs.);* **the driver didn't notice me until he was right on ~ of me** *(fig.)* der Fahrer bemerkte mich erst, als er mich schon fast umgefahren hatte; **he put it on** [**the**] **~ of the pile** er legte es [oben] auf den Stapel; **on ~ of one another** *or* **each other** aufeinander; **live on ~ of each other** übereinander wohnen; *(too close)* sehr beengt leben; **on ~ of sth.** *(fig.: in addition)* zusätzlich zu etw.; **on ~ of everything else** zu alledem noch; **come/be on ~ of sth.** *(be additional)* zu etw. [hinzu]kommen; **on ~ of that, this happens!** *(fig.)* zu allem Überfluß passiert auch noch das!; **on ~ of the world** *(fig.)* überglücklich; **be/go thin on ~:** licht auf dem Kopf sein/werden; **be on ~:** ganz oben sein/liegen; **the English team is on ~:** die englische Mannschaft ist [dem Gegner] überlegen; **come out on ~** *(be successful)* Erfolg haben; *(win)* gewinnen; **get to the ~** *(fig.)* eine Spitzenposition erringen; ganz nach oben kommen *(ugs.);* **from ~ to toe** von Kopf bis Fuß; **a Tory from ~ to toe** ein Tory vom Scheitel bis zur Sohle; **be over the ~:** übertrieben *od.* überzogen sein; **go over the ~** *(Mil.)* den Graben verlassen; *(fig.) (take decisive step)* eine endgültige Entscheidung treffen; *(be excessive)* über die Stränge schlagen *(ugs.);* es übertreiben *(ugs.);* **he searched the house from ~ to bottom** er durchsuchte das Haus von oben bis unten; **take it from the ~** *(coll.)* noch einmal von vorne anfangen; *see also* **head 1 a;** **b)** *(highest rank)* Spitze, *die;* **the man at the ~:** der [oberste] Chef *od. (ugs.)* Boß; **~ of the table** *(Sport)* Tabellenspitze, *die;* **[at the] ~ of the list of things to do/agenda is ...:** ganz oben auf der Liste der Dinge, die getan werden müssen/auf der Tagesordnung steht ...; **be [at the] ~ of the class** der/die Beste der Klasse sein; **go to the ~ of the class!** *(fig. coll.)* alle Achtung!; **~ of the bill** *(Theatre)* Zugpferd, *das;* **be ~ of the charts** *or* **pops an der Spitze der Hitparade stehen;** die Hitparade anführen; *(fig.)* die Nummer eins sein; **c)** *(of vegetable)* Kraut, *das;* **~s of turnips, turnip-~s** *das* Kraut von Rüben; **d)** *(upper surface)* Oberfläche, *die; (of cupboard, wardrobe, chest)* Oberseite, *die;* **on** [**the**] **~ of sth.** [oben] auf etw. *(position: Dat./ direction: Akk.);* **don't forget to paint along the ~ of the door** vergiß nicht, die Tür oben zu streichen; **cut off the ~** [**of the apple**] oben ein Stück [vom Apfel] abschneiden; **cut the ~ off an egg** ein Ei köpfen; **they climbed to the ~ of the hill/slope** sie kletterten auf den Hügel/den Hang hinauf; **he laid his hand on the ~ of my head** er legte ihr seine Hand auf den Kopf; **e)** *(folding roof)* Verdeck, *das;* **f)** *(upper deck of bus, boat)* Oberdeck, *das;* **g)** *(cap of pen)* [Verschluß]kappe, *die;* **h)** *(cream on milk)* Sahne, *die;* Rahm, *der; (regional, bes. südd., österr., schweiz.);* **i)** *(upper part of page)* oberer Teil; **at the ~** [**of the page**] oben [auf der/ die Seite]; **be ten lines from the ~:** in der zehnten Zeile von oben stehen; **j)** *(upper garment)* Oberteil, *das; (blouse, T-shirt)* Top, *das (Textilw.);* **k)** *(turn-down of sock)* Umschlag, *der;* **l)** *(head end)* Kopfende, *das; (of street)* oberes Ende, *das; (of beach)* oberer Teil; **m)** *(utmost)* Gipfel, *der;* **shout/talk at the ~ of one's voice** aus vollem Halse schreien/so laut wie möglich sprechen; **n)** **be the ~s** *(coll.) (the best)* der/die/das Größte sein *(ugs.); (marvellous)* spitze sein *(ugs.);* **he's ~s at squash** er spielt hervorragend Squash; **the ~ of the morning [to you]!** *(Ir.)* einen wunderschönen guten Morgen!; **o)** *(surface)* Oberfläche, *die;* **p)** *(upper of shoe)* Oberteil, *das;* **q)** *(lid)* Deckel, *der; (of bottle, glass jar, etc.)* Deckel, *der; (stopper)* Stöpsel, *der; (silver foil, crown cork)* Verschluß, *der; see also* ¹**blow 2 h; r)** *(Bookbinding)* Kopfschnitt, *der;* **s)** *(upper part of boot)* Stulpe, *die;* **t)** *(Naut.: platform)* Saling, *die (Seemannsspr.);* **u)** *(Brit. Motor Veh.)* größter Gang *(Kfz-W.);* **in ~:** im größten Gang. **2.** *adj.* oberst...; höchst... ⟨*Ton, Preis*⟩; **~ end** oberes Ende; **the/a ~ award** die höchste/eine hohe Auszeichnung; **the/a ~ chess-player** der beste Schachspieler/einer der besten Schachspieler *od.* ein Spitzenschachspieler; **~ scientists/actors** *etc.* hochkarätige Wissenschaftler/Schauspieler *usw.;* **~ sportsman/job/ politician** Spitzensportler, *der*/Spitzenposition, *die*/Spitzenpolitiker, *der;* **the ~ pupil/ school/marks** der beste Schüler/die beste Schule/die besten Noten; **~ score/nation/ pop-star** höchste Punktzahl/führende Nation/größter Popstar; **a ~ Conservative** ein Spitzenpolitiker der Konservativen Partei; **~ names in industry** Spitzen der Industrie; **~ manager/management** Topmanager/ -management; **a ~ speed of 100 m.p.h.** eine Spitzen- *od.* Höchstgeschwindigkeit von 100 Meilen pro Stunde; **go at ~ speed** mit Spitzen- *od.* Höchstgeschwindigkeit fahren; **the machine was working at ~ speed** die Maschine lief auf Hochtouren; **I was working at ~ speed** ich arbeitete auf Hochtouren; **read sth. at ~ speed** etw. im Schnellverfahren lesen; **be ~ name** [**in a subject**] [in einem Fach] der/die Beste sein/werden; **give sth. ~ priority** einer Sache *(Dat.)* höchste Priorität einräumen; **have a record in the ~ ten** eine Platte in den Top-ten haben; **in the ~ left/right corner** in der linken/rechten oberen Ecke; **on the ~ floor** im obersten Stockwerk; **the ~ men in the firm sind die Spitze der Firma;** **they are the ~ men in the firm** sie stehen an der Spitze der Firma; **the ~ people** *(in society)* die Spitzen der Gesellschaft; *(in a particular field)* die besten Leute; *see also* **form 1 f; gear 1 a. 3.** *v. t.* **-pp- a)** *(cover)* **the hills were ~ped with** *or* **by snow** die Hügelspitzen waren schneebedeckt; **a church ~ped with** *or* **by a dome** eine mit einer Kuppel gekrönte Kirche; **~ a pudding with cream** Sahne auf einen Pudding geben; **a pudding ~ped with cream** ein Pudding mit Sahne obendrauf; **b)** *(Hort.: cut ~ off)* stutzen ⟨*Pflanze*⟩; kappen ⟨*Baum*⟩; **c)** *(be taller than)* überragen; **he's six feet ~:** er ist über sechs Fuß groß; **d)** *(surpass, excel)* übertreffen; **exports have ~ped** [**the**] **£40 million** [**mark/level**] die Exporte haben die [Grenze von] 40 Millionen Pfund überschritten; **the fish ~ped 2 lb.** der Fisch wog über zwei Pfund; **an offer ein Angebot überbieten;** **~ that for a score/story!** überbiete diese Punktzahl/erzähle mir eine bessere Geschichte!; **~ to ~ it all** [noch] obendrein; *(head)* anführen; **~ the bill** *(Theatre)* das Zugpferd sein; **f)** *(reach ~ of)* **~ the hill/ wave** auf die Spitze des Hügels/den Kamm der Welle gelangen

~ off 1. *v. t. (coll.)* beschließen. **2.** *v. i. (coll.)* schließen

~ out *v. t. (Building)* richten *(Bauw.);* **~ping-out ceremony** Richtfest, *das*

~ up (*Brit. coll.*) **1.** *v. t.* auffüllen ⟨*Batterie, Tank, Flasche, Glas*⟩; **~ up the petrol/oil/ water** Benzin/Öl/Wasser nachfüllen; **can I ~ you up?** darf ich dir/Ihnen nachschenken?; **~ up sb.'s drink** jmdm. nachschenken. **2.** *v. i. (fill one's tank up)* volltanken; *(fill one's glass up)* sich nachschenken; **~ up with petrol/oil/water** den Tank mit Benzin/ Öl/Wasser auffüllen. *See also* **top-up**

²**top** *n. (toy)* Kreisel, *der; see also* **sleep 2 a**
top and 'tail *v. t.* a) *(start and end)* einleiten und beschließen ⟨*Vortrag usw.*⟩; b) ~ **gooseberries** *etc.* Stachelbeeren *usw.* putzen *(durch Entfernen des Stiels und des abgestorbenen Blütenteils am anderen Ende)*
topaz ['təʊpæz] *n. (Min.)* Topas, *der;* **false** ~: Goldtopas, *der*
top: ~ 'billing *n. (Theatre)* prominentester Platz auf einem Plakat/in einer Werbung; **he vied with her for the** ~ **billing** er wetteiferte mit ihr um die Rolle des Stars; **give sb.** ~ **billing** jmdn. groß herausbringen *(ugs.);* **in this film, Richard Burton shares** ~ **billing with Elizabeth Taylor** in diesem Film teilt Richard Burton und Elizabeth Taylor die großen Stars; ~-**boot** *n.* langschäftiger Stulpenstiefel; ~ **brass** see **brass 1 g;** ~ **coat** *n.* a) *(overcoat)* Überzieher, *der;* Mantel, *der;* b) *(of paint)* Deckanstrich, *der;* ~ **copy** *n.* Original, *das;* ~ 'dog *n. (fig. sl.)* Boß, *der (ugs.);* he/the company came out ~ dog [amongst his/its rivals] er/ die Firma setzte sich [gegen die Konkurrenz] durch; ~ 'drawer *n.* a) oberste Schublade; b) *(fig.: high social status)* **sb. is not out of the** ~ **drawer** jmd. gehört nicht gerade zur Crème de la crème; *attrib.* Oberschicht-; ~-**dress** *v. t. (Agric.)* oberflächlich düngen ⟨*Land, Acker*⟩; ~-**dressing** *n.* a) *(Agric.)* Oberflächendüngung, *die; (substance)* Oberflächendünger, *der;* b) *(fig.: superficial show)* Kosmetik, *die;* **the whole ceremony is just** ~-**dressing** die ganze Zeremonie ist nur Fassade
topee *see* **topi**
toper ['təʊpə(r)] *n. (arch./literary)* Zecher, *der*/Zecherin, *die*
top: ~-**flight** *attrib. adj.* erstrangig, Spitzen⟨*sportler, -politiker*⟩; ~ **fruit** *n. (Brit. Hort.)* Baumobst, *das;* ~ 'hat *n.* Zylinder[hut], *der;* ~-**heavy** *adj.* oberlastig; kopflastig ⟨*Baum, Pflanze, Bürokratie*⟩; **don't make your load** ~-**heavy** sorg dafür, daß der Schwerpunkt der Ladung nicht zu hoch liegt; **she is a bit** ~-**heavy** sie hat einen ganz schönen Vorbau *(ugs. scherzh.);* ~-'hole *adj. (Brit. dated sl.)* famos *(ugs. veralt.)*
topi ['təʊpɪ] *n. (Anglo-Ind.)* Tropenhelm, *der*
topiary ['təʊpɪərɪ] *n. (Hort.)* Kunst des ornamentalen Beschnitts von Bäumen und Sträuchern
topic ['tɒpɪk] *n.* Thema, *das;* ~ **of debate/ conversation** Diskussions-/Gesprächsthema, *das*
topical ['tɒpɪkl] *adj.* a) aktuell; b) *(with regard to topics)* nach Sachgebieten nachgestellt; c) *(Med.)* lokalisiert
topicality [tɒpɪ'kælɪtɪ] *n., no pl.* Aktualität, *die*
topically ['tɒpɪkəlɪ] *adv.* a) mit aktuellem Bezug; b) *(with regard to topics)* nach Sachgebieten
'**topknot** *n.* a) *(ribbon)* Haarschleife, *die;* b) *(tuft of hair)* Haarknoten, *der*
topless *adj.* a) ~ **statue/column** eine Statue/Säule mit fehlendem oberem Teil; b) **a** ~ **dress/swimsuit** ein busenfreies Kleid/ein Oben-ohne-Badeanzug; c) *(bare-breasted)* barbusig; ~ **girl/waitress** Oben-ohne-Mädchen, *das*/-Bedienung, *die;* **go/ bathe** ~: oben ohne gehen/baden
top: ~-**level** *attrib. adj.* Gipfel⟨*treffen, -konferenz*⟩; Spitzen⟨*politiker, -funktionär*⟩; ~-**level discussions/negotiations/talks/deals** Diskussionen/Verhandlungen/Gespräche/ Vereinbarungen auf höchster Ebene; ~-**line** *adj. (Commerc.)* ~-**line profit** Bruttogewinn, *der;* ~-**mast** *n. (Naut.)* Stenge, *die*
topmost ['tɒpməʊst, 'tɒpməst] *adj.* oberst... ⟨*Schicht, Stufe*⟩; höchst... ⟨*Gipfel, Beamte, Note*⟩
top-'notch *adj. (coll.)* phantastisch *(ugs.)*

topographer [tə'pɒgrəfə(r)] *n.* Topograph, *der*/-graphin, *die*
topographic [tɒpə'græfɪk], **topographical** [tɒpə'græfɪkl] *adj.* topographisch
topography [tə'pɒgrəfɪ] *n.* a) Topographie, *die;* b) *(features)* örtliche *od. (geh.)* topographische Gegebenheiten; Topographie, *die (geh.);* **I'm not acquainted with the** ~ **of the area/town** *etc.* ich kenne mich in der Gegend/Stadt *usw.* nicht aus
topology [tə'pɒlədʒɪ] *n. (Math.)* Topologie, *die*
topper ['tɒpə(r)] *n. (coll.: hat)* Zylinder, *der;* Angströhre, *die (ugs. scherzh.)*
topping ['tɒpɪŋ] **1.** *n. (Cookery)* Überzug, *der;* **ice-cream with a** ~ **of whipped cream/of raspberry syrup** Eis mit Sahne/Himbeersirup [obendrauf]; **put on a** ~ **of cream/ chopped nuts** das Ganze mit Sahne überziehen/mit gehackten Nüssen bestreuen; **cover sth. with a** ~ **of mashed potato/sliced potatoes** etw. mit einer Schicht Kartoffelbrei/Kartoffelscheiben bedecken. **2.** *adj. (Brit. dated sl.: excellent)* famos *(ugs.);* formidabel
topple ['tɒpl] **1.** *v. i.* fallen; **the tower/pile** ~**d to the ground** der Turm/Stapel fiel um *od.* kippte um; **the tower** ~**d and fell** der Turm wankte und stürzte um; ~ **[from power]** *(fig.)* stürzen. **2.** *v. t.* stürzen; ~ **a pile/wall [to the ground]** einen Stapel/eine Mauer umstürzen *od.* umwerfen; ~ **sb./a government [from power]** ⟨*Gegner:*⟩ jmdn./ eine Regierung stürzen; ⟨*Skandal, Abstimmung:*⟩ jmdn./eine Regierung zu Fall bringen
~ 'down *v. i.* hinab-/herabfallen; ⟨*Stapel, Turm:*⟩ umstürzen, umfallen
~ 'over **1.** *v. i.* ⟨*Turm, Stapel, Baum, Auto:*⟩ umstürzen, umfallen; ⟨*Vase, Ohnmächtiger:*⟩ umfallen; **he lost his balance on the edge of the cliff and** ~**d over** er verlor am Rand des Kliffs sein Gleichgewicht und stürzte hinunter. **2.** *v. t.* umstürzen; umwerfen
top: ~-**quality** *attr. adj.* [qualitativ] hochwertig; ~-**ranking** *attrib. adj.* Spitzen⟨*funktionär, -beamter, -politiker, -sportler, -orchester, -delegierter*⟩; hochrangig ⟨*Offizier*⟩; erstrangig ⟨*Autor, Schauspieler*⟩; ~-**ranking party member** Mitglied der Parteispitze; ~-**sail** ['tɒpseɪl, 'tɒpsl] *n. (Naut.) (on square-rigger)* Marssegel, *das; (on schooner)* Toppsegel, *das;* ~ '**secret** *adj.* streng geheim; ~-**side** *n.* a) *(joint of beef)* Oberschale, *die;* b) *(Naut.)* obere Bordwand, *die;* ~-**soil** *n. (Agric.)* Mutterboden, *der; (of field)* [Acker]krume, *die;* ~ **spin** *n. (Sport)* Vorwärtsdrall, *der; (tennis, table tennis)* Topspin, *der*
topsy-turvy [tɒpsɪ'tɜːvɪ] **1.** *adv.* verkehrtrum *(ugs.);* auf den Kopf *(ugs.)* ⟨*stehen, liegen*⟩; **turn sth.** ~ *(lit. or fig.)* etw. auf den Kopf stellen; *(fig.)* **this development turned my plans** ~: diese Entwicklung warf meine Pläne um *od. (ugs.)* über den Haufen. **2.** *adj.* chaotisch; **the room/house was** ~: das ganze Zimmer/Haus war auf den Kopf gestellt; *(fig.)* **a world where things are all** ~: eine Welt, in der alles auf den Kopf gestellt ist; **a** ~ **way of reasoning** eine verquere Art zu denken; **it's a** ~ **world** es ist eine verkehrte Welt; **the whole world has turned** ~: die ganze Welt steht kopf *(ugs.)*
top: ~ '**table** *n.* Tisch am Kopf der Tafel; ~-**up** *n. (coll.)* Auffüllung, *die;* **sth. needs a** ~-**up** etw. muß [wieder] aufgefüllt werden; **the oil needs a** ~-**up on the engine** es muß etwas Öl nachgefüllt werden; **give the tank/oil a** ~-**up** den Tank auffüllen/Öl nachfüllen; **would you like/ can I give you a** ~-**up?** soll/kann ich dir noch mal nachgießen?; **I need a** ~-**up** ich muß mir noch mal nachgießen/nachgießen lassen
toque [təʊk] *n.* Toque, *die*

tor [tɔː(r)] *n.* Felsenspitze, *die; (hill)* Hügel, *der*
torch [tɔːtʃ] *n.* a) [electric] ~ *(Brit.)* Taschenlampe, *die;* b) *(blowlamp) (for welding)* Schweißbrenner, *der; (for soldering)* Lötlampe, *die; (for cutting)* Schneidbrenner, *der;* c) *(flaming stick etc.)* Fackel, *die;* **carry a** ~ **for sb.** *(fig.)* jmdn. verehren; **hand on the** ~ *(fig.)* die Fackel weiterreichen *(geh.);* d) *(lamp on pole)* Öllampe [an einer Stange]
torch: ~ **battery** *n. (Brit.)* Taschenlampenbatterie, *die;* ~-**light** *n., no pl., no indef. art.* Licht der/einer Taschenlampe; *(of flaming stick)* Fackelschein, *der;* **by** ~**light** im Schein einer Taschenlampe/Fackel; ~-**light procession** Fackelzug, *der;* ~-**light ceremony/parade/tattoo** eine Zeremonie/ Parade/ein Zapfenstreich im Fackelschein; ~ **song** *n.* bluesartiger sentimentaler Song von unerwiderter Liebe
tore *see* ¹**tear 2, 3**
toreador ['tɒrɪədɔː(r)] *n.* Toreador, *der*
torment 1. ['tɔːment] *n.* Qual, *die;* **be in** ~: Qualen ausstehen; **suffer** ~**s** Qualen erleiden; **be a** ~ **to sb., be sb.'s** ~: jmdn. quälen *od.* peinigen; **the suspense/uncertainty was a** ~: die Spannung/Ungewißheit war unerträglich. **2.** [tɔː'ment] *v. t.* a) quälen; peinigen; **be** ~**ed by or with sth.** von etw. gequält werden; b) *(tease, worry)* quälen; **Don't** ~ **me so! Tell me ...:** Spann mich nicht auf die Folter! Sag mir ...
tormentor [tɔː'mentə(r)] *n.* Folterer, *der; (fig.)* Peiniger, *der*
torn *see* ¹**tear 2, 3**
tornado [tɔː'neɪdəʊ] *n., pl.* ~**es** Wirbelsturm, *der; (in North America)* Tornado, *der; (fig.: outburst, volley)* Orkan, *der*
torpedo [tɔː'piːdəʊ] **1.** *n., pl.* ~**es** Torpedo, *der;* **aerial** ~: Lufttorpedo, *der.* **2.** *v. t. (auch fig.)* torpedieren
torpedo: ~-**boat** *n. (Navy)* Torpedoboot, *das;* ~-**tube** *n.* Torpedorohr, *das*
torpid ['tɔːpɪd] *adj.* a) träge fließend ⟨*Gewässer*⟩; b) *(Zool.)* torpid
torpidity [tɔː'pɪdɪtɪ], **torpor** ['tɔːpə(r)] *ns., no pl.* a) Trägheit, *die; (of water)* träges Fließen; b) *(Zool.)* Torpidität, *die*
torque [tɔːk] *n. (Mech.)* Drehmoment, *das*
torque: ~ **converter** *n. (Motor Veh.)* Drehmomentwandler, *der;* ~ **wrench** *n.* Drehmomentschlüssel, *der*
torr [tɔː(r)] *n., pl. same (Phys.)* Torr, *das*
torrent ['tɒrənt] *n.* a) reißender Bach; *(stream having steep course)* Sturzbach, *der;* **mountain** ~: reißender Gebirgsbach; **a brook, sometimes swollen into a** ~: ein Bächlein, das manchmal zu einem reißenden Strom anschwillt; **a** ~ **of rain** ein Regenguß *(ugs.);* **the rain came down in** ~**s** es regnete in Strömen; b) *(fig.: violent flow)* Flut, *die;* Schwall, *der*
torrential [tə'renʃl] *adj.* a) reißend ⟨*Gebirgsbach, Fluten*⟩; wolkenbruchartig ⟨*Regen, Schauer*⟩; **the rain was** ~: es regnete in Strömen; **a** ~ **cloudburst** ein heftiger Wolkenbruch; b) *(fig.)* überwältigend; gewaltig; **a** ~ **flow of words/insults/questions** ein Schwall von Worten/Beleidigungen/ Fragen
torrid ['tɒrɪd] *adj.* a) *(intensely hot)* glutheiß; **a** ~ **land** ein [von der Hitze] versengtes Land; **the** ~ **heat of the desert** die Gluthitze der Wüste; b) *(fig.: intense, ardent)* glühend *(geh.);* ⟨*Liebesszene*⟩ voller Leidenschaft
torsion ['tɔːʃn] *n.* Verwindung, *die;* Torsion, *die (Physik, Technik);* ~ **bar** Torsionsstab, *der*
torso ['tɔːsəʊ] *n., pl.* ~**s** a) *(Art)* Torso, *der;* b) *(human trunk)* Rumpf, *der;* **bare** ~: nackter Oberkörper, *der;* c) *(fig.: incomplete work)* Torso, *der*
tort [tɔːt] *n. (Law)* [zivilrechtliches] Delikt; unerlaubte Handlung

757

tortilla [tɔː'tiːljə] *n.* Tortilla, *die*
tortoise ['tɔːtəs] *n.* Schildkröte, *die*
tortoiseshell ['tɔːtəsʃel] *n.* Schildpatt, *das; attrib.* Schildpatt-
tortoiseshell: ~ **'butterfly** *n.* Fuchs, *der;* ~ **'cat** *n.* Katze mit Schildpattzeichnung
tortuous ['tɔːtjʊəs] *adj.* **a)** *(full of twists and turns)* verschlungen ⟨Weg⟩; gewunden ⟨Flußlauf⟩; **b)** *(fig.: circuitous)* umständlich; verworren ⟨Argumentation, Denken, Sprache⟩; a ~ **speaker/writer** ein Redner/Schriftsteller, der viele Worte macht
tortuously ['tɔːtjʊəslɪ] *adv.* **a)** *(with twists and turns)* verschlungen; **the road/path/river runs ~ through the fields** die Straße/der Weg/Fluß windet sich *od.* schlängelt sich durch die Felder; **b)** *(fig.: circuitously)* umständlich; **a ~ reasoned argument** ein verworrenes Argument; **a ~ argued case** eine umständliche Argumentation; **a ~ complex legal document** ein verwirrend komplexer juristischer Schriftsatz
tortuousness ['tɔːtjʊəsnɪs] *n., no pl.* **a)** the ~ **of the road/river** die vielen Windungen der Straße/des Flusses; **b)** *(fig.: circuitousness)* Umständlichkeit, *die*
torture ['tɔːtʃə(r)] **1.** *n.* **a)** Folter, *die;* **the ~s of the Inquisition** die Folterungen der Inquisition; **the ~ of sb.** jmds. Folterung; **practise ~:** foltern; **instrument of ~:** Folterwerkzeug, *das;* Folterinstrument, *das;* **b)** *(fig.: agony)* Qual, *die;* **it was ~:** es war eine Tortur; **the exam was sheer ~:** das Examen war der reinste Horror *(ugs.) od.* die Hölle; **suffer the ~s of the damned** Höllenqualen erleiden. **2.** *v. t.* foltern; *(fig.)* quälen
'torture-chamber *n.* Folterkammer, *die*
torturer ['tɔːtʃərə(r)] *n.* Folterer, *der*/Folterin, *die*
Tory ['tɔːrɪ] *(Brit. Polit. coll.)* **1.** *n.* Tory, *der.* **2.** *adj.* Tory-; **he is/they are ~:** er ist ein Tory/sie sind Tories
Toryism ['tɔːrɪɪzm] *n., no pl. (Brit. Polit. coll.)* Toryismus, *der*
tosh [tɒʃ] *n. (sl.)* Quark, *der (ugs.)*
toss [tɒs] **1.** *v. t.* **a)** *(throw upwards)* hochwerfen; ~ **a ball in one's hand** einen Ball mit der Hand immer wieder hochwerfen und auffangen; ~ **a pancake** einen Pfannkuchen [durch Hochwerfen] wenden; ~ **sb. in a blanket** jmdn. mit einer Decke in die Höhe schleudern; *see also* **caber;** **b)** *(throw casually)* werfen; schmeißen *(ugs.);* ~ **it over!** *(coll.)* schmeiß es/ihn/sie rüber *(ugs.);* ~ **sth. to sb.** jmdm. etw. zuwerfen; **c)** ~ **a coin** eine Münze werfen; ~ **sb. for sth.** mit jmdm. durch Hochwerfen einer Münze um etw. losen; **d) be ~ed by a bull/horse** von einem Stier auf die Hörner genommen werden/von einem Pferd abgeworfen werden; **e)** *(move about)* hin und her werfen; ⟨*Baum/Blume*⟩ wiegen ⟨*Zweige/Köpfe*⟩; **f)** *(Cookery: mix gently)* wenden; ~ **a salad in oil** einen Salat mit Öl anmachen; **g)** ~ **one's head** den Kopf zurückwerfen. **2.** *v. i.* **a)** *(be restless in bed)* sich hin und her werfen; ~ **and turn** sich [schlaflos] im Bett wälzen; **b)** ⟨*Schiff, Boot:*⟩ hin und her geworfen werden; ⟨*Halm, Korn, Äste, Blume:*⟩ sich wiegen; ⟨*Federbusch, Hutfeder, Locken:*⟩ wippen; ⟨*Mähne, Haar*⟩ flattern; **c)** *(toss coin)* eine Münze werfen; ~ **for sth.** mit einer Münze um etw. losen. **3.** *n.* **a)** *(of coin)* ~ **of a coin** Hochwerfen einer Münze; **the decision depends on the ~ of a coin** die Entscheidung wird durch Hochwerfen einer Münze gefällt; **the game was decided by the ~ of a coin** das Spiel wurde durch Hochwerfen einer Münze entschieden; **argue the ~** *(fig.)* die Entscheidung nicht akzeptieren wollen; **lose/win the ~:** bei der Auslosung verlieren/gewinnen; *(Footb.)* die Seitenwahl verlieren/gewinnen; **b)** **give a contemptuous/proud ~ of the head** den Kopf verächtlich/stolz in den Nacken werfen; **c)** *(throw)* Wurf, *der;* **give a pancake a ~:** einen Pfannkuchen [durch Hochwerfen] wenden; **d)** *(Brit.: throw from horse)* Abwerfen, *das;* **a bad ~:** ein schlimmer Sturz vom Pferd; **take a ~:** abgeworfen werden
~ **about,** ~ **around 1.** *v. i.* **a)** *(be restless in bed)* sich [schlaflos] im Bett wälzen; **b)** *see* ~ **2 b. 2.** *v. t.* ~ **sth. around** *or* **about** etw. herumwerfen; etw. *od.* mit etw. rumschmeißen *(ugs.); (fig.)* etw. in die Debatte werfen
~ **a'side** *v. t.* **a)** *(throw to one side)* hinwerfen; hinschmeißen *(ugs.);* **the mouldy apples were ~ed aside** die schimmligen Äpfel wurden weggeworfen; **b)** *(fig.: reject, abandon)* beiseite schieben; ~ **aside all caution** alle Vorsicht außer acht lassen
~ **a'way** *v. t.* wegwerfen; wegschmeißen *(ugs.)*
~ **'back** *v. t.* zurückwerfen ⟨Kopf, Haar⟩; runterkippen *(ugs.)* ⟨Getränk⟩
~ **'down** *see* ~ **off 1 a**
~ **'off 1.** *v. t.* **a)** *(drink off)* runterkippen *(ugs.);* **b)** *(produce casually)* hinwerfen; hinhauen *(ugs. abwertend)* ⟨Bemerkung⟩; **I just ~ed off the first names that came into my head** ich spuckte einfach die ersten besten Namen aus, die mir einfielen; **c)** *(sl.: masturbate)* ~ **sb. off** jmdm. *(sl.)* sich *(Dat.)* einen runterholen *(salopp).* **2.** *v. i. & refl.* ~ **[oneself] off** sich *(Dat.)* einen runterholen *(salopp)*
~ **'out** *v. t.* **a)** *(throw out)* ~ **sb. out** jmdn. rauswerfen *od. (ugs.)* -schmeißen; ~ **sth. out** etw. wegwerfen *od. (ugs.)* -schmeißen; **b)** *(fig.: reject)* [kurzerhand] ablehnen
~ **'up 1.** *v. i.* **a)** eine Münze werfen; ~ **up for sth.** mit einer Münze um etw. losen. **2.** *v. t.* **a)** *(throw)* hochwerfen; in die Luft werfen
'toss-up *n.* **a)** *(tossing of coin)* Hochwerfen einer Münze; **a ~ decides who ...:** wer ..., wird durch Hochwerfen einer Münze entschieden; **have a ~ for sth.** mit einer Münze um etw. losen; **b)** *(even chance)* **it is a ~ [whether ...]** es ist noch ganz ungewiß[, ob ...]; **They are both very good. It is a ~ between the two** Sie sind beide sehr gut. Man kann nicht sagen, wer besser ist
¹tot [tɒt] *n. (coll.)* **a)** *(small child)* kleines Kind; Wicht, *der (fam.);* **tiny ~:** kleiner Wicht; **b)** *(dram of liquor)* Gläschen, *das;* **will you have a ~ of rum?** möchtest du ein Gläschen *od.* Schlückchen Rum haben?
²tot *v. t. & i.,* **-tt-** *(coll.)* ~ **up 1.** *v. t.* zusammenziehen *(ugs.).* **2.** *v. i.* sich summieren, sich [zusammen]läppern *(ugs.);* **that ~s up to £5** das macht zusammen 5 Pfund *(ugs.)*
total ['təʊtl] **1.** *adj.* **a)** *(comprising the whole)* gesamt; Gesamt(*gewicht, -wert, -bevölkerung usw.*); **what are your ~ debts?** wieviel Schulden hast du insgesamt?; **a ~ increase of £100** eine Steigerung von insgesamt 100 Pfund; *see also* **sum 1 a;** **b)** *(absolute)* völlig nicht präd.; ~ **idiot** *(coll.)* Vollidiot, *der;* **be in ~ ignorance of sth.** von etw. überhaupt *od.* absolut nichts wissen; ~ **beginner** ein absoluter Anfänger; ~ **nonsense** totaler Unsinn; **have ~ contempt/scorn for sth.** etw. zutiefst verachten; **have a ~ lack of interest in sth.** sich für etw. absolut nicht interessieren; **a ~ success/shock** ein völliger Erfolg/totaler *od.* absoluter Schock; **his surrender/refusal was ~:** er gab völlig auf/er weigerte sich strikt; **the silence was ~:** es herrschte völlige Stille; *see also* **abstinence a. 2.** *n.* **(number)** Gesamtzahl, *die;* **(amount)** Gesamtbetrag, *der;* **a ~ of 200/£200** *etc.* insgesamt 200/200 Pfund *usw.;* **in ~:** insgesamt; *see also* **grand 1 c;** **subtotal. 3.** *v. t. (Brit.)* **-ll- a)** *(add up)* addieren, zusammenzählen, zusammenrechnen ⟨Zahlen, Posten, Beträge⟩; **b)** *(amount to)* betragen; **the visitors ~led 131** die Zahl der Besucher betrug [insgesamt] 131; **c)** *(Amer. sl.: wreck)* zusammenfahren *(ugs.)*
~ 'up 1. *v. t.* addieren; zusammenrechnen/-zählen. **2.** *v. i.* ~ **up to sth.** sich auf etw. *(Akk.)* belaufen
total e'clipse *n. (Astron.)* totale Finsternis
totalitarian [təʊtælɪ'teərɪən] *adj. (Polit.)* totalitär
totalitarianism [təʊtælɪ'teərɪənɪzm] *n. (Polit.)* Totalitarismus, *der*
totality [tə'tælɪtɪ] *n.* **a)** *(completeness)* Gesamtheit, *die;* *(of person)* Ganzheit, *die;* **b)** *(aggregate)* Gesamtheit, *die;* **the ~ of the debt** die Gesamtschuld; **c)** *(Astron.)* Totalität, *die (fachspr.)*
totalizator ['təʊtəlaɪzeɪtə(r)] *n. (Horse-racing)* **a)** *(device)* Totalisatoranzeigetafel, *die;* **b)** *(system)* Totalisator, *der;* Toto, *das*
totally ['təʊtəlɪ] *adv.* völlig
total: ~ **re'call** *n.* **have [the power of] ~ recall** ein absolutes Erinnerungsvermögen haben; ~ **'war** *n.* totaler Krieg
¹tote [təʊt] *v. t. (coll.)* schleppen; ~ **a gun** eine Kanone mit sich rumschleppen *(ugs.)*
²tote *n. (Horse-racing sl.)* **a)** *(device)* Totoanzeigetafel, *die;* **b)** *(system)* Toto, *das*
tote: ~ **bag** *n.* ≈ Reisetasche, *die;* ~ **box** *n. (Amer.)* [Transport]kiste, *die*
totem ['təʊtəm] *n.* Totem, *das (Völkerk.)*
totemism ['təʊtəmɪzm] *n.* Totemismus, *der (Völkerk.)*
'totem-pole *n.* Totempfahl, *der (Völkerk.)*
t'other, tother ['tʌðə(r)] *adj., pron.* = **the other**
totter ['tɒtə(r)] *v. i.* **a)** *(move unsteadily)* wanken, taumeln; *(esp. owing to drunkenness)* torkeln; **the child/blind man went ~ing across the room** das Kind ging mit tapsenden Schritten durch das Zimmer/der Blinde ging mit tastenden Schritten durch das Zimmer; **b)** *(be on point of falling)* schwanken, wanken *(geh.);* **make sth. ~:** etw. ins Schwanken bringen; ~ **on the brink of collapse/chaos/bankruptcy/ruin** *(fig.)* am Rande des Zusammenbruchs/Chaos/Bankrotts/Ruins stehen
tottery ['tɒtərɪ] *adj.* wack[e]lig; **a ~ old man** ein alter Mann mit wackligen *(ugs.) od.* unsicheren Beinen; **have ~ legs** wacklig *(ugs.) od.* unsicher auf den Beinen sein; **feel ~:** sich wacklig *(ugs.) od.* unsicher auf den Beinen fühlen
totting-'up [tɒtɪŋ'ʌp] *n.* **a)** Zusammenrechnen, *das;* **the ~ of the votes** die Auszählung der Stimmen; **b)** *(Brit. law)* Berücksichtigung einschlägiger Vorstrafen, bei der Entscheidung über einen Führerscheinentzug
toucan [tuːˈkæn] *n. (Ornith.)* Tukan, *der*
touch [tʌtʃ] **1.** *v. t.* **a)** *(lit. or fig.)* berühren; *(inspect by ~ing)* betasten; ~ **one's hat [to sb.]** *(Dat.)* [jmdm. zum Gruß] an den Hut tippen; **the sky** ~ **an den Himmel stoßen;** ~ **sb. on the shoulder** jmdm. auf die Schulter tippen; *see also* **barge-pole; bottom 1 d; wood b;** **b)** *(cause contact between, apply)* ~ **A to B** B mit A berühren; ~ **one's hand to one's hat** mit der Hand an den Hut tippen; ~ **a match to sth.** ein [brennendes] Streichholz an etw. *(Akk.)* halten; **he ~ed the wires together** er hielt die Drähte aneinander; ~ **glasses** anstoßen; **c)** *(harm, interfere with)* anrühren; **the police can't ~ you** Dir ist die Polizei kann dich nicht [dafür] belangen; **He can't ~ you here. You are safe** Hier kann er dir nichts tun *od.* anhaben. Du bist sicher; **d)** *(Mus.)* ~ **the keys of a piano/harpsichord** *etc.* in die Tasten eines Klaviers/Spinetts *usw.* greifen; ~ **the strings [of a guitar/lute/harp** *etc.*] in die Saiten [einer Gitarre/Laute/Harfe *usw.*] greifen; **e)** *(fig.: rival)* ~ **sth.** an etw. *(Akk.)* herankommen; **nobody can ~ her for speed/as an actress** niemand kann es mit ihr an Schnelligkeit/im Tennis/als Schauspielerin aufnehmen; **That horse is the fastest. There is none to ~ it** Dieses Pferd ist das schnellste. Keines kommt an es heran; **there is nothing to ~ a glass of whisky before**

touch-and-go | **toughen**

bed es geht nichts über ein Glas Whisky vor dem Schlafengehen; **f)** *(affect emotionally)* rühren; **it ~ed him to the heart/it ~ed his heart** es rührte ihn ans Herz/es rührte sein Herz; **be ~ed with pity/remorse/sadness** von Mitleid/Reue/Traurigkeit angerührt sein *(geh.)*; **g)** *(concern oneself with)* anrühren; **whatever I ~ - I'm a failure at it** was ich auch anfange, es mißlingt mir alles; **I would not ~ it** ich würde die Finger davon lassen *(ugs.)*; **everything he ~es turns to gold** *(fig.)* er hat bei allem, was er tut, eine glückliche Hand; **I haven't even ~ed the washing up yet** ich habe mit dem Abwasch noch nicht mal angefangen; **h)** *(tinge)* färben; **her hair was chestnut ~ed with blonde streaks** sie hatte kastanienbraunes Haar mit blonden Strähnen; **i)** **~ sb. for a loan/£5** *(sl.)* jmdn. anpumpen *(salopp)*/um 5 Pfund anpumpen *od.* anhauen *(salopp)*; **j)** *(Geom.)* berühren; tangieren *(fachspr.)*; **k)** *(reach)* erreichen; **l)** *(anger, wound)* treffen; **~ sb.'s pride/self-esteem** *etc.* jmdn. in seinem Stolz/in seinem Selbstwertgefühl *usw.* treffen; **m)** *(concern)* berühren; **this does not ~ the point at issue** das hat nichts mit unserem Thema zu tun; **n)** *(injure or damage slightly)* schädigen; **~ sb.** jmdm. schaden; **he was hardly ~ed by the fall** bei dem Sturz kam er kaum etwas abbekommen; **o)** *(have effect on)* angreifen. **2.** *v. i.* sich berühren; ⟨Grundstücke:⟩ aneinanderstoßen; **don't ~!** nicht anfassen!; **'please do not ~'** „bitte nicht berühren!". **3.** *n.* **a)** Berührung, *die;* **the rider gave his horse a ~ of the spurs/the whip** der Reiter ließ sein Pferd die Sporen/die Peitsche spüren; **I like the warm ~ of her body** ich spüre gerne ihren warmen Körper [an meiner Haut]; **the surface has a soft/rough/cold/warm** *etc.* **~:** die Oberfläche fühlt sich weich/rauh/kalt/warm *usw.* an; **a ~ of the** *or* **one's hand** eine Berührung mit der Hand; **at a ~:** bei bloßer Berührung; **the machine can be stopped at a ~:** die Maschine läßt sich mit einem Fingerdruck abstellen; **be soft/warm** *etc.* **to the ~:** sich weich/warm *usw.* anfühlen; **b)** *no pl., no art. (faculty)* [sense of] **~:** Tastsinn, *der;* **find out sth. by ~:** etw. ertasten; **c)** *(small amount)* **a ~ of salt/pepper** *etc.* eine Spur Salz/Pfeffer *usw.;* **a ~ of irony/sadness** *etc.* ein Anflug von Ironie/Traurigkeit *usw.;* **have a ~ of rheumatism** ein bißchen Rheuma haben; **have a ~ of genius** etwas Geniales haben; **she has a ~ of style/class [about her]** sie hat irgendwie Stil/Klasse; **the palms give a ~ of class/elegance to the restaurant** die Palmen geben dem Restaurant eine stilvolle/elegante Note; **he has a ~ of grey in his hair** er hat ein paar graue Strähnen im Haar; **a ~** *(slightly)* ein [ganz] kleines bißchen; **a ~ higher/too high** eine Idee höher/zu hoch; **a ~ unrealistic** eine Idee zu unrealistisch; *see also* **sun 1; d)** *(game of tag)* Fangen, *das;* **e)** *(Art: stroke)* Strich, *der; (fig.)* Detail, *das;* **to mention it in such a way was a clever/subtle ~:** es war eine solche Weise zu erwähnen, war ein schlauer/raffinierter Einfall; **the book needs a few more humorous ~es** im Buch fehlen noch ein paar humorvolle Tupfer; **the realistic ~es in the production of the play** die realistischen Elemente in der Inszenierung des Stücks; **add** *or* **put the final ~es to sth.** etw. *(Dat.)* den letzten Schliff geben; **it was now completed except for a few final ~es** es war nun bis auf einige noch fehlende I-Tüpfelchen fertiggestellt; *see also* **finishing touch; f)** *(manner, style) (on keyboard instrument, typewriter)* Anschlag, *der; (of writer, sculptor)* Stil, *der; (of painter)* Pinselführung, *die;* **have the ~ of genius/the professional ~:** genial/professionell gemacht sein; **show the ~ of a genius/professional** die Handschrift eines Genies/Profis

verraten; **the play bore/revealed his ~:** das Stück trug/verriet seine Handschrift; **you need to have the right ~:** man muß das richtige Gespür haben; **he just didn't have the ~:** er hatte einfach nicht genug Talent; **this flat needs a woman's ~:** diese Wohnung braucht die Hand einer Frau; **a personal ~:** eine persönliche *od.* individuelle Note; **lose one's ~:** seinen Schwung verlieren; *(Sport)* seine Form verlieren; **I see you haven't lost your ~!** du hast ja noch ganz der/die Alte! *(ugs.)*; **he's lost his ~:** er war schon mal besser in Form; **I must be losing my ~:** ich bin wohl auf dem absteigenden Ast *(ugs.); see also* **common 1 b; g)** *(communication)* **be in/out of ~** [with sb.] [mit jmdm.] Kontakt/keinen Kontakt haben; **I shall be in ~ with them** ich werde mit ihnen Kontakt aufnehmen; **they said they would be in ~ with me today** sie haben gesagt, sie würden sich heute bei mir melden; **Goodbye! I'll be in ~:** Auf Wiedersehen! Ich melde mich mal wieder; **they have not been in ~ for a whole week** wir haben/ich habe seit einer ganzen Woche nichts von ihnen gehört; **be in/out of ~ with sth.** über etw. *(+ Akk.)* auf dem laufenden/nicht auf dem laufenden sein; **he is out of** *or* **not in ~ with reality/the real world** er ist wirklichkeitsfremd/weltfremd; **get in ~** [with sb.] mit jmdm. Kontakt/Verbindung aufnehmen; **get in ~ with us by letter/at this number** schreiben Sie uns/rufen Sie uns unter dieser Nummer an; **she immediately got in ~ with the doctor/police/her lawyer** sie setzte sich sofort mit dem Arzt/der Polizei/ihrem Anwalt in Verbindung; **keep in ~** [with sb.] [mit jmdm.] in Verbindung *od.* Kontakt bleiben; **keep in ~!** laß von dir hören!; **I've kept in ~ with him since we were children** meine Verbindung mit ihm ist seit unserer Kindheit nie abgerissen; **keep in ~ with sth.** sich über etw. *(Akk.)* auf dem laufenden halten; **lose ~ with sb.** den Kontakt zu jmdm. verlieren; **we have lost ~:** wir haben keinen Kontakt mehr [zueinander]; **lose ~ with sth.** aus den Augen verlieren; **have lost ~ with sth.** über etw. *(Akk.)* nicht mehr auf dem laufenden sein; **put sb. in ~ with sb.** jmdn. mit jmdm. zusammenbringen; **her doctor put her in ~ with a specialist** ihr Arzt hat sie zu einem Spezialisten geschickt; **h)** *(Footb., Rugby: part of field)* Aus, *das;* Mark, *die (Rugby);* **in ~:** im Aus; **he ran/the ball went into ~:** er rannte/der Ball ging ins Aus; **i)** *(sl.)* **be an easy** *or* **a soft ~** *(be a person who gives money readily)* leicht rumzukriegen sein *(ugs.)*.

~ at *v.t. (Naut.)* anlegen in *(+ Dat.)*

~ 'down *v. i.* **a)** *(Rugby)* den Ball niederlegen; *(Amer. Footb.)* den Ball hinter die Grundlinie bringen; **b)** ⟨*Flugzeug:*⟩ aufsetzen; *(land)* landen; *see also* **touchdown**

~ 'in *v.t. (Art)* hineinmalen; *(fig.)* ausführen ⟨Details⟩.

~ 'off *v.t.* **a)** *(explode)* zünden ⟨Bombe, Sprengladung, Feuerwerkskörper⟩; auslösen ⟨Explosion, Mine⟩; **b)** *(fig.: trigger off)* auslösen

~ on *v.t.* **a)** *(treat briefly)* ansprechen; **the book ~es on the subject often** in dem Buch wird das Thema immer wieder gestreift; **b)** *(verge on)* grenzen an *(+ Akk.)*.

~ 'up *v.t.* **a)** *(improve)* ausbessern; retuschieren ⟨*Photographie*⟩; auffrischen ⟨Make-up⟩; in Ordnung bringen ⟨Haar⟩; ausfeilen ⟨Text⟩; **b)** *(sl.: fondle)* befummeln *(ugs.)*.

~ upon *see* **touch on a**

touch: **~-and-'go** *adj.* prekär ⟨Situation⟩; **it is ~-and-go [whether ...]** es steht auf des Messers Schneide[, ob ...]; **~'down** *n.* **a)** *(Amer. Footb.)* Touchdown, *der;* **b)** *(Aeronaut.)* Landung, *die*

touché ['tu:ʃeɪ] *int. (Fencing)* Treffer!; *(fig.)* eins zu null für dich!

touched [tʌtʃt] *pred. adj.* **a)** *(moved)* gerührt; **b)** *(coll.: mad)* meschugge *(salopp)*
touchiness ['tʌtʃɪnɪs] *n., no pl. (irritability, over-sensitiveness)* [Über]empfindlichkeit, *die;* *(precariousness)* Heikelkeit, *die*
touching ['tʌtʃɪŋ] **1.** *adj.* rührend; *(moving)* bewegend; ergreifend. **2.** *prep. (arch./literary)* **~ sth.** etw. betreffend
touchingly ['tʌtʃɪŋlɪ] *adv.* rührend; *(movingly)* bewegend; ergreifend; **tell/depict sth. ~:** etw. ergreifend erzählen/schildern
touch: **~-judge** *n. (Rugby)* Seitenrichter, *der;* **~-line** *n. (Footb., Rugby)* Seitenlinie, *die;* Marklinie, *die (Rugby);* **~-me-not** *n. (Bot.)* Rührmichnichtan, *das;* **~-paper** *n.* Zündpapier, *das; (on firework)* Papierlunte, *die;* **~-stone** *n. (fig.)* Prüfstein, *der;* **~-type** *v. i.* blindschreiben; **~-typing** *n.* Blindschreiben, *das;* **~-up paint** *n.* Ausbesserungslack, *der*

touchy ['tʌtʃɪ] *adj.* empfindlich ⟨Person⟩; heikel ⟨Thema, Sache⟩

tough [tʌf] **1.** *adj.* **a)** fest ⟨Material, Stoff, Leder, Metall, Werkstoff⟩; zäh ⟨Fleisch, fachspr.: Werkstoff, Metall, Kunststoff⟩; widerstandsfähig ⟨Straßendecke, Bodenbelag, Gummi, Glas, Haut⟩; strapazierfähig ⟨Kleidung, Stoff, Schuhe, Seil⟩; **be [as] ~ as leather/old boots** zäh wie Leder/wie eine Schuhsohle sein; *(fig.)* hart im Nehmen sein *(ugs.)*; **b)** *(hardy, unyielding)* zäh ⟨Person⟩; **his parents want him to be ~ when he grows up** seine Eltern wollen, daß aus ihm ein harter Mann wird; **~ guy** *(coll.)* knallharter Bursche; **a ~ customer** *(coll.)* ein harter Brocken *(ugs.); (stubborn person)* Dickschädel, *der;* **c)** *(difficult, trying)* schwierig; vertrackt *(ugs.)* ⟨Problem⟩; hart ⟨Kampf, Wettkampf⟩; strapaziös ⟨Reise⟩; schwer ⟨Zeit⟩; **we had a ~ time convincing her** es hat uns viel Mühe gekostet, sie zu überzeugen; **it's a ~ life being a housewife** als Hausfrau hat man es schwer; **things/life can get ~ if you run out of money** wenn man kein Geld mehr hat, kann das Leben sehr schwer werden; **it was ~ going, the going was ~:** es war ein Schlauch *(ugs.)*; **d)** *(severe, harsh)* hart; **~ luck** *(coll.)* andere Saiten aufziehen; **a get-~ policy** eine Politik des harten Durchgreifens; **get ~ with sb.** *(coll.)* jmdn. hart anfassen; **e)** *(coll.: unfortunate, hard)* **~ luck** Pech, *das;* **that's ~ [luck]** so'n Pech *(ugs.) od. (salopp)* Mist!; **be ~ on sb.** hart für jmdn. sein; **f)** *(stiff)* zäh ⟨Schlamm, Ton, Brei⟩; **g)** *(Amer.: violent, criminal)* gewalttätig; **a ~ town/neighbourhood** eine Stadt/Gegend, in der das Leben rauh ist. **2.** *n.* Rowdy, *der (abwertend)*

toughen ['tʌfn] **1.** *v. t.* **a)** größere Festigkeit geben *(+ Dat.)*; zäher machen *(fachspr.)* ⟨Werkstoff, Metall, Kunststoff⟩; abhärten *(geh.)* stählen ⟨Person, Körper⟩; verschärfen ⟨Gesetz, Widerstand⟩; **his hard life has ~ed him** *(fig.)* sein schweres Leben hat ihn gehärtet *od.* hart gemacht; **he has ~ed his attitude towards law-breakers** er hat gegenüber Gesetzesbrechern eine härtere Haltung eingenommen; **one's policy/stand** einen [politischen] Kurs einschlagen/einen härteren Standpunkt einnehmen; **this setback will only ~ my resolve** dieser Rückschlag wird mich in meiner Entschlossenheit nur noch bestärken. **2.** *v. i.* fester werden; ⟨Werkstoff, Metall, Kunststoff:⟩ zäher werden *(fachspr.);* ⟨Widerstand:⟩ sich verschärfen; ⟨Entschlossenheit:⟩ stärker werden; ⟨Standpunkt, Position, politischer Kurs:⟩ sich verhärten

~ 'up 1. *v. t.* abhärten; stählen *(geh.);* verschärfen ⟨Gesetz, Verbrechensbekämpfung⟩; **~ up one's attitude/policy** eine härtere Haltung einnehmen/einen härteren [politischen] Kurs einschlagen. **2.** *v. i.* sich abhärten; sich stählen *(geh.); (fig.)* ⟨Politik, Ein-

stellung:⟩ sich verhärten; ⟨*Widerstand:*⟩ sich verschärfen

toughie ['tʌfɪ] *n. (coll.)* **a)** *(problem)* harte Nuß *(ugs.);* **b)** *(person)* Rabauke, *der (ugs.*

tough-'minded *adj.* hart

toughness ['tʌfnɪs] *n., no pl.* **a)** *see* **tough 1 a**: Festigkeit, *die;* Zäheit, *die;* Zähigkeit, *die (fachspr.);* Widerstandsfähigkeit, *die;* Strapazierfähigkeit, *die;* **b)** *see* **tough 1 b**: Zähigkeit, *die;* **c)** *(fig.) (of problem, job)* Schwierigkeit, *die; (of fight, contest, law, policy, attitude, penalty, measure)* Härte, *die;* **the ~ of the exercise** die Schwierigkeit der Übung; **the ~ of life as an unmarried mother** die Schwierigkeiten, mit denen eine ledige Mutter zu kämpfen hat; **d)** *(stiffness)* Zäheit, *die;* **e)** *(Amer.: violence)* **the ~ of the mining towns** das rauhe Leben in den Bergarbeiterstädten

toupee, toupet ['tu:peɪ] *n.* Toupet, *das*

tour [tʊə(r)] **1.** *n.* **a)** [Rund]reise, *die;* Tour, *die (ugs.);* **a ~ of** *or* **through Europe** eine Reise durch/eine Europareise; **a world ~/round-the-world ~**: eine Weltreise/ Reise um die Welt; **they made a ~ of France** sie machten eine Frankreichreise; **a ~ of the capital cities of Europe/of the overseas branches of the firm** eine Rundreise zu den Hauptstädten Europas/zu den überseeischen Tochtergesellschaften der Firma; **a walking/cycling ~**: eine Wanderung/ [Fahr]radtour, *die;* **a motoring/bus ~**: eine Auto-/Busreise, *die;* **b)** *(Theatre, Sport)* Tournee, *die;* Tour, *die (Jargon);* **~ of the provinces, a provincial ~**: eine Tournee/Tour durch die Provinz; **be/go on ~**: auf Tournee/Tour sein/gehen; **he has gone on ~ to Europe** er ist auf [einer] Europatournee; **take a play on ~**: mit einem Stück auf Tournee/Tour gehen; **c)** *(excursion, inspection) (of museum, palace, house)* Besichtigung, *die;* **go on/make/do a ~ of** besichtigen ⟨Museum, Haus, Schloß *usw.*⟩; **a ~ of the countryside/ the city/the factory** ein Ausflug in die Umgebung/eine Besichtigungstour durch die Stadt/ein Rundgang durch die Fabrik; **d)** *~* **[of duty]** Dienstzeit, *die;* **between [sb.'s] ~s [of duty]** bevor jmd. einen neuen Posten antritt/antrat. *See also* **conduct 2 e; grand tour; guided tour; inspection. 2.** *v. i.* **a)** ~/go ~ing in *or* through a country eine Reise *od.* *(ugs.)* Tour durch ein Land machen; **be ~ing in a country** auf einer Reise *od. (ugs.)* Tour durch ein Land sein; **b)** *(Theatre, Sport, exhibition)* eine Tournee *od. (Jargon)* Tour machen; *(be on ~)* auf Tournee sein; touren *(Jargon); (go on ~)* auf Tournee *od. (Jargon)* Tour gehen. **3.** *v. t.* **a)** besichtigen ⟨Stadt, Gebäude, Museum⟩; **~ a country/region** eine Reise *od.* *(ugs.)* Tour durch ein Land/Gebiet machen; **~ an area on foot/by bicycle** eine Wanderung/Radtour durch eine Gegend machen; **b)** *(Theatre, Sport)* **~ a country/the provinces** eine Tournee *od. (Jargon)* Tour durch das Land/die Provinz machen; **~ India/Europe** eine Indien-/Europatournee *od. (Jargon)* -tour machen

tour de force [tʊədə'fɔ:s] *n., pl.* **~s de force** [tʊədə'fɔ:s] Glanzleistung, *die*

tourer ['tʊərə(r)] *n. (Motor Veh.)* Kabriolimousine, *die*

touring ['tʊərɪŋ] *n.:* **~-car** *see* **tourer; ~ company** *n. (Theatre)* Gastspielensemble, *das;* **~ exhibition** *n.* Wanderausstellung, *die;* **~ holiday** *n.* **have a ~ holiday in a country** in den Ferien/im Urlaub durch ein Land fahren/*(on foot)* durch ein Land wandern; **have a ~ holiday in a country** in den Ferien/im Urlaub eine Reise/*(on foot)* Wanderung machen

tourism ['tʊərɪzm] *n., no pl., no indef. art.* **a)** Tourismus, *der;* **~ has increased** der Tourismus hat zugenommen; **b)** *(operation of tours)* Touristik, *die;* **work/be involved in ~**: in der Touristikbranche arbeiten/tätig sein

tourist ['tʊərɪst] **1.** *n.* Tourist, *der*/Touristin, *die.* **2.** *attrib. adj.* Touristen-; **special ~ rates** ermäßigte Preise für Touristen

tourist: **~ agency** *n.* Reisebüro, *das;* **~ attraction** *n.* Touristenattraktion, *die;* **~ board** *n. (Brit.)* Amt für Fremdenverkehrswesen; **~ class** *n.* Touristenklasse, *die;* **~ guide** *n.* **a)** *(person)* Touristenführer, *der*/ -führerin, *die;* **b)** *(book)* Reiseführer, *der* (**to, of** von); **~ hotel** *n.* Touristenhotel, *das;* **~ industry** *n.* **a)** *(business)* Touristikindustrie, *die;* **b)** *(firms)* Touristik[branche], *die;* **~ in'formation centre, ~ office** *ns.* Fremdenverkehrsbüro, *das;* Touristeninformation, *die (ugs.);* **~ season** *n.* Touristensaison, *die;* **~ trade** *see* **~ industry; ~ trap** *n. (bar, restaurant, etc.)* [auf Touristen spezialisierter] Neppladen *(ugs.); (town, place)* Ort, an dem Touristen geneppt werden *(ugs.)*

touristy ['tʊərɪstɪ] *adj. (derog.)* auf Tourismus getrimmt *(ugs.);* Touristen⟨*stadt, -nest, -gegend*⟩ *(ugs. abwertend)*

tourmaline ['tʊəməlɪn, 'tʊəməli:n] *n. (Min.)* Turmalin, *der*

tournament ['tʊənəmənt] *n. (Hist.; Sport)* Turnier, *das*

tournedos ['tʊənədəʊ] *n., pl. same (Gastr.)* Tournedos, *die*

tourney ['tʊənɪ] *(Hist.; Sport coll.) see* **tournament**

tourniquet ['tʊənɪkeɪ] *n. (Med.)* Tourniquet, *das*

'tour operator *n.* Reiseveranstalter, *der*/ -veranstalterin, *die*

tousle ['taʊzl] *v. t.* zerzausen

tout [taʊt] **1.** *v. i.* **~ [for business/custom/orders]** Kunden anreißen *(ugs.) od.* werben; **~ for customers/buyers** Kunden/Käufer anreißen *(ugs.) od.* werben; **~ for a hotel** für ein Hotel Gäste werben. **2.** *n.* Anreißer, *der*/Anreißerin, *die (ugs.);* Kundenwerber, *der*/-werberin, *die;* **ticket ~**: Kartenschwarzhändler, *der*/-händlerin, *die*

¹tow [təʊ] **1.** *v. t.* schleppen; ziehen ⟨*Anhänger, Wasserskiläufer, Handwagen*⟩; **he ~ed my car to get it started** er hat meinen Wagen angeschleppt; **he ~ed his sister [behind him]** *(fig.)* er zog seine Schwester hinter sich *(Dat.)* her; **~ed load** *(Motor Veh.)* Anhängelast, *die.* **2.** *n.* Schleppen, *das;* **My car's broken down. – Do you want a ~?** Mein Wagen ist stehengeblieben. – Soll ich Sie [ab]schleppen?; **give a boat/car a ~**: ein Boot/einen Wagen schleppen; **give a car a ~ [to get it started]** ein Auto anschleppen; **have sth. in** *or* **on ~**: etw. im Schlepp[tau] haben; **have sb. in ~** *(fig.)* jmdn. im Schlepptau haben *(ugs.);* **take sb. in ~** *(fig.)* jmdn. unter seine Fittiche nehmen; **'on ~**: „wird geschleppt"; **take a boat/car in ~**: ein Boot/einen Wagen in Schlepp nehmen; **a 'way** *v. t.* abschleppen

²tow *n. (Textiles)* Hede, *die;* Werg, *das*

toward [tə'wɔ:d], **towards** [tə'wɔ:dz] *prep.* **a)** *(in direction of)* **~ sb./sth.** auf jmdn./etw. zu; **the ship sailed ~ France/the open sea** das Schiff fuhr in Richtung Frankreich/offenes Meer; **~ [the] town** in Richtung [auf die] Stadt; **~ point ~ the north** nach Norden zeigen; **march ~ the north** nach Norden *od.* in Richtung Norden marschieren; **look ~ the sea** in Richtung Meer blicken; **turn ~ sb.** sich zu jmdn. umdrehen; **the village is farther [to the] south, ~ Dover** das Dorf liegt weiter südlich, in Richtung Dover; **point ~ the horizon** zum Horizont deuten; **sit/stand with one's back [turned] ~ sth.** mit dem Rücken zu etw. sitzen/stehen; **turn one's face/back ~ sb./ sth.** jmdm./einer Sache das Gesicht/den Rücken zuwenden; **my back was ~ the door** mein Rücken war der Tür zugewandt; **hold out one's hands ~ sb.** jmdm. die Hände entgegenstrecken; **my house faces ~ the park**/

sea die Vorderseite meines Hauses liegt zum Park/Meer hin; **the country was drifting ~ war/economic chaos** das Land trieb dem Krieg/wirtschaftlichem Chaos zu; **he was sliding ~ disaster/financial ruin** er schlitterte in das Verderben/in den finanziellen Ruin; **b)** *(in relation to)* gegenüber; **feel sth. ~ sb.** jmdm. gegenüber etw. empfinden; **his attitude ~ death** seine Einstellung zum Tod; **be fair/unfair** *etc.* **~ sb.** jmdm. gegenüber fair/unfair *usw.* sein; **his conduct ~ us** sein Verhalten uns gegenüber; **feel angry/sympathetic ~ sb.** böse auf jmdn. sein/Verständnis für jmdn. haben; **c)** *(for)* **a contribution ~ sth.** ein Beitrag zu etw.; **save up ~ a car/one's holidays** auf *od.* für einen Wagen/für seine Ferien sparen; **proposals ~ solving a problem** Vorschläge zur Lösung eines Problems; **work together ~ a solution** gemeinsam auf eine Lösung hinarbeiten; **contribute ~ sth.** zu etw. beitragen; **it is/it brings us a step ~ achieving our aim** es bringt uns einen Schritt näher zum Ziel; **efforts are being made ~ reconciliation** man bemüht sich um Versöhnung; **d)** *(near)* gegen; **~ the end of May/of the year** *etc.* [gegen] Ende Mai/des Jahres; **it is getting ~ midnight**/ **your bedtime** es geht auf Mitternacht zu/es ist bald Schlafenszeit für dich; **~ the end of his life/of the book** gegen Ende seines Lebens/des Buches; **sit ~ the front/back of the bus** vorne/hinten im Bus sitzen; **~ the bottom of the list** ziemlich weit unten auf der Liste

'tow-bar *n. (Motor Veh.)* Anhängerkupplung, *die; (bar fitted between broken-down vehicle and towing vehicle)* Abschleppstange, *die*

towel ['taʊəl] **1.** *n.* **a)** Handtuch, *das;* **throw in the ~** *(Boxing; also fig.)* das Handtuch werfen. **2.** *v. t., (Brit.)* **-ll-** abtrocknen; **~ one's/sb.'s face/arms** *etc.* [dry] sich/jmdn. das Gesicht/die Arme *usw.* abtrocknen; **~ oneself** sich abtrocknen

towelling *(Amer.:* **toweling)** ['taʊəlɪŋ] *n., no pl., no indef. art.* Frottierware, *die;* Frottee, *das (ugs.)*

'towel-rail *n.* Handtuchhalter, *der*

tower ['taʊə(r)] **1.** *n.* **a)** Turm, *der; (Aeronaut.)* Tower, *der;* Kontrollturm, *der; see also* **control tower; cooling tower; watertower; b)** *(fortress)* Festung, *die;* Wehrturm, *der;* **the T~ [of London]** der Tower [von London]; **c)** *(fig.)* **be a ~ of strength [to sb.]** *(fig.)* [jmdm.] ein fester Rückhalt sein; **d)** *see* **tower block.** *See also* **ivory tower. 2.** *v. i.* in die Höhe ragen; aufragen; **~ to [a height of] 200 feet** 200 Fuß hoch aufragen

~ above, ~ over *v. t.* **~ above *or* over sb./ sth.** *(lit. or fig.)* jmdn./etw. überragen; **she saw the giant ~ing above her** sie sah die ragende Gestalt des Riesen über sich *(Dat.)* *(geh.);* **the building/mountain ~s above** *or* **over the town/landscape** das Gebäude/der Berg ragt über der Stadt/Landschaft *(geh.)*

tower: **~ block** *n.* Hochhaus, *das;* **~ crane** *n.* Turmdrehkran, *der*

towering ['taʊərɪŋ] *attrib. adj.* **a)** hoch aufragend; riesenhaft ⟨*Gestalt*⟩; **~ height** schwindelnde Höhe; **b)** *(fig.)* herausragend ⟨*Leistung, Gestalt*⟩; **c)** *(fig.: violent, intense)* blind ⟨*Wut*⟩; maßlos ⟨*Ehrgeiz, Stolz*⟩; **be in/ fly into a ~ passion** *or* **rage** von blinder Wut ergriffen sein/werden

'tow-line *n.* Schleppseil, *das; (Naut.)* Schlepptrosse, *die*

town [taʊn] *n.* **a)** Stadt, *die;* **the ~ of Cambridge** die Stadt Cambridge; **in [the] ~**: in der Stadt; **the ~** *(people)* die Stadt; **be the toast of the ~**: ein gefeierter Star/gefeierte Stars sein; **on the outskirts/in the centre of ~**: in den Randbezirken der Stadt/in der Stadtmitte *od.* Innenstadt; **go [up] to ~**: in die Stadt fahren; **we went [up] to ~ from**

York *(to London)* wir sind von York nach London gefahren; **be in/out of ~**: in der Stadt/nicht in der Stadt sein; **head out of ~**: stadtauswärts fahren/gehen/reiten *usw.*; **he is well known about ~**: er ist stadtbekannt; ihn kennt die ganze Stadt; **it's all over ~ [that ...]** die ganze Stadt redet davon[, daß ...]; **the best coffee/tea/cake** *etc.* **in ~**: der beste Kaffee/Tee/Kuchen *usw.* in der Stadt; **go out/have a night on the ~** *(coll.)* [in die Stadt gehen und] einen draufmachen *(ugs.);* **go to ~** *(fig. coll.)* in die Stadt sein; **go into ~** (on bei) *(ugs.);* **man about ~**: Mann, der an allen gesellschaftlichen und kulturellen Ereignissen einer Stadt teilnimmt; *see also* **gown b; paint 2 a; talk 1 d; b)** *(business or shopping centre)* Stadt, *die;* **in ~**: in der Stadt; **go into ~**: in die Stadt gehen/fahren
town: **~ 'centre** *n.* Stadtmitte, *die;* Stadtzentrum, *das;* **the ~ centres** die Innenstädte; **Brighton still has an old ~ centre** Brighton hat noch einen alten Stadtkern; **~ 'clerk** *n.* ≈ [Ober]stadtdirektor, *der/*-direktorin, *die;* **~ 'council** *n.* *(Brit.)* Stadtrat, *der;* **~ 'councillor** *n.* *(Brit.)* Stadtrat, *der/*-rätin, *die;* **~ 'crier** *n.* städtischer Ausrufer; **~ gas** *n., no pl., no indef. art.* Stadtgas, *das;* **~ 'hall** *n.* Rathaus, *das;* **~ house** *n.* **a)** *(residence in town)* Stadthaus, *das;* **b)** *(terrace-house)* Reihenhaus, *das*
townie ['taʊniː] *n.* Stadtmensch, *der*
town: **~ 'mayor** *n.* *(Brit.)* [Stadt]bürgermeister, *der/*-bürgermeisterin, *die;* **~ 'planner** *n.* Stadtplaner, *der/*-planerin, *die;* **~ 'planning** *n.* Stadtplanung, *die*
townscape ['taʊnskeɪp] *n.* **a)** *(Art, Photog.)* Stadtansicht, *die;* **b)** *(town's appearance)* Stadtbild, *das*
townsfolk ['taʊnzfəʊk] *n.pl.* Städter *Pl.;* **the ~**: *(inhabitants)* die Stadtbevölkerung; *(citizens)* die Bürger [der Stadt]
township ['taʊnʃɪp] *n.* **a)** *(Amer.: division of county)* Township, *die;* Verwaltungseinheit unterhalb der County; **b)** *(Amer. Surv.)* Township, *die;* 36 Quadratmeilen großes quadratisches Stück Land; **c)** *(Austral., NZ) (small town)* Ortschaft, *die;* Siedlung, *die;* *(site)* Areal für eine neue Siedlung; **d)** *(S. Afr.: non-white urban area)* Township, *die;* von Farbigen bewohnte, städtische Siedlung
town: **~sman** ['taʊnzmən] *n., pl.* **~smen** ['taʊnzmen] Stadtbewohner, *der;* Städter, *der;* *(citizen)* [Stadt]bürger, *der;* **[fellow] ~sman** *(fellow citizen)* Mitbürger, *der;* **~speople** ['taʊnzpiːpl] *see* **townsfolk;** **~swoman** ['taʊnzwʊmən] *n.* Stadtbewohnerin, *die;* Städterin, *die;* *(citizen)* [Stadt-]bürgerin, *die*
tow: **~-path** *n.* Leinpfad, *der;* Treidelpfad, *der;* **~-rope** *n.* Abschleppseil, *das;* **~-start** *n.* *(Motor Veh.)* [Start durch] Anschleppen; **give sb. a ~-start** jmdn. anschleppen; **~-truck** *n.* *(Amer.)* Abschleppwagen, *der*
toxaemia *(Amer.:* **toxemia)** [tɒkˈsiːmɪə] *n.* *(Med.)* **a)** *(blood-poisoning)* Toxämie, *die;* **b)** *(in pregnancy)* Schwangerschaftstoxikose, *die*
toxic ['tɒksɪk] *adj.* **a)** giftig; toxisch *(fachspr.);* **b)** *(caused by poison)* toxisch *(fachspr.);* toxigen *(fachspr.)*
toxicity [tɒkˈsɪsɪtɪ] *n., no pl.* Giftigkeit, *die;* Toxizität, *die (fachspr.)*
toxicology [tɒksɪˈkɒlədʒɪ] *n.* Toxikologie, *die*
toxin ['tɒksɪn] *n.* Toxin, *das*
toy [tɔɪ] 1. *n.* *(lit. or fig.)* Spielzeug, *das;* **~s** Spielzeug, *das;* Spielwaren *Pl. (Wirtsch.).* 2. *adj.* **a)** Spielzeug-; **b)** *(Breeding)* Zwerg-. 3. *v. i.* **~ with the idea of doing sth.** mit dem Gedanken spielen, etw. zu tun; **~ with one's food** mit seinem Essen herumspielen/in seinem Essen herumstochern; **~ with sb.** *(flirt)* mit jmdm. flirten; *(not be serious)* mit jmdm. spielen *od.* sein Spiel treiben

toy: **~-boy** *n.* *(coll.)* Gespiele, *der (scherzh.);* **~-shop** *n.* Spielwarengeschäft, *das;* **~ 'soldier** *n.* Spielzeugsoldat, *der*
¹trace [treɪs] 1. *v. t.* **a)** *(copy)* durchpausen; abpausen; **~ sth. on to sth.** etw. auf etw. *(Akk.)* pausen; **b)** *(delineate)* zeichnen ⟨*Form, Linie*⟩; malen ⟨*Buchstaben, Wort*⟩; *(fig.)* entwerfen; **she ~d our route on the map with her finger/with a pen** sie zeichnete unsere Route mit dem Finger/Stift auf der Landkarte nach; **c)** *(follow track of)* folgen (+ *Dat.*); verfolgen; **the leak was ~d to an old cast-iron main** man fand das Leck an einer alten gußeisernen Hauptleitung; **~ a river to its source** einen Fluß [bis] zur Quelle zurückverfolgen; **the doctors ~d the infection to some dirty instruments** die Ärzte fanden heraus, daß die Infektion von verunreinigten Instrumenten herrührte; **he had to resign when the leak was ~d to his office** er mußte zurücktreten, als man das undichte Stelle in seiner Behörde ausfindig machte; **the police ~d him to Spain** die Polizei spürte ihn in Spanien auf; **d)** *(observe, find)* finden; **~ a connection** einen Zusammenhang sehen; **e)** *(Archaeol.)* erkennen; **~ Roman roads** den Verlauf von alten Römerstraßen rekonstruieren. 2. *n.* **a)** *(visible sign)* Spur, *die;* *(overheard)* [Über]rest, *der;* **there is no ~ of your letter in our records** in unseren Aufzeichnungen findet sich kein Hinweis auf Ihr Schreiben; **I can't find any ~ of him/it** *(cannot locate)* ich kann ihn/es nirgends finden; **lose [all] ~ of sb.** jmdn. [völlig] aus den Augen verlieren; **all ~ of the climbers has been lost** von den Bergsteigern fehlt jede Spur; **sink without ~**: spurlos versinken, ohne eine Spur zu hinterlassen; *(fig.)* ⟨*bekannte Persönlichkeit:*⟩ von der Bildfläche verschwinden *(ugs.);* **b)** *(track left behind)* Spur, *die (of animal also)* Fährte, *die;* *(of measuring instrument)* Kurve, *die;* **c)** *(Electronics)* Spur, *die;* **d)** *(small amount)* Spur, *die;* **a ~ of a smile/of sarcasm** ein Anflug eines Lächelns/von Sarkasmus; **the product contains a ~ of impurity** das Produkt enthält eine winzige Menge an Fremdstoffen
~ 'back *v. t.* zurückverfolgen; **the rumour was ~d back to a journalist** als Quelle des Gerüchts wurde ein Journalist ausfindig gemacht
~ 'out *see* **~ 1 b**
~ 'over *see* **~ 1 a**
²trace *n.* *(strap of harness)* Strang, *der;* *(of horse's headstall)* Zuggurt, *der;* **kick over the ~s** *(fig.)* über die Stränge schlagen *(ugs.)*
traceable ['treɪsəbl] *adj.* **a)** **sth. is ~ to sth.** **through sth.** etw. läßt sich bis zu etw./durch etw. hindurch zurückverfolgen; **this effect is ~ to the following cause** diese Wirkung läßt sich auf folgende Ursache zurückführen; **b)** *(discoverable)* auffindbar; **this is a feature ~ in all his novels/paintings** dieses Merkmal läßt sich in allen seinen Romanen/Bildern entdecken
'trace element *n.* *(Chem.)* Spurenelement, *das*
tracer ['treɪsə(r)] *n.* **a)** *(Mil.)* Leuchtspurgeschoß, *das;* **b)** *(radioactive isotope)* Indikator, *der*
tracery ['treɪsərɪ] *n.* **a)** *(Archit.)* Maßwerk, *das;* **bar ~**: Maßwerk, *das;* **plate ~**: negatives Maßwerk; **b)** *(pattern, network)* Filigranmuster, *das*
trachea [trəˈkiːə] *n., pl.* **~e** [trəˈkiːiː] **a)** *(Anat.)* Trachea, *die (fachspr.),* Luftröhre, *die;* **b)** *(Zool.)* Trachee, *die (Zool.)*
tracheotomy [treɪkɪˈɒtəmɪ] *n.* *(Med.)* Luftröhrenschnitt, *der;* Tracheotomie, *die (fachspr.)*
trachoma [trəˈkəʊmə] *n.* *(Med.)* Trachom, *das (Med.)*
tracing ['treɪsɪŋ] *n.* **a)** *(action)* [Durch]pau-

sen, *das;* [Ab]pausen, *das;* **do some ~**: einiges durch- *od.* abpausen; **b)** *(copy)* Pause, *die;* Kopie, *die*
'tracing-paper *n.* Pauspapier, *das*
track [træk] 1. *n.* **a)** Spur, *die;* *(of wild animal)* Fährte, *die;* **~s** *(footprints)* [Fuß]spuren; *(of animal also)* Fährte, *die;* **cover one's ~s** *(fig.)* seine Spur verwischen; **be on sb.'s ~**: jmdm. auf der Spur sein; *(fig.: in possession of clue to sb.'s plans)* jmdm. auf die Schliche gekommen sein; **they will be on our ~**: sie kommen uns auf die Spur/*(fig.)* auf die Schliche; **be on the right/wrong ~** *(fig.)* auf der richtigen/falschen Spur sein; **keep ~ of sb./sth.** jmdn./etw. im Auge halten; **he couldn't keep ~ of her in the crowd** er verlor sie in der Menge aus den Augen; **the police [successfully] kept ~ of him** die Polizei blieb ihm auf der Spur; **they kept ~ of his movements/intentions/plans** sie waren jederzeit über seinen Aufenthaltsort/seine Absichten/Pläne auf dem laufenden; **The situation is very complicated. I can't keep ~ of it** Die Situation ist sehr verworren. Ich habe den Überblick verloren; **without keeping accounts I can't keep ~ of what I spend** wenn ich nicht Buch führe, verliere ich den Überblick über meine Ausgaben; **lose ~ of sb./sth.** jmdn./etw. aus den Augen verlieren; **the police lost ~ of the gang's movements** die Polizei war über den Aufenthaltsort der Bande nicht mehr auf dem laufenden; **he has lost ~ of the situation** er ist über die Situation nicht mehr auf dem laufenden; **she has lost ~ of the story** sie hat bei der Geschichte den Überblick verloren; **without keeping accounts you can easily lose ~ of what you spend** wenn man nicht Buch führt, kann man leicht die Übersicht über seine Ausgaben verlieren; **make ~s** *(coll.) (depart)* sich auf die Socken machen *(ugs.);* *(run off)* türmen *(ugs.);* **we'd better make ~s for home/the station** *(coll.)* wir sollten uns langsam auf die Socken machen und zusehen, daß wir nach Hause/zum Bahnhof kommen *(ugs.);* **stop [dead] in one's ~s** *(coll.)* auf der Stelle stehenbleiben; **stop sb. [dead] in his ~s** *(coll.)* jmdn. auf der Stelle stehenbleiben lassen; **b)** *(path)* [unbefestigter] Weg; *(footpath)* Pfad, *der;* *(fig.)* Weg, *der;* **the road has only a single ~**: die Straße hat nur eine Spur *od.* ist nur einspurig; **they followed the same ~** *(fig.)* auch sie gingen denselben Weg; *see also* **beaten 2 a;** **c)** *(Sport)* Bahn, *die;* **cycling/greyhound ~**: Radrennbahn, *die/*Windhundrennbahn, *die;* **circuit of the ~**: Bahnrunde, *die;* *(Railw.)* Gleis, *das;* **thousands of miles of ~**: Tausende von Meilen Gleise; **be born/live across the ~s or on the wrong side of the ~s** *(Amer. fig. coll.)* auf der Schattenseite geboren sein/leben *(fig.);* **'keep off the ~'** „Betreten der Gleise verboten"; **single/double ~**: eingleisige/zweigleisige Strecke; **the train left the ~**: der Zug entgleiste; **e)** *(course taken)* Route, *die;* *(of rocket, satellite, comet, missile, hurricane, etc.)* Bahn, *die;* **f)** *(of tank, tractor, etc.)* Kette, *die;* **g)** *(section of record)* Stück, *das;* Track, *der (Jargon);* **h)** *see* **sound-track;** **i)** *(groove on record)* Rille, *die;* **j)** *(section of tape)* Spur, *die;* **two-/four-~ tape recorder** Zwei-/Vierspurtonbandgerät, *das;* **k)** *(Motor Veh.: distance between wheels)* Spur[weite], *die;* **l)** *(Amer. Educ.)* Kurs, *der.* 2. *v. t.* **a)** **~ an animal** der Spur/Fährte eines Tieres verfolgen; **the police ~ed him [to Paris]** die Polizei folgte seiner Spur [bis nach Paris]; **~ a rocket/satellite** die Bahn einer Rakete/eines Satelliten verfolgen; **b)** *(Archaeol.)* rekonstruieren; nachvollziehen ⟨*Entwicklung*⟩; **c)** *(Amer.: leave trail of)* **~ dirt over the floor/~ [up] the floor with dirt** Schmutzspuren auf dem Fußboden hinterlassen

761

tracker — **traffic lights**

~ **'down** *v. t.* aufspüren; ~ **a criminal down to his hide-out** einen Verbrecher in seinem Versteck aufspüren

tracker ['trækə(r)] *n.* a) Fährtensucher, *der;* **he is an experienced** ~ **of animals** er hat viel Erfahrung im Aufspüren von Tieren; b) ~ [**dog**] Spürhund, *der;* c) ~ **ball** *(Computing)* Trackball, *der*

'**track events** *n. pl. (Athletics)* Laufwettbewerbe

tracking ['trækɪŋ]: ~ **shot** *n. (Cinemat., Telev.)* Fahrt, *die;* ~ **station** *n. (Astronaut.)* Bahnverfolgungsstation, *die*

track-laying *adj.* Raupen-

trackless ['træklɪs] *adj.* a) *(without path)* weglos; b) *(without footprints etc.)* keinerlei Spuren aufweisend

track: ~ **record** *n. (fig.)* **his** ~ **record is good, he has a good** ~ **record** er hat gute Leistungen vorzuweisen; **what's his** ~ **record?** was hat er vorzuweisen?; **this product has a very good** ~ **record** dieses Produkt hat sich als sehr erfolgreich erwiesen; ~ **shoe** *n.* Rennschuh, *der;* ~ **suit** *n.* Trainingsanzug, *der;* ~ **system** *n. (Amer. Educ.)* Kurssystem, *das;* ~**way** *n.* a) *(beaten path)* [Trampel]pfad, *der;* b) *(ancient roadway)* alte Straße

¹**tract** [trækt] *n.* a) *(area)* Gebiet, *das;* **a narrow/vast** ~ [**of land**] ein schmaler Streifen [Land]/ein riesiges Gebiet; b) *(Anat.)* Trakt, *der*

²**tract** *n. (pamphlet)* [Flug]schrift, *die,* Traktat, *der (veralt.)*

tractable ['træktəbl] *adj.* fügsam; leicht formbar ⟨*Material*⟩

traction ['trækʃn] *n., no pl., no indef. art.* a) *(drawing along)* Traktion, *die (fachspr.);* Ziehen, *das;* **steam/electric** ~: Dampf-/Elektrotraktion, *die;* b) *(grip of tyre etc.)* Haftung, *die;* c) *(Med.)* Zug, *der;* **in** ~: im Zug- *od.* Streckverband; d) *(Amer. Transport)* öffentliche Verkehrsmittel; ~ **company** Verkehrsgesellschaft, *die*

'**traction-engine** *n.* Zugmaschine, *die; (for agricultural use)* Traktor, *der*

tractor ['træktə(r)] *n.* a) Traktor, *der;* b) *(Motor Veh.) (lorry unit)* Zugwagen, *der;* Zugfahrzeug, *das; (of articulated lorry)* Sattelzugmaschine, *die*

trad [træd] *(Mus. coll.)* 1. *adj.* traditional; ~ **jazz** Traditional Jazz, *der.* 2. *n., no pl., no indef. art.* Traditional, *der*

trade [treɪd] 1. *n.* a) *(line of business)* Gewerbe, *das;* **the wool/furniture/hotel** ~: die Woll-/Möbel-/Hotelbranche; **the retail/wholesale** ~: der Einzel-/Großhandel; **he's a butcher/lawyer/baker etc. by** ~: er ist von Beruf Metzger/Rechtsanwalt/Bäcker *usw.;* **trick of the** ~: einschlägiger Trick; **know the tricks of the** ~: die einschlägigen Tricks kennen; **do sth. using every trick of the** ~: etw. nach allen Regeln der Kunst tun; *see also* **jack of all trades**; b) *no pl., no indef. art (commerce)* Handel, *der;* **be bad/good for** ~: schlecht/gut fürs Geschäft sein; **do** ~ **with sb.** mit jmdm. Geschäfte machen; **do** ~ **with a country** mit einem Land Handel treiben; **domestic** *or* **home** ~: Binnenhandel, *der;* **foreign** ~: Außenhandel, *der; see also* **balance 1 i**; **board 1 i**; **free trade**; **term 1 b**; c) *no pl. (business done)* Geschäft, *das; (between countries)* Handel, *der;* **a large share of the** ~ **in wool/leather goods/grain** ein großer Anteil am Handelsverkehr mit Woll-/Lederwaren/Getreide; **an increase in** ~: eine Umsatzsteigerung; **do a good/roaring** ~ [**in sth.**] ein gutes Geschäft/ein Riesengeschäft [mit etw.] machen; **how's** ~? wie gehen die Geschäfte; wie geht das Geschäft?; d) *(craft)* Handwerk, *das;* **learn/study for a** ~: einen Handwerksberuf [er]lernen; e) *no pl. indef. art. (persons)* **the** ~: die Branche; **sell to the** ~: an Wiederverkäufer verkaufen; **special discounts for** [**the**] ~: Sonderrabatte für Wiederverkäufer; f) *in pl. (Meteorol.)* Passat, *der;* g) *(Amer.: a transaction)* Geschäft, *das; (exchange)* Tausch, *der.* 2. *v. i.* a) *(buy and sell)* Handel treiben; ~ **as a wholesale/retail dealer** ein Großhandels-/Einzelhandelsgeschäft betreiben; **they** ~ **as Henry Brooks & Co.** sie firmieren als Henry Brooks und Co.; ~ **at a store** *(Amer.)* in einem Geschäft einkaufen; ~ **in sth.** in *od.* mit etw. *(Dat.)* handeln; **we don't** ~ **with that firm** wir unterhalten zu dieser Firma keine Geschäftsbeziehungen; b) *(have an exchange)* tauschen; ~ **with sb. for sth.** jmdm. etw. abhandeln; *(carry merchandise)* Handelswaren befördern; ~ **to a place** Handelsgüter an einen Ort transportieren. 3. *v. t.* tauschen; austauschen ⟨*Waren, Grüße, Informationen, Geheimnisse*⟩; sich *(Dat.)* sagen ⟨*Beleidigungen*⟩; b) ~ **sth. for sth.** etw. gegen etw. tauschen; ~ **an old car etc. for a new one** einen alten Wagen *usw.* für einen neuen in Zahlung geben

~ '**in** *v. t.* in Zahlung geben; einlösen ⟨*Gutschein, Kupon usw.*⟩*; see also* **trade-in**

~ '**off** *v. t. (coll.);* ~ **sth. off for sth.** etw. gegen etw. tauschen; *see also* **trade-off**

~ **on** *v. t. (fig.)* ~ **on sth.** aus etw. Kapital schlagen; sich *(Dat.)* etw. zunutze machen

~ '**up** *v. i.* sich verbessern

~ **upon** *see* ~ **on**

trade: ~ **balance** *n. (Econ.)* Handelsbilanz, *die;* ~ **cycle** *n. (Brit. Econ.)* Konjunkturzyklus, *der;* ~ **deficit** *n. (Econ.)* Handelsbilanzdefizit, *das;* ~ **directory** *n.* Branchenadreßbuch, *das; (in book* ~) Kollegenrabatt, *der;* ~ **fair** *n.* [Fach]messe, *die;* ~ **gap** *see* ~ **deficit**; ~**-in** 1. *n.* a) *(part exchange)* Inzahlungnahme, *die* (**on** *Gen.*); **we offer a** ~**-in on your old car** wir nehmen Ihren alten Wagen in Zahlung; **can you give me a** ~**-in on my old car?** nehmen Sie meinen alten Wagen in Zahlung?; **we'll accept your old car as a** ~**-in** wir nehmen Ihren alten Wagen in Zahlung. 2. *attrib. adj.* **the** ~**-in value of your car is low** der Preis, zu dem Ihr Wagen in Zahlung genommen wird, ist niedrig; ~ **journal** *n.* Fachzeitschrift, *die;* ~**-last** *n. (Amer. coll.)* swap ~-lasts Komplimente von dritten austauschen; ~ **mark** *n.* a) Warenzeichen, *das;* b) *(fig.)* **leave one's** ~ **mark on sth.** einer Sache *(Dat.)* seinen Stempel aufdrücken; **it bore all the** ~ **marks of this director's style** es trug den Stempel *od.* die Handschrift dieses Regisseurs; **honesty/straightforwardness/stubbornness is her** ~ **mark** sie zeichnet sich durch Ehrlichkeit/Direktheit/Hartnäckigkeit aus; *see also* **registered**; ~ **name** *n.* a) *(name used in the trade)* Fachbezeichnung, *die;* b) *(proprietary name)* Markenname, *der;* c) *(name of business)* Firmenname, *der;* ~**-off** *n.* Tauschgeschäft, *das; (fig.)* Handel, *der;* ~ **paper** *see* ~ **journal**; ~ **plates** *n. pl. (Motor Veh.)* ≈ rote Kennzeichen; ~ **price** *n.* Einkaufspreis, *der*

trader ['treɪdə(r)] *n.* a) Händler, *der/*Händlerin, *die;* b) *(Naut.)* Handelsschiff, *das*

'**trade route** *n.* Handelsweg, *der;* Handelsstraße, *die*

tradescantia [trædɪs'kæntɪə] *n. (Bot.)* Tradeskantie, *die*

trade: ~ '**secret** *n.* Geschäftsgeheimnis, *das;* ~**sman** ['treɪdzmən] *n., pl.* ~**men** ['treɪdzmən] a) *(shopkeeper)* [Einzel]händler, *der;* Ladeninhaber, *der;* ~**smen's entrance** Lieferanteneingang, *der;* ~**speople** ['treɪdzpi:pl] *n. pl.* a) *(shopkeepers)* [Einzel]händler, *der/*Ladeninhaber, *der;* b) *(craft workers)* Handwerker, *der;* ~**s'** '**union** *see* ~ **union**; **T**~**s Union** '**Congress** *pr. n. (Brit.)* Gewerkschaftsbund, *der;* ~ **surplus** *n. (Econ.)* Handelsbilanzüberschuß, *der;* ~

'**union** *n.* Gewerkschaft, *die; attrib.* Gewerkschafts-; ~-'**unionism** *n., no pl.* Gewerkschaftswesen, *das;* ~-'**unionist** *n.* Gewerkschaft[l]er, *der/*Gewerkschaft[l]erin, *die;* ~ **wind** *n. (Meteorol.)* Passatwind, *der*

trading ['treɪdɪŋ] *n.* Handel, *der;* ~ **on the Stock Exchange** das Geschäft an der Börse; **the** ~ **of pounds for dollars** der Verkauf von Pfund gegen Dollar

trading: ~ **estate** *n. (Brit.)* Gewerbegebiet, *das;* ~ **hours** *n. pl.* Geschäftszeit, *die;* **during/outside** ~ **hours** während/außerhalb der Geschäftszeiten: ...'' „Geschäftszeiten: ...''; ~ **partner** *n.* Handelspartner, *der;* ~**-post** *see* ³**post 1 e**; ~ **stamp** *n.* Rabattmarke, *die*

tradition [trə'dɪʃn] *n.* Tradition, *die; (story)* [mündliche] Überlieferung; **family** ~: Familientradition, *die;* **he is no respecter of** ~: er hält nicht viel von der Tradition; **old universities rich in** ~: alte traditionsreiche Universitäten; **he has no sense of** ~ *or* **no feeling for** ~: er hat keinen Sinn für Tradition; **in the best** ~[**s**] nach bester Tradition; **break with** ~: mit der Tradition brechen; **by** ~: traditionell[erweise]; ~ **has it that ...**: es heißt, daß ...

traditional [trə'dɪʃənl] *adj.* a) traditionell; mündlich überliefert ⟨*Geschichte*⟩; herkömmlich ⟨*Erziehung, Einrichtung, Methode*⟩; überkommen ⟨*Brauch, Sitte, Werte, Moral*⟩; **it is** ~ **to do sth.** es ist Tradition, etw. zu tun; b) *(Art, Lit.)* konventionell; c) *(Mus.)* traditionell ⟨*Jazz*⟩

traditionalism [trə'dɪʃənəlɪzm] *n., no pl.* Traditionalismus, *der*

traditionalist [trə'dɪʃənəlɪst] *n.* Traditionalist, *der/*Traditionalistin, *die*

traditionally [trə'dɪʃənlɪ] *adv. (in a traditional manner)* traditionell; *(by tradition)* traditionell[erweise]; ~, **gifts are exchanged at Christmas** an Weihnachten werden traditionell Geschenke ausgetauscht; **the Oxford Union is** ~ **a good training-ground for politicians** die Oxford Union ist seit je eine gute Schule für künftige Politiker; **a** ~ **designed exterior** ein traditionelles Exterieur

traduce [trə'dju:s] *v. t. (literary: defame)* verleumden

traducer [trə'dju:sə(r)] *n. (literary)* Verleumder, *der/*Verleumderin, *die*

traffic ['træfɪk] 1. *n.* a) *no pl., no indef. art.* Verkehr, *der;* ~ **is heavy/light** es herrscht starker/geringer Verkehr; ~ **will increase** der Verkehr wird zunehmen; b) *(trade)* Handel, *der;* **the** ~ **in goods/wool/steel between the two countries** der Handelsverkehr mit Gütern/Wolle/Stahl zwischen den beiden Ländern; **there is a brisk** ~ **in stolen goods/pornography** es wird ein schwunghafter Handel mit Diebesgut/Pornographie getrieben; ~ **in drugs/arms** Drogen-/Waffenhandel, *der;* c) *(amount of business)* Verkehr, *der;* ~ **in these goods/in furs/in grain has increased** der Umschlag in diesen Gütern/an Pelzen/Getreide ist gestiegen; d) *(Teleph., Radio)* **telephone/radio** ~: Fernsprech-/Funkverkehr, *der.* 2. *v. i.,* ~**k**- Geschäfte machen; ~ **in sth.** mit etw. handeln *od.* Handel treiben; *(fig.)* mit etw. schachern *(abwertend);* ~ **in drugs** Drogen dealen. 3. *v. t.,* ~**k**- handeln mit; *(barter, exchange)* Tauschhandel treiben mit

traffic: ~ **calming** *n.* Verkehrsberuhigung, *die;* ~ **circle** *n. (Amer.)* Kreisverkehr, *der;* ~ **cone** *n.* Pylon, *der;* Leitkegel, *der;* ~ **cop** *n. (Amer. coll.)* Verkehrspolizist, *der/*-polizistin, *die;* ~ **hold-up** *n.* jam; ~ **island** *n.* Verkehrsinsel, *die;* ~ **jam** *see* ~

trafficker ['træfɪkə(r)] *n.* Händler, *der/*Händlerin, *die;* ~ **in drugs, drug** ~: Drogenhändler, *der/*-händlerin, *die*

traffic: ~ **lights** *n. pl.* [Verkehrs]ampel,

traffic police

die; **~ police** *n.* Verkehrspolizei, *die;* **~ policeman** *n.* Verkehrspolizist, *der;* **~ sign** *n.* Verkehrszeichen, *das;* **~ signals** *see* **~ lights; ~ warden** *n. (Brit.)* Hilfspolizist, *der;* (woman) Hilfspolizistin, *die;* Politesse, *die*

tragedian [trə'dʒi:dɪən] *n.* **a)** *(Lit.)* Tragödiendichter, *der/*-dichterin, *die;* **b)** *(Theatre)* Tragöde, *der*

tragedienne [trədʒi:dɪ'en] *n.fem. (Theatre)* Tragödin, *die*

tragedy ['trædʒɪdɪ] *n.* **a)** *(sad event or fact)* Tragödie, *die;* *(sad story)* tragische Geschichte, *die;* **the ~ [of it] is that ...:** das Tragische [daran] ist, daß ...; **b)** *(accident)* Tragödie, *die;* **earthquake ~/bomb ~:** das Erdbebenkatastrophe, *die/*blutiger Bombenanschlag; **c)** *(Theatre)* Tragödie, *die;* Trauerspiel, *das*

tragic ['trædʒɪk] *adj.* **a)** tragisch; **a ~ waste of talent/money** eine schlimme Vergeudung von Talenten/Geld verschwendung; **b)** *attrib. (Theatre)* tragisch; **~ actor/actress** Tragöde, *der/*Tragödin, *die;* **~ irony** tragische Ironie

tragically ['trædʒɪkəlɪ] *adv.* tragisch; **their predictions have been ~ fulfilled** ihre Prophezeiungen haben sich auf tragische Weise erfüllt; **~, she had a fatal accident** tragischerweise erlitt sie einen tödlichen Unfall

tragicomedy [trædʒɪ'kɒmɪdɪ] *n. (Lit.)* Tragikomödie, *die*

trail [treɪl] **1.** *n.* **a)** *(of meteor)* Schweif, *der;* **a ~ of blood** eine Blutspur; **~ of smoke/dust** Rauch-/Staubfahne, *die;* **he left a ~ of broken marriages/misery behind him** überall, wo er auftauchte, hinterließ er zerbrochene Ehen/Elend; *see also* condensation trail; vapour trail; **b)** *(Hunting)* Spur, *die* Fährte, *die;* **be on the ~ of an animal** der Fährte eines Tieres folgen; **be off the ~** *(lit. or fig.)* nicht auf der Fährte sein/sein; **be/get on sb.'s ~** *(lit. or fig.)* jmdm. auf der Spur *od.* Fährte sein/jmdm. auf die Spur *od.* Fährte kommen; **be hard** *or* **hot on the ~ of sb.** *(lit. or fig.)* jmdm. dicht auf den Fersen sein *(ugs.);* **he was hot** *or* **hard on the ~ of the stolen goods** bei der Suche nach dem Diebesgut hatte er eine heiße Spur [gefunden]; **c)** *(path)* Pfad, *der;* *(wagon ~)* Weg, *der;* **there was no path or ~ of any kind** es gab keinerlei Weg oder Pfad; *see also* ²blaze 2; nature trail. **2.** *v. t.* **a)** *(pursue)* verfolgen; *(shadow)* beschatten; **~ sb./ an animal to a place** jmdm./einem Tier bis zu einem Ort folgen; **b)** *(drag)* **~ sth.** [after *or* behind one] etw. hinter sich *(Dat.)* herziehen; **~ sth. on the ground** etw. über den Boden schleifen lassen; **he ~ed his hand/fingers in the water as the boat went along** er ließ seine Hand/Finger mit dem fahrenden Boot durchs Wasser gleiten; **a train/car went by, ~ing clouds of smoke/dust** ein Zug/Auto fuhr vorbei und zog eine Rauch-/Staubwolke hinter sich *(Dat.)* her; **~ sb. by 20 points** 20 Punkte hinter jmdm. liegen. **3.** *v. i.* **a)** *(be dragged)* schleifen; **the bird's wing/dog's leg was ~ing** der Flügel des Vogels/das Bein des Hundes schleifte am Boden; **a cloud of dust ~ed behind the car** hinter dem Wagen zog sich eine Staubwolke hin; **b)** *(hang loosely)* herabhängen; **~ to the ground** auf den Boden hängen; **c)** *(walk wearily etc.)* trotten; *(lag)* hinterhertrotten; **d)** *(Sport: be losing)* zurückliegen; **the runner was ~ing badly** der Läufer lag weit zurück; **he ~ing by two goals to three** mit zwei zu drei Toren im Rückstand sein; **e)** *(creep)* *(Pflanze:)* kriechen

~ a'way ~ off

~ be'hind *v. i.* hinterhertrödeln *(ugs.);* *(Sport)* zurückliegen

~ 'off *v. i.* **a)** *(fade into silence)* **his voice/ shout ~ed off into a whisper/into silence** seine Stimme/sein Schreien wurde schwächer,

bis er schließlich nur noch flüsterte/bis er schließlich ganz verstummte; **her words/ speech ~ed off [into silence]** sie verstummte allmählich; **b)** *(move slowly)* lostrotten; abtrotten

trail: **~ bike** *n.* leichtes, geländegängiges Motorrad; ≈ Enduro, *das;* **~-blazer** *n. (fig.: pioneer)* Bahnbrecher, *der/*Bahnbrecherin, *die;* Wegbereiter, *der/*Wegbereiterin, *die*

trailer ['treɪlə(r)] *n.* **a)** *(Motor Veh.)* Anhänger, *der;* *(boat ~ also)* Trailer, *der;* *(Amer.: caravan)* Wohnanhänger, *der;* **b)** *(Cinemat., Telev.)* Trailer, *der;* **c)** *(Bot.)* Ranke, *die*

'trailing edge *n.* Hinterkante, *die;* *(of sail)* Achterliek, *das*

train [treɪn] **1.** *v. t.* **a)** ausbilden (**in** in + *Dat.*); erziehen ⟨Kind⟩; abrichten ⟨Hund⟩; dressieren ⟨Tier⟩; schulen ⟨Geist, Auge, Ohr⟩; bilden ⟨Charakter⟩; **~ sb. as a teacher/soldier/engineer** jmdn. zum Lehrer/ Soldaten/Ingenieur ausbilden; **~ sb. for a profession** jmdn. auf einen Beruf vorbereiten *od.* für einen Beruf ausbilden; **~ sb. for a career as an officer** jmdn. zum Offizier ausbilden; **he/she has been well/badly/fully ~ed** er/sie besitzt eine gute/schlechte/umfassende Ausbildung; **b)** *(Sport)* trainieren; **~ oneself** trainieren; **c)** *(teach and accustom)* **~ an animal to do sth./to sth.** einem Tier beibringen, etw. zu tun/etw. hinzubringen; **the police dog was ~ed to kill** der Polizeihund war zum Töten abgerichtet; **~ oneself to do sth.** sich dazu erziehen, etw. zu tun; **~ a child to do sth./to sth.** ein Kind dazu erziehen, etw. zu tun/zu etw. erziehen; **~ sb. to use a machine** jmdn. in der Bedienung einer Maschine schulen; **you've got him well ~ed** *(joc.)* du hast ihn dir gut erzogen; **d)** *(Hort.)* ziehen; erziehen *(fachspr.);* **the vines are ~ed and supported by poles** die Reben werden an die stützenden Pfosten gezogen *od. (fachspr.)* erzogen; **~ a plant up/ against a wall/trellis** eine Pflanze an einer Mauer/einem Spalier ziehen *od. (fachspr.)* erziehen; **e)** *(aim)* richten (**on** auf + *Akk.*). **2.** *v. i.* **a)** eine Ausbildung machen; **he is ~ing as** *or* **to be a teacher/doctor/engineer** er macht eine Lehrer-/Arzt-/Ingenieursausbildung; **he is ~ing as a soldier** er läßt sich zum Soldaten ausbilden; **he is ~ing for a responsible position** er bereitet sich auf eine verantwortliche Stellung vor; **he is ~ing for a career as an officer/for the ministry/for the law** er macht eine Offiziers-/Priester-/ Rechtsanwaltsausbildung; **b)** *(Sport)* trainieren. **3.** *n.* **a)** *(Railw.)* Zug, *der;* **go or travel by ~:** mit dem Zug *od.* der Bahn fahren; **the 2 o'clock ~:** der Zweiuhrzug; **on the ~:** im Zug; **which is the ~ for Oxford?** welcher Zug fährt nach Oxford?; **b)** *(of skirt etc.)* Schleppe, *die;* **c)** *(Ornith.)* Schwanz, *der;* **d)** *(retinue)* Gefolge, *das;* **the king/minister had brought a ~ of advisers/attendants with him** der König/Minister hatte ein großes Gefolge von Beratern/Begleitern mitgebracht; **the long ~** of mourners der lange **~:** der Tornado hinterließ Verwüstungen; **e)** *(line, series)* Zug, *der;* **a long ~ of causes** eine lange Kette von Ursachen; **an unlucky ~ of events** eine unglückliche [Aufeinander]folge von Ereignissen; **~ of thought** Gedankengang, *der;* **be in ~** *(formal)* im Gange sein; **everything is now in ~ for the party/ ceremony/election** alle Vorbereitungen für die Party/Feier/Wahl sind jetzt im Gange

~ 'up *v. t.* heranbilden; **our workers have been ~ed up to a very high standard** unsere Arbeiter sind sehr gut ausgebildet

trainable ['treɪnəbl] *adj.* leicht erziehbar ⟨Kind⟩; ausbildungsfähig ⟨Arbeiter⟩

train: **~-bearer** *n.* Schleppenträger, *der/* -trägerin, *die;* **~-driver** *n.* Lokomotivführer, *der/*-führerin, *die*

tramcar

trained [treɪnd] *adj.* ausgebildet ⟨Arbeiter, Lehrer, Arzt, Stimme⟩; abgerichtet ⟨Hund⟩; dressiert ⟨Tier⟩; geschult ⟨Geist, Auge, Ohr⟩

trainee [treɪ'niː] *n.* Auszubildende, *der/die;* *(business management ~)* Trainee, *der/die;* *(in academic, technical professions)* Praktikant, *der/*Praktikantin, *die;* **a ~ manager/ nurse/teacher/doctor/cook** *etc.* ein Manager/eine Krankenschwester/ein Lehrer/ Arzt/Koch *usw.* in Ausbildung

trainer ['treɪnə(r)] *n.* **a)** *(Sport)* [Konditions]trainer, *der/*-trainerin, *die;* **b)** *(Aeronaut.)* Trainer, *der;* *(simulator)* Flugsimulator, *der;* **c)** *in pl. see* **training shoes**

train: **~ fare** *n.* Fahrpreis, *der;* **how much is the ~ fare to Oxford?** wieviel kostet die Bahnfahrt nach Oxford?; **we shall reimburse your ~ fare** wir erstatten Ihnen die Kosten der Bahnfahrt; **~-ferry** *n.* Eisenbahnfähre, *die*

training ['treɪnɪŋ] *n., no pl.* **a)** Ausbildung, *die;* **b)** *(Sport)* Training, *das;* **be in ~** *(train)* trainieren; im Training sein; *(be fit)* in [guter] Form sein; **be out of ~:** außer Form sein; **go into ~:** mit dem Training anfangen; **keep in ~:** in Form bleiben

training: **~-camp** *n. (Mil.)* Ausbildungslager, *das;* *(Boxing)* Trainingslager, *das;* **~ college** *n.* berufsbildende Schule; *(Brit. Hist.)* Lehrerseminar, *das;* **~-course** *n.* Lehrgang, *der;* **~ film** *n.* Lehrfilm, *der;* **~-ground** *n. (Mil.)* Übungsplatz, *der;* *(fig.)* Schule, *die;* **~ scheme** *n.* Ausbildungsprogramm, *das;* **be on a ~ scheme** an einem Ausbildungsprogramm teilnehmen; **~-ship** *n. (Naut.)* Schulschiff, *das;* **~ shoes** *n.pl.* Trainingsschuhe

train: **~ journey** *n.* Bahnfahrt, *die;* (long) Bahnreise, *die;* **~-load** *n.* **~-loads of coal/ livestock/tourists** *etc.* ganze Züge voll Kohle/Vieh/Touristen *usw.;* **football fans arrived in** *or* **by ~-loads** ganze Züge voll Fußballfans kamen; **~ service** *n.* Zugverbindung, *die;* [Eisen]bahnverbindung, *die;* *(whole system)* Eisenbahnsystem, *das;* **a better ~ service** bessere Zugverbindungen; **~ set** *n.* [Modell]eisenbahn, *die;* **~sick** *adj.* **a ~sick child/man** ein Kind/Mann, dem vom Zugfahren schlecht geworden ist; **he gets ~sick** ihm wird beim Zugfahren schlecht; **~-spotter** *n.* jmd., der als Hobby die Nummern von Lokomotiven aufschreibt; **~-spotting** *n., no pl.* das Aufschreiben von Lokomotivnummern als Hobby; **~ station** *n. (Amer.)* Bahnhof, *der;* **~ surfing** *n.* ≈ S-Bahn-Surfen, *das*

traipse [treɪps] *v. i. (coll.)* latschen *(salopp)* **~ about, ~ around** *v. i.* rumlatschen *(salopp)*

trait [treɪ] *n.* Eigenschaft, *die;* **~ of character** Charaktereigenschaft, *die;* **a marked ~ in her character** eine ausgeprägte Charaktereigenschaft bei ihr; **it is a national ~ [of the British]** es gehört zum [britischen] Nationalcharakter

traitor ['treɪtə(r)] *n.* Verräter, *der/*Verräterin, *die;* **be a ~ to one's country/the king/the cause/one's faith** ein Verräter seines Landes/des Königs/der Sache/seines Glaubens sein; **you are a ~ to yourself!** du hast deine eigenen Überzeugungen verraten!; **turn ~:** zum Verräter/zur Verräterin werden

traitorous ['treɪtərəs] *adj.* verräterisch; **a ~ man/woman** ein Verräter/eine Verräterin; **such conduct is ~!** solches Verhalten ist Verrat!

trajectory [trə'dʒektərɪ] *n. (Phys.)* [Flug]bahn, *die*

tra-la [trə'lɑː] *int.* tralla[la]

tram [træm] *n.* **a)** *(Brit.)* Straßenbahn, *die;* **go by ~:** mit der Straßenbahn fahren; **on the ~:** in der Straßenbahn; **b)** *(Mining)* Hund, *der;* Förderwagen, *der*

tram: **~car** *n.* **a)** *see* **tram a;** **b)** *(one car)*

763

tramlines Straßenbahnwagen, *der;* ~**lines** *n. pl. (Brit.)* **a)** Straßenbahnschienen; **b)** *(fig.: rigid principles)* starre Vorschriften; **c)** *(Tennis coll.)* Korridor, *der*

trammel ['træml] **1.** *v. t., (Brit.)* -ll- einengen. **2.** *n. in pl.* Fesseln; **the ~s of convention** die Fesseln der Konvention

tramp [træmp] **1.** *n.* **a)** *(vagrant)* Landstreicher, *der*/-streicherin, *die; (in city)* Stadtstreicher, *der*/-streicherin, *die;* **b)** *(sound of steps)* Schritte; *(of horses)* Getrappel, *das; (of elephants)* Trampeln, *das;* **the ~ of marching feet** Marschschritte; **c)** *(walk)* [Fuß]marsch, *der;* **d)** *(sl.: dissolute woman)* Flittchen, *das (ugs. abwertend);* Nutte, *die (derb abwertend);* **e)** *(Naut.)* Tramp, *der;* Trampschiff, *das.* **2.** *v. i.* **a)** *(tread heavily)* trampeln; **b)** *(walk)* marschieren. **3.** *v. t.* **a)** ~ **one's way** trotten; **b)** *(traverse)* durchwandern; *(with no particular destination)* durchstreifen; **c)** *(tread on)* herumtrampeln auf *(+ Dat.);* ~ **the earth** die Erde festtreten ~ '**down** *v. t.* niedertrampeln *(ugs.);* ~ **sth. down** [**until it is flat**] etw. festtreten

trample ['træmpl] **1.** *v. t.* zertrampeln; ~ **sth. to the ground** etw. zu Boden trampeln; ~ **sth. into the ground** etw. in den Boden treten; **he was ~d to death by elephants** er wurde von Elefanten zu Tode getrampelt. **2.** *v. i.* trampeln

~ '**down** *v. t.* niedertrampeln

~ **on** *v. t.* herumtrampeln auf *(+ Dat.);* ~ **on sb./sth./sb.'s feelings** *(fig.)* jmdn./etw./ jmds. Gefühle mit Füßen treten

trampoline ['træmpəli:n] **1.** *n.* Trampolin, *das.* **2.** *v. i.* Trampolin springen

'**tramp steamer** *n.* Trampschiff, *das*

tram: ~-**ride** *n. (Brit.)* Straßenbahnfahrt, *die;* ~**road** *n. (Amer.) see* **tramlines a;** ~-**route** *n. (Brit.)* Straßenbahnlinie, *die;* ~-**stop** *n.* Straßenbahnhaltestelle, *die;* ~-**ticket** *n. (Brit.)* Straßenbahnfahrschein, *der od.* -fahrkarte, *die;* ~**way** *n. (Brit.) see* **tramlines a**

trance [trɑ:ns] *n.* **a)** Trance, *die; (half-conscious state, hypnotic state, ecstasy, etc.)* tranceartiger Zustand; **be** *or* **lie in a ~:** in Trance/in einem tranceartigen Zustand sein; **fall** *or* **go into a ~:** in Trance/in einen tranceartigen Zustand fallen; **put** *or* **send sb. into a ~:** jmdn. in Trance/in einen tranceartigen Zustand versetzen; **she's been walking about in a ~ all day** sie ist den ganzen Tag wie in Trance herumgelaufen; **b)** *(Med.: catalepsy)* Katalepsie, *die*

tranche [trɑ:nʃ] *n. (Finance)* Tranche, *die*

tranny ['trænɪ] *n. (Brit. sl.)* Transistor, *der (ugs.)*

tranquil ['træŋkwɪl] *adj.* ruhig; friedlich *(Stimmung, Szene)*

tranquilize, tranquilizer *(Amer.) see* **tranquillize, tranquillizer**

tranquillise, tranquilliser *see* **tranquillize, tranquillizer**

tranquillity [træŋ'kwɪlɪtɪ] *n.* Ruhe, *die; (of a scene)* Friedlichkeit, *die;* **live in peace and ~:** in Ruhe und Frieden leben

tranquillize ['træŋkwɪlaɪz] *v. t.* beruhigen; **the unruly prisoner was quickly ~d** der aufsässige Gefangene wurde schnell ruhiggestellt

tranquillizer ['træŋkwɪlaɪzə(r)] *n. (Med.)* Tranquilizer, *der;* Beruhigungsmittel, *das;* ~ **gun** Betäubungsgewehr, *das*

tranquilly ['træŋkwɪlɪ] *adv.* ruhig; friedlich *(leben)*

transact [træn'sækt] *v. t.* ~ **business [with sb.]** [mit jmdm.] Geschäfte tätigen *(Kaufmannsspr., Papierdt.);* **the two countries have ~ed business for a long time** die beiden Länder unterhalten seit langem Handelsbeziehungen; **our company ~s business with many foreign firms** unsere Gesellschaft unterhält Geschäftsbeziehungen mit vielen ausländischen Firmen

transaction [træn'sækʃn] *n.* **a)** *(doing of business)* **after the ~ of their business** nachdem sie das Geschäftliche erledigt hatten; **most banks close for the ~ of business at 3 p.m.** die meisten Banken schließen für den Publikumsverkehr um 15 Uhr; **b)** *(piece of business)* Geschäft, *das; (financial)* Transaktion, *die;* **c)** *in pl. (reports of a society)* Sitzungsberichte *Pl.*

transalpine [træns'ælpaɪn] transalpin

transatlantic [trænsət'læntɪk] *adj.* **a)** *(Brit.: American)* transatlantisch; amerikanisch; **b)** *(Amer.: European)* transatlantisch; europäisch; **c)** *(crossing the Atlantic)* transatlantisch; **a ~ voyage** eine Reise über den Atlantik; **he is a regular ~ traveller** er reist regelmäßig über den Atlantik; ~ **communications** Verbindungen über den Atlantik

transceiver [træn'si:və(r)] *n. (Radio)* Sende- und Empfangsgerät, *das*

transcend [træn'send] *v. t.* **a)** *(be beyond range of)* übersteigen; hinausgehen über *(Grenzen); (Philos.)* transzendieren; **b)** *(surpass)* übertreffen; ~ **sb. in beauty** jmdn. an Schönheit übertreffen

transcendence [træn'sendəns], **transcendency** [træn'sendənsɪ] *n., no pl. (Philos., Theol.)* Transzendenz, *die*

transcendent [træn'sendənt] *adj. (Philos., Theol.)* transzendent

transcendental [trænsen'dentl] *adj.* **a)** *(Philos.)* transzendental; **b)** *(Math.)* transzendent

transcendentalism [trænsen'dentəlɪzm] *n. (Philos.)* Transzendentalismus, *der*

Transcendental Medi'tation, *(Amer.:* P*) n.* Transzendentale Meditation

transcontinental [trænskɒntɪ'nentl] *adj.* transkontinental

transcribe [træn'skraɪb] *v. t.* **a)** *(copy in writing)* abschreiben; aufschreiben *(mündliche Überlieferung);* mitschreiben *(Rede);* protokollieren *(Sitzung, Verhandlung usw.);* ~ **a tape/a taped interview** von einem Tonband/von der Tonbandaufzeichnung eines Interviews eine Niederschrift anfertigen; ~ **one's rough notes** aus seinen kurzen Notizen eine Reinschrift herstellen; **b)** *(record)* ~ **a record on to tape/a tape on to a record** eine Schallplatte auf Tonband überspielen/von einem Tonband eine Schallplattenaufnahme machen; **c)** *(Mus.)* transkribieren; **d)** *(transliterate)* transkribieren; umschreiben; ~ **some shorthand/sth. from a shorthand version** in Stenogramm/etw. in Langschrift übertragen

transcript ['trænskrɪpt] *n.* Abschrift, *die; (of trial, interview, speech, conference)* Protokoll, *das; (of tape, taped material)* Niederschrift, *die*

transcription [træn'skrɪpʃn] *n.* **a)** *(transcribing)* Abschrift, *die; (of proceedings, speeches)* Protokollieren, *das; (of rough notes)* Reinschrift, *die; (of spoken text, tapes, etc.)* Niederschrift, *die; (of record on to tape)* Überspielung, *die; (of tape on to a record)* Übertragung, *die; (Mus.)* Transkription, *die; (from shorthand)* Übertragung [in Langschrift]; *(transliteration)* Transkription, *die;* Umschrift, *die;* **b)** *(transcribed material)* Abschrift, *die; (of proceedings, speech)* Protokoll, *das; (of rough notes)* Reinschrift, *die; (of text, tape, etc.)* Niederschrift, *die; (of record)* [Tonband]aufnahme, *die; (Mus.)* Transkription, *die; (from shorthand)* Langschriftfassung, *die; (transliteration)* Transkription, *die;* Umschrift, *die*

transducer [træns'dju:sə(r)] *n. (Electr.)* Wandler, *der*

transept ['trænsept] *n. (Eccl. Archit.)* Querschiff, *das;* **north/south ~:** nördlicher/südlicher Kreuzarm

transfer 1. [træns'fɜ:(r)] *v. t.*, **-rr-** **a)** *(move)* verlegen **(to** nach); überweisen *(Geld)* **(to** auf *+ Akk.);* transferieren *(große Geldsumme);* übertragen *(Befugnis, Macht)* **(to** *Dat.);* ~ **a prisoner to a different gaol** einen Gefangenen in ein anderes Gefängnis verlegen *od.* überführen; ~ **one's affections to someone new** seine Gunst jemand anderem schenken; ~ **one's allegiance [from sb.] to sb.** [von jmdm.] zu jmdm. überwechseln; **b)** übereignen *(Gegenstand, Grundbesitz)* **(to** *Dat.);* ~ **sth. into new ownership** etw. einem neuen Besitzer *od.* jemand anderem übereignen; **c)** versetzen *(Arbeiter, Angestellte, Schüler); (Football)* transferieren; **d)** übertragen *(Bedeutung, Sinn);* **e)** *(copy)* umdrucken *(Zeichnung).* **2.** *v. i.,* **-rr- a)** *(change to continue journey)* umsteigen; ~ **from Heathrow to Gatwick** zum Weiterflug *od.* Umsteigen von Heathrow nach Gatwick fahren; **we had to ~ to a special bus** wir mußten in einen Sonderbus umsteigen; **b)** *(move to another place or group)* wechseln; *(Firma:)* übersiedeln. **3.** ['trænsfɜ:(r)] *n.* **a)** *(moving)* Verlegung, *die; (of powers)* Übertragung, *die* **(to an** *+ Akk.); (of money)* Überweisung, *die; (of large sums)* Transfer, *der (Wirtsch.);* **b)** *(of employee, pupil)* Versetzung, *die; (of football player)* Transfer, *der;* Wechsel, *der;* **c)** *(Amer.: ticket)* Umsteigefahrkarte, *die;* **d)** *(picture)* Abziehbild, *das;* **e)** *(conveyance of property)* Übertragung, *die;* Übereignung, *die*

transferability [trænsfərə'bɪlɪtɪ] *n., no pl.* Übertragbarkeit, *die*

transferable [træns'fɜ:rəbl, 'trænsfərəbl] *adj.* übertragbar; frei transferierbar *(Devisenkonto)*

transferable 'vote *n.* übertragbare [Wähler]stimme

'**transfer company** *n. (Amer.)* Transportunternehmen, *das*

transference ['trænsfərəns] *n.* Übertragung, *die*

'**transfer:** ~ **fee** *n. (Footb.)* Ablösesumme, *die;* Transfersumme, *die (fachspr.);* ~ **list** *n. (Footb.)* Transferliste, *die*

transfiguration [trænsfɪgə'reɪʃn] *n.* Transfiguration, *die (fachspr.);* Verklärung Christi, *die;* **the T~** *(Relig.)* das Fest der Verklärung

transfigure [træns'fɪgə(r)] *v. t.* verklären

transfix [træns'fɪks] *v. t.* **a)** *(pierce through)* durchbohren; **b)** *(root to the spot)* erstarren lassen, lähmen *(Person);* **be/stand ~ed** wie gelähmt *od.* angewurzelt dastehen/dastehen

transform 1. [træns'fɔ:m] *v. t.* **a)** verwandeln; ~ **heat into energy** Wärme in Energie umwandeln; **the caterpillar is ~ed into a butterfly** die Raupe verwandelt sich zu einem Schmetterling; **I felt ~ed** ich fühlte mich wie umgewandelt; **a new coat of paint would ~ the room** ein neuer Anstrich, und man würde das Zimmer nicht wiedererkennen; **b)** *(Electr.) (in potential)* transformieren; umspannen; *(in type)* umformen. **2.** ['trænsfɔ:m] *n. (Math., Ling.)* Transformation, *die*

transformation [trænsfə'meɪʃn] *n.* **a)** Verwandlung, *die;* **b)** *(Math., Ling.)* Transformation, *die;* **c)** *(Phys.)* Elementumwandlung, *die;* Transmutation, *die; (of heat into energy)* Umwandlung, *die*

transformational [trænsfə'meɪʃənl] *adj. (esp. Ling.)* Transformations-

transformational 'grammar *n. (Ling.)* Transformationsgrammatik, *die*

transformation scene *n. (Theatre)* Verwandlungsszene, *die*

transformer [træns'fɔ:mə(r)] *n. (Electr.)* Transformator, *der*

transfuse [træns'fju:z] *v. t.* **a)** *(Med.)* transfundieren *(fachspr.);* übertragen; **b)** *(permeate, lit. or fig.)* erfüllen; durchdringen

transfusion [træns'fju:ʒn] *n. (Med.)* Transfusion, *die;* Übertragung, *die; see also* **blood transfusion**

764

transgress [træns'gres] *v. t.* übertreten; *abs.* he was ~ing er hat sich einer Übertretung (Gen.) schuldig gemacht (geh.)
transgression [træns'greʃn] *n.* Übertretung, *die*
transgressor [træns'gresə(r)] *n.* Übertreter, *der*/Übertreterin, *die* (of Gen.); (sinner) Sünder, *der*/Sünderin, *die* (of gegen)
transience ['trænzɪəns], **transiency** ['trænzɪənsɪ] *n.* Vergänglichkeit, *die*
transient ['trænzɪənt] **1.** *adj.* a) kurzlebig; vergänglich; b) (Mus.) durchgehend. **2.** *n.* a) (temporary guest) Durchreisende, *der/die;* b) (Electr.) Ausgleichsvorgang, *der*
transistor [træn'sɪstə(r)] *n.* a) ~ [radio] Transistor, *der;* Transistorradio, *das;* b) (Electronics) Transistor, *der*
transistorize [træn'sɪstəraɪz] *v. t.* (Electronics) transistorisieren
transit ['trænsɪt] *n.* a) Transit, *der;* passengers in ~: Transitreisende; Durchreisende; **be in** ~: auf der Durchreise sein; b) (conveyance) Transport, *der;* goods in ~ from London to Hull Waren auf dem Transport von London nach Hull; c) (Astron.) Durchgang, *der*
'**transit camp** *n.* Durchgangslager, *das*
transition [træn'sɪʒn, træn'zɪʃn] *n.* a) Übergang, *der;* (sudden change) Wechsel, *der;* **age/period of** ~: Übergangszeit, *die;* b) (Mus.) Ausweichung, *die;* c) (Art) Übergang, *der*
transitional [træn'sɪʒənl, træn'zɪʃənl] *adj.* Übergangs-; **be** ~ **between a and b** den Übergang von a zu b bilden
tran'sition: ~ **element** *n.* (Chem.) Übergangselement, *das;* ~ **point** *n.* (Phys.) Umwandlungspunkt, *der*
transitive ['trænsɪtɪv] *adj.*, **transitively** ['trænsɪtɪvlɪ] *adv.* (Ling.) transitiv
'**transit lounge** *n.* Transithalle, *die;* Transitlounge, *die*
transitoriness ['trænsɪtərɪnɪs] *n.*, no pl. Vergänglichkeit, *die;* (fleetingness) Flüchtigkeit, *die*
transitory ['trænsɪtərɪ] *adj.* vergänglich; (fleeting) flüchtig
transit: ~ **passenger** *n.* Transitpassagier, *der;* ~ **visa** *n.* Transitvisum, *das;* Durchreisevisum, *das*
translatable [træns'leɪtəbl] *adj.* übersetzbar; **some words are not** ~ **into other languages** manche Wörter lassen sich nicht in andere Sprachen übersetzen
translate [træns'leɪt] **1.** *v. t.* a) übersetzen; ~ **a novel from English into German** einen Roman aus dem Englischen ins Deutsche übersetzen; ~ **'Abgeordneter' as 'Deputy'** „Abgeordneter" mit „Deputy" übersetzen; b) (convert) ~ **a vision into reality/words into action[s]** eine Vision Wirklichkeit werden lassen/Worte in die Tat/in Taten umsetzen; c) (Relig.) überführen (Reliquien); d) (Eccl.) versetzen (Bischof). **2.** *v. i.* sich übersetzt lassen
translation [træns'leɪʃn] *n.* a) Übersetzung, *die;* **error in** ~: Übersetzungsfehler, *der;* **his works are available in** ~: seine Werke liegen in Übersetzung od. übersetzt vor; **read sth. in** ~: etw. in der Übersetzung lesen; b) (conversion) Umsetzung, *die;* c) (Eccl.) Translation, *die* (fachspr.); Versetzung, *die* (fachspr.)
translator [træns'leɪtə(r)] *n.* Übersetzer, *der*/Übersetzerin, *die*
transliterate [træns'lɪtəreɪt] *v. t.* transliterieren (into in + Akk.)
transliteration [trænslɪtə'reɪʃn] *n.* Transliteration, *die* (into in + Akk.)
translucency [træns'lu:sənsɪ] *n.*, no pl. see **translucent:** Eigenschaft, durchscheinend zu sein; Durchsichtigkeit, *die*
translucent [træns'lu:sənt] *adj.* a) (partly transparent) durchscheinend; b) (transparent) durchsichtig
transmigrate [trænsmaɪ'greɪt] *v. i.* a) (pass into different body) übergehen; b) (migrate) ziehen
transmigration [trænsmaɪ'greɪʃn] *n.* ~ [of souls] Seelenwanderung, *die;* **the** ~ **of the soul** into another body der Übergang der Seele in einen anderen Körper
transmission [træns'mɪʃn] *n.* a) (passing on) see **transmit a;** Übersendung, *die;* Übertragung, *die;* Überlieferung, *die;* [Weiter]vererbung, *die;* b) (Radio, Telev.) Ausstrahlung, *die;* (via satellite also; by wire) Übertragung, *die;* c) (Motor Veh.) (drive) Antrieb, *der;* (gearbox) Getriebe, *das;* **manual/automatic** ~: Schalt-/Automatikgetriebe, *das*
transmit [træns'mɪt] *v. t.,* -tt- a) (pass on) übersenden (Nachricht); übertragen (Recht, Krankheit); überliefern (Wissen, Kenntnisse); (genetically) [weiter]vererben (Eigenschaft); b) durchlassen (Licht); übertragen (Druck, Schall); leiten (Wärme, Elektrizität); c) (Radio, Telev.) ausstrahlen; (via satellite also; by wire) übertragen
transmittal [træns'mɪtl] see **transmission a**
transmitter [træns'mɪtə(r)] *n.* Sender, *der*
transmogrification [trænsmɒgrɪfɪ'keɪʃn] *n.* (joc.) [wundersame] Verwandlung
transmogrify [træns'mɒgrɪfaɪ] *v. t.* (joc.) auf wundersame Weise verwandeln (into in + Akk.)
transmutation [trænsmju:'teɪʃn] *n.* a) Umwandlung, *die* (into in + Akk.); b) (Phys.) Transmutation, *die;* Elementumwandlung, *die;* c) (Biol.) Umbildung, *die*
transmute [træns'mju:t] *v. t.* umwandeln
transnational [træns'næʃənl] *adj.* übernational
transoceanic [trænsəʊʃɪ'ænɪk, trænsəʊsɪ-'ænɪk] *adj.* transozeanisch; überseeisch
transom ['trænsəm] *n.* (Archit.) Querssprosse, *die*
transom 'window *n.* Oberlicht, *das*
transparency [træns'pærənsɪ] *n.* a) Durchsichtigkeit, *die;* (fig. also) Durchschaubarkeit, *die;* Fadenscheinigkeit, *die* (abwertend); b) (Photog.) Transparent, *das;* (slide) Dia, *das*
transparent [træns'pærənt] *adj.* durchsichtig; (fig.) (obvious) offenkundig; (easily understood) klar
transparently [træns'pærəntlɪ] *adv.* offenkundig; ~ **lucid** klar und einleuchtend (Darstellung); ~ **obvious** ganz offenkundig
transpiration [trænspɪ'reɪʃn] *n.* a) (perspiration) Schwitzen, *die;* Transpiration, *die* (geh.); b) (Bot.) Transpiration, *die*
transpire [træns'paɪə(r)] *v. i.* a) (coll.: happen) passieren; b) (come to be known) sich herausstellen; **she had not, it** ~**d, seen the letter** sie hatte, so stellte sich heraus, den Brief nicht gesehen; c) (Bot.) transpirieren; d) (be given off as perspiration) (Feuchtigkeit:) ausgedünstet werden. **2.** *v. t.* ausdünsten
transplant 1. [træns'plɑ:nt] *v. t.* a) (Med.) transplantieren (fachspr.), verpflanzen (Organ, Gewebe); b) (plant in another place) umpflanzen; c) (fig.: move to another place) umsiedeln; verlegen (Institution). **2.** ['trænsplɑ:nt] *n.* a) (Med.) (operation) Transplantation, *die* (fachspr.); Verpflanzung, *die;* (thing transplanted) Transplantat, *das* (fachspr.); b) (Hort.) umgesetzte Pflanze
transplantation [trænsplɑ:n'teɪʃn] *n.* (Med.) Transplantation, *die* (fachspr.); Verpflanzung, *die*
transport 1. [træns'pɔ:t] *v. t.* a) (convey) transportieren; befördern; b) (literary: affect with emotion) anrühren, ergreifen (geh.); ~**ed with joy** von Freude überkommen; c) (Hist.) deportieren (Sträfling). **2.** ['trænspɔ:t] *n.* a) (conveyance) Transport, *der;* Beförderung, *die;* attrib. Transport-; Beförderungs-; b) (means of conveyance) Verkehrsmittel, *das;* (for persons also) Fortbewegungsmittel, *das;* ~ **was provided** für die Beförderung wurde gesorgt; **be without** ~: kein [eigenes] Fahrzeug haben; **his only** ~ **is a battered car** er hat nur ein verbeultes Auto; **Ministry of T**~: Verkehrsministerium, *das;* **the** ~ **has arrived** der Wagen ist da; c) (vehement emotion) Ausbruch, *der;* **be in/send sb. into** ~**s of joy** außer sich vor Freude sein/jmdn. in helles Entzücken versetzen; d) (Mil.) [Truppen]transporter, *der*
transportable [træns'pɔ:təbl] *adj.* transportabel
transportation [trænspɔ:'teɪʃn] *n.* a) (conveying) Transport, *der;* Beförderung, *die;* ~ **by air/sea/road/rail** Luft-/See-/Straßen-/Bahntransport, *der;* b) (Amer.) see **transport 2 b;** c) (Hist.: of convict) Deportation, *die*
'**transport café** *n.* (Brit.) Fernfahrerlokal, *das*
transporter [træns'pɔ:tə(r)] *n.* (vehicle) Transporter, *der*
trans'porter bridge *n.* Schwebefähre, *die* (Technik)
transpose [træns'pəʊz] *v. t.* a) (cause to change places) vertauschen; b) (change order of) umstellen; c) (Mus.) transponieren
transposition [trænspə'zɪʃn] *n.* see **transpose:** Vertauschung, *die;* Umstellung, *die;* (Mus.) Transposition, *die*
transsexual [træns'seksjʊəl, træns'sekʃʊəl] **1.** *adj.* transsexuell. **2.** *n.* Transsexuelle, *der/die*
trans-ship [træns'ʃɪp, trænʃ'ʃɪp] *v. t.,* -pp- umladen
trans-shipment [træns'ʃɪpmənt, trænʃ'ʃɪpmənt] *n.* Umschlag, *der*
transubstantiate [trænsəb'stænʃɪeɪt] *v. t.* (Theol.) [ver]wandeln
transubstantiation [trænsəbstænʃɪ'eɪʃn] *n.* (Theol.) Transubstantiation, *die;* Wandlung, *die*
transuranic [trænsjʊ'rænɪk] *adj.* (Chem.) transuranisch
transverse ['trænsvɜ:s] *adj.* querliegend; Quer(balken, -lage, -streifen, -verstrebung); ~ **flute** Querflöte, *die;* ~ **wave** (Phys.) Transversalwelle, *die;* ~ **section** Querschnitt, *der*
transversely ['trænsvɜ:slɪ] *adv.* quer
transvestism [træns'vestɪzm] *n.* (Psych.) Transvestismus, *der*
transvestist [træns'vestɪst], **transvestite** [træns'vestaɪt] *n.* (Psych.) Transvestit, *der*
Transylvania [trænsɪl'veɪnɪə] *pr. n.* Transsilvanien (das) (veralt.); Siebenbürgen (das)
trap [træp] **1.** *n.* a) (lit. or fig.) Falle, *die;* **set a** ~ **for an animal** eine Falle für ein Tier legen od. [auf]stellen; **set a** ~ **for sb.** jmdm. eine Falle stellen; **fall into a/sb.'s** ~: (fig.) in die/jmdm. in die Falle gehen; b) (sl.: mouth) Klappe, *die* (salopp); Fresse, *die* (derb); **shut your** ~!, **keep your** ~ **shut!** halt die Klappe (salopp) od. (derb) Fresse!; c) see **speed trap**; d) (for releasing bird) Kasten, *der;* (for throwing ball etc. into the air) Wurfmaschine, *die;* e) (section of pipe) Geruchsverschluß, *der;* Siphon, *der;* f) (carriage) (leichter zweirädriger) Einspänner; g) (Golf) Bunker, *der;* h) (Greyhound-racing) Box, *die;* i) see **trapdoor;** j) in pl. (coll.: percussion instruments) Schießbude, *die* (ugs.). **2.** *v. t.,* -**pp-** a) (catch) [in od. mit einer Falle] fangen (Tier); (fig.) in eine Falle locken (Person); **be** ~**ped** (fig.) in eine Falle gehen; in der Falle sitzen; **be** ~**ped in a cave by the tide/in the snow** in einer Höhle festsitzen/von der Flut abgeschnitten sein/im Schnee steckengeblieben sein; **she** ~**ped him into contradicting himself** sie brachte ihn durch eine List dazu, sich zu widersprechen; b) (confine) einschließen; (immobilize) einklemmen (Person, Körperteil); ~ **one's finger/foot** sich (Dat.) den Finger/Fuß

trapdoor | **treat**

einklemmen; c) *(entangle)* verstricken; d) stoppen ⟨*Ball*⟩
'trapdoor *n.* Falltür, *die*
trapeze [trə'piːz] *n.* Trapez, *das*
trapezium [trə'piːzɪəm] *n., pl.* **trapezia** [trə'piːzɪə] *or* **~s** *(Geom.)* **a)** *(Brit.)* Trapez, *das;* **b)** *(Amer.)* Trapezoid, *das*
trapezoid ['træpɪzɔɪd] *n. (Geom.)* **a)** *(Brit.)* Trapezoid, *das;* **b)** *(Amer.)* Trapez, *das*
trapper ['træpə(r)] *n.* Fallensteller, *der;* (*in North America*) Trapper, *der*
trappings ['træpɪŋz] *n. pl.* **a)** [äußere] Zeichen; *(of power, high office)* Insignien; **b)** *(ornamental harness)* ≈ Schabracke, *die*
Trappist ['træpɪst] *n.* Trappist, *der; attrib.* Trappisten-
trash [træʃ] **1.** *n., no pl., no indef. art.* **a)** *(rubbish)* Abfall, *der;* **b)** *(badly made thing)* Mist, *der (ugs. abwertend);* **be [just] ~:** nichts taugen; **c)** *(nonsensical talk)* Mist, *der (ugs. abwertend);* **what ~ he talks!** was der für 'n Mist redet!; **d)** *(worthless person)* Ratte, *die (derb); (worthless persons)* Gesindel, *das (abwertend);* Pack, *das (abwertend);* **white ~** *(Amer. derog.)* weißes Gesindel *od.* Pack *(abwertend).* **2.** *v. t.* wegwerfen; wegschmeißen *(ugs.)*
'trashcan *n. (Amer.)* Mülltonne, *die*
trashy ['træʃɪ] *adj.* minderwertig; Schund-⟨*literatur, -roman*⟩
trattoria [trætə'riːə] *n.* Trattoria, *die*
trauma ['trɔːmə] *n., pl.* **-ta** ['trɔːmətə] *or* **-s** Trauma, *das (fachspr.); (injury also)* Verletzung, *die; (shock also)* Schock, *der*
traumatic [trɔː'mætɪk] *adj.* **a)** *(Med.)* traumatisch; **b)** *(coll.: devastating)* furchtbar
travel ['trævl] **1.** *n.* **a)** Reisen, *das; attrib.* Reise-; **be off on one's ~s** verreist sein; **if you see him on your ~s, ...** *(joc.)* wenn er dir über den Weg läuft, ...; **b)** *(range of motion)* Weg, *der;* **there's a lot of ~ on the handbrake** der Handbremshebel hat einen sehr langen Weg. **2.** *v. i., (Brit.)* **-ll- a)** *(make a journey)* reisen; *(go in vehicle)* fahren; **~ a lot** viel reisen; **b)** *(coll.: withstand long journey)* **~ [well]** ⟨*Ware:*⟩ lange Transporte vertragen; **~ badly** ⟨*Ware:*⟩ lange Transporte nicht vertragen; **c)** *(work as ~ling sales representative)* reisen; Vertreter/Vertreterin sein; **~ in stationery** in Schreibwaren reisen *(Kaufmannsspr.);* **d)** *(move)* sich bewegen; ⟨*Blick, Schmerz:*⟩ wandern; ⟨*Tier:*⟩ sich fortbewegen; ⟨*Licht, Schall:*⟩ sich ausbreiten; **e)** *(coll.: move briskly)* kacheln *(ugs.); that car can really ~:* das Auto zieht ganz schön ab *(ugs.);* **we were really ~ling** wir hatten einen ganz schönen Zahn drauf *(ugs.).* **3.** *v. t. (Brit.)* **-ll-** zurücklegen ⟨*Strecke, Entfernung*⟩; bereisen ⟨*Bezirk*⟩; passieren ⟨*Weg, Straße*⟩; **we had ~led 10 miles** wir waren 10 Meilen gefahren
~ a'bout, ~ a'round 1. *v. i.* umherreisen. **2.** *v. t.* **~ around the country** durchs Land reisen *od.* fahren
travel: ~ agency *n.* Reisebüro, *das;* **~ agent** *n.* Reisebürokaufmann, *der/*-kauffrau, *die;* **the ~ agent made a mistake** das Reisebüro hat einen Fehler gemacht
travelator ['trævəleɪtə(r)] *n.* Fahr- *od.* Rollsteig, *der*
travel: ~ brochure *n.* Reiseprospekt, *der;* **~ bureau** *n.* Reisebüro, *das*
traveled, traveler, traveling *(Amer.) see* **travell-**
travelled ['trævld] *adj. (Brit.)* **be much ~** ⟨*Person:*⟩ weit gereist sein; **be well ~** ⟨*Weg, Straße:*⟩ viel befahren sein
traveller ['trævlə(r)] *n. (Brit.)* **a)** Reisende, *der/die;* **be a poor ~:** das Reisen nicht [gut] vertragen; **b)** *(sales representative)* Vertreter, *der/*Vertreterin, *die;* **c)** *in pl. (gypsies etc.)* fahrendes Volk
traveller: ~'s cheque *n.* Reisescheck, *der;* **~'s tale** *n.* phantastischer Reisebericht; **they're just ~'s tales** das sind nur Phantastereien *(abwertend)*
travelling ['trævlɪŋ] *adj. (Brit.)* Wander⟨*zirkus, -ausstellung, -bühne*⟩
travelling: ~ bag *n.* Reisetasche, *die;* **~ clock** *n.* Reisewecker, *der;* **~ 'crane** *n.* Laufkran, *der;* **~ expenses** *n. pl.* Reisekosten *Pl.;* **~ 'fellowship** *n. (Univ.)* ≈ Auslandsstipendium, *das;* **~ rug** *n.* Reisedecke, *die;* **~ 'salesman** *n.* Vertreter, *der;* **~ 'wave** *n. (Phys.)* fortschreitende Welle
travelogue *(Amer.:* **travelog)** ['trævəlɒg] *n.* Reisebericht, *der*
travel: ~-sick *adj.* reisekrank; **~-sickness** *n., no pl.* Reisekrankheit, *die;* **~-sickness pill** *n.* Tablette gegen Reisekrankheit
traverse ['trævəs, trə'vɜːs] **1.** *v. t.* **a)** übergueren ⟨*Gebirge*⟩; durchqueren ⟨*Gebäude, Gebiet*⟩; **b)** ⟨*Kanal, Mauer:*⟩ durchziehen ⟨*Gebiet*⟩; **c)** *(Mountaineering)* traversieren. **2.** *n. (Mountaineering)* Traversierung, *die*
travesty ['trævɪstɪ] **1.** *n.* **a)** *(parody)* Karikatur, *die;* **be a ~ [of justice]** ein Hohn [auf die Gerechtigkeit] sein; **b)** *(Lit.: burlesque)* Travestie, *die (fachspr.).* **2.** *v. t.* ins Lächerliche ziehen
Travolator, (P) ['trævəleɪtə(r)] *see* **travelator**
trawl [trɔːl] **1.** *v. i.* mit dem Grundnetz fischen. **2.** *n.* **a)** Fischen mit dem Grundnetz; **b)** **~[-net]** Grund[schlepp]netz, *das;* **~[-line]** *(Amer.)* Langleine, *die*
trawler ['trɔːlə(r)] *n. (vessel)* [Fisch]trawler, *der*
trawlerman ['trɔːləmən] *n.* ≈ Hochseefischer, *der*
tray [treɪ] *n.* **a)** Tablett, *das;* **baking-~:** Backblech, *das;* **b)** *(for correspondence)* Ablagekorb, *der*
'tray-cloth *n.* Deckchen für ein Tablett
trayful ['treɪfʊl] *n.* Tablett voll
treacherous ['tretʃərəs] *adj.* **a)** treulos ⟨*Person*⟩; heimtückisch ⟨*Intrige, Feind*⟩; **b)** *(deceptive)* tückisch; **the ice looks pretty ~:** das Eis sieht nicht sehr vertrauenerweckend aus
treacherously ['tretʃərəslɪ] *adv.* heimtückisch
treachery ['tretʃərɪ] *n.* Verrat, *der;* **act of ~:** Verrat, *der*
treacle ['triːkl] *n. (Brit.)* **a)** *(golden syrup)* Sirup, *der;* **b)** *see* **molasses**
treacle 'pudding *n.* mit Sirup übergossener Mehlpudding
treacly ['triːklɪ] *adj.* sirupartig; *(fig.)* süßlich *(abwertend)*
tread [tred] **1.** *n.* **a)** *(of tyre, shoe, boot, etc.)* Lauffläche, *die;* **2 millimetres of tread on a tyre** 2 Millimeter Profil auf einem Reifen; **b)** *(manner of walking)* Gang, *der; (sound of walking)* Schritt, *der;* **walk with a springy/catlike ~:** einen federnden/katzenhaften Gang haben; **the ~ of feet** Schritte; **c)** *(of staircase)* [Tritt]stufe, *die.* **2.** *v. i.,* **~ [trɒd], trodden** ['trɒdn] *or* **trod** treten (**in/on** in/auf + Akk.); *(walk)* gehen; **~ carefully** *or* **lightly** *(fig.)* behutsam vorgehen; **~ on sb.'s toes** *(lit. or fig.)* jmdm. auf die Füße treten; **~ on the heels of sb./sth.** *(fig.)* jmdm./einer Sache auf den Fersen sein *(ugs.);* **~ dirt into the carpet/all over the house** Schmutz in den Teppich treten/im ganzen Haus herumtreten; *see also* **foot 1 a. 3.** *v. t.,* **trod, trodden** *or* **trod a)** *(walk on)* treten auf (+ Akk.); stampfen ⟨*Weintrauben*⟩; *(fig.)* gehen ⟨*Weg*⟩; **~ the stage** *or* **boards** *(Theatre)* auf die Bühne *od.* auf den Brettern stehen; **be trodden underfoot** mit Füßen getreten werden; **~ water** *(Swimming)* Wasser treten; **b)** *(make by walking or ~ing)* austreten ⟨*Weg*⟩
~ 'down *v. t.* festtreten ⟨*Erde*⟩; *(crush, destroy)* zertreten ⟨*Blume, Beet*⟩
~ 'in *v. t.* festtreten

~ 'out *v. t.* austreten ⟨*Feuer, Zigarette*⟩; stampfen ⟨*Weintrauben*⟩
treadle ['tredl] *n.* Tritt, *der*
'treadmill *n. (lit. or fig.)* Tretmühle, *die*
treason ['triːzn] *n.* **a)** **[high] ~:** Hochverrat, *der;* **b)** *(disloyalty)* Verrat, *der*
treasonable ['triːzənəbl], **treasonous** ['triːzənəs] *adjs.* verräterisch; **a ~ offence** Verrat
treasure ['treʒə(r)] **1.** *n.* **a)** Schatz, *der;* Kostbarkeit, *die;* **art ~s** Kunstschätze; **b)** *no pl., no indef. art. (riches)* Schätze; **buried ~:** ein vergrabener Schatz; **voyage in quest of ~:** Schatzsuche, *die;* **c)** *(coll.: valued person)* Schatz, *der (ugs.).* **2.** *v. t.* in Ehren halten; **die Erinnerung bewahren an** (+ Dat.); **I'll always ~ this moment/the memory of that day** ich werde diesen Augenblick/Tag niemals vergessen
~ 'up *v. t.* wie einen Schatz hüten
treasure: ~-house *n.* Schatzkammer, *die; (fig.)* [wahre] Fundgrube, *die;* **~-hunt** *n.* Schatzsuche, *die*
treasurer ['treʒərə(r)] *n.* **a)** *(of club, society)* Kassenwart, *der/*-wartin, *die; (of club, party)* Schatzmeister, *der/*-meisterin, *die; (of company)* Leiter/Leiterin der Finanzabteilung; **b)** *(local government official)* Leiter/Leiterin der Finanzverwaltung
treasure trove ['treʒə trəʊv] *n.* Schatz, *der; (fig.: valuable source)* [wahre] Fundgrube, *die*
treasury ['treʒərɪ] *n.* **a)** *(place where treasure is stored)* Schatzkammer, *die;* **b)** *(fig.)* Fundgrube, *die; (as book-title)* Schatzkästchen, *das;* **c)** *(place where public revenues are kept)* Schatzamt, *das;* **d)** *(government department)* **the T~:** das Finanzministerium; **the First Lord of the T~** *(Brit.)* der Premierminister/die Premierministerin *(als nomineller Leiter/nominelle Leiterin des „treasury")*
treasury: T~ bench *n. (Brit. Parl.)* Regierungsbank, *die;* **~ bill** *n. (Finance)* Schatzwechsel, *der;* **~ tag** *n.* kurze Kordel mit Metallstiften an den Enden zum Zusammenhalten von [gelochten] Blättern
treat [triːt] **1.** *n.* **a)** [besonderes] Vergnügen; *(sth. to eat)* Leckerbissen; **what a ~ [it is] to do/not to have to do that!** welch ein Genuß *od.* eine Wohltat, das zu tun/nicht tun zu müssen!; **it was a real ~ to have an entire afternoon at home on my own** es war eine richtige Wohltat, einen ganzen Nachmittag zu Hause für mich allein zu haben; **give sb. a ~:** jmdm. eine besondere Freude machen; **have a ~ in store for sb.** noch eine besondere Freude für jmdn. auf Lager haben; **there was a ~ in store for them** auf sie wartete noch eine besondere Freude; **go down a ~** *(coll.)* ⟨*Essen, Getränk:*⟩ prima schmecken *(ugs.);* **work a ~** *(coll.)* ⟨*Maschine:*⟩ prima arbeiten *(ugs.);* ⟨*Plan:*⟩ prima funktionieren *(ugs.);* **b)** *(entertainment)* Vergnügen, für dessen Kosten jmd. anderes aufkommt; **lay on a special ~ for sb.** jmdm. etwas Besonderes bieten; **as a Christmas ~ I shall take my sister to the theatre** als Weihnachtsgeschenk lade ich meine Schwester ins Theater ein; **c)** *(act of ~ing)* Einladung, *die;* **it's my ~:** ich lade dich/euch ein; **stand ~ for sb.** jmdn. einladen. **2.** *v. t.* **a)** *(act towards)* behandeln; **~ sth. as a joke** etw. als Witz nehmen; **~ sth. with contempt** für etw. nur Verachtung haben; **~ sb. [Med.] behandeln; ~ sb. for sth.** jmdn. wegen etw. behandeln; *(before confirmation of diagnosis)* jmdn. auf etw. *(Akk.)* behandeln; **c)** *(apply process to)* behandeln ⟨*Material, Stoff, Metall, Leder*⟩; klären ⟨*Abwässer*⟩; **d)** *(handle in literature etc.)* behandeln. **~ sth. fully** etw. ausführlich behandeln; **e)** *(provide with at own expense)* einladen; **~ sb. to sth.** jmdm. etw. spendieren; **~ oneself to a holiday/a new hat** sich *(Dat.)* Urlaub gönnen/sich *(Dat.)* einen neuen Hut leisten. **3.** *v. i.*

766

treatise

~ **with sb.** [**for sth.**] mit jmdm. [über etw. *(Akk.)*] verhandeln
treatise ['triːtɪs, 'triːtɪz] *n.* Abhandlung, *die*
treatment ['triːtmənt] *n.* **a)** Behandlung, *die;* **receive rough ~ from sb.** von jmdm. grob behandelt werden; **his ~ of the staff/you** die Art, wie er das Personal/dich behandelt; **her ~ at the hands of her uncle** die Art, wie ihr Onkel sie behandelt/behandelt hat; **give sb. the [full] ~** *(coll.) (treat cruelly/harshly)* jmdn. in die Mangel nehmen *(salopp); (entertain on a lavish scale)* jmdn. verwöhnen; **b)** *(Med.)* Behandlung, *die;* **be having ~ for sth.** wegen etw. in Behandlung sein; **need immediate medical ~:** sofort ärztlich behandelt werden müssen; **c)** *(processing)* Behandlung, *die; (of sewage)* Klärung, *die*
treaty ['triːtɪ] *n.* **a)** [Staats]vertrag, *der;* **make** *or* **sign a ~:** einen Vertrag schließen; **the ~ of Rome** die Römischen Verträge; **the ~ of Versailles** der Versailler Vertrag; **b)** *see* **private treaty**
treble ['trebl] **1.** *adj.* **a)** dreifach; **~ row** Dreierreihe, *die;* **~ the amount compared to ...:** dreimal so viel wie ...; **sell sth. for ~ the price** etw. dreimal so teuer verkaufen; **b)** *(Brit. Mus.)* **~ voice** Sopranstimme, *die.* **2.** *n.* **a)** *(Brit. Mus.)* **he is a ~/is singing the ~:** er singt Sopran/den Sopran; **b)** *(~ quantity etc.)* Dreifache, *das;* **c)** *(Darts)* dreifach zählender Treffer; **d)** *(Racing)* Dreifachwette, *die.* **3.** *v.t.* verdreifachen; **be ~d** *(Wert einer Aktie usw.:)* sich verdreifachen. **4.** *v.i.* sich verdreifachen
treble: **~ 'chance** *n.* Art des Fußballtotos mit dreifacher Gewinnchance; **~ 'clef** *n.* *(Mus.)* Violinschlüssel, *der;* **~ re'corder** *n.* *(Mus.)* Altflöte, *die*
trebly ['trebli] *adv.* dreifach; **be ~ fortunate** in dreifacher Hinsicht Glück haben
tree [triː] *n.* Baum, *der;* **not grow on ~s** *(fig.)* nicht [einfach] vom Himmel fallen; *see also* **Christmas tree; family tree; shoe-tree;** ¹**top 1a**
tree: **~-creeper** *n.* *(Ornith.)* Baumläufer, *der;* **~-fern** *n.* *(Bot.)* Baumfarn, *der;* **~-frog** *n.* Laubfrosch, *der;* **~-house** *n.* Baumhaus, *das*
treeless ['triːlɪs] *adj.* baumlos
tree: **~-line** *see* **timber-line;** **~-lined** *adj.* von Bäumen gesäumt; **~-ring** *see* **annual 1c;** **~-shaded** *adj.* von Bäumen beschattet *(geh.);* **~ surgeon** *n.* Baumchirurg, *der;* **~ surgery** *n.* Baumchirurgie, *die;* **~-top** *n.* [Baum]wipfel, *der;* **~-trunk** *n.* Baumstamm, *der*
trefoil ['trefɔɪl, 'triːfɔɪl] *n.* **a)** *(clover)* Klee, *der; (plant with similar leaves)* Dreiblatt, *das;* **b)** *(Archit.)* Dreipaß, *der*
trek [trek] **1.** *v.i.,* **-kk- a)** ziehen (**across** durch); **b)** *(travel by ox-wagon)* trecken. **2.** *n.* **a)** *(schwierige)* Reise, *die; (journey by ox-wagon, organized migration)* Treck, *der*
trellis ['trelɪs] *n.* Gitter, *das; (for plants)* Spalier, *das;* **~-work** Gitterwerk, *das*
tremble ['trembl] **1.** *v.i.* zittern (**with** vor + *Dat.*); **~ for sb./sth.** *(fig.)* um jmdn./etw. zittern; **~ to think what .../at the thought** *(fig.)* mir wird bange, wenn ich daran denke, was .../wenn ich daran denke. **2.** *n.* Zittern, *das;* **be all of a ~** *(coll.)* am ganzen Körper zittern; **there was a ~ in her voice** ihre Stimme zitterte
trembling ['tremblɪŋ] **1.** *adj.* zitternd. **2.** *n.* Zittern, *das*
tremendous [trɪ'mendəs] *adj.* **a)** *(immense)* gewaltig; enorm ⟨*Fähigkeiten*⟩; **b)** *(coll.: wonderful)* großartig
tremendously [trɪ'mendəslɪ] *adv.* wahnsinnig *(ugs.)*
tremolo ['tremələʊ] *n., pl.* **~s** *(Mus.)* **a)** Tremolo, *das;* **b)** *(in organ)* **~ [stop]** Tremulant, *der*
tremor ['tremə(r)] *n.* **a)** Zittern, *das;* **feel a ~**

of delight/fear freudig erregt sein/vor Angst zittern; **there was a ~ of anger in her voice** ihre Stimme zitterte vor Wut; **without a ~:** ohne zu zittern; **b)** [**earth**] **~** *(Geol.)* leichtes Erdbeben
tremulous ['tremjʊləs] *adj.* **a)** *(trembling)* zitternd; **be ~:** zittern; **b)** *(timid)* zaghaft ⟨*Lächeln,*⟩; ängstlich ⟨*Person*⟩
tremulously ['tremjʊləslɪ] *adv.* **a)** mit zitternder Stimme ⟨*sprechen*⟩; **b)** *(timidly)* zaghaft
trench [trentʃ] **1.** *n.* Graben, *der;* *(Geog.)* [Tiefsee]graben, *der;* *(Mil.)* Schützengraben, *der.* **2.** *v.t.* *(dig ditch in)* mit einem Graben durchziehen
trenchant ['trentʃənt] *adj.* deutlich, energisch ⟨*Kritik, Sprache*⟩; energisch ⟨*Verteidiger, Kritiker, Politik*⟩; prägnant ⟨*Stil*⟩; scharf ⟨*Verstand*⟩
trenchantly ['trentʃəntlɪ] *adv.* energisch ⟨*verteidigen, argumentieren, unterstützen*⟩
'**trench coat** *n.* *(Mil.)* Wettermantel, *der; (coat in this style)* Trenchcoat, *der*
trencherman ['trentʃəmən] *n.* [guter] Esser
trench: **~ mortar** *n.* *(Mil.)* Granatwerfer, *der;* **~ 'warfare** *n.* Grabenkrieg, *der*
trend [trend] **1.** *n.* **a)** Trend, *der;* **population ~s** die Bevölkerungsentwicklung; **upward ~:** steigende Tendenz; **b)** *(fashion)* Mode, *die;* [Mode]trend, *der;* **set the ~:** den Trend bestimmen; **c)** *(line of direction)* Verlauf, *der.* **2.** *v.i.* **a)** *(take a course)* verlaufen; **b)** *(fig.: move)* sich entwickeln; **~ upward** steigen
trendily ['trendɪlɪ] *adv.* *(Brit. coll.)* modisch
trendiness ['trendɪnɪs] *n., no pl.* *(Brit. coll.)* modische Art
'**trend-setter** *n.* Trendsetter, *der*
trendy ['trendɪ] *(Brit. coll.)* **1.** *adj.* modisch; Schickimicki⟨*kneipe, -wohngegend*⟩ *(ugs.);* fortschrittlich-modern ⟨*Geistlicher, Lehrer*⟩. **2.** *n.* Schickimicki, *der, die (ugs.)*
trepidation [trepɪ'deɪʃn] *n.* Beklommenheit, *die;* **with some ~, not without ~:** ziemlich beklommen; **wait in ~:** voller Beklommenheit warten; **a look of ~:** ein banger Blick
trespass ['trespəs] **1.** *v.i.* **a)** **~ on** unerlaubt betreten ⟨*Grundstück*⟩; eingreifen in (+ *Akk.*) ⟨*jmds. Rechte*⟩; **'no ~ing'** „Betreten verboten!"; **~ on sb.'s preserve** *(fig.)* sich in jmds. Angelegenheiten *(Akk.)* einmischen; **~ on sb.'s time/privacy** *(fig.)* jmds. Zeit über Gebühr in Anspruch nehmen/jmds. Privatsphäre verletzen; **b)** *(literary/arch.: offend)* freveln *(geh. veralt.)* (**against** an + *Dat.*); **as we forgive those who ~ against us** *(Relig.)* wie wir vergeben unseren Schuldigern. **2.** *n.* **a)** **forgive us our ~es** *(Relig.)* vergib uns unsere Schuld; **b)** *(Law)* *(on land)* Hausfriedensbruch, *der; (on a person)* ≈ Körperverletzung, *die; (on goods)* ≈ Eigentumsdelikt, *das*
trespasser ['trespəsə(r)] *n.* Unbefugte, *der/die;* '**~s will be prosecuted**' „Betreten verboten, Zuwiderhandlungen werden verfolgt"; **~ on sb.'s land** Person, die unerlaubt jmds. Land betritt
tress [tres] *n.* *(literary/arch.)* Haarstrang, *der; (curly)* Locke, *die;* **she combed her ~es** sie kämmte ihr [langes] Haar
trestle ['tresl] *n.* **a)** *(Auflager)*bock, *der;* **~[-table]** Tapeziertisch, *der*
trews [truːz] *n. pl.* *(Brit.)* enganliegende Hose [in Schottenmuster]
triad ['traɪæd] *n.* **a)** Triade, *die;* Dreiheit, *die;* **b)** *(Mus.)* Dreiklang, *der*
trial ['traɪəl] *n.* **a)** *(Law)* [Gerichts]verfahren, *das;* **be on ~ [for murder]** (wegen Mordes) angeklagt sein; **be on ~ [for one's life]** (wegen eines Verbrechens, auf das die Todesstrafe steht,) vor Gericht gestellt werden; **bring sb. to ~, put sb. on ~:** jmdm. den Prozeß machen (**for** wegen); **the case was brought to ~:** der Fall wurde vor Gericht

verhandelt; **b)** *(testing)* Test, *der;* **subject sth. to further ~:** weitere Tests mit etw. durchführen; **be given ~s** getestet werden; **sea ~** *(Naut.)* Probefahrt, *die;* **employ sb. on ~:** jmdn. probeweise einstellen; **be on ~** ⟨*Person:*⟩ in der Probezeit sein; ⟨*Maschine:*⟩ getestet werden; **give sb. a ~:** es mit jmdm. versuchen; **give sth. a ~:** etw. ausprobieren; [**by**] **~ and error** [durch] Ausprobieren; **~ of strength** Kraftprobe, *die;* **c)** *(trouble)* Prüfung, *die (geh.);* Problem, *das;* **find sth. a ~:** etw. als lästig empfinden; **be a ~ to sb.** jmdm. zu schaffen machen; **that child is a real ~:** das Kind ist eine richtige Plage; **d)** *(Sport) (competition)* Prüfung, *die; (for selection)* Testspiel, *das. See also* **jury a; tribulation a**
trial: **~ 'balance** *n.* *(Bookk.)* Probebilanz, *die;* **~ match** *see* **trial d;** **~ pack** *n.* Probepackung, *die; (of car)* Testfahrt, *die; (of machine)* Probelauf, *der;* **b)** *(fig.)* Probelauf, *der;* **have a ~ run of sth., give sth. a ~ run** etw. testen
triangle ['traɪæŋgl] *n.* **a)** Dreieck, *das; see also* **eternal a; b)** *(Mus.)* Triangel, *das od. der*
triangular [traɪ'æŋgjʊlə(r)] *adj.* **a)** dreieckig; dreiseitig ⟨*Pyramide*⟩; **b)** *(between three persons etc.)* Dreier⟨*beziehung, -wettbewerb*⟩
triangulate [traɪ'æŋgjʊleɪt] *v.t.* *(Surv.)* triangulieren
triangulation [traɪæŋgjʊ'leɪʃn] *n.* *(Surv.)* Triangulation, *die*
Triassic [traɪ'æsɪk] *(Geol.)* **1.** *adj.* Trias-. **2.** *n.* Trias, *die*
tribal ['traɪbl] *adj.* Stammes-
tribalism ['traɪbəlɪzm] *n.* Tribalismus, *der (fachspr.)*
tribalistic [traɪbə'lɪstɪk] *adj.* Stammes-; tribalistisch *(fachspr.)*
tribe [traɪb] *n.* **a)** Stamm, *der;* **b)** *(derog.)* Bande, *die (abwertend);* **c)** *(Biol.)* Tribus, *die;* **d)** *in pl. (joc.: large numbers)* Horde, *die;* **whole ~s of children** ganze Horden von Kindern
tribesman ['traɪbzmən] *n., pl.* **tribesmen** ['traɪbzmən] Stammesangehörige, *der*
tribulation [trɪbjʊ'leɪʃn] *n.* **a)** *(great affliction)* Kummer, *der;* **bring sb. ~:** jmdm. Kummer bereiten; **trials and ~s** Probleme und Sorgen; **b)** *(cause of trouble etc.)* **be a ~ to sb.** jmdm. zur Last fallen
tribunal [traɪ'bjuːnl, trɪ'bjuːnl] *n.* **a)** Schiedsgericht, *das; (court of justice)* Gericht, *das; see also* **rent tribunal; b)** *(fig.)* Tribunal, *das*
¹**tribune** ['trɪbjuːn] *n.* *(platform)* [Redner]tribüne, *die*
²**tribune** *n.* *(Hist.)* **~ [of the people]** Volkstribun, *der*
tributary ['trɪbjʊtərɪ] **1.** *adj.* **a)** *(paying tribute)* tributpflichtig; **b)** **~ river** *(of larger river)* Nebenfluß, *der; (of lake, stream, etc.)* Zufluß, *der.* **2.** *n.* **a)** *(river) (flowing into larger river)* Nebenfluß, *der; (flowing into lake, stream, etc.)* Zufluß, *der;* **b)** *(State)* tributpflichtiger Staat
tribute ['trɪbjuːt] *n.* **a)** *(regard)* Tribut, *der* (**to** an + *Akk.*); **pay ~ to sb./sth.** jmdm./einer Sache den schuldigen Tribut zollen *(geh.);* **in silent ~:** in stiller Ehrerbietung; **floral ~s** Blumen [als Zeichen der Anerkennung]; *(to deceased person)* Blumen und Kränze; **as a ~ to** als Würdigung seiner Arbeit; **she is a ~ to her teacher/trainer** sie macht ihrem Lehrer/Trainer alle Ehre; **b)** *(payment)* Tribut, *der*
trice [traɪs] *n.* **in a ~:** im Handumdrehen
tricentenary [traɪsen'tiːnərɪ, traɪsen'tenərɪ] *see* **tercentenary**
trichinosis [trɪkɪ'nəʊsɪs] *n.* *(Med.)* Trichinose, *die*
trichloride [traɪ'klɔːraɪd] *n.* *(Chem.)* Trichlorid, *das*

trick [trɪk] 1. *n.* a) Trick, *der;* **I suspect some ~:** es könnte ein Trick sein; **it was all a ~:** das war [alles] nur Bluff; **it was such a shabby ~ [to play on her]** es war [ihr gegenüber] eine derartige Gemeinheit *od.* dermaßen gemein; b) *(feat of skill etc.)* Kunststück, *das;* **try every ~ in the book** es mit allen Tricks probieren; **he never misses a ~** *(fig.)* ihm entgeht nichts; **that should do the ~** *(coll.)* damit dürfte es klappen *(ugs.);* **know a ~ worth two of that** etwas viel Besseres wissen; c) *(knack)* **get** *or* **find the ~** [of doing sth.] den Dreh finden[, wie man etw. tut]; d) **how's ~s?** *(coll.)* was macht die Kunst? *(ugs.);* e) *(mannerism)* Eigenart, *die;* **have a ~ of doing sth.** die Eigenart haben, etw. zu tun; f) *(prank)* Streich, *der;* **play a ~ on sb.** jmdm. einen Streich spielen; **my hearing-aid is playing ~s on me again** mein Hörgerät spielt mal wieder verrückt *(ugs.);* **be up to one's [old] ~s again** immer noch auf dieselbe Tour reisen *(ugs.);* **be up to sb.'s ~s** wissen, was jmd. im Schilde führt; **~ or treat** Trick-or-Treat, *das (Kinderspiel);* g) *(illusion)* **~ of vision/lighting/ the light** Augentäuschung, *die;* h) *(Cards)* Stich, *der;* **take a ~:** einen Stich machen; i) *(prostitute's customer)* Freier, *der. See also* **bag 1 a; trade 1 a.** 2. *v.t.* täuschen; hereinlegen; **~ sb. into doing sth.** jmdn. mit einem Trick *od.* einer List dazu bringen, etw. zu tun; **~ sb. out of/into sth.** jmdm. etw. ablisten. 3. *adj.* **~ photograph** Trickaufnahme, *die;* **~ photography** Trickfotografie, *die;* **~ question** Fangfrage, *die*
~ 'out, ~ 'up *v.t.* schmücken; **~ oneself out** *or* **up** sich herausputzen (in mit)
trick 'cyclist *n.* a) Kunstradfahrer, *der/*-fahrerin, *die;* b) *(joc.: psychiatrist)* Seelendoktor, *der/*-doktorin, *die (ugs. scherzh.)*
trickery ['trɪkərɪ] *n.* [Hinter]list, *die;* **piece of ~:** List, *die;* Trick, *der*
trickiness ['trɪkɪnɪs] *n., no pl.* Verzwicktheit, *die (ugs.)*
trickle ['trɪkl] 1. *n.* Rinnsal, *das (geh.) (of von);* **in a ~:** als Rinnsal; **a ~ of rain ran down the window** Regenwasser rann am Fenster hinunter; **there was a ~ of people leaving the room** *(fig.)* einige wenige Menschen verließen nacheinander den Raum; **the ~ of people leaving the hall swelled to a flood** *(fig.)* erst leerte sich die Halle nur langsam, doch dann strömten die Menschen hinaus; **supplies of food have shrunk to a ~** *(fig.)* die Versorgung mit Nahrungsmitteln ist fast versiegt. 2. *v.i.* rinnen; *(in drops)* tröpfeln; *(fig.) (Ball:)* langsam rollen; **~ out** ⟨*Zuschauer:*⟩ nach und nach [hinaus]gehen; **~ through** *or* **out** ⟨*Informationen:*⟩ durchsickern. 3. *v.t.* tröpfeln
trickle charger *n. (Electr.)* Erhaltungslader, *der*
trickster ['trɪkstə(r)] *n.* Schwindler, *der/* Schwindlerin, *die*
tricky ['trɪkɪ] *adj.* a) *(full of difficulties)* verzwickt *(ugs.);* **it is ~ doing sth.** es ist nicht so einfach, etw. zu tun; b) *(crafty)* raffiniert; trickreich ⟨*Spieler*⟩
tricolour *(Amer.:* **tricolor**) ['trɪkələ(r), 'traɪkələ(r)] *n.* Trikolore, *die*
tricorn ['traɪkɔːn] *n., adj.* **~ [hat]** Dreispitz, *der*
tricot ['trɪkəʊ, 'triːkəʊ] *n.* a) *(hand-knitted woollen fabric)* Wollgestrick, *das;* b) *(plain-knitted cloth)* Jerseystoff, *der;* c) *(ribbed woollen cloth)* Trikot[stoff], *der*
tricycle ['traɪsɪkl] 1. *n.* Dreirad, *das.* 2. *v.i.* Dreirad fahren
trident ['traɪdənt] *n.* dreizackiger Fischspeer; *(held by Britannia etc.)* Dreizack, *der*
Tridentine [trɪ'dentaɪn] *adj.* tridentinisch
tried *see* **try 2, 3**
triennial [traɪ'enɪəl] *adj.* a) *(lasting three years)* dreijährig; b) *(once every three years)* dreijährlich

triennially [traɪ'enɪəlɪ] *adv.* alle drei Jahre
trier [traɪə(r)] *n.* **he's a real ~:** er wirft die Flinte nicht so schnell ins Korn; **but at least he's a ~:** aber er gibt sich *(Dat.)* wenigstens Mühe
Trieste [trɪ'est] *pr. n.* Triest *(das)*
trifle ['traɪfl] 1. *n.* a) *(Brit. Gastron.)* Trifle, *das;* b) *(thing of slight value)* Kleinigkeit, *die;* **the merest ~:** die geringste Kleinigkeit; **it's only a ~:** es ist nichts Besonderes; c) *(small amount of money)* Kleinigkeit, *die;* **it only costs a ~:** es kostet so gut wie nichts; d) **a ~ tired/angry** *etc.* ein bißchen müde/ böse *usw.* 2. *v.i.* tändeln
~ a'way *v.t.* vergeuden
~ with *v.i.* spielen mit ⟨*jmds. Gefühlen*⟩; nicht ernst genug nehmen ⟨*Person*⟩; **he is not a person you can ~ with** er läßt nicht mit sich spaßen
trifling ['traɪflɪŋ] *adj.* unbedeutend ⟨*Angelegenheit, Irrtum*⟩; lächerlich ⟨*Gedanke*⟩; gering ⟨*Gefahr, Wert*⟩; [lächerlich] gering ⟨*Summe*⟩; **~ objects/gifts** Kleinigkeiten
trifocal [traɪ'fəʊkl] *(Optics)* 1. *adj.* Trifokal-. 2. *n. in pl.* Trifokalgläser *Pl.*
triforium [traɪ'fɔːrɪəm] *n., pl.* **triforia** [traɪ'fɔːrɪə] *(Archit.)* Triforium, *das (fachspr.)*
trigger ['trɪgə(r)] 1. *n.* a) *(of gun)* Abzug, *der;* *(of machine)* Drücker, *der;* **pull the ~:** abdrücken; *(fig.)* den Startschuß geben; **be quick on the ~** *(fig.)* prompt reagieren; b) *(that sets off reaction)* Auslöser, *der.* 2. *v.t.* **~ [off]** auslösen
'trigger-happy *adj.* schießwütig; *(fig.)* kriegslüstern ⟨*General, Politiker*⟩
trigonometric [trɪgənə'metrɪk], **trigonometrical** [trɪgənə'metrɪkl] *adj. (Math.)* trigonometrisch
trigonometry [trɪgə'nɒmɪtrɪ] *n. (Math.)* Trigonometrie, *die*
trike [traɪk] *n. (coll.)* Dreirad, *das*
trilateral [traɪ'lætərl] 1. *adj. (having three sides)* dreiseitig; *(involving three parties also)* trilateral *(geh.).* 2. *n.* Dreieck, *das*
trilby ['trɪlbɪ] *n. (Brit.)* **~ [hat]** Klapprandhut, *der;* Herrenhut, *der*
trilingual [traɪ'lɪŋgwəl] *adj.* dreisprachig
trill [trɪl] 1. *n.* a) Trillern, *das;* b) *(Mus.)* Triller, *der.* 2. *v.i.* trillern. 3. *v.t.* rollen ⟨*r*⟩
trillion ['trɪljən] *n.* a) *(Brit.)* Trillion, *die;* b) *(Amer.: million million)* Billion, *die*
trilobite ['traɪləbaɪt] *n. (Palaeont.)* Trilobit, *der*
trilogy ['trɪlədʒɪ] *n.* Trilogie, *die*
trim [trɪm] 1. *v.t.,* **-mm-** a) schneiden ⟨*Hecke*⟩; [nach]schneiden ⟨*Haar*⟩; beschneiden *(auch fig.)* ⟨*Papier, Hecke, Docht, Budget*⟩; **~ £100 off** *or* **from a budget** vom Budget um 100 Pfund kürzen; b) *(ornament)* besetzen (**with** mit); c) *(adjust balance of)* trimmen ⟨*Boot, Schiff, Flugzeug*⟩; d) richtig stellen ⟨*Segel*⟩; **~ one's sails before the wind** *(fig.)* sich nach der Decke strecken. 2. *adj.* proper; gepflegt ⟨*Garten*⟩; **keep sth. ~:** etw. in Ordnung halten. 3. *n.* a) *(state of adjustment)* Bereitschaft, *die;* **find sth. in [perfect] ~:** etw. in [bester] Ordnung vorfinden; **everything was in good** *or* **proper ~:** alles war in bester Ordnung; **be in fine physical ~:** in guter körperlicher Verfassung sein; **get/be in ~** *(suitably dressed)* sich angemessen anziehen/angemessen angezogen sein; *(healthy)* sich trimmen/in Form *od.* fit sein; b) *(proper balance)* *(of ship)* Trimm, *der;* *(of aircraft)* [stabile] Fluglage, *die;* **be in/out of ~** ⟨*Schiff:*⟩ in/nicht in Trimm sein; ⟨*Flugzeug:*⟩ in stabiler/instabiler Fluglage sein; c) *(cut)* Nachschneiden, *das;* **my hair needs a ~:** ich muß mir die Haare nachschneiden lassen; **give a hedge a ~:** eine Hecke nachschneiden; **just a ~, please** *(said to hairdresser)* nur nachschneiden, bitte; d) *(adornment) see* **trimming a;** e) *(of car)* Innenausstattung, *die;* *(on door panel)* Zierleiste, *die*

~ a'way *v.t. see* **~ off**
~ 'down *v.t. (fig.)* verringern; **her figure needed ~ming down** sie mußte etwas für ihre Figur tun
~ 'off *v.t.* abschneiden; *(fig.)* abnehmen
trimaran ['traɪmərən] *n. (Naut.)* Trimaran, *der*
trimmer ['trɪmə(r)] *n.* Schneider, *der;* **hedge-~:** Heckenschere, *die*
trimming ['trɪmɪŋ] *n.* a) *(decorative addition)* Verzierung, *die;* **lace ~s** Spitzenbesatz, *der;* b) *in pl. (coll.: accompaniments) (for main dish)* Beilagen; *(extra fittings on car)* Extras; **with all the ~s** mit allem Drum und Dran *(ugs.);* c) *in pl. (pieces cut off)* Abfall, *der (vom Zuschneiden);* *(of meat)* abgeschnittene Stücke
trimness ['trɪmnɪs] *n., no pl.* adrettes Aussehen; **the ~ of her figure** ihre gepflegte Figur
Trinidad ['trɪnɪdæd] *pr. n.* Trinidad *(das)*
Trinidadian [trɪnɪ'dædɪən] 1. *adj.* trinidadisch; **sb. is ~:** jmd. ist Trinidader/Trinidaderin. 2. *n.* Trinidader/Trinidaderin, *die*
Trinity ['trɪnɪtɪ] *n. (Theol.)* **the [Holy] ~:** die [Heilige] Dreifaltigkeit *od.* Dreieinigkeit *od.* Trinität; b) *(Eccl.)* **~ [Sunday]** Dreifaltigkeitssonntag, *der*
Trinity 'term *n. (Brit. Univ.)* Sommertrimester, *das*
trinket ['trɪŋkɪt] *n.* a) *(piece of jewellery)* kleines, billiges Schmuckstück; *(on bracelet)* Anhänger, *der;* b) *(ornament)* Schmuckgegenstand, *der*
trio ['triːəʊ] *n., pl.* **~s** Trio, *das;* **string/piano ~** *(Mus.)* Streich-/Klaviertrio, *das*
trioxide [traɪ'ɒksaɪd] *n. (Chem.)* Trioxid, *das*
trip [trɪp] 1. *n.* a) *(journey)* Reise, *die;* Trip, *der (ugs.);* *(shorter)* Ausflug, *der;* Trip, *der (ugs.);* **two ~s were necessary to transport everything** zwei Fahrten waren nötig, um alles zu transportieren; **make a ~ to London** nach London fahren; b) *(coll.: visit for stated purpose)* Gang, *der;* **I must make a ~ to the loo** ich muß mal aufs Klo; **make a ~ to the hairdresser's** zum Friseur gehen; c) *(coll.: drug-induced hallucinations)* Trip, *der (Jargon);* **[good/bad] ~ on LSD** [guter/ schlechter] LSD-Trip. *See also* **round trip.** 2. *v.i.,* **-pp-** a) *(stumble)* stolpern (**on** über + *Akk.*); b) *(coll.: hallucinate while on drugs)* **~ [on LSD]** auf einem [LSD-]Trip sein; c) *(walk etc. with light steps)* trippeln; d) *(fig.: make a mistake)* einen Fehler machen. 3. *v.t.,* **-pp-** a) *(cause to stumble) see* **~ up 2 a;** b) *(release)* lichten ⟨*Anker*⟩; betätigen ⟨*Schalter*⟩; auslösen ⟨*Alarm*⟩
~ over *v.t.* stolpern über (+ *Akk.*)
~ 'up 1. *v.i.* a) *(stumble)* stolpern; *(fig.: make a mistake)* einen Fehler machen. 2. *v.t.* a) *(cause to stumble)* stolpern lassen; b) *(cause to make a mistake)* aufs Glatteis führen *(fig.)*
tripartite [traɪ'pɑːtaɪt] *adj.* a) *(in three parts)* **~ division** Dreiteilung, *die;* b) *(involving three parties)* trilateral *(geh.);* dreiseitig
tripe [traɪp] *n.* a) Kaldaunen; *(individual piece)* Kaldaune, *die;* b) *(sl.: rubbish)* Quatsch, *der (ugs. abwertend)*
triple ['trɪpl] 1. *adj.* a) *(threefold)* dreifach; b) *(three times greater than)* **~ the ...:** der/ die/das dreifache ...; **at ~ the speed** mit der dreifachen Geschwindigkeit *od.* dreimal so schnell; **~ the number of machines** dreimal so viele Maschinen. 2. *n.* Dreifache, *das.* 3. *v.i.* sich verdreifachen. 4. *v.t.* verdreifachen
triple: T~ Al'liance *n. (Hist.)* Dreibund, *der;* **~ 'crown** *n.* a) *(Sport)* Triple Crown, *die;* dreifacher Triumph; b) *(Pope's tiara)* dreifache Krone; Tiara, *die;* **~ jump** *n. (Sport)* Dreisprung, *der*
triplet ['trɪplɪt] *n.* a) Drilling, *der;* b) *(Pros.)* Dreireim, *der;* c) *(Mus.)* Triole, *die*

triple time *n. (Mus.)* Dreiertakt, *der*
Triplex, (P) ['trɪpleks] *n.* ~ [glass] Sicherheitsglas, *das;* (laminated) Verbundglas, *das*
triplicate ['trɪplɪkət] 1. *adj.* dreifach. 2. *n.* Drittausfertigung, *die;* Triplikat, *das (geh.);* **in** ~: in dreifacher Ausfertigung
triply ['trɪplɪ] *adv.* dreifach
trip 'mileage recorder *n. (Motor Veh.)* Tageskilometerzähler, *der*
tripod ['traɪpɒd] *n.* Dreibein, *das;* [dreibeiniges] Stativ
tripos ['traɪpɒs] *n. (Brit.)* Abschlußprüfung für den Honours-Degree an der Universität Cambridge
tripper ['trɪpə(r)] *n. (Brit.)* Ausflügler, *der/* Ausflüglerin, *die*
triptych ['trɪptɪk] *n. (Art)* Triptychon, *das*
'trip-wire *n.* Stolperdraht, *der*
trisect [traɪ'sekt] *v. t.* dreiteilen
trisyllabic [traɪsɪ'læbɪk] *adj. (Ling.)* dreisilbig
trisyllable [traɪ'sɪləbl] *n. (Ling. Pros.)* dreisilbiges Wort; **be a** ~: dreisilbig sein *od.* drei Silben haben
trite [traɪt] *adj.,* **tritely** ['traɪtlɪ] *adv.* banal
triteness ['traɪtnɪs] *n., no pl.* Banalität, *die*
tritium ['trɪtɪəm] *n. (Chem.)* Tritium, *das*
triumph ['traɪəmf, 'traɪʌmf] 1. *n.* Triumph, *der* (**over** über + *Akk.*); *(Rom. Ant.: procession also)* Triumphzug, *der;* **in** ~: im Triumph; **an expression of** ~: ein triumphierender Ausdruck. 2. *v. i.* triumphieren (**over** über + *Akk.*)
triumphal [traɪ'ʌmfl] *adj.* triumphal ⟨Erfolg⟩; Triumph⟨bogen, -zug⟩
triumphant [traɪ'ʌmfənt] *adj.* a) *(victorious)* siegreich; *see also* **church b;** b) *(exulting)* triumphierend ⟨Blick⟩; ~ **shouts** Triumphgeschrei, *das;* **the look in her eyes was** ~: sie hatte einen triumphierenden Blick
triumphantly [traɪ'ʌmfəntlɪ] *adv.* triumphierend; **be** ~ **successful** einen triumphalen Erfolg haben
triumvirate [traɪ'ʌmvərət] *n.* Triumvirat, *das*
trivalent [traɪ'veɪlənt] *adj. (Chem.)* dreiwertig
trivet ['trɪvɪt] *n.* a) *(in pressure-cooker)* Dreifuß, *der;* b) *(Amer.: used under hot dishes)* [dreifüßiger] Untersetzer
trivia ['trɪvɪə] *n. pl.* Belanglosigkeiten
trivial ['trɪvɪəl] *adj.* a) belanglos; trivial *(geh.);* b) *(concerned only with* ~ *things)* oberflächlich ⟨Person⟩
triviality [trɪvɪ'ælɪtɪ] *n.* Belanglosigkeit, *die;* Trivialität, *die (geh.)*
trivialize ['trɪvɪəlaɪz] *v. t.* auf eine belanglose Ebene bringen; trivialisieren *(geh.)*
trivially ['trɪvɪəlɪ] *adv.* oberflächlich
trochaic [trə'keɪɪk] *(Pros.) adj.* trochäisch
trochee ['trəʊkiː] *n. (Pros.)* Trochäus, *der*
trod, trodden *see* tread 2, 3
troglodyte ['trɒglədaɪt] *n.* a) *(cave-dweller)* Höhlenbewohner, *der/-*bewohnerin, *die;* b) *(fig.)* Einsiedler, *der/*Einsiedlerin, *die*
troika ['trɔɪkə] *n.* Troika, *die*
Trojan ['trəʊdʒən] 1. *n.* a) *(fig.)* **work like a** ~: arbeiten wie ein Pferd; b) *(inhabitant of Troy)* Trojaner, *der/*Trojanerin, *die.* 2. *adj.* trojanisch; **the T~ War** der Trojanische Krieg
Trojan 'Horse *n.* Trojanisches Pferd *(geh.); (fig. also)* Danaergeschenk, *das (geh.)*
¹troll [trɒl] 1. *v. t.* [mit der Schleppangel] fischen. 2. *v. i. (fish)* [mit der Schleppangel] fischen (**for** *Akk.*)
²troll *n. (Mythol.)* Troll, *der*
trolley ['trɒlɪ] *n.* a) *(Brit.: on rails)* Draisine, *die;* b) *(Brit.: for serving food)* Servierwagen, *der;* c) *(Brit.)* [supermarket] ~ Einkaufswagen, *der;* d) *see* **luggage trolley;** e) *(Amer.)* ~-[car] Straßenbahn, *die;* f) **he's off his** ~ *(sl.: insane)* bei ihm ist eine Schraube locker *(salopp)*

'trolley bus *n. (Brit.)* Oberleitungsomnibus, *der*
trollop ['trɒləp] *n.* a) *(slut)* Schlampe, *die;* b) *(prostitute)* Dirne, *die*
trolly *see* **trolley**
trombone [trɒm'bəʊn, 'trɒmbəʊn] *n.* Posaune, *die*
trombonist [trɒm'bəʊnɪst] *n.* Posaunist, *der/*Posaunistin, *die*
trompe-l'œil [trɒmp'lʌi:] *(Art)* 1. *n.* Trompe-l'œil, *das od. der.* 2. *adj.* Trompe-l'œilmäßig
troop [tru:p] 1. *n.* a) *in pl.* Truppen; **our best** ~s unsere besten Soldaten; b) *(of cavalry)* Schwadron, *die;* c) *(artillery and armour)* Batterie, *die;* d) *(of Scouts)* ≈ Gruppe, *die. See also* **household troops.** 2. *v. i.* strömen; *(in an orderly fashion)* marschieren; ~ **in/out** hinein-/hinausströmen. 3. *v. t.* ~**ing the colour[s]** *(Brit.)* Fahnenparade, *die*
'troop-carrier *n.* Truppentransporter, *der*
trooper ['tru:pə(r)] *n.* a) *(soldier)* einfacher Soldat; **swear like a** ~ *(coll.)* wie ein Fuhrmann fluchen *(ugs.);* b) *(Amer.: policeman)* Polizist, *der*
'troop-ship *n. (Mil.)* Truppentransporter, *der*
trope [trəʊp] *n. (Rhet.)* Trope, *die (fachspr.)*
trophy ['trəʊfɪ] *n.* a) Trophäe, *die;* b) *(competition)* T~: ≈ Pokal, *der*
tropic ['trɒpɪk] *n.* **the T~s** *(Geog.)* die Tropen; **the** ~ **of Cancer/Capricorn** *(Astron., Geog.)* der Wendekreis des Krebses/Steinbocks
tropical ['trɒpɪkl] *adj.* tropisch; Tropen⟨krankheit, -kleidung⟩
tropical: ~ **'medicine** *n.* Tropenmedizin, *die;* ~ **'rain forest** *n.* tropischer Regenwald
troposphere ['trɒpəsfɪə(r), 'trəʊpəsfɪə(r)] *n.* Troposphäre, *die*
Trot [trɒt] *n. (sl.: Trotskyist)* Trotzkist, *der/*Trotzkistin, *die*
trot 1. *n.* a) *(action of trotting)* Trab, *der;* **at a** ~: im Trab; b) *(journey on horseback)* Ausritt, *der;* c) *(coll.)* **on the** ~ *(in succession)* hintereinander; **every weekend for five weeks on the** ~: an fünf Wochenenden hintereinander; **be on the** ~: auf Trab sein *(ugs.);* **keep sb. on the** ~ *(continually busy)* jmdn. auf Trab halten *(ugs.);* d) **have the** ~**s** *(sl.: diarrhoea)* Dünnpfiff haben *(salopp).* 2. *v. i.* **-tt-** a) traben; b) *(coll.: go)* traben *(ugs.);* ~ **along now** geh jetzt. 3. *v. t.* **-tt-** traben lassen ⟨*Pferd*⟩
~ **'out** *v. t. (fig. coll.)* a) *(produce for approval)* vorführen; b) *(produce unthinkingly)* kommen mit *(ugs.)*
troth [trəʊθ] *n. (arch.)* a) **in** ~, **by my** ~: bei meiner Ehre!; b) *(faith)* Treue, *die;* **plight one's** ~: die Eheversprechen geben
Trotskyism ['trɒtskɪɪzm] *n.* Trotzkismus, *der*
Trotskyist ['trɒtskɪɪst], **Trotskyite** ['trɒtskɪaɪt] *ns.* Trotzkist, *der/*Trotzkistin, *die*
trotter ['trɒtə(r)] *n.* a) Fuß, *der;* **pigs'** ~**s** *(Cookery)* Schweinsfüße, *die;* b) *(horse)* Traber, *der*
trotting ['trɒtɪŋ] *n.* Trabrennen, *das*
'trotting race *n.* Trabrennen, *das*
troubadour ['tru:bədʊə(r)] *n.* Troubadour, *der*
trouble ['trʌbl] 1. *n.* a) Ärger, *der;* Schwierigkeiten *Pl.;* **have** ~ **with sb./sth.** mit jmdm./etw. Ärger haben; **all his** ~**s** alle seine Probleme vergessen; **be out of** ~: aus den Schwierigkeiten herauskommen; **keep out of** ~: nicht [wieder] in Schwierigkeiten kommen; **in** ~: in Schwierigkeiten; **be in** ~ **with the police** Ärger mit der Polizei haben; **are you looking for** ~? du willst wohl Ärger [bekommen]?; **be in serious** *or* **real** *or* **a lot of** ~ [over sth.] [wegen einer Sache] in ernsten *od.* großen Schwierigkeiten sein; **get sb. into** ~:

jmdn. in Schwierigkeiten bringen; **get a girl into** ~ *(coll.)* einem Mädchen ein Kind machen *(ugs.);* **get into** ~ [**over sth.**] [wegen einer Sache] in Schwierigkeiten geraten; **get into** ~ **with the bank/law** Ärger mit der Bank bekommen/mit dem Gesetz in Konflikt geraten; **there'll be** ~ [**if ...**] es wird Ärger geben[, wenn ...]; **what's** *or* **what seems to be the** ~? was ist denn?; was ist los? *(ugs.); (doctor's question to patient)* wo fehlt's denn?; **you are asking for** ~ *(coll.)* du machst dir nur selber Schwierigkeiten; **that's asking for** ~ *(coll.)* das muß ja Ärger geben; **make** *or* **cause** ~ *(cause disturbance)* Ärger machen *(about wegen); (cause disagreement)* Zwietracht säen; **make** ~ **for sb.** jmdm. Ärger *od.* Schwierigkeiten machen; **give sb. no** ~: jmdm. keine Schwierigkeiten bereiten *od.* machen; b) *(faulty operation)* Probleme; **engine/clutch/ brake** ~: Probleme mit dem Motor/der Kupplung/der Bremse; **the engine is giving** ~: mit dem Motor stimmt etwas nicht; c) *(disease)* **suffer from heart/liver** ~: Probleme mit dem Herz/der Leber haben; **es am Herz/an der Leber haben** *(ugs.);* **she's got some** ~ **with her back** ihr Rücken macht ihr zu schaffen; d) *(cause of vexation etc.)* Problem, *das;* **half the** ~ *(fig.)* das größte Problem; **your** ~ **is that ...:** dein Fehler ist, daß ...; **their daughter is such a terrible** ~ **to them** ihre Tochter macht ihnen solche Sorgen; e) *(inconvenience)* Mühe, *die;* **it's more** ~ **than it's worth** es lohnt sich nicht; **dishwashers are more** ~ **than they are worth** mit Geschirrspülmaschinen hat man doch nur Ärger; **I don't want to put you to any** ~: ich möchte Ihnen keine Umstände machen; **not worth the** ~: nicht der Mühe wert; **give sb. no** ~: jmdm. keine Mühe machen; **take the** ~ **to do sth., go to the** ~ **of doing sth.** sich *(Dat.)* die Mühe machen, etw. zu tun; **go to** *or* **take a lot of/some** ~: sich *(Dat.)* sehr viel/viel Mühe geben; **please don't go to a lot of** ~: bitte machen Sie sich *(Dat.)* nicht allzuviel Umstände; **of course I'll help you – [it's] no** ~ **at all** natürlich helfe ich dir – das macht keine Umstände *od.* das ist nicht der Rede wert; **nothing was too much** ~ **for her** nichts war ihr zuviel; f) *(source of inconvenience)* **be a** ~ [**to sb.**] jmdm. zur Last fallen; **he won't be any** ~: er wird [Ihnen] keine Schwierigkeiten machen; **the children are no** ~: die Kinder sind keine Last; g) **in** *sing. or pl. (unrest)* Unruhen; h) ~ **and strife** *(Brit. sl.: wife)* bessere Hälfte *(ugs. scherzh.).* 2. *v. t.* a) *(agitate)* beunruhigen; **don't let it** ~ **you** mach dir deswegen keine Sorgen; **be** ~**d about money matters** Geldsorgen haben; b) *(inconvenience)* stören; [**I'm**] **sorry to** ~ **you** bitte entschuldigen Sie die Störung; **can I** ~ **you with one more question?** darf ich Ihnen noch eine letzte Frage stellen?; **my back** ~**s me sometimes** mein Rücken macht mir manchmal zu schaffen; c) *(in requests)* **may I** ~ **you to shut the door?** dürfte ich Sie bitten, die Tür zu schließen?; **may I** ~ **you to mind your own business?** *(iron.)* kümmern Sie sich gefälligst um Ihre eigenen Angelegenheiten!; **I'll** ~ **you to wipe your feet** *(iron.)* putz dir gefälligst die Schuhe ab. 3. *v. i.* a) *(be disturbed)* sich *(Dat.)* Sorgen machen *(over* um*);* **don't** ~ **about it** mach dir deswegen keine Gedanken; b) *(make an effort)* sich bemühen; **don't** ~ **to explain/to get up/to see me out** brauchst mir gar nichts zu erklären/bitte bleiben Sie sitzen/Sie brauchen mich nicht hinauszubringen
troubled ['trʌbld] *adj.* a) *(worried)* besorgt; **what are you so** ~ **about?** was macht dir denn solche Sorgen?; b) *(restless)* unruhig; schlecht ⟨*Traum*⟩; c) *(agitated)* aufgewühlt, unruhig ⟨*Zeit*⟩; bewegt ⟨*Geschichte*⟩; *see also* **pour 1 a**

trouble: ~-**free** *adj.* problemlos; harmonisch ⟨*Ehe*⟩; ~-**maker** *n.* Unruhestifter, *der*/-stifterin, *die*; ~-**shooter** *n.: jemand, der Störungen od. Probleme findet und beseitigt*; Troubleshooter, *der*; *(in disputes)* Vermittler, *der*/Vermittlerin, *die*; ~-**shooting** *n.: das Finden und Beseitigen von Störungen od. Problemen*; *(in disputes)* Vermittlung, *die*
troublesome ['trʌblsəm] *adj.* schwierig; lästig ⟨*Krankheit*⟩
'**trouble-spot** *n.* **a)** Unruheherd, *der*; **b)** *(in machine)* Schwachstelle, *die*
trough [trɒf] *n.* **a)** Trog, *der*; **a drinking-~:** ein Wassertrog; **b)** *(between waves)* Wellental, *das*; **c)** *(Meteorol.)* Trog, *der*; **a ~ of low pressure** eine Tiefdruckrinne; **d)** *(Econ., on graph)* Talsohle, *die*
trounce [traʊns] *v. t.* **a)** *(defeat)* vernichtend schlagen; **b)** *(beat severely)* durchprügeln *(ugs.)*
troupe [truːp] *n.* Truppe, *die*
trouper ['truːpə(r)] *n.* Komödiant, *der*/Komödiantin, *die*; **an old ~** *(fig.)* ein alter Hase; **sb. is a good ~:** jmd. ist ein guter Kollege/eine gute Kollegin
trouser ['traʊzə]: ~-**leg** *n.* Hosenbein, *das*; ~ **pocket** *n.* Hosentasche, *die*; ~-**press** *n.* Bügelpresse, *die*
trousers ['traʊzəz] *n. pl.* [**pair of**] ~: Hose, *die*; Hosen *Pl.*; **catch sb. with his ~ down** *(fig. sl.)* jmdn. unvorbereitet treffen; **wear the ~** *(fig.)* die Hosen anhaben *(ugs.)*
'**trouser suit** *n. (Brit.)* Hosenanzug, *der*
trousseau ['truːsəʊ] *n., pl.* ~**s** *or* ~**x** ['truːsəʊz] Aussteuer, *die*
trout [traʊt] *n., pl. same* Forelle, *die*
trout: ~ **farm** *n.* Forellenzuchtbetrieb, *der*; ~-**fishing** *n.* Forellenfang, *der*
trowel ['traʊəl] *n.* **a)** Kelle, *die*; **lay it on with a ~** *(fig.)* [es] dick auftragen *(ugs. abwertend)*; **b)** *(Hort.)* Pflanzkelle, *die*
Troy [trɔɪ] *pr. n.* Troja *(das)*
troy *n.* [**weight**] Troygewicht, *das*
truancy ['truːənsɪ] *n.* [Schule]schwänzen, *das (ugs.)*; unentschuldigtes Fernbleiben vom Unterricht; **be expelled for ~:** wegen Schwänzerei der Schule verwiesen werden
truant ['truːənt] **1.** *n.* [Schul]schwänzer, *der*/-schwänzerin, *die (ugs.)*; **play ~:** [die Schule] schwänzen *(ugs.)*. **2.** *adj.* [schule]schwänzend *(ugs.)*. **3.** *v. i.* schwänzen *(ugs.)*; unentschuldigt fehlen
truce [truːs] *n.* Waffenstillstand, *der*; **call a ~:** einen Waffenstillstand schließen; *see also* ¹**flag 1**
¹**truck** [trʌk] **1.** *n.* **a)** *(road vehicle)* Last[kraft]wagen, *der*; Lkw, *der*; **b)** *(Railw.: wagon)* offener Güterwagen; **c)** *(porter's barrow)* Gepäckkarren, *der*; **d)** *(Railw.: bogie)* Drehgestell, *das*; **e)** *(wheeled stand)* Hund, *der*. **2.** *v. t.* [per Lastwagen] transportieren. **3.** *v. i. (Amer.)* Lastwagen fahren
²**truck** *n.* **a)** **have no ~ with sb./sth.** *(fig.)* mit jmdm./etw. nichts zu tun haben; **b)** *(Amer.: produce)* Gemüse, *das*; ~ **farm** Gemüseanbaubetrieb, *der*
'**truck driver** *n.* Lastwagenfahrer, *der*/-fahrerin, *die*; *(long-distance)* Fernfahrer, *der*/-fahrerin, *die*
trucker ['trʌkə(r)] *n. (Amer.)* **a)** *(market gardener)* Gemüsegärtner, *der*/-gärtnerin, *die*; **b)** *see* **truck driver**
trucking ['trʌkɪŋ] *n. (Amer.)* Lkw-Fahren, *das*; *(as business)* Lkw-Transport, *der*
truckle ['trʌkl] *v. i.* ~ [**to sb.**] jmdm. gegenüber] klein beigeben; *(fawn)* [vor jmdm.] kriechen
'**truckle-bed** *n.* Rollbett, *das*
'**truck-load** *n.* Wagenladung, *die*; **sand by the ~:** ganze Wagenladungen Sand
truculence ['trʌkjʊləns], **truculency** ['trʌkjʊlənsɪ] *ns., no pl.* Aufsässigkeit, *die*
truculent ['trʌkjʊlənt] *adj.* aufsässig

truculently ['trʌkjʊləntlɪ] *adv.* aufsässig
trudge [trʌdʒ] **1.** *v. i.* trotten; *(through mud, snow, etc.)* stapfen. **2.** *v. t.* entlangtrotten; *(through mud, snow, etc.)* entlangstapfen. **3.** *n.* [beschwerlicher] Fußmarsch
true [truː]: **1.** *adj.,* ~**r** ['truːə(r)], ~**st** ['truːɪst] **a)** *(in accordance with fact)* wahr; wahrheitsgetreu ⟨*Bericht, Beschreibung*⟩; **is it ~ that ...?** stimmt es, daß ...?; [**only**] **too ~:** nur zu wahr; **that is too good to be ~:** das ist zu schön, um wahr zu sein; **sb. is too good to be ~:** jmd. ist einfach zu gut; [**that's**] ~ [**enough**] [**das**] stimmt; ..., **it is ~:** ..., das stimmt; **you never spoke a ~ word** da hast du wirklich recht; **he is so rude, it isn't ~** *(coll.)* er ist unglaublich unhöflich; **come ~** ⟨*Traum, Wunsch:*⟩ Wirklichkeit werden, wahr werden; ⟨*Befürchtung, Prophezeiung:*⟩ sich bewahrheiten; **b)** richtig ⟨*Vorteil, Einschätzung*⟩; *(rightly so called)* eigentlich; **the frog is not a ~ reptile** der Frosch ist kein echtes Reptil; **c)** *(not sham)* wahr; echt, wahr ⟨*Freund, Freundschaft, Christ*⟩; **that's not a ~ antique** das ist keine echte Antiquität; **d)** *(accurately conforming)* getreu ⟨*Wiedergabe*⟩; **be ~ to sth.** einer Sache *(Dat.)* genau entsprechen; ~ **to type** typisch; ~ **to life** lebensecht; **e)** *(loyal)* treu; **remain ~ to sth.** einer Sache *(Dat.)* treu bleiben; ~ **to one's word or promise** getreu seinem Versprechen; **f)** *(in correct position)* gerade ⟨*Pfosten*⟩; **g)** *(Geog.)* ~ **north** geographischer Norden. *See also* **colour 1 e, h; form 1 g**. **2.** *n.* **out of** [**the**] ~: schief ⟨*Mauer, Pfosten, Räder*⟩. **3.** *adv.* **a)** *(truthfully)* aufrichtig ⟨*lieben*⟩; **speak ~:** die Wahrheit sagen; **tell me ~:** sag mir die Wahrheit; **b)** *(accurately)* gerade; genau ⟨*zielen*⟩; **c)** *(without variation)* ohne Veränderung. **4.** *v. t.* [**up**] richten; *(alter shape of)* zurichten; *(balance)* auswuchten ⟨*Rad*⟩
true: ~-**blue 1.** *adj.* in der Wolle gefärbt; ~-**blue** Tory Erzkonservative, *der/die (abwertend)*; ~-**born** *adj.* echt, rechtmäßig ⟨*Erbe*⟩; ~-**life** *adj.* aus dem Leben gegriffen ⟨*Geschichte, Drama*⟩; **this is a** ~-**life story** diese Geschichte hat das Leben geschrieben; ~-**love** *n.* Geliebte, *der/die*; Schatz, *der*; ~-**love knot** *n.:* komplizierter Schleifenknoten, *der, das feste Band der Liebe symbolisiert*
trueness ['truːnɪs] *n., no pl.* **a)** *(loyalty)* Treue, *die*; **b)** *(conformity)* genaue Entsprechung; ~ **to life** Lebensechtheit, *die*; *(correctness)* Paßgenauigkeit, *die*; *(of wheel)* rundes Laufen
truffle ['trʌfl] *n.* Trüffel, *die od. (ugs.) das*
truism ['truːɪzm] *n.* Binsenweisheit, *die*
truly ['truːlɪ] *adv.* **a)** *(genuinely)* wirklich; **be ~ grateful** wirklich sehr od. aufrichtig dankbar sein; **he was first,** ~ **he was!** er war Erster, ganz bestimmt!; ~, **I don't think he will make it** ehrlich gesagt, ich glaube nicht, daß er es schafft; **b)** *(accurately)* zutreffend, richtig ⟨*darstellen, sagen*⟩; **c)** *(faithfully)* treu; *see also* **really**; ²**well 2 b**; **yours c**
¹**trump** [trʌmp] **1.** *n.* *(Cards)* Trumpf, *der*; **play a** ~ *(lit. or fig.)* einen Trumpf ausspielen; **turn up** ~**s** *(Brit. coll.)* (turn out better than expected) doch noch ein voller Erfolg werden; *(do the right thing)* die Situation retten; **as usual Bertha turned up** ~**s** wie immer hat Bertha wahre Wunder vollbracht; **hold all the** ~**s** *(fig.)* alle Trümpfe in der Hand haben *od.* halten. **2.** *v. t.* übertrumpfen. **3.** *v. i.* Trumpf spielen
~ **up** *v. t. (coll.)* konstruieren; ~**ed up charge** falsche Beschuldigung
²**trump** *n. (arch./poet.: trumpet)* Trompete, *die*; *see also* **last trump**
'**trump card** *n. (lit. or fig.)* Trumpf, *der*; **play one's** ~ *(lit. or fig.)* seinen [größten *od.*] stärksten Trumpf ausspielen
trumpery ['trʌmpərɪ] *(dated)* **1.** *n.* **a)** *(worthless articles)* Krimskrams, *der (ugs.)*; **b)** *(rubbish)* Unsinn, *der,* **trumperies** Firlefanz, *der*; **c)** *(worthless finery)* Tand, *der (veralt.)*. **2.** *adj. (showy but worthless)* billig
trumpet ['trʌmpɪt] **1.** *n.* **a)** *(Mus., Bot.)* Trompete, *die*; ~ **blast** Trompetenstoß, *der*; *see also* **blow 2 d**. **2.** *v. t. & i.* trompeten
'**trumpet call** *n.* Trompetensignal, *das*; *(fig.)* Aufruf, *der*
trumpeter ['trʌmpɪtə(r)] *n.* Trompeter, *der*/Trompeterin, *die*
truncate [trʌŋ'keɪt] *v. t.* **a)** stutzen ⟨*Baum, Spitze*⟩; ~**d cone/pyramid** stumpfer Kegel/stumpfe Pyramide; **b)** *(fig.)* kürzen
truncheon ['trʌntʃn] *n.* Schlagstock, *der*
trundle ['trʌndl] *v. t. & i.* rollen
trunk [trʌŋk] *n.* **a)** *(of elephant etc.)* Rüssel, *der*; **b)** *(large box)* Schrankkoffer, *der*; **c)** *(of tree)* Stamm, *der*; **d)** *(of human or animal body)* Rumpf, *der*; **e)** *(Amer.: of car)* Kofferraum, *der*; **f)** *in pl. (Brit.: shorts)* Unterhose, *die*; [**swimming**] ~**s** Badehose, *die*; **g)** *(of nerve, artery, etc.)* Stamm, *der*
'**trunk-call** *n.* Ferngespräch, *das*
trunk: ~-**line** *n. (Railw.)* Hauptstrecke, *die*; *(Teleph.)* Fernleitung, *die*; ~-**road** *n. (Brit.)* Fernstraße, *die*
truss [trʌs] **1.** *n.* **a)** *(of roof etc.)* Gebälk, *das*; *(of bridge)* Sprengwerk, *das*; ~ **joint** Fachwerkknoten, *der*; ~ **post** Hängesäule, *die*; **b)** *(of flowers etc.)* Büschel, *das*; *(of tomatoes)* Fruchttraube, *die (Landw.)*; **c)** *(Med.: belt)* Bruchband, *das*; **d)** *(Brit.: of hay)* Bündel, *das*; Ballen *der*. **2.** *v. t.* **a)** *(tie up before cooking)* dressieren ⟨*Truthahn, Huhn*⟩; **b)** ~ [**up**] fesseln
trust [trʌst] **1.** *n.* **a)** *(firm belief)* Vertrauen, *das*; **place** *or* **put one's** ~ **in sb./sth.** sein Vertrauen auf *od.* in jmdn./etw. setzen; **have** [**every**] ~ **in sb./sth.** [volles] Vertrauen zu jmdn./etw. haben; **our** ~ **is in God** wir vertrauen auf Gott; **I don't have any** ~ **in him** ich vertraue ihm nicht; **have no** ~ **in him** ich habe kein Vertrauen zu ihm; **b)** *(reliance)* **take sth. on** ~: etw. einfach glauben; **c)** *(organization managed by trustees)* Treuhandgesellschaft, *die*; [**charitable**] ~: Stiftung, *die*; *(body of trustees)* Treuhänder *Pl.*; *(of charitable* ~) [Stiftungs]beirat, *der*; Kuratorium, *das*; **e)** *(organized association of companies)* Trust, *der*; **f)** *(commercial credit)* **on** ~: auf Kredit; **g)** *(responsibility)* **he failed in his** ~: er hat das in ihn gesetzte Vertrauen enttäuscht; **position of** ~: Vertrauensstellung, *die*; **h)** *(obligation)* Verpflichtung, *die*; **public** ~: Verpflichtung der Öffentlichkeit gegenüber; **i)** *(Law)* Treuhand[schaft], *die*; *(property)* Treugut, *das*; **hold in** ~: treuhänderisch verwalten. *See also* **brains trust; investment a; unit trust**. **2.** *v. t.* **a)** *(rely on)* trauen (+ *Dat.*); vertrauen (+ *Dat.*) ⟨*Person*⟩; **not** ~ **sb. an inch** jmdn. nicht über den Weg trauen; **you can** ~ **him to do his best** du kannst dich darauf verlassen, daß er sein Bestes tut; **a** ~**ed servant/friend** ein getreuer Diener/Freund *(geh.)*; **he was widely** ~**ed by them** er genoß *od.* besaß das Vertrauen der meisten von ihnen; **he/what he says is not to be** ~**ed** er ist nicht vertrauenswürdig/auf das, was er sagt, kann man sich nicht verlassen; ~ **sb. with sth.** jmdm. etw. anvertrauen; ~ '**you**/'**him!** *(coll. iron.)* typisch!; ~ '**him to get it wrong!** er muß natürlich einen Fehler machen!; **b)** *(hope)* hoffen; **I** ~ **he is not hurt?** er ist doch hoffentlich nicht verletzt?; **c)** *(entrust)* anvertrauen (+ *Dat.*). **3.** *v. i.* **a)** ~ **to sich. verlassen auf** (+ *Akk.*); **b)** *(believe)* ~ **in sb./sth.** auf jmdn./etw. vertrauen
trust: ~-**buster** *n.: jmd., der [auf der Grundlage der Antitrustgesetze] gegen Trusts vorgeht*; ~ **company** *n.* Treuhandgesellschaft, *die*; ~-**deed** *n.* Treuhandvertrag, *der*

trustee [trʌ'stiː] *n.* **a)** *(person holding*

property in trust; also fig.) Treuhänder, *der*/Treuhänderin, *die;* **the Public T~** *(Brit.)* der staatliche Vermögensverwalter; **b)** *(one appointed to manage institution)* Verwalter, *der;* Kurator, *der;* **Board of T~s** Vorstand, *der;* Kuratorium, *das;* **c)** *(country supervising territory)* Treuhandmacht, *die*
trusteeship [ˈtrʌstiːʃɪp] *n.* **a)** *(office)* Treuhänderschaft, *die;* **b)** *(supervision of trust territory)* Treuhandschaft, *die;* Mandat, *das*
trustful [ˈtrʌstfl] *adj.,* **trustfully** [ˈtrʌstfəlɪ] *adv.* vertrauensvoll
'**trust fund** *n.* Treuhandvermögen, *das*
trusting [ˈtrʌstɪŋ] *adj.,* **trustingly** [ˈtrʌstɪŋlɪ] *adv.* vertrauensvoll
trustworthiness [ˈtrʌstwɜːðɪnɪs] *n., no pl.* Vertrauenswürdigkeit, *die*
trustworthy [ˈtrʌstwɜːðɪ] *adj.* vertrauenswürdig
trusty [ˈtrʌstɪ] **1.** *adj. (arch./joc.)* [ge]treu *(dichter.).* **2.** *n.* Kalfaktor, *der*
truth [truːθ] *n., pl.* **~s** [truːðz, truːθs] **a)** *no pl.* Wahrheit, *die;* **the ~ of that** is to question es ist fraglich, ob das zutrifft; **there is some/not a word of** *or* **no ~ in that** es ist etwas Wahres/kein Wahres daran; **in ~** *(literary),* **of a ~** *(arch.)* wahrlich *(geh.);* **b)** *(what is true)* Wahrheit, *die;* **c)** *(principle)* Grundsatz, *der;* **tell the [whole] ~: die [ganze] Wahrheit sagen; the ~ is that I forgot** um ehrlich zu sein, ich habe es vergessen; **to tell the ~, ~** to tell ehrlich gesagt. *See also* **moment** 1; **out** 1 h
'**truth drug** *n.* Wahrheitsdroge, *die*
truthful [ˈtruːθfl] *adj.* ehrlich; wahrheitsgetreu ⟨*Darstellung, Schilderung*⟩; **be ~ about sth.** die Wahrheit über etw. *(Akk.)* sagen
truthfully [ˈtruːθfəlɪ] *adv.* ehrlich
truthfulness [ˈtruːθflnɪs] *n., no pl.* Wahrheitstreue, *die*
try [traɪ] **1.** *n.* **a)** *(attempt)* Versuch, *der;* **have a ~ at sth./doing sth.** etw. versuchen/versuchen, etw. zu tun; **at least he had a good ~:** er hat sich *(Dat.)* wenigstens Mühe gegeben; **give sb./sth. a ~:** jmdm. eine Chance geben/etw. einmal ausprobieren; **I'll give him another ~** *(ask him again for help, a favour, etc.)* ich versuche es noch einmal bei ihm; *(give him another chance)* ich versuche es noch einmal mit ihm; *(on telephone)* ich gebe ihm a ~: es noch einmal; **b)** *(Rugby)* Versuch, *der;* **score two tries** zwei Versuche erzielen *od.* legen; **c)** *(Amer. Footb.)* Versuch, *der,* noch einen Punkt zu erzielen. **2.** *v. t.* **a)** *(attempt, make effort)* versuchen; **it's ~ing to rain** es tröpfelt ein wenig; **the sun is ~ing to come out** *or* **shine** es sieht so aus, als käme die Sonne bald heraus; **do ~ to be on time** bitte versuche, pünktlich zu sein; **it's no use ~ing to do sth.** es hat keinen Zweck zu versuchen, etw. zu tun; **I've given up ~ing to do sth.** ich versuche schon gar nicht mehr, etw. zu tun; **~ one's best** sein Bestes tun; **don't ~ anything!** keine Tricks!; **don't even ~ to excuse yourself** versuche erst gar nicht, dich zu entschuldigen; **b)** *(test usefulness of)* probieren; **if the stain is difficult to remove, ~ soap and water** wenn der Fleck schwer zu entfernen ist, versuche *od.* probiere es doch mal mit Wasser und Seife; **I've tried all the bookshops for this book** ich habe in allen Buchhandlungen versucht, dieses Buch zu bekommen; **you can always ~ the supermarket** du kannst es auf jeden Fall mal im Supermarkt versuchen; **if you can't find it, ~ the top shelf** wenn du es nicht finden kannst, schau mal auf dem obersten Regal nach; **~ one's hand at sth.** sich an etw. *(Dat.)* versuchen; **~ shaking it!** probier es doch mit Schütteln; **I'll ~ anything once** ich probiere alles einmal aus; **c)** *(test)* auf die Probe stellen ⟨*Fähigkeit, Kraft, Mut, Geduld*⟩; **~ the rope** ausprobieren, ob das Seil auch hält; **~ the door/window [to see if it's locked]** versuchen, die Tür/das Fenster zu öffnen[, um zu sehen, ob sie/es verschlossen ist]; **~ sb. in Sales** jmdn. zur Probe im Verkauf einsetzen; **be tried and found wanting** gewogen und zu leicht befunden werden; **these** *or* **such things are sent to ~ us** das sind die Prüfungen, die uns das Schicksal auferlegt; **d)** *(Law.: take to trial)* **~ a case** einen Fall verhandeln; **~ sb.** [für sth.] jmdn. [wegen einer Sache] vor Gericht stellen; jmdm. [wegen einer Sache] den Prozeß machen; **he was tried for murder** er stand wegen Mordes vor Gericht; **he was tried before a jury** er wurde vor ein Schwurgericht gestellt. *See also* **fall** 1 i; '**size** 1 a. **3.** *v. i.* versuchen; **she wasn't even ~ing** sie hat sich *(Dat.)* gar nicht erst versucht; **it was not for want of ~ing** es lag nicht daran, daß er/sie *usw.* sich nicht bemüht hätte; **if at first you don't succeed, ~, ~, ~ again** wenn es dir nicht gleich gelingt, mußt du es immer wieder versuchen; **you can't say I didn't ~:** du kannst nicht sagen, daß ich es nicht versucht hätte; **~ as he might** sosehr er sich auch bemühte; **~ and do sth.** *(coll.)* versuchen, etw. zu tun; **~ hard/harder** sich *(Dat.)* viel/mehr Mühe geben
~ for *v. t.* *(compete for)* sich bemühen um ⟨*Arbeitsstelle, Stipendium*⟩; kämpfen um ⟨*Sieg im Sport*⟩; **~ for gold** es auf eine Goldmedaille abgesehen haben; **b)** *(seek to reach)* **~ for the summit** den Gipfel in Angriff nehmen; **he had been ~ing so hard for it** er hatte so sehr darum gekämpft
~ on *v. t.* **a)** anprobieren ⟨*Kleidungsstück*⟩; **b)** *(Brit. coll.)* **~ it on** provozieren; **don't ~ anything/it on with me** lege dich nicht mit mir an; *see also* **try-on**
~ out *v. t.* **~ sth./sb. out** etw. ausprobieren/ jmdm. eine Chance geben; **let's ~ him out in Sales** setzen wir ihn doch zur Probe im Verkauf ein; *see also* **try-out**
trying [ˈtraɪɪŋ] *adj.* **a)** *(testing)* schwierig; **b)** *(difficult to endure)* anstrengend; **be ~ for sb./sth.** jmdm./einer Sache sehr zusetzen *(ugs.)*
try: ~-on *n. (coll.)* **a)** *(Brit. joke)* Scherz, *der;* *(lie)* Lüge, *die;* **it's just a ~-on** *(to discover whether sth. will be tolerated)* er/sie probiert nur aus, wie weit er/sie gehen kann; **b)** *(of clothes)* Anprobe, *die;* Erprobung, *die;* **give sth. a ~-out** etw. ausprobieren; **have a ~-out** ⟨*Maschine usw.*⟩*:* ausprobiert werden; **would you like [to have] a ~-out?** möchten Sie mal probieren?; *(of vehicle)* möchten Sie eine Probefahrt machen?; **b)** *(Naut.)* Gaffelsegel, *das;* **~-square** *n.* Anschlagwinkel, *der*
tryst [trɪst] *n. (Hist.)* Zar, *der*
tsarina [zɑːˈriːnə] *n. (Hist.) (empress)* Zarin, *die;* *(tsar's wife)* Zariza, *die*
tsarism [ˈzɑːrɪzm] *n. (Hist.)* Zarentum, *das;* Zarismus, *der*
tsarist [ˈzɑːrɪst] *(Hist.)* **1.** *adj.* zaristisch. **2.** *n.* Zarist, *der*/Zaristin, *die*
tsetse [fly] [ˈtsetsɪ (flaɪ)] *n.* Tsetsefliege, *die*
T-shirt *n.* T-Shirt, *das*
tsp., *pl.* **tsps** *abbr.* teaspoon[s] Teel.
T-square *n. see* **square** j
TT *abbr.* **a)** teetotal; **b) Tourist Trophy** Motorradrennen auf der Insel Man
TU *abbr.* **Trade Union**
Tu. *abbr.* **Tuesday** Di.
tub [tʌb] *n.* **a)** Kübel, *der;* **b)** *(for ice-cream etc.)* Becher, *der;* **c)** *(Brit. coll.: bath)* Bad, *das;* **d)** *(derog./joc.: boat)* Kahn, *der*
tuba [ˈtjuːbə] *n. (Mus.)* Tuba, *die*
tubbiness [ˈtʌbɪnɪs] *n.* Rundlichkeit, *die;* *(of child also)* Pummeligkeit, *die (ugs.)*

tubby [ˈtʌbɪ] *adj.* rundlich; pummelig *(ugs.).* rundlich ⟨*Kind*⟩
tube [tjuːb] *n.* **a)** *(for conveying liquids etc.)* Rohr, *das;* **be down the tube[s]** *(sl.)* am Ende sein *(ugs.);* **he was down the ~[s] to the tune of £270,000** *(sl.)* er saß mit Schulden in Höhe von 270 000 Pfund in der Tinte *(ugs.);* **go down the ~[s]** *(sl.)* den Bach runter gehen *(ugs.);* **b)** *(small cylinder)* Tube, *die;* *(for sweets, tablets)* Röhrchen, *das;* **c)** *(Anat., Zool.)* Röhre, *die;* **d)** *(cathode-ray ~)* Röhre, *die;* *(coll.: television)* **watch the ~:** vor der Röhre sitzen *(ugs.);* **be on the ~:** im Fernsehen sein; **e)** *(Amer.: thermionic valve)* Röhre, *die;* **f)** *(Brit. coll.: underground railway)* U-Bahn, *die;* **g)** *see* **inner tube**
tubeless [ˈtjuːblɪs] *adj.* schlauchlos ⟨*Reifen*⟩
tuber [ˈtjuːbə(r)] *n. (Bot.)* Knolle, *die*
tubercle [ˈtjuːbəkl] *n. (Med.)* Tuberkel, *der*
tubercular [tjuːˈbɜːkjʊlə(r)] *adj. (Med.)* tuberkulös
tuberculin [tjuːˈbɜːkjʊlɪn] *n.* Tuberkulin, *das*
tuberculin-'tested *adj.* tuberkulingetestet
tuberculosis [tjuːˌbɜːkjʊˈləʊsɪs] *n., no pl.* *(Med.)* Tuberkulose, *die;* **pulmonary ~:** Lungentuberkulose, *die*
tuberose [ˈtjuːbərəʊz] *n. (Bot.)* Tuberose, *die*
tube: ~ station *n. (Brit. coll.)* U-Bahnhof, *der;* **~ train** *n. (Brit. coll.)* U-Bahn-Zug, *der*
tubful [ˈtʌbfʊl] *n.* Kübel [voll], *der;* **a ~ of water** ein Kübel Wasser
tubing [ˈtjuːbɪŋ] *n.* Rohre *Pl.*
'**tub-thumper** *n.* Demagoge, *der*
tubular [ˈtjuːbjʊlə(r)] *adj.* **a)** *(tube-shaped)* rohrförmig; **b)** *(made of ~ pieces)* Stahlrohr⟨*möbel, -stuhl*⟩
tubular 'bells *n. pl.* Glockenspiel, *das*
TUC *abbr. (Brit.)* **Trades Union Congress**
tuck [tʌk] **1.** *v. t.* stecken; **he ~ed his legs under him** er schlug die Beine unter; **b)** *(put ~s in)* Biesen nähen in (+ *Akk.*). **2.** *n.* **a)** *(in fabric) (for decoration)* Biese, *die;* *(to shorten or tighten)* Abnäher, *der;* **b)** *no pl., no indef. art. (Brit. Sch. coll.: food)* Erfrischungen [und Süßigkeiten]
~ a'way *v. t.* **a)** wegstecken; **the house is ~ed away behind the trees** das Haus liegt versteckt hinter den Bäumen; **b)** *(coll.: eat)* verputzen *(ugs.);* **she can certainly ~ it away** sie kann ganz schön was verputzen *(ugs.).*
~ 'in 1. *v. t.* hineinstecken; **~ in the blankets** die Decken an den Seiten feststecken; **~ your shirt in!** steck dein Hemd in die Hose! **2.** *v. i. (coll.)* zulangen *(ugs.); see also* **tuck-in**
~ into *v. i. (coll.: eat)* **~ into sth.** sich *(Dat.)* etw. schmecken lassen
~ 'up *v. t.* **a)** hochkrempeln ⟨*Ärmel, Hose*⟩; hochnehmen ⟨*Rock*⟩; **b)** *(cover snugly)* zudecken; **be ~ed up [in bed]** zugedeckt [im Bett] sein
'**tuck-box** *n. (Brit. Sch.)* Kiste [mit Süßigkeiten *usw.*]
¹**tucker** [ˈtʌkə(r)] *n. (Austral. coll.: food)* Futter, *das (ugs.);* **some ~:** etwas zu futtern *(ugs.)*
²**tucker** *v. t. (Amer.)* **~ [out]** *(coll.)* fix und fertig machen *(ugs.);* **be ~ed [out]** fix und fertig *od.* total groggy sein *(ugs.)*
tuck: ~-in *n. (Brit. coll.)* [reichliches] Essen; **they had a really good ~-in** sie hatten ordentlich was zu futtern *(ugs.);* **~-shop** *n. (Brit. Sch.)* Laden *(ugs.)* mit Süßigkeiten *usw.* in einer Schule
Tudor [ˈtjuːdə(r)] *(Brit. Hist.)* **1.** *n.* Tudor, *der/die.* **2.** *attrib. adj.* Tudor-
Tudor: ~ 'rose *n.* Tudorrose, *die;* **~ style** *n.* Tudorstil, *der*
Tue., Tues. *abbrs.* **Tuesday** Di.
Tuesday [ˈtjuːzdeɪ, ˈtjuːzdɪ] **1.** *n.* Dienstag, *der.* **2.** *adv. (coll.)* **she comes ~s** sie kommt dienstags. *See also* **Friday**

tufa ['tju:fə] *n. (Geol.)* Sinter, *der*
tuff [tʌf] *n. (Geol.)* Tuff, *der*
tuft [tʌft] *n.* Büschel, *das;* ~ **of grass/hair** Gras-/Haarbüschel, *das*
tufted ['tʌftɪd] *adj.* **a)** *(having tufts)* büschelig; ~ **carpet** Tuftingteppich, *der;* **b)** *(with tuft of feathers on head)* Hauben-; ~ **duck** Reiherente, *die;* ~ **puffin** Schopfhund, *der*
tug [tʌg] *1. n.* **a)** Ruck, *der;* **he felt a** ~ **on the fishing-line** er spürte, wie etwas an der Angel zog; **he gave the rope a** ~ **:** er zerrte am Seil; ~ **of love [battle]** *(coll.)* Streit bei der Ehescheidung, wem das Kind zugesprochen wird; ~ **of war** *(lit. or fig.)* Tauziehen, *das;* **b)** ~ **[boat]** Schlepper, *der;* **c)** *(fig.: emotional pain)* it was a ~ **:** es tat weh *(ugs.);* **she felt a big** ~ **at parting** der Abschied fiel ihr sehr schwer. *2. v. t.,* -gg- ziehen; schleppen ⟨*Boot*⟩; **be** ~**ged this way and that** *(fig.)* hin- und hergerissen sein. *3. v. i.,* -gg- zerren (at an + *Dat.*); ~ **at sb.'s heart-strings** *(fig.)* jmdm. das Herz zerreißen
tuition [tju:'ɪʃn] *n.* Unterricht, *der;* **extra** ~ **:** Nachhilfeunterricht, *der;* ~ **fees** *(Sch.)* Schulgeld, *das; (Univ.)* Studiengebühren *Pl.; (for private* ~ *)* Unterrichtshonorar, *das*
tulip ['tju:lɪp] *n.* Tulpe, *die*
'**tulip-tree** *n.* Tulpenbaum, *der*
tulle [tju:l] *n. (Textiles)* Tüll, *der*
tum [tʌm] *n. (joc.)* Bauch, *der*
tumble ['tʌmbl] *1. v. i.* **a)** *(fall suddenly)* stürzen; fallen; ~ **off sth.** von etw. fallen; **b)** *(move in headlong fashion)* stürzen; ~ **into/out of sth.** in/aus etw. eilen; ~ **into bed** ins Bett fallen; **c)** ⟨*Preise usw.*⟩ fallen; *(sharply)* stürzen. *2. v. t.* **a)** *(fling headlong)* schleudern; **b)** *(rumple)* durcheinanderbringen, zerzausen ⟨*Haar*⟩. *3. n.* Sturz, *der;* **she's taken [a bit of] a** ~ **:** sie ist hingefallen ~ **on** *v. t. (chance on)* stolpern über (+ *Akk.*) ~ '**over** *v. i.* hinfallen; ⟨*Kartenhaus:*⟩ umfallen
~ **to** *v. t. (Brit. coll.)* durchschauen
tumble: ~-bug *n.* Kotkäfer, *der;* ~**down** *adj.* verfallen; ~**-drier** *n.* Wäschetrockner, *der;* ~**dry** *v. t.* im Automaten trocknen
tumbler ['tʌmblə(r)] *n.* **a)** *(glass) (short)* Whiskyglas, *das; (long)* Wasserglas, *das;* **b)** *(in lock)* Zuhaltung, *die;* **c)** **see tumbledrier; d)** *(acrobat)* Bodenakrobat, *der/-* akrobatin, *die;* **e)** *(pigeon)* Tümmler, *der*
tumblerful ['tʌmbləfʊl] *n.* Glas[voll], *das;* **a** ~ **of water** ein Glas Wasser
'**tumbler switch** *n.* Kippschalter, *der*
'**tumble-weed** *n. (Amer.)* Steppenläufer, *der*
tumbrel ['tʌmbrl], **tumbril** ['tʌmbrɪl] *n. (Hist.)* Karren, *der*
tumescence [tju:'mesəns] *n.* Schwellung, *die*
tumescent [tju:'mesənt] *adj.* anschwellend; **make** ~ **:** anschwellen lassen
tummy ['tʌmɪ] *n. (child lang./coll.)* Bäuchlein, *das;* **I've got an upset** ~ **:** ich habe mir den Magen verdorben
tummy: ~**-ache** *n. (child lang./coll.)* Bauchweh, *das;* ~**-button** *n. (child lang./coll.)* Bauchnabel, *der;* ~ **upset** *n. (child lang./coll.)* Magenverstimmung, *die*
tumour *(Brit./Amer.* **tumor)** ['tju:mə(r)] *n.* Tumor, *der*
tumult ['tju:mʌlt] *n.* **a)** *(commotion, uproar)* Tumult, *der;* **be in** ~ **:** sich in Aufruhr befinden; **b)** *(confused state of mind)* Verwirrung, *die;* **his mind was in a** ~ **:** er war innerlich in Aufruhr
tumultuous [tju:'mʌltjʊəs] *adj.* **a)** stürmisch ⟨*Empfang, Beifall*⟩; **b)** wild ⟨*Fluß, Sturm, Leidenschaft*⟩
tumulus ['tju:mjʊləs] *n., pl.* **tumuli** ['tju:mjʊlaɪ] Tumulus, *der*
tun [tʌn] *n.* Faß, *das*
tuna ['tju:nə] *n., pl.* **same** *or* ~**s** *(fish)* Thunfisch, *der;* **b)** *(as food)* ~**[-fish]** Thunfisch, *der; attrib.* Thunfisch-

tundra ['tʌndrə] *n. (Geog.)* Tundra, *die*
tune [tju:n] *1. n.* **a)** *(melody)* Melodie, *die;* **change one's** ~ **, sing another** *or* **a different** ~ *(fig.) (behave differently)* sein Verhalten ändern; *(assume different tone)* einen anderen Ton anschlagen; **call the** ~ **:** den Ton angeben; **b)** *(correct pitch)* **sing in/out of** ~ **:** richtig/falsch singen; **be in/out of** ~ ⟨*Instrument:*⟩ richtig gestimmt/verstimmt sein; **c)** *(fig.: agreement)* **be in/out of** ~ **with sth.** mit etw. in Einklang stehen; **he doesn't feel in** ~ **with their attitudes/ideas** ihre Einstellungen/Vorstellungen sind ihm fremd; **d)** *(amount)* **to the** ~ **of [£50,000]** sage und schreibe [50 000 Pfund]. *2. v. t.* **a)** *(Mus.: put in* ~ *)* stimmen; **b)** *(Radio, Telev.)* einstellen (**to** auf + *Akk.*); **stay** ~**d!** bleiben Sie auf dieser Welle!; **c)** einstellen ⟨*Motor, Vergaser*⟩; *(for more power)* frisieren ⟨*Motor, Auto*⟩
~ '**in** *v. i. (Radio, Telev.)* ~ **in to a station** einen Sender einstellen; ~ **in at five o'clock to hear the details!** schalten Sie [Ihr Radio/Ihren Fernseher] um fünf Uhr ein, wenn Sie die Einzelheiten hören wollen; ~ **in to** *(fig.)* sich einstellen auf (+ *Akk.*)
~ '**up** *1. v. i.* [die Instrumente] stimmen. *2. v. t.* einstellen
tuneful ['tju:nfl] *adj.,* **tunefully** ['tju:nfəlɪ] *adv.* melodisch
tunefulness ['tju:nflnɪs] *n., no pl.* Melodik, *die*
tuneless ['tju:nlɪs] *adj.,* **tunelessly** ['tju:nlɪslɪ] *adv.* unmelodisch
tunelessness ['tju:nlɪsnɪs] *n., no pl.* Mangel an Melodik
tuner ['tju:nə(r)] *n.* **a)** *(Mus.)* Stimmer, *der/*Stimmerin, *die;* **b)** *(knob etc.)* Einstellknopf, *der;* Tuner, *der (Technik);* **c)** *(radio)* Tuner, *der*
tungsten ['tʌŋstən] *n.* Wolfram, *das*
tunic ['tju:nɪk] *n.* **a)** *(part of uniform) (of soldier, policeman)* Uniformjacke, *die; (of schoolgirl)* Kittel, *der;* **b)** *(Fashion)* Kasack, *der;* **c)** *(body-garment) (in ancient Greece)* Chiton, *der; (in ancient Rome)* Tunika, *die*
tuning ['tju:nɪŋ] *n.* **a)** *(Mus.)* Stimmen, *das;* **b)** *(Radio)* Einstellen, *das;* **c)** *(Motor Veh.)* Einstellen, *das; (to increase power)* Frisieren, *das;* Tuning, *das;* **the engine needs** ~ **:** der Motor muß eingestellt werden
tuning: ~**-fork** *n. (Mus.)* Stimmgabel, *die;* ~**-peg,** ~**-pin** *ns. (Mus.)* Wirbel, *der*
Tunis ['tju:nɪs] *pr. n.* Tunis *(das)*
Tunisia [tju:'nɪzɪə] *pr. n.* Tunesien *(das)*
Tunisian [tju:'nɪzɪən] *1. adj.* tunesisch; **sb. is** ~ **:** jmd. ist Tunesier/Tunesierin. *2. n.* Tunesier, *der/*Tunesierin, *die*
tunnel ['tʌnl] *1. n.* **a)** Tunnel, *der; (dug by animal)* Gang, *der;* **b)** *(Motor Veh.)* [**transmission**] ~ **:** Kardantunnel, *der;* **c)** **wind** ~ **:** Windkanal, *der.* *2. v. i. (Brit.)* -ll- einen Tunnel graben; ~ **under sth.** etw. untertunneln; ~ **through sth.** durch etw. *(Akk.)* einen Tunnel graben. *3. v. t. (Brit.)* -ll- ~ **one's way out** *(lit.)* einen Weg nach draußen graben
'**tunnel vision** *n.* Röhrengesichtsfeld, *das (Med.); (fig.)* enges Blickfeld
tunny ['tʌnɪ] *n. (Zool.)* Thunfisch, *der*
tup [tʌp] *n. (Brit.)* Widder, *der*
tuppence ['tʌpəns] *see* **twopence**
tuppenny ['tʌpənɪ] *see* **twopenny**
turban ['tɜ:bən] *n.* Turban, *der*
turbaned ['tɜ:bənd] *adj.* mit einem Turban [auf dem Kopf] *nachgestellt*
turbid ['tɜ:bɪd] *adj.* **a)** *(muddy)* trüb[e]; dicht ⟨*Nebel, Rauchwolke*⟩; **b)** *(fig.: confused)* wirr
turbidity [tɜ:'bɪdɪtɪ] *n., no pl.* **a)** *(muddiness)* Trübheit, *die;* **b)** *(fig.: confusion)* Verworrenheit, *die*
turbine ['tɜ:baɪn] *n.* Turbine, *die*
turbo ['tɜ:bəʊ] *n. (coll.)* Turbo, *der*
turbo: ~**-charged** *adj.* mit Turbolader nachgestellt; ~**-charger** *n.* Turbolader, *der;* ~**-jet** *n.* Turbojet, *der;* ~**-jet engine** Turboluftstrahltriebwerk, *das;* ~**-prop** *n.* Turbo-Prop-Flugzeug, *das;* ~**-prop engine** Turbo-Prop-Triebwerk, *das*
turbot ['tɜ:bət] *n. (Zool.)* Steinbutt, *der*
turbulence ['tɜ:bjʊləns] *n., no pl.* **a)** *(agitation)* Aufgewühltheit, *die; (fig.)* Aufruhr, *der;* **(unruliness)** Unruhe, *die;* **b)** *(Phys.)* Turbulenz, *die*
turbulent ['tɜ:bjʊlənt] *adj.* **a)** aufgewühlt ⟨*Gedanken, Wellen, Leidenschaften*⟩; turbulent ⟨*Herrschaft, Kindheit*⟩; ungestüm ⟨*Menge*⟩; aufrührerisch ⟨*Stadt, Mob*⟩; **b)** *(Phys.)* turbulent
turd [tɜ:d] *n. (coarse)* **a)** *(lump of excrement)* Scheißhaufen, *der (derb);* **b)** *(contemptible person)* Scheißkerl, *der (derb)*
tureen [tjʊə'ri:n] *n.* Terrine, *die*
turf [tɜ:f] *1. n., pl.* ~**s** *or* **turves** [tɜ:vz] **a)** *no pl. (covering of grass etc.)* Rasen, *der;* **b)** *(cut patch of grass)* [abgestochenes] Rasenstück, Sode, *die (bes. nordd.);* **c)** ~ **s** Fertigrasen verlegen; **c)** **the** ~ *(racecourse)* der Turf *(Pferdesport);* die Rennbahn; *(horse-racing)* der Pferderennsport. *2. v. t.* mit Fertigrasen bedecken
~ '**out** *v. t. (sl.)* rausschmeißen *(ugs.);* ~ **out of sth.** jmdn. aus etw. [raus]schmeißen
~ '**over** *v. t.* mit Rasenstücken bedecken
'**turf accountant** *n.* Buchmacher, *der*
turgid ['tɜ:dʒɪd] *adj.* **a)** *(inflated)* [an]geschwollen; **b)** *(fig.)* geschwollen; schwülstig *(abwertend)*
turgidly ['tɜ:dʒɪdlɪ] *adv.* geschwollen *(abwertend)*
Turk [tɜ:k] *n.* Türke, *der/*Türkin, *die*
Turkey ['tɜ:kɪ] *pr. n.* die Türkei
turkey *n.* **a)** *(fowl)* Truthahn, *der/*Truthenne, *die; (esp. as food)* Puter, *der/*Pute, *die;* **b)** *(sl. derog.: stupid person)* Schwachkopf, *der (ugs. abwertend);* **c)** *(Amer. sl.: flop)* Reinfall, *der;* **d)** **talk** ~ *(Amer. coll.)* Tacheles reden *(ugs.)*
turkey: ~ **buzzard** *n.* Truthahngeier, *der;* ~**cock** *n.* Truthahn, *der; (fig.)* Geck, *der (abwertend);* **red as a** ~**cock** *(from heat or exertion)* krebsrot; *(with anger or embarrassment)* puterrot; ~ **vulture** *see* ~ **buzzard**
Turkish ['tɜ:kɪʃ] *1. adj.* türkisch; **sb. is** ~ **:** jmd. ist Türke/Türkin; *see also* **English 1**. *2. n.* Türkisch, *das; see also* **English 2a**
Turkish: ~ **bath** *n.* türkisches Bad; ~ **delight** *n.* mit Puderzucker bestreutes, gelatinehaltiges Konfekt; Rachatlukum, *das;* Lokum, *das;* ~ **towel** *n.* Frotteehandtuch, *das*
Turk: ~**'s cap** *n. (Bot.)* Türkenbundlilie, *die;* ~**'s head** *n. (knot)* türkischer Bund
turmeric ['tɜ:mərɪk] *n.* Gelbwurzel, *der; (spice)* Kurkuma, *die*
turmoil ['tɜ:mɔɪl] *n.* Aufruhr, *der;* [wildes] Durcheinander; **everything/her mind was in [a]** ~ **:** es herrschte ein wildes Durcheinander/sie war völlig durcheinander
turn [tɜ:n] *1. n.* **a) it is sb.'s** ~ **to do sth.** jmd. ist an der Reihe, etw. zu tun; **it's your** ~ **[next]** du bist als nächster/nächste dran *(ugs.) od.* an der Reihe; **wait one's** ~ **:** warten, bis man an der Reihe ist; **your** ~ **will come du kommst auch [noch] an die Reihe; by** ~**s** abwechselnd; **each of us in** ~ **had to give his name** wir mußten nacheinander *od.* der Reihe nach unsere Namen nennen; **he gave it to her, and she in** ~ **passed it on to me** er gab es ihr, und sie wiederum reichte es an mich weiter; **in** ~ **:** wiederum; **out of** ~ *(before or after one's* ~ *)* außer der Reihe; *(fig.)* an der falschen Stelle ⟨*lachen*⟩; **she tried to throw the dice out of** ~ **:** sie wollte würfeln, obwohl sie nicht an der Reihe war; **excuse me if I'm talking out of** ~ *(fig.)* entschuldige, wenn ich etwas Unpassendes sage; **your remark was out of** ~ *(fig.)* Ihre

Bemerkung war fehl am Platz; **take a ~ at the wheel** für eine Weile das Steuer übernehmen; **take [it in] ~s** sich abwechseln; **take ~s at doing sth., take it in ~s to do sth.** etw. abwechselnd tun; **she was unhappy and cheerful, in ~s** sie war abwechselnd unglücklich und fröhlich; *see also* **about 1 f, g; serve 1 c;** b) *(rotary motion)* Drehung, *die;* **give the handle a ~:** den Griff [herum]drehen; **have/show a good ~ of speed** schnell sein; **put on a ~ of speed** einen Zahn zulegen *(ugs.);* **[done] to a ~:** genau richtig [zubereitet]; c) *(change of direction)* Wende, *die;* **take a ~ to the right/left, do** *or* **make** *or* **take a right/left ~:** nach rechts/links abbiegen; **'no left/right ~'** „links/rechts abbiegen verboten!"; **make a ~ to port/starboard** nach Backbord/Steuerbord abdrehen; **the tide was on the ~:** die Flut/Ebbe setzte gerade ein; **the ~ of the year/century** die Jahres-/Jahrhundertwende; **be on the ~** *(be about to change)* sich [zum Besseren/ Schlechteren] wenden; *(be about to go sour)* ⟨*Milch usw.:*⟩ einen Stich haben *(ugs.);* **a ~ of fortune** eine Schicksalswende; **take a favourable ~** *(fig.)* sich zum Guten wenden; **take a ~ for the better/worse** *see* **take 1 k;** d) *(deflection)* Biegung, *die;* e) *(bend)* Kurve, *die;* *(corner)* Ecke, *die;* **at every ~** *(fig.) (constantly)* ständig; *(wherever one goes)* überall; f) *(short performance on stage etc.)* Nummer, *die;* **do one's ~:** auftreten; g) *(change of tide)* **~ of the tide** Gezeitenwechsel, *der;* **there will be a ~ of the tide** *(fig.)* das Blatt wird sich wenden; h) *(character)* **be of a mechanical/humorous/speculative ~:** technisch begabt sein/von humorvollem Schlag sein/einen Hang zum Spekulativen haben; **a child with a more enquiring ~ of mind than his brother** ein Kind, das eher Fragen stellt als sein Bruder; **those of a democratic ~ of mind** die demokratisch Eingestellten; i) *(literary: formation)* Rundung, *die;* **the graceful ~ of her ankle** ihr wohlgeformter Knöchel; j) *(form of expression)* **an elegant ~ of speech/phrase** eine elegante Ausdrucksweise; k) *(service)* **do sb. a good/bad ~:** jmdm. einen guten/schlechten Dienst erweisen; **do good ~s** Gutes tun; **one good ~ deserves another** *(prov.)* hilfst du mir, so helf ich dir; l) *(each round in coil of rope etc.)* Umwick[e]lung, *die;* m) *(coll.: fright)* **give sb. quite a ~:** jmdm. einen gehörigen Schrecken einjagen *(ugs.);* n) *(coll.: spell of illness etc.)* **have a nasty ~:** einen schlimmen Anfall haben; **I just had a little ~:** ich hatte einen kleinen Schwächeanfall; o) *(short walk)* **take a ~:** einen kurzen Spaziergang machen *od.* machen; p) *(short ride)* Runde, *die;* **go out for a ~ on one's bicycle** eine Runde mit dem Fahrrad drehen; q) *(Mus.)* Doppelschlag, *der;* r) *(Brit. St. Exch.: jobber's profit margin)* Gewinnspanne, *die.* *See also* **about-turn; three-point.** 2. *v. t.* a) *(make revolve)* drehen; **~ the tap** am Wasserhahn drehen; **~ the key in the lock** den Schlüssel im Schloß herumdrehen; **he ~ed the wheel sharply [to the right]** er riß das Steuer scharf [nach rechts] herum; b) *(reverse)* umdrehen; wenden ⟨*Pfannkuchen, Matratze, Auto, Heu, Teppich*⟩; umgraben ⟨*Erde*⟩; umlegen ⟨*Kragen*⟩; **~ sth. upside-down** *or* **on its head** *(lit. or fig.)* etw. auf den Kopf stellen; **~ a record** eine Platte umdrehen; **~ sth. back to front** die Vorderseite einer Sache nach hinten drehen; **~ the page** umblättern; c) *(give new direction to)* drehen, wenden ⟨*Kopf*⟩; **she could still ~ heads** die Leute drehten sich immer noch nach ihr um; **~ a hose/gun on sb./sth.** einen Schlauch/ein Gewehr auf jmdn./etw. richten; **~ one's chair to face the window** seinen Stuhl zum Fenster drehen; **~ one's attention/mind to sth.** sich/seine Gedanken einer Sache *(Dat.)* zuwenden; **~ one's thoughts to a subject** sich [in Gedanken] mit einem Thema beschäftigen; **~ a car into a road** [mit einem Auto] in eine Straße einbiegen; **~ the course of history** dem Gang der Geschichte eine Wende geben; **~ one's eyes on sb.** jmdm. seine Augen zuwenden; **he ~ed his steps homeward** er lenkte seine Schritte heimwärts; **~ the tide [of sth.]** [bei etw.] den Ausschlag geben; **this incident ~ed the tide of opinion in her favour** dieser Vorfall führte einen Meinungsumschwung zu ihren Gunsten herbei; **~ sb. from his purpose** jmdn. von seinem Vorhaben abbringen; d) *(send)* **~ sb. loose on sb./sth.** jmdn. auf jmdn./etw. loslassen; **~ sb. from one's door/off one's land** jmdn. von seiner Tür/von seinem Land verjagen; **~ a dog on sb.** einen Hund auf jmdn. hetzen; e) *(put)* leeren ⟨*Inhalt eines Koffers, einer Büchse*⟩; stürzen ⟨*Pudding, Kuchen usw.*⟩ (**on to** auf + *Akk.*); f) *(cause to become)* verwandeln; **the cigarette smoke has ~ed the walls yellow** der Zigarettenrauch hat die Wände vergilben lassen; **~ the lights low** das Licht dämpfen; **~ a play/book into a film** ein Theaterstück/Buch verfilmen; **~ water into electricity/a church into a theatre** Wasser in Elektrizität/eine Kirche in ein Theater umwandeln; **the thought ~ed him pale** der Gedanke ließ ihn erbleichen *(geh.);* g) *(make sour)* sauer werden lassen ⟨*Milch*⟩; h) *(translate)* übertragen (**in in** + *Akk.*); i) **~ sb.'s stomach** jmdm. den Magen umdrehen; j) *(make conceited)* **~ sb.'s head** jmdm. zu Kopf steigen; **~ sb.'s brain** jmds. Sinne *od.* Geist verwirren *(geh.);* k) *(shape in lathe)* drechseln ⟨*Holz*⟩; drehen ⟨*Metall, Ton*⟩; l) drehen ⟨*Pirouette*⟩; schlagen ⟨*Rad, Purzelbaum*⟩; m) *(reach the age of)* **~ 40** 40 [Jahre alt] werden; **she has not ~ed 30 yet** sie ist noch keine 30 [Jahre alt]; n) **it's just ~ed 12 o'clock/quarter past 4** es ist gerade 12 Uhr/viertel nach vier vorbei; **it's not yet ~ed 4 o'clock** es ist noch nicht ganz 4 Uhr; o) *(gain)* **~ a penny/profit** einen Gewinn machen; **~ a quick penny** eine schnelle Mark machen *(ugs.);* p) wenden ⟨*Kragen, Jacke usw.*⟩; q) *(resist and divert)* abprallen lassen; **the bullet was ~ed by the door** die Kugel prallte an der Tür ab; r) *(blunt)* stumpf machen; **~ the edge of criticism** *(fig.)* der Kritik die Spitze abbrechen *od.* nehmen; s) *(go round)* umrunden ⟨*Kap, Landzunge*⟩; t) **~ the flank of an army** einer Streitmacht die Flanke aufrollen; t) *(give elegant form to)* **he knows how to ~ a compliment** er versteht es, Komplimente zu machen; **~ verses** Verse dichten *od.* schmieden. *See also* **account 3 h; back 1 a; coat 1 a; corner 1 a; deaf 1 b; evidence 1 b; hair a; hand 1 a; honest e; phrase 2 a; table 1 a; tail 1 c; turtle c.** 3. *v. i.* a) *(revolve)* sich drehen; ⟨*Wasserhahn, Schlüssel:*⟩ sich drehen lassen; **the earth ~s on its axis** die Erde dreht sich um ihre Achse; **he couldn't get the key to ~:** er konnte den Schlüssel nicht drehen; b) *(reverse direction)* ⟨*Person:*⟩ sich herumdrehen; ⟨*Auto:*⟩ wenden; **the car ~ed upside-down** das Auto überschlug sich; **~ back to front** sich von hinten nach vorne drehen; c) *(take new direction)* sich wenden; *(turn round)* sich umdrehen; **heads ~ed when she ...:** die Leute sahen *od.* drehten sich nach ihr um, als sie ...; **his thoughts/attention ~ed to her** er wandte ihr seine Gedanken/Aufmerksamkeit zu; **left/right ~!** *(Mil.)* links/rechts um!; **he ~ed to the man standing next to him** er wandte sich dem Mann zu, der neben ihm stand; **~ into a road/away from the river** in eine Straße einbiegen/vom Fluß abbiegen; **~ to the left** nach links abbiegen/⟨*Schiff, Flugzeug:*⟩ abdrehen; **~ up/down a street** in eine Straße einbiegen; **~ towards home** den Heimweg einbiegen; **profits are ~ing upward** die Gewinne steigen; **everywhere the eye ~s ...:** wohin sich das Auge wendet ...; **when the tide ~s** wenn die Ebbe/Flut kommt; *(fig.)* wenn sich das Blatt wendet; **not know where** *or* **which way to ~** *(fig.)* keinen Ausweg [mehr] wissen; **my luck has ~ed** *(fig.)* mein Glück hat sich gewendet; d) *(become)* werden; **~ traitor/statesman/Muslim** zum Verräter/zum Staatsmann/Moslem werden; **~ [in]to sth.** zu etw. werden; *(be transformed)* sich in etw. *(Akk.)* verwandeln; **her face ~ed green** sie wurde [ganz] grün im Gesicht; e) *(change colour)* ⟨*Laub:*⟩ sich [ver]färben; f) *(become sour)* ⟨*Milch:*⟩ sauer werden; g) **my stomach ~s** mir dreht sich der Magen um *(ugs.);* h) *(become giddy)* **sb.'s head is ~ing** jmdm. dreht sich alles [im Kopf]. *See also* ¹**grave;** ¹**heel 1 b; toss 2 a; worm 1 a**

~ a'bout 1. *v. i.* sich umdrehen; ⟨*Kompanie:*⟩ kehrtmachen; *(fig.)* eine Kehrtwendung machen. 2. *v. t.* wenden ⟨*Auto, Boot usw.*⟩. *See also* **turn-about**

~ a'gainst *v. t.* a) **~ against sb.** sich gegen jmdn. wenden; **~ sb. against sb.** jmdn. gegen jmdn. aufbringen; b) **they ~ed his own arguments against him** sie verwendeten seine eigenen Argumente gegen ihn

~ a'round *see* **~ round**

~ a'way 1. *v. i.* sich abwenden; **~ away from sb.** *(fig.)* sich von etw. abwenden. 2. *v. t.* a) *(avert)* abwenden; b) *(send away)* wegschicken; *(refuse admittance also)* abweisen

~ 'back 1. *v. i.* a) *(retreat, lit. or fig.)* umkehren; kehrtmachen *(ugs.);* **there can be no ~ing back** es gibt kein Zurück *od.* keinen Weg zurück; b) *(in book etc.)* zurückgehen. 2. *v. t.* a) *(cause to retreat)* zurückweisen; zurückschlagen ⟨*Feind*⟩; b) *(fold back)* herunterschlagen ⟨*Bettdecke, Teppich*⟩; **don't ~ back the corner of the page** bitte mach keine Eselsohren in die Buchseiten *(ugs.)*

~ 'down *v. t.* a) *(fold down)* herunterschlagen ⟨*Kragen, Hutkrempe*⟩; umknicken ⟨*Buchseite*⟩; [nach unten] umschlagen ⟨*Laken*⟩; b) *(reduce level of)* niedriger stellen ⟨*Heizung, Kochplatte*⟩; dämpfen ⟨*Licht*⟩; herunterdrehen ⟨*Gas, Heizung*⟩; leiser stellen ⟨*Ton, Radio, Fernseher*⟩; c) *(reject, refuse)* ablehnen; abweisen ⟨*Bewerber, Kandidaten usw.*⟩. *See also* **turn-down**

~ 'in 1. *v. t.* a) *(fold inwards)* nach innen drehen; einschlagen ⟨*Stoffkante*⟩; einrollen ⟨*Blatt*⟩; b) *(hand in)* abgeben; c) *(surrender)* **~ oneself in** sich [der Polizei] übergeben; d) *(register)* hinlegen *(ugs.)* ⟨*Auftritt, Leistung*⟩; e) *(coll.: give up)* aufstecken *(ugs.)* ⟨*Arbeit*⟩; hinschmeißen *(salopp)* ⟨*Arbeit, Dienstabzeichen*⟩; f) **~ it in!** *(coll.: stop that)* hör auf damit! 2. *v. i.* a) *(incline inwards)* nach innen gebogen sein; *(narrow)* sich verjüngen; b) *(enter)* einbiegen; c) *(coll.: go to bed)* in die Falle gehen *(salopp);* d) **~ in on oneself** sich in sich selbst zurückziehen

~ 'off 1. *v. t.* a) abschalten; abstellen ⟨*Wasser, Gas*⟩; zudrehen ⟨*Wasserhahn*⟩; b) *(coll.: cause to lose interest)* anwidern; **~ sb. off sth.** jmdm. etw. vermiesen *(ugs.).* 2. *v. i.* abbiegen. *See also* **turn-off**

~ on 1. *v. t.* a) [-'-] anschalten; einlassen ⟨*Badewasser*⟩; aufdrehen ⟨*Wasserhahn, Gas*⟩; *(fig.: start showing)* aufsetzen ⟨*Miene*⟩; b) [-'-] *(coll.: cause to take interest)* anmachen *(ugs.)* ⟨*Droge:*⟩ anturnen *(ugs.);* **whatever ~s you on!** jedem das Seine!; *see also* **turn-on;** c) ['--] *(be based on)* ⟨*Argument:*⟩ beruhen auf (+ *Dat.*); ⟨*Gespräch, Diskussion*⟩ sich drehen um *(ugs.);* d) ['--] *(become hostile towards)* sich wenden gegen; *(attack)* angreifen; **there's no need to ~ on me like that** du brauchst mich nicht so anzufahren. 2. [-'-] *v. i. (switch on)* einschalten

turn-about | **tuxedo**

~ **'out 1.** *v. t.* **a)** *(expel)* hinauswerfen *(ugs.)*; ~ **sb. out of a room/out into the street** jmdn. aus einem Zimmer weisen *od. (ugs.)* werfen/auf die Straße werfen *od.* setzen; ~ **sb. out of his office** *(temporarily)* jmdn. aus seinem Büro ausquartieren; **b)** *(switch off)* ausschalten; abdrehen 〈Gas〉; **c)** *(incline outwards)* nach außen drehen 〈Füße, Zehen〉; **d)** *(equip)* ausstaffieren; **e)** *(produce)* produzieren; hervorbringen 〈Fachkräfte, Spezialisten〉; *(in great quantities)* ausstoßen; **f)** *(Brit.) (empty)* ausräumen; ausschütten 〈Büchse〉; schütten 〈Bohnen usw.〉; stürzen 〈Götterspeise usw.〉; *(clean)* [gründlich] aufräumen; *(get rid of)* wegwerfen; ~ **out one's pockets** seine Taschen umdrehen; ~ **sth. inside out** etw. nach außen stülpen *od.* drehen; **g)** *(Mil.)* ~ **out [the guard]** [die Wache] antreten lassen; ~ **out the guard!** Wache angetreten! **2.** *v. i.* **a)** *(prove to be)* **sb./sth.** ~**s out to be sth.** jmd./etw. stellt sich als jmd./etw. heraus *od.* erweist sich als jmd./etw.; **it** ~**s out that ...**: es stellt sich heraus, daß ...; **as it** ~**ed out, as things** ~**ed out** wie sich [nachher] herausstellte; **b)** *(come to be eventually)* **the day** ~**ed out wet** der Tag wurde regnerisch; **see how things** ~ **out** sehen, wie sich die Dinge entwickeln; ~ **out to be sth.** sich als etw. entwickeln; **everything** ~**ed out well/all right in the end** alles endete gut; **she didn't** ~ **out well** aus ihr ist nichts geworden; **c)** *(end)* **the story** ~**ed out happily** die Geschichte ging gut aus; **the expedition** ~**ed out well** die Expedition hatte Erfolg; **d)** *(appear)* 〈Menge, Fans usw.:〉 erscheinen; **he** ~**s out every Saturday to watch his team** er kommt jeden Samstag, um seine Mannschaft zu sehen; **e)** *(coll.: get out of bed)* aus den Federn steigen *(ugs.)*; **f)** *(coll.: go out of doors)* ausgehen *(ugs.)*; **g)** *(play)* ~ **out for a team** für eine Mannschaft spielen *od.* antreten; **h)** *(point outwards)* sich nach außen drehen. *See also* **turn-out**

~ **'over 1.** *v. t.* **a)** *(cause to fall over)* umwerfen; **the car was** ~**ed over on to its roof** *(by accident)* das Auto überschlug sich und blieb auf dem Dach liegen; **b)** *(expose the other side of)* umdrehen; umgraben 〈Erde〉; ~ **a page over** umblättern; ~ **over two pages at once** eine Seite überschlagen; **c)** drehen 〈Motor〉; **d)** ~ **sth. over [in one's mind]** sich [Dat.] etw. hin und her überlegen; **e)** *(hand over)* übergeben (**to** Dat.) 〈Betrieb, Amt〉; **f)** *(Commerc.)* umschlagen 〈Waren〉; ~ **over £150,000 a month** einen Umsatz von 150 000 Pfund im Monat haben. **2.** *v. i.* **a)** *(tip over)* umkippen; 〈Boot:〉 kentern, umschlagen; 〈Auto, Flugzeug:〉 sich überschlagen; **b)** *(from one side to the other)* sich umdrehen; **sich auf die andere Seite legen** *od.* **auf die andere Seite drehen**, sich auf den Rücken drehen; **c)** 〈Motor:〉 laufen; **d)** *(feel moved by fear, nausea)* **my stomach** ~**ed over at the thought of it** beim Gedanken daran drehte sich mir der Magen um *(ugs.)*; **e)** *(~ a page)* weiterblättern. *See also* **turnover**

~ **'round 1.** *v. i.* **a)** sich umdrehen; ~ **round and go back the same way** umkehren und denselben Weg zurückgehen; **[not] have time to** ~ **round** *(fig.)* [k]eine Minute Zeit haben; **b)** *(rotate)* sich drehen; **c)** ~ **round and do sth.** *(fig.)* plötzlich etw. tun; **they cannot** ~ **round and blame us** sie können nicht auf einmal uns die Schuld geben; **d)** *(change for better)* 〈Geschäfte:〉 sich erholen. **2.** *v. t.* **a)** *(unload and reload)* be- und entladen 〈Frachtschiff〉; abfertigen 〈Passagierschiff〉; **b)** *see* **about 2**; **c)** *(reverse)* umdrehen; auf den Kopf stellen *(ugs.)* 〈Theorie, Argument〉; ~ **a company round** *(Commerc.)* eine Firma aus der Krise führen. *See also* **turn-round**

~ **to 1.** ['--] *v. t.* **a)** *(set about)* ~ **to work** an die Arbeit gehen; **b)** *(go to for help etc.)* ~ **to**

sb./sth. sich an jmdn. wenden/etw. zu Hilfe nehmen; ~ **to God** sich Gott zuwenden; ~ **to sb. for money** jmdn. um Geld bitten; ~ **to a book** ein Buch zu Rate ziehen; ~ **to sb. for comfort/help/advice** bei jmdm. Trost/Hilfe/Rat suchen; ~ **to drugs/one's work** *(seeking consolation)* sich in den Alkohol/seine Arbeit flüchten; **make sb.** ~ **to drink** jmdn. dem Alkohol in die Arme treiben; **c)** *(go on to consider next)* ~ **to a subject/topic** sich einem Thema zuwenden; *see also* ~ **2 a, c. 2.** [-'-] *v. i.* zugreifen

~ **'up 1.** *v. i.* **a)** *(make one's appearance)* erscheinen; aufkreuzen *(ugs.)*; **b)** *(happen)* passieren; geschehen; **c)** *(present itself)* auftauchen; 〈Gelegenheit:〉 sich bieten; *(~ solution:)* sich finden; **something is sure to** ~ **up** irgend etwas wird sich schon finden; **d)** *(be found)* sich finden. **2.** *v. i.* **a)** *(dig up)* freilegen; *(fig.)* ans Licht bringen; **I** ~**ed up a lot of interesting information** ich habe viele interessante Informationen aufgetrieben; **b)** hochschlagen 〈Kragen, Hutkrempe〉; **her nose is** ~**ed up** sie hat eine Stupsnase; **c)** lauter stellen, *(ugs.)* aufdrehen 〈Ton, Fernseher, Radio〉; aufdrehen 〈Wasser, Heizung, Gas〉; heller machen 〈Licht〉; **d)** *(Brit.: find and refer to)* heranziehen 〈Artikel, Buch〉; **e)** ~ **it up!** *(Brit. sl.)* hör auf damit!; *see also* **nose 1 a; toe 1 a**

~ **upon** *see* **on 1 c, d**

turn: ~-about *n.* *(~ing about)* Wende, *die;* *(fig.)* Kehrtwendung, *die;* **a welcome ~-about in her fortunes** eine willkommene Wende ihres Geschicks; **~coat** *n.* Abtrünnige, *der/die;* **~-down** *attrib. adj.* **~down collar** Umlegekragen, *der*

turned-up ['tɜːndʌp] *adj.* ~ **nose** Stupsnase, *die (ugs.)*

turner ['tɜːnə(r)] *n.* Drechsler, *der/*Drechslerin, *die*

turning ['tɜːnɪŋ] *n.* **a)** *(off road)* Abzweigung, *die;* *(fig.)* Kreuzweg, *der (geh.);* **take the second** ~ **to the left** die zweite Abzweigung nach links nehmen; **b)** *(use of lathe)* Drechseln, *das;* *in pl. (shavings)* Späne

turning: ~-circle *n.* *(Motor Veh.)* Wendekreis, *der;* **~-point** *n.* Wendepunkt, *der*

turnip ['tɜːnɪp] *n.* Kohlrübe, Steckrübe, *die*

'turnip-top *n.* Rübenblätter *Pl.*

turn: ~key 1. *n.* *(Hist.)* Kerkermeister, *der.* **2.** *adj.* schlüsselfertig; **a ~key contract** ein Vertrag, der schlüsselfertige Lieferung garantiert; **~-off** *n.* *(turning)* Abzweigung, *die;* *(off motorway)* Ausfahrt, *die;* **the Leicester** ~ **-off** die Abzweigung nach Leicester/die Ausfahrt Leicester; **b)** *(coll.: repellent person or thing)* **be a ~-off** abstoßend sein; **be a ~-off for sb.** jmdn. abstoßen; **~-on** *n. (coll.)* **be a ~-on [for sb.]** [jmdn.] anmachen *(ugs.);* **~-out** *n.* **a)** *(~ing out for duty)* Einsatz, *der;* Ausrücken, *das;* **b)** *(number voting)* **~-out [of voters]** Wahlbeteiligung, *die* (**for** an + *Dat.*); *(number assembled)* Beteiligung, *die* (**for** an + *Dat.*); **there was a large ~-out of fans at the airport** eine große Zahl von Fans war zum Flughafen gekommen; **d)** *see* **output 1 a**; **e)** *see* **clear-out**; **~over** *n.* **a)** *(tart etc.)* **apple/apricot ~over** Apfel-/Aprikosentasche, *die;* **meat ~over** Fleischpastete, *die;* **b)** *(Commerc.)* *(of business, money)* Umsatz, *der;* **c)** *(of stock)* Umschlag, *der;* **d)** *(of patients in hospital)* Zu- und Abgang, *der;* **~pike** *n.* **a)** *(Brit. Hist.: toll road)* gebührenpflichtige Straße; **b)** *(Amer.: expressway)* gebührenpflichtige Autobahn; **~-round** *n.* **a)** *(adoption of new policy)* Kehrtwendung, *die;* **b)** *(of ship, aircraft, people)* Abfertigung, *die;* *(of material)* Bearbeitung, *die;* **~stile** *n.* Drehkreuz, *das;* **~table** *n.* **a)** *(for gramophone record)* Plattenteller, *der;* **b)** *(for reversing locomotive*

etc.) Drehscheibe, *die;* **~-up** *n.* **a)** *(Brit. Fashion)* Aufschlag, *der;* **with ~-ups** 〈Hose〉 mit Aufschlag; **b)** *(Brit. coll.: unexpected event)* **a ~-up [for the book]** eine Riesenüberraschung *(ugs.)*

turpentine ['tɜːpntaɪn] *n.* **a)** Terpentin, *das;* **b)** [oil of] ~: Terpentin, *das (ugs.);* Terpentinöl, *das;* ~ **substitute** Terpentinersatz, *der*

turpitude ['tɜːpɪtjuːd] *n.* Verworfenheit, *die (geh.)*

turps [tɜːps] *n. (coll.)* Terpentin, *das (ugs.)*

turquoise ['tɜːkwɔɪz] **1.** *n.* **a)** Türkis, *der;* **b)** *(colour)* Türkis, *das.* **2.** *adj.* **a)** türkis[farben]; **b)** ~ **ring** Türkisring, *der*

turquoise: ~ **'blue** *n.* Türkisblau, *das;* ~ **'green** *n.* Türkisgrün, *das*

turret ['tʌrɪt] *n.* **a)** *(Archit.)* Türmchen, *das;* **b)** *(of tank etc.)* [Geschütz]turm, *der;* **c)** *(Mech. Engin.)* Revolverkopf, *der*

turreted ['tʌrɪtɪd] *adj.* 〈Schloß〉 mit Mauertürmchen

'turret lathe *n.* Revolverdrehmaschine, *die*

turtle ['tɜːtl] *n.* **a)** *(marine reptile)* Meeresschildkröte, *die;* **b)** *(Amer.: freshwater reptile)* Wasserschildkröte, *die;* **c)** **turn** ~ 〈Schiff, Boot:〉 kentern; 〈Auto:〉 sich überschlagen

turtle: ~-dove *n.* Turteltaube, *die;* **~-neck** *n.* Stehbundkragen, *der;* **~-neck pullover** Pullover mit Stehbund

turves *see* **turf 1 b**

Tuscan ['tʌskən] **1.** *adj.* **a)** *(of Tuscany)* toskanisch; **b)** *(Archit.)* ~ **order** toskanische Ordnung, *die.* **2.** *n.* **a)** *(language)* Toskanisch, *das;* **b)** *(person)* Toskaner, *der/*Toskanerin, *die*

Tuscany ['tʌskənɪ] *pr. n.* Toskana, *die*

tush [tʌʃ] *int. (arch.)* pah

tusk [tʌsk] *n. (of elephant)* Stoßzahn, *der; (of boar, walrus)* Hauer, *der*

tussle ['tʌsl] **1.** *n.* Gerangel, *das (ugs.);* **they had a** ~ **over the project** *(ugs.)* es gab zwischen ihnen ein Gerangel wegen des Projekts. **2.** *v. i.* sich balgen; *(fig.)* sich auseinandersetzen (**about** wegen)

tussock ['tʌsək] *n. (clump of grass etc.)* [Gras]büschel, *das*

tut [-tut] [tʌt('tʌt)] **1.** *int.* na[, na]. **2.** *v. i.* **-tt-:** ~ **[with disapproval]** [mißbilligend] „Na, na!" sagen

tutelage ['tjuːtɪlɪdʒ] *n. (guardianship)* Vormundschaft, *die;* *(of king etc.)* Schutzherrschaft, *die;* *(tuition)* Anleitung, *die;* **a child in** ~: unter Vormundschaft stehendes Kind; **be under sb.'s** ~: unter jmds. Obhut (*geh.*)

tutelar ['tjuːtɪlə(r)], **tutelary** ['tjuːtɪlərɪ] *adjs.* **a)** *(protective)* Schutz〈*göttin, -gottheit, -heiliger*〉; **b)** *(of a guardian)* ~ **authority** Vormundschaft, *die*

tutor ['tjuːtə(r)] **1.** *n.* **a)** *(private teacher)* [private] ~ : *(Privat]*lehrer, *der/-*lehrerin, *die;* *(for extra help)* Nachhilfelehrer, *der/-*lehrerin, *die;* **piano** ~ : Klavierlehrer, *der/-*lehrerin, *die;* **b)** *(book)* Klavierschule, *die;* *(Brit. Univ.)* ≈ Tutor, *der;* **c)** *(Amer.: college teacher)* Dozent, *der.* **2.** *v. t.* ~ **sb.** *(teach privately)* jmdm. Privatstunden geben; *(give extra lessons to)* jmdm. Nachhilfestunden geben; ~ **sb. in French/the piano** jmdm. Französisch-/Klavierstunden geben; **b)** *(arch./literary)* unterweisen *(geh.); (discipline)* erziehen

tutorial [tjuː'tɔːrɪəl] **1.** *adj.* Tutoren-. **2.** *n.* *(Brit. Univ.) (for less advanced students)* ≈ Tutorium, *das;* *(for more advanced students)* ≈ Kolloquium, *das*

tutti-frutti [tuːtɪ'fruːtɪ] *n. (Gastr.)* Tuttifrutti, *das*

tutu ['tuːtuː] *n.* Tutu, *das*

tu-whit tu-whoo [təwɪt tə'wuː] *int.* [h]uhu

tux [tʌks] *n. (Amer. coll.),* **tuxedo** [tʌk'siːdəʊ] *n., pl.* ~**s** *or* ~**es** *(Amer.)* Smoking, *der*

TV [ti:'vi:] *n.* **a)** *(television)* Fernsehen, *das; attrib.* Fernseh⟨*star, -magazin, -programm*⟩*;* **TV dinner** ≈ Fertigmahlzeit, *die;* **on TV** im Fernsehen; **b)** *(television set)* Fernseher, *der (ugs.)*
twaddle ['twɒdl] *n.* Gewäsch, *das (ugs.);* talk utter ~: völligen Blödsinn reden *(ugs.);* don't talk such ~! hör auf mit dem Gewäsch!
twain [twein] *(arch./poet.) n.* cut/split in ~: entzweischneiden/in zwei Teile teilen; never the ~ shall meet die beiden werden nie zueinanderfinden
twang [twæŋ] 1. *v. i.* ⟨*Bogen:*⟩ mit vibrierendem Ton zurückschnellen; hear the guitar ~ing away das Klimpern der Gitarre hören *(ugs.).* 2. *v. t.* zupfen ⟨*Saite*⟩; ~ a guitar auf einer Gitarre [herum]klimpern *(ugs.).* 3. *n.* **a)** *(nasal tone of voice)* [nasal] ~: Näseln, *das;* speak with a ~: näseln; **b)** *(of bowstring, string of musical instrument)* vibrierender Ton
'**twas** [twɒz] *(arch./poet.)* = it was
twat [twæt, twɒt] *n.* **a)** *(coarse: vagina)* Fotze, *die (vulg.);* **b)** *(derog. sl.: idiot)* Arschloch, *das (derb)*
tweak [twi:k] 1. *v. t.* ~ sb. in the arm, ~ sb.'s arm jmdn. in den Arm kneifen; ~ sb.'s ear jmdn. am Ohr ziehen. 2. *n.* Kneifen, *das;* give sb./sth. a ~: jmdm./etw. kneifen
twee [twi:] *adj.,* **tweer** ['twi:ə(r)], **tweest** ['twi:ist] *(Brit. derog.)* geziert ⟨*Wesen, Art, Ausdrucksweise*⟩; kitschig ⟨*Stil, Bild*⟩; Bilderbuch⟨*dorf, -landhaus*⟩; niedlich, putzig ⟨*Kleidung, Dorf*⟩
tweed [twi:d] *n.* **a)** *(fabric)* Tweed, *der; attrib.* Tweed-; **b)** in *pl. (clothes)* Tweedkleidung, *die;* Tweedsachen *(ugs.)*
tweedy ['twi:dɪ] *adj.* **a)** *(coll.: dressed in tweeds)* in Tweed gekleidet; **b)** *(fig.: heartily informal)* burschikos
'**tween-deck[s]** *n. (Naut.)* Zwischendeck, *das*
tweet [twi:t] 1. *n.* Zwitschern, *das;* ~, ~! piep, piep! 2. *v. i.* zwitschern
tweeter ['twi:tə(r)] *n.* Hochtonlautsprecher, *der*
tweezers ['twi:zəz] *n., pl.* [pair of] ~: Pinzette, *die*
twelfth [twelfθ] 1. *adj.* zwölft...; *see also* **eighth** 1. 2. *n.* **a)** *(fraction)* Zwölftel, *das;* **b)** *(Mus.)* Duodezime, *die; see also* **eighth 2**
Twelfth: ~ **Day** *n.* Dreikönigstag, *der;* ~ **t~ man** *n. (Cricket)* Ersatzspieler, *der;* ~ **Night** *n.* Vorabend des Dreikönigstages
twelve [twelv] 1. *adj.* zwölf; ~ **noon** [zwölf Uhr] Mittag, *der;* ~ **midnight** [zwölf Uhr] Mitternacht; *see also* **eight 2 a, d**
twelve-: ~**month** *n. (literary)* a ~**month** zwölf Monate; ~**-ˈnote,** ~**-ˈtone** *adjs. (Mus.)* Zwölfton-
twentieth ['twentiiθ] 1. *adj.* zwanzigst...; *see also* **eighth** 1. 2. *n. (fraction)* Zwanzigstel, *das; see also* **eighth 2**
twenty ['twenti] 1. *adj.* zwanzig; **one-and-~** *(arch.) see* **twenty-one 1**; *see also* **eight** 1. 2. *n.* Zwanzig, *die;* **one-and-~** *(arch.) see* **twenty-one 2**; *see also* **eight 2 a**; **eighty 2**
twenty-: ~**-first** *etc. adj.* einundzwanzigst... *usw.; see also* **eighth** 1; ~**-four-hour** *see* **hour a**; ~**-one** *etc.* 1. *adj.* einundzwanzig *usw.; see also* **eight** 1; 2. *n.* Einundzwanzig *usw.; see also* **eight 2 a**
'**twere** [twə(r), *stressed* twɜ:(r)] *(arch./poet.)* = it were 's wäre
twerp [twɜ:p] *n. (sl.)* **(male)** Blödmann, *der (derb);* **(female)** blöde Kuh *(derb)*
twice [twais] *adv.* **a)** *(two times)* zweimal; she didn't have to be asked ~! das brauchte man sie nicht zweimal zu fragen!; ~ **a year** zweimal im Jahr; ~ **weekly** zweimal wöchentlich *nicht attrib.;* **his** ~**-weekly visit** sein Besuch zweimal in der Woche; **b)** *(doubly)* doppelt; ~ **as strong** *etc.* doppelt so stark *usw.;* **he's** ~ **her age** er ist doppelt so alt wie sie; **have** ~ **the strength** doppelt so stark sein; **he is** ~ **the man he was** aus ihm ist ein ganz anderer Mensch geworden; **fly at** ~ **the speed of sound** mit doppelter Schallgeschwindigkeit fliegen; **sell sth. at** ~ **the price** *(coll.)* etw. zum doppelten Preis verkaufen; *see also* **think 2 a**
twiddle ['twidl] 1. *v. t.* herumdrehen an (+ *Dat.*) *(ugs.);* zwirbeln ⟨*Schnurrbart*⟩; ~ **one's cigar** seine Zigarre [zwischen den Fingern] drehen; ~ **one's thumbs** *(lit. or fig.)* Däumchen drehen *(ugs.).* 2. *v. i.* ~ **with sth.** mit etw. spielen; *(ugs.).* 2. *v. t. (Dat.)* herumfummeln *(ugs.);* ~ **one's moustache** seinen Schnurrbart zwirbeln. 3. *n.* Drehung, *die;* **give sth. a** ~: etw. drehen *(Dat.)*
¹**twig** [twig] *n.* **a)** *(small branch)* Zweig, *der;* **b)** *(divining-rod)* Wünschelrute, *die*
²**twig** *(coll.)* 1. *v. t.* **-gg- a)** *(understand)* kapieren *(ugs.);* **b)** *(notice)* mitkriegen *(ugs.).* 2. *v. i.* **-gg- a)** *(understand)* es kapieren *(ugs.);* **b)** *(notice)* es mitkriegen *(ugs.)*
twilight ['twailait] *n.* **a)** *(evening light)* Dämmerlicht, *das;* Zwielicht, *das;* **b)** *(period of half-light)* Dämmerung, *die;* **the** ~ **of the Gods** *(Norse myth.)* die Götterdämmerung; **in the** ~ **of history** *(fig.)* in grauer Vorzeit; **c)** *(fig.: intermediate state)* Dämmer, *der (dichter.);* **his** ~ **years** sein Lebensabend
twilight: ~ **ˈsleep** *n. (Med.)* Dämmerschlaf, *der;* ~ **zone** *n.* **a)** Niemandsland, *das;* **b)** *(decaying urban area)* heruntergekommene Gegend
twill [twɪl] *n. (Textiles)* **a)** *(weave)* Köperbindung, *die;* **b)** *(fabric)* Köper, *der*
'**twill** [twɪl] *(arch./poet.)* = it will
twin [twɪn] 1. *attrib. adj.* **a)** Zwillings-; ~ **brother/sister** Zwillingsbruder, *der*/-schwester, *die;* **b)** *(forming a pair)* Doppel-; doppelt ⟨*Problem, Verantwortung*⟩; **the threats of war and inflation** die doppelte Bedrohung durch Krieg und Inflation; **c)** *(Bot.)* paarig; **d)** Doppel⟨*vergaser, -propeller, -schraube usw.*⟩. 2. *n.* **a)** Zwilling, *der;* **his** ~: sein Zwillingsbruder/seine Zwillingsschwester; *die; (Astrol.)* **the T~s** die Zwillinge; *see also* **Aries**; **c)** *(exact counterpart)* Gegenstück, *das;* Pendant, *das.* 3. *v. t.,* **-nn-** *esp. in* **Bottrop is** ~**ned with Blackpool** Bottrop und Blackpool sind Partnerstädte
twin: ~ **bed** *n.* eines von zwei [gleichen] Einzelbetten; ~ **beds** zwei Einzelbetten; ~**-bedded** *adj.* a ~**-bedded room** ein Zweibettzimmer
twine [twain] 1. *n.* Bindfaden, *der; (thicker)* Kordel, *die; (for nets)* Garn, *das.* 2. *v. t.* **a)** *(form by twisting strands together)* [zusammen]drehen; **b)** *(form by interlacing)* winden *(geh.)* ⟨*Kranz, Girlande*⟩; **c)** *(coil)* schlingen; ~ **sth. round [and round] sth.** etw. [mehrmals] um etw. schlingen; **the flowers round the pole** den Mast mit Blumen umwinden. 3. *v. i.* sich winden *(about, around um)*
twin-engined ['twinendʒind] *adj.* zweimotorig
twinge [twindʒ] *n.* Stechen, *das;* **a** ~ **of toothache/rheumatism** ein stechender Zahnschmerz/ziehender rheumatischer Schmerz; ~**s** Wehwehchen *Pl. (ugs.)* **he suffers from** ~**s in wet weather** bei feuchtem Wetter zwickt und zwackt es ihn überall; ~**[s] of remorse/conscience** *(fig.)* Gewissensbisse
twinkle ['twiŋkl] 1. *v. i.* **a)** *(sparkle)* ⟨*Sterne, Augen:*⟩ funkeln, blitzen *(with* vor + *Dat.);* **b)** *(move rapidly)* flink trippeln. 2. *n.* **a)** **one's eyes** mit den Augen funkeln. 3. *n.* **a)** **in a** ~: im Handumdrehen; **b)** *(sparkle of the eyes)* Funkeln, *das;* „...", she said with a ~ in her eye „...", sagte sie augenzwinkernd; **with a mischievous** ~: mit Schalk in den Augen
twinkling ['twɪŋklɪŋ] *n.* **in a** ~, **in the** ~ **of an eye** im Handumdrehen
twin: ~**set** *n. (Brit.)* Twinset, *das;* ~ **town** *n. (Brit.)* Partnerstadt, *die;* ~**-tub** *n.* halbautomatische Waschmaschine *(mit separater Schleuder)*
twirl [twɜ:l] 1. *v. t.* **a)** *(spin)* [schnell] drehen; **he** ~**ed his partner around the dance-floor** er wirbelte seine Partnerin über die Tanzfläche; **b)** *(twiddle)* zwirbeln ⟨*Schnurrbart*⟩; drehen ⟨*Haar*⟩. 2. *v. i.* wirbeln *(around über* + *Akk.);* **sb.** ~**s around** jmd. wirbelt herum. 3. *n.* **a)** *(twirling)* [Herum]wirbeln, *das;* **give one's moustache a** ~: seinen Schnurrbart zwirbeln; **have a** ~ **on the dance floor** über die Tanzfläche wirbeln; **b)** *(flourish made in writing)* Schnörkel, *der*
twirly ['twɜ:lɪ] *adj.* gewunden; verschnörkelt ⟨*Schrift*⟩
twist [twist] 1. *v. t.* **a)** *(distort)* verdrehen ⟨*Worte, Bedeutung*⟩; ~ **out of shape** verbiegen; ~ **one's ankle** sich *(Dat.)* den Knöchel verrenken; **her face was** ~**ed with pain** ihr Gesicht war schmerzverzerrt; ~ **sb.'s arm** jmdm. den Arm umdrehen; *(fig.)* jmdm. [die] Daumenschrauben anlegen *(scherzh.);* **I didn't have to** ~ **his arm** ich hatte ihn nicht lange zu überreden; **b)** *(wind about one another)* flechten ⟨*Blumen, Haare*⟩ (into zu); **c)** *(rotate)* drehen; *(back and forth)* hin und her drehen; *see also* **knife 1**; **d)** *(interweave)* verweben, **e)** *(give spiral form to)* drehen *(into* zu); **f)** *(Brit. coll.: cheat)* beschummeln *(ugs.);* ~ **sb. out of sth.** jmdn. um etw. beschummeln *(ugs.);* **g)** *(wrench)* ~ **sth. from sb.'s grasp** jmdm. etw. aus der Hand winden. *See also* **little finger**. 2. *v. i.* **a)** sich winden; ~ **and turn** sich drehen und winden; ~ **around sth.** sich um etw. winden; ~ **from sb.'s grasp** sich aus jmds. Griff winden; **b)** *(take twisted position)* sich winden; **he** ~**ed round in his chair** er verrenkte sich in seinem Sessel; **c)** *(dance)* twisten. 3. *n.* **a)** *(thread etc.)* Zwirn, *der; (loosely twisted)* Twist, *der;* **b)** ~ **of lemon/orange** Zitronen-/Orangenscheibe, *die;* **c)** *(twisting)* Drehung, *die;* **give sth. a** ~: etw. drehen *(Dat.)* drehen; **full of** ~**s and turns** ⟨*Straße*⟩ voll[er] Biegungen und Kurven; **d)** *(unexpected occurrence)* überraschende Wendung; ~ **of fate** Laune des Schicksals; **e)** *(peculiar tendency)* **give a** ~ **to sth.** etw. verdrehen; **he has an odd** ~ **to his character** er ist ein bißchen verschroben; **a criminal** ~: eine kriminelle Neigung; **f)** **round the** ~: = **round the bend** *see* **ˈbend 1 b**; **g)** *(swindle)* Schwindel, *der (abwertend);* **h)** *(Amer.: change of procedure)* [überraschender] Wandel, *der;* **i)** *(dance)* Twist, *der;* **do the** ~: Twist tanzen; twisten
~ **ˈoff** 1. *v. t.* abdrehen. 2. *v. i.* **the cap** ~**s off** der Verschluß läßt sich abdrehen
~ **toˈgether** *v. t.* zusammendrehen ⟨*Fäden*⟩
twisted ['twistid] *adj.* verbogen; *(fig.)* verdreht *(ugs. abwertend)* ⟨*Geist*⟩; verquer ⟨*Humor*⟩
twister ['twɪstə(r)] *n.* **a)** Schwindler, *der*/Schwindlerin, *die;* Gauner, *der*/Gaunerin, *die;* **b)** *(Amer.: tornado)* Tornado, *der*
twisty ['twɪstɪ] *adj.* kurvig; kurvenreich
twit [twit] 1. *v. t.,* **-tt-** *esp.* taunt 1. 2. *n. (Brit. sl.)* Trottel, *der (ugs.)*
¹**twitch** [twɪtʃ] 1. *v. t.* **a)** zupfen; **b)** zucken mit ⟨*Nase, Schwanz*⟩; wackeln mit ⟨*Ohr*⟩. 2. *v. i.* **a)** *(pull sharply)* zupfen (at an + *Dat.);* **b)** ⟨*Mund, Lippen, Hand, Nase:*⟩ zucken. 3. *n.* Zucken, *das*
²**twitch** [grass] *see* ²**couch**
twitchy ['twɪtʃɪ] *adj. (nervy)* nervös; *(irritable)* reizbar
twitter ['twɪtə(r)] 1. *n.* **a)** *(coll.: excited state)* **be in a** ~, **be all of a** ~: [vor Spannung] ganz kribbelig sein *(ugs.);* **b)** *(chirping)* Zwit-

775

twittish

schern, *das;* Gezwitscher, *das.* **2.** *v. i.* zwitschern; ⟨*Person:*⟩ schnattern *(ugs.)*
twittish ['twɪtɪʃ] *adj. (Brit. sl.)* trottelhaft *(ugs.)*
'**twixt** [twɪkst] *prep. (poet./arch.)* zwischen
two [tu:] **1.** *adj.* zwei; **a box/shirt or ~:** ein, zwei Schachteln/Hemden; ein oder zwei Schachteln/Hemden; *see also* **eight 1. 2.** *n. (number, symbol)* Zwei, *die;* **the ~:** die beiden; die zwei; **just the ~ of us** nur wir zwei *od.* beiden; **it's as clear as ~ and ~ make four** es ist so klar, wie zwei mal zwei vier sind *(ugs.);* **put ~ and ~ together** *(fig.)* zwei und zwei zusammenzählen; **cut/break in ~:** zweiteilen/entzweibrechen; **~ and ~, ~ by ~** (*~ at a time*) [zu] zwei und zwei; zu zweien; **that makes ~ of us** *(coll.)* mir geht's/ging's genauso *(ugs.);* **~ can play at that game** das kann ich auch. *See also* **cheer 1 a; eight 2 a, c, d; ¹game 1 a; penny c**
two: ~-**bit** *adj. (Amer.)* **a)** *(costing 25 cents)* 25-Cent-; **b)** *(of poor quality)* mies *(ugs.);* ~-**by**-'**four 1.** *n. (piece of wood 2 by 4)* Holzbalken mit einer Stärke von 2 auf 4 Zoll; **2.** *adj. (Amer. fig.)* Westentaschen-; ~-**dimensional** *adj.* zweidimensional; *(fig.)* oberflächlich; ~-**door** *attrib. adj.* zweitürig ⟨*Auto*⟩; ~-**edged** *adj. (lit. or fig.)* zweischneidig; ~-**faced** *adj. (fig.)* falsch *(abwertend);* **be ~-faced** ⟨*Person:*⟩ zwei Gesichter haben *(ugs.);* ~-'**fisted** *adj.* **a)** *(Brit.: clumsy)* ungeschickt; **be ~-fisted** zwei linke Hände haben *(ugs.);* **b)** *(Amer.: vigorous)* kernig; markig
twofold ['tuːfəʊld] *adj., adv.* **a)** zweifach; **be ~:** zweifacher Art *od.* Natur sein; **b)** *(double)* **a ~ increase** ein Anstieg auf das Doppelte; **increase ~:** sich verdoppeln
two: ~-**four-time** *n. (Mus.)* Zweivierteltakt, *der;* ~-'**handed** *adj.* **a)** *(having two hands)* zweihändig; **b)** *(requiring both hands)* beidhändig; **c)** *(requiring two persons)* ~-**handed poker** *(Cards)* Zwei-Mann-Poker, *der;* ~-**party system** *n.* Zweiparteiensystem, *das;* ~**pence** ['tʌpəns] *n. (Brit.) see also* **care 2 c**; ~**penny** ['tʌpənɪ] *attrib. adj. (Brit.)* Zwei-Pence-; ~**penny-halfpenny** [tʌpnɪˈheɪpnɪ] *attrib. adj. (Brit.)* unwichtig; lächerlich; *(of poor quality)* mies *(ugs.);* ~**pennyhalfpenny novel** Groschenroman, *der (abwertend);* ~-**piece** *n.* Zweiteiler, *der;* **2.** *adj.* zweiteilig; ~-**pin** *see* **pin 1 c**; ~-**ply** *adj.* zweifädig ⟨*Seil, Wolle, Zwirn*⟩; aus zweifädiger Wolle gewebt ⟨*Teppich*⟩; zweilagig ⟨*Holz, Papier*⟩; ~-**seater 1.** [-'--] *n.* Zweisitzer, *der;* **2.** ['---] *attrib. adj.* zweisitzig
twosome ['tuːsəm] *n.* **a)** Paar, *das;* **b)** *(Golf)* Zweier, *der*
two: ~-**step** *n.* Twostep, *der;* ~-**storey** *adj.* zweigeschossig; ~-**stroke** *adj. (Mech. Engin.)* Zweitakt⟨*motor, -verfahren*⟩; ~-**time** *v. t. (sl.)* ~-**time sb.** *(be unfaithful)* jmdm. fremdgehen *(ugs.); (cheat)* ein falsches Spiel mit jmdm. treiben; ~-**timing** *adj. (sl.)* falsch; ~-**tone** *adj.* **a)** *(in colour)* zweifarbig; **a car in ~-tone green** ein Auto in zwei Grüntönen; **b)** *(in sound)* Zweiklang-
'**twould** [twʊd] *(arch./poet.)* = **it would**
two: ~-**up-~-down** *n.* kleines [Reihen]haus; ~-**way** *adj.* **a)** *(in both directions)* zweibahnig *(Verkehrsw.);* '~-**way traffic ahead**" „Achtung, Gegenverkehr"; **b)** *(involving an exchange between ~ parties)* gegenseitig; ~-**way scholarship programme** akademisches Austauschprogramm; ~-**way radio** Funksprechgerät, *das;* **c)** *(Electr.)* ~-**way switch** Zwiewege[um]schalter, *der;* **d)** ~-**way tap** Zweiwegehahn, *der;* ~-**way mirror** Einwegspiegel, *der;* ~-'**wheeler** *n.* Zweirad, *das*
tycoon [taɪˈkuːn] *n.* Magnat, *der;* Tycoon, *der*

tying *see* **tie 1, 2**
tyke [taɪk] *n.* **a)** *(dog)* Köter, *der;* **b)** *(Brit.: churlish person)* Kerl, *der;* **c)** *(Yorkshireman)* **[Yorkshire]** ~: Mann aus der Grafschaft Yorkshire; **d)** *(child)* Bengel, *der*
tympani *see* **timpani**
tympanist *see* **timpanist**
type [taɪp] **1.** *n.* **a)** Art, *die; (person)* Typ, *der;* **what ~ of car ...?** was für ein Auto ...?; **her beauty is of another ~:** sie verkörpert einen neuen Typ von Schönheit; **she dislikes men of that ~:** sie mag diesen Typ [von] Mann nicht; **she's not my ~:** sie ist nicht mein Typ; **he's not the ~ to let people down** er ist nicht der Typ, der andere im Stich läßt; **a Burgundy ~ wine** eine Art Burgunder; **he is a different ~ of person** er ist eine andere Art Mensch *od.* ein anderer Typ; **books of this ~:** derartige Bücher; **true to ~:** erwartungsgemäß; **b)** *(coll.: character)* Type, *die (ugs.);* **c)** *(Printing)* Drucktype, *die;* **be in small/italic ~:** kleingedruckt/kursiv gedruckt sein; **in ~:** druckfertig. **2.** *v. t.* **a)** *(do typing of)* [mit der Schreibmaschine] tippen *(ugs.);* ~**d letter** maschinegeschriebener Brief; **b)** *(classify)* typisieren. **3.** *v. i.* maschineschreiben
~ '**in** *v. t.* eintippen *(ugs.);* [mit der Schreibmaschine] einfügen
~ '**out** *v. t.* [mit der Schreibmaschine] abschreiben; abtippen *(ugs.); (without original copy)* [in die Maschine] schreiben; tippen *(ugs.)*
~ '**up** *v. t.* tippen
-**type** [taɪp] *in comb.* -artig; **ceramic-~ materials** keramikartiges Material; **Cheddar-~ cheese** Käse nach Cheddar-Art
type: ~-**cast** *v. t.* [auf eine bestimmte Rolle] festlegen; abstempeln; **be ~-cast as the devoted wife** auf die Rolle der treuen Ehefrau festgelegt sein; ~-**face** *n.* Schriftbild, *das;* ~**script 1.** *n.* maschine[n]geschriebene Fassung; Typoskript, *das;* **in ~-script** maschine[n]geschrieben; **be still in ~-script** erst als Typoskript vorliegen; **2.** *adj. see* **typewritten;** ~**set** *v. t. (Printing)* setzen; ~**setter** *n. (person)* [Schrift]setzer, *der/*-setzerin, *die;* ~**setting** *n.* [Schrift]setzen, *das;* ~**setting machine** Setzmaschine, *die;* ~-**size** *n.* Schriftgröße, *die;* ~-**wheel** *see* **daisy-wheel**
'**typewriter** *n.* Schreibmaschine, *die;* ~ **ribbon** Farbband, *das*
'**typewritten** *adj.* maschine[n]geschrieben; mit der [Schreib]maschine geschrieben
typhoid ['taɪfɔɪd] *n. (Med.)* **[~ fever]** Typhus, *der*
typhoon [taɪˈfuːn] *n.* Taifun, *der*
typhus ['taɪfəs] *n. (Med.)* Fleckfieber, *das*
typical ['tɪpɪkl] *adj.* typisch **(of** für); **that's just ~!** [das ist mal wieder] typisch! *(ugs.)*
typically ['tɪpɪklɪ] *adv.* typischerweise; **~, she turned up late** wie üblich kam sie zu spät
typify ['tɪpɪfaɪ] *v. t.* **a)** *(represent)* [symbolhaft] darstellen; **b)** *(be an example of)* ~ **sth.** als typisches Beispiel für etw. dienen
typing ['taɪpɪŋ] *n.* Maschineschreiben, *das;* **his ~ is excellent** er kann sehr gut maschineschreiben; **how is your ~?** kannst du [gut] maschineschreiben?; **can you do this piece of ~ for me?** kannst du das für mich [mit der Maschine] schreiben *od.* tippen?
typing: ~ **error** *n.* Tippfehler, *der (ugs.);* ~ **pool** *n.* Schreibzentrale, *die*
typist ['taɪpɪst] *n.* Schreibkraft, *die;* **shorthand ~:** Stenotypist, *der/*-typistin, *die;* **she is [not] a good ~:** sie kann [nicht] gut maschineschreiben
typo ['taɪpəʊ] *n., pl.* ~**s** *(coll.)* Druckfehler, *der (ugs.)*
typographer [taɪˈpɒɡrəfə(r)] *n.* Typograph, *der/*Typographin, *die*
typographic [taɪpəˈɡræfɪk], **typographical** [taɪpəˈɡræfɪkl] *adj.* typographisch; ~ **error** Setzfehler, *der*

ugly

typography [taɪˈpɒɡrəfɪ] *n.* Typographie, *die*
typology [taɪˈpɒlədʒɪ] *n.* Typologie, *die*
tyrannical [tɪˈrænɪkl, taɪˈrænɪkl] *adj.* tyrannisch
tyrannically [tɪˈrænɪkəlɪ, taɪˈrænɪkəlɪ] *adv.* tyrannisch; **behave ~ to sb.** jmdn. tyrannisieren
tyrannize (tyrannise) ['tɪrənaɪz] **1.** *v. i.* als Tyrann herrschen; ~ **over sb.** jmdn. tyrannisieren. **2.** *v. t.* ⟨*Chef, Vater, Ehemann:*⟩ tyrannisieren; ⟨*Herrscher:*⟩ als Tyrann herrschen über (+ *Akk.*)
tyrannous ['tɪrənəs] *adj.* tyrannisch
tyranny ['tɪrənɪ] *n.* Tyrannei, *die*
tyrant ['taɪrənt] *n. (lit. or fig.)* Tyrann, *der*
tyre ['taɪə(r)] *n.* Reifen, *der*
tyre: ~-**chain** *n.* Schneekette, *die;* ~-**gauge** *n.* Reifendruckprüfer, *der;* ~ **pressure** *n.* Reifendruck, *der*
tyro *see* **tiro**
Tyrol [tɪˈrəʊl] *pr. n.* Tirol *(das)*
Tyrolean [tɪrəˈliːən] *adj.* Tiroler
tzar *etc. see* **tsar** *etc.*

U

¹**U, u** [juː] *n., pl.* **Us** *or* **U's** U, u, *das*
²**U** *adj. (Brit. coll.)* für die Oberschicht typisch ⟨*Benehmen, Ausdruck, Sprache*⟩; **be U** ⟨*Person:*⟩ ein [typischer] Vertreter der Oberschicht sein
³**U** *abbr.* **a)** *(Brit.)* universal jugendfrei ⟨*Film*⟩; **b)** **University** Univ.
UAE *abbr.* **United Arab Emirates** VAE
UB 40 *abbr.* [juːbiː ˈfɔːtɪ] *n. (Brit.)* **a)** *(card)* Arbeitslosenausweis, *der;* **b)** *(coll.)* Arbeitslose, *der/die*
'**U-bend** *n.* U-Rohr, *das;* Knie, *das (ugs.)*
ubiquitous [juːˈbɪkwɪtəs] *adj.* allgegenwärtig
'**U-boat** *n. (Hist.)* [deutsches] U-Boot
udder ['ʌdə(r)] *n.* Euter, *das*
UDI *abbr.* **Unilateral Declaration of Independence** einseitige Unabhängigkeitserklärung
UDR *abbr.* **Ulster Defence Regiment** nordirische paramilitärische Organisation zur Unterstützung der Britischen Armee
UEFA [juːˈeɪfə] *abbr.* **Union of European Football Associations** UEFA, *die*
UFO ['juːfəʊ] *n., pl.* ~**s** Ufo, *das*
Uganda [juːˈɡændə] *n.* Uganda *(das)*
Ugandan [juːˈɡændən] **1.** *adj.* ugandisch; **sb. is ~:** jmd. ist Ugander/Uganderin. **2.** *n.* Ugander, *der/*Uganderin, *die*
ugh [ʌh, ʊh, ɜːh] *int.* bah
ugli ['ʌɡlɪ] *n.* **[~ fruit]** Tangelo, *die*
ugliness ['ʌɡlɪnɪs] *n., no pl.* Häßlichkeit, *die*
ugly ['ʌɡlɪ] *adj.* **a)** *(in appearance, morally)* häßlich; ~ **duckling** *(fig.)* häßliches Entlein *(ugs. scherzh.);* **as ~ as sin** *(coll.)* potthäßlich *(ugs.);* häßlich wie die Nacht; **b)** *(nasty)* übel ⟨*Wunde, Laune, Szene usw.*⟩; ~ **customer** *(fig. coll.)* unangenehmer Zeitgenosse/unangenehme Zeitgenossin; **have an**

~ temper übellaunig sein; c) *(stormy)* übel ⟨*Wetter, Nacht*⟩; bedrohlich ⟨*Himmel*⟩
UHF *abbr.* **ultra-high frequency** UHF
UHT *abbr.* **ultra heat treated** ultrahocherhitzt; **UHT milk** H-Milch, *die*
UK *abbr.* **United Kingdom**
ukase ['juːkeɪz] *n.* Ukas, *der*
Ukraine [juːˈkreɪn] *pr. n.* Ukraine, *die*
Ukrainian [juːˈkreɪnɪən] **1.** *adj.* ukrainisch; *sb.* **is ~**: jmd. ist Ukrainer/Ukrainerin; *see also* **English 1. 2.** *n.* **a)** *(person)* Ukrainer, *der*/Ukrainerin, *die*; **b)** *(language)* Ukrainisch, *das*; *see also* **English 2 a**
ukulele [juːkəˈleɪlɪ] *n.* *(Mus.)* Ukulele, *die od. das*
ulcer ['ʌlsə(r)] *n.* Geschwür, *das*; *(fig.)* [Krebs]geschwür, *das* *(fig.)*; **mouth ~[s]** Aphthe, *die (Med.)*
ulcerate ['ʌlsəreɪt] **1.** *v. i. (Med.)* ulzerieren *(fachspr.)*; geschwürig werden. **2.** *v. t.* ein Geschwür verursachen in (+ *Dat.*); **an ~d stomach** ein geschwüriger Magen
ulceration [ʌlsəˈreɪʃn] *n.* **a)** *(process)* Geschwürbildung, *die*; **b)** *(ulcers)* Geschwüre *Pl.*
ulcerous ['ʌlsərəs] *adj. (Med.)* geschwürig; *(fig.)* **racism as a ~ growth in society** der Rassismus ist ein Geschwür am Leibe der Gesellschaft
ulna ['ʌlnə] *n., pl.* **ulnae** ['ʌlniː] *(Anat.)* Elle, *die*
Ulster ['ʌlstə(r)] *pr. n.* Ulster *(das)*
ulster *n. (coat)* Ulster, *der*
Ulster: **~man** ['ʌlstəmən] *n., pl.* **~men** ['ʌlstəmən] *(inhabitant)* Bewohner von Ulster; *(native)* [geborener] Nordire; **~woman** *n. (inhabitant)* Bewohnerin von Ulster; *(native)* [geborene] Nordirin
ult. [ʌlt] *abbr. (Commerc.)* ultimo
ulterior [ʌlˈtɪərɪə(r)] *adj.* hintergründig; geheim; **~ motive/thought** Hintergedanke, *der*
ultimate ['ʌltɪmət] **1.** *attrib. adj.* **a)** *(final)* letzt...; *(eventual)* endgültig ⟨*Sieg*⟩; letztendlich ⟨*Rettung*⟩ größt... ⟨*Opfer*⟩; **~ result/goal/decision** Endergebnis, *das*/Endziel, *das*/endgültige Entscheidung; **in the ~ analysis** letzten Endes; **he exercises ~ jurisdiction/authority** er hat die höchste richterliche Gewalt/Autorität inne; **the ~ deterrent** das äußerste Abschreckungsmittel; **b)** *(fundamental)* tiefst... ⟨*Grundlage, Wahrheit*⟩; **~ principles** Grundprinzipien; **the ~ particles of matter** die elementaren Teilchen der Materie; **the ~ origin** der eigentliche Ursprung; **c)** *(maximum)* maximal; **~ speed** Höchstgeschwindigkeit, *die*; **d)** *(best/greatest conceivable)* **the ~ washing machine** die Waschmaschine in Perfektion; **this is the ~ luxury** dies ist der Gipfel an Luxus. **2.** *n.* **the ~** *(maximum)* das absolute Maximum; *(minimum)* das absolute Minimum; **the ~ in comfort/luxury/style/fashion** der Gipfel an Bequemlichkeit/Luxus/das Exzellenteste an Stil/in der Mode
ultimately ['ʌltɪmətlɪ] *adv.* **a)** *(in the end)* schließlich; **b)** *(in the last analysis)* letzten Endes; *(basically)* im Grunde [genommen]
ultimatum [ʌltɪˈmeɪtəm] *n., pl.* **~s** *or* **ultimata** [ʌltɪˈmeɪtə] Ultimatum, *das*; **give sb. an ~**: jmdm. ein Ultimatum stellen
ultimo ['ʌltɪməʊ] *adj. (Commerc.)* des vergangenen Monats
ultra ['ʌltrə] **1.** *n.* Ultra, *der (Politikjargon).* **2.** *adj.* extremistisch
ultra- ['ʌltrə] *pref.* ultra⟨*konservativ, -modern*⟩; hyper⟨*modern, -modisch*⟩
ultramarine *n.* Ultramarin, *das*
ultrasonic *adj.* Ultraschall-
ultrasonically *adv.* mit Ultraschall
ultrasonics *n., no pl.* **a)** *see* **ultrasound**; **b)** *(science)* Lehre vom Ultraschall
ultrasound *n., no pl.* Ultraschall, *der*
ultraviolet *adj. (Phys.)* ultraviolett ⟨*Strahlen, Licht*⟩; **(using ~ radiation)** UV-⟨*Lampe, Filter*⟩; **~ treatment** UV-Bestrahlung, *die*

ululate ['juːljʊleɪt] *v. i. (literary)* heulen; *(with grief)* wehklagen *(geh.)*
Ulysses [juːˈlɪsiːz, juːˈlɪsɪz] *pr. n.* Odysseus *(der)*
um [m, əm, ʌm] **1.** *int.* äh[m]. **2.** [ʌm] *v. i.,* **-mm-.** *(coll.)* **~ and ah** herumdrucksen *(ugs.)*
umbel ['ʌmbl] *n. (Bot.)* Dolde, *die*
umber ['ʌmbə(r)] *n.* **[raw/burnt] ~**: [ungebrannte/gebrannte] Umbra
umbilical cord [ʌmˈbɪlɪkl kɔːd] *n.* Nabelschnur, *die*
umbra ['ʌmbrə] *n., pl.* **~e** ['ʌmbriː] *or* **~s** *(Astron.)* **a)** *(in eclipse)* Kernschatten, *der*; **b)** *(in sunspot)* Umbra, *die*
umbrage ['ʌmbrɪdʒ] *n., no pl., no indef. art.* **take ~ [at** *or* **over sth.]** [an etw. (+ *Dat.*)] Anstoß nehmen
umbrella [ʌmˈbrelə] *n.* **a)** [Regen]schirm, *der*; **telescopic ~**: Taschenschirm, *der*; **put up an ~**: einen Schirm aufspannen; **b)** *(fig.: protection)* Schutz, *der*; *(Mil.) (barrage)* Sperrfeuer, *das*; *(air cover)* Jagdschutz, *der*; **the ~ of the Welfare State** das soziale Netz des Wohlfahrtsstaates; **c)** *(fig.: unifying agency)* **the company X comes under the ~ of company Y** die Firma X ist eine Tochtergesellschaft der Firma Y; **an ~ organization/group** eine Dachorganisation/eine übergeordnete Gruppe
um'brella-stand *n.* Schirmständer, *der*
umlaut ['ʊmlaʊt] *n.* **a)** *(vowel change)* Umlaut, *der*; **b)** *(mark)* Umlautzeichen, *das*
umpire ['ʌmpaɪə(r)] **1.** *n.* Schiedsrichter, *der*/-richterin, *die.* **2.** *v. i.* schiedsrichtern; Schiedsrichter/-richterin sein. **3.** *v. t.* schiedsrichtern bei ⟨*Spiel, Wettkampf*⟩; pfeifen ⟨*Fußballspiel usw.*⟩
umpteen [ʌmpˈtiːn] *adj. (coll.)* zig *(ugs.)*; x *(ugs.)*
umpteenth [ʌmpˈtiːnθ] *adj. (coll.)* zigst... *(ugs.)*; **for the ~ time** zum zigsten od. x-ten Mal *(ugs.)*
UN *abbr.* **United Nations** UN[O], *die*
'un [ən] *pron. (coll.)* **a)** *(person)* Typ, *der*; **he's a tough/bad ~**: er ist ein zäher/übler Bursche *(ugs.)*; **b)** *(thing)* **a big ~**: ein großer/ein großes; **big ~s and little ~s** Große und Kleine; *see also* **wrong 'un**
unabashed [ʌnəˈbæʃt] *adj.* ungeniert; *(without shame)* schamlos; *(undaunted)* unerschrocken ⟨*Kämpfer*⟩
unabated [ʌnəˈbeɪtɪd] *adj.* unvermindert
unable [ʌnˈeɪbl] *pred. adj.* **be ~ to do sth.** nicht in der Lage sein, etw. zu tun; etw. nicht tun können; **he wanted to attend but was ~ to** er wollte kommen, aber er war dazu nicht in der Lage
unabridged [ʌnəˈbrɪdʒd] *adj.* ungekürzt
unaccented [ʌnəkˈsentɪd] *adj.* unbetont
unacceptable [ʌnəkˈseptəbl] *adj.* unannehmbar; **[be] not ~**: durchaus akzeptabel [sein]; **the ~ face of capitalism** die Kehrseite des Kapitalismus
unaccommodating [ʌnəˈkɒmədeɪtɪŋ] *adj.* ungefällig; *(inflexible)* unnachgiebig
unaccompanied [ʌnəˈkʌmpənɪd] *adj.* ohne Begleitung ⟨*reisen, singen*⟩; unbegleitet ⟨*Gepäck, Chor*⟩; *(on aircraft etc.)* **minor ~ by sth.** allein reisendes Kind; **~ pieces for horn/violin** Solostücke für Horn/Violine
unaccountable [ʌnəˈkaʊntəbl] *adj.* unerklärlich
unaccountably [ʌnəˈkaʊntəblɪ] *adv.* unerklärlicherweise; *(inexplicable)* unerklärlich
unaccounted [ʌnəˈkaʊntɪd] *adj.* **~ for** unauffindbar; **several passengers are still ~ for** einige Passagiere werden noch vermißt; **the discrepancy remains ~ for** die Diskrepanz läßt sich nicht erklären
unaccustomed [ʌnəˈkʌstəmd] *adj.* ungewohnt; **~ to sth.** etw. (*Akk.*) nicht gewohnt sein; **as I am to public speaking ...**: obwohl ich kein Redner bin ...
unacquainted [ʌnəˈkweɪntɪd] *adj.* **be [com-**

pletely] ~ with sth. mit etw. [überhaupt] nicht vertraut sein
unadopted [ʌnəˈdɒptɪd] *adj. (Brit.)* von der Gemeinde nicht unterhalten ⟨*Straße*⟩
unadorned [ʌnəˈdɔːnd] *adj.* schmucklos; ungeschminkt ⟨*Wahrheit*⟩; schlicht ⟨*Stil*⟩
unadulterated [ʌnəˈdʌltəreɪtɪd] *adj.* **a)** *(pure)* unverfälscht; rein ⟨*Wasser, Wein*⟩; **b)** *(utter)* völlig; **~ rubbish** absoluter Quatsch
unadventurous [ʌnədˈventʃərəs] *adj.* bieder ⟨*Person*⟩; ereignislos ⟨*Leben*⟩; *(lacking ideas)* einfallslos ⟨*Inszenierung, Buch usw.*⟩; **he is an ~ cook** er macht beim Kochen keine Experimente
unaffected [ʌnəˈfektɪd] *adj.* **a)** *(not affected)* unberührt; *(Med.)* nicht angegriffen ⟨*Organ*⟩; **the area was ~ by the strike** die Gegend war vom Streik nicht betroffen; **she seems to have been ~ by the experience** diese Erfahrung scheint keine Wirkung auf sie gehabt zu haben; **b)** *(natural)* natürlich; ungekünstelt; **~ astonishment** blankes Staunen
unaffectedly [ʌnəˈfektɪdlɪ] *adv.* natürlich; ungekünstelt
unafraid [ʌnəˈfreɪd] *adj.* **be ~ [of sb./sth.]** keine Angst [vor jmdm./etw.] haben
unaided [ʌnˈeɪdɪd] *adj.* ohne fremde Hilfe; **by one's own ~ efforts** ohne jede fremde Hilfe; **walk ~**: ohne Hilfe gehen
unalike [ʌnəˈlaɪk] *pred. adj.* unähnlich; **they are so ~**: sie sind sich *(Dat.)* so unähnlich
unalloyed [ʌnˈælɔɪd, ʌnəˈlɔɪd] *adj.* nicht legiert ⟨*Metall*⟩; *(fig.)* rein; ungetrübt ⟨*Freude, Glück*⟩
unalterable [ʌnˈɔːltərəbl, ʌnˈɒltərəbl] *adj.* unabänderlich ⟨*Gesetz, Schicksal*⟩; unverrückbar ⟨*Entschluß*⟩
unaltered [ʌnˈɔːltəd, ʌnˈɒltəd] *adj.* unverändert
unambiguous [ʌnæmˈbɪgjʊəs] *adj.* unzweideutig
unambitious [ʌnæmˈbɪʃəs] *adj.* ⟨*Person*⟩ ohne Ergeiz; anspruchslos ⟨*Buch*⟩; **be ~/a bit ~**: keinen/wenig Ehrgeiz haben
un-American [ʌnəˈmerɪkn] *adj.* **a)** *(not typically American)* unamerikanisch; **b)** *(contrary to US interests)* antiamerikanisch; **~ activities** unamerikanische Umtriebe
unanimity [juːnəˈnɪmɪtɪ] *n., no pl.* Einmütigkeit, *die*; **be in perfect ~ over sth.** in etw. *(Dat.)* völlig übereinstimmen
unanimous [juːˈnænɪməs] *adj.* einstimmig; **be ~ in doing sth.** etw. einmütig tun; **be ~ in rejecting** *or* **in their** *etc.* **rejection of sth.** etw. einmütig ablehnen; **the meeting was ~ as to ...**: die Versammlung war einer Meinung über ...
unanimously [juːˈnænɪməslɪ] *adv.* einstimmig
unannounced [ʌnəˈnaʊnst] *adj.* unangemeldet
unanswerable [ʌnˈɑːnsərəbl] *adj.* unbeantwortbar ⟨*Frage*⟩; unlösbar ⟨*Rätsel, Problem*⟩; unwiderlegbar ⟨*Argument*⟩
unanswered [ʌnˈɑːnsəd] *adj.* unbeantwortet; **go ~**, **be left ~** unbeantwortet bleiben
unapologetic [ʌnəpɒləˈdʒetɪk] *adj.* **he was quite ~ about it** er machte keinerlei Anstalten, sich zu entschuldigen
unappealing [ʌnəˈpiːlɪŋ] *adj.* unansehnlich ⟨*Person*⟩; nicht verlockend ⟨*Aussicht*⟩
unappetizing [ʌnˈæpɪtaɪzɪŋ] *adj.* unappetitlich; unerfreulich ⟨*Zukunft, Aussicht*⟩
unappreciative [ʌnəˈpriːʃɪətɪv, ʌnəˈpriːsɪətɪv] *adj.* undankbar; **be ~ of sth.** etw. nicht zu würdigen wissen
unapproachable [ʌnəˈprəʊtʃəbl] *adj.* unzugänglich
unarguable [ʌnˈɑːgjʊəbl] *adj.* unhaltbar
unarm [ʌnˈɑːm] *see* **disarm 1**
unarmed [ʌnˈɑːmd] *adj.* unbewaffnet; **~ combat** Kampf ohne Waffen
unartistic [ʌnɑːˈtɪstɪk] *adj.* unkünstlerisch; **be ~**: keinen Sinn für Kunst haben

777

unashamed [ʌnə'ʃeɪmd] *adj.* schamlos; *(not embarrassed)* ungeniert; unverhohlen ⟨*Individualist*⟩; **naked and ~**: nackt und ungeniert

unashamedly [ʌnə'ʃeɪmɪdlɪ] *adv.* ungeniert; unverhohlen ⟨*individualistisch*⟩

unasked [ʌn'ɑːskt] *adj.* a) *(uninvited)* ungebeten; b) *(not asked for)* ~ [**for**] ungefragt

unassailable [ʌnə'seɪləbl] *adj.* a) *(not open to assault)* uneinnehmbar; **an ~ lead** ein nicht aufzuholender Vorsprung; b) *(irrefutable)* unwiderlegbar

unassisted [ʌnə'sɪstɪd] *see* **unaided**

unassuming [ʌnə'sjuːmɪŋ] *adj.* bescheiden; unprätentiös (geh.)

unattached [ʌnə'tætʃt] *adj.* a) *(not fixed)* nicht befestigt; b) *(without a partner)* ungebunden

unattainable [ʌnə'teɪnəbl] *adj.* unerreichbar

unattempted [ʌnə'temptɪd] *adj.* **the climb remains ~**: die Ersteigung ist noch nicht versucht worden

unattended [ʌnə'tendɪd] *adj.* a) ~ **to** *(not dealt with)* unerledigt, unbearbeitet ⟨*Post, Angelegenheit*⟩; nicht bedient ⟨*Kunde*⟩; nicht behandelt ⟨*Patient, Wunde*⟩; **leave a customer/patient ~ to** einen Kunden nicht bedienen/einen Patienten nicht behandeln; **he left the faults ~ to** er hat sich um die Fehler nicht gekümmert; b) *(not supervised)* unbeaufsichtigt ⟨*Kind*⟩; unbewacht ⟨*Parkplatz, Gepäck*⟩; **leave a patient ~**: einen Patienten allein lassen; **travel ~**: ohne Begleitung reisen

unattractive [ʌnə'træktɪv] *adj.* unattraktiv; unschön ⟨*Ort, Merkmal*⟩; wenig verlockend ⟨*Angebot, Vorschlag*⟩; **not ~**: nicht ohne Reiz

unauthorized [ʌn'ɔːθəraɪzd] *adj.* unbefugt; nicht autorisiert ⟨*Biographie*⟩; nicht genehmigt ⟨*Demonstration*⟩; **no entry for ~ persons** Zutritt für Unbefugte verboten

unavailable [ʌnə'veɪləbl] *adj.* nicht erhältlich ⟨*Ware*⟩; **be ~ for comment** zu einer Stellungnahme nicht zur Verfügung stehen; **the manager is ~**: der Manager ist nicht zu sprechen

unavailing [ʌnə'veɪlɪŋ] *adj.* vergeblich

unavoidable [ʌnə'vɔɪdəbl] *adj.* unvermeidlich; ~ **delays** unvermeidbare Verzögerungen

unavoidably [ʌnə'vɔɪdəblɪ] *adv.* **we were ~ delayed** unsere Verspätung ließ sich nicht vermeiden; **he has been ~ detained** er konnte nicht verhindern, daß er aufgehalten wurde

unaware [ʌnə'weə(r)] *adj.* **be ~ of sth.** sich (Dat.) einer Sache (Gen.) nicht bewußt sein; **he was not ~ of this fact** diese Tatsache war ihm durchaus bekannt

unawares [ʌnə'weəz] *adv.* unerwartet; **come upon sb./catch sb. ~**: jmdn. überraschen; **take sb. ~**: für jmdn. unerwartet kommen

unbalanced [ʌn'bælənst] *adj.* a) unausgewogen; b) *(mentally ~)* unausgeglichen

unbar [ʌn'bɑː(r)] *v.t.*, **-rr-** entriegeln

unbearable [ʌn'beərəbl] *adj.*, **unbearably** [ʌn'beərəblɪ] *adv.* unerträglich

unbeatable [ʌn'biːtəbl] *adj.* unschlagbar (ugs.)

unbeaten [ʌn'biːtn] *adj.* a) *(not defeated)* ungeschlagen; **they lost their ~ record** ihre Siegesserie ende; b) *(not surpassed)* unerreicht; **this record is still ~**: dieser Rekord ist immer noch ungebrochen

unbecoming [ʌn'kʌmɪŋ] *adj.* a) *(improper)* unschicklich (geh.); **conduct ~ to a soldier** ein für einen Soldaten ungebührliches Verhalten; b) *(not attractive)* unvorteilhaft ⟨*Kleidung, Frisur*⟩; unschön ⟨*Nase*⟩

unbeknown [ʌnbɪ'nəʊn] *adj.* (coll.) ~ **to me/her/her boss** ohne mein/ihr Wissen/ ohne Wissen ihres Chefs

unbelievable [ʌnbɪ'liːvəbl] *adj.* a) *(hardly believable)* unglaublich; b) *(tremendous)* unwahrscheinlich ⟨*Hunger, Durst*⟩

unbelievably [ʌnbɪ'liːvəblɪ] *adv.* a) *as intensifier* unglaublich ⟨*dumm, dick, jung usw.*⟩; b) *as sentence-modifier (not believably)* ~, **the rider managed to stay on the horse** es war kaum zu glauben, aber der Reiter konnte sich auf dem Pferd halten

unbeliever [ʌnbɪ'liːvə(r)] *n.* Ungläubige, der/die

unbelieving [ʌnbɪ'liːvɪŋ] *adj.* ungläubig

unbend [ʌn'bend] 1. *v.t.*, **unbent** [ʌn'bent] geradebiegen ⟨*Draht, Metall, Stoßstange*⟩; auseinanderbiegen ⟨*Büroklammer*⟩; ~ **one's body** *or* **oneself** sich aufrichten. 2. *v.i.*, **unbent** *(sit/stand up)* sich aufrichten; b) *(become affable)* aus sich (Dat.) herausgehen

unbending [ʌn'bendɪŋ] *adj. (inflexible)* unbeugsam

unbiased, unbiassed [ʌn'baɪəst] *adj.* unvoreingenommen

unbidden [ʌn'bɪdn] *adj.* unaufgefordert; *(uninvited)* ungebeten

unbind [ʌn'baɪnd] *v.t.*, *forms as* **bind** 1 losbinden ⟨*Mensch, Tier*⟩; lösen ⟨*Haare*⟩

unbirthday [ʌn'bɜːθdeɪ] *adj.* (Brit. coll.) ~ **present** Geschenk ohne besonderen Anlaß

unbleached [ʌn'bliːtʃt] *adj.* ungebleicht

unblemished [ʌn'blemɪʃt] *adj.* makellos ⟨*Haut, Lack, Ruf*⟩; unbefleckt (geh.) ⟨*Ehre*⟩

unblinking [ʌn'blɪŋkɪŋ] *adj.* unverwandt ⟨*Blick*⟩; unbewegt ⟨*Haltung, Miene*⟩

unblock [ʌn'blɒk] *v.t.* frei machen *od.* bekommen; **remain ~ed** frei bleiben

unblushing [ʌn'blʌʃɪŋ] *adj. (fig.)* schamlos

unbolt [ʌn'bəʊlt] *v.t.* aufriegeln

unborn [ʌn'bɔːn, *attrib.* 'ʌnbɔːn] *adj.* ungeboren; **generations [yet] ~**: künftige Generationen

unbosom [ʌn'bʊzəm] *v. refl.* ~ **oneself [to sb.]** [jmdm.] sein Herz ausschütten

unbound [ʌn'baʊnd] *adj.* a) *(not tied)* offen ⟨*Haar*⟩; **Prometheus ~**: der entfesselte Prometheus; b) ungebunden ⟨*Buch*⟩

unbounded [ʌn'baʊndɪd] *adj.* a) *(unchecked)* uneingeschränkt ⟨*Freiheit*⟩; unkontrolliert ⟨*Gefühl*⟩; b) *(unlimited)* grenzenlos

unbowed [ʌn'baʊd] *adj.* ungebeugt; **bloody but ~**: angeschlagen, aber unbesiegt

unbreakable [ʌn'breɪkəbl] *adj.* unzerbrechlich

unbridled [ʌn'braɪdld] *adj. (fig.)* ungezügelt ⟨*Machtstreben*⟩; bodenlos (ugs.) ⟨*Unverschämtheit*⟩; grenzenlos ⟨*Enthusiasmus*⟩

un-British [ʌn'brɪtɪʃ] *adj.* unbritisch

unbroken [ʌn'brəʊkn] *adj.* a) *(undamaged)* heil; unbeschädigt; b) *(not interrupted)* ununterbrochen; ~ **sleep/peace/silence** ungestörter Schlaf/Friede/durch nichts unterbrochene Stille; **have a night's ~ sleep** die Nacht durchschlafen; c) *(not surpassed)* ungebrochen ⟨*Rekord*⟩; d) *(Equit.)* nicht zugeritten ⟨*Pferd*⟩

unbuckle [ʌn'bʌkl] *v.t.* aufschnallen

unbuilt [ʌn'bɪlt] *adj.* ungebaut; ~ **on** *(not occupied by a building)* unbebaut

unburden [ʌn'bɜːdn] *v.t. (literary)* befreien ⟨*Gewissen*⟩; ~ **oneself/one's heart [to sb.]** [jmdm.] sein Herz ausschütten; ~ **oneself of sth.** sich von etw. befreien; **to her he could ~ himself of all his anxieties** ihr konnte er alle seine Ängste anvertrauen

unbusinesslike [ʌn'bɪznəslaɪk] *adj.* **he is ~, he has an ~ approach** er geht nicht wie ein Geschäftsmann an die Dinge heran

unbutton [ʌn'bʌtn] *v.t.* aufknöpfen

unbuttoned [ʌn'bʌtnd] *adj. (lit. or fig.)* aufgeknöpft; offen

uncalled-for [ʌn'kɔːldfɔː(r)] *adj.* unangebracht

uncannily [ʌn'kænɪlɪ] *adv.* unheimlich

uncanny [ʌn'kænɪ] *adj.* a) *(seemingly supernatural)* unheimlich; b) *(mysterious)* verblüffend

uncap [ʌn'kæp] *v.t.*, **-pp-** öffnen ⟨*Flasche*⟩

uncared-for [ʌn'keədfɔː(r)] *adj.* vernachlässigt

uncaring [ʌn'keərɪŋ] *adj.* gleichgültig

uncarpeted [ʌn'kɑːpɪtɪd] *adj.* teppichlos

unceasing [ʌn'siːsɪŋ] *adj.* unaufhörlich; **the rain was ~**: es regnete unununterbrochen

unceasingly [ʌn'siːsɪŋlɪ] *adv.* ununterbrochen

uncensored [ʌn'sensəd] *adj.* unzensiert

unceremonious [ʌnserɪ'məʊnɪəs] *adj.* a) *(informal)* formlos; b) *(abrupt)* brüsk

unceremoniously [ʌnserɪ'məʊnɪəslɪ] *adv.* ohne Umschweife

uncertain [ʌn'sɜːtn, ʌn'sɜːtɪn] *adj.* a) *(not sure)* **be ~ [whether ...]** sich (Dat.) nicht sicher sein[, ob ...]; **I am ~ of his loyalty** ich bin mir seiner Treue nicht sicher; b) *(not clear)* ungewiß ⟨*Ergebnis, Zukunft, Schicksal*⟩; **of ~ age/origin** unbestimmten Alters/unbestimmter Herkunft; **a play of ~ authorship** ein Stück, dessen Verfasser nicht [sicher] bekannt ist; **it is still ~ whether ...**: es ist noch ungewiß, ob ...; **it is still ~ who was the inventor** der Erfinder ist nicht [genau] bekannt; c) *(unsteady)* unsicher ⟨*Schritte*⟩; d) *(changeable)* unbeständig ⟨*Charakter, Wetter*⟩; unstet ⟨*Dasein*⟩; wechselnd ⟨*Gesundheitszustand*⟩; flackernd ⟨*Schein*⟩; e) *(ambiguous)* vage; **in no ~ terms** ganz eindeutig

uncertainly [ʌn'sɜːtnlɪ, ʌn'sɜːtɪnlɪ] *adv.* a) *(without definite aim)* ziellos; b) *(without confidence)* unsicher

uncertainty [ʌn'sɜːtntɪ, ʌn'sɜːtɪntɪ] *n.* a) *no pl. (doubtfulness)* Ungewißheit, die; **there is some ~ about it** es ist etwas ungewiß; **any ~ about it was dispelled** jeder Zweifel darüber wurde ausgeräumt; b) *(doubtful point)* Unklarheit, die; c) *no pl. (hesitation)* Unsicherheit, die; **the ~ of his touch** seine unsichere Hand

un'certainty principle *n.* (Phys.) Unschärferelation, die

unchallenged [ʌn'tʃælɪndʒd] *adj.* unangefochten; **go ~** ⟨*Autorität, Position*⟩: nicht in Frage gestellt werden; **let a statement go ~**: eine Behauptung unwidersprochen lassen

unchangeable [ʌn'tʃeɪndʒəbl] *adj.* unabänderlich

unchanged [ʌn'tʃeɪndʒd] *adj.* unverändert

unchanging [ʌn'tʃeɪndʒɪŋ] *adj.* unveränderlich; ~ **monotony** gleichförmige Eintönigkeit

uncharacteristic [ʌnkærɪktə'rɪstɪk] *adj.* uncharakteristisch (**of** für); ungewohnt ⟨*Grobheit, Schärfe*⟩

uncharged [ʌn'tʃɑːdʒd] *adj.* ungeladen

uncharitable [ʌn'tʃærɪtəbl] *adj.*, **uncharitably** [ʌn'tʃærɪtəblɪ] *adv.* lieblos

uncharted [ʌn'tʃɑːtɪd] *adj.* auf keiner Landkarte verzeichnet; unerforscht ⟨*Wildnis*⟩; unbekannt ⟨*Insel, Gewässer*⟩; *(fig.)* **the ~ regions of the psyche** die unerforschten Bereiche der Psyche

unchecked [ʌn'tʃekt] *adj.* a) *(not examined)* ungeprüft; b) *(unrestrained)* ungehindert; nicht eingedämmt ⟨*Epidemie, Inflation*⟩; **sth. goes ~**: gegen etw. wird nichts getan

unchivalrous [ʌn'ʃɪvlrəs] *adj.* unritterlich

unchristian [ʌn'krɪstjən] *adj.* unchristlich

uncivil [ʌn'sɪvɪl, ʌn'sɪvl] *adj.* unhöflich

uncivilized [ʌn'sɪvɪlaɪzd] *adj.* unzivilisiert; primitiv ⟨*Zustände*⟩; **an ~ hour** eine unchristliche Tageszeit (ugs. scherzh.)

unclaimed [ʌn'kleɪmd] *adj.* herrenlos; nicht abgeholt ⟨*Brief, Preis*⟩; **the money is still ~**: bis jetzt hat niemand Anspruch auf das Geld erhoben

unclassified [ʌn'klæsɪfaɪd] *adj.* nicht klassifiziert; *(not subject to security classification)* nicht geheim

uncle ['ʌŋkl] *n.* a) Onkel, der; b) *(sl.: pawn-*

unclean

broker) Pfandleiher, *der;* **c) cry ~** *(Amer. coll.: surrender)* sich geschlagen geben
unclean [ʌnˈkliːn] *adj.* unrein
Uncle: ~ ˈSam *n. (coll.)* Uncle Sam *(der);* **~ ˈTom** *n. (Amer.)* den Weißen gegenüber gefügiger Schwarzer in den USA
unclothed [ʌnˈkləʊðd] *adj.* unbekleidet
unclouded [ʌnˈklaʊdɪd] *adj.* wolkenlos; *(fig.)* **~ mind/happiness** klarer Verstand/ungetrübtes Glück
uncluttered [ʌnˈklʌtəd] *adj.* ordentlich
uncoil [ʌnˈkɔɪl] **1.** *v. t.* abwickeln. **2.** *v. refl.* sich abwickeln; *⟨Schlange:⟩* sich strecken
uncoloured *(Amer.:* **uncolored**) [ʌnˈkʌləd] *adj. (lit. or fig.)* ungefärbt; **~ by prejudice** von keinem Vorurteil gefärbt
uncomfortable [ʌnˈkʌmfətəbl] *adj.* **a)** *(causing physical discomfort)* unbequem; **b)** *(feeling discomfort)* **be ~:** sich unbehaglich fühlen; **the heat made me ~:** durch die Hitze fühlte ich mich unbehaglich; **c)** *(uneasy, disconcerting)* unangenehm; peinlich *⟨Stille⟩;* **his gaze made me ~:** sein Blick war mir unangenehm; **if you feel ~ about it** wenn es dir unangenehm ist; **sb. has an ~ awareness of sth.** jmd. ist sich *(Dat.)* einer Sache *(Gen.)* peinlich bewußt
uncomfortably [ʌnˈkʌmfətəblɪ] *adv.* **a)** *(with physical discomfort)* unbequem; **~ oppressive** unangenehm [und] drückend; **b)** *(uneasily)* unbehaglich; **be** *or* **feel ~ aware of sth.** sich *(Dat.)* einer Sache *(Gen.)* peinlich bewußt sein
uncommitted [ʌnkəˈmɪtɪd] *adj.* unbeteiligt
uncommon [ʌnˈkɒmən] *adj.* ungewöhnlich; **it is not ~ for him to be found there** es ist [ganz und gar] nicht ungewöhnlich, daß man ihn dort findet
uncommonly [ʌnˈkɒmənlɪ] *adv.* ungewöhnlich
uncommunicative [ʌnkəˈmjuːnɪkətɪv] *adj.* verschlossen
uncomplaining [ʌnkəmˈpleɪnɪŋ] *adj.,* **uncomplainingly** [ʌnkəmˈpleɪnɪŋlɪ] *adv.* klaglos
uncompleted [ʌnkəmˈpliːtɪd] *adj.* unvollendet
uncomplicated [ʌnˈkɒmplɪkeɪtɪd] *adj.* unkompliziert
uncomplimentary [ʌnkɒmplɪˈmentərɪ] *adj.* wenig schmeichelhaft; **be ~ about sb./sth.** sich nicht sehr schmeichelhaft über jmdn./etw. äußern
uncomprehending [ʌnkɒmprɪˈhendɪŋ] *adj.* verständnislos
uncompromising [ʌnˈkɒmprəmaɪzɪŋ] *adj.,* **uncompromisingly** [ʌnˈkɒmprəmaɪzɪŋlɪ] *adv.* kompromißlos
unconcealed [ʌnkənˈsiːld] *adj.* unverhohlen
unconcern [ʌnkənˈsɜːn] *n., no pl.* Gleichgültigkeit, *die*
unconcerned [ʌnkənˈsɜːnd] *adj.* gleichgültig; *(free from anxiety)* unbekümmert; **sb. is ~ about sb./sth.** jmdm. ist jmd./etw. gleichgültig; **she seemed ~ as to the outcome** das Ergebnis schien ihr gleichgültig zu sein; **he is ~ with** *or* **about style** er kümmert sich nicht um Stil
unconcernedly [ʌnkənˈsɜːnɪdlɪ] *adv.* gleichgültig; *(free from anxiety)* unbekümmert
unconditional [ʌnkənˈdɪʃənl] *adj.* bedingungslos *⟨Kapitulation⟩;* kategorisch *⟨Ablehnung⟩; ⟨Versprechen⟩* vorbehalte
unconditionally [ʌnkənˈdɪʃənlɪ] *adv.* bedingungslos; kategorisch *⟨ablehnen⟩;* ohne Vorbehalte *⟨versprechen⟩*
unconfirmed [ʌnkənˈfɜːmd] *adj.* unbestätigt
uncongenial [ʌnkənˈdʒiːnɪəl] *adj.* unsympathisch *⟨Person⟩;* **I find him/the work ~:** er ist mir unsympathisch/die Arbeit sagt mir nicht zu *od.* liegt mir nicht; **an ~ atmosphere** ein unangenehmes Klima

unconnected [ʌnkəˈnektɪd] *adj.* **a)** nicht verbunden; **~ with any party** nicht parteigebunden; **b)** *(disjointed, isolated)* zusammenhanglos
unconquerable [ʌnˈkɒŋkərəbl] *adj.* unbezwingbar; unerschütterlich *⟨Entschlossenheit⟩*
unconquered [ʌnˈkɒŋkəd] *adj.* nicht erobert
unconscionable [ʌnˈkɒnʃənəbl] *adj.* übertrieben lang *⟨Zeit⟩;* übertrieben hoch *⟨Betrag⟩*
unconscionably [ʌnˈkɒnʃənəblɪ] *adv.* übertrieben
unconscious [ʌnˈkɒnʃəs] **1.** *adj.* **a)** *(Med.: senseless)* bewußtlos; **b)** *(unaware)* **be ~ of sth.** sich einer Sache *(Gen.)* nicht bewußt sein; **I was ~ of what was going on around me** ich war mir nicht bewußt *od.* wußte nicht, was um mich herum vorging; **she was ~ of the tragedy** sie wußte nichts von der Tragödie; **he was ~ of the change in her** er merkte *od.* bemerkte nicht, daß sie sich verändert hatte; **c)** *(not intended; Psych.)* unbewußt; unfreiwillig *⟨Komik⟩;* **an ~ act** eine unbewußt begangene Tat. **2.** *n.* Unbewußte, *das*
unconsciously [ʌnˈkɒnʃəslɪ] *adv.* unbewußt; **~, he was falling under her spell** ohne es zu merken, verfiel er ihrem Zauber
unconsciousness [ʌnˈkɒnʃəsnɪs] *n., no pl.* **a)** *(loss of consciousness)* Bewußtlosigkeit, *die;* **b)** *(unawareness)* fehlende Bewußtheit
unconsidered [ʌnkənˈsɪdəd] *adj.* **a)** *(disregarded)* unbedeutend; **b)** *(not based on consideration)* unüberlegt, vorschnell *⟨Bemerkung⟩*
unconstitutional [ʌnkɒnstɪˈtjuːʃənl] *adj.,* **unconstitutionally** [ʌnkɒnstɪˈtjuːʃənlɪ] *adv. (in State)* verfassungswidrig; *(in other organization)* satzungswidrig
unconstrained [ʌnkənˈstreɪnd] *adj.* ungezwungen
uncontaminated [ʌnkənˈtæmɪneɪtɪd] *adj.* unverschmutzt, nicht verseucht (**with** von); *(fig.)* unverdorben (**with** durch)
uncontested [ʌnkənˈtestɪd] *adj.* unangefochten; **go ~:** nicht angefochten werden; **it was an ~ election** bei der Wahl gab es keinen Gegenkandidaten
uncontrollable [ʌnkənˈtrəʊləbl] *adj.* unkontrollierbar; *(beyond control)* außer Kontrolle geraten; **the child is ~:** das Kind ist nicht zu bändigen
uncontrollably [ʌnkənˈtrəʊləblɪ] *adv.* unkontrollierbar; unbeherrscht *⟨lachen⟩;* hemmungslos *⟨weinen usw.⟩*
uncontrolled [ʌnkənˈtrəʊld] *adj.* unkontrolliert; **leave ~:** nicht kontrollieren; **~ dogs/children** herrenlose Hunde/unbeaufsichtigte Kinder
uncontroversial [ʌnkɒntrəˈvɜːʃl] *adj.* unumstritten; **be ~:** keinerlei Widerspruch hervorrufen; **he is an ~ figure** er gibt keinen Anlaß zu Kontroversen
unconventional [ʌnkənˈvenʃənl] *adj.,* **unconventionally** [ʌnkənˈvenʃənlɪ] *adv.* unkonventionell
unconverted [ʌnkənˈvɜːtɪd] *adj.* **a)** *(not rebuilt)* nicht umgebaut; **b)** *(Relig.)* nicht konvertiert; **he is** *or* **remains ~ [to sth.]** er läßt sich nicht [zu etw.] bekehren
unconvinced [ʌnkənˈvɪnst] *adj.* nicht überzeugt; **remain ~:** sich nicht überzeugen lassen; **his arguments left her ~:** seine Argumente überzeugten sie nicht
unconvincing [ʌnkənˈvɪnsɪŋ] *adj.* nicht überzeugend
unconvincingly [ʌnkənˈvɪnsɪŋlɪ] *adv.* nicht überzeugend; **he argues very ~:** seine Argumente überzeugen ganz und gar nicht
uncooked [ʌnˈkʊkt] *adj.* roh; **the cake was still ~ in the centre** der Kuchen war in der Mitte noch nicht durchgebacken
uncooperative [ʌnkəʊˈɒpərətɪv] *adj.* un-

undeclared

kooperativ; wenig entgegenkommend; *(unhelpful)* wenig hilfsbereit; **a bit less ~:** ein bißchen hilfsbereiter
uncoordinated [ʌnkəʊˈɔːdɪneɪtɪd] *adj.* unkoordiniert; **very ~:** überhaupt nicht koordiniert
uncork [ʌnˈkɔːk] *v. t.* entkorken
uncorroborated [ʌnkəˈrɒbəreɪtɪd] *adj.* unbestätigt
uncountable [ʌnˈkaʊntəbl] *adj. (Ling.)* unzählbar
uncounted [ʌnˈkaʊntɪd] *adj.* nicht gezählt
uncouple [ʌnˈkʌpl] *v. t.* abkoppeln *⟨Hunde, Waggon, usw.⟩*
uncouth [ʌnˈkuːθ] *adj. (lacking refinement)* ungeschliffen; ungehobelt *⟨Person, Benehmen⟩;* grob *⟨Bemerkung, Sprache⟩;* **b)** *(boorish)* unkultiviert; flegelhaft *(abwertend)*
uncouthness [ʌnˈkuːθnɪs] *n., no pl. (lack of refinement)* Ungeschliffenheit, *die;* (of remark, language) Grobheit, *die;* **b)** *(boorishness)* Unkultiviertheit, *die;* Flegelhaftigkeit, *die (abwertend)*
uncover [ʌnˈkʌvə(r)] *v. t.* **a)** *(remove cover from)* aufdecken; **b)** *(disclose)* aufdecken *⟨Skandal, Verschwörung, Wahrheit⟩*
uncovered [ʌnˈkʌvəd] *adj.* unbedeckt; **[with head] ~:** ohne Kopfbedeckung
uncritical [ʌnˈkrɪtɪkl] *adj.* unkritisch; **be ~ of sth.** etw. nicht kritisieren
uncritically [ʌnˈkrɪtɪkəlɪ] *adv.* unkritisch
uncross [ʌnˈkrɒs] *v. t.* **~ one's legs** seine Beine wieder nebeneinanderstellen/nebeneinanderlegen
uncrossed [ʌnˈkrɒst] *adj. (Brit.)* **an ~ cheque/postal order** ein Barscheck/Postbarscheck
uncrowded [ʌnˈkraʊdɪd] *adj.* nicht überlaufen
uncrowned [ʌnˈkraʊnd] *adj. (lit. or fig.)* ungekrönt
UNCTAD [ˈʌŋktæd] *abbr.* **United Nations Conference on Trade and Development** Welthandels- und Entwicklungskonferenz [der Vereinten Nationen]
unction [ˈʌŋkʃn] *see* **extreme 1 d**
unctuous [ˈʌŋktjʊəs] *adj.* salbungsvoll; ölig
uncultivated [ʌnˈkʌltɪveɪtɪd] *adj.* **a)** *(Agric.)* nicht bestellt; **b)** unkultiviert
uncultured [ʌnˈkʌltʃəd] *adj.* unkultiviert
uncured [ʌnˈkjʊəd] *adj.* **a)** *(not made healthy)* ungeheilt; **b)** *(not prepared for keeping)* ungepökelt *⟨Fleisch⟩;* ungeräuchert *⟨Fisch⟩;* nicht getrocknet *⟨Häute, Tabak⟩*
uncurl [ʌnˈkɜːl] **1.** *v. t.* auseinanderrollen. **2.** *v. refl.* sich strecken. **3.** *v. i.* sich auseinanderrollen
uncurtained [ʌnˈkɜːtənd] *adj.* vorhanglos; **be ~:** keine Vorhänge haben
uncut [ʌnˈkʌt] *adj.* **a)** *(not cut)* nicht geschnitten *⟨Gras, Haare usw.⟩;* nicht gemäht *⟨Rasen⟩;* **b)** *(with pages not trimmed)* unbeschnitten *⟨Buch⟩;* *(not slit open)* nicht aufgeschnitten *⟨Seiten⟩;* **c)** *(not shaped by cutting)* ungeschliffen *⟨Edelstein⟩;* **d)** *(not shortened)* ungekürzt *⟨Buch, Film⟩*
undamaged [ʌnˈdæmɪdʒd] *adj.* unbeschädigt
undated [ʌnˈdeɪtɪd] *adj.* undatiert
undaunted [ʌnˈdɔːntɪd] *adj.* unverzagt; **~ by threats** durch Drohungen nicht eingeschüchtert
undecided [ʌndɪˈsaɪdɪd] *adj.* **a)** *(not settled)* nicht entschieden; **b)** *(hesitant)* unentschlossen; **be ~ whether to do sth.** sich *(Dat.)* noch unschlüssig sein, ob man etw. tun soll
undecipherable [ʌndɪˈsaɪfərəbl] *adj.* **be ~:** sich nicht entziffern lassen
undeclared [ʌndɪˈkleəd] *adj.* **a)** nicht erklärt *⟨Krieg⟩;* **b)** nicht deklariert *⟨zollpflich-*

779

tige Waren⟩; ~ **income** *(for tax)* nicht angegebenes Einkommen
undefeated [ʌndɪˈfiːtɪd] *adj.* ungeschlagen ⟨*Mannschaft*⟩; unbesiegt ⟨*Heer*⟩
undefended [ʌndɪˈfendɪd] *adj.* **a)** unverteidigt; *(not protected)* ungeschützt; **b)** *(Law)* unverteidigt; **be ~:** keinen Verteidiger haben; **the case was ~:** der Fall wurde ohne Verteidigung verhandelt
undefiled [ʌndɪˈfaɪld] *adj.* unverdorben; *(not desecrated)* unbefleckt
undefined [ʌndɪˈfaɪnd] *adj.* nicht definiert; *(indefinite)* unbestimmt
undelivered [ʌndɪˈlɪvəd] *adj.* nicht zugestellt ⟨*Postsendung*⟩; nicht überbracht ⟨*Botschaft, Nachricht*⟩; *(on letter)* **if ~:** wenn unzustellbar
undemanding [ʌndɪˈmɑːndɪŋ] *adj.* anspruchslos
undemocratic [ʌndeməˈkrætɪk] *adj.* undemokratisch
undemonstrative [ʌndɪˈmɒnstrətɪv] *adj.* zurückhaltend
undeniable [ʌndɪˈnaɪəbl] *adj.* unbestreitbar; **it is ~ that ...:** es ist nicht zu leugnen, daß ...; **produce ~ evidence** Beweise vorlegen, deren Echtheit nicht bezweifelt werden kann
undeniably [ʌndɪˈnaɪəblɪ] *adv.* unbestreitbar
undependable [ʌndɪˈpendəbl] *adj.* unzuverlässig
under [ˈʌndə(r)] **1.** *prep.* **a)** *(underneath, below)* *(indicating position)* unter (+ Dat.); *(indicating motion)* unter (+ Akk.); **from ~ the table/bed** unter dem Tisch/Bett hervor; **b)** *(undergoing)* **~ treatment** in Behandlung; **~ repair** in Reparatur; **~ construction** im Bau; **be ~ investigation** untersucht werden; **fields ~ cultivation** bebaute Felder; **~ threat of extinction** vom Aussterben bedroht; **~ sentence of death** zum Tode verurteilt; *see also* **discussion b; influence 1; pain; c)** *(in conditions of)* bei ⟨*Streß, hohen Temperaturen usw.*⟩; **d)** *(subject to)* unter (+ Dat.); **bring a country ~ one's rule** ein Land unter seine Herrschaft bringen; **~ the doctor, ~ doctor's orders** in ärztlicher Behandlung; *see also* **delusion; illusion b; impression g; misapprehension; e)** *(in accordance with)* **~ the circumstances** unter den gegebenen *od.* diesen Umständen; **~ the terms of the will/contract/agreement** nach den Bestimmungen des Testaments/Vertrags/Abkommens; **f)** *(with the use of)* **unter** (+ Dat.); **~ an assumed name** *od.* **alias/a pen-name** unter falschem Namen/unter einem Pseudonym; **g)** *(less than)* unter (+ Dat.); *(esp. with time, amount)* weniger als; **no one ~ a bishop** niemand unter Bischofsrang; **the mile was run in ~ four minutes** die Meile wurde in weniger als *od.* unter vier Minuten gelaufen; **for ~ five pounds** für weniger als fünf Pfund; *see also* **age 1a; h)** *(at foot of)* **~ the hill/walls** am Fuße des Berges/der Mauern; **i)** *(Naut.: in the lee of)* **close ~ the island** im Schutze der nahen Insel; **j)** *(planted with)* **field ~ corn/rice/beans** mit Getreide/Reis/Bohnen bestandenes Feld. **2.** *adv.* **a)** *(in or to a lower or subordinate position)* darunter; **stay ~** ⟨*water*⟩ unter Wasser bleiben; *see also* **go under; b)** *(in/into a state of unconsciousness)* **be ~/put sb. ~:** in Narkose liegen/jmdn. in Narkose versetzen

under: **~aˈchieve** *v. i.* unter dem erreichbaren Leistungsniveau bleiben; **~achiever** [ʌndəˈtʃiːvə(r)] *n.* Schüler/Schülerin mit enttäuschenden Leistungen; **be an ~achiever** *see* **achieve; ~'act** *v. t. & i.* unterspielen ⟨*Theaterjargon*⟩; **~'arm 1.** *adj.* **a)** *(Tennis, Cricket, etc.)* ⟨*Aufschlag, Wurf*⟩ von unten; **b)** *(in armpit)* Achsel⟨*haare, -schweiß*⟩; **2.** *adv.* von unten ⟨*aufschlagen, werfen*⟩; **~belly** *n. (Zool.)*

Bauch, *der;* *(of aircraft)* Unterseite, *die;* [soft] **~belly** *(fig.)* verwundbare Stelle; **~body** *n.* Unterseite, *die;* **~brush** *n.* *(Amer.)* Unterholz, *das;* **~carriage** *n.* Fahrwerk, *das;* **~'charge** *v. t.* **~charge sb.** [by several pounds] jmdm. [einige Pfund] zuwenig berechnen; **~clothes** *n. pl.,* **~clothing** *see* **~wear; ~coat** *n.* **a)** *(layer of paint)* Grundierung, *die;* **b)** *(paint)* Grundierfarbe, *die;* **c)** *(of animal)* Unterhaar, *das;* **~cooked** *adj.* zu kurz gekocht/gebraten; noch nicht gar; **~cover** *adj.* *(disguised)* getarnt; *(secret)* verdeckt; *(engaged in international spying)* geheim[dienstlich]; **~cover agent** Unterguno-/Geheimagent, *der;* **~croft** *n.* *(Eccl.)* Krypta, *die;* **~current** *n.* Unterströmung, *die;* *(fig.: underlying feeling)* Unterton, *der;* **he sensed an ~current of resentment** er spürte eine unterschwellige Groll; **~'cut** *v. t.,* undercut unterbieten; **~deˈveloped** *adj.* unterentwickelt; **~deˈvelopment** *n., no pl.* Unterentwicklung, *die;* **~dog** *n.* **a)** *(in fight, match)* Unterlegene, *der/die;* **b)** *(fig.: disadvantaged person)* Benachteiligte, *der/die;* **the ~dogs of society** die sozial Unterprivilegierten; **~ˈdone** *adj.* halbgar; **I don't like my steak ~done** ich habe mein Steak gern gut durchgebraten; **~ˈemphasis** *n.* zu schwache Betonung; **there is an ~emphasis on it** es kommt nicht deutlich genug zum Ausdruck; **~ˈemphasize** *v. t.* zuwenig betonen; **~emˈployed** *adj.* unterbeschäftigt; **~emˈployment** *n.* Unterbeschäftigung, *die;* **~ˈestimate 1.** [ʌndərˈestɪmeɪt] *v. t.* unterschätzen; **this figure is a considerable ~estimate** diese Zahl ist viel zu niedrig geschätzt; **~exˈpose** *v. t. (Photog.)* unterbelichten; **~exˈposure** *n. (Photog.)* Unterbelichtung, *die;* **~ˈfed** *adj.* unterernährt; **~felt** *n.* Filzunterlage, *die;* **~ˈfives** *n. pl.* Kinder unter fünf Jahren; **~ˈfloor heating** *n.* [Fuß]bodenheizung, *die;* **~ˈfoot** *adv.* am Boden; **it's rough/muddy ~foot** der Boden ist uneben/matschig; **be trodden/trampled ~foot** mit Füßen getreten/zertrampelt werden; *(fig.: be maltreated)* wie der letzte Dreck behandelt werden *(salopp);* **~garment** *n.* Wäschestück, *das;* **~garments** Unterwäsche, *die;* **~ˈgo** *v. t.,* forms as ¹go **1** durchmachen ⟨*schlimme Zeiten*⟩; ertragen ⟨*Demütigung*⟩; **~go treatment/an operation** sich einer Behandlung/Operation unterziehen; **~go a change** sich verändern; **~go repairs** repariert werden; **~grad** [ʌndəˈgræd] *coll.,* **~ˈgraduate** *ns.* **~graduate** [student] Student/Studentin vor der ersten Prüfung; **~graduate course** Lehrveranstaltung für Studenten vor der ersten Prüfung; **~ˈground 1.** [--ˈ-] *adv.* **a)** *(beneath surface of ground)* unter der Erde; *(Mining)* unter Tage; **an explosion ~ground** eine unterirdische Explosion; **b)** *(fig.)* *(in hiding)* im Untergrund; *(into hiding)* in den Untergrund; **~ground untertauchen;** in den Untergrund gehen. **2.** [ˈ---] *adj.* **a)** unterirdisch ⟨*Höhle, See*⟩; **~ground railway** Untergrundbahn, *die;* **b)** *(fig.: secret)* **~ground car-park** Tiefgarage, *die;* **b)** *(fig.: secret)* **~ground activity** Tätigkeit im Untergrund; **~ground organization/movement/press** Untergrundorganisation/-bewegung/-presse; **3.** *n.* **a)** *(railway)* U-Bahn, *die;* **b)** *(clandestine movement)* Untergrund, *der;* Untergrundbewegung, *die;* **~ˈgrowth** *n.* Unterholz, *das;* **~hand, ~handed 1.** *adjs.* **a)** *(secret)* heimlich; **b)** *(crafty)* hinterhältig; **2.** *adv.* heimlich; **~ˈhung** *adj.* vorgeschoben ⟨*Unterkiefer*⟩; **~ˈinˈsured** *adj.* unterversichert; **~ˈlay** *see* **~lay;** ²**lay 1.** [--ˈ-] ¹**lay 1.** *v. t.,* forms as ²**lay 2** unterlegen. **2.** [ˈ---] *n.* Unterlage, *die;* **~lie** *v. t.,* forms as ²**lie 2 a)** *(lie under)* **~lie sth.** unter etw. *(Dat.)* liegen; **b)** *(fig.: be [at] the basis of)* **~lie sth.** einer Sache *(Dat.)* zu-

grundeliegen; **~lying cause of sth.** eigentliche Ursache für etw.; **~line 1.** [--ˈ-] *v. t. (lit. or fig.)* unterstreichen; **2.** [ˈ---] *n.* Unterstreichung, *die*

underling [ˈʌndəlɪŋ] *n. (derog.)* Untergebene, *der/die*

under: **~lining** *n.* Unterstreichung, *die;* **there is too much ~lining** es ist zuviel unterstrichen; **~lying** *see* **~lie; ~manned** *adj.* [personell] unterbesetzt; **~manned industries** Industriezweige, in denen Arbeitskräftemangel herrscht; **~manning** *n.* [personelle] Unterbesetzung, *die;* **~mentioned** *adj.* *(Brit.)* untengenannt; unterwähnt; **~mine** *v. t.* **a)** unterhöhlen ⟨*Wasser*:⟩ unterspülen; **b)** *(fig.) (weaken)* untergraben; erschüttern ⟨*Vertrauen*⟩; unterminieren ⟨*Autorität*⟩; schwächen ⟨*Gesundheit*⟩

underneath [ʌndəˈniːθ] **1.** *prep. (indicating position)* unter (+ Dat.); *(indicating motion)* unter (+ Akk.); **from ~ the bed** unter dem Bett hervor. **2.** *adv.* darunter. **3.** *n.* Unterseite, *die*

under: **~ˈnourished** *adj.* unterernährt; **~ˈpaid** *adj.* unterbezahlt; **~pants** *n. pl.* Unterhose, *die;* Unterhosen *Pl.;* **~part** *n.* Unterseite, *die;* **~pass** *n.* Unterführung, *die;* **~ˈpay** *v. t.,* forms as pay 2 unterbezahlen; **~payment** *n.* Unterbezahlung, *die;* **~pin** *v. t.* [ab]stützen; *(fig.)* untermauern; **~pin a social system** die Grundlage eines gesellschaftlichen Systems bilden; **~ˈplay** *v. t.* **a)** *(Theatre)* zurückhaltend spielen ⟨*Rolle, Szene*⟩; **b)** *(play down)* herunterspielen; **~ˈprivileged** *adj.* unterprivilegiert; **~proˈduction** *n., no pl., no indef. art.* Unterproduktion, *die;* **~ˈrate** *v. t.* unterschätzen; **be ~rated** [allgemein] unterschätzt werden; **~ripe** *adj.* nicht ausgereift; **~score** *see* **~line 1; ~score** *see* **~line 2; ~sea** *attrib. adj.* Unterwasser-; **~seal 1.** *v. t.* mit [einem] Unterbodenschutz versehen; **be ~sealed** Unterbodenschutz haben; **2.** *n.* Unterbodenschutz, *der;* **~secretary** *n.* **a)** *(esp. Amer.: assistant to secretary)* Unterstaatssekretär, *der;* **b)** *(Brit.)* [Parliamentary] U~**secretary** [Parlamentarischer] Staatssekretär; **~ˈsell** *v. t.,* forms as **sell 1: a)** *(sell at lower price than)* unterbieten; **b)** *(present inadequately)* nicht genug anpreisen; **~selling actually boosted her business** ihre verhaltene Werbestrategie hat eher zu Geschäftsbelebung geführt; **~ˈsexed** *adj.* sexuell lustlos; **~shirt** *n. (Amer.)* Unterhemd, *das;* **~ˈshoot** *v. t.,* forms as **shot 1, 2: ~shoot the runway** vor der Landebahn aufsetzen; **~shorts** *n. pl. (Amer.)* Unterhose, *die;* **~shot** *see* **~hung; ~side** *n.* Unterseite, *die;* **~signed** *adj.* ⟨*Person*⟩ **the ~signed** der/die Unterzeichnete/*(pl.)* die Unterzeichneten *(Papierdt.);* **~sized** *adj.* unter Normalgröße *nachgestellt;* [ziemlich] klein geraten ⟨*Mensch, Tier*⟩; **~skirt** *n.* Unterrock, *der;* **~slung** *adj. (Motor Veh.)* [tiefer als die Achsen] hängend ⟨*Fahrgestell, Rahmen*⟩; **~spend** *v. t.,* forms as **spend: ~spend a budget/an allowance** ein Budget unterschreiten/eine Zuwendung nicht ganz ausgeben; **2.** *v. i.,* forms as **spend: ~spend by £500,000** das Budget um 500 000 Pfund unterschreiten; **~spend on sth.** zu wenig für etw. ausgeben; *(save)* an etw. *(Dat.)* sparen; **~staffed** *adj.* unterbesetzt; **be ~staffed** an Personalmangel leiden

understand [ʌndəˈstænd] **1.** *v. t.,* **understood** [ʌndəˈstʊd] **a)** verstehen; **~ sth. by sth.** etw. unter etw. *(Dat.)* verstehen; **~ mathematics** mathematisches Verständnis haben; **~ carpentry** sich auf das Schreinern verstehen; **I cannot ~ his doing it** ich kann nicht verstehen *od.* begreifen, warum er es tut; **is that understood?** ist das klar?; **make oneself understood** sich verständlich machen; **b)** *(have heard)* gehört haben; **I ~ that**

you wish to leave us wie ich höre, wollen Sie uns verlassen; **I ~ him to be a distant relation** ich glaube, er ist ein entfernter Verwandter; **c)** *(take as implied)* **~ sth. from sb.'s words** etw. aus jmds. Worten entnehmen; **I understood [that] we were to be paid expenses** ich dachte, daß wir Spesen bekommen sollten; **it was understood that ...:** es wurde allgemein angenommen, daß ...; **do I ~ that ...?** gehe ich recht in der Annahme, daß ...?; **am I to ~ that you refuse my offer?** wollen Sie damit sagen, daß Sie mein Angebot ablehnen?; **it was understood between them that ...:** es herrschte [stillschweigendes] Einverständnis zwischen ihnen, daß ...; **d)** *(supply mentally)* hinzudenken; **be understood** *(Gram.)* ausgelassen werden; **he is seething ('with rage' understood)** er kocht (gemeint ist „vor Wut"). *See also* **give** 1e; **make** 1f. **2.** *v.i.*, **understood a)** *(have understanding)* verstehen; **~ about sth.** etwas von etw. verstehen; **he doesn't ~ about it** [being my job] er weiß nicht [, daß es meine Aufgabe ist]; **now I ~!** jetzt begreife ich es!; **I quite ~:** ich verstehe schon; **b)** *(gather, hear)* **if I ~ correctly** wenn ich mich nicht irre; **your offer is, I ~, still open** Ihr Angebot ist, so nehme ich an, noch offen; **he is, I ~, no longer here** er ist, wie ich höre, nicht mehr hier
understandable [ʌndə'stændəbl] *adj.* verständlich
understandably [ʌndə'stændəblɪ] *adv.* verständlicherweise
understanding [ʌndə'stændɪŋ] **1.** *adj.* *(able to sympathize)* verständnisvoll; **you could be a bit more ~:** du könntest etwas mehr Verständnis zeigen. **2.** *n.* **a)** *(agreement)* Verständigung, *die;* **reach an ~ with sb.** sich mit jmdm. verständigen; **the good ~ between them** das gute Einverständnis zwischen ihnen; **have a secret ~ with sb.** eine geheime Vereinbarung mit jmdm. haben; **on the ~ that ...:** unter der Voraussetzung, daß ...; **on the clear** *or* **distinct ~ that ...** *(condition)* unter der ausdrücklichen Bedingung, daß ...; **there has never been much ~ between them** sie haben sich nie besonders gut vertragen; **b)** *(insight, intelligence)* Verstand, *der;* **c)** *(insight, comprehension)* Verständnis, *das* **(of, for** für**); a person of great ~:** ein sehr verständnisvoller Mensch; **beyond ~:** unbegreiflich; **my ~ of the matter is that she has won** so wie ich es verstehe, hat sie gewonnen
understandingly [ʌndə'stændɪŋlɪ] *adv.* verständnisvoll
under-: **~'state** *v.t.* **a)** herunterspielen; **~state the case** untertreiben; **b)** *(represent inadequately)* zu gering veranschlagen; **~'statement** *n.* *(avoidance of emphasis)* Untertreibung, *die;* Understatement, *das;* **~steer** *(Motor Veh.)* **1.** [-'-] *v.i.* untersteuern; **2.** ['---] *n.* Untersteuern, *das;* **~'stocked** *adj.* untervorsorgt; **the shops were ~stocked** die Läden hatten zu wenig Ware *od.* Vorräte [auf Lager]; **~'stood** *see* **understand;** **~study 1.** *n.* Ersatzspieler, *der/*-spielerin, *die;* zweite Besetzung; **2.** *v.t.* **~study sb.** jmds. Rolle als Ersatzspieler/-spielerin einstudieren; **~-sub'scribed** *adj.* *(St. Exch.)* unterzeichnet; **~-surface** *n.* Unterseite, *die;* **~'take** *v.t., forms as* **take 1: a)** *(set about)* unternehmen; **~take a task** eine Aufgabe übernehmen; **~take to do sth.** sich verpflichten, etw. zu tun; **b)** *(guarantee)* **~take sth./that ...:** sich dafür verbürgen/sich dafür verbürgen, daß ...; **~taker** *n.* Leichenbestatter, *der/-*bestatterin, *die;* **[firm of] ~takers** Bestattungsunternehmen, *das;* **~'taking** *n.* **a)** *no pl. (taking on) (of task)* Übernehmen, *das; (of journey etc.)* Unternehmen, *das;* **b)** *(task)* Aufgabe, *die;* **a dangerous ~taking** ein gefährliches Unterfangen; **c)** *(business*

Unternehmen, *das;* Betrieb, *der;* **d)** *(pledge)* Versprechen, *das;* **give an ~taking that .../to do sth.** zusichern, daß .../sich verpflichten, etw. zu tun; **I'll need an ~taking from you that ...:** du mußt mir [fest] versprechen, daß ...; **~tone** *n.* **a)** *(low voice)* **in ~tones** *or* **an ~tone** in gedämpftem Ton; **b)** *(undercurrent)* **~tone of criticism** kritischer Unterton; **c)** *(subdued colour)* Tönung, *die;* **~tow** *n.* Unterströmung, *die;* **~-'used** *adj.* nicht voll genutzt; **~valu'ation** *n.* Unterbewertung, *die;* **~valuate** *v.t.* unterbewerten; **~vest** *n.* Unterhemd, *das;* **~water 1.** ['----] *attrib. adj.* Unterwasser-. **2.** [--'--] *adv.* unter Wasser; **~wear** *n., no pl., no indef. art.* Unterwäsche, *die;* **~'weight** *adj.* untergewichtig; **be ~weight** Untergewicht haben; **~whelm** [ʌndə'welm] *v.t. (joc.)* nicht gerade überwältigen *(spött.);* **~world** *n. (lit. or fig.)* Unterwelt, *die;* **~'write** *v.t., forms as* **write 1: a)** *(accept liability for)* [als Versicherer] unterzeichnen; **~write a risk** ein Risiko versichern; **~write a share issue** die Übernahme von unverkauften Aktien garantieren; **b)** *(finance)* finanzieren; **~writer** *n. (of insurance policy)* Versicherer, *der; (of stock issue)* Garant, *der/*Garantin, *die*
undeserved [ʌndɪ'zɜːvd] *adj.* unverdient
undeservedly [ʌndɪ'zɜːvɪdlɪ] *adv.* unverdientermaßen
undeserving [ʌndɪ'zɜːvɪŋ] *adj.* unwürdig (of *Gen.*); **not ~ of attention** schon beachtenswert
undesigned [ʌndɪ'zaɪnd] *adj.* ungeplant
undesirability [ʌndɪzaɪərə'bɪlɪtɪ] *n., no pl.* Unerwünschtheit, *die*
undesirable [ʌndɪ'zaɪərəbl] **1.** *adj.* unerwünscht; **it is ~ that ...:** es ist nicht wünschenswert, daß ... **2.** *n.* unerwünschte Person
undesirably [ʌndɪ'zaɪərəblɪ] *adv.* unerwünscht
undesired [ʌndɪ'zaɪəd] *adj.* unerwünscht
undetectable [ʌndɪ'tektəbl] *adj.* nicht nachweisbar
undetected [ʌndɪ'tektɪd] *adj.* unentdeckt; **go** *or* **pass ~:** unentdeckt bleiben
undeterred [ʌndɪ'tɜːd] *adj.* nicht entmutigt (by durch); **remain ~:** sich nicht abschrecken lassen; **continue ~:** unbeirrt weitermachen
undeveloped [ʌndɪ'veləpt] *adj.* **a)** *(immature)* nicht voll ausgebildet; **b)** *(Photog.)* nicht entwickelt; **c)** *(not built on)* nicht bebaut
undiagnosed [ʌndaɪəg'nəʊzd] *adj.* nicht diagnostiziert; **die of an ~ brain tumor** an einem nicht erkannten Gehirntumor sterben
undid *see* **undo**
undies ['ʌndɪz] *n.pl. (coll.)* Unterwäsche, *die*
undifferentiated [ʌndɪfə'renʃɪeɪtɪd] *adj.* undifferenziert
undigested [ʌndɪ'dʒestɪd, ʌndaɪ'dʒestɪd] *adj. (lit. or fig.)* unverdaut
undignified [ʌn'dɪɡnɪfaɪd] *adj.* würdelos; **consider it ~ to do sth.** es für unter seiner Würde halten, etw. zu tun
undiluted [ʌndaɪ'ljuːtɪd] *adj.* unverdünnt; **~ pleasure/nonsense** ungetrübte Freude/barer Unsinn
undiminished [ʌndɪ'mɪnɪʃt] *adj.* unvermindert; **her enthusiasm remained ~:** ihre Begeisterung ließ nicht nach
undimmed [ʌn'dɪmd] *adj.* nicht gedämpft; ungetrübt ⟨*Augenlicht*⟩
undipped [ʌn'dɪpt] *adj.* nicht abgeblendet
undischarged [ʌndɪs'tʃɑːdʒd] *adj.* **a)** *(Finance)* unbeglichen ⟨*Schuld*⟩; nicht entlastet ⟨*Schuldner*⟩; **b)** *(not unloaded)* nicht entladen; **c)** *(not fired off)* nicht abgeschossen
undisciplined [ʌn'dɪsɪplɪnd] *adj.* undiszipliniert

undisclosed [ʌndɪs'kləʊzd] *adj.* geheim; **an ~ sum** ein nicht genannter Betrag
undiscoverable [ʌndɪ'skʌvərəbl] *adj.* nicht feststellbar
undiscovered [ʌndɪ'skʌvəd] *adj.* unentdeckt
undiscriminating [ʌndɪ'skrɪmɪneɪtɪŋ] *adj.* unkritisch; *(undemanding)* anspruchslos
undisguised [ʌndɪs'ɡaɪzd] *adj.* unverhohlen
undismayed [ʌndɪs'meɪd] *see* **undeterred**
undisputed [ʌndɪ'spjuːtɪd] *adj.* unbestritten ⟨*Fertigkeit, Kompetenz*⟩; unangefochten ⟨*Führer, Autorität*⟩
undistinguished [ʌndɪ'stɪŋɡwɪʃt] *adj.* mittelmäßig; *(ordinary)* gewöhnlich
undisturbed [ʌndɪ'stɜːbd] *adj.* **a)** *(untouched)* unberührt; **b)** *(not interrupted)* ungestört; **c)** *(not worried)* ungerührt
undivided [ʌndɪ'vaɪdɪd] *adj.* ungeteilt ⟨*Sympathie, Aufmerksamkeit*⟩; geschlossen ⟨*Front*⟩; uneingeschränkt ⟨*Loyalität*⟩
undo [ʌn'duː] **1.** *v.t.*, **undoes** [ʌn'dʌz], **undoing** [ʌn'duːɪŋ], **undid** [ʌn'dɪd], **undone** [ʌn'dʌn] **a)** *(unfasten)* aufmachen; **b)** *(cancel)* ungeschehen machen; **his successor undid all his work** sein Nachfolger machte sein ganzes Werk zunichte. **2.** *v.i.*, *forms as* 1 ⟨*dress etc.*⟩: **~ at the back** hinten aufgemacht werden
undoing [ʌn'duːɪŋ] *n., no pl., no indef. art.* **be sb.'s ~:** jmds. Verderben sein
undone [ʌn'dʌn] *adj.* **a)** *(not accomplished)* unerledigt; **leave the work** *or* **job ~:** die Arbeit liegen lassen; **b)** *(not fastened)* offen; **he went out with his shoe-laces ~:** er ging mit offenen Schnürsenkeln aus dem Haus
undoubted [ʌn'daʊtɪd] *adj.* zweifelhaft
undoubtedly [ʌn'daʊtɪdlɪ] *adv.* zweifellos
undraw [ʌn'drɔː] *v.t., forms as* **draw 1** aufziehen ⟨*Vorhang*⟩
undreamed-of [ʌn'driːmdɒv], **undreamt-of** [ʌn'dremtɒv] *adjs. (unheard of)* unerhört; *(unimaginable)* unvorstellbar; ungeahnt ⟨*Reichtum*⟩; **such a thing was ~:** an so etwas hätte man nicht im Traum gedacht
undress [ʌn'dres] **1.** *v.t.* ausziehen; entkleiden *(geh.)*; **get ~ed** sich ausziehen; **can he ~ himself?** kann er sich selbst ausziehen? **2.** *v.i.* sich ausziehen. **3.** *n.* **a)** **~ [uniform]** Freizeitkleidung, *die; (Mil.)* Ausgehuniform, *die;* **b)** *no pl., no art.* **in a state of ~:** halbbekleidet
undressed [ʌn'drest] *adj.* **a)** *(not clothed)* unbekleidet; *(no longer clothed)* ausgezogen; *(not yet clothed)* nicht angezogen; **b)** *(unfinished)* unbearbeitet ⟨*Stein, Holz*⟩; ungegerbt ⟨*Leder, Haut*⟩; **c)** *(not bandaged etc.)* nicht verbunden; **leave a wound ~:** eine Wunde nicht verbinden
undrinkable [ʌn'drɪŋkəbl] *adj.* nicht trinkbar; ungenießbar
undue [ʌn'djuː] *attrib. adj.* übertrieben; übermäßig; unangemessen hoch ⟨*Gewinn*⟩; unberechtigt ⟨*Optimismus*⟩; **~ influence** *(Law)* ungebührliche Beeinflussung; **attract ~ attention** zuviel Aufmerksamkeit auf sich *(Akk.)* lenken; **there is no ~ hurry** es hat keine besondere Eile
undulate ['ʌndjʊleɪt] *v.i.* **a)** *(move with wavelike motion)* wallen *(geh.);* **b)** *(have wavelike form)* wogen *(geh.);* **the hills ~ southwards** die Hügel erstrecken sich in sanften Wellen nach Süden
undulating [ʌndjʊ'leɪtɪŋ] *adj.* Wellen⟨linie, -bewegung⟩; **country/hills** sanfte Hügellandschaft; **~ road** auf- und abführende Straße
undulation [ʌndjʊ'leɪʃn] *n.* **a)** *(wavy motion)* Wellenbewegung, *die;* **b)** *(wavy line)* Wellenlinie, *die*
unduly [ʌn'djuːlɪ] *adv.* übermäßig; übertrieben ⟨*ängstlich*⟩; unangemessen ⟨*hoch*⟩; **not ~ worried** nicht besonders beunruhigt; **in an ~ hurried manner** in unangebrachter Eile

undying [ʌnˈdaɪɪŋ] *adj.* ewig; unsterblich ⟨*Ruhm*⟩; unversöhnlich ⟨*Haß*⟩
unearned [ʌnˈɜːnd] *adj.* unverdient; ~ **income** Kapitalertrag, *der*
unearth [ʌnˈɜːθ] *v. t.* **a)** *(dig up)* ausgraben; **b)** *(fig.: discover)* aufdecken; zutage fördern
unearthly [ʌnˈɜːθlɪ] *adj.* **a)** *(mysterious)* unheimlich; **b)** *(coll.: terrible)* ~ **din** Höllenlärm, *der (ugs.)*; **at an ~ hour** in aller Herrgottsfrühe
unease [ʌnˈiːz] *see* **uneasiness**
uneasily [ʌnˈiːzɪlɪ] *adv.* **a)** *(anxiously)* mit Unbehagen; **b)** *(with embarrassment)* **be ~ aware of sth.** sich *(Dat.)* einer Sache *(Gen.)* peinlich bewußt sein; **c)** *(restlessly)* unruhig ⟨*schlafen, sitzen*⟩
uneasiness [ʌnˈiːzɪnɪs] *n., no pl.* **a)** *(anxiety)* [ängstliches] Unbehagen; **b)** *(restlessness)* Unruhe, *die*
uneasy [ʌnˈiːzɪ] *adj.* **a)** *(anxious)* besorgt; **be ~ about sth.** sich wegen etw. Sorgen machen; **he felt ~:** ihm war unbehaglich zumute; **b)** *(restless)* unruhig ⟨*Schlaf*⟩; **c)** *(disturbing)* quälend ⟨*Zweifel, Verdacht*⟩; **~ conscience** schlechtes Gewissen
uneatable [ʌnˈiːtəbl] *adj.* ungenießbar
uneaten [ʌnˈiːtn] *adj.* ungegessen
uneconomic [ʌniːkəˈnɒmɪk, ʌnekəˈnɒmɪk] *adj.* unrentabel; **the mine is ~ to run** das Bergwerk ist unwirtschaftlich
uneconomical [ʌniːkəˈnɒmɪkl, ʌnekəˈnɒmɪkl] *adj.* verschwenderisch ⟨*Person*⟩; ~ **[to run]** unwirtschaftlich
uneconomically [ʌniːkəˈnɒmɪkəlɪ, ʌnekəˈnɒmɪkəlɪ] *adv.* verschwenderisch; unwirtschaftlich
unedifying [ʌnˈedɪfaɪɪŋ] *adj.* **a)** *(uninformative)* unergiebig; **b)** *(not uplifting)* unerquicklich *(geh.)*; unerfreulich
unedited [ʌnˈedɪtɪd] *adj.* unredigiert
uneducated [ʌnˈedjʊkeɪtɪd] *adj.* ungebildet
unemotional [ʌnɪˈməʊʃənl] *adj.* emotionslos; nüchtern
unemphatic [ʌnɪmˈfætɪk] *adj.* ausdruckslos
unemployable [ʌnɪmˈplɔɪəbl] *adj.* als Arbeitskraft ungeeignet; **his behaviour makes him ~:** er kann wegen seines Verhaltens nirgends eingestellt werden
unemployed [ʌnɪmˈplɔɪd] **1.** *adj.* **a)** *(out of work)* arbeitslos; **b)** *(with nothing to do)* beschäftigungslos. **2.** *n. pl.* **the ~:** die Arbeitslosen
unemployment [ʌnɪmˈplɔɪmənt] *n., no pl., no indef. art.* Arbeitslosigkeit, *die; (number unemployed)* Arbeitslosenzahl, *die*
unemployment: ~ **benefit** *n.* Arbeitslosengeld, *das*; ~ **figures** *n. pl.* Arbeitslosenzahl, *die*
unencumbered [ʌnɪnˈkʌmbəd] *adj.* **a)** *(unburdened)* unbelastet; **travel ~ by baggage** ohne viel Gepäck reisen; **b)** *(free from mortgage etc.)* lastenfrei
unending [ʌnˈendɪŋ] *adj.* endlos; ewig ⟨*Fortschritt*⟩; **her ordeal seemed ~:** ihre Qualen schienen nie enden zu wollen
unendingly [ʌnˈendɪŋlɪ] *adv.* endlos
unendurable [ʌnɪnˈdjʊərəbl] *adj.* unerträglich
unenforceable [ʌnɪnˈfɔːsəbl] *adj.* nicht durchsetzbar
un-English [ʌnˈɪŋglɪʃ] *adj.* unenglisch
unenlightened [ʌnɪnˈlaɪtnd] *adj.* unaufgeklärt ⟨*Zeit*⟩; rückständig ⟨*Land, Volk*⟩; **leave sb. ~:** jmdn. im dunkeln lassen
unenterprising [ʌnˈentəpraɪzɪŋ] *adj.* wenig unternehmungslustig; **an ~ person** eine Person ohne Unternehmungsgeist
unenthusiastic [ʌnɪnθjuːzɪˈæstɪk, ʌnɪnθjuːˈæstɪk] *adj.* wenig begeistert (**about** von); distanziert ⟨*Buchkritik*⟩
unenviable [ʌnˈenvɪəbl] *adj.* wenig beneidenswert
unequal [ʌnˈiːkwl] *adj.* **a)** *(not equal)* unterschiedlich; ungleich ⟨*Kampf*⟩; **b)** *(inadequate)* **be ~ or show oneself ~ to sth.** einer Sache *(Dat.)* nicht gewachsen sein; **be ~ to the strain** ⟨*Material:*⟩ die Belastung nicht aushalten; **c)** *(of varying quality)* ungleichmäßig
unequalled (*Amer.:* **unequaled**) [ʌnˈiːkwld] *adj.* unerreicht; unübertroffen; *(in negative sense)* beispiellos ⟨*Dummheit*⟩; ~ **for beauty** von unvergleichlicher Schönheit
unequally [ʌnˈiːkwəlɪ] *adv.* ungleichmäßig
unequivocal [ʌnɪˈkwɪvəkl], **unequivocally** [ʌnɪˈkwɪvəkəlɪ] *adv.* eindeutig
unerring [ʌnˈɜːrɪŋ] *adj.* untrüglich ⟨*Instinkt, Geschmack*⟩; unbedingt ⟨*Treffsicherheit*⟩; mathematisch ⟨*Genauigkeit*⟩; unfehlbar ⟨*Instinkt*⟩; unerschütterlich ⟨*Zielstrebigkeit*⟩
unerringly [ʌnˈɜːrɪŋlɪ] *adv.* mit untrüglicher Sicherheit
UNESCO [juːˈneskəʊ] *abbr.* United Nations Educational, Scientific and Cultural Organization UNESCO, *die*
unessential [ʌnɪˈsenʃl] *see* **inessential**
unethical [ʌnˈeθɪkl] *adj.*, **unethically** [ʌnˈeθɪkəlɪ] *adv.* unmoralisch
uneven [ʌnˈiːvn] *adj.* **a)** *(not smooth)* uneben; **b)** *(not uniform)* ungleichmäßig; unregelmäßig ⟨*Pulsschlag*⟩; unausgeglichen ⟨*Temperament*⟩; **an ~ performance** ein Auftritt mit Höhen und Tiefen; **c)** *(odd)* ungerade ⟨*Zahl*⟩
unevenly [ʌnˈiːvnlɪ] *adv.* ungleichmäßig
unevenness [ʌnˈiːvnnɪs] *n.* **a)** *(roughness)* Unebenheit, *die*; **b)** *(irregularity)* Ungleichmäßigkeit, *die; (of pulse)* Unregelmäßigkeit, *die; (of temperament)* Unausgeglichenheit, *die*; **the ~ of the essays** das unterschiedliche Niveau der Aufsätze
uneventful [ʌnɪˈventfl] *adj.* **a)** *(quiet)* ereignislos; ruhig ⟨*Leben*⟩; **b)** *(normal)* ⟨*Fahrt, Landung*⟩ ohne Zwischenfälle; **be ~** ⟨*Fahrt usw.:*⟩ ohne Zwischenfälle verlaufen
uneventfully [ʌnɪˈventfəlɪ] *adv.* ohne Zwischenfälle
unexampled [ʌnɪgˈzɑːmpld] *adj.* beispiellos
unexceptionable [ʌnɪkˈsepʃənəbl] *adj.* untadelig ⟨*Charakter*⟩; fehlerlos ⟨*Arbeit*⟩
unexceptional [ʌnɪkˈsepʃənl] *adj.* alltäglich; *(average)* durchschnittlich
unexciting [ʌnɪkˈsaɪtɪŋ] *adj.* wenig aufregend; *(boring)* langweilig
unexpected [ʌnɪkˈspektɪd] *adj.* unerwartet; **this news was entirely ~:** diese Nachricht kam völlig unerwartet
unexpectedly [ʌnɪkˈspektɪdlɪ] *adv.* unerwartet
unexpired [ʌnɪkˈspaɪəd] *adj.* noch gültig; noch nicht abgelaufen ⟨*Mandat*⟩
unexplainable [ʌnɪkˈspleɪnəbl] *adj.* unerklärlich
unexplained [ʌnɪkˈspleɪnd] *adj.* ungeklärt; unentschuldigt ⟨*Abwesenheit*⟩
unexploded [ʌnɪkˈspləʊdɪd] *adj.* nicht explodiert *od.* detoniert
unexplored [ʌnɪkˈsplɔːd] *adj.* unerforscht
unexposed [ʌnɪkˈspəʊzd] *adj.* **a)** *(not brought to light)* unaufgeklärt; nicht entlarvt ⟨*Verbrecher*⟩; **b)** *(Photog.)* unbelichtet
unexpressed [ʌnɪkˈsprest] *adj.* unausgesprochen
unexpressive [ʌnɪkˈspresɪv] *adj.* ausdruckslos
unexpurgated [ʌnˈekspəgeɪtɪd] *adj.* unzensiert
unfading [ʌnˈfeɪdɪŋ] *adj.* unvergänglich
unfailing [ʌnˈfeɪlɪŋ] *adj.* unerschöpflich; nie versagend ⟨*gute Laune*⟩; unfehlbar ⟨*Heilmittel*⟩; **with ~ regularity** *(iron.)* mit schöner Regelmäßigkeit
unfailingly [ʌnˈfeɪlɪŋlɪ] *adv.* stets
unfair [ʌnˈfeə(r)] *adj.* unfair; ungerecht, unfair ⟨*Kritik, Urteil*⟩; unlauter ⟨*Wettbewerb*⟩; ungerecht ⟨*Strafe*⟩; **an ~ share** ein ungerechtfertigt hoher Anteil; **be ~ to sb.** jmdm. gegenüber ungerecht sein
unfairly [ʌnˈfeəlɪ] *adv.* **a)** *(unjustly)* ungerecht; unfair ⟨*spielen*⟩; **b)** *(unreasonably)* zu Unrecht
unfairness [ʌnˈfeənɪs] *n., no pl.* Ungerechtigkeit, *die; (Sport)* Unfairneß, *die*
unfaithful [ʌnˈfeɪθfl] *adj.* untreu; ungenau ⟨*Übersetzung*⟩; ~ **to sb./sth.** jmdm./einer Sache untreu
unfaithfulness [ʌnˈfeɪθflnɪs] *n., no pl.* Untreue, *die*
unfaltering [ʌnˈfɔːltərɪŋ] *adj.* unbeirrbar ⟨*Glaube, Sicherheit*⟩; fest ⟨*Stimme, Schritt*⟩
unfamiliar [ʌnfəˈmɪljə(r)] *adj.* **a)** *(strange)* unbekannt; fremd ⟨*Stadt*⟩; ungewohnt ⟨*Arbeit, Tätigkeit*⟩; **b)** *(not well acquainted)* nicht vertraut; **be ~ with sth.** sich mit etw. nicht auskennen; **workers ~ with this type of machine** Arbeiter, die sich mit diesem Maschinentyp nicht [gut] auskennen; **he is not ~ with German** die deutsche Sprache ist ihm einigermaßen vertraut
unfamiliarity [ʌnfəmɪlɪˈærɪtɪ] *n., no pl.* **a)** *(strangeness)* Fremdheit, *die; (of activity)* Ungewohntheit, *die*; **b)** **~ with sth.** *(poor knowledge of)* Unvertrautheit mit etw.; **his ~ with computers** seine fehlende Erfahrung mit Computern
unfashionable [ʌnˈfæʃənəbl] *adj.* unmodern ⟨*Kleidung*⟩; nicht eben schick ⟨*Wohngegend*⟩; **become ~:** aus der Mode kommen; **a view now ~:** eine jetzt überholte Ansicht
unfasten [ʌnˈfɑːsn] **1.** *v. t.* **a)** öffnen; **b)** *(detach)* lösen. **2.** *v. i.* ~ **at the back** hinten geöffnet werden
unfastened [ʌnˈfɑːsnd] *adj.* nicht verschlossen ⟨*Tür*⟩; offen ⟨*Verschluß, Knöpfe*⟩
unfathomable [ʌnˈfæðəməbl] *adj.* **a)** *(incomprehensible)* unergründlich; **b)** *(immeasurable)* unermeßlich
unfathomed [ʌnˈfæðəmd] *adj.* unergründet
unfavourable (*Amer.:* **unfavorable**) [ʌnˈfeɪvərəbl] *adj.* **a)** *(negative)* ungünstig; unfreundlich ⟨*Kommentar, Reaktion*⟩; negativ ⟨*Kritik, Antwort*⟩; **my suggestion got an ~ response** die Reaktion auf meinen Vorschlag war ablehnend; **be ~ to a proposal** einen Vorschlag ablehnen; **b)** *(tending to make difficult)* ungünstig (**to**, **for** für); **an atmosphere ~ to calm discussion** eine Atmosphäre, die einer ruhigen Diskussion abträglich ist; **a climate ~ to growth** ein wachstumsfeindliches Klima
unfavourably (*Amer.:* **unfavorably**) [ʌnˈfeɪvərəblɪ] *adv.* ungünstig; **be disposed towards sb./sth.** jmdm./etw. gegenüber ablehnend eingestellt sein; **react ~ to a suggestion** auf einen Vorschlag ablehnend reagieren
unfeeling [ʌnˈfiːlɪŋ] *adj.* *(unsympathetic)* gefühllos
unfeelingly [ʌnˈfiːlɪŋlɪ] *adv.* herzlos
unfeigned [ʌnˈfeɪnd] *adj.* aufrichtig; unverhohlen
unfenced [ʌnˈfenst] *adj.* nicht eingezäunt
unfettered [ʌnˈfetəd] *adj.* ungehindert; ~ **by scruples** frei von Skrupeln
unfilled [ʌnˈfɪld] *adj.* frei, offen ⟨*Stelle*⟩; *(empty)* leer
unfinished [ʌnˈfɪnɪʃt] *adj.* **a)** *(not completed)* unvollendet ⟨*Gedicht, Werk*⟩; unerledigt ⟨*Arbeit, Geschäft*⟩; **the U~ [Symphony]** die Unvollendete; **b)** *(in rough state)* unbearbeitet
unfit [ʌnˈfɪt] **1.** *adj.* **a)** *(unsuitable)* ungeeignet; ~ **for human consumption** zum Verzehr nicht geeignet; ~ **for vehicles** nicht befahrbar; **b)** *(not physically fit)* nicht fit; **she hates to be ~:** sie will unbedingt fit sein; ~ **for military service** [wehrdienst]untauglich. **2.** *v. t.* -tt- untauglich machen; *see also* **unfitted**

unfitness [ʌnˈfɪtnɪs] *n., no pl.* a) *(unsuitability)* fehlende Eignung; b) *(poor physical condition)* [state of] ~: schlechte körperliche Verfassung

unfitted [ʌnˈfɪtɪd] *adj. (unsuited)* ungeeignet

unflagging [ʌnˈflægɪŋ] *adj.* unermüdlich

unflappable [ʌnˈflæpəbl] *adj. (coll.)* unerschütterlich; **an ~ person** jemand, der sich durch nichts aus der Ruhe bringen läßt

unflattering [ʌnˈflætərɪŋ] *adj.* wenig schmeichelhaft; unvorteilhaft ⟨Kleid, Licht⟩; **very ~**: gar nicht schmeichelhaft

unfledged [ʌnˈflɛdʒd] *adj.* a) *(unfeathered)* [noch] ungefiedert; b) *(fig.: inexperienced)* unerfahren

unflinching [ʌnˈflɪntʃɪŋ] *adj.* unerschrocken; unbeirrbar ⟨Entschlossenheit⟩; **remain ~**: nicht zurückweichen

unfold [ʌnˈfəʊld] 1. *v. t. a) (open folds of)* entfalten; ausbreiten ⟨Zeitung, Landkarte⟩; **~ one's arms** die Arme ausstrecken; b) *(fig.: reveal)* ~ **sth. to sb.** jmdm. etw. darlegen. 2. *v. i.* a) *(open out)* ⟨Knospe:⟩ sich öffnen; ⟨Flügel:⟩ sich entfalten; **the landscape ~ed before us** *(fig.)* die Landschaft breitete sich vor unseren Augen aus; b) *(develop)* sich entwickeln; ⟨Geheimnis:⟩ sich aufklären; **as the story ~ed** im weiteren Verlauf der Geschichte

unforeseeable [ʌnfɔːˈsiːəbl] *adj.* unvorhersehbar; **be ~**: nicht vorauszusehen sein

unforeseen [ʌnfɔːˈsiːn] *adj.* unvorhergesehen

unforgettable [ʌnfəˈgɛtəbl] *adj.* unvergeßlich

unforgivable [ʌnfəˈgɪvəbl] *adj.* unverzeihlich

unforgiving [ʌnfəˈgɪvɪŋ] *adj.* nachtragend

unformed [ʌnˈfɔːmd] *adj.* unausgereift

unforthcoming [ʌnfɔːˈθkʌmɪŋ] *adj.* zugeknöpft (**about** hinsichtlich)

unfortified [ʌnˈfɔːtɪfaɪd] *adj.* a) *(without fortification)* unbefestigt; b) *(not enriched)* nicht gespritet ⟨Wein⟩

unfortunate [ʌnˈfɔːtʃənət, ʌnˈfɔːtʃənət] 1. *adj.* a) *(unlucky)* unglücklich; *(unfavourable)* ungünstig ⟨Tag, Zeit⟩; **the poor ~ woman** die arme bedauernswerte Frau; **be ~ [enough] to do sth.** das Pech haben, etw. zu tun; b) *(regrettable)* bedauerlich. 2. *n.* Unglückliche, *der/die*

unfortunately [ʌnˈfɔːtʃəntlɪ, ʌnˈfɔːtʃənətlɪ] *adv.* leider

unfounded [ʌnˈfaʊndɪd] *adj. (fig.)* unbegründet; **the rumours are totally ~**: die Gerüchte entbehren jeder Grundlage

unfreeze [ʌnˈfriːz] *v. t. & i.*, *(unfroze* [ʌnˈfrəʊz], *unfrozen)* [ʌnˈfrəʊzn] auftauen

unfrequented [ʌnfrɪˈkwɛntɪd] *adj.* menschenleer; einsam

unfriendly [ʌnˈfrɛndlɪ] *adj.* unfreundlich; negativ ⟨Kritik⟩; feindlich ⟨Staat⟩; **the bull looked ~ to him** der Stier schien ihm feindselig [zu sein]

unfrock [ʌnˈfrɒk] *v. t.* ~ **sb.** jmdn. des [Priester]amtes entheben

unfruitful [ʌnˈfruːtfl] *adj.* a) *(sterile)* unfruchtbar; b) *(unprofitable)* fruchtlos

unfulfilled [ʌnfʊlˈfɪld] *adj.* a) unerfüllt ⟨Person⟩; b) *(not carried out)* unerledigt

unfunny [ʌnˈfʌnɪ] *adj.* [distinctly/decidedly] ~: [ganz und gar] nicht witzig od. komisch

unfurl [ʌnˈfɜːl] 1. *v. t.* aufrollen; losmachen ⟨Segel⟩. 2. *v. i.* sich entrollen

unfurnished [ʌnˈfɜːnɪʃt] *adj.* unmöbliert

ungainly [ʌnˈgeɪnlɪ] *adj.* unbeholfen; ungelenk

ungallant [ʌnˈgælənt] *adj.* unliebenswürdig; ungalant

ungenerous [ʌnˈdʒɛnərəs] *adj.* a) *(petty)* kleinlich; b) *(mean)* wenig großzügig

ungentlemanly [ʌnˈdʒɛntlmənlɪ] *adj.* unfein; *(impolite)* unhöflich; **it is ~**: es gehört sich nicht für einen Gentleman

unget-at-able [ʌngɛtˈætəbl] *adj.* unerreichbar; unzugänglich ⟨Fonds⟩

unglazed [ʌnˈgleɪzd] *adj.* a) nicht glasiert ⟨Keramik⟩; b) nicht verglast ⟨Fenster⟩

ungodliness [ʌnˈgɒdlɪnɪs] *n., no pl.* Gottlosigkeit, *die*

ungodly [ʌnˈgɒdlɪ] *adj.* a) *(impious)* gottlos; b) *(coll.: outrageous)* unchristlich *(ugs.)*

ungovernable [ʌnˈgʌvənəbl] *adj.* unkontrollierbar; unregierbar ⟨Volk⟩

ungracious [ʌnˈgreɪʃəs] *adj.* unhöflich; *(tactless)* taktlos

ungraciously [ʌnˈgreɪʃəslɪ] *adv.* unhöflich; *(tactlessly)* taktlos

ungrammatical [ʌngrəˈmætɪkl] *adj.*, **ungrammatically** [ʌngrəˈmætɪkəlɪ] *adv.* ungrammatisch

ungrateful [ʌnˈgreɪtfl] *adj.* undankbar

ungrounded [ʌnˈgraʊndɪd] *adj.* a) see **unfounded**; b) *(Amer. Electr.)* ohne Erdung

ungrudging [ʌnˈgrʌdʒɪŋ] *adj.* bereitwillig; *(generous)* großzügig; herzlich ⟨Gastfreundschaft⟩; neidlos ⟨Bewunderung⟩

unguarded [ʌnˈgɑːdɪd] *adj.* a) *(not guarded)* unbewacht; b) *(incautious)* unvorsichtig; **in an ~ moment he gave away some vital information** als er einen Moment nicht aufpaßte, verriet er einige wichtige Informationen

unguardedly [ʌnˈgɑːdɪdlɪ] *adv.* unvorsichtig

ungulate [ˈʌŋgjʊlət] *n. (Zool.)* Huftier, *das*

unhampered [ʌnˈhæmpəd] *adj.* unbehindert; **~ by conscience** nicht von Gewissensbissen geplagt

unhappily [ʌnˈhæpɪlɪ] *adv.* a) *(unfortunately)* unglücklicherweise; leider; b) *(without happiness)* unglücklich

unhappiness [ʌnˈhæpɪnɪs] *n., no pl.* Bekümmertheit, *die*; **despite his ~ about the consequences** obwohl er Bedenken über die Folgen hatte; **she spent ten years of ~ with him** sie verbrachte zehn unglückliche Jahre mit ihm; **he has been the cause of much ~ to her** er hat ihr viel Kummer gemacht

unhappy [ʌnˈhæpɪ] *adj.* a) *(sad, causing misfortune)* unglücklich; *(not content)* unzufrieden (**about** mit); **be or feel ~ about doing sth.** Bedenken haben, etw. zu tun; b) *(unfortunate)* unglückselig ⟨Zeit, Zufall⟩; unglücklich ⟨Zusammenstellung, Wahl⟩

unharmed [ʌnˈhɑːmd] *adj.* unbeschädigt; *(uninjured)* unverletzt

unharness [ʌnˈhɑːnɪs] *v. t.* abschirren

unhealthily [ʌnˈhɛlθɪlɪ] *adv.* krankhaft; ungesund ⟨leben⟩

unhealthiness [ʌnˈhɛlθɪnɪs] *n., no pl.* Krankhaftigkeit, *die*; *(of place, habit)* Gesundheitsschädlichkeit, *die*

unhealthy [ʌnˈhɛlθɪ] *adj.* a) *(not in good health, harmful to health)* ungesund; b) *(unwholesome)* ungesund, krankhaft ⟨Gier⟩; schädlich ⟨Einfluß⟩; schlecht ⟨Angewohnheit⟩; c) *(coll.: risky)* gefährlich

unheard [ʌnˈhɜːd] *adj.* a) **~-of** *(unknown)* [gänzlich] unbekannt; *(unprecedented)* beispiellos; *(outrageous)* unerhört; **that's ~ of** das ist noch nie dagewesen; **this was an ~-of achievement fifty years ago** vor fünfzig Jahren war eine solche Leistung unvorstellbar; b) *(not heard)* **go ~**: ungehört bleiben

unheeded [ʌnˈhiːdɪd] *adj.* unbeachtet; **go ~**: nicht beachtet werden; ⟨Gebet, Wunsch:⟩ nicht erhört werden

unheedful [ʌnˈhiːdfʊl] *adj.* **~ of** ungeachtet (+ *Gen.*)

unhelpful [ʌnˈhɛlpfl] *adj.* wenig hilfsbereit ⟨Person⟩; ⟨Bemerkung, Kritik⟩ die einem nicht weiterhilft

unhelpfully [ʌnˈhɛlpfəlɪ] *adv.* wenig hilfsbereit

unhesitating [ʌnˈhɛzɪteɪtɪŋ] *adj.* unverzüglich; **she was ~ in her support for him** sie zögerte keinen Augenblick, ihn zu unterstützen

unhesitatingly [ʌnˈhɛzɪteɪtɪŋlɪ] *adv.* ohne zu zögern

unhinged [ʌnˈhɪndʒd] *adj.* **his/her mind is ~**: er/sie hat den Verstand verloren

unhitch [ʌnˈhɪtʃ] *v. t.* losmachen; ausspannen ⟨Pferd⟩; abkoppeln ⟨Anhänger⟩

unholy [ʌnˈhəʊlɪ] *adj.* a) *(wicked)* unheilig ⟨Allianz⟩; b) *(coll.: dreadful)* fürchterlich *(ugs.)* ⟨Krawall, Durcheinander⟩

unhook [ʌnˈhʊk] *v. t.* a) *(detach from hook)* vom Haken nehmen; b) *(unfasten by releasing hook)* aufhaken ⟨Kleid⟩; loshaken ⟨Tor⟩

unhoped-for [ʌnˈhəʊptfɔː(r)] *adj.* unverhofft

unhurried [ʌnˈhʌrɪd] *adj.*, **unhurriedly** [ʌnˈhʌrɪdlɪ] *adv.* gemächlich

unhurt [ʌnˈhɜːt] *adj.* unverletzt

unhygienic [ʌnhaɪˈdʒiːnɪk] *adj.* unhygienisch

UNICEF [ˈjuːnɪsɛf] *abbr.* United Nations Children's Fund UNICEF, *die*

unicorn [ˈjuːnɪkɔːn] *n. (Mythol.)* Einhorn, *das*

unicycle [ˈjuːnɪsaɪkl] *n.* Einrad, *das*

unidentified [ʌnaɪˈdɛntɪfaɪd] *adj.* nicht identifiziert; **~ flying object** unbekanntes Flugobjekt

unidiomatic [ʌnɪdɪəˈmætɪk] *adj.*, **unidiomatically** [ʌnɪdɪəˈmætɪkəlɪ] *adv.* nicht idiomatisch

unification [juːnɪfɪˈkeɪʃn] *n.* Einigung, *die*; *(of system)* Vereinheitlichung, *die*

uniform [ˈjuːnɪfɔːm] 1. *adj. (the same for all)* einheitlich; *(unvarying)* gleichbleibend ⟨Strömung, Temperatur, Qualität⟩; gleichmäßig ⟨Tempo⟩; **be of ~ shape/size/appearance, be ~ in shape/size/appearance** die gleiche Form/Größe/das gleiche Aussehen haben; **~ rows of houses** gleichförmige Häuserzeilen. 2. *n.* Uniform, *die*; **in/out of ~**: in/ohne Uniform; **be in/out of ~**: Uniform/keine Uniform tragen

uniformed [ˈjuːnɪfɔːmd] *adj.* uniformiert

uniformity [juːnɪˈfɔːmɪtɪ] *n.* Einheitlichkeit, *die*; *(constant nature)* Gleichmäßigkeit, *die*; **impose ~ of belief on ...**: jemandem einen einheitlichen Glauben auferlegen (+ *Dat.*)

uniformly [ˈjuːnɪfɔːmlɪ] *adv.* a) *(unvaryingly)* einheitlich; b) *(equally)* gleichmäßig

unify [ˈjuːnɪfaɪ] *v. t.* einigen ⟨Volk, Land⟩; vereinheitlichen ⟨System, Wirtschaft⟩

unilateral [juːnɪˈlætərl] *adj.* einseitig

unilateralist [juːnɪˈlætərəlɪst] *n.* Befürworter der einseitigen Abrüstung

unilaterally [juːnɪˈlætərəlɪ] *adv.* einseitig

unimaginable [ʌnɪˈmædʒɪnəbl] *adj.* unvorstellbar

unimaginative [ʌnɪˈmædʒɪnətɪv] *adj.*, **unimaginatively** [ʌnɪˈmædʒɪnətɪvlɪ] *adv.* phantasielos

unimpaired [ʌnɪmˈpɛəd] *adj.* unbeeinträchtigt; **he emerged from the trial with ~ prestige** er überstand den Prozeß ohne Prestigeverlust

unimpeachable [ʌnɪmˈpiːtʃəbl] *adj.* a) *(blameless)* unanfechtbar; untadelig ⟨Ruf⟩; b) *(beyond question)* unbezweifelbar; absolut zuverlässig ⟨Quelle⟩

unimpeded [ʌnɪmˈpiːdɪd] *adj.* ungehindert

unimportance [ʌnɪmˈpɔːtəns] *n., no pl.* Unwichtigkeit, *die*; Bedeutungslosigkeit, *die*

unimportant [ʌnɪmˈpɔːtənt] *adj.* unwichtig; bedeutungslos

unimpressed [ʌnɪmˈprɛst] *adj.* nicht beeindruckt

unimpressive [ʌnɪmˈprɛsɪv] *adj.* nicht eindrucksvoll; unscheinbar ⟨Gebäude⟩; *(unconvincing)* nicht überzeugend

uninfluenced [ʌnˈɪnflʊənst] *adj.* unbeeinflußt

uninformative [ʌnɪnˈfɔːmətɪv] *adj.* inhaltslos ⟨Text⟩; **he is ~ about his plans** er verrät nichts über seine Pläne

uninformed [ʌnɪnˈfɔːmd] *adj.* a) *(not in-*

formed) uninformiert; **be [entirely] ~ about the development** [überhaupt] nichts von der Entwicklung wissen; **b)** *(based on ignorance)* auf Unkenntnis beruhend ‹*Urteil, Ansicht*›; **~ guess** reine Vermutung
uninhabitable [ʌnɪnˈhæbɪtəbl] *adj.* unbewohnbar
uninhabited [ʌnɪnˈhæbɪtɪd] *adj.* unbewohnt
uninhibited [ʌnɪnˈhɪbɪtɪd] *adj.* ungehemmt; ohne Hemmungen *nachgestellt*
uninitiated [ʌnɪˈnɪʃɪeɪtɪd] *adj.* uneingeweiht; **~ in the mysteries** nicht in die Geheimnisse eingeweiht; **the ~:** Außenstehende
uninjured [ʌnˈɪndʒəd] *adj.* unverletzt
uninspired [ʌnɪnˈspaɪəd] *adj.* einfallslos; **I am/feel ~:** mir fehlt die Inspiration
uninspiring [ʌnɪnˈspaɪərɪŋ] *adj.* langweilig
uninsured [ʌnɪnˈʃʊəd] *adj.* nicht versichert
unintelligent [ʌnɪnˈtelɪdʒənt] *adj.* nicht intelligent; **pretty ~:** ziemlich dumm
unintelligible [ʌnɪnˈtelɪdʒɪbl] *adj.* unverständlich
unintended [ʌnɪnˈtendɪd] *adj.* unbeabsichtigt
unintentional [ʌnɪnˈtenʃənl] *adj.*, **unintentionally** [ʌnɪnˈtenʃənəlɪ] *adv.* unabsichtlich; *(Law)* nicht vorsätzlich
uninterested [ʌnˈɪntrestɪd, ʌnˈɪntrɪstɪd] *adj.* desinteressiert **(in** an + *Dat.*)
uninteresting [ʌnˈɪntrestɪŋ, ʌnˈɪntrɪstɪŋ] *adj.* uninteressant
uninterrupted [ʌnɪntəˈrʌptɪd] *adj.* **a)** *(continuous)* ununterbrochen; nicht unterbrochen; **b)** *(not disturbed)* ungestört
uninvited [ʌnɪnˈvaɪtɪd] *adj.* ungeladen
uninviting [ʌnɪnˈvaɪtɪŋ] *adj.* wenig verlockend; wenig einladend ‹*Ort, Wetter*›
uninvolved [ʌnɪnˈvɒlvd] *adj.* unbeteiligt **(in** an + *Dat.*); **be** *or* **remain ~:** sich nicht beteiligen
union [ˈjuːnɪən, ˈjuːnjən] *n.* **a)** *(trade ~)* Gewerkschaft, *die;* **b)** *(political unit)* Union, *die;* **'State of the U~' message** *(Amer. Polit.)* Regierungserklärung zur Lage der Nation; **c)** **[Students']** U~: Studentenvereinigung, *die;* **d)** *(marriage)* eheliche Verbindung; **e)** *(concord)* Einmütigkeit, *die;* **they lived together in perfect ~:** sie lebten einträchtig zusammen; **f)** *(uniting)* Vereinigung, *die*
unionism [ˈjuːnɪənɪzm, ˈjuːnjənɪzm] *n.* **a)** *(of trade unions)* Gewerkschaftswesen, *das;* **b)** *(Brit. Polit.)* unionistische Bestrebungen; Befürwortung der parlamentarischen Einheit von Großbritannien und Nordirland
unionist [ˈjuːnɪənɪst, ˈjuːnjənɪst] *n.* **a)** *(member of trade union)* Gewerkschafter, *der/*Gewerkschafterin, *die;* *(advocate of trade unions)* Gewerkschaftsanhänger, *der/*-anhängerin, *die;* **b)** U~ *(Polit.)* Unionist, *der/*Unionistin, *die*
unionize (unionise) [ˈjuːnɪənaɪz, ˈjuːnjənaɪz] *v.t.* **~ a company** in einer Firma eine Gewerkschaftsorganisation aufbauen; **~d labour** gewerkschaftlich organisierte Arbeitskräfte
Union: ~ 'Jack *n.* (*Brit.*) Union Jack, *der;* **~ of Soviet Socialist Republics** *pr. n.* *(Hist.)* Union der Sozialistischen Sowjetrepubliken; **u~ suit** *n.* *(Amer.)* Hemdhose, *die (veralt.);* Leibchenhose, *die (landsch.)*
unique [juːˈniːk] *adj.* **a)** *(unparalleled)* einzigartig; *(not repeated)* einmalig ‹*Gelegenheit, Angebot*›; **this vase is ~:** diese Vase ist ein Einzelstück; **this problem is ~ to our society** dieses Problem gibt es nur in unserer Gesellschaft; **these animals are ~ to Australia** diese Tiere kommen nur in Australien vor; **b)** *(coll.: remarkable)* einmalig
uniquely [juːˈniːklɪ] *adv.* **a)** *(exclusively)* einzig und allein; **that distinction is ~ his** die Auszeichnung besitzt nur *od.* allein er; **b)** *(to a unique degree)* einzigartig; einmalig ‹*talentiert, begabt*›

uniqueness [juːˈniːknɪs] *n., no pl.* Einzigartigkeit, *die*
unisex [ˈjuːnɪseks] *adj.* Unisex‹*mantel, -kleidung*›; **~ hairdresser** Damen-und-Herren-Frisör
unison [ˈjuːnɪsən] **1.** *n.* **a)** *(Mus.)* Unisono, *das;* **in ~:** unisono; einstimmig; **act in ~** *(fig.)* vereint handeln; **act in ~ with sb.** in Übereinstimmung mit jmdm. handeln; **b)** *(concord)* Einmütigkeit, *die.* **2.** *adj.* *(Mus.)* unisono gesungen/gespielt
unit [ˈjuːnɪt] *n.* **a)** *(element, group, regarded as complete; also Mil.)* Einheit, *die;* *(in complex mechanism)* Element, *das;* **x-ray ~:** Röntgenabteilung, *die;* **armoured ~** *(Mil.)* Panzereinheit, *die;* **motor ~** *(Railw.)* Triebwagen, *der;* **b)** *(in adding numbers by columns)* Einer *der/*Math.); **the ~s column** Einerspalte; **c)** *(quantity chosen as standard)* [Maß]einheit, *die;* *(of gas, electricity)* Einheit, *die;* **~ of length/monetary ~:** Längen-/Währungseinheit, *die;* **d)** *(piece of furniture)* Element, *das;* **kitchen ~:** Küchenelement, *das;* **wall ~:** Wandschrank, *der;* *(esp. electrical device)* Gerät, *das;* **f)** *(building) shop ~:* Ladenlokal, *das;* **residential ~:** Wohneinheit, *die;* **factory ~:** Fabrikgebäude, *das;* **g)** *(Brit. Finance)* Anteil[schein] [an einem Investmentfonds]
Unitarian [juːnɪˈteərɪən] *(Relig.)* **1.** *n.* Unitarier, *der/*Unitarierin, *die.* **2.** *adj.* unitarisch
unitary [ˈjuːnɪtərɪ] *adj.* einheitlich
unite [juːˈnaɪt] **1.** *v.t.* vereinigen; verbinden ‹*Einzelteile*›; einen, einigen ‹*Partei, Mitglieder*›. **2.** *v.i.* **a)** *(join together)* sich vereinigen; ‹*Elemente:*› sich verbinden; ‹*gebrochene Knochen:*› zusammenwachsen; **b)** *(join forces)* sich vereinigen; *(form merger)* sich zusammenschließen; **~ in doing sth.** etw. vereint *od.* gemeinsam tun
united [juːˈnaɪtɪd] *adj.* **a)** *(harmonious)* einig; **a ~ front** eine geschlossene Front; **~ we stand, divided we fall** gemeinsam siegen wir, getrennt fallen wir; **b)** *(combined)* vereint *(geh.);* gemeinsam; **their ~ efforts found the solution** ihre gemeinsamen Anstrengungen führten zur Lösung
United: ~ Arab 'Emirates *pr. n. pl.* Vereinigte Arabische Emirate; **~ 'Kingdom** *pr. n.* Vereinigtes Königreich [Großbritannien und Nordirland]; **~ 'Nations** *pr. n. sing.* Vereinte Nationen *Pl.;* **~ Re'formed Church** *n.* Vereinigte Reformierte Kirche; **~ 'States** *see* **state 1e; ~ States of A'merica** *n. sing.* Vereinigte Staaten von Amerika
unit: ~ 'furniture *n.* Anbaumöbel *Pl.;* **~ 'price** *n. (Commerc.)* Stückpreis, *der;* **~ 'trust** *n. (Brit. Finance)* ≈ Investmentfonds, *der*
unity [ˈjuːnɪtɪ] *n.* **a)** *(state of being united)* Einheit, *die;* *(of work of art, idea)* [innere] Geschlossenheit; **their ~ of purpose** die Gemeinsamkeit ihres Wollens; **the dramatic unities** die drei Einheiten ‹*Literaturw.*›; **b)** *(Math.)* Einselement, *das;* **c)** *(harmony)* Eintracht, *die*
universal [juːnɪˈvɜːsl] *adj.* **a)** *(prevailing everywhere)* allgemein; allgemeingültig ‹*Regel, Wahrheit*›; **less ~:** weniger häufig *od.* verbreitet; **there was ~ terror** überall herrschte große Angst; **become ~:** sich allgemein verbreiten; **b)** *(involving or versed in all fields of knowledge)* universal ‹*Bildung, Wissen*›; universell begabt ‹*Person*›; **~ genius** Universalgenie, *das;* **c)** *(common to all members of a class)* universell; **d)** *(meeting varied requirements)* Universal-; **~ remedy** Universalmittel, *das*
universality [juːnɪvɜːˈsælɪtɪ] *n., no pl.* **a)** *(universal prevalence)* allgemeine Verbreitung; **b)** *(universal comprehensiveness)* Universalität, *die*
universal: ~ 'joint *n.* Kardangelenk, *das;* **~ 'language** *n.* Universalsprache, *die*

universally [juːnɪˈvɜːsəlɪ] *adv.* allgemein; **~ opposed to these politics/hostile to foreigners** diese Politik einmütig ablehnen/ausnahmslos fremdenfeindlich sein
universe [ˈjuːnɪvɜːs] *n.* **a)** Universum, *das;* *(world; fig.: mankind)* Welt, *die;* **b)** *see* **cosmos b**
university [juːnɪˈvɜːsɪtɪ] *n.* Universität, *die, attrib.* Universitäts-; **go to ~:** auf die *od.* zur Universität gehen; **at ~:** an der Universität
unjust [ʌnˈdʒʌst] *adj.* ungerecht **(to** *Dat.* + gegenüber); **it would be ~ not to refer to X** es ist ein Gebot der Fairneß, X zu zitieren
unjustifiable [ʌnˈdʒʌstɪfaɪəbl] *adj.* ungerechtfertigt; **be ~:** nicht zu rechtfertigen sein
unjustifiably [ʌnˈdʒʌstɪfaɪəblɪ] *adv.* ungerechtfertigterweise
unjustified [ʌnˈdʒʌstɪfaɪd] *adj.* ungerechtfertigt; **you are entirely ~ in thinking ...:** du glaubst ganz zu Unrecht, ...
unjustly [ʌnˈdʒʌstlɪ] ungerechterweise; zu Unrecht
unkempt [ʌnˈkempt] *adj.* **a)** *(dishevelled)* ungekämmt ‹*Haare*›; **b)** *(untidy)* ungepflegt
unkind [ʌnˈkaɪnd] *adj.* unfreundlich; **be ~ to sb./animals** jmdn./Tiere schlecht behandeln
unkindly [ʌnˈkaɪndlɪ] *adv.* unfreundlich; **fate treated her ~:** das Schicksal meinte es nicht gut mit ihr
unkindness [ʌnˈkaɪndnɪs] *n.* Unfreundlichkeit, *die*
unknot [ʌnˈnɒt] *v.t.,* **-tt-** entknoten
unknowing [ʌnˈnəʊɪŋ] *see* **unwitting**
unknowingly [ʌnˈnəʊɪŋlɪ] *see* **unwittingly**
unknown [ʌnˈnəʊn] **1.** *adj.* unbekannt; **~ number of people died in the accident** die Zahl der Todesopfer bei dem Unfall ist nicht bekannt; **sb./sth. is ~ to sb.** jmd./etw. ist jmdm. nicht bekannt; **a drug ~ to us** ein uns unbekanntes Heilmittel; **it is ~/not ~ for him to do such a thing** es ist nie vorgekommen/ist schon vorgekommen, daß er so etwas getan hat; **~ territory** *(lit. or fig.)* unbekanntes Terrain; **the U~ Soldier** *or* **Warrior** der Unbekannte Soldat; **murder by person** *or* **persons ~:** Mord durch unbekannten Täter; **~ strengths/reserves** *(unsuspected)* ungeahnte Kräfte/Reserven; *see also* **country a; quantity e. 2.** *adv.* **~ to sb.** ohne daß jmd. davon weiß/wußte. **3.** *n.* **a)** **the ~:** das Unbekannte; **fear of the ~:** Angst vor dem Unbekannten; **journey/voyage into the ~** *(lit. or fig.)* Reise in unbekannte Regionen; **b)** *(person)* **an ~:** ein Unbekannter/eine Unbekannte; **c)** *(Math.: quantity)* Unbekannte, *die;* **an equation with two ~s** eine Gleichung mit zwei Unbekannten; **d)** *(factor)* unbekannte Größe
unlabelled *(Amer.:* **unlabeled)** [ʌnˈleɪbld] *adj.* ‹*Flasche, Behälter*› ohne Etikett *od.* Beschriftung; ‹*Gepäck, Koffer, Paket*› ohne Aufkleber/Anhänger; unbeschriftet ‹*Dokument, Aktenordner, Tonband*›
unlace [ʌnˈleɪs] *v.t.* aufschnüren
unladen [ʌnˈleɪdn] *adj.* **~ weight** Leergewicht, *das*
unladylike [ʌnˈleɪdɪlaɪk] *adj.* nicht sehr damenhaft; **very ~:** gar nicht damenhaft
unlatch [ʌnˈlætʃ] **1.** *v.t.* aufklinken. **2.** *v.i.* sich aufklinken lassen
unlawful [ʌnˈlɔːfl] *adj.* ungesetzlich; gesetzwidrig; **~ possession of firearms/drugs** illegaler Waffen-/Drogenbesitz; **~ assembly** verbotene Versammlung
unlawfully [ʌnˈlɔːfəlɪ] *adv.* gesetzwidrig
unleaded [ʌnˈledɪd] *adj.* bleifrei ‹*Benzin*›
unlearn [ʌnˈlɜːn] *v.t., forms as* **learn 1** vergessen ‹*Idee, Kenntnisse*›, ablegen ‹*Gewohnheit*›
unleash [ʌnˈliːʃ] *v.t.* von der Leine lassen ‹*Hund*›; *(fig.)* freien Lauf lassen (+ *Dat.*) ‹*Gefühlen, Leidenschaften, Kräften*›; ent-

784

unleavened

fesseln ⟨*Sturm der Entrüstung*⟩; ~ sth. [up]on sb. an jmdm. etw. auslassen; ~ violence/[a] war on a country Gewalt/Krieg über ein Land bringen

unleavened [ʌnˈlevnd] *adj.* ohne Treibmittel *nachgestellt*; ungesäuert ⟨*Brot*⟩

unless [ˈʌnˌles, ənˈles] *conj.* es sei denn; wenn ... nicht; **I shall not do it** ~ **I am paid for it** ich werde es nur tun, wenn ich dafür bezahlt werde; **I shall expect you tomorrow** ~ **I hear from you/hear to the contrary** falls *od.* sofern ich nichts von dir/nichts Gegenteiliges höre, erwarte ich dich morgen; **I might go, but not** ~ **I'm asked to** vielleicht gehe ich, aber nur, wenn man mich darum bittet; ~ **I'm [very much] mistaken** wenn ich mich nicht [sehr] irre; ~ **he comes soon, I shall leave** wenn er nicht bald kommt, dann gehe ich; ~ **otherwise indicated** *or* **stated** wenn nicht anders angegeben

unlettered [ʌnˈletəd] *adj.* a) *(illiterate)* analphabetisch; b) *(uneducated)* ungebildet

unliberated [ʌnˈlɪbəreɪtɪd] *adj.* nicht emanzipiert ⟨*Frau*⟩; unfrei ⟨*Massen, Land*⟩

unlicensed [ʌnˈlaɪsənst] *adj.* ⟨*Händler, Makler, Buchmacher*⟩ ohne Konzession; ⟨*Pilot*⟩ ohne Lizenz; nicht angemeldet ⟨*Hund, Radio, Fernsehgerät, Auto*⟩; ~ **premises** Gaststättenbetrieb ohne [Schank]konzession

unlighted [ʌnˈlaɪtɪd] *see* **unlit**

unlike [ʌnˈlaɪk] 1. *adj.* nicht ähnlich; unähnlich; *(unequal)* ~ **signs** *(Math.)* ungleiche Vorzeichen; ~ **poles** *(Phys.)* ungleiche Pole; **they are** ~: sie sind sich *(Dat.)* nicht ähnlich. 2. *prep.* **be** ~ **sb./sth.** jmdm./einer Sache nicht ähnlich sein; **those people are** ~ **us** diese Leute sind nicht wie wir; **be not** ~ **sb./sth.** jmdm./etw. nicht unähnlich sein *od.* ganz ähnlich sein; **his new novel is** ~ **his previous ones** sein neuer Roman ist anders als seine früheren; **sth. is** ~ **sb.** *(not characteristic of)* etw. sieht jmdm. gar nicht ähnlich *(ugs.)*; etw. ist für jmdn. nicht typisch; **it is** ~ **him to be late** es sieht ihm gar nicht ähnlich *(ugs.)* od. es ist sonst nicht seine Art, zu spät zu kommen; ~ **her brother, she likes walking** im Gegensatz zu ihrem Bruder geht sie gern spazieren; **she sings quite** ~ **other singers** sie singt ganz anders als andere Sängerinnen

unlikelihood [ʌnˈlaɪklɪhʊd] *n., no pl.* Unwahrscheinlichkeit, *die*; **despite the** ~ **of the player's being fit** obwohl der Spieler wahrscheinlich nicht fit sein wird

unlikely [ʌnˈlaɪklɪ] *adj.* a) unwahrscheinlich; unglaubwürdig ⟨*Geschichte, Erklärung*⟩; **be** ~ **to do sth.** etw. wahrscheinlich nicht tun; **in the** ~ **event that ...**: sollte der unwahrscheinliche Fall eintreten, daß ...; **he's** ~ **to be chosen for the part/post** er wird die Rolle/Stelle kaum bekommen; **it is not** ~ **that ...**: es ist durchaus wahrscheinlich, daß ...; b) *(unsuitable)* **an** ~ **candidate/man for the job** ein Bewerber, der für den Posten kaum geeignet sein dürfte; **she looked in every likely and** ~ **place to find her key** sie suchte an allen möglichen und unmöglichen Stellen ihren Schlüssel

unlimited [ʌnˈlɪmɪtɪd] *adj.* unbegrenzt; grenzenlos, unendlich ⟨*Himmel, Meer, Geduld*⟩; ~ **drinks** eine unbegrenzte Zahl von Getränken; ~ **liability** *(Commerc.)* unbeschränkte Haftung; ~ **company** *(Commerc.)* Gesellschaft mit unbeschränkter Haftung; ~ **mileage** unbegrenzte Meilenzahl

¹**unlined** *adj. (without lining)* ungefüttert ⟨*Kleidung, Briefumschlag*⟩

²**unlined** *adj. (without lines)* unliniert ⟨*Papier*⟩

unlisted [ʌnˈlɪstɪd] *adj.* nicht eingetragen; ~ **stock/securities** *(Finance)* nicht notierte Wertpapiere; ~ **[telephone] number** Geheimnummer, *die*

unlit [ʌnˈlɪt] *adj.* unbeleuchtet ⟨*Straße, Korridor, Zimmer*⟩; nicht angezündet ⟨*Lampe, Kamin, Kerze*⟩

unload [ʌnˈləʊd] 1. *v. t.* a) entladen ⟨*Lastwagen, Waggon*⟩; löschen ⟨*Schiff, Schiffsladung*⟩; ausladen ⟨*Gepäck*⟩; ~ **a donkey** einem Esel die Last abnehmen; **the bus/ship** ~**ed its passengers** die Fahrgäste stiegen aus dem Bus/Schiff; b) *(dispose of)* *Commerc.:* sell off, dump⟩ abstoßen ⟨*Aktien, Wertpapiere*⟩; ~ **goods on the market** Waren auf den Markt werfen; ~ **sb./sth. on [to] sb.** *(fig.)* jmdn./etw. bei jmdm. abladen ⟨*Kinder, Hund, Probleme, Sorgen*⟩; ~ **one's job/responsibility on[to] sb. else** seine Aufgabe/Verantwortung auf jmd. anders *(Akk.)* abwälzen; c) entladen ⟨*Gewehr, Pistole*⟩; ~ **[the film from] a camera** den Film aus einer Kamera nehmen. 2. *v. i.* ⟨*Schiff:*⟩ gelöscht werden; ⟨*Lastwagen:*⟩ entladen werden; **start** ~**ing** mit dem Entladen anfangen

unloaded [ʌnˈləʊdɪd] *adj.* a) nicht beladen ⟨*Schiff, Lastwagen, Waggon*⟩; b) nicht geladen ⟨*Gewehr, Pistole*⟩

unlock [ʌnˈlɒk] *v. t.* a) aufschließen; lösen ⟨*Rad, Taste*⟩; aufsperren ⟨*Tür, Tor*⟩; **leave the door** ~**ed when you go out** schließ die Tür nicht ab, wenn du gehst; **the gate was left** ~**ed das Tor wurde nicht abgeschlossen;** *(fig.)* ~ **a secret/puzzle** ein Geheimnis/Rätsel entschlüsseln; **this book has** ~**ed the world of literature for him** dieses Buch hat ihm die Welt der Literatur erschlossen; b) *(fig.: release)* lösen ⟨*Hand, Umarmung*⟩

unlooked-for [ʌnˈlʊktfɔː(r)] *adj.* unerwartet; **a virtue perhaps** ~ **in him** eine Tugend, die man bei ihm vielleicht nicht erwartet hätte

unloose [ʌnˈluːs] *see* **loose 2**

unlovable [ʌnˈlʌvəbl] *adj.* wenig liebenswert

unloved [ʌnˈlʌvd] *adj.* ungeliebt

unlovely [ʌnˈlʌvlɪ] *adj.* unschön ⟨*Anblick, Gegenstand, Haus*⟩; reizlos ⟨*Person, Gesicht, Stadt*⟩; *(in character)* nicht sehr sympathisch ⟨*Person*⟩

unluckily [ʌnˈlʌkɪlɪ] *adv.* unglücklich; *as sentence-modifier* unglücklicherweise; ~ **for him/her** *etc.* zu seinem/ihrem *usw.* Pech

unlucky [ʌnˈlʌkɪ] *adj.* a) unglücklich; *(not successful)* **be [very/really]** ~ [große] Pech haben; **be** ~ **at cards,** ~ **in love** Glück im Spiel, Pech in der Liebe; b) *(bringing bad luck)* **an** ~ **date/number** ein Unglückstag/eine Unglückszahl; **an** ~ **sign/omen** ein schlechtes Zeichen/Omen; **be born under a** ~ **star** unter keinem günstigen Stern geboren sein; **be** ~: Unglück bringen; **it was** ~ **[for him] that he couldn't come** es war Pech [für ihn], daß er nicht kommen konnte

unmade [ʌnˈmeɪd] *adj.* ungemacht ⟨*Bett*⟩; unbefestigt ⟨*Straße*⟩

unmade-up [ʌnmeɪdˈʌp] *adj.* ungeschminkt ⟨*Gesicht, Person*⟩

unmake [ʌnˈmeɪk] *v. t.*, **unmade** [ʌnˈmeɪd] rückgängig machen ⟨*Vereinbarung, Entscheidung*⟩; fallenlassen ⟨*Plan*⟩; ruinieren ⟨*Laufbahn*⟩

unman [ʌnˈmæn] *v. t.,* **-nn-** a) ~ **sb.** *(deprive of strength)* jmdm. die Kraft nehmen; *(deprive of courage)* jmdn. verzagen lassen; ~**ned by grief** von Kummer geschwächt; b) *(emasculate, castrate)* entmannen

unmanageable [ʌnˈmænɪdʒəbl] *adj.* a) *(difficult to control)* widerspenstig ⟨*Kind, Pferd, Person*⟩; unkontrollierbar ⟨*Situation*⟩; **the car/boat became** ~: der Wagen/das Boot war nicht mehr zu kontrollieren; b) *(unwieldy)* sperrig; unhandlich ⟨*Buch*⟩

unmanly [ʌnˈmænlɪ] *adj.* unmännlich

unmanned [ʌnˈmænd] *adj.* unbemannt ⟨*Leuchtturm, Raumschiff, Bahnübergang*⟩; *(with nobody in attendance)* nicht besetzt ⟨*Schalter, Rezeption*⟩; unbewacht ⟨*Posten, Eingang*⟩

unmannerly [ʌnˈmænəlɪ] *adj.* unmanierlich ⟨*Person, Benehmen*⟩; ungehörig ⟨*Benehmen*⟩; **it is** ~ **to do that** es gehört sich nicht, das zu tun

unmarked [ʌnˈmɑːkt] *adj.* a) *(without markings)* ⟨*Schachtel, Kiste*⟩ ohne Aufschrift; nicht gezeichnet ⟨*Wäschestück*⟩; anonym ⟨*Grab*⟩; **an** ~ **police car** ein Zivilfahrzeug der Polizei; b) *(not spoilt by marks)* fleckenlos ⟨*Fußboden, Oberfläche*⟩; makellos ⟨*Haut, Pfirsich, Apfel*⟩; unbeschädigt ⟨*Teller, Buch*⟩; **after ten rounds, the boxer was still** ~: nach zehn Runden war der Boxer immer noch nicht gezeichnet; **his face was** ~ **by the accident** sein Gesicht zeigte keine Spuren des Unfalls; c) *(not corrected)* unkorrigiert ⟨*Klassenarbeit*⟩; d) *(not noticed)* unbemerkt; e) *(Sport)* ungedeckt ⟨*Spieler*⟩; f) *(Ling.)* nicht markiert ⟨*Form*⟩

unmarketable [ʌnˈmɑːkɪtəbl] *adj.* unverkäuflich

unmarriageable [ʌnˈmærɪdʒəbl] *adj.* **be** ~: nicht zu verheiraten sein

unmarried [ʌnˈmærɪd] *adj.* unverheiratet; ledig; ~ **mother/couple** ledige Mutter/unverheiratetes Paar

unmask [ʌnˈmɑːsk] *v. t.* ~ **sb.** jmdm. die Maske entreißen; *(fig.)* jmdn. entlarven **(as** als); ~ **a plot/sb.'s intentions** *etc.* eine Verschwörung/jmds. Absichten *usw.* aufdecken

unmasking [ʌnˈmɑːskɪŋ] *n.* Entlarvung, *die*

unmatched [ʌnˈmætʃt] *adj.* **be** ~ **[for sth.]** [in etw. *(Dat.)*] unübertroffen sein

unmentionable [ʌnˈmenʃənəbl] *adj.* unaussprechlich ⟨*Sünde, Verbrechen*⟩; **an** ~ **topic/subject** ein Thema, über das man nicht spricht

unmerciful [ʌnˈmɜːsɪfl] *adj.* erbarmungslos; unbarmherzig

unmercifully [ʌnˈmɜːsɪfəlɪ] *adv.* erbarmungslos; unbarmherzig; **treat sb.** ~: jmdn. unbarmherzig behandeln

unmerited [ʌnˈmerɪtɪd] *adj.* unverdient

unmetalled [ʌnˈmetld] *adj. (Brit.)* unbefestigt ⟨*Straße*⟩

unmethodical [ʌnmɪˈθɒdɪkl] *adj.* unmethodisch

unmindful [ʌnˈmaɪndfl] *adj.* **be** ~ **of sth.** etw. nicht beachten

unmistakable [ʌnmɪˈsteɪkəbl] *adj.* deutlich; unmißverständlich ⟨*Drohung, Befehl*⟩; klar ⟨*Beweis*⟩; unverwechselbar ⟨*Handschrift, Stimme, Silhouette*⟩; **an** ~ **sign of sth.** ein sicheres Zeichen für etw.; **there was** ~ **fear/relief in his voice** in seiner Stimme schwang deutlich Furcht/Erleichterung mit

unmistakably [ʌnmɪˈsteɪkəblɪ] *adv.* unverkennbar

unmitigated [ʌnˈmɪtɪgeɪtɪd] *adj.* vollkommen ⟨*Unsinn, Schwachkopf*⟩; einzig ⟨*Übel, Lüge*⟩; **an** ~ **scoundrel** ein Erzschurke; **be an** ~ **disaster** *(coll.)* eine einzige Katastrophe sein *(ugs.)*

unmixed [ʌnˈmɪkst] *adj.* unvermischt; *(fig.)* ungetrübt ⟨*Freude, Vergnügen*⟩; **his joy was not** ~ **with sadness** in seine Freude mischte sich Traurigkeit

unmolested [ʌnmɒˈlestɪd] *adj.* unbelästigt

unmoor [ʌnˈmʊə(r), ʌnˈmɔː(r)] *v. t. & i.* [bei einem Boot] die Leinen losmachen. 2. *v. i.* die Leinen losmachen

unmotivated [ʌnˈməʊtɪveɪtɪd] *adj.* unmotiviert

unmounted [ʌnˈmaʊntɪd] *adj.* nicht gefaßt ⟨*Edelstein*⟩; nicht aufgezogen ⟨*Bild*⟩

unmourned [ʌnˈmɔːnd] *adj.* unbeweint

unmoved [ʌnˈmuːvd] *adj.* unbewegt; ungerührt; **be/remain** ~ **by sb.'s pleas** sich von jmds. Bitten nicht erweichen lassen; **he was** ~ **by the accusations** er ließ sich von den Anschuldigungen nicht aus der Ruhe bringen; **remain** ~ **by an argument**

785

von einem Argument nicht beeindruckt sein

unmusical [ʌnˈmjuːzɪkl] *adj.* unmelodisch ⟨*Gesang, Stimme*⟩; unmusikalisch ⟨*Person*⟩

unnameable [ʌnˈneɪməbl] *adj.* unbestimmt ⟨*Angst*⟩; unsagbar ⟨*Qual*⟩

unnamed [ʌnˈneɪmd] *adj.* **a)** *(unidentified)* [namentlich] nicht genannt ⟨*Ort, Person, Medizin*⟩; ungenannt ⟨*Wohltäter*⟩; **b)** *(having no name)* namenlos ⟨*Findling*⟩; **an ~ island/lake/mountain** eine Insel/ein See/Berg ohne Namen; **a species so far ~**: eine Art, die bisher noch keinen Namen hat

unnatural [ʌnˈnætʃrəl] *adj.* **a)** unnatürlich; *(abnormal)* nicht normal; *(perverted)* widernatürlich; *(uncaring)* herzlos ⟨*Mutter, Kind usw.*⟩; **not ~**: ganz natürlich; **a mother who is cruel to her children is ~**: eine Mutter, die grausam zu ihren Kindern ist, ist widernatürlich *od.* (ugs.) nicht normal; **b)** *(affected)* unnatürlich; gekünstelt

unnaturally [ʌnˈnætʃrəlɪ] *adv.* **a)** unnatürlich; **not ~**: natürlich; wie man sich denken kann; **he expected, not ~, that his father would help him** natürlich rechnete er damit, daß sein Vater ihm helfen werde; **b)** *(affectedly)* unnatürlich; gekünstelt

unnavigable [ʌnˈnævɪɡəbl] *adj.* nicht schiffbar ⟨*Fluß*⟩

unnecessarily [ʌnˈnesɪsərɪlɪ] *adv.* **a)** unnötig[erweise] ⟨*sich ärgern, sich aufregen, sich sorgen*⟩; **spend money/time ~**: unnötig Geld/Zeit aufwenden; **b)** *(excessively)* unnötig ⟨*streng, kompliziert*⟩; **be ~ high/long** höher/länger als nötig sein

unnecessary [ʌnˈnesəsərɪ] *adj.* unnötig; **it is ~ for sb. to do sth.** es ist unnötig *od.* es muß nicht sein, daß jmd. etw. tut; **no, thank you, that's quite ~**: danke, das ist gar nicht nötig

unneighbourly [ʌnˈneɪbəlɪ] *adj.* nicht gutnachbarlich; **they are ~**: sie sind schlechte Nachbarn

unnerve [ʌnˈnɜːv] *v. t.* entnerven

unnerving [ʌnˈnɜːvɪŋ] *adj.* entnervend; zermürbend ⟨*Warten*⟩; nervenaufreibend ⟨*Erlebnis*⟩; **be [too] ~**: [zuviel] Nerven kosten; **an ~ reaction/incident** eine Reaktion, die/ein Vorfall, der an die Nerven geht/ging

unnoticed [ʌnˈnəʊtɪst] *adj.* unbemerkt; **~ by her, he came in** er trat ein, ohne daß sie es bemerkte; **pass** *od.* **go ~**: unbemerkt bleiben

unnumbered [ʌnˈnʌmbəd] *adj.* *(without numbers)* nicht numeriert; unpaginiert ⟨*Buchseite*⟩; ohne Hausnummer ⟨*Haus*⟩

UNO [ˈjuːnəʊ] *abbr.* United Nations Organization UNO, *die*

unobjectionable [ʌnəbˈdʒekʃənəbl] *adj.* gefällig; **sth./sb. is ~**: gegen etw./jmdn. gibt es nichts einzuwenden

unobservant [ʌnəbˈzɜːvənt] *adj.* unaufmerksam; **be an ~ person** ein schlechter Beobachter sein

unobserved [ʌnəbˈzɜːvd] *adj.* unbeobachtet

unobstructed [ʌnəbˈstrʌktɪd] *adj.* frei ⟨*Weg, Rohr, Ausgang*⟩; ungehindert ⟨*Vormarsch, Durchfahrt*⟩

unobtainable [ʌnəbˈteɪnəbl] *adj.* nicht erhältlich; **number ~** *(Teleph.)* kein Anschluß unter dieser Nummer; **the 'number ~' tone** der Ton für eine Nummer ohne Anschluß

unobtrusive [ʌnəbˈtruːsɪv] *adj.* unaufdringlich ⟨*Geste, Bemerkung, Muster, Farbe*⟩; ⟨*Riß, Bewegung*⟩; **make oneself ~**: sich unauffällig verhalten

unobtrusively [ʌnəbˈtruːsɪvlɪ] *adv.* unaufdringlich; unauffällig ⟨*hinausschleichen, verschwinden*⟩

unoccupied [ʌnˈɒkjʊpaɪd] *adj.* **a)** *(empty)* unbesetzt; nicht belegt ⟨*Bett*⟩; unbewohnt ⟨*Haus, Wohnung, Raum*⟩; **b)** *(not busy)* unbeschäftigt; **~ moments** freie Augenblicke

unoffending [ʌnəˈfendɪŋ] *adj.* harmlos; *(innocent)* unschuldig

unofficial [ʌnəˈfɪʃl] *adj.* inoffiziell; **an ~ strike** ein wilder Streik; **take ~ action** einen wilden Streik durchführen

unofficially [ʌnəˈfɪʃəlɪ] *adv.* inoffiziell

unopened [ʌnˈəʊpnd] *adj.* ungeöffnet; noch nicht aufgegangen ⟨*Knospe, Blüte*⟩

unopposed [ʌnəˈpəʊzd] *adj.* unangefochten ⟨*Kandidat, Wahlsieger*⟩; ungehindert ⟨*Vormarsch*⟩; **the bill was given an ~ second reading** *(Parl.)* der Gesetzentwurf wurde bei der zweiten Lesung ohne Abstimmung angenommen

unorganized [ʌnˈɔːɡənaɪzd] *adj.* **a)** *(untidy)* unsystematisch ⟨*Arbeitsweise*⟩; konfus ⟨*Essay, Person*⟩; ungeordnet ⟨*Struktur, Leben*⟩; **b)** *(not belonging to a union)* nicht [gewerkschaftlich] organisiert

unoriginal [ʌnəˈrɪdʒɪnl] *adj.* unoriginell

unoriginality [ʌnərɪdʒɪˈnælɪtɪ] *n., no pl.* fehlende Originalität

unorthodox [ʌnˈɔːθədɒks] *adj.* unorthodox (geh.)

unostentatious [ʌnɒstenˈteɪʃəs] *adj.* schlicht; unprätentiös (geh.)

unpack [ʌnˈpæk] *v. t. & i.* auspacken; **do one's ~ing** auspacken

unpaid [ʌnˈpeɪd] *adj.* **a)** *(not yet paid)* unbezahlt; nicht bezahlt; **~ for** nicht bezahlt; **the workmen/troops have been ~ for months** die Arbeiter/Truppen haben monatelang keinen Lohn/Sold erhalten; **b)** *(not providing or receiving a salary)* unbezahlt ⟨*Arbeit, Stelle, Freiwilliger usw.*⟩; *(honorary)* ehrenamtlich; **~ leave** unbezahlter Urlaub

unpalatable [ʌnˈpælətəbl] *adj.* ungenießbar; *(fig.)* unverdaulich ⟨*Tatsache, Wahrheit*⟩

unparalleled [ʌnˈpærəleld] *adj.* beispiellos; unvergleichlich ⟨*Schönheit*⟩

unpardonable [ʌnˈpɑːdənəbl] *adj.* unverzeihlich; **~ sin** *(Relig.; also fig.)* Todsünde, *die*

unparliamentary [ʌnpɑːləˈmentərɪ] *adj.* gegen die parlamentarischen Regeln verstoßend; **~ expression** der Würde des Parlaments nicht angemessene Redeweise

unpatriotic [ʌnpætrɪˈɒtɪk, ʌnpeɪtrɪˈɒtɪk] *adj.* unpatriotisch

unpaved [ʌnˈpeɪvd] *adj.* ungepflastert

unpeeled [ʌnˈpiːld] *adj.* ungeschält

unpeg [ʌnˈpeɡ] *v. t.,* **-gg-** abnehmen ⟨*Wäsche*⟩; **~ a tent** bei einem Zelt die Pflöcke herausziehen

unperceptive [ʌnpəˈseptɪv] *adj.* unaufmerksam; nicht sehr tiefgründig ⟨*Bemerkung*⟩

unperfumed [ʌnˈpɜːfjuːmd] *adj.* unparfümiert

unperson [ˈʌnpɜːsn] *n.* Unperson, *die*

unperturbed [ʌnpəˈtɜːbd] *adj.* **he was ~ by the prospect of ...**: die Aussicht auf ... beunruhigte ihn nicht; **remain ~**: sich nicht aus der Ruhe bringen lassen; **they were ~ by my presence** sie ließen sich durch meine Gegenwart nicht stören; **the minister seemed ~ by the developments** der Minister schien von den Entwicklungen unbeeindruckt

unpick [ʌnˈpɪk] *v. t.* auftrennen

unpin [ʌnˈpɪn] *v. t.,* **-nn-** abnehmen ⟨*Zettel, Brosche*⟩; **~ sb.'s/one's hair** jmdm./sich die Nadeln aus dem Haar nehmen; **~ the seam** die Nadeln aus dem Saum nehmen

unplaced [ʌnˈpleɪst] *adj.* *(Sport)* nicht plaziert

unplanned [ʌnˈplænd] *adj.* nicht geplant; ungeplant

unplayable [ʌnˈpleɪəbl] *adj.* **a)** *(Sport)* unbespielbar ⟨*Spielfeld*⟩; unspielbar ⟨*Ball*⟩; unerreichbar ⟨*Aufschlag, Return*⟩; **b)** *(Music)* unspielbar; **c)** *(too damaged to be played)* nicht abspielbar ⟨*Schallplatte, Tonband*⟩

unpleasant [ʌnˈplezənt] *adj.* unangenehm; unfreundlich ⟨*Bemerkung*⟩; böse ⟨*Lächeln*⟩; **she can be really ~**: sie kann sehr unangenehm werden; **be ~ with sb.** zu jmdm. unfreundlich sein

unpleasantly [ʌnˈplezəntlɪ] *adv.* unangenehm; böse ⟨*lächeln*⟩; unfreundlich ⟨*antworten*⟩

unpleasantness [ʌnˈplezəntnɪs] *n.* **a)** *no pl. (unpleasant nature)* Unerfreulichkeit, *die*; *(of person)* Unfreundlichkeit, *die*; **the ~ of a taste/smell** das Unangenehme an einem Geschmack/Geruch; **the ~ of the weather/one's neighbour** das unangenehme Wetter/die Unfreundlichkeit seines Nachbarn; **b)** *(bad feeling, quarrel)* Verstimmung, *die*; **there has been a lot of ~ between them** zwischen ihnen ist viel Unerfreuliches geschehen *od.* gewesen

unpleasing [ʌnˈpliːzɪŋ] *adj.* unschön; **not ~ to the eye** ganz angenehm anzusehen

unplug [ʌnˈplʌɡ] *v. t.,* **-gg-** **a)** *(Electr.: disconnect)* **~ a radio/a television set** den Stecker eines Radio-/Fernsehgeräts herausziehen; **always ~ electrical appliances at night** bei Elektrogeräten nachts stets den Stecker aus der Steckdose ziehen; **b)** *(take plug out of)* **~ sth.** den Stöpsel aus etw. ziehen

unplumbed [ʌnˈplʌmd] *adj.* nicht ausgelotet ⟨*Gewässer*⟩; [noch] unergründet ⟨*Geheimnis, Möglichkeiten*⟩; **~ depths [of the sea]/(fig.) of the human mind]** nicht ausgelotete Tiefen [des Meeres/(*fig. geh.*) des menschlichen Geistes]

unpolished [ʌnˈpɒlɪʃt] *adj.* unpoliert ⟨*Holz, Marmor, Schuhe, Reis*⟩; *(fig.)* ungeschliffen ⟨*Person, Manieren, Sprache*⟩

unpolluted [ʌnpəˈluːtɪd] *adj.* sauber ⟨*Wasser, Fluß, Umwelt*⟩

unpopular [ʌnˈpɒpjʊlə(r)] *adj.* unbeliebt ⟨*Lehrer, Regierung usw.*⟩; unpopulär ⟨*Maßnahme, Politik*⟩; **be ~ with sb.** *(not liked)* ⟨*Person:*⟩ bei jmdm. unbeliebt sein; ⟨*Maßnahme, Steuern:*⟩ bei jmdm. unpopulär sein; *(out of favour)* **I'm rather ~ with my wife at the moment** meine Frau ist auf mich zur Zeit ziemlich schlecht zu sprechen; **if I don't finish it today, I shall be very ~ with my boss** wenn ich heute damit nicht fertig werde, mache ich mich bei meinem Chef ziemlich unbeliebt

unpopularity [ʌnpɒpjʊˈlærɪtɪ] *n., no pl. see* unpopular: Unbeliebtheit, *die* (with bei); Unpopularität, *die* (with bei)

unposted [ʌnˈpəʊstɪd] *adj.* nicht aufgegeben *od.* abgeschickt

unpractical [ʌnˈpræktɪkl] *adj.* unpraktisch

unpractised (Amer.: **unpracticed**) [ʌnˈpræktɪst] *adj.* **a)** *(not skilled)* ungeübt; **be ~ in sth./in doing sth.** in etw. (Dat.) ungeübt sein/darin ungeübt sein, etw. zu tun; **b)** *(not put into practice)* nicht ausgeübt ⟨*Handwerk*⟩; ungenutzt ⟨*Fähigkeit*⟩

unprecedented [ʌnˈpresɪdentɪd] *adj.* beispiellos; [noch] nie dagewesen; **it is ~ for the Queen to comment publicly** es ist [vorher] noch nie dagewesen, daß die Königin öffentlich Stellung genommen hat

unprecedentedly [ʌnˈpresɪdentɪdlɪ] *adv.* unerhört; außergewöhnlich

unpredictable [ʌnprɪˈdɪktəbl] *adj.* unberechenbar ⟨*Person, Charakter, Wetter*⟩; **the outcome of the election is quite ~**: das Wahlergebnis läßt sich kaum voraussagen

unprejudiced [ʌnˈpredʒʊdɪst] *adj.* unvoreingenommen

unpremeditated [ʌnprɪˈmedɪteɪtɪd] *adj.* nicht vorsätzlich ⟨*Verbrechen*⟩; nicht geplant ⟨*Angriff, Tat*⟩

unprepared [ʌnprɪˈpeəd] *adj.* **a)** *(not yet prepared)* nicht vorbereitet ⟨*Zimmer, Mahlzeit*⟩; **be ~ for sth.** nicht auf etw. (Akk.) [nicht] unvorbereitet sein; **b)** *(improvised)* Stegreif⟨*rede, -erklärung*⟩

unpreparedness [ʌnprɪˈpeərɪdnɪs] *n., no pl. see* unreadiness

unprepossessing [ʌnpriːpəˈzesɪŋ] *adj.* wenig attraktiv; unansehnlich; wenig einnehmend ⟨*Aussehen, Person*⟩

unpresentable [ʌnprɪ'zentəbl] *adj.* sb. is ~: mit jmdm. kann man sich nicht sehen lassen; **your clothes are ~**: in deinen Sachen kannst du dich nicht sehen lassen
unpretentious [ʌnprɪ'tenʃəs] *adj.* unprätentiös *(geh.)*; einfach ⟨Wein, Mahlzeit, Stil, Haus⟩; bescheiden ⟨Benehmen, Person⟩
unpriced [ʌn'praɪst] *adj.* ohne Preisangabe nachgestellt
unprincipled [ʌn'prɪnsɪpld] *adj.* skrupellos; **be ~**: keine Prinzipien haben
unprintable [ʌn'prɪntəbl] *adj. (lit. or fig.)* nicht druckreif
unproductive [ʌnprə'dʌktɪv] *adj.* unfruchtbar ⟨Boden, Gegend⟩; fruchtlos ⟨Diskussion, Anstrengung, Nachforschung⟩; unproduktiv ⟨Zeit, Arbeit, Kapital⟩
unprofessional [ʌnprə'feʃənl] *adj.* a) *(contrary to standards)* standeswidrig; b) *(amateurish)* unfachmännisch; stümperhaft
unprofitable [ʌn'prɒfɪtəbl] *adj.* unrentabel ⟨Zeche, Investition, Geschäft⟩; wenig einträglich ⟨Arbeit⟩; *(fig.)* fruchtlos
unpromising [ʌn'prɒmɪsɪŋ] *adj.* nicht sehr vielversprechend
unprompted [ʌn'prɒmptɪd] *adj.* spontan
unpronounceable [ʌnprə'naʊnsəbl] *adj.* unaussprechbar
unpropitious [ʌnprə'pɪʃəs] *adj.* ungünstig
unprotected [ʌnprə'tektɪd] *adj.* ungeschützt (**against** vor + *Dat.*, gegen); nicht geschützt ⟨Art, Tier⟩; **an ~ machine** Maschine ohne Schutzvorrichtung[en]; **hands ~ by gloves** Hände, die durch Handschuhe geschützt sind; **employees/buildings ~ by legislation** Angestellte ohne gesetzlichen Schutz/Gebäude, die nicht unter Denkmalschutz stehen; **~ sex** ungeschützter Geschlechtsverkehr
unproved [ʌn'pruːvd], **unproven** [ʌn'pruːvn] *adj.* a) *(not proved)* unbewiesen; b) *(untested)* ungeprüft; **his courage/ability is still ~**: sein Mut/seine Fähigkeit ist noch nicht auf die Probe gestellt worden; **he is ~ as an administrator** er hat seine Fähigkeiten als Verwalter noch nicht unter Beweis gestellt
unprovided [ʌnprə'vaɪdɪd] *pred. adj.* a) **~ for** unversorgt ⟨Witwe, Kind usw.⟩; nicht vorgesehen ⟨Ereignis⟩; b) **~ with** sth. mit etw. nicht versehen
unprovoked [ʌnprə'vəʊkt] *adj.* grundlos; **do sth. ~**: etw. ohne [äußere] Veranlassung tun
unpublished [ʌn'pʌblɪʃt] *adj.* unveröffentlicht
unpunctual [ʌn'pʌŋktjʊəl] *adj.* unpünktlich
unpunished [ʌn'pʌnɪʃt] *adj.* ungesühnt ⟨Verbrechen⟩; unbestraft ⟨Verbrecher⟩; **go ~**: ohne Strafe bleiben; ⟨Verbrecher:⟩ straffrei ausgehen
unpurified [ʌn'pjʊərɪfaɪd] *adj.* ungereinigt; nicht gereinigt; *(fig.)* ungeläutert
unputdownable [ʌnpʊt'daʊnəbl] *adj. (coll.)* **an ~ book** ein Buch, das man nicht aus der Hand legt; **this novel is ~**: diesen Roman legt man nicht aus der Hand
unqualified [ʌn'kwɒlɪfaɪd] *adj.* a) *(lacking qualifications)* unqualifiziert; ⟨Arzt⟩ ohne Abschluß; **be ~ for sth.** für etw. nicht qualifiziert sein; **be ~ to do sth.** nicht dafür qualifiziert sein, etw. zu tun; **he is ~ to be president** er ist für das Amt des Präsidenten nicht qualifiziert; b) *(absolute)* uneingeschränkt ⟨Zustimmung⟩; rein ⟨Freude, Vergnügen⟩; voll ⟨Erfolg⟩; c) *(Ling.: not qualified)* nicht [näher] bestimmt
unquenchable [ʌn'kwentʃəbl] *adj.* unlöschbar ⟨Durst⟩; unstillbar ⟨Verlangen⟩
unquestionable [ʌn'kwestʃənəbl] *adj.* unbezweifelbar ⟨Tatsache, Beweis⟩; unbestreitbar ⟨Recht, Fähigkeiten, Ehrlichkeit⟩; unanfechtbar ⟨Autorität⟩; **an ~ decision/ruling/judgement** eine Entscheidung/Verfügung, die/ein Urteil, das nicht angefochten werden kann
unquestionably [ʌn'kwestʃənəblɪ] *adv.* zweifellos; ohne Frage
unquestioned [ʌn'kwestʃənd] *adj.* unangefochten ⟨Fähigkeit, Macht, Autorität, Recht⟩; unbestritten ⟨Talent⟩; **his ability/loyalty is ~**: seine Fähigkeit/Loyalität steht außer Frage
unquestioning [ʌn'kwestʃənɪŋ] *adj.*, **unquestioningly** [ʌn'kwestʃənɪŋlɪ] *adv.* bedingungslos; blind
unquiet [ʌn'kwaɪət] *adj.* unruhig
unquotable [ʌn'kwəʊtəbl] *adj.* nicht zitierfähig
unquote [ʌn'kwəʊt] *v. i.* ..., quote, ..., ~: ..., Zitat, ..., Ende des Zitats
unquoted [ʌn'kwəʊtɪd] *adj. (Commerc.)* unnotiert
unravel [ʌn'rævl] **1.** *v. t. (Brit.)* -ll- entwirren; *(undo)* aufziehen; *(fig.)* **~ a mystery/the truth/a plot** ein Geheimnis enträtseln/die Wahrheit aufdecken/ein Komplott aufdecken. **2.** *v. i. (Brit.)* -ll- aufgehen; sich aufziehen
unread [ʌn'red] *adj.* ungelesen
unreadable [ʌn'riːdəbl] *adj.* a) *(illegible)* unleserlich; *(fig.: unfathomable)* unergründlich; b) *(too difficult, boring, etc.)* unlesbar
unreadiness [ʌn'redɪnɪs] *n., no pl.* **[state of] ~**: mangelnde Vorbereitung; **~ to do sth.** mangelnde Bereitschaft, etwas zu tun
unready [ʌn'redɪ] *adj.* nicht bereit; **the country is ~ for war** das Land ist für einen Krieg nicht gerüstet; **he is ~ for that position** er ist noch nicht so weit, daß er diese Position übernehmen könnte
unreal [ʌn'rɪəl] *adj.* unwirklich
unrealistic [ʌnrɪə'lɪstɪk] *adj.* unrealistisch
unreality [ʌnrɪ'ælɪtɪ] *n., no pl.* Unwirklichkeit, *die*
unrealizable [ʌn'rɪəlaɪzəbl] *adj.* unrealisierbar; nicht verwirklichbar
unrealized [ʌn'rɪəlaɪzd] *adj.* a) *(not achieved)* unerfüllt ⟨Hoffnung, Ehrgeiz⟩; nicht erreicht ⟨Ziel⟩; nicht verwirklicht ⟨Plan⟩; ungenutzt ⟨Potential, Fähigkeiten⟩; ⟨Commerc.⟩ nicht realisierte Vermögenswerte/Gewinne; b) *(not recognized or known)* ungeahnt ⟨Mut, Kraft⟩; unentdeckt ⟨Talent⟩
unreasonable [ʌn'riːzənəbl] *adj.* unvernünftig; übertrieben ⟨Ansprüche, Forderung⟩; unerhört [hoch] ⟨Preis, Kosten⟩; **I am not an ~ man, but ...**: ich erwarte nicht wirklich nicht viel, aber ...; **spend an ~ length of time on sth.** sich übertrieben lange mit etw. beschäftigen; **arrive at an ~ hour** zu einer unmöglichen Uhrzeit ankommen; **I'm only asking for half an hour of your time – is that [so] ~?** ich bitte dich nur um eine halbe Stunde; das ist doch nicht zu viel verlangt, oder?
unreasonableness [ʌn'riːzənəblnɪs] *n., no pl.* Unvernünftigkeit, *die*; **the ~ of these prices/costs** die übertriebene Höhe dieser Preise/Kosten
unreasonably [ʌn'riːzənəblɪ] *adv.* unvernünftig ⟨sich benehmen⟩; *(excessively)* übertrieben; **this – not – ~ he refused to do** das lehnte er – nicht ohne Berechtigung – ab
unreasoning [ʌn'riːzənɪŋ] *adj.* irrational; blind ⟨Haß, Wut, Eifersucht, Fanatiker⟩
unreceptive [ʌnrɪ'septɪv] *adj.* unempfänglich (**to, for** für)
unrecognizable [ʌn'rekəgnaɪzəbl] *adj.* **be [absolutely or quite] ~**: [überhaupt] nicht wiederzuerkennen sein; **the disguise/beard made him ~**: mit der Verkleidung/dem Bart war er nicht wiederzuerkennen
unrecognized [ʌn'rekəgnaɪzd] *adj.* a) *(not identified)* unerkannt; **be ~ by sb.** von jmdm. nicht erkannt werden; b) *(not officially recognized)* nicht anerkannt; c) *(not appreciated)* nicht [gebührend] gewürdigt ⟨Talent, Genie⟩; nicht [genügend] beachtet ⟨Gefahr, Tatsache⟩
unrecorded [ʌnrɪ'kɔːdɪd] *adj.* a) *(not documented)* nicht [dokumentarisch] belegt; b) *(not recorded)* nicht aufgezeichnet; unbespielt, leer ⟨Tonband, Kassette⟩
unreel [ʌn'riːl] **1.** *v. t.* abwickeln; abspulen ⟨Film, Tonband⟩. **2.** *v. i.* sich abwickeln; sich abspulen
unrefined [ʌnrɪ'faɪnd] *adj.* a) *(not refined)* nicht raffiniert; ungebleicht ⟨Mehl⟩; b) *(fig.)* unkultiviert, ungeschliffen ⟨Geschmack, Manieren, Person, Sprache⟩
unreflecting [ʌnrɪ'flektɪŋ] *adj.* gedankenlos
unregenerate [ʌnrɪ'dʒenərət] *adj. (unrepentant, obstinate)* uneinsichtig; *(wicked)* sündig ⟨Lebenswandel⟩
unregistered [ʌn'redʒɪstəd] *adj.* nicht eingetragen; nicht approbiert ⟨Arzt⟩; nicht zugelassen ⟨Rechtsanwalt, Buchmacher, Krankenschwester, Fahrzeug⟩; nicht eingeschrieben ⟨Postsendung⟩; nicht [gesetzlich] geschützt ⟨Warenzeichen⟩
unregulated [ʌn'regjʊleɪtɪd] *adj.* unkontrolliert
unrehearsed [ʌnrɪ'hɜːst] *adj.* a) *(performed without rehearsal)* nicht geprobt; **perform a play ~**: ein Stück ohne vorherige Probe[n] spielen; b) *(not planned)* nicht vorgesehen; c) *(spontaneous)* spontan
unrelated [ʌnrɪ'leɪtɪd] *adj.* unzusammenhängend; **be ~** *(not connected)* nicht miteinander zusammenhängen; *(not related by family)* nicht [miteinander] verwandt sein; **be ~ to sth.** mit etw. in keinem Zusammenhang stehen; mit etw. nicht verwandt sein
unrelenting [ʌnrɪ'lentɪŋ] *adj.* unvermindert, nicht nachlassend ⟨Hitze, Kälte, Regen⟩; unerbittlich ⟨Kampf, Opposition, Verfolgung, Haß⟩; unnachgiebig ⟨Entschlossenheit, Ehrgeiz⟩; unvermindert ⟨Kraft, Stärke⟩; hartnäckig ⟨Kämpfer⟩; **the heat/pressure/pace is ~**: die Hitze/der Druck/die Geschwindigkeit läßt nicht nach; **be ~ in one's determination to do sth.** unnachgiebig entschlossen sein, etw. zu tun; **be ~ in one's battle or fight against sth.** etw. unnachgiebig bekämpfen; **remain ~**: unnachgiebig od. unerbittlich bleiben
unreliability [ʌnrɪlaɪə'bɪlɪtɪ] *n., no pl.* Unzuverlässigkeit, *die*
unreliable [ʌnrɪ'laɪəbl] *adj.* unzuverlässig
unrelieved [ʌnrɪ'liːvd] *adj.* unvermindert ⟨Schmerz, Armut, Anstrengung⟩; unaufhörlich ⟨Regen, Lärm⟩; tödlich ⟨Langeweile, Eintönigkeit⟩; **~ by** sth. nicht durch etw. gemildert; **a forbidding landscape, ~ by vegetation of any kind** eine Landschaft, deren Ödheit auch nicht das kleinste Pflänzchen belebt; **a gloomy film, ~ by even the slightest touch of humour** ein Film, dessen Düsterkeit durch kein Fünkchen von Humor aufgehellt wird
unremarkable [ʌnrɪ'mɑːkəbl] *adj.* nicht weiter bemerkenswert; unauffällig ⟨Person, Lebensweise⟩; **totally/pretty ~**: absolut nicht/kaum bemerkenswert
unremitting [ʌnrɪ'mɪtɪŋ] *adj.* nicht nachlassend; unermüdlich ⟨Anstrengung, Versuche, Sorge⟩; beharrlich ⟨Kampf⟩; **he was ~ in his efforts to help them** er bemühte sich unermüdlich, ihnen zu helfen
unremittingly [ʌnrɪ'mɪtɪŋlɪ] *adv.* unermüdlich ⟨kämpfen, arbeiten, sich bemühen⟩; unnachgiebig ⟨Widerstand leisten⟩
unremunerative [ʌnrɪ'mjuːnərətɪv] *adj.* wenig einträglich od. *(geh.)* lukrativ
unrepeatable [ʌnrɪ'piːtəbl] *adj.* a) *(unique)* einzigartig; einmalig ⟨Angebot, Preis⟩; b) *(not fit to be repeated)* sth. is ~: etw. ist nicht zitierfähig; **an ~ remark/story/joke** eine Bemerkung/Geschichte, die/ein Witz, der nicht salonfähig ist

unrepentant [ʌnrɪ'pentənt] *adj.* a) *(impenitent)* reuelos ⟨*Sünder*⟩; **die ~:** sterben, ohne bereut zu haben; **be ~:** keine Reue zeigen; **be ~ about sth.** etw. nicht bereuen; b) *(unreformed, obstinate)* halsstarrig; stur

unreported [ʌnrɪ'pɔ:tɪd] *adj.* nicht angezeigt ⟨*Verbrechen*⟩; ⟨*Fall, Versuch*⟩ über den nicht berichtet wurde; **it went ~:** darüber wurde nicht berichtet

unrepresentative [ʌnreprɪ'zentətɪv] *adj.* nicht repräsentativ **(of für);** *(Polit.)* nicht demokratisch gewählt ⟨*Regierung, Führer*⟩; **be ~ of sth.** etw. nicht repräsentieren

unrepresented [ʌnreprɪ'zentɪd] *adj.* nicht vertreten

unrequited [ʌnrɪ'kwaɪtɪd] *adj.* unerwidert

unreserved [ʌnrɪ'zɜ:vd] *adj.* a) *(not booked)* nicht reserviert; b) *(full, without any reservations)* uneingeschränkt ⟨*Zustimmung, Aufnahme, Entschuldigung usw.*⟩; **he was ~ in his praise** er geizte nicht mit Lob; c) *(free from reserve)* offen ⟨*Person, Wesensart*⟩

unreservedly [ʌnrɪ'zɜ:vɪdlɪ] *adv.* a) *(fully, without any reservations)* uneingeschränkt; **he ~ withdrew the allegation** er nahm die Anschuldigung in vollem Umfang zurück; b) *(frankly, openly)* offen

unresolved [ʌnrɪ'zɒlvd] *adj.* a) *(not solved)* ungelöst; nicht gelöst; b) *(undecided)* he was ~: sich [noch] nicht entschieden haben; c) *(Mus.)* nicht aufgelöst

unresponsive [ʌnrɪ'spɒnsɪv] *adj.* **be ~:** nicht reagieren **(to auf + *Akk.*); an ~ audience** ein teilnahmsloses Publikum

unrest [ʌn'rest] *n.* Unruhen *Pl.*; **there is widespread ~ among the population** ein großer Teil der Bevölkerung ist unzufrieden

unrestrained [ʌnrɪ'streɪnd] *adj.* uneingeschränkt ⟨*Freude, Begeisterung, Wachstum, Überfluß*⟩; unbeherrscht ⟨*Gefühlsäußerung, Wut, Gewalt*⟩; unkontrolliert ⟨*Entwicklung, Wachstum*⟩; ungeniert ⟨*Sprache, Benehmen*⟩

unrestricted [ʌnrɪ'strɪktɪd] *adj.* unbeschränkt; uneingeschränkt; frei ⟨*Sicht*⟩; **have ~ use of sth.** etw. uneingeschränkt nutzen [dürfen]

unrevealed [ʌnrɪ'vi:ld] *adj.* verborgen

unrewarded [ʌnrɪ'wɔ:dɪd] *adj.* **go ~:** keine Belohnung bekommen ⟨*Tat, Mühe:*⟩ nicht belohnt werden

unrewarding [ʌnrɪ'wɔ:dɪŋ] *adj.* unbefriedigend; undankbar ⟨*Aufgabe*⟩; **financially ~:** wenig einträglich *od. (geh.)* lukrativ

unrighteous [ʌn'raɪtʃəs] *adj.* a) *(wicked)* schlecht; b) *(unjust)* ungerecht

unripe [ʌn'raɪp] *adj.* unreif

unrivalled *(Amer.:* **unrivaled**) [ʌn'raɪvld] *adj.* unvergleichlich; beispiellos; unübertroffen ⟨*Ruf, Luxus, Erfahrung, Könnerschaft*⟩; **our goods are ~ for quality** unsere Waren sind in ihrer Qualität konkurrenzlos *od.* unerreicht; **a landscape ~ for beauty** *or* **of ~ beauty** eine Landschaft von unvergleichlicher Schönheit

unroadworthy [ʌn'rəʊdwɜ:ðɪ] *adj.* nicht verkehrssicher

unroll [ʌn'rəʊl] **1.** *v. t.* aufrollen. **2.** *v. i.* sich aufrollen; *(fig.)* ⟨*Geschichte, Handlung:*⟩ sich entrollen; **he watched the landscape ~ before his eyes** er betrachtete die Landschaft, die sich vor seinen Augen auftat

unromantic [ʌnrə'mæntɪk] *adj.* unromantisch

unruffled [ʌn'rʌfld] *adj.* ruhig; glatt ⟨*Gewässer, Haar, Feder*⟩; **listen with ~ calm/composure** mit unerschütterlicher Ruhe/ruhiger Gelassenheit zuhören; **he was/remained ~ by all the fuss/criticism** er ließ sich von der ganzen Aufregung/Kritik nicht aus der Ruhe bringen

unruled [ʌn'ru:ld] *adj.* unliniert ⟨*Papier*⟩

unruliness [ʌn'ru:lɪnɪs] *n.* Ungebärdigkeit, *die*

unruly [ʌn'ru:lɪ] *adj.* ⟨*Person,*

Benehmen⟩; widerspenstig ⟨*Haar, Person, Benehmen*⟩

unsaddle [ʌn'sædl] *v. t.* a) absatteln ⟨*Pferd usw.*⟩; b) abwerfen ⟨*Reiter*⟩

unsafe [ʌn'seɪf] *adj.* a) nicht sicher ⟨*Leiter, Konstruktion*⟩; baufällig ⟨*Gebäude*⟩; nicht verkehrssicher ⟨*Fahrzeug*⟩; gefährlich ⟨*Maschine, Leitungen, Spielzeug*⟩; **the food is ~ to eat** das Essen ist ungenießbar; **he looked ~ on top of the ladder** es sah gefährlich aus, wie er oben auf der Leiter stand; **it is ~ to do that** es ist gefährlich, das zu tun; b) *(untenable)* unhaltbar ⟨*Argument, Urteil usw.*⟩; **the conviction was ~:** die Verurteilung war juristisch nicht haltbar

unsaid [ʌn'sed] *adj.* ungesagt; unausgesprochen; **leave sth. ~:** etw. ungesagt lassen; **some things are better left ~:** manche Dinge bleiben besser ungesagt

unsaleable [ʌn'seɪləbl] *adj.* unverkäuflich

unsalted [ʌn'sɔ:ltɪd, ʌn'sɒltɪd] *adj.* ungesalzen

unsanitary [ʌn'sænɪtərɪ] *adj.* unhygienisch

unsatisfactorily [ʌnsætɪs'fæktərɪlɪ] *adv.* unbefriedigend; **perform one's tasks ~:** unbefriedigende Leistungen erbringen; **end ~:** zu einem unbefriedigenden Abschluß kommen

unsatisfactory [ʌnsætɪs'fæktərɪ] *adj.* unbefriedigend; nicht befriedigend; schlecht ⟨*Service, Hotel*⟩; mangelhaft ⟨*schulische Leistung*⟩

unsatisfied [ʌn'sætɪsfaɪd] *adj.* unzufrieden; unerfüllt ⟨*Wunsch, Bedürfnis*⟩; nicht befriedigt ⟨*Wunsch, Bedürfnis, Neugier, Nachfrage*⟩; nicht gestillt ⟨*Hunger, Neugier, Appetit*⟩; unbeglichen ⟨*Schuld*⟩; **sexually ~:** sexuell nicht befriedigt; **leave sb. ~:** jmdn. nicht befriedigen

unsatisfying [ʌn'sætɪsfaɪɪŋ] *adj.* unbefriedigend; nicht sättigend ⟨*Mahlzeit*⟩

unsaturated [ʌn'sætʃəreɪtɪd, ʌn'sætjʊreɪtɪd] *adj.* ungesättigt

unsavoury *(Amer.:* **unsavory**) [ʌn'seɪvərɪ] *adj.* unangenehm ⟨*Geruch, Geschmack, Mahlzeit*⟩; zwielichtig ⟨*Charakter, Person*⟩; zweifelhaft ⟨*Ruf, Geschäfte, Angelegenheit*⟩; unerfreulich ⟨*Einzelheiten*⟩

unscalable [ʌn'skeɪləbl] *adj.* unbezwinglich ⟨*Berg, Höhe*⟩

unscaled [ʌn'skeɪld] *adj.* [noch] nicht bezwungen ⟨*Berg, Höhe*⟩

unscathed [ʌn'skeɪðd] *adj.* unversehrt ⟨*Person*⟩; unbeschädigt ⟨*Sache*⟩; *(fig.)* **he emerged from the scandal ~/with his reputation ~:** er überlebte den Skandal ohne einen Flecken auf seiner Weste *(ugs.)*/ohne daß sein Ruf Schaden genommen hätte

unscented [ʌn'sentɪd] *adj.* nicht parfümiert ⟨*Seife, Shampoo*⟩

unscheduled [ʌn'ʃedju:ld] *adj.* außerplanmäßig

unscholarly [ʌn'skɒlərlɪ] *adj.* unwissenschaftlich ⟨*Buch, Methode*⟩; **be ~** ⟨*Person:*⟩ kein Gelehrter sein

unschooled [ʌn'sku:ld] *adj. (without education)* ungebildet; *(without training)* ungeschult

unscientific [ʌnsaɪən'tɪfɪk] *adj.* unwissenschaftlich ⟨*Methode, Buch, Ansatz usw.*⟩; **be ~** ⟨*Person:*⟩ kein Wissenschaftler sein

unscientifically [ʌnsaɪən'tɪfɪkəlɪ] *adv.* unwissenschaftlich

unscramble [ʌn'skræmbl] *v. t. (lit. or fig.)* entwirren ⟨*Teleph.:* decode⟩ entschlüsseln

unscratched [ʌn'skrætʃt] *adj. (unhurt)* unverletzt

unscrew [ʌn'skru:] **1.** *v. t.* ab- *od.* losschrauben ⟨*Regal, Deckel usw.*⟩; herausdrehen ⟨*Schraube*⟩. **2.** *v. i. (Brett, Verschluß:)* sich abschrauben lassen, ⟨*Schraube:*⟩ sich lösen *od.* abschrauben lassen; **come ~ed** sich lösen

unscripted [ʌn'skrɪptɪd] *adj.* frei vorgetra-

gen ⟨*Rede*⟩; nicht von einem Skript abgelesen ⟨*Interview, Rundfunksendung*⟩; **an ~ play** ein Stegreifstück

unscrupulous [ʌn'skru:pjʊləs] *adj.* skrupellos; **be ~ about money** in Geldangelegenheiten skrupellos sein

unscrupulously [ʌn'skru:pjʊləslɪ] *adv.* skrupellos

unscrupulousness [ʌn'skru:pjʊləsnɪs] *n., no pl.* Skrupellosigkeit, *die*

unseal [ʌn'si:l] *v. t. (break seal of)* entsiegeln; *(open)* öffnen ⟨*Brief, Paket, Behälter*⟩

unsealed [ʌn'si:ld] *adj.* offen; unverschlossen; *(without a seal)* nicht versiegelt

unseasonable [ʌn'si:zənəbl] *adj.* nicht der Jahreszeit entsprechend ⟨*Wetter, Hitze, Schnee*⟩; **the weather is ~:** das Wetter entspricht nicht der Jahreszeit

unseasonably [ʌn'si:zənəblɪ] *adv.* [für die Jahreszeit] ungewöhnlich ⟨*kalt, warm*⟩

unseasoned [ʌn'si:znd] *adj.* a) *(not flavoured)* ungewürzt; b) *(not matured)* nicht abgelagert ⟨*Holz*⟩; unerfahren ⟨*Soldat*⟩

unseat [ʌn'si:t] *v. t.* a) *(remove from office)* abwählen; b) *(throw)* aus dem Sattel werfen; *(Pferd:)* abwerfen

unseaworthy [ʌn'si:wɜ:ðɪ] *adj.* nicht seetüchtig

unsecured [ʌnsɪ'kjʊəd] *adj.* a) *(not fixed)* nicht gesichert; b) *(Finance: without security)* ohne Sicherheit[en] nachgestellt

unseeded [ʌn'si:dɪd] *adj. (Tennis)* nicht gesetzt

unseeing [ʌn'si:ɪŋ] *adj.* blind; leer ⟨*Blick, Auge*⟩

unseemly [ʌn'si:mlɪ] *adj.* unschicklich; ungehörig ⟨*Benehmen*⟩; ungebührlich ⟨*Eile, Benehmen*⟩

unseen [ʌn'si:n] **1.** *adj.* a) *(not seen)* ungesehen; unbekannt ⟨*Text*⟩; **~ translation** *(Brit. Sch., Univ.)* Übersetzung eines unbekannten Textes *(aus einer Fremdsprache)*; b) *(invisible)* unsichtbar. **2.** *n. (Brit. Sch., Univ.)* **Latin/French ~:** Übersetzung eines unbekannten Textes aus dem Lateinischen/Französischen

unselfconscious [ʌnself'kɒnʃəs] *adj.*, **unselfconsciously** [ʌnself'kɒnʃəslɪ] *adv.* unbefangen

unselfconsciousness [ʌnself'kɒnʃəsnɪs] *n.* Unbefangenheit, *die*

unselfish [ʌn'selfɪʃ] *adj.*, **unselfishly** [ʌn'selfɪʃlɪ] *adv.* selbstlos

unselfishness [ʌn'selfɪʃnɪs] *n., no pl.* Selbstlosigkeit, *die*

unsentimental [ʌnsentɪ'mentl] *adj.* unsentimental; **be totally ~ about sth.** einer Sache *(Dat.)* gegenüber keinerlei sentimentale Gefühle haben

unserviceable [ʌn'sɜ:vɪsəbl] *adj.* unbrauchbar

unsettle [ʌn'setl] *v. t.* durcheinanderbringen; verwirren ⟨*menschlichen Geist*⟩; stören ⟨*Friede*⟩; verstören ⟨*Kind, Tier*⟩; erschüttern ⟨*Stabilität, emotionales Gleichgewicht*⟩; aus dem Gleichgewicht bringen ⟨*Wirtschaft, Markt*⟩

unsettled [ʌn'setld] *adj.* a) *(changeable)* wechselhaft; *(fig.)* unstet *(geh.),* ruheloses ⟨*Leben*⟩; unsicher ⟨*Zukunft*⟩; b) *(upset)* verstimmt ⟨*Magen*⟩; gestört ⟨*Verdauung*⟩; unruhig ⟨*Zeit, Land*⟩; instabil *(geh.)* ⟨*Wirtschaft, Markt*⟩; **be/feel ~:** aus dem [gewohnten] Gleis sein; c) *(open to further discussion)* ungeklärt ⟨*Angelegenheit, Frage*⟩; d) *(unpaid)* unbezahlt

unsettling [ʌn'setlɪŋ] *adj.* störend ⟨*Vorfall, Einfluß*⟩; beunruhigend ⟨*Nachricht*⟩; unruhig ⟨*Zeit*⟩; *(Finance)* destabilisierend ⟨*Einfluß*⟩; **have an unsettling effect on sb.** jmdn. aus dem Gleichgewicht bringen; **this constant travelling is ~:** dieses ständige Reisen bringt einen aus dem Gleis

unshaded [ʌn'ʃeɪdɪd] *adj.* schattenlos; nackt ⟨*Glühbirne, Licht*⟩; **the ~ areas of the**

design die nicht schattierten Teile der Zeichnung
unshak[e]able [ʌnˈʃeɪkəbl] *adj.* unerschütterlich
unshaken [ʌnˈʃeɪkn] *adj.* be ~: nicht erschüttert sein
unshaven [ʌnˈʃeɪvn] *adj.* unrasiert; go ~: sich nicht rasieren
unsheathe [ʌnˈʃiːð] *v. t.* aus der Scheide ziehen
unshed [ʌnˈʃed] *adj.* ungeweint ⟨Tränen⟩
unshockable [ʌnˈʃɒkəbl] *adj.* be ~: durch nichts zu erschüttern sein
unshrinkable [ʌnˈʃrɪŋkəbl] *adj.* (Textiles) nicht einlaufend; schrumpffrei; be ~: nicht einlaufen
unsighted [ʌnˈsaɪtɪd] *adj.* be ~: in der od. seiner Sicht behindert sein
unsightliness [ʌnˈsaɪtlɪnɪs] *n., no pl.* Häßlichkeit, *die*
unsightly [ʌnˈsaɪtlɪ] *adj.* unschön
unsigned [ʌnˈsaɪnd] *adj.* nicht unterzeichnet ⟨Brief, Dokument⟩; unsigniert ⟨Gemälde⟩
unsinkable [ʌnˈsɪŋkəbl] *adj.* unsinkbar
unsized [ʌnˈsaɪzd] *adj.* ~ paper/textiles ungeleimtes Papier/ungeschlichtete Textilien
unskilful [ʌnˈskɪlfl] *adj.* ungeschickt; be ~ in sth. bei etw. ungeschickt vorgehen
unskilled [ʌnˈskɪld] *adj.* a) *(lacking skills)* ungeschickt; stümperhaft; b) *(without special training)* ungelernt ⟨Arbeiter⟩; ~ in sth. in etw. (Dat.) unerfahren; c) *(done without skill)* schlecht; stümperhaft; d) keine besonderen Fertigkeiten erfordernd ⟨Arbeit⟩; ~ jobs Stellen für ungelernte Arbeiter; Hilfsarbeiterstellen; the work is ~: die Arbeit erfordert keine besonderen Fertigkeiten
unskillful (*Amer.*) see **unskilful**
unslept-in [ʌnˈsleptɪn] *adj.* the bed was ~: in dem Bett hatte niemand geschlafen
unsmiling [ʌnˈsmaɪlɪŋ] *adj.* ernst
unsmoked [ʌnˈsməʊkt] *adj.* ungeräuchert
unsnarl [ʌnˈsnɑːl] *v. t.* entwirren
unsociability [ʌnsəʊʃəˈbɪlɪtɪ] *n.* Ungeselligkeit, *die*
unsociable [ʌnˈsəʊʃəbl] *adj.* ungesellig
unsocial [ʌnˈsəʊʃl] *adj.* at this ~ hour *(joc.)* zu dieser unchristlichen Tageszeit; work ~ hours nachts/sonn- und feiertags arbeiten
unsold [ʌnˈsəʊld] *adj.* unverkauft
unsolicited [ʌnsəˈlɪsɪtɪd] *adj.* nicht angefordert *od.* erbeten; nicht bestellt ⟨Waren⟩; unverlangt eingesandt ⟨Manuskript⟩; ~ mail Wurfsendungen
unsolved [ʌnˈsɒlvd] *adj.* ungelöst; unaufgeklärt ⟨Verbrechen⟩
unsophisticated [ʌnsəˈfɪstɪkeɪtɪd] *adj.* schlicht, einfach ⟨Person, Geschmack, Vergnügen, Spiel⟩; unkompliziert ⟨Maschine, Küche, Methode⟩; einfach ⟨Wein⟩; ~ food Hausmannskost, *die*
unsound [ʌnˈsaʊnd] *adj.* a) *(diseased)* nicht gesund; krank; his health is ~: seine Gesundheit ist angeschlagen *od.* angegriffen; b) *(defective)* baufällig ⟨Gebäude⟩; morsch ⟨Holz⟩; structurally ~: baufällig; c) *(ill-founded)* wenig stichhaltig; anfechtbar ⟨Gesetz⟩; nicht vertretbar ⟨Ansichten, Methoden⟩; d) *(unreliable)* unzuverlässig; the firm is financially ~: die Firma steht finanziell auf schwachen Füßen; e) of ~ mind unzurechnungsfähig; he killed her while of ~ mind als er sie tötete, war er nicht zurechnungsfähig
unsoundness [ʌnˈsaʊndnɪs] *n., no pl.* (of health) Schwäche, *die*; (of structure) Baufälligkeit, *die*; (of theory, argument, decision) Zweifelhaftigkeit, *die*; ~ of mind Unzurechnungsfähigkeit, *die*
unsparing [ʌnˈspeərɪŋ] *adj.* a) *(lavish)* großzügig; work with ~ energy mit voller Kraft arbeiten; give sb. one's ~ help/support

jmdm. seine volle Hilfe/Unterstützung geben; be ~ of *or* in sth. mit etw. nicht geizen; b) *(merciless)* schonungslos
unsparingly [ʌnˈspeərɪŋlɪ] *adv.* a) großzügig; b) *(mercilessly)* schonungslos
unspeakable [ʌnˈspiːkəbl] *adj.* unbeschreiblich; *(indescribably bad)* unsäglich
unspeakably [ʌnˈspiːkəblɪ] *adv.* unbeschreiblich; unsäglich ⟨häßlich⟩
unspecified [ʌnˈspesɪfaɪd] *adj.* nicht näher bezeichnet; nicht genannt ⟨Anzahl, Summe⟩; the job was for an ~ length of time die Stelle war nicht befristet
unspectacular [ʌnspekˈtækjʊlə(r)] *adj.* wenig eindrucksvoll
unspent [ʌnˈspent] *adj.* nicht ausgegeben ⟨Geld⟩; I still had 30 pence ~ in my pocket ich hatte noch 30 Pence in der Tasche
unspoiled [ʌnˈspɔɪld], **unspoilt** [ʌnˈspɔɪlt] *adj.* unverdorben; unberührt ⟨Dorf, Landschaft⟩; genießbar ⟨Lebensmittel⟩
unspoken [ʌnˈspəʊkn] *adj.* ungesagt; *(tacit)* unausgesprochen; stillschweigend ⟨Übereinkunft⟩; be left ~: ungesagt bleiben
unsporting [ʌnˈspɔːtɪŋ], **unsportsmanlike** [ʌnˈspɔːtsmənlaɪk] *adjs.* unsportlich
unstable [ʌnˈsteɪbl] *adj.* a) nicht stabil; instabil (geh.); labil ⟨Wirtschaft, Beziehungen, Verhältnisse⟩; the country is ~: die Lage im Land ist nicht stabil *od.* ist unsicher; [mentally/emotionally] ~: [psychisch] labil; b) *(Phys.)* instabil; see also **equilibrium**
unstamped [ʌnˈstæmpt] *adj.* ungestempelt; *(unfranked)* unfrankiert
unstated [ʌnˈsteɪtɪd] *adj.* nicht genannt
unstatesmanlike [ʌnˈsteɪtsmənlaɪk] *adj.* wenig staatsmännisch
unsteadily [ʌnˈstedɪlɪ] *adv.* unsicher ⟨gehen⟩; unregelmäßig ⟨schlagen, brennen⟩
unsteadiness [ʌnˈstedɪnɪs] *n., no pl.* see **unsteady**: Unsicherheit, *die*; Instabilität, *die*; Wechselhaftigkeit, *die*; Ungleichmäßigkeit, *die*; Wackeligkeit, *die*
unsteady [ʌnˈstedɪ] *adj.* unsicher; instabil ⟨Wirtschaft, Markt⟩; wechselhaft ⟨Entwicklung⟩; ungleichmäßig ⟨Flamme, Rhythmus⟩; wackelig ⟨Leiter, Stuhl, Tisch, Konstruktion⟩; be ~ on one's feet unsicher auf den Beinen sein
unstick [ʌnˈstɪk] *v. t.*, **unstuck** [ʌnˈstʌk] [ab]lösen; see also **unstuck**
unstinting [ʌnˈstɪntɪŋ] *adj.* großzügig; be ~ in sth. mit etw. nicht geizen; be ~ in one's efforts keine Mühe scheuen
unstitch [ʌnˈstɪtʃ] *v. t.* auftrennen ⟨Naht, Saum⟩; the seam has come ~ed der Saum ist aufgegangen
unstoppable [ʌnˈstɒpəbl] *adj.* unhaltbar ⟨Schuß aufs Fußballtor⟩; unerreichbar ⟨Aufschlag⟩; *(fig.)* unaufhaltsam; she is ~: sie ist nicht aufzuhalten
unstrap [ʌnˈstræp] *v. t.* aufschnallen
unstreamed [ʌnˈstriːmd] *adj.* (Sch.) nicht in Parallelzüge *od.* leistungshomogene Gruppen eingeteilt
unstressed [ʌnˈstrest] *adj.* a) *(not subjected to stress)* nicht belastet; b) *(Phonet.)* unbetont
unstructured [ʌnˈstrʌktʃəd] unstrukturiert
unstrung [ʌnˈstrʌŋ] *adj.* a) come ~ ⟨Perlen usw.:⟩ von der Schnur fallen; b) entnervt ⟨Person⟩; zerrüttet ⟨Nerven⟩
unstuck [ʌnˈstʌk] *adj.* come ~: sich lösen; ⟨Briefumschlag:⟩ aufgehen; *(fig. coll.* come to grief, fail) ⟨Person:⟩ baden gehen *(ugs.)* (over mit); ⟨Projekt, Plan, Theorie, Geschäft:⟩ in die Binsen gehen *(ugs.)*
unstudied [ʌnˈstʌdɪd] *adj.* ungekünstelt
unsubsidized [ʌnˈsʌbsɪdaɪzd] *adj.* nicht subventioniert
unsubstantial [ʌnsəbˈstænʃl] *adj.* a) immateriell; *(ghostly)* körperlos ⟨Wesen⟩; leicht ⟨Konstruktion⟩; b) *(inadequate)* wenig nahrhaft ⟨Essen⟩

unsubstantiated [ʌnsəbˈstænʃɪeɪtɪd] *adj.* unhaltbar; unbegründet
unsubtle [ʌnˈsʌtl] *adj.* plump
unsuccessful [ʌnsəkˈsesfl] *adj.* erfolglos; be ~: keinen Erfolg haben; the operation was ~: die Operation hatte keinen Erfolg *od.* mißlang; be ~ in an examination/competition eine Prüfung nicht bestehen/in einem Wettbewerb unterliegen *od.* keinen Erfolg haben; he has been ~ in his attempt to find a job es ist ihm nicht gelungen, eine Stelle zu finden
unsuccessfully [ʌnsəkˈsesflɪ] *adv.* erfolglos; vergebens ⟨versuchen⟩
unsuitability [ʌnsuːtəˈbɪlɪtɪ, ʌnsjuːtəˈbɪlɪtɪ] *n., no pl.* Ungeeignetsein, *das*; (for job) mangelnde Eignung
unsuitable [ʌnˈsuːtəbl, ʌnˈsjuːtəbl] *adj.* ungeeignet; ~ clothes *(for weather, activity)* unzweckmäßige Kleider; *(for occasion, age)* unpassende Kleider; be ~ for sb./sth. für jmdn./etw. ungeeignet sein; this sort of behaviour is ~ for a teacher solches Verhalten gehört sich nicht für einen Lehrer
unsuitably [ʌnˈsuːtəblɪ, ʌnˈsjuːtəblɪ] *adv.* unpassend; she dresses ~ for her age/figure sie kleidet sich unpassend für ihr Alter/unvorteilhaft für ihre Figur; be ~ dressed for a hike für eine Wanderung unzweckmäßig gekleidet sein
unsuited [ʌnˈsuːtɪd, ʌnˈsjuːtɪd] *adj.* ungeeignet; be ~ for *or* to sb./sth. für jmdn./etw. ungeeignet sein; ⟨Verhalten, Sprache:⟩ für jmdn./etw. unpassend sein; John and Mary are ~ to each other John and Mary passen nicht zusammen; he is ~ to be a teacher er eignet sich nicht zum Lehrer
unsullied [ʌnˈsʌlɪd] *adj.* *(literary)* unbefleckt; unberührt ⟨Schnee⟩; makellos ⟨Glanz, Ruf⟩
unsung [ʌnˈsʌŋ] *adj.* unbesungen ⟨Held, Tat⟩
unsupported [ʌnsəˈpɔːtɪd] *adj.* a) nicht abgestützt; if left ~, the branches will break wenn man die Äste nicht [ab]stützt, brechen sie; the old man walked ~: der alte Mann ging ohne fremde Hilfe; b) *(Mil.)* ohne Unterstützung nachgestellt; *(without cover)* ungedeckt; an ~ unit eine ohne Unterstützung operierende Einheit; c) *(fig.)* durch nichts gestützt ⟨Anschuldigung, Forderung, Theorie⟩; ~ by sb./sth. nicht gestützt durch jmdn./etw.; a project ~ by funds ein finanziell nicht gefördertes Projekt; we do not accept cheques ~ by cheque cards wir akzeptieren keine Schecks ohne Scheckkarte
unsure [ʌnˈʃʊə(r)] *adj.* unsicher; be ~ about sb./sth. sich *(Dat.)* über jmdn./etw. nicht im klaren sein; be ~ whether to do sth. sich *(Dat.)* nicht sicher sein, ob man etw. tun soll; be ~ of sb./sth. sich *(Dat.)* jmds./einer Sache nicht sicher sein; be ~ of a date/of one's facts ein Datum nicht genau wissen/seine Fakten nicht genau kennen; be ~ of oneself unsicher sein
unsurpassable [ʌnsəˈpɑːsəbl] *adj.* unübertrefflich; *(unique)* einzigartig
unsurpassed [ʌnsəˈpɑːst] *adj.* unübertroffen; a landscape ~ in beauty eine Landschaft von unübertroffener Schönheit; a novel ~ for suspense ein Roman von unübertroffener Spannung; his speeches were ~ for wit seine Reden waren von unübertroffenem Witz
unsurprising [ʌnsəˈpraɪzɪŋ] *adj.* wenig überraschend
unsurprisingly [ʌnsəˈpraɪzɪŋlɪ] *adv.* wie zu erwarten war
unsuspected [ʌnsəˈspektɪd] *adj.* a) *(not known about)* ungeahnt ⟨Talent, Kräfte, Stärke, Tiefe, Charme⟩; unvermutet ⟨Defekt, Leck, Ergebnis, Folge⟩; he showed an ~ streak of ruthlessness er zeigte sich überraschend rücksichtslos; b) *(not under suspicion)* be ~: nicht verdächtigt werden; nicht

unsuspecting

unter Verdacht stehen; ~ **by anyone** ohne verdächtigt zu werden
unsuspecting [ʌnsə'spektɪŋ] *adj.*, **unsuspectingly** [ʌnsə'spektɪŋlɪ] *adv.* nichtsahnend
unsweetened [ʌn'swiːtnd] *adj.* ungesüßt
unswerving [ʌn'swɜːvɪŋ] *adj.* a) *(not turning aside)* schnurgerade; **follow an ~ course** *(fig.)* seinen Weg unbeirrt fortsetzen; b) *(steady, constant)* unerschütterlich ⟨Glaube, Treue⟩; unbeirrbar ⟨Entschlossenheit, Zuneigung⟩; **be ~ in sth.** an etw. *(Dat.)* unbeirrbar *od.* unerschütterlich festhalten
unswervingly [ʌn'swɜːvɪŋlɪ] *adv.* unerschütterlich ⟨treu⟩; unbeirrbar ⟨unterstützen, festhalten, folgen⟩
unsymmetrical [ʌnsɪ'metrɪkl] *adj.* unsymmetrisch
unsympathetic [ʌnsɪmpə'θetɪk] *adj.* a) wenig mitfühlend; **be ~:** kein Mitgefühl zeigen; **be ~ to sth./not ~ to sth.** kein Verständnis/durchaus Verständnis für etw. haben; b) *(unlikeable)* unsympathisch
unsympathetically [ʌnsɪmpə'θetɪkəlɪ] *adv.* ohne Mitgefühl
unsystematic [ʌnsɪstə'mætɪk] *adj.*, **unsystematically** [ʌnsɪstə'mætɪkəlɪ] *adv.* unsystematisch
untainted [ʌn'teɪntɪd] *adj.* unverdorben ⟨Lebensmittel⟩; makellos ⟨Ruf⟩
untalented [ʌn'tæləntɪd] *adj.* untalentiert
untameable [ʌn'teɪməbl] *adj.* unzähmbar; *(fig.)* unbezähmbar; unbezwinglich ⟨Wildnis⟩
untamed [ʌn'teɪmd] *adj. (lit. or fig.)* ungezähmt; wild
untangle [ʌn'tæŋgl] *v.t.* entwirren; *(fig.)* entwirren ⟨Geschichte, Situation, Handlung⟩; in Ordnung bringen ⟨Finanzen, Angelegenheit⟩
untapped [ʌn'tæpt] *adj.* nicht angezapft; *(fig.: not used)* ungenutzt ⟨Talent⟩; nicht angebrochen ⟨Vorräte⟩; unerschlossen ⟨Bodenschätze, Markt⟩
untarnished [ʌn'tɑːnɪʃt] *adj. (lit. or fig.)* makellos; rein; nicht angelaufen ⟨Silber⟩; **his name is ~ by corruption** sein Name ist nicht durch Korruption befleckt *(geh.)*
untasted [ʌn'teɪstɪd] *adj.* unberührt; **leave one's food ~:** sein Essen nicht anrühren; *(fig.)* **~ pleasures/delights** nie genossene *od.* gekostete Vergnügen/Freuden
untaught [ʌn'tɔːt] *adj.* a) *(not instructed)* **be [completely] ~ in sth.** in etw. *(Dat.)* [überhaupt] nicht ausgebildet sein; b) *(not acquired by teaching)* natürlich ⟨Begabung⟩; angeboren ⟨Fähigkeit⟩
untaxed [ʌn'tækst] *adj.* unversteuert ⟨Einkommen, Waren⟩; **an ~ car** ein Auto, für das die [Kraftfahrzeug]steuer nicht bezahlt ist
unteachable [ʌn'tiːtʃəbl] *adj.* nicht bildungsfähig ⟨Person, Kind⟩; nicht lehrbar ⟨Fach, Fertigkeit⟩
untenable [ʌn'tenəbl] *adj.* unhaltbar
untenanted [ʌn'tenəntɪd] *adj.* unbewohnt; leerstehend
untended [ʌn'tendɪd] *adj.* ungepflegt ⟨Garten⟩
untested [ʌn'testɪd] *adj.* nicht erprobt; **a drug ~ on humans** ein an Menschen [noch] nicht erprobtes Medikament
unthankful [ʌn'θæŋkfl] *adj.* undankbar
unthinkable [ʌn'θɪŋkəbl] **1.** *adj.* unvorstellbar. **2.** *n.* **the ~:** das Unvorstellbare
unthinkably [ʌn'θɪŋkəblɪ] *adv.* unvorstellbar
unthinking [ʌn'θɪŋkɪŋ] *adj.*, **unthinkingly** [ʌn'θɪŋkɪŋlɪ] *adv.* gedankenlos; **~, I took the key** ganz in Gedanken, nahm ich den Schlüssel
unthought [ʌn'θɔːt] *adj.* **~ of** undenkbar; **hitherto ~-of disadvantages/objections** Nachteile/Einwände, an die bisher noch niemand gedacht hat/hatte

unthread [ʌn'θred] *v.t.* vom Faden abziehen ⟨Perlen⟩
untidily [ʌn'taɪdɪlɪ] *adv.* unordentlich
untidiness [ʌn'taɪdɪnɪs] *n., no pl. see* **untidy:** Ungepflegtheit, *die;* Unaufgeräumtheit, *die;* Unordentlichkeit, *die;* Unsauberkeit, *die*
untidy [ʌn'taɪdɪ] *adj.* ungepflegt ⟨Äußeres, Person, Garten⟩; unaufgeräumt ⟨Bücher, Spielzeug, Zimmer⟩; unordentlich, unsauber ⟨Manuskript⟩
untie [ʌn'taɪ] *v.t.*, **untying** [ʌn'taɪɪŋ] aufknüpfen, aufknoten ⟨Faden, Seil, Paket⟩; aufbinden ⟨Knoten, Schnürsenkel⟩; losbinden ⟨Pferd, Boot, Seil vom Pfosten⟩; **~ sb./sb.'s hands** jmdn./jmds. Hände von den Fesseln befreien
untied [ʌn'taɪd] *adj.* offen ⟨Schnürsenkel⟩; ungebunden ⟨Krawatte⟩; **leave sth. ~:** etw. nicht zusammenbinden; **come ~:** sich lösen; ⟨Schnürsenkel:⟩ aufgehen
until [ən'tɪl] **1.** *prep.* bis; *(followed by article + noun)* bis in; ~ **[the] evening/night/the end** bis zum Abend/bis in die Nacht/bis zum Ende; ~ **his death/retirement** bis zu seinem Tod/seiner Pensionierung; ~ **next week** bis nächste Woche; ~ **then** *or* **that time** bis dahin *od.* dann; ~ **soon after sth.** bis kurz nach etw.; **not ~:** erst; **not ~ Christmas/the summer/his birthday/this morning** erst am Weihnachten/im Sommer/an seinem Geburtstag/heute morgen; **yes, but not ~ [then]** ja, aber nicht vorher. **2.** *conj.* bis; ~ **you find the key, we shall not be able to get in** solange du den Schlüssel nicht findest, kommen wir nicht hinein; **I am not coming ~ I am asked** ich komme erst, wenn man mich einlädt; solange man mich nicht einlädt, komme ich nicht; **I did not know ~ you told me** ich habe nicht gewußt, bis du es mir gesagt hast; **not ~ I saw him …:** erst, als ich ihn sah, …
untimely [ʌn'taɪmlɪ] **1.** *adj.* a) *(inopportune)* ungelegen; *(inappropriate)* unpassend; **be ~:** ungelegen kommen/unpassend sein; **an ~ frost** ein nicht der Jahreszeit entsprechender Frost; **an ~ measure/action** eine zur Unzeit getroffene Maßnahme; **his joke was ~:** er machte seinen Witz im unpassenden Moment; **not ~:** zur rechten Zeit; b) *(premature)* vorzeitig; allzu früh ⟨Tod⟩; **he came to an ~ end** er starb allzu früh. **2.** *adv. (inopportunely)* unpassend; *(prematurely)* allzu früh
untiring [ʌn'taɪərɪŋ] *adj.* unermüdlich; **be ~ in one's efforts for sb./to do sth.** sich unermüdlich für jmdn. einsetzen/sich unermüdlich bemühen, etw. zu tun
untiringly [ʌn'taɪərɪŋlɪ] *adv.* unermüdlich
unto ['ʌntʊ, ʌntə] *prep. (arch./literary)* a) *see* **to 1;** b) *(Bibl.)* **come ~ me** kommet zu mir *(bibl.);* ~ **us a child is born** uns ist ein Kind geboren; ~ **this day** bis zum heutigen Tage; **faithful ~ death** getreu bis in den Tod
untold [ʌn'təʊld] *adj.* a) *(immeasurable)* unbeschreiblich; unsagbar ⟨Elend⟩; unermeßlich ⟨Reichtümer, Anzahl⟩; b) *(countless)* unzählig; c) *(not related)* nicht erzählt
untouchable [ʌn'tʌtʃəbl] **1.** *adj.* a) *(beyond reach)* unberührbar; **sth. is ~:** etw. kann nicht berührt werden; ; b) *(above criticism/reproach)* unantastbar. **2.** *n.* Unberührbare, der/die
untouched [ʌn'tʌtʃt] *adj.* a) *(not handled, untasted)* unberührt; **leave sth. ~:** etw. nicht anrühren; '**~ by human hand**' *(on packaged food)* ≈ „hygienisch verpackt"; **a cup of tea still ~:** eine noch nicht berührte Tasse Tee; b) *(not changed)* unverändert; c) *(not affected)* unberührt; **be ~ by sth.** von etw. unberührt sein; **they had left her jewellery ~:** sie hatten ihren Schmuck nicht angerührt; **a town ~ by the war/a people ~ by the pressures of modern times** eine vom Krieg verschont gebliebene Stadt/ein Volk,

unusually

das von den Zwängen der heutigen Zeit unberührt geblieben ist; **she remained ~ by his tears** seine Tränen ließen sie kalt; d) *(unequalled)* unerreicht
untoward [ʌntə'wɔːd, ʌn'təʊəd] *adj.* a) *(unfavourable)* ungünstig; unglücklich ⟨Unfall⟩; **in case something ~ were to happen** falls Schwierigkeiten auftauchen/ein Unglück geschieht; **nothing ~ happened** es gab keine Schwierigkeiten/es passierte kein Unheil; b) *(unseemly)* ungehörig
untraceable [ʌn'treɪsəbl] *adj.* unauffindbar; **be ~:** nicht aufzuspüren sein
untraced [ʌn'treɪst] *adj.* noch nicht gefunden
untrained [ʌn'treɪnd] *adj.* unausgebildet; ungelernt ⟨Arbeitskräfte⟩; nicht dressiert ⟨Tier⟩; **to the ~ eye/ear** dem ungeschulten Auge/Ohr; **be ~ in sth.** in etw. *(Dat.)* ungeübt sein
untrammelled *(Amer.:* **untrammeled)** [ʌn'træmld] *adj. (fig.)* unbeschränkt ⟨Freiheit⟩; **young people ~ by tradition/convention** junge Leute, die sich von Traditionen/Konventionen nicht einengen lassen
untranslatable [ʌntræns'leɪtəbl] *adj.* unübersetzbar
untravelled *(Amer.:* **untraveled)** [ʌn'trævld] *adj.* der/die nicht weit herumgekommen ist; kaum befahren ⟨Straße⟩
untreated [ʌn'triːtɪd] *adj.* unbehandelt
untried [ʌn'traɪd] *adj.* a) *(not tested)* unerprobt; **a new treatment, ~ on humans** eine neue, an Menschen noch nicht erprobte Behandlung; **leave nothing ~:** nichts unversucht lassen; b) *(Law)* nicht vor Gericht gestellt ⟨Person⟩; nicht verhandelt ⟨Fall⟩
untrodden [ʌn'trɒdn] *adj.* unberührt ⟨Schnee⟩; verlassen ⟨Weg⟩
untroubled [ʌn'trʌbld] *adj.* ungestört ⟨Schlaf, Ruhe⟩; sorglos ⟨Gesicht, Geist⟩; ruhig ⟨Wasser⟩; sorgenfrei ⟨Zeit, Leben⟩; **he seemed ~ by the news** die Nachricht schien ihn nicht zu beunruhigen; **we were ~ by doubts/worries** auf uns lasteten keine Zweifel/Sorgen
untrue [ʌn'truː] *adj.* a) *(false)* unwahr; **that's ~:** das ist nicht wahr; b) *(unfaithful)* **~ to sb./sth.** jmdm./etw. untreu; c) *(inaccurate)* ungenau ⟨Ergebnis, Meßgerät⟩
untrustworthy [ʌn'trʌstwɜːðɪ] *adj.* unzuverlässig
untruth [ʌn'truːθ] *n., pl.* **~s** [ʌn'truːðz, ʌn'truːθs] Unwahrheit, *die*
untruthful [ʌn'truːθfl] *adj.* verlogen *(abwertend);* **an ~ story** eine Lügengeschichte *(abwertend);* **I am not being ~:** ich lüge nicht
untruthfully [ʌn'truːθfəlɪ] *adv.* nicht der Wahrheit entsprechend ⟨antworten, etw. sagen⟩
untruthfulness [ʌn'truːθflnɪs] *n., no pl. (of story)* Unwahrheit, *die; (of person)* Verlogenheit, *die (abwertend)*
untuneful [ʌn'tjuːnfl] *adj.* unmelodisch
unturned [ʌn'tɜːnd] *adj. see* **stone 1 a**
untutored [ʌn'tjuːtəd] *adj.* ungeschult
untypical [ʌn'tɪpɪkl] *adj.* untypisch **(of** für**)**
unusable [ʌn'juːzəbl] *adj.* unbrauchbar
¹unused [ʌn'juːzd] *adj. (new, fresh)* unbenutzt; *(not utilized)* ungenutzt; ungestempelt ⟨Briefmarke⟩; **he still had three days ~ leave** er hatte noch drei Tage Urlaub gut
²unused [ʌn'juːst] *adj. (unaccustomed)* **be ~ to sth./to doing sth.** etw. *(Akk.)* nicht gewohnt sein, etw. zu tun; **we are not ~ to sudden crises** plötzliche Krisen sind für uns nichts Ungewohntes
unusual [ʌn'juːʒʊəl] *adj.* ungewöhnlich; *(exceptional)* außergewöhnlich; **an ~ number of …:** eine ungewöhnlich große Zahl von …; **it is ~ for him to do that** es ist ungewöhnlich, daß er das tut; **it is not ~ for her to do that** es ist durchaus nicht ungewöhnlich, daß sie das tut
unusually [ʌn'juːʒʊəlɪ] *adv.* ungewöhnlich;

unusualness

as sentence-modifier ~ [for him], he was late er kam zu spät, was für ihn ganz ungewöhnlich ist
unusualness [ʌnˈjuːʒʊəlnɪs] *n., no pl.* Ungewöhnlichkeit, *die*
unutterable [ʌnˈʌtərəbl] *adj.*, **unutterably** [ʌnˈʌtərəblɪ] *adv.* unsäglich
unvarnished [ʌnˈvɑːnɪʃt] *adj.* unlackiert ⟨*Holz*⟩; unglasiert ⟨*Keramik*⟩; *(fig.)* ungeschminkt ⟨*Wahrheit*⟩
unvarying [ʌnˈveərɪɪŋ] *adj.* gleichbleibend
unveil [ʌnˈveɪl] *v.t.* **a)** entschleiern ⟨*Gesicht*⟩; enthüllen ⟨*Statue, Gedenktafel*⟩; *(fig.: introduce publicly)* vorstellen ⟨*neues Auto, Produkt, Modell*⟩; **b)** *(reveal)* veröffentlichen, *(geh.)* enthüllen ⟨*Plan, Projekt*⟩
unveiling [ʌnˈveɪlɪŋ] *n.* Enthüllung, *die; (fig.)* Vorstellung, *die;* **the** ~ **ceremony** die [feierliche] Enthüllung
unventilated [ʌnˈventɪleɪtɪd] *adj.* ungelüftet; *(having no permanent ventilation system)* unbelüftet
unverifiable [ʌnˈverɪfaɪəbl] *adj.* nicht nachprüfbar ⟨*Tatsache*⟩
unverified [ʌnˈverɪfaɪd] *adj.* nicht nachgeprüft
unversed [ʌnˈvɜːst] *adj.* nicht bewandert (**in** in + *Dat.*)
unvoiced [ʌnˈvɔɪst] *adj.* **a)** unausgesprochen ⟨*Ansichten, Gefühle, Zweifel*⟩; **b)** *(Phonet.)* stimmlos
unwaged [ʌnˈweɪdʒd] *adj.* arbeitslos
unwanted [ʌnˈwɒntɪd] *adj.* unerwünscht; **one's** ~ **clothes/books** die Kleider/Bücher, die man nicht mehr [haben] will
unwarily [ʌnˈweərɪlɪ] *adv.* unvorsichtig
unwarrantable [ʌnˈwɒrəntəbl] *adj.* nicht zu rechtfertigend *nicht präd.;* ungerechtfertigt
unwarrantably [ʌnˈwɒrəntəblɪ] *adv.* **be** ~ **severe with sb.** so streng mit jmdm. sein, daß es nicht zu rechtfertigen ist
unwarranted [ʌnˈwɒrəntɪd] *adj.* ungerechtfertigt
unwary [ʌnˈweərɪ] *adj.* unvorsichtig; unüberlegt ⟨*Tat, Schritt*⟩
unwashed [ʌnˈwɒʃt] *adj.* ungewaschen ⟨*Person, Kleidung*⟩; ungespült ⟨*Geschirr*⟩; **the great** ~ *(derog.)* der Pöbel
unwavering [ʌnˈweɪvərɪŋ] *adj.* gleichmäßig ⟨*Flamme, Licht*⟩; fest ⟨*Blick*⟩; *(fig.: firm, resolute)* unerschütterlich
unwearable [ʌnˈweərəbl] *adj.* **sth. is** ~: etw. kann man nicht anziehen *od.* tragen
unwelcome [ʌnˈwelkəm] *adj.* unwillkommen; ungebeten ⟨*Besucher*⟩; unerwünscht ⟨*Anwesenheit*⟩
unwell [ʌnˈwel] *adj.* unwohl; **look** ~: nicht wohl *od.* gut aussehen; **he feels** ~ *(feels poorly)* er fühlt sich nicht wohl; *(feels sick)* ihm ist [es] schlecht *od.* übel; **she is** ~: es geht ihr nicht gut
unwholesome [ʌnˈhəʊlsəm] *adj. (lit. or fig.)* ungesund
unwieldiness [ʌnˈwiːldɪnɪs] *n., no pl. (of tool, weapon)* Unhandlichkeit, *die; (of box, shape, parcel)* Sperrigkeit, *die; (fig.: complexity)* Kompliziertheit, *die*
unwieldy [ʌnˈwiːldɪ] *adj.* unhandlich ⟨*Werkzeug, Waffe*⟩; sperrig ⟨*Karton, Form, Paket*⟩; *(fig.)* kompliziert ⟨*Name, Titel, Organisation usw.*⟩
unwilling [ʌnˈwɪlɪŋ] *adj.* widerwillig ⟨*Partner, Unterstützung, Zustimmung*⟩; unfreiwillig ⟨*Helfer*⟩; **an achievement that commands our** ~ **admiration/respect** eine Leistung, die wir wider Willen bewundern/respektieren müssen; **be** ~ **to do sth.** etw. nicht tun wollen; **we are not** ~ **but unable to help** wir wollen durchaus helfen, können [es] aber nicht; **be** ~ **for sb. to do sth.** *or* **that sb. should do sth.** nicht wollen, daß jmd. etw. tut; **be** ~ **for sth. to be done** *or* **that sth. should be done** nicht wollen, daß etw. getan wird

unwillingly [ʌnˈwɪlɪŋlɪ] *adv.* widerwillig
unwillingness [ʌnˈwɪlɪŋnɪs] *n., no pl.* Widerwille, *der;* ~ **to help/listen** mangelnde Bereitschaft zu helfen/zuzuhören
unwind [ʌnˈwaɪnd] **1.** *v.t.* **unwound** [ʌnˈwaʊnd] abwickeln; abspulen ⟨*Film*⟩; **the girl unwound her arms from around his neck** das Mädchen löste seine Arme von seinem Hals. **2.** *v.i.* **unwound a)** *(unreel)* sich abwickeln; **b)** *(fig.: unfold)* sich entwickeln; **c)** *(coll.: relax)* sich entspannen
unwise [ʌnˈwaɪz] *adj.* unklug; **if you are** ~ **enough to ignore my advice** wenn du so unklug bist, meinen Rat nicht anzunehmen
unwisely [ʌnˈwaɪzlɪ] *adv.* unklug; *as sentence-modifier* unklugerweise
unwitting [ʌnˈwɪtɪŋ] *adj.* ahnungslos ⟨*Opfer*⟩; unwissentlich ⟨*Komplize, Urheber*⟩; *(unintentional)* unbeabsichtigt ⟨*Fehler, Handlung*⟩; ungewollt ⟨*Beleidigung*⟩
unwittingly [ʌnˈwɪtɪŋlɪ] *adv.* unwissentlich; unabsichtlich ⟨*beleidigen*⟩
unwonted [ʌnˈwəʊntɪd] *adj.* ungewohnt
unworkable [ʌnˈwɜːkəbl] *adj.* unbrauchbar ⟨*Material*⟩; nicht abbaubar ⟨*Flöz*⟩; *(fig.: impracticable)* unbrauchbar ⟨*System*⟩; undurchführbar ⟨*Plan, Projekt*⟩
unworkmanlike [ʌnˈwɜːkmənlaɪk] *adj.* nicht fachmännisch
unworldly [ʌnˈwɜːldlɪ] *adj.* weltabgewandt; *(naïve, not worldly-wise)* weltfremd
unworn [ʌnˈwɔːn] *adj.* **a)** *(new)* ungetragen ⟨*Kleidung*⟩; **b)** *(not damaged)* nicht abgetreten ⟨*Teppich, Treppe*⟩; nicht abgenutzt ⟨*Kleidungsstück*⟩; nicht abgefahren ⟨*Maschinenteil*⟩; nicht abgefahren ⟨*Reifen*⟩; **completely** ~: überhaupt nicht abgetreten/ abgetragen/abgenutzt/abgefahren
unworried [ʌnˈwʌrɪd] *adj.* unbekümmert; **she was completely** ~ **by it** sie machte sich *(Dat.)* keine Sorgen darum
unworthily [ʌnˈwɜːðɪlɪ] *adv.* unwürdig
unworthiness [ʌnˈwɜːðɪnɪs] *n., no pl.* Unwürdigkeit, *die*
unworthy [ʌnˈwɜːðɪ] *adj.* unwürdig; **receive** ~ **treatment** in einer Weise behandelt werden, die man nicht verdient hat; **be [not]** ~ **of sth.** einer Sache nicht [un]würdig sein; **an incident** ~ **of notice/of sb.'s attention** ein Vorfall, der keine Beachtung/der jmds. Beachtung nicht verdient; **be** ~ **of sb./sth.** ⟨*Verhalten, Einstellung usw.:*⟩ einer Person/Sache *(Gen.)* unwürdig sein
unwrap [ʌnˈræp] *v.t.,* **-pp-** auswickeln; abwickeln ⟨*Bandage*⟩
unwritten [ʌnˈrɪtn] *adj.* ungeschrieben; nicht schriftlich festgehalten ⟨*Märchen, Lied, Vertrag, Verfassung*⟩; unbeschrieben ⟨*Papier, Seite*⟩
unyielding [ʌnˈjiːldɪŋ] *adj.* hart; *(fig.)* unnachgiebig; unerschütterlich ⟨*Mut*⟩; unbeirrbar ⟨*Entschlossenheit*⟩; unerbittlich ⟨*Widerstand*⟩
unyoke [ʌnˈjəʊk] *v.t.* aus dem Joch nehmen; ausspannen ⟨*Zugtier, Wagen, Pflug*⟩
unzip [ʌnˈzɪp] *v.t.,* **-pp-** öffnen ⟨*Reißverschluß*⟩; ~ **a dress/bag** *etc.* den Reißverschluß eines Kleides/einer Tasche *usw.* öffnen; **can you** ~ **me, please?** kannst du mir bitte den Reißverschluß öffnen *od.* (ugs.) aufmachen?; **her dress had come** ~**ped** der Reißverschluß ihres Kleides war aufgegangen. **2.** *v.i,* **-pp-: the dress** ~**s at the back** das Kleid hat hinten einen Reißverschluß; **this bag/dress won't** ~: der Reißverschluß dieser Tasche/dieses Kleides geht nicht auf *(ugs.)*

up [ʌp] **1.** *adv.* **a)** *(to higher place)* nach oben; *(in lift)* aufwärts; [**right**] **up to sth.** *(lit. or fig.)* [ganz] bis zu etw. hinauf; **the bird flew up to the roof** der Vogel flog aufs Dach [hinauf]; **up into the air** in die Luft [hinauf] ...; **climb up on sth./climb up to the top of sth.** auf etw. *(Akk.)* [hinauf]steigen/bis

zur Spitze einer Sache hinaufsteigen; **the lift went up to the top of the building** der Lift fuhr bis zur obersten Etage des Gebäudes; **the way up [to sth.]** der Weg hinauf [zu etw.]; **on the way up** *(lit. or fig.)* auf dem Weg nach oben; **up here/there** hier herauf/dort hinauf; **high/higher up** hoch/höher hinauf; **farther up** weiter hinauf; **half-way/a long/ little way up** den halben Weg/ein weites/ kurzes Stück hinauf; **up and up** immer höher; **up and away** auf und davon; **come on up!** komm [hier/weiter] herauf!; **up it** *etc.* **comes/goes** herauf kommt/hinauf geht es *usw.;* **up you go!** rauf mit dir *(ugs.); see also* **hand 1 a;** **b)** *(to upstairs)* rauf *(bes. ugs.);* herauf/hinauf *(bes. schriftsprachlich);* nach oben, **c)** *(to place regarded as higher)* rauf *(bes. ugs.);* herauf/hinauf *(bes. schriftsprachlich);* **go up to the shops/the end of the road** zu den Geschäften/zum Ende der Straße gehen; **d)** *(to place regarded as more important)* **go up to Leeds from the country** vom Land in die Stadt Leeds *od.* nach Leeds fahren; **e)** *(northwards)* rauf *(bes. ugs.);* herauf/hinauf *(bes. schriftsprachlich);* **come up from London to Edinburgh** von London nach Edinburgh [he]raufkommen; **f)** *(Brit.: to capital)* rein *(bes. ugs.);* herein/ hinein *(bes. schriftsprachlich);* **go up to town** *or* **London** nach London gehen/fahren; **get up to London from Reading** von Reading nach London [he]reinfahren; **g)** *(Brit.: to university)* **up to university/Oxford** auf die Universität/nach Oxford; **h)** *(Naut.: with rudder to leeward)* **in Luv; put the helm up** das Ruder in Luv legen; **i)** *(in higher place)* oben; **up here/there** hier/da oben; **[right] up at sth.** [ganz] oben auf etw. *(Dat.);* **high up** hoch oben; **he is something high up in the Army** *(fig.)* er ist ein hohes *od.* großes Tier in der Armee *(ugs.);* **an order from high up** *(fig.)* ein Befehl von ganz oben *(ugs.);* **higher up in the mountains** weiter oben in den Bergen; **the picture should be higher up** das Bild müßte höher hängen; **farther up** weiter oben; **half-way/a long/little way up** auf halbem Weg nach oben/ein gutes/kurzes Stück weiter oben; **10 metres up** 10 Meter hoch; **live four floors** *or* **storeys up** im vierten Stockwerk wohnen; **his flat is on the next floor up** seine Wohnung ist ein Stockwerk höher; **j)** *(erect)* hoch; **keep your head up** halte den Kopf hoch; *see also* **chin; k)** *(out of bed)* **be up** aufsein; **up and about** auf den Beinen; **l)** *(in place regarded as higher; upstairs)* oben; **m)** *(in place regarded as more important; Brit.: in capital)* **up in town** *or* **London/Leeds** in London/Leeds; **n)** *(in north)* **up [north]** oben [im Norden] *(ugs.);* **o)** *(Brit.: at univeristy)* **up at university/Oxford** an der Universität/in Oxford; **p)** *(in price, value, amount)* **prices have gone/ are up** die Preise sind gestiegen; **butter is up [by ...]** Butter ist [...] teurer; **the dollar is/ these shares are up** der Dollar ist/diese Aktien sind im Wert gestiegen; *(at high level)* **the temperature was up in the thirties** die Temperatur lag über dreißig Grad; **q)** *(including higher limit)* **up to** bis ... hinauf; **up to midday/up to £2** bis zum Mittag/bis zu 2 Pfund; **r)** *(in position of gain)* **we're £300 up on last year** wir liegen 300 Pfund über dem letzten Jahr; **the takings were £500 up on the previous month** die Einnahmen lagen 500 Pfund über den des Vormonats; **s)** *(ahead)* **be three points/games/goals up** *(Sport)* mit drei Punkten/Spielen/Toren vorn liegen; **be three points up on sb.** drei Punkte vor jmdm. sein *od.* liegen; **t)** *(as far as)* **up to sth.** bis zu etw.; **she is up to Chapter 3** sie ist bis zum dritten Kapitel gekommen *od.* ist beim dritten Kapitel; **where are you/have you got up to [now]?** *(in book)* wie weit bist du?/wie weit bist du jetzt gekommen?; **up to here/there** bis hier[hin]/bis dorthin; **I've had it up to here** *(coll.)* mir steht es bis hier [hin] *(ugs.)*; **up to now/then/that time/last week** bis jetzt/damals/zu jener Zeit/zur letzten Woche; *see also* ¹**ear a; eye 1 a; neck 1 a; point 1 e; u)** up to *(comparable with)* **be up to expectation[s]** den Erwartungen entsprechen; **his last opera is not up to the others he has written** seine neueste Oper reicht an seine früheren nicht heran; **v)** up to *(capable of)* [**not**] **be/feel up to sth.** einer Sache *(Dat.)* [nicht] gewachsen sich einer Sache *(Dat.)* [nicht] gewachsen fühlen, [**not**] **be/feel up to doing sth.** [nicht] in der Lage sein/sich nicht in der Lage fühlen, etw. zu tun; **are you sure you're up to it?** meinst du wirklich, daß du das schaffst?; **not be up to much** nicht viel taugen; **my cooking isn't up to much** ich koche nicht besonders gut; **be up to sb.'s dodges/fiddles** jmds. Schliche kennen; **he is up to all the dodges** er ist mit allen Wassern gewaschen *(ugs.)*; **w)** up to *(derog.: doing)* **be up to sth.** etw. anstellen *(ugs.)*; **what is he up to?** was hat er [bloß] vor?; **what do you think you're up to?** was fällt Ihnen [denn *od.* eigentlich] ein?; **I'm sure he's up to something** er führt sicher etwas im Schilde; **I wonder what he's up to with it** ich frage mich, was er damit vorhat; **x)** up to *(incumbent on)* **it is** [**not**] **up to sb. to do sth.** es ist [nicht] jmds. Sache, etw. zu tun; **it is up to us to help them** es ist unsere Pflicht, ihnen zu helfen; **now it's up to him to do something** nun liegt es bei *od.* an ihm, etwas zu tun; **it's not up to me to say** das kann ich nicht sagen; **the decision/choice is** [**not**] **up to me** die Entscheidung/Wahl hängt [nicht] von mir ab; **it's/that's up to you** *(is for you to decide)* es/das hängt von dir ab; *(concerns only you)* es/das ist deine Sache; **y)** *(close)* **up against sb./sth.** an jmdm./etw. *(lehnen)* an jmdn./etw. *(stellen)*; **sit up against the wall** mit dem Rücken zur *od.* an der Wand sitzen; **up near/by sth.** direkt neben etw. *(Akk.)*; **z)** *(confronted by)* **be up against a problem/difficulty** *etc. (coll.)* vor einem Problem/einer Schwierigkeit usw. stehen; **find oneself up against the law/the authorities** mit dem Gesetz/mit den Behörden in Konflikt kommen; **be up against a tough opponent** mit einem harten Gegner zu tun haben; **they don't realize what sort of competition they will be up against** sie wissen nicht, mit welcher Art von Konkurrenz sie es zu tun haben werden; **be up against it** in großen Schwierigkeiten stecken; *see also* **come up i; aa) up and down** *(upwards and downwards)* hinauf und hinunter; *(to and fro)* auf und ab; **the children are jumping up and down on the settee** die Kinder springen auf dem Sofa herum; **be up and down** *(coll.: variable)* Hochs und Tiefs haben; **How are you? – Oh, up and down** Wie geht es Ihnen? – Ach, mal so, mal so *(ugs.)*; *see also* **up-and-down; bb)** *(facing upwards)* '**this side/way up**' *(on box etc.)* „[hier] oben"; **turn sth. this/the other side/way up** diese/eine andere Seite einer Sache nach oben drehen; **the right/wrong way up** richtig/verkehrt *od.* falsch herum; **which way up is the painting supposed to be?** wie soll auf dem Bild oben [und unten] sein?; wie herum ist das Bild denn richtig? *(ugs.)*; **cc)** *(finished, at an end)* abgelaufen; **time is up** die Zeit ist abgelaufen; **it is all up with him** mit ihm ist es vorbei *od.* aus *(ugs.)*; *see also* ¹**game 1 b. 2. prep. a)** *(upwards along)* rauf *(bes. ugs.)*; herauf/hinauf *(bes. schriftsprachlich)*; **walk up sth.** etw. hinaufgehen; **up the valley** weiter oben im Tal; **up hill and down dale** bergauf und bergab; **curse sb. up hill and down dale** jmdn. in Grund und Boden verfluchen; **b)** *(upwards through)* **force a liquid up a pipe** eine Flüssigkeit durch eine Röhre nach oben pressen; **c)** *(upwards over)* **up sth.** *(Akk.)* hinauf; **ivy grew up the**

wall Efeu wuchs die Mauer hinauf; **mud was splattered up the back of his coat** sein Mantel war den ganzen Rücken hinauf mit Schlamm bespritzt; **d)** *(along)* **go up the road/corridor/track** die Straße/den Korridor/den Weg hinauf- *od.* entlanggehen; **come up the street** die Straße herauf- *od.* entlangkommen; **turn up a side-street** in eine Seitenstraße einbiegen; **I'm going up the pub** *(Brit. coll.)* ich gehe in die Kneipe; **walk up and down the platform** auf dem Bahnsteig auf und ab gehen; **up and down the land** landauf, landab; **e)** *(at or in higher position in or on)* [weiter] oben; **further up the ladder/coast** weiter oben auf der Leiter/an der Küste; **a house up the mountain** ein Haus oben am Berg; **live/sail up the river** flußaufwärts wohnen/segeln; **f) up yours!/up them!** *(sl.)* du kannst/die können mich [mal]! *(salopp)*; **g)** *(from bottom to top along)* **up the side of a house** an der Seite eines Hauses hinauf. *See also* **country b; creek d; gum-tree;** ¹**pole a; sleeve a; spout 1 a; stage 1 a. 3. adj. a)** *(directed upwards)* aufwärts führend *(Rohr, Kabel)*; *(Rolltreppe)* nach oben; nach oben gerichtet *(Kolbenhub)*; **up train/line/journey** *(Railw.)* Zug/Gleis/Fahrt Richtung Stadt; **b)** *(well informed)* **be up in a subject/on the news** in einem Fach auf der Höhe [der Zeit] sein/über alle Neuigkeiten Bescheid wissen *od.* gut informiert sein; **c) up for** *(in line for:)* **be up for a post/for promotion** Kandidat/Kandidatin für eine Stelle/Beförderung sein; **d)** *(coll.: ready)* **tea['s]/grub['s] up!** Tee/Essen ist fertig!; **e)** *(coll.: amiss)* **what's up?** was ist los? *(ugs.)*; **what's up with him etc.?** was ist los mit ihm *usw.?* *(ugs.)*; **something is up** irgendwas ist los *(ugs.)*. **4.** *n. in pl.* **the ups and downs** *(lit. or fig.)* das Auf und Ab; *(fig.)* die Höhen und Tiefen; **life is full of ups and downs** das Leben ist ein dauerndes Auf und Ab; **we've had our ups and downs** wir haben Höhen und Tiefen durchlebt. **5.** *v. i.* -**pp-** *(coll.)* **up and leave/resign** einfach abhauen *(ugs.)*/kündigen; **he ups and says ...**: da sagt er doch [ur]plötzlich ... **6.** *v. t.* -**pp-** *(coll.)* *(increase)* erhöhen; *(raise up)* heben
'**up-and-coming** *adj. (coll.)* aufstrebend
up-and-'down *attrib. adj.* ~ **movement/motion** Aufundabbewegung, *die;* **an ~ life/~ years** *(fig.)* ein Leben/Jahre mit Höhen und Tiefen; **an ~ sort of a year** ein bewegtes Jahr
up-and-'over door *n.* Kipptür, *die*
'**up-and-up** *n. (coll.)* **be on the ~**: auf dem aufsteigenden Ast sein *(ugs.)*
'**upbeat 1.** *n. (Mus.)* Auftakt, *der.* **2.** *adj. (coll.) (optimistic)* optimistisch; *(cheerful)* fröhlich; ~ **news/export figures** zuversichtlich stimmende Neuigkeiten/Exportraten
up'braid *v. t.* ~ **sb. with sth./for** [**doing**] **sth.** jmdm. wegen etw. Vorwürfe machen/jmdm. vorwerfen, daß er etw. getan hat
upbringing ['ʌpbrɪŋɪŋ] *n.* Erziehung, *die*
'**up-country** *adj.* **a)** **an ~ town/region/dialect** eine Stadt/ein Gebiet im Landesinneren/ein Dialekt, wie er im Landesinneren gesprochen wird; **b)** *(countrified, unsophisticated)* **a little ~ town/place** ein kleiner Flecken/kleines Fleckchen auf dem Land; **plain ~ folk/people** einfache Leute vom flachen Land
'**up current** *n. (in air)* Aufwind, *der*
update 1. [ʌp'deɪt] *v. t. (bring up to date)* aktualisieren; *(to* neuesten *od.* aktuellen Stand bringen; *(modernize)* modernisieren; **an ~d version/edition** eine aktualisierte Fassung/Ausgabe. **2.** ['ʌpdeɪt] *n.* Lagebericht, *der* (**on** zu); *(~d version)* Neuausgabe, *die*
'**up draught** *n.* [Luft]zug nach oben
up-'end 1. *v. t. (lit. or fig.)* auf den Kopf stellen; *(knock down)* zu Boden schlagen *(Gegner)*. **2.** *v. i. (Schiff:)* sich mit dem Heck nach oben stellen [und sinken]

'**upfield** *adv. (Sport)* in Richtung des gegnerischen Tores
up 'front *adv. (coll.)* **a)** *(at the front)* vorne; **b)** *(as down payment)* im voraus
'**up grade** *n. (Amer.)* Steigung, *die;* **be on the ~** *(fig.) (Wirtschaft:)* im Aufschwung sein; **he was on the ~**: es ging bergauf mit ihm
upgrade [ʌp'greɪd] *v. t.* **a)** *(raise)* befördern *(Beschäftigte)*; aufwerten *(Stellung)*; **~ fees/salaries/payments in line with inflation** Gebühren/Gehälter/Zahlungen entsprechend der Inflationsrate erhöhen; **b)** *(improve)* verbessern; **the stadium will be ~d to Olympic standards** das Stadion wird den olympischen Normen entsprechend ausgebaut
upheaval [ʌp'hiːvl] *n.* Aufruhr, *der;* *(commotion, disturbance)* Durcheinander, *das;* **the ~ of moving house** das Durcheinander eines Umzugs; **an emotional ~**: ein Aufruhr der Gefühle; **social/political ~**: soziale/politische Umwälzung
up'hill 1. *adj.* **a)** bergauf führend *(Weg, Pfad)*; *(Fahrt, Reise)* bergauf; *(fig.)* **an ~ task/struggle** eine mühselige Aufgabe/ein harter Kampf. **2.** *adv.* bergauf; **it's ~ all the way** es geht immer bergauf; **our task will be ~ all the way** *(fig.)* unsere Aufgabe wird bis zum Schluß mühselig sein
up'hold *v. t.*, **upheld** [ʌp'held] **a)** *(support)* unterstützen; hochhalten, wahren *(Tradition, Ehre)*; schützen *(Verfassung)*, *(confirm)* aufrechterhalten *(Forderung, Einwand)*; einhalten *(Vertrag)*; bestätigen *(Urteil)*; anerkennen *(Einwand, Beschwerde)*
up'holder *n.* Wahrer, *der*/Wahrerin, *die*
upholster [ʌp'həʊlstə(r)] *v. t.* polstern; ~ **sth. in or with sth.** etw. mit etw. *(Dat.)* *od.* mit etw. polstern; *see also* **well-upholstered**
upholsterer [ʌp'həʊlstərə(r)] *n.* Polsterer, *der*/Polsterin, *die*
upholstery [ʌp'həʊlstərɪ] *n.* **a)** *(craft)* Polster[er]handwerk, *das; attrib.* Polster-; **b)** *(padding)* Polsterung, *die; (cover also)* Bezug, *der; attrib.* Polster-; ~ **fabric** Polster- *od.* Möbelstoff, *der*
'**upkeep** *n.* Unterhalt, *der*
upland ['ʌplənd] **1.** *n. in pl.* Hochland, *das.* **2.** *adj.* Hochland-
uplift 1. [-'-] *v. t.* aufrichten *(Volk, Seele, Geist)*; erheben *(geh.) (Hand, Kopf, Stimme)*; **parts of the earth's crust were ~ed by sth.** Teile der Erdkruste hoben sich; **be/feel ~ed by sth.** *(fig.)* durch etw. erhoben *od.* erbaut werden/sich erhoben fühlen; **voices ~ed in song/praise** zum Gesang/Lobpreis erhobene Stimmen. **2.** [--] *n.* Erhebung, *die;* Erbauung, *die;* **spiritual ~**: geistige Erhebung
up'lifting *adj. (fig.)* erhebend
'**up-market** *adj.* exklusiv *(Waren, Hotel, Geschäft)*; Luxus*(güter, -hotel, -restaurant)*; anspruchsvoll *(Kunde)*; gehoben *(Geschmack)*; **an ~ magazine** eine Zeitschrift für den anspruchsvollen Konsumenten; **go ~**: exklusiv [und teurer] werden
upon [ə'pɒn] *prep.* **a)** *(indicating direction)* auf (+ Akk.); **b)** *(indicating position)* auf (+ Dat.); **c)** *see* **on 1 a, b, g;** **a house ~ the river bank** ein Haus am Flußufer
upper ['ʌpə(r)] **1.** *compar. adj.* **a)** ober... *(Nil, Themse usw., Atmosphäre)*; Ober*(grenze, -lippe, -arm usw., -schlesien, -österreich usw., -kreide, -devon usw.)*; *(Mus.)* hoch *(Tonlage, Noten)*; ~ **circle** *(Theatre)* oberer Rang; **the temperatures will be in the ~ twenties** die Temperaturen werden über fünfundzwanzig Grad liegen; **have/get/gain the ~ hand** [**of sb./sth.**] das Oberhand [über jmdn./etw.] haben/erhalten; *see also* **jaw 1 a; lip a;** **b)** *(in rank)* ober...; **the ~ ranks/echelons of the civil service/Army** die oberen *od.* höheren Ränge des Beamtentums/der Armee; ~ **class[es]** Oberschicht, *die;* ~

middle class obere Mittelschicht; **the ~ crust** (coll.) die oberen Zehntausend. **2.** n. **a)** (of footwear) Oberteil, das; **'leather ~s'** „Obermaterial Leder"; **be [down] on one's ~s** (coll.) auf dem trockenen sitzen (ugs.); **b)** (sl.: drug) Aufputschmittel, das; Speed, das (Jargon)

upper: **~ case 1.** n. Großbuchstaben. **in ~ case** in Großbuchstaben; (Buchstabe:) **U~ Chamber** n. (Parl.) Oberhaus, das; **~-class** adj. Oberschicht-; **~-class people/family/accent** Leute/Familie aus der Oberschicht/Akzent der Oberschicht; **be very ~-class** (Person:) ein typischer Vertreter der Oberschicht sein; (Akzent, Herkunft:) typisch für die Oberschicht sein; **~-crust** adj. (coll.) **~-crust people/family/accent** Leute/Familie/Akzent der oberen Zehntausend; **be very ~-crust** (Person:) ein typischer Vertreter der oberen Zehntausend sein; **~-cut** n. (Boxing) Uppercut, der; Aufwärtshaken, der; **~** **'deck** n. (of ship, bus) Oberdeck, das; **U~ House** n. Oberhaus, das; **~most 1.** adj. oberst...; **~most aim/desire** höchstes Ziel/größter Wunsch; **the questions that are ~most on the agenda** die Fragen, die auf der Tagesordnung ganz oben stehen; **be ~most in sb.'s mind** jmdm. am meisten beschäftigen; **2.** adv. ganz oben; obenauf; **face ~most** mit dem Gesicht nach oben; **come ~most** (fig.) an erster Stelle stehen; **U~ 'Rhine** pr. n. Hochrhein [und Oberrhein]

uppish ['ʌpɪʃ] adj. (coll.) hochnäsig (ugs.); **be/get ~ about sth./with sb.** über etw. (Akk.) die Nase rümpfen/jmdm. von oben herab behandeln

uppishness ['ʌpɪʃnɪs] n., no pl. (coll.) Hochnäsigkeit, die (ugs.)

uppity ['ʌpɪtɪ] adj. (coll.) hochnäsig (ugs.); **get ~** sich aufblasen (ugs.)

upright ['ʌpraɪt] **1.** adj. **a)** aufrecht; steil (Schrift;) **a chair with an ~ back** ein Stuhl mit einem geraden Rücken[teil]; **~ piano** Klavier, das; **~ freezer** Tiefkühlschrank, der; **~ vacuum cleaner** ≈ Handstaubsauger, der; **set/stand/hold sth. ~:** etw. aufrecht hinstellen/halten; **stand ~:** aufrecht stehen; **sit ~:** aufrecht sitzen; **hold oneself ~:** sich geradehalten; **please make sure that your seat is in the ~ position** bitte stellen Sie Ihre Rückenlehne senkrecht; see also ¹**bolt 4**; **b)** (fig.: honourable) aufrecht; **be ~ in sth.** rechtschaffen in etw. (Dat.) sein. **2.** n. **a)** (of frame) seitliche Leiste, die; (of ladder) Holm, der; (of scaffolding etc.) [aufrechter] Stützpfeiler; (Footb.) Pfosten, der; **b)** (piano) Klavier, das

uprightly ['ʌpraɪtlɪ] adv. (fig.) aufrecht; rechtschaffen

uprightness ['ʌpraɪtnɪs] n., no pl. **a)** aufrechte Stellung; (of plant) aufrechter Wuchs; **b)** (fig.) Aufrichtigkeit, die; Rechtschaffenheit, die

'**uprising** n. Aufstand, der

up-river see upstream

'**uproar** n. Aufruhr, der; Tumult, der; **be in [an] ~:** in Aufruhr sein

uproarious [ʌpˈrɔːrɪəs] adj. lärmend (Menge); überwältigend (Begrüßung, Stimmung); zum Schreien komisch (ugs.) (Witz, Anblick, Komödie); **~ Gelächter**

uproariously [ʌpˈrɔːrɪəslɪ] adv. lärmend; schallend (lachen); **be ~ funny** zum Totlachen sein (ugs.)

up'root v. t. [her]ausreißen; (Sturm:) entwurzeln; (fig.: eradicate) ausmerzen (Übel;) **~ sb.** jmdn. aus der gewohnten Umgebung herausreißen; **people were ~ed by the war** die Menschen wurden durch den Krieg entwurzelt

upsadaisy ['ʌpsədeɪzɪ] int. hoppla

upset 1. [ʌpˈset] v. t., -tt-, upset **a)** (overturn) umkippen; (accidentally) umstoßen (Tasse, Vase, Milch usw.;) **~ sth. over sth.** etw. über etw. (Akk.) kippen; **b)** (distress) erschüttern; mitnehmen (ugs.); (disturb the composure or temper of) aus der Fassung bringen; (shock, make angry, excite) aufregen; **it ~s the children to hear their parents quarrelling** es belastet die Kinder, wenn sie ihre Eltern streiten hören; **the smallest thing ~s her** jede Kleinigkeit regt sie auf; **don't let it ~ you** nimm es nicht so schwer; **~ oneself** sich aufregen; **c)** (make ill) **sth. ~s sb.** etw. bekommt jmdm. nicht; **sth. ~s sb.'s stomach/digestion** etw. schlägt jmdm. auf den Magen/die Verdauung; **d)** (disorganize) stören; durcheinanderbringen (Plan, Berechnung, Arrangement;) (defeat) durchkreuzen; **this incident has seriously ~ our chances** dieser Vorfall hat unsere Chancen erheblich vermindert. **2.** v. i., -tt-, upset umkippen. **3.** adj. **a)** (overturned) umgekippt; **b)** (distressed) bestürzt; (agitated) aufgeregt; (unhappy) unglücklich; (put out) aufgebracht; verärgert; (offended) gekränkt; **be ~ [about sth.]** (be distressed) über etw. (Akk.) bestürzt sein; (be angry) sich über etw. (Akk.)] ärgern; **we were very ~ to hear of his illness** die Nachricht von seiner Krankheit ist uns sehr nahegegangen od. hat uns sehr bestürzt; **when they get back they'll be very/so ~ to have missed you** wenn sie zurückkommen, wird es ihnen sehr leid tun, dich verpaßt zu haben; **get ~ [about/over sth.]** sich über etw. (Akk.)] aufregen; **there's no point in getting ~ about it** es hat keinen Sinn, sich darüber aufzuregen; **c)** ['--] (disordered) **~ stomach** ein verdorbener Magen; **have an ~ stomach** sich (Dat.) den Magen verdorben haben; **d)** (disorganized) gestört (Routine, Mechanismus, System); durcheinandergebracht (Plan, Berechnung, Mechanismus, System). **4.** [ˈʌpset] n. **a)** (overturning) Umkippen, das; **b)** (agitation) Aufregung, die; (shock) Schock, der; (annoyance) Verärgerung, die; **sth. is a great ~ for or to sb.** etw. nimmt jmdn. sehr mit (ugs.) od. geht jmdn. sehr nahe; **emotional ~:** seelischer Schock; **have an ~:** einiges durchmachen [müssen]; **c)** (slight quarrel) Mißstimmung, die; **d)** (slight illness) Unpäßlichkeit, die; **digestive/stomach ~:** Verdauungsstörung, die/Magenverstimmung, die; **e)** (disturbance) Zwischenfall, der; (confusion, upheaval) Aufruhr, der; Durcheinander, das; **an ~ in his plans/calculations/routine** eine Störung seiner Pläne/Berechnungen/Routine; **f)** (surprising result) Überraschung, die; **a by-election ~:** eine Überraschung bei der Nachwahl

up'setting adj. erschütternd; (sad) traurig; bestürzend; schlimm (Zeit;) (annoying) ärgerlich; **being mugged/sacked was a very ~ experience for her** ausgeraubt/entlassen zu werden, war ein Erlebnis, das sie ganz schön mitgenommen hat (ugs.); **my mother found the obscene language ~:** meine Mutter fand die obszöne Sprache anstößig; **she missed her train, and what was even more ~, she was late for the opera** sie verpaßte ihren Zug, aber noch ärgerlicher für sie war es, daß sie dadurch zu spät in die Oper kam; **it was/I found it ~ that X was promoted instead of me** ich ärgerte mich, daß X an meiner Stelle befördert wurde; **the constant changes have been rather ~ for the children** die laufenden Veränderungen haben die Kinder ziemlich aus dem Gleis gebracht; **these pictures are ~ to a child** diese Bilder sind für ein Kind [zu] erschütternd

¹**upshot** n. Ergebnis, das; **what will be the ~ of it [all]?** was wird der [ganzen] Sache herauskommen? (ugs.); **he hummed and hawed a bit and, well, the ~ of the matter/of it [all] was that ...:** er druckste ein bißchen herum, aber schließlich [und endlich] kam heraus od. stellte sich heraus, daß ...; **in the ~:** letztendlich

upside 'down 1. adv. verkehrt herum; **turn sth. ~** (lit. or fig.) etw. auf den Kopf stellen; **the plane flew ~:** das Flugzeug flog auf dem Kopf (ugs.). **2.** adj. auf dem Kopf stehend (Bild;) **be ~:** auf dem Kopf stehen; **the car came to rest ~:** der Wagen blieb auf dem Dach liegen; **the acrobat hung ~:** der Akrobat hing mit dem Kopf nach unten od. kopfüber; (fig.) **the whole world seems to be ~:** die ganze Welt scheint Kopfzustehen; **an upside-down world/view of the situation/logic** eine verkehrte Welt/Sicht der Dinge/Logik

up'stage 1. adv. (Theatre) im Hintergrund [der Bühne]; **move ~:** sich zum Hintergrund der Bühne bewegen. **2.** adj. (Theatre) **an ~ door/entrance** Hintertür/ein Hintereingang zur Bühne. **3.** v. t. (Theatre) **~ sb.** jmdn. zwingen, sich vom Publikum abzuwenden; (fig. coll.) jmdm. die Schau stehlen (ugs.)

upstairs 1. [-ˈ-] adv. nach oben (gehen, kommen); oben (sein, wohnen); see also **kick 3 a**. **2.** [-ˈ-] adj. im Obergeschoß nachgestellt. **3.** [-ˈ-] n. Obergeschoß, das

up'standing adj. **a)** (strong and healthy) stattlich; **fine ~ children** nette, gesunde und kräftige Kinder; **b)** (honest) aufrichtig; aufrecht; **c) be ~** (stand up) sich erheben

'**upstart 1.** n. Emporkömmling, der. **2.** adj. **an ~ landowner** ein emporgekommener Grundbesitzer; **~ ideas/pretensions** Ideen/Angeberei eines Emporkömmlings/von Emporkömmlingen

'**upstate** (Amer.) **1.** adj. **~ New York** nördlicher Teil des Staates New York; **an ~ town** eine Stadt im nördlichen Teil des Staates. **2.** adv. **live ~:** im nördlichen Teil des Staates leben; **go/travel ~:** in den nördlichen Teil des Staates fahren/reisen

upstream 1. [-ˈ-] adv. flußaufwärts. **2.** [ˈ--] adj. flußaufwärts gelegen (Ort)

'**up-stroke** n. **a)** (in writing) Aufstrich, der; **b)** (Mech.: of piston) Aufwärtshub, der

'**upsurge** n. Aufwallen, das (geh.); **she felt an ~ of tenderness** sie fühlte Zärtlichkeit in sich (Dat.) aufwallen

'**upswept** adj. hochgekämmt (Haar); hochgezogen (Linie, Auspuffrohr)

'**upswing** n. (of pendulum, arms) Aufwärtsschwung, der; (fig. esp. Commerc.) Aufschwung, der

'**upsy-daisy** ['ʌpsɪdeɪzɪ] int. hoppla

'**uptake** n. **be quick/slow on** or **in the ~** (coll.) schnell begreifen/schwer von Begriff sein (ugs.)

uptight [ʌpˈtaɪt, ˈʌptaɪt] adj. (coll.) **a)** (tense) nervös (about wegen); (touchy, angry) sauer (ugs.) (about wegen); **make sb. ~:** jmdm. auf die Nerven gehen od. fallen (ugs.); **b)** (Amer.: rigidly conventional) [very] **~:** stockkonservativ (ugs.)

'**uptime** n. (Computing) Betriebszeit, die

up to 'date pred. adj. **be/keep [very] ~:** auf dem [aller]neusten Stand sein/bleiben; [ganz] up to date sein/bleiben; **keep/bring sth. ~:** etw. auf den neusten Stand halten/auf den neusten Stand bringen; **bring sb. ~ with all the news** jmdn. auf den neusten Stand der Informationen bringen

up-to-'date attrib. adj. (current) aktuell; (modern) modern; aktuell (Mode)

up-to-the-'minute adj. hochaktuell

'**upturn** n. Aufschwung, der (in Gen.); **an ~ in prices** ein Anstieg der Preise

'**upturned** adj. **a)** (upside-down) umgedreht; **b)** (turned upwards) hochgeschlagen (Rand, Krempe); nach oben gerichtet (Gesicht, Auge); **~ nose** Stupsnase, die

upward ['ʌpwəd] **1.** adj. nach oben nachgestellt; nach oben gerichtet; **~ movement/trend** (lit. or fig.) Aufwärtsbewegung, die/-trend, der; **~ gradient** or **slope** Steigung, die; **move in an ~ direction** sich aufwärts od. nach oben bewegen; **~ mobility**

upwardly

(in social status) sozialer Aufstieg. **2.** *adv.* aufwärts ⟨*sich bewegen*⟩; nach oben ⟨*sehen, gehen*⟩; *see also* **face up[ward]**
upwardly ['ʌpwədlɪ] *adv.* aufwärts; nach oben; ~ **mobile** *(in social status)* sozial aufsteigend ⟨*Person*⟩; **be ~ mobile** sozial aufsteigen
upwards ['ʌpwədz] *adv.* **a)** *see* **upward 2; b)** ~ **of** mehr als; über; **they cost £200 and ~:** sie kosten 200 Pfund und darüber
upwind 1. *adv.* [ʌp'wɪnd] gegen den Wind. **2.** ['ʌpwɪnd] *adj.* **approach from the ~ side** sich mit dem Wind im Rücken nähern
Urals ['jʊərlz] *pr. n. pl.* Ural, *der*
uranium [jʊə'reɪnɪəm] *n. (Chem.)* Uran, *das*
Uranus ['jʊərənəs, jʊə'reɪnəs] *pr. n. (Astron.)* Uranus, *der*
urban ['ɜ:bn] *adj.* städtisch; Stadt⟨*gebiet, -bevölkerung, -planung, -sanierung, -guerilla*⟩; ~ **life** Leben in der Stadt; ~ **sociology** Stadtsoziologie, *die;* ~ **decay** Verslumung, *die;* ~ **district** *(Brit. Hist.)* Gruppe von Städten, die von einem gewählten Rat verwaltet wurde; ~ **sprawl** unkontrollierte Ausdehnung städtischer Randgebiete; *see also* **renewal b**
urbane [ɜ:'beɪn] *adj.,* **urbanely** [ɜ:'beɪnlɪ] *adv.* weltmännisch
urbanise *see* **urbanize**
urbanity [ɜ:'bænɪtɪ] *n.* Urbanität, *die;* **urbanities** weltmännische Umgangsform[en]
urbanize ['ɜ:bənaɪz] *v. t.* urbanisieren ⟨*Land*⟩; verstädtern [lassen] ⟨*Landbevölkerung*⟩; become ~**d** verstädtern
urchin ['ɜ:tʃɪn] *n.* **a)** *(child)* Range, *die; (boy)* Strolch, *der; see also* **street urchin; b)** *see* **sea-urchin**
Urdu ['ʊədu:, 'ɜ:du:] *n.* **1.** *adj.* Urdu-; *see also* **English 1. 2.** Urdu, *das; see also* **English 2 a**
urea [jʊə'rɪə, 'jʊərɪə] *n. (Chem.)* Harnstoff, *der*
ureter [jʊə'ri:tə] *n. (Anat.)* Harnleiter, *der;* Ureter, *der (fachspr.)*
urethra [jʊə'ri:θrə] *n., pl.* **~e** [jʊə'ri:θri:] *or* **~s** *(Anat.)* Harnröhre, *die;* Urethra, *die (fachspr.)*
urge [ɜ:dʒ] **1.** *v. t.* **a)** ~ **sb. to do sth.** jmdn. drängen, etw. zu tun; ~ **sth.** jmdn. zu etw. drängen; **we ~d him to reconsider** wir rieten ihm dringend, es sich (*Dat.*) noch einmal zu überlegen; ~ **sth. [on or upon sb.]** [jmdn.] zu etw. drängen; ~ **caution/vigilance/patience [on** *or* **upon sb.]** [jmdn.] zur Vorsicht/Wachsamkeit/Geduld mahnen; ~ **on** or **upon sb. the need for sth./for doing sth.** jmdm. die Notwendigkeit einer Sache/ der Notwendigkeit, etw. zu tun, ans Herz legen; **the leaders' ~ acceptance of the offer** die Führer dringen auf Annahme des Angebotes; ~ **that sth. [should] be done** darauf dringen, daß etw. getan wird; **b)** *(drive on)* [an]treiben; ~ **forward/onward** vorwärts treiben; *(fig.)* treiben; **c)** *(put forward)* vorbringen; ~ **sb.'s youth/inexperience/the difficulty of sth.** jmds. Jugend/Unerfahrenheit/die Schwierigkeit einer Sache zu bedenken geben; ~ **sth. on sb.** jmdm. etw. eindringlich nahelegen. **2.** *n.* Trieb, *der;* **have/feel an/the ~ to do sth.** den Drang verspüren, etw. zu tun; **resist the ~ to do sth.** dem [inneren] Drang widerstehen, etw. zu tun. ~ **'on** *v. t.* antreiben; *(hasten)* vorantreiben; *(encourage)* anfeuern; ~**d on by hunger/ambition** von Hunger/Ehrgeiz getrieben
urgency ['ɜ:dʒənsɪ] *n., no pl.* Dringlichkeit, *die; (earnestness)* Eindringlichkeit, *die;* **there is no ~:** es eilt nicht *od.* ist nicht eilig; **be of the utmost ~:** äußerst dringend sein; **a matter of great ~:** eine sehr dringende Angelegenheit
urgent ['ɜ:dʒənt] *adj.* **a)** *(pressing)* dringend; *(to be dealt with immediately)* eilig; **be in ~ need of sth.** etw. dringend brauchen; **give ~ consideration to sth.** etw. vordring-

lich in Betracht ziehen; **matters/problems of an ~ nature** dringende Angelegenheiten/ drängende Probleme; **on ~ business** in dringenden Geschäften; **at sb.'s ~ request** auf jmds. Drängen; **it is ~:** es eilt; **it is ~ that sb. should do sth.** *or* **does sth.** jmd. muß dringend etw. tun; **if it's ~, call a doctor** in dringenden Fällen den Arzt rufen; **b)** *(earnest and persistent)* eindringlich; **be ~ in one's demand/plea for sth.** etw. dringend fordern/eindringlich um etw. bitten
urgently ['ɜ:dʒəntlɪ] *adv.* **a)** *(pressingly)* dringend; *(without delay)* eilig; **he had to leave ~ for London on business** er mußte in dringenden Geschäften nach London abreisen; **b)** *(earnestly)* eindringlich
uric ['jʊərɪk] *adj.* ~ **acid** *(Chem.)* Harnsäure, *die*
urinal [jʊə'raɪnl, 'jʊərɪnl] *n. (fitting)* Urinal, *das;* **[public]** ~ **:** [öffentliche] Herrentoilette; Pissoir, *das*
urinary ['jʊərɪnərɪ] *adj.* Harn-; ~ **diseases** Erkrankungen der Harnwege
urinate ['jʊərɪneɪt] *v. i.* urinieren
urination [jʊərɪ'neɪʃn] *n.* Urinieren, *das*
urine ['jʊərɪn] *n.* Urin, *der;* Harn, *der; attrib.* Urin-; Harn-
urn [ɜ:n] *n.* **a) tea/coffee ~:** Tee-/Kaffeemaschine, *die;* **b)** *(vessel)* Urne, *die*
urogenital [jʊərə'dʒenɪtl] *adj. (Anat., Med.)* urogenital; ~ **disease/infection** Erkrankung/Infektion des Urogenitaltraktes
urologist [jʊə'rɒlədʒɪst] *n.* Urologe, *der*/Urologin, *die*
urology [jʊə'rɒlədʒɪ] *n.* Urologie, *die*
Ursa ['ɜ:sə] *pr. n. (Astron.)* ~ **Major/Minor** Großer/Kleiner Bär
Uruguay ['jʊərəgwaɪ] *pr. n.* Uruguay *(das)*
Uruguayan [jʊərə'gwaɪən] **1.** *adj.* uruguayisch; **sb. is ~ :** ist Uruguayer/Uruguayerin. **2.** *n.* Uruguayer, *der*/Uruguayerin, *die*
US *abbr.* **United States** USA; *attrib.* US-
us [əs, *stressed* ʌs] *pron.* **a)** uns; **it's us** wir sind's *(ugs.);* **one of us** einer von uns; **b)** *(sl.: me)* **give us a clue/kiss!** gib mir 'nen Tip/ Kuß! *(ugs.)*
u/s *abbr.* **unserviceable** unbrauchbar
USA *abbr.* **United States of America** USA; *attrib.* der USA nachgestellt
usable ['ju:zəbl] *adj.* brauchbar; gebräuchlich ⟨*Wort*⟩; **this nail is no longer ~:** dieser Nagel ist nicht mehr zu gebrauchen
USAF *abbr.* **United States Air Force** Luftwaffe der Vereinigten Staaten
usage ['ju:zɪdʒ, 'ju:sɪdʒ] *n.* **a)** Brauch, *der;* Gepflogenheit, *die (geh.);* ~**s and customs** Sitten und Gebräuche; **commercial ~:** Handelsbrauch, *der;* **sanctified by ~:** durch Herkommen Recht geworden; **a custom sanctified by ~** ist eine Sitte, die zum Gewohnheitsrecht geworden ist; **be in common ~:** allgemein gebräuchlich sein; **b)** *(Ling.: use of language)* Sprachgebrauch, *der;* **[of a word]** Verwendung [eines Wortes]; **in American** *etc.* **~:** im amerikanischen *usw.* Sprachgebrauch; **in common ~:** im allgemeinen Sprachgebrauch; allgemein gebräuchlich ⟨*Wort usw.*⟩; **c)** *(treatment)* Behandlung, *die;* **have rough ~:** schlecht behandelt werden
usance ['ju:zəns] *n. (Commerc.)* Zahlungsfrist für ausländische Wechsel
use 1. [ju:s] *n.* **a)** Gebrauch, *der; (of dictionary, calculator, room)* Benutzung, *die; (of word, expression; of pesticide, garlic)* Verwendung, *die; (of name, title)* Führung, *die; (of alcohol, drugs)* Konsum, *der;* **the ~ of brutal means/methods/of trickery** die Anwendung brutaler Mittel/Methoden/von Tricks; **the ~ of troops/tear-gas/arms/violence** der Einsatz von Truppen/Tränengas/der Waffengebrauch/die Gewaltanwendung; **achieve sth. by the ~ of deception** etw. durch Täuschung erreichen; **constant**

use

~ **:** dauernder Gebrauch/schlechte Behandlung; **[not] be in ~ :** [nicht] in Gebrauch sein; **be no longer in ~ :** nicht mehr verwendet werden; **be in daily** *etc.* **~ :** täglich *usw.* in Gebrauch *od.* Benutzung sein; **the word is [not] in everyday ~ :** das Wort ist [nicht] allgemein gebräuchlich; **bring into ~ :** in Gebrauch nehmen; **come into ~ :** in Gebrauch kommen; **[be] out of ~ :** außer Betrieb [sein]; **go/fall/pass/drop out of ~ :** außer Gebrauch kommen; **instructions/directions for ~ :** Gebrauchsanweisung, *die;* **ready for [immediate] ~ :** [sofort] gebrauchsfertig; **instruments for ~ by doctors/dentists** Instrumente für den ärztlichen/zahnärztlichen Bedarf; **batteries for ~ in** *or* **with watches** Batterien [speziell] für Armbanduhren; **a course for ~ in schools** ein Kurs für die Schule *od.* zur Verwendung im Schulunterricht; **for the ~ of sb.** für jmdn.; **for personal/private ~ :** für den persönlichen Gebrauch/den Privatgebrauch; **these computers are intended for home/office ~ :** diese Computer sind Homecomputer/sind für den Einsatz im Büro gedacht; **for external ~** only nur zur äußerlichen Anwendung; **for ~ in an emergency/only in case of fire** für den Notfall/nur bei Feuer zu benutzen; **with ~ :** durch den Gebrauch; **with constant ~ :** durch dauernden Gebrauch; **with careful** *etc.* **~ :** bei sorgsamer *usw.* Behandlung; **make ~ of sb./sth.** jmdn./etw. gebrauchen/ *(exploit)* ausnutzen; **a good cook will make ~ of any left-overs** ein guter Koch/eine gute Köchin verwendet alle Reste; **make ~ of one's connections/friendship with sb.** von seinen Verbindungen/seiner Freundschaft zu jmdm. Gebrauch machen; **make the best ~ of sth./it** das Beste aus etw./daraus machen; **make good ~ of, turn** *or* **put to good ~ :** gut nutzen ⟨*Zeit, Talent, Geld*⟩; **put sth. to ~ :** etw. verwenden; **put sth. to effective ~ :** etw. wirkungsvoll einsetzen; **b)** *(utility, usefulness)* Nutzen, *der;* **these tools/clothes will be of ~ to sb.** dieses Werkzeug wird/ diese Kleider werden für jmdn. von Nutzen sein; **is it of [any] ~ ?** ist das [irgendwie] zu gebrauchen *od.* von Nutzen?; **these addresses might be of ~ to you** diese Adressen könnten für dich von Nutzen sein *od.* kannst du vielleicht gebrauchen; **be of ~ to the enemy/police** für den Feind/die Polizei von Nutzen sein; **can I be of any ~ to you?** kann ich dir irgendwie helfen?; **it is of [great] ~ for this work** man kann es für diese Arbeit [sehr gut] brauchen; **I did not find the book of any practical ~ :** das Buch hatte für mich keinen praktischen Nutzen; **be of [no] ~ [to sb.]** [jmdm.] nichts nützen; **I wouldn't be [of] any ~ to you** ich könnte dir kein bißchen helfen; **he is [of] no ~ in a crisis/as a manager** er ist in einer Krise/als Manager zu nichts nütze *od. (ugs.)* nichts wert; **it's no ~ [doing that]** es hat keinen Zweck *od.* Sinn[, das zu tun]; **it wouldn't be any ~ :** es hätte [überhaupt] keinen Sinn *od.* Zweck; **I have an umbrella at home. – That's no/not much ~ [to us]** now Ich habe einen Schirm zu Hause. – Das nützt [uns] jetzt nichts/nicht viel; **you're/that's a fat lot of ~** *(coll. iron.)* du bist ja eine schöne Hilfe/davon haben wir aber was *(ugs. iron.);* **what's the ~ of that/of doing that?** was nützt der/ was nützt es, das zu tun?; **what's the ~?** was nützt es?; **oh well, what's the ~ !** ach, was soll's schon! *(ugs.);* **c)** *(purpose)* Verwendung, *die;* Verwendungszweck, *der;* **a tool with many ~s** ein vielfältig zu verwendendes Werkzeug; **have ~s/one's ~s** seinen Nutzen haben; **have/find a ~ for sth./sb.** Verwendung haben/finden; **have no/not much ~ for sth./sb.** etw./jmdn. nicht/kaum brauchen; *(fig.: dislike)* nichts/ nicht viel für etw./jmdn. übrig haben; **have no further ~ for sb./sth.** für jmdn. keine

794

Verwendung mehr haben/etw. nicht mehr brauchen; **put sth. to a good/a new ~**: etw. sinnvoll/auf neu[artig]e Weise verwenden; **d)** *(right or power of using)* **have the ~ of sth.** etw. benutzen können; [**have the**] **~ of kitchen and bathroom** Küchen- und Badbenutzung [haben]; **can I have the ~ of your car while you are away?** kann ich deinen Wagen benutzen, während du weg bist?; **let sb. have** *or* **allow sb.** *or* **give sb. the ~ of sth.** jmdn. etw. benutzen lassen; **he has** [**the**] **full/only restricted ~ of his arm** er kann seinen Arm uneingeschränkt/nur eingeschränkt benutzen; **he has lost the ~ of an arm/eye** er kann einen Arm nicht mehr benutzen/er kann auf einem Auge nichts mehr sehen; **e)** *(custom, familiarity)* **~s and customs** Sitten und Gebräuche; **long ~ has reconciled me to it** die Gewohnheit hat mich damit versöhnt; **f)** *(Eccl.: ritual)* Ritual, *das*; **g)** *(Law)* Nießbrauch, *der*. **2.** [juːz] *v. t.* **a)** benutzen; nutzen ⟨*Gelegenheit*⟩; anwenden ⟨*Gewalt*⟩; einsetzen ⟨*Tränengas, Wasserwerfer*⟩; in Anspruch nehmen ⟨*Firma, Agentur, Agenten, Dienstleistung*⟩; nutzen ⟨*Zeit, Gelegenheit, Talent, Erfahrung*⟩; führen ⟨*Namen, Titel*⟩; **do you know how to ~ this tool?** kannst du mit diesem Werkzeug umgehen?; **the swindler/actor ~s the name John Smith** der Betrüger/Schauspieler nennt sich John Smith; **anything you say may be ~d in evidence** was Sie sagen, kann vor Gericht verwendet werden; **~ sb.'s name** [**as a reference**] sich [als Empfehlung] auf jmdn. berufen; **I could ~ the money/a drink/the door could ~ a coat of paint** *(coll.)* ich könnte das Geld gebrauchen/einen Drink vertragen *(ugs.)*/die Tür könnte einen Anstrich brauchen *od. (ugs.)* vertragen; **~ one's money** [**to do sth.**] sein Geld verwenden[, um etw. zu tun]; **the money is there to be ~d** das Geld ist da, um ausgegeben zu werden; **~ one's time to do sth.** seine Zeit dazu nutzen, etw. zu tun; **b)** *(consume as material)* verwenden; **~ gas/oil for heating** mit Gas/Öl heizen; **the camera ~s a 35 mm film** für die Kamera braucht man einen 35-mm-Film; '**~ sparingly**' „sparsam verwenden!"; **c)** *(finish consuming)* verbrauchen; **she has ~d the last of the milk** sie hat den letzten Rest Milch aufgebraucht; **d)** *(take habitually)* nehmen; **~ drugs/heroin** *etc.* Drogen/Heroin *usw.* nehmen; **~ alcohol** Alkohol trinken *od.* konsumieren; **e)** *(employ in speaking or writing)* benutzen; gebrauchen; **~ strong language** Kraftausdrücke gebrauchen; **f)** *(exercise, apply)* Gebrauch machen von ⟨*Autorität, Einfluß, Können, Urteilsvermögen, Menschenverstand*⟩; **~ diplomacy/tact** [**in one's dealings** *etc.* **with sb.**] [bei jmdm.] diplomatisch vorgehen/[zu jmdm.] taktvoll sein; **~ care** vorsichtig sein; **~ care in doing sth.** etw. vorsichtig tun; **he ~d all his strength** er wandte seine ganze Kraft auf; **~ a method/system/tactics** eine Methode anwenden/nach einem [bestimmten] System/einer [bestimmten] Taktik vorgehen; **~ other/stronger methods/tactics** andere/härtere Methoden/eine andere/härtere Taktik anwenden; **~ every means at one's disposal to do sth.** mit allen einem zur Verfügung stehenden Mitteln versuchen, etw. zu tun; **g)** *(take advantage of)* **~ sb.** jmdn. ausnutzen; **don't let them ~ you** laß dich nicht [von ihnen] ausnutzen; **h)** *(treat)* behandeln; **~ sb./sth. well/badly** jmdn./etw. gut/schlecht behandeln; **i)** **~d to** [ˈjuːst tə] *(formerly)* **I ~d to live in London/work in a factory** früher habe ich in London gelebt/in einer Fabrik gearbeitet; **he ~d to be very shy** er war früher sehr schüchtern; **before I started taking these vitamins, I ~d to be tired all the time** bevor ich anfing, diese Vitamine zu nehmen, war ich immer müde; **my mother always ~d to say ...**: meine Mutter

hat immer gesagt *od.* pflegte zu sagen ...; **life ~d to be much more leisurely** [**than it is now**] früher war das Leben viel beschaulicher [als heute]; **this ~d to be my room** das war [früher] mein Zimmer; **it ~d to be thought ...**: früher glaubte man ...; **things aren't what they ~d to be** es ist nichts mehr so wie früher; **he smokes much more than he ~d to** er raucht viel mehr als früher; **there ~d to be ...**: es gab früher/früher gab es ...; **I ~d not** *or* **I did not ~** *or (coll.)* **I didn't ~** *or (coll.)* **I ~**[**d**]**n't to smoke** früher habe ich nicht geraucht; **didn't he ~ to work here?** *(coll.)* hat er nicht früher hier gearbeitet?; **~**[**d**]**n't there to be a shop here?** *(dated coll.)* war hier nicht früher ein Laden?; **Does he smoke? He ~d not to** *or (coll.)* **He didn't ~ to** Raucht er? Früher hat er das nicht getan; **there never ~d to be all this violence** diese ganze Gewalttätigkeit gab es früher nicht

~ 'up *v. t.* aufbrauchen; verwenden ⟨*[Essens]reste*⟩; verbrauchen, erschöpfen ⟨*Kraft, Geld, Energie*⟩; **~ up a dozen eggs** ein Dutzend Eier verbrauchen

used 1. a) [juːzd] *(no longer new)* gebraucht; benutzt ⟨*Handtuch, Teller*⟩; gestempelt ⟨*Briefmarke*⟩; **~ car** Gebrauchtwagen, *der*; **~-car salesman** Gebrauchtwagenhändler, *der*; **b)** [juːst] *(accustomed)* **~ to sth.** [an] etw. *(Akk.)* gewöhnt; etw. gewohnt; **be/get ~ to sb./sth.** [an] jmdn./etw. gewöhnen; **I'm not ~ to this kind of treatment** *or* **to being treated in this way** ich bin eine solche Behandlung nicht gewohnt; ich bin es nicht gewohnt, so behandelt zu werden; **you'll soon be ~ to it** du wirst dich bald *od.* schnell daran gewöhnen; [**not**] **be ~ to sb. doing sth./to having sb. do sth.** [es] [nicht] gewohnt sein, daß jmd. etw. tut; **she was ~ to getting up early** sie war daran gewöhnt, früh aufzustehen; **she is not ~ to drinking alcohol** sie ist es nicht gewohnt, Alkohol zu trinken. **2.** [juːst] *see* **use 2 i**

useful [ˈjuːsfl] *adj.* **a)** nützlich; praktisch ⟨*Werkzeug, Gerät, Auto*⟩; brauchbar ⟨*Rat, Idee, Wörterbuch*⟩; hilfreich ⟨*Gespräch, Rat, Idee, Wörterbuch*⟩; **~ life** *(of machine etc.)* Lebensdauer, *die*; **he is a ~ person to know** es ist nützlich, ihn zu kennen; **English is the most ~ language** mit Englisch kommt man am weitesten; **this is ~ to know** das ist gut zu wissen; **this would be ~ to have** es wäre gut *od.* nützlich, wenn man das hätte; **be ~ to sb.** jmdm. nützlich sein *od.* für jmdn. nützlich sein; jmdm. nützen; **the guide was most ~ for finding our way about** der Führer hat uns sehr geholfen, uns zurechtzufinden; **the chest would be very ~ for storing my books** die Truhe würde sich sehr gut zum Lagern meiner Bücher eignen; **it would be ~ to have a tap in the garden** es wäre praktisch, wenn im Garten ein Wasserhahn wäre; **sb. finds sth. ~**: etw. nützt jmdm.; **those screws will come in ~ for my woodwork** diese Schrauben werde ich noch gut zum Schreinern brauchen können; **make oneself ~**: sich nützlich machen; **serve no ~ purpose** zu nichts nütze sein; **b)** *(coll.: worthwhile)* ordentlich *(ugs.)*; ansehnlich ⟨*Betrag, Stück, Arbeit*⟩; beachtlich ⟨*Vorsprung*⟩; wertvoll ⟨*Mitglied einer Mannschaft*⟩

usefully [ˈjuːsfəlɪ] *adv.* **a course one might ~ follow** ein Kurs, den zu verfolgen nützlich sein könnte; **a book you could ~ read** ein Buch, von dessen Lektüre du profitieren könntest; **is there anything we can ~ do?** können wir uns irgendwie nützlich machen?; **~ spend an evening doing sth.** einen Abend sinnvoll damit verbringen, etw. zu tun; **everybody should be ~ employed** [**in some work**] jeder sollte eine nützliche Beschäftigung haben

usefulness [ˈjuːsflnɪs] *n., no pl.* Nützlichkeit, *die*; Brauchbarkeit, *die*; **limit the ~ of sth.** den Nutzen einer Sache einschränken; **have outlived one's/its ~**: zu nichts mehr nütze *od.* zu gebrauchen sein

useless [ˈjuːslɪs] *adj.* unbrauchbar ⟨*Werkzeug, Gerät, Rat, Vorschlag, Idee, Material*⟩; nutzlos ⟨*Wissen, Information, Fakten, Protest, Anstrengung, Kampf*⟩; vergeblich ⟨*Anstrengung, Maßnahme, Kampf, Klage*⟩; zwecklos ⟨*Widerstand, Protest, Argumentieren*⟩; **be ~ to sb.** jmdn. nichts nützen; **credit cards are ~ there** Kreditkarten nützen einem dort nichts; **be ~ at sth.** für etw. nicht zu gebrauchen sein; **oh, you're ~!** du bist doch zu nichts zu gebrauchen! *(ugs.)*; **feel ~**: sich nutzlos fühlen; **it's ~ to do that** *or* **doing that** es hat keinen Zweck *od.* Sinn, das zu tun; **he's worse than ~**: er ist gar nichts nütze

uselessly [ˈjuːslɪslɪ] *adv.* unnütz, sinnlos ⟨*verschwenden, aufwenden*⟩; vergeblich ⟨*kämpfen, protestieren*⟩; **throw away one's life ~**: sein Leben sinnlos wegwerfen

uselessness [ˈjuːslɪsnɪs] *n., no pl. (of tool, device, advice, information, suggestion, material)* Unbrauchbarkeit, *die; (of protest, effort, struggle)* Vergeblichkeit, *die; (of action, measure, war)* Sinnlosigkeit, *die; (of resistance)* Zwecklosigkeit, *die*

user [ˈjuːzə(r)] *n.* Benutzer, *der*/Benutzerin, *die; (of drugs, alcohol)* Konsument, *der*/Konsumentin, *die; (of coal, electricity, gas)* Verbraucher, *der*/Verbraucherin, *die; (of telephone)* Kunde, *der*/Kundin, *die*

ˈuser-friendly *adj.* benutzerfreundlich; **explain sth. in ~ terms** etw. allgemeinverständlich erklären

usher [ˈʌʃə(r)] **1.** *n. (in court)* Gerichtsdiener, *der; (at cinema, theatre, church)* Platzanweiser, *der*/-anweiserin, *die*. **2.** *v. t.* führen; geleiten *(geh.)*; **~ sb. into sb.'s presence** jmdn. vor jmdn. führen *od. (geh.)*; **~ sb. to his seat** jmdn. an seinen Platz führen

~ in *v. t.* **~ sb. in** jmdn. hineinführen *od. (geh.)* -geleiten; **~ sth. in** *(fig.)* etw. einläuten

~ 'out *v. t.* hinausführen *od. (geh.)* -geleiten

usherette [ʌʃəˈret] *n.* Platzanweiserin, *die*

USN *abbr.* **United States Navy** Marine der Vereinigten Staaten

USS *abbr.* **United States Ship** Schiff aus den Vereinigten Staaten

USSR *abbr. (Hist.)* **Union of Soviet Socialist Republics** UdSSR, *die*; *attrib.* der UdSSR nachgestellt

usual [ˈjuːʒʊəl] *adj.* üblich; **be ~ for sb.** bei jmdm. üblich sein; **it is ~ for sb. to do sth.** es ist üblich, daß jmd. etw. tut; [**no**] **better/bigger/more** *etc.* **than ~**: [nicht] besser/größer/mehr *usw.* als gewöhnlich *od.* üblich; **as** [**is**] **~,** *(coll.)* **as per ~**: wie üblich; **as is ~ in such cases** wie in solchen Fällen üblich; **the/your ~, sir?** wie immer, der Herr? *(ugs.); see also* **business b**

usually [ˈjuːʒʊəlɪ] *adv.* gewöhnlich; normalerweise; **more than ~ tired** *etc.* noch müder *usw.* als üblich; ganz ungewöhnlich müde *usw.*; **this time we were more than ~ careful** diesmal waren wir noch vorsichtiger als sonst

usufruct [ˈjuːzjʊfrʌkt] *n. (Law)* Nutznießung, *die*

usurer [ˈjuːʒərə(r)] *n.* Wucherer, *der*/Wucherin, *die*

usurp [juːˈzɜːp] *v. t.* sich *(Dat.)* widerrechtlich aneignen ⟨*Titel, Recht, Position*⟩; usurpieren *(geh.)* ⟨*Macht, Thron*⟩; **~ the leading role in the enterprise** die wichtigste Rolle im Unternehmen an sich *(Akk.)* reißen; **the man who had ~d his place in his wife's affections** der Mann, der jetzt im Herzen seiner Frau seinen Platz erobert hatte

usurpation [juːzəˈpeɪʃn] *n. (of right, title,*

usurper

position, authority) widerrechtliche Aneignung; *(of power, the throne)* Usurpation, *die (geh.)*
usurper [ju:'zɜ:pə(r)] *n.* Usurpator, *der (geh.)*
usury ['ju:ʒərɪ] *n.* Wucher, *der;* **practise ~:** Wucher treiben
utensil [ju:'tensɪl] *n.* Utensil, *das;* writing ~s Schreibutensilien
uterine ['ju:tərain, 'ju:tərɪn] *adj. (Anat., Med.)* Gebärmutter-; uterin *(fachspr.)*
uterus ['ju:tərəs] *n., pl.* **uteri** ['ju:tərai] *(Anat.)* Gebärmutter, *die;* Uterus, *der (fachspr.)*
utilisable, utilisation, utilise see **utiliz-**
utilitarian [ju:tɪlɪ'teərɪən] 1. *adj.* a) *(functional)* funktionell; utilitär ⟨*Ziele*⟩; b) *(Philos.)* utilitaristisch. 2. *n. (Philos.)* Utilitarist, *der;* Utilitarier, *der*
utilitarianism [ju:tɪlɪ'teərɪənɪzm] *n. (Philos.)* Utilitarismus, *der*
utility [ju:'tɪlɪtɪ] 1. *n.* a) Nutzen, *der;* **of great ~:** sehr nutzbringend; von großem Nutzen; **total/marginal ~** *(Econ.)* Gesamt-/Grenznutzen, *der;* b) *see* **public utility.** 2. *adj.* Vielzweck-; *(functional)* funktionell; **~ goods/furniture** Gebrauchsgüter/-möbel
utility: ~ man *n. (Amer.)* a) *(Theatre)* Chargenspieler, *der*/-spielerin, *die;* b) *(Sport)* vielseitig einsetzbarer Spieler; c) *(odd-job man)* Mädchen für alles *(ugs.);* **~ program** *n. (Computing)* Dienstprogramm, *das;* **~ room** *n.* Raum, in den [größere] Haushaltsgeräte (z. B. Waschmaschine) installiert sind; **~ routine** *n. (Computing) see* **~ program**
utilizable ['ju:tɪlaɪzəbl] *adj.* nutzbar
utilization [ju:tɪlaɪ'zeɪʃn] *n.* Nutzung, *die*
utilize ['ju:tɪlaɪz] *v. t.* nutzen
utmost ['ʌtməʊst] 1. *adj.* äußerst...; tiefst... ⟨*Verachtung*⟩; höchst... ⟨*Verehrung, Gefahr*⟩; größt... ⟨*Höflichkeit, Eleganz, Einfachheit, Geschwindigkeit*⟩; **of [the] ~ importance** von äußerster Wichtigkeit; **with the ~ caution** mit größter *od.* äußerster Vorsicht; **with the ~ ease/reluctance** mit größter Leichtigkeit/äußerster Sorgfalt/größter Zurückhaltung; **to the ~ degree** bis zum äußersten. 2. *n.* Äußerste, *das;* **do** *or* **try one's ~ to do sth.** mit allen Mitteln versuchen, etw. zu tun; **to the ~:** bis zum Äußersten; **to the ~ of one's ability/strength** so gut man eben kann/mit aller Kraft; **try sb.'s patience to the ~:** jmds. Geduld auf das äußerste strapazieren
Utopia [ju:'təʊpɪə] *n. (place)* Utopia *(das); (impractical scheme)* Utopie, *die*
Utopian [ju:'təʊpɪən] 1. *adj.* utopisch. 2. *n.* Utopist, *der*/Utopistin, *die*
¹**utter** ['ʌtə(r)] *attrib. adj.* vollkommen, völlig ⟨*Chaos, Verwirrung, Fehlschlag, Ablehnung, Friede, Einsamkeit, Unsinn*⟩; ungeheuer ⟨*Elend, Dummheit, Freude, Glück, Schönheit*⟩; größt... ⟨*Freude, Vergnügen*⟩; **be in ~ despair/misery** völlig verzweifelt/niedergeschlagen sein; **be an ~ mystery** völlig rätselhaft sein; **be an ~ stranger to sb.** jmdm. völlig fremd sein; **~ fool** Vollidiot, *der (ugs.)*
²**utter** ['ʌtə(r)] *v. t.* a) von sich geben ⟨*Schrei, Seufzer, Ächzen*⟩; b) *(say)* sagen ⟨*Wahrheit, Wort*⟩; schwören ⟨*Eid*⟩; äußern ⟨*Drohung*⟩; zum Ausdruck bringen ⟨*Gefühle*⟩; **the last words he ~ed** die letzten Worte, die er sprach; **she never ~ed a sound** sie gab keinen Ton von sich; **this word/her name must not be ~ed in his presence** dieses Wort/ihr Name darf in seiner Gegenwart nicht genannt *od.* ausgesprochen werden; c) **~ a libel** *(Law)* eine Verleumdung verbreiten
utterance ['ʌtərəns] *n.* a) **~ of a sigh/groan** ein Seufzen/Stöhnen; **give ~ to sth.** etw. zum Ausdruck bringen; einer Sache Ausdruck verleihen; b) *(spoken words)* Worte *Pl.; (Ling.)* [sprachliche] Äußerung; *(sen-*

tence) Satz, *der;* c) *(power of speech)* Sprache, *die*
utterly ['ʌtəlɪ] *adv.* völlig; vollkommen; restlos ⟨*elend, deprimiert*⟩; absolut ⟨*entzückend, bezaubernd*⟩; hinreißend ⟨*schön*⟩; äußerst ⟨*dumm, lächerlich*⟩; aus tiefster Seele ⟨*verabscheuen, ablehnen, bereuen*⟩
uttermost ['ʌtəməʊst] a) *see* **utmost 1, 2;** b) *(most distant)* entferntest...; **to the ~ ends of the earth** bis ans äußerste Ende der Welt
'**U-turn** *n.* Wende [um 180°]; **the driver/car made a ~:** der Fahrer/Wagen wendete; '**No ~s'** „Wenden verboten"; **make a ~ [on sth.]** *(fig.)* eine Kehrtwendung [bei etw.] vollziehen *od.* machen
UV *abbr.* ultraviolet UV
uvula ['ju:vjʊlə] *n., pl.* **~e** ['ju:vjʊli:] *(Anat.)* Zäpfchen, *das;* Uvula, *die (fachspr.)*
uvular ['ju:vjʊlə(r)] *adj. (Anat., Ling.)* uvular; **the ~ 'r'** das Zäpfchen-R

V

¹**V, ¹v** [vi:] *n., pl.* **Vs** *or* **V's** a) *(letter)* V, v, *das;* b) *(Roman numeral)* V; c) *(V-shaped thing)* V, *das;* d) **V1/V2** *(Hist.)* V1/V2, *die.* *See also* **V-neck; V-necked; V-sign**
²**V, ²v** *abbr.* **volt[s]** V
v. *abbr.* a) *(vɜ:səs, vi:]* **versus** gg.; b) **very;** c) **verse**
vac [væk] *n. (Brit. Univ. coll.)* Semesterferien *Pl.;* **the long ~:** die Sommersemesterferien
vacancy ['veɪkənsɪ] *n.* a) *(job)* freie Stelle; **fill a ~:** eine [freie] Stelle besetzen; **have a ~ [on one's staff]** eine freie Stelle *od.* Stelle frei haben; '**vacancies'** *(notice outside factory)* „Stellen frei"; *(in newspaper)* „Stellenangebote"; b) *(unoccupied room)* freies Zimmer; **have a ~:** ein Zimmer frei haben; '**vacancies'** „Zimmer frei"; '**no vacancies'** „belegt"; c) *no pl. (of look, mind, etc.)* Leere, *die*
vacant ['veɪkənt] *adj.* a) *(not occupied)* frei; '**~'** *(on door of toilet)* „frei"; '**situations ~'** „Stellenangebote"; **a house with ~ possession** ein bezugsfertiges Haus; b) *(mentally inactive)* leer
vacantly ['veɪkəntlɪ] *adv.* leer; **stare/gaze ~ at sb./into space** jmdn. mit leerem Blick anstarren/abwesend ins Leere starren
vacate [və'keɪt] *v. t.* a) räumen ⟨*Gebäude, Büro, Wohnung*⟩; aufgeben ⟨*Stelle, Amt*⟩; niederlegen ⟨*Amt*⟩
vacation [və'keɪʃn] 1. *n.* a) *(Brit. Law, Univ.: recess)* Ferien *Pl.;* b) *(Amer.) see* **holiday 1 b;** c) *(vacating) (of a room, building)* Räumung, *die; (of a post)* Aufgeben, *das; (of an office)* Niederlegen, *das.* 2. *v. i. (Amer.)* **~ [at/in a place]** [an einem Ort] Urlaub machen
vacationer [və'keɪʃənə(r)], **vacationist** [və'keɪʃənɪst] *ns. (Amer.)* Urlauber, *der*/Urlauberin, *die*
vaccinate ['væksɪneɪt] *v. t. (Med.)* impfen
vaccination [væksɪ'neɪʃn] *n. (Med.)* Impfung, *die; attrib.* Impf-; **have a ~:** geimpft werden

vaccine ['væksi:n, 'væksɪn] *n.* Impfstoff, *der*
vacillate ['væsɪleɪt] *v. i. (lit. or fig.)* schwanken; **~ about doing sth.** schwanken, ob man etw. tun soll oder nicht; **~ on sth.** bezüglich einer Sache schwanken
vacillating ['væsɪleɪtɪŋ] *adj.* schwankend
vacillation [væsɪ'leɪʃn] *n.* Schwanken, *das*
vacua *pl. of* **vacuum 1 a**
vacuity [və'kʊ:ətɪ] *n.* Leere, *die; (of book, play)* Geistlosigkeit, *die*
vacuous ['vækjʊəs] *adj.* leer; geistlos, nichtssagend ⟨*Buch, Theaterstück, Bemerkung*⟩
vacuously ['vækjʊəslɪ] *adv.* leer
vacuum ['vækjʊəm] 1. *n.* a) *pl.* **vacua** ['vækjʊə] *or* **~s** *(Phys.; also fig.)* Vakuum, *das;* **perfect/partial ~:** ideales Vakuum/Unterdruck, *der; (fig.)* **her death has left a ~ in our lives** ihr Tod hat in unserem Leben eine Lücke hinterlassen; **live in a ~** *(lit. or fig.)* im luftleeren Raum leben; b) *pl.* **~s** *(coll.: ~ cleaner)* Sauger, *der (ugs.).* 2. *v. t. & i.* [staub]saugen
vacuum: ~ bottle *(Amer.) see* **~ flask; ~ brake** *n. (Railw.)* Unterdruckbremse, *die;* **~-clean** *v. t. & i.* [staub]saugen; **~ cleaner** *n.* Staubsauger, *der;* **~ flask** *n. (Brit.)* Thermosflasche, *die;* **~-gauge** *n. (Physics)* Vakuummeter, *das;* **~-packed** *adj.* vakuumverpackt; **~ pump** *n.* Vakuumpumpe, *die;* **~ tube** *n. (Electronics)* Vakuumröhre, *die;* Elektronenröhre, *die*
vade-mecum [veɪdɪ'mi:kəm, vɑ:dɪ'meɪkəm] *n.* Vademekum, *das (geh.)*
vagabond ['vægəbɒnd] 1. *n.* Landstreicher, *der*/Landstreicherin, *die;* Vagabund, *der*/Vagabundin, *die (veralt.).* 2. *adj.* umherziehend, vagabundierend ⟨*Mensch, Stamm*⟩; **~ life** Vagabundenleben, *das*
vagaries ['veɪgərɪz] *n. pl. (lit. or fig.)* Launen *Pl.;* **the ~ of life/politics** die Wechselfälle des Lebens/der Politik
vagina [və'dʒaɪnə] *n., pl.* **~e** [və'dʒaɪni:] *or* **~s** *(Anat.)* Scheide, *die;* Vagina, *die (fachspr.)*
vaginal [və'dʒaɪnl] *adj.* Scheiden-; vaginal *(fachspr.)*
vagrancy ['veɪgrənsɪ] *n., no indef. art., no pl.* Landstreicherei, *die; (in cities)* Stadtstreicherei, *die*
vagrant ['veɪgrənt] 1. *adj.* vagabundierend; **~ life** Vagabundenleben, *das.* 2. *n.* Landstreicher, *der*/Landstreicherin, *die (oft abwertend); (in cities)* Stadtstreicher, *der*/Stadtstreicherin, *die*
vague [veɪg] *adj.* vage; verschwommen, undeutlich ⟨*Form, Umriß*⟩; undefinierbar ⟨*Farbe*⟩; *(absent-minded)* geistesabwesend; *(inattentive)* unkonzentriert; **describe sth. in ~ terms** etw. vage beschreiben; **not have the ~st idea** *or* **notion** nicht die blasseste *od.* leiseste Ahnung haben; **be ~ about sth.** etw. nur vag[e] andeuten; *(in understanding)* nur eine vage Vorstellung von etw. haben
vaguely ['veɪglɪ] *adv.* vage; ungefähr ⟨*wissen*⟩; entfernt ⟨*bekannt sein, erinnern an*⟩; schwach ⟨*sich erinnern*⟩; **he was ~ alarmed/sad/disappointed** er war irgendwie beunruhigt/traurig/enttäuscht; **look/taste ~ like sth.** entfernt aussehen/schmecken wie etw.; **understand sth. ~:** etw. in etwa verstehen; **she looked at me ~** *(uncertainly)* sie sah mich unsicher an; *(absent-mindedly)* sie sah mich zerstreut an
vagueness ['veɪgnɪs] *n., no pl.* Vagheit, *die; (of outline, shape)* Verschwommenheit, *die; (of policy)* Unbestimmtheit, *die; (absent-mindedness)* Zerstreutheit, *die; (uncertainty)* Ungewißheit, *die*
vain [veɪn] *adj.* a) *(conceited)* eitel; **be ~ about sth.** sich *(Dat.)* auf etw. *(Akk.)* einbilden; b) *(useless)* leer ⟨*Drohung, Versprechen, Worte, Reden*⟩; eitel *(geh.)*

vainglorious

⟨Triumph, Vergnügungen⟩; vergeblich ⟨Hoffnung, Erwartung, Versuch⟩; **in ~:** vergeblich; vergebens; *see also* **take 1 e**
vainglorious [veɪn'glɔːrɪəs] *adj. (formal/literary)* prahlerisch ⟨Reden, Angebereien⟩; dünkelhaft ⟨Person, Auftreten⟩
vainly ['veɪnlɪ] *adv.* **a)** *(uselessly)* vergebens; vergeblich; **b)** *(in a conceited way)* eitel; angeberisch
Valais ['væleɪ] *pr. n.* Wallis, *das*
valance ['væləns] *n.* Volant, *der*
vale [veɪl] *n. (arch./poet.)* Tal, *das;* **this ~ of tears** *(fig.)* dies Jammertal
valediction [vælɪ'dɪkʃn] *n. (act)* Abschied, *der;* *(words)* Abschiedsgruß, *der*
valedictory [vælɪ'dɪktərɪ] *adj.* Abschieds-; **~ remarks** Bemerkungen zum Abschied; **~ speech/address** *(Amer.)* Abschiedsrede/-ansprache, *die*
valence ['veɪləns] *(esp. Amer.),* **valency** ['veɪlənsɪ] *ns. (Chem., Phys.) (unit)* Wertigkeit, *die;* Valenz, *die (fachspr.);* **~ bond** kovalente Bindung
valentine ['væləntaɪn] *n.* **a)** jmd., dem man am Valentinstag einen Gruß schickt; **b)** ~ [card] Grußkarte zum Valentinstag; **c)** St. V ~'s Day Valentinstag, *der*
valerian [və'lɪərɪən] *n. (Bot., Pharm.)* Baldrian, *der*
valet ['vælɪt, 'væleɪ] *n.* **a)** Kammerdiener, *der;* **b)** *(hotel employee) für den Reinigungsservice zuständige Hotelangestellter;* **~ service** Reinigungs[- und Reparatur]service
'valet parking *n.* Parkservice, *der*
valetudinarian [vælɪtjuːdɪ'neərɪən] **1.** *adj.* **a)** *(sickly)* kränkelnd; **b)** *(anxious about health)* hypochondrisch. **2.** *n.* **a)** *(sickly person)* kränkelnder Mensch; **b)** *(hypochondriac)* Hypochonder, *der*
Valhalla [væl'hælə] *n. (Mythol.)* Walhall[a], *das*
valiant ['væljənt] *adj.* tapfer; kühn *(geh.);* **he made a ~ effort to disguise his disappointment** er versuchte tapfer, seine Enttäuschung zu verbergen; **it was a ~ try/effort** es war ein tapferer Versuch
valiantly ['væljəntlɪ] *adv.* tapfer; kühn *(geh.)*
valid ['vælɪd] *adj.* **a)** *(legally acceptable)* gültig; berechtigt ⟨Anspruch⟩; *(having legal force)* rechtskräftig; bindend ⟨Vertrag⟩; **b)** *(justifiable)* stichhaltig ⟨Argument, Einwand, Theorie⟩; triftig ⟨Grund⟩; zuverlässig ⟨Methode⟩; begründet ⟨Entschuldigung, Einwand⟩
validate ['vælɪdeɪt] *v. t.* rechtskräftig machen ⟨Anspruch, Vertrag, Testament⟩; bestätigen, beweisen ⟨Hypothese, Theorie⟩; für gültig erklären ⟨Wahl⟩
validation [vælɪ'deɪʃn] *n. (of claim, contract, etc.)* Gültigkeitserklärung, *die;* *(of theory, hypothesis)* Bestätigung, *die*
validity [və'lɪdɪtɪ] *n., no pl.* **a)** *(of ticket, document)* Gültigkeit, *die;* *(of claim, contract, marriage, etc.)* Rechtsgültigkeit, *die;* **~ check** *(Computing)* Gültigkeitskontrolle, *die;* **b)** *(of argument, excuse, objection, theory)* Stichhaltigkeit, *die;* *(of reason)* Triftigkeit, *die;* *(of method)* Zuverlässigkeit, *die*
validly ['vælɪdlɪ] *adv. (lawfully)* rechtsgültig; *(properly)* überzeugend; mit [vollem] Recht ⟨beanspruchen, geltend machen⟩
valise [və'liːz] *n. (esp. Amer.)* Reisetasche, *die*
Valkyrie [væl'kɪərɪ, 'vælkɪrɪ] *n. (Mythol.)* Walküre, *die*
valley ['vælɪ] *n.* **a)** *(lit. or fig.)* Tal, *das;* **~ bottom** Talsohle, *die;* **b)** *(of roof)* [Dach]kehle, *die;* **U-shaped/V-shaped ~:** Trogtal, *das*/Kerbtal, *das (Geog.);* *see also* **hanging valley; rift valley; river valley**
valor *(Amer.) see* **valour**
valorous ['vælərəs] *adj. (literary)* tapfer
valour ['vælə(r)] *n.* Tapferkeit, *die;* **fight with ~:** tapfer kämpfen; *see also* **discretion a**

valuable ['væljʊəbl] **1.** *adj.* wertvoll; **be ~ to sb.** für jmdn. wertvoll sein. **2.** *n., in pl.* Wertgegenstände; Wertsachen
valuation [væljʊ'eɪʃn] *n.* Schätzung, *die;* **make/get a ~ of** sth. etw. schätzen/etw. schätzen lassen; **what is the ~?** wie hoch ist der Schätzwert?; **set a high/low** *etc.* **~ on sth.** den Schätzwert für etw. hoch/niedrig *usw.* ansetzen; **accept sb. at his/her own ~:** jmds. Selbsteinschätzung teilen *od.* akzeptieren
value ['væljuː] **1.** *n.* **a)** Wert, *der;* **be of great/little/some/no ~ [to sb.]** [für jmdn.] von großem/geringem/einigem/keinem Nutzen sein; **they are taught too few things of real ~ for their future** man lehrt sie zu wenig, was ihnen in der Zukunft wirklich nützen wird; **information that is of great ~ to scientists** Informationen, die für Wissenschaftler überaus wertvoll *od.* von großem Wert sind; **this drug has been of some ~ in the treatment of cancer** dieses Medikament hat sich bei der Behandlung von Krebskranken als bedingt wirksam erwiesen; **be of [no] practical ~ to sb.** für jmdn. von [keinerlei] praktischem Nutzen sein; **set or put a high/low ~ on sth.** etw. hoch/niedrig einschätzen; **attach great ~ to sth.** einer Sache *(Dat.)* große Wichtigkeit beimessen; **b)** *(monetary worth)* Wert, *der;* **it has a ~ of one pound** es ist ein Pfund wert; **what would be the ~ of it?** was ist es wohl wert?; **know the ~ of sth.** wissen, was etw. wert ist; **sth./nothing of ~:** etw./nichts Wertvolles; **an object of ~:** ein Wertgegenstand; **items of great/little/no ~:** sehr wertvolle/nicht sonderlich wertvolle/wertlose Gegenstände; **be of great/little/no** *etc.* **~:** viel/wenig/nichts *usw.* wert sein; **increase** *or* **go up in ~:** an Wert gewinnen; wertvoller werden; **decline** *or* **decrease** *or* **fall** *or* **go down in ~:** an Wert verlieren; **an increase/decrease in ~:** ein Wertzuwachs/-verlust; **put a ~ on sth.** den Wert einer Sache schätzen; **sth. to the ~ of ...:** etw. im Werte von ...; **c)** *(equivalent)* Wert, *der;* **he offered less than the ~ of the house** er bot weniger, als das Haus wert war; **be good/poor** *etc.* **~ [for money]** seinen Preis wert/nicht wert sein; **customers want [good] ~ for money** Kunden wollen für ihr Geld auch etwas bekommen; **£5 for a tiny steak – do you call that good ~?** 5 Pfund für ein winziges Steak – nennen Sie das reell?; **this handbook is excellent/very good ~ at £10** dieses Handbuch ist die 10 Pfund, die es kostet, unbedingt wert; **get [good]/poor ~ [for money]** etwas/nicht viel für sein Geld bekommen; **give sb. poor ~ for money** jmdm. für sein Geld nicht viel bieten; **d)** *in pl. (principles)* Werte; Wertstellungen; **e)** *(rank, significance)* Wert, *der;* **[time] ~** *(Mus.)* Zeitwert, *der;* **~ of a colour, colour ~:** Farbwert, *der;* **f)** *(numerical quantity)* [Math.] [Zahlen]wert, *der;* *(Phys.)* Größe, *die;* **give** *x or* **let x have the ~** 3 x sei 3. **2.** *v. t.* **a)** *(appreciate)* schätzen; **his work has been ~d highly by experts** seine Arbeit hat bei Experten hohe Anerkennung gefunden; **if you ~ your life** wenn dir dein Leben lieb ist; **b)** *(put price on)* schätzen, taxieren (**at** auf + *Akk.*)
value added 'tax *n. (Brit.)* Mehrwertsteuer, *die*
valued ['væljuːd] *adj.* geschätzt ⟨Freund, Kollege, Kunde⟩; wertvoll ⟨Rat, Hilfe⟩; **thank you for your ~ order** *(Commerc. dated)* wir bedanken uns für Ihren geschätzten Auftrag *(veralt.)*
'value-judgement *n.* Werturteil, *das*
valueless ['væljʊlɪs] *adj.* wertlos
valuer ['væljʊə(r)] *n.* Schätzer, *der;* Taxator, *der*
valve [vælv] *n.* **a)** Ventil, *das; see also* **safety-valve; b)** *(Anat., Zool.)* Klappe, *die;* **c)** *(Brit.: thermionic ~)* Röhre, *die*

vamoose [və'muːs] *v. i. (Amer. sl.)* verduften *(ugs.)*
¹vamp [væmp] **1.** *n. (of shoe)* Oberleder, *das.* **2.** *v. t. (Mus.)* improvisieren ⟨Begleitung⟩; improvisierend begleiten ⟨Melodie⟩. **3.** *v. i. (Mus.)* improvisierend begleiten
~ up *v. t. (put together)* zusammenschustern *(ugs. abwertend); (renovate)* aufmöbeln *(ugs.)*
²vamp *n. (woman)* Vamp, *der*
vampire ['væmpaɪə(r)] *n.* Vampir, *der*
'vampire bat *n. (Zool.)* Vampir, *der*
¹van [væn] *n.* **a)** **[delivery] ~:** Lieferwagen, *der;* **baker's/laundry ~:** Bäckereiauto, *das*/Wäschereiauto, *das (ugs.);* **b)** *(Brit. Railw.)* [geschlossener] Wagen; **c)** *(Brit.: caravan)* [camping] ~: Wohnwagen, *der*
²van *n. (foremost part)* Vorhut, *die;* *(fig.: leaders of movement, opinion)* Vorkämpfer *Pl.;* **be in the ~ of a movement/the attack** zu den Vorkämpfern einer Bewegung gehören/den Angriff anführen
³van *n. (Tennis)* Vorteil, *der*
vanadium [və'neɪdɪəm] *n. (Chem.)* Vanadium, *das*
vandal ['vændl] *n.* **a)** Rowdy, *der;* **~-proof** unzerstörbar; **b)** *(Hist.)* V~: Wandale, *der;* Vandale, *der*
vandalise *see* **vandalize**
vandalism ['vændəlɪzm] *n.* Wandalismus, *der;* Vandalismus, *der;* **act of ~** *(destruction)* [mutwillige] Zerstörung; *(damaging)* [mutwillige] Beschädigung; **to demolish this beautiful old building would be an act of ~:** dieses schöne alte Gebäude abzureißen wäre Wandalismus
vandalize ['vændəlaɪz] *v. t. (destroy)* [mutwillig] zerstören; *(damage)* [mutwillig] beschädigen
Vandyke [væn'daɪk]: **~ beard** *n.* Henriquatre, *der;* **~ brown** *n.* Van-Dyck-Braun, *das*
vane [veɪn] *n.* **a)** *(weathercock) (in shape of arrow)* Wetterfahne, *die;* *(in shape of cock)* Wetterhahn, *der;* **b)** *(blade)* Blatt, *das;* *(of windmill)* Flügel, *der;* *(of watermill, turbine)* Schaufel, *die*
vanguard ['væŋgɑːd] *n.* **a)** *(Mil., Navy)* Vorhut, *die;* **b)** *(fig.: leaders)* Vorreiter; *(of literary, artistic,* etc. *movement)* Avantgarde, *die;* **in the ~ of [public] opinion** der öffentlichen Meinung stets um eine Nasenlänge voraus; **be in the ~ of progress/a movement** an der Spitze des Fortschritts/einer Bewegung stehen
vanilla [və'nɪlə] **1.** *n.* **a)** Vanille, *die;* **b)** *see* **vanilla-pod. 2.** *adj.* Vanille-
va'nilla-pod *n. (Bot.)* Vanilleschote, *die*
vanish ['vænɪʃ] *v. i.* **a)** *(disappear; coll.: leave quickly)* verschwinden; **~ from sight [behind sth.]** [hinter etw. *(Dat.)*] verschwinden; **~ into the distance** in der Ferne verschwinden; **the smile ~ed from his face** das Lächeln verschwand aus seinem Gesicht; **~ off the face of the earth** von der Erde verschwinden; *see also* **into 1 d; b)** *(cease to exist)* ⟨Gebäude:⟩ verschwinden; ⟨Sitte, Tradition:⟩ untergehen; ⟨Art, Gattung:⟩ aussterben; ⟨Zweifel, Bedenken:⟩ sich auflösen; ⟨Angst:⟩ sich legen; ⟨Hoffnung, Chancen:⟩ schwinden; **c)** *(Math.)* Null werden
vanishing ['vænɪʃɪŋ]: **~ act** *see* **~ trick; ~-cream** *n.* Feuchtigkeitscreme, *die;* Vanishing-Creme, *die (fachspr.);* **~-point** *n. (Art, Math.)* Fluchtpunkt, *der;* *(fig.)* Nullpunkt, *der;* **dwindle to ~-point** auf den Nullpunkt zurückgehen; **~ trick** *n.* Zaubertrick *(bei dem etwas verschwindet);* **do** *or* **perform a ~ trick with sth.** etw. wegzaubern *od.* verschwinden lassen; **he did his [usual] ~ trick** *(fig. coll.)* er verdrückte sich [wie üblich] *(ugs.)*
vanity ['vænɪtɪ] *n.* **a)** *(pride, conceit)* Eitelkeit, *die;* **b)** *(worthlessness)* Nichtigkeit, *die;*

vanity bag | **vaudeville**

Eitelkeit, *die (geh.); (of efforts, hopes, dreams)* Vergeblichkeit, *die;* **all is ~:** alles ist eitel *(geh.);* **c)** *(worthless thing)* **these things are vanities** das ist alles bloß Tand *(geh.);* **d)** *(Amer.: dressing-table)* Frisierkommode, *die*
vanity: **~ bag** *n.* Kosmetiktäschchen, *das;* **~ case** *n.* Kosmetikkoffer, *der;* **V~ 'Fair** *n.* Jahrmarkt der Eitelkeiten
vanquish ['væŋkwɪʃ] *v. t. (literary)* bezwingen
vantage ['vɑːntɪdʒ] *n.* **a)** *(position of superiority)* Vorteil, *der;* **b)** see **advantage c**
vantage: **~-ground** *n.* *(Mil.)* günstige [Ausgangs]position; **~-point** *n.* Aussichtspunkt, *der; (fig.)* **his ~-point as director** der Überblick, den er als Direktor hat/hatte
vapid ['væpɪd] *adj.* schal 〈*Geschmack, Vergnügen*〉; leer 〈*Gerede, Umgangsformen*〉; geistlos 〈*Gerede, Vortrag, Bemerkung, Ergüsse*〉; unverbindlich 〈*Lächeln*〉; nichtssagend 〈*Erscheinung, Person*〉
vapidity [vəˈpɪdɪtɪ] *n.* Schalheit, *die; (of conversation, remark, book, speech, etc.)* Geistlosigkeit, *die;* **the ~ of his smile/expression** sein unverbindliches Lächeln/sein nichtssagender Gesichtsausdruck
vapor *(Amer.)* see **vapour**
vaporise (vaporise) ['veɪpəraɪz] *v. t. & i.* verdampfen
vaporizer ['veɪpəraɪzə(r)] *n.* **a)** Verdampfer, *der;* **b)** *(atomizer)* Zerstäuber, *der*
vapour ['veɪpə(r)] *n. (Brit.)* **a)** Dampf, *der; (mist)* Dunst, *der;* **~s** *(rising from the ground)* Schwaden, *(arch.: melancholy)* Schwermut, *die;* **b)** *(Phys.)* Dampf, *der;* **turn into [a] ~:** zu Dampf werden; **c)** *(Med.: inhalant)* Dampf, *der*
vapour: **~ bath** *n. (Med.)* Dampfbad, *das;* **~ trail** *n. (Aeronaut.)* Kondensstreifen, *der*
variability [vɛərɪəˈbɪlɪtɪ] *n.* **a)** *(ability to be altered)* Variabilität, *die;* **b)** *(inconsistency, changeability)* Unbeständigkeit, *die; (of health, balance)* Labilität, *die*
variable ['vɛərɪəbl] **1.** *adj.* **a)** *(alterable)* veränderbar; **be ~:** verändert werden können; 〈*Gerät:*〉 eingestellt werden können; **b)** *(inconsistent, changeable)* unbeständig 〈*Wetter, Wind, Strömung, Stimmung, Leistung*〉; wechselhaft 〈*Wetter, Launen, Schicksal, Qualität, Erfolg*〉; labil 〈*Gesundheit, Gleichgewicht*〉; schwankend 〈*Kosten*〉; **How's your health? – Oh, ~:** Wie geht's gesundheitlich? – Mal so, mal so; **with ~ success** mit wechselndem Erfolg; **c)** *(Astron., Math.)* veränderlich; variabel. **2.** *n.* **a)** *(Math.)* Variable, *die;* Veränderliche, *die;* **b)** *(Astron.)* Veränderliche, *der;* **c)** *(fig.: varying factor)* veränderliche Größe; Variable, *die*
'variable star *n. (Astron.)* Veränderliche, *der*
variably ['vɛərɪəblɪ] *adv.* variabel; beliebig; stufenlos 〈*anpaßbar, einstellbar*〉; unterschiedlich 〈*stark*〉
variance ['vɛərɪəns] *n.* **a)** Uneinigkeit, *die; (between philosophies, ideologies)* Nichtübereinstimmung, *die;* **be at ~:** [sich *(Dat.)*] uneinig sein (**on** über + Akk.); 〈*Theorien, Meinungen, Philosophien usw.:*〉 nicht übereinstimmen; **be at ~ with sb./sth.** [sich *(Dat.)*] mit jmdm. uneinig sein/mit etw. nicht übereinstimmen; **this development has set the team at ~:** diese Entwicklung hat zu Meinungsverschiedenheiten im Team geführt; **b)** *(Statistics)* Varianz, *die*
variant ['vɛərɪənt] **1.** *attrib. adj.* verschieden; **three ~ spellings/readings** drei [verschiedene] Schreibweisen/Lesarten; **~ type** *(Biol.)* Variante, *die.* **2.** *n.* Variante, *die*
variation [vɛərɪˈeɪʃn] *n.* **a)** *(varying)* Veränderung, *die; (in style, diet, routine, programme)* Abwechslung, *die; (difference)* Unterschied, *der;* **be subject to ~** 〈*Preise:*〉 Schwankungen unterworfen sein; 〈*Re-*

geln:〉 Änderungen unterworfen sein; **~s in weather conditions** unbeständiges Wetter; **no ~ of the rules is allowed** die Regeln dürfen nicht geändert werden; **~ in price/colour** Preis-/Farbunterschied, *der;* **the ~s of light and shade** der Wechsel von Licht und Schatten; **~s from earlier editions** Unterschiede im Vergleich zu früheren Ausgaben; **b)** *(variant)* Variante, *die* (**of, on** *Gen.*); **c)** *(Mus.)* Variation, *die;* **~s on a theme** Variationen über ein Thema; **d)** *(Biol., Ballet, Math.)* Variation, *die*
variational [vɛərɪˈeɪʃənl] *attrib. adj. (Mus., Math.)* Variations-
varicoloured *(Brit.; Amer.:* **varicolored**) ['vɛərɪkʌləd] *adj.* bunt
varicose vein [ˈværɪkəʊs 'veɪn] *n. (Med.)* Krampfader, *die*
varied ['vɛərɪd] *adj. (differing)* unterschiedlich; vielfältig 〈*Freuden*〉; *(marked by variation)* abwechslungsreich 〈*Land, Diät, Leben*〉; vielseitig 〈*Arbeit, Stil, Sammlung*〉; vielgestaltig 〈*Landschaft*〉; bunt 〈*Mischung*〉; buntgemischt 〈*Gruppe*〉
variegate ['vɛərɪgeɪt] *v. t.* [farblich] auflockern
variegated ['vɛərɪgeɪtɪd] *adj. (Bot.)* mehrfarbig; panaschiert 〈*grüne Blätter*〉
variegation [vɛərɪˈgeɪʃn] *n.* **a)** Buntheit, *die;* **b)** *(Bot.)* Mehrfarbigkeit, *die; (on green leaves)* Panaschierung, *die*
variety [vəˈraɪətɪ] *n.* **a)** *(diversity)* Vielfältigkeit, *die; (in style, diet, routine, programme)* Abwechslung, *die;* **add** *or* **give ~ to sth.** etw. abwechslungsreicher gestalten; **for the sake of ~:** zur Abwechslung; **~ is the spice of life** *(prov.)* Abwechslung macht Freude; **b)** *(assortment)* Auswahl, *die* (**of** an + *Dat.,* von); **in a ~ of sizes/ways** in verschiedenen Größen/auf verschiedene Art; **for a ~ of reasons** aus verschiedenen Gründen; **a wide ~ of birds/flowers** viele verschiedene Vogelarten/Blumen; **c)** *(Theatre)* Varieté, *das; (Telev.) (varietéähnliche)* Shows; **d)** *(form)* Art, *die; (of fruit, vegetable, cigarette)* Sorte, *die;* **rare varieties of butterflies** seltene Exemplare von Schmetterlingen; **e)** *(Biol.) (subspecies)* Unterart, *die;* Varietät, *die (fachspr.); (cultivated)* Züchtung, *die;* Rasse, *die*
variety: **~ act** *n.* Varieténummer, *die;* **~ artist** *n. (Theatre)* Varietékünstler, *der/*-künstlerin, *die; (Telev.)* Showstar, *der;* **~ entertainment** *n* see **show;** **~ meat** *n. (Amer.)* Innereien [und eßbare Schlachtfälle]; **~ show** *n.* **a)** *(Theatre)* Varieté, *das; (single performance)* Varietévorstellung, *die;* **b)** *(Telev.) (varietéähnliche)* Show; **~ store** *n. (Amer.)* Kramladen, *der;* **~ theatre** *n.* Varieté[theater], *das*
variola [vəˈraɪələ] *n. (Med.)* Pocken *Pl.*
various ['vɛərɪəs] *adj.* **a)** *pred. (different)* verschieden; unterschiedlich; *(manifold)* vielfältig; **the causes of this are many and ~:** es gibt hierfür viele verschiedene Ursachen; **b)** *attrib. (several)* verschiedene; **at ~ times** mehrere Male
variously ['vɛərɪəslɪ] *adv.* unterschiedlich; **she has been ~ described as a liar and a paragon of virtue** sie ist mal als Lügnerin, mal als Muster an Tugend beschrieben worden
varlet ['vɑːlɪt] *n. (Hist.: page)* Bursche, *der; (arch./joc.: rascal)* Schurke, *der (abwertend)*
varmint ['vɑːmɪnt] *n. (Amer./dial.) (animal)* Biest, *das (ugs.); (person)* Halunke, *der; (child)* Racker, *der (fam.)*
varnish ['vɑːnɪʃ] **1.** *n.* **a)** Lack, *der; (transparent)* Lasur, *die;* **clear ~:** Klarlack, *der;* see also **nail varnish;** **b)** *(Art)* Firnis, *der;* **c)** *(Ceramics)* Glasur, *die;* **d)** *(glossiness, lit. or fig.)* Glanz, *der;* **high ~:** Hochglanz, *der.* **2.** *v. t.* **a)** lackieren; *(with transparent ~)* lasieren; **b)** *(Art)* firnissen; **c)** *(Ceramics)* glasieren; **d)** *(fig.: gloss over)* beschönigen; übertünchen 〈*Fehler, Verbrechen, Laster*〉

varsity ['vɑːsɪtɪ] *n. (Brit. Univ. coll.)* Uni, *die (ugs.)*
vary ['vɛərɪ] **1.** *v. t.* verändern; ändern 〈*Bestimmungen, Programm, Methode, Verhalten, Stil, Route, Kurs*〉; abwandeln 〈*Rezept, Muster*〉; *(add variety to)* abwechslungsreicher gestalten; **~ one's diet** sich abwechslungsreich ernähren; **~ one's tone to suit the situation** seinen Ton der Situation anpassen. **2.** *v. i.* **a)** *(become different)* sich ändern; 〈*Preis, Nachfrage, Qualität, Temperatur:*〉 schwanken; *(be different)* unterschiedlich sein; *(between extremes)* wechseln; *(deviate)* abweichen; **Are you busy? – Oh, it varies** Hast du viel zu tun? – Ach, ganz unterschiedlich; **~ between A and B** *or* **from A to B** zwischen A *(Dat.)* und B *(Dat.)* schwanken; **~ in weight/size/shape/colour** *etc.* im Gewicht/in der Größe/Form/Farbe variieren (**from** ... **to** ...: zwischen ... + *Dat.* und ... + *Dat.*); **these items ~ in size/price** diese Artikel gibt es in verschiedenen Größen/Preislagen; **they ~ in their opinions/in character** sie haben unterschiedliche Meinungen/sind charakterlich verschieden; **the two books ~ on this matter** dieser Sachverhalt wird in den beiden Büchern unterschiedlich beurteilt; **opinions ~ on this point** die Meinungen gehen in diesem Punkt auseinander; **b)** **~ [directly/inversely] as sth.** sich direkt proportional/umgekehrt proportional zu etw. ändern
varying ['vɛərɪɪŋ] *attrib. adj.* wechselnd; wechselhaft, veränderlich 〈*Wetter*〉; *(different)* unterschiedlich; **in ~ colours** in verschiedenen Farben; **continually ~ prices** ständig schwankende Preise; **at ~ prices** zu unterschiedlichen Preisen
vascular ['væskjʊlə(r)] *adj. (Anat., Bot.)* vaskulär; *(Anat., Med.)* Gefäß-; **~ plant** Gefäßpflanze, *die*
vase [vɑːz] *n.* Vase, *die*
vasectomize [vəˈsektəmaɪz] *v. t. (Med.)* [durch Vasektomie] sterilisieren
vasectomy [vəˈsektəmɪ] *n. (Med.)* Vasektomie, *die*
Vaseline, (P) ['væsəliːn] *n., no pl., no indef. art.* Vaseline, *die*
vassal ['væsl] *n.* **a)** *(Hist.)* Vasall, *der/*Vasallin, *die;* **b)** *(rhet.: slave)* Knecht, *der/*Magd, *die (fig.)*
vast [vɑːst] *adj.* **a)** *(huge)* riesig; weit 〈*Fläche, Meer, Kontinent, Welt[raum]*〉; gewaltig 〈*Wolken[massen]*〉; umfangreich 〈*Sammlung*〉; **b)** *(coll.: great)* enorm; Riesen〈*menge, -summe, -fehler*〉; unermeßlich 〈*Reichtümer*〉; überwältigend 〈*Mehrheit*〉; **a ~ amount of time/money/a ~ number of things** enorm viel Zeit/viel Geld/viele Dinge; **~ sums of money** enorm hohe Summen; **to a ~ extent** größtenteils; **he has done a ~ amount of work in this field** er hat auf diesem Gebiet enorm viel geleistet
vastly ['vɑːstlɪ] *adv. (coll.)* enorm; weitaus 〈*besser*〉; weit 〈*überlegen, unterlegen*〉; überaus, äußerst 〈*wichtig, dankbar*〉; in hohem Maße 〈*beeinflussen*〉; gewaltig 〈*sich verbessern, irren, überschätzen, unterschätzen*〉; köstlich 〈*sich amüsieren*〉; **in a ~ different sense** in einem völlig anderen Sinn
vastness ['vɑːstnɪs] *n., no pl.* **a)** *(hugeness)* [immense *od.* ungeheure] Weite; *(of building, crowd, army)* [immense *od.* ungeheure] Größe; *(of collection etc.)* [riesiger] Umfang; **b)** *(greatness)* [immenses] Ausmaß; *(of knowledge)* [immenser] Umfang
VAT [viːeɪˈtiː, væt] *abbr.* **value added tax** MwSt.
vat [væt] *n.* Bottich, *der; (in paper-making)* Bütte, *die*
Vatican ['vætɪkən] *pr. n.* Vatikan, *der*
Vatican: **~ 'City** *pr. n.* Vatikanstadt, *die;* **~ 'Council** *n. (Hist.)* Vatikanisches Konzil
Vaud [vəʊ] *pr. n.* Waadt, *die*
vaudeville ['vɔːdəvɪl, 'vəʊdəvɪl] *n. (Theatre,*

Mus.) Varieté, *das;* **appear in ~:** im Varieté auftreten; **a ~ show** eine Varietévorstellung
¹**vault** [vɔːlt, vɒlt] **1.** *n.* **a)** *(Archit.)* Gewölbe, *das;* **the ~ of heaven** *(poet.)* das Himmelsgewölbe *(dichter.);* **b)** *(cellar)* [Gewölbe]keller, *der; see also* **wine-vault; c)** *(in bank)* Tresorraum, *der;* **d)** *(tomb)* Gruft, *die.* **2.** *v. t. (Archit.)* wölben
²**vault 1.** *v. i. (leap)* sich schwingen; *(Gymnastics)* springen. **2.** *v. t.* sich schwingen über (+ *Akk.*). **3.** *n.* Sprung, *der;* **straddle/squat/side ~:** Grätsche, *die*/Hocke, *die*/Flanke, *die*
vaulted ['vɔːltɪd, 'vɒltɪd] *adj. (Archit.)* gewölbt
vaulting ['vɔːltɪŋ, 'vɒltɪŋ] *n. (Archit.)* Wölbung, *die*
'**vaulting-horse** *n. (Gymnastics)* [Sprung]pferd, *das*
vaunt [vɔːnt] *(literary) v. t.* sich brüsten mit; **~ that ...:** sich [damit] brüsten, daß ...; **~ sth. as sth.** etw. als etw. preisen; **much ~ed** vielgepriesen *od.* -gerühmt
VC *abbr.* Victoria Cross
VD [viːˈdiː] *n.* Geschlechtskrankheit, *die;* **get or catch ~:** sich *(Dat.)* eine Geschlechtskrankheit zuziehen
VDU *abbr.* visual display unit
'**ve** [v] *(coll.)* = **have**
veal [viːl] *n., no pl.* Kalb[fleisch], *das; attrib.* Kalbs-; **roast ~:** Kalbsbraten, *der*
veal 'cutlet *n.* Kalbsschnitzel, *das*
vector ['vektə(r)] *n. (Math., Aeronaut., Biol.)* Vektor, *der*
vectorial [vekˈtɔːrɪəl] *adj. (Math.)* vektoriell
Veda ['veɪdə, 'viːdə] *n. (Hindu Relig.)* Weda, *der*
VE day [viːˈiː deɪ] *n.* der 8. Mai 1945; der Tag des Sieges [im 2. Weltkrieg]
¹**veer** [vɪə(r)] **1.** *v. i.* **a)** *(Wind:)* [sich] im Uhrzeigersinn drehen; *(Schiff, Flugzeug:)* abdrehen; *(Auto:)* ausscheren; **~ to the north** *(Wind:)* auf Nord drehen; *(Schiff:)* nach Norden drehen; **~ off course/off the road** *(unintentionally)* vom Kurs/von der Straße abkommen; *(intentionally)* vom Kurs abdrehen/von der Straße abbiegen; **the driver had to ~ to avoid the sheep** der Fahrer mußte das Steuer herumreißen, um dem Schaf auszuweichen; **~ out of control** außer Kontrolle geraten ins Schleudern kommen; **go ~ing along the road** in Schlangenlinien die Straße entlangfahren; **~ gently/sharply to the right** *(Straße:)* eine leichte/scharfe Rechtskurve machen; **b)** *(fig.: change)* schwanken **(from ... to ...):** zwischen ... + *Dat.* und ... + *Dat.*); **~ from one extreme to the other** *(Person:)* von einem Extrem ins andere fallen; *(Stimmung:)* von einem Extrem ins andere umschlagen; **~ to the left** *(in politics)* auf Linkskurs umschwenken. **2.** *v. t.* **a)** **~ the car to the left/right** den Wagen nach links/rechts herumreißen; **b)** *(fig.)* abbringen. **3.** *n.* Ausscheren, *das;* **the driver struggled to control the ~** der Fahrer versuchte, den Wagen noch abzufangen
~ a'way, ~ 'off *v. i.* *(Schiff, Flugzeug:)* abdrehen; *(Auto:)* ausscheren; *(Fahrer, Straße:)* abbiegen; **b)** *(fig.: change)* **~ away or off from sth.** von etw. abkommen
~ 'round *v. i.* drehen; *(through 180°)* wenden; **skid and ~ [right] round** ins Schleudern geraten und um die eigene Achse drehen. **2.** *v. t.* wenden
²**veer** *v. i. (Naut.)* **~ and haul** fieren und holen
veg [vedʒ] *n., pl. same (coll.)* Gemüse, *das;* **meat and two ~:** Fleisch mit Kartoffeln und Gemüse
vegan ['viːgən] **1.** *n.* Veganer, *der*/Veganerin, *die;* strenger Vegetarier/strenge Vegetarierin. **2.** *adj.* streng vegetarisch
vegetable ['vedʒɪtəbl] **1.** *n.* **a)** Gemüse, *das;* **spring/summer/winter ~:** Frühjahrs-/Sommer-/Wintergemüse, *das;* **fresh ~s** frisches Gemüse; **green ~s** Grüngemüse, *das;* **do you want ~s/a ~ with your steak?** hätten Sie gern Gemüse/eine Portion Gemüse zu Ihrem Steak?; **meat and two ~s** Fleisch mit Kartoffeln und Gemüse; *see also* **kingdom d; b)** *(fig.)* **become/be a ~** *(as result of injury or illness)* nur noch [dahin]vegetieren; **you're just a ~/you'll turn into a ~** *(as result of dull routine, lack of ambition, etc.)* du vegetierst nur so vor dich hin/du wirst nur noch vor dich hin vegetieren. **2.** *adj.* Gemüse‹suppe, -extrakt›; **~ butter** Pflanzbutter, *die;* **~ dish** *n.* **a)** *(food)* Gemüsegericht, *das;* **b)** *(bowl)* Gemüseschüssel, *die;* **~ dye** Pflanzenfarbe, *die;* **~ garden** *n.* Gemüsegarten, *der;* **~ knife** *n.* Küchenmesser, *das;* '**marrow** *see* **marrow a; ~ oil** *n. (Cookery)* Pflanzenöl, *das*
vegetarian [vedʒɪˈteərɪən] **1.** *n.* Vegetarier, *der*/Vegetarierin, *die.* **2.** *adj.* vegetarisch; **sb. is ~:** jmd. ist Vegetarier/Vegetarierin
vegetarianism [vedʒɪˈteərɪənɪzm] *n., no pl., no indef. art.* Vegetarismus, *der*
vegetate ['vedʒɪteɪt] *v. i.* **a)** *(Bot.)* wachsen [und gedeihen]; **b)** *(fig.) (as result of injury or illness)* nur noch [dahin]vegetieren; *(as result of dull routine, lack of ambition, etc.)* vor sich *(Akk.)* hin vegetieren
vegetation [vedʒɪˈteɪʃn] *n.* **a)** *no pl.* *(plants)* Vegetation, *die;* **b)** *(fig.) (as result of injury or illness)* Dahinvegetieren, *das; (as result of dull routine, lack of ambition, etc.)* Stumpfsinnigkeit, *die*
vegetative ['vedʒɪtətɪv] *adj. (Biol., Bot.)* vegetativ
vehemence ['viːəməns] *n., no pl.* Heftigkeit, *die;* Vehemenz, *die;* **with ~:** heftig; vehement *(geh.)*
vehement ['viːəmənt] *adj.* heftig, vehement; leidenschaftlich *(Gefühle, Rede);* heftig *(Wunsch, Abneigung),* hitzig *(Debatte)*
vehemently ['viːəməntlɪ] *adv.* heftig, vehement; **hate each other ~:** einander bis aufs Blut hassen; **dislike each other ~:** eine heftige Abneigung gegeneinander empfinden
vehicle ['viːɪkl] *n.* **a)** Fahrzeug, *das;* **b)** *(fig.: medium)* Vehikel, *das;* **the pulpit as a ~ for propaganda** die Kanzel als Bühne für Propaganda; **this newspaper is their ~:** diese Zeitung ist ihr Sprachrohr; **c)** *(Art)* Bindemittel, *das;* **d)** *(Pharm.)* Vehiculum, *das;* Konstituens, *das*
vehicular [vɪˈhɪkjʊlə(r)] *adj.* Fahrzeug-
veil [veɪl] **1.** *n.* **a)** Schleier, *der;* **take the ~** *(Relig.)* den Schleier nehmen *(geh.);* **b)** *(Jewish Relig. Hist.)* [Tempel]vorhang, *der;* **beyond the ~** *(fig.)* im Jenseits; **c)** *(fig.: obscuring medium)* Schleier, *der;* **~ of mist/clouds** Dunst-/Wolkenschleier, *der;* **under the ~ of patriotism** unter dem Deckmantel des Patriotismus; **draw a ~ over sth.** den Mantel des Schweigens über etw. *(Akk.)* breiten. **2.** *v. t.* **a)** verschleiern; **b)** *(fig.: cover)* verhehlen; *(conceal)* verbergen ‹Gefühle, Motive› **(with,** in **hinter** + *Dat.);* **~ sth. in secrecy or mystery** etw. mit dem Schleier des Geheimnisses umgeben
veiled [veɪld] *adj.* **a)** verschleiert; **b)** *(fig.: covert)* versteckt ‹Groll, Drohung›; verhüllt ‹Anspielung›
vein [veɪn] *n.* **a)** Vene, *die; (in popular use: any blood-vessel)* Ader, *die;* **b)** *(Geol., Mining, Zool.)* Ader, *die;* **c)** *(Bot.)* Blattrippe, *die;* Ader, *die;* **d)** *(streak)* Ader, *die;* **~s** *(in wood, marble)* Maserung, *die;* **e)** *(fig.: character, tendency)* Zug, *der; (of truth)* Spur, *der; (of superstition, aggression)* Anflug, *der;* **a ~ of melancholy/humour** ein melancholisch/humorvoller Zug; **have a poetic ~:** eine dichterische Ader haben; **f)** *(fig.) (mood)* Stimmung, *die; (style)* Art, *die;* **be in a happy/sad ~:** frohgelaunt/traurig gestimmt sein; **be in the [right] ~ [for sth./for doing sth.]** in der [richtigen] Stimmung sein [zu etw./, etw. zu tun]; **in a similar ~:** vergleichbarer Art
veined [veɪnd] *adj.* geädert; gemasert ‹Holz›; **red marble ~ with white** roter Marmor, weißgeädert
velar ['viːlə(r)] *adj. (Phonet.)* velar
Velcro, (P) ['velkrəʊ] *n., no pl., no indef. art.* Klettverschluß, *der* ⓇⓌ
veld, veldt [velt] *n. (S. Afr.)* Steppe, *die*
vellum ['veləm] *n.* **a)** *(parchment)* Pergament, *das; (manuscript also)* Pergamenthandschrift, *die;* **b)** *(writing-paper)* Velin[papier], *das*
velocity [vɪˈlɒsɪtɪ] *n.* Geschwindigkeit, *die;* **at or with a ~ of ...:** mit einer Geschwindigkeit von ...; **~ of the wind, wind ~** Windgeschwindigkeit, *die;* **~ of light** *(Phys.)* Lichtgeschwindigkeit, *die*
velour[s] [vəˈlʊə(r)] *n. (Textiles)* Velours, *der*
velum ['viːləm] *n., pl.* **vela** ['viːlə] *(Bot., Zool.)* Velum, *das; (Anat.)* Velum, *das;* Gaumensegel, *das*
velvet ['velvɪt] **1.** *n.* **a)** Samt, *der;* **[as] smooth as ~:** weich wie Samt; samtweich; **b)** *(Zool.)* Bast, *der.* **2.** *adj.* aus Samt nachgestellt; Samt-; *(soft als ~)* samten; samtweich; **he operates with an iron hand in a ~ glove** er gibt sich entgegenkommend, in der Sache aber bleibt er unnachgiebig
velveteen [velvɪˈtiːn] **1.** *n. (Textiles)* Baumwollsamt, *der;* Velveton, *der (fachspr.).* **2.** *adj.* aus Baumwollsamt nachgestellt; Velveton-
velvety ['velvɪtɪ] *adj. (having the feel of velvet)* samtig, samtweich; *(characteristic of velvet; also fig.)* samtig, samten; **smooth** *or* **soft and ~:** samten und samten
Ven. *abbr.* Venerable Hochw.
venal ['viːnl] *adj.* käuflich, korrupt ‹Person›; korrupt ‹Verhalten, Praktiken›; eigennützig ‹Interessen, Motive, Dienste›
venality [viːˈnælɪtɪ] *n., no pl. see* **venal:** Käuflichkeit, *die;* Korruptheit, *die;* Eigennützigkeit, *die*
vend [vend] *v. t.* **a)** *(Law)* veräußern; *(as a business)* Handel treiben mit; **b)** *(offer for sale)* verkaufen
vendee [venˈdiː] *n. (Law)* Käufer, *der*/Käuferin, *die*
vender ['vendə(r)] *n.* Verkäufer, *der*/Verkäuferin, *die;* **street ~:** Straßenhändler, *der*/-händlerin, *die;* **newspaper ~:** Zeitungsverkäufer, *der*/-verkäuferin, *die*
vendetta [venˈdetə] *n.* **a)** Hetzkampagne, *die; (feud)* Fehde, *die;* **conduct a ~ against sb./sth.** eine Hetzkampagne gegen jmdn./etw. führen; **b)** *(killings)* Blutrache, *die; (in Italy also)* Vendetta, *die*
'**vending-machine** *n.* [Verkaufs]automat, *der*
vendor ['vendə(r), 'vendɔː(r)] *n. (esp. Law)* Verkäufer, *der*/Verkäuferin, *die;* **street ~:** Straßenhändler, *der*/-händlerin, *die;* **newspaper ~:** Zeitungsverkäufer, *der*/-verkäuferin, *die;* **b)** *see* **vending-machine**
veneer [vɪˈnɪə(r)] **1.** *n.* **a)** *(thin covering of wood)* Furnier, *das; (layer in plywood)* Furnierblatt, *das;* **b)** *(fig.: disguise)* Tünche, *die;* **beneath a ~ of respectability/civilization** hinter einer Fassade der Wohlanständigkeit/der Zivilisiertheit; **have only a ~ of education** sich *(Dat.)* nur den Anschein von Bildung geben; **it's just a ~:** es ist nur schöner Schein. **2.** *v. t.* furnieren
venerable ['venərəbl] *adj.* **a)** ehrwürdig; heilig ‹Reliquien›; **b)** *(Eccl.)* **the V~ A. W. Morgan** Hochwürden A. W. Morgan
venerate ['venəreɪt] *v. t.* verehren; hochachten; ehren ‹Eltern, Wort Gottes›; in Ehren halten ‹jmds. Andenken, Traditionen, heilige Orte›

veneration [venəˈreɪʃn] *n.* **a)** *(reverence)* Ehrfurcht, *die* (**of,** **for** vor + *Dat.*); **in ~ of** zu Ehren (+ *Gen.*); **hold sb./sth. in ~:** jmdn./etw. verehren; **hold sb.'s memory in ~:** jmds. Andenken in Ehren halten; **b)** *(venerating, being venerated)* Verehrung, *die* (**of** für); **the community's ~ of its traditions** der tiefe Respekt, den die Gemeinde für ihre Traditionen empfindet/empfand

venereal [vɪˈnɪərɪəl] *adj.* *(Med.)* venerisch; **~ clinic** Klinik für Geschlechtskrankheiten; **~ virus** Virus, das eine venerische Krankheit hervorruft

veˈnereal disease *n.* *(Med.)* Geschlechtskrankheit, *die;* venerische Krankheit *(fachspr.)*

Venetian [vɪˈniːʃn] **1.** *adj.* venezianisch; **sb. is ~:** jmd. ist Venezianer/Venezianerin; **~ glass** Muranoglas, *das.* **2.** *n.* **a)** *(person)* Venezianer, *der*/Venezianerin, *die;* **b)** *(dialect)* Venezianisch, *das;* venezianischer Dialekt

venetian ˈblind *n.* Jalousie, *die*

Venezuela [venɪˈzweɪlə] *pr. n.* Venezuela *(das)*

Venezuelan [venɪˈzweɪlən] **1.** *adj.* venezolanisch; **sb. is ~:** jmd. ist Venezolaner/Venezolanerin. **2.** *n.* Venezolaner, *der*/Venezolanerin, *die*

vengeance [ˈvendʒəns] *n.* **a)** Rache, *die;* Vergeltung, *die;* **he wrought a cruel ~ on his enemies** er übte grausame Rache an seinen Feinden; **take ~ [up]on sb. [for sth.]** sich an jmdm. [für etw.] rächen; **b) with a ~** *(coll.)* gewaltig *(ugs.);* **go to work with a ~** *(coll.)* sich tüchtig ins Zeug legen *(ugs.)*

vengeful [ˈvendʒfl] *adj.* rachedurstig *(geh.);* rachsüchtig *(geh.)*

venial [ˈviːnɪəl] *adj.* **a)** *(pardonable)* verzeihlich; entschuldbar; leichter ⟨*Vergehen*⟩; **b)** *(Theol.)* läßlich ⟨*Sünde*⟩

veniality [viːnɪˈælɪtɪ] *n., no pl.* **a)** Entschuldbarkeit, *die;* **b)** *(Theol.)* Läßlichkeit, *die*

Venice [ˈvenɪs] *pr. n.* Venedig *(das)*

venison [ˈvenɪsn, ˈvenɪzn] *n., no pl.* Hirsch[fleisch], *das;* *(of roe)* Reh[fleisch], *das;* **~ roast ~:** Hirsch-/Rehbraten, *der;* **~ steak** Hirsch-/Rehsteak, *das*

venom [ˈvenəm] *n.* **a)** *(Zool.)* Gift, *das;* **b)** *(fig.)* Boshaftigkeit, *die;* Gehässigkeit, *die;* **unleash one's ~ on sb.** jmdn. angiften *(ugs.);* **the ~ of her hatred** ihr giftiger Haß; **say sth. with great or real ~:** etw. sehr giftig sagen; **there was much ~ in his criticism** seine Kritik war wirklich giftig

venomous [ˈvenəməs] *adj.* **a)** *(Zool.)* giftig; Gift⟨*schlange, -stachel*⟩; **b)** *(fig.)* giftig *(ugs.);* boshaft

venomously [ˈvenəməslɪ] *adv.* *(fig.)* giftig *(ugs.);* boshaft

venous [ˈviːnəs] *adj.* *(Anat., Zool.)* venös; **b)** *(Bot.)* geädert

¹vent [vent] **1.** *n.* **a)** *(for gas, liquid to escape)* Öffnung, *die;* **b)** *(of gun, cannon, etc.)* Zündloch, *das;* Zündkanal, *der;* **c)** *(in barrel)* Spundloch, *das;* **d)** *(Mus.)* Griffloch, *das;* **e)** *(flue)* [Rauch]abzug, *der;* **f)** *(Geol.)* [Vulkan]schlot, *der;* **g)** *(fig.: for emotions)* Ventil, *das* *(fig.);* **give ~ to** Luft machen (+ *Dat.*) ⟨*Ärger, Wut*⟩; freien Lauf lassen (+ *Dat.*) ⟨*Gefühlen*⟩; Ausdruck verleihen (+ *Dat.*) ⟨*Freude*⟩; **h)** *(Zool.)* Kloake, *die.* **2.** *v. t.* *(fig.)* freien Lauf lassen (+ *Dat.*) ⟨*Kummer, Schmerz*⟩; Luft machen (+ *Dat.*) ⟨*Ärger, Wut*⟩; **~ one's anger on sb.** seinen Ärger an jmdm. auslassen *od.* abreagieren; *see also* **spleen b**

²vent *n.* *(in garment)* Schlitz, *der;* **a jacket with a ~:** ein Jackett mit Rückenschlitz

ˈvent-hole *see* **¹vent 1 a**

ventilate [ˈventɪleɪt] *v.t.* **a)** lüften; *(by permanent installation)* belüften; **b)** *(submit to public consideration)* [offen] erörtern; ⟨*voice*⟩ kundtun, äußern ⟨*Meinung*⟩; vorbringen ⟨*Beschwerden*⟩; **c)** *(Physiol.)* mit Sauerstoff versorgen

ventilation [ventɪˈleɪʃn] *n.* **a)** *no pl.* Belüftung, *die;* **the rooms need regular ~:** die Zimmer müssen regelmäßig gelüftet werden; **this room has inadequate ~:** dieses Zimmer ist unzureichend *od.* schlecht belüftet; **b)** *no pl.* *(installation)* Lüftung, *die;* **c)** *(fig.)* *(open discussion)* [offene] Erörterung; Aussprache, *die* (**of** über + *Akk.*); *(voicing)* *(of opinion)* Äußerung, *die;* *(of grievances)* Vorbringen, *das;* **d)** *no pl., no art.* *(Physiol.)* Sauerstoffzufuhr, *die*

ventiˈlation shaft *n.* *(Mining)* Wetterschacht, *der*

ventilator [ˈventɪleɪtə(r)] *n.* **a)** Lüftung[svorrichtung], *die;* *(fan)* Ventilator, *der;* **b)** *(Med.)* Beatmungsgerät, *das;* **be put on a ~:** an ein Beatmungsgerät angeschlossen werden

ventral [ˈventrl] *adj.* **a)** *(Anat., Zool.)* ventral *(fachspr.);* Bauch-; **b)** *(Bot.)* ventral

ventricle [ˈventrɪkl] *n.* *(Anat.)* Ventrikel, *der*

ventriloquism [venˈtrɪləkwɪzm] *n., no pl.* Bauchreden, *das*

ventriloquist [venˈtrɪləkwɪst] *n.* Bauchredner, *der*/-rednerin, *die*

venture [ˈventʃə(r)] **1.** *n.* **a)** Unternehmung, *die;* **their ~ into space/the unknown** ihre Reise in den Weltraum/ins Unbekannte; **a new ~ in sth.** ein neuer Vorstoß in etw. *(Dat.);* **her latest ~ is surfing** neuerdings hat sie sich aufs Surfen verlegt *(ugs.);* **sth. is quite a or some ~:** etw. ist ein gewagtes *od.* mutiges Unterfangen; **I can't lose much by the ~:** ich kann bei dem Versuch nicht viel verlieren; **b)** *(Commerc.)* Unternehmung, *die;* **a successful ~:** ein erfolgreiches Geschäft; **a new publishing ~:** ein neues verlegerisches Vorhaben *od.* Projekt; **join a ~:** sich einem Unternehmen anschließen; *see also* **joint 2 a. 2.** *v. i.* **a)** *(dare)* wagen; **if I might ~ to suggest ...:** wenn Sie [mir] gestatten, möchte ich vorschlagen ...; **may I ~ to ask ...:** darf ich mir erlauben, zu fragen ...; **I would even ~ to say ...:** ich würde sogar so weit gehen, zu sagen ...; **b)** *(dare to go)* sich wagen; **dare to ~:** sich wagen; **~ further into the cave** sich weiter *od.* tiefer in die Höhle vorwagen; **~ [away] from home** sich von zu Hause fort wagen; **~ abroad/into society** sich ins Ausland/in Gesellschaft wagen; **~ out of doors** sich vor die Tür wagen; **~ into a new area of research** *(fig.)* sich auf ein neues Forschungsgebiet vorwagen; **he would never ~ too far** *(fig.)* er würde sich nie zu weit vorwagen. **3.** *v. t.* **a)** wagen ⟨*Bitte, Bemerkung, Blick, Vermutung*⟩; zu äußern wagen ⟨*Ansicht*⟩; sich *(Dat.)* erlauben ⟨*Frage, Scherz, Bemerkung*⟩; **~ an explanation for sth.** etw. zu erklären versuchen; **if I might ~ a suggestion** wenn ich mir einen Vorschlag erlauben darf; **'How about ...?',** he **~d** „Wie wär's mit ...?" schlug er vor; **b)** *(risk, stake)* aufs Spiel setzen ⟨*Leben, Ruf, Vermögen, Glück*⟩; setzen ⟨*Wettsumme*⟩ (**on** auf + *Akk.*); **~ money in** *or* **on sth.** Geld in etw. *(Akk.)* stecken; *see also* **nothing 1 a**

~ ˈforth *(literary) see* **~ out**

~ ˈon *v. t.* sich einlassen auf (+ *Akk.*); sich wagen an (+ *Akk.*) ⟨*Aufgabe*⟩; sich wagen auf (+ *Akk.*) ⟨*Reise*⟩

~ ˈout *v. i.* sich hinauswagen; **~ out on to the sea** sich auf das Meer hinauswagen

~ ˈupon *see* **~ on**

venturer [ˈventʃərə(r)] *n.* **a)** *(Commerc. Hist.)* Unternehmer, *der*/Unternehmerin, *die;* **b)** *(adventurer)* Abenteurer, *der*/Abenteu[r]erin, *die*

ˈVenture Scout *n.* *(Brit.)* ≈ Rover, *der;* Pfadfinder im Alter von 16 bis 20 Jahren

venturesome [ˈventʃəsəm] *adj.* wagemutig ⟨*Person, Tat*⟩; *(hazardous)* abenteuerlich ⟨*Unternehmen, Reise*⟩

venue [ˈvenjuː] *n.* *(Sport)* [Austragungs]ort, *der;* *(Mus., Theatre)* [Veranstaltungs]ort, *der;* *(meeting-place)* Treffpunkt, *der*

Venus [ˈviːnəs] *pr. n.* **a)** *(Astron.)* Venus, *die;* **b)** *(Roman Mythol.)* Venus *(die)*

Venusian [vɪˈnjuːzɪən] **1.** *adj.* *(Astron.)* Venus-. **2.** *n.* Venusbewohner, *der*/-bewohnerin, *die*

Venus[ˈs] ˈfly-trap *n.* *(Bot.)* Venusfliegenfalle, *die*

veracious [vəˈreɪʃəs] *adj.* **a)** aufrichtig ⟨*Person*⟩; **assume sb. to be ~:** davon ausgehen, daß jmd. die Wahrheit sagt; **b)** *(true)* wahr; wahrheitsgetreu ⟨*Schilderung, Bericht*⟩

veraciously [vəˈreɪʃəslɪ] *adv.* wahrheitsgemäß ⟨*darstellen*⟩; **speak ~:** die Wahrheit sprechen

veracity [vəˈræsɪtɪ] *n., no pl.* **a)** *(of person)* Aufrichtigkeit, *die;* **b)** *(of statement etc.)* Wahrheitstreue, *die;* **have ~:** wahrheitstreu sein

veranda[h] [vəˈrændə] *n.* Veranda, *die*

verb [vɜːb] *n.* *(Ling.)* Verb, *das;* Verbum, *das* *(fachspr.)*

verbal [ˈvɜːbl] *adj.* **a)** *(relating to words)* sprachlich; **~ memory** Gedächtnis für Worte *od.* Sprache; **his skills are ~:** seine Fähigkeiten liegen auf sprachlichem Gebiet; **the distinction is purely ~:** der Unterschied besteht nur in der Wortwahl; **b)** *(oral)* mündlich; verbal, mündlich ⟨*Bekenntnis, Anerkennung, Protest*⟩; **c)** *(Ling.)* verbal; **~ group** eine Verb[al]gruppe

verbalize (verbalise) [ˈvɜːbəlaɪz] *v. t.* **a)** *(express)* in Worte fassen, *(geh.)* verbalisieren ⟨*Gefühle*⟩; **b)** *(Ling.: make into verb)* verbalisieren

verbally [ˈvɜːbəlɪ] *adv.* **a)** *(regarding words)* sprachlich; mit Worten, verbal ⟨*beschrieben*⟩; **b)** *(orally)* mündlich, verbal ⟨*protestieren*⟩; **c)** *(Ling.)* verbal

verbal ˈnoun *n.* *(Ling.)* Verbalsubstantiv, *das*

verbatim [vəˈbeɪtɪm] **1.** *adv.* im Wortlaut ⟨*veröffentlichen*⟩; [wort]wörtlich ⟨*sagen, abschreiben, zitieren*⟩. **2.** *adj.* wortgetreu; [wort]wörtlich

verbena [vəˈbiːnə] *n.* *(Bot.)* **a)** Eisenkraut, *das;* Verbene, *die* *(fachspr.);* **b)** *[lemon]* **~:** Zitronenstrauch, *der*

verbiage [ˈvɜːbɪɪdʒ] *n., no pl., no indef. art.* **a)** *(wordiness)* Geschwätzigkeit, *die;* **b)** *(words)* Geschwätz, *das*

verbose [vəˈbəʊs] *adj.* geschwätzig; weitschweifig ⟨*Roman, Vortrag, Autor*⟩; langatmig ⟨*Rede, Redner, Stil*⟩; **he is too ~:** er macht zu viele Worte

verbosely [vəˈbəʊslɪ] *adv.* weitschweifig; langatmig

verboseness [vəˈbəʊsnɪs], **verbosity** [vəˈbɒsɪtɪ] *ns.* **a)** *(wordiness)* Weitschweifigkeit, *die;* Langatmigkeit, *die;* **b)** *(words)* Geschwafel, *das*

verdant [ˈvɜːdənt] *adj.* *(literary)* [saft]grün

verdict [ˈvɜːdɪkt] *n.* **a)** *(Law)* Urteil, *das;* [Urteils]spruch, *der;* **open ~:** Feststellung eines gewaltsamen Todes ohne Nennung der Ursache (bei einer gerichtlichen Untersuchung); **~ of guilty/not guilty** Schuld-/Freispruch, *der;* **reach a ~:** zu einem Urteil kommen; *see also* **bring in d; return 2 h; b)** *(judgement)* Urteil, *das* (**on** über + *Akk.*); *(decision)* Entscheidung, *die;* **the ~ of the electors** die Entscheidung der Wähler; **what's your ~ on the affair/novel?** wie beurteilst du die Sache/wie ist dein Urteil über den Roman?; **give** *or* **pass a/one's ~ [on sb./sth.]** ein/sein Urteil [über jmdn./etw.] abgeben

verdigris [ˈvɜːdɪgrɪs] *n.* **a)** *(Chem.)* Grünspan, *der;* **b)** *(rust on metal)* Patina, *die*

verdure [ˈvɜːdjə(r)] *n.* *(literary)* **a)** *(greenness)* Grün, *das;* **b)** *(green vegetation)* [dichtes] Grün

¹verge [vɜːdʒ] *n.* **a)** *(grass edging)* Rasensaum, *der;* *(on road)* Bankette, *die;* **'keep off the ~'** „Bankette nicht befahrbar"; *see also* **soft verge; b)** *(brink, border, lit. or fig.)*

Rand, *der;* *(fig.:* point at which something begins) Schwelle, *die;* **be on the ~ of economic collapse/of war/of death** am Rand des wirtschaftlichen Zusammenbruchs/an der Schwelle des Krieges/Todes stehen; **be on the ~ of despair/tears/a breakthrough/a breakdown** der Verzweiflung/den Tränen/dem Durchbruch/einem Nervenzusammenbruch nahe sein; **be on the ~ of doing sth.** kurz davor stehen, etw. zu tun; **bring sb./sth. to the ~ of sth.** jmdn./etw. an den Rand von etw. bringen
²**verge** *v. i.* ⟨Hügel, Land:⟩ abfallen; **~ to[wards] sth.** *(fig.)* einer Sache *(Dat.)* zustreben; **~ towards old age** langsam alt werden
~ on *v. t.* [an]grenzen an (+ *Akk.*); **be verging on 70** an die 70 sein; **an estate verging on four acres** *(fig.)* ein Grundstück von fast vier Morgen [Größe]; **be verging on tears/madness** den Tränen/dem Wahnsinn nahe sein; **blue verging on grey** *(fig.)* ein Blau, das schon fast grau wirkt; **be verging on bankruptcy** vor dem Bankrott stehen
verger ['vɜːdʒə(r)] *n. (Eccl.)* Küster, *der*
Vergil *see* **Virgil**
verifiable ['verɪfaɪəbl] *adj.* nachprüfbar; **this is an easily ~ statement** diese Behauptung läßt sich leicht nachprüfen
verification [verɪfɪ'keɪʃn] *n.* **a)** *(check)* Überprüfung, *die;* **~ of the accounts** Prüfung der Bücher; **be open to ~:** sich überprüfen lassen; **b)** *(confirmation)* Nachweis, *der;* **I'll need some ~ of your identity** ich brauche dann noch einen Ausweis von Ihnen; **c)** *(bearing out)* Bestätigung, *die;* **a ~ of their prediction** ein Beweis für die Richtigkeit ihrer Prognose
verify ['verɪfaɪ] *v. t.* **a)** *(check)* überprüfen; prüfen ⟨Bücher⟩; **ring sb. up to ~ the news** jmdn. anrufen, um sich *(Dat.)* die [Richtigkeit der] Nachricht bestätigen zu lassen; **b)** *(confirm)* bestätigen ⟨Vermutung, Diagnose⟩; bekräftigen ⟨Anspruch, Forderung⟩; nachweisen ⟨Identität⟩; **c)** *(bear out)* bestätigen; beweisen ⟨Theorie⟩
verily ['verɪlɪ] *adv. (arch.)* wahrlich *(veralt.);* **no** *or* **nay, ~:** nein, fürwahr *(veralt.)*
verisimilitude [verɪsɪ'mɪlɪtjuːd] *n., no pl.* Wahrheitsgehalt, *der;* *(in work of art)* Realistik, *die;* **sth. is designed to add** *or* **give ~ to a story** etw. soll eine Geschichte realistischer erscheinen lassen
veritable ['verɪtəbl] *adj. (literary)* richtig; wahr, richtig ⟨Engel, Genie⟩; wahr ⟨Wunder⟩
veritably ['verɪtəblɪ] *adv. (literary)* wirklich [und wahrhaftig]; **it was ~ miraculous** es war ein wahres Wunder; **a ~ suicidal thing to do** der reinste Selbstmord *(ugs.);* **the place ~ swam with wine** der Wein floß buchstäblich in Strömen
verity ['verɪtɪ] *n. (literary)* Wahrheit, *die*
vermicelli [vɜːmɪ'tʃelɪ] *n. (Gastr.)* Vermicelli; Fadennudeln
vermicide ['vɜːmɪsaɪd] *n. (Med.)* Wurmmittel, *das*
vermiform ['vɜːmɪfɔːm] *adj.* wurmförmig; *see also* **appendix b**
vermifuge ['vɜːmɪfjuːdʒ] *(Med.) n.* Wurmmittel, *das*
vermilion [və'mɪljən] **1.** *n. (substance)* Zinnober, *der;* *(colour)* Zinnoberrot, *das.* **2.** *adj.* zinnoberrot
vermin ['vɜːmɪn] *n., no pl., no indef. art.* Ungeziefer, *das;* *(fig. derog.)* Pack, *das (abwertend);* Abschaum, *der (abwertend)*
verminous ['vɜːmɪnəs] *adj.* ungezieferverseucht; voller Ungeziefer *nachgestellt; (fig. derog.)* übel
vermouth ['vɜːməθ, və'muːθ] *n.* Wermut-[wein], *der*
vernacular [və'nækjʊlə(r)] **1.** *adj.* **a)** *(native)* landessprachlich; ⟨Predigt, Zeitung⟩ in der Landessprache; *(not learned or technical)* volkstümlich; *(in dialect)* mundartlich; **~ language** Landessprache, *die/*Volkssprache, *die/*Mundart, *die;* **the ~ dialect** der regionale Dialekt; **b)** **~ architecture** volkstümliche Baukunst. **2.** *n.* **a)** *(native language)* Landessprache, *die/*Dialekt, *der;* **b)** *(jargon)* Sprache, *die;* *(of a profession or group)* Jargon, *der;* **scientific/legal ~:** Wissenschafts-/Juristenjargon, *der;* **thieves' ~:** Gaunersprache, *die;* **~ of youth** Jugendsprache, *die;* **c)** *(homely speech)* Umgangssprache, *die;* **if you'll excuse the ~** *(joc.)* wenn ich das mal so sagen darf
vernal ['vɜːnl] *adj.* Frühlings-; *see also* **equinox a**
vernier ['vɜːnɪə(r)] *n. (Mech. Engin.)* Nonius, *der*
veronica [və'rɒnɪkə] *n. (Bot.)* Ehrenpreis, *das od. der*
verruca [ve'ruːkə] *n., pl.* **~e** [ve'ruːsiː] *or* **~s** *(Med.)* Warze, *die;* Verruca *(fachspr.)*
versatile ['vɜːsətaɪl] *adj.* vielseitig; *(mentally)* flexibel; *(having many uses)* vielseitig verwendbar
versatility [vɜːsə'tɪlɪtɪ] *n., no pl.* Vielseitigkeit, *die;* *(mental)* Flexibilität, *die;* *(variety of uses)* vielseitige Verwendbarkeit
verse [vɜːs] *n.* **a)** *(line)* Vers, *der;* *(stanza)* Strophe, *die;* **of** *or* **in** *or* **with five ~s** fünfstrophig; **c)** *no pl., no indef. art. (poetry)* Lyrik, *die;* **write some ~** einige Verse schreiben; **piece of ~:** Gedicht, *das;* **written in ~:** in Versform; **put sth. into ~:** etw. in Verse fassen; **d)** *(in Bible)* Vers, *der; see also* **blank verse; chapter a**
versed [vɜːst] *adj.* **be [well] ~ in sth.** sich in etw. *(Dat.)* [gut] auskennen; **he's [well] ~ in such matters** er ist in diesen Dingen [sehr] versiert
verse: ~ drama *n. (Lit.)* Versdrama, *das;* **~ translation** *n. (Lit.)* Übertragung in Versform
versification [vɜːsɪfɪ'keɪʃn] *n.* **a)** *(composing of verse)* Versedichten, *das, (derog.)* Verseschmieden, *die;* **b)** *(metrical form)* Versbau, *der;* **c)** *(poetical version)* Versfassung, *die*
versifier ['vɜːsɪfaɪə(r)] *n.* Versdichter, *der/*-dichterin, *die; (derog.)* Versemacher, *der/*-macherin, *die*
versify ['vɜːsɪfaɪ] **1.** *v. t.* in Verse fassen. **2.** *v. i.* Gedichte schreiben; *(derog.)* Verse schmieden
version ['vɜːʃn] *n.* Version, *die;* *(in another language)* Übersetzung, *die;* *(in another form also)* Fassung, *die;* *(of vehicle, machine, tool)* Modell, *das; see also* **authorize b; revise 1 a**
verso ['vɜːsəʊ] *n., pl.* **~s a)** *(Printing, Bibliog.)* *(left-hand page)* linke Seite; *(back of leaf)* Verso, *das (fachspr.);* Rückseite, *die;* **b)** *(Num.)* Revers, *der (fachspr.);* Rückseite, *die*
versus ['vɜːsəs] *prep.* gegen
vert [vɜːt] *(Her.)* **1.** *n.* Grün, *das.* **2.** *adj.* grün
vertebra ['vɜːtɪbrə] *n., pl.* **~e** ['vɜːtɪbriː] *(Anat.)* Wirbel, *der;* **~e** *(backbone)* Wirbelsäule, *die*
vertebral ['vɜːtɪbrəl] *adj. (Anat.)* vertebral *(fachspr.);* Wirbel-; **~ column/muscles** Wirbelsäule, *die/*Rückenmuskulatur, *die*
vertebrate ['vɜːtɪbrət, 'vɜːtɪbreɪt] *(Zool.)* **1.** *adj.* Wirbeltier⟨tier⟩; Wirbeltier⟨skelett, -fossilien, -zoologie⟩; ⟨Stamm⟩ der Wirbeltiere. **2.** *n.* Wirbeltier, *das*
vertex ['vɜːteks] *n., pl.* **vertices** ['vɜːtɪsiːz] *or* **~es a)** *(highest point)* Gipfel, *der;* *(of tower, turret)* Spitze, *die;* *(Archit.: of dome, arch)* Scheitel[punkt], *der;* **b)** *(Geom.) (of curve, surface, angle)* Scheitel[punkt], *der;* *(of triangle, polygon)* Eckpunkt, *der*
vertical ['vɜːtɪkl] **1.** *adj.* **a)** senkrecht; senkrecht aufragend *od.* abfallend ⟨Klippe⟩; **be ~:** senkrecht stehen; **b)** *(esp. Econ., Sociol.: combining levels, stages, etc.)* vertikal; *see also* **integration d**. **2.** *n.* senkrechte *od.* vertikale Linie; **be out of [the] ~:** nicht im *od.* außer Lot sein
vertically ['vɜːtɪkəlɪ] *adv.* **a)** senkrecht; vertikal; **b)** *(esp. Econ., Sociol.: so as to combine levels, stages, etc.)* vertikal
vertical: ~ 'plane *n. (Geom.)* Vertikalebene, *die;* **~ 'take-off** *n. (Aeronaut.)* Senkrechtstart, *der;* **~ take-off aircraft** *n. (Aeronaut.)* Senkrechtstarter, *der*
vertices *pl. of* **vertex**
vertiginous [vɜː'tɪdʒɪnəs] *adj.* schwindelerregend ⟨Höhe, Abgrund usw.⟩
vertigo ['vɜːtɪgəʊ] *n., pl.* **~s** Schwindel, *der;* Vertigo, *die (Med.);* **give sb. ~:** jmdn. schwindelig machen; **she got ~:** ihr wurde schwindelig; **attack of ~:** Schwindelanfall, *der*
vervain ['vɜːveɪn] *n. (Bot.)* Eisenkraut, *das*
verve [vɜːv] *n.* Schwung, *der;* *(of artist, orchestra's playing, sports team's play)* Temperament, *das;* *(of music, sb.'s writing)* Ausdruckskraft, die (**of, in** *Gen.*)
very ['verɪ] **1.** *attrib. adj.* **a)** *(precise, exact)* genau; **you must do it this ~ day** du mußt es noch heute tun; **on the ~ day when ...:** genau am [selben] Tag, an dem ...; **you're the ~ person I wanted to see** genau dich wollte ich sehen; **at the ~ moment when ...:** im selben Augenblick, als ...; **just this ~ moment ...:** gerade eben ...; **in the ~ centre** genau in der Mitte; **the ~ opposite** genau das Gegenteil; **the ~ thing** genau das Richtige; **the ~ heavens cry out** das schreit ja zum Himmel; **b)** *(extreme)* **at the ~ back/front** ganz hinten/vorn; **at the ~ edge of the cliff** ganz am Rand der Klippe; **at the ~ end/beginning** ganz am Ende/Anfang; **from the ~ outset** *or* **beginning** von Anfang an; **go to the ~ end of the street** ganz bis ans Ende der Straße gehen; **climb to the ~ top of the hill** bis auf den Gipfel des Berges steigen; **a ~ little more** ein ganz kleines bißchen mehr; **only a ~ little** nur ein ganz kleines bißchen; **c)** *(mere)* bloß ⟨Gedanke⟩; **at the ~ thought** allein schon beim Gedanken; **the ~ fact of his presence** allein schon sein Anwesenheit; **the ~ mention** allein schon die Erwähnung; **d)** *(absolute)* absolut ⟨Minimum, Maximum⟩; **do one's ~ best** *or* **utmost** sein menschenmöglichstes tun; **the ~ most I can offer is ...:** ich kann allerhöchstens ... anbieten; **it's the ~ least** das ist das Allermindeste; **£50 at the ~ most** allerhöchstens 50 Pfund; **they should at the ~ least consider the proposal** sie sollten das Angebot zumindest einmal in Erwägung ziehen; **be the ~ first to arrive** als allererster ankommen; **for the ~ last time** zum allerletzten Mal; **e)** *(used as emphatic or intensive)* **his ~ mother** seine eigene Mutter; **before their ~ eyes** vor ihren Augen; **be caught in the ~ act** auf frischer Tat ertappt werden; **be the ~ picture of health** wie die Gesundheit in Person aussehen; **under sb.'s ~ nose** *(fig. coll.)* direkt vor jmds. Augen *(Dat.);* **f)** *(arch.: real)* wahr ⟨Grund, Seelenfriede, Seele⟩; richtig ⟨Teufel⟩; rein ⟨Wahnsinn⟩. **2.** *adv.* **a)** *(extremely)* sehr; **it's ~ near** es ist ganz in der Nähe; **in the ~ near future** in allernächster Zukunft; **it's ~ possible that ...:** es ist sehr gut möglich, daß ...; **~ probably** höchstwahrscheinlich; **she's ~/so ~ thin** sie ist ganz/so dünn; **how ~ rude [of him]!** das ist aber unhöflich [von ihm]!; **[yes,] ~ much [so]** [ja,] sehr; **~ much prettier/better** [sehr] viel hübscher/besser; **not ~ much** nicht sehr; **~ little** [nur] sehr wenig ⟨verstehen, essen⟩; **there's ~ little reason to do it** es spricht kaum etwas dafür, es zu tun; **thank you [~,] ~ much** [vielen,] vielen Dank; **[yes,] thank you ~ much** *o* ja, sehr gern; **no, thank you ~ much** nein, danke vielmals; **you are [~,] ~ kind** (thank-

ing) das ist [wirklich] sehr freundlich von Ihnen; **not ~ big** *(not extremely big)* nicht sehr groß; *(not at all big)* nicht gerade groß; *see also* **reverend 1**; **¹so1 a, 2; b)** *(absolutely)* aller⟨*best..., -letzt..., -leichtest...*⟩; **at the ~ latest** allerspätestens; **the ~ last thing I expected** das, womit ich am allerwenigsten gerechnet hatte; **keep sth. for one's ~ own use**, für sich ganz allein behalten; **have sth. of one's ~ own** etw. haben, das einem ganz allein gehört; **c)** *(precisely)* **the ~ same one** genau der-/die-/dasselbe; **that is the ~ word he used** das ist genau das Wort, das er gebrauchte; **meet the ~ next day** sich gleich am nächsten Tag treffen; **in his ~ next sentence/breath** schon im nächsten Satz/Atemzug; **d) ~ good** *(accepting)* sehr wohl; *(agreeing)* sehr schön; **~ well** expr. reluctant consent also gut; na schön; **that's all ~ well, but ...**: das ist ja alles schön und gut, aber ...

very high 'frequency *n. (Radio)* Ultrakurzwelle, *die*

Very light ['veri lait, 'viəri lait] *n. (Mil.)* Leuchtkugel, *die*

vesicle ['vesikl] *n.* **a)** *(Anat., Geol.)* Blase, *die*; **b)** *(Zool., Bot., Med.)* Bläschen, *das*

vespers ['vespəz] *n.*, constr. as sing. or pl. *(Eccl.)* Vesper, *die*

vessel ['vesl] *n.* **a)** *(receptacle; also Anat., Bot.)* Gefäß, *das*; |**drinking-**|**~**: Trinkgefäß, *das*; *see also* **blood-vessel**; **b)** *(Naut.)* Schiff, *das*; **c)** *(Bibl./joc.: person)* Typ, *der*; **weak ~**: unsicherer Kantonist/unsichere Kantonistin *(ugs.)*; **the weaker ~**: das schwache Geschlecht *(ugs.); (Bibl.)* das schwächere Gefäß

vest [vest] **1.** *n.* **a)** *(Brit.: undergarment)* Unterhemd, *das*; *(woman's)* Hemd, *das*; **b)** *(Amer.: waistcoat)* Weste, *die*. **2.** *v. t.* **~ sb. with sth., ~ sth. in sb.** jmdm. etw. verleihen; **be ~ed with the power to do sth.** berechtigt sein, etw. zu tun; **~ sb. with |rights in| sth.** jmdm. Ansprüche auf etw. *(Akk.)* einräumen; **be ~ed in sb.** jmdm. übertragen sein; **by the authority ~ed in me** kraft der mir verliehenen Vollmacht; *see also* **vested**. **3.** *v. i.* **~ in sb.** jmdm. übertragen werden

vestal ['vestl] *(Roman Mythol.)* **1.** *adj.* vestalisch ⟨*Gesetz, Gelübde*⟩; ⟨*Schrein, Feuer*⟩ der Vesta. **2.** *n. see* **vestal virgin**

vestal 'virgin *n.* Vestalin, *die*

vested ['vestid] *adj.* **~ interest/right** wohlerworbener Anspruch; *(established by law)* gesetzlicher Anspruch; **~ interests** *(groups of persons)* Interessengruppen; **have a ~ interest in sth.** *(fig.)* ein persönliches Interesse an etw. *(Dat.)* haben

vestibule ['vestɪbjuːl] *n.* **a)** *(indoors)* [Eingangs]halle, *die*; **b)** *(external porch)* Vorhalle, *die*; **c)** *(Amer. Railw.)* Vorraum, *der*; **d)** *(Anat.)* Innenohrvorhof, *der*; Vestibulum, *das (fachspr.)*

vestige ['vestɪdʒ] *n.* **a)** Spur, *die*; **not the slightest** *or* **least ~** *or* **not a single ~ |of sth. remains|** nicht das geringste *od.* nicht die Spur ⟨von etw. übrig⟩; **not a ~ of truth/honour** kein Fünkchen Wahrheit/Ehre; **b)** *(Biol.)* Rudiment, *das*

vestigial [ve'stɪdʒɪəl] *adj.* rudimentär *(geh./fachspr.)*; spärlich ⟨*Überreste*⟩; verkümmert ⟨*Tradition, Brauch*⟩

vestment ['vestmənt] *n.* [Priester]gewand, *das; (worn on special occasions)* Ornat, *das*

'vest-pocket attr. *adj. (Amer.)* Taschen-; im [Westen]taschenformat nachgestellt; *(fig.: very small)* Miniatur⟨*modell, -ausgabe, -version*⟩

vestry ['vestri] *n. (Eccl.)* Sakristei, *die*

Vesuvius [vɪˈsuːvɪəs] *pr. n.* der Vesuv

¹vet [vet] **1.** *n.* Tierarzt, *der*/-ärztin, *die*. **2.** *v. t.*, **-tt-** *(Brit.)* **an article for errors** einen Artikel auf Fehler [hin] durchsehen

²vet *(Amer. coll.) see* **veteran 1**

vetch [vetʃ] *n. (Bot.)* Wicke, *die*

veteran ['vetərən] *n.* **1.** Veteran, *der*/Veteranin, *die*; **V~s' Day** amerikanischer Gedenktag anläßlich des Waffenstillstandes 1918 u. 1945. **2.** attrib. *adj.* altgedient ⟨*Offizier, Politiker, Schauspieler*⟩

veteran 'car *n. (Brit.)* Veteran, *der*

veterinarian [vetərɪˈneərɪən] *(Amer.) see* **veterinary surgeon**

veterinary ['vetərɪnərɪ] *attrib. adj.* tiermedizinisch; veterinär; **~ science/medicine** Veterinär- *od.* Tiermedizin, *die*; **~ practice** Tierarztpraxis, *die*; **~ course of ~ training** Ausbildung zum Tierarzt; **~ college** Institut für Tiermedizin

veterinary 'surgeon *n. (Brit.)* Tierarzt, *der*/-ärztin, *die*

veto ['viːtəʊ] **1.** *n.*, *pl.* **~es a)** [**power** *or* **right of**] **~**: Veto[recht], *das; see also* **pocket veto**; **b)** *(rejection, prohibition)* Veto, *das* (**on** gegen, **from** von seiten); **has there been a ~ of the bill?** hat jemand sein Veto gegen den Gesetzentwurf eingelegt?; **put a** *or* **one's ~ on sth.** sein Veto gegen etw. erheben *od.* einlegen. **2.** *v. t.* sein Veto einlegen gegen

vex [veks] *v. t.* [ver]ärgern; *(cause to worry)* beunruhigen; *(dissatisfy, disappoint)* bekümmern; |**be enough to**| **~ a saint** den bravsten Menschen in Harnisch bringen; **be ~ed about** *or* **at sth.** sich über etw. *(Akk.)* ärgern; **be ~ed that ...**: sich darüber ärgern, daß ...; **I am ~ed that ...**: es ärgert mich, daß ...; **be ~ed with sb.** sich über jmdn. ärgern

vexation [vek'seɪʃn] *n.* **a)** *(act of harassing)* Belästigung, *die*; **take pleasure in the ~ of sb.** sich *(Dat.)* ein Vergnügen daraus machen, jmdn. zu ärgern; **b)** *(state of irritation)* Verärgerung, *die* (**with** *or* **at** über + *Akk.*); *(state of worry)* Beunruhigung, *die*; *(dissatisfaction, disappointment)* Kummer, *der*; **suffer |much| ~**: [viel] Ärger/Kummer haben; **cause sb. ~** *(irritate)* jmdm. Ärger bereiten; *(worry)* jmdn. in Unruhe versetzen; *(disappoint)* jmdm. Kummer machen; **have the ~ of seeing sth. happen** verärgert/bekümmert mit ansehen müssen, wie etw. geschieht; **c)** *(annoying thing)* Ärgernis, *das* (**to, for** für); **constant ~s from sb.** ständige Belästigungen durch jmdn.; **d)** *(Law)* Schikane, *die*

vexatious [vek'seɪʃəs] *adj.* **a)** ärgerlich; unausstehlich ⟨*Person*⟩; **it is ~ that .../to ...**: es ist ärgerlich, daß .../zu ...; **b)** *(Law)* schikanös

vexatiously [vek'seɪʃəslɪ] *adv.* **a)** ungehörig ⟨*sich benehmen, sich verhalten*⟩; **he said, rather ~, that ...**: sehr zu meinem Ärger/Kummer sagte er, daß ...; **~ complicated** lästig und kompliziert; **b)** *(Law)* aus Schikane; schikanös ⟨*sich verhalten*⟩

vexed [vekst] *adj.* **a)** *(annoyed)* verärgert (**by** über + *Akk.*); *(distressed)* bekümmert (**by** über + *Akk.*); **b) ~ question** vieldiskutierte Frage

vexing ['veksɪŋ] *adj.* lästig ⟨*Angelegenheit, Problem, Sorgen*⟩; ärgerlich ⟨*Zwickmühle*⟩

VFR abbr. *(Aeronaut.)* **visual flight rules** Sichtflugregeln

VG abbr. **very good**

VHF abbr. **very high frequency** UKW

via ['vaɪə] *prep.* über (+ *Akk.*) ⟨*Ort, Sender, Telefon*⟩; auf (+ *Dat.*) ⟨*Weg*⟩; durch ⟨*Eingang, Schornstein, Person*⟩; per ⟨*Post*⟩

viability [vaɪəˈbɪlɪtɪ] *n.*, no *pl.* **a)** *(of foetus, animal, plant)* Lebensfähigkeit, *die*; *(of seed)* Keimfähigkeit, *die*; **b)** *(fig.) (of state, company)* Lebensfähigkeit, *die*; *(feasibility)* Realisierbarkeit, *die*

viable ['vaɪəbl] *adj.* **a)** *(capable of maintaining life)* lebensfähig; keimfähig; **be more ~ than ...**: besser überleben als ...; **b)** *(fig.)* lebensfähig ⟨*Staat, Firma*⟩; *(feasible)* realisierbar

viaduct ['vaɪədʌkt] *n.* Viadukt, *das od.* der

viands ['vaɪəndz] *n. pl. (formal)* Eßwaren *Pl.*; *(for journey)* Wegzehrung, *die (geh.)*

vibes [vaɪbz] *n. pl. (coll.)* **a)** *(Mus.)* Vibraphon, *das*; **b)** *(vibrations)* Schwingungen; **Vibrations** *(salopp)*; **I get good ~ from him** er törnt *od.* macht mich an *(ugs.)*; **give sb. bad ~**: jmdn. abtörnen *(ugs.)*; **feel those ~, man!** das törnt echt an! *(ugs.)*

vibrant ['vaɪbrənt] *adj.* **a)** *(vibrating)* vibrierend; schwingend, vibrierend ⟨*Saite, Draht*⟩; **b)** *(thrilling)* pulsierend ⟨*Leben*⟩; schwungvoll ⟨*Vorstellung*⟩; lebensprühend ⟨*Atmosphäre*⟩; dynamisch ⟨*Kraft*⟩; lebhaft ⟨*Farbe, Rot*⟩; **be ~ with activity/life** vor Aktivitäten/Leben *(Dat.)* sprühen; **a painting ~ with colour** ein farbprächtiges Gemälde; **c)** *(resonant)* volltönend ⟨*Stimme*⟩; voll ⟨*Ton*⟩

vibraphone ['vaɪbrəfəʊn] *n. (Mus.)* Vibraphon, *das*

vibrate [vaɪˈbreɪt] **1.** *v. i.* vibrieren; *(under strong impact)* beben; **b)** *(resound)* [nach]klingen; **the sound of the anvil ~d in the streets** das Klingen des Ambosses hallte durch die Straßen; **c)** *(Phys.)* vibrieren; ⟨*Glocke:*⟩ vibrieren; **d)** *(thrill)* ⟨*Stadt, Party, Aufsatz:*⟩ sprühen (**with** vor + *Dat.*); ⟨*Stimme, Körper:*⟩ vibrieren (**with** vor + *Dat.*). **2.** *v. t.* vibrieren lassen; zum Schwingen bringen ⟨*Saite*⟩

vibration [vaɪˈbreɪʃn] *n.* **a)** *(vibrating)* Vibrationen; *(visible)* Vibrieren, *das*; *(under strong impact)* Beben, *das*; **send ~s** *or* **a ~ through sth.** ⟨*Erdstoß:*⟩ etw. erzittern lassen; **b)** *(Phys.)* Schwingung, *die*; **c)** *in pl. (fig.)* **get some ~s** etwas spüren; **his presence gives me bad ~s** in seiner Gegenwart fühle ich mich [irgendwie] unwohl; **I get good ~s from this place/music** dieser Ort/diese Musik hat eine wohltuende Ausstrahlung

vibrational [vaɪˈbreɪʃənl] *adj. (Phys.)* Schwingungs-

vibrato [vɪˈbrɑːtəʊ] *n.*, *pl.* **~s** *(Mus.)* Vibrato, *das*

vibrator [vaɪˈbreɪtə(r)] *n.* **a)** Vibrator, *der*; **b)** *(Electr.)* Zerhacker, *der*

viburnum [vaɪˈbɜːnəm] *n. (Bot.)* Schneeball, *der*

vicar ['vɪkə(r)] *n.* Pfarrer, *der*; **lay ~**: Laie, der Teile der Liturgie singt

vicarage ['vɪkərɪdʒ] *n.* Pfarrhaus, *das*

vicar apos'tolic *n. (RCCh.)* Apostolischer Vikar

vicarious [vɪˈkeərɪəs] *adj.* **a)** *(delegated)* Stellvertreter-; **his authority** *or* **power is ~**: er hat Stellvertreterbefugnisse; **b)** *(done for another)* stellvertretend; **perform ~ work/tasks** Arbeit/Aufgaben stellvertretend erledigen; **~ suffering|s|** *(Theol.)* stellvertretendes Leiden; **c)** *(experienced through another)* nachempfunden ⟨*Freude, Erregung usw.*⟩; **~ |sexual| satisfaction** Ersatzbefriedigung, *die*; **take a ~ delight in sb.'s success** sich mit jmdm. *od.* für jmdn. über dessen Erfolg *(Akk.)* freuen

vicariously [vɪˈkeərɪəslɪ] *adv.* **a)** *(as a substitute for another)* stellvertretend; **b)** *(by means of a substitute)* indirekt

vicariousness [vɪˈkeərɪəsnɪs] *n.*, no *pl.* stellvertretender Charakter; **the ~ of this experience** die Mittelbarkeit dieses Erlebnisses

¹vice [vaɪs] *n.* **a)** Laster, *das*; **a life/den of ~**: ein Lasterleben/eine Lasterhöhle; **b)** *(defect)* Fehler, *der*; **he has no redeeming ~**: er hat aber auch gar kein[e] Laster

²vice *n. (Brit.: tool)* Schraubstock, *der*

³vice *n. (coll.: deputy)* Vize, *der (ugs.)*

vice- *pref.* Vize-

vice- 'admiral *n. (Navy)* Vizeadmiral, *der*; **~- 'chairman** *n.* stellvertretender Vorsitzender, *der*; **~- 'chairmanship** *n.* Amt des/der stellvertretenden Vorsitzenden; **~- 'chancellor** *n. (Univ.)* Vizekanzler, *der*/Vizekanzlerin, *die*

vicelike *adj.* eisern ⟨*Griff*⟩; fest ⟨*Umklammerung, Schwitzkasten*⟩

vice: ~-'**presidency** n. Amt des Vizepräsidenten/der Vizepräsidentin; ~-'**president** n. Vizepräsident, der/-präsidentin, die; ~-'**principal** n. (Educ.) stellvertretender Leiter/stellvertretende Leiterin; ~'**regal** adj. eines/des Vizekönigs nachgestellt
viceroy ['vaɪsrɔɪ] n. Vizekönig, der
viceroyship ['vaɪsrɔɪʃɪp] n. Amt eines Vizekönigs
'**vice squad** n. (Police) Sittenpolizei, die
vice versa ['vaɪsɪ 'vɜːsə] adv. umgekehrt
vicinity [vɪ'sɪnɪtɪ] n. a) (neighbourhood) Umgebung, die; from London or its ~: nicht weit von London und Umgebung, die; in our ~: nicht weit von uns [entfernt]; in the immediate ~: ganz in der Nähe; in the ~ [of a place] in der Nähe [eines Ortes]; in the ~ of 50 (fig.) so um die 50; b) no pl. (nearness) Nähe, die; in close ~ to the church ganz in der Nähe der Kirche
vicious ['vɪʃəs] adj. a) (malicious, spiteful) böse; boshaft ⟨Äußerung⟩; böswillig ⟨Versuch, Kritik⟩; bösartig ⟨Äußerung, Tier⟩; b) (depraved) übel ⟨Benehmen, Charakter⟩; (addicted to vice) verdorben; (wicked) skrupellos ⟨Tyrann, Verbrecher⟩; schlecht ⟨Person, Menschheit⟩; c) (violent, severe) brutal; unerträglich ⟨Wetter, Schmerz⟩
vicious 'circle n. Teufelskreis, der
viciously ['vɪʃəslɪ] adv. a) (maliciously, spitefully) boshaft; auf gehässige Weise ⟨kritisieren⟩; b) (violently, severely) brutal
viciousness ['vɪʃəsnɪs] n., no pl. a) (maliciousness, spitefulness) Boshaftigkeit, die; (of animal) Bösartigkeit, die; b) (depravity) Lasterhaftigkeit, die; (of tyrant, criminal, government) Skrupellosigkeit, die; c) (violence, severity) Brutalität, die; (of weather, pain) Unerträglichkeit, die
vicious 'spiral n. Teufelskreis, der; the ~ of wage increases and price rises die Lohn-Preis-Spirale
vicissitude [vɪ'sɪsɪtjuːd] n. steter Wandel; ~s (fickleness) Unbeständigkeit, die; the ~s of life die Wechselfälle des Lebens
victim ['vɪktɪm] n. a) Opfer, das; (of sarcasm, abuse) Zielscheibe, die (fig.); be the ~ of sb.'s anger/envy/policy unter jmds. Zorn/Neid/Politik (Dat.) zu leiden haben; be one's own ~: das Opfer seiner selbst sein; be a ~ of fortune dem Schicksal ausgeliefert sein; fall [a] ~ to sth. das Opfer einer Sache (Gen.) werden; fall ~ to the plague/to drought/famine der Pest/Trockenheit/Hungersnot (Dat.) zum Opfer fallen; fall a ~ to love/sb.'s charms sein Herz verlieren/jmds. Charme (Dat.) erliegen; b) (dupe) Opfer, das; I refuse to be made his ~: ich lasse mich von ihm nicht täuschen; c) (Relig.) Opfer, das; (animal) Opfertier, das; **human sacrificial** ~s Menschenopfer
victimisation, victimise see **victimization, victimize**
victimization [vɪktɪmaɪ'zeɪʃn] n. Schikanierung, die; (selective punishment) gezielte Bestrafung
victimize ['vɪktɪmaɪz] v. t. a) (make a victim) schikanieren; be ~d [by sb.] unter jmdm. zu leiden haben; b) (punish selectively) gezielt bestrafen
victor ['vɪktə(r)] n. Sieger, der/Siegerin, die
Victoria [vɪk'tɔːrɪə] pr. n. a) (Hist., as name of ruler etc.) Viktoria (die); b) (Geog.) Victoria (das)
victoria n. ~ [**plum**] Königin-Victoria-Pflaume, die
Victoria: ~ '**Cross** n. (Brit.) Viktoriakreuz, das; ~ '**Falls** n. pl. Viktoriafälle Pl.
Victorian [vɪk'tɔːrɪən] 1. adj. viktorianisch. 2. n. Viktorianer, der/Viktorianerin, die
Victoriana [vɪktɔːrɪ'ɑːnə] n. pl. viktorianische Antiquitäten
victorious [vɪk'tɔːrɪəs] adj. a) siegreich; be ~ over sb./sth. jmdn./etw. ausgeschaltet bleiben; be ~ in one's struggle aus seinem Kampf siegreich hervorgehen; b) (marked

by victory) erfolgreich ⟨Verteidigung, Kreuzzug⟩; triumphierend ⟨Gruß, Lächeln⟩; ~ **procession** Triumphzug, der
victoriously [vɪk'tɔːrɪəslɪ] adv. erfolgreich, siegreich ⟨kämpfen, zurückkehren⟩; triumphierend ⟨rufen, lächeln, marschieren⟩
victory ['vɪktərɪ] n. Sieg, der (over über + Akk.); attrib. Sieges-; achieve a ~: den Sieg erringen; be sure of ~: der sichere Sieger sein; lead one's troops to ~: seine Truppen zum Sieg führen; ~ will be ours der Sieg wird unser sein; gain or win a ~ over sb./ sth. einen Sieg über jmdn./etw. erringen; see also **moral victory; Pyrrhic**
victual ['vɪtl] (formal) 1. n. in pl. Eßwaren Pl.; (of fort, ship, for journey) Proviant, der. 2. v. t., (Brit.) -ll- verproviantieren
victualler ['vɪtlə(r)] n. licensed ~ (Brit.) Gastwirt, der/-wirtin, die
vide ['vaɪdɪ, 'vɪdeɪ, 'viːdeɪ] v. t. imper. siehe
video ['vɪdɪəʊ] 1. adj. Video⟨recorder, -kassette, -kopf⟩. 2. n., pl. ~s a) (~ recorder) Videorecorder, der; (~ film, ~tape, ~ recording) Video, das (ugs.); have sth. on ~: etw. auf Video haben (ugs.); b) (visual element of TV broadcasts) Bild, das. 3. v. t. see **videotape 2**
video: ~ **camera** n. Videokamera, die; ~ **cas'sette** n. Videokassette, die; ~ **cas'sette recorder** n. Videokassettenrecorder, der; ~ **disc** n. Bild- od. Videoplatte, die; ~ **film** n. Videofilm, der; ~ **frequency** n. Videofrequenz, die; ~ **game** n. Videospiel, das; ~ **gram** ['vɪdɪəʊɡræm] n. bespielte Videokassette od. -platte, die keine private Kopie und kein Fernsehmitschnitt ist; ~ **nasty** n. Horrorvideo, das; ~**phone** n. Bildtelefon, das; ~ **recorder** n. Videorecorder, der; ~ **recording** n. Videoaufnahme, die; ~ **signal** n. Videosignal, das; ~**tape** 1. n. Videoband, das; 2. v. t. [auf Videoband (Akk.)] aufnehmen; ~ **telephone** n. Bildtelefon, das; ~**tex** ['vɪdɪəʊteks], ~**text** n. Bildschirmtext, der; (teletext) Videotext, der
vie [vaɪ] v. i., **vying** ['vaɪɪŋ] ~ [with sb.] for sth. [mit jmdm.] um etw. wetteifern; ~ with sb. in sth. jmdn. mit etw. zu übertreffen suchen
Vienna [vɪ'enə] 1. pr. n. Wien (das). 2. attrib. adj. Wiener
Viennese [vɪə'niːz] 1. adj. Wiener; sb. is ~: jmd. ist Wiener/Wienerin. 2. n., pl. same Wiener, der/Wienerin, die
Vietnam [vɪet'næm] pr. n. a) Vietnam (das); b) ~ [**War**] Vietnamkrieg, der
Vietnamese [vɪetnəˈmiːz] 1. adj. vietnamesisch. 2. n., pl. same a) (person) Vietnamese, der/Vietnamesin, die; b) (language) Vietnamesisch, das
view [vjuː] 1. n. a) (range of vision) Sicht, die; get a good ~ of sth. etw. gut sehen können; have or get one's first ~ of sth. etw. zum ersten Mal zu sehen bekommen; have a clear/distant ~ of sth. etw. deutlich/in der Ferne sehen können; be out of/in ~: nicht zu sehen/zu sehen sein; come into ~: in Sicht kommen; be lost to ~: nicht mehr zu sehen sein; disappear from ~: verschwinden; leave the back exposed to [the] ~: ⟨Kleid:⟩ den Rücken freilassen; our hotel has a good ~ of the sea von unserem Hotel aus kann man das Meer gut sehen; in full ~ of everyone in the street vor den Augen aller Passanten; see also ¹**full 1d;** ¹**hide 1c;** b) (what is seen) Aussicht, die; the ~s from here die Aussicht von hier; a house with fine ~s ein Haus mit schöner Aussicht; a room with a ~: ein Zimmer mit Aussicht; just for the ~/views nur um die Aussicht zu genießen; c) (picture) Ansicht, die; photographic ~: Foto, das; take a ~ of sth. ein Bild von etw. machen; d) (opinion) Ansicht, die; what is your ~ or are your ~s on this? was meinst du dazu?; what is your ~ of him?

was hältst du von ihm?; be grateful for sb.'s ~ of or ~s on sth. jmdm. für eine Stellungnahme zu etw. dankbar sein; don't you have any ~[s] about it? hast du keine Meinung dazu?; the ~s of the public die öffentliche Meinung; the general/majority ~ is that ...: die Allgemeinheit/Mehrheit ist der Ansicht, daß ...; take a favourable ~ of sth. etw. billigen; have or hold ~s about or on sth. eine Meinung über etw. (Akk.) haben; hold or take the ~ that ...: der Ansicht sein, daß ...; in my ~: meiner Ansicht nach; in sb.'s ~: nach jmds. Ansicht; I take a different ~: ich bin anderer Ansicht; take a critical/grave/optimistic ~ of sth. etw. kritisch/ernst/optimistisch beurteilen; see also dim 1e; ¹long 1a; poor 1i; e) be on ~ ⟨Waren, Haus:⟩ besichtigt werden können; ⟨Bauplan:⟩ [zur Einsicht] ausliegen; have sth. in ~ (fig.) etw. im Auge haben; in ~ of sth. (fig.) angesichts einer Sache; keep sth. in ~ (fig.) etw. im Auge behalten; with a ~ to or with a or the ~ of doing sth. in der Absicht, etw. zu tun; with a ~ to sth. (fig.) mit etw. im Auge; with this in ~: in Anbetracht dessen; see also **point 1k;** f) (survey) Betrachtung, die; (of house, site) Besichtigung, die; on taking a closer ~: bei näherem Hinblick; if we take a broad or general ~ of the problem bei allgemeiner Betrachtung des Problems; give a ~ of sth. ⟨Buch:⟩ einen Überblick über etw. (Akk.) geben; see also **private view[ing]. 2.** v. t. a) (look at) sich (Dat.) ansehen; b) (consider) betrachten; beurteilen ⟨Situation, Problem⟩; ~**ed in this light** ...: so gesehen ...; ~**ed ethically** aus ethischer Sicht; I ~ the matter differently ich sehe das anders; c) (inspect) besichtigen; ask to ~ sth. darum bitten, etw. besichtigen zu dürfen. **3.** v. i. (Telev.) fernsehen
viewdata ['vjuːdeɪtə] n. (Teleph.) Bildschirmtextsystem, das
viewer ['vjuːə(r)] n. a) (Telev.) [Fernseh]zuschauer, der/-zuschauerin, die; b) (Photog.) (for cine film) Filmbetrachter, der; (for slides) Diabetrachter, der
'**viewfinder** n. (Photog.) Sucher, der
'**viewing** ['vjuːɪŋ] n. a) (Telev.) Fernsehen, das; ~ **has decreased** der Fernsehkonsum ist zurückgegangen; ~ **figures** Einschaltquoten; **at peak** ~ **time** zur besten Sendezeit; b) (of house, at auction, etc.) Besichtigung, die; see also **private view[ing]**
viewpoint ['vjuːpɔɪnt] n. Standpunkt, der; Sehweise, die; **from a general/the political/ the social** ~ ...: allgemein/politisch/gesellschaftlich gesehen od. betrachtet, ...; **seen from that** ~ ...: so gesehen od. betrachtet, ...; **see sth. from sb.'s** ~: etw. aus jmds. Sicht sehen
vigil ['vɪdʒɪl] n. a) Wachen, das; **nocturnal** ~: Nachtwache, die; **keep** ~ [**over sb.**] [bei jmdm.] wachen; b) (Relig.) Vigil, die
vigilance ['vɪdʒɪləns] n., no pl. Wachsamkeit, die; **exercise** ~ **lest sb. escape** wachsam sein, damit jmd. nicht entkommt; **escape sb.'s** ~: jmds. Wachsamkeit (Dat.) entgehen; jmdm. entgehen
'**vigilance committee** n. (Amer.) Bürgerwehr, die
vigilant ['vɪdʒɪlənt] adj. wachsam; **be** ~ **for sth.** auf etw. (Akk.) achten
vigilante [vɪdʒɪ'læntɪ] n. Mitglied einer/der Bürgerwehr; ~ **group** Bürgerwehr, die
vigilantly ['vɪdʒɪləntlɪ] adv. wachsam
vignette [viː'njet] n. a) (Lit.) Skizze, die; b) (Art, Photog.) vignettiertes Bild
vigor (Amer.) see **vigour**
vigorous ['vɪɡərəs] adj. kraftvoll; kräftig ⟨Person, Tier, Stoß, Pflanze, Wachstum, Trieb⟩; robust ⟨Gesundheit⟩; leidenschaftlich ⟨Debattierer, Debatte, Verteidigung, Befürworter⟩; heftig ⟨Nicken, Attacke, Kritik, Protest⟩; intensiv ⟨Gymnastik, Denksport⟩; energisch ⟨Versuch, Anstrengung, Leugnen,

vigorously — **virgin**

Maßnahme; schwungvoll ⟨*Rede*⟩; **be too ~ for sb.** ⟨*Gymnastik:*⟩ zu anstrengend für jmdn. sein
vigorously ['vɪgərəslɪ] *adv.* heftig; leidenschaftlich ⟨*musizieren, reden, schreiben*⟩; intensiv ⟨*Gymnastik treiben*⟩; energisch ⟨*versuchen, beginnen*⟩; kräftig ⟨*schrubben, reiben, ziehen, drücken, wachsen*⟩
vigour ['vɪgə(r)] *n.* (*Brit.*) **a)** (*of person, animal, sexuality*) Vitalität, *die*; (*of limbs, body*) Kraft, *die*; (*of health*) Robustheit, *die*; (*of debate, argument, struggle, protest, denial, attack, criticism*) Heftigkeit, *die*; (*of performance, speech*) Schwung, *der*; (*of words, style, mind, intellect*) Lebendigkeit, *die*; **with ~:** schwungvoll ⟨*musizieren, reden, singen, schauspielern*⟩; kräftig ⟨*reiben, schrubben, drücken, ziehen*⟩; **b)** (*Bot.*) Wuchskraft, *die*
Viking ['vaɪkɪŋ] *n.* (*Hist.*) Wikinger, *der*/Wikingerin, *die*; *attrib.* Wikinger-
vile [vaɪl] *adj.* **a)** (*base*) verwerflich (*geh.*); abscheulich ⟨*Sünde, Charakter, Verbrechen*⟩; gemein ⟨*Verleumdung*⟩; vulgär ⟨*Sprache*⟩; (*repulsive*) widerwärtig; **don't be so ~!** sei nicht so gemein!; **be ~ to sb.** gemein zu jmdn. sein; **b)** (*coll.: very unpleasant*) scheußlich (*ugs.*)
vilely ['vaɪllɪ] *adv.* **a)** in verwerflicher Weise (*geh.*); **act/behave ~:** abscheulich handeln/ gemein sein; **speak ~ of sb.** abscheuliche Dinge über jmdn. sagen; **b)** (*coll.: very unpleasantly*) scheußlich (*ugs.*)
vileness ['vaɪlnɪs] *n., no pl. see* **vile: a)** Verwerflichkeit, *die* (*geh.*); Abscheulichkeit, *die*; Gemeinheit, *die*; Vulgarität, *die*; Widerwärtigkeit, *die*; **b)** Scheußlichkeit, *die* (*ugs.*)
vilification [vɪlɪfɪ'keɪʃn] *n.* Verunglimpfung, *die* (*geh.*)
vilify ['vɪlɪfaɪ] *v. t.* verunglimpfen (*geh.*)
villa ['vɪlə] *n.* **a)** (*holiday house*) [holiday] ~: Ferienhaus, *das*; **b)** (*country house* [*country*]) ~: Landhaus, *das*; **c)** (*Brit.: suburban house*) besseres Einfamilienhaus
village ['vɪlɪdʒ] *n.* Dorf, *das*; *attrib.* Dorf⟨*leben, -kneipe usw.*⟩
village: ~ 'green *n.* Dorfwiese, *die*; **~ 'idiot** *n.* Dorftrottel, *der*
villager ['vɪlɪdʒə(r)] *n.* Dorfbewohner, *der*/-bewohnerin, *die*
villain ['vɪlən] *n.* **a)** (*scoundrel*) Verbrecher, *der*; (*arch. derog.*) Schurke, *der*; **b)** ~ [of the piece] (*Theatre; also fig.*) Bösewicht, *der*; **c)** (*coll.: rascal*) [kleiner] Halunke (*scherzh.*)
villainous ['vɪlənəs] *adj.* **a)** gemein; abscheulich; **b)** (*coll.: very bad*) scheußlich (*ugs.*)
villainously ['vɪlənəslɪ] *adv.* gemein; abscheulich; in gemeiner *od.* abscheulicher Weise ⟨*morden, Verrat üben, sich verschwören*⟩
villainy ['vɪlənɪ] *n.* Gemeinheit, *die*; Abscheulichkeit, *die*; **forsake ~:** aller Gemeinheit abschwören
villein ['vɪlɪn] *n.* (*Hist.*) Leibeigene, *der/die*
vim [vɪm] *n., no pl.* (*coll.*) Schwung, *der*; **put some [more] ~ into it!** leg dich mal ein bißchen [mehr] ins Zeug! (*ugs.*)
vinaigrette [vɪnɪ'gret] *n.* **a)** (*smelling-bottle*) Riechfläschchen, *das*; **b)** ~ [sauce] (*Cookery*) Vinaigrette, *die*
vindicate ['vɪndɪkeɪt] *v. t.* **a)** (*justify, establish*) verteidigen, rechtfertigen ⟨*Person, Meinung, Handeln, Verhalten, Anspruch, Politik*⟩; retten ⟨*Ruf, Ehre, Stellung*⟩; beweisen ⟨*Mut, Ehrlichkeit, Integrität, Behauptung*⟩; (*confirm*) bestätigen ⟨*Recht, Meinung, Urteil, Theorie*⟩; **b)** (*exonerate*) rehabilitieren
vindication [vɪndɪ'keɪʃn] *n. see* **vindicate: a)** Verteidigung, *die*; Rechtfertigung, *die*; Beweis, *der* (**of** für); Bestätigung, *die*; **be a ~ of sth.** etw. verteidigen/rechtfertigen/beweisen/bestätigen; **in ~ of his claim/con-**

duct *etc.* zur Rechtfertigung seines Anspruchs/Benehmens tun; **b)** Rehabilitierung, *die*; **be a full ~ of sb.** jmdn. vollständig rehabilitieren
vindictive [vɪn'dɪktɪv] *adj.* nachtragend ⟨*Person*⟩; unversöhnlich ⟨*Stimmung*⟩; ~ **act/move/attack** Racheakt, *der* (*geh.*); **feel ~** *or* **be in a ~ mood** [towards sb.] Rachegefühle [gegenüber jmdm.] hegen; **make sb. [feel] ~:** Rachegefühle bei jmdm. wecken; **be purely ~** ⟨*Tat:*⟩ ein reiner Racheakt sein
vindictively [vɪn'dɪktɪvlɪ] *adv.* aus Rache; **act** *or* **behave ~** [towards sb.] sich nachtragend [gegenüber jmdm.] verhalten
vindictiveness [vɪn'dɪktɪvnɪs] *n., no pl.* Rachsucht, *die* (*geh.*); **the ~ of sb.'s nature/ mood** jmds. nachtragendes Wesen/jmds. Rachsucht; **feel ~ towards sb.** Rachegefühle gegen jmdn. hegen; **an attitude of ~:** eine nachtragende Haltung
vine [vaɪn] *n.* **a)** Weinrebe, *die*; **b)** (*stem of trailer or climber*) Ranke, *die*; **c)** (*Amer.: trailing or climbing plant*) Rankengewächs, *das*
vinegar ['vɪnɪgə(r)] *n.* Essig, *der*; [as] **sour as ~:** sehr sauer; (*fig.*) säuerlich ⟨*Miene, Lächeln*⟩; sauertöpfisch (*ugs.*) ⟨*Person*⟩
vinegary ['vɪnɪgərɪ] *adj.* sauer; (*fig.*) säuerlich; **have a ~ taste** wie Essig schmecken
'vine-leaf *n.* [Wein]rebenblatt, *das*; **stuffed vine-leaves** ⟨*Cookery*⟩ gefüllte Weinblätter
vineyard ['vɪnjɑːd, 'vɪnjəd] *n.* Weinberg, *der*
vintage ['vɪntɪdʒ] **1.** *n.* **a)** (*season's wine*) Jahrgang, *der*; (*season's grapes*) Traubenernte, *die*; **last/this year's ~:** der letzte/dieser Jahrgang; **the 1981 ~/a 1983 ~:** der 81er/ein 83er; **b)** (*particular period*) Jahrgang, *der*; (*of car, machine*) Baujahr, *das*; **a car of rather ancient ~/1955 ~:** ein Auto ziemlich alten Datums/Baujahr 1955; **music of '60s/1940s ~:** Musik aus den 60ern/40er Jahren; **of modern ~:** neueren Datums; **c)** (*grape-harvest; season*) Weinlese, *die*; **d)** (*quality wine*) erlesener Wein. **2.** *adj.* erlesen ⟨*Wein, Sekt, Whisky*⟩; herrlich ⟨*Komödie, Melodie*⟩; brillant ⟨*Leistung, Interpretation*⟩; (*old-fashioned*) alt ⟨*Modell*⟩; altmodisch ⟨*Stil*⟩; **this year has been a ~ year for port** dieses Jahr war ein gutes Jahr für Portwein; **this play is ~ Pinter** dies ist eines der typischsten und besten Pinter-Stücke
vintage 'car *n.* (*Brit.*) [zwischen 1917 und 1930 gebauter] Oldtimer
vintner ['vɪntnə(r)] *n.* Weinhändler, *der*/ -händlerin, *die*
vinyl ['vaɪnɪl] *n.* **a)** Vinyl, *das*; **b)** (*polyvinyl chloride*) PVC, *das*
viol [vaɪəl] *n.* (*Mus.*) Viola, *die*
¹viola [vɪ'əʊlə] *n.* (*Mus.*) Bratsche, *die*; ~ **player** Bratschist, *der*/Bratschistin, *die*
²viola ['vaɪələ] *n.* (*Bot.*) **a)** Veilchen, *das*; **b)** (*hybrid*) Stiefmütterchen, *das*
viola da gamba [vɪəʊlə də 'gæmbə] *n.* (*Mus.*) Gambe, *die*
violate ['vaɪəleɪt] *v. t.* **a)** verletzen; brechen ⟨*Vertrag, Versprechen, Gesetz*⟩; verstoßen gegen ⟨*Regel, Vorschrift, Prinzipien, Bestimmungen*⟩; verletzen ⟨*Vorschrift*⟩; stören ⟨*Ruhe, Frieden*⟩; verschandeln ⟨*Wälder, Landschaft*⟩; **b)** (*profane*) schänden; entheiligen ⟨*Sabbat*⟩; **c)** (*rape*) vergewaltigen; schänden (*veralt.*)
violation [vaɪə'leɪʃn] *n.* **a)** (*of*) Verletzung, *die*; Bruch, *der*; Verstoß, *der* (**of** gegen); Störung, *die*; Verschandelung, *die*; **traffic ~:** Verkehrsdelikt, *das*; **be/act in ~ of** verletzen/brechen/verstoßen gegen; **do sth. in ~ of one's promise/oath** etw. entgegen seinem Versprechen/Eid tun; **they tested nuclear weapons in ~ of the treaty** sie testeten Atomwaffen, obwohl sie damit gegen den Vertrag verstießen; **b)** Schändung, *die*; Entheiligung, *die*; **c)** Vergewaltigung, *die*; Schändung, *die* (*veralt.*)

violence ['vaɪələns] *n., no pl.* **a)** (*intensity, force*) Heftigkeit, *die*; (*of blow, waterfall*) Wucht, *die*; (*of temper*) Ungestüm, *das*; (*of contrast*) Kraßheit, *die*; **b)** (*brutality*) Gewalt, *die*; (*at public event*) Gewalttätigkeiten; **psychological ~:** seelische Grausamkeit; **by** *or* **with ~:** mit Gewalt; **a man of ~:** ein Mann der Gewalt; **resort to** *or* **use ~:** Gewalt anwenden; **commit ~:** Gewalttaten verüben; **do ~ to sth.** (*fig.*) einer Sache (*Dat.*) Gewalt antun; **c)** (*Law*) Gewalt, *die*; **threaten sb. with ~:** jmdn. Gewalt androhen; **threat of ~:** Gewaltandrohung, *die*; **act/crime of ~:** Gewalttätigkeit, *die*; **robbery with ~:** [bewaffneter] Raubüberfall
violent ['vaɪələnt] *adj.* gewalttätig; heftig ⟨*Schlag, Attacke, Leidenschaft, Auseinandersetzung, Erschütterung, Reaktion, Schmerzen, Wind*⟩; wuchtig ⟨*Schlag, Stoß*⟩; schwer ⟨*Schock*⟩; krass ⟨*Gegensatz, Kontrast*⟩; grell ⟨*Farbe*⟩; knall⟨*rot, -grün usw.*⟩; Gewalt⟨*verbrecher, -tat*⟩; gnadenlos ⟨*Hitze*⟩; **don't be so ~:** sei nicht so aggressiv; **he has a ~ temper, his character** *or* **temper is ~:** er neigt zum Jähzorn; **by ~ means** gewaltsam ⟨*öffnen*⟩; unter Gewaltanwendung ⟨*jmdn. überreden*⟩; **~ death** gewaltsamer *od.* unnatürlicher Tod
violently ['vaɪələntlɪ] *adv.* (*by means of violence*) brutal; (*with great rigour, intensity*) heftig; (*to a high degree*) völlig ⟨*verstört*⟩; äußerst ⟨*schmerzhaft, verstört, aufgeregt*⟩; absolut ⟨*gegensätzlich*⟩; **live/die ~:** ein gewalttätiges Leben führen/eines gewaltsamen Todes sterben; **discourage sb. from acting/behaving ~:** jmdn. von Gewalttätigkeiten abhalten; **I dislike him ~:** er ist mir äußerst zuwider; **I was ~ ill** ich mußte mich heftig übergeben; **contrast ~:** in eklatantem Widerspruch stehen (**with** zu); **the colours clash ~:** die Farben passen überhaupt nicht zusammen
violet ['vaɪələt] **1.** *n.* **a)** Veilchen, *das*; **sweet ~:** Märzveilchen, *das*; Wohlriechendes Veilchen (*Bot.*); **shrinking ~** (*fig.*) schüchternes Pflänzchen (*ugs.*); **don't be such a shrinking ~:** sei kein Angsthase; **b)** (*colour*) Violett, *das*; **dressed in ~:** violett gekleidet. **2.** *adj.* violett
violin [vaɪə'lɪn] *n.* (*Mus.*) Violine, *die*
violin: ~ case *n.* Geigenkasten, *der*; **~ concerto** *n.* Violinkonzert, *das*
violinist [vaɪə'lɪnɪst] *n.* (*Mus.*) Geiger, *der*/ Geigerin, *die*
violin: ~-maker *n.* Geigenbauer, *der*/ -bauerin, *die*; **~-player** *n.* Geiger, *der*/ Geigerin, *die*; **~ sonata** *n.* Violinsonate, *die*; **~-teacher** *n.* Geigenlehrer, *der*/-lehrerin, *die*
violoncello [vaɪələn'tʃeləʊ] *n., pl.* ~s (*Mus. formal*) Violoncello, *das*
VIP [viː'aɪ'piː] *n.* Prominente, *der/die*; **the ~s** die Prominenz
viper ['vaɪpə(r)] *n.* **a)** (*Zool.*) Viper, *die*; **common ~:** Kreuzotter, *die*; **b)** (*fig.*) Schlange, *die* (*abwertend*); **nourish** *or* **nurse a ~ in one's bosom** eine Schlange am Busen nähren (*geh.*)
viperish ['vaɪpərɪʃ] *adj.* (*fig.*) giftig ⟨*Blick*⟩; scharf ⟨*Zunge*⟩; gehässig ⟨*Mundwerk, Ausdrucksweise*⟩; niederträchtig ⟨*Angriff, Charakter*⟩; Schmäh⟨*rede, -wort*⟩
VIP: ~ lounge *n.* VIP-Halle, *die*; **~ treatment** *n.* Vorzugsbehandlung, *die*; **give sb. ~ treatment** jmdn. mit allen Ehren behandeln
virago [vɪ'rɑːgəʊ] *n., pl.* ~s zänkisches Weib (*abwertend*)
viral ['vaɪərəl] *adj.* (*Med.*) Virus-
Virgil ['vɜːdʒɪl] *pr. n.* Vergil (*der*)
virgin ['vɜːdʒɪn] **1.** *n.* **a)** Jungfrau, *die*; **she/ he is still a ~:** sie/er ist noch Jungfrau, sie/er ist noch unschuldig; **b) the [Blessed] V~ [Mary]** (*Relig.*) die [Heilige] Jungfrau [Maria]; **c)**

virginal

(*Astrol.*) **the V~**: die Jungfrau; *see also* **archer b**. **2**. *adj.* **a)** *(chaste)* jungfräulich; **b)** *(untouched, unspoiled)* unberührt ⟨*Land, Wälder*⟩; jungfräulich ⟨*Schnee*⟩; makellos ⟨*Weiß*⟩; **~ soil** *(esp. fig.)* unberührter Boden
virginal ['vɜːdʒɪnl] **1**. *adj.* jungfräulich. **2**. *n. in pl. (Mus. Hist.)* Spinett, *das*
virgin 'birth *n.* **a)** *(Biol.)* Jungfernzeugung, *die*; **b)** *(Relig.)* jungfräuliche Geburt
Virginia [vɜːˈdʒɪnɪə] **1**. *pr. n.* Virginia (*das*). **2**. *n.* **~ |tobacco|** Virginia[tabak], *der*; **~ cigarettes** Virginiazigaretten
Virginia 'creeper *n. (Bot.)* Wilder Wein
Virginian [vɜːˈdʒɪnɪən] **1**. *adj.* virginisch; Virginier-. **2**. *n.* Virginier, *der*/Virginierin, *die*
Virgin 'Islands *pr. n. pl.* Jungferninseln *Pl.*
virginity [vɜːˈdʒɪnɪtɪ] *n.* Unschuld, *die*; (*of girl also*) Jungfräulichkeit, *die*
Virgo ['vɜːgəʊ] *n., pl.* **~s** (*Astrol., Astron.*) die Jungfrau; die Virgo; *see also* **Aries**
Virgoan [vɜːˈgəʊən] *n. (Astrol.)* Jungfrau, *die*
virile ['vɪraɪl] *adj.* **a)** *(masculine)* männlich; maskulin *(geh.)*; **b)** *(sexually potent)* viril; **c)** *(fig.: forceful, vigorous)* kraftvoll
virility [vɪˈrɪlɪtɪ] *n.* **a)** Männlichkeit, *die*; **b)** *(sexual potency)* Virilität, *die*; Manneskraft, *die*; **c)** *(fig.)* kraftvoller Schwung
virologist [vaɪəˈrɒlədʒɪst] *n.* Virologe, *der*/Virologin, *die*
virology [vaɪəˈrɒlədʒɪ] *n.* Virologie, *die*
virtual ['vɜːtjʊəl] *adj.* **a) a ~ ...**: so gut wie ein/eine ...; praktisch ein/eine ... *(ugs.)*; **he is the ~ head of the business** er ist quasi der Chef des Geschäfts *(ugs.)*; **the whole day was a ~ disaster** der ganze Tag war geradezu eine Katastrophe; **the traffic came to a ~ standstill** der Verkehr kam praktisch zum Stillstand *(ugs.)*; **b)** *(Optics, Mech.)* virtuell ⟨*Bild, Verrückung*⟩
virtually ['vɜːtjʊəlɪ] *adv.* so gut wie; praktisch *(ugs.)*
virtual re'ality *n. (Computing)* virtuelle Realität
virtue ['vɜːtjuː] *n.* **a)** *(moral excellence)* Tugend, *die*; *(chastity)* Tugendhaftigkeit, *die*; **~ is its own reward** *(prov.)* die Tugend trägt ihren Lohn in sich selbst; *see also* **easy 1 c**; **b)** *(advantage)* Vorteil, *der*; Vorzug, *der*; **what is the ~ in that?** welchen Vorteil hat das?; **there's no ~ in doing that** es bringt keinen Vorteil, das zu tun; **c) by ~ of** auf Grund, aufgrund (+ *Gen.*). *See also* **necessity a**
virtuosity [vɜːtjʊˈɒsɪtɪ] *n., no pl.* Virtuosität, *die*; **perform with ~**: virtuos spielen
virtuoso [vɜːtjʊˈəʊzəʊ] *n., pl.* **virtuosi** [vɜːtjʊˈəʊziː] *or* **~s** Virtuose, *der*/Virtuosin, *die*; *attrib.* virtuos ⟨*Spiel, Aufführung*⟩; **a ~ performer** ein Virtuose/eine Virtuosin
virtuous ['vɜːtjʊəs] *adj. (possessing moral rectitude)* rechtschaffen ⟨*Person*⟩; brav ⟨*Kind*⟩; tugendhaft ⟨*Leben*⟩; **if you're feeling ~ you can ...** *(iron.)* wenn du etwas Gutes tun willst, kannst du ...; **that was ~ of you** *(iron.)* das war wirklich löblich *(iron.)*; **c)** *(chaste)* keusch
virtuously ['vɜːtjʊəslɪ] *adv.* löblicherweise; **live ~**: ein rechtschaffenes Leben führen; **we ~ went to bed at ten** *(joc.)* wir sind brav um zehn ins Bett gegangen
virtuousness ['vɜːtjʊəsnɪs] *n., no pl. (of person)* Rechtschaffenheit, *die*; *(of action, life)* Tugendhaftigkeit, *die*
virulence ['vɪrʊləns, 'vɪrjʊləns] *n., no pl.* **a)** *(Med.)* Virulenz, *die*; *(of poison)* starke Wirkung; **b)** *(fig.: malignancy)* Bosheit, *die*
virulent ['vɪrʊlənt, 'vɪrjʊlənt] *adj.* **a)** *(Med.)* virulent; starkwirkend ⟨*Gift*⟩; **b)** *(fig.: malignant)* heftig; scharf ⟨*Angriff*⟩
virulently ['vɪrʊləntlɪ, 'vɪrjʊləntlɪ] *adv.* heftig; scharf ⟨*kritisieren, angreifen*⟩; **be ~ anticommunist** ein erbitterter Gegner/eine erbitterte Gegnerin des Kommunismus sein

virus ['vaɪərəs] *n.* Virus, *das*; **a ~ infection** eine Virusinfektion
visa ['viːzə] *n.* Visum, *das*
visage ['vɪzɪdʒ] *n. (literary)* Antlitz, *das (geh.)*; *(ugly)* Fratze, *die*
vis-à-vis [viːzɑːˈviː] **1**. *prep.* **a)** *(facing)* gegenüber; **b)** *(compared with)* im Vergleich zu. **2**. *adv.* **stand ~**: sich (*Dat.*) gegenüberstehen. **3**. *n., pl.* **same a)** *(person facing another)* Gegenüber, *das*; Vis-à-Vis, *das (veralt.)*; **b)** *(Amer.: social partner)* Partner, *der*/Partnerin, *die*
viscera ['vɪsərə] *n. pl. (Anat.)* Eingeweide
visceral ['vɪsərl] *adj. (Anat.)* Eingeweide**viscid** ['vɪsɪd] *adj.* dickflüssig; sämig
viscose ['vɪskəʊz, 'vɪskəʊs] *n.* Viskose, *die*
viscosity [vɪsˈkɒsɪtɪ] *n.* **a)** *no pl. (quality)* Dickflüssigkeit, *die*; **b)** *(Phys.: of oil etc.)* Viskosität, *die*
viscount ['vaɪkaʊnt] *n.* Viscount, *der*
viscountcy ['vaɪkaʊntsɪ] *n.* Viscountwürde, *die*
viscountess ['vaɪkaʊntɪs] *n.* Viscountess, *die*
viscous ['vɪskəs] *adj.* dickflüssig; *(Phys.)* viskos
vise *(Amer.) see* **²vice**
visibility [vɪzɪˈbɪlɪtɪ] *n., no pl.* **a)** *(being visible)* Sichtbarkeit, *die*; **b)** *(range of vision)* Sicht, *die*; *(Meteorol.)* Sichtweite, *die*; **reduce ~ to ten metres** die Sichtweite auf zehn Meter verringern
visible ['vɪzɪbl] *adj. (also Econ.)* sichtbar; **be ~ to the naked eye** mit bloßem Auge erkennbar sein; **~ to observers in X** für Beobachter in X zu sehen; **highly ~** *(fig.)* unübersehbar; **b)** *(apparent)* erkennbar; **with ~ impatience** mit sichtlicher Ungeduld
visibly ['vɪzɪblɪ] *adv.* sichtlich
Visigoth ['vɪzɪgɒθ] *n. (Hist.)* Westgote, *der*/Westgotin, *die*
vision ['vɪʒn] *n.* **a)** *(sight)* Sehkraft, *die*; **[range of] ~**: Sichtweite, *die*; **[field of] ~**: Sehfeld, *das*; das *(geh.)*; *(person seen in dream)* Phantom, *das*; **a ~ in white** *(fig.)* ein Traum in Weiß; **be a [real] ~**: traumhaft schön sein; **c)** *usu. pl. (imaginings)* Phantasien; Phantasiebilder; **have ~s of sth.** von etw. phantasieren; *(more specific)* sich (*Dat.*) etw. ausmalen; **have ~s of having to do sth.** kommen sehen, daß man etw. tun muß; **d)** *(insight, foresight)* Weitblick, *der*; **a man/woman of ~**: ein Mann/eine Frau mit Weitblick; **e)** *(Telev.)* Bild, *das*; **in sound and ~**: in Ton und Bild; **the programme will continue in ~ only until sound is restored** wegen vorübergehenden Tonausfalls z. Z. nur Bildempfang
visionary ['vɪʒənərɪ] **1**. *adj.* **a)** *(imaginative)* phantasievoll; *(fanciful)* phantastisch; **b)** *(imagined)* eingebildet; imaginär *(geh.)*; **c)** *(seeing visions)* visionär; **~ power** visionäre *od.* hellseherische Kraft. **2**. *n.* Visionär, *der*/Visionärin, *die*; Hellseher/Hellseherin, *die (auch fig.)*
visit ['vɪzɪt] **1**. *v. t.* **a)** besuchen; aufsuchen ⟨*Arzt*⟩; **~ the sick** Krankenbesuche machen; **b)** *(dated: afflict)* heimsuchen; **be ~ed with sth.** von etw. heimgesucht werden; **c)** *(Bibl.: inflict punishment for)* **~ the iniquity of the fathers upon the children** der Väter Missetat an den Kindern heimsuchen. **2**. *v. i.* **a)** einen Besuch/Besuche machen; **be ~ing in a town** als Besucher in einer Stadt sein; **I'm only ~ing** ich bin nur zu Besuch; **spend the afternoon ~ing** nachmittags Besuche machen; **~ at a hotel** *(Amer.)* in einem Hotel absteigen; **be ~ing with sb.** *(Amer.)* bei jmdm. zu Besuch sein; **b)** *(Amer.: chat)* plaudern. **3**. *n.* Besuch, *der*; **pay or make a ~ to sb.** jmdm. einen Besuch machen; **pay a ~** *(coll.: go to the toilet)* aufs Klo gehen *(ugs.)*; **she was in London on a ~ to some friends** sie war in London bei Freunden zu

virus ['vaɪərəs] Besuch; **have** *or* **receive a ~ [from sb.]** [von jmdm.] besucht werden; **we shall be honoured to receive a ~ from you** es wird uns *(Dat.)* eine Ehre sein, Sie als Besucher zu empfangen; **we had a ~ from the police** wir hatten Besuch von der Polizei; **a ~ to a or the theatre/a museum** ein Theater-/Museumsbesuch; **a ~ to the British Museum** ein Besuch des Britischen Museums; **a ~ to Rome/the USA** ein Besuch *od.* Aufenthalt in Rom/in den USA; **I'm going on a two-day ~ to Athens** ich fahre für zwei Tage nach Athen; **a ~ to the dentist['s]** ein Besuch beim Zahnarzt; **a home ~ by the doctor [to sb.]** ein Hausbesuch des Arztes [bei jmdm.]; **b)** *(Amer.: chat)* Plauderei, *die*
visitation [vɪzɪˈteɪʃn] *n.* **a)** *(official inspection by bishop etc.)* Visitation, *die*; **~ of the sick** eine Krankenvisitation; **b)** *(coll. joc.: protracted visit)* Heimsuchung, *die (ugs. scherzh.)*; **we had a ~ from the director today** der Direktor hat uns heute heimgesucht *(ugs. scherzh.)*; **c)** *(dated: punishment)* Heimsuchung, *die*; **a ~ of the plague** *(arch.)* eine Heimsuchung durch die Pest
visiting ['vɪzɪtɪŋ] *n.* Besuche *Pl.*; Besuchsdienst, *der*; **she does prison ~**: sie macht Gefängnisbesuche
visiting: **~-card** *n.* Visitenkarte, *die (auch fig.)*; **~ hours** *n. pl.* Besuchszeiten; **what are the ~ hours in this hospital?** wann ist in diesem Krankenhaus Besuchszeit?; **~ pro'fessor** *n.* Gastprofessor, *der*/-professorin, *die*; **~ team** *n. (Sport)* Gastmannschaft, *die*
visitor ['vɪzɪtə(r)] *n.* **a)** Besucher, *der*/Besucherin, *die*; *(to hotel, beach, etc.)* Gast, *der*; **have ~s/a ~**: Besuch haben; **we've got a ~ staying for a fortnight** wir haben für vierzehn Tage Besuch *od.* einen Gast; **the ~s** *(Sport)* die Gäste; *see also* **prison visitor**; **b)** *(Ornith.)* Zugvogel, *der*; **summer ~s** Sommergäste
'visitors' book *n.* Gästebuch, *das*; **sign the ~**: sich ins Gästebuch eintragen
visor ['vaɪzə(r)] *n.* **a)** *(of helmet)* Visier, *das*; **b)** *(eye-shade, peak of cap)* Schirm, *der*; **c)** *(Motor Veh.)* [sun] **~**: Blendschirm, *der*
vista ['vɪstə] *n.* **a)** *(view)* [Aus]blick, *der* (**of** auf + *Akk.*); *(long, narrow view)* Perspektive, *die*; **b)** *(fig.)* **open up new ~s** neue Perspektiven eröffnen
Vistula ['vɪstjʊlə] *pr. n.* Weichsel, *die*
visual ['vɪzjʊəl, 'vɪzjʊəl] *adj.* **a)** *(related to vision)* Seh⟨*nerv, -organ*⟩; **~ sense** Gesichtssinn, *der*; **b)** *(attained by sight)* visuell; optisch ⟨*Eindruck, Darstellung*⟩; bildlich ⟨*Vorstellungsvermögen*⟩; **the ~ arts** die bildenden und darstellenden Künste; **a ~ landing** eine Sichtlandung; **~ display** *(Computing)* Sichtanzeige, *die*
visual: **~ aids** *n. pl.* Anschauungsmaterial, *das*; **~ dis'play unit** *n.* Bildschirmgerät, *das*
visualisation, visualise *see* **visualiz-**
visualization [vɪzjʊəlaɪˈzeɪʃn, vɪʒjʊəlaɪˈzeɪʃn] *n. (making visual)* Veranschaulichung, *die*; *(imagining)* Sichvorstellen, *das*
visualize ['vɪzjʊəlaɪz, 'vɪʒjʊəlaɪz] *v. t.* **a)** *(imagine)* sich (*Dat.*) vorstellen; **I can't ~ myself in retirement** ich als Rentner, das kann ich mir nicht vorstellen; **b)** *(envisage, foresee)* voraussehen; **I do not ~ many changes** ich rechne nicht mit großen Veränderungen
visually ['vɪzjʊəlɪ, 'vɪʒjʊəlɪ] *adv.* **a)** *(with regard to vision)* optisch; bildnerisch *(begabt)*; **b)** *(by visual means)* bildlich; **record sth. ~**: etw. in Bildern festhalten
vital ['vaɪtl] **1**. *adj.* **a)** *(essential to life)* lebenswichtig; **~ functions** Vitalfunktionen; **b)** *(essential)* unbedingt notwendig; *(crucial)* entscheidend, ausschlaggebend ⟨*Frage, Entschluß*⟩ (**to** für); **it is of ~ importance** *or* **~ that you ...**: es ist von entscheidender Bedeutung, daß Sie ...; **is it ~ for**

805

vitality — **voluble**

you to go? müssen Sie unbedingt gehen?; your co-operation is ~ to *or* for the success of the plan Ihre Mitarbeit ist unerläßlich für den Erfolg des Plans; c) *(full of life)* lebendig, kraftvoll ⟨*Stil*⟩; vital ⟨*Person*⟩. 2. *n. pl.* see **vital parts**

vitality [vaɪ'tælɪtɪ] *n., no pl.* a) *(ability to sustain life)* Lebenskraft, *die;* b) *(liveliness)* Vitalität, *die; (of prose, style, language)* Lebendigkeit, *die; (energy)* Energie, *die;* c) *(fig.: of institution, organization, etc.)* Dauerhaftigkeit, *die*

vitally ['vaɪtəlɪ] *adv.* vital; ~ **important** von allergrößter Wichtigkeit; *(crucial)* von entscheidender Bedeutung

vital 'parts *n. pl.* the ~ *(dated or joc.)* die lebenswichtigen Organe; *(genitals)* die edlen Teile *(scherzh.)*

vital sta'tistics *n.pl.* a) *(data)* Bevölkerungsstatistik, *die;* b) *(coll.: woman's body measurements)* Maße; **her ~ are 34–26–34** sie hat die Maße 34/26/34

vitamin ['vɪtəmɪn, 'vaɪtəmɪn] *n.* Vitamin, *das;* ~ **C** Vitamin C

vitamin: ~ **deficiency** *n.* Vitaminmangel, *der;* ~ **pill** *n.* Vitamintablette, *die*

vitiate [vɪʃɪeɪt] *v. t.* a) *(impair quality of, corrupt)* beeinträchtigen; b) *(invalidate)* zunichte machen; hinfällig machen ⟨*Vereinbarung, Vertrag*⟩

viticulture ['vɪtɪkʌltʃə(r)] *n.* Weinbau, *der*

vitreous ['vɪtrɪəs] *adj.* a) *(glasslike)* glasartig; ~ **china** Halbporzellan, *das;* ~ **enamel** Glasemail, *das;* b) *(Anat.)* ~ **body** *or* **humour** Glaskörper, *der*

vitrification [vɪtrɪfɪ'keɪʃn] *n.* Fritten, *das*

vitrify ['vɪtrɪfaɪ] *v.t. & i.* fritten

vitriol ['vɪtrɪəl] *n.* a) *(Chem.)* Vitriol, *das;* b) *(fig.: virulence)* ätzende Schärfe

vitriolic [vɪtrɪ'ɒlɪk] *adj.* ätzend; giftig ⟨*Bemerkung*⟩; geharnischt ⟨*Attacke, Rede*⟩

vituperate [vɪ'tjuːpəreɪt, vaɪ'tjuːpəreɪt] *v. i. (literary)* wettern ⟨**against** gegen⟩

vituperation [vɪtjuːpə'reɪʃn, vaɪtjuːpə-'reɪʃn] *n. (literary)* Schmähungen *Pl. (geh.)*

vituperative [vɪ'tjuːpərətɪv, vaɪ'tjuːpərətɪv] *adj. (literary)* schmähend; ~ **language** *or* **speech** Schmähreden; ~ **attack on sb.** Schmährede/*(written)* Schmähschrift gegen jmdn.

viva ['vaɪvə] *(Brit. Univ. coll.)* 1. *n.* Mündliche, *die (ugs.)*. 2. *v. t.* mündlich prüfen

vivacious [vɪ'veɪʃəs] *adj.* lebhaft ⟨*Stil*⟩; munter ⟨*Lachen, Lächeln*⟩; bunt ⟨*Kleider*⟩

vivaciously [vɪ'veɪʃəslɪ] *adv.* lebhaft; munter ⟨*lächeln, lachen*⟩; bunt ⟨*angezogen*⟩; lebendig ⟨*schreiben*⟩

vivacity [vɪ'væsɪtɪ] *n., no pl.* Lebhaftigkeit, *die; (of smile, laugh)* Munterkeit, *die; (of style)* Lebendigkeit, *die*

vivarium [vaɪ'veərɪəm] *n., pl.* **vivaria** [vaɪ-'veərɪə] Vivarium, *das*

viva voce [vaɪvə 'vəʊtsɪ, vaɪvə 'vəʊsɪ] *(Univ.)* 1. *adv.; adj.* mündlich. 2. *n.* mündliche Prüfung; *(doctoral)* Rigorosum, *das*

vivid ['vɪvɪd] *adj.* a) *(bright)* strahlend ⟨*Helligkeit*⟩; hell ⟨*Blitz*⟩; lebhaft ⟨*Farbe*⟩; b) *(animated)* lebhaft ⟨*Person*⟩; c) *(clear, lifelike)* lebendig ⟨*Schilderung, Romanfigur*⟩; lebhaft ⟨*Phantasie, Erinnerung*⟩; d) *(intense)* heftig ⟨*Schmerz*⟩; kraftvoll ⟨*Töne*⟩

vividly ['vɪvɪdlɪ] *adv. (brightly)* hell; **a ~ coloured dress** ein Kleid in lebhaften Farben; b) *(clearly)* lebhaft ⟨*beschreiben*⟩; **remember sth. ~**: sich lebhaft an etw. *(Akk.)* erinnern

vividness ['vɪvɪdnɪs] *n., no pl.* a) *(brightness)* Helligkeit, *die;* b) *(liveliness, realism)* Lebhaftigkeit, *die; (of description)* Lebendigkeit, *die*

viviparous [vɪ'vɪpərəs, vaɪ'vɪpərəs] *adj. (Zool.)* vivipar *(fachspr.);* lebendgebärend

vivisect ['vɪvɪsekt] *v. t.* vivisezieren *(fachspr.)*

vivisection [vɪvɪ'sekʃn] *n.* Vivisektion, *die (fachspr.)*

vivisectionist [vɪvɪ'sekʃənɪst] *n.: jmd., der* Vivisektionen durchführt/befürwortet

vixen ['vɪksn] *n.* a) *(Zool.)* Füchsin, *die;* b) *(fig.: woman)* Drachen, *der (ugs.)*

viz [vɪz] *adv.* d. h.

vizier [vɪ'zɪə(r), 'vɪzɪə(r)] *n.* Wesir, *der*

vizor see **visor**

'V-neck *n.* V-Ausschnitt, *der*

'V-necked *adj.* ⟨*Pullover, Kleid*⟩ mit V-Ausschnitt

vocabulary [və'kæbjʊlərɪ] *n.* a) *(list)* Vokabelverzeichnis, *das;* ~ **learn** ~: Vokabeln lernen; ~ **test** Vokabeltest, *der;* b) *(language of particular field)* Vokabular, *das;* c) *(range of language)* Wortschatz, *der*

vocal ['vəʊkl] 1. *adj.* a) *(concerned with voice)* stimmlich; **a ~ organ** ein Stimmorgan; b) *(expressing oneself freely)* gesprächig; lautstark ⟨*Minderheit, Gruppe, Protest*⟩; **he was very ~ about his rights** er sprach sehr viel von seinen Rechten. 2. *n. (Mus.)* Vokalpartie, *die;* Vocal, *das (fachspr.)*

'vocal cords *n. pl.* Stimmbänder

vocalic [və'kælɪk] *(Phonet.) adj.* vokalreich

vocalise see **vocalize**

vocalist ['vəʊkəlɪst] *n.* Sänger, *der*/Sängerin, *die (bei einer Band od. Combo)*

vocalize ['vəʊkəlaɪz] *v. t. & i.* vokalisieren

vocal: ~ **music** *n.* Vokalmusik, *die;* ~ **score** *n. (Mus.)* Vokalpartitur, *die*

vocation [və'keɪʃn] *n.* a) *(call to career; also Relig.)* Berufung, *die;* **he felt no ~ for the ministry** er fühlte sich nicht zum Geistlichen berufen; **teaching is a ~ as well as a profession** Lehrer sein ist Berufung und Beruf zugleich; b) *(special aptitude)* Begabung, *die* (**for** für); c) *(profession)* Beruf, *der*

vocational [və'keɪʃənl] *adj.* berufsbezogen

vocational: ~ **college** *n.* Berufsschule, *die;* ~ **guidance** *n.* Berufsberatung, *die;* ~ **training** *n.* berufliche Bildung

vocative ['vɒkətɪv] *(Ling.)* 1. *adj.* Vokativ-; ~ **case** Vokativ, *der.* 2. *n.* Vokativ, *der*

vociferate [və'sɪfəreɪt] 1. *v. i.* wettern; zetern. 2. *v. t.* herausschreien ⟨*Flüche usw.*⟩

vociferation [vəsɪfə'reɪʃn] *n.* Gezeter, *das; (of opinions etc.)* Herausschreien, *das*

vociferous [və'sɪfərəs] *adj. (noisy)* laut; krakeelend *(ugs.)* ⟨*Zuschenrufer usw.*⟩; *(insistent)* lautstark ⟨*Forderung, Protest*⟩

vociferously [və'sɪfərəslɪ] *adv.* laut; lautstark ⟨*protestieren usw.*⟩

vociferousness [və'sɪfərəsnɪs] *n., no pl.* Lautstärke, *die*

vodka ['vɒdkə] *n.* Wodka, *der*

vogue [vəʊg] *n.* Mode, *die;* **the ~ for large hats** die Mode mit den großen Hüten; **there is a ~ for holidays on canal boats** Urlaub auf Kanalbooten ist große Mode; **be in/come into ~**: in Mode sein/kommen; **go out of ~**: aus der Mode kommen; **have *or* enjoy a ~**: ⟨*Künstler usw.*⟩ gerade sehr populär sein

'vogue-word *n.* Modewort, *das*

voice [vɔɪs] 1. *n.* a) *(lit. or fig.)* Stimme, *die;* **in a firm/loud ~**: mit fester/lauter Stimme; **like the sound of one's own ~**: sich selbst gerne reden hören; **lose one's ~**: die Stimme verlieren; **be in [good]/bad ~**: [gut]/nicht [gut] bei Stimme sein; **make one's ~ heard** sich verständlich machen; *(fig.)* sich *(Dat.)* Gehör verschaffen; b) *(expression)* **give ~ to sth.** einer Sache *(Dat.)* Ausdruck geben; c) *(expressed opinion)* Stimme, *die;* **with one ~**: einstimmig; **lend one's ~ to sth.** in etw. *(Akk.)* einstimmen; **have a/no ~ in the matter** ein/kein Mitspracherecht bei der Angelegenheit haben; d) *(Mus.)* Stimme, *die;* [singing] ~: Singstimme, *die;* **study ~**: Gesang studieren; **setting for five ~s** fünfstimmige Vertonung; e) *(Phonet.)* stimmhafter Laut; f) *(Ling.)* Genus verbi, *das;* **the active/passive ~**: das Aktiv/Passiv. 2. *v. t.* a) *(express)* zum Ausdruck bringen ⟨*Meinung*⟩; b) *esp. in p.p. (Phonet.)* stimmhaft aussprechen; **a ~d consonant** ein stimmhafter Konsonant

'voice-box *n.* Kehlkopf, *der*

voiceless ['vɔɪslɪs] *adj.* a) stumm; sprachlos *(geh.);* b) *(Phonet.)* stimmlos

voice: ~**-over** *n.* Begleitkommentar, *der;* ~**-print** *n.* Sonogramm, *das;* ~ **teacher** *n.* Gesang[s]lehrer, *der*/-lehrerin, *die;* ~ **vote** *n. (Amer.)* Abstimmung durch Zuruf

void [vɔɪd] 1. *adj.* a) *(empty)* leer; öd [und leer] ⟨*Gelände*⟩; b) *(invalid)* ungültig; **his efforts were rendered ~**: seine Bemühungen wurden zunichte gemacht; *see also* **null**; c) *(Cards)* **my hand was ~ in hearts** ich hatte kein Herz auf der Hand; b) *(lacking)* ~ **of** ohne [jeden/jedes/jede]; **a proposal wholly ~ of sense** ein Vorschlag ohne jeden Sinn. 2. *n.* a) *(empty space)* Nichts, *das;* **the vast desert ~s** die endlose Öde der Wüste; b) *(fig.)* **nobody can fill the ~ left by his death** keiner kann die große Lücke füllen, die sein Tod hinterlassen hat; **there was an aching ~ in her heart** sie spürte im Innern ein schmerzliches Gefühl der Leere; c) *(Cards)* **have a ~ in spades** kein Pik haben. 3. *v. t.* a) *(render invalid)* auflösen ⟨*Vertrag*⟩; ablösen ⟨*Rente*⟩; *(Law)* für ungültig erklären ⟨*Vertrag, Vereinbarung*⟩; b) *(empty)* entleeren ⟨*Blase, Darm*⟩

voile [vɔɪl, vwɑːl] *n. (Textiles)* Voile, *der*

vol. *abbr.* **volume** Bd.

volatile ['vɒlətaɪl] *adj.* a) *(Chem.)* flüchtig; volatil *(fachspr.);* ~ **oil** see **ethereal oil**; b) *(fig.) (lively)* impulsiv; *(changeable)* unbeständig ⟨*Mensch, Laune*⟩; *(likely to erupt)* explosiv ⟨*Temperament*⟩; brisant ⟨*Lage*⟩

volatilise see **volatilize**

volatility [vɒlə'tɪlɪtɪ] *n., no pl.* a) *(Chem.)* Flüchtigkeit, *die;* Volatilität, *die (fachspr.);* b) *(fig.)* see **volatile b**: Impulsivität, *die;* Unbeständigkeit, *die;* Explosivität, *die;* Brisanz, *die*

volatilize [və'lætɪlaɪz] 1. *v. t. (Chem.)* verflüchtigen. 2. *v. i.* sich verflüchtigen

vol-au-vent ['vɒləʊvɒ̃] *n. (Gastr.)* Pastete, *die;* **chicken ~**: Königinpastete, *die*

volcanic [vɒl'kænɪk] *adj.* a) vulkanisch; ~ **eruption** Vulkanausbruch, *der;* ~ **in origin** vulkanischen Ursprungs; b) *(fig.: violent)* leidenschaftlich

volcano [vɒl'keɪnəʊ] *n., pl.* ~**es** Vulkan, *der*

vole [vəʊl] *n.* Wühlmaus, *die;* **field ~**: Feldmaus, *der;* **American ~**: Neuweltmaus, *die; see also* **water-vole**

Volga ['vɒlgə] *pr. n.* Wolga, *die*

volition [və'lɪʃn] *n.* Wille, *der;* **of one's own ~**: aus eigenem Willen; freiwillig

volley ['vɒlɪ] 1. *n.* a) *(discharge of missiles)* Salve, *die;* **a ~ of stones/arrows** ein Hagel von Steinen/Pfeilen; ein Stein-/Pfeilhagel; b) *(fig.)* **a ~ of oaths/curses** eine Schimpfkanonade; **direct a ~ of questions at sb.** jmdn. mit Fragen bombardieren; c) *(Tennis)* Volley, *der; (Football)* Volleyschuß, *der;* **half-~**: Halfvolley, *der.* 2. *v. t. (Tennis, Football)* vollieren

volleyball *n.* Volleyball, *der*

vols. *abbr.* **volumes** Bde.

volt [vɒlt] *n. (Electr.)* Volt, *das*

voltage ['vəʊltɪdʒ] *n. (Electr.)* Spannung, *die;* **high/low ~**: Hoch-/Niederspannung, *die;* **what's the ~ here?** was für eine Netzspannung hat man hier?

'voltage regulator *n. (Electr.)* Spannungsregler, *der*

volte-face [vɒlt'fæs] *n. (fig.)* Kehrtwendung, *die*

voltmeter ['vəʊltmiːtə(r)] *n. (Electr.)* Voltmeter, *das;* Spannungsmesser, *der*

volubility [vɒljʊ'bɪlɪtɪ] *n., no pl.* Redseligkeit, *die (abwertend); (of speech)* Wortreichtum, *der*

voluble ['vɒljʊbl] *adj.* redselig *(abwertend);*

wortreich ⟨Rede⟩; be ~ in sb.'s defence jmdn. wortreich verteidigen
volubly ['vɒljʊblɪ] *adv.* wortreich
volume ['vɒlju:m] *n.* a) *(book, set of periodicals)* Band, *der;* **a two-~ edition** eine zweibändige Ausgabe; *(on periodical)* V~ II no. 3 Jahrgang II, Nr. 3; *see also* **speak** 2 c; b) *(loudness)* Lautstärke, *die; (of voice)* Volumen, *das;* **turn the ~ up/down** das Radio *usw.* lauter/leiser stellen; **~ of sound** Klangfülle, *die;* c) *(amount of space)* Rauminhalt, *der;* Volumen, *das; (amount of substance)* Teil, *der;* **two ~s of hydrogen to one of oxygen** zwei Teile Wasserstoff auf einen Teil Sauerstoff; d) *(amount, quantity) (of sales etc.)* Volumen, *das;* **~ of traffic/passenger travel** Verkehrs-/Passagieraufkommen, *das;* **he produced a considerable ~ of church music** er hat ein umfangreiches kirchenmusikalisches Werk geschaffen; e) *in pl. (mass)* ~s of black smoke schwarze Rauchschwaden; **I've got ~s of work to do** ich habe ungeheuer viel Arbeit
volume: ~ control *n.* Lautstärkeregelung, *die; (device)* Lautstärkeregler, *der;* **~ production** *n.* Serienproduktion, *die;* **~ sales** *n. pl.* verkaufte Stückzahl
voluminous [və'lju:mɪnəs, və'lu:mɪnəs] *adj.* a) *(great in quantity)* voluminös *(geh.);* sehr umfangreich; *(prolific)* sehr produktiv ⟨*Autor*⟩; b) *(bulky, loose)* weit ⟨*Kleider*⟩; voluminös *(geh.)* ⟨*Tasche usw.*⟩; voluminös *(scherzh.),* beleibt ⟨*Person*⟩; **~ garment** wallendes Gewand
voluntarily ['vɒləntərɪlɪ] *adv.* freiwillig
voluntary ['vɒləntərɪ] 1. *adj.* a) freiwillig; **~ army** Freiwilligenarmee, *die;* **~ organizations** Freiwilligenverbände; **V~ Service Overseas** *(Brit.)* Freiwilliger Entwicklungsdienst; b) *(controlled by will)* willkürlich ⟨*Muskeln, Bewegungen*⟩. 2. *n. (Mus.)* Voluntary, *das*
volunteer [vɒlən'tɪə(r)] 1. *n.* Freiwillige, *der/die;* **any ~?** Freiwillige vor!; **as a** als Freiwilliger/Freiwillige; *attrib.* **~ army/force** Freiwilligenheer, *das*/Freiwilligenverband, *der.* 2. *v. t. (offer)* anbieten ⟨*Hilfe, Dienste*⟩; zur Verfügung stellen ⟨*Spende*⟩; herausrücken mit *(ugs.)* ⟨*Informationen, Neuigkeiten*⟩; **~ advice** ungebetene Ratschläge erteilen. 3. *v. i.* sich [freiwillig] melden; **~ to do** *or* **for the shopping** sich zum Einkaufen bereiterklären
voluptuary [və'lʌptjʊərɪ] *n.* Genußmensch, *der;* Hedonist, *der (geh.)*
voluptuous [və'lʌptjʊəs] *adj.* a) *(sexually alluring)* üppig ⟨*Figur, Kurven, Blondine*⟩; aufreizend ⟨*Bewegungen*⟩; sinnlich ⟨*Mund*⟩; b) *(concerned with pleasures)* ausschweifend; sinnlich, erregend ⟨*Gefühl*⟩
voluptuously [və'lʌptjʊəslɪ] *adv.* üppig ⟨*geformt*⟩; sinnlich ⟨*küssen*⟩; aufreizend ⟨*sich bewegen*⟩
voluptuousness [və'lʌptjʊəsnɪs] *n. (sexual allure)* Üppigkeit, *die; (of movements, mouth)* Sinnlichkeit, *die*
volute [və'lju:t] *n. (Archit.)* Volute, *die*
vomit ['vɒmɪt] 1. *v. t.* a) erbrechen; b) *(fig.: send out)* **~ [out]** [aus]speien ⟨*Rauch, Asche, Lava*⟩. 2. *v. i.* sich übergeben; [sich] erbrechen. 3. *n.* Erbrochene, *das*
voodoo ['vu:du:] *n.* a) *(witchcraft)* Wodu, *der;* b) *(spell)* Woduzauber, *der*
voracious [və'reɪʃəs] *adj.* a) *(ravenous)* gefräßig ⟨*Person, Tier*⟩; unbändig ⟨*Appetit*⟩; b) *(fig.: insatiable)* unersättlich ⟨*Lust, Leser*⟩
voraciously [və'reɪʃəslɪ] *adv. (lit. or fig.)* gierig ⟨*verschlingen, lesen*⟩; **be ~ hungry** einen unbändigen Hunger haben
voracity [və'ræsɪtɪ] *n., no pl.* Gefräßigkeit, *die; (fig.: insatiability)* Gier, *die*
vortex ['vɔ:teks] *n., pl.* **vortices** ['vɔ:tɪsi:z] *or* **~es** *(whirlpool, whirlwind)* Wirbel, *der; (eddying current; also fig.: whirl)* Strudel, *der*

Vosges [vəʊʒ] *pr. n. pl.* Vogesen *Pl.*
votary ['vəʊtərɪ] *n.* a) *(Relig.)* Gottesdiener, *der*/-dienerin, *die;* b) *(literary: ardent follower)* Anhänger, *der*/-hängerin, *die*
vote [vəʊt] 1. *n.* a) *(individual ~)* Stimme, *die;* **a majority of ~s** eine Stimmenmehrheit; **my ~ goes to X, X has my ~** *(fig. coll.)* ich stimme *od.* bin für X; b) *(act of voting)* Abstimmung, *die;* **take a ~ on sth.** über etw. *(Akk.)* abstimmen; *see also* ¹**put** 1 e; c) *(right to ~)* **have/be given** *or* **get the ~:** das Stimmrecht haben/bekommen; d) *(collective vote)* Votum, *das;* **give sb. a ~ of confidence/no confidence** jmdm. sein Vertrauen/Mißtrauen aussprechen; **~ of confidence/no confidence** Vertrauens-/Mißtrauensvotum, *das;* **propose a ~ of thanks** eine Dankadresse halten; *(Brit. Parl.: money granted)* Etat, *der.* 2. *v. i.* abstimmen; *(in election)* wählen; **~ for/against** stimmen für/gegen; **~ for Smith** wählen Sie Smith; **~ on a motion** über einen Antrag abstimmen; **~ to do sth.** etw. zu tun *usw.;* **~ by acclamation/ballot/[a] show of hands** durch Akklamation/mit Stimmzetteln/durch Handzeichen abstimmen; **~ with one's feet** *(fig.)* mit den Füßen abstimmen; **~ Conservative/Labour** *etc.* die Konservative/Labour *usw.* wählen. 3. *v. t.* a) *(elect)* **~ sb. Chairman/President** *etc.* jmdn. zum Vorsitzenden/Präsidenten *usw.* wählen; *(approve)* **~ a sum of money for sth.** einen Betrag für etw. bewilligen; b) *(coll.: pronounce)* bezeichnen; **~ sth. a success/failure** etw. als Erfolg/Mißerfolg bezeichnen; c) *(coll.: suggest)* vorschlagen; **I ~ [that] we go home** ich schlage vor *od.* bin dafür, daß wir nach Hause gehen
~ 'down *v. t.* niederstimmen
~ 'in *v. t.* wählen ⟨*Partei, Regierung*⟩
~ 'out *v. t.* abwählen
~ 'through *v. t.* stimmen für ⟨*Gesetz*⟩
'vote-catching *n.* Stimmenfang, *der;* **~ concessions** Zugeständnisse im Hinblick auf die Wahl
voter ['vəʊtə(r)] *n.* Wähler, *der*/Wählerin, *die;* **the turn-out of ~s** die Wahlbeteiligung
voting ['vəʊtɪŋ] *n.* Abstimmung, *das; (in election)* Wählen, *das;* **the ~ was 220 for, 165 against** das Ergebnis der Abstimmung war 220 [Stimmen] dafür, 165 dagegen
voting: ~ paper *n.* Stimmzettel, *der;* **~ system** *n.* Wahlsystem, *das*
votive ['vəʊtɪv] *adj.* Votiv⟨*bild, -kerze*⟩
vouch [vaʊtʃ] 1. *v. t.* **~ that ...:** sich dafür verbürgen, daß ... 2. *v. i.* **~ for sb./sth.** sich für jmdn./etw. verbürgen
voucher ['vaʊtʃə(r)] *n.* a) Gutschein, *der;* Voucher, *der (Tourismus);* b) *(proof of payment)* Beleg, *der*
vouchsafe [vaʊtʃ'seɪf] *v. t. (dated, formal)* gewähren; zu geben geruhen *(geh.)* ⟨*Auskünfte*⟩; **~ to do sth.** geruhen, etw. zu tun *(geh.)*
vow [vaʊ] 1. *n.* Gelöbnis, *das; (Relig.)* Gelübde, *das;* **make** *or* **take a ~ of loyalty to sb.** jmdm. gegenüber ein Treuegelöbnis ablegen; **lovers' ~s** Treueschwüre; **be under a ~:** ein Gelübde gebunden sein; **be under a ~ of silence** zu schweigen gelobt haben; *(Relig.)* ein Schweigegelübde abgelegt haben. 2. *v. t.* **~ sth./to do sth.** etw. geloben/geloben, etw. zu tun; **~ to take revenge on sb.** jmdm. Rache schwören
vowel [vaʊəl] *n.* Vokal, *der;* Selbstlaut, *der;* **~ sound** Vokallaut, *der*
vox populi [vɒks 'pɒpjʊli:] *n.* Vox populi, *die (geh.);* Stimme des Volkes

voyage ['vɔɪɪdʒ] 1. *n.* Reise, *die; (sea ~)* Seereise, *die;* **outward/homeward ~, ~ out/home** Hin-/Rückreise, *die;* **a ~ to the moon** ein Mondflug; **he was on a ~ of discovery** *(lit. or fig.)* er war auf einer Entdeckungsreise. 2. *v. i. (literary)* reisen. 3. *v. t.* bereisen; befahren ⟨*Meere*⟩
voyager ['vɔɪɪdʒə(r)] *n. (literary)* Reisende, *der/die; (sea ~)* Seereisende, *der/die*
voyeur [vwa:'jɜ:(r)] *n.* a) *(sexual)* Voyeur, *der;* b) *(prying observer)* Gaffer, *der (ugs.)*
voyeurism [vwa:'jɜ:rɪzm] *n., no pl.* Voyeurismus, *der;* Voyeurtum, *das*
VP *abbr.* **Vice-President** VP
vroom [vru:m, vrʊm] *int.* brumm
vs *abbr.* **versus** gg.
'V-shaped *adj.* V-förmig
'V-sign *n.* a) *(sign for victory)* Siegeszeichen, *das;* b) *(gesture of abuse, contempt)* Zeichen, *das „Du kannst mich mal!"* signalisiert
VSO *abbr.* **Voluntary Service Overseas**
VTO[L] ['vi:təʊl] *abbr. (Aeronaut.)* **vertical take-off [and landing]** Senkrechtstart [und -landung]
vulcanise *see* **vulcanize**
vulcanite ['vʌlkənaɪt] *n.* Hartgummi, *der;* Ebonit, *der (fachspr.)*
vulcanize ['vʌlkənaɪz] *v. t.* vulkanisieren
vulgar ['vʌlɡə(r)] *adj.* a) vulgär; ordinär ⟨*Person, Benehmen, Witz, Film*⟩; geschmacklos ⟨*Kleidung*⟩; b) **the ~ tongue** *(dated)* die Volkssprache; c) *(Math.)* **~ fraction** gemeiner Bruch
vulgarise *see* **vulgarize**
vulgarism ['vʌlɡərɪzm] *n. (Ling.)* Vulgarismus, *der*
vulgarity [vʌl'ɡærɪtɪ] *n., no pl.* Vulgarität, *die; (of clothing)* Geschmacklosigkeit, *die;* **her ~ puts me off** ihre ordinäre *od.* gewöhnliche Art stößt mich ab
vulgarize ['vʌlɡəraɪz] *v. t.* vulgarisieren; verderben ⟨*Charakter, Person*⟩
vulgarly ['vʌlɡəlɪ] *adv.* vulgär; ordinär; geschmacklos ⟨*sich kleiden*⟩
Vulgate ['vʌlɡeɪt, 'vʌlɡət] *n. (Bibl.)* Vulgata, *die*
vulnerability [vʌlnərə'bɪlɪtɪ] *n., no pl.* a) Angreifbarkeit, *die; (to criticism, temptation)* Anfälligkeit, *die* (**to** für); b) *(to injury)* Empfindlichkeit, *die* (**to** gegen); Schutzlosigkeit, *die; (emotional)* Verletzlichkeit, *die*
vulnerable ['vʌlnərəbl] *adj.* a) *(exposed to danger)* angreifbar; **a ~ spot/point** ein schwacher Punkt; **be ~ to sth.** für etw. anfällig sein; **be ~ to attack/in a ~ position** leicht angreifbar sein; **be economically ~:** wirtschaftlich in einer prekären Lage sein; **~ to criticism** leicht zu kritisieren; *(easily hurt)* leicht durch Kritik verletzt; b) *(susceptible to injury)* empfindlich (**to** gegen); *(without protection)* schutzlos; **~ to infection** anfällig für Infektionen; **look young and ~:** jung und schutzlos aussehen; **emotionally ~:** verletzlich
vulture ['vʌltʃə(r)] *n. (lit. or fig.)* Geier, *der*
vulva ['vʌlvə] *n. (Anat.)* Vulva, *die*
vying *see* **vie**

W, w ['dʌblju:] *n., pl.* Ws *or* W's W, w, *das* W. *abbr.* a) watt[s] W; b) west W.; c) western w.
w. *abbr.* with m.
WAAF *abbr. (Brit. Hist.)* a) Women's Auxiliary Air Force; b) [wæf] Mitglied der Women's Auxiliary Air Force
WAC *abbr. (Amer.)* a) Women's Army Corps; b) [wæk] Mitglied des Women's Army Corps
wacky ['wæki] *adj. (sl.)* bekloppt *(salopp)*; verrückt *(ugs.)* ⟨*Komödie*⟩
wad [wɒd] 1. *n.* a) *(material)* Knäuel, *das;* *(smaller)* Pfropfen, *der;* **a ~ of cotton wool** ein Wattebausch; b) *(of papers)* Bündel, *das;* ~**s of money** bündelweise Geld; **he earns ~s of money** *(fig.)* er verdient jede Menge Geld. 2. *v. t.,* -dd- a) *(form into ~)* zusammenknüllen; b) *(line)* füttern ⟨*Kleidungsstück*⟩; *(stuff)* ausstopfen ⟨*Zwischenräume*⟩; c) *(protect with cotton wool)* wattieren
wadding ['wɒdɪŋ] *n. (lining)* Futter, *das;* *(for packing)* Füllmaterial, *das;* Füllsel Pl.; cotton ~: Wattierung, *die*
waddle ['wɒdl] 1. *v. i.* watscheln. 2. *n.* watschelnder Gang
wade [weɪd] 1. *v. i.* waten; *(in snow, sand)* stapfen. 2. *v. t.* durchwaten, waten durch ⟨*Fluß, Bach*⟩
~ **in** *v. i. (fig. coll.)* [gleich] losgehen; *(tackle task)* sich hineinknien *(ugs.)*
~ **into** *v. t. (fig. coll.)* losgehen auf (+ *Akk.*); ~ **into the meal** reinhauen *(ugs.)*
~ **through** *v. t.* a) waten durch; stapfen durch ⟨*Schnee, Unkraut*⟩; b) *(fig. coll.)* durchackern *(ugs.)* ⟨*Manuskript, Buch*⟩
wader ['weɪdə(r)] *n.* a) *(Ornith.)* Watvogel, *der;* b) *in pl. (Brit.)* Wattstiefel
wadi ['wɒdi, 'wɑ:dɪ] *n. (Geog.)* Wadi, *das*
wading bird ['weɪdɪŋ bɜːd] *see* **wader a**
wafer ['weɪfə(r)] *n.* a) Waffel, *die;* *(very thin)* Oblate, *die;* b) *(Eccl.)* Hostie, *die;* c) *(Electronics)* Wafer, *der*
wafer-thin *adj.* hauchdünn
¹**waffle** ['wɒfl] *n. (Gastr.)* Waffel, *die*
²**waffle** *(Brit. coll.: talk)* 1. *v. i.* schwafeln *(ugs. abwertend);* faseln *(ugs. abwertend).* 2. *n.* Geschwafel, *das (ugs. abwertend);* Faselei, *die (ugs. abwertend)*
waffle-iron *n.* Waffeleisen, *das*
waft [wɒft, wɑːft] 1. *v. t.* wehen. 2. *v. i.* ⟨*Geruch, Duft:*⟩ ziehen, *(with perceptible air-movement)* wehen. 3. *n.* Hauch, *der*
¹**wag** [wæg] 1. *v. t.,* -gg- ⟨*Hund:*⟩ wedeln mit ⟨*Schwanz*⟩; ⟨*Vogel:*⟩ wippen mit ⟨*Schwanz*⟩; ⟨*Person:*⟩ schütteln ⟨*Kopf*⟩; **it was a case of the tail ~ging the dog** *(fig.)* da hat der Schwanz mit dem Hund gewedelt *(ugs.);* ~ **one's finger at sb.** jmdm. mit dem Finger drohen. 2. *v. i.,* -gg- ⟨*Schwanz:*⟩ wedeln/⟨*of bird*⟩ wippen; **her tongue never stops ~ging** ihre Zunge steht niemals still; **set people's tongues ~ging** den Leuten etwas zu reden geben. 3. *n. (of dog's tail)* Wedeln, *das (of cat);* ~ *(of bird's tail)* Wippen, *das (of* ~ *of person's head)* Schütteln, *das (of Gen.);* **with a** ~ **of its tail/his head** mit einem Schwanzwedeln/Kopfschütteln
²**wag** *n. (facetious person)* Witzbold, *der (ugs.)*

wage [weɪdʒ] 1. *n. in sing. or pl.* Lohn, *der;* **sb.'s weekly ~[s]** jmds. Wochenlohn; **a job at a reasonable ~/with reasonable ~s** eine anständig bezahlte Arbeit; ~**s of sin** *(fig.)* Lohn der Sünde; der Sünde Lohn *(veralt.).* 2. *v. t.* führen ⟨*Krieg, Feldzug*⟩; ~ **war on** *or* **against crime** *(fig.)* gegen das Verbrechen zu Felde ziehen
wage: ~-**claim** *n.* Lohnforderung, *die;* ~-**earner** *n.* Lohnempfänger, *der/-*empfängerin, *die;* **be the ~-earner of the family** der Ernährer/die Ernährerin der Familie sein; ~ **freeze** *n.* Lohnstopp, *der;* ~ **increase** *n.* Lohnerhöhung, *die;* ~ **packet** *n.* Lohntüte, *die;* **a ~ of his ~ packet** wieviel er in der Lohntüte hat
wager ['weɪdʒə(r)] *(dated, formal)* 1. *n.* Wette, *die;* **a ~ of £50** eine Wette um 50 Pfund. 2. *v. t.* wetten; *(on a horse)* setzen; ~ **one's life/one's whole fortune on sth.** seinen Kopf/sein ganzes Vermögen auf etw. *(Akk.)* verwetten; **I ~ you £10 that ...**: ich wette mit dir um 10 Pfund, daß ... 3. *v. i.* wetten; **he's there by now, I'll ~**: ich möchte wetten, daß er inzwischen da ist
wage: ~ **scale** *n.* Tarif, *der;* Lohnskala, *die;* ~ **slave** *n.* Lohnsklave, *der*
waggish ['wægɪʃ] *adj.* witzig ⟨*Bemerkung*⟩; **be in a ~ mood** zu Scherzen aufgelegt sein
waggle ['wægl] *(coll.)* 1. *v. t.* ~ ⟨*Hund:*⟩ mit dem Schwanz wedeln; ⟨*Vogel:*⟩ mit dem Schwanz wippen; ~ **a loose tooth** an einen lockeren Zahn wackeln. 2. *v. i.* hin und her schlagen; **the dog's tail ~d** der Hund wedelte mit dem Schwanz. 3. *n.* Hin- und Herschlagen, *das;* ⟨*of tail*⟩ Wedeln, *das;* ⟨*of wing*⟩ Wippen, *das*
waggon etc. *(Brit.) see* **wagon** etc.
Wagnerian [vɑːɡˈnɪərɪən] 1. *n.* Wagnerianer, *der/*Wagnerianerin, *die.* 2. *adj.* wagnerianisch; *(of Wagner)* Wagner[i]sch; ~ **singer** Wagnersänger, *der/*-sängerin, *die*
wagon ['wægən] *n.* a) *(horse-drawn)* Wagen, *der;* **covered ~**: Planwagen, *der;* **hitch one's ~ to a star** *(fig.)* sich *(Dat.)* ein hohes Ziel setzen; b) *(Amer.: motor vehicle)* Wagen, *der;* c) **[water-]~**: Wasserwagen, *der;* d) **go/be on the ~** *(go/be teetotal)* keinen Tropfen mehr/keinen Tropfen anrühren; e) *(trolley)* Wagen, *der;* f) *(Brit. Railw.)* Wagen, *der;* Waggon, *der (volkst.)*
wagoner ['wægənə(r)] *n.* Fuhrmann, *der*
wagonload *n.* [Wagen]ladung, *die*
wagtail *n. (Ornith.)* Bachstelze, *die*
waif [weɪf] *n.* Heimatlose, *der/die; (child)* verlassenes Kind, *das; (animal)* herrenloses Tier; ~**s and strays** *(children)* obdachlose Kinder; *(animals)* streunende Tiere
wail [weɪl] 1. *v. i.* a) *(lament)* klagen *(geh.)* *(for* um); *(complain)* jammern *(about, at* über + *Akk.);* b) ⟨*Kind:*⟩ heulen; **stop ~ing!** hör auf zu jammern!; b) *(fig.)* ⟨*Wind, Sirene:*⟩ heulen. 2. *n.* a) *(cry)* klagender Schrei; ~**s** Geheul, *das (esp. fig.: complaints)* Gejammer, *das;* **a ~ of protest** Protestgeschrei, *das;* **a ~ of pain** ein Schmerzensschrei, *das;* b) *(fig.: of wind etc.)* Heulen, *das;* Geheul, *das*
Wailing Wall *n.* Klagemauer, *die*
wainscot ['weɪnskət], **wainscoting** ['weɪnskətɪŋ] *ns.* Täfelung, *die*
waist [weɪst] *n.* a) *(part of body or garment)* Taille, *die;* **tight round the ~**: eng in der Taille; *see also* ¹**strip 1 a**; b) *(Amer.) (blouse)* Bluse, *die; (bodice)* Mieder, *das; (of narrow part)* Einbuchtung, *die; (of violin)* Mittelbügel, *der; (Naut.: of ship)* Mittelschiff, *das*
waistband *n.* Gürtelband, *der;* ⟨*of trousers*⟩ [Hosen]bund, *der;* ⟨*of skirt*⟩ [Rock]bund, *der*
waistcoat ['weɪskəʊt, 'weɪstkəʊt] *n. (Brit.)* Weste, *die*
waist-deep 1. *adj.* bis zur Taille reichend; **be** ~: einem bis zur Taille reichen. 2. *adv.* bis zur Taille
waisted ['weɪstɪd] *adj.* tailliert ⟨*Kleidungsstück*⟩

waist: ~-'**high** *see* **waist-deep**; ~-**line** *n.* Taille, *die;* **be bad for the ~-line** schlecht für die schlanke Linie sein
wait [weɪt] 1. *v. i.* a) warten; ~ **[for] an hour** eine Stunde warten; ~ **a moment** Moment mal; **keep sb.** ~**ing**, **make sb.** ~: jmdn. warten lassen; **how long have you been** ~**ing?** wie lange wartest du schon?; ~ **to see sth. happen** darauf warten, daß etw. passiert; '**repairs [done]/keys cut while you ~**' „Reparatur-/Schlüsselschnelldienst"; **she** ~**ed to see what would happen if ...**: sie wollte abwarten, was passiert, wenn ...; **sth. is still** ~**ing to be done** etw. muß noch gemacht werden; ~ **and see** abwarten[, was passiert]; **[just]** ~ **and see!** warte doch ab!; **sth. can/can't** *or* **won't** ~: etw. kann/kann nicht warten; **this bill can't** ~: diese Rechnung muß sofort bezahlt werden; **I can't** ~ **to do sth.** *(am eager)* ich kann es kaum erwarten, etw. zu tun; **I can hardly** ~ *(lit. or iron.)* ich kann es kaum erwarten, **I can't** ~ *(for lavatory)* es ist dringend; **[just] you** ~! warte mal ab!; *(as threat)* warte nur!; b) ~ **at** *or (Amer.)* **on table** servieren; ⟨*Ober.:*⟩ kellnern *(ugs.).* 2. *v. t.* a) *(await)* warten auf (+ *Akk.);* ~ **one's chance/opportunity** auf eine [günstige] Gelegenheit warten; ~ **one's turn** warten, bis man dran ist *od.* drankommt; ~ **sb.'s convenience** warten, bis es jmdm. paßt; b) *(delay)* ~ **lunch/supper [for sb.]** mit dem Mittag-/Abendessen [auf jmdn.] warten. 3. *n.* a) *(act, time)* **after a long/short** ~: nach langer/kurzer Wartezeit; **there is quite a ~ for appointments** auf einen Termin muß man ziemlich lange warten; **have a long/short ~ for sth.** lange/nicht lange auf etw. *(Akk.)* warten müssen; b) *(watching for enemy)* **lie in ~**: im Hinterhalt liegen; **lie in ~ for sb./sth.** jmdm./einer Sache auflauern; c) *in pl. (Brit.: carol-singers)* Sternsinger
~ **a'bout**, ~ **a'round** *v. i.* herumstehen
~ **be'hind** *v. i.* noch hier-/dableiben; ~ **behind for sb.** auf jmdn. warten
~ **for** *v. t.* warten auf (+ *Akk.);* ~ **for the rain to stop** warten, bis es mit dem Regen aufhört; **we'll** ~ **for a fine day** wir warten einen schönen Tag ab; **I can hardly** ~ **for the day when ...**: ich kann den Tag kaum erwarten, an dem ...; **it was worth** ~**ing for** es hat sich gelohnt, darauf zu warten; ~ **for it!** warte/wartet!; *(to create suspense before saying something surprising)* warte ab!
~ '**in** *v. i.* zu Hause warten **(for** auf + *Akk.).*
~ **on** *v. t.* a) *(serve)* bedienen; b) *(await)* warten auf (+ *Akk.).*
~ '**out** *v. t.* ~ **out a storm** etc. warten, bis ein Sturm usw. vorüber *od.* vorbei ist
~ '**up** *v. i.* aufbleiben **(for** wegen)
waiter ['weɪtə(r)] *n.* Kellner, *der;* ~! Herr Ober!
waiting ['weɪtɪŋ] *n.* a) Warten, *das;* '**no ~**' „Halteverbot"; b) *no pl., no art. (working as waiter)* Servieren, *das;* Kellnern, *das*
waiting: ~ **game** *n.* Hinhaltetaktik, *die;* **play a ~ game** erst einmal abwarten, **this will** ~: erst einmal bedeckt halten *(ugs.);* ~-**list** *n.* Warteliste, *die;* **a five-year** ~-**list** eine Warteliste von fünf Jahren; ~-**room** *n.* Wartezimmer, *das; (at railway or bus station)* Warteraum, *der; (larger)* Wartesaal, *der*
waitress ['weɪtrɪs] *n.* Serviererin, *die;* Kellnerin, *die (veralt.);* ~! Fräulein! *(veralt.);* **there is ~ service in the ground-floor restaurant** das Restaurant im Erdgeschoß ist mit Bedienung
waive [weɪv] *v. t.* verzichten auf (+ *Akk.);* nicht vollstrecken ⟨*Strafe*⟩; nicht anwenden ⟨*Regel*⟩
waiver ['weɪvə(r)] *n. (Law)* Verzicht, *der (of* auf + *Akk.).*
¹**wake** [weɪk] 1. *v. i.,* woke [wəʊk] *or (arch.)* ~**d**, woken ['wəʊkn] *or (arch.)* ~**d** a) *(cease sleeping)* aufwachen; *(fig.)* ⟨*Natur, Ge-*

fühle:) erwachen; **we woke to a bright, cold morning** der Morgen war klar und frisch, als wir aufwachten; **I woke to the sound of soft music** beim Aufwachen hörte ich leise Musik; **b)** ~ **to sth.** *(fig.: realize)* etw. erkennen; sich *(Dat.)* einer Sache *(Gen.)* bewußt werden. 2. *v. t.* woke *or (arch.)* ~d, woken *or (arch.)* ~d **a)** wecken; *(fig.)* erwecken *(geh.)* ⟨die Natur, Erinnerungen⟩; wecken ⟨Erinnerungen⟩; **be quiet, you'll** ~ **your baby brother** sei still, sonst wackt ihr Brüderchen auf!; ~ **the dead** die Toten erwecken *(geh.)* od. aufwecken; ~ **the country to the danger of war** *(fig.)* dem Land die Kriegsgefahr bewußt machen; **b)** *(cause)* hervorrufen ⟨Echo⟩. 3. *n.* **a)** *(Ir.: watch by corpse)* Totenwache, *die* **b)** *usu. pl. (N. Engl.)* ~s **week, the** ~s ≈ Kirmes, *die*
~ **up** 1. *v. i. (lit. or fig.)* aufwachen; ~ **up!** wach auf!; *(fig.: pay attention)* paß besser auf!; ~ **up to sth.** *(fig.: realize)* etw. erkennen; sich *(Dat.)* einer Sache *(Gen.)* bewußt werden. 2. *v. t.* **a)** *(rouse from sleep)* wecken; **b)** *(fig.: enliven)* wachrütteln; Leben bringen in (+ *Akk.*) ⟨Stadt⟩; **you need to** ~ **your ideas up a bit** du mußt dich ein bißchen zusammenreißen

²**wake** *n.* **a)** *(water)* Kielwasser, *das;* **b)** *(air)* Turbulenz, *die;* **c)** *(fig.)* **in the** ~ **of sth./sb.** im Gefolge von etw./in jmds. Gefolge; **follow in the** ~ **of sb./sth.** jmdm./einer Sache folgen; **bring sth. in its** ~: etw. zur Folge haben; **leave a cloud of dust/trail of destruction in its** ~: eine Staubwolke/eine Spur der Verwüstung hinterlassen

wakeful ['weɪkfl] *adj.* **a)** *(sleepless)* schlaflos ⟨Nacht⟩; **a** ~ **child** ein Kind, das schlecht schläft; **b)** *(vigilant)* wachsam

wakefulness ['weɪkflnɪs] *n., no pl.* **a)** *(sleeplessness)* Schlaflosigkeit, *die;* **b)** *(vigilance)* Wachsamkeit, *die*

waken ['weɪkn] 1. *v. t.* **a)** wecken; **b)** *(fig.: arouse)* wecken ⟨Interesse, Gefühl⟩; erregen ⟨Zorn⟩. 2. *v. i. see* ¹**wake** 1

waking ['weɪkɪŋ] *adj.* **in one's** ~ **hours** den ganzen Tag; von früh bis spät; **spend all one's** ~ **hours [on] doing sth.** etw. von früh bis spät tun; ~ **dream** Wachtraum, *der*

Wales [weɪlz] *pr. n.* Wales *(das); see also* **prince b**

walk [wɔːk] 1. *v. i.* **a)** laufen; *(as opposed to running)* gehen; *(as opposed to driving)* zu Fuß gehen; **you can** ~ **there in five minutes** es sind nur 5 Minuten zu Fuß bis dorthin; '~'/'don't ~' *(Amer.: at pedestrian lights)* „gehen"/„warten"; ~ **on crutches/with a stick** an Krücken/am Stock gehen; **learn to** ~: laufen lernen; **can the child** ~ **yet?** kann das Kind schon laufen?; **be** ~**ing on air** *(fig.)* sich wie im siebten Himmel fühlen; ~ **tall** *(fig.)* erhobenen Hauptes gehen *(fig.);* **b)** *(exercise)* gehen; marschieren *(ugs.);* **c)** *(appear)* ⟨Geist⟩ erscheinen; **d)** *(go with slow gait)* ⟨Pferd⟩ gehen; **e)** *(Cricket coll.)* rausgehen; **f)** *(coll.: go missing)* Beine bekommen *(fig. ugs.).* 2. *v. t.* **a)** entlanggehen; ablaufen ⟨Strecke, Weg⟩; durchwandern ⟨Gebiet⟩; ~ **the course** *(Sport)* die Strecke abgehen; *(Reiter:)* den Parcours abgehen; **the** ~ **or his beat** *(Polizist:)* seine Runde gehen; ~ **the streets** durch die Straßen gehen/*(aimlessly)* laufen; *(as prostitute)* auf den Strich gehen *(ugs.);* ~ **the boards** *(be actor)* auf den Brettern stehen; ~ **it** *(fig.)* zu Fuß gehen; laufen *(ugs.);* **he** ~**ed it** *(fig. coll.: won easily)* es war ein Spaziergang für ihn; *see also* **plank 1 a; b)** *(cause to* ~*)* führen; ⟨Person⟩ laufen lassen ⟨Hund⟩; ~ **sb. round the room** jmdn. im Zimmer herumführen; ~ **sb. off his/her feet** jmdn. [bis zur Erschöpfung] durch die Gegend schleifen *(ugs.);* **c)** *(accompany)* bringen; **he** ~**ed his girl-friend home** er brachte seine Freundin nach Hause; **d)** *(push)* schieben ⟨Fahrrad, Motorrad⟩. 3. *n.* Spa-

ziergang, *der;* **go [out] for a** ~ *or* **take** *or* **have a** ~: einen Spaziergang machen; **take sb./the dog for a** ~: jmdn./den Hund spazierenführen; **a ten-mile** ~: eine Wanderung von zehn Meilen; *(distance)* **ten minutes'** ~ **from here** zehn Minuten zu Fuß von hier; *see also* **space walk; b)** *(gait)* Gang, *der; (characteristic)* normale Gangart; **I know her by her** ~: ich erkenne sie am Gang; **c)** *(walking speed)* Schrittempo, *das;* **his horse/she slowed to a** ~: sein Pferd ging nur noch im Schritt/sie verfiel in ein normales Schrittempo; **d)** *(Sport: race)* Wettbewerb im Gehen; **the 10,000 metres** ~: das 10 000-m-Gehen; **e)** *(path, route)* [Spazier]weg, *der;* **a milkman's/postman's** ~: die Tour eines Milchmanns/Briefträgers; **f) people from all** ~**s of life** Leute aus den verschiedensten gesellschaftlichen Gruppierungen

~ **a'bout** *v. i.* herumlaufen; in der Gegend herumlaufen *(ugs.); see also* **walkabout**

~ **a'way** *v. i.* **a)** weggehen; **she was lucky to** ~ **away from the accident** sie hatte großes Glück, den Unfallort unverletzt verlassen zu können; **b)** *(fig.)* ~ **away from the opposition** *or* **competition** *(coll.: defeat)* der Konkurrenz weglaufen; **he tried to** ~ **away from the problem** *(ignore it)* er versuchte, dem Problem aus dem Weg zu gehen; ~ **away with sth.** *(coll.)* *(win easily)* etw. spielend leicht gewinnen; *(steal)* sich mit etw. davonmachen *(ugs.);* ~ **away with all the prizes** alle Preise einheimsen *(ugs.)*

~ **'in** *v. i.* **a)** *(enter)* hereinkommen/hineingehen; reinkommen/-gehen *(ugs.);* **'please** ~ **in'** „[bitte] eintreten, ohne zu klopfen"; **b)** *(enter without permission)* hinein-/hereinspazieren; ~ **in on sb./sth.** bei jmdm./etw. hereinplatzen *(ugs.)*

~ **into** *v. t.* **a)** *(enter)* betreten; treten in (+ *Akk.*) ⟨Pfütze⟩; *(without permission)* eindringen in (+ *Akk.*) ⟨Haus⟩; **b)** *(hit by accident)* laufen gegen ⟨Pfosten, Laternenpfahl⟩; ~ **into sb.** mit jmdm. zusammenstoßen; ~ **into a trap** *(lit. or fig.)* in eine Falle gehen; **the boxer lief voll in den rechten Haken** [hinein]; **you** ~**ed straight into that one!** da hast du dich aber reinlegen lassen!; **c)** *(coll.: come easily into)* **she** ~**ed into the top job** ihr ist der Topjob einfach zugefallen

~ **'off** *v. i.* **a)** *(leave)* weggehen; verschwinden; **he has** ~**ed off with another woman** er ist mit einer anderen Frau durchgebrannt *(ugs.);* **b)** ~ **off with sth.** *(coll.)* sich mit etw. davonmachen *(ugs.);* **he** ~**ed off with all the prizes** alle Preise einheimsen *(ugs.);* **he** ~**ed off with the fight** er hat den Kampf lässig gewonnen. 2. *v. t.* **I'll have to** ~ **off some of this fat** ich muß mehr laufen, um ein paar Pfunde loszuwerden *(ugs.);* ~ **off a hangover** einen Spaziergang machen, um seinen Kater loszuwerden

~ **'on** *v. i.* **a)** *(go further)* weitergehen; ~ **on!** *(to horse)* hü!; **b)** *(go on stage)* auf die Bühne kommen; ~ **on as the policeman** *or* **the butler** Statistenrollen wie den Polizisten oder Butler spielen

~ **'out** *v. i.* **a)** *(leave)* hinausgehen; rausgehen *(ugs.);* **b)** *(Mil.: leave barracks)* ausgehen; **c)** *(leave in protest)* aus Protest den Saal verlassen; *(leave organization)* austreten; **d)** *(go on strike)* in den Streik od. Ausstand treten; **e)** *(Brit. dated: be courting)* miteinander gehen *(ugs.);* ~ **out with sb.** mit jmdm. gehen *(ugs.). See also* **walk-out**

~ **'out of** *v. t.* **a)** *(leave)* gehen aus; **b)** *(leave in protest)* verlassen ⟨Saal, Versammlung⟩ ⟨Job⟩

~ **'out on** *v. t.* *(coll.)* verlassen; sitzenlassen *(ugs.)* ⟨Frau, Mann⟩; hinschmeißen *(ugs.)* ⟨Job⟩

~ **'over** *v. t.* **[all] over sb.** jmdn. fertigmachen *(ugs.); see also* **walk-over**

~ **'up** *v. i.* **a)** *(approach)* sich nähern; ~ **up to sb.** zu jmdm. hingehen; **he** ~**ed up to me** er

kam zu mir [heran]; ~ **up to the door** zur Tür gehen; ~ **up!** ~ **up!** *(said by showman)* immer hereinspaziert!; **b)** *(ascend)* hochlaufen; nach oben laufen; *see also* **walk-up**

'**walkabout** *n.* **a)** *(through crowds)* Bad in der Menge *(scherzh.);* **b)** sich unters Volk mischen; **b)** *(Austral.: in bush)* Buschwanderung, *die*

walker ['wɔːkə(r)] *n.* **a)** Spaziergänger, *der*/-gängerin, *die; (in race)* Geher, *der*/Geherin, *die; (rambler, hiker)* Wanderer, *der*/Wanderin, *die;* **sb. is a good** ~: jmd. ist gut zu Fuß; **b)** *(frame)* Laufgestell, *das; (baby-~)* Lauflernhilfe, *die*

walkies ['wɔːkɪz] *n. pl.* **go** ~: Gassi gehen *(ugs.);* ~! *(said to dog)* komm Gassi! *(ugs.)*

walkie-talkie [wɔːkɪ'tɔːkɪ] *n.* Walkie-talkie, *das*

walking ['wɔːkɪŋ] 1. *attrib. adj.* **a** ~ **dictionary/encyclopaedia** *(joc.)* ein wandelndes Wörterbuch/Konversationslexikon; **the** ~ **wounded** die gehfähigen Verwundeten; *see also* **disaster area**. 2. *n., no pl., no art.* [Spazieren]gehen, *das;* Laufen, *das;* **you ought to do more** ~: Sie sollten mehr zu Fuß gehen od. spazierengehen; *attrib.* **at** ~ **pace** im Schrittempo; **be within** ~ **distance** zu Fuß zu erreichen sein; **we are within** ~ **distance [of it]** wir können es zu Fuß erreichen

walking: ~ **holiday** *n.* Wanderurlaub, *der;* ~ **shoe** *n.* Wanderschuh, *der;* ~**-stick** *n.* Spazierstock, *der;* **she cannot manage now without a** ~**-stick** sie kommt nicht mehr ohne Stock aus; ~ **tour** *n.* Wanderung, *die*

Walkman, (P) ['wɔːkmən] *n., pl.* Walkmans Walkman, *der*

walk: ~**-on part** *n. (Theatre)* Statistenrolle, *die;* ~**-out** *n.* Arbeitsniederlegung, *die;* ~**-over** *n. (fig.: easy victory)* Spaziergang, *der (ugs.);* ~**-up** *n. (Amer.)* Haus ohne Aufzug; ~**way** *n.* Fußweg, *der; (over machinery etc.)* Laufsteg, *der*

wall [wɔːl] 1. *n.* **a)** *(of building, part of structure)* Wand, *die; (external, also freestanding)* Mauer, *die;* **town/garden** ~: Stadt-/Gartenmauer, *die;* **the south** ~ **of the house** die Südwand des Hauses; **a concrete** ~: eine Betonwand/-mauer, *die;* **the Great W~ of China** die Chinesische Mauer; **the Berlin W~** *(Hist.)* der [Berliner] Mauer; **b)** *(internal)* Wand, *die;* **be hanging on the** ~: an der Wand hängen; **hang a picture on the** ~: ein Bild an die Wand hängen; **within these four** ~**s** *(fig.)* innerhalb dieser vier Wände; **I'm tired of [staring at] my own four** ~**s** mir fällt die Decke auf den Kopf *(ugs.);* ~**s have ears** die Wände haben Ohren; **drive** *or* **send sb. up the** ~ *(fig. coll.)* jmdn. auf die Palme bringen *(ugs.);* **go up the** ~ *(fig. coll.)* an die Wand gedrückt werden; *see also* **back 1 a; c)** *(Mount., Min.)* Wand, *die;* **a** ~ **of water/fire** eine Wasser-/Feuerwand; **the North W~ of the Eiger** die Eigernordwand; **a** ~ **of silence/prejudice** *(fig.)* eine Mauer des Schweigens/von Vorurteilen; **d)** *(esp. Footb.: protective row)* Mauer, *die;* **a** ~ **of troops/policemen/tanks** eine Mauer von Soldaten/Polizisten/Panzern; **e)** *(Anat., Zool., Bot.: outer layer)* Wand, *die;* **abdominal** ~: Bauchwand, *die*. 2. *v. t.* **[be]** ~**ed** von einer Mauer/Mauern umgeben [sein]; **X is a** ~**ed city/town** X hat eine Stadtmauer

~ **'in** *v. t.* mit einer Mauer umgeben; *(fig.)* umzingeln

~ **'off** *v. t.* abteilen

~ **'up** *v. t.* zumauern; einmauern ⟨Person⟩

wallaby ['wɒləbɪ] *n. (Zool.)* Wallaby, *das*

wallah ['wɒlə] *n. (dated sl.)* **television/advertising** ~: Fernseh-/Werbefritze, *der (ugs.)*

wall: ~ **bars** *n. pl.* Sprossenwand, *die;*

809

~-board *n.* Wandfaserplatte, *die;* **~chart** *n.* Schautafel, *die;* **~-covering** *n.* (~paper) Tapete, *die;* (~-hanging) Wandbehang, *der;* **~-cupboard** *n.* Hängeschrank, *der*
wallet ['wɒlɪt] *n.* Brieftasche, *die; (for cheque card etc.)* Etui, *das*
wall: **~flower** *n.* **a)** *(Bot.)* Goldlack, *der;* **b)** *(coll.: person)* Mauerblümchen, *das (ugs.);* **~-hanging** *n.* Wandbehang, *der;* **~-light** *n.* Wandlampe, *die;* **~ map** *n.* Wandkarte, *die*
Wallonia [wɒ'ləʊnɪə] *pr. n.* Wallonien *(das)*
Walloon [wɒ'lu:n] **1.** *n.* **a)** *(person)* Wallone, *der/*Wallonin, *die;* **b)** *(dialect)* Wallonisch, *das; see also* **English 2 a. 2.** *adj.* wallonisch; *see also* **English 1**
wallop ['wɒləp] *(coll.)* **1.** *v. t.* *(hit)* schlagen; *(with repeated blows)* [ver]prügeln; **he ~ed him one over the head** *(sl.)* er hat ihm eins übergebraten *(salopp).* **2.** *n.* Schlag, *der;* **give sb./sth. a ~:** auf jmdn./etw. draufhauen *(ugs.);* **he fell down with a ~:** er fiel mit einem Plumps hin
walloping ['wɒləpɪŋ] *(coll.)* **1.** *n.* **a)** *(thrashing)* **a ~:** eine Tracht Prügel *(ugs.);* **b)** *(defeat)* **get a ~:** eins übergebraten kriegen *(salopp).* **2.** *adj.* gepfeffert *(ugs.)* ⟨Niederlage, Rechnung⟩; faustdick ⟨Lüge⟩
wallow ['wɒləʊ] **1.** *v. i.* **a)** *(roll around)* sich wälzen; ⟨Schiff:⟩ schlingern; *(in mud also)* sich suhlen; **b)** *(fig.: take delight)* schwelgen (**in** in + *Dat.*); **be ~ing in money** *(coll.)* in Geld schwimmen *(ugs.);* **~ in luxury** im Luxus baden *od.* schwelgen. **2.** *n.* **a)** *(mudbath)* Schlammbad, *das;* **like a good ~ in the mud** sich gern im Schlamm wälzen *od.* suhlen; **b)** *(fig.: indulgence)* **he likes to have a good ~** [**in sentiment**] er schwelgt gern in Gefühlen
wall: **~-painting** *n.* Wandgemälde, *das;* **~paper 1.** *n.* Tapete, *die;* **2.** *v. t.* tapezieren; **~ socket** *n. (Electr.)* Wandsteckdose, *die;* **W~ Street** *n.* [die] Wall Street; *die* Wallstreet; **~-to-~** *adj. (covering floor)* **~-to-~ carpeting** Teppichboden, *der;* **~-unit** *n.* Hängeelement, *das*
wally ['wɒlɪ] *n. (Brit. sl.)* Blödmann, *der (salopp)*
walnut ['wɔːlnʌt] *n.* **a)** *(nut)* Walnuß, *die;* **b)** *(tree)* [Wal]nußbaum, *der;* **c)** *(wood)* Nußbaumholz, *das*
walrus ['wɔːlrəs, 'wɒlrəs] *n.* Walroß, *das;* **~ moustache** Walroßbart, *der (ugs.)*
Walter Mitty [wɔːltə 'mɪtɪ] *see* **Mitty**
waltz [wɔːls, wɔːls, wɒls, wɒls] **1.** *n.* Walzer, *der;* **can you dance the ~?** können Sie Walzer tanzen? **2.** *v. i.* Walzer tanzen; **~ round the room** durchs Zimmer tanzen
~ in *v. i. (fig. coll.)* angetanzt kommen *(ugs.)*
~ 'off, ~ 'out *v. i. (fig. coll.)* abtanzen *(ugs.)*
wan [wɒn] *adj.* fahl *(geh.);* bleich; **~ smile** mattes Lächeln
wand [wɒnd] *n.* Stab, *der; (magician's ~)* Zauberstab, *der*
wander ['wɒndə(r)] **1.** *v. i.* **a)** *(go aimlessly)* umherirren; *(walk slowly)* bummeln; **she ~ed over to me** sie kam zu mir herüber; **I must be ~ing** *(coll.)* ich muß mich auf die Socken machen *(ugs.);* **b)** *(stray)* ⟨Katze:⟩ streunen; ⟨Schafe:⟩ sich verlaufen; **~ from the trail** vom Weg abkommen; **~ from the path of righteousness;** **~ from the straight and narrow** *(fig.)* vom Pfad der Tugend abkommen; **the car ~s badly** der Wagen hält schlecht Spur; **c)** *(fig.: stray from subject)* abschweifen; **his thoughts ~ed back to his childhood** seine Gedanken wanderten zurück in die Kindheit. **2.** *v. t.* wandern durch; **~ the world** durch die Welt ziehen. **3.** *n. (coll.: walk)* Spaziergang, *der;* **let's go for a ~:** komm, laufen wir ein bißchen rum *(ugs.);* **I'll go for** *or* **take a ~ round** *or* **through the town** ich werd' mal einen Bummel durch die Stadt machen

~ a'bout *v. i.* sich herumtreiben
~ a'long *v. i.* dahintrotten; ⟨Fahrzeug:⟩ dahinzockeln *(ugs.)*
~ 'in *v. i.* hineinspazieren; *(towards speaker)* hereinspaziert kommen
~ 'off *v. i.* **a)** *(stray)* weggehen; ⟨Kind:⟩ sich selbständig machen *(scherzh.);* **b)** *(coll.: go away)* sich davonmachen *(ugs.)*
wanderer ['wɒndərə(r)] *n.* Streuner, *der/*Streunerin, *die; (traveller)* Wandervogel, *der (veralt. scherzh.)*
wandering ['wɒndərɪŋ] **1.** *adj.* **a)** *(nomadic)* Wander⟨stamm, -volk⟩; **~ minstrel** *(Hist.)* fahrender Spielmann; **b)** *(meandering)* sich windend ⟨Strom⟩; *(fig.: disjointed)* weitschweifig ⟨Rede⟩; wirr ⟨Gedanken⟩; *(joc.)* vorwitzig ⟨Gedanken⟩ ⟨Hände⟩. **2.** *n.* **a)** *(travels)* Wanderschaft, *die;* **in** *or* **on his ~s** auf seiner Wanderschaft; **b)** *(straying)* **the ~s of his mind/thoughts** sein wirres Denken/seine wirren Gedanken
Wandering 'Jew *n.* **the ~:** der Ewige Jude; *(fig.)* **a ~** ein Ahasver *(geh.)*
wanderlust ['wɒndəlʌst] *n.* Reiselust, *die; (related to distant places)* Fernweh, *das*
wane [weɪn] **1.** *v. i.* ⟨Mond:⟩ abnehmen; ⟨Kraft, Einfluß, Macht:⟩ schwinden, abnehmen; ⟨Ruf, Ruhm:⟩ verblassen; **the light is waning** es wird langsam dunkler. **2.** *n.* **be on the ~** ⟨Mond:⟩ abnehmen; *(fig.)* schwinden; dahinschwinden *(geh.)*
wangle ['wæŋgl] *(coll.)* **1.** *v. t. (get by devious means)* organisieren *(ugs.)* ⟨Karte, Einladung⟩; **~ sth. out of sb.** jmdm. etw. abluchsen *(ugs.);* **can you ~ it for me?** kannst du das für mich deichseln? *(ugs.)* **2.** *n.* Kniff, *der;* **by a ~:** durch Schiebung *(ugs.)*
wank [wæŋk] *(Brit. coarse)* **1.** *v. t.* wichsen *(derb).* **2.** *v. t.* **~ sb. off** jmdm. einen abwichsen *(vulg.).* **3.** *n.* **have a ~:** sich *(Dat.)* einen abwichsen *(derb)*
wanker ['wæŋkə(r)] *n. (Brit. coarse)* Wichser, *der (derb)*
wanly ['wɒnlɪ] *adv.* schwach ⟨beleuchtet⟩; matt ⟨lächeln⟩
wanna ['wɒnə] *(coll.)* = **want to**; **want a**
want [wɒnt] **1.** *v. t.* **a)** *(desire)* wollen; **I ~ my mummy** ich will zu meiner Mama; **I ~ it done by tonight** ich will, daß es bis heute abend fertig wird; **I don't ~ there to be any misunderstanding** ich will *od.* möchte nicht, daß da ein Mißverständnis aufkommt; **I don't ~ you to get the idea that I am stingy** ich möchte nicht, daß Sie den Eindruck gewinnen, ich sei geizig; **b)** *(require)* **'W~ed – cook for small family'** „Koch/Köchin für kleine Familie gesucht"; **~ you on the phone** du wirst am Telefon verlangt; **feel ~ed** das Gefühl haben, gebraucht zu werden; **what you ~ is a good holiday** Sie brauchen mal richtigen Urlaub; **the windows ~ painting** die Fenster müßten gestrichen werden; **what that naughty girl ~s is a good wallop** was dem frechen Gör fehlt, ist eine anständige Tracht Prügel *(ugs.);* **you ~ to be [more] careful** (*ought to be*) du solltest vorsichtig[er] sein; **you ~ to see a solicitor about that** Sie müßten sich in der Sache an einen Anwalt wenden; **c)** **~ed [by the police]** [polizeilich] gesucht *(for wegen);* **he is a ~ed man** er wird [polizeilich] gesucht; **d)** *(lack)* **sb./sth. ~s sth.** jmdm./einer Sache fehlt es an etw. *(Dat.);* **all the soup ~s is some salt** der Suppe fehlt nur noch ein bißchen Salz. **2.** *n.* **a)** *no pl. (lack)* Mangel, *der (of an + Dat.);* **there is no ~ of ...:** es fehlt nicht an ... *(Dat.);* **for ~ of sth.** aus Mangel an etw. *(Dat.);* **for ~ of a better word** in Ermangelung eines besseren Ausdrucks; **he took the flat for ~ of anything better** er nahm die Wohnung, weil er nichts Besseres finden konnte; **b)** *no pl. (need)* Not, *die;* **suffer ~:** Not leiden; **be in ~ of sth.** *(dated, literary)* einer Sache *(Gen.)* bedürfen *(geh.);* **c)**

(desire) Bedürfnis, *das;* **we can supply all your ~s** wir können Ihnen liefern, was Sie brauchen; **~ ad** *(Amer.)* Kaufgesuch, *das.* **3.** *v. i.* **a)** *(arch.: be in ~)* Not leiden; **b)** *(esp. Amer. coll.)* **~ in/out** rein-/rauswollen
~ for *v. t. (dated)* **sb. ~s for nothing** *or* **doesn't ~ for anything** jmdm. fehlt es an nichts; **~ for money** an Geldmangel *(Dat.)* leiden
wanting ['wɒntɪŋ] *adj.* **be ~:** fehlen; **sb./sth. is ~ in sth.** es mangelt jmdm./etw. an etw. *(Dat.);* **be found ~:** für unzureichend befunden werden
wanton ['wɒntən] *adj.* **a)** *(dated: licentious)* lüstern; wollüstig ⟨Person, Gedanken, Benehmen⟩; **b)** *(wilful)* mutwillig ⟨Beschädigung⟩, Grausamkeit, Verschwendung⟩; leichtfertig ⟨Vernachlässigung⟩; **c)** *(luxuriant, wild)* üppig ⟨Wachstum, Vielfalt⟩; **d)** *(capricious)* übermütig; mutwillig *(veralt.).* **2.** *(dated) (woman)* Kokotte, *die (veralt.); (man)* Lüstling, *der (veralt.)*
wantonly ['wɒntənlɪ] *adv.* **a)** *(dated: licentiously)* lüstern; wollüstig; **b)** *(wilfully)* mutwillig; leichtfertig *(vernachlässigen).*
wantonness ['wɒntənɪs] *n., no pl.* **a)** *(dated: licentiousness)* Lüsternheit, *die;* **b)** *(wilfulness)* Mutwilligkeit, *die*
war [wɔː(r)] *n.* **a)** Krieg, *der;* **between the ~s** zwischen den Weltkriegen; **declare ~:** den Krieg erklären *(on Dat.);* **an act of ~:** ein kriegerischer Akt; **a ~ of conquest/aggression** ein Eroberungs-/Angriffskrieg; **be at ~:** sich im Krieg befinden; **make ~:** Krieg führen (**on** gegen); **go to ~:** in den Krieg ziehen (**against** gegen); **carry the ~ into the enemy's camp** *(fig.)* den Spieß umdrehen; **look as though one/it has been in the ~s** ziemlich mitgenommen aussehen; **b)** *(science)* Kriegführung, *die;* **the art of ~:** die Kriegskunst; **laws of ~:** Kriegsrecht, *das;* **rights of ~:** Kriegsrechte; **c)** *(fig.: conflict)* Krieg, *der;* **price ~:** Preiskrieg, *der;* **~ of nerves** Nervenkrieg, *der;* **~ of words** Wortgefecht, *das;* **d)** *(fig.: fight, campaign)* Kampf, *der* (**on** der, der Armut den Kampf ansagen; **declare ~ on poverty** der Armut den Kampf ansagen
war baby *n.* [Nach]kriegskind, *das*
warble ['wɔːbl] *v. t. & i.* trällern
warbler ['wɔːblə(r)] *n. (Ornith.)* Grasmücke, *die*
war: **~ bride** *n.* Kriegsbraut, *die;* **~ correspondent** *n.* Kriegsberichterstatter, *der/*-berichterstatterin, *die;* **~ crime** *n.* Kriegsverbrechen, *das;* **~ criminal** *n.* Kriegsverbrecher, *der/*-verbrecherin, *die;* **~-cry** *n. (battle-cry)* Kriegsruf, *der;* **b)** *(slogan)* Schlachtruf, *der*
ward [wɔːd] *n.* **a)** *(in hospital)* Station, *die; (single room)* Krankensaal, *der;* **geriatric/maternity ~:** geriatrische Abteilung/Entbindungsstation, *die;* **she's in W~ 3** sie liegt auf Station 3; **b)** *(minor)* Mündel, *das od. die;* [**of court**] *(Law)* Mündel [unter Amtsvormundschaft]; **c)** *(electoral division)* Wahlbezirk, *der;* **d)** *(Hist.: bailey)* [Burg-]hof, *der*
~ 'off *v. t.* **a)** *(prevent)* abwehren; schützen vor (+ *Dat.*) ⟨Erkältung, Depression⟩; abwenden ⟨Gefahr⟩; **b)** *(keep at distance)* sich *(Dat.)* vom Leibe halten ⟨Verehrer⟩
war: **~ damage** *n.* Kriegsschäden *Pl.;* **~-dance** *n.* Kriegstanz, *der*
warden ['wɔːdn] *n.* **a)** *(president, governor)* Direktor, *der/*Direktorin, *die; (of college, school)* Rektor, *der/*Rektorin, *die; (of hostel, sheltered housing)* Heimleiter, *der/*-leiterin, *die; (of youth hostel)* Herbergsvater, *der/*-mutter, *die;* **b)** *(supervisor)* Aufseher, *der/*Aufseherin, *die;* [**air-raid**] **~:** Luftschutzwart, *der; see also* **churchwarden**
warder ['wɔːdə(r)] *n. (Brit.)* Wärter, *der;* Aufseher, *der*
wardress ['wɔːdrɪs] *n.* Wärterin, *die;* Aufseherin, *die*

wardrobe ['wɔ:drəʊb] *n.* **a)** *(piece of furniture)* Kleiderschrank, *der;* **folding** ~: Kleidersack, *der;* **b)** *(stock of clothes)* Garderobe, *die; (in theatre)* Kostüme *Pl.*
wardrobe: ~ **master/mistress** *ns.* (Theatre) Gewandmeister, *der/*-meisterin, *die;* ~ **trunk** *n.* Schrankkoffer, *der*
'**wardroom** *n. (Navy)* Offiziersmesse, *die*
-**wards** [wədz] *adv. suff.* -wärts
wardship ['wɔ:dʃɪp] *n.* Vormundschaft, *die*
'**ward sister** *n.* Stationsschwester, *die*
ware [weə(r)] *n.* **a)** *(pottery)* Steinzeug, *das;* **Delft** ~: Delfter Keramik; **b)** *in pl. (goods)* Ware, *die*
warehouse 1. ['weəhaʊs] *n. (repository)* Lagerhaus, *das; (part of building)* Lager, *das; (Brit.: retail or wholesale store)* Großmarkt, *der.* **2.** ['weəhaʊs, 'weəhaʊz] *v. t.* einlagern ⟨*Möbel*⟩
warehouseman ['weəhaʊsmən] *n., pl.* **warehousemen** ['weəhaʊsmən] Lagerist, *der*
warfare ['wɔ:feə(r)] *n. (lit. or fig.)* Krieg, *der;* **in modern** ~: in der modernen Kriegführung; **economic** ~: Wirtschaftskrieg, *der; see also* **open 1 h**
war: ~-**game** *n.* Kriegsspiel, *das;* ~-**gaming** *n. (Mil.)* Sandkastenspiele *Pl.; (as hobby) das* Nachstellen historischer Schlachten mit Spielzeugsoldaten; ~-**god** *n.* Kriegsgott, *der;* ~ **grave** *n.* Kriegs- *od.* Soldatengrab, *das;* ~-**head** *n.* Sprengkopf, *der;* ~-**horse** *n. (Hist., fig.)* Schlachtroß, *das*
warily ['weərɪlɪ] *adv.* vorsichtig; *(suspiciously)* mißtrauisch; **tread** ~ *(lit. or fig.)* vorsichtig sein
wariness ['weərɪnɪs] *n., no pl.* Vorsicht, *die* (**of** vor + *Dat.*); ~ **of strangers** Mißtrauen gegen Fremde
'**warlike** *adj.* **a)** *(bellicose)* kriegerisch; **b)** *(military)* Kriegs⟨*vorbereitungen, -gerät*⟩
war-lord *n.* Kriegsherr, *der*
warm [wɔ:m] **1.** *adj.* **a)** warm; **come inside and get** ~: nun komm rein und wärm dich auf; **I am very** ~ **from running** mir ist sehr warm vom Rennen; **it's** ~ **work** bei der Arbeit kommt man ins Schwitzen; **keep sb.'s food** ~: jmdm. das Essen warm halten; **keep a seat/job** ~ **for sb.** *(fig.)* jmdm. einen Platz/ eine Stellung freihalten; **b)** *(enthusiastic)* herzlich ⟨*Grüße, Dank*⟩; eng ⟨*Freundschaft*⟩; lebhaft ⟨*Interesse*⟩; **c)** *(cordial, sympathetic)* warm ⟨*Herz, Wesen, Gefühl*⟩; *see also* **reception a**; **welcome 2 b**; **c)** *(cordial, sympathetic)* warm ⟨*Herz, Wesen, Gefühl*⟩; *Lächeln, ⟩*; echt empfunden ⟨*Hochachtung*⟩; **the thought of her kindness gives me a** ~ **feeling** wenn ich an ihre Güte denke, wird mir warm ums Herz; **d)** *(passionate)* heiß ⟨*Temperament, Küsse*⟩; **e)** *(animated)* hitzig; heftig ⟨*Entrüstung*⟩; **f)** *(unpleasant)* ungemütlich; **he left when things began to get too** ~ **for him** er ging, als ihm die Sache zu ungemütlich wurde; **g)** *(recent)* heiß ⟨*Spur*⟩; **h)** *(in games: close)* **you're getting** ~! warm! **2.** *v. t.* wärmen; warm machen ⟨*Flüssigkeit*⟩; ~ **one's hands** sich ⟨*Dat.*⟩ die Hände wärmen; **the thought [of ...] ~ed [the cockles of] his heart** bei dem Gedanken [an ... *(Akk.)*] wurde ihm warm ums Herz. **3.** *v. i.* **a)** ~ **to sb./sth.** *(come to like)* sich für jmdn./etw. erwärmen; **my heart ~ed to her** sie wurde mir sympathischer; **the speaker ~ed to his subject** der Redner steigerte sich in sein Thema hinein; **b)** *(get* ~*er)* warm werden. **4.** *v. t.* **a)** (~*ing*) **give the food a** ~: das Essen aufwärmen; **have a** ~ **by the fire** sich am Kamin/ Ofen *usw.* aufwärmen; **b)** *(warmth)* **the** ~: die Wärme
~ **up 1.** *v. i.* **a)** *(get* ~*)* warm werden; ⟨*Motor:*⟩ warmlaufen; **b)** *(prepare)* ⟨*Sportler:*⟩ sich aufwärmen; **c)** *(fig.: become animated)* warm werden; ⟨*Party:*⟩ in Schwung kommen; ⟨*Publikum:*⟩ in Stimmung kommen. **2.** *v. t.* aufwärmen ⟨*Speisen*⟩; erwärmen ⟨*Raum, Zimmer*⟩; warmlaufen lassen ⟨*Motor*⟩; *(fig.)* in Stimmung bringen ⟨*Publikum*⟩; *see also* **warm-up**
warm-blooded ['wɔ:mblʌdɪd] *adj.* **a)** warmblütig ⟨*Tier*⟩; ~-**blooded animals** Warmblüter *Pl.;* **b)** *(fig.: passionate)* heißblütig; temperamentvoll
warmed-over ['wɔ:mdəʊvə(r)] *(Amer.),* **warmed-up** ['wɔ:mdʌp] *adj.* aufgewärmt
'**war memorial** *n.* Kriegerdenkmal, *das*
'**warm-hearted** *adj.* herzlich; warmherzig ⟨*Person*⟩
'**warming-pan** *n.* Wärmepfanne, *die*
warmish ['wɔ:mɪʃ] *adj.* lau[warm]; warm ⟨*Wetter*⟩
warmly ['wɔ:mlɪ] *adv.* **a)** *(to maintain warmth)* warm; **b)** *(enthusiastically)* herzlich ⟨*willkommen heißen, gratulieren, begrüßen, grüßen, danken*⟩; wärmstens ⟨*empfehlen*⟩; begeistert ⟨*sprechen von, applaudieren*⟩ *(animatedly)* hitzig
warmonger ['wɔ:mʌŋɡə(r)] *n.* Kriegshetzer, *der/*-hetzerin, *die*
warmongering ['wɔ:mʌŋɡərɪŋ] *n.* Kriegshetze, *die*
warmth [wɔ:mθ] *n.* **a)** *(state of being warm; also of colour)* Wärme, *die;* **b)** *(enthusiasm, affection, cordiality)* Herzlichkeit, *die;* Wärme, *die;* **the** ~ **of her temperament** ihr ungestümes Temperament; **c)** *(animation)* Hitzigkeit, *die; (indignation)* Schärfe, *die;* **in the** ~ **of the debate** in der Hitze des Gefechts *(fig.)*
'**warm-up** *n.* **have a** ~ *(lit., Sport)* sich aufwärmen; ~ **a** ~ *(lit., Sport)* ein Essen aufwärmen; ~ **[lap]** *(Motor Racing)* Aufwärmrunde, *die*
warn [wɔ:n] *v. t.* **a)** *(inform, give notice)* warnen (**against, of, about** vor + *Dat.*); ~ **sb. that ...:** jmdn. darauf hinweisen, daß ...; **you can't say I didn't** ~ **you** Sie können nicht behaupten, ich hätte Sie nicht gewarnt; **you have been** ~**ed!** ich habe/wir haben dich gewarnt!; ~ **sb. not to do sth.** jmdn. davor warnen, etw. zu tun; **you might have** ~**ed us you were going to be late** du hättest uns wissen lassen können, daß du später kommen würdest; **b)** *(admonish)* ermahnen; *(officially)* abmahnen
~ '**off** *v. t.* **a)** warnen; ~ **sb. off doing sth.** jmdn. davor warnen, etw. zu tun; **b)** *(Racing)* Platzverbot erteilen (+ *Dat.*)
warning ['wɔ:nɪŋ] *n.* **a)** *(advance notice)* Vorwarnung, *die;* **he gave me no** ~ **of his intentions** er hat mir seine Absichten nicht angekündigt; **we had no** ~ **of their arrival** sie kamen ohne Vorwarnung; **give sb. plenty of/a few days'** ~: jmdm. rechtzeitig/ein paar Tage vorher Bescheid sagen; **b)** *(lesson)* Lehre, *die;* **let that be a** ~ **to you** laß dir/laßt euch das eine Warnung sein; **c)** *(caution)* Verwarnung, *die; (less official)* Warnung, *die.* **2.** *attrib. adj.* Warn⟨*schild, -zeichen, -signal usw.*⟩; ~ **light/shot** Warnleuchte, *die*/-schuß, *der;* ~ **notice** Warnung, *die;* **a** ~ **look/gesture** ein warnender Blick/ *die*; *a*
'**War Office** *n. (Brit. Hist.)* Kriegsministerium, *das*
warp [wɔ:p] **1.** *v. i. (become bent)* sich verbiegen; ⟨*Holz, Schallplatte:*⟩ sich verziehen. **2.** *v. t. (cause to become bent)* verbiegen; **the sun had** ~**ed the boards** durch die Sonne hatten sich die Bretter verzogen; **b)** *(fig.: pervert)* verformen; verbiegen; ~**ed** getrübt ⟨*Urteilsvermögen*⟩; pervertiert ⟨*Denken, Gehirn*⟩; **a** ~**ed sense of humour** ein abartiger Humor. **3.** *n.* **a)** *(Weaving)* Kettfaden, *der;* Kette, *die (fachspr.)*; **b)** *(bent shape)* Werfen, *das (fachspr.); (bend in a board etc.)* verzogene Stelle; **there is a** ~ **in the record** die Platte hat sich verzogen; **c)** *(fig.: perversion)* Perversion, *die; see also* **time warp**
war: ~-**paint** *n. (also fig. coll. joc.)* Kriegsbemalung, *die;* ~-**path** *n.* Kriegspfad, *der;* **be on the** ~-**path** auf dem Kriegspfad sein; *(fig.)* in Rage sein; ~-**plane** *n.* Kampfflugzeug, *das;* ~ **poet** *n.* Kriegslyriker, *der*
warrant ['wɒrənt] **1.** *n.* **a)** *(written order) (for sb.'s arrest)* Haftbefehl, *der;* **[search-]** ~: Durchsuchungsbefehl, *der;* **b)** *(authority)* Befugnis, *die; (justification)* Rechtfertigung, *die;* **c)** *(dividend voucher)* Dividendenschein, *der;* **d)** *(Law)* Vollmacht, *die;* ~ **of attorney** anwaltliche Vollmacht. **2.** *v. t.* **a)** *(justify)* rechtfertigen; **her small income does not** ~ **such expenditure** ihr geringes Einkommen erlaubt ihr solche Ausgaben nicht; **b)** *(guarantee)* garantieren; garantieren für ⟨*Produkt, Artikel*⟩; **we** ~ **[you] the diamond is genuine** wir garantieren [Ihnen], daß der Diamant echt ist; **you'll like it, I** *or* **I'll** ~ **you** es wird dir gefallen, das garantiere ich dir
warrantable ['wɒrəntəbl] *adj.* vertretbar; **be** ~: zu rechtfertigen sein
'**warrant-officer** *n.* Warrant Officer, *der;* Dienstgrad zwischen Oberstabsfeldwebel/ Oberstabsbootsmann und Leutnant/Leutnant z. S.
warranty ['wɒrəntɪ] *n.* **a)** *(Law)* Garantie, *die;* **it is still under** ~: es steht noch unter *od.* darauf steht noch Garantie; *see also* **guarantee 2 a**; **b)** *(justification)* Rechtfertigung, *die*
warren ['wɒrən] *n.* **a)** *see* **rabbit-warren**; **b)** *(fig.: densely populated area)* Ameisenhaufen, *der (fig.); (maze)* Labyrinth, *das*
warring ['wɔ:rɪŋ] *adj.* kriegführend; *(fig.)* sich bekämpfend *nicht präd.*
warrior ['wɒrɪə(r)] *n. (esp. literary)* Krieger, *der (geh.);* **b)** *attrib. (martial)* kriegerisch; **a** ~ **nation/race** ein Kriegervolk
Warsaw ['wɔ:sɔ:] **1.** *pr. n.* Warschau *(das).* **2.** *attrib. adj.* Warschauer; ~ **Pact** *(Hist.)* Warschauer Pakt
'**warship** *n.* Kriegsschiff, *das*
wart [wɔ:t] *n.* Warze, *die;* ~**s and all** *(fig.)* schonungslos; ungeschminkt [bis ins kleinste Detail]
'**wart-hog** *n.* Warzenschwein, *das*
war: ~**time** *n.* Kriegszeit, *die;* **in** *or* **during** ~**time** während des Krieges; im Krieg; **b)** *attrib.* Kriegs⟨*rationierung, -evakuierung usw.*⟩; ~**time England** *(das)* England während des Krieges; **a** ~**time love affair** eine Kriegsliebe; ~-**weary** *adj.* kriegsmüde; ~-**widow** *n.* Kriegswitwe, *die;* Kriegerwitwe, *die (geh. veralt.)*
wary ['weərɪ] *adj.* vorsichtig; *(suspicious)* mißtrauisch (**of** gegenüber); **be** ~ **of** *or* **about doing sth.** sich davor hüten, etw. zu tun; **be** ~ **of sb./sth.** sich vor jmdm./etw. in acht nehmen; **keep a** ~ **eye on sb.** jmdn. genau beobachten
'**war-zone** *n.* Kriegsgebiet, *das*
was *see* **be**
wash [wɒʃ] **1.** *v. t.* **a)** waschen; ~ **oneself/ one's hands** *(also euphem.)* **face/hair** sich waschen/sich *(Dat.)* die Hände *(auch verhüll.)*/das Gesicht/die Haare waschen; ~ **the clothes** Wäsche waschen; ~ **the dishes** abwaschen; [Geschirr] spülen; ~ **the floor** den Fußboden aufwischen *od.* feucht wischen; ~ **one's hands of sb./sth.** mit jmdm./ etw. nichts mehr zu tun haben wollen; **I don't wish to have anything more to do with the whole business. I** ~ **my hands of it** Ich will mit der ganzen Geschichte nichts mehr zu tun haben. Für mich ist die Sache erledigt; **b)** *(remove)* waschen ⟨*Fleck*⟩ *(out of aus)*; abwaschen ⟨*Schmutz*⟩ *(off von)*; **c)** *(by licking)* putzen; **the cat** ~**ed its face** die Katze putzte sich *(Dat.)* das Fell; **d)** *(carry along)* **be** ~**ed overboard/ashore** über Bord/an Land gespült werden; ~**ed downstream** von der Strömung mitgerissen werden; **e)** ⟨*Wellen, Meer:*⟩ bespülen ⟨*Klippen, Ufer*⟩. *See also* **linen 1 b. 2.** *v. i.* **a)** sich

811

washable — **watch**

waschen; b) *(clean clothes)* waschen; c) ⟨*Stoff, Kleidungsstück, Handtuch:*⟩ sich waschen lassen; **that won't ~** *(fig. coll.)* das zieht nicht *(ugs.)*; **an interesting theory, but it won't ~**: eine interessante Theorie, aber sie läßt sich nicht halten; d) *(sweep)* ⟨*Brandung, Wellen:*⟩ spülen; **~ over/against sth.** etw. überspülen/gegen etw. spülen. 3. *n.* a) **give sb./sth. a [good] ~**: jmdn./etw. [gründlich] waschen; **the baby/car needs a ~** *or (coll.)* **could do with a ~**: das Kind/Auto müßte mal gewaschen werden; **I must have a ~ before lunch** ich muß mich vor dem Essen noch waschen; b) *(laundering)* Wäsche, *die*; **it is in the ~** es ist in der Wäsche; **it'll all come out in the ~** *(fig. coll.)* das wird sich alles klären; **the week's ~**: die Wäsche von einer Woche; c) *(of ship, aircraft, etc.)* Sog, *der*; d) *(lotion)* Waschlotion, *die*; **a ~ for disinfecting the mouth** ein desinfizierendes Mundwasser; *see also* **eyewash; mouthwash**; e) *(pig food)* Schweinefutter, *das*
~ a'way *v. t.* a) wegspülen; hinwegspülen *(geh.)*; b) **~ a stain/the mud away** einen Fleck/den Schmutz auswaschen
~ 'down *v. t.* a) *(clean dirt from)* *(with a hose)* abspritzen ⟨*Auto, Deck, Hof*⟩; *(with soap and water)* abwaschen; aufwaschen ⟨*Fußboden*⟩; b) *(help to go down)* runterspülen *(ugs.)*; **we lunched on beef ~ed down with beer** wir aßen Roastbeef und tranken Bier dazu
~ 'off 1. *v. t.* **~ sth. off** etw. abwaschen. 2. *v. i.* abgehen; *(from fabric etc.)* herausgehen
~ 'out *v. t.* a) *(clean)* auswaschen ⟨*Kleidungsstück*⟩; ausscheuern ⟨*Topf*⟩; ausspülen ⟨*Mund*⟩; **~ dirt/marks out of clothes** Schmutz/Flecken aus Kleidern [her]auswaschen; b) *(stop; prevent from taking place)* ins Wasser fallen lassen ⟨*Sportveranstaltung*⟩; **several matches have been ~ed out** mehrere Spiele sind ins Wasser gefallen; c) *(damage)* unterspülen ⟨*Brückenpfeiler, Straße*⟩. *See also* **washed-out; wash-out**
~ 'over *v. t.* a) *(fig. coll.: not affect)* **~ over sb.** ⟨*Streit, Lärm, Unruhe usw.:*⟩ jmdn. gar nicht berühren; **she just sat back and let everything/the criticism ~ over her** sie saß einfach da und ließ alles/die Kritik an sich *(Dat.)* ablaufen *(ugs.)*; b) *(sweep over)* spülen über (+ *Akk.*)
~ 'up 1. *v. t.* a) *(Brit.: clean)* **~ the dishes up** das Geschirr abwaschen *od.* spülen; b) *(carry to shore)* anspülen ⟨*Leiche, Strandgut, Wrackteile usw.*⟩. 2. *v. i.* a) abwaschen; **who's going to help me ~ up?** wer hilft mir beim Abwaschen *od.* Spülen?; b) *(Amer.)* sich *(Dat.)* [Gesicht und Hände] waschen. *See also* **washed-up; washing-up**
washable ['wɒʃəbl] *adj.* waschbar ⟨*Stoff*⟩; abwaschbar ⟨*Tapete, Farbe*⟩
wash: **~-and-wear** *adj.* bügelfrei; **~-basin** *n.* Waschbecken, *das*; **~board** *n.* Waschbrett, *das*; **~-bowl** *n.* *see* **~-basin**; **~-cloth** *n.* a) *(Brit.: dishcloth)* Abwaschlappen, *der*; Spültuch, *das*; b) *(Amer.: facecloth)* Waschlappen, *der*; **~-day** *n.* Waschtag, *der*
washed-'out *adj.* a) *attrib.* *(faded by washing)* verwaschen ⟨*Farbe, Kleidungsstück*⟩; b) *(fig.: exhausted)* abgespannt; mitgenommen; **I was** *or* **felt limp and ~**: ich fühlte mich schlapp und ausgelaugt
washed-'up *adj. (sl.)* kaputt *(ugs.)*
washer ['wɒʃə(r)] *n. (Mech. Engin.)* Unterlegscheibe, *die*; *(of tap)* Dichtungsring, *der*; Dichtungsscheibe, *die*
'washerwoman *n.* Waschfrau, *die*
'wash-hand basin Handwaschbecken, *das*
washing ['wɒʃɪŋ] *n., no pl., no indef. art.* a) *(clothes to be washed)* Wäsche, *die*; **~ in** Wäsche ins Haus nehmen; [zu Hause] für Kunden waschen; b) *(cleansing)* Waschen, *das*; **do the ~**: waschen; **children often don't like ~**: Kinder waschen sich oft nicht gerne; **the car needs a good ~**: der Wagen muß mal wieder gründlich gewaschen werden

washing: **~-day** *n.* Waschtag, *der*; **~-machine** *n.* Waschmaschine, *die*; **~-powder** *n.* Waschpulver, *das*; **~-soda** *n.* Bleichsoda, *das (veralt.)*; Natriumkarbonat, *das*; **~-'up** *n. (Brit.)* Abwasch, *der*; **do the ~-up** den Abwasch machen; abwaschen; **there was ~-up everywhere** überall stand schmutziges Geschirr herum; **the ~-up took him hours** er brauchte Stunden für den Abwasch; **~-'up liquid** *n.* Spülmittel, *das*; **~-'up machine** *see* **dishwasher a**
wash: **~-leather** *n.* Fensterleder, *das*; **~-out** *n.* a) *(sl.: failure)* Pleite, *die (ugs.)*; Reinfall, *der (ugs.)*; b) *(sl.: useless person)* Niete, *die (salopp abwertend)*; c) *(breach in road etc.)* Unterspülung, *die*; **~-room** *n.* *(Amer.)* WC, *das*; Waschraum, *der (verhüll.)*; **~-stand** *n.* Waschtisch, *der*; **~-tub** *n.* Waschbottich, *der*; Waschzuber, *der*; **~-woman** *n.* *see* **washerwoman**
washy ['wɒʃɪ] *adj.* a) *(too watery)* wäßrig, dünn ⟨*Tee, Suppe*⟩; b) *(faded-looking)* verwaschen ⟨*Farbe*⟩; b) *(feeble)* verschwommen ⟨*Ansichten, Meinungen*⟩; schwach, *(ugs.)* saft- und kraftlos ⟨*Inszenierung, Übersetzung*⟩
wasn't ['wɒznt] *(coll.)* = **was not**; *see* **be**
Wasp [wɒsp] *n. (Amer. derog.)* Angehöriger des weißen amerikanischen Bürgertums (angelsächsischer Herkunft und protestantischer Konfession)
wasp *n.* Wespe, *die*
waspish ['wɒspɪʃ] *adj.*, **waspishly** ['wɒspɪʃlɪ] *adv.* bissig
waspishness ['wɒspɪʃnɪs] *n., no pl.* Bissigkeit, *die*
'wasp-waist *n.* Wespentaille, *die*
wassail ['wɒseɪl] *(arch.)* 1. *n.* a) *(festivity)* Trinkgelage, *das*; b) *(liquor)* Wein/Bier, mit verschiedenen Zutaten gewürzt. 2. *v. i.* zechen
wastage ['weɪstɪdʒ] *n.* a) *(loss by wear etc.)* Schwund, *der*; b) **[natural]** ~ *(Admin.)* ≈ natürliche Fluktuation
waste [weɪst] 1. *n.* a) *(useless remains)* Abfall, *der*; Abfallbeseitigung, *die*; **kitchen ~**, **~ from the kitchen** Küchenabfälle *Pl.*; b) *(extravagant use)* Verschwendung, *die*; Vergeudung, *die*; **it's a ~ of time/money/energy** das ist Zeit-/Geld-/Energieverschwendung; **it would be a ~ of effort** das wäre vergeudete Mühe; **it's a ~ of your time and mine** wir verschwenden beide nur unsere Zeit; **go** *or* **run to ~**: vergeudet werden. *See also* **waste-pipe**; d) *(desert)* Wüste, *die*. *See also* **cotton waste**. 2. *v. t.* a) *(squander)* verschwenden; vergeuden **(on** auf + *Akk.*, **an** + *Akk.*)**; he is ~d on an audience like that** für ein solches Publikum ist er zu schade; **all his efforts were ~d** all seine Mühe war umsonst; **don't ~ my time!** stehlen Sie mir nicht die Zeit!; **you didn't ~ much time, did you?** da hast du aber keine Zeit verloren!; **one's life vain** sein Leben vergeuden; **you're wasting your breath** *or* **words!** deine Worte kannst du dir sparen!; **~ not, want not** *(prov.)* spare in der Zeit, so hast du in der Not *(Spr.)*; b) **be ~d** *(reduced)* ⟨*Vorräte, Bevölkerung:*⟩ abnehmen, schrumpfen; c) *(cause to shrink)* aufzehren ⟨*Kräfte*⟩; **a ~d arm** ein geschrumpfter Arm; d) *(ravage)* verwüsten ⟨*Land*⟩; e) *(treat as ~ paper)* makulieren; f) *(sl.: murder)* umlegen *(salopp)*. 3. *v. i.* dahinschwinden; *(gradually)* im Schwinden begriffen sein. 4. *adj.* a) *(not wanted)* **~ material** Abfall, *der*; **~ food** Essensreste *Pl.*; **~ product** Abfallprodukt, *das*; **~ water** Abwasser, *das*; b) *(uncultivated)* brach; brachliegend; **lie ~**: brachliegen; **lay sth. ~, lay ~ sth.** etw. verwüsten
~ a'way *v. i.* immer mehr abmagern

waste: **~-basket** *see* **waste-paper basket**; **~ disposal** *n.* Abfallbeseitigung, *die*; Entsorgung, *die (Amtsspr.)*; **~-di'sposal unit** *n.* Müllzerkleinerer, *der*
wasteful ['weɪstfl] *adj.* a) *(extravagant)* verschwenderisch; **too much ~ expenditure** zu viel Geldverschwendung; b) *(causing waste)* unwirtschaftlich; **be ~ of sth.** etw. vergeuden
wastefully ['weɪstflɪ] *adv.* verschwenderisch; **sth. is ~ thrown away** etw. wird verschwenderischerweise weggeworfen; **he's ~ extravagant with money** er geht mit Geld außerordentlich verschwenderisch um
wastefulness ['weɪstflnɪs] *n., no pl.* a) *(extravagance)* Verschwendung, *die*; *(character trait)* Verschwendungssucht, *die*; **~ in the use of public funds** Verschwendung öffentlicher Gelder; b) *(of manufacturing process)* Unwirtschaftlichkeit, *die*
waste: **~land** *n.* *(not cultivated)* Ödland, *das*; *(not built on)* unbebautes Land, *(fig.)* Einöde, *die*; **~-'paper** *n.* Papierabfall, *der*; **~-'paper basket** *n.* Papierkorb, *der*; **~-pipe** *n.* Abflußrohr, *das*; **~-processor** *n.* Müllzerkleinerer, *der*
waster ['weɪstə(r)] *n.* Verschwender, *der*/Verschwenderin, *die*
wasting ['weɪstɪŋ] *adj.* a) *(diminishing)* schwindend; von Schwund befallen ⟨*Muskel*⟩; b) *(reducing vitality, robustness)* **a ~ disease** eine Krankheit, bei der der Patient mehr und mehr verfällt
wastrel ['weɪstrl] *n.* a) *(good-for-nothing)* Nichtsnutz, *der*; b) *(wasteful person)* Verschwender, *der*/Verschwenderin, *die*
watch [wɒtʃ] 1. *n.* a) [**wrist-/pocket-**]**~**: [Armband-/Taschen]uhr, *die*; b) *(constant attention)* Wache, *die*; **keep ~** Wache halten; **keep [a] ~ for sb./sth.** auf jmdn./etw. achten *od.* aufpassen; **keep a [good** *or* **close] ~ on sb./sth.** [gut] auf jmdn./etw. aufpassen; **keep [a] ~ for enemy aircraft** nach feindlichen Flugzeugen Ausschau halten; **keep a close ~ on the time** genau auf die Zeit achten; **they kept a ~ on all his activities** sie überwachten alle seine Aktivitäten; **the police were on the ~ for car thieves** die Polizei hielt nach Autodieben Ausschau; c) *(Naut.)* Wache, *die*; **starboard/port ~**: Steuerbord-/Backbordwache, *die*; **the officer of the ~**: der wachhabende Offizier; *see also* **dog-watch**; **set 1 m**; d) *(Hist.: street-guard)* Wache, *die*; *(one person)* Wachmann, *der*; e) *(period of wakefulness at night)* Nachtwache, *die*; **in the ~es of the night** beim nächtlichen Wachen *(geh.)*. 2. *v. i.* a) *(wait)* **~ for sb./sth.** auf jmdn./etw. warten; **~ for signs of improvement** nach Anzeichen einer Verbesserung Ausschau halten; b) *(keep watch)* Wache stehen. 3. *v. t.* a) *(observe)* sich *(Dat.)* ansehen ⟨*Sportveranstaltung, Fernsehsendung*⟩; **~ [the] television** *or* **TV** fernsehen; Fernsehen gucken *(ugs.)*; **~ sth. [on television** *or* **TV]** sich *(Dat.)* etw. [im Fernsehen] ansehen; **~ sb. do** *or* **doing sth.** zusehen, wie jmd. etw. tut; **he just ~ed her drown** er sah einfach zu, wie sie ertrank; **we are being ~ed** wir werden beobachtet; **she had him ~ed** sie ließ ihn beobachten; **the police were ~ing the house** die Polizei beobachtete das Haus; **I want all of you to ~ this closely** ich möchte, daß ihr euch *(Dat.)* dies alle genau anseht; **I shall ~ your career with interest** ich werde Ihre Karriere mit Interesse verfolgen; **~ one's weight** auf sein Gewicht achten; **~ sheep/goats** *etc.* Schafe/Ziegen *usw.* hüten; **just ~ me!** *(coll.)* paß/paßt mal auf! *(ugs.)*; **~ this space** *(fig.)* man darf gespannt sein; **the pot** *or* **kettle never boils** *(prov.)* wenn man auf etwas wartet, kommt es einem wie eine Ewigkeit vor; *see also* **clock 1 a**; b) *(be careful of, look after)* achten auf (+ *Akk.*); **~ your man-**

ners! *(coll.)* benimm dich!; ~ **your language!** *(coll.)* drück dich bitte etwas gepflegter *od.* nicht so ordinär aus!; ~ **him, he's an awkward customer** *(coll.)* paß/paßt auf, er ist mit Vorsicht zu genießen *(ugs.)*; ~ **how you go/drive** paß auf!/fahr vorsichtig!; ~ **it** *or* **oneself** sich vorsehen; [just] ~ **it** [or **you'll be in trouble**]! paß bloß auf[, sonst gibt's Ärger]! *(ugs.); see also* step 1 a; c) *(look out for)* warten auf (+ *Akk.*); ~ **one's chance** die Gelegenheit abwarten
~ **'out** *v. i.* a) *(be careful)* sich vorsehen; aufpassen; ~ **out! There's a car coming!** Vorsicht! Da kommt ein Auto!; b) *(look out)* ~ **out for sb./sth.** auf jmdn./etw. achten; *(wait)* auf jmdn./etw. warten
~ **'over** *v. t.* sich kümmern um; in Obhut nehmen ⟨*Wertgegenstand*⟩; ⟨*Gott, Schutzengel:*⟩ wachen über (+ *Akk.*); **she ~ed over the children as they played in the garden** sie paßte auf die Kinder auf, die im Garten spielten
watch: ~-**case** *n.* Uhrgehäuse, *das;* ~-**chain** *n.* Uhrkette, *die;* ~-**dog** *n.* Wachhund, *der; (fig.)* Wächter, *der;* Aufpasser, *der (ugs.);* **the** ~-**dog function of the press** *(fig.)* die Wächteramt der Presse
watcher ['wɒtʃə(r)] *n.* Beobachter, *der*/Beobachterin, *die;* **sky-~s** Sterngucker, *der;* **television-~s** Fernsehzuschauer; **royalty-~s** Leute, die das Leben der königlichen Familie genau verfolgen
watchful ['wɒtʃfl] *adj.* wachsam; **be ~ for** *or* **against sth.** vor etw. *(Dat.)* auf der Hut sein; **keep ~ guard** wachen; **spend a ~ night** eine Nacht durchwachen; **keep a ~ eye on sb./sth.** ein wachsames Auge auf jmdn./etw. haben
watchfully ['wɒtʃfəlɪ] *adv.* wachsam
watchfulness ['wɒtʃflnɪs] *n., no pl.* Wachsamkeit, *die*
'**watch-glass** *n.* Uhrglas, *das*
watching brief ['wɒtʃɪŋ briːf] *n.* Kontrollfunktion, *die;* **keep** *or* **hold a ~:** Stallwache halten
watch: ~-**maker** *n.* Uhrmacher, *der/*Uhrmacherin, *die;* ~-**man** ['wɒtʃmən] *n., pl.* ~-**men** ['wɒtʃmən] Wachmann, *der;* ~-**strap** *n.* [Uhr]armband, *das;* ~-**tower** *n.* Wachturm, *der;* ~-**word** *n.* Parole, *die*
water ['wɔːtə(r)] 1. *n.* a) *Wasser, das;* **this fruit is 80 per cent ~:** diese Frucht besteht zu 80 Prozent aus Wasser; **be under ~** ⟨*Straße, Sportplatz usw.:*⟩ unter Wasser stehen; **the island across** *or* **over the ~:** die Insel drüben; **the upper ~s of a river** der Oberlauf eines Flusses; **send/carry sth. by ~:** etw. auf dem Wasserweg versenden/befördern; **be in deep ~[s]** *(fig.)* in großen Schwierigkeiten sein; **get [oneself] into deep ~** *(fig.)* sich in große Schwierigkeiten bringen; **make ~** *(urinate)* Wasser lassen; *(Naut.: leak)* Wasser machen; **on the ~** *(in boat etc.)* auf dem Wasser; **pour** *or* **throw cold ~ on sth.** *(fig.)* einer Sache *(Dat.)* einen Dämpfer aufsetzen; ~ **under the bridge** *or* **over the dam** Schnee von gestern *(fig.);* **a lot of ~ has flowed under the bridge since then** seitdem ist schon viel Wasser den Rhein hinabgeflossen; *see also* **high water**; ²**hold 1 f**; **low water**; **spend a**; b) *in pl. (part of the sea etc.)* Gewässer *Pl.;* **cross the ~s** übers Meer fahren; **cast one's bread upon the ~s** mit offenen Händen geben; c) *in pl. (mineral ~ at spa etc.)* Heilquelle, *die;* Brunnen, *der;* **take** *or* **drink the ~s** eine Brunnenkur machen; d) *(brilliance of gem)* Wasser, *das;* **of the first ~** *(lit. or fig.)* reinsten Wassers; **a fool of the first ~:** ein Narr erster Güte *(iron.);* **a genius of the first ~:** ein Genie ersten Ranges. 2. *v. t.* a) bewässern ⟨*Land*⟩; wässern ⟨*Pflanzen*⟩; **the flowers** *die* **Blumen** [be]gießen; **tears ~ed the ground** Tränen benetzten den Boden; b) *(adulterate)* verwässern ⟨*Wein, Bier usw.*⟩; c) *(Fluß:)* bewässern

⟨*Land*⟩; d) *(give drink of ~ to)* tränken ⟨*Tier, Vieh*⟩. 3. *v. i.* a) ⟨*Augen:*⟩ tränen; **her eyes were ~ing from the smoke** von dem Rauch tränten ihr die Augen; b) *(run with saliva)* **my mouth was ~ing as ...:** mir lief das Wasser im Munde zusammen, als ...; **the very thought of it** *or* **just to think of it made my mouth ~:** allein bei dem Gedanken lief mir das Wasser im Munde zusammen; *see also* **mouth-watering**; c) *(take in supply of ~)* Wasser aufnehmen; d) *(go to drink)* ⟨*Tier:*⟩ saufen; **lions ~ing at dusk** Löwen in der Dämmerung an der Tränke
~ '**down** *v. t. (lit. or fig.)* verwässern
water: ~-**bed** *n.* Wasserbett, *das;* ~-**bird** *n.* Wasservogel, *der;* ~-**biscuit** *n.* Cracker, *der;* Kräcker, *der;* ~-**boatman** *n.* *(Zool.)* Rückenschwimmer, *der;* ~-**borne** *adj.* a) *(transported)* auf dem Wasserweg befördert ⟨*Güter*⟩; ~-**borne traffic** Verkehr zu Wasser; b) *(transmitted)* durch [Trink]wasser übertragen ⟨*Infektion*⟩; c) *(afloat)* flott ⟨*Schiff, Boot*⟩; ~-**bottle** *n.* Wasserflasche, *die;* ~-**buffalo** *n.* Wasserbüffel, *der;* ~ **bus** *n.* Fahrgastschiff, *das;* Linienschiff, *das;* ~-**butt** *n.* Regentonne, *die;* ~-**cannon** *n.* Wasserwerfer, *der;* **W~-carrier** *n. (Astrol.)* Wassermann, *der; see also* **archer** b; ~-**cart** *n.* Wasserkarren, *der; (for sprinkling roads)* Sprengwagen, *der;* ~-**closet** *n.* Toilette, *die;* WC, *das;* Wasserklosett, *das (veralt.);* ~-**colour** *n.* a) *(paint)* Wasserfarbe, *die;* b) *(picture)* Aquarell, *das;* c) *no pl., no indef. art. (Art)* Aquarellmalerei, *die;* ~-**colourist** *n.* Aquarellmaler, *der/*-malerin, *die;* ~-**cooled** *adj.* wassergekühlt ⟨*Motor usw.*⟩; ~-**cooler** *n.* Kühltank, *der;* ~-**course** *n. (stream etc.)* Wasserlauf, *der; (bed)* Flußbett, *das;* ~**cress** *n.* Brunnenkresse, *die;* ~-**diviner** *n.* [Wünschel]rutengänger, *der/*-gängerin, *die*
watered ['wɔːtəd] *adj.* ~ **silk** Moiré, *der*
water: ~-**fall** *n.* Wasserfall, *der;* ~-**fowl** *n.* Wasservogel, *der; (collectively)* Wassergeflügel, *das;* ~-**front** *n.* Ufer, *das;* **down on the ~-front** unten am Wasser; **a ~-front location/restaurant** eine Gegend/ein Restaurant am Wasser; **W~gate** *n. (fig.)* Watergate, *das;* ~-**glass** *n. (Chem.)* Wasserglas, *das;* ~-**heater** *n.* Heißwassergerät, *das;* ~-**hole** *n.* Wasserloch, *das;* ~-**ice** *n.* ≈ Sorbet, *das* or *der* Fruchteis, *das*
wateriness ['wɔːtərɪnɪs] *n., no pl.* Wäßrigkeit, *die;* Wässerigkeit, *die*
watering ['wɔːtərɪŋ] *n.* Bewässerung, *die; (of flowers, house-plants)* Gießen, *das;* **give the plants a thorough ~:** die Pflanzen gut wässern *od.* gießen
watering: ~-**can** *n.* Gießkanne, *die;* ~-**hole** *n.* a) *see* **water-hole;** b) *(sl.: bar)* Pinte, *die (salopp):* Destille, *die (salopp);* ~-**place** *n.* a) *(for animals)* Wasserstelle, *die;* b) *(spa)* Kurbad, *das;* c) *(seaside resort)* Seebad, *das*
water: ~-**jacket** *n.* Kühl[wasser]mantel, *der;* ~-**jump** *n.* Wassergraben, *der*
waterless ['wɔːtəlɪs] *adj.* wasserlos
water: ~-**level** *n.* a) *(in reservoir etc.)* Wasserstand, *der;* Pegelstand, *der;* b) *(below which ground is saturated)* Grundwasserspiegel, *der;* c) *(to determine horizontal)* Wasserwaage, *die;* ~-**lily** *n.* Seerose, *die;* ~-**line** *n. (Naut.)* Wasserlinie, *die;* ~-**logged** ['wɔːtəlɒgd] *adj.* vollgesogen ⟨*Holz*⟩; ⟨*Boot*⟩ voll Wasser; aufgeweicht ⟨*Sportplatz*⟩; **a ~-logged ship** ein Schiff, das voll Wasser gelaufen ist
Waterloo [wɔːtə'luː] *n.* **the Battle of ~:** die Schlacht bei Belle-Alliance *od.* Waterloo; **meet one's ~:** sein Waterloo erleben
water: ~-**main** *n.* Hauptwasserleitung, *die;* **a burst ~-main** ein Wasserrohrbruch; ~-**man** ['wɔːtəmən] *n., pl.* ~-**men** ['wɔːtəmən]

(plying for hire) Fährmann, *der; (oarsman)* Ruderer, *der;* ~-**mark** 1. *n.* Wasserzeichen, *das;* 2. *v. t.* mit Wasserzeichen versehen; ~-**marked paper** Papier mit Wasserzeichen; ~-**meadow** *n.* Feuchtwiese, *die;* ~-**melon** *n.* Wassermelone, *die;* ~ **meter** *n.* Wasseruhr, *die;* ~-**mill** *n.* Wassermühle, *die;* ~-**pipe** *n.* a) *Wasserrohr, das;* b) *(hookah)* Wasserpfeife, *die;* ~-**pistol** *n.* Wasserpistole, *die;* ~ **polo** *n.* Wasserball, *der;* Wasserballspiel, *das;* ~-**polo ball** Wasserball, *der;* ~-**power** *n.* Wasserkraft, *die;* ~-**proof** 1. *adj.* wasserdicht; wasserfest ⟨*Farbe*⟩; 2. *n.* Regenhaut, *die (raincoat)* ~-**proof** *v. t.* wasserdicht machen; imprägnieren ⟨*Stoff*⟩; wetterfest machen ⟨*Holzzaun, Gartenmöbel*⟩; ~-**rat** *n.* Wasserratte, *die;* ~-**rate** *n.* Wassergeld, *das;* **the ~-rates** die Wassergebühren; ~-**repellent** *adj.* wasserabstoßend; ~-**resistant** *adj.* wasserundurchlässig; wasserfest ⟨*Farbe*⟩; ~-**shed** *n.* a) *(fig.: turning-point)* Wendepunkt, *der;* b) *(Geog.)* Wasserscheide, *die;* ~-**side** *n.* Ufer, *das; attrib.* **a ~-side restaurant** ein Restaurant am Wasser; ~-**ski** 1. *n.* Wasserski, *der;* 2. *v. i.* Wasserski laufen; ~-**skiing** *n., no pl., no art.* Wasserskilaufen, *das;* ~-**softener** *n.* Wasserenthärter, *der;* ~-**soluble** *adj.* wasserlöslich; ~-**spout** *n.* a) *(Meteorol.)* Wasserhose, *die;* b) *(pipe)* Abfluß, *der;* ~-**supply** *n.* a) *no pl., no indef. art. (providing)* Wasserversorgung, *die;* b) *(stored drinking ~)* Trinkwasser, *das; (amount)* [Trink]wasservorrat, *der;* ~-**table** *n.* Grundwasserspiegel, *der;* ~ **tap** *n.* Wasserhahn, *der;* ~-**tight** *adj. (lit. or fig.)* wasserdicht; ~-**tight compartment** wasserdichte Abteilung, *die;* **you can't treat these topics as if they were a series of ~-tight compartments** man kann diese Dinge nicht völlig isoliert voneinander betrachten; ~ **torture** *n.* Wasserfolter, *die;* ~-**tower** *n.* Wasserturm, *der;* ~ **vapour** *n.* Wasserdampf, *der;* ~-**vole** *n.* Schermaus, *die;* ~-**wagon** *see* **wagon** c; ~-**way** *n.* Wasserstraße, *die;* **inland ~-ways** Binnenwasserstraßen; ~-**weed** *n., no pl., no indef. art.* Wasserpflanzen *Pl.;* ~-**wheel** *n.* Wasserrad, *das; (used to raise ~)* Schöpfrad, *das;* ~-**wings** *n. pl.* Schwimmflügel, *die;* ~-**works** *n.* a) *sing., pl. same (system)* Wasserversorgungssystem, *das;* b) *pl. (establishment)* Wasserwerk, *das;* b) *pl. (sl.: tears)* **turn on the ~-works** losheulen *(ugs.);* c) *pl. (coll.: urinary system)* Blase, *die;* **he's got something wrong with his ~-works** er hat was an der Blase *(ugs.)*
watery ['wɔːtərɪ] *adj.* wäßrig, wässerig ⟨*Essen, Suppe*⟩; feucht ⟨*Augen*⟩; dünn ⟨*Getränk*⟩; *(fig.: insipid)* [saft- und] kraftlos ⟨*Stil*⟩; müde, matt ⟨*Lächeln*⟩; *(fig.: pale)* matt ⟨*Farbton*⟩; fahl ⟨*Mond, Himmel*⟩; **a ~ grave** ein feuchtes *od.* nasses Grab
watt [wɒt] *n. (Electr., Phys.)* Watt, *das;* **how many ~s is this bulb?** wieviel Watt hat diese Birne?
wattage ['wɒtɪdʒ] *n. (Electr.)* Wattzahl, *die;* **what ~ is this bulb?** wieviel Watt hat diese Birne?
'**watt-hour** *n. (Electr.)* Wattstunde, *die*
¹**wattle** ['wɒtl] *n.* a) *(material)* Flechtwerk, *das;* **a ~ fence** ein Flechtzaun; ~ **and daub** Lehmflechtwerk, *das;* b) *in sing. or pl. (twigs)* Geflecht, *das;* Flechtwerk, *das;* c) *(Bot.)* Gerberakazie, *die*
²**wattle** *n. (Ornith.)* Kehllappen, *der*
wave [weɪv] 1. *n.* a) *(lit. or fig.)* Welle, *die;* Woge, *die; (in hair, Phys.)* Welle, *die;* **rule the ~s** die Meere beherrschen; **his hair has a natural ~ in it** sein Haar ist von Natur aus wellig; **a ~ of enthusiasm/prosperity/pain** eine Welle der Begeisterung/des Wohlstands/des Schmerzes; **a ~ of depression overtook him** er versank in tiefe Depression; ~**s of immigrants** Einwanderungswel-

813

len; ~s of attackers Angriffswellen; *see also* cold wave; heat wave; permanent wave; b) *(gesture)* give sb. a ~: jmdm. zuwinken; with a ~ of one's hand mit einem Winken. 2. *v. i.* a) ⟨*Fahne, Flagge, Wimpel:*⟩ wehen; ⟨*Baum, Gras, Korn:*⟩ sich wiegen; ⟨*Kornfeld:*⟩ wogen; b) *(gesture with hand)* winken; ~ **at** *or* **to sb.** jmdm. winken. 3. *v. t.* a) schwenken; *(brandish)* schwingen ⟨*Schwert, Säbel*⟩; ~ **one's hand at** *or* **to sb.** jmdm. winken; ~ **one's handkerchief [in the air]** mit dem Taschentuch winken; **they ~d their arms in exultation** sie ruderten vor Begeisterung mit den Armen; **she ~d her umbrella angrily at him** sie drohte ihm wütend mit dem Regenschirm; **stop waving that rifle/those scissors around** hör auf, mit dem Gewehr/der Schere herumzufuchteln *(ugs.)*; ~ **sb. on/over** jmdm. weiter-/herüberwinken; ~ **sb. to do sth.** jmdm. durch Winken zu verstehen geben, daß er etw. tun soll; ~ **goodbye to sb.** jmdm. zum Abschied zuwinken; **she ~d acknowledgement to him** sie winkte ihm zu, um [ihm] zu danken; b) *(make wavy)* wellen
~ a'**side** *v. t.* a) *(refuse to accept)* abtun ⟨*Zweifel, Einwand*⟩; **he refused the dish, waving it aside** er wollte das Essen nicht und winkte ab; b) *(signal to move aside)* I **tried to speak but she ~d me aside** ich wollte reden, aber sie winkte ab
~ a'**way** *v. t.* wegwinken
~ '**down** *v. t.* [durch Winken] anhalten
~ '**off** *v. t.* ~ **sb. off** jmdm. nachwinken
wave: ~**band** *n.* Wellenbereich, *der;* ~ **equation** *n. (Phys.)* Wellengleichung, *die;* ~-**form** *n.* Wellenform, *die;* ~-**front** *n.* Wellenfront, *die;* ~**length** *n. (Radio, Telev., Phys.; also fig.)* Wellenlänge, *die;* **be on sb.'s ~length** *(fig.)* die gleiche Wellenlänge wie jmd. haben; **be on the same ~length [as sb.]** *(fig.)* die gleiche Wellenlänge [wie jmd.] haben; ~ **power** *n.* Wellenkraft, *die*
waver ['weɪvə(r)] *v. i.* a) *(begin to give way)* wanken; **start** *or* **begin to ~:** ins Wanken geraten; b) *(be irresolute)* schwanken **between** zwischen + *Dat.*); c) *(flicker)* ⟨*Kerze, Licht:*⟩ flackern; ⟨*Schatten:*⟩ tanzen; d) *(tremble)* ⟨*Stimme, Ton:*⟩ zittern
waverer ['weɪvərə(r)] *n.* Zauderer, *der/* Zauderin, *die*
wavering ['weɪvərɪŋ] *adj.* a) wankend ⟨*Mut, Entschlossenheit*⟩; schwankend ⟨*Unterstützung*⟩; b) *(flickering)* flackernd ⟨*Kerze, Licht,*⟩; tanzend ⟨*Schatten*⟩; zitternd ⟨*Stimme, Ton*⟩
wavy ['weɪvɪ] *adj.* a) *(undulating)* wellig; wogend ⟨*Gras*⟩; b) *(forming wave-like curves)* geschlängelt; ~ **line** Schlangenlinie, *die;* ~ **pattern** Wellenmuster, *das*
¹**wax** [wæks] 1. *n.* a) Wachs, *das;* **be [like] ~ in sb.'s hands** [wie] Wachs in jmds. Händen sein; b) *(in ear)* Schmalz, *das;* c) *see* sealing-wax. 2. *adj. see* paraffin wax. 2. *adj.* Wachs-. 3. *v. t.* wachsen; wichsen ⟨*Schnurrbart*⟩
²**wax** *v. i.* a) *(increase)* ⟨*Mond:*⟩ zunehmen; ~ **and wane** *(fig.)* zu- und abnehmen; **the political parties may ~ and wane, but he ...**: die politischen Parteien mögen gewinnen und verlieren, er aber ...; b) *(become)* werden; ~ **enthusiastic about sth.** über etw. *(Akk.)* ins Schwärmen geraten; **she ~ed indignant about the rudeness of the officials** sie empörte sich [immer mehr] über die Unhöflichkeit der Beamten
wax 'crayon *n.* Wachsmalstift, *der*
waxed [wækst] *adj.* gewachst; gewichst ⟨*Schnurrbart*⟩; ~ **paper** Wachspapier, *das*
waxen ['wæksn] *adj.* a) *(pale, smooth)* wächsern ⟨*Blässe, Haut*⟩; b) *(arch.: made of wax)* wächsern; wichsen ⟨*dichter. veralt.*⟩
waxing ['wæksɪŋ] 1. *adj. (increasing)* zunehmend; wachsend ⟨*Begeisterung, Unmut*⟩. 2.

n., no pl. (increase) Zunehmen, *das;* (of enthusiasm, indignation) Zunahme, *die;* [An]wachsen, *das*
wax: ~**work** *n.* Wachsfigur, *die;* ~**works** *n. sing., pl. same* Wachsfigurenkabinett, *das*
waxy ['wæksɪ] *adj.* a) *(easily moulded)* wachsweich; weich wie Wachs *nicht attr.;* b) *(pale, smooth)* wächsern ⟨*Blässe, Glanz, Haut*⟩
way [weɪ] 1. *n.* a) *(road etc., lit. or fig.)* Weg, *der;* **across** *or* **over the ~:** gegenüber; **the ~ of all good things** den Weg alles Irdischen gehen; **the Way of the Cross** der Kreuzweg; *see also* flesh 1 c; b) *(route)* Weg, *der;* **ask the** *or* **one's ~:** nach dem Weg fragen; **ask the ~ to ...**: fragen *od.* sich erkundigen, wo es nach ... geht; **pick one's ~:** sich *(Dat.)* einen Weg suchen; **he picked his ~ through the mud** er bahnte sich mühsam einen Weg durch den Schlamm; **show sb. the ~** jmdn. den Weg zeigen; **show the ~** *(fig.)* den Weg weisen; **lead the ~:** vorausgehen; *(fig.: show how to do sth.)* es vormachen; **point the ~ to a new solution to the problem** den Weg zu einer neuen Lösung des Problems aufzeigen; **find the** *or* **one's ~ in/out** den Eingang/Ausgang finden; **find a ~ out** *(fig.)* einen Ausweg finden; **I'll take the letter to the post office – it's on my ~:** ich bringe den Brief zur Post – sie liegt auf meinem Weg; **how did your cigarettes find their way into my coat-pocket?** wie kommen deine Zigaretten in meine Manteltasche?; '**W~ In/Out'** „Ein-/Ausgang"; **go to Italy by ~ of Switzerland** über die Schweiz nach Italien fahren; **there's no ~ out** *(fig.)* es gibt keinen Ausweg; **the ~ back/down/up** der Weg zurück/nach unten/nach oben; **go one's ~:** weggehen; seiner Wege gehen *(veralt.);* **go one's own ~/their separate ~s** *(fig.)* eigene/ getrennte Wege gehen; **be going sb.'s ~** *(coll.)* denselben Weg wie jmd. haben; **things are really going my ~ at the moment** *(fig.)* im Moment läuft [bei mir] alles so, wie ich es mir vorgestellt habe; **things could have gone the other ~:** es hätte auch anders ausgehen können; **money came his ~:** er kam zu Geld; **many offers came his ~:** er kriegte viele Angebote; **I worked at any job that came his ~:** er arbeitete in jedem Job, den er kriegen konnte; **I wish some better luck would come my ~:** ich wünschte mir, etwas mehr Glück zu haben; **I feel as though nothing nice has come my ~ for ages** mir ist, als hätte ich schon ewig nichts Schönes mehr erlebt; **when a girl like that comes your ~:** wenn dir so ein Mädchen begegnet *od. (ugs.)* über den Weg läuft; **be [a bit] out of sb.'s ~:** ein [kleiner] Umweg [für jmdn.] sein; **go out of one's ~ to collect sth. for sb.** einen Umweg machen, um etw. für jmdn. abzuholen; **go out of one's ~ to be helpful to sb.** *(Dat.)* besondere Mühe geben, hilfsbereit zu sein; **out of the ~:** abgelegen; **nothing out of the ~:** *(fig.)* nichts Un- *od.* Außergewöhnliches; *see also* find 1; *cf.* 1 b, p, q; **go down** b; **keep out of** b; **lose** 1 c; **out-of-the-way; take** 1 t; **way-out**; c) *(method)* Art und Weise, *die;* **there is a right ~ and a wrong ~ of doing it** es gibt einen richtigen und einen falschen Weg, es zu tun; **that is not the ~ to do sth** so macht man das nicht; **do it this ~:** mach es so; **do it my ~:** mach es wie ich; **I did it my ~:** ich habe es auf meine Art gemacht; **it's awful the ~ he swears** es ist fürchterlich, wie er flucht; **I don't like the ~ she smiles** mir gefällt ihr Lächeln nicht; **I don't like the ~ it gets dark so early** mir gefällt nicht, daß es schon so früh dunkel wird; **I object to** *or* **don't like the ~ he looks at me** ich mag nicht, wie er mich ansieht; **that's no ~ to speak to a lady** so spricht man nicht mit einer Dame; **it was his ~ of working** das war seine Art zu arbei-

ten; **he has a strange ~ of talking** er hat eine seltsame Sprechweise *od.* Art zu sprechen; **from** *or* **by the ~ [that] she looked at me, I knew that there was something wrong** an ihrem Blick konnte ich erkennen, daß etwas nicht stimmte; **she has a strange ~ of behaving** sie hat ein merkwürdiges Benehmen; **what a ~ to behave!** wie kann man sich nur so benehmen!; **she has a very original ~ of saying/seeing things** sie hat eine sehr originelle Art, etwas zu sagen/die Dinge zu sehen; **find a ~** *or* **some ~ of doing sth.** einen Weg finden, etw. zu tun; **find a ~:** einen Weg finden; **there are no two ~s about it** da gibt es gar keinen Zweifel; **Are you going to give me that money? – No ~!** *(coll.)* Gibst du mir das Geld? – Nichts da! *(ugs.);* **there was no ~ he would change his stand** er würde auf gar keinen Fall seinen Standpunkt ändern; **no ~ is he coming with us** es kommt überhaupt nicht in Frage, daß er mit uns kommt; **one ~** *or* **another** irgendwie; ~**s and means [to do sth.** *or* **of doing sth.]** Mittel und Wege, etw. zu tun; **be built** *or* **made that ~** *(fig. coll.)* so gestrickt sein *(fig. ugs.);* **be that ~** *(coll.)* so sein; **better that ~:** besser so; **either ~:** so oder so; **that ~, we can ...**: auf die Weise können wir ...; *see also* hard 1 b; **mend** 1 b; d) *(desired course of action)* Wille, *der;* **get** *or* **have one's [own] ~**, **have it one's [own] ~:** seinen Willen kriegen; **all right, have it your own ~[, then]!** na gut *od.* schön, du sollst deinen Willen haben!; e) *in sing. or (Amer. coll.) pl. (distance between two points)* Stück, *das;* **a little ~:** ein kleines Stück[chen]; *(fig.)* ein klein[es]bißchen; **it's a long ~ off** *or* **a long ~ from here** es ist ein ganzes Stück von hier aus; es ist weit weg von hier; **the summer holidays are only a little ~ away** bis zu den Sommerferien ist es nicht mehr lange; **we went a little/a long/ some ~ with him** wir sind ein kleines/ganzes/ziemliches Stück mit ihm gegangen/gefahren *usw.;* **there's [still] some ~ to go yet** es ist noch ein ganzes Stück; *(fig.)* es dauert noch ein Weilchen; **I went a little/a long/ some ~ to meet him** ich bin ihm etwas/sehr/ziemlich entgegengegangen/-gefahren *usw.,* um mich mit ihm zu treffen; *(fig.)* ich bin ihm etwas/sehr/ziemlich entgegengekommen; **it is still a long ~ off perfection** *or* **from being perfect** es ist noch weit davon entfernt, vollkommen zu sein; **India is a long ~ away** *or* **off** Indien ist weit weg; **by a long ~:** *(fig.)* bei weitem; **your work isn't good enough yet – not by a long ~:** Ihre Arbeit ist noch nicht gut genug – bei weitem nicht; **have gone/come a long ~:** *(fig.)* es weit gebracht haben; **go a long ~ toward sth./doing sth.** viel zu etw. beitragen; viel dazu beitragen, etw. zu tun; **a little kindness/politeness goes a long ~:** ein bißchen Freundlichkeit/Höflichkeit ist viel wert *od.* hilft viel; **all the ~:** den ganzen Weg; **go all the ~ [with sb.]** *(fig.)* [jmdm.] in jeder Hinsicht zustimmen; *(sl.: have full sexual intercourse)* mit [jmdm.] Liebe machen *(salopp);* f) *(room for progress)* Weg, *der;* **block the ~:** den Weg versperren; **his ~ to promotion was blocked by a jealous rival** seine Karriere wurde durch einen neidischen Rivalen versperrt; **leave the ~ open for sth.** *(fig.)* etw. möglich machen; **clear the ~ [for sth.]** *(lit. or fig.)* [einer Sache *(Dat.)*] den Weg freimachen; **be in sb.'s the ~:** [jmdm.] im Wege sein; **you are in my ~:** du bist [mir] im Wege; **get in sb.'s ~:** *(lit. or fig.)* jmdm. im Wege stehen; **put difficulties/obstacles in sb.'s ~:** *(fig.)* jmdm. Schwierigkeiten bereiten/Hindernisse in den Weg legen; **make ~ for sth.** etw. für etw. Platz schaffen *od. (fig.)* machen; **make ~ for sb.** für jmdn. Platz machen; **make ~ for the Mayor!** Platz für den Bürgermeister!; **make ~!** Platz da!; **[get] out of the/my ~!**

[geh] aus dem Weg!; **move one's car out of the ~**: seinen Wagen aus dem Weg fahren; **can you get your books out of the ~?** kannst du deine Bücher woanders hinlegen?; **I must put that pile of old newspapers out of the ~**: ich muß den Stapel alte Zeitungen wegräumen; **please get the children out of the ~ while I do this painting** bitte sorge dafür, daß die Kinder nicht im Weg sind, während ich hier streiche; **get sth. out of the ~** (settle sth.) etw. erledigen; **let's get the awkward questions out of the ~ first** wir wollen erst einmal die schwierigen Fragen hinter uns bringen; **he'll be out of the ~ for a very long time** (in prison) er ist für lange Zeit aus dem Verkehr gezogen; **he wanted this troublesome rival out of the ~** [for good] er wollte diesen lästigen Rivalen [für immer] aus dem Weg haben; see also ¹**bar 2 c**; **give way**; **keep out of b**; ¹**see 1 a**; **stand 1 h**; **g)** (journey) **on his ~ to the office/London** auf dem Weg ins Büro/nach London; **on the ~ out to Singapore** auf dem Hinweg/der Hinfahrt/dem Hinflug nach Singapur; **on the ~ back from Nigeria** auf dem Rückweg/der Rückfahrt/dem Rückflug von Nigeria; **she is just on the** or **her ~ in/out** sie kommt/geht gerade; **be on the ~ in** (fig. coll.) ⟨Mode, Popstar usw.:⟩ im Kommen sein (ugs.); **be on the ~ out** (fig. coll.) (be losing popularity) passé sein (ugs.); (be reaching end of life) ⟨Hund, Auto, Person:⟩ es nicht mehr lange machen (ugs.); **we stopped on the ~ to have lunch** wir hielten unterwegs zum Mittagessen an; **on her ~ home** auf dem Nachhauseweg; **they're on their ~**: sie sind unterwegs; **on the ~ there** auf dem Hinweg; **be well on the ~ to becoming an alcoholic/a top-class player** auf dem besten Weg sein, Alkoholiker/ein Spitzenspieler zu werden; **the book is well on the ~** or **its ~ to completion** das Buch nähert sich dem Abschluß; **be on the ~** (coll.) ⟨Kind:⟩ unterwegs sein (ugs.); **[be] on your ~!** nun geh schon!; **by the ~**: übrigens; **I saw your mother, by the ~**: übrigens, ich habe deine Mutter getroffen; **all this is by the ~**: das alles nur nebenbei; **h)** (specific direction) Richtung, die; **she went this/that/the other ~**: sie ist in diese/die/die andere Richtung gegangen; **look this ~, please** sieh/seht bitte hierher!; **he wouldn't look my ~**: er hat nicht zu mir herübergesehen; **which ~ is he looking/going?** in welche Richtung od. wohin sieht/geht er?; **I will call next time I'm [down] your ~**: wenn ich das nächste Mal in deiner Gegend bin, komme ich [bei dir] vorbei; **she lives Brighton ~** (coll.) sie wohnt in der Gegend von Brighton; **out Hendon ~** (coll.) draußen bei Hendon; **look the other ~** (lit. or fig.) weggucken; **the other ~ about** or **round andersherum**; **this/which ~ round** so/wie herum; **stand sth. the right/wrong ~ up** etw. richtig/falsch herum stellen; **turn sth. the right ~ round** etw. richtig herum drehen; **'this ~ up'** „hier oben"; see also **look 1 a**; **wrong 1 c**; **i)** (advance) Weg, der; **fight/push etc. one's ~ through** sich durchkämpfen/-drängen; **be under ~** ⟨Person:⟩ aufgebrochen sein; ⟨Fahrzeug:⟩ abgefahren sein; (fig.: be in progress) ⟨Besprechung, Verhandlung, Tagung:⟩ im Gange sein; **get sth. under ~** (fig.) etw. in Gang bringen; **get under ~**: wegkommen; **make one's ~ to Oxford/the station** nach Oxford/zum Bahnhof gehen/fahren; **Do you need a lift? – No, I'll make my own ~**: Soll ich dich mitnehmen? – Nein, ich komme alleine; **make one's [own] ~ in the world** seinen Weg gehen (fig.); **make** or **pay its ~**: ohne Verlust arbeiten; **pay one's ~**: für sich selbst aufkommen; **j)** (respect) Hinsicht, die; **in [exactly] the same ~**: [ganz] genauso; **in some ~s in** gewisser Hinsicht; **in one ~**: auf eine Art; **not in any ~**: in keiner Weise; **in every ~**: in jeder Hinsicht; **in a ~**: auf eine Art; **in more ~s than one** auf mehr als eine Art; **in no ~**: auf keinen Fall; durchaus nicht; **one ~ and** or **another** irgendwie; **k)** (state) Verfassung, die; **in a bad ~**: schlecht; **they are in a very bad ~**: es geht ihnen sehr schlecht; **the ~ things are, we shall never manage to get out of debt** so, wie die Dinge liegen, werden wir nie schuldenfrei sein; **we are all in the same ~ here** wir sind hier alle in der gleichen Lage od. Situation; **and she stayed that ~**: und das ist sie auch geblieben; **either ~**: so oder so; **in a small ~**: in bescheidenem Rahmen; **by ~ of** (as a kind of) als; (for the purpose of) um ... zu; **by ~ of illustration/greeting/apology/introduction** zur Illustration/Begrüßung/Entschuldigung/Einführung; **by ~ of business** geschäftlich; **he is by ~ of being a humorist** er ist eine Art von Humorist; **offer something in the ~ of a concession** eine Art Konzession anbieten; see also **family a**; **l)** (custom) Art, die; **get into/out of the ~ of doing sth.** sich (Dat.) etw. an-/abgewöhnen; **he has a ~ of leaving his bills unpaid** es ist so seine Art, seine Rechnungen nicht zu bezahlen; **these bright ideas have a ~ of turning out badly** solche brillanten Ideen haben es an sich (Dat.), zu seiner/ihrer Art; **~ of life** Lebensstil, der; **change one's ~s** sich ändern; **~ of thinking** Denkungsart, die; **to my ~ of thinking** meiner Meinung nach; **that's just the ~ of the world** das ist ganz natürlich; **that's the ~ it goes** so ist es nun mal; **m)** (normal course of events) **be the ~**: so od. üblich sein; **that is always sb. the ~**: das ist immer so; **n)** (ability to charm sb. or attain one's object) **he has a ~ with him** er hat so eine Art; **she has a ~ with children/animals** sie kann mit Kindern/Tieren gut umgehen; **o)** (specific manner) Eigenart, die; **I soon got into his ~s** ich hatte mich bald an seine Art gewöhnt; **fall into bad ~s** schlechte [An]gewohnheiten annehmen; **I soon got into the ~ of it** or **of things** ich hatte mich bald daran gewöhnt; **it's only his ~**: das ist so seine Art; **p)** (sphere) Gebiet, das; **he is in the grocery ~**: er ist in der Lebensmittelbranche; **a few things in the stationery ~**: ein paar Büroartikel; **q)** (ordinary course) Rahmen, der; **in the ~ of business** geschäftlich; **in the ordinary ~** [of things] there would be no problem normalerweise gäbe es keine Schwierigkeiten; **r)** (movement of ship etc.) Fahrt, der; **gather ~**: Fahrt aufnehmen; **lose ~**: die Fahrt verlangsamen; **the vessel has ~ on** [her] das Schiff macht Fahrt; **s)** in pl. (parts) Teile Pl.; **split sth.** [in] **three ~s** etw. in drei Teile teilen; **t)** in pl. (down which ship is launched) Helling, die; **u)** as name of road Weg, der. **2.** adv. weit; **~ off/ahead/above** weit weg von/weit voraus/weit über; **~ back** (coll.) vor langer Zeit; **~ back in the early fifties/before the war** vor langer Zeit, Anfang der fünfziger Jahre/vor dem Krieg; **~ up in the clouds** hoch oben in den Wolken; **he was ~ out with his guess, his guess was ~ out** er lag mit seiner Schätzung gewaltig daneben; **~ down south/in the valley** tief [unten] im Süden/Tal

way: **~-bill** n. Frachtbrief, der; **~farer** ['weɪfeərə(r)] n. Wandersmann/eine Wanderin; **~faring** ['weɪfeərɪŋ] adj. a **~faring man/woman** ein Wandersmann/eine Wanderin; **~lay** v. t., **~laid 1**: **a)** (ambush) überfallen; **b)** (stop for conversation) abfangen; **~mark** n. Wegmarke, die; Wegzeichen, das; **~-'out** (coll.) verrückt (ugs.); irre (salopp); **~side** n. Wegrand, der; **fall by the ~side** (fig.) auf der Strecke bleiben (ugs.); **~side/flowers/inns** Blumen/Gasthöfe am Wegrand; **~station** n. (Amer. Railw.) Haltepunkt, der

wayward ['weɪwəd] adj. eigenwillig; ungezügelt ⟨Talent, Macht⟩

waywardly ['weɪwədli] adv. eigenwillig; unberechenbar ⟨sich verändern⟩

waywardness ['weɪwədnɪs] n., no pl. Eigenwilligkeit, die

WC abbr. **water-closet** WC, das

we [wɪ, stressed wiː] pl. pron. wir; **how are we feeling today?** (coll.) wie geht's uns denn heute? (ugs.); **the royal 'we'** der Pluralis majestatis; see also **our**; **ours**; **ourselves**; **us**

weak [wiːk] adj. a) (lit. or fig.) schwach; matt ⟨Lächeln⟩; schwach ausgeprägt ⟨Kinn⟩; jämmerlich ⟨Kapitulation⟩; (easily led) ⟨Charakter, Person⟩; **go/feel ~ at the knees** weiche Knie kriegen/haben; **the ~er sex** das schwache Geschlecht; **~ with hunger/excitement** schwach vor Hunger/Aufregung; **~ eyes** or **sight** schlechte Augen; **a ~ stomach** ein empfindlicher Magen; **have a ~ chest** schwach auf der Brust sein; **be ~ in the head** schwachsinnig sein; **his French/maths is rather ~, he's rather ~ in French/maths** er ist in Französisch/Mathematik ist er ziemlich schwach; **a ~ hand** (Cards) ein schlechtes Blatt; **in a ~ moment** in einem schwachen Moment; **sb.'s ~ side** or **point** jmds. schwache Seite od. schwacher Punkt od. Schwachpunkt; **his logic is a bit ~**: seine Logik steht auf ziemlich schwachen Füßen; **he has only a ~ case** seine Sache steht auf schwachen Füßen; see also **vessel c**; **b)** (watery) schwach ⟨Kaffee, Tee⟩; wäßrig, wässerig ⟨Suppe⟩; dünn ⟨Bier, Suppe, Kaffee, Tee⟩; **c)** (Ling.) schwach ⟨Konjugation, Deklination, Verb⟩; unbetont ⟨Endung, Vokal, Silbe⟩

weaken ['wiːkn] **1.** v. t. schwächen; beeinträchtigen ⟨Augen⟩; entkräften, schwächen ⟨Argument⟩; lockern ⟨Griff⟩; **be ~ed by stress/too much work** durch Streß/zuviel Arbeit angegriffen werden; **the foundations of the house had been ~ed by the earthquake** durch das Erdbeben waren die Fundamente des Hauses in Mitleidenschaft gezogen worden. **2.** v. i. ⟨Kraft, Entschlossenheit:⟩ nachlassen; **the patient was visibly ~ing** der Patient wurde sichtlich schwächer; **the pound ~ed against the dollar** das Pfund wurde gegenüber dem Dollar schwächer; **in one's resolve** in seinem Vorsatz schwankend werden; **his hold on power was ~ing** er hielt das Macht nicht mehr so fest in der Hand

weak-kneed ['wiːkniːd] adj. **a) be ~**: weiche Knie haben (**with** vor + Dat.); **b)** (fig.) feige

weakling ['wiːklɪŋ] n. Schwächling, der

weakly ['wiːkli] **1.** adv. schwach; matt ⟨lächeln⟩; **be ~ indulgent** schwach und nachgiebig sein. **2.** adj. schwächlich

'weak-minded adj. **a)** (lacking strength of purpose) entschlußlos; unentschlossen; **b)** (mentally deficient) schwachsinnig

weakness ['wiːknɪs] n. Schwäche, die; (in argument, defence) schwacher Punkt; **the ~ of her character** ihre Charakterschwäche; **I have a ~ for sweet things** ich habe eine Schwäche für Süßigkeiten

'weak-willed adj. willensschwach

¹**weal** [wiːl] n. (literary: welfare) Wohl, das; **for the public** or **general ~**: zum Wohle der Allgemeinheit; **~ and woe, ~** or **woe** Wohl und Weh[e] (geh.)

²**weal** n. (ridge on flesh) Striemen, der

wealth [welθ] n., no pl. **a)** (abundance) Fülle, die; **a great ~ of detail** große Detailfülle; **~ of words** Wortreichtum, der; **b)** (riches, being rich) Reichtum, der

wealth tax n. Vermögenssteuer, die

wealthy ['welθi] **1.** adj. reich. **2.** n. pl. **the ~**: die Reichen

wean [wiːn] v. t. abstillen; entwöhnen ⟨Tier⟩; **~ sb. [away] from sth.** (fig.) jmdm. etw. abgewöhnen

weapon ['wepən] *n. (lit. or fig.)* Waffe, *die;* **use sth. as a ~:** etw. als Waffe benutzen
weaponry ['wepənrɪ] *n.* Waffen *Pl.*
wear [weə(r)] 1. *n., no pl., no indef. art.* **a)** *(rubbing)* **~ [and tear]** Verschleiß, *der;* Abnutzung, *die;* **show signs of ~:** Verschleiß *od.* Abnutzungserscheinungen aufweisen; **the ~ and tear on sb.'s nerves** *(fig.)* jmds. Nervenverschleiß; **the worse for ~:** abgetragen ⟨*Kleider*⟩; abgelaufen ⟨*Schuhe*⟩; abgenutzt ⟨*Teppich, Sessel, Möbel*⟩; **feel the worse for ~:** sich angeschlagen fühlen *(ugs.);* **b)** *(clothes, use of clothes)* Kleidung, *die;* **clothes for everyday ~:** Alltagskleidung, *die;* **a jacket for casual ~:** ein Freizeit- *od. (veralt.)* Sportsakko; **children's/ladies' ~:** Kinder-/Damen[be]kleidung, *die;* **c)** *(capacity for enduring rubbing)* **there is a great deal of/no ~ [left] in it** es/das usw. hat noch eine große Lebensdauer/keine große Lebensdauer mehr; **there's a great or good deal of ~ still in those shoes** die Schuhe halten noch lange. 2. *v. t.,* **wore** [wɔː(r)], **worn** [wɔːn] **a)** tragen ⟨*Kleidung, Schmuck, Bart, Brille, Perücke, Abzeichen*⟩; **I haven't a thing to ~:** ich habe überhaupt nichts anzuziehen; **what on earth am I going to ~ tonight?** was soll ich heute abend bloß anziehen?; **what size shoes do you ~?** welche Schuhgröße haben Sie?; **~ the crown** *(fig.)* die Krone tragen; **~ one's hair long** lange Haare tragen; **always ~ a smile** immer lächeln; **~ a joyful smile** glücklich lächeln; **~ a frown** ein finsteres Gesicht machen; **~ a sour look** eine saure Miene aufsetzen; **~ one's years well** sich gut gehalten haben; *see also* **heart 1 b; trousers; b)** abtragen ⟨*Kleidungsstück*⟩; abtreten, abnutzen ⟨*Teppich*⟩; **be worn [smooth]** ⟨*Stufen:*⟩ ausgetreten sein; ⟨*Gestein:*⟩ ausgewaschen sein; ⟨*Gestein:*⟩ abgehärmt sein; **the old coat was badly worn** der alte Mantel war ganz abgewetzt; **a [badly] worn tyre** ein [stark] abgefahrener Reifen; **he had worn his trousers into holes** seine Hose hatte überall Löcher; **c)** *(make by rubbing)* scheuern; **the water had worn a channel in the rock** das Wasser hatte sich durch den Felsen gefressen; **d)** *(exhaust)* erschöpfen; **e)** *(coll.: accept)* **I won't ~ that!** das nehme ich dir/ihm *usw.* nicht ab! *(ugs.).* 3. *v. i.,* **wore, worn a)** ⟨*Kante, Saum, Kleider:*⟩ sich durchscheuern; ⟨*Absätze, Schuhsohlen:*⟩ sich ablaufen; ⟨*Teppich:*⟩ sich abnutzen; **~ thin** *(fig.)* ⟨*Idealismus:*⟩ sich langsam legen, nachlassen; ⟨*Freundschaft, Stil:*⟩ verflachen, oberflächlicher werden; ⟨*Witz, Ausrede:*⟩ schon reichlich alt sein; **my patience is ~ing thin** meine Geduld geht allmählich zur Neige *od.* ist langsam erschöpft; **b)** *(endure rubbing)* ⟨*Material, Stoff:*⟩ halten; *(fig.)* sich halten; **~ well/badly** sich gut/schlecht tragen
~ a'way 1. *v. t.* abschleifen ⟨*Kanten, Grate*⟩; **be worn away** ausgetreten werden; ⟨*Inschrift:*⟩ verwittern; **she has been worn away to a shadow** sie ist zu einem Schatten ihrer selbst geworden. 2. *v. i.* sich abnutzen; ⟨*Gestein:*⟩ verwittern; ⟨*Schuhabsätze:*⟩ sich ablaufen; *(fig.: weaken, lessen)* dahinschwinden
~ 'down 1. *v. t.* **a)** **be worn down** ⟨*Stufen:*⟩ ausgetreten werden; ⟨*Absätze:*⟩ sich ablaufen; ⟨*Reifen:*⟩ sich abfahren; ⟨*Berge:*⟩ abgetragen werden; *(fig.)* **~ down sb.'s resistance/defence/opposition** jmds. Widerstand/Verteidigung/Opposition zermürben; **having to do this for hours at a stretch can ~ one down** es kann einen fertigmachen *(ugs.),* wenn man das stundenlang ununterbrochen tun muß. 2. *v. i.* ⟨*Absätze:*⟩ sich ablaufen; ⟨*Reifen:*⟩ sich abfahren; **the stick/tooth had worn down to a stump** der Stock/Zahn war nur noch ein Stummel
~ 'off 1. *v. i.* ⟨*Auflage, Schicht:*⟩ abgehen; ⟨*Muster:*⟩ sich verlieren; *(fig.: pass away*

gradually) sich legen; ⟨*Wirkung, Schmerz:*⟩ nachlassen; **the sheen had long since worn off the material** der Stoff hatte schon lange seinen Glanz verloren. 2. *v. t.* **be worn off** ⟨*Auflage, Schicht:*⟩ abgehen
~ 'on *v. i.* ⟨*Nachmittag, Winter usw.:*⟩ voranschreiten; **as the day/evening wore on** im Laufe des Tages/Abends
~ 'out 1. *v. t.* **a)** *(make useless)* aufbrauchen; ablaufen ⟨*Schuhe*⟩; auftragen ⟨*Kleidungsstück*⟩; **b)** *(fig.: exhaust)* kaputtmachen *(ugs.);* **his patience was worn out** seine Geduld war erschöpft; **~ oneself out** sich kaputtmachen *(ugs.);* **be worn out** kaputt sein *(ugs.).* 2. *v. i. (become unusable)* kaputtgehen; **his patience finally wore out** seine Geduld war schließlich erschöpft
~ 'through 1. *v. i.* sich durchscheuern; **my trousers have worn through at the knee** meine Hose ist an den Knien durchgescheuert. 2. *v. t.* durchscheuern
wearable ['weərəbl] *adj.* sth. that is still/not ~: etw., das man noch/nicht anziehen kann
wearer ['weərə(r)] *n.* Träger, *der*/Trägerin, *die*
wearily ['wɪərɪlɪ] *adv.* müde
weariness ['wɪərɪnɪs] *n., no pl.* **a)** *(tiredness)* Erschöpfung, *die;* **b)** *(boredom)* Überdruß, *der* (**with** *an* + *Dat.*)
wearing ['weərɪŋ] *adj.* **a)** *(tiring)* ermüdend; **b)** *(boring)* langweilig; ermüdend
wearing apparel *n. (formal)* Bekleidung, *die*
wearisome ['wɪərɪsəm] *adj.,* **wearisomely** ['wɪərɪsəmlɪ] *adv. (lit. or fig.)* ermüdend
weary ['wɪərɪ] 1. *adj.* **a)** *(tired)* müde; **~ to death** sterbensmüde *(geh.);* **b)** *(bored, impatient)* **be ~ of sth.** einer Sache *(Gen.)* überdrüssig sein; etw. satt haben *(ugs.);* **c)** *(fig.: tiring)* ermüdend sein durch etw. erschöpft sein; **a ~ing day** ein anstrengender Tag; **all this bickering was beginning to ~ me** allmählich hatte ich das ganze Gezänk satt *(ugs.).* 3. *v. i.* **~ of sth./sb.** einer Sache/jmds. überdrüssig werden
weasel ['wiːzl] *n.* 1. Wiesel, *das.* 2. *v. i. (Amer.)* **a)** *(quibble)* drumherumreden *(ugs.);* **b)** *(default)* sich herauslavieren *(ugs.);* **~ on an obligation** sich aus einer Verpflichtung herausstehlen
weasel: ~-faced *adj.* **be ~-faced** ≈ ein Rattengesicht haben; **a ~-faced little man** ≈ ein kleiner Mann mit einem Rattengesicht; **~ word** *n.* vager *od.* unscharfer Begriff
weather ['weðə(r)] 1. *n.* Wetter, *das;* **what's the ~ like?** wie ist das Wetter?; **the ~ has turned cooler** es ist kühler geworden; **he goes out in all ~s** er geht bei jedem Wetter hinaus; **he is feeling under the ~** *(fig.)* er ist [zur Zeit] nicht ganz auf dem Posten; **make heavy ~ of sth.** *(fig.)* viel Aufhebens von etw. machen. 2. *attrib. adj.* **a) keep a or one's ~ eye open [for sth.]** Ausschau [nach etw. *(Dat.)*] halten; **keep a ~ eye on sth.** ein wachsames Auge auf etw. *(Akk.)* haben; **b)** *(Naut.)* luvseitig; **the ~ side** die Luvseite; *see also* **gauge 1c.** 3. *v. t.* **a)** *(expose to open air)* auswittern ⟨*Kalk, Holz*⟩; **b) be ~ed** ⟨*Gesicht:*⟩ wettergegerbt sein; **c)** *(wear away)* verwittern lassen ⟨*Gestein*⟩; **rocks ~ed by wind and water** Felsen, die durch Wind und Wasser verwittert sind; **d)** *(come safely through)* abwettern ⟨*Sturm*⟩; *(fig.)* durchstehen ⟨*schwere Zeit*⟩. 4. *v. i.* **a)** *(be discoloured)* ⟨*Holz, Farbe:*⟩ verblassen; *(wear away)* [**away**] ⟨*Gestein:*⟩ verwittern; **b)** *(survive from exposure)* wetterfest sein; **a paint that ~s very well** eine sehr wetterfeste Farbe
weather: ~-beaten *adj.* verwittert ⟨*Felsen, Gebäude*⟩; ⟨*Gesicht, Haut*⟩; **~-board** *n.* Wetterbrett, *das;* **~-boarding** *n., no pl., no indef. art.* **~-boards** *n. pl.* Schindeln *Pl.;* **~-chart** *n.*

Wetterkarte, *die;* **~-cock** *n.* Wetterhahn, *der;* **~ conditions** *n. pl.* Witterungsverhältnisse; **what are the ~ conditions at the moment?** wie ist das Wetter im Augenblick?; **~ forecast** *n.* Wettervorhersage, *die*
weathering ['weðərɪŋ] *n., no pl., no indef. art.* Verwitterung, *die*
weather: ~man *n.* Meteorologe, *der;* **~-map** *n.* Wetterkarte, *die;* **~-proof 1.** *adj.* wetterfest; 2. *v. t.* wetterfest machen; **~-report** *n.* Wetterbericht, *der;* **~ satellite** *n.* Wettersatellit, *der;* **~ ship** *n.* Wetterschiff, *das;* **~-station** *n.* Wetterwarte, *die;* **~-strip** *n.* Dichtungsstreifen, *der;* **~-vane** *n.* Wetterfahne, *die;* **~-wise** *adj.* **be ~-wise** die Wetterregeln kennen; *(fig.)* die Wetterzeichen am Horizont erkennen
¹**weave** [wiːv] 1. *n. (Textiles)* Bindung, *die.* 2. *v. t.,* **wove** [wəʊv], **woven** ['wəʊvn] **a)** *(intertwine)* weben ⟨[*Baum*]*wolle, Garn, Fäden*⟩; **~ sth. into sth.** etw. zu etw. verweben; **~ threads together** Fäden miteinander verweben; **~ flowers into wreaths** aus Blumen Kränze flechten; **b)** *(make by weaving)* weben ⟨*Textilien*⟩; flechten ⟨*Girlande, Korb, Kranz*⟩; **c)** *(fig.)* einflechten ⟨*Nebenhandlung, Thema usw.*⟩ (**into** *an* + *Akk.*); *(fig.: create)* ausspinnen ⟨*Geschichte*⟩; **~ a story around an idea** eine Idee zu einer Geschichte ausspinnen. 3. *v. i.,* **wove, woven** *(make fabric by weaving)* weben
²**weave** *v. i.* **a)** *(move repeatedly from side to side)* torkeln; **b)** *(take devious course)* sich schlängeln; **~ between the obstacles** sich zwischen den Hindernissen hindurchschlängeln; **c) get weaving** *(sl.)* hinmachen *(ugs.);* **get weaving!** mach/macht schon *(ugs.) od.* hin!
weaver ['wiːvə(r)] *n.* **a)** Weber, *der*/Weberin, *die;* **b)** *(Ornith.) see* **weaver-bird**
'weaver-bird *n.* Webervogel, *der*
weaving ['wiːvɪŋ] *n.* Weben, *das;* **an intricate piece of ~:** eine feine Webarbeit
web [web] *n.* **a)** Netz, *das;* **spider's ~:** Spinnennetz, *das;* *(fig.)* Gespinst, *das;* **a ~ of lies/intrigue** ein Gespinst von Lügen/Intrigen; **c)** *(membrane)* Interdigitalhaut, *die (Anat.);* *(of duck, goose, etc.)* Schwimmhaut, *die;* **d)** *(gossamer)* Gespinst, *das;* **e)** *(vane of feather)* Federfahne, *die;* **f)** *(endless wire mesh)* Drahtgeweberolle, *die;* *(paper-roll)* Papierbahn, *die*
webbed [webd] *adj.* **~ feet/toes** Schwimmfüße
webbing ['webɪŋ] *n.* Gurtstoff, *der*
web: ~-foot *n.* Schwimmfuß, *der;* Ruderfuß, *der (Zool.);* **~-footed** *adj.* schwimmfüßig; **~ offset** *n. (Printing)* Rollenoffset[druck], *der;* **~-toe** *n.* **~-foot; ~-toed** *see* **-footed**
wed [wed] 1. *v. t.,* **-dd-** **a)** *(rhet.: marry)* heiraten; ehelichen *(veralt., scherzh.);* *(perform wedding ceremony for)* trauen ⟨*Brautpaar*⟩; **b)** *(fig.: unite)* vereinen (**to** mit). 2. *v. i. (rhet.)* heiraten; sich vermählen *(geh.).* *See also* **newly-wed**
we'd [wɪd, *stressed* wiːd] **a) = we had; b) = we would**
Wed. *abbr.* **Wednesday** Mi.
wedded ['wedɪd] *adj.* **a)** *(married)* angetraut; **a ~ couple** ein getrautes Paar; *see also* **wife; b)** *(of marriage)* **~ life** Eheleben, *das;* **~ love** eheliche Liebe; Gattenliebe, *die (geh.);* **~ bliss** Eheglück, *das;* **c)** *(fig.: devoted)* **be ~ to an idea/a dogma/a party** sich einer Idee/einem Dogma/einer Partei verschrieben haben; **be ~ to the view that...:** immer noch davon überzeugt sein, daß ...; **he's ~ to his work** er ist mit seiner Arbeit verheiratet; **d)** *(fig. united)* vereint (**to** mit)
wedding ['wedɪŋ] *n.* Hochzeit, *die;* **have a registry office/a church ~:** sich standesamtlich/kirchlich trauen lassen; standesamt-

lich/kirchlich heiraten; *see also* **diamond wedding; golden wedding; ruby wedding; shotgun; silver wedding**

wedding: ~ **anniversary** *n.* Hochzeitstag, *der;* ~ **breakfast** *n.* Hochzeitsessen, *das;* ~-**cake** *n.* Hochzeitskuchen, *der;* ~-**day** *n.* Hochzeitstag, *der;* ~-**dress** *n.* Brautkleid, *das;* Hochzeitskleid, *das;* ~ **march** *n. (Mus.)* Hochzeitsmarsch, *der;* ~-**night** *n.* Hochzeitsnacht, *die;* ~ **present** *n.* Hochzeitsgeschenk, *das;* ~-**ring** *n.* Ehering, *der;* Trauring, *der*
wedge [wedʒ] 1. *n.* **a)** Keil, *der;* **it's the thin end of the** ~ *(fig.)* so fängt es immer an; **be careful that it isn't the thin end of the** ~ *(fig.)* paß auf, daß das nicht ausufert *od.* überhand nimmt!; **these disturbances proved to be just the thin end of the** ~: diese Unruhen erwiesen sich bloß als der Anfang; **b) a** ~ **of cake** ein Stück Kuchen; **a** ~ **of cheese** eine Ecke Käse; **the seats were arranged in** ~**s** die Sitzreihen waren keilförmig angeordnet; **c)** *(heel)* Keilabsatz, *der;* **d)** *(shoe)* Schuh mit Keilabsatz; **e)** *(Golf)* Keil, *der.* 2. *v. t.* **a)** *(fasten)* verkeilen; ~ **a door/window open** eine Tür/ein Fenster festklemmen, damit sie/es offen bleibt; **b)** *(pack tightly)* verkeilen; **there were five of them** ~**d together in the back of the car** sie saßen zu fünft eingezwängt *od.* zusammengepfercht hinten im Wagen; **the book had got** ~**d in behind the cupboard** das Buch war hinter dem Schrank eingeklemmt
'wedge-shaped *adj.* keilförmig
Wedgwood ['wedʒwʊd] *n.* **a)** *(pottery)* Wedgwood, *das;* **b)** *no pl. (colour)* Wedgwoodblau, *das*
wedlock ['wedlɒk] *n. (literary)* Ehe, *die;* Ehebund, *der (geh.);* **born in/out of** ~: ehelich/unehelich geboren
Wednesday ['wenzdeɪ, 'wenzdɪ] 1. *n.* Mittwoch, *der; see also* **Ash Wednesday**. 2. *adv. (coll.)* **she comes** ~**s** sie kommt mittwochs. *See also* **Friday**
¹**wee** [wiː] *adj.* **a)** *(child lang./Scot.)* klein; lütt *(nordd.);* **b)** *(coll.: extremely small)* **a** ~ **bit** ein ganz klein bißchen *(ugs.)*
²**wee** *see* **wee-wee**
weed [wiːd] 1. *n.* **a)** Unkraut, *das;* ~**s** Unkräuter; Unkraut, *das;* **it's only a** ~: das ist bloß Unkraut; **a garden overgrown with** ~**s** ein von Unkraut überwucherter Garten; **b)** *(coll./arch.: tobacco)* **the** ~: das Kraut *(ugs.);* **c)** *(sl.: marijuana)* Stoff, *der (salopp);* **the** ~: Stoff *(salopp);* **d)** *(weakly person)* Kümmerling, *der (abwertend). See also* **weeds.** 2. *v. t.* jäten. 3. *v. i.* [Unkraut] jäten
~ **out** *v. t. (fig.)* aussieben
weeding ['wiːdɪŋ] *n., no pl., no indef. art.* [Unkraut]jäten, *das;* **do the/some** ~: Unkraut jäten
'weed-killer *n.* Unkrautvertilgungsmittel, *das*
weeds [wiːdz] *n. pl.* **widow's** ~: Trauer- *od.* Witwenkleidung, *die*
weedy ['wiːdɪ] *adj.* **a)** von Unkraut überwachsen; **b)** *(coll.: scrawny)* spillerig *(ugs.);* schmächtig
week [wiːk] *n.* Woche, *die;* **what day of the** ~ **is it today?** was für ein Wochentag ist heute?; **can you come to see us for a** ~? kannst du [für] eine Woche zu uns kommen?; **he was away for a** ~: er war [für] eine Woche weg; **I haven't seen you for** ~**s** ich habe dich seit Wochen nicht gesehen; ~**s ago** vor Wochen; **it will be finished in a** ~: es ist in einer Woche fertig; **three times a** ~: dreimal die Woche; **£40 a** *or* **per** ~: 40 Pfund die *od.* pro Woche; **a** ~**'s leave/rest** eine Woche Urlaub/Pause; **the other** ~: vor einer *od.* zwei, drei Wochen; **for several** ~**s** mehrere Wochen lang; **come every** ~: jede Woche kommen; **once a** ~ *or* **every** ~: einmal die Woche *od.* in der Woche; einmal wöchent-

lich; ~ **in** ~ **out** Woche für Woche; **in a** ~[**'s time**] in einer Woche; **in two** ~**s**[**' time**] in zwei Wochen; in vierzehn Tagen; **take a** ~**'s holiday** [sich *(Dat.)*] eine Woche Urlaub nehmen; **from** ~ **to** ~, ~ **by** ~: Woche für *od.* um Woche; **a three-**~ **period** ein Zeitraum von drei Wochen; **at six-**~ **intervals** in sechswöchigen Abstand; **a two-**~ **visit** ein zweiwöchiger Besuch; **a six-**~[**s**]-**old baby** ein sechs Wochen altes *od.* sechswöchiges Baby; **a** ~ [**from**] **today/from** *or* **on Monday, today/Monday** ~: heute/Montag in einer Woche; **a** ~ **ago today/Sunday** heute/Sonntag vor einer Woche; **tomorrow** ~: morgen in einer Woche; **in** *or* **during the** ~: während der Woche; **42-hour/five-day** ~: 42-Stunden/die/Fünftagewoche, *die; see also* **knock 1 c; next 1 b, 3 b**
week: ~**day** *n.* Werktag, *der;* Wochentag, *der;* **on** ~**days** werktags; wochentags; *attrib.* ~**day opening times** Öffnungszeiten an Werktagen; ~**day timetable** Werktagsfahrplan, *der;* ~**end** [-'-, '--] *n.* Wochenende, *das;* **at the** ~**end** am Wochenende; **at** *or (Amer.)* **on** ~**ends** an Wochenenden; **a long** ~**end** ein verlängertes Wochenende; **go/be away for the** ~**end** übers Wochenende wegfahren/weg sein; ~**long** *adj.* einwöchig
weekly ['wiːklɪ] 1. *adj.* wöchentlich; ~ **wages** Wochenlohn, *der;* **a** ~ **season-ticket/ magazine** eine Wochenkarte/Wochenzeitschrift; **on a** ~ **basis** wöchentlich; **at** ~ **intervals** wöchentlich; einmal pro Woche; **three-**~: dreiwöchentlich; **at three-**~ **intervals** in dreiwöchigen Abständen. 2. *adv.* wöchentlich; einmal die Woche *od.* in der Woche. 3. *n. (newspaper)* Wochenzeitung, *die; (magazine)* Wochenzeitschrift, *die*
weekly re'turn *n.* ~ [**ticket**] Wochenrückfahrkarte, *die*
'week-night *n.* **on a** ~: abends an einem Werktag; **on** ~**s** werktags abends
weeny ['wiːnɪ] *adj. (child lang./coll.)* klitzeklein *(ugs.)*
weeny-bopper *n. (coll.)* acht- bis zwölfjähriger [weiblicher] Popfan
weep [wiːp] 1. *v. i.,* **wept** [wept] **a)** weinen; ~ **with** *or* **for joy/rage** vor Freude/Zorn weinen; ~ **for sb./sth.** um jmdn./etw. weinen; **the child was** ~**ing for his mother** das Kind weinte nach seiner Mutter; **it makes you want to** ~: man könnte weinen; **b)** *⟨Wunde:⟩* nässen. 2. *v. t.,* **wept a)** weinen *⟨Tränen⟩;* **b)** *(lament over)* beweinen; **c)** ~ **one's eyes** *or* **heart out** sich *(Dat.)* die Augen aus dem Kopf weinen; **d)** *(exude)* absondern *⟨Eiter⟩.* 3. *n.* **have a** ~: sich ausweinen; **I had a little** ~: ich habe geweint
weepie ['wiːpɪ] *n. (coll.)* Schmachtfetzen, *der (salopp)*
weeping 'willow *n.* Trauerweide, *die*
weepy ['wiːpɪ] 1. *adj.* weinerlich. 2. *n. see* **weepie**
weevil ['wiːvɪl] *n.* Rüsselkäfer, *der*
wee-wee *(coll.)* 1. *n.* Pipi, *das (ugs.);* **do a** ~: Pipi machen *(ugs.).* 2. *v. i.* Pipi machen *(ugs.)*
weft [weft] *n.* **a)** *(set of threads)* Schuß, *der;* **b)** *(yarn)* Schußfaden, *der*
weigh [weɪ] 1. *v. t.* **a)** *(find weight of)* wiegen; **the shop assistant was** ~**ing the fruit for her** die Verkäuferin wog ihr das Obst ab; **b)** *(estimate value of)* abwägen; ~ **sb. and find him/her wanting** jmdn. wiegen und zu leicht befinden; **c)** *(consider)* abwägen; ~ **in one's mind whether** ...: sich *(Dat.)* überlegen, ob ...; ~ **the consequences of one's actions** sich *(Dat.)* die Folgen seines Handelns klarmachen; ~ **the fact that** ...: die Tatsache berücksichtigen, daß ...; ~ **one's words** seine Worte abwägen; **d)** *(balance in one's hand)* wiegen; **e)** *(have the weight of)* wiegen; **it** ~**s very little** es wiegt sehr wenig; **a steak** ~**ing two pounds** ein zwei Pfund schweres Steak. *See also* **anchor 1; ton c.** 2. *v. i.* **a)** ~ [**very**] **heavy/light** [sehr] viel/wenig wiegen; **b)** *(be*

important) ~ **with sb.** bei jmdm. Gewicht haben; ~ **in sb.'s favour** für jmdn. sprechen. 3. *n.* **under** ~ = **under way** *see* **way 1 i**
~ **a'gainst** *v. t. (fig.)* sprechen gegen; ~ **heavily against sb.** sehr *od.* stark gegen jmdn. sprechen
~ '**down** *v. t.* **a)** *(cause to sag)* **fruit** ~**ed down the branches of the tree** die Äste des Baumes bogen sich unter der Last der Früchte; **be** ~**ed down by packages** mit Paketen schwer beladen sein; **b)** *(cause to be anxious or depressed)* niederdrücken; ~**ed down with cares** bedrückt von Sorgen; ~**ed down with sorrow** grambeugt
~ '**in** *v. i.* **a)** *(Sport)* sich wiegen lassen; ~ **in at 200 kg** 200 kg auf die Waage bringen; *see also* **weigh-in; b)** *(coll.: lend one's support)* sich einschalten
~ **on** *v. t.* lasten auf (+ *Dat.*); ~ [**heavily**] **on sb.'s mind** jmdm. [schwer] auf der Seele liegen
~ '**out** *v. t.* abwiegen
~ '**up** *v. t.* abwägen; sich *(Dat.)* eine Meinung bilden über (+ *Akk.*) *⟨Person⟩*
~ **upon** *see* **on**
weigh: ~**bridge** *n.* Brückenwaage, *die;* ~-**in** *n. (Sport)* Wiegen, *das;* **at the** ~-**in** beim Wiegen
'weighing-machine *n.* Waage, *die*
weight [weɪt] 1. *n.* **a)** *(heaviness)* Gewicht, *das;* **she is twice your** ~: sie wiegt doppelt soviel wie du; **what is your** ~? wieviel wiegen Sie?; **be under/over** ~: zuwenig/zuviel wiegen; Unter-/Übergewicht haben; **throw one's** ~ **about** *or* **around** *(fig. coll.)* sich wichtig machen; *see also* **gold 1 a; b)** *(scale of heaviness)* Gewicht, *das;* ~**s and measures** Maße und Gewichte; **avoirdupois/troy** ~: Avoirdupois-/Troygewicht, *das;* **c)** *(heavy body)* Gewicht, *das;* **lift** ~**s** Lasten heben; **d)** *(piece of metal used in weighing)* Gewicht, *das;* **e)** *(Athletics)* Kugel, *der;* **f)** *(load to be supported)* Gewicht, *das;* **g)** *(surface density of cloth etc.)* Qualität, *die;* **h)** *(fig.: heavy burden)* Last, *die;* **it would be a** ~ **off my mind if** ...: mir würde ein Stein vom Herzen fallen, wenn ...; **i)** *(importance)* Gewicht, *das;* **men of** ~: Leute von Gewicht; bedeutende Leute; **give due** ~ **to sth.** einer Sache *(Dat.)* die nötige Beachtung zukommen lassen; **ins Gewicht fallen; his opinion carries no** ~ **with me** seine Meinung ist für mich unbedeutend; **j)** *(preponderance)* Übergewicht, *das;* **the** ~ **of evidence is against him** praktisch alle Beweise sprechen gegen ihn; ~ **of numbers** zahlenmäßiges Übergewicht. *See also* **atomic weight; dead weight; pull 1 g.** 2. *v. t.* **a)** *(add* ~ *to)* beschweren; **circumstances are rather** ~**ed in his favour/against him** *(fig.)* er wird durch die Umstände ziemlich begünstigt/benachteiligt; **b)** *(hold with* ~) ~ [**down**] beschweren; *(fig.)* belasten; **c)** *(Statistics)* gewichten
weighting ['weɪtɪŋ] *n. (Admin.)* Zulage, *die;* **London** ~: Ortszulage für London
weightless ['weɪtlɪs] *adj.* schwerelos
weightlessness ['weɪtlɪsnɪs] *n.* Schwerelosigkeit, *die*
weight: ~-**lifter** *n.* Gewichtheber, *der/-*heberin, *die;* ~-**lifting** *n., no pl., no indef. art.* Gewichtheben, *das;* ~-**watcher** *n.* Schlankheitsbewußte, *der/die*
weighty ['weɪtɪ] *adj.* **a)** *(heavy)* schwer; **b)** *(important)* gewichtig
weir [wɪə(r)] *n.* Wehr, *das*
weird [wɪəd] *adj.* **a)** *(coll.: odd)* bizarr; verrückt *(ugs.);* **b)** *(uncanny)* unheimlich; phantastisch *⟨Geschichte⟩*
weirdie ['wɪədɪ] *n. (coll.)* Freak, *der (ugs.)*
weirdly ['wɪədlɪ] *adv. see* **weird**: bizarr; verrückt *(ugs.);* unheimlich
weirdness ['wɪədnɪs] *n., no pl.* **a)** *(coll.: oddness)* Verrücktheit, *die (ugs.);* **b)** *(uncanniness)* Unheimlichkeit, *die*

817

weirdo ['wɪədəʊ] *n., pl.* ~s *see* **weirdie**
welcome ['welkəm] **1.** *int.* willkommen; ~ home/to England! willkommen zu Hause/in England!; ~ aboard! willkommen an Bord! **2.** *n.* **a)** Willkommen, *das;* a gesture of ~: eine Willkommensgeste; outstay *or* overstay one's ~: zu lange bleiben; bid sb. ~: jmdn. willkommen heißen; give sb. a warm ~: jmdn. herzlich willkommen heißen; **b)** *(reception)* Empfang, *der;* give a proposal a warm ~: einen Vorschlag zustimmend aufnehmen; the committee gave her proposals a rather cool ~: das Gremium nahm ihre Vorschläge ziemlich kühl auf; give sb. a warm ~ *(iron.)* jmdn. gebührend empfangen *(iron.);* we got a really hot ~ from the enemy artillery *(iron.)* die feindliche Artillerie bereitete uns einen recht heißen Empfang *(iron.);* receive a rather cool ~: ziemlich kühl empfangen werden. **3.** *v. t.* **a)** *(greet with pleasure)* begrüßen; willkommen heißen *(geh.);* ~ sb. with open arms jmdn. mit offenen Armen begrüßen *od.* willkommen heißen; **b)** *(receive)* empfangen. **4.** *adj.* **a)** willkommen; gefällig *⟨Anblick⟩*; make sb. [feel] ~: jmdm. das Gefühl geben *od.* vermitteln, willkommen zu sein; **b)** *pred.* you are ~ to take it du kannst es gern nehmen; you may have it and ~: du kannst es gerne haben; no one's ever managed to do it, but you're ~ to have a go it is jetzt hat es noch keiner geschafft, aber Sie können es ja gern mal versuchen; you are ~ *(it was no trouble to me)* gern geschehen!; keine Ursache!; if you want to stay here for the night you are more than ~: wenn Sie die Nacht über hier bleiben möchten, sind Sie herzlich willkommen
welcoming ['welkəmɪŋ] *adj.* einladend; a ~ cup of tea awaited us zur Begrüßung erwartete uns eine Tasse Tee; the crowd burst into ~ applause die Menge klatschte zur Begrüßung
weld [weld] **1.** *v. t.* **a)** *(unite)* verschweißen; *(repair, make, or attach by ~ing)* schweißen [on|to an + Akk.); ~ two pipes together zwei Rohre zusammenschweißen; **b)** *(fig.: unite closely)* zusammenschweißen (into zu); ~ two elements together zwei Elemente zusammenschweißen. **2.** *n.* Schweißnaht, *die*
welder ['weldə(r)] *n.* **a)** *(person)* Schweißer, *der/*Schweißerin, *die;* **b)** *(machine)* Schweißgerät, *das*
welding ['weldɪŋ] *n., no pl., no indef. art.* Schweißen, *das*
welfare ['welfeə(r)] *n.* **a)** *(health and prosperity)* Wohl, *das;* **b)** *(social work; payments etc.)* Sozialhilfe, *die;* Wohlfahrt, *die (veralt.);* the ~ people die Leute vom Sozialamt *od. (veralt.)* von der Wohlfahrt; be on ~ *(Amer.)* Sozialhilfe bekommen
welfare: W~ 'State *n.* Wohlfahrtsstaat, *der;* ~ work *n.* Sozialarbeit, *die;* do ~ work in der Sozialarbeit *od. (veralt.)* bei der Wohlfahrt tätig sein; ~ worker *n.* Sozialarbeiter, *der/*-arbeiterin, *die*
welkin ['welkɪn] *n. (poet./literary)* Firmament, *das (dichter.)*
¹well [wel] **1.** *n.* **a)** *(water ~, mineral spring)* Brunnen, *der;* **b)** *see* **oil well;** **c)** *(Brit.: of lawcourt)* Teil des Gerichtssaals, der für die Anwälte bestimmt ist; **d)** *(Archit.)* Schacht, *der; (of staircase)* Treppenloch, *das;* **e)** *(fig.: source)* Quell, *der. (dichter.). See also* **artesian. 2.** *v. i. (literary)* sich ergießen
~ 'up *v. i. ⟨Tränen, Wasserstrahl:⟩* aufsteigen; *⟨Gefühle, Scham, Zorn:⟩* aufwallen *(geh.)*
²well 1. *int.* **a)** *expr.* astonishment mein Gott; meine Güte; nanu; ~, ~! sieh mal einer an!; *see also* **never c; b)** *expr.* relief mein Gott; **c)** *expr.* concession na ja; ~ then, let's say no more about it schon gut, reden wir nicht mehr davon; **d)** *expr.* resumption nun;

~ [then], who was it? nun, wer war's?; **e)** *expr. qualified recognition of point* ~[, but] ...: na ja, aber ...; ja schon, aber ...; **f)** *expr.* resignation [oh] ~: nun denn; ah ~: na ja; **g)** *expr.* expectation ~ [then]? na? **2.** *adv.,* better ['betə(r)], best [best] **a)** *(satisfactorily)* gut; the business is doing ~: das Geschäft geht gut; do ~ for oneself Erfolg haben; do ~ out of sth. mit etw. Erfolg *od.* ein gutes Geschäft machen; the patient is doing ~: dem Patienten geht es gut; a ~ situated house in günstig gelegenes Haus; you did ~ to come gut, daß du gekommen bist; ~ begun is half done *(prov.)* in guter Anfang ist schon die halbe Arbeit; didn't he do ~! hat er sich nicht gut geschlagen?; you would do ~ to ...: Sie täten gut daran, zu ...; come off ~: gut abschneiden; you're ~ out of it es ist gut, daß du damit nichts mehr zu tun hast; we're ~ rid of them wir sind froh, daß wir sie los sind; *see also* **¹do 2 d; b)** *(thoroughly)* gründlich *⟨trocknen, polieren, schütteln⟩*; tüchtig *⟨verprügeln⟩*; genau *⟨beobachten⟩*; gewissenhaft *⟨urteilen⟩*; be ~ able to do sth. durchaus *od.* sehr wohl in der Lage sein, etw. zu tun; sth. is ~ aware that ...: jmdm. ist sehr wohl bewußt, daß ...; I'm ~ aware of what has been going on mir ist sehr wohl klar *od.* bewußt, was sich abgespielt hat; let *or* leave ~ alone sich zufrieden geben; the translator could not leave ~ alone der Übersetzer hat nur verschlimmbessert; be ~ worth it/a visit/the effort es/einen Besuch/die Mühe durchaus wert sein; be ~ deserved the honour ist *or* hat die Ehre allemal verdient; be ~ pleased sehr erfreut sein; she was not so ~ pleased sie war nicht sonderlich erfreut; ~ out of sight *(very far off)* völlig außer Sichtweite (of *Gen.*); make sure you keep the child ~ out of sight sorg auf jeden Fall dafür, daß keiner das Kind sieht; ~ past the minimum age längst über dem Mindestalter; we arrived ~ before the performance began wir kamen eine ganze Zeit vor Beginn der Vorstellung; be ~ in with sb. bei jmdm. gut angeschrieben sein; ~ and truly vollkommen; I know only too ~ how/what etc. ...: ich weiß nur zu gut, wie/was usw. ...; **c)** *(considerably)* weit; he is ~ up in the list er steht ziemlich weit oben auf der Liste; she is ~ on in years sie ist nicht mehr die Jüngste; it was ~ on into the afternoon es war schon spät am Nachmittag; he is ~ past *or* over retiring age er hat schon längst das Rentenalter erreicht; he is ~ over forty er ist weit über vierzig; be ~ away *(lit. or fig.)* einen guten Vorsprung haben; *(coll.: be drunk)* ziemlich benebelt sein *(ugs.);* **d)** *(approvingly, kindly)* gut, anständig *⟨jmdn. behandeln⟩*; like sb. ~ [enough] jmdn. [sehr] gut leiden können; think ~ of sb./sth. eine gute Meinung von jmdm./etw. haben; speak ~ of sb./sth. sich positiv über jmdn./etw. äußern; wish sb. ~: jmdm. alles Gute wünschen; stand ~ with sb. [sich] gut mit jmdm. stehen; ey it in all likelihood [es] wohl; **f)** *(easily)* ohne weiteres; you cannot very ~ refuse their help du kannst ihre Hilfe nicht ohne weiteres *od.* nicht gut ausschlagen; **g)** as ~ *(in addition)* auch; ebenfalls; *(as much, not less truly)* genauso; ebenso; *(with equal reason)* genausogut; ebensogut; *(advisable)* ratsam; *(equally well)* genauso gut; Coming for a drink? – I might as ~: Kommst du mit, einen trinken? – Warum nicht?; you might as ~ go du kannst ruhig gehen; that is [just] as ~ *(not regrettable)* um so besser; it was just as ~ that I had ...: zum Glück hatte ich ...; as ~ as *(in addition to)* A as ~ as B: B und auch [noch] A; she can sing as ~ as dance sie kann singen und auch tanzen; as ~ as helping *or* *(coll.)* help me, she continued her own work sie half mir und machte dabei noch mit ihrer eigenen Arbeit weiter. *See also* **best 2; better 2; ¹do 1 u;**

²live 1 a; may a; pretty 2; speak 1 a. 3. *adj.* **a)** *(in good health)* gesund; How are you feeling now? – Quite ~, thank you Wie fühlen Sie sich jetzt? – Ganz gut, danke; look ~: gut *od.* gesund aussehen; I am perfectly ~: ich fühle mich bestens; get ~ soon! gute Besserung!; he hasn't been very ~ lately es geht ihm in letzter Zeit nicht sehr gut; feel ~: sich wohl fühlen; she wanted to come, but she isn't ~ enough sie wollte kommen, aber es geht ihr nicht so gut; make sb. ~: jmdn. gesund machen; **b)** *pred. (satisfactory)* I am very ~ where I am ich bin hier sehr zufrieden; all's ~: es ist alles in Ordnung; all's ~ that ends ~ *(prov.)* Ende gut, alles gut; all is not ~ with sb./sth. mit jmdm./etw. ist etwas nicht in Ordnung; [that's all] ~ and good [das ist alles] gut und schön; all being ~: wenn alles gutgeht; **c)** *pred. (advisable)* ratsam. *See also* **all 2 d; very 2 d**
we'll [wɪl, *stressed* wi:l] = we will
well: ~-advised *see* advised; ~-aimed *adj.* gezielt *⟨Schuß, Tritt, Stoß, Schlag⟩*; ~-appointed *adj.* gut ausgestattet; ~-balanced *adj.* **a)** *(sensible)* ausgeglichen *⟨Person⟩*; ausgewogen *⟨Plan⟩*; **b)** *(equally matched)* harmonisch *⟨Paar⟩*; gleich stark *⟨Mannschaften⟩*; ~-behaved *adj. see* behave 1 a; ~-being *n.* Wohl, *das;* she felt a sense of ~-being sie fühlte sich wohl; ~-bred *adj.* **a)** *(having good manners)* anständig; **b)** *(of good stock)* *⟨Schwein, Pferd⟩* aus guter Zucht; ~-built *adj. ⟨Person⟩* mit guter Figur; be ~-built eine gute Figur haben; ~-chosen *adj.* wohlgesetzt *⟨Worte⟩*; wohlüberlegt *⟨Bemerkungen⟩*; a few ~-chosen words ein paar wohlüberlegte Worte *(reprimand)* ein paar warme Worte *(iron.);* ~-conducted *adj.* gut geleitet *od.* organisiert; ~-connected *adj. ⟨Person⟩* mit guten Beziehungen; ~-defined *adj.* klar definiert; ~-deserved *adj.* wohlverdient *⟨Lob, Ruhe⟩*; verdient *⟨Belohnung, Prügel⟩*; ~-disposed *see* disposed; ~-done *adj. (Cookery)* durchgebraten; durch *nicht attr.;* order a steak ~ done ein durchgebratenes Steak bestellen; ~-dressed *adj.* gutgekleidet präd. getrennt geschrieben; ~-earned *adj.* wohlverdient; ~-educated *adj.* gebildet *⟨Person, Benehmen⟩*; ~-equipped *adj.* gut ausgestattet *⟨Büro, Studio, Krankenwagen⟩*; gut ausgerüstet *⟨Polizei, Armee, Expedition, Flugzeug⟩*; ~-established *adj.* bewährt; ~-fed *adj.* wohlgenährt; ~-founded *adj.* [wohl] fundiert; ~-groomed *adj.* gepflegt; '**grounded** *adj.* **a)** *(trained)* be ~-grounded in a subject gute Grundkenntnisse in einem Fach haben; **b)** *see* ~-founded; ~-heeled *adj. (coll.)* gutbetucht *(ugs.)*
wellies ['welɪz] *n. pl. (Brit. coll.)* Gummistiefel
'**well-informed** *adj.* **a)** she is one of the most ~ people I have ever met von allen, die ich kenne, weiß sie am besten Bescheid; **b)** *(having access to reliable information)* gutunterrichtet präd. getrennt geschrieben
wellington ['welɪŋtən] *n.* ~ [boot] Gummistiefel, *der*
well: ~-intentioned ['welɪntenʃənd] *adj.* gutgemeint präd. getrennt geschrieben; ~-judged *adj.* gut gezielt; ~-kept *adj.* gepflegt; in gutem Zustand nachgestellt; wohlgehütet *⟨Geheimnis⟩*; ~-knit *adj.* gut gebaut *⟨Körper, Figur, Sportler⟩*; ~-known *adj.* **a)** *(known to many)* bekannt; **b)** *(known thoroughly)* vertraut; ~-loved *adj.* beliebt; ~-made *adj.* **a)** *(skilfully manufactured)* gut [gearbeitet]; **b)** *(having good build)* gut gebaut; ~-mannered *adj.* see mannered b; ~-marked *adj.* gut gekennzeichnet *⟨Strecke, Wanderung⟩*; ~-matched *adj.* einander ebenbürtig *⟨Gegner, Mannschaften⟩*; they are a ~-matched couple sie passen gut zu-

einander; ~-**meaning** adj. wohlmeinend; be ~-**meaning** es gut meinen; ~-**meant** adj. gutgemeint; ~-**nigh** adv. (rhet.) nahezu; ~ **off** adj. **a)** (rich) wohlhabend; sb. **is ~ off for sth.** (provided with) mit etw. gut versorgt sein; **c)** (favourably situated) **she is perfectly ~ off** es geht ihr ausgezeichnet; ~-**oiled** adj. (fig. sl.: drunk) vernünftig (salopp); ~ **paid** adj. gutbezahlt präd. getrennt geschrieben; **he's ~ paid enough** er kriegt genug bezahlt; ~-**preserved** adj. gut erhalten ⟨Holz, Mumie, (scherzh.) Achtzigjährige usw.⟩; ~-**read** ['welred] adj. belesen; ~-**rounded** adj. **a)** (complete and symmetrical) abgerundet; **b)** (complete and expressed) ausgewogen; ~-**spent** adj. sinnvoll verbracht ⟨Zeit⟩; ~-**spoken** adj. sprachlich gewandt; mit angenehmer Sprachweise nachgestellt; ~-**stocked** adj. gut gefüllt ⟨Kühlschrank, Vorratskammer, Hausbar⟩; ~-**thought-out** adj. gut durchdacht; ~-**thumbed** adj. zerlesen ⟨Buch⟩; ~-**timed** adj. zeitlich gut gewählt; ~-**to-do** adj. wohlhabend; ~-**trodden** adj. (lit. or fig.) ausgetreten; ~-**turned** adj. wohlgesetzt; ~-**upholstered** adj. (fig. joc.) gut gepolstert; ~-**wisher** n. Sympathisant, der/Sympathisantin, die; **cards and gifts from ~-wishers** Kartengrüße und Geschenke; ~-**worn** adj. abgetragen ⟨Kleidungsstück⟩; abgenutzt ⟨Teppich⟩; abgegriffen ⟨Einband, Buch, Zeitschrift⟩; abgedroschen ⟨Redensart, Ausdruck⟩

Welsh [welʃ] **1.** adj. walisisch; **sb. is ~:** jmd. ist Waliser/Waliserin; see also **corgi**; **English 1. 2.** n. **a)** (language) Walisisch, das; see also **English 2 a**; **b)** pl. **the ~:** die Waliser

welsh v. i. (leave without paying) sich davonmachen, ohne zu bezahlen; sich auf französisch verabschieden (ugs.)
~ **on** v. t. (coll.) ~ **on sb./sth.** jmdn. sitzen lassen/sich um etw. herumdrücken (ugs.)

Welsh: ~**man** ['welʃmən] n., pl. ~**men** ['welʃmən] Waliser, der; ~ '**rabbit**, ~ '**rarebit** ns. Käsetoast, der; ~**woman** n. Waliserin, die

welt [welt] n. **a)** (of shoe) Rahmen, der; **b)** (heavy blow) Hieb, der; **c)** (trimming) Bündchen, das; **d)** see ²**weal**

Weltanschauung [veltanˈʃaʊʊŋ] n. **a)** (philosophy of life) Weltanschauung, die; **b)** (conception of the world) Weltbild, das

welter ['weltə(r)] **1.** v. i. sich wälzen. **2.** n. Chaos, das; **a ~ of foam** eine schäumende Flut; **a ~ of emotions** ein Sturm von Gefühlen

'**welterweight** n. (Boxing etc.) Weltergewicht, das; (person also) Weltergewichtler, der

wen [wen] n. (Med.) Grützbeutel, der
Wenceslas ['wensɪsləs] pr. n. (Hist.) Wenzel (der)
wench [wentʃ] n. (arch./joc.) Mädel, das; (arch.: maid-servant) Magd, die (veralt.)
Wend [wend] n. Wende, der/Wendin, die
wend v. t. (literary/arch.) ~ **one's way homewards** sich auf den Heimweg machen; **they ~ed their way back towards the village** sie machten sich auf den Weg zurück ins Dorf
Wendy house ['wendɪ haʊs] n. Spielhaus, das
went see ¹**go** 1, 2
wept see **weep** 1, 2
were see **be**
we're [wɪə(r)] = **we are**
weren't (coll.) = **were not**; see **be**
werewolf ['wɪəwʊlf, 'weəwʊlf] n., pl. **werewolves** ['wɪəwʊlvz, 'weəwʊlvz], **werwolf** ['wɜːwʊlf], pl. **werwolves** ['wɜːwʊlvz] (Mythol.) Werwolf, der
west [west] **1.** n. **a)** Westen, der; **the ~:** West (Met., Seew.); (Amer.: western part of US)

der Westen; **in/to|wards|/from the ~:** im/nach od. (geh.) gen/von Westen; **to the ~ of** westlich von; westlich (+ Gen.); **b)** (European civilization) Westen, der; Abendland, das; **c)** (Cards) West. See also **east 1**; **Far West**; **Middle West**; **Wild West**. **2.** adj. westlich; West⟨küste, -wind, -grenze, -tor⟩. **3.** adv. westwärts; nach Westen; ~ **of** westlich von; westlich (+ Gen.); **go ~** (fig. sl.: be killed or wrecked or lost) hopsgehen (salopp); ~ **by north/south** see ¹**by 1 d**; see also **east 3**

West: ~ '**Africa** pr. n. Westafrika (das); ~ '**Bank** pr. n. **the ~ Bank** (of the Jordan) das Westjordanland (das); ~ **Ber'lin** pr. n. (Hist.) West-Berlin (das); Berlin (West) (Amtsspr.); **w~bound** adj. ⟨Zug usw.⟩ in Richtung Westen; ~ **Country** n. (Brit.) Westengland, das; ~ '**End** n. (Brit.) Westend, das; **the ~ End theatres** die Theater des Londoner Westends

westering ['westərɪŋ] attrib. adj. im Westen stehend

westerly ['westəlɪ] **1.** adj. **a)** (in position or direction) westlich; **in a ~ direction** nach Westen; **b)** (from the west) ⟨Wind⟩ aus westlichen Richtungen; **the wind was ~:** der Wind kam aus Westen. **2.** adv. **a)** (in position) westlich; (in direction) nach Westen; **b)** (from the west) von Westen od. von West[en]. **3.** n. West[wind], der

western ['westən] **1.** adj. westlich; West⟨grenze, -hälfte, -seite, -fenster, -wind⟩; ~ **Germany** Westdeutschland (das); see also **bloc**; **Middle Western**. **2.** n. Western, der

westerner ['westənə(r)] n. Abendländer, der/Abendländerin, die

Western: ~ '**Europe** pr. n. Westeuropa (das); ~ **Euro'pean 1.** adj. westeuropäisch; **2.** n. Westeuropäer, der/-europäerin, die

westernization [westənaɪˈzeɪʃn] n. Verwestlichung, die

westernize ['westənaɪz] v. t. verwestlichen
westernmost ['westənməʊst] adj. westlichst...

West: ~ '**German** (Hist.) **1.** adj. westdeutsch; **2.** n. Westdeutsche, der/die; ~ '**Germany** pr. n. (Hist.) Westdeutschland (das); ~ '**Indian 1.** adj. westindisch; **2.** n. Westinder, der/-inderin, die; ~ '**Indies** see **Indies b**

Westminster ['westmɪnstə(r)] n. (Brit. Parliament) Westminster (das); London (das) (ugs.)

west: ~-**north-**' **1.** n. Westnordwest[en], der; **2.** adj. westnordwestlich; **3.** adv. nach Westnordwest[en]; **W~ of 'England** pr. n. Westengland (das)

Westphalia [westˈfeɪlɪə] pr. n. Westfalen (das)

Westphalian [westˈfeɪlɪən] **1.** adj. westfälisch. **2.** n. Westfale, der/Westfalin, die

West: ~ **Side** n. (Amer.) West Side, die; **w~-south-**' **1.** n. Westsüdwest[en], der; **2.** adj. westsüdwestlich; **3.** adv. nach Westsüdwest[en]

westward ['westwəd] **1.** adj. nach Westen gerichtet; (situated towards the west) westlich; **in a ~ direction** nach Westen. **2.** adv. westwärts; **they are ~ bound** sie fahren nach [in] Richtung Westen. **3.** n. Westen, der

westwards ['westwədz] see **westward 2**

wet [wet] **1.** adj. **a)** naß; ~ **with tears** tränenfeucht; ~ **behind the ears** (fig.) feucht hinter den Ohren (ugs.); ~ **to the skin**, ~ **through** naß bis auf die Haut; **b)** (rainy) regnerisch, feucht ⟨Klima⟩; **c)** (recently applied) frisch ⟨Farbe⟩; '~ **paint** „frisch gestrichen"; **d)** (sl.: feeble) schlapp (ugs.); schlappschwänzig (salopp); **e)** (Brit. Polit. coll.) pflaumenweich (ugs. abwertend); schlappschwänzig (salopp abwertend). See also **blanket 1 a**; ¹**rag a**. **2.** v. t., **-tt-**, **wet** or **wetted a)** befeuchten; see also **whistle 3 c**; **b)** (urinate on) ~

one's **bed/pants** das Bett/sich (Dat.) die Hosen naß machen. **3.** n. **a)** (moisture) Feuchtigkeit, die; **b)** (rainy weather) Regenwetter, das; (rainy conditions) Nässe, die; **c)** (sl.: feeble person) Flasche, die (salopp abwertend); **d)** (Brit. Polit. coll.) Schlappschwanz, der (salopp abwertend)

wet: ~**back** n. (Amer. coll.) illegaler mexikanischer Einwanderer; ~ '**dream** n. feuchter Traum

wether ['weðə(r)] n. (Zool.) Hammel, der
wet: ~**lands** n. pl. Feuchtgebiete, die; ~ **look** n. Hochglanz, der; (of hair) Wet-Look, der

wetness ['wetnɪs] n., no pl. **a)** (being wet) Nässe, die; **a patch of ~:** ein nasser Fleck; **b)** (being rainy) Feuchtigkeit, die

wet: ~-**nurse 1.** n. Amme, die; **2.** v. t. (fig. derog.) bemuttern; ~ **suit** n. Tauchanzug, der

wetting ['wetɪŋ] n. **get a ~:** naß werden; **give sb. a ~:** jmdn. naß machen
'**wetting agent** n. Netzmittel, das
we've [wɪv, stressed wiːv] = **we have**
WFTU abbr. **World Federation of Trade Unions** WGB

whack [wæk] **1.** v. t. (coll.: strike heavily) hauen (ugs.). **2.** n. **a)** (coll.: heavy blow) Schlag, der; **give sb. a ~ on the bottom** jmdm. eins auf den Hintern geben (ugs.); **b)** (sl.: share) Anteil, der; **c)** (coll.: attempt) **have a ~ at sth./at doing sth.** etw. probieren/probieren, etw. zu tun; **d) out of ~** (Amer.) aus dem Leim (ugs.); **e) top ~** (coll.) Spitzentarif, der

whacked [wækt] adj. (Brit. coll.: tired out) erledigt (ugs.); kaputt (ugs.)

whacking ['wækɪŋ] **1.** adj. (sl.) satt (salopp). **2.** adv. (sl.) wahnsinnig (salopp); ~ **great lies** faustdicke Lügen. **3.** n. (coll.) Tracht Prügel, die

whacko ['wækəʊ] int. (Brit. dated sl.) juchhe; juchhu

whale [weɪl] n., pl. ~**s** or same **a)** (Zool.) Wal, der; Walfisch, der (volkst.); **right ~:** Glattwal, der; **b)** no pl. (coll.) **we had a ~ of a [good] time** wir haben uns bombig (ugs.) od. toll (ugs.) amüsiert; **it made a ~ of a difference** es machte ungeheuer viel aus (ugs.)

'**whalebone** n. Fischbein, das
whaler ['weɪlə(r)] n. Walfänger, der
whaling ['weɪlɪŋ] n., no pl., no indef. art. Walfang, der; attrib. Walfang-

wham [wæm] **1.** int. wumm. **2.** n. Knall, der. **3.** v. t., **-mm-:** ~ **sb.** jmdm. einen Schlag versetzen. **4.** v. i., **-mm-** knallen

wharf [wɔːf] n., pl. **wharves** [wɔːvz] or ~**s** Kai, der; Kaje, die (nordd.)

what [wɒt] **1.** interrog. adj. **a)** asking for selection welch...; ~ **book did you choose?** welches Buch hast du ausgesucht?; **b)** asking for statement of amount wieviel; with pl. n. wie viele; ~ **men/money has he?** wie viele Leute/wieviel Geld hat er?; **I know ~ time it starts** ich weiß, um wieviel Uhr es anfängt; ~ **more can I do/say?** was kann ich sonst noch tun/sagen?; ~ **more do you want?** was willst du [noch] mehr?; **c)** asking for statement of kind was für; ~ **kind of man is he?** was für ein Mensch ist er?; ~ **good or use is it?** wozu soll das gut sein? See also **price 1 d**. **2.** excl. adj. **a)** (how great) was für; ~ **a fool you are!** was für ein Dummkopf du doch bist!; ~ **impudence** or **cheek/luck!** was für eine Unverschämtheit od. Frechheit/ was für ein Glück!; **3.** rel. adj. **b)** (to what extent) was für. **3.** rel. pron. **we can dispose of ~ difficulties there are remaining** wir können die verbleibenden Schwierigkeiten ausräumen; **lend me ~ money you can** leih mir soviel Geld, wie du kannst; **I will give you ~ help I can** ich werde dir helfen, so gut ich kann. **4.** adv. **a)** (to what extent) ~ **do I care?** was kümmert's mich?; ~ **does it matter?** was macht's?; **b)** ~ **with ...:** wenn man an ... denkt; ~ **with**

changing jobs and moving house I haven't had time to do any studying da ich eine neue Stellung angetreten habe und umgezogen bin, hatte ich keine Zeit zum Lernen; ~ with one thing and another wie das so ist od. geht. **5.** *interrog. pron.* **a)** (~ *thing)* was; **~ is your name?** wie heißt du/heißen Sie?; ~ **about ...?** *(is there any news of ...?*, ~ **will become of ...?)** was ist mit ...?; ~ **about a game of chess?** wie wär's mit einer Partie Schach?; ~ **to do?** was tun?; ~ **d'you-[ma-] call-him/-her/-it,** ~ **'s-his/-her/-its-name** heißt er/sie/es noch; ~ **for?** wozu?; ~ **do you want the money for?** wofür willst du das Geld?; **and/or** ~ **'have you und/oder was sonst noch [alles];** ~ **if ...?** was ist, wenn ...?; ~ **is he?** was ist er für einer?; ~ **is it** *etc.* **like?** wie ist es usw.?; **I've lost a pen here somewhere — Well,** ~ **is it like?** Ich habe hier irgendwo einen Stift verloren. — Was ist es denn für einer?; ~ **next?** *(fig.)* sonst noch was?; ~ **not wer** weiß was alles; ~ **'of him/her?** was ist mit ihm/ihr?; ~ **'of it?** was ist dabei?; was soll [schon] dabeisein?; ~ **do you say** *or (Amer.)* ~ **say we have a rest?** was hältst du davon, wenn wir mal Pause machen?; wie wär's mit einer Pause?; ~ **will people say?** was werden die Leute sagen?; **all she ever thinks about is** ~ **people will say** sie denkt immer nur daran, was die Leute sagen; **[I'll] tell you** ~: weißt du, was; paß mal auf; **[and]** ~ **then?** [na] und?; **or** ~? oder was?; **so** ~? na und?; **b)** *asking for confirmation* ~? wie?; was? *(ugs.);* **you did** ~? wie hast du gemacht?; **nice day,** ~? *(Brit. coll.)* schöner Tag, was? *(ugs.);* **c)** *in rhet. questions equivalent to neg. statement* ~ **is the use in trying/the point of going on?** wozu [groß] versuchen/weitermachen?; **can she give 2 c;** **know 1 c. 6.** *rel. pron.* **a)** *(that which)* was; **do** ~ **I tell you** tu, was ich dir sage; ~ **little I know/remember** das bißchen, das ich weiß/ an das ich mich erinnere; **this is** ~ **I mean:** ...: ich meine Folgendes: ...; **give me** ~ **you can** gib mir, soviel du kannst; **I disagree with** ~ **you are saying** ich stimme dem nicht zu, was du sagst; **tell sb.** ~ **to do** *or* ~ **he can do with sth.** *(coll. iron.)* jmdm. sagen, wo er sich *(Dat.)* etw. hinstecken kann *(salopp);* ~ **is more** außerdem; zusätzlich; **the weather being** ~ **it is ...**: so, wie es mit dem Wetter aussieht, ...; **for** ~ **it is** in seiner Art; **b)** *(uneducated: who, which)* wo *(salopp):* **it's the poor** ~ **gets the blame** die Armen müssen immer alles ausbaden. *See also* **but 1 b;** **come m. 7.** *excl. pron.* was; ~ **she must have suffered!** wie sie gelitten haben muß! **whate'er** [wɒt'eə(r)] *(poet.),* **whatever** [wɒt'evə(r)] **1.** *adj.* **a)** *rel. adj.* ~ **measures we take** welche Maßnahmen wir auch immer ergreifen; ~ **materials you will need** alle Materialien, die du vielleicht brauchst; **b)** *(notwithstanding which)* was für ... auch immer; ~ **problems you encounter** auf welche Probleme Sie auch stoßen [mögen]; **c)** *(at all)* überhaupt; **I can't see anyone** ~: ich kann überhaupt niemanden sehen. **2.** *pron.* **a)** *rel. pron.* was für ... [auch immer]; ~ **you do to complain, they will still take no notice** man kann sich beschweren, wie man will, sie beachten es doch nicht; **do** ~ **you like** mach, was du willst; **b)** *(notwithstanding anything)* was auch [immer]; ~ **happens, ...**: was auch geschieht, ...; **c) or** ~ oder was auch immer; oder sonst was *(ugs.);* **d)** *(coll.)* = **what ever** *see* **ever e**

'**whatnot** *n.* **a)** *(coll.: indefinite thing)* Dingsbums, *das (ugs.);* **b)** *(stand with shelves)* Etagere, *die*

whatsit ['wɒtsɪt] *n. (coll.) (thing)* Dingsbums, *das (ugs.); (person)* Dingsda, *der (ugs.)*

whatsoe'er [wɒtsəʊ'eə(r)] *(poet.),* **whatsoever** [wɒtsəʊ'evə(r)] *see* **whatever**

wheat [wiːt] *n., no pl., no indef. art.* Weizen, *der;* **sort out** *or* **separate the** ~ **from the chaff** *(fig.)* die Spreu vom Weizen trennen

'**wheat-belt** *n. (Geog.)* Weizengürtel, *der*

wheaten ['wiːtn] *adj.* Weizen-

wheat: ~ **germ** *see* **germ;** ~**-meal** *n. (Brit.)* Weizen[vollkorn]mehl, *das*

whee [wiː] *int.* juchhe

wheedle ['wiːdl] *v. t.* **a)** *(coax)* ~ **sb.** jmdm. gut zureden; ~ **sb. into doing sth.** jmdm. so lange gut zureden, bis er etw. tut; **b)** *(get by cajoling)* ~ **sth. out of sb.** jmdm. etw. abschwatzen *(ugs.)*

wheel [wiːl] **1.** *n.* **a)** Rad, *das; (of roller-skate)* Rolle, *die;* **[potter's]** ~: Töpferscheibe, *die;* **[roulette]** ~: Roulett, *das;* **reinvent the** ~ *(fig.)* sich mit Problemen aufhalten, die längst gelöst sind; **get oneself some** ~**s** *(coll.)* sich *(Dat.)* einen fahrbaren Untersatz zulegen *(ugs.);* **put** *or* **set the** ~**s in motion** *(fig.)* die Sache in Gang setzen; **the** ~**s of bureaucracy turn slowly** *(fig.)* die Mühlen der Bürokratie mahlen langsam; **there are** ~**s within** ~**s** *(fig.)* es spielen Dinge eine Rolle, von denen man gar nichts ahnt; **break sb. on the** ~ *(Hist.)* jmdn. rädern; *see also* **butterfly a; oil 2 a; shoulder 1 a;** '**spoke a; b)** *(for steering) (Motor Veh.)* Lenkrad, *das; (Naut.)* Steuerrad, *das;* **at** *or* **behind the** ~ *(of car)* am od. hinterm Steuer; *(of ship; also fig.)* am Ruder; **c)** *(movement in a circle)* Kreisbewegung, *die;* **the ~[s] of the vultures** das Kreisen der Geier; **d)** *(Mil.: drill movement)* Schwenkung, *die;* **left/right** ~! Links-/Rechtsschwenkung, *die.* **2.** *v. t.* **a)** *(turn round)* wenden; **b)** *(Mil.)* schwenken lassen; **c)** *(push)* schieben; ~ **oneself (in a wheelchair)** fahren. **3.** *v. i.* **a)** *(turn round)* kehrtmachen; **b)** *(circle)* kreisen; **c)** *(Mil.)* schwenken; **left/right** ~! links/rechts schwenkt!

~ **a'bout,** ~ **a'round 1.** *v. t.* herumdrehen; wenden *(Pferd).* **2.** *v. i.* kehrtmachen; *(face the other way)* sich umdrehen; *(fig.)* kreisen; *(Tänzer:)* sich im Kreise drehen

~ '**in** *v. t.* hinein-/hereinschieben

~ '**out** *v. t.* hinaus-/herausschieben; ~ **sb. out** *(fig. derog.)* jmdn. vorführen

~ '**round** *see* **wheel about**

wheel: ~ **and 'deal** *v. i.* mauscheln; ~**barrow** *n.* Schubkarre, *die;* Schubkarren, *der;* ~**barrow race** *n.* Schubkarrenrennen, *das;* ~**base** *n. (Motor Veh., Railw.)* Radstand, *der;* ~**brace** *n.* Radschlüssel, *der; (cross-shaped)* Kreuzschlüssel, *der;* ~**chair** *n.* Rollstuhl, *der;* ~**clamp** *n.* Parkkralle, *die*

wheeled [wiːld] *adj.* mit Rädern *nachgestellt;* ⟨*Möbel, Kulisse usw.*⟩ auf od. mit Rollen; ~ **vehicle** Räderfahrzeug, *das*

-**wheeled** *adj. in comb.* ⟨vier-, sechs-, acht⟩räd[e]rig

wheeler-dealer [wiːlə'diːlə(r)] *n.* Mauschler, *der/*Mauschlerin, *die; (financial)* Geschäftemacher, *der/*-macherin, *die*

'**wheel-house** *n. (Naut.)* Steuerhaus, *das*

wheelie ['wiːli] *n. (sl.)* Fahren auf dem Hinterrad; Wheelie, *das;* **do a** ~**/do** ~**s** auf dem Hinterrad fahren; ein Wheelie/Wheelies fahren

wheeling ['wiːlɪŋ] *n., no pl., no indef. art.* Kreisen, *das*

wheeling and 'dealing *n.* Mauschelei, *die; (shady deals)* undurchsichtige Geschäfte; **there is a lot of** ~ **going on** es wird eifrig gemauschelt

wheel: ~ **of fortune** *n.* Glücksrad, *das;* ~ **of life** *n. (Buddhism)* Rad des Lebens od. Werdens; ~**-spin** *n. (Motor Veh., Railw.)* Durchdrehen der Räder; **because of ~-spin** wegen durchdrehender Räder; ~**wright** ['wiːlraɪt] *n.* Stellmacher, *der*

wheeze [wiːz] **1.** *v. i.* schnaufen; keuchen. **2.** *n.* **a)** Schnaufen, *das;* Keuchen, *das;* **give a [loud]** ~: [laut] schnaufen od. keuchen; **b)** *(sl.) (trick)* Trick, *der; (plan)* Idee, *die;* **think up a** ~: einen Dreh finden *(ugs.);* **a good** ~ **for making money** eine gute Masche, zu Geld zu kommen

~ '**out** *v. t.* keuchen

wheezy ['wiːzɪ] *adj. (coll.)* pfeifend, keuchend ⟨*Atem, Stimme*⟩; asthmatisch ⟨*Husten*⟩; schnaufend ⟨*Orgel*⟩; **be** ~ ⟨*Atem:*⟩ pfeifend gehen, pfeifen; ⟨*Person:*⟩ pfeifend atmen

whelk [welk] *n. (Zool.)* Wellhornschnecke, *die*

whelp [welp] **1.** *n.* Welpe, *der.* **2.** *v. i. (also derog.)* werfen

when [wen] **1.** *adv.* **a)** *(at what time)* wann; **say** ~ *(coll.: pouring drink)* sag halt; **that was** ~ **I intervened** das war der Moment, wo ich eingriff; **the best part of the film was** ~ **the car exploded** das Beste in dem Film war die Szene, als das Auto explodierte; **b)** *(at which) the time* ~ ...: die Zeit, zu der od. *(ugs.)* wo/*(with past tense)* als ...; **the day** ~ ...: der Tag, an dem od. *(ugs.) wo/(with past tense)* als ...; **do you remember [the time]** ~ **we** ...: erinnerst du dich daran, wie wir ... **2.** *conj.* **a)** *(at the time that) (with present or future tense)* wenn; ~ **[I was] young** als ich jung war; in meiner Jugend; ~ **in doubt** im Zweifelsfall; *(with gerund)* ~ **cleaning the gun** beim Putzen des Gewehrs; ~ **speaking French** wenn ich/sie usw. Französisch spreche/spricht *usw.;* **b)** *(whereas)* **why do you go abroad** ~ **it's cheaper here?** warum fährst du ins Ausland, wo es doch hier billiger ist?; **I received only £5** ~ **I should have got £10** ich bekam nur 5 Pfund, hätte aber 10 Pfund bekommen sollen; **c)** *(considering that)* wenn; **how can I finish it** ~ **you won't help?** wie soll ich es fertigmachen, wenn du nicht hilfst?; **d)** *(and at that moment)* als. **3.** *pron.* **by/till** ~...?; bis wann ...?; **from/since** ~ ...? ab/seit wann ...?; ~ **are we invited for?** für wann sind wir eingeladen?; **but that was yesterday, since** ~ **things have changed** das war gestern, und inzwischen hat sich manches geändert. **4.** *n.* Wann, *das; see also* **where 4**

whence [wens] *(arch./literary)* **1.** *adv.* woher; ~ **did you learn this news?** wo[her] hast du das erfahren?; **the village** ~ **comes the famous cheese** das Dorf, aus dem der berühmte Käse kommt; **the source** ~ **these evils spring** die Quelle dieser Übel; **these are the facts,** ~ **we can conclude that ...**: das sind die Tatsachen, aus denen wir schließen können, daß ...; ~ **my doubts about his abilities** daher meine Zweifel über seine Fähigkeiten. **2.** *conj. (to the place from which)* dorthin, woher; **he returned it** ~ **it came** er brachte es dorthin zurück, wo es herkam. **3.** *pron. from* ~ *see* **1**

whene'er [wen'eə(r)] *(poet.),* **whenever** [wen'evə(r)] **1.** *adv.* **a)** wann immer; **or** ~ oder wann immer; **b)** *(coll.)* = **when ever** *see* **ever e. 2.** *conj.* jedesmal wenn

whensoe'er [wensəʊ'eə(r)] *(poet.),* **whensoever** [wensəʊ'evə(r)] *adv.* wann auch immer

where [weə(r)] **1.** *adv.* **a)** *(in or at what place)* wo; ~ **shall we sit?** wo wollen wir sitzen od. uns hinsetzen?; **wohin** wollen wir uns setzen?; ~ **was I?** *(fig.)* wo war ich stehengeblieben?; ~ **did Orwell say/write that?** wo od. an welcher Stelle sagt/schreibt Orwell das?; ~ **is the harm in it/the sense of it?** *(rhet.)* was macht das schon/welchen od. was für einen Sinn hat das?; **this is** ~ **I was born** hier bin ich geboren; **b)** *(from what place)* woher; ~ **did you get that information?** wo hast du das erfahren?; **c)** *(to what place, to which)* wohin; **she's going** ~ **she's wanted** sie geht dahin, wo sie gebraucht wird; ~ **shall I put it?** wohin soll ich es legen?; wo soll ich es hinlegen?; **the town** ~ **they were going** die Stadt, wohin sie fuhren;

whereabouts

~ do we go from here? *(fig.)* was tun wir jetzt *od.* als nächstes?; I know ~ I'm going *(fig.)* ich weiß, was ich erreichen will; d) *(in what respect)* inwiefern; I don't know ~ they differ/I've gone wrong ich weiß nicht, worin sie sich unterscheiden/wo ich den Fehler gemacht habe; ~ he is weakest is in maths am schwächsten ist er in Mathematik; that is ~ you are wrong in diesem Punkt irrst du dich; e) *(in which)* wo; in the box ~ I keep my tools in der Kiste, wo ich mein Werkzeug habe; f) *(in what situation)* wo; ~ will/would they be if ...? was wird/würde aus ihnen, wenn ...?; ~ would I be without you? was täte ich ohne dich?; ~ will it all end? wo wird das noch enden? 2. *conj.* wo; ~ uncertain, leave blank bei Unsicherheit [bitte] freilassen; delete ~ inapplicable Nichtzutreffendes [bitte] streichen. 3. *pron.* near/not far from ~ it happened nahe der Stelle/nicht weit von der *od.* unweit der Stelle, wo es passiert ist; from ~ I'm standing von meinem Standort [aus]; they continued from ~ they left off sie machten da weiter, wo sie aufgehört hatten; to Oxford, from ~ we took a train to London nach Oxford, wo wir den Zug nach London nahmen; within ten metres of ~ we stood keine zehn Meter von der Stelle, wo wir standen; we drove out to ~ the air was fresh and clean wir fuhren dorthin, wo die Luft frisch und sauber war; ~ [...] from? woher [...]?; von wo [...]?; ~ do/have you come from? woher kommst du?; wo kommst du her?; he is never sure ~ his next meal is coming from er weiß nie, woher er seine nächste Mahlzeit kriegt; ~[...] to? wohin[...]?; ~ are you going to? wohin gehst du?; wo gehst du hin?; ~ have you got to [in the book]? wie weit bist du [in dem Buch]? 4. *n.* Wo, *das*; I can't recall the ~ and when [of it] ich weiß nicht mehr, wo und wann [es war]

whereabouts 1. [weəˈbaʊts] *adv.* *(in what place)* wo; *(to what place)* wohin. 2. [weəraˈbaʊts] *pron.* ~ are you from? woher kommst du? 3. [ˈweərəbaʊts] *n., constr. as sing. or pl.* *(of thing)* Verbleib, *der*; *(of person)* Aufenthalt[sort], *der*; her/its present ~ is *or* are unknown wo sie sich zur Zeit aufhält/wo es sich zur Zeit befindet, ist unbekannt

where: ~ˈas *conj.* a) *(while)* he is very quiet, ~as she is an extrovert er ist sehr ruhig, sie dagegen ist eher extravertiert; b) *(Law: considering that)* in Anbetracht dessen, daß; da; ~ˈby *adv.* a) *(by which)* mit dem/der/denen; mit dessen/deren Hilfe; b) *(dated/literary: by what means?)* wie; ~by shall I know this? woran erkenne ich das?

where'er [weərˈeə(r)] *(poet.)* see **wherever**

wherefore [ˈweəfɔː(r)] 1. *adv.* *(arch./literary)* weshalb. 2. *n.* the whys and ~s see **why** 3

where: ~ˈin *adv. (formal)* a) *(in which)* worin; in dem/der/denen; b) *(in what respect)* inwiefern; worin ⟨*sich unterscheiden, sich finden*⟩; womit ⟨*dienen*⟩; ~ˈof *adv. (formal)* *(of which)* von dem/der/denen; woraus *(gemacht sein)*; the house ~ he is the owner das Haus, dessen Eigentümer er ist

wheresoe'er [weəsəʊˈeə(r)] *(poet.),*
wheresoever [weəsəʊˈevə(r)] *adv., conj.* wo auch immer

whereupon [weərəˈpɒn] *adv.* worauf

wherever [weərˈevə(r)] 1. *adv.* a) *(in whatever place)* wo immer; sit ~ you like setz dich, wohin du magst; I'll find him, ~ he lives ich werde ihn finden, wo er auch wohnt *od.* wohnen mag; or ~: oder wo immer *od.* sonstwo *(ugs.)*; b) *(to whatever place)* wohin immer; I shall go ~ I like ich gehe, wohin ich will; I shall go ~ there is work ich gehe dahin, wo es Arbeit gibt; or ~: oder wohin immer; oder sonstwohin *(ugs.)*; c) *(coll.)* = **where ever** see **ever** e. 3.

conj. a) *(in every place that)* überall [da], wo; ~ security is involved wann immer es um die Sicherheit geht; do it ~ possible tun Sie es, wo *od.* wenn [irgend] möglich; b) *(to every place that)* wohin auch; ~ he went wohin er auch ging; wo er auch hinging. 3. *pron.* wo ... auch; ~ you're going to wo du auch hingehst; wohin du auch gehst; ~ it/he comes from wo es/er auch herkommt; woher es/er auch kommt; carry on reading from ~ you've got to lies da weiter, bis wohin du gekommen bist

wherewithal [ˈweəwɪðɔːl] *n. (coll.)* the ~: das nötige Kleingeld *(ugs.)*

wherry [ˈwerɪ] *n.* a) *(rowing-boat)* [Ruder]kahn, *der*; b) *(Brit.: barge)* [Last]kahn, *der*

whet [wet] *v. t.*, -tt- a) *(sharpen)* wetzen; b) *(fig.: stimulate)* anregen ⟨*Appetit*⟩; erregen ⟨*Interesse*⟩; reizen ⟨*Neugier*⟩

whether [ˈweðə(r)] *conj.* ob; I don't know ~ to go [or not] ich weiß nicht, ob ich gehen soll [oder nicht]; the question [of] ~ to do it [or not] die Frage, ob man es tun soll [oder nicht]; ~ you like it or not, I'm going ob es dir paßt oder nicht, ich gehe; see also **doubt** 1 a, 3; **no** 2 c

whetstone *n. (lit. or fig.)* Wetzstein, *der*

whew [hwjuː] *int. expr. surprise* oh; *expr. consternation etc.* puh; *expr. relief* ah

whey [weɪ] *n., no pl., no indef. art.* Molke, *die*

which [wɪtʃ] 1. *adj.* a) *interrog.* welch...; ~ one welcher/welche/welches; ~ ones welche; ~ one of you did it? wer von euch hat es getan?; ~ way *(how)* wie; *(in ~ direction)* wohin; b) *rel.* welch... *(geh.)*; I told him to go to the doctor, ~ he took ich habe ihm geraten, zum Arzt zu gehen, was er auch getan hat; he usually comes at one o'clock, at ~ time I'm having lunch/by ~ time I've finished er kommt immer um ein Uhr; dann esse ich gerade zu Mittag/bis dahin bin ich schon fertig; a 5 × 4 camera (~ size I prefer) eine 5 × 4-Kamera (das Format, das ich vorziehe). 2. *pron.* a) *interrog.* welcher/welche/welches; ~ of you? wer von euch?; ~ is ~? welcher/welche/welches ist welcher/welche/welches?; I can't tell ~ is ~: ich kann sie nicht auseinanderhalten *od.* unterscheiden; b) *rel.* der/die/das; welcher/welche/welches *(veralt.); referring to a clause* was; of ~: dessen/deren; everything ~ I predicted alles, was ich vorausgesagt habe; the crime of ~ you accuse him das Verbrechen, dessen Sie ihn anklagen; the house of ~ I am speaking das Haus, von dem *od.* wovon ich rede; the bed on ~ she lay das Bett, auf dem *od.* worauf sie lag; he grinned, from ~ I gathered he wasn't serious er grinste, woraus ich schloß, daß es nicht sein Ernst war; the shop opposite/near ~ we parked der Laden, gegenüber dem/in dessen Nähe wir parkten; I have received your kind gift, for ~ many thanks ich habe dein nettes Geschenk bekommen. Vielen Dank dafür; I intervened, after ~ they calmed down ich griff ein, worauf[hin] sie sich beruhigten; Our Father, ~ art in Heaven *(Rel.)* Vater unser, der du bist im Himmel

whichever [wɪtʃˈevə(r)] 1. *adj.* a) *(any ... that)* der *od.* derjenige, der/die *od.* diejenige, die/das *od.* dasjenige, das/die *od.* diejenigen, die; go ~ way you want es ist egal, welchen Weg du nimmst; take ~ apple/apples you wish nimm den Apfel, den du willst/die Äpfel, die du willst; ... , ~ period is the longer ... , je nachdem, welches die längere Zeitraum ist; b) *(no matter which/who/whom)* welcher/welche/welches ... auch; ~ way you go welchen Weg du auch nimmst; c) *(coll.)* = **which ever** see **ever** e. 2. *pron.* a) *(any one[s] that)* der *od.* derjenige, der/die *od.* diejenige, die/das *od.* dasjeni-

ge, das/die *od.* diejenigen, die; ~ of you/the children wins will get a prize wer von euch gewinnt/das Kind, das gewinnt, bekommt einen Preis; a list of ~ of the children want to come eine Liste aller Kinder, die kommen wollen; at a walk, trot, or gallop, ~ you please gehend, im Trab oder im Galopp, [ganz] wie du magst; to dinner – or supper, ~ it ought to be called zum Diner – oder Abendessen, wie immer man es nennen soll; b) *(no matter which one[s])* welcher/welche/welches ... auch; ~ of them comes/come wer von ihnen auch kommt; c) *(coll.)* = **which ever** see **ever** e

whichsoever [wɪtʃsəʊˈevə(r)] *(arch.)* see **whichever** 1 a, b, 2 a, b

whiff [wɪf] *n.* a) *(smell)* [leichter] Geruch; *(puff, breath)* Hauch, *der*; ~s of smoke Rauchwölkchen; a ~ of honeysuckle ein leichter Geißblattduft; the ~ from his smelly feet der Geruch seiner Schweißfüße; give her another ~ of chloroform gib ihr noch mal etwas Chloroform; catch a ~ of sth. den Geruch von etw. wahrnehmen; b) *(fig.: trace)* Hauch, *der*; the faintest ~ of sentiment der leiseste Anflug von Sentimentalität

Whig [wɪɡ] *(Hist.)* 1. *n.* Whig, *der.* 2. *attrib. adj.* Whig-

while [waɪl] 1. *n.* Weile, *die*; quite a *or* quite some ~, a good ~: eine ganze Weile; ziemlich lange; it takes a ~: es dauert eine Weile *od.* Zeitlang; [for] a ~: eine Weile; where have you been all the *or* this ~? wo warst du die ganze Zeit?; [only] a little *or* short ~ ago [erst] kürzlich *od.* vor kurzem; all the ~ we were there die ganze Zeit, als wir da waren; a long ~: lange; a long ~ ago *or* back vor langer Zeit; between ~s zwischendurch; for a little *or* short ~: eine kleine Weile; stay a little ~ [longer] bleib noch ein Weilchen; I haven't seen him for a long ~: ich habe ihn lange nicht [mehr] gesehen; in a little *or* short ~: gleich; in a long ~: lange; seit langem; be worth [sb.'s] ~: sich [für jmdn.] lohnen; make sth. worth sb.'s ~: jmdn. für etw. entsprechend belohnen; I'll make it worth your ~: es soll dein Schaden nicht sein; once in a ~: von Zeit zu Zeit [mal]; hin und wieder [mal]; he read the newspaper smoking a cigar the ~: er las die Zeitung und rauchte dabei eine Zigarre. 2. *conj.* a) *(while)* während; *(as long as)* solange; ~ in London he took piano lessons als er in London war, nahm er Klavierstunden; don't smoke ~ in bed rauchen Sie nicht im Bett; could you get me a paper as well ~ you are about it? könntest du mir auch etwas Zeitung mitbringen, wenn du schon dabei bist?; b) *(although)* obgleich; c) *(whereas)* während. 3. *v. t.* ~ away the time sich *(Dat.)* die Zeit vertreiben (by, with mit); ~ away the evening/an hour sich *(Dat.)* den Abend über/eine Stunde lang die Zeit vertreiben

whilst [waɪlst] *(Brit.)* see **while** 2

whim [wɪm] *n. (mood)* Laune, *die*; *(idea)* Spleen, *der*; he acts as the ~ takes him er handelt je nach Laune

whimper [ˈwɪmpə(r)] 1. *n.* ~[s] Wimmern, *das*; *(of dog etc.)* Winseln, *das*; with a ~: wimmernd/winselnd; he gave a ~ of pain er wimmerte vor Schmerz; not with a bang but a ~ *(fig.)* sang- und klanglos. 2. *v. i.* wimmern; ⟨*Hund:*⟩ winseln. 3. *v. t.* in weinerlichem Ton vorbringen ⟨*Klage*⟩; '...', he ~ed „...", wimmerte er

whimsical [ˈwɪmzɪkl] *adj.* a) *(frivolous)* launenhaft; *(odd, fanciful)* spleenig; *(tinged with humour)* launig; humorig; *(teasing)* neckisch ⟨*Blick, Lächeln*⟩; b) *(odd-looking)* kurios; ulkig *(ugs.)*

whimsicality [wɪmzɪˈkælɪtɪ] *n., no pl.* see **whimsical:** a) Launenhaftigkeit, *die*; Spleenigkeit, *die*; Launigkeit, *die*; Humorigkeit, *die*; b) Kuriosität, *die*; Ulkigkeit, *die (ugs.)*

whimsically ['wɪmzɪkəlɪ] *adv.* launenhaft; *(teasingly)* neckisch ⟨ansehen, lächeln⟩; **he said ~ that ...**: er machte die launige Bemerkung, daß ...
whimsy ['wɪmzɪ] *n.* **a)** *no pl. see* **whimsicality a**; **b)** *(idea)* Spleen, *der*
whine [waɪn] **1.** *v.i.* **a)** *(make moaning sound)* heulen; ⟨Hund:⟩ jaulen; ⟨Baby:⟩ quengeln *(ugs.)*; **~ for mercy/alms** um Gnade/Almosen winseln *(abwertend)*; **b)** *(complain)* jammern; **he's been whining to the boss about it** er hat dem Chef darüber etwas vorgejammert. **2.** *n.* **a)** *(sound)* Heulen, *das;* *(esp. of dog)* Jaulen, *das;* **the ~ in his voice** der winselnde Ton in seiner Stimme; **the baby's ~s** das Gequengel des Babys *(ugs.)*; **b)** *(complaint)* ~[s] Gejammer, *das*
whiner ['waɪnə(r)] *n.* Jammerer, *der;* **be a ~**: immer was zu jammern haben
whinge [wɪndʒ] *v.i., ~ing (coll.) see* **whine 1 b, 2 b**
whinny ['wɪnɪ] **1.** *v.i.* wiehern. **2.** *n.* Wiehern, *das;* **whinnies** Gewieher, *das*
whip [wɪp] **1.** *n.* **a)** Peitsche, *die;* **use one's ~ on** *or* **take one's ~ to sb./a horse** jmdm./einem Pferd die Peitsche geben; *see also* **crack 1 a, 3 c**; **b)** *(Brit. Parl.: official)* Einpeitscher, *der*/Einpeitscherin, *die (Jargon)*; **chief ~**: Haupteinpeitscher, *der*/-einpeitscherin, *die (Jargon)*; Fraktionsgeschäftsführer, *der*/-führerin, *die (Amtsspr.)*; **c)** *(Brit. Parl.: notice)* **three-line] ~**: [verbindliche] Aufforderung zur Teilnahme an einer Plenarsitzung [wegen einer wichtigen Abstimmung]; **issue a three-line ~**: Fraktionszwang verhängen; **take/be deprived of/resign the ~**: in die Fraktion eintreten/aus der Fraktion ausgeschlossen werden/aus der Fraktion austreten; **d)** *(Hunting: whipper-in)* Pikör, *der*/Pikörin, *die.* **2.** *v.t., -pp-* **a)** *(lash)* peitschen; **the rider ~ped his horse** der Reiter gab seinem Pferd die Peitsche; **he was ~ped in public** er wurde öffentlich ausgepeitscht; **the rain ~ped the window-panes** der Regen peitschte [gegen] die Fensterscheiben; **~ sth. until stiff/to a froth** etw. steif/schaumig schlagen; **c)** *(move quickly)* reißen ⟨Gegenstand⟩; **she ~ped it out of my hand** sie riß es mir aus der Hand; **he quickly ~ped it out of sight** er ließ es schnell verschwinden; **~ sth. from one's pocket** etw. blitzschnell aus der Tasche ziehen; **~ sb. into hospital** jmdn. schleunigst ins Krankenhaus bringen; **she was ~ped through customs** sie wurde am Zoll blitzschnell abgefertigt; **d)** *(sl.: defeat)* auseinandernehmen *(saloppes bes. Sport)*; **e)** *(sl.: steal)* klauen *(ugs.)*; **f)** *(bind)* umwickeln; [be]takeln *(Seemannsspr.)*; *(Sewing: overcast)* umnähen; **g)** *(fig.: reprove, criticize)* **~ sb./sth.** jmdm. die Leviten lesen/etw. geißeln; **h)** **~ a top** kreiseln; einen Kreisel treiben. **3.** *v.i., -pp-* **a)** *(move quickly)* flitzen *(ugs.)*; **he ~ped down the stairs** er sauste *od.* flitzte die Treppe hinunter; **~ through a book in no time** ein Buch in Null Komma nichts durchlesen *(ugs.)*; **b)** *(lash)* peitschen
~ a'way *v.t.* wegpeitschen *(from Dat.)*
~ 'back *v.i.* **a)** *(spring back)* zurückschnellen; **b)** *(return quickly)* zurückflitzen *(ugs.)*
~ 'in 1. *v.i.* **a)** reinwitschen *(ugs.)*; **the wind came ~ping in** der Wind kam reingefegt *(ugs.)*. **2.** *v.t. (Hunting)* [mit der Peitsche] wieder zur Meute treiben ⟨Hunde⟩
~ 'off *v.t.* **a)** *(snatch off)* herunterreißen; ⟨Wind:⟩ herunterfegen; **~ one's clothes off** seine Kleider von sich werfen; **~ one's hat off** [sich *(Dat.)*] den Hut vom Kopf reißen; **~ sb. off to hospital/France** jmdn. schleunigst ins Krankenhaus/nach Frankreich bringen; **b)** *(Hunting)* [mit der Peitsche] zurücktreiben ⟨Hunde⟩
~ 'on *v.t.* **a)** *(put on quickly)* draufwerfen; **~ one's coat/clothes on** sich in seinen Mantel/

seine Kleider werfen; **~ one's hat on** schnell seinen Hut aufsetzen; **b)** *(urge on)* mit der Peitsche antreiben; *(fig.)* antreiben; anspornen
~ 'out 1. *v.t.* [blitzschnell] herausziehen; **~ sb.'s appendix/tonsils out** jmds. Blinddarm/Mandeln schleunigst herausnehmen. **2.** *v.i.* rauswitschen *(ugs.)*
~ 'round *v.i.* **a)** *(turn quickly)* herumschnellen; **b)** *(go quickly)* **~ round to see sb.** *or* **to sb.'s place** schnell bei jmdm. vorbeischauen; **I'm just ~ping round to my neighbour's/to the shops** ich gehe nur schnell zum Nachbarn/einkaufen; *see also* **whip-round**
~ 'up *v.t.* **a)** *(snatch up)* [blitz]schnell aufheben; **b)** *(Cookery)* [kräftig] schlagen; **c)** *(arouse)* aufpeitschen ⟨Wellen⟩; *(fig.)* anheizen *(ugs.)*, anfachen *(geh.)* ⟨Emotionen, Interesse⟩; **he knows how to ~ up enthusiasm in his pupils** er versteht es, seine Schüler zu begeistern; **~ up trouble/a riot** die Leute zu Unruhen/zum Aufruhr aufstacheln; **d)** *(coll.: make quickly)* schnell hinzaubern ⟨Gericht, Essen⟩
whip: ~cord *n.* **a)** *(cord)* Peitschenschnur, *die;* **b)** *(fabric)* Whipcord, *der;* **~ hand** *n.* **have** *or* **hold the ~ hand [of** *or* **over sb.]** *(fig.)* die Oberhand [über jmdn.] haben; **~lash** *n.* **a)** Peitschenriemen, *der;* **b)** *(Med.)* **~lash [injury]** Peitschenschlagverletzung, *die;* Schleudertrauma, *das*
whipped 'cream *n.* Schlagsahne, *die*
whipper-in [wɪpər'ɪn] *(Hunting)* Pikör, *der*
whipper-snapper ['wɪpəsnæpə(r)] *n.* *(dated)* [junger] Dachs; *(cheeky)* Frechdachs, *der*
whippet ['wɪpɪt] *n.* Whippet, *der*
whipping ['wɪpɪŋ] *n.* **a)** *(flogging)* Schlagen [mit der Peitsche]; *(as form of punishment)* Prügelstrafe, *die;* *(flagellation)* Geißelung, *die;* **give sb. a ~**: jmdn. auspeitschen; *(with stick etc.)* jmdm. eine Tracht Prügel verpassen *(ugs.)*; *(sl.: defeat)* jmdm. eins überbraten *(salopp)*; **get** *or* **take** *or* **be given a ~**: ausgepeitscht werden; *(sl.: be defeated)* eins übergebraten kriegen *(salopp)*; **b)** *(cord)* Umwicklung, *die;* Takling, *der (Seemannsspr.)*
whipping: ~-boy *n. (Hist.; also fig.)* Prügelknabe, *der;* **~-cream** *n.* [flüssige] Schlagsahne, *die;* **~-top** *n.* [Treib]kreisel, *der*
whippoorwill ['wɪpʊəwɪl] *n. (Ornith.)* Whip-Poor-Will, *der*
whippy ['wɪpɪ] *adj.* biegsam; elastisch
whip: ~-round *n. (Brit. coll.)* Sammlung, *die;* **have** *or* **hold a ~-round [for sb./sth.]** [für jmdn./etw.] den Hut herumgehen lassen *(ugs.)*; **~-saw** *v.t. (Amer. fig.)* beim Poker betrügen, indem man zusammen mit dem Partner den Einsatz erhöht; **~stock** *n.* Peitschenstiel, *der*
whir [wɜ:(r)] **1.** *v.i., -rr- see* **whirr 1**. **2.** *n. see* **whirr 2**
whirl [wɜ:l] **1.** *v.t.* **a)** *(rotate)* [im Kreis] herumwirbeln; **b)** *(fling)* schleudern; *(with circling motion)* wirbeln ⟨Blätter, Schneeflocken usw.⟩; *(convey rapidly)* in Windeseile fahren; **the train ~ed us to our destination** der Zug brachte uns in Windeseile ans Ziel. **2.** *v.i.* **a)** *(rotate)* wirbeln; **the ice-skaters ~ed at a tremendous speed** die Eisläufer wirbelten in ungeheurer Geschwindigkeit [im Kreis herum]; **~ing dervish** tanzender Derwisch; **b)** *(move swiftly)* sausen; *(with circling motion)* wirbeln; **I could see the leaves ~ing in the wind** ich sah, wie die Blätter vom Wind herumgewirbelt wurden; **c)** *(fig.: reel)* **everything/the room ~ed about me** mir drehte sich alles vor meinen Augen; **das Zimmer drehte sich vor meinen Augen; the excitements of the city made her head ~**: von den aufregenden Eindrücken der Stadt wirbelte ihr der Kopf. **3.** *n.* **a)** Wirbeln, *das;* **the wind threw**

up a ~ of leaves/sand der Wind wirbelte Blätter/Sand auf; **she was** *or* **her thoughts were** *or* **her head was in a ~** *(fig.)* ihr schwirrte der Kopf; **b)** *(bustle)* Trubel, *der;* **her dull life suddenly became a ~ of activity** ihr eintöniges Leben war plötzlich voller Trubel und Betriebsamkeit; **the social ~**: der Trubel des gesellschaftlichen Lebens; **c)** *(coll.: attempt)* **give sb./sth. a ~**: jmdn./etw. mal probieren
~ a'bout 1. *v.t.* herumwirbeln. **2.** *v.i.* herumwirbeln; ⟨Vögel:⟩ sich tummeln
~ a'long 1. *v.t.* ⟨Fluß:⟩ mitreißen; **~ sb. along** mit jmdm. dahinsausen. **2.** *v.i.* dahinsausen
~ a'round *see* **~ about**
~ a'way, ~'off 1. *v.t.* in Windeseile wegfahren; **~ sb. off** *or* **away somewhere** jmdn. in Windeseile irgendwohin bringen. **2.** *v.i.* lossausen
~ 'round 1. *v.t.* [im Kreis] herumwirbeln. **2.** *v.i.* [im Kreis] herumwirbeln; ⟨Rad, Rotor, Strudel:⟩ wirbeln; **the leaf ~ed round as it fell** das Blatt drehte sich beim Fall in einem Wirbel
~ 'up *v.t.* aufwirbeln; hochwirbeln
whirligig ['wɜ:lɪgɪg] *n.* **a)** *(top)* Kreisel, *der;* *(toy windmill)* Windrädchen, *das;* **b)** *(Zool.)* Taumelkäfer, *der;* Kreiselkäfer, *der*
whirl: ~pool *n.* Strudel, *der;* *(bathing pool)* Whirlpool, *der;* **~wind** *n.* **a)** Wirbelwind, *der;* *(stronger)* Wirbelsturm, *der;* **sow the wind and reap the ~wind** *(prov.)* Wind säen und Sturm ernten; **b)** *(fig.: tumult)* Wirbel, *der;* Trubel, *der;* **I've been caught up all week in a ~wind of activity** für mich war die ganze Woche über ständig Trubel; **~wind romance** heftige Romanze
whirlybird ['wɜ:lɪbɜ:d] *n. (sl.: helicopter)* Hubschrauber, *der*
whirr [wɜ:(r)] **1.** *v.i.* surren; ⟨Heuschrecke, Grille usw.:⟩ zirpen; ⟨Flügel eines Vogels, Propeller:⟩ schwirren. **2.** *n. see* **1**: Surren, *das;* Zirpen, *das;* Schwirren, *das*
whisk [wɪsk] **1.** *n.* **a)** Wedel, *der;* **b)** *(Cookery)* Schneebesen, *der;* *(part of mixer)* Rührbesen, *der;* *(movement)* wischende Bewegung; **a few ~s of the broom** ein paar Besenstriche *od.* Striche mit dem Besen; **the horse gave a ~ of its tail** das Pferd schlug mit dem Schwanz. **2.** *v.t.* **a)** *(Cookery)* schlagen; **b)** *(convey rapidly)* in Windeseile bringen; **the taxi will ~ you to town in no time** das Taxi bringt dich im Nu in die Stadt; **c)** *(flip)* schlagen mit ⟨Schwanz⟩. **3.** *v.i.* sausen; schießen *(ugs.)*
~ a'way *v.t.* **a)** *(flap away)* wegscheuchen; **b)** *(remove suddenly)* **~ sth. away [from sb.]** [jmdm.] etw. [plötzlich] wegreißen; **c)** *(convey rapidly)* in Windeseile wegbringen; **~ sb. away to the station** jmdn. in Windeseile zum Bahnhof bringen
~ 'off *v.t.* **a)** *(flap off) see* **~ away a**; **b)** *(remove suddenly)* [plötzlich] wegreißen; **one's coat off** sich seinen Mantel von sich werfen; **~ off one's hat** rasch den Hut abnehmen; **c)** *see* **~ away c**
~ 'up *see* **~ 2 a**
whisker ['wɪskə(r)] *n.* **a)** *in pl.* (hair on man's cheek) Backenbart, *der;* **b)** *(Zool.)* *(of cat, mouse, rat)* Schnurrhaar, *das;* *(of walrus)* Bartborste, *die;* **a walrus's ~s** der Bart eines Walrosses; *see also* **cat's whiskers**; **c)** *(fig. coll.: small distance)* **be within a ~ of sth./doing sth.** kurz vor etw. *(Dat.)* stehen/kurz davorstehen, etw. zu tun; **win by a ~**: ganz knapp gewinnen
whiskered ['wɪskəd] *adj.* backenbärtig; ⟨Tier⟩ mit Schnurrhaaren
whiskery ['wɪskərɪ] *adj.* backenbärtig; **be ~**: einen [mächtigen] Backenbart haben
whiskey *(Amer., Ir.)*, **whisky** ['wɪskɪ] *n.* Whisky, *der;* *(Irish or American ~)* Whiskey, *der*

whisper ['wɪspə(r)] **1.** *v. i.* **a)** flüstern; ~ **to sb.** jmdm. etwas zuflüstern; ~ **to me so that no one else will hear** flüster es mir ins Ohr, damit es niemand [anders] hört; ~ **to each other** miteinander flüstern; ~ **against sb.** über jmdn. tuscheln; **c)** *(rustle)* [leise] rauschen; säuseln *(in Flüsterton)*; flüstern *(poet.)*. **2.** *v. t.* **a)** flüstern; ~ **sth. to sb./in sb.'s ear** jmdm. etw. zuflüstern/ins Ohr flüstern; ~ **it to me so that no one else will hear** flüster es mir ins Ohr, damit es niemand [anders] hört; ~ **sb. to do sth./that ...:** jmdm. zuflüstern, er solle etw. tun/daß ...; **b)** *(rumour)* [hinter vorgehaltener Hand] erzählen; **the story is being ~ed about the village that ...:** im Dorf macht die Geschichte die Runde, daß ...; man munkelt, daß ... *(ugs.)*. **3.** *n.* **a)** *(whispered speech)* Flüstern, *das;* **in a ~, in ~s** im Flüsterton; **b)** *(whispered remark)* their ~s ihr Geflüster; *see also* **stage whisper; c)** *(rumour)* Gerücht, *das;* **there were ~s that ...:** es gab Gerüchte, daß ...; man munkelte, daß ... *(ugs.)*. **d)** *(rustle)* [leises] Rauschen; Säuseln, *das (geh.);* Flüstern, *das (poet.)*
whispering: ~ **campaign** *n.* Verleumdungskampagne, *die;* ~**-gallery** *n.* Flüstergalerie, *die*
whist [wɪst] *n.* *(Cards)* Whist, *das; see also* **drive 1 k**
whistle ['wɪsl] **1.** *v. i.* pfeifen; ~ **at a girl** hinter einem Mädchen herpfeifen; **the spectators ~d at the referee** die Zuschauer pfiffen den Schiedsrichter aus; **he ~d loudly when he heard how valuable it was** er ließ ein lautes Pfeifen vernehmen, als er hörte, wie wertvoll es war; ~ **to sb.** jmdm. pfeifen; ~ **for sth.** nach etw. pfeifen; **the policeman ~d for help/reinforcement** der Polizist pfiff, um Hilfe/Verstärkung herbeizurufen; **the referee ~d for half-time** der Schiedsrichter pfiff Halbzeit; ~ **in the dark** *(fig.)* seine Angst verdrängen; **you can ~ for it!** *(fig. coll.)* da kannst du lange warten! **2.** *v. t.* **a)** pfeifen; **b)** *(summon)* her[bei]pfeifen; **he ~d his dog and it came running** er pfiff seinem Hund, und er kam angelaufen. **3.** *n.* **a)** *(sound)* Pfiff, *der;* *(whistling)* Pfeifen, *das;* **the joyful ~s of the birds** das fröhliche Zwitschern der Vögel *od.* Vogelgezwitscher; **give a [brief] ~** [kurz] pfeifen; **he gave a ~ of surprise** er ließ ein überraschtes Pfeifen vernehmen; **b)** *(instrument)* Pfeife, *die;* **penny or tin ~:** Blechflöte, *die;* **the referee blew his ~:** der Schiedsrichter pfiff; [as] **clean/clear as a ~:** blitzsauber/absolut frei; **get away [as] clean as a ~:** ganz unbehelligt davonkommen; **blow the ~ on sb./sth.** *(fig.)* jmdn./etw. auffliegen lassen *(ugs.);* **c)** *(coll.: throat)* **wet one's ~** *(coll.)* sich *(Dat.)* die Kehle anfeuchten *(ugs.)*
~ **back** *v. t.* zurückpfeifen
~ **up** *v. t.* [he]ranpfeifen
whistle: ~**-blower** *n.* *(fig.)* jmd., der etw. auffliegen läßt; ~**-stop** *n.* *(Amer.)* **a)** *(Railw.) (small town)* kleines Nest *(ugs.) (an einer Bahnlinie);* *(station)* Bedarfshaltepunkt, *der;* **b)** *(Polit.)* kurzer Auftritt eines Politikers während einer Wahlkampfreise; *(rapid visit)* Stippvisite, *die;* ~**-stop tour/campaign** Reise mit vielen Kurzauftritten/Wahlkampf[reise] mit vielen kurzen Auftritten *od.* Terminen
whistling: ~ **buoy** *n.* *(Naut.)* Heulboje, *die;* ~ **kettle** *n.* Pfeifkessel, *der*
whit [wɪt] *n., no pl., no def. art. (arch./literary)* **no ~:** es macht überhaupt nichts; **it matters not a ~:** es macht überhaupt nichts; **not a ~ of sense** nicht ein Funke [von] Verstand
white [waɪt] **1.** *adj.* weiß; [as] ~ **as snow** schneeweiß; **he prefers his coffee ~** *(Brit.)* er trinkt seinen Kaffee am liebsten mit Milch; **b)** *(pale)* weiß; *(through illness)* blaß; bleich; *(through fear or rage)* bleich;

weiß; [as] ~ **as chalk** *or* **a sheet** kreidebleich; **go** *or* **turn ~:** weiß *od.* bleich werden; erbleichen *(geh.);* **he was ~ with rage** er war weiß *od.* bleich vor Wut; *see also* **bleed 2 a; c)** ~**r than ~** *(fig.: morally pure)* engelrein *(geh.);* **d)** *(light-skinned)* weiß; ~ **people** Weiße *Pl.;* ~ **oppression** Unterdrückung durch die Weißen. **2.** *n.* **a)** *(colour)* Weiß, *das;* **b)** *(of egg)* Eiweiß, *das;* **c)** *(of eye)* Weiße, *das;* **the ~s of their eyes** das Weiße in ihren Augen; **d)** **W~** *(person)* Weiße, *der/die;* **e)** *(~ clothes)* **dressed in ~:** weiß gekleidet; ~**s** weißer Dreß; *(laundry)* Weißwäsche, *die;* **f)** *(Printing)* Zwischenraum, *der;* **g)** *(butterfly)* Weißling, *der;* **h)** *(Snooker)* weiße Kugel
white: ~ **'ant** *n.* Termite, *die;* ~**'bait** *n., pl. same: junger* Hering/junge Sprotte *o. ä.;* ~**beam** *n.* *(Bot.)* Mehlbeere, *die;* ~**'bread** *n.* Weißbrot, *das;* ~ **'cell** *n.* *(Anat., Zool.)* weißes Blutkörperchen; ~ **'Christmas** *n.* weiße Weihnachten, **2.** *n.* **a)** *(colour)* Weiß, *das;* **b)** *(of egg)* **coffee** *n.* *(Brit.)* Kaffee mit Milch; ~**-'collar** *adj.* ~ **collar worker** Angestellte, *der/die;* ~**-collar union** Angestelltengewerkschaft, *die;* ~ **corpuscle** *see* **cell;** ~ **'currant** *n.* weiße Johannisbeere; ~ **'dwarf** *n.* *(Astron.)* weißer Zwerg; ~ **'elephant** *see* **elephant;** ~**-faced** *adj.* [kreide]bleich; ~ **fish** *n.* **a)** *(light-coloured fish) [Speise]fisch mit weißlicher od. silbriger Färbung;* Weißfisch, *der;* **b)** *(lake-fish)* Weißfisch, *der;* Renke, *die;* ~ **'flag** *n.* weiße Fahne; **W~ 'Friar** *n.* Karmeliter, *der;* ~ **'frost** *n.* Reif, *der;* ~ **'gold** *n.* Weißgold, *das;* ~ **'goods** *n. pl.* *(Commerc.)* **a)** *(fabrics)* Weißwaren *Pl.;* **b)** *(appliances)* weiße Ware; **W~hall** *pr. n.* *(Brit. Polit.: Government)* Whitehall *(das);* ~ **heat** *n.* *(Phys.)* Weißglut, *die;* **to a ~ heat** bis zur Weißglut; **at [a] ~ heat** in weißglühendem Zustand; **b)** *(fig.)* Glut, *die;* **work at ~ heat** auf Hochtouren arbeiten; ~ **'hope** *n.* Hoffnungsträger, *der*/Hoffnungsträgerin, *die;* ~ **'horse** *n.* **a)** Schimmel, *der;* **b)** *in pl.* *(on waves)* Schaumkronen; ~**-'hot** *adj.* **a)** *(Phys.)* weißglühend; **b)** *(fig.)* glühend; **W~ House** *pr. n.* *(Amer. Polit.)* **the W~ House** das Weiße Haus; ~ **'knight** *n.* *(fig.)* Retter in der Not; ~ **'lead** *n.* Bleiweiß, *das;* ~ **'lie** *see* **'lie 1 a;** ~ **'light** *n.* *(Phys.)* weißes Licht; ~ **'line** *n.* *(in middle of road)* Mittellinie, *die;* *(at side of road)* Randlinie, *die;* ~**-lipped** ['waɪtlɪpt] *adj.* mit kreideweißen Lippen nachgestellt; ~ **'magic** *n.* weiße Magie; ~ **'man** *n.* *(Anthrop.)* Weiße, *der;* **the ~ man** *(people)* der weiße Mann; ~ **'meat** *n.* weißes Fleisch [und Geflügel], *das;* **W~ 'Monk** *n.* Zisterzienser, *der*
whiten ['waɪtn] **1.** *v. t.* weiß machen; weißen ⟨*Wand, Schuhe*⟩. **2.** *v. i.* **a)** *(become white)* weiß werden; **b)** *(turn pale)* [kreide]weiß werden
whitener ['waɪtənə(r)] *n.* *(for shoes)* Schuhweiß, *das;* *(bleaching agent)* Bleichmittel, *das;* *(for coffee)* Kaffeeweißer, *der*
whiteness ['waɪtnɪs] *n., no pl.* **a)** Weiß, *das;* **b)** *(paleness)* Blässe, *die*
white: ~ **'night** *n.* schlaflose Nacht; ~ **'noise** *n.* *(Phys.)* weißes Rauschen; ~**-out** *n.* *(Meteorol.)* Whiteout, *der;* **W~ 'Paper** *n.* *(Brit.)* öffentliches Diskussionspapier über Vorhaben der Regierung; **W~ 'Russia** *pr. n.* Weißrußland *(das);* **W~ 'Russian 1.** *adj.* weißrussisch; **sb. is W~ Russian** jmd. ist Weißrusse/-russin; **2.** *n.* Weißrusse, *der/*-russin; **c)** ~ **'sale** *n.* *(Commerc.)* ≈ Weiße Woche/Wochen; Weißwarenverkauf, *der;* ~ **'sauce** *n.* weiße *od.* helle Soße; **W~ 'Sea** *pr. n.* Weiße Meer, *das;* ~ **'slave** *n.* weiße Sklavin; Opfer des Mädchenhandels, *das;* ~ **slave trade** *or* **traffic** Mädchenhandel, *der;* ~ **'spirit** *n.* *(Chem.)* Terpentin[öl]ersatz, *der;* ~ **'stick** *n.* Blindenstock, *der;* ~ **'sugar** *n.* weißer Zucker, *der;* ~

su'premacy *n.* Überlegenheit der weißen Rasse; ~**thorn** *n.* *(Bot.)* Weißdorn, *der;* ~**-throat** *n.* *(Ornith.)* **a)** *(warbler)* Grasmücke, *die;* **b)** *(Amer.: sparrow)* Weißkehlammerfink, *der;* ~ **'tie** *n.* **a)** *(bow-tie)* weiße Fliege *od.* Schleife(, *die zum Cutaway getragen wird);* **b)** *(evening dress)* Frack, *der;* **is it dinner jacket or ~ tie?** soll man im Smoking oder im Frack erscheinen?; ~ **'trash** *see* **trash 1 d;** ~**-wall** *tyre* *n.* Weißwandreifen, *der;* ~**wash 1.** *n.* **a)** [weiße] Tünche; *(fig.)* Schönfärberei, *die;* **the report is a ~wash of the Government** der Bericht versucht, die Regierung reinzuwaschen; **b)** *(defeat)* Zu-Null-Niederlage, *die;* **2.** *v. t.* **a)** [weiß] tünchen; **the report ~washes the Government** *(fig.)* der Bericht zielt darauf ab, die Regierung reinzuwaschen; **be ~washed** *(Finance)* [als Gesamtschuldner] entlastet werden; **b)** *(defeat)* zu Null schlagen; ~ **'water** *n.* *(foamy)* weiß schäumendes Wasser; *(shallow)* Flachwasser, *das;* ~**-water canoeing** Wildwassersport, *der;* ~ **'wedding** *n.* Hochzeit in Weiß; **have a ~ wedding** in Weiß heiraten; ~ **'whale** *n.* *(Zool.)* Weißwal, *der;* ~ **'wine** *n.* Weißwein, *der;* ~ **woman** *n.* *(Anthrop.)* Weiße, *die;* ~**wood** *n.* Weißholz, *das*
Whitey ['waɪtɪ] *n. (coll. derog.)* weißes Schwein *(derb)*
whither ['wɪðə(r)] *(arch./rhet.)* **1.** *adv.* wohin; ~ **democracy/Ulster?** *(fig. rhet.)* wohin *od. (geh.)* quo vadis, Demokratie/Ulster?; **the town ~ he was sent** die Stadt, in die er geschickt wurde. **2.** *conj.* dorthin *od.* dahin, wohin; *(to wherever)* wohin auch; **I shall go ~ she goes** ich werde gehen, wo immer sie hingeht
whiting ['waɪtɪŋ] *n., pl. same* *(Zool.)* Wittling, *der*
whitish ['waɪtɪʃ] *adj.* weißlich
Whit Monday [wɪt 'mʌndeɪ, wɪt 'mʌndɪ] *n.* Pfingstmontag, *der*
Whitsun ['wɪtsn] *n.* Pfingsten, *das od. Pl.;* **at ~:** zu *od.* an Pfingsten; **next/last ~:** nächste/letzte Pfingsten
Whitsunday, Whit Sunday [wɪt'sʌndeɪ, wɪt'sʌndɪ] *n.* Pfingstsonntag, *der*
Whitsuntide ['wɪtsəntaɪd] *n.* Pfingstzeit, *die*
whittle ['wɪtl] **1.** *v. t.* schnitzen an (+ *Dat.);* ~ **a stick to a point** einen Stock anspitzen. **2.** *v. i.* ~ **at sth.** an etw. *(Dat.)* [herum]schnitzen
~ **a'way,** ~ **'down** *v. t. (fig.)* **a)** *(completely)* auffressen ⟨*Gewinn, Geldmittel, Reserven, Ersparnisse usw.*⟩; ~ **away sb.'s rights/power** jmdm. nach und nach alle Rechte/alle Macht nehmen; **b)** *(partly)* allmählich reduzieren ⟨*Anzahl, Team, Gewinn, Verlust*⟩; verkürzen ⟨*Liste*⟩
Whit [wɪt]: ~ **week** *n.* Pfingstwoche, *die;* ~ **week'end** *n.* Pfingstwochenende, *das*
whiz, whizz [wɪz] **1.** *v. i.,* -**zz**- zischen; **we could hear the arrows/shells whizzing above our heads** wir hörten das Zischen der über uns hinwegfliegenden Pfeile/Granaten. **2.** *n.* Zischen, *das;* **with a ~:** zischend
~ **past** *v. i.* vorbeizischen; ⟨*Vogel:*⟩ vorbeischießen
'whiz[z]-kid *n. (coll.)* Senkrechtstarter, *der;* **he is a financial ~:** er macht eine steile Karriere als Finanzmann; **a mathematical ~:** ein mathematisches Wunderkind *(ugs. scherzh.)*
WHO *abbr.* World Health Organization WHO, *die*
who [hʊ, *stressed* huː] *pron.* **a)** *interrog.* wer; *(coll.: whom)* wen; *(coll.: to whom)* wem; ~ **are you talking about?** *(coll.)* von wem *od.* über wen sprichst du?; ~ **did you give it to?** *(coll.)* wem hast du es gegeben?; **it was John ~ ~ else?** es war John – wer [denn] sonst?; **it was Mr ~?** es war Herr wie?; **I don't know ~'s ~ in the firm yet** ich kenne

823

die Leute in der Firma noch nicht richtig; **he knows ~'s ~ in the publishing world** er weiß, wer in der Verlagsbranche welche Rolle spielt; **~ am I to object/argue etc.?** wie könnte ich Einwände erheben/etwas dagegen sagen *usw.?;* **~ would have thought it?** *(rhet.)* wer hätte das gedacht!; **b)** *rel.* der/die/das; *pl.* die; *(coll.: whom)* die/den/das; *(coll.: to whom)* dem/der/denen; **any person/he/those ~ ...**: wer ...; **they ~ ...**: diejenigen, die *od.* welche ...; **everybody ~ ...**: jeder, der ...; **I/you ~ ...**: ich, der ich/du, der du ...; **the man ~ I met last week/~ you were speaking to** *(coll.)* der Mann, den ich letzte Woche getroffen habe/mit dem du gesprochen hast; *(arch.: whoever)* wer
whoa [wəʊ] *int.* brr
who'd [huːd, *stressed* huːd] **a)** = **who had**; **b)** = **who would**
whodun[n]it [huːˈdʌnɪt] *n. (coll.)* Krimi, *der (ugs.)*
whoe'er [huːˈeə(r)] *(poet.),* **whoever** [huːˈevə(r)] *pron.* **a)** wer [immer]; **~ comes will be welcome** jeder, der kommt, ist willkommen; **marry/give it to ~ you like** heirate, wen/gib es, wem du willst; **b)** *(no matter who)* wer ... auch; **~ you may be** wer Sie auch sind; **~ you saw, it was not John** wen du auch gesehen hast, es war nicht John; **c)** *(coll.)* = **who ever** *see* **ever e**
whole [həʊl] **1.** *adj.* **a)** *ganz;* **give me your ~ attention, please** ich bitte um Ihre ganze Aufmerksamkeit; **that's the ~ point [of the exercise]** das ist der ganze Zweck der Übung *(ugs.);* **the ~ lot [of them]** [sie] alle; **a ~ lot of people** eine ganze Menge Leute; *see also* **hog 1 a**; **b)** *(intact)* ganz; **roast sth. ~**: etw. im ganzen braten; **c)** *(undiminished)* ganz; **three ~ hours** drei volle Stunden. **2.** *n.* **a)** the ~: das Ganze; **the ~ of my money/the village/London** mein ganzes *od.* gesamtes Geld/das ganze Dorf/ganz London; **he spent the ~ of that year/of Easter abroad** er war jenes Jahr/zu Ostern die ganze Zeit im Ausland; **the ~ of Shakespeare** *od.* **of Shakespeare's works** Shakespeares gesamte Werke; **until he had completed the ~ of it** bis er es ganz fertig hatte; **b)** *(total of parts)* Ganze, *das;* **as a ~**: als Ganzes; **sell sth. as a ~**: etw. im ganzen verkaufen; **on the ~**: im großen und ganzen; **on the ~ I am against it** alles in allem bin ich dagegen
whole: ~ 'cloth *n.* Tuchbahn, *die;* **[made up] out of ~ cloth** *(Amer. fig.)* von den Haaren herbeigezogen *od.* aus der Luft gegriffen; **~food** *n.* Vollwertkost, *die;* **~-hearted** [həʊlˈhɑːtɪd] *adj.* herzlich 〈*Dank, Dankbarkeit, Glückwünsche*〉; tiefempfunden 〈*Dankbarkeit, Reue*〉; rückhaltlos 〈*Unterstützung, Hingabe, Ergebenheit*〉; leidenschaftlich 〈*Anhänger, Verfechter usw.*〉; **with ~-hearted devotion/dedication** mit äußerster Hingabe; **~-heartedly** [həʊlˈhɑːtɪdlɪ] *adv.* von ganzem Herzen 〈*gratulieren, danken, zustimmen*〉; rückhaltlos 〈*unterstützen*〉; **~ 'holiday** *n.* ganzer freier Tag; **~-length** *see* **full-length;** **~ 'life insurance** *n.* Todesfallversicherung, *die;* **~ meal** *n.* Vollkornmehl, *das;* **~meal** *adj.* Vollkorn-; **~ 'milk** *n.* Vollmilch, *die*
wholeness [ˈhəʊlnɪs] *n., no pl. (completeness)* Vollständigkeit, *die*
whole: ~ note *n. (Amer. Mus.)* ganze Note; **~ 'number** *n. (Math.)* ganze Zahl; **~sale 1.** *adj.* **a)** *(Commerc.)* Großhandels-; **~sale dealer** *od.* **merchant** Großhändler, *der*/-händlerin, *die;* **~sale grocer** Lebensmittelgroßhändler, *der*/-händlerin, *die;* **the ~sale trade** der Großhandel; **our business is ~sale only** wir sind ein reines Großhandelsgeschäft; **these prices are ~sale** das sind Großhandelspreise; **b)** *(fig.: on a large scale)* massenhaft; Massen-; **in a ~sale way** massenweise; **c)** *(fig.: indiscriminate)* pauschal; **2.** *adv. (Commerc.)* en gros *od.* **~sale** *[ein]kaufen, verkaufen*; im Großhandel *[ein]kaufen*; *(at wholesale price)* zum Einkaufs- *od.* Großhandelspreis; **b)** *(fig.: on a large scale)* massenweise; **c)** *(fig.: indiscriminately)* pauschal; **he punished them ~sale** er bestrafte sie samt und sonders; **3.** *n. (Commerc.)* Großhandel, *der;* **4.** *v.t. (Commerc.)* en gros *od.* als Großhändler/-händlerin verkaufen
wholesaler [ˈhəʊlseɪlə(r)] *n. (Commerc.)* Grossist, *der*/Grossistin, *die (fachspr.);* Großhändler, *der*/-händlerin, *die*
wholesome [ˈhəʊlsəm] *adj.* gesund; bekömmlich 〈*Essen, Getränk*〉; erbaulich 〈*Lektüre, Thema, Anblick*〉; positiv 〈*Einfluß*〉
wholesomely [ˈhəʊlsəmlɪ] *adv.* **~ cooked food** auf gesunde Art zubereitetes Essen
wholesomeness [ˈhəʊlsəmnɪs] *n., no pl.* Bekömmlichkeit, *die; (fig.: of reading, subject, etc.)* Erbaulichkeit, *die*
whole: ~-time *see* **full-time;** **~ tone** *n. (Mus.)* Ganzton, *der;* **~ 'wheat** *n.* Vollweizen, *der*
who'll [huːl, *stressed* huːl] = **who will**
wholly [ˈhəʊlɪ] *adv.* völlig; durch und durch 〈*böse*〉; **a ~ bad example** ein in jeder Hinsicht schlechtes Beispiel
'wholly-owned *adj. (Commerc.)* **~ subsidiary** hundertprozentige Tochter
whom [huːm] *pron.* **a)** *interrog.* wen; *as indirect object* wem; **to ~/of ~ did you speak?** mit wem/von wem haben Sie gesprochen?; **b)** *rel.* den/die/das; *pl.* die; *as indirect object* dem/der/denen; *pl.* denen; **the children, the mother of ~ ...**: die Kinder, deren Mutter ...; **five children, all of ~ are coming** fünf Kinder, die alle mitkommen; **ten candidates, only the best of ~ ...**: zehn Kandidaten, von denen nur die besten ...; **c)** *(arch.: whomever)* wen/wem
whomever [huːmˈevə(r)], **whomsoever** [huːmsəʊˈevə(r)] *pron.* **a)** wen [immer]; *as indirect object* wem [immer]; **b)** *(no matter whom)* wen ... auch; *as indirect object* wem ... auch
whoop [wuːp] **1.** *v.i.* [aufgeregt] schreien; *(with joy, excitement)* juchzen *(ugs.);* jauchzen. **2.** *v.t.* **~ it up** *(coll.) (Amer.: stir up enthusiasm)* Stimmung machen. **3.** *n.* [aufgeregter] Schrei; *(of joy, excitement)* Juchzer, *der (ugs.);* Jauchzer, *der;* **with loud ~s** mit lautem Geschrei; **~ of joy** Freudenschrei, *der*
whoopee 1. [wʊˈpiː] *int.* juhu. **2.** [ˈwʊpiː] *n.* **make ~** *(coll.)* die Sau rauslassen *(ugs.)*
whooping [ˈhuːpɪŋ]: **~ cough** *n. (Med.)* Keuchhusten, *der;* **~ swan** *n. (Ornith.)* Singschwan, *der*
whoops [wʊps] *int.* hoppla
whoosh [wʊʃ] **1.** *v.i.* brausen; 〈*Rakete, Geschoß*〉: zischen; **a train ~ed past** ein Zug brauste vorbei. **2.** *n.* Brausen, *das; (of rocket, projectile)* Zischen, *das;* **with a [loud] ~**: [laut] brausend/zischend
whop [wɒp] *v.t.,* **-pp-** *(sl.)* vermöbeln *(salopp); (fig.: defeat)* bügeln *(salopp)*
whopper [ˈwɒpə(r)] *n. (coll.)* **a)** Riese, *der;* **a ~ of a marrow/fish** ein Riesending von einem Kürbis/Fisch *(ugs.);* **b)** *(lie)* faustdicke Lüge; **tell a ~**: faustdick lügen
whopping [ˈwɒpɪŋ] *(coll.)* **1.** *adj.* riesig; Riesen- *(ugs.);* gepfeffert *(ugs.)* 〈*Rechnung*〉; faustdick 〈*Lüge*〉. **2.** *adv.* **big or great** *see* **1**
whore [hɔː(r)] *(derog.)* **1.** *n.* **a)** *(prostitute)* Hure, *die;* **b)** *(loose woman)* Flittchen, *das.* **2.** *v.i.* **~ [around]** [herum]huren
'whore-house *n. (derog.)* Hurenhaus, *das (abwertend)*
whorl [wɔːl] *n.* **a)** *(Bot.)* Wirtel, *der;* Quirl, *der;* **b)** *(circle in fingerprint)* Wirbel, *der;* **c)** *(turn of spiral)* Windung, *die*
whortleberry [ˈwɜːtlbərɪ] *see* **bilberry**
who's [huːz] **a)** = **who is;** **b)** = **who has**
whose [huːz] *pron.* **a)** *interrog.* wessen; **b)** *rel.* dessen/deren/dessen; *pl.* deren; **the people ~ house this is** die Leute, denen dieses Haus gehört
whosoever [huːzsəʊˈevə(r)], **whosever** [huːzˈevə(r)] *pron.* wessen ... auch; **~ it is, ...**: wem er/sie/es auch gehört, ...
whosoe'er [huːsəʊˈeə(r)] *(poet.),* **whosoever** [huːsəʊˈevə(r)] *pron. see* **Who's Who** [huːz ˈhuː] *n.* biographisches Lexikon; Who's who, *das*
who've [hʊv, *stressed* huːv] *(coll.)* = **who have**
why [waɪ] **1.** *adv.* **a)** *(for what reason)* warum; *(for what purpose)* wozu; **~ is that?** warum das?; **and this/that is ~ I believe ...**: und darum glaube ich ...; **~ not buy it, if you like it?** kauf es dir doch, wenn es dir gefällt; **~ do we need another car?** wozu brauchen wir noch ein Auto?; **b)** *(on account of which)* **the reason ~ he did it** der Grund, aus dem *od.* warum er es tat; **I can see no reason ~ not** ich wüßte nicht, warum nicht. **2.** *int.* **~, certainly/of course!** aber sicher!; **~, if it isn't Jack!** na, das ist doch Jack!; aber das ist ja Jack!; **What should I do? – W~, pay up** Was soll ich machen? – Na *od.* Nun, zahlen!; **~, yes, I think so** jaja, ich glaube schon. **3.** *n.* **the ~s and wherefores** das Warum und Weshalb
WI *abbr.* **a)** West Indies; **b)** *(Brit.)* Women's Institute
wick [wɪk] *n.* Docht, *der;* **get on sb.'s ~** *(fig. sl.)* jmdm. auf den Keks gehen *(salopp)*
wicked [ˈwɪkɪd] **1.** *adj.* **a)** *(evil)* böse; schlecht 〈*Charakter, Person, Welt*〉; niederträchtig 〈*Gedanken, Plan, Verhalten*〉; schändlich 〈*Gesetz, Buch*〉; **the villain der Schurke;** *der Bösewicht (veralt.);* **it was ~ of you to torment the poor cat** es war gemein von dir, die arme Katze zu quälen; **torture is ~**: die Folter ist etwas Böses; **b)** *(vicious)* boshaft 〈*Zunge*〉; übel 〈*Schlag, Wetter, Wind, Frost, Geruch*〉; **have a ~ temper** furchtbar jähzornig sein; **c)** *(coll.: scandalous)* himmelschreiend; sündhaft *(ugs.)* 〈*Preis*〉; **it's ~ how he's been treated** wie man ihn behandelt hat, das schreit zum Himmel; **it's a ~ shame** es ist eine wahre Schande; **d)** *(mischievous)* schalkhaft *(geh.);* **a little fellow** ein kleiner Schlingel *(scherzh.);* **there was a ~ gleam in his eye** ihm sah der Schalk aus den Augen; **suddenly a ~ idea came to him** plötzlich fiel ihm etwas ganz Tückisches ein. **2.** *n. pl.* **the ~** die Bösen
wickedly [ˈwɪkɪdlɪ] *adv.* **a)** *(evilly)* niederträchtig; *as sentence-modifier* niederträchtigerweise; **~ acquired gains** auf niederträchtige Weise erzielte Gewinne; **b)** *(viciously)* fürchterlich 〈*kalt, schmerzend*〉; **~ accurate** ätzend 〈*Satire, Kritik, Karikatur*〉; **c)** *(coll.: scandalously)* himmelschreiend; sündhaft *(ugs.)* 〈*teuer*〉; **d)** *(mischievously)* schalkhaft; **a ~ playful look** ein verschmitzter Blick
wickedness [ˈwɪkɪdnɪs] *n.* **a)** *no pl. see* **wicked a:** Bosheit, *die;* Schlechtigkeit, *die;* Niederträchtigkeit, *die;* Schändlichkeit, *die;* **b)** *(evil act)* Niederträchtigkeit, *die;* **the greatest ~ that anyone can commit** die schlimmste Bosheit, die ein Mensch begehen kann; **c)** *no pl. (viciousness)* Boshaftigkeit, *die;* **d)** *no pl. (coll.: scandalousness)* Schändlichkeit, *die;* **the ~ of this waste** so eine himmelschreiende Verschwendung; **the ~ of the prices** die sündhaft hohen Preise; **e)** *no pl. (mischievousness)* Schalkhaftigkeit, *die;* **the ~ in her sense of humour** das Schalkhafte an ihrer Art Humor
wicker [ˈwɪkə(r)] *n.* Korbgeflecht, *das; attrib.* Korb〈*waren, -möbel, -stuhl*〉; geflochten 〈*Korb, Matte*〉; **~ fence** Flechtzaun, *der*
'wickerwork *n.* **a)** *(material)* Korbgeflecht, *das;* **b)** *(articles)* Korbwaren
wicket [ˈwɪkɪt] *n.* **a)** *(Cricket) (stumps)* Tor, *das;* Wicket, *das;* *(part of innings)* Spielabschnitt, *der,* der mit dem Ausscheiden eines

wicket-gate

Schlagmannes endet; (central area of pitch) Wurfbahn, *die*; **another ~ has fallen** *or* **is down** noch ein Schlagmann ist aus; **at the ~**: [als Schlagmann] auf dem Spielfeld; **keep ~**: als Torwächter spielen; **lose one's ~** *(Schlagmann)* ausscheiden; **they lost four ~s** vier Schlagmänner ihrer Mannschaft sind ausgeschieden; **take a ~**: einen Schlagmann zum Ausscheiden bringen; **third** etc. **~**: *Spielabschnitt zwischen zweitem und drittem* usw. Schlagmannwechsel; **win by two ~s** mit acht ausgeschiedenen Schlagmännern gewinnen; *see also* **sticky wicket**; **b)** *(gate)* Tor, *das*; **c)** *(Amer.: window-like opening)* Fenster, *das*; **d)** *(Amer.: croquet hoop)* Tor, *das*
wicket: ~-gate *n*. Tor, *das*; **~-keeper** *n*. *(Cricket)* Torwächter, *der*/-wächterin, *die*; Wicketkeeper, *der*
widdle ['wɪdl] *(coll./child lang.) see* **pee**
wide [waɪd] **1.** *adj.* **a)** *(broad)* breit; groß *(Unterschied, Abstand, Winkel, Loch)*; weit *(Kleidung)*; **allow** *or* **leave a ~ margin** *(fig.)* viel Spielraum lassen; **three feet ~**: drei Fuß breit; **b)** *(extensive)* weit; umfassend *(Lektüre, Wissen, Kenntnisse)*; weitreichend *(Einfluß)*; vielseitig *(Interessen)*; groß *(Vielfalt, Bekanntheit, Berühmtheit)*; reichhaltig *(Auswahl, Sortiment)*; breit *(Publizität)*; weitverzweigt *(Netz)*; **have ~ appeal** weite Kreise ansprechen; **it has now achieved ~ acceptance** es wird jetzt weithin akzeptiert; **a species of ~ distribution** eine weitverbreitete Art; **the ~ world** die weite Welt; **I'll search the ~ world over** ich werde auf der ganzen weiten Welt suchen; **c)** *(liberal)* großzügig; **d)** *(fully open)* weit geöffnet; **e)** *(off target)* **be ~ of sth.** etw. verfehlen; **be ~ of the mark** *(fig.)* *(Annahme, Bemerkung:)* nicht zutreffen; **you're ~ of the mark** *(fig.)* du liegst falsch *(ugs.)*; *see also* **berth 1 a**; **f)** *(Brit. sl.)* **~ boy** gerissener Kerl *(ugs.)*. **2.** *adv.* **a)** *(fully)* weit; **open ~!** ganz [weit] aufmachen!; **~ awake** hellwach; *(fig. coll.)* gewitzt; **I'm ~ awake to your tricks** ich durchschaue deine Tricks; *see also* **wide open**; **b)** *(off target)* **shoot ~**: danebenschießen; **fall ~ of the target, go ~**: das Ziel verfehlen; **aim ~/~ of sth.** daneben/neben etw. *(Akk.)* zielen; **c)** *(widely)* weit; *see also* **far 1 d**. **3.** *n.* **a)** *(Cricket)* Weitball, *der*; **b)** **dead to the ~**: fix und fertig *(ugs.)*
-wide *in comb.* **city/county~**: in der ganzen Stadt/Grafschaft *nachgestellt*; **Europe~**: europaweit; *see also* **country-wide**; **world-wide** etc.
wide: ~-angle 'lens *n. (Photog.)* Weitwinkelobjektiv, *das*; **~-eyed** *adj. (surprised)* mit großen Augen *nachgestellt*; **gaze with ~-eyed innocence** mit großen, unschuldigen [Kinder]augen gucken
widely ['waɪdlɪ] *adv.* **a)** *(over a wide area)* weit *(verbreitet, gestreut)*; locker, in großen Abständen *(verteilt)*; **a ~ distributed species** eine weitverbreitete Art; **he has travelled ~ in Europe** er ist in Europa viel gereist; **advertise a product ~**: für ein Produkt in großem Stil werben; **a ~ travelled man** ein weitgereister Mann; **a ~ read man** ein [sehr] belesener Mann; **b)** *(by many people)* weithin *(bekannt, akzeptiert)*; **a ~ held view** eine weitverbreitete Ansicht; **it is ~ rumoured that ...**: allgemein wird gemunkelt *(ugs.)*, daß ...; **it is not ~ understood why ...**: es wird vielfach nicht verstanden *od.* viele verstehen nicht, warum ...; **c)** *(in a wide sense)* im weiten Sinne *(gebraucht)*; weit *(interpretiert)*; **d)** *(greatly)* stark, erheblich *(sich unterscheiden)*; sehr *(verschieden, unterschiedlich)*
widen ['waɪdn] **1.** *v. t.* verbreitern; *(fig.)* erweitern; vergrößern *(Unterschied, Gegensatz)*; **let's ~ our campaign to include young people** wir wollen unsere Kampagne auch auf die jungen Leute ausdehnen. **2.** *v. i.* sich verbreitern; breiter werden; *(fig.)* sich erweitern; *(Interessen:)* vielfältiger werden; *(Unterschied, Gegensatz:)* größer werden; **the valley ~s into a plain** das Tal erweitert sich zu einer Ebene
~ 'out *v. i.* sich verbreitern; breiter werden; **~ out into sth.** sich zu etw. erweitern
wide: ~-open *attrib. adj.,* **~ 'open** *pred. adj.* weit aufgehend *od.* geöffnet *(Fenster, Tür)*; weit aufgerissen *(Mund, Augen)*; weit *(Landschaft, Fläche)*; **the ~-open spaces of North America** die Weite der nordamerikanischen Landschaft; **be ~ open** *(Fenster, Tür:)* weit offenstehen; *(Mund, Augen:)* weit aufgerissen sein; **be ~ open to attack/criticism/immoral influences** Angriffen/der Kritik/moralisch verderblichen Einflüssen ausgesetzt sein; **be ~ open to exploitation** der Ausbeutung schutzlos preisgegeben sein; **lay** *or* **leave oneself/sb. ~ open to sth.** sich/jmdn. einer Sache *(Dat.)* schutzlos preisgeben; **the contest is still ~ open** der Ausgang des Wettbewerbs ist noch völlig offen; **a ~-open town** *(Amer.)* eine Stadt, in der jeder macht, was er will; **~-ranging** ['waɪdreɪndʒɪŋ] *adj.* weitgehend *(Maßnahme, Veränderung)*; weitreichend *(Auswirkungen)*; ausführlich *(Diskussion, Gespräch)*; universal *(Geist)*; **~ 'screen** *n. (Cinemat.)* Breitwand, *die*; **~spread** *adj.* weitverbreitet *präd.* getrennt *geschr.* *(Art, Ansicht)*; groß *(Nachfrage, Beliebtheit)*; von vielen geteilt *(Sympathie)*; **become ~spread** sich [weit] ausbreiten; **there was a ~spread demand for reform** Reformen wurden allgemein *od.* allerseits gefordert
widgeon ['wɪdʒən] *n. (Ornith.)* Pfeifente, *die*
widow ['wɪdəʊ] **1.** *n.* **a)** Witwe, *die*; **be left/made a ~**: zur Witwe werden; **golf ~** *(joc.)* Golfwitwe, *die*; *see also* **black widow**; **grass widow**; **b)** *(Cards)* zusätzliches Blatt; **c)** *(Printing)* Hurenkind, *das*. **2.** *v. t.* zur Witwe machen *(Frau)*; zum Witwer machen *(Mann)*; **be ~ed** zur Witwe/zum Witwer werden *(by durch)*
widowed ['wɪdəʊd] *adj.* verwitwet
widower ['wɪdəʊə(r)] *n.* Witwer, *der*
widowhood ['wɪdəʊhʊd] *n.* Witwenschaft, *die*; **[the state of] ~**: der Witwenstand; **during her ~**: als sie Witwe war
widow's: ~ 'peak *n.* in der Stirnmitte spitz zulaufender Haaransatz; **~ 'pension** *n.* Witwenrente, *die*; **~ 'weeds** *see* **weeds**
width [wɪdθ] *n.* **a)** *(measurement)* Breite, *die*; *(of garment)* Weite, *die*; **what is the ~ of ...?** wie breit/weit ist ...?; **be half a metre in ~**: einen halben Meter breit/weit sein; **b)** *(large scope)* großer Umfang; *(of definition)* Weite, *die*; *(of interests)* Vielseitigkeit, *die*; **c)** *(piece of material)* Bahn, *die*
widthways ['wɪdθweɪz], **widthwise** ['wɪdθwaɪz] *adv.* in der Breite; **insert the card ~ into the machine** die Karte quer in den Automaten stecken
wield [wiːld] *v. t. (literary)* führen *(geh.)*; *(fig.)* ausüben *(Macht, Einfluß* usw.*)*; **~ a stick/sword** einen Stock/ein Schwert schwingen
wiener ['viːnə(r)] *n. (Amer.)* Würstchen, *das*
wife [waɪf] *n., pl.* **wives** [waɪvz] Frau, *die*; **give my regards to your** *or* **(coll.)** **the ~**: grüßen Sie Ihre Frau *od. (geh.)* Gattin von mir; **make sb. one's ~**: jmdn. zur Frau nehmen; **lawful wedded ~** *(Eccl.)* rechtmäßig angetraute Frau; **old wives' tale** Ammenmärchen, *das*
wife-swapping ['waɪfswɒpɪŋ] *n. (coll.)* Partnertausch, *der*
wig [wɪg] *n.* Perücke, *die*
wigging ['wɪgɪŋ] *n.* Rüffel, *der (ugs.)*
wiggle ['wɪgl] *(coll.)* **1.** *v. t.* hin und her bewegen; **~ one's ears/bottom** mit den Ohren/dem Hintern wackeln *(ugs.)*. **2.** *v. i.* wackeln; *(move)* sich schlängeln; **make one's ears ~**: mit den Ohren wackeln; **~ into sth.** sich in etw. *(Akk.)* zwängen; **~ out of sth.** sich aus etw. winden/*(fig.)* herauswinden. **3.** *n.* Wackeln, *das*; **get a ~ on** *(Amer. sl.)* sich ranhalten *(ugs.)*
wiggly ['wɪglɪ] *adj.* schlangenlinienförmig *(Naht, Saum)*; Schlangenlinien*(muster, -form)*; **~ line** Schlangenlinie, *die*
wigwam ['wɪgwæm] *n.* Wigwam, *der*
wild [waɪld] **1.** *adj.* **a)** *(undomesticated)* wildlebend *(Tier)*; *(uncultivated)* wildwachsend *(Pflanze)*; **an animal in its ~ state** ein Tier in freier Wildbahn *od.* in Freiheit; **grow ~**: wild wachsen; **~ beast** wildes Tier; **b)** *(rough)* unzivilisiert; *(bleak)* wild *(Landschaft, Gegend)*; **c)** *(unrestrained)* wild; ungezügelt; wüst *(Bursche, Unordnung, Durcheinander)*; wütend *(Mob)*; **he was a little ~**: er führte ein ungestümes Leben; **~ and woolly** *(coll.)* wüst *(Aussehen, Kerl)*; verrückt *(Ideen)*; **run ~** *(Pferd, Hund:)* frei herumlaufen; *(Kind:)* herumtoben; *(Pflanzen:)* wuchern; *(derog.) (Hund:)* herumstreunen; **let one's imagination run ~**: seiner Phantasie freien Lauf lassen; **d)** *(stormy)* stürmisch; tobend *(Wellen)*; **e)** *(excited)* rasend *(Wut, Zorn, Eifersucht, Beifall)*; unbändig *(Freude, Wut, Zorn, Schmerz)*; wild *(Erregung, Zorn, Geschrei)*; erregt *(Diskussion)*; panisch *(Angst)*; irr *(Blick)*; **be/become ~ [with sth.]** [vor etw. *(Dat.)*] außer sich *(Dat.)* sein/außer sich *(Akk.)* geraten; **send** *or* **drive sb. ~**: jmdn. rasend vor Erregung machen; **f)** *(coll.: very keen)* **be ~ about sb./sth.** wild auf jmdn./etw. sein; **be ~ to do sth.** wild darauf sein, etw. zu tun; **I'm not ~ about it** ich bin nicht wild darauf *(ugs.)*; **g)** *(coll.: angry)* wütend; **be ~ with** *or* **at sb.** eine Wut auf jmdn. haben; **make** *or* **drive sb. ~**: jmdn. in Rage bringen *(ugs.)*; **I was ~ when I heard ...**: ich sah rot *(ugs.)* *od.* wurde wild *(ugs.)*, als ich hörte, ...; **h)** *(reckless)* ungezielt *(Schuß, Schlag)*; unbedacht *(Verhalten, Versprechen, Gerede)*; aus der Luft gegriffen *(Anschuldigungen, Behauptungen)*; abwegig *(Geschichte)*; maßlos *(Übertreibung)*; irrwitzig *(Plan, Idee, Versuch, Hoffnung)*; **he made a ~ guess** er hat aufs Geratewohl *od. (ugs.)* ins Blaue hinein geschätzt; *see also* **dream 1 c**. **2.** *n.* **the ~[s]** die Wildnis; **see an animal in the ~s** *(coll.)* ein Tier in freier Wildbahn sehen; **in the ~s** *(coll.)* in der Pampa *(ugs.)*; **[out] in the ~s of Yorkshire** *(coll.)* im tiefsten Yorkshire *(ugs.)*; **the call of the ~**: der Ruf der Wildnis. **3.** *adv.* **wild**; **~ shoot ~** *(randomly)* wild in die Gegend ballern *(ugs.)*
wild: ~ 'boar *n. (Zool.)* Wildschwein, *das*; **~ card** *n.* **a)** *(Cards)* wilde Karte; **b)** *(Tennis)* Wild card *(ugs.)*; **~ 'cat** *n. (Zool.)* Wildkatze, *die*; **~cat** *attrib. adj.* fragwürdig; **~cat strike** wilder Streik; **~cat well** Aufschlußbohrung, *die*; Wildcatbohrung, *die*
wilderness ['wɪldənɪs] *n.* Wildnis, *die*; *(desert)* Wüste, *die*; **cry in the ~** *(fig.)* tauben Ohren predigen; **a voice [crying] in the ~** *(fig.)* ein Rufer in der Wüste; **be in the ~** *(Polit.)* alle Bedeutung verloren haben
wild: ~-eyed *adj.* mit irrem Blick *nachgestellt*; **~fire** *n. (Mil. Hist.)* griechisches Feuer; *see also* **spread 2 a**; **~fowl** *n., pl. same* Federwild, *das*; *(Cookery)* Wildgeflügel, *das*; **~-'goose chase** *n. (fig.: hopeless quest)* aussichtslose Suche; **send sb. on a ~-goose chase** jmdn. einem Phantom nachjagen lassen; **~ 'horse** *n.* Wildpferd, *das*; **~ horses would not drag it from me** *(fig.)* eher beiße ich mir die Zunge ab, als daß ich es erzähle; **~ horses would not make me leave here** keine zehn Pferde kriegen mich von hier weg *(ugs.)*; **~life** *n. no pl., no indef. art.* die Tier- und Pflanzenwelt; die Natur;

~life park/reserve/sanctuary Naturpark, *der*/-reservat, *das*/-schutzgebiet, *das*
wildly ['waɪldlɪ] *adv.* **a)** *(unrestrainedly)* wild; **run ~ all over the house** ⟨Kinder:⟩ wie wild im ganzen Haus herumtoben; **b)** *(stormily)* wild; **the wind blew ~**: der Wind blies heftig; **c)** *(excitedly)* rasend ⟨eifersüchtig⟩; unbändig ⟨verliebt, sich freuen, sich verlieben⟩; wild ⟨schreien, applaudieren⟩; erregt ⟨diskutieren⟩; **I'm not ~ interested in it** *(iron.)* ich interessiere mich nicht übermäßig dafür; **be ~ excited about sth.** über etw. *(Akk.)* ganz aus dem Häuschen sein *(ugs.)*; **he looked ~ about him** er blickte irr um sich; **d)** *(recklessly)* aufs Geratewohl; maßlos ⟨übertreiben⟩; wirr ⟨daherreden, denken⟩; **hit out ~**: [wie] wild um sich schlagen; **~ inaccurate** völlig ungenau
'**wild man** *n.* **a)** *(Anthrop.)* Wilde, *der*; **b)** *(Polit.)* Scharfmacher, *der*
wildness ['waɪldnɪs] *n., no pl.* **a)** *(bleakness)* Wildheit, *die*; **b)** *(lack of restraint)* Wildheit, *die*; **I was frightened by the ~ of the mob** der wütende Mob machte mir angst; **after the ~ of his youth** nach seiner wilden *od.* stürmischen Jugend; **c)** *(storminess)* **the ~ of the weather/sea** das stürmische Wetter/die stürmische See; **the ~ of the waves/storm** die Gewalt der Wellen/des Sturms; **d)** *(excitement)* **the ~ of her joy** die Unbändigkeit, mit der sie sich freute; **the ~ of her jealousy** ihre rasende Eifersucht; **the ~ of their cheers/applause** die Begeisterung, mit der sie jubelten/applaudierten; **e)** *(of blow, shot)* Ungezieltheit, *die*; *(of promise, words)* Unbedachtheit, *die*; *(of scheme, attempt, idea, hope, quest)* Irrwitzigkeit, *die*; **f)** *(distractedness)* **the ~ of his look/eyes** sein irrer Blick; **there was a dangerous ~ in his eyes** seine Augen hatten etwas gefährlich Irres
wild: **~ 'oat** *see* **oat b**; **~ 'rice** *n. (Bot.)* Wasserreis, *der*; **~ 'silk** *n.* Wildseide, *die*; **~ 'thyme** *see* **thyme**; **W~ 'West** *pr. n.* Wilder Westen
wile [waɪl] *n.* List, *die*; Schlich, *der*
wilful ['wɪlfʊl] *adj.* **a)** *(deliberate)* vorsätzlich; bewußt ⟨Täuschung⟩; **b)** *(obstinate)* starrsinnig
wilfully ['wɪlfʊlɪ] *adv.* **a)** *(deliberately)* vorsätzlich; bewußt ⟨täuschen⟩; **b)** *(obstinately)* starrsinnig
wilfulness ['wɪlfʊlnɪs] *n., no pl.* **a)** *(deliberateness)* Vorsätzlichkeit, *die*; **b)** *(obstinacy)* Starrsinnigkeit, *die*; **out of ~**: aus Starrsinn
wiliness ['waɪlɪnɪs] *n., no pl.* **the wily:** Gewieftheit, *die*; Raffiniertheit, *die*; **the ~ of a fox** die Schläue eines Fuchses
¹**will** [wɪl] **1.** *v. t., only in pres.* **will,** *neg. (coll.)* **won't** [wəʊnt], *past* **would** [wʊd], *neg. (coll.)* **wouldn't** ['wʊdnt] **a)** *(consent to)* wollen; **They won't help me.** **W~/Would you?** Sie wollen mir nicht helfen. Bist du bereit?; **you ~ help her, won't you?** du hilfst ihr doch *od.* du wirst ihr doch helfen, nicht wahr?; **the car won't start** das Auto will nicht anspringen *od.* springt nicht an; **if you ~**: wenn Sie wollen; *(in request)* bitte; **~/would you pass the salt, please?** gibst du bitte mal das Salz rüber?/würdest du bitte mal das Salz rübergeben?; **~/would you come in?** kommen Sie doch herein; **now just listen, ~ you!** jetzt hör/hört gefälligst zu!; **~ you be quiet!** willst du/wollt ihr wohl ruhig sein!; **well, if you '~ go rock-climbing, ...**: bitte, wenn du unbedingt klettern gehen mußt, ...; **b)** *(be accustomed to)* pflegen; **the car ~ occasionally break down** das Auto hat ab und zu mal eine Panne; **he '~ sit there hour after hour** er pflegt dort stundenlang zu sitzen; *(emphatic)* **children '~ make a noise** Kinder machen eben Lärm; **..., as young people '~**: ..., wie alle jungen Leute [es tun]; **he '~ insist on doing it** er besteht unbedingt darauf, es zu tun; **it 'would have to rain** natürlich mußte es regnen; **c)** *(wish)* wollen; **~ you have some more cake?** möchtest *od.* willst du noch etwas Kuchen?; **it shall be as you ~**: ganz wie Sie wünschen *(geh.) od.* wollen; **do as/what you ~**: mach, was du willst; **call it what [ever] you ~**: nenn es, wie du willst; **would to God that ...**: wollte Gott, daß ...; **d)** *(be able to)* **the box ~ hold 5 lb.** of tea in die Kiste gehen 5 Pfund Tee; **the theatre ~ seat 800** das Theater hat 800 Sitzplätze. **2.** *v. aux., forms as* **1**: **a)** *expr. simple future* werden; **this time tomorrow we ~ be in Oxford** morgen um diese Zeit ist er in Oxford; **tomorrow he ~ have been here a month** morgen ist er einen Monat hier; **one more cherry, and I ~ have eaten a pound** noch eine Kirsche und ich habe ein Pfund gegessen; **if today is Monday, tomorrow ~ be Tuesday** wenn heute Montag ist, ist morgen Dienstag; **b)** *expr. intention* **I promise I won't do it again** ich verspreche, ich mach's nicht noch mal; **You won't do that, ~ you?** – **Oh yes, I ~!** Du machst es doch nicht, oder? – Doch[, ich mach's]!; **c)** *in conditional clause* **if he tried, he would succeed** wenn er es versuchen würde, würde er es erreichen; **he would like/would have liked to see her** er würde sie gerne sehen/er hätte sie gerne gesehen; **d)** *(request)* **~ you please tidy up** würdest du bitte aufräumen?
²**will 1.** *n.* **a)** *(faculty)* Wille, *der*; **freedom of the ~**: Willensfreiheit, *die*; **have a ~ of one's own** [s]einen eigenen Willen haben; **an iron ~, a ~ of iron** ein eiserner Wille; **strength of ~**: Willensstärke, *die*; **b)** *(Law: testament)* Testament, *das*; **under his father's ~**: auf Grund des Testaments seines Vaters; *see also* **remember d**; **c)** *(desire)* **at ~**: nach Belieben; **to live Lebenswille**, *der*; **you must have the ~ to win** du mußt gewinnen wollen; **~ to** *or* **for peace** Friedenswille, *der*; Wille zum Frieden; **he has the power to do it, but lacks the ~**: er könnte es zwar, aber er will es nicht; **against one's/sb.'s ~**: gegen seinen/jmds. Willen; **of one's own [free] ~**: aus freien Stücken; **clash of ~s** ≈ Kollision der Interessen; **do sth. with a ~**: etw. mit großem Eifer *od.* Elan tun; **where there's a ~ there's a way** *(prov.)* wo ein Wille ist, ist auch ein Weg; **Thy ~ be done** *(Bibl.)* Dein Wille geschehe; *see also* **free will**; **d)** *(disposition)* **with the best ~ in the world** bei allem Wohlwollen; **in neg. clause** beim besten Willen; *see also* **good will**; **ill will. 2.** *v. t.* **a)** *(intend)* wollen; **God has ~ed it so** Gott hat es so gewollt; **b)** *(compel by ~)* durch Willenskraft erzwingen; **~ oneself to do sth.** sich zwingen, etw. zu tun; **~ sb. to do sth.** *(Hypnotiseur, Therapeut:)* jmdm. suggerieren, etw. zu tun; **~ sb. to win** jmds. Sieg mit aller Kraft herbeiwünschen. **3.** *v. i.* wollen; **if God so ~s, God ~ing** so Gott will
-willed [wɪld] *adj. in comb.* **strong-/weak-~**: willensstark/-schwach; **be iron-~**: einen eisernen Willen haben
willful *etc. (Amer.) see* **wilful** *etc.*
William ['wɪljəm] *pr. n. (Hist., as name of ruler etc.)* Wilhelm *(der)*
willies ['wɪlɪz] *n. pl. (sl.)* **sb. gets the ~**: jmdm. wird ganz anders *(ugs.)*; **it gives me the ~**: dabei wird mir ganz anders *(ugs.)*
willing ['wɪlɪŋ] **1.** *adj.* **a)** *(ready)* willig; **ready and ~**: bereit; **be ~ to do sth.** bereit sein, etw. zu tun; **I'm ~ to believe you're right** ich will gerne glauben, daß du recht hast; **she'd be more ~ to do it/to help if ...**: sie wäre eher dazu bereit/eher bereit zu helfen, wenn ...; **b)** *(eager)* **he was ~ to be converted or ließ sich bereitwillig bekehren; **if my daughter is ~, then you may marry her** wenn meine Tochter es will, dürfen Sie sie heiraten; **b)** *attrib. (readily offered)* willig; **she gave ~ assistance/help** sie half bereitwillig; **lend a hand** bereitwillig helfen. **2.** *n.* **show ~**: guten Willen zeigen

willingly ['wɪlɪŋlɪ] *adv.* **a)** *(with pleasure)* gern[e]; **their ~ offered services** ihre bereitwillig angebotenen Dienste; **b)** *(voluntarily)* freiwillig; **they did not come ~**: sie kamen nur widerstrebend
willingness ['wɪlɪŋnɪs] *n., no pl.* Bereitschaft, *die*; **eager ~**: Beflissenheit, *die*; **he always shows a ~ to help** er ist immer bereit zu helfen
will-o'-the-wisp [wɪləðə'wɪsp] *n.* **a)** Irrlicht, *das*; **b)** *(fig.)* Schimäre, *die*
willow ['wɪləʊ] *n.* Weide, *die*
willow: **~-herb** *n. (Bot.)* Weidenröschen, *das*; **~-pattern** *n.* Weidenmuster, *das*; **~-warbler** *n. (Ornith.)* Laubsänger, *der*
willowy ['wɪləʊɪ] *adj.* gertenschlank
'**will-power** *n.* Willenskraft, *die*; **her ~ has cracked** ihr Wille ist gebrochen
willy ['wɪlɪ] *n. (sl./child lang.)* Pimmel, *der (salopp, fam.)*
willy-nilly [wɪlɪ'nɪlɪ] *adv.* wohl oder übel ⟨etw. tun müssen⟩; **it will happen ~**: es wird so oder so passieren
wilt [wɪlt] **1.** *v. i.* **a)** *(Bot.: wither)* welk werden; welken; **b)** *(fig.: lose vigour)* ⟨Person:⟩ schlapp werden, *(ugs.)* abschlaffen; ⟨Interesse, Begeisterung:⟩ abflauen ⟨Hoffnung, Energie, Kraft⟩ dahinschwinden. **2.** *v. t. (Bot.)* welken lassen; **the drought has ~ed the plants** durch die Trockenheit sind die Pflanzen welk geworden
Wilton ['wɪltən] *n.* Wiltonteppich, *der*
wily ['waɪlɪ] *adj.* listig; gewieft ⟨Person⟩; raffiniert ⟨Trick, Argumentation, Plan usw.⟩
wimp [wɪmp] *n. (coll. derog.)* Schlappschwanz, *der (ugs.)*
wimpish ['wɪmpɪʃ] *adj. (coll. derog.)* lahmarschig *(derb)*
win [wɪn] **1.** *v. t., -nn-,* won [wʌn] **a)** gewinnen; bekommen ⟨Stipendium, Auftrag, Vertrag, Recht⟩; ernten ⟨Beifall, Dank⟩; **~ the long jump** im Weitsprung gewinnen; **~ an argument/debate** aus einem Streit/einer Debatte als Sieger hervorgehen; **~ promotion** befördert werden; **~ sb. sth.** jmdm. etw. einbringen; **~ sb. sb.'s friendship** jmdm. jmds. Freundschaft gewinnen; **her sad story won him my sympathy** ihre traurige Geschichte fand sein Mitgefühl; **~ a reputation [for oneself]** sich *(Dat.)* einen Ruf erwerben *od.* einen Namen machen; **~ sth. from** *or* **off sb.** etw. abnehmen; **you can't ~ them all** *(coll.)*, **you ~ some, you lose some** *(coll.)* man kann nicht immer Glück haben; *see also* **spur 1 a**; **toss 3 a**; **b)** *(sl.: steal)* organisieren *(ugs.)*; **c)** **~ one's way to the top** *(fig.)* sich an die Spitze hocharbeiten; **~ one's way to a scholarship** *(Dat.)* ein Stipendium verdienen; **~ oneself a place in the history books** sich *(Dat.)* einen Platz in den Geschichtsbüchern sichern; **~ one's way into sb.'s heart/affections** jmds. Herz/Zuneigung gewinnen; **d)** *(Mining)* gewinnen. **2.** *v. i., -nn-,* won **a)** gewinnen; *(in battle)* siegen; **you ~ (have defeated me)** du hast gewonnen *(ugs.)*; **those who ~**: die Gewinner/Sieger; **~ or lose wie es auch ausgeht/ausgehen würde; **you can't ~** *(lit. or fig.) (coll.)* da hat man keine Chance *(ugs.)*; **(you can't satisfy everyone)** man kann es nicht allen recht machen; *see also* **canter 1**; **hand 1 g**; **head 1 a**; **b)** **~ clear/free** sich befreien. **3.** *n.* Sieg, *der*; **have a ~**: gewinnen
~ 'back *v. t.* zurückgewinnen
~ 'out *v. i. (coll.)* **~ out [over sb./sth.]** sich [gegen jmdn./etw.] durchsetzen
~ 'over, ~ 'round *v. t.* bekehren; *(to one's side)* auf seine Seite bringen; *(convince)* überzeugen; **~ sb. over** *or* **round to a plan/to a faith/to one's point of view** jmdn. für einen Plan gewinnen/zu einem Glauben bekehren/zu seiner Ansicht überzeugen
~ 'through *v. i.* Erfolg haben; **~ through to the next round** die nächste Runde erreichen

wince [wɪns] **1.** *v.i.* zusammenzucken (at bei); **she did not ~ when the dentist started drilling** sie verzog keine Miene, als der Zahnarzt anfing zu bohren; **he ~d under the pain/the insult** vor dem Schmerz/die Beleidigung ließ ihn zusammenzucken. **2.** *n.* Zusammenzucken, *das*; **give a ~ [of pain]** [vor Schmerz] zusammenzucken; **without a ~**: ohne eine Miene zu verziehen; ohne mit der Wimper zu zucken

winceyette [wɪnsɪˈet] *n.* (Brit. Textiles) Flanell, *der*

winch [wɪntʃ] **1.** *n.* **a)** *(crank)* Kurbel, *die*; **b)** *(Brit. Fishing)* Rolle, *die*; Haspel, *die*; **c)** *(windlass)* Winde, *die*. **2.** *v.t.* winden; mit einer Winde ziehen; **~ up** hochwinden

¹**wind** [wɪnd] **1.** *n.* **a)** Wind, *der*; **before the ~** *(Naut.)* vor dem Wind; **be in the ~** *(fig.)* in der Luft liegen; **down the ~**: mit dem Wind; in der Richtung des Windes; **see how or which way the ~ blows** *or* **lies** *(fig.)* sehen, woher der Wind weht; **into the ~** *(Naut.)* in den Wind; **off the ~** *(Naut.)* aus dem Wind; **like the ~**: wie der Wind ⟨laufen, fahren usw.⟩; **sail close to** *or* **near the ~**: hart am Wind segeln; *(fig.)* sich hart an der Grenze des Erlaubten bewegen; **sail too close to** *or* **near the ~** *(fig.)* den Bogen überspannen; **take the ~ out of sb.'s sails** *(fig.)* jmdm. den Wind aus den Segeln nehmen; **throw sb.'s advice to the ~s** jmds. Rat in den Wind schlagen; **throw caution/discretion/one's principles to the ~s** alle Vorsicht/alle Diskretion/seine Grundsätze über Bord werfen; **to the [four] ~s** in alle [vier] Winde; **the ~[s] of change** ein frischer Wind *(fig.)*; *see also* **whirlwind a**; **b)** *no pl.* (Mus.) *(stream of air)* (in organ) Wind, *der*; *(in other instruments)* Luftstrom, *der*; *(instruments)* Bläser, *der*; *no pl.* *(blast of air)* Luftstrom, *der*; *(of missile)* Druckwelle, *die*; **d)** *(Hunting)* Witterung, *die*; **get ~ of sth.** *(fig.)* Wind von etw. bekommen; **e)** *no pl., no indef. art.* *(flatulence)* Blähungen; **break ~**: eine Blähung abgehen lassen; **get/have the ~ up** *(sl.)* Manschetten *(ugs.)* od. Schiß *(salopp)* kriegen/haben; **put the ~ up sb.** *(sl.)* jmdm. Schiß machen; **f)** *(breath)* **lose/have lost one's ~**: *bes. Amer.* außer Atem kommen/sein; **recover** *or* **get one's ~**: wieder zu Atem kommen; **you need a lot of ~ to run such a long distance** der Atem darf einem nicht so schnell ausgehen, wenn man so eine lange Strecke laufen will; **get one's second ~** *(lit. or fig.)* sich wieder steigern; **pause to get one's second ~** *(fig.)* eine Pause machen, um einen neuen Anlauf zu nehmen; **g)** *no pl., no art. (empty words)* [leeres] Geschwätz. **2.** *v.t.* **a)** *(make breathless)* außer Atem bringen; **the blow ~ed him** der Schlag nahm ihm den Atem; **be ~ed** außer Atem sein; **he was ~ed by the blow to his stomach** nach dem Schlag in die Magengrube schnappte er nach Luft; **b)** *(burp)* ein Bäuerchen machen lassen *(fam.)* ⟨Baby⟩

²**wind** [waɪnd] **1.** *v.i.* , **wound** [waʊnd] **a)** *(curve)* sich winden; *(move)* sich schlängeln; **the road wound through/among the hills** die Straße wand od. schlängelte sich zwischen den Hügeln hindurch; **b)** *(coil)* sich wickeln. **2.** *v.t.* , **wound a)** *(coil)* wickeln; *(on to reel)* spulen; **~ wool into a ball** Wolle zu einem Knäuel aufwickeln; **~ sth. off sth./on** [to] sth. etw. von etw. [ab]wickeln/auf etw. (Akk.) [auf]wickeln; **~ sb. round one's finger** jmdm. um den Finger wickeln *(ugs.)*; **b)** *(with key etc.)* aufziehen ⟨Uhr⟩; **c)** **~ one's/its way** sich winden; sich schlängeln; **a road ~ing its way among the mountains** eine Straße, die sich windet *od.* -schlängelt; **d)** *(coil into ball)* zu einem Knäuel/zu Knäueln aufwickeln; **e)** *(surround)* wickeln ⟨Spule⟩; **he wound the injured arm in a piece of cloth** er umwickelte den verletzten Arm mit einem Tuch; **f)** *(winch)* winden; **~ sth. with a winch** etw. mit einer Winde ziehen. **3.** *n.* **a)** *(curve)* Windung, *die*; **b)** *(turn)* Umdrehung, *die*; **give sth. a ~**: etw. aufziehen; **give the clock one more ~**: die Uhr noch [um] eine Umdrehung weiter aufziehen

~ 'back *v.t. & i.* zurückspulen

~ 'down 1. *v.t.* **a)** *(lower)* mit einer Winde herunter-/hinunterlassen; herunterdrehen ⟨Autofenster⟩; **b)** *(fig.: reduce gradually)* einschränken; drosseln ⟨Produktion⟩; *(and cease)* allmählich einstellen; auslaufen lassen ⟨Produktion⟩. **2.** *v.i.* *(lose momentum)* ablaufen; *(fig.)* ⟨Produktion:⟩ zurückgehen; *(cease)* auslaufen

~ 'forward *see* **~ on**

~ 'in *v.t.* einrollen ⟨Angelschnur⟩; einholen ⟨Fisch, Tau⟩; (on to sth.) aufwickeln

~ 'on *v.t. & i.* weiterspulen

~ 'up 1. *v.t.* **a)** hochwinden; *(winch up)* [mit einer Winde] hochziehen; hochdrehen ⟨Autofenster⟩; **b)** *(coil)* aufwickeln; **c)** *(with key etc.)* aufziehen ⟨Uhr⟩; **d)** *(make tense)* aufregen; erregen; **get wound up** sich aufregen; sich erregen; **she was wound up to a fury** sie kochte vor Wut; **e)** *(coll.: annoy deliberately)* auf die Palme bringen *(ugs.)*; **f)** *(conclude)* beschließen ⟨Debatte, Rede⟩; **g)** *(Finance, Law)* auflösen; einstellen ⟨Aktivitäten⟩; **~ up one's affairs** seine Angelegenheiten in Ordnung bringen. **2.** *v.i.* **a)** *(conclude)* schließen; **he wound up for the Government** er sprach als letzter Redner aus dem Regierungslager; **..., he said, ~ing up:** ... sagte er, schließlich; **~ up with ice-cream** mit Eis abschließen; **b)** *(Commerc.)* ⟨Firma:⟩ aufgelöst werden; **c)** *(coll.: end up)* **~ up in prison/hospital** [zum Schluß] im Gefängnis/Krankenhaus landen *(ugs.)*; **~ up with a broken leg** sich (Dat.) am Ende noch ein gebrochenes Bein einhandeln. *See also* **wind-up**

wind [wɪnd]: **~-bag** *n. (derog.)* Schwätzer, *der*/Schwätzerin, *die*; **~ band** *n. (Mus.)* Blaskapelle, *die*; *(section of orchestra)* Blasergruppe, *die*; **~-blown** *adj.* vom Wind zerzaust ⟨Haar⟩; **~-break** *n.* Windschutz, *der*; **~breaker** *(Amer.)*, **~-cheater** *(Brit.)* *ns.* Windjacke, *die*; **~-chest** *n. (Mus.)* Windlade, *die*; **~-chill** *n. (Meteorol.)* **~-chill [factor** *or* **index]** Wind-chill-Index, *der*; **~ cone** *see* **wind-sock**

winded [ˈwɪndɪd] *adj.* nach Luft schnappend *nicht präd.*; **be ~**: außer Atem sein

winder [ˈwaɪndə(r)] *n.* *(of watch)* Krone, *die*; *(of clock, toy)* Aufziehschraube, *die*; *(key)* Schlüssel, *der*

wind [wɪnd]: **~-fall** *n.* **a)** Stück Fallobst; *(apple)* Fallapfel, *der*; **~s** Fallobst, *das*; **b)** *(fig.)* warmer Regen *(ugs.)*; **repeated ~falls** ein warmer Regen nach dem anderen; **~ farm** *n.* Windpark, *der*; Windfarm, *die*; **~-flower** *n. (Bot.)* Windröschen, *das*; **~-force** *n. (Meteorol.)* Windstärke, *die*; **~-gauge** *n. (Meteorol.)* Windmesser, *der*; **~-hover** *n. (Ornith.)* Rüttelfalke, *der*

winding [ˈwaɪndɪŋ] **1.** *attrib. adj.* gewunden; **the ~ procession** der sich dahinschlängelnde Zug. **2.** *n.* **a)** *in pl. (of road, river)* Windungen, *die*; **b)** *(Electr.)* Wicklung, *die*

winding: **~ sheet** *n.* Leichentuch, *das*; **~ 'staircase** *n.* Wendeltreppe, *die*

wind [wɪnd]: **~ instrument** *n. (Mus.)* Blasinstrument, *das*; **~-jammer** [ˈwɪndʒæmə(r)] *n. (Naut.)* Windjammer, *der*

windlass [ˈwɪndləs] *n.* Winde, *die*

windless [ˈwɪndlɪs] *adj.* windstill

windmill [ˈwɪndmɪl] *n.* **a)** Windmühle, *die*; *(to drive generator, water pump, etc.)* Windrad, *das*; **tilt at** *or* **fight ~s** *(fig.)* gegen Windmühlen kämpfen; **b)** *(toy)* Windrädchen, *das*

window [ˈwɪndəʊ] *n.* **a)** Fenster, *das*; **break a ~**: eine Fensterscheibe zerbrechen; ⟨Einbrecher:⟩ eine Fensterscheibe einschlagen; **go out of the ~** *(fig. coll.)* den Bach runtergehen *(ugs.)*; **b)** *(fig.: means of observation)* **~ on the West/world** ein Fenster zum Westen/zur Welt; **a ~ on life** ein Spiegel des Lebens; **c)** *(for display of goods)* [Schau]fenster, *das*; **d)** *(for issue of tickets etc.)* Schalter, *der*; **e)** *(Astronaut.: time when launch is possible)* Startfenster, *das*; **f)** *(Computing)* Fenster, *das*

window: **~-box** *n.* Blumenkasten, *der*; **~-cleaner** *n.* Fensterputzer, *der*/-putzerin, *die*; **~-cleaning** *n.* Fensterputzen, *das*; **~ display** *n.* Schaufensterauslage, *die*; **~-dresser** *n.* Schaufensterdekorateur, *der*/-dekorateurin, *die*; **~-dressing** *n.* Schaufensterdekoration, *die*; *(fig.)* Schönfärberei, *die*; **~ envelope** *n.* Fenster[brief]umschlag, *der*; **~-frame** *n.* Fensterrahmen, *der*; **~-ledge** *n. (inside)* Fensterbank, *die*; *(outside)* Fenstersims, *der od. das*; **~-pane** *n.* Fensterscheibe, *die*; **~-seat** *n. (in building)* Fensterbank, *die*; *(in train etc.)* Fensterplatz, *der*; **~-shopper** *n.* Schaufensterbummler, *der*/-bummlerin, *die*; **~-shopping** *n.* Schaufensterbummeln, *das*; **go ~-shopping** einen Schaufensterbummel machen; **~-sill** *see* **~-ledge**

wind [wɪnd]: **~pipe** *n. (Anat.)* Luftröhre, *die*; **~ power** *n.* Windkraft, *die*; **~ proof** *adj.* windabweisend; **~proof jacket** Windjacke, *die*; **~ pump** *n.* Windpumpe, *die*; **~-rose** *n. (Meteorol.)* Windrose, *die*; **~-screen,** *(Amer.)* **~shield** *ns. (Motor Veh.)* Windschutzscheibe, *die*; **~screen/~shield-wiper** *n.* Scheibenwischer, *der*; **~-sleeve,** **~-sock** *ns. (Aeronaut.)* Windsack, *der*; **~-surfer** *n.* Windsurfer, *der*; **~-surfing** *n. (Sport)* Windsurfen, *das*; **~-swept** *adj.* windgepeitscht; vom Wind zerzaust ⟨Person, Haare⟩; **the ~-swept lake** der vom Wind bewegte See; **~-tunnel** *n. (Aeronaut.)* Windkanal, *der*

wind-up [ˈwaɪndʌp] *n.* **a)** *(end)* [Ab]schluß, *der*; **b)** *(sl.: attempt to annoy)* **is this a ~?** willst du mich auf die Palme bringen? *(ugs.)*

windward [ˈwɪndwəd] **1.** *adj.* **~ side** Windseite, *die*; Luvseite, *die* *(bes. Seemannsspr.)*; **in a ~ direction** gegen den Wind; luvwärts *(Seemannsspr.)*; **W~ Islands** *pr. n. pl.* Inseln über dem Winde. **2.** *adv.* gegen den Wind. **3.** *n.* Windseite, *die*; Luv, *die* *(Seemannsspr.)*; **sail to ~**: gegen den Wind segeln; **get to ~ of sth.** auf die Windseite einer Sache *(Gen.)* gehen/fahren *usw.*

windy [ˈwɪndɪ] *adj.* **a)** windig ⟨Tag, Ort, Wetter⟩; **b)** *(wordy, empty)* phrasenhaft; dreschend *(abwertend)* ⟨Person⟩; **he is ~ and ineffectual** er drischt nur Phrasen und tut nichts; **c)** *(sl.: frightened)* **be/get ~**: Manschetten *(ugs.)* od. *(salopp)* Schiß haben/kriegen

wine [waɪn] *n.* **a)** Wein, *der*; **~, women, and song** Wein, Weib und Gesang; **put new ~ in old bottles** *(fig.)* neuen Wein in alte Schläuche füllen; *see also* **spirit 1 k**; **b)** *(colour)* Weinrot, *das*

wine: **~ and 'dine** *v.t.* in großem Stil *od.* *(ugs.)* groß bewirten; **be ~d and dined at sb.'s expense** auf jmds. Kosten schlemmen; **~-bar** *n.* Weinstube, *die*; **~ bottle** *n.* Weinflasche, *die*; **~-cellar** *n.* [Wein]keller, *der*; **~-cooler** *n.* Weinkühler, *der*; **~ glass** *n.* Weinglas, *das*; **~-grower** *n.* Winzer, *der*; **~-growing 1.** *n.* Weinbau, *der*; **2.** *adj.* **~-growing area** Weingegend, *die*; **~-list** *n.* Weinkarte, *die*; **~-making** *n.* Herstellung von Wein zu Hause in kleineren Mengen; **~-merchant** *n.* Weinhändler, *der*/-händlerin, *die*; **~-merchants** *(business)* Weinhandlung, *die*; **~-'red** *adj.* weinrot

winery [ˈwaɪnərɪ] *n.* Weinkellerei, *die*

wine: ~-**taster** n. Weinverkoster, der/-verkosterin, die; ~-**tasting** ['waɪnteɪstɪŋ] n. Weinprobe, die; ~-**vault** n. Weinkeller, der; ~-**vinegar** n. Weinessig, der; ~-**waiter** n. Weinkellner, der

wing [wɪŋ] 1. n. a) (Ornith., Archit., Sport) Flügel, der; take ~: auffliegen; on the ~: im Fluge; spread or stretch one's ~s (fig.) sich auf eigene Füße stellen; take sb. under one's ~: jmdn. unter seine Fittiche nehmen; lend sb. ~s/lend ~s to sb.'s feet jmdn./jmds. Schritte beflügeln; b) (Aeronaut.) [Trag]flügel, der; Tragfläche, die; ~s (badge) Pilotenabzeichen, das; Fliegerabzeichen, das; get/have [got] one's ~s seinen Pilotenschein kriegen/haben; c) in pl. (Theatre) Kulissen; wait in the ~s (fig.) auf seine Chance warten; d) (Brit. Motor Veh.) Kotflügel, der; e) (Air Force) Geschwader, das. 2. v. t. a) (wound) am Flügel treffen, (Jägerspr.) flügeln 〈Vogel〉; am Arm treffen 〈Person〉; b) (fig.: speed) beflügeln (geh.); c) ~ one's way fliegen. 3. v. i. fliegen.

wing: ~-**case** n. (Zool.) Deckflügel, der; ~-**chair** n. Ohrensessel, der; ~-**collar** n. Ecken- od. Klappenkragen, der; ~-**commander** n. (Brit. Air Force) Geschwaderkommandeur, der

wingding ['wɪŋdɪŋ] n. (Amer. sl.) a) (party) Sause, die (salopp); b) (seizure) [simulierter] Krampfanfall; **throw a ~**: einen Krampfanfall simulieren

winged [wɪŋd] adj. a) (having wings) geflügelt; b) (wounded) flügellahm geschossen; geflügelt (Jägerspr.)

-winged adj. in comb. mit ... Flügeln nachgestellt; **white-/black-/short-/long-~**: weiß-/schwarz-/kurz-/langflügelig

winger ['wɪŋə(r)] n. (Sport) Außenstürmer, der/-stürmerin, die; Flügel, der

wing: ~-**mirror** n. (Brit. Motor Veh.) Außenspiegel, der; ~-**nut** n. Flügelmutter, die; ~-**span**, ~-**spread** ns. (Flügel]spannweite, die; ~-**tip** n. Flügelspitze, die

wink [wɪŋk] 1. v. i. a) (blink) blinzeln; (as signal) zwinkern; ~ **at sb.** jmdm. zuzwinkern; **be as easy as ~ing** kinderleicht sein. ein Kinderspiel sein; **do sth. as easy as ~ing** (coll.) etw. mit Leichtigkeit tun; b) (twinkle, flash) blinken; c) ~ **at sth.** (fig.: ignore) über etw. (Akk.) hinwegsehen. 2. v. t. a) ~ **one's eye/eyes** blinzeln; (as signal) zwinkern; ~ **one's eye at sb.** jmdm. zuzwinkern; b) (flash) blinken 〈Signal, Nachricht usw.〉. 3. n. a) Blinzeln, das; (signal) Zwinkern, das; **give sb. a [secret/sly/knowing etc.] ~**: jmdm. [heimlich/verschmitzt/wissend usw.] zuzwinkern; see also ²**tip 2 d**; b) **not get a ~ of sleep, not sleep a ~**: kein Auge zutun; see also **forty 1**

winker ['wɪŋkə(r)] n. (Motor Veh.) Blinker, der

winkle ['wɪŋkl] 1. n. Strandschnecke, die. 2. v. t. ~ **out** herausholen, (ugs.) rauspfriemeln 〈Gegenstand, Substanz〉; herausholen 〈Person, Tier〉; ~ **sth. out of sb.** (fig.) etw. aus jmdm. rauskriegen (ugs.)

winkle-picker n. (sl.) spitzer Schuh

winner ['wɪnə(r)] n. a) Sieger, der/Siegerin, die; (of competition or prize) Gewinner, der/Gewinnerin, die; (winning shot) Siegestreffer, der; (winning goal) Siegestor, das; **who is the ~ in this deal?** wer profitiert bei diesem Geschäft mehr?; b) (successful play, product) Renner, der (ugs.); Hit, der (ugs.); **you're on [to] a ~ with this idea/book** (coll.) diese Idee/dieses Buch wird garantiert ein Renner od. Hit. (ugs.)

winning ['wɪnɪŋ] adj. a) attrib. siegreich; ~ **team** siegreiche Mannschaft, Siegermannschaft, die; **the ~ captain** der Kapitän der Siegermannschaft; b) attrib. (bringing victory) den Sieg bringend; ~ **number** Gewinnzahl, die; **the ~ entry** die preisgekrönte Einsendung; c) (charming) einnehmend; gewinnend 〈Lächeln〉

winningly ['wɪnɪŋlɪ] adv. einnehmend; gewinnend 〈lächeln〉

'**winning-post** n. (Sport) Zielpfosten, der

winnings ['wɪnɪŋz] n. pl. Gewinn, der

winnow ['wɪnəʊ] v. t. (Agric.) worfeln; (fig.) scheiden, trennen

~ '**out** v. t. (Agric.) ausscheiden 〈Spreu〉

wino ['waɪnəʊ] n., pl. ~s (sl.) Wermutpenner, der/-pennerin, die (salopp)

winsome ['wɪnsəm] adj. einnehmend; gewinnend 〈Lächeln〉; **a ~ couple** ein reizendes Paar; **look ~**: reizend aussehen

winter ['wɪntə(r)] 1. n. Winter, der; **in [the] ~**: im Winter; **last/next ~**: letzten/nächsten Winter; **the ~ of 1947-8 or of 1947** Winter 1947–48. [des Jahres] 1947; ~'**s day** Wintertag, der. 2. attrib. adj. Winter-. 3. v. i. den Winter verbringen, 〈Truppe, Tier〉 überwintern

winter: ~ **garden** n. Wintergarten, der; ~**green** n. (Bot.) (Pyrola) Wintergrün, das; (Gaultheria) Gaultheria, die

winterize (**winterise**) ['wɪntəraɪz] v. t. winterfest machen

winter: ~ **jasmine** see **jasmin[e]**; **W~ O'lympics** see **Olympics**; ~ '**quarters** n. pl. (Mil.) Winterquartier, das/Winterlager, das; ~ **sleep** n. Winterschlaf, der; '**solstice** or **solstice a**; ~ **sport** n. a) (particular sport) Wintersport, die; ~-**time** n. Winter[s]zeit, die; **in [the] ~-time** im Winter; ~-**weight** adj. (Textiles) Winter-; **the coat is ~-weight** dies ist ein Wintermantel

wintry ['wɪntrɪ] adj. a) winterlich; kalt 〈Klima〉; kalt 〈Wind〉; ~ **shower** Schneegestöber, das; ~ **cold and ~**: winterlich kalt; b) (fig.) frostig 〈Lächeln〉

wipe [waɪp] 1. v. t. a) abwischen; [auf]wischen 〈Fußboden〉; (dry) abtrocknen; ~ **one's mouth** (Dat.) den Mund abwischen; ~ **one's brow/eyes/nose** sich (Dat.) die Stirn wischen/die Tränen abwischen/die Nase wischen; ~ **one's feet/shoes** [sich (Dat.)] die Füße/Schuhe abtreten; ~ **sb./sth. clean/dry** jmdn./etw. abwischen/abtrocknen; see also **floor 1 a**; b) (get rid of) [ab]wischen; löschen 〈Bandaufnahme〉; ~ **one's/sb.'s tears/the tears from one's/sb.'s eyes** sich/jmdm. die Tränen abwischen, den Augen wischen; ~ **sb./sth. off the face of the earth** jmdn./etw. vollständig od. restlos austilgen; ~ **that smile off your face!** hör auf, so unverschämt zu grinsen!; **I'll soon ~ the smile off your face** dir wird das Grinsen gleich vergehen; see also **map 1 b**. 2. n. a) Wisch, der (ugs.); **give sth. a ~**: etw. abwischen; **this glass/your face needs a ~**: dieses Glas/dein Gesicht müßte einmal abgewischt werden; b) (tissue) Reinigungstuch, das (aus Papier)

~ a'**way** v. t. wegwischen; ~ **away a tear/one's tears** sich (Dat.) eine Träne/die Tränen abwischen

~ '**down** v. t. abwischen; (dry) abtrocknen

~ '**off** v. t. a) (remove) wegwischen; löschen 〈Bandaufnahme〉; b) (pay off) zurückzahlen 〈Schulden〉; ablösen 〈Hypothek〉

~ '**out** v. t. a) (clean) auswischen; b) (remove) wegwischen; (erase) löschen; c) (cancel) tilgen; zunichte machen 〈Vorteil, Gewinn usw.〉; d) (destroy, abolish) ausrotten 〈Rasse, Tierart, Feinde〉; ersticken 〈Widerstand〉; ausmerzen 〈Seuche, Korruption, Terrorismus〉; e) (coll.: murder) aus dem Weg räumen

~ '**over** v. t. wischen über (+ Akk.)

~ '**up** 1. v. t. a) aufwischen; b) (dry) abtrocknen. 2. v. i. abtrocknen

wiper ['waɪpə(r)] n. a) (Motor Veh.) Wischer, der; b) (Electr.) Kontaktarm, der

'**wiper blade** n. (Motor Veh.) Wischerblatt, das

wire ['waɪə(r)] 1. n. a) Draht, der; **pull ~s** (fig.) = **pull strings** see **string 1 a**; b) (barrier) Drahtverhau, der od. das; (fence) Drahtzaun, der; see also **mesh 1 b**; c) (Electr., Teleph.) Leitung, die; **a piece or length of ~**: ein Stück [Leitungs]draht; **telephone/telegraph ~**: Telefon-/Telegrafenleitung, die; **the ~s were humming** die Drähte summten; **get one's or the ~s crossed** (fig.) auf der Leitung stehen (ugs.); see also **live wire**; d) (coll.: telegram) Telegramm, das. 2. v. t. a) (fasten with ~) mit Draht zusammenbinden; (stiffen with ~) mit Draht versteifen; ~ **sth. together** etw. mit Draht verbinden; b) (Electr.) ~ **sth. to sth.** etw. an etw. (Akk.) anschließen; ~ **a house** (lay wiring circuits) in einem Haus die Stromleitungen legen; **is the house ~d for a telephone?** hat das Haus einen Telefonanschluß?; ~ **a studio for sound** in einem Studio Tonleitungen [ver]legen; c) (coll.: telegraph) ~ **sb.** jmdn. od. an jmdn. telegrafieren; ~ **money** Geld telegrafisch überweisen. 3. v. i. (coll.) telegrafieren; **she ~d for him to come** sie telegrafierte ihm, er solle kommen

~ '**up** v. t. (Electr.) anschließen (**to** an + Akk.)

wire: ~ '**brush** n. Drahtbürste, die; ~-**cutters** n. pl. Drahtschneider, der; ~ **gauge** n. a) (instrument) Drahtlehre, die; b) (series of sizes) Standardstärken für Drähte/Bleche; ~-**haired** adj. (Zool.) drahthaarig; Drahthaar〈terrier, -fox〉

wireless ['waɪəlɪs] 1. adj. (Brit.) see **radio 2 a**. 2. n. a) (Brit.) Radio, das; b) (telegraphy) Funk, der; **by ~**: über Funk (Akk.)

wireless: ~ **set** n. (Brit. dated) Radioapparat, der (veralt.); ~ **te'legraphy** n. drahtlose Telegrafie

wire: ~ '**netting** n. Drahtgeflecht, das; ~ '**rope** n. Drahtseil, das; ~-**strippers** n. pl. Abisolierzange, die; ~-**tapping** see **phone-tapping**; ~ **wheel** n. (Motor Veh.) [Draht]speichenrad, das; ~ **wool** n. Stahlwolle, die; ~-**worm** n. (Zool.) Drahtwurm, der

wiring ['waɪərɪŋ] n., pl. no indef. art. (Electr.) [elektrische] Leitungen

'**wiring diagram** n. (Electr.) Schaltplan, der; Schaltbild, das

wiry ['waɪərɪ] adj. drahtig, drahtartig 〈Stengel〉

wisdom ['wɪzdəm] n., no pl. a) Weisheit, die; **worldly ~**: Weltklugheit, die; b) (prudence) Klugheit, die; **where is the ~ of such a move/in doing that?** was für einen Sinn hat solch ein Schritt/hat es, das zu tun?; **her words are always full of ~**: was sie sagt, ist immer sehr klug; **words of ~**: weise Worte; (advice) weise Ratschläge

'**wisdom tooth** n. Weisheitszahn, der

¹**wise** [waɪz] adj. a) weise; vernünftig 〈Meinung〉; **be ~ after the event** so tun, als hätte man es immer schon gewußt; b) (prudent) klug 〈Vorgehensweise〉; vernünftig 〈Lebensweise, Praktik〉; **the ~ thing to do would be to ...**: am klügsten wäre es, zu ...; **you'd be ~ to ignore it** du tätest gut daran, es zu ignorieren; c) (informed) **be none the or no/not much ~r** kein bißchen od. nicht/nicht viel klüger sein als vorher sein; **without anyone's being [any] the ~r** ohne daß es jemand merkt; d) (coll.: aware) **be ~ to sb./sth.** jmdn./etw. kennen; **be ~ to what's going on** wissen, was läuft (ugs.); **she was ~ to the fact that ...**: ihr war klar, daß ...; **be ~ to sb./sb.'s tricks** jmdm. auf die Schliche kommen; **get ~ to sth.** etw. spitzkriegen (ugs.); **get ~ to sb.'s plans** jmds. Pläne vorhaben; **put sb. ~**: jmdm. die Augen öffnen; **put sb. ~ to sth.** jmdn. über etw. (Akk.) aufklären; **be ~ to sb./sth.** was jmdn. betrifft, die Augen öffnen, was jmdn. betrifft

~ '**up** (Amer. sl.) 1. v. t. ~ **sb. up [to sth.]** jmdn. über etw. aufklären; **I'd like to ~ you up to him** ich möchte dir über ihn die

Augen öffnen. **2.** *v. i.* **~ up to sth.** sich *(Dat.)* über etw. klarwerden; **~ up to sb./sb.'s tricks** jmdm. auf die Schliche kommen
²**wise** *n. (arch.: manner)* Weise, *die*
-wise *adv.* in comb. **a)** *(in the direction of)* **length~:** der Länge nach; **clock~:** im Uhrzeigersinn; **b)** *(coll.: as regards)* -mäßig; **was ... betrifft; weather~:** wettermäßig; was das Wetter betrifft; **health~:** in puncto Gesundheit; gesundheitlich
wise: **~acre** *n.* Klugschwätzer, *der*/-schwätzerin, *die (ugs. abwertend);* **~crack** *(coll.)* **1.** *n.* witzige Bemerkung; **make a ~crack about** (über + *Akk.);* **2.** *v. i.* witzeln; **~ guy** *n. (coll.)* Klugscheißer, *der (salopp abwertend)*
wisely ['waɪzlɪ] *adv.* **a)** weise; **live ~:** das Leben eines Weisen führen; **b)** *(prudently)* klug; *as sentence-modifier* klugerweise
wise ˈman *n.* Weise, *der; (arch.: magician)* Magier, *der;* **the Three W~ Men** *(Bibl.)* die drei Weisen [aus dem Morgenland]
wish [wɪʃ] **1.** *v. t.* **a)** *(desire, hope)* wünschen; **I ~ I was *or* were rich** ich wollte *od. (geh.)* wünschte, ich wäre reich; **I do ~ he would come** wenn er nur kommen würde; **I ~ you would shut up** es wäre mir lieb, wenn du den Mund hieltest; **it is to be ~ed that ...** *(formal)* es ist zu hoffen *od.* man muß hoffen, daß ...; **'~ you were here'** *(on postcard)* „schade, daß du nicht hier bist"; **b)** *with inf. (want)* wünschen *(geh.);* **do you really ~ me to go?** ist es wirklich dein Wunsch, daß ich gehe?; **I ~ to go** ich möchte *od.* will gehen; **I ~ you to stay** ich möchte *od.* will, daß du bleibst; **I ~ it [to be] done** ich wünsche *(geh.) od.* möchte *od.* will, daß es getan wird; **c)** *(say that one hopes sb. will have sth.)* wünschen; **~ sb. luck/success** *etc.* jmdm. Glück/Erfolg *usw.* wünschen; **~ sb. good morning/a happy birthday** jmdm. guten Morgen sagen/zum Geburtstag gratulieren; **~ sb. ill/well** jmdm. [etwas] Schlechtes/alles Gute wünschen; **d)** *(coll.: foist)* **~ sb./sth. on sb.** *(coll.)* jmdm. jmdn./etw. aufhalsen *(ugs.)*. **2.** *v. i.* wünschen; **come on, ~ !** nun, wünsch dir was!; **~ for sth.** *(Dat.)* etw. wünschen; **or is that too much to ~ for?** *(iron.)* oder ist das [vielleicht] zuviel verlangt?; **what more could one ~ for?** was will man mehr?; **they have everything they could possibly ~ for** sie haben alles, was sie sich *(Dat.)* nur wünschen können; **she ~ed for something to happen** sie wünschte, daß etwas passierte. **3.** *n.* **a)** Wunsch, *der;* **her ~ is that ...:** es ist ihr Wunsch *od.* sie wünscht, daß ...; **I have no [great/particular] ~ to go:** ich habe keine [große/besondere] Lust zu gehen; **I have no ~ for fame/anything** mir ist an Ruhm *(Dat.)* nicht gelegen/ich habe keine Wünsche; **make a ~:** sich *(Dat.)* etwas wünschen; **the ~ is father to the thought** *(prov.)* der Wunsch ist der Vater des Gedankens; **your ~ is my command** *(joc.)* dein Wunsch ist mir Befehl *(scherzh.);* **send sb. one's best ~es for a speedy recovery** jmdm. die besten Wünsche für eine schnelle Genesung schicken; **she sends you her good/best ~es** sie läßt dich herzlich grüßen; **with best/ [all] good ~es, with every good ~:** mit den besten/allen guten Wünschen **(on, for** zu); **b)** *(thing desired)* **get *or* have one's ~:** seinen Wunsch erfüllt bekommen; **at last he has [got] his ~:** endlich ist sein Wunsch in Erfüllung gegangen
~ aˈway *v. t.* wegwünschen
ˈ**wishbone** *n. (Ornith.)* Gabelbein, *das*
wishful ['wɪʃfl] *adj.* sehnsuchtsvoll *(geh.)* 〈*Blick, Verlangen*〉; **~ thinking** Wunschdenken, *das*
ˈ**wish-fulfilment** *n. (Psych.)* Wunscherfüllung, *die*

ˈ**wishing-well** *n.* Wunschbrunnen, *der*
wishy-washy ['wɪʃɪwɒʃɪ] *adj.* labberig *(ugs.); (fig.)* lasch
wisp [wɪsp] *n. (of straw)* Büschel, *das;* **~ of hair** Haarsträhne, *die;* **~ of cloud/smoke** Wolkenfetzen, *der*/Rauchfahne, *die;* **she is just a ~ of a girl** sie ist nur ein Strich
wispy ['wɪspɪ] *adj.* dünn 〈*Gras, Haar*〉; schmächtig 〈*Person, Figur*〉; **~ clouds/smoke** Wolkenfetzen/Rauchfähnchen
wistaria [wɪˈsteərɪə], **wisteria** [wɪˈstɪərɪə] *n. (Bot.)* Glyzine, *die,* Glyzinie, *die*
wistful ['wɪstfl] *adj.* wehmütig; melancholisch 〈*Person, Augen*〉
wistfully ['wɪstflɪ] *adv.* wehmütig
wistfulness ['wɪstflnɪs] *n., no pl.* Wehmütigkeit, *die;* Wehmut, *die; (arch.)* Traurigkeit, *die;* **a look/an expression full of ~:** ein wehmutsvoller Blick/Ausdruck *(geh.)*
¹**wit** [wɪt] *n.* **a)** *(humour)* Witz, *der;* **have a ready ~:** schlagfertig sein; **b)** *(intelligence)* Geist, *der;* **battle of ~s** intellektueller Schlagabtausch; **be at one's ~'s *or* ~s' end** sich *(Dat.)* keinen Rat mehr wissen; **he was at his ~'s *or* ~s' end to know what to do next** er wußte nicht mehr weiter; **collect *or* gather one's ~s** sich sammeln; **drive sb. out of his/her ~s** jmdn. um den Verstand bringen; **frighten *or* scare sb. out of his/her ~s** jmdn. Todesangst einjagen; **be frightened *or* scared out of one's ~s** Todesangst haben; **have/keep one's ~s about one** *(ugs.)*/nicht den Kopf verlieren; **live by one's ~s** sich irgendwie durchschlagen *od.* durchs Leben schlagen; **c)** *(person)* geistreicher Mensch
²**wit** *v. i.* **to ~:** nämlich
witch [wɪtʃ] *n. (lit. or fig.)* Hexe, *die;* see also **sabbath c**
witch: **~craft** *n., no pl.* Hexerei, *die;* **~-doctor** *n.* Medizinmann, *der;* **~-hazel** *n.* wych-hazel; **~-hunt** *n. (lit. or fig.)* Hexenjagd, *die* **(for** auf + *Akk.)*
witching ['wɪtʃɪŋ] *adj.* **the ~ hour** die Geisterstunde
with [wɪð] *prep.* **a)** mit; **put sth. ~ sth.** etw. zu etw. stellen/legen; **have no pen to write ~:** nichts zum Schreiben haben; **I'll be ~ you in a minute** ich komme gleich; **a frontier ~ a ~:** eine Grenze zu einem Land; **be ~ it** *(coll.)* up to date sein; **not be ~ sb.** *(coll.: fail to understand)* jmdm. nicht folgen können; **I'm not ~ you** *(coll.)* ich verstehe nicht mit; **he that is not ~ me is against me** wer nicht mit mir ist, der ist wider mich *(bibl.)*; **be one ~ sb./sth.** mit jmdm./etw. eins sein; **b)** *(in the care or possession of)* bei; **I have no money ~ me** ich habe kein Geld dabei *od.* bei mir; **c)** *(owing to)* vor (+ *Dat.*); **tremble ~ fear** vor Angst zittern; **d)** *(displaying)* mit; **~ courage** mutig; **handle ~ care** vorsichtig behandeln; **e)** *(while having)* bei; **sleep ~ the window open** bei offenem Fenster schlafen; **speak ~ one's mouth full** mit vollem Mund sprechen; **f)** *(in regard to)* be patient **~ sb.** mit jmdm. geduldig sein; **have influence ~ sb.** auf jmdn. Einfluß haben; **what do you want ~ me?** was wollen Sie von mir?; **how are things ~ you?** wie geht es dir?; **what can he want ~ it?** was mag er damit vorhaben?; **g)** *(at the same time as, in the same way as)* mit; **~ that** damit; **h)** *(employed by)* bei; **i)** *(despite)* trotz; *see also* ²**will 1 d**
withal [wɪˈðɔːl] *(arch.) adv.* obendrein
withˈdraw 1. *v. t., forms as* **draw: a)** *(pull back, retract)* zurückziehen; **b)** *(remove)* nehmen *(fig.)*; *(from* aus); abziehen 〈*Truppen*〉 *(from* aus); **~ sth. from circulation/an account** etw. aus dem Verkehr ziehen/von einem Konto abheben. **2.** *v. i., forms as* **draw 1**, sich zurückziehen
withdrawal [wɪðˈdrɔːəl] *n.* **a)** Zurücknahme, *die;* **b)** *(removal) (of privilege)* Entzug,

der; (of troops) Abzug, *der; (of money)* Abhebung, *die;* **make a ~ from the bank** Geld von der Bank abheben; **c)** *(from drugs)* Entzug, *der;* **~ symptoms** Entzugserscheinungen
withˈdrawal slip *n.* Auszahlungsschein, *der*
withˈdrawn *adj. (unsociable)* verschlossen
withe [wɪθ, wɪð, waɪð] *n.* Weidenrute, *die*
wither ['wɪðə(r)] **1.** *v. t.* **a)** *(shrivel)* verdorren lassen; **the plants had been ~ed by the heat** die Pflanzen waren durch die Hitze verdorrt; **age cannot ~ her** *(literary)* ihre Schönheit welkt nicht mit dem Alter; **b)** *(overwhelm with scorn)* mit Verachtung strafen. **2.** *v. i.* [ver]welken
~ aˈway *v. i. (lit. or fig.)* dahinwelken *(geh.)* **~ ˈup** *see* **~ 2**
withered ['wɪðəd] *adj.* verwelkt 〈*Gras, Pflanze*〉; verkrüppelt 〈*Gliedmaße*〉
withering ['wɪðərɪŋ] *adj.* vernichtend 〈*Blick, Bemerkung*〉; sengend 〈*Hitze*〉
witheringly ['wɪðərɪŋlɪ] *adv.* voller Verachtung
withers ['wɪðəz] *n. pl.* Widerrist, *der*
withˈhold *v. t., forms as* ²**hold: a)** *(refuse to grant)* verweigern; versagen *(geh.);* **b)** *(hold back)* verschweigen 〈*Wahrheit*〉; **~ sth. from sb.** jmdm. etw. vorenthalten
withˈholding tax *n. (Amer.)* Abzug[s]steuer, *die*
within [wɪˈðɪn] **1.** *prep.* **a)** *(on the inside of)* innerhalb; **~ myself/yourself** *etc.* in meinem/deinem *usw.* Inneren; **~ doors** drinnen; im Haus; **her heart sank ~ her** *(literary)* aller Mut verließ sie; *see also* **wheel 1 a; b)** *(not beyond)* in Rahmen (+ *Gen.*); **~ the meaning of the Act** *etc.* im Sinne des Gesetzes *usw.;* **stay/be ~ the law** den Boden des Gesetzes nicht verlassen; **~ oneself** ohne sich zu verausgaben; *see also* ¹**bound 1 a; means b; reason 1 b; c)** *(not farther off than)* **~ eight miles of sth.** acht Meilen im Umkreis von etw.; **we were ~ eight miles of our destination when ...:** wir waren kaum noch acht Meilen von unserem Ziel entfernt, als ...; *see also* **sight 1 f; d)** *(subject to)* **work ~ certain conditions** unter bestimmten Bedingungen arbeiten; **e)** *(in a time no longer than)* innerhalb; binnen; **~ an/the hour** innerhalb einer Stunde. **2.** *adv. (arch./literary)* **a)** *(inside)* innen; **b)** *(in spirit)* im Innern
without [wɪˈðaʊt] **1.** *prep.* **a)** ohne; **~ doing sth.** ohne etw. zu tun; **can you do it ~ his knowing?** kannst du das machen, ohne daß er davon weiß?; **~ end** ohne Ende; **b)** *(arch.: outside)* außerhalb. **2.** *adv. (arch./literary)* **a)** *(outside)* außen; **b)** *(in outward appearance)* nach außen hin. **3.** *conj. (arch./coll.)* **you're not coming in here ~ you've been invited** du kommst hier nicht herein, ohne daß du eingeladen wärst *(ugs.)*
withˈstand *v. t.,* withstood [wɪθˈstʊd] standhalten (+ *Dat.*); aushalten 〈*Beanspruchung, hohe Temperaturen*〉
withy ['wɪðɪ] *see* **withe**
witless ['wɪtlɪs] *adj.* **a)** *(foolish)* töricht; **b)** *(insane)* geistesgestört; **c)** *(dull-witted)* beschränkt *(abwertend)*
witness ['wɪtnɪs] **1.** *n.* **a)** Zeuge, *der*/Zeugin, *die* **(of, to** *Gen.*); **be a ~ against oneself** gegen sich selbst zeugen; **as God is my ~** *(fig.)* Gott ist mein Zeuge! *(geh.);* **b)** *see* **eyewitness; c)** *no pl. (evidence)* Zeugnis, *das (geh.);* **bear ~ to *or* of sth.** 〈*Person:*〉 etw. bezeugen; *(fig.)* von etw. zeugen; **d)** *no pl. (confirmation)* **in ~ of sth.** zum Zeugnis *(geh.)* einer Sache; **call sb. to ~:** jmdn. zum Zeugen aufrufen; **e)** *no pl. (proof)* **~ to *or* of sth.** Zeugnis für etw. *(geh.).* **2.** *v. t.* **a)** *(see)* **~ sth.** Zeuge/Zeugin einer Sache *(Gen.)* sein; **sth. is ~ed by sb.** jmd. ist Zeuge/Zeugin einer Sache *(Gen.);* **~ scenes of brutality** brutale Szenen mitansehen müssen; **they**

~ed many changes sie haben viele Veränderungen erlebt; b) *(attest genuineness of)* bestätigen ⟨*Unterschrift, Echtheit eines Dokuments*⟩; *see also* hand 1 l. 3. *v. i.* ~ against/to sth. Zeugnis gegen/für etw. ablegen *(geh.);* [as] ~ ...: wie ... bezeugt
witness: ~-**box** *(Brit.),* ~-**stand** *(Amer.)* ns. Zeugenstand, *der*
witter ['wɪtə(r)] *v. i. (Brit. coll.)* ~ [on] quatschen *(ugs. abwertend)*
witticism ['wɪtɪsɪzm] *n.* Witzelei, *die*
wittily ['wɪtɪlɪ] *adv.* geistreich
wittiness ['wɪtɪnɪs] *n., no pl.* Witz, *der*
witting ['wɪtɪŋ] *adj.* bewußt
wittingly ['wɪtɪŋlɪ] *adv.* wissentlich
witty ['wɪtɪ] *adj.* **a)** witzig; **b)** *(possessing wit)* geistreich ⟨*Person*⟩
wives *pl. of* wife
wizard ['wɪzəd] **1.** *n.* **a)** *(sorcerer)* Zauberer, *der;* **b)** *(very skilled person)* Genie, *das* (at in + *Dat.*); she's a ~ with a computer sie vollbringt wahre Wunder mit einem Computer. **2.** *adj. (dated sl.)* zauberhaft
wizardry ['wɪzədrɪ] *n.* **a)** *(sorcery)* Zauberei, *die;* **b)** *(seemingly magical technique)* Zauberkunst, *die (meist Pl.);* **footballing** ~: [Fuß]ballartistik, *die*
wizened ['wɪzənd] *adj.* runz[e]lig
wk. *abbr.* week Wo.
WNW [westnɔ:θ'west] *abbr.* **west-north-west** WNW
woad [wəʊd] *n.* Färberwaid, *der*
wobble ['wɒbl] **1.** *v. i.* **a)** *(rock)* wackeln; ⟨*Kompaßnadel*:⟩ zittern; **I was wobbling like a jelly** ich zitterte wie Espenlaub; **b)** *(go unsteadily)* wackeln *(ugs.);* **c)** *(fig.: waver)* schwanken; **d)** *(quaver)* vibrieren; ⟨*Stimme:*⟩ zittern. **2.** *n.* **a)** *(unequal motion)* Flattern, *das (ugs.);* **walk with a** ~: schwankend gehen; **the front wheel has developed a** ~: das Vorderrad eiert *(ugs.);* **b)** *(change of direction, piece of vacillation)* Schwankung, *die;* **c)** *(quaver)* Vibrieren, *das; (in voice)* Zittern, *das*
wobbly ['wɒblɪ] *adj.* wack[e]lig, zitt[e]rig ⟨*Schrift, Hand, Stimme*⟩; zitternd ⟨*Pudding*⟩; holp[e]rig ⟨*Fahrt*⟩; eiernd *(ugs.)* ⟨*Rad*⟩
Woden ['wəʊdn] *pr. n. (Mythol.)* Wotan *(der)*
wodge [wɒdʒ] *n. (Brit. coll.)* **a** ~ **of press cuttings** ein Packen Zeitungsausschnitte; **a great** ~ **of cake/butter** ein mächtiges Stück Kuchen/Butter
woe [wəʊ] *n. (arch./literary/joc.)* **a)** *(distress)* Jammer, *der;* **a scene of** ~ **greeted her** ein jammervoller Anblick bot sich ihr; **a tale of** ~: eine jammervolle Geschichte; ~ **is me!** weh[e] mir!; ~ **betide you!** wehe dir!; **b)** *in pl. (troubles)* Jammer, *der;* **pour out one's** ~**s** [**to sb.**] [jmdm.] sein Leid klagen
woebegone ['wəʊbɪɡɒn] *adj.* jammervoll
woeful ['wəʊfl] *adj.* **a)** *(deplorable)* beklagenswert; **b)** *(distressed)* jammervoll
woefully ['wəʊfəlɪ] *adv.* **a)** *(deplorably)* beklagenswert; **b)** *(in a distressed manner)* jammervoll
wog [wɒɡ] *n. (sl. derog.)* Kanake, *der (ugs. abwertend)*
woke, woken *see* ¹wake 1, 2
wok [wɒk] *n. (Cookery)* Wok, *der*
wold [wəʊld] *n. (Geog.)* Hochebene, *die;* **the Yorkshire W~s** die York Wolds
wolf [wʊlf] **1.** *n.* **a)** **wolves** [wʊlvz] **a)** *(Zool.)* Wolf, *der;* **cry** ~ [**too often**] *(fig.)* [zu oft] Zetermordio schreien *(ugs.);* **keep the** ~ **from the door** *(fig.)* den größten Hunger stillen; **be a** ~ **in sheep's clothing** *(fig.)* ein Wolf im Schafspelz sein; **throw sb. to the wolves** *(fig.)* jmdn. fallenlassen; **b)** *(coll.: sexually aggressive man)* Aufreißer, *der (salopp); see also* **lone wolf. 2.** *v. t.* [**down**] verschlingen
wolf: ~**cub** *n.* **a)** *(Zool.)* Wolfsjunge, *das;* **b)** *(Brit. Hist.: Cub Scout)* Wölfling, *der;* ~**hound** *n.* Wolfshund, *der (volkst.)*

wolfish ['wʊlfɪʃ] *adj.* wölfisch; **a** ~ **hunger/appetite** ein Wolfshunger *(ugs.)*
'**wolf-pack** *n. (Navy, Air Force)* in Rudeltaktik operierende Einheit
wolfsbane ['wʊlfsbeɪn] *n. (Bot.)* Eisenhut, *der*
'**wolf-whistle 1.** *n.* anerkennender Pfiff. **2.** *v. i.* anerkennend pfeifen
wolverine (wolverene) ['wʊlvəriːn] *n. (Zool.)* Vielfraß, *der*
wolves *pl. of* **wolf** 1
woman ['wʊmən] *n., pl.* **women** ['wɪmɪn] **a)** Frau, *die;* **women and children first** Frauen und Kinder zuerst; **shut up,** ~**!** *(derog.)* halt's Maul, Alte! *(derb);* **a** ~**'s work is never done** eine Frau hat immer etwas zu tun; **that's** ~**'s work** das ist Frauenarbeit; **women's page** Frauenseite, *die;* **women's [toilet]** Damen[toilette], *die;* **the shop sells women's clothing** in dem Geschäft wird Damenkleidung verkauft; **he wears women's clothing** er trägt Frauenkleider; **the** ~: die Geliebte; ~ **of the streets** Straßenmädchen, *das; see also* **honest d; house 1 a; little 1 a; old woman; past 2 b; world a; b)** *attrib. (female)* weiblich; ~ **friend** Freundin, *die;* ~ **doctor** Ärztin, *die;* **a** ~ **driver** eine Frau am Steuer; **c)** *(an average* ~) die Frau; **d)** *(coll.: char*~) Putzfrau, *die;* **e)** *(arch.: female attendant)* Zofe, *die;* **f)** *(feminine emotions)* **the** ~ **in her** in ihr
'**woman-hater** *n.* Frauenhasser, *der;* Weiberfeind, *der*
womanhood ['wʊmənhʊd] *n., no pl.* Weiblichkeit, *die;* **reach** ~: zur Frau werden
womanise, womaniser *see* **womanize, womanizer**
womanish ['wʊmənɪʃ] *adj. (derog.)* weibisch *(abwertend)*
womanize ['wʊmənaɪz] *v. i.* den Frauen nachstellen; **with all his womanizing** mit all seiner Schürzenjägerei *(ugs.)*
womanizer ['wʊmənaɪzə(r)] *n.* Schürzenjäger, *der*
woman: ~**kind** *n., no pl., no indef. art.* das weibliche Geschlecht; **the whole of** ~**kind** alle Frauen; ~**like** *adj.* fraulich
womanliness ['wʊmənlɪnɪs] *n., no pl.* Fraulichkeit, *die*
womanly ['wʊmənlɪ] *adj.* fraulich; weiblich
woman's rights *see* **women's rights**
womb [wuːm] *n.* **a)** *(Anat.)* Gebärmutter, *die;* **the child in the** ~: das Kind im Mutterleib; **in her** ~: in ihrem Leib *(geh.); see also* **fruit 1 d;** **b)** *(fig.: place of development)* Schoß, *der (geh. fig.)*
wombat ['wɒmbæt] *n. (Zool.)* Wombat, *der*
women *pl. of* **woman**
women: ~**folk** *n. pl.* Frauen; Frauensleute, *Pl. (veralt.);* ~**kind** *see* **womankind;** **W**~**'s Institute** *n. (Brit.)* britischer Frauenverband; **W**~**'s Lib** *(coll.) see* **W**~**'s Liberation; W**~**'s Libber** [wɪmɪnz 'lɪbə(r)] *n. (coll.)* Emanze, *die (ugs. abwertend);* Frauenrechtlerin, *die;* **W**~**'s Libe'ration** *n.* die Frauenbewegung; ~**'s 'rights** *n. pl.* die Rechte der Frau
won *see* **win 1, 2**
wonder ['wʌndə(r)] **1.** *n.* **a)** *(extraordinary thing)* Wunder, *das;* **do or work** ~**s** Wunder tun *od.* wirken; *(fig.)* Wunder wirken; ~**s will never cease** *(iron.)* Wunder über Wunder!; **small or what or** [it is] **no** ~ [**that**]...; **[**e**s ist] kein Wunder, daß ...; the** ~ **is, ...:** das Erstaunliche ist, ...; **b)** *(marvellously successful person)* Wunderkind, *das; (marvellously successful thing)* Wunderding, *das;* **boy/girl** ~: Wunderkind, *das;* **the seven** ~**s of the world** die Sieben Weltwunder; **c)** *no pl. (feeling)* Staunen, *das;* **a feeling of** ~: ein Staunen; **be lost in** ~: in Staunen versunken sein; **look at sb. in open-mouthed** ~: jmdn. mit offenem Mund anstaunen; *see also* **nine 1. 2.** *adj.* Wunder-. **3.** *v. i.* sich wundern

staunen (at über + *Akk.*); **that's not to be** ~**ed at** darüber braucht man sich nicht zu wundern; **I shouldn't** ~ [**if** ...] *(coll.)* es würde mich nicht wundern[, wenn ...]; **Why do you ask?** – **Oh, I was just** ~**ing** Warum fragst du? – Ach, nur so; **I** ~ *expr. agreement with another's doubts* das frage ich mich auch; *expr. disagreement with another's assertion* es sollte mich wundern; **I don't think we'll see him again.** – **I** ~: Den sehen wir nie wieder. – Da wäre ich mir nicht so sicher. **4.** *v. t.* **a)** sich fragen; **I** ~ **what the time is** wieviel Uhr mag es wohl sein?; **I** ~**ing what to do** ich habe mir überlegt, was ich tun soll; **I** ~ **whether I might open the window** dürfte ich vielleicht das Fenster öffnen?; **she** ~**ed if** ... *(enquired)* sie fragte, ob ...; **I** ~ **if you'd mind if** ...? würde es Ihnen etwas ausmachen, wenn ...?; **b)** *(be surprised to find)* ~ [**that**] ...: sich wundern, daß ...
wonderful ['wʌndəfl] *adj.* wunderbar; wundervoll
wonderfully ['wʌndəfəlɪ] *adv.* wunderbar; ~ **beautiful** wunderschön; ~ **charming** einfach bezaubernd
wondering ['wʌndərɪŋ] *adj.,* **wonderingly** ['wʌndərɪŋlɪ] *adv.* staunend
'**wonderland** *n.* **a)** *(wonderful place)* Paradies, *das;* **b)** *(fairyland)* Wunderland, *das*
wonderment ['wʌndəmənt] *n., no pl.* Verwunderung, *die;* **say sth. in** ~: etw. voll Verwunderung sagen; **in** ~ **at** voll Verwunderung über (+ *Akk.*); **her mouth was open in** ~: ihr stand vor Staunen der Mund offen
'**wonder-worker** *n.* Wundertäter, *der/* -täterin, *die*
wondrous ['wʌndrəs] *adj.,* **wondrously** ['wʌndrəslɪ] *adv. (poet.)* wunderbar *(geh.)*
wonky ['wɒŋkɪ] *adj. (Brit. sl.)* wack[e]lig; *(crooked)* schief; **a bit** ~ [**on one's legs**] etwas wack[e]lig [auf den Beinen] *(ugs.)*
wont [wəʊnt] **1.** *pred. adj. (arch./literary)* gewohnt; **as he was** ~ **to say** wie er zu sagen pflegte. **2.** *n. (literary)* Gepflogenheit, *die (geh.);* **as was her** ~: wie sie zu tun pflegte
won't [wəʊnt] *(coll.)* = **will not;** *see* ¹**will**
wonted ['wəʊntɪd] *attrib. adj. (literary)* gewohnt; **with one's** ~ **courtesy** mit gewohnter Höflichkeit
woo [wuː] *v. t.* **a)** *(literary: court)* ~ **sb.** um jmdn. werben *(geh.);* **b)** *(seek to win)* umwerben ⟨*Kunden, Wähler*⟩; ~ **away** abwerben ⟨*Arbeitskräfte*⟩; **c)** *(coax)* umwerben
wood [wʊd] *n.* **a)** *in sing. or pl. (area with trees)* Wald, *der;* **sb. cannot see the** ~ **for the trees** *(fig.)* jmd. sieht den Wald vor [lauter] Bäumen nicht *(scherzh.);* **be out of the** ~ *(Brit.)* or *(Amer.)* ~**s** *(fig.)* über den Berg sein *(ugs.);* **b)** *(substance, material)* Holz, *das;* **touch** ~ *(Brit.),* **knock** [**on**] ~ *(Amer.)* unberufen!; **you'd better touch** ~ **when you say that** wenn du das sagst, klopfst du besser dreimal auf Holz; **c)** *(cask for beer, wine, etc.)* **from the** ~: vom Faß; **matured in the** ~: in Holzfässern gereift; **d)** *(Bowls)* Kugel, *die;* **e)** *(Golf)* Holzschläger, *der;* Holz, *das*
wood: ~ **anemone** *n. (Bot.)* Buschwindröschen, *das;* Anemone, *die;* ~**bind** ['wʊdbaɪnd], ~**bine** ['wʊdbaɪn] *n. (Bot.)* **a)** *(wild honeysuckle)* Waldgeißblatt, *das;* **b)** *(Amer.: Virginia creeper)* Jungfernrebe, *die;* ~ **carving** *n. (craft, object)* Holzschnitzerei, *die;* ~**chuck** *n. (Zool.)* Waldmurmeltier, *das;* ~**cock** *n. pl. same (Ornith.)* Waldschnepfe, *die;* ~**craft** *n., no pl.* **a)** *(knowledge of forest conditions)* Kenntnis des Waldes; **b)** *(skill in* ~**work)** Holzschnitzerei, *die;* ~**cut** *n. (Art)* Holzschnitt, *der;* ~**cutter** *n.* **a)** Holzfäller, *der;* **b)** *(Art)* Holzschnitzer, *der*

wooded ['wʊdɪd] *adj.* bewaldet
wooden ['wʊdn] *adj.* **a)** hölzern ⟨*Brücke, Spielzeug*⟩; Holz⟨*haus, -brücke, -bein, -griff, -spielzeug*⟩; **b)** *(fig.: stiff)* hölzern

wooden: ~head *n. (derog.)* Holzkopf, *der (salopp abwertend);* **~headed** *adj. (derog.)* dumm; **~ 'horse** *n. (fig.)* Trojanisches Pferd
woodenly ['wʊdnlɪ] *adv.* ausdrucksloss ⟨*blicken, starren*⟩; tonlos ⟨*sagen*⟩
woodenness ['wʊdnɪs] *n., no pl.* Hölzernheit, *die*
wooden 'spoon *see* ¹**spoon** 1 a
wood: ~ hyacinth *see* **hyacinth** a; **~land** ['wʊdlənd] *n.* Waldland, *das;* Wald, *der; attrib.* Wald-; **~-louse** *n. (Zool.)* Kellerassel, *die;* **~man** ['wʊdmən] *n., pl.* **~men** ['wʊdmən] Waldarbeiter, *der;* **~pecker** *n.* Specht, *der;* **~-pigeon** *n.* Ringeltaube, *die;* **~pile** *n.* Holzstapel, *der;* Holzstoß, *der; see also* **nigger; ~pulp** *n.* Holzschliff, *der;* **~ruff** *n. (Bot.)* [sweet] **~ruff** Waldmeister, *der;* **~-screw** *n.* Holzschraube, *die;* **~shed** *n.* Holzschuppen, *der;* **~ sorrel** *n. (Bot.)* Waldsauerklee, *der*
woodsy ['wʊdzɪ] *adj. (Amer.)* waldig
wood: ~-wind *n. (Mus.)* Holzblasinstrument, *das;* **the ~-wind [section]** die Holzbläser; **~-wind instrument** Holzblasinstrument, *das;* **~-work** *n., no pl.* a) *(making things out of ~)* Arbeiten mit Holz; **~work and metalwork** *(Sch.)* Werkunterricht, *der;* b) *(things made of ~)* Holzarbeit[en] *(coll.)* **crawl out of the ~work** *(coll.)* [aus dem Nichts] auftauchen *(ugs.);* **~worm** *n., no pl., no art.* Holzwurm; **it's got ~worm** da ist der Holzwurm drin *(ugs.)*
woody ['wʊdɪ] *adj.* a) *(well-wooded)* waldreich; b) *(consisting of wood)* holzig ⟨*Pflanze[nteil], Wurzel*⟩; Holz⟨*stamm*⟩; c) *(resembling wood)* holzig; *see also* **nightshade**
wooer ['wuːə(r)] *n.* Verehrer, *der (veralt.)*
¹**woof** [wuːf] *see* **weft**
²**woof** [wʊf] 1. *n.* [dumpfes] Bellen; **at the sound of the dog's ~**: als der Hund aufbellte; **give a short ~**: kurz aufbellen; **~ ~!** went the dog wau, wau! bellte der Hund. 2. *v. i.* [dumpf] bellen; **~ at sb.** jmdn. anbellen
woofer ['wʊfə(r)] *n.* Baßlautsprecher, *der*
wool [wʊl] *n.* a) Wolle, *die; attrib.* Woll-; **pull the ~ over sb.'s eyes** jmdm. etwas vormachen *(ugs.);* b) *(garments)* Wolle, *die. See also* **cotton wool; dye 2; glass wool; steel wool; wire wool**
woolen *(Amer.) see* **woollen**
'**wool-gathering** 1. *n., no pl.* Hirngespinste *(abwertend).* 2. *adj.* zerstreut; **she's ~ again** sie träumt schon wieder
woollen ['wʊlən] 1. *adj.* wollen; **~ goods** Wollwaren, *Pl.* 2. *n.* a) *in pl. (garments)* Wollsachen *Pl.;* b) *(fabric)* Wollgewebe, *das;* Wollstoff, *der*
woolliness ['wʊlɪnɪs] *n., no pl.* Verschwommenheit, *die*
woolly ['wʊlɪ] 1. *adj.* a) wollig; Woll⟨*pullover, -mütze*⟩; b) *(confused)* verschwommen; c) *(indistinct)* unklar; undeutlich ⟨*Klang, Geräusch*⟩. *See also* **wild** 1 c. 2. *n. (coll.)* a) *(Brit.: knitted garment)* [wollene] **woollies** [Winter]wollsachen *Pl. (ugs.);* **a ~**: ein Wollpullover/eine Wolljacke; b) *in pl. (Amer.: undergarments)* wollene Unterwäsche
wool: ~-pack *n.* Schäfchenwolken *Pl.;* **W~sack** *n. (Brit. Parl.)* großes, mit Wolle gefülltes Sitzkissen des Lord Chancellors im britischen Oberhaus
woozy ['wuːzɪ] *adj. (coll.)* a) *(dizzy)* duselig *(ugs.);* b) *(slightly drunk)* angeduselt *(salopp)*
wop [wɒp] *n. (sl. derog.)* Spaghettifresser, *der (salopp abwertend)*
Worcester[shire] sauce [wʊstə(ʃɪə) 'sɔːs, wʊstə, wʊstə(ʃə) 'sɔːs] *n.* Worcestersoße, *die*
word [wɜːd] 1. *n.* a) Wort, *das;* **have no ~s for sth.** für etw. keine Worte finden; **be beyond ~s** sich mit Worten nicht ausdrücken lassen; **~s cannot describe it** mit Worten

läßt sich das nicht beschreiben; **in a** *or* **one ~** *(fig.)* [nicht] ausdrücklich; **in other ~s** mit anderen Worten; **not a ~ of sth.** kein Wort von etw.; **bad luck/drunk is not the ~ for it** Pech/betrunken ist gar kein Ausdruck dafür *(ugs.);* **that's not the ~ I would have used** das ist gar kein Ausdruck *(ugs.);* **put sth. into ~s** etw. in Worte fassen; **'rude' would be a better ~ for it** „unverschämt" wäre ein treffenderes Wort dafür; **~ for ~**: Wort für Wort; **without a** *or* **one/another ~**: ohne ein/ein weiteres Wort; **too funny** etc. **for ~s** unsagbar komisch *usw.;* **the written ~**: das geschriebene Wort; *see also* **fail** 2 e; **play** 1 b, 2 a; b) *(thing said)* Wort, *das;* **hard ~s** harte Worte; **exchange** *or* **have ~s** einen Wortwechsel haben; **a man of few ~s** ein Mann von wenig Worten; **have a ~ [with sb.] about sth.** [mit jmdm.] über etw. *(Akk.)* sprechen; **could I have a ~ [with you]?** kann ich dich mal sprechen?; **have ~s with sb.** sich mit jmdm. streiten; **say a few ~s** ein paar Worte sprechen; **suit the action to the ~**: seinen Worten Taten folgen lassen; **it's his ~ against mine** sein Wort steht gegen meins; **take sb. at his/her ~**: jmdn. beim Wort nehmen; **~ of command/advice** Kommando, *das/*Rat, *der;* **don't say** *or* **breathe a ~ to anyone** sag niemandem auch nur ein Sterbenswort; **at a ~ of command** auf Befehl; **the W~ [of God]** *(Bible)* das Wort [Gottes]; **in the ~s of Shakespeare ...**: mit Shakespeares Worten ...; **put in a good ~ for sb. [with sb.]** [bei jmdm.] ein [gutes] Wort für jmdn. einlegen; **never have a good ~ to say about anybody** nie etwas Gutes über andere zu sagen haben; **never say a bad ~ about anybody** nie etwas Schlechtes über andere sagen; c) *(promise)* Wort, *das;* **doubt sb.'s ~**: jmds. Wort in Zweifel ziehen; **give [sb.] one's ~**: jmdm. sein Wort geben; **keep/break one's ~**: sein Wort halten/brechen; **I give you my ~ for it** ich gebe Ihnen mein Wort darauf; **upon my ~** *(dated)* auf mein Wort; **upon my ~!** *(dated)* meiner Treu! *(veralt.);* **my ~!** meine Güte!; **my** etc. **~ of honour** usw. Ehrenwort; **a man of his ~**: ein Mann von Wort; **be as good as/better than one's ~**: sein Wort halten/mehr als halten; **sb.'s ~ is [as good as] his/her bond** man kann auf jmds. Wort *(Akk.)* bauen; *see also* **take** 1 v; d) *no pl. (speaking)* Wort, *das;* **by ~ of mouth** durch mündliche Mitteilung; e) *in pl. (text of song, spoken by actor)* Text, *der;* f) *no pl., no indef. art. (news)* Nachricht, *die;* **~ has it** *or* **the ~ is [that] ...**: es geht das Gerücht, daß ...; **~ went round that ...**: es ging das Gerücht, daß ...; **send/leave ~ that/of when ...**: Nachricht geben/eine Nachricht hinterlassen, daß/wenn ...; **is there any ~ from her?** hat sie schon von sich hören lassen?; g) *(command)* Kommando, *das;* **just say the ~**: sag nur ein Wort; **at the ~ 'run', you run!** bei dem Wort „rennen" rennst du!; h) *(password)* Parole, *die (Milit.);* **give the ~**: die Parole sagen; *see also* **sharp** 1 f; i) *(Computing)* Wort, *das.* 2. *v. t.* formulieren
wordage ['wɜːdɪdʒ] *n.* die Anzahl der Wörter
word: ~ associaton *n.* assoziative Verknüpfung von Wörtern; **~-blind** *adj. (Med.)* wortblind; **~-break** *n.* Trennung, *die;* **~-deaf** *adj.* worttaub *(Med.);* **~-division** *n.* Silbentrennung, *die;* **~-formation** *n. (Ling.)* Wortbildung, *die;* **~-game** *n.* Buchstabenspiel, *das*
wordiness ['wɜːdɪnɪs] *n., no pl.* Weitschweifigkeit, *die*
wording ['wɜːdɪŋ] *n.* Formulierung, *die;* Wortwahl, *die;* **the exact ~ of the contract** der genaue Wortlaut des Vertrages

wordless ['wɜːdlɪs] *adj.* a) *(not expressed in words)* wortlos; stumm ⟨*Schmerz, Trauer*⟩; b) *(not accompanied by words)* ohne Worte nachgestellt
word: ~ list *n.* Wortliste, *die;* **~ order** *n. (Ling.)* Wortstellung, *die;* **~-'perfect** *adj.* **be ~-perfect** seinen Text beherrschen; ⟨*Rede:*⟩ perfekt vorgetragen sein; **~-picture** *n.* anschauliche Schilderung, Wortgemälde, *das;* **~-play** *n., no pl., no indef. art.* Wortspiel *Pl.;* **~ processing** *n.* Textverarbeitung, *die;* **~ processor** *n.* Textverarbeitungssystem, *das*
wordy ['wɜːdɪ] *adj.* weitschweifig
wore *see* **wear** 2, 3
work [wɜːk] 1. *n.* a) *no pl., no indef. art.* Arbeit, *die;* **at ~** *(engaged in ~ing)* bei der Arbeit; *(fig.: operating)* am Werk *(see also* e); **be at ~ on sth.** an etw. *(Dat.)* arbeiten; *(fig.)* auf etw. *(Akk.)* wirken; **set to ~** *(Person:)* sich an die Arbeit machen; **set sb. to ~**: jmdn. an die Arbeit schicken; **get to ~ on sb./sth.** jmdn. bearbeiten *(ugs.)/*mit [der Arbeit an] etw. *(Dat.)* anfangen; **all ~ and no play** immer nur arbeiten; **have one's ~ cut out** viel zu tun haben; sich ranhalten müssen *(ugs.);* **the ~ of a moment** etc. das Werk eines Augenblicks *usw.;* **that's too much like hard ~**: das könnte ja in Arbeit ausarten; **make light ~ of sth.** mit etw. leicht fertig werden; *see also* **day** a; **short** 1 a; **thirsty** b; b) *(thing made or achieved)* Werk, *das;* **a good day's ~**: eine gute Tagesleistung; **do a good day's ~**: ein tüchtiges Stück Arbeit hinter sich bringen; **is that all your own ~?** hast du das alles selbst gemacht?; **~ of art** Kunstwerk, *das; see also* **good** 1 g; c) *(book, piece of music)* Werk, *das;* **a ~ of reference/literature/art** ein Nachschlagewerk/literarisches Werk/Kunstwerk; d) *in pl. (all compositions of author or composer)* Werke, *Pl.;* e) *(employment)* Arbeit, *die, no pl.;* **~ without ~**: arbeitslos; **be in ~**: eine Stelle haben; **go out to ~**: arbeiten gehen; **put people out of ~**: Leute um ihren Arbeitsplatz bringen; **at ~**: *(place of employment)* auf der Arbeit; **from ~**: von der Arbeit; **the conditions at ~**: die Arbeitsbedingungen; f) *in pl., usu. constr. as sing. (factory)* Werk, *das;* g) *in pl. (Mil.)* Werke; Befestigungen, *Pl.;* h) *in pl. (operations of building etc.)* Arbeiten; *see also* **clerk c; public works;** i) *in pl. (machine's operative parts)* Werk, *das;* j) *in pl. (sl.: all that can be included)* **the [whole/full] ~s** der ganze Kram *(ugs.);* **give sb. the ~s** *(fig.) (give sb. the best possible treatment)* jmdm. richtig verwöhnen *(ugs.); (tell sb. everything)* jmdm. alles erzählen; *(give sb. the worst possible treatment)* jmdm. fertigmachen *(salopp);* k) *no pl. (ornamentation)* Verzierung, *die; (ornamented* or *ornamental article[s])* Arbeit, *die; (knitting, needlework)* Handarbeit, *die;* m) *(Phys.)* Arbeit, *die. See also* **nasty** 1 a; **piece** 1 d. 2. *v. i.,* **~ed** *or (arch./literary)* **wrought** [rɔːt] a) arbeiten; **~ing all morning over a hot oven** den ganzen Morgen am Herd stehen *(ugs.);* **~ with sb.** mit jmdm. zusammenarbeiten; **~ to rule** Dienst nach Vorschrift machen; **~ for a cause** etc. für eine Sache usw. arbeiten; **~ against sb.** *(impede)* einer Sache *(Dat.)* entgegenstehen; *see also* **work-to-rule;** b) *(function effectively, have intended effect)* funktionieren; ⟨*Charme:*⟩ wirken **(on** auf + *Akk.);* **make the washing-machine/television ~**: die Waschmaschine/den Fernsehapparat in Ordnung bringen; **make a relationship/an arrangement ~**: dafür sorgen, daß eine Beziehung klappt *(ugs.)/*eine Regelung funktioniert; **it doesn't ~ like that** *(fig.)* so geht das nicht; c) ⟨*Rad, Getriebe, Kette:*⟩ laufen; d) *(be craftsman)* **~ in a material** *od.* ⟨*fachspr.*⟩ in einem Material arbeiten; e) ⟨*Faktoren, Einflüsse:*⟩ wirken

831

workable   **world**

(on auf + *Akk.*); ~ **to do sth.** darauf hinwirken, etw. zu tun; ~ **against** arbeiten gegen; *see also* ~ **on; f)** *(make its/one's way)* sich schieben; ~ **loose** sich lockern; ~ **round** ⟨*Kleidung*:⟩ herumrutschen; ⟨*Wind*:⟩ sich drehen; **be ~ing upstream** ⟨*Angler*:⟩ sich stromaufwärts arbeiten; ~ **round to a question** *(fig.)* sich zu einer Frage vorarbeiten; **start at the end and** ~ **back** fang hinten an, und arbeite dich nach vorne; **g)** *(be agitated)* ⟨*Gesichtszüge*:⟩ arbeiten; **h)** *(Naut.: sail)* sich arbeiten; **i)** *(ferment, lit. or fig.)* arbeiten. **3.** *v. t.*, **~ed** *or (arch./literary)* **wrought: a)** *(operate)* bedienen ⟨*Maschine*⟩; fahren ⟨*Schiff*⟩; betätigen ⟨*Bremse*⟩; **a pump that is ~ed by hand/by a wind-wheel** eine Pumpe, die von Hand betätigt/von einem Windrad angetrieben wird; **~ed by electricity** elektrisch betrieben; *see also* **oracle d**; **b)** *(get labour from)* arbeiten lassen; ~ **horses/oxen to death** Pferde/Ochsen zu Tode schinden; **he ~s his employees hard** er nimmt seine Angestellten hart heran; *see also* **bone 1 a; death a; c)** *(get material from)* ausbeuten ⟨*Steinbruch, Grube*⟩; **d)** *(operate in or on)* ⟨*Vertreter*:⟩ bereisen; **beggars ~ing the main street** Bettler, die auf der Hauptstraße arbeiten/arbeiteten; **e)** *(control)* steuern; **f)** *(effect)* bewirken ⟨*Änderung*⟩; wirken ⟨*Wunder*⟩; ~ **one's mischief** Unheil anrichten; ~ **one's will [upon sb./sth.]** Einfluß [auf jmdn./etw.] ausüben; **I'll ~ it if I can** *(sl.)* ich werde das schon irgendwie deichseln *(ugs.)*; ~ **it or things so that ...** *(sl.)* es deichseln, daß ... *(ugs.)*; **g)** *(cause to go gradually)* führen; ~ **a key/rod into sth.** einen Schlüssel/eine Stange [vorsichtig] in etw. *(Akk.)* einführen; ~ **one's way up/into sth.** sich hocharbeiten/in etw. *(Akk.)* hineinarbeiten; **h)** *(get gradually)* bringen; ~ **oneself out of sth./into a position** sich von etw. befreien/sich in eine Position hocharbeiten; **i)** *(knead, stir)* ~ **sth. into sth.** etw. zu etw. verarbeiten; *(mix in)* etw. unter etw. *(Akk.)* rühren; **j)** *(gradually excite)* ~ **oneself into a state/a rage** sich aufregen/in einen Wutanfall hineinsteigern; ~ **sb. into a state** jmdn. aufregen; **k)** *(make by needlework etc.)* arbeiten; aufsticken ⟨*Muster*⟩ (**on** auf + *Akk.*); **l)** *(purchase, obtain with labour)* abarbeiten *(fig.)* ~ **one's keep** für sein Geld etwas leisten; **she ~ed her way through college** sie hat sich *(Dat.)* ihr Studium selbst verdient; **he ~ed his way up from office boy to company chairman** er hat sich vom Bürogehilfen zum Generaldirektor hochgearbeitet; *see also* **passage f; m)** *(Math.)* lösen ⟨*Rechenaufgabe, Problem*⟩

~ **a'way** *v. i.* ~ **away [at sth.]** [an etw. *(Dat.)*] arbeiten

~ **'in** *v. t. (include)* hineinbringen; *(mix in)* hineinrühren; *(rub in)* einreiben; *see also* **work-in**

~ **'off** *v. t.* **a)** *(get rid of)* loswerden; abreagieren ⟨*Wut*⟩; ~ **sth. off on sb./sth.** etw. an jmdm./etw. auslassen; ~ **off some excess energy** überschüssige Energie loswerden; **b)** *(pay off)* abtragen ⟨*Schuld*⟩

~ **on 1.** ['-] *v. t.* **a)** *(expend effort on)* ~ **on sth.** an etw. *(Dat.)* arbeiten; **b)** *(use as basis)* ~ **on sth.** von etw. ausgehen; **c)** *(try to persuade)* ~ **on** jmdn. bearbeiten *(ugs.)*. **2.** [-'-] *v. i.* weiterarbeiten

~ **'out 1.** *v. t.* **a)** *(find by calculation)* ausrechnen; **b)** *(solve)* lösen ⟨*Problem, Rechenaufgabe*⟩; **c)** *(resolve)* ~ **things out with sb./for oneself** die Angelegenheit mit jmdm./sich selbst ausmachen; **things** ~ **themselves out** es erledigt sich alles von selbst; **d)** *(devise)* ausarbeiten ⟨*Plan, Strategie*⟩; **e)** *(make out)* herausfinden; *(understand)* verstehen; **I can't** ~ **him out** ich werde aus ihm nicht klug; **f)** *(Mining: exhaust)* ausbeuten. **2.** *v. i.* **a)** *(be calculated)* **sth. ~s out at £250/[an increase of] 22%** etw. ergibt 250 Pfund/bedeutet [eine Steigerung von] 22%; **it will ~ out more expensive to buy the car on h.p.** es wird mehr kosten, das Auto auf Kredit zu kaufen; **b)** *(give definite result)* ⟨*Gleichung, Rechnung*:⟩ aufgehen; **c)** *(have result)* laufen; **things ~ed out [well] in the end** es ist schließlich doch alles gutgegangen; **things didn't ~ out the way we planned** es kam ganz anders, als wir geplant hatten; **how are the new arrangements ~ing out?** wie klappt es mit der neuen Regelung? *(ugs.)*; **d)** *(train)* trainieren; *see also* **work-out**

~ **'over** *v. t.* **a)** *(examine thoroughly)* durcharbeiten; **b)** *(coll.: beat up)* in die Mache nehmen *(salopp)*

~ **through** *v. t.* durcharbeiten

~ **towards** *v. t. (lit. or fig.)* hinarbeiten auf (+ *Akk.*)

~ **'up 1.** *v. t.* **a)** *(develop)* verarbeiten (**into** zu); *(create)* erarbeiten; **b)** *(excite by degrees)* aufpeitschen ⟨*Menge*⟩; **get ~ed up** sich aufregen; ~ **oneself up into a rage/fury** sich in einen Wutanfall/in Raserei hineinsteigern; **c)** *(acquire familiarity with)* ~ **up one's French/maths/history** seine Französisch-/Mathematik-/Geschichtskenntnisse vertiefen; **d)** *(mix)* verarbeiten (**into** zu). **2.** *v. i.* **a)** *(advance gradually)* ~ **up to sth.** auf etw. *(Akk.)* steigern; ⟨*Geschichte, Film*:⟩ auf etw. *(Akk.)* zusteuern; **I'll have to** ~ ⟨*Rock usw.*:⟩ sich hochschieben

workable ['wɜːkəbl] *adj.* **a)** *(capable of being worked)* bebaubar ⟨*Land*⟩; abbauwürdig ⟨*Mine*⟩; **be** ~ ⟨*Mörtel*:⟩ sich verarbeiten lassen; ⟨*Stahl*:⟩ sich bearbeiten lassen; ⟨*Mine*:⟩ sich ausbeuten lassen; **b)** *(feasible)* durchführbar

workaday ['wɜːkədeɪ] *adj.* alltäglich

workaholic [wɜːkəˈhɒlɪk] *n. (coll.)* arbeitswütiger Mensch; Workaholic, *der (Psych.)*; *attrib.* arbeitswütig

work: ~-bag *n.* [Hand]arbeitsbeutel, *der;* **~-basket** *n.* Handarbeitskorb, *der;* **~-bench** *n.* Werkbank, *die; (of tailor, glazier)* Arbeitstisch, *der;* **~-camp** *n.: Lager freiwilliger Helfer; (labour camp)* Arbeitslager, *das;* **~day** *n.* Werktag, *der*

worker ['wɜːkə(r)] *n.* **a)** Arbeiter, *der*/Arbeiterin, *die;* **he is not one of the world's ~s** *(coll.)* er hat die Arbeit nicht gerade erfunden *(ugs.)*; ~ **of miracles** Wundertäter, *der;* **b)** *(Zool.)* Arbeiterin, *die*

worker: ~ **bee** *n. (Zool.)* Arbeiterbiene, *die;* ~ **'priest** *n. (Eccl.)* Arbeiterpriester, *der*

work: ~ **ethic** *n., no pl.* Arbeitsethos, *das;* ~ **experience** *n.* Arbeitserfahrung, *die;* **~-force** *n.* Belegschaft, *die;* **~-horse** *n. (lit. or fig.)* Arbeitspferd, *das;* **~-house** *n. (Brit. Hist., Amer.)* Arbeitshaus, *das;* **~-in** *n.* Betriebsbesetzung, *die (mit Weiterführung der Arbeit bei drohender Aussperrung)*

working ['wɜːkɪŋ] **1.** *n.* **a)** Arbeiten, *die;* **forbid sb.'s ~**: verbieten, daß jmd. arbeitet; **b)** *(way sth. works)* Arbeitsweise, *die;* **I cannot follow the ~s of his mind** ich kann seinen Gedankengängen nicht folgen; **the ~s of fate** die Wege des Schicksals; **c)** *(Mining)* Stollen, *der.* **2.** *adj.* **a)** handlungsfähig ⟨*Mehrheit*⟩; ⟨*Entwurf, Vereinbarung*:⟩ Ausgangspunkt; **b)** *(in employment)* arbeitend; werktätig; ~ **man** *(labourer)* Arbeiter, *der*

working: ~ **'breakfast** *n.* Arbeitsfrühstück, *das;* ~ **'capital** *n. (Commerc.)* Betriebskapital, *das;* ~ **'class** *n.* Arbeiterklasse, *die;* **~-class** *adj.* der Arbeiterklasse *nachgestellt;* **sb. is ~-class** jmd. gehört zur Arbeiterklasse; ~ **clothes** *n. pl.* Arbeitskleidung, *die;* ~ **'day** *n.* **a)** *(portion of the day)* Arbeitstag, *der;* **b)** *(day when work is done) see* **workday;** ~ **'drawing** *n.* Konstruktionszeichnung, *die; (for building)* Bauplan, *der;* ~ **girl** *n.* berufstätige junge Frau; **she's a** ~ **girl** *(coll. euphem.)* sie ist im horizontalen Gewerbe tätig *(ugs. scherzh.)*; ~ **'hours** *n. pl.* Arbeitszeit, *die;* ~ **hy'pothesis** *n.* Arbeitshypothese, *die;* ~ **'knowledge** *n.* ausreichende Kenntnisse (**of** in + *Dat.*); **sb. with a** ~ **knowledge of these machines** jmd., der im Umgang mit diesen Maschinen erfahren ist; ~ **'lunch** *n.* Arbeitsessen, *das;* ~ **'model** *n.* funktionsfähiges Modell; ~ **'mother** *n.* berufstätige Mutter; ~ **'order** *n.* betriebsfähiger Zustand; **be in good** ~ **order** betriebsbereit sein; ~**-'out** *n.* *(calculation of results)* Berechnung, *die;* **b)** *(elaboration of details)* Ausarbeitung, *die (ugs.);* ~ **-'over** *n. (sl.)* Abreibung, *die (ugs.);* ~ **party** *n. (Brit.)* Arbeitsgruppe, *die;* ~ **'title** *n.* Arbeitstitel, *der;* ~ **'week** *n.* Arbeitswoche, *die;* **a 35-hour** ~ **week** eine 35-Stunden-Woche; ~ **'wife** *n.* berufstätige Ehefrau; ~ **'woman** *n.* berufstätige Frau

work: ~**-load** *n.* Arbeitslast, *die;* **increase sb.'s ~-load** jmds. Arbeitspensum erhöhen; ~**man** ['wɜːkmən] *n., pl.* ~**men** ['wɜːkmən] Arbeiter, *der;* council ~**man** städtischer Arbeiter; **a bad** ~**man quarrels with** *or* **blames his tools** *(prov.)* ein schlechter Handwerker schimpft über sein Werkzeug; ~**manlike** ['wɜːkmənlaɪk] *adj.* fachmännisch; **do a** ~**manlike job** fachmännisch arbeiten; ~**manship** ['wɜːkmənʃɪp] *n., no pl.* **a)** *(person's skill)* handwerkliches Können; **b)** *(quality of execution)* Kunstfertigkeit, *die;* **c)** *no indef. art. (thing made)* Werk, *das;* ~**mate** *n. (Brit.)* Arbeitskollege, *der*/-kollegin, *die;* ~**-out** *n.* [Fitneß]training, *das;* **have a good ~-out** hart trainieren; **go for a ~-out** zum [Fitneß]training gehen; ~**-people** *n. pl.* Arbeiter; ~ **permit** *n.* Arbeitserlaubnis, *die;* ~**piece** *n.* Werkstück, *das;* ~**place** *n.* Arbeitsplatz, *der;* ~**-room** *n.* Arbeitsraum, *der;* ~**-sharing** *n.* Job-sharing, *das;* ~**sheet** *n.* **a)** *(recording* ~ *done etc.)* Arbeitszettel, *der;* **b)** *(for student)* Formular mit Prüfungsfragen; ~**shop** *n.* **a)** *(place) (room)* Werkstatt, *die; (building)* Werk, *das;* **b)** *(meeting)* Workshop, *der;* Arbeitstreffen, *das;* **drama ~shop** Theaterworkshop, *der;* ~**-shy** *adj.* arbeitsscheu; ~**-space** *n.* Arbeitsraum, *der;* ~**-station** *n.* **a)** *(in manufacturing)* Fertigungsstation, *die;* **b)** *(Computing)* graphischer Arbeitsplatz; ≈ Terminal, *das;* ~**-study** *n.* Arbeitsstudien, *die; (case)* Arbeitsstudie, *die;* ~**surface** *see* ~**top;** ~**-table** *n.* Arbeitstisch, *der;* ~**-top** *n.* Arbeitsplatte, *die;* ~**-to-'rule** *n.* Dienst nach Vorschrift

world [wɜːld] *n.* **a)** Welt, *der; attrib.* Welt-; **the ~'s worst novel** der schlechteste Roman der Welt; **the biggest aspidistra in the ~**: die größte Schusterpalme der Welt; **go/sail round the ~** eine Weltreise machen/die Welt umsegeln; **money makes the ~ go round** Geld regiert die Welt; **that's what/it's love that makes the ~ go round** darum/an die Liebe dreht sich letztlich alles; **it's the same the ~ over** es ist doch überall das gleiche; **the eyes of the ~ are on them** die Welt blickt auf sie; **all the ~ or the whole ~ knows** alle Welt *(ugs.)* weiß; **[all] the ~ over, all over the ~** in *od.* auf der ganzen Welt; **it's the same the whole ~ over** es ist überall das gleiche; **people from all over the ~** wrote to him er bekam Post aus aller Welt; **give sth. to the ~**: etw. der Welt übergeben *(fig.);* **lead the ~** in sth. [in etw. *(Dat.)*] führend in der Welt sein; **the Old/New W~**: die Alte/Neue Welt; **the Roman ~**: die römische Welt; **she had the ~ at her feet** die ganze Welt lag ihr zu Füßen; **who/what in the ~ was it?** wer/was in aller Welt war es? *(ugs.);* **how in the ~ was it that ...?** wie in aller Welt *(ugs.)* war es möglich, daß ...?; **nothing in**

832

World Bank — **worst**

the ~ would persuade me um nichts in der Welt ließe ich mich überreden; **not for anything in the ~:** um nichts in der Welt; **look for all the ~ as if ...:** geradezu aussehen, als ob ...; **in a ~ of one's own** in einer anderen Welt *(fig.);* **the or the external ~:** die Außenwelt *od.* äußere Welt; **the ~ of dreams** die Welt der Träume; **not do sth. for the** *or* **to gain the whole ~:** etw. um alles in der Welt nicht tun; **be all the ~ to sb.** jmdm. das Wichtigste/Liebste auf der Welt sein; **think the ~ of sb.** große Stücke auf jmdn. halten *(ugs.);* **I would give the ~ to know why ...:** ich gäbe alles darum, zu wissen, warum ...; **~ politics** Weltpolitik, *die;* **all alone in the ~:** ganz allein auf der Welt; **the Napoleons of this ~:** die Napoleons dieser Erde; **sb. is not long for this ~:** jmds. Tage sind gezählt; **out of this ~** *(fig. coll.)* phantastisch *(ugs.);* **the other** *or* **next ~, the ~ to come** das Jenseits; die zukünftige Welt; **bring into the ~** *(possess at one's birth)* in die Welt bringen; *(deliver at birth)* auf die Welt holen; *(beget)* in die Welt setzen *(ugs.); (give birth to)* zur Welt bringen; **come into the ~:** auf die Welt kommen; **the best of all possible ~s** die beste aller Welten; **get the best of both ~s** am meisten profitieren; **the ~'s end, the end of the ~** das Ende der Welt; **it's not the end of the ~** *(iron.)* davon geht die Welt nicht unter *(ugs.);* **~ without end** in alle Ewigkeit; **know/have seen a lot of the ~:** die Welt kennen/viel von der Welt gesehen haben; **see the ~:** die Welt kennenlernen; **a man/woman of the ~:** ein Mann/eine Frau mit Welterfahrung; **think that all's right with the ~:** glauben, daß die Welt in Ordnung ist; **take the ~ as it is** *or* **as one finds it** alles nehmen, wie es kommt; **what 'is the ~ coming to?** wo soll das noch hinführen? *(ugs.);* **how goes the ~ with you?** wie geht's[, wie steht's]?; **all the ~ and his wife** alle Welt *(ugs.);* **go up/come down in the ~:** [gesellschaftlich] aufsteigen/absteigen; *see also* **oyster; b)** *(domain)* the literary/scientific/ ancient/sporting/animal ~: die literarische/ wissenschaftliche/antike Welt *(geh.)/*die Welt *(geh.)* des Sports/die Tierwelt; **the ~ of letters/art/sport** die Welt *(geh.)* der Literatur/Kunst/des Sports; **c)** *(vast amount)* **a ~ of meaning/trouble** eine unendliche Bedeutungsfülle/Fülle von Schwierigkeiten; **it will do him a** *or* **the ~ of good** es wird ihm unendlich guttun; **a ~ of difference** ein weltweiter Unterschied; **a ~ away from sth.** Welten von etw. entfernt; **they are ~s apart in their views** ihre Ansichten sind Welten voneinander entfernt
world: **W~ 'Bank** n. Weltbank, *die;* **~-beater** n. be a ~-beater zur Spitzenklasse gehören; **~ 'champion** n. Weltmeister, *der/*-meisterin, *die;* **W~ 'Cup** n. *(Sport)* Worldcup, *der;* **~-famous** adj. weltberühmt; **~ 'language** n. Weltsprache, *die.*
worldliness ['wɜːldlɪnɪs] n., no pl. Weltlichkeit, *die*
worldly ['wɜːldlɪ] adj. weltlich; weltlich eingestellt 〈Person〉
worldly: ~ **'goods** n. pl. weltliche Güter; ~ **wisdom** n. Weltklugheit, *die;* ~ **'wise** adj. weltklug
world: ~ **'power** n. Weltmacht, *die;* ~ **'record** n. Weltrekord, *der;* ~ **record holder** Weltrekordhalter, *der/-*halterin, *die;* **W~ Series** n. *(Amer. Sport)* Baseball-Ausscheidungen zwischen den Gewinnern der bedeutendsten Ligen der USA; ~**-shaking** adj. welterschütternd; ~**-view** n. Weltsicht, *die;* ~ **war** n. Weltkrieg, *der;* **the First/Second W~ War, W~ War I/II** der erste/zweite Weltkrieg; der 1./2. Weltkrieg; ~**-weary** adj. lebensüberdrüssig; ~**-wide 1.** ['-'-] adj. weltweit *nicht präd.;* **2.** ['-'-] adv. weltweit

worm [wɜːm] **1.** *n.* **a)** Wurm, *der;* [even] **a ~ will turn** *(prov.)* auch der Wurm krümmt sich, wenn er getreten wird *(Spr.);* **b)** *in pl. (intestinal parasites)* Würmer; **c)** *(fig.: contemptible person)* Wurm, *der;* **feel like a ~:** sich *(Dat.)* klein und häßlich vorkommen; **he's a real ~:** er ist ein richtiger Widerling. **2.** *v. t.* **a)** he ~ed his hand into his trouser pocket er zwängte seine Hand in die Hosentasche; ~ **oneself** or **one's way into sth.** *(fig.)* sich durch etw. winden *(geh.) od.* zwängen; ~ **oneself** or **one's way into sb.'s favour** sich in jmds. Gunst *(Akk.)* schleichen; **b)** *(draw by crafty persistence)* ~ **sth. out of sb.** etw. jmdm. herausbringen *(ugs.);* **c)** *(rid of ~s)* entwurmen. **3.** *v. i.* sich winden

worm: ~**-cast** n. Kothäufchen des Regenwurms; ~**-eaten** adj. wurmstichig; *(fig.)* vom Zahn der Zeit angenagt; ~**-gear** n. Schneckengetriebe, *das (Technik);* ~**-hole** n. Wurmloch, *das;* ~**-powder** n. Wurmpulver, *das;* ~**'s-eye-view** n. Froschperspektive, *die (auch fig.)*
'**wormwood** n. Wermut, *der*
wormy ['wɜːmɪ] adj. wurmig 〈Apfel〉; von Würmern befallen 〈Tier〉; wurmreich 〈Boden, Erde〉
worn *see* **wear 2, 3**
'**worn-out** attrib. adj. abgetragen 〈Kleidungsstück〉; abgenutzt 〈Teppich〉; abgedroschen 〈Redensart, Ausdruck〉; erschöpft, *(ugs.)* erledigt 〈Person〉
worried ['wʌrɪd] adj. besorgt; **give sb. a ~ look** jmdn. besorgt ansehen; **you had me ~:** ich habe mir [deinetwegen] Sorgen gemacht; **don't look so ~!** schau nicht so bekümmert drein!; ~ **sick** krank vor Sorge; **be much** or **very ~:** sich *(Dat.)* große Sorgen machen
worrier ['wʌrɪə(r)] n. be too much of a ~: sich *(Dat.)* immer [zuviel] Sorgen machen; **he's a [real] ~:** er macht sich *(Dat.)* um alles Sorgen
worrisome ['wʌrɪsəm] adj. besorgniserregend
worry ['wʌrɪ] **1.** *v. t.* **a)** beunruhigen; **it worries me to death to think that ...:** ich sorge mich zu Tode, wenn ich [daran] denke, daß ...; ~ **oneself [about sth.]** sich *(Dat.)* um etw. Sorgen machen; ~ **oneself sick [about sb./sth.]** krank vor Sorge [um jmdn./etw.] werden; **b)** *(bother)* stören; **c)** ~ **a bone** 〈Hund usw.:〉 an einem Knochen [herum]nagen; **d)** *(attack)* 〈Hund usw.:〉 reißen 〈Schaf〉. **2.** *v. i.* sich *(Dat.)* Sorgen machen; sich sorgen; ~ **about sth.** sich *(Dat.)* um etw. Sorgen machen; **don't ~ about it** mach dir deswegen keine Sorgen!; **'I should ~** *(coll. iron.)* was kümmert mich das?; **not to** *(coll.)* kein Problem *(ugs.).* **3.** *n.* Sorge, *die;* **sth. is the least of sb.'s worries** etw. ist jmds. geringste Sorge; **it must be a great ~ to you** es muß dir große Sorgen bereiten
'**worry beads** n. pl. Perlenschnur zur Beschäftigung für nervöse Hände
worrying ['wʌrɪɪŋ] **1.** adj. **a)** *(causing worry)* beunruhigend; **sth. is very ~ for sb.** etw. macht jmdm. große Sorgen; **b)** *(full of worry)* sorgenvoll 〈Zeit, Woche usw.〉; **it is a ~ time for her** sie hat zur Zeit große Sorgen. **2.** *n.* ~ **only makes everything worse** sich *(Dat.)* Sorgen zu machen macht alles nur noch schlimmer
worse [wɜːs] **1.** adj. compar. of **bad 1** schlechter; schlimmer 〈Schmerz, Krankheit, Benehmen〉; **things could not/could be ~:** es kann nicht mehr schlimmer kommen/es könnte schlimmer sein; **the food is bad, and the service ~:** das Essen ist schlecht und die Bedienung noch schlechter; **his manners are ~ than a pig's** er benimmt sich schlimmer als ein Schwein; **he's getting ~:** mit ihm wird es schlimmer; *(his health)* ihm geht es schlechter; **be ~ than useless** 〈Sache:〉 mehr als unbrauchbar sein; 〈Person:〉 ein hoffnungsloser Fall sein; **be [none] the ~ for sth.** 〈Sache:〉 in k[einem] schlechteren Zustand wegen etw. sein; **sb. is [none] the ~ for sth.** jmdm. geht es wegen etw. [nicht] schlechter; **be ~:** immer schlechter/schlimmer; **to make matters ~, ...:** zu allem Übel ...; **it could have been ~:** es hätte schlimmer sein *od.* kommen können; ~ **luck!** so ein Pech!; *see also* **drink 1 d; liquor a; wear 1 a.** **2.** adv. compar. of **badly** schlechter; schlimmer; schlechter 〈sich benehmen〉; ~ **and ~:** immer schlechter/schlimmer; *see also* **better 3 a; off 1 a. 3.** *n.* Schlimmeres; **she might do ~ than settle for that job** es wäre bestimmt kein Fehler, wenn sie sich für die Stelle entschiede; **go from bad to ~:** immer schlimmer werden; **or ~:** oder noch Schlimmeres; ~ **still** schlimmer noch; **a change for the ~:** eine Wende zum Schlechteren; **take a turn for the ~:** sich verschlechtern; 〈Krankheit:〉 sich verschlimmern; **nobody will think any the ~ of you** niemand wird deswegen schlechter von dir denken; **there is ~ to come** es kommt noch schlimmer; *see also* **worst 3**
worsen ['wɜːsn] **1.** *v. t.* verschlechtern; verschlimmern 〈Knappheit〉. **2.** *v. i.* sich verschlechtern; 〈Hungersnot, Sturm, Problem:〉 sich verschlimmern; **she ~ed in the night** ihr Zustand hat sich über Nacht verschlimmert
worship ['wɜːʃɪp] **1.** *v. t. (Brit.)* **-pp-** **a)** verehren 〈Gott, Götter, Kaiser〉; anbeten 〈Gott, Götter〉; **b)** *(idolize)* abgöttisch verehren; **he ~s the ground she walks on** er küßt den Boden unter ihren Füßen. **2.** *v. i. (Brit.)* **-pp-** **a)** am Gottesdienst teilnehmen; **b)** *(be full of adoration)* tiefe Verehrung empfinden. **3.** *n.* **a)** Anbetung, *die; (service)* Gottesdienst, *der; public* ~: [öffentlicher] Gottesdienst; **dedicated as a place of ~:** dem Gottesdienst geweiht; **gather for ~:** sich zum Gottesdienst versammeln; **freedom of ~:** Glaubensfreiheit, *die;* **b)** *(adoration)* Verehrung, *die;* **an object of ~:** ein Gegenstand der Verehrung; **the ~ of wealth/intellect** die Anbetung des Wohlstands/Intellekts; **c)** *(form of address)* **Your/His W~:** Anrede für Richter, Bürgermeister; ≈ Euer/seine Ehren
worshiper *(Amer.) see* **worshipper**
worshipful ['wɜːʃɪpfl] adj. *(Brit.)* Titulierung von Friedensrichtern, Zünften, Freimaurerlogen usw.
worshipper ['wɜːʃɪpə(r)] n. **a)** *(in church etc.)* Gottesdienstbesucher, *der/-*besucherin, *die;* **b)** *(of deity)* Anbeter, *der/*Anbeterin, *die;* **c)** *(of person, money, etc.)* Verehrer, *der/*Verehrerin, *die;* **be a ~ of sth.** etw. anbeten *(fig.)*
worst [wɜːst] **1.** adj. superl. of **bad 1:** **a)** *see* **worse 1:** schlechtest.../schlimmst...; **be ~:** am schlechtesten/schlimmsten sein; **the ~ thing about it was ...:** das Schlimmste daran war ...; **the ~ thing you could do** das Schlechteste, was du machen könntest; **b)** *(least efficient, of poorest quality)* schlechtest... **2.** adv. superl. of **badly** am schlimmsten; am schlechtesten 〈gekleidet〉. **3.** *n.* **a)** [the] ~: der/die/das Schlimmste; **you saw him at his ~:** du hast ihn in seinem schlimmsten Zustand erlebt; **prepare for the ~:** sich auf das Schlimmste gefaßt machen; **at ~, at the [very] ~:** schlimmstenfalls; im [aller]schlimmsten Fall[e]; **get** or **have the ~ of it** *(be defeated)* [vernichtend] geschlagen werden; *(suffer the most)* am meisten zu leiden haben; **if the ~** *or* **it comes to the ~** *(Brit.),* **if worse comes to ~** *(Amer.)* wenn es zum Schlimmsten kommt; **do your ~:** mach, was du willst!; **let him do his ~:** er soll machen, was er will; **b)** *(what is of poorest quality)* Schlechteste, *der/die/das.* **4.** *v. t.* [vernichtend] schlagen; **be ~ed in argument** sich geschlagen geben müssen

worsted ['wʊstɪd] n. (Textiles) Kammgarn, das

wort [wɜːt] n. [Bier]würze, die

worth [wɜːθ] 1. adj. a) (of value equivalent to) wert; it's ~/not ~ £80 es ist 80 Pfund wert/80 Pfund ist es nicht wert; it is not ~ much or a lot [to sb.] es ist [jmdm.] nicht viel wert; be ~ the money das Geld wert sein; not ~ a penny keinen Pfennig wert (ugs.); it's ~ a lot to me that ...: es bedeutet mir viel, daß ...; he's ~ the lot of you put together er ist soviel wert wie ihr alle zusammen; for what it is ~: was immer auch davon zu halten ist; see also gold 1 a; b) (worthy of) is it ~ hearing/the effort? ist es hörenswert/der Mühe wert?; is it ~ doing? lohnt es sich?; if it's ~ doing, it's ~ doing well wenn schon, denn schon; it isn't ~ it es lohnt sich nicht; an experience ~ having eine lohnenswerte Erfahrung; it ~ es ist einen Versuch wert; it would be [well] ~ it (coll.) es würde sich [sehr] lohnen; be well ~ sth. durchaus od. sehr wohl etw. wert sein; **you can have my opinion for what it's ~**: ich kann dir sagen, was meine bescheidene Meinung ist; it's more than my job's ~: es könnte mich meine Stelle kosten; c) be ~ sth. (possess) etw. wert sein (ugs.); run/cycle for all one is ~ (coll.) rennen/fahren, was man kann. See also salt 1 a; while 1. 2. n. a) (equivalent of money etc. in commodity) ten pounds' ~ of petrol Benzin für zehn Pfund; (more formal) Benzin im Wert von zehn Pfund; b) (value, excellence) Wert, der; of great/little/no ~: von hohem/geringem Wert/ohne Wert. See also money's-worth; pennyworth

worthily ['wɜːðɪlɪ] adv. ehrenhaft; zu Recht ⟨verdienen⟩

worthiness ['wɜːðɪnɪs] n., no pl. Ehrenhaftigkeit, die ⟨of cause, charity⟩ Wert, der

worthless ['wɜːθlɪs] adj. a) (valueless) wertlos; b) (despicable) nichtswürdig

'worthwhile attrib. adj. lohnend; see also while 1

worthy ['wɜːðɪ] 1. adj. a) (adequate, estimable) würdig; verdienstvoll ⟨Tat⟩; angemessen ⟨Belohnung⟩; ~ of the occasion dem Anlaß angemessen; b) (deserving) würdig; verdienstvoll ⟨Sache, Organisation⟩; ~ of the name den Namen verdienen; ~ of note/mention erwähnenswert; is he ~ of her? ist er ihrer würdig? 2. n. a) (person of distinction) Würdenträger, der; b) local worthies (joc.) örtliche Honoratioren

wotcher ['wɒtʃə(r)] int. (Brit. sl.) hallo (ugs.)

would see will

would-be ['wʊdbiː:] attrib. adj. a ~ philosopher ein Möchtegernphilosoph; a ~ aggressor ein potentieller Aggressor

wouldn't ['wʊdnt] (coll.) = would not; see ¹will

¹wound [wuːnd] 1. n. (lit. or fig.) Wunde, die; a war ~: eine Kriegsverletzung; receive a ~ in the chest/leg an der Brust/am Bein verwundet werden; a knife-~ across the palm eine Schnittwunde quer über die Handfläche; this was a great ~ to her pride (fig.) das verletzte ihren Stolz zutiefst. 2. v. t. verwunden; (fig.) verletzen; be ~ed in the thigh/arm am Oberschenkel/Arm verwundet werden

²wound see ²wind 1, 2

wove, woven see ¹weave 2, 3

¹wow [waʊ] 1. int. hoi. 2. n. (sl.) be a ~: eine Wucht sein (salopp). 3. v. t. (sl.) umhauen (ugs.)

²wow n. (Electronics) Jaulen, das (fig.)

WP abbr. word processor

w. p. b. abbr. waste-paper basket

WPC abbr. woman police constable Wachtmeisterin, die

w. p. m. abbr. words per minute WpM

wraith [reɪθ] n. Gespenst, das

'wraithlike adj. gespenstisch

wrangle ['ræŋgl] 1. v. i. [sich] streiten. 2. n. Streit, der; what are those two having such a ~ about? worüber streiten die beiden sich denn so?

wrap [ræp] 1. v. t., -pp- a) einwickeln; (fig.) hüllen; ~ped abgepackt ⟨Brot usw.⟩; ~ sth. in paper/cotton wool etw. in Papier/Watte [ein]wickeln; ~ sth. [a]round sth. (lit. or fig.) etw. um etw. wickeln; b) ~ one's arms around sb. die Arme um jmdn. schlingen; b) (arrange) schlingen ⟨Schal, Handtuch usw.⟩ (about, round um); she ~ped her motor cycle round a tree (coll.) sie hat ihr Motorrad um einen Baum gewickelt; c) ~ sth. Umschlag[e]tuch, das; take the ~s off sth. (fig.) etw. der Öffentlichkeit vorstellen; under ~s (fig.) unter Verschluß; keep sth. under ~s etw. geheimhalten

~ 'up 1. v. t. a) see wrap 1; wrapped up; b) (fig.: conclude) abschließen; that just about ~s it up for today damit sind wir für heute fertig. 2. v. i. a) (put on warm clothing) sich warm einpacken (ugs.); mind you ~ up well du mußt dich gut einpacken (ugs.); b) (sl.: be quiet) den Rand halten (salopp)

'wraparound 1. adj. a) Wickel⟨kleid, -rock⟩; b) Panorama⟨windschutzscheibe, -sonnenbrille⟩. 2. n. Wickelrock, der

wrapped up adj. a) be ~ in one's work in seine Arbeit völlig versunken sein; she is very ~ in her family sie geht ganz in ihrer Familie auf; be too ~ in one's own problems zu sehr mit seinen [eigenen] Problemen beschäftigt sein; a country whose prosperity is ~ in its shipping ein Land, dessen Reichtum eng mit seiner Schiffahrt verknüpft ist

wrapper ['ræpə(r)] n. a) (around newspaper etc.) Streifband, das (Postw.); b) (around sweet paper) sweet-/toffee-~[s] Bonbonpapier, das; c) (of book) see jacket c

wrapping ['ræpɪŋ] n. Verpackung, die; ~s Verpackung, die; (fig.) Hülle, die (dichter.)

'wrapping-paper n. (strong paper) Packpapier, das; (decorative paper) Geschenkpapier, das

wrasse [ræs] n. (Zool.) Lippfisch, der

wrath [rɒθ] n. (poet./rhet.) Zorn, der

wrathful ['rɒθfl] adj. (poet./rhet.) zornig

wreak [riːk] v. t. a) (inflict) ~ vengeance on sb. an jmdm. Rache nehmen; b) (vent) auslassen ⟨Wut, Ärger⟩ (on an + Dat.); c) (cause) anrichten ⟨Verwüstung, Unheil⟩

wreath [riːθ] n., pl. wreaths [riːðz, riːθs] Kranz, der; a ~ of smoke ein Ring aus Rauch

wreathe [riːð] 1. v. t. a) (encircle) umkränzen; her face was ~d in smiles ein Lächeln umspielte ihre Lippen; b) (form into wreath) zu einem Kranz flechten od. (geh.) winden; c) (make by interweaving) flechten; winden (geh.). 2. v. i. sich winden, ⟨Rauch:⟩ sich ringeln od. kräuseln (from aus)

wreck [rek] 1. n. a) (destruction) Schiffbruch, der; (fig.) Zerstörung, die; b) (ship) Wrack, das; c) (broken remains, lit. or fig.) Wrack, das; she was a physical/mental ~: sie war körperlich/geistig ein Wrack; I feel/you look a ~ (coll.) ich fühle mich kaputt (ugs.)/du siehst kaputt aus (ugs.). 2. v. t. a) (destroy) ruinieren; zu Schrott fahren ⟨Auto⟩; be ~ed (shipwrecked) ⟨Schiff, Person:⟩ Schiffbruch erleiden; a ~ed ship/aircraft ein wrackes od. (fachspr.) havariertes Schiff/Flugzeug; b) (fig.: ruin) zerstören; ruinieren ⟨Gesundheit, Urlaub⟩; verderben ⟨Party, Urlaub⟩; zunichte machen ⟨Hoffnung, Plan⟩; zerrütten ⟨Ehe⟩

wreckage ['rekɪdʒ] n. Wrackteile (fig.) Trümmer Pl.

wrecker ['rekə(r)] n. a) (who disrupts deliberately) Umstürzer, der/Umstürzlerin, die; b) (who brings about shipwreck for profit) Strandräuber, der; c) (employed in demolition) Abwracker, der; d) (who recovers wrecked ships) Bergungsarbeiter, der; e) (Amer.: breakdown vehicle) Bergungsfahrzeug, das; Abschleppfahrzeug, das; f) (Amer.: train) Hilfszug, der

'wrecking bar n. Brechstange, die

Wren [ren] n. (Brit.) Angehörige des weiblichen Marinedienstes; join the ~s in den weiblichen Marinedienst eintreten

wren n. Zaunkönig, der

wrench [rentʃ] 1. n. a) (tool) verstellbarer Schraubenschlüssel; pipe ~: Rohrzange, die; screw ~: Franzose, der; b) (Amer.) see spanner; c) (violent twist) Verrenkung, die; give one's ankle/shoulder a ~: sich (Dat.) den Knöchel/die Schulter verrenken; give a ~ at the door-handle an der Türklinke reißen; d) (fig.) be a great ~ [for sb.] sehr schmerzhaft für jmdn. sein; what a ~ it must have been for her wie schmerzlich muß es für sie gewesen sein. 2. v. t. a) (tug violently) reißen; ~ at sth. an etw. (Dat.) reißen; ~ sth. round/off/open etw. herum-/ab-/aufreißen; ~ sth. from sb. jmdm. etw. entreißen; b) (injure by twisting) ~ one's ankle etc. sich (Dat.) den Knöchel usw. verrenken

wrest [rest] v. t. ~ sth. from sb./sb.'s grasp (lit. or fig.) jmdm./jmds. Griff etw. entreißen od. (geh.) entwinden; ~ a confession from sb. jmdm. ein Geständnis abnötigen (geh.); ~ sth. from sth. einer Sache (Dat.) etw. abringen

wrestle ['resl] 1. n. a) (hard struggle) Ringen, das; b) (wrestling-match) Ringkampf, der; have a ~: einen Ringkampf austragen. 2. v. i. a) ringen; b) (fig.: grapple) sich abmühen; ~ with one's conscience mit seinem Gewissen ringen; ~ with the controls of the aircraft mit der Steuerung des Flugzeugs kämpfen; ~ with sth. from sth. etw. mühsam von etw. entfernen

wrestler ['reslə(r)] n. Ringer, der/Ringerin, die

wrestling ['reslɪŋ] n., no pl., no indef. art. Ringen, das; ~-match Ringkampf, der

wretch [retʃ] n. Kreatur, die; (joc.: child) Gör, das

wretched ['retʃɪd] adj. a) (miserable) unglücklich; feel ~ about sb./sth. (be embarrassed) über jmdn./etw. todunglücklich sein; feel ~ (be very unwell) sich elend fühlen; b) (coll.: damned) elend (abwertend); I wish he would control that ~ dog of his! wenn er nur besser auf seinen elenden Köter aufpassen würde!; c) (very bad) erbärmlich; miserabel ⟨Wetter⟩; she's had a bout of ~ health: es ging ihr gesundheitlich sehr schlecht; d) (causing discomfort) schrecklich ⟨Reise, Erfahrung, Zeit⟩

wretchedly ['retʃɪdlɪ] adv. a) (in misery) jämmerlich ⟨weinen⟩; jammervoll ⟨anblicken⟩; b) (very badly) erbärmlich

wretchedness ['retʃɪdnɪs] n., no pl. a) (misery) Elend, das; b) (badness) Erbärmlichkeit, die

wrick see ²rick

wriggle ['rɪgl] 1. v. i. a) zappeln; ~ [about] on one's chair auf dem Stuhl herumrutschen (ugs.); b) (make one's/its way by wriggling) sich winden; a worm ~d across the lawn ein Wurm schlängelte sich über den Rasen; ~ free of the ropes sich aus den Stricken winden; ~ out of a difficulty etc. (fig.) sich aus einer schwierigen Situation usw. herauswinden; ~ one's way (lit. sich schlängeln; ~ one's way out of a difficulty etc. sich aus einer schwierigen Situation usw. herauswinden; b) (move) ~ one's hips die Hüften kreisen lassen. 3. n. Windung, die

wriggly ['rɪglɪ] adj. sich windend ⟨Wurm, Aal⟩; zappelnd ⟨Fisch, Kind⟩

wring [rɪŋ] v. t., wrung [rʌŋ] a) wringen; ~ out auswringen; ~ the water out of the towels das Wasser aus den Handtüchern

wringen; b) *(squeeze forcibly)* ~ sb.'s hand jmdm. fest die Hand drücken; *(twist forcibly)* ~ one's hands die Hände ringen *(geh.);* ~ the neck of an animal einem Tier den Hals umdrehen; **I could have wrung his neck** *(fig.)* ich hätte ihm den Hals umdrehen können; c) *(extract)* wringen; ~ sth. from or out of sb. *(fig.)* jmdm. etw. abpressen; d) *(distress)* ~ the heart einem das Herz abdrücken

wringer ['rɪŋə(r)] *n.* Wringmaschine, *die*

wringing wet [rɪŋɪŋ 'wet] *adj.* tropfnaß; **our clothes were ~:** unsere Kleider waren zum Auswringen

wrinkle ['rɪŋkl] **1.** *n.* Falte, *die;* (in paper) Knick, *der.* **2.** *v.t.* falten; in Falten legen ⟨Stirn⟩; kräuseln ⟨Nase⟩. **3.** *v.i.* sich in Falten legen

wrinkled ['rɪŋkld] *adj.* runz[e]lig; ~ with age runzlig vom Alter

wrinkly ['rɪŋklɪ] **1.** *adj.* runz[e]lig. **2.** *n. (sl.)* Grufti, *der (ugs.)*

wrist [rɪst] *n.* Handgelenk, *das;* **slash one's ~s** sich *(Dat.)* die Pulsadern aufschneiden; **the glove was too tight at the ~:** der Handschuh war zu eng am Handgelenk

wrist: ~band *n.* a) *(cuff)* Manschette, *die;* b) *see* **sweat-band;** **~-watch** *n.* Armbanduhr, *die*

¹**writ** [rɪt] *n. (Law)* a) Verfügung, *die;* **serve a ~ on sb.** jmdm. eine Verfügung zustellen; **sb.'s ~ runs in ...** *(fig.)* jmds. Macht reicht bis nach ...; b) *(Crown document)* königlicher Erlaß, mit dem ein Peer ins Parlament gerufen wird/mit dem die Parlamentswahlen ausgerufen werden; c) *(Relig.)* **Holy W~:** die Heilige Schrift

²**writ** *see* **write 2 a**

write [raɪt] **1.** *v.i.,* wrote [rəʊt], written ['rɪtn] schreiben; ~ to sb./a firm jmdm./an eine Firma schreiben; ~ for a fresh supply schriftlich eine neue Lieferung anfordern; **she ~s for a living** sie lebt vom Schriftstellern; *see also* **home.** **2.** *v.t.,* wrote, written: a) schreiben; ausschreiben ⟨Scheck⟩; **the written language of the Schriftsprache;** ~ **it, don't print it** schreibe es nicht in Druckschrift, sondern in Schreibschrift; **written applications** schriftliche Anträge; **the paper had been written all over** das Papier war ganz vollgeschrieben; **it is written that ...:** es steht geschrieben, daß ...; **be written into the contract** [ausdrücklich] im Vertrag stehen; ~ **sb. into/out of a serial** für jmdn. eine Rolle in einer Serie schreiben/jmdm. einen Abgang aus einer Serie verschaffen; **writ large** im Großformat *(fig.);* b) *(Amer./Commerc./coll.)* ~ **letter to** anschreiben; c) *in pass. (fig.: be apparent)* **sb. has sth. written in his face** jmdm. ist im Gesicht geschrieben; **guilt was written all over her face** die Schuld stand ihr ins Gesicht geschrieben; **she had 'career woman' written all over her** man sah ihr die Karrierefrau schon von weitem an; d) *(Computing)* schreiben; ~ **in or into or on or to a disc** auf eine Diskette schreiben; e) *see* **underwrite**

~ **a'way** *v.i.* ~ away for sth. etw. [schriftlich] anfordern

~ '**back** *v.i.* zurückschreiben

~ '**down** *v.t.* a) *(record)* aufschreiben; b) *(Commerc.: reduce nominal value of)* abschreiben *(Wirtsch.)*

~ '**in** **1.** *v.i.* hinschreiben *(ugs.);* *(include)* hineinschreiben; ~ **for sth.** etw. [schriftlich] anfordern; ~ **in to sb.** an jmdn. schreiben. **2.** *v.t. (Amer. Polit.)* eintragen; *see also* **write-in**

~ '**off** **1.** *v.t.* a) *(compose with ease)* herunterschreiben *(ugs.);* b) *(cancel)* abschreiben ⟨Schulden, Verlust⟩; ~ **sb. off [as a failure etc.]** jmdn. [als Versager] abschreiben *(ugs.);* c) *(destroy)* zu Schrott fahren. **2.** *v.i. see* ~ **away.** *See also* **write-off**

~ '**out** *v.t.* a) ausschreiben ⟨Scheck⟩; schreiben ⟨Rezept⟩; b) (~ in final form) ausarbeiten; (~ in full) ausschreiben; c) *(from serial)* verschwinden lassen

~ '**up** *v.t.* a) *(praise)* eine gute Kritik schreiben über (+ Akk.); b) (~ account of) Bericht schreiben über (+ Akk.); (~ in full) aufarbeiten; c) *(bring up to date)* auf den neuesten Stand bringen. *See also* **write-up**

write: ~-**in** *n. (Amer.)* Kandidat, *der* nicht auf dem offiziellen Stimmzettel steht, sondern vom Wähler selbst eingetragen wird; **he received 10,000 ~-in votes** sein Name wurde auf zehntausend Stimmzettel geschrieben; ~-**off** *n. (person)* Verlierer, *der/*Verliererin, *die;* (event) Reinfall, *der;* (vehicle) Totalschaden, *der*

writer ['raɪtə(r)] *n.* (author) Schriftsteller, *der/*Schriftstellerin, *die;* (of letter, article) Schreiber, *der/*Schreiberin, *die;* Verfasser, *der/*Verfasserin, *die;* (of lyrics, advertisements) Texter, *der/*Texterin, *die;* (of music) Komponist, *der/*Komponistin, *die;* **be a ~: the present ~:** der Autor/die Autorin des vorliegenden Textes; **a ~ of historical fiction** ein Verfasser/eine Verfasserin historischer Romane; b) **be a good/bad ~** *(as to handwriting)* eine gute/schlechte Schrift haben

writer's 'cramp *n. (Med.)* Schreibkrampf, *der*

'**write-up** *n.* Bericht, *der;* (by critic) Kritik, *die;* **get a good ~:** gut besprochen werden

writhe [raɪð] *v.i.* *(lit. or fig.)* sich winden; **he/it makes me ~** *(with embarrassment)* er/ es bringt mich in ziemliche Verlegenheit; *(with disgust)* er/es ist mir zuwider

writing ['raɪtɪŋ] *n.* a) Schrift, *die;* **at the time of ~:** als dies geschrieben wurde; **put sth. in ~:** etw. schriftlich machen *(ugs.); see also* **commit d;** b) *(handwriting)* Schrift, *die;* c) *(composing)* Schreiben, *das;* **creative-~ course** Kurs für kreatives Schreiben; **earn sth. from one's ~:** mit Schreiben etw. verdienen; **this poem is a lovely piece of ~:** dieses Gedicht ist herrlich geschrieben; d) *(something written)* Schrift, *die;* **the ~s of Plato** die Platonischen Schriften; **the ~ on the wall** *(fig.)* das Menetekel an der Wand; **she's seen the ~ on the wall** sie hat die Zeichen erkannt; **the ~ is on the wall for this department** diese Abteilung hat keine Zukunft

writing: ~-**case** *n.* Schreibmappe, *die;* ~-**desk** *n.* Schreibtisch, *der;* Sekretär, *der;* ~-**pad** *n.* Schreibblock, *der;* ~-**paper** *n.* Schreibpapier, *das;* Briefpapier, *das*

written *see* **write**

wrong [rɒŋ] **1.** *adj.* a) *(morally bad)* unrecht *(geh.);* *(unfair)* ungerecht; **you were ~ to be so angry** es war nicht richtig von dir, so ärgerlich zu sein; **what's ~ with sth./that?** was ist gegen etw./dagegen einzuwenden?; **what's ~ with having a drink?** warum sollte man nicht mal ein Glas trinken?; b) *(mistaken)* falsch; **be ~** ⟨Person:⟩ sich irren; **I was ~ about you** ich habe mich in dir geirrt; **the clock is ~:** die Uhr geht falsch; **the clock is ~ by ten minutes** die Uhr geht 10 Minuten vor/nach; **how ~ can you be or get!** wie man sich irren kann!; c) *(not suitable)* falsch; **give the ~ answer** eine falsche Antwort geben; **that was the ~ move to make** das war genau das Falsche; **say/do the ~ thing** das Falsche sagen/tun; **you've come to the ~ person** Sie sind bei mir an der falschen Adresse; **be the ~ person for the job** für die Stelle ungeeignet sein; **take the ~ turning** falsch abbiegen; **get hold of the ~ end of the stick** *(fig.)* alles völlig falsch verstehen; [the] ~ **way round** verkehrt herum; *see also* **go down b; number 1 a;** d) *(out of order)* nicht in Ordnung; **there's something ~ here/with him** hier/mit ihm stimmt etwas nicht; **there's nothing ~:** es ist alles in Ordnung; **what's ~?** ist etwas nicht in Ordnung? *See also* **wrong side.** **2.** *adv.* falsch; **get it ~:** es falsch od. verkehrt machen; *(misunderstand)* sich irren; **I got the answer ~ again** meine Antwort war wieder falsch; **get sb. ~:** jmdn. falsch verstehen; **go ~** *(take ~ path)* sich verlaufen; *(fig.)* ⟨Person:⟩ vom rechten Weg abkommen *(fig. geh.);* ⟨Maschine, Mechanismus:⟩ kaputtgehen *(ugs.);* ⟨Angelegenheit:⟩ danebengehen *(ugs.);* **you can't go ~ if you study engineering** wenn du auf die Ingenieurschule gehst, kannst du gar nichts verkehrt machen; **the television/ dishwasher has gone ~:** der Fernseher/die Spülmaschine ist kaputt *(ugs.).* **3.** *n.* a) *(what is morally bad)* Unrecht, *das;* **know the difference between right and ~:** zwischen Recht und Unrecht unterscheiden können; **two ~s don't make a right** das gibt nur ein Unrecht mehr; **do ~:** unrecht tun; **she can do no ~:** sie kann überhaupt nichts Unrechtes tun; **be in the ~:** im Unrecht sein; **put sb. in the ~:** jmdn. ins Unrecht setzen; b) *(injustice)* Unrecht, *das* **(towards** gegenüber)**; suffer a ~/many ~s** Unrecht erleiden; **do ~ to sb., do sb. a ~:** jmdm. ein Unrecht zufügen; **do sb. ~:** jmdm. unrecht tun. **4.** *v.t.* ~ **sb.** *(treat unjustly)* jmdm. ungerecht behandeln; *(mistakenly discredit)* jmdm. unrecht tun

wrong: ~-**doer** *n.* Übeltäter, *der/*-täterin, *die;* Missetäter, *der/*-täterin, *die;* ~-**doing** *n.* a) *no pl., no indef. art.* Missetaten *(geh.);* b) *(instance)* Missetat, *die (geh.);* ~-'**foot** *v.t. (Sport)* ~-**foot sb.** jmdn. auf dem falschen Fuß erwischen *(Sportjargon);* b) *(fig. coll.)* unvorbereitet treffen; **he was ~-footed by that** darauf war er überhaupt nicht vorbereitet

wrongful ['rɒŋfl] *adj.* a) *(unfair)* unrecht *(geh.);* b) *(unlawful)* rechtswidrig

wrongfully ['rɒŋfəlɪ] *adv.* a) *(unfairly)* unrecht *(geh.)* ⟨handeln⟩; zu Unrecht ⟨beschuldigen⟩; b) *(unlawfully)* rechtswidrig

'**wrong-headed** *adj.* starrköpfig *(abwertend)* (**about** in + *Dat.*)

wrongly ['rɒŋlɪ] *adv.* a) *(inappropriately, incorrectly)* falsch; b) *(mistakenly)* zu Unrecht; **I believed, ~, that ...:** ich habe fälschlicherweise geglaubt, daß ...; c) *see* **wrongfully a**

wrongness ['rɒŋnɪs] *n., no pl. a) (moral ~)* Unrecht, *das;* b) *(inappropriateness, mistakenness)* Unrichtigkeit, *die*

wrong: ~ **side** *n.* a) *(of fabric)* linke Seite; **[the] ~ side out/up** verkehrt herum; b) **be on the ~ side of thirty** die dreißig überschritten haben; **get on the ~ side of sb.** *(fig.)* jmdn. falsch anfassen/mit dem Gesetz in Konflikt geraten; *see also* **bed 1 a; blanket 1 a;** ~ '**un** *n. (coll.: person)* falscher Fuffziger *(salopp)*

wrote *see* **write**

wrought *see* **work 2**

wrought 'iron *n.* Schmiedeeisen, *das; attrib.* schmiedeeisern ⟨Tor, Zaun⟩

wrung *see* **wring**

WRVS *abbr. (Brit.)* **Women's Royal Voluntary Service** britischer Hilfsdienst für Menschen in Not

wry [raɪ] *adj.* ~**er** or **wrier** ['raɪə(r)], ~**est** or **wriest** ['raɪɪst] ironisch ⟨Blick⟩; fein ⟨Humor, Witz⟩; **a ~ smile** ein schiefes Lächeln; **make** or **pull a ~ face** das Gesicht verziehen

wryly ['raɪlɪ] *adv.* ironisch ⟨blicken, sagen⟩; schief ⟨lächeln⟩

WSW [westsaʊθ'west] *abbr.* **west-south-west** WSW

wt. *abbr.* **weight** Gew.

WW *abbr. (Amer.)* **World War** WK

wych-hazel ['wɪtʃheɪzl] *n.* a) *(shrub)* Virginische Zaubernuß; b) *(lotion)* Hamamelis-wasser, *das*

X

¹X, x [eks] *n., pl.* **Xs** *or* **X's** ['eksɪz] **a)** *(letter)* X, x, *das;* **b)** *(Math.)* x; **c)** *(unknown person or number)* Mr X Herr X; **x tons of cement** soundso viel Tonnen Zement; **x number of ...** *(coll.)* x ... *(ugs.);* **d)** *(Roman numeral)* X; **e)** *(cross-shaped symbol)* Kreuz, *das;* **x marks the spot** die Stelle ist durch ein Kreuz markiert
²X *symb. (Brit. Hist.)* nicht jugendfrei
xenon ['zenɒn] *n. (Chem.)* Xenon, *das*
xenophobe ['zenəfəʊb] *n.* Fremdenfeindliche, *der/die;* Xenophobe, *der/die*
xenophobia [zenə'fəʊbɪə] *n.* Fremdenfeindlichkeit, *die;* Xenophobie, *die*
xerography [zɪə'rɒgrəfɪ, ze'rɒgrəfɪ] *n.* Xerographie, *die (Druckw.)*
Xerox, (P), xerox ['zɪərɒks, 'zerɒks] **1.** *n.* **a)** *(process)* Xerographie, *die (Druckw.);* **b)** *(copy)* Xerokopie, *die.* **2.** *xerox v. t.* xerokopieren
Xmas ['krɪsməs, 'eksməs] *n. (coll.)* Weihnachten, *das*
X-rated ['eksreɪtɪd] *adj. (Brit. Hist.)* nicht jugendfrei *(Film)*
X-ray **1.** *n.* **a)** *in pl.* Röntgenstrahlen *Pl.;* X-Strahlen *Pl.;* **b)** *(picture)* Röntgenaufnahme, *die;* **c)** *attrib.* Röntgen-. **2.** *v. t.* röntgen; durchleuchten ⟨Gepäck⟩
xylophone ['zaɪləfəʊn] *n. (Mus.)* Xylophon, *das*

Y

¹Y, y [waɪ] *n., pl.* **Ys** *or* **Y's** **a)** *(letter)* Y, y, *das;* **b)** *(Math.)* y
²Y *abbr.* **a)** *(Amer.)* **YMCA/YWCA** CVJM/CVJF; **b)** **yen**
y. *abbr.* **year[s]** J.
yacht [jɒt] **1.** *n.* **a)** *(for racing)* Segelboot, *das;* Segeljacht, *die;* **b)** *(for pleasure travel etc.)* Jacht, *die.* **2.** *v. i.* segeln
'yacht-club *n.* Jachtklub, *der*
yachting ['jɒtɪŋ] *n., no pl., no art.* Segeln, *das; attrib.* Segel-
yachtsman ['jɒtsmən] *n., pl.* **yachtsmen** ['jɒtsmən] Segler, *der*
yack [jæk], **yackety-yack** [jækətɪ'jæk] *(sl. derog.)* **1.** *n.* Gequassel, *das (ugs. abwertend).* **2.** *v. i.* quasseln *(ugs. abwertend)*
yah [jɑ:] *int.* ~ **[boo sucks]** bäh
yahoo [jə'hu:] *n.* Untier, *das (fig.)*
yak [jæk] *n. (Zool.)* Jak, *der*

Yale, (P) [jeɪl]: ~ **key** *n.* Yaleschlüssel, *der* ⓌⓏ *(Technik);* ≈ Sicherheitsschlüssel, *der;* ~ **lock** *n.* Yaleschloß, *das* ⓌⓏ *(Technik);* ≈ [Zylinder]sicherheitsschloß, *das*
Yalta ['jæltə] *pr. n.* Jalta *(das)*
yam [jæm] *n.* **a)** *(plant, tuber)* Jamswurzel, *die;* **b)** *(Amer.) see* **sweet potato**
yammer ['jæmə(r)] *(coll./dial.)* **1.** *v. i.* maulen *(ugs.);* **he's always** ~**ing on about sth.** dauernd muß er über etw. *(Akk.)* maulen. **2.** *n.* Gemaule, *das (ugs. abwertend)*
yang [jæŋ] *n., no pl., no indef. art. (Chinese Philos.)* Yang, *das*
Yank [jæŋk] **1.** *n.* **a)** *(Brit. coll.: American)* Yankee, *der;* Ami, *der (ugs.);* **b)** *(Amer.: inhabitant of New England or northern States)* Yankee, *der.* **2.** *adj.* **a)** *(Brit. coll.: American)* Ami- *(ugs.);* **b)** *(Amer.: of New England or northern States)* Yankee-
yank *(coll.)* **1.** *v. i.* reißen an (+ *Dat.*); ~ **sth. off/out** etw. ab-/ausreißen. **2.** *n.* Reißen, *das;* **give a ~ at sth.** an etw. *(Dat.)* reißen; **give the rope a good ~:** kräftig am Seil ziehen
Yankee ['jæŋkɪ] *see* **Yank**
yap [jæp] **1.** *v. i.,* -pp- **a)** *(bark shrilly)* kläffen; **b)** *(coll.: talk)* quatschen *(salopp abwertend); (complainingly)* lamentieren *(ugs. abwertend).* **2.** *n.* Kläffen, *das;* **give a ~:** kläffen
yarborough ['jɑ:bərə] *n. (Cards)* Blatt *(bei Whist und Bridge)*, bei dem keine Karte höher als 9 ist
¹yard [jɑ:d] *n.* **a)** *Yard, das;* **by the ~:** ≈ meterweise; *(fig.)* am laufenden Band *(ugs.);* **sell books by the ~** *(fig.)* Bücher meterweise verkaufen; **a ~ long** ein Gesicht wie drei Tage Regenwetter machen; **b)** *in pl. (coll.: great amount)* **have/get etc.** ~**s of sth.** etw. massenweise haben/bekommen *usw.;* ~**s of toilet-paper** meterweise Toilettenpapier; **c)** *(Naut.)* Rah[e], *die;* **d)** ~ **of ale** *(Brit.)* [Stangen]glas, *das;* Stange, *die (bes. westd.);* **e)** *see* **square 2 b; f)** *see* **cubic b**
²yard *n.* **a)** *(attached to building)* Hof, *der;* **in the ~:** auf dem Hof; **b)** *(for manufacture)* Werkstatt, *die;* *(for storage)* Lager, *das;* *(ship~)* Werft, *die;* **builder's ~:** Bauhof, *der;* **c)** *(Amer.: garden)* Garten, *der;* **d) the Y~** *(Brit. coll.) see* **Scotland Yard.** *See also* **back yard; goods yard**
yard: ~-**arm** *n. (Naut.)* Rahnock, *das od. die;* ~**stick** *n.* **a)** Meßstab, *der;* Maßstab, *der (veralt.);* **b)** *(fig.: standard)* Maßstab, *der*
yarn [jɑ:n] **1.** *n.* **a)** *(thread)* Garn, *das;* **b)** *(coll.: story)* Geschichte, *die;* [Seemanns]garn, *das;* **have a ~ with sb.** *(chat)* mit jmdm. plauschen *(bes. südd.) od.* klönen *(nordd.); see also* **spin 1 a. 2.** *v. i. (coll.)* Geschichten erzählen; ⟨Seemann:⟩ [s]ein Garn spinnen
yarrow ['jærəʊ] *n. (Bot.)* Schafgarbe, *die*
yashmak ['jæfmæk] *n.* Jaschmak, *der*
yaw [jɔ:] *(Naut., Aeronaut.)* **1.** *v. i.* gieren. **2.** *n.* Gieren, *das*
yawl [jɔ:l] *n. (Naut.)* Yawl, *die;* Heckmaster, *der*
yawn [jɔ:n] **1.** *n.* **a)** Gähnen, *das;* **give a [long]** ~: [herzhaft] gähnen; **there were a few** ~**s** es wurde ein paarmal gegähnt; **b) be a ~** *(sl.: be boring)* zum Gähnen langweilig sein. **2.** *v. i.* **a)** gähnen; ~ **with exhaustion** vor Müdigkeit sein gähnen; **b)** *(fig.)* ⟨*Abgrund, Kluft, Spalte:*⟩ gähnen *(geh.)*
yawning ['jɔ:nɪŋ] *adj.* gähnend *(auch fig. geh.)*
yawp [jɔ:p] *(Amer.)* **1.** *n.* **a)** *(squawk)* kreischen; **b)** *(talk foolishly)* faseln *(ugs. abwertend).* **2.** *v. i.* **a)** *(squawk)* Gekreisch[e], *das;* **b)** *(foolish talk)* Gefasel, *das (ugs. abwertend)*
yaws [jɔ:z] *n. sing. (Med.)* Himbeerpocken *Pl.;* Frambösie, *die (fachspr.)*
yd[s]. *abbr.* **yard[s]** Yd[s].

¹ye [ji:] *pron. (arch./poet./dial./joc.)* Ihr *(veralt.);* *(as direct or indirect object)* Euch *(veralt.)*
²ye *adj. (pseudo-arch.)* = **the**
yea [jeɪ] *(arch.)* **1.** *adv.* ja. **2.** *n.* Ja, *das;* ~**s and nays** Ja- und Neinstimmen; ~ **and nay** Ja und Nein
yeah [jeə] *(coll.)* ja; **[oh]** ~? [ach] ja?
year [jɪə(r)] *n.* **a)** Jahr, *das;* **solar ~:** Sonnenjahr, *das;* **sidereal ~:** siderisches Jahr; Sternjahr, *das;* **she gets £10,000 a ~:** sie verdient 10 000 Pfund im Jahr; ~ **in ~ out** jahrein, jahraus; ~ **after** ~: Jahr für *od.* um Jahr; **all the ~ round** das ganze Jahr hindurch; **in a ~['s] time** in einem Jahr; **once a** ~, **once every** ~: einmal im Jahr; **Christian or Church or ecclesiastical** ~ *(Eccl.)* Kirchenjahr, *das;* liturgisches Jahr *(kath. Kirche);* **a ten-~-old** ein Zehnjähriger/eine Zehnjährige; **a ten-~-[s]-old child/animal/thing** ein zehn Jahre altes Kind/Tier/Ding; **in her thirtieth** ~: in ihrem 30. Jahr; **financial or fiscal or tax ~:** Finanz- *od.* Rechnungsjahr, *das;* **calendar or civil ~:** Kalenderjahr, *das;* **school ~:** Schuljahr, *das;* **for a ~ and a day** ein Jahr und einen Tag [lang]; **a ~ [from] today** *etc.* heute *usw.* in einem Jahr; **a ~ [ago] today** *etc.* heute *usw.* vor einem Jahr; **... of the ~** *(best)* ...des Jahres; *see also* **¹by 1 m; dot 1 c; from b; grace 1 e; leap year; lord 1 b; sabbatical 1; b)** *(group of students)* Jahrgang, *der;* **first-~ student** Student/Studentin im ersten Jahr; **c)** *in pl.* **a)** *(age)* **he doesn't look his ~s** man sieht ihm seine Jahre nicht an; **be old for or beyond one's ~s** *(unexpectedly mature)* für sein Alter schon sehr reif sein; *(looking older than one is)* älter wirken, als man ist; **be young for one's ~s** jünger wirken, als man ist; **be getting on/be well on in ~s** in die Jahre kommen/in vorgerücktem Alter sein *(geh.);* **d)** *in pl. (very long time)* Jahre; **she looks ~s older** sie sieht um Jahre älter aus; **sth. has put ~s on sb.** etw. hat jmdn. um Jahre altern lassen; **take ~s off sb./sb.'s life** jmdn. um Jahre jünger/älter machen
'year-book *n.* Jahrbuch, *das*
yearling ['jɪəlɪŋ] *n. (Zool., Agric.)* Jährling, *der.* **2.** *adj. (a year old)* einjährig
'year-long *adj. (lasting a year)* einjährig; *(lasting the whole year)* ganzjährig
yearly ['jɪəlɪ] **1.** *adj.* **a)** *(annual)* jährlich; **ten-**~: zehnjährig; **at twice-**~ **intervals** zweimal im Jahr; **b)** *(lasting a year)* Einjahres- ⟨*vertrag, -abonnement*⟩. **2.** *adv.* jährlich
yearn [jɜ:n] *v. i.* ~ **for** *or* **after sth./for sb./to do sth.** sich nach etw./jmdm. sehnen/sich danach sehnen, etw. zu tun
yearning ['jɜ:nɪŋ] **1.** *n.* Sehnsucht, *die.* **2.** *adj.* sehnsüchtig ⟨*Blick, Liebe*⟩; sehnlich ⟨*Wunsch, Gebet*⟩
'year-round *adj.* ganzjährig
yeast [ji:st] *n.* Hefe, *die*
yeast: ~ **cake** *n.* **a)** *(mass of* ~*)* Hefewürfel, *der;* **b)** *(cake made with* ~*)* Hefekuchen, *der;* ~ **pastry** *n.* Hefeteig, *der*
yeasty ['ji:stɪ] *adj.* hefig
yell [jel] **1.** *n.* **a)** gellender Schrei; **let out a** ~: einen Schrei ausstoßen; **when supper's ready, I'll give you a** ~ *(coll.)* wenn das Abendessen fertig ist, rufe ich dich; **b)** *(Amer.: students' cry)* Anfeuerungsruf, *der.* **2.** *v. i.* **a)** *(gellend)* schreien; ~ **with rage/laughter** wütend schreien/vor Lachen brüllen; ~ **at each other** einander anschreien. **3.** *v. t.* [gellend] schreien
yellow ['jeləʊ] **1.** *adj.* **a)** gelb; flachsblond ⟨*Haar*⟩; golden ⟨*Getreide*⟩; vergilbt ⟨*Papier*⟩; **b)** *(fig. coll.: cowardly)* feige, **have got/show a ~ streak** feige *od.* ein Feigling sein. *See also* **¹flag 1. 2.** *n.* **a)** *(colour)* Gelb, *das;* **b)** *(pigment)* Gelbton, *der;* **c)** *(*~ *clothes)* **dressed in** ~: gelb gekleidet; **d)** *(Snooker)* gelbe Kugel; **e)** *(butterfly)* Gelbling, *der;* *(brimstone)* Zitronenfalter, *der;*

clouded ~: Postillon, *der.* **3.** *v. t. & i.* vergilben

yellow: ~-**belly** *n. (sl. derog.)* Feigling, *der (ugs.);* ~ '**fever** *n. (Med.)* Gelbfieber, *das;* ~**hammer** *n. (Ornith.)* Goldammer, *die*

yellowish ['jeləʊɪʃ] *adj.* gelblich

yellow '**line** *n. (Brit.)* gelbe [Markierungs]linie; **I'm on double** ~s ich stehe im Parkverbot

yellowness ['jeləʊnɪs] *n., no pl.* gelbe Farbe

yellow '**pages,** (P) *n. pl.* gelbe Seiten; Branchenverzeichnis, *das*

yelp [jelp] **1.** *v. i.* aufheulen *(ugs.);* ⟨*Hund:*⟩ jaulen. **2.** *n.* Heulen, *das; (of dog)* Jaulen, *das;* **the child/dog gave a** ~: das Kind hedulte auf/der Hund jaulte

yelping ['jelpɪŋ] *n.* Geheule, *das (ugs.); (of dog)* Gejaule, *das*

Yemen ['jemən] *pr. n.* [**the**] ~: [der] Jemen

Yemeni ['jeməni] **1.** *adj.* jemenitisch. **2.** *n.* Jemenit, *der*/Jemenitin, *die*

Yemenite ['jemənaɪt] *n.* see **Yemeni 2**

¹**yen** [jen] *n., pl.* same *(Japanese currency)* Yen, *der*

²**yen** *n. (coll.: longing)* Drang, *der* (**for** nach); **sb. has a** ~ **to do sth.** es drängt jmdn. danach, etw. zu tun

yeoman ['jəʊmən] *n., pl.* yeomen ['jəʊmən] **a)** *(with small estate)* Kleinbauer, *der;* **b)** *(Hist.: freeholder)* Freisasse, *der;* **c)** *(Brit. Mil. Hist.)* Angehöriger der Yeomanry, *der;* ~ [**of signals**] *(Brit. Navy)* Signalmaat, *der;* **e)** *(Amer. Navy)* Marineunteroffizier, der mit Verwaltungsarbeiten betraut ist

Yeoman of the '**Guard** *n. (Brit. Mil.)* königlicher Leibgardist; *(in popular use: warder in Tower of London)* Wärter im Tower von London

yeomanry ['jəʊmənri] *n., no pl.* Yeomanry, *die (hist.)* berittene Freiwilligentruppe

'**yeoman**[**'s**] **service** *n.* **give sb.** ~: jmdm. gute Dienste tun; **do** ~: gute Dienste leisten

yep [jep] *int. (Amer. coll.)* ja

yes [jes] **1.** *adv.* ja; *(in contradiction)* doch; ~, **sir** jawohl!; **I know you did!** – **Doch warst du es!** Ich war es nicht! – Doch warst du es!; ~? *(indeed?)* ach ja?; *(what do you want?)* ja?; *(to customer)* ja, bitte?; **say '**~**': ja sagen; say** ~ **to a proposal** einem Vorschlag zustimmen; **she'll say** ~ **to anything** sie sagt zu allem ja und amen; ~ **and no** ja und nein; jein *(scherz.); see also* ¹**oh. 2.** *n., pl.* ~**es** Ja, *das*

'**yes-man** *n. (coll. derog.)* Jasager, *der (abwertend)*

yesterday ['jestədeɪ, 'jestədɪ] **1.** *n.* gestern; **the day before** ~: vorgestern; ~'**s paper** die gestrige Zeitung; die Zeitung von gestern; ~ **morning/afternoon/evening/ night** gestern vormittag/nachmittag/abend/ nacht; **a week** [**from**] ~: gestern in einer Woche; **a year ago** ~: gestern vor einem Jahr; ~ **evening's concert** das Konzert gestern abend *od.* am gestrigen Abend; **b)** *(recent time)* **of** ~: von gestern; **all our** ~s unsere Vergangenheit; **be** ~'**s men** passé sein. **2.** *adv.* **a)** gestern; **the day before** ~: vorgestern; ~ **morning/afternoon/evening/night** gestern vormittag/nachmittag/abend/ gestern; **b)** *(in the recent past)* gestern; *see also* **born 1**

yet [jet] **1.** *adv.* **a)** *(still)* noch; **have** ~ **to reach sth.** etw. erst noch erreichen müssen; **have a few days free** ~: noch ein paar Tage frei haben; **much** ~ **remains to be done** noch bleibt viel zu tun; *see also* **as 4**; **b)** *(hitherto)* bisher; **the play is his best** ~: das Stück ist sein bisher bestes; **c)** *neg. or interrog. (so soon as now/then)* **not [just]** ~: [jetzt] noch nicht; **never** ~: noch nie; **need you go just** ~? mußt du [jetzt] schon gehen?; **is he dead** ~? ist er schon gestorben?; **you haven't seen anything** ~ *or (coll.)* **ain't seen nothing** ~: das ist noch gar nichts; **d)** *(before all is over)*

doch noch; **he could win** ~: er könnte noch gewinnen; **e)** *with compar. (even)* noch; **f)** *(nevertheless)* doch; **g)** *(again)* noch; ~ **again** *or* **once more** noch einmal; **nor** ~: noch [...] jemals; **she has never voted for that party, nor** ~ **intends to** sie hat nie für diese Partei gestimmt, und sie hat es auch nicht vor. **2.** *conj.* doch; **a faint** ~ **unmistakable smell** ein schwacher, aber unverkennbarer Geruch

yeti ['jetɪ] *n.* Yeti, *der;* Schneemensch, *der*

yew [juː] *n.* **a)** *(tree)* Eibe, *die;* **b)** *(wood)* Eibenholz, *das*

'**yew-tree** *see* **yew a**

'**Y-fronts,** (P) *n. pl.* Herrenunterhose mit y-förmiger Vorderseite

YHA *abbr. Youth Hostels Association* Jugendherbergsverband, *der*

Yid [jɪd] *n. (sl. derog.)* Itzig, *der (ugs. abwertend)*

Yiddish ['jɪdɪʃ] **1.** *adj.* jiddisch; *see also* **English 1. 2.** *n.* Jiddisch, *das; see also* **English 2**

yield [jiːld] **1.** *v. t.* **a)** *(give)* bringen; hervorbringen ⟨*Ernte*⟩; tragen ⟨*Obst*⟩; abwerfen ⟨*Gewinn*⟩; ergeben ⟨*Resultat, Informationen*⟩; **b)** *(surrender)* übergeben ⟨*Festung*⟩; lassen ⟨*Vortritt*⟩; abtreten ⟨*Besitz*⟩ (**to** an + *Akk.*); ~ **the point** in diesem Punkt] nachgeben; ~ **a point to sb.** jmdm. in einem Punkt nachgeben; ~ **ground to the enemy** vor dem Feind zurückweichen; ~ **right of way** Vorfahrt gewähren. **2.** *v. i.* **a)** *(surrender)* sich unterwerfen; ~ **to threats/ temptation** Drohungen *(Dat.)* nachgeben/ der Versuchung *(Dat.)* erliegen; ~ **to persuasion/sb.'s entreaties** sich überreden lassen/jmds. Bitten *(Dat.)* nachgeben; **the girl had** ~**ed to the wily seducer** das Mädchen war dem raffinierten Verführer erlegen; **b)** *(be or feel inferior)* ~ **to none in sth.** niemandem in etw. *(Dat.)* nachstehen; **c)** *(give right of way)* Vorfahrt gewähren; **d)** *(fig.: allow another the right to speak)* ~ **to sb.** jmdm. das Wort überlassen. **3.** *n.* **a)** Ertrag, *der;* **b)** *(revenue from tax etc.)* Aufkommen, *das;* **c)** *(return on investment)* Zins[ertrag], *der;* **a 10 %** ~: 10% Zinsen; **the** ~ **on this bond** die Zinsen für dieses Wertpapier

~ **up** *v. t. (surrender)* übergeben ⟨*Stadt, Festung*⟩; ausliefern ⟨*Gefangenen, sich selbst*⟩; **b)** *(reveal)* enthüllen ⟨*Geheimnis*⟩; hervorbringen ⟨*Reichtum, Ertrag, Ernte*⟩

'**yield point** *n. (Phys.)* Fließgrenze, *die*

yin [jɪn] *n., no pl., no indef. art. (Chinese Philos.)* Yin, *das*

yip [jɪp] *(Amer.)* **1.** *v. i.,* -**pp**- *see* **yelp 1. 2.** *n. see* **yelp 2**

yippee ['jɪpiː] *int.* hurra

YMCA *abbr. Young Men's Christian Association* CVJM

yob [jɒb] *n. (Brit. sl.)* Rowdy, *der (abwertend)*

yobbish ['jɒbɪʃ] *adj. (Brit. sl.)* rowdyhaft

yobbo ['jɒbəʊ] *n., pl.* ~**s** *see* **yob**

yodel ['jəʊdl] **1.** *v. i. & t., (Brit.)* -**ll**- jodeln. **2.** *n.* Jodeln, *das*

Yoga ['jəʊgə] *n.* Joga, *der od. das*

yoghurt ['jɒgət] *n.* Joghurt, *der od. das*

yogi ['jəʊgɪ] *n. (Hindu Philos.)* Yogi[n], *der;* Jogi[n], *der*

yogurt *see* **yoghurt**

yo-heave-ho ['jəʊhiːvhəʊ] = **heave ho** *see* **heave 2 b**

yo[**-ho**]**-ho** [jəʊ(həʊ)ˈhəʊ] *int.* **a)** *(to attract attention)* he *(ugs.);* **b)** = **heave ho** *see* **heave 2 b**

yoke [jəʊk] **1.** *n.* **a)** *(for animal)* Joch, *das;* **b)** *(for person)* [Trag]joch, *das;* **c)** *(of garment)* Sattel, *der (Textilw.);* **d)** *(fig.: bond, oppressive control)* Joch, *das (geh.);* **e)** *(pair of oxen etc.)* Joch, *das.* **2.** *v. t.* **a)** ins Joch spannen ⟨*Tier*⟩; ~ **an animal to sth.** ein Tier vor etw. *(Akk.)* spannen; **b)** *(fig.: couple)* verbinden

yokel ['jəʊkl] *n. (derog.)* [Bauern]tölpel, *der*

yolk [jəʊk] *n.* Dotter, *der;* Eigelb, *das*

'**yolk-sac** *n. (Zool.)* Dottersack, *der*

Yom Kippur [jɒm ˈkɪpə(r)] = **Day of Atonement** *see* **atonement b**

yomp [jɒmp] *(sl.) v. i. & t.* stapfen

yon [jɒn] *(arch./poet./dial.)* **1.** *adj.* ~ **mountain/field** jener Berg/jenes Feld dort *(geh.).* **2.** *adv.* dort drüben; *see also* **hither**

yonder ['jɒndə(r)] *(literary)* **1.** *adj.* ~ **tree/ peasant** jener Baum/Bauer dort *(geh.).* **2.** *adv.* dort drüben

yoo-hoo ['juːhuː] *int.* juhu

yore [jɔː(r)] *n. (literary)* **of** ~: von früher [her] ⟨*kennen*⟩; **customs of** ~: Bräuche von einst; **in days of** ~: in früheren Tagen

yorker ['jɔːkə(r)] *n. (Cricket)* Ball, der so geworfen wird, daß er direkt vor dem Schlagmann auftrifft

Yorkist ['jɔːkɪst] *(Hist.)* **1.** *adj.* zum Hause York gehörig; des Hauses York *nachgestellt.* **2.** *n.* Mitglied/Anhänger des Hauses York

Yorkshire ['jɔːkʃɪə(r), 'jɔːkʃə(r)]: ~**man** ['jɔːkʃɪəmən, jɔːkʃəmən] *n., pl.* ~**men** ['jɔːkʃɪəmən, jɔːkʃəmən] Mann aus Yorkshire; ~ '**pudding** *n. (Gastr.)* Yorkshirepudding, *der;* ~ '**terrier** *n.* Yorkshireterrier, *der;* ~ **tyke** *see* **tyke c**; ~**woman** *n.* Frau aus Yorkshire

you [ju, *stressed* juː] *pron.* **a)** *sing./pl.* du/ ihr; *as polite address sing. or pl.* Sie; *as direct object* dich/euch/Sie; *as indirect object* dir/euch/Ihnen; *refl.* dich/dir/euch/sich; **it was** ~: du warst/ihr wart/Sie waren es; ~'**re another** *(coll.)* du bist selber einer/eine/eins *(ugs.);* ~-**know-what/-who** du weißt/ihr wißt/Sie wissen schon, was/wer/wen/wem; **that hat is not quite** ~: dieser Hut paßt nicht ganz zu dir/Ihnen; **b)** *(one)* man; **smoking is bad for you** Rauchen ist ungesund. *See also* ¹**he**; ¹**her**; **your**; **yours**; **yourself**; **yourselves**

'**you-all** *pron. (Amer. coll.)* ihr/Sie [alle]

you'd [jʊd, *stressed* juːd] **a)** = **you had**; **b)** = **you would**

you'll [jʊl, *stressed* juːl] **a)** = **you will**; **b)** = **you shall**

young [jʌŋ] **1.** *adj.,* ~**er** ['jʌŋgə(r)], ~**est** ['jʌŋgɪst] **a)** *(lit. or fig.)* jung; neu, jung ⟨*Wein*⟩; **a very** ~ **child** ein ganz kleines Kind; **the** ~ **boys** die [kleinen] Jungen; **at heart** im Herzen jung geblieben; **sb. is not getting any** ~**er** jmd. wird auch nicht jünger; **you** ~ **rascal** du [kleiner] Racker *(fam.);* **you're only** ~ **once** man ist nur einmal jung; **she's a** ~ **sixty** sie ist eine jung gebliebene Sechzigerin; **the night is still** ~: die Nacht ist jung; ~ **Jones** der junge Jones *(ugs.);* **at a** ~ **age** in jungen Jahren; **he's not as** ~ **as he used to be** er ist nicht mehr der Jüngste; **b)** *in compar. (of two namesakes)* jünger; *(Scot.: heir)* Erbe, *der;* **Teniers the Y**~**er** Teniers der Jüngere; ~ *(characteristic of youth)* jugendlich; ~ **love/fashion** junge Liebe/Mode; **d)** *(Polit.)* **Y**~ **Conservatives/ Liberals** *etc.* Junge Konservative/Liberale *usw. See also* **hopeful 2**; **married 2**; **shoulder 1 b**; **year c. 2.** *n. pl. (of animals)* Junge; *(of humans)* Kinder; **with** ~: trächtig; **the** (~ **people**) die jungen Leute; ~ **and old** jung und alt

young: ~ '**blood** *see* **blood 1 c**; ~ **day**[**s**] *n. [pl.]* Jugendjahre *Pl.*; **in my** ~ **days** in meiner Jugend[zeit]; ~ '**family** *n.* junge Familie; **have a** ~ **family** kleine Kinder haben; ~ '**fogey** *n. junger angepaßter und erzkonservativer Mann*

youngish ['jʌŋgɪʃ] *adj.* ziemlich jung

young: ~ '**lady** *n.* **a)** junge Dame; **b)** *(girlfriend)* Freundin, *die;* ~ '**man** *n.* **a)** junger Mann; **b)** *(boy-friend)* Freund, *der;* **Y**~ **Pretender** *see* **pretender**

youngster ['jʌŋstə(r)] *n.* **a)** *(child)* Kleine, *der/die/das;* **b)** *(young person)* Jugendliche, *der/die;* **you're just a** ~ **compared with me**

Vergleich zu mir bist du noch jung; **come on, you ~s!** kommt, ihr jungen Hüpfer! *(ugs.)*

young: ~ **thing** *n.* junges Ding *(ugs.)*; ~ **'un** *n. (coll.)* he's only a ~ **'un** er ist noch jung; **all the ~ 'uns** das ganze junge Gemüse *(ugs.)*; ~ **'woman** *n.* **a)** junge Frau; **b)** *(girl-friend)* Freundin, *die*

your [jə(r), *stressed* jʊə(r), jɔː(r)] *poss. pron. attrib.* **a)** *(of you, sing./pl.)* dein/euer; *in polite address* Ihr; ~ **average TV viewer** *(coll.)* der durchschnittliche Fernsehzuschauer; **b)** *(one's)* **it's bad for ~ health/eyesight** es ist schlecht für die Gesundheit/Augen. *See also* ²**her; our a**

you're [jə(r), *stressed* jʊə(r), jɔː(r)] = **you are**

yours [jʊəz, jɔːz] *poss. pron. pred.* **a)** *(to or of you, sing.)* deiner/deine/dein[e]s; *(to or of you, pl.)* eurer/eure/eures; *in polite address* Ihrer/Ihre/Ihr[e]s; **you and ~!**: du und die Deinen/das Deine; **what's ~?** *(coll.)* was nimmst du/nehmen Sie?; *see also* **hers; ours; b)** *(your letter)* Ihr Brief; *(Commerc.)* Ihr Schreiben; **c)** *(ending letter)* ~ **[obediently]** Ihr [sehr ergebener *(geh.)*]; ~ **truly** in alter Verbundenheit Dein/Deine; *(in business letter)* mit freundlichen Grüßen *(joc.: I)* meine Wenigkeit *(scherzh.)*; *see also* **ever a; faithfully; sincerely c; up 2 f**

yourself [jə'self, jʊə'self, jɔː'self] *pron.* **a)** *emphat.* selbst; **for ~:** für dich/Sie selbst; **you must do sth. for ~:** du mußt selbst etw. tun; **how's ~?** *(sl.)* wie geht's? *(as reply)* und selbst? *(ugs.)*; **relax and be ~:** entspann dich und gib dich ganz natürlich; **b)** *refl.* dich/dir/sich. *See also* **herself; myself**

yourselves [jə'selvz, jʊə'selvz, jɔː'selvz] *pron.* **a)** *emphat.* selbst; **for ~:** für euch/Sie selbst; **b)** *refl.* euch/sich. *See also* **herself; ourselves**

youth [juːθ] *n.* **a)** *no pl., no art.* Jugend, *die*; **she has kept her ~:** sie hat sich *(Dat.)* ihr jugendliches Aussehen bewahrt; **b)** *pl.* ~**s** [juːðz] *(young man)* Jugendliche, *der*; **c)** *constr. as pl. (young people)* Jugend, *die*; **d)** *no pl., no art. (fig.: early stage of development etc.)* Anfangsstadium, *das*; **in its [early] ~:** in den [ersten] Anfängen

youth: ~ **centre** *n.* Jugendzentrum, *das*; ~ **club** *n.* Jugendklub, *der*; ~ **'custody** *n. (Brit.)* Jugendstrafe, *die*; ~ **'custody centre** *n. (Brit.)* Jugendstrafanstalt, *die*

youthful ['juːθfl] *adj.* jugendlich

youthfulness ['juːθflnɪs] *n., no pl.* **a)** *(being young)* Jugend, *die*; **b)** *(having freshness of youth)* Jugendlichkeit, *die*

youth: ~ **hostel** *n.* Jugendherberge, *die*; ~ **hosteller** *n.* Herbergsgast, *der*

you've [jʊv, *stressed* juːv] = **you have**

yowl [jaʊl] **1.** *n.* ~[s] Jaulen, *das; (of cat)* Maunzen, *das; (of wolf)* Heulen, *das*; **give a ~:** jaulen/maunzen/heulen. **2.** *v. i.* jaulen; ⟨Katze:⟩ maunzen; ⟨Wolf:⟩ heulen

Yo-Yo (P) ['jəʊjəʊ] *n.,* ~s Jo-Jo, *das*

yr. *abbr.* **a)** year[s] J.; **b)** your

yrs. *abbr.* **a)** years J.; **b)** yours

Y-shaped *adj.* Y-förmig

yucca ['jʌkə] *n. (Bot.)* Yucca, *die*; Palmlilie, *die*

yuck *see* **yuk**

yucky *see* **yukky**

Yugoslav ['juːgəslɑːv] *see* **Yugoslavian**

Yugoslavia [juːgə'slɑːvɪə] *pr. n. (Hist.)* Jugoslawien *(das)*

Yugoslavian [juːgə'slɑːvɪən] **1.** *adj.* **a)** *(Hist.)* jugoslawisch; **sb. is ~** jmd. ist Jugoslawe/Jugoslawin; **b)** *(Ling.) see* **Serbo-Croat 2. 2.** *n.* **a)** *(Hist.: person)* Jugoslawe, *der*/Jugoslawin, *die*; **b)** *(Ling.) see* **Serbo-Croat 1**

yuk [jʌk] *int. (sl.)* bäh; äks

yukky ['jʌkɪ] *adj. (sl.)* eklig

yule [juːl] *see* **yule-tide**

yule: ~-**log** *n.* Weihnachtsblock, *der; (in Scandinavia)* Julblock, *der (Volksk.);* ~-**tide** *n. (arch.)* Weihnachtszeit, *die*

yummy ['jʌmɪ] *(coll.)* **1.** *adj.* lecker. **2.** *int. (child lang.)* lecker, lecker; *(not referring to food)* au fein

yum-yum [jʌm'jʌm] *int.* lecker, lecker

yuppie ['jʌpɪ] *n. (coll.)* Yuppie, *der*

YWCA *abbr.* Young Women's Christian Association CVJF

Z

Z, z [zed] *n., pl.* **Zs** *or* **Z's a)** *(letter)* Z, z, *das;* **b)** *(Math.)* z

zabaglione [zɑbɑ'ljəʊneɪ] *n. (Gastr.)* Zabaglione, *die;* Zabaione, *die*

Zaire [zɑː'ɪə(r)] *pr. n.* Zaire *(das)*

Zambezi [zæm'biːzɪ] *pr. n.* Sambesi, *der*

Zambia ['zæmbɪə] *pr. n.* Sambia *(das)*

Zambian ['zæmbɪən] **1.** *adj.* sambisch. **2.** *n.* Sambier, *der*/Sambierin, *die*

zany ['zeɪnɪ] *adj.* irre komisch *(ugs.);* Wahnsinns⟨humor, -komiker⟩

Zanzibar [zænzɪ'bɑː(r)] *pr. n.* Sansibar *(das)*

Zanzibari [zænzɪ'bɑːrɪ] **1.** *adj.* sansibarisch. **2.** *n.* Sansibarer, *der*/Sansibarerin, *die*

zap [zæp] *(sl.)* **1.** *int.* zack. **2.** *v. t.,* -**pp**- **a)** ~ **sb. [one]** jmdm. eine knallen *(ugs.);* **b)** *(do away with, kill)* erledigen *(salopp)*

zeal [ziːl] *n.,* ~ *no pl.* **a)** *(fervour)* Eifer, *der;* **b)** *(hearty endeavour)* Hingabe, *die*

zealot ['zelət] *n.* **a)** *(zealous person)* Besessene, *der/die;* **b)** *(fanatic)* Eiferer, *der*/Eiferin, *die;* Zelot, *der*/Zelotin, *die (geh.)*

zealous ['zeləs] *adj.* **a)** *(fervent)* glühend *(geh.)* ⟨Verehrer⟩; begeistert ⟨Fan⟩; **b)** *(eager)* eifrig

zealously ['zeləslɪ] *adv.* **a)** *(fervently)* mit glühendem Eifer *(geh.);* begeistert ⟨anfeuern⟩; **b)** *(eagerly)* eifrig ⟨suchen, arbeiten⟩

zebra ['zebrɑ, 'ziːbrə] *n.* Zebra, *das*

zebra: ~ **'crossing** *n. (Brit.)* Zebrastreifen, *der;* ~ **finch** *(Ornith.) n.* Zebrafink, *der*

zebu ['ziːbjuː] *n. (Zool.)* Zebu, *der od. das*

zed [zed] *(Brit.),* **zee** [ziː] *(Amer.) ns.* Zett, *das*

Zen [zen] *n., no pl., no art. (Relig.)* Zen, *das*

zenith ['zenɪθ] *n. (lit. or fig.)* Zenit, *der*

zephyr ['zefə(r)] *n. (literary)* Zephir, *der (dichter. veralt.)*

Zeppelin ['zepəlɪn] *n.* Zeppelin, *der*

zero ['zɪərəʊ] **1.** *n.,* ~**s a)** *(nought)* Null, *die;* **b)** *(fig.: nil)* null *(ugs.);* **her chances are ~:** ihre Aussichten sind gleich Null *(ugs.);* **c)** *(starting point of scale, of temperature)* Null, *die;* **in ~ gravity** im Zustand der Schwerelosigkeit; **absolute ~** *(Phys.)* absoluter Nullpunkt; **d)** ~ **[hour]** die Stunde X. *See also* **ground zero. 2.** *v. i.* ~ **in on sth.** *(take aim at sth.)* auf etw. *(Akk.)* zielen; *(focus one's attention on sth.)* sich auf etw. *(Akk.)* konzentrieren

zero: ~ **option** *n. (Polit.)* Nullösung, *die;* ~-**'rated** *adj.* ~-**rated goods** nicht mehrwertsteuerpflichtige Güter

zest [zest] *n.* **a)** *(lit. or fig.)* Würze, *die;* **add a ~ to the dish** dem Gericht würzig machen; **add ~ and life to sth.** etw. beleben; **b)** *(gusto)* Begeisterung, *die;* ~ **for living** Lebenslust, *die;* **c)** *(peel)* Schale, *die*

zestful ['zestfl] *adj.* freudig; ⟨Person⟩ voller Begeisterung

zeugma ['zjuːgmə] *n. (Ling., Lit.)* Zeugma, *das (Sprachw.)*

Zeus [zjuːs] *pr. n. (Greek Mythol.)* Zeus *(der)*

zigzag ['zɪgzæg] **1.** *adj.* zickzackförmig; Zickzack⟨muster, -anordnung⟩; ~ **line** Zickzacklinie, *die;* **steer a ~ course** im Zickzack fahren/laufen usw. **2.** *adv.* zickzack. **3.** *n.* Zickzacklinie, *die.* **4.** *v. i.,* -**gg**- im Zickzack verlaufen/⟨Person:⟩ laufen

zilch [zɪltʃ] *n., no pl., no art. (Amer. sl.)* rein *od.* reineweg gar nichts *(ugs.);* **be ~:** gleich Null sein *(ugs.)*

zillion ['zɪljən] *n. (coll.)* **a** ~ **mosquitoes** Myriaden von Stechmücken; ~**s of dollars** zig *(ugs.)* Millionen Dollar

Zimbabwe [zɪm'bɑːbwɪ] *pr. n.* Simbabwe *(das)*

Zimbabwean [zɪm'bɑːbwɪən] **1.** *adj.* simbabwisch. **2.** *n.* Simbabwer, *der*/Simbabwerin, *die*

zinc [zɪŋk] *n.* Zink, *das*

zing [zɪŋ] *(coll.)* **1.** *n.* Schwung, *der.* **2.** *v. i.* ⟨Geschoß:⟩ sirren

zinnia ['zɪnɪə] *n. (Bot.)* Zinnie, *die*

Zion ['zaɪən] *n., no pl.* Zion, *das*

Zionism ['zaɪənɪzm] *n., no pl.* Zionismus, *der*

Zionist ['zaɪənɪst] *n.* Zionist, *der*/Zionistin, *die*

zip [zɪp] **1.** *n.* **a)** Reißverschluß, *der;* **b)** *(fig.: energy, vigour)* Schwung, *der;* **c)** *(sound)* Zischen, *das.* **2.** *v. t.,* -**pp**- **a)** *(close)* ~ **[up] sth.** den Reißverschluß an etw. *(Dat.)* zuziehen; **I put on the jacket and ~ped it up** ich zog die Jacke an und machte den Reißverschluß zu; ~ **sb. up** jmdm. den Reißverschluß zumachen; **b)** ~ **[up]** *(enclose)* [durch Schließen des Reißverschlusses] einpacken *(ugs.);* **he was ~ped [up] into his sleeping-bag** er wurde in seinen Schlafsack gepackt *(ugs.).* **3.** *v. i.,* -**pp**- **a)** *(fasten)* ~ **[up]** mit Reißverschluß geschlossen werden; **the dress ~s up [at the back/side]** das Kleid hat [hinten/seitlich] einen Reißverschluß; **the lining ~s in easily** das ⟨Ausreiß⟩futter läßt sich leicht einziehen; **it won't ~ up** der Reißverschluß läßt sich nicht zuziehen; **b)** *(move fast)* sausen

'zip-bag *n.* Tasche mit Reißverschluß

'Zip code *n. (Amer.)* Postleitzahl, *die*

zip: ~-**fastener** *see* **zip 1 a;** ~ **gun** *n. (Amer.)* selbstgebastelte Pistole

zipper ['zɪpə(r)] *see* **zip 1 a**

zippy ['zɪpɪ] *adj. (coll.)* spritzig

zirconium [zɜː'kəʊnɪəm] *n. (Chem.)* Zirkonium, *das;* Zirconium, *das (fachspr.)*

zit [zɪt] *n. (Amer. sl.)* Pickel, *der*

zither ['zɪðə(r)] *n. (Mus.)* Zither, *die*

zodiac ['zəʊdɪæk] *n. (Astron.)* Tierkreis, *der;* Zodiakus, *der (fachspr.);* **sign of the ~** *(Astrol.)* Tierkreiszeichen, *das;* Sternzeichen, *das*

zodiacal [zə'daɪəkl] *adj. (Astron., Astrol.)* Tierkreis-; zodiakal *(fachspr.)*

zodiacal 'light *n. (Astron.)* Zodiakallicht, *das*

zombie *(Amer.:* **zombi)** ['zɒmbɪ] *n. (lit. or fig.)* Zombie, *der*

zonal ['zəʊnl] *adj.* zonal; ~ **tariff** Zonentarif, *der*

zone [zəʊn] **1.** *n.* Zone, *die;* [time] ~: Zeitzone, *die;* **Temperate Z~:** gemäßigte Zone. **2.** *v. t.* [in Zonen] einteilen

zoning ['zəʊnɪŋ] *n.* Zoneneinteilung, *die*

zonked [zɒŋkt] *adj. (sl.)* **be ~** *(by drugs)* stoned sein *(Drogenjargon); (by alcohol)* zusein *(salopp); (be tired)* erschlagen sein *(ugs.)*

zoo [zu:] *n.* Zoo, *der*
'**zoo-keeper** *n.* Zoowärter, *der*/-wärterin, *die*
zoological [zu:ə-'lɒdʒɪkl] *adj.* zoologisch
zoological 'garden[s] *n.* zoologischer Garten
zoologist [zu:-'ɒlədʒɪst] *n.* Zoologe, *der*/Zoologin, *die*
zoology [zu:-'ɒlədʒɪ] *n.* Zoologie, *die*
zoom [zu:m] **1.** *v.i.* **a)** *(move quickly)* rauschen; **we ~ed along on our bicycles** wir sausten auf unseren Fahrrädern daher; **~ through a script** ein Manuskript überfliegen; **b)** *(Aeronaut.)* das Flugzeug steil hochziehen; **c)** *(Photog.)* ⟨*Kamera, Objektiv:*⟩ die Brennweite stufenlos verändern; ⟨*Bild:*⟩ herangeholt werden. **2.** *n. see* **zoom lens**
~ '**in** *v.i.* **a)** *(Cinemat., Telev.)* zoomen *(fachspr.);* nahe heranfahren; **~ in on sth.** auf etw. *(Akk.)* zoomen *(fachspr.);* etw. nahe heranholen; **b)** ~ **in on sth.** *(fig.)* sich auf etw. *(Akk.)* konzentrieren
'**zoom lens** *n. (Photog.)* Zoomobjektiv, *das;* Gummilinse, *die (ugs.)*
Zoroastrianism [zɒrəʊ'æstrɪənɪzm] *n. (Relig.)* Zoroastrismus, *der*

zucchini [zʊ'ki:nɪ] *n., pl. same or* ~**s** *(esp. Amer.)* Zucchino, *der*
zugzwang ['tsu:ktsvɑ:ŋ] *n. (Chess)* Zugzwang, *der*
Zulu ['zu:lu:] **1.** *n.* **a)** *(person)* Zulu, *der/die;* **b)** *(language)* Zulu, *das.* **2.** *adj.* Zulu-
Zurich ['zjʊərɪk] **1.** *pr. n.* Zürich *(das).* **2.** *attrib. adj.* **a)** *(of canton)* des Kantons Zürich *nachgestellt;* **b)** *(of city)* Züricher; Zürcher *(schweiz.)*
zygomatic bone [zaɪgə'mætɪk bəʊn] *n. (Anat.)* Jochbein, *das*
zygote ['zaɪgəʊt] *n. (Biol.)* Zygote, *die*

a, A [aː] *das*; ~, ~ **a)** *(Buchstabe)* a/A; **kleines a** small a; **großes A** capital A; **das A und O** *(fig.)* the essential thing/things *(Gen. for)*; **von A bis Z** *(fig. ugs.)* from beginning to end; **wer A sagt, muß auch B sagen** *(fig.)* if one starts a thing, one must go through with it; **b)** *(Musik)* [key of] A
ä, Ä [ɛː] *das*; ~, ~: a umlaut
a *Abk.* Ar, Are
à [a] *Präp. mit Nom., Akk. (Kaufmannsspr.)* zehn Marken à 50 Pfennig ten stamps at 50 pfennigs each; zehn Kisten à zwölf Flaschen ten cases of twelve bottles each
A *Abk.* **a)** Autobahn ≈ M; **b)** *(Phys.)* Ampere A
Aa [aˈla] *das*; ~ *(Kinderspr.)* poo[-poo] *(child lang.)*; **Aa machen** do poo-poo *or* big jobs *(child lang.)*; do a big job *(Amer. child lang.)*
¹AA *Abk.* Anonyme Alkoholiker AA
²AA [aːˈlaː] *das*; ~ *Abk.* Auswärtiges Amt
Aachen [ˈaːxn̩] (*das*); ~s Aix-la-Chapelle; Aachen
Aal [aːl] *der*; ~[e]s, ~e eel; ~ grün *(Kochk.)* green eels; stewed eels; ~ blau *(Kochk.)* blue eel; **glatt wie ein ~** sein be as slippery as an eel; **sich [drehen und] winden** *od.* **krümmen wie ein ~**: twist and turn like an eel
aalen *refl. V. (ugs.)* stretch out; **sich in der Sonne/auf der Wiese** *usw.* **~**: lie stretched out in the sun/in the meadow *etc.*
aal-, Aal-: ~**glatt** *(abwertend)* **1.** *Adj.* slippery; ~**glatt sein** be as slippery as an eel; **2.** *adv.* smoothly; **sich ~glatt herausreden** glibly talk one's way out; ~**kasten der** eeltrap; ~**suppe die** eel soup
a. a. O. *Abk.* am angegebenen Ort loc. cit.
Aar [aːɐ̯] *der*; ~[e]s, ~e *(dichter. veralt.)* eagle
Aas [aːs] *das*; ~es, ~e *od.* Äser [ˈɛːzɐ] **a)** *Pl.* ~e *(Kadaver)* carrion *no pl., no indef. art.*; rotten carcass; ~ **fressen** eat carrion; **b)** *Pl.* Äser *(salopp)* *(abwertend)* swine; *(mit Anerkennung)* devil; **ein raffiniertes/kleines ~**: a cunning/little devil; **kein ~** : not one damned person
Aas·blume die *(Bot.)* carrion flower
aasen *itr. V. (ugs., bes. norddt.)* **mit etw. ~**: be wasteful with sth.; **mit dem Geld ~**: throw [one's] money around
aas, Aas-: ~**fliege die** *(Zool.)* (Calliphorinae) blowfly; (Sarcophaginae) flesh-fly; ~**fresser der** *(Zool.)* carrion-eater; scavenger; ~**geier der** vulture; **wie [die]** ~**geier** *(abwertend)* like vultures
aasig 1. *Adv. (ugs.)* ~ **frieren** be absolutely frozen; ~ **kalt** damned cold; **es tut** ~ **weh** it hurts like mad *(sl.)*. **2.** *Adj.* malicious; mean
Aas-: ~**käfer der** carrion-beetle; ~**seite die** *(Gerberei)* flesh side
ab [ap] **1.** *Präp. mit Dat.* **a)** *(zeitlich)* from; **ab 1980** as from 1980; **Jugendliche ab 16 Jahren** young people over the age of 16; **ab [dem] 3. April** from the 3rd of April; **ab wann?** from when?; from what time?; **b)** *(bes. Kaufmannsspr.: räumlich)* ex; **ab Werk** ex works; **ab [unserem] Lager** ex store; ex warehouse *(Amer.)*; **ab Frankfurt fliegen** fly from Frankfurt; **ab Köln führt der Zug einen Speisewagen** from Cologne onwards the train has a dining-car; **c)** *([Rang]folge)* from ... on[wards]; **ab nächster Ausgabe** from the next edition onwards; **ab zweitausend Stück aufwärts** from two thousand items onwards; **ab 20 DM** from 20 DM [upwards]. **2.** *Adv.* **a)** *(weg)* off; away; **nicht weit ab vom Weg** not far [away] from the path; **an der Kreuzung links ab** turn off left at the junction; **b)** *(ugs.: Aufforderung)* off; away; **ab nach Hause** get off home; **ab die Post** *(fig.)* off you/we *etc.* go; **ab nach Kassel** *(fig.)* it's off and away; **X ab/X und Y ab** *(Theater)* exit X/exeunt X and Y; **Film/Ton ab!** *(Film)* camera!/sound!; **Film ab!** *(im Vorführraum)* film, please!; **c)** *(milit. Kommando)* **Gewehr ab!** order arms!; *s. auch* **¹Helm a; d) ab und zu** *od. (norddt.)* **an now and then**; from time to time; *s. auch* **absein**; **auf 3 e, f; von 1 a, b**
Abakus [ˈa(ː)bakʊs] *der*; ~, ~: abacus
abänderbar, abänderlich *Adj.* alterable
ab|ändern 1. *tr. V.* alter; change; amend ⟨*text*⟩. **2.** *itr. V. (Biol.)* mutate
Ab·änderung die alteration ⟨*eines Paragraphen*⟩ amendment
Abänderungs-: ~**antrag der** *s.* Änderungsantrag; ~**klage die** *(Rechtsw.)* application for a variation ⟨*of periodical payments*⟩
Abandon [abãˈdõː] *der*; ~s, ~s *(Rechtsw.)* abandonment
abandonnieren [abãdɔˈniːrən] *tr., itr. V. (Rechtsw.)* abandon
ab|arbeiten 1. *tr. V.* **a)** *(abgelten)* work for ⟨*meal*⟩; work off ⟨*debt, amount*⟩; **seine Überfahrt** ~: work one's passage; **b)** *(abnutzen)* wear out [with work]; **abgearbeitete Hände** work-worn hands; **c)** *(beseitigen)* remove; *(abfeilen)* file off. **2.** *refl. V.* slave [away]; work like a slave
Ab·art die variety
ab·artig *Adj.* deviant; abnormal
Ab·artigkeit die a) *(Eigenschaft)* abnormality; deviancy; **b)** *(Handlung)* abnormal act
ab|äsen *tr. V. (Jägerspr.)* crop
ab|asten *refl. V. (ugs.)* slave [away]; **sich mit etw. ~**: heave sth. around; **sich** ⟨*Dat.*⟩ **[mit etw.] einen ~** *(salopp)* slave away [heaving sth. around]
ab|ätzen *tr. V.* **a)** *(reinigen)* clean [with corrosive]; *(beseitigen)* remove [with corrosive]; *(Med.)* cauterize
Abb. *Abk.* Abbildung Fig.
ab|backen *unr. itr. V.*; *mit sein (Kochk.)* ⟨*dough etc.*⟩ come away
ab|baken [ˈapbaːkn̩] *tr. V. (Seew.)* mark [with buoys]; buoy
ab|balgen *tr. V. (Jägerspr.)* skin ⟨*animal*⟩
Ab·bau der a) *(Zerlegung)* dismantling; *(von Zelten, Lagern)* striking; **b)** *(Senkung)* reduction; **c)** *s.* abbauen 1 d: cutback *(Gen. in)*; pruning; **der ~ von Beamten** the cutback in civil service jobs; **der ~ von Vorurteilen** the breaking down of prejudices; **d)** *(Chemie, Biol.)* breakdown; **e)** *(Bergbau)* mining; *(im Steinbruch)* quarrying; *(von Flözen)* working; **f)** *(Landw.)* reduced yield; **einem ~ unterliegen** ⟨*crop variety*⟩ yield less
ab|bauen 1. *tr. V.* **a)** *(zerlegen)* dismantle; strike ⟨*tent, camp*⟩; dismantle, take down ⟨*scaffolding*⟩; **b)** *(senken)* reduce ⟨*wages*⟩; **c)** *(beseitigen)* gradually remove; break down ⟨*prejudices, inhibitions*⟩; **etw. planmäßig ~**: phase sth. out; **d)** *(verringern)* cut back ⟨*staff*⟩; prune ⟨*jobs*⟩; **e)** *(Chemie, Biol.)* break down ⟨*carbohydrates, alcohol*⟩; **f)** *(Bergbau)* mine ⟨*coal, gold*⟩; quarry ⟨*stone*⟩; work ⟨*seam*⟩. **2.** *itr. V.* **a)** *(nachlassen)* fade; slow down; **kurz vor dem Ziel baute er stark ab** he faded badly just before the finish; **körperlich ~**: decay physically; **b)** *(Landw.)* ⟨*crop variety*⟩ decline in yield
Abbau·produkt das *(Chemie)* decomposition product; *(Biol.)* product of catabolism
abbau·würdig *Adj. (Bergbau)* workable
ab|bedingen *unr. tr. V. (Rechtsspr.)* waive
ab|beißen *unr. tr. V.* bite off; **eine Zigarre ~**: bite the end off a cigar. **2.** *unr. itr. V.* have a bite; **laß deinen Bruder [von der Banane] ~!** let your brother have a bite [of the banana]!
ab|beizen *tr. V. (Handw.)* strip ⟨*wooden object*⟩; **die alte Farbe [von etw.] ~**: strip the old paint off [sth.]
ab|bekommen *unr. tr. V.* **a)** *(bekommen)* get; **sie hat keinen Mann ~** *(ugs.)* she didn't catch herself a husband; **b)** *(hinnehmen müssen)* **einen Schlag/ein paar Kratzer ~**: get hit/get a few scratches; **den ganzen Segen ~** *(ugs. iron.)* get the full benefit *(iron.)*; **etwas ~**: *(getroffen werden)* get *or* be hit; *(verletzt werden)* get *or* be hurt; **er hat im Krieg etwas ~** *(ugs.)* he was injured in the war; **der Wagen hat nichts ~**: the car wasn't damaged; **c)** *(entfernen können)* get ⟨*paint, lid, chain*⟩ off
ab|berufen *unr. tr. V.* recall ⟨*ambassador, envoy*⟩ **(aus, von** from); **Gott hat ihn aus diesem Leben ~** *(verhüll.)* God has taken him from us
Ab·berufung die recall
ab|bestellen *tr. V.* cancel ⟨*newspaper, hotel room, plumber, etc.*⟩; ask to have ⟨*telephone*⟩ disconnected; **jmdn. ~**: cancel sb.'s appointment
Ab·bestellung die cancellation
ab|betteln *tr. V. (ugs.)* **jmdm. etw. ~**: beg sth. from sb.
ab|bezahlen *tr. V.* pay off ⟨*debts, television set, etc.*⟩
ab|biegen 1. *unr. itr. V.*; *mit sein* turn off; **links/rechts/an der Kreuzung ~**: turn [off] left/right/at the junction. **2.** *tr. V.* **a)** bend ⟨*rod, metal sheet, etc.*⟩; **b)** *(ugs.: abwenden)* get out of ⟨*coll.*⟩ ⟨*obligation*⟩; head off ⟨*coll.*⟩ ⟨*row*⟩; **sie hat die Sache noch einmal abgebogen** she just managed to stop things going too far
Abbieger der; ~s, ~ *(Verkehrsw.)* motorist/cyclist/car *etc.* turning off

841

Abbiege·spur die turning-off lane
Ab·biegung die bend
Ab·bild das *(eines Menschen)* likeness; *(eines Gegenstandes)* copy; *(im Spiegel)* reflection; *(fig.)* portrayal
ab|bilden *tr. V.* copy; reproduce ⟨object, picture⟩; portray, depict ⟨person⟩; depict ⟨landscape⟩; *(fig.)* portray; depict; **auf dem Foto ist ein Haus abgebildet** the photograph shows a house; **jmdn./einen Gegenstand/die Landschaft naturgetreu ~:** depict sb./copy or reproduce an object/depict the scenery faithfully
Ab·bildung die a) *(Bild)* illustration; *(Schaubild)* diagram; **die ~ einer unbekleideten Dame** a/the picture of a nude woman; b) *o. Pl. (das Abbilden)* reproduction; *(fig.)* portrayal
Abbildungs·fehler der *(Optik)* aberration; image defect
ab|bimsen *tr., itr. V. (ugs.)* crib ⟨exercises⟩
ab|binden 1. *tr. V.* a) *(losbinden)* untie; undo; **die Schürze/Krawatte ~:** undo or untie one's apron/tie; **eine Schnur ~:** untie a piece of string; b) *(abschnüren)* put a tourniquet on ⟨artery, arm, leg, etc.⟩; tie ⟨umbilical cord⟩; c) *(Kochk.)* thicken ⟨sauce, gravy⟩; bind ⟨rissole etc.⟩; d) *(Zimmerei)* make trial assembly of; e) *(Landw.)* wean ⟨calf⟩. 2. *unr. itr. V. (Bauw.)* ⟨concrete⟩ set
Ab·bitte die *(geh.)* jmdm. **~ leisten** od. **tun** ask sb.'s pardon
ab|bitten *unr. tr. V. (geh.)* jmdm. etwas/vieles abzubitten haben have something/a lot to apologize to sb. for
ab|blasen *unr. tr. V.* a) *(ugs.: absagen)* call off ⟨enterprise, party⟩; b) *(Technik)* discharge ⟨fumes⟩; c) *(Milit.)* **das Manöver/den Angriff/das Gefecht ~:** sound the retreat; d) *(Jägerspr.)* **die Jagd ~:** call off the hounds/beaters *etc.*
ab|blassen *itr. V.; mit sein* fade
ab|blättern *itr. V.; mit sein* flake off
ab|bleiben *unr. itr. V.; mit sein (ugs., bes. nordd.)* **wo ist er/es nur abgeblieben?** where has he/it got to *(Brit.)* or gone *(Amer.)*?; where can he/it be?
abblendbar *Adj.* **~er Innenspiegel** od. **Rückspiegel** anti-dazzle rear-view mirror
Ab·blende die *(Film)* fade[-out]
ab|blenden 1. *tr., itr. V.* black out ⟨window, lights⟩; dip *(Brit.)*, dim *(Amer.)* ⟨headlights⟩; **bei Gegenverkehr frühzeitig ~:** dip or *(Amer.)* dim headlights promptly when there is oncoming traffic. 2. *itr. V.* a) *(Film)* fade [out]; b) *(Fot.)* stop down
Abblend-: **~licht** das; o. Pl. dipped *(Brit.)* or *(Amer.)* dimmed beam; **mit ~licht fahren** drive on dipped or dimmed headlights; **~schalter** der dip-switch *(Brit.)*; dimmer switch *(Amer.)*
ab|blitzen *itr. V.; mit sein* **sie ließ alle Verehrer ~:** she gave all her admirers the brush-off; **bei jmdm. [mit etw.] ~:** fail to get anywhere [with sth.] with sb. *(coll.)*
ab|blocken *tr. V.* ⟨Sport; auch fig.⟩ block
ab|blühen *itr. V.; mit haben* od. *sein (auch fig.)* fade
ab|bohren *itr. V. (Bergbau)* drill out
Ab·brand der a) *(Kerntechnik)* burn-up; b) *(Metall.)* melting loss
ab|brausen 1. *tr. V. s.* abduschen. 2. *itr. V.; mit sein (ugs.)* roar off
ab|brechen 1. *tr. V.* a) *(abtrennen)* break off; break ⟨needle, pencil⟩; **sich** *(Dat.)* einen Fingernagel/Zahn ~: break a fingernail/a tooth; b) *(zerlegen)* strike ⟨tent, camp⟩; c) *(abreißen)* demolish, pull down ⟨building, tower⟩; d) *(beenden)* break off ⟨negotiations, [diplomatic] relations, discussion, conversation, connection, activity, training⟩; call off ⟨strike⟩; *(vorzeitig, wider Erwarten)* cut short ⟨conversation, visit, holiday, activity⟩; **den Kampf ~** *(Boxen)* stop the fight; **ein abgebrochenes Studium**

an unfinished course of studies; **abgebrochene Sätze** fragmentary sentences; *s. auch* **abgebrochen 2.** 2. *unr. itr. V.* a) *mit sein (entzweigehen)* break [off]; **die Armlehne von dem Sessel ist mir abgebrochen, als ich ...:** the arm broke off the armchair when I ...; b) *(aufhören)* break off; c) *mit sein (beendet werden)* **die Verbindung brach ab** the connection was cut off; d) *mit sein (steil abfallen)* fall away [steeply]. 3. *unr. refl. V.* **sich** *(Dat.)* einen/keinen ~ *(salopp)* put/not put oneself out
ab|bremsen 1. *tr. V.* a) brake; **vor der Kurve den Wagen ~:** slow the car down before the bend; b) retard ⟨motion⟩; break ⟨fall⟩; *(fig.)* curb ⟨zeal⟩. 2. *itr. V.* brake; apply the brakes; **stark/auf 40 ~:** brake hard/to 40
ab|brennen 1. *unr. itr. V.; mit sein* a) *(zerstört werden)* be burned down; ⟨farm⟩ be burned out; **das Haus ist abgebrannt** the house has burned down; **wir sind schon zweimal abgebrannt** we've been burned out twice already; **dreimal umgezogen ist [so gut wie] einmal abgebrannt** *(Spr.)* you can lose just as much moving [house] three times as you can if your house burns down; *s. auch* **abgebrannt 2; Grundmauer;** b) *(sich aufbrauchen)* ⟨fuse⟩ burn away; ⟨candle⟩ burn down; **abgebrannte Streichhölzer** used or burnt matches. 2. *unr. tr. V.* a) let off ⟨firework⟩; b) *(zerstören)* burn down ⟨building⟩
Abbreviatur [abrevja'tuːɐ̯] die; ~, ~en *(Druckw., Mus.)* abbreviation
ab|bringen *unr. tr. V.* **a) jmdn. von etw. ~:** make sb. give up sth.; **jmdn. vom Kurs ~:** make sb. change course; **jmdn. von der Fährte ~:** throw sb. off the scent; **jmdn. davon ~, etw. zu tun** stop sb. doing sth.; *(abraten)* dissuade sb. from doing sth.; **er läßt sich von seinem Plan nicht ~** he can't be persuaded to give up or drop his plan; **jmdn. vom Thema ~:** get sb. away from the subject; b) *(ugs.: lösen)* etw. [von etw.] ~: get sth. off [sth.]
ab|bröckeln *itr. V.; mit sein (auch fig.)* crumble away; *(Börsenw.)* ⟨price, exchange rate⟩ decline gradually
Ab·bruch der a) *o. Pl. (Demolition)* pulling down; **etw. auf ~ verkaufen** sell sth. at demolition value; b) *(Beendigung)* breaking-off; *(Sport)* abandonment; *(Boxen)* stopping; **Sieger durch ~** *(Boxen)* winner when the fight was stopped; c) **einer Sache** *(Dat.)* **[keinen] ~ tun** do [no] harm to sth.; **das tut der Liebe keinen ~** *(ugs. scherzh.)* never mind *(coll.)*; d) *o. Pl. (eines Zeltes, Lagers)* striking
Abbruch-, Abbruch-: **~arbeit** die demolition work; **~firma** die demolition firm; **~haus** das condemned house; **~reif** *Adj.* ripe for demolition *postpos.*; **~sieg** der *(Boxen)* win when the fight was stopped; **~unternehmen** das demolition firm
ab|brühen *tr. V. (Kochk.)* blanch; *s. auch* **abgebrüht 2**
ab|brummen *tr. V. (ugs.)* do *(coll.)*; **er muß noch drei Jahre ~:** he has got another three years to do
ab|buchen *tr. V.* ⟨bank⟩ debit ⟨von to⟩; ⟨creditor⟩ claim by direct debit ⟨von to⟩; *(fig.: als verloren betrachten)* write off; **etw. ~ lassen** *(durch die Bank)* pay sth. by standing order; *(durch Gläubiger)* pay sth. by direct debit
Ab·buchung die debiting; **~ per Dauerauftrag** payment by standing order/direct debit
ab|bummeln *tr. V. (ugs.)* take time off in lieu for
ab|bürsten *tr. V.* a) brush off; **jmdm. die Haare/den Schmutz ~:** brush the hairs/the dirt off sb.; **die Haare/den Schmutz von etw.** **~:** brush the hairs/the dirt off sth.; b) *(säubern)* brush ⟨garment⟩; c) *(ugs.: zurechtweisen)* jmdn. **~:** give sb. a dressing down

ab|busseln *tr. V. (österr.) s.* abküssen
ab|büßen *tr. V.* serve [out] ⟨prison sentence⟩; b) *(Rel.)* atone for; do penance for
Abbüßung die; ~: **nach ~ seiner Strafe** after serving [out] his sentence
Abc [aː(ː)beː(ː)'tseː] das; ~: a) ABC; **nach dem ~ ordnen** arrange alphabetically; b) *(fig.: Grundlagen)* ABC; fundamentals *pl.*
Abc-Buch das *(veralt.) s.* Fibel a
ab|checken *tr. V.* check; check through ⟨list⟩; check off ⟨names etc.⟩
Abc-Schütze der child just starting school
ABC-: **~-Staaten** *Pl.* die ~-Staaten Argentina, Brazil, and Chile; **~-Waffen** *Pl.* ABC weapons
ab|dachen ['apdaxn̩] *refl. V. (Geogr.)* slope down
Abdachung die; ~, ~en *(Geogr.)* downward slope or incline
ab|dämmen *tr. V.* a) dam up ⟨river, pond, lake⟩; dam off ⟨meadow, land⟩; b) *(isolieren)* insulate
Abdämmung die; ~, ~en a) dam; *(am Ufer)* dyke; *(Verfahren)* damming; b) *(Isolierung)* insulation
Ab·dampf der *(Technik)* exhaust steam
ab|dampfen 1. *itr. V.; mit sein* steam away; *(ugs.: abfahren)* set off. 2. *tr. V. (Chemie)* evaporate
ab|dämpfen *tr. V.* damp, muffle ⟨sound⟩; dim ⟨light⟩
Abdampf-: **~heizung** die exhaust-steam heating; **~rückstand** der residue from evaporation; **~turbine** die exhaust-steam turbine
ab|danken *itr. V.* ⟨ruler⟩ abdicate; ⟨government, minister⟩ resign; *s. auch* **abgedankt 2**
Abdankung die; ~, ~en a) *(eines Herrschers)* abdication; *(eines Ministers, einer Regierung)* resignation; b) *(veralt.: Entlassung)* retirement; c) *(bes. schweiz.: Trauerfeier)* funeral service
ab|darben *refl. V.* **sich** *(Dat.)* etw. [vom Munde] **~** *(geh.)* stint oneself to save sth.
Abdeck·band das; Pl. **~bänder** masking tape
ab|decken 1. *tr. V.* a) open up; uncover ⟨container⟩; **der Orkan hat viele Häuser abgedeckt** the hurricane blew the roofs off many houses; **das Bett ~:** pull back the bedspread/bedclothes; b) *(herunternehmen, -reißen)* remove; **Bretter von einer Grube ~:** take planks off a trench; **der Sturm deckte das Dach ab** the storm blew the roof off; c) *(abräumen)* clear ⟨table⟩; clear away ⟨dishes⟩; d) *(zudecken)* cover [up] ⟨trench, grave⟩; **etw. mit Plastikfolie ~:** cover sth. [up] with plastic film; e) *(schützen)* cover ⟨person⟩; *(Schach)* defend; f) *(Sport)* mark ⟨player⟩; g) *(bezahlen, ausgleichen, berücksichtigen)* cover; meet ⟨need, demand⟩; deal with ⟨problem⟩; h) *(veralt.: abhäuten)* skin; flay. 2. *itr. V. (den Tisch ~)* clear the table
Abdecker der; ~s, ~ *(veralt.)* knacker *(Brit.)*; *(der Tiere abhäutet)* skinner
Abdeckerei die; ~, ~en *(veralt.)* knacker's yard; *(wo Tiere abgehäutet werden)* skinnery *(arch.)*
Abdeck-: **~plane** die canvas; tarpaulin; **~platte** die *(Bauw.)* coping stone
Ab·deckung die a) *(Bedeckung)* covering; b) *(Ausgleich, Bezahlung, Berücksichtigung)* covering; *(von Bedürfnissen, Forderungen)* meeting; **zur ~ des Risikos** to cover the risk
ab|dichten *tr. V.* seal, stop up ⟨hole, crack, gap⟩; seal ⟨pipe, container⟩; plug ⟨leak⟩; **das Fenster/die Tür ~:** draughtproof the window/the door
Ab·dichtung die a) seal; *(von Fenstern, Türen)* draught-proofing; b) *o. Pl. (Vorgang)* sealing/draught-proofing
ab|dienen *tr. V.* serve [out]
abdingbar *Adj. (Rechtsspr.)* alterable by mutual consent

ab|dorren itr. V.; mit sein (geh.) dry up and wither away

ab|drängen tr. V. push away; force away; drive ⟨animal⟩ away; **jmdn. von etw. ~:** push sb. away from sth.; **einen Spieler vom Ball ~** (Fußball) force a player off the ball; **das Auto wurde von der Straße abgedrängt** the car was forced off the road; **ein Schiff vom Kurs ~:** force a ship off course

ab|drehen 1. tr. V. a) (ausschalten) turn off; turn or switch off ⟨light, lamp, electricity, fire, radio⟩; **den Hahn ~** (fig.) turn off the supply; b) (Film) finish shooting ⟨scene, film⟩; c) (abtrennen) twist off; **einem Huhn den Hals od. Kopf ~:** wring a chicken's neck; s. auch Gurgel; d) (abschrauben) screw off ⟨lid, top⟩. **2.** itr. V.; meist mit sein (die Richtung ändern) turn off; **nach Süden ~:** turn [off] southwards

Ab·drift die (Seew.) leeway

ab|driften itr. V.; mit sein a) (Seew.) be blown; make leeway (Naut.); **nach rechts/links/ins Drogenmilieu ~** (fig.) drift to the Right/Left/into the world of drug addicts

ab|drosseln tr. V. (Technik) reduce ⟨fuel or power supply⟩; throttle back ⟨motor, engine⟩; (stoppen) cut ⟨motor, engine⟩; (fig.: verringern) cut back; curb

¹Ab·druck der; Pl. **Ạbdrücke** mark; imprint; (Finger~) fingermark; (Fuß~) footprint; footmark; (Wachs~) impression; (Gips~) cast; **einen ~ nehmen** od. **machen** make a cast/an impression

²Ab·druck der; Pl. **~e** a) o. Pl. (Vorgang) printing; (Wieder~) reprinting; **vor dem ~:** before printing; b) (Ergebnis) (einer Graphik) print; (eines Buchs, Artikels) [printed] text

ab|drucken tr. V. print; (veröffentlichen) publish

ab|drücken 1. itr. V. (schießen) pull the trigger; shoot; **auf jmdn./etw. ~:** shoot or fire at sb./sth. **2.** tr. V. a) (abfeuern) fire ⟨revolver, gun⟩; b) (zudrücken) constrict; c) **jmdm. die Luft ~:** stop sb. breathing; d) **jmdm. das Herz ~** burden sb.'s heart; **e** (ugs.: umarmen) hug. **3.** refl. V. a) **sich [in etw. (Dat.)] ~:** make marks [in sth.]; ⟨track⟩ be imprinted [in sth.]; b) **sich [mit dem Fuß] ~:** push oneself away with one's foot

ab|ducken tr., itr. V. (Boxen) duck ⟨punch⟩

ab|dunkeln tr. V. (verdunkeln) darken ⟨room⟩; dim ⟨light⟩; b) (abtönen) tone down

ab|duschen tr. V. a) **sich/jmdn. [kalt/warm] ~:** take/give sb. a [cold/hot] shower; **sich/jmdm. den Rücken ~:** shower one's/sb.'s back; b) (entfernen) shower off

ab|ebben itr. V.; mit sein recede; abate

abend ['a:bn̩t] Adv. **heute/morgen/gestern ~:** this/tomorrow/yesterday evening; **tonight/tomorrow night/last night** (coll.); **Sonntag ~:** [on] Sunday evening or (coll.) night; **seit Sonntag ~:** since Sunday evening/night; **was gibt es heute ~ [zu essen]?** what's for dinner/supper?

Abend der; ~s, ~e a) evening; **es wird ~:** evening is drawing in; **als es ~ wurde** when evening came; **diesen ~:** that evening or (coll.) night; (heute) this evening; tonight (coll.); **guten ~!** good evening; **des ~s** (geh.) of an evening; in the evenings; **eines [schönen] ~s** one evening; **am [frühen/späten] ~:** [early/late] in the evening; **am ~ vorher** od. **zuvor** the evening or (coll.) night before; the previous evening; **bis zum [späten] ~:** until [late in the] evening; (als Frist) by [late] evening; **am selben/nächsten ~:** the same/following evening or (coll.) night; **~ des 1. Mai** on the evening of 1 May; **~ für ~, jeden ~:** every [single] evening or (coll.) night; **gegen ~:** towards evening; **während des ~s** during the evening; **während des ganzen ~s** throughout the [entire] evening; **zu ~ essen** have dinner; (allgemeiner) have one's evening meal; **was essen wir zu ~?** what are we having this evening?; what is there for dinner/supper?; **was machen wir jetzt mit dem angebrochenen ~?** (ugs.) what shall we do with the rest of the evening?; **je später der ~, desto schöner die Gäste** (scherzh.) we're the happier to see you now you 'have come; **du kannst mich [mal] am ~ besuchen** (ugs. verhüll.) you know what 'you can do (coll.); s. auch **heilig b; Tag a;** b) (Gesellschaft) evening; (Kultur~) soirée; **ein bunter ~:** a social [evening] or (coll.) night; c) (veralt.: Westen) the Occident (literary); **gen ~:** to the west or (literary) Occident; d) (geh.: Ende) evening

Abend-: **~abitur** das 'Abitur' through evening classes; **~akademie** die evening school; **~andacht** die evening service; **~an·zug** der dinner dress; evening suit; **~aus·gabe** die evening edition; **~blatt** das evening [news]paper; **~brot** das evening meal; supper; **~brot essen** have one's evening meal; have supper; **wann gibt es ~brot?** when's supper?; **was gibt es zum ~brot?** what's for supper?; **~dämmerung die** [evening] twilight

abende·lang 1. Adj. lasting whole evenings postpos., not pred. **2.** adv. for whole evenings

abend-, Abend-: **~essen** das dinner; das **~essen einnehmen** (geh.) have dinner; **nach dem ~essen** after dinner; **was gibt es zum ~essen?** what's for dinner?; **~füllend** Adj. occupying a whole evening postpos., not pred.; **ein ~füllendes Programm** a full evening's programme; **~gage** die evening's fee; **~gebet** das evening prayers pl.; (von Kindern) bedtime prayers pl.; **das ~gebet sprechen** say one's evening/bedtime prayers; **~gottes·dienst** der evening service; (kath. Rel.) evening mass; **~gymnasium** das evening school; evening classes pl. (leading to the 'Abitur'); **~himmel** der sunset sky; **~karte** die (Gastron.) evening menu; **~kasse** die box-office (open on the evening of the performance); **~kleid** das evening dress or gown; **~kurs[us] der** evening class or course; **etw. im ~en lernen** learn sth. at night school; **~land** das; o. Pl. West; Occident (literary); **~ländisch** [-lɛndɪʃ] Adj. Western; Occidental (literary)

abendlich 1. Adj.; nicht präd. evening ⟨quiet, coolness⟩ of the evening; **die ~en Straßen der Stadt** the streets of the town at evening. **2.** adv. **es war ~ still geworden** the stillness of evening had descended; **der Himmel ist ~ gerötet** the sky is showing the red colours of evening

Abend·mahl das a) (im Gottesdienst) Communion; **das ~ nehmen** receive Communion; b) o. Pl. (N. T.) Last Supper; c) (bes. südd.) s. **Abendessen**

Abendmahls-: **~gottes·dienst** der Communion service; **~kelch** der Communion cup; **~wein** der Communion wine

Abend-: **~mahl·zeit** die dinner; evening meal; **die ~mahlzeit einnehmen** (geh.) have dinner or one's evening meal; **~messe** die (kath. Rel.) evening mass; **~nachrichten** Pl. evening news sing.; **~programm** das evening programmes pl.; **was gibt's im ~programm?** what's on this evening?; **damit ist das heutige ~programm beendet** that is the end of our programmes for today; **~rot** das: **ein/das ~rot** the redness of the sunset sky; **gestern war ~rot** there was a red sunset last night; **~röte die** (geh.) s. **Abendrot**

abends Adv. in the evenings; **um sechs Uhr ~:** at six o'clock in the evening; **Montag od. montags ~:** [on] Monday evenings; **von morgens bis ~:** from morning to night; **spät ~:** late in the evening

Abend-: **~schule** die night school; evening classes pl.; **~schüler** der student at evening classes; **~sonne** die evening sun; **~stern** der evening star; **~stille** die evening stillness; **die ländliche ~stille** the evening stillness of the countryside; **~studium** das (DDR) course of evening classes leading to a degree or diploma; **~stunde** die evening hour; **in den frühen/späten ~stunden** early/late in the evening; **bis in die späten ~stunden** till late in the evening; **~toilette** die evening dress; **in großer ~toilette** (geh.) in full evening dress; **~vorstellung** die evening performance; **~wind** der evening breeze; **~zeit die: zur ~zeit** in the evening; **~zeitung** die s. ~blatt; **~zug** der evening train

Abenteuer ['a:bn̩tɔyɐ] das; **~s, ~** a) (auch fig.) adventure; **auf ~ ausgehen** go off in search of adventure; b) (Unternehmen) venture; c) (Liebesaffäre) affair

Abenteuer-: **~buch** das adventure book; **~geschichte** die adventure story

Abenteuerin s. **Abenteurerin**

abenteuerlich 1. Adj. a) (riskant) risky; hazardous; b) (bizarr) bizarre. **2.** adv. (bizarr) bizarrely; bizarrely, fantastically ⟨dressed⟩

Abenteuerlichkeit die; ~ a) (Gewagtheit) riskiness; hazardousness; b) (Bizarrheit) bizarreness

abenteuer-, Abenteuer-: **~lust** die thirst for adventure; **~lustig** Adj. adventurous; **~lustig sein** have a thirst for adventure; **~roman** der adventure novel; **~spielplatz** der adventure playground

Abenteurer ['a:bn̩tɔyrɐ] der; **~s, ~:** adventurer

Abenteurerin die; **~, ~nen** adventuress

Abenteurer-: **~leben** das adventurer's life; **~natur** die a) o. Pl. (Neigung) adventurous nature; b) (Mensch) adventurous person

aber ['a:bɐ] **1.** Konj. a) (jedoch) but; **wir ~ ...:** we, however, ...; **~ trotzdem** but in spite of that; **da er das ~ nicht wußte** but or however, since he didn't know that; **oder ~ [auch]** or else; b) (Einwand) but; **~ warum denn?** but why?; **das stimmt ~ nicht** but that's not right; c) (veralt.: Anknüpfung) but; **als er ~ nicht kam ...:** but when he didn't come... **2.** Adv. (veralt.: wieder) **~ und abermals** again and again; time and again; **tausend und ~ tausend** thousands upon thousands. **3.** Partikel **das ist ~ schön!** why, isn't that nice!; **ja/nein!** why, yes/no! **~ natürlich!** but or why of course!; **alles, ~ auch alles** everything, but everything; **~ immer!** (ugs.) why, certainly!; **das hat ~ geschmeckt** that really tasted good; **das ist ~ auch zu dumm** it's just 'too stupid or (Amer.) dumb; **das dauert ~ ...** (ugs.) what a time it's taking!; **du bist ~ groß!** aren't you tall!; **hat der ~ eine große Nase!** hasn't he got a big nose!; **Sie kommen ~ spät heute** you 'are late today; **~, ~, meine Herrschaften!** now, now, [ladies and] gentlemen

Aber das; ~s, ~: ich dulde kein ~: it's no use your objecting; s. auch **Wenn**

Aber·glaube[n] der (Irrglaube) superstition; b) (Vorurteil) myth

aber·gläubig (veralt.), **aber·gläubisch** [-glɔybɪʃ] Adj. superstitious

aber·hundert unbest. Zahlw. (geh.) hundreds [upon hundreds]

Aber·hunderte Pl. (geh.) hundreds [upon hundreds]

ab|erkennen unr. tr. V. **jmdm. ein Recht ~:** revoke sb.'s right (auf + Akk. to); (Sport) **jmdm. den Sieg/Titel ~:** disallow sb.'s victory/strip sb. of his/her title

Aberkennung die; ~, ~en revocation; (Sport) **die ~ ihres Sieges/Titels** disallowing her victory/stripping her of her title

abermalig Adj.; nicht präd. (wiederholt) repeated; (nochmalig) renewed

abermals ['a:bɐma:ls] Adv. once again; once more

843

ab|ernten *tr. V.* finish the harvesting of; finish harvesting *or* picking ⟨*fruit*⟩; **das Getreide ist abgeerntet** the corn is all in; **die Apfelbäume waren fast abgeerntet** nearly all the fruit had been picked from the apple-trees; **abgeerntete Felder** empty fields
Aberration [ap|ɛra'tsi̯oːn] *die;* ~, ~**en** *(Astron., Optik)* aberration
aber·tausend *unbest. Zahlw. (geh.)* thousands [upon thousands] of
Aber·tausende *Pl. (geh.)* thousands [upon thousands]
Aber·witz *der; o. Pl. (geh.)* lunacy; **ein** ~: a piece of lunacy
aber·witzig *Adj.* crazy
ab|essen *unr. tr. V.* **a)** *(wegessen)* **etw. [von etw.]** ~: eat sth. off [sth.]; **b)** *(leer essen)* clear ⟨*plate, table*⟩; **abgegessene Teller** empty plates; **abgegessenes Geschirr** dirty dishes
Abessinien [abɛ'siːni̯ən] *(das);* ~**s** *(veralt.)* **a)** Abyssinia; **b)** *(scherzh.: FKK-Strand)* nudist beach
Abessinier *der;* ~**s,** ~ *(veralt.)* Abyssinian
Abf. *Abk.* Abfahrt dep.
ab|fackeln *tr. V. (Technik)* flare [off]
abfahr·bereit *Adj.* ready to go *or* leave *pred.;* **die** ~**en Fahrzeuge** the vehicles which are/were ready to leave
ab|fahren 1. *unr. itr. V.; mit sein* **a)** *(wegfahren)* leave; depart; **wo fährt der Zug nach Paris ab?** where does the Paris train leave from?; **b)** *(hinunterfahren)* drive down; *(Skisport)* ski *or* go down; **c)** *(salopp: sich begeisten)* **auf jmdn./etw. [voll]** ~: be mad about sb./sth.; **d)** *(salopp: abgewiesen werden)* **jmdn.** ~ **lassen** tell sb. where he/she can go *(sl.);* **bei jmdm. ganz schön** ~: get absolutely nowhere with sb. *(coll.).* **2.** *unr. tr. V.* **a)** *(abtransportieren)* take away; **b)** *(abnutzen)* wear out; **abgefahrene Reifen** worn tyres; **c)** *auch mit sein (entlangfahren)* drive the whole length of ⟨*street, route*⟩; drive through ⟨*district*⟩; **d)** *(ugs.: abtrennen)* **jmdm. ein Bein** ~: run over sb. and sever his/her leg; **e)** *(Film, Ferns.)* start. **3.** *unr. refl. V. (sich abnutzen)* wear out
Ab·fahrt *die* **a)** departure; **b)** *(Skisport)* descent; *(Strecke)* run; *s. auch* **Abfahrtslauf; c)** *(Autobahn~) s.* **Ausfahrt**
abfahrt·bereit *s.* **abfahrbereit**
Abfahrts-: ~**lauf** *der (Skisport)* downhill [racing]; ~**läufer** *der (Skisport)* downhill racer; ~**rennen** *das (Skisport)* downhill [racing]
Abfahrt[s]·zeit *die* time of departure; departure time
Ab·fall *der* **a)** *(Küchen~ o. ä.)* rubbish, *(Amer.)* garbage *or* trash *no indef. art., no pl.;* *(Fleisch~)* offal *no indef. art., no pl.;* *(Industrie~)* waste *no indef. art.;* *(auf der Straße)* litter *no indef. art., no pl.;* **den** ~ **runtertragen** *(ugs.)* empty the rubbish; **b)** *o. Pl. (Rückgang)* drop *(Gen.,* **in** *+ Dat.* in); *o. Pl. (Abtrünnigkeit) (vom Glauben)* apostasy; *(eines Landes)* secession **(von** from)
Abfall-: ~**beseitigung** *die* refuse disposal; *(industriell)* waste disposal; ~**eimer** *der* rubbish *or* waste bin; trash *or* garbage can *(Amer.);* *(auf der Straße)* litter bin; trash *or* litter basket *or* can *(Amer.)*
ab|fallen *unr. itr. V.; mit sein* **a)** *(ugs.: herausspringen)* **wieviel fällt für jeden ab?** what will each person's share be?; **für dich wird auch eine Kleinigkeit** ~: something out of it too; **dabei fällt nicht viel ab** not much will come out of it; **b)** *(übrigbleiben)* be left [over]; **c)** *(herunterfallen)* fall off; **d)** *(verschwinden)* **von jmdm.** ~: leave sb.; **alle Unsicherheit fiel von ihm ab** he shed all his diffidence; **e)** *(sich lossagen)* **vom Glauben** ~: desert the faith; **seine Anhänger fielen von ihm ab** his followers deserted him; **f)** *(nachlassen)* drop; **g)** *(bes. Sport: zurückfallen)* drop *or* fall back; **h)** *(sich senken)* ⟨*land, hillside, road*⟩ drop away; slope; **i)** *(im Vergleich)* **gegenüber jmdm./etw.** *od.* **gegen jmdn./etw. stark** ~: be markedly inferior to sb./sth.; **j)** *(Seemannsspr.)* cast

Abfall·haufen *der* rubbish-heap; *(in einer Werkstatt usw.)* waste-pile
ab·fällig 1. *Adj.* disparaging; derogatory. **2.** *adv.* **sich** ~ **über jmdn. äußern** make disparaging *or* derogatory remarks about sb.
Abfall-: ~**produkt** *das (auch fig.)* by-product; *(Sekundärstoff)* secondary product; ~**verwertung** *die* recycling of waste
ab|fälschen *tr. V. (Ballspiele)* deflect
ab|fangen *unr. tr. V.* **a)** intercept ⟨*agent, message, aircraft*⟩; **b)** *(auf-, anhalten)* catch; **c)** *(Sport: einholen)* **jmdn.** ~: catch sb. up; catch up with sb.; **d)** *(abwehren)* repel ⟨*charge, assault*⟩; ward off ⟨*blow, attack*⟩; *(fig.)* stop ⟨*development*⟩; cushion ⟨*impact*⟩; **e)** *(Bauw.)* shore up; **f)** *(unter Kontrolle bringen)* get ⟨*vehicle, aircraft*⟩ under control
Abfang·jäger *der (Luftwaffe)* interceptor
ab|färben *itr. V.* **a)** ⟨*colour, garment, etc.*⟩ run; ⟨*wet paint etc.*⟩ leave marks; **b)** *(beeinflussen)* **auf jmdn./etw.** ~: rub off on sb./sth.
ab|fasen *tr. V. (Technik)* bevel ⟨*edge*⟩
ab|fassen *tr. V.* write ⟨*report, letter, etc.*⟩; draw up ⟨*will*⟩
Ab·fassung *die* writing; *(eines Testaments)* drawing up
ab|faulen *itr. V.; mit sein* rot off
ab|federn 1. *tr. V.* **a)** *(federnd abfangen)* absorb; **b)** *(Technik)* spring ⟨*axle etc.*⟩. **2.** *itr. V.* bend at the knees on landing [to absorb the shock]; *(beim Absprung)* push off
ab|fegen *tr. V. s.* ²**abkehren**
ab|feiern *tr. V.* use up ⟨*excess hours worked*⟩ *(by taking time off)*
ab|feilen *tr. V.* **a)** *(entfernen)* file off; **etw. von etw.** ~: file sth. off sth.; **b)** *(verkürzen, glätten)* file down
ab|fertigen *tr. V.* **a)** handle, dispatch ⟨*mail*⟩; deal with ⟨*applicant, application*⟩; deal with, handle ⟨*passengers*⟩; serve ⟨*customer*⟩; clear ⟨*ship*⟩ for sailing; clear ⟨*aircraft*⟩ for take-off; clear ⟨*lorry*⟩ for departure; *(vorbereiten)* prepare ⟨*ship etc.*⟩ for departure; prepare ⟨*mail*⟩ for dispatch, *(kontrollieren)* check; **der Zoll hat zügig abgefertigt** customs clearance was quick; **b)** *(ugs.: unfreundlich behandeln)* **jmdn. [grob/barsch]** ~: [roughly/rudely] turn sb. away; **er hat mich ganz kurz abgefertigt** he was very short with me; **c)** *(Sport)* trounce; **der Gegner wurde [mit] 5:1 abgefertigt** the opponent was trounced 5:1
Ab·fertigung *die* **a)** *s.* **abfertigen a:** handling; dispatching; serving; clearing for sailing/take-off/departure; preparing for departure/dispatch; *(Kontrolle)* checking; **die unfreundliche** ~ **am Flughafen/im Laden** the unfriendly service at the airport/in the shop; **b)** *(Abteilung)* dispatch office; **c)** *(österr.) s.* **Abfindung**
Abfertigungs·schalter *der (am Flughafen)* check-in desk; *(beim Zoll)* customs desk
ab|feuern *tr. V.* fire; **Schüsse/eine Kanone [auf jmdn./etw.]** ~: fire shots/a cannon [at sb./sth.]; **das ganze Magazin** ~: fire off the whole magazine
ab|filtern, ab|filtrieren *tr. V. (fachspr.)* filter out
ab|finden 1. *unr. tr. V.* **a)** *(entschädigen)* **jmdn. mit etw.** ~: compensate sb. with sth.; **seine Gläubiger** ~: settle with one's creditors; **er wurde großzügig abgefunden** he received a generous settlement. **2.** *unr. refl. V.* **sich** ~: resign oneself; **sich** ~ **mit** come to terms with; learn to live with ⟨*noise, heat*⟩; **sich damit** ~, **daß ...:** come to terms with the fact that ...

Abfindung *die;* ~, ~**en a)** *(Summe)* settlement; **eine** ~ **in Höhe von ... zahlen** make a settlement of ...; **b)** *(Vorgang) (Entschädigung)* compensation; *(von Gläubigern)* paying-off
Abfindungs·summe *die s.* **Abfindung**
ab|fischen *tr. V.* fish out
ab|flachen ['apflaxn̩] **1.** *tr. V. (flacher machen)* flatten [out]. **2.** *refl. V. (flacher werden)* flatten out; become flatter; **b)** *(nachlassen)* drop off
Abflachung *die;* ~, ~**en a)** flattening; **b)** *(Nachlassen)* dropping off
ab|flauen *itr. V.; mit sein* die down; subside; ⟨*interest, conversation*⟩ flag; ⟨*business*⟩ become slack; ⟨*noise*⟩ abate; **die Konjunktur flaut ab** the economy is running down
ab|fliegen 1. *unr. itr. V.; mit sein* ⟨*person*⟩ leave [by aeroplane]; ⟨*aircraft*⟩ take off; ⟨*bird*⟩ fly off *or* away; **die Maschine nach Brüssel fliegt um 13³⁰ Uhr ab** the plane for Brussels leaves at 13.30. **2.** *unr. tr. V.* **a)** *(wegbringen)* fly out **(aus** of); **b)** *(kontrollieren)* fly over ⟨*district*⟩; fly along ⟨*road*⟩
ab|fließen *unr. itr. V.; mit sein* **a)** flow off; *(wegfließen)* flow away; **aus etw.** ~: drain away from sth.; **von etw.** ~: run off sth.; **sämtliche Gewinne fließen ins Ausland ab** *(fig.)* all profits are siphoned off abroad; **b)** *(sich leeren)* **die Wanne fließt nicht ab** the bath won't empty
Ab·flug *der* departure
Abflug-: ~**hafen** *der (Flugw.)* airport of departure; **die Maschine kehrte zum** ~**hafen zurück** the aircraft returned to the airport it had started from; ~**zeit** *die* departure time
Ab·fluß *der* **a)** drain; *(von Gewässern)* outlet; *(Rohr)* drain-pipe; *(für Abwasser)* waste-pipe; **b)** *o. Pl. (das Abfließen)* draining away; **der** ~ **von Kapital ins Ausland** *(fig.)* the flow of capital abroad
Abfluß-: ~**graben** *der* drainage ditch; ~**hahn** *der* outlet cock *or (Amer.)* faucet; ~**rohr** *das* outlet pipe
Ab·folge *die* sequence; **die** ~ **der Jahreszeiten** the cycle of the seasons
ab|fordern *tr. V.* **jmdm. etw.** ~: demand sth. of sb.
ab|fotografieren *tr. V.* take pictures of
ab|fragen *tr. V.* **a)** test; **jmdn.** *od.* **jmdm. die Vokabeln** ~: test sb. on his/her vocabulary; **b)** *(DV)* retrieve, read out ⟨*data*⟩; interrogate ⟨*measuring-instrument, store*⟩
ab|fressen *unr. tr. V.* **a)** *(wegfressen)* **etw. [von etw.]** ~: eat sth. off [sth.]; **b)** *(leer fressen)* strip ⟨*tree, stem, etc.*⟩ bare
ab|frieren 1. *unr. itr. V.; mit sein* **die Ohren froren ihm ab** he lost his ears through frostbite. **2.** *unr. refl. V.* **sich** *(Dat.)* **etw.** ~: lose sth. by frostbite; **sich** *(Dat.)* **einen** ~ *(ugs.)* freeze to death *(coll.)*
ab|frottieren *tr. V.* rub down [thoroughly]
ab|fühlen *tr. V.* feel; palpate *(Med.)*
Abfuhr *die;* ~, ~**en a)** *(Abtransport)* removal; **b)** *(Zurückweisung)* **jmdm. eine** ~ **erteilen** rebuff sb.; turn sb. down; **sich eine** ~ **holen** be rebuffed *or* turned down; **die Mannschaft holte sich eine deutliche** ~: the team was soundly trounced
ab|führen 1. *tr. V.* **a)** *(nach Festnahme)* take away; **b)** *(zahlen)* pay out; **Steuern ans Finanzamt** ~: pay taxes to the Inland Revenue; **c)** *auch itr. V. (abbringen)* take away; **jmdn. vom Thema** ~: take sb. away from the subject. **2.** *itr. V.* **a)** *(für Stuhlgang sorgen)* be a laxative; have a laxative effect; **ein** ~**des Mittel** a laxative; **ein stark** ~**des Mittel** a purgative; **b)** *(den Darm leeren)* move one's bowels; **c)** *(abzweigen)* ⟨*road*⟩ branch off
Abführ-: ~**mittel** *das* laxative; *(stärker)* purgative; ~**pille** *die* laxative pill
Abfüll-: ~**an·lage** *die* bottling/canning plant; ~**datum** *das* bottling/canning date
ab|füllen *tr. V.* fill ⟨*sack, bottle, barrel*⟩;

abfüttern | **abgestorben**

Wein in Flaschen ~: bottle wine; Bier in Dosen ~: can beer

¹**ab|füttern** *tr., itr. V.* feed ⟨*animals*⟩
²**ab|füttern** *tr. V.* line ⟨*coat, jacket*⟩
Ab·gabe *die* a) handing in; ⟨*eines Briefes, Pakets, Telegramms*⟩ delivery; ⟨*eines Gesuchs, Antrags*⟩ submission; **gegen ~ des Coupons erhalten Sie ...**: on handing in *or* producing the coupon you will receive ...; b) ⟨*Steuer, Gebühr*⟩ tax; ⟨*auf Produkte*⟩ duty; ⟨*Gemeinde~*⟩ rate; ⟨*Beitrag*⟩ contribution; c) ⟨*Ausstrahlung*⟩ release; emission; **eine ~ von 60 Watt** an output of 60 watts; d) ⟨*Sport: Abspiel*⟩ pass; e) *o. Pl.* ⟨*das Abfeuern*⟩ firing; f) ⟨*das Äußern*⟩ ⟨*von Erklärungen*⟩ giving; ⟨*von Urteilen, Aussagen*⟩ making; ⟨*Stimm~*⟩ casting; g) ⟨*Verlust*⟩ loss; ⟨*Sport: von Punkten*⟩ dropping; h) ⟨*Verkauf*⟩ selling; „**~ nur in Kisten**" 'sold only by the crate'
abgaben·frei 1. *Adj.* ⟨*business, trade, product*⟩ free from tax; ⟨*zollfrei*⟩ duty-free. 2. *adv.* without paying taxes
Abgaben·ordnung *die* ⟨*Finanzw.*⟩ tax law
abgabe[n]·pflichtig *Adj.* ⟨*person, business, trade*⟩ liable to tax; ⟨*product*⟩ subject to duty
Abgabe·zug *der* ⟨*Schach*⟩ sealed move
Ab·gang *der* a) ⟨*das Weggehen*⟩ leaving; departure; ⟨*eines Zuges, Schiffes*⟩ departure ⟨*Theater*⟩ exit; ⟨*fig.*⟩ departure; **sich einen guten ~ verschaffen** ⟨*fig.*⟩ make a good exit; b) ⟨*jmd., der ausscheidet*⟩ departure; ⟨*Schule*⟩ leaver; c) ⟨*bes. Amtsspr.: Todesfall*⟩ death; **den ~ machen** ⟨*salopp*⟩ kick the bucket ⟨*sl.*⟩; croak ⟨*sl.*⟩; d) ⟨*Turnen*⟩ dismount; e) *o. Pl.* ⟨*Ausscheidung*⟩ passing; ⟨*von Eiter, Würmern*⟩ discharge; **durch [einen] natürlichen ~**: by being passed naturally; f) ⟨*Med.: Fehlgeburt*⟩ miscarriage; g) *o. Pl.* ⟨*Absendung*⟩ dispatch; **nach ~ des Briefes** after posting *or* sending the letter; h) *o. Pl.* ⟨*Kaufmannsspr.*⟩ **die Ware findet reißenden ~**: the product is a best seller
ab·gängig *Adj.* ⟨*bes. österr.*⟩ missing
Abgängigkeits·anzeige *die* ⟨*österr.*⟩ *s.* Vermißtenanzeige
Abgangs·zeugnis *das* ⟨*Schulw.*⟩ ≈ leaving certificate
Ab·gas *das* exhaust; ⟨*in geschlossenem Raum*⟩ exhaust fumes *pl.*; **~e** exhaust fumes; **industrielle ~e** waste gases
abgas-, Abgas-: ~entgiftung *die* ⟨*Kfz-W.*⟩ emission control; **~frei** 1. *Adj.* exhaust-free ⟨*engine*⟩; 2. *adv.* **das Auto fährt ~**: the car produces no exhaust fumes; **~katalysator** *der* ⟨*Kfz-W.*⟩ catalytic converter; **~sonder·untersuchung** *die* ⟨*Kfz-W.*⟩ exhaust-emission check; **~turbine** *die* ⟨*Technik*⟩ exhaust-driven turbine; **~verwertung** *die* ⟨*Technik*⟩ utilization of exhaust-gas heat; **~wolke** *die* cloud of exhaust fumes
ab|gaunern *tr. V.* ⟨*ugs.*⟩ **jmdm. etw. ~**: con sb. out of sth. ⟨*coll.*⟩
abgearbeitet *s.* abarbeiten b
ab|geben 1. *unr. tr. V.* a) ⟨*aushändigen*⟩ hand over; deliver ⟨*letter, parcel, telegram*⟩; hand in, submit ⟨*application*⟩; hand in ⟨*school work*⟩; **etw. bei jmdm. ~**: deliver sth. *or* hand sth. over to sb.; **etw. für jmdn. ~**: leave sth. for sb.; **den Mantel in der Garderobe ~**: leave one's coat in the cloakroom; b) ⟨*abtreten*⟩ **jmdm. [etwas] von etw. ~**: let sb. have some of sth.; **den Vorsitz/die Spitze ~**: give up the chair/the leadership; **einen Punkt/Satz/eine Runde ~** ⟨*Sport*⟩ drop a point/set/round; **einen Schuß [auf jmdn./etw.] ~**: fire a shot [at sb./sth.]; d) ⟨*ausstrahlen*⟩ emit ⟨*radiation*⟩; radiate ⟨*heat*⟩; give off ⟨*gas*⟩; transmit ⟨*radio message*⟩; e) ⟨*äußern*⟩ make ⟨*judgement, statement*⟩; cast ⟨*vote*⟩; **seine Stimme für jmdn. ~**: cast one's vote in favour of sb.; vote for sb.; f) ⟨*fungieren als*⟩ make; **eine**

traurige Figur ~: cut a sorry figure; g) ⟨*verkaufen*⟩ sell; ⟨*zu niedrigem Preis*⟩ sell off; **gebrauchte Skier billig abzugeben** second-hand skis for sale cheap; h) *auch itr.* ⟨*Sport: abspielen*⟩ pass. 2. *unr. refl. V.* ⟨*sich befassen*⟩ **sich mit jmdm./etw. ~**: spend time on sb./sth.; ⟨*geringschätzig*⟩ waste one's time on sb./sth
ab·gebrannt 1. *2. Part. v.* abbrennen. 2. *Adj.; nicht attr.* ⟨*ugs.*⟩ broke ⟨*coll.*⟩
ab·gebrochen 1. *2. Part. v.* abbrechen. 2. *Adj.* ⟨*ugs. scherzh.*⟩ a) **ein ~er Mediziner usw.**: a former medical etc. student who never completed his training; b) **ein ~er Riese** a midget
abgebrüht 1. *2. Part. v.* abbrühen. 2. *Adj.* ⟨*ugs.*⟩ hardened
abgedankt 1. *2. Part. v.* abdanken. 2. *Adj.* retired
ab·gedroschen *Adj.* ⟨*ugs.*⟩ hackneyed; well-worn; trite
Abgedroschenheit *die*; **~** ⟨*ugs.*⟩ triteness; hackneyedness
abgefeimt ['apgəfaimt] *Adj.* infernally cunning ⟨*villain, rogue*⟩; villainous ⟨*scheme*⟩
Abgefeimtheit *die*; **~, ~en** ⟨*Handlung*⟩ piece of villainy; ⟨*Charakter*⟩ infernal cunning; **seine ~en** his villainy *sing.*
ab|greifen 1. *2. Part. v.* abgreifen. 2. *Adj.* a) ⟨*abgenutzt*⟩ battered; b) ⟨*fig.: abgedroschen*⟩ hackneyed; well-worn
abgehackt 1. *2. Part. v.* abhacken. 2. *Adj.* broken ⟨*voice*⟩; clipped ⟨*speech*⟩; fragmentary ⟨*sentence*⟩. 3. *adv.* in short bursts
abgehangen 1. *2. Part. v.* ¹abhängen. 2. *Adj.* hung; **ein gut ~es Steak** a well-hung steak
abgehärmt 1. *2. Part. v.* abhärmen. 2. *Adj.* careworn; haggard
abgehärtet 1. *2. Part. v.* abhärten. 2. *Adj.* ⟨*körperlich*⟩ tough; ⟨*seelisch*⟩ callous
ab|gehen 1. *unr. itr. V.*; *mit sein* a) ⟨*sich entfernen*⟩ leave; go away *or* off; ⟨*Theater*⟩ exit; go off; **von der Bühne ~**: leave the stage; **nach hinten ~**: go out at the back; b) ⟨*ausscheiden*⟩ leave; **von der Schule ~**: leave school; c) ⟨*abfahren*⟩ ⟨*train, ship, bus*⟩ leave, depart; d) ⟨*abgeschickt werden*⟩ ⟨*message, letter*⟩ be sent [off]; e) ⟨*abzweigen*⟩ branch off; ⟨*in andere Richtung*⟩ turn off; f) ⟨*sich lösen*⟩ come off; ⟨*spot, stain*⟩ come out; ⟨*avalanche*⟩ come down; g) ⟨*Turnen*⟩ dismount; h) ⟨*abgerechnet werden*⟩ **von etw. [an jmdn.] ~**: have to be deducted from sth. [and paid to sb.]; i) ⟨*fehlen*⟩ **jmdm. geht etw. ab**, sb. is [totally] lacking in sth.; **mir geht jedes Interesse daran ab** it does not interest me in the slightest; **sich** ⟨*Dat.*⟩ **nichts ~ lassen** never stint oneself; j) ⟨*ausgehen*⟩ go off; k) ⟨*ausgeschieden werden*⟩ ⟨*pus, worms*⟩ be discharged; ⟨*mit normalen Ausscheidungen*⟩ be passed; **jmdm. geht Kot ab** sb. has a motion *or* ⟨*Amer.*⟩ movement; **eine Blähung ~ lassen** break wind; **ihm ging einer ab** ⟨*derb*⟩ he shot his load ⟨*coarse*⟩; l) ⟨*aufgeben*⟩ **~ von** abandon ⟨*demand, agreement, principle*⟩; give up ⟨*habit*⟩. 2. *unr. V.*; *auch mit sein* walk all along; go over ⟨*area*⟩ on foot
abgehetzt 1. *2. Part. v.* abhetzen. 2. *Adj.* exhausted; ⟨*außer Atem*⟩ breathless
abgekämpft *Adj.* worn out; exhausted; combat-weary ⟨*troops*⟩
abgekartet *Adj.* ⟨*ugs.*⟩ pre-arranged; **von vornherein ~**: set up in advance; **eine ~e Sache** *od.* **ein abgekartetes Spiel sein** be rigged in advance
abgeklappert 1. *2. Part. v.* abklappern. 2. *Adj.* ⟨*abwertend*⟩ beat-up, ⟨*Brit. sl.*⟩ clapped-out ⟨*machine, bicycle, horse, etc.*⟩; hackneyed, well-worn, trite ⟨*expression*⟩
abgeklärt 1. *2. Part. v.* abklären. 2. *Adj.* serene
Abgeklärtheit *die*; **~**: serenity
abgelagert 1. *2. Part. v.* ablagern. 2. *Adj.*

mature ⟨*wine*⟩; seasoned ⟨*timber, tobacco*⟩; **gut ~es Holz** well-seasoned timber
abgelebt 1. *2. Part. v.* ableben. 2. *Adj.* [old and] weary ⟨*person*⟩; worn ⟨*face*⟩
ab·gelegen *Adj.* remote; ⟨*einsam*⟩ isolated; out-of-the-way ⟨*district*⟩; ⟨*abgeschieden*⟩ secluded; ⟨*fig.*⟩ recondite
Ab·gelegenheit *die*; **~**: remoteness; ⟨*einsame Lage*⟩ isolation
ab|gelten *unr. tr. V.* satisfy, settle ⟨*claim*⟩
Ab·geltung *die*; **~, ~en** settlement
abgemagert 1. *2. Part. v.* abmagern. 2. *Adj.* emaciated; wasted
ab·gemessen 1. *2. Part. v.* abmessen. 2. *Adj.* ⟨*geh.*⟩ measured. 3. *adv.* ⟨*geh.*⟩ in a measured fashion
ab·geneigt *Adj.* **einer Sache** ⟨*Dat.*⟩ **~ sein** be averse to sth.; **ein stiller, jeder Publicity ~er Mensch** a quiet person averse to public notice; **die jeder Reform ~en Politiker** the politicians opposed to any reform; **jmdm. ~ sein** be ill-disposed towards sb.; **[nicht] ~ sein, etw. zu tun** [not] be averse to doing sth.
abgenutzt 1. *2. Part. v.* abnutzen. 2. *Adj.* worn ⟨*tyre, chair, handle*⟩; well-used ⟨*implement*⟩; well-worn ⟨*phrase*⟩
Abgeordnete *der/die; adj. Dekl.* member [of parliament]; ⟨*in West-Berlin, Frankreich*⟩ deputy; **Herr ~r [Schmidt]/Frau ~ [Müller]** ⟨*im Parlament*⟩ the honourable Member; **der [Herr] ~ Meier** Mr Meier
Abgeordneten·haus *das* parliament; ⟨*in West-Berlin, Frankreich*⟩ Chamber of Deputies
ab|geraten *unr. itr. V.*; *mit sein* ⟨*veralt.*⟩ **vom Weg ~**: lose one's way; stray from one's path
ab·gerissen 1. *2. Part. v.* abreißen. 2. *Adj.* a) ⟨*zerlumpt*⟩ ragged; b) ⟨*zusammenhanglos*⟩ disconnected; fragmentary
Ab·gesandte *der/die* ⟨*veralt.*⟩ ambassador; ⟨*fig.*⟩ emissary
Ab·gesang *der* a) ⟨*Abschied*⟩ **ein ~ auf etw.** ⟨*Akk.*⟩ a farewell to sth.; b) ⟨*geh.: letztes Werk*⟩ swan song; c) ⟨*Verslehre*⟩ abgesang ⟨*final part of Minnesang strophe*⟩
abgeschabt 1. *2. Part. v.* abschaben. 2. *Adj.* shabby; worn
ab·geschieden 1. *2. Part. v.* abscheiden. 2. *Adj.* a) ⟨*abgelegen*⟩ isolated; b) ⟨*geh.: tot*⟩ departed. 3. *adv.* ⟨*live*⟩ in seclusion
Abgeschiedenheit *die*; **~**: seclusion; ⟨*Abgelegenheit*⟩ isolation
ab·geschlagen 1. *2. Part. v.* abschlagen. 2. *Adj.* a) ⟨*Sport*⟩ [well] beaten; **~ auf dem neunten Tabellenplatz** in lowly ninth place; b) ⟨*erschöpft*⟩ exhausted; tired out
ab·geschlossen 1. *2. Part. v.* abschließen. 2. *Adj.* a) ⟨*abgesondert*⟩ secluded; solitary; b) ⟨*in sich geschlossen*⟩ enclosed; self-contained ⟨*flat*⟩. 3. *adv.* ⟨*live*⟩ in seclusion
Ab·geschlossenheit *die*; **~**: seclusion; ⟨*Abgelegenheit*⟩ isolation
abgeschmackt ['apgəʃmakt] *Adj.* tasteless
ab·geschnitten 1. *2. Part. v.* abschneiden. 2. *Adj.* isolated; **von der Außenwelt ~**: cut off from the outside world
ab·gesehen 1. *2. Part. v.* absehen. 2. *Adv.* **~ von jmdm./etw.** apart from sb./sth.; **~ davon, daß ...**: apart from the fact that ...
ab·gesessen 1. *2. Part. v.* absitzen. 2. *Adj.* worn
ab·gespannt 1. *2. Part. v.* abspannen. 2. *Adj.* weary; exhausted
Ab·gespanntheit *die*; **~**: weariness; exhaustion
abgespielt 1. *2. Part. v.* abspielen. 2. *Adj.* ⟨*record etc.*⟩ worn out with repeated playing
ab·gestanden 1. *2. Part. v.* abstehen. 2. *Adj.* a) ⟨*schal*⟩ flat; ⟨*fig.*⟩ trite; b) ⟨*verbraucht*⟩ stale
ab·gestorben 1. *2. Part. v.* absterben. 2. *Adj.* dead ⟨*branch, tree*⟩; numb ⟨*fingers, legs, etc.*⟩

abgestumpft 1. 2. *Part. v.* **abstumpfen. 2.** *Adj.* apathetic and insensitive ⟨*person*⟩; deadened ⟨*conscience, perception*⟩; **gegenüber einer Sache ~ sein** be hardened to sth.
Abgestumpftheit die; ~: apathy and insensitivity
abgetakelt 1. 2. *Part. v.* **abtakeln. 2.** *Adj.* (*salopp: heruntergekommen*) faded
ab·getragen 1. 2. *Part. v.* **abtragen. 2.** *Adj.* well-worn
ab·getreten 1. 2. *Part. v.* **abtreten. 2.** *Adj.* worn down
abgewetzt 1. 2. *Part. v.* **abwetzen. 2.** *Adj.* well-worn; battered ⟨*case etc.*⟩
ab|gewinnen *unr. tr. V.* **a)** (*beim Spiel*) **jmdm. Geld ~:** win money from sb.; **b)** (*erlangen von*) **jmdm. etw. ~:** get sth. out of sb.; win sth. from sb.; **einer Sache** (*Dat.*) **etw. ~:** win *or* gain sth. from sth.; **c)** (*fig.*) **ich kann ihm/dem nichts ~:** he/it does not do anything for me (*coll.*); *s. auch* **Geschmack a**
abgewirtschaftet 1. 2. *Part. v.* **abwirtschaften. 2.** *Adj.* run down
ab·gewogen 1. 2. *Part. v.* **abwägen, abwiegen. 2.** *Adj.* carefully weighed; balanced ⟨*judgement*⟩; carefully considered ⟨*account*⟩
ab|gewöhnen *tr. V.:* **jmdm. etw. ~:** make sb. give up *or* stop sth.; **sich** (*Dat.*) **etw. ~:** give up *or* stop sth.; **noch einen zum Abgewöhnen trinken/eine zum Abgewöhnen rauchen** (*ugs.*) have just one more (*coll.*); **zum Abgewöhnen [sein]** (*ugs.*) [be] awful
abgewrackt 1. 2. *Part. v.* **abwracken. 2.** *Adj.* (*abwertend*) superannuated
abgezehrt *Adj.* emaciated
abgezirkelt 1. 2. *Part. v.* **abzirkeln. 2.** *Adj.* measured out ⟨*flower-beds*⟩; carefully weighed ⟨*words*⟩; **ein exakt ~er Paß** (*Sport*) a precisely calculated pass. **3.** *adv.* with calculated precision
ab|gießen *unr. tr. V.* **a)** pour away ⟨*liquid*⟩; drain ⟨*potatoes*⟩; **den Eimer ~:** pour some water *etc.* out of the bucket; **b)** (*bild. Kunst; Gießerei*) **etw. [in Bronze] ~:** cast sth. [in bronze]
Ab·glanz der **a)** (*Reflex*) reflection; **b)** (*Nachklang*) distant echo; pale reflection
ab|gleichen *unr. tr. V.* (*Funkw., Elektronik*) balance
ab|gleiten *unr. itr. V.; mit sein* (*geh.*) **a)** (*abrutschen*) slide *or* slip off; **von/an etw.** (*Dat.*) **~:** slip *or* slide off sth.; **b)** (*absinken*) **in etw.** (*Akk.*) **~:** slip down into sth.
Ab·gott der idol
Abgötterei [apgœtəˈraɪ] die; ~: idolatry
abgöttisch [ˈapgœtɪʃ] **1.** *Adj.* idolatrous. **2.** *adv.* **jmdn. ~ verehren/lieben** idolize sb.
ab|graben *unr. tr. V.* dig out; *s. auch* **Wasser a**
ab|grasen *tr. V.* **a)** graze away ⟨*pasture*⟩; **b)** (*ugs.: absuchen*) **etw. nach etw. ~:** comb *or* scour sth. for sth.
ab|greifen *unr. tr. V.* **a)** measure (*with one's hand*); **eine Strecke mit dem Zirkel ~:** measure a distance with compasses; *s. auch* **abgegriffen 2**; **b)** (*Elektrot.*) pick up
ab|grenzen *tr. V.* **a)** bound; **etw. nach allen Seiten ~:** enclose sth.; **etw. gegen** *od.* **von etw. ~:** separate sth. from sth.; **b)** (*unterscheiden*) differentiate; distinguish; (*festlegen*) demarcate; **zwei Theorien gegeneinander** *od.* **voneinander ~:** differentiate between two theories; **sich von jmdm. ~:** differentiate oneself from sb.
Abgrenzung die; ~, ~en **a)** boundary; ~ **nach allen Seiten** enclosure; **b)** (*Unterscheidung*) differentiation; (*Festlegung*) demarcation; **Politik der ~:** policy of demarcation (*by the GDR from the Federal Republic*)
Ab·grund der **a)** (*Schlucht*) abyss; chasm; (*Abhang*) precipice; **b)** (*fig. geh.*) dark abyss; **die Abgründe der menschlichen Seele** the depths of the human soul; **ein ~ von Verzweiflung** an abyss of despair
abgründig [ˈapgrʏndɪç] (*geh.*) **1.** *Adj.* **a)** (*rätselhaft*) inscrutable ⟨*smile*⟩; hidden ⟨*meaning*⟩; dark ⟨*secret*⟩; **b)** (*unermeßlich*) unbounded. **2.** *adv.* **a)** (*rätselhaft*) ⟨*smile*⟩ inscrutably; **b)** (*sehr*) thoroughly
abgrund·tief *Adj.* out and out
Ab·gruppierung die salary downgrading
ab|gucken (*ugs.*) **1.** *tr. V.* **a)** [bei *od.* von] **jmdm. etw. ~:** learn sth. by watching sb.; **b)** **ich guck' dir nichts ab!** (*fam.*) you needn't be self-conscious just because I'm watching you. **2.** *itr. V.* (*abschreiben*) **[bei jmdm.] ~:** copy [from sb.]; copy [sb. else's] work
Ab·guß der (*bild. Kunst, Gießerei*) (*Verfahren*) casting; (*Ergebnis*) cast; **ein ~ in Bronze** a bronze [cast]
ab|haben (*ugs.*) *unr. tr. V.* **a)** *auch itr.* (*erhalten*) **etwas/ein Stück usw. [von etw.] ~:** have some/a piece *etc.* [of sth.]; **du kannst gerne davon ~:** you're welcome to have some; **b)** (*abgenommen haben*) **have off; du hast die Mütze ja schon wieder ab!** why, you've got your cap off again!; **c)** (*entfernt haben*) have got off
ab|hacken *tr. V.* chop off; **jmdm. die Hand** *usw.* **~:** chop sb.'s hand *etc.* off; *s. auch* **abgehackt 2, 3**
ab|haken *tr. V.* **a)** (*mit Haken versehen*) tick off; check off (*Amer.*); (*fig.: erledigen*) deal with; **b)** (*vom Haken abnehmen*) unclip
ab|haltern *tr. V.* **a)** (*ugs.: entlassen*) sack (*coll.*); **b)** (*das Halfter abnehmen von*) **ein Pferd ~:** take the halter off a horse
ab|halten *unr. tr. V.* **a)** (*fernhalten*) [**von jmdm./etw.**] **~:** keep ⟨*person, wind, cold, flies, etc.*⟩ off [sb./sth.]; keep ⟨*trouble*⟩ away [from sb.]; **b)** (*hindern*) **jmdn. davon ~, etw. zu tun** stop sb. doing sth.; prevent sb. from doing sth.; **c)** (*durchführen*) hold ⟨*elections, meeting, referendum*⟩; **d)** (*bei der Notdurft*) hold ⟨*child*⟩ out; **e)** (*weghalten*) hold away; **etw. ein Stück von sich ~:** hold sth. away from oneself
Ab·haltung die **a)** (*Verhinderung*) **eine [dringende] ~ haben** [be unavoidably] held up; **b)** *o. Pl.* (*Durchführung*) holding
ab|handeln *tr. V.* **a)** (*abkaufen*) **jmdm. etw. ~:** do a deal with sb.; **b)** (*herunterhandeln*) **jmdm. zehn Mark ~:** beat sb. down by ten marks; (*fig.*) **sich** *(Dat.)* **von etw. nichts ~ lassen** not be persuaded to part with any of sth.; **c)** (*darstellen*) treat; deal with
abhanden [apˈhandn̩] *Adv.* **in ~ kommen** get lost; go astray; **etw. kommt jmdm. ~:** sb. mislays *or* loses sth.
Ab·handlung die **a)** (*Aufsatz*) treatise (**über** + *Akk.* on); **b)** (*das Abhandeln*) treatment
Ab·hang der slope; incline
¹ab|hängen *unr. tr. V.* **a)** (*abhängig sein*) [**ganz allein**] **von jmdm./etw. ~:** depend [entirely] on sb./sth.; **davon hängt sehr viel für mich ab** a lot depends on it for me; **von jmdm./etw. ~:** (*angewiesen sein*) be dependent on sb./sth.; **b)** (*hängen*) hang; *s. auch* **abgehangen 2**
²ab|hängen 1. *tr. V.* **a)** (*abnehmen*) take down; **ein Bild von der Wand ~:** take a picture [down] off the wall; **b)** (*Eisenb.: abkuppeln*) uncouple; **c)** (*ugs.: abschütteln*) shake off (*coll.*) ⟨*pursuer, competitor*⟩. **2.** *itr. V.* (*den Hörer auflegen*) hang up
abhängig [ˈaphɛŋɪç] *Adj.* **von jmdm./etw. ~ sein** (*bedingt*) depend on sb./sth.; (*angewiesen*) be dependent on sb./sth.; **von einer Droge ~ sein** be addicted to *or* dependent on a drug; **etw. von etw. ~ machen** make sth. conditional upon sth.; **b)** (*Sprachw.*) indirect *or* reported ⟨*speech*⟩; subordinate ⟨*clause*⟩; oblique ⟨*case*⟩
-abhängig *Adj.* dependent on ...
Abhängige der/die; *adj. Dekl.* (*Rechtsspr.*) dependant; (*Untergebene*) subordinate
Abhängigkeit die; ~, ~en dependence; ~ **von Drogen** addiction to *or* dependence on drugs; **in ~ von jmdm./etw. geraten** become dependent on sb./sth.
-abhängigkeit die dependence on ...
Abhängigkeits·verhältnis das relationship of dependence (**zu** on)
ab|härmen *refl. V.* **sich [um jmdn.] ~:** pine away with grief [over sb.]; *s. auch* **abgehärmt 2**
ab|härten *tr. V.* harden; **sich/seinen Körper durch Sport ~:** harden oneself/one's body with sporting activity; *s. auch* **abgehärtet 2**
Ab·härtung die; ~: hardening; **zur ~:** to harden oneself
ab|haspeln *tr. V.* **a)** (*abwickeln*) unwind; (*von einer Spule*) unreel; **b)** (*hastig vortragen*) reel off
ab|hauen 1. *unr. tr. V.* **a)** (*abtrennen*) chop off; **jmdm. den Arm ~:** cut sb.'s arm *etc.* off. **b)** *Prät. nur* **haute ab** (*abschlagen*) knock off. **2.** *unr. itr. V.; mit sein; Prät. nur* **haute ab** (*ugs.: verschwinden*) beat it (*sl.*); **hau ab!** get lost! (*sl.*)
ab|häuten *tr. V.* skin
ab|heben 1. *unr. tr. V.* **a)** lift off ⟨*lid, cover, etc.*⟩; [**den Hörer**] **~:** answer [the telephone]; **b)** (*Kartenspiel*) (*in zwei Hälften teilen*) cut [the pack]; (*nehmen*) draw ⟨*card*⟩; **c)** (*von einem Konto*) withdraw ⟨*money*⟩; **ich möchte gern [Geld] ~:** I would like to make a withdrawal. **2.** *unr. itr. V.* **a)** (*in die Luft*) ⟨*balloon*⟩ rise; ⟨*aircraft, bird*⟩ take off; ⟨*rocket*⟩ lift off; **nachdem das Flugzeug abgehoben hatte** after take-off; **b)** *auf etw.* (*Akk.*) **~:** lay emphasis on sth.; stress sth.; **c)** (*ugs.: unrealistisch werden*) lose touch with the real world; **der hat abgehoben** (*ist verrückt geworden*) he's cracked (*coll.*). **3.** *unr. refl. V.* (*sich abzeichnen*) stand out; contrast; **sich von** *od.* **gegen etw./von jmdn. ~:** stand out against *or* contrast with sth./sb.
Ab·hebung die withdrawal
ab|heften *tr. V.* file; **etw. in einem** *od.* **einen Ordner ~:** file sth.
ab|heilen *itr. V.; mit sein* heal up
ab|helfen *unr. itr. V.* **einem Bedürfnis ~:** meet a need; **einem Mißstand ~:** put an end to an abuse; **einem Übelstand ~:** remedy an evil; **dem ist leicht abzuhelfen** that is easily remedied
ab|hetzen 1. *tr. V.* ride ⟨*horse etc.*⟩ to exhaustion. **2.** *refl. V.* rush *or* dash [around]; **hetz dich doch nicht so ab!** don't rush around so much!; *s. auch* **abgehetzt 2**
ab|heuern [ˈaphɔyən] (*Seemannsspr.*) **1.** *tr. V.* pay off. **2.** *itr. V.* be paid off
Ab·hilfe die; *o. Pl.* action to improve matters; **~ schaffen** find a remedy; put things right; **baldige/schnellste ~:** speedy/immediate action
ab|hobeln *tr. V.* **a)** plane down; **b)** (*entfernen*) plane off
abhol·bereit *Adj.* ready for collection *postpos.*
ab·hold *Adj.* **in einer Sache** (*Dat.*) **~ sein** (*geh.*) be averse to sth.
ab|holen *tr. V.* collect, pick up ⟨*parcel, book, tickets, etc.*⟩; pick up, fetch ⟨*person*⟩; **ein Paket auf der Post ~:** collect a parcel at the post office; **ich hole Sie am Bahnhof ab** I'll pick you up at the station; **jmdn. zum Essen ~:** call for sb. and go for a meal; **b)** (*ugs. verhüll.: verhaften*) take away
Abholer der; ~s, ~ (*Postw.*) addressee who collects mail from the post office instead of having it delivered
Abholung die; ~s, ~en collection
ab|holzen *tr. V.* fell ⟨*trees*⟩; clear ⟨*area*⟩ [of trees]
Abhör·anlage die listening *or* (*coll.*) bugging system
ab|horchen *tr. V.* listen to; **sich ~ lassen** (*beim Arzt*) have one's lungs/chest sounded
ab|hören *tr. V.* **a)** (*abfragen*) **jmdm.** *od.*

Abhörgerät | **Ablauf**

jmdn. Vokabeln ~: test sb.'s vocabulary [orally]; **das Einmaleins ~:** ask questions on the multiplication table; **b)** *(anhören, heimlich hören)* listen to; **c)** *(überwachen)* tap ⟨telephone, telephone conversation⟩; bug *(coll.)*⟨*conversation, premises*⟩; **jmdn. ~:** tap sb.'s telephone; **d)** s. **abhorchen**
Abhör·gerät das listening device; bug *(coll.)*
abhör·sicher *Adj.* bug-proof *(coll.)*; tap-proof ⟨*telephone*⟩
ab|hungern *tr. V.* **a)** *(verlieren)* take off, lose ⟨*weight*⟩; **b)** *(sparen)* **sich** *(Dat.)* **das Geld für die Reise ~:** go *or (Amer.)* do without to save the money for the trip
Abi ['abi] *das;* ~s, ~s *(Schülerspr.)* s. **Abitur**
ab|irren *itr. V.; mit sein (geh.)* stray; **vom Weg ~:** stray from one's path; *(fig.)* stray; err
ab|isolieren *tr. V. (Elektrot.)* strip the insulation off
Abisolier·zange die wire-strippers *pl.*
Abitur [abi'tu:ɐ̯] *das;* ~s, ~e Abitur *(school-leaving examination at grammar school needed for entry to higher education);* ≈ A levels *(Brit.);* **sein** *od.* **das ~ machen** do *or* take one's Abitur; **haben Sie ~?** have you got your Abitur?
Abiturient [abitu'riɛnt] *der;* ~en, ~en *sb. who is taking/has passed the 'Abitur'*
Abiturienten·klasse die class of pupils in last year at grammar school; ≈ upper sixth *or* A-level class *(Brit.)*
Abiturientin die; ~, ~nen s. **Abiturient**
Abitur·zeugnis das Abitur certificate
ab|jagen 1. *tr. V. (abnehmen)* **jmdm. etw. ~:** finally get sth. away from sb. 2. *refl. V.* s. **abhetzen 2**
Abk. *Abk.* **Abkürzung** abbr.
ab|kämmen *tr. V.* **a)** *(entfernen)* comb out; **b)** *(absuchen)* comb, scour *(nach* for)
ab|kanten *tr. V. (Technik)* fold *(near the edge)*
ab|kanzeln *tr. V. (ugs.)* **jmdn. ~:** give sb. a dressing down; reprimand sb.
ab|kapiteln *tr. V. (veralt.)* **jmdn. ~:** read sb. a lesson, chide sb. *(dated)*
ab|kapseln *tr. V.* encapsulate; **sich gegen die Umwelt ~** *(fig.)* isolate oneself from one's surroundings
ab|karten *tr. V.* s. **abgekartet**
ab|kassieren *tr. V.* **a)** *(kassieren)* **jmdn.** *od.* **bei jmdm. ~** *(im Restaurant)* give sb. his/her bill; *(ohne Rechnung)* settle up with sb.; *(im Bus usw.)* **die Fahrgäste ~:** take the fares; **b)** *(ugs.)* s. **kassieren 2 b**
ab|kauen *tr. V.* chew ⟨*pencil*⟩; bite ⟨*fingernails*⟩
ab|kaufen *tr. V.* **a)** **jmdm. etw. ~:** buy sth. from sb.; **b)** *(ugs.: glauben)* **das kaufe ich dir nicht ab** I'm not buying that story *(coll.)*
Abkehr die; ~: **eine ~ von alten Traditionen** a rejection of *or* turning away from ancient traditions
¹**ab|kehren** *tr. V. (abwenden)* turn away; **sein Gesicht ~:** turn one's face away; **sich [von jmdm./etw.] ~:** turn away [from sb./sth.]; **sich von der Welt ~** *(fig.)* turn one's back on the world; **die uns abgekehrte Seite des Mondes/des Schiffes** the far side of the moon/the ship
²**ab|kehren** *tr. V.* **a)** *(entfernen)* brush off; **den Schmutz von etw. ~:** brush the dirt off sth.; **b)** *(säubern)* **etw. ~:** brush sth. clean
ab|ketteln, ab|ketten *tr. V. (auch itr.) V. (Handarb.)* cast off
ab|kippen 1. *tr. (auch itr.) V. (abladen)* tip out; dump ⟨*refuse*⟩. 2. *itr. V.; mit sein (herunterfallen)* tip over
ab|klappern *tr. V. (ugs.)* trudge round ⟨*town, district*⟩; **alle Läden nach etw. ~:** do the rounds of all the shops looking for sth.; s. *auch* **abgeklappert 2**
ab|klären *tr. V.* clear up; sort out *(coll.)*; s. *auch* **abgeklärt 2**

Ab·klatsch der *(abwertend)* pale imitation; poor copy
ab|klatschen *tr. V.* **a)** *(beim Tanzen)* **jmdn. ~** *(clap one's hands and)* cut in to dance with sb.; **beim nächsten Tanz darf abgeklatscht werden** an excuse-me dance comes next; **b)** *(Ballspiele)* palm away ⟨*ball, shot*⟩
ab|klemmen *tr. V.* **a)** *(zusammenpressen)* clamp; **b)** *(lösen)* disconnect; **c)** *(abtrennen)* sever
ab|klingen *unr. itr. V.; mit sein* **a)** *(leiser werden)* grow fainter; **b)** *(nachlassen)* subside; die away
ab|klopfen 1. *tr. V.* **a)** *(entfernen)* knock *or* tap off; **jmdm. etw. [von der Jacke] ~:** tap sth. off sb.['s jacket]; **b)** *(säubern)* knock/ tap the dirt/snow/crumbs *etc.* off; **sich** *(Dat.)* **die Hände ~:** clap one's hands together to knock the flour/powder *etc.* off; **c)** *(untersuchen)* tap; **etw. auf seine Zuverlässigkeit hin ~** *(fig.)* check the reliability of sth. 2. *itr., tr. V. (Musik)* tap one's baton to stop
ab|knabbern *tr. V.* nibble off; gnaw off
ab|knallen *tr. V. (salopp)* shoot down; gun down
ab|knapsen *tr. V. (ugs.)* **a)** *(wegnehmen)* pinch *(coll.);* **jmdm. etwas/ein Drittel von seinem Lohn ~:** take some/a third of sb.'s wages; **b)** s. **abzwacken a**
ab|kneifen *unr. V.* nip off; pinch off
ab|knicken 1. *tr. V.* **a)** *(abbrechen)* snap *or* break off; **b)** *(knicken)* bend. 2. *itr. V.; mit sein* **a)** *(abbrechen)* snap; break; **b)** *(einknicken)* bend over; **in der Hüfte ~:** bend at the hips; **c)** *(Verkehrsw.)* **~de Vorfahrt** priority for traffic turning right/left
ab|knipsen *tr. V. (ugs.)* snip off
ab|knöpfen *tr. V.* **a)** unbutton; **b)** *(salopp)* **jmdm. Geld ~:** get money out of sb.
ab|knutschen *tr. V. (ugs.)* **a)** kiss and fondle; **b)** *(sexuell)* **jmdn. ~/sich mit jmdm. ~:** smooch *(coll.)* or *(sl.)* neck with sb.; **sich ~:** smooch *(coll.);* neck *(sl.)*
ab|kochen 1. *tr. V.* **a)** *(keimfrei machen)* boil; **b)** *(salopp: schröpfen)* rip off *(sl.);* fleece *(coll.)*. 2. *itr. V. (im Freien kochen)* cook in the open air
ab|kommandieren *tr. V.* detail; *(fig.)* detail; send; **jmdn. zum Dienst/zu einer Einheit ~:** detail sb. for duty/to a unit; **jmdn. an die Front ~:** send sb. to the front
Abkomme der; ~n, ~n *(geh.)* s. **Nachkomme**
ab|kommen *unr. itr. V.; mit sein* **a)** *(abweichen)* **vom Weg ~:** lose one's way; **immer mehr vom Weg ~:** go further and further astray; **vom Kurs ~:** go off course; **von der Fahrbahn ~:** leave the road; **vom rechten Weg ~** *(fig. geh.)* stray from the straight and narrow; **b)** *(abschweifen)* digress; **vom Thema ~:** stray from the topic; digress; **c)** *(aufgeben)* **von einem Plan ~:** abandon *or* give up a plan; **d)** *(Sport)* **der Läufer ist gut/ schlecht abgekommen** the runner got a good/bad start; **der Springer ist gut/ schlecht abgekommen** the jumper made a good/bad take-off; **e)** *(Schießen)* aim
Ab·kommen *das;* ~s, ~: agreement; **ein ~ [über etw.** *(Akk.)***] treffen** *od.* **schließen** come to an agreement [on sth.]
abkömmlich ['apkœmlɪç] *Adj.* free; available
Abkömmling ['apkœmlɪŋ] *der;* ~s, ~e **a)** *(Nachkomme)* descendant; **b)** *(Chemie)* derivative
ab|können *unr. V.* **a)** *(nordd.: mögen)* stand; *(vertragen)* take; **b)** *(ugs.: abgemacht werden dürfen)* **das Bild kann ab** that picture can go
ab|konterfeien *tr. V. (veralt.)* **jmdn. ~:** *(zeichnen)* draw a good likeness of sb.; *(fotografieren)* take sb.'s photograph
ab|koppeln *tr. V.* uncouple; *(fig.)* separate; dissociate

ab|kratzen 1. *tr. V.* **a)** *(entfernen) (mit den Fingern)* scratch off; *(mit einem Werkzeug)* scrape off; **b)** *(säubern)* scrape [clean]. 2. *itr. V.; mit sein (derb)* croak *(sl.);* snuff it *(sl.)*
ab|kriegen *tr. V. (ugs.)* s. **abbekommen**
ab|kucken *tr., itr. V. (nordd.)* s. **abgucken**
ab|kühlen 1. *tr. V. (kühlen)* cool down; **jmds. Eifer ~** *(fig.)* dampen sb.'s ardour; **jmdn. ~** *(fig.)* cool sb. off. 2. *itr. V.; meist mit sein (kühler werden)* cool down; get cooler; **es hat stark abgekühlt** it has become a lot cooler; **die Begeisterung kühlte ab** *(fig.)* enthusiasm waned. 3. *refl. V. (kühler werden)* cool down; get cooler
Ab·kühlung die cooling; *(fig.)* cooling [off]
Abkunft ['apkʊnft] *die;* ~ *(geh.)* descent; **ein Mädchen bürgerlicher ~:** a girl of bourgeois family
ab|kupfern *tr. V. (ugs.)* copy mechanically (bei from)
ab|kuppeln *tr. V.* s. **abkoppeln**
ab|kürzen *tr., itr. V.* **a)** *(räumlich);* **eine Strecke um 5 km ~:** shorten a distance by 5 km; **den Weg ~:** take a shorter route; **wir haben abgekürzt, indem wir durch die Gärten gegangen sind** we took a short cut through the gardens; **b)** *(zeitlich)* cut short; **c)** *(kürzer schreiben)* abbreviate **(mit** to); **sich [mit] H. S. ~:** have the initials H. S.
Ab·kürzung die **a)** *(Weg)* short cut; **b)** *(Wort)* abbreviation; **c)** *(das Abkürzen)* cutting short; **zur ~ des Verfahrens** to shorten the procedure
Abkürzungs-: **~liste** die s. **~verzeichnis;** **~punkt** der *(Schriftw.)* full stop; **~verzeichnis** das list of abbreviations
ab|küssen *tr. V.* cover with kisses
Abl. *Abk.* **Ableitung**
ab|laden *unr. tr., itr. V.* **a)** unload, off-load ⟨*case, sack, barrel, goods, vehicle*⟩; dump, unload ⟨*gravel, sand, rubble*⟩; **seine Sorgen bei jmdm. ~** *(fig.)* unburden oneself to sb.; **b)** *(Seew.: beladen)* load ⟨*ship*⟩
Ablader der; ~s, ~ *(Seew.)* shipping agent
Ab·lage die **a)** *(Vorrichtung)* storage place; **b)** *(Raum)* storage room; **c)** *(Bürom.)* filing; **d)** *(von Eiern)* laying; **e)** *(schweiz.:* s. **Annahmestelle, Zweigstelle**
ab|lagern 1. *tr. V.* **a)** *(absetzen)* deposit; **b)** *(deponieren)* dump. 2. *refl. V.* be deposited. 3. *itr. V.; meist mit sein (reifen)* season; s. *auch* **abgelagert 2**
Ab·lagerung die **a)** *(das Absetzen)* deposition; **bei der ~ von Mineralien** when minerals have been deposited; **c)** *(das Deponieren)* dumping; **d)** *(das Reifen)* seasoning
ablandig *Adj. (Seemannsspr.)* offshore
Ablaß ['aplas] *der;* **Ablasses, Ablässe** *(kath. Rel.)* indulgence
Ablaß·brief der *(hist.)* letter of indulgence
ab|lassen 1. *unr. tr. V.* **a)** *(ablaufen lassen)* let out **(aus** of); **lassen Sie Wasser ~:** pass water; **b)** *(ausströmen lassen)* let out ⟨*steam*⟩; let out ⟨*air*⟩; **eine Blähung ~:** break wind; **c)** *(leeren)* empty; **d)** *(billiger)* **jmdm. etw. ~:** let sb. have sth.; **e)** *(nachlassen)* **[jmdm.] vom Preis 20% ~:** give [sb.] a 20% discount; **f)** *(ugs.: nicht anziehen, befestigen)* leave ⟨*tie, hat, badge, label*⟩ off; **g)** *(salopp: äußern)* come out with. 2. *unr. itr. V.* **a)** *(aufgeben)* **von etw. ~:** give sth. up; **b)** *(sich nicht mehr befassen)* **von jmdm./etw. ~:** leave sb./sth. alone
Ablaß-: **~prediger** der *(hist.)* pardoner; **~ventil** das *(Technik)* outlet valve
Ablativ ['ablati:f] *der;* ~s, ~e *(Sprachw.)* ablative
Ab·lauf der **a)** *(Verlauf)* course; **der ~ der Ereignisse** the course of events; **der ~ des Überfalls/des Programms/der Handlung** the sequence of events during the raid/the order of events on the programme/the development of the plot; **b)** *(das Stattfinden)* passing *or* going off; **für den reibungslosen**

847

ablaufen — Abmeldung

~ **einer Veranstaltung sorgen** ensure that an event passes *or* goes off smoothly; **c)** *(Prozeß)* process; **d)** *o. Pl. (Ende)* nach ~ **eines Jahres** after a year; **nach ~ einer Frist** at the end of a period of time; **mit ~ des Kalenderjahres** at the end of one calendar year; **e)** *(Abfluß)* outlet

ab|laufen 1. *unr. itr. V.;* mit sein **a)** *(abfließen)* flow away; *(aus einem Behälter)* run *or* flow out; *(sich leeren)* empty; **das Badewasser ~ lassen** let the bathwater out; **b)** *(herabfließen)* run down; **von/an etw.** *(Dat.)* ~: run off sth.; **an ihm läuft alles ab** *(fig.)* it's like water off a duck's back [with him]; **jmdn. ~ lassen** *(ugs.)* send sb. packing; **das Geschirr ~ lassen** let the dishes drain; **c)** *(verlaufen)* pass *or* go off; **gut/glimpflich abgelaufen sein** have gone *or* passed off well/smoothly; **d)** *(stehengeblieben sein)* ⟨*alarm clock*⟩ run down; *(parking-meter)* expire; **e)** *(aufhören, ungültig werden)* ⟨*period, contract, passport*⟩ expire; **f)** *(abspulen)* ~ **lassen** play ⟨*tape*⟩; run ⟨*film*⟩ through; **g)** *(abrollen)* run out ⟨*rope etc.*⟩; **h)** *(Seemannsspr.)* be launched. **2.** *unr. tr. V.* **a)** *auch mit sein (entlanglaufen)* walk all along; go over ⟨*area*⟩ on foot; *(schnell)* run all along; **b)** *(abnutzen)* wear down; *s. auch* **Bein a; Fuß b; Schuhsohle**

ab|lauschen *tr. V. (geh.)* **jmdm. etw. ~:** learn sth. by listening to sb.

Ab·laut *der (Sprachw.)* ablaut

ab|lauten *itr. V. (Sprachw.)* undergo ablaut; **das sind ~de Verben** these verbs undergo ablaut

ab|läuten *itr. V.* **a)** ring the bell [to start]; **b)** *(veralt.: beim Telefon)* ring off

ab|leben *itr. V.; mit sein (geh.)* pass away; *s. auch* **abgelebt 2**

Ab·leben *das; o. Pl. (geh.)* decease; demise

ab|lecken *tr. V.* **a)** *(entfernen)* lick off; **b)** *(säubern)* lick clean; **sich** *(Dat.)* **die Finger ~:** lick one's fingers

ab|ledern *tr. V.* leather down

ab|legen 1. *tr. V.* **a)** *(niederlegen)* lay *or* put down; lay ⟨*egg*⟩; **b)** *(Bürow.)* file; **c)** *(nicht mehr tragen)* stop wearing; **abgelegte Kleidung** old clothes *pl.;* cast-offs *pl.;* **d)** *(aufgeben)* give up ⟨*habit*⟩; lose ⟨*shyness*⟩; set aside ⟨*arrogance*⟩; **e)** *(machen, leisten)* swear ⟨*oath*⟩; sit ⟨*examination*⟩; give ⟨*account*⟩; make ⟨*confession*⟩; *s. auch* **Bekenntnis a; f)** *(geh.: beabsichtigen)* **es auf etw.** *(Akk.)* ~: want sth. **2.** *tr., itr. V.* **a)** *(ausziehen)* take off; **möchten Sie ~?** would you like to take your coat off?; **b)** *(Kartenspiel) (abwerfen)* discard; *(auflegen)* put down. **3.** *itr. V. (Seemannsspr.: losfahren)* **[vom Kai]** ~: cast off

Ableger *der;* **~s,** ~: **a)** *(Bot.)* layer; **b)** *(Steckling)* cutting; *(fig. ugs.: Sohn)* offspring; *(fig.: Filiale)* offshoot

ab|lehnen 1. *tr. V.* **a)** *(zurückweisen)* decline; decline, turn down ⟨*money, invitation, position*⟩; reject ⟨*suggestion, applicant*⟩; **b)** *(nicht genehmigen)* turn down; reject; reject, throw out ⟨*bill*⟩; **c)** *(verweigern)* **es ~, etw. zu tun** refuse to do sth.; **d)** *(mißbilligen)* disapprove of; reject. **2.** *itr. V.* decline; **sie haben ohne Begründung abgelehnt** *(nicht genehmigt)* they rejected it/them without giving any reason

ablehnend 1. *Adj.* negative ⟨*reply, attitude*⟩; **ein ~er Bescheid** a rejection. **2.** *adv.* **einer Sache** *(Dat.)* ~ **gegenüberstehen** take a negative view of sth.; **sich ~ zu etw. äußern** voice one's opposition to sth.

Ablehnung *die;* **~, ~en a)** *(Zurückweisung)* rejection; **auf ~ stoßen** meet with opposition; **b)** *(Mißbilligung)* disapproval; **auf ~ stoßen** meet with disapproval; **c)** *(Weigerung)* refusal

ab|leisten *tr. V.* serve out

ab|leiten 1. *tr. V.* **a)** divert; **b)** *(herleiten; auch Sprachw., Math.)* **etw. aus/von etw. ~:** derive sth. from sth.; **das Wort ist aus dem Spanischen abgeleitet** the word is derived from Spanish; **c)** *(Math.: differenzieren)* differentiate ⟨*function*⟩. **2.** *refl. V. (sich herleiten)* **sich aus/von etw. ~:** derive *or* be derived from sth.

Ab·leitung *die* **a)** *(das Ableiten; auch Math., Sprachw.)* derivation; **b)** *(Sprachw.: Wort; Math.: Ergebnis des Differenzierens)* derivative

Ableitungs·silbe *die (Sprachw.)* affix

ab|lenken 1. *tr. V.* **a)** *(Richtung ändern)* deflect; **einen Verdacht von sich ~** *(fig.)* divert suspicion from oneself; **b)** *auch itr. (abbringen)* **jmdn. von etw. ~:** distract sb. from sth.; **alles, was ablenkt** everything that is distracting; **c)** *auch itr. (zerstreuen)* divert; **sich ~: amuse** *or* divert oneself; **das lenkt dich davon ab** that'll take your mind off it; **das lenkt ab** it's amusing *or* diverting. **2.** *itr. V. (ausweichen)* **[vom Thema]** ~: change the subject

Ab·lenkung *die* **a)** *(Richtungsänderung)* deflection; **b)** *(Störung)* distraction; **c)** *(Zerstreuung)* diversion

Ablenkungs·manöver *das* diversion[ary tactic]

ablesbar *Adj.* readable ⟨*scale, dial*⟩ be readable; **an etw.** *(Dat.)* ~ *(fig.)* be detectable from sth.

¹ab|lesen *unr. tr. V.* **a)** *(wegnehmen)* pick off; **b)** *(säubern)* pick clean; groom ⟨*coat*⟩

²ab|lesen 1. *unr. tr., itr. V.* **a)** read ⟨*speech, lecture*⟩; **werden Sie frei sprechen oder ~?** will you be talking from notes or reading your speech?; **b)** *(feststellen, prüfen)* check ⟨*time, speed, temperature*⟩; **[das Gas/den Strom]** ~: read the gas/electricity meter; **die Temperatur auf dem** *od.* **am Thermometer ~:** read off the temperature on the thermometer; **das Thermometer/den Tacho ~:** read the thermometer/speedo. **2.** *unr. tr. V. (erkennen)* see; gauge ⟨*significance*⟩; **etw. an etw.** *(Dat.)* ~: see sth. from sth.; **jmdm. jeden Wunsch von den Augen ~:** read sb.'s every wish in his/her eyes

ab|leuchten *tr. V.* shine a light all over

ab|leugnen *tr., itr. V.* deny ⟨*involvement, guilt*⟩; **sie leugnet stur ab** she flatly denies it

ab|lichten *tr. V.* **a)** *(fotokopieren)* photocopy; **b)** *(fotografieren)* take a photograph of

ab|liefern *tr., itr. V.* deliver ⟨*goods*⟩; hand in ⟨*manuscript, examination paper, weapon, etc.*⟩; *(fig. ugs.)* take/bring ⟨*person*⟩ (**in/auf** + *Dat.*, **bei** to); **er hat pünktlich abgeliefert** he delivered it/handed it in on time

Ab·lieferung *die (von Waren)* delivery; *(von Manuskripten usw.)* handing in

ab|liegen *unr. itr. V.* be out of the way; *s. auch* **abgelegen**

ab|listen *tr. V.* **jmdm. etw. ~:** *(durch Betrug)* swindle sb. out of sth.; *(durch Charme)* cajole sb. into giving sth.

ab|locken *tr. V.* **jmdm. etw. ~:** coax sth. out of sb.

ablösbar *Adj.* **a)** removable; **b)** *(Finanzw.)* redeemable

ab|löschen 1. *tr. V.* **a)** *(trocknen)* blot ⟨*ink, letter, etc.*⟩; **b)** *(abwischen)* wipe ⟨*blackboard*⟩; wipe out ⟨*writing*⟩; **c)** *(Kochk.)* **etw. mit Rotwein** *usw.* ~: add red wine *etc.* to sth.; **d)** *(löschen)* extinguish; put out. **2.** *itr. V.* **a)** *(trocknen)* blot off. **b)** *(abwischen)* wipe [the blackboard]; **c)** *(Kochk.)* **mit Rotwein** *usw.* ~: add red wine *etc.*

Ablöse *die;* ~, ~**n a)** *s.* **Ablösesumme; b)** *(österr.)* single payment made by tenant at start of tenancy

ab|lösen 1. *tr. V.* **a)** *(lösen)* **etw. [von etw.]** ~: get sth. off [sth.]; remove sth. [from sth.]; **b)** *(abwechseln)* relieve; take over from; *(fig.: ersetzen)* replace; **sich** *od.* **einander ~:** take turns; **c)** *(verhüll.: entlassen)* remove from office; **d)** *(Finanzw.: tilgen)* redeem. **2.** *refl. V. (sich lösen)* ⟨*retina*⟩ become detached; **sich von etw. ~:** come off sth.

Ablöse·summe *die (Sport)* transfer fee

Ab·lösung *die* **a)** *(eines Postens)* changing; *(fig.: Verdrängung, Ersetzung)* replacement; **ich schicke Ihnen jemanden zur ~:** I'll send someone to relieve you; **b)** *(Ersatz)* relief; **c)** *(das Ablösen)* detaching; *(der Netzhaut)* detachment; **d)** *(verhüll.: Entlassung)* removal; **e)** *(Finanzw.: Tilgung)* redemption; **f)** *(Psych.)* dissolution of an emotional tie/ emotional ties; **die ~ von seinen Eltern** breaking away emotionally from his parents

ab|luchsen ['aplʊksn̩] *tr. V. (salopp)* **jmdm. etw. ~:** get *or* (*sl.*) wangle sth. out of sb.

Ab·luft *die (Technik)* vitiated air

ab|lutschen *tr. V.* **a)** suck off; *(säubern)* suck clean; **die Marmelade von den Fingern ~:** suck the jam off one's fingers; **ein abgelutschter Bonbon** a half-sucked sweet; **b)** *(vulg.)* **jmdm. einen ~:** suck sb. off *(sl.)*

ab|machen *tr. V.* **a)** *(ugs.: entfernen)* take off; take down ⟨*sign, rope*⟩; **etw. von etw. ~:** take sth. off sth.; **b)** *(vereinbaren)* agree; **abgemacht, wir kommen mit!** all right, we'll come; **c)** *(klären)* sort out; **das muß er mit sich selbst ~:** that's something he'll have to sort out by himself

Abmachung *die;* ~, ~**en** an agreement; arrangement; **eine ~ [mit jmdm.] treffen** come to an agreement *or* arrangement [with sb.]

ab|magern 1. *itr. V.; mit sein* become thin; *(absichtlich)* slim; **bis auf die Knochen ~:** become a mere skeleton; *s. auch* **abgemagert 2. 2.** *tr. V. (Technik)* **das Gemisch ~:** make the mixture leaner; **b)** *(verringern)* cut back on; *(leichter machen)* make lighter

Abmagerung *die;* ~, ~**en** *(Vorgang)* weight loss; *(Zustand)* emaciation

Abmagerungs·kur *die* reducing diet; **eine ~ machen** go on a diet; **er macht gerade eine ~:** he's dieting at the moment

ab|mähen *tr. V.* mow

ab|mahnen *tr. V.* **s. verwarnen**

Ab·mahnung *die s.* **Verwarnung**

ab|malen *tr. V.* paint a picture of *(aus, von* from*)*

Ab·marsch *der* departure; **im ~ sein** be marching off; **~!** forward march!

abmarsch·bereit *Adj.* ready to depart; *(Milit.)* ready to march

ab|marschieren *itr. V.; mit sein* depart; *(Milit.)* march off

ab|matten ['apmatn̩] *tr. V. (geh.)* fatigue

ab|meißeln *tr. V.* chisel *or* carve off

Abmelde·bestätigung *die* document confirming that one has notified the authorities of one's intention to move from an address

ab|melden *tr. V.* **a)** *(das Weggehen melden)* **sich/jmdn. ~:** report that one/sb. is leaving; **sich [bei jmdm.] ~:** report absent from duty [to sb.]; **b)** *(Umzug melden)* notify the authorities that one is moving from an address; **abgemeldet sein** have given notice of moving away; **c)** **ein Auto ~:** cancel a car's registration; **ein abgemeldetes Auto** a car of which the registration has been cancelled; **sein Telefon ~:** have one's phone disconnected; **seinen Fernseher ~:** cancel one's TV licence; **d)** *(Sportjargon: beherrschen)* **jmdn. ~:** shut sb. out of the game/ race *etc.;* **abgemeldet sein** be kept out of the game/race *etc.;* **e)** *(ugs.)* **[bei jmdm.] abgemeldet sein** no longer be of interest [to sb.]; **er ist jetzt bei mir abgemeldet** I want nothing more to do with him

Ab·meldung *die* **a)** *(beim Weggehen)* report that one is leaving; **b)** *(beim Umzug)* registration of a move with the authorities at one's old address; **c)** *(des Telefons)* disconnection; **d)** ~ **eines Autos/eines Fernsehers** cancellation of a car's registration/a television licence; **e)** *s.* **Abmeldebestätigung**

ab|messen *unr. tr. V.* **a)** measure; *(fig.)* measure; assess; **b)** *(abteilen)* measure off; *s. auch* abgemessen 2, 3

Ab·messung *die* **a)** *meist Pl. (Dimension)* dimension; measurement; **b)** *(das Abmessen)* measuring

ab|mildern *tr. V.* **a)** *(dämpfen)* break, cushion ⟨*fall, impact*⟩; **b)** *(abschwächen)* tone down; take the edge off

ab|montieren **1.** *tr. V. (entfernen)* take off, remove ⟨*part, wheel*⟩; dismantle ⟨*machine, equipment*⟩. **2.** *itr. V. (Fliegerspr.:* sich lösen) come off

ab|mühen *refl. V.* sich [mit jmdm./etw.] ~: toil [for sb.'s benefit/with sth.]; sie mühte sich mit dem schweren Koffer ab she struggled with the heavy suitcase

ab|murksen *tr. V. (salopp)* do in *(sl.)*

ab|müssen *unr. itr. V. (ugs.)* das muß ab it will have to come off; **der Baum/das Plakat muß ab** the tree/poster will have to come down

ab|mustern *(Seemannsspr.)* **1.** *tr. V. (entlassen)* discharge. **2.** *itr. V.* sign off; **von einem Schiff ~:** leave a ship

ab|nabeln *tr. V.* **ein Kind ~:** cut a child's cord; **sich vom Elternhaus ~** *(fig.)* break away from the parental home

ab|nagen *tr. V.* gnaw off; **etw. von etw. ~** gnaw sth. off sth.; **ein abgenagter Knochen** a gnawed bone

ab|nähen *tr. V.* take in ⟨*skirt, jacket, etc.*⟩

Abnäher ['apnɛːɐ] *der; ~s, ~:* tuck

Abnahme ['apnaːmə] *die; ~, ~n* **a)** *o. Pl. (das Entfernen)* removal; **vor/bei/nach der ~ des Verbandes** before/when/after the bandage was/is removed; **b)** *(Verminderung)* decrease; decline; **c)** *(Kauf)* purchasing; **bei ~ größerer Mengen** when large quantities are purchased; **d)** *(Prüfung) (eines Gebäudes, einer Strecke)* inspection and approval, *(eines Fahrzeugs)* testing and passing, *(Freigabe)* passing; **e)** *(Entgegennahme) (eines Eides)* administration, *(eines Versprechens)* extraction; *(einer Parade)* taking the salute *(Gen.* at)

Abnahme·garantie *die* guaranteed purchase; firm order

abnehmbar *Adj.* detachable; removable

ab|nehmen **1.** *unr. tr. V.* **a)** *(entfernen)* take off; remove; take down ⟨*picture, curtain, lamp*⟩; **jmdm. das Bein ~:** take sb.'s leg off; **sich** *(Dat.)* **den Bart ~:** shave one's beard off; **b)** *(übernehmen)* take; **jmdm. den Koffer ~:** take sb.'s suitcase [from him/her]; **kann/darf ich Ihnen etwas ~?** can/may I carry something for you?; **jmdm. einen Weg/eine Arbeit ~:** save sb. a journey/a job; **jmdm. seine Sorgen ~:** relieve sb. of his/her worries; **c)** *(entgegennehmen)* **jmdm. ein Versprechen/einen Eid ~:** make sb. give a promise/swear an oath; **jmdm. die Beichte ~:** hear sb.'s confession; **eine Parade ~:** take the salute at a parade; **eine Prüfung ~:** conduct an examination; **d)** *(prüfen)* inspect and approve; test and pass ⟨*vehicle*⟩; **e)** *(stehlen)* take; *(beschlagnahmen)* take away ⟨*driving licence, passport*⟩; *(abgewinnen)* **jmdm. etw. ~:** take sth. off sb.; **jmdm. ein paar Meter ~:** gain a few metres over sb.; **f)** *(abverlangen)* **jmdm. etw. ~:** charge sb. sth.; **g)** *(abkaufen)* **jmdm. etw. ~:** buy sth. from sb.; **h)** *(ugs.: glauben)* buy *(coll.);* **diese Geschichte nehme ich dir nicht ab** I'm not buying that story *(coll.);* **i)** *(übertragen)* take ⟨*fingerprint*⟩. **2.** *unr. itr. V.* **a)** *auch tr. (beim Telefon)* answer; **den Hörer ~:** pick up the receiver; **b)** *auch tr. (Handarb.)* decrease; **c)** *(Gewicht verlieren)* lose weight; **sechs Kilo ~:** lose six kilos; **d)** *(sich verringern)* decrease; drop; ⟨*attention, interest*⟩ flag; ⟨*brightness*⟩ diminish; **die Tage nehmen ab** the days are getting shorter; **wir haben ~den Mond** there is a waning moon

Abnehmer *der; ~s, ~:* buyer

Ab·neigung *die* dislike (**gegen** for); aversion (**gegen** to)

abnorm [apˈnɔrm] **1.** *Adj.* abnormal; *(ungewöhnlich)* exceptional. **2.** *adv.* abnormally; *(ungewöhnlich)* unusually

ab·normal *Adj., adv. (bes. österr. u. schweiz.) s.* anormal

Abnormität [apnɔrmiˈtɛːt] *die; ~, ~en* **a)** *(Mißbildung)* deformity; **b)** *(Mißgeburt)* freak

ab|nötigen *tr. V. (geh.)* **jmdm. Respekt ~:** compel sb.'s respect; **jmdm. ein Geständnis/die Zustimmung ~:** extract a confession/agreement from sb.

ab|nutzen, *(landsch.:)* **ab|nützen 1.** *tr. V.* wear out. **2.** *refl. V.* wear out; become worn; ⟨*expressions, arguments*⟩ become hackneyed; **das Material nutzt sich rasch ab** the material wears very quickly; *s. auch* abgenutzt 2

Ab·nutzung, *(landsch.:)* **Ab·nützung** *die* wear [and tear] *no indef. art.*

Abnutzungs·erscheinung *die* sign of wear and tear; *(fig.)* sign of disenchantment

Abonnement [abɔnəˈmãː] *das; ~s, ~s* subscription (**+** *Gen.* to); *(Theater, Oper)* subscription ticket; **eine Zeitschrift im ~ beziehen** subscribe to *or* have a subscription to a magazine

Abonnement[s]-: **~karte** *die* subscription ticket; **~konzert** *das* subscription concert

Abonnent [abɔˈnɛnt] *der; ~en, ~en,* **Abonnentin** *die; ~, ~nen* subscriber (**+** *Gen.* to); *(Theater, Oper)* season-ticket holder

abonnieren [abɔˈniːrən] **1.** *tr. V.* subscribe to; have a subscription to, *(Theater, Oper)* have a season ticket for. **2.** *itr. V. (bes. schweiz.)* **abonniert sein auf** (**+** *Akk.*) have a subscription to ⟨*newspaper, magazine, concerts*⟩; *(Theater, Oper)* have a season ticket for; *(fig.)* get as a matter of course

ab|ordnen *tr. V.* send; **jmdn. als Delegierten ~:** delegate sb.; **jmdn. zu einer Konferenz ~:** delegate sb. to a conference; **jmdn. nach Wien ~:** send sb. to Vienna

Ab·ordnung *die* delegation

¹**Abort** [aˈbɔrt] *der; ~[e]s, ~e (veralt., noch fachspr.)* lavatory

²**Abort** *der; ~s, ~e (Med.)* **a)** *(Fehlgeburt)* miscarriage; **b)** *(Abtreibung)* abortion

Abort·grube *die* cesspool

ab|packen *tr. V.* pack; wrap ⟨*bread*⟩; **abgepacktes Obst/abgepackte Fleischportionen** packaged fruit/pieces of meat

ab|passen *tr. V.* **a)** *(abwarten)* wait for; **b)** *(aufhalten)* catch

ab|pausen, *itr. V.* trace

ab|pellen *tr. V. (nordd.)* peel; peel the skin off ⟨*sausage*⟩

ab|perlen *itr. V.; mit sein* **von etw. ~:** roll off sth.

ab|pfeifen *(Sport)* **1.** *itr. V.* blow the whistle; **der Schiedsrichter hatte abgepfiffen** the whistle had gone. **2.** *tr. V.* **a)** *(unterbrechen)* [blow the whistle to] stop; **b)** *(beenden)* blow the whistle for the end of ⟨*match, game, half*⟩

Ab·pfiff *der (Sport)* final whistle; *(Halbzeit~)* half-time whistle

ab|pflücken *tr. V.* **a)** pick; **sich** *(Dat.)* **etw. ~:** pick oneself sth.; **b)** *(leer pflücken)* pick clean

ab|placken *(ugs.),* **ab|plagen** *refl. V.* slave away; flog oneself to death *(coll.);* **sich mit etw./jmdm. ~:** slave away at sth./for sb.'s benefit; **sich mit einem Problem ~:** wrestle with a problem

ab|platten [ˈaplatn̩] *tr. V.* flatten [out]

ab|platzen *itr. V.; mit sein* ⟨*lacquer, enamel, plaster*⟩ flake off; ⟨*button*⟩ fly off

ab|prägen **1.** *refl. V.* **sich in etw.** *(Dat.)* **~:** leave an impression in sth.; *(fig.)* leave its/their mark on sth. **2.** *tr. V. (Technik)* take ⟨*cast*⟩; make ⟨*mould*⟩

ab|prallen *itr. V.; mit sein* rebound; bounce off; ⟨*missile*⟩ ricochet; **an od. von etw.** *(Dat.)* **~:** rebound/ricochet off sth.; **an jmdm. ~** *(fig.)* bounce off sb.

Abpraller *der; ~s, ~ (Sport)* rebound; *(ugs.: eines Geschosses)* ricochet

ab|pressen *tr. V.* **a)** *(abnötigen)* **jmdm. etw. ~:** extort sth. from sb.; **b)** *(abschnüren)* **das preßte uns den Atem ab** it took our breath away

Ab·produkt *das (bes. DDR)* waste product

ab|protzen **1.** *tr. V. (Milit.)* unlimber. **2.** *itr. V. (derb)* have *or (Amer.)* take a crap *(vulg.);* crap *(vulg.)*

ab|pumpen *tr. V.* pump out; extract ⟨*milk*⟩ by breast-pump

ab|putzen *tr. V.* **a)** wipe; **jmdm./sich das Gesicht** *usw.* **~:** clean sb.'s/one's face *etc.;* **b)** *(entfernen)* **etw. von jmdm./etw. ~:** wipe sth. off sb./sth.

ab|quälen *refl. V.* **sich** [mit etw.] ~: struggle [with sth.]; **sich** *(Dat.)* **einen Brief ~:** force oneself to write a letter; **da hat er sich was abgequält** he must have had a struggle to get that out

ab|qualifizieren *tr. V.* denigrate; **jmdn./etw. als etw. ~:** dismiss sb./sth. as sth.; **sich selbst ~:** show oneself up

ab|quetschen **1.** *tr. V.* **jmdm. einen Arm/ein Bein ~:** crush sb.'s arm/leg. **2.** *refl. V. (ugs.: hervorbringen)* **sich** *(Dat.)* **etw. ~:** force out ⟨*words, smile*⟩; **sich** *(Dat.)* **ein paar Tränen ~:** squeeze out a few tears

ab|rackern *refl. V. (ugs.)* slave [away]; flog oneself to death *(coll.);* **sich mit etw. ~:** slave away at sth.

Abraham [ˈaːbraham] *(der)* **a)** Abraham; **b)** **in [sicher] wie in ~s Schoß** *(ugs.)* as safe as houses *(coll.)*

Abrakadabra [aːbrakaˈdabra] *das; ~s* **a)** *(Zauberwort)* abracadabra; **b)** *(unsinniges Gerede)* blitherings *pl.*

ab|rasieren *tr. V.* shave off; **jmdm./sich den Bart ~:** shave off sb.'s/one's beard

ab|raten *unr. itr., tr. V.* **jmdm. von etw. ~:** advise sb. against sth.; **jmdm. [davon] ~, etw. zu tun** advise sb. not to do sth. *or* against doing sth.; **da kann ich nur abraten** I can only advise you against it

Ab·raum *der; o. Pl. (Bergbau)* overburden

ab|räumen 1. *tr. V.* **a)** clear away; **b)** *(leer machen)* clear ⟨*Bergbau*⟩ remove ⟨*overburden*⟩. **2.** *itr. V.* **a)** clear away; **b)** *(vom Tisch)* clear the table; **c)** *(Bergbau)* remove the overburden

ab|rauschen *itr. V.; mit sein (ugs.) (schnell)* rush off; *(auffällig)* sweep off

ab|reagieren 1. *tr. V.* work off; **seine Wut an jmdm. ~:** take one's anger out on sb. **2.** *refl. V.* work off one's feelings

ab|rechnen 1. *itr. V.* **a)** cash up; **b)** *(fig.)* **mit jmdm. ~:** call sb. to account. **2.** *tr. V.* **a)** **die Kasse ~:** reckon up the till; total the cash *or* register *(Amer.);* **seine Einnahmen ~:** agree one's takings; **seine Spesen ~:** claim one's expenses; **b)** *(abziehen)* deduct

Ab·rechnung *die* **a)** *(Schlußrechnung)* cashing up *no art.;* **die Kellnerin machte die ~:** the waitress was cashing up; **b)** *(Aufstellung)* statement; *(Kaufmannsspr.:* Bilanz) balance; *(Dokument)* balance-sheet; **der Tag der ~:** the day of reckoning; **c)** *(Vergeltung)* reckoning; **d)** *(Abzug)* deduction; **nach ~ der Unkosten** after deducting expenses; **etw. in ~ bringen** *(Amtsspr.)* deduct sth.; **in ~ kommen** *(Amtsspr.)* be deducted

Abrechnungs-: **~stelle** *die (Finanzw.)* clearing-house; **~verkehr** *der (Finanzw.)* clearing

Ab·rede *die* **a)** arrangement; agreement; **b)** **etw. in ~ stellen** deny sth.

ab|regen *refl. V. (ugs.)* calm down; **reg dich ab!** cool it! *(coll.);* calm down!

ab|reiben *unr. tr. V.* **a)** *(entfernen)* rub off; *(Kochk.)* grate; **etw. von etw. ~:** rub/grate

849

sth. off sth.; **abgeriebene Zitronenschale** grated lemon peel; **b)** *(säubern)* rub; [**sich** *(Dat.)*] **die Hände an der Hose ~:** rub one's hands on one's trousers; **c)** *(frottieren)* rub down; **jmds. Hände mit Schnee ~:** rub sb.'s hands with snow

Ab·reibung die **a)** *(ugs.: Prügel)* hiding *(coll.)* or *(Amer.)* licking; **jmdm. eine ~ verpassen** give sb. a good hiding; **b)** *(Med.)* rubbing

Ab·reise die departure **(nach** for); **bei meiner ~:** when I left/leave

ab|reisen itr. V.; mit sein leave **(nach** for)

Abreiß·block der; **~s, ~s** od. **Abreißblöcke** tear-off notebook

ab|reißen 1. unr. tr. V. **a)** *(entfernen)* tear off; tear down ⟨*poster, notice*⟩; pull off ⟨*button*⟩; break off ⟨*thread*⟩; s. auch **Kopf a; b)** *(niederreißen)* demolish, pull down ⟨*building*⟩; demolish ⟨*area*⟩; **c)** *(salopp: ableisten)* get through; stick out *(coll.)*; s. auch **abgerissen** 2. 2. unr. tr. V.; mit sein **a)** *(sich lösen)* fly off; ⟨*shoe-lace*⟩ break off; **b)** *(aufhören)* come to an end; ⟨*connection, contact*⟩ be broken off; **in nicht ~der Folge** in a never-ending procession

Abreiß·kalender der tear-off calendar

ab|reiten 1. unr. tr. V.; mit sein *(wegreiten)* ride off *or* away. 2. itr. V.; mit sein od. haben *(entlanggreiten)* ride the whole length of; ride over ⟨*district*⟩; **b)** *(Pferdesport: vorbereiten)* supple; **c)** *(müde reiten)* ride to exhaustion; **d)** *(Seemannsspr.)* ride out ⟨*storm*⟩

Abreite·platz, Abreit·platz der *(Pferdesport)* warming-up arena

ab|richten itr. V. train

Ab·richter der trainer

Ab·richtung die; ~: training

ab|riegeln tr., itr. V. **a)** *(zusperren)* **[die Tür] ~:** bolt the door; **b)** *(absperren)* seal *or* cordon off ⟨*area*⟩

Abriege[e]lung die; ~, ~en sealing *or* cordoning off

ab|ringen unr. tr. V. **a)** *(abnötigen)* **jmdm. etw. ~:** extract sth. from sb.; ⟨*sich (Dat.)* ein Lächeln ~**:** force a smile; **b)** *(entreißen)* **jmdm./einer Sache etw. ~:** wrest sth. from sb./sth.

Ab·riß der a) *auf.: s.* **abreißen 1 b:** demolition; pulling down; **auf ~ stehen** *(ugs.)* be scheduled for demolition; **b)** *(von Eintrittskarten)* tear-off section; **c)** *(knappe Darstellung)* outline

Abriß·arbeiten Pl. s. **Abbrucharbeit**

ab|rollen 1. tr. V. unwind; **sich ~:** unwind [itself]. 2. itr. V.; mit sein **a)** unwind [itself]; **b)** *(vonstatten gehen)* go off; ⟨*events*⟩ unfold; **sein Leben rollte vor seinen Augen ab** his life passed before his eyes; **c)** *(Sport)* roll over **(über + Akk.** on to)

ab|rubbeln tr. V. *(bes. nordd.)* **jmdn./sich ~:** dry sb./oneself by rubbing; rub sb./oneself down; **jmdm./sich den Rücken ~:** dry sb.'s/one's back by rubbing

ab|rücken 1. tr. V. *(wegschicken)* move away. 2. itr. V.; mit sein **a)** move away; **von jmdm./etw. ~:** move away from sb./sth.; **b)** *(Milit.) (abmarschieren)* move out; *(zurückmarschieren)* march back; **c)** *(ugs.: sich entfernen)* clear out *(coll.)*

Ab·ruf der **a) auf ~** on call; *(DV)* in retrievable form; **sich auf ~ bereithalten** be on call; **b)** *(Kaufmannsspr.)* request for delivery; **etw. auf ~ kaufen** buy sth. on call purchase

abrufbar a) *(DV)* retrievable; **b)** *(Finanzw.)* withdrawable

abruf·bereit Adj. **a)** on call postpos.; **b)** *(Kaufmannsspr.)* ready for delivery on demand postpos.

ab|rufen unr. tr. V. **a)** summon, call ⟨*person*⟩; **er wurde ins Jenseits/aus diesem Leben abgerufen** *(geh. verhüll.)* he was taken from us; **b)** *(DV)* retrieve; **c)** *(Kauf-*

mannsspr.) **etw. ~:** ask for sth. to be delivered; **d)** *(Finanzw.)* withdraw

ab|runden tr. V. **a)** round off; **abgerundete Ecken** rounded corners; **b)** *(auf eine runde Zahl bringen)* round up/down **(auf + Akk.** to); **etw. nach oben/unten ~:** round sth. up/down; **ein Betrag von abgerundet 27,50 Mark** a rounded [up/down] sum of 27.50 marks; **c)** *(vervollkommnen)* round off; complete

Ab·rundung die **a)** rounding off; **b)** *(von Zahlen)* rounding up/down; **c)** *(Vervollkommnung)* rounding off; **zur ~ des Geschmacks** to round off the taste

ab|rupfen tr. V. pull off

abrupt [aˈprʊpt] 1. Adj. abrupt. 2. adv. abruptly

ab|rüsten itr., tr. V. disarm

Ab·rüstung die; ~: disarmament

Abrüstungs-: ~konferenz die disarmament conference; **~verhandlungen** Pl. disarmament negotiations

ab|rutschen itr. V.; mit sein **a)** *(abgleiten)* slip; **von etw. ~:** slip off sth.; **das Pferd rutschte mit den Hinterbeinen ab** the horse's hind feet slipped; **sie ist mit dem Messer abgerutscht** her knife slipped; **b)** *(nach unten rutschen)* slide down; ⟨*earth*⟩ subside; ⟨*snow*⟩ give way; ⟨*aircraft*⟩ side-slip; *(fig.)* ⟨*pupil, competitor, etc.*⟩ slip **(auf + Akk.** to); **c)** *(moralisch absinken)* go downhill

ABS Abk. Antiblockiersystem.

Abs. Abk. **a)** Absender; **b)** Absatz

ab|säbeln tr. V. *(ugs.)* hack off

¹**ab·sacken** itr. V.; mit sein *(ugs.)* **a)** *(nach unten sinken)* fall; ⟨*ground*⟩ subside; ⟨*aircraft*⟩ lose altitude; **b)** *(moralisch absinken)* go downhill

²**ab|sacken** tr. V. sack ⟨*grain, sugar, etc.*⟩

Ab·sage die **a)** *(auf eine Einladung)* refusal; *(auf eine Bewerbung)* rejection; **jmdm. eine ~ erteilen** reject sb.; **eine ~ an jede Form totalitärer Politik** a rejection of all forms of totalitarian politics; **b)** *(Rundf.)* closing announcement

ab|sagen 1. tr. V. cancel; withdraw ⟨*participation, co-operation*⟩. 2. itr. V. **a)** cry off; **jmdm. ~:** tell sb. one cannot come; put sb. off *(coll.)*; **b)** *(telefonisch)* ring to say one cannot come; **ich muß Ihnen für Donnerstag ~:** I must cancel our meeting/visit/appointment etc. on Thursday; **b) dem Bewerber wurde abgesagt** the applicant was rejected; **c)** *(Rundf.)* make the closing announcement

ab|sägen tr. V. **a)** saw off; **b)** *(ugs.)* jmdn. ~: get rid of sb.

ab|sahnen 1. itr. V. *(ugs.)* make a killing *(coll.)*. 2. tr. V. **a)** *(ugs.)* **100 000 Mark ~:** pocket 100,000 marks; **b)** *(Rahm entfernen von)* cream ⟨*milk*⟩

ab|satteln itr., tr. V. unsaddle

Ab·satz der *(am Schuh)* heel; **auf dem ~ kehrtmachen, sich auf dem ~ herumdrehen** turn on one's heel; **b)** *(Textunterbrechung)* break; **einen ~ machen** start a new line; **c)** *(Abschnitt)* paragraph; **d)** *(Kaufmannsspr.)* sales pl.; **guten/keinen ~ finden** sell well/not sell at all; *s. auch* **reißend**; **e)** *(einer Innentreppe)* landing; *(zwischen Geschossen)* half-landing; *(Mauer~)* ledge

absatz-, Absatz-: ~chance die *(Kaufmannsspr.)* sales prospect; **~flaute die** *(Kaufmannsspr.)* drop in sales; **~förderung die** *(Kaufmannsspr.)* sales promotion; **~gebiet das** *(Kaufmannsspr.)* sales territory; *(von Produkten)* market area; **~kick der** *(Fußball)* back-heel; **~markt der** *(Kaufmannsspr.)* market; **~schwierigkeiten** Pl. *(beim Vertrieb)* marketing difficulties; **~steigerung die** *(Kaufmannsspr.)* increase in sales; **~trick der** *(Fußball)* clever back-heel; **~weise** Adv. paragraph by paragraph

ab|saufen unr. itr. V.; mit sein **a)** *(salopp: untergehen)* go to the bottom; **b)** *(derb: ertrinken)* drown; **c)** *(ugs.)* ⟨*engine, car*⟩ flood; **d)** *(salopp: sich mit Wasser füllen)* flood; **abgesoffen sein** be under water; be flooded

ab|saugen tr. V. **a)** *(entfernen)* suck away; **etw. aus/von etw. ~:** suck sth. out of/off sth.; **b)** *(säubern)* hoover *(Brit. coll.)*; vacuum

ab|schaben tr. V. **a)** *(entfernen)* scrape off; **sich** *(Dat.)* **den Bart ~** *(scherzh.)* have a shave; **b)** *(säubern)* scrape [clean]; *s. auch* **abgeschabt 2**

ab|schaffen 1. tr. V. **a)** *(beseitigen)* abolish ⟨*capital punishment, regulation, customs duty, institution*⟩; repeal ⟨*law*⟩; put an end to ⟨*injustice, abuse*⟩; **er möchte alle Flugzeuge ~:** he'd like to do away with aeroplanes completely; **b)** *(aufgeben)* get rid of sth. 2. refl. V. *(südd., schweiz.)* *(sich abarbeiten)* slave away; work oneself hard; *(sich anstrengen)* go at it

Ab·schaffung die a) abolition; *(von Gesetzen)* repeal; *(von Unrecht, Mißstand)* ending; **b)** *(Aufgabe)* **er sah sich zur ~ seines Autos/Hundes gezwungen** he was forced to get rid of or give up his car/dog

ab|schälen tr. V. **a)** peel off; **etw. von etw. ~:** peel sth. off sth.; **b)** *(befreien von)* bark ⟨*tree*⟩. 2. refl. V. *(sich lösen)* peel off; **die Haut schält sich ab** the skin is peeling

abschaltbar Adj. which can be switched off postpos., not pred.; **das ist ~:** it can be switched off

ab|schalten 1. tr., itr. V. *(ausschalten)* switch off; turn off; shut down ⟨*power-station*⟩. **2.** itr. V. *(ugs.: nicht zuhören; Abstand gewinnen)* switch off

Ab·schaltung die switching off; *(eines Kraftwerks)* shut-down

Abschattung [ˈapˌʃatʊŋ] die; ~, ~en shade; hue; *(fig.)* shade; nuance

ab|schätzen tr. V. estimate; size up ⟨*person, possibilities*⟩; **jmdn. ~d betrachten** look at sb. appraisingly

abschätzig [ˈapˌʃɛtsɪç] 1. Adj. derogatory; disparaging. 2. adv. derogatorily; disparagingly

Abschätzigkeit die derogatoriness; disparagement

ab|schauen *s.* abgucken

Ab·schaum der; o. Pl. *(abwertend)* scum; dregs pl.

ab|scheiden unr. tr. V. **a)** *(Chemie)* precipitate; *(Physiol.)* secrete; **b)** *(geh.: abtrennen)* separate; *(fig.)* isolate; *s. auch* **abgeschieden 2**

Abscheider der; ~s, ~ *(Technik)* separator

¹**ab|scheren** unr. tr. V. shear off ⟨*hair, wool*⟩; shear ⟨*sheep, head*⟩

²**ab|scheren** *(Technik)* 1. tr. V. *(abtrennen)* shear. 2. itr. V. *(sich lösen)* shear off

Ab·scheu der; ~s, *(selten:)* die; ~: detestation; abhorrence; **einen ~ vor jmdm./etw. haben** detest *or* abhor sb./sth.; **jmds. ~ erregen** arouse repugnance in sb.; repel sb.

ab|scheuern tr. V. **a)** *(entfernen)* scrub off; **etw. von etw. ~:** scrub sth. off sth.; **b)** *(säubern)* scrub; **c)** *(beschädigen)* wear away ⟨*cloth*⟩; **ein abgescheuerter Kragen** a badly worn collar

abscheu·erregend Adj. *s.* **abscheulich 1 b**

abscheulich [apˈʃɔʏlɪç] 1. Adj. **a)** *(widerwärtig)* disgusting, awful ⟨*smell, taste*⟩; repulsive, awful ⟨*sight*⟩; **b)** *(verwerflich, schändlich)* disgraceful ⟨*behaviour*⟩; abominable ⟨*crime*⟩. 2. adv. **a)** disgracefully; abominably; **b)** *(ugs.: sehr)* **~ frieren** freeze [half] to death *(coll.)*; **das schmerzt ganz ~:** it hurts like hell *(coll.)*; **~ kalt/scharf** terribly cold/sharp *(coll.)*

Abscheulichkeit die; ~, ~en *s.* abscheu-

ab|schicken

lich 1: disgustingness; awfulness; repulsiveness; disgracefulness; abominableness

ab|schicken *tr. V.* send [off], post ⟨*letter, parcel*⟩; dispatch, send [off], post ⟨*goods, money*⟩; send ⟨*messenger*⟩

ab|schieben 1. *unr. tr. V.* **a)** push *or* shove away; **das Bett von der Wand ~**: push *or* shove the bed away from the wall; **b)** *(abwälzen)* shift; **die Verantwortung/Schuld auf jmdn. ~**: shift [the] responsibility/the blame on to sb.; **c)** *(Rechtsw.: ausweisen)* deport; **jmdn. über die Grenze ~**: put sb. over the border; **d)** *(ugs.: entfernen)* get rid of; **jmdn. in ein Heim ~**: shove sb. into a home *(coll.)*. **2.** *unr. itr. V.*; **mit sein** *(salopp: weggehen)* push off *(sl.)*; shove off *(coll.)*

Ab·schiebung die *(Rechtsw.)* deportation

Abschiebungs·haft die *(Rechtsw.)* detention prior to deportation

Abschied ['ap·ʃi:t] *der;* ~[e]s, ~e **a)** *(Trennung)* parting (**von** from); farewell (**von** to); |**von jmdm./etw.**| **~ nehmen** say goodbye [to sb./sth.]; take one's leave [of sb./sth.] *or* von einer Gewohnheit ~ nehmen give up a habit; **beim ~**: at parting; when saying goodbye; **sich zum ~ die Hände schütteln** shake hands on parting; **zum ~ Blumen schenken** give flowers as a parting gift; **jmdm. zum ~ zuwinken** wave goodbye to sb.; **b)** *(geh.: Entlassung)* resignation; **seinen ~ nehmen** resign; ⟨*officer*⟩ resign one's commission; **den ~ erhalten** *(veralt.)* be discharged

Abschieds-: **~besuch der** farewell visit; **~brief der** farewell letter; **~essen das** farewell dinner; **~feier die** *(Zeremonie)* farewell ceremony; *(Party)* farewell *or* leaving party; **~geschenk das** farewell *or* parting gift; *(einer Firma usw.)* leaving present; **~gesuch das** *(geh.)* letter of resignation; **sein ~gesuch einreichen** tender one's resignation; ⟨*officer*⟩ resign one's commission; **~gruß der** goodbye; farewell; **~kuß der** goodbye *or* parting kiss; **~rede die** farewell speech; **~schmerz der**; *o. Pl.* sorrow at parting; **~spiel das** *(Fußball)* farewell appearance; **~szene die** scene of sentimental farewells; **~vorstellung die** farewell performance

ab|schießen *tr. V.* **a)** loose, fire ⟨*arrow*⟩; fire ⟨*rifle, pistol, rocket, cannon*⟩; launch ⟨*spacecraft*⟩; **b)** *(töten)* take; *(salopp)* shoot down ⟨*person*⟩; **c)** *(entfernen)* kick or throw ⟨*person*⟩ out; **d)** *(von sich geben)* fire off ⟨*question*⟩; shoot ⟨*glance*⟩; **e)** *(zerstören)* shoot down ⟨*aeroplane*⟩; put ⟨*tank*⟩ out of action; **f)** *(wegreißen)* shoot off ⟨*arm, leg, etc.*⟩

ab|schilfern *itr. V.; mit sein* peel

ab|schinden *unr. refl. V.* **sich ~**: work *or (Brit. coll.)* flog oneself to death; **sich mit etw. ~**: struggle along with sth.

Abschirm·dienst der *(Milit.)* counterespionage service

ab|schirmen *tr. V.* **a)** *(schützen)* shield; **jmdn./sich von der** *od.* **gegen die Umwelt ~**: screen sb./oneself off from the outside world; **b)** *(abdecken)* cover ⟨*lamp*⟩; screen off ⟨*light, radiation, radio station*⟩

Abschirmung die; ~, ~en **a)** *(Schutz)* shielding; *(von der Umwelt usw.)* screening off; **b)** *(von Licht, Strahlung)* screening off

ab|schirren *tr. V.* unharness ⟨*horse*⟩; unyoke ⟨*cattle*⟩

ab|schlachten *tr. V.* slaughter

ab|schlaffen ['ap·ʃlafn] *(ugs.)* **1.** *tr., itr. V. (schlaff machen)* take it out of you; **das schlafft ab** it takes it out of you; **ein abgeschlaffter Typ** a lackadaisical fellow; **er saß abgeschlafft im Sessel** he sat limply in his chair. **2.** *itr. V.; mit sein (schlaff werden)* wilt; sag; geistig ~: lose one's intellectual vigour

Ab·schlag der a) *(Kaufmannsspr.)* reduction; discount; **b)** *(Teilzahlung)* interim payment; *(Vorschuß)* advance; **c)** *(Fußball)* goalkeeper's kick out; **d)** *(Hockey) s.* **Bully**;

e) *(Golf)* tee; *(Schlag)* drive; **f)** *(Finanzw.) s.* **Disagio**

ab|schlagen 1. *unr. tr. V.* **a)** knock off; *(mit dem Beil, Schwert usw.)* chop off; **jmdm. den Kopf ~**: chop off sb.'s head; **b)** *(ablehnen)* refuse; **jmdm. etw. ~**: refuse or deny sb. sth.; **c)** *(abwehren)* beat *or* fend off; **d)** *(zerlegen)* dismantle; strike ⟨*tent*⟩; **e)** *(Seemannsspr.)* unbend. **2.** *unr. itr. V.* **a)** auch *itr.* *(Fußball)* [**den Ball**] **~**: kick the ball out; **b)** *(Hockey)* take a 15-metre hit. **3.** *unr. refl. V. (kondensieren)* **sich an etw.** *(Dat.)* **~**: condense on sth.; *s. auch* **abgeschlagen 2**; **Wasser a**

abschlägig ['ap·ʃlɛ:gɪç] *(Amtsspr.)* **1.** *Adj.* negative; **ein ~er Bescheid** a refusal *or* rejection. **2.** *adv.* **jmdn. ~ bescheiden** refuse sb.; **jmds. Gesuch** *(Akk.)* **~ bescheiden** reject sb.'s application

Abschlag[s]·zahlung die *s.* **Abschlag b**

ab|schlecken *tr. V.* (*österr., südd.*) *s.* **ablecken**

ab|schleifen 1. *unr. tr. V.* **a)** *(entfernen)* *(von Holz)* sand off; *(von Metall, Glas usw.)* grind off; **b)** *(glätten)* sand down ⟨*wood*⟩; grind down ⟨*metal, glass, etc.*⟩; smooth down ⟨*broken tooth*⟩. **2.** *unr. refl. V. (sich abnutzen)* wear away; **das schleift sich noch ab** *(fig.)* that will wear off in time

Abschlepp·dienst der *(Kfz-W.)* breakdown recovery service; tow[ing] service *(Amer.)*

ab|schleppen 1. *tr. V.* tow away; take ⟨*ship*⟩ in tow; **ein Auto zur Werkstatt ~**: tow a car to the garage; **b)** *(salopp: mitnehmen)* **jmdn. ~**: drag sb. off. **2.** *refl. V. (ugs.: schwer tragen)* **sich mit/an etw.** *(Dat.)* **~**: break one's back carrying sth. *(fig.)*

Abschlepp-: **~seil das** tow-rope; *(aus Draht)* towing cable; **~stange die** tow-bar; **~wagen der** breakdown vehicle; tow truck *(Amer.)*; *(der Polizei)* tow-away vehicle

abschließbar *Adj.* lockable; **es ist nicht ~**: it cannot be locked

ab|schließen 1. *unr. tr. V.* **a)** auch *itr.* *(zuschließen)* lock ⟨*door, gate, cupboard*⟩; lock [up] ⟨*house, flat, room, park*⟩; **vergiß nicht, abzuschließen!** don't forget to lock up! **b)** *(absondern, trennen)* **etw. luftdicht ~**: seal sth. hermetically; **sich ganz [von der Welt] ~**: cut oneself off [from the world] completely; **c)** *(begrenzen)* border; **d)** *(zum Abschluß bringen)* bring to an end; conclude; **die Bücher ~**: balance the books; **sein Studium ~**: finish one's studies; **Bewerber mit abgeschlossenem Universitätsstudium** applicants with a degree; **e)** *(vereinbaren)* strike ⟨*bargain, deal*⟩; make ⟨*purchase*⟩; enter into ⟨*agreement*⟩; **Geschäfte ~**: conclude deals; *(im Handel)* do business; *s. auch* **abgeschlossen 2**; **Versicherung b**; **Wette**. **2.** *unr. itr. V.* **a)** *(begrenzt sein)* be bordered (**mit** by); **b)** *(aufhören)* end; **»~d sagte er …«**: in conclusion he said …; **seine ~den Worte waren …**: his concluding words were …; **mit [einem] Gewinn/Verlust ~** *(Kaufmannsspr.)* show a profit/deficit; **c)** **mit jmdm./etw. abgeschlossen haben** have finished with sb./sth.; **d)** *(Kaufmannsspr.)* **die Vertragspartner wollen morgen ~**: the parties [to the contract] want to close tomorrow

Ab·schluß der a) *(Verschluß)* seal; **ein luftdichter ~**: an airtight seal; **b)** *(abschließender Teil)* edge; **c)** *(Beendigung)* conclusion; end; **vor ~ der Arbeiten** before the completion of the work; **zum ~ noch eine Frage** one final question; **sich dem ~ nähern** be drawing to a conclusion; **kurz vor dem ~ stehen** be nearly finished *or* at an end; **etw. zum ~ bringen** finish sth.; bring sth. to an end *or* conclusion; **zum ~ kommen** *od.* **gelangen** be completed; **wir müssen mit unseren Verhandlungen zum ~ kommen** we must bring

our negotiations to a close; **zum ~ unseres Programms** to end our programme; **d)** *(ugs.: ~zeugnis)* **einen/keinen ~ haben** *(Hochschulw.)* ≈ have a/have no degree *or (Amer.)* diploma; *(Schulw.)* ≈ have some/ no GCSE passes *(Brit.)*; *(Lehre)* have/not have finished one's apprenticeship; **ohne ~** without gaining a degree *or (Amer.)* diploma/any GCSE passes *(Brit.)*/finishing one's apprenticeship; **e)** *(Kaufmannsspr.: Schlußrechnung)* balancing; **f)** *(Kaufmannsspr.: geschäftliche Vereinbarung)* business deal; **einen ~ über 2 Millionen Tonnen Getreide tätigen** make a deal for 2 million tons of grain; **g)** *(eines Geschäfts, Vertrags)* conclusion; **durch den ~ einer Versicherung** by taking out an insurance policy; **h)** *(Fußball)* finishing move

Abschluß-: **~ball der** final dance; **~examen das** final examination; **~feier die** *(Schulw.)* leaving party; **~klasse die** *(Schulw.)* final year; **~kundgebung die** final rally; **~prüfung die** *(Schulw.)* leaving *or (Amer.)* final examination; *(Hochschulw.)* final examination; finals *pl.*; **b)** *(Wirtsch.)* audit; **~veranstaltung die** final event; **~zeugnis das** *(Schulw.)* ≈ leaving certificate *(Brit.)*; ≈ diploma *(Amer.)*

ab|schmatzen *tr. V. (ugs.)* **jmdn. ~**: kiss sb. noisily

ab|schmecken *tr. V.* **a)** *(kosten)* taste; try; **b)** *(würzen)* season

ab|schmeicheln *tr. V.* **jmdm. etw. ~**: wheedle sth. out of sb.

ab|schmelzen 1. *unr. tr. V.; mit sein* melt away. **2.** *unr. tr. V.* melt; *(fig.: verringern)* reduce [the size of] ⟨*assets, reserves*⟩

ab|schmettern *tr. V. (ugs.)* throw out; **jmdn. ~**: turn a deaf ear to sb.

ab|schmieren *tr. V.* **a)** *(Technik)* grease; **b)** *(ugs.: abschreiben)* scribble down; *(unerlaubt)* copy; *(child in school)* crib **(von, bei** from). **2.** *itr. V.* **a)** *(ugs.)* crib (**von, bei** from); **b)** *(Fliegerspr.)* side-slip

Abschmier·presse die *(Kfz-W.)* grease-gun

ab|schminken *tr. V.* **a)** **jmdn./sich ~**: remove sb.'s/one's make-up; **sich** *(Dat.)* **das Gesicht/die Augen ~**: remove the make-up from one's face/eyes; **als ich sie abgeschminkt sah** when I saw her without her make-up; **b)** *(salopp)* **sich** *(Dat.)* **etw. ~**: get sth. out of one's head

ab|schmirgeln *tr. V.*; **a)** *(polieren)* rub down with emery; *(mit Sandpapier)* sand down; **b)** *(entfernen)* rub off with emery; *(mit Sandpapier)* sand off

ab|schmücken *tr. V.* take the decorations off ⟨*Christmas tree*⟩

ab|schnacken *tr. V. (nordd.) s.* **abschwatzen**

ab|schnallen 1. *tr. V.* **a)** *(abnehmen)* unfasten; **[sich** *(Dat.)***] den Tornister/das Holzbein ~**: take off one's knapsack/wooden leg; **b)** *(losschnallen)* unfasten; **sich ~**: unfasten one's seat-belt. **2.** *itr. V. (salopp)* **a)** *(nicht mehr folgen können)* switch off; **b)** *(fassungslos sein)* be flabbergasted; **da schnallst du [echt] ab** you'll be flabbergasted

ab|schneiden 1. *unr. tr. V.* **a)** *(abtrennen)* cut off; cut down ⟨*sth. hanging*⟩; **etw. von etw. ~**: cut sth. off sth.; **sich** *(Dat.)* **den Finger ~**: cut one's finger off; **sich** *(Dat.)* **eine Scheibe Brot/Fleisch ~**: cut oneself a slice of bread/meat; *s. auch* **Scheibe b**; **b)** *(kürzer schneiden)* cut; **jmdm./sich die Haare/Fingernägel ~**: cut sb.'s/one's hair/fingernails; **ein Kleid/einen Rock [ein Stück] ~**: cut [a piece] off a dress/a skirt; **eine Zigarre ~**: cut the end off a cigar; **c)** **jmdm. den Weg ~**: take a short cut to get ahead of sb.; **d)** *(trennen, isolieren)* cut off; **die Truppen vom Nachschub ~**: cut off troops from reinforcements; *s. auch* **abgeschnitten 2**; **e)** *(un-*

851

terbinden) **einen Einwurf/Einwand ~:** cut short an interjection/a protest. **2.** *unr. itr. V.* **a)** *(ver-, abkürzen)* ⟨*path, road*⟩ be a short cut; ⟨*pedestrian, driver*⟩ take a short cut; **b)** **bei etw. gut/schlecht ~:** do well/badly in sth.

ab|schnellen *refl. V.* **sich [vom Boden] ~:** take off

ab|schnippeln *tr. V. (ugs.)* **Stückchen von etw. ~:** cut little bits off sth.; *(mit der Schere)* snip bits off sth.

Ab·schnitt *der* **a)** *(Kapitel)* section; **b)** *(Milit.: Gebiet, Gelände)* sector; *(DDR: Wohnbereich)* district; *(DDR: Handelsbereich)* section *(comprising ten retail shops belonging to a manufacturing co-operative);* **c)** *(Zeitspanne)* phase; **d)** *(Kontroll~)* [detachable] portion; *(eines Schecks)* stub, counterfoil; **die Lebensmittelkarte hatte ~e für Butter, Brot, Zucker usw.** the ration card had coupons for butter, bread, sugar, etc.; **e)** *(Math.: eines Kreises)* segment

Abschnitts·bevollmächtigte *der (DDR)* ≈ community policeman

abschnitt[s]·weise 1. *Adv.* in sections; **etw. ~ lesen** read sth. section by section. **2.** *adj.* sectionalized

ab|schnüren *tr. V.* **a)** apply a tourniquet to; **jmdm. die Luft/das Blut ~:** stop sb. from breathing/restrict sb.'s circulation; **einem Konkurrenten die Luft ~** *(fig.)* ruin a competitor; **b)** *(blockieren)* seal off

ab|schöpfen *tr. V.* skim off; *(fig.)* **den Rahm ~** *(am meisten bekommen)* take the lion's share; *(das Beste bekommen)* cream off the best; **den Gewinn** *od.* **Profit ~:** siphon off the profits; **überschüssige Kaufkraft ~:** absorb excess spending power

ab|schotten *tr. V.* **a)** *(Schiffbau)* separate by a bulkhead/bulkheads; **b)** *(fig.)* **etw. [von etw.] ~:** seal sth. off [from sth.]; **sich jmdm. gegenüber ~:** seal oneself off from sb.

ab|schrägen *tr. V.* **einen Balken/ein Brett ~:** bevel a beam/the edges of a plank

ab|schrammen 1. *tr. V. (abschürfen)* graze; **sich** *(Dat.)* **das Knie/die Haut ~:** graze one's knee/one's skin. **2.** *itr. V.* **a)** *(nordd. salopp: weggehen)* push off *(sl.);* **b)** *(salopp: sterben)* croak *(sl.),* snuff it *(sl.)*

abschraubbar *Adj.* unscrewable

ab|schrauben *tr. V.* unscrew [and remove]; **etw. läßt sich ~:** sth. can be unscrewed

ab|schrecken 1. *tr. V.* **a)** *(abhalten)* deter; **sein Aussehen schreckt viele ab** many people are put off by his appearance; **b)** *(fernhalten)* scare off; **c)** *(Metall.)* quench; **d)** *(Kochk.)* pour cold water over; put ⟨*boiled eggs*⟩ into cold water. **2.** *itr. V. (eine ~de Wirkung haben)* act as a deterrent; **das schreckt eher ab** it's more likely to put people off

abschreckend 1. *Adj.* **a)** *(warnend)* deterrent; **ein ~es Beispiel für alle Raucher** a warning to all smokers; **b)** *(abstoßend)* repulsive. **2.** *adv.* **~ wirken** have a deterrent effect; **~ häßlich** repulsively ugly

Abschreckung *die;* **~, ~en a)** deterrence; **der ~** *(Dat.)* **dienen** serve as a deterrent; **b)** *(Mittel zur ~)* deterrent

Abschreckungs-: **~politik** *die* policy of deterrence; **~potential** *das* deterrent potential; **~theorie** *die (Rechtsw.)* theory of the deterrent value of punishment; **~waffe** *die* deterrent [weapon]

ab|schreiben 1. *unr. tr. V.* **a)** *(kopieren)* copy out; **sich** *(Dat.)* **etw. ~:** copy sth. down; *(aus einem Buch, einer Zeitung usw.)* copy sth. out; **b) etw. von jmdm. ~** *(in der Schule)* copy sth. from *or* off sb.; *(als Plagiator)* plagiarize sth. from sb.; **c)** *(Wirtsch.)* amortize, write sth. down (mit by); **d)** *(ugs.: verloren geben)* write off; **jmdn. abgeschrieben haben** have written sb. off; **e)** *(abnutzen)* use up ⟨*pencil, crayon, ball-point or felt pen*⟩; wear out ⟨*pen-nib*⟩. **2.** *unr. itr. V.* **a)**

bei *od.* von jmdm. ~ *(in der Schule)* copy off sb.; *(als Plagiator)* copy from sb.; **b)** *(brieflich absagen)* **jmdm. ~:** write to sb. and say one cannot come

Ab·schreibung *die (Wirtsch.)* **a)** *(das Abschreiben)* amortization; **b)** *(Betrag)* depreciation provision

Abschreibungs-: **~möglichkeit** *die (Wirtsch.)* possibility of setting off items against taxable income; **~ruine** *die (salopp)* building erected not for occupation, but for purposes of offsetting depreciation against tax

ab|schreiten *unr. tr. V. (geh.)* **a)** *mit sein od. haben (entlanggehen an)* inspect ⟨*troops*⟩; pace ⟨*distance*⟩; **b)** *(schreitend abmessen)* pace out

Ab·schrift *die* copy

ab|schrubben *tr. V. (ugs.)* **a)** scrub; **sich/jmdm. den Rücken ~:** scrub sb./sb.'s back [down]; **sich/jmdn. ~:** scrub oneself/sb. [down]; **b)** *(schrubbend entfernen)* scrub away *or* off; **sich/jmdm. den Schmutz ~:** scrub the dirt of sth. off oneself/sb.

ab|schuften *refl. V. (ugs.)* work like a slave; **sosehr man sich auch abschuftet** however hard you slave *or* (Brit. sl.) graft

ab|schuppen 1. *tr. V.* scale. **2.** *refl. V.* **die Haut schuppt sich ab** the skin flakes off

ab|schürfen 1. *tr. V.* **sich** *(Dat.)* **die Knie/die Ellenbogen ~:** graze one's knees/one's elbows; **sich** *(Dat.)* **die Haut ~:** chafe the skin on

Ab·schürfung *die* **a)** *(das Abschürfen)* grazing; **b)** *(Schürfwunde)* graze

Ab·schuß *der* **a)** *(eines Flugzeugs)* shooting down; *(eines Panzers)* putting out of action; **der Pilot hatte 50 Abschüsse** the pilot had 50 kills; **b)** *(von Wild)* shooting; *(fig. salopp: Eroberung)* lay *(coll.);* **Tiere zum ~ freigeben** permit the shooting of animals; **jmdn. zum ~ freigeben** *(fig. ugs.)* throw sb. to the wolves *(fig.);* **c)** *(das Abfeuern)* *(von Geschossen, Torpedos)* firing; *(von Raketen in den Weltraum)* launching

Abschuß·basis *die* launch[ing] site

abschüssig ['apʃʏsɪç] *Adj.* downward sloping ⟨*land*⟩; **die Straße ist ~:** the road goes steeply downhill

Abschuß-: **~liste** *die (fig. ugs.)* **er steht auf meiner ~liste** I've got it in for him *(coll.);* **auf der/jmds. ~liste stehen** be on the sb.'s blacklist; **~prämie** *die* bounty *(for shot animals);* **~rampe** *die* launch[ing] pad

ab|schütteln *tr. V.* **a)** *(herunterschütteln)* shake down ⟨*fruit*⟩; **[sich** *(Dat.)*] **den Staub/den Schnee [vom Mantel] ~:** shake off the dust/the snow [from one's coat]; *s. auch* **Joch a;** **b)** *(in ein Tischtuch ~:** shake [out] a tablecloth; **c)** *(fig.: überwinden, loswerden)* shake off

ab|schütten *tr. V. s.* **abgießen a**

ab|schwächen 1. *tr. V.* **a)** *(mildern)* tone down, moderate ⟨*statement, criticism*⟩; **b)** *(verringern)* lessen ⟨*effect, impression*⟩; cushion ⟨*blow, impact*⟩; **c)** *(Fot.)* reduce. **2.** *refl. V. (nachlassen)* ⟨*interest, demand*⟩ wane; ⟨*noise, storm*⟩ abate; **das Tief/Hoch schwächt sich ab** *(Met.)* the low/high-pressure area is weakening; **der Preisauftrieb schwächt sich ab** price increases are slowing down

Ab·schwächung *die;* **~, ~en a)** *(Milderung)* toning down, moderation; *(abgemilderte Form)* attenuation; **b)** *(eines Aufpralls, Stoßes usw.)* cushioning; **c)** *(Fot.)* reduction; **d)** *(das Nachlassen)* waning; *(eines Hochs, Tiefs)* weakening; *(zahlenmäßig)* drop

ab|schwatzen, *(bes. südd.)* **ab|schwätzen** *tr. V.* **jmdm. etw. ~:** talk sb. into giving one sth.; **sich** *(Dat.)* **etw. von jmdm. ~ lassen** let oneself be talked into giving sb. sth.

ab|schweifen *itr. V.; mit sein* **a)** digress; **ihr Blick schweifte ab** her gaze wandered; **b)** *(geh.: vom Weg abgehen)* stray

Ab·schweifung *die;* **~, ~en** digression

ab|schwellen *unr. itr. V.; mit sein* **a)** go down; **b)** *(geh.: zurückgehen)* ⟨*flood*⟩ subside; ⟨*noise*⟩ die away; ⟨*music*⟩ fade [away]

ab|schwemmen *tr. V.* **a)** wash away; **b)** *(durch Schwemmen reinigen)* wash down

Abschwemmung *die;* **~, ~en** wash-out

ab|schwenken 1. *itr. V.; mit sein* turn aside; **links/rechts ~:** *(abbiegen)* turn left/right; *(die Richtung allmählich ändern)* bear to the left/right. **2.** *tr. V.* **die Tropfen vom Glas ~:** shake the drops off the glass; **die Gläser ~:** rinse the glasses and shake the drops off them

ab|schwindeln *tr. V.* **jmdm. etw. ~:** trick sb. out of sth.

ab|schwirren *itr. V.; mit sein* **a)** ⟨*bird, dragon-fly*⟩ whirr away; ⟨*bee, beetle, fly, wasp*⟩ buzz away; **b)** *(ugs.: weggehen)* buzz off *(fig.)*

ab|schwitzen *tr. V.* sweat off

ab|schwören *unr. itr. V.* **dem Teufel/seinem Glauben ~:** renounce the Devil/one's faith; **dem Alkohol/Laster ~:** forswear *or* swear off alcohol/vice

Ab·schwung *der* **a)** *(Turnen)* dismount; **beim ~:** when dismounting; **b)** *(Wirtsch.: Rezession)* downward trend; **ein ~ der Konjunktur** a recession

ab|segeln 1. *itr. V.* **a)** *mit sein (lossegeln)* sail away; **von Kiel ~:** sail from Kiel; **b)** *(die Saison beenden)* have the last sail of the season. **2.** *tr. V.* **die Küste ~:** sail along the coast

ab|segnen *tr. V. (ugs. scherzh.)* sanction

absehbar *Adj.* foreseeable; **in ~er Zeit** within the foreseeable future; **etw. ist noch gar nicht ~:** sth. cannot yet be predicted; **auf** *od.* **für ~e Zeit** for the foreseeable future; **nicht ~:** unforeseeable

ab|sehen 1. *unr. tr. V.* **a)** *(voraussehen)* predict; foresee ⟨*event*⟩; **b)** *(abzielen)* **er hat es darauf abgesehen, uns zu ärgern** he's out to annoy us; **c)** *(haben wollen)* **es auf etw.** *(Akk.)* **abgesehen haben** be after sth.; **sie hat es bloß auf sein Geld abgesehen** she's only after his money; **er hat es auf sie abgesehen** he's got his eye on her; **d)** *(schikanieren)* **der Chef hat es auf ihn abgesehen** the boss has got it in for him; **e)** *s.* **abgucken 1. 2.** *unr. itr. V.* **a)** *(nicht beachten)* **von etw. ~:** leave aside *or* ignore sth.; *s. auch* **abgesehen 2; b)** *(verzichten)* **von etw. ~:** refrain from sth.; **von einer Anzeige/Klage ~:** not report sth./not press charges; *s.* **abgucken 2**

ab|seifen *tr. V.* wash down [with soap]; **jmdn./sich ~:** soap sb./oneself down

ab|seilen 1. *tr. V.* lower [with a rope]. **2.** *refl. V.* **a)** *(Bergsteigen)* abseil; **b)** *(salopp: sich davonmachen)* push *or* buzz off *(sl.)*

Abseil·haken *der (Bergsteigen)* abseil piton

ab|sein *unr. itr. V.; mit sein (Zusschr. nur im Inf. u. Part.)* **[an etw.** *(Dat.)*] **~** *(abgegangen sein)* have come off [sth.]; *(fehlen)* be missing [from sth.]; **seit dem Krieg ist sein linkes Bein ab** since the war he has been without his left leg

Ab·seite *die (Textilw.)* wrong side

abseitig *Adj.* **a)** *(geh.: abseits gelegen)* remote; **b)** *(ausgefallen, abwegig)* esoteric; **c)** *s.* **abartig**

abseits ['apzaɪts] **1.** *Präp. mit Gen.* away from. **2.** *Adv.* **a)** *(entfernt)* far away; **etwas ~:** a little way away; **b)** *(Ballspiele)* **~ sein** *od.* **stehen** be offside

Abseits *das;* **~, ~** *(Sport)* **das war ein klares ~:** that was clearly offside; **im ~ sein** be offside; **der Spieler lief ins ~:** the player put himself offside; **b)** *(fig.)* **im ~ stehen** have been pushed out into the cold; **ins ~ geraten** be pushed out into the cold

abseits-, Abseits-: **~falle** *die (Sport)* offside trap; **~position** *die,* **~stellung** *die (Sport)* offside position; **sich in ~stellung**

befinden be in an offside position; ~**tor** (Sport) das offside goal; ~**verdächtig** Adj. (Sport) which may have been offside postpos.; [stark] ~ sein look [very much] like offside

ab|senden unr. od. regelm. tr. V. dispatch
Ab·sender der sender; (~angabe) sender's address
Ab·sendung die dispatch
ab·sengen tr. V. singe off; singe ⟨poultry⟩
ab|senken 1. refl. V. sich [zum See/Fluß hin] ~: slope [down to the lake/river]. 2. tr. V. a) (Tiefbau) lower; b) (versenken) sink; c) (Gartenbau) Erdbeeren/Weinstöcke ~: set strawberries/vines
Absenker der; ~s, ~ (Gartenbau) runner; set
absentieren [apzɛnˈtiːrən] refl. V. (geh., veralt.) withdraw
Absenz [apˈzɛnts] die; ~, ~en a) absence [of mind]; b) (bes. österr., schweiz.) absence (from school)
ab|servieren 1. itr. V. clear away. 2. tr. V. a) ein Gedeck/den Tisch ~: clear away a cover/clear the table; b) (salopp: absetzen, kaltstellen) throw out; c) (salopp: töten) jmdn. ~: bump sb. off (sl.)
absetzbar Adj. a) (Steuerw.) [steuerlich] ~: [tax-]deductible; b) (verkäuflich) saleable; c) s. absetzen 1 d: er ist nicht ~: he cannot be dismissed/be removed from office
ab|setzen 1. tr. V. a) (abnehmen) take off; b) (hinstellen) put down ⟨glass, bag, suitcase⟩; c) (aussteigen lassen) jmdn. ~ (im öffentlichen Verkehr) put sb. down; let sb. out (Amer.); (im privaten Verkehr) drop sb. [off]; d) (entlassen) dismiss ⟨minister, official⟩; remove ⟨chancellor, judge⟩ from office; depose ⟨king, emperor⟩; e) (ablagern) deposit; f) (absagen) drop; call off ⟨strike, football match⟩; einen Punkt von der Tagesordnung ~: delete an item from the agenda; g) (nicht mehr anwenden) discontinue ⟨treatment, therapy⟩; stop taking ⟨medicine, drug⟩; h) (von den Lippen nehmen) take ⟨glass, trumpet⟩ from one's lips; (nicht mehr schreiben mit) lift ⟨pen⟩ from the paper; i) (verkaufen) sell; j) (Steuerw.) etw. [von der Steuer] ~: deduct sth. [from tax]; k) (abwerfen) throw ⟨rider⟩; l) (Druckw.: als neue Zeile beginnen) start ⟨section⟩ on a new line; die folgenden Zeilen ~: treat the subsequent lines as a new paragraph; m) (Druckw.: setzen) compose; einen Text/ein Manuskript ~: set [up] a text/manuscript; n) (Seemannsspr.) ein Boot [vom Ufer] ~: push a boat [from the shore]; o) (hervorheben) farblich abgesetzt of contrasting colour postpos.; wir wollen den Saum farblich ~: we want to use a contrasting colour for the hem; den Saum mit Samt ~: trim the hem with velvet. 2. refl. V. a) (sich ablagern) be deposited ⟨dust⟩ settle; ⟨particles in suspension⟩ settle out; b) (sich distanzieren) sich von etw. ~: distance oneself from sth.; c) (sich unterscheiden) s. abheben 4; d) (ugs.: sich davonmachen) get away; e) (Milit.) withdraw
Absetzung die; ~, ~en a) s. absetzen 1 d: dismissal; removal from office; deposition; b) (Steuerw.) deduction; c) (Absage) cancellation; ⟨eines Streiks, Fußballspiels usw.⟩ calling off; d) (Abbruch) discontinuation
ab|sichern 1. tr. V. a) make safe; b) (fig.) substantiate ⟨argument, conclusions⟩; validate ⟨result⟩; etw. rechtlich/vertraglich ~: protect sth. legally/by contract; tariflich abgesichert protected by agreement postpos. 2. refl. V. safeguard oneself; sich vertraglich ~: protect oneself by contract; sich gegenseitig ~: keep each other safe; er will sich ~ für den Fall, daß ...: he wants to cover himself against the possiblity that ...; sich nach allen Seiten ~: guard against all

eventualities; (gegen Einwände) forestall criticism
Ab·sicherung die a) (das Sichermachen) making safe; die Polizei ist für die ~ des Geländes verantwortlich the police are responsible for making the site safe; b) (fig.) substantiation; (von Ergebnissen) validation; zur rechtlichen/vertraglichen ~ einer Sache (Gen.) to protect sth. legally/by contract
Ab·sicht die; ~, ~en a) intention; die ~ haben, etw. zu tun plan or intend to do sth.; etw. mit od. aus ~ tun do sth. intentionally or deliberately; etw. ohne od. nicht mit ~ tun do sth. unintentionally; das ist ~: that's intentional; in der besten ~: with the best of intentions; aus od. in politischer/therapeutischer ~: with a political/therapeutic purpose; b) (Rechtsw.) intent; in betrügerischer ~ handeln act with intent to deceive
ab·sichtlich 1. Adj. intentional; deliberate. 2. adv. intentionally; deliberately
Absichts·erklärung die declaration of intent
absichtslos 1. Adj. unintentional. 2. adv. unintentionally
Ab·siedlung die (Med.) dissemination
ab|singen unr. tr. V. a) auch itr. [etw.] vom Blatt ~: sing [sth.] at sight; b) unter Absingen der Nationalhymne/schmutziger Lieder singing the national anthem/dirty songs
ab|sinken unr. itr. V.; mit sein a) sink; (fig.: im Niveau) decline; b) ⟨temperature, blood pressure⟩ drop; ⟨interest, performance⟩ decline; in seinen Leistungen ~: do or perform less well
Absinth [apˈzɪnt] der; ~[e]s, ~e absinth[e]
ab|sitzen 1. unr. tr. V. a) (hinter sich bringen) sit through; sit out ⟨hours of duty etc.⟩; (im Gefängnis) serve; zehn Jahre ~: serve or (coll.) do ten years; seine Jahre ~: serve one's full sentence; b) s. abgesessen 2. 2. unr. itr. V. mit sein [vom Pferd] ~: dismount [from one's horse]
absolut [apzoˈluːt] 1. Adj. (auch Chemie, Physik) absolute; pure ⟨lyricism, art⟩; der ~e Knüller (ugs.) the high spot; der ~e Nullpunkt (Physik) absolute zero; der ~e Ablativ (Sprachw.) the ablative absolute; die ~e Mehrheit (Pol.) an absolute majority. 2. adv. absolutely
Absolutheit die; ~, ~en absoluteness
Absolution [apzoluˈtsi̯oːn] die; ~, ~en (kath. Rel.) absolution; jmdm. die ~ erteilen give sb. absolution
Absolutismus der; ~ (hist.) absolutism no art.
absolutistisch 1. Adj. absolutist. 2. adv. in an absolutist manner
Absolvent [apzɔlˈvɛnt] der; ~en, ~en, Absolventin die; ~, ~nen ⟨einer Schule⟩ one who has taken the leaving or (Amer.) final examination; ⟨einer Akademie⟩ graduate; die ~en der Handelsschule/eines Lehrgangs those who have/had attended a commercial college/completed a course of training; er ist ~ einer Abendschule he has attended an evening school; s. auch -in
absolvieren [apzɔlˈviːrən] tr. V. a) complete; das Gymnasium ~: complete a grammar-school education; b) (erledigen, verrichten) put in ⟨hours⟩; do ⟨performance, route, task⟩; make ⟨visit⟩; do ⟨coll.⟩ ⟨sights⟩; c) (kath. Rel.) absolve
Absolvierung die; ~: completion; nach [der] ~ einiger Besuche/seines Studiums having paid some visits/finished one's studies
ab·sonderlich Adj. strange; odd
Absonderlichkeit die; ~, ~en strangeness; oddness
ab|sondern 1. tr. V. a) isolate ⟨patient⟩; separate ⟨prisoner⟩; b) (Biol., Physiol.) secrete; exude ⟨resin⟩; discharge ⟨pus⟩; (fig. abwertend) emit. 2. refl. V. sich [von anderen] ~: isolate oneself [from others]

Absonderung die; ~, ~en a) isolation; b) (Biol., Med.) secretion; c) (österr.: Einzelhaft) solitary confinement
Absorbens [apˈzɔrbɛns] das; ~, Absorbenzien od. Absorbentia (Chemie, Physik) absorbent
Absorber der; ~s, ~ a) s. Absorbens; b) (bei Kältemaschinen usw.) absorber
absorbieren tr. V. a) (Chemie, Physik, Physiol.) absorb; ~d absorbent; b) (fig.) absorb, engage ⟨attention⟩
Absorption [apzɔrpˈtsi̯oːn] die; ~: (Chemie, Physik, Physiol.) absorption
Absorptions·vermögen das (Chemie, Physik, Physiol.) absorbency
ab|spalten 1. unr. od. regelm. tr. V. a) (abschlagen, fig.: trennen) split off; b) (Chemie) release. 2. unr. od. regelm. refl. V. split off or away ⟨aus from⟩; sich von jmdm./etw. ~: split with sb./sth.
Ab·spaltung die a) (das Abschlagen, fig.: Trennung) splitting-off; b) (Chemie) separation
Ab·spann der (Ferns.) final credits
ab|spannen tr. V. a) (ausspannen) unhitch ⟨wagon⟩; unharness ⟨horse⟩; unyoke ⟨oxen⟩; b) (Technik: mit Seilen) anchor ⟨pole, mast⟩; s. auch abgespannt 2
Abspann·seil das (Brückenbau) inclined tension cable
Abspannung die; ~, ~en a) (Ermüdung) weariness; fatigue; b) (Technik) anchoring; (Abspannseil) anchoring cable
ab|sparen refl. V. sich (Dat.) etw. von seinem Lohn/Taschengeld ~: save for sth. out of one's wages/pocket-money; er hatte sich (Dat.) ein paar Mark abgespart he had managed to save a few marks; s. auch Mund
ab|specken (salopp) 1. tr. V. shed. 2. itr. V. a) (Gewicht verlieren) lose weight; slim [down]; b) (fig.: schrumpfen) slim down
ab|speichern tr. V. (DV) store
ab|speisen tr. V. a) (vertrösten) jmdn. mit etw. ~: fob sb. off with sth.; b) (oft abwertend: beköstigen) feed
abspenstig [ˈapʃpɛnstɪç] Adj.; nicht attr. jmdm. etw. ~ machen get sb. to part with sth.; jmdm. die Kunden/die Patienten/das Personal ~ machen lure away sb.'s customers/patients/staff; jmdm. den Freund/die Freundin ~ machen steal sb.'s boy-/girlfriend
ab|sperren 1. tr. V. a) (blockieren) seal off; close off; b) jmdm. das Gas/das Wasser/den Strom ~: cut off sb.'s gas/water/electricity; c) (österr., südd.: abschließen) lock ⟨door⟩. 2. itr. V. (österr., südd.) lock up
Absperr-: ~gitter das barrier; ~hahn der (Technik) stopcock; ~kette die cordon
Ab·sperrung die a) (Blockierung) sealing off; closing off; b) (Sperre) barrier
Absperr·ventil das (Technik) stop valve
Ab·spiel das (Ballspiele) a) (das Abspielen) passing; b) ⟨Schuß⟩ pass
ab|spielen 1. tr. V. a) (ablaufen lassen) etw. ~: play sth. through; b) die Nationalhymne/ Internationale ~: play the national anthem/ Internationale ~; ein Musikstück vom Blatt ~: play a piece of music at sight; c) (Ballspiele) pass; s. auch abgespielt 2. 2. refl. V. a) (stattfinden) take place; b) (sich ereignen) happen; take place; ⟨course of events⟩ proceed; ⟨war⟩ be waged; da spielt sich [bei mir/ihm] nichts ab! (salopp) nothing doing [as far as I'm/he's concerned] (coll.). 3. itr. V. (Ballspiele) pass; an jmdn. ~: pass [the ball] to sb.
ab|splittern 1. itr. V.; mit sein ⟨wood⟩ splinter off; ⟨lacquer, paint⟩ flake off. 2. refl. V. (fig.) sich von einer Gruppe/Partei ~: split away from a group/party
Ab·sprache die agreement; arrangement; eine ~ mit jmdm. treffen come to an agreement or make an arrangement with sb.;

absprachegemäß ... **Abstimmungssieg**

nach ~ mit by arrangement with; nach vorheriger/ohne vorherige ~: after/without prior consultation
absprache·gemäß *Adv.* as arranged *or* agreed
ab|sprechen 1. *unr. tr. V.* **a)** *(aberkennen)* jmdm. etw. ~: deprive sb. of sth.; **b)** *(ableugnen)* jmdm. etw. ~: deny that sb. has sth.; jmdm. das Recht auf etw. *(Akk.)* ~: deny sb.'s right to sth.; jmdm. das Recht ~, etw. zu tun deny sb. the right to do sth.; **c)** *(vereinbaren)* arrange; etw. miteinander ~: arrange sth. together. 2. *unr. refl. V.* (sich einigen) sich [mit jmdm.] [über etw. *(Akk.)*] ~: come to *or* reach an agreement [with sb.] [about sth.]
ab|spreizen *tr. V.* stretch out ⟨arm, leg⟩ sideways; splay out ⟨fingers, toes⟩; spread out ⟨hands⟩; extend ⟨finger⟩
ab|sprengen *tr. V.* **a)** *(lossprengen)* split off; *(Raumf.)* jettison ⟨stage⟩; **b)** *(fig.)* separate ⟨troops⟩; **abgesprengte Truppenteile** isolated detachments of troops
ab|springen *unr. itr. V.; mit sein* **a)** *(losspringen)* jump off; [mit dem rechten/linken Bein] ~: *(jumper)* take off [on the right/left leg]; **b)** *(herunterspringen)* jump down; vom Fahrrad/Pferd ~: jump off one's bicycle/horse; aus dem Flugzeug ~: jump out of the aeroplane; mit dem Fallschirm ~: jump [with a parachute]; bei Gefahr) bail out; „Abspringen während der Fahrt verboten" 'do not alight while the vehicle is in motion'; **c)** *(abplatzen)* come off; ⟨paint⟩ flake off; ⟨enamel⟩ splinter off; *(sich lösen)* fly off; ⟨bicycle-chain⟩ jump off; **e)** *(abprallen)* rebound; **f)** *(ugs.: sich zurückziehen)* drop out; *(von einem Abkommen)* back out; Kunden/Leser springen uns ab we are losing customers/readers
ab|spritzen 1. *tr. V.* **a)** *(reinigen)* spray [down]; **b)** *(entfernen)* spray off; einer Kuh *(Dat.)* den Kot ~: spray the muck off a cow; **c)** *(ns. verhüll.: ermorden)* jmdm. ~: give sb. a lethal injection. 2. *itr. V.* **a)** *(vulgär: ejakulieren)* come *(coarse)*; **b)** *mit sein (veralt.: weggehen)* race off; **c)** *mit sein (spritzend abprallen)* ⟨liquid⟩ splash off; ⟨mud, mortar, etc.⟩ splatter off
Ab·sprung der a) *(das Losspringen)* take-off; **b)** *(das Herunterspringen)* jump; **c)** *(fig.)* break; den ~ wagen risk making the break; den ~ schaffen make the break; den ~ verpassen miss the boat
Absprung·balken der *(Leichtathletik)* take-off board
ab|spulen *tr. V.* **a)** *(abwickeln)* unwind; sich ~: come unwound; **b)** *(filmen)* shoot; **c)** *(vorführen)* show; **d)** *(salopp: herunterleiern)* reel off; **e)** *(ugs. salopp: fahren)* cover
ab|spülen 1. *tr. V.* **a)** *(wegspülen)* wash off ⟨dirt, dust⟩; **b)** *(reinigen)* rinse off; sich *(Dat.)* die Hände ~: rinse one's hands etc.; **c)** *(bes. südd.)* das Geschirr ~: wash the dishes. 2. *itr. V.* *(bes. südd.)* wash up
ab|stammen *itr. V.* von jmdm./vom Affen ~: be descended from sb./the apes
Abstammung die; ~, ~en descent; seiner ~ nach ist er Deutscher he is German by descent
Abstammungs·lehre die theory of evolution
Ab·stand der a) *(Zwischenraum)* distance; in 20 Meter ~: at a distance of 20 metres; im ~ von 10 Metern 10 metres apart; ~ halten keep one's distance; **b)** *(Punktunterschied)* gap; difference; *(Rangunterschied)* social distinction; mit ~: by far; mit ~ und away; **c)** *(Zeitspanne)* interval; *(kürzer)* gap; in Abständen von 20 Minuten at 20-minute intervals; [von etw.] ~ halten have time to recover [from sth.]; mir fehlt noch der innere ~ zu den Geschehnissen these events are still too close to me; **d)** *(Zurückhaltung, Distanz)* ~ halten keep one's

distance; den [gebührenden/nötigen] ~ wahren keep the proper/necessary distance; **e)** *(geh.: Verzicht)* von etw. ~ nehmen refrain from sth.; von einer Intervention ~ nehmen refrain from intervening; davon ~ nehmen, etw. zu tun refrain from doing sth.; von einer Idee ~ nehmen abandon an idea; **f)** *(Entschädigung)* compensation; *(bei Übernahme einer Wohnung)* payment for furniture and fittings left by previous tenant
Abstands·summe die *s.* Abstand f
ab|statten ['ap-ʃtatn] *tr. V.* *(geh.)* jmdm. einen Besuch ~: pay sb. a visit; jmdm. Bericht ~: present one's *or* a report to sb.; jmdm. seinen Dank ~: convey one's thanks *or* express one's gratitude to sb.
ab|stauben *tr. V.* **a)** *(reinigen)* etw. ~: dust; **b)** *(ugs.)* *(stehlen)* etw. ~: pinch *(sl.)* or nick *(Brit. sl.)* or *(Amer. coll.)* lift sth.; *(schnorren)* etw. bei jmdm. ~: cadge sth. from sb.; sie haben ordentlich abgestaubt they've been pinching things left, right, and centre *(sl.)*/sponging meals all over the place; *(Fußballjargon)* ein Tor ~: steal a goal
Abstauber der; ~s, ~ **a)** *s.* Abstaubertor; **b)** *(Fußballjargon)* goal-hanger
Abstauber·tor das *(Fußballjargon)* opportunist goal
ab|stechen 1. *unr. tr. V.* **a)** slaughter ⟨animal⟩ *(by cutting its throat)*; jmdn. ~ *(derb)* slit sb.'s throat; *s. auch* Kalb a; **b)** *(ab-, herauslösen)* slice off; cut edge of ⟨lawn⟩; cut ⟨peat⟩; Teig/Klöße [mit dem Löffel] ~: cut up dough/cut out dumplings [with a spoon]; **c)** *(ablaufen lassen)* tap ⟨beer, wine⟩; einen Hochofen ~: tap a blast-furnace. 2. *unr. itr. V.* von etw./jmdm. ~: contrast with sth./sb.; gegen etw. ~: stand out against sth.
Abstecher der; ~s, ~: side-trip; *(fig.: Abschweifung)* digression
ab|stecken *tr. V.* **a)** *(abgrenzen)* mark out; *(fig.)* define; ein Gelände mit Pfählen/Pflöcken/Fähnchen ~: mark out an area with stakes/pegs/flags; **b)** *(Schneiderei)* pin up ⟨hem⟩; ein Kleid ~: fit a dress [by pinning]
ab|stehen *unr. itr. V.* **a)** *(nicht anliegen)* ⟨hair⟩ stand up, stick out; ⟨pigtail[s]⟩ stick out; ⟨beard⟩ grow out; ~de Ohren protruding ears; **b)** *(wegstehen)* 40 cm/zu weit von etw. ~: be 40 cm. away/too far away from sth.; **c)** *(geh.: Abstand nehmen)* von einem Plan ~: abandon a plan; davon ~, etw. zu tun refrain from doing sth.; **d)** ⟨Wasser⟩ ~ lassen let water stand; *s. auch* abgestanden 2; Bein a
Ab·steige die; ~, ~n *(ugs. abwertend)* cheap and crummy hotel *(sl.)*; *(Stundenhotel)* sleazy hotel
ab|steigen *unr. itr. V.; mit sein* **a)** *(heruntersteigen)* [vom Pferd/Fahrrad] ~: get off [one's horse/bicycle]; vom Karren ~: get down from the cart; „Radfahrer ~": 'no cycling'; 'cycling prohibited'; **b)** *(abwärts gehen)* go down; descend; ~d descending ⟨pipe, branch⟩; vom Gipfel/ins Tal ~: climb down *or* descend from the summit/into the valley; gesellschaftlich ~ *(fig.)* decline in social status; die ~de Linie *(Geneal.)* the line of descent; *s. auch* Ast a; **c)** *(Sport)* be relegated; **d)** *(übernachten, wohnen)* in einem Hotel ~: put up at a hotel
Absteige·quartier das a) *(veralt.)* stopping-place; **b)** *(ugs. abwertend)* s. Absteige
Ab·steiger der; ~s, ~ *(Sport)* (vor dem Abstieg stehend) team threatened with *or* facing relegation; *(abgestiegen)* relegated team; ein gesellschaftlicher ~ *(fig.)* one who has declined in social status
Abstell·bahn·hof der [rail] sidings *pl.*
ab|stellen 1. *tr. V.* **a)** *(absetzen)* put down; **b)** *(unterbringen, hinstellen)* put; *(parken)* park; **c)** *(ausschalten, abdrehen)* turn *or* switch off; turn off ⟨gas, water⟩; jmdm. das

Gas/den Strom ~: cut sb.'s gas/electricity off; jmdm. das Telefon ~: disconnect sb.'s telephone; **d)** *(unterbinden)* put a stop to; etw. *(seinlassen)* stop; *(aufgeben)* give up; **f)** *(beordern)* assign; detail [off] ⟨soldiers⟩; **g)** etw. [weiter] von etw. ~: *(abrücken)* move sth. [further] away from sth.; *(entfernt stellen)* put sth. at a [greater] distance from sth.; **h)** *(ausrichten)* etw. auf etw. *(Akk.)* ~: gear sth. to sth. 2. *itr. V.* auf etw. *(Akk.)* ~: take account of sth.; take sth. into account; darauf ~, daß ...: take account of *or* take into account the fact that ...
Abstell·: ~gleis das siding; jmdn. aufs ~ schieben *(fig. ugs.)* put sb. out of harm's way; **~kammer die** lumber-room; **~raum der** store-room
ab|stemmen 1. *tr. V.* *(abmeißeln)* chisel off. 2. *refl. V.* push with one's feet; sich mit den Armen vom Boden ~: push oneself up from the floor with one's arms
ab|stempeln *tr. V.* **a)** frank ⟨letter⟩; cancel ⟨stamp⟩; der Brief war in Hamburg abgestempelt the letter had a Hamburg postmark; **b)** *(fig.)* jmdn. als *od.* zum Verbrecher/als geisteskrank ~: label *or* brand sb. as a criminal/as insane
ab|steppen *tr. V.* back-stitch
ab|sterben *unr. itr. V.; mit sein* **a)** *(eingehen, verfallen)* [gradually] die; *s. auch* abgestorben 2; **b)** *(gefühllos werden)* go numb; mir sind die Finger abgestorben my fingers have gone numb; **c)** *(verschwinden)* ⟨custom, tradition⟩ die out; ⟨state, social order⟩ wither away; **d)** *(ugs.: ausgehen)* ⟨engine⟩ die
Ab·stich der; *o. Pl.* **a)** *(das Abstechen)* cutting; **b)** *(Metall.)* tapping
Abstich-: ~loch das *(Metall.)* tapping hole; **~rinne die** *(Metall.)* tapping spout
Ab·stieg der; ~[e]s, ~e **a)** descent; **b)** *(Niedergang)* decline; [sozialer *od.* gesellschaftlicher] ~: fall *or* drop in [social] status; **c)** *(Sport)* relegation; **d)** *(Weg abwärts)* way down
abstiegs·gefährdet *Adj.* *(Sport)* threatened with *or* facing relegation *postpos.*
Abstiegs·kandidat der *(Sportjargon)* candidate for relegation
ab|stillen 1. *tr. V.* wean. 2. *itr. V.* stop breast-feeding
ab|stimmen 1. *itr. V.* vote; es wird abgestimmt a vote is taken; geheim/namentlich/durch Handzeichen/durch Akklamation ~: vote by secret ballot/by roll-call/by a show of hands/by acclamation; über etw. *(Akk.)* ~: vote on sth.; über etw. *(Akk.)* ~ lassen put sth. to the vote. 2. *tr. V.* **a)** *(vereinbaren)* etw. [miteinander] ~: discuss and agree on sth. [with each other]; etw. mit jmdm. ~: discuss and agree with sb.; **b)** *(harmonisieren)* etw. auf etw. *(Akk.)* ~: suit sth. to sth.; ⟨Mode⟩ match sth. to sth.; etw. auf jmdn. ~: pitch sth. at sb.'s level; eine fein abgestimmte Mischung a finely balanced blend; zwei/mehrere Dinge aufeinander ~: make two/several things consistent with each other; Zeitpläne/Programme aufeinander ~: coordinate timetables/programmes; **c)** *(Rundf., Ferns.: einstellen)* tune; **d)** *(Kfz-W.)* tune [up]; adjust ⟨carburettor⟩. 3. *refl. V.* sich über etw. *(Akk.)* ~: discuss and agree on sth.
Ab·stimmung die a) *(Stimmabgabe)* vote; ballot; eine geheime ~: a secret ballot; zur ~ schreiten *(geh.)* od. kommen come to the vote; eine ~ [über etw. *(Akk.)*] durchführen take a vote; bei der ~: in the vote; *(während der ~)* during the voting; **b)** *(Absprache)* agreement; **c)** *(Harmonisierung)* coordination; **d)** *(Rundf., Ferns.)* tuning
Abstimmungs-: ~ergebnis das result of a/the vote; **~niederlage die** defeat [in a/the vote]; **~sieg der** victory [in a/the vote]

abstinent [apsti'nɛnt] *Adj.* **a)** teetotal; ~ **sein** be a non-drinker *or* teetotaller; **b) sexuell** ~: sexually abstinent; continent; **politisch** ~ **sein** *(fig.)* abstain from politics
Abstinenz [apsti'nɛnts] *die;* ~: teetotalism; ~ **üben** be teetotal; **b) sexuelle** ~: sexual abstinence; continence; **politische** ~ *(fig.)* political abstinence
Abstinenzler *der;* ~s, ~: teetotaller; nondrinker
Abstinenzlertum *das;* ~s temperance
ab|stoppen **1.** *tr. V.* **a)** *(zum Stillstand bringen)* halt; stop; check *(advance)*; stop *(machine)*; **b)** *(mit der Stoppuhr)* **einen Läufer** ~: time a runner with a stop-watch; **die Zeit** ~: measure the time with a stop-watch. **2.** *itr. V.* come to a halt; *(person)* stop
Ab·stoß *der* **a)** *(Fußball)* goal-kick; **den** ~ **ausführen** take the goal-kick; **b)** *(Sport: beim Springen)* take-off
ab|stoßen **1.** *unr. tr. V.* **a)** *(wegstoßen)* push off *or* away; **das Boot [vom Ufer]** ~: push the boat out [from the bank]; **b)** *(beschädigen)* chip *(crockery, paintwork, stucco, plaster)*; batter *(furniture)*; scuff *(shoes)*; *s. auch* **Horn**; **c)** *(verkaufen)* sell off; **d)** *(zurückweisen)* reject; **e)** *(Physik)* repel; **f)** *(anwidern)* repel; put off; **sich von jmdm./etw. abgestoßen fühlen** find sth./sth. repulsive. **2.** *unr. itr. V.* **a)** *mit sein od. haben (sich entfernen)* be pushed off; **b)** *(anwidern)* be repulsive. **3.** *refl. V.* **sich [vom Boden]** ~: push oneself off; *(beim Sprung)* take off
abstoßend *Adj.* repulsive
Abstoßung *die;* ~, ~en **a)** *(Physik, auch fig.)* repulsion; **b)** *(Verkauf)* sale; **c)** *(Med., Physiol.)* rejection
ab|stottern *tr. V. (ugs.)* pay for in instalments; pay off *(debt)* by instalments; **er muß jeden Monat 400 DM** ~: he has to pay out 400 DM in instalments every month
ab|strafen *tr. V.* punish
Abstrafung *die;* ~, ~en punishment
abstrahieren [apstra'hi:rən] **1.** *itr. V. (absehen)* **von etw.** ~: ignore sth.; leave sth. out of account. **2.** *tr., itr. V. (verallgemeinern)* abstract *(aus* from)
ab|strahlen **1.** *tr. V. (Physik)* radiate; *(Funkw., Elektrot.)* emit *(wave, frequency)*. **2.** *itr. V. (fig.)* **auf jmdn./etw.** ~: influence *or* affect sb./sth.
Ab·strahlung *die;* ~ *(Physik)* radiation; *(Funkw., Elektrot.)* emission
abstrakt [ap'strakt] **1.** *Adj.* abstract. **2.** *adv.* abstractly; ~ **denken** think in the abstract
Abstraktheit *die;* ~: abstractness
Abstraktion [apstrak'tsi̯oːn] *die;* ~, ~en abstraction
Abstraktions·vermögen *das* capacity for abstraction
Abstraktum [ap'straktʊm] *das;* ~s, Abstrakta **a)** *(Philos.)* abstract[ion]; **b)** *(Sprachw.)* abstract noun
ab|strampeln *refl. V. (ugs.)* **a)** *(beim Radfahren)* pedal; **sich (Dat.) einige Pfunde** ~: pedal off a few pounds; **b)** *s.* **abplacken**
ab|streichen **1.** *unr. tr. V.* **a)** *(abstreifen)* wipe; *(durch Streichen entfernen)* wipe off; **b)** *(ausstreichen)* cross off; **c)** *(abziehen)* knock off; **davon muß man die Hälfte** ~ *(fig.)* you have to take it with a pinch *or* grain of salt; **d)** *(absuchen)* sweep *(horizon)*; comb *(terrain)*. **2.** *unr. tr. V.; mit sein (Jägerspr.)* fly away
Ab·streicher *der s.* **Abtreter**
ab|streifen *tr. V.* **a)** pull off; strip off *(berries)*; **sich (Dat.) die Handschuhe/den Ring** ~: take off *or* remove one's gloves/ring; **sich/jmdm. die Kleidung** ~: take off one's/sb.'s clothes; **die Asche [von der Zigarette/Zigarre]** ~: remove the ash [from one's cigarette/cigar]; **b)** *(abwischen)* wipe off; *(durch Streifen entfernen)* wipe off; **seine** *od.* **sich (Dat.) die Schuhe/Sohlen** ~: wipe one's feet; **c)** *(absuchen)* comb *(nach* for)

Abstreifer *der;* ~s, ~ *s.* **Abtreter**
Abstreif·gitter *das* grille *(for removing excess paint from paint-roller)*
ab|streiten *unr. tr. V.* deny; ~, **etw. getan zu haben** deny that one has done sth.; **das läßt sich nicht** ~: there's no denying that; that cannot be denied; **das kann ihm keiner** ~: you cannot deny him that
Ab·strich *der* **a)** *(Med.)* taking of a swab; **einen** ~ **machen** take a swab; **b)** *(Streichung, Kürzung)* cut; ~**e [an etw.** *(Dat.)*] **machen** make cuts [in sth.]; *(Einschränkungen machen)* make concessions [as regards sth.]; **c)** *(Musik)* down-stroke
ab|strömen *itr. V.; mit sein (water)* flow away; *(air mass)* move away
abstrus [ap'struːs] *Adj. (geh.)* abstruse; *(absurd)* absurd
ab|stufen *tr. V.* **a)** *(in Stufen anlegen)* terrace *(slope, hill)*; layer *(hair)*; **b)** *(staffeln)* grade; **abgestufte Abschreckung** *(Milit.)* graduated deterrence; **c)** *(nuancieren)* differentiate *(Kunstwiss.)* nuance
Ab·stufung *die;* ~, ~en **a)** *(im Gelände)* terrace; **b)** *(Staffelung)* gradation; **die soziale** ~: the social hierarchy; **c)** *(Nuance)* shade; *(Nuancierung)* variety
ab|stumpfen **1.** *tr. V. (gefühllos machen)* deaden; *s. auch* **abgestumpft 2. 2.** *itr. V.; mit sein (gefühllos werden)* **man stumpft ab** one's mind becomes deadened; **gegen etw.** ~: become dead to sth.; **der Gerechtigkeitssinn stumpft ab** one's sense of justice becomes blunted
Ab·sturz *der* **a)** fall; **b)** *(eines Flugzeugs)* crash; **ein Flugzeug zum** ~ **bringen** cause a plane to crash; **c)** *(Dichtersp.)* precipice
ab|stürzen *itr. V.; mit sein* **a)** fall; *(aircraft, pilot, passenger)* crash; **tödlich** ~: fall/crash to one's death; **b)** *(geh.: abfallen)* *(cliff)* plunge
Absturz·stelle *die* site of the [aircraft] crash
ab|stützen **1.** *refl. V.* support oneself *(mit on,* **an** + *Dat.* against); **sich von etw.** ~: push oneself away from sth. **2.** *tr. V.* support; *(Bauw.:* **gegen Einsturz)** shore up; *(fig. untermauern)* support; back up
Ab·stützung *die (Bauw.)* shores *pl.*
ab|suchen *tr. V.* **a)** search *(nach* for); *(durchkämmen)* comb *(nach* for); drag *(pond, river, etc.) (nach* for); **den Himmel/Horizont** ~: scan the sky/horizon *(nach* for); **b)** *(absammeln)* **etw. von etw.** ~: pick sth. off sth.; **jmdm. die Läuse** ~: look for lice on sb.
Ab·sud [ap'zuːt] *der;* ~[e]s, ~e *(veralt.)* decoction
absurd [ap'zʊrt] *Adj.* absurd; ~**es Theater** Theatre of the Absurd
absurderweise *Adv.* absurdly enough
Absurdität [apzʊrdiˈtɛːt] *die;* ~, ~en absurdity; *(Ungereimtheit)* inconsistency
Abszeß [aps'tsɛs] *der (österr. auch: das)*; **Abszesses, Abszesse a)** *(Med.)* abscess; **b)** *(Geschwür)* ulcer
Abszisse [aps'tsɪsə] *die;* ~, ~en *(Math.)* abscissa
Abszissen·achse *die (Math.)* axis of abscissae
Abt [apt] *der;* ~[e]s, **Äbte** ['ɛptə] abbot
Abt. *Abk.* **Abteilung**
ab|takeln ['aptaːk]n] *tr. V. (Seemannsspr.)* unrig *(ship)*; *s. auch* **abgetakelt 2**
ab|tasten *tr. V.* **etw.** ~: feel sth. all over; **jmdn. auf Waffen** *(Akk.)* ~: frisk sb. for weapons
Abtast·nadel *die,* **Abtast·stift** *der* stylus
Abtau·automatik *die (Elektrot.)* automatic defrost
ab|tauchen *itr. V.* **a)** *(Seemannsspr.)* submerge; **b)** *(ugs.)* [**in die Illegalität** *od.* **in den Untergrund**] ~: go underground
ab|tauen **1.** *itr. V.; mit sein (wegschmelzen)* melt away; *(eis-/schneefrei werden)* become

clear of ice/snow; *(refrigerator)* defrost. **2.** *tr. V. (schnee-/eisfrei machen)* thaw; de-ice *(vehicle windows)*; **den Schnee/das Eis von etw.** ~: melt the snow/ice off sth.; **einen Kühlschrank** ~: defrost a refrigerator
Ab·tausch *der; o. Pl.* **a)** *(Schach)* exchange; **b)** *s.* **Schlagabtausch**; **c)** *(schweiz.)* *s.* **Tausch**
ab|tauschen *tr. V.* **a)** *(Schach)* exchange; **b) jmdm. etw.** ~: get sth. from sb. by swapping; *(schweiz.)* *s.* **tauschen**
Abtei [ap'tai] *die;* ~, ~en abbey
Abtei·kirche *die* abbey[-church]
Abteil *das;* ~[e]s, ~e compartment; *(eines Regals)* shelf; **ein** ~ **erster/zweiter Klasse** a first/second-class compartment
ab|teilen *tr. V.* **a)** *(aufteilen)* divide [up]; **b)** *(abtrennen)* divide off
Abteil-: ~**fenster** *das* compartment window; ~**tür** *die* compartment door
¹**Ab·teilung** *die; o. Pl.* dividing off
²**Ab·teilung** *die* **a)** department; *(einer Behörde)* department; section; **die** ~ **für Vor- und Frühgeschichte** the department of prehistory and early history; **b)** *(Zool.)* phylum; *(Bot.)* division; **c)** *(Milit.)* unit; **d)** *(veralt.: Teil)* part
-abteilung die ... department
Abteilungs·leiter *der* head of department/section; departmental manager
ab|telefonieren *itr. V.* **[jmdm.]** ~: phone [sb.] to say one cannot come
ab|telegrafieren *itr. V.* **[jmdm.]** ~: send [sb.] a telegram to say one cannot come
ab|teufen *tr. V. (Bergbau)* sink
ab|tippen *tr. V. (ugs.)* type out
Äbtissin [ɛp'tɪsɪn] *die;* ~, ~**nen** abbess
ab|tönen *tr. V.* tint; *(Sprachw.)* shift
Abtön·farbe *die* tinting colour
Ab·tönung *die; o. Pl. (das Abtönen)* tinting; *(Sprachw.)* vowel-shift; *(Farbton)* tone; shade
Abtönungs·partikel *die (Sprachw.)* modal particle
ab|töten *tr. V.* destroy *(parasites, germs)*; deaden *(nerve, feeling)*; mortify *(desire)*
Ab·tötung *die;* ~ *s.* **abtöten**: destruction; deadening; mortification
ab|traben *itr. V.; mit sein* trot off *or* away
Abtrag ['aptraːk] *der;* ~[e]s *(geh., veralt.)* **einer Sache** *(Dat.)* ~ **tun** be detrimental to sth.
ab|tragen *unr. tr. V.* **a)** *(abnutzen)* wear out; *s. auch* **abgetragen 2**; **b)** *(geh.: abräumen)* clear away; **c)** *(einebnen)* level; *(Geol.)* erode; **d)** *(abbauen)* demolish; *(zum Wiederaufbau)* take down; **e)** *(geh.: abbezahlen)* discharge *(debt)*; pay off *(loan)*; **f)** *(Med.: entfernen)* remove; *(abbauen)* disperse
abträgig ['aptrɛːgɪç] *(schweiz.),* **abträglich** ['aptrɛːklɪç] *Adj. (geh.)* detrimental; harmful; *(nachteilig)* unfavourable; **einer Sache** *(Dat.)* ~ **sein** be detrimental *or* harmful to sth.; ~**e Kritik** unfavourable criticism
Abtragung *die;* ~, ~en **a)** *(das Einebnen)* levelling; *(Geol.)* erosion; **b)** *(das Abbauen)* demolition; *(zum Wiederaufbau)* taking down; **d)** *(geh.: das Abbezahlen)* discharge; **e)** *(Med.: Entfernung)* removal; *(Abbau)* dispersal
ab|trainieren **1.** *itr. V.* gradually reduce one's training schedule. **2.** *tr. V.* **Fett/Pfunde** ~: get rid of fat/pounds
Ab·transport *der s.* **abtransportieren**: taking away; removal; dispatch
ab|transportieren *tr. V.* take away; remove *(dead, injured)*; *(befördern)* dispatch *(goods)*
ab|treiben **1.** *unr. tr. V.* **a)** *(wegtreiben)* carry away; **jmdn./ein Schiff vom Kurs** ~: drive *or* carry sb./a ship off course; **der Wind hat den Ballon nach Westen abgetrieben** the wind carried the balloon westwards; **b)** abort *(foetus)*; **ein Kind** ~ **lassen** have an abortion; **c)** *(zu Tal treiben)* bring

855

down; **d)** *(Med.: abgehen lassen)* expel; **e)** *(österr. Kochk.: rühren)* beat. **2.** *unr. itr. V.* **a)** *mit sein (weggetrieben werden)* be carried away; *(ship)* be carried off course; **b)** *(einen Abort vornehmen lassen)* have an abortion; *(Aborte vornehmen)* carry out *or* perform abortions

Abtreibung *die;* ~, ~**en** abortion

Abtreibungs-: ~**paragraph** *der* abortion law *(Section 218 of the West German criminal code);* ≈ Abortion Act; ~**tourismus** *der travelling to another country or state in order to obtain an abortion;* ~**verbot** *das* ban on abortion; ~**versuch** *der* attempted abortion

ab|trennen *tr. V.* **a)** detach; sever ⟨*arm, leg, etc.*⟩; cut off ⟨*button, collar, etc.*⟩; tear off ⟨*paper, voucher*⟩; **b)** *(abteilen, absondern)* divide off; **c)** *(Rechtsw.)* **ein Verfahren** ~: decide to handle a prosecution separately

abtretbar *Adj. (Rechtsw.)* transferable; cedable ⟨*territory*⟩

ab|treten 1. *unr. tr. V.* **a)** sich *(Dat.)* **die Füße/Schuhe** ~: wipe one's feet; **sich** *(Dat.)* **den Schnee/den Schmutz von den Schuhen** ~: wipe the snow/dirt off one's feet; **b)** *(überlassen)* **jmdm. etw.** ~: let sb. have sth. *(Rechtsw.)* transfer; cede ⟨*territory*⟩; **d)** *(abnutzen)* wear down. **2.** *unr. itr. V.; mit sein* **a)** *(Milit.)* dismiss; **b)** *(Theater, auch fig.)* exit; make one's exit; **XY tritt ab/die Arbeiter treten ab** exit XY/exeunt workers; **von der Bühne** ~ *(fig.)* step down; leave the arena; **c)** *(zurücktreten)* step down; ⟨*monarch*⟩ abdicate; **d)** *(verhüll.: sterben)* make one's exit. **3.** *unr. refl. V. (sich abnutzen)* become worn; **sich leicht/schnell** ~: wear [out] easily/quickly

Abtreter *der;* ~**s,** ~: doormat

Abtretung *die;* ~, ~**en** *(Rechtsw.)* transfer; *(eines Staatsgebiets)* cession; **Deutschland wurde zur** ~ **Westpreußens gezwungen** Germany was forced to cede West Prussia

Ab·trieb *der* **a)** *(Vieh~)* bringing down of cattle; **beim** ~: when bringing the cattle down; **b)** *(österr. Kochk.)* mixture

Ab·trift *die;* ~, ~**en** *s.* **Abdrift**

ab|trinken 1. *unr. tr. V.* drink off; **einen Schluck** ~: take a sip *(from a full glass).* **2.** *unr. itr. V.* take a sip *(from a full glass).*

Ab·tritt *der* **a)** *(Theater)* exit; **b)** *(Rücktritt)* resignation; **c)** *(veralt.: Toilette)* privy *(arch.)*

Abtrocken·tuch *das; Pl.* -**tücher** tea-towel

ab|trocknen 1. *tr. V.* dry; **das Geschirr** ~: dry the dishes; **sich** *(Dat.)* **die Hände/das Gesicht/die Tränen** ~: dry one's hands/face/tears; **ich muß noch [das Geschirr]** ~: I still have to dry the dishes. **2.** *itr. V.; mit sein (trocken werden)* dry off

Abtropf·brett *das* draining-board *(Brit.);* drainboard *(Amer.)*

ab|tropfen *itr. V.; mit sein* drip off; ⟨*lettuce, dishes*⟩ drain; ⟨*clothing*⟩ drip-dry; **von etw.** ~: drip off sth.

ab|trotzen *tr. V.* **jmdm. etw.** ~: wrest sth. from sb.

ab|trudeln *itr. V.* **a)** *(Fliegerspr.)* go down in a spin; **b)** *(ugs.: weggehen)* push off *or* along *(coll.)*

abtrünnig *Adj. (einer Partei)* renegade; *(einer Religion, Sekte)* apostate; **ein** ~**er Vasall** a disloyal vassal; **der Kirche/dem Glauben** ~ **werden** desert the Church/the faith

Abtrünnige *der/die; adj. Dekl. (einer Partei)* renegade; deserter; *(einer Religion, Sekte)* apostate; turncoat

Abtrünnigkeit *die;* ~: apostasy; *(Treulosigkeit)* disloyalty **(von** to)

ab|tun *unr. tr. V.* **a)** *(beiseite schieben)* dismiss; **etw. mit einer Handbewegung** ~: wave sth. aside; **b)** *(erledigen)* **damit ist die Sache abgetan** that's the end of the matter

ab|tupfen *tr. V.* dab away; **sich/jmdm. die Tränen** ~: dab away one's/sb.'s tears; **sich** *(Dat.)* **die Stirn/Mundwinkel** ~: dab one's brow/the corners of one's mouth

ab|urteilen *tr. V.* pass judgement on; *(fig.)* condemn

Aburteilung *die;* ~, ~**en** passing of judgement *(+ Gen.* on); condemnation; *(fig.)* condemnation

ABV [a:be:'fau] *der;* ~[**s**], ~[**s**] *(DDR) s.* **Abschnittsbevollmächtigte**

Ab·verkauf *der (österr., südd.)* sale

ab|verkaufen *tr. V. (österr., südd.)* sell off

ab|verlangen *tr. V.* **jmdm. etw.** ~: demand sth. of sb.; **Geld** ~: demand money from sb.; **es wird Ihnen einige Mühe** ~: it will cost you some effort

ab|wägen *unr. od. regelm. tr., itr. V.* **a)** weigh up; **zwei Dinge gegeneinander** ~: weigh two things against each other; **die Vor- und Nachteile gegeneinander** ~: weigh the advantages and disadvantages; **lange** ~: weigh things/the problem *etc.* up for a long time; *s. auch* **abgewogen 2**; **b)** *(veralt.) s.* **abwiegen**

abwägend 1. *Adj.* appraising. **2.** *adv.* appraisingly; **er sah mich kritisch-**~ **an** he looked at me, sizing me up critically

Ab·wahl *die* voting out; **seit seiner** ~: since he was voted out

abwählbar *Adj.* **er/dieses Fach ist [nicht]** ~: he can[not] be voted out/this subject can[not] be dropped

ab|wählen *tr. V.* vote out; drop ⟨*school subject*⟩; **sechs Leute wurden aus dem Ausschuß abgewählt** six members of the committee were not re-elected

ab|wälzen *tr. V.* pass on **(auf +** *Akk.* to); shift ⟨*blame, responsibility*⟩ **(auf +** *Akk.* to)

abwandelbar *Adj.* **a)** *(variierbar)* modifiable; **ein unendlich** ~**es Motiv/Thema** a motif/theme capable of infinite variation; **b)** *(Sprachw. veralt.) s.* **flektierbar**

ab|wandeln *tr. V.* **a)** *(variieren)* adapt; modify; **b)** *(Sprachw. veralt.) s.* **flektieren**

ab|wandern *itr. V.; mit sein* **a)** migrate **(aus** from, **in** + *Akk.* to); *(in ein anderes Land)* emigrate **(aus** from, **in** + *Akk.* to); **b)** *(fig.)* move over; ⟨*capital*⟩ be transferred; **in einen anderen Beruf** ~: move into a different job; **viele Spieler wandern aus der Liga ab** many players are leaving the league; **c)** *(Met.)* move away. **2.** *tr. V.; mit sein od. haben (wandernd zurücklegen)* walk *or* hike over; walk ⟨*route*⟩

Ab·wanderung *die* **a)** migration **(aus** from, **in** + *Akk.* to); *(in ein anderes Land)* emigration **(aus** from, **in** + *Akk.* to); **b)** *(fig.)* moving over; ~ **in einen anderen Beruf** movement into a different job; ~ **des Kapitals** transfer of capital; **die** ~ **der Spieler aus der Liga** the departure of players from the league

Abwanderungs·verlust *der (Soziol.)* population drain

Ab·wandlung *die* adaptation; modification; *(Variante)* variation; **in** ~ **eines Wortes von Goethe** adapting a saying of Goethe's

Ab·wärme *die (Technik)* waste heat

Ab·wart *der;* ~**s,** ~**e** *(schweiz.)* caretaker

ab|warten 1. *itr. V.* wait; **sie warteten ab** they awaited events; **warte ab!** wait and see; *(als Drohung)* just you wait!; **warten wir [erst mal] ab** let's wait and see; **warten wir's** ~**d ein** adopt an attitude of 'wait and see'; **eine** ~**de Haltung einnehmen** decide to await events; ~ **und Tee trinken** *(ugs. scherzh.)* wait and see what happens. **2.** *tr. V.* **a)** *(warten auf)* wait for; **wir müssen die Entwicklung der Dinge** ~: we must wait and see how things develop; **das bleibt [noch] abzuwarten** only time will tell; **b)** *(warten auf das Ende von)* **etw.** ~: wait for sth. to end

abwärts ['apvɛrts] *Adv.* downwards; **(den Berg hinunter)** downhill; **(den Fluß hinunter)** downstream; **der Fahrstuhl fährt** ~: the lift is going down; „~" 'going down'; **vom Major [an]** ~: from the major down

-abwärts *Adv.* [weiter] rhein~/mosel~: further down the Rhine/Mosel; **rhein~/mosel~ segeln** sail down the Rhine/Mosel

abwärts-, Abwärts-: ~**entwicklung** *die* deterioration; **die anhaltende** ~**entwicklung** the downward slide; ~|**gehen** *unr. itr. V.; mit sein* **mit ihm/dem Land/ihrer Gesundheit geht es** ~: he/the country is going downhill/her health is deteriorating; **seit damals ging es eigentlich immer nur** ~: from that time on things really only got worse; ~**trend** *der* downward trend

¹**Abwasch** ['apvaʃ] *der;* ~**[e]s a)** *(das Geschirrspülen)* washing-up *(Brit.);* washing dishes *(Amer.);* **den** ~ **machen** do the washing-up/wash the dishes; **wir erledigen das gleichzeitig, das ist dann ein** ~ *(ugs.)* we'll deal with that at the same time, and so kill two birds with one stone; **b)** *(schmutziges Geschirr)* dirty dishes *pl.*

²**Abwasch** *die;* ~, ~**en** *(österr.)* sink

abwaschbar *Adj.* washable

Abwasch·becken *das* sink

ab|waschen 1. *unr. tr. V.* **a)** wash off; wash [up] ⟨*dishes*⟩; wash down ⟨*surface*⟩; **etw. von etw.** ~: wash sth. off sth.; **sich** *(Dat.)* **den Schmutz/das Blut** ~: wash the dirt/blood off oneself; **sich** *(Dat.)* **die Hände/sein Gesicht** ~: wash one's hands/face; **eine Schmach** ~ *(fig.)* wipe out a disgrace. **2.** *unr. itr. V.* wash up, do the washing-up *(Brit.);* wash the dishes *(Amer.)*

Abwasch-: ~**lappen** *der* dishcloth; ~**mittel** *das s.* **Spülmittel;** ~**tuch** *das s.* **lappen;** ~**wasser** *das s.* **Spülwasser b**

Ab·wasser *das; Pl.* -**wässer** sewage; **industrielle Abwässer** industrial effluent *sing.*

Abwasser-: ~**auf·bereitung** *die* sewage treatment; ~**beseitigung** *die* disposal of sewage; ~**kanal** *der* sewer; ~**reinigung** *die* sewage purification

ab|wechseln *refl., itr. V.* alternate; **die beiden wechselten sich ab** the two of them took turns; **ich wechsle mich mit ihr beim Geschirrspülen ab** she and I take it in turns to do the dishes; **Regen und Sonne wechselten miteinander ab** it rained and was sunny by turns

abwechselnd *Adv.* alternately

Abwechslung *die;* ~, ~**en** *(Wechsel)* change; *(Zerstreuung)* **etwas/wenig** ~: some/not much variety; **zur** ~: for a change; **die** ~ **lieben** *(verhüll.)* like a bit of variety

abwechslungs-: ~**arm 1.** *Adj.* monotonous; **2.** *adv.* monotonously; ~**halber** *Adv.* for a change; ~**los 1.** *Adj.* unvaried; ~**los sein** lack variety; **2.** *adv.* monotonously; ~**reich 1.** *Adj.* varied; **2.** *adv.* **der Urlaub verlief sehr** ~**reich** the holiday *or (Amer.)* vacation was full of variety; **sich** ~**reich ernähren** eat a varied diet; **nicht sonderlich** ~**reich** without much variety; ~**weise** *Adv. s.* **abwechselnd**

Ab·weg *der* error; **auf** ~**e kommen** *od.* **geraten** go astray; **jmdn. auf** ~**e führen** lead sb. astray

abwegig *Adj. (irrig, unzutreffend)* erroneous; false ⟨*suspicion*⟩; *(falsch, abzulehnen)* mistaken; wrong; *(ungewöhnlich)* outlandish; exceptional ⟨*case*⟩

Abwegigkeit *die;* ~, ~**en** *s.* **abwegig:** erroneousness; falseness; mistakenness; wrongness; outlandishness; exceptionalness

Ab·wehr *die;* ~ **a)** *(Ablehnung)* hostility; **b)** *(Zurückweisung)* repulsion; *(von Schlägen)* fending off; **c)** *(Widerstand)* resistance; **d)** *(Milit.: Geheimdienst)* counter-intelligence; **er ist der** ~: he is in counter-intelligence; **e)** *(Sport)* *(Hintermannschaft)*

abwehrbereit defence; (~*aktion*) clearance; clearing (*Amer.*)

abwehr-, Abwehr-: ~**bereit** *Adj.* ready to take defensive action *postpos.*; ~**bereitschaft** *die* readiness to take defensive action; ~**dienst** *der* counter-intelligence service

ab|wehren 1. *tr. V.* a) (*zurückschlagen*) repulse; fend off, parry ⟨*blow*⟩; (*Sport*) clear ⟨*ball, shot*⟩; save ⟨*match point*⟩; b) (*abwenden*) avert ⟨*danger, consequences*⟩; c) (*von sich weisen*) avert ⟨*suspicion*⟩; deny ⟨*rumour*⟩; decline ⟨*thanks*⟩; d) (*fernhalten*) deter; **um die Blicke Neugieriger abzuwehren** [in order] to give protection from the stares of inquisitive people. 2. *itr. V.* a) (*Sport*) clear; **zur Ecke** ~: clear the ball and give away *or* concede a corner; b) (*ablehnend reagieren*) demur; **eine** ~**de Geste** *od.* **Handbewegung** a deprecatory gesture

Abwehr-: ~**kampf** *der* defensive action; (*über längere Zeit*) defence; ~**kraft** *die* power of resistance; ~**mechanismus** *der* (*Psychoanalyse, Physiol.*) defence mechanism; ~**reaktion** *die* (*Physiol., fig.*) defensive reaction; ~**spieler** *der* (*Sport*) defender

¹**ab|weichen** *unr. itr. V.*; *mit sein* a) deviate; b) (*sich unterscheiden*) differ; **voneinander** ~: differ from each other; ~**des Verhalten** (*Soziol.*) deviant behaviour

²**ab|weichen** 1. *itr. V.*; *mit sein* soften and come off. 2. *tr. V.* soak off

Abweichler ['apvaɪçlɐ] *der*; ~s, ~ (*Politik*) deviationist

abweichlerisch *Adj.* (*Politik*) deviationist

Abweichlertum *das*; ~s (*Politik*) deviationism *no art.*

Abweichung *die*; ~, ~**en** a) deviation; ~**en von der Geschäftsordnung** departures from the standing orders; **in** ~ (*Dat.*) **von** in contrast with; **die** ~ **der Magnetnadel** the variation of the compass needle; b) (*Unterschied*) difference

ab|weiden *tr. V.* crop; browse ⟨*twigs, leaves*⟩; (*abgrasen*) graze

ab|weisen *unr. tr. V.* a) turn away; turn down ⟨*applicant, suitor*⟩; b) (*ablehnen*) reject; dismiss ⟨*action, case, complaint*⟩; disallow ⟨*claim*⟩

abweisend 1. *Adj.* cold ⟨*look, tone of voice*⟩; negative ⟨*reply*⟩; **in** ~**em Ton** coldly. 2. *adv.* coldly

Ab·weisung *die*; ~, ~**en** *s.* **abweisen:** turning away; turning down; rejection; dismissal; disallowance

ab|wenden *unr. od. regelm. tr. V.* a) (*wegwenden*) turn away; **den Blick** ~: look away; avert one's gaze; **die Augen von etw. nicht** ~ **können** not be able to take one's eyes off sth.; **mit abgewendetem Kopf** with his/her head turned away; b) *nur refl.* (*verhindern*) avert, **etw. von jmdm.** ~: protect sb. from sth. 2. *unr. od. regelm. refl. V.* a) turn away; b) (*fig.*) **sich von jmdm.** ~: turn one's back on sb.; (*sich jmdm. allmählich entfremden*) become estranged from sb.

Ab·wendung *die* (*Abkehr*) **seit seiner** ~ **vom Sozialismus** since he turned away from socialism; **die** ~ **von der bisherigen Politik** turning away from previous policy; b) (*Verhinderung*) **zur** ~ **einer Sache** (*Gen.*) in order to avert sth.

ab|werben *unr. tr. V.* lure away; entice away; **jmdm. jmdn.** ~: lure *or* entice sb. away from sb.

Abwerber *der*; ~s, ~, **Abwerberin** *die*; ~, ~**nen** recruiter (*enticing people away from their existing employment*)

Ab·werbung *die* enticement (**bei** from)

ab|werfen *unr. tr. V.* a) (*herunterwerfen*) drop; ⟨*tree*⟩ shed ⟨*leaves, needles*⟩; ⟨*stag*⟩ shed ⟨*antlers*⟩; throw off ⟨*clothing*⟩; jettison ⟨*ballast*⟩; throw ⟨*rider*⟩; (*Kartenspiel*) discard; **das Joch der Knechtschaft/Tyrannei** *usw.* ~ (*fig. geh.*) throw *or* cast off the yoke

of bondage/tyranny *etc.*; *s. auch* **Maske** a; b) (*herunterstoßen*) knock down; c) (*ins Spielfeld werfen*) throw out ⟨*ball*⟩; d) (*einbringen*) bring in; **Profit** ~: make a profit; **viel/wenig** ~: show a big/only a small profit. 2. *unr. itr. V.* (*Sport*) throw the ball out

ab|werten 1. *tr.*, *itr. V.* devalue. 2. *tr. V.* (*fig.: herabwürdigen*) run down; belittle

abwertend 1. *Adj.* derogatory. 2. *adv.* derogatorily; in a derogatory way

Ab·wertung *die* a) devaluation; b) (*fig.: Herabwürdigung*) reduction in status; ⟨*eines Begriffs*⟩ debasement; **eine** ~ **erfahren** lose status; **das soll keine** ~ **sein** that wasn't meant in any derogatory sense

abwesend 1. *Adj.* a) (*nicht zugegen*) absent; b) (*zerstreut*) absent-minded. 2. *adv.* absent-mindedly

Abwesende *der/die*; *adj. Dekl.* absentee

Abwesenheit *die*; ~, a) (*Fehlen*) absence; **in** ~ (*Rechtsw.*) in his/her/their absence; **durch** ~ **glänzen** (*iron.*) be conspicuous by one's absence; b) (*fig.: Zerstreutheit*) absent-mindedness

Ab·wetter *Pl.* (*Bergbau*) foul air

ab|wettern *tr. V.* (*Seemannsspr., auch fig.*) weather

ab|wetzen 1. *tr. V.*, *refl. V.* wear away; *s. auch* **abgewetzt** 2. 2. *itr. V.*; *mit sein* (*ugs.: weglaufen*) bolt; scarper (*Brit. sl.*)

ab|wichsen *tr. V.* (*derb*) **sich** (*Dat.*) **einen** ~: wank (*Brit. coarse*); jerk [oneself] off (*coarse*); **jmdm. einen** ~: jerk sb. off (*coarse*); wank sb. (*Brit. coarse*)

ab|wickeln 1. *tr. V.* a) (*herunterwickeln*) unwind; b) (*erledigen*) deal with ⟨*case*⟩; do ⟨*business*⟩; (*im Auftrag*) handle ⟨*correspondence*⟩; conduct, handle ⟨*transaction, negotiations*⟩; c) (*organisieren*) stage. 2. *refl. V.* a) (*sich abspulen*) unwind [itself]; b) (*durchgeführt werden*) take place; (*mit Erfolg*) go well

Abwicklung *die*; ~, ~**en** *s.* **abwickeln** 1 b: dealing (*Gen.* with); doing; handling; conducting; b) (*Organisation*) staging; **für eine reibungslose** ~ **der Veranstaltung sorgen** see to it that the function goes off smoothly; c) (*Kaufmannsspr., Rechtsw.:* Liquidation) liquidation

ab|wiegeln 1. *tr. V.* a) pacify; calm down ⟨*crowd*⟩; b) (*abwertend*) appease. 2. *itr. V.* a) calm things down; b) (*etw. herunterspielen*) play down the issue

ab|wiegen *unr. tr. V.* weigh out; weigh ⟨*single item*⟩

Abwiegler *der*; ~s, ~: a) peacemaker; b) (*abwertend*) appeaser

Abwieglung *die*; ~, ~**en** a) conciliation; b) (*abwertend*) appeasement

ab|wimmeln *tr. V.* (*ugs.*) get rid of ⟨*person*⟩; get out of ⟨*duty, responsibility, etc.*⟩

Ab·wind *der* a) (*Met.*) katabatic wind; b) (*Flugw.*) downwash

ab|winkeln *unr. tr. V.* bend; **mit abgewinkelten** (*in die Hüfte gestützten*) **Armen** with arms akimbo

ab|winken 1. *itr. V.* (2. *Part. landsch. od. scherzh.:* abgewunken) apathisch/uninteressiert ~: wave it/them aside apathetically/uninterestedly; 2. *tr. V.* (*Motorsport*) **ein Rennen** ~: wave the chequered flag; (*bei einer Unterbrechung*) stop a race; **einen Fahrer** ~: wave *or* flag down a driver

ab|wirtschaften *itr. V.* endgültig abgewirtschaftet haben have gone to the wall; be finished for good; *s. auch* **abgewirtschaftet** 2

ab|wischen *tr. V.* a) (*säubern*) wipe away; **sich/jmdm. etw.** ~: wipe sth. off oneself/sb.; **sich/jmdm. den Schweiß von der Stirn** ~: wipe off the sweat from one's/sb.'s forehead; **Staub von den Regalen** ~: wipe off dust from the shelves; **sich/jmdm. die Tränen** ~: dry one's/sb.'s tears; b) (*säubern*) wipe; **sich/jmdm. die Nase/die Hände**

usw. ~: wipe one's/sb.'s nose/hands *etc.* (**an** + *Dat.* on); **damit können Sie sich den Hintern** *od.* **den Arsch** ~ (*derb*) you know where you can stick that (*sl.*); (*es ist wertlos*) you might as well wipe your arse (*Brit.*) *or* (*Amer.*) ass with it (*coarse*)

ab|wohnen *tr. V.* a) wear out ⟨*furniture*⟩; make ⟨*flat, house, room*⟩ shabby; **abgewohnt** shabby; b) use up ⟨*rent*⟩

ab|wracken ['apvrakn̩] *tr. V.* scrap; *s. auch* **abgewrackt** 2

Ab·wurf *der* a) dropping; (*von Ballast*) jettisoning; **nach zwei Abwürfen wollte er nicht mehr reiten** after being thrown twice he didn't want to do any more riding; b) (*Fußball*) **beim** ~ **stolperte der Torwart** the goalkeeper stumbled as he threw the ball out; c) (*Handball, Wasserball*) goal throw; d) (*Speer-, Diskus-, Hammerwurf*) delivery; e) (*Hochsprung*) failure; f) (*Springreiten*) fault

ab|würgen *tr. V.* (*ugs.*) stifle; choke ⟨*proposal*⟩; stall ⟨*car, engine*⟩

ab|zahlen *tr. V.* pay off ⟨*debt, loan*⟩; pay for ⟨*home, car, etc.*⟩

ab|zählen 1. *tr. V.* count; „**bitte das Fahrgeld abgezählt bereithalten!**" 'please tender exact fare'. 2. *tr. V.* a) (*Sport, Milit.*) number off; **zu zweien/vieren** ~: number off in twos/fours; b) (*mit Abzählreim*) count out

Abzähl·reim *der* counting-out rhyme

Ab·zahlung *die*; ~, ~**en** paying off; repayment; **etw. auf** ~ **kaufen/verkaufen** buy/sell sth. on easy terms *or* (*Brit.*) on HP

Abzahlungs-: ~**kauf** *der* credit *or* hire purchase; ~**rate** *die* repayment; instalment

Abzähl·vers *der s.* **Abzählreim**

ab|zapfen *tr. V.* tap ⟨*beer, wine*⟩; let, draw off ⟨*blood*⟩; draw off ⟨*petrol*⟩; **Strom** ~: tap the electricity supply; **jmdm. Geld** ~ (*ugs.*) touch sb. for some money (*sl.*)

ab|zappeln *refl. V.* (*fig. ugs.*) flog oneself; slave away

ab|zäumen *tr. V.* unbridle

ab|zäunen *tr. V.* fence off

Abzäunung *die*; ~, ~**en** a) *o. Pl.* fencing off; b) (*Zaun*) fencing

Abzehrung *die*; ~, ~**en** (*veralt.*) wasting away; cachexia (*Med.*); **er starb an** ~: he wasted away and died

Ab·zeichen *das* a) (*Kennzeichen*) emblem; (*fig.*) badge; **militärische** ~: military insignia; b) (*Ansteckmadel, Plakette*) badge

ab|zeichnen 1. *tr. V.* a) (*nachzeichnen, kopieren*) copy; b) (*paraphieren*) initial. 2. *refl. V.* stand out; (*fig.*) begin to emerge; (*drohend*) loom

Abzieh·bild *das* transfer

ab|ziehen 1. *unr. tr. V.* a) pull off; peel off ⟨*skin*⟩; strip ⟨*bed*⟩; **ein Laken/das Bettzeug** ~: pull off a sheet/the bedclothes; b) (*Fot.*) make a print/prints of; **zweimal** ~: make two prints of; c) (*Druckw.*) run off; **etw. 50mal** ~: run off 50 copies of sth.; d) (*Milit., auch fig.*) withdraw; e) (*subtrahieren*) subtract; take away (*abrechnen*) deduct; (*kassieren*) charge for; **jmdm. zuviel** ~: overcharge sb.; **davon kannst du die Hälfte/das meiste** ~ (*ugs.*) you have to take it with a pinch of salt; f) (*ugs.: abnehmen, ausziehen*) take off; g) (*schälen*) peel ⟨*peach, almond, tomato*⟩; string ⟨*runner bean*⟩; h) (*häuten*) skin; i) **eine Handgranate** ~: pull the pin of a hand-grenade; j) (*herausziehen*) take out ⟨*key*⟩; k) (*abfüllen*) **Wein auf Flaschen** ~: bottle wine; l) (*glätten*) **Parkett** ~: sand [down] parquet flooring; **ein Messer/Rasiermesser** ~: sharpen a knife/razor; m) (*Kochk.*) thicken; n) (*salopp: veranstalten*) throw ⟨*party*⟩; crack ⟨*joke*⟩; *s. auch* **Schau** b. 2. *unr. itr. V.* a) *mit sein* (*sich verflüchtigen*) escape; (*Met.*) move away; b) *mit sein* (*Milit.*) withdraw; c) *mit sein* (*ugs.: weggehen*) push off (*sl.*); go away; d) *mit sein* (*ugs.: beschleunigen*) der

857

Abzieher

Wagen zieht vielleicht ab the car really takes off; **e)** *(abdrücken)* fire
Abzieher *der;* ~s, ~ *(Druckw.)* proof-puller
Abzieh·presse *die (Druckw.)* proof[ing]-press
ab|zielen *itr. V.* auf etw. *(Akk.)* ~: be aimed at *or* directed towards sth.
ab|zirkeln *tr. V.* measure off ⟨area, section⟩; *(fig.)* delineate; measure ⟨words⟩; *s. auch* **abgezirkelt** 2, 3
ab|zischen *itr. V.; mit sein (salopp)* shoot off; **zisch ab!** *(verschwinde!)* beat it! *(sl.);* push off! *(sl.)*
ab|zittern *itr. V.; mit sein (salopp)* beat it *(sl.);* push off *(sl.)*
ab|zotteln *itr. V.; mit sein (ugs.)* trot off or away
Ab·zug *der* **a)** *(an einer Schußwaffe)* trigger; **die Hand** *od.* **den Finger am ~ haben** *(auch fig.)* have one's finger on the trigger; **b)** *(Fot.)* print; **c)** *(Druckw.)* proof; **d)** *(Verminderung, Abgabe)* deduction; **etw. in ~ bringen** deduct sth.; **e)** *o. Pl. (Abmarsch, auch fig.)* withdrawal; **jmdm. freien ~ gewähren** give sb. free passage; **f)** *(Öffnung für Rauch usw.)* vent; **g)** *o. Pl. (von Rauchen usw.)* escape
abzüglich ['aptsy:klıç] *Präp. mit Gen. (Kaufmannsspr.)* less; ~ **3% Rabatt** *od.* **Rabatt von 3% less 3% discount**
abzugs-, Abzugs-: ~**fähig** *Adj. (Steuerw.)* [tax-]deductible; ~**frei** *Adj. (Steuerw.)* tax-free; ~**graben** *der* drainage ditch; ~**rohr** *die* flue; ~**schach** *das (Schach)* discovered check
ab|zupfen *tr. V.* pluck off
ab|zwacken *tr. V. (ugs.)* **a)** [sich *(Dat.)*] **das Geld/die Zeit** ~: scrape the money together/spare the time; **b)** *s.* **abzwicken**
Ab·zweig *der (Verkehrsw.)* turn-off
Abzweig·dose *die (Elektrot.)* junction-box
ab|zweigen 1. *itr. V.; mit sein* branch off. **2.** *tr. V.* **a)** *(bereitstellen)* set *or* put aside; **Geld für einen Plattenspieler ~**: put aside *or* money to buy a record-player; **b)** *(verhüll.: sich heimlich aneignen)* appropriate
Abzweigung *die;* ~, ~**en a)** *turn-off; (einer Pipeline)* branch; *(Gabelung)* fork; **die rechte ~ fahren** take the right fork; **b)** *(Nebenlinie)* branch-line
ab|zwicken *tr. V.* pinch or nip off
ab|zwingen *unr. tr. V.* **jmdm. ein Geständnis ~**: force a confession out of sb.; **sich** *(Dat.)* **ein Lächeln ~**: force oneself to smile
ab|zwitschern *itr. V.; mit sein (ugs.)* clear off *(coll.)*
a cappella [a ka'pɛla] *Adv.* a cappella
Accent aigu [aksãˈgy] *der;* ~ ~, ~s ~s [aksãzeˈgy] acute [accent]
Accent circonflexe [aksãsirkõˈflɛks] *der;* ~ ~, ~s ~s circumflex [accent]
Accent grave [aksãˈgraːv] *der;* ~ ~, ~s ~s [aksãˈgraːv] grave [accent]
Accessoire [aksɛˈsoaːɐ̯] *das;* ~s, ~s *(geh.)* accessory
Acetat [atseˈtaːt] *das;* ~s, ~e *(Chemie)* acetate
Aceton *das;* ~s *(Chemie)* acetone
Acetylen [atsetyˈleːn] *das;* ~s *(Chemie)* acetylene
Acetylen-: ~**brenner** *der* oxy-acetylene torch; ~**gas** *das* acetylene
ach [ax] **1.** *Interj.* **a)** *(betroffen, mitleidig)* oh [dear]; ~ **Gott** o dear; **b)** *(bedauernd, unwirsch)* oh; **c)** *(klagend)* ah; alas *(dated);* ~ **und weh schreien** scream blue *or (Amer.)* bloody murder; **d)** *(erstaunt)* oh; ~, ~, **wirklich?** no, really?; ~, **der!** no, him!; ~ **so!** ah, I see; **e)** ~ **so!** oh, I see; ~ **nein** no, no; ~ **was** *od.* **wo!** of course not. **2.** *Adv. (meist iron.)* **unser ~ so edler Held** our oh-so-noble hero
Ach *das;* ~s *in:* **mit ~ und Krach** *(ugs.)* by the skin of one's teeth; **mit ~ und Weh** with a lot of weeping and wailing

Achat [aˈxaːt] *der;* ~[e]s, ~e *(Min.)* agate
achaten *Adj.; nicht präd.* agate
Achill [aˈxɪl], **Achilles** [aˈxɪlɛs] *(der)* Achilles
Achilles-: ~**ferse** *die* Achilles' heel; ~**sehne** *die (Anat.)* Achilles tendon
Achilleus [aˈxɪlɔys] *(der) s.* **Achill**
Ach-Laut *der* velar fricative; ach-laut
achromatisch *Adj. (Optik)* achromatic
Achs-: ~**abstand** *der s.* **Radstand;** ~**bruch** *der s.* **Achsenbruch**
Achse ['aksə] *die;* ~, ~**n a)** *(Rad~)* axle; **auf** [**der**] ~ **sein** *(ugs.)* be on the road or move; **b)** *(Dreh~, Astron.)* axis; **sich um die** *od.* **um seine eigene ~ drehen** turn on one's/its own axis; **c)** *(Math.)* axis; **d)** **die ~ Berlin-Rom** *(hist.)* the Berlin-Rome axis
Achsel ['aksl] *die;* ~, ~**n** *(Schulter)* shoulder; *(~höhle)* armpit; **jmdn. über die ~ ansehen** look down on sb.; look down one's nose at sb. *od.* **mit den ~n zucken** one's shoulders; **jmdn. unter den ~ packen** seize sb. under the arms; **etw. unter die ~ klemmen** tuck sth. under one's arm
achsel-, Achsel-: ~**griff** *der* **a)** *(Rettungsgriff)* underarm grip; **b)** *(Ringen)* nelson; ~**grube** *die* ~**höhle;** ~**haare** *Pl.* hair *sing.* under one's arms; armpit hair *sing.;* ~**höhle** *die* armpit; ~**klappe** *die* epaulette; ~**schnur** *die (Milit.)* aiguillette; ~**schweiß** *der* underarm perspiration; ~**stück** *das meist Pl. (Milit.) s.* ~**klappe;** ~**zucken** *das* shrug [of the shoulders]; **sein dauerndes ~zucken** his continual shoulder-shrugging; ~**zuckend** *Adj.* shrugging; **er ging ~zuckend hinaus** he went out with a shrug [of the shoulders]
achsen-, Achsen-: ~**ab·stand** *der s.* **Radstand;** ~**bruch** *der* broken axle; ~**kreuz** *das (Math.)* axes *pl.* of coordinates; ~**mächte** *Pl. (hist.)* Axis Powers; ~**symmetrisch** *Adj. (Math.)* symmetrisch sein have axial symmetry; **eine ~symmetrische Kurve** a curve with axial symmetry; an axially symmetric curve
-achser *der;* ~s, ~: **ein Drei-/Sechs-~**: a three-/six-axle vehicle *etc.*
-achsig *Adj.* **drei-/sechs-~**: three-/six-axle
Achs-: ~**lager** *das* axle-bearing; ~**last** *die (Technik)* axle-weight; ~**schenkel** *der (Kfz-W.)* stub-axle; ~**stand** *der s.* **Radstand;** ~**welle** *die (Technik)* axle-shaft
¹**acht** [axt] *Kardinalz.* eight; ~ **mal ~ ist 64** eight eights are *or* eight times eight makes 64; **wir waren ~** *od. (geh.)* **unser ~ waren eight; je ~ bildeten eine Gruppe** they formed into groups of eight; **die ersten/letzten ~**: the first/last eight; **er ist ~ [Jahre]** he is eight [years old]; **mit ~ [Jahren]** as an eight-year-old; at eight years of age; **es ist ~ Uhr** it is eight o'clock; **um ~ Uhr** at eight at ten past eight; **um ~ [Uhr]** at eight [o'clock]; **um ~ herum, gegen ~**: [at] around or about eight [o'clock]; **um halb ~**: at half past seven; ~ **Minuten vor/nach halb ~**: twenty-two minutes past seven/twenty-two minutes to eight; **dreiviertel ~** *od.* **Viertel vor ~**: [a] quarter to eight; **in ~ Tagen** in a week's time; a week from now; **Freitag/morgen in ~ Tagen** a week on Friday/a week tomorrow; **[heute] vor ~ Tagen** a week ago [today]; **gestern vor ~ Tagen** a week ago yesterday; **im Jahre ~ nach/vor Christi Geburt** in the year AD 8/8 BC; **die Linie ~ [des Busses/der Straßenbahn]** the number eight [bus/tram]; **es steht ~ zu ~/~ zu 2** *(Sport)* the score is eight all/eight to two; **ein Vater von ~ Kindern** a father of eight; *s. auch* ¹**Acht**
²**acht** *in* **wir waren zu ~**: there were eight of us; **wir rückten ihm zu ~ auf die Bude** *(ugs.)* eight of us dropped in on him; **wir haben zu ~ ein Haus gemietet** the eight of us rented a house; **sie kamen zu ~**: eight of them came; **stellt euch zu ~ auf** make lines of eight

acht... *Ordinalz.* eighth; **der ~e** *od.* **8. September** the eighth of September; *(im Brief auch)* 8 September; **am ~en** *od.* **8. September** on the eighth of September; *(im Brief auch)* 8 September; **München, [den] 8. Mai 1984** Munich, 8 May 1984; **das ~e Kapitel/der ~e Abschnitt** chapter/section eight; **sie ging als ~e durchs Ziel** she came [in] *or* finished eighth; **jeder ~e [Person/Kiste** *usw.*] one out of every eight [persons/crates *etc.*]; one [person/crate *etc.*] in eight
¹**Acht** *die;* ~, ~**en a)** *(Zahl)* eight; **eine arabische/römische ~**: an arabic/Roman eight; **die ~ ist seine Glückszahl** eight is his lucky number; **b)** *(Figur)* figure eight; **c)** *(Verbiegung)* buckle; **mein Rad hat eine ~**: my wheel is buckled; **d)** *(Spielkarte)* eight; **e)** *(ugs.: Bus-, Bahnlinie)* number eight; **f)** *(ugs.: Handschellen)* cuffs *pl. (coll.);* **g)** *(auf der Speise-, Weinkarte)* **ich nehme die ~**: I'll have number eight
²**Acht** *die;* ~ *(hist.)* outlawry; **über jmdn. die ~ verhängen, jmdn. mit der ~ belegen** outlaw sb.; **jmdn. in ~ und Bann tun** *(kirchlich)* anathematize *or* put the ban on sb.; *(fig.)* ostracize sb.
³**Acht** *die;* ~ *(veralt.)* **in etw. außer acht** *od.* **außer aller ~ lassen** disregard *or* ignore sth.; **sich in acht nehmen** take care; be careful; **sich vor jmdm./etw. in acht nehmen** be wary of sb./sth.
acht, Acht: ~**ad[e]rig** *Adj. (Elektrot.)* eight-core; ~**armig** *Adj.* eight-armed; ~**armig sein** have eight arms; ~**bänder** [~bɛndɐ] *der;* ~s, ~ *(Verlagsw.)* eight-volume set; ~**bändig** *Adj.* eight-volume; ~**bändig sein/herausgebracht werden** be in/be published in eight volumes
achtbar *Adj. (geh.)* respectable; upright ⟨principles⟩; **eine ~e Leistung** a creditable performance
Achtbarkeit *die;* ~ *(geh.)* respectability; *(einer Gesinnung)* uprightness
acht·beinig *Adj.* eight-legged; ~ **sein** have eight legs
Achte *der/die; adj. Dekl.* eighth; **er war [in der Leistung] der ~**: he came eighth; **der ~ [des Monats]** the eighth [of the month]; **Heinrich der ~**: Henry the Eighth
acht-, Acht-: ~**eck** *das;* ~s, ~e octagon; ~**eckig** *Adj.* octagonal; **ein Würfel ist ~eckig** a cube has eight corners; **ein Gebäude ~eckig bauen** make a building octagonal; **ein ~eckiger Hut** an eight-sided hat; ~**einhalb** *Bruchz.* eight and a half
achtel ['axtl] *Bruchz.* eighth; **ein ~ Kilo** an eighth of a kilo; **drei ~ Liter** three eighths of a litre
Achtel *das (schweiz. meist der);* ~s, ~ **a)** eighth; **b)** *(ugs.:~pfund)* eighth of a pound; ≈ two ounces; **c)** *(ugs.:~liter)* eighth of a litre *(of wine);* **d)** *(Musik) s.* **Achtelnote**
Achtel-: ~**finale** *das (Sport)* last sixteen; ~**final·spiel** *das (Sport)* match in the round before the quarter-finals; ~**liter** *der* eighth of a litre; ~**los** *das* lottery ticket which has one eighth of the value of a whole ticket
achteln *tr. V.* **etw.** ~: divide/cut sth. up into eight pieces
Achtel-: ~**note** *die (Musik)* quaver; eighth note *(Amer.);* ~**pause** *die (Musik)* quaver rest; eighth rest *(Amer.);* ~**pfund** *das* eighth of a pound
achte·mal *Adv.* **das ~**: for the eighth time; **das ~ wurde er gefaßt** the eighth time, he was caught
achten 1. *tr. V.* respect; observe, respect ⟨laws, commandments⟩. **2.** *itr. V.* **auf etw.** *(Akk.)* [**nicht**] ~: [not] mind or look after sth.; *(von etw. [keine] Notiz nehmen)* pay [no] attention or heed to sth.; **es ist [besonders] darauf zu ~, daß ...**: your attention is [particularly] drawn to the fact that ...; **auf jmdn.** ~: look

ächten / **Achtzehnjährige**

out for sb.; *(aufpassen)* look after *or* keep an eye on sb.; b) *(geh., veralt.)* s. **erachten**
ächten ['ɛçtn̩] *tr. V.* a) *(hist.: die Acht verhängen über)* outlaw; *(kirchlich)* anathematize; b) *(gesellschaftlich)* ostracize; **sich geächtet fühlen** feel like an outcast; c) *(verdammen)* ban ⟨*war, torture*⟩
Acht·ender *der;* ~s, ~ *(Jägerspr.)* eight-pointer
achten·mal *Adv.* **beim** ~: the eighth time; at the eighth attempt *etc.*; **zum** ~: for the eighth time
achtens ['axtn̩s] *Adv.* eighthly
achtens·wert *Adj.* respectable ⟨*person*⟩; worthy, commendable ⟨*motive*⟩
Achter ['axtɐ] *der;* ~s, ~ a) *(Rudern)* eight; b) s. ¹**Acht a, b, c; c)** *(ugs.: Schraube, Dübel usw.)* number eight; d) *(ugs.)* [number] eight
achter-, Achter-: ~**aus** *Adv.* *(Seemannsspr.)* astern; ~**bahn** die roller-coaster; ~**bahn fahren** go *or* ride on the roller-coaster; ~**deck** das *(Seemannsspr.)* afterdeck; ~**gruppe** die group of eight; ~**lastig** [~lastɪç] *Adj.* *(Seemannsspr.)* stern-heavy
achterlei *Gattungsz.; indekl.* a) *attr.* eight kinds *or* sorts of; eight different ⟨*sorts, kinds, sizes, possibilities*⟩; b) *subst.* eight [different] things
achterlich *Adj.* *(Seemannsspr.)* stern *attrib.;* ~ **sein** be astern
achtern *Adv.* *(Seemannsspr.)* astern; aft; **nach** ~ **gehen** go astern; **nach** ~ **drehen** ⟨*wind*⟩ move astern; **von** ~: from astern
Achter-: ~**reihe** die row *or* line of eight; ~**rennen** das *(Rudern)* eights race; ~**schiff** das *(Seemannsspr.)* stern; ~**steven** der *(Seemannsspr.)* stern-post
acht-, Acht-: ~**fach** *Vervielfältigungsz.* eightfold; **die** ~**fache Menge** eight times the quantity; **die** ~ **bis zehnfache Dosis** eight to ten times the [correct] dose; **etw. in** ~**facher Ausfertigung schicken** send eight copies of sth.; ~**fach vergrößert/verkleinert, in** ~**facher Vergrößerung/Verkleinerung** magnified *or* enlarged/reduced eight times; **das Produkt ist** ~**fach geprüft worden** the product went through eight tests; ~**fache der;** *adj. Dekl.* **das** ~**fache von 4 ist 32** eight fours are *or* eight times four makes 32; **er verdient das** ~**fache von mir** he earns eight times as much as I do; **um das** ~**fache steigen/steigern** increase ninefold *or* nine times; ~**fältig** *(veralt.)* ~**fach**; ~**flach** das, ~e, ~**flächner** *der;* ~s, ~ *(Biol.)* octahedron; ~**füßer** *der;* ~s, ~ *(Biol.)* octopus; ~**füßig** *Adj.* eight-footed; *(Verslehre)* eight-foot, octonarian ⟨*line*⟩; ~ **sein** have eight feet
acht|**geben** *unr. itr. V.* a) *(aufpassen)* **auf jmdn./etw.** ~: mind *or* take care of sb./sth.; **[auf jmds. Worte]** ~: pay attention [to what sb. says]; ~ **müssen, daß** ...: have to be careful that ...; **er gab nicht sonderlich acht darauf** he did not pay any particular attention to it; **in der Schule besser** ~: pay more attention at school; b) *(vorsichtig sein)* be careful; watch out; **gib acht!** look out!; **watch out!; auf sich** *(Akk.)* ~: be careful
acht, Acht-: ~**geschossig,** *Adj.* s. ~**stöckig;** ~**gliedrig** *Adj.* eight-membered; ~**groschen·junge** der *(abwertend)* a) *(Denunziant, Spitzel)* informer; nark *(Brit. sl.);* b) *(käufliches Subjekt)* hireling
acht|**haben** *unr. itr. V. (veralt.)* s. **achtgeben**
acht-, Acht-: ~**hebig** *Adj. (Verslehre)* s. ~**füßig;** ~**hundert** Kardinalz. eight hundred; ~**hundertjahr·feier** die octocentenary [celebrations *pl.*]; ~**hundertst...** Ordinalz. ~**hundertste;** ~**hunderttausend** Kardinalz. eight hundred thousand; ~**jährig** *Adj. (8 Jahre alt)* eight-year *attrib.;* eight years old *pred.; (8 Jahre dauernd)* eight-year attrib.; **nach** ~**jährigem**

Studium after eight years of study; ~**jährig sterben** die at [the age of] eight; **seine** ~**jährige Tätigkeit an dem Institut** his eight years at the institute; **mit** ~**jähriger Verspätung** with a delay of eight years; eight years late; ~**jährige der/die;** *adj. Dekl.* eight-year-old; **als** ~**jähriger** when one *etc.* is/was *etc.* eight years old; ~**jährlich** 1. *Adj.* eight-yearly; **in** ~**jährlichem Turnus** in an eight-year cycle; 2. *adv.* every eight years; ~**kampf** der *(Turnen)* eight-exercise gymnastic competition; ~**kantig** 1. *Adj. (Technik)* eight-sided; 2. *adv. (salopp)* ~**kantig rausfliegen** get kicked *or (sl.)* booted out; **jmdn.** ~**kantig rausschmeißen** throw sb. out on his/her ear *(coll.);* ~**klassig** *Adj.* with eight classes; ~**köpfig** *Adj.* eight-headed ⟨*monster*⟩; ⟨*family, committee*⟩ of eight
Achtling ['axtlɪŋ] *der;* ~s, ~e octuplet
acht·los 1. *Adj.;* nicht präd. heedless. 2. *adv.* heedlessly
Achtlosigkeit die; ~: heedlessness
acht-, Acht-: ~**mal** *Adv.* eight times; ~**mal so groß/soviel/so viele** eight times as big/as much/as many; ~**malig** *Adj.;* nicht präd. **nach** ~**maliger Wiederholung bestand er die Prüfung** he passed the test at the ninth attempt; **nach** ~**maliger Aufforderung** at the eighth request; after being asked eight times; **trotz** ~**maligen Klingelns** in spite of ringing eight times; ~**millionen·mal** *Adv.* eight million times; ~**minuten·takt** [-'---] *der (Fernspr.)* system whereby telephone calls are charged at so much per eight minutes or part thereof; ~**minütig** *Adj.* eight-minute attrib.; lasting eight minutes pred.; **mit** ~**minütiger Verspätung** eight minutes late; **nach** ~**minütiger Sonnenbestrahlung** after eight minutes' exposure to the sun; ~**monatig** *Adj. (8 Monate alt)* eight-month-old *attrib.;* eight months old *pred.; (8 Monate dauernd)* eight-month attrib.; lasting eight months postpos.; s. auch ~**jährig;** ~**monatlich** 1. *Adj.* eight-monthly; **im** ~**monatlichen Turnus** rotating every eight months; 2. *adv.* every eight months; ~**monats·kind** das child born a month prematurely; ~**pfennig·marke** die eight-pfennig stamp; ~**pfünder** [~pfʏndɐ] *der;* ~s, ~: eight-pounder; ~**pfündig** *Adj.;* nicht präd. eight-pound; ~**polig** *Adj. (Elektrot.)* eight-pin; eight-core ⟨*cable*⟩; ~**punkt·schrift** die *(Druckw.)* eight-point type; ~**prozentig** *Adj.* eight per cent; ~**räd[e]rig** *Adj.* eight-wheeled; ~**räd[e]rig sein** have eight wheels
achtsam 1. *Adj. (geh.)* attentive. 2. *adv. (sorgsam)* carefully; with care; **mit etw. [äußerst]** ~ **umgehen** handle sth. with [extreme] care
Achtsamkeit die; ~: attentiveness; *(Sorgsamkeit)*
acht-, Acht-: ~**seitig** *Adj.* eight-page attrib. ⟨*letter, article*⟩; **ein** ~**seitiges Vieleck** an eight-sided polygon; ~**silber der;** ~s, ~ s. ~**silbler;** ~**silbig** *Adj.* eight-syllable attrib.; octosyllabic; ~**silbler der;** ~s, ~ *(Verslehre)* octosyllabic verse or line; ~**sitzer der;** ~s, ~: eight-seater; ~**sitzig** *Adj.* eight-seater attrib.; ~**sitzig sein** have eight seats; ~**spaltig** *Adj. (Druckw.)* 1. *Adj.* ~**spaltiger Artikel** eight-column article; ~**spaltig sein** have eight columns; 2. *adv.* ~**spaltig setzen** print in eight columns; ~**spänner der;** ~s, ~: eight-in-hand; ~**spännig** *Adj.* eight-horse; s. auch **vierspännig;** ~**sprachig** *Adj.* in eight languages postpos.; s. auch **zweisprachig;** ~**sprossig** *Adj.* ⟨*ladder*⟩ with eight rungs; ~**sprossig sein** have eight rungs; ~**spurig** *Adj.* eight-track ⟨*cassette*⟩; ~**stellig** *Adj.* eight-figure attrib.; ~**stellig sein** have eight figures *or* digits; ~**stimmig** 1. *Adj.* for eight-part. 2. *adv.* in eight parts;

~**stöckig** 1. *Adj.* eight-storey attrib.; ~**stöckig sein** have eight storeys *or* floors; be eight storeys high; 2. *adv.* ~**stöckig bauen** build to eight storeys; ~**strophig** [~ʃtroːfɪç] *Adj.* with eight verses postpos., not pred.; ~**strophig sein** have eight verses; ~**stufig** *Adj.* with eight steps postpos., not pred.; ~**stufig sein** have eight steps; ~**stunden·rhythmus** [-'----] *der* eight-hour rhythm; ~**stunden·tag** [-'---] *der* eight-hour day; ~**stündig** *Adj.* eight-hour attrib.; lasting eight hours postpos., not pred.; **mit** ~**stündiger Verspätung** eight hours late; **nach** ~**stündigem Warten** after waiting for eight hours; ~**stündlich** 1. *Adj.* eight-hourly; 2. *adv.* every eight hours; ~**tägig** *Adj. (8 Tage alt)* eight-day-old attrib.; (*8 Tage dauernd*) eight-day[-long] attrib.; **mit** ~**tägiger Verspätung** eight days late; **nach** ~**tägiger Dauer** lasting for eight days; **sie sind meist** ~**tägig** they mostly last eight days; ~**täglich** 1. *Adj.* in ~**täglichem Wechsel** on an eight-day rota; 2. *adv.* every eight days; ~**tausend** Kardinalz. eight thousand; ~**tausender** der mountain over eight thousand metres high; ~**teiler der** *(Rundf., Ferns.)* eight-part series/serial; ~**teilig** *Adj.* eight-piece ⟨*tea-service, tool-set, etc.*⟩; eight-part ⟨*series, serial*⟩; ~**teilig sein** have eight pieces; *(Rundf., Ferns.)* be in eight parts; ~**tonner der;** ~s, ~: eight-tonner
Acht·uhr-: eight o'clock ⟨*news, train, performance, etc.*⟩
acht-, Acht-: ~**und·ein·halb** Bruchz. eight and a half; ~**und·vierziger der;** ~s, ~ *(hist.)* forty-eighter (*one who took part in or sympathized with the 1848 revolution*); ~**und·vierzig·stunden·woche** die forty-eight-hour week; ~**und·zwanzig** Kardinalz. twenty-eight
Achtung die; ~ a) *(Wertschätzung)* respect (**vor** + *Dat.* for); **gegenseitige** ~: mutual respect; ~ **vor sich** *(Dat.)* **selbst** self respect; **alle** ~**!** well done!; b) *(Respektierung)* respect *(Gen.* for); c) *(Aufmerksamkeit)* attention; ~! watch out!; ~**! Stillgestanden!** *(Milit.)* attention!; ~**,** ~**!** your attention, please!; „~**, Stufe!**" 'mind the step'; „~**, Hochspannung**" 'danger high voltage'; ~**, fertig, los!** on your marks, get set, go!
Ächtung die; ~ a) *(hist.)* outlawing; *(kirchlich)* anathematization; b) *(gesellschaftliche* ~*)* ostracism; c) *(Verdammung)* banning
achtung·gebietend *Adj. (geh.)* awe-inspiring
achtungs-, Achtungs-: ~**applaus der** polite applause; ~**erfolg der** reasonable success; ~**voll** 1. *Adj.* respectful; 2. *adv.* respectfully
acht-: ~**wöchentlich** 1. *Adj.* eight-weekly; **im** ~**wöchentlichen Turnus/Wechsel** every eight weeks; 2. *adv.* every eight weeks; ~**wöchig** *Adj. (8 Wochen alt)* eight-week-old attrib.; *(8 Wochen dauernd)* eight-week[-long] attrib.; s. auch ~**jährig;** ~**zackig** *Adj.* eight-pointed
acht·zehn Kardinalz. eighteen; **mit** ~ **[Jahren] wird man volljährig** one reaches the age of majority at eighteen; **18 Uhr** 6 p.m.; *(auf der 24-Stunden-Uhr)* eighteen hundred hours; 1800; **18 Uhr 33** 6.33 p.m.; *(auf der 24-Stunden-Uhr)* 1833
achtzehn-, Achtzehn-: ~**ender der;** ~s, ~ *(Jägerspr.)* eighteen-pointer; ~**hundert** Kardinalz. eighteen hundred; **das war [im Jahre]** ~**hundert** that was in [the year] eighteen hundred *or* 1800; ~**hundert** *od.* 1800 **DM pro Hektoliter** eighteen hundred *or* 1,800 DM per hectolitre; ~**jährig** *Adj. (18 Jahre alt)* eighteen-year-old attrib.; eighteen years old *pred.*; *(18 Jahre dauernd)* eighteen-year attrib.; s. auch **achtjährig;** ~**jährige der/die;** *adj. Dekl.*

859

Dekl. eighteen-year-old; **als ~jähriger** when one *etc.* is/was *etc.* eighteen years old
achtzehnt... *Ordinalz.* eighteenth; *s. auch* **acht...**
Acht·zehntel *das* eighteenth
acht·zeilig *Adj.* eight-line *attrib.*; **~ sein** have eight lines
achtzig ['axtsɪç] *Kardinalz.* eighty; **mit ~ [km/h] fahren** drive at *or* (*coll.*) do eighty [k.p.h.]; **über/etwa ~ [Jahre alt] sein** be over/about eighty [years old]; **Mitte [der] Achtzig sein** be in one's mid-eighties; **in die Achtzig kommen** reach one's eighties; **mit ~ [Jahren]** *od.* **Achtzig** at eighty [years of age]; **im Jahre ~ vor/nach Christi Geburt** in the year 80 BC/AD 80; **auf ~ sein** (*fig. ugs.*) be hopping mad (*coll.*)
Achtzig *die;* **~ a)** (*Zahl*) eighty; *s. auch* ¹**Acht e; b)** *s.* **achtzig**
achtziger *indekl. Adj.; nicht präd.* **ein ~ Jahrgang** an '80 vintage; **die ~ Jahre** the eighties
¹**Achtziger** *der;* **~s, ~ a)** (*80jähriger*) eighty-year-old [man]; octogenarian; **b)** (*ugs.: Autobus*) number eighty; **c)** (*Wein*) '80 vintage
²**Achtziger** *die;* **~, ~** (*ugs.*) **a)** (*Briefmarke*) eighty-pfennig/schilling *etc.* stamp; **b)** (*Zigarre*) eighty-pfennig cigar
³**Achtziger** *Pl.* eighties; **in den ~n sein** be in one's eighties
Achtzigerin *die;* **~, ~nen** eighty-year-old [woman]; octogenarian
Achtziger·jahre *Pl.* eighties *pl.*
achtzig-, Achtzig-: **~jährig** *Adj.* 80 Jahre alt eighty-year-old *attrib.;* eighty years old *pred.;* (*bei der Feldarbeit*) (80 Jahre dauernd) eighty-year *attrib.; s. auch* **achtjährig; ~jährige der/die;** *adj. Dekl.* eighty-year-old; **~pfennig·marke** *die* eighty-pfennig stamp
achtzigst—. ['axtsɪçst] *Ordinalz.* eightieth; **zum Achtzigsten herzlichen Glückwunsch** best wishes on your eightieth birthday; *s. auch* **acht...**
Achtzigstel *das;* **~s, ~:** eightieth
acht-, Acht-: **~zimmer·wohnung** *die* eight-roomed flat; **~zöllig** *Adj.* eight-inch[-long] *attrib.;* eight-inch *attrib.* ⟨*pipe*⟩; **~zöllig sein** be eight inches long; (*pipe*) be eight inches in diameter; **~zylinder** *der* (*ugs.*) eight-cylinder [engine/car]; **~zylinder·motor** *der* eight-cylinder engine; **~zylindrig** *Adj.* eight-cylinder *attrib.;* **~ sein** have eight cylinders
ächzen ['ɛçtsn̩] *itr. V.* **a)** (*schwer stöhnen*) groan; **~ und stöhnen** grunt and groan; **b)** (*knarren*) creak
Ächzer *der;* **~s, ~** (*ugs.*) groan
Acker ['akɐ] *der;* **~s, Äcker** ['ɛkɐ] **a)** field; **auf dem ~ sein** be in the field; (*bei der Feldarbeit*) in the fields; **den ~ bestellen** till the field; **b)** *Pl.* **~** (*altes Feldmaß*) ≈ half acre (*usually about 2,500 sq.m.*); **vier ~ Land/Wald** ≈ two acres of land/woodland
acker-, Acker-: **~bau** *der; o. Pl.* agriculture *no indef. art.;* farming *no indef. art.;* **~bau treiben** farm; **~bau und Viehzucht** farming and stock-breeding; **~bauer der** farmer; **~bau·treibend** *Adj.* farming *attrib.;* **~boden** *der* soil [for cultivation]; **~bürger** *der* (*hist.*) citizen who farmed land within the city area; **~furche die** furrow; **~gaul** *der* (*ugs. abwertend*) cart-horse; old nag (*derog.*); **aus einem ~gaul kann man kein Rennpferd machen** (*Spr.*) you can't make a silk purse out of a sow's ear (*prov.*); **~gerät das** farm implement; **~krume die** topsoil; **~land** *das; o. Pl.* farmland; **~mann** *der* (*veralt.*) *s.* **Ackersmann**
ackern *itr. V.* (*salopp*) **a)** (*schwer arbeiten*) slog one's guts out (*coll.*); **b)** (*sich anstrengen*) put one's back into it (*coll.*); work like hell (*coll.*); **c)** (*bes. scherzh.: pflügen*) plough
Acker-: **~schädling** *der* field pest; **~scholle** *die* clod [of earth]

Ackers·mann *der; Pl.* **~leute** (*veralt.*) husbandman (*arch.*)
Acker·winde *die* (*Bot.*) field bindweed
a conto [a ˈkɔnto] (*Bankw.*) on account
Acryl-: **~faser** *die* acrylic fibre; **~harz** *das* acrylic resin
Action [ˈækʃən] *die;* **~:** action
a. D. [aːˈdeː] *Abk.* außer Dienst retd.
A. D. *Abk.* Anno Domini AD
Adabei *der;* **~s, ~s** (*österr. ugs.*) hanger-on
ad absurdum [at apˈzʊrdʊm] *in etw.* **~ ~ führen** demonstrate the absurdity of sth.
ADAC [aːdeːˈaːˈtseː] *der; ~ Abk.* Allgemeiner Deutscher Automobilclub automobile association in the FRG
ad acta [at ˈakta] *in etw.* **~ ~ legen** shelve sth.
Adagio [aˈdaːdʒo] *das;* **~s, ~s** (*Musik*) adagio
¹**Adam** [ˈaːdam] (*der*) Adam; **seit ~s Zeiten** since the beginning of time; **bei ~ und Eva anfangen** (*ugs.*) begin from the beginning; **der alte ~** the old Adam
²**Adam** *der;* **~s, ~s** (*ugs. scherzh.: Mann*) the male of the species
Adam Riese *in* **das macht nach ~ ~ 4,50 Mark** (*ugs. scherzh.*) my arithmetic makes it 4.50 marks (*coll. joc.*)
Adams-: **~apfel** *der* (*ugs. scherzh.*) Adam's apple; **~kostüm** *das* (*ugs. scherzh.*) **im ~kostüm** in one's birthday suit
Adaptation [adaptaˈtsi̯oːn] *die;* **~, ~en** adaptation
adaptieren [adapˈtiːrən] *tr. V.* **a)** adapt; **für den Bildschirm/Film ~:** adapt for television/the screen; **b)** (*österr.: herrichten*) fit out
Adaptierung *die;* **~, ~en a)** *s.* **Adaptation;** **b)** (*österr.: Herrichtung*) fitting-out
Adaption [adapˈtsi̯oːn] *die;* **~, ~s.** **Adaptation**
adaptiv [adapˈtiːf] *Adj.* adaptive
adäquat [atlɛˈkvaːt] **1.** *Adj.* (*passend*) appropriate (*Dat.* to); suitable (*Dat.* for); (*angemessen*) adequate ⟨*reward, payment*⟩; appropriate, suitable ⟨*measures, means*⟩. **2.** *adv.* (*passend*) suitably; appropriately; (*angemessen*) adequately
addieren [aˈdiːrən] **1.** *tr. V.* add [up]. **2.** *itr. V.* add. **3.** *refl. V.* add up
Addier·maschine *die* adding-machine
Addition [adiˈtsi̯oːn] *die;* **~, ~en** addition
additiv [adiˈtiːf] *Adj.* additive
Additiv *das;* **~s, ~e** (*Chemie*) additive
ade [aˈdeː] *Adv.* (*veralt.*) farewell; **jmdm. ~ sagen** bid farewell to sb.; take one's leave of sb.; **einer Sache** (*Dat.*) **~ sagen** (*fig.*) bid farewell to sth.
Adebar [ˈaːdəbar] *der;* **~s, ~e** (*scherzh., bes. nordd.*) stork
Adel [ˈaːdl̩] *der;* **~s a)** nobility; **der niedere ~:** the lesser nobility *or* nobles; **der hohe ~:** the higher nobility; the aristocracy; **von ~ sein** be of noble blood; **~ verpflichtet** noblesse oblige; **er stammt aus altem ~:** he belongs to an old noble family; **b)** (*Titel*) **der erbliche/persönliche ~:** a hereditary/non-hereditary title; (*hoher ~*) a hereditary/life peerage; **c)** (*geh.: edle Gesinnung*) nobility
adelig *s.* **adlig**
Adelige *s.* **Adlige**
adeln 1. *tr. V.* **jmdn. ~:** give sb. a title; (*in den hohen Adel erheben*) raise sb. to the peerage; (*fig.*) ennoble sb. **2.** *itr. V.* (*geh.*) ennoble
Adels-: **~brief** *der* patent of nobility; **~familie** *die,* **~geschlecht** *das* noble family; **~krone** *die* coronet of the untitled lowest rank of nobility; **~prädikat** *das* title of nobility; **~stand** *der* nobility; (*hoher Adel*) peerage; **jmdn. in den ~stand erheben** give sb. a title/raise sb. to the peerage; **~titel** *der* title of nobility
Adelung *die;* **~, ~en** conferral of a title; (*in den hohen Adel*) ennoblement

Adept [aˈdɛpt] *der;* **~en, ~en a)** (*hist.*) initiate; **b)** (*scherzh.*) adherent; disciple
Ader [ˈaːdɐ] *die;* **~, ~n a)** (*Anat., Zool.*) blood-vessel; vein; (*Schlagader*) artery; **in seinen ~n fließt Bauernblut** there is peasant blood in his veins; **sich** (*Dat.*) **die ~n öffnen** (*geh.*) slash one's wrists; **jmdn. zur ~ lassen** (*veralt.*) bleed sb.; (*fig.*) milk sb.; *s. auch* **Blut; b)** *o. Pl.* (*Anlage, Begabung*) streak; **c)** (*Bot., Geol.*) vein; **d)** (*Elektrot.*) core
Äderchen [ˈɛːdɐçən] *das;* **~s, ~:** small blood-vessel *or* vein; (*Bot.*) small vein
Aderlaß [ˈaːdɐlas] *der;* **Aderlasses, Aderlässe** [-lɛsə] **a)** (*fig.*) (*Med.*) bleeding; **b)** (*fig.*) drain; (*finanziell*) squeeze
Aderung [ˈaːdərʊŋ], **Äderung** [ˈɛːdərʊŋ] *die;* **~, ~en** veining
Adhäsion [athɛˈzi̯oːn] *die;* **~, ~en** (*Phys., Med., Bot.*) adhesion
Adhäsions-: **~kraft** *die* (*Physik*) power of adhesion; **~verschluß** *der* resealable closure
ad hoc [at ˈhɔk] *Adv.* **a)** (*zu diesem Zweck*) ad hoc; **b)** (*spontan*) on the spur of the moment
Ad-hoc-: **~Bildung** *die* *s.* **~Prägung; ~Maßnahme** *die* ad hoc measure; **~Prägung** *die* ad hoc coinage *or* formulation
adieu [aˈdi̯øː] *Adv.* (*veralt.*) adieu; farewell; **jmdm. ~ sagen** bid sb. adieu *or* farewell
Adieu *das;* **~s, ~s** (*veralt.*) adieu
Adjektiv [ˈatjɛktiːf] *das;* **~s, ~e** (*Sprachw.*) adjective
adjektivisch [ˈatjɛktiːvɪʃ] (*Sprachw.*) **1.** *Adj.* adjectival. **2.** *Adv.* adjectivally
Adjunkt [atˈjʊŋkt] *der;* **~en, ~en** (*veralt.*) low-grade civil servant
adjustieren [atjʊsˈtiːrən] *tr. V.* **a)** (*Technik*) *s.* **justieren a; b)** (*österr. Amtsspr.*) provide with a uniform; kit out (*Brit.*)
Adjustierung *die;* **~, ~en a)** *s.* **Justierung a; b)** (*österr. Amtsspr.*) uniform
Adjutant [atjuˈtant] *der;* **~en, ~en** adjutant; aide-de-camp
Adjutum [atˈjuːtʊm] *das;* **~s, Adjuten** (*österr. Amtsspr.*) grant
Adlatus [atˈlaːtʊs] *der;* **~, Adlaten** *od.* **Adlati** (*scherzh.*) loyal assistant
Adler [ˈaːdlɐ] *der;* **~s, ~** eagle; **der ~** (*Astron.*) Aquila; the Eagle
adler-, Adler-: **~auge** *das* (*fig.*) eagle eye; **~äugig** *Adj.* (*fig.*) eagle-eyed; **~blick** *der* eagle eye; **~farn** *der* (*Bot.*) eagle fern; bracken; **~horst** *der* eyrie; **~nase** *die* aquiline nose
adlig [ˈaːdlɪç] *Adj.* noble; **~ sein** be a noble [man/woman]
Adlige *der/die; adj. Dekl.* noble [man/woman]
Administration [atmɪnɪstraˈtsi̯oːn] *die;* **~, ~en** administration
administrativ [atmɪnɪstraˈtiːf] **1.** *Adj.* administrative. **2.** *adv.* administratively
Administrator [atmɪnɪsˈtraːtɔr] *der;* **~s, ~en** [-traˈtoːrən] administrator
administrieren *itr. V.* administer
Admiral [atmiˈraːl] *der;* **~s, ~e** *od.* **Admiräle** [atmiˈrɛːlə] **a)** admiral; **b)** (*Schmetterling*) red admiral
Admiralität [atmiraliˈtɛːt] *die;* **~, ~en** admirals *pl.;* (*Marineführung*) admiralty
Admirals·rang *der* rank of admiral; **im ~ stehen** hold the rank of admiral
ADN [aːdeːˈʔɛn] *Abk.* (*DDR*) Allgemeiner Deutscher Nachrichtendienst GDR press agency
Adoleszenz [adolɛsˈtsɛnts] *die;* **~** (*bes. Med., Psych.*) adolescence
Adonis [aˈdoːnɪs] *der;* **~, ~se** adonis
Adonis·röschen *das* (*Bot.*) adonis; (*Adonis annua*) pheasant's eye
adoptieren [adɔpˈtiːrən] *tr. V.* adopt
Adoption [adɔpˈtsi̯oːn] *die;* **~, ~en** adoption

Adoptiv- [adɔp'tiːf-]: **~bruder** der adoptive brother; brother by adoption; **~eltern** Pl. adoptive parents; **~kind** das adoptive or adopted child; **~mutter die** adoptive mother; **~schwester die** adoptive sister; sister by adoption; **~sohn der** adoptive or adopted son; **~tochter die** adoptive or adopted daughter; **~vater der** adoptive father
Adrenalin [adrena'liːn] das; ~s (Physiol., Med.) adrenalin
Adreß·änderung die (schweiz.) change of address
Adressat [adrɛ'saːt] der; ~en, ~en, **Adressatin die**; ~, ~nen addressee; (einer Rede) hearer; (eines Buches) reader; (einer Sendung) listener/viewer; (nicht direkt angesprochen) implied target
Adreß·buch das: ~ [der Stadt] [town/city] directory
Adresse [a'drɛsə] die; ~, ~n a) (auch DV) address; (fig.: Unternehmen) establishment; **unter folgender ~**: at the following address; **eine Warnung an jmds. ~** (Akk.) **richten** (fig.) address a warning to sb.; **sich an die richtige ~ wenden** go to the right quarters (fig.); **bei jmdm. an die falsche ~ kommen** (ugs.) geraten (fig.) come to the wrong address (fig.); **bei jmdm. an der falschen ~ sein** (ugs.) have come to the wrong place (fig.); b) (geh.: Botschaft) message; (Meinungsäußerung)
Adressen-: **~änderung die** change of address; **~büro** das mailing-list broker; **~liste die** address-list; **~verzeichnis das** directory of addresses
adressieren tr. V. address
Adressier·maschine die addressing-machine; Addressograph (P)
adrett [a'drɛt] 1. Adj. smart. 2. adv. smartly
Adria ['aːdria] die; ~: Adriatic
adriatisch [adri'aːtɪʃ] Adj. **das Adriatische Meer** the Adriatic [Sea]
adrig, ädrig Adj. s. aderig, äderig
Adsorbens [at'zɔrbɛns] das; ~, **Adsorbentien** od. **Adsorbentia** (Chemie, Physik) adsorbent
adsorbieren tr. V. (Chemie, Physik) adsorb
Adsorption [atzɔrp'tsi̯oːn] die; ~, ~en (Chemie, Physik) adsorption
A-Dur das; ~ (Musik) A major; **Sonate/Etüde in** ~: sonata/study in A major; **die** ~-**Etüde** the A major study
Advent [at'vɛnt] der; ~s a) (Advent) Advent; b) (Adventssonntag) Sunday in Advent
Adventist der; ~en, ~en (Rel.) Adventist
Advents-: **~kalender der** Advent calendar; **~kranz der** garland of evergreens with four candles for the Sundays in Advent; **~sonntag der** Sunday in Advent
Adverb [at'vɛrp] das; ~s, ~ien (Sprachw.) adverb
adverbial [atvɛr'bi̯aːl] (Sprachw.) 1. Adj. adverbial; **~e Bestimmung** adverbial qualification. 2. adv. adverbially; as an adverb
Adverbial·satz der adverbial clause
adversativ [atvɛrza'tiːf] (Sprachw.) 1. Adj. adversative. 2. adv. adversatively
Advocatus Diaboli [atvo'kaːtʊs di̯a'boːli] der; ~ ~, **Advocati** ~ (kath. Kirche, fig.) devil's advocate
Advokat [atvo'kaːt] der; ~en, ~en (österr., schweiz., sonst veralt.) lawyer; advocate (arch.); (fig.: Fürsprecher) advocate
Advokatur ['buro das (schweiz.), **Advokaturs·kanzlei die** (österr.) legal practice
aerob [ae'roːp] Adj. (Biol.) aerobic
Aerobic [ae'roːbɪk] das; ~s; meist o. Art. aerobics sing.
aero-, Aero- [aero- od. ɛːro-]: **~dynamik die** aerodynamics sing.; **~dynamisch** Adj. aerodynamic; **~gramm das** air[-mail] letter; **~sol** [~'zoːl] das; ~s, ~e aerosol

Affaire (veralt., österr.), **Affäre die**; ~, ~n affair; (Angelegenheit) affair; business; **die ~ Dreyfus** the Dreyfus affair; **sich aus der ~ ziehen** (ugs.) get out of it; **eine ~ von ein paar Stunden/Mark** (ugs.) a matter of a few hours/marks
Äffchen ['ɛfçən] das; ~s, ~: little ape/monkey
Affe ['afə] der; ~n, ~n a) monkey; (Menschen~) ape; (fig.) **du bist wohl vom wilden ~n gebissen!** (salopp) you're off your head (coll.) or (sl.) rocker!; **seinem ~n Zucker geben** (ugs.) really let oneself go; **jmdn. zum ~n machen** (ugs.) make a monkey out of sb.; s. auch **lausen**; **Schleifstein**; b) (derb: dummer Kerl) oaf; clot (Brit. sl.); c) (derb: Geck) dandy; **ein eingebildeter ~**: a conceited so-and-so (coll.); d) (Milit. ugs.) knapsack; e) (salopp: Rausch) **einen ~n [sitzen] haben** be plastered (coll.)
Affekt [a'fɛkt] der; ~[e]s, ~e a) (Gemütsbewegung) feeling; emotion; affect (Psych.); **im ~**: in the heat of the moment; b) Pl. (Leidenschaften) passions
affekt·geladen Adj. emotive
Affekt·handlung die emotive act
affektiert [afɛk'tiːɐ̯t] (abwertend) 1. Adj. affected. 2. adv. affectedly
Affektiertheit die; ~, ~en affectedness; affectation
affektiv [afɛk'tiːf] (Psych.) 1. Adj. affective. 2. adv. affectively
Affekt·stauung die (Psych.) emotional block
affen-, Affen-: **~arsch der** (derb) stupid bugger (coarse); **das sind doch alles ~ärsche** they are a stupid lot of buggers (coarse); **~artig** Adj. (wie Menschenaffen) apelike; **mit ~artiger Geschwindigkeit** (ugs.) like a bat out of hell (coll.); **~brot·baum der** (Bot.) baobab or monkey-bread tree; **~haus das** monkey-house; **~hitze die** (salopp) blazing heat; **es herrschte gestern eine ~hitze** yesterday was a real scorcher; **~jacke die, ~jäckchen das** (Soldatenspr. scherzh.) monkey-jacket; **~käfig der** monkey-cage; **~liebe die** (ugs.) infatuation (zu with); **~mensch der** ape-man; **~pinscher der** affenpinscher; **~schande die** (salopp) **es ist eine ~schande** it's monstrous; **~schaukel die** (ugs. scherzh.) a) (Milit.) aiguillette; b) (meist Pl.: Zopf) looped plait; **~stall der** (salopp) dump (coll.); hole (coll.); **hier stinkt es wie in einem ~stall** (derb) this place smells like a pigsty (sl.); **~tanz der** (salopp) s. **~theater**; **~tempo das** (salopp) **mit einem ~tempo, mit einem ~tempo, wie die clappers** (Brit. sl.); **ein ~tempo anschlagen** move like hell (coll.); **~theater das** (salopp) farce; **~weibchen das** female ape; **~zahn der** (salopp) s. **~tempo**; **~zirkus der** (salopp) s. **~theater**
affig (ugs. abwertend) 1. Adj. dandyish; (lächerlich) ludicrous; (affektiert) affected. 2. adv. **~ gekleidet** dressed in a dandyish/ludicrous/affected way
Affigkeit die; ~ (ugs. abwertend) s. **affig**: dandyishness; ludicrousness; affectation
Äffin ['ɛfɪn] die; ~, ~nen female ape
Affinität [afini'tɛːt] die; ~, ~en affinity (zu for)
Affirmation [afɪrma'tsi̯oːn] die; ~, ~en (geh.) affirmation
affirmativ [afɪrma'tiːf] Adj. affirmative
affizieren [afi'tsiːrən] tr. V. (geh.) influence; affect
Affront [a'frõː] der; ~s, ~s affront
Afghane [af'gaːnə] der; ~n, ~n a) Afghan; b) (Hund) Afghan hound
Afghanin die; ~, ~nen Afghan; s. auch **-in**
afghanisch Adj. Afghan
Afghanistan [af'gaːnɪstaːn] (das); ~s Afghanistan
Afrika ['aːfrika] (das); ~s Africa
Afrikaans [afri'kaːns] das; ~ Afrikaans

Afrika·forscher der African explorer
Afrikaner [afri'kaːnɐ] der; ~s, ~, **Afrikanerin die**; ~, ~nen African; s. auch **-in**
afrikanisch Adj. African
Afrikanistik die; ~: African studies pl., no art.
afro-, Afro-: **~amerikaner der** Afro-American; **~amerikanisch** Adj. Afro-American; **~-asiatisch** Adj. Afro-Asian; **~kubanisch** Adj. Afro-Cuban; **~-Look der** Afro look
After ['aftɐ] der; ~s, ~: anus
After-: **~furche die** (Anat.) anal cleft; **~mieter der** (veralt.) subtenant; **~wissenschaft die** (veralt. abwertend) pseudo-science
AG [aː'geː] Abk. **die**; ~, ~s a) Aktiengesellschaft PLC (Brit.); Ltd. (private company) (Brit.); Inc. (Amer.); b) Arbeitsgemeinschaft
Ägäis [ɛ'gɛːɪs] **die**; ~: Aegean
ägäisch Adj. Aegean
Agave [a'gaːvə] **die**; ~, ~n (Bot.) agave
Agende [a'gɛndə] **die**; ~, ~n (ev. Kirche) liturgy
Agens [a'gɛns] das; ~, **Agenzien** [a'gɛntsi̯ən] driving force; (Philos., Sprachw.) agent
Agent [a'gɛnt] der; ~en, ~en agent
Agenten-: **~aus·tausch der** exchange of [captured] agents; **~netz das** network of agents; **~ring der** spy ring; **~tätigkeit die** activity as a spy
Agentin die; ~, ~nen [female] agent
Agent provocateur [a'ʒã: provoka'tøːɐ̯] der; ~ ~, ~s ~s agent provocateur
Agentur [agɛn'tuːɐ̯] **die**; ~, ~en agency
Agentur·bericht der, Agentur·meldung die agency report
Agglomerat [aglome'raːt] das; ~[e]s, ~e a) (geh.: Anhäufung) conglomeration; b) (Geol.) agglomerate
Agglomeration [aglomera'tsi̯oːn] **die**; ~, ~en (Soziol.) agglomeration
Agglutination [aglutina'tsi̯oːn] **die**; ~, ~en (Sprachw.) agglutination
agglutinierend [agluti'niːrənt] Adj. (Sprachw.) agglutinative
Aggregat [agre'gaːt] das; ~[e]s, ~e (Technik) unit; (Elektrot.) set
Aggregat·zustand der (Chemie) state
Aggression [agrɛ'sio̯ːn] **die**; ~, ~en aggression; **starke ~en haben** have strong feelings of aggression
Agressions-: **~krieg der** war of aggression; **~politik die** policy of aggression; **~trieb der** aggressive drive
aggressiv [agrɛ'siːf] 1. Adj. aggressive. 2. adv. aggressively
Aggressivität die; ~: aggressiveness
Aggressor [a'grɛsɔr] der; ~s, ~en [-'soːren] aggressor
Ägide [ɛ'giːdə] (geh.) in **unter jmds. ~** (Dat.) under sb.'s aegis
agieren [a'giːrən] itr. V. (auch Theater, fig.) act; **als jmd. ~**: play sb.
agil [a'giːl] Adj. (beweglich) agile; (geistig rege) mentally alert
Agilität [agili'tɛːt] **die**; ~: agility; (geistige Regsamkeit) mental alertness
Agitation [agita'tsi̯oːn] **die**; ~, ~en (Politik) agitation; **~ betreiben** agitate
Agitator [agi'taːtɔr] der; ~s, ~en [-ta'toːrən] agitator
agitatorisch 1. Adj. agitative; inflammatory ⟨speech⟩. 2. adv. for purposes of agitation
agitieren 1. itr. V. agitate. 2. tr. V. stir up
Agitprop [agɪt'prɔp] **die**; ~ (Politik) agitprop
Agnostiker [a'gnɔstikɐ] der; ~s, ~: (Philos.) agnostic
Agnostizismus [agnɔsti'tsɪsmʊs] der; ~ (Philos.) agnosticism no art.
Agonie [ago'niː] **die**; ~, ~n: [die] ~: the throes pl. of death; **in ~ liegen** be in the throes of death

861

Agrar- [a'graːɐ̯]: **~erzeugnis** das agricultural or farm product; **~erzeugnisse** agricultural or farm produce or products; **~gesellschaft** die agrarian society
Agrarier [a'graːriɐ̯] der; ~s, ~ (veralt.) landowner
agrarisch Adj. agrarian; agricultural
Agrar-: **~land** das; Pl. **~länder** agrarian country; **~markt** der agrarian or agricultural products market; **~politik** die agricultural policy; **~produkt** das s. **~erzeugnis**; **~wissenschaft** die s. Agronomie; **~zoll** der import tariff (on agricultural produce)
Agrément [a'greˈmãː] das; ~s, ~s (Diplomatie) jmdm. das ~ erteilen/verweigern accord/refuse an agrément to sb.
Agri·kultur [agri-] die; o. Pl. (geh.) agriculture no art.
Agrikultur·chemie die, **Agro·chemie** ['aːgro-] die (DDR) agricultural chemistry no art.
Agronom [agro'noːm] der; ~en, ~en agronomist
Agronomie [agronoˈmiː] die; ~: agronomy no art.
Agro·technik die (DDR) agricultural technology no art.
Ägypten [ɛˈgyptn̩] (das); ~s Egypt; **die Flucht nach ~**: the flight into Egypt
Ägypter der; ~s, ~, **Ägypterin** die; ~, ~nen Egyptian
ägyptisch Adj. Egyptian; s. auch Finsternis a
Ägyptologe [ɛgyptoˈloːgə] der; ~n, ~n Egyptologist
Ägyptologie [ɛgyptoloˈgiː] die; ~: Egyptology no art.
ah [aː] Interj. (verwundert) oh; (freudig, genießerisch) ah; (verstehend) oh; ah
äh [ɛ(ː)] Interj. a) (angeekelt) ugh; b) (stotternd) er; hum
aha [aˈhaː)] Interj. (verstehend) oh[, I see]; (triumphierend) aha
Aha-Erlebnis das (Psych.) aha experience
ahd. Abk. althochdeutsch OHG
ahistorisch 1. Adj. ahistorical. 2. adv. ahistorically
Ahle ['aːlə] die; ~, ~n awl; (des Schriftsetzers) bodkin
Ahn [aːn] der; ~[e]s, od. ~en, ~en (geh.) forebear; ancestor; (fig.) father
ahnden ['aːndn̩] tr. V. (geh.) punish
Ahndung die; ~: punishment
¹Ahne der; ~n, ~n s. Ahn
²Ahne die; ~, ~n (geh.) ancestress; forebear; (fig.) spiritual forebear
ähneln ['ɛːn̩ln̩] itr. V. jmdm. ~: resemble or be like sb.; bear a resemblance to sb.; jmdm. sehr/wenig ~: strongly resemble or be very like sb./bear little resemblance to sb.; **das Mädchen ähnelt seiner Mutter** the girl takes after her mother; **jmdm. frappierend ~**: bear a striking resemblance to sb.; **einer Sache (Dat.) ~**: be similar to sth.; be like sth.; **sich od. (geh.) einander ~**: resemble one another; be alike; **sich sehr/wenig ~**: resemble each other very strongly or be very much alike/bear little resemblance to each other
ahnen ['aːnən] 1. tr. V. a) (im voraus fühlen) have a presentiment or premonition of sth.; **etw. dumpf od. dunkel ~**: have a vague presentiment or premonition of sth.; sense sth. dimly; b) (vermuten) suspect; (erraten) guess; **wer soll denn ~, daß ...**: who would know that ...; how are you supposed to know that ...; **das konnte ich doch nicht ~!** I had no way of knowing that; **du ahnst es nicht, wie/wo/wie ...** you'll never guess whom/where/how ...; **ach, du ahnst es nicht!** (salopp) oh heck (coll.); oh Lord (coll.); **davon haben wir überhaupt nichts geahnt** we didn't suspect it for one moment; **nichts Böses ~**: be unsuspecting; **ohne es zu ~**:

without suspecting or realizing [it]; c) (vage erkennen) just make out; **die Wagen waren in der Dunkelheit mehr zu ~ als zu sehen** one could sense the cars in the darkness, rather than see them. 2. itr. V. (geh.) **mir ahnt nichts Gutes** I fear the worst; **es ahnte mir, daß ...**: I suspected that ...; **ihm ahnte Schreckliches** he was filled with or had a dreadful [sense of] foreboding
Ahnen-: **~bild** das a) (~porträt) ancestral portrait; b) (Völkerk.) s. **~figur**; **~figur** die (Völkerk.) figure or effigy of an ancestor; **~forschung** die genealogy; **~galerie** die gallery of ancestral portraits; **~kult** der ancestor-worship; **ein javanischer ~kult** a Javanese ancestor cult; **~paß** der (ns.) proof of ancestry (proving Aryan descent); **~tafel** die genealogical table; **~verehrung** die ancestor-worship
Ahn-: **~frau** die (geh. veralt.) [first] ancestress; (fig.) spiritual forebear; **~herr** der (geh. veralt.) [first] ancestor; (fig.) father
ähnlich [ˈɛːnlɪç] 1. Adj. similar; jmdm. ~ **sein** be similar to or be like sb.; (~ aussehen) resemble sb.; be like sb.; **das Kind ist seinem Vater ~**: the child takes after his father; **sich (Dat.) od. (geh.) einander ~ sein** be similar to one another; be alike; (~ aussehen) resemble one another; be alike; **~ wie er/wir** like him/us; **~ wie etw. aussehen/klingen** look/sound like sth.; **ein einer Ratte ~es Tier** an animal similar to a rat; **das sieht dir/ihm ~!** (ugs.) that's you/him all over; that's just like you/him; **[etwas] Ähnliches** something similar. 2. adv. similarly; ⟨answer, react⟩ in a similar way or manner; **~ dumm/naiv** usw. argumentieren argue in a similarly stupid/naïve etc. way or manner; **~ dumm/naiv sein** be similarly stupid/naïve; **uns geht es ~**: it is/will be much the same for us; (wir denken, fühlen ~) we feel much the same. 3. Präp. mit Dat. like
Ähnlichkeit die; ~, ~en similarity; (ähnliches Aussehen) similarity; resemblance; **mit jmdm. ~ haben** be similar to or be like sb.; (ähnlich aussehen) bear a resemblance to or be like sb.; **mit etw. ~ haben** bear a similarity to sth.
Ahnung die; ~, ~en a) (Vorgefühl) presentiment; premonition; **eine ~ haben, daß ...**: have a feeling or hunch that ...; b) (Befürchtung) foreboding; c) (ugs.: Kenntnisse) knowledge; **von etw. [viel] ~ haben** know [a lot] about sth.; **keine ~!** [I've] no idea; [I] haven't a clue; **du hast doch keine ~**: you don't know the first thing about it; **nicht die geringste od. keine blasse ~ [von etw.] haben** not have the faintest idea [about sth.]; **haben Sie eine ~, wer/wie ...?** have you any idea who/how ...?; **von Tuten und Blasen keine ~ haben, keine ~ von Ackerbau und Viehzucht haben** (salopp) not know the first thing about it; **hast du 'ne ~!** (ugs.) that's what you think!
ahnungs·los 1. Adj. (nichts ahnend) unsuspecting; (naiv, unschuldig) naïve; innocent; (unwissend) naïve; **sich ~ stellen** play the innocent. 2. adv. (nichts ahnend) unsuspectingly; all unawares; (naiv, unschuldig) naïvely; innocently; (unwissend) naïvely
Ahnungslosigkeit die; ~ (Naivität, Unschuld) naïvety; innocence; (Unwissenheit) naïvety
ahnungs·voll Adj. (geh.) full of presentiment postpos.; (geheimnisvoll) mysterious; (Böses ahnend) full of foreboding postpos.
ahoi [aˈhɔy] Interj. a) (Seemannsspr.) **Boot/Schiff usw. ~!** boat/ship etc. ahoy!; b) s. helau
Ahorn [ˈaːhɔrn] der; ~s, ~e maple
Ahorn-: **~blatt** das maple-leaf; **~sirup** der maple syrup
Ähre [ˈɛːrə] die; ~, ~n (von Getreide) ear; head; (von Gräsern) head; (Bot.: von Blüten) spike; **~n lesen** glean

Ähren-: **~feld** das (geh.) field of [ripening/ripe] corn; **~kranz** der wreath of wheatears; **~lese** die o. Pl. gleaning
Air [ɛːɐ̯] das; ~s, ~s a) air; aura; b) (Musik) air
Aids [eːts] das; ~: AIDS
Aids-: **~kranke** der/die person suffering from AIDS; **~test** der AIDS test
Air·bus [ˈɛːɐ̯-] der (Flugw.) airbus
Airedale [ˈɛːɐ̯deːl] der; ~s, ~s Airedale
Airedale·terrier der Airedale terrier
ais, Ais [ˈaːɪs] das; ~, ~ (Mus.) A sharp
Akademie [akadeˈmiː] die; ~, ~n a) academy; b) (Fachhochschule) academy; (Berg-, Forst-, Bau~) school; college; c) (österr.: künstlerische Veranstaltung) cultural function
Akademie·mitglied das member of the/an academy; academician
Akademiker [akadeˈmiːkɐ] der; ~s, ~, **Akademikerin** die; ~, ~nen a) (Hochschulabsolvent) [university/college] graduate; b) s. **Akademiemitglied**
akademisch 1. Adj.; nicht präd. academic; **~er Rat** [university] lecturer; **~er Oberrat** senior [university] lecturer; **der ~e Mittelbau** the non-professional teaching staff; **das ~e Proletariat** the mass of jobless graduates and graduates working in jobs for which they are over-qualified; **~er Lehrer** university teacher; **das ~e Viertel** the 15 minutes' grace between the announced start and actual beginning of a lecture. 2. adv. academically; **~ [aus]gebildet sein** have [had] a university education; be university-educated; **dieses Problem stellt sich rein ~**: this problem is purely academic
Akademisierung die; ~: **die ~ des Bundestages schreitet weiter fort** the Bundestag is becoming increasingly peopled with [university] graduates
Akanthus [aˈkantʊs] der; ~, ~ (Bot., Kunstwiss.) acanthus
akausal (Philos.) 1. Adj. acausal. 2. adv. acausally
Akazie [aˈkaːtsiə] die; ~, ~n (auch volksk.: Robinie) acacia
Akelei [akəˈlaɪ] die; ~, ~en aquilegia; columbine
Akklamation [aklamaˈtsioːn] die; ~, ~en a) (Abstimmung durch Zuruf) acclamation; **durch od. per ~**: by acclamation; b) (selten: Beifall) acclamation no pl.; acclaim no pl.
akklamieren [aklaˈmiːrən] (geh.) 1. itr. V. (zustimmen) applaud. 2. tr. V. (durch Beifall) acclaim
Akklimatisation [aklimatizaˈtsioːn] die; ~, ~en acclimatization
akklimatisieren refl. V. become or get acclimatized
Akklimatisierung die; ~, ~en s. Akklimatisation
Akkolade [akoˈlaːdə] die; ~, ~n a) (Hist., Musik) accolade; b) (Druckw.) brace
Akkord [aˈkɔrt] der; ~[e]s, ~e a) (Musik) chord; b) (Wirtsch.) (~arbeit) piece-work; (~lohn) piece-work pay no indef. art., no pl.; (~satz) piece-rate; **im ~ sein od. arbeiten** be on piece-work; **im ~ tun od. tun sth. by piece-work; im ~ hergestellt werden** be manufactured by piece-workers; c) (geh.: Übereinstimmung) accord; d) (Rechtsspr.: Einigung) settlement
Akkord-: **~arbeit** die piece-work; **in ~arbeit hergestellt werden** be manufactured by piece-workers; **~arbeiter** der pieceworker
Akkordeon [aˈkɔrdeɔn] das; ~s, ~s accordion
Akkordeonist der; ~en, ~en, **Akkordeon·spieler** der accordionist
Akkord-: **~lohn** der (Wirtsch.) piece-work pay no indef. art., no pl.; **~satz** der (Wirtsch.) piece-rate; **~zuschlag** der (Wirtsch.) piece-rate bonus

akkreditieren [akredi'tiːrən] *tr. V.* **a)** *(bes. Dipl.)* accredit (**bei** to); **b)** *(Finanzw.)* jmdn. ~: grant sb. credit facilities; **akkreditiert sein** have credit facilities

Akkreditierung *die;* ~, ~**en a)** *(bes. Dipl.)* accreditation *(no art.)*; **b)** *(Finanzw.)* meine ~ **bei der Bank** my credit facilities *pl.* or credit arrangement at the bank; **eine ~ von DM 10 000,–:** provision of 10,000 DM of credit

Akkreditiv [akredi'tiːf] *das;* ~**s,** ~**e a)** *(Dipl.)* credentials *pl.*; **b)** *(Finanzw.)* letter of credit

Akku ['aku] *der;* ~**s,** ~**s** *(ugs.) s.* **Akkumulator a**

Akkulturation [akʊltura'tsi̯oːn] *die;* ~, ~**en** *(Völkerk., Sozialpsych.)* acculturation

akkulturieren *tr. V. (Völkerk., Sozialpsych.)* acculturate

Akkumulation [akumula'tsi̯oːn] *die;* ~, ~**en** *(geh., Wirtsch.)* accumulation

Akkumulator [akumu'laːtɔr] *der;* ~**s,** ~**en** [-laˈtoːrən] *(Technik)* **a)** *(Stromspeicher)* accumulator *(Brit.);* storage battery *or* cell; **b)** *(Druckspeicher, DV)* accumulator

akkumulieren *tr., itr., refl. V. (geh., Wirtsch., Soziol.)* accumulate

akkurat [aku'raːt] **1.** *Adj.* **a)** *(sorgfältig)* meticulous; *(sauber)* neat; **b)** *(exakt, genau)* precise; exact. **2.** *adv.* **a)** *(sorgfältig)* meticulously; *(sauber)* neatly; **b)** *(exakt, genau)* precisely; exactly

Akkuratesse [akura'tɛsə] *die;* ~ **a)** *(Sorgfalt)* meticulousness; *(Sauberkeit)* neatness; **b)** *(Exaktheit, Genauigkeit)* precision

Akkusativ ['akuzatiːf] *der;* ~**s,** ~**e** *(Sprachw.)* accusative [case]; *(Wort im ~)* accusative [form]; **im/mit dem ~ stehen** be in/take the accusative [case]

Akkusativ·objekt *das (Sprachw.)* accusative *or* direct object

Akne ['aknə] *die;* ~, ~**n** *(Med.)* acne

Akonto [aˈkɔnto] *das;* ~**s,** ~**s** *od.* **Akonten** *(österr.),* **Akonto·zahlung** *die s.* **Anzahlung**

akquirieren [akvi'riːrən] *itr. V. (Wirtsch.)* canvass [new] business

Akquisiteur [akvizi'tøːɐ̯] *der;* ~**s,** ~**e** *(Wirtsch.)* canvasser

Akquisition [akvizi'tsi̯oːn] *die;* ~, ~**en** *(Wirtsch.)* canvassing *no art.* for [new] business

Akquisitor [akvi'ziːtɔr] *der;* ~**s,** ~**en** [-ziˈtoːrən] *(österr.)* canvasser

Akribie [akriˈbiː] *die;* ~ *(geh.)* meticulousness; meticulous precision

akribisch [aˈkriːbɪʃ] **1.** *Adj.* meticulous; meticulously precise. **2.** *adv.* with meticulous precision; ~ **genau** meticulously accurate

Akrobat [akro'baːt] *der;* ~**en,** ~**en** acrobat

Akrobaten·truppe *die* troupe of acrobats

Akrobatik *die;* ~ **a)** *(Körperbeherrschung)* acrobatic skill; **b)** *(akrobatische Übungen)* acrobatics *pl.*

Akrobatin *die;* ~, ~**nen** acrobat

akrobatisch 1. *Adj.* acrobatic. **2.** *adv.* acrobatically

Akronym [akro'nyːm] *das;* ~**s,** ~**e** *(Sprachw.)* acronym

¹**Akt** [akt] *der;* ~**[e]s,** ~**e a)** *(auch Theater, Zirkus~, Varieté~)* act; **b)** *(Zeremonie)* ceremony; ceremonial act; **c)** *(Geschlechts~)* sexual act; **d)** *(~bild)* nude; **e)** *(Amtshandlung)* action

²**Akt** *der;* ~**[e]s,** ~**en** *(bes. südd., österr.) s.* **Akte**

Akt-: ~**aufnahme** *die* nude photograph; ~**bild** *das* nude [picture]

Akte *die;* ~, ~**n** file; **die ~ Schulze** the Schulze file; **das kommt in die ~n** it goes on file; ~**n über jmdn./etw. führen** keep a file on sb./sth.; **etw. zu den ~n legen** file sth. away; *(fig.)* lay sth. to rest; **über etw.** *(Akk.)* **die ~n schließen** close the file on sth.

akten-, Akten-: ~**berg** *der (ugs.)* mountain of files; ~**deckel** *der* folder; ~**einsicht** *die (Amtsspr.)* ~**einsicht nehmen** examine the files; jmdm. ~**einsicht gewähren** allow sb. to examine the files; ~**koffer der,** *(iron.)* ~**köfferchen** *das* attaché case; ~**kundig** *Adj.; nicht attr.* on record; ~**kundig werden** go on file; be recorded; ~**mappe die a)** *(~tasche)* brief-case; **b)** *(~deckel)* folder; ~**notiz** *die* **a)** note [for the files]; **sich** *(Dat.)* **eine kurze ~notiz von etw. machen** make a brief note of sth. [for the files]; **b)** *(längeres Schreiben)* memorandum; ~**ordner** *der* file; ~**schrank** *der* filing cabinet; ~**stoß** *der* stack *or* pile of files; ~**tasche** *die* brief-case; ~**vermerk** *der s.* ~**notiz a;** ~**wolf** *der* [paper-]shredder; ~**zeichen** *das* reference

Akteur [akˈtøːɐ̯] *der;* ~**s,** ~**e** person involved; *(Theater)* member of the cast; *(Varieté)* performer; *(Sportjargon)* player; *(Boxen, Ringen)* contestant

Akt-: ~**foto** *das* nude photo; ~**fotografie die a)** *o. Pl.* nude photography *no art.*; **b)** *(Bild)* nude photograph; ~**gemälde** *das* nude [painting]

Aktie ['aktsi̯ə] *die;* ~, ~**n** *(Wirtsch.)* share; ~**n** shares *(Brit.)*; stock *(Amer.)*; **sein Geld in ~n anlegen** invest one's money in shares *(Brit.)* or stocks *(Amer.)* stocks; **die ~n fallen/steigen** share *or* stock prices are falling/rising; **junge ~n** new-issue shares *or* stocks; **wie stehen die ~n?** *(ugs. scherzh.)* *(wie geht's)* how are things?; *(wie sind die Chancen)* what are the prospects?; **seine/meine usw. ~n steigen** *(fig. ugs.)* his/my *etc.* prospects are improving

Aktien-: ~**besitz** *der* shareholdings *pl.*; ~**besitzer** *der* shareholder; ~**gesellschaft** *die* joint-stock company; ~**index** *der* share index; ~**kapital** *das* share capital; ~**kurs** *der* share price; ~**markt** *der* stock market; ~**mehrheit** *die* majority shareholding *(Gen.* in); ~**paket** *das* block of shares; ~**urkunde** *die* share certificate *(Brit.);* stock certificate *(Amer.)*

Aktion [akˈtsi̯oːn] *die;* ~, ~**en a)** *(Unternehmung)* action *no indef. art.*; *(militärisch)* operation; **revolutionäre/politische ~en** revolutionary/political action *sing.*; **b)** *(Kampagne)* campaign; ~ **saubere Umwelt** campaign to clean up the environment; *s. auch* **konzertiert; c)** *o. Pl. (das Handeln)* action; **in ~ treten** go into action; ⟨*safety device*⟩ come into action; **d)** *(Kaufmannsspr.: Verkauf zu Sonderpreisen)* sale

Aktionär [aktsi̯oˈnɛːɐ̯] *der;* ~**s,** ~**e, Aktionärin** *die;* ~, ~**nen** shareholder

Aktionärs·versammlung *die* shareholders' meeting

Aktionismus *der;* ~: actionism *no art.*

Aktionist *der;* ~**en,** ~**en, Aktionistin** *die;* ~, ~**nen** activist

aktionistisch 1. *Adj.* actionist[ic]. **2.** *adv.* actionistically

aktions-, Aktions-: ~**art** *die (Sprachw.)* aspect; ~**ausschuß** *der* action committee; ~**bereich** *der s.* ~**radius; ~einheit** *die* united action *no art. (Gen.* by); ~**fähig** *Adj.* capable of action *postpos.*; ~**fähigkeit** *die* ability to act; ~**gemeinschaft** *die:* **eine ~gemeinschaft herstellen/fordern** bring about/demand united action (**von** by); ~**gruppe** *die* action group; ~**komitee** *das* action committee; ~**preis** *der (Kaufmannsspr.)* sale price; **zum ~preis** at sale price; ~**programm** *das* programme for action; ~**radius** *der* **a)** *(Luftw., Seew.)* radius of action; **b)** *(Wirkungsbereich)* range of activity; ~**unfähig** *Adj.* incapable of action *postpos.*; ~**zentrum** *das* **a)** *(Mittelpunkt)* centre *or* focus for action; **b)** *(Met.)* centre of action

aktiv [ak'tiːf] **1.** *Adj.* **a)** *(auch Chemie)* active; **b)** *(Milit.)* serving *attrib.* ⟨*officer, soldier*⟩; **er ist Soldat im ~en Dienst** he is a serving soldier; **er war in Vietnam ~:** he served in Vietnam; **c)** *(~e Bestechung)* offering of a bribe/bribes to an official; ~**e Handelsbilanz** favourable balance of trade; ~**er Wortschatz** active vocabulary. **2.** *adv.* actively; **sich ~ verhalten** be active

¹**Aktiv** ['aktiːf] *das;* ~**s,** ~**e** *(Sprachw.)* active; **im ~ stehen** be in the active

²**Aktiv** [ak'tiːf] *das;* ~**s,** ~**e** *od.* ~**s** *(bes. DDR)* committee

¹**-aktiv** *Adj. (Werbespr.)* **saug~:** extra-absorbent; **wasch~e** Substanzen substances with a strong cleansing action; **atmungs~es Gewebe** fabric which allows the skin to breathe

²**-aktiv** *das;* ~**s,** ~**e** *od.* ~**s** *(bes. DDR)* **Verkehrssicherheits~/Bezirks~/Eltern~** *usw.* traffic safety/district/parents *etc.* committee

Aktiva [ak'tiːva] *Pl. (Wirtsch.)* assets

Aktiv·bürger *der (schweiz.)* citizen with full political and civil rights

¹**Aktive** [ak'tiːvə] *der/die; adj. Dekl. (Sport)* participant; *(eines Vereins, einer Gewerkschaft)* active member; *(der Feuerwehr)* regular

²**Aktive** *die;* ~**n,** ~**n** *(salopp) (nicht selbstgedrehte Zigarette)* real fag *(Brit. sl.)*; store-bought cigarette *(Amer.)*; *(filterlose Zigarette)* plain fag *(sl.)*; non-filter

Aktiven *Pl.: s.* **Aktiva**

Aktiv·geschäft *das (Finanzw.)* lending and investment business

aktivierbar *Adj.* **er ist/sie sind** *usw.* **[politisch]** ~: he/they *etc.* can be [politically] mobilized

aktivieren *tr. V.* **a)** mobilize ⟨*party members, group, class, etc.*⟩; intensify, step up ⟨*work, campaign*⟩; **den Kreislauf** ~: stimulate the circulation; **alte Freundschaften ~:** revive old friendships; **Beziehungen ~:** reactivate connections; **b)** *(Chemie)* activate; **c)** *(Finanzw.)* **etw.** ~: enter sth. on the assets side

Aktivierung *die;* ~, ~**en a)** *(von Parteimitgliedern, einer Gruppe, Klasse)* mobilization; *(einer Arbeit, Kampagne)* intensification; *(von Beziehungen)* reactivation; **die ~ des Kreislaufs/alter Freundschaften** stimulation of the circulation/reviving old friendships; **b)** *(Chemie)* activation; **c)** *(Finanzw.)* entry on the assets side; **die ~ von etw.** entering sth. on the assets side

aktivisch *(Sprachw.)* **1.** *Adj.* active. **2.** *adv.* actively; in the active form

Aktivismus *der;* ~ *(Politik)* activism *no art.*

Aktivist *der;* ~**en,** ~**en** activist

Aktivisten-: ~**bewegung** *die* activists' movement; ~**schule** *die (DDR)* school for activists

Aktivistin *die;* ~, ~**nen** activist

aktivistisch *(Politik) Adj.* activist

Aktivität [aktivi'tɛːt] *die;* ~, ~**en** *(auch Chemie, Radio~)* activity

Aktiv-: ~**kohle** *die* activated carbon *or* charcoal; ~**posten** *der (Kaufmannsspr., fig.)* asset; ~**saldo** *der (Kaufmannsspr.)* credit balance; ~**seite** *die (Kaufmannsspr.)* assets side; ~**urlaub** *der (Werbespr.)* activity holiday; ~**vermögen** *das (Kaufmannsspr.)* realizable assets *pl.*; ~**zinsen** *Pl. (Kaufmannsspr.)* interest *sing.* receivable

Akt-: ~**malerei** *die* nude painting *no art.*; ~**modell** *das* nude model

Aktrice [ak'triːsə] *die;* ~, ~**n** actress

Akt·studie *die* nude study

aktualisieren [aktu̯ali'ziːrən] **1.** *tr. V.* update. **2.** *refl. V.* *(sich manifestieren)* be evident *or* clearly visible

Aktualisierung *die;* ~, ~**en** updating; **er sorgte für die ~ des Themas** he ensured that the subject was made topical

863

Aktualität [aktu̯ali'tɛ:t] *die*; ~, ~en a) *(Gegenwartsbezug)* relevance [to the present]; b) *(von Nachrichten usw.)* topicality; c) *(Mode, Werbespr.)* up-to-the-minute style
Aktuar [ak'tu̯a:ɐ̯] *der*; ~s, ~e a) *(schweiz.: Schriftführer)* secretary; b) *(veralt.) s.* **Gerichtsschreiber**
aktuell [ak'tu̯ɛl] 1. *Adj.* a) *(gegenwartsbezogen) (gegenwärtig)* current; **von ~er Bedeutung** of relevance to the present *or* current situation; **dieses Problem ist nicht mehr ~**: this is no longer a problem; b) *(neu)* up-to-the-minute; **das Aktuellste von den Olympischen Spielen** the latest from the Olympics; **eine ~e Sendung** *(Ferns., Rundf.)* a [news and] current affairs programme; c) *(geh.: real)* real; d) *(Mode, Werbespr.)* fashionable; **in den ~en Farben** in the latest colours. 2. *adv.* currently
Akt-: ~**zeichnen** *das* nude drawing *no art.*; ~**zeichnung** *die* nude drawing
Akupressur [akupɾɛ'suːɐ̯] *die*; ~, ~en *(Med.)* acupressure
Akupunkteur [akupʊŋk'tøːɐ̯] *der*; ~s, ~e *(Med.)* acupuncturist
akupunktieren *(Med.)* 1. *tr. V.* perform acupuncture on; **sich ~ lassen** have acupuncture. 2. *itr. V.* perform acupuncture
Akupunktur [akupʊŋk'tuːɐ̯] *die*; ~, ~en *(Med.)* acupuncture
Akustik [a'kʊstɪk] *die*; ~ a) *(Lehre vom Schall)* acoustics *sing., no art.*; b) *(Schallverhältnisse)* acoustics *pl.*
akustisch 1. *Adj.* acoustic. 2. *adv.* acoustically; **ich habe Sie ~ nicht verstanden** I didn't hear *or* catch what you said
akut [a'kuːt] 1. *Adj.* a) *(vordringlich)* acute; pressing, urgent ⟨*question, issue*⟩; b) *(Med.)* acute. 2. *adv. (Med.)* in an acute form; **~ auftretende Asthmaanfälle** acute attacks of asthma
Akut *der*; ~[e]s, ~e *(Schriftw.)* acute [accent]
AKW [aːkaːˈveː] *das*; ~[s], ~s *Abk.* **Atomkraftwerk**
Akzeleration [aktselera'tsi̯oːn] *die*; ~, ~en *(Anthrop., Astron.)* acceleration
Akzelerator [aktsele'raːtɔr] *der*; ~s, ~en [-ra'toːrən] *(Kerntechnik)* accelerator
Akzent [ak'tsɛnt] *der*; ~[e]s, ~e a) *(Sprachw.) (Betonung)* accent; stress; *(Betonungszeichen)* accent; b) *(Sprachmelodie, Aussprache)* accent; **mit starkem koreanischem ~**: with a strong Korean accent; c) *(Nachdruck, Gewicht)* emphasis; stress; *(in der Mode)* accent; **den ~ [besonders] auf etw.** *(Akk.)* **legen** lay *or* put [particular] emphasis *or* stress on sth.; **die ~e werden verschoben** the emphasis *or* stress is shifted; **neue ~e setzen** set new directions; **diesen Herbst liegen die [modischen] ~e bei ...**: this autumn the accent is on ...; **1969 hat neue ~e gesetzt** 1969 saw the beginning of new trends
akzent·frei 1. *Adj.* without an *or* any accent *postpos.* 2. *adv.* without an *or* any accent
akzentuieren [aktsɛntuˈiːrən] *tr. V.* a) *(deutlich aussprechen)* enunciate; articulate; *(betonen)* accentuate; stress; b) *(fig.: hervorheben, auch Mode)* accentuate
Akzent·verschiebung *die* a) *(Sprachw.)* stress shift; b) *(fig.)* shift of emphasis
Akzept [ak'tsɛpt] *das*; ~[e]s, ~e *(Finanzw.)* acceptance
akzeptabel [aktsɛp'taːbl̩] 1. *Adj.* acceptable. 2. *adv.* acceptably
Akzeptanz [aktsɛp'tants] *die (bes. Werbespr.)* acceptance
akzeptieren *tr. V.* accept
Akzidens ['aktsidɛns] *das*; ~, **Akzidenzien** a) *(Philos.)* accident; accidental property; b) *(Musik)* accidental
akzidentell [aktsidɛn'tɛl], **akzidentiell** [-'tsi̯ɛl] *Adj.* a) *(Philos., geh.)* accidental *(Dat.* to); b) *(Med.)* accidental

Akzidenz [aktsiˈdɛnts] *die*; ~, ~en *(Druckw.)* job; **~en** job-work *sing.*; job printing *sing.*
à la [a la] *(Gastr., ugs.: im Stile von)* à la
alaaf [aˈlaːf] *Interj. (rhein.)* hurrah; hurray; **Kölle ~**! hurrah, Cologne!
Alabaster [alaˈbastɐ] *der*; ~s, ~: alabaster
alabastern *Adj. (geh.)* alabaster
à la carte [ala'kart] *(Gastr.)* à la carte
Alarm [a'larm] *der*; ~[e]s, ~e a) *(Warnung)* alarm; *(Flieger~)* air-raid warning; **~ geben** raise *or* sound the alarm; **blinder ~**: false alarm; **~ schlagen** *(ugs.)* raise *or* sound the alarm; **bei ~**: if there is an alarm; b) *(~zustand)* alert; **da war ständig ~**: there was a permanent state of alert
alarm-, Alarm-: ~**anlage** *die* alarm system; ~**bereit** *Adj.* on alert *postpos.*; ⟨*fire crew, police*⟩ on stand-by *postpos.*, standing by *pred.*; ~**bereitschaft** *die*; ~**bereit**: alert; **in [ständiger] ~bereitschaft** on [permanent] alert/stand-by; **jmdn./etw. in ~bereitschaft versetzen** place *or* put sb./sth. on alert/stand-by; ~**fall** *der*; **im ~fall** in case of alert; in the event of an alert; ~**glocke** *die* alarm bell
alarmieren *tr. V.* a) *(zu Hilfe rufen)* call [out] ⟨*doctor, police, fire brigade, etc.*⟩; b) *(warnen)* alarm; ~**d** alarming; **nichts Alarmierendes** nothing alarming
Alarmierung *die*; ~: **bei rechtzeitiger ~ der Bergwacht usw.** if the mountain rescue service *etc.* is/had been called [out] in time; **eine sofortige ~ der Feuerwehr wäre geboten gewesen** the fire service *or (Amer.)* department should have been called [out] immediately; **zur ~ aller Demokraten führen** cause alarm on the part of all democrats
Alarm-: ~**klingel** *die* alarm bell; ~**pikett** *das (schweiz.) s.* **Überfallkommando**; ~**ruf** *der (fig.)* warning cry; ~**signal** *das (auch fig.)* warning signal; ~**sirene** *die* alarm *or* warning siren; ~**stufe** *die* alert stage; **höchste ~stufe** maximum alert; ~**stufe eins/zwei/drei** stage one/two/three alert; ~**übung** *die* practice drill; *(Milit.)* practice alert; ~**vor·richtung** *die* alarm [device]; ~**zeichen** *das (fig.)* warning signal; ~**zustand** *der* state of alert; **sich im ~zustand befinden** ⟨*troops*⟩ be on alert; ⟨*fire service, police*⟩ be on stand-by; ⟨*country, province*⟩ be on a state of alert; **in den ~zustand versetzen** put ⟨*troops*⟩ on alert; place *or* put ⟨*fire service, police*⟩ on stand-by; place *or* put ⟨*country, province*⟩ on a state of alert
Alaska [a'laska] *(das)*; ~s Alaska
Alaun [a'laun] *der*; ~s, ~e alum
Alaun·stift *der* styptic pencil
A-Laut *der* A-sound
Alb [alp] *der*; ~[e]s, ~en *(Myth.)* elf
Albaner [al'baːnɐ] *der*; ~s, ~, **Albanerin** *die*; ~, ~nen Albanian
Albanien [al'baːni̯ən] *(das)*; ~s Albania
albanisch *Adj.* Albanian; *s. auch* **deutsch**
Albanisch *das*; ~s Albanian; *s. auch* **Deutsch**
Albatros ['albatrɔs] *der*; ~, ~se *(Zool.)* albatross
Alb·druck *der* Alpdruck
Albe ['albə] *die*; ~, ~n *(christl. Kirchen)* alb
Alben *s.* **Alb, Albe, Album**
Alberei [albə'rai] *die*; ~, ~en Albernheit b
¹**albern** *itr. V.* fool about *or* around
²**albern** *Adj.* a) *(kindisch, töricht)* silly; foolish; ~**es Zeug reden** talk silly *or* foolish nonsense; **stell dich nicht so ~** don't be so silly; **sich ~ benehmen** act silly; **sich** *(Dat.)* **~ vorkommen** feel silly; feel a fool; b) *(ugs.: nebensächlich)* silly; stupid
Albernheit *die*; ~, ~en a) *o. Pl. (albernes Verhalten)* silliness; foolishness; b) *(alberne Handlung)* silliness; *(alberne Bemerkung/alberner Witz)* silly remark/joke; **diese ~en** this silliness *sing.*
Albinismus [albi'nɪsmʊs] *der*; ~ albinism

Albino [al'biːno] *der*; ~s, ~s albino
Alb·traum *s.* **Alptraum**
Album ['albʊm] *das*; ~s, **Alben** album
Albumin [albu'miːn] *das*; ~s, ~e *(Biol.)* albumin
Alchemie [alçe'miː] *die*; ~ *(bes. österr.)*, **Alchimie** [alçi'miː] *die*; ~: alchemy *no art.*
Alchemist *der*; ~en, ~en *(bes. österr.)*, **Alchemistin** *die*; ~, ~nen *(bes. österr.)*, **Alchimist** *der*; ~en, ~en, **Alchimistin** *die*; ~, ~nen alchemist
Alchimisten·küche *die* alchemist's laboratory
alchimistisch 1. *Adj.* alchemical; alchemistic. 2. *adv.* alchemistically; **~ beeinflußt** influenced by alchemy
Aldehyd [alde'hyːt] *der*; ~s, ~e *(Chem.)* aldehyde
Alemanne [ala'manə] *der*; ~n, ~n, **Alemannin** *die*; ~, ~nen Alemannian; **die ~n** Alemannians; *(Hist.)* the Alemanni
alemannisch *Adj.* Alemannic
alert [a'lɛrt] *Adj. (ugs.)* dynamic
Aleuten [ale'uːtn̩] *Pl. die* ~: the Aleutian Islands; the Aleutians
Alexandriner [alɛksan'driːnɐ] *der*; ~s, ~ *(Verslehre)* alexandrine
Alfa·gras ['alfa] *das* alfa grass
Alge ['algə] *die*; ~, ~n alga
Algebra ['algebra, *österr.*: al'geːbra] *die*; ~, *(fachspr.)* **Algebren** algebra
Algebraiker *der*; ~s, ~, **Algebraikerin** *die*; ~, ~nen algebraist
algebraisch 1. *Adj.* algebraic. 2. *adv.* algebraically
Algen-: ~**pest** *die* seaweed plague; ~**pilz** *der* comycete
Algerien [al'geːri̯ən] *(das)*; ~s Algeria
Algerier *der*; ~s, ~, **Algerierin** *die*; ~, ~nen Algerian
algerisch *Adj.* Algerian
Algier ['alʒiːɐ̯] *(das)*; ~s Algiers
Algorithmus [algo'rɪtmʊs] *der*; ~, **Algorithmen** *(Math., DV)* algorithm
alias [a'li̯as] *Adv.* alias
Alibi ['aːlibi] *das*; ~s, ~s a) *(Rechtsw.)* alibi; b) *(Ausrede)* alibi *(coll.)*; excuse
Alibi-: ~**frau** *die* token woman; ~**funktion** *die* use as an alibi *(coll.)* or excuse; ~**funktion haben** serve as an alibi *(coll.)* or excuse
Alimente [ali'mɛntə] *Pl. (veralt., noch ugs.)* maintenance *sing. (esp. for illegitimate child)*; **jmdn. auf ~ verklagen** sue sb. for maintenance
Alk [alk] *der*; ~[e]s, ~en *(Zool.)* auk
alkäisch [al'kɛːɪʃ] *Adj. (Verslehre)* alcaic
Alkali [al'kaːli] *das*; ~s, **Alkalien** alkali
alkali·frei *Adj. (Werbespr.)* non-alkaline
alkalisch *Adj. (Chemie)* alkaline
Alkaloid [alkalo'iːt] *das*; ~[e]s, ~e *(Chemie)* alkaloid
Alki ['alki] *der*; ~s, ~s *(salopp)* wino *(sl.)*
Alkohol ['alkohoːl] *der*; ~s, ~e alcohol; **unter ~ stehen** *(ugs.)* be under the influence *(coll.)*; **jmdn. unter ~ setzen** *(ugs.)* get sb. drunk; *s. auch* **ertränken**
alkohol-, Alkohol-: ~**abhängig** *Adj.* dependent on alcohol *postpos.*; ~**abhängigkeit** *die* dependence on alcohol/alcohol dependence; ~**arm** *Adj.* low in alcohol *pred.*; ~**ausschank** *der* sale of alcohol[ic drinks]; **Kiosken ist der ~ausschank verboten** Kiosks are forbidden to sell alcohol; „**kein ~ausschank an Jugendliche**" 'no alcohol may be sold to persons under 18'; ~**ein·fluß, ~ein·wirkung** *die*; **unter ~einfluß** *od.* ~**einwirkung [stehen]** [be] under the influence of alcohol or drink; ~**fahne** *die* smell of alcohol [on one's breath]; **eine ~fahne haben** smell of alcohol; **jmds. ~fahne riechen** smell the alcohol on sb.'s breath; ~**frei** *Adj.* a) *(ohne ~gehalt)* non-alcoholic;

Alkoholgegner

~freie Getränke soft *or* non-alcoholic drinks; **b)** *(ohne ~ausschank)* dry ⟨*country, state, etc.*⟩; **c)** *(ohne ~genuß)* ⟨*day, week, etc.*⟩ without alcohol; **einen ~freien Tag einlegen** spend a day without drinking alcohol; **~gegner** *der* opponent of alcohol; **~gehalt** *der* alcohol content; **~genuß** *der*; *o. Pl.* consumption of alcohol; **infolge ~genusses** as a result of consuming alcohol; **~haltig** *Adj.* containing alcohol *postpos., not pred.*; **~haltige Getränke** alcoholic drinks; **wenig/stark ~haltig sein** have a low/high alcohol content
Alkoholika [alko'ho:lika] *Pl.* alcoholic drinks
Alkoholiker *der*; ~s, ~, **Alkoholikerin** *die*; ~, ~nen alcoholic
alkoholisch *Adj.* alcoholic
alkoholisieren *tr. V.* **a)** *(mit Alkohol versetzen)* alcoholize; **b)** *(scherzh.: betrunken machen)* jmdn. ~: get sb. drunk
alkoholisiert *Adj.* inebriated; **in ~em Zustand** in a state of inebriation
Alkoholismus *der*; ~: alcoholism *no art.*
alkohol-, Alkohol-: **~konsum** *der* consumption of alcohol; **er hat in letzter Zeit einen beträchtlichen ~konsum** *(ugs.)* he has recently been hitting the bottle *(coll.)*; **~krank** *Adj. (Med.)* alcoholic; **~mißbrauch** *der* alcohol abuse; **~pegel** *der (scherzh.)* level of alcohol in one's blood; **sein ~pegel war schon ganz beträchtlich** he was already well primed; **~reich** *Adj.* ⟨*drink, wine, etc.*⟩ with a high alcohol content; **~reich sein** have a high alcohol content; **~schmuggler** *der* bootlegger; **~spiegel** *der* level of alcohol in one's blood; **~steuer** *die* duty or tax on alcohol; **~sucht** *die* alcohol addiction; alcoholism; **~süchtig** *Adj.* addicted to alcohol *postpos.*; alcoholic; **~süchtige** *der/die*; *adj. Dekl.* alcoholic; **~sünder** *der (ugs.)* drunk[en] driver; **~verbot** das ban on alcohol; **es herrschte ~verbot** alcohol was banned; **~vergiftung** *die* alcohol[ic] poisoning
Alkoven [al'ko:vn̩] *der*; ~s, ~ alcove; *(Bettnische)* bed-recess
all [al] *Indefinitpron. u. unbest. Zahlw.* **1.** *attr. (ganz, gesamt...)* all; **in ~er Deutlichkeit** in all clarity; **~e Freude, die sie empfunden hat** all the joy she felt; **~es Geld, das ich noch habe** all the money I have left; **~er Eifer nützte ihm nichts** all his zeal was to no avail; **ich kann diese Leute ~e nicht leiden** I can't stand any of these people; **ich will euch ~e nicht mehr sehen** I don't want to see any of you again; **die Ärzte verdienen ~e sehr viel** doctors all earn a great deal; **~es Geld spendete sie dem Roten Kreuz** she donated all her money to the Red Cross; **~es Leid der Welt** all the suffering in the world; **~ unser/mein usw. ...:** all our/my etc. ...; **~es andere/Weitere/übrige** everything else; **~es übrige hat sich nicht geändert** nothing else has changed; **~e Schöne/Neue/Fremde** everything *or* all that is beautiful/new/strange; **~es Gute!** all the best!; **~e Fenster schließen** close all the windows; **sie gaben ~e Waffen ab** they handed in all their weapons; **wir/ihr/sie ~e** all of us/you/them; we/you/they all; **das sagen sie ~e** *(ugs.)* that's what they all say; **~e Beteiligten/Anwesenden** all those involved/present; **trotz ~er Vorbehalte werde ich ...:** in spite of all my reservations I shall ...; **~e beide/~e zehn** both of them/all ten of them; **~e Männer/Frauen/Kinder** all men/women/children; **~e Mädchen über zwölf Jahre** all girls over twelve; **~e Mädchen in der Schule** all the girls in the school; **~e Bewohner der Stadt** all the inhabitants of the town; **ohne ~en Anlaß** for no reason [at all]; without any reason [at all]; **gegen ~e Erwartungen** contrary to all expectations; **~e Jahre wieder** every year; **~e fünf Minuten/Meter** every five minutes/metres; **Bücher ~er Art** books of all kinds; all kinds of books; **in ~er Eile** with all haste; **in ~er Ruhe** in peace and quiet; **trotz ~er Versuche/Anstrengungen** despite all [his/her/their/*etc.*] attempts/efforts. **2.** *alleinstehend* **a)** *(gesamt..., sämtlich)* everything; **~es geht vorüber** everything passes [in time]; **~es für die Braut/den Bastler** everything for the bride/handicraft enthusiast; **das ~es soll** I don't know what all that is supposed to mean; **das ist ~es Unsinn** that is all nonsense; **von ~em etwas verstehen/wissen** understand/know a bit about everything; **wer ~es war** *od.* **wer war ~es dort** who was there?; **wen ~es habt ihr getroffen?** who did you meet?; **das sind ~es Gauner** they're all scoundrels; **was gab es dort ~es zu sehen?** what was there to see?; **was es nicht ~es gibt!** well, would you believe it!; well, I never!; **~[es] und jedes everything;** *(wahllos)* anything and everything; **sie liebt ihren Hund über ~es** she loves her dog more than anything else; **zu ~em fähig sein** *(fig.)* be capable of anything; **~es schon mal dagewesen** *(ugs.)* it's all happened before; **das kenne ich ~es schon** I've heard it all before; **~es in ~em** all in all; **vor ~em** above all; **~es klar** *od.* **in Ordnung** *(ugs.)* everything's fine *or (coll.)* OK; **~es klar?** everything all right *or (coll.)* OK?; **dann treffen wir uns um 5°° Uhr, ~es klar?** we'll meet at 5 o'clock then, all right *or (coll.)* OK?; **das ist ~es** that's all *or (coll.)* it; **ist das ~es?** is that all *or (coll.)* it?; **nach ~em, was man hört/weiß** to judge from everything *or* all one hears/knows; **b)** *(jeder einzelne)* all; **~e miteinander** all together; **ihr seid/wir sind/sie sind ..., ~e miteinander** you/we/they are ..., all of you/us/them; **~e auf einmal** all at once; **sprecht nicht ~e auf einmal!** don't all speak at once; **am besten, wir gehen ~e auf einmal zum Chef** the best thing would be for us all to go and see the boss together; **~e, die ...:** all those who ...; **der Kampf ~er gegen ~e** unfettered competition; **in ~em einverstanden sein** agree *or* be agreed on everything; **von ~em etwas nehmen** take a bit of everything; **er ist bei ~em, was er tut, sehr genau** he is very precise in everything he does; **sie ist in ~em sehr empfindlich** she is very sensitive about everything; **~e** *(Neutr. Sg.:* **~e Beteiligten)** **~es mal herhören!** *(ugs.)* listen everybody!; *(stärker befehlend)* everybody listen!; **~es war nach Hause gegangen** *(ugs.)* everyone *or* everybody had gone home; **~es aussteigen!** *(ugs.)* everyone *or* all out!; *(vom Schaffner gesagt)* all change!
All das; ~s space *no art.*; *(Universum)* universe
all-: **~abendlich 1.** *Adj.; nicht präd.* regular evening; **2.** *adv.* every evening; **~bekannt** *Adj. (geh.)* universally known; **~da** *Adv. (veralt.)* there; **~dem** *s.* alledem; **~dieweil[en] 1.** *Konj. (veralt.)* since; because; **2.** *Adv.* all the while
alle *Adj.; nicht attr.* **a)** *(ugs.: verbraucht, verkauft usw.)* **~ sein** be all gone; **~ werden** run out; **etw. ~ machen** finish sth. off; **b)** *(salopp: erschöpft)* all in *pred.*; **c) jmdn. ~ machen** *(salopp)* do sb. in *(sl.)*
alle dem *Pron.* **in trotz ~:** in spite of *or* despite all that; **von ~ wußte er nichts** he knew nothing about all that; **an ~ ist nichts wahr** there's no truth in any of it; **von ~: nothing** of the sort *or* kind; **bei ~:** for all that; **zu ~:** in addition to *or* on top of all that
Allee [a'le:] *die*; ~, ~n avenue
Allee·baum *der* avenue tree
Allegorie [alego'ri:] *die*; ~, ~n allegory
Allegorik [ale'go:rɪk] *die*; ~: allegory

Alleinvertrieb

allegorisch 1. *Adj.* allegorical. **2.** *adv.* allegorically
Allegretto [ale'grɛto] *das*; ~s, ~s *od.* **Allegretti** allegretto
Allegro [a'le:gro] *das*; ~s, ~s *od.* **Allegri** allegro
allein [a'laɪn] **1.** *Adj.; nicht attr.* **a)** *(ohne andere, für sich)* alone; on one's/its own; by oneself/itself; **sie waren ~ im Zimmer** they were alone in the room; **ganz ~:** all on one's/its own; **jmdn. ~ lassen** leave sb. alone *or* on his/her own; **~ über den Atlantik segeln** sail alone across the Atlantic; **b)** *(einsam)* alone. **2.** *adv. (ohne Hilfe)* by oneself/itself; on one's/its own; **sie kann ~ schwimmen** she can swim by herself *or* on her own; **etw. ~ machen** *(herstellen)* make sth. oneself; *(tun)* do sth. oneself; **von ~:** *(ugs.)* by oneself/itself; **das müßtet ihr von ~ wissen** you shouldn't have to be told [that]. **3.** *Adv.* **a)** *(geh.: ausschließlich)* alone; **er ~ trägt die Verantwortung** it is his responsibility alone; **sie denkt ~ an sich** she thinks solely *or* only of herself; **~ durch den Glauben** by faith alone; only by faith; **sondern auch ...:** not only ..., but also ...; **b)** *(von allem anderen abgesehen)* **[schon] ~ der Gedanke/[schon] der Gedanke ~:** the mere *or* very thought [of it]; **~ die Nebenkosten** the additional costs alone. **4.** *Konj. (veralt.)* however; but, **es war zu spät** however, it was too late; it was too late, however
Allein-: **~besitz** *der* sole *or* exclusive property; **im ~besitz von jmdm./in jmds. ~besitz sein** be sb.'s sole *or* exclusive property; **~besitzer** *der* sole owner
alleine *(ugs.) s.* allein
allein-, Allein-: **~erbe** *der,* **~erbin** *die* sole heir; **~erziehend** *Adj.; nicht präd.* single ⟨*mother, father, parent*⟩; **~erziehende** *der/die; adj. Dekl.* single parent; **~flug** *der (Flugw.)* solo flight; **~gang** *der* **a)** *(fig.: Tat)* independent initiative; **etw. im ~gang tun** do sth. off one's own bat; **b)** *(Sport)* solo run; *(Radfahren)* solo ride; **die Etappe praktisch im ~gang fahren** be out on one's own for practically the whole stage; **ein Tor im ~gang erzielen** score a goal from a solo run; **c)** *(Alpinistik)* solo ascent *or* climb; **~gesellschafter** *der (Rechtsw.)* sole proprietor; **~herrschaft** *die*; *o. Pl.* autocratic rule; *(Diktatur)* dictatorship; **~herrscher** *der (auch fig.)* autocrat; *(Diktator, auch fig.)* dictator
alleinig *Adj.; nicht präd.* sole; sole, exclusive ⟨*distribution rights*⟩
allein-, Allein-: **~inhaber** *der (Wirtsch.)* sole owner; **~reisende** *der/die* person travelling alone; **~schuld** *die*; *o. Pl.* sole blame *or* responsibility *no indef. art.*; **~sein** *das* **a)** *(das Verlassensein)* loneliness; **b)** *(das Ungestörtsein)* privacy; **~selig·machend** *Adj. (kath. Rel.)* **die ~seligmachende Kirche** *(fig.)* **das ~seligmachende Prinzip** *usw.* the true church/principle *etc.* in which alone salvation is to be found; **~stehend** *Adj.* ⟨*person*⟩ living on his/her own *or* alone; *(ledig)* single ⟨*person*⟩; **ich bin ~stehend** I live on my own *or* alone/am single; **~stehende** *der/die; adj. Dekl.* person living on his/her own *or* alone; *(Ledige[r])* single person; **ich als ~stehender ...:** living on my own I .../as a single person I ...; **~unter·halter** *der* solo agency; **~verdiener** *der* sole earner; **~verschulden** *das s.* ~schuld; **~vertretung** *die (Wirtsch.)* sole representation; **~vertretungs·anspruch** *der (Politik)* claim to be the sole legitimate representative; **~vertrieb** *der* sole agency; *(Wirtsch.)* sole distributorship; **den ~vertrieb von etw. haben/übernehmen** be/become the sole *or* exclusive distributor of sth.; have acquired sole *or* exclusive distribution rights to sth.

allemal

alle·mal *Adv.* **a)** *(ugs.: bestimmt)* any time *(coll.);* **was der kann, das kann ich doch ~:** anything he can do, I can do too; **b)** *(jedesmal)* every time; always; *s. auch* ¹**ein** 1
allen·falls *Adv.* **a)** *(höchstens)* at [the] most; at the outside; **~ 40 Leute** 40 people at most *or* at the outside; at most 40 people; **b)** *(nötigenfalls)* if need be; if necessary; **c)** *(bestenfalls)* at best
allenthalben ['alənt'halbn̩] *Adv. (geh.)* everywhere
aller-: **~art** *indekl. unbest. Gattungsz.; attr. (veralt.)* all kinds *or* sorts of; **~äußerst...** *Adj.* **a)** *(entferntest)* farthest; **b)** *(größt...)* extreme; utmost; **mit ~äußerster Vorsicht** with extreme *or* [the] utmost caution; **c)** *(schlimmst...)* worst; **im ~äußersten Fall** if the worst comes/came to the worst; **~best...** 1. *Adj.* very best; **~besten Dank** thank you very much indeed; **der/die/das Allerbeste sein** be the best of all; **es wäre das ~beste, wenn du ihn selbst fragst** the best thing [of all] would be for you to ask him yourself; **das ist das Allerbeste, was du tun kannst** that's the best thing you can do; **jmdm. das Allerbeste wünschen** wish sb. all the [very] best; **du bist mein Allerbester** you are my darling; 2. *adv.* **am ~besten** best of all; **am ~besten wäre es, wenn ...:** the best thing [of all] would be if ...; **~dings** 1. *Adv.* **a)** *(einschränkend)* though; **es stimmt ~dings, daß ...:** it's true though that ...; **b)** *(zustimmend)* [yes,] certainly; **Habe ich dich geweckt? – Allerdings!** Did I wake you up? – You certainly did!; 2. *Partikel (anteilnehmend)* to be sure; **das war ~dings Pech** that was bad luck, to be sure; **~erst...** *Adj.; nicht präd.* **a)** *(verstärkend:* erst...) very first; **der/die/das ~erste** the very first; **als ~erste[r] etw. tun** be the very first to do sth.; **das ~erste, was ich tun muß** the very first thing I must do; **b)** *(best...)* very best; **~frühest...** 1. *Adj.* very earliest; 2. *adv.* **am ~frühesten** earliest of all; **~frühestens** *Adv.* at the very earliest
Allergen [alɛrˈgeːn] *das;* ~s, ~e *(Med.)* allergen
Allergie [alɛrˈgiː] *die;* ~, ~n *(Med.)* allergy
Allergiker [aˈlɛrɡikɐ] *der;* ~s, ~, **Allergikerin** *die;* ~, ~nen *(Med.)* allergy sufferer
allergisch 1. *Adj. (Med.)* allergic; **eine ~ Reaktion auf etw.** *(Akk.) (auch fig.)* an allergic reaction to sth.; **gegen etw. ~ sein** *(auch fig.)* be allergic to sth. 2. *adv.* **auf etw.** *(Akk.)* ~ **reagieren** have an allergic reaction to sth.; **~ auf jmdn./etw. reagieren** *(fig.)* be allergic to sb./sth.
aller-, Aller-: ~größt... *Adj.* utmost ⟨trouble, care, etc.⟩; biggest *or* largest ⟨car, house, town, etc.⟩ of all; tallest ⟨person⟩ of all; **am ~größten sein** be [the] biggest *or* largest/tallest of all; **~hand** *indekl. unbest. Gattungsz. (ugs.)* **a)** *attr.* all kinds *or* sorts of; **b)** *alleinstehend* all kinds *or* sorts of things; **das ist ~hand!** *(viel)* that's a lot; *(sehr gut)* that's quite something; **das ist ja od. doch ~hand!** that's just not on *(Brit. coll.);* that really is the limit *(coll.);* **~heiligen** *das;* ~ *(bes. kath. Kirche)* All Saints' Day; All Hallows; **~heiligste** *das;* **~ a)** *(Tempelinneres)* inner sanctum; *(jüdisch, orth.)* holy of holies; *(fig.)* holy of holies; inner sanctum; **b)** *(kath. Rel.)* Blessed Sacrament; **~herzlichst** 1. *Adj.; nicht präd.* warmest ⟨thanks, greetings, congratulations⟩; most cordial ⟨reception, welcome, invitation⟩; 2. *adv.* ⟨thank, greet, congratulate⟩ most warmly; ⟨welcome⟩ most warmly *or* cordially; **Sie sind ~herzlichst eingeladen ...:** you are most cordially invited ...; **~höchst...** 1. *Adj.* highest ~; **der ~höchste Gipfel** the highest peak of all; the topmost peak; **der ~höchste Berg der Welt** the highest mountain in the world; **es ist ~höchste Zeit, daß ...:** it really is high time

that ...; **am ~höchsten sein** be the highest of all; **die ~höchsten Kreise** the very highest circles; **auf ~höchste Anordnung** on orders from the very top; **der Allerhöchste** *(dichter.)* the Most High; 2. *adv.* **am ~höchsten** ⟨fly, jump, etc.⟩ the highest of all; **~höchstens** *Adv.* at the very most
allerlei *indekl. unbest. Gattungsz.: attr.* all kinds *or* sorts of; **alleinstehend** all kinds *or* sorts of things
Allerlei *das;* ~s, ~s *(Gemisch)* pot-pourri; *(Durcheinander)* jumble; **Leipziger ~:** 'Leipzig-style' mixed vegetables *(carrots, green beans, peas, celery, kohlrabi, and asparagus)*
aller-, Aller-: ~letzt... *Adj.; nicht präd.* **a)** *(verstärkend)* very last; **der/die/das ~letzte** the very last [one]; **b)** *(drückt Ablehnung aus)* most dreadful *or* awful *(coll.);* **das ist [ja od. wirklich] das Allerletzte** *(ugs.)* that [really] is the absolute limit; **c)** *(~neuest...)* very latest; **~liebst** *Adj.* **a)** *(verstärkend)* most favourite; **am ~liebsten besuchte er die Großmutter** best of all he liked to go and see his grandmother; **es wäre mir das ~liebste od. ~liebsten, wenn ...:** I should like it best of all if ...; **das Allerliebste, was ich habe** my most favourite *or* treasured possession; **ihr Allerliebster/seine Allerliebste** her/his beloved; **b)** *(reizend)* enchanting; delightful; **~meist** *Adv.* mostly; for the most part; **~meist...** 1. *Indefinitpron. u. unbest. Zahlw.* **a)** *(die größte Menge)* by far the most *attrib.;* **das ~meisten/am ~meisten** most of all/by far the most; **b)** *(der größte Teil)* **die ~meisten Gäste** the vast majority of the guests; **die ~meiste Zeit** by far the greatest part of the time; **die ~meisten [der Arbeiter usw.]:** the vast majority [of the workers etc.]; 2. *adv.* **am ~meisten** most of all; **die am ~meisten befahrene Straße** the most travelled road; **~mindest...** *Adj.; nicht präd.* slightest; least; **am ~mindeste** the very least; **nicht das ~mindeste** absolutely nothing; **nicht im ~mindesten** not in the least *or* slightest; **zum ~mindesten** at the very least; **~nächst...** 1. *Adj.* very nearest *attrib.;* *(räumliche od. zeitliche Reihenfolge ausdrückend)* very next *attrib.;* very closest ⟨relatives⟩; **in ~nächster Zeit** in the very near future; **am ~nächsten sein** be the nearest of all; 2. *adv.* **am ~nächsten** nearest of all; **~neu[e]st...** *Adj.* very latest *attrib.;* **das Allerneu[e]ste** the very latest; **~nötigst..., ~notwendigst...** 1. *Adj.* absolutely necessary; **ich habe nur die ~nötigsten od. ~notwendigsten Kleider gepackt** I only packed the clothes that are/ were absolutely necessary; **am ~nötigsten od. ~notwendigsten hätte ich ...:** what I'm most badly in need of is/are ....; **es am ~nötigsten od. ~notwendigsten haben**, etw. zu tun be most in need of doing sth.; **der hat es am ~nötigsten od. ~notwendigsten!** *(ugs.)* he's a fine one to talk; **das Allernötigste** what is/was absolutely necessary; 2. *adv.* **am ~nötigsten** ⟨need etc.⟩ most badly; **~orten** *(veralt.)*, **~orts** *(geh.) Adv.* everywhere; **~schlimmst...** 1. *Adj.* very worst *attrib.;* **der/die/das ~schlimmste od. am ~schlimmsten sein** be the worst of all; **das Allerschlimmste** the worst of all; **sich auf das Allerschlimmste gefaßt machen** prepare oneself for the very worst; 2. *adv.* **am ~schlimmsten** worst of all; **~schönst...** 1. *Adj.* most beautiful *attrib.;* loveliest *attrib.;* *(angenehmst...)* very nicest *attrib.;* **in ~schönster Harmonie** in perfect harmony; **am ~schönsten war, daß ...** *(auch iron.);* **das Allerschönste, was ich je gesehen habe** the loveliest thing I have ever seen; **das wäre ja noch das Allerschönste** that would beat everything; 2. *adv.* **am ~schönsten war, daß ...:** the best thing of all was that ...; **da werden alle Vorurteile aufs ~schönste be-**

allgemeinbildend

stärkt *(iron.)* that's the best possible way of reinforcing everyone's prejudices; **~seelen** *das;* ~ *(kath. Kirche)* All Souls' Day; **~seits** *Adv.* **a)** *(alle zusammen)* **guten Morgen ~seits!** good morning everyone *or* everybody; **b)** *(überall)* on all sides; on every side; **~seits sehr geschätzt sein** be highly regarded by everyone; **~spätestens** *Adv.* at the very latest
Allerwelts-: **~gesicht/~wort/~mittel** nondescript face/hackneyed word/cure-all
Allerwelts·kerl der Jack of all trades
aller, Aller-: ~wenigst... 1. *Adj.; nicht präd.* **a)** *(Pl. fewest ...* of all; **er hat von allen das ~wenigste Geld** *od.* **am ~wenigsten Geld** he has the least money of all; **die ~wenigsten [Menschen]** wissen das very few [people] know that; **das Allerwenigste, was er hätte tun können** the very least he could have done; 2. *adv.* **am ~wenigsten abbekommen/arbeiten** get/work [the] least of all; **das hätte ich von ihm am ~wenigsten erwartet** he's the very last person I would have expected that of; **das am ~wenigsten!** anything but that!; **~wenigstens** *Adv.* at the very least; **~werteste** *der; adj. Dekl. (ugs. scherzh.)* posterior
alles *s.* **all**
alle·samt *Indefinitpron. u. unbest. Zahlw. (ugs.)* all [of you/us/them]; **wir ~:** all of us; **~sämtlich**

Alles-: **~brenner** *der* multi-fuel stove; **~fresser** *der* omnivore; **~kleber** *der* allpurpose adhesive *or* glue; **~könner** *der* all-rounder; **~wisser** *der (abwertend)* know-all
alle·zeit *Adv. (veralt.) s.* allzeit
all-, All-: ~fällig *(bes. österr., schweiz.)* 1. *Adj.* possible; **~fällige Verluste** any losses which may occur; **Allfälliges** miscellaneous; *(Tagesordnungspunkt)* any other business; 2. *adv.* **~fällig anfallende Portokosten/~fällig vorkommende Ausnahmen** any postal charges/exceptions which may arise; **~gegenwart** *die (christl. Theol., fig.)* omnipresence; **~gegenwärtig** *Adj. (christl. Theol., fig.)* omnipresent
all·gemein 1. *Adj.* general; universal ⟨conscription, suffrage⟩; universally applicable ⟨law, rule⟩; **auf ~en Wunsch** by popular *or* general request; **zu ~en Überraschung** to everyone's *or* everybody's surprise; **das ~e Wohl** the common good; **im ~en Interesse** in the common interest; in everybody's interest; **~e Redensarten** common expressions; **vom Allgemeinen auf das Besondere schließen** infer the particular from the general; **im ~en** in general; generally. 2. *adv.* **a)** *(überall, allerseits, von allen)* generally; *(generell, ausnahmslos)* universally; **es ist ~ üblich, das zu tun** it is [the] common practice to do it; **~ verbreitet** widespread; **es ist ~ bekannt, daß ...:** it is common knowledge that ...; **~ gängig** common; **~ zugänglich** open to all *or* everybody; **es wird ~ diskutiert** it is being discussed by people at large; **wird das ~ gewünscht?** is that the general wish?; **b)** *(nicht speziell, oft abwertend: unverbindlich)* ⟨write, talk, discuss, examine, be worded⟩ in general terms; **eine ~ gehaltene Einführung** a general introduction; **das kann man nicht so ~ behaupten** one cannot generalize like that; **c)** *(umfassend);* **~ belesen/beschlagen sein** be well read/be knowledgeable about a wide range of subjects; **~ interessiert sein** have a wide range of interests
allgemein-, Allgemein-: ~befinden *das (Med.)* general state of health; general condition; **~begriff** *der (Philos., Sprachw.)* general concept; **~besitz** *der (auch fig.)* common property; **~bildend** *Adj.* ⟨school, course, etc.⟩ providing a general *or* an all-round *or (Amer.)* all-around education; **das Zeitunglesen für ~bildend halten** hold that

Allgemeinbildung — Alphabetisierung

reading newspapers is of general educational value; ~**bildende polytechnische Oberschule** (DDR) general polytechnical secondary school; ~**bildung** die; o. Pl. general or all-round or (Amer.) all-around education; ~**gültig** 1. Adj.; nicht präd. universally or generally applicable ⟨law, rule⟩; universally or generally valid ⟨law of nature, definition, thesis⟩; 2. adv. etw. ~gültig formulieren/festlegen formulate sth./set sth. down in universally or generally applicable terms; ~**gültigkeit** die s. ~gültig 1: universal or general applicability/validity; ~**gut** das (fig.) common knowledge
Allgemeinheit die; ~, ~en a) o. Pl. (Öffentlichkeit) general public; public at large; b) o. Pl. (Unverbindlichkeit) generality; c) Pl. (Äußerungen) generalities
allgemein-, Allgemein-: ~**interesse** das public interest; ~**medizin** die; o. Pl. general medicine; ~**mediziner** der general practitioner; GP; ~**platz** der platitude; commonplace; ~**verbindlich** 1. Adj.; nicht präd. universally binding; 2. adv. in universally binding terms; ~**verständlich** 1. Adj.; nicht präd. comprehensible or intelligible to all postpos.; readily comprehensible or intelligible; 2. adv. in a way comprehensible or intelligible to all; in a readily comprehensible or intelligible manner; ~**wissen** das general knowledge; ~**wohl** das public welfare or good
all-, All-: ~**gewalt** die (geh.) omnipotence; ~**gewaltig** Adj. (geh.) omnipotent; all-powerful; **der Allgewaltige** the Almighty; ~**gütig** Adj. all-gracious; ~**heilmittel** das (auch fig.) cure-all; panacea; universal remedy
Allianz [a'liants] die; ~, ~en alliance
Alligator [ali'ga:tɔr] der; ~s, ~en [...ga-'to:rən] alligator
alliieren [ali'i:rən] refl. V. form an alliance; **sich mit jmdm.** ~: ally oneself with sb.
alliiert Adj.; nicht präd. allied
Alliierte der; adj. Dekl. ally; **die** ~**n** the Allies
Alliteration [alɪtera'tsio:n] die; ~, ~en (Verslehre) alliteration
all-, All-: ~**jährlich** 1. Adj. annual; yearly; 2. adv. annually; every year; ~**macht** die; o. Pl. (geh.) omnipotence; ~**mächtig** Adj. omnipotent; all-powerful; **der** ~**mächtige Gott** Almighty God; ~**mächtiger Gott!** (ugs.) good God!; heavens above!; ~**mächtige** der; adj. Dekl. **der** ~**mächtige** Almighty God; the Almighty; ~**mächtiger!** good God!; heavens above!
all·mählich 1. Adv. gradually; **es wird** ~ **Zeit** it's about time; **ich werde** ~ **müde** I'm beginning to get tired; **wir sollten** ~ **gehen** it's time we got going. 2. adj.; nicht präd. gradual
Allmende [al'mɛndə] die; ~, ~n common land
all-: ~**monatlich** 1. Adj. monthly; 2. adv. monthly; every month; ~**morgendlich** 1. Adj.; nicht präd. regular morning; 2. adv. every morning; ~**nächtlich** 1. Adj.; nicht präd. nightly; 2. adv. nightly; every night
Allonge·perücke [a'lõ:ʒə-] die full-bottomed wig
allo- [alo-], **Allo-:** ~**path** [~'pa:t] der; ~en, ~en allopath; ~**pathie** [~pa'ti:] die; ~: allopathy; ~**pathisch** 1. Adj. allopathic; 2. adv. allopathically; ~**phon** das; ~s, ~e (Sprachw.) allophone
Allotria [a'lo:tria] das; ~[s], ~: skylarking; ~ **treiben** skylark; lark about (coll.)
All-: ~**parteien·regierung** die all-party government; ~**rad·antrieb** der (Kfz-W.) all-wheel drive
Allround- [ˈɔ:l'raʊnd-] all-round; all-around (Amer.)
Allround·man [ˈɔ:l'raʊndmən] der; ~s, **Allroundmen** all-rounder

all, All-: ~**seitig** 1. Adj. a) (allgemein) general; all-round, (Amer.) all-around attrib.; **zur** ~**seitigen Zufriedenheit** to the satisfaction of all or everyone; b) (umfassend) comprehensive; **eine** ~**seitige Ausbildung** an all-round or (Amer.) all-around education; 2. adv. a) (allgemein) generally; **man war** ~**seitig einverstanden** there was agreement on all sides or general agreement; ~**seitig geachtet** highly regarded by everyone; b) (umfassend) comprehensively; ~**seitig gebildet sein** have had an all-round or (Amer.) all-around education; ~**seitig begabt/interessiert sein** have all-round or (Amer.) all-around talents/interests; ~**seits** Adv. everywhere; on all sides; (in jeder Hinsicht) in all respects; in every respect; ~**seits geschätzt** highly regarded by everyone; ~**strom·gerät** das (Elektrot.) AC/DC appliance; ~**stündlich** 1. Adj.; nicht präd. hourly; 2. adv. hourly; every hour
All·tag der a) (Werktag) weekday; **ein Mantel für den** ~: a coat for everyday wear; **zum** ~ **gehören** (fig.) be part of everyday life; b) o. Pl. (Einerlei) daily routine; **der graue** ~: the dull routine of everyday life; **der** ~ **der Ehe** the day-to-day realities of married life; **morgen geht der graue** ~ **wieder los** it's back to the daily grind tomorrow
all·täglich 1. Adj. a) [˙--] (gewöhnlich) ordinary ⟨face, person, appearance, etc.⟩; everyday ⟨topic, event, sight⟩; commonplace ⟨remark⟩; **ein nicht** ~**er Anblick** a sight one doesn't see every day; **etw. Alltägliches sein** be an everyday occurrence; **es ist nichts Alltägliches, wenn ...**: it's not every day that ...; b) (werktäglich) everyday, workaday attrib. ⟨clothes⟩; c) [˙--] (täglich) daily. 2. adv. a) (werktäglich) [on] weekdays; b) [˙--] (täglich) daily; every day
Alltäglichkeit die; ~, ~en a) o. Pl. (das Alltäglichsein) ordinariness; b) o. Pl. (Gewohnheit) **eine** ~ **sein/zur** ~ **werden** be/become routine or commonplace; c) (alltäglicher Vorgang) everyday occurrence
all·tags Adv. [on] weekdays
Alltags- everyday attrib.; ~**pflicht** daily duty
Alltags-: ~**kleidung** die everyday or workaday clothes pl.; ~**mensch** der ordinary person; ~**sprache** die (Sprachw.) everyday language; ~**trott** der (abwertend) daily round or grind; **jetzt geht der** ~**trott wieder los** now it's back to the daily grind
all·um·fassend 1. Adj. all-embracing; encyclopaedic ⟨knowledge⟩. 2. adv. ⟨plan, inform⟩ in comprehensive detail; ~ **gebildet sein** have had an all-round or (Amer.) all-around education
Allüren [a'ly:rən] Pl. (meist abwertend) behaviour sing.; (geziertes Benehmen) affectations; airs and graces
Alluvium [a'lu:viʊm] das; ~s (Geol.) Holocene epoch
all, All: ~**wetter·straße** die all-weather road; ~**wissend** Adj. omniscient; **er tut, als wäre er** ~**wissend** he acts as if he knew everything; ~**wissenheit** die; ~: omniscience; ~**wöchentlich** 1. Adj. weekly; 2. adv. weekly; every week; ~**zeit** Adv. (veralt.) always; ~**zeit bereit!** be prepared!
all zu Adv. all too; **er war nicht** ~ **begeistert** he was not too or not all that enthusiastic; **nicht** ~ **viele** not all that many (coll.); not too many; **kein** ~ **großes Gewicht** not too heavy a weight; ~ **viele Fehler** far too many mistakes
allzu-: ~**bald** Adv. all too soon; ~**früh** Adv. all too early; (~bald) all too soon; **nicht** ~**früh** not too early; ~**gern** Adv. ⟨like⟩ only too much; (bereitwillig) only too willingly; **ich möchte es doch** ~**gern machen** I would be only too pleased or delighted to

do it; **ich esse zwar Fisch, aber nicht** ~**gern** I'll eat fish but I'm not all that fond (coll.) or not overfond of it; ~**lang[e]** Adv. too long; ~**menschlich** Adv. in an all too human way or manner; ~**oft** Adv. too often; **nicht** ~**oft** not too often; not all that often (coll.); ~**sehr** Adv. too much; ~**sehr enttäuscht/begeistert** only too disappointed/enthusiastic; **nicht** ~**sehr** not too much; not all that much (coll.); **etw.** ~**sehr/nicht** ~**sehr mögen** like sth. all too much/not like sth. too much or (coll.) all that much; **nicht** ~**sehr interessiert** not too or (coll.) not all that interested; **ich habe mich** ~**sehr/nicht** ~**sehr bemüht** I tried only too hard/did not try too hard; ~**viel** Adv. too much; ~ **ist ungesund** one should never overdo things; you can have too much of a good thing
All·zweck- multi-purpose
All·zweck-: ~**halle** die multi-purpose hall; ~**tuch** das; Pl. ~**tücher** multi-purpose or all-purpose cloth
Alm [alm] die; ~, ~en mountain pasture; Alpine pasture
Alm·ab·trieb der driving of the cattle down from the mountain pastures in autumn
Almanach ['almanax] das; ~s, ~e (Buchw.) (hist.) almanac; (eines Verlages) yearbook (containing a selection from the firm's publications during the year)
Alm-: ~**auf·trieb** der driving of the cattle up to the mountain pastures in spring; ~**hütte** die Alpine hut
Almosen ['almo:zn̩] das; ~s, ~ a) (veralt.: Spende) alms pl.; **von** ~ **leben** live on charity; b) (abwertend: dürftiges Entgelt) pittance
Alm-: ~**rausch** der; o. Pl. (österr., südd.) Alpine rose; alpenrose; ~**wirtschaft** die; o. Pl. Alpine farming no art.
Aloe ['a:loe] die; ~, ~n aloe
¹**Alp** [alp] die; ~, ~en (bes. schweiz.) s. **Alm**
²**Alp** der; ~[e]s, ~e (veralt.: Kobold) goblin believed to give sleeping people nightmares by sitting on their chests at night; ≈ incubus; **wie ein** ~ **auf der Brust lasten** (geh.) lie or weigh heavily on sb.; **ein** ~ **plagte ihn** he had nightmares
¹**Alpaka** [al'paka] das; ~s, ~s (Lama, Wolle) alpaca
²**Alpaka** der; ~s (Gewebe) alpaca
³**Alpaka** das; ~s (veralt.: Neusilber) German silver; nickel silver
Alpaka·wolle die alpaca wool
Alp-: ~**druck** der; o. Pl. nightmare; ~**drücken** das; ~s nightmares pl.
Alpen Pl. **die** ~: the Alps
Alpen- Alpine
alpen-, Alpen-: ~**dollar** der (scherzh.) [Austrian] schilling; ~**glühen** das; ~s alpenglow; ~**jäger** Pl. (Milit.) Alpine Troops; ~**land** das; o. Pl. Alpine country or region; ~**ländisch** [~lɛndɪʃ] Adj. ⟨music, customs, dances⟩ of the Alpine region; ⟨goods⟩ from the Alpine region; ~**paß** der Alpine pass; ~**republik** die (ugs.) Alpine Republic (Austria or Switzerland); ~**rose** die rhododendron; Alpine rose; ~**veilchen** das cyclamen; ~**vorland** das; o. Pl. foothills pl. of the Alps
Alpha [alfa] das; ~[s], ~[s] alpha
Alphabet [alfa'be:t] das; ~[e]s, ~e alphabet
alphabetisch 1. Adj. alphabetical. 2. adv. alphabetically; **etw.** ~ **ordnen** arrange sth. in alphabetical order or alphabetically
alphabetisieren tr. V. a) (ordnen) arrange in alphabetical order or alphabetically; alphabetize; b) (lesen u. schreiben lehren) jmdn. ~: teach sb. to read and write
Alphabetisierung die; ~ a) (das Ordnen) alphabetization; b) (das Lehren) teaching literacy skills; **eine Kampagne zur** ~ **der Bevölkerung** a campaign against illiteracy in the population

867

28*

alpha·numerisch *(DV)* **1.** *Adj.* alphanumeric. **2.** *adv.* alphanumerically
Alpha-: **~strahlen** *Pl. (Kernphysik)* alpha rays; **~teilchen** *das (Kernphysik)* alpha particle
Alp·horn *das*; *Pl.* **Alphörner** alpenhorn
alpin [al'piːn] *Adj.* **a)** Alpine; **~e Kombination** *(Ski)* Alpine combined [event]; **b)** *nicht präd. (Bergsteigen)* mountaineering
Alpinismus *der*; **~:** Alpinism *no art.*
Alpinist *der*; **~en, ~en** Alpinist
Alpinistik *die*; **~:** Alpinism *no art.*
Alpinistin *die*; **~, ~nen** Alpinist
alpinistisch *Adj.* mountaineering *attrib.*
Älpler ['ɛlplɐ] *der*; **~s, ~, Älplerin** *die*; **~, ~nen** inhabitant of the Alps
Alp·traum *der* nightmare
Alraune [al'raunǝ] *die*; **~, ~n** mandrake
¹als *Konj.* **a)** *(zeitlich)* when; *(während)* as; **~ wir zu Hause ankamen, [da] fing es an zu regnen** when *or* after we had arrived home, it started to rain; **gleich ~:** as soon as; **damals, ~:** [in the days] when; **gerade ~** just as; **gerade ~ Tante Ida hier war** just when Aunt Ida was here; **b)** *(nach Komp.)* than; **mehr/weniger ~:** more/less than; **mehr ~ arbeiten kann ich nicht** I can't do more than work; **c)** *(bei Vergleichen)* **niemand/nirgends anders ~:** nobody/nowhere but; **mir fehlt nichts weiter, ~ daß ...:** there is nothing wrong with me other than that ...; **sie arbeiten mit anderen Methoden ~** wir they work with different methods from ours; **alles andere ~:** anything but; **kein anderer** *od.* **niemand anderes ~ Karl** none other than Karl; **anders ~ wir sein/leben** be different/live differently from us; **soviel/soweit ~** möglich as much/as far as possible; **so bald/schnell ~ möglich** as soon/as quickly as possible; *s. auch* **sowohl; d)** *(bei Modalsätzen)* as if; as though; **~ ob** *od.* **wenn** as if; as though; **ob ich das nicht wüßte!** as if I didn't know; **~ ob das neu wäre!** as if that were something new; **e)** *(in der Eigenschaft)* as; **~ Rentner/Arzt** as a pensioner/a doctor; **sich ~ Held fühlen** feel oneself [to be] a hero; **sich ~ wahr/falsch erweisen** prove [to be] true/false; **in seiner/ihrer Eigenschaft ~ ...:** in his/her capacity as ...; **f)** *(eine Folge ausdrückend)* **die Kinder sind zu klein, ~ daß sie das verstehen könnten** the children are too young to understand that; **die Zeit war zu kurz, ~ daß wir ...:** time was too short for us to ...; **g)** *(einen Grund ausdrückend)* **um so ..., ~ ...:** all the more ... since *or* in that ...; **h)** *(veralt.: vor Aufzählungen)* **~ [da sind]** to wit; namely; *s. auch* **insofern**
²als *Adv. (westmd.)* **a)** *(immer)* **~ etw. tun** keep on doing sth.; **gehen Sie ~ geradeaus** keep going straight on or ahead; **b)** *(manchmal)* sometimes
als-: **~bald** *Adv. (geh. veralt.) (sogleich)* immediately; at once; *(kurz danach)* soon; **~baldig** *Adj.*; *nicht präd. (Papierdt.)* immediate; **"zum ~baldigen Verbrauch bestimmt"** 'for immediate consumption'; **~dann** *Adv. (geh. veralt.)* then
also ['alzo] **1.** *Adv.* **a)** *(folglich)* so; therefore; **~ kommst du mit?** so you're coming too?; you're coming too, then?; **b)** *(veralt.: so)* thus. **2.** *Partikel* **a)** *(das heißt)* that is; **b)** *(nach Unterbrechung)* well [then]; **~, wie ich schon sagte** well [then], as I was saying; **c)** *(verstärkend)* **~, kommst du jetzt oder nicht?** well, are you coming now or not?; **na ~!** there you are[, you see]; **~ schön** well all right then; **~ so was/nun!** well, I don't know; well, really; **~ so eine Frechheit** well, what a cheek; **~, gute Nacht** goodnight then; **~ dann** right then
Als-ob *das*; **~** *(Philos.)* **die Philosophie des ~:** the philosophy of 'as-if'
alt [alt]; **älter** ['ɛltɐ], **ältest...** ['ɛltǝst...] *Adj.* **a)** old; **~ und jung** old and young; **seine ~en Eltern** his aged parents; **hier werde ich nicht ~** *(fig. ugs.)* I won't be staying here long; **das Alte Testament** the Old Testament; **die Alte Welt** the Old World; **~ aussehen** *(fig. salopp)* be in the cart *(sl.)*; **eine drei Jahre ~e Tochter** a three-year-old daughter; **wie ~ bist du?** how old are you?; **man ist so ~, wie man sich fühlt** you're only as old as you feel; **aus ~ mach neu** give your coat/furniture etc. a new lease of life; **immer die ~e Platte** *od.* **Leier** it's always the same old story; *s. auch* **Dame; Eisen; Hase; Herr; b)** *(nicht mehr frisch)* old; **~es Brot** stale bread; **c)** *(vom letzten Jahr)* old; **~e Äpfel/Kartoffeln** last year's apples/potatoes; **im ~en Jahr** *(dieses Jahr)* this year; *(letztes Jahr)* last year; **d)** *(seit langem bestehend)* ancient; **ein ~es Volk/ein ~er Brauch** an ancient people/an ancient *or* old custom; **eine ~e Freundschaft** a long-standing friendship; **in ~er Freundschaft, Dein ...** yours, as ever, ...; **e)** *(langjährig)* long-standing *(acquaintance)*; long-serving *(employee)*; **f)** *(antik, klassisch)* ancient; **g)** *(vertraut)* old familiar *(streets, sights, etc.)*; **ganz der/die ~e sein** be just the same; **es bleibt alles beim ~en** things will stay as they were; **das ist nicht das ~e Prag** it's not the old Prague I/we *etc.* knew; **alles geht seinen ~en Gang** everything goes on just as before; **h)** *(ugs.) (vertraulich)* **~er Freund/~es Haus!** old friend/pal *(coll.)*; *(bewundernd)* **ein ~er Fuchs/Gauner** an old fox/rascal; *(verstärkend)* **eine ~e Hexe/der ~e Geizkragen** the old witch/skinflint
¹Alt *der*; **~s, ~e** *(Musik)* **a)** *(Stimmlage)* alto; *(Frauenstimme)* contralto; alto; **b)** *o. Pl. (im Chor)* altos *pl.*; contraltos *pl.*; **c)** *(Sängerin)* contralto; alto
²Alt *das*; **~[s], ~:** top fermented, dark beer
Altan [al'taːn] *der*; **~[e]s, ~e** *(Archit.)* balcony
Altar [al'taːɐ̯] *der*; **~[e]s, Altäre** [al'tɛːrǝ] altar; **eine Frau zum ~ führen** *(geh.)* lead a woman to the altar; **jmdn./etw. auf dem ~ des Vaterlands opfern** *(fig.)* sacrifice sb./sth. for one's country
Altar-: **~bild** *das* altar-piece; **~gerät** *das* altar furniture; **~raum** *der* chancel
alt-, Alt-: **~backen** *Adj.* **a)** *(trocken)* stale *(bread, roll, etc.)*; **b)** *(abwertend: altmodisch)* outdated *(ideas, views, policies)*; old-fashioned *(clothes)*; **~bau** *der*; *Pl.* **~bauten** old building; **~bauer** *der* old farmer; **~bau·wohnung** *die* flat *(Brit.)* or *(Amer.)* apartment in an old building; old flat *(Brit.)* or *(Amer.)* apartment; **~bekannt** *Adj.* well-known; **~bewährt** *Adj.* well-tried; long-standing *(tradition, acquaintanceship)*; **~bier** *das* top fermented, dark beer; **~bundes·kanzler** *der* former Federal Chancellor; **~bundes·präsident** *der* former Federal President; **~christlich** *Adj.* early Christian; **~deutsch** *Adj.* old German; German Renaissance *(painting, art, etc.)*
¹Alte *der*; *adj. Dekl.* **a)** *(alter Mann)* old man; **komischer ~r** *(Theater)* comic old man; **b)** *(salopp) (Vater, Ehemann)* old man *(coll.)*; *(Chef)* governor *(sl.)*; boss *(coll.)*; *(österr.: Wein)* fully fermented wine
²Alte *die*; *adj. Dekl.* **a)** *(alte Frau)* old woman; **komische ~** *(Theater)* comic old woman; **b)** *(salopp) (Mutter)* old woman *(coll.)*; *(Ehefrau)* missis *(sl.)*; *(Chefin)* boss *(coll.)*
³Alte *das*; *adj. Dekl.*; *o. Pl.* **am ~n hängen** cling to the past; **~s und Neues** the old and the new; **er kann nichts ~s wegwerfen** he cannot throw anything old away
⁴Alte *Pl.* **a)** *(alte Menschen)* old people; **b)** **die ~n** *(salopp: Eltern)* my/his *etc.* old man and old woman *(coll.)*; *(Zool.: Tiereltern)* the parents; *(geh.: Menschen der Antike)* the ancients

alt; Alt: **~ehrwürdig** *Adj. (geh.)* venerable; time-honoured *(customs)*; **~eingeführt** *Adj.* old-established; **~eingesessen** *Adj.* old-established; **~eingesessene** *der/die*; *adj. Dekl.* old-established inhabitant; **~eisen** *das*; *o. Pl.* scrap iron; **~englisch** *Adj.* Old English
Alten-: **~heim** *das* old people's home; old-age home *(Amer.)*; **~pfleger** *der* geriatric nurse; **~tages·stätte** *die* old people's day centre; **~teil** *das portion of farm property and certain rights retained by a farmer on handing over to his successor;* **sich aufs ~teil zurückziehen** *(fig.)* retire; **jmdn. aufs ~teil setzen** *(fig.)* send sb. into retirement; **~wohn·heim** *das* old people's home
Alter *das*; **~s, ~** **a)** *age*; *(hohes ~)* old age; **im ~:** in one's old age; **mit dem ~:** with age; **er ist in meinem ~:** he is my age; **in meinem ~ wirst du sehen, daß ...:** when you are my age you will see that ...; **im ~ von** at the age of; **eine Frau mittleren ~s** a middle-aged woman; **Kinder in diesem ~:** children of this age; **~ schützt vor Torheit nicht** *(Spr.)* there's no fool like an old fool *(prov.)*; **b)** *(alte Menschen)* old people *no art.*; **c)** *(Menschen einer Altersstufe)* age-group
älter ['ɛltɐ] **1.** *s.* **alt. 2.** *Adj. (nicht mehr jung)* elderly; **eine Melodie für unsere ~en Hörer** a tune for our older listeners; *s. auch* **Mitbürger**
Alterchen *das*; **~s, ~** *(ugs.)* grandad *(coll.)*
Ältere *der/die*; *adj. Dekl.* **a)** *(älterer Mensch)* older person/man/woman; **für uns ~:** for us older people; **b)** *(bei Namen)* elder; **Hans Holbein der ~:** Hans Holbein the Elder
Alter ego ['altɐ 'eːgo] *das*; **~ ~** *(Psych.: geh.: Freund)* alter ego
altern 1. *itr. V.*; *mit sein* **a)** *(älter werden)* age; **b)** *(reifen)* mature. **2.** *tr. V. (alt machen)* age, mature *(wine, spirits)*
alternativ [altɐna'tiːf] **1.** *Adj. (auch: Industriekultur usw. ablehnend)* alternative. **2.** *adv.* **a)** *(die Wahl lassend)* alternatively; **b)** *(Industriekultur ablehnend)* *(work, farm)* using alternative methods; **leben/einkaufen** adopt an alternative life style/do one's shopping in alternative shops
Alternativ·bewegung *die* alternative movement
¹Alternative *die*; **~, ~n** alternative; **jmdn. vor die ~ stellen, mehr Miete zu zahlen oder auszuziehen** give sb. the alternative of either paying more rent or moving out
²Alternative *der/die*; *adj. Dekl.* supporter of the alternative society
Alternativ-: **~energie** *die* alternative energy; **~kultur** *die* alternative culture
alternieren *itr. V.* alternate
alt·erprobt *Adj.* well-tried
alters *in* **seit ~, von ~ her** *(geh.)* from time immemorial
alters-, Alters-: **~ab·stand** *der* age difference; **~an·gabe** *die* details *pl.* of one's age; **[nicht] zur ~angabe verpflichtet sein** [not] be obliged to give one's age; **~auf·bau** *der*; *o. Pl.* age structure; **~bedingt 1.** *Adj.* occurring at a particular age *postpos., not pred.*; *(im hohen Alter)* due to or caused by old age *postpos.*; **2.** *adv.* in relation to [one's/its] age; *(durch hohes Alter)* as a result of old age; **~beschwerden** *Pl.* complaints of old age; **~erscheinung** *die* sign of old age; **~fleck** *der* age spot; liver spot; **~gemäß 1.** *Adj. (behaviour, education, etc.)* appropriate to one's/its age; **2.** *adv.* in a manner appropriate to one's/its age; **das Kind entwickelt sich/spielt ~gemäß** the child is developing/playing as it should at its age; **~genosse** *der*, **~genossin** *die* contemporary; person/child of the same age; **meine ~genossen** my contemporaries; people of my age; **er ist ein ~genosse von mir** he is the same age as I am; he is my age;

Altersgrenze   **ambrosisch**

~**grenze** die age limit; *(für Rente)* retirement age; ~**gründe** *Pl.* reasons of age; ~**gruppe** die age-group; ~**heim** das old people's home; old-age home *(Amer.)*; ~**herz** das *(Med.)* heart which has undergone physiological changes due to old age; ~**jahr** das *(schweiz.)* s. Lebensjahr; ~**klasse** die *(bes. Sport)* age-group; ~**leiden** das complaint of old age; ~**los** *Adj.* ageless; ~**mäßig** 1. *Adj.* according to age *postpos., not pred.*; 2. *adv. (dem Alter nach)* according to age; *(in bezug auf das Alter)* as far as age is concerned; ~**präsident** der president by seniority; **der** ~**präsident des Bundestages** the oldest member of the Bundestag, acting as president; ~**rente** die old-age pension; ~**ruhe**·**geld** das retirement pension; ~**schwach** *Adj.* old and infirm ⟨person⟩; old and weak ⟨animal⟩; [old and] decrepit ⟨object⟩; ~**schwäche** die; *o. Pl. (bei Menschen)* [old] age and infirmity; *(bei Tieren)* [old] age and weakness; *(von Dingen)* [age and] decrepitude; ~**sicherung die** provision for one's old age; ~**sichtig** *Adj.* presbyopic *(Med.)*; ~**sichtigkeit** die; *o. Pl.* presbyopia *(Med.)*; ~**sitz** der retirement home; **er wählte Genf als seinen** ~**sitz** he chose to spend his retirement in Geneva; ~**starrsinn** der obstinacy of old age; ~**stil** der later style; ~**stufe** die age; ~**unterschied** der age difference; ~**versorgung die** provision for one's old age; **gibt es hier eine betriebliche** ~**versorgung?** do you have a pension scheme here?; ~**werk das** later work; *(Gesamtheit)* later works *pl.*

Altertum das; ~**s,** **Altertümer** [-ty:mɐ] **a)** *o. Pl.* antiquity *no art.*; **das deutsche** ~: early German history; **b)** *Pl. (antike Kunstgegenstände)* antiquities

Altertümelei die; ~, ~**en** archaism

altertümeln ['altɛty:mḷn] *itr. V.* archaize

altertümlich 1. *Adj.* ancient ⟨*building, monument, etc.*⟩; old-fashioned ⟨*dress, handwriting, etc.*⟩; antiquated, old-fashioned ⟨*appliance, device, vehicle, etc.*⟩. 2. *adv.* ⟨*dress, furnish, decorate*⟩ in an old-fashioned style; ⟨*work, function, etc.*⟩ in an antiquated manner

Altertümlichkeit die; ~ *s. altertümlich*: ancientness; old-fashionedness; antiquatedness

Altertums-: ~**forscher** der archaeologist; ~**forschung** die; *o. Pl.*, ~**kunde** die archaeology *no art.*; ~**wert der** in ~**wert haben** have antique value

Alterung die; ~, ~**en a)** *(das Altwerden)* ageing; **b)** *(von Werkstoffen)* ageing; *(von Legierungen)* ageing; age-hardening; **c)** *(von Wein usw.)* ageing; maturing

Alterungs·**prozeß** der ageing process

Älteste ['ɛltəstə] der/die; *adj. Dekl.* **a)** *(Dorf~, Vereins~, Kirchen~ usw.)* elder; **b)** *(Sohn, Tochter)* eldest

Ältesten·**rat der a)** *(Bundesrepublik Deutschland)* all-party parliamentary committee, which assists the Bundestag President in carrying out his duties and in regulating parliamentary business; **b)** *(Völkerk.)* council of elders

alt-, Alt-: ~**flöte** die *(Querflöte)* alto *or* bass flute; *(Blockflöte)* alto *or* treble recorder; ~**fränkisch** *(ugs. scherzh.)* 1. *Adj.* old-fashioned; 2. *adv.* in an old-fashioned way; ~**französisch das** Old French; ~**gedient** *Adj.* long-serving; ~**glas**·**behälter** der bottle bank; ~**gold** das old gold; ~**griechisch** *das* ancient Greek; *(Ling.)* classical *or* ancient Greek; *s. auch* **deutsch, Deutsch,** ²**Deutsche;** ~**griechisch** **das** classical *or* ancient Greek; ~**handel** der second-hand trade; ~**her**·**gebracht** *Adj.* traditional; ~**herren**·**mannschaft die** *(Sport)*; team of players over thirty-two; ≈ over-thirties' team; ~**hoch**·**deutsch**

Adj. Old High German; ~**hoch**·**deutsch das** Old High German

Altist der; ~**en,** ~**en** *(Musik)* alto

Altistin die; ~, ~**nen** *(Musik)* alto; contralto

alt, Alt-: ~**jüngferlich** [~jyŋfɛlɪç] 1. *Adj.* old-maidish; 2. *adv.* like an old maid/old maids; ~**kanzler** der former Chancellor, ex-Chancellor; ~**katholik** der Old Catholic; ~**katholisch** *Adj.* Old Catholic; ~**kleider**·**sammlung die** collection of old clothes; ~**klug**; ~**kluger**, ~**klugst...** 1. *Adj.* precocious; 2. *adv.* precociously; ~**klugheit die** precociousness; ~**lage** die *(Musik)* alto range; **in der** ~**lage singen** be an alto; ~**last a)** *(Ökologie)* old, improperly disposed of harmful waste *no indef. art.*; **b)** *(fig.)* inherited problem; **eine** ~**last aus den 60er Jahren** a hangover from the sixties

ältlich ['ɛltlɪç] *Adj.* rather elderly; oldish

alt, Alt-: ~**material** das scrap; ~**meister** der **a)** *(Vorbild)* doyen; **b)** *(Sport)* ex-champion; former champion; ~**meisterin** die **a)** *(Vorbild)* doyenne; **b)** *(Sport)* ex-champion; former champion; ~**metall** das scrap metal; ~**modisch** 1. *Adj.* old-fashioned; 2. *adv.* in an old-fashioned way; ~**öl** das used oil; ~**papier** das waste paper; ~**partie** die *(Musik)* alto part; ~**philologe** der classical scholar; ~**philologie** die classical studies *pl., no art.*; ~**philologisch** *Adj.* classical; ~**römisch** *Adj.* ancient Roman; ~**rosa** *Adj.* old rose

Altruismus [altru'ɪsmʊs] der; ~ *(geh.)* altruism

Altruist der; ~**en,** ~**en, Altruistin** die; ~, ~**nen** *(geh.)* altruist

altruistisch *(geh.)* 1. *Adj.* altruistic. 2. *adv.* altruistically

alt-, Alt-: ~**sänger** der alto; ~**sängerin die** alto; contralto; ~**saxophon** das alto saxophone; ~**schlüssel** der *(Musik)* alto clef; ~**schnee** der old snow; ~**schneedecke** die layer *or* covering of old snow; ~**silber** das **a)** *(veralt.: bereits verarbeitet)* old silver; **b)** *(Silberart)* oxidized silver; ~**sprachler** [~ʃpra:xlɐ] der; ~**s,** ~: classicist; ~**sprachlich** *Adj.* classical; ~**sprachliches Gymnasium** grammar school concentrating on classical rather than modern languages; ~**stadt** die old [part of the] town; **die Düsseldorfer** ~**stadt** the old part of Düsseldorf; ~**stadt**·**sanierung die** renovation of the old part of a/the town; ~**stein**·**zeit** die Old Stone Age; Palaeolithic Age; ~**stein**·**zeitlich** *Adj.* Palaeolithic; ~**stimme die** alto voice; *(von Frau)* alto *or* contralto voice; ~**testamentarisch,** ~**testamentlich** *Adj.* Old Testament *attrib.*; ~**überliefert** *Adj.* traditional; ~**väterisch** [~fɛ:tərɪʃ] 1. *Adj.* old-fashioned; 2. *adv.* in an old-fashioned way; ~**vertraut** *Adj.* old familiar *attrib.*; ~**vordern** [~fɔrdɐn] *Pl. (veralt.)* forbears; forefathers; ancestors; ~**waren**·**händler** der second-hand dealer; ~**wasser** das; *Pl.* ~**wasser** dead arm of a/the river; ~**weiber**·**geschwätz,** ~**weiber**·**gewäsch das** *(abwertend)* empty chatter; ~**weiber**·**sommer** der **a)** Indian summer; **b)** *o. Pl. (Spinnfäden)* gossamer

¹**Alu** ['a:lu] das; ~ *(ugs.) s. Aluminium*

²**Alu** die; ~ *(ugs.) Abk.: Arbeitslosenunterstützung* dole [money] *(Brit.)*; unemployment pay

Alu·**folie** die aluminium foil

Aluminium [alu'mi:nium] das; ~**s** aluminium

Aluminium·**folie** die aluminium foil

Alumnat [alʊm'na:t] das; ~**[e]s,** ~**e** boarding-school

Alveolar [alveo'la:ɐ̯] der; ~**s,** ~**e** *(Sprachw.)* alveolar [consonant]

Alweg·**bahn** ['alve:k-] *type of overhead, high-speed monorail system*

am [am] *Präp. + Art.* **a)** = **an dem; b)** *(räumlich)* **am Boden** on the floor; **Frankfurt am Main** Frankfurt on [the] Main; **am Rande** on the edge; **am Institut für ...**: at the Institute for ...; **am Marktplatz** on the market square *or* place; **am Baum lehnen** lean against the tree; **am Meer/Fluß** by the sea/ on *or* by the river; **am Atlantik** on the Atlantic; **am Anfang/Ende** at the beginning/ end; **es am Herzen haben** *(ugs.)* have heart trouble; **sich am Kopf stoßen** bang one's head; **c)** *(österr.: auf dem)* on the; **d)** *(zeitlich)* on; **am Freitag** on Friday; **am 19. November** on 19 November; **am Anfang/Ende** at the beginning/end; **am letzten Freitag** last Friday; **am Morgen/Nachmittag** in the morning/afternoon; *(vor Bildung des Superlativs)* **das Rote gefällt mir am besten** I like the red one [the] best; **am gescheitesten/schönsten sein** be the cleverest/most beautiful; **am schnellsten laufen** run [the] fastest; **das machen wir am besten nachher** it's best if we do it afterwards; **f)** *(nach bestimmten Verben)* **am Gelingen eines Planes** *usw.* **zweifeln** have doubts about *or* doubt the success of a plan *etc.*; **schuld am Scheitern eines Planes** *usw.* **sein** be to blame for the failure of a plan *etc.*; **am Wettbewerb teilnehmen** take part in the contest; **g)** *(zur Bildung der Verlaufsform)* **am Verwelken/Vertallen sein** be wilting/decaying; **by**·*(ugs.:* *bes. westf., rhein.)* **ich bin gerade am Kochen** I'm right in the middle of cooking; **er ist sein Auto am Putzen** he's cleaning his car

Amalgam [amal'ga:m] das; ~**s,** ~**e** *(Chemie, auch fig.)* amalgam

Amalgam·**füllung** die *(Zahnmed.)* amalgam filling

amalgamieren *(Technik)* tr., refl. V. *(auch fig.)* amalgamate

Amalgamierung die; ~, ~**en** *(auch fig.)* amalgamation

Amaryllis [ama'rʏlɪs] die; ~, **Amaryllen** amaryllis

Amateur [ama'tø:ɐ̯] der; ~**s,** ~**e** *(auch abwertend)* amateur

Amateur- amateur

-amateur der amateur ...

Amateur-: ~**funk** der amateur radio operating; ~**funker** der amateur radio operator

amateurhaft 1. *Adj.* amateurish. 2. *adv.* amateurishly

Amateur-: ~**status** der; *o. Pl. (Sport)* amateur status; ~**theater** das amateur theatre

Amazonas [ama'tso:nas] der; ~: Amazon

Amazone [ama'tso:nə] die; ~, ~**n a)** *(Myth.)* Amazon; **b)** *(Reiterin)* woman rider; equestrienne; **c)** *(Fahrerin)* [woman] racing driver; **d)** *(veralt.: männlich wirkende Frau)* amazon

Amazonen·**springen** das *(Reiten)* women's show-jumping; *(Veranstaltung)* women's show-jumping competition

Amazonien [ama'tso:niən] *(das);* ~**s** Amazonia

Amber ['ambɐ] der; ~**s,** ~[**n**] ambergris

Ambiente [am'biɛntə] das; ~ *(geh.)* ambience

Ambition [ambi'tsio:n] die; ~, ~**en** *(geh.)* ambition; ~**en auf etw. (Akk.) haben** have ambitions of getting sth.

ambitioniert [ambitsio'ni:ɐ̯t] *Adj. (geh.)* ambitious

ambivalent [ambiva'lɛnt] *(geh.)* 1. *Adj.* ambivalent. 2. *adv.* ambivalently

Ambivalenz [ambiva'lɛnts] *(geh.)* die; ~, ~**en** ambivalence

Amboß ['ambɔs] der; ~**Ambosses,** **Ambosse a)** anvil; **b)** *(Anat.)* anvil; incus

Ambra ['ambra] die; ~, ~**s** ambergris

Ambrosia [am'bro:zia] die; ~ *(Myth.)* ambrosia

ambrosisch *Adj. (veralt., geh.)* ambrosial

869

ambulant [ambu'lant] 1. *Adj.* a) *(Med.)* out-patient *attrib.* ⟨*treatment, therapy, etc.*⟩; ein ~**er Patient** an out-patient; b) *(umherziehend)* itinerant. 2. *adv.* a) *(Med.)* jmdn. ~ **behandeln/versorgen** treat sb. as an out-patient *or* give sb. out-patient treatment/look after sb. as an out-patient; b) ~ **mit etw. handeln** travel around selling sth.

Ambulanz [ambu'lants] *die*; ~, ~**en** a) *(Feldlazarett)* field hospital; b) *(in Kliniken)* out-patient[s'] department; c) *(in Betrieben)* first-aid station; d) *(Krankenwagen)* ambulance

Ambulatorium [ambula'to:riʊm] *das*; ~s, **Ambulatorien** *(bes. DDR)* out-patient[s'] department

Ameise ['a:maizə] *die*; ~, ~**n** ant

Ameisen·bär *der* ant-eater

Ameisen-: ~**haufen** *der* anthill; ~**pfad** *der* (*Zool.*) ant run; ~**säure** *die*; *o. Pl.* formic acid; ~**staat** *der* ant colony

amen ['a:mɛn] *Adv.* amen; **zu allem ja und** ~ **sagen** (*ugs.*) agree to anything

Amen *das*; ~s, ~: Amen; **das ist so sicher wie das** ~ **in der Kirche** (*ugs.*) you can bet your bottom dollar on it; **sein** ~ **zu etw. geben** *(fig.)* give one's blessing to sth.

Amerika [a'me:rika] (*das*); ~s America

Amerikaner [ameri'ka:nɐ] *der*; ~s, ~ a) American; b) *(Gebäck)* small, flat iced cake

Amerikanerin *die*; ~, ~**n** American

amerikanisch *Adj.* American *s. auch* **deutsch, Deutsch,** ²**Deutsche**

amerikanisieren *tr. V.* Americanize

Amerikanisierung *die*; ~: Americanization

Amerikanismus *der*; ~, **Amerikanismen** Americanism

Amerikanist *der*; ~**en**, ~**en** specialist in American studies *pl.*

Amerikanistik *die*; ~: American studies *pl.*, *no art.*

amerikanistisch *Adj.* American ⟨*studies*⟩

Amethyst [ame'tyst] *der*; ~[e]s, ~e amethyst

Ami ['ami] *der*; ~[s], ~[s] (*ugs.*) Yank *(coll.)*

Amigo [a'mi:go] *der*; ~s, ~s (*ugs.*) buddy *(coll.)*

Amino·säure [a'mi:no-] *die* (*Chemie*) amino acid

Ammann ['aman] *der*; ~[e]s, **Ammänner** *(schweiz.)* (*Gemeinde*~, *Bezirks*~) ≈ mayor; *(Land*~) cantonal president

Amme ['amə] *die*; ~, ~**n** (*Mensch*) wet-nurse; *(Tier)* foster-mother

Ammen·märchen *das* fairy tale *or* story

Ammer ['amɐ] *der*; ~s, ~ bunting

Ammoniak [amo'niak] *das*; ~s (*Chemie*) ammonia

Ammonit [amo'ni:t] *der*; ~**en**, ~**en** *(Paläont.)* ammonite

Amnesie [amne'zi:] *die*; ~, ~**n** *(Med., Psych.)* amnesia

Amnestie [amnɛs'ti:] *die*; ~, ~**n** amnesty

amnestieren *tr. V.* grant an amnesty to; amnesty

Amnestierung *die*; ~, ~**en**: **eine** ~ **politischer Gefangener** an amnesty for political prisoners

Amöbe [a'mø:bə] *die*; ~, ~**n** (*Biol.*) amoeba

Amöben·ruhr *die* (*Med.*) amoebic dysentery

Amok ['a:mɔk] *der*; ~ **in** ~ **laufen** run amok; *(ugs.: wütend werden)* go wild *(coll.)*; ~ **laufen** go berserk at the wheel

Amok-: ~**fahrer** *der* berserk driver; ~**fahrt die** crazed driving; ~**lauf** *der* crazed rampage; ~**läufer** *der* madman; **der** ~**läufer, der mehrere Menschen erschossen hatte** the man who had gone berserk and shot several people; ~**schütze** *der* crazed gunman

a-Moll *das*; ~: A minor; **Sonate/Etüde in** ~: sonata/étude in A minor

a-Moll-: ~-**Drei·klang** *der* A minor triad; ~-**Etüde die** study *or* étude in A minor;

~-**Sonate die** sonata in A minor; ~-**Tonleiter die** scale of A minor

Amor ['a:mɔr] (*der*) Cupid; ~s **Pfeil** *(dichter.)* Cupid's arrow *or* dart

amoralisch (*geh.*) 1. *Adj.* immoral. 2. *adv.* immorally

Amoralität *die*; ~ *(geh.)* immorality

Amorette [amo'rɛtə] *die*; ~, ~**n** *(Kunstwiss.)* amoretto; [little] cupid

amorph [a'mɔrf] *Adj.* (*geh.*) amorphous

Amortisation [amɔrtiza'tsio:n] *die*; ~, ~**en** *(Wirtsch.)* a) *(Schuldentilgung)* amortization; b) *(Kostendeckung)* **die Berechnung der** ~ **der Maschine** calculating how long the machine will take to pay for itself

amortisieren (*Wirtsch.*) 1. *tr. V.* a) *(tilgen)* amortize; pay off; b) *(einbringen)* repay ⟨*initial investment, acquisition costs*⟩. 2. *refl. V.* (sich bezahlt machen) pay for itself

Amouren [a'mu:rən] *Pl.* *(veralt., noch scherzh.)* amours

amourös [amu'rø:s] *Adj.* amorous

Ampel ['ampl] *die*; ~, ~**n** a) (*Verkehrs*~) traffic lights *pl.*; **die** ~ **sprang auf Rot** the traffic lights turned to red; **halten Sie an der nächsten** ~: stop at the next set of traffic lights; **eine** ~ **umfahren** knock over a traffic light; b) (*Hängelampe*) hanging lamp; c) *(für Pflanzen)* hanging flowerpot

Ampel-: ~**anlage** *die* set of traffic lights; ~**koalition** *die* (*ugs.*) coalition between the SPD, FDP, and the Green Party

Ampere [am'pɛːɐ] *das*; ~[s], ~: ampere; amp *(coll.)*

Ampere-: ~**meter** *das* ammeter; ~**stunde** *die* ampere-hour

Ampfer ['ampfɐ] *der*; ~s, ~ (*Bot.*) dock

Amphibie [am'fi:biə] *die*; ~, ~**n** (*Zool.*) amphibian

Amphibien·fahrzeug *das* amphibious vehicle

amphibisch (*Zool., Milit.*) 1. *Adj.* amphibious. 2. *adv.* amphibiously

Amphi·theater [am'fi:-] *das* amphitheatre

Amphore [am'fo:rə] *die*; ~, ~**n** amphora

Amplitude [ampli'tu:də] *die*; ~, ~**n** (*Math., Physik*) amplitude

Ampulle [am'pʊlə] *die*; ~, ~**n** (*Med.*) ampoule

Amputation [amputa'tsio:n] *die*; ~, ~**en** *(Med.)* amputation

amputieren *tr. (auch itr.) V.* amputate; **amputiert werden** ⟨*person*⟩ have an amputation; **jmdm. das Bein/den Arm** ~: amputate sb.'s leg/arm

Amputierte *der/die; adj. Dekl.* amputee

Amsel ['amzl] *die*; ~, ~**n** blackbird

Amt [amt] *das*; ~[e]s, **Ämter** ['ɛmtɐ] a) (*Stellung*) post; position; *(hohes politisches od. kirchliches* ~) office; **sein** ~ **antreten** take up one's post/take up office; **im** ~ **sein** be in office; **in** ~ **und Würden sein** be a man/woman of position and authority; jmdn. **aus dem** ~ **entfernen** remove sb. from his/her post/from office; **für ein** ~ **kandidieren** be a candidate for a post or position/an office; **von** ~**s wegen** because of one's profession *or* job; **kraft seines** ~**es** (*geh.*) by virtue of one's office; b) *(Aufgabe)* task; job; *(Obliegenheit)* duty; **seines** ~**es walten** (*geh.*) discharge the duties of one's office; **Scharfrichter, walte deines** ~**es!** executioner, do your duty!; c) *(Behörde) (Paß*~, *Finanz*~, *für Statistik)* office; *(Sozial*~, *Fürsorge*~, *für Denkmalpflege, Vermessungswesen)* department; **jmdn. dem zuständigen** ~ **melden** report sb. to the appropriate authorities; **von** ~**s wegen** by order of the authorities; *s. auch* **auswärtig c**; d) *(Gebäude usw.)* office; e) *(Fernsprechvermittlung)* exchange; **das Fräulein vom** ~ (*veralt.*) the operator; **vom** ~ **vermittelt werden** be put through by the operator; f) *(kath. Rel.)* [sung] mass

Ämtchen ['ɛmtçən] *das*; ~s, ~ *(abwertend)* petty little job

Ämter·patronage *die* [political] patronage in the distribution of posts/offices

Amt·frau *die s.* **Amtmann**

amtieren *itr. V.* a) hold office; **der** ~**de Generalsekretär der seit zwei Jahren** ~**de Generalsekretär** the Secretary-General who has been in *or* has held office for two years; **als Bürgermeister** ~: hold the office of mayor; b) *(vorübergehend)* act (**als** as)

amtlich 1. *Adj.* a) *nicht präd.* official; ~**es Kennzeichen** registration number; *(ugs.: sicher)* definite; certain. 2. *adv.* officially

Amt·mann *der*; *Pl.* ...**männer** *od.* ...**leute**, **Amt·männin** [-mɛnɪn] *die*; ~, ~**nen** senior civil servant

amts-, Amts-: ~**anmaßung** *die (Rechtsw.)* unauthorized assumption of authority; ~**an·tritt** *der* assumption of office; **bei** ~**antritt** on assuming office; ~**anwalt** *der* public prosecutor at a local court; ~**apparat** *der* machinery of officialdom; ~**arzt** *der* medical officer; ~**ärztlich** 1. *Adj.* ~**ärztliche Gesundheits-/Impfbescheinigung** certificate of health/vaccination issued by the medical officer; ~**ärztliche Untersuchung** examination by the medical officer; 2. *adv.* ⟨*authorized, certified*⟩ by the medical officer; **sich** ~**ärztlich untersuchen lassen** have an official medical examination; ~**blatt** *das* official gazette; ~**bruder** *der* fellow clergyman; ~**deutsch** *das (abwertend)* officialese; ~**eid** *der* oath of office; ~**einsetzung** *die* installation; ~**enthebung** *die*, *(bes. österr. u. schweiz.)* ~**entsetzung** *die* removal *or* dismissal from office; ~**führung** *die*; *o. Pl.* discharge of one's office; ~**geheimnis** *das* a) *o. Pl. (Schweigepflicht)* official secrecy *no art.*; **dem** ~**geheimnis unterliegen** be bound by official secrecy; b) *(geheime Sache)* official secret; ~**gericht** *das* a) *(Instanz)* local *or* district court; b) *(Gebäude)* local *or* district court building; ~**geschäfte** *Pl.* official duties; ~**handlung** *die* official act *or* duty; ~**hilfe** *die* official assistance ⟨*given by one authority to another*⟩; ~**kette** *die* chain of office; ~**leitung** *die* exchange line; ~**miene** *die (meist iron.)* official air; ~**mißbrauch** *der* abuse of authority *or* one's position; ~**müde** *Adj.* tired of office *postpos.*; ~**nachfolger** *der* successor in office; ~**person** *die* official; ~**pflicht** *die* official duty; duty of one's office; ~**richter** *der (veralt.)* local *or* district court judge; ~**schimmel** *der*; *o. Pl. (scherzh.)* officialism; bureaucracy; **der** ~**schimmel wiehert** that's bureaucracy for you; ~**siegel** *das* official seal; *(Dienststempel)* official stamp; ~**sitz** *der* a) *(Ort)* [official] seat; b) *(Gebäude)* official residence; ~**sprache die** a) *o. Pl. (deutsch)* official language; officialese *(derog.)*; **in der** ~**sprache** in official language/officialese; b) *(eines Landes, einer Organisation)* official language; ~**stube die** *(veralt.)* office; ~**stunden** *Pl.* office hours; ~**tracht die** robes *pl.* of office; official dress; *(eines Geistlichen)* vestments *pl.*; ~**verweser** *der (geh.)* deputy; *(eines Herrschers)* regent; ~**vorsteher der** head *or* chief [of an office/department]; ~**vorsteher des Paßstelle/des Zollamtes** head of the passport/customs office; ~**zeit die** the period *or* term of office; ~**zimmer das** office

Amulett [amu'lɛt] *das*; ~[e]s, ~e amulet; charm

amüsant [amy'zant] 1. *Adj.* amusing; entertaining. 2. *adv.* in an amusing *or* entertaining way

Amüsement [amyzə'mãː] *das*; ~s, ~s amusement

Amüsier·betrieb *der (oft abwertend)* night-club; *(Spielhalle)* amusement arcade; arcade room *(Amer.)*

amüsieren 1. *refl. V.* **a)** *(sich vergnügen)* enjoy oneself; have a good time; **amüsier dich gut!** enjoy yourself!; have a good time!; **sich mit etw. ~** *(auch iron.)* have fun with sth.; **sich mit jmdm. ~:** have fun or a good time with sb. **b)** *(sich lustig machen)* be amused; **sich über jmdn./etw. ~:** find sb./sth. funny; *(über jmdn./etw. lachen)* laugh at sb./sth.; *(jmdn. verspotten)* make fun of sb./sth. 2. *tr. V.* amuse; **amüsiert zusehen** look on with amusement; **was amüsiert dich denn so?** what do you find so amusing or funny?

Amüsier·viertel das night-club district

amusisch *(geh.) Adj.* with no feeling for art *postpos., not pred.*; *[völlig]* ~ **sein** have no feeling [at all] for art.

an [an] 1. *Präp. mit Dat.* **a)** *(räumlich)* at; *(auf)* on; **an einem Ort** at a place; **an der Tür/Wand** on the door/wall; **an der Wand stehen** stand by or against the wall; **eine Blase an der Ferse haben** have a blister on one's heel; **an der Mosel/Donau liegen** be [situated] on the Moselle/Danube; **Frankfurt an der Oder** Frankfurt on [the] Oder; **ein Lehrer an dieser Schule** a teacher at this school; **an etw. lehnen** lean against sth.; **nah an etw. stehen** stand close to sth.; **jmdn. an der Hand nehmen** take sb. by the hand; **Tür an Tür** next door to one another; **Laden an Laden** shop after shop; one shop after the other; **an jmdm. vorbeigehen/-sehen** go/look past sb.; **an etw. vorbeiplanen/vorbeibauen** plan/build without regard for sth.; *s. auch* ²**Bord**; **Land a)**; **b)** *(zeitlich)* on; **an jedem Sonntag** every Sunday; **an dem Abend, als er ...**; **das war an dem Tag, als er ...**: that was the day he ...; **an Ostern** *(bes. südd.)* at Easter; **c)** *(nach bestimmten Substantiven, Adjektiven und Verben)* in; **acht an der Zahl** eight in number; **arm/reich an Vitaminen** low/rich in vitamins; **jung an Jahren** young in years; **jmdn. an etw. erkennen** recognize sb. by sth.; **das Beste an etw.** the best thing about sth.; **ein Mangel an etw.** a shortage of sth.; **an etw. arbeiten** be working on sth.; **an etw. leiden** suffer from sth.; **was haben Sie an Zeitungen?** what newspapers have you got?; **es an der Leber bekommen/haben** get/have liver trouble; **an einer Krankheit sterben** die of a disease; **was mir an der Sache nicht gefällt** what I don't like about it; **es ist an ihm, das zu tun** it is up to him to do it; **er/sie hat etwas an sich** there ist sth. about him/her; **was er an Rente bekam** what he received by way of a pension; **an [und für] sich** actually; **die Idee ist an [und für] sich ausgezeichnet** the idea ist excellent in itself. 2. *Präp. mit Akk* **a)** to; *(auf, gegen)* on; **etw. an jmdn. schicken** send sth. to sb.; **etw. an etw. hängen** hang sth. on sth.; **an die Tafel schreiben** write on the blackboard; **etw. an etw. lehnen** lean sth. against sth.; **[bis] an die Decke reichen** reach [up] to the ceiling; *s. auch* **bis**; ²**Bord**; **Land**; **b)** *(nach bestimmten Substantiven, Adjektiven und Verben)* an etw./jmdn. glauben believe in sth./sb.; **an etw. denken** think of sth.; **sich an etw. erinnern** remember or recall sth.; **an die Arbeit gehen** get down to work; **eine Bitte/Frage an jmdn. haben** have a request to make of sb./a question to ask sb.; **an etw. appellieren** appeal to sth.; **einen Gruß an jmdn. ausrichten lassen** send greetings to sb.; **ich konnte kaum an mich halten vor Lachen/Ärger** I could hardly contain myself for laughing/hardly contain my anger. 3. *Adv.* **a)** *(Verkehrsw.)* Köln an: 9.15 arriving Cologne 09.15; **b)** *(ugs.: in Betrieb)* on; **die Waschmaschine/der Fernseher ist an** the washing-machine/television is on; *s. auch* **ansein**; **c)** *(als Aufforderung)* **Scheinwerfer an!** spotlights on!; **d)** *(ugs.: ungefähr)* around; about; **an [die] 20 000 DM** around or about 20,000 DM; **e)** *in* **ohne [et]was an** *(ugs.)* with nothing on; without anything on; *s. auch* **ab 2 d**; **von 1 a, b**

Anabolikum [ana'bo:likʊm] *das*; ~s, Anabolika *(Med.)* anabolic steroid

Anachronismus [anakro'nɪsmʊs] *der*; ~, Anachronismen anachronism

anachronistisch 1. *Adj.* anachronistic. 2. *adv.* anachronistically

anaerob [an|ae'ro:p] *Adj. (Biol.)* anaerobic

Anagramm [ana'gram] *das*; ~s, ~e anagram

Anakoluth [anako'lu:t] *das od. der*; ~s, ~e *(Sprachw.)* anacoluthon

Anakonda [ana'kɔnda] *die*; ~, ~s anaconda

Anakreontik [anakre'ɔntɪk] *die*; ~ *(Literaturw.)* anacreontic verse

anal [a'na:l] *(Anat., Psych.)* 1. *Adj.* anal. 2. *adv.* anally; ~ **verkehren** have anal intercourse

Analeptikum [ana'lɛptikʊm] *das*; ~s, Analeptika *(Med.)* analeptic

Anal·erotik *die*; ~: anal eroticism

Analgetikum [anal'ge:tikʊm] *das*; ~s, Analgetika *(Med.)* analgesic

analog [ana'lo:k] 1. *Adj.* **a)** *(gleichartig)* analogous; ~ **[zu] diesem Fall** analogous to this case; **b)** *(Technik, DV)* analogue. 2. *adv.* **a)** *(gleichartig)* analogously; **b)** *(Technik, DV)* ⟨*display, reproduce*⟩ in analogue form; ~ **arbeitende Geräte** analogue devices

Analogie *die*; ~, ~n *(Entsprechung, auch Rechtsw., Biol., Sprachw.)* analogy; **in ~ zu etw.** in analogy to sth.

Analog-: ~**rechner** *der (DV)* analogue computer; ~**uhr** *die* analogue clock; *(Armbanduhr)* analogue watch

An·alphabet *der*; ~en, ~en **a)** illiterate [person]; ~ **sein** be illiterate; **b)** *(fig. abwertend)* ignoramus; **ein politischer ~ sein** be politically illiterate

Analphabetentum *das*; ~s illiteracy

Anal·verkehr *der* anal intercourse

Analysand [analy'zant] *der*; ~en, ~en *(Psychoanalyse)* analysand

Analyse [ana'ly:zə] *die*; ~, ~n *(auch: Psycho~)* analysis

analysieren *tr. V.* analyse

Analysis [a'na:lyzɪs] *die*; ~ *(Math.)* analysis

Analytiker *der*; ~s, ~ analyst

analytisch 1. *Adj.* analytical; ~**e Geometrie** analytical geometry. 2. *adv.* analytically

Anämie [anɛ'mi:] *die*; ~, ~n *(Med.)* anaemia

anämisch [a'nɛ:mɪʃ] *Adj. (Med., auch fig. abwertend)* anaemic

Anamnese [anam'ne:zə] *die*; ~, ~n *(Med.)* anamnesis

Ananas ['ananas] *die*; ~, ~ *od.* ~se pineapple

Anapäst [ana'pɛst] *der*; ~[e]s, ~e *(Verslehre)* anapaest

Anapher [a'nafɐ] *die*; ~, ~n *(Stilk.)* anaphora

Anarchie [anar'çi:] *die*; ~, ~n anarchy

anarchisch *Adj.* anarchic

Anarchismus *der*; ~: anarchism

Anarchist *der*; ~en, ~en, **Anarchistin** *die*; ~, ~nen anarchist

anarchistisch *Adj.* anarchistic

Anarcho·szene *die (ugs.)* anarchist scene

Anästhesie [anɛstε'zi:] *die*; ~, ~n *(Med.)* anaesthesia

anästhesieren *tr. V. (Med.)* anaesthetize

Anästhesist *der*; ~en, ~en, **Anästhesistin** *die*; ~, ~nen *(Med.)* anaesthetist

Anatolien [ana'to:liən] *(das)*; ~s Anatolia

Anatom [ana'to:m] *der*; ~en, ~en *(Med.)* anatomist

Anatomie [anato'mi:] *die*; ~, ~n *(Med.)* **a)** anatomy; **b)** *(Institut)* anatomical institute

Anatomie·saal *der (Med.)* anatomy lecture theatre

anatomisch [ana'to:mɪʃ] *(Med.)* 1. *Adj.* anatomical. 2. *adv.* anatomically

¹**an|backen** 1. *unr. tr. V. etw. [kurz]* ~: bake sth. for a short time. 2. *unr. itr. V.; mit sein (festbacken)* become baked on (**an** + *Dat.* to); stick (**an** + *Dat.* on to)

²**an|backen** *itr. V.; mit sein (nordd.: sich festsetzen)* stick (**an** + *Dat.* to)

an|bahnen 1. *tr. V.* initiate ⟨*negotiations, talks, process, etc.*⟩; develop ⟨*relationship, connection*⟩. 2. *refl. V.* ⟨*development*⟩ be in the offing; ⟨*friendship, relationship*⟩ start to develop; **zwischen den beiden bahnt sich etwas an** there is something going on between those two

Anbahnung *die*; ~, ~en *s.* **anbahnen** 1: initiation; development

an|bandeln ['anbandln] *(südd., österr.)*, **an|bändeln** ['anbɛndln] *itr. V. (ugs.)* **mit jmdm. ~** *(flirten)* get off with sb. *(Brit. coll.)*; pick sb. up; *(Streit anfangen)* pick a quarrel with sb.

An·bau *der*; *Pl.* **Anbauten** **a)** *o. Pl.* building; **die Genehmigung für den ~ einer Garage an ein Haus bekommen** receive permission to build a garage on to a house; **b)** *(Gebäude)* extension; **c)** *o. Pl. (das Anpflanzen)* cultivation; growing

-·anbau *der*; *o. Pl.* **Flachs-~/Hopfen-~/Futter-~:** cultivation of flax/hop/fodder plants

an|bauen 1. *tr. V.* **a)** build on; add; **eine Garage ans Haus ~:** build a garage on to the house; **b)** *(anpflanzen)* cultivate; grow. 2. *itr. V. (das Haus vergrößern)* build an extension; ⟨~ *lassen*⟩ have an extension built

Anbau-: ~**fläche** *die* area of arable land; *(bebaute Fläche)* area under cultivation; ~**gebiet** *das:* **die besten ~gebiete für Getreide** the best cereal-growing or grain-growing areas; **die wichtigsten ~gebiete für Rotwein** the principal red-wine-growing areas or areas for red wine; ~**küche** *die* fitted kitchen; unit kitchen *(Amer.)*; ~**möbel** *das* unit furniture; ~**schrank** *der* cupboard unit

an|befehlen *unr. tr. V. (geh.)* **a)** *(befehlen)* **jmdm. etw. ~:** urge sth. on sb.; **b)** *(anvertrauen)* **jmdm. etw. ~:** commend sth. to sb.; **jmdm. ein Kind ~:** commend a child to sb.'s care

An·beginn *der (geh.)* beginning; **von ~ [an]** right from the beginning

an|behalten *unr. tr. V. (ugs.)* **etw. ~:** keep sth. on

an·bei *Adv. (Amtsspr.)* herewith; **Rückporto ~:** return postage enclosed

an|beißen 1. *unr. tr. V.* bite into; take a bite of; **er hat die Banane nur angebissen** he only took one bite of the banana; **zum Anbeißen sein** *od.* **aussehen** *(ugs.)* look good enough to eat. 2. *unr. itr. V. (fig. ugs.)* bite; **bei ihr hat noch keiner angebissen** *(fig. ugs.)* she hasn't managed to hook anybody yet

an|bekommen *unr. tr. V. (ugs.)* **a)** *(anziehen können)* **etw. ~:** manage to get sth. on; **b)** *(anzünden od. starten können)* **ein Feuer/Streichholz ~:** manage to get a fire going/a match to light; **einen Motor ~:** manage to get an engine going or to start

an|belangen *itr. V.* **in was mich/diese Sache usw. anbelangt** as far as I am/this matter is etc. concerned

an|bellen *tr. V.* bark at

an|bequemen *refl. V. (geh.)* **sich einer Sache** *(Dat.)* ~: adapt [oneself] to sth.

an|beraumen ['anbaraumən] *tr. V. (Amtsspr.)* arrange, fix ⟨*meeting*⟩; arrange, set, fix ⟨*date*⟩

Anberaumung *die*; ~, ~en *(Amtsspr.) s.* **anberaumen**: arrangement; fixing; setting; **wir bitten um ~ eines neuen Termins** we should like a new date to be arranged or set

an|beten *tr. V. (auch fig.)* worship

Anbeter *der*; ~s, ~ *(auch fig.)* worshipper; *(fig.: Verehrer)* admirer

871

An·betracht der in in ~ einer Sache (Gen.) in consideration or view of sth.; in ~ dessen, daß ...: in view of the fact that ...

an|betreffen unr. tr. V. in was mich/diese Sache usw. anbetrifft as far as I am/this matter etc. is concerned

an|betteln tr. V. jmdn. ~: beg from sb.; jmdn. um etw. ~: beg sb. for sth.; [auf der Straße] angebettelt werden be stopped [in the street] by a beggar and asked for money

Anbetung die; ~, ~en (auch fig.) worship; (fig.: Verehrung) adoration

anbetungs·würdig Adj. adorable

an|bezahlen tr. V. make a down payment on; pay a deposit on

an|biedern ['anbi:dɐn] refl. V. (abwertend) sich [bei jmdm.] ~: curry favour [with sb.]

Anbiederung die; ~, ~en (abwertend) currying favour (an + Akk. with)

Anbiederungs·versuch der (abwertend) attempt to curry favour

an|bieten 1. unr. tr. V. offer; offer, tender ⟨resignation⟩; jmdm. etw. ~: offer sb. sth.; jmdm. seine Begleitung ~: offer to accompany sb.; jmdm. ~, etw. zu tun offer to do sth. for sb.; ich habe dir immer wieder angeboten, dir zu helfen I offered time and again to help you; Verhandlungen ~: offer to negotiate; ich habe nichts anzubieten od. zum Anbieten I have nothing to offer you/them; sich auf der Straße ~: offer oneself on the streets; jmdm. Schläge ~ (iron.) threaten to hit sb. 2. unr. refl. V. a) offer one's services (als as); sich ~, etw. zu tun offer to do sth.; sich fürs od. zum Geschirrspülen usw. ~: offer to do the dishes-; b) (naheliegen) opportunity present itself; ⟨possibility, solution⟩ suggest or present itself; es bietet sich an, das zu tun it would seem to be the thing to do; c) (geeignet sein) sich für etw. ~: be suitable for sth.; dieses Tal bietet sich für die Einrichtung eines Sanatoriums geradezu an this valley is an obvious place to build a sanatorium

An·bieter der (Wirtsch.) supplier

an|binden 1. unr. tr. V. a) (befestigen) tie [up] (an + Dat. od. Akk. to); tie up, moor ⟨boat⟩ (an + Dat. od. Akk. to); tether ⟨animal⟩ (an + Dat. od. Akk. to); er läßt sich nicht ~ (fig.) he won't be tied down; man kann Kinder nicht ~ (fig.) you can't keep children on a lead; s. auch angebunden 2; b) (verbinden, anschließen) link (an + Akk. to); c) (Landw.) rear. 2. unr. itr. V. (geh.) mit jmdm. ~ (Streit anfangen) pick a quarrel with sb.; (flirten) flirt with sb.

An·bindung die linking (an + Akk. to); ⟨psychische ~⟩ involvement (an + Akk. in)

an|blaffen tr. V. (ugs., auch fig.) bark at

an|blasen unr. tr. V. a) blow at; jmdm. mit Rauch ~: blow smoke at sb.; b) (anfachen) blow on; einen Hochofen ~ (Technik) blow in a blast-furnace; c) (salopp: zurechtweisen) jmdn. ~: bawl sb. out (coll.); d) die Jagd ~: sound the horn for the start of the hunt; e) (Musik) sound ⟨note⟩; blow ⟨instrument⟩

an|blecken tr. V. bare its/their teeth at; (fig.) bare his/her/their etc. teeth at

an|bleiben unr. itr. V.; mit sein (ugs.) stay on

an|blenden tr. V. flash [at]; jmdn. mit einer Taschenlampe ~: flash a torch at sb. (Brit.); shine a flashlight at sb. (Amer.)

An·blick der sight; einen erfreulichen/traurigen ~ bieten be a welcome/sad sight; ihm wurde beim bloßen ~ schon schlecht the mere sight of it made him sick; beim ~ der Pyramiden at the sight of the Pyramids; es war ein ~ für Götter, als du ...: you looked a [real] sight when you ...

an|blicken tr. V. look at; jmdn. mit großen Augen ~: look at sb. wide-eyed; jmdn. flüchtig/starr ~: glance/stare at sb.

an|blinken tr. V. s. anblenden

an|blinzeln tr. V. a) blink at; b) (zuzwinkern) wink at

an|bohren tr. V. a) bore into; (mit der Bohrmaschine) bore or drill into; Saboteure hatten sämtliche Benzinfässer angebohrt saboteurs had drilled holes in all the petrol drums ; b) (erschließen) tap [by drilling]; (fig. ugs.: befragen) pump

an|branden itr. V.; mit sein (auch fig.) surge

an|brassen tr. V. (Seemannsspr.) brace up

an|braten unr. tr. V. ⟨Kochk.⟩ brown; **scharf ~**: sear

an|brauchen tr. V. (ugs.) start [using]; eine angebrauchte Tube Senf a half-used tube of mustard

an|bräunen 1. tr. V. (Kochk.) brown [lightly]. 2. tr. V. mit sein (ugs.: von der Sonne braun werden) tan [lightly]

an|brausen itr. V.; mit sein roar up; **angebraust kommen** come roaring along; (auf einen zu) come roaring up

an|brechen 1. unr. tr. V. a) crack; sich ⟨Dat.⟩ einen Knochen ~: crack a bone; b) (öffnen) open; start; eine angebrochene Flasche an opened bottle; c) (zu verbrauchen beginnen) break into ⟨supplies, reserves⟩; einen Hundertmarkschein ~: break into or (Amer.) break a hundred mark note; **was machen wir mit dem angebrochenen Abend?** (fig. ugs.) what shall we do for the rest of the evening? 2. unr. itr. V.; mit sein ⟨geh.: beginnen⟩ ⟨day⟩ dawn, break; ⟨darkness, night⟩ come down, fall; ⟨age, epoch⟩ dawn; ⟨autumn, winter⟩ set in; ⟨spring, summer⟩ begin

an|brennen 1. unr. tr. V. (anzünden) light. 2. unr. itr. V.; mit sein a) burn; jmdm. ist das Essen angebrannt sb. has burnt the food; **nichts ~ lassen** (fig. ugs.) not miss out on anything; der Torwart ließ nichts ~ (Sportjargon) the goalkeeper kept a clean sheet; b) (zu brennen beginnen) ⟨wood, coal, etc.⟩ catch

an|bringen unr. tr. V. a) (befestigen) put up ⟨sign, aerial, curtain, plaque⟩ (an + Dat. on); fix ⟨lamp, camera⟩ (an + Dat. [on] to); **an etw.** ⟨Dat.⟩ **angebracht sein** be fixed [on] to sth.-; b) (äußern) make ⟨request, complaint, comment, reference⟩; c) (zeigen) display, demonstrate ⟨knowledge, experience⟩; d) (ugs.: herbeibringen) bring; (nach Hause) bring home; (ugs.: verkaufen) sell; **noch etw. ~:**

Anbringung die; ~ s. anbringen a: putting up; fixing

An·bruch der a) o. Pl. (geh.: Beginn) dawn[ing]; **der ~ des Tages** dawn; daybreak; **vor/nach/bei** od. **mit ~ der Nacht** before/after/at nightfall; **vor ~ der Dunkelheit** before darkness closes in; b) (Bergbau) lode; vein

an·brüchig Adj. (Jägerspr.) rotting

an|brühen tr. V. brew, make ⟨tea, coffee⟩; blanch ⟨tomatoes, almonds, etc.⟩

an|brüllen 1. unr. tr. V. a) ⟨tiger, lion, etc.⟩ roar at; ⟨cow, bull, etc.⟩ bellow at; b) (ugs.: anschreien) bellow or bawl at. 2. itr. V. b) (ugs.: zu übertönen versuchen) **gegen etw. ~:** try to shout above [the noise of] sth.

an|brummen 1. tr. V. (auch ugs.: unfreundlich anreden) growl at. 2. itr. V.; mit sein **angebrummt kommen** come roaring along; (auf einen zu) come roaring up

an|brüten tr. V. begin to sit on ⟨eggs⟩; **angebrütete Eier** eggs that have been sat on

Anchovis s. Anschovis

Anciennitäts·prinzip [āsĭenĭ'tɛːts-] das principle of seniority; **nach dem ~:** according to [the principle of] seniority

Andacht ['andaxt] die; ~, ~en a) o. Pl. (Sammlung im Gebet) silent prayer or worship; **in Gebet ~:** in deep devotion; **in ~ versunken** sunk in silent prayer or worship or in one's devotions; b) o. Pl. (innere Sammlung) rapt attention; **mit großer ~:** with rapt attention; c) (Gottesdienst) prayers pl.; **eine ~ halten** hold a [short] service; **zur ~ gehen** go to prayers or to the service

andächtig ['andɛçtɪç] 1. Adj. a) (ins Gebet versunken) devout; reverent; b) (innerlich gesammelt) rapt; c) nicht präd. (feierlich) reverent. 2. adv. a) (ins Gebet versunken) devoutly; reverently; b) (innerlich gesammelt) with rapt attention; raptly

Andachts·bild das (Kunst, Rel.) devotional picture

andachts·voll (geh.) s. andächtig

Andalusien [anda'lu:zĭən] (das); ~s Andalusia

an|dampfen itr. V.; mit sein **angedampft kommen** (ugs.) come steaming along; (auf einen zu) come steaming up; (fig. scherzh.) come charging along, puffing and blowing; (auf einen zu) come charging up, puffing and blowing

Andante [an'dantə] das; ~[s], ~s (Musik) andante

an|dauen ['andauən] tr. V. (Med.) **angedaute Nahrung** partially digested food

An·dauer die continuance; **bei längerer ~ des Fiebers/des schlechten Wetters** if the fever continues or persists/the bad weather lasts for a long time

an|dauern itr. V. ⟨negotiations⟩ continue, go on; ⟨weather, rain⟩ last, continue

andauernd 1. s. andauern. 2. Adj.; nicht präd. continual; constant. 3. adv. continually; constantly; **warum fragst du denn ~ dasselbe?** why do you keep on asking the same thing?

Anden ['andn̩] Pl. die ~: the Andes

An·denken das; ~s, ~ a) o. Pl. memory; jmds. ~ bewahren/in Ehren halten keep/honour sb.'s memory; **jmdm. ein liebevolles ~ bewahren** keep fond memories of sb.; **zum ~ an jmdn./etw.** to remind you/us etc. of sb./sth.; **das schenke ich dir zum ~:** I'll give you that to remember me/us by; b) (Erinnerungsstück) memento, souvenir (an + Akk. of); ⟨Reise-⟩ souvenir (an + Akk. of)

Andenken·jäger der souvenir hunter

Anden·staat der Andean country

ander... ['andɐ...] Indefinitpron. 1. attr. a) (zweit..., weiter...) other; **ein ~er Mann/eine ~e Frau/ein ~es Haus** another man/woman/house; **zum ~n Mal** (veralt.) [for] a second time; **eine ~e Frage** another or a further question; **das Kleid gefällt mir nicht, haben Sie noch ~e/ein ~es?** I don't like that dress, do you have any others/another?; b) **am/bis zum ~[e]n Tag** [on] the/by the next or following day; **von einem Tag zum ~n** from one day to the next; c) (verschieden) different; **wir ~n** the rest of us; **~er Meinung sein** be of a different opinion; take a different view; **das ~e Geschlecht** the opposite sex; **bei ~er Gelegenheit** another time; **statt dieses Wagens hätte ich gern einen ~en** instead of that car I would like a different one; s. auch **Land; Städtchen;** d) (neu) **einen ~en Arbeitsplatz** finden another job; **er ist ein ~er Mensch geworden** he is a changed man. 2. alleinstehend a) (Person) **ein ~r/eine ~e:** another [one]; **die ~n** the others; **alle ~n** all the others; everyone else; **jeder/jede ~e** anyone or anybody else; **kein ~er/keine ~e** nobody or no one else; **was ist mit den ~n?** what about the others or the rest?; **ich will weder den einen noch den ~en heiraten** I don't want to marry either of them; **niemand ~er als ...:** nobody or no one but ...; **da muß ein ~r kommen** (fig.) it will take more than you/him etc.; **einen ~[e]n/eine ~e haben** (fig. ugs.) have found somebody or someone else; **auf ~e hören** listen to others; **eine war schöner als die ~:** one was more beautiful than the other; **einer hinter dem ~[e]n** one after another or the other; **nicht drängeln, einer nach dem ~n** don't push, one after the other; **der eine**

änderbar / **androgyn**

oder [der] ~e one or two *or* a few people; **wenn der eine oder [der] ~e von Ihnen etwas Genaueres wissen möchte** if any of you would like further details; *s. auch* **recht c**; **b)** *(Sache)* **ein ~er/eine ~e/ein ~es** another [one]; **alles ~e** everything else; **ein[e]s nach dem ~[e]n** first things first; **das ~e schaffen wir schon allein** we can manage the rest on our own; **wir haben noch zwei ~e** we have two others; **es bleibt uns nichts ~es übrig** there's nothing else we can do; **sich eines ~n besinnen** change one's mind; **ich will weder das eine noch das ~e** I don't want either; *(will beides nicht tun)* I don't want to do either; **Möchtest du Tee oder Kaffee? - Weder das eine noch das ~e** Would you like tea or coffee? - Neither; **und ~es/vieles ~e mehr** and more/much more besides; **unter ~[e]m** among[st] other things; **so kam eins zum ~[e]n** what with one thing on top of the other; **das ist etwas [ganz] ~es** that's [something quite] different; **von etwas ~em sprechen** talk about something else; *(um das bisherige Thema zu vermeiden)* change the subject; **das bedeutet doch nichts ~es, als daß wir noch einmal ganz von vorn anfangen müssen** that means only one thing, that we must start all over again from the beginning; **ich habe nichts ~es erwartet** I didn't expect anything else; **dem hätte ich etwas ~es erzählt** *(fig. ugs.)* I would have given him a piece of my mind; **alles ~e als ~:** anything but ...; **das ist alles ~e als das, was ich mir vorgestellt hatte** it's not at all what I had imagined; **~es zu tun haben** have other things to do

änderbar *Adj.* alterable
anderen·falls *Adv.* otherwise
anderen·orts *Adv. (geh.)* elsewhere
anderen·tags *Adv. (geh.)* [on] the next *or* following day
anderen·teils *Adv. s.* einesteils
anderer·seits *Adv.* on the other hand
Ander·konto *das (Finanzw.)* trust account; client account
ander·mal *Adv.* **ein ~:** another time
andern· *s.* anderen-
ändern ['ɛndɐn] **1.** *tr. V.* change; alter; alter *(garment); (person);* **etw. an etw.** *(Dat.)* **~:** change *or* alter sth. in sth.; **wenn ich an dem Kleid etwas ~ würde** if I was going to change anything about the dress; **daran kann man nichts ~:** nothing can be done *or* there's nothing you/we *etc.* can do about it; **das alles ändert nichts an der Tatsache, daß ...:** none of that alters the fact that ... **2.** *refl. V.* change; alter; *(person, weather)* change; **daran hat sich nichts geändert** nothing about it has changed *or* altered
ander·orts *s.* anderenorts
anders ['andɐs] *Adv.* **a)** *(verschieden) (think, act, feel, do)* differently **(als** from *or esp.* Brit. to); *(be, look, sound, taste)* different **(als** from *or esp.* Brit. to); **es war alles ganz ~:** it was all quite different; **er ist irgendwie ~:** there is something different about him; he has changed somehow; **wie könnte es ~ sein!** *(iron.)* surprise, surprise! *(iron.);* **mir wird ganz ~** *(ugs.)* I feel weak at the knees; **es wäre alles ~ gekommen** it would all have been different *or* would have turned out differently; **es kommt immer ~, als man denkt** things never turn out the way you think they will; **es kam ~, als wir dachten** things didn't turn out the way we expected; **wir haben es uns ~ überlegt** we've changed our minds; **ich kann auch ~** *(ugs.)* you'd/he'd *etc.* better watch it *(coll.);* **das hört sich schon ~ an** *(ugs.)* that's more like it; **so und nicht ~:** this way and no other; exactly like that; **das kennt er nicht ~:** he's never known any different; **das kennen wir gar nicht ~ von ihm** we wouldn't expect anything else from him; **ich konnte nicht ~:**

I couldn't help it; *(ich wurde gezwungen)* I had no choice; **das habe ich nicht ~ erwartet** I didn't expect anything else; that was just what I expected; **wie nicht ~ zu erwarten** as [was to be] expected; **wenn es nicht ~ geht** if there is no other way; **b)** *(sonst)* else; **irgendwo/nirgendwo ~:** somewhere/nowhere else; **niemand ~:** nobody else; **jemand ~:** someone else; *(verneint, in Fragen)* anyone else; **c)** *(ugs.: andernfalls)* otherwise; or else
anders, Anders: ~artig *Adj.* different; **~artigkeit** *die; o. Pl.* different nature; **das Bewußtsein seiner ~artigkeit** his consciousness that he was different; **~denkend** *Adj.; nicht präd.* dissident; **~denkende** *der/die; adj. Dekl.* dissident; dissenter
anderseits *s.* andererseits
anders-, Anders-: ~farbig 1. *Adj.* different-coloured *attrib.;* of a different colour *postpos.;* **2.** *adv. ⟨decorated⟩* in a different colour; **~farbig bezogen** covered in material of a different colour; **~farbige der/die** person of a different colour; **~geartet** *Adj.* different; of a different nature *postpos.;* **~geschlechtlich** *Adj.* of the opposite sex *postpos.;* **~gesinnte** [~gəˈzɪntə] *der/die; adj. Dekl.* person of a different opinion; **die ~gesinnten** those with *or* of different opinions; **~gläubig** *Adj.* of a different faith *or* religion *postpos.;* **~gläubige der/die** person of a different faith *or* religion; **die ~gläubigen** those of different faiths *or* religions; **~herum 1.** *Adv.* the other way round *or (Amer.)* around; etw. **~herum drehen** turn sth. the other way; **~herum gehen/fahren** go/drive round *or (Amer.)* around the other way; **2.** *Adv.* **~rum 2; ~lautend** [~laʊtn̩t] *Adj.; nicht präd.* to the contrary *postpos.;* **~rum** *(ugs.)* **1.** *Adv.* **~herum 1; 2.** *Adj.; nicht attr.* **~rum sein** be a poof *(Brit. coll.)* *or* a fairy *(sl.);* be queer *(sl.);* **~sein das** *(geh.)* **sein ~sein akzeptieren** accept that one is different; **~wie** *Adv. (ugs.)* some other way; **~wo** *Adv. (ugs.)* elsewhere; **mach das doch ~wo dort noch ~wo** neither there nor anywhere else; **~woher** *Adv. (ugs.)* from elsewhere; from somewhere else; **kann man das ~woher beziehen?** can you get that [from] anywhere else?; **~wohin** *Adv. (ugs.)* elsewhere; somewhere else; **warum fahren wir nie ~wohin?** why do we never go somewhere else?; **wir fahren immer in die Berge, nie ~wohin** we always go up into the mountains, never anywhere else
anderthalb ['andɐthalp] *Bruchz.* one and a half; **~ Pfund Mehl** a pound and a half of flour; **~ Stunden** an hour and a half; **~ Jahre [alt] sein** be eighteen months [old]
anderthalb·fach *Vervielfältigungsz.* one and a half times; **einen ~en Salto machen** do a one-and-a-half somersault; **den ~en Preis verlangen** demand half as much again
anderthalb·mal *Adv.* one and a half times; **~ so viel Geld** half as much money again; **~ so viele Besucher** half as many visitors again; **~ so groß wie ...:** half as big again as ...
Änderung *die;* ~, **~en** change *(+ Gen.* in); alteration *(+ Gen.* to); *(an einem Kleidungsstück)* alteration **(an** *+ Dat.* to); *(in einem Menschen)* change **(in** *+ Dat.* in); **eine ~ vornehmen** make a change *or* an alteration; **eine ~ zum Besseren** a change for the better; **eine ~ des Programms** a change of programme; **das hat uns zu einer ~ des Programms veranlaßt** it has caused us to change *or* alter the programme; **„~en vorbehalten"** 'subject to alteration'
Änderungs-: ~antrag *der (Politik)* amendment; **~kündigung** *die (Arbeitswelt)* notice of intention to terminate agreement on terms and conditions of employment

if changes to the agreement are not accepted; **~schneiderei** *die* tailor's [that does alterations]; **~vor·schlag** *der* suggested amendment *or* change; **~wunsch** *der* request for changes *or* alterations; **haben Sie irgendwelche ~wünsche?** are there any changes *or* alterations you would like to see?
anderwärts [-vɛrts] *Adv. (geh.)* elsewhere
anderweitig [-vaɪtɪç] **1.** *Adj.; nicht präd.* *(sonstig)* other. **2.** *adv.* **a)** *(auf andere Weise)* in another way; **~ beschäftigt sein** be otherwise engaged; **b)** *(an jmd. anderen)* to somebody else
an|deuten 1. *tr. V.* **a)** *(zu verstehen geben)* intimate; hint; **jmdm. etw. ~:** intimate *or* hint sth. to sb.; **b)** *(nicht ausführen)* outline; *(kurz erwähnen)* indicate. **2.** *refl. V. (sich abzeichnen)* be indicated; **sobald sich die ersten wärmeren Sommertage andeuteten** as soon as there was a suggestion of the first warm days of summer
An·deutung *die* **a)** *(Anspielung)* hint; **eine ~ machen** give *or* drop a hint *(über + Akk.* about); **in ~en sprechen** talk in hints; **b)** *(schwaches Anzeichen)* suggestion; hint
andeutungs·weise *Adv.* in the form of a hint *or* suggestion/hints *or* suggestions; **davon war nur ~ die Rede** it was only hinted at
an|dichten *tr. V.* **jmdm. etw. ~:** impute sth. to sb.; **man hatte ihm Wunderkräfte angedichtet** he had been credited with miraculous powers; **sie hatten ihm eine Affäre mit seiner Sekretärin angedichtet** they claimed that he'd had an affair with his secretary
an|dicken ['andɪkn̩] *tr. V. (Kochk.)* thicken
an|dienen 1. *tr. V.* **a)** **jmdm. etw. ~:** offer sth. to sb.; *(aufdringlich)* press sth. on sb. **2.** *refl. V.* **sich jmdm. ~:** offer oneself *or* one's services to sb.; *(aufdringlich)* press oneself *or* one's services on sb.
an|diskutieren *tr. V.* [begin to] discuss briefly
an|docken *tr., itr. V. (Raumf.)* **an etw.** *(Dat.)* **~:** dock with sth.
an|donnern *itr. V. (ugs.)* **angedonnert kommen** come roaring *or* thundering along; *(auf einen zu)* come roaring *or* thundering up
An·drang *der; o. Pl.* **a)** crowd; *(Gedränge)* crush; **es herrschte großer ~:** there was a large crowd/great crush; **b)** *(von Blut, Milch)* rush; *(von Wasser)* surge
an|drängen *itr. V.;* **mit sein** surge **(gegen** against); *(crowd)* surge forward; *(army)* push forward; **gegen das Tor ~** *(Sport)* surge towards goal; **die ~de Flut/Menschenmenge** the surging tide/crowd
andre... *s.* ander...
Andreas [anˈdreːas] **(der)** Andrew
Andreas·kreuz *das* **a)** St Andrew's cross; **b)** *(Verkehrsw.)* diagonal cross
an|drehen *tr. V.* **a)** *(einschalten)* turn on; **b)** *(ugs.: verkaufen)* **jmdm. etw. ~:** palm sth. off with sth.; palm sth. off on sb.; **laß dir bloß keinen von diesen Äpfeln ~!** don't let yourself be palmed off with any of those apples; **c)** *(befestigen)* screw **(nut)** on; screw **(screw)** in; **d)** *(salopp)* **jmdm. ein Kind ~:** knock sb. up *(sl.);* put sb. in the club *(Brit. sl.)*
andrerseits *s.* andererseits
an|dressieren *tr. V.* **a)** **einem Tier ein Kunststück/artfremdes Verhalten ~:** train an animal to perform a trick/to exhibit behaviour [patterns] foreign to the species; **andressiertes Verhalten** behaviour that is the result of training; **b)** *(fig. abwertend)* train; drill
an|dringen *unr. itr. V.;* **mit sein** *(geh.)* surge **(gegen** against); **der ~de Feind** the enemy surging forward
Androgen [andro'geːn] *das;* ~s, ~e *(Med.)* androgen
androgyn [andro'gyːn] *Adj. (Psych., Bot.)* androgynous

873

an|drohen *tr. V.* jmdm. etw. ~: threaten sb. with sth.; **er hat mir Prügel angedroht** he threatened to beat me
An·drohung *die* threat; **unter ~ von Gewalt** with the *or* under threat of violence; **durch die ~ seines Rücktritts** by threatening to resign
Android [andro'i:t] *der*; ~en, ~en, **Androide** [andro'i:də] *der*; ~n, ~n android
Androloge [andro'lo:gə] *der*; ~n, ~n *(Med.)* andrologist
An·druck *der*; ~[e]s, ~e *(Druckw.)* **a)** *(Probe)* proof; **bereit für den ~:** ready for proofing; **b)** *(Beginn)* going to press; **lange vor dem ~:** long before going to press
an|drucken *(Druckw.)* **1.** *tr. V.* **a)** *(beginnen)* start printing; go to press; **wir können ~ lassen** we can go to press; **b)** *(zur Probe)* pull proofs
an|drücken *tr. V.* **a)** press down; **den Bleistift leicht ~:** press lightly with the pencil; **b)** *(einschalten)* switch on
Andruck·exemplar *das (Druckw.)* **a)** printed copy; **b)** *(Probe)* proof copy
an|dudeln *tr. V.* **in sich** *(Dat.)* **einen ~** *(salopp)* get plastered *(sl.)*
an|dünsten *tr. V. (Kochk.)* braise lightly
Äneas [ɛ'ne:as] *(der)* Aeneas
an|ecken *itr. V.*; **mit sein a)** *(anstoßen)* **an etw.** *(Dat.)* ~: hit sth.; **b)** *(ugs.: Ärger erregen)* **bei jmdm. ~:** rub sb. [up *(Brit.)*] the wrong way
an|eifern *tr. V. (südd., österr.)* spur on
an|eignen *refl. V.* **a)** *(nehmen)* appropriate; **sich** *(Dat.)* **etw. widerrechtlich ~:** misappropriate sth.; **b)** *(lernen)* acquire; learn; **c)** *(angewöhnen)* acquire; pick up
An·eignung *die* **a)** appropriation; **widerrechtliche ~:** misappropriation; **b)** *(Lernen)* acquisition; learning; **c)** *(Rechtsw.)* acquisition of title *(Gen. to)*
an·einander *Adv.* ~ **denken** think of each other *or* one another; ~ **vorbeigehen** pass each other *or* one another; go past each other *or* one another; **sich ~ gewöhnen** get used to each other *or* one another; ~ **vorbeireden** talk at cross purposes; **sich ~ festhalten** hold each other *or* one another
aneinander, Aneinander: ~**|bauen** *tr. V.* build on to each other; **dicht ~gebaut** built very close together; ~**|binden** *unr. tr. V.* tie together; hitch *(horses)* together; ~**|drängen 1.** *tr. V.* push *or* press together; **2.** *refl. V.* press together; ~**|drücken** *tr. V.* press together; ~**|fesseln** *tr. V.* tie together; *(mit Ketten)* chain together; **man hatte uns Hände und Füße ~gefesselt** our hands and feet had been tied together; ~**|fügen 1.** *tr. V.* fit together; **2.** *refl. V.* fit together; ~**|geraten** *unr. itr. V.*; *mit sein* **mit jmdm. ~geraten** *(sich prügeln)* come to blows with sb.; *(sich streiten)* quarrel with sb.; ~**|grenzen** *itr. V.* *(properties, rooms, etc.)* adjoin [each other *or* one another]; *(countries)* border on each other *or* one another; ~**|halten** *unr. tr. V.* hold next to each other *or* one another; ~**|hängen 1.** *tr. V.* link *(chains, garlands)* together; couple *(carriages)* together; fasten *(papers)* together; **2.** *unr. itr. V.* *(chains, garlands)* be linked together; *(carriages)* be coupled together; *(insects)* cling together; ~**|klammern 1.** *tr. V.* clip *(papers)* together; clamp *(boards)* together; **2.** *refl. V.* cling together *or* to each other; ~**|kleben** *tr. V., itr. V.* stick together; ~**|knoten** *tr. V.* knot *or* tie together; ~**|koppeln** *tr. V.* couple *(carriages)* together; link up *(spacecraft)*; ~**|kuscheln** *refl. V.* snuggle *or* cuddle up [together *or* to each other *or* to one another]; **sie lagen ~gekuschelt** they lay snuggled *or* cuddled up [together]; ~**|legen 1.** *tr. V.* put *or* place next to each other

or one another; **2.** *refl. V.* lie next to each other *or* together; **wenn man den Hebel zieht, legen sich zwei Metallklötze ~:** when the handle is pulled, two metal blocks are brought together; ~**|lehnen 1.** *tr. V.* lean against each other *or* one another; **2.** *refl. V.* lean on *or* against each other *or* one another; ~**|liegen** *unr. itr. V.* *(properties)* adjoin [each other *or* one another]; ~**|liegende Steine** stones lying next to each other; ~**|prallen** *itr. V.*; *mit sein* collide; ~**|pressen** *tr. V.* press together; ~**|reihen 1.** *tr. V.* string *(facts, anecdotes)* together; line up [next to each other *or* one another]; **Perlen auf einer Schnur ~reihen** thread pearls on a string; **2.** *refl. V.* *(days, nights, minutes, etc.)* follow one another; ~**reihung** *die* stringing together; **eine bloße ~reihung von Tatsachen** a series of facts just strung together; ~**|rücken 1.** *tr. V.* move *or* put *(chairs etc.)* together; **2.** *itr. V.*; *mit sein* move [up] closer together; ~**|schlagen 1.** *unr. tr. V.* strike together; **2.** *unr. itr. V.*; *mit sein* strike each other *or* one another; ~**|schmieden** *tr. V.* forge together; ~**|schmiegen** *refl. V.* snuggle *or* cuddle up [together *or* to each other *or* to one another]; ~**|schrauben** *tr. V.* screw together; ~**|schweißen** *tr. V.* weld together; ~**|setzen** *tr. V.* put together; put *(dominoes)* next to each other; ~**|stellen 1.** *tr. V.* put together *or* next to each other; **2.** *refl. V.* stand together *or* next to each other; **stellt euch mal mit dem Rücken ~:** stand back to back; ~**|stoßen 1.** *unr. tr. V.* knock together; **2.** *unr. itr. V.*; *mit sein* **a)** strike each other; *(heads, vehicles)* collide; **sie stießen mit den Köpfen ~:** their heads collided; **b)** *(~grenzen)* meet
Äneis [ɛ'ne:ɪs] *die*, ~: Aeneid
Anekdote [anɛk'do:tə] *die*; ~, ~n anecdote
anekdoten·haft 1. *Adj.* anecdotal. **2.** *adv.* *(relate)* in anecdotes
anekdotisch 1. *Adj.* anecdotal. **2.** *adv.* **ein ~ gewürzter Vortrag** a lecture enlivened with anecdotes
an|ekeln *tr. V.* disgust; nauseate; **du ekelst mich an** you make me sick; **sich angeekelt abwenden** turn away in disgust
Anemo·meter [anemo-] *das (Met.)* anemometer
Anemone [ane'mo:nə] *die*; ~, ~n anemone
an|empfehlen *unr. tr. V. (geh.)* recommend *(Gen. to)*
an|erbieten *unr. refl. V. (geh.)* offer one's services; **sich ~, etw. zu tun** offer to do sth.
Anerbieten *das*; ~s, ~ *(geh.)* offer
anerkannt *Adj.* recognized; recognized, acknowledged *(authority, expert)*; recognized, accepted, established *(fact)*
anerkanntermaßen *Adv.* **er gehört ~ zu den besten Spielern** he is generally recognized *or* acknowledged to be one of the best players
an|erkennen[1] *unr. tr. V.* **a)** recognize *(country, record, verdict, qualification, document)*; acknowledge *(debt)*; accept *(demand, bill, conditions, rules)*; allow *(claim, goal)*; **ein Kind ~:** acknowledge a child as one's own; **jmdn. als gleichberechtigten Partner ~:** accept sb. as an equal partner; **b)** *(nicht leugnen)* acknowledge; **c)** *(würdigen)* acknowledge, appreciate *(achievement, efforts)*; appreciate *(person)*; respect *(viewpoint, opinion)*; **ein ~der Blick** an appreciative look; ~**d nicken** nod appreciatively; **einige ~de Worte** a few words of appreciation
anerkennens·wert *Adj.* commendable
anerkennenswerter·weise *Adv.* commendably

---
[1] **ich erkenne an** *(od. seltener: anerkenne)*, **anerkannt, anzuerkennen**

An·erkenntnis *das*; ~ses, ~se acknowledgement
Anerkennung *die*; ~, ~en **a)** *s.* **anerkennen a:** recognition; acknowledgement; acceptance; allowance; **b)** *(Zugeständnis)* acknowledgement; **c)** *(Würdigung)* **s. anerkennen c:** acknowledgement; appreciation; respect *(Gen. for)*
an|erziehen *unr. tr. V.* **jmdm. etw. ~:** instil sth. into sb.; **Kindern Pünktlichkeit ~:** bring children up to be punctual
an|essen *unr. refl. V.* **in sich** *(Dat.)* **einen Bauch ~:** develop a paunch
an|fachen *tr. V.* **a)** *(fig.)* arouse *(anger, curiosity, enthusiasm)*; arouse, inflame *(passion)*; inspire, stir up *(hatred)*; inspire *(hope)*; ferment *(discord, war)*
an|fahren 1. *unr. tr. V.* **a)** run into; hit; **b)** *(herbeifahren)* deliver; **c)** *(ansteuern)* stop *or* call at *(village etc.)*; *(ship)* put in at *(port)*; **das Schiff fährt die Insel einmal wöchentlich an** the boat calls at the island once a week; **d)** *(zurechtweisen)* shout at; **e)** *(in Betrieb nehmen)* commission *(powerstation, blast furnace)*. **2.** *unr. itr. V.*; *mit sein* **a)** *(starten)* start off; **das Anfahren am Berg** hill-starting; **b)** *(heranfahren)* drive up; *(mit dem Fahrrad, Motorrad)* ride up; **angefahren kommen** come driving/riding up
An·fahrt *die* **a)** *(das Anfahren)* journey; *(als Autofahrer)* drive; *(Ankunft)* arrival; **b)** *(Weg)* approach; *(Einfahrt)* entrance
Anfahrts-: ~**weg** *der* journey; *(als Autofahrer)* drive; ~**zeit** *die* travelling time; ~**zeiten als Arbeitszeit berechnen** count travelling time *sing.* as working time
An·fall *der* **a)** *(Attacke)* attack; *(epileptischer ~, fig.)* fit; **einen ~ bekommen od.** *(ugs.)* **kriegen** have an attack/a fit; **in einem ~ von ...** *(fig.)* in a fit of ...; **b)** *o. Pl. (Anfallendes)* amount *(an + Dat. of)*; *(Ertrag)* yield *(an + Dat. of)*
anfall·artig *Adj.* ~**es Husten** fits *pl.* of coughing; coughing fits *pl.*; ~**e Schmerzen** spasms *pl.* of pain. **2.** *adv.* **plötzlich und ~ auftretende Zuckungen/Schmerzen** a sudden fit/sudden fits of twitching/a sudden spasm/sudden spasms of pain; **die Schmerzen kommen ~:** the pain comes in spasms
an|fallen 1. *unr. tr. V.* **a)** *(angreifen)* attack; **b)** *(geh.: befallen)*; **Zweifel/Angst fiel mich an** I was assailed by doubt/fear; **Heimweh/ Wut/Entsetzen fiel mich an** I was filled with homesickness/rage/horror; **Müdigkeit fiel mich an** I was overcome with tiredness. **2.** *unr. itr V.*; *mit sein (costs)* arise, be incurred; *(interest)* accrue; *(work)* come up; *(parcels etc.)* accumulate; **als Nebenprodukt/Nebenkosten ~:** be obtained as a by-product/be costs incurred; **alle ~den Reparaturen** any repairs that become necessary
an·fällig *Adj.* delicate *(child)*; temperamental *(engine)*; **gegen od. für etw. ~ sein** be susceptible to sth.; **für eine Krankheit ~ sein** be prone to an illness
An·fälligkeit *die*; ~, ~en *(eines Kindes usw.)* delicateness; *(eines Motors usw.)* temperamental nature; ~ **gegen** *od.* **für etw.** susceptibility to sth.; ~ **für eine Krankheit** proneness to an illness
anfalls·weise *Adv.* **die Schmerzen kommen ~:** the pain comes in spasms
An·fang *der* beginning; start; *(erster Abschnitt)* beginning; **ohne ~ und Ende** without a beginning *or* an end; **[ganz] am ~ der Straße** [right] at the start of the street; **von den Anfängen** from the beginnings; **am** *od.* **zu ~:** at first; to begin with; ~ **war ... od. schuf Gott ...:** in the beginning God created ...; **du hättest ihm gleich zu ~ sagen sollen, daß ...:** you should have told him right at the beginning *or* outset; **von ~ an** from the beginning *or* outset; ~ **1984/der achtziger Jahre/Mai/der Woche** *usw.* at the beginning of 1984/the eighties/May/the week

etc.; **von ~ bis Ende** from beginning to end *or* start to finish; **der ~ vom Ende** the beginning of the end; **im ~ war das Wort** *(bibl.)* in the beginning was the Word; **einen ~ machen** make a start; **ein ~ ist gemacht** it's a start; we've/they've *etc.* made a start; **den ~ machen** make a start; start; *(nach einem Zerwürfnis o. ä.)* make the first move; **einen/keinen ~ finden** know/not know how to begin *or* start; **einen neuen ~ machen** make a new *or* fresh start; **aller ~ ist schwer** *(Spr.)* it's always difficult at the beginning; **seinen ~ nehmen** *(geh.)* begin; start; **in den** *od.* **seinen Anfängen stecken** be in its infancy; **wehret den Anfängen!** these things must be stopped at the outset; **aus bescheidenen Anfängen** from small *or* humble beginnings
an|fangen 1. *unr. itr. V.* **a)** begin; start; **das fängt ja gut an!** *(ugs. iron.)* that's a good start! *(iron.);* **mit dreißig fängt das Leben erst an** life begins at thirty; **der Monat fing mit einem Donnerstag an** the first day of the month was a Thursday; **wer fängt an?** who is going to start?; **habt ihr schon angefangen?** have you already started?; **fangt doch bitte schon an** do please start; **er hat ganz klein/als ganz kleiner Angestellter angefangen** he started small/started [out] as a minor employee; **mit etw. ~:** start [on] sth.; **fang nicht wieder damit an!** don't start [all] that again!; **~, etw. zu tun** start to do sth.; **es fängt an zu schneien** *od.* **zu schneien an** it's starting *or* beginning to snow; **fang doch nicht gleich an zu weinen** don't start crying; **angefangen bei** *od.* **mit** *od.* **von ...:** starting *or* beginning with ...; **Weiß fängt an** white starts; **er hat angefangen** *(mit dem Streit o. ä.)* he started it; **[noch mal] von vorne ~:** start [again] from the beginning; start all over again; **b)** *(zu sprechen ~)* begin; **von etw. ~:** start on about sth.; **c)** *(eine Stelle antreten)* start; **bei einer Firma ~:** start working for a firm; start with a firm. **2.** *unr. tr. V.* **a)** begin; start; *(anbrechen)* start; **das Rauchen ~:** start smoking; **ich glaube, er will mit seiner Sekretärin was ~** *(ugs.)* I think he's trying to start something with his secretary; **auf seinem Schreibtisch lag ein angefangener Brief** on his desk lay a letter which he had started to write; **b)** *(machen)* do; **damit kann ich nichts/nicht viel ~:** that's no/not much good to me; *(das verstehe ich nicht/kaum)* that doesn't mean anything/much to me; **kannst du noch etwas damit ~?** is it any good *or* use to you?; **mit ihm ist heute nichts anzufangen** he is just not with it today; **mit ihm kann ich wenig ~:** he isn't my type of person; **er weiß nichts mit sich anzufangen** he doesn't know what to do with himself; **wie hast du das nun wieder angefangen?** how did you manage that?; **du mußt etwas Solides ~:** you must get yourself a proper job/training *etc.;* **du hättest es ganz anders ~ müssen** you should have gone about it quite differently

An·fänger der; **~s, ~, An·fängerin die; ~, ~nen** beginner; *(abwertend: Stümper)* amateur; *(am Heck eines Autos)* „~" 'learner'

Anfänger·kurs der beginners' course; course for beginners

anfänglich ['anfɛŋlɪç] **1.** *Adj.* initial. **2.** *adv.* at first; initially

anfangs *Adv.* at first; initially; **gleich ~:** right at the beginning *or* outset

Anfangs-: **~buchstabe der** initial [letter]; first letter; **~drittel das** *(Eishockey)* first period; **~erfolg der** initial success; **~gehalt das** starting salary; **~geschwindigkeit die** *(Physik)* initial velocity; **~gründe** *Pl.* rudiments; **~kapital das** starting capital; **~phase die** first *or* initial phase; **~reim der** initial *or* beginning rhyme; **~schwierigkeit die;** *meist Pl.* initial difficulty; **~silbe die** first *or* initial syllable;

~stadium das initial stage; **im ~stadium sein** be in its/their initial stages *pl.;* **~unterricht der** elementary instruction; **im Englischbuch für den ~unterricht** an elementary-level English book; **~zeit die** starting time

an|fassen 1. *tr. V.* **a)** *(fassen, halten)* take hold of; **die Kinder fassen jeden Dreck an** the children will pick up any bit of dirt; **b)** *(berühren)* touch; **faß mal meine Stirn an** feel my forehead; **nicht ~!** don't touch!; **Geschichte zum Anfassen** *(fig.)* history brought to life; **ich fasse nie wieder eine Spielkarte an** I'll never touch a pack of cards again; **c)** *(bei der Hand nehmen)* **jmdn. ~:** take sb.'s hand; **faßt euch an** take each other's hand; **d)** *(angehen)* approach, tackle ⟨*problem, task, etc.*⟩; **e)** *(behandeln)* treat ⟨*person*⟩; **f)** *(geh.: befallen)* **Ekel/Sehnsucht/Mitleid faßte mich an** I was seized with revulsion/filled with longing/pity. **2.** *itr. V.* *(mithelfen)* **[mit] ~:** lend a hand. **3.** *refl. V.* *(sich anfühlen)* feel; **das faßt sich wie Wolle an** it feels like wool

an|fauchen *tr. V.* **a)** ⟨*cat*⟩ spit at; **b)** *(fig.)* snap at

an|faulen *itr. V.;* **mit sein** ⟨*fruit*⟩ start to go bad; ⟨*wood*⟩ start to rot; **ein angefaulter Apfel/Balken** a half-rotten apple/rotting beam

anfechtbar *Adj.* **a)** *(bes. Rechtsw.)* contestable; **b)** *(kritisierbar, bestreitbar)* disputable ⟨*statement, decision*⟩; ⟨*book*⟩ open to criticism

Anfechtbarkeit die; **~** *s.* **anfechtbar: a)** contestable nature; **b)** disputable nature

an|fechten *unr. tr. V.* **a)** *(bes. Rechtsw.)* challenge, dispute ⟨*validity, authenticity, statement*⟩; contest ⟨*will*⟩; contest, challenge ⟨*decision*⟩; dispute ⟨*contract*⟩; challenge ⟨*law, opinion*⟩; **b)** *(beunruhigen)* trouble; bother; **was ficht dich an?** *(geh.)* what is wrong *or* the matter with you?

Anfechtung die; **~, ~en a)** *(bes. Rechtsw.)* *s.* **anfechten a:** challenging; disputing; contesting; **b)** *(geh.: Versuchung)* temptation

Anfechtungs·klage die *(Rechtsw.)* action for nullification

an|fegen *itr. V.;* **mit sein** **angefegt kommen** *(ugs.)* come belting along *(sl.);* *(auf einen zu)* come belting up *(sl.)*

an|feinden *tr. V.* treat with hostility

Anfeindung die; **~, ~en** hostility; **trotz aller ~en** despite all the hostility *sing.* shown towards him/her *etc.;* **~en ausgesetzt sein** be exposed to hostility *sing.*

an|fertigen *tr. V.* make; do ⟨*homework, translation*⟩; make up ⟨*medicament, preparation*⟩; prepare, draw up ⟨*report*⟩; cut, make ⟨*key*⟩; **Kleider/einen Schlüssel ~ lassen** have clothes made/a key cut

An·fertigung die a) *s.* **anfertigen:** making; doing; making up; preparing; drawing up; cutting; **b)** *(Erzeugnis)* **das Regal ist eine eigene ~ [von mir]** I made the shelves myself; **eine spezielle ~ sein** be specially made

an|feuchten *tr. V.* moisten ⟨*lips, stamp*⟩; dampen, wet ⟨*ironing, cloth, etc.*⟩

an|feuern *tr. V.* spur on; **~de Rufe/Gesten** shouts of encouragement/rousing gestures

An·feuerung die spurring on; **~ und Beifall** cheers and applause

Anfeuerungs·ruf der cheer

an|flehen *unr. refl. V.* be found [again]; turn up

an|flachsen *tr. V.* *(ugs.)* tease; kid *(sl.)*

an|flanschen ['anflanʃn] *tr. V.* *(Technik)* flange sth. on **(an + Dat.** *od.* **Akk. to)**

an|flattern *itr. V.;* **mit sein** **angeflattert kommen** come fluttering along; *(auf einen zu)* come fluttering up

an|flehen *tr. V.* beseech; implore; **jmdn. um etw. ~:** beg sb. for sth.

an|fliegen 1. *unr. itr. V.;* **mit sein** ⟨*aircraft*⟩ fly in; *(beim Landen)* approach; come in to land; ⟨*bird etc.*⟩ fly in; **angeflogen** **kommen** flying in; *(auf einen zu)* ⟨*bird*⟩ come flying up; **gegen den Wind ~:** fly into the wind. **2.** *unr. tr. V.* **a)** fly to ⟨*city, country, airport*⟩; *(beim Landen)* approach ⟨*airport*⟩; land on ⟨*runway etc.*⟩; **b)** *(ansteuern)* ⟨*aircraft*⟩ approach; ⟨*bird*⟩ fly towards, approach

an|flitzen *itr. V.;* **mit sein** **angeflitzt kommen** *(ugs.)* come racing along; *(auf einen zu)* come racing up

An·flug der a) approach; **die Maschine befindet sich im ~ auf Berlin** the plane is now approaching Berlin; **b)** *(Hauch)* hint; trace; **ein humoristischer ~:** a hint *or* trace of humour; **c)** *(Anwandlung)* fit; **in einem ~ von Großzügigkeit** in a fit of generosity; **d)** *(Weg, Strecke)* flight

an|flunkern *tr. V.* *(ugs.)* tell fibs to

an|fordern *tr. V.* request, ask for ⟨*help*⟩; ask for ⟨*catalogue*⟩; order ⟨*goods, materials*⟩; send for ⟨*ambulance*⟩

An·forderung die a) *o. Pl.* *(das Anfordern)* request *(Gen.* for); **die ~ von Waren/Materialien** ordering goods/materials; **b)** *(Anspruch)* demand; **große/hohe ~en an jmdn./etw. stellen** make great demands on sb./sth.; **den ~en nicht gewachsen sein** not be up to the demands

An·frage die inquiry; *(Parl.)* question; **große/kleine ~** *(Parl.)* oral/written question

an|fragen 1. *itr. V.* inquire; ask; **bei jmdm. um etw. ~:** ask sb. for sth. **2.** *tr. V.* *(schweiz.)* ask

an|fressen 1. *unr. tr. V.* **a)** nibble [at]; ⟨*bird*⟩ peck [at]; **b)** *(zersetzen)* eat away [at]; **ein von Rost angefressenes altes Auto** a rusty old car. **2.** *unr. refl. V.* **sich** *(Dat.)* **einen Bauch ~** *(salopp)* develop a paunch; **die Tiere fressen sich einen Winterspeck an** the animals [eat to] put on winter fat

an|freunden *refl. V.* **a)** make *or* become friends; **sich mit jmdm./miteinander ~:** make *or* become friends with sb./become friends; **b)** *(fig.)* **sich mit einer Sache ~:** get to like sth.

an|frieren *unr. itr. V.;* **mit sein** **an etw.** *(Dat.)* **~:** freeze to sth.

an|fügen *tr. V.* add

An·fügung die addition

an|fühlen 1. *refl. V.* feel; **sich hart/weich ~:** feel hard/soft; be hard/soft to the touch. **2.** *tr. V. (befühlen)* feel

Anfuhr die; **~, ~en** transport[ation]

an|führen *tr. V.* **a)** lead; lead, head ⟨*procession*⟩; **unsere Mannschaft führt die Tabelle an** our team heads the table *or* is [at the] top of the table; **b)** *(zitieren)* quote; **c)** *(nennen)* quote, give, offer ⟨*example*⟩; give, offer ⟨*reason, details, proof*⟩; **zu meiner Entschuldigung möchte ich auch noch ~, daß ...:** I should also like to mention in my defence that ...; **d)** *(benennen)* name; cite; **e)** *(ugs.: hereinlegen)* have on *(Brit. coll.);* dupe; **laß dich doch von ihm nicht ~:** don't be had on *(Brit.)* *or* taken in by him *(coll.);* **f)** *(Druckw.: mit Anführungszeichen versehen)* mark with opening quotation-marks *od. (Brit.)* inverted commas; **Buchtitel werden an- und abgeführt** book titles are put in quotation-marks *or (Brit.)* inverted commas

An·führer der a) *(Führer)* leader; **b)** *(Rädelsführer)* ringleader

An·führung die a) leadership; **unter [der] ~** **(+** *Gen.)* under the leadership of; **b)** *(das Zitieren, Zitat)* quotation; **c)** *(Nennung)* *s.* **anführen c:** quotation; giving; offering; **ich beschränke mich auf die ~ einiger Beispiele** I will confine myself to quoting *or* giving *or* offering just a few examples; **d)** *(Benennung)* naming; citing; **e)** *(Druckw.: Anführungszeichen)* opening quotation-mark

Anführungs-: **~strich der, ~zeichen das** quotation-mark; inverted comma *(Brit.);* **ein Wort mit ~strichen** *od.* **~zeichen versehen** put a word in quotation-marks *or (Brit.)*

inverted commas; **~striche** *od.* **~zeichen unten/oben** *(beim Diktieren o. ä.)* quote/unquote; **halbe ~striche** *od.* **~zeichen** single quotation-marks *or (coll.)* quotes

an|füllen 1. *tr. V.* fill [up]; **mit etw. angefüllt sein** be filled *or* full with sth. **2.** *refl. V.* fill [up]

an|funkeln *tr. V.* flash one's eyes at

an|futtern *refl. V. in sich (Dat.)* **einen Bauch/ein Bäuchlein ~** *(ugs.)* develop a paunch/*(coll.)* a bit of a tummy

Ạn·gabe die a) *(das Mitteilen)* giving; **ohne ~ von Gründen** without giving [any] reasons; **zur ~ dieser Daten bist du verpflichtet** you are obliged to give this information; **b)** *(Auskunft, Aussage)* **~n** information *sing.*; **jede einzelne ~ wurde überprüft** every piece of information has been checked; **c)** *(Anweisung)* instruction; **d)** *o. Pl. (Prahlerei)* boasting; bragging; *(angeberisches Benehmen)* showing-off; **das ist doch nur ~!** he is/they are *etc.* only boasting; **e)** *(Ballspiele)* service; serve; **[eine] ~ machen** serve; **ich habe [die] ~:** it's my serve

an|gaffen *tr. V. (abwertend)* gape at

an|gähnen *tr. V.* yawn at

an|galoppieren *itr. V.; mit sein* **angaloppiert kommen** come galloping along; *(auf einen zu)* come galloping up

an·gängig *Adj.* permissible

an|geben 1. *unr. tr. V.* **a)** give *(reason)*; declare *(income, dutiable goods)*; name, cite *(witness)*; **welche Haarfarbe er hatte, kann ich nicht [genau] ~:** I cannot say *or* state [exactly] what colour hair he had; **zur angegebenen Zeit** at the appointed time; **wie oben angegeben** as stated *or* mentioned above; **der Zeuge gab an, er habe drei Schüsse gehört** the witness stated *or* maintained that he heard three shots; **b)** *(bestimmen)* set *(course, direction)*; **den Takt ~** keep time; **c)** *(veralt.: anzeigen, melden)* report *(theft etc.)*; give away *(accomplice etc.)*; **jmdn./einen Diebstahl bei der Polizei ~:** report sb./a theft to the police; **das geb' ich an!** I'm going to report that! **2.** *unr. itr. V.* **a)** *(prahlen)* boast; brag; *(sich angeberisch benehmen)* show off; **er gibt vor den Mädchen damit an, daß ...:** he boasts to all the girls that ...; **Väter geben mit ihren Kindern an** fathers boast *or* brag about their children; **~ wie eine Tüte [voll] Mücken** *(ugs.)* be just a big show-off *(coll.)*; **b)** *(Ballspiele)* serve; **wer gibt an?** whose serve is it?; whose turn is it to serve?

Angeber *der;* **~s, ~** *(Prahler)* boaster; braggart; *(sich angeberisch Benehmender)* show-off; **b)** *(veralt.: Denunziant)* informer

Angeberei *die;* **~, ~en a)** *o. Pl. (das Angeben)* boasting; bragging; *(angeberisches Benehmen)* showing-off; **das ist doch nichts als ~:** he's/they are *etc.* only boasting/showing off; **b)** *(Handlung)* piece of showing-off; *(Äußerung)* boast; **mit seinen dummen ~en** with his stupid showing off/boasting

angeberisch *(ugs.)* **1.** *Adj.* boastful *(person)*; pretentious, showy *(glasses, car, jacket)*; *(im Benehmen)* *(person)* given to showing off; **~es Getue** *od.* **Verhalten** showing-off. **2.** *adv.* boastfully

Angebetete *der/die; adj. Dekl. (meist scherzh.)* beloved; *(Idol)* idol

Ạn·gebinde *das (geh. veralt.)* gift; present

angeblich 1. *Adj.* alleged. **2.** *adv.* supposedly; allegedly; **er ist ~ krank** he is supposed to be ill; *(er sagt, er sei krank)* he says he's ill

ạn·geboren *Adj.* innate *(characteristic)*; congenital *(disease)*; **die Schüchternheit ist ihm ~:** he is shy by nature *or* naturally shy

Ạn·gebot das a) *(Wirtsch.: Waren~)* range; **das ~ an** *od.* **von Gemüse ist immer saisonabhängig** the selection of vegetables available always depends on the season; **das Verhältnis von ~ und Nachfrage** the relationship between supply and demand; **c)** *(Kaufmannsspr.: Sonder~)* [special] offer; **im ~:** on [special] offer; **~ der Woche** bargain of the week

ạn·gebracht 1. 2. Part. v. anbringen. 2. *Adj.* appropriate

ạn·gebunden 1. 2. Part. v. anbinden. 2. *Adj.* **a)** tied down; **b)** *in kurz ~ (ugs.)* short; abrupt

ạn·gedeihen *unr. itr. V.* **in jmdm. etw. ~ lassen** *(geh.)* provide sb. with sth.; grant sb. sth.

Ạn·gedenken das remembrance; **jmdm. ein treues ~ bewahren** keep sb. in fond remembrance; **mein Großvater seligen ~s** *(geh.)* my grandfather of blessed memory; **eine Zeit unseliger ~s** *(geh.)* a notorious period

ạn·gegangen 1. 2. Part. v. angehen. 2. *Adj.* *(bes. ostmd.) (food)* that has gone off; **~ sein** have gone off

angegilbt ['angəgɪlpt] *Adj.* yellowing; slightly yellowed

ạn·gegossen *Adj. in* **wie ~ sitzen/passen** *(ugs.)* fit like a glove

angegraut ['angəgraʊt] *Adj.* greying

ạn·gegriffen 1. 2. Part. v. angreifen. 2. *Adj.* weakened *(health, stomach)*; strained *(nerves, voice)*; *(erschöpft)* exhausted; *(nervlich)* strained

ạn·gehaucht 1. 2. Part. v. anhauchen. 2. *Adj.* **links/rechts/sozialistisch usw. ~ sein** have left-wing/right-wing/socialist *etc.* leanings

ạn·geheiratet *Adj.* **ein ~er Onkel/Vetter** *usw.* an uncle/a cousin *etc.* by marriage; **~ sein** be related by marriage

angeheitert ['angəhaɪtɐt] *Adj.* tipsy; merry *(coll.)*

an|gehen 1. *unr. itr. V.; mit sein* **a)** *(sich einschalten, entzünden)* *(radio, light, heating)* come on; *(fire)* catch, start burning; **b)** *(sich einschalten, entzünden lassen)* *(radio, light)* go on; *(fire)* light, catch; **c)** *(ugs.: beginnen)* start; **d)** *(anwachsen, wachsen)* *(plant)* take root; *(vaccination)* take; *(bacteria)* grow; **e)** *(geschehen dürfen)* **es mag noch ~:** it's [just about] acceptable; **es geht nicht an, daß radikale Elemente der Partei unterwandern** radical elements must not be allowed to infiltrate the party; **f)** *(bes. nordd.: wahr sein)* **das kann doch wohl nicht ~!** that can't be true!; **das kann [wohl] ~:** that could be true; **g) gegen etw./jmdn. ~:** fight sth./sb. **2.** *unr. tr. V.* **a)** *(angreifen)* attack; *(Sport)* tackle; challenge; **b)** *(in Angriff nehmen)* tackle *(problem, difficulty)*; take *(fence, bend)*; **c)** *(bitten)* ask; **jmdn. um etw. ~:** ask sb. for sth.; **d)** *(betreffen)* concern; **was geht dich das an?** what's it got to do with you?; **das geht dich nichts an** it's none of your business; **was das/mich angeht, [so] ...:** as far as that is/I am concerned ...

angehend *Adj.* budding *(actor, artist, etc.)*; prospective *(teacher, husband, etc.)*

an|gehören *itr. V.* **jmdm./einer Sache ~:** belong to sb./sth.; **der Regierung/einer Familie/Kommission ~:** be a member of the government/a family/committee; **einander ~** *(geh.)* belong to each other; **einer Nation ~:** be a national of a country

ạn·gehörig *Adj.* belonging *(Dat.* to); **dem Bündnis ~e Staaten** states belonging to the alliance

Angehörige *der/die; adj. Dekl.* **a)** *(Verwandte)* relative; relation; **der nächste ~:** the next of kin; **b)** *(Mitglied)* member

Angeklagte ['angəkla:ktə] *der/die; adj. Dekl.* accused; defendant

ạn·geknackst *(ugs.)* **1. 2. Part. v. anknacksen. 2.** *Adj.* weakened *(trust, confidence)*; weakened *(health)*; **ihre Gesundheit ist ~:** she's not in the best of health *or (coll.)* not all that great

angekränkelt ['angəkrɛŋk|t] *Adj.* sickly; **von Eitelkeit ~:** afflicted with vanity

Angel ['aŋl] *die;* **~, ~n a)** fishing-rod; rod and line; **die ~ auswerfen/einziehen** cast/pull in the line; **b)** *(Tür~, Fenster~ usw.)* hinge; **etw. aus den ~n heben** lift sth. off its hinges; *(fig.)* turn sth. upside down

ạn·gelegen 1. 2. Part. v. anliegen. 2. *Adj. in sich (Dat.)* **etw. ~ sein lassen** concern oneself with sth.

Ạn·gelegenheit *die* matter; *(Aufgabe, Problem)* affair; concern; **öffentliche/kulturelle ~en** public/cultural affairs; **das ist meine/nicht meine ~:** that is my affair *or* business/not my concern *or* business; **kümmere dich um deine eigenen ~en!** mind your own business; **sich in jmds. ~en mischen** meddle in sb.'s affairs; **in welcher ~?:** in what connection?; **in eigener/in einer privaten ~:** on a personal/private matter

ạn·gelegentlich *(geh.)* **1.** *Adj.* pressing *(question, request)*; earnest *(conversation, warning)*. **2.** *adv. (look)* very closely, thoroughly; *(ask, inquire)* particularly; **sich mit einer Sache ~ beschäftigen** be intensively occupied with sth.; **jmdm. ~ empfehlen, nicht mehr zu rauchen** earnestly recommend sb. to give up smoking

ạn·gelegt 1. 2. Part. v. anlegen. 2. *Adj.* **auf Verteidigung/Entspannung** *(Akk.)* **~ sein** be intended for defence/be intended to promote détente

Angel-: ~gerät das a) fishing-rod; rod and line; **b)** *o. Pl.* fishing-tackle; **~haken der** fish-hook; **~leine die** fishing-line

ạngeln 1. *tr. V. (zu fangen suchen)* fish for; *(fangen)* catch; **er angelt sich immer die Fleischstücke aus der Suppe** *(fig.)* he always fishes the pieces of meat out of the soup; **sie hat sich einen reichen Mann geangelt** *(fig.)* she has hooked a rich husband. **2.** *itr. V.* angle; fish; **auf Hechte ~:** fish for pike; **nach etw. ~** *(fig.)* fish for sth.

an|geloben *tr. V. (österr.) s.* vereidigen

Angel-: ~punkt der crucial point; *(eines Problems)* crux; *(zentrales Thema)* central issue; **~rute die** fishing-rod; **~sachse der a)** *(hist.)* Anglo-Saxon; **b)** *(Engländer)* Englishman; **die ~sachsen** the English; *(Engländer u. Amerikaner)* the Anglo-Saxons; **~sächsisch** *Adj.* **a)** *(hist.)* Anglo-Saxon; **b)** *(englisch)* English; **die ~sächsischen Länder** the Anglo-Saxon countries; **~schein der** fishing permit *or* licence; **~schnur die** fishing-line; **~sport der** angling no art.

ạn·gemessen 1. 2. Part. v. anmessen. 2. *Adj.* appropriate; reasonable, fair *(price, fee)*; **den Umständen ~:** appropriate to the circumstances. **3.** *adv. (behave)* appropriately; *(reward)* adequately; *(recompense)* reasonably, fairly

ạn·genehm 1. *Adj.* pleasant; agreeable; **ist Ihnen die Temperatur so so ~?** is the temperature all right for you/is it all right like that?; **es ist mir gar nicht ~, daß ...:** I don't at all like it that ...; **wenn Ihnen das ~ ist** if you [would] prefer; **~e Reise/Ruhe!** [have a] pleasant journey/have a good rest; **[sehr] ~!** delighted to meet you; **das Angenehme mit dem Nützlichen verbinden** combine business with pleasure. **2.** *adv.* pleasantly; agreeably

ạn·gepaßt 1. 2. Part. v. anpassen. 2. *Adj.* conformist

Ạngepaßtheit die; ~: conformism

Anger ['aŋɐ] *der;* **~s, ~** [village] green

ạn·geregt 1. 2. Part. v. anregen. 2. *Adj.* lively; animated. **3.** *adv.* **sich ~ unterhalten/~ diskutieren** have a lively *or* an animated conversation/discussion

angesäuselt *(ugs.)* **1. 2. Part. v. ansäuseln. 2.** *Adj.* tipsy; merry *(coll.)*

ạn·geschlagen 1. 2. Part. v. anschlagen. 2. *Adj.* groggy; poor, weakened *(health)*

angeschmutzt ['angəʃmʊtst] *Adj.* slightly soiled

Angeschuldigte der/die; *adj. Dekl.* suspect

angesehen 1. *2. Part. v.* ansehen. 2. *Adj.* respected

An·gesicht das; ~[e]s, ~er, österr. auch ~e *(geh.)* **a)** *(Gesicht)* face; **von ~ zu ~:** face to face; **jmdm. von ~ zu ~ gegenüberstehen** stand facing sb. *or* face to face with sb.; **jmdn. von ~ kennen** know sb. by sight; **b)** **im ~** (+ *Gen.*) *s.* angesichts a

angesichts *Präp. mit Gen. (geh.)* **a)** **~ des Feindes/der Gefahr/des Todes/der Stadt/ der Küste** in the face of the enemy/of danger/death/in sight of the town/coast; **b)** *(fig.: in Anbetracht)* in view of

an·gespannt 1. *2. Part. v.* anspannen. 2. *Adj.* **a)** *(angestrengt)* close ⟨*attention*⟩; taut ⟨*nerves*⟩; **b)** *(kritisch)* tense ⟨*situation*⟩; tight ⟨*market, economic situation*⟩. 3. *adv.* ⟨*work*⟩ concentratedly; ⟨*listen*⟩ with concentrated attention

Angespanntheit die; ~ **a)** *(Angestrengtheit)* attentiveness; **b)** *(kritischer Zustand) s.* angespannt b: tenseness; tightness

angestammt ['angəʃtamt] *Adj.* hereditary ⟨*right*⟩; inherited ⟨*property*⟩; *(scherzh.: altgewohnt)* usual ⟨*seat, place*⟩

angestaubt 1. *2. Part. v.* anstauben. 2. *Adj.* outdated

angestellt 1. *2. Part. v.* anstellen. 2. *Adj.* **bei jmdm. ~ sein** be employed by sb.; work for sb.; **fest ~ sein** have a permanent position

Angestellte der/die; *adj. Dekl.* [salaried] employee; **die ~n des öffentlichen Dienstes** salaried public employees; **Arbeiter und ~:** workers and salaried staff; blue- and white-collar workers; **die leitenden ~n** the managerial staff; the managers; **sie ist ~ bei der Stadt** she works for the town council; *(im Gegensatz zur Beamtin/Arbeiterin)* she has a salaried position with the town council

Angestellten-: **~gewerkschaft** die white-collar union; **~verhältnis** das employment *no indef. art.* on a [monthly] salary; **im ~verhältnis stehen** be a salaried employee; *(kein Beamter sein)* not have guaranteed employment for life; **~versicherung** die [salaried] employees' insurance

angestrengt 1. *2. Part. v.* anstrengen. 2. *Adj.* close ⟨*attention*⟩; concentrated ⟨*work, study, thought*⟩; forced ⟨*joke*⟩. 3. *adv.* ⟨*work, think, search*⟩ concentratedly

Angestrengtheit die; ~: *s.* angestrengt 2: closeness; concentratedness; forcedness

an·getan 1. *2. Part. v.* antun. 2. *Adj.* **in von jmdm./etw. ~ sein** be taken with sb./sth.; **dazu** *od.* **danach ~ sein, etw. zu tun** *(geh.)* be suitable for doing sth.

Angetraute ['angətrautə] der/die; *adj. Dekl. (scherzh.)* better half *(joc.)*

an·getrunken 1. *2. Part. v.* antrinken. 2. *Adj.* [slightly] drunk

an·gewandt 1. *2. Part. v.* anwenden. 2. *Adj.; nicht präd.* applied

an·gewiesen 1. *2. Part. v.* anweisen. 2. *Adj.* **in auf etw.** *(Akk.)* **~ sein** have to rely on sth.; **auf jmdn./jmds. Unterstützung ~ sein** be dependent on *or* have to rely on sb./sb.'s support; **auf sich selbst ~ sein** be thrown back upon one's own resources; **ich war auf jeden Pfennig ~:** I needed every pfennig

an|gewöhnen *tr. V.* **jmdm. etw. ~:** get sb. used to sth.; accustom sb. to sth.; **jmdm. ~, etw. zu tun** get sb. used to *or* accustom sb. to doing sth.; **sich** *(Dat.)* **etw. ~:** get into the habit of sth.; **sich** *(Dat.)* **schlechte Manieren ~:** become ill-mannered; **[es] sich** *(Dat.)* **~, etw. zu tun** get into the habit of doing sth.; **sich** *(Dat.)* **das Rauchen ~:** take up smoking

An·gewohnheit die habit

angezeigt 1. *2. Part. v.* anzeigen. 2. *Adj.; nicht attr. (geh.)* advisable

an|giften ['angɪftn̩] *tr. V. (ugs.)* lay into *(coll.)*; let fly at

Angina [aŋ'gi:na] die; ~, Anginen angina
Angina pectoris [- 'pɛktɔrɪs] die; ~ ~ *(Med.)* angina [pectoris]

an|gleichen 1. *unr. tr. V.* **etw. einer Sache** *(Dat.)* *od.* **an etw.** *(Akk.)* **~:** bring sth. into line with sth.; **Systeme einander ~:** bring systems into line with each other. 2. *unr. refl. V.* **sich jmdm./etw. ~** *od.* **sich an jmdn./ etw. ~:** become like sb./sth.; **sich [einander** *od.* **aneinander] ~:** become like each other *or* alike

An·gleichung die; **die ~ der Löhne an die Preise** bringing wages into line with prices

Angler der; ~s, ~, **Anglerin** die; ~, ~nen angler

Anglikaner [aŋgli'ka:nɐ] der; ~s, ~, **Anglikanerin** die; ~, ~nen Anglican

anglikanisch 1. *Adj.* Anglican. 2. *adv.* **~ beeinflußt sein** be influenced by Anglicanism

Anglikanismus der; ~: Anglicanism *no art.*

anglisieren *tr. V.* Anglicize

Anglist der; ~en, ~en English specialist *or* scholar; Anglicist; *(Student)* English student

Anglistik die; ~: Anglistics *sing.*; English [language and literature]; English studies *pl. no art.*

Anglistin die; ~, ~nen *s.* Anglist

anglistisch *Adj.; nicht präd.* Anglistics attrib.; English studies attrib. ⟨*seminar, journal*⟩

Anglizismus der; ~, Anglizismen Anglicism

Anglo·amerikaner [aŋglo|ameri'ka:nɐ] der Anglo-American

Anglo-Amerikaner der Anglo-Saxon; **die ~:** the British and the Americans

anglophil [aŋglo'fi:l] *Adj.* Anglophile

an|glotzen *tr. V. (ugs.)* gawp at *(coll.)*

Angola [aŋ'go:la] (das); ~s Angola

Angolaner der; ~s, ~: Angolan

Angora- [aŋ'go:ra]: **~kaninchen** das angora rabbit; **~katze** die angora cat; **~wolle** die angora [wool]; **~ziege** die angora goat

angreifbar *Adj.* contestable

an|greifen 1. *unr. tr. V.* **a)** *(attackieren; auch fig.)* attack; **b)** *(schwächen)* weaken, affect ⟨*health, heart*⟩; affect ⟨*stomach, intestine, voice*⟩; weaken ⟨*person*⟩; **die Nerven ~:** be a strain on the nerves; **die Fahrt hat mich sehr angegriffen** I was exhausted by the journey; **c)** *([be]schädigen)* attack ⟨*metal*⟩; harm ⟨*hands*⟩; **d)** *(anbrechen)* break into ⟨*supplies, savings, etc.*⟩; **e)** *(ugs.: anfassen)* touch. 2. *unr. intr. V. (einen Angriff machen; auch fig.)* attack

An·greifer der *(auch fig.)* attacker

an|grenzen *itr. V.* **an etw.** *(Akk.)* **~:** border on *or* adjoin sth.; **die ~den Grundstücke** the adjoining properties

An·griff der attack; **einen ~ fliegen** make *or* carry out an attack *or* an air-raid; **zum ~ übergehen** go over to the attack; take the offensive; **zum ~ blasen** *(auch fig.)* sound the charge *or* attack; **etw. in ~ nehmen** set about *or* tackle sth.; **~ ist die beste Verteidigung** *(Spr.)* attack is the best form of defence

angriffs-, Angriffs-: **~drittel** das *(Eishockey)* attacking zone; **~fläche** die: **das Segel bot dem Wind eine große ~fläche** the sail presented a large area to the wind; **seinem Gegner eine ~fläche bieten** *(fig.)* leave oneself open to attack by one's opponent; **~fuß·ball** der; *o. Pl.* attacking football; **~krieg** der war of aggression; **~lust** die aggression; aggressiveness; **~lustig** 1. *Adj.* aggressive; 2. *adv.* aggressively; **~punkt** der target; **~spieler** der *(Sport)* *(offensiver Spieler)* attacking player; **b)** *(Stürmer)* forward; **~waffe** die offensive weapon

an|grinsen *tr. V.* grin at

angst [aŋst] *Adj.* **in jmdm. ist/wird [es] ~ [und bange]** sb. is/becomes afraid *or* frightened; *(jmd. sorgt sich)* sb. is/becomes very worried *or* anxious; **jmdm. ~ [und bange] machen** frighten *or* scare sb.; *(jmdn. unruhig machen)* make sb. very worried *or* anxious

Angst die; ~, Ängste ['ɛŋstə] **a)** *(Furcht)* fear; *(Psych.)* anxiety; **~ bekommen** *od.* *(ugs.)* **kriegen** become *or* get frightened *or* scared; **~ [vor jmdm./etw.] haben** be afraid *or* frightened [of sb./sth.]; **eine existentielle ~:** existential fear; angst; **jmdn. in ~ und Schrecken versetzen** worry and frighten sb.; **es ist der ~ [zu tun] bekommen** *od. (ugs.)* **kriegen** become *or* get frightened *or* scared; **jmdm. ~ einflößen/einjagen/machen** frighten *or* scare sb.; **keine ~!** don't be afraid; **aus ~ [vor etw./jmdm.] sich verstecken** hide in fear [of sth./sb.]; **aus ~, sich zu verraten, sagte er kein einziges Wort** he didn't say a word for fear of betraying himself; **in ständiger ~ vor etw.** *(Dat.)* **leben** live in constant fear of sth.; **er hat mehr ~ als Vaterlandsliebe** *(ugs. scherzh.)* he's a scaredy-cat *(coll.)*; he's chicken *(sl.)*; **~ vor der eigenen Courage haben/bekommen** have got/get cold feet *(fig.)*; **b)** *(Sorge)* worry; anxiety; **~ [um jmdn./etw.] haben** be worried *or* anxious [about sb./sth.]; **sie hat ~, ihn zu verletzen/enttäuschen** she is worried about hurting/disappointing him; **keine ~, ich vergesse es schon nicht!** don't worry, I won't forget [it]!; **keine ~, die Rechnung wird schon noch kommen!** the bill will come all right, don't [you] worry!; **in tausend Ängsten schweben** be terribly worried

angst-, Angst-: **~erfüllt** *Adj. (geh.)* frightened; terrified; **~frei** 1. *Adj.* anxiety-free ⟨*atmosphere*⟩; ⟨*school*⟩ with an anxiety-free atmosphere; ⟨*learning*⟩ without tears; 2. *adv.* ⟨*live*⟩ without anxiety, ⟨*learn*⟩ without tears; **~gefühl** das feeling of anxiety; **~gegner** der *(Sport)* bogy opponent; *(Mannschaft)* bogy team; **~hase** der *(ugs. abwertend)* scaredy-cat *(coll.)*

ängstigen ['ɛŋstɪɡn̩] 1. *tr. V.* frighten; scare; *(beunruhigen)* worry. 2. *refl. V.* be frightened *or* afraid; *(sich sorgen)* worry; **sich vor etw.** *(Dat.)/***um jmdn. ~:** be frightened *or* afraid of sth./worried about sb.

ängstlich ['ɛŋstlɪç] 1. *Adj.* **a)** *(verängstigt)* anxious; apprehensive; **b)** *(furchtsam, schüchtern)* timorous; timid; **c)** *(übertrieben)* **mit ~er Genauigkeit** with painful meticulousness; **d)** *(besorgt)* worried; anxious; **mit ~er Spannung** anxiously. 2. *adv.* **a)** *(verängstigt)* anxiously; apprehensively; **b)** *(besorgt)* anxiously; **~ gespannt** anxiously; **c)** *(übermäßig genau)* meticulously; **~ bemüht** *od.* **darauf bedacht sein, etw. zu tun** be at great pains to do sth.

Ängstlichkeit die; ~ **a)** *(Furchtsamkeit)* timorousness; timidity; **b)** *(Schüchternheit)* timidity; **c)** *(übertriebene Genauigkeit)* **die ~, mit der er die Vorschriften befolgt** the painful meticulousness with which he follows regulations; **d)** *(Besorgnis)* anxiety

Angst-: **~neurose** die anxiety neurosis; **~psychose** die anxiety psychosis; **~röhre** die *(ugs. scherzh.)* topper *(coll.)*; top hat

Ångström ['ɔŋstrøːm] das; ~[s], ~ *(veralt.)* ångström

angst-, Angst-: **~schrei** der cry of fear; terrified cry; **~schweiß** der cold sweat; **der ~schweiß brach ihm aus** he broke out in a cold sweat; **~traum** der nightmare; **~verzerrt** *Adj.* ⟨*face*⟩ twisted in fear; **~voll** 1. *Adj.* anxious; apprehensive; 2. *adv.* anxiously; apprehensively; **~zustand** der [state of] panic; **~zustände haben/bekommen** *od. (ugs.)* **kriegen** be in/get into a [state of] panic

an|gucken *tr. V. (ugs.)* look at; **sich** *(Dat.)* **etw./jmdn. ~:** look *or* have a look at sth./

877

angurten

sb.; **guck dir das/den an!** [just] look at that/him!
an|gurten *tr. V.* strap in; **sich ~:** put on one's seat-belt; *(im Flugzeug)* fasten one's seat-belt
Anh. *Abk.* Anhang app.
an|haben *unr. tr. V.* **a)** *(ugs.: am Körper tragen)* have on; **b) jmdm./einer Sache etwas ~ können** be able to harm sb./harm *or* damage sth.; **er sorgte dafür, daß niemand ihm etwas ~ konnte** he made sure that no one could touch him; **c)** *(ugs.: in Betrieb haben)* have on
an|haften *itr. V. (geh.)* **ein Nachteil/Risiko haftet einer Sache** *(Dat.)* **an** there is a disadvantage/risk in *or* attached to sth.; **die Schmach haftet ihr noch heute an** the disgrace remains with her even today
an|häkeln *tr. V.* crochet on (**an** + *Akk.* to)
An·halt *der* the clue (**für** to); *(für eine Vermutung)* grounds *pl.* (**für** for)
an|halten 1. *unr. tr. V.* **a)** stop; **den Atem ~:** hold one's breath; **b)** *(auffordern)* urge; **~ (an etw. halten) etw. an etw.** *(Akk.)* **~:** hold sth. up against sth.; **jmdm./sich ein Kleidungsstück ~** hold a garment up against sb./oneself. 2. *unr. itr. V.* **a)** stop; **b)** *(andauern)* go on; last; **c) er hat [bei ihren Eltern] um sie ~.** um ihre Hand angehalten he asked [her parents] for her hand [in marriage]
anhaltend 1. *Adj.* constant; continuous. 2. *adv.* constantly; continuously
An·halter *der* hitch-hiker; **per ~ fahren** hitch[-hike]
An·halterin *die* hitch-hiker
Anhalte·weg *der (Kfz-W.)* [overall] stopping distance
Anhalts·punkt *der* clue (**für** to); *(für eine Vermutung)* grounds *pl.* (**für** for)
an·hand 1. *Präp. mit Gen.* with the help of; on the basis of ⟨current developments⟩. 2. *Adv.* **~ von** with the help of; on the basis of ⟨current developments⟩
An·hang *der* **a)** *(eines Buches)* appendix; **b)** *(Anhängerschaft)* following; **der Minister und sein ~:** the minister and his followers; **hoffentlich bringt er nicht seinen ganzen ~ mit** let's hope he doesn't bring his whole gang along; **c)** *(Verwandtschaft)* family; *(in Heiratsanzeigen)* **Witwe ohne ~:** widow, no family *or* dependants
¹**an|hängen** *(geh.) unr. itr. V.* **a)** *(verbunden sein mit)* be attached to; **b)** *(glauben an)* subscribe to ⟨belief, idea, theory, etc.⟩; **einer Sekte ~:** be an adherent *or* follower of a sect; **c)** *(verehren)* be devoted to
²**an|hängen** 1. *tr. V.* **a)** hang up (**an** + *Akk.* on); **b)** *(ankuppeln)* couple on (**an** + *Akk.* to); hitch up ⟨trailer⟩ (**an** + *Akk.* to); **c)** *(anfügen)* add (**an** + *Akk.* to); **d)** *(ugs.: zuschreiben, anlasten)* **jmdm. etw. ~:** blame sb. for sth.; blame sth. on sb.; **er will mir nur was ~:** he just wants to pin something on me; **e)** *(ugs.: geben)* **jmdm. etw. ~:** give sb. sth.; **jmdm. einen Prozeß ~:** bring an action against sb.; take sb. to court; **laß dir keine vergammelten Tomaten ~!** don't let yourself be palmed off with bad tomatoes. 2. *refl. V.* **a)** hang on (**an** + *Akk.* to); **b)** *(ugs.: sich anschließen)* **sich [an jmdn.** *od.* **jmdn.] ~:** tag along [with sb.] (*coll.*)
An·hänger *der* **a)** *(Mensch)* supporter; *(einer Sekte)* adherent; follower; **b)** *(Wagen)* trailer; **(an der Straßenbahn mit zwei ~n** a tram *(Brit.)* or *(Amer.)* trolley with two extra cars; **c)** *(Schmuckstück)* pendant; **d)** *(Schildchen)* label; tag
-anhänger *der (eines Sportvereins, einer politischen Richtung o. ä.)* ... supporter
Anhänger·kupplung *die* tow-bar
Anhängerschaft *die;* **~, ~en** supporters *pl.*; *(einer Sekte)* followers *pl.*; adherents *pl.*; **eine breite ~ gewinnen** gain a wide following

anhängig *Adj. (Rechtsw.)* pending ⟨action⟩; **etw. ~ machen** start legal proceedings over sth.
anhänglich *Adj.* devoted ⟨dog, friend⟩; devoted, affectionate ⟨child⟩
Anhänglichkeit *die;* **~:** devotion (**an** + *Akk.* to); **aus alter ~** *(Nostalgie)* out of old affection
Anhängsel ['anhɛŋzl] *das;* **~s, ~ a)** *(Überflüssiges)* appendage (*Gen.* to); **b)** *(veralt.: Anhänger)* pendant; *(am Armband)* charm
An·hauch *der (geh., auch fig.)* breath; *(Anflug)* trace; touch
an|hauchen *tr. V.* breathe on ⟨mirror, glasses⟩; blow on ⟨fingers, hands⟩
an|hauen *tr. V. (salopp)* accost; **jmdn. um 50 Mark ~:** touch (*sl.*) *or* tap sb. for 50 marks
an|häufen 1. *tr. V.* accumulate; amass; *(hamstern)* hoard. 2. *refl. V.* accumulate; pile up
An·häufung *die* **a)** *(das Anhäufen)* accumulation; amassing; *(das Hamstern)* hoarding; **b)** *(Haufen)* accumulation; *(von Hütten)* cluster
¹**an|heben** *unr. tr. V.* **a)** *(hochheben)* lift [up] ⟨cupboard, carpet⟩; raise ⟨glass⟩; **b)** *(erhöhen)* raise ⟨prices, wages, etc.⟩
²**an|heben** *unr. itr. V. (geh.)* commence; begin; **zu weinen/sprechen ~:** start *or* begin to cry/speak; start *or* begin crying/speaking
An·hebung *die* increase (*Gen.* in); raising (*Gen.* of)
an|heften *tr. V.* tack [on] ⟨hem, sleeve, etc.⟩; attach ⟨label, list⟩; put up ⟨sign, notice⟩; **etw. mit Büroklammern/Reißnägeln/Heftklammern ~:** [paper-]clip/pin/staple sth. (**an** + *Akk.* to); **jmdm. einen Orden ~:** pin a medal on sb.
anheimelnd *Adj.* homely; cosy
anheim-: **~|fallen** *unr. itr. V.; mit sein (geh.)* **jmdm./dem Staate ~fallen** ⟨wealth, property⟩ pass to sb./the state; **der Vergessenheit/der Zerstörung/einem Betrug ~fallen** sink into oblivion/fall prey to destruction/fall victim to a fraud; **~|geben** *(geh.)* 1. *unr. tr. V.* **etw. den Flammen/dem Feuer ~geben** commit sth. to the flames/fire; **jmds. Obhut ~gegeben werden** be entrusted to sb.'s care; 2. *unr. refl. V.* entrust oneself (*Dat.* to); **sich Gott ~geben** put one's trust in God; **~|stellen** *(geh.) tr. V.* **[es] jmdm. ~stellen, etw. zu tun** leave it to sb. to do sth.; **es bleibt/ist dir ~gestellt, dich zu beschweren** it is up to you to complain
anheischig ['anhaɪʃɪç] *Adj. (geh.)* **in sich ~ machen, etw. zu tun** take on/undertake to do sth.; **jetzt macht er sich auch noch ~, mich über meine Pflichten zu belehren** now he even takes it upon himself to tell me what my duties are
an|heizen 1. *tr. V.* **a)** fire up ⟨stove, boiler, etc.⟩; **b)** *(fig. ugs.)* stimulate ⟨interest⟩. 2. *itr. V.* put the heating on; *(bei einer Lokomotive)* fire up
an|herrschen *tr. V. (geh.)* bark at
an|hetzen *tr. V.; mit sein* **angehetzt kommen** *(ugs.)* come rushing *or* tearing along; *(auf einen zu)* come rushing *or* tearing up
an|heuern ['anhɔʏɐn] 1. *tr. V.* **a)** *(Seemannsspr.)* sign on *or* up; *(um Hilfe bitten)* rope in. 2. *itr. V. (Seemannsspr.)* sign on
An·hieb *der:* **auf [den ersten] ~** *(ugs.)* straight off; first go
an|himmeln *tr. V. (ugs.)* **a)** *(verehren)* idolize; worship; **b)** *(ansehen)* gaze adoringly at
An·höhe *die* rise; elevation; *(Hügel)* hill
an|hören 1. *tr. V.* **a)** listen to; **etw. [zufällig] mit ~:** overhear sth.; **er wurde verurteilt, ohne vorher auch nur angehört worden zu sein** he was sentenced without even being given a hearing; **sich** *(Dat.)* **jmdm./etw. ~:** listen to sb./sth.; **ich kann das länger** *od.* **mehr**

Anklage

mit ~! I can't listen to that any longer; **b)** *(anmerken)* **man hörte ihr die Verzweiflung an** one could hear the despair in her voice. 2. *refl. V.* sound; **[das] hört sich nicht schlecht an** *(ugs.)* [that] doesn't sound bad
Anhörung *die;* **~, ~en** hearing
Anhörungs·verfahren *das* hearing
an|hupen *tr. V.* hoot at
an|husten *tr. V.* cough over; **jmdn. ~:** cough over sb. *or* in sb.'s face
Anhydrid [anhy'driːt] *das;* **~s, ~e** *(Chemie)* anhydride
Änigma [ɛ'nɪgma] *das;* **~s, ~ta** *u.* **Änigmen** *(geh.)* enigma
änigmatisch *Adj. (geh.)* enigmatic
Anilin [ani'liːn] *das;* **~s** *(Chemie)* aniline
Anilin·leder *das* aniline leather
animalisch [ani'maːlɪʃ] *Adj.* **a)** animal; **b)** *(abwertend: triebhaft)* animal; bestial
Animateur [animaˈtøːɐ̯] *der;* **~s, ~e** host
Animateurin *die;* **~, ~nen** hostess
Animation [animaˈtsjoːn] *die;* **~, ~en** animation
Animier·dame *die* hostess
animieren [ani'miːrən] *tr. V. (auch itr.) V.* **a)** encourage; **das soll zum Kaufen ~:** it is to encourage people to buy; **er fühlte sich [durch mein Beispiel] animiert** he felt prompted [by my example]; **b)** *(Film)* animate
Animier-: **~lokal** *das* hostess bar; *(Nachtklub)* hostess night-club; **~mädchen** *das* hostess
Animosität [animoziˈtɛːt] *die;* **~, ~en a)** *o. Pl.* animosity; **b)** *(Äußerung)* hostile remark
Animus ['aːnimʊs] *der;* **~ a)** *(Psych.)* animus; **b)** *(ugs.: Ahnung)* **ich habe so einen ~, daß ...:** I have a feeling *or* hunch that ...
An·ion *das (Chemie)* anion
Anis [a'niːs] *der;* **~[es], ~e a)** *(Pflanze)* anise; **b)** *(Gewürz)* aniseed; **c)** *(Branntwein)* aniseed brandy
Anisette [ani'zɛt] *der;* **~s, ~s** anisette
Anis-: **~|likör** *der* aniseed liqueur; **~|plätzchen** *das* aniseed biscuit; **~|schnaps** *der* aniseed brandy
Ank. *Abk.* Ankunft arr.
an|kämpfen *itr. V.* **gegen jmdn./etw. ~:** fight [against] sb./sth.; **gegen den Strom/Wind/die Elemente ~:** battle against the current/the wind/the elements
an|karren *tr. V. (ugs.)* cart along; bring along ⟨supporters, followers⟩
An·kathete *die (Geom.)* adjacent side
An·kauf *der* purchase; **„Heinrich Meyer, An- und Verkauf"** 'Heinrich Meyer, second-hand dealer'; **„An- und Verkauf von ..."** 'we buy and sell ...'; **durch den ~ einer Sache** *(Gen.)* by purchasing *or* buying sth.; by the purchase of sth.
an|kaufen *tr. V.* purchase; buy
an|keifen *tr. V.* scream at
Anker ['aŋkɐ] *der;* **~s, ~ a)** *(eines Schiffs)* anchor; *(fig.)* support; **vor ~ gehen/liegen** *od.* **treiben** drop anchor/lie at anchor; **~ werfen** drop anchor; **b)** *(Elektrot.)* armature; **c)** *(Uhrmacherei)* anchor
Anker-: **~boje** *die* anchor buoy; **~kette** *die* anchor cable; **~klüse** *die;* **~, ~n** hawse-hole; *(Rohr)* hawse-pipe
ankern *itr. V.* **a)** *(vor Anker gehen)* anchor; drop anchor; **b)** *(vor Anker liegen)* be anchored; lie at anchor
Anker-: **~platz** *der* anchorage; **~wicklung** *die (Elektrot.)* armature winding; **~winde** *die* windlass
an|ketten *tr. V.* chain up (*Dat.*, **an** + *Akk.* to)
an|kläffen *tr. V.* yap at
An·klage *die* **a)** charge; **der Staatsanwalt hat ~ [wegen Mordes gegen ihn] erhoben** the public prosecutor brought a charge [of murder against him]; **unter ~ stehen** have been charged (**wegen** with); **jmdn. unter ~ stellen** charge sb. (**wegen** with); **b)** *(~vertre-*

878

Anklagebank — Anlaß

Anklage-: ~**bank** die; Pl. ~bänke dock; **auf der ~bank sitzen** (auch fig.) be in the dock; ~**erhebung** die preferral of charges; **für eine ~erhebung hinreichend sein** be sufficient to justify preferring charges

an|klagen 1. tr. V. a) (Rechtsw.) charge; accuse; jmdn. einer Sache (Gen.) od. wegen etw. ~: charge sb. with or accuse sb. of sth.; b) (geh.: beschuldigen) accuse; **jmdn./sich einer Sache** (Gen.) ~: accuse sb./oneself of sth.; jmdn./sich ~, etw. zu tun accuse sb./ oneself of doing sth.; **sich als etw.** (Nom. od. Akk.) ~: accuse oneself of being sth. 2. itr. V. cry out in accusation; **ein ~des Buch** a book that cries out in accusation; **jmdn. ~d ansehen** look at sb. accusingly

An·kläger der prosecutor

Anklage-: ~**schrift** die indictment; ~**vertreter** der prosecuting counsel; counsel for the prosecution; ~**vertretung** die (Vorgang, Partei) prosecution

an|klammern 1. tr. V. peg (Brit.), pin (Amer.) ⟨clothes, washing⟩ up (an + Akk. to); clip ⟨copy, sheet, etc.⟩ (an + Akk. to); (mit Heftklammern) staple ⟨copy, sheet, etc.⟩ (an + Akk. on). 2. refl. V. sich an jmdn./etw. ~: cling to or hang on to sb./sth.

An·klang der a) o. Pl. in [bei jmdm.] ~ finden meet with [sb.'s] approval; find favour [with sb.]; **mit dem Vorschlag wirst du keinen großen ~ finden** you won't find any great support for that proposal; **wenig/keinen/großen ~ finden** be poorly/badly/well received (bei by); b) ⟨Ähnlichkeit⟩ (an + Akk. of); **Anklänge an etw.** (Akk.) **enthalten** be reminiscent of sth.

an|klatschen tr. V. (ugs.) slap ⟨poster, wallpaper, etc.⟩ up or on (an + Akk. to); plaster ⟨hair⟩ down

an|kleben 1. tr. (auch itr.) V. stick up ⟨poster, etc.⟩ (an + Akk. on); „**Ankleben verboten**" 'stick (Brit.) or post no bills'; 'bill-posting prohibited'; **sich** (Dat.) **einen falschen Bart ~:** stick on a false beard. 2. itr. V.; mit sein stick (an + Dat. to)

an|kleckern itr. V. (ugs.) **mit sein angekleckert kommen** (ugs.) ⟨immer wieder kommen⟩ come trotting along (coll.); (auf einen zu) come trotting on (coll.); (nach und nach eintreffen) come drifting along or in

Ankleide·kabine die changing cubicle

an|kleiden tr. V. (geh.) dress; **sich ~:** get dressed; dress [oneself]

Ankleide·raum der dressing-room

an|klicken tr. V. (DV) click on

an|klingeln 1. itr. V. (ugs.) **jmdn. od. bei jmdm. ~:** ring or call sb. [up]

an|klingen unr. itr. V. a) ⟨erinnern⟩ be reminiscent (an + Akk. of); b) auch mit sein ⟨wahrnehmbar sein⟩ be discernible; **ein Thema ~ lassen** touch on a theme

an|klopfen itr. V. knock (an + Akk. od. Dat. at or on); **bei jmdm. um etw. ~** (ugs.) try to touch (sl.) or tap sb. for sth.

an|knabbern tr. V. (ugs.) nibble [at]; **der Staat muß seine Goldreserven ~** (fig.) the state is having to dig into its gold reserves; **zum Anknabbern aussehen** (fig.) look good enough to eat

an|knacksen tr. V. (ugs.) crack ⟨bone, rib⟩; (fig.) injure ⟨pride⟩; badly affect ⟨health⟩

an|knipsen tr. V. (ugs.) switch or put on with

an|knüpfen 1. tr. V. a) tie on (an + Akk. to); b) (beginnen) start up ⟨conversation⟩; open, start ⟨negotiations⟩; establish ⟨relations, business links⟩; form ⟨relationship⟩; **eine Bekanntschaft mit jmdm. ~:** strike up an acquaintance with sb. 2. itr. V. **an etw.** (Akk.) ~: take up; **ich knüpfe dort an, wo wir vorige Woche aufgehört haben** I'll pick up where we left off last week

Anknüpfung die; ~, ~en a) s. anknüpfen b:

starting up; opening; starting; establishment; forming; b) **die ~ an etw.** (Akk.) taking sth.; **unter [bewußter] ~ an etw.** (Akk.) with [conscious] reference to sth.

Anknüpfungs·punkt der starting-point [for a/the conversation]

an|knurren tr. V. growl at; **sich [gegenseitig] ~** (auch fig.) growl at one another

an|kohlen tr. V. (ugs.) kid (coll.)

an|kommen 1. unr. itr. V.; mit sein a) (eintreffen) arrive; ⟨letter, parcel⟩ come, arrive; ⟨bus, train, plane⟩ arrive, get in; **seid ihr gut angekommen?** did you arrive safely or get there all right?; **ich bin beim 6. Kapitel angekommen** I have reached or got to the sixth chapter; **wann sollen die Zwillinge denn ~?** (ugs.: geboren werden) when are the twins due [to arrive]?; **bei ihr ist kürzlich das vierte Kind angekommen** (ugs.: geboren worden) she has just had her fourth child; b) (ugs.: Anklang finden) **[bei jmdm.][gut] ~:** go down [very] well [with sb.]; **damit kommt er bei mir nicht an** he won't get anywhere with me with that; **er ist ein Typ, der bei den Frauen ankommt** he is the sort who is a success with women; c) **gegen jmdn./etw. ~:** be able to cope or deal with sb./fight sth.; d) (unpers.: abhängen) **auf uns/auf das Wetter kommt es dabei nicht an** it doesn't depend on us/the weather; **es kommt [ganz] darauf an, ob ...:** it [all] depends whether ...; **es kommt [ganz] darauf od. drauf an** (ugs.) it [all] depends; **es darauf. drauf ~ lassen** (ugs.) take a chance; chance it; **es auf etw.** (Akk.) **~ lassen** (be prepared to) risk sth.; **man könnte es ja mal auf einen Versuch ~ lassen** one could at least give it a try; e) (unpers.: entscheidend, wichtig sein) **es kommt auf etw.** (Akk.) **an** sth. matters; **auf die paar Mark/Minuten kommt es [mir] nicht an/soll es mir nicht ~:** a few marks/minutes don't matter [to me]; **es kommt auf jede Minute/jeden Pfennig an** every minute/pfennig counts; **es käme auf einen Versuch an** it's or it would be worth a try; **da kommt es auf drei Leute mehr auch nicht mehr an** three more people won't make any difference; **es kommt nicht darauf an, was er sagt** it's not what he says that matters; **darauf kommt es mir nicht so sehr an** that doesn't matter so much to me; f) (herankommen) come along; **mit etw. ~** (ugs.: etw. dauernd betonen) harp on about sth.; g) (ugs.: Erfolg haben) **er ist mit seinem Manuskript bisher noch bei keinem Verlag angekommen** up to now he hasn't had any success with publishers with his manuscript; **ohne Beziehungen kommt man heute nirgends mehr an** you won't or don't get anywhere these days without connections. 2. tr. V. (geh.) a) (überkommen) ⟨fear, desire, etc.⟩ come over; b) **jmdn. hart/schwer usw. ~:** be hard/difficult etc. for sb.

Ankömmling ['ankœmlɪŋ] der; ~s, ~e newcomer; (ugs.: Neugeborenes) new arrival

an|können unr. itr. V. a) **gegen jmdn./etw. ~:** be able to fight sb./sth.; b) (ugs.: ansein dürfen) **das Licht/Radio/die Heizung kann jetzt wieder an** you/he etc. can put the light/ radio/heating on again now

an|koppeln 1. tr. V. couple ⟨carriage⟩ up (an + Akk. to); hitch ⟨trailer⟩ up (an + Akk. to); dock ⟨spacecraft⟩ (an + Akk. with). 2. itr. V. ⟨spacecraft⟩ dock (an + Akk. with)

an|kotzen tr. V. (salopp) a) throw up over; puke over (coarse); b) (fig.: anwidern) **jmdn. ~:** make sb. sick

an|krallen refl. V. cling (an + Akk. od. Dat. at)

an|kratzen tr. V. scratch; (fig. ugs.) dent

an|kreiden tr. V. (ugs.) **jmdm. etw. ~:** hold sth. against sb.; **man kreidet ihm sein Verhalten als Schwäche an** his behaviour is seen or regarded as weakness; **das muß man ihm**

dick ~: you've really got to hold that against him

An·kreis der (Geom.) escribed circle; excircle

an|kreuzen 1. tr. V. mark with a cross; put a cross beside. 2. itr. V.; meist mit sein **gegen den Wind ~** (Segeln) sail against or into the wind

an|kriechen unr. itr. V.; mit sein **angekrochen kommen** come creeping or crawling along; (auf einen zu) come creeping or crawling up

an|kündigen 1. tr. V. announce; **kündige dich bitte vorher an** please let me/us etc. know in advance that you are coming or give me/us etc. advance notice; **ein Gewitter ~:** herald a storm; **eine angekündigte/ nicht angekündigte Klassenarbeit** a class test announced in advance/a surprise test. 2. refl. V. ⟨spring, storm⟩ announce itself; ⟨illness⟩ show itself

An·kündigung die announcement; **er besuchte uns ohne vorherige ~:** he visited us without letting us know in advance or with no advance notice

Ankunft ['ankʊnft] die; ~, Ankünfte arrival; „~" 'arrivals'

Ankunfts-: ~**halle** die (Flugw.) arrival[s] hall; ~**tafel** die arrivals board

an|kuppeln tr. V. s. ankoppeln 1

an|kurbeln tr. V. a) crank [up]; b) (fig.) boost ⟨economy, production, etc.⟩

Ankurb[e]lung die; ~, ~en boosting; **Maßnahmen zur ~ der Wirtschaft** measures to boost the economy

an|kuscheln refl. V. **sich an jmdn. od. bei jmdm./an etw.** (Akk.) ~: snuggle or cuddle up to sb./sth.

Anl. Abk. Anlage encl.

an|lächeln tr. V. smile at; **jmdn. freundlich ~:** give a friendly smile to sb.

an|lachen 1. tr. V. smile at; **ich habe dich angelacht, nicht an dich** I was laughing with you, not at you. 2. refl. V. **sich** (Dat.) **jmdn. ~** (ugs.) get off with sb. (Brit. coll.); pick sb. up

An·lage die a) o. Pl. (das Anlegen) ⟨einer Kartei⟩ establishment; ⟨eines Parks, Gartens usw.⟩ laying out; construction; ⟨eines Parkplatzes, Stausees⟩ construction; b) ⟨Grün~⟩ park; (um ein Schloß, einen Palast usw. herum) grounds pl.; **die öffentlichen/städtischen ~n** public/municipal parks and gardens; c) (Angelegtes, Komplex) complex; d) (Einrichtung) facilities pl.; **sanitäre/militärische ~n** sanitary facilities/military installations; **die elektrische ~:** the electrical equipment; e) (Werk) plant; f) (Musik~, Lautsprecher~ usw.) equipment; system; g) (Geld~) investment; h) (Konzeption) conception; (Struktur) structure; i) (Veranlagung) aptitude, gift, talent (zu for); (Neigung) tendency, predisposition (zu to); j) (Beilage zu einem Brief) enclosure; **als sende ich Ihnen/erhalten Sie ein ärztliches Attest** please find enclosed or I enclose a medical certificate

anlage-, Anlage-: ~**bedingt** 1. Adj. constitutional; 2. adv. constitutionally; ~**berater** der investment advisor; ~**kapital** das investment capital

an|lagern 1. tr. V. take up. 2. refl. V. be taken up (an + Akk. by)

Anlage·vermögen das fixed assets pl. or capital

an|landen tr. V. land

an|langen 1. itr. V.; mit sein arrive; **bei/auf/an etw.** (Dat.) ~: arrive at or reach sth.; **bei Kapitel 3 ~:** reach or get to chapter 3. 2. tr. V. a) (südd.: anfassen) touch; b) s. anbelangen

Anlaß ['anlas] der; Anlasses, Anlässe ['anlɛsə] a) (Ausgangspunkt, Grund) cause (zu for); **der ~ des Streites** the cause of the dispute; **etw. zum ~ nehmen, etw. zu tun** use or

879

take sth. as an opportunity to do sth.; **ich möchte aus gegebenem ~ darauf hinweisen, daß ...**: I would like to take this opportunity to point out that ...; **aus ~ seines Geburtstags** on the occasion of or to celebrate his birthday; **jmdm. ~ zu Beschwerden geben** give sb. cause for complaint; **~ zur Sorge/Beunruhigung/Klage geben** give cause for concern/unease/complaint; **beim geringsten/kleinsten ~:** for the slightest reason; **aus aktuellem ~:** because of current events; b) *(Gelegenheit)* occasion; **bei festlichen Anlässen** on festive occasions

an|lassen 1. *unr. tr. V.* a) *(in Betrieb lassen)* leave ⟨light, radio, heating, etc.⟩ on; leave ⟨engine, tap⟩ on or running; leave ⟨candle⟩ burning; b) *(anbehalten)* keep ⟨coat, gloves, etc.⟩ on; c) *(in Gang setzen)* start [up]. 2. *unr. refl. V.* **sich gut/schlecht ~:** make a or get off to a good/bad start; **wie läßt sich der neue Mitarbeiter denn an?** how is your new colleague getting on?

Anlasser der; ~s, ~ *(Kfz-W.)* starter

an·läßlich *Präp. mit Gen.* on the occasion of

an|lasten *tr. V.* **jmdm. ein Verbrechen ~:** accuse sb. of a crime; **jmdm. die Schuld an etw.** *(Dat.)* **~:** blame sb. for sth.; **jmdm. etw. als Versagen ~:** regard sth. as a failure on sb.'s part

an|latschen *itr. V.; mit sein (ugs.)* **angelatscht kommen** come trudging along; *(auf einen zu)* come trudging up; *(schlurfend)* come slouching along/up

An·lauf der a) run-up; **[mehr] ~ nehmen** take [more of] a run-up; **mit/ohne ~:** with/without a run-up; **er sprang mit/ohne ~:** he did a running/standing jump; **ein Sprung mit/ohne ~:** a running/standing jump; b) *(Versuch)* attempt; **beim od. im ersten/dritten ~:** at the first/third attempt or *(coll.)* go; **einen [neuen] ~ nehmen** make another attempt; **have another go** *(coll.)*; c) *(Sport) (Bahn)* runway; *(Strecke)* run-up

Anlauf·adresse die *s.* Anlaufstelle

an|laufen 1. *unr. itr. V.; mit sein* a) **angelaufen kommen** come running along; *(auf einen zu)* come running up; b) **gegen jmdn./etw. ~:** run at sb./sth.; **gegen etw. ~** *(fig.)* fight against sth.; c) *(Anlauf nehmen)* take a run-up; d) *(zu laufen beginnen)* ⟨engine⟩ start [up]; *(fig.)* ⟨film⟩ open; ⟨production, campaign, search⟩ start; e) *(sich färben)* turn; go; f) *(beschlagen)* mist or steam up. **2.** *unr. tr. V.* put in at ⟨port⟩

Anlauf-: **~stelle die** [place of] refuge; place to go; **~stelle für solche Reiserufe** the place to which to send such SOS messages; **~zeit die: der Motor braucht einige Minuten ~zeit** the engine needs a few minutes to warm up; **morgens braucht sie immer eine gewisse ~zeit** it always takes her a certain amount of time to get going in the mornings

An·laut der *(Sprachw.)* initial sound; **der Konsonant wird im ~ stimmhaft gesprochen** the consonant is voiced when in initial position

an|lauten *itr. V. (Sprachw.)* begin *(mit* with); **der ~de Vokal** the initial vowel

an|läuten *tr., itr. V. (bes. südd.)* s. anrufen 1c, 2a

an|legen 1. *tr. V.* a) *(an etw. legen)* put or lay ⟨domino, card⟩ [down] (an + Akk. next to); place, position ⟨ruler, protractor⟩ (an + Akk. on); put ⟨ladder⟩ up (an + Akk. against); **ein Gewehr auf jmdn./etw. ~:** level a gun at sb./sth.; **sie legte das Baby an** she put the baby to her breast; **einen strengen Maßstab [an etw.** *(Akk.)***] ~:** apply strict standards to sth.; **an den Körper legen** ⟨die Flügel/Ohren⟩ **~:** close its wings/lay its ears back; **die Arme ~:** put one's arms to one's sides; c) *(geh.: anziehen, umlegen)* don; put on; d) *(schaffen, erstellen)* lay out ⟨town, garden, plantation, street⟩; start ⟨file, album⟩; compile ⟨statistics, index⟩; e) *(gestalten, entwerfen)* structure ⟨story, novel⟩; f) *(investieren)* invest; g) *(ausgeben)* spend **(für** on); h) **er legt es auf einen Streit an** he is determined to have a fight; **es darauf ~, etw. zu tun** be determined to do sth.; i) *(nachlegen)* put on. **2.** *itr. V.* a) *(festmachen, landen)* moor; *(am Liegeplatz)* berth; *(Kartenspiel)* lay a card/cards; **bei jmdm. ~:** lay a card/cards on sb.'s hand; **ich kann nirgends/nicht ~:** I can't go; c) *(Domino)* play [a domino/dominoes]; d) *(das Gewehr anlegen)* aim (auf + Akk. at). **3.** *refl. V.* **sich mit jmdm. ~:** pick an argument or a quarrel with sb.

Anlege·platz der berth

Anleger der; ~s, ~ a) *(Schiffahrt)* jetty; landing-pier; b) *(Investor)* investor

Anlege-: **~steg der** jetty; landing-stage; **~stelle die** mooring

an|lehnen 1. *tr. V.* a) *(an etw. lehnen)* lean **(an** + Akk. od. Dat. against); b) leave ⟨door⟩ slightly open or ajar; leave ⟨window⟩ slightly open; **die Tür war angelehnt** the door was [left] slightly open or ajar. **2.** *refl. V.* **sich [an jmdn. od./etw.] ~:** lean [on sb./against sth.]; **er lehnte sich an den Rücken/der Schulter an sie** od. **der Wand an** he leaned back or leaned his back/leaned [with] his shoulder against the wall; **sich an ein Vorbild ~** *(fig.)* follow an example

Anlehnung die; ~, ~en a) dependence (an + Akk. on; ⟨Halt, Stütze⟩ support; **~ an jmdn./etw. suchen/finden** look for/find support from sb./sth.; b) *(Nachahmung)* **in ~ an jmdn./etw.** following or in imitation of sb./sth.

Anlehnungs·bedürfnis das need for love and affection

anlehnungs·bedürftig *Adj.* in need of love and affection *postpos.*; **je mehr sie trank, desto ~er wurde sie** *(scherzh.)* the more she drank, the more amorous and affectionate she became

Anleihe die; ~, ~n a) *(Darlehen)* loan; b) *(fig.)* borrowing; **eine ~ bei Goethe/Picasso machen** borrow from Goethe/Picasso

an|leimen *tr. V.* stick or glue on (an + Akk. od. Dat. to)

an|leinen *tr. V.* put ⟨dog⟩ on the lead; **Hunde sind anzuleinen** dogs must be kept on a lead; **der Hund war nicht angeleint** the dog was not on a lead

an|leiten *tr. V.* a) *(unterweisen)* instruct; teach; **jmdn. bei der Arbeit ~:** instruct sb. in the work; teach sb. the work; b) *(anhalten, erziehen)* teach; **die Kinder zur Selbständigkeit/Pünktlichkeit ~:** teach the children to be independent/punctual

An·leitung die instructions *pl.*

Anlern·beruf der semi-skilled occupation or job

an|lernen 1. *tr. V.* train; **ein angelernter Arbeiter** a semi-skilled worker. **2.** *refl. V.* **sich** *(Dat.)* **etw. ~:** learn sth. up; **eine bloß angelernte Bildung** a superficially acquired education

Anlernling ['anlɛrnlɪŋ] **der; ~s, ~e** *(veralt.)* trainee; **~ sein** be a trainee

an|lesen 1. *unr. tr. V.* begin or start reading or to read. **2.** *unr. refl. V.* **sich** *(Dat.)* **etw. ~:** learn sth. by reading or from books; **eine nur angelesene Kenntnis** knowledge which comes straight out of books

an|leuchten *tr. V.* **jmdn./etw. ~:** shine a light on sb./light sth. up; **den Dieb mit der Taschenlampe ~:** shine a torch *(Brit.)* or *(Amer.)* flashlight on the thief

an|liefern *tr. V.* deliver

An·lieferung die delivery

an|liegen *unr. tr. V.* a) *(an etw. liegen)* ⟨pullover etc.⟩ fit tightly or closely; ⟨hair, ears⟩ lie flat; **ein eng ~der Pullover** a tight- or close-fitting pullover; b) *(ugs.: vorliegen)* be on; *(zu erledigen sein)* to be done; **was liegt an?** *(was kann ich für dich tun?)* what's up? *(coll.)*

An·liegen das; ~s, ~ *(Bitte)* request; *(Angelegenheit)* matter; **etw. zu seinem persönlichen ~ machen** take a personal interest in sth.

anliegend *Adj.* a) *nicht präd. (angrenzend)* adjacent; b) *(beiliegend)* enclosed

Anlieger der; ~s, ~: resident; „**~ frei**", „**frei für ~**" 'access only'

Anlieger-: **~staat der: die ~staaten des Mittelmeers usw.** the countries bordering the Mediterranean *etc.*; **~verkehr der** residents' vehicles *pl.*; **die Straße ist nur noch für den ~verkehr frei** the street is only open to residents; „**"~verkehr frei"** 'residents only'

an|locken *tr. V.* attract ⟨customers, tourists, etc.⟩; lure ⟨bird, animal⟩

an|löten *tr. V.* solder on (an + Akk. od. Dat. to)

an|lügen *tr. V.* lie to

Anm. *Abk.* Anmerkung

an|machen *tr. V.* a) *(anschalten, -zünden usw.)* put or turn ⟨light, radio, heating⟩ on; light ⟨fire⟩; b) *(bereiten)* mix ⟨cement, plaster, paint, etc.⟩; dress ⟨salad⟩; c) *(ugs.: anbringen)* put up ⟨curtain, sign⟩; **ein Schild an der Tür ~:** put a sign up on the door; **dem Hund das Halsband ~:** put the collar on the dog; d) *(ugs.: ansprechen)* ⟨woman, girl⟩ give ⟨man, boy⟩ the come-on *(sl.)*; ⟨man, boy⟩ chat ⟨woman, girl⟩ up *(Brit. coll.)*; e) *(ugs.: begeistern, erregen)* get ⟨audience etc.⟩ going; **das macht mich ungeheuer/nicht an** it really turns me on *(coll.)*/does nothing for me *(coll.)*; f) *(provozieren)* **mach mich nicht an!** leave me alone!

an|mahnen *tr. V.* send a reminder about; **er hat den angemahnten Betrag sofort überwiesen** he paid the outstanding amount as soon as he received a reminder

An·mahnung die reminder; **trotz mehrfacher ~:** despite repeated reminders *pl.*

an|malen *tr. V.* a) paint; **etw. rot ~:** paint sth. red; b) *(ugs.: schminken)* paint; **sich ~:** paint one's face; c) *(auf etw. malen)* draw (an + Akk. on); **jmdm./sich einen Bart ~:** paint or draw a beard on sb.'s/one's face or on the face

An·marsch der a) *o. Pl. (das Anmarschieren)* advance; **im ~ sein** *(anrücken)* be advancing; *(ugs. scherzh.: unterwegs sein)* be on one's way; b) *(ugs.: Weg)* walk

an|marschieren *itr. V.; mit sein* advance; **anmarschiert kommen** *(ugs.)* come marching along; *(auf einen zu)* come marching up

Anmarsch·weg der walk

an|maßen *refl. V.* **sich** *(Dat.)* **etw. ~:** claim sth. [for oneself]; arrogate sth. to oneself; **was maßt du dir an?** who do you think you are?; what do you think you are doing?; **sich ~, etw. zu tun** presume to do sth.; **darüber kannst du dir gar kein Urteil ~:** you have no right or it's not your place to pass judgement on that

an·maßend 1. *Adj.* presumptuous; *(arrogant)* arrogant. **2.** *adv.* presumptuously; *(arrogant)* arrogantly

Anmaßung die; ~, ~en presumptuousness; presumption; *(Arroganz)* arrogance; **so eine [freche] ~!** what presumptuousness or presumption/arrogance!; **es ist eine ~ zu behaupten, daß ...:** it is presumptuous to assert that ...

an|meckern *tr. V. (ugs.)* **jmdn. ~:** have a go at sb.

Anmelde·formular das a) application form; b) *(einer Meldebehörde)* registration form

an|melden *tr. V.* a) *(als Teilnehmer)* enrol; **jmdn./sich zu einem Kursus/in** *od.* **bei einer Schule ~:** enrol sb./enrol for a course/at a

Anmeldepflicht

school; **sich schriftlich ~**: register [in writing]; **jmdn. zu einer Impfung ~**: make an appointment for sb. to be vaccinated; **b)** *(melden, anzeigen)* license, get a licence for ⟨television, radio⟩; apply for ⟨patent⟩; register ⟨domicile, change of address, car, trade mark⟩; **die Demonstration war nicht angemeldet** no notification had been given of the demonstration; **sich/seinen neuen Wohnsitz ~**: register one's new address; **jmdn./sich polizeilich** *od.* **bei der Polizei ~**: register sb./register with the police; *s. auch* **Konkurs**; **c)** *(ankündigen)* announce; *(einen Termin vereinbaren)* **sind Sie angemeldet?** do you have an appointment?; **sich beim Arzt ~**: make an appointment to see the doctor; **d)** *(geltend machen)* express, make known ⟨reservation, doubt, wish⟩; put forward ⟨demand⟩; assert ⟨right⟩; **e)** *(Kartenspiele: ansagen)* bid; **f)** *(Fernspr.)* book; **ein Gespräch nach Übersee ~**: book an overseas call

Anmelde·pflicht die *(für den Wohnsitz)* obligation to register one's address; *(für Fernsehen, Radio)* obligation to obtain a licence; *(für das Auto)* obligation to register a/the vehicle; **für Demonstrationen besteht ~**: it is mandatory to notify the police in advance of demonstrations

anmelde·pflichtig Adj. **~ sein** ⟨television, radio⟩ need a licence; ⟨car⟩ have to be registered; ⟨demonstration⟩ have to be notified; **jeder Wohnungswechsel ist ~**: every change of address must be registered

An·meldung die **a)** *(zur Teilnahme)* enrolment; **b)** *s.* **anmelden b**: licensing; registration; notification; **die ~ eines Patents** the application for a patent; **c)** *(Ankündigung)* announcement; *(beim Arzt, Rechtsanwalt usw.)* making an appointment; **d)** *s.* **anmelden d**: expression; putting forward; assertion; **e)** *(Fernspr.)* booking; **die ~ eines Gesprächs** booking a call; **f)** *(Formular, Schreiben)* registration [form]; **g)** *(Büro, Schalter usw.)* reception; **Sie müssen zuerst zur/in die ~ [gehen]** you must go to reception first

an|merken *tr. V.* **a) jmdm. seinen Ärger/seine Verlegenheit** usw. **~**: notice that sb. is annoyed/embarrassed *etc.*; notice sb.'s annoyance/embarrassment *etc.*; **man merkt ihm [nicht] an, daß er krank ist** you can[not] tell that he is ill; **sich nichts ~ lassen** not let it show; **b)** *(geh.: bemerken)* note; **c)** *(geh.: anstreichen)* mark

Anmerkung die; ~, ~en **a)** *(Fußnote)* note; **b)** *(geh.: Bemerkung)* comment; remark; **wenn ich dazu eine ~ machen darf** if I may comment on that

an|mieten *tr. V.* rent; hire, rent ⟨car, van⟩
an·mit *Adv. (schweiz. Papierdt.)* herewith
an|montieren *tr. V.* fix on **(an + Akk. od. Dat. to)**
an|müssen *unr. itr. V.* have to be put on
an|mustern *(Seemannsspr.) tr., itr. V.* sign on
An·mut die; ~ *(geh.)* grace; *(Liebreiz, auch fig.: einer Landschaft usw.)* charm; *(fig.: eines Ausdrucks)* elegance; gracefulness; **mit ~**: gracefully
an|muten *tr. (auch itr.) V. (geh.)* **etw. mutet [jmdn.] fremd** usw. **an** sth. seems strange *etc.* [to sb.]; **alles mutete ihn wie ein Traum an** everything seemed like a dream to him; **ein seltsam ~der Anblick** a sight that seems strange to me/him *etc.*
an·mutig *(geh.)* **1.** Adj. graceful ⟨girl, gesture, movement, dance⟩; charming, delightful ⟨girl, smile, picture, landscape⟩. **2.** adv. ⟨move, dance⟩ gracefully; ⟨smile, greet⟩ charmingly, delightfully
anmuts·voll *(geh.) s.* **anmutig**
an|nageln *tr. V.* nail on **(an + Akk. od. Dat. to)**; nail up ⟨notice, picture⟩ **(an + Akk. od. Dat. on)**; **wie angenagelt dastehen** *(ugs.)* stand [there] rooted to the spot

an|nagen *tr. V.* gnaw [at]; *(fig. geh.)* gnaw *or* nibble away at
an|nähen *tr. V.* sew on **(an + Akk. to)**
an|nähern 1. *refl. V.* **a)** approach; **die Straße nähert sich der Küste allmählich immer weiter an** the road gradually gets closer and closer to the coast; **sich einem Grenzwert ~** *(Math.)* converge towards a limit; **b)** *(fig.: [menschlich] näherkommen)* **sich jmdm. ~**: come *or* get closer to sb.; **c)** *(sich angleichen)* **sich einer Sache** *(Dat.)* **~**: come *or* get closer to sth. **2.** *tr. V. (angleichen)* bring closer *(Dat.* to); **verschiedene Standpunkte einander ~**: bring differing points of view closer together; **etw. einem Vorbild ~**: make sth. more like a model
annähernd 1. Adv. *(ungefähr)* approximately; roughly; *(fast)* almost; nearly; **nicht ~ so teuer** not nearly as *or* nowhere near as expensive. **2.** *adj.: nicht präd.* approximate; rough; **mit ~er Sicherheit** with a rough degree of certainty
Annäherung die; ~, ~en **a)** *(das Sichannähern)* approach **(an + Akk.** to); **bei ~ des Zuges** as the train approaches/approached; **b)** *(fig.)* **es kam zu einer ~ der beiden Parteien** the two parties came *or* moved closer together; **eine ~ zwischen zwei Staaten herbeiführen** bring two states closer together; **c)** *(Angleichung)* **eine ~ der gegenseitigen Standpunkte** bringing the points of view on each side closer together
annäherungs-, Annäherungs-: ~versuch der advance; *(im politischen Bereich)* attempted rapprochement; **immer wieder plumpe ~versuche machen** keep making [very] obvious advances; **~weise** Adv. approximately; roughly; **~wert** der *s.* **Näherungswert**
Annahme ['anaːmə] die; ~, ~n **a)** *(das Annehmen)* acceptance; **die ~ eines Pakets verweigern** refuse to accept [delivery of] a parcel; **b)** *(Vermutung)* assumption; **ich war der ~, daß ...**: I assumed that ...; **in der ~, daß ...**: on the assumption that ...; **gehe ich recht in der ~...?** am I right in assuming that ...?; **ich gehe einmal von der ~ aus, daß ...**: I am working *or* going on the assumption that ...; **c)** *s.* **Annahmestelle**; **d)** *(Billigung)* approval; *(einer Dissertation)* acceptance; **e)** *(einer Gewohnheit)* adoption; *(eines Namens)* adoption; assumption; **f)** *(Aufnahme)* taking on; **über jmds. ~ entscheiden** decide if sb. should be taken on; **~ an Kindes Statt** *(veralt.)* adoption
Annahme-: ~schluß der deadline [for acceptance]; **wann ist ~schluß?** when is the deadline [for acceptance]?; **freitags ist für Lottoscheine ~schluß** Friday is the last day of the week for lottery coupons; **~stelle** die *(für Lotto/Wetten* usw.*)* place where coupons/bets are accepted; *(einer Reinigung)* branch; *(für Reparaturen)* repairs counter/department; *(für Telegramme, Pakete* usw.*)* telegrams/parcels counter; *(für Lieferungen)* delivery point
Annalen [a'naːlən] *Pl.* annals; **in die ~ der Firma eingehen** go down in the annals of the firm
annehmbar 1. Adj. **a)** *(akzeptabel)* acceptable; **b)** *(recht gut)* reasonable. **2.** adv. reasonably [well]
an|nehmen 1. *unr. tr. V.* **a)** accept; take; accept ⟨alms, invitation, condition, help⟩; take ⟨food, telephone call⟩; take [on] ⟨task, job, repairs⟩; accept, take up ⟨offer, invitation, challenge⟩; **die** *od.* **seine Wahl ~**: accept one's election; **b)** *(Sport)* take; **er nahm den Ball mit dem Kopf an** he headed the ball down; **c)** *(billigen)* approve, accept ⟨dissertation⟩; pass ⟨law⟩; approve, adopt ⟨resolution⟩; **d)** *(aufnehmen)* take on ⟨worker, patient, pupil⟩; **e)** *(hinnehmen)* accept ⟨fate, verdict, punishment⟩; **f)** *(adoptieren)* adopt; **jmdn. an Kindes Statt ~** *(veralt.)*

anpassen

adopt sb.; **g)** *(haften lassen)* take ⟨dye, ink⟩; **kein Wasser ~**: repel water; be water-repellent; **Feuchtigkeit gut ~**: absorb moisture easily; **h)** *(sich aneignen)* adopt ⟨habit, mannerism⟩; adopt, assume ⟨name, attitude⟩; put on ⟨airs and graces⟩; **i)** *(bekommen)* take on ⟨look, appearance, form, tone, dimension⟩; **j)** *(vermuten)* assume; presume; **ich nehme es an/nicht an** I assume *or* presume so/not; **das ist/ist nicht anzunehmen** that can/cannot be assumed; **k)** *(voraussetzen)* assume; **etw. als gegeben an. Tatsache ~**: take sth. for granted *or* as read; **nehmen wir an, daß ...**: let us assume that ...; **angenommen, [daß] ...**: assuming [that] ...; **das kannst du ~!** *(ugs.)* you bet! *(coll.);* **l)** *(Jägerspr.: angreifen)* attack; go for; **m)** *(Jägerspr.: aufnehmen)* **eine/die Fährte ~**: take up a/the scent. **2.** *unr. refl. V. (geh.)* **sich jmds./einer Sache ~**: look after sb./sth.
Annehmlichkeit die; ~, ~en comfort; *(Vorteil)* advantage
annektieren [anɛk'tiːrən] *tr. V.* annex
Annektierung die; ~, ~en, **Annexion** [anɛ'ksi̯oːn] die; ~, ~en annexation
an|niesen *tr. V.* sneeze over
an|nieten *tr. V.* rivet on **(an + Akk. od. Dat. to)**
anno ['ano], **Anno** *in* ~ **1910/68** usw. *(veralt.)* in [the year] 1910/'68 *etc.*; **ein Auto von ~ 1932** *(veralt.)* a 1932 car; **~ dazumal** *od.* **dunnemals** *od.* **Tobak** *(ugs. scherzh.)* the year dot *(Brit. coll.);* long ago; **~ Domini 1656** *(veralt.)* in the year of our Lord 1656
Annonce [a'nõːsə] die; ~, ~n advertisement; ad *(coll.);* advert *(Brit. coll.)*
Annoncen·teil der advertisement section
annoncieren 1. *itr. V.* advertise. **2.** *tr. V. (ankündigen)* announce
annullieren [anʊ'liːrən] *tr. V.* annul
Annullierung die; ~, ~en annulment
Anode [a'noːdə] die; ~, ~n *(Physik)* anode
an|öden *tr. V. (ugs.)* bore stiff *(coll.)* or to death *(coll.)*
anomal ['anomaːl] **1.** Adj. anomalous; abnormal. **2.** *adv.* anomalously; abnormally
Anomalie die; ~, ~n **a)** anomaly; abnormality; **b)** *(Med.: Mißbildung)* abnormality
anonym [ano'nyːm] **1.** Adj. anonymous; **die Anonymen Alkoholiker** Alcoholics Anonymous. **2.** *adv.* anonymously
Anonymität [anonymi'tɛːt] die; ~: anonymity
Anonymus [a'noːnymʊs] der; ~, **Anonymi** *(geh.)* anonymous writer/composer/artist *etc.*
Anopheles [a'noːfelɛs] die; ~, ~ *(Zool.)* anopheles
Anorak ['anorak] der; ~s, ~s anorak
an|ordnen *tr. V.* **a)** *(arrangieren)* arrange; **b)** *(befehlen)* order
An·ordnung die **a)** *(Ordnung, Aufstellung)* arrangement; **in alphabetischer ~**: in alphabetical order; **b)** *(Weisung)* order; **haben Sie die nötigen ~en getroffen?** have you given all the necessary orders?; **auf meine ~/auf ~ des Arztes** on my/doctor's orders *pl.*
an·organisch Adj. inorganic
anormal 1. Adj. abnormal. **2.** *adv.* abnormally
an|packen 1. *tr. V.* **a)** *(ugs.: greifen, anfassen)* grab hold of; **jmdn. am Arm ~**: grab [hold of] sb. by the arm; **mußt du das Buch mit deinen Dreckpfoten ~?** must you touch the book with your dirty hands?; **b)** *(beginnen, angehen)* tackle; **packen wir's an!** let's get down to it; **c)** *(ugs.: behandeln)* treat. **2.** *itr. V. (ugs.: mithelfen)* **[mit] ~**: lend a hand
an|pappen *(ugs.)* **1.** *tr. V.* **etw. ~**: stick sth. on **(an + Dat. to)**. **2.** *itr. V.; mit sein* stick **(an + Dat. to)**
an|passen 1. *tr. V.* **a)** *(passend machen)* fit; **jmdm. einen Anzug ~**: fit sb. for a suit; **Bauteile einander ~**: fit components together;

Anpassung | **anrempeln**

b) *(abstimmen)* suit *(Dat.* to); **die Renten wurden am 1. Januar angepaßt** pensions were adjusted on 1 January. **2.** *refl. V.* adapt [oneself] *(Dat.* to); ⟨*animal*⟩ adapt; *(gesellschaftlich)* conform; **die am besten angepaßten Arten** the species which have adapted best; *s. auch* **angepaßt 2**
Anpassung die; ~, ~en adaptation **(an +** *Akk.* to); *(der Renten, Löhne usw.)* adjustment **(an +** *Akk.* to); *(an die Gesellschaft)* conformity
anpassungs·fähig *Adj.* adaptable
Anpassungs-: ~**fähigkeit die;** *o. Pl.* adaptability **(an +** *Akk.* to); ~**schwierigkeiten** *Pl.* difficulties in adapting **(an +** *Akk.* to)
an|peilen *tr. V.* **a)** *(Funkw.)* take a bearing on; **b)** *(fig. ugs.: anstreben)* aim at; **c)** *(anvisieren)* take a sight on
an|peitschen *tr. V.* drive on
an|pesen *itr. V.; mit sein (nordd. ugs.)* **angepest kommen** come tearing *or (sl.)* belting along; *(auf einen zu)* come tearing *or (sl.)* belting up
an|pfeifen 1. *unr. tr. V.* **a) das Spiel/die zweite Halbzeit** ~**:** blow the whistle to start the game/the second half; **b)** *(salopp: zurechtweisen)* bawl out *(coll.).* **2.** *unr. itr. V.* blow the whistle
An·pfiff der **a)** *(Sport)* whistle for the start of play; **der** ~ **zur zweiten Halbzeit** the whistle for the start of the second half; **b)** *(salopp: Zurechtweisung)* bawling-out *(coll.)*
an|pflanzen *tr. V.* **a)** *(pflanzen, bepflanzen)* plant; **b)** *(anbauen)* grow; cultivate
An·pflanzung die **a)** planting; **b)** *(bepflanzte Fläche)* cultivated area; **eine** ~ **anlegen** lay out an area for cultivation
an|pflaumen *tr. V. (ugs.)* **a)** tease; take the mickey out of *(Brit. sl.);* **b)** *s.* **anmeckern**
Anpflaumerei die; ~, ~en *(ugs.)* teasing; mickey-taking *(Brit. sl.);* **laß doch deine** ~**en** stop teasing *or (Brit. sl.)* taking the mickey
an|pflocken *tr. V.* tie ⟨*boat*⟩ up; tether ⟨*animal*⟩
¹an|picken *tr. V.* peck at
²an|picken *(österr. ugs.)* **1.** *tr. V.* stick on. **2.** *itr. V.; mit sein* be stuck on
an|pinkeln *tr. V. (ugs.)* pee on *(coll.)*
an|pinnen *tr. V. (nordd.)* pin up **(an +** *Akk.* on)
an|pinseln *tr. V. (ugs.)* **a)** *(anstreichen)* paint; **b)** *(an etw. pinseln)* paint **(an +** *Akk.* on)
an|pirschen *refl. V.* creep up **(an +** *Akk.* on)
an|pissen *tr. V. (derb)* piss on *(coarse)*
An·pöbelei die *(ugs.)* abuse; ~**en** abuse *sing.*
an|pöbeln *tr. V. (ugs.)* abuse
an|pochen *itr. V. (südd.) s.* **anklopfen**
An·prall der; ~[**e**]**s** impact **(auf, an +** *Akk.* with, **gegen** against)
an|prallen *itr. V.; mit sein* crash; **gegen** *od.* **an etw.** ~**:** crash into sb./against sth.
an|prangern *tr. V.* denounce **(als** as)
an|preisen *unr. tr. V.* extol; **etw. als etw.** ~**:** extol the virtues of sb./sth. to sb.; **jmdm./etw. jmdm.** ~**:** recommend sb./sth. highly to sb.
an|preschen *itr. V.; mit sein* **angepprescht kommen** *(ugs.)* come racing along; *(auf einen zu)* come racing up
an|pressen *tr. V.* press on **(an +** *Akk.* to)
An·probe die **a)** fitting; **zur** ~ **kommen** come for a fitting; **b)** *(Raum) (beim Schneider)* fitting-room; *(im Kaufhaus)* changing-room *(Brit.);* dressing-room *(Amer.)*
an|probieren 1. *tr. V.* try on; **jmdm. etw.** ~**:** try sth. on sb. **2.** *itr. V.* ~ **kommen** *(ugs.)* come for a fitting
an|pumpen *tr. V. (ugs.)* borrow money from; **jmdn. um 20 Mark** ~**:** touch *(sl.)* or tap sb. for 20 marks
an|pusten *tr. V. (ugs.)* blow on

an|quasseln *tr. V. (salopp),* **an|quatschen** *tr. V. (salopp)* speak to
Anrainer ['anraɪnɐ] der; ~s, ~ **a)** *(Nachbar)* neighbour; **als** ~ **des Sees habe ich ...:** as I live on *or* by the lake, I have ...; **b)** *(bes. österr.: Anlieger)* resident; **c)** *s.* **Anrainerstaat**
Anrainer-: ~**grundstück** das neighbouring property; **die** ~**grundstücke des Sees** the properties on *or* by the lake; ~**staat** der: **die** ~**staaten des Bodensees** the countries bordering on Lake Constance
an|ranzen *tr. V. (salopp)* bawl out *(coll.)*
Anranzer der; ~**s,** ~ *(salopp)* bawling-out *(coll.)*
an|rasen *itr. V.; mit sein (ugs.)* race up; **gegen etw.** ~**:** crash into sth.; **angerast kommen** come racing along; *(auf einen zu)* come racing up
an|raten *unr. tr. V.* **jmdm. etw.** ~**:** recommend sth. to sb.; **jmdm. Vorsicht** ~**:** advise sb. to be careful; **auf Anraten des Arztes** on the *or* one's doctor's advice
an|rattern *tr. V.; mit sein (ugs.)* **angerattert kommen** come rattling along; *(auf einen zu)* come rattling up
an|rauchen *tr. V.* light up; **jmdm. eine Zigarette** ~**:** light up a cigarette for sb.; **eine angerauchte Zigarre** a partly smoked *or* half-smoked cigar
an|räuchern *tr. V.* lightly smoke
an|rauhen *tr. V.* roughen
an|raunzen *tr. V. (salopp) s.* **anranzen**
Anraunzer der; ~**s,** ~ *(salopp) s.* **Anranzer**
an|rauschen *tr. V.; mit sein (ugs.)* **angerauscht kommen** come sweeping along; *(auf einen zu)* come sweeping up; ⟨*vehicle*⟩ come roaring along; *(auf einen zu)* come roaring up
anrechenbar *Adj.* [**auf etw.** *(Akk.)*] ~ **sein** count [towards sth.]
an|rechnen *tr. V.* **a)** *(gutschreiben, verbuchen)* count; take into account; **jmdm. einen Betrag/seine Überstunden** ~**:** credit sb. with an amount/his/her overtime; **die Untersuchungshaft kann auf die Gefängnisstrafe angerechnet werden** time spent in custody can be counted as part of *or* taken into account in the prison sentence; **er hat einen Pluspunkt angerechnet** he was given an extra mark; **jmdm. etw. als Verdienst/Fehler** ~**:** count sth. to sb.'s credit/as sb.'s mistake; **sich** *(Dat.)* **etw. zur Ehre** ~ *(geh.)* consider sth. an honour; **jmdm. etw. hoch** ~**:** think highly of sb. for sth.; **b)** *(in Rechnung stellen)* **jmdm. etw.** ~**:** charge sb. for sth.; **das Porto wird dem Kunden angerechnet** postage is charged to the customer; **jmdm. zuviel** ~**:** overcharge sb.
An·rechnung die; *o. Pl.* **a) unter** ~ **der Untersuchungshaft** counting *or* taking into account time spent in custody; **eine** ~ **der Untersuchungshaft/des Praktikums ist nicht möglich** it is not possible to take time spent in custody/practical work into account; **b)** *(Berechnung)* charge; **eine** ~ **der Transportkosten erfolgt nicht** transport costs *(Brit.) or (Amer.)* transportation costs are not charged; **etw. in** ~ **bringen** *(Papierdt.)* charge for sth.
anrechnungs·fähig *Adj. (Papierdt.) s.* **anrechenbar**
An·recht das **a)** right; **ein** ~ **auf etw.** *(Akk.)* **haben** *od.* **besitzen** have a right to *or* be entitled to sth.; **b)** *(Abonnement)* subscription
An·rede die form of address; *(Brief*~*)* form of address; salutation; **wie ist die** ~ **eines Kardinals** *od.* **für einen Kardinal?** what is the correct form of address for a cardinal?
Anrede-: ~**fall** der *s.* ~**kasus;** ~**für·wort** das *s.* ~**pronomen;** ~**kasus** der vocative [case]
an|reden *tr. V.* **a)** address; **jmdn. mit „du"** ~**:** address sb. as 'du'; use 'du' to sb.; **jmdn. mit dem Vornamen** ~**:** address *or* call sb. by his/her Christian name; **b) gegen den Lärm** ~**:** talk above the noise; **gegen etw.** ~ *(widersprechen)* argue [against sth.]
Anrede·pronomen das personal pronoun used as form of address
an|regen 1. *tr. V.* **a)** *(ermuntern)* prompt; **jmdn. zum Nachdenken** ~**:** make sb. think; **b)** *(vorschlagen)* propose; suggest; **eine** ⟨*question*⟩ ~**, etw. zu tun** propose *or* suggest doing sth.; **c)** *(Physik)* excite. **2.** *tr. (auch itr.) V.* stimulate ⟨*imagination, digestion*⟩; sharpen, whet, stimulate ⟨*appetite*⟩; **Kaffee regt an** coffee acts as a stimulant; *s. auch* **angeregt 2**
anregend *Adj.* stimulating; **ein** ~**es Mittel** a stimulant; **Kaffee wirkt/ist** ~**:** coffee acts as a stimulant
An·regung die **a)** *(das Anregen) s.* **anregen 2:** stimulation; whetting; sharpening; **zur** ~ **der Verdauung/des Appetits** to stimulate the digestion/whet *etc.* the appetite; **b)** *(Denkanstoß, Idee)* stimulus; **c)** *(Vorschlag)* proposal; suggestion; **d)** *(Physik)* excitation
Anregungs·mittel das stimulant
an|reichen *s.* **zureichen**
an|reichern 1. *tr. V.* **a)** *(gehaltvoller machen)* enrich; **Trinkwasser mit Fluor** ~**:** add fluoride to drinking water; **b)** *(akkumulieren)* accumulate; **c)** *(Kerntechnik)* enrich. **2.** *refl. V.* **a)** *(sich ansammeln)* accumulate; **b)** *(seinen Gehalt an etw. erhöhen)* be enriched
Anreicherung die; ~, ~en **a)** enrichment; **die** ~ **von Trinkwasser mit Fluor** the addition of fluoride to drinking water; **b)** *(Akkumulation)* accumulation; **c)** *(Kerntechnik)* enrichment
an|reihen 1. *tr. V.* add **(an +** *Akk.* to). **2.** *refl. V.* **sich hinten [an die Schlange]** ~**:** join the end of the queue *(Brit.);* get on the end of the line *(Amer.)*
An·reise die **a)** journey [there/here]; **die** ~ **dauert 10 Stunden** the journey there/here takes ten hours; it takes 10 hours to get there/here; **b)** *(Ankunft)* arrival
an|reisen *itr. V.; mit sein* **a)** travel there/here; **mit der Bahn** ~**:** go/come by train; travel there/here by train; **die aus dem ganzen Land anreisenden Besucher** the visitors travelling there/here from all over the country; **angereist kommen** come; **b)** *(ankommen)* arrive
Anreise·tag der day of arrival; **für den An- und Abreisetag bekommen Sie Spesen** your expenses will be paid for the days of the journey there and the journey back
an|reißen 1. *tr. V.* **a)** *(durchzureißen beginnen)* partly tear; **b)** *(in Gang setzen)* start [up]; **c)** *(anzünden)* strike ⟨*match*⟩; **d)** *(Technik)* mark [out]; **e)** *(kurz ansprechen)* touch on; **f)** *(ugs.: anbrechen)* start; open; **g)** *(ugs. abwertend: anlocken)* lure
An·reißer der **a)** *(ugs. abwertend: Werber)* tout; **b)** *(ugs.: Ware)* big attraction; **c)** *(Berufsbez.)* marker-out
an·reißerisch *(ugs. abwertend)* **1.** *Adj.* flashily commercial; gimmicky *(coll.)* ⟨*advertisement*⟩. **2.** *adv.* **das Buch/die Reklame ist mir zu** ~ **aufgemacht** the book is too flashily commercial/the ad is too gimmicky for my liking *(coll.)*
an|reiten *unr. V.* **a)** *(ugs.) mit sein* **angeritten kommen** come riding along; *(auf einen zu)* come riding up; **gegen den Feind** ~**:** charge the enemy; **b)** *(ansteuern)* ride at ⟨*obstacle*⟩; **c)** *(zureiten)* break in ⟨*horse*⟩
An·reiz der incentive; **ein** ~ **zum Sparen** an incentive to save
an|reizen *tr. (auch itr.) V.* **a)** *(anspornen)* stimulate; encourage; **Steuermäßigungen sollen zum Sparen** ~**:** tax reductions are supposed to stimulate *or* act as an incentive to saving; **b)** *(anregen, erregen)* stimulate
an|rempeln *tr. V.* barge into; *(absichtlich)* jostle

anrennen 1. *unr. itr. V.; mit sein* **a)** **angerannt kommen** come running along; *(auf einen zu)* come running up; **er kommt wegen jeder Kleinigkeit bei mir angerannt** he comes running to me about every little thing; **b) gegen den Sturm/feindliche Stellungen ~:** run into *or* against the storm/ storm enemy positions; **gegen jdmn.** *~* *(fig.)* fight against sb./sth. 2. *unr. refl. V.* *(ugs.)* **sich** *(Dat.)* **das Knie/den Kopf an etw.** *(Dat.) ~:* bump one's knee/head on sth.
Anrichte die; ~, ~n **a)** *(Möbel)* sideboard; **b)** *(Raum)* pantry
an|richten *tr. V.* **a)** *(auch itr.)* arrange 〈*food*〉; *(servieren)* serve; **es ist angerichtet** *(geh.)* dinner is served; **b)** cause 〈*disaster, confusion, devastation, etc.*〉; **was hast du wieder alles angerichtet!** what have you gone and done now? *(coll.)*
an|ritzen *tr. V.* scratch
an|rollen 1. *itr. V.; mit sein* **a)** *(zu rollen beginnen)* 〈*vehicle, column, etc.*〉 start moving; *(fig.)* 〈*campaign, search operation*〉 start; **b)** *(heranrollen)* roll up; 〈*aircraft*〉 taxi up; **angerollt kommen** come rolling along; *(auf einen zu)* come rolling up; **c) die Wellen rollten gegen den Deich an** the waves rolled in against the dike. 2. *tr. V.* roll up 〈*barrel*〉; *(auf einen Wagen o. ä.)* wheel up
an|rosten *itr. V.; mit sein* start to rust; get [a bit] rusty; **ein angerostetes Messer** a rusting knife; a knife that has started to rust
an|rösten *tr. V.* roast lightly; toast 〈*bread*〉 lightly
anrüchig ['anryçɪç] *Adj.* **a)** *(berüchtigt)* disreputable; **b)** *(unanständig)* indecent; *(obszön)* offensive
Anrüchigkeit die; ~ **a)** *(schlechter Ruf)* disreputableness; **b)** *(Unanständigkeit)* indecency; *(Obszönität)* offensiveness
an|rücken 1. *itr. V.; mit sein* 〈*troops*〉 advance; move forward; 〈*firemen, police*〉 move in; **morgen rücken meine Verwandten an** *(ugs. scherzh.)* my relatives are descending on me/us tomorrow. 2. *tr. V.* push (**an** + *Akk.* against); *(ziehen)* pull (**an** + *Akk.* against)
An·ruf der **a)** *(telefonischer ~)* call; **danke für den ~:** thanks for ringing *(Brit.)* *or* calling; **b)** *(Zuruf)* call; *(eines Wachtpostens)* challenge; **auf ~:** when called/challenged; **ohne ~ schießen** shoot without warning
Anruf·beantworter der; ~s, ~: [telephone-]answering machine
an|rufen 1. *unr. tr. V.* **a)** call *or* shout to 〈*friend, passer-by*〉; call 〈*sleeping person*〉; hail 〈*ship*〉; 〈*sentry*〉 challenge; **b)** *(geh.: angehen, bitten)* appeal to 〈*person, court*〉 (**um** for); call upon 〈*God*〉; **Gott um Gnade ~:** implore God's mercy; **c)** *(telefonisch ~)* ring *(Brit.)*; call; **d)** *(geh.: begehren)* implore, beg 〈*sb.'s mercy, help, protection, etc.*〉. 2. *unr. tr. V.* **a)** *(antelefonieren)* ring *(Brit.)*; call; **bei jmdm. ~:** ring *(Brit.)* *or* call sb.; **ruf doch mal in Köln an** ring *(Brit.)* *or* call Cologne; **im Büro ~:** ring *(Brit.)* *or* call the office; **b)** *(ugs., bes. südd.: telefonieren)* make a phone call *(coll.)*; **ich muß nur mal kurz ~:** I must just make a quick phone call *(coll.)*; **kann ich bei Ihnen/in Ihrem Büro mal ~?** can I just use your telephone *or (coll.)* phone/telephone from your office *or* use your office telephone?
Anrufer der; ~s, ~: caller
Anrufung die; ~, ~en **a)** *(einer Gottheit o. ä.)* invocation; **b)** *(eines Gerichts)* appeal *(Gen.* to)
an|rühren *tr. V.* **a)** touch; **keine Zigaretten/ kein Buch ~:** never touch cigarettes/never pick up a book; **b)** *(bereiten)* mix; **c)** *(geh.: beeindrucken)* move; touch
ans *Präp.* + *Art.* **a) = an das; b)** *(mit subst. Inf.)* **sich ~ Arbeiten machen** set to work; **wenn es ~ Bezahlen geht** when it comes to paying

an|säen *tr. V.* sow 〈*grass, grain*〉
An·sage die **a)** *(Ankündigung)* announcement; **b)** *(Kartenspiel)* bid; **du hast die ~:** it's your bid
an|sagen 1. *tr. V.* **a)** *(ankündigen)* announce; **s. auch Bankrott a; Kampf d; b)** *(Kartenspiel)* bid; *s. auch* **Schneider c; c)** *(Büro.: diktieren)* dictate; **d)** *(veralt.: mitteilen)* **sagt an, was ...:** pray tell me/us what ... *(arch.)*. 2. *refl. V.* say that one is coming; **sich zum nächsten Wochenende/für Dienstag abend/ bei jmdm. ~:** say that one is coming next weekend/Tuesday evening/to see sb.
an|sägen *tr. V.* make a saw-cut in; start to saw through
Ansager der; ~s, ~, **Ansagerin** die; ~, ~nen **a)** *(Radio, Fernsehen)* announcer; **b)** *(im Kabarett usw.)* master of ceremonies; *(Brit.)* compère
an|sammeln 1. *tr. V.* *(anhäufen)* accumulate; amass 〈*riches, treasure*〉. 2. *refl. V.* **a)** *(zusammenströmen)* gather; **b)** *(sich anhäufen)* accumulate; *(fig.)* 〈*anger, excitement*〉 build up
An·sammlung die **a)** *(von Gegenständen)* collection; *(Haufen)* pile, heap; *(von Wasser)* pool; **b)** *(Auflauf)* crowd
ansässig ['anzɛsɪç] *Adj.* resident; **eine in London ~e Firma** a firm with its registered office in London; **sich in Bayern ~ machen** settle in Bavaria
An·satz der **a)** *(erstes Zeichen, Beginn)* beginnings *pl.;* **einen ~ zum Bauch haben** have the beginnings of a paunch; **Ansätze zur Besserung zeigen** show the first signs of improvement; **etw. im ~ unterdrücken** nip sth. in the bud; **die ersten Ansätze** the initial stages; **gute Ansätze zeigen** make a good start; **im ~** *(ansatzweise)* to some extent; **b)** *(eines Körperteils)* base; **c)** *(Musik) (Lippenstellung)* embouchure; *(Tonerzeugung)* attack; **d)** *(Math.)* statement; **e)** *(bes. Philos.: Lösungsversuch)* approach; **f)** *(von Rost, Kalk usw.)* formation; *(Schicht)* coating; **g)** *(Wirtsch.: Voranschlag)* estimate; *(im Staatsbudget)* amount budgeted; appropriation; **etw. für etw. in ~ bringen** *(Amtsspr.)* earmark sth. for sth.; **außer ~ bleiben** *(Amtsspr.)* be left out of account; be excluded; **h)** *(Chemie: eines Versuchs)* setting up; **i)** *(Technik) (Verlängerungsstück)* extension; *(Nahtstelle)* join
ansatz-, Ansatz-: **~punkt** der starting-point; point of departure; **~stück** das *(Technik)* extension; **~weise** *Adv.* to some extent
an|saufen *unr. refl. V.* *(salopp)* **sich** *(Dat.)* **einen [Rausch] ~:** get plastered *(sl.);* **sich** *(Dat.)* **einen Bierbauch ~:** get a beer belly
an|saugen 1. *tr. V.* *(geh. auch unr.)* suck in *or* up. 2. *refl. V.* *(geh. auch unr.) (sich festsetzen)* 〈*leech etc.*〉 attach itself *(by suction)*
Ansaug·rohr das *(Kfz-W.)* intake manifold; *(beim Einzylindermotor)* inlet pipe
an|säuseln *refl. V.* **sich** *(Dat.)* **einen ~** *(ugs.)* get tipsy; *s. auch* **angesäuselt 2**
Anschaffe ['anʃafə] die; ~ *(salopp)* **auf [die] ~ gehen** *(sich prostituieren)* go on the game *(Brit. sl.);* walk the streets *(Amer.); (stehlen)* go out thieving
an|schaffen 1. *tr. V.* **a)** *(kaufen)* [sich *(Dat.)*] **etw. ~** *(auch fig. ugs.)* get [oneself] sth.; **sich** *(Dat.)* **Kinder ~** *(fig. ugs.)* have children *or (coll.)* kids; **b)** *(südd., österr.: befehlen)* **jmdm. ~, daß er etw. tut** order sb. to do sth.; **c)** *(salopp: stehlen)* pinch *(sl.).* 2. *itr. V.* **a)** *(salopp: Prostitution betreiben) ~* [**gehen**] be on the game *(Brit. sl.);* walk the streets *(Amer.);* **für jmdn. ~:** work as a prostitute for sb.; **b)** *(südd., österr.: befehlen)* [jmdm. *(Dat.)*] **~ geben** [sb.] orders
An·schaffung die purchase; **~en machen** make purchases; **sich zur ~ eines Autos entschließen** decide to get *or* buy a car
Anschaffungs-: **~kosten** *Pl.* original *or* initial cost *sing.;* acquisition cost *sing.;* **~wert** der value at the time of purchase
an|schalten *tr. V.* switch on
an|schauen *(bes. südd., österr., schweiz.) s.* **ansehen**
anschaulich 1. *Adj.* *(deutlich)* clear; *(bildhaft, lebendig)* vivid, graphic 〈*style, description*〉; **etw. ~ machen** make sth. vivid; bring sth. to life; **etw. durch Beispiele ~ machen** illustrate sth. by examples; **ein ~er Unterricht** teaching that makes the subject come alive. 2. *adv.* *(deutlich)* clearly; *(bildhaft, lebendig)* vividly; 〈*describe*〉 vividly, graphically
Anschaulichkeit die; ~ *s.* **anschaulich**: clarity; vividness; graphicness
Anschauung die; ~, ~en **a)** *(Auffassung)* view; *(bestimmte Meinung)* opinion; **b)** *(Eindruck, Erfahrung)* experience; **aus eigener ~:** from personal *or* own experience; **c)** *o. Pl. (das Betrachten)* contemplation
Anschauungs-: **~material** das illustrative material; *(für den Unterricht)* visual aids *pl.;* **~unterricht** der visual instruction; *(fig.)* object lesson; **~weise** die view
An·schein der appearance; **allem** *od.* **dem ~ nach** to all appearances; **es hat den ~, als ob ...:** it appears *or* looks as if ...; **sich** *(Dat.)* **den ~ geben, als ob man etw. glaubt** pretend to believe sth.; **den ~ erwecken, etw. zu sein** give the impression of being sth.
an·scheinend *Adv.* apparently; seemingly
an|scheißen *(derb)* 1. *unr. tr. V.* **a)** *(betrügen)* con *(sl.);* diddle *(sl.);* **b)** *(zurechtweisen)* **jmdn. ~:** give sb. a bollocking *(Brit. coarse);* bawl sb. out *(coll.).* 2. *unr. itr. V.; mit sein* **da kommt er schon wieder angeschissen** there he is, come to make a bloody nuisance of himself again *(Brit. sl.)*
an|schesen *itr. V.; mit sein (nordd.)* **angeschest kommen** come rushing along; *(auf einen zu)* come rushing up
an|schicken *refl. V.* *(geh.)* **sich ~, etw. zu tun** *(sich bereit machen)* get ready *or* prepare to do sth.; *(anfangen, im Begriff sein)* be about to do sth.; be on the point of doing sth.
an|schieben *unr. tr. V.* push 〈*vehicle*〉; **könnt ihr mich mal ~?** could you give me a push?
an|schießen 1. *unr. tr. V.* **a)** *(durch Schuß verletzen)* shoot and wound; **das Reh war nicht tot, nur angeschossen** the deer was not dead, only wounded; **b)** *(bes. Fußball)* kick the ball against 〈*player*〉; shoot straight at 〈*goalkeeper*〉; **c)** *(ugs.: kritisieren)* **jmdn. ~:** give sb. some stick *(sl.) (Milit., Jagdw.: prüfen)* test. 2. *unr. itr. V.; mit sein* **angeschossen kommen** come tearing *or* racing along; *(auf einen zu)* come tearing *or* racing up
an|schimmeln *itr. V.; mit sein* start to go mouldy; **angeschimmeltes Brot** bread that has started to go mouldy
an|schirren *tr. V.* harness 〈*horse*〉
An·schiß der *(salopp)* bollocking *(Brit. coarse);* bawling-out *(coll.);* **einen ~ kriegen** get a bollocking *(Brit. coarse);* get bawled out *(coll.)*
An·schlag der **a)** *(Bekanntmachung)* notice; *(Plakat)* poster; **einen ~ machen** put up a notice/poster; **b)** *(Attentat)* assassination attempt; *(auf ein Gebäude, einen Zug o. ä.)* attack; **einen ~ auf jmdn. verüben** make an attempt on sb.'s life; **einem ~ zum Opfer fallen** be assassinated; **c)** *(Texterfassung)* keystroke; **200 Anschläge pro Minute [schreiben]** ≈ [have a typing speed of] 40 words a minute; **d)** *(Musik)* touch; **e)** *(Technik)* stop; **etw. bis zum ~ niederdrücken/aufdrehen** push sth. right down/turn sth. on as far as it will go; **f)** *(Häkeln, Stricken)* first line of stitches; *(Vorgang)* casting on; **„~ 50 Maschen"** 'cast on 50 stitches'; **g)** *(Milit.,*

Anschlagbrett — ansehnlich

Jagdw.) aiming position; **mit dem Gewehr im ~**: with rifle/rifles levelled; **in ~ bringen** level ⟨gun⟩; **h)** (*Kaufmannsspr.*) estimate; **etw. in ~ bringen** take sth. into account *or* consideration

Anschlag·brett *das* notice-board (*Brit.*); bulletin board (*Amer.*)

an|schlagen 1. *unr. tr. V.* **a)** (*aushängen*) put up, post ⟨notice, announcement, message⟩ (**an** + *Akk.* on); **b)** (*Häkeln, Stricken*) cast on; **c)** (*beim Versteckspiel*) tag; **d)** (*beschädigen*) chip; **e)** (*bei Musikinstrumenten*) strike ⟨string, key, *etc.*⟩; strike, sound ⟨gong⟩; **f)** (*erklingen lassen*) play ⟨note, melody, *etc.*⟩; **einen anderen/ernsthaften Ton ~** (*fig.*) adopt a different/serious tone; **g)** (*beginnen*) ein rascheres Tempo/eine schnellere Gangart **~**: increase one's pace; speed up; **h)** (*befestigen*) fix on (**an** + *Akk.* to); (*mit Nägeln*) nail on (**an** + *Akk.* to); **i)** (*beim Maschinenschreiben*) press, hit ⟨key⟩; **j)** (*Seemannsspr.*: *festbinden*) bend (**an** + *Dat.* to); **k)** (*markieren*) einen Baum **~**: mark a tree with a notch; **l)** (*Milit., Jagdw. veralt.*) level ⟨gun⟩; **m)** (*österr.: anstechen*) tap ⟨barrel⟩. 2. *unr. itr. V.* **a)** mit sein (*anstoßen*) **an etw.** (*Akk.*) **~**: knock against sth.; **mit dem Knie/Kopf an etw.** (*Akk.*) **~**: knock one's knee/head on sth.; **b)** (*Schwimmen*) touch; **c)** (*Tasten niederdrücken*) press *or* hit the keys; **d)** (*wirken*) work; **e)** (*ugs.: dick machen*) be fattening; **bei jmdm. ~**: make sb. put on weight; **f)** (*bellen*) bark. 3. *unr. refl. V.* (*stoßen*) sich (*Dat.*) **das Knie usw. ~**: knock one's knee *etc.* (**an** + *Dat.* on)

Anschlag·säule *die* advertising column

an|schleichen 1. *unr. itr. V.; mit sein* creep up; **angeschlichen kommen** come creeping along; (*auf einen zu*) come creeping up. 2. *unr. refl. V.* **sich an jmdn./etw. ~**: creep up on sb./sth.

¹an|schleifen *unr. tr. V.* grind; cut ⟨precious stone⟩

²an|schleifen *unr. tr. V.* (*ugs.*) drag along

an|schlendern *itr. V.; mit sein* angeschlendert kommen come strolling along; (*auf einen zu*) come strolling up

an|schleppen *tr. V.* **a)** (*herbeibringen*) drag along; (*zum Starten*) tow-start

an|schließen 1. *unr. tr. V.* **a)** (*befestigen*) lock, secure (**an** + *Akk. od. Dat.* to); **b)** (*verbinden*) connect (**an** + *Akk. od. Dat.* to); connect up ⟨electrical device⟩; (*mit Stecker und Steckdose*) plug in; **angeschlossene Sender** (*Rundf., Ferns.*) linked stations; **c)** (*anfügen*) add. 2. *unr. refl. V.* **a)** (*sich beteiligen*) **sich jmdm./einer Sache ~** *od.* **sich jmdm./einer Sache** join sb.); **b) sich an etw.** (*Akk.*) *od.* **sich einer Sache** (*Dat.*) **~** (*zeitlich*) follow sth.; (*angrenzen an*) adjoin sth.; **an den Vortrag schloß sich eine Diskussion an** the lecture was followed by a discussion; **an das Haus schließen sich Stallungen an** stables adjoin the house; **c)** (*beipflichten*) endorse; **ich schließe mich meinem Vorredner voll und ganz an** I endorse completely the remarks of the previous speaker; **d)** (*sich zuwenden*) follow ⟨example⟩; grow close to ⟨person⟩; **sich leicht/schwer an andere ~**: make/not make friends easily. 3. *unr. itr. V.* **an etw.** (*Akk.*) **~**: *s.* 2 b

anschließend 1. *Adv.* afterwards; **~ an etw.** (*Akk.*) after sth. 2. *adj.* subsequent; **ein Vortrag mit ~em Theaterbesuch** a lecture followed by a visit to the theatre

An·schluß der a) (*Netz~*) connection; (*Kabel*) cable; **~ an etw.** (*Akk.*) **erhalten haben** be connected [up] to sth.; **elektrischen ~ erhalten/haben** be connected up to the mains; **b)** (*telefonische Verbindung*) connection; [*keinen*] **~ bekommen** [*not*] get through; **auf den ~ warten** wait to be connected; **c)** (*Verkehrs~*) connection; (*Flugw.*) connecting flight; **Sie haben ~ nach ...**: there is a connection to ...; **den ~ verpaßt haben** have missed one's connection; (*fig. ugs.*) (*keinen Eheparnter gefunden haben*) have got left on the shelf; (*nicht Schritt gehalten haben*) have got left behind; **d)** (*Fernsprecher*) telephone; **kein ~ unter dieser Nummer** number unobtainable; **e)** *o. Pl.* (*Kontakt*) **; ~ finden** make friends; **~ suchen** want to meet and get to know people; **f)** (*Verbindung nach vorn*) contact (**an** + *Akk.* with); **den ~ verlieren** lose contact (**an** + *Akk.* with); **im ~ an** following; after; **im ~ an unseren Brief vom ...**: further to our letter of ...; **g)** (*Sport*) *s.* **~tor**; **h)** (*Politik*) (*Vereinigung*) union (**an** + *Akk.* with); (*verhüll.: Annexion*) anschluss (**an** + *Akk.* with)

Anschluß-: **~kabel** *das* connecting cable *or* (*esp. Brit.*) lead; (*zur Verlängerung*) extension cable *or* (*esp. Brit.*) lead; **~tor** *das*, **~treffer** *der* (*Sport*) goal which leaves/left the side only one down; **ihm gelang das ~tor** he pulled one back to leave the side only a goal down; **~zug** *der* connecting train; **den ~zug verpassen** miss one's connection

an|schmieden *tr. V.* forge on (**an** + *Akk.* to); **jmdn. an etw. ~** (*anketten*) chain sb. to sth.

an|schmiegen 1. *tr. V.* nestle (**an** + *Akk.* against). 2. *refl. V.* nestle up, snuggle up (**an** + *Akk.* to, against); **sich an den Körper ~** (*fig.*) ⟨fabric, material⟩ cling to the body

an|schmieren *tr. V.* (*ugs.*) **a)** (*täuschen*) con (*sl.*); diddle (*sl.*); **b)** (*beschmutzen*) smear; **jmdn./sich/etw. mit etw. ~**: get *or* smear sth. all over sb./oneself/sth.

an|schnallen *tr. V.* strap on ⟨rucksack⟩; put on ⟨skis, skates⟩; **jmdn. ~** (*im Auto*) strap sb. in; **sich ~** (*im Auto*) put on one's seat-belt; (*im Flugzeug*) fasten one's seat-belt; **"bitte ~!"** 'fasten your seat-belts, please'

Anschnall-: **~gurt** *der* seat-belt; **~pflicht** *die*; *o. Pl.* compulsory wearing of seat-belts

an|schnauzen *tr. V.* (*ugs.*) shout at

An·schnauzer *der* (*ugs.*) **einen ~ [ab]kriegen** get shouted at

an|schneiden *tr. V.* **a)** cut [the first slice of]; **einen frischen Laib ~**: start a fresh loaf; **b)** (*ansprechen*) raise; broach; (*gesprächsweise berühren*) touch on; **c)** trim ⟨flower⟩; **d)** (*Schneiderei*) **etw. an etw.** (*Akk.*) **~**: cut sth. in one piece with sth.; **angeschnittene Ärmel** sleeves cut in one piece with the garment; **e)** (*Verkehrsw., Motorsport*) cut ⟨corner⟩

An·schnitt der a) (*Schnittfläche*) cut end; **b)** (*erstes Stück*) first slice; end piece

an|schnorren *tr. V.* (*salopp*) **jmdn. [um etw.] ~**: tap sb. [for sth.] (*coll.*)

Anchovis [an'ʃoːvɪs] *die*; **~, ~en**: anchovy

an|schrauben *tr. V.* screw on (**an** + *Akk.* to)

an|schreiben 1. *unr. tr. V.* **a)** (*hinschreiben*) write up (**an** + *Akk.* on); (*mit Kreide*) chalk up; **angeschrieben stehen** be written/chalked up; **b)** (*ugs.: stunden*) [**jmdm.**] **etw. ~**: chalk sth. up [to sb.'s account]; **bei jmdm. gut/schlecht angeschrieben sein** (*ugs.*) be in sb.'s good/bad books; be on sb.'s good/black list (*Amer.*); **c)** (*schriftlich benachrichtigen*) write to; **vierzig Prozent der angeschriebenen Studenten** forty per cent of the students written to. 2. *unr. refl. V.* (*ugs.: Kredit geben*) give credit; **er läßt immer ~**: he always buys on tick (*coll.*)

An·schreiben *das* covering letter

an|schreien *unr. tr. V.* shout at

An·schrift *die* address

an|schuldigen ['anʃʊldɪɡn] *tr. V.* (*geh.*) accuse (*Gen., wegen* of); **der Angeschuldigte/die Angeschuldigten** the accused

Anschuldigung die; ~, ~en accusation

an|schwärmen 1. *itr. V.; mit sein* ⟨bees⟩ swarm in. 2. *tr. V.* (*verehren*) idolize; adore

an|schwärzen *tr. V.* (*ugs.*) **jmdn. ~**: (*in Mißkredit bringen*) blacken sb.'s name; (*schlechtmachen*) run sb. down (**bei** to); (*denunzieren*) inform *or* (*Brit. sl.*) grass on sb. (**bei** to)

an|schweigen *unr. tr. V.* **sich [gegenseitig]/jmdn. ~**: not speak *or* talk to each other/sb.

an|schweißen *tr. V.* (*Technik*) weld on (**an** + *Akk. od. Dat.* to)

an|schwellen *unr. itr. V.; mit sein* **a)** (*dicker werden*) swell [up]; **stark angeschwollen** very swollen; **b)** (*lauter werden*) grow louder; ⟨noise⟩ rise; **c)** (*zunehmen*; *auch fig.*) swell, grow; ⟨water, river⟩ rise

An·schwellung *die* swelling

an|schwemmen *tr. V.* wash up *or* ashore

an|schwimmen *unr. itr. V.; mit sein* **angeschwommen kommen** come swimming along; (*auf einen zu*) come swimming up; **gegen die Strömung/Flut ~**: swim against the current/tide

an|schwindeln *tr. V.* (*ugs.*) **jmdn. ~**: tell sb. fibs

an|schwirren *tr. V.; mit sein* (*heranfliegen*) **angeschwirrt kommen** come whirring *or* buzzing along; (*fig. ugs.*) come buzzing along; (*auf einen zu*) come buzzing up

an|schwitzen *tr. V.* (*Kochk.*) brown lightly (*in hot fat*)

an|segeln 1. *itr. V.* **a)** *mit sein* **angesegelt kommen** come sailing along; (*auf einen zu*) come sailing up; **b)** (*Saison eröffnen*) open the sailing season. 2. *tr. V.* make *or* head for

an|sehen 1. *unr. tr. V.* **a)** (*anblicken*) look at; **jmdn. groß/böse ~**: stare at sb./give sb. an angry look; **hübsch usw. anzusehen sein** be pretty *etc.* to look at; **b)** (*betrachten*) look at; view, look at ⟨flat, house⟩; watch ⟨television programme⟩; see ⟨play, film⟩; **sieh [mal] [einer] an!** (*ugs.*) well, I never! (*coll.*); **c)** (*erkennen*) **man sieht ihm sein Alter nicht an** he does not look his age; **man sieht ihr die Strapazen an** she's showing the strain; **man sieht ihn nicht an, daß sie krank ist** there is nothing to show that she is ill; **das sah man ihm nicht an** one would not have thought so to look at him; *s. auch* **Nasenspitze**; **d)** (*zusehen*) **etw.** [**mit**] **~**: watch sth.; **das kann man doch nicht [mit] ~**: I/you can't just stand by and watch that; **das habe ich lange genug angesehen** I've had *or* seen enough of that; **ich kann das nicht länger [mit] ~**: I can't stand this any longer; **e)** (*beurteilen*) see; **f)** (*auffassen*) regard, consider; **jmdn. als seinen Freund/als Betrüger ~**: regard sb. as a friend/a cheat; consider sb. [to be] a friend/a cheat; **etw. als/für seine Pflicht ~**: consider sth. one's duty. 2. *unr. refl. V.* **a) sich** (*Dat.*) **etw. ~**: look at sth.; **sich** (*Dat.*) **ein Haus/Fernsehprogramm/Schauspiel/einen Film ~**: look at *or* view a house/watch a television programme/see a play/film; **das sehe sich einer an!** (*ugs.*) just look at that!; **b) das sieht sich hübsch/furchtbar usw. an** it looks pretty/terrible *etc.*

Ansehen *das*; **~s a)** (*Wertschätzung*) [high] standing *or* reputation; **hohes ~ genießen** enjoy high standing *or* a good reputation; **[bei jmdm.] in hohem ~ stehen** be held in high esteem *or* high regard [by sb.]; **b)** (*geh.: Aussehen*) appearance; **[nur] von** *od.* **vom ~**: [only] by sight; **von** *od.* **vom ~ über jmdn. urteilen** judge sb. by appearances; **ohne ~ der Person** (*Rechtsw.*) without respect of persons

an·sehnlich *Adj.* **a)** (*beträchtlich*) considerable; **b)** (*gut aussehend, stattlich*) handsome; **er hat sich** (*Dat.*) **einen ~en Bauch angefuttert** he's developed quite a stomach

an|seilen *tr. V.* rope [up]; **sich ~:** rope up
an|sein *unr. itr. V.; mit sein; nur im Inf. u. Part. zusammengeschrieben* (ugs.) ⟨light, gas, etc.⟩ be on
an|sengen *tr. V.* singe [slightly]; **es riecht angesengt** there's a smell of something singeing
an|setzen 1. *tr. V.* **a)** *(in die richtige Stellung bringen)* position ⟨ladder, jack, drill, saw⟩; **die Feder/das Glas ~:** put pen to paper/the glass to one's lips; **den Geigenbogen/die Trompete ~:** put *or* place the violin bow in the bowing position/put the trumpet to one's lips; *s. auch* **Hebel**; **b)** *(anfügen)* attach, put on (**an** + *Akk. od. Dat.* to); fit (**an** + *Akk. od. Dat.* on to); **c)** *(festlegen)* fix ⟨meeting etc.⟩; fix, set ⟨deadline, date, price⟩; **d)** *(veranschlagen)* estimate; **die Kosten mit drei Millionen ~:** estimate the cost at three million; **etw. zu niedrig/hoch ~:** underestimate/overestimate sth.; **e)** *(anrühren)* mix; prepare; **f)** *(ausbilden)* **Rost/Grünspan ~:** go rusty/become covered with verdigris; **Fett ~:** put on weight; **Knospen/Früchte ~:** form buds/set fruit; **g)** *(einsetzen)* **Hunde [auf eine Spur]/auf jmdn. ~:** set dogs on sb.'s/an animal's trail/on sb. **2.** *itr. V.* **a)** *(beginnen)* **zum Reden/Trinken ~:** open one's mouth to speak/raise the glass *etc.* to one's lips; **er setzte mehrmals [zum Sprechen] an, aber ...:** he kept opening his mouth to speak, but ...; **zur Landung ~:** come in to land; **zum Sprung/Überholen ~:** get ready *or* prepare to jump/overtake; **hier muß die Diskussion/Kritik ~:** this is where the discussion/criticsm must start; **b)** ⟨nose, tail, hair, etc.⟩ start; **c)** *(sich festsetzen)* stick
An·sicht die **a)** *(Meinung)* opinion; view; **meiner ~ nach** in my opinion *or* view; **nach [der] ~ der Fachleute** in the opinion of the experts; **anderer/der gleichen ~ sein** be of a different/the same opinion; **der ~ sein, daß ...:** be of the opinion that ...; **ich bin ganz Ihrer ~:** I entirely agree with you; **da bin ich anderer ~:** I disagree with you there; **die ~en sind geteilt** opinion is divided; **b)** *(Bild)* view; **Ludwigshafen in alten ~en** old views of Ludwigshafen; **c)** *(Kaufmannsspr.)* on approval
ansichtig *Adj.* **jmds./einer Sache ~ werden** *(geh.)* catch sight of sb./sth.
Ansichts-: **~karte** die, **~post·karte** die picture postcard; **~sache** die **in ~sache sein** be a matter of opinion; **~sendung** die article/articles [sent] on approval
an|siedeln 1. *refl. V.* *(ansässig werden)* settle; ⟨industry, bacteria⟩ become established; **auf dieser Insel haben sich seltene Vogelarten angesiedelt** rare species of birds have colonized this island. **2.** *tr. V.* *(ansässig machen)* settle ⟨immigrant, refugee, etc.⟩; establish ⟨industry, species, variety, bacteria⟩; **die Attentäter sind rechts anzusiedeln** *(fig.)* it can be assumed that the assassins are rightists; **etw. in einem exotischen Milieu ~** *(fig.)* give sth. an exotic setting
Ansiedelung *s.* **Ansiedlung**
An·siedler der settler
An·siedlung die **a)** *(das Ansiedeln)* s. **ansiedeln 2:** settlement; establishment; **b)** *(Ort)* settlement
An·sinnen das **~s, ~:** [unreasonable] request; **ein freches/seltsames** *usw.* **~:** an impudent/a strange *etc.* request
An·sitz der **a)** *(Jägerspr.)* hide *(Brit.)*; blind *(Amer.)*; *(Hochsitz)* raised hide *(Brit.)* or *(Amer.)* blind; **b)** *(österr.: Haus)* residence
an·sonst *Konj.* *(schweiz.)* otherwise
ansonsten *Adv.* (ugs.) **a)** *(außerdem)* **der Verlag produziert ... und ~ noch Kinderbücher** the publishing house produces ... and, in addition, children's books; **aber ~ ist nichts Besonderes passiert** but apart from that *or* otherwise nothing particular has happened; **b)** *(andernfalls)* otherwise
an|spannen 1. *tr. V.* **a)** *(einspannen)* harness, hitch up ⟨horse etc.⟩ (**an** + *Akk.* to); hitch up, yoke up ⟨oxen⟩ (**an** + *Akk.* to); hitch up ⟨carriage, cart, etc.⟩ (**an** + *Akk.* to); **b)** *(anstrengen)* strain; **seine ganze Kraft ~:** exert all one's energies. **2.** *itr. V.* hitch up; **~ lassen** have the carriage made ready
An·spannung die strain; **unter ~ aller seiner Kräfte/Gedanken** by exerting all one's energies/by intense mental effort
an|spazieren *itr. V.; mit sein* (ugs.) **anspaziert kommen** come strolling along; *(auf einen zu)* come strolling up
An·spiel das **a)** *(Sport: Zuspiel)* pass; **b)** *(Spielbeginn)* *(Schach)* **das ~ haben** make the first move; *(Kartenspiel)* **ich habe das ~:** it's my lead; *(Fußball)* s. **Anstoß c**
an|spielen 1. *itr. V.* **a)** *(hinweisen)* **auf jmdn./etw. ~:** allude to sb./sth.; **worauf wollen Sie ~?** what are you hinting at?; **b)** *(Spiel beginnen)* start; *(Fußball)* kick off; *(Kartenspiel)* lead; *(Schach)* make the first move. **2.** *tr. V. (Sport: zuspielen)* **jmdn. ~:** pass to sb.; **b)** *(Kartenspiel: ins Spiel bringen)* lead
Anspielung die **~, ~en** allusion (**auf** + *Akk.* to); *(verächtlich, böse)* insinuation (**auf** + *Akk.* about)
an|spinnen 1. *unr. tr. V. (beginnen)* [gradually] start ⟨conversation⟩; start having ⟨affair⟩; start hatching ⟨intrigue, plot⟩. **2.** *unr. refl. V.* develop; **zwischen den beiden spinnt sich etwas an** there's something going on between those two
an|spitzen *tr. V.* **a)** *(spitz machen)* sharpen ⟨pencil⟩; shape ⟨stake, post⟩ to a point; **b)** (ugs.: *antreiben*) **jmdn. ~:** give sb. a prod; **jmdn. ~, etw. zu tun od. daß er etw. tut** prod sb. into doing sth.
An·sporn der incentive
an|spornen *tr. V.* **a)** *(anfeuern)* spur on; encourage; **b)** *(die Sporen geben)* spur ⟨horse⟩
An·sprache die **a)** *(Rede)* speech; address; **eine ~ halten** make a speech; give an address; **b)** *(Kontakt)* **~ suchen/haben** look for/have sb. to talk to
ansprechbar *Adj.* **a) ich bin jetzt beschäftigt und daher nicht ~:** you can't talk to me now, I'm too busy; **sie ist vor Müdigkeit nicht ~:** she's too tired to listen to anyone; **b)** *(zugänglich)* amenable; **c)** *(fähig zu reagieren)* responsive
an|sprechen 1. *unr. tr. V.* **a)** speak to; *(zudringlich)* accost; **jmdn. mit „Herr Doktor" ~:** address sb. as 'doctor'; **jmdn. mit seinem Vornamen ~:** use sb.'s first name; **jmdn. auf etw./jmdn./um etw. ~:** speak to sb. about sth./sb./approach *or* ask sb. for sth.; **b)** *(gefallen)* appeal to; **c)** *(zur Sprache bringen)* mention; *(kurz, oberflächlich)* touch on; *(Jagdw., Milit.)* identify. **2.** *unr. itr. V.* **a)** *(gefallen)* **[gut] ~:** go down well (**bei** with); be well received (**bei** by); **b)** *(reagieren)* ⟨patient, brake, clutch, etc.⟩ respond (**auf** + *Akk.* to); **c)** *(wirken)* work; **bei jmdm. gut/nicht ~:** have/not have the desired effect on sb.; **d)** *(Musik)* **gut** *od.* **leicht ~:** ⟨instrument⟩ be easy to play
ansprechend *Adj.* attractive; attractive, appealing ⟨personality⟩. **2.** *adv.* attractively
Ansprech·partner der contact
an|springen 1. *unr. itr. V.; mit sein* **a)** *(in Gang kommen)* start; **b)** *(sich nähern)* **angesprungen kommen** come bounding along; *(auf einen zu)* come bounding up; **c)** (ugs.) **auf ein Angebot/Geschäft ~:** take up an offer/agree to a deal; **sofort auf etw.** *(Akk.)* **~:** jump at sth. [straight away]. **2.** *unr. tr. V.* **a)** *(anfallen)* pounce on; **b)** *(an jmdn. hochspringen)* jump up at; **c)** *(Turnen)* mount ⟨box, horse, beam⟩ with a jump
an|spritzen 1. *tr. V.* splash; *(mit Gartenschlauch, Zerstäuber, Wasserpistole)* spray. **2.** *itr. V.; mit sein* (ugs.: *sich nähern*) **angespritzt kommen** come rushing along; *(auf einen zu)* come rushing up
An·spruch der **a)** *(Forderung)* demand; **hohe Ansprüche [an jmdn.] haben** *od.* **stellen** demand a great deal [of sb.]; **~ auf etw.** *(Akk.)* **erheben** lay claim to sth.; **[keine] Ansprüche stellen** make [no] demands; **in ~ nehmen** *(Gebrauch machen von)* take up, take advantage of ⟨offer⟩; exercise ⟨right⟩; *(beanspruchen)* take up ⟨time⟩; **jmds. Zeit/Hilfe in ~ nehmen** make demands on sb.'s time/enlist sb.'s aid; **[stark] in ~ nehmen** make [heavy] demands on sb.; **jmdn. völlig in ~ nehmen** take up all [of] sb.'s time; **b)** *(bes. Rechtsspr.: Anrecht)* claim; **[einen] /keinen ~ auf etw.** *(Akk.)* **haben** be/not be entitled to sth.; **auf etw.** *(Akk.)* **~ erheben** assert one's entitlement to sth.
an·spruchs-, An·spruchs-: **~denken** das; **~s** *(abwertend)* attitude that everything one wants should be provided by the State; **~los 1.** *Adj.* **a)** *(genügsam)* undemanding; **b)** *(schlicht)* unpretentious; simple; **2.** *adv.* **a)** *(genügsam)* undemandingly ⟨live⟩ modestly, simply; **b)** *(schlichtl)* unpretentiously; simply; **~losigkeit** die; **~: s. ~los 1:** undemanding nature; unpretentiousness; simplicity; **~voll 1.** *Adj.* **a)** *(wählerisch)* demanding, discriminating ⟨reader, audience, gourmet⟩; *(hohe Anforderungen stellend)* demanding; ambitious ⟨subject⟩; **b)** *(Werbespr.)* exquisite; **eine ~volle Zigarette/ein ~voller Sekt** a cigarette for the discriminating smoker/champagne for the discriminating drinker; **die Cremeseife für Anspruchsvolle** the cream soap for people with discriminating taste; **2.** *adv. (Werbespr.)* exquisitely
an|spucken *tr. V.* spit at
an|spülen *tr. V.* wash up *or* ashore
an|stacheln *tr. V.* **jmdn. ~ (zu** to); **jmds. Ehrgeiz/Eifer ~:** fire sb.'s ambition/enthusiasm
Anstalt ['anʃtalt] die; **~, ~en** *(auch verhüll.)* institution; **eine ~ des öffentlichen Rechts** a public institution
Anstalten *Pl.* preparations; **[keine] ~ machen** *od.* *(geh.)* **treffen** make [no] preparations (**für** for); **~ machen/keine ~ machen, etw. zu tun** make a move/make no move to do sth.
Anstalts-: **~geistliche** der (resident) chaplain; **~kleidung** die institutional clothing; **~leiter** der *(einer Schule)* head; *(eines Erziehungsheims)* superintendent
¹**An·stand** der *(Jägerspr.)* s. **Ansitz a**
²**An·stand** der **a)** *o. Pl. (Schicklichkeit)* decency; **keinen ~ haben** have no sense of decency; **gegen jeden/den ~ verstoßen** offend against common decency; **sich mit ~ aus der Affäre ziehen** emerge from the affair with no damage to one's reputation; **b)** *o. Pl. (veralt.: Benehmen)* good manners *pl.;* **dir werde ich ~ beibringen** I'll give you a lesson in manners; **c)** *(südd., österr.: Ärger)* trouble; **[keinen] ~ an etw.** *(Dat.)* **nehmen** [not] object to sth.; **~ nehmen[, etw. zu tun]** *(nicht zögern)* not hesitate [to do sth.]
an·ständig 1. *Adj.* **a)** *(sittlich einwandfrei, rücksichtsvoll)* decent; decent, clean ⟨joke⟩; *(ehrbar)* respectable; *(gut angesehen)* decent, respectable ⟨job⟩; **bleib ~!** *(auch scherzh.)* behave yourself!; be good!; **b)** (ugs.: *zufriedenstellend*) decent; respectable ⟨result, marks⟩; **c)** (ugs.: *beträchtlich*) sizeable ⟨sum, amount, debts⟩; **eine ~e Tracht Prügel** a good hiding *(coll.)*; **ein ~es Stück gefahren sein** have come a tidy old *(coll.)* or pretty long way *(coll.)*. **2.** *adv.* **a)** *(sittlich einwandfrei)* decently; *(ordentlich)* properly; **b)** (ugs.: *zufriedenstellend*) **jmdn. ~ bezahlen** pay sb. pretty well; **ganz ~ abschneiden** do quite well; **~ arbeiten** do good

work; **c)** *(ugs.: ziemlich)* ~ **ausschlafen** have a decent sleep; **es regnet ganz ~:** it's raining pretty hard; **~ eine knallen** really belt sb. one *(coll.)*

anständigerweise *Adv.* out of decency

Anständigkeit die; ~: decency

anstands-, Anstands-: **~besuch** der formal courtesy call **(bei** on); formal courtesy visit **(bei** to); **~dame** die *(veralt.)* chaperon; **~halber** *Adv.* out of politeness; for the sake of politeness; **~happen** der *(ugs.)* **einen ~happen übriglassen** leave the last piece out of politeness; **~los** *Adv.* *(ohne Bedenken)* readily; without [any] hesitation; *(ohne Schwierigkeiten zu machen)* without [any] objection; **~unterricht** der lessons *pl.* in deportment *or* manners; **~wau·wau** der *(ugs. scherzh.)* chaperon

an|stänkern *tr. V. (salopp)* jmdn. ~: lay into sb. *(coll.)*

an|starren *tr. V.* stare at

an·statt **1.** *Konj.* ~ **zu arbeiten/~, daß er arbeitet** instead of working. **2.** *Präp. mit Gen.* instead of

an|stauben *itr. V.; mit sein* get dusty; **leicht angestaubte Ware** slightly shop-worn *or (Brit.)* shop-soiled goods *pl.*

an|stauen **1.** *tr. V.* dam up; *(fig.)* bottle up ⟨feelings⟩. **2.** *refl. V.* ⟨water⟩ accumulate; *(fig.)* ⟨feelings⟩ build up

an|staunen *tr. V.* jmdn./etw. ~: gaze *or* stare in wonder at sb./sth.; **jmdn./etw. mit offenem Mund ~:** gape at sb./sth. in wonder

an|stechen **1.** *unr. tr. V.* **a)** prick; puncture ⟨tyre⟩; **wie ein angestochenes Schwein, wie angestochen** *(derb)* like a wild thing; **b)** *(anzapfen)* tap ⟨barrel⟩. **2.** *unr. itr. V.* *(anzapfen)* tap a/the barrel

an|stecken **1.** *tr. V.* **a)** *(feststecken)* pin on ⟨badge, brooch⟩; *(am Finger)* put *or* slip ⟨ring⟩; **jmdm. eine Brosche/einen Ring ~:** pin a brooch on sb./put *or* slip a ring on sb.'s finger; **b)** *(infizieren, auch fig.)* infect; **ich will dich nicht ~:** I don't want to give you my cold/germs *etc.*; **c)** *(bes. nordd., mitteld.: anzünden)* light; *(in Brand setzen)* set fire to. **2.** *itr. V. (sich übertragen)* be infectious *or* catching; *(durch Berührung)* be contagious; *(fig.)* be infectious *or* contagious

ansteckend *Adj.* infectious; *(durch Berührung)* contagious; *(fig.)* infectious; contagious

Ansteck·nadel die *(Brosche)* pin; *(Plakette)* badge

Ansteckung die; ~, ~en infection; *(durch Berührung)* contagion

Ansteckungs-: **~gefahr** die risk *or* danger of infection; **~herd** der source of [the/an] infection

an|stehen *unr. itr. V.* **a)** *(warten)* queue [up], *(Amer.)* stand in line *(nach* for); **b)** *südd. mit sein (geh.: sich ziemen)* jmdm. [wohl/übel] ~: [well/ill] become sb.; **c)** *(zu erledigen sein)* be waiting to be dealt with; *(zur Beratung ~)* be on the agenda; **die ~den Probleme** the problems to be dealt with; **etw. ~ lassen** defer sth.; **d)** *(Rechtsspr.: festgesetzt sein)* be fixed *or* set **(auf** + *Akk.* for); **e)** *in* **nicht ~, etw. zu tun** *(geh.)* have no hesitation in doing sth.; not hesitate to do sth.; **f)** *(Geol.)* outcrop; crop out

an|steigen *unr. itr. V.; mit sein* **a)** *(bergan führen)* ⟨hill⟩ rise; ⟨person, road, path⟩ climb, ascend; ⟨garden, ground⟩ slope up, rise; **b)** *(höher werden)* ⟨water level, temperature, *etc.*⟩ rise; *(fig.)* ⟨price, cost, rent, *etc.*⟩ rise, go up, increase

an·stelle **1.** *Präp. mit Gen.* instead of. **2.** *Adv.* ~ **von** instead of; *s. auch* **Stelle a**

an|stellen **1.** *refl. V.* **a)** *(warten)* queue [up], *(Amer.)* stand in line *(nach* for); **b)** *(ugs.: sich verhalten)* act; behave; **sich dumm/ungeschickt ~:** act *or* behave stupidly/be clumsy; **sich dumm/ungeschickt bei etw. ~:** go about sth. stupidly/clumsily; **sich geschickt ~:** go about it well; **stell dich nicht [so] an!** don't make [such] a fuss! **2.** *tr. V.* **a)** *(aufdrehen)* turn on; **b)** *(einschalten)* switch on; turn on, switch on ⟨radio, television⟩; start ⟨engine⟩; **c)** *(einstellen)* employ (**als** as); **bei jmdm. angestellt sein** be employed by sb.; **d)** *(ugs.: beschäftigen)* **jmdn. zum Kartoffelschälen** *usw.* ~: get sb. to peel the potatoes *etc.*; **e)** *(anlehnen)* **etw. an etw.** *(Akk.)* ~: put *or* place sth. against sth.; **f)** *(anrichten)* **etwas/Unfug ~:** get up to something/to mischief; **was hast du nun wieder angestellt?** what have you been up to this time?; **sieh, was du angestellt hast** see what you've done; **g)** *(ugs.: fertigbringen)* manage; **wie soll ich es ~, daß er nichts merkt/daß ich rechtzeitig hinkomme?** how do I stop him noticing anything?/make sure of getting there in time?; **h)** *(ugs.: versuchen)* try; **i)** *(vornehmen)* do ⟨calculation⟩; draw, make ⟨comparison⟩; carry out ⟨experiment, investigation⟩; make ⟨assumption⟩; **Überlegungen ~, wie ...:** consider how ...

anstellig *Adj.* clever; skilful

Anstelligkeit die; ~: ability; skill

An·stellung die **a)** *o. Pl. (das Einstellen)* employment; **b)** *(Stellung)* job; **ohne ~:** without a job; unemployed

Anstellungs-: **~verhältnis** das employment *no indef. art.*; ~ **auf Zeit** temporary employment; **~vertrag** der contract of employment

an|steuern *tr. V. (auch fig.)* head *or* make for; **ein Thema ~** *(fig.)* steer the conversation towards a subject

An·stich der **a)** *(das Anstechen)* tapping; broaching; **nach dem ~:** after tapping *or* broaching the barrel; **b)** *(Getränk)* [frischer] ~: newly tapped beer/wine

an|stiefeln *itr. V.; mit sein* **angestiefelt kommen** come marching along; *(auf einen zu)* come marching up

Anstieg der; ~[e]s, ~e **a)** *o. Pl. (Zunahme, Erhöhung)* rise, increase (+ *Gen.* in); **b)** *o. Pl. (Steigung)* gradient; **c)** *(Aufstieg)* climb; ascent; *(Weg)* way up; *(für Bergsteiger)* ascent route

an|stieren *tr. V. (ugs.)* stare at

an|stiften *tr. V.* **a)** *(in Gang setzen)* instigate; *(verursachen)* cause, bring about ⟨disaster, confusion⟩; **b)** *(verleiten)* jmdn. [dazu] ~, etw. zu tun incite sb. to do sth.; **jmdn. zum Betrug/Mord/zu einem Verbrechen ~:** incite sb. to deception/to murder/to commit a crime; **jmdn. zu dummen Streichen ~:** put sb. up to silly tricks

An·stifter der, **An·stifterin** die instigator

An·stiftung die incitement **(zu** to); ~ **zu einer Straftat** incitement to commit a serious offence

an|stimmen *tr. V. (Musik)* start singing ⟨song⟩; start playing ⟨waltz, march, *etc.*⟩; play ⟨note⟩; ⟨band⟩ strike up ⟨waltz, march, *etc.*⟩; **b)** *(ausbrechen in)* **Proteste/ein Geschrei ~:** start protesting/shouting; **ein Freudengeheul ~:** burst into shouts of joy

an|stinken *(ugs.)* **1.** *unr. tr. V. (anwidern)* jmdn. ~: make sb. sick. **2.** *unr. itr. V.* **in gegen jmdn./etw. nicht ~ können** be powerless against sb./sth.

an|stolzieren *itr. V.; mit sein* **anstolziert kommen** come strutting along; *(auf einen zu)* come strutting up

An·stoß der **a)** *(Impuls)* stimulus **(zu** for); **den [ersten] ~ zu etw. geben** initiate sth.; **der ~ ging von ihr aus** she was the one who initiated things *or* [first] got things going; **es bedurfte eines neuen ~es** a fresh impetus was needed; **b)** ~ **erregen** cause *or* give offence **(bei** to); **[keinen] ~ an etw.** *(Dat.)* **nehmen** [not] object to sth.; *(sich [nicht] beleidigt fühlen)* [not] take offence at sth.; *s. auch* **Stein b**; **c)** *(Fußball)* kick-off; **den ~ ausführen** kick off; **welche Mannschaft hat ~?** which side will kick off?; **d)** *(Aufprall)* impact

an|stoßen **1.** *unr. tr. V.* **a)** **mit sein an etw.** *(Akk.)* ~: bump into sth.; **mit dem Kopf** *or* **knock** *or* **bump one's head**; **mit dem Koffer dauernd/überall ~:** keep bumping these case against things; **b)** *(auf etw. trinken)* [mit den Gläsern] ~: clink glasses; **auf jmdn./etw. ~:** drink to sb./sth.; **c)** *(Fußball)* kick off; *auch mit sein (lispeln)* [mit der Zunge] ~: lisp; **e)** *(mit sein (Anstoß erregen)* give *or* cause offence **(bei** to); **man stößt leicht bei ihm an** he easily takes offence; **f)** *(angrenzen)* **an etw.** *(Akk.)* ~: carry out sth. **2.** *unr. itr. V.* **(einen Stoß geben)** jmdn./etw. ~: give sb./sth. a push; **jmdn. aus Versehen ~:** knock into sb. inadvertently; **jmdn. mit dem Ellenbogen/Fuß ~** *(als Zeichen)* nudge/kick sb.; **sich** *(Dat.)* **den Kopf/die Zehe ~:** knock *or* bang one's head/stub one's toe

anstößig ['anʃtøːsɪç] **1.** *Adj.* offensive; offensive, objectionable ⟨behaviour⟩. **2.** *adv.* offensively; ⟨behave⟩ offensively, objectionably

Anstößigkeit die; ~, ~en **a)** *o. Pl.* offensiveness; *(einer Handlung)* offensiveness, objectionableness; **b)** *(Handlung)* piece of offensive *or* objectionable behaviour; **~en** offensive *or* objectionable behaviour *sing.*

an|strahlen *tr. V.* **a)** illuminate; *(mit Scheinwerfer)* floodlight; *(im Theater)* spotlight; **ein Gebäude rot ~:** illuminate a building with red light; **b)** *(anblicken)* beam at; **ihre Augen strahlten ihn an** she beamed at him

an|streben *tr. V. (geh.)* aspire to; *(mit großer Anstrengung)* strive for

anstrebens·wert *Adj. s.* **anstreben:** worth aspiring to/striving for *postpos.*

an|streichen *unr. tr. V.* **a)** *(mit Farbe)* paint; *(mit Tünche)* whitewash; **b)** *(hervorheben)* mark (**als** as); **etw. rot ~:** mark sth. in red; **c)** *(anzünden)* strike ⟨match⟩

An·streicher der *(ugs.)* [house-]painter

an|strengen **1.** *refl. V. (sich einsetzen)* make an effort; exert oneself; *(körperlich)* exert oneself; **sich ~, etw. zu tun** make an effort to do sth.; **sich mehr/sehr ~:** make more of an effort/a great effort; **sich übermäßig** *od.* **zu sehr ~:** overexert oneself; **da hat er sich aber angestrengt** he has made a special effort *or* gone to a lot of trouble [there]. **2.** *tr. V.* **a)** *(anspannen)* strain ⟨eyes, ears, voice⟩; **alle seine Kräfte ~:** make every effort; *(körperlich)* use all one's strength; **seinen Verstand ~:** think hard; **seine Phantasie ~:** exercise one's imagination; **b)** *(strapazieren)* strain, put a strain on ⟨eyes⟩; **ein Strain** *or* **strain on** ⟨person⟩; **jmdn. zu sehr ~:** be too much of a strain on sb.; **c)** *(Rechtsw.: einleiten)* **eine Klage/einen Prozeß ~:** lay a charge/start proceedings (**gegen** against)

anstrengend *Adj. (körperlich)* strenuous; *(geistig)* demanding; **~ zu lesen/für die Augen sein** be a strain to read/on the eyes; **Nachtfahrten finde ich ~:** I find travelling at night a strain; **es war ~, dem Vortrag zu folgen** following the lecture was a strain

Anstrengung die; ~, ~en *(Einsatz)* effort; **~en machen** *od. (geh.)* **unternehmen** make an effort; **große ~en machen, etw. zu tun** make every effort to do sth.; **mit letzter/äußerster ~:** with one last/a supreme effort; **b)** *(Strapaze)* strain

An·strich der **a)** *o. Pl. (das Anstreichen)* painting; *(mit Tünche)* whitewashing; **b)** *(Farbe)* paint; *(Tünche)* whitewash; **der erste/zweite ~:** the first/second coat; **c)** *(Note)* touch; *(Aussehen)* air; **einer Sache** *(Dat.)* **einen bestimmten ~ geben** lend sth. a certain air; **d)** *(beim Schreiben)* up-stroke

an|stricken *tr. V.* **etw. an etw.** *(Akk.)* ~: knit sth. on to sth.

an|strömen *itr. V.; mit sein* **a)** *(heranfließen)* ⟨water⟩ flow in; ⟨air⟩ stream in; **von**

anstückeln

Westen ~de Kaltluft a stream of cold air from the west; b) *(herbeikommen)* pour *or* stream in; **angeströmt kommen** come pouring *or* streaming in

an|stückeln, an|stücken *tr. V.* add a piece to ⟨carpet etc.⟩; **ein Kleid/Hemd** ~: lengthen a dress/shirt [by adding a piece on]; **etw. an etw.** *(Akk.)* ~: attach sth. to sth.

An·sturm der a) *(das Anstürmen)* onslaught; b) *(Andrang)* *(auf Kaufhäuser, Schwimmbäder)* rush **(auf** + *Akk.* to); *(auf Banken, Waren)* run **(auf** + *Akk.* on)

an|stürmen *itr. V.*; *mit sein* a) *(gegen etw. drängen)* **gegen etw.** ~: ⟨waves, wind⟩ pound sth.; *(Milit.)* storm sth.; b) **angestürmt kommen** come charging *or* rushing along; *(auf einen zu)* come charging *or* rushing up

an|stürzen *itr. V.*; *mit sein* **angestürzt kommen** come tearing *or* dashing along; *(auf einen zu)* come tearing *or* dashing up

an|suchen *itr. V.* *(österr., sonst veralt.)* **[bei jmdm.] um etw.** ~: *(beantragen)* apply [to sb.] for sth.; *(bitten)* ask [sb.] for sth.

Ansuchen das; ~s, ~ *(österr., sonst veralt.) (Gesuch)* application **(auf** + *Akk.* for); **(Bitte)** request **(auf** + *Akk.* for); **auf jmds.** ~ *(Akk.)* at sb.'s request

an|sülzen *tr. V. (salopp)* blether at

Antagonismus [antago'nɪsmʊs] *der*; ~, **Antagonismen** antagonism *(Gen., zwischen* between)

Antagonist der; ~en, ~en, **Antagonistin die**; ~, ~nen antagonist

antagonistisch 1. *Adj.* antagonistic. 2. *adv.* antagonistically

an|tanzen *itr. V.*; *mit sein (ugs.)* show up *(coll.)*; **angetanzt kommen** turn up

Antarktis [ant'larktɪs] *die*; ~ *(Geogr.)* **die** ~: the Antarctic

antarktisch *Adj.* Antarctic

an|tasten *tr. V.* a) *(verbrauchen)* break into ⟨savings, provisions⟩; **das Geld taste ich nicht an** I shall not touch the money; b) *(beeinträchtigen)* infringe, encroach on ⟨right, freedom, privilege⟩; encroach on ⟨property, private life⟩; **jmds. Ehre** ~: cast a slur on *or* impugn sb.'s honour; c) *(berühren)* touch *(fig.)* touch on ⟨subject⟩

an|tauchen *itr. V. (österr.)* a) *(anschieben)* push; b) *(sich mehr anstrengen)* make more effort; try harder

an|tauen 1. *itr. V.*; *mit sein (zu tauen beginnen)* ⟨ice, snow⟩ begin to melt *or* thaw; ⟨foodstuff⟩ begin to thaw. 2. *tr. V. (tauen lassen)* **etw.** ~: allow sth. to thaw slightly

an|täuschen 1. *tr. V. (Boxen)* **einen linken Haken** ~ **und mit der Rechten zuschlagen** feint with the left and throw a right. 2. *itr. V. (Fußball, Rugby)* **[links/rechts]** ~: dummy *(Brit.)* *or (Amer.)* fake [to the left/right]

An·teil der a) *(jmdm. zustehender Teil)* share **(an** + *Dat.* of); ~ **an etw.** *(Dat.)* **haben** share in sth.; *(zu etw. beitragen)* play *or* have a part in sth.; b) *(Wirtsch.)* share; c) *o. Pl. (Interesse)* interest **(an** + *Dat.* in); ~ **an jmdm./etw. nehmen** *od.* *(geh.)* **bekunden** take/show an interest in sb./sth.; **an jmds. Leid/Freude** ~ **nehmen** sympathize with sb. in his/her suffering/share in sb.'s joy; **viele Menschen nahmen** ~ **am Tod seiner Frau** many people felt for him when his wife died

anteilig, anteil·mäßig 1. *Adj.* proportional; proportionate. 2. *adv.* proportionally; proportionately

An·teilnahme die a) *(Beteiligung)* participation; **unter reger** ~ **der Bevölkerung** with the active participation of the public; b) *(Interesse)* interest **(an** + *Dat.* in); c) *(Mitgefühl)* sympathy **(an** + *Dat.* with); **mit** ~ **zuhören** listen sympathetically

Anteil·schein der *(Wirtsch.)* share certificate

Anteils·eigner der *(Wirtsch.)* shareholder

an|telefonieren *tr. V. (ugs.)* phone *(coll.)*; call; ring *(Brit.)*

Antenne die; ~, ~n a) aerial; antenna *(Amer.)*; **eine/keine** ~ **für etw. haben** *(fig. ugs.)* have a/no feeling for sth.; b) *(Zool.)* antenna

Anthologie [antolo'giː] *die*; ~, ~n anthology

anthrazit [antra'tsiːt] *Adj.*; *nicht attr.* anthracite[-grey]

Anthrazit der; ~s, ~e anthracite

anthrazit-: ~farben, ~farbig *Adj.* anthracite[-coloured]; ~grau *Adj.* anthracite-grey

Anthropologe [antropo'loːgə] *der*; ~n, ~n anthropologist

Anthropologie die; ~, ~n anthropology *no art.*

Anthropologin die; ~, ~nen anthropologist; *s. auch* **-in**

anthropologisch 1. *Adj.* anthropological. 2. *adv.* anthropologically

anthropomorph [antropo'mɔrf] *Adj.* anthropomorphic

Anthropomorphismus der; ~, **Anthropomorphismen** a) *o. Pl. (Übertragung)* anthropomorphism; b) *(Eigenschaft)* anthropomorphic feature

Anthroposoph [antropo'zoːf] *der*; ~en, ~en anthroposophist

Anthroposophie die; ~, ~n anthroposophy *no art.*

Anthroposophin die; ~, ~nen anthroposophist; *s. auch* **-in**

anthroposophisch *Adj.* anthroposophical

anthropozentrisch [antropo'tsɛntrɪʃ] 1. *Adj.* anthropocentric. 2. *adv.* anthropocentrically

anti-, Anti- [anti-]: anti-

anti-, Anti-: ~alkoholiker *der* teetotaller; ~autorität 1. *Adj.* anti-authoritarian; 2. *adv.* in an anti-authoritarian manner; ~autorität eingestellt sein take an anti-authoritarian view; ~baby·pille *die (ugs.)* contraceptive pill; ~bakteriell 1. *Adj.* antibacterial; 2. *adv.* ~bakteriell wirken have an antibacterial action

Antibiotikum [anti'bjoːtikʊm] *das*; ~s, **Antibiotika** *(Med.)* antibiotic

antichambrieren [antiʃamˈbriːrən] *itr. V.* a) *(veralt.: warten)* wait in the antechamber; b) *(geh. abwertend: dienern)* bow and scrape (**bei** to)

anti, Anti-: ~blockier·system *das (Kfz-W.)* anti-lock braking system; [1]~christ ['---] *der*; ~[s] Antichrist; [2]~christ ['---] *der*; ~en, ~en Antichrist; ~christlich ['----] 1. *Adj.* antichristian; 2. *adv.* ~christlich eingestellt/gesinnt sein be antichristian [in one's views]; ~demokratisch 1. *Adj.* anti-democratic; 2. *adv.* ~demokratisch eingestellt/gesinnt sein be anti-democratic [in one's views]; ~faschismus *der* anti-fascism *no art.*; ~faschist *der* anti-fascist; ~faschistisch 1. *Adj.* anti-fascist. 2. *adv.* ~faschistisch eingestellt/gesinnt sein be anti-fascist [in one's views]; ~gen *(Med., Biol.)* antigen; ~haft·beschichtung *die* non-stick coating; ~held ['---] *der* anti-hero; ~heldin ['----] *die* anti-heroine

antik [an'tiːk] 1. *Adj.* a) *(des klassischen Altertums)* classical; b) *(altertümlich)* antique-style ⟨furniture, fittings, etc.⟩; c) *(aus vergangenen Zeiten)* antique. 2. *adv. (altertümlich)* ⟨make, furnish, etc.⟩ in antique style

Antike [an'tiːkə] *die*; ~, ~n a) *(Epoche)* classical antiquity *no art.*; b) *(Kunstwerk)* classical antique work of art

antikisieren *itr. V.* imitate classical forms

anti, Anti-: ~klerikal 1. *Adj.* anticlerical; 2. *adv.* ~klerikal gesinnt/eingestellt sein be anticlerical [in one's view]; ~klerikal denken/handeln think/act anticlerically; ~klerikalismus *der* anticlericalism; ~klopf·mittel *das (Kfz-W.)* antiknock [agent]; ~kommunismus *der* anticommunism; ~kommunist *der* anticommunist; ~kommunistisch 1. *Adj.* anticommunist; 2. *adv.* ~kommunistisch eingestellt/gesinnt sein be anticommunist [in one's views]; ~körper ['----] *der (Med.)* antibody

Antillen [an'tɪlən] *Pl.*; **die** [Großen/Kleinen] ~: the [Greater/Lesser] Antilles

Antilope [anti'loːpə] *die*; ~, ~n antelope

anti, Anti-: ~militarismus *der* antimilitarism; ~militarist *der* antimilitarist; ~militaristisch 1. *Adj.* antimilitaristic; 2. *adv.* ⟨argue⟩ along antimilitaristic lines; ~militaristisch gesinnt/eingestellt sein be antimilitaristic [in one's views]

Antimon [anti'moːn] *das*; ~s *(Chem.)* antimony

Antinomie [antino'miː] *die*; ~, ~n *(Philos., Rechtsspr.)* antinomy

Antipathie [antipa'tiː] *die*; ~, ~n antipathy; **eine** ~ **gegen jmdn./etw. haben** have an antipathy to sb./sth.

Antipode [anti'poːdə] *der*; ~n, ~n a) *(Geogr.)* antipodean; b) *(geh.)* antipode; exact opposite

an|tippen *tr. V. (berühren)* give ⟨person, thing⟩ a [light] tap; touch ⟨accelerator, brake, etc.⟩; *(fig.)* touch on ⟨point, question⟩

Antiqua [an'tiːkva] *die*; ~ *(Druckw.)* roman [type]

Antiquar [anti'kvaːɐ̯] *der*; ~s, ~e antiquarian bookseller; *(mit neueren gebrauchten Büchern)* second-hand bookseller

Antiquariat [antikvaˈriaːt] *das*; *o. Pl. (Handel)* antiquarian book trade; *(mit neueren gebrauchten Büchern)* second-hand book trade; b) *(Laden/Abteilung)* antiquarian bookshop/department; *(mit neueren gebrauchten Büchern)* second-hand bookshop/department; **modernes** ~: shop/department selling remainders, defective copies, cheap editions, reprints, etc.

antiquarisch 1. *Adj.* antique; *(Buchw.)* antiquarian; *(von neueren gebrauchten Büchern)* second-hand. 2. *adv.* **ein Buch** ~ **kaufen** buy a book second-hand

antiquiert [antiˈkviːɐ̯t] *(abwertend)* 1. *Adj.* antiquated. 2. *adv.* in an antiquated way

Antiquität die; ~, ~en antique

Antiquitäten-: ~händler *der* antique-dealer; ~laden *der* antique shop; ~sammler *der* collector of antiques; ~sammlung *die* collection of antiques

anti, Anti-: ~rakete [-----], ~raketen·rakete *die* anti-missile missile; ~semit *der* anti-Semite; ~semitisch 1. *Adj.* anti-Semitic; anti-Semite; 2. *adv.* anti-Semitically; ~semitisch eingestellt/gesinnt sein be anti-Semitic [in one's views]; ~semitismus *der* anti-Semitism; ~septisch *Adj. (Med.)* antiseptic; ~statisch 1. *Adj. (Physik)* antistatic; 2. *adv.* ~statisch wirken have an antistatic action; ~teilchen ['----] *das (Kernphysik)* antiparticle; ~these ['----] *die* antithesis

antithetisch 1. *Adj.* antithetical. 2. *adv.* antithetically

Antizipation [antitsipaˈtsioːn] *die*; ~, ~en *(geh.)* anticipation

antizipieren *tr. V. (geh.)* anticipate

anti·zyklisch 1. *Adj.* a) *(in unregelmäßiger Folge)* irregular; b) *(Wirtsch.)* countercyclical. 2. *adv.* a) *(unregelmäßig)* irregularly; at irregular intervals; b) *(Wirtsch.)* in a counter-cyclical way

Antlitz ['antlɪts] *das*; ~es, ~e *(dichter., geh.)* countenance *(literary)*; face

Antonym [antoˈnyːm] *das*; ~s, ~e *(Sprachw.)* antonym

an|törnen ['antœrnən] *s.* **1anturnen**

an|traben *itr. V.* a) *mit sein (sich nähern)*

come trotting along; **angetrabt kommen** come trotting along; *(auf einen zu)* come trotting up; **jmdn. ~ lassen** *(ugs.: kommen lassen)* get sb. to come along promptly; **b)** start trotting; break into a trot; *(aus dem Stillstand)* set off at a trot

Antrag ['antraːk] *der;* ~[e]s, **Anträge a)** *(Gesuch)* application, request **(auf + Akk.** for); *(Rechtsw.: schriftlich)* petition; **einen ~ auf etw. (Akk.) stellen** make an application for sth.; apply for sth.; *(Rechtsw.: schriftlich)* enter a petition for sth.; **einem ~ stattgeben** grant an application/a petition; **auf jmds. ~:** at sb.'s request; *(Rechtsw.: schriftlich)* in response to sb.'s petition; **b)** *(Formular)* application form; **c)** *(Heirats~)* proposal of marriage; **jmdm. einen ~ machen** propose to sb.; **d)** *(Parl.)* motion; **einen ~ auf etw. (Akk.) stellen** *od.* **einbringen** table *or* put forward a motion for sth.; **e) jmdm. unzüchtige Anträge machen** make improper suggestions to sb.

an|tragen *unr. tr. V.* *(geh.)* offer; **jmdm. ~, etw. zu tun** put it to sb. that he/she should do sth.

Antrags·formular *das* application form
antrags·gemäß *adv.* in accordance with the/your/his *etc.* request
Antrag·steller *der;* ~s, ~: applicant
an|trainieren *tr. V.* **jmdm./sich Muskeln ~:** develop sb.'s/one's muscles; **Pünktlichkeit läßt sich ~:** you can train yourself to be punctual
an|trauen *tr. V.* *(veralt.)* jmdm. jmdm. ~: marry sb. to sb.; **meine [mir] angetraute Gattin** my wedded wife
an|treffen *unr. tr. V.* find; *(zufällig)* come across; **er trifft mich nie zu Hause an** he never catches me in
an|treiben 1. *unr. tr. V.* **a)** *(vorwärts treiben)* drive ⟨animals, column of prisoners⟩ on *or* along; *(fig.)* urge; **jmdn. zur Eile/zu immer besseren Leistungen ~** *(fig.)* urge sb. to hurry up/urge *or* drive sb. on to better and better performances; **b)** *(in Bewegung setzen)* drive; power ⟨ship, aircraft⟩; **c)** *(veranlassen)* drive; **jmdn. [dazu] ~, etw. zu tun** drive sb. to do sth.; **d)** *(anschwemmen)* etw. ~: wash sth. up **(an + Akk.** on to); **etw. an den Strand ~:** wash sth. ashore *or* up; **e)** *(Gartenbau)* force. **2.** *unr. itr. V.; mit sein* *(herantreiben)* drift *or* float ashore
An·treiber *der (abwertend)* slave-driver
an|treten 1. *unr. itr. V.; mit sein* **a)** *(sich aufstellen)* form up; (in Linie) line up; *(Milit.)* fall in; **in Reih und Glied ~:** form up in rank and file; fall in; **b)** *(sich stellen)* meet one's opponent; *(als Mannschaft)* line up; **gegen ~ meet;** *(als Mannschaft)* line up against; **zum Rückspiel ~:** line up for the return match; **c)** *(sich einfinden)* report **(bei** to); **zum Dienst/zur Arbeit ~:** report for duty/work. **2.** *unr. tr. V.* **a)** start ⟨job, apprenticeship⟩; take up ⟨position, appointment⟩; start, set out on ⟨journey⟩; begin ⟨prison sentence⟩; come into ⟨inheritance⟩; **jmds. Nachfolge ~:** succeed sb.; **den Urlaub ~** go on holiday; **b)** *(festtreten)* tread down ⟨soil⟩
An·trieb *der* **a)** *(Triebkraft)* drive; **ein Fahrzeug mit elektrischem ~:** an electrically powered *or* driven vehicle; **b)** *(Anreiz)* impulse; *(Psych.)* drive; impulse; **jmdm. neuen ~ geben** give sb. fresh impetus; **aus eigenem** *od.* **freiem** *od.* **persönlichem ~:** of one's own accord; on one's own initiative
Antriebs-: **~achse** die *(Technik)* driving axle; **~kraft** die *(Technik)* motive *or* driving power; **~rad** das *(Technik)* drive wheel; **~welle** die *(Technik)* drive shaft
an|trinken 1. *unr. refl. V.* **sich (Dat.) einen Rausch/Schwips ~:** get drunk/tipsy; **sich (Dat.) einen ~** *(ugs.)* get sloshed *(coll.)*; **sich (Dat.) Mut ~:** give oneself Dutch courage. **2.** *unr. tr. V.* start drinking ⟨wine, coffee, *etc.*⟩; start drinking from ⟨glass⟩; start

drinking out of ⟨bottle⟩; **eine schon angetrunkene Flasche Wein** a bottle of wine that has/had already been started
An·tritt der a) *(beginning;* **bei ~ seiner Stellung** on taking up his post; **vor ~ Ihres Urlaubs** before you go *or* before going on holiday *(Brit.) or (Amer.)* vacation; **vor ~ der Reise** before setting out on the journey; **bei ~ des Erbes/Amtes** on coming into the inheritance/taking up office; **b)** *(Sport)* acceleration *no indef. art.*
Antritts-: **~besuch** der [formal] first visit; **seinen ~besuch bei jmdm. machen** pay one's [formal] first visit to sb.; **~rede** die inaugural speech; **~vor·lesung** die inaugural lecture
an|trocknen *itr. V.; mit sein* **a)** *(festkleben)* **an etw. (Dat.) ~:** dry and stick to sth.; **b)** *(ein wenig trocknen)* start *or* begin to dry
an|tuckern *itr. V.; mit sein* *(ugs.)* **angetuckert kommen** come chugging along; *(auf einen zu)* come chugging up
an|tun *unr. tr. V.* **a) sich (Dat.) etw. Gutes ~:** give oneself a treat; treat oneself; **jmdm. ein Leid ~:** hurt sb.; **jmdm. etwas Böses/ein Unrecht ~:** do sb. harm/an injustice; **tu mir das nicht an!** don't do that to me!; **tu dir keinen Zwang an!** *(ugs.)* don't stand on ceremony!; **sich (Dat.) etw. ~** *(ugs. verhüll.)* do away with oneself; **b) das/er** *usw.* **hat es ihr angetan** she was taken with it/him *etc.*; *s. auch* angetan 2; **c)** *(geh.: anziehen)* [sich *(Dat.)*] etw. ~: put sth. on; don sth.
¹**an|turnen** ['antœrnən] *(ugs.)* **1.** *tr. V.* **jmdn. ~:** ⟨drugs, music, *etc.*⟩ turn sb. on *(coll.)*. **2.** *itr. V.* turn people on *(coll.)*
²**an|turnen** *itr. V.; mit sein* *(ugs.)* **angeturnt kommen** come romping along; *(auf einen zu)* come romping up
Antwerpen [ant'vɛrpn] *(das),* ~s Antwerp
Antwort ['antvɔrt] *die;* ~, ~en **a)** *(Erwiderung)* answer; reply; *(bei Examen usw.)* answer; **er gab mir keine ~** he didn't answer [me] *or* reply; he made no answer *or* reply; **er gab mir keine ~ auf meine Frage** he did not reply to *or* answer my question; **wer viel fragt, bekommt viel Antwort[en]** *(Spr.)* you'll have to make up your own mind; **keine ~ ist auch eine ~:** your/her *etc.* silence speaks for itself; **in ~ auf etw. (Akk.)** *(Amtsspr.)* in reply to sth.; **um ~ wird gebeten** *(auf Einladungskarten)* RSVP; **b)** *(Reaktion)* response; **als ~ auf etw. (Akk.)** in response to sth.
antworten *itr. V.* **a)** *(erwidern)* answer; reply; **auf etw. (Akk.) ~:** answer sth.; reply to sth.; **jmdm. ~:** answer sb.; reply to sb.; **jmdm. auf seine Frage ~:** reply to *or* answer sb.'s question; **wie/was soll ich ihm ~?** what answer shall I give him?/what shall I tell him?; **mit Ja/Nein ~:** answer yes/no; **b)** *(reagieren)* respond **(auf + Akk.** to)
Antwort-: **~post·karte** die *(Postw.)* reply card; **~schein** der: **internationaler ~schein** *(Postw.)* international reply coupon; **~schreiben** das reply **(auf + Akk.** to)
an|vertrauen 1. *tr. V.* **a)** *(übergeben)* **jmdm. etw. ~:** entrust sth. to sb.; entrust sb. with sth.; **sich Kind jmdm. ~:** entrust one's child to sb.'s care; **b)** *(mitteilen)* **jmdm./seinem Tagebuch etw. ~:** confide sth. to sb./one's diary. **2.** *refl. V.* **a)** *(sich mitteilen)* **sich jmdm. ~:** confide in sb.; **b)** *(sich schützen lassen)* **sich jmdm./einer Sache ~:** put one's trust in sb./sth.
an·verwandt *Adj. (geh.)* related
An·verwandte *der/die (geh.)* relation
an|visieren *tr. V.* **a)** *(Milit.)* align the *or* one's sights on; **b)** *(anstreben)* aim at
an|wachsen *unr. itr. V.; mit sein* **a)** *(festwachsen)* grow on; **wieder ~** ⟨finger, toe⟩ grow back on; **die transplantierte Haut ist angewachsen** the skin graft has/skin grafts have taken; **angewachsene Ohrläppchen** earlobes attached to the sides of one's

head; **b)** *(Wurzeln schlagen)* take root; **steh nicht da wie angewachsen** *(ugs.)* don't just stand there like a stuffed dummy; **c)** *(zunehmen)* increase; grow
an|wackeln *itr. V.; mit sein* *(ugs.)* **angewackelt kommen** come waddling along; *(auf einen zu)* come waddling up
an|wählen *tr. V.* dial; **jmdn. ~:** dial sb.'s number
Anwalt ['anvalt] *der;* ~[e]s, **Anwälte** ['anvɛltə], **Anwältin** die; ~, ~nen **a)** *(Rechtsw.)* lawyer; solicitor *(Brit.)*; attorney *(Amer.)*; *(vor Gericht)* barrister *(Brit.)*; attorney[-at-law] *(Amer.)*; advocate *(Scot.)*; **einen ~ nehmen** get a lawyer *or (Amer.)* an attorney; **b)** *(Fürsprecher)* advocate; champion
Anwalts·büro *das* **a)** *(Räume)* lawyer's office; solicitor's office *(Brit.)*; **b)** *(Sozietät)* firm of solicitors *(Brit.)*; law firm *(Amer.)*
Anwaltschaft *die;* ~, ~en **a)** *(Gesamtheit der Anwälte)* legal profession; **b)** *(Amt) s.* **Anwalt a:** profession of lawyer/solicitor/ attorney/barrister/advocate; **c)** *o. Pl. (Vertretung)* die ~ **in einer Sache übernehmen/ablehnen** take on/refuse to take on a case
Anwalts-: **~kammer** die *(Rechtsw.)* professional association of lawyers; **~kanzlei** die *s.* büro
an|wandeln *tr. V. (geh.)* come over
Anwandelung, An·wandlung *die (Laune)* mood; *(leichter Anflug)* fit; **in einer ~ von Großzügigkeit** *usw.* in a fit of generosity *etc.*; **dann bekommt er wieder eine ~** then he gets one of his moods again; **eine ~ von Furcht/Schwermütigkeit** a sudden feeling of fear/a fit of melancholy
an|wärmen *tr. V.* warm up; warm ⟨hands, feet⟩
An·wärter *der* **a)** candidate **(auf + Akk.** for); *(Sport)* contender **(auf + Akk.** for); **b)** *(auf den Thron)* claimant; *(Thronerbe)* heir **(auf + Akk.** to)
An·wärterin *die* **a)** *s.* **Anwärter a;** **b)** *(auf den Thron)* claimant; *(Thronerbin)* heiress **(auf + Akk.** to)
Anwartschaft *die;* ~, ~en candidacy, candidature **(auf + Akk.** for); *(Sport)* being in contention **(auf + Akk.** for); *(auf den Thron, einen Titel)* claim **(auf + Akk.** to)
an|watscheln *itr. V.; mit sein* *(ugs.)* **angewatschelt kommen** come waddling along; *(auf einen zu)* come waddling up
an|wehen 1. *tr. V.* **a)** *(geh.: gegen jmdn. wehen)* ⟨wind, breeze⟩ blow [up]on; **b)** *(anhäufen)* drift ⟨snow, sand, *etc.*⟩. **2.** *unr. V.; mit sein* *(sich anhäufen)* drift
an|weisen *unr. tr. V.* **a)** *(beauftragen)* **jmdn. ~:** give sb. instructions; **jmdn. ~, etw. zu tun** instruct *or* direct sb. to do sth.; **b)** *(zuweisen)* **jmdm. etw. ~:** allocate sth. to sb.; **c)** *(anleiten)* instruct; **d)** *(überweisen)* *(die Auszahlung veranlassen)* order the payment of; *s. auch* angewiesen 2
An·weisung *die* **a)** *(Anordnung)* instruction; **~ haben, etw. zu tun** have instructions to do sth.; **auf ~ der Behörde** by order of *or* on instructions *pl.* from the authorities; **b)** *(das Zuteilen)* allocation; **c)** *(Gebrauchs~)* instructions *pl.*; **d)** *(Überweisung)* remittance; *(Anordnung zur Auszahlung)* **die ~ erfolgt demnächst** payment will be ordered shortly; **e)** *(Bankw.: Formular)* payment order
anwendbar *Adj.* applicable **(auf + Akk.** to); **schwer ~:** difficult to apply; **die Regel ist hier nicht ~:** the rule doesn't apply here
Anwendbarkeit *die;* ~: applicability **(auf + Akk.** to)
an|wenden *unr. (auch regelm.) tr. V.* use, employ ⟨process, trick, method, violence, force⟩; use ⟨medicine, money, time⟩; take ⟨care, trouble⟩ over); apply ⟨rule, paragraph, proverb, *etc.*⟩ **(auf + Akk.** to); **sich auf etw. (Akk.) ~ lassen** be applicable to sth.; apply to sth.

Anwender der; ~s, ~ *(DV)* user
An·wendung die a) *s.* anwenden: use; employment; taking; application; **etw. in** ~ *(Akk.) od.* **zur** ~ **bringen** *(Amtsspr.)* apply sth.; **zur** ~ **kommen** *od.* **gelangen,** ~ **finden** *(Amtsspr.)* ⟨*rule, paragraph, etc.*⟩ apply, be applicable; **b)** *(Med.)* application
Anwendungs-: ~**bereich** der, ~**gebiet** das range of application; *(eines Gesetzes, einer Regel)* scope; ~**möglichkeit** die possible use *or* application
an|werben *unr. tr. V.* recruit (**für** to); *(Milit.)* enlist, recruit; **sich** ~ **lassen** be recruited; *(Milit.)* enlist (**für** in)
An·werbung die *s.* anwerben: recruitment (**für** to); enrolment (**für** in)
an|werfen *unr. tr. V.* **a)** *(ugs.: in Gang bringen)* start [up] ⟨*machine, engine, vehicle*⟩; swing ⟨*propeller*⟩; put *or* switch on ⟨*electrical device*⟩; **b)** *(an etw. werfen)* Kalk/Mörtel *usw.* an eine Wand ~: rough-cast a wall [with lime/plaster *etc.*]
An·wesen das property
anwesend *Adj.* present; **die nicht** ~**en Mitglieder** the members [who are/were] not present; **bei etw.** ~ **sein** be present at sth.; **ich war nicht ganz** ~ *(fig. ugs. scherzh.)* I wasn't quite with it *(coll.)*
Anwesende der/die; *adj. Dekl.* **die** ~**n** those present; **jeder** ~/**einige** ~/**alle** ~**n** everyone/some of those/all those present; ~ **natürlich ausgenommen** present company excepted, of course
Anwesenheit die; ~: presence; **in** ~: in the presence *(Gen. od. von Dat.)*
Anwesenheits·liste die attendance list
an|wetzen *itr. V.; mit sein (ugs.)* **angewetzt kommen** come rushing *or* tearing along; *(auf einen zu)* come rushing *or* tearing up
an|widern ['anvi:dɐn] *tr. V.* nauseate
an|winkeln *tr. V.* bend ⟨*knee, arm, etc.*⟩
an|winseln *tr. V.* whimper at; **jmdn. um Hilfe** ~ come whining to sb. for help
Anwohner ['anvo:nɐ] der; ~s, ~: resident; **Parken nur für** ~: residents-only parking
Anwohnerschaft die residents *pl.*
An·wurf der a) *(Vorwurf)* *(geh. unjustified)* reproach; *(Beschuldigung)* *(esp. false)* accusation; **b)** *a.* Pl. *(Handball)* throw-off; *(Korbball)* centre pass
an|wurzeln *itr. V.; mit sein* take root; **wie angewurzelt [da] stehen/stehenbleiben** stand rooted to the spot
An·zahl die; *o. Pl.* number; **eine ganze** ~: a whole lot
an|zahlen *tr. V.* put down *or* pay a deposit on; *(bei Ratenzahlung)* make a down payment on; **50 DM** ~: put down 50 marks as a deposit/make a down payment of 50 marks
an|zählen *tr. V. (Boxen)* **jmdn.** ~: start to give sb. the count
An·zahlung die deposit; *(bei Ratenzahlung)* down payment; **eine** ~ **auf etw.** *(Akk.)* **machen od. leisten** put down *or* pay a deposit on sth./make a down payment on sth.
an|zapfen **1.** *tr. V.* **a)** tap ⟨*barrel, tree*⟩; **b)** *(ugs.: zum Abhören)* tap ⟨*telephone line, wire*⟩; **c)** *(ugs.) s.* anpumpen. **2.** *itr. V.* tap a/the barrel; **frisch** ~: tap a/the new barrel
An·zeichen das sign; indication; *(Med.)* symptom; **alle** ~ **deuten darauf hin, daß ...:** all the signs *or* indications are that ...
an|zeichnen *tr. V.* **a)** *(an etw. zeichnen)* draw (**an** + *Akk.* on); **b)** *(markieren)* mark
Anzeige ['antsaigə] die; ~, ~**n a)** *(Straf-)* report; **gegen jmdn. [eine]** ~ **[wegen etw.] erstatten** report sb. to the police/the authorities [for sth.]; **jmdn./etw. zur** ~ **bringen** *(Amtsspr.)* report sb./sth. to the police/the authorities; **b)** *(Inserat)* advertisement; **eine** ~ **in einer Zeitung aufgeben** put an advertisement in a newspaper; **c)** *(Bekanntmachung)* announcement; **d)** *(ablesbarer Stand)* display; *(eines Meßinstruments)* reading; **e)** *(Gerät)* display unit

an|zeigen *tr. V.* **a)** *(Strafanzeige erstatten)* **jmdn./etw.** ~: report sb./sth. to the police/the authorities; **sich selbst** ~: voluntarily admit an/the offence; **b)** *(zeigen)* show; indicate; show ⟨*time, date*⟩; **c)** *(bekanntgeben)* announce; **d)** *(wissen lassen, geh.: ankündigen)* **jmdm. etw.** ~: inform *or* notify sb. of sth.; **jmdm.** ~**, daß ...:** inform *or* notify sb. [of the fact] that ...
Anzeigen-: ~**blatt** das advertiser; ~**teil** der advertisement section *or* pages *pl.*; ~**werbung** die newspaper and magazine advertising
Anzeige·pflicht die; *o. Pl.* **a)** statutory obligation to report a/the birth/death/[criminal] offence *etc.*; **b)** *s.* Meldepflicht a
An·zeiger der a) indicator; **b)** *(Zeitung)* advertiser
Anzeige·tafel die *(Sport)* scoreboard
an|zetteln *tr. V. (abwertend)* hatch ⟨*plot, intrigue*⟩; instigate ⟨*revolt*⟩; foment ⟨*war*⟩
an|ziehen 1. *unr. tr. V.* **a)** *(an sich ziehen)* draw up ⟨*knees, feet, etc.*⟩; **b)** *(anlocken)* attract; draw; *(durch Schönheit, freundliches Betragen usw.)* attract; **sich von jmdm. angezogen fühlen** feel attracted to sb.; **c)** *(anspannen)* tighten, pull tight ⟨*rope, wire, chain*⟩; tighten ⟨*guitar-string*⟩; **d)** *(festziehen)* tighten ⟨*screw, knot, belt, etc.*⟩; pull on ⟨*handbrake*⟩; **e)** *(Kleidung anlegen)* dress; **sich** ~: get dressed; **f)** put on ⟨*clothes*⟩; **sich** *(Dat.)* **etw.** ~: put sth. on; **jmdm. etw.** ~: put sth. on sb.; *(als Hilfeleistung)* put sth. on for sb.; **g)** *(aufnehmen)* absorb ⟨*moisture*⟩; take on ⟨*taste, smell*⟩; **h)** *(Physik)* ⟨*magnet, body, etc.*⟩ attract. **2.** *unr. itr. V.* **a)** *(Tempo beschleunigen)* accelerate; **b)** *(sich in Bewegung setzen)* ⟨*car, train*⟩ pull away, move off; ⟨*horse*⟩ move off; **c)** *(Brettspiel)* make the first move; move *or* go first; **d)** *(Börsenw., Kaufmannsspr.)* ⟨*prices, costs*⟩ rise, increase; ⟨*shares, securities, commodities*⟩ advance, move ahead
anziehend *Adj.* attractive; engaging ⟨*manner, smile*⟩
An·ziehung die attraction
Anziehungs·kraft die **a)** *(Physik)* attractive force; force of attraction; **b)** *o. Pl. (Reiz)* attraction
an|zischen 1. *tr. V.* **a)** hiss at; **b)** *(ugs.: anfahren)* snarl at. **2.** *itr. V.; mit sein (ugs.: sich nähern)* **angezischt kommen** come whizzing along; *(auf einen zu)* come whizzing up
an|zockeln *itr. V.; mit sein (ugs.)* **angezockelt kommen** come jogging along; *(auf einen zu)* come jogging up; ⟨*cart*⟩ come trundling along/up
An·zug der **a)** *(Herren~)* suit; **jmdm. aus dem** ~ **stoßen** *od.* **boxen** *(salopp)* beat *or* knock the living daylights *(sl.)* *or* the hell *(coll.)* out of sb.; **b) im** ~ **sein** *(danger)* be imminent; ⟨*storm*⟩ be approaching; ⟨*fever, illness*⟩ be coming on; ⟨*enemy*⟩ be advancing; **c)** *(Beschleunigung)* acceleration; **d)** *(Brettspiele)* first move; ~ **haben** have the first move
anzüglich ['antsy:klɪç] **1.** *Adj.* **a)** insinuating ⟨*remark, question*⟩; **werde bloß nicht** ~ **!** just don't start making insinuating remarks; **b)** *(anstößig)* offensive ⟨*joke, remark*⟩. **2.** *adv.* **a)** in an insinuating way; **b)** *(anstößig)* offensively
Anzüglichkeit die *s.* anzüglich a, b: **a)** *o. Pl. (Art)* insinuating nature; offensiveness; **b)** *(Bemerkung)* insinuating remark; offensive remark/joke
Anzug·stoff der suiting
Anzugs·vermögen das acceleration
an|zünden *tr. V.* light; **ein Gebäude** *usw.* ~: set fire to a building *etc.*; set a building *etc.* on fire
An·zünder der *(Gas~)* gas lighter; *(Feuer~)* fire-lighter *(Brit.)*
an|zweifeln *tr. V.* doubt; question
an|zwinkern *tr. V.* wink at

an|zwitschern *refl. V. (ugs.)* **in sich** *(Dat.)* **einen** ~: get sloshed *(coll.)*
AOK [a:|o:'ka:] die; ~ *Abk.* Allgemeine Ortskrankenkasse
Äols·harfe ['ɛ:ɔls-] die aeolian harp
Äon [ɛ'ɔ:n] der; ~s, ~**en** *(geh.)* aeon
Aorta [a'ɔrta] die; ~, **Aorten** *(Med.)* aorta
Apanage [apa'na:ʒə] die; ~, ~**n** apanage; *(fig.)* subsidy
apart [a'part] **1.** *Adj.* individual *attrib.*; ~ **sein** be individual in style. **2.** *adv.* **a)** in an individual style; **b)** *(Buchhandel: einzeln)* individually
Apartheid [a'pa:ɐ̯thait] die; ~: apartheid *no art.*
Apartheid·politik die policy of apartheid
Apartheit die; ~: individuality
Apartment [a'partmənt] das; ~s, ~s studio flat *(Brit.)*; flatlet *(Brit.)*; small flat *(Brit.)*; studio apartment *(Amer.)*
Apartment·haus das block of studio flats *(Brit.)* *or (Amer.)* studio apartments
Apathie [apa'ti:] die; ~, ~**n** apathy
apathisch [a'pa:tɪʃ] **1.** *Adj.* apathetic. **2.** *adv.* apathetically
Apenninen [apɛ'ni:nən] *Pl.* **die** ~: the Apennines
Apennin[en]·halbinsel die *o. Pl.* Apennine peninsula
aper ['a:pɐ] *Adj. (südd., österr., schweiz.)* snowless; bare of snow *pred.*; ⟨*street*⟩ clear of snow *pred.*
Aperçu [apɛr'sy:] das; ~s, ~s *(geh.)* bon mot
Aperitif [apɛri'ti:f] der; ~s, ~s aperitif
apern [a'pɐn] *itr. V. (südd., österr., schweiz.)* **es apert** the snow is going; **die Hänge/Straßen** ~: the snow on the slopes is going/the streets are becoming clear of snow
Apex ['a:pɛks] der; ~, **Apizes** [a:'pitse:s] **a)** *(Astron.)* apex; **b)** *(Sprachw.)* *(Längezeichen)* length mark; *(Betonungszeichen)* stress mark
Apfel ['apfl] der; ~s, **Äpfel** ['ɛpfl] apple; **der** ~ **fällt nicht weit vom Stamm** *od. (ugs. scherzh.)* **Pferd** *(Spr.)* it's in the blood; ~ **im Schlafrock** *(Kochk.)* apple dumpling; **Äpfel und Birnen zusammenzählen, Äpfel mit Birnen addieren** *(ugs.)* lump together totally different things; **[etw.] für einen** ~ **und ein Ei [kaufen]** [buy sth.] for a song; **in den sauren** ~ **beißen [und etw. tun]** *(ugs.)* grasp the nettle [and do sth.]; **b)** *(~baum)* apple-tree
Apfel-: ~**baum** der apple-tree; ~**blüte** die **a)** apple-blossom; **b)** *(das Blühen)* blossoming of the apple-trees; **während der** ~**blüte** while the apple-trees are/were in blossom
Äpfelchen das; ~s, ~: little apple
äpfel, Apfel-: ~**grün** apple-green; ~**korn** der apple-flavoured schnapps; ~**kuchen** der apple-cake; *(mit Äpfeln belegt)* apple flan; **gedeckter** ~**kuchen** apple pie; ~**most** der **a)** *(~saft)* apple-juice; **b)** *(südd.: gegorener ~saft)* cider; ~**mus** das apple purée; *(zu Fleisch)* apple sauce; ~**saft** der apple-juice; ~**schimmel** der the dapple-grey [horse]
Apfelsine [apfl'zi:nə] die; ~, ~**n a)** orange; **b)** *(Baum)* orange-tree
Apfel-: ~**strudel** der apfelstrudel; ~**tasche** die apple turnover *or* puff; ~**wein** der cider; ~**wickler** der *(Zool.)* codling moth
Aphorismus [afo'rɪsmʊs] der; ~, **Aphorismen** *(geh.)* aphorism
aphoristisch *(geh.)* **1.** *Adj.* aphoristic. **2.** *adv.* aphoristically
Aphrodisiakum [afrodi'zi:akʊm] das; ~s, **Aphrodisiaka** *(Med.)* aphrodisiac
Aplomb [a'plõ:] der; ~s *(geh.)* aplomb
APO, Apo ['a:po] die; ~ *Abk.* außerparlamentarische Opposition
apodiktisch [apo'dɪktɪʃ] *Adj. (Philos., geh.)* apodictic
Apokalypse [apoka'lʏpsə] die; ~, ~**n** apocalypse

889

apokalyptisch [apoka'lyptɪʃ] *(Rel., fig.)* **1.** *Adj.* apocalyptic; **die Apokalyptischen Reiter** the Four Horsemen of the Apocalypse. **2.** *adv.* apocalyptically
apokryph [apo'kry:f] *Adj. (Rel., fig.)* apocryphal; **die Apokryphen** the Apocrypha *sing.*
apolitisch 1. *Adj.* apolitical. **2.** *adv.* apolitically
Apoll [a'pɔl] *der;* ~s, ~s *(geh.)* Apollo
apollinisch [apɔ'li:nɪʃ] *Adj. (bes. Philos.)* apollonian
Apollo [a'pɔlo] *der;* ~s, ~s *(Myth., geh.)* Apollo
Apologet [apolo'ge:t] *der;* ~en, ~en apologist
Apologetik [apolo'ge:tɪk] *die;* ~, ~en **a)** *(geh.: Rechtfertigung)* apologia *(Gen.* for); **b)** *o. Pl. (Theol.)* apologetics *sing.*
Apologetin *die;* ~, ~nen apologist
Apologie [apolo'gi:] *die;* ~, ~n *(geh.)* apologia *(Gen.* for)
Aporie [apo'ri:] *die;* ~, ~n *(Philos., geh.)* aporia
Apostel [a'pɔstl̩] *der;* ~s, ~: apostle; **die zwölf ~:** the twelve Apostles
-apostel *der (meist iron.)* apostle of *(economic growth, world peace, etc.);* **ein Frischluft~/Gesundheits~:** a fresh air/health fanatic; **ein Spar~/Abnehm~:** an enthusiastic advocate of saving/slimming
Apostel-: ~**brief** *der* epistle; ~**geschichte** *die* **a)** *(apokryphe Geschichte)* Apocryphal New Testament story; **b)** *o. Pl. (Buch des N. T.)* Acts of the Apostles *constr. as sing.*
a posteriori [a: pɔste'rio:ri] *(Philos.)* a posteriori
aposteriorisch *(Philos.) Adj., adv.* a posteriori
apostolisch [apɔs'to:lɪʃ] *Adj. (Theol.)* **a)** apostolic; **das Apostolische Glaubensbekenntnis** the Apostles' Creed; **b)** *(päpstlich)* apostolic; ~**er Segen** apostolic blessing; **Apostolischer Nuntius** Apostolic Nuncio; **Apostolischer Stuhl** Holy See
Apostroph [apo'stro:f] *der;* ~s, ~e *(Sprachw.)* apostrophe
apostrophieren *tr. V.* **a)** *(Sprachw.: mit Apostroph versehen)* apostrophize; **b)** *jmdn./etw.* **als etw.** ~: refer to sb./sth. as sth.; describe sb./sth. as sth.
Apotheke [apo'te:kə] *die;* ~, ~n **a)** chemist's [shop] *(Brit.);* drugstore *(Amer.);* **(***im Krankenhaus)* dispensary; **b)** *(Haus~)* medicine cabinet; *(Reise~, Bord~)* first-aid kit; **c)** *(ugs. abwertend: teures Geschäft)* expensive shop; **das ist eine richtige ~:** they charge an arm and a leg there *(coll.)*
apotheken·pflichtig *Adj.* obtainable only at a chemist's [shop] *(Brit.)* or *(Amer.)* drugstore *postpos.*
Apotheker *der;* ~s, ~, **Apothekerin** *die;* ~, ~nen [dispensing] chemist *(Brit.);* druggist
Apotheker·preise *Pl. (fig. ugs.)* fancy prices *(coll.)*
Apotheose [apote'o:zə] *die;* ~, ~n *(geh.)* apotheosis
App. *Abk.* **a) Apparat** ext.; **b) Appartement** Apt.
Apparat [apa'ra:t] *der;* ~[e]s, ~e **a)** *(Technik)* apparatus *no pl.; (Haushaltsgerät)* appliance; *(kleiner)* gadget; **b)** *(Radio~)* radio; *(Fernseh~)* television; *(Rasier~)* razor; *(elektrisch)* shaver; *(Foto~)* camera; **wir haben einen neuen Fernseher gekauft, der alte ~ war 15 Jahre alt** we've bought a new television – our old set was fifteen years old; **c)** *(Telefon)* telephone; *(Nebenstelle)* extension; **am ~ verlangt werden** be wanted on the telephone; **am ~!** speaking!; **bleiben Sie am ~!** hold the line; **wer war am ~?** who answered?; who did you speak to?; **d)** *(Personen und Hilfsmittel)* organization; *(Verwaltungs~)* system; **e)** *(ugs.: etwas Ausgefallenes, Riesiges)* whopper *(sl.);* (*dicker Mensch)* heavyweight; **f)** *(Hochschulw.: Bücher)* reference collection of books for a particular course; **g)** *(Lesarten)* apparatus; **[text]kritischer ~:** apparatus criticus; critical apparatus
Apparate·bau *der; o. Pl. (Technik)* design and manufacture of apparatus
Apparate·medizin *die; o. Pl. (oft abwertend)* high-technology medicine
apparativ [apara'ti:f] **1.** *Adj.* **a)** *(Technik)* ~**e Einrichtungen** technical equipment *sing.;* ~**e Lehrmittel** machine aids in the classroom; ~**e Diagnostik** machine-aided diagnosis; **b)** *(Verwaltung)* **der ~e Ausbau der Organisation** the expansion of the organization's administrative system. **2.** *adv.* **a)** *(Technik)* with the aid of machines *or* technical equipment; ~ **am Leben erhalten werden** be kept alive by life-support systems; **b)** *(Verwaltung)* organizationally
Apparatschik [apa'ratʃɪk] *der;* ~s, ~s *(abwertend)* apparatchik
Apparatur [apara'tu:ɐ̯] *die;* ~, ~en apparatus *no pl.;* equipment *no indef. art., no pl.; (fig.)* apparatus *no pl;* ~**en** *(Kontrollinstrumente usw.)* instruments and controls
Apparillo [apa'rɪlo] *der;* ~s, ~s *(ugs. scherzh.)* contraption *(coll.);* **Der Karpfen wiegt 6 Kilo. – Mann, ist das ein ~!** The carp weighs 6 kilos – That's 'some 'fish!
Appartement [apartə'mã:, schweiz. auch: -'mɛnt] *das;* ~s, ~s *(schweiz. auch:* ~e) **a)** *s.* **Apartment; b)** *(Hotelsuite)* suite
Appeal [ə'pi:l] *der;* ~s appeal
Appeasement [ə'pi:zmənt] *das;* ~s *(Politik, meist abwertend)* appeasement
Appell [a'pɛl] *der;* ~s, ~e **a)** *(Mahnung)* appeal (**zu** for, **an** + *Akk.* to); **einen ~ an jmdn. richten** make an appeal to sb.; appeal to sb.; **b)** *(Milit.)* muster; *(Anwesenheits~)* roll-call; *(Besichtigung)* inspection; **zum ~ antreten** fall in for roll-call inspection; **c)** *(Jagdw.)* obedience; ~**/keinen ~ haben** be/ not be obedient
Appellation [apɛla'tsi̯o:n] *die;* ~, ~en *(Rechtsw., schweiz. sonst veralt.)* appeal
Appellativ [apɛla'ti:f] *das;* ~s, ~e, **Appellativum** [apɛla'ti:vʊm] *das;* ~s, **Appellativa** *(Sprachw.)* appellative; common noun
appellieren *itr. V.* appeal (**an** + *Akk.* to)
¹**Appendix** [a'pɛndɪks] *der;* ~, **Appendizes** [-dɪtse:s] *od.* ~**es,** ~**e a)** *(geh.: Anhängsel)* appendage; **b)** *(Buchw.)* appendix
²**Appendix** *der od. (fachspr.:) die;* ~, **Appendizes** *(Anat.)* appendix
Apperzeption [apɛrtsɛp'tsi̯o:n] *die;* ~, ~en *(Philos., Psych.)* apperception
Appetit [ape'ti:t] *der;* ~[e]s, ~e *(auch fig.)* appetite (**auf** + *Akk.* for); ~ **auf etw. haben/bekommen** fancy sth.; **ich hätte so richtig ~ auf ...:** I could just fancy *or* eat ...; I could really go for ... *(Amer.);* **guten ~!** enjoy your meal!; **jmdm. den ~ verderben** spoil sb.'s appetite; **das verschlug uns/ihnen usw. den ~:** that took away our/their *etc.* appetite; **mit ~ essen** enjoy one's food; **der ~ kommt beim od. mit dem Essen** appetite comes with eating *(prov.)*
appetit·anregend *Adj.* **a)** *(appetitlich)* appetizing; **b)** *(den Appetit fördernd)* *(medicine etc.)* that stimulates the appetite; ~ **wirken** stimulate the appetite; **ein ~es Mittel** an appetite-stimulant
Appetit-: ~**happen** *der* canapé; ~**hemmer** *der;* ~s, ~: *s.* ~**zügler**
appetitlich 1. *Adj.* **a)** *(appetitanregend)* appetizing; *(sauber, ansprechend)* attractive and hygienic; **c)** *(adrett)* attractive. **2.** *adv.* **a)** *(appetitanregend)* appetizingly; **b)** *(sauber, ansprechend)* attractively and hygienically *(packed);* **ein ~ gedeckter Tisch** an attractively laid table
appetit-, Appetit-: ~**los 1.** *Adj.* without any appetite *postpos.;* ~**los sein** have lost one's appetite; **immer noch** ~**los sein** still have no appetite; **2.** *adv.* without any appetite; ~**losigkeit** *die;* ~: lack of appetite; ~**zügler** *der* appetite suppressant
Appetizer ['æpɪtaɪzɐ] *der;* ~s, ~ *(Pharm.)* appetite stimulant
applanieren *tr. V. (österr.)* smooth over; settle
applaudieren [aplau'di:rən] *itr. V. (veralt. auch tr.) V.* applaud; **jmdm./einer Sache ~:** applaud sb./sth.
Applaus [a'plaus] *der;* ~es, ~e applause
applikabel [apli'ka:bl̩] *Adj. (geh.)* applicable
Applikation [aplika'tsi̯o:n] *die;* ~, ~en **a)** *(Med.: Verabreichung)* administration; *(äußerlich)* application; **b)** *(Textilw.)* appliqué
applizieren [apli'tsi:rən] *tr. V.* **a)** *(Med.)* administer; *(äußerlich)* apply; **b)** *(Textilw.)* appliqué
apportieren [apɔr'ti:rən] *tr. auch itr.) V. (Jägerspr.)* retrieve; fetch
Apportier·hund *der* retriever
Apposition *die (Sprachw.)* apposition
appretieren [apre'ti:rən] *tr. V. (bes. Textilind.)* dress, finish *(fabric, linen)*
Appretur [apre'tu:ɐ̯] *die;* ~, ~en *(bes. Textilind.)* dressing; finishing
Approbation [aproba'tsi̯o:n] *die;* ~, ~en licence to practise *(as a doctor, dentist, chemist)*
approbieren [apro'bi:rən] *tr. V. (österr., sonst veralt.)* approve
approbiert *Adj.* registered *(doctor, dentist, chemist)*
Apr. *Abk.* **April** Apr.
Après-Ski [aprɛ'ʃi:] *das;* ~ **a)** *(Kleidung)* après-ski outfit; **b)** *(Unterhaltung)* après-ski [entertainment]
Aprikose [apri'ko:zə] *die;* ~, ~n **a)** *(Frucht)* apricot; **b)** *(Baum)* apricot-tree
Aprikosen·marmelade *die* apricot jam
April [a'prɪl] *der;* ~[s], ~e April; **der ~:** April; ~, ~! April fool!; **der 1.** ~: the first of April; *(in bezug auf Aprilscherze)* April Fool's *or* All Fools' Day; **jmdn. in den ~ schicken** make an April fool of sb.
April-: ~**scherz** *der* April-fool trick; **das ist doch wohl ein** ~**scherz!** *(fig.)* you/they *etc.* can't be serious!; you/they *etc.* must be joking!; ~**wetter** *das; o. Pl.* April weather
a priori [a:pri'o:ri] *(Philos.)* a priori
apriorisch *(Philos.) Adj., adv.* a priori
apropos [apro'po:] *Adv.* apropos; by the way; incidentally
Aquädukt [akvɛ'dʊkt] *der od. das;* ~[e]s, ~e aqueduct
aquamarin [akvama'ri:n] *s.* ~**blau**
Aquamarin *der;* ~s, ~e aquamarine
aquamarin·blau *Adj.* aquamarine
Aquanaut [akva'naut] *der;* ~en, ~en aquanaut
Aquaplaning [akva'pla:nɪŋ] *das;* ~[s] aquaplaning
Aquarell [akva'rɛl] *das;* ~s, ~e *(Malerei)* water-colour [painting]
Aquarell·farbe *die* water-colour
aquarellieren *itr. V.* paint in water-colours
Aquarell-: ~**maler** *der* water-colour painter; water-colourist; ~**malerei die a)** *o. Pl. (Maltechnik)* water-colour painting; **in** ~**malerei** in water-colour; **b)** *(Bild)* water-colour
Aquarien [a'kva:ri̯ən] *s.* **Aquarium**
Aquarien-: ~**fisch** *der* aquarium fish; ~**haus** *das* aquarium
Aquarium [a'kva:ri̯ʊm] *das;* ~s, **Aquarien** aquarium
Aquatinta [akva'tɪnta] *die;* ~, **Aquatinten** *(bild. Kunst)* aquatint
Äquator [ɛ'kva:tor] *der;* ~s, ~en [-'to:rən] *(Erd~, Math.)* equator
äquatorial [ɛkvato'ri̯a:l] *Adj.* equatorial

Äquatortaufe / **Arbeitsausfall**

Äqua̱tor·taufe die crossing-the-line ceremony
Aquavit [akva'viːt] der; ~s, ~e aquavit
Äquilibrist [ɛkvili'brɪst] der; ~en, ~en equilibrist
Äquinoktium [ɛkvi'nɔktsi̯ʊm] das; ~s, **Äquinoktien** (Geogr.) equinox
äquivalent [ɛkviva'lɛnt] Adj. equivalent
Äquivale̱nt das; ~[e]s, ~e equivalent; (Ersatz) appropriate replacement; (Entschädigung) appropriate compensation
Äquivale̱nz [ɛkviva'lɛnts] die; ~, ~en (auch Math., Logik) equivalence
Ar [aːɐ̯] das od. der; ~s, ~e are
Ära ['ɛːra] die; ~, **Ären** era; die ~ Kreisky the Kreisky era
Araber ['aːrabɐ] der; ~s, ~ (auch Pferd) Arab; Arabian
Arabeske [ara'bɛskə] die; ~, ~n (bild. Kunst, Musik) arabesque
Arabien [a'raːbi̯ən] (das); ~s Arabia
ara̱bisch Adj. Arabian; Arab; Arabic ⟨language, numeral, dialect, alphabet, literature⟩; **die Arabische Halbinsel** the Arabian Peninsula; **das Arabische** Arabic; s. auch deutsch, ²Deutsche
Ara̱bisch das; ~[s] Arabic s. auch Deutsch
Arabistik [ara'bɪstɪk] die; ~: Arabic studies pl., no art.
Aralie [a'raːli̯ə] die; ~, ~n (Bot.) aralia
aramäisch [ara'mɛːɪʃ] Adj. Aramaic; **das Aramäische** Aramaic; s. auch deutsch, ²Deutsche
Arancini [aran'tʃiːni], **Aranzini** [aran'tsiːni] Pl. (bes. österr.) sugar- or chocolate-coated candied orange peel
Aräo·meter [arɛo-] das (Physik) hydrometer
Arbeit ['arbai̯t] die; ~, ~en a) (auch Sport, Jagdw., Physik) work no indef. art.; (Politik, Soziol.: Arbeitskraft) labour no indef. art.; **die ~[en] am Staudamm** [the] work on the dam; **an die ~ gehen, sich an die ~ machen** get down to work; **die ~ mit Asbest ist gesundheitsschädigend** working with asbestos is injurious to health; **eine widerliche ~** sein be a revolting job or task; **die ~ läuft uns nicht davon** (scherzh.) the work can wait; **ganze ~ od. gründliche ~ leisten** od. **tun** od. **machen** (auch fig. iron.) make a good job of it; **nur halbe ~ machen** leave the job half-done; only half do the job; **Tag der ~** : Labour Day; **an** od. **bei der ~ sein** be at work; **jmdm. bei der ~ zusehen** watch sb. working or at work; **mit der ~ beginnen** start work; **bei der ~ mit Chemikalien** when working with chemicals; **viel ~ haben** have a lot of work [to do]; **seine ~ tun** od. **machen** do one's job; **gute ~ leisten** do good work; **work well;** **[wieder] an die ~ !** [back] to work!; **die ~ niederlegen** stop work; (bei manueller ~) down tools; **der/die hat die ~ nicht erfunden** (scherzh.) he/she is not the world's hardest worker; **etw. in ~ geben** have sth. made; **jmdm. etw. in ~ geben** get sb. to make sth.; **etw. in ~ haben** be working on sth.; ~ **schändet nicht** work's no disgrace; **erst die ~, dann das Vergnügen** business before pleasure; **b)** o. Pl. (Mühe) trouble; ~ **machen** cause bother or trouble; **jmdm. ~ machen** make work for sb.; **machen Sie sich keine ~ !** don't go or put yourself to any trouble; **sich** (Dat.) ~ **[mit etw.] machen** take trouble [over sth.]; **viel ~ machen** od. **kosten** cost a lot of effort or hard work; **das war eine ~!** what a job that was!; **c)** o. Pl. (~splatz, ~sstätte) work no indef. art.; (Stellung) job; **eine ~ suchen/finden** look for/find work or a job; **eine ~ als ...** : work or a job as ...; (ugs.) **auf ~ gehen** go to work; **auf ~ sein** (ugs.) be at work; **auf ~ gehen** (ugs.: berufstätig sein) work; have a job; **ohne ~ sein** be out of work; be unemployed; **bei jmdm. in ~ stehen** od. **sein** work for sb.; be employed by sb.; **vor/nach der ~** (ugs.) before/after work; **d)** (Aufträge) work no indef. art.; **e)** (Produkt, Ausführung) work; (handwerkliche ~) piece of work; (kurze schriftliche ~) article; (Dissertation) dissertation; **f)** (Klassen~) test; **eine ~ schreiben/schreiben lassen** do/set a test
a̱rbeiten 1. itr. V. **a)** (Arbeit leisten) work; **zu ~ haben** have work to do; **wie ein Pferd/**(ugs.) **ein Wilder** work like a slave or a Trojan/like mad; **er arbeitet für zwei** he does the work of two; **an etw.** (Dat.) ~ : work on sth.; **an sich** (Dat.) ~ : work to improve one's abilities; **mit Silber/Akrylfarben** ~ : work in silver/acrylic paints; **mit Behinderten/Taubstummen** ~ : work with the disabled/the deaf-and-dumb; **sein Geld ~ lassen** (fig.) make one's money work for one; **b)** (beruflich tätig sein) work; **seine Frau arbeitet** his wife has a job or works; **40 Stunden in der Woche** ~ : work 40 hours a week or a 40-hour week; **das Büro arbeitet freitags nur bis 14⁰⁰** (fig.) the office closes at 2 p.m. on Fridays; **bei der Bahn/einer Firma** ~ : work on the railways (Brit.) or (Amer.) at the railroad for a firm; **c)** (über jmdn./etw. ~ (sich befassen mit) work on sb./sth.; **d)** (wirksam sein) **für/gegen jmdn./etw.** ~ : work for/against sb./sth.; **die Zeit arbeitet für/gegen uns** time is on our side/against us; **an jmds. Untergang** (Dat.) ~ : work to bring about sb.'s downfall; **e)** (funktionieren) ⟨heart, lungs, etc.⟩ work, function; ⟨machine⟩ work, operate; **mit Gas/Sonnenenergie** ~ : run on gas/solar energy; **automatisch** ~ : be automatic; **in meinem Magen arbeitet es** (fig.) my stomach is grumbling; **f)** (ankämpfen) **gegen etw.** ~ work hard (gegen against); **g)** (sich verändern) ⟨wood⟩ warp; ⟨must⟩ ferment; ⟨dough⟩ rise; **h)** (Sport) work (mit with); **i)** (schneidern) **wo/bei wem lassen Sie** ~ ? where do you have or get your clothes made?; who makes your clothes?. **2.** tr. V. **a)** (herstellen) make (in Ton, Silber, usw.) work; make; fashion; **b)** (tun) do; **was = Sie?** what are you doing?; (beruflich) what do you do for a living?; what's your job? **3.** refl. V. **a) sich müde/krank** ~ : tire oneself out/make oneself ill with work; **sich zu Tode** ~ or (Strecke zurücklegen) **sich durch etw./in etw.** (Akk.) ~ : work one's way through/into sth.; **sich nach oben** ~ (fig.) work one's way up; **c) sich** (Dat.) **die Hände wund** ~ : work one's fingers to the bone; **d)** unpers. **hier arbeitet es sich gut** this is a good place to work; **mit dieser Maschine arbeitet es sich gut/schneller** this machine is easy to work with/the work goes faster with this machine; **mit ihm arbeitet es sich angenehm** it's nice working with him; it's pleasant to work with
Arbeiter der; ~s, ~: worker; (Bau~, Land~) labourer; (beim Straßenbau) workman; **der ~ Karl Müller** the factory worker/labourer/workman Karl Müller; **wir suchen ~ und Arbeiterinnen für folgende Bereiche** we are looking for men and women to work in the following areas; ~ **und Arbeiterinnen werden oft ...** : male and female workers are often ...; **die ~** (als Klasse) the workers
arbeiter-, Arbeiter-: ~**aufstand** der workers' rebellion or revolt; ~**bewegung** die (Politik) labour movement; ~**biene** die (Zool.) worker [bee]; ~**denkmal** das **a)** workers' monument; monument to the working classes; **b)** (ugs. scherzh.) monument to inactivity (joc.); ~**dichter** der poet of the working class; ~**familie** die working-class family; ~**feindlich** Adj. anti-working-class; ~**freundlich** Adj. favouring the workers postpos.; ~**führer** der workers' leader; ~**gewerkschaft** die trade union (Brit.); labor union (Amer.)
Arbeiterin die; ~, ~nen (auch Zool.) worker; s. auch Arbeiter
Arbeiter-: ~**jugend** die young working people; (Organisation) labour youth movement or organization; ~**kampf·lied** das workers' [ˈfighting] song, ~**kind** das working-class child; ~**klasse** die; o. Pl. (bes. DDR) worker control; ~**kontrolle** die (bes. DDR) worker control; ~**lied** das workers' song; ~**massen** Pl. working masses; ~**milieu** das working-class environment; **aus dem ~milieu stammen** come from a working-class environment or background; ~**organisation** die labour organization; ~**partei** die workers' party; ~**priester** der worker-priest; ~**rat** der workers' council
Arbeiterschaft die; ~: workers pl.; **aus der ~:** from among the workers
Arbeiter-: ~**schriftsteller** der worker-writer; working-class writer; ~**selbstverwaltung** die workers' control no indef. art.; (Gremium) workers' management committee; **in ~selbstverwaltung arbeiten** be under workers' control; ~**siedlung** die workers' housing-estate (Brit.) or (Amer.) housing development; ~**stadt** die workers' town; (ugs.: Industriestadt, in der viele Arbeiter leben) working-class town; ~**student** der (DDR) worker-student; ~**-und-Bauern-Fakultät** die (DDR) workers and farmers' faculty (preparing young workers for university study); ~**-und-Bauern-Inspektion** die (DDR) body charged with monitoring the implementation of party and Government policy in economic and social affairs; ~**-und-Bauern-Staat** der (DDR) workers' and farmers' state; ~**-und-Soldaten-Rat** der (hist.) workers' and soldiers' council; ~**unruhen** Pl. unrest sing. among the workers; ~**verein der** workers' association; ~**verräter** der (Politik abwertend) traitor to the working class; ~**viertel** das working-class district or area; ~**wohl·fahrt** die; o. Pl. workers' welfare association
Arbeit·geber der employer
Arbeitgeber·anteil der employer's contribution
Arbeitgeberin die; ~, ~nen [female] employer; s. auch -in
Arbeitgeber-: ~**seite** die employers' side; ~**verband** der employers' association or organization
Arbeitnehmer der; ~s, ~: employee
Arbeitnehmer·anteil der employee's contribution
Arbeitnehmerin die; ~, ~nen [female] employee; s. auch -in
Arbeitnehmer-: ~**organisation** die workers' organization; ~**seite** die employees' side
Arbeits·ab·lauf der programme of work
a̱rbeitsam Adj. (geh. veralt.) **a)** (fleißig) industrious; hard-working; **b)** (von Arbeit erfüllt) **ein ~es Leben** a life of hard work; **ein paar ~e Monate vor sich haben** have a few months of hard work ahead of one
arbeits-, Arbeits-: ~**amt** das job centre (Brit.); employment exchange; labour exchange (Brit. dated); ~**an·fall** der volume of work; ~**an·fang** der starting-time [at work]; ~**anfang ist um 6 Uhr** work starts at 6 a.m.; ~**an·leitung** die instructions pl.; ~**an·tritt** der vor ~**antritt** before starting work or the job; **bei ~antritt** when you start/he starts etc. work; ~**an·zug** der working clothes pl.; **blauer ~anzug** blue overalls pl.; ~**atmosphäre** die working atmosphere; ~**auf·fassung** die attitude to one's work; ~**aufwand** der: **mit großem ~aufwand** with a great deal of work; **das wäre mir zuviel ~aufwand** it would be or involve too much work [for me]; ~**auf·wendig 1.** Adj. requiring a great deal of work postpos., not pred.; [sehr] ~**aufwendig sein** require a great deal of work; **2.** adv. in a way that requires/required a great deal of work; ~**aus·fall** der loss of working

891

Arbeitsbedingungen | **Arbeitswoche**

hours; ein ~ausfall von einigen Wochen a loss of several working weeks; ~bedingungen *Pl.* working conditions; ~beginn der s. ~anfang; ~belastung die work-load; ~bereich der a) *(Tätigkeit)* area of work; *(~gebiet)* field of work; das gehört nicht in meinen ~bereich that's not part of my job; b) *(im Raum)* working area; c) *(eines Krans)* working radius; ~beschaffung die job creation; creation of employment; ~beschaffungs·maßnahme die job-creation measure; ~beschaffungs·programm das job-creation programme; ~bescheinigung die certificate of employment *(issued to employee on leaving job, and listing responsibilities, length of service, etc.)*; ~biene die a) *(Zool.)* worker bee; b) *(ugs.: emsige Frau)* busy bee; ~dienst der a) *(Arbeit)* (low-paid) community-service work; b) *(Organisation)* community service agency; c) *s.* Reichsarbeitsdienst; ~direktor der personnel director *(with special responsibility for safeguarding the interests of the employees within the framework of co-determination)*; ~disziplin die discipline in one's approach to work; ~eifer der enthusiasm for one's work; ~ende das finishing-time [at work]; nach/bei ~ende after work/when it's time to go; um fünf Uhr haben wir *od.* ist bei uns ~ende we finish work at five o'clock; ~erlaubnis die work permit; ~erleichternd 1. *Adj.* labour-saving; 2. *adv.* in a labour-saving way; ~erleichterung die saving of labour; eine große ~erleichterung für jmdn. sein make sb.'s work a great deal easier; save sb. a great deal of work; ~essen das *(bes. Politik)* working lunch/dinner; ~ethos das work ethic; ~fähig *Adj.* fit for work *postpos.*; *(grundsätzlich)* able to work *postpos.*; viable ⟨government⟩; ~fähigkeit die; o. *Pl.* fitness for work; *(grundsätzlich)* ability to work; ~feld das *(geh.)* field of work; ~frei *Adj.* ein paar Tage/eine Woche ~frei a few days/a week off; Montag ist/haben wir ~frei we've got Monday off; ~freude die enthusiasm for one's work; ~friede die *(geh.)* ~frieden der the industrial peace; peaceful labour *or* industrial relations *pl.*; ~früh·stück das working breakfast; ~gang der a) *(einzelne Operation)* operation; b) *(Ablauf)* process; ~gebiet das field of work; ~gemeinschaft die team; *(Hochschulw.)* study group; ~genehmigung die work permit; ~gerät das a) *(Gegenstand)* tool; b) *o. Pl. (Gesamtheit)* tools *pl.*; equipment *no indef. art.*, *no pl.*; ~gericht das industrial tribunal; ~gruppe die study group; ~haus das *(hist.)* correctional institution for minor offenders where prisoners are required to work; workhouse *(Amer.)*; ~hypothese die working hypothesis; ~intensiv *(Wirtsch.)* 1. *Adj.* labour-intensive; 2. *adv.* labour-intensively; ~kampf der the industrial action; ~kampfmaßnahme die form of industrial action; ~kleidung die work clothes *pl.*; ~klima das; *o. Pl.* working atmosphere; ~kollege der *(bei Arbeitern)* workmate *(Brit.)*; fellow worker; *(bei Angestellten, Beamten)* colleague; ~kraft die a) *(Vermögen zu arbeiten)* capacity for work; seine ~kraft verkaufen sell one's labour; die menschliche ~kraft wird durch Roboter ersetzt human labour is being replaced by robots; b) *(Mensch)* worker; ~kreis der study group; ~lager das labour camp; ~last die burden of work; ~leben das; o. *Pl.* a) *(Berufstätigkeit)* working life; b) *(Arbeitswelt)* world of work; working life *no art.*; ~leistung die rate of output; ~lohn der wage; wages *pl.*; *(auf einer Rechnung)* labour [costs *pl.*]; ~los *Adj.* a) unemployed; out of work *postpos.*; b) in ~loses Einkommen unearned income

Arbeitslose der/die; *adj. Dekl.* unemployed person/man/woman *etc.*; die ~n the unemployed *or* jobless; es gab 2 Mio. ~: there were 2 million [people] unemployed *or* out of work; viele ~: many unemployed people; many people who are/were unemployed *or* out of work

Arbeitslosen-: ~geld das; *o. Pl. (full-rate)* earnings-related unemployment benefit; ~heer das army of unemployed; ~hilfe die; *o. Pl.* a) *(Geld)* reduced-rate unemployment benefit; b) *(Institution)* reduced-rate unemployment benefit system; ~unterstützung die *(volkst.)* unemployment benefit *or* pay; ~versicherung die; o. *Pl.* unemployment insurance; ~ziffer die unemployment figures *pl.*

arbeits-, Arbeits-: ~losigkeit die; ~: unemployment *no indef. art.*; eine ~losigkeit von 0,5% a level of unemployment of 0.5%; ~mangel der lack of work; ~markt der labour market; ~material das materials *pl.*; *(einschließlich Werkzeugen)* materials [and equipment *or* tools]; *(für den Unterricht)* teaching aids *pl.*; ~medizin die occupational medicine and health care; ~methode die working method; method of working; ~minister der minister for employment; Secretary for Employment *(Brit.)*; Secretary of Labor *(Amer.)*; ~ministerium das ministry for employment; Department of Employment *(Brit.)*; Department of Labor *(Amer.)*; ~mittel das material; *(Werkzeug, Wörterbuch usw.)* tool; ~mittel *Pl.* materials/tools; *(Schreibzeug)* materials *pl.*; ~moral die morale of the workers/staff; ~nachweis der a) *(das Nachweisen)* information *no indef. art.* about situations vacant; b) *(Stelle)* employment office; ~niederlegung die walk-out; mit ~niederlegungen drohen threaten walk-outs; ~ordnung die a) *(Einteilung)* organization of the work; b) *(Regelung des Betriebsablaufs)* [office/factory/shop] regulations *pl.*; ~organisation die organization of the/one's work; ~ort der place of work; ~papier das a) *(Thesenblatt)* working paper; b) *Pl. (das Arbeitsverhältnis betreffende Papiere)* employment papers

arbeit·sparend 1. *Adj.* labour-saving. 2. in a labour-saving way

Arbeits-: ~pause die break; eine ~pause machen take a break; ~pensum das work quota; ~pferd das *(auch fig.)* workhorse; ~plan der work plan *or* schedule; ~platz der a) *(Platz im Betrieb)* work-place; am ~platz at one's work-place; b) *(~stätte)* place of work; den ~platz wechseln change one's place of work; c) *(~verhältnis)* job; ~platz·sicherung die safeguarding of jobs; zur ~platzsicherung to safeguard jobs; ~platz·studie die job study; ~platz·wechsel der change of job; ~probe die sample of one's work; ~prozeß der a) *o. Pl. (Berufstätigkeit)* in ~prozeß stehen be in employment; have a job; jmdn. wieder in den ~prozeß eingliedern get sb. back to work; b) *(~ablauf)* work process; ~raum der a) workroom; *(Büroraum)* office; b) *s.* Arbeitszimmer; ~recht das; o. *Pl.* labour law; ~rechtlich *Adj.* ~rechtliche Fragen/Literatur issues relating to/literature on labour law; ein ~rechtlicher Streitfall a dispute concerning labour law; ~reich *Adj.* ⟨life, week, *etc.*⟩ full of hard work; ~richter der *judge on an industrial tribunal*; ~ruhe die break [from work]; gestern herrschte in ganz Italien ~ruhe commerce and industry was at a standstill throughout Italy yesterday; ~sache die a) *Pl.* work things; b) *Pl. (Kleidung)* work[ing] things *or* clothes; c) *(Rechtsw.)* labour law dispute; ~scheu *Adj.* work-shy; ~schluß der *s.* ~ende; ~schutz der protection of

health and safety standards at work; ~schutz·bestimmung die regulation concerning [the protection of] health and safety at work; ~sitzung die working session; ~sklave der slave labourer; als ~sklaven verkauft werden be sold as slave labour; ~soziologie die occupational sociology; ~stätte die a) *(geh.)* das war Beethovens/Schillers ~stätte this is [the place] where Beethoven/Schiller worked *or* did his work; b) *(Stätte beruflicher Tätigkeit)* place of work; ~stelle die a) *s.* Arbeitsstätte b; b) *(Job)* s. Stelle g; c) *(Abteilung)* department; ~stil der style of working; ~studie die work study; ~stunde die hour of work; 2 ~stunden *(bei Reparaturen usw.)* two hours' labour; die Herstellung erfordert 2 000 ~stunden manufacture takes 2,000 man-hours; ~suche die search for a job *or* for work; auf ~suche sein be looking for a job; ~süchtig *Adj.* ~süchtig sein be a compulsive worker *or* *(coll.)* a workaholic; ~tag der working day; mein erster ~tag nach dem Urlaub my first day back at work after the holiday *(Brit.)* *or* *(Amer.)* vacation; das war ein harter ~tag that was a hard day's work; ~tagung die conference; ~takt der *(Technik)* power stroke; ~team das team; ~technik die work[ing] technique; ~teilig 1. *Adj.* ⟨society, mode of production, *etc.*⟩ based on the division of labour; 2. *adv.* die Produktion ~teilig gestalten base production on the principle of the division of labour; ~teilung die division of labour; ~tempo das rate of work; work rate; ~therapie die occupational therapy; ~tier das a) *(auch fig.)* work animal; b) *(Arbeitssüchtiger)* compulsive worker; workaholic *(coll.)*; ~tisch der work-table; *(für Schreibarbeiten)* desk; *(für technische Arbeiten)* [work-] bench; ~titel der working title; ~überlastung die overwork; er klagt über ~überlastung he complains that he's overworked

Arbeit-: ~suche die s. Arbeitssuche; ~suchende der/die; *adj. Dekl.* person/man/woman looking for work; die ~suchenden those looking for work

arbeits-, Arbeits-: ~unfähig *Adj.* unable to work *postpos.*; *(krankheitsbedingt)* unfit for work *postpos.*; die Arbeitsunfähigen those unable to work/unfit for work; ~unfähigkeit die *s.* ~unfähig: inability to work; unfitness for work; ~un·fall der industrial accident; er hatte einen ~unfall he had an accident at work; ~un·lust die disinclination to work; ~unter·lage die; meist *Pl.* work paper; das benutzt er als ~unterlage he works from that; ~un·willig *Adj.* unwilling to work *postpos.*; ~verfahren das work process; ~verhältnis das a) *contractual relationship between employer and employee*; ein ~verhältnis eingehen enter employment; in einem ~verhältnis stehen be in employment; b) *Pl.* working conditions; conditions of work; ~vermittlung die a) *(Tätigkeit)* arranging employment; b) *(Stelle)* employment exchange; job centre *(Brit.)*; *(Firma)* employment agency; ~verteilung die allocation of [the] work; ~vertrag der contract of employment; ~verweigerung die refusal to work; ~vor·gang der work process; ~vor·lage die: eine Skizze als ~vorlage benutzen work from a sketch; dieses Buch hat ihm als ~vorlage gedient he worked from that book; ~weise die a) way *or* method of working; b) *(Funktionsweise)* mode of operation; ~welt die world of work; ~willig *Adj.* ~willig sein be willing to work; ~willige Kollegen fellow employees who are willing to work; ~wissenschaft die ergonomics *sing.*; ~woche die a) week's work; während seiner ersten ~woche during his first week at work; b) *(wöchentliche ~zeit)* working week;

~wut die fit of work-mania; **~wütig** *Adj.* **~wütig sein** suffer from work-mania; **~zeit die** a) working hours *pl.*; **während der ~zeit** during working hours; **die ~zeit beginnt um 8 Uhr** work starts at 8 o'clock; b) working time; **die tägliche/wöchentliche ~zeit** the working day/week; c) *(als Ware)* labour time; **2 Stunden ~zeit** two hours' labour; **wir berechnen keine ~zeit** we don't charge for labour; **ich lasse mir die ~zeit bezahlen** I charge for my time; **~zeit·verkürzung die** reduction in working hours; **~zeug das**; *o. Pl.* a) work things *pl.*; b) *(Kleidung)* work[ing] things *pl.* or clothes *pl.*; **~zeugnis das** reference [from one's employer]; **~zimmer das** study
arbiträr [arbi'trɛːɐ̯] *(geh.)* 1. *Adj.* arbitrary. 2. *adv.* in an arbitrary way; arbitrarily
archaisch [ar'çaːɪʃ] 1. *Adj.* archaic. 2. *adv.* in an archaic way; archaically
archaisieren *itr. V. (geh.)* archaize; **eine ~de Sprache verwenden** use *or* employ an archaistic *or* a deliberately archaic style
Archaismus der; *~*, **Archaismen** *(Sprachw., Stilk., Kunstw.)* archaism
Archäologe [arçɛo'loːgə] **der**; **~n**, **~n** archaeologist
Archäologie die; *~*: archaeology *no art.*
archäologisch 1. *Adj.* archaeological. 2. *adv.* archaeologically
Archäologin die; *~*, **~nen** archaeologist
Arche ['arçə] **die**; **~**, **~n** ark; **die ~ Noah** Noah's Ark
Arche·typ der *(Psych., Philos.)* archetype
arche·typisch *(Psych., Philos.)* 1. *Adj.* archetypal. 2. *adv.* archetypally
Arche·typus der *s.* Archetyp
Archimedes [arçi'meːdɛs] **(der)** Archimedes
archimedisch *Adj.*; *nicht präd.* Archimedean; **das Archimedische Prinzip** Archimedes' Principle
Archipel [arçi'peːl] **der**; *~s*, **~e** archipelago; **„der ~ Gulag"** 'the Gulag archipelago'
Architekt [arçi'tɛkt] **der**; **~en**, **~en** architect
Architekten·büro das a) architect's office; b) *(Firma)* firm of architects
Architektin die; *~*, **~nen** architect
Architektonik [arçitɛk'toːnɪk] **die**; **~**, **~en** architectonics *sing.*, *no art.*
architektonisch 1. *Adj.* architectonic. 2. *adv.* architectonically
Architektur [arçitɛk'tuːɐ̯] **die**; **~**, **~en** a) *o. Pl.* architecture; b) *(Bauwerk)* edifice
Archiv [ar'çiːf] **das**; **~s**, **~e** archives *pl.*; archive
Archivalien [arçi'vaːliən] *Pl.* papers and documents in/from the archives
Archivar [arçi'vaːɐ̯] **der**; *~s*, **~e**, **Archivarin die**; *~*, **~nen** archivist
Archiv·bild das archive picture *or* photograph
archivieren *tr. V.* **etw.** *~*: archive sth.; put sth. in the archives
Archivierung die; *~*, **~en** archiving
ARD [aːɛrdeː] **die**; *~* *Abk.* Arbeitsgemeinschaft der öffentlich-rechtlichen Rundfunkanstalten der Bundesrepublik Deutschland national radio and television network in the FRG
Ardennen [ar'dɛnən] *Pl.* **die**; *~*: the Ardennes
Ardennen·offensive die *(hist.)* Ardennes offensive
Are ['aːrə] **die**; **~**, **~n** *(schweiz.)* *s.* **Ar**
Areal [are'aːl] **das**; **~s**, **~e** a) area; b) *(Grundstück)* grounds *pl.*; c) *(Biol.)* range
areligiös *Adj.* areligious
Ären *s.* Ära
Arena [a'reːna] **die**; **~**, **Arenen** a) *(hist., Sport, fig.)* arena; b) *(Stierkampf~)* bullring; c) *(Manege)* [circus-]ring
Areopag [areo'paːk] **der**; *~s* *(hist.)* Areopagus

arg [ark], **ärger** ['ɛrgɐ], **ärgst...** ['ɛrgst...] 1. *Adj.* a) *(geh., landsch.: schlimm)* bad ⟨*weather, condition, state*⟩; serious ⟨*situation, wound*⟩; hard ⟨*times*⟩; extremely hackneyed ⟨*cliché*⟩; **etw. noch ärger machen** make sth. worse; **an nichts Arges denken** be completely unsuspecting; **das Ärgste befürchten** fear the worst; **wenn es zum Ärgsten kommt** if the worst comes to the worst; **im ~en liegen** be in a sorry state; b) *(geh. veralt.: böse)* wicked; evil; **es ist nichts Arges an ihm** there is no malice in him; c) *(geh., landsch.: unangenehm groß, stark)* severe ⟨*pain, hunger, shock*⟩; severe, bitter ⟨*disappointment*⟩; serious ⟨*dilemma, error*⟩; extreme, *(coll.)* terrible ⟨*embarrassment*⟩; gross ⟨*exaggeration, injustice*⟩; heavy ⟨*drinker*⟩; **in ~er Bedrängnis/Not sein** be in desperate straits; **mein ärgster Feind** my worst enemy *or* arch-enemy; **unser ärgster Konkurrent** our most dangerous competitor; **es herrschte ein ~es Gedränge** there was a dreadful crush *(coll.).* 2. *adv.* *(geh., landsch.)* extremely, *(coll.)* awfully, *(coll.)* terribly ⟨*painful, cold, steep, expensive, heavy, etc.*⟩; severely, bitterly ⟨*disappointed*⟩; extremely, *(coll.)* terribly ⟨*embarrassed*⟩; ⟨*suffer, weaken*⟩ severely; ⟨*offend*⟩ deeply; ⟨*deceive*⟩ badly; ⟨*rain, pull, punch*⟩ hard; ⟨*hurt*⟩ a great deal; **der Garten ist ~ verwahrlost** the garden is badly neglected; **sich ~ blamieren** make a complete fool of oneself; **ihr treibt es gar zu ~!** you're going too far!; **etwas ~ laut** a bit too loud; **ich hab' ihn ~ gern** I like him very much *or (coll.)* an awful lot; **hast du es ~ eilig?** are you in a great *or (coll.)* terrible hurry?; **es geht ihm ~ schlecht/gut** things are going really badly/well for him; **Schmeckt dir das Bier? – Nicht so ~**: Do you like the beer? – Not that much
Arg das; **~s** *(geh. veralt.)* malice; **kein ~ an der Sache finden** see no harm in it
Argentinien [argɛn'tiːniən] **(das)**; **~s** Argentina; the Argentine
Argentinier der; *~s*, **~**, **Argentinierin die**; *~*, **~nen** Argentinian; Argentine; *s. auch* -in
argentinisch *Adj.* Argentinian; Argentine
ärger *s.* **arg**
Ärger ['ɛrgɐ] **der**; **~s** a) annoyance; *(Zorn)* anger; **etw. erregt jmds.** *~*: sth. annoys sb.; **seinem ~ Luft machen** vent one's anger; **seinen ~ an jmdm. auslassen** vent one's anger on sb.; b) *(Unannehmlichkeiten)* trouble; **häuslicher/beruflicher** *~*: domestic problems *pl.*/problems *pl.* at work; **[jmdm.] ~ machen** cause [sb.] trouble; make trouble [for sb.]; **so ein ~!** how annoying!; **~ bekommen** get into trouble; **sonst gibt es ~**: otherwise there'll be trouble!
ärgerlich 1. *Adj.* annoyed; *(zornig)* angry; **ein ~es Gesicht machen** look annoyed/angry; *~* **über jmdn. sein** be annoyed at/angry with sb.; *~* **über etw. (Akk.) sein** be annoyed/angry about sth.; *~* **über sich selbst annoyed/angry at oneself**; b) *(Ärger erregend)* annoying; **wie ~!** how annoying! 2. *adv.* a) with annoyance; *(zornig)* angrily; b) *(Ärger erregend)* annoyingly; irritatingly
Ärgerlichkeit die; *~*, **~en** a) annoyance; *(Zorn)* anger; b) *(einer Sache)* troublesomeness; **bei aller ~ war es doch von Vorteil** even though it was annoying, it was still an advantage
ärgern 1. *tr. V.* a) **jmdn.** *~*: annoy sb.; *(zornig machen)* make sb. angry; **so was ärgert einen natürlich** that sort of thing is annoying, of course; b) *(reizen, necken)* tease. 2. *refl. V.* **sich ärgern** *(zornig werden)* get angry; *(verärgert sein)* be annoyed; **sich über jmdn.** *~*: get annoyed/angry at sb.; **sich zu Tode** *~ (fig.)* be annoyed/angry to the point of distraction; **sich schwarz** *od.*

grün und blau *~*: fret and fume; **nicht** *~*, **nur wundern!** *(ugs.)* there's no point in getting worked up *or (sl.)* het up about it
Ärgernis das; **~ses**, **~se** a) *o. Pl.* offence; **Erregung öffentlichen ~ses** *(Rechtsspr.)* creating a public nuisance; b) *(etw. Ärgerliches)* annoyance; irritation; **häusliche/berufliche ~se** minor domestic troubles/irritations and annoyances at work; c) *(etw. Anstößiges)* nuisance; *(etw. Skandalöses)* scandal; outrage
arg-, **Arg-**: **~list die**; *o. Pl.* *(geh.) (Hinterlist)* guile; deceit; *(Heimtücke, Rechtsw.)* malice; **~listig** 1. *Adj. (hinterlistig)* guileful; deceitful ⟨*plan*⟩; *(heimtückisch)* malicious; crafty ⟨*smile*⟩; **~listige Täuschung** *(Rechtsspr.)* malicious deception; 2. *adv. (hinterlistig)* guilefully; *(heimtückisch)* maliciously; ⟨*smile*⟩ craftily; **~listigkeit die**; *~*, **~en** a) *Pl.* *(Hinterlistigkeit)* guilefulness; deceitfulness; *(eines Plans, einer Absicht)* deceitfulness; *(Heimtücke)* malice; b) *(arglistige Handlung)* *s.* arglistig a: guileful *or* deceitful/malicious act; **~los** 1. *Adj.* a) guileless ⟨*person*⟩; *(arglos, innocent* ⟨*question, remark*⟩; b) *(ohne Argwohn)* unsuspecting; **~los, wie ich war ...**: all unsuspecting as I was ...; **wie kannst du nur so ~ sein?** how can you be so naïve?; 2. *adv.* a) guilelessly; innocently; b) *(ohne Argwohn)* unsuspectingly; **~losigkeit die**; *~*, a) *(eines Menschen)* guilelessness; *(einer Äußerung, Absicht)* innocence; **ich bin von seiner ~losigkeit überzeugt** I'm convinced he is not being deceitful/malicious; b) *(Vertrauensseligkeit)* unsuspecting nature
Argon ['argɔn] **das**; **~s** *(Chemie)* argon
ärgst... *s.* arg
Argument [argu'mɛnt] **das**; **~[e]s**, **~e** *(auch Math.)* argument
Argumentation [argumɛnta'tsioːn] **die**; **~**, **~en** argumentation
argumentativ [argumɛnta'tiːf] 1. *Adj.* **ein ~er Wahlkampf** an election campaign marked by reasoned argument; **eine ~e Auseinandersetzung** a conflict based solely on reasoned argument. 2. *adv.* by [reasoned] argument; **er ist ihr ~ überlegen** he is superior to her in argument
argumentieren *itr. V.* argue; **damit kannst du nicht ~!** you can't use that as an argument
Argus·augen ['argʊs-] *Pl.* *(geh.)* eagle eye *sing.*; **jmdn. mit ~ beobachten** watch sb. like a hawk
Argwohn ['arkvoːn] **der**; **~[e]s** suspicion; **jmds. ~ erregen/zerstreuen** arouse/allay sb.'s suspicions *pl.*; **~ gegen jmdn. hegen** be suspicious of sb.; *s. auch* schöpfen 1 c
argwöhnen ['arkvøːnən] *tr. V.* *(geh.)* suspect; **sie argwöhnten einen Verräter in ihm** they suspected him of being a traitor
argwöhnisch *(geh.)* 1. *Adj.* suspicious. 2. *adv.* suspiciously
Aridität [aridi'tɛːt] **die**; *~* *(Geogr.)* aridity
Arie ['aːriə] **die**; *~*, **~n** aria
Arier ['aːriɐ] **der**; *~s*, **~** *(Völkerk., Sprachw., ns.)* Aryan
arisch *Adj.* *(Völkerk., Sprachw., ns.)* Aryan
arisieren *tr. V.* *(ns.)* Aryanize
Aristokrat [arɪsto'kraːt] **der**; **~en**, **~en** aristocrat
Aristokratie [arɪstokra'tiː] **die**; **~**, **~n** aristocracy
Aristokratin die; *~*, **~nen** aristocrat
aristokratisch 1. *Adj.* aristocratic. 2. *adv.* aristocratically
Aristoteles [arɪs'toːtelɛs] **(der)** Aristotle
Aristoteliker [arɪsto'teːlikɐ] **der**; **~s**, **~**: Aristotelian
aristotelisch *Adj.*; *nicht präd.* Aristotelian
Arithmetik [arɪt'meːtɪk] **die**; **~**, **~en** a) *o. Pl.* arithmetic *no art.*; b) *(Buch)* textbook on arithmetic

arithmetisch 1. *Adj.* arithmetical. 2. *adv.* arithmetically
Arkade [arˈkaːdə] *die;* ~, ~n a) arch; in *od.* unter den ~n under the arcade; b) *(Bogenreihe, Gang)* arcade
arkadisch *(dichter.) Adj.* Arcadian
Arktis [ˈarktɪs] *die;* ~ *(Geogr.) die* ~: the Arctic
arktisch 1. *Adj. (auch fig.)* arctic. 2. *adv.* das Klima ist ~ beeinflußt the climate is influenced by the Arctic
Arkus [ˈarkʊs] *der;* ~, ~ [ˈarkuːs] *(Geom.)* arc
arm [arm], **ärmer** [ˈɛrmɐ], **ärmst...** [ˈɛrmst...] *Adj. (auch fig.)* poor; **wir sind um 100 Mark ärmer** we are 100 marks worse off *or* [the] poorer; ~ **und reich** *(veralt.)* rich and poor [alike]; **die Gegensätze zwischen Arm und Reich** the differences between rich and poor; **selig sind, die da geistlich ~ sind** *(bibl.)* blessed are the poor in spirit; **um etw. ärmer sein/werden** have lost/lose sth.; ~ **an Bodenschätzen/Nährstoffen** poor in mineral resources/nutrients; **das Gebiet ist ~ an Wasser** the area is short of water; ~ **an Vitaminen sein** *⟨food⟩* be lacking in *or* low in vitamins; **der/die Ärmste** *od.* **Arme** the poor man/boy/woman/girl; **ach, du Armer** *od.* **Ärmster!** *(meist iron.)* oh, you poor thing!; **ich Armer!** *(dichter. veralt.)* woe is me!; *s. auch* **dran b**
Arm *der;* ~[e]s, ~e a) arm; **jmdn. am** ~ **führen** lead sb. by the arm; **er nahm** *od. (geh.)* **schloß sie in die** ~**e** he took her in his arms; **jmdm. in die** ~**e fallen** *od. (geh.)* **sinken** fall *or* sink into sb.'s arms; **nimm mich auf den** ~! carry me!; **etw. unter den** ~ **nehmen** put sth. under one's arm; **einen Mantel über dem** ~ **tragen** carry a coat over one's arm; **jmds.** ~ **nehmen** take sb.'s arm; take sb. by the arm; **jmdm. den** ~ **bieten** *(geh.)* offer sb. one's arm; **jmdn. im** ~ **halten** embrace sb.; **sich** *(Dat.)* **in den** ~**en liegen** lie in each other's *or* one another's arms; **sich aus jmds.** ~**en lösen** *(geh.)* free oneself from sb.'s embrace; **er hat einen langen** ~ *(fig.)* his power and influence extend a long way; **den längeren** ~ **haben** *(fig. ugs.)* have more clout *(coll.)*; **jmds. verlängerter** ~ **sein** *(fig.)* be sb.'s tool *or* instrument; **jmdn. auf den** ~ **nehmen** *(fig. ugs.)* have sb. on *(Brit. coll.)*; pull sb.'s leg; **jmdn. in den** ~ **fallen** *(fig.)* stay sb.'s hand; **jmdm. in die** ~**e laufen** bump *or* run into sb.; **jmdm. in die** ~**e gelaufen** I bumped *or* ran into him; **jmdn. jmdm. in die** ~**e treiben** drive sb. into sb.'s arms; **jmdn. dem Alkoholismus/Terrorismus in die** ~**e treiben** drive sb. to alcoholism/to adopt terrorist tactics; **sich jmdm. in die** ~**e werfen** throw oneself into sb.'s arms; **jmdn. mit offenen** ~**en aufnehmen** *od.* **empfangen** welcome sb. with open arms; **jmdn. [mit etw.] unter die** ~**e greifen** help sb. out [with sth.]; **jmdn. am steifen** ~ **verhungern lassen** *(salopp)* put the screws *(coll.)* or *(sl.)* squeeze on sb.; *s. auch* **Bein a**; b) *(armartiger Teil)* arm; *(einer Waage)* beam; c) *(Ärmel)* arm; sleeve; **ein Hemd/eine Bluse mit halbem** ~: a short-sleeved shirt/blouse
Armada [arˈmaːda] *die;* ~, **Armaden** *u.* ~s *(auch fig.)* armada
arm·amputiert *Adj.* ⟨*person*⟩ with an *or* one arm/both [his/her] arms amputated; **er ist** ~: he has had an arm/both [his] arms amputated
Armatur [armaˈtuːɐ̯] *die;* ~, ~en *(Technik)* a) fitting; b) *meist Pl. (im Kfz)* instrument
Armaturen·brett *das* instrument panel; *(im Kfz)* dashboard
Arm-: ~**band** *das* bracelet; *(Uhr~)* strap; ~**band·uhr** *die* wrist-watch; ~**beuge die** a) inside of the/one's elbow; crook of the/ one's arm; b) *(Turnen)* press-up *(Brit.)*; push-up; ~**bewegung** *die* arm movement; ~**binde die** a) armband; b) *(Med.)* sling; ~**bruch** *der* fracture of the arm; **er wurde mit einem** ~**bruch ins Krankenhaus gebracht** he was taken to hospital with a fractured arm; ~**brust** *die* crossbow
Ärmchen [ˈɛrmçən] *das;* ~s, ~: [little] arm
Arme *der/die; adj. Dekl.* poor man/woman; pauper; **die** ~**n** the poor *pl.; s. auch* **arm**
Armee [arˈmeː] *die;* ~, ~n a) *(Streitkräfte)* armed forces *pl.;* b) *(Landstreitkräfte, Verband, fig.)* army
Armee-: ~**fahrzeug** *das* army vehicle; ~**korps** *das* army corps
Ärmel [ˈɛrml] *der;* ~s, ~: sleeve; **die** ~ **hochkrempeln** *(fig. ugs.)* roll up one's sleeves; **[sich** *(Dat.)***] etw. aus dem** ~ **schütteln** *(ugs.)* produce sth. just like that; **leck mich am** ~! *(salopp verhüll.)* get stuffed *(Brit. sl.)*
Ärmel·aufschlag *der* cuff
Armeleute-: ~**essen** *das* poor man's food; ~**geruch** *der* smell of poverty; ~**viertel** *das* poor district
Ärmel·halter *der* sleeve-band
Ärmel·kanal *der (Geogr.) der* ~: the [English] Channel
Armen-: ~**haus** *das (hist., fig.)* poorhouse; **Irland war das** ~**haus Europas** *(fig.)* Ireland was the poor man of Europe; ~**häusler** *der (hist.)* inmate of the poorhouse
Armenien [arˈmeːniən] *(das);* ~s Armenia
Armenier *der;* ~s, ~, **Armenierin** *die;* ~, ~**nen** Armenian
armenisch *Adj.* Armenian; *s. auch* **deutsch, Deutsch**
Armen-: ~**kasse** *die* poor-relief fund; ~**recht** *das; o. Pl. (Rechtsw.)* right to legal aid; ~**viertel** *das* poor district
Armensünder- *(österr.) s.* **Armsünder-**
Ärmer *s.* **arm**
Arme·sünder *der;* **des Armesünders, die Armesünder** *(ein Armesünder, zwei Armesünder) (veralt.)* condemned man; **wie ein Armesünder dasitzen** *(ugs.)* sit there looking a picture of misery and remorse
Armesünder·glocke die *s.* **Armsünder·glocke**
armieren *tr. V.* a) *(Milit. veralt.)* arm; b) *(Technik)* reinforce ⟨*concrete*⟩; armour, sheathe ⟨*cable*⟩
-armig *adj.* -armed; **sieben**~: seven-armed ⟨*candelabrum*⟩; **dick**~: ⟨*person*⟩ with fat arms
Arm-: ~**länge die** arm length; *(Abstand)* arm's length; **ein Stück von** ~**länge** the length of an *or* one's arm; ~**lehne die** armrest; ~**leuchter der** a) candelabra; b) *(ugs. verhüll.)* berk *(Brit. sl.);* jerk *(sl.)*
ärmlich [ˈɛrmlɪç] 1. *Adj.* cheap ⟨*clothing*⟩; shabby ⟨*flat, office*⟩; meagre ⟨*meal*⟩; **in** ~**en Verhältnissen leben** live in impoverished circumstances; **aus** ~**en Verhältnissen** from a poor family. 2. *adv.* cheaply ⟨*dressed, furnished*⟩; ~ **leben/wohnen** live in impoverished circumstances
Ärmlichkeit *die;* ~ a) *s.* **ärmlich a**: cheapness, shabbiness; meagreness; b) *(Armut)* poverty
Ärmling [ˈɛrmlɪŋ] *der;* ~s, ~e oversleeve
Arm-: ~**loch** *das* armhole; b) *(salopp verhüll.)* berk *(Brit. sl.);* jerk *(sl.);* ~**muskel** *der* arm muscle; ~**prothese die** artificial arm; arm prosthesis *(Med.);* ~**reif** *der* armlet; ~**schiene die** a) *(hist.) (für den Oberarm)* brassard; *(für den Unterarm)* vambrace; b) *(Med.)* arm-splint
arm·selig 1. *Adj.* a) *(sehr arm, dürftig, unbefriedigend)* miserable, miserable, wretched ⟨*dwelling*⟩; pathetic ⟨*result, figure*⟩; meagre ⟨*meal, food*⟩; paltry ⟨*return, salary, sum, fee*⟩; ~ **10 Mark** a paltry 10 marks; b) *(abwertend: erbärmlich)* miserable, wretched ⟨*swindler, quack*⟩; pathetic, miserable, wretched ⟨*coward*⟩; pathetic, miserable ⟨*amateur, bungler*⟩. 2. *adv.* ~ **leben** lead *or* live a miserable life; ~ **eingerichtet** miserably *or* wretchedly furnished
Armseligkeit *die;* ~ *s.* **armselig 1:** miserableness; wretchedness, patheticness; meagreness; paltriness
Arm·sessel *der* armchair
ärmst... *s.* **arm**
Arm-: ~**stuhl** *der* armchair; ~**stumpf** *der* stump of the/one's arm
Armsünder-: ~**glocke die** *(hist.)* bell tolled during an execution; ~**miene die** *(scherzh.)* expression of misery and remorse
Armut [ˈarmuːt] *die;* ~ *(auch fig.)* poverty; **die** ~ **des Landes an Rohstoffen** *(fig.)* the country's lack of raw materials; **geistige** ~ *(fig.)* lack of culture; cultural poverty
Armuts·zeugnis *das* **in ein** ~ **sein** be a sign of inadequacy; **jmdm. ein** ~ **ausstellen** expose sb.'s inadequacy
Armvoll *der;* ~, ~: armful; **zwei** ~ **Reisig** two armfuls of brushwood
Arnika [ˈarnika] *die;* ~, ~s arnica
Arom [aˈroːm] *das;* ~s, ~e *(dichter.) s.* **Aroma a**
Aroma [aˈroːma] *das;* ~s, **Aromen** *od. (veralt.)* **Aromata** a) *(Duft)* aroma; *(Geschmack)* flavour; taste; b) *(Substanz, Essenz)* flavouring
aromatisch [aroˈmaːtɪʃ] *Adj.* a) *(duftend)* aromatic; ~ **duften** give off an aromatic fragrance; b) *(wohlschmeckend)* distinctive ⟨*taste*⟩; **sehr** ~ **schmecken** have a very distinctive taste
aromatisieren *tr. V. (wohlriechend machen)* aromatize; *(wohlschmeckend machen)* flavour ⟨*tea, ice-cream, chewing-gum, etc.*⟩
Aron[s]·stab [ˈaːrɔn(s)-] *der* arum; Gefleckter ~: cuckoo-pint; lords-and-ladies
Arrak [ˈarak] *der;* ~s, ~e ~s arrack
Arrangement [arãʒəˈmãː] *das;* ~s, ~s *(geh., Mus.)* arrangement; **ein** ~ **kommen** to an arrangement; ~: **Gil Evans** arranger: Gil Evans
Arrangeur [arãˈʒøːɐ̯] *der;* ~s, ~e *(Musik)* arranger
arrangieren [arãˈʒiːrən] 1. *tr. V. (geh., Musik)* arrange. 2. *itr. V. (Musik)* **er kann gut** ~: he's a good arranger. 3. *refl. V.* **sich** ~: **sich mit jmdm.** ~: come to an accommodation with sb.; **sich mit etw.** ~: come to terms with sth.
Arrest [aˈrɛst] *der;* ~[e]s, ~e a) *(Milit., Rechtsw., Schule)* detention; **einen Schüler mit** ~ **bestrafen** *(veralt.)* punish a pupil by putting him in detention; b) *(Zivilrecht)* **persönlicher** ~: attachment; **dinglicher** ~: attachment; distraint; **etw. unter** ~ **stellen** *od.* **nehmen** belegen attach sth.
Arrestant [arɛsˈtant] *der;* ~en, ~en detainee
Arrest·zelle *die* detention cell
arretieren [areˈtiːrən] *tr. V.* a) *auch itr.* lock; b) *(veralt.: festnehmen)* detain; arrest
Arretierung *die;* ~, ~en a) locking; b) *(Vorrichtung)* latch; c) *(veralt.: Festnahme)* detention; arrest
Arrhythmie [arʏtˈmiː] *die;* ~, ~n *(Med.)* arrhythmia
arrivieren [ariˈviːrən] *itr. V.; mit sein (geh.)* arrive; **zum Superstar/zum Staatsfeind Nummer eins** ~: achieve superstar status/ become public enemy number one; **ein arrivierter Schriftsteller** a successful writer; *(abwertend)* a parvenu writer
Arrivierte *der/die; adj. Dekl. (geh.)* man/ woman who has/had arrived; *(abwertend: Emporkömmling)* parvenu
arrogant [aroˈgant] *(abwertend)* 1. *Adj.* arrogant. 2. *adv.* arrogantly
Arroganz [aroˈgants] *die;* ~ *(abwertend)* arrogance
arrondieren [arɔnˈdiːrən] *tr. V. (geh.)* round off ⟨*property, territory, etc.*⟩
Arsch [arʃ] *der;* ~[e]s, **Ärsche** [ˈɛrʃə] *(derb)* a)

arse *(Brit. coarse);* bum *(Brit. sl.);* ass *(Amer. sl.);* **den ~ voll kriegen** get a bloody good hiding *(Brit. sl.);* **der ~ der Welt** *(fig.)* the back of beyond; **ihm geht der ~ mit Grundeis** *(fig.)* he is scared shitless *(coarse);* he is shitting himself *(coarse);* **den ~ offen haben** *(fig.)* be round the bloody twist *(Brit. sl.);* **be crazy; den ~ zukneifen** *(fig.)* kick the bucket *(sl.);* croak *(sl.);* **jmdm. den ~ aufreißen** *(fig.)* make sb. sweat blood; **jmdn. am ~ haben** *(fig.)* have sb. by the short and curlies *(Brit. sl.);* have sb. by the balls *(coarse)*; **leck mich am ~!** *(fig.)* piss off *(coarse);* get stuffed *(Brit. sl.); (verflucht noch mal!; na, so was!)* bugger me! *(Brit. coarse);* **er kann mich [mal] am ~ lecken** *(fig.)* he can piss off *(coarse);* he can kiss my arse *(Brit. coarse)* or ass *(Amer. sl.);* **auf den ~ fallen** *(fig.)* come unstuck *(coll.);* **sich auf den ~ setzen** *(fig.) (fleißig arbeiten)* get or pull one's finger out *(sl.); (perplex sein)* freak *(sl.);* **jmdm. in den ~ kriechen** *(fig.)* kiss sb.'s arse *(Brit. coarse)* or ass *(Amer. sl.);* **das kannst du dir in den ~ stecken** *(fig.)* you can shove it up your arse *(Brit. coarse)* or ass *(Amer. sl.);* **ich könnte mir in den ~ beißen** I could kick myself; **jmdm. in den ~ treten** kick sb. or give sb. a kick up the arse *(Brit. coarse)* or kick in the ass *(Amer. sl.); (fig.)* give sb. a kick up the backside; **im ~ sein** *(fig.)* be buggered *(coarse);* **ein [ganzer] ~ voll** *(fig.)* a hell of a lot; **b)** *(widerlicher Mensch)* arsehole *(Brit. coarse);* ass-hole *(Amer. sl.);* **~ mit Ohren** arse-hole *(Brit. coarse);* ass-hole *(Amer. sl.);* **c)** *(nichts geltender Mensch)* piece of dirt

arsch-, Arsch-: ~backe die *(derb)* cheek *(sl.)* [of the/one's arse *(Brit. coarse)* or bum *(Brit. sl.)* or ass *(Amer. sl.)*]; **~ficker der** *(vulg.)* arse-fucker *(Brit. coarse);* bum-fucker *(Brit. coarse);* butt-fucker *(Amer. coarse),* **~geige die** *(derb abwertend)* arse-hole *(Brit. coarse)* **~klar** *Adj. (derb)* bloody *(Brit. sl.)* or damned obvious; **Ich mache mit. Ist doch ~klar** I'm game. 'Course I bloody am *(Brit. sl.);* **~kriecher der** *(derb abwertend)* arse-licker *(Brit. coarse);* ass-licker *(Amer. sl.);* **~kriecherei die** *(derb abwertend)* arse-licking *(Brit. coarse);* ass-licking *(Brit.);* **~loch das** *(derb)* **a)** *(widerlicher Mensch)* arse-hole *(Brit. coarse)* or *(Amer. sl.)* ass I am; **b)** *(bedauernswerter Mensch)* poor bloody sod *(Brit. sl.);* poor bastard; **~-und-Titten-Presse die;** o. Pl. *(salopp)* tit-and-bum press *(Brit. sl.);* tit-and-ass press *(Amer. sl.);* **~wisch der** *(derb abwertend)* useless piece of paper
Arsen [arˈzeːn] *das;* ~s arsenic
Arsenal [arzeˈnaːl] *das;* ~s, ~e arsenal
arsen·haltig *Adj.* containing arsenic *postpos., not pred.;* arsenical; **~/stark ~ sein** contain arsenic/have a high arsenic content
Arsenik [arˈzeːnɪk] *das;* ~s arsenic; arsenic trioxide
Art [aːɐ̯t] *die;* ~, ~en **a)** *(Sorte)* kind; sort; *(Biol.: Spezies)* species; **Tische/Bücher aller ~:** tables/books of all kinds or sorts; **einzig in seiner ~:** unique of its kind; **ein Verbrecher übelster ~:** the worst sort or kind of criminal; **jede ~ von Gewalt ablehnen** reject all forms of violence; **diese ~ [von] Menschen** that kind or sort of person; people like that; **[so] eine ~ ...:** a sort or kind of ...; **aus der ~ schlagen** not be true to type; *(in einer Familie)* be different from all the rest of the family; **in der ~ eines Gorillas** like a gorilla; **b)** *o. Pl. (Wesen)* nature; *(Verhaltensweise)* manner; way; **es liegt nicht in ihrer ~ od. ist nicht ihre ~, das zu tun** it's not [in] her nature to do that; **das entspricht nicht seiner ~:** it's not [in] his nature; that's not his way;

c) *o. Pl. (gutes Benehmen)* behaviour; **das ist doch keine ~!** that's no way to behave!; **was ist denn das für eine ~?** what sort of behaviour is that?; **die feine englische ~** *(ugs.)* the proper way to behave; **d)** *(Weise)* way; **auf diese ~:** in this way; **auf verschiedene ~en** in various ways; **auf welche ~?** in what way?; **auf grausamste ~:** in the cruellest way; **in einer ~:** in a way; **die richtige ~, darauf zu reagieren** the right way to react to it; **auf die eine oder andere ~:** in one way or another; **~ und Weise** way; **seine ~ und Weise zu arbeiten** his way of working; **Schweinesteak nach ~ des Hauses** *(Kochk.)* pork steak à la maison; **nach Schweizer** *od.* **auf schweizerische ~** *(Kochk.)* Swiss style; **daß es eine ~ hat/hatte** *(veralt.)* with a vengeance
Artangabe die *(Sprachw.)* adverb of manner; *(Phrase)* adverbial phrase of manner
Artefakt [arteˈfakt] *das;* ~[e]s, ~e *(geh.)* artefact
art·eigen *Adj. (Biol.)* species-specific
arten·reich *Adj. (Biol.)* species-rich
Arten·reichtum der *(Biol.)* species-richness
art·erhaltend *(Biol., Verhaltensf.) Adj.* species-preserving
Art·erhaltung die *(Biol., Verhaltensf.)* preservation of the species
Arterie [arˈteːri̯ə] *die;* ~, ~n artery
arteriell [arteˈri̯ɛl] *Adj. (Anat.)* arterial
Arterien·verkalkung die hardening of the arteries; arteriosclerosis *(Med.)*
Arterio·sklerose [arteri̯o-] *die (Med.)* arteriosclerosis
artesisch [arˈteːzɪʃ] *Adj.* in **~er Brunnen** artesian well
art-, Art-: ~fremd *Adj. (Biol.)* foreign [to a/the species]; **~genosse der** conspecific; creature of the same species; **~gleich** *Adj.* *(Biol.) (animal, individual)* of the same species
Arthritis [arˈtriːtɪs] *die;* ~, **Arthritiden** *(Med.)* arthritis
arthritisch *(Med.) Adj.* arthritic
Arthrose [arˈtroːzə] *die;* ~, ~n *(Med.)* arthrosis
artifiziell [artifiˈtsi̯ɛl] *(geh.)* **1.** *Adj.* artificial. **2.** *adv.* artificially
artig 1. *Adj.* **a)** well-behaved; good; **sei ~:** be good; be a good boy/girl/dog *etc.;* **b)** *(geh. veralt.: höflich)* courteous; **c)** *(veralt.: nett)* charming. **2.** *adv.* **a)** **sich ~ benehmen** be good; behave well; **b)** *(geh. veralt.: höflich)* courteously; **c)** *(veralt.: nett)* charmingly
-artig 1. *Adj.* **marmor~/gold~** marble-like/gold-like. **2.** *adv.* **sich explosions~ vermehren** increase explosively; **sich kegel~ verjüngen** taper like a cone
Artigkeit die; ~, ~en **a)** *o. Pl. (geh. veralt.)* courteousness; **b)** *(Redensart)* pleasantry; *(Kompliment)* compliment; **jmdm. ~en sagen** say nice things to sb./pay sb. compliments
Artikel [arˈtiːkl̩] *der;* ~s, **a)** article; **b)** *(Ware)* article; item
Artikulation [artikulaˈtsi̯oːn] *die;* ~, ~en articulation
artikulieren 1. *tr., itr. V.* articulate; enunciate; *(Sprachw., geh.: zum Ausdruck bringen)* articulate. **2.** *refl. V.* **a)** *(sich ausdrücken)* express oneself; **b)** *(zum Ausdruck kommen)* express itself; be expressed
Artillerie [artɪləˈriː] *die;* ~, ~n artillery
Artillerie·beschuß der artillery fire
Artillerist der; ~en, ~en artilleryman
artilleristisch *(Milit.) 1. Adj.* **~e Unterstützung** artillery support. **2.** *adv.* **~ unterstützt werden** have artillery support
Artischocke [artiˈʃɔkə] *die;* ~, ~n artichoke
Artischocken·boden der artichoke bottom
Artist [arˈtɪst] *der;* ~en, ~en **a)** [variety/cir-

cus] artiste or performer; **b)** *(geh.: Virtuose)* artist
Artistik die; ~ **a)** circus/variety performance *no art.;* **b)** *(Geschicklichkeit)* skill; **c)** *(geh.: formale Könnerschaft)* artistry
Artistin die; ~, ~nen *s.* Artist
artistisch 1. *Adj.* **a)** **eine ~e Glanzleistung** a superb circus/variety performance; **sein ~es Können** his skill as a [circus/variety] artiste; **b)** *(geschickt)* masterly; **c)** *(geh.: technisch perfekt)* virtuoso *attrib.* **2.** *adv.* **a)** **eine ~ anspruchsvolle Nummer** a circus/variety act of great virtuosity; **b)** *(geschickt)* in a masterly way or fashion; **c)** *(geh.: technisch perfekt)* with great artistry or virtuosity
Artothek [artoˈteːk] *die;* ~, ~en art lending library
Artus [ˈartʊs] **(der)** [King] Arthur
art·verwandt *Adj.* related
Arznei [aːɐ̯tsˈnaɪ̯] *die;* ~, ~en *(veralt.)* medicine; medicament; *(zur äußeren Anwendung)* medicament; **eine bittere/heilsame ~ für jmdn. sein** *(fig. ugs.)* be a painful/salutary lesson for sb.
Arznei-: ~buch das pharmacopoeia; **~kunde, ~lehre die** pharmacology; **~mittel das** medicine; medicament; *(zur äußeren Anwendung)* medicament; **~mittelgesetz das** law relating to the manufacture and distribution of medicines; **~mittelmißbrauch der** abuse of medicines; **~mittelsucht die** addiction to medicines; pharmacomania *(Med.);* **~schränkchen das** medicine cabinet
Arzt [aːɐ̯tst] *der;* ~es, **Ärzte** [ˈɛːɐ̯tstə] doctor; physician *(arch./formal);* **zum ~ gehen** go to the doctor['s]; **Sie sollten mal zum ~ gehen** you ought to see a/the doctor; **praktischer ~,** *(fachspr.:)* **~ für Allgemeinmedizin** general practitioner; GP; **..., wie vom ~ verordnet ...** as directed by a physician; **ein ~ für Kinder-/Frauenkrankheiten** a paediatrician/gynaecologist
Arzt·beruf der; *o. Pl.* job of doctor; **in den ~ drängen** crowd into the medical profession; **den ~ ergreifen** become a doctor
Ärzte-: ~kammer die: *professional body of doctors;* ≈ General Medical Council *(Brit.);* **~muster das** medical sample
Ärzteschaft die; ~: medical profession
Arzt-: ~frau die doctor's wife; **~helferin die** doctor's receptionist
Ärztin [ˈɛːɐ̯tstɪn] *die;* ~, ~nen doctor; physician *(formal); s. auch* Arzt **-in**
ärztlich [ˈɛːɐ̯tstlɪç] **1.** *Adj.* medical; **auf ~e Verordnung** on doctor's orders; **alle ~e Kunst** all the doctor's/doctors' skill. **2.** *adv.* **sich ~ behandeln lassen** have medical treatment; **„~ empfohlen"** 'recommended by doctors'
Arzt-: ~praxis die doctor's surgery *(Brit.)* or practice; **~rechnung die** doctor's bill; **~wahl die: das Recht der freien ~wahl** the right to choose one's doctor
as, **¹As** [as] *das;* ~, ~ *(Musik)* [key of] A flat
²As das; ~ses, ~se ace
A-Saite die *(Musik)* A-string
Asbest [asˈbɛst] *der;* ~[e]s, ~e asbestos
Asbest-: ~anzug der asbestos suit; **~platte die** *(für Töpfe)* asbestos mat; *(für Bügeleisen)* asbestos stand
Asch·becher der *s.* Aschenbecher
asch·blond *Adj.* ash blond
Asche [ˈaʃə] *die;* ~, ~n *(auch pl.) (sterbliche Reste)* ashes *pl.;* **in ~ liegen/legen** *(fig. geh.)* lie/lay in ashes; **sich (Dat.) ~ aufs Haupt streuen** *(fig. geh.)* wear sackcloth and ashes
Asch·eimer *der (nordd.)* rubbish or waste bin
Aschen-: ~bahn die *(Sport)* cinder-track; **~becher der** ashtray
Aschen·brödel [-bʁøːdl̩] *das;* ~s, ~ *(auch fig.)* Cinderella

Aschen-: ~**eimer** der *(nordd.)* s. **Mülleimer**; ~**platz** der *(Tennis)* cinder-court
Aschen·puttel [-pʊtl] das; ~s, ~ s. **Aschenbrödel**
Aschen·regen der rain of ash
Ascher der; ~s, ~ *(ugs.)* ashtray
Ascher·mittwoch der Ash Wednesday
asch-: ~**fahl** *Adj.* ashen; ~**grau** *Adj.* ash-grey; *(~fahl)* ashen
Ascorbin·säure [askɔr'biːn-] die ascorbic acid
As-Dur das *(Musik)* A flat major; s. auch **A-Dur**
Ase ['aːzə] der; ~n, ~n *(germ. Myth.)* one of the Aesir; **die** ~**n** the Aesir
äsen [ɛːzn̩] *itr. V. (Jägerspr.)* browse; *(weiden)* graze
aseptisch *(Med.)* 1. *Adj.* aseptic. 2. *adv.* aseptically
Äser s. **Aas**
asexuell 1. *Adj.* asexual. 2. *adv.* asexually
Asiat [a'zi̯aːt] der; ~en, ~en, **Asiatin** die; ~, ~nen Asian
asiatisch *Adj.* Asian; *(ost~)* Asian; oriental; ~ **aussehen** have an Asiatic look about one
Asien ['aːzi̯ən] *(das)*; ~s Asia
Askese [as'keːzə] die; ~: asceticism
Asket [as'keːt] der; ~en, ~en ascetic
asketisch 1. *Adj.* ascetic. 2. *adv.* ascetically
Äskulap·stab [ɛskuˈlaːp-] der staff of Aesculapius
as-Moll das *(Musik)* A flat minor
Äsop [ɛˈzoːp] *(der)* Aesop
asozial 1. *Adj.* asocial; *(gegen die Gesellschaft gerichtet)* antisocial; **ein** ~**er Mensch** a social misfit. 2. *adv.* asocially; antisocially
Asoziale der/die; *adj. Dekl.* social misfit
Asparagus [asˈpaːragʊs] der; ~ a) *(Bot.)* asparagus; b) *(Grün)* asparagus fern
Aspekt [as'pɛkt] der; ~[e]s, ~e aspect
Asphalt [as'falt] der; ~[e]s, ~e asphalt
Asphalt·decke die *(Straßenbau)* asphalt surface
asphaltieren *tr. V.* asphalt
Asphalt-: ~**literat** der *(ns. abwertend)* writer associated with urban rootlessness and decadence; ~**straße** die asphalt road
Aspik [as'piːk] der *(österr. auch das)*; ~s, ~e aspic
Aspirant [aspiˈrant] der; ~en, ~en, **Aspirantin** die; ~, ~nen a) *(Anwärter)* candidate; b) *(DDR: Wissenschaftler)* research student *(with some teaching responsibilities)*
Aspiration [aspiraˈtsi̯oːn] die; ~, ~en *(Sprachw.)* aspiration
aspirieren 1. *tr. V. (Sprachw.)* aspirate. 2. *itr. V. (österr. geh.)* **auf etw.** *(Akk.)* ~**:** be a candidate for sth.
aß [aːs] *1. u. 3. Pers. Sg. Prät. v.* **essen**
¹**As** [as] das; Asses, Asse *(österr.)* s. ²**As**
²**Aß** das; Asses, Asse *(österr. ugs.: Abszeß)* boil
assanieren [asaˈniːrən] *tr. V. (österr.)* clean up
äße ['ɛːsə] *1. u. 3. Pers. Sg. Konjunktiv II v.* **essen**
Assekuranz [asekuˈrants] die; ~, ~en *(Wirtsch.)* assurance *(Brit.)*; insurance
Assel [asl̩] die; ~, ~n *(Zool.)* isopod; b) *(Keller-, Mauer~)* woodlouse
Asservat [asɛrˈvaːt] das; ~[e]s, ~e *(Rechtw.)* exhibit
Assessor [a'sɛsor] der; ~s, ~en [asɛˈsoːrən], **Assessorin** die; ~, ~nen holder of a higher civil service post, *e.g.* teacher or lawyer, *who has passed the necessary examinations but has not yet completed his/her probationary period;* s. auch -**in**
Assimilation [asimilaˈtsi̯oːn] die; ~, ~en *(auch fachspr.)* assimilation **(an** + *Akk.)* to)
assimilieren *(auch fachspr.)* 1. *tr. V.* assimilate. 2. *refl. V.* assimilate **(an** + *Akk.* to)

Assistent [asɪsˈtɛnt] der, ~en, ~en, **Assistentin** die; ~, ~nen assistant; *s. auch* **wissenschaftlich**; **-in**
Assistenz [asɪsˈtɛnts] die; ~, ~en assistance
Assistenz-: ~**arzt** der junior doctor; ~**professor** der assistant professor; reader *(Brit.)*
assistieren *itr. V.* [jmdm.] ~ : assist [sb.] (bei at)
Assonanz [asoˈnants] die; ~, ~en *(Verslehre)* assonance
Assoziation [asotsi̯aˈtsi̯oːn] die; ~, ~en association
Assoziations·freiheit die *(Rechtsw.)* freedom of association
assoziativ [asotsi̯aˈtiːf] 1. *Adj.* associative. 2. *adv.* associatively
assoziieren 1. *tr. V. (bes. Psych., geh.)* associate; **bei einem Namen** *usw.* **etw.** ~ : associate sth. with a name *etc.* 2. *itr. V.* make associations; **frei** ~: free-associate. 3. *refl. V. (sich an-, zusammenschließen)* form an association; **der Sudan ist der EG assoziiert** the Sudan is associated with the EEC
Ast [ast] der; ~[e]s, **Äste** ['ɛstə] a) branch; bough; **den** ~ **absägen, auf dem man sitzt** *(fig. ugs.)* saw off the branch one is sitting on; **auf dem absteigenden** ~ **sein** *(fig. ugs.)* be going downhill; b) *(in Holz)* knot; c) *(landsch.) (Rücken)* back; *(Buckel)* hunchback; humpback; **sich** *(Dat.)* **einen** ~ **lachen** *(ugs.)* split one's sides [with laughter]
AStA ['asta] der; ~[s], ~[s] *od.* **Asten** *Abk.* Allgemeiner Studentenausschuß ≈ Students' Union
Ästchen ['ɛstçən] das; ~s, ~ [small] branch
Aster ['astə] die; ~, ~n aster; *(Herbst~)* Michaelmas daisy
Ast·gabel die *(zwischen Stamm und Ast)* fork of a/the tree; *(zwischen Ast und Zweig)* fork of the branch
Ästhet [ɛsˈteːt] der; ~en, ~en aesthete
Ästhetik [ɛsˈteːtɪk] die; ~, ~en a) aesthetics *sing.*; b) *(Buch)* [book on] aesthetics; c) *(das Ästhetische)* aesthetics *pl; (Schönheitssinn)* aesthetic sense; **er hat keinen Sinn für** ~ : he has no aesthetic sense
ästhetisch 1. *Adj.* aesthetic. 2. *adv.* aesthetically
ästhetisieren *tr. (auch itr.) V. (geh.)* aestheticize
Ästhetizismus der; ~ *(geh.)* aestheticism
ästhetizistisch *(geh.) Adj.* aestheticist; aestheticizing *attrib.*
Asthma ['astma] das; ~s asthma
Asthmatiker [astˈmaːtɪkɐ] der; ~s, ~, **Asthmatikerin** die; ~, ~nen asthmatic
asthmatisch 1. *Adj.* asthmatic. 2. *adv.* asthmatically; ~ **bedingte Beschwerden** complaints linked to asthma
astig *Adj.* knotty
Ast·loch das knot-hole
astral [asˈtraːl] *Adj.* astral
Astral·leib der astral body
ast·rein 1. *Adj. (ugs.) (in Ordnung)* on the level *(coll.)*; *(echt)* genuine; *(salopp: prima, toll)* fantastic *(coll.)*; great *(coll.)*. 2. *adv.* (salopp: prima) fantastically *(coll.)*
Astrologe [astroˈloːgə] der; ~n, ~n astrologer; *(fig.)* forecaster; pundit; **DDR-Kreml-**~ *(fig.)* GDR-watcher/Kremlinwatcher *or* Kremlinologist
Astrologie [-] die; ~ astrology *no art.*
Astrologin die; ~, ~nen s. **Astrologe**
astrologisch 1. *Adj.* astrological. 2. *adv.* astrologically; **sich** ~ **beraten lassen** consult an astrologer
Astronaut [astroˈnaʊt] der; ~en, ~en astronaut
Astronautik [astroˈnaʊtɪk] die; ~ : astronautics *sing., no art.*
Astronautin die; ~, ~nen astronaut; *s. auch* **-in**
astronautisch 1. *Adj.* astronautical. 2. *adv.* astronautically; ~ **interessiert** interested in astronautics; **jmdn.** ~ **ausbilden** train sb. in astronautics
Astronom [astroˈnoːm] der; ~en, ~en astronomer
Astronomie die; ~ : astronomy *no art.*
Astronomin die; ~, ~nen astronomer
astronomisch *Adj.* astronomical
astro-, Astro- [astro-]: ~**physik** die astrophysics *sing., no art.*; ~**physikalisch** 1. *Adj.* astrophysical; 2. *adv.* astrophysically; ~**physiker** der astrophysicist
Ast·werk das; ~[e]s branches *pl.*
ASU *Abk.* Abgassonderuntersuchung
Äsung die; ~, ~en *(Jägerspr.)* grazing
Asyl [a'zyːl] das; ~s, ~e a) *[political]* asylum; **jmdm.** ~ **gewähren** grant sb. asylum; b) *(Obdachlosen~)* hostel *[for the homeless]*
Asylant [azyˈlant] der; ~en, ~en, **Asylantin** die; ~, ~nen person granted [political] asylum; *(Asylbewerber)* person seeking [political] asylum
Asyl-: ~**bewerber** der person seeking [political] asylum; ~**recht** das *(Rechtsw.)* a) right of [political] asylum; b) *(eines Staates)* right to grant [political] asylum; ~**werber** der; ~s, ~ *(österr.)* s. ~**bewerber**
Asymmetrie die asymmetry
asymmetrisch 1. *Adj.* asymmetrical. 2. *adv.* asymmetrically
asynchron 1. *Adj.* asynchronous; **Bild und Ton sind** ~ : sound and picture are out of synchronization. 2. *adv.* asynchronously
Aszendent [astsɛnˈdɛnt] der; ~en, ~en *(Astron., Astrol., Genealogie)* ascendant
A. T. *Abk.* Altes Testament OT
ata ['ata] *in* ~ [~] **gehen** *(Kinderspr.)* go walkies *(child lang., coll.)*
Atavismus [ataˈvɪsmʊs] der; ~, **Atavismen** *(Biol., Psych.)* atavism
atavistisch *(Biol., Psych.)* 1. *Adj.* atavistic. 2. *adv.* atavistically
Atelier [ateˈli̯eː] das; ~s, ~s studio
Atelier-: ~**aufnahme** die *(Film, Fot.)* studio shot; ~**fest** das studio party; ~**wohnung** die studio flat *(Brit.)* or *(Amer.)* apartment
Atem ['aːtəm] der; ~s breath; **sein** ~ **wurde schneller** his breathing became faster; **einen kurzen** ~ **haben** be short of breath; *(fig.)* not have much staying-power; **einen langen/den längeren** ~ **haben** *(fig.)* have great/the greater staying power; **jmdn. in** ~ **halten** *(in Spannung halten)* keep sb. in suspense; *(pausenlos beschäftigen)* keep sb. busy *or* at it; **den** ~ **anhalten** hold one's breath; **jmdm. den** ~ **verschlagen** take sb.'s breath away; ~ **holen** *(geh.)* **schöpfen** *(auch fig.)* get one's breath back; **außer** ~ **sein/geraten** *od.* **kommen** be/get out of breath; **[wieder] zu** ~ **kommen** get one's breath back; **nach** ~ **ringen** *(geh.)* gasp for air; *s. auch* **ausgehen 1 b**
atem-, Atem-: ~**beklemmung** die shortness of breath; ~**beraubend** 1. *Adj.* breath-taking; 2. *adv.* breath-takingly; ~**beschwerden** *Pl.* trouble *sing.* with one's breathing; ~**holen** das breathing; **der Taucher kam zum** ~**holen an die Oberfläche** the diver came up to the surface for air; ~**los** 1. *Adj.* breathless; 2. *adv.* breathlessly; ~**losigkeit** die; ~ : breathlessness; ~**luft** die; *o. Pl.* the air one breathes; ~**maske** die *(Med.)* breathing-mask; ~**not** die; *o. Pl.* difficulty in breathing; ~**pause** die breathing space; ~**technik** die breathing technique; ~**übung** die breathing exercise; ~**wege** *Pl.* respiratory tract *sing.* or passages; ~**zug** der breath; **bis zum letzten** ~**zug** *(geh.)* to the last breath; **in einem** ~**zug** *(geh.)* in one breath; **im selben** ~**zug** in the same breath
Atheismus [ateˈɪsmʊs] der; ~ : atheism *no art.*
Atheist der; ~en, ~en, **Atheistin** die; ~, ~nen atheist
atheistisch 1. *Adj.* atheistic. 2. *adv.*

atheistically; **er ist ~ erzogen worden** he had an atheistic upbringing
Athen [a'te:n] (das); **~s** Athens
Athener 1. *indekl. Adj.; nicht präd.* Athens *attrib.;* of Athens *postpos.* **2.** *der;* **~s, ~:** Athenian; *s. auch* **Kölner**
athenisch *Adj.* Athenian
Äther ['ɛ:tɐ] *der;* **~s,** ~ *(Chemie, Physik, geh.)* ether
ätherisch [ɛ'te:rɪʃ] *Adj. (Chemie, dichter.)* ethereal
Äther-: ~narkose *die (Med.)* ether anaesthesia; **~wellen** *Pl. (veralt.)* waves in the ether
Äthiopien [ɛ'tio:piən] (das); **~s** Ethiopia
Äthiopier *der;* **~s,** ~, **Äthiopierin** *die;* ~, **~nen** Ethiopian; *s. auch* **-in**
Athlet [at'le:t] *der;* **~en, ~en a)** *(Sportler)* athlete; **b)** *(ugs.: kräftiger Mann)* muscleman
Athletik [at'le:tɪk] *die;* ~: athletics *sing., no art.*
Athletin *die;* ~, **~nen** athlete; *s. auch* **-in**
athletisch *Adj.* athletic
Äthyl·alkohol *der (Chemie)* ethyl alcohol; ethanol
Äthylen [ɛty'le:n] *das;* **~s** *(Chemie)* ethylene
Atlant [at'lant] *der;* **~en, ~en** *(Archit.)* telamon; atlas
Atlanten *s.* ¹**Atlas, Atlant**
Atlantik [at'lantɪk] *der;* **-s** Atlantic
atlantisch [at'lantɪʃ] *(Geogr.) Adj.* Atlantic; **der Atlantische Ozean** the Atlantic Ocean
¹**Atlas** ['atlas] *der;* ~ *od.* **~ses, Atlanten** *od.* **~se** atlas
²**Atlas** *der;* ~ *od.* **~ses, ~se** *(Textilw.)* atlas
atmen [a:tmən] **1.** *itr. V.* **a)** breathe; *(Physiol., Bot.)* respire. **2.** *tr. V. (geh., auch fig.: erfüllt sein von)* breathe
Atmosphäre [atmo'sfɛ:rə] *die;* ~, **~n** *(auch fig.)* atmosphere
atmosphärisch 1. *Adj.* atmospheric; *s. auch* **Störung b. 2.** *adv.* atmospherically
Atmung *die;* ~: breathing; *(Physiol., Bot.)* respiration
Atmungs-: ~apparat *der (Med.)* respirator; **~organ** *das* respiratory organ
Ätna ['ɛ:tna] *der;* **~[s]** Mount Etna
Atoll [a'tɔl] *das;* **~s, ~e** atoll
Atom [a'to:m] *das;* **~s, ~e** atom
atomar [ato'ma:ɐ̯] **1.** *Adj.* atomic; *(Atomwaffen betreffend)* nuclear; nuclear, atomic ⟨*age, weapons*⟩. **2.** *adv.* ~ **angetrieben** nuclear-powered; atomic-powered; ~ **aufrüsten** build up nuclear arms
Atom-, atom-: ~bombe *die* nuclear bomb; atom bomb; **~bomben·sicher** *Adj.* nuclear-bomb-proof; **~bombenversuch** *der* nuclear [weapons] test; **~bunker** *der* fall-out shelter; **~energie** *die; o. Pl.* nuclear or atomic energy *no indef. art.;* **~explosion** *die* nuclear or atomic explosion; **~gewicht** *das* atomic weight
atomisieren *tr. V.* **a)** *(vernichten)* etw. ~: smash sth. to atoms; **b)** *(zerstäuben)* atomize ⟨*liquid*⟩; **c)** *(abwertend: zerstückelnd behandeln)* atomize
Atomismus *der;* ~ *(Philos.)* atomism *no art.*
atom-, Atom-: ~kern *der* atomic nucleus; **~klub** *der (Politik ugs.)* nuclear club; **~kraft** *die; o. Pl.* nuclear or atomic power *no indef. art.;* **~kraft·werk** *das* nuclear or atomic power-station; **~krieg** *der* nuclear or atomic war; **~macht** *die* nuclear power; **~meiler** *der* atomic pile; **~modell** *das (Physik)* model of the/an atom; **~müll** *der* nuclear or atomic waste; **~physik** *die* nuclear or atomic physics *sing., no art.;* **~physiker** *der* nuclear or atomic physicist; **~pilz** *der* mushroom cloud; **~rakete** *die* nuclear or atomic missile; **~reaktor** *der* nuclear reactor; **~spreng·kopf** *der* nuclear warhead; **~stopp** *der* nuclear freeze;

~streit·macht *die* nuclear force; **~strom** *der (ugs.)* electricity generated by nuclear power; **~test·stopp·abkommen** *das (Politik)* nuclear test ban treaty; **~tod** *der; o. Pl.* death in a nuclear war/accident; „**Kampf dem ~tod!**" 'ban the bomb'; **~-U-Boot** *das* nuclear[-powered] submarine; **~uhr** *die* atomic clock; **~untersee·boot** *das* s. **~-U-Boot; ~waffe** *die* nuclear or atomic weapon; **~waffen·frei** *Adj.* nuclear-free; **~waffensperr·vertrag** *der (Politik)* Nuclear Non-proliferation Treaty; **~zeichen** *das (Chemie)* [chemical] symbol; **~zeit·alter** *das; o. Pl.* nuclear or atomic age; **~zerfall** *der (Physik)* radioactive decay; **~zertrümmerung** *die (Physik)* splitting of the atom
atonal *(Musik) Adj.* atonal
Atonalität *die;* ~ *(Musik)* atonality
atoxisch *Adj. (bes. Biol., Med.)* non-toxic
Atrium ['a:triʊm] *das;* **~s, Atrien** atrium
Atrium·haus *das (Archit.)* house with an atrium
ätsch [ɛ:tʃ] *Interj. (Kinderspr.)* ha ha
Attaché [ata'ʃe:] *der;* **~s, ~s** attaché
Attacke [a'takə] *die;* ~, **~n a)** *(auch Med.)* attack (**auf** + *Akk.* on); **b)** *(Reiter~)* [cavalry] charge; **eine ~ [gegen jmdn./etw.] reiten** charge [sb./sth.]; *(fig.)* make an attack [on sb./sth.]
attackieren *tr. V.* **a)** attack; **b)** *(Milit.: zu Pferde)* charge
Attentat [a'tnta:t] *das;* **~[e]s, ~e** assassination attempt; *(erfolgreiches)* assassination; **ein ~ auf jmdn. verüben** make an attempt on sb.'s life/assassinate sb.; **ein ~ [auf jmdn.] vorhaben** *(fig. ugs. scherzh.)* want to ask a favour [of sb.]
Attentäter ['atntɛ:tɐ] *der;* **~s,** ~, **Attentäterin** *die;* ~, **~nen** would-be assassin; *(bei erfolgreichem Attentat)* assassin
Attest [a'tɛst] *das;* **~[e]s, ~e** medical certificate; doctor's certificate
attestieren *tr. V.* certify; **jmdm. seine Unzurechnungsfähigkeit** ~: certify sb. as not responsible for his/her own actions
Attika ['atika] (das); **~s** Attica
attisch ['atɪʃ] *Adj.* Attic
Attitüde [ati'ty:də] *die;* ~, **~n** *(geh.)* posture
Attraktion [atrak'tsio:n] *die;* ~, **~en** attraction
attraktiv [atrak'ti:f] **1.** *Adj.* attractive. **2.** *adv.* attractively
Attraktivität [atraktivi'tɛ:t] *die;* ~: attractiveness
Attrappe [a'trapə] *die;* ~, **~n** dummy; **die ~ eines Fernsehgeräts/einer Flasche** a dummy television set/bottle
Attribut [atri'bu:t] *das;* **~[e]s, ~e** attribute
attributiv [atribu'ti:f] *(Sprachw.)* **1.** *Adj.* attributive. **2.** *adv.* attributively
Attribut·satz *der (Sprachw.)* attributive clause
atü [a'ty:] *(veralt.) Abk.* **Atmosphärenüberdruck; 1** ~: 2 atm.; **3** ~: 4 atm.
atypisch *(geh.) Adj.* **1.** *Adj.* atypical. **2.** *adv.* atypically
atzen ['atsən] *tr. V. (Jägerspr.)* feed
ätzen ['ɛtsn] **1.** *tr. V.* **a)** etch; **b)** *(Med.)* cauterize ⟨*wound*⟩. **2.** *itr. V.* corrode
ätzend 1. *Adj.* **a)** corrosive; *(fig.)* caustic ⟨*wit, remark, criticism*⟩; pungent ⟨*smell*⟩; acrid ⟨*smoke*⟩; **b)** *(Jugendspr.) (gut)* great *(coll.);* ace *(sl.); (schlecht)* grotty *(Brit. sl.);* grot *(Brit. sl.).* **2.** *adv.* caustically ⟨*ironic, critical*⟩
Ätz·natron *das (Chemie)* caustic soda
Ätzung *die;* ~, **~en** *(Jägerspr.)* **a)** *(Fütterung)* feeding; **b)** *(Nahrung)* food; *(fig. scherzh.)* fodder
Ätzung *die;* ~, **~en a)** etching; **b)** *(Med.)* cauterization
au [au] *Interj.* **a)** *(bei Schmerz)* ow; ouch; **b)** *(bei Überraschung, Begeisterung)* oh
Au *die;* ~, **~en** *(südd., österr.) s.* **Aue**

aua ['aua] *Interj. (ugs.; Kinderspr.)* ow; ouch
Aubergine [obɛr'ʒi:nə] *die;* ~, **~n** aubergine *(Brit.);* egg-plant
auch [aux] **1.** *Adv.* **a)** *(ebenso, ebenfalls)* as well; too; also; **Klaus war ~ dabei** Klaus was there as well or too; Klaus was also there; **Ich gehe jetzt. – Ich ~:** I'm going now – So am I; **Mir ist warm. – Mir ~:** I feel warm – So do I; ... – **Ja, das ~:** ... – Yes, that too; ~ **gut!** that's all right too; **das kann ich ~!** I can do that too; **was er verspricht, tut er ~:** what he promises to do, he does; **wenn er sagt, er kommt, dann kommt er ~:** if he says he's going to come, then he'll come; **nicht nur ..., sondern ~ ...:** not only ..., but also ...; **grüß deine Frau und ~ die Kinder** give my regards to your wife and the children too; **sehr gut, aber ~ teuer** very good but expensive too; ~ **das noch!** that's all I/we *etc.* need!; **oder** ~: or; **oder** ~ **nicht** or not, as the case may be; **das weiß ich nicht** I don't know either; **ich weiß ~ das nicht** I don't know that either; **ich habe ~ keine Lust/kein Geld** I don't feel like it either/don't have any money either; **das hat ~ nichts genützt** that did not help either; **wir waren unter anderem ~ in Florenz** we were in Florence, among other places; *s. auch* **sowohl; b)** *(sogar, selbst)* even; ~ **wenn even** if; **wenn ~:** even if or though; **ohne ~ nur zu fragen/eine Sekunde zu zögern** without even asking/hesitating for a second; **c)** *(außerdem, im übrigen)* besides; **und ich sehe ~ gar nicht ein, warum ...:** I don't see why ...; and besides, I don't see why ... **2.** *Partikel* **a)** *nicht translated* **etwas anderes habe ich ~ nicht erwartet** I never expected anything else; **du bist aber ~ ein Trottel** *(ugs.)* you're a real idiot[, you are] *(coll.);* **so schlimm ist es ~ [wieder] nicht** it's not as bad as all that; **den Teufel ~!** damn it [all]!; **nun hör aber ~ zu!** now listen!; **wozu [denn]** ~? what's the point? why should I/you *etc.?;* **b)** *(zweifelnd)* **bist du dir ~ im klaren, was das bedeutet?** are you sure you understand what that means?; **bist du ~ glücklich?** are you truly happy?; **lügst du ~ nicht?** you're not lying, are you?; **c)** *(mit Interrogativpron.)* **wo .../wer .../wann .../was ...** *usw.* ~: wherever/whoever/whenever/whatever *etc.* ...; **wie dem ~ sei** however that may be; **d)** *(konzessiv)* **mag er ~ noch so klug sein** however clever he may be; no matter how clever he is; **so oft ich ~ anrief** however often I rang; no matter how often I rang; **so gern ich es ~ täte, ...:** much as I should like to [do it]; **so sehr er sich ~ bemühte** much as he tried; **wenn ~!** never mind
Audienz [au'diɛnts] *die;* ~, **~en** audience
Audimax [audi'maks] *das;* ~ *(Studentenspr.)* main lecture hall
audiovisuell [audiovi'zuɛl] **1.** *Adj.* audio-visual. **2.** *adv.* audio-visually
auditiv [audi'ti:f] **1.** *Adj.* auditory. **2.** *adv.* auditorily
Auditorium [audi'to:riʊm] *das;* **~s, Auditorien a)** *(Hörsaal)* auditorium; ~ **maximum** *(Hochschulw.)* main lecture hall; **b)** *(Zuhörerschaft)* audience
Aue ['auə] *die;* ~, **~n a)** *(dichter.)* mead *(poet.);* meadow; **b)** *(Geogr.)* water meadow
Auen·wald *der* riverside forest
Auer- ['auɐ-]: ~hahn *der* [cock] capercaillie; **~henne** *die* [female or hen] capercaillie; **~huhn** *das* capercaillie; **~ochse** *der* aurochs
auf [auf] **1.** *Präp. mit Dat.* **a)** on; ~ **See** at sea; ~ **dem Baum** in the tree; ~ **der Erde** on earth; ~ **der Welt** in the world; ~ **der Straße** in the street; ~ **dem Platz** in the square; ~ **meinem Konto** in my account; ~ **den Hebriden/Skye** in the Hebrides/on Skye; ~ **Meereshöhe** at sea level; ~ **beiden Augen blind** blind in both eyes; **das Thermometer steht ~ 15°** the thermometer stands at or says or

reads 15°; **b)** *(bei Räumen, Gebäuden, Institutionen)*, **b)** *(post office, town, hall, police station)*; ~ **seinem Zimmer** *(ugs.)* in his room; **Geld ~ der Bank haben** have money in the bank; ~ **der Polizei** *(ugs.)* at the police station; ~ **der Schule/Uni** at school/university; **c)** *(bei Veranstaltungen o. ä.)* at ⟨*party, wedding*⟩; on ⟨*course, trip, walk, holiday, tour*⟩; **d) was hat es damit ~ sich?** what's it all about?; **damit hat es nichts/etwas ~ sich** there is nothing/something in it. **2. Präp. mit Akk. a)** on; on to; **sich ~ einen Stuhl setzen** sit down on a chair; **sich ~ das Bett legen** lie down on the bed; **er nahm den Rucksack ~ den Rücken** he lifted the rucksack up on to his back; **~ einen Berg steigen** climb up a mountain; **sich** *(Dat.)* **einen Hut ~ den Kopf setzen** put a hat on [one's head]; **~ den Mond fliegen** fly to the moon; **~ die See hinausfahren** go out to sea; **jmdm. ~ den Fuß treten** step on sb.'s foot; **~ die Straße gehen** go [out] into the street; **~ den Grund des Meeres sinken** sink to the bottom of the sea; **jmdm. ~ den Rücken legen** lay sb. on his/her back; **jmdn. ~ den Rücken drehen** turn sb. on to his/her back; **~ die Hebriden** to the Hebrides; **~ die andere Seite der Schranke gehen** go over to the other side of the barrier; **etw. ~ ein Konto überweisen** transfer sth. to an account; **das Thermometer ist ~ 0°** *gefallen* the thermometer has fallen to 0°; **~ ihn!** *(ugs.)* get him!; **b)** *(bei Institutionen, Veranstaltungen)* to; **~ die Schule/Uni gehen** go to school/university; **~ einen Lehrgang gehen** go on a course; **~ Reisen/Urlaub/Tournee gehen** go travelling/on holiday/on tour; **c)** *(bei Entfernungen)* **~ 10 km [Entfernung]** for [a distance of] 10 km; **wir näherten uns der Hütte [bis] ~ 30 m** we approached to within 30 m of the hut; **d)** *(zeitlich)* for; **~ Jahre [hinaus]** for years [to come]; **etw. ~ nächsten Mittwoch festlegen/verschieben** arrange sth. for/postpone sth. until next Wednesday; **die Nacht von Sonntag ~ Montag** Sunday night; **das fällt ~ einen Montag** it falls on a Monday; **wir verschieben es ~ den 3. Mai** we'll postpone it to the 3 May; **~ morgen vertagen** adjourn until tomorrow; **komm doch mal ~ eine Tasse Tee herüber** come round for a cup of tea some time; **e)** *(zur Angabe der Art und Weise)*; **diese Art und Weise** in this way; **~ die Tour erreichst du bei mir nichts** *(ugs.)* you won't get anywhere with me like that; **komm mir bloß nicht ~ die Sentimentale!** *(salopp)* don't try *or* come the old sentimental bit with me!; *(sl.)*; **auf die Billige** *(salopp)* on the cheap; **~ deutsch** in German; **~ das sorgfältigste/herzlichste** *(geh.)* most carefully/warmly; **~ a** **a end** end in a; **Wörter ~ a** words ending in a; **f)** *(auf Grund)* **~ Wunsch** on request; **~ vielfachen Wunsch/wiederholte Aufforderung [hin]** in response to numerous requests/repeated demands; **~ meine Bitte** at my request; **~ seine Initiative** on his initiative; **~ Befehl** on command; **~ meinen Vorschlag [hin]** at my suggestion; **erst ~ meinen Brief [hin]** only as a result of my letter; **g)** *(sonstige Verwendungen)* **ein Teelöffel ~ einen Liter Wasser** one teaspoon to one litre of water; **das Bier geht ~ mich** *(ugs.)* the beer's on 'me *(coll.)*; **~ wen geht die Cola?** who's paying for the Coke?; **Welle ~ Welle brandete ans Ufer** wave upon wave broke on the shore; **einen Text ~ orthographische Fehler [hin] durchsehen** examine a text for orthographical errors; **jmdn. ~ Tb untersuchen** examine sb. for TB; **jmdn. ~ seine Eignung prüfen** test sb.'s suitability; **~ die Sekunde/den Millimeter [genau]** [precisely] to the second/millimetre; **ein Kabel ~ 1,50 m kürzen/abschneiden** shorten a cable to 1.50 m; **~ ein gutes Gelingen** to our/your success; **~ deine Gesundheit** your health; **~ bald/morgen!** *(bes. südd.)* see you soon/tomorrow; **~ 10 zählen** *(bes. südd.)* count [up] to 10; *s. auch einmal 1 a*; **machen 3 f. 3. Adv. a)** *(Aufforderung, sich zu erheben)* **~!** up you get!; *(zu einem Hund)* up!; **Sprung ~!** Marsch, marsch! *(Milit.)* Up! At the double!; **b) sie waren längst ~ und davon** they had made off long before; **jetzt heißt's ~ und davon** it's time to be off; *s. auch aufsein, aufmachen, davonsein, davonmachen*; **c)** *(bes. südd.: los)* come on; **~ geht's** let's go; let's go; **b)** *(Aufforderung, sich aufzumachen)* **~ ins Schwimmbad!/nach Schifferstadt!** come on, off to the swimming-pool!/to Schifferstadt!; **e)** **~ und ab** *od. (geh.)* **nieder** up and down; **das Auf und Ab** the up-and-down movement; **das Auf und Ab des Lebens** *(fig.)* the ups and downs of life; **f) ~ und ab** *(hin und her)* up and down; to and fro; **g)** *(Aufforderung, sich etw. aufzusetzen)* **Helm/Hut/Brille ~!** helmet/hat/glasses on!; **h)** *(Aufforderung, etw. zu öffnen)* **Fenster/Türen/Mund ~!** open the window/doors/your mouth!. **4. ~ daß** *Konj. (veralt.)* so that; **~ daß er sich nicht erkälte[te]** lest he should catch [a] cold

auf|arbeiten *tr. V.* **a)** *(erledigen)* catch up with ⟨*correspondence etc.*⟩; **b)** *(studieren, analysieren)* review ⟨*literature, material*⟩; look back on and reappraise ⟨*one's past, childhood*⟩; **c)** *(restaurieren, überholen)* refurbish

Aufarbeitung *die;* **~, ~en a)** *(Erledigung)* **die ~arbeitung der Post** catching up with the post *(Brit.)* or mail; **b)** *(das Studieren, Analysieren)* **die ~ der Literatur/Kindheit** reviewing the literature/looking back on and reappraising one's childhood; **c)** *(Restaurierung)* refurbishing

auf|atmen *itr. V.* **a)** *(fig.: erleichtert sein)* breathe a sigh of relief; **ein Aufatmen** a sigh of relief; **b)** *(tief atmen)* breathe deeply

auf|backen *regelm. (auch unr.) tr. V.* crisp up ⟨*bread, rolls, etc.*⟩

auf|bahren *tr. V.* lay out ⟨*body, corpse*⟩; **jmdn./einen Toten ~:** lay out sb.'s body; **aufgebahrt sein** ⟨*king, president, etc.*⟩ lie in state

Auf·bau *der;* **~[e]s, ~ten a)** *o. Pl. (das Aufbauen)* construction; building; *(das Wiederaufbauen)* reconstruction, rebuilding; **b)** *o. Pl. (von Staat, Ökonomie, gesellschaftlicher Ordnung)* building; **den wirtschaftlichen ~ beschleunigen** speed up economic development; **c)** *o. Pl. (Biol.)* synthesis; **d)** *o. Pl. (Struktur)* structure; **e)** *o. Pl. (Schiffbau)* superstructure; **f)** *(Bauw.)* superstructure; **einen zweistöckigen ~ genehmigen** approve the addition of two extra storeys; **g)** *(Kfz-W.)* body

Aufbau·arbeit *die* construction work; *(bei Wiederaufbau)* reconstruction work

auf|bauen 1. *tr. V.* **a)** *auch itr. (errichten, aufstellen)* erect ⟨*hut, kiosk, podium*⟩; set up ⟨*equipment, train set*⟩; build ⟨*house, bridge*⟩; put up ⟨*tent*⟩; *(wiederaufbauen)* rebuild ⟨*house, bridge*⟩; **ein Haus neu ~:** rebuild a house; **b)** *(hinstellen, arrangieren)* lay *or* set out ⟨*food, presents, etc.*⟩; **c)** *(fig.: schaffen)* build ⟨*state, economy, social order, life, political party, etc.*⟩; build up ⟨*business, organization, army, spy network*⟩; **sich** *(Dat.)* **ein neues Leben ~:** build a new life [for oneself]; **d)** *(fig.: strukturieren)* structure; **e)** *(fig.: fördern)* **jmdn./etw. zu etw. ~:** build sb./sth. up into sth.; **jmdn. als etw. ~:** build sb. up as sth.; **f)** *(gründen)* **auf etw.** *(Dat.)* **~:** base sth. upon sth.; **g)** *(Biol.)* synthesize. **2.** *itr. V.* **auf etw.** *(Dat.)* **~:** be based on sth. **3.** *refl. V.* **a)** *(sich hinstellen)* plant oneself (**vor** + *Dat.* in front of); **b)** *(sich zusammensetzen)* be composed (**aus** of); **c)** *(sich auftürmen, sich bilden)* ⟨*clouds, pressure, tension, etc.*⟩ build up

aufbauend *Adj.* constructive ⟨*criticism,*

⟨*geological process*⟩; restorative ⟨*medicine*⟩; nutrient ⟨*substance*⟩

auf|bäumen [ˈaʊfbɔʏmən] *refl. V.* rear up; **sich gegen jmdn./etw. ~** *(fig.)* rise up against sb./sth.

Aufbau·prinzip *das* structural principle

auf|bauschen 1. *tr. V.* **a)** *(aufblähen)* billow; billow, belly [out] ⟨*sail*⟩; **b)** *(fig.: hochspielen)* blow up *(coll.)*; exaggerate. **2.** *refl. V. (fig.: sich auswachsen)* **sich [zu etw.] ~:** blow up [into sth.] *(coll.)*

Aufbauten *s. Aufbau*

auf|begehren *itr. V. (geh.)* rebel

auf|behalten *unr. tr. V.* **~:** keep sth. on

auf|beißen *unr. tr. V.* **etw. ~:** bite sth. open; **sich** *(Dat.)* **die Lippe ~:** bite one's lip [and make it bleed]

auf|bekommen *unr. tr. V.* **a)** *(öffnen können)* **etw. ~:** get sth. open; **b)** *(aufessen können)* manage to eat; **c)** *(aufsetzen können)* **etw. ~:** get sth. on; **d)** *(aufgegeben bekommen)* be given

auf|bereiten *tr. V.* **a)** *(Hüttenw., Bergbau)* dress, prepare ⟨*ore, coal*⟩; **Erz magnetisch ~:** separate ore magnetically; **b)** *(Wasserwirtsch.)* purify; treat; **c)** *(Kerntechnik)* reprocess; **d)** *(Statistik)* process; **e)** *(gen.: bearbeiten)* adapt; *(erschließen)* reconstruct; **etw. literarisch/dramatisch ~:** put sth. into literary/dramatic form

Auf·bereitung *die s. aufbereiten a-e:* dressing; preparation; purification; treatment; reprocessing; processing; adaptation; reconstruction

Aufbereitungs·anlage *die (Hüttenw.)* preparation plant; *(Wasserwirtsch.)* purification works *sing.*; treatment plant; *(Kerntechnik)* reprocessing plant

auf|bessern *tr. V.* improve; increase ⟨*pension, wages, etc.*⟩

Auf·besserung *die* improvement; *(fig.)*; *(bei Renten, Löhnen, Gehältern)* increase ⟨*Gen.* in⟩; **zur ~ seines Taschengeldes/seiner Sprachkenntnisse** to increase his pocket money/to improve his linguistic proficiency

auf|bewahren *tr. V.* keep; store, keep ⟨*medicines, food, provisions*⟩; *(fig.: bewahren, erhalten)* preserve ⟨*memory, name, writings*⟩; **die Fahrkarte/das Testament mußt du gut ~:** you must keep your ticket safe/keep the will in a safe place; **etw. kühl ~:** store sth. in a cool place

Auf·bewahrung *die* **a)** *s. aufbewahren:* keeping; storage; **jmdm. etw. zur ~ geben/anvertrauen** give sth. to sb. for safe keeping/entrust sb. with the care of sth.; **bei ~ im Kühlschrank** if kept in a refrigerator; **b)** *(Verkehrsw.)* left-luggage office *(Brit.)*; baggage check room *(Amer.)*

Aufbewahrungs-: ~ort *der:* **das ist kein geeigneter ~ort für Dokumente/Lebensmittel** that is not a suitable place to keep documents/keep *or* store food; **~schein** *der (Verkehrsw.)* left-luggage ticket *(Brit.)*; baggage check *or* ticket *(Amer.)*

auf|biegen 1. *unr. tr. V.* **a)** *(öffnen)* **etw. ~:** bend sth. open; **b)** *(hochbiegen)* bend up[wards]. **2.** *unr. refl. V.* **a)** bend open; **b)** *(sich hochbiegen)* bend up[wards]

auf|bieten *unr. tr. V.* **a)** *(aufwenden)* exert ⟨*strength, energy, will-power, influence, authority*⟩; call on ⟨*skill, wit, powers of persuasion or eloquence*⟩; **b)** *(einsetzen)* call in ⟨*police, troops*⟩; raise ⟨*army*⟩; **c)** *(zur Eheschließung)* **ein Brautpaar ~:** read *or* call the banns of a couple to be married; **e)** *(bei Versteigerung)* **etw. [mit 400 Mark] ~:** put sth. up for auction at a starting price of 400 marks]

Aufbietung *die;* **~ a)** **unter ~ aller Kräfte/seiner ganzen Überredungskunst** summoning up all one's strength/calling on all one's persuasive skills; **b)** *(Milit. veralt.)* calling up; *(einer Armee)* raising

auf|binden *unr. tr. V.* **a)** *(öffnen, lösen)* untie; undo; **sich/jmdm. die Schuhe ~:** undo one's/sb.'s shoes; **b)** *(hochbinden)* tie *or* put up ⟨*plant*⟩ tie ⟨*plant*⟩ up straight; **jmdm./sich die Haare ~:** tie *or* put up sb.'s/one's hair; **c)** *(auf den Rücken binden)* **jmdm./einem Tier eine Last ~:** tie a burden on to sb.'s/an animal's back; **d)** *(ugs.: weismachen)* **wer hat dir das aufgebunden?** who spun you that yarn?; **jmdm. ein Märchen/eine Fabel ~:** spin sb. a yarn; *s. auch* **Bär**; **e)** *(binden auf)* **etw. auf etw.** *(Akk.)* **~:** tie sth. on to sth.; **f)** *(Buchw.: binden)* bind

auf|blähen 1. *tr. V.* distend ⟨*body, stomach*⟩; puff out ⟨*cheeks, feathers*⟩; flare ⟨*nostrils*⟩; billow, fill, belly [out] ⟨*sail*⟩; billow ⟨*washing, clothing*⟩; *(fig.: vergrößern)* over-inflate; **ein aufgeblähter Beamtenapparat** *(fig.)* an overblown bureaucracy. **2.** *refl. V.* **a)** ⟨*sail*⟩ billow *or* belly out; ⟨*balloon, lungs, chest*⟩ expand; ⟨*stomach*⟩ swell up, become swollen *or* distended; **b)** *(abwertend: sich aufspielen)* puff oneself up

Auf·blähung die *(fig.)* over-expansion

aufblasbar *Adj.* inflatable

auf|blasen 1. *unr. tr. V.* blow up; inflate; **die Backen ~:** puff out one's cheeks; **etw. zu etw. ~** *(fig.)* blow sth. up into sth. **2.** *unr. refl. V. (ugs. abwertend: sich aufspielen)* **sich ~ [wie ein Frosch]** puff oneself up (**mit** about); *s. auch* **aufgeblasen 2**

auf|bleiben *unr. itr. V.; mit sein* **a)** *(geöffnet bleiben)* stay open; **b)** *(nicht zu Bett gehen)* stay up

auf|blenden 1. *tr. V. (Kfz-W.)* **die Scheinwerfer ~:** switch one's headlights to full beam; **mit aufgeblendeten Scheinwerfern fahren** drive with headlights on full beam. **2.** *itr. V.* **a)** *(Kfz-W.)* switch to full beam; **b)** *(Fot., Film)* open up the lens; increase the [lens] aperture

auf|blicken *itr. V.* **a)** look up; *(kurz)* glance up; **von etw. ~:** look/glance up from sth.; **b)** *(verehrend)* **zu jmdm. ~:** look up to sb.

auf|blinken *itr. V.* **a)** ⟨*light*⟩ flash; ⟨*metal*⟩ glint; ⟨*star*⟩ blink; **b)** *(ugs.: kurz aufblenden)* flash one's headlights

auf|blitzen *itr. V.* flash; ⟨*wave, white-caps*⟩ sparkle

auf|blühen *itr. V.; mit sein* **a)** bloom; come into bloom; ⟨*bud*⟩ open; **eine halb/voll aufgeblühte Tulpe** a half-open tulip/a tulip in full bloom; **b)** *(fig.: aufleben)* blossom [out]; **c)** *(fig.: einen Aufschwung nehmen)* ⟨*trade, business, town, industry*⟩ flourish and flourish ⟨*cultural life, science*⟩ blossom and flourish

auf|bocken *tr. V.* **etw. ~:** jack sth. up

auf|bohren *tr. V.* **etw. ~:** drill a hole in sth.; drill ⟨*tooth*⟩; bore out ⟨*cylinder, engine*⟩

auf|branden *itr. V.; mit sein (geh.)* **die Wellen brandeten an den Felsen auf** the waves broke against the rock with a roar; **Beifall/Jubel brandete auf** *(fig.)* thunderous applause/cheering burst out

auf|braten *unr. tr. V.* **etw. ~:** fry sth. up [again]

auf|brauchen *tr. V.* use up

auf|brausen *itr. V.; mit sein* **a)** *(zornig werden)* flare up; **schnell/leicht ~:** be quick-tempered *or* hot-tempered; have a quick temper; **b)** *(zu brausen beginnen)* ⟨*sea, surf, wave*⟩ surge [up]; ⟨*liquid*⟩ seethe, boil up; ⟨*wind*⟩ rise to a roar; **Beifall/Jubel brauste auf** there was a sudden roar of applause/a thunderous cheer went up

aufbrausend *Adj.* quick-tempered; hot-tempered; **ein ~es Temperament haben** be quick-tempered *or* hot-tempered; have a quick temper

auf|brechen 1. *unr. tr. V.* **a)** *(öffnen)* break open ⟨*lock, safe, box, crate, etc.*⟩; break into ⟨*car*⟩; force [open] ⟨*door*⟩; break up

⟨*ground, surface*⟩; *(geh.: aufreißen)* tear open ⟨*letter, telegram*⟩; *(fig.)* break down [⟨*social*⟩ *structures*]; break ⟨*system*⟩; **b)** *(Jägerspr.: ausnehmen)* gut. **2.** *unr. itr. V.; mit sein* **a)** *(sich öffnen)* ⟨*bud*⟩ open [up], burst [open]; ⟨*ice* [*sheet*]*, surface, ground*⟩ break up; ⟨*wound*⟩ open; **alte Wunden brechen auf** *(fig.)* old wounds are opening [again]; **b)** *(sich auf den Weg machen)* set off, start out (**zu** on); **c)** *(geh.: spürbar werden)* become evident; emerge

auf|brennen *unr. tr. V.* **einem Tier ein Zeichen/ein Mal ~:** brand an animal; **jmdm. eins ~** *(salopp: auf jmdn. schießen)* let sb. have it

auf|bringen *unr. tr. V.* **a)** *(beschaffen)* find; raise, find ⟨*money*⟩; *(fig.)* find, summon [up] ⟨*strength, energy, courage*⟩; find ⟨*patience*⟩; **b)** *(kreieren)* introduce, start ⟨*fashion, custom*⟩; introduce ⟨*slogan, theory*⟩; start, put about ⟨*rumour*⟩; **c)** *(in Wut bringen)* **jmdn. ~:** make sb. angry; infuriate sb.; **d)** *(aufwiegeln)* **jmdn. gegen jmdn./etw. ~:** set sb. against sb./sth.; **e)** *(auftragen)* put on, apply ⟨*paint, ointment, varnish, etc.*⟩; **f)** *(Seew.)* seize; **g)** *(bes. südd.) s.* **aufbekommen a, b, c**

Auf·bruch der a) departure; *(fig. geh.)* awakening; **im ~ begriffen sein** be on the point of departure *or* setting off; *(fig. geh.)* experience an awakening; **das Zeichen zum ~ geben** give the signal to set off *or* leave; **zum ~ rüsten** get ready to set off *or* leave; **b)** *(aufgebrochene Stelle)* crack

Aufbruchs·stimmung die; *o. Pl.* **es herrschte allgemeine ~:** everybody was getting ready to go; **bist du schon in ~?** are you all ready to go?

auf|brühen *tr. V.* brew [up]

auf|brüllen *itr. V.* let out *or* give a roar; ⟨*animal*⟩ bellow

auf|brummen *tr. V. (ugs.)* **jmdm. etw. ~:** slap sth. on sb. *(coll.)*; **einem Schüler viele Hausaufgaben ~:** lumber *(Brit.) or* burden a pupil with a lot of homework; **jmdm. die Kosten für etw. ~:** land sb. with the costs for sth.

auf|bügeln *tr. V.* iron; **etw. [auf etw.** *(Akk.)*] **~:** iron sth. on [to sth.]; **Flicken zum Aufbügeln** iron-on patches

auf|bürden *tr. V. (geh.)* **jmdm./einem Tier etw. ~:** load sth. on to sb./an animal; **jmdm./sich etw. ~** *(fig.)* burden sb./oneself with sth.; **jmdm. die Schuld ~:** put the blame on sb.

auf|bürsten *tr. V.* **etw. ~:** brush sth. up; give sth. a brush-up

auf|decken 1. *tr. V.* **a)** uncover; **das Bett ~:** pull back the covers; **sich im Schlaf ~:** throw off one's covers; **b)** *(Kartenspiele)* show; **die od. seine Karten ~** *(fig.)* lay one's cards on the table *(fig.)*; **c)** *(enthüllen)* expose ⟨*corruption, error, weakness, misdeeds, crime, plot, abuse, etc.*⟩; ⟨*erkennen und bewußtmachen*⟩ reveal, uncover ⟨*connections, motive, processes, cause, error, weakness, contradiction, etc.*⟩; **d)** *(für eine Mahlzeit)* **etw. ~:** put sth. on the table. **2.** *itr. V.* lay the table

Auf·deckung die *s.* **aufdecken 1c:** exposure; revelation; uncovering

auf|donnern *refl. V. (ugs. abwertend)* tart *(Brit.) or* doll oneself up *(coll.)*; get tarted *(Brit.) or* dolled up *(coll.)*

auf|drängen 1. *tr. V.* **jmdm. etw. ~:** force sth. on sb.; **jmdm. seine Ansichten ~:** force *or* impose one's views on sb. **2.** *refl. V.* **a)** **sich jmdm. ~:** force one's company *or* oneself on sb.; **ich will mich aber nicht ~:** I don't want to impose; **b)** *(fig.: in den Sinn kommen)* **mir drängte sich der Verdacht auf, daß ...:** I couldn't help suspecting that ...; **dieser Gedanke drängt sich [einem] förmlich auf** one simply can't help but think so; the thought is unavoidable

auf|drehen 1. *tr. V.* **a)** *(öffnen)* unscrew ⟨*bottle-cap, nut*⟩; undo ⟨*screw*⟩; turn on ⟨*tap, gas, water*⟩; open ⟨*valve, bottle, vice*⟩; **b)** *(ugs.: laut stellen)* turn up ⟨*radio, record-player, etc.*⟩; **c)** *(ugs.: aufziehen)* wind up ⟨*musical box, watch, toy, etc.*⟩; **d)** *(zu Locken drehen)* turn up, twist up ⟨*moustache*⟩; **sich/jmdm. die Haare ~:** put one's/sb.'s hair in curlers. **2.** *itr. V. (ugs.)* **a)** *(das Tempo steigern)* [**voll**] **~:** put one's foot [right] down *(coll.)*; step on the gas *(Amer.)*; *(fig.)* step the pace [right] up; **b)** *(in Schwung kommen)* get into the mood; get going

auf·dringlich 1. *Adj.* importunate, *(coll.)* pushy ⟨*person*⟩; insistent ⟨*music, advertisement, questioning*⟩; pestering attrib. ⟨*journalist*⟩; pungent ⟨*perfume, smell*⟩; loud, gaudy ⟨*colour, wallpaper*⟩; **~e Vertraulichkeit** over-familiarity; **~e Freundlichkeit** over-friendliness; **sei nicht so ~!** don't pester so!; **~ riechen** have a pungent smell; be pungent. **2.** *adv.* ⟨*behave*⟩ importunately, *(coll.)* pushily; ⟨*ask*⟩ insistently

Aufdringlichkeit die; ~, ~en a) *o. Pl. s.* **aufdringlich:** insistent manner; insistence; importunity; pushiness *(coll.)*; pungency; **b)** *(Äußerung, Handlung)* piece of over-familiarity; **die ~en der Männer** the over-familiarity *sing.* of the men

auf|drösseln ['aufdrœsl̩n] *tr. V. (ugs., auch fig.)* unravel; unpick ⟨*piece of knitting*⟩

Auf·druck der; ~[e]s, ~e a) imprint; **b)** *(Philat.) s.* ²**Überdruck**

auf|drucken *tr. V.* **etw. auf etw.** *(Akk.)* **~:** print sth. on sth.; **Briefumschläge mit aufgedruckter Adresse** envelopes with the address printed on them

auf|drücken *tr. V.* **a)** *(öffnen)* push open; **b)** *(aufplatzen lassen)* squeeze ⟨*pimple, boil*⟩; **c)** *(aufstempeln, aufprägen)* **etw. auf etw.** *(Akk.)* **~:** stamp sth. on sth.; **jmdm. einen Kuß ~:** plant a kiss on sb.; **einer Sache** *(Dat.)* **sein Gepräge ~** *(fig.)* leave one's mark *or* stamp on sth.; *s. auch* **Stempel a**; **d)** *(auf etw. drücken)* **etw. auf etw.** *(Akk.)* **~:** press sth. on to sth.; **drück den Bleistift nicht so fest auf** don't press so hard on your pencil

auf·einander *Adv.* **a)** on top of one another *or* each other; **die Bücher sollen ~ liegen** the books should lie one on top of the other; **b)** **zwei Autos waren ~ aufgefahren** two cars had collided with each other *or* one another; **~ warten** wait for each other *or* one another; **~ zugehen** walk towards *or* approach one another *or* each other

aufeinander-: ~|beißen *unr. tr. V.* **die Zähne ~beißen** clench one's teeth; **~|drücken** *tr. V.* press together

Aufeinander·folge die; ~: sequence; **in rascher ~:** in rapid *or* quick succession

aufeinander-: ~|folgen *itr. V.; mit sein* follow each other *or* one another; **~folgend** successive; **an mehreren ~folgenden Tagen** several days running; on several successive days; **~|hängen 1.** *tr. V.* **die Mäntel ~hängen** hang the coats one on top of the other; **2.** *unr. itr. V.* **a)** hang one on top of the other *or* one another; **b)** *(fig. ugs.)* hang around together; **wenn es regnet, hängt man den ganzen Tag im Hotel ~:** when it rains, people hang around on top of each other all day in the hotel; **~|häufen** *tr. V.* pile ⟨*books etc.*⟩ on top of each other *or* one another; **~|hetzen** *tr. V.* set ⟨*dogs etc.*⟩ on each other *or* one another; **~|legen 1.** *tr. V.* lay ⟨*planks etc.*⟩ one on top of the other; **2.** *refl. V.* lie on top of each other *or* one another; **~|liegen** *unr. itr. V.* lie on top of each other *or* one another; **~|prallen** *itr. V.; mit sein* crash into each other *or* one another; collide; ⟨*armies*⟩ clash; *(fig.)* ⟨*opinions*⟩ clash; **~|pressen** *tr. V.* press together; **~|schichten** *tr. V.* stack up;

~|**schlagen** 1. *unr. tr. V.* strike *or* knock together; bang ⟨*cymbals*⟩ together; 2. *unr. itr. V.; mit sein* strike *or* knock against each other *or* one another; ~|**setzen** 1. *tr. V.* put ⟨*stones etc.*⟩ one on top of the other; 2. *refl. V.* sit on top of each other *or* one another; ~|**sitzen** *unr. itr. V.* sit on top of each other *or* one another; *(fig.: eng wohnen)* live on top of each other *or* one another; ~|**stapeln** *tr. V.* stack ⟨*planks etc.*⟩ one on top of the other; ~|**stoßen** *unr. itr. V.; mit sein* ⟨*buffers*⟩ bump together; ⟨*lines, streets*⟩ meet; *(fig.)* ⟨*people*⟩ bump *or* run into each other *or* one another; ⟨*cultures*⟩ meet; ⟨*opinions*⟩ clash; ~|**treffen** *unr. itr. V.; mit sein* ⟨*teams, enemies, opponents, streets*⟩ meet; ⟨*missiles*⟩ collide, hit each other *or* one another; ~|**türmen** *tr. V.* stack ⟨*crates etc.*⟩ [up] one on top of the other

Aufenthalt ['aʊfɛnthalt] *der;* ~[e]s, ~e a) stay; **der ~ im Depot ist verboten** personnel/the public *etc.* are not permitted to remain within in the depot; **~ nehmen** *(geh.)* reside; b) *(Fahrtunterbrechung)* stop; **der Zug hatte dort [10 Minuten] ~**: the train stopped there [for 10 minutes]; **ohne ~ durchfahren** travel through non-stop *or* without stopping; c) *(geh.: Ort)* residence

-aufenthalt *der:* **Frankreich~/Italien~**: stay in France/Italy

Aufenthalts-: **~bewilligung die** *s.* **~erlaubnis**; **~dauer die** length of stay; **bei einer ~dauer von weniger als sechs Monaten** for a stay of less than six months; **~erlaubnis die** residence permit; **~genehmigung die** *s.* **~erlaubnis**; **~ort der** [place of] residence; **jmds. ~ort ermitteln** establish sb.'s whereabouts *pl.*; **~raum der** *(in einer Schule o. ä.)* common-room *(Brit.)*; *(in einer Jugendherberge)* day-room; *(in einem Betrieb o. ä.)* recreation-room; *(in einem Hotel o. ä.)* lounge

auf|erlegen, **auf·erlegen** *tr. V. (geh.)* **jmdm. etw. ~**: impose sth. on sb.; **du solltest dir etwas Zurückhaltung ~**: you should exercise some restraint; **die Kosten wurden dem Kläger auferlegt** costs were awarded against the plaintiff; **jmdm. eine schwere Prüfung ~**: subject sb. to *or* put sb. through a severe test

auf|erstehen *unr. itr. V.; mit sein* rise [again]; **von den Toten ~**: rise from the dead; **Christus ist auferstanden** Christ is risen

Auferstehung *die;* ~, ~en resurrection

auf·erwecken *tr. V.* **jmdn. ~**: bring sb. back to life; raise sb. from the dead; **jmdn. von den Toten ~**: raise sb. from the dead; **der Lärm hätte einen Toten ~ können** *(fig.)* the noise was enough to waken the dead

Auf·erweckung *die:* **die ~ eines Toten** raising someone from the dead

auf|essen *unr. tr. V. (auch itr.) V.* eat up

auf|fächern 1. *tr. V.* fan [out]; *(fig.)* set out. 2. *refl. V.* fan out; **sich in Einzeldisziplinen ~**: develop into seperate disciplines

auf|fädeln *tr. V.* **etw. [auf etw. (Akk.)] ~**: thread sth. on to sth.

auf|fahren 1. *unr. itr. V.; mit sein* a) *(aufprallen)* **auf ein anderes Fahrzeug ~**: drive *or* run into the back of another vehicle; **auf etw./jmdn. ~**: drive *or* run into sth./sb.; **das Schiff ist auf ein Riff aufgefahren** the ship has run aground on a reef; b) *(aufschließen)* **auf den Vordermann zu dicht ~**: drive too close to the car in front; tail-gate; **fahr doch nicht so dicht** *od.* **nah auf!** don't drive so close!; **zu dichtes Auffahren** driving too close to the vehicle in front; tail-gating; c) *(vorfahren)* drive up; d) *(in Stellung gehen)* move up [into position]; e) *(Bergmannsspr.)* go/come up; f) *(gen Himmel fahren)* ascend; g) *(aufschrecken)* start; **aus dem Schlaf ~**: awake with a start; h) *(aufbrausen)* flare up. 2. *unr.*

tr. V. a) *(in Stellung bringen)* bring *or* move up; b) *(ugs.: auftischen)* serve up

auf·fahrend *Adj.* quick-tempered; hot-tempered

Auf·fahrt *die* a) *(das Hinauffahren)* climb; drive up; **die ~ zum Gipfel** the drive up to the summit; b) *(zu Gebäuden)* drive; c) *(zur Autobahn)* slip-road *(Brit.)*; access road *(Amer.)*; d) *(schweiz.) (Himmelfahrt)* Ascension; *(Himmelfahrtstag)* Ascension [Day]

Auffahrts·fest *das (schweiz.)* feast of the Ascension

Auffahr·unfall *der* rear-end collision

auf|fallen *unr. itr. V.; mit sein* a) *(auffällig sein)* stand out; **diese Fettflecken/Druckfehler fallen kaum auf** these grease-marks/printing errors are hardly noticeable; **tu das so, daß es nicht auffällt** do it so that it doesn't attract attention *or* so that nobody notices; **er fällt durch seine abstehenden Ohren auf** the fact that his ears stick out makes him conspicuous; **seine Abwesenheit fiel nicht auf** his absence was not noticed; **um nicht aufzufallen** so as not to attract attention; **sie will nur ~**: she just wants to attract attention; **jmdm. fällt etw. auf** sb. notices sth.; sth. strikes sb.; **fällt dir an diesem Satz etwas auf?** does anything strike you about that sentence?; **er ist mir angenehm/unangenehm aufgefallen** he made a good/bad impression on me; **ist Ihnen nichts aufgefallen?** did you notice anything?; did nothing strike you?; **so etwas fällt sofort/nie auf** that sort of thing will be noticed right away/will never be noticed; **es fiel allgemein auf, daß ...**: it was generally noticed that ...; b) *(auftreffen)* fall *(auf + Akk.* on [to]); strike *(auf + Akk.* sth.); **das ~de Licht** the light falling on [to] *or* striking the surface *etc.*; *(Optik)* the incident light

auffallend 1. *Adj. (auffällig)* conspicuous; *(eindrucksvoll, bemerkenswert)* striking ⟨*contrast, figure, appearance, beauty, similarity*⟩; **das Auffallendste an ihr** the most striking thing about her. 2. *adv. (auffällig)* conspicuously; *(eindrucksvoll, bemerkenswert)* ⟨*contrast, differ*⟩ strikingly; **stimmt ~!** *(scherzh.)* you're so right!

auf·fällig 1. *Adj.* conspicuous; garish, loud ⟨*colour*⟩; **eine recht ~e Erscheinung sein** have a most striking appearance. 2. *adv.* conspicuously; **sich ~ kleiden** dress showily; **~er hätte es nicht machen können** he couldn't have made it more obvious [if he had tried]

Auf·fälligkeit *die* a) *o. Pl.* conspicuousness; *(Grellheit)* garishness, loudness; b) *(etw. Auffälliges)* distinctive feature

auf|falten 1. *tr. V.* fold open; unfold. 2. *refl. V. (Geol.)* fold upward

auf|fangen *unr. tr. V.* a) *(fangen)* catch; *(fig.)* regain control of ⟨*aircraft*⟩; b) *(aufnehmen, sammeln)* collect; collect, catch ⟨*liquid*⟩; *(fig.)* receive ⟨*refugees*⟩; c) *(wahrnehmen)* catch ⟨*words, conversation*⟩; *(Funkw.: empfangen)* pick up; *(fig.)* absorb; e) *(Milit.: aufhalten)* hold ⟨*attack, advance*⟩; f) *(Handarb.)* pick up ⟨*stitch*⟩; g) *(ausgleichen)* offset ⟨*price increase etc.*⟩

Auffang·lager *das* reception camp

auf|fassen *tr. V.* a) *(ansehen als)* **etw. als etw. ~**: see *or* regard sth. as sth.; **etw. als Scherz/Kompliment/Beleidigung/Kritik ~**: take sth. as a joke/compliment/insult/criticism; **etw. persönlich/falsch ~**: take sth. personally/misunderstand sth.; b) *(begreifen)* grasp; comprehend

Auf·fassung *die* a) *(Meinung, Ansicht)* view; *(Begriff)* conception; **nach meiner ~**: in my view; **der ~ sein, daß ...**: take the view that ...; be of the opinion that ...; **eine andere ~ von etw. haben** take a different view of sth.; b) *o. Pl. s.* **Auffassungsgabe**

Auffassungs-: **~gabe** *die* powers *pl.* of comprehension; **eine leichte/schnelle ~gabe haben** be quick on the uptake; **~sache die** *in* **~sache sein** depend on one's point of view; **~vermögen das**; *o. Pl. s.* **~gabe**

auf|fegen *tr. (auch itr.) V. (bes. nordd.)* sweep up

auffindbar *Adj.* findable; **der Schlüssel muß doch ~ sein!** we must be able to find the key somewhere!; **es ist nirgends/nicht ~**: it's nowhere to be found/it can't be *or* isn't to be found; **schwer/leicht ~ sein** be hard/easy to find

auf|finden *unr. tr. V.* find

auf|fischen *tr. V. (ugs.)* fish out *(coll.)*

auf|flackern *itr. V.; mit sein* flicker up; *(fig.)* ⟨*hope*⟩ flicker up; ⟨*revolt, unrest, passion, anger*⟩ flare up

auf|flammen *itr. V.; mit sein (auch fig.)* flare up; **in seinen Augen flammte Zorn auf** *(fig.)* his eyes flashed with anger

auf|fliegen *unr. itr. V.; mit sein* a) *(hochfliegen)* fly up; b) *(sich öffnen)* fly open; c) *(ugs.: scheitern)* ⟨*illegal organization, drug ring*⟩ be *or* get busted *(coll.)*; **den Parteitag/einen Schmugglerring ~ lassen** ruin *or (Brit. sl.)* scupper the party conference/bust a smuggling ring *(coll.)*

auf|fordern *tr. V.* a) *auch itr. V.* **jmdn. ~, etw. zu tun** call upon sb. to do sth.; **jmdn. zur Teilnahme/Zahlung ~**: call upon *or* ask sb. to take part/ask sb. for payment; **ich fordere Sie zum letzten Mal auf, ...**: I am asking you for the last time ...; **jmdn. dringend ~, ...** etw. zu tun urgently request sb. to do sth.; b) *(einladen, ermuntern)* **jmdn. ~, etw. zu tun** invite *or* ask sb. to do sth.; **jmdn. zu einem Spaziergang/zum Mitspielen/Sitzen ~**: invite sb. for a walk/invite *or* ask sb. to join in/sit down; **jmdn. [zum Tanz] ~**: ask sb. to dance

auffordernd 1. *Adj.* **mit einer ~en Geste** with a gesture of invitation; **mit ~em Blick** with a look of encouragement. 2. *adv.* encouragingly

Auf·forderung *die* a) request; *(nachdrücklicher)* demand; **nach dreimaliger/mehrmaliger ~**: after three/repeated requests; b) *(Einladung, Ermunterung)* invitation

Aufforderungs·satz *der (Sprachw.)* clause/sentence expressing a wish, desire, *or* command

auf|forsten *tr. V.* afforest; *(wieder ~)* reforest; **einen Wald ~**: restock a forest. 2. *itr. V.* establish woods; *(wieder ~)* reestablish the woods

Aufforstung *die;* ~, ~en afforestation; *(Wieder~)* reforestation; **die ~ der Wälder** restocking the forests

auf|fressen 1. *unr. tr. V.* a) eat up; *(fig.)* swallow up ⟨*small business*⟩; eat up ⟨*savings, money, etc.*⟩; **er wird dich [deswegen] nicht [gleich] ~** *(ugs.)* he won't *or* isn't going to bite your head off [for that]; b) *(fig. ugs.: krank machen)* **jmdn. ~**: eat sb. up; c) *(fig.) auflösen)* **etw. ~**: eat sth. away. 2. *unr. itr. V. (animal)* eat [all] its food up; *(salopp)* ⟨*person*⟩ eat [everything] up

auf|frischen 1. *tr. V.* a) *(wieder frisch machen)* freshen up; brighten up ⟨*colour, paintwork*⟩; renovate ⟨*polish, furniture*⟩; *(restaurieren)* restore ⟨*tapestry, fresco, etc.*⟩; *(fig.)* revive ⟨*old memories*⟩; renew ⟨*acquaintance, friendship*⟩; **seine Englischkenntnisse ~**: brush up one's [knowledge of] English; b) *(ergänzen)* **die ~ der Biervorräte** *usw.* stocking up on beer [supplies] *etc.* 2. *itr. V. (auch mit sein)* ⟨*wind*⟩ freshen

Auffrischung *die;* ~, ~en *s.* **auffrischen**: a) freshening up; brightening up; renovation; restoration; renewal; **zur ~ meiner Englischkenntnisse** to brush up my [knowledge of] English; b) **die ~ der Biervorräte** *usw.* stocking up on beer [supplies] *etc.*

aufführbar *Adj.* stageable ⟨*play, ballet, opera*⟩; performable ⟨*piece of music*⟩

auf|führen 1. *tr. V.* a) put on, stage ⟨*play,*

Aufführung | **aufhaben**

⟨*ballet, opera*⟩; screen, put on ⟨*film*⟩; perform ⟨*piece of music*⟩; put on ⟨*concert*⟩; **führ doch nicht so ein Theater auf!** don't make such a fuss!; b) *(nennen)* cite, quote, adduce ⟨*example, reason, fact*⟩; cite ⟨*witness*⟩; **Waren/Preise in einem Verzeichnis ~:** list goods/prices. 2. *refl. V.* behave; **er hat sich wieder einmal aufgeführt** he made another fuss

Auf·führung die a) performance; **zur ~ bringen** *(Papierdt.)* put on, stage ⟨*play, ballet, opera*⟩; screen, put on ⟨*film*⟩; perform ⟨*piece of music*⟩; put on ⟨*concert*⟩; **zur ~ gelangen** *od.* **kommen** *(Papierdt.)* ⟨*play, ballet, opera*⟩ be staged; ⟨*film*⟩ be screened; ⟨*piece of music, composer*⟩ be performed; ⟨*concert*⟩ be put on; b) *(Nennung) s.* **aufführen 1 b:** citation; quotation; listing

Aufführungs·recht das performing rights *pl.*

auf|füllen *tr. V.* a) *(vollfüllen, füllen)* fill up; fill in ⟨*hole, gap, crack*⟩; b) *(fig.: ergänzen)* replenish ⟨*stocks*⟩; bring ⟨*team, battalion, etc.*⟩ up to full strength; c) *(ugs.: nachfüllen)* **Wasser/Öl/Benzin ~:** top up *(Brit.)* or *(Amer.)* fill up with water/oil/fill up with petrol *(Brit.)* or *(Amer.)* gasoline. 2. *refl. V.* *(Met.)* ⟨*low-pressure area*⟩ fill

auf|futtern *tr. (auch itr.) V. (fam.)* eat up

auf|füttern *tr. V.* rear ⟨*animal*⟩ (**mit** on)

Auf·gabe die a) *(zu Bewältigendes)* task; **sich** *(Dat.)* **zur ~ machen, etw. zu tun** make it one's task or job to do sth.; **sich** *(Dat.)* **etw. zur ~ machen** make sth. onc's task or job; b) *(Pflicht)* task; responsibility; duty; c) *(fig.: Zweck, Funktion)* function; d) *(Schulw.)* *(Übung)* exercise; *(Prüfungs~)* question; e) *(Schulw.: Haus~) (bes. nordd.)* homework *pl.*; piece of homework; *(kirchlich)* put up the banns

auf·gedreht 1. *2. Part. v.* **aufdrehen. 2.** *Adj. (ugs.)* in high spirits *pred.*; **er war unheimlich ~:** he was in tremendously high spirits

auf·gedunsen *Adj.* bloated

auf|gehen *unr. itr. V.*; *mit sein* a) *(am Horizont erscheinen)* rise; b) *(sich öffnen [lassen])* ⟨*door, parachute, wound*⟩ open; ⟨*stage curtain*⟩ go up, rise; ⟨*knot, button, zip, bandage, shoelace, stitching*⟩ come undone; ⟨*boil, pimple, blister*⟩ burst; ⟨*flower, bud*⟩ open [up]; **das Weckglas ist wieder aufgegangen** the top has come off the preserving jar; c) *(keimen)* come up; d) *(aufgetrieben werden)* ⟨*dough, cake*⟩ rise; e) *(Math.)* ⟨*calculation*⟩ work out, come out; ⟨*equation*⟩ come out; **3 geht in 12 auf** 3 goes into 12; 12 is divisible by 3; **12 durch 3 geht glatt** *od.* **genau auf** 12 goes into 12 without a remainder; **7 durch 3 geht nicht auf** threes into seven won't go; **seine Rechnung ging nicht auf** *(fig.)* he had miscalculated; **die Patience geht auf** *(fig.)* the game of patience comes out; f) *(klarwerden)* **etw. geht jmdm. auf sb.** realizes sth.; **der Sinn dieses Satzes ist mir noch nicht ganz aufgegangen** I don't quite grasp the meaning of this sentence; g) *(einbezogen werden)* **in etw.** *(Dat.)* **~:** become absorbed into sth.; s. auch **Flamme**; h) *(Erfüllung finden)* **in etw.** *(Dat.)* **~:** be completely absorbed in sth.; **er geht ganz in seiner Familie auf** his whole life revolves around his family; i) *(Jagdw.: beginnen)* **die Jagd geht im August auf** the hunting season or open season starts in August

auf|geilen *refl. V. (salopp)* **jmdn. [mit/durch etw.] ~:** get sb. randy [with sth.]; **sich [an etw.** *(Dat.)***] ~:** get randy [with sth.]; *(fig.)* get worked up [about sth.]

aufgeklärt 1. *2. Part. v.* **aufklären. 2.** *Adj.* enlightened; *(sexualkundlich)* **~ sein/werden** have been/be taught the facts of life; *s. auch* **Absolutismus**

Aufgeklärtheit die; ~: enlightened views *pl.*; **bei aller ~:** although he is/they are *etc.* so enlightened

aufgekratzt 1. *2. Part. v.* **aufkratzen. 2.** *Adj. (ugs.)* in high spirits *pred.*; **in ~er Stimmung** in high spirits

Auf·geld das *(landsch.) s.* **Aufschlag b**

auf·gelegt 1. *2. Part. v.* **auflegen. 2.** *Adj.* a) *(gelaunt)* **gut/schlecht/heiter** *usw.* **~ sein** be in a good/bad/cheerful *etc.* mood; **zu etw. ~ sein** be in the mood for sth.; **dazu ~ sein, etw. zu tun** be in the mood to do sth.; b) *nicht präd. (offensichtlich)* **ein ~er Schwindel** a blatant swindle

auf·gelöst 1. *2. Part. v.* **auflösen. 2.** *Adj.* distraught; **vor Schmerz/Trauer/Freude ~ sein** be beside oneself with pain/grief/joy; *s. auch* **Träne**

aufgeräumt 1. *2. Part. v.* **aufräumen. 2.** *Adj.* jovial

aufgeregt 1. *2. Part. v.* **aufregen. 2.** *Adj. (erregt)* excited; *(nervös, beunruhigt)* agitated. **3.** *adv. (erregt)* exitedly; *(nervös, beunruhigt)* agitatedly

Aufgeregtheit die; ~: excitement; agitation; *(Nervosität)* agitation

auf·geschlossen 1. *2. Part. v.* **aufschließen. 2.** *Adj.* open-minded *(gegenüber* as regards, about); *(interessiert, empfänglich)* receptive, open (+ *Dat.*, **für** to); *(mitteilsam)* communicative; *(zugänglich)* approachable; **einer Sache** *(Dat.)* **~ gegenüberstehen** be open-minded about sth.

Auf·geschlossenheit die *s.* **aufschließen 2:** open-mindedness; receptiveness; openness; communicativeness; approachableness

auf·geschmissen *Adj. (ugs.)* **in [ganz] [schön] ~ sein** be [right] up the creek *(sl.)*; be in a [real] fix

auf·geschossen *2. Part. v.* **aufschießen**

aufgesetzt 1. *2. Part. v.* **aufsetzen. 2.** *Adj.* put on

aufgestellt 1. *2. Part. v.* **aufstellen. 2.** *Adj. (schweiz.) s.* **aufgeschlossen**

aufgeweckt 1. *2. Part. v.* **aufwecken. 2.** *Adj.* bright; sharp

Aufgewecktheit die; ~: brightness; sharpness

auf|gießen *unr. tr. V.* a) *(aufbrühen)* make, brew [up] ⟨*tea*⟩; make ⟨*coffee*⟩; b) *(gießen auf, daraufgießen)* **etw. [auf etw.** *(Akk.)***] ~:** pour sth. on [to sth.]; c) *(übergießen)* **etw. mit Milch/Wasser** *usw.* **~:** pour milk/water *etc.* on [to] sth.

auf|gliedern *tr. V.* subdivide, break down, split up (**in +** *Akk.* into); structure ⟨*essay*⟩; *(nach Kategorien)* categorize; **aufgegliedert nach Berufen/Einkommen** broken down by occupation/income

Auf·gliederung die *s.* **aufgliedern:** subdivision; breakdown; structuring; categorization

auf|glimmen *unr. (auch regelm.) itr. V.*; *mit sein* [begin to] glimmer; *(fig.)* ⟨*hope, suspicion*⟩ flicker up

auf|glühen *itr. V.*; *mit sein* [begin to] glow; *(fig.)*⟨*passion*⟩ begin to burn; **eine Hoffnung glühte in ihm auf** he felt a gleam of hope

auf|graben *unr. tr. V. (umgraben)* dig over; *(freilegen)* dig up

auf|greifen *unr. tr. V.* a) *(festnehmen)* pick up; b) *(sich befassen mit)* take or pick up ⟨*subject, suggestion*⟩; c) *(fortsetzen)* take up again; continue

auf Grund, aufgrund *s.* **Grund c**

Auf·guß der infusion; *(fig.)* rehash

Aufguß·beutel der; *(Teebeutel)* tea-bag; *(für Kräutertee)* herb sachet

auf|haben *(ugs.)* **1.** *unr. tr. V.* a) *(aufgesetzt haben)* have on; **sie hat ihre Brille nicht aufgehabt** she didn't have her glasses on; she wasn't wearing her glasses; b) *(geöffnet haben)* have ⟨*zip*⟩ undone; have ⟨*door, window, jacket, blouse*⟩ open; **die Augen ~:** have one's eyes open; **seinen Laden/sein Büro ~:** have one's shop/office open; be open; c) *(aufbekommen haben)* have got

901

⟨*cupboard, case, safe, etc.*⟩ open; have got ⟨*knot, zip*⟩ undone; **d)** *(für die Schule)* etw. ~: have sth. as homework; **viel/wenig ~:** have a lot of/not have much homework; **haben wir etwas in** *od.* **für Englisch auf?** have we got any English homework?; **e)** *(aufgegessen haben)* have eaten up *or* finished. **2.** *unr. itr. V.* ⟨*shop, office*⟩ be open; **wir haben bis 17.30 auf** we are open until 5.30 p.m.
auf|hacken *tr. V. (mit einer Hacke)* break up; *(mit dem Schnabel)* peck *or* break open
auf|halsen ['aʊfhalzn̩] *tr. V. (ugs.)* jmdm./sich etw. ~: saddle sb./oneself with sth.; **sich** *(Dat.)* **etw. ~ lassen** get oneself saddled with sth.
auf|halten **1.** *unr. tr. V.* **a)** *(anhalten)* halt; halt, check ⟨*inflation, advance, rise in unemployment*⟩; **jmdn. an der Grenze ~:** hold sb. up at the border; **b)** *(stören)* hold up; **c)** *(ugs.: geöffnet halten)* hold ⟨*sack, door, etc.*⟩ open; **die Augen [und Ohren] ~:** keep one's eyes [and ears] open; **die Hand ~** *(auch fig.)* hold out one's hand. **2.** *unr. refl. V.* **a)** *(sich befassen)* **sich mit jmdm./etw. ~:** spend [a long] time on sb./sth.; **sich zu lange mit jmdm./etw. ~:** spend too long on sb./sth.; **sich bei etw. ~:** linger over sth.; **b)** *(verweilen)* stay; **tagsüber hielt er sich im Museum auf** he spent the day in the museum; **sich im Winter in der Küche ~:** live in the kitchen in the winter; **der Gesuchte soll sich in Frankreich ~:** the wanted man is thought to be in France
auf|hängen **1.** *tr. V.* **a)** *(auf etw. hängen)* hang up; hang ⟨*picture, curtains*⟩; **die Wäsche ~:** hang up the washing *or* (*Amer.*) wash; *(draußen)* hang out the washing; **den Hörer ~:** hang up; **b)** *(erhängen)* hang; **jmdn. an etw.** *(Dat.)* ~: hang sb. from sth.; **c)** *(ugs.)* **jmdm. etw. ~** *(andrehen)* palm sth. off on sb.; *(glauben machen)* talk sb. into believing sth.; *(aufbürden)* saddle sb. with sth.; **d)** **etw. an einer Frage/einem bestimmten Fall usw. ~:** use a question/a specific case *etc.* as a peg to hang sth. on. **2.** *refl. V. (sich erhängen)* hang oneself; **wo kann ich mich ~?** *(ugs. scherzh.)* where can I hang up my things?
Aufhänger *der;* ~s, ~ **a)** *(Schlaufe)* loop; **b)** *(fig.: aktuelles Ereignis)* peg; **ein guter ~ für etw.** a good peg to hang sth. on
Aufhängung *die;* ~ *(Technik)* suspension
auf|hauen *unr. V. (ugs. auch regelm.) tr. V.* **a)** *(öffnen)* knock a hole in ⟨*ice, wall*⟩; crack open ⟨*nut, coconut*⟩; **b)** *(ugs.: verletzen)* **sich** *(Dat.)* **das Knie/die Stirn usw. ~:** gash one's knee/forehead *etc.*
auf|häufen **1.** *tr. V.* pile up; *(fig.)* amass ⟨*treasure, riches*⟩. **2.** *refl. V. (auch fig.)* pile up; accumulate
auf|heben *unr. tr. V.* **a)** *(hochheben)* pick up; pick *or* lift up ⟨*heavy object, burden*⟩; lift [off] ⟨*lid, cover*⟩; **b)** *(aufbewahren)* keep; preserve; **gut/schlecht aufgehoben sein** be/not be in good hands (bei with); **dein Geheimnis ist bei mir sicher aufgehoben** your secret is quite safe with me; **c)** *(abschaffen)* abolish; repeal ⟨*law*⟩; rescind, revoke ⟨*order, instruction*⟩; cancel ⟨*contract*⟩; lift ⟨*ban, prohibition*⟩; **das neue Gesetz hebt die alte Regelung auf** the new law supersedes the old regulation; *s. auch* **aufschieben a**; **d)** *(ausgleichen)* cancel out; neutralize, cancel ⟨*effect*⟩; **sich [gegenseitig] ~:** cancel each other out; **e)** *(beenden)* close ⟨*meeting*⟩; lift ⟨*blockade, siege, martial law*⟩; **die Tafel ~** *(geh.)* bring the meal to a close; **f)** *(erheben)* **die Hand/den Kopf ~:** raise one's hand/head
Aufheben *das;* ~s *in* **viel ~[s]/kein ~ von jmdm./etw. machen** make a great fuss/not make any fuss about sb./sth.; **ohne jedes/großes ~:** without any/a great deal of *or* much fuss

Auf·hebung *die* **a)** *(Abschaffung)* s. **aufheben c:** abolition; repeal; rescindment; revocation; cancellation; lifting; **b)** *(Beendigung)* s. **aufheben e:** closure; lifting
auf|heitern **1.** *tr. V. (heiterer stimmen)* cheer up; brighten up ⟨*life*⟩. **2.** *refl. V.* **a)** *(froher werden)* ⟨*mood, face, expression*⟩ brighten; **b)** *(heller werden)* ⟨*weather*⟩ clear *or* brighten up; ⟨*sky*⟩ brighten. **3.** *itr. V.* **es heitert auf** it is clearing up; **zeitweilig ~d** [some] bright periods
Aufheiterung *die;* ~, ~**en a)** *(des Wetters)* bright period; **b)** *(Erheiterung)* cheering up; **zur allgemeinen ~:** to cheer everyone up
auf|heizen *(bes. Physik, Technik)* **1.** *tr. V.* heat [up]; *(fig.)* inflame ⟨*tensions, conflict*⟩; fuel ⟨*mistrust*⟩. **2.** *refl. V.* heat up
auf|helfen *unr. itr. V.* **a)** *(beim Aufstehen helfen)* **jmdm. ~:** help sb. up; *(fig.)* help sb. [to get] back on his/her feet again; **b)** *(aufbessern)* boost ⟨*self-confidence, income*⟩
auf|hellen **1.** *tr. V.* **a)** *(heller machen)* brighten; lighten ⟨*hair, shadow, darkness*⟩; *(fig.)* brighten [up] ⟨*mood, life*⟩; **b)** *(klären)* shed *or* cast *or* throw light on. **2.** *refl. V.* **a)** *(hell werden)* ⟨*sky*⟩ brighten; ⟨*hair*⟩ turn *or* go lighter; ⟨*day, weather*⟩ brighten [up]; **sein Gesicht/seine Miene hellte sich auf** his face/expression brightened; **es hat sich aufgehellt** it's brightened up; **b)** *(durchschaubar werden)* ⟨*sense, meaning*⟩ become clear
Aufheller *der;* ~s, ~ **a)** *(Fot.)* fill-in photo flood; **b)** *(in Waschmitteln)* colour-intensifier; brightener; **c)** *(ugs.: Medikament)* pep pill *(coll.)*
auf|hetzen *tr. V.* incite; **jmdn. zur Meuterei/zu Gewalttaten ~:** incite sb. to mutiny/violence
Aufhetzung *die;* ~, ~**en** incitement
auf|heulen *itr. V.* **a)** *(heulen)* ⟨*siren*⟩ wail; ⟨*animal*⟩ howl; ⟨*engine, crowd*⟩ give a roar; **b)** *(ugs.: weinen)* howl
auf|holen **1.** *tr. V.* make up ⟨*time, delay*⟩; make up, pull back ⟨*lead*⟩; catch up on ⟨*studies, neglected work*⟩; **ein paar Sekunden/Meter ~:** make up *or* pull back a few seconds/metres. **2.** *itr. V.* **a)** catch up; ⟨*train*⟩ make up time; ⟨*athlete, competitor*⟩ make up ground; **(Zeit ~)** make up time; **b)** *(Börsenw.)* ⟨*shares*⟩ rise
auf|horchen *itr. V.* prick up one's ears; **die Öffentlichkeit ~ lassen** *(fig.)* make the public [sit up and] take notice
auf|hören *itr. V.* **a)** *(enden: friendship)* end; *(ugs.: das Arbeitsverhältnis aufgeben)* finish; **das muß ~!** this has got to stop!; **da hört [sich] doch alles auf!** *(ugs.)* that really is the limit! *(coll.)*; **die Musik hörte auf** the music ended *or* came to an end; *(wurde abgebrochen)* the music stopped; **es hat aufgehört zu schneien** it's stopped snowing; **[damit] ~, etw. zu tun** stop doing sth.; **nicht [damit] ~, etw. zu tun** keep on doing sth.; **hört mit dem Lärm/Unsinn auf** stop that noise/nonsense!; **ich habe mit dem Buch aufgehört und ein anderes angefangen** I've stopped reading that book and started another; **mit dem Fußboden kannst du jetzt aufhören, der ist sauber genug** you can leave the floor now, it's clean enough; **ich höre hier bald auf** I'm just about to finish; *(kündige bald)* I'm giving up this job soon; **ohne aufzuhören** without stopping; *s. auch* **Spaß b**
auf|jagen *tr. V.* start ⟨*game, animals*⟩ from cover; put up ⟨*birds*⟩; **jmdn. aus dem Schlaf ~** *(fig.)* rouse sb. [violently] from his/her sleep
auf|jauchzen *itr. V.;* **[vor Freude/Entzücken usw.] ~:** shout for joy/with delight *etc.*
auf|jaulen *itr. V.* howl; give a howl
Auf·kauf *der* buying up; **durch Aufkäufe kleiner Firmen** by buying up smaller firms
auf|kaufen *tr. V.* buy up
Auf·käufer *der* buyer

auf|kehren *tr. (auch itr.) V. (bes. südd.)* sweep up
auf|keimen *itr. V.;* **mit sein** sprout; *(fig.)* ⟨*suspicion, doubt, fear, longing, reluctance*⟩ begin to grow; ⟨*hope, passion, love, sympathy*⟩ burgeon
aufklappbar *Adj.* ⟨*chair, table*⟩ which folds open; folding *attrib.* ⟨*chair, table*⟩; foldback ⟨*car hood*⟩; opening *attrib.* ⟨*window*⟩; hinged ⟨*flap, lid*⟩; **eine zu einem Doppelbett ~e Couch** a settee which converts into a double bed
auf|klappen **1.** *tr. V.* open, fold open ⟨*chair, table*⟩; open [up] ⟨*suitcase, trunk*⟩; fold back ⟨*car hood*⟩; open ⟨*window, door, book, knife*⟩. **2.** *itr. V.;* **mit sein** ⟨*shutters, door*⟩ open, swing open
auf|klaren *tr. V. (Met.)* ⟨*sky*⟩ clear; ⟨*weather*⟩ clear up; **örtlich ~d** clearing locally
auf|klären **1.** *tr. V.* **a)** *(klären)* clear up ⟨*matter, mystery, question, misunderstanding, error, confusion*⟩; solve ⟨*crime, problem*⟩; elucidate, explain ⟨*event, incident, cause*⟩; resolve ⟨*contradiction, disagreement*⟩; **b)** *(unterrichten)* enlighten; *(informieren)* inform; **jmdn. über jmdn./etw. ~:** enlighten/inform sb. about sb./sth.; **jmdn. [darüber] ~, wie .../was ...:** enlighten/inform sb. how .../what ...; **c)** *(sexualkundlich)* **ein Kind ~:** tell a child the facts of life; educate a child in sexual matters; **d)** *(Milit.)* reconnoitre. **2.** *refl. V.* **a)** *(sich klären)* ⟨*misunderstanding, mystery*⟩ be cleared up; **b)** *(sich aufhellen)* ⟨*weather*⟩ clear up; brighten [up]; ⟨*sky*⟩ clear, brighten
Aufklärer *der;* ~s, ~ **a)** *(hist.)* philosopher of the Enlightenment; **b)** *(Luftwaffe: Flugzeug)* reconnaissance plane *or* aircraft; **c)** *(Milit.: Soldat, Spion)* scout
aufklärerisch **1.** *Adj.* ⟨*mission, intention*⟩ to instruct and inform, to combat ignorance. **2.** *adv.* **~ wirken** instruct and inform; combat ignorance
Auf·klärung *die* **a)** *s.* **aufklären 1 a:** clearing up; solution; elucidation; explanation; resolution; **ihm gelang die ~ des Verbrechens** he succeeded in solving the crime; **b)** *(Information)* information; **jmdm. einige ~en geben** give sb. some information *sing.;* **c)** *(Belehrung)* enlightenment; *(von offizieller Stelle)* informing; **um ~ darüber bitten, was vorgefallen ist** ask to be told what has happened; **d)** *o. Pl.* *(über Sexualität)* education in sexual matters; **die ~ der Kinder** telling the children the facts of life; **e)** *o. Pl.* *(hist.)* **die ~:** the Enlightenment; **f)** *(Milit.)* reconnaissance
Aufklärungs-: **~arbeit** *die* educational work; **politische ~arbeit** political education; **~buch** *das* sex education book; **~film** *der* sex education film; **~flug** *der (Luftwaffe)* reconnaissance flight *or* mission; **~flug·zeug** *das (Luftwaffe)* reconnaissance plane *or* aircraft; **~kampagne** *die* information campaign; **~schrift** *die* information pamphlet; **~ziel** *das (Milit.)* reconnaissance objective
auf|klauben *tr. V. (landsch., auch fig.)* pick up
auf|kleben *tr. V.* stick on; *(mit Kleister)* paste on; *(mit Klebstoff, Leim)* stick *or* glue on
Auf·kleber *der* sticker; adhesive label
auf|klinken *tr. V.* open ⟨*door*⟩ by the handle
auf|klopfen *tr. V.* **a)** *(öffnen)* crack open ⟨*nut, cherry-stone, etc.*⟩; **b)** *(aufschütteln)* plump up ⟨*cushion etc.*⟩
auf|knacken *tr. V.* **a)** crack [open] ⟨*nut, cherry-stone, etc.*⟩; **b)** *(ugs.: aufbrechen)* break into ⟨*car, desk, drawer*⟩; break down ⟨*door*⟩; crack ⟨*safe*⟩
auf|knien **1.** *itr. V.;* **auch mit sein** *(Turnen)* kneel (**auf** + *Akk. od. Dat.* on). **2.** *refl. V.* kneel (**auf** + *Akk./Dat.* on)

auf|knöpfen *tr. V.* a) unbutton; undo; b) *etw. auf etw. (Akk.)* ~: button sth. on to sth.
auf|knoten *tr. V.* untie, undo ⟨*parcel, bundle, etc.*⟩; unknot ⟨*string, rope*⟩
auf|knüpfen (*ugs.*) 1. *tr. V.* a) (*erhängen*) string up [*coll.*], hang (**an** + *Dat.* from); b) (*aufknoten*) undo, untie ⟨*knot, parcel, bundle*⟩; unknot ⟨*string, rope*⟩. 2. *refl. V.* hang oneself
auf|kochen 1. *tr. V.* a) (*zum Kochen bringen*) bring to the boil; b) (*noch einmal kochen*) reboil. 2. *itr. V.* a) *mit sein* (*zu kochen beginnen*) come to the boil; *etw.* ~ *lassen* bring sth. to the boil; b) (*südd., österr.: üppig kochen*) prepare a magnificent spread
auf|kommen *unr. itr. V.; mit sein* a) (*entstehen*) ⟨*wind*⟩ spring up; ⟨*fog*⟩ come down; ⟨*rumour*⟩ start; ⟨*suspicion, doubt, feeling*⟩ arise; ⟨*fashion, style, invention*⟩ come in; ⟨*boredom*⟩ set in; ⟨*mood, atmosphere*⟩ develop; *etw.* ~ *lassen* give rise to sth.; b) ~ **für** (*bezahlen*) bear, pay ⟨*costs*⟩; pay for ⟨*damage*⟩; pay, defray ⟨*expenses*⟩; be liable for ⟨*debts*⟩; stand ⟨*loss*⟩; **für jmdn.** ~: pay for sb.'s upkeep; c) ~ **für** (*Verantwortung tragen für*) be responsible for; d) **er läßt niemanden neben sich** (*Dat.*) ~: he won't let anybody become a rival; he brooks no rivals [*literary*]; e) (*auftreffen*) land (**auf** + *Akk.* on); f) (*Sport: aufholen*) (*beim Wettlauf*) close the gap; (*Fußball, Boxen*) come back; g) (*sich behaupten*) **gegen jmdn./etw.** ~: prevail against sb./sth.; h) (*bes. südd.: entdeckt werden*) be discovered; **wenn das, ...** ~: if it comes out, ...; i) (*Seemannsspr.: in Sicht kommen*) approach
Aufkommen *das*; ~s, ~ (*Wirtsch.*) revenue (**aus** from)
auf|kratzen *tr. V.* a) (*öffnen*) scratch open ⟨*wound, sore*⟩; b) (*verletzen*) scratch
auf|kreischen *itr. V.* ⟨*person*⟩ shriek, give a shriek; ⟨*brake, saw*⟩ screech
auf|krempeln *tr. V.* roll up ⟨*sleeves, trousers*⟩; **jmdm./sich die Ärmel** ~: roll up sb.'s/one's sleeves
auf|kreuzen *itr. V.* a) *mit sein* (*ugs.: erscheinen*) turn up; b) *auch mit sein* (*Seemannsspr.*) **gegen den Wind** ~: beat to windward
auf|kriegen (*ugs.*) *s.* aufbekommen
auf|künden (*geh., schweiz.*), **auf|kündigen** *tr. V.* terminate ⟨*lease, contract*⟩; cancel ⟨*subscription, membership*⟩; foreclose ⟨*mortgage*⟩; **seinen Dienst** ~: hand in one's notice; **jmdm. die Freundschaft/den Gehorsam** ~ (*geh.*) break one's friendship with sb./refuse sb. further obedience
Auf·kündigung *die s.* aufkündigen: termination; cancellation; foreclosure; breaking of
Aufl. *Abk.* Auflage ed.
auf|lachen *itr. V.* give a laugh; laugh; (*schallend*) burst out laughing
auf|laden 1. *unr. V.* a) (*auch itr.*) load (**auf** + *Akk.* on [to]); b) (*ugs.: tragen lassen*) **jmdm. etw.** ~: load sb. with sth.; (*fig.*) saddle *or* load sb. with sth.; c) (*Physik: elektrisch laden*) charge [up] ⟨*battery*⟩; put ⟨*battery*⟩ on charge; **emotional aufgeladen** (*fig.*) emotionally charged; d) (*Kfz-W.*) supercharge ⟨*engine*⟩. 2. *unr. refl. V.* (*Physik*) ⟨*battery*⟩ charge, become charged; (*nach Entladung*) recharge; become recharged; **sich elektrostatisch** ~: become electrostatically charged
Auf·ladung *die* a) (*Kfz-W.*) supercharging; b) (*Physik*) (*das Aufladen*) charging [up]; (*nach Entladung*) recharging
Auf·lage *die* a) (*Buchw.*) edition; (*gedruckte* ~ *einer Zeitung*) print run; (*verkaufte* ~ *einer Zeitung*) circulation; **dieses Buch/diese Zeitung hat hohe** ~**n erreicht** large numbers of copies of this book have been sold/ this newspaper has reached high circulation figures; **sieben** ~**n erleben** go through seven editions; b) (*bes. Rechtsw.: Verpflichtung*) condition; **mit der** ~, **etw. zu tun** with the condition that *or* on condition that one does sth.; [es] **jmdm. zur** ~ **machen, daß ...**: impose on sb. the condition that ...; c) (*DDR Wirtsch.*) target; d) (*auf Sitzmöbeln*) cushion; e) (*Metallüberzug*) plating; **eine** ~ **aus Silber haben** be silver-plated; f) (*Stütze*) rest; support
Auflage·fläche *die* supporting surface
Auflagen·höhe *die* (*Buchw.*) number of copies printed; (*einer Zeitung*) circulation
auflagen·stark *Adj.* high-circulation ⟨*newspaper, magazine*⟩; ~ **sein** have a high *or* large circulation
Auf·lager *das* (*Bauw.*) support; bearer; (*beweglich*) bearing
auflandig *Adj.* onshore
auf|lassen *unr. tr. V.* a) (*ugs.: offenlassen*) leave open; b) (*ugs.: aufbehalten*) keep on; c) (*ugs.: aufbleiben lassen*) let ⟨*child*⟩ stay up; d) (*aufsteigen lassen*) send up ⟨*balloon, rocket, satellite*⟩; release ⟨*carrier pigeon*⟩; e) (*bes. südd.: schließen; Bergbau: stillegen*) close *or* shut down; **eine aufgelassene Grube** a closed-down pit
Auflassung *die*; ~, ~**en** (*bes. südd., österr.: Schließung; Bergbau: Stillegung*) closing *or* shutting down
auf|lauern *itr. V.* **jmdm.** ~: lie in wait for sb.; (~ *und angreifen*) waylay sb.
Auf·lauf *der* a) (*Menschen*~) crowd; b) (*Speise*) soufflé
auf|laufen *unr. itr. V.; mit sein* a) (*Seemannsspr.*) run aground (**auf** + *Akk. od. Dat.* on); b) (*Sport*) **zur Spitze/zu den Führenden** ~: move to the front/catch up with the leaders; c) (*aufprallen*) **auf jmdn./etw.** ~: run into sth./sb.; **jmdn.** ~ **lassen** (*Fußball*) body-check sb.; d) (*sich ansammeln*) accumulate; mount up
Auflauf·form *die* baking-dish; (*für Eierspeisen*) soufflé dish
auf|leben *itr. V.; mit sein* revive; (*fig.: wieder munter werden*) come to life; liven up; **etw.** ~ *lassen* revive sth.
auf|lecken *tr. V.* lap up
auf|legen 1. *tr. V.* a) (*auf etw. legen*) put on ⟨*record, coal, logs, table-cloth, adhesive plaster, saddle*⟩; **noch ein Gedeck** ~: set another place; **das Silber** ~: put out the silverware; **jmdm. das Fleisch** ~: serve sb. his/her meat; **jmdm. die Hand** ~ ⟨*faith-healer*⟩ lay one's hands on sb.; **den Hörer** ~: put down the receiver; b) (*Buchw.*) publish; **ein Buch neu od. wieder** ~: bring out a new edition of a book; (*nachdrucken*) reprint a book; c) (*Finanzw.*) issue, float ⟨*shares*⟩; d) (*Seemannsspr.*) lay up ⟨*ship*⟩. 2. *itr. V.* (*den Hörer* ~) hang up; ring off (*Brit.*)
auf|lehnen 1. *refl. V.* **sich gegen jmdn./etw.** ~: rebel *or* revolt against sb./sth. 2. *tr. V.* (*landsch.: aufstützen*) **sich/die Arme auf etw.** (*Akk. od. Dat.*) ~: lean on sth./lean *or* rest one's arms on sth.
Auflehnung *die*; ~, ~**en** rebellion; revolt
auf|leimen *tr. V.* glue on (**auf** + *Akk.* to)
auf|lesen *tr. V.* a) (*aufsammeln*) pick up; gather [up]; (*fig. ugs.: sich holen*) pick up, catch ⟨*germ, disease, illness*⟩; b) (*ugs.: mitnehmen*) pick up; **jmdn. von der Straße** ~: pick sb. up off the street
auf|leuchten *itr. V.; auch mit sein* light up; (*für kurze Zeit*) flash; ⟨*brake-light*⟩ come on; ⟨*star*⟩ shine out; (*fig.*) ⟨*eyes, face*⟩ light up
auf|liegen 1. *unr. itr. V.* a) (*auf etw. liegen*) lie, rest (**auf** + *Dat.* on); b) (*Seemannsspr.*) be laid up. 2. *unr. refl. V.* (*ugs.: sich wundliegen*) get bedsores
auf|listen *tr. V.* list
Auflistung *die*; ~, ~**en** *o. Pl.* (*das Auflisten*) listing; b) (*Liste*) list
auf|lockern 1. *tr. V.* a) (*locker machen*) break up, loosen ⟨*soil*⟩; loosen ⟨*stuffing, hair*⟩; (*die Muskeln* ~) loosen up one's muscles; **aufgelockerte Bewölkung** broken cloud; b) (*abwechslungsreicher machen*) introduce some variety into ⟨*landscape, lesson, lecture*⟩; relieve, break up ⟨*pattern, façade*⟩; c) (*unbeschwerter machen*) make ⟨*mood, atmosphere, evening*⟩ more relaxed. 2. *refl. V.* (*seine Muskeln lockern*) loosen up
Auf·lockerung *die* a) (*des Bodens*) breaking up; loosening; (*einer Füllung, des Haars*) loosening; (*der Muskeln*) loosening up; b) (*einer Fassade, eines Musters*) relieving; breaking up; **zur** ~ **des Unterrichts/Vortrags** to introduce some variety into the lesson/lecture; c) **zur** ~ **der Stimmung/Atmosphäre/des Abends** to make the mood/atmosphere/evening more relaxed
auf|lodern *itr. V.; mit sein* (*geh.*) ⟨*fire*⟩ blaze *or* flare up; ⟨*flames*⟩ leap up; (*fig.*) ⟨*jealousy, hatred, anger, passion*⟩ flare up; **wie eine Fackel** ~: go up like a torch
auflösbar *Adj.* soluble; solvable ⟨*equation, problem*⟩; dissoluble ⟨*marriage*⟩
Auf·lösbarkeit *die*; ~, *s.* **auflösbar**: solubility; solvability; dissolubility
auf|lösen 1. *tr. V.* a) dissolve; resolve ⟨*difficulty, contradiction*⟩; solve ⟨*puzzle, equation*⟩; break off ⟨*engagement*⟩; terminate, cancel ⟨*arrangement, contract, agreement*⟩; dissolve, disband ⟨*organization*⟩; remove ⟨*brackets*⟩; **etw. in seine Bestandteile** ~: resolve sth. into its constituent parts; *s. auch* **Haushalt**; b) (*geh.: aufbinden*) undo, untie ⟨*knot, shoelace, plait*⟩; let down ⟨*hair*⟩; (*fig.*) disentangle; c) (*Musik*) cancel ⟨*accidental*⟩; resolve ⟨*discord*⟩; d) (*Optik, Fot.*) resolve. 2. *refl. V.* a) dissolve; ⟨*parliament*⟩ dissolve itself; ⟨*crowd, demonstration*⟩ break up; ⟨*fog, mist*⟩ disperse, lift; ⟨*cloud*⟩ break up; (*fig.*) ⟨*resistance, vision*⟩ dissolve; ⟨*empire, kingdom, social order*⟩ disintegrate; **sich in etw.** (*Akk.*)/**in nichts** ~ (*auch fig.*) dissolve into sth./into nothing; b) (*geh.: aufgehen*) ⟨*shoelace, hair, bow*⟩ come undone; c) (*sich aufklären*) ⟨*misunderstanding, difficulty, contradiction*⟩ be resolved; ⟨*puzzle, equation*⟩ be solved; *s. auch* **aufgelöst 2**
Auf·lösung *die* a) *s.* **auflösen 1 a–d**: dissolving; resolution; solution; breaking off; termination; cancellation; dissolution; disbandment; removal; undoing; untying; disentanglement; b) *s.* **auflösen 2 a**: dissolving; dispersing; lifting; breaking up; (*fig.*) dissolving; disintegration; c) (*Verstörtheit*) distraction
Auflösungs-: ~**erscheinung** *die* sign of disintegration; ~**zeichen** *das* (*Musik*) natural
auflüpfisch [ˈaʊfl̩pfɪʃ] *Adj., adv.* (*schweiz.*) *s.* **aufmüpfig**
auf|machen 1. *tr. V.* a) (*öffnen*) open; undo ⟨*button, knot*⟩; open, undo ⟨*parcel, packet*⟩; b) (*ugs.: eröffnen*) open [up] ⟨*shop, theatre, business, etc.*⟩; c) (*gestalten*) get up; present; **das wurde von der Presse groß aufgemacht** the press gave it headline treatment. 2. *itr. V.* a) (*geöffnet werden*) ⟨*shop, office, etc.*⟩ open; b) (*ugs.: die Tür öffnen*) open up; open the door; **jmdm.** ~: open the door to sb.; **mach auf!** open up!; c) (*ugs.: eröffnet werden*) ⟨*shop, business*⟩ open [up]. 3. *refl. V.* (*aufbrechen*) set out; start [out]
Auf·macher *der* (*Zeitungsw.*) (*Schlagzeile*) lead headline; (*Bild*) main front-page photograph
Aufmachung *die*; ~, ~**en** a) (*Gestaltung*) presentation; (*Kleidung*) get-up; **ein Buch in ansprechender** ~: an attractively presented book; b) (*Zeitungsw.*) **die Zeitungen haben darüber in großer** ~ **berichtet** it was splashed across the pages of the newspapers; c) *s.* **Aufmacher**
auf|malen *tr. V.* paint on

Auf·marsch der a) *(Milit.: zum Kampf)* deployment; b) *(Parade)* march-past; parade; c) *(schweiz.: Zulauf)* attendance
Aufmarsch·gebiet das *(Milit.)* deployment area
auf|marschieren *itr. V.; mit sein* draw up; assemble; *(heranmarschieren)* march up; *(vorbeimarschieren)* march past; parade; ⟨demonstrators, delegations⟩ parade; **die Zeugen zur Vernehmung ~ lassen** *(salopp)* march the witnesses in for examination; **Truppen sind an der Grenze aufmarschiert** troops were deployed along the border
auf|meißeln *tr. V.* chisel open
auf|merken *itr. V.* a) *(aufhorchen)* [sit up and] take notice; b) *(geh.: aufpassen)* pay attention **(auf + Akk. to)**
aufmerksam 1. *Adj.* a) *(konzentriert)* attentive ⟨pupil, reader, observer⟩; keen, sharp ⟨eyes⟩; **~e Nachbarn hatten bemerkt, daß ...**: observant neighbours had noticed that ...; **jmdn. auf jmdn./etw. ~ machen** draw sb.'s attention to sb./sth.; bring sb./sth. to sb.'s notice; **jmdn. darauf ~ machen, daß ...**: draw sb.'s attention to or bring to sb.'s notice the fact that ...; **auf jmdn./etw. ~ werden** become aware of or notice sb./sth.; **~ werden** notice; b) *(höflich)* attentive; **danke, sehr ~**: thank you, that's very or most kind of you. 2. *adv.* attentively
Aufmerksamkeit die; ~, ~en a) *o. Pl. (Konzentration)* attention; **jmds. ~** *(Dat.)* **entgehen** escape sb.'s attention; b) *(Höflichkeit)* attentiveness; c) *(Geschenk)* **eine [kleine] ~**: a small gift
auf|möbeln *tr. V. (ugs.)* a) *(verbessern)* do up; **seinen Ruf/seine Deutschkenntnisse ~**: polish up one's reputation/knowledge of German; b) *(beleben)* pep up or buck up *(coll.)*; *(aufmuntern)* buck *(coll.)* or cheer up
auf|montieren *tr. V.* mount; fit [on]
auf|motzen *tr. V. (ugs.)* tart up *(Brit. coll.)*; doll up *(coll.)*; repackage ⟨edition, novel, record⟩; *(schneller machen)* soup up *(coll.)* ⟨car, engine⟩
auf|mucken, auf|mucksen *itr. V. (ugs.)* kick up or make a fuss; **gegen etw. ~**: balk at sth.
auf|muntern *tr. V.* a) *(aufheitern)* cheer up; b) *(beleben)* liven up; pep up *(coll.)*; c) *(ermutigen)* encourage; **jmdn. zum Weitermachen/Widerstand/Kampf** usw. **~**: encourage sb. to carry on/resist/ fight etc.
Aufmunterung die; ~, ~en a) *(Aufheiterung)* cheering up; b) *(Belebung)* livening up; pepping up *(coll.)*; **eine Tasse Kaffee zur ~**: a cup of coffee to liven or *(coll.)* pep me/you etc. up; c) *(Ermutigung)* encouragement
aufmüpfig ['aʊfmʏpfɪç] *(ugs.)* 1. *Adj.* rebellious. 2. *adv.* rebelliously
Aufmüpfigkeit die; ~: rebelliousness
auf|nähen *tr. V.* sew on; **etw. auf etw. (Akk.) ~**: sew sth. on [to] sth.
Aufnahme die; ~, ~n a) *(Beginn) (von Verhandlungen, Gesprächen)* opening; starting; *(der Arbeit, einer Ermittlung, der Produktion)* start; *(von Beziehungen, Verbindungen)* establishment; *(von Studien, einer Tätigkeit)* taking up; **vor ~ der Arbeit** before starting work; b) *(Empfang)* reception; *(Beherbergung)* accommodation; **jmds. ~ in ein Krankenhaus** sb.'s admission to hospital; **jmdm. eine herzliche ~ bereiten** give sb. a warm reception; **sie fanden ~ bei einer Familie** they were taken in [and looked after] by a family; c) *(in einen Verein, eine Schule, Organisation)* admission (**in + Akk.** into); d) *(von Hypotheken, Geld, Anleihen)* raising; e) *(Aufzeichnung)* taking down; *(von Personalien, eines Diktats)* taking [down]; **die ~ des Protokolls der Sitzung** taking the minutes of the meeting; f) *(das Fotografieren)* photographing; *(eines Bildes)* taking; *(das Filmen)* shooting; filming;

bei der **~**: while taking the photograph/ while shooting or filming; g) *(Bild)* picture; shot; photo[graph]; **eine ~ machen** take a picture or shot or photo[graph]; h) *(das Aufnehmen auf Tonträger, das Aufgenommene)* recording; i) *(Anklang)* reception; response *(Gen.* to); j) *o. Pl. (Einverleibung, Absorption)* absorption; k) *(das Einschließen, Verzeichnen)* inclusion; **die ~ eines Wortes in den Wortschatz** the adoption of a word into the language; l) *(~raum)* reception *(Brit.)*; reception office *(Amer.)*; **in der ~ warten** wait in reception *(Brit.)* or *(Amer.)* the reception office
aufnahme-, Aufnahme-: ~antrag der application for membership; **~bedingung die** a) *(Bedingung)* condition of admission; **~bedingungen** conditions or terms of admission; b) *Pl. (bei Tonaufnahme)* recording conditions; *(Fot., Film)* shooting conditions; **~fähig** *Adj.* a) *(konzentriert)* receptive **(für** to); **ich bin nicht mehr ~fähig** I can't take any more in; b) *(Wirtsch.)* receptive ⟨market⟩; **~fähigkeit die**; o. Pl. a) *(Konzentration)* receptivity **(für** to); ability to take things in; b) *(Wirtsch.)* receptivity **(für** to); **~gebühr die** the enrolment fee; **~land das** host country; **~leiter der** *(Film, Rundf., Ferns.)* production manager; **~prüfung die** entrance examination; **~studio das** *(Tonstudio)* recording studio; *(Filmstudio)* film studio; **~wagen der** recording van
aufnahms-, Aufnahms- *(österr.)* s. **aufnahme-, Aufnahme-**
auf|nehmen *unr. tr. V.* a) *(hochheben)* pick up; lift up; *(aufsammeln)* pick up; *(fig.)* **es mit jmdm./etw. ~/nicht ~ können** be a/no match for sb./sth.; **an Intelligenz kann es keiner mit ihm ~**: nobody can compare with him for intelligence; b) *(beginnen mit)* open, start ⟨negotiations, talks⟩; establish ⟨relations, contacts⟩; take up ⟨studies, activity, occupation⟩; start ⟨production, investigation⟩; *(fortsetzen)* take up ⟨idea, theme⟩; **den Kampf gegen etw. ~** *(fig.)* take up the fight against sth.; **etw. wieder ~**: resume sth.; **um ein Wort des Kanzlers aufzunehmen** to borrow an expression used by the chancellor; c) *(empfangen)* receive; *(beherbergen)* take in; *(fig.: umhüllen)* ⟨night, darkness, mist⟩ envelop; **in ein** *od.* **einem Krankenhaus aufgenommen werden** be admitted to hospital; d) *(beitreten lassen)* admit **(in + Akk.** to); **jmdn. als Mitglied in einen Verein** usw. **~**: admit sb. as a member of a club etc.; admit sb. to membership of a club *etc.*; **jmdn. als Teilhaber in sein Geschäft ~**: bring sb. into one's business as a partner; e) *(einschließen, verzeichnen)* include; f) *(fassen)* take; hold; absorb ⟨immigrants, goods, workers⟩; g) *(erfassen)* take in, absorb ⟨impressions, information, etc.⟩; **etw. ganz in sich ~**: take sth. in or absorb sth. completely; h) *(absorbieren)* absorb; **wieder Nahrung ~** ⟨patient⟩ take food again; i) *(leihen)* raise ⟨mortgage, money, loan⟩; j) *(reagieren auf)* receive; **etw. positiv/mit Begeisterung ~**: give sth. a positive/ an enthusiastic reception; k) *(aufschreiben)* take down; take [down] ⟨dictation, particulars⟩; *(Kartographie)* survey and record ⟨area, district⟩; l) *(fotografieren)* take ⟨picture⟩; take a photograph of, photograph ⟨scene, subject⟩; *(filmen)* film; m) *(auf Tonträger)* record; n) *(Handarbeit)* increase ⟨stitch⟩; o) *(bes. Fußball)* take ⟨ball⟩; ⟨goalkeeper⟩ take, gather ⟨ball⟩; p) *(nordd.: aufwischen)* mop or wipe up; q) *(österr.: einstellen)* take on ⟨staff, workers⟩
Aufnehmer der; ~s, ~ *(nordd.)* cloth
äufnen ['ɔyfnən] *tr. V. (schweiz.)* accumulate ⟨money, fortune⟩
auf|nesteln *tr. V.* undo
auf|norden *tr. V. (ns.)* nordicize

auf|nötigen *tr. V.* **jmdm. etw. ~**: force sth. on sb.; **die Lage nötigt uns Zurückhaltung auf** the situation forces us to be cautious
auf|oktroyieren ['aʊfɔktroaji:rən] *tr. V.* **jmdm. etw. ~**: impose or force sth. on sb.
auf|opfern 1. *tr. V. (geh.: opfern)* sacrifice *(Dat.* to). 2. *refl. V. (sich einsetzen)* devote oneself sacrificingly **(für** to)
aufopfernd 1. *Adj.* self-sacrificing ⟨person, love, work⟩. 2. *adv.* self-sacrificingly
Auf·opferung die *(das Opfern)* sacrifice; b) *(das Sicheinsetzen)* self-sacrifice
aufopferungs·voll *s.* aufopfernd
auf|packen *tr. V.* **jmdm. etw. ~**: load sth. on; **jmdm./einem Tier etw. ~**: load sth. on to sb./an animal; **sich** *(Dat.)* **etw. ~**: load oneself with sth.; **jmdm./sich etw. ~** *(fig.)* burden sb./oneself with sth.
auf|päppeln *tr. V.* feed up; *(fig.)* pep up
auf|passen *itr. V.* a) look or watch out; *(konzentriert sein)* pay attention; **paß mal auf!** *(ugs.) (du wirst sehen)* you just watch!; *(hör mal zu!)* now listen; *(sei aufmerksam!)* pay attention!; **aufgepaßt!** *(ugs.)* look or watch out!; **kannst du denn nicht ~?** can't you be more careful?; **wir haben immer aufgepaßt, aber jetzt ist meine Frau doch schwanger** *(ugs.)* we've always been careful, but my wife's got pregnant all the same *(coll.)*; b) *(beaufsichtigen)* **auf jmdn./etw. ~**: keep an eye on sb./sth.
Aufpasser der; ~s, ~ a) *(abwertend)* spy; b) *(Wärter, Bewacher)* guard; *(aus Gründen des Anstands)* chaperon
Aufpasserin die; ~, ~nen a) *(abwertend)* spy; b) *(Wärterin)* guard; *(Anstandsdame)* protector, chaperon
auf|peitschen *tr. V.* a) *(bewegen)* whip up ⟨sea, waves⟩; b) *(erregen)* inflame ⟨passions, emotions, senses⟩; inflame, stir up ⟨populace, crowd⟩
auf|peppen ['aʊfpɛpn] *tr. V. (salopp)* pep up *(coll.)*
auf|pflanzen 1. *tr. V.* a) *(aufstellen)* set up; b) fix ⟨bayonet⟩. 2. *refl. V.* **sich vor jmdm./etw. ~** *(ugs.)* plant oneself in front of sb./sth.
auf|pfropfen *tr. V. (auch fig.)* graft on **(auf + Akk.** to)
auf|picken *tr. V.* a) *(aufnehmen)* ⟨bird⟩ peck up; *(fig. ugs.)* pick up ⟨expression, idea, piece of information⟩; b) *(öffnen)* peck open; c) *(österr.: aufkleben)* stick on **(auf + Akk.** to)
auf|platzen *itr. V.; mit sein* burst open; ⟨seam, cushion⟩ split open; ⟨wound⟩ open up
auf|plustern 1. *tr. V.* ruffle [up] ⟨feathers⟩; puff up ⟨cheeks⟩; *(fig. ugs.: aufbauschen)* blow up (**zu** into). 2. *refl. V.* a) ⟨bird⟩ ruffle [up] its feathers; b) *(ugs. abwertend: sich wichtig tun)* puff oneself up
auf|polieren *tr. V. (auch fig.)* polish up
auf|polstern *tr. V.* reupholster
auf|prägen *tr. V.* emboss; stamp; **jmdm./einer Sache einen Stempel ~** *(fig.)* leave one's/its mark on sth.
Auf·prall der; ~[e]s, ~e impact
auf|prallen *itr. V.; mit sein* **auf etw. (Akk., seltener Dat.) ~**: strike or hit sth.; *(auf etw. auffahren)* collide with or run into sth.
Auf·preis der extra or additional charge; **gegen ~**: for an extra or additional charge
auf|probieren *tr. V.* try on ⟨hat, cap, spectacles⟩
auf|pulvern *tr. (auch itr.) V. (ugs.)* pep up *(coll.)*; boost, lift ⟨morale⟩; **Kaffee pulvert [einen] auf** coffee pepps you up *(coll.)*
auf|pumpen 1. *tr. V.* pump up, inflate ⟨tyre⟩; inflate ⟨air mattress, rubber boat⟩; pump up or inflate the tyres of or on ⟨bicycle⟩. 2. *refl. V. (ugs.)* ⟨bird⟩ ruffle [up] its feathers
auf|putschen *tr. V. (abwertend)* a) *(stimulieren)* stimulate; arouse ⟨passions, urge⟩;

Aufputschmittel

~de Mittel stimulants; jmdn./sich mit Kaffee ~: give sb. coffee/drink coffee as a stimulant; b) *(aufhetzen)* incite; stir up (**gegen** against)

Aufputsch·mittel das stimulant

Auf·putz der get-up; **die Häuser standen in festlichem ~:** the houses were festively decorated

auf|putzen tr. V. a) decorate ⟨*Christmas tree, building, etc.*⟩; b) *(fig. ugs.)* **mit bürgerlichen Ideen aufgeputztes Sozialismus** socialism dressed up in bourgeois ideas

auf|quellen unr. itr. V.; mit sein a) *(größer werden)* swell up; ⟨*dough*⟩ rise; **aufgequollene Augen/Wangen** swollen eyes/cheeks; b) *(geh.: emporsteigen, auch fig.)* well or rise up; ⟨*smoke*⟩ rise [up]

auf|raffen 1. tr. V. *(hochnehmen)* gather up. 2. refl. V. a) *(sich erheben)* pull oneself up [on to one's feet]; struggle to one's feet; b) *(sich überwinden)* pull oneself together; **sich dazu ~, etw. zu tun** bring oneself to do sth.; **sich zu einer Arbeit/Entscheidung ~:** bring oneself to do a piece of work/come to a decision

auf|ragen itr. V. tower [up]; ⟨*tower, mountain range*⟩ rise up

auf|rappeln refl. V. *(ugs.)* a) s. aufraffen 2 a, b; b) *(Schwäche überwinden)* recover

auf|rauchen tr. V. finish [smoking] ⟨*cigarette, pipe, etc.*⟩; **die ganze Schachtel/alle Zigaretten ~:** get through or smoke the whole packet/all the cigarettes

auf|rauhen tr. V. roughen [up]; nap ⟨*cloth*⟩

auf|räumen 1. tr. V. a) *(in Ordnung bringen)* tidy or clear up; *(fig.)* sort out; b) *(wegräumen)* clear or put away. 2. itr. V. a) *(Ordnung machen)* tidy or clear up; *(fig.)* sort things out; b) *(beseitigen)* **mit jmdm./etw. ~:** eliminate sb./sth.

Aufräumungs·arbeiten Pl. clearance work sing.

auf|rechnen tr. V. a) *(berechnen)* charge for; b) *(verrechnen)* **etw. gegen etw. ~:** set sth. off against sth.

auf·recht 1. Adj. a) *(aufgerichtet)* upright ⟨*position*⟩; upright, erect ⟨*posture, bearing*⟩; **der ~e Gang ist für den Menschen charakteristisch** human beings characteristically walk upright; **etw. ~ hinstellen** place sth. upright or in an upright position; b) *(redlich)* upright. 2. adv. *(aufgerichtet)* ⟨*walk, sit, hold oneself*⟩ straight, erect; **die Aussicht/Hoffnung hält ihn ~** *(fig.)* the prospect/hope keeps him going; **sich kaum noch ~ halten können** be hardly able to stand

aufrecht|erhalten unr. tr. V. maintain; maintain, keep up ⟨*deception, fiction, contact, custom*⟩; keep to ⟨*decision*⟩; **nur der Gedanke an ein kühles Bier erhielt ihn aufrecht** *(fig.)* it was only the thought of a cool beer that kept him going

Aufrecht·erhaltung die s. aufrechterhalten: maintenance; keeping up; **zur ~ des Kontakts** in order to maintain contact

auf|regen 1. tr. V. a) *(erregen)* excite; *(ärgerlich machen)* annoy; irritate; *(beunruhigen)* agitate; *(ugs.: entrüsten)* upset; **du regst mich auf** you're getting on my nerves. 2. refl. V. get worked up (**über** + Akk. about)

Auf·regung die *(Erregung)* excitement no pl.; *(Beunruhigung)* agitation no pl.; **jmdn. in ~ versetzen** make sb. excited/agitated; **nur keine ~!** don't get excited!; **alles war in heller ~:** everything was in utter confusion; **der Vorfall hat das ganze Land in ~ versetzt** the whole country is in an uproar over the case

auf|reiben 1. unr. tr. V. a) *(zermürben)* wear down; b) *(vernichten)* wipe out; c) *(wund reiben)* **sich** (Dat.) **die Hände/Fersen** usw. **~:** rub one's hands/heels etc. sore; **das Seil hatte ihm die Hände aufgerieben** the rope had chafed his hands. 2. unr. refl. V. wear oneself out

aufreibend 1. Adj. wearing; trying ⟨*day, time*⟩; *(stärker)* gruelling. 2. adv. tryingly, exasperatingly

auf|reihen 1. tr. V. a) thread ⟨*beads, pearls*⟩; b) *(aufstellen)* line up; put in a row/rows. 2. refl. V. *(sich aufstellen)* line up

auf|reißen 1. unr. tr. V. a) *(öffnen)* tear or rip open; tear open ⟨*collar, shirt, etc.*⟩; wrench open ⟨*drawer*⟩; fling open ⟨*door, window*⟩; **die Augen/den Mund ~:** open one's eyes/mouth wide; b) *(beschädigen)* tear or rip open; rip, tear ⟨*clothes*⟩; break up ⟨*road, soil*⟩; **sich** (Dat.) **die Haut/den Ellbogen/Ärmel ~:** gash one's skin/elbow/ rip or tear one's sleeve; c) *(bes. Fußballjargon)* open up ⟨*defence*⟩; d) *(aufbrechen)* tear up ⟨*road surface, pavement*⟩; e) *(Bautechnik)* make a drawing of; f) *(salopp: Kontakt finden mit)* pick up *(coll.)*; g) *(salopp: sich verschaffen)* stir up, rouse ⟨*feelings*⟩; c) *(in Erinnerung rufen)* stir up ⟨*memory*⟩; rake up ⟨*scandal, story*⟩; d) *(geh.: erregen)* upset; disturb

Aufrührer der; ~s, ~, **Aufrührerin** die; ~, ~nen rabble-rouser

aufrührerisch 1. Adj. a) *(aufwiegelnd)* seditious; inflammatory; b) *nicht präd.* *(in Aufruhr befindlich)* rebellious. 2. adv. *(aufwiegelnd)* seditiously

auf|runden tr. V. round off (**auf** + Akk. to)

auf|rüsten tr., itr. V. arm; **wieder ~:** rearm

Auf·rüstung die armament

auf|rütteln tr. V. **jmdn. [aus dem Schlaf] ~:** shake sb. out of his/her sleep; **jmds. Gewissen ~** *(fig.)* stir sb.'s conscience; **jmdn. aus seiner Apathie/Lethargie** usw. **~** *(fig.)* shake sb. out of his/her apathy/lethargy etc.

aufs *(Präp. + Art.* a) = **auf das;** b) **~ Klo gehen** *(ugs.)* go to the loo (Brit. coll.) or (Amer. coll.) john; **sich ~ Bitten verlegen** resort to appeals

auf|sagen tr. V. a) *(sagen)* recite; b) *(geh.: aufkündigen)* **[jmdm.] seinen Dienst ~:** give in one's notice [to sb.] (Brit.) [or one's] notice [to sb.] (Amer.); **jmdm. die Freundschaft ~:** break with sb.

auf|sammeln tr. V. a) *(aufheben)* pick up or gather up; b) *(ugs.: aufgreifen)* pick up

aufsässig ['aʊfzɛsɪç] 1. Adj. a) *(trotzig)* recalcitrant; b) *(veralt.: rebellisch)* rebellious. 2. adv. a) *(trotzig)* recalcitrantly; b) *(veralt.: rebellisch)* rebelliously

Aufsässigkeit die; ~, ~en a) o. Pl. *(Trotz)* recalcitrance; *(Rebellion)* rebelliousness; b) *(Handlung)* piece of recalcitrance/ rebelliousness

auf|satteln tr. V. saddle ⟨*horse*⟩; hitch up ⟨*trailer, sled*⟩

Auf·satz der a) *(Schul~, Abhandlung)* essay; *(in einer Zeitschrift)* article; b) *(Aufbau)* top or upper part; c) *(Orgelbau)* resonator; d) *(Tafel~)* epergne

Aufsatz-: ~heft das essay book; **~thema** das essay subject

auf|saugen unr. *(auch regelm.)* tr. V. soak up; *(fig.)* absorb; *(verschlucken)* absorb; swallow up

auf|schauen *(südd., österr., schweiz.)* s. aufblicken

auf|schaukeln refl. V. a) *(Techn.)* ⟨*vehicle*⟩ start rocking more and more violently; b) *(ugs.: sich steigern)* ⟨*excitement etc.*⟩ build up

auf|schäumen 1. itr. V.; meist mit sein ⟨*champagne, beer, etc.*⟩ foam up; ⟨*sea*⟩ foam. 2. tr. V. *(Technik)* **etw. auf die Wand ~:** apply sth. to or spray sth. on to the wall as a foam

auf|scheinen unr. itr. V.; mit sein *(auch fig., auch österr. Amtsspr.)* appear

auf|scheuchen tr. V. a) *(aufjagen)* put up ⟨*birds, animals*⟩; b) *(in Unruhe versetzen)* startle; **jmdn. aus seiner Gleichgültigkeit/Lethargie** usw. **~:** shake or jolt sb. out of his/her apathy/lethargy

auf|scheuern 1. tr. V. *(verletzen)* chafe;

aufscheuern

jmdn. richten appeal to sb.; c) *(DV)* call; d) *(Bankw.)* calling-in

auf|rufen unr. tr. V. a) auch itr. *(auffordern)* **jmdn. ~, etw. zu tun** call upon sb. to do sth.; **jmdn. zum Widerstand/zu Spenden ~:** call on sb. to resist/for donations; **zum [General]streik ~:** call a [general] strike; b) *(namentlich)* call ⟨*name*⟩; **jmdn. ~:** call sb.; call sb.'s name; **einen Schüler ~:** call upon a pupil to answer; c) *(Rechtsw.)* appeal for ⟨*witnesses*⟩ [to come forward]; **etwaige Erben ~:** call on possible heirs to make themselves known; d) *(DV)* call

Aufruhr der; ~s, ~e a) *(Widerstand)* revolt; rebellion; **in ~ sein** be in revolt; b) o. Pl. *(Erregung)* turmoil; **jmdn./etw. in ~ versetzen** plunge or throw sb./sth. into [a state of] turmoil

auf|rühren tr. V. a) stir up; b) *(geh.: hervorrufen)*

aufschichten

sich *(Dat.)* **die Haut/die Fersen ~:** chafe one's skin/heels. **2.** *refl. V. (verletzt werden)* become chafed *or* sore

auf|schichten *tr. V.* stack up; build [up] ⟨*wall, mound, stack, pile*⟩; pile up ⟨*straw*⟩ [in layers]

auf|schieben *unr. tr. V.* **a)** *(verschieben)* postpone; put off; **aufgeschoben ist nicht aufgehoben** there'll be another opportunity; there is always another time; **b)** slide open ⟨*door, window*⟩; slide *or* draw back ⟨*bolt*⟩

auf|schießen 1. *unr. itr. V.; mit sein* **a)** *(nach oben schießen)* shoot up; ⟨*flames*⟩ shoot *or* leap up; **b)** *(schnell wachsen)* shoot up; **ein lang aufgeschossener Junge** a tall gangling *or* gangly youth. **2.** *unr. tr. V. (Seemannsspr.)* coil [up]

Auf·schlag der a) *(das Aufprallen)* impact; **b)** *(Preis)* extra charge; surcharge; **c)** *(Ärmel~)* cuff; *(Hosen~)* turn-up; *(Revers)* lapel; **d)** *(Tennis usw.)* serve; service; **jetzt habe ich ~:** now it's my serve

auf|schlagen 1. *unr. itr. V.* **a)** *mit sein (aufprallen)* **auf etw.** *(Dat. od. Akk.)* ~**:** hit *or* strike sth.; **mit der Stirn/dem Kopf ~:** hit one's forehead/head on sth.; **b)** *auch mit sein (teurer werden)* ⟨*price, rent, costs*⟩ go up; **c)** *(Tennis usw.)* serve; **Sie schlagen auf!** it's your serve *or* service; **d)** *(auflodern)* ⟨*flames*⟩ leap up; ⟨*fire*⟩ leap *or* blaze up. **2.** *unr. tr. V.* **a)** *(öffnen)* crack ⟨*nut, egg*⟩ [open]; knock a hole in ⟨*ice*⟩; **sich** *(Dat.)* **das Knie/den Kopf ~:** fall and cut one's knee/head; **b)** *(aufblättern)* open ⟨*book, newspaper*⟩; *(zurückschlagen)* turn back ⟨*bedclothes, blanket*⟩; **schlagt S. 15 auf!** turn to page 15; **c) die Augen ~:** open one's eyes; **d)** *(hoch-, umschlagen)* turn up ⟨*collar, sleeve, trouser-leg*⟩; **e)** *(aufbauen)* set up ⟨*camp*⟩; pitch, put up ⟨*tent*⟩; put up ⟨*bed, hut, scaffolding*⟩; **f)** *(erhöhen)* put up, raise, increase ⟨*prices*⟩; **5% auf etw.** *(Akk.)* ~**:** put 5% on sth.; **g)** *(sich niederlassen)* **seinen Wohnsitz in der Hauptstadt/einem Bauernhaus ~:** take up residence in the capital/a farmhouse; **h)** *(Stricken)* cast on

Auf·schläger der *(Tennis usw.)* server

Aufschlag-: **~fehler der** *(Tennis usw.)* [service] fault; **~zünder der** percussion fuse

auf|schlecken *tr. V.* lap up

auf|schließen 1. *unr. tr. V.* **a)** unlock; **jmdm. die Tür ~:** unlock the door for sb.; **b)** *(Bergbau)* develop; **c)** *(Chemie, Biol.)* break down; **d)** *(Amtsspr.: erschließen)* develop. **2.** *unr. itr. V.* **a)** [jmdm.] ~**:** unlock the door/gate *etc.* [for sb.]; **b)** *(aufrücken)* close up; *(Milit.)* close ranks; **die Autos fuhren dicht aufgeschlossen** the cars were bumper to bumper; **c)** *(Sport)* catch up (**zu** with)

auf|schlitzen *tr. V.* slit open; slash open ⟨*stomach, dress*⟩

auf|schluchzen *tr. V.* give a sob; *(stoßweise schluchzen)* sob convulsively

Auf·schluß der a) *(Auskunft)* information *no pl.;* **über etw.** *(Akk.)* ~ **geben** give *or* provide information about sth.; **jmdm. über etw.** *(Akk.)* ~ **geben** inform sb. about sth.; **über etw.** *(Akk.)* ~ **verlangen** demand an explanation of sth.; **b)** *(Bergbau)* development; **c)** *(Chemie, Biol.)* breaking up sth.; **d)** *(im Gefängnis)* **um 7 Uhr ist ~:** the cells are unlocked at 7 o'clock

auf|schlüsseln *tr. V.* break down (**nach** according to)

Aufschlüsselung, Aufschlüßlung die; ~**, ~en** breakdown

aufschluß·reich *Adj.* informative; *(enthüllend)* revealing

auf|schnallen *tr. V.* **a)** *(öffnen)* unbuckle; unstrap; unbuckle, unfasten ⟨*belt*⟩; **b)** *(befestigen)* strap on; **sich** *(Dat.)* **den Rucksack ~:** strap one's rucksack on [to] one's back

auf|schnappen 1. *tr. V.* **a)** *(ugs.: hören)* pick up; **b)** *(auffangen)* snap up. **2.** *itr. V.; mit sein (sich öffnen)* snap *or* spring open

auf|schneiden 1. *unr. tr. V.* **a)** *(öffnen)* cut open; cut ⟨*knot*⟩; lance ⟨*abscess, boil*⟩; **sich** *(Dat.)* **den Finger ~:** cut one's finger [open]; **ein neues Buch ~:** cut the pages of a new book; **b)** *(zerteilen)* cut, slice ⟨*bread, cake, cheese*⟩; carve, slice ⟨*meat, poultry*⟩. **2.** *unr. itr. V. (ugs. abwertend: prahlen)* boast, brag (**mit** about)

Auf·schneider der *(ugs. abwertend)* boaster; braggart

Auf·schneiderei die *(ugs. abwertend)* boasting; bragging

auf|schnellen *itr. V.; mit sein* leap up

Auf·schnitt der; *o. Pl.* [assorted] cold meats *pl./*cheeses *pl.;* **kalter ~:** cold cuts *pl.*

auf|schnüren *tr. V.* undo, untie ⟨*knot, parcel, string*⟩; unlace, undo ⟨*shoe, boot, corset*⟩

auf|schrauben *tr. V.* **a)** *(öffnen, lösen)* unscrew; unscrew the top of ⟨*bottle, jar, etc.*⟩; **b)** *(auf etw. schrauben, mit Schrauben befestigen)* screw on (**auf** + *Akk.* to)

auf|schrecken 1. *tr. V. (erschrecken)* startle; make ⟨*person*⟩ jump; **jmdn. aus dem Schlaf ~:** startle sb. from his/her sleep. **2.** *itr. V.; im Präsens und Prät. auch unr.; mit sein* start [up]; **aus dem Schlaf ~:** awake with a start; start from one's sleep; **aus einem Traum/seinen Gedanken ~:** start from a dream/one's reflections

Auf·schrei der cry; *(stärker)* yell; *(schriller)* scream; **ein ~ der Empörung** *od.* **Entrüstung** *(fig.)* an outcry

auf|schreiben 1. *unr. tr. V.* **a)** write down; [sich *(Dat.)*] ~**:** make a note of sth.; **er wurde von einem Polizisten aufgeschrieben** the policeman took his name and particulars; **b)** *(ugs.: verordnen)* prescribe ⟨*medicine*⟩. **2.** *unr. itr. V. (bes. südd., österr.: anschreiben)* give credit; **bei jmdm. ~ lassen** get credit from sb.

auf|schreien *unr. itr. V.* cry out; *(stärker)* yell out; *(schrill)* scream

Auf·schrift die a) *(Beschriftung)* inscription; *(Etikett)* label; **b)** *(Anschrift)* address

Auf·schub der delay; *(absichtliche Verschiebung)* postponement; **die Sache duldet keinen ~:** the matter brooks no delay; **jmdm. ~ gewähren** *(Zahlungs~)* allow *or* grant sb. a period of grace; **ein ~ der Hinrichtung** a reprieve

auf|schürfen *tr. V.* **sich** *(Dat.)* **das Knie/die Haut ~:** graze one's knee/oneself

auf|schütteln *tr. V.* shake *or* plump up ⟨*pillow, cushion*⟩

auf|schütten *tr. V.* **a)** *(auf etw. schütten)* pour on ⟨*liquid*⟩; **etw. auf etw.** *(Akk.)* ~**:** pour sth. on *or* over sth.; **noch etwas Kohle [auf die Glut] ~:** put some more coal on the fire]; **b)** *(aufhäufen)* pile up; pile *or* heap up ⟨*sand, earth, straw*⟩; *(errichten)* build ⟨*dam, embankment, pile*⟩; *(erhöhen)* raise ⟨*road*⟩; *(verbreitern)* widen ⟨*road*⟩; **d)** *(Geol.)* deposit

Aufschüttung die; ~**, ~en a)** *(Erhöhung)* earth bank; **b)** *(Geol.)* deposit

auf|schwatzen, *(bes. südd.)* **auf|schwätzen** *tr. V.* **jmdm. etw. ~:** talk sb. into having sth.; **sich** *(Dat.)* **etw. ~ lassen** be talked into having sth.

auf|schwellen 1. *unr. itr. V.; mit sein* **a)** *(dick werden)* swell up; **aufgeschwollene Leiber/Wangen** swollen bodies/cheeks; **b)** *(laut werden)* swell. **2.** *tr. V. (auch fig.)* swell

auf|schwemmen *tr. V.* **jmdn./jmds. Gesicht ~:** make sb./sb.'s face bloated

auf|schwingen *tr. V.* **a)** *(emporfliegen)* ⟨*bird*⟩ soar up; **b)** *(sich aufraffen)* **sich ~, etw. zu tun** bring oneself to do sth.; **sich zum Arbeiten/zu einem Entschluß/Brief ~:** bring oneself to get down to work/bring oneself to make a decision/write a letter; **c) sich zum Sittenrichter/Diktator usw. ~:** set

aufsitzen

oneself up as a judge of morals/as a dictator *etc.* **2.** *unr. itr. V. (Turnen)* swing [oneself] up

Auf·schwung der a) *(Auftrieb)* uplift; **das gab mir neuen ~:** that gave me a lift; **b)** *(gute Entwicklung)* upswing; upturn *(Gen.* in); **einen ~ erleben** experience an upswing *or* upturn; **c)** *(Turnen)* swing up

auf|sehen *unr. itr. V.* **a)** look up; **b)** *(bewundern)* **zu jmdm. ~:** look up to sb.

Aufsehen das; ~**s** stir; sensation; **[großes] ~ erregen** cause *or* create a [great] stir *or* sensation; **sich ohne großes ~ davonmachen** make off without causing a lot of fuss; **um jedes ~ zu vermeiden, reiste er inkognito** to avoid causing *or* creating a stir, he travelled incognito

aufsehen·erregend *Adj.* sensational

Auf·seher der *(im Gefängnis)* warder *(Brit.);* [prison] guard *(Amer.);* (*im Park*) park-keeper; *(im Museum, auf dem Parkplatz)* attendant; *(bei Prüfungen)* invigilator *(Brit.);* proctor *(Amer.);* *(bei einem Gut, Sklaven)* overseer; *(im Warenhaus)* shopwalker *(Brit.);* floorwalker *(Amer.)*

Aufseherin die; ~**, ~nen** *(im Gefängnis)* warder *(Brit.);* [prison] guard *(Amer.);* *(im Museum)* attendant; *(bei Prüfungen)* invigilator *(Brit.);* proctor *(Amer.);* *(im Warenhaus)* shopwalker *(Brit.);* floorwalker *(Amer.)*

auf|sein *unr. itr. V.; mit sein; nur im Inf. und Part. zusammengeschrieben (ugs.)* **a)** be open; **b)** *(nicht im Bett sein)* be up

auf|setzen 1. *tr. V.* **a)** put on ⟨*hat, glasses, mask*⟩; **eine Miene/ein Lächeln ~** *(fig.)* put on an expression/a smile; **sich** *(Dat.)* **etw. ~:** put sth. on; **b)** *(aufs Feuer setzen)* put on; **Wasser [zum Kochen] ~:** put water on [to boil]; **c)** *(entwerfen)* draft; *(verfassen)* draw up ⟨*minutes, contract, will*⟩; **d)** *(aufrecht hinsetzen)* **jmdn. ~:** sit sb. up; **sich ~:** sit up; **e)** *(auf eine Unterlage)* set down; **vorsichtig** ⟨*record-player arm*⟩ set down; **den Fuß ~:** put one's foot on the ground *or* down; **f)** *(aufschichten)* stack [up]; **g)** *(aufrecht hinstellen)* set up ⟨*skittles*⟩; **h)** *(Seemannsspr.)* beach; **i)** *(Flugw.)* land ⟨*aircraft*⟩; set ⟨*aircraft*⟩ down. **2.** *unr. itr. V.* ⟨*aircraft*⟩ touch down, land; *s. auch* **aufgesetzt 2; Horn a; Dämpfer b**

Auf·setzer der *(Fußball, Handball)* bouncer; bouncing ball

auf|seufzen *tr. V.* **[laut/tief] ~:** heave a [loud/deep] sigh

Auf·sicht die a) *o. Pl. (Überwachung)* supervision; *(bei Prüfungen)* invigilation *(Brit.);* proctoring *(Amer.);* **[die] ~ haben** *od.* **führen** be in charge (**über** + *Akk.* of); *(bei Prüfungen)* invigilate *(Brit.);* proctor *(Amer.);* **ohne ~:** unsupervised; without supervision; **unter [jmds.]** *(Dat.)* **~:** under [sb.'s] supervision; **unter ärztlicher/polizeilicher ~:** under medical/police supervision; **während der Pause auf dem Schulhof ~ haben** ⟨*teacher*⟩ be on duty during break; **b)** *(Person)* person in charge; *(Lehrer)* teacher in charge *or* on duty; *(im Museum)* attendant

aufsicht·führend *Adj.;* nicht präd. in charge *postpos.;* supervising ⟨*authority*⟩; ⟨*teacher*⟩ in charge *or* on duty

Aufsicht·führende der/die; *adj. Dekl.; s.* **Aufsicht b**

Aufsichts-: **~beamte der** attendant; *(im Bahnhof)* supervisor; **~pflicht die** *(Rechtsw.)* legal responsibility *or* obligation to exercise proper supervision; **die elterliche ~ pflicht** legal parental responsibility to keep children under proper supervision; **~rat der** *(Wirtsch.)* **a)** *(Gremium)* board of directors; supervisory board; **b)** *(Mitglied)* member of the board [of directors] *or* supervisory board

auf|sitzen *unr. itr. V.* **a)** *mit sein (auf ein Reittier)* mount; *(auf ein Fahrzeug)* get on;

auf ein Pferd ~: mount a horse; **aufgesessen!** *(Milit.)* mount!; **b)** *mit sein (Turnen)* come to a sitting position; **c)** *mit sein (hereinfallen)* **jmdm./einer Sache ~**: be taken in by sb./sth.; **d)** *(ugs.: aufrecht sitzen)* sit up; **e)** *(aufliegen)* auf etw. *(Dat.)* ~: ⟨*machine part, beam, etc.*⟩ sit on sth.; **f)** *(Seemannsspr.)* be grounded *or* aground
Aufsitzer *der;* **~s,** ~ *(österr.)* flop *(coll.)*
auf|spalten 1. *unr. (auch regelm.) tr. V.* split; *(fig.)* split [up]. 2. *unr. refl. V.* split
Auf·spaltung *die* splitting; *(fig.)* splitting [up]
auf|spannen *tr. V.* **a)** *(öffnen)* open, put up ⟨*umbrella, parasol*⟩; stretch out ⟨*net, jumping-sheet*⟩; put up ⟨*tennis-net, badminton-net, etc.*⟩; *(spannen)* stretch, mount ⟨*canvas*⟩ (**auf** + *Akk.* on)
auf|sparen *tr. V. (auch fig.)* save [up]; keep
auf|speichern 1. *tr. V. (auch fig.)* **seine aufgespeicherte Wut/Energie** *(fig.)* his pent-up rage/energy. 2. *refl. V. (auch fig.)* build up
auf|sperren *tr. V.* **a)** *(ugs.: öffnen)* [weit] ~: open wide; **b)** *(bes. südd., österr.: aufschließen)* unlock
auf|spielen 1. *refl. V.* **a)** *(ugs. abwertend: angeben)* put on airs; **sich vor jmdm. ~**: show off in front of sb.; **b)** *(als etw. hinstellen)* **sich als Held/Märtyrer ~**: act the hero/martyr; **sich als Kenner/als jmds. Anwalt ~**: set oneself up as an expert/as sb.'s lawyer. 2. *itr. V.* **a)** *(musizieren)* play; **zum Tanz ~**: play dance music; **b)** *(Sport)* **groß/eindrucksvoll ~**: give a fine/impressive display
auf|spießen *tr. V.* **a)** ruii ⟨*animal, person*⟩ through; skewer ⟨*piece of meat*⟩; *(mit der Gabel)* take ⟨*piece of meat*⟩ on one's fork; *(auf die Hörner nehmen)* gore; **jmdn. mit seinen Blicken ~** *(fig.)* look daggers at sb.; **b)** *(befestigen)* pin ⟨*butterfly, insect*⟩
auf|splittern 1. *itr. V.;* *mit sein* ⟨*wood*⟩ splinter. 2. *tr. V.* ⟨*in Teile auflösen*⟩ split up ⟨*party, group, country, etc.*⟩. 3. *refl. V.* ⟨*party, group, country, etc.*⟩ split up
Aufsplitterung *die;* **~, ~en** *s.* **aufsplittern**: splintering; splitting up
auf|sprengen *tr. V.* force [open]; break open; *(mit Sprengstoff)* blow open
auf|springen *unr. itr. V.;* *mit sein* **a)** *(hochspringen)* jump *or* leap up; **b)** *(auf ein Fahrzeug)* jump on; **auf etw.** *(Akk.)* ~: jump on [to] sth.; **c)** *(rissig werden)* crack; ⟨*skin, lips*⟩ crack, chap; **d)** *(sich öffnen)* ⟨*door, window*⟩ fly *or* burst open; ⟨*bud, seed-pod*⟩ burst open; **e)** *(auftreffen)* bounce
auf|spriten ['ˈaʊfʃprɪtn̩] *tr. V.* fortify ⟨*wine*⟩
auf|spritzen 1. *tr. V.* **a)** *(hochspritzen)* ⟨*blood*⟩ spurt [up]; ⟨*mud, spray, waves, sea, surf*⟩ spray up; **b)** *(ugs.: aufspringen)* leap up; leap to one's feet. 2. *tr. V.* spray on; **etw. auf etw.** *(Akk.)* ~: spray sth. on [to] sth.
auf|sprudeln *itr. V.;* *mit sein* ⟨*spring, water*⟩ bubble up
auf|sprühen 1. *tr. V.* spray on; **etw. auf etw.** *(Akk.)* ~: spray sth. on [to] sth. 2. *itr. V.;* *mit sein* ⟨*flames*⟩ shoot up; ⟨*sparks, spray*⟩ fly up; ⟨*water*⟩ spray up
Auf·sprung *der* landing; *(eines Balls)* bounce
auf|spulen *tr. V.* wind ⟨*cotton, ribbon, fishing-line*⟩ on to a/the reel *or* spool
auf|spüren *tr. V. (auch fig.)* track down
auf|stacheln *tr. V.* ⟨*aufhetzen*⟩ incite; **jmdn. zur Revolte/zum Widerstand** *usw.* **~**: incite sb. to revolt/offer resistance *etc.*; **b)** *(anspornen)* spur on ⟨*person, team*⟩; fire ⟨*passion, jealousy, imagination, etc.*⟩
auf|stampfen *itr. V.* stamp; **mit dem Fuß ~**: stamp one's foot
Auf·stand *der* rebellion; revolt; **im ~**: in rebellion *or* revolt
auf·ständisch *Adj.* rebellious; rebel *attrib.*, insurgent ⟨*army unit*⟩

Aufständische *der/die; adj. Dekl.* rebel; insurgent
auf|stapeln *tr. V.* stack up
auf|stauen 1. *refl. V.* ⟨*water*⟩ pile up; *(fig.)* ⟨*anger, aggression, bitterness, etc.*⟩ build up; **aufgestaute Wut/Erbitterung** *etc.*, **b)** pent-up rage/bitterness *etc.* 2. *tr. V.* dam [up]; **etw. in sich** *(Dat.)* ~ *(fig.)* bottle sth. up inside [one]
auf|stechen *unr. tr. V.* **a)** lance, prick ⟨*boil*⟩; prick ⟨*blister*⟩; lance ⟨*abscess*⟩; **jmdm./sich eine Blase ~**: prick sb.'s/one's blister; **b)** *(ugs.: aufdecken)* uncover; bring to light
auf|stecken 1. *tr. V.* **a)** put up ⟨*curtains*⟩; turn up ⟨*hem, dress, trousers*⟩; **sich** *(Dat.)* **das Haar/die Zöpfe ~**: pin *or* put one's hair/plaits up; **sie trug das Haar aufgesteckt** she wore her hair up; **Kerzen auf den Leuchter ~**: put candles on the candelabrum; **b)** *(ugs.: aufgeben)* **etw. ~**: give sth. up; pack sth. in *(sl.)*; **einen Plan ~**: give up a plan. 2. *itr. V. (bes. Sport: aufgeben)* retire
auf|stehen *unr. itr. V.* **a)** *mit sein (vom Sitzplatz)* stand up; *(aus dem Liegen)* get up; get to one's feet; *(aus dem Bett)* get up; *(als Kranker)* get up; get out of bed; **aus seinem Sessel ~**: get up from one's chair; **vom Tisch ~**: rise from the table; **für jmdn. im Bus ~**: get up for sb. in the bus; **da mußt du früher od. eher ~!** *(ugs.)* you'll have to be a lot sharper than that!; *s. auch* **Huhn a**; **b)** *(offenstehen)* ⟨*door, window, etc.*⟩ be open; **c)** *mit sein (geh. veralt.: sich auflehnen)* rise in revolt; **gegen jmdn./etw. ~**: rise [up] against sb./sth.
auf|steigen *unr. itr. V.;* *mit sein* **a)** *(auf ein Fahrrad, einen Wagen usw.)* get *or* climb on; **auf etw.** *(Akk.)* ~: get *or* climb on [to] sth.; **auf ein Pferd ~**: get on [to] *or* mount a horse; **b)** *(bergan steigen)* climb; **zum Gipfel ~**: climb [up] to the top *or* summit; **c)** *(hochsteigen)* ⟨*smoke, mist, sap, air, moon, sun*⟩ rise; ⟨*storm*⟩ gather; **eine ~de Linie** *(fig.)* an ascending line; **d)** *(beruflich, gesellschaftlich)* rise (**zu** to); **zum Direktor ~**: rise to the post of *or* to be manager; **zu Macht und Einfluß ~**: rise to power and influence; **e)** *(hochfliegen)* go up; ⟨*bird*⟩ soar up; **in** *od.* **mit einem Ballon ~**: go up in a balloon; **f)** **an die Oberfläche ~**: rise to the surface; **g)** *(geh.: entstehen)* **in jmdm. ~** ⟨*hatred, revulsion, fear, etc.*⟩ rise [up] in sb.; ⟨*memory, thought*⟩ come into sb.'s mind; ⟨*doubt*⟩ arise in sb.'s mind; ⟨*tears*⟩ well up inside sb.; **h)** *(Sport)* be promoted, go up (**in** + *Akk.* to); **i)** *(geh.: aufragen)* rise up; tower
Auf·steiger *der* **a)** **ein [sozialer] ~**: a social climber; **b)** *(Sport) (aufsteigende Mannschaft)* promotion team *or* side; *(aufgestiegene Mannschaft)* newly promoted side
auf|stellen 1. *tr. V.* **a)** *(hinstellen)* put up (**auf** + *Akk.* on); set up ⟨*skittles*⟩; *(aufrecht hinstellen)* stand up; **b)** *(postieren)* post; station; **c)** *(auswählen)* select, pick ⟨*team, player*⟩; put together ⟨*team of experts*⟩; raise ⟨*army*⟩; **jmdn. für ein Spiel ~** *(Sport)* play sb. in a match; pick *or* select sb. for a match; **d)** *(nominieren)* nominate; put up; **jmdn. als Kandidaten ~**: nominate sb. *or* put sb. up as a candidate; **e)** *(errichten)* put up; put up, erect ⟨*scaffolding, monument*⟩; put in, install ⟨*machine*⟩; **f)** *(hochstellen)* erect ⟨*spines*⟩; turn up ⟨*collar*⟩; **die Ohren ~** ⟨*animal*⟩ prick up its ears; **g)** *(ausarbeiten)* work out ⟨*programme, budget, plan*⟩; draw up ⟨*contract, statute, balance sheet*⟩; make [out], draw up ⟨*list*⟩; set up ⟨*hypothesis*⟩; establish ⟨*norm*⟩; prepare ⟨*statistics*⟩; **eine Formel für etw. ~**: devise a formula for sth.; **h)** *(erzielen)* set up, establish ⟨*record*⟩; **i)** *(formulieren)* put forward ⟨*theory, conjecture, demand*⟩; **j)** *(bes. südd.: aufsetzen)* put on ⟨*soup, potatoes, etc.*⟩; **k)** *(nordd.) s.* **anstellen f**. 2. *refl. V.* **a)** *(postieren)* position *or*

place oneself; take up position; *(in einer Reihe, zum Tanz)* line up; **sich im Kreis ~**: form a circle; **sich in Reih und Glied ~** *(Milit.)* fall in; **b)** ⟨*hairs, bristles*⟩ rise
Auf·stellung *die* **a)** *s.* **aufstellen 1 a**: putting up; setting up; standing up; **b)** *s.* **aufstellen e**: putting up; erection; installation; **c)** *(einer Mannschaft, eines Spielers)* selection; picking; *(einer Spezialeinheit)* putting together; *(eines Heeres)* raising, *(aufgestellte Mannschaft)* [team] line-up; **d)** *(Nominierung)* nomination; **e)** *(Milit.)* ~ **nehmen** *od.* **beziehen** line up; **das Bataillon hatte vor dem Palast ~ genommen** *od.* **bezogen** the battalion was drawn up in front of the palace; **f)** *s.* **aufstellen g**: working out; drawing up; making out; setting up; establishment; preparation; **g)** *(das Erzielen)* setting up; establishment, **h)** *(das Formulieren)* putting forward; **i)** *(Liste)* list; *(Tabelle)* table
auf|stemmen *tr. V.* **a)** *(öffnen)* force ⟨*door*⟩ open [with a crowbar]; force *or* prise ⟨*box*⟩ open [with a crowbar]; **b)** *(aufstützen)* **seinen Fuß/Arm ~**: brace one's foot/arm (**auf** + *Akk.* on)
auf|stieben *unr. itr. V.;* *mit sein* fly up
Aufstieg *der;* **~[e]s,** **~e a)** *(das Hinaufsteigen)* climb; ascent; **b)** *(Aufwärtsentwicklung)* rise; **den ~ zum Geschäftsleiter/in den Vorstand schaffen** succeed in rising to become a member of the board of directors; **ein wirtschaftlicher/sozialer ~**: economic/social advancement; **c)** *(Sport)* promotion (**in** + *Akk.* to); **d)** *(Weg)* way up; **ein gefährlicher ~ zum Gipfel** a dangerous route up *or* ascent to the summit
Aufstiegs-: **~chance** *die* prospect of promotion; **~spiel** *das (Sport)* promotion decider
auf|stöbern *tr. V.* **a)** *(aufjagen)* put up ⟨*birds, animals*⟩; **b)** *(entdecken)* track down; run to earth
auf|stocken *tr. (auch itr.) V.* **a)** **ein Gebäude ~**: add a storey to a building; **wir haben aufgestockt** we've added another storey; **b)** *(vermehren, erweitern)* increase ⟨*capital, budget, funds, pensions*⟩; build up ⟨*supplies*⟩; **die Gesellschaft stockt auf** the company is increasing its capital
auf|stöhnen *itr. V.* groan; **laut/erleichtert ~**: give *or* utter a loud groan/a sigh of relief
auf|stören *tr. V.* **a)** *(aufschrecken)* put up ⟨*bird, animal*⟩; disturb ⟨*wasps' nest, anthill*⟩; **b)** *(stören)* disturb
auf|stoßen 1. *unr. tr. V.* **a)** *(öffnen)* push open; *(mit einem Fußtritt)* kick open; **b)** *(heftig aufsetzen)* **etw. auf etw.** *(Akk.)* ~: bang sth. down on sth.; **den Stock auf den Boden ~**: thump one's stick on the ground; **c)** *(verletzen)* **sich** *(Dat.)* **den Ellbogen** *usw.* ~: graze one's elbow *etc.* 2. *unr. itr. V.* **a)** *(rülpsen)* belch; burp *(coll.)*; *(baby)* bring up wind, *(coll.)* burp; **b)** *auch mit sein (Aufstoßen verursachen)* **[jmdm.] ~**: repeat [on sb.]; **das könnte Ihnen übel ~** *(fig.)* you might have to pay dearly for that *(fig.)*; you could live to regret that; **c)** *mit sein (ugs.: auffallen)* **jmdm. ~**: strike sb.
auf|streben *itr. V. (geh.)* tower [up]; **steil ~de Felswände** towering rock walls
aufstrebend *Adj.* rising ⟨*talent, bourgeoisie, industry*⟩; ⟨*nation, people*⟩ striving for progress; **ein ~er junger Mann** an ambitious and up-and-coming young man
auf|streichen *unr. tr. V.* spread ⟨*butter, jam, etc.*⟩ (**auf** + *Akk.* on); put on, apply ⟨*ointment, paint*⟩ (**auf** + *Akk.* on)
auf|streuen *tr. V.* sprinkle on; **etw. auf etw.** *(Akk.)* ~: sprinkle sth. on sth.; **den Tieren Stroh ~**: put down straw for the animals
Auf·strich *der* **a)** *(Brot~)* spread; **b)** *(Schriftw.)* upstroke; **c)** *(Musik)* up-bow
auf|stülpen *tr. V.* **a)** *(stülpen auf)* **etw. auf**

907

aufstützen / **aufwenden**

etw. *(Akk.)* ~: plonk sth. on sth.; **b)** *(hochschlagen)* turn or roll up ⟨sleeves, trousers⟩; turn up ⟨collar⟩; **die Lippen** ~ *(fig.)* purse one's lips; *(verführerisch)* pout

auf|stützen 1. *tr. V.* **a)** *(auf etw. stützen)* **die Ellbogen/Arme auf etw.** *(Akk. od. Dat.)* ~: rest one's elbows/arms on sth.; **mit aufgestütztem Kopf** with one's head resting on one's hands; **b)** *(aufrichten)* **jmdn./sich [im Bett]** ~: prop sb./oneself up [in bed]. 2. *refl. V.* support oneself

auf|suchen *tr. V.* **a)** *(hingehen zu)* call on, go and see ⟨friends, relatives⟩; visit ⟨museum, grave, monument⟩; **den Arzt** ~: go to the doctor; go and see the doctor; **die Toilette** ~: go to the toilet or lavatory; **b)** *(in einem Buch usw.)* look up

auf|summen, auf|summieren 1. *tr. V. (DV)* sum. 2. *refl. V.* add or mount up

auf|takeln ['aufta:kln] *refl. V. (ugs. abwertend)* tart *(Brit.)* or doll oneself up *(coll.)*; **aufgetakelt** tarted *(Brit.)* or dolled up *(coll.)*

Auf·takt der a) *(Beginn)* start; **den ~ zu etw. bilden** form the prelude to sth./be the start of sth.; **b)** *(Musik)* upbeat; anacrusis; **c)** *(Verslehre)* anacrusis

auf|tanken 1. *tr. V.* fill up; refuel ⟨aircraft⟩; **2000 Liter** ~ ⟨aircraft⟩ take on 2,000 litres; **neue Kräfte** ~ *(fig.)* recharge one's batteries *(fig.)*. 2. *itr. V.* fill up ⟨aircraft⟩ refuel

auf|tauchen *itr. V.; mit sein* **a)** *(aus dem Wasser)* surface; ⟨frogman, diver⟩ surface, come up; **b)** *(sichtbar werden)* appear; *(aus dem Dunkel, dem Nebel)* emerge; appear; **c)** *(erscheinen, gefunden werden)* turn up; *(fig.)* ⟨problem, question, difficulties⟩ crop up, arise

auf|tauen 1. *tr. V.* thaw ⟨ice, frozen food⟩; thaw [out] ⟨earth, ground⟩; defrost ⟨windscreen⟩; ⟨sun⟩ thaw the ice on ⟨windscreen⟩. 2. *itr. V.; mit sein (auch fig.)* thaw; ⟨earth, ground⟩ thaw [out]; **der See ist wieder aufgetaut** the ice on the lake has melted

auf|teilen *tr. V.* **a)** *(verteilen)* share out (**unter** + *Akk. od. Dat.* among); **b)** *(aufgliedern)* divide [up] (**in** + *Akk.* into)

Auf·teilung die *s.* **aufteilen a, b**: sharing out (**unter** + *Akk. od. Dat.* among); dividing [up] (**in** + *Akk.* into)

auf|tischen 1. *tr. V.* **a)** *(servieren)* serve [up]; **jmdm. etw.** ~: serve sb. with sth.; **b)** *(ugs. abwertend: erzählen)* serve up ⟨excuses, lies, etc.⟩; **jmdm. etw.** ~: serve sb. up with sth. 2. *itr. V.* **jmdm. reichlich** ~: serve sb. up a substantial meal

Auftrag der; ~[e]s, **Aufträge a)** *(Anweisung)* instructions *pl.*; *(Aufgabe)* task; job; **in jmds.** ~ *(Dat.)* on sb.'s instructions; **Luigi, ich habe einen** ~ **für dich** I've got a job for you, Luigi; **im** ~ **des/der ...** *(für jmdn.)* on behalf of the ...; *(auf jmds. Anweisung)* on the instructions of the ...; **jmdm. den** ~ **geben, etw. erteilen, etw. zu tun** instruct sb. to do sth.; give sb. the job of doing sth.; **einen** ~ **ausführen** carry out an instruction or order; **den** ~ **haben, etw. zu tun** have been instructed to do sth.; **b)** *(Bestellung)* order; *(bei Künstlern, Architekten usw.)* commission; **ein** ~ **über etw.** *(Akk.)* an order/a commission for sth.; **etw. in** ~ **geben** *(Kaufmannsspr.)* order/commission sth. (**bei** from); **c)** *(Mission)* task; mission; **d)** *(das Auftragen [von Farbe])* application

auf|tragen 1. *unr. tr. V.* **a)** **jmdm.** ~, **etw. zu tun** instruct sb. to do sth.; **jmdm. eine Besorgung/eine Botschaft** ~: instruct sb. to get sth./to deliver a message; **er hat mir aufgetragen, dich zu grüßen** he asked me to pass on his regards; **b)** *(aufstreichen)* apply, put on ⟨paint, make-up, ointment, etc.⟩; **etw. auf etw.** *(Akk. od. Dat.)* ~: apply sth. to sth.; put sth. on sth.; **c)** *(verschleißen)* wear out ⟨clothes⟩; **d)** *(geh.: servieren)* serve [up]. 2. *unr. itr. V.* ⟨clothes⟩ be too bulky; **b)**

(ugs.: übertreiben) **dick od. stark** ~: lay it on thick *(sl.)*

Auftrag-: ~**geber der** client; customer; *(eines Künstlers, Architekten, Schriftstellers usw.)* client; ~**nehmer der** contractor

auftrags-, Auftrags-: ~**buch das** *(Kaufmannsspr.)* order book; ~**gemäß** 1. *Adj.; nicht präd.* in accordance with instructions postpos.; 2. *adv.* as instructed; as ordered; as per instructions; ~**lage die** *(Kaufmannsspr.)* situation as regards orders; ~**rückgang der** *(Kaufmannsspr.)* falling-off of orders; ~**werk das** commissioned work

auf|treffen *unr. itr. V.; mit sein* **auf etw.** *(Akk.)* ~: strike or hit sth.; **mit der Stirn auf etw.** *(Akk.)* ~: hit one's forehead on sth.

auf|treiben 1. *unr. tr. V.* **a)** *(aufwirbeln)* raise ⟨dust⟩; blow up ⟨dry leaves, sand⟩; **b)** *(aufblähen)* bloat; swell; make ⟨dough⟩ rise; **c)** *(ugs.: ausfindig machen)* get hold of; **ein Quartier** ~: find somewhere to stay; **d)** *(auf den Markt)* drive ⟨livestock⟩ to market; *(auf die Almen)* drive ⟨cattle, livestock⟩ up to [the] high pastures. 2. *unr. itr. V.; mit sein* ⟨body, corpse, face⟩ become bloated or swollen; ⟨dough⟩ rise

auf|trennen *tr. V.* unpick; undo; unpick ⟨garment⟩

auf|treten 1. *unr. itr. V.; mit sein* **a)** tread; **er kann mit dem verletzten Bein nicht** ~: he can't walk on or put his weight on his injured leg; **b)** *(sich benehmen)* behave; **forsch/schüchtern** ~: have a forceful/shy manner; **mit Entschlossenheit** ~: act with firmness; **c)** *(fungieren)* appear; **als Zeuge/Kläger** ~: appear as a witness/a plaintiff; **als Vermittler/Sachverständiger** ~: act as mediator/be called in as an expert; **gegen jmdn./etw.** ~: speak out against sb./sth.; **d)** *(als Künstler, Sänger usw.)* appear; **sie ist seit Jahren nicht mehr aufgetreten** she hasn't given any public performances for years; **zum ersten Mal** ~: make one's first appearance; **e)** *(die Bühne betreten)* enter; **f)** *(auftauchen)* ⟨problem, question, difficulty⟩ crop up, arise; *(difference of opinion)* arise; *(vorkommen)* occur; ⟨pest, symptom, danger⟩ appear. 2. *unr. tr. V.* kick open ⟨door, gate⟩

Auftreten das; ~**s a)** *(Benehmen)* manner; **b)** *(das Fungieren)* appearance; **c)** *(Vorkommen)* occurrence; *(von Schädlingen, Gefahren)* appearance; **seit dem** ~ **von Aids** since the appearance of AIDS

Auf·trieb der a) *o. Pl. (Physik)* buoyancy; *(in der Luft)* lift; **b)** *o. Pl. (Elan, Aufschwung)* impetus; **das hat ihm** ~**/neuen** ~ **gegeben** that has given him a lift/given him new impetus; **neuen** ~ **erhalten** ⟨industry, economy⟩ receive a boost; **c)** *(von Vieh zum Markt)* **der** ~ **an od. von Ferkeln usw.** the number of piglets *etc.* [brought] for sale; **d)** *(auf Almen)* **der** ~ **des Viehs** the driving of cattle up to [the] high pastures

Auftriebs·kraft die *(Physik)* buoyancy; *(in der Luft)* lift

Auf·tritt der a) *(als Künstler, Sänger usw.)* appearance; **b)** *(Theater: das Auftreten)* entrance; *(Szene)* scene; **er hat erst im 3. Akt seinen** ~: he doesn't make his entrance until the third act; **c)** *(Streit)* scene; **jmdm. einen** ~ **machen** go off the deep end at sb. *(coll.)*

auf|trumpfen *itr. V.* show one's superiority; show how good one is; „**Na siehst du**", **trumpfte sie auf** there you are, she crowed; **mit seinem Wissen/seinen Leistungen** ~: show off with one's knowledge/achievements

auf|tun 1. *unr. refl. V. (geh.: sich öffnen)* open; *(fig.)* ⟨abyss, plain, street, new world, new horizons⟩ open up; **sich jmdm.** ~: open up before sb. 2. *unr. tr. V.* **a)** *(ugs.: entdecken)* find; **b)** *(ugs.: servieren)* **jmdm./sich**

etw. ~: help sb./oneself to sth.; **c)** *(geh.: öffnen)* open ⟨door, window⟩; **den Mund/die Augen** ~: open one's mouth/eyes; **d)** *(landsch.: aufsetzen)* put on ⟨hat, spectacles, etc.⟩. 3. *unr. itr. V.* **jmdm./sich** ~: help sb./oneself (**von** to)

auf|türmen 1. *tr. V.* pile up (**zu** into). 2. *refl. V.* ⟨mountain range⟩ tower up; *(fig.)* ⟨work, problems, difficulties⟩ pile up

auf|wachen *itr. V.; mit sein (auch fig.)* wake up, awaken (**aus** from); **aus der Narkose/Ohnmacht** ~: come round from the anaesthetic/faint

auf|wachsen *unr. itr. V.; mit sein* grow up

auf|wallen *itr. V.; mit sein* boil up; **etw.** ~ **lassen** bring sth. to the boil; **in jmdm.** ~ *(fig. geh.)* ⟨joy, tenderness, hatred, passion, etc.⟩ surge [up] within sb.

Auf·wallung die; ~, ~**en** *(geh.)* surge

Auf·wand der; ~**[e]s** **a)** *(das Aufgewendete)* expenditure (**an** + *Dat.* of); *(das Aufgewendete)* cost; expense; **mit einem** ~ **von 1,5 Mio. Mark** at a cost of 1.5 million marks; **ein unnützer** ~ **an Zeit** a waste of time; **der dazu nötige** ~ **an Zeit/Kraft** the time/energy needed; **b)** *(Luxus)* extravagance; ~ **[mit etw.] treiben** be extravagant [with sth.]

Aufwands·entschädigung die expense allowance

auf|wärmen 1. *tr. V.* heat or warm up ⟨food⟩; *(fig. ugs.: wieder erwähnen)* rake or drag up. 2. *refl. V.* **a)** *(sich wärmen)* warm oneself up; **b)** *(Sport)* warm up

Aufwarte·frau die *(bes. md.)* cleaning woman; domestic help

auf|warten *itr. V.* **a)** *(geh.)* **jmdm. mit etw.** ~ *(anbieten)* offer sb. sth.; *(vorsetzen)* serve sb. [with] sth.; **b)** *(zu bieten haben)* **mit etw.** ~: come up with sth.; **c)** *(veralt.: bedienen)* **jmdm.** ~: wait or attend on sb.; **bei Tisch** ~: wait or serve at table

aufwärts *Adv.* upwards; *(bergauf)* upwards; uphill; **den Fluß** ~: upstream; ~ **!** *(beim Fahrstuhl)* going up!; **vom Major [an]** ~: from major up

-**aufwärts** *Adv.* **[weiter]** **rhein~/mosel~** further up the Rhine/Mosel; **rhein~/mosel~ segeln** sail up the Rhine/Mosel

aufwärts-, Aufwärts-: ~**entwicklung die** upward trend; ~**|führen** *tr. V. (fig.)* lead towards prosperity; ~**|gehen** *unr. itr. V.; mit sein (unpers.)* **mit seiner Gesundheit/dem Land/Geschäft geht es** ~: his health is improving/the country/firm is doing better; **mit ihm geht es** ~ *(gesundheitlich)* he's getting better; *(finanziell, geschäftlich, beruflich, in der Schule)* he's doing better; ~**haken der** *(Boxen)* uppercut; ~**trend der** upward trend

Auf·wartung die *in* **jmdm. seine** ~ **machen** *(geh.)* make or pay a courtesy call on sb.; pay sb. a courtesy visit

Aufwasch der; ~**[e]s** *(bes. md.) s.* ¹**Abwasch**

auf|waschen *unr. tr., itr. V. (bes. md.)* wash up; **das ist ein/geht in einem Aufwaschen** *(ugs.)* it can all be done in one go

auf|wecken *tr. V.* wake [up]; waken; *(fig.)* waken; *s. auch* **aufgeweckt**

auf|wehen 1. *tr. V.* **a)** *(hochwehen)* blow up; raise, blow up ⟨dust⟩; **b)** *(aufhäufen)* pile up ⟨snow, leaves, etc.⟩; **c)** *(öffnen)* blow open. 2. *itr. V.; mit sein (emporwirbeln)* blow up

auf|weichen 1. *tr. V.* soften; *(fig.)* weaken ⟨system⟩; **den Boden** ~: make the ground soft or sodden. 2. *itr. V.; mit sein* become soft; soften up; *(fig.)* weaken

auf|weisen *unr. tr. V.* **a)** *(zeigen)* demonstrate; show; **b)** *(erkennen lassen)* show; exhibit; **der Ort hat viele Sehenswürdigkeiten aufzuweisen** the town has many sights to offer

auf|wenden *unr. (auch regelm.) tr. V.* use ⟨skill, influence⟩; expend ⟨energy, resources⟩; spend ⟨money, time⟩; **viel Geld/**

seine ganze Freizeit für etw. ~: spend a great deal of money/all one's spare time on sth.

auf·wendig 1. *Adj.* lavish; *(kostspielig)* costly; expensive. 2. *adv.* lavishly; *(kostspielig)* expensively

Auf·wendung die a) *s.* aufwenden: using; expenditure; spending; **unter ~ von etw.** by using/expending/spending sth.; b) *Pl. (Kosten)* expenditure *sing.*

auf|werfen 1. *unr. tr. V.* a) *(aufhäufen)* pile or heap up ⟨*earth, snow, etc.*⟩; build, raise ⟨*embankment, dam, etc.*⟩; b) *(öffnen)* fling open ⟨*door, window*⟩; c) *(ansprechen)* raise ⟨*problem, question*⟩; d) *(hochwerfen)* throw up; **den Kopf ~**: toss one's head; e) *(schürzen)* **die Lippen ~**: purse one's lips; **aufgeworfene Lippen** pursed lips. 2. *unr. refl. V. (abwertend: sich aufspielen)* **sich zu etw. ~**: set oneself up as sth.; **sich zum Richter ~**: set oneself up as judge

auf|werten *tr. V.* a) *auch itr.* revalue; b) *(fig.)* enhance the status of; enhance ⟨*standing, reputation, status*⟩

Auf·wertung die revaluation; **dieses Amt hat durch ihn eine ~ erfahren** he has enhanced the status of this office

auf|wickeln *tr. V.* a) wind up; *(ohne Rolle, Spule)* roll or coil up; b) *(auf Lockenwickler)* **jmdm./sich die Haare ~**: put sb.'s/one's hair in curlers; **sich** *(Dat.)* **die Haare ~ lassen** have one's hair curled; c) *(öffnen)* unwrap, undo ⟨*parcel, bundle*⟩

Aufwiegelei die; ~, ~en *(abwertend)* incitement [to revolt]

auf|wiegeln ['aufvi:gļn] *tr. V. (abwertend)* incite; stir up ⟨*gegen* against⟩; **jmdn. zum Aufstand/Streik ~**: incite sb. to rebel/strike

Aufwiegelung die; ~, ~en *(abwertend)* incitement; **die ~ der Massen zum Widerstand** inciting the masses to resist

auf|wiegen *unr. tr. V.* make up for; **die Vorteile wiegen die Nachteile auf** the advantages offset the disadvantages; *s. auch* **Gold**

Aufwiegler der; ~s, ~, **Aufwieglerin** die; ~, ~nen *(abwertend)* agitator

aufwieglerisch *(abwertend)* 1. *Adj.* seditious; inflammatory, seditious ⟨*speech, pamphlet*⟩. 2. *adv.* seditiously

Aufwieglung *s.* Aufwiegelung

Auf·wind der *(Met.)* anabatic wind; *(Flugw.)* up-current; **wieder ~ bekommen** *(fig.)* get new impetus ⟨*durch* from⟩

auf|wirbeln 1. *tr. V.* swirl up; swirl up, raise ⟨*dust*⟩; *s. auch* **Staub**. 2. *itr. V.; mit sein* swirl up

auf|wischen *tr. V.* a) *(entfernen)* wipe or mop up; b) *(säubern)* wipe ⟨*floor*⟩; *(mit Wasser)* wash; **die Küche/das Badezimmer ~**: wipe/wash the kitchen/bathroom floor

auf|wogen *itr. V.; mit sein (dichter.)* ⟨*sea*⟩ surge

auf|wühlen *tr. V.* churn up ⟨*water, sea, mud, soil*⟩; *(fig.)* stir ⟨*person, emotions, passions*⟩ deeply; *(auf schmerzhafte Weise)* upset ⟨*person*⟩ deeply; **ein ~des Erlebnis** *(fig.)* a deeply moving experience; **jmdn. bis ins Innerste ~**: move sb. to the depths of his/her soul

auf|zahlen *(südd., österr.)* 1. *tr. V.* **20 Mark ~**: pay 20 marks on top; pay an extra 20 marks. 2. *itr. V.* pay extra; make an additional payment

Auf·zahlung die *(südd., österr.)* additional payment

auf|zählen *tr. V.* enumerate; list; enumerate, give ⟨*dates, names, facts*⟩

Auf·zählung die a) *(das Aufzählen)* enumeration; listing; b) *(Liste)* list

auf|zäumen *tr. V.* bridle ⟨*horse*⟩; **etw. verkehrt ~** *(fig.)* go about sth. the wrong way; *s. auch* **Pferd** a

auf|zehren *(geh.)* 1. *tr. V.* exhaust ⟨*food, supplies, savings*⟩; *(fig.)* consume, sap ⟨*energy, strength*⟩. 2. *refl. V.* wear oneself up; ⟨*energy, supplies, money, etc.*⟩ give out

auf|zeichnen *tr. V.* a) *(notieren)* record; b) *(zeichnen)* draw

Auf·zeichnung die a) *(das Notieren)* recording; b) *(das Aufgezeichnete)* record; *(Film~, Magnetband~)* recording; **~en** *(Notizen)* notes; c) *(das Zeichnen)* drawing

auf|zeigen *tr. V. (nachweisen)* demonstrate; show; *(darlegen)* expound; *(hinweisen auf)* point out; highlight

auf|ziehen 1. *unr. tr. V.* a) *(öffnen)* pull open ⟨*drawer*⟩; open, draw [back] ⟨*curtains*⟩; undo ⟨*zip*⟩; undo, untie ⟨*bow*⟩; b) *(die Feder spannen von)* wind up ⟨*clock, watch, toy, etc.*⟩; c) *(spannen, aufkleben)* mount ⟨*photograph, print, etc.*⟩ ⟨**auf** + Akk. on⟩; stretch ⟨*canvas*⟩; **Saiten/neue Saiten auf ein Instrument ~**: string/restring an instrument; **neue Saiten ~**: put new strings on; *s. auch* **Saite**; d) *(großziehen)* bring up, raise ⟨*children*⟩; raise, rear ⟨*animals*⟩; raise ⟨*plants, vegetables*⟩; e) *(ugs.: gründen)* set up ⟨*company, department, business, political party, organization, system*⟩; f) *(ugs.: durchführen)* organize, stage ⟨*festival, event, campaign, rally*⟩; **wir haben das Ganze völlig falsch aufgezogen** we've gone about it completely the wrong way; g) *(ugs.: verspotten)* rib *(coll.)*, tease ⟨**mit, wegen** about⟩; **sie hat ihn damit aufgezogen, daß er so große Ohren hat** she ribbed him *(coll.)* or poked fun at him because of his big ears; h) *(nach oben ziehen)* pull or draw up; haul up ⟨*fishing nets, heavy load*⟩; hoist, run up ⟨*flag*⟩; hoist ⟨*sail*⟩; raise ⟨*barrier, curtain, sluice-gate, signal, drawbridge, etc.*⟩; i) *(auftrennen)* undo; unpick, unpick ⟨*garment*⟩; j) *(auf eine Spritze)* draw up ⟨*vaccine etc.*⟩; k) *(füllen)* fill ⟨*hypodermic syringe*⟩. 2. *unr. itr. V.; mit sein* a) *(näher kommen)* ⟨*storm*⟩ gather, come up; ⟨*clouds*⟩ gather; ⟨*star, mist, haze*⟩ come up; b) *(sich aufstellen)* take up position; *(aufmarschieren)* march up

Auf·zug der a) *(Lift)* lift *(Brit.)*; elevator *(Amer.)*; *(Lasten~, Bau~)* hoist; b) *(abwertend: Aufmachung)* get-up; c) *(Theater: Akt)* act; d) *(Aufmarsch)* parade; *(feierlicher Zug)* procession; **der ~ der Garde** the mounting of the guard

Aufzugs·schacht der lift *(Brit.)* or *(Amer.)* elevator shaft

auf|zwingen 1. *unr. tr. V.* **jmdm. etw. ~**: force sth. [up]on sb.; **jmdm. seinen Willen ~**: impose one's will [up]on sb. 2. *unr. refl. V.* **sich jmdm. ~**: impose oneself or force one's company [up]on sb.; **der Gedanke zwingt sich [einem] ja förmlich auf** the idea positively forces itself upon you

Aug·apfel der eyeball; **er hütet das wie seinen ~**: it's his most treasured possession; **sie ist der ~ ihrer Großmutter** *(fig.)* she is the apple of her grandmother's eye

Auge ['augə] das; ~s, ~n a) eye; **gute/ schlechte ~n haben** have good/poor eyesight; **er hat so gute ~n, daß ...**: his eyesight is so good that ...; **meine ~n sind schlechter geworden** my eyesight has deteriorated; **auf einem ~ blind sein** be blind in one eye; *(fig.)* have two different sets of standards; **ich konnte ihm nicht in die ~ sehen** *(fig.)* I could not look him in the eye; **etw. mit eigenen ~n gesehen haben** have seen sth. with one's own eyes; **die ~n schließen** *od.* **zumachen** close *or* shut one's eyes; **mit bloßem ~**: with the naked eye; **ihm fallen die ~n zu** his eyelids are drooping; **ganz kleine ~n haben** *(fig.)* be all sleepy; **~n links/rechts/geradeaus!** *(Milit.)* eyes left/ right/front!; **mit verbundenen ~n** blindfold[ed]; **jmdn. aus großen ~n unschuldig ansehen** look at sb. all wide-eyed and innocent; **hast du keine ~n im Kopf?** haven't you got eyes in your head?; are you blind?; **etw.**

im ~ haben have sth. in one's eye; *(fig.: haben wollen)* have sth. on one's eye on sth.; **das ~ des Gesetzes** *(fig.: Polizist)* the law *(coll.)*; **so weit das ~ reicht** as far as the eye can see; **die ~n sind größer als der Magen** *od.* **Bauch** *(fig. ugs.)* your *etc.* eyes are bigger than your *etc.* belly; **ihr/ihm** *usw.* **gingen die ~n auf** *(fig.)* the scales fell from her/his *etc.* eyes; **ihm/ihr** *usw.* **werden die ~n noch aufgehen** *(fig.)* he/she *etc.* is in for a rude awakening; **jmdm. fallen fast die ~n aus dem Kopf** his eyes will pop out of his head; **ihnen fielen fast die ~n aus dem Kopf** their eyes nearly popped out of their heads; **ein ~ voll Schlaf nehmen** *(fig. ugs.)* have forty winks *or* a short nap; **da blieb kein ~ trocken** *(fig. ugs.)* everyone laughed till they cried *or* till the tears ran down their faces; *(es blieb niemand verschont)* no one was safe; **ich traute meinen [eigenen] ~n nicht** *(ugs.)* I couldn't believe my eyes; **~n wie ein Luchs haben** have eyes like a lynx; **ich habe doch hinten keine ~n** *(ugs.)* I haven't got eyes in the back of my head; **nur ~n für jmdn. haben** *(fig.)* have eyes only for sb.; **ich kann doch meine ~n nicht überall haben!** I can't be looking everywhere at once; **sie hat ihre ~n überall** she doesn't miss a thing; **[große] ~n machen** *(fig. ugs.)* be wide-eyed; **jmdm. [schöne] ~n machen** *(fig. veralt.)* make eyes at sb.; **die ~n offen haben** *od.* **offenhalten [ob, ...]** *(fig.)* keep one's eyes open [and see whether ...]; **die ~n vor etw.** *(Dat.)* **verschließen** *(fig.)* shut *or* close one's eyes to sth.; **sich** *(Dat.)* **nach jmdm./etw. die ~n ausgucken** *od.* **aus dem Kopf sehen** *(fig. ugs.)* look out eagerly *or* expectantly for sb./sth.; **ein ~** *od.* **beide ~n zudrücken** *(fig.)* turn a blind eye; **ein ~ auf jmdn./etw. geworfen haben** *(fig.)* have taken a liking to sb./have one's eye on sth.; **ein ~ auf jmdn./etw. haben** *(achtgeben)* keep an eye on sb./sth.; *(Gefallen finden)* have taken a fancy to sb./ have one's eye on sth.; **ein ~/ein sicheres ~ für etw. haben** have an eye/a sure eye for sth.; **kein ~ von jmdm. lassen** *(fig.)* not take one's eyes off sb.; **ich habe ja schließlich ~n im Kopf** *(ugs.)* I'm not blind, you know; **jmdm. die ~n öffnen** *(fig.)* open sb.'s eyes; **sich** *(Dat.)* **die ~n ausweinen** *od.* **aus dem Kopf weinen** *(fig.)* cry one's eyes out; **jmdm./ etw. nicht aus den ~n lassen** not take one's eyes off sb./sth.; not let sb./sth. out of one's sight; **jmdm./etw. aus dem ~** *od.* **den ~n verlieren** lose sight of sb./sth.; *(fig.)* lose contact *or* touch with sb./lose touch with sth.; **ich kann vor Arbeit/Müdigkeit nicht mehr aus den ~n gucken** *(ugs.)* I've got so much work I don't know whether I'm coming or going/I'm so tired I can't see straight; **aus den ~n, aus dem Sinn!** *(Spr.)* out of sight, out of mind; **geh mir aus den ~n!** get out of my sight!; **ein solches Ereignis muß auch etwas fürs ~ sein** such an event must also have visual appeal; **das ist mehr fürs ~**: it's only [there] for decoration; **jmdm./einander ~ in ~ gegenüberstehen** face sb./one another; **Aug' in Aug'** *(veralt.)* face to face; **jmdn./etw. im ~ behalten** *(fig.)* keep an eye on sb./bear *or* keep sb. in mind; **in jmds. ~n** *(Dat.)* *(fig.)* to sb.'s mind; in sb.'s opinion; **jmdm. ins ~** *od.* **in die ~n fallen** *od.* **springen** *(fig.)* hit sb. in the eye; **etw. ins ~ fassen** *(fig.)* consider sth.; think about sth.; **ins ~ fassen, etw. zu tun** *(fig.)* have it in mind to do sth.; contemplate doing sth.; **einer Sache** *(Dat.)* **ins ~ sehen** *(fig.)* face up to sth.; **der Wahrheit/Gefahr ins ~ sehen** *(fig.)* face up to the truth/danger; **ins ~ gehen** *(fig. ugs.: schlimm ausgehen)* end in disaster; *(erfolglos ausgehen)* end in failure; **mit einem lachenden und einem weinenden ~** *(fig.)* with mixed feelings; **mit offenen ~n schlafen** *(ugs.)* be day-dreaming; **mit offenen ~n durch die Welt gehen** *(fig.)* walk about with

909

one's eyes open; **jmdm./etw. mit anderen** *od.* **neuen ~n betrachten** *od.* **ansehen** *(fig.)* see sb./sth. in a different *or* new light; **~ um ~, Zahn um Zahn** an eye for an eye, a tooth for a tooth; **unter vier ~n** *(fig.)* in private; **unter jmds. ~n** *(Dat.)* right in front of sb.; right under sb.'s nose; **komm mir nicht mehr unter die ~n!** never let me set eyes on you again!; **jmdm. jeden Wunsch von den ~n ablesen** *(fig.)* anticipate sb.'s every wish; **vor aller ~n** in front of everybody; **jmdm. etw. vor ~n führen** *od.* **halten** *od.* **stellen** *(fig.)* bring sth. home to sb.; **wenn man sich** *(Dat.)* **das mal vor ~n führt** *(fig.)* when you stop and think about it; **jmdm./etw. vor ~n haben** *(fig.)* see sb./sth. in one's mind's eye; *s. auch* **auskratzen 1 a; beleidigen; blau;** ¹**Null b; schließen 1 a; schwarz 1 a; schweben a; zutun; b)** *(auf Würfeln, Spielkarten, Dominosteinen)* pip; **drei ~n werfen** throw a three; **wie viele ~n hat er geworfen?** how many has he thrown?; **c)** *(Keim)* eye; bud; *(bei Kartoffeln)* eye; **d)** *s.* **Fettauge**
äugeln [ˈɔyɡl̩n] **1.** *itr. V. (hinsehen)* nach jmdm./etw. ~: cast secret glances at sb./sth. **2.** *tr. V. (Gartenbau)* bud
äugen [ˈɔyɡn̩] *itr. V.* peer
Augen-: **~abstand der** *(Med.)* interocular distance; **~arzt der** eye specialist; **~aufschlag der** [upward] glance; **mit unschuldigem ~aufschlag** with wide-eyed innocence; **~binde die** blindfold; *(Verband)* eye bandage
Augen·blick [*auch:* --'-] **der** moment; **alle ~e** *(ugs.)* all the time; *s. auch* ¹**Moment**
augenblicklich [*auch:* --'-] **1.** *Adj.; nicht präd.* **a)** *(unverzüglich)* immediate; **b)** *(gegenwärtig)* present; *(vorübergehend)* temporary; *(einen Augenblick dauernd)* momentary. **2.** *adv.* **a)** *(sofort)* immediately; at once; **b)** *(zur Zeit)* at the moment
augen·blicks *Adv.* immediately; at once
Augenblicks-: **~erfolg der** short-lived success; **~sache die** matter of a moment
augen-, Augen-: **~braue die** eyebrow; **~brauen·stift der** eyebrow pencil; **~deckel der** *(ugs.)* eyelid; **~fällig 1.** *Adj.* striking; *(offensichtlich)* obvious; **2.** *adv.* strikingly; *(offensichtlich)* obviously; **~farbe die** colour of one's eyes; **~fehler der** eye defect; **~fleck der** *(Biol.)* eye-spot; ocellus; **~glas das;** *Pl.* **~gläser** *(österr., sonst Amtsspr.) (Monokel)* monocle; *(Zwicker)* pince-nez; **~gläser** *Pl. (Brille)* spectacles; **~heil·kunde die** ophthalmology; **~höhe die** eye-level; **in/auf ~höhe** at/to eye-level; **~höhle die** eye socket; **~klappe die** eye-patch; **~klinik die** eye hospital; **~krankheit die** eye-disease; disease of the eye; **~lid das** eyelid; **~-Make-up das** eye make-up; **~maß das;** *o. Pl.* **ein gutes/ schlechtes ~maß haben** have a good eye/no eye for distances; **jegliches ~maß verlieren** *(fig.)* lose all sense of proportion; **~mensch der** *(ugs.)* visual type *or* person; **~merk das: sein ~merk auf jmdn./etw. richten** *od.* **lenken** give one's attention to sb./sth.; **~optiker der** ophthalmic optician; **~paar das** *(geh.)* pair of eyes; **~ränder** *Pl.* rims of one's/the eyes; **sie hatte gerötete ~ränder** the rims of her eyes were red; **~ringe** *Pl.* rings under the eyes; **~schatten** *Pl.* shadows under the eyes
Augen·schein der; *o. Pl. (geh.)* **a)** *(Eindruck)* appearance; **dem ~ nach** by all appearances; **dem ersten ~ nach** at first sight; **allem ~ zum Trotz** despite all appearances; **b)** *(Betrachtung)* inspection; **jmdn./etw. in ~ nehmen** have a close look at sb./sth.; give sb./sth. a close inspection
augen·scheinlich *(geh.)* **1.** *Adj. (scheinbar)* apparent; evident; *(sichtbar)* obvious; evident. **2.** *adv. (scheinbar)* apparently; *(sichtbar)* obviously; evidently
augen-, Augen-: **~schmaus der** *(scherzh.)* feast for the eyes; **~spiegel der** *(Med.)* ophthalmoscope; **~spiegelung die** *(Med.)* ophthalmoscopy; **~stern der a)** *(dichter.: Pupille)* pupil; **b)** *(veralt.: Liebstes)* apple of one's eye; **~trost der** *(Bot.)* eyebright; **~weide die;** *o. Pl.* feast for the eyes; **~wimper die** eyelash; **~winkel der** corner of one's eye; **~wischerei die** eyewash; **~zahn der** eye-tooth; **~zeuge der** eyewitness; **~zeuge sein** be an eyewitness; **~zeugen·bericht der** eyewitness report; **~zwinkern das; ~s: mit einem ~zwinkern** with a wink; **durch ~zwinkern** by winking; **~zwinkernd 1.** *Adj.; nicht präd.* tacit ⟨*agreement*⟩; **2.** *adv.* with a wink
Augias·stall [ˈau̯giːas-] **der;** *o. Pl. (geh.)* Augean stables; **den ~ ausmisten** *od.* **reinigen** create order out of chaos
-äugig [-ˌɔyɡɪç] *Adj.* -eyed; **ein-/blau-/ groß-/hell-~:** one-eyed/blue-eyed/big-eyed/bright-eyed
Augur [ˈau̯ɡʊɐ̯] **der; ~s** *od.* **~en** [-ˈɡuːrən], **~en** *(geh., spött.)* pundit
Auguren·lächeln das *(geh.)* knowing smile
¹**August** [au̯ˈɡʊst] **der; ~[e]s** *od.* **~, ~e** August; *s. auch* **April**
²**August** [ˈau̯ɡʊst] **in dummer ~:** clown
augusteisch [au̯ɡʊsˈtaɪ̯ʃ] *Adj.* **in ~es Zeitalter** *(geh.)* Augustan age
Augustiner [au̯ɡʊsˈtiːnɐ] **der; ~s, ~:** Augustinian monk
Augustinus [au̯ɡʊsˈtiːnʊs] **(der)** St Augustine
Auktion [aʊkˈtsi̯oːn] **die; ~, ~en** auction
Auktionator [aʊktsi̯oˈnaːtɔɐ̯] **der; ~s, ~en** [-naˈtoːrən] auctioneer
Aula [ˈaʊla] **die; ~, Aulen** *od.* **~s** *(einer Universität)* [great] hall; *(einer Schule)* [assembly] hall
Au-pair-Mädchen [oˈpɛːɐ̯-] **das** au pair [girl]
Aura [ˈaʊra] **die; ~, Auren** *(geh.)* aura
Aureole [aʊreˈoːlə] **die; ~, ~n a)** *(Heiligenschein)* aureole; halo; **b)** *(Met.)* aureole
aus [aʊs] **1.** *Präp. mit Dat.* **a)** *(räumlich: aus dem Inneren von)* out of; ~ **dem Bett steigen** get out of bed; ~ **der Flasche trinken** drink out of the bottle *or* from the bottle; **b)** *(Herkunft, Quelle, Ausgangspunkt angebend, auch zeitlich)* from; ~ **Spanien/Griechenland** usw. from Spain/Greece *etc.*; **er kommt** *od.* **stammt ~** *od.* **ist gebürtig ~ Hamburg** he comes from Hamburg; ~ **der Ferne** from a distance; *(von weitem)* from far away; **jmdm. etw. ~ dem Urlaub mitbringen** bring sth. back from holiday *or* (*Amer.*) one's vacation for sb.; ~ **guter Familie stammen** come from a good family; ~ **dem Deutschen ins Englische** from German into English; **etw. ~ dem Zusammenhang reißen** take sth. out of [its] context; **c)** *(Veränderung eines Zustandes angebend)* ~ **der Mode/Übung sein** be out of fashion/training; ~ **dem Gleichgewicht** out of balance; ~ **tiefem Schlaf erwachen** awake from a deep sleep; **d)** *(Grund, Ursache angebend)* out of; **etw. ~ Erfahrung wissen** know sth. from experience; ~ **folgendem Grund** for the following reason; ~ **Versehen** inadvertently; by mistake; ~ **einer Laune heraus** on impulse; ~ **Furcht vor** for fear of; ~ **Spaß/Jux** *(ugs.)* for fun/a laugh; **ein Verbrechen ~ Leidenschaft** a crime of passion; ~ **sich heraus** on one's own initiative; of one's own accord; **e)** *(hergestellt ~)* made of; **eine Bank ~ Holz/Stein** a bench made of wood/stone; a wooden/stone bench; **etw. ~ Fertigteilen bauen** build sth. out of prefabricated components; **eine Figur ~ Holz schnitzen** carve a figure in wood; ~ **etw. bestehen** consist of sth.; **f)** *(Entwicklung angebend)* ~ **ihm ist ein guter Arzt geworden** he made a good doctor; ~ **der Sache wird nichts** nothing will come of it; ~ **den Raupen entwickeln sich Schmetter-** linge caterpillars develop into butterflies; **einen Soldaten ~ jmdm. machen** make a soldier out of sb.; **etw. ~ sich machen** make something of oneself; ~ **ihm ist nichts geworden** he never made anything of his life; **g)** *(österr.: in)* in; **eine Prüfung ~ Biologie** an examination in biology. **2.** *Adv.* **a)** *(ugs.: vorbei, Schluß)* ~ **jetzt!** that's enough; ~, **habe ich gesagt** that's enough, I said; ~ **und vorbei** over and done with; *s. auch* **aussein, aushaben** usw.; **b)** *(als Aufforderung: ausschalten)* „~" *(an Lichtschaltern)* 'out'; *(an Geräten)* 'off'; **Licht/Radio ~!** lights *pl.* out!/turn the radio off; **c) vom Flugplatz/ Fenster/obersten Stockwerk ~:** from the airport/window/top storey; **von hier/München ~:** from here/Munich; **von seinem Standpunkt ~:** from his point of view; **von mir ~** *(ugs.)* if you like *or* want; **von sich** *(Dat.)* ~: of one's own accord; *s. auch* ²**ein**
²**Aus das; ~ a) der Ball ging ins ~** *(Tennis)* the ball was out; *(Fußball)* the ball went out of play; **den Ball ins ~ schlagen** hit the ball out; **b)** *(Sport: das Ausscheiden)* exit; *(fig.)* end
aus|arbeiten 1. *tr. V.* **a)** *(erstellen)* work out, develop ⟨*guidelines, system, method*⟩; prepare, draw up ⟨*agenda, draft, regulations, contract*⟩; prepare ⟨*leaflet*⟩; **b)** *(vollenden)* work out the details of ⟨*plan, proposal, list, lecture, etc.*⟩; elaborate the details of ⟨*picture, drawing*⟩. **2.** *refl. V. (durch Sport, körperliche Anstrengung)* work out; have a work-out
Ausarbeitung die; ~, ~en a) *s.* **ausarbeiten 1 a:** working out; developing; preparation; drawing up; **b)** *s.* **ausarbeiten 1 b:** working out the details; elaboration of the details
aus|arten *itr. V.; mit sein* **a)** degenerate **(in + Akk., zu into); b)** *(sich schlecht benehmen)* become unruly
aus|atmen *itr., tr. V.* breathe out; exhale
aus|backen regelm. *tr. V.* **a)** *(in Fett)* fry; **b)** *(fertigbacken)* **etw. ~:** bake sth. until it is done
aus|baden *tr. V. (ugs.)* carry *or* take the can for *(Brit. sl.)*; take the rap for *(sl.)*
aus|baggern *tr. V.* **a)** excavate ⟨*hole, basement, ditch, etc.*⟩; **b)** *(säubern)* dredge ⟨*channel, river bed, etc.*⟩; **c)** *(herausholen)* dredge up ⟨*mud, detritus, etc.*⟩
aus|balancieren 1. *tr. V. (auch fig.)* balance. **2.** *refl. V.* balance; *(fig.)* balance out
aus|baldowern *tr. V. (ugs.)* spy out
Aus·ball der *(Ballspiele)* **auf ~ entscheiden** decide that the ball was out; **bei ~:** when the ball goes out of play
Aus·bau der; ~[e]s a) *(Erweiterung)* extension; *(einer Straße)* improvement; **ein ~ des Hauses** an extension to the house; **der ~ der Beziehungen zwischen zwei Staaten/Organisationen** the building of closer relations between two states/organizations; **b)** *(Ausgestaltung)* conversion **(zu into); c)** *(Entfernung)* removal **(aus of)**
aus|bauen *tr. V.* **a)** *(entfernen)* remove ⟨*as from*⟩; **b)** *(erweitern)* extend; *(fig.)* build up, cultivate ⟨*friendship, relationship*⟩; expand ⟨*theory, knowledge, market*⟩; **eine Fachhochschule zu einer Universität ~:** expand *or* enlarge a college to a university; **eine Straße ~:** improve a road; **seinen Vorsprung weiter ~** *(fig.)* extend one's lead; **seine Position ~** *(fig.)* consolidate *or* strengthen one's position; **ein Gebäude zu einem** *od.* **als Theater ~:** convert a building into a theatre *or* for use as a theatre
ausbau·fähig *Adj.* ⟨*building etc.*⟩ suitable for extension; ⟨*market*⟩ that can be expanded; ⟨*position, job*⟩ with [good] prospects; **er hat ~e Englischkenntnisse** he has a good grounding in English
aus|bedingen *unr. refl. V.* **sich** *(Dat.)* **etw. ~:** *(etw. verlangen)* insist on sth.; *(etw. zur Bedingung machen)* make sth. a condition;

ausbeißen | **ausdauernd**

sich *(Dat.)* das Recht/die Freiheit ~, etw. zu tun reserve the right/freedom to do sth.
aus|beißen *unr. refl. V.* sich *(Dat.)* einen Zahn ~: break a tooth (an + *Dat.* on); sich *(Dat.)* an einem Problem die Zähne ~ *(fig.)* sweat over a problem
aus|bekommen *unr. tr. V.* *(ugs.)* get off
aus|bessern *tr. V.* a) *(reparieren)* repair; fix *(Amer.)*; mend *(clothes)*; touch up *(paintwork)*; b) *(beseitigen)* mend; einen Schaden an etw. *(Dat.)* ~: repair damage to sth.
Aus·besserung die repair
ausbesserungs-, Ausbesserungs-: ~arbeiten *Pl.* repair work *sing.*; ~bedürftig *Adj.* in need of repair *postpos.*; ~werk das *(Eisenb.)* repair shed
aus|beulen 1. *tr. V.* a) *(entfernen)* remove a/the dent/ the dents in; *(mit einem Hammer)* beat out; b) *(dehnen)* make baggy; ausgebeulte Knie baggy knees. 2. *refl. V.* *(trousers)* go baggy; *(pocket)* bulge
Aus·beute die yield; *(einer Untersuchung)* results *pl.*; *(eines Einkaufsbummels)* spoils *pl.*; unsere ganze ~ betrug drei Pilze we ended up with only three mushrooms between us
aus|beuteln *tr. V.* *(bes. österr.)* shake out
aus|beuten *tr. V.* *(auch abwertend)* exploit
Ausbeuter der; ~s, ~, **Ausbeuterin die;** ~, ~nen *(abwertend)* exploiter
ausbeuterisch *(abwertend)* 1. *Adj.* exploitative. 2. *adv.* exploitingly
Ausbeuter·klasse die; ~ *(abwertend)* exploiting class
Ausbeutung die; ~, ~en exploitation
aus|bezahlen *tr. V.* a) *(auszahlen)* pay [out]; er bekommt 2 000 DM ausbezahlt his take-home pay is 2,000 marks; b) *(entlohnen)* pay; *(und entlassen)* pay off; c) *(abfinden)* buy out *(shareholder, joint heir, etc.)*
Aus·bezahlung die *s.* ausbezahlen: payment; paying; paying off; buying out
aus|bilden 1. *tr. V.* a) *(schulen, unterrichten)* train; sich in etw. *(Dat.)* ~ lassen take a training in sth.; *(studieren)* study sth.; sich als od. zu etw. ~ lassen train to be sth.; *(studieren)* study to be sth.; sich im Gesang/ Zeichnen ~ lassen take singing lessons/ study drawing; jmdn. an einem Instrument/ einer Maschine ~: teach sb. to play an instrument/train sb. on a machine *or* to use a machine; b) *(entwickeln)* cultivate, develop *(talent, skill, feeling, etc.)*; c) *(entwickeln)* develop; *(gestalten)* design; *(formen)* shape; form. 2. *refl. V.* a) *(sich schulen)* sich in etw. *(Dat.)* ~: take a training in sth.; *(studieren)* study sth.; b) *(sich entwickeln)* develop
Ausbilder der; ~s, ~, **Ausbilderin die;** ~, ~nen instructor
Ausbildner der; ~s, ~, *(österr.)* instructor
Aus·bildung die a) *(Schulung)* training; sich noch in der ~ befinden still be training; *(an einer Lehranstalt)* still be at college; b) *(Entwicklung)* development
Ausbildungs-: ~bei·hilfe die *[education]* grant; *(für Berufsschüler, Lehrlinge)* training grant; ~beruf der trade requiring an apprenticeship; ~förderung die provision of *[education]* grants; *(für Berufsschüler, Lehrlinge)* provision of training grants; ~gang der training syllabus; ~platz der trainee post; *(für Lehrlinge)* apprenticeship; ~stätte die place of training; ~vertrag der articles of apprenticeship
aus|bitten *unr. refl. V.* a) *(geh.: erbitten)* sich *(Dat.)* von jmdm. etw. ~: request sth. from sb.; b) *(verlangen)* sich *(Dat.)* etw. ~: demand sth.; ich bitte mir Ruhe/mehr Sorgfalt aus I must insist on silence/that you take more care
aus|blasen *unr. tr. V.* a) *(löschen, ausatmen)* blow out; b) *(leer blasen)* blow *(egg)*
aus|blassen *itr. V.; mit sein (geh.)* fade
aus|bleiben *unr. itr. V.; mit sein* a) *(nicht eintreten)* *(effect, disaster, success, reward)* fail to materialize; *(symptom)* be absent, not appear; es konnte nicht ~, daß ...: it was inevitable that ...; das Ausbleiben einer Nachricht the absence *or* lack of any news; beim Ausbleiben der Regelblutung if a period is missed; b) *(fernbleiben)* *(guests, visitors, customers)* stay away, fail to appear; *(order, commission, help, offer, support, rain)* fail to arrive; wenn jahrelang der Regen ausbleibt if the rains fail year after year; sein Ausbleiben his absence; c) *(nicht heimkommen)* stay out; d) *(ugs.: ausgeschaltet bleiben)* stay off; e) *(stocken)* *(pulse, breathing)* stop
aus|bleichen 1. *unr. itr. V.; mit sein* fade; ausgeblichene Gebeine/Haare bleached bones/hair. 2. *tr. V.* bleach *(light, sun)* fade *(material, curtains, etc.)*
aus|blenden 1. *tr. V.* *(Rundf., Ferns., Film)* fade out; *(fig.: nicht berücksichtigen)* take no account of, leave out of account *(facts, information)*. 2. *refl. V.* *(Rundf., Ferns.)* sich [aus einer Übertragung] ~: fade oneself out of a transmission
Aus·blendung die *(Film, Rundf., Ferns.)* fade-out; nach unserer ~ aus der Übertragung after we leave this transmission
Aus·blick der a) *(view* (auf + *Akk.* of); jmdm. den ~ versperren block *or* obstruct sb.'s view; ein Zimmer mit ~ aufs Meer/auf die Berge a room overlooking the sea/with a view of the mountains; b) *(Vorausschau)* jmdm. einen ~ auf etw. *(Akk.)* geben give sb. a preview of sth.; einen optimistischen ~ in die Zukunft gestatten permit an optimistic view of the prospects for the future
aus|blicken *itr. V.* *(geh.)* nach jmdm./etw. ~: look out for sb./sth.
aus|bluten *itr. V.; mit sein* bleed to death; *(fig.)* bleed dry; ~ lassen bleed *(animal)*
aus|bohren *tr. V.* a) *(bohren)* bore; *(mit Bohrer)* drill; *(erweitern)* drill out; b) *(entfernen)* bore out; *(mit Bohrgerät)* drill out
aus|bomben *tr. V.* bomb out; *s. auch* **Ausgebombte**
aus|booten *tr. V.* a) *(ugs.: verdrängen)* get rid of (aus from); b) *(Seew.: an Land bringen)* disembark *(passengers)* by boat
aus|borgen *tr. V.* *(ugs.)* a) *(sich ausleihen)* [sich *(Dat.)*] etw. ~: borrow sth. (von, bei from); b) *(überlassen)* jmdm. etw. ~: lend sb. sth.; lend sth. to sb.
aus|braten 1. *unr. tr. V.; mit sein* *(fat)* run out (aus of). 2. *unr. tr. V.* *(auslassen)* fry the fat out of *(bacon)*
aus|brechen 1. *unr. itr. V.; mit sein* a) *(entkommen, auch Milit.)* break out (aus of); *(fig.)* break free (aus from); b) *(austreten)* jmdm. bricht der [kalte] Schweiß aus b. breaks into a [cold] sweat; c) *(volcano)* erupt; d) *(beginnen)* break out; *(crisis)* break; *(misery, despair)* set in; *s. auch* Wohlstand; e) in Gelächter/Weinen ~: burst out laughing/crying; in Beifall/Tränen ~: burst into applause/tears; in den Ruf ~ „..." break into the cry, '...'; in Schweiß ~: break out into a sweat; in Zorn/Wut ~: explode with anger/rage; f) *(sich lösen)* *(hook, dowel, etc.)* come out; ihm waren zwei Zähne ausgebrochen he had broken two teeth; g) *(Richtung ändern)* *(car, horse)* swerve. 2. *unr. tr. V.* a) take *or* knock down *(wall)*; Steine aus einer Wand ~: knock stones out of a wall; sich *(Dat.)* einen Zahn ~: break a tooth; eine Tür/ein Fenster [in einer Mauer] ~: rip out a doorway/window [in a wall]; b) *(erbrechen)* bring up; vomit [up]
Aus·brecher der *(ugs.)* escaped prisoner *or* convict; *(gewohnheitsmäßiger)* jailbreaker
aus|breiten 1. *tr. V.* a) *(entfalten)* spread [out] *(map, cloth, sheet, etc.)*; open out *(fan, newspaper)*; *(nebeneinanderlegen)* spread out; ein Tuch über etw. *(Akk. od. Dat.)* ~: spread *or* put a cloth over sth.; seine Wünsche/Pläne/Ansichten/sein Leben vor jmdm. ~ *(fig.)* unfold one's desires/plans/views/ life story to sb.; b) *(ausstrecken)* die Arme/ Flügel ~: spread one's arms/its wings; die Arme nach jmdm. ~: stretch out one's arms to sb. 2. *refl. V.* a) *(sich verbreiten)* spread; b) *(ugs.: sich breitmachen)* spread oneself out; c) *(sich erstrecken)* extend; stretch [out]; d) *(abwertend: erörtern)* sich über etw. *(Akk.)* ~: go on [at great length] about sth.
aus|brennen 1. *unr. itr. V.; mit sein* a) *(zu Ende brennen)* burn out; ausgebrannte Kernbrennstäbe *(fig.)* spent nuclear fuel rods; b) *(zerstört werden)* *(building, room)* be gutted, be burnt out; *(ship, aircraft, vehicle)* be burnt out; ausgebrannt sein be burnt out. 2. *unr. tr. V.* a) *(reinigen)* cauterize *(wound)*; b) *(entfernen)* burn out; burn off *(weeds)*; *s. auch* ausgebrannt 2
aus|bringen *unr. tr. V.* a) *(sprechen)* propose; einen Trinkspruch od. Toast auf jmdn./etw. ~: propose a toast to sb./sth.; b) *(Seemannsspr.)* lower *(boat, anchor)*; lay, lower *(net)*; lay *or* run out *(mooring-line)*
Aus·bruch der a) *(Flucht)* escape; *(lit. or fig.)*, break-out *(also Mil.)* (aus from); an ~ denken think of escape; b) *(Beginn)* outbreak; vor/nach ~ des Krieges before/after the outbreak of war; zum ~ kommen break out; *(crisis, storm)* break; c) *(Gefühls~)* outburst; *(stärker)* explosion; *(von Wut, Zorn)* eruption; explosion; zum ~ kommen explode, erupt; d) *(eines Vulkans)* eruption
Ausbruchs·versuch der attempted break-out *or* escape; *(fig.)* attempt to break free; *(Milit.)* attempted break-out
aus|brüten *tr. V.* a) *(hatch out; (im Brutkasten)* incubate; b) *(ugs.: sich ausdenken)* hatch [up] *(plot, scheme)*; c) etwas/einen Infekt ~ *(ugs.: krank werden)* be going down with something/an infection
aus|buchen *tr. V.* *(Kaufmannsspr., Bankw.)* etw. ~ *(streichen)* delete sth. from the accounts; *(abschreiben)* write sth. off; *s. auch* ausgebucht 2
aus|buchten *tr. V.* bulge; widen *(road)* *(to form a parking area, passing point, etc.)*
Ausbuchtung die; ~, ~en bulge
aus|buddeln *tr. V.* *(ugs., auch fig.)* dig up
aus|bügeln *tr. V.* a) *(ugs.: bereinigen)* iron out *(differences, problem, misunderstanding, defect)*; make good *(loss, mistake)*; b) iron *(shirt, dress, etc.)*, press *(seam, suit, trousers)*; iron out *(crease, fold)*
aus|buhen *tr. V.* *(ugs.)* boo
Aus·bund der *(oft iron.)* ein ~ an *od.* von Tugend a paragon *or* model of virtue; ein ~ an *od.* von Bosheit/Frechheit malice/impudence itself *or* personified
aus|bürgern *tr. V.* jmdn. ~: deprive sb. of citizenship
Ausbürgerung die; ~, ~en deprivation of citizenship
aus|bürsten *tr. V.* brush out *(dust, dirt)* (aus of); brush *(clothes, upholstery, etc.)*
aus|büxen ['ausbyksn] *itr. V.; mit sein (ugs.)* skedaddle *(coll.)*; scarper *(Brit. sl.)*; jmdm. ~: run away from sb.; vor jmdm./etw. ~: run away from sb./sth.
aus|checken *tr. V.* check out
Aus·dauer die staying power; stamina; *(Beharrlichkeit)* perseverance; *(Hartnäckigkeit)* persistence; [beim Lernen, Lesen] ~/keine ~ haben have/lack perseverance [when it comes to learning, reading]
aus·dauernd 1. *Adj.* *(runner, swimmer, etc.)* with stamina *or* staying power; *(beharrlich)* persevering; tenacious; *(hartnäckig)* persistent; unflagging *(efforts, enthusiasm, efforts)*; enduring *(love, sympathy)*; b) *(Bot.)* perennial. 2. *adv.* perseveringly; tenaciously; *(hartnäckig)* persistently

Ausdauer·training das stamina training
aus·dehnbar *Adj.* ⟨*company, market*⟩ capable of expansion; ⟨*norm, application, etc.*⟩ capable of extension *or* of being extended (**auf** + *Akk.* to); elastic ⟨*material*⟩
aus|dehnen 1. *tr. V.* **a)** *(räumlich)* stretch ⟨*clothes, piece of elastic*⟩; expand ⟨*rail*⟩; *(fig.)* extend ⟨*power, borders, trading links*⟩; expand, increase ⟨*capacity*⟩; **b)** *(einbeziehen)* **etw. auf etw.** (*Akk.*) **~:** extend sth. to sth.; **c)** *(zeitlich)* prolong; **ein ausgedehntes Frühstück** a leisurely breakfast; **ausgedehnte Ausflüge/Spaziergänge** extended trips/walks. 2. *refl. V.* **a)** *(räumlich)* ⟨*metal, water, gas, etc.*⟩ expand; ⟨*fog, mist, fire, epidemic*⟩ spread; *(fig.)* ⟨*business, firm, trade*⟩ expand; **b)** *(zeitlich)* go on (**bis** until); **c)** *(sich erstrecken)* extend; **ein ausgedehnter Park** an extensive park; **sich bis zum Meer ~:** extend *or* stretch to the sea
Aus·dehnung die **a)** *(Zunahme an Volumen, Vergrößerung)* expansion; *(fig.: der Macht, von Beziehungen, Grenzen)* extension; **b)** *(zeitlich)* prolongation; *(von Öffnungszeiten)* extension; **c)** *(Ausmaß, Größe)* extent
ausdehnungs-, Ausdehnungs-: **~fähig** *Adj.* (*bes. Physik*) expansible; capable of expansion *postpos.*; **~fähigkeit die** (*bes. Physik*) expansibility; **~koeffizient der** (*Physik*) coefficient of expansion
aus|denken 1. *unr. refl. V.* **sich** (*Dat.*) **etw. ~:** think of sth.; *(erfinden)* think sth. up; *(sich vorstellen)* imagine sth.; **sich** (*Dat.*) **etw. in allen Einzelheiten ~:** think sth. out in every detail; **da mußt du dir schon etwas anderes ~!** you'll have to come up with *or* think of something better than that! 2. *unr. tr. V.* *(zu Ende denken)* **etw. ~:** think sth. out *or* through [completely]; **[das ist] nicht auszudenken** it's impossible to imagine; *(zu schrecklich)* it does not bear thinking about
aus|deuten *tr. V.* misinterpret sth.; **etw. falsch ~:** misinterpret sth.; **etw. dahin ~, daß ...:** interpret sth. to mean that ...
aus|deutschen *tr. V.* (*österr.*) **jmdm. etw. ~:** explain sth. to sb. in words of one syllable
Aus·deutung die interpretation
aus|dienen *itr. V.* (*Milit. veraltet.*) **ausgedient haben** have finished *or* completed one's military service; *(fig. ugs.)* have had it *(coll.)*; *s. auch* ausgedient 2
aus|diskutieren *tr. V.* **etw. ~:** discuss sth. fully *or* thoroughly
aus|dorren *s.* ausdörren 2
aus|dörren 1. *tr. V.* dry up; dry up, parch ⟨*land, soil*⟩; parch ⟨*throat, lips*⟩. 2. *itr. V.*; *mit sein* dry up; ⟨*land, soil*⟩ dry up, become parched ⟨*plant*⟩ wither
aus|drehen *tr. V.* *(ausschalten)* switch *or* turn off ⟨*radio, light, engine*⟩; turn off ⟨*gas*⟩; **b)** (*Technik*) drill [out] ⟨*hole*⟩
¹**Aus·druck** der; **~[e]s, Ausdrücke** (*Wort*) expression; *(Terminus)* term; **du sollst nicht solche Ausdrücke gebrauchen** you mustn't use language like that; **Sie haben sich im ~ vergriffen** your choice of words is most unfortunate; **dumm/ärgerlich** *usw.* **ist gar kein ~:** stupid/angry *etc.* isn't the word for it; **b)** *o. Pl. (Ausdrucksweise, Gesichts~)* expression; **etw. zum ~ bringen** express sth.; **give expression to sth.; einer Sache** (*Dat.*) **~ geben** *od.* **verleihen** (*geh.*) express sth.; **mit dem ~ der Entrüstung/des Danks** with an expression of indignation/thanks; **in etw.** (*Dat.*) **zum ~ kommen** be expressed *or* find expression in th.
²**Aus·druck** der; **~[e]s, ~e** (*Nachrichtenw., DV*) print-out
aus|drucken 1. *tr. V.* (*Druckerspr.:* *fertig drucken*) finish printing ⟨*book etc.*⟩; **b)** *(Nachrichtenw., DV)* print out; **c)** *(angeben, aufführen)* **im Katalog [mit 400 DM] ausgedruckt** listed in the catalogue [at 400 marks]; **in Abänderung unseres ausgedruckten Programms** in a change to our advertised programme. 2. *itr. V. (Druckerspr.)* **gut/schlecht ~:** print well/badly
aus|drücken 1. *tr. V.* **a)** *(auspressen)* squeeze ⟨*juice*⟩ out; squeeze [out] ⟨*lemon, orange, grape, etc.*⟩; squeeze out ⟨*sponge*⟩; squeeze ⟨*boil, pimple*⟩; **den Saft aus einer Zitrone ~:** squeeze *or* press the juice out of *or* from a lemon; **b)** *(auslöschen)* stub out ⟨*cigarette*⟩; pinch out ⟨*candle*⟩; **c)** *(formulieren, widerspiegeln)* express; **anders ausgedrückt** to put it another way; **... und das ist noch milde ausgedrückt ...,** and that's putting it mildly; **jmdm. seinen Dank ~:** express one's thanks to sb.; **etw. in** *od.* **mit Worten ~:** express sth. in *or* put sth. into words; **seine Miene drückte Zufriedenheit aus** his expression was one of contentment. 2. *refl. V.* **a)** *(sich äußern)* express oneself; **um mich gelinde/höflich auszudrücken** to put it mildly/politely; **b)** *(offenbar werden)* be expressed
ausdrücklich [*od.* '---] 1. *Adj.*; *nicht präd.* express *attrib.* ⟨*command, wish, etc.*⟩; **gegen jmds. ~es Verbot** although sb. has/had expressly forbidden it. 2. *adv.* expressly; *(mention)* explicitly; **etw. ~ betonen** give sth. particular emphasis
ausdrucks-, Ausdrucks-: **~fähigkeit die** expressiveness; *(sprachliche Gewandtheit)* articulateness; **~kraft die** *o. Pl.* expressive power; expressiveness; **~los** 1. *Adj.* **a)** expressionless; **b)** *(ohne Ausdruckskraft)* unexpressive ⟨*style, delivery, etc.*⟩; 2. *adv.* **a)** expressionlessly; **b)** *(ohne Ausdruckskraft)* unexpressively; **~losigkeit die;** *o. Pl.* expressionlessness; **b)** *(Fehlen von Ausdruckskraft)* lack of expressiveness; **~mittel das** means of expression; **~schwach** 1. *Adj.* unexpressive; **~schwach sein** be lacking in expression; 2. *adv.* unexpressively; **~stark** 1. *Adj.* expressive, forceful ⟨*language*⟩; bold ⟨*pattern, colour*⟩; 2. *adv.* expressively; **~tanz der;** *o. Pl.* expressive dance; **~voll** 1. *Adj.* expressive; 2. *adv.* expressively; **~weise die** way of expressing oneself
aus|dünnen *tr. V.* thin out
aus|dünsten 1. *tr. V.* *(ausströmen)* give off; *(factory)* emit ⟨*fumes etc.*⟩. 2. *itr. V.* *(Feuchtigkeit abgeben)* transpire
Aus·dünstung die **a)** *(das Ausdünsten)* transpiration; **b)** *(Dampf)* vapour; *(Geruch)* odour
aus·einander *Adv.* **a)** *(voneinander getrennt)* apart; **etw. ~ schreiben** write sth. as separate words; **zwei Schüler ~ setzen** seat two pupils apart; **weit ~ stehen** be far apart; ⟨*teeth*⟩ be widely spaced; ⟨*eyes, legs*⟩ be wide apart; **sie sind [im Alter] ein Jahr ~:** they are a year apart in age; **~! get away from each other!; break it up!; ~ sein** *(ugs.)* *(sich getrennt haben)* have separated; *(aufgelöst sein)* ⟨*engagement*⟩ have been broken off; be off; ⟨*marriage, relationship, friendship*⟩ have broken up; **b)** *(eines aus dem anderen)* **Behauptungen/Formeln ~ ableiten** deduce propositions/formulae *etc.* one from another
auseinander-, Auseinander-: **~bekommen** *unr. tr. V.* **etw./zwei Sachen ~bekommen [können]** be able to get sth./two things apart; **~biegen** *unr. tr. V.* **Drähte/Zweige** *usw.* **~biegen** bend wires/twigs *etc.* apart; **~brechen** 1. *unr. tr. V.*; *mit sein (auch fig.)* break up; 2. *unr. tr. V.* **etw. ~brechen** break sth. up; **~breiten** *tr. V.* spread sth. out; **~bringen** *unr. tr. V.* (*ugs.*) *(voneinander lösen)* separate ⟨*objects, combatants*⟩; **b)** *(entzweien)* split up ⟨*family*⟩; **das hat die beiden auseinandergebracht** this led to the two of them parting company; **nichts kann sie ~bringen** nothing can part them; **~|dividieren** *tr. V.* split up; **zwei Verbündete ~zudividieren suchen** seek to drive a wedge between two allies; **~|entwickeln** *refl. V.* develop away from each other *or* one another; ⟨*friends, partners, etc.*⟩ grow apart [from each other *or* one another]; **~|fallen** *unr. itr. V.*; *mit sein* fall apart; **~|falten** *tr. V.* unfold; open ⟨*newspaper*⟩; **~|gehen** *unr. itr. V.*; *mit sein* **a)** *(sich trennen, sich teilen)* part; ⟨*crowd*⟩ disperse; **b)** *(nicht übereinstimmen)* ⟨*opinions, views*⟩ differ, diverge; **c)** *(sich verzweigen)* ⟨*streets, traffic lanes*⟩ diverge; **d)** *(ugs.: sich wieder lösen)* ⟨*relationship, marriage*⟩ break up; **e)** *(ugs.: dick werden)* get round and podgy; *s. auch* Hefekloß; **f)** *(ugs.: entzweigehen)* come apart; **~|halten** *unr. tr. V.* **zwei Dinge ~halten** distinguish between two things; **zwei Namen ~halten** keep two names apart; **zwei Sprachen/Menschen ~halten** tell two languages/people apart; **~|jagen** *tr. V.* scatter; **~|klaffen** *itr. V.* **a)** ⟨*hole, wound*⟩ gape; **b)** *(fig.: nicht übereinstimmen)* be poles apart; **~|klamüsern** [~klamy:zɐn] *tr. V.* (*nordd. ugs.*) **a)** *(mühsam ordnen)* unravel; sort out; **b)** *(erklären)* [jmdm.] **etw. ~klamüsern** make sense of sth. [for sb.]; **~|kriegen** *tr. V.* (*ugs.*) *s.* ~bekommen; **~|laufen** *unr. itr. V.*; *mit sein* **a)** *(in verschiedene Richtungen laufen)* run off in different directions; ⟨*crowd*⟩ scatter; **b)** *(in verschiedenen Richtungen verlaufen)* ⟨*paths, roads, etc.*⟩ diverge; **c)** *(verlaufen)* ⟨*ink, paint, etc.*⟩ run; **d)** *(zerlaufen)* ⟨*ice-cream, cheese*⟩ go runny; ⟨*dough*⟩ spread; **~|leben** *refl. V.* grow apart (**mit** from); **~|nehmen** *unr. tr. V.* **a)** *(zerlegen)* **etw. ~nehmen** take sth. apart; dismantle sth.; **b)** *(salopp: besiegen)* **jmdn. ~nehmen** take sb. apart *(coll.)*; **~|pflücken** *tr. V. s.* zerpflücken; **~|reißen** *unr. tr. V.* **a)** tear up; **eine Familie ~reißen** *(fig.)* tear a family apart; **Freunde/Liebende ~reißen** *(fig.)* part *or* separate friends/lovers; **b)** *(zerfetzen)* **etw. ~reißen** tear *or* rip sth. apart; **~|rücken** 1. *tr. V.* **Sachen ~rücken** move things apart; 2. *itr. V.*; *mit sein* move apart; **~|schrauben** *tr. V.* **etw. ~schrauben** unscrew sth. and take it apart; **~|setzen** 1. *tr. V.* 2. *refl. V.* **jmdm. etw. ~setzen** explain sth. to sb.; 2. *refl. V.* **sich mit etw. ~setzen** (*sich befassen*) **er hat sich mit diesem Problem/Thema seit Jahren ~gesetzt** he's concerned himself with this problem/subject for years; **ein Mensch, der sich mit den Dingen [ernsthaft] ~setzt** a person who gives things serious thought; *(etw. Strittiges klären)* **sich mit jmdm. ~setzen** have it out with sb.; argue the/a matter out with sb.; **sich mit seinen Gläubigern ~setzen** battle with one's creditors; **~setzung die; ~, ~en a)** *(eingehende Beschäftigung)* examination (**mit** of); **b)** *(Diskussion)* debate, discussion (**über** + *Akk.* about, on); **c)** *(Streit)* argument; *(zwischen Arbeitern und Arbeitnehmern)* dispute; **es kam wegen etw. zu einer ~setzung** an argument/a dispute developed over sth.; **d)** *(Kampfhandlung)* clash; **es kam zu ~setzungen zwischen Polizisten und Demonstranten** there were clashes between police and demonstrators; **e)** *(Rechtsw.)* partition; **~|sprengen** 1. *tr. V.* **a)** *(sprengen)* **etw. ~sprengen** blow sth. up; **b)** *(zerbersten lassen)* **etw. ~sprengen** burst sth. [apart *or* open]; 2. *itr. V.*; *mit sein* scatter; **~|stieben** *unr. itr. V.* (*auch regelm.*) *itr. V.*; *mit sein* scatter; **~|streben** *itr. V.* **a)** *(sich von einander wegbewegen)* disperse; ⟨*lines*⟩ diverge; **b)** *(sich trennen wollen)* begin to go their separate ways; ⟨*divergieren*⟩ ⟨*opinions, trends, forces, etc.*⟩ diverge; **~|treiben** 1. *unr. tr. V.* scatter ⟨*birds, animals*⟩; disperse ⟨*crowd, demonstrators, clouds*⟩; **der Wind trieb die beiden Boote ~:** the wind drove the two boats apart; 2. *unr. tr. V.*; *mit sein* ⟨*boats, balloons*⟩ drift apart, *(in alle Richtungen)* drift off in all directions; **~|ziehen**

aus|erkiesen 1. *unr. tr. V.* **a)** *(dehnen)* stretch; extend ⟨*reading-lamp arm, telescope*⟩; **b)** *(trennen)* pull apart; **den Ausziehtisch ~ziehen** pull out the table leaf; **c)** *(aufziehen)* draw *or* pull back ⟨*curtains*⟩; 2. *unr. refl. V.* spread out; ⟨*column, competitors in race*⟩ string *or* spread out

aus|erkiesen *unr. tr. V.* (*geh., Präsensformen dicht. veralt.*) choose; **zu etw. auserkoren sein** be chosen for sth.

Aus·erkorene der/die; *adj. Dekl.* (*scherzh.*) intended (*coll.*)

aus·erlesen 1. *Adj.* (*geh.*) select ⟨*company, audience*⟩; choice ⟨*fruits, wines, etc.*⟩; exquisite ⟨*taste*⟩; **von ~er Eleganz** of exquisite elegance. 2. *adv.* (*überaus*) exquisitely ⟨*beautiful, fine, charming*⟩

aus|ersehen *unr. tr. V.* (*geh.*) choose

aus|erwählen *tr. V.* (*geh.*) choose; **zu etw. auserwählt sein** be chosen for sth.; **das auserwählte Volk** (*jüd. Rel.*) the chosen people

Aus·erwählte der/die; *adj. Dekl.* **a)** (*geh.*) chosen one; **die ~n** the chosen; **b)** (*scherzh.*) (*Freund[in]*) beloved (*joc.*); (*Verlobte[r]*) intended (*coll.*)

aus·fahrbar *Adj.* telescopic ⟨*aerial*⟩; retractable, pop-up ⟨*headlights*⟩

aus|fahren 1. *unr. tr. V.* **a)** **jmdn. ~** (*im Kinderwagen, Rollstuhl*) take sb. out for a walk; (*im Auto o. ä.*) take sb. out for a drive *or* ride; **b)** (*ausliefern*) deliver ⟨*newspapers, parcels, laundry*⟩; **c)** (*Technik: nach außen bringen*) extend ⟨*aerial, crane, landingflaps, telescope, etc.*⟩; lower ⟨*undercarriage*⟩; raise ⟨*periscope*⟩; **d)** (*abnutzen*) damage; **ausgefahrene Straßen** rutted and damaged roads; *s. auch* **Gleis b; e)** *mit sein* **eine Kurve ~**: take a bend wide; **f)** (*maximal beschleunigen*) drive ⟨*car*⟩ flat out; run ⟨*engine*⟩ at full power; **g)** (*die Kapazität ausnutzen*) etw. **voll/zu 40% ~**: operate *or* run sth. at full capacity/40% of capacity; **h)** (*Seemannsspr.: ausbringen*) lay out, run out ⟨*warp, cable*⟩; run out ⟨*anchor*⟩; rig out, set ⟨*boom*⟩. 2. *unr. itr. V.*; *mit sein* **a)** (*spazierenfahren*) go out for a drive; **b)** (*hinausfahren*) ⟨*boat, ship*⟩ put to sea; ⟨*train*⟩ leave, pull out; ⟨*car, lorry*⟩ leave; **aus dem Hafen ~**: leave harbour; **der Zug fuhr aus dem Bahnhof aus** the train pulled out of *or* left the station; **c)** (*Bergmannsspr.: aus dem Schacht fahren*) come up; **d)** (*Technik: hervorkommen*) extend; **e)** (*den Körper verlassen*) [von jmdm.] **~** ⟨*evil spirit etc.*⟩ leave sb.

Aus·fahrt die **a)** (*Stelle zum Hinausfahren, Autobahn~*) exit (*Gen.* from); **die ~ Bremen-Ost** the Bremen-East exit; **the exit for Bremen East; b)** (*das Hinausfahren*) departure; (*Bergmannsspr.: aus dem Schacht*) ascent; **bei der ~ aus dem Bahnhof sahen wir ...**: as the train pulled out of *or* left the station, we saw ...; **bei der ~ aus dem Hafen tutete das Schiff** as it left [the] habour, the ship hooted; **der Zug hat keine ~**: the train has not been given the signal for departure; **c)** (*Spazierfahrt*) (*mit dem Auto*) drive; (*mit dem Fahrrad, Motorrad*) ride; **eine ~ machen** go for a drive/ride

Ausfahrt·signal das (*Eisenb.*) starting-signal

Ausfahrts-: **~schild** das; *Pl.* **~schilder** exit sign; **~signal** das *(Eisenb.) s.* Ausfahrtsignal; **~straße** die exit [road]

Aus·fall der **a)** (*das Nichtstattfinden*) cancellation; **ein hoher ~ an Unterrichtsstunden** a large number of cancelled lessons; **b)** (*Einbuße, Verlust*) loss; (*an Einnahmen, Lohn*) drop (*Gen.* in); **c)** (*Technik: eines Motors*) failure; (*einer Maschine, eines Autos*) breakdown; (*fig.: eines Organs*) failure; loss of function; **d)** (*das Ausscheiden*) retirement; (*vor einem Rennen*) withdrawal; (*Abwesenheit*) absence; **nach [dem] ~ von vier Läufern** after four runners had retired *or* dropped out; **e)** (*das Herausfallen*) **zum ~ der Haare/Zähne führen** cause hair loss/cause teeth to fall out; **f)** (*Ergebnis*) outcome; result; **g)** (*beleidigende Äußerungen*) attack (**gegen** on); **h)** (*Fechten*) lunge; **im ~**: in the lunge position; **i)** (*Gewichtheben*) split; **in den ~ springen** split the legs; **j)** (*Turnen*) splits *pl.*; **k)** (*Milit.: Ausbruch*) rally; sortie

aus|fallen *unr. itr. V.*; *mit sein* **a)** (*herausfallen*) fall out; **mir fallen die Haare aus** my hair is falling out; **b)** (*nicht stattfinden*) be cancelled; **etw. ~ lassen** cancel sth.; **der Unterricht/die Schule fällt morgen aus** lessons are cancelled/there is no school tomorrow; **c)** (*ausscheiden*) drop out; (*während eines Rennens*) retire; drop out; (*fehlen*) be absent; **wenn der Pilot ausfällt, muß der Kopilot das Steuer übernehmen** if the pilot becomes unable to fly the plane, the co-pilot must take over the controls; **d)** (*nicht mehr funktionieren*) ⟨*engine, brakes, signal*⟩ fail; ⟨*machine, car*⟩ break down; **der Strom fiel aus** there was a power failure; **e)** (*ein bestimmtes Ergebnis zeigen*) turn out; **gut/schlecht usw. ~**: turn out well/badly etc.; **wie ist die Prüfung ausgefallen?** (*für dich*) how did you do in the examination?; (*insgesamt*) what were the examination results like?; **die Niederlage fiel sehr deutlich aus** the defeat turned out to be *or* was most decisive; **f)** (*Milit.: einen Ausfall machen*) make a sortie; **g)** (*Chemie: sich abscheiden*) be precipitated; **h)** (*Sprachw.: wegfallen*) be dropped; *s. auch* **ausgefallen 2**

aus|fällen *tr. V.* (*Chemie*) precipitate

ausfallend *Adj.* [**gegen jmdn.**] **~ sein/werden** be/become abusive [towards sb.]

aus·fällig *Adj. s.* ausfallend

Ausfalls·erscheinung die (*Med.*) deficiency symptom

Ausfall·straße die (*Verkehrsw.*) main road [leading] out of the/a town/city

Ausfall[s]·winkel der (*Physik*) angle of reflection

Ausfall·zeit die (*Versicherungsw.*) credited service period

aus|fasern *itr. V.*; *meist mit sein* fray

aus|fechten *unr. tr. V.* fight out

aus|fegen *tr.* (*auch itr.*) *V.* (*bes. nordd.*) sweep up ⟨*dirt*⟩; sweep out ⟨*room etc.*⟩; *s. auch* **eisern c**

aus|feilen *tr. V.* file down ⟨*key, cogwheel, etc.*⟩; file [out] ⟨*hole*⟩; (*fig.*) polish ⟨*speech, essay, poem, etc.*⟩

aus|fertigen *tr. V.* (*Amtsspr.*) **a)** (*ausstellen*) draw up ⟨*document, agreement, will, etc.*⟩; issue ⟨*passport, certificate*⟩; make out ⟨*bill, receipt*⟩; (*unterzeichnen*) sign

Aus·fertigung die (*Amtsspr.*) **a)** *s.* ausfertigen **a**: drawing up; issuing; making out; **b)** (*Exemplar*) copy; **in doppelter/dreifacher ~**: in duplicate/triplicate; **etw. in vier ~en einreichen** submit four copies of sth.

aus·findig *Adv.* **in jmdn./etw. ~ machen** find sb./sth.

aus|flicken *tr. V.* (*ugs.*) patch up

aus|fliegen 1. *unr. itr. V.*; *mit sein* **a)** (*hinausfliegen*) fly out; **die ganze Familie ist ausgeflogen** (*ugs. fig.*) the whole family has gone out [for a walk/drive etc.]; **b)** (*flügge werden*) leave the nest. 2. *unr. tr. V.* **jmdn./etw. ~**: fly sb./sth. out; (*per Luftbrücke*) airlift sb./sth.

aus|fließen *unr. itr. V.*; *mit sein* (*herausfließen*) flow out (**aus** of)

aus|flippen *itr. V.*; *mit sein* (*salopp*) **a)** freak out (*sl.*); **ausgeflippt** (*im Drogenrausch*) freaked *or* spaced out (*sl.*); **eine ausgeflippte Idee** a freaky idea (*sl.*); **b)** (*überschnappen*) flip one's lid *or* one's top (*sl.*)

Aus·flucht die; **~, Ausflüchte** [-flʏçtə] excuse; **Ausflüchte machen** make excuses

Aus·flug der **a)** outing; (*vom Reisebüro o. ä. organisiert*) excursion; (*Wanderung*) ramble; walk; (*fig.*) excursion; **einen ~ machen** go on an outing/excursion; go for a ramble *or* walk; **b)** (*das Ausschwärmen*) flight [from the nest/hive]; **c)** (*Imkerei: Flugloch*) [hive-]entrance

Ausflügler ['aʊsflyːklɐ] der; **~s**, **~**, **Ausflüglerin** die; **~**, **~nen** tripper (*Brit.*); day-tripper; excursionist (*Amer.*)

Ausflugs-: **~dampfer** der pleasure steamer; (*allgemeiner*) excursion boat; **~lokal** das restaurant/café catering for [day-]trippers; **~ort** der resort for [day-]trippers; **~verkehr** der (*am Wochenende*) weekend holiday traffic; (*an Feiertagen*) holiday traffic; **~ziel** das destination for [day-]trippers; **unser ~ziel war ...**: the destination of our excursion *or* outing was ...

Aus·fluß der **a)** (*das Ausfließen*) outflow; (*von Gas*) escape; **b)** (*Med.: Absonderung*) discharge; **c)** (*geh.: Auswirkung*) product; **d)** (*Abfluß*) outlet; **e)** (*Technik: ausfließende Menge*) outflow

aus|folgen *tr. V.* (*österr.*) issue; release ⟨*body*⟩

aus|formen *tr. V.* **a)** (*formen*) shape (**zu** into); **b)** (*endgültig gestalten*) give final shape to ⟨*text, work of art*⟩

aus|formulieren *tr. V.* formulate ⟨*ideas, questions*⟩; flesh out ⟨*paper*⟩ [from notes]

Aus·formung die **a)** *Pl.* (*das Ausformen*) shaping; **b)** (*Gestalt*) form

aus|forschen *tr. V.* **a)** (*ausfragen*) question (**nach** about); **b)** (*herausfinden*) find out; (*erforschen*) investigate; (*zu Spionagezwecken*) gather information on; **c)** (*österr. Amtsspr.: ausfindig machen*) find

Aus·forschung die **a)** (*Befragung*) questioning; **b)** (*das Herausfinden*) finding out; (*das Erforschen*) investigation; **zur ~ von militärischen Betrieben** to gather information about military establishments; **c)** (*österr. Amtsspr.: Ermittlung*) finding

aus|fragen *tr. V.* **jmdn. ~**: question sb., ask sb. questions (**nach, über** + *Akk.* about); (*verhören*) interrogate sb. (**nach, über** + *Akk.* about); **so fragt man die Leute aus** that would be telling

aus|fransen 1. *itr. V.*; *mit sein* fray. 2. *tr. V.* fringe

aus|fressen *unr. tr. V.* **etw. ausgefressen haben** (*ugs.*) have been up to sth. (*coll.*)

Aus·fuhr die; **~, ~en** *o. Pl.* (*das Exportieren*) export; **b)** (*Export*) exports *pl.*

ausführbar *Adj.* **a)** (*durchführbar*) practicable; workable ⟨*plan*⟩; **b)** (*für die Ausfuhr geeignet*) exportable

aus|führen *tr. V.* **a)** (*ausgehen mit*) **jmdn. ~**: take sb. out; **b)** (*spazierenführen*) take ⟨*person, animal*⟩ for a walk; take *or* lead ⟨*prisoners*⟩ out for their exercise; **c)** (*exportieren*) export; **d)** (*durchführen*) carry out ⟨*work, repairs, plan, threat*⟩; execute, carry out ⟨*command, order, commission*⟩; execute, perform ⟨*movement, dance-step*⟩; put ⟨*idea, suggestion*⟩ into practice; perform ⟨*operation*⟩; perform, carry out ⟨*experiment, analysis*⟩; **die ~de Gewalt** (*Politik*) the executive power; **e)** (*Fußball, Eishockey usw.*) take ⟨*penalty, free kick, corner*⟩; **f)** (*ausarbeiten*) **etw. ~**: work sth. out in detail *or* fully; **etw. näher ~**: work sth. out in more detail; **g)** (*erläutern, darlegen*) explain

Ausfuhr-: **~gut** das; *meist Pl.* article for export; **~güter** goods for export; **~hafen** der port of exportation; **~land** das; *Pl.* **~länder** (*Wirtsch.*) (*das Ausführen*) exporting country; **b)** (*Land, in das ausgeführt wird*) export market

ausführlich [*auch:* '-'-] 1. *Adj.* detailed, full ⟨*account, description, report, discussion*⟩; thorough, detailed, full ⟨*investigation, debate*⟩; detailed ⟨*introduction, instruction, letter*⟩; **~ werden** go into detail. 2. *adv.* in detail; ⟨*investigate*⟩ thoroughly, fully; **etw. ~er/sehr ~ beschreiben** describe sth. in more *or* greater/in great detail

Ausführlichkeit [*auch:* -'---] die; ~ s. ausführlich 1: fullness; thoroughness; exhaustiveness; **mit großer ~:** in great detail; *(umständlich)* at great length
Ausfuhr-: ~**prämie** die *(Wirtsch.)* export premium; ~**sperre** die *(Wirtsch.) s.* ~**verbot**
Aus·führung die a) *o. Pl. (das Durchführen) s.* **ausführen d: carrying out; execution; performing; implementation; playing; giving; zur ~ gelangen** *od.* **kommen** *(Papierdt.) 〈plan〉* be carried out *or* put into effect; **b)** *(Fußball, Eishockey)* taking; **nach der ~ des Freistoßes** after the free kick has/had been taken; **c)** *(Art der Herstellung) (Version)* version; *(äußere ~)* finish; *(Modell)* model; *(Stil)* style; **in der gleichen ~:** of the same design; **d)** *(Darlegung)* explanation; *(Bemerkung)* remark, observation; **e)** *o. Pl. (Ausarbeitung)* **der Entwurf war fertig, jetzt ging es an die ~ des Romans/der Einzelheiten** the draft was ready, and the next task was to work the novel out in detail/to work out the details
Ausfuhr·verbot das *(Wirtsch.)* export embargo
aus|füllen tr. V. a) *〈füllen〉* fill in *〈trench, excavation, gravel pit〉*; *(zustopfen)* fill *〈hole, joint〉*; **b)** *(beanspruchen, einnehmen)* take up *〈space〉*; *〈person〉* fill *〈chair, doorway, etc.〉*; **ihr Leben ist ganz mit Arbeit ausgefüllt** her life is completely taken up by work; **c)** *(die erforderlichen Angaben eintragen in)* fill in *〈form, crossword puzzle〉*; write or make out *〈prescription, cheque〉*; **d)** *(verbringen)* fill *〈pause〉*; **seine freie Zeit mit etw. ~:** fill [up] one's free time with sth.; **er füllte die Wartezeit mit Lesen aus** he filled in the time [he had to wait] with reading; **e)** *(in Anspruch nehmen)* take up; **f)** *(bekleiden, versehen)* **seinen Posten gut/nicht ~:** do one's job well/not do one's job; **g)** *(innerlich befriedigen)* *〈person〉* ~: fulfil sb.; give sb. fulfilment; **ihr Beruf füllt sie ganz aus** she finds complete fulfilment in her work; **er lebt ein ausgefülltes Leben** he lives a full life
aus|füttern tr. V. line
Aus·gabe die a) *o. Pl. (das Austeilen)* distribution; giving out; *(von Essen)* serving; **die ~ des Essens erfolgt ab ...:** lunch/dinner etc. is [served] from ...; **b)** *o. Pl. (das Aushändigen)* issuing; *(von Meldungen, Nachrichten)* release; **nach ~ des Befehls** after the order was/had been issued; **c)** *(Geld~)* item of expenditure, expense; ~ *expenditure sing. (für on)*; **seine ~n überstiegen seine Einnahmen** his outgoings exceeded his income; **d)** *(Edition, Auflage)* edition; *(Nummer einer Zeitschrift; Finanzw., Postw.)* issue; **~ erster/letzter Hand** first/last edition personally supervised by the author; **die letzte ~ der Tagesschau** *(fig.)* the late news bulletin; **e)** *s.* **Ausgabebestelle; f)** *(Ausführung, auch fig.)* version; **g)** *(DV)* output
Ausgabe·kurs der *(Finanzw.)* issue price
Ausgaben-: ~**buch** das petty-cash book; ~**politik** die; *o. Pl.* expenditure policy
Ausgabe·stelle die *(Schalter)* issuing counter; *(Büro)* issuing office
Aus·gang der a) *o. Pl. (Erlaubnis zum Ausgehen)* time off; *(von Soldaten)* leave; **zwei Tage ~ haben** *〈servant〉* have two days off; *〈soldier〉* have a two-day pass; **bis sechs Uhr ~ haben** *〈servant〉* be free till six; *〈soldier〉* have a pass until six; **b)** *(Tür ins Freie)* exit *(Gen.* from); **c)** *(Endpunkt, Grenze)* **am ~ des Dorfes/der Allee/des Waldes** at the end of the village/avenue/on the edge of the forest; **d)** *(Anat.: Öffnung eines Organs)* outlet; **e)** *o. Pl. (Ende)* end; *(eines Romans, Films usw.)* ending; **f)** *o. Pl. (Ergebnis)* outcome; *(eines Wettbewerbs)* result; **ein Unfall mit tödlichem ~:** an accident with fatal consequences; a fatal accident; **g)** *o. Pl. (Ausgangspunkt)* starting-point; **seinen ~**

von etw. nehmen take sth. as one's starting-point; *〈style, plan, suggestion〉* originate with sth.; **h)** *o. Pl. (Bürow.: Postversand)* posting *(Brit.)*; mailing; **i)** *(Bürow.: abgehende Post)* outgoing mail; **j)** *(Spaziergang)* walk; **das war der erste ~ des Rekonvaleszenten** that was the convalescent's first time out
Ausgangs 1. *Adv.* **~ von** on the outskirts of. **2.** *Präp. mit Gen.* **a)** *(räumlich)* coming out of; **b)** *(zeitlich)* at the end of; **ein Mann ~ der Fünfziger** a man in his late fifties
Ausgangs-: ~**basis** die starting-point; ~**lage** die initial position *or* situation; ~**position** die initial position; starting position; *(bei einem Rennen)* starting position; ~**punkt** der starting-point; ~**sperre** die *(bes. Milit.) (für Zivilisten)* curfew; *(für Soldaten)* confinement to barracks; **[eine] ~sperre verhängen** impose a curfew/confine the soldiers/regiment etc. to barracks; ~**sperre haben** be confined to barracks; ~**sprache** die *(Sprachw.)* source language; ~**stellung** die a) *(Sport)* starting position; **b)** *(Milit.)* initial position; ~**zeile** die *(Druckw.)* break-line
aus|geben 1. *unr. tr. V.* **a)** *(austeilen)* distribute; give out; serve *〈food, drinks〉*; **b)** *(aushändigen, erteilen; Postw.: herausgeben)* issue; *(fig.)* put about *〈story, rumour〉*; **c)** *(verbrauchen)* spend *〈money〉* *(für* on); **d)** *(ugs.: spendieren)* **einen ~:** treat everybody; **eine Runde geben** stand a round of drinks *(coll.)*; **ich gebe [dir] einen aus** I'll treat you; **e)** *(fälschlich bezeichnen)* **jmdn./etw. als** *od.* **für jmdn./etw. ~:** pretend sb./sth. is sb./sth.; **sich als jmd./etw.** *od.* **für jmdn./etw. ~:** pretend to be sb./sth.; **f)** *(DV)* output. **2.** *unr. refl. V.* **sich [völlig** *od.* **vollständig] ~:** push oneself right to the limit
ausgebeult 2. *Part. v.* **ausbeulen**
ausgebombt 2. *Part. v.* **ausbomben**
Ausgebombte der/die; *adj. Dekl.* person who has/had been bombed out; **die ~n** those who have/had been bombed out
aus·gebrannt 1. *2. Part. v.* **ausbrennen. 2.** *Adj. (fig.)* burnt out
ausgebucht 1. *2. Part. v.* **ausbuchen. 2.** *Adj. (ausverkauft, belegt, auch fig. ugs.)* booked up
ausgebufft ['ausgəbuft] *Adj. (salopp) (clever)* canny; *(durchtrieben)* crafty
Aus·geburt die *(geh. abwertend)* a) *(übles Erzeugnis)* evil product; **eine ~ der Hölle** the spawn of hell; **b)** *(Inbegriff)* epitome
aus·gedient 2. *Part. v.* **ausdienen. 2.** *Adj. (ugs.: unbrauchbar)* worn out, *(Brit. sl.)* clapped out, *(Amer. sl.)* beat up *〈vehicle, engine, etc.〉*
ausgedörrt 2. *Part. v.* **ausdörren**
aus·gefallen 2. *Part. v.* **ausfallen. 2.** *Adj.* unusual
Ausgeflippte der/die; *adj. Dekl. (salopp)* drop-out *(coll.)*
ausgefranst 2. *Part. v.* **ausfransen**
ausgefuchst *Adj. (ugs.)* wily; crafty; ~**e Spezialisten** experienced specialists
ausgeglichen 1. *2. Part. v.* **ausgleichen. 2.** *Adj.* **a)** *(harmonisch)* balanced, harmonious *〈structure, façade, etc.〉*; well-balanced *〈person〉*; **ein ~es Wesen haben** have an even *or* well-balanced temperament; **b)** *(stabil)* stable; equable *〈climate〉*; **c)** *(Sport)* even
Ausgeglichenheit die; **~** *(einer Struktur, Fassade usw.)* balance; harmony; **die ~ ihres Wesens/ihre ~:** the evenness of her temperament
aus·gegoren *Adj.* **[voll] ~:** fully fermented; *(fig.)* fully worked out *〈plan, idea〉*
Ausgeh·anzug der best suit; *(Milit.)* walking-out uniform *(Brit.)*
aus|gehen 1. *unr. itr. V.; mit sein* **a)** *(irgendwohin gehen)* go out; **er geht selten aus** he doesn't go out much; **b)** *(fast aufgebraucht sein; auch fig.)* run out; **jmdm. geht etw. aus**

sb. is running out of sth.; **ihr ging die Geduld/der Gesprächsstoff aus** *(fig.)* she ran out of patience/conversation; **ihm geht der Atem** *od.* **die Luft** *od. (ugs.)* **die Puste aus** *(er gerät außer Atem)* he is getting short *or* out of breath; he is running out of puff *(Brit. coll.)*; *(er verliert seine Kraft, Energie)* he is running out of steam *(fig.)*; *(er ist finanziell am Ende)* he is going broke *(coll.)*; **c)** *(ausfallen)* fall out; **mir gehen die Haare aus** I'm losing my hair; my hair is falling out; **d)** *(aufhören zu brennen)* go out; **e)** *(enden)* end; **unentschieden ~:** end in a draw; **gut/schlecht ~:** turn out well/badly; *〈story, film〉* end happily/unhappily; *s. auch* **leer a**; **straffrei; f)** *(herrühren)* **von jmdm./etw. ~:** come from sb./sth.; **g) von etw. ~** *(etw. zugrunde legen)* take sth. as one's starting-point; **gehen wir davon aus, daß ...:** let us assume that ...; **du gehst von falschen Voraussetzungen aus** you're starting from false assumptions; **h) auf Abenteuer ~:** look for adventure; **auf Entdeckungen ~:** be bent on making discoveries; **auf Eroberungen ~** *(scherzh.)* set out *or* be aiming to make a few conquests; **i)** *(seinen Ausgang nehmen)* **vom Hauptplatz usw. ~** *〈road〉* lead off from the main square *etc.*; *(strahlenförmig)* radiate from the main square *etc.*; **j)** *(ausgestrahlt werden)* radiate; **von jmdm./etw. geht Ruhe/Sicherheit aus** sb./sth. radiates calm/confidence; **k)** *(abgeschickt werden)* be sent off; **die ~de Post** the outgoing mail; **l)** *(blasser werden)* *〈colour〉* run; *〈fabric〉* fade. **2.** *unr. refl. V. (österr.: ausreichen)* be enough; *〈equation, calculation〉* come out; **es geht sich aus** there's enough; *(zeitlich)* there's enough time
ausgehend *Adj.; nicht präd.* **im ~en Mittelalter** towards the end of the Middle Ages; **das ~e 19. Jahrhundert** the end of *or* closing years of the 19th century
ausgehungert 1. *2. Part. v.* **aushungern. 2.** *Adj.* **a)** *(sehr hungrig)* starving; **nach etw. ~ sein** *(fig.)* be starved of sth.; **b)** *(abgezehrt)* emaciated
Ausgeh-: ~**uniform** die *(Milit.)* walking-out uniform *(Brit.)*; ~**verbot** das curfew; *(Milit.)* confinement to barracks
ausgeklügelt 2. *Part. v.* **ausklügeln**
ausgekocht 2. *Part. v.* **auskochen. 2.** *Adj. (ugs. abwertend: durchtrieben)* crafty
aus·gelassen 1. *2. Part. v.* **auslassen. 2.** *Adj.* exuberant *〈mood, person〉*; lively *〈party, celebration〉*; *(wild)* boisterous. **3.** *adv.* exuberantly; *(wild)* boisterously; **nebenan wurde ~ gefeiert** there was a lively party going on next door
Aus·gelassenheit die exuberance; *(Wildheit)* boisterousness
Ausgeliefertsein das; ~**s** helplessness
aus·gelitten *Adj. in* **er hat ~** *(geh.)* he has been released from his suffering
aus·gemacht 1. *2. Part. v.* **ausmachen. 2.** *Adj.* **a)** *(beschlossen)* agreed; **es ist [eine] ~e Sache, daß ...:** it is an accepted fact that ...; **b)** *nicht präd. (vollkommen)* complete, utter *〈nonsense〉*; **eine ~e Dummheit** downright stupidity. **3.** *adv. (überaus)* extremely; *(ausgesprochen)* decidedly
aus·genommen 1. *2. Part. v.* **ausnehmen. 2.** *Konj. (außer)* except; apart from; **alle sind anwesend, ~ er** *od.* **er ~:** everyone is present apart from *or* except him; **es kommt bestimmt, ~ es regnet** he's sure to come, unless it rains
ausgepicht ['ausgəpɪçt] *Adj. (ugs.)* crafty; **ein ~er Bursche** a wily customer *(coll.)*
ausgeprägt 1. *2. Part. v.* **ausprägen. 2.** *Adj. (ausgesprochen, stark entwickelt)* distinctive *〈personality, character〉*; marked *〈inclination, tendency, disinclination〉*; pronounced *〈feature, tendency〉*; **einen ~en Sinn für etw. haben** have a highly developed sense of sth.

ausgepumpt 1. *2. Part. v.* **auspumpen. 2.** *Adj. (salopp: erschöpft)* knackered *(Brit. sl.)*; shattered *(Brit. coll.)*; tuckered out *(Amer. coll.)*

ausgerechnet 1. *2. Part. v.* **ausrechnen. 2.** *Adv. (ugs.: gerade)*: **heute/morgen** ~ today/tomorrow of all days; ~ **hier** here of all places; ~ **Sie** you of all people; ~ **jetzt kommt er/muß er kommen** he would have to come [just] now [of all times]; ~ **ihm muß das passieren** it would have to happen to him of all people; ~ **das** that of all things

aus·geschlafen 1. *2. Part. v.* **ausschlafen. 2.** *Adj. (ugs.: gewitzt)* wide-awake

aus·geschlossen 1. *2. Part. v.* **ausschließen. 2.** *Adj.; nicht attr.* **das ist ~:** that is out of the question; **es ist nicht ~, daß ...:** one cannot rule out the possibility that ...; it is not impossible that ...; **jeder Irrtum ist ~:** there can be no possibility of a mistake

aus·geschnitten 1. *2. Part. v.* **ausschneiden. 2.** *Adj.* low-cut *(dress, blouse, etc.)*; **ein tief/weit ~es Kleid** a dress with a plunging neckline; a very low-cut dress

ausgesorgt *Adj. (ugs.)* **[finanziell]** ~ **haben** be comfortably off

ausgespielt 1. *2. Part. v.* **ausspielen. 2.** *Adj.* **in ~ haben** be finished; **bei mir hat er ~** *(ugs.)* he's had it as far as I'm concerned *(coll.)*

aus·gesprochen 1. *2. Part. v.* **aussprechen. 2.** *Adj.* definite, marked *(preference, inclination, resemblance)*; pronounced *(dislike)*; marked *(contrast)*; **~es Pech/Glück haben** be decidedly unlucky/lucky; **ein ~es Talent für etw.** a definite talent for sth.; **ein ~er Gegner von etw. sein** be a strong opponent of sth. **3.** *adv. (besonders)* decidedly; downright *(stupid, ridiculous, ugly)*

aus|gestalten *tr. V.* **a)** *(in bestimmter Weise gestalten)* arrange; *(formulieren)* formulate; **b)** *(ausbauen)* develop *(zu* into*)*

Aus·gestaltung die a) *o. Pl.; s.* **ausgestalten a, b:** arrangement; development; formulation; **b)** *(Form)* form

ausgestellt 1. *2. Part. v.* **ausstellen. 2.** *Adj.* flared *(skirts, trousers, etc.)*

aus·gestorben 1. *2. Part. v.* **aussterben. 2.** *Adj.* **[wie] ~:** deserted; **die Stadt ist wie ~:** this is like a ghost town

Ausgestoßene der/die; *adj. Dekl.* outcast

aus·gesucht 1. *2. Part. v.* **aussuchen. 2.** *Adj.* **a)** *(erlesen)* choice; exquisite *(jewellery, clothes, furniture)*; select *(company)*; **b)** *(besonders groß)* exceptional; extreme; **c)** *(wenig Auswahl bietend)* **diese Sachen sind ziemlich ~:** there aren't many good things left. **3.** *adv. (besonders)*; extremely

aus·gewachsen 1. *2. Part. v.* **auswachsen. 2.** *Adj.* **a)** fully-grown; adult *(man, woman)*; **b)** *(fig. ugs.) (richtig)* real *(storm, gale)*; *(groß)* full-blown *(scandal)*; utter, complete *(nonsense, fool, idiot)*

aus·gewogen 1. *2. Part. v.* **auswiegen. 2.** *Adj. (ausgeglichen)* balanced; [well-]balanced *(personality)*. **3.** *adv.* in a balanced way

Aus·gewogenheit die; ~: balance

ausgezeichnet [od. '--'--] **1.** *2. Part. v.* **auszeichnen. 2.** *Adj.* excellent; outstanding *(expert)*. **3.** *adv.* excellently; ~ **Tennis spielen können** be an excellent tennis player; **sie paßt ~ zu ihm** he suits him very well indeed

ausgiebig ['ausgi:bɪç] **1.** *Adj.* **a)** substantial, large *(meal)*; good long *(walk, sleep, rest, drive)*; extensive *(study)*; abundant *(credit)*; **~en Gebrauch von etw. machen** make full use of sth.; **b)** *(veralt.) s.* **ergiebig. 2.** *adv. (profit)* handsomely; *(read)* extensively; **von etw. ~ Gebrauch machen** make full use of sth.; ~ **frühstücken** eat a substantial breakfast; ~ **wandern** walk extensively; **etw. ~ betrachten** have a close long look at

sth.; **sich ~ strecken** have a good stretch; ~ **gähnen** have a good yawn

aus|gießen *unr. tr. V.* **a)** *(aus einem Gefäß gießen)* pour out *(aus* of*)*; **b)** *(leeren)* empty; **c)** *(geh.: über jmdn./etw. gießen)* pour *(über + Akk.* over*)*; **seinen Spott/seine Verachtung/seinen Zorn über jmdn. ~:** pour scorn/contempt on sb./vent one's rage on sb.; **d)** *(Technik: ausfüllen)* fill *(mit* with*)*

Ausgießung die; ~ **in die ~ des Heiligen Geistes** *(christl. Rel.)* the effusion of the Holy Spirit

Ausgleich der; ~[e]s, ~e a) *(von Unregelmäßigkeiten)* evening out; *(von Spannungen)* easing; *(von Differenzen, Gegensätzen)* reconciliation; *(eines Konflikts)* settlement; *(Schadensersatz)* compensation; *(einer Rechnung, Schuld)* settlement; *(eines Kontos)* balancing; **einen ~ der verschiedenen Interessen anstreben** strive to reconcile differing interests; **um ~ bemüht sein** be at pains to promote compromise; **als** *od.* **zum ~ für etw.** to make up or compensate for sth.; **im Büro hat er wenig Bewegung, deshalb spielt er Tennis zum ~:** he doesn't get much exercise in the office, so, to compensate, he plays tennis; **eine auf ~ und Zusammenarbeit gerichtete Politik** policies aimed at conciliation and cooperation; **zum ~ Ihrer Rechnung/Ihres Kontos** in settlement of your invoice/to balance your account; **einen ~ in etw.** *(Dat.)* **finden** be made up or compensated for by sth.; **b)** *(Gleichgewicht)* balance; **c)** *o. Pl. (Sport)* equalizer; **den ~ erzielen, zum ~ kommen** equalize; score the equalizer

aus|gleichen 1. *unr. tr. V.* even out *(irregularities, differences in height)*; ease *(tensions)*; reconcile *(differences of opinions, contradictions)*; settle *(conflict)*; redress *(injustice)*; compensate for *(damage)*; equalize, balance *(forces, values)*; make up for, compensate for *(misfortune, lack)*; *(Kaufmannsspr.)* settle *(bill, debt)*; discharge *(obligation)*; make up *(loss)*; *(Bankw.)* balance *(account, budget)*; **etw. durch etw. ~:** compensate for sth. by sth.; make up for sth. with sth.; **~de Gerechtigkeit** poetic justice; **sich ausgeglichen 2.** *unr. refl. V.* **a)** *(sich nivellieren)* balance out; *(sich ganz aufheben)* cancel each other out; **das gleicht sich wieder aus** one thing makes up for the other; **b)** *(Kaufmannsspr., Bankw.)* *(account, budget)* balance. **3.** *unr. itr. V. (Sport)* equalize; **zum 3:3 ~:** level the scores at three all

Ausgleichs-: **~amt das** *authority which administers system of compensation paid to individuals for damage and losses during and immediately after the Second World War;* **~getriebe das** *(Technik)* differential gear; **~sport der** sport for fitness; **~tor das, ~treffer der** *(Ballspiele)* equalizer; **~zahlung die** compensation payment

aus|gleiten *unr. itr. V.; mit sein (geh.) s.* **ausrutschen**

aus|gliedern *tr. V.* hive off; *(fig.: ausklammern)* exclude

aus|glühen *tr. V.* **a)** *(Med.)* sterilize by heating; **b)** *(Technik)* anneal

aus|graben *unr. tr. V.* **a)** *(Med.)* dig up; dig [out] *(trench, hole)*; dig out *(trapped person, avalanche victim, etc.)*; dig up, excavate *(archaeological object)*; excavate *(temple, settlement, etc.)*; dig, lift *(potatoes)*; *(aus dem Grab)* disinter, exhume *(body, corpse)*; *(fig. ugs.)* dig up; dig up, unearth *(old manuscripts, maps, etc.)*; **eine alte Geschichte wieder ~** *(fig.)* dig up *or* rake up an old story; *s. auch* **Kriegsbeil**

Aus·grabung die *(Archäol.)* **a)** *(das Ausgraben)* excavation; **b)** *(Fund)* find

Ausgrabungs-: ~arbeit die; *meist Pl.* excavation work *no pl.;* **~stätte die** excavation site

aus|greifen *unr. itr. V.* step out; **~d** extended *(gallop)*; striding *(movement)*; long *(stride)*; **weit ~d** widely spreading *(branches)*; *(fig.)* wide-ranging *(speech)*; large-scale *(plans, objectives)*

aus|grenzen *tr. V.* mark off *(aus* from*)*; mark out *(area)*; *(ausklammern, isolieren)* exclude *(aus* from*)*

Ausgrenzung die; ~: marking off; *(einer Fläche)* marking out; *(Ausklammerung, Isolierung)* exclusion

aus|gründen *tr. V. (Wirtsch.)* hive off *(aus* from*)*

Ausguck der; ~[e]s, ~e a) *(ugs., auch Seemannsspr.)* look-out post; ~ **halten** keep a look-out *(nach* for*)*; **b)** *(Seemannsspr.: Matrose)* look-out

aus|gucken *itr. V. (ugs.)* keep a look-out *(nach* for*)*; *s. auch* **Auge a**

Aus·guß der a) *(Becken)* sink; **b)** *(Abfluß)* wastepipe; **c)** *(landsch.: Tülle)* spout

aus|haben *(ugs.)* **1.** *unr. tr. V.* **a)** *(ausgelesen haben)* have finished; **b)** *(ausgezogen haben)* have taken off. **2.** *unr. itr. V. (Schule, Unterricht beendet haben)* finish school

aus|hacken *tr. V.* **a)** hoe *(weeds)*; *(potatoes, turnips, etc.)* using a hoe; **b)** *(auspicken)* **jmdm. die Augen ~:** peck out sb.'s eyes; *s. auch* **Krähe; c)** *(österr.: zerlegen)* cut up

aus|haken 1. *tr. V.* unhook. **2.** *refl. V.* come unhooked; *(zip-fastener)* come undone. **3.** *itr. V. (unpers.)* **es hakte bei ihr aus** *(ugs.) (sie begriff es nicht)* she just didn't get it; *(ihre Geduld war zu Ende)* she lost her patience

aus|halten 1. *unr. tr. V.* **a)** *(ertragen)* stand, bear, endure *(pain, suffering, hunger, blow, noise, misery, heat, etc.)*; withstand *(attack, pressure, load, test, wear and tear)*; stand up to *(strain, operation)*; **er konnte es zu Hause nicht mehr ~:** he couldn't stand it at home any more; **er hält es nirgends lange aus** he never stays in one place for long; *(wechselt häufig die Stellung)* he never stays in one job for long; **den Vergleich mit jmdm./etw. ~:** stand comparison with sb./sth.; **es läßt sich ~:** it's bearable; I can put up with it; **hier läßt es sich ~:** I could get to like this place; **er konnte es im Bett nicht ~:** he couldn't stand being in bed; **es ist nicht/nicht mehr zum Aushalten** it is/has become unbearable or more than anyone can bear; **es ist nicht mehr zum Aushalten mit dir** you've become unbearable; **das Material muß viel ~:** the material has to take a lot of wear [and tear]; **b)** *(ugs. abwertend): jmds. Unterhalt bezahlen)* keep; **er läßt sich von seiner Freundin ~:** he gets his girl-friend to keep him; **c)** *(Musik: anhalten)* hold. **2.** *unr. itr. V. (durchhalten)* hold out

aus|handeln *tr. V.* negotiate

aus|händigen *tr. V.* hand over; issue *(passport, document, etc.)*; **jmdm. etw. ~:** hand sth. over to sb./issue sb. with sth.

Aushändigung die; ~: handing over; *(eines Passes, Dokuments usw.)* issue

Aus·hang der *der* notice; **einen ~ machen** put up a notice

Aushänge·bogen der *(Druckw.)* advance sheet

¹**aus|hängen** *unr. itr. V. (notice, timetable, etc.)* have been put up; **am Schwarzen Brett ~:** be up on the notice-board *(Brit.)* or *(Amer.)* bulletin board

²**aus|hängen 1.** *unr. tr. V.* **a)** *(öffentlich anschlagen)* put up *(notice, timetable, etc.)*; **b)** *(herausheben)* take *(door)* off its hinges; take *(window)* out; unhitch *(coupling)*. **2.** *refl. V.* **a)** *(sich lösen)* *(chain)* come undone or unfastened; *(shutter, door, etc.)* come off its hinges; **b)** *(sich glätten)* *(crease)* drop out

Aus·hänger der *(Druckw.) s.* **Aushängebogen**

Aushänge·schild das; *Pl.* ~**er** [advertising] sign; advertisement *(lit. or fig.)*

aus|harren *itr. V. (geh.)* hold out; **an jmds. Seite** *(Dat.)* ~: remain at sb.'s side; **auf seinem Posten** ~: remain *or* wait at one's post
aus|härten *tr., itr. V. (Technik)* cure
aus|hauchen *tr. V. (geh.)* give off ⟨*smell, fumes*⟩; exhale, give off ⟨*perfume, scent*⟩; **seinen Geist** *od.* **sein Leben** *od.* **seine Seele** ~ *(geh. verhüll.)* breathe one's last *(literary)*
aus|hauen *unr. tr. V.* **a)** *(hineinschlagen)* hew out; **b)** *(ausmeißeln)* carve ⟨*statue, inscription, etc.*⟩; **c)** *(fällen)* thin out ⟨*trees*⟩; **d)** *(roden)* clear ⟨*forest, vineyard, etc.*⟩; **e)** *(auslichten)* prune ⟨*trees, bushes, etc.*⟩
aushäusig ['aʊshɔyzɪç] *Adj.* out-of-house, *(Amer.)* independent ⟨*worker, contractor*⟩; **[viel]** ~ **sein** be away from home [a great deal]
aus|heben *unr. tr. V.* **a)** *(ausschaufeln)* dig out ⟨*earth, sand, etc.*⟩; dig ⟨*channel, trench, grave*⟩; **b)** s. ²**aushängen 1 b**; **c)** *(aus dem Nest nehmen)* steal ⟨*eggs, birds*⟩; *(leeren)* rob ⟨*nest*⟩; *(fig. unschädlich machen)* break up ⟨*gang, ring, etc.*⟩; raid ⟨*club, casino, hiding-place, outpost*⟩; pick up, catch ⟨*criminal, terrorist*⟩; **d)** *(österr.)* empty ⟨*postbox*⟩; **e)** *(veralt.: einziehen)* levy, recruit ⟨*troops, army*⟩; **f)** *(Ringen)* jmdn. ~: execute a pick-up on sb.
aus|hebern *tr. V. (Med.)* jmdm. den Magen ~: pump out sb.'s stomach
aus|hecken *tr. V. (ugs.)* hatch ⟨*plan, intrigue*⟩; plan ⟨*attack*⟩; **immer neue Streiche** ~: keep on thinking up new tricks
aus|heilen 1. *itr. V.; mit sein* ⟨*injury, organ*⟩ heal [up]; ⟨*patient, illness*⟩ be cured. **2.** *tr. V.* **bis er seine Verletzung ausgeheilt hatte** until his injury had healed
aus|helfen *unr. itr. V.* help out; **jmdm. [mit** *od.* **bei etw.]** ~: help sb. out [with sth.]
aus|heulen *(ugs.) refl. V.* **sich bei jmdm.** ~: cry one's heart out on sb.'s shoulder
Aus·hilfe die a) *o. Pl. (das Aushelfen)* help; **sie arbeitet in der Kantine zur** ~: she helps out in the canteen; **b)** *(Aushilfskraft)* temporary worker; *(in Läden, Gaststätten)* temporary helper *or* assistant; *(Sekretärin)* temporary secretary; temp *(coll.)*; **als** ~ **arbeiten** help out on a temporary basis
Aushilfs-, aushilfs-: ~**arbeit die;** *meist Pl.* temporary work *no pl.;* ~**arbeiten** *Pl.* temporary work *sing.;* temporary jobs; ~**kraft die** temporary worker; *(in Läden, Gaststätten)* temporary helper *or* assistant; *(Sekretärin)* temporary secretary; temp *(coll.);* ~**weise** *adv.* on a temporary basis
aus|höhlen *tr. V.* hollow out; erode ⟨*rock, cliff, etc.*⟩; *(fig.: untergraben)* undermine; **ausgehöhlte Wangen** *(fig.)* hollow cheeks; **einen Begriff** ~ *(fig.)* render a concept meaningless
Aushöhlung die; ~**, ~en a)** *o. Pl. s.* **aushöhlen:** hollowing out; erosion; undermining; **b)** *(ausgehöhlte Stelle)* hollow
aus|holen 1. *itr. V.* **a)** *(zu einer Bewegung ansetzen)* **[mit dem Arm]** ~: draw back one's arm; *(zum Schlag)* raise one's arm; **er holte zum Schlag aus** he raised his fist/sword *etc.* to strike; **er holte zum Wurf aus** he drew back his arm ready to throw; **zum Gegenschlag** ~ *(fig.)* prepare to counter-attack; **zu einem Coup** ~ *(fig.)* prepare a coup; **b)** *(ausgreifen)* step out; **[weit]** ~**de Schritte long strides**; **c)** *(weitschweifig sein)* range far afield; *(weit zurückgehen)* go back a long way. **2.** *tr. V. (landsch.: ausfragen)* **jmdn. über etw.** *(Akk.) od.* **nach etw.** ~: question *or* *(coll.)* quiz sb. about sth.
aus|holzen *tr. V.* **a)** *(lichten)* thin out; **b)** *(abholzen)* clear
aus|horchen *tr. V.* jmdn. über etw. *(Akk.) od.* nach etw. ~: sound sb. out about sth.
Aus·hub der *(Tiefbau)* **a)** *o. Pl.* excavation; **b)** *(ausgehobene Erde)* excavated material
aus|hungern *tr. V.* starve out ⟨*city, fortress, garrison, etc.*⟩; *s. auch* **ausgehungert 2**

aus|husten 1. *tr. V.* cough up. **2.** *itr., auch refl. V. (zu Ende husten)* finish coughing
aus|ixen *tr. V. (ugs.)* x out
aus|jäten *tr. V.* weed ⟨*garden, flower-bed*⟩; weed out ⟨*dandelions etc.*⟩; **Unkraut** ~: weed
aus|kämmen *tr. V.* **a)** *(entfernen)* comb out ⟨*dust, dirt*⟩; **jmdm./sich etw. aus dem Haar** ~: comb sth. out of sb.'s/one's hair; **b)** *(glätten, ordnen)* comb out ⟨*hair*⟩
aus|kegeln *tr. V.* **a)** **einen Pokal** *usw.* ~: bowl for a cup *etc.*; **b)** *(südd., österr.: ausrenken)* **sich/jmdm. den Arm** ~: put one's/sb.'s arm out [of joint]
aus|kehren *tr. (auch itr.) V. (bes. südd.) s.* **ausfegen**
aus|keimen *itr. V.; auch mit sein* germinate; ⟨*potatoes*⟩ sprout
aus|kennen *unr. refl. V. (in einer Stadt, an einem Ort usw.)* know one's way around *or* about; *(in einem Fach, einer Angelegenheit usw.)* know what's what; **sie kennt sich in dieser Stadt aus** she knows her way around the town; **man kennt sich bei ihm nicht aus** you don't know where you are with him; **sich [gut] mit/in etw.** *(Dat.)* ~: know [a lot] about sth.; **sich mit den Klassikern/jmds. Jargon** ~: be familiar with the classics/sb.'s jargon; **sich bei den Frauen** ~: know a lot about women
aus|kernen *tr. V.* stone
aus|kippen *tr. V.* **a)** *(entfernen aus)* tip out; **b)** *(leeren)* empty
aus|klammern *tr. V.* **a)** *(Math.)* place outside the brackets; **b)** *(beiseite lassen)* leave aside; *(nicht zulassen)* exclude
aus|klamüsern *tr. V. (ugs.)* figure *or* work out
Aus·klang der a) *(geh.; Abschluß)* end; **zum** ~ **der Saison/des Festes** to end *or* close the season/festival; **b)** *(Musik: Ende)* final notes/chord/chorus *etc.*; **einen heiteren** ~ **haben** end brightly
ausklappbar ['aʊsklapbaːɐ̯] *Adj.* fold-out; **die Couch ist** ~: the couch folds out
aus|klarieren *tr. V. (Zollw., Seew.)* clear
aus|klauben *tr. V. (südd., österr., schweiz.)* pick out
aus|kleiden 1. *tr. V.* **a)** *(geh.: entkleiden)* undress; **b)** *(überziehen mit)* line. **2.** *refl. V. (geh.)* undress; disrobe *(formal)*
Aus·kleidung die lining ⟨*eines Schwimmbeckens, Gartenteichs*⟩; liner
aus|klingen *itr. V.* **a)** *mit sein (ausgehen)* end; **b)** *mit sein (verklingen)* ⟨*song*⟩ finish; ⟨*music, final notes*⟩ die away; **c)** *(bell)* cease *or* stop ringing
aus|klinken 1. *tr. (auch itr.) V.* release. **2.** *refl. V.* release itself/themselves; *(fig.)* opt out
aus|klopfen *tr. V.* **a)** *(entfernen)* (mit einem Stock, Schläger) beat out (aus + *Dat.* of); *(durch Anklopfen)* knock *or* tap out (aus + *Dat.* of); *(säubern)* beat ⟨*carpet*⟩; knock *or* tap ⟨*pipe*⟩ out
Aus·klopfer der; ~**s, ~:** carpet-beater
aus|klügeln *tr. V.* think out; work out; **ein ausgeklügeltes System** a cleverly devised system
aus|kneifen *unr. itr. V.; mit sein (ugs.)* run away **(vor, aus** from)
aus|knipsen *tr. V. (ugs.)* switch *or* turn off
aus|knobeln *tr. V. (ugs.)* **a)** *(durch Knobeln entscheiden)* **sie knobelten aus, wer anfangen sollte** they threw dice to decide who would start; **die nächste Runde Bier** ~: throw dice to decide who will stand the next round of beer; **b)** *(austüfteln)* work out
ausknöpfbar ['aʊsknœpfbaːɐ̯] *Adj.* removable, detachable ⟨*lining*⟩
aus|kochen *tr. V.* **a)** *(kochen, säubern)* boil; **b)** *(keimfrei machen)* sterilize ⟨*instruments etc.*⟩ [in boiling water]; **c)** *(salopp abwertend: sich ausdenken)* concoct; *s. auch* **ausgekocht 2**

aus|kommen *unr. itr. V.; mit sein* **a)** *(ausreichend haben, zurechtkommen)* **mit etw.** ~: manage on *or* *(coll.)* get by on sth.; **ohne jmdn./etw.** ~: manage without *or* *(coll.)* get by without sb./sth.; **der Motor kommt mit sechs Litern aus** the engine can run for a hundred kilometres on six litres; **b)** *(sich verstehen)* **mit jmdm. [gut]** ~: get along *or* on [well] with sb.; **mit ihm ist einfach nicht auszukommen** he's just impossible to get on with; **c)** *(südd., österr.: entkommen)* escape **(aus + *Dat.* from)**; **d)** *(bes. schweiz.: bekannt werden)* get out
Auskommen das; ~**s a)** *(Lebensunterhalt)* livelihood; **sein** ~ **haben** make a living; **b)** **mit ihm/ihr ist kein** ~: he/she is quite impossible [to get on with]
auskömmlich ['aʊskœmlɪç] **1.** *Adj.* adequate; **ein** ~**es Gehalt haben** earn enough to live on. **2.** *adv.* adequately
aus|kosten *tr. V. (geh.)* **a)** *(genießen)* **etw.** ~: enjoy sth. to the full; **b)** *(erleiden)* suffer
aus|kotzen *(derb)* **1.** *tr. V.* puke up *(sl.)*. **2.** *refl. V.* puke *(sl.);* **sich bei jmdm.** ~ *(fig.)* have a bloody good moan to sb. *(Brit. sl.)*
aus|kramen *tr. V. (ugs.)* dig out; *(fig.)* dig up ⟨*memories, knowledge, story*⟩
aus|kratzen 1. *tr. V.* **a)** *(entfernen)* scrape out ⟨*dirt, remains, deposit, etc.*⟩ **(aus** from); scratch ⟨*words, writing, inscription*⟩ out; *(reinigen)* scrape [out] ⟨*bowl, pan, etc.*⟩; **jmdm. am liebsten die Augen** ~ **mögen** *(ugs.)* want to scratch sb.'s eyes out; **b)** *(Med.) s.* **ausschaben 2. 2.** *itr. V.; mit sein (salopp)* do a bunk *(Brit. sl.);* beat it *(sl.);* **vor jmdm.** ~: beat it to avoid sb.
Auskratzung die; ~**, ~en** *(Med.) s.* **Ausschabung**
aus|kriechen *unr. itr. V.; mit sein* hatch [out]
aus|kriegen *tr. V. (ugs.) s.* **ausbekommen**
aus|kristallisieren 1. *tr. V.* crystallize out. **2.** *itr. V.; mit sein* crystallize out
aus|kugeln *tr. V.* **sich** *(Dat.)* **den Arm/die Schulter** *usw.* ~: put one's arm/shoulder *etc.* out [of joint]; dislocate one's arm/shoulder *etc.*; **jmdm. den Arm/die Schulter** ~: dislocate sb.'s arm/shoulder *etc.*
aus|kühlen 1. *tr. V.* chill ⟨*person, body*⟩ through. **2.** *itr. V.; mit sein* cool down
Aus·kühlung die; *o. Pl.* loss of body heat; exposure
auskultieren [aʊskʊl'tiːrən] *tr. V. (Med.)* auscultate
aus|kundschaften *tr. V.* find out; trace ⟨*arrival, relative*⟩; find ⟨*opportunity*⟩; track down ⟨*refuge, criminal, enemy, etc.*⟩; sound out ⟨*mood, attitude*⟩; spy out ⟨*place*⟩
Auskunft die; ~**, Auskünfte a)** *(Information)* piece of information; **Auskünfte** *sing.;* **[jmdm. über etw.** *(Akk.)]* ~ **geben** *od.* **erteilen** give [sb.] information [about sth.]; **sie gab auf alle Fragen** ~: she answered all the questions; **können Sie mir bitte** ~ **geben, wann ...?** *(geh.)* can you please tell me when ...?; ~/**Auskünfte über jmdn./etw. einholen** *od.* **einziehen** obtain information about sb./sth.; *s. auch* **näher b**; **b)** *o. Pl. (Stelle)* information desk/counter/office/centre *etc.; (Fernspr.)* directory enquiries *no art. (Brit.);* directory information *no art. (Amer.);* "~" 'Information'; 'Enquiries' *(Brit.)*
Auskunftei die; ~**, ~en** private detective agency; *(Kredit-)* credit reference agency
Auskunfts-: ~**beamte der** *(Schalterbeamte)* enquiry office clerk *(Brit.);* information office clerk *(Amer.); (Bahnsteigbeamte)* inspector; ~**büro das** information office; enquiry office *(Brit.);* ~**dienst der** *(Fernspr.)* directory enquiries *no art. (Brit.);* directory information *no art. (Amer.);* ~**pflicht die;** *o. Pl. (Rechtsw.)* obligation to provide information; ~**schalter der** information counter; ~**stelle die** information office

aus|kuppeln *itr. V.* disengage the clutch; declutch

aus|kurieren *tr. V.* heal ⟨*wound*⟩ [completely]; jmdn. ~: cure sb. [completely]; **der Spieler, der seit Wochen eine Oberschenkelzerrung auskuriert** the player, who has been recovering from a thigh strain for weeks

aus|lachen *tr. V.* jmdn. ~: laugh at sb.; **laß dich nicht ~**: don't be ridiculous

¹**aus|laden** *unr. tr. V.* unload (**aus** from)

²**aus|laden** *unr. tr. V.* jmdn. ~: cancel one's invitation to sb.

ausladend *Adj.* prominent ⟨*forehead*⟩; jutting ⟨*chin*⟩; broad ⟨*shoulders*⟩; extensive ⟨*roots*⟩; widely spreading ⟨*branches*⟩; *(fig.)* sweeping ⟨*gestures, movements*⟩

Aus·lage die a) *Pl. (Unkosten)* expenses; **unsere ~n für Strom/Heizung/Wasser** *usw.* our outlay *sing.* on electricity/heating/water *etc.;* b) *(ausgestellte Ware)* item or article on display; **~n** goods on display; c) *(Schaufenster)* shop-window; window display; *(Vitrine)* display cabinet; d) *(Boxen)* stance; **in der linken/rechten ~ boxen** use the orthodox stance/be a southpaw *(coll.)* or left-hander; e) *(Fechten)* on-guard position; f) *(Rudern)* recovery; **in die ~ gehen** recover

Aus·land das; *o. Pl.* foreign countries *pl.;* **im/ins ~**: abroad; **aus dem ~**: from abroad; **aus den sozialistischen und dem kapitalistischen ~**: from other countries, both socialist and capitalist; **die Literatur/Intervention/Hilfe des ~s** foreign literature/intervention/aid; **die Meinung des ~s** opinion abroad; **das ~ hat zurückhaltend reagiert** foreign reaction or the reaction of other countries *pl.* was guarded

Ausländer der; **~s, ~**: foreigner; alien *(Admin. lang., Law);* **~ sein** be a foreigner

ausländer·feindlich *Adj.* hostile to foreigners *postpos.*

Ausländerin die; **~, ~nen** *s.* **Ausländer**; *s. auch* **-in**

ausländisch *Adj.; nicht präd.* foreign; exotic ⟨*plant, animal*⟩

Auslands-: ~anleihe die *(Bankw.)* foreign loan; **~aufenthalt** der stay abroad; **~beziehungen** *Pl.* foreign relations; **~deutsche** der/die expatriate German; German national living abroad; **~gespräch** das *(Fernspr.)* international call; **~korrespondent** der foreign correspondent; **~reise** die trip abroad; **~schule** die school run by one country on another's territory; **~schutz·brief** der *(Versicherungsw.)* international travel cover documents *pl.;* **~tournee** die foreign tour; **~vertretung** die a) *(von Firmen usw.)* foreign agency; b) *(diplomatische Vertretung)* foreign mission

aus|langen *itr. V. (landsch.)* a) *(ausholen)* [**mit dem Arm**] ~: draw back one's arm; *(zum Schlag)* raise one's hand; **nach jmdm. ~**: raise one's arm to hit sb.; b) *(ausreichen)* be enough

Auslaß der; **Auslasses, Auslässe** *(Technik)* outlet

aus|lassen 1. *unr. tr. V.* a) *(weglassen)* leave out; leave out, omit *(detail, passage, word, etc.);* b) *(versäumen)* miss ⟨*chance, opportunity, etc.*⟩; c) *(abreagieren)* vent (**an** + *Dat.* on); release ⟨*tension*⟩; **seinen Ärger/Zorn/seine Wut an jmdm. ~**: vent one's anger on sb.; take one's anger out on sb.; d) *(ugs.: nicht tragen, nicht einschalten)* etw. ~: leave sth. off; e) *(zerlassen)* melt ⟨*bacon fat*⟩ down; melt ⟨*butter*⟩; f) *(länger machen)* let down; *(weiter machen)* let out. 2. *unr. refl. V. (abwertend:* sich äußern*)* talk, speak (**über** + *Akk.* about); *(schriftlich)* write (**über** + *Akk.* about); *(sich verbreiten)* hold forth (**über** + *Akk.* about); **sich im Detail/näher ~**: go into detail/more detail; *s. auch* **ausgelassen 2, 3**

Auslassung die; **~, ~en** a) *(Weglassung)*

omission; b) *meist Pl. (oft abwertend: Äußerung)* remark

Auslassungs-: ~punkte *Pl.* omission marks; ellipsis *sing.;* **~zeichen** das *(Sprachw.)* apostrophe

aus|lasten *tr. V.* a) *(vollladen)* fully load; b) *(voll ausnutzen)* etw. ~: use sth. to full capacity; **seine/ihre** *usw.* **Kapazität ~** ⟨*mine, factory, etc.*⟩ be working to full capacity; **ausgelastet sein** ⟨*mine, factory, etc.*⟩ be working to full capacity; c) *(voll beanspruchen)* fully occupy; *(befriedigen)* fulfil

aus|latschen *tr. V. (ugs.)* wear ⟨*shoes etc.*⟩ out of shape

Auslauf der a) *o. Pl.* **keinen/zuwenig ~ haben** have no/too little chance to run around outside; **der Hund braucht viel ~**: the dog needs plenty of exercise; b) *(Raum)* space to run around in; *(für Hühner, Enten usw.)* run; *(für Pferde)* paddock; c) *(Fechten)* runback; *(Ski)* outrun; run-out; d) *(Abfluß)* outlet

aus|laufen 1. *unr. itr. V.;* **mit sein** a) *(herausfließen)* run out (**aus** of); ⟨*pus*⟩ drain; b) *(leer laufen)* empty; ⟨*eye*⟩ drain; ⟨*egg*⟩ run out; *(undicht sein)* leak; c) *(in See stechen)* sail, set sail (**nach** for); d) *(erlöschen)* ⟨*contract, agreement, etc.*⟩ run out; e) *(nicht fortgesetzt werden)* ⟨*model, line*⟩ be dropped or discontinued; **etw. ~ lassen** drop or discontinue sth.; f) *(zum Stillstand kommen)* come or roll to a stop; g) *(auseinanderlaufen)* ⟨*colour, ink, etc.*⟩ run; h) *(Sport: abbremsen)* slow down; i) *(enden)* ⟨*path, road, etc.*⟩ end, *(allmählich)* peter out; j) *(übergehen)* run (**in** + *Akk.* into); **spitz ~de Türme** towers tapering to a point; k) *(einen bestimmten Ausgang nehmen)* end. 2. *unr. refl. V.* **die Kinder konnten sich mal richtig ~**: the children could run about to their heart's content

Aus·läufer der a) *(Geogr.)* foothill *usu. in pl.;* b) *(Met.) (eines Hochs)* ridge; *(eines Tiefs)* trough; c) *(Bot.)* runner; d) *(schweiz.: Bote)* delivery man/boy

aus|laugen *tr. V.* leach ⟨*soil*⟩; leach [out] ⟨*salts etc.*⟩ (**aus** from); *(fig.)* drain, exhaust, wear out ⟨*person*⟩; exhaust ⟨*economy*⟩

Aus·laut der *(Sprachw.)* final sound; auslaut; **im ~**: in final position

aus|lauten *itr. V. (Sprachw.)* **auf „d" ~**: have 'd' in final position; **ein ~der Konsonant** a final consonant

aus|läuten *tr. V.* a) **das alte Jahr ~**: ring out the old year; b) *(veralt.: bekanntmachen)* ring out; proclaim

aus|leben 1. *refl. V.* a) *(das Leben genießen)* live to the full; **sich in seiner Arbeit ~**: find complete fulfilment in one's work; b) *(sich entfalten)* find or be given complete expression. 2. *tr. V. (geh.: verwirklichen)* give full expression to; realize ⟨*talent*⟩

aus|lecken *tr. V. (auch itr.)* V. lick out (**aus** of)

aus|leeren *tr. V.* empty [out]; empty ⟨*ashtray, dustbin, etc.*⟩; *(austrinken)* drain

aus|legen *tr. V.* a) *(zur Ansicht, Einsicht hinlegen)* lay out; display ⟨*goods, exhibits*⟩; b) *(bedecken mit)* etw. **mit Fliesen/Teppichboden ~, einen Schrank [mit Papier] ~**: line a cupboard [with paper]; *(leihen)* lend; **jmdm. etw.** *od.* **etw. für jmdn. ~**: lend sb. sth.; **ich habe das Porto für dich ausgelegt** I paid the postage for you; d) *(interpretieren)* interpret; **etw. falsch ~**: misinterpret sth.; **etw. als Furcht ~**: take sth. to be fear; e) *(für Tiere)* lay ⟨*bait*⟩; put down ⟨*poison*⟩; set ⟨*trap, net*⟩; f) *(Technik: verlegen)* lay ⟨*mine, cable, fuse, etc.*⟩; g) *(Landw.)* plant; h) *(Technik: auf eine bestimmte Leistung hin)* etw. **auf** *od.* **für etw. ~**: design sth. for sth.

Ausleger der; **~s, ~** a) *(eines Krans)* jib; boom; b) *(Bootsbau)* outrigger

Auslege·ware die carpeting

Auslegung die; **~, ~en** interpretation

aus|leiern *(ugs.)* 1. *itr. V.;* **mit sein** wear out; ⟨*clothes*⟩ go baggy; **ausgeleiert** worn out; baggy ⟨*pullover, trousers, etc.*⟩. 2. *refl. V.* wear out; ⟨*pullover, trousers*⟩ go baggy; ⟨*elastic band, material*⟩ lose its stretch. 3. *tr. V.* wear out; make ⟨*pullover, trousers, etc.*⟩ go baggy; make ⟨*rubber band*⟩ lose its stretch

Ausleihe die; **~, ~n** a) *o. Pl. (das Ausleihen)* lending; b) *(Stelle)* issue desk

aus|leihen *unr. tr. V.* a) *(leihen)* borrow; **[sich** *(Dat.)***] etw. von jmdm. ~**: borrow sth. from sb.; b) *(verleihen)* lend; **jmdm.** *od.* **an jmdm. etw. ~**: lend sb. sth.; lend sth. to sb.

aus|lernen *itr. V.* finish one's apprenticeship; **ein ausgelernter Schreiner** a trained carpenter; **man lernt nie aus** *(Spr.)* you learn something new every day

Aus·lese die a) *o. Pl. (Auswahl)* selection; **eine ~ treffen** make a selection; b) *(geh.: Elite)* elite; cream; c) *(Wein)* fine wine made with selected bunches of fully ripe grapes

¹**aus|lesen** *unr. tr. V.* a) *(aussondern)* pick out (**aus** from); b) *(von Minderwertigem befreien)* sort ⟨*peas, lentils, etc.*⟩

²**aus|lesen** *unr. tr. V. (ugs.)* etw. ~: finish [reading] sth.; **etw. in einem Zug ~**: read sth. [from beginning to end] at one sitting

Auslese·verfahren das selection process

aus|leuchten *tr. V.* illuminate; *(fig.)* throw light on; *(untersuchen)* probe; **die Bühne ~**: floodlight the stage

aus|lichten *tr. V. (auch itr.) V.* prune ⟨*bush, tree, etc.*⟩; thin ⟨*wood, area, etc.*⟩

aus|liefern *tr. V.* a) *(übergeben)* jmdm. etw. *od.* etw. **an jmdn. ~**: hand sth. over to sb.; **jmdn. an ein Land ~**: extradite sb. to a country; **jmdm./einer Sache ausgeliefert sein** *(fig.)* be at the mercy of sb./sth.; b) *auch itr. (Kaufmannsspr.: liefern)* deliver

Aus·lieferung die *(Übergabe)* handing over; *(an ein Land)* extradition; **jmds. ~ fordern** demand that sb. be handed over/extradited; b) *(Kaufmannsspr.: Lieferung)* delivery

Auslieferungs-: ~abkommen das *s.* **~vertrag; ~antrag** der application for extradition; **~lager** das *(Wirtsch.)* distribution centre; **~vertrag** der extradition treaty

aus|liegen *unr. itr. V.* a) *(zur Ansicht, Einsicht)* be displayed; ⟨*newspapers, plans, etc.*⟩ be laid out, be available; b) *(zum Fang)* ⟨*trap*⟩ be set

Aus·linie die *(Ballspiele)* touchline

aus|loben *tr. V.* **10 000 DM ~**: offer a reward of 10,000 marks; *(bei einem Wettbewerb)* offer a prize of 10,000 marks

aus|löffeln *tr. V. (aufessen)* etw. ~: spoon up [all of] sth.; **jetzt muß** *od.* **kann er die Suppe ~[, die er sich eingebrockt hat]** *(fig.)* he's made his [own] bed and now he must lie in it; b) *(leer essen)* spoon up everything out of ⟨*plate, bowl, etc.*⟩

aus|löschen *tr. V.* ⟨*löschen*⟩ extinguish, put out ⟨*fire, lamp*⟩; snuff, put out, extinguish ⟨*candle*⟩; put out ⟨*light*⟩; b) *(beseitigen)* rub out, erase ⟨*drawing, writing*⟩; ⟨*wind, rain*⟩ obliterate ⟨*tracks, writing*⟩; *(fig.)* obliterate, wipe out ⟨*memory*⟩; extinguish ⟨*life*⟩; wipe out ⟨*people, population*⟩

aus|losen *tr. V.* etw. ~: draw lots for sth.; **es wurde ausgelost, wer beginnt** lots were drawn to decide who would start; **den Gewinner ~**: draw lots to decide the winner

aus|lösen 1. *tr. V.* a) *(in Gang setzen)* trigger ⟨*mechanism, device, etc.*⟩; set off, trigger ⟨*alarm*⟩; release ⟨*camera shutter*⟩; b) *(hervorrufen, herbeiführen)* provoke ⟨*discussion, anger, laughter, reaction, outrage, heart attack, sympathy*⟩; cause ⟨*sorrow, horror, surprise, disappointment, panic, war*⟩; excite, arouse ⟨*interest, enthusiasm*⟩; evoke ⟨*memories*⟩; draw ⟨*applause*⟩; trigger [off] ⟨*crisis, chain of events, rebellion, strike*⟩; c) *(veralt.:*

einlösen, freikaufen) redeem; **d)** *(südd., österr.: lösen aus, von)* remove, take out **(aus** from); shell *(peas, beans)*. **2.** *refl. V.* ⟨*alarm*⟩ go off
Auslöser der; ~s, ~ *(Fot.)* shutter release; *(fig., Psych., Verhaltensf.)* trigger
Aus·losung die draw
Aus·lösung die **a)** *(Betätigung) (eines Mechanismus)* triggering; *(eines Alarms)* setting off; triggering; **b)** *(Hervorrufung, Herbeiführung)* s. **auslösen b:** provocation; causing; exciting; arousal; evocation; drawing; triggering [off]; **c)** *(veralt.: Einlösung, Freikauf)* redemption
aus|loten *tr. V.* **a)** *(Seew.)* sound the depth of; sound, plumb ⟨*depth*⟩; *(fig.)* sound out ⟨*intentions*⟩; **ein Problem** ~ *(fig.)* try to get to the bottom of a problem; **b)** *(Bauw.)* plumb ⟨*wall*⟩
aus|lüften 1. *tr., itr. V.* air. **2.** *refl. V. (ugs. scherzh.)* get some fresh air
aus|lutschen *tr. V. (ugs.)* suck out ⟨*juice*⟩; suck the juice from ⟨*orange, lemon, etc.*⟩
aus|machen *tr. V.* **a)** *(ugs.: ausschalten, auslöschen)* put out ⟨*light, fire, cigarette, candle*⟩; turn or switch off ⟨*television, radio, hi-fi*⟩; turn off ⟨*gas*⟩; **b)** *(vereinbaren)* agree; **einen Termin/ein Honorar** ~ **:** agree [on] a deadline/fee; **etw. mit jmdm.** ~ **:** agree sth. with sb.; **c)** *(auszeichnen, kennzeichnen)* make up; constitute; **was einen großen Künstler ausmacht** what goes to make a great artist; **die Farben machen den Reiz seiner Bilder aus** it is the colours which make his pictures attractive; **d)** *(ins Gewicht fallen)* make a difference; **wenig/nichts/viel** ~ **:** make little/no/a great or big difference; **e)** *(stören)* **das macht mir nichts aus** I don't mind [that]; **macht es Ihnen etwas aus, wenn...?** would you mind if...?; **würde es Ihnen etwas** ~, **den Platz zu wechseln?** would you mind swapping places?; **f)** *(klären)* settle; **etw. mit sich allein/mit seinem Gewissen** ~ **:** sort sth. out for oneself/with one's conscience; **g)** *(erkennen)* make out; **es läßt sich nicht mit Sicherheit** ~, **ob...:** it cannot be determined with certainty whether...; **h)** *(betragen)* come to; **der Zeitunterschied/die Entfernung macht ... aus** the time difference/distance is ...; *s. auch* **ausgemacht**
aus|malen 1. *tr. V.* **a)** *(mit Farbe ausfüllen)* colour in; **b)** *(mit Malereien ausschmücken)* **das Innere einer Kirche** ~ **:** decorate the interior of a church with murals/frescoes etc.; **c)** *(schildern)* describe. **2.** *refl. V.* **sich** *(Dat.)* **etw.** ~ **:** picture sth. to oneself; imagine sth.; **das hatte ich mir so schön ausgemalt** I had pictured it as being so beautiful
aus|manövrieren *tr. V.* outmanœuvre
aus|marschieren *itr. V.; mit sein* march out **(aus** of)
Aus·maß das **a)** *(Größe, Ausdehnung)* size; dimensions *pl.*; **die ~e des Rumpfs/Kraters** *usw.* the size *sing.* or dimensions of the fuselage/crater *etc.*; **gewaltige ~e haben** be of huge or vast dimensions; **b)** *(Umfang, Grad)* extent; **bis zu einem gewissen** ~ **:** to a certain extent; **erschreckende ~e annehmen** assume horrifying dimensions; **eine Katastrophe unvorstellbaren ~es** a disaster on an unimaginable scale
aus|mergeln ['aʊsmɛrgl̩n] *tr. V.* emaciate; **ausgemergelt** gaunt, emaciated ⟨*face, body*⟩
aus|merzen ['aʊsmɛrtsn̩] *tr. V.* **a)** *(ausrotten)* eradicate ⟨*pests, insects, weeds, etc.*⟩; **b)** *(beseitigen)* eliminate ⟨*errors, slips, etc.*⟩; eliminate, cut out ⟨*offensive passages*⟩; **c)** *(aussondern)* cull ⟨*animal*⟩
aus|messen *unr. tr. V.* measure up
aus|misten *tr. (auch itr.) V.* **a)** *(von Mist säubern)* muck out; **b)** *(ugs.: von Unbrauchbarem leeren, aussortieren)* clear out
aus|mustern *tr. V.* **a)** *(Milit.: als untauglich erklären)* **jmdn.** ~ **:** reject sb. as unfit [for service]; **b)** *(als unbrauchbar ausscheiden)* take ⟨*vehicle, machine*⟩ out of service
Aus·nahme die; ~, ~n exception; **mit ~ von Peter/des Pfarrers** with the exception of Peter/of the priest; **ohne** ~ **:** without exception; **mit** *od.* **bei jmdm. eine** ~ **machen** make an exception in sb.'s case; **~n bestätigen die Regel, keine Regel ohne** ~ **:** the exception proves the rule
Ausnahme-: **~erscheinung** die exceptional phenomenon; **~fall** der exceptional case; **im ~fall** in exceptional cases; **~situation** die exceptional situation; **~zustand** der state of emergency
ausnahms·los 1. *Adj.; nicht präd.* unanimous ⟨*approval, agreement*⟩; **2.** *adv.* without exception; **~weise** *Adv.* by way of or as an exception; **Dürfen wir mitkommen? – Ausnahmsweise ja** May we come too? – Yes, just this once; **er hat es mir ~weise erlaubt** he gave me permission by way of an exception; **kann ich heute ~weise früher weg?** can I go earlier today, just as a special exception?; **wenn ich ~weise keinen Schirm bei mir habe** when, just for once, I don't have my umbrella with me
aus|nehmen 1. *unr. tr. V.* **a)** gut ⟨*fish, rabbit, chicken*⟩; **b)** *(ausschließen von)* exclude; *(gesondert behandeln)* make an exception of; **jeder irrt sich einmal, ich nehme mich nicht aus** everyone makes mistakes once in a while, and I'm no exception; *s. auch* **ausgenommen 2; c)** *(die Eier herausnehmen aus)* rob ⟨*nest*⟩; **d)** *(ugs. abwertend: neppen)* **jmdn.** ~ **:** fleece sb. **2.** *unr. refl. V. (geh.: wirken)* look; *(sich anhören)* sound
ausnehmend *(geh.)* **1.** *Adj.; nicht präd.* exceptional. **2.** *adv.* exceptionally
aus|nüchtern *tr., itr., refl. V.* sober up
Ausnüchterung die; ~, ~en sobering up; **jmdn. zur** ~ **auf die Wache bringen** take sb. to the [police] station to sober up
Ausnüchterungs·zelle die drying-out cell
aus|nutzen, *(bes. südd., österr.)* **aus|nützen** *tr. V.* **a)** *(nutzen)* **etw.** ~ **:** take [full] advantage of sth.; make [full] use of sth.; **den Raum/seine Zeit für etw.** ~ **:** use the space/one's time for sth.; **b)** *(Vorteil ziehen aus)* take advantage of; *(ausbeuten)* exploit
Aus·nutzung die, *(bes. südd., österr.)* **Ausnützung** die; ~: use; *(Ausbeutung)* exploitation; **unter voller** ~ **einer Sache** *(Gen.)* making full use of sth.
aus|packen 1. *tr., itr. V.* unpack **(aus** from); unwrap ⟨*present*⟩; *(fig. ugs.: erzählen)* come out with. **2.** *tr. V. (ugs.)* **a)** *(Geheimnisse verraten)* talk *(coll.)*; squeal *(sl.);* **b)** *(seine Meinung sagen)* sound off
aus|peitschen *tr. V.* whip; *(auf Grund eines Gerichtsurteils)* flog
Auspeitschung die; ~, ~en whipping; *(auf Grund eines Gerichtsurteils)* flogging
aus|pennen *(salopp)* **1.** *itr., refl. V.* have a decent or good kip *(Brit. sl.)* or sleep-in. **2.** *tr. V.* **seinen Rausch** ~ **:** sleep it off
aus|pfeifen *tr. V.* **jmdn./etw.** ~ **:** give sb./sth. the bird
aus|pflanzen *tr. V.* plant out
Auspizium [aʊsˈpiːtsi̯ʊm] das; ~s, Auspizien; meist Pl. *(geh.)* auspice; **unter jmds. Auspizien** *(Dat.)* under sb.'s auspices
aus|plaudern *tr. V.* let out; blab
aus|plündern *tr. V.* **a)** *(ausrauben)* **jmdn./ etw.** ~ **:** rob sb./sth. [of everything]; **b)** *(völlig plündern, auch fig.)* plunder
aus|polstern *tr. V.* pad; **pad** ⟨*jacket, coat, etc.*⟩ [out]; **gut ausgepolstert sein** *(fig. scherzh.)* be well upholstered *(joc.)*
aus|posaunen *tr. V. (ugs. abwertend)* tell the whole world about *(fig.)*
aus|powern [-poːvɐn] *tr. V. (ugs. abwertend)* bleed ⟨*organization, country, nation*⟩ dry or white; exploit ⟨*workers, masses*⟩; *(fig.)* impoverish ⟨*soil, fields, market*⟩
aus|prägen 1. *refl. V.* **a)** *(offenbar werden)* show itself; ⟨*contradiction*⟩ manifest itself; **b)** *(sich herausbilden)* develop; ⟨*peculiarity*⟩ become more pronounced; *s. auch* **ausgeprägt 2. 2.** *tr. V. (prägen)* mint **(zu** into)
Aus·prägung die **a)** *(das Prägen)* minting; **b)** *(charakteristische Form)* form; **c)** *(das Sichherausbilden)* development [in a more pronounced form]; *(der Persönlichkeit)* moulding
aus|pressen *tr. V.* press or squeeze out ⟨*juice*⟩; squeeze ⟨*orange, lemon*⟩ *(mit einer Presse)* press the juice from ⟨*grapes etc.*⟩; press out ⟨*juice, oil*⟩; *(fig.: ausbeuten)* squeeze ⟨*country, population, etc.*⟩ [dry]; *(fig.: ausfragen)* grill; *(aus Neugier)* pump; *s. auch* **Zitrone**
aus|probieren *tr. V.* try out
Aus·puff der exhaust
Auspuff-: **~gase** *Pl.* exhaust fumes *pl.;* **~rohr** das exhaust pipe; **~topf** der silencer *(Brit.);* muffler *(Amer.)*
aus|pumpen *tr. V.* pump out; *s. auch* **ausgepumpt 2**
aus|punkten *tr. V. (Boxen)* outpoint; beat on points; *(fig.)* outdo
aus|pusten *tr. V. (ugs.)* blow out; blow ⟨*egg*⟩
aus|putzen 1. *tr. V.* **a)** *(auslichten, beschneiden)* prune; **b)** *(bes. südd.: reinigen)* clean out; **c)** *(veralt.: schmücken)* deck out. **2.** *itr. V. (Fußball)* play as sweeper
Aus·putzer der; ~s, ~ *(Fußball)* sweeper
aus|quartieren *tr. V.* move out; billet out ⟨*troops*⟩
aus|quatschen *(salopp)* **1.** *tr. V.* let out; blab; **alles** ~ **:** spill the beans *(coll.)*. **2.** *refl. V.* **sich mit jmdm.** ~ **:** have a really or *(Amer.)* real good chat with sb.; *(sich aussprechen)* have a heart-to-heart with sb. *(coll.)*
aus|quetschen *tr. V.* **a)** squeeze out; squeeze ⟨*orange, lemon, etc.*⟩; **b)** *(ugs.: ausfragen)* grill; *(aus Neugier)* pump; *s. auch* **Zitrone**
aus|radieren *tr. V.* rub out; erase; *(fig.)* annihilate, wipe out ⟨*village, city, etc.*⟩; liquidate ⟨*person*⟩
aus|rangieren *tr. V. (ugs.)* throw out; discard; scrap ⟨*vehicle, machine*⟩; **ausrangierte Fahrzeuge** scrap vehicles
aus|rasieren *tr. V.* shave ⟨*neck, leg, etc.*⟩; shave off ⟨*hair*⟩; **jmdn./sich die Haare im Nacken/den Nacken** ~ **:** shave sb.'s/one's neck
¹aus|rasten *itr. V.; mit sein (Technik)* disengage; **er rastete aus, es rastete bei ihm aus** *(fig. salopp)* something snapped in sb.
²aus|rasten *itr., refl. V. (südd., österr.)* have a decent or good rest
aus|rauben *tr. V.* rob
aus|räubern *tr. V.* raid; rob; *(scherzh.: plündern)* raid; **jmdn.** ~ **:** rob sb. [of everything]; *(fig.)* clean sb. out
aus|räuchern *tr. V. (auch fig.)* smoke out; fumigate ⟨*room*⟩
aus|raufen *itr. V.* pull or tear out; **ich könnte mir die Haare** ~ *(fig.)* I could kick myself
aus|räumen *tr. V.* **a)** *(herausnehmen)* clear out **(aus** of); **b)** *(leer räumen)* clear out; **c)** *(beseitigen)* clear up; dispel ⟨*prejudice, suspicion, misgivings*⟩; **d)** *(ugs.: ausrauben)* clear out *(coll.)*; **e)** *(Med.)* remove; *(mit der Kürette)* curette. **2.** *itr. V.* clear everything out
aus|rechnen 1. *tr. V.* **a)** *(lösen)* work out; **b)** *(errechnen)* work out; calculate. **2.** *refl. V.* **das kannst du dir leicht** ~ *(ugs.)* you can easily work that out [for yourself]; **sich** *(Dat.)* **Vorteile/gute Chancen** ~ **:** reckon that one has advantages/good prospects; *s. auch* **ausgerechnet 2**
Aus·rede die excuse
aus|reden 1. *itr. V. (zu Ende reden)* finish

[speaking]. 2. *tr. V.* **jmdm. etw. ~:** talk sb. out of sth.; **sie versuchten, ihm das Mädchen auszureden** *(ugs.)* they tried to persuade him to give up the girl. 3. *refl. V. (südd., österr.) s.* **aussprechen 2 c**

aus|regnen *itr., refl. V. (unpers.)* stop raining

aus|reiben *unr. tr. V.* a) *(entfernen aus)* rub out ⟨*stain etc.*⟩; b) *(reinigen)* rub ⟨*pot, pan, etc.*⟩ clean; wipe out ⟨*glasses*⟩; **sich** *(Dat.)* **die Augen ~:** rub one's eyes; c) *(österr.: scheuern)* scrub

aus|reichen *itr. V.* a) *(genügen)* be enough *or* sufficient (**zu** for); **die Zeit/der Platz reicht [nicht] aus** there's [not] enough *or* sufficient time/space; b) *(ugs.: auskommen)* get by *(coll.)*, manage (**mit** on)

ausreichend 1. *Adj.* sufficient; enough; *(als Note)* fair. 2. *adv.* sufficiently; **etw. ~ begründen/erklären** give an adequate justification for/explanation of sth.

aus|reifen *itr. V.; mit sein* ⟨*fruit, cereal, etc.*⟩ ripen fully; ⟨*cheese, wine, etc.*⟩ mature fully; *(fig.)* mature [fully]

Aus·reise *die:* **jmdm. die ~ verweigern** refuse sb. permission to leave [the/a country]; **vor/bei der ~:** before/when leaving the country

Ausreise-: **~erlaubnis** *die,* **~genehmigung** *die* exit permit

aus|reisen *itr. V.; mit sein* leave [the country]; **aus einem Land/nach Österreich** *usw.* **~:** leave a country/go to Austria *etc.*

ausreise·willig *Adj.* wanting to leave the country *postpos.*

aus|reißen 1. *unr. tr. V.* tear out; pull out ⟨*plants, weeds*⟩; **jmdm. die Haare ~:** tear sb.'s hair out; **einer Fliege** *(Dat.)* **die Beine/Flügel ~:** pull a fly's legs/wings off. 2. *unr. itr. V.; mit sein* a) *(sich lösen)* ⟨*sleeve*⟩ come off *or* away; ⟨*button, handle*⟩ come off; *(einreißen)* ⟨*buttonhole*⟩ tear; ⟨*seam*⟩ split, pull apart; b) *(ugs.: weglaufen)* run away *(Dat.* from); **von zu Hause ~:** run away from home; c) *(Sport: Vorsprung gewinnen)* break away *(Dat.* from)

Aus·reißer *der* a) *(ugs.)* runaway; b) *(Statistik)* outlier; c) *(Sport: Läufer/Radfahrer)* runner/rider breaking away from the field; d) *(Schießsport)* stray bullet

Ausreißerin *die;* **~, ~nen** *s.* **Ausreißer a, c**

aus|reiten 1. *unr. itr. V.* a) *(wegreiten)* ride out *(aus* of); b) *(einen Ausritt machen)* go for a ride; go riding. 2. *unr. tr. V. (Reitsport)* a) *(bewegen)* exercise; b) *(Höchstleistung abfordern)* **ein Pferd ~:** ride a horse to its limit

aus|reizen *tr. V. (Kartenspiel)* **seine Karten ~:** bid the full value of one's cards

aus|renken *tr. V.* dislocate; **jmdm./sich den Arm ~:** dislocate sb.'s arm; **sich [nach jmdm.] den Hals ~** *(ugs.)* crane one's neck [to look for sb.]

aus|richten 1. *tr. V.* a) *(übermitteln)* **jmdm. etw. ~:** tell sb. sth.; **ich werde es ~:** I'll pass the message on; **kann ich ihm etwas ~?** can I give him a message?; **richte ihr einen Gruß [von mir] aus** give her my regards; **jmdm. ~, daß ...:** tell sb. that ...; b) *(einheitlich anordnen)* line up; **etw./sich in einer Linie ~:** line sth. up/line up; c) *(Technik: in eine bestimmte Lage bringen)* align; line up (**auf** + *Akk.* with); d) *(fig.)* **etw. auf jmdn./etw. ~:** orientate sth. towards sb./sth.; **sein ganzes Denken und Handeln auf etw.** *(Akk.)* **~:** direct all one's thoughts and energies towards sth.; **etw. nach** *od.* **an jmdm./etw. ~:** gear sth. to sb./sth.; **seine Entscheidung an den Bedürfnissen der Menschen ~:** make one's decision to fit in with people's needs; **reformerisch/kommunistisch ausgerichtet sein** be oriented towards reform/be communist in one's/its orientations; e) *(erwirken)* accomplish; achieve; **bei jmdm. wenig/nichts ~ können** not be able to get very far/anywhere

with sb.; **gegen jmdn./etw. etwas ~ können** be able to do something against sb./sth.; **gegen ihn wirst du nichts ~ können** you won't be able to do anything about him; f) *(veranstalten)* organize; **jmdm. die Hochzeit ~:** make the arrangements for sb.'s wedding; g) *(schweiz.: zahlen)* pay (**an** + *Akk.* to); make ⟨*payment*⟩. 2. *refl. V.* a) *(Milit.)* dress ranks; **sich nach seinem Vorder-/Hinter-/Nebenmann ~:** line [oneself] up with the person in front/behind/next to one; b) **sich an einem Vorbild ~:** follow an example

Aus·richtung *die* a) *(Technik: das Ausrichten)* alignment; b) *(Orientierung)* orientation (**auf** + *Akk.* towards); *(an Bedürfnissen, Interessen)* gearing (**an** + *Dat.,* **nach** to); c) *(Veranstaltung)* organization; **die ~ einer Hochzeit** making the arrangements for a wedding; d) *(schweiz.: Zahlung)* payment

aus|ringen *unr. tr. V. (bes. ostmitteld.) s.* **auswringen**

aus|rinnen *unr. itr. V.; mit sein (bes. südd., österr.)* a) *(herausfließen)* run out; b) *(leer werden)* empty

Aus·ritt *der* a) *(das Ausreiten)* riding out; b) *(Spazierritt)* ride [out]

aus|roden *tr. V.* root *or* grub up ⟨*tree, bush*⟩; clear ⟨*forest*⟩

aus|rollen 1. *tr. V.* roll out. 2. *itr. V.; mit sein* roll to a stop

aus|rotten *tr. V.* eradicate ⟨*weeds, vermin, etc.*⟩; *(fig.)* wipe out ⟨*family, enemy, etc.*⟩; eradicate, stamp out ⟨*superstition, idea, evil, etc.*⟩; eliminate ⟨*error*⟩

aus|rücken *unr. V.; mit sein* a) *(bes. Milit.: in den Einsatz gehen)* move out; ⟨*fire brigade, police*⟩ turn out; b) *(ugs.: weglaufen)* make off; **seinen Bewachern ~:** give one's guards the slip; **von zu Hause ~:** run away from home. 2. *tr. V.* a) *(Druckw.)* **etw. [nach links/rechts] ~:** set sth. out to the left/right; b) *(Technik: auskuppeln)* disengage

Aus·ruf *der* cry

aus|rufen *unr. tr. V.* a) *(äußern)* call out; **„Schön!" rief er aus** 'Lovely', he exclaimed; **jmdn.** *od.* **jmds. Namen ~ lassen** have a call put out for sb.; *(im Hotel)* have sb. paged; **die Haltestellen ~:** call out [the names of] the stops; b) *(offiziell verkünden)* proclaim; declare ⟨*state of emergency*⟩; call ⟨*strike*⟩; **jmdn. zum König/als Präsidenten ~:** proclaim sb. king/president; c) *(zum Kauf anbieten)* **seine Waren ~:** cry one's wares

Ausrufe-: **~satz** *der (Sprachw.)* exclamation; exclamatory clause; **~wort** *das; Pl.* **~wörter** *(Sprachw.)* interjection; **~zeichen** *das* exclamation mark

Ausrufung *die;* **~, ~en** *s.* **ausrufen b:** proclamation; declaration; calling; **nach seiner ~ zum König/Präsidenten** after he had been proclaimed king/president

Ausrufungs·zeichen *das* *(österr., schweiz.)* exclamation mark

aus|ruhen 1. *refl., itr. V. (sich erholen)* have a rest; **[sich] ein wenig/richtig ~:** rest a little/have a proper *or* good rest; **ausgeruht sein** be rested; *s. auch* **Lorbeer c.** 2. *tr. V. (ruhen lassen)* rest

aus|rupfen *tr. V.* pluck out ⟨*feathers, hair*⟩; pull up ⟨*grass, weeds, flowers*⟩

aus|rüsten *tr. V.* a) equip; equip, fit out ⟨*ship*⟩; **ein Auto mit Sicherheitsgurten ~:** fit safety belts to a car; fit a car with safety belts; b) *(Textilw.: veredeln)* finish

Aus·rüstung *die* a) *(das Ausrüsten)* equipping; *(von Schiffen)* equipping; fitting out; **die ~ des Autos mit Gurten** *usw.* the fitting of belts to the car; b) *(Ausrüstungsgegenstände, technische Einrichtung)* equipment *no pl.;* **eine neue ~:** a new set of equipment; **technische ~en** technical equipment *sing.;* c) *(Textilw.)* finishing

Ausrüstungs·gegenstand *der* item of equipment

aus|rutschen *itr. V.; mit sein* slip; *(fig.)* put one's foot in it; **jmdm. rutscht das Beil/die Feder aus** sb.'s axe/pen slips

Ausrutscher *der;* **~s, ~** a) *(ugs., auch fig.)* slip; b) *(Sport: Niederlage)* surprise defeat

Aus·saat *die* a) sowing; **mit der ~ beginnen** begin sowing; b) *(Saatgut)* seed

aus|säen *tr. (auch itr.) V. (auch fig.)* sow

Aus·sage *die* a) *(Feststellung)* statement; stated view; **nach ~ von Experten** according to what the experts say; b) *(vor Gericht, bei der Polizei)* statement; **eine ~ machen** make a statement; give evidence; **die ~ verweigern** refuse to make a statement; *(vor Gericht)* refuse to give evidence; **~ steht gegen ~:** it's one person's word against another's; c) *(geistiger Gehalt)* message; **dem Gemälde fehlt jede ~:** the painting conveys nothing

Aussage·kraft *die; o. Pl.* meaningfulness; *(Ausdruckskraft)* expressiveness

aussage·kräftig *Adj.* meaningful; *(ausdruckskräftig)* expressive

aus|sagen 1. *tr. V.* a) *(zum Ausdruck bringen)* say; **damit wird ausgesagt, daß ...:** this expresses the idea that ...; b) *(eine bestimmte Aussagekraft haben)* ⟨*picture, novel, etc.*⟩ express; c) *(vor Gericht, unter Polizei)* **~, daß ...:** state that ...; *(unter Eid)* testify that ... 2. *itr. V.* make a statement; *(unter Eid)* testify

aus|sägen *tr. V.* saw out

Aussage-: **~satz** *der (Sprachw.)* affirmative clause; **~verweigerung** *die (Rechtsw.)* refusal to give evidence

Aus·satz *der; o. Pl. (Med. veralt., fig.)* leprosy

aussätzig *Adj. (Med. veralt., fig.)* leprous

Aussätzige *der/die; adj. Dekl. (Med. veralt., fig.)* leper

aus|saufen *unr. V. (auch itr.) V.* ⟨*animal*⟩ drink [up] ⟨*water etc.*⟩ ⟨*aus* out of⟩; empty ⟨*trough etc.*⟩; b) *(derb)* **den ganzen Schnaps/eine halbe Flasche [Schnaps] ~:** drink all the schnapps/half a bottle [of schnapps]; **ein Glas Bier in einem Zuge ~:** down a glass of beer in one *(sl.)*

aus|saugen *unr. regelm. (geh. auch unr.) tr. V.* a) suck out *(aus* of); *(leer saugen)* suck dry; **eine Wunde/Apfelsine ~:** suck the poison out of a wound/suck the juice from an orange; b) *(fig.: ausbeuten)* **jmdn./etw. ~:** bleed sb./sth. [white]; **jmdn. bis aufs Blut** *od.* **Mark ~:** bleed sb. white

aus|schaben *tr. V.* a) scrape out; b) *(Med.)* remove; *(mit der Kürette)* curette

Ausschabung *die;* **~, ~en** *s.* **Kürettage**

aus|schachten *tr. V.* excavate; sink ⟨*well, shaft*⟩

Ausschachtung *die;* **~, ~en** a) *(das Ausschachten)* excavation; *(eines Brunnens, Schachtes)* sinking; b) *(Grube, Schacht usw.)* excavation

aus|schälen *tr. V. (auch Med.)* remove (**aus** from)

aus|schalten *tr. V.* a) *(abstellen)* switch *or* turn off; b) *(ausschließen)* eliminate, exclude ⟨*emotion, influence*⟩; dismiss ⟨*doubt, objection*⟩; shut out ⟨*feeling, thought*⟩

Aus·schaltung *die* a) *(das Abstellen)* switching *or* turning off; **bei ~ des Geräts** when switching *or* turning off the apparatus; b) *(Eliminierung) s.* **ausschalten b:** elimination; exclusion; dismissal

Aus·schank *der;* **~[e]s, Ausschänke** ['aus-ʃɛŋkə] a) *o. Pl.* serving; **„Heute kein ~"** 'closed today'; **„Kein ~ an Jugendliche unter 16 Jahren"** 'persons under sixteen will not be served with alcoholic drinks'; b) *(Schanktisch)* bar; counter; c) *(Gaststätte)* bar; pub *(Brit. coll.)*; bar *(Amer.)*

Aus·schau **in nach jmdm./etw. ~ halten** look out for *or* keep a look-out for sb./sth.

aus|schauen *itr. V.* a) *(Ausschau halten)*

ausschaufeln — aussegnen

nach jmdm./etw. ~ *(auch fig.)* look out for *or* keep a look-out for sb./sth.; **b)** *(südd., österr.)* s. **aussehen**
aus|schaufeln *tr. V.* dig out ⟨*earth, rubble, buried person*⟩; dig ⟨*trench, grave, hole, etc.*⟩
Ausscheid *der;* ~[e]s, ~e *(bes. DDR Sport)* qualifier
aus|scheiden 1. *unr. itr. V.; mit sein* **a)** *(eine Gemeinschaft verlassen)* **aus etw.** ~: leave sth.; **aus dem Amt** ~: leave office; **b)** *(Sport) (wegen Defekt, Verletzung)* retire; **c)** *(nicht in Betracht kommen)* **diese Möglichkeit/dieser Kandidat scheidet aus** this possibility/candidate has to be ruled out. **2.** *unr. tr. V.* **a)** *(absondern) (Physiol.)* excrete ⟨*waste*⟩; eliminate, expel ⟨*poison*⟩; exude ⟨*sweat*⟩; *(Chem.)* precipitate; **b)** *(aussondern)* eliminate; rule out ⟨*proposal, possibility*⟩
Aus·scheidung *die* **a)** *o. Pl. s.* **ausscheiden 2 a**: excretion; elimination; expulsion; exudation; precipitation; **b)** *Pl. (Physiol.)* excreta; **c)** *(Sport)* qualifier
Ausscheidungs-: ~**kampf** *der (Sport)* qualifier; ~**organ** *das (Physiol.)* excretory organ; ~**runde** *die (Sport)* qualifying round; ~**spiel** *das (Sport)* qualifying game *or* match
aus|schelten *unr. tr. V.* scold
aus|schenken 1. *tr. V.* **a)** *(servieren)* serve ⟨*alcohol, drink*⟩; **b)** *(eingießen)* pour out; *(verteilen)* serve. **2.** *itr. V.* serve drinks
aus|scheren *itr. V.; mit sein* **a)** *(eine Gruppe, Reihe usw. verlassen) (car, driver)* pull out; ⟨*ship*⟩ break out of [the] line; ⟨*aircraft*⟩ peel off, break formation; *(fig.) (aus einer Organisation)* pull out (**aus** of); **b)** *(aus der Spur geraten)* skid
aus|schicken *tr. V.* send out
aus|schießen *tr. V.* **a) jmdm. ein Auge** ~: shoot sb.'s eye out; **b)** *(Druckw.)* impose; **c)** *(Schießsport)* hold ⟨*competition*⟩; shoot for ⟨*prize*⟩; **den besten Schützen** ~: hold a competition to find the best marksman; **die Sache** ~ *(salopp)* ⟨*cowboys etc.*⟩ shoot it out *(sl.)*
aus|schiffen *tr. V.* disembark ⟨*passengers*⟩; unload ⟨*cargo*⟩
aus|schildern *tr. V.* signpost
aus|schimpfen *tr. V.* **jmdn.** ~: give sb. a telling-off; tell sb. off
aus|schlachten *tr. V.* **a)** *(ugs.: brauchbare Teile ausbauen aus)* cannibalize ⟨*machine, vehicle*⟩; break ⟨*vehicle*⟩ for spares; **b)** *(ugs. abwertend: ausnutzen)* exploit; **etw. politisch** ~: make political capital out of sth.; **c)** eviscerate ⟨*animal*⟩
aus|schlafen 1. *unr. itr., refl. V.* have a good *or* proper sleep; [**hast du jetzt**] **ausgeschlafen?** did you have a good enough sleep?; **ich hatte** *od.* **war nicht ausgeschlafen** I hadn't had enough sleep. **2.** *unr. tr. V.* **seinen Rausch** ~: sleep off the effects of alcohol
Aus·schlag *der* **a)** *(Haut~)* rash; [**einen**] ~ **bekommen** break out *or* come out in a rash; **b)** *(Abweichung) (einer Magnetnadel, Waage)* deflection; *(eines Pendels)* swing; **den** ~ **geben** *(fig.)* turn *or* tip the scales *(fig.)*; **das gab den** ~ **für seine Entscheidung** that was the crucial factor in his decision; that decided him
aus|schlagen 1. *unr. tr. V.* **a)** *(herausschlagen)* knock out; **jmdm. einen Zahn** ~: knock one of sb.'s teeth out; **b)** *(ablehnen)* turn down; reject; refuse ⟨*inheritance*⟩; **c)** *(löschen)* beat out ⟨*fire*⟩; **d)** *(auskleiden)* line ⟨*room, walls*⟩; **e)** *(Handw.: breit schlagen)* beat out. **2.** *unr. itr. V.* **a)** *(stoßen)* ⟨*horse*⟩ kick; **b)** *auch mit sein (schwingen)* ⟨*needle, pointer*⟩ be deflected, swing; ⟨*divining-rod*⟩ dip; ⟨*scales*⟩ turn; ⟨*pendulum*⟩ swing; **c)** *auch mit sein (sprießen)* come out [in bud]; **d)** *(zu Ende schlagen)* **ausgeschlagen haben** ⟨*clock*⟩ have stopped striking; *(fig. geh.)*

⟨*heart*⟩ have stopped [beating]; **e) mit sein** *(sich entwickeln)* turn out; **zu jmds. Nachteil** ~: turn out to sb.'s disadvantage
ausschlag·gebend *Adj.* decisive; **das war** ~ **für seine Entscheidung** that was the crucial factor in his decision; that decided him
aus|schlecken *s.* **auslecken**
aus|schließen *unr. tr. V.* **a)** *(aus einer Gemeinschaft entfernen)* expel (**aus** from); **b)** *(nicht teilnehmen lassen)* exclude (**aus** from); **er schließt sich von allem aus** he won't join in anything; **c)** *(ausnehmen)* exclude; rule out ⟨*possibility*⟩; **die zwei Behauptungen schließen einander aus** the two statements are mutually exclusive; **d)** *(unmöglich machen)* **jedes Mißverständnis/jeden Irrtum usw.** ~: rule out all possibility of misunderstanding/error *etc.*; **es ist nicht auszuschließen, daß** ...: one cannot rule out the possibility that ...; **e)** *(aussperren)* lock out; **f)** *(Druckw.)* justify; *s. auch* **ausgeschlossen 2**
aus·schließlich [*od.* '---, ---] **1.** *Adj.; nicht präd. (alleinig)* exclusive; exclusive, sole ⟨*concern, right*⟩. **2.** *Adv. (nur)* exclusively; **das ist** ~ **sein Verdienst** the credit is his alone. **3.** *Präp. mit Gen. (ohne, außer)* excluding; exclusive of; **der Preis versteht sich** ~ **Porto** the price does not include postage
Ausschließlichkeit [*od.* '-'---] *die;* ~: exclusiveness; **er widmet sich seinem Beruf mit einer** ~, **die** ...: he devotes himself to his job with a single-mindedness which ...
Aus·schlupf *der* way out; *(Möglichkeit zum Entkommen)* means of escape
aus|schlüpfen *itr. V.; mit sein* hatch [out]; ⟨*butterfly*⟩ emerge
aus|schlürfen *tr. V.* sip ⟨*drink*⟩ noisily; suck ⟨*oyster, egg*⟩; **sein Glas/seine Tasse** ~: empty one's glass/cup noisily
Aus·schluß *der* **a)** *(das Ausschließen)* exclusion (**von** from); *(aus einer Gemeinschaft)* expulsion (**aus** from); *(aus einem Wettbewerb)* disqualification (**aus** from); **unter** ~ **der Öffentlichkeit** with the public excluded; *(Rechtsw.)* in camera; **b)** *(Druckw.)* spaces *pl.*; spacing material
aus|schmücken *tr. V.* decorate; deck out; *(fig.)* embellish ⟨*story, incident, report, etc.*⟩
Ausschmückung *die;* ~, ~**en a)** *s.* **ausschmücken**: decoration; decking out; embellishment; **b)** *(etw. Ausschmückendes) (erfundene Einzelheit)* embellishment
aus|schnaufen *(österr., südd. ugs.) s.* **verschnaufen**
aus|schneiden *unr. tr. V.* **a)** *(herausschneiden)* cut out; **b)** prune ⟨*tree*⟩; **einen Apfel** ~: cut the rotten parts out of an apple; *s. auch* **ausgeschnitten 2**
Aus·schnitt *der* **a)** *(Zeitungs~)* cutting; clipping; **b)** *(Hals~)* neck; **ein tiefer** ~: a plunging neck-line; **er versuchte, ihr in den** ~ **zu gucken** he tried to look down the front of her dress; **c)** *(Teil, Auszug)* part; *(eines Textes)* excerpt; *(eines Films)* clip; excerpt; *(Bild~)* detail; **etw. in** ~**en lesen/kennenlernen** read/show/get to know parts of sth.; **d)** *(Kreis~)* sector; **e)** *(Loch)* [cut-out] opening
ausschnitt·weise 1. *Adj.; nicht präd.* **die** ~ **Lektüre ist unbefriedigend** reading extracts is unsatisfactory; **die** ~ **Wiedergabe einer Rede/Vorführung eines Films** the reporting of parts of a speech/showing clips from a film. **2.** *Adv.* **etw.** ~ **zitieren/abdrucken** quote/print extracts from sth.; **einen Film** ~ **zeigen** show clips from a film
aus|schnitzen *tr. V.* carve sth. out
aus|schöpfen *tr. V.* **a)** *(herausschöpfen)* scoop out (**aus** from); *(mit dem Schöpflöffel)* ladle out (**aus** of); **Wasser aus einem Boot** ~: bale water out of a boat; **b)** *(leeren)* bale ⟨*boat*⟩ out; **c)** *(voll ausnutzen)* exhaust; **alle Lebensgenüsse voll** ~: enjoy to the full all the pleasures life has to offer

aus|schrauben *tr. V.* screw out (**aus** of)
aus|schreiben *unr. tr. V.* **a)** *(nicht abgekürzt schreiben)* **etw.** ~: write sth. out in full; **einen Betrag** ~: write an amount out in words; **b)** *(ausstellen)* write *or* make out ⟨*cheque, invoice, receipt*⟩; **c)** *(bekanntgeben)* announce, call ⟨*election, meeting*⟩; impose ⟨*tax*⟩; advertise ⟨*flat, job*⟩; put ⟨*supply order etc.*⟩ out to tender
Aus·schreibung *die* **a)** *s.* **ausschreiben c**: announcement; calling; imposition; advertisement; **die** ~ **von Lieferungen** the invitation of tenders for supplies; **b)** *(Text)* announcement; *(bei Wahlen)* election notice; *(Steuerw.)* schedule; *(Anzeige, Inserat)* advertisement; *(Angebotseinholung)* invitation to tender
aus|schreien 1. *unr. tr. V.; s.* **ausrufen c**. **2.** *unr. refl. V.* **sich** *(Dat.)* **die Kehle** *od.* **die Lunge** ~: shout *or* yell one's head off
aus|schreiten *(geh.)* **1.** *unr. itr. V.; mit sein* step out. **2.** *unr. tr. V.* **eine Strecke** ~: pace out a distance
Ausschreitung *die;* ~, ~**en; meist** *Pl.* **a)** *(Gewalttätigkeit)* act of violence; **es kam zu** ~**en** violence broke out; **b)** *(veralt.: Ausschweifung)* excess
aus|schulen *tr. V.* **ausgeschult werden** leave school
Aus·schulung *die:* **nach der** ~: after leaving school
Aus·schuß *der* **a)** *(Kommission)* committee; **b)** *o. Pl. (Waren)* rejects *pl.*
Ausschuß-: ~**mitglied** *das* committee member; ~**quote** *die* reject rate; ~**sitzung** *die* committee meeting; ~**ware** *die* rejects *pl.*
aus|schütteln *tr. V.* shake ⟨*dust, tablecloth, etc.*⟩ out
aus|schütten *tr. V.* **a)** tip out ⟨*water, sand, coal, etc.*⟩; *(ausleeren)* empty ⟨*bucket, bowl, container*⟩; *(verschütten)* spill; **jmdm. seinen Kummer** ~ *(fig.)* recount one's woes *pl.* to sb.; **sich vor Lachen** ~ [**wollen**] *(ugs.)* split one's sides laughing; **die laughing** *(coll.)*; *s. auch* **Herz b**; **b)** *(auszahlen)* distribute ⟨*dividends, prizes, etc.*⟩
Ausschüttung *die;* ~, ~**en a)** distribution; **b)** *(Börsenw.)* dividend [paid]
aus|schwärmen *itr. V.; mit sein (auch fig.)* swarm out; ⟨*soldiers*⟩ deploy; *(fächerartig)* fan out
aus|schwefeln *tr. V.* **a)** *(desinfizieren)* sulphur; fumigate with sulphur; **b)** *(entfernen)* smoke out ⟨*insects, vermin*⟩ with sulphur
aus|schweifen *itr. V.; mit sein* **a)** *(imagination)* run riot; **b)** *(in seiner Lebensweise)* indulge in excess
ausschweifend 1. *Adj.* wild ⟨*imagination, emotion, hope, desire, orgy*⟩; extravagant ⟨*idea*⟩; exaggerated ⟨*account, portrayal*⟩; riotous, wild ⟨*enjoyment*⟩; dissolute, dissipated ⟨*life*⟩; dissolute ⟨*person*⟩. **2.** *adv.* ~ **leben** lead a dissolute life
Ausschweifung *die;* ~, ~**en** *(im Genießen)* dissolution; dissipation; **nächtliche** ~**en** nightly excesses; *(stärker)* nightly orgies
aus|schweigen *unr. refl. V.* remain silent
aus|schwemmen *tr. V.* **a)** wash out; wash *or* flush out ⟨*impurities, poisons*⟩; **b)** *(aushöhlen)* erode ⟨*rock*⟩; erode, wash away ⟨*beach, river bank*⟩
aus|schwenken 1. *tr. V.* **a)** *(nach außen schwenken)* swing out; **b)** *(reinigen)* rinse out. **2.** *itr. V.; mit sein* ⟨*lorry, tram*⟩ swing out; *(Milit.)* ⟨*rearguard etc.*⟩ wheel; **nach rechts/links** ~! left-wheel/right-wheel!
aus|schwitzen *tr. V.* **a)** *(ausscheiden)* sweat out; **eine Erkältung** ~ *(fig.)* sweat out a cold; **b)** *(aussondern)* ⟨*wall, stone, etc.*⟩ sweat ⟨*moisture etc.*⟩; ⟨*tree, plant*⟩ exude ⟨*sap etc.*⟩; **c)** *(Kochk.)* sweat ⟨*onion, flour*⟩
aus|segnen *tr. V. (christl. Kirchen)* give the last blessing to ⟨*dead person*⟩

aus|sehen *unr. itr. V.* look (wie like); **gut ~:** look good; *(gesund)* look well; *(schön)* be good-looking; **zum Fürchten ~:** look terrifying; **es sieht nach Regen aus** it looks like rain; **nach etwas/nichts ~** *(ugs.)* look something special/not look anything special; **wie sieht ein Okapi aus?** what does an okapi look like?; **wie sieht's aus, kannst du mitkommen?** *(ugs.)* how are you fixed, can you come with us? *(coll.)*; **na, wie sieht's aus, wie weit seid ihr?** *(ugs.)* how is it going, how far have you got *(Brit.)* or *(Amer.)* are you?; **wie sieht der denn aus?!** what does he look like!; just look at him!; ich habe [vielleicht] ausgesehen! I looked a real sight!; **es sieht danach** *od.* **so aus, als ob ...:** it looks as if ...; **Erfolgreicher junger Unternehmer! Der sieht [mir] gerade danach aus!** *(iron.)* A successful young executive! I bet!; **sehe ich so** *od.* **danach aus?** *(ugs.)* what do you take me for?; **so siehst du aus!** *(ugs.)* you've got another think coming *(coll.)*; that's what you think!; **es sieht [nicht] gut mit ihm/damit aus** things [don't] look good for him/on that front; *s. auch* **danach** d

Aussehen *das*; **~s** appearance; **dem ~ nach** going *or* judging by appearances; **etw. nach dem ~ beurteilen** judge sth. by appearances

aus|sein *unr. itr. V.; mit sein; nur im Inf. und Part. zusammengeschrieben* a) *(zu Ende sein)* *(play, film, war)* be over, have ended; **wann ist die Vorstellung aus?** what time does the performance end?; **die Schule ist aus** school is out *or* has finished; **mit ihm ist es aus** he's had it *(coll.)*; he's finished; **es ist aus mit dem schönen Leben/der Faulenzerei** the good life is over/[there'll be] no more lazing around; **zwischen uns ist es aus** it's [all] over between us; b) *(nicht mehr brennen)* *(fire, candle, etc.)* be out; c) *(ausgeschaltet sein)* *(radio, television, light, etc.)* be off; d) *(erreichen wollen)* **auf etw.** *(Akk.)* **~:** be after *or* interested in; e) *(Sport)* *(ball)* be out; f) *(ausgegangen sein)* *(person)* be out; g) *(bes. Kinderspr.: ausgeschieden sein)* be out

außen ['aʊsn̩] *Adv.* a) outside; **die Vase ist ~ bemalt** the vase is painted on the outside; **~ an der Windschutzscheibe** on the outside of the windscreen; **nach ~ hin** on the outside; outwardly; **das Fenster geht nach ~ auf** the window opens outwards; **von dem Skandal darf nichts nach ~ [hin] bedacht** *(fig.)* nothing must get out about the scandal; **er ist nur auf Wirkung nach ~ [hin] bedacht** *(fig.)* he is only concerned with [outward] effect; **von ~:** from the outside; **Hilfe von ~ nötig haben** *(fig.)* need outside help; **er läuft/spielt ~** *(Sport)* he's running in the outside lane/playing on the wing; **~ vor bleiben** *(ugs.)* be ignored; **jmdn./etw. ~ vor lassen** *(ugs.)* ignore sb./sth.; **~ vor lassen, daß ...** *(ugs.)* ignore the fact that ...; b) *(österr.: [hier] draußen)* outside; out here; **hier ~:** out here

Außen *der*; **~, ~** *(Sport)* wing; winger

Außen-: **~ansicht die** exterior view; **~antenne die** outdoor aerial; **~arbeiten** *Pl.* outside work; **~aufnahme die** *(Film)* exterior [shot]; location shot; **~bahn die** *(Sport)* outside lane; **~bezirk der** outlying district

Außenborder [-bɔrdɐ] *der*; **~s, ~** *(ugs.: Motor, Boot)* outboard

Außenbord·motor der outboard motor

außenbords *Adv. (Seemannsspr.)* outboard; **das Schiff muß ~ gestrichen werden** the hull of the ship must be painted

aus|senden *unr.* *(auch regelm.)* *tr. V.* a) *(wegschicken)* send out; b) *(ausstrahlen)* send out, emit *(rays, light, etc.)*; transmit *(news, radio programme, etc.)*

außen-, Außen-: **~dienst der: im ~dienst sein** *od.* **arbeiten, ~dienst machen** *od.* **haben** be working out of the office; *(salesman)* be on the road; **~durchmesser der** external diameter; **~fläche die** outer surface; *(der Hand)* back [of the hand]; **~geleitet** *Adj. (Soziol.)* other-directed; **~handel der;** *o. Pl.* foreign trade *no art.;* **~handels·bilanz die** balance of trade; **~haut die** [outer] skin; *(aus Metallplatten)* shell plating; **~kurve die** outside bend; **~läufer der** *(Ballspiele)* wing half; **~linie die** *(Ballspiele)* touch-line; **~minister der** Foreign Minister; Foreign Secretary *(Brit.);* Secretary of State *(Amer.);* **~ministerium das** Foreign Ministry; Foreign and Commonwealth Office *(Brit.);* Foreign Office *(Brit. coll.);* State Department *(Amer.);* **~netz das** *(Ballspiele)* outside of the net; **~pfosten der** *(Ballspiele)* outside of the post; **~politik die** foreign politics *sing.;* **~politik bestimmte)** foreign policy/policies *pl.;* **~politiker der** politician concerned with foreign affairs; **~politisch 1.** *Adj.* foreign-policy *attrib. (debate);* *(question)* relating to foreign policy; *(mistake)* in foreign policy; *(reporting)* of foreign affairs; *(experience)* in foreign affairs; *(speaker, expert)* on foreign affairs; **auf ~politischem Gebiet** in foreign affairs. **2.** *adv.* as regards foreign policy; **~politisch gesehen** from the point of view of foreign policy; **~politisch unter Druck geraten** come under foreign pressure; **~posten der** outpost; **~rist der** *(bes. Fußball)* outside of the one's foot; **~rolle die** flick-up; **~seite die** *(eines Stoffes)* right side; *(fig.: eines Menschen)* exterior

Außenseiter der; **~s, ~, Außenseiterin die;** **~, ~nen** *(Sport, fig.)* outsider

Außen-: **~spiegel der** exterior mirror; **~stände** *Pl.* outstanding debts *or* accounts

Außenstehende der/die; *adj. Dekl.* outsider

Außen-: **~stelle die** branch; **~stürmer der** *(Ballspiele)* winger; outside forward; **~tasche die** outside pocket; **~temperatur die** outside temperature; *(im Freien herrschende Temperatur)* outdoor temperature; **bei 15° ~temperatur** when the temperature outdoors is 15°; **~wand die** external *or* outside wall; **~welt die** outside world; **~winkel der** exterior angle; **~wirtschaft die;** *o. Pl.* foreign trade and investment

außer ['aʊsɐ] **1.** *Präp. mit Dat.* a) *(abgesehen von)* apart from; aside from *(Amer.); (ausgenommen auch)* except [for]; **alle ~ mir** all except [for] me; b) *(außerhalb von)* out of; **~ Atem** out of breath; **~ Haus[es]/Land[es] sein** be out of the house/country; **~ Landes gehen** leave the country; **~ Zweifel stehen** be beyond doubt; **sich ~ sein** be beside oneself *(vor* with); c) *(zusätzlich zu)* in addition to. **2.** *Präp. mit Akk.* **etw. ~ jeden Zweifel stellen** make sth. very clear *or* clear beyond all doubt; **vor Wut/Dankbarkeit/Erleichterung ~ sich geraten** become beside oneself with rage/be overcome with gratitude/relief; **~ ³Acht; Betrieb b; Dienst b; Frage g; Gefecht a; Kraft g; Kurs b; Zeit b; Zweifel. 3.** *Konj. (es sei denn)* except; **ich komme, ~ es regnet** I'll come unless it rains; **~ daß ...:** except that ...; **~ wenn ...:** except when ...; **niemand ~ ich selbst** nobody but me

äußer... ['ɔʏsɐ] *Adj.; nicht präd.* a) *(sich außen befindend)* outer *(layer, courtyard, ring road);* outer, outside *(wall, door),* external *(diameter),* outside *(pocket);* outlying *(district, area),* external *(injury);* **die ~e Seite** the outside; b) *(von außen kommend)* external *(cause, force, etc.);* c) *(von außen wahrnehmbar)* outward *(appearance, similarity, effect, etc.);* external *(form, circumstances);* d) *(auswärtig)* foreign ; **Minister des Äußeren** *s.* **Außenminister**

außer-, Außer-: **~acht·lassen** [--'---] *das,* **~achtlassung** [--'---] *die,* **~:** disregard *no art.;* **unter ~achtlassen** *od.* **~achtlassung der Vorschriften** disregarding *or* ignoring the regulations; **~beruflich** *Adj. (interests, pressures, etc.)* outside one's job; **~dem** *[auch:* --'--*] Adv. (dazu)* as well; besides; *(überdies)* besides; anyway; **sie ist Ärztin, Politikerin und ~dem noch Mutter von drei Kindern** she is a doctor, a politician, and a mother of three children as well; **~dienstlich 1.** *Adj.* private; social, unofficial *(event);* unofficial *(commitment, activity);* **2.** *adv.* out of working hours; **mit jmdm. ~dienstlich verkehren** meet with sb. on a social basis

Äußere das; **~n** *[outward]* appearance; **das ~ täuscht oft** appearances are often deceptive; **dem ~n nach zu urteilen** to judge by appearances; judging by appearances

außer-, Außer-: **~ehelich 1.** *Adj.* extramarital *(relationship);* illegitimate *(child, birth);* **2.** *adv.* outside marriage; **ein ~ehelich geborenes Kind** a child born out of wedlock; **~europäisch** *Adj.* non-European; **Reisen ins ~europäische Ausland** journeys to countries outside Europe; **~fahrplan·mäßig** [--'----] **1.** *Adj.* unscheduled *(train, bus);* **2.** *adv.* **dieser Zug verkehrt ~fahrplanmäßig** this train is not a scheduled one; **~gerichtlich** *(Rechtsw.)* **1.** *Adj.* out of court *attrib. (settlement, arrangement);* *(settlement, arrangement)* arrived at *or* reached out of court; **2.** *adv.* **sich ~gerichtlich einigen** arrive at *or* reach a settlement out of court; **~gewöhnlich 1.** *Adj.* a) *(vom Üblichen abweichend)* unusual; **dies ist ein ganz ~gewöhnlicher Fall** this case is quite out of the ordinary; this is a most unusual case; b) *(das Gewohnte übertreffend)* exceptional; **2.** *adv.* a) *(unüblich)* unusually; b) *(sehr)* exceptionally; **~halb 1.** *Präp. mit Gen.* outside; *(außerhalb der Legalität)* *(fig.)* outside the law; **~halb der Sprechstunde/Dienstzeit** out of *or* outside consulting hours/working hours *or* office hours; **2.** *Adv.* out of town; **~halb von Bremen wohnen** live outside Bremen; **nach/von ~halb** out of/from out of town; **~irdisch 1.** *Adj.* a) *nicht auf der Erde)* *(phenomenon, object)* in space; b) *(von einem anderen Planeten)* extraterrestrial; *(fig. dichter.: heavenly beauty etc.);* **2.** *Adv.* a) *(nicht auf der Erde)* *(stationed etc.)* in space; b) *(fig. dichter.: überirdisch)* **~irdisch anmutende Musik** heavenly-sounding music; **~kirchlich 1.** *Adj.* civil *(wedding);* non-ecclesiastical *(organization);* **2.** *adv.* **sie sind ~kirchlich getraut** they had a civil wedding; they had a registry-office wedding *(Brit.);* **~kraft·setzung** [--'---] **die ~:** repeal; *(des Kriegsrechts)* lifting

äußerlich 1. *Adj.* a) *(an der Außenseite)* external *(use, injury);* *(zur ~en Anwendung für external use);* b) *(nach außen hin)* outward *(appearance, calm, similarity, etc.);* c) *(oberflächlich)* superficial; **einer Sache** *(Dat.)* **~ sein** *(geh.)* be extrinsic to sth. **2.** *adv.* a) *(an der Außenseite)* externally; b) *(nach außen hin)* outwardly; **~ gesehen** on the face of it

Äußerlichkeit die; **~, ~en** a) *(äußere Form)* formality; b) *(Unwesentliches)* minor point; c) *Pl. (Aussehen)* appearances; d) *Pl. (Philos., Rel.)* externals

äußern 1. *tr. V.* express, voice *(opinion, view, criticism, reservations, disapproval, doubt);* express *(joy, happiness, wish);* voice *(suspicion).* **2.** *refl. V.* a) *(Stellung nehmen)* **sich über etw.** *(Akk.)* **~:** give one's view on sth.; **ich möchte mich dazu jetzt nicht ~:** I don't want to comment on that at present; **sich abfällig/begeistert über etw.** *(Akk.)* **~:** make disparaging remarks about sth./speak enthusiastically about sth.; **sich dahin gehend ~, daß ...:** make a comment to the effect that ...; b) *(in Erscheinung treten)* *(illness)* manifest itself (in + *Dat.,* durch in); *(emotion)* show itself, be expressed (in + *Dat.* in, durch through)

außer-: **~ordentlich 1.** *Adj.* **a)** *(ungewöhnlich)* extraordinary; **b)** *(zusätzlich)* extraordinary ⟨*meeting*⟩; special ⟨*court, conference*⟩; *s. auch* **Professor a**; **c)** *(das Gewohnte übertreffend)* exceptional; **2.** *adv. (sehr)* exceptionally; ⟨*value*⟩ highly; extremely ⟨*pleased, relieved*⟩; **~ordentlich viel Mühe** an enormous *or* exceptional amount of trouble; **~orts** *Adv.* (*schweizer., österr.*) out of town; **~parlamentarisch 1.** *Adj.* extra-parliamentary ⟨*opposition, organization, etc.*⟩; **2.** *adv.* outside parliament; **~plan·mäßig** *Adj.* **a)** unscheduled; unbudgeted ⟨*expenditure*⟩; **b)** *s.* **~fahrplanmäßig**; **~schulisch 1.** *Adj.* ⟨*topics, problems*⟩ unconnected with school; out-of-school *attrib.* ⟨*activities*⟩; ⟨*interests*⟩ outside school; **2.** *adv.* outside school; **~sprachlich** *Adj.* extra-linguistic

äußerst *Adv.* extremely; extremely, exceedingly ⟨*important*⟩; **~ knapp gewinnen/entkommen** *usw.* only just win/escape *etc.*

äußerst... *Adj.; nicht präd.* **a)** extreme; **mit ~er Umsicht/Behutsamkeit/Mißbilligung** with extreme *or* the utmost circumspection/care/disapproval; **mit ~er Willenskraft** using all one's will-power; **aufs ~e erschrocken/angestrengt/verwirrt** frightened in the extreme/strained to the utmost/utterly confused; **von ~er Wichtigkeit sein** be of extreme *or* the utmost importance; **im ~en Norden/Süden der Stadt/des Landes** in the northernmost/southernmost part of the town/in the far north/south of the country; **b)** *(letztmöglich)* latest possible, last possible ⟨*date, deadline*⟩; *(höchst...)* highest ⟨*price*⟩; *(niedrigst...)* lowest ⟨*price*⟩; **das Äußerste wagen/versuchen** risk/try everything; **bis zum Äußersten gehen** go to the last extreme; **c)** *(schlimmst...)* worst; **im ~en Fall** if the worst comes/came to the worst; **auf das Äußerste gefaßt sein** be prepared for the worst; *s. auch* **äußer... a**

außer·stand [*auch:* '‑‑‑], **außerstande** *Adv.* **~ sein, etw. zu tun** *(nicht befähigt)* be unable to do sth.; *(nicht in der Lage)* not be in a position to *or* not be able to do sth.; **jmdn. ~ setzen, etw. zu tun** make it impossible for sb. to do sth.

äußersten·falls *Adv.* **a)** at most; **~ bis 19⁰⁰ until 7 p.m.** at the outside; **b)** *s.* **schlimmstenfalls**

außertourlich [-tuːɐ̯liç] *(österr.)* **1.** *Adj.* additional ⟨*bus, train*⟩; additional, special ⟨*concert*⟩. **2.** *adv.* in addition; **~ befördert werden** be promoted ahead of turn

Äußerung *die;* **~, ~en a)** *(Bemerkung)* comment; remark; **eine amtliche ~** an official comment *or* statement; **b)** *(Ausdruck)* expression

aus|setzen 1. *tr. V.* **a)** *(verlassen)* abandon ⟨*baby, animal*⟩; *(auf einer einsamen Insel)* maroon; *(ansiedeln)* release ⟨*animal*⟩ [into the wild]; *(ins Freiland bringen)* plant out ⟨*plants, seedlings*⟩; **b)** *(auf See)* launch, lower ⟨*boat*⟩; get ⟨*passengers*⟩ into the boats; *(an Land bringen)* put ⟨*passengers*⟩ ashore; **c)** *(der Einwirkung von etw. überlassen)* expose (*Dat.* to); **jmdm. ausgesetzt sein** be at sb.'s mercy; **dem Spott/der Kritik/einer Gefahr** *usw.* **ausgesetzt sein** be exposed to ridicule/criticism/a danger *etc.*; **Belastungen/Mißdeutungen ausgesetzt werden** be subject to strains/misinterpretations; **d)** **in an jmdm./etw./allem etwas auszusetzen haben** find fault with sb./sth./everything; **was hast du an ihm/daran auszusetzen?** what don't you like about him/it?; **daran war nichts auszusetzen** there was nothing wrong with that; **ich habe nur eines daran auszusetzen** I've only one objection to make about it; **e)** *(zur Verfügung stellen)* offer ⟨*reward, prize, salary*⟩; bequeath, leave ⟨*inheritance*⟩; **eine große Summe für etw. ~:** provide a large sum for sth.; **jmdm.**

od. **für jmdn. eine Rente ~:** provide sb. with a pension; settle an annuity on sb.; **f)** *(Kaufmannsspr.)* prepare ⟨*consignment*⟩ [for packing]; **g)** *(unterbrechen)* interrupt; **h)** *(Rechtsw.)* suspend ⟨*proceedings*⟩; defer ⟨*judgement, imprisonment*⟩; *s. auch* **Bewährung a**. **2.** *itr. V.* **a)** *(aufhören)* stop; ⟨*engine, machine*⟩ cut out, stop; ⟨*heart*⟩ stop [beating]; **b)** *(eine Pause machen)* ⟨*player*⟩ miss a turn; **mit etw. ~:** stop sth.; **mit der Arbeit/dem Training [ein paar Wochen] ~:** stop work/training [for a few weeks]; **mit seinem Studium ~:** interrupt one's studies; **mit den Tabletten ~:** stop taking the tablets

Aus·setzer *der (Kaufmannsspr.)* employee who prepares consignments etc. for packing

Aussetzung *die;* **~, ~en a)** *s.* **aussetzen 1 a:** abandonment; marooning; release [into the wild]; planting out; **b)** *s.* **aussetzen 1 b:** launching; lowering; **c)** *s.* **aussetzen 1 e:** offering; bequesting; leaving; **d)** *s.* **aussetzen 1 h:** suspension; deferment

Aus·sicht *die* **a)** *(Blick)* view **(auf + Akk.** of); **ein Zimmer mit ~ aufs Meer** a room overlooking the sea; **jmdm. die ~ nehmen/versperren** block or obstruct sb.'s view; **b)** *(Perspektive)* prospect **(auf + Akk.** of); **das sind ja vielleicht [heitere] ~en!** *(iron.)* that's a fine prospect! *(iron.)*; **~ auf etw. (Akk.) haben** have the prospect of sth.; **sie hat nicht die geringste ~ auf Erfolg** she hasn't the slightest chance *or* prospect of success; **er hat gute ~en, gewählt zu werden** he stands a good chance of being elected; **etw. in ~ haben** have the prospect of sth.; **have sth. in** prospect; **jmdm./etw. für etw. in ~ nehmen** consider sb./sth. for sth.; **etw. in ~ stehen** be in prospect; **jmdm. etw. in ~ stellen** hold out the prospect of sth. to sb.; **weitere ~en** *(Met.)* further outlook *sing.*

aussichts·los 1. *Adj.* hopeless. **2.** *adv.* hopelessly

Aussichtslosigkeit *die;* **~:** hopelessness

aussichts-, Aussichts-: ~punkt *der* vantage point; **~reich** *Adj.* **a)** promising; **b)** *(österr.: mit schöner Aussicht)* **in ~reicher Wohnlage** offering attractive views *postpos.*; **~turm** *der* look-out *or* observation tower; **~voll** *Adj.* promising; **~wagen** *der* observation car

aus|sieben *tr. V.* sift out; screen ⟨*coal*⟩ filter out ⟨*frequencies*⟩; *(fig.)* select; pick out ⟨*candidates etc.*⟩; weed out ⟨*weak candidates etc.*⟩

aus|siedeln *tr. V.* move out and resettle; *(evakuieren)* evacuate

Aus·siedler *der (Auswanderer)* emigrant; *(Evakuierter)* evacuee; *(Umsiedler)* resettled person

Aussiedler·hof *der farm, formerly part of a strip-farming system and with its buildings in the village, now resited away from the village on a single area of land*

Aus·siedlung *die (Evakuierung)* evacuation; *(Umsiedlung)* resettlement

aus|sinnen *unr. tr. V. (geh.)* think up; devise ⟨*plan*⟩

aus|sitzen *unr. tr. V.* **etw. ~:** sit sth. out

aus|söhnen 1. *refl. V.* **sich mit jmdm./** *(fig.)* **etw. ~:** become reconciled with sb./to sth.; **sie haben sich ausgesöhnt** they have become reconciled; they have made it up. **2.** *tr. (auch itr.) V.* reconcile; **jmdn. mit jmdm./** *(fig.)* **etw. ~:** reconcile sb. with sth./s.o.

Aussöhnung *die;* **~, ~en** reconciliation

aus|sondern *tr. V.* **a)** *(ausscheiden)* weed out; **ausgesonderte Ware** reject goods *pl.*; **b)** *(auswählen)* sort *or* pick out; select

Aussonderung *die;* **~, ~en a)** weeding out); **b)** *(das Auswählen)* selection

aus|sortieren *tr. V.* sort out

aus|spähen 1. *itr. V. (ausschauen)* keep a look-out **(nach** for). **2.** *tr. V. (auskundschaften)* spy out; spy on ⟨*organization*⟩

aus|spannen 1. *tr. V.* **a)** unharness, unhitch ⟨*horse, mule*⟩; unyoke ⟨*oxen*⟩; **b)** *(salopp: wegnehmen)* **jmdm. etw. ~:** pinch sth. off sb.; **jmdm. den Freund/die Freundin ~:** pinch sb.'s boy-friend/girl-friend *(sl.)*; **c)** *(lösen)* unhitch ⟨*cart, plough, etc.*⟩; take out ⟨*sheet of paper*⟩ **(aus** of); **d)** *(ausbreiten)* spread out ⟨*cloth, net*⟩; stretch ⟨*rope, cable, line*⟩; **die Flügel ~:** spread its/their wings. **2.** *itr. V.* **a)** *(ausruhen)* take *or* have a break; **b)** *(Pferde ~)* unharness *or* unhitch the horses; *(Ochsen ~)* unyoke the oxen

Aus·spannung *die* relaxation

aus|sparen *tr. V.* leave ⟨*line etc.*⟩ blank; *(fig.)* leave out; omit; **eine ausgesparte Lücke** a gap left free

Aussparung *die;* **~, ~en a)** *(das Aussparen)* leaving blank; **b)** *(Stelle)* gap; *(im Text)* blank space

aus|speien *(geh.)* **1.** *unr. tr. V.* **a)** *(ausspucken)* spit out; **b)** *(erbrechen)* bring up; vomit [up]. **2.** *unr. itr. V.* spit; **vor jmdm. ~:** spit at sb.'s feet

aus|sperren 1. *tr. V.* **a)** *(ausschließen)* lock out; shut ⟨*animal*⟩ out; **b)** *(im Streik)* lock out. **2.** *itr. V.* organize a lock-out; lock the work-force out

Aus·sperrung *die* lock-out

aus|spielen 1. *tr. V.* **a)** *(Kartenspiel)* lead; **sein ganzes Wissen ~** *(fig.)* make use of all one's knowledge; bring all one's knowledge to bear; **einen/seinen letzten Trumpf ~** *(fig.)* play one's last trump card; **b)** *(manipulieren)* **jmdn./etw. gegen jmdn./etw. ~:** play sb./sth. off against sb./sth.; **c)** *(Sport: spielen um)* play for ⟨*cup, title, etc.*⟩; **d)** *(als Preis aussetzen)* put up as ⟨*prize money*⟩; **e)** *(Sport) (deklassieren)* outplay; *(umspielen)* beat; go round; *(Theater)* act out; *s. auch* **ausgespielt 2**. **2.** *itr. V.* *(Kartenspiel)* lead; **wer spielt aus?** whose lead is it?

aus|spinnen *unr. tr. V.* elaborate ⟨*story, idea*⟩; develop, pursue ⟨*train of thought*⟩

aus|spionieren *tr. V.* **a)** *(entdecken, herausbekommen)* spy out; **die Zahlenkombination des Safes ~:** discover the combination of the safe by spying; **b)** *(ugs.: aushorchen)* pump

aus|spotten *tr. V.* (*bes. österr., schweiz.*) *s.* **verspotten**

Aus·sprache *die* **a)** *(von Wörtern)* pronunciation; *(Art des Artikulierens)* articulation; *(Akzent)* accent; *s. auch* **feucht**; **b)** *(Gespräch)* discussion; *(zwangloseres)* talk; **eine offene ~ herbeiführen** bring things out into the open

Aussprache-: ~angabe *die,* **~bezeichnung** *die* phonetic transcription; **~angaben** *pl.* show pronunciation; **~wörterbuch** *das* pronouncing dictionary; dictionary of pronunciation

aussprechbar *Adj.* pronounceable; **nicht ~:** unpronounceable; impossible to pronounce *postpos.*; unrepeatable ⟨*thought, idea, wish*⟩

aus|sprechen 1. *unr. tr. V.* **a)** pronounce; **b)** *(ausdrücken)* express; voice ⟨*suspicion, request*⟩; *(verkünden)* pronounce ⟨*judgement, sentence, etc.*⟩; grant ⟨*divorce*⟩; **~, daß...:** state that...; **der Regierung sein Vertrauen ~:** pass a vote of confidence in the government. **2.** *unr. refl. V.* **a)** *(sich sprechen lassen)* be pronounced; **ihr Name spricht sich schwer aus** her name is difficult to pronounce; **b)** *(äußern)* speak; **sich lobend/mißbilligend über jmdn./etw. ~:** speak highly/disapprovingly of sb./sth.; **er hat sich nicht näher darüber ausgesprochen** he did not say anything further about it; **sich für jmdn./etw. ~:** declare *or* pronounce oneself in favour of sb./sth.; **sich gegen jmdn./etw. ~:** declare *or* pronounce oneself against sb./sth.; **c)** *(offen sprechen)* say what's on one's mind; **sich über etw. (Akk.)**

mit *od.* bei jmdm. ~: have a heart-to-heart talk with sb. about sth.; **na los, sprich dich aus!** *(ugs.)* come on, get it off your chest!; **d)** *(Strittiges klären)* have it out, talk things out (**mit** with); **wir haben uns über alles ausgesprochen** we have had everything out. **3.** *unr. itr. V. (zu Ende sprechen)* finish [speaking]; *s. auch* ausgesprochen 2, 3
aus|spritzen *tr. V.* **a)** squirt out ⟨*liquid, contents*⟩; **sein Gift gegen jmdn.** ~ *(fig.)* spit venom at sb.; **b)** *(reinigen)* flush out; rinse out ⟨*tooth*⟩; syringe ⟨*ear*⟩; **c)** *(löschen)* put out ⟨*fire*⟩ [with a hose/hoses]
Aus·spruch der remark; *(Sinnspruch)* saying
aus|spucken 1. *itr. V.* spit; **vor jmdm.** ~: spit at sb.'s feet. **2.** *tr. V.* **a)** spit out; *(fig. ugs.)*⟨*machine, factory, computer*⟩ spew out; cough up *(sl.)* ⟨*money*⟩; regurgitate ⟨*facts, information, etc.*⟩; **nun los, spuck's aus, sei nicht so schüchtern!** *(ugs. fig.)* come on, spit it out and don't be so shy!; **b)** *(ugs.: erbrechen)* sick up *(Brit. coll.);* throw up
aus|spülen *tr. V.* **a)** *(reinigen)* rinse out; *(Med.)* irrigate; wash out; **sich** *(Dat.)* **den Mund** ~: rinse one's mouth out; **b)** *(entfernen)* flush *or* wash out; ⟨*river, sea*⟩ wash away, erode ⟨*soil, rock*⟩
Aus·spülung die *s.* ausspülen a, b: rinsing out; irrigation; washing out; flushing *or* washing away; erosion
aus|staffieren ['aʊsʃtafiːrən] *tr. V.* kit *or* rig out; fit out, furnish ⟨*room etc.*⟩; *(verkleiden)* dress up; **sie hat ihre Tochter sonntäglich ausstaffiert** she dressed her daughter up in her Sunday best
Aus·staffierung die outfit; get-up *(coll.)*
Aus·stand der strike; **im** ~ **sein** be on strike; **in den** ~ **treten** go on strike
aus·ständig *Adj. (südd., österr.: ausstehend)* outstanding
aus|stanzen *tr. V.* punch out
aus|statten ['aʊsʃtatn̩] *tr. V.* provide (**mit** with); *(mit Kleidung)* provide; fit out; *(mit Gerät)* equip ⟨*office, kitchen, hospital, school, etc.*⟩; *(mit Möbeln, Teppichen, Gardinen usw.)* furnish ⟨*room, flat, office, etc.*⟩; **mit Rechten/Befugnissen ausgestattet sein** be vested with powers/authority *sing.;* have powers/authority *no pl.* vested in one; **mit Talent ausgestattet sein** be endowed with talent; **ein prächtig ausgestatteter Band** a splendidly produced volume
Ausstattung die; ~, ~**en a)** *(das Ausstatten) s.* ausstatten: provision; fitting out; equipping; furnishing; vesting; production; **b)** *(Ausrüstung)* equipment; *(Innen-eines Autos)* trim; **c)** *(Einrichtung)* furnishings *pl.;* **d)** *(Aufmachung)* ⟨*eines Films, Theaterstücks*⟩ décor and costumes; *(Verpackung)* packaging ⟨*eines Buchs*⟩ design and layout; *(typographisch)* design
Ausstattungs-: ~**film der** period film; ~**stück das** spectacular [opera/play *etc.*]
aus|stechen *unr. tr. V.* **a) jmdm. die Augen** ~: put *or* gouge sb.'s eyes out; **b)** *(entfernen)* dig up ⟨*plants*⟩; cut ⟨*turf*⟩; **c)** *(herstellen)* dig [out] ⟨*trench, hole, etc.*⟩; *(Kochk.)* press *or* cut out ⟨*biscuits*⟩; **d)** *(übertreffen)* outdo; **jmdn. bei jmdm.** ~: oust sb. in sb.'s affections/esteem/favour; **jmdn. in etw.** *(Dat.)* ~: outshine sb. *or* put sb. in the shade in sth.
aus|stehen 1. *unr. itr. V.* **noch** ~ ⟨*debt*⟩ be outstanding; ⟨*decision*⟩ be still to be taken, have not yet been taken; ⟨*book*⟩ be still to appear; ⟨*solution*⟩ be still to be found; **ihre Entscheidung/Antwort steht noch aus** I am/we are *etc.* still awaiting their decision/reply; **eine offizielle Bestätigung steht noch aus** there has as yet been no official confirmation; ~**de Forderungen** outstanding demands; **Geld** ~ **haben** *(ugs.)* have money owing [one]; **euer Besuch bei mir steht noch aus** you still owe me a visit. **2.** *unr. tr. V. (ertragen)* endure ⟨*pain, suffering*⟩; suffer ⟨*worry, anxiety*⟩; *(erdulden)* put up with; **ausgestanden sein** be all over; **ich kann ihn/das nicht** ~: I can't stand *or* bear him/it
aus|steigen *unr. itr. V.;* **mit sein a)** *(aus einem Auto, Boot)* get out (**aus** of); *(aus einem Zug, Bus)* get off; alight *(formal);* ⟨*Fliegerspr.: abspringen*⟩ bale out; **aus einem Zug/Bus** ~: get off a train/bus; alight from a train/bus *(formal);* **alles** ~! all change!; **b)** *(ugs.: sich nicht mehr beteiligen)* ~ **aus** opt out of; give up ⟨*show business, job*⟩; leave ⟨*project*⟩; **c)** *(Sport: aus einem Rennen o. ä.)* drop out (**aus** of); retire (**aus** from); **d)** *(ugs.: der Gesellschaft den Rücken kehren)* drop out
Aussteiger der; ~**s,** ~**, Aussteigerin die;** ~**,** ~**nen** *(ugs.)* drop-out *(coll.)*
aus|stellen *tr. V.* **a)** *(auch itr. (im Schaufenster)* put on display; display; *(im Museum, auf einer Messe)* exhibit; **ausgestellt sein** ⟨*goods*⟩ be on display/be exhibited; ⟨*painting*⟩ be exhibited; **die Galerie wird Hans Meyer** ~: the gallery is going to put on a Hans Meyer exhibition; **bekannte Künstler/viele Betriebe stellen hier aus** famous artists/many firms exhibit here; **b)** *(ausfertigen)* make out, write [out] ⟨*cheque, prescription, receipt*⟩; make out ⟨*bill*⟩; issue ⟨*visa, passport, certificate*⟩; **einen Scheck auf jmdn.** ~: make out a cheque to sb.; **c)** *(ugs.: ausschalten)* turn *or* switch off ⟨*cooker, radio, heating, engine*⟩; **d)** *(nach außen stellen)* open out ⟨*window*⟩; roll out ⟨*blind*⟩; pull out ⟨*aerial*⟩; **e)** *(aufstellen)* put up ⟨*poster, sign*⟩; post ⟨*sentry*⟩; set ⟨*trap*⟩; *s. auch* **ausgestellt 2**
Aussteller der; ~**s,** ~**, Ausstellerin die;** ~**,** ~**nen a)** *(auf Messen)* exhibitor; **b)** *(eines Dokuments)* issuer; *(Behörde)* issuing authority; *(eines Schecks)* drawer
Aus·stellung die a) *(das Präsentieren)* exhibiting; **b)** *(das Ausfertigen) s.* ausstellen b: making out; writing [out]; issuing; **Datum und Ort der** ~: date and place of issue; **c)** *(Veranstaltung)* exhibition; **d)** *(das Aufstellen) s.* ausstellen e: putting up; posting; setting up
Ausstellungs-: ~**datum das** date of issue; ~**fläche die** exhibition area; ~**gelände das** exhibition site; ~**halle die** exhibition hall; ~**katalog der** exhibition catalogue; ~**ort der** place of issue; ~**raum der a)** *(für Zimmer)* exhibition room; ~**stand der** exhibition stand; ~**stück das** *(in Schaufenstern usw.)* display item; *(in Museen usw.)* exhibit; *(auf Messen)* **dieses Fahrzeug ist ein** ~**stück** this vehicle is for display purposes only; **dein Auto ist ja nicht gerade ein** ~**stück!** *(iron.)* your car isn't exactly much to look at!
Aussterbe·etat der *(ugs.)* **in auf dem** ~ **sein** *od.* **stehen, sich auf dem** ~ **befinden** be on its last legs
aus|sterben *unr. itr. V.;* **mit sein** *(auch fig.)* die out; ⟨*species*⟩ die out, become extinct; **ein** ~**des Handwerk** *(fig.)* a dying craft; **die Dummen sterben nicht** *od.* **nie aus** there's one born every minute
Aus·steuer die trousseau *(consisting mainly of household linen)*
aus|steuern *tr. V.* **a)** *(Elektronik)* modulate ⟨*signal, wave*⟩; *(bei der Aufnahme)* control the recording level of; control the power level of ⟨*amplifier*⟩; **b) ein Auto** ~: [use the steering-wheel to] bring a car under control; **c)** *(Versicherungsw.)* **jmdn.** ~: end sb.'s entitlement to benefits
Ausstieg der; ~**[e]s,** ~**e a)** *(Ausgang)* exit; *(Tür)* door[s]; *(~luke)* hatch; **b)** *o. Pl. (das Aussteigen)* climbing out (**aus** of); „**kein** ~" 'no exit'; **der** ~ **aus dem Bus/Zug** getting off the bus/train; alighting from the bus/train *(formal);* **der** ~ **aus der Höhle** the way up out of the cave; **c)** *(fig.)* **ein** ~ **aus dem heiklen Thema** a way of getting off the awkward subject
aus|stopfen *tr. V.* stuff ⟨*cushion, animal, doll, etc.*⟩; fill ⟨*crack*⟩
Aus·stoß der; *o. Pl. (Wirtsch.)* output
aus|stoßen *unr. tr. V.* **a)** *(nach außen pressen)* expel; give off, emit ⟨*gas, fumes, smoke*⟩; fire ⟨*torpedo*⟩; **b)** give ⟨*cry, whistle, laugh, etc.*⟩; let out ⟨*cry, scream, yell*⟩; heave, give ⟨*sigh*⟩; utter ⟨*curse, threat, accusation, etc.*⟩; **c) jmdm. ein Auge** ~: put sb.'s eye out; **sich** *(Dat.)* **einen Zahn** ~: knock a tooth out; **d)** *(ausschließen) (aus einem Verein, einer Gesellschaft)* expel (**aus** from); *(aus der Armee)* drum out (**aus** of); **sich ausgestoßen fühlen** feel an outcast; *s. auch* **Ausgestoßene;** **e)** *(Wirtsch.)* turn out; produce
aus|strahlen 1. *tr. V.* **a)** *(verbreiten, auch fig.)* radiate; radiate, give off ⟨*heat*⟩; ⟨*lamp*⟩ give out ⟨*light*⟩; **b)** *(Rundf., Ferns.)* broadcast; transmit; **c)** *(ausleuchten)* floodlight. **2.** *itr. V.* **a)** *(ausgehen)* radiate; ⟨*heat*⟩ radiate, be given off; ⟨*light*⟩ be given out; *(fig.)* ⟨*pain*⟩ spread, extend; **b)** *(wirken)* **auf jmdn./etw.** ~: communicate itself to sb./influence sth.
Aus·strahlung die a) *(Wirkung)* radiation; *(eines Menschen)* charisma; ~ **haben** ⟨*person*⟩ have charisma; **b)** *(Rundf., Ferns.)* transmission
aus|strecken 1. *tr. V.* extend, stretch out ⟨*arms, legs*⟩; stretch out ⟨*hand*⟩; put out ⟨*feelers*⟩; stick *or* put out ⟨*tongue*⟩; **mit ausgestreckten Armen** with arms extended; with outstretched arms. **2.** *refl. V.* stretch [oneself] out; **ausgestreckt am Boden liegen** lie stretched out on the floor
aus|streichen *unr. tr. V.* **a)** *(durchstreichen)* cross *or* strike out; delete; *(fig.)* obliterate; **jmds. Namen auf einer Liste** ~: cross sb.'s name off a list; **b)** *(verteilen)* spread; **c)** *(Kochk.)* grease ⟨*tin, pan, etc.*⟩; **d)** *(füllen)* fill, smooth over ⟨*cracks*⟩
aus|streuen *tr. V.* **a)** *(verstreuen)* scatter; distribute ⟨*gifts, leaflets, money*⟩; spread, put about ⟨*rumour, story, lies, etc.*⟩; **er ließ** ~**, daß** ...: he caused the rumour to be spread about that ...; **b)** *(bestreuen)* **etw. mit etw.** ~: sprinkle sth. with sth.
Aus·strich der *(Med., Biol.)* smear
aus|strömen 1. *tr. V.* radiate ⟨*warmth*⟩; give off ⟨*scent*⟩; *(fig.)* radiate ⟨*optimism, confidence, etc.*⟩. **2.** *itr. V.;* **mit sein** stream *or* pour out; ⟨*gas, steam*⟩ escape; **etw. strömt von jmdm./etw. aus** *(fig.)* sb./sth. radiates sth.
aus|suchen *tr. V.* choose; pick; **such dir was aus!** choose what you want; take your pick; **man kann es sich nicht immer** ~: there isn't always any choice in the matter; *s. auch* **ausgesucht 2, 3**
aus|sülzen *refl. V. (salopp) (lange reden)* go on [and on]; *(zu Ende reden)* finish spouting
aus|täfeln *tr. V.* panel
aus|tapezieren *tr. V.* paper
aus|tarieren *tr. V.* **a)** *(ins Gleichgewicht bringen)* balance ⟨*scales*⟩; **b)** *(österr.: Tara feststellen von)* determine the tare of
Aus·tausch der a) exchange; **im** ~ **für** *od.* **gegen** in exchange for; **b)** *(das Ersetzen)* replacement (**gegen** with); *(Sport)* substitution (**gegen** by)
austauschbar *Adj.* interchangeable; *(ersetzbar)* replaceable ⟨*parts etc.*⟩
aus|tauschen 1. *tr. V.* **a)** exchange (**gegen** for); **b)** *(ersetzen)* replace (**gegen** with); *(Sport)* substitute (**gegen** by). **2.** *refl. V. (über etw. sprechen)* exchange views/experiences [with each other]
Austausch-: ~**motor der** *(Kfz-W.)* replacement engine; ~**schüler der** exchange pupil *or* student
aus|teilen *tr. V.* distribute (**unter** + *Dat.*

Austeilung

among, **an** + *Akk.* to); *(aushändigen)* hand or give out ⟨*books, post, etc.*⟩ (**an** + *Akk.* to); issue, give ⟨*orders*⟩; deal [out] ⟨*cards*⟩; give out ⟨*marks, grades*⟩; administer ⟨*sacrament*⟩; *(servieren)* serve ⟨*food etc.*⟩; *(fig.)* give ⟨*blessing*⟩; **Prügel** ~ *(fig.)* hand out beatings

Aus·teilung die s. **austeilen**: distribution; handing *or* giving out; issuing; giving; dealing [out]; administering; serving

Auster ['aʊstɐ] die; ~, ~**n** oyster

Austern-: ~**bank** die; *Pl.* ~**bänke** oyster-bed; oyster-bank; ~**fischer** der oyster-catcher; ~**park** der oyster-farm; ~**zucht** die oyster-farming

aus|tilgen *tr. V.* a) *(vernichten)* exterminate ⟨*pests, race*⟩; eradicate ⟨*weeds*⟩; wipe out, eradicate ⟨*disease*⟩; b) *(streichen, auch fig.)* obliterate

aus|toben 1. *refl. V.* a) *(spielen)* romp about; have a good romp; b) *(sich amüsieren)* indulge oneself; **die Jugend will sich ~**: youth must have its fling. 2. *tr. V. (abreagieren)* work off ⟨*anger etc.*⟩ (**an** + *Dat.* on)

aus|tollen *refl. V. (ugs.)* romp about; have a good romp

Austrag der; ~[e]s a) *(das Austragen)* settlement; resolution; b) *(Sport)* holding; c) *(österr.) s.* **Altenteil**

aus|tragen *unr. tr. V.* a) *(zustellen)* deliver ⟨*newspapers, post*⟩; b) *(im Mutterleib)* carry ⟨*child*⟩ to full term; *(nicht abtreiben)* have ⟨*child*⟩; c) *(ausfechten)* settle; *(bis zum Ende)* carry on ⟨*quarrel, hostilities*⟩; settle, resolve ⟨*conflict, differences*⟩; fight out ⟨*battle*⟩; **etw. vor Gericht ~**: take sth. to court; **einen Streit mit jmdm. ~**: have it out with sb.; d) *(Sport)* hold ⟨*race, competition, etc.*⟩; e) *(löschen)* delete, take out ⟨*data, figures*⟩; *(aus einer Liste)* cross ⟨*person, name*⟩ off

Aus·träger der delivery boy/man; *(Zeitungsjunge)* newspaper boy

Aus·trägerin die delivery woman/girl; *(Zeitungsmädchen)* newspaper girl

Austragung die; ~, ~**en** a) carrying on; *(bis zum Ende) (eines Streits)* settlement; b) *(Sport)* holding

Austragungs-: ~**modus** der *(bes. Sport)* procedure; ~**ort** der *(Sport)* venue

Australide [austra'liːdə] der/die; *adj. Dekl.* Australoid

Australien [aus'traːli̯ən] *(das)*; ~**s** Australia; ~ **und Ozeanien** Australasia

Australier der; ~**s**, ~, **Australierin** die; ~, ~**nen** Australian; **er/sie ist ~** [an]: he/she is [an] Australian

australisch *Adj.* Australian

aus|träumen *itr. (auch tr.) V.* finish dreaming; **der Traum [vom Glück] ist ausgeträumt** the dream [of happiness] is over

aus|treiben 1. *unr. tr. V.* a) *(verbannen)* exorcize, cast out ⟨*evil spirit, demon*⟩; b) *(abgewöhnen)* **jmdm. etw. ~**: cure sb. of sth.; c) *(geh.: vertreiben, auch fig.)* drive out *(aus* from); d) *(auf die Weide)* drive ⟨*cattle, sheep*⟩ out to pasture; e) *(hervorbringen)* put forth ⟨*leaves, buds*⟩; produce ⟨*blossom*⟩. 2. *unr. itr. V.* a) *(ausschlagen)* sprout; b) *(hervorkommen)* ⟨*shoot, bud*⟩ appear

Austreibung die; ~, ~**en** expulsion (**aus** from); *(von Dämonen)* exorcism; casting out

aus|treten 1. *unr. tr. V.* a) tread out ⟨*spark, cigarette-end*⟩; trample out ⟨*fire*⟩; b) *(bahnen)* tread out ⟨*path*⟩; **ausgetretene Pfade** *(fig.)* well-trodden paths; c) *(abnutzen)* wear down; **eine ausgetretene Steintreppe** a stone staircase with worn-down steps; d) *(weiten)* wear out ⟨*old shoes*⟩; break in ⟨*new shoes*⟩. 2. *unr. itr. V.; mit sein* a) *(ugs.: zur Toilette gehen)* pay a call *(coll.)*; **der Schüler fragte, ob er ~ dürfe** the pupil asked to be excused; b) *(ausscheiden)* **aus etw. ~**: leave sth.; **aus einer Vereinigung ~**: resign from a

society; c) *(Jägerspr.)* come out into the open; **aus der Deckung ~**: break cover; d) *(nach außen gelangen)* come out; *(entweichen)* escape; ⟨*blood*⟩ issue; ⟨*pus*⟩ be discharged

Austriazismus [austria'tsɪsmʊs] der; ~, **Austriazismen** Austrianism

aus|tricksen *tr. V. (ugs.)* trick

aus|trinken 1. *tr. V.* finish, drink up ⟨*wine, beer, coffee, etc.*⟩; finish, drain ⟨*glass, bottle, etc.*⟩. 2. *itr. V.* drink up

Aus·tritt der a) *(das Ausscheiden)* leaving; *(aus einem Verband, einer Vereinigung)* resignation (**aus** from); **seinen ~ aus der Partei/Kirche erklären** announce that one is leaving the party/church; **die Partei hatte viele ~e zu verzeichnen** the party recorded a large drop in membership; b) *(das Hervorquellen)* outflow; *(das Entweichen)* escape; *(von Blut)* issue; *(von Eiter)* discharge

Austritts·erklärung die [notice of] resignation

aus|trocknen 1. *tr. V.* a) *(ausdörren)* dry out; dry up ⟨*river bed, marsh*⟩; parch ⟨*throat*⟩; b) *(trockenlegen)* drain ⟨*marsh, swamp*⟩. 2. *itr. V.; mit sein* dry out; ⟨*river bed, pond, etc.*⟩ dry up; ⟨*skin, hair*⟩ become dry; ⟨*throat*⟩ become parched

Austro·marxismus [austro-] der Austro-Marxism

aus|trompeten *tr. V. (ugs.) s.* **ausposaunen**

aus|trudeln 1. *itr. V. (ugs.)* **etw. ~ lassen** let sth. fizzle out. 2. *tr. V. (ugs.) s.* **auswürfeln**

aus|tüfteln *tr. V. (ugs.) (ausarbeiten)* work out; *(ersinnen)* think up

aus|üben *tr. V.* a) *(nachgehen)* practise ⟨*art, craft*⟩; follow ⟨*profession*⟩; carry on ⟨*trade*⟩; do ⟨*job*⟩; **welche Tätigkeit üben Sie aus?** what is your occupation?; b) *(innehaben)* hold ⟨*office*⟩; wield, exercise ⟨*power*⟩; exercise ⟨*control*⟩; *(wahrnehmen)* exercise ⟨*right*⟩; *(wirksam werden lassen)* exert

Aus·übung die *o. Pl.; s.* **ausüben**: practising; following; carrying on; doing; holding; wielding; exercising

aus|ufern *itr. V.; mit sein* a) *(überhandnehmen)* get out of hand; b) *(selten: über die Ufer treten)* burst *or* break its banks

Aus·verkauf der *[clearance]* sale; *(wegen Geschäftsaufgabe)* closing-down *(Brit.)* or *(Amer.)* liquidation sale; *(fig.: Verrat)* sell-out; **etw. im ~ kaufen** buy sth. at the sale[s]

aus|verkaufen *tr. V. (verkaufen)* sell out of; **Mineralwasser ist ausverkauft** there is no mineral water left [in stock]; b) *(räumen)* sell off, clear ⟨*stock*⟩; clear ⟨*warehouse, shop*⟩

ausverkauft *Adj.* sold out; **vor ~em Haus spielen** play to a full house; **~e Ränge** *(Sport)* packed stands

aus|wachsen 1. *unr. refl. V.* a) *(sich normalisieren)* right *or* correct itself; b) *(sich entwickeln)* grow (**zu** into). 2. *unr. itr. V.; mit sein* a) *(ugs.: verzweifeln)* go round the bend *(coll.)*; **zum Auswachsen sein** be enough to drive you up the wall *(coll.)*; b) *(keimen)* sprout prematurely

Aus·wahl die a) *(das Auswählen)* choice; selection; **Sie haben die [freie] ~**: the choice is yours; you can choose whichever you like; **drei Sorten/Tee und Kaffee stehen zur Wahl** there are three kinds to choose from/ one can choose between tea and coffee; **bei uns stehen Ihnen mehr als 600 Wagen zur ~**: we offer you a choice of over 600 cars; **eine ~ treffen** make a selection; b) *(Auslese)* selection; *(von Gedichten, Erzählungen)* anthology; selection; c) *(Sortiment)* range; **viel/wenig ~ haben** have a wide/limited selection (**an** + *Dat., von* of); **hier hat man keine ~**: there is no choice here; **Backwaren in reicher ~**: a wide selection of bread, cakes, and pastries; d) *(Sport: Mannschaft)* [selected] team

Auswahl·band der; *Pl.* -**bände** anthology

ausweinen

aus|wählen *tr. V.* choose, select (**aus** from, **unter** + *Dat.* from among); **sich** *(Dat.)* **etw. ~**: choose *or* select sth. [for oneself]

Auswahl-: ~**mannschaft** die *(Sport)* [selected] team; ~**möglichkeit** die choice; ~**prinzip** das method of selection; ~**spieler** der *(Sport)* [selected] player

aus|walzen *tr. V.* roll out ⟨*metal*⟩; *(fig. ugs.)* drag out ⟨*subject*⟩; **eine Geschichte zu einem Roman ~**: spin a story out into a novel

Aus·wanderer der emigrant

aus|wandern *itr. V.; mit sein* emigrate (**nach, in** + *Akk.* to); ⟨*tribe*⟩ migrate

Aus·wanderung die emigration

auswärtig ['ausvɛrtɪç] *Adj.; nicht präd.* a) *(woanders befindlich)* non-local; **eine ~ Filiale/Bank** a branch/bank in another area/town; b) *(von woanders stammend)* ⟨*student, guest, etc.*⟩ from out of town; c) *(das Ausland betreffend)* foreign; **der Minister des Auswärtigen** the Foreign Minister; the Foreign Secretary *(Brit.)*; the Secretary of State *(Amer.)*; **das Auswärtige Amt** the Foreign Ministry; the Foreign and Commonwealth Office *(Brit.)*; the Foreign Office *(Brit. coll.)*; the State Department *(Amer.)*; **der ~e Dienst** the foreign service

auswärts *Adv.* a) *(nach außen)* outwards; b) *(nicht zu Hause)* ⟨*sleep, live*⟩ away from home; **~ essen** eat out; c) *(nicht am Ort)* in another town; *(Sport)* away; **ich habe ~ zu tun** I have to do a few things out of town; **~ sprechen** *(ugs. scherzh.)* talk foreign *(coll.)*

Auswärts-: ~**sieg** der *(Sport)* away win; ~**spiel** das *(Sport)* away match *or* game

aus|waschen *unr. tr. V.* a) wash out; *(ausspülen)* rinse out; b) *(Geol.)* erode

auswechselbar *Adj.* changeable; exchangeable; *(untereinander)* interchangeable; *(ersetzbar)* replaceable

aus|wechseln 1. *tr. V.* a) change (**gegen** + *Akk.* for); b) *(ersetzen)* replace (**gegen** with); *(Sport)* substitute ⟨*player*⟩; **A gegen B ~**: replace A by B; **sie war wie ausgewechselt** she was a different person. 2. *itr. V. (Sport)* bring on a substitute; make a substitution

Auswechsel·spieler der *(Sport)* substitute

Auswechselung, Auswechslung die; ~, ~**en** change; *(Ersatz)* replacement; *(Sport)* substitution; **die ~ von A gegen B** the replacement of A by B

Aus·weg der way out (**aus** of); **der letzte ~ für jmdn.** sein be the last resort for sb.

ausweg·los 1. *Adj.* hopeless. 2. *adv.* hopelessly

Ausweglosigkeit die; ~: hopelessness

aus|weichen *unr. itr. V.; mit sein* a) *(Platz machen)* make way *(Dat.* for); *(wegen Gefahren, Hindernissen)* get out of the way *(Dat.* of); [**nach**] **rechts/nach der Seite ~**: move to the right/move aside to make way/get out of the way; b) *(entgehen wollen)* get out of the way *(Dat.* of); **einem Schlag/ Angriff ~**: dodge a blow/evade an attack; c) *(meiden)* **dem Feind ~**: avoid [contact with] the enemy; **jmdm./einem Kampf/Hindernis ~** *(auch fig.)* avoid sb./a fight/an obstacle; **einer Frage/Entscheidung/einem Zwang/Verbot ~**: evade a question/decision/obligation/ban; **~e Antworten** evasive answers; **der Beantwortung weiterer Fragen ~**: avoid answering any more questions; d) *(zurückgreifen)* **auf etw.** *(Akk.)* **~**: switch [over] to sth.

Ausweich·manöver das evasive manœuvre; *Pl.* evasive action *sing.*; **das sind doch nur ~** *(fig.)* these are just evasions

aus|weinen 1. *refl. V.* have a good cry; **sie hat sich bei mir darüber ausgeweint** *(ugs.)* she had a cry on my shoulder about it. 2. *tr. V. (geh.)* **seinen Kummer/sein Elend ~**: find relief for one's sorrow/misery in tears; *s. auch* **Auge** A. 3. *itr. V.* finish crying

Ausweis ['ausvais] der; ~es, ~e a) card; *(Personal~, Kennkarte)* identity card; *(Mitglieds~)* membership card; b) *(österr. veralt.: Zeugnis)* certificate; *(Schulzeugnis)* report; c) *in nach ~ (Papierd.) s.* **ausweislich**
aus|weisen 1. *unr. tr. V.* **a)** *(aus dem Land)* expel (**aus** from); **b)** *(erkennen lassen)* jmdn. als etw. ~: show that sb. is/was sth.; **seine Papiere wiesen ihn als ... aus** his papers proved *or* established his identity as ...; **c)** *(angeben)* reveal; **d)** *(zeigen)* demonstrate *(ability, skill, etc.)*. **2.** *unr. refl. V.* **a)** *(seinen Ausweis zeigen)* prove *or* establish one's identity [by showing one's papers]; **können Sie sich ~?** do you have any means of identification?; **b)** *(sich erweisen)* **sich als etw. ~**: prove oneself to be sth.
ausweislich *Präp. mit Gen. (Papierd.)* according to
Ausweis·papiere *Pl.* identity papers
Aus·weisung die expulsion (**aus** from)
aus|weiten 1. *tr. V. (dehnen)* stretch; *(fig.: erweitern)* expand (**zu** into); extend *(jurisdiction, study)*. **2.** *refl. V.* **a)** *(zu weit werden)* stretch; **b)** *(sich erweitern)* expand; **sich zur Krise ~**: develop *or* grow into a crisis
Ausweitung die; ~, ~en expansion; *(des Studiums, der Gerichtsbarkeit)* extension
aus·wendig *Adv.* **etw. ~ können/lernen** know/learn sth. [off] by heart; **etw. ~ spielen/aufsagen** play/recite sth. from memory; **das kenne ich ja schon ~** *(ugs. abwertend fig.)* I know it backwards; *s. auch* **inwendig**
Auswendig·lernen das learning by heart
aus|werfen *unr. tr. V.* **a)** cast *(net, anchor, rope, line, etc.)*; **b)** *(herausschleudern)* throw out *(sparks)*; *(volcano)* eject, spew out *(lava, ash, etc.)*; eject *(cartridge-case)*; **c)** *(geh.: ausspucken)* cough up *(blood, phlegm, etc.)*; **d)** *(ausschaufeln)* throw up *(earth, sand, etc.)*; **e)** *(anlegen)* dig [out] *(trench, pit, ditch, etc.)*; **f)** *(zur Ausgabe bestimmen)* allocate *(sum)*; pay [out] *(dividend, premium, etc.)*; **g)** *(produzieren)* produce; turn out; **h)** **jmdm. ein Auge ~**: put sb.'s eye out *(by throwing sth.)*
auswertbar *Adj.* **a) leicht/schwer ~ sein** be easy/difficult to analyse and evaluate; **maschinell ~**: machine-analysable; **b)** *(nutzbar)* utilizable
aus|werten *tr. V.* **a)** analyse and evaluate; **b)** *(nutzbar machen)* utilize
Aus·wertung die **a)** analysis and evaluation; *(das Nutzbarmachen)* utilization; **b)** *(Ergebnis)* analysis
aus|wetzen *tr. V.: s.* **Scharte a**
aus|wickeln *tr. V.* **a)** *(Verpackung entfernen)* unwrap (**aus** from); **b)** unwind *(person)* (**aus** from)
aus|wiegen *unr. tr. V.* **a)** *(das Gewicht feststellen)* weigh; **b)** *(portionsweise)* weigh out; *s. auch* **ausgewogen 2, 3**
aus|winden *unr. tr. V. (südd., schweiz.)* wring out
aus|wirken *refl. V.* have an effect (**auf** + *Akk.* on); **sich in etw.** *(Dat.)* **~**: result in sth.; **sich günstig/negativ** *usw.* **~**: have a favourable/an unfavourable *etc.* effect (**auf** + *Akk.* on); **sich zu jmds. Vorteil ~**: work to sb.'s advantage
Aus·wirkung die *(Wirkung)* effect (**auf** + *Akk.* on); *(Folge)* consequence (**auf** + *Akk.* for); *(Rückwirkung)* repercussion (**auf** + *Akk.* on)
aus|wischen 1. *tr. V.* **a)** *(entfernen)* wipe *(dirt etc.)* out (**aus** of); **b)** *(säubern)* wipe [clean]; **sich** *(Dat.)* **die Augen ~**: wipe one's eyes; **c)** *(ugs.)* **jmdm. eins ~** *(ugs.)*: get one's own back on sb. *(coll.)*. **2.** *itr. V.; mit sein (ugs.)* get away; escape *(Dat.* from)
aus|wringen *unr. tr. V. (bes. nordd.)* wring out
Aus·wuchs der **a)** *(Wucherung)* growth; excrescence *(Med., Bot.)*; *(Mißbildung)* deformity; **b)** *(fig.)* unhealthy product; *(Folge)* harmful consequence; *(Übersteigerung, Mißstand)* excess; **c)** *o. Pl. (Landw.)* premature sprouting of the kernel
aus|wuchten *tr. V. (Technik)* **die Räder ~**: balance the wheels
Aus·wurf der **a)** *(Med.)* sputum; **~/blutigen ~ haben** be bringing up phlegm/coughing up blood; **b)** *o. Pl. (das Auswerfen)* ejection; **c)** *(Lava, Geröll usw.)* ejected material; ejecta *pl.*; **d)** *o. Pl. (abwertend: Abschaum)* scum
aus|würfeln *tr. V.* **eine Runde Bier** *usw.* **~**: throw dice to decide who will pay for a round of beer *etc.*
aus|zacken *tr. V.* serrate; *(mit der Zickzackschere)* pink *(fabric)*
aus|zahlen 1. *tr. V.* **a)** *(aushändigen)* pay out; **sich** *(Dat.)* **einen Scheck ~ lassen** cash a cheque; **ausgezahlt bekommt er 1 650 Mark** his net pay is 1,650 marks; **b)** *(entlohnen)* pay off; buy out *(business partner, shareholder, etc.)*. **2.** *refl. V. (sich lohnen)* pay off; *(einbringen)* pay; **Verbrechen zahlen sich nicht aus** crime doesn't pay
aus|zählen *tr. V.* **a)** *(zählen)* count [up] *(votes etc.)*; **b)** *(Boxen)* count out; **c)** *auch itr. (aussondern)* choose by counting; *(bei Kinderspielen)* count out
Aus·zahlung die **a)** *(das Aushändigen)* paying out; **b)** *(das Entlohnen)* paying off; *(eines Geschäftspartners)* buying out
Aus·zählung die counting [up]; **mit der ~ wurde bereits begonnen** the count had already started
aus|zanken *tr. V. (bes. ostmd.)* **jmdn. ~**: give sb. a scolding *or* a telling off
aus|zehren *tr. V. (geh.)* exhaust *(person, soil)*; *(disease)* debilitate *(person)*; *(abzehren)* emaciate *(person)*
Auszehrung die; ~ **a)** *(Kräfteverfall)* emaciation; **b)** *(veralt.: Schwindsucht)* consumption
aus|zeichnen 1. *tr. V.* **a)** *(mit einem Preisschild)* mark, price (**mit** at); **etw. mit einem Preisschild ~**: put a price-tag on sth.; **b)** *(ehren)* honour; **jmdn. mit einem Orden ~**: decorate sb. [with a medal]; **jmdn./etw. mit einem Preis/Titel ~**: award a prize/title to sb./sth.; **c)** *(Druckw.: hervorheben)* display; **wichtige Stellen sind durch Kursivschrift ausgezeichnet** important sections are displayed in italics; **d)** *(Druckw.: zum Satz fertigmachen)* mark up; **e)** *(bevorzugt behandeln)* single out for special favour; *(ehren)* single out for special honour; **jmdn. mit etw. durch etw. ~**: *(bevorzugt behandeln)* favour sb. with sth.; *(ehren)* honour sb. with sth.; **f)** *(kennzeichnen)* distinguish *(gegenüber, vor + Dat.* from); **Klugheit und Fleiß zeichnen ihn aus** he was distinguished by his intelligence and industriousness. **2.** *refl. V. (sich hervortun) (durch eine Eigenschaft)* stand out (**durch** for); *(durch Leistung) (person)* distinguish oneself (**durch** by); **sich als Politiker/im Sport ~**: distinguish oneself as a politician/in sport; **der Stoff zeichnet sich durch seine Haltbarkeit aus** the outstanding feature of the material is its durability; *s. auch* **ausgezeichnet 2, 3**
Aus·zeichnung die *o. Pl. (von Waren)* marking; **b)** *(Schildchen)* [price-]ticket *or* tag; **c)** *(Ehrung)* honouring; *(mit Orden)* decoration; *(Gunstbeweis)* mark of favour; **die ~ mit dem „Oscar" war sein größter Erfolg** the award of the Oscar was his greatest success; **die ~ der Preisträger** the presentation of awards to the winners; **d)** *(Orden)* decoration; *(Preis)* award; prize; **e)** *o. Pl. (Druckw.: das Hervorheben)* displaying; **f)** *o. Pl. (Druckw.: das Satzfertigmachen)* marking up; **g)** *(Druckw.: Zeichen im Manuskript)* mark; **h) in mit ~**: with distinction
Aus·zeit die *(Basketball, Volleyball, Schach)* time-out
ausziehbar *Adj.* extendible, telescopic *(aerial)*; extending *attrib. (ladder)*; sliding-leaf *attrib. (table)*
aus|ziehen 1. *unr. tr. V.* **a)** *(vergrößern)* pull out *(couch)*; extend *(table, tripod, etc.)*; **b)** *(ablegen)* take off, remove *(clothes)*; **c)** *(entkleiden)* undress; **sich ~**: undress; get undressed; **sich ganz/nackt ~**: strip off *or* undress completely; **jmdn. mit den Augen ~** *(ugs.)*: undress sb. with one's eyes; **d)** *(auszupfen)* pull out *(hair etc.)*; **e)** *(herausschreiben)* extract *(words, passages, etc.)*; **f)** *(nachzeichnen)* draw in; **mit Tusche ~**: ink in; **ausgezogene und punktierte Linien** continuous and dotted lines. **2.** *unr. itr. V.; mit sein* **a)** *(aus einer Wohnung usw.)* move out (**aus** of); **b)** *(losgehen)* set off; **auf Abenteuer/zur Jagd ~**: set off *or* out in search of adventure/for the hunt
Auszieh·tisch der extending table; sliding-leaf table
aus|zischen *tr. V.* hiss *(speaker, play, etc.)*
Auszubildende der/die; *adj. Dekl. (bes. Amtsspr.)* trainee; *(im Handwerk)* apprentice
Aus·zug der **a)** *(das Ausziehen)* move; **b)** *(Abschrift)* extract; *(Bankw.)* statement; **c)** *(Textstelle)* extract; excerpt; **d)** *(das Hinausgehen)* departure; *(feierlich)* procession (**aus** out of); *(als Protest)* walk out; **der ~ der Kinder Israel** *(bibl.)* the Exodus; **e)** *(Extrakt)* extract; **f)** *(schweiz.)* first age-group of men liable for military service
auszugs·weise *Adv.* in extracts *or* excerpts; **etw. ~ lesen** read extracts from sth.
aus|zupfen *tr. V.* pluck out; pull out *(weeds)*
autark [au'tark] *Adj.* **a)** *(Wirtsch.)* self-sufficient; autarkic *as tech. term*; **b)** *(geh.: eigenständig, selbstgenügsam)* independent; self-sufficient
Autarkie [autar'kiː] die; ~, ~n **a)** *(Wirtsch.)* self-sufficiency; autarky *as tech. term*; **b)** *(geh.: Selbstgenügsamkeit)* self-sufficiency; independence
authentisch [au'tɛntɪʃ] **1.** *Adj. (echt)* authentic; *(zuverlässig)* reliable *(report)*. **2.** *adv.* authentically; *(prove)* reliably
Authentizität [autɛntitsi'tɛːt] die; ~ *(geh.)* authenticity
Autismus [au'tɪsmʊs] der; ~ *(Med.)* autism
autistisch *(Med.)* **1.** *Adj.* autistic. **2.** *adv.* autistically
Auto ['auto] das; ~s, ~s car; automobile *(Amer.)*; **~ fahren** drive [a car]; *(mitfahren)* go in the car; **mit dem ~ fahren** go by car; **er hat wie ein Auto geguckt** *(ugs.)* his eyes popped out of his head
Auto·atlas der road atlas
Auto·bahn die motorway *(Brit.)*; expressway *(Amer.)*; *(mit Gebühren)* turnpike *(Amer.)*; (in Germany, Austria, Switzerland *also*) autobahn
Autobahn-: **~auf·fahrt** die motorway access road *(Brit.)*; expressway entrance [ramp] *(Amer.)*; **~aus·fahrt** die motorway *(Brit.)* or *(Amer.)* expressway exit; **~drei·eck** das motorway *(Brit.)* or *(Amer.)* expressway junction *or* merging point; **~ge·bühr** die motorway *(Brit.)* or *(Amer.)* expressway toll; **~kreuz** das motorway *(Brit.)* or *(Amer.)* expressway interchange; **~rast·stätte** die motorway *(Brit.)* or *(Amer.)* expressway service area; **~vignette** die *s.* **Gebührenvignette**; **~zubringer** der motorway *(Brit.)* or *(Amer.)* expressway approach road *or* feeder [road]
auto-, Auto-: **~biographie** [-----'-] die autobiography; **~biographisch** [----'--] **1.** *Adj.* autobiographical. **2.** *adv.* autobiographically; **~bus** der bus; *(Reisebus)* coach; **~car** der *(schweiz.)* coach
Autodafé [autoda'feː] das; ~s, ~s **a)** *(hist.: Ketzerverbrennung)* auto-da-fé; **b)** *(Bücherverbrennung)* book-burning
Auto·didakt [-di'dakt] der; ~en, ~en,

Autodidaktin die; ~, ~nen autodidact; ~ sein be an autodidact; be self-taught
auto·didaktisch 1. *Adj.* self-study *attrib.*, self-teaching *attrib.* ⟨*aids, materials*⟩; ~**es Studium** self-study; self-instruction. **2.** *adv.* sich ~ **weiterbilden** continue one's education by self-study
Autodrom das; ~s, ~e **a)** *s.* Motodrom; **b)** *(österr.: für Skooter)* dodgems *pl.*; bumper cars *pl.*
auto-, Auto-: ~**elektrik** die automotive electrics *pl.*; *(Anlage)* [car] electrical system; ~**erotik** die auto-eroticism *no art.*; ~**fähre** die car ferry; ~**fahren** das driving; motoring; ~**fahrer** der [car-]driver; ~**fahrer·gruß** der *(ugs.)* driver's tapping of the forehead in response to stupid action by other driver, cyclist, pedestrian, etc.; ~**fahrt** die drive; ~**frei** *Adj.* ⟨*day, time*⟩ when no cars are/were allowed on the road; ⟨*place*⟩ where no cars are/were allowed; **X ist** ~**frei** no cars are allowed in X; ~**fried·hof** der *(ugs.)* car dump; ~**gen** [~'ge:n] **1.** *Adj.* **a)** *(Technik)* ~**genes Schneiden/Schweißen** gas *or* oxy-acetylene cutting/welding; **b)** *(Psych.)* ~**genes Training** autogenic training; autogenics; **2.** *adv. (Technik)* ~**gen schweißen/schneiden** weld/cut using an oxy-acetylene flame; ~**gramm** [--'-] das; ~s, ~e autograph; ~**gramm·jäger** [--'---] der autograph-hunter; ~**hypnose** [-----'-] die *(Psych.)* autohypnosis; ~**karte** die road map; ~**kino** das drive-in cinema; ~**knakker** der *(ugs.)* car-burglar; ~**kolonne** die line of cars; ~**krat** [auto'kra:t] der; ~en, ~en autocrat; ~**kratie** [---'-] die; ~, ~n autocracy; ~**kratisch** [--'--] **1.** *Adj.* autocratic; **2.** *adv.* autocratically; ~**marder der** car-burglar; ~**marke** die make of car
Automat [auto'ma:t] der; ~en, ~en **a)** *(Verkaufs~)* [slot-]machine; vending-machine; *(Spiel~)* slot-machine; fruit-machine; *(Musik~)* juke-box; **b)** *(in der Produktion, auch fig.: Mensch)* robot; automaton; **ich bin doch kein ~!** I'm not a machine; **c)** *(Math., DV)* automaton
Automaten-: ~**knacker** der *(ugs.)* thief who breaks into slot-machines; ~**restaurant** das vending-machine restaurant; automat *(Amer.)*
Automatik die; ~, ~en *(Technik)* **a)** *(Vorrichtung)* automatic control mechanism; *(Getriebe~)* automatic transmission; **eine ~ haben** ⟨*car*⟩ have automatic transmission; ⟨*camera*⟩ have automatic exposure control; **b)** *(Vorgang)* automatic process
Automatik·gurt der *(Kfz-W.)* inertia-reel belt
Automation die; ~: automation
automatisch *(auch fig.)* **1.** *Adj.* automatic. **2.** *adv.* automatically
automatisieren *tr. V.* automate
Automatisierung die; ~, ~en automation
Automatismus der; ~, Automatismen **a)** *(Technik, fig.)* automatic mechanism; **b)** *(Med., Biol., Psych.)* automatism *no art.*
Auto-: ~**mechaniker** der motor mechanic; ~**minute** die: **zehn ~minuten entfernt sein** be ten minutes [away] by car; be ten minutes' drive [away]; ~**mobil** [----'-] das; ~s, ~e *(geh.)* motor car; automobile *(Amer.)*
Automobil-: ~**aus·stellung** die motor show *(Brit.)*; automobile show *(Amer.)*; ~**bau** der car manufacture; ~**industrie** die motor industry
auto-, Auto-: ~**mobilist** [----'-] der; ~en, ~en *(bes. schweiz.)* motorist; car-driver; ~**mobil·klub** [---'--] der motoring organization; ~**nom** [--'-] **1.** *Adj.* autonomous; autonomic ⟨*nervous system*⟩; **2.** *adv.* autonomously; ~**nomie** [----'-] die; ~, ~n autonomy; ~**nummer** die [car] registration number; ~**papiere** *Pl.* car documents; ~**pilot** der *(Flugw.)* autopilot

Autopsie [auto'psi:] die; ~, ~n *(Med.)* autopsy; post-mortem [examination]
Autor ['autɔr] der; ~s, ~en [-'to:rən] author
Auto-: ~**radio** das car radio; ~**reifen** der car tyre; ~**reise·zug** der Motorail train *(Brit.)*; auto train *(Amer.)*
Autoren·kollektiv das authors' collective
Auto-: ~**rennen** das *(Sportart)* motor *(Brit.)* or *(Amer.)* auto racing; *(Veranstaltung)* motor *(Brit.)* or *(Amer.)* auto race; ~**reparatur** die car repair; repair to the/a car
Autorin die; ~, ~nen authoress; author
Autorisation [autoriza'tsjo:n] die; ~, ~en authorization
autorisieren *tr. V.* authorize
autoritär [autori'tɛ:ɐ̯] **1.** *Adj.* authoritarian. **2.** *adv.* in an authoritarian manner
Autorität [autori'tɛ:t] die; ~, ~en authority; **als ~ auf einem Gebiet gelten** be regarded as an authority in a field
autoritativ [autorita'ti:f] **1.** *Adj.* *(geh.)* authoritative. **2.** *adv.* authoritatively
autoritäts·gläubig *Adj.* trusting in authority *pred.*
Autoritäts·gläubigkeit die trust in authority
Autor·korrektur die *(Buchw.)* author's correction; *(Fahne)* author's proof; *(Korrekturlesen)* author's reading of the proofs
Autorschaft die; ~: authorship
auto-, Auto-: ~**schalter** der drive-in counter; ~**schlange** die queue *or* line of cars; ~**schlosser** der s. ~mechaniker; ~**schlüssel** der car key; ~**skooter** der dodgem; bumper car; ~**stopp** der hitch-hiking; hitching *(coll.)*; **per** *od.* **mit ~stopp fahren**, ~**stopp machen** hitch-hike; hitch *(coll.)*; ~**strich** der *(ugs.)* area where prostitutes wait to be picked up by kerb-crawlers; ~**stunde** die: **zwei ~stunden entfernt sein** be two hours [away] by car; be two hours' drive [away]; ~**suggestion** [-----'-] die *(Psych.)* auto-suggestion; ~**telefon** das car telephone; ~**test** der car test; ~**tür** die car door; ~**typie** [---'-] die; ~, ~n *(Druckw.)* half-tone photoengraving; ~**unfall** der car accident; ~**verkehr** der [motor] traffic; ~**verleih** der, ~**vermietung** die car hire *(Brit.)* or rental firm or service; ~**werkstatt** die garage; car repair shop; ~**zubehör** das car accessories *pl.*
autsch [autʃ] *Interj.* ouch; ow
Au·wald der s. Auenwald
auweh [au've:] *Interj.* oh dear; *(Ausruf des Schmerzes)* ouch
auwei[a] [au'vai(a)] *Interj. (ugs.)* oh dear
Avance [a'vã:sə] die; ~, ~n jmdm. ~n **machen** make approaches to sb.; *(geh.: einen Flirt beginnen)* make advances to sb.
avancieren [avã'si:rən] *itr. V.; mit sein (geh.)* **zu etw.** ~: be promoted to sth. *(also iron.)*; rise to sth.; **zum Bestseller** ~ *(fig.)* become a best seller
Avantgarde [avã'gardə] die; ~, ~n avant-garde; *(Politik)* vanguard *(fig.)*
Avantgardismus der; ~: avant-gardism
Avantgardist der; ~en, ~en member of the avant-garde; avant-gardist
avantgardistisch 1. *Adj.* avant-garde. **2.** *adv.* ⟨*paint etc.*⟩ in an avant-garde style
AvD [a:fau'de:] der; ~ *Abk.*: **Automobilclub von Deutschland** Automobile Club of Germany
Ave-Maria ['a:vema'ri:a] das; ~[s], ~[s] *(kath. Kirche)* Ave Maria; Hail Mary
Avers [a'vɛrs] der; ~es, ~e *(Münzk.)* obverse
Aversion [avɛr'zjo:n] die; ~, ~en aversion; **eine ~** *od.* ~**en gegen jmdn./etw. haben** have an aversion to sb./sth.
Avis [a'vi:] der *od.* das; ~ *(Kaufmannsspr., Bankw.)* advice; *(schriftlich)* advice note
avisieren [avi'zi:rən] *tr. V. (bes. Wirtsch.)* send notification of; advise *or* notify of

Aviso [a'vi:zo] das; ~s, ~s *(österr.)* s. Avis
Avocado [avo'ka:do] die; ~, ~s avocado [pear]
Axel ['aksl̩] der; ~s, ~ *(Eis-, Rollkunstlauf)* axel
axial [a'ksi̯a:l] *Adj. (Technik)* axial
Axiom [a'ksi̯o:m] das; ~s, ~e axiom
Axiomatik [aksi̯o'ma:tɪk] die; ~ **a)** *(Lehre)* axiomatics *sing.; no art.*; study of axioms; **b)** *(Verfahren)* axiomatization
axiomatisch 1. *Adj.* axiomatic. **2.** *adv.* axiomatically
Axt [akst] die; ~, Äxte ['ɛksta] axe; **die ~ im Haus erspart den Zimmermann** *(Spr.)* it saves trouble if you don't have to get someone in; **sich benehmen wie die ~ im Walde** behave like a boor
Axt·hieb der blow of the/an axe
Azalee [atsa'le:ə], **Azalie** [a'tsa:li̯ə] die; ~, ~n azalea
Azetat s. Acetat
Azimut [atsi'mu:t] das *od.* der; ~s *(Astron.)* azimuth
Azoren [a'tso:rən] *Pl.* die ~: the Azores
Azteke [ats'te:kə] der; ~n, ~n Aztec
Azteken·reich das Aztec empire
Azubi ['a:tsubi] der; ~s, ~s/die; ~, ~s *(ugs.) s.* Auszubildende
Azur [a'tsu:ɐ̯] der; ~s *(dichter.)* **a)** *(Farbe)* azure; **b)** *(Himmel)* azure *(literary)*
azur·blau, azurn *Adj. (geh.)* azure[-blue]
azyklisch ['atsy:klɪʃ] *Adj.* **a)** *(unregelmäßig)* irregular; **b)** *(Bot., Chemie)* acyclic

B

b, B [be:] das; ~, ~ **a)** *(Buchstabe)* b/B; **b)** *(Musik)* [key of] B flat; **s. auch a, A**
B die; ~ *Abk.* **Bundesstraße** ≈ A *(Brit.)*
BA [be:'|a:] die; ~ *Abk.* **Bundesanstalt für Arbeit**
BAB [be:|a:'be:] die; ~ *Abk.* **Bundesautobahn** ≈ M *(Brit.)*
babbeln ['bab|n] *(landsch. ugs.) itr., tr. V. (auch abwertend)* babble
Babel ['ba:bl̩] **1.** *(das)*; ~s Babel; **der Turm zu** ~: the Tower of Babel. **2.** das; ~s **a)** *(Sünden~)* hotbed of vice; sink of iniquity; **b)** *(vielsprachiger Ort)* babel
Baby ['be:bi] das; ~s, ~s *od.* **Babies** baby
Baby-: ~**artikel** *Pl.* baby goods; ~**ausstattung** die layette
Babylon ['ba:bylɔn] **1. (das);** ~s Babylon. **2.** das; ~s, ~s *s.* Babel 2
Babylonien [baby'lo:ni̯ən] *(das)*; ~s Babylonia
Babylonier der; ~s, ~: Babylonian
babylonisch *Adj.* Babylonian; **ein ~es Sprachgewirr** a babel of languages; **der Babylonische Turm** the Tower of Babel
baby-, Baby-: ~**sitten** [-sɪtn̩] *itr. V.; nur im Inf. (ugs.)* babysit; ~**sitter** [-sɪtɐ] der; ~s, ~, ~**sitterin** die; ~, ~nen baby-sitter; ~**sitting** [-sɪtɪŋ] das; ~s baby-sitting; ~**speck** der *(ugs.)* puppy fat *(Brit.)*; baby fat *(Amer.)*; ~**strich** der *(ugs.)* child pros-

titution; ~**waage** die baby scales; ~**wäsche** die baby clothes
bacchantisch [ba'xantɪʃ] *(geh.)* 1. *Adj.* Bacchanalian. 2. *adv.* in a Bacchanalian manner *or* fashion
Bach [bax] der; ~[e]s, **Bäche** ['bɛçə] **a)** stream; brook; **den ~ runtergehen** *(ugs.)* get pushed into the background; **b)** *(Rinnsal)* stream [of water]; *s. auch* **Bächlein**
bach ab *Adv.* downstream
Bache ['baxə] *(Jägerspr.)* die; ~, ~**n** wild sow
Bächelchen ['bɛçlçən] das; ~s, ~: rivulet
Bach forelle die brown trout
Bächlein ['bɛçlaɪn] das; ~s, ~: rivulet; **ein ~ machen** *(Kinderspr.)* do a wee-wee *(child lang.)*
Bach stelze die *(Motacilla alba alba)* white wagtail; *(M.a. yarrellii)* pied wagtail
Back [bak] der; ~s, ~en *(Seemannsspr.)* **a)** *(Deckaufbau)* forecastle; fo'c's'le; **b)** *(Schüssel)* wooden serving bowl *(in which sailors' food is served);* **c)** *(Tisch)* messtable; **d)** *(Tischgemeinschaft)* mess
Back blech das baking-sheet
Back bord das *(Seew., Luftf.)* port [side]; **über ~**: over the port side
backbord[s] ['bakbɔrt(s)] *Adv. (Seew., Luftf.)* on the port side
Bäckchen ['bɛkçən] das; ~s, ~: [little] cheek
Backe ['bakə] die; ~, ~**n a)** *(Wange)* cheek; **au ~!** *(ugs.)* oh heck *(coll.); s. auch* **voll 1 a**; **b)** *(ugs.: Gesäß)* buttock; cheek *(sl.); s. auch* **abreißen c**; **c)** *(Seitenteil) (eines Schraubstocks)* jaw; cheek; *(eines Gewehrs)* cheekpiece; *(Brems~) (eines Autos)* shoe; *(eines Fahrrads)* block
¹**backen** ['bakn] 1. *unr. itr. V.* **a)** bake; do the baking; **ich backe immer selbst** I do all my own baking; **b)** *(garen) ⟨cake etc.⟩* bake; **der Kuchen muß noch 10 Minuten ~**: the cake has to stay in the oven for another 10 minutes; **c)** *⟨oven⟩* bake. 2. *unr. tr. V.* **a)** bake *⟨cakes, bread, etc.⟩*; **ich backe vieles selbst** I do a lot of my own baking; *(fig.)* **das frisch gebackene Ehepaar** *(ugs.)* the newlyweds *pl. (coll.)*; **eine frisch gebackene Ärztin** *(ugs.)* a newly-fledged doctor; **b)** *(bes. südd.: braten)* roast; *(in der Bratpfanne)* fry; **c)** *(trocknen)* dry *⟨fruit, mushrooms, etc.⟩; s. auch* **brick**
²**backen** *(bes. nordd.)* 1. *itr. V. ⟨snow, earth⟩* stick *(an + Dat.* to). 2. *tr. V.* stick *(an + Akk.* on to)
Backen-: ~bart der side-whiskers *pl.*; sideboards *pl. (sl.)*; **~bremse** die *(Technik) (eines Autos)* shoe brake; *(eines Fahrrads)* block brake; **~knochen** der cheek-bone; **~streich** der *(veralt.)* slap in the face; **~tasche** die [cheek] pouch; **~zahn** der molar; **kleiner** *od.* **vorderer/großer** *od.* **hinterer ~zahn** premolar/back molar
Bäcker ['bɛkɐ] der; ~s, ~ **a)** baker; **~ lernen** learn the baker's trade; learn to be a baker; **er will ~ werden/ist ~**: he wants to be/is a baker; **b)** *(Geschäft)* baker's [shop]; **zum ~ gehen** go to the baker's; **beim ~**: at the baker's
Bäck erbsen *Pl. (Kochk.)* small crisp round noodles added to soup
Bäckerei [bɛkə'raɪ] die; ~, ~**en a)** *(Bäckerladen)* baker's [shop]; *(Backstube)* bakery; **b)** *o. Pl. (das Backen)* baking; **c)** *(Handwerk)* bakery trade; **d)** *(südd., österr.) s.* **Backwerk**
Bäcker-: ~geselle der journeyman baker; **~hand werk** das bakery trade
Bäckerin die; ~, ~**nen** baker
Bäcker-: ~innung die bakers' guild; **~junge** der *(Gehilfe)* baker's boy *or* lad; *(Lehrling)* baker's apprentice; **~laden** der baker's shop; **~lehre** die baker's apprenticeship; **~lehrling** der baker's apprentice; **~meister** der master baker
Bäckers frau die baker's wife

bäck-, Bäck-: ~fertig *Adj.* oven-ready; **~fisch** der **a)** *(Kochk.)* fried fish *(in breadcrumbs);* **b)** *(veralt.: Mädchen)* teenager; teenage girl; **~form** die baking-tin *(Brit.);* baking-pan *(Amer.);* **(für Kuchen)* cake-tin *(Brit.);* cake-pan *(Amer.);* *(aus Ton)* earthenware baking-mould
Background ['bɛkgraʊnt] der; ~s, ~s background
Backhähnchen das fried chicken *(in breadcrumbs)*
Back-: ~hendl das *(österr.), ~huhn* das fried chicken *(in breadcrumbs);* **~mulde** die *s.* **~trog;** **~obst** das dried fruit; **~ofen** der oven; *(beim Bäcker)* baker's oven; **~pfeife** die *(bes. nordd.)* slap in the face; **~pfeifen gesicht** das *(salopp abwertend) s.* **Ohrfeigengesicht;** **~pflaume** die prune; **~pulver** das baking-powder; **~rohr** das *(südd., österr.), ~röhre* die oven; **~stein** der brick; **~stein bau** der; *Pl.* -bauten brick building; **~stein gotik** die *(Kunstwiss.)* brick Gothic [architecture]; **~stube** die bakery; bakehouse; **~trog** der kneading trough; dough tray *or* trough; **~waren** *Pl. o. Pl.* biscuits *or (Amer.)* cookies and pastries; **~werk** das; *o. Pl.* biscuits *or (Amer.)* cookies and pastries
Bad [ba:t] das; ~[e]s, **Bäder** ['bɛ:dɐ] **a)** *(Wasser)* bath; [**sich** *(Dat.)*] **ein ~ einlaufen lassen** run [oneself] a bath; **b)** *(das Baden)* bath; *(das Schwimmen)* swim; *(im Meer o. ä.)* bathe; **ein ~ nehmen** *(geh.)* have *or* take a bath; *(schwimmen)* go for a swim; *(im Meer o. ä.)* bathe; **nach dem ~**: after bathing; **beim ~ im Meer/** *(fig.)* **in der Sonne** when bathing in the sea/sun-bathing; **jmdm. Bäder verordnen** *(Med.)* prescribe a course of baths for sb.; **c)** *(Badezimmer)* bathroom; **ein Zimmer mit ~**: a room with [private] bath; **d)** *(Schwimm~)* [swimming-]pool; swimming-bath; **e)** *(Heil~)* spa; *(See~)* [seaside] resort; **f)** *(Technik, Chemie)* bath
Bade-: ~anstalt die swimming baths *pl. (Brit.);* public pool *(Amer.);* **~an zug** der swimming *or* bathing costume; swimsuit; **~arzt** der spa doctor; **~gast** der **a)** *(im Schwimmbad)* bather; swimmer; **b)** *(im Kurort)* visitor to a/the spa; **~hose** die swimming *or* bathing trunks *pl*; **~kabine** die changing-cubicle *(Brit.);* locker *(Amer.);* **~kappe** die swimming *or* bathing cap; **~kur** die course of treatment at a spa; **~mantel** der dressing-gown; bathrobe; *(Strandkleidung)* beach robe; **~matte** die bath-mat; **~meister** der swimming-pool attendant; **~mütze** die swimming *or* bathing cap
baden 1. *itr. V.* **a)** *(in der Wanne)* have *or* take a bath; **warm/kalt ~**: have *or* take a hot/cold bath; **b)** *(schwimmen)* bathe; swim; **~ gehen** go for a bathe *or* a swim; go bathing/swimming; [**bei**] **mit etw.**] **~ gehen** *(ugs.)* come a cropper *(coll.)* [over sth.]. 2. *tr. V.* bath *⟨child, patient, etc.⟩;* bathe *⟨wound, face, eye, etc.⟩;* **in Schweiß gebadet** *(fig.)* bathed in sweat; **du bist wohl als Kind zu heiß gebadet worden!** *(ugs. scherzh.)* you must have been dropped on your head as a baby
Baden ['ba:dn] **(das)**; ~s Baden
Badener ['ba:dənɐ] *(ugs.), Badenser* [ba-'dɛnzɐ] der; ~s, ~ inhabitant of Baden; *(von Geburt)* native of Baden; *s. auch* **Kölner**
Bade-: ~ofen der bath-water heater; **~ort** der **a)** *(Seebad)* [seaside] resort; **b)** *(Kurort)* spa; **~platz** der bathing-place
Bader der; ~s, ~ *(hist.)* barber[-surgeon]
Bäder *s.* **Bad**
Bade-: ~sachen *Pl.* bathing *or* swimming things; **~saison** die bathing *or* swimming season; *(im Kurort)* spa season; **~salz** das bath salts *pl.;* **~schwamm** der [bath] sponge; **~strand** der bathing-beach;

~tuch das bath towel; **~wanne** die bath[-tub]; **~wasser** das bath water; **~wetter** das bathing weather; weather warm enough *or* suitable for bathing *or* swimming; **~zeit** die **a)** *(bei Heilbehandlungen)* immersion time; *(in anstalten)* swimming time; **die ~zeit ist beendet** the pool is now closing; **c)** *s.* **~saison; ~zeug** das *(ugs.)* bathing *or* swimming things *pl.;* **~zimmer** das bathroom; **~zu satz** der *(~salz)* bath salts; *(Schaumbad)* bubble bath
badisch *Adj.* of Baden *postpos.;* ⟨wine, produce, etc.⟩ from Baden; **die ~e Mundart** the Baden dialect; **das Badische** *(Sprachw.)* the Baden dialect; *(Region)* Baden
Badminton ['bɛtmɪntɔn] das; ~ : badminton
baff [baf] **in ~ sein** *(ugs.)* be flabbergasted
BAföG ['ba:fœk] das; ~ *Abk.* Bundesausbildungsförderungsgesetz; **[300 DM] ~ bekommen** get a [state] grant [of 300 marks]
Bagage [ba'ga:ʒə] die; ~, ~**n** *(abwertend) (Familie)* tribe *(derog.);* *(Gesindel)* rabble; crowd *(coll.);* **die ganze ~**: the whole lot of them
Bagatell-: ~betrag der trifling amount; **~delikt** das *(Rechtsw.)* petty *or* minor offence
Bagatelle [baga'tɛlə] die; ~, ~**n a)** *(Kleinigkeit)* trifle; bagatelle; **das ist keine ~**: it's no mere trifle; **b)** *(Musik)* bagatelle
bagatellisieren 1. *tr. V.* trivialize; minimize. 2. *itr. V.* trivialize matters
Bagatell-: ~sache die petty *or* minor case; **~schaden** der minor damage no indef. art.; **~schäden** minor damage *sing.*
Bagger ['bagɐ] der; ~s, ~ : excavator; digger; *(Schwimmbagger)* dredger
Bagger führer der excavator driver; *(eines Schwimmbaggers)* dredger master
baggern 1. *itr. V.* **a)** excavate; *(mit dem Schwimmbagger)* dredge; **b)** *(Volleyball)* dig the ball. 2. *tr. V.* **a)** excavate; *(mit dem Schwimmbagger)* dredge; **b)** *(Volleyball)* dig *⟨ball⟩*
Bagger see der flooded gravel-pit
Baguette [ba'gɛt] die; ~, ~**n** baguette
bah [ba:] *Interj.* ugh
bäh [bɛː] *Interj.* **a)** *(bei Ekel)* ugh; *(schadenfroh)* hee-hee; tee-hee; **b)** *(von Schafen)* baa
Bahama inseln [ba'ha:ma-], **Bahamas** *Pl.* **die ~**: the Bahamas
bähen ['bɛːən] *tr. V. (südd., österr., schweiz.)* toast *⟨bread, roll, etc.⟩*
Bahn [ba:n] die; ~, ~**en a)** *(Weg)* path; way; *(von Wasser)* course; **sich** *(Dat.)* **~ brechen** *⟨invention, idea⟩* establish itself; **einer Sache ~ brechen** pave *or* prepare the way for sth.; **jmdn. aus der ~ werfen** *od.* **bringen** *od.* **schleudern** *(fig.)* knock sb. sideways *(fig.);* **auf die schiefe ~ geraten** *(fig.)* go astray; *s. auch* **ebnen; tüchtig 1 a; b)** *(Strecke)* path; *(Umlaufbahn)* orbit; *(einer Rakete)* [flight-]path; *(eines Geschosses)* trajectory; **sich in neuen ~en bewegen** *(fig.)* break new *or* fresh ground *(fig.);* **etw. [wieder] in die richtige ~ lenken** *(fig.)* get sth. [back] on the right track *(fig.);* **c)** *(Sport)* track; *(für Pferderennen)* course *(Brit.);* track *(Amer.);* *(für einzelne Teilnehmer)* lane; *(Kegel~)* alley; *(Schlitten~, Bob~)* run; *(Bowling~)* lane; **~ frei!** make way!; get out of the way!; **d)** *(Fahr~)* lane; **e)** *(Eisen~)* train; *(~netz)* railways *pl.;* railroad *pl. (Amer.);* **jmdn. zur ~ bringen/an der ~ abholen** take sb. to/pick sb. up from the station; **mit der** *od.* **per ~**: by train; **~ fahren** go by train; **f)** *(Straßen~)* tram; streetcar *(Amer.);* **g)** *(Schienenweg)* railway [track]; **h)** *(Streifen) (Stoff~)* length; *(Tapeten~)* strip; length; *(eines Rocks)* panel
bahn-, Bahn-: ~amtlich *Adj. (Amtsspr.)* official railway; **~arbeiter** der railway *or (Amer.)* railway worker; **~beamte** der railway *or (Amer.)* railway official; **~bre-**

bahnbrechend — **Ballerina**

chend *Adj.* pioneering; ~**brechend** für etw. sein pave *or* prepare the way for sth.; **Bahnbrechendes geleistet haben** have done pioneering work; ~**brecher** *der*, ~**brecherin** *die* pioneer; ~**bus** *der* railway bus
Bähnchen ['bɛːnçən] *das*; ~s, ~: narrow-gauge railway; (*in Vergnügungsparks usw.*) miniature railway
Bahn·damm *der* railway *or* (*Amer.*) railroad embankment
bahnen *tr. V.* clear ⟨*way, path*⟩; ⟨*river etc.*⟩ carve out ⟨*channel, bed*⟩; **jmdm./einer Sache einen Weg ~**: clear the *or* a way for sb./sth.; (*fig.*) pave *or* prepare the way for sb./sth.; **sich** (*Dat.*) **einen Weg durch etw. ~**: force a *or* one's way through sth.
bahnen·weise *Adv.* in lengths; (*bei Tapeten*) in strips *or* lengths
bahn-, Bahn-: ~**fahrt** *die* train *or* rail journey; ~**frei** (*Kaufmannsspr.*) *Adj., adv.* free on rail; ~**gleis** *das* railway *or* (*Amer.*) railroad track *or* line
Bahn·hof *der* (railway *or* (*Amer.*) railroad) station; **~ Käfertal** Käfertal station; **sich im/am ~ treffen** meet at the station; **ich verstehe nur ~** (*ugs.*) it's [all] double Dutch to me; [**ein**] **großer ~** (*ugs.*) the red-carpet treatment; **jmdm. einen großen ~ bereiten** (*ugs.*) roll *or* put out the red carpet for sb.
Bahnhofs-: ~**buch·handlung** *die* station bookshop; (*Bücherzeile*) station bookstall; ~**gast·stätte** *die* station restaurant; ~**halle** *die* station concourse; ~**hotel** *das* station hotel; ~**mission** *die* ≈ Travellers' Aid (*charitable organization for helping rail travellers in need of care or assistance*); ~**platz** *der* square in front of the station; ~**restaurant** *das* station restaurant; ~**vor·platz** *der* station forecourt; ~**vorstand** *der*, ~**vorsteher** *der* station-master; ~**wirtschaft** *die* station buffet
bahn-, Bahn-: ~**körper** *der* permanent way; ~**lagernd** 1. *Adj.* to be collected from the station *postpos.*; 2. *adv.* **Waren ~lagernd schicken** send goods to await collection at the station; ~**linie** *die* railway *or* (*Amer.*) railroad line; ~**meisterei** *die*; ~, ~**en** permanent way (*Brit.*) *or* (*Amer.*) railroad maintenance department; ~**polizei** *die* railway *or* (*Amer.*) railroad police; ~**post** *die* travelling *or* railway post office (*Brit.*); ~**reise** *die* train *or* rail journey; (*Pauschalreise*) package holiday (*Brit.*) / (*Amer.*) vacation trip by train; ~**reisende der/die** [rail] passenger; ~**schranke** *die* level-crossing (*Brit.*) *or* (*Amer.*) grade crossing barrier/gate; ~**station** *die* [railway *or* (*Amer.*) railroad] halt (*Brit.*) *or* (*Amer.*) stop; ~**steig** [~ʃtaik] *der*; ~[e]s, ~e [station] platform; ~**steig·karte** *die* platform ticket; ~**über·führung** *die* a) underbridge; underline bridge; b) (*ugs.: Brücke über die Bahnlinie*) bridge over the/a railway *or* (*Amer.*) railroad; ~**über·gang** *der* level-crossing (*Brit.*); grade *or* railroad crossing (*Amer.*); ~**unter·führung** *die* a) overbridge; overline bridge; b) (*ugs.: Brücke für die Eisenbahn*) railway *or* (*Amer.*) railroad bridge; ~**verbindung** *die* rail (*Brit.*) *or* train connection; ~**wärter** *der* level-crossing keeper (*Brit.*); (*Streckenwärter*) linesman (*Brit.*); trackman (*Amer.*); ~**wärter·häuschen** *das* level-crossing keeper's hut (*Brit.*)
Bahre ['baːrə] *die*; ~, ~n a) (*Kranken~*) stretcher; b) (*Toten~*) bier
Bahr·tuch *das*; *Pl.* **Bahrtücher** pall
Bai [bai] *die*; ~, ~en bay
bairisch ['bairɪʃ] *Adj.* Bavarian
Baiser [bɛˈzeː] *das*; ~s, ~s meringue
Baisse [ˈbɛːsə] *die*; ~, ~n (*Börsenw.*) fall; **auf ~ spekulieren** speculate for a fall; bear
Baisse·spekulant *der*, **Baissier** [bɛˈsi̯eː] *der*; ~s, ~s (*Börsenw.*) bear
Bajonett [bajoˈnɛt] *das*; ~[e]s, ~e bayonet

Bajonett-: ~**fassung** *die* (*Elektrot.*) bayonet socket; ~**verschluß** *der* bayonet connection
Bajuware [bajuˈvaːrə] *der*; ~n, ~n (*scherzh.*) Bavarian
bajuwarisch *Adj.* (*scherzh.*) Bavarian
Bake ['baːkə] *die*; ~, ~n a) (*vor Eisenbahnübergängen, an Autobahnen*) countdown marker; b) (*zur Absperrung*) [movable] barrier; c) (*für Schiffe, Flugzeuge*) beacon; d) (*Vermessungsw.*) ranging-pole; range-pole
Bakelit ⓦ [bakəˈliːt] *das*; ~s bakelite (P)
Baken·tonne *die* (*Seew.*) marker buoy
Bakkarat [ˈbakaratt] *das*; ~s baccarat
Bakken [ˈbakn̩] *der*; ~s, ~ (*Skispringen*) [jumping-]hill
Bakschisch [ˈbakʃɪʃ] *das*; ~[e]s, ~e baksheesh
Bakterie [bakˈteːri̯ə] *die*; ~, ~n bacterium; **voller ~n** full of germs
bakteriell [baktəˈri̯ɛl] (*Med., Biol.*) 1. *Adj.* bacterial. 2. *adv.* ~ **verursacht** caused by bacteria
Bakterien-: ~**kultur** *die* bacterial culture; ~**träger** *der* carrier
Bakteriologe [bakteri̯oˈloːgə] *der*; ~n, ~n, **Bakteriologin** *die*; ~, ~**nen** bacteriologist
Bakteriologie *die*; ~: bacteriology *no art.*
bakteriologisch 1. *Adj.* bacteriological. 2. *adv.* ⟨*investigate, detect*⟩ using bacteriological methods
bakterizid [baktɛriˈtsiːt] (*Med.*) 1. *Adj.* bactericidal. 2. *adv.* ~ **wirken** act as a bactericide; have a bactericidal effect
Bakterizid *das*; ~[e]s, ~e bactericide
Balalaika [balaˈlaika] *die*; ~, ~s *od.* **Balalaiken** balalaika
Balance [baˈlãːsə] *die*; ~, ~n balance; **die ~ halten/verlieren** keep/lose one's balance; **die ~ zwischen ... und ... halten** (*fig.*) keep a balance between ... and ...
Balance·akt *der* (*auch fig.*) balancing act
balancieren [balãˈsiːrən] 1. *itr. V.; mit sein* (*auch fig.*) balance; **über etw.** (*Akk.*) **~**: pick one's way precariously across sth. 2. *tr. V.* balance
Balancier·stange *die* balancing pole
balbieren [balˈbiːrən] *tr. V. s.* **Löffel** a
bald [balt] *Adv.* a) **eher** ['eːɐ̯], *am ehesten* [-ˈʔeːstn̩] (*in kurzer Zeit*) soon; (*leicht, rasch*) quickly; easily; ~ **danach** *od.* **darauf** soon afterwards; **so ~ als** *od.* **wie möglich** as soon as possible; **möglichst ~**: as soon as possible; **so etwas kommt so ~ nicht wieder vor** something like that won't happen again in a long while *or* (*coll.*) in a hurry; **bist du ~ still?** will you just be quiet; **wird's ~?** how much longer are you going to be?; **get a move on, will you**; **bis** *od.* **auf ~!** see you soon; **seit ~ zwei Jahren** for nearly two years; b) (*ugs.: fast*) almost; nearly; **das ist ~ nicht mehr schön** that's getting beyond a joke (*Brit.*); that's not funny any more (*Amer.*); c) (*veralt.*) **~ ..., ~ ...**: now ..., now ...; **~ so, ~ so** now this way, now that
Baldachin [ˈbaldaxiːn] *der*; ~s, ~e baldachin; (*über dem Bett*) canopy
Bälde [ˈbɛldə] **in in ~** (*Papierdt.*) in the near future
baldig *Adj.; nicht präd.* speedy; quick; **auf ~es Wiedersehen** (*geh.*) see you again soon
baldigst *Adv.* as soon as possible
bald·möglichst (*Papierdt.*) *adv.* as soon as possible
baldowern [balˈdoːvɐn] (*ugs.*) 1. *tr. V.* check out. 2. *itr. V.* check everything out
Baldrian [ˈbaldriaːn] *der*; ~s, ~e valerian
Baldrian·tropfen *Pl.* valerian drops
Balearen [baleˈaːrən] *Pl.* **die ~**: the Balearic Islands
¹Balg [balk] *der*; ~[e]s, **Bälge** [ˈbɛlgə] a) (*von Tieren*) pelt; skin; (*eines Vogels*) skin; **einem Tier den ~ abziehen** skin an animal; b) (*salopp*) (*Bauch*) belly; (*Leib*) body; *s. auch* **rücken** 2 a; c) (*Bot. od. südd.*) (*Haut*) skin;

(*Hülle, Schote*) pod; d) (*Blase~*; *bei einer Kamera*) bellows *pl.*
²Balg *das*; ~[e]s, **Bälger** [ˈbɛlgɐ] *od.* **Bälge** [ˈbɛlgə] (*ugs., oft abwertend*) kid (*sl.*); brat (*derog.*)
balgen *refl. V.* (*ugs.*) scrap (*coll.*); **sich um etw. ~**: scrap (*coll.*) over sth.; (*fig.*) fight over sth.
Balgen *der*; ~s, ~ (*Fot.*) bellows *pl.*
Balgerei *die*; ~, ~en (*ugs.*) scrap (*coll.*)
Balg·geschwulst *die* sebaceous cyst
Balkan [ˈbalkaːn] *der*; ~ s a) (~**halbinsel**) **der ~**: the Balkans; **auf dem ~**: in the Balkans; b) (*Gebirge*) Balkan Mountains
Balkan·halb·insel *die* Balkan Peninsula
balkanisieren *tr. V.* (*auch fig.*) Balkanize
Balkanisierung *die*; ~, ~**en** (*auch fig.*) Balkanization
Balkan·staat *der* Balkan State
Balken [ˈbalkn̩] *der*; ~s, ~ a) (*Holz~*) beam; (*aus Stahl*) beam; girder; (*Stütz~*) prop; shore; **lügen, daß sich die ~ biegen** tell a [complete] pack of lies; *s. auch* **Splitter, Wasser** a; b) (*Her.*) fess; c) (*Schwebe~*) beam; d) (*Musik*) cross-stroke; e) (*Waage~*) beam; f) (*Leichtathletik*) (*beim Weitsprung*) take-off board; (*beim Kugelstoßen*) stop-board; toe-board; g) (*dicker Strich*) thick stroke; (*fette Linie*) thick line
Balken-: ~**decke** *die* ceiling with wooden beams; ~**konstruktion** *die* timber-frame structure; ~**über·schrift** *die* (*Zeitungsw.*) banner headline; ~**waage** *die* beam-balance
Balkon [balˈkɔŋ, balˈkoːn] *der*; ~s, ~s [balˈkɔŋs] *od.* ~**e** [balˈkoːnə] a) balcony; b) (*Theater*) [dress] circle; (*im Kino*) circle; **sitzen in the [dress] circle** a) (*ugs.: Busen*) big boobs *pl.* (*sl.*); big bust
Balkonien [balˈkoːni̯ən] (*das*); ~s ~ (*ugs. scherzh.*) **nach ~ fahren** stay at home and relax on one's own balcony
Balkon-: ~**pflanze** *die* balcony plant; ~**tür** *die* balcony door; ~**zimmer** *das* room with a balcony
Ball [bal] *der*; ~[e]s, **Bälle** [ˈbɛlə] a) ball; **~ spielen** play ball; **am ~ sein** have the ball; (*fig. ugs.*) be in touch; be on the ball (*coll.*); **am ~ bleiben** [possession of] the ball; (*fig.*) stick (*coll.*) *or* keep at it; **hart am ~ bleiben** (*fig. ugs.*) stay right with it (*coll.*); **jmdm./einander/sich** [**gegenseitig**] **die Bälle zuspielen** *od.* **zuwerfen** (*fig.*) feed sb./each other lines; b) (*Sportjargon: Schuß, Wurf*) ball; (*aufs Tor*) shot; c) (*Fest*) ball; d) (*Punkt*) (*Tennis*) point; (*Baseball*) ball; e) (*fig.: Kugel*) **der glühende ~ der Sonne** (*geh.*) the fiery orb of the sun
ballaballa [balaˈbala] *Adj.; nicht attr.* (*salopp*) crackers (*sl.*)
Ballade [baˈlaːdə] *die*; ~, ~n ballad
balladenhaft, balladesk [balaˈdɛsk] *Adj.* ballad-like
Ballast [ˈbalast] *der*; ~[e]s, ~e ballast; (*fig.: in Buch, Artikel usw.*) padding; **~ abwerfen** *od.* **über Bord werfen** shed *or* jettison ballast; (*fig.*) rid oneself of unnecessary burdens; **jmdm./etw. als ~ empfinden** (*fig.*) find sb./sth. a burden *or* an encumbrance
Ballast·stoffe *Pl.* (*Med.*) roughage *sing.*
Bällchen [ˈbɛlçən] *das*; ~s, ~: [little] ball
ballen 1. *tr. V.* clench (*fist*); crumple (*paper*) into a ball; press ⟨*snow etc.*⟩ into a ball; *s. auch* **Faust**; **geballt** 2. 2. *refl. V.* ⟨*clouds*⟩ gather, build up; ⟨*crowd*⟩ gather; ⟨*fog*⟩ build up; ⟨*fist*⟩ clench; (*fig.*) ⟨*problems, difficulties, etc.*⟩ accumulate, mount up
Ballen *der*; ~s, ~ a) (*Packen*) bale; **ein ~ Stroh/Stoff** a bale of straw/cloth; b) (*Hand~, Fuß~*) ball; (*bei Tieren*) pad; (*Med.*) bunion; d) (*Wurzel~*) [root-]ball
ballen·weise *Adv.* by the bale
Ballerei *die*; ~, ~en (*ugs.*) shoot-out
Ballerina [baləˈriːna] *die*; ~, **Ballerinen** ballerina; ballet-dancer

Ballermann

Baller·mann der; Pl. -männer (ugs.) shooting-iron (sl.); shooter (coll.)
ballern (ugs.) 1. itr. V. a) (schießen) fire [away]; bang away; b) (schlagen) bang, hammer (gegen on). 2. tr. V. a) (werfen) hurl; b) jmdm. eine ~ : sock sb. one (sl.); c) (Sportjargon) fire (ball)
Ballett [ba'lɛt] das; ~[e]s, ~e ballet; beim ~ sein (ugs.) be a dancer with the ballet; be a ballet-dancer
Ballett·abend der evening ballet programme or performance
Ballettänzer der, **Ballettänzerin** die ballet-dancer
Balletteuse [balɛ'tø:zə] die; ~, ~n dancer
Ballett-: ~**meister** der ballet-master; ~**musik** die ballet music; ~**ratte** die (ugs. scherzh.) ballet-pupil; ~**röckchen** das tutu; ~**schuh** der ballet shoe; ~**schule** die ballet school; ~**tänzer** s. **Ballettänzer**; ~**truppe** die ballet company; (im Gegensatz zu den Solotänzern) corps de ballet
Ball-: ~**führung** die (Ballspiele) ball control; ~**haus** das real-tennis court; (hist.) tennis court
Ballistik die; ~ : ballistics sing., no art.
Ballistiker der; ~s, ~ : ballistics expert
ballistisch 1. Adj.; nicht präd. ballistic. 2. adv. ballistically
Ball-: ~**junge** der ballboy; ~**kleid** das ball dress or gown; ~**königin** die belle of the ball; ~**künstler** der (Fußballjargon) artist with the ball
Ballon [ba'lɔŋ] der; ~s, ~s a) balloon; b) (salopp: Kopf) nut (sl.); eins auf od. an den ~ kriegen get hit on the nut (sl.); [so] einen ~ kriegen od. bekommen go as red as a beetroot; c) (Flasche) demijohn; d) (Chemie) carboy
Ballon-: ~**mütze** die Mao cap; ~**reifen** der balloon tyre
Ball-: ~**saal** der ballroom; ~**spiel** das ball game; ~**spielen** das, ~**s** playing ball no art.; ~**spielen verboten** no ball games; ~**technik** die ball control
Ballung ['balʊŋ] die; ~, ~en build-up; concentration; (fig.: von Problemen, Schwierigkeiten) accumulation
Ballungs-: ~**gebiet** das, ~**raum** der conurbation; ~**zentrum** das centre of population; ein ~**zentrum der chemischen Industrie** a centre of the chemical industry
Ball·wechsel der (Tennis, Tischtennis, Badminton) rally
Balsam ['balza:m] der; ~s, ~e balsam; balm; (fig.) balm; ~ auf jmds. Wunden gießen (fig.) pour balm on sb.'s wounds
balsamieren s. einbalsamieren
balsamisch 1. Adj. a) (wohlriechend) balmy; fragrant; (lindernd) soothing (cream, ointment, etc.); b) (Balsam enthaltend) balsamic. 2. adv. fragrantly (scented); soothingly (cooling)
Balte ['baltə] der; ~n, ~n, **Baltin** die; ~, ~**nen** person or man/woman from the Baltic; Balt; er ist ~ : he comes from the Baltic
Baltikum ['baltɪkʊm] das; ~s Baltic States pl.
baltisch Adj. Baltic
Balustrade [balʊs'traːdə] die; ~, ~n balustrade
Balz [balts] die; ~, ~en a) (Liebesspiel) courtship display; b) (Zeit) mating season
balzen itr. V. perform its/their courtship display
Balz·zeit die mating season
Bambi ['bambi] das; ~s, ~s (Kinderspr.) little deer
Bambule [bam'bu:lə] die; ~, ~n (salopp) shindy; ~ **machen** go on the rampage
Bambus ['bambʊs] der; ~ od. ~**ses**, ~**se** bamboo
Bambus-: ~**rohr** das bamboo [cane]; ~**sprossen** Pl. bamboo shoots; ~**vorhang** der (Politik) bamboo curtain

Bammel ['baml] der; ~s (ugs.) ~ **vor jmdm./etw. haben** be scared stiff of sb./sth. (coll.)
bammeln (bes. nordd.) s. baumeln
banal [ba'na:l] 1. Adj. a) (abwertend: platt) banal; trite, banal (speech, reply, response, excuse); b) (gewöhnlich) commonplace or ordinary. 2. adv. a) (abwertend: platt) banally; tritely; b) (gewöhnlich) ~ **gesagt** to put it plainly and simply
banalisieren tr. V. make (idea) seem trite; trivialize (idea, feeling)
Banalität die; ~, ~en a) o. Pl. (das Banalsein) s. **banal** 1 a, b: banality; triteness; commonplaceness; ordinariness; b) (Äußerung) banality
Banane [ba'na:nə] die; ~, ~n banana
Bananen-: ~**boot** der banana boat; ~**flanke** die (Fußballjargon) curving cross; ~**republik** die (abwertend) banana republic; ~**schale** die banana-skin; ~**split**, das; ~, ~s banana split; ~**stecker** der (Elektrot.) banana plug
Banause [ba'nauzə] der; ~n, ~n (abwertend) philistine
banausenhaft (abwertend) 1. Adj. philistine. 2. adv. in a philistine way
Banausentum das; ~s (abwertend) philistinism no indef. art.
banausisch s. banausenhaft
band [bant] 1. u. 3. Pers. Sg. Prät. v. binden
¹Band das; ~[e]s, Bänder ['bɛndɐ] a) (Schmuck~; auch fig.) ribbon; (Haar~, Hut~) band; (Schürzen~) string; (zum Zusammenhalten, Kleben) tape; (für Sicherheitsgurte usw.) webbing; **das Blaue** ~ : the Blue Ribband or Ribbon; **das Bundesverdienstkreuz am** ~ **e** the Federal Service Cross on a ribbon; b) (Meß~) tape-measure; measuring-tape; (Farb~) ribbon; (Ziel~, Isolier~) tape; c) (Ton~) [magnetic] tape; **etw. auf** ~ (Akk.) **aufnehmen** tape-[record] sth.; **etw. auf** ~ (Akk.) **sprechen/ diktieren** record/dictate sth. on to tape; d) (Förder~) conveyor belt; (Fließ~) production line; **am** ~ **stehen** work on the production line; **vom** ~ **laufen** come off the production line; **etw. auf** ~ (Akk.) **legen** put sth. into production; **am laufenden** ~ (ugs.) nonstop; continuously; e) (Anat.) ligament; f) (Säge~) band; g) (Beschlag) hinge; h) (Metall~ um Ballen usw.) band; (Faß~) hoop; i) (Nachrichtent.) [frequency] band
²Band der; ~[e]s, Bände ['bɛndə] volume; **etw. spricht Bände** (ugs.) sth. speaks volumes
³Band [bɛnt] die; ~, ~s band; (Beat~, Rock~ usw.) band; group
⁴Band das; ~[e]s, ~e a) (dichter. veralt.: Fessel) bond; fetter; shackle; **jmdn. in** ~**e schlagen** clap sb. in irons; **in** ~**en liegen** lie in chains; b) (fig.: Unfreiheit) ~**e shackles**; **frei von allen** ~**en** free from all ties; c) (fig.: Bindung) **der Liebe/Freundschaft** a bond of love/friendship; **die** ~**e des Bluts** the ties of blood; **verwandtschaftliche** ~**e family ties**; **zarte** ~**e knüpfen** (geh., scherzh.) start a romance
Bandage [ban'da:ʒə] die; ~, ~n bandage; **mit harten** ~**n kämpfen** (fig.) fight with the gloves off (fig.)
bandagieren [banda'ʒi:rən] tr. V. bandage
Band-: ~**aufnahme** die tape recording; ~**breite** die a) (Nachrichtenw.) bandwidth; b) (fig.: Bereich, Umfang) range
¹Bändchen ['bɛntçən] das; ~s, ~ : little ribbon
²Bändchen das; ~s, ~ (kleines Buch) little volume
¹Bande ['bandə] die; ~, ~n a) (Verbrecher~) gang; b) (ugs.: Gruppe) mob (sl.); crew
²Bande die; ~, ~n a) (Sport) [perimeter] barrier; (mit Reklame) billboards pl.; (Billard) cushion; (der Reitbahn) rail; (der Kegelbahn) side; edge; (im Zirkus) ring fence; (der Eisbahn) boards pl.; b) (Physik) band

Bangigkeit

Band·eisen das strip iron
Bandel ['bandl] das; ~s, ~ (bayr., österr. ugs.), **Bändel** ['bɛndl] der; ~s, ~ (schweiz. ugs.) s. **Bendel**
Banden-: ~**bildung** die formation of an armed gang; ~**chef** der (ugs.), ~**führer** der gang leader; ~**krieg** der gang war; ~**spektrum** das (Physik) band spectrum; ~**unwesen** das, ~**wesen** das; ~**werbung** die advertising on hoardings around the perimeter of a football pitch etc.; ~**wesen** das gangsterism; activities of the criminal gangs
Bänder s. **¹Band**
Banderole [bandə'ro:lə] die; ~, ~n a) (Steuer~) revenue stamp or seal; b) (Kunstwiss.) banderole
Bänder-: ~**riß** der (Med.) torn ligament; ~**zerrung** die (Med.) pulled ligament
Band-: ~**förderer** der (Technik) conveyor belt; ~**geschwindigkeit** die tape speed
-bändig [-bɛndɪç] adj. (Buchw.) -volume; **viel-/acht-** ~ : multi-volume/eight-volume (encyclopaedia etc.); (encyclopaedia etc.) in many/eight volumes
bändigen ['bɛndɪɡn] tr. V. tame (animal); control (person, anger, child, thoughts, voice); (fig.) control, master, overcome (desire, urge, etc.); bring (fire) under control; keep (floods, river, natural forces) in check; overcome (tiredness)
Bändigung die; ~ : s. bändigen: taming; controlling; mastering; overcoming; **die** ~ **von Naturgewalten** keeping natural forces in check
Bandit [ban'di:t] der; ~**en**, ~**en** bandit; brigand; (fam. scherzh.) rascal; (fig. abwertend) robber; **einarmiger** ~ (ugs.) one-armed bandit (sl.)
Band·keramik die (Archäol.) a) Bandkeramik; band ceramics; ~**en** Bandkeramik pieces; b) o. Pl. (Epoche) Danubian I stage
Bandleader [bɛntli:dɐ] der; ~s, ~ : band-leader
Band-: ~**maß** das tape-measure; measuring-tape; ~**nudeln** Pl. tagliatelle sing.; ~**säge** die band-saw; ~**scheibe** die [intervertebral] disc; ~**scheiben·schaden** der slipped disc; ~**scheiben·vorfall** der (Med.) prolapsed intervertebral disc (Med.); slipped disc; ~**stahl** der strip steel; steel strip; ~**wurm** der tapeworm; ~**wurm·satz** der (ugs.) interminable sentence
bang [baŋ] s. **bange**
Bang·büx[e] die (nordd. ugs.) scaredy-cat (coll.); chicken (coll.)
bange; banger, bangst... od. bänger [bɛŋɐ] **bängst...** [bɛŋst...] 1. Adj. afraid; scared (besorgt) anxious; worried; **mir ist/wurde** ~ **[zumute]** I am or feel/became scared or frightened; **das wirst du schon schaffen, da ist mir gar nicht** ~ : you'll manage that all right, I'm sure of it; **jmdm.** ~ **machen** od. **jmdn.** ~ **machen** scare or frighten sb.; **ihm wurde** ~ **und bänger** he became more and more afraid or scared; **mir ist** ~ **vor ihm/davor** I'm afraid or frightened of him/it; ~ **machen** od. **Bangemachen gilt nicht** (ugs.); (gekniffen wird nicht) you can't chicken out now (sl.); (ich lasse mich nicht ängstigen) you can't put the wind up (sl.) or scare me. 2. adv. anxiously
Bange die; ~ (bes. nordd.) fear; **[nur] keine** ~ ! don't be afraid; (sei nicht besorgt) don't worry; **da habe ich keine** ~ : I've no fears about that; **[große]** ~ **vor jmdm./etw. haben** be [very] scared or frightened of sb./sth.
bangen itr. V. be anxious or worried; **um jmdn./etw.** ~ : be anxious or worried about sb./sth.; worry about sb./sth.; **ihm bangt [es] vor dir/der Operation** he's afraid or frightened of you/the operation
Bangigkeit die; ~ (Furcht) fear; (Beklemmung) apprehension; (Besorgnis) anxiety

Bangladesch [baŋgla'dɛʃ] (das); ~s Bangladesh
bänglich ['bɛŋlɪç] **1.** *Adj.* nervous; timid. **2.** *adv.* nervously; timidly
Bangnis die; ~, ~se *(geh.) (Furcht)* fear; *(Besorgnis)* anxiety; *(Beklommenheit)* trepidation
Banjo ['banjo] das; ~s, ~s banjo
¹Bank [baŋk] die; ~, **Bänke** ['bɛŋkə] **a)** *(Sitz~, Parlaments~, Schul~; Sport: Ersatz~, Turngerät)* bench; *(mit Lehne)* bench seat; *(Kirchen~)* pew; *(Anklage~)* dock; **setz dich in deine ~!** *(Schul~)* sit at your desk; **etw. auf die lange ~ schieben** *(ugs.)* put sth. off; **vor leeren Bänken spielen** play to an empty house; **durch die ~** *(ugs.)* every single one; the whole lot of them; **b)** *(Werk~)* work-bench; *(Dreh~)* lathe; *(Sand~)* sandbank; **d)** *(Austern~)* bed; *(Korallen~)* [coral] reef; **e)** *(Nebel~, Wolken~)* bank; **f)** *(Geol.)* layer; bed; **g)** *(Ringen)* crouch [position]
²Bank die; ~, ~en **a)** bank; **Geld auf der ~ [liegen] haben** have money in the bank; **ein Konto bei einer ~ eröffnen** open an account with a bank; **bei einer ~ arbeiten** *od.* **sein** work in a bank; **Geld bei der ~ abheben** withdraw money from the bank; **b)** *(Glücksspiel)* bank; **die ~ sprengen** break the bank; **die ~ halten** be [the] banker; have the bank
Bank-: ~angestellte der/die; *adj. Dekl., (veralt.)* **~beamte** der bank employee
Bänkchen ['bɛŋkçən] das; ~s, ~: little *or* small bench; *(mit Lehne)* little *or* small seat
Bank-: ~direktor der director of a/the bank; **~ein·bruch** der bank raid
Bänkel- ['bɛŋk-]: **~lied** das street ballad; **~sang** the performance of street ballads; **~sänger** der singer of street ballads
Banker der; ~s, ~ *(ugs.)* banker
bankerott [baŋkə'rɔt] *s.* bankrott
Bankert ['baŋkɐt] der; ~s, ~e *(veralt. abwertend)* bastard
¹Bankett [ban'kɛt] das; ~[e]s, ~e banquet
²Bankett das; ~[e]s, ~e, **Bankette** die; ~, ~n **a)** *(an Straßen)* shoulder; *(unbefestigt)* verge; „**~[e] nicht befahrbar**" 'soft verges'; **b)** *(an Häusern)* footing
Bank-: ~fach das **a)** *o. Pl. (Berufsgebiet)* banking *no art.*; banking profession: **b)** *(Schließfach)* safe-deposit box; **~filiale** die branch of a/the bank; **~gebäude** das bank; **~geheimnis** das *(Wirtsch.)* bankers' duty to maintain confidentiality; **~gut·haben** das bank balance; **~halter** der *(Glücksspiel)* banker; **~haus** das banking house
Bankier [baŋ'kje:] der; ~s, ~s banker
Bank-: ~kauf·mann der [qualified] bank/ building society/stock market clerk; **~konto** das bank account; **~kredit** der bank loan; **~lehre** die; *o. Pl.* training as a bank clerk; **~leit·zahl** die bank sorting code; sort code; **~nachbar** der *(Schulw.)* er war mein ~: he sat next to me [at school]; **~note** die banknote; bill *(Amer.)*; **~raub** der bank robbery; **~räuber** der bank robber
bankrott [baŋ'krɔt] *Adj.* **a)** bankrupt; **jmdn./etw. ~ machen** bankrupt sb./sth.; **~ gehen** go bankrupt; **b)** *(fig.) (moralisch)* bankrupt; *(politisch)* discredited
Bankrott der; ~[e]s, ~e **a)** bankruptcy; **seinen ~ anmelden** *od.* **ansagen** *od.* **erklären** declare oneself bankrupt; **~ machen** go bankrupt; **b)** *(fig.)* downfall; *(moralisch)* bankruptcy
Bankrott·erklärung die declaration of bankruptcy; *(fig.)* declaration of [one's own] failure
Bankrotteur [baŋkrɔ'tøːɐ̯] der; ~s, ~e bankrupt
Bank-: ~überfall der bank raid; **~üblich** *Adj.* **das ist ~üblich** that is normal banking practice; **~übliche Zinssätze** normal bank interest rates; **~verbindung** die particulars of one's bank account; **~verkehr** der bank transactions *pl.*; **~vollmacht** die third-party mandate; *(given by firm)* signing powers *pl.*; **~wesen** das; *o. Pl.* banking system

Bann [ban] der; ~[e]s **a)** *(hist.)* excommunication; **den ~ über jmdn. aussprechen** *od.* **verhängen, jmdn. mit dem ~ belegen, jmdn. in den ~ tun** excommunicate sb.; **b)** *(geh.: Wirkung)* spell; **in jmds. ~/im ~e einer Sache stehen** be under sb.'s spell/under the spell of sth.; **jmdn. in seinen ~ schlagen** *od.* **ziehen** cast one's/its spell over sb.
Bann·bulle die *(hist.)* bull of excommunication
bannen *tr. V.* **a)** *(festhalten)* entrance; captivate; [wie] gebannt ⟨*watch, listen, etc.*⟩ spellbound; **ein Geschehen auf die Leinwand/auf Zelluloid ~** *(fig.)* capture an event on canvas/film; *s. auch* Platte a; **b)** *(vertreiben)* exorcize ⟨*spirit*⟩; avert, ward off ⟨*danger*⟩; banish ⟨*worries, poverty*⟩; *(geh.)* banish ⟨*disease*⟩; **c)** *(hist.: exkommunizieren)* excommunicate
Banner das; ~s, ~: banner; **das ~ der Freiheit/des Fortschritts hochhalten** *(fig.)* hold high the banner of freedom/progress
Banner·träger der *(auch fig.)* standard-bearer
Bann·fluch der *(hist.)* excommunication; anathema; **den ~ gegen jmdn. schleudern** excommunicate *or* anathematize sb.
bannig *Adv. (nordd. ugs.)* extremely; terribly *(coll.)*
Bann-: ~kreis der *(geh.)* influence; **in jmds. ~kreis/in den ~kreis einer Sache geraten** fall under sb.'s influence/the influence of sth.; **~meile** die restricted area surrounding government buildings, where no public meetings or marches may be held; **~spruch** der *(hist.)* excommunication; anathema
Bantam- ['bantam-]: **~gewicht** das *(Schwerathletik)* **a)** *o. Pl.* bantamweight; *s. auch* **Fliegengewicht**; **b)** *(Sportler)* ~s, ~: bantamweight; **~gewichtler**, **~gewichtler** [-gə'vɪçtlɐ] der; ~s, ~: bantamweight; **~huhn** das bantam
Bantu ['bantu] der; ~[s], ~[s] Bantu
Bantu-: ~frau die Bantu woman; **~sprache** die Bantu language
Baptismus [bap'tɪsmʊs] der; ~: Baptist faith
Baptist der; ~en, ~en Baptist
Baptisterium [baptɪs'teːri̯ʊm] das; ~s, **Baptisterien** (christl. Rel., Kunstwiss.) **a)** *(Gebäude)* baptistery; **b)** *(Taufbecken)* [baptismal] font; *(in einer Baptistenkapelle)* baptistery
Baptistin die; ~, ~nen Baptist
baptistisch *Adj.* Baptist
bar [baːɐ̯] **1.** *Adj.* **a)** *nicht präd.* cash; **~es Geld** cash; **in ~: in cash**; **etw. [in] ~ bezahlen** pay for sth. in cash; pay cash for sth.; **Verkauf/Reparaturen nur gegen ~:** cash sales only/repairs must be prepaid in cash; **gegen ~ verkauft/gekauft** sold/bought for cash; *s. auch* **Münze a**; **b)** *nicht präd. (pur)* pure; sheer; utter, pure, sheer ⟨*nonsense*⟩; absolute ⟨*reality*⟩; **c)** *(veralt.: nackt)* bare; **~en Hauptes** bareheaded; **einer Sache** *(Gen.)* **~ [sein]** *(geh.)* [be] devoid of *or* without sth. **2.** *adv.* in cash; **~ auf die Hand** *(ugs.)* od. *(salopp)* **Kralle** cash on the nail
¹Bar der; ~[e]s, ~e *(Nachtlokal)* night-club; bar; **b)** *(Theke)* bar
²Bar das; ~s, ~s; *bei Maßangaben ungebeugt (Physik, Met.)* bar
¹Bär [bɛːɐ̯] der; ~en, ~en bear; **ein richtiger ~:** *(ugs.)* a hulking great brute of a man *(fig. coll.)*; **ich bin hungrig wie ein ~:** *(ugs.)* I'm so hungry I could eat a horse *(coll.)*; **er ist stark/schläft wie ein ~:** *(ugs.)* he is as strong as an ox/sleeps like a log; **der Große/Kleine ~:** *(Astron.)* the Great/Little Bear;

Ursa Major/Minor; **jmdm. einen ~en aufbinden** have sb. on *(coll.)*; pull sb.'s leg
²Bär der; ~s, ~en *(Technik)* ram
Baracke [ba'rakə] die; ~, ~n hut; **eine elende ~:** a miserable shack
Baracken-: ~lager das hutted camp; **~siedlung** die shanty town
Barbar [bar'baːɐ̯] der; ~en, ~en *(auch hist.)* barbarian
Barbarei die; ~, ~en **a)** *(Rohheit)* barbarity; **b)** *(Kulturlosigkeit)* barbarism *no indef. art.*
Barbarin die; ~, ~nen *(auch hist.)* barbarian
barbarisch 1. *Adj.* **a)** *(roh)* barbarous; savage; barbarous, brutal ⟨*torture*⟩; **b)** *(unzivilisiert)* barbaric, uncivilized ⟨*person*⟩; **c)** *(furchtbar)* dreadful *(coll.)*, terrible *(coll.)* ⟨*noise, cold, etc.*⟩; **d)** *(hist.)* barbarian. **2.** *adv.* **a)** *(roh)* barbarously; ⟨*torture*⟩ barbarously, brutally; **b)** *(unzivilisiert)* barbarically; in an uncivilized manner; **c)** *(sehr)* dreadfully *(coll.)*; terribly *(coll.)*
Barbarismus der; ~, **Barbarismen** *(Sprachw.)* barbarism
Barbe ['barbə] die; ~, ~n *(Zool.)* barbel
bärbeißig [-baisɪç] **1.** *Adj.* gruff. **2.** *adv.* gruffly
Bar-: ~bestand der *(Buchf.)* cash in hand; *(Finanzw.)* cash reserve; **~betrag** der cash sum; **ein ~betrag von 800 DM** a sum of 800 marks in cash
Barbier [bar'biːɐ̯] der; ~s, ~e *(veralt., noch scherzh.)* barber
barbieren *tr. V. (veralt.)* jmdn. ~: shave sb.; *(den Bart beschneiden)* trim sb.'s beard
Barbiturat [barbitu'raːt] das; ~s, ~e *(Pharm.)* barbiturate
Barbitur·säure [barbi'tuːɐ̯-] die *(Chemie)* barbituric acid
bar-: ~brüstig [-brʏstɪç] *Adj.*; barebreasted; **~busig** [-buːzɪç] *Adj.* topless ⟨*pin-up, waitress, etc.*⟩
Barchent ['barçɛnt] der; ~[e]s, ~e barchent
Bar·dame die barmaid; *(verhüll.: Prostituierte)* hostess
Barde ['bardə] der; ~n, ~n bard
bären-, Bären-: ~dienst der **in jmdm. einen ~dienst erweisen** do sb. a disservice; **~dreck** der *(südd., österr.)* liquorice; **~fell** das bearskin; **~fell·mütze** die bearskin; **~führer** der *(veralt.)* bear-trainer; **b)** *(ugs. scherzh.: Fremdenführer)* guide; **für jmdn. den ~führer abgeben/spielen** show *or* shepherd sb. around; **~haut** die **in auf der ~haut liegen** lounge *or* laze about; **~hunger** der *(ugs.)* einen ~hunger haben* be famished *(coll.)* or starving *(coll.)*/get famished *(coll.)* or ravenous *(coll.)*; **~kräfte** *Pl. (ugs.)* the strength *sing.* of an ox; **~kräfte haben** be as strong as an ox; **~natur** die *(ugs.)* very tough constitution; **eine ~natur haben** be very tough; **~ruhe** die *(ugs.)* complete unflappability *(coll.)*; **eine ~ruhe haben** be completely unflappable *(coll.)*; **~stark** *Adj.* as strong as an ox
Barett [ba'rɛt] das; ~[e]s, ~e *(eines Geistlichen)* biretta; *(eines Richters, Professors)* cap; *(Baskenmütze)* beret
bar-, Bar-: ~fuß *indekl. Adj.* barefooted; **~fuß herumlaufen/gehen** run about/go barefoot; **~fuß·arzt** der barefoot doctor; **~füßer** der; ~s, ~: discalced *or* barefoot monk; **~füßerin** die; ~, ~nen discalced nun; **~füßig** [-fyːsɪç] *Adj. (geh.)* barefooted
barg [bark] **1. u. 3. Pers. Sg. Prät. v. bergen**
bar-, Bar-: ~geld das cash; **~geld·los 1.** *Adj.* cashless. **2.** *adv.* without using cash; **~geschäft** das *(Kaufmannsspr.)* cash transaction; **~häuptig** [-hɔʏptɪç] *Adj. (geh.)* bareheaded; **~hocker** der bar stool
Bärin ['bɛːrɪn] die; ~, ~nen she-bear
Bariton ['ba(ː)ritɔn] der; ~s, ~e **a)** baritone [voice]; **b)** *o. Pl. (im Chor)* baritones *pl.*; **c)**

o. Pl. (Partie) baritone part; **d)** (Sänger) baritone
Bariton·schlüssel der (Musik) baritone clef
Barium ['ba:riʊm] das; ~s (Chemie) barium
Bark [bark] die; ~, ~en barque
Barkarole [barka'ro:lə] die; ~, ~n (Musik) barcarole
Barkasse [bar'kasə] die; ~, ~n launch
Bar·kauf der (Kaufmannsspr.) cash purchase; **3% Skonto bei ~ geben** give a 3% discount on cash purchases
Barke ['barkə] die; ~, ~n [small] rowing-boat
Bar·keeper ['ba:ɐ̯ki:pɐ] der; ~s, ~: barman; barkeeper (Amer.)
Bärlapp ['bɛːɐ̯lap] der; ~s, ~e (Bot.) lycopod
Bar-: ~**mädchen** das bar hostess; ~**mann** der; Pl. ~**männer** barman; barkeeper (Amer.)
barmen ['barmən] itr. V. (nordd.) lament (literary)
barmherzig [barm'hɛrtsɪç] (geh.) **1.** Adj. merciful; compassionate; (mildtätig) charitable; **selig sind die Barmherzigen** (bibl.) blessed are the merciful; ~**er Gott/Himmel!** merciful God/Heaven!; **die Barmherzigen Brüder/Schwestern** the hospitallers/the Sisters of Mercy; s. auch **Samariter. 2.** adv. mercifully; compassionately; (mildtätig) charitably
Barmherzigkeit die; ~ (geh.) mercy; compassion; (Mildtätigkeit) charity; **gegen jmdn. ~ üben** show compassion/charity towards sb.
Bar·mittel Pl. cash resources
Bar·mixer der barman; barkeeper (Amer.)
barock [ba'rɔk] **1.** Adj. **a)** baroque; **b)** (schwülstig) baroque, florid ⟨style etc.⟩; (üppig) voluptuous ⟨figure⟩. **2.** adv. **a)** ⟨conceived, designed, etc.⟩ in the baroque style; **b)** (schwülstig) floridly
Barock das od. der; ~[s] a) (Stil) baroque; das Zeitalter des ~: the baroque period or age; **b)** (Zeit) baroque period or age
Barock-: ~**dichtung** die baroque poetry; ~**engel** der baroque angel; ~**kirche** die baroque church; ~**musik** die baroque music; ~**zeit** die baroque period or age
Barometer [baro'me:tɐ] das barometer; **das ~ steht auf Sturm** the barometer is pointing to 'Storm'; (fig.) the atmosphere is very strained
Barometer·stand der barometer reading
baro·metrisch Adj. barometric
Baron [ba'ro:n] der; ~s, ~e baron; (als Anrede) |**Herr**| ~: ≈ my lord
Baroneß, Baronesse [baro'nɛs(ə)] die; ~, **Baronessen** baroness ⟨baron's daughter⟩; (als Anrede) |**verehrte**| ~: ≈ my lady
Baronin [ba'ro:nɪn] die; ~, ~**nen** baroness ⟨baron's wife⟩; (als Anrede) |**Frau**| ~: ≈ my lady
Barrakuda [bara'ku:da] der; ~s, ~s (Zool.) barracuda
Barras ['baras] der; ~ (Soldatenspr.) army; **beim ~:** in the army; **zum ~ müssen** have to go into the army
Barrel ['bɛrəl] das; ~s, ~s barrel; **10 ~[s] Öl** ten barrels of oil
Barren [barən] der; ~s, ~ **a)** (Gold~, Silber~ usw.) bar; **b)** (Sport) parallel bars pl.; **c)** (südd., österr.: Trog) trough
Barriere [ba'ri̯e:rə] die; ~, ~n (auch fig.) barrier
Barrikade [bari'ka:də] die; ~, ~n barricade; **auf die ~n gehen** od. **steigen** (ugs.) go on the warpath
Barrikaden·kampf der fight on the barricades; **Barrikadenkämpfe** fighting sing. on the barricades
barsch [barʃ] **1.** Adj. curt. **2.** adv. curtly; **jmdn. ~ anfahren** snap at sb.
Barsch der; ~[e]s, ~e (Zool.) perch
Barschaft die; ~, ~en [ready] cash; **seine ganze ~ bestand aus 20 Mark** all he had was 20 marks
Bar·scheck der open or uncrossed cheque
Barschheit die; ~: curtness
Barsoi [bar'zɔy] der; ~s, ~s borzoi
Bar·sortiment das (Buchhandel) book wholesaler's; book distribution centre
barst [barst] 1. u. 3. Pers. Sg. Prät. v. **bersten**
Bart [ba:ɐ̯t] der; ~[e]s, **Bärte** ['bɛːɐ̯tə] **a)** (Kinn~) beard; (Oberlippen~, Schnurr~) moustache; **er bekommt jetzt einen ~:** his beard is starting to grow; **sich** (Dat.) **einen ~ wachsen** od. **stehen lassen** grow a beard; **einen acht Tage alten ~ haben** have a week's growth on one's chin; (fig.) **der ~ ist ab** (ugs.) that's quite enough; **wenn er das noch mal macht, dann ist der ~ aber ab** if he does it once more, that'll be it (coll.); **der Witz hat [so] einen ~** (ugs.) that joke is as old as the hills; **beim ~e des Propheten** (scherzh.) cross my heart; **etw. in seinen ~ brummen** od. **murmeln** mumble sth.; **jmdm. um den ~ gehen** (abwertend) butter sb. up; **b)** (von Ziegen, Vögeln, Getreide, Muscheln) beard; (von Katzen, Mäusen, Robben) whiskers pl.; **c)** (am Schlüssel) bit
Bart·binde die moustache-trainer
Bärtchen ['bɛːɐ̯tçən] das; ~s, ~: [small] beard; (Schnurr~) [thin] moustache
Barteln ['bartl̩n] Pl. (Zool.) barbels
Barten·wal der (Zool.) whalebone whale
Bart-: ~**faden** der (Zool.) barbel; ~**flaum** der down; ~**flechte die a)** (an Bäumen) lichen of the family Usneaceae; (Usnea) old man's beard; **b)** (beim Menschen) sycosis; ~**geier** der (Zool.) bearded vulture; ~**haar** das beard; (von Robben) whiskers pl.
Bart·theke die bar
Barthel ['bartl̩] in **wissen, wo ~ |den| Most holt** (ugs.) know every trick in the book
bärtig ['bɛːɐ̯tɪç] Adj. bearded; **Bärtige** men with beards
bart-, Bart-: ~**los** Adj. beardless; ~**nelke** die sweet william; ~**stoppel** die piece of stubble; ~**stoppeln** stubble sing.; ~**tracht** die style of beard; ~**träger** der man with a beard; ~**wuchs** der growth of beard; **starken ~wuchs haben** have a strong growth of beard; ~**wuchs bei Frauen** women's facial hair
Bar·vermögen das cash resources pl.
Baryt [ba'ry:t] der; ~[e]s, ~e (Mineral.) barytes
Bar-: ~**zahlung** die cash payment; **bei ~zahlung** for cash payment; if payment is made in cash; ~**zahlungs·rabatt** der cash discount
Basalt [ba'zalt] der; ~[e]s, ~e basalt
Basal·temperatur [ba'za:l-] die (Med.) basal body temperature
Basar [ba'za:ɐ̯] der; ~s, ~e **a)** (im Orient, Wohltätigkeits~) bazaar; **b)** (DDR) (Warenhaus) department store; (Ladenstraße) shopping precinct or (Amer.) mall
¹**Base** ['ba:zə] die; ~, ~n **a)** (veralt.: Cousine) cousin; **b)** (schweiz.: Tante) aunt
²**Base** die; ~, ~n (Chemie) base
Baseball ['be:sbɔ:l-] der; ~s baseball
Basedow- ['ba:zədo-]: ~-**Augen** Pl. bulging eyes; ~-**Krankheit, Basedowsche Krankheit** (Med.) exophthalmic goitre; Graves' disease
Basel ['ba:zl̩] (das); ~s Basle
Basen s. Basis, **Base**
basieren itr. V. **auf etw.** (Dat.) ~: be based on sth.
Basilika [ba'zi:lika] die; ~, **Basiliken** (Kunstwiss.) basilica
Basilikum [ba'zi:likʊm] das; ~s basil
Basilisk [bazi'lɪsk] der; ~en, ~en (Fabeltier, Leguan) basilisk
Basilisken·blick der basilisk stare
Basis ['ba:zɪs] die; **Basen a)** (Grundlage) basis; **auf einer festen ~ ruhen** have a firm basis; **etw. auf eine feste ~ stellen** put sth. on a firm foundation (fig.); **b)** (Math., Archit., Fläche, Zahl, Milit.) base; ~ **und Überbau** base and superstructure; **d)** (Politik) grass roots pl.; **an der ~ arbeiten** work at grass-roots level
Basis·arbeit die; o. Pl. (Politik) work at grass-roots level
basisch (Chemie) **1.** Adj. basic. **2.** adv. ⟨react⟩ as a base
Basis-: ~**demokratie** die (Politik) grass-roots democracy; ~**gruppe** die (Politik) action group (usually left-wing); ~**lager** das base camp
Baske ['baskə] der; ~n, ~n Basque
Basken-: ~**land** das Basque region; ~**mütze** die beret
Basket·ball ['ba(:)skɔtbal] der basketball
Baskin die; ~, ~**nen** Basque
baskisch Adj. Basque
Basler ['ba:zlɐ] **1.** Adj.; nicht präd. of Basle postpos. **2.** der; ~s, ~: native of Basle; (Einwohner) inhabitant of Basle; s. auch **Kölner**
Bas·relief ['ba-] das (Kunstwiss.) bas-relief
baß [bas] Adv. **in ~ erstaunt sein** (veralt.) be quite taken aback
Baß der; **Basses, Bässe** ['bɛsə] (Musik) **a)** (Stimmlage) bass [voice]; **b)** o. Pl. (im Chor) basses pl.; bass section; **c)** o. Pl. (Partie) bass part; **d)** (Sänger) bass; **e)** (Instrument) double-bass; bass (coll.); **f)** (Lautsprecher) bass speaker; woofer
Baß·bariton der bass-baritone
Basset ['bæsɪt] der; ~s, ~s basset[-hound]
Bassett·horn [ba'sɛt-] das basset-horn
Baß·geige die (volkst.) double-bass
Bassin [ba'sɛ̃:] das; ~s, ~s (Schwimm~) pool; (im Garten) pond
Bassist der; ~en, ~en (Musik) **a)** (Sänger) bass; **b)** (Instrumentalist) double-bass player; bassist; (in einer Rockband) bass guitarist
Baß-: ~**klarinette** die bass clarinet; ~**lautsprecher** der bass loudspeaker; woofer; ~**saite** die bass string; ~**schlüssel** der (Musik) bass clef; ~**stimme** die bass voice
Bast [bast] der; ~[e]s, ~e **a)** bast; (Raffia~) raffia; **b)** (Jägerspr.) velvet
basta ['basta] Interj. (ugs.) that's enough; **und damit ~!** and that's that
Bastard ['bastart] der; ~s, ~e **a)** (veralt.: uneheliches Kind) bastard; **b)** (Biol.) hybrid; **c)** (salopp) bastard
Bastard·schrift die (Druckw.) bastard type
Bastel-: ~**arbeit die a)** (Gegenstand) piece of handicraft work; ~**arbeiten** handicraft work sing.; **b)** o. Pl. handicraft work; ~**ecke die** (in einer Zeitung, Zeitschrift) handicraft corner or column
Bastelei die; ~, ~en; **a)** (Gegenstand) piece of handicraft work sing.; **b)** (ugs.: das Basteln) handicraft work
basteln ['bastl̩n] **1.** tr. V. make; make, build ⟨model, device⟩. **2.** itr. V. (Bastelarbeiten herstellen) make things [with one's hands]; do handicraft work; **an etw.** (Dat.) ~: be working on sth.; (etw. herstellen) be making sth.; (etw. laienhaft bearbeiten) tinker with sth.; **sein Hobby ist Basteln** his hobby is making things [with his hands]; his hobby is handicraft work
Bast·faser die bast fibre
Bastille [bas'tiːjə] die; ~: Bastille
Bastion [bas'tjo:n] die; ~, ~en bastion
Bastler ['bastlɐ] der; ~s, ~, **Bastlerin** die; ~, ~**nen** handicraft enthusiast; **ein guter/leidenschaftlicher ~ sein** be good or clever with one's hands/love making [and repairing] things
Bastonade [basto'na:də] die; ~, ~n bastinado
Bast·rock der bast skirt; (aus Raffia) raffia skirt
bat [ba:t] 1. u. 3. Pers. Sg. Prät. v. **bitten**

BAT [be:|a:'te:] *Abk.* **Bundesgestelltentarif**
Bataille [ba'taljə] *die;* ~, ~n *(veralt.)* battle
Bataillon [batal'jo:n] *das;* ~s, ~e *(Milit.)* battalion
Bataillons-: ~**führer** *der,* ~**kommandeur** *der (Milit.)* battalion commander
Bathy·sphäre [baty-] *die (Meereskunde)* abyssal zone
Batik ['ba:tɪk] *der;* ~s, ~en *od. die;* ~, ~en batik
batiken 1. *tr. V. etw.* ~: decorate sth. with batik work. **2.** *itr. V.* do batik work
Batist [ba'tɪst] *der;* ~[e]s, ~e baptiste
batisten *Adj.; nicht präd.* batiste
Batterie [batə'ri:] *die;* ~, ~n; a) *(Milit., Elektrot., Technik)* battery; b) *(ugs.: große Anzahl)* battery; *(von Flaschen)* rows *pl.*
batterie-, Batterie-: ~**betrieb** *der; o. Pl.* battery operation; **auf** ~**betrieb laufen** run on batteries; ~**betrieben** *Adj.* battery-operated; ~**gerät** *das* battery[-operated] device; *(Radio)* battery-set
Batzen ['batsn̩] *der;* ~s, ~ a) *(ugs.: Klumpen)* lump; b) *(ugs.: Menge)* pile *(coll.);* **ein [schöner od. ganzer]** ~ **Geld** a pile *(coll.)* [of money]; c) *(MA.: Münze)* batz
¹**Bau** [bau] *der;* ~[e]s, ~ten a) *o. Pl. (Errichtung)* building; construction; **im** ~ **sein, sich im** ~ **befinden** be under construction; **mit dem** ~ **[von etw.] beginnen** start construction [of sth.]; start building [sth.]; b) *(Gebäude)* building; c) *o. Pl.* ~**stelle***)* building site; **auf dem** ~ **arbeiten** *(Bauarbeiter sein)* be in the building trade; **auf den** *od.* **zum** ~ **gehen** *(Bauarbeiter werden)* go into the building trade; **vom** ~ **sein** *(fig. ugs.)* be an expert; d) *o. Pl. (Struktur)* structure; e) *o. Pl. (Körper*~*)* build; **von schmalem** ~ **sein** be slenderly built; have a slender physique; f) *o. Pl. (Landw.: An*~*)* growing
²**Bau** [bau] *der;* ~[e]s, ~e a) *(Höhle) (Kaninchen*~*)* burrow, hole; *(Fuchs*~*)* earth; *(Wolfs*~*)* lair; *(Dachs*~*)* sett; earth; *(Biber*~*)* lodge; b) *o. Pl. (ugs.: Wohnung)* **nicht aus dem** ~ **gehen/kommen** not stick or put one's nose outside the door *(coll.);* c) *o. Pl. (Soldatenspr.: Strafe)* glasshouse *(Mil. sl.);* **er bekam sieben Tage** ~: he got seven days in the glasshouse; d) *o. Pl. (Bergmannsspr.: Stollen)* workings *pl.*
-bau *der; (Landw.)* -growing
Bau-: ~**ab·schnitt** *der* phase *or* stage of building; ~**amt** *das* department of planning and building inspection; ~**arbeiten** *Pl.* building or construction work *sing.;* *(Straßenarbeiten)* road-works; ~**arbeiter** *der* building or construction worker; ~**art** *die* type of construction; **ein Haus in italienischer** ~**art** a house built in the Italian style; ~**auf·sicht** *die* supervision of building *or* construction [work]; ~**beginn** *der* start of building *or* construction; ~**boom** *der* building boom; ~**bude** *die* site hut; ~**büro** *das* site office
Bauch [baux] *der;* ~[e]s, **Bäuche** ['bɔyçə] a) stomach; belly; abdomen *(Anat.);* tummy *(coll.); (fig.: von Schiffen, Flugzeugen)* belly; **mir tut der** ~ **weh** I have [a] stomach-ache *or (coll.)* tummy-ache; **sich** *(Dat.)* **den** ~ **vollschlagen** *(ugs.)* stuff oneself *(coll.);* **jmdm. den** ~ **aufschneiden** *(salopp)* cut sb. open; **ein Kind im** ~ **haben** *(ugs.)* have a baby on the way; **er hat ihr einen dicken** ~ **gemacht** *(salopp)* he put her in the club *(sl.);* **ein voller** ~ **studiert nicht gern** *(Spr.)* you can't work hard on a full stomach; **ich habe nichts im** ~ *(ugs. abwertend)* I haven't had anything to eat; **sich** *(Dat.)* **[vor Lachen] den** ~ **halten** *(ugs.)* split one's sides [with laughing]; *(fig.)*; **auf den** ~ **fallen** *(ugs.)* come a cropper *(sl.)* (mit ihm)*;* **vor jmdm. auf dem** ~ **liegen od. kriechen** *(ugs. abwertend)* crawl *or* grovel to sb.; **aus dem hohlen** ~ *(salopp)* off the top of one's head *(sl.);* b) *(Wölbung)* paunch; corporation *(coll.); (fig.: eines Kruges usw.)*

belly; c) *(Kochk.) (beim Schwein)* belly; *(beim Kalb)* flank
Bauch-: ~**an·satz** *der* beginnings *pl.* of a paunch; ~**atmung** *die; o. Pl.* abdominal respiration; ~**binde** *die* a) woollen bodybelt; b) *(ugs.: bei Zigarren, Büchern)* band; ~**decke** *die (Med.)* abdominal wall; ~**fell** *das (Anat.)* peritoneum; ~**fleisch** *das (Kochk.) (vom Schwein)* belly pork; *(vom Rind)* flank; ~**flosse** *die (Zool.)* ventral fin; ~**gegend** *die*, region of the stomach; ~**grimmen** *das (veralt.)* stomach ache *or* pains *pl.;* ~**höhle** *die (Anat.)* abdominal cavity; ~**höhlenschwangerschaft** *die (Med.)* abdominal pregnancy
bauchig *Adj.* bulbous
Bauch-: ~**klatscher** [~klatʃɐ] *der;* ~s, ~ *(ugs.)* belly-flop *(coll.);* ~**kneifen** *das,* ~s stomach-ache *or* pains *pl.;* ~**laden** *der* vendor's tray; ~**lage** *die; o. Pl.* prone position; **in der** ~**lage schlafen** sleep on one's front; ~**landung** *die (ugs.)* belly-landing
Bäuchlein ['bɔyçlaɪn] *das;* ~s, ~: stomach; tummy *(coll.)*
bäuchlings ['bɔyçlɪŋs] *Adv.* on one's stomach
bauch-, Bauch-: ~**muskel** *der; meist Pl.* stomach muscle; ~**nabel** *der (ugs.)* belly-button *(coll.);* tummy-button *(coll.);* ~**pinseln** *tr. V. s.* gebauchpinselt; ~**reden** *itr. V.: nur Inf. gebr.* ventriloquize; ~**redner** *der* ventriloquist; ~**schmerz** *der; meist Pl.* stomach pain; ~**schmerzen** stomach-ache *sing.;* stomach pains *pl.;* ~**schuß** *der* shot in the stomach; *(Verwundung)* stomach wound; ~**speck** *der* a) *(Kochk.)* belly of pork; b) *(ugs.: Fettansatz)* spare tyre *(coll.);* ~**speichel·drüse** *die* pancreas; ~**tanz** *der* belly-dance; ~**tanzen** *itr. V.; nur Inf. gebr.* belly-dance; ~**tänzerin** *die* belly-dancer
Bauchung *die;* ~, ~en bulge
Bauch-: ~**weh** *das (ugs.)* tummy-ache *(coll.);* stomach-ache; ~**welle** *die (Turnen)* hip-circle
Baude ['baudə] *die;* ~, ~n *(ostmd.)* mountain hut; *(Berggasthof)* mountain inn
Bau-: ~**denkmal** *das* architectural monument; ~**element** *das* component
bauen 1. *tr. V.* a) build, construct ⟨*house, road, bridge, etc.*⟩; build ⟨*nest, lair*⟩; make ⟨*burrow*⟩; **sich** *(Dat.)* **ein Haus** ~: have a house built; **sich** *(Dat.)* **sein Haus selbst** ~: build one's own house; *s. auch* Bett a; b) *(entwickeln, herstellen)* build ⟨*model, vehicle, aircraft, organ*⟩; make ⟨*violin, piano*⟩; **sich** *(Dat.)* **einen Anzug** ~ **lassen** *(ugs. scherzh.)* have a suit made; **einen Satz** ~ *(Sprachw.)* construct a sentence; c) *(ugs.)* **das Abitur/seinen Doktor** ~: do one's Abitur/Ph.D.; d) *(ugs.: verursachen)* **einen Unfall** ~: have an accident; e) *(Landw.: an*~*)* grow; f) *(veralt.: bestellen)* cultivate. **2.** *itr. V.* a) build; **wir wollen** ~: we want to build a house; **bauen lassen** we want to have a house built; **zur Zeit wird nicht viel gebaut** there's not much building going on at the moment; **solide/großzügig** ~: build solidly/on a lavish scale; **modern** ~: build in a modern style; **hoch** ~: put up high-rise buildings; **an etw.** *(Dat.)* ~: do building work on sth.; b) *(vertrauen)* **auf jmdn./etw.** ~: rely on sb./sth.
¹**Bauer** ['bauɐ] *der;* ~n, ~n a) *(Landwirt)* farmer; *(als Vertreter einer ärmlichen Klasse)* peasant; **die dümmsten** ~**n haben die dicksten Kartoffeln** *(abwertend)* fortune favours fools *(prov.);* **was der** ~ **nicht kennt, das frißt er nicht** *(abwertend)* some people won't eat anything they've never seen before; b) *(beim Schach)* pawn; c) *(in Kartenspielen)* jack; d) *(beim Kegeln)* corner; *(copper)*
²**Bauer** *das od. der;* ~s, ~: [bird-]cage

-bauer *der;* ~s, ~ *(Bauw.)* -constructor
Bäuerchen ['bɔyɐçən] *die;* ~, ~n a) [ein] ~ **machen** *(Kinderspr.)* burp; b) *s.* **Bäuerlein**
Bäuerin ['bɔyərɪn] *die;* ~, ~nen *(Landwirtin)* [lady] farmer; *(Frau eines Landwirts)* farmer's wife; *(als Vertreterin einer ärmlichen Klasse)* peasant [woman]
Bäuerlein ['bɔyɐlaɪn] *das;* ~s, ~: [simple] peasant
bäuerlich ['bɔyɐlɪç] **1.** *Adj. (landwirtschaftlich)* farming *attrib.;* *(ländlich)* rural; **kleine** ~**e Betriebe** small farms. **2.** *adv.* rurally
Bauern-: ~**auf·stand** *der* peasants' revolt; ~**brot** *das* **bub** *der (südd., österr., schweiz.) s.* ~**junge;** ~**bursche** *der s.* ~**junge;** ~**dorf** *das* farming village; ~**fang** *der in* **auf** ~**fang ausgehen** *(ugs. abwertend)* set out to con people out of their money *(coll.);* ~**fänger** *der* con man *(coll.);* ~**fängerei** *die;* ~ *(ugs. abwertend)* con tricks *pl. (coll.);* **das ist** ~**fängerei** it's a con *(coll.);* ~**frühstück** *das* fried potatoes mixed with scrambled egg and bacon; ~**gut** *das* farm; ~**haus** *das* farmhouse; ~**hoch·zeit** *die* country wedding; ~**hof** *der* farm; ~**junge** *der* country lad; *(*~*sohn)* farmer's son; ~**kalender** *der* farming calendar; ~**krieg** *der (hist.)* peasants' revolt; **der Große** ~**krieg, die** ~**kriege** the Peasant[s'] War; ~**legen** *das;* ~s driving out small farmers; ~**lümmel** *der (abwertend)* loutish yokel; ~**mädchen** *das* country girl; *(*~*tochter)* farmer's daughter; ~**möbel** *Pl.* rustic-style furniture *sing.;* ~**partei** *die* a) Agrarian Party; b) *(DDR)* Peasants' Party; ~**regel** *die* country saying
Bauernschaft *die;* ~: farmers *pl.;* farming community; *(als ärmliche Klasse)* peasantry; peasants *pl.*
bauern-, Bauern-: ~**schlau 1.** *Adj.* cunning; sly; crafty; **2.** *adv.* cunningly; slyly; craftily; ~**schläue** *die* peasant cunning *or* slyness *or* craftiness; ~**sohn** *der* farmer's son; ~**stand** *der* farming community; ~**stube** *die* room furnished in rustic style; ~**tochter** *die* farmer's daughter; ~**tölpel** *der (abwertend)* yokel; country bumpkin
Bauerntum *das;* ~s *(Bauernstand)* farming community; *(bäuerliches Wesen)* character of the farming community
Bauers-: ~**frau** *die* farmer's wife; *(Landwirtin)* [lady] farmer; *(Frau vom Lande)* countrywoman; ~**leute** *Pl.* a) *(veralt.)* country folk; b) *(Bauer und Bäuerin)* [beiden] ~**leute** the farmer and his wife; ~**mann** *der; Pl.* ~**leute** *(veralt.)* countryman
bau-, Bau-: ~**erwartungs·land** *das; o. Pl.* land shortly to be made available for building; ~**fach** *das* building trade; ~**fällig** *Adj.* ramshackle; badly dilapidated; unsafe ⟨*roof, ceiling*⟩; ~**fälligkeit** *die; o. Pl.* bad state of dilapidation; badly dilapidated state; ~**firma** *die* building *or* construction firm; ~**flucht** *die,* ~**flucht·linie** *die* building line; ~**gelände** *das (*~*stelle)* building site; *(*~*land)* building land; ~**genehmigung** *die* planning permission and building regulations clearance; ~**genossenschaft** *die* co-operative housing association which builds and maintains houses *or* flats for its members; ~**gerüst** *das* scaffolding; ~**gewerbe** *das* building trade; ~**grube** *die* excavation; ~**handwerk** *das* building trade; ~**handwerker** *der* skilled building worker; building craftsman; ~**helfer** *der* the builder's mate; ~**herr** *der* client *(for whom a house etc. is being built);* „~**herr: Stadt Mannheim**" 'under construction for the city of Mannheim'; **er ist** ~**herr** he is having a house built; ~**holz** *das* building timber; ~**hütte** *die* a) site hut; b) *(MA.)* stonemasons' lodge; ~**ingenieur** *der* building engineer; ~**jahr** *das* year of con-

struction; *(bei Autos)* year of manufacture; **für Modelle dieses ~jahres** for models manufactured in that year; **das ~jahr des Hauses** the year in which the house was built; **welches ~jahr ist dein Wagen?** what year is your car?; **mein Auto ist ~jahr 75** my car is a 1975 model; **~kasten der** construction set *or* kit; *(mit Holzklötzen)* box of bricks; **~kasten·system das;** *o. Pl.* unit construction system; **~klotz der** building-brick; **~klötze[r] staunen** *(salopp)* be staggered *(coll.) or* flabbergasted; **~klötzchen das** building-brick; **~kolonne die** construction gang; **~kosten** *Pl.* building *or* construction costs; **~kosten·zuschuß der** contribution to cost of building, rebuilding, or renovation paid by tenant to landlord; **~kran der** construction crane; **~kunst die;** *o. Pl. (geh.)* architecture; **~land das;** *o. Pl.* building land; **~leiter der** clerk of the works; **~leitung die;** *o. Pl.* engineers supervising the building *or* construction work; *(~büro)* building office
baulich 1. *Adj.; nicht präd.* structural ⟨alteration, condition, defect, etc.⟩; architectural ⟨character, value⟩; **~e Anlagen** buildings. **2.** *adv.* **ein Gebäude ~ verbessern/verändern** carry out structural improvements/alterations to a building; **den Stadtkern ~ neugestalten** redevelop the town centre
Baulichkeit die; ~, ~en building
Bau-: ~los das section; **~löwe der** *(ugs. abwertend)* building speculator; **~lücke die** vacant lot
Baum [baum] der; ~[e]s, Bäume ['bɔymə] a) tree; **auf einen ~ klettern** climb up [into] a tree; **er ist stark wie ein ~:** he's as strong as an ox; *(fig.)* **es ist dafür gesorgt, daß die Bäume nicht in den Himmel wachsen** nobody has everything his own way all of the time; **alte Bäume soll man nicht verpflanzen** old people are happiest left in their familiar surroundings; **Bäume ausreißen können** *(ugs.)* be *or* feel ready to tackle anything; **der ~ der Erkenntnis** *(bibl.)* the Tree of Knowledge; **vom ~ der Erkenntnis essen** learn by experience; find out for oneself; **zwischen ~ und Borke sitzen** *od.* **stecken** be on the horns of a dilemma; **s. auch Wald**; **b)** *(ugs.: Weihnachtsbaum)* [Christmas] tree; **den ~ anzünden** light the candles on the tree; **c)** *(Seemannsspr.)* boom
Bau·markt der a) building *or* construction market; **b)** *(Kaufhaus)* DIY hypermarket
baum·arm *Adj.* very thinly wooded; **relativ ~:** relatively thinly wooded
Bau-: ~maschine die piece of construction plant *or* machinery; **~maschinen** construction plant *sing. or* machinery; **~maßnahme die** *(Amtsspr.)* building project; **~material das** building material; *(~materialien)* building materials *pl.*
Baum-: ~bestand der tree stock; **b) [Blüte die] a)** blossoming of the trees; **b)** *(Zeitraum)* **zur ~blüte/während der ~blüte** when/while the trees are in blossom
Bäumchen ['bɔymçən] das; ~s, ~: small tree; *(junger Baum)* sapling; young tree; **~, wechsle dich** *(Kinderspiel)* puss in the corner; *(ugs. scherzh.: Partnerwechsel)* partner-swapping
Bau·meister der a) *(hist.)* [architect and] master builder; **b)** *(Bautechniker, Bauhandwerker)* master builder; *(Bauunternehmer)* building contractor *(with professional qualifications)*
baumeln ['baumln] *itr. V.* **a)** *(ugs.)* dangle (an + *Dat.* from); **die Beine ~ lassen** dangle one's legs; **b)** *(derb: gehängt werden)* swing *(sl.)*
bäumen ['bɔymən] *refl. V.:* **s. aufbäumen**
baum-, Baum-: ~farn der tree-fern; **~frevel der** unlawful and malicious damaging of trees; **~grenze die** tree-line; timberline; **~gruppe die** clump of trees; **~krone die** treetop; crown [of the/a tree]; **~kuchen der** tall cylindrical cake, hollow in the centre; **~lang** *Adj. (ugs.)* tremendously tall *(coll.)*; **~läufer der** *(Zool.)* tree-creeper; **~los** *Adj.* treeless; **~reich** *Adj.* wooded; **~riese der** *(geh.)* giant tree; **~rinde die** bark [of trees]; **~schere die** tree-pruner; **~schule die** tree nursery; **~stamm der** tree-trunk; **~stark** *Adj.* as strong as an ox *postpos.*; **~sterben das** dying-off of trees; **~strunk der** dead tree-stump; **~stumpf der** tree-stump; **~wachs das** grafting-wax
Baum·wolle die cotton
baum·wollen *Adj.; nicht präd.* cotton
Baumwoll-: ~ernte die cotton harvest; **~pflücker der** cotton-picker; **~plantage die** cotton plantation; **~spinnerei die a)** cotton-spinning; **b)** *(Betrieb)* cotton-mill
Baum·wurzel die tree-root
bau-, Bau-: ~ordnung die building regulations *pl.*; **~plan der** *(Entwurf, Zeichnung)* building plans *pl.*; *(für eine Maschine)* designs *pl.*; *(fig.)* structure; **~planung die** building design; **~platz der** site for building *or* construction; **~polizei die;** *o. Pl.* building inspectorate; **~polizeilich 1.** *Adj.; nicht präd.* building *(regulations)*; **eine ~polizeiliche Kontrolle** a visit from the building inspector/inspectors; **2.** *adv.* ⟨detected, approved, etc.⟩ by the building inspectorate; **~preis der** building costs *pl.*; **~rat der** chief architect; **~recht das** planning laws and building regulations *pl.*; **~reif** *Adj.* **ein ~reifes Grundstück** a cleared building plot; **~reihe die** *(bei Lokomotiven)* class
bäurisch ['bɔyrɪʃ] *(abwertend)* **1.** *Adj.* boorish; oafish. **2.** *adv.* boorishly; oafishly
Bau-: ~ruine die *(ugs.)* building abandoned only half-finished; **~satz der** kit
Bausch [bauʃ] der; ~[e]s, ~e *od.* **Bäusche ['bɔyʃə] a)** *(am Kleid, Ärmel)* puff; **einen ~ machen** *(ugs.)* ⟨*dress*⟩ bulge; **b) etw. in ~ und Bogen verwerfen/verdammen** reject/condemn sth. wholesale
Bau·schaffende [-ʃafndə] der/die; *adj. Dekl.* (DDR) building *or* construction worker
Bäuschchen ['bɔyʃçən] das; ~s, ~: [small] wad
bauschen 1. *tr. V.* billow, fill ⟨sail, curtains, etc.⟩; **gebauschte Ärmel** puffed *or* puff sleeves. **2.** *refl. V.* ⟨dress, sleeve⟩ puff out; *(ungewollt)* bunch up; become bunched up; *(im Wind)* ⟨curtain, flag, etc.⟩ billow [out]
bauschig 1. *Adj.* puffed ⟨dress⟩; baggy ⟨trousers⟩. **2.** *adv.* **~ fallen** ⟨skirt⟩ be full
Bau-: ~schlosser der fitter [in the building trade]; **~schutt der** building-rubble; **~soldat der** (DDR) conscript allowed to do non-military *(esp. building)* work
bau·sparen *itr. V.; nur Inf. gebr.* save with a building society
Bau·sparer der building-society investor
Bauspar-: ~kasse die ≈ building society; **~vertrag der** savings contract with a building society *(to save a specified sum which earns interest and is later used to pay for the building of a house)*
Bau-: ~stahl der structural steel; **~stein der a)** building stone; **b)** *(Bestandteil)* element; component; *(Elektronik, DV)* module; **die ~steine der Materie** the constituents of matter; **c)** *(~klötzchen)* building-brick; **~stelle die** building site; *(beim Straßenbau)* road-works *pl.*; *(bei der Eisenbahn)* site of engineering works; **„Betreten der ~stelle verboten"** 'no entry *or* access for unauthorized persons'; **die Strecke war wegen einer ~stelle gesperrt** the road was closed because of road-works/the line was closed because of engineering works; **~stil der** architectural style; **im italienischen ~stil** in the Italian style; **~stoff der a)** building material; **b)** *(Biol.)* nutrient; **~stopp der** suspension of building work (**für** on); **~substanz die** *o. Pl.* fabric [of the building/buildings]; *(Bestand an Gebäuden)* building stock; **~summe die** building costs *pl.*; **~tätigkeit die;** *o. Pl.* building activity; **~teil das** component
Bauten *Pl.: s.* **Bau**
Bau-: ~tischler der [building] joiner; **~unternehmen das** building firm; **~unternehmer der** building contractor; builder; **~vorhaben das** building project; **~weise die a)** method of building *or* construction; **b)** *(~art)* type of construction; **in geschlossener/offener ~weise errichtet** built as terrace houses/detached houses; **~werk das** building; *(Brücke, Staudamm)* structure; **~wirtschaft die;** *o. Pl.* building *or* construction industry
Bauxit [bau'ksi:t] der; ~s, ~e bauxite
bauz [bauts] *Interj.* flop
Bau-: ~zaun der site fence; **~zeichnung die** construction drawing; **~zeit die** construction time
Bayer ['baiɐ] der; ~n, ~n, Bayerin die; ~, ~nen Bavarian
bay[e]risch 1. *Adj.* Bavarian; **der Bayerische Wald** the Bayerischer Wald; the Bavarian Forest. **2.** *adv.* **~ sprechen** Bavarian dialect; *(mit bayerischem Akzent)* speak with a Bavarian accent; **~ gekleidet** dressed in Bavarian costume; *s. auch* **deutsch, badisch**
Bayern ['baiɐn] (das); ~s Bavaria
Bazi ['ba:tsi] der; ~, ~ *(südd., österr. abwertend)* **a)** *(Faulpelz)* lazy good-for-nothing; **b)** *(Wichtigtuer)* big-head *(coll.)*
Bazille [ba'tsɪlə] die; ~, ~n *(ugs.) s.* **Bazillus**
Bazillen·träger der carrier
Bazillus [ba'tsɪlʊs] der; ~, Bazillen a) bacillus; **b)** *(fig.)* cancer; **der ~ der Korruption** the cancer of corruption
Bazooka [ba'zu:ka] die; ~, ~s bazooka
Bd. *Abk.* Band Vol.
Bde. *Abk.* Bände Vols.
BDM [be:de:'|ɛm] *der; ~ Abk.* Bund Deutscher Mädel *(ns.)* National Socialist organization for girls
B-Dur ['be:-] das; ~ *(Musik)* B flat major; *s. auch* A-Dur
BE *Abk.* Broteinheit
beabsichtigen [bə'|apzɪçtɪgn] *tr. V.* intend; **~, etw. zu tun** intend *or* mean to do sth.; **das war nicht beabsichtigt** it wasn't intentional *or* deliberate; **was hast du mit dieser Frage beabsichtigt?** what did you mean by your question?; **die beabsichtigte Wirkung** the intended *or* desired effect
beachten *tr. V.* **a)** observe, follow ⟨rule, regulations⟩; follow ⟨instruction⟩; heed, follow ⟨advice⟩; obey ⟨traffic signs⟩; observe ⟨formalities⟩; **b)** *(berücksichtigen)* **etw. ~:** take account of sth.; *(Aufmerksamkeit schenken)* pay attention to *or* take notice of sth.; **es ist zu ~, daß ...:** please note that ...; **c)** *(beobachten)* notice; **jmdn. nicht ~:** ignore sb.
beachtens·wert *Adj.* remarkable; *(erwähnenswert)* noteworthy
beachtlich 1. *Adj.* **a)** *(erheblich)* considerable; marked, considerable ⟨improvement, increase, change, etc.⟩; notable, considerable ⟨success⟩; **er verdient jetzt ~e zehntausend Mark im Monat** he is now earning as much as ten thousand marks a month; **b)** *(anerkennenswert)* important ⟨job, post⟩; **Beachtliches leisten** make one's mark; **c)** *(Amtsspr.: zu berücksichtigen)* **~ sein** have to be given due consideration. **2.** *adv.* considerably; ⟨improve, increase, change⟩ markedly, considerably
Beachtung die a) *(Einhaltung) s.* **beachten a**: observance; following; heeding; obeying; **bei ~ der Regeln** if one observes *or* follows the rules; **b)** *(Berücksichtigung)* con-

933

beackern

sideration; **unter ~ aller Umstände** taking all the circumstances into account; **c)** *(Aufmerksamkeit)* attention; **~/keinerlei ~ finden** receive attention/be ignored completely; **jmdm./einer Sache ~/keine ~ schenken** pay attention/no attention to sb./sth.; take notice/no notice of sb./sth.

beackern *tr. V.* **a)** *(ugs.: bearbeiten)* go over ⟨*subject*⟩; plough through ⟨*literature, regulations*⟩; **b)** *(ugs.: überreden)* **jmdn. ~:** work on sb. *(coll.);* **c)** *(bebauen)* cultivate

Beamte [bə'lamtə] *der; adj. Dekl.* official; *(Staats~)* [permanent] civil servant; *(Kommunal~)* [established] local government officer *or* official; *(Polizei~)* [police] officer; *(Zoll~)* [customs] officer *or* official; **ein typischer ~r** a typical civil servant; **ein kleiner ~r** *(meist abwertend)* a minor *or (derog.)* petty official

Beamten-: **~apparat** *der* bureaucracy; **~beleidigung** *die* insulting a public servant; **~bestechung** *die* bribery of a public servant/public servants; **deutsch als ~** *(abwertend)* officialese *(derog.);* **~laufbahn** *die* career in the civil service *or* as a civil servant; **die ~laufbahn einschlagen** join *or* enter the civil service; become a civil servant; **~recht,** *das; o. Pl.* administrative law; **~seele** *die (abwertend)* petty official *or* bureaucrat; **~silo** *der (ugs. scherzh.)* huge impersonal office-block full of bureaucrats

Beamtentum *das;* **~s a)** civil service mentality; **b)** *(Beamtenschaft)* civil servants *pl.;* civil service; *(in den Gemeinden)* local government officers *or* officials *pl.*

Beamten·verhältnis *das:* **im ~ stehen** be a [permanent] civil servant; **ins ~ übernommen werden** attain permanent status

beamtet *Adj.* **~ sein** have permanent civil-servant status; **ein ~er Lehrer** a teacher with permanent civil-servant status

Beamtete *der/die; adj. Dekl. (Amtsspr.) s.* **Beamte, Beamtin**

Beamtin *die;* **~, ~nen** *s.* **Beamte;** *(Polizei~)* [woman] police officer

beängstigen *tr. V. (veralt.)* alarm

beängstigend 1. *Adj.* worrying ⟨*feeling*⟩; unsettling ⟨*sign*⟩; eerie ⟨*silence*⟩; alarming ⟨*speed*⟩; **ein ~es Gedränge** a frightening crush of people; **sein Zustand ist ~:** his condition is giving cause for anxiety. **2.** *adv.* alarmingly; **~ schnell** at an alarming speed

beanspruchen *tr. V.* **a)** claim; **etw. ~ können** be entitled to expect sth.; **b)** *(ausnutzen)* make use of ⟨*person, equipment*⟩; take advantage of ⟨*hospitality, offer of help, services*⟩; **jmds. Geduld übermäßig ~:** try *or* strain sb.'s patience; **c)** *(abverlangen)* demand ⟨*energy, attention, stamina*⟩; **das beansprucht ihn sehr/wenig** that demands a lot/doesn't demand much of him; **sein Beruf beansprucht ihn sehr/völlig** his job is very demanding/takes up all his time and energy; **d)** *(benötigen)* take up ⟨*time, space, etc.*⟩

Beanspruchung *die;* **~, ~en a)** demands *pl. (Gen.* on); **b)** *(Inanspruchnahme)* **die ~ durch den Beruf** the demands of his/her job; **~en** *(Dat.)* **ausgesetzt werden** ⟨*material, machine*⟩ be subjected to stresses *or* strains

beanstanden, *(österr. auch)* **beanständen** *tr. V.* object to; take exception to; *(sich beklagen über)* complain about; **an der Arbeit ist nichts/allerlei zu ~:** there is nothing/there are all sorts of things wrong with the work; **die Waren wurden beanstandet** there were complaints about the goods; **~, daß ...:** complain that ...

Beanstandung *die;* **~, ~en** complaint; **Anlaß zu ~en geben** give cause for complaint *sing.*

beantragen *tr. V.* **a)** apply for; **~, versetzt zu werden** apply to be transferred; apply for

a transfer; **etw. bei den Behörden ~:** apply to the authorities for sth.; **b)** *(fordern)* call for; demand; **c)** *(vorschlagen)* propose; **~, etw. zu tun** propose doing sth.; **Schluß der Debatte ~:** move the closure

beantworten *tr. V.* answer; reply to, answer ⟨*letter*⟩; respond to ⟨*insult*⟩; return ⟨*greeting*⟩; **jmdm. eine Frage ~:** answer a question for sb.; **bitte ~ Sie meine Frage mit Ja oder Nein** please answer yes or no to my question

Beantwortung *die;* **~, ~en a) die ~ einer Frage/eines Briefes** an answer to a question/a reply or an answer to a letter; **in ~** *(Amtsspr.)* in reply *(Gen.* to); **zur ~ Ihrer Frage** in order to answer your question; **b)** *(Reaktion)* response; **die ~ seiner Beleidigung** the response to his insult

bearbeiten *tr. V.* **a)** deal with; work on, handle ⟨*case*⟩; **b)** *(adaptieren)* adapt (**für** for); **ein Buch völlig neu ~:** revise a book completely; **ein Stück für Klavier ~:** arrange a piece for the piano; **c)** *(behandeln)* treat (**mit** with); work ⟨*wood, metal, leather, etc.*⟩; **etw. mit Politur/einem Hammer/einer Feile** *usw.* **~:** polish/hammer/file *etc.* sth.; **etw. mit einer Drahtbürste ~:** work on sth. with a wire brush; **d)** cultivate ⟨*field*⟩; *(fig. ugs.)* hammer away on ⟨*piano, organ*⟩; **den Boden ~:** work the soil; **e)** *(ugs.: schlagen)* beat [repeatedly]; **jmdn. mit den Fäusten ~:** pummel sb.; **f)** *(untersuchen)* treat, examine ⟨*subject, aspect*⟩; **g)** *(ugs.: überreden)* work on; **jmdn. ~, daß er etw. macht** work on sb. to get him to do sth.

Bearbeiter *der,* **Bearbeiterin** *die* **a) der zuständige Bearbeiter** the person who is dealing/who dealt with the matter; **sie war nicht die Bearbeiterin des Antrags** she did not deal with the application; **b)** *(eines Romans, Schauspiels)* adapter; *(eines Textes)* reviser; *(Herausgeber)* editor; *(eines Musikstücks)* arranger

Bearbeitung *die;* **~, ~en a) die ~ eines Antrags/eines Falles** *usw.* dealing with an application/working on or handling a case *etc.;* **die ~ der Post ist ...:** dealing with the mail is...; **b)** *(Fassung, Veränderung)* adaptation; *(eines Musikstücks)* arrangement; **die englische ~:** the English version; **c)** *(Behandlung)* treatment; *(von Holz, Metall, Leder usw.)* working; **die ~ des Metalls ist schwer** it is difficult to work the metal; **zur weiteren ~:** in order to be worked on/used for further treatment; **d)** *(Untersuchung)* examination; *(eines Themas)* treatment

Bearbeitungs-: **~gebühr** *die (Bankw.)* handling charge; **~methode** *die:* **~methoden für Stahl** *usw.* methods of working steel *etc.;* **~zeit** *die:* **die ~zeit für etw.** the time required to deal with sth.

beargwöhnen *tr. V.* **jmdn./etw. ~:** be suspicious of sb./sth.; regard sb./sth. with suspicion; **beargwöhnt werden** be regarded with suspicion

Beat [biːt] *der;* **~[s] a)** beat; **b)** *(Musikrichtung)* beat [music]

Beat-: **~band** *die* beat group; **~club** *der: s.* **~lokal;** **~fan** *der* beat fan; **~lokal** *das* beat club

beatmen *tr. V. (Med.)* **jmdn. [künstlich] ~:** administer artificial respiration to sb.; *(während einer Operation)* ventilate sb.

Beatmung *die;* **~, ~en:** [künstliche] **~:** artificial respiration; *(während einer Operation)* ventilation

Beatmungs·gerät *das* respirator

Beat·musik *die* beat music

Beatnik ['biːtnɪk] *der;* **~s, ~s** beatnik

Beat·schuppen *der (ugs.)* beat club

Beau [boː] *der;* **~s, ~s** dandy

Beaufort·skala ['boːfɐt-] *die; o. Pl. (Met.)* Beaufort scale

beaufsichtigen *tr. V.* supervise, mind,

look after ⟨*child*⟩; **jmdn. bei der Arbeit ~:** supervise sb. while he/she is working

Beaufsichtigung *die;* **~, ~en** supervision; **unter ~ stehen** be kept under supervision

beauftragen *tr. V.* **a) jmdn./einen Ausschuß** *usw.* **mit etw. ~:** entrust sb./a committee *etc.* with sth.; charge sb./a committee *etc.* with sth.; **jmdn./einen Ausschuß** *usw.* **~, etw. zu tun** give sb./a committee *etc.* the job *or* task of doing sth.; **jmdn. ~, die Urkunden zu unterschreiben** authorize sb. to sign the documents; **man hat mich beauftragt, Sie darüber zu informieren** I have been asked to tell you about this; **einen Künstler/Architekten ~, etw. zu tun** commission an artist/architect to do sth.; **b)** *(beordern)* **jmdn. ~, etw. zu tun** order sb. to do sth.

Beauftragte *der/die; adj. Dekl.* representative; **der ~ der DDR für Kirchenfragen** the GDR official responsible for church affairs

beaugapfeln *tr. V. (scherzh.)* **jmdn./etw. ~:** give sb./sth. the once-over *(coll.)*

beäugen *tr. V.* eye ⟨*person*⟩; inspect ⟨*thing*⟩

beaugenscheinigen [bə'|augn̩ʃaɪnɪɡn̩] *tr. V. (Amtsspr., scherzh.)* inspect

Beauté [boː'teː] *die;* **~, ~** *(geh.)* beauty

bebändert [bə'bɛndɐt] *Adj.* decorated with ribbons; beribboned

bebauen *tr. V.* **a)** build on; develop; **ein Gelände mit Häusern ~:** build houses on a site; **mit etw. bebaut werden** have sth. built on it; **b)** cultivate ⟨*land*⟩; **einen Acker mit Kartoffeln ~:** grow potatoes in a field

Bebauung *die;* **~, ~en a)** *(mit Gebäuden)* development; **b)** *(Gebäude)* buildings *pl.;* **das Gebiet hat eine völlig uneinheitliche ~:** the buildings in this area lack any unity of style; **c)** *(eines Ackers)* cultivation

Bebauungs·plan *der* development plan

Bébé [beˈbeː] *das;* **~s, ~s** *(schweiz.)* baby

beben ['beːbn̩] *itr. V.* **a)** shake; tremble; **b)** *(geh.: erzittern)* tremble, shake (**vor** + *Dat.* with); ⟨*lips*⟩ tremble; ⟨*knees*⟩ shake

Beben *das;* **~s, ~ a)** shaking, trembling; *(Erd~)* quake *(coll.);* earthquake; **c)** *(geh.: Zittern)* shaking; trembling; **das ~ seiner Stimme** the tremble in his voice

bebildern *tr. V.* illustrate

Bebilderung *die;* **~, ~en** illustrations *pl.*

bebrillt [bə'brɪlt] *Adj.* bespectacled

bebrüten *tr. V.* **a)** brood, incubate; **b)** *(Biol.)* incubate

Béchamel·soße [beʃaˈmɛl-] *die (Kochk.)* béchamel [sauce]

Becher ['bɛçɐ] *der;* **~s, ~ a)** *(Glas~, Porzellan~)* glass; tumbler; *(Plastik~)* beaker; cup; *(Eis~)* *(aus Glas, Metall)* sundae dish; *(aus Pappe)* tub; *(Joghurt~)* carton; **ein ~ Eis** a tub of ice cream; **b)** *(bei Pflanzen)* cupule; cup

Becher·glas *das (Chemie)* beaker

bechern *tr. V. (ugs.)* **[einen] ~:** have a few *(coll.);* **bis zum frühen Morgen ~:** booze into the small hours

Becher·werk *das (Technik)* bucket elevator

becircen [bə'tsɪrtsn̩] *tr. V. (ugs.)* **a)** bewitch ⟨*man*⟩; **b)** *(überreden)* **jmdn. ~, etw. zu tun** wrap sb. round one's little finger [and get him to do sth.]

Becken ['bɛkn̩] *das;* **~s, ~ a)** *(Wasch~)* basin; *(Abwasch~)* sink; *(Toiletten~)* pan; bowl; **b)** *(Anat.)* pelvis; **c)** *Pl. (Musik)* cymbals; **d)** *(Schwimm~)* pool; *(Plansch~)* paddling-pool; *(eines Brunnens, einer Schleuse)* basin; *(Fisch~)* pond; **e)** *(Geol.)* basin

Becken-: **~bruch** *der (Med.)* pelvic fracture; fractured pelvis; **~end·lage** *die (Med.)* breech position; **~knochen** *der* hip-bone; pelvic bone

Beckmesser ['bɛkmɛsɐ] *der;* **~s, ~** *(abwertend)* caviller; carper

Beckmesserei *die;* **~, ~en** *(abwertend)* cavilling; carping

beckmessern

beckmessern *itr. V. (abwertend)* cavil; carp
bedachen [bəˈdaxn̩] *tr. V.* put the roof on ⟨*house*⟩; **bedacht** roofed; covered ⟨*bridge*⟩
bedacht 1. *2. Part. v.* bedenken; bedachen. **2.** *Adj.* **a)** carefully considered; *(umsichtig)* circumspect; **b) auf etw.** *(Akk.)* ~ **sein** be intent on sth.; **auf seinen eigenen Vorteil** ~ **sein** have an eye to one's own advantage; **darauf** ~/**sehr** ~ **sein, etw. zu tun** be intent on doing sth./be [most] anxious to do sth.; **[ängstlich] darauf** ~ **sein, daß etw. nicht geschieht** be [extremely] anxious to prevent sth. from happening; **er ist stets auf korrekte Kleidung** ~: he makes a point of being correctly dressed. **3.** *adv.* in a carefully considered way; *(umsichtig)* circumspectly
Bedachte *der/die; adj. Dekl. (Rechtsw.)* beneficiary; *(eines Legats)* legatee
bedächtig [bəˈdɛçtɪç] **1.** *Adj.* **a)** deliberate; measured ⟨*steps, stride, speech*⟩; **b)** *(besonnen)* thoughtful; well-considered ⟨*words*⟩; *(vorsichtig)* careful. **2.** *adv.* **a)** deliberately; ~ **reden** speak in measured tones; **b)** *(besonnen)* thoughtfully; *(vorsichtig)* carefully
Bedächtigkeit *die;* ~ **a)** deliberateness; **b)** *(Besonnenheit)* thoughtfulness; *(Vorsichtigkeit)* carefulness
bedachtsam *(geh.)* **1.** *Adj.* thoughtful; *(vorsichtig)* careful. **2.** *adv.* thoughtfully; *(vorsichtig)* carefully
Bedachung *die;* ~, ~**en a)** *o. Pl.* roofing; **b)** *(Dach)* roof
bedang [bəˈdaŋ] *1. u. 3. Pers. Sg. Prät. v.* ²**bedingen**
bedanken 1. *refl. V.* say thank you; express one's thanks; **ich bedanke mich** thank you; *(ugs. iron.: nein danke!)* thank you 'very much; **sich bei jmdm. [für etw.]** ~: thank sb. *or* say thank you to sb. [for sth.]; **sich bei jmdm.** ~, **daß er/sie etw. getan hat** thank sb. for doing sth.; **dafür kannst du dich bei ihm** ~ *(ugs. iron.)* you've got him to thank for that *(iron.)*. **2.** *tr. V. (geh.)* **etw.** ~: express one's thanks for sth.; **Seien Sie herzlich bedankt** please accept my/our warmest thanks
Bedarf [bəˈdarf] *der;* ~[e]s **a)** need (an + *Dat.* of); requirement (**an** + *Dat.* for); *(Bedarfsmenge)* needs *pl.*; requirements *pl.*; **Dinge des täglichen** ~**s** everyday necessities; **der persönliche** ~: one's personal needs *pl.*; **bei** ~: if and when the need arises; if required; **bei dringendem** ~: in cases of urgent need; ~ **an etw.** *(Dat.)* **haben** *(Kaufmannsspr.)* require sth.; **je nach** ~: as required; **kein** ~**¹** *(salopp)* I don't feel like it; **b)** *(Nachfrage)* demand (**an** + *Dat.* for); **dafür besteht kein** ~: there is no demand for it/them; **mein** ~ **an Überraschungen ist für heute gedeckt** *(fig.)* I've had enough surprises for 'one day
-**bedarf** *der;* ~[e]s ... requirement
bedarfs-, Bedarfs-: ~**ampel** *die (Verkehrsw.)* pedestrian-controlled *or* -operated lights; ~**deckung** *die* the satisfaction of its/one's needs *or* requirements; ~**fall** *der in* **im** ~**fall[e]** if required; if the need arises/arose; ~**gerecht 1.** *Adj.* designed to meet requirements; tailor-made; **eine** ~**gerechte Versorgung der Bevölkerung** a supply system tailored to the needs of the people; **2.** *adv.* in line with demand; ~**güter** *Pl.* consumer goods; ~**haltestelle** *die* request stop; ~**weckung** *die;* ~: stimulation of demand
bedauerlich *Adj.* regrettable; unfortunate
bedauerlicherweise *Adv.* regrettably; unfortunately
bedauern *tr., itr. V.* **a)** feel sorry for; **sie hat es gern, bedauert zu werden** she likes people to feel sorry for her; **sie läßt sich gerne** ~: she likes being pitied; **b)** *(schade finden)* regret; **ich bedaure sehr, daß** ...: I am very sorry that ...; **wir** ~, **Ihnen mitteilen zu müssen** we regret to have to inform you; **bedaure!** sorry!
Bedauern *das;* ~**s a)** sympathy; **jmdm. sein** ~ **ausdrücken** offer one's sympathy to sb.; **b)** *(Betrübnis)* regret; **zu meinem** ~: to my regret; **ich habe zu meinem** ~ **gehört, daß** ...: I was sorry to hear that ...; **zu unserem** ~ **müssen wir Ihnen mitteilen, daß** ...: we regret to [have to] inform you that ...; **it is with regret that we must inform you that** ...; **mit** ~: with regret; **mit** ~ **habe ich festgestellt, daß** ...: I have discovered to my regret that ...
bedauerns-: ~**wert** *(geh.)*, ~**würdig** *Adj.* unfortunate ⟨*person, coincidence*⟩; regrettable, unfortunate ⟨*incident*⟩
bedecken 1. *tr. V.* **a)** cover (**mit** with); **mit etw. bedeckt sein** be covered with sth.; **von Schlamm/Schmutz bedeckt sein** be covered in mud/dirt; **b)** *(österr.: ausgleichen)* meet ⟨*costs*⟩
bedeckt *Adj.* overcast ⟨*sky*⟩; **bei** ~**em Himmel** when the sky is overcast; **sich** ~ **halten** *(fig.)* keep a low profile
Bedecktsamer [-za:mɐ] *der;* ~**s,** ~ *(Bot.)* angiosperm
bedecktsamig [-za:mɪç] *Adj. (Bot.)* angiospermous
Bedeckung *die; o. Pl.* **a)** covering; **b)** *(Schutz)* guard; **zehn Mann** ~: a ten-man bodyguard *sing.*; **c)** *(das Bedeckende)* covering; **d)** *(österr.: Deckung)* meeting
bedenken 1. *unr. tr. V.* **a)** consider; think about; **wenn ich es recht bedenke/wenn man es recht bedenkt** when I/you stop and think about it; ~, **daß** ...: consider *or* think that ...; **b)** *(beachten)* take into consideration; **du mußt** ~, **daß** ...: you should bear in mind that *or* take into consideration the fact that ...; **ich gebe [dir]/er gab [uns] zu** ~, **daß** ...: I would ask you/he asked us to bear in mind that *or* take into consideration the fact that ...; **c)** *(geh.: beschenken)* **jmdn. reich** ~: shower sb. with gifts; **jmdn. mit etw.** ~: present sb. with sth.; **jmdn. großzügig mit Lob** ~: lavish praise on sb. **2.** *refl. V.* reflect; think; **ohne sich lange zu** ~: without stopping to reflect
Bedenken *das;* ~**s,** ~ **a)** *o. Pl.* reflection; **nach kurzem/langem** ~: after a moment's/after much reflection *or* consideration; **ohne** ~: without hesitation; **b)** *(Zweifel)* doubt; reservation; ~ **haben** *od.* **hegen** *od. (geh.)* **tragen** have doubts *or* reservations ⟨**gegen** about⟩; **aber jetzt kamen mir** ~: but now I'm having second thoughts
bedenken·los 1. *Adj.* unconsidered; *(ohne Zögern)* unhesitating; prompt ⟨*intervention*⟩; *(skrupellos)* unscrupulous. **2.** *adv.* without a moment's hesitation; without stopping to think; *(ohne Zögern)* without hesitation; ⟨*intervene*⟩ promptly; *(skrupellos)* unscrupulously
Bedenkenlosigkeit *die;* ~: lack of consideration; *(mangelndes Zögern)* absence of any hesitation; *(Skrupellosigkeit)* unscrupulousness; lack of scruples
bedenkens·wert *Adj.* ⟨*argument, suggestion*⟩ worthy of consideration; ~ **sein** be worth considering *or* worthy of consideration
bedenklich 1. *Adj.* **a)** dubious, questionable ⟨*methods, transactions, etc.*⟩; *(bedrohlich)* alarming; disturbing; **b)** *sein*/*werden* be giving/be starting to give cause for concern; **c)** *(besorgt)* concerned; apprehensive; **ein** ~**es Gesicht machen** look concerned *etc.*; **das machte** *od.* **stimmte mich** ~ *(ließ mich nachdenken)* that gave me food for thought; *(machte mich ängstlich)* that gave me cause for concern. **2.** *adv.* **a)** alarmingly; disturbingly; **b)** *(besorgt)* apprehensively; anxiously
Bedenklichkeit *die;* ~ **a)** dubiousness; questionableness; **b)** *(Bedrohlichkeit)* alarming *or* disturbing nature
Bedenk·zeit *die; o. Pl.* time for reflection; **um** ~/**einige Tage** ~ **bitten** ask for some time/a few days to think about it; **nach einer kurzen** ~: after a pause for thought; **ich gebe Ihnen vierundzwanzig Stunden** ~: I'll give you twenty-four hours to think about it
bedeppert [bəˈdɛpɐt] *(salopp) Adj. (ratlos)* confused and embarrassed; *(töricht, dümmlich)* gormless *(coll.)*; *(niedergeschlagen)* crestfallen
bedeuten *tr. V.* **a)** *(bezeichnen, heißen)* mean; **was bedeutet dieses Wort?** what does that word mean?; what is the meaning of that word?; **was soll das** ~**?** what does that mean?; **er weiß, was es bedeutet, krank zu sein** he knows what it means to be ill; „**Ph.D." bedeutet Doktor der Philosophie** 'Ph.D.' stands for Doctor of Philosophy; **was bedeutet diese Zeremonie?** what's the significance of this ceremony?; **b)** *(sein)* represent; **das bedeutet ein Wagnis** that is being really daring; **einen Eingriff in die Pressefreiheit** ~: amount to *or* represent an attack on press freedom; **c)** *(hindeuten auf)* mean; **das bedeutet nichts Gutes** that bodes ill; that's a bad sign; **schönes Wetter** ~: mean good weather; be a sign of good weather to come; **d)** *(wichtig sein)* mean; **Geld bedeutet ihm nichts** money means nothing to him; **das hat nichts zu** ~: that doesn't mean anything; **e)** *(geh.: anraten)* **jmdm.** ~, **etw. zu tun** intimate *or* indicate to sb. that he/she should do sth.; **f)** *(veralt.: belehren)* inform
bedeutend 1. *Adj.* **a)** *(wichtig)* significant, important ⟨*step, event, role, measure, etc.*⟩; important ⟨*city, port, artist, writer, etc.*⟩; **b)** *(groß)* considerable; substantial; considerable ⟨*success*⟩; substantial ⟨*pension*⟩. **2.** *adv.* considerably
bedeutsam 1. *Adj.* **a)** *s.* bedeutend; **b)** *(vielsagend)* meaningful; significant. **2.** *adv.* meaningfully; significantly
Bedeutung *die;* ~, ~**en a)** *o. Pl.* meaning; significance; **einer Sache** *(Dat.)* **zu große** ~ **beimessen** attach too much significance to sth.; **b)** *(Wort*~*)* meaning; **c)** *o. Pl. (Tragweite)* significance; importance; **[an]** ~ **gewinnen** become more significant; **nichts von** ~: nothing important *or* significant; nothing of [any] importance *or* significance; **d)** *(Berühmtheit)* importance; **ein Mann von** ~: an important figure
bedeutungs-, Bedeutungs-: ~**erweiterung** *die (Sprachw.)* extension of meaning; ~**gehalt** *der* semantic content *(Ling.)*; meaning; ~**lehre** *die (Sprachw.)* semantics; ~**los** *Adj.* insignificant; unimportant; ~**losigkeit** *die;* ~: insignificance; unimportance; ~**schwer** *Adj. (geh.)* loaded with meaning; *(folgenschwer)* critical; momentous; ~**unterschied** *der (Sprachw.)* difference in meaning; ~**verengung** *die (Sprachw.)* restriction of meaning; ~**voll 1.** *Adj.* **a)** significant; **b)** *(vielsagend)* meaningful; meaning ⟨*look*⟩; **2.** *adv.* meaningfully; significantly; ~**wandel** *der (Sprachw.)* change in *or* of meaning; semantic change *(Ling.)*; ~**wörter·buch** *das* defining dictionary
bedienen 1. *tr. V.* **a)** wait on ⟨*waiter, waitress*⟩ wait on; serve; ⟨*sales assistant*⟩ serve; *(salopp: sexuell)* satisfy; **jmdn. vorn und hinten** ~ *(ugs.)* wait on sb. hand and foot; **werden Sie schon bedient?** are you being served?; **aufmerksam bedient werden** receive attentive service; **b)** *(handhaben)* operate ⟨*machine*⟩; **c)** *in* **[mit etw.] gut/schlecht bedient sein** *(ugs.)* be well-served/

935

ill-served *[by sth.]*; **mit diesem Artikel sind Sie gut bedient** this article will give you good value for money; **bedient sein** *(salopp)* have had enough; have had all one can take; **d)** *(Kartenspiel)* play; **Kreuz/Trumpf ~**: play a club/trump; **eine Farbe ~**: follow suit; **e)** *(Fußball)* jmdn. **~**: pass to sb.; **die Stürmer mit hervorragenden Pässen ~**: provide the forwards with excellent service; **f)** 〈*means of transport*〉 serve; operate on 〈*route*〉; maintain 〈*network of routes*〉. **2.** *itr. V.* **a)** *(im Restaurant, Geschäft)* serve; **wer bedient hier?** who is serving here?; **b)** *(Kartenspiel)* follow suit; **falsch ~**: revoke. **3.** *refl. V.* **a)** help oneself; **sich selbst ~** *(im Geschäft, Restaurant usw.)* serve oneself; **b)** *(geh.)* **sich einer Sache** *(Gen.)* **~**: make use of *or* use sth.
Bedienerin *die*; **~**, **~nen** *(österr.)* cleaning woman
bedienstet [bə'di:nstət] *Adj.* **in ~ sein** *(österr.)* be employed **(bei** by)
Bedienstete *der/die*; *adj. Dekl.* **a)** *(Amtsspr.)* employee; **b)** *(veralt.: Diener)* servant
Bediente [bə'di:ntə] *der/die*; *adj. Dekl. (veralt.)* servant
Bedienung *die*; **~**, **~en a)** *o. Pl. (das Bedienen)* service; **~ inbegriffen** service included; **b)** *o. Pl. (das Handhaben)* operation; **für die ~ dieser Maschine bekommt er ...**: for operating this machine he receives ...; **c)** *(Person) (in einem Lokal)* waiter/waitress; *(in einem Geschäft)* [sales] assistant; *(gesamtes Personal)* staff; **hallo, ~!** waiter/waitress!; **d)** *(österr.)* cleaning woman
Bedienungs-: **~anleitung** *die* operating instructions *pl.*; *(Heft)* instruction book; **~aufschlag der**, **~geld das**: *s.* **~zuschlag**; **~fehler der** operator's error; **~mannschaft** *die* operating crew; *(am Geschütz)* gun crew; **~zuschlag der** service charge
¹**bedingen** [bə'dɪŋən] *tr. V.* **a)** cause; **b)** *(erfordern)* require; demand; *(voraussetzen)* presuppose; **c)** *(abhängig sein von)* **einander ~**: be interdependent *or* mutually dependent
²**bedingen** *unr. refl. V. (veralt.)* **sich** *(Dat.)* **etw. ~**: stipulate sth.; make sth. a condition
bedingt [bə'dɪŋt] **1.** *Adj.* **a)** qualified 〈*praise, acceptance, approval*〉; **b)** *(von etw. abhängig)* conditional; **~er Reflex** *(Physiol.)* conditioned reflex; **psychologisch ~ sein** have psychological causes. **2.** *adv.* **~ richtig/gelten** partly/be partly true; **nur ~ tauglich** fit for certain duties only
-bedingt *Adj.* associated with *postpos.*; due to *postpos.*; **alters~**: associated with old age *postpos.*; **berufsbedingte Krankheiten** occupational illnesses; **witterungsbedingte Schäden** damage caused by the weather
Bedingtheit *die*; **~**, **~en a)** *(Abhängigkeit)* relative nature; *(Begrenztheit)* limited *or* restricted nature; **b)** *(Bestimmtheit)* **wechselseitige ~**: interdependence; mutual dependence
Bedingung *die*; **~**, **~en** condition; **etw. zur ~ machen** make sth. a condition; **zu annehmbaren ~en** on acceptable terms; **unter diesen ~en** on these conditions; **unter keiner ~**: under no circumstances; **unter der ~, daß ...**: on condition that ...; **~ ist, daß ...**: it is a condition that ...
bedingungs-, Bedingungs-: **~form** *die (Sprachw.)* conditional; **~los 1.** *Adj.* unconditional 〈*surrender, acceptance, etc.*〉; absolute, unquestioning 〈*obedience, loyalty, devotion*〉; **2.** *adv.* 〈*surrender, accept, etc.*〉 unconditionally; 〈*subordinate oneself*〉 unquestioningly; **sich ~los für jmdn. einsetzen** give sb. one's unqualified support; **~satz der** *(Sprachw.)* conditional clause
bedrängen *tr. V.* **a)** besiege 〈*town, fortress,*

person〉; put 〈*opposing player*〉 under pressure; **vom Feind bedrängt sein** be hard pressed by the enemy; **mit Fragen bedrängt werden** be assailed with questions; **b)** *(belästigen)* pester; **c)** *(belasten)* distress; **von Zweifeln bedrängt** beset with doubts; **in einer bedrängten/sehr bedrängten Lage sein** be hard-pressed/be in a difficult/desperate situation *or* in dire straits *pl.*
Bedrängnis *die*; **~**, **~se** *(geh.) (innere Not)* distress; *(wirtschaftliche Not)* [great] difficulties *pl.*; **in ~ geraten/sein** get into/be in great difficulties *pl.*; **in arger ~**: in dire straits *pl.*; **jmdn. in ~ bringen** cause sb. great difficulties/distress
bedripst [bə'drɪpst] *Adj. (nordd. ugs.) (ratlos)* confused and embarrassed; *(niedergeschlagen)* crestfallen
bedrohen *tr. V.* **a)** threaten; **b)** *(gefährden)* threaten; endanger; **den Frieden ~** be a threat *or* danger to peace; **vom Feuer bedroht sein** be in danger of catching fire; **vom Aussterben bedroht sein** be threatened with extinction
bedrohlich 1. *Adj.* *(drohend)* threatening, menacing 〈*gesture*〉; *(unheilverkündend)* ominous; *(gefährlich)* dangerous. **2.** *adv.* *(drohend)* threateningly; menacingly; *(unheilverkündend)* ominously; *(gefährlich)* dangerously; **~ nahe kommen** come ominously/dangerously near
Bedrohlichkeit *die*; **~**: dangerousness; *(einer Krankheit usw.)* dangerous nature
Bedrohung *die* threat *(Gen.* to); **in ständiger ~**: under a constant threat
bedrucken *tr. V.* print; **etw. mit einer Adresse ~**: print an address on sth.; **ein mit Blumen bedrucktes Kleid** a flower-print dress
bedrücken *tr. V.* **a)** depress; **es bedrückt mich, daß ...**: I feel depressed that ...; **bedrückt dich was?** is something weighing on your mind?; **b)** *(veralt.: unterdrücken)* oppress
bedrückend *Adj.* oppressive; depressing 〈*sight, thought, news*〉
bedruckt *Adj.* printed; print *attrib.* 〈*dress etc.*〉
bedrückt *Adj.* depressed; oppressed 〈*people*〉
Bedrückung *die*; **~**, **~en** depression; *(eines Volkes)* oppression
Beduine [bedu'i:nə] *der*; **~n**, **~n** Bed[o]uin
bedungen [bə'dʊŋən] **2.** *Part. v.* ²**bedingen**
bedürfen *unr. itr. V. (geh.)* **jmds./einer Sache ~**: require sb./sth.; **es bedarf einer Sache** there is need for sth.; **es bedarf keines weiteren Wortes** no more need be said; **es bedarf einiger Mühe** *(geh.)* some effort is needed *or* required
Bedürfnis *das*; **~ses**, **~se** need *(nach* for); **dafür besteht kein ~**: there is no necessity for that; **das ~ haben, etw. zu tun** feel a need to do sth.; **ein ~ nach etw. haben** be in need of sth.; **es war mir ein ~, das zu tun** I felt the need to do it
bedürfnis-, Bedürfnis-: **~anstalt** *die (Amtsspr.)* public convenience; **~befriedigung** *die* satisfaction of one's needs; *(polit. Ökonomie)* satisfaction of needs; **~los 1.** *Adj.* 〈*person*〉 with few [material] needs; modest, simple 〈*life*〉; **~los sein** have few [material] needs; **2.** *adv.* **~los leben** have a [very] modest life-style; **~losigkeit die**; **~**: lack of [material] needs
bedürftig *Adj.* **a)** needy; **die Bedürftigen** the needy; those in need; **b)** **in jmds./einer Sache ~ sein** *(geh.)* be in need of sb./sth.
Bedürftigkeit *die*; **~**: neediness; **die ~ einer Familie feststellen** means-test a family
beduseln *refl. V. (ugs.)* get merry *(coll.)*; **ich war beduselt** *(fig.)* my head was spinning
Beefsteak ['bi:fste:k] *das* [beef]steak; **deutsches ~**: ≈ beefburger

beehren *(geh.)* **1.** *tr. V.* **a)** jmdn. mit seinem Besuch/seiner Anwesenheit **~** *(auch iron.)* honour sb. with a visit/one's presence; **b)** *(gespreizt: besuchen)* **~ Sie uns bald wieder** *(im Geschäft/privat)* we hope to have the pleasure of your custom/company again. **2.** *refl. V.* **sich ~**, **etw. zu tun** have the honour to do sth.
beeiden [bə'|aɪdn] *tr. V.* **~, daß ...**: swear [on oath] that ...; **eine Aussage ~**: swear to the truth of a statement
beeidigen [bə'|aɪdɪgn] **a)** *(geh.) s.* **beeiden**; **b)** *(veralt.: vereidigen)* swear in; **ein beeidigter Zeuge** a sworn witness
beeilen *refl. V.* **a)** hurry [up *(coll.)*]; **beeil dich!** hurry [up]; **sich bei einer Arbeit ~**: hurry over a task; **du mußt dich aber mächtig beeilt haben** *(ugs.)* you must have really got a move on *(coll.)*; **b)** *(nicht zögern)* **sich ~, etw. zu tun** hasten to do sth.
Beeilung *Interj.* [**los**], **~!** *(ugs.)*, **~ bitte!** *(ugs.)* get a move on! *(coll.)*; hurry up! *(coll.)*
beeindrucken *tr. V.* impress; **sich von etw. ~ lassen** be impressed by sth.; **~d** impressive
beeinflußbar *Adj.* leicht/schwer **~ sein** 〈*person*〉 be easily influenced/hard *or* difficult to influence; **das ist nicht ~**: it cannot be influenced
beeinflussen [bə'|aɪnflʊsn] *tr. V.* influence; influence; affect 〈*result, process, etc.*〉; **jmdn./etw. positiv/nachhaltig ~**: have a positive/lasting influence on sb./sth.; **sich leicht ~ lassen** be easily influenced
Beeinflussung *die*; **~**, **~en a)** *(das Einflußnehmen)* influencing; **seine ~ durch die Schule** the influence of the school on him; **b)** *(Einfluß)* influence
beeinträchtigen [bə'|aɪntrɛçtɪgn] *tr. V.* restrict 〈*sights, freedom*〉; detract from, spoil 〈*pleasure, enjoyment*〉; spoil 〈*appetite, good humour*〉; detract from, diminish 〈*value*〉; diminish, impair 〈*quality*〉; impair 〈*reactions, efficiency, vision, hearing*〉; damage, harm 〈*sales, reputation*〉; reduce 〈*production*〉; **jmdn. in seiner Freiheit ~**: restrict sb.'s freedom; **sich beeinträchtigt fühlen** feel hampered
Beeinträchtigung *die*; **~**, **~en**: *s.* **beeinträchtigen**: restriction; detracting (+ *Gen.* from); spoiling; diminution; impairment; damage *(Gen.* to); harm *(Gen.* to); reduction; **eine ~ der Freiheit** a restriction on one's freedom
beelenden *tr. V. (schweiz.)* sadden
Beelzebub ['bɛ:ltsə-] *(der)* Beelzebub; **den Teufel mit** *od.* **durch ~ austreiben** *(fig.)* replace one evil by another
beenden, beendigen *tr. V.* end; finish 〈*piece of work, dissertation, etc.*〉; end, conclude 〈*negotiations, letter, lecture*〉; complete, finish 〈*studies*〉; end, bring to an end 〈*meeting, relationship, dispute, strike*〉; **das Fest wurde mit einem Feuerwerk beendet** the celebration ended with a firework display; **damit ~ wir unser heutiges Programm** that brings to an end our programmes for today
Beendigung *die*; **~**, **Beendung die**; **~** *(Ende)* end; *(Fertigstellung)* completion; **nach/vor ~ des Unterrichts** after/before school is/was over
beengen *tr. V.* hinder, restrict 〈*movements*〉; *(fig.)* restrict 〈*freedom [of action]*〉; **das Kleid/dieses Zimmer beengt mich** the dress hinders *or* restricts my movements/this room ist too cramped for me; **beengt wohnen** live in cramped surroundings *or* conditions; **sich beengt fühlen** feel cramped; *(fig.: durch Regeln usw.)* feel constricted; **diese kleinbürgerliche Atmosphäre beengte ihn** *(fig.)* he found this petit-bourgeois atmosphere stifling *or* restricting
Beengtheit *die*; **~** *(von Räumen)* crampedness; **ein Gefühl der ~**: a feeling of being cramped

beerben *tr. V.* jmdn. ~: inherit sb's estate
beerdigen [bə'leːɐ̯dɪgn̩] *tr. V.* bury; **jmdn. kirchlich ~:** give sb. a Christian burial
Beerdigung die; ~, ~en *(Bestattung)* burial; *(Trauerfeier)* funeral; **auf der falschen ~ sein** *(salopp, scherzh.)* have come to the wrong place
Beerdigungs-institut das [firm *sing.* of] undertakers *pl.* or funeral directors *pl.*
Beere ['beːrə] die; ~, ~n berry
Beeren-: **~auslese** die *wine made from selected overripe grapes;* **~obst** das soft fruit
Beet [beːt] das; ~[e]s, ~e *(Blumen~)* bed; *(Gemüse~)* plot
Beete *s.* Bete
befähigen [bə'fɛːɪgn̩] *tr. V.* jmdn. ~, etw. zu tun enable sb. to do sth.; *(qualifizieren, training, etc.)* qualify sb. to do sth.
befähigt 1. 2. *Part. v.* befähigen. 2. *Adj.* a) *(qualifiziert)* qualified; b) *(begabt)* gifted
Befähigung die; ~ a) *(Qualifikation)* qualification; **die ~ zum Internisten/Hochschulstudium/Richteramt** the qualifications *pl.* for becoming an internist/studying at university/being a judge; b) *(Können)* ability; *(Talent)* talent; **seine ~ zum Schriftsteller** his talent as a writer or for writing
Befähigungs·nachweis der *(Amtsspr.)* proof of one's qualifications
befahl [bə'faːl] *1. u. 3. Pers. Sg. Prät. v.* befehlen
befahrbar *Adj.* passable; navigable ⟨canal, river⟩; **nicht ~:** impassable/unnavigable
¹befahren *unr. tr. V.* a) drive on, use ⟨road⟩; drive across, use ⟨bridge, pass⟩; use ⟨railway line⟩; **die Straße kann nur im Sommer ~ werden** this road is passable only in summer; **die Straße ist nur in einer Richtung zu ~:** traffic can only use the road in one direction; **„Seitenstreifen nicht ~!"** 'keep off verges'; **die Straße ist stark/wenig ~:** the road is heavily/little used; **eine stark ~e Straße** a busy road; b) *(see)*, navigate, sail up/down ⟨river, canal⟩; **eine stark ~e Wasserstraße** a busy waterway; **die Weltmeere ~** sail the oceans; c) *(Bergmannsspr.)* **eine Grube ~:** go down a mine
²befahren *Adj.* a) *(Seemannsspr.)* seasoned; experienced; b) *(Jägerspr.)* inhabited ⟨earth etc.⟩
Befall der; ~[e]s ~ *(Landw.)* attack *(Gen.* on; **durch,** von by)
befallen *unr. tr. V.* a) *(überkommen)* overcome; ⟨misfortune⟩ befall; **Fieber/eine Grippe befiel ihn** *(geh.)* he was stricken by fever/influenza; **von Panik/Angst/Heimweh usw. ~ werden** be seized or overcome with or by panic/fear/homesickness etc.; **von einer Ohnmacht/Schwäche/von Resignation ~ werden** faint/feel faint/be overcome with a feeling of resignation; b) ⟨pests⟩ attack
befangen 1. *Adj.* a) *(gehemmt)* self-conscious, awkward ⟨person⟩; **jmdn. ~ machen** make sb. self-conscious or awkward; b) *(bes. Rechtsw.:* voreingenommen) biased; **einen Richter als ~ ablehnen** challenge a judge on grounds of bias; c) **in einem Glauben/Irrtum ~ sein** *(geh.)* labour under a belief/misapprehension; **in Vorurteilen ~ sein** be prejudiced. 2. *adv.* self-consciously; awkwardly
Befangenheit die; ~ a) self-consciousness; awkwardness; b) *(bes. Rechtsw.: Voreingenommenheit)* bias
Befangenheits·antrag der *(Rechtsw.)* challenge on grounds of bias
befassen 1. *refl. V.* **sich mit etw. ~:** occupy oneself with sth.; *(studieren)* study sth.; ⟨article, book⟩ deal with sth.; **sich nicht mit Kleinigkeiten ~:** not concern or bother oneself with trivial details; **mit diesem Thema haben wir uns lange genug befaßt** we've spent enough time on this subject; **sich mit jmdm./einem Fall/einer Angelegenheit ~:** deal with or attend to sb./a case/matter; **ich habe mich schon mit dieser Sache befaßt** I've already been into this matter; **sich viel mit jmdm. ~:** give a great deal of attention; spend a great deal of time with sb.; **sich mit jedem Kind einzeln ~:** ⟨teacher⟩ give each child individual attention. 2. *tr. V. (bes. Amtsspr.)* **jmdn. mit etw. ~:** get or instruct sb. to deal with sth.; **die mit diesem Fall befaßte Behörde** the authorities dealing or involved with this case
befehden [bə'feːdn̩] *tr. V.* a) *(hist.)* feud with; b) *(geh.)* attack ⟨plan, proposal, etc.⟩; **sich/einander ~:** feud [with each other]; attack each other
Befehl [bə'feːl] der; ~[e]s, ~e a) order; command; **jmdm. den ~ geben, etw. zu tun** order or command sb. to do sth.; **den ~ haben, etw. zu tun** be under orders or have been ordered to do sth.; **auf jmds. ~** *(Akk.)* on sb.'s orders; **auf ~ handeln** act under orders; **~ ist ~:** orders are orders; **zu ~ [Herr Leutnant/Oberst/General/Kapitän]!** yes, sir!; aye, aye, sir! *(Navy)*; **dein Wunsch ist mir ~** *(ugs. scherzh.)* your wish is my command; b) *(Befehlsgewalt)* command; **den ~ über jmdn./etw. haben** have command of or be in command of sb./sth.; **unter jmds.** *(Dat.)* **stehen** be under sb.'s command; **den ~ übernehmen** take command; c) *(DV)* instruction; command
befehlen 1. *unr. tr., itr. V.* a) order; *(Milit.)* order; command; *(heißen)* tell; **Stillschweigen ~:** order sb. to keep silent; **man befahl ihm zu warten** he was told to wait; **er befahl die Räumung des Dorfes** he ordered the village to be cleared; **er befiehlt gern** he likes to order people about; **von Ihnen lasse ich mir nichts ~:** I don't take orders from you; **[ganz] wie Sie ~** *(veralt.)* [just] as you wish; **~ gnädige Frau sonst noch etwas?** *(veralt.)* is there anything else, ma'am?; b) *(beordern)* order; *(zu sich)* summon; **jmdn. zum Rapport ~:** order/summon sb. to report; c) *(geh. veralt.)* commend; **seine Seele Gott/in Gottes Hände ~** *(bibl.)* commend one's soul to God; **befiehl dem Herrn deine Wege!** *(bibl.)* commit thy ways unto the Lord. 2. *unr. itr. V.* have command; be in command; **über eine Armee ~:** have command of or be in command of an army
befehligen *tr. V.* have command of; be in command of **von ... befehligt werden be** commanded by ...; **be under the command of ...**
befehls-, Befehls-: **~ausgabe** die *(Milit.)* issuing of orders; briefing; **~bereich** der [area of] command; **~empfänger** der the recipient of an order/orders; **bloße ~empfänger [der Zentrale] sein** just follow or take orders [from headquarters]; **~form** die *(Sprachw.)* imperative [form]; **~gemäß** 1. *Adj.* die ~gemäße Durchführung des Plans usw. carrying out the plan etc. in accordance with orders or as ordered; 2. *adv.* in accordance with orders; as ordered; **~gewalt** die; *o. Pl.* command (über + *Akk.* of); jmds. ~gewalt *(Dat.)* unterstehen be under sb.'s command; **~haber** [~haːbɐ] der; ~s, ~ *(Milit.)* commander; **~stand** der *(Rechtsw.)* unter ~notstand handeln be acting under orders; **in einem ~notstand sein/sich in einem ~notstand befinden** have to obey orders; **~satz** der *(Sprachw.)* imperative sentence; **~stab** der *(Eisenb.)* ≈ guard's flag; **~ton** der; *o. Pl.* peremptory tone; **~verweigerung** die refusal to obey an order/orders; **~widrig** 1. *Adj.* contrary to orders *postpos.*; 2. *adv.* contrary to orders
befeinden *tr. V.* be hostile to; **die Juden wurden dort befeindet** there was hostility to the Jews there
befestigen *tr. V.* a) fix (mit with); **etw. mit Stecknadeln/Bindfaden ~:** fasten sth. with pins/string; **etw. mit Schrauben/Leim ~:** fasten or fix sth. with screws/fix or stick sth. with glue; **etw. an der Wand ~:** fix sth. to the wall; **einen Anhänger an einem Koffer ~:** attach or fasten a label to a case; **ein Boot an einem Pfosten ~:** tie up or moor a boat to a post; b) *(haltbar machen)* stabilize ⟨bank, embankment⟩; make up ⟨road, path, etc.⟩; c) *(sichern)* fortify ⟨town etc.⟩; strengthen ⟨border⟩; d) *(festigen)* consolidate ⟨reputation, authority⟩; enhance ⟨standing⟩; strengthen ⟨friendship, confidence⟩
Befestigung die; ~, ~en a) *(Milit.)* fortification; b) *s.* befestigen a: fixing; fastening; attachment; tying up; mooring; c) *(Haltbarmachung)* ⟨eines Ufers⟩ stabilization; ⟨eines Weges⟩ making up; d) *(Stärkung)* s. befestigen d: consolidation; enhancement; strengthening
Befestigungs-: **~anlage** die fortifications *pl.*; **~linie** die line of fortifications
befeuchten [bə'fɔyçtn̩] *tr. V.* moisten; damp ⟨hair, cloth⟩; **von Tränen/Tau befeuchtet** moist or wet with tears/dew
befeuern *tr. V.* a) *(beheizen)* fuel; b) *(beschießen)* shoot at; fire on; c) *(ugs.: bewerfen)* pelt (mit with); d) *(geh.: anfeuern)* inspire; e) *(Schiffahrt, Flugw.)* mark ⟨coastline, runway, etc.⟩ with lights or beacons
Befeuerung die lights *pl.;* beacons *pl.*
Beffchen ['bɛfçən] das; ~s, ~ [collar *sing.* with] bands *pl. (worn esp. by Protestant clergymen)*
befiehlst [bə'fiːlst], **befiehlt** [bə'fiːlt] *2., 3. Pers. Sg. Präsens v.* befehlen
befinden 1. *unr. refl. V.* be; **sich im Urlaub/auf Reisen ~:** be on holiday/be away on a trip; **unter ihnen befand sich jemand, der ...:** among them there was somebody who ...; **sich wohl ~:** feel well. 2. *unr. tr. V.* *(geh.)* a) etw. für gut/richtig ~ find or consider sth. [to be] good/right; **jmdn. für tauglich ~:** declare sb. fit for od.; **als schuldig ~:** find sb. guilty; b) *(äußern)* declare; assert. 3. *unr. itr. V.* **über etw.** *(Akk.)* **~:** decide [on] sth.; make a decision on sth.; **darüber habe ich nicht zu ~:** that's not for me to decide
Befinden das; ~s a) health; *(eines Patienten)* condition; **sich nach jmds. ~ erkundigen** enquire after or about sb.'s health; **wie ist Ihr ~ heute?** *(geh.)* how are you today?; b) *(geh.: Urteil)* judgement; **etw. nach eigenem ~ entscheiden** use one's own judgement in deciding sth.; **nach seinem/ihrem [eigenen] ~:** in his/her [own] judgement or estimation
befindlich *Adj.* a) nicht *präd. (liegend)* to be found *postpos.*; **das in der Kasse ~e Geld** the money in the till; **eine am Stadtrand ~e Siedlung** an estate [situated] on the edge of town; b) *(in einem Zustand)* die im Bau ~en Häuser the houses [which are/were] under construction
Befindlichkeit die; ~, ~en *(geh.)* state
befingern *tr. V. (salopp)* finger
beflaggen *tr. V.* etw. ~: decorate or [be]deck sth. with flags; **ein Schiff ~:** dress a ship
Beflaggung die; ~: decoration with flags; *(eines Schiffes)* dressing
beflecken *tr. V.* a) stain; **sich mit Blut ~** *(verhüll. geh.)* stain one's hand with blood; b) *(fig.)* besmirch; stain; defile ⟨sanctity⟩
Befleckung die; ~ a) *(fig.)* besmirching; staining; *(eines Heiligtums)* defilement
befleißigen *refl. V. (geh.)* sich eines klaren Stils/höflicheren Tons usw. ~: make a great effort to cultivate a clear style/to adopt a more polite tone of voice etc.; **sich größter Zurückhaltung ~:** endeavour to exercise the greatest restraint
befliegen *unr. tr. V.* fly ⟨route⟩; **eine stark beflogene Route** a route with heavy [air] traffic

beflissen [bəˈflɪsn̩] *(geh.)* **1.** *Adj.* keen; eager; *(emsig)* assiduous; zealous; ~ **sein/ängstlich ~ sein, etw. zu tun** be keen *or* eager/anxious to do sth. **2.** *adv.* keenly; eagerly; *(emsig)* assiduously; zealously
Beflissenheit die; ~: keenness; eagerness; *(Emsigkeit)* assiduousness; zeal
beflissentlich *Adj.; nicht präd.:* s. **geflissentlich**
beflügeln *tr. V. (geh.)* **a)** jmdn. ~: inspire sb.; ⟨*success, praise*⟩ spur sb. on, inspire sb.; **b)** *(schneller machen)* jmds. **Schritte/Gang ~:** ⟨*fear, joy*⟩ wing sb.'s steps; jmdn. ~: spur sb. on
befohlen [bəˈfoːlən] **2.** *Part. v.* **befehlen**
befolgen *tr. V.* follow, obey ⟨*instruction, grammatical rule*⟩; obey, comply with ⟨*law, regulation*⟩; follow, take ⟨*advice*⟩; follow ⟨*suggestion*⟩
Befolgung die; ~: s. **befolgen:** following; obedience (Gen. to); compliance (Gen. with); **die ~ des Gesetzes** obedience to *or* compliance with the law
Beförderer der carrier
befördern *tr. V.* **a)** carry; transport; convey; **etw. mit der Post/per Schiff/Luftfracht ~** *(schicken)* send sth. by post/sea/air; **jmdn. ins Freie** *od.* **an die Luft ~** *(ugs.)* chuck *(coll.)* *or* throw sb. out; *s. auch* **Jenseits; b)** *(aufrücken lassen)* promote; **zum Direktor befördert werden** be promoted to director
Beförderung die **a)** *o. Pl.* (**Waren~**) carriage; transport; conveyance; *(Personen~)* transport; conveyance; **Schäden, die bei der ~ entstehen** damage in transit; **die ~ per Luft/zu Lande** carriage *or* transport by air/road; **Züge zur ~ der Urlaubsreisenden** trains to carry the holiday passengers; **b)** *(das Aufrücken)* promotion (**zu** to)
Beförderungs-: **~bedingungen** *Pl.* conditions of carriage; **~kosten** *Pl.* cost *sing.* of transportation *or* transportation costs; **~mittel** das means of transport; **~pflicht** die obligation on bus companies, airlines, etc. to accept and convey passengers and goods
befrachten *tr. V.* load (**mit** with); **mit Emotionen befrachtet** *(fig.)* ⟨*discussion etc.*⟩ charged with emotion; **mit Geschichte befrachtet** *(fig.)* ⟨*castle, church, etc.*⟩ steeped in history
Befrachter der; **~s, ~:** freighter
befrackt *Adj.* **ein ~er Herr** a gentleman wearing *or* in tails
befragen *tr. V.* **a)** *(ausfragen)* question (**über** + *Akk.* about); **einen Zeugen ~:** question *or* examine a witness; **auf Befragen** when questioned; **b)** *(fragen)* ask; consult; **jmdn. nach seiner Meinung ~:** ask sb. for his/her opinion; **ein Orakel/die Karten ~:** consult an oracle/the cards
Befragte der/die; *adj. Dekl.* man/woman/person questioned; **20 % der ~n** 20% of those questioned
Befragung die; **~, ~en a)** questioning; *(vor Gericht)* questioning; examination; **eine ~ aller Schüler vornehmen** question all the pupils; **b)** *(Konsultation)* consultation; **nach ~ des Arztes** after consulting the doctor; **c)** *(Umfrage)* opinion poll
befreien 1. *tr. V.* **a)** free ⟨*prisoner*⟩; set ⟨*animal*⟩ free; **jmdn. aus den Händen seiner Entführer ~:** rescue sb. from the hands of his/her abductors; **b)** *(frei machen)* liberate ⟨*country, people*⟩ (**von** from); **c)** *(freistellen)* exempt (**von** from); **jmdn. vom Turnunterricht/Wehrdienst/von einer Pflicht ~:** excuse sb. [from] physical education/exempt sb. from military service/release sb. from an obligation; **jmdn. von einer Aufgabe ~:** excuse sb. from *or* let sb. off a task; **d)** *(erlösen)* **jmdn. von Schmerzen ~:** free sb. of pain; **von seinen Leiden befreit werden** *(durch den Tod)* be released from one's sufferings; **jmdn. von Angst/einer Sorge ~:** remove sb.'s fear/free sb. of a worry; **ein ~des Lachen** a laugh which breaks/broke the tension; **e)** *(reinigen)* **die Straße von Schnee/Eis ~:** clear the road of snow/ice; **etw. von Läusen ~:** rid sth. of lice. **2.** *refl. V.* free oneself (**von** from); **sich von Vorurteilen/traditionellen Denkweisen ~:** rid oneself of prejudice *sing.*/break away from traditional ways of thinking
Befreier der, **Befreierin** die; **~, ~nen** liberator
befreit 1. *Adj.* relieved; **sich ~ fühlen** feel relieved. **2.** *adv.* with relief; **~ aufatmen** heave a sigh of relief
Befreiung die; **~ a)** freeing; **eine ~ des Kindes aus den Händen des Entführers ...:** rescuing the child from the hands of its abductors ...; **b)** *(das Freiwerden)* liberation; **die ~ der Frau** the emancipation of women; **c)** *(Erlösung)* **die ~ von Schmerzen** release from pain; **d)** *(Erleichterung)* relief; **e)** *(Freistellung)* exemption; **um ~ vom Sportunterricht/von einer Pflicht bitten** ask to be excused [from] sport/released from an obligation
Befreiungs-: **~armee** die army of liberation; **~bewegung** die liberation movement; **~front** die liberation front; **~kampf** der liberation struggle; **~krieg** der **a)** war of liberation; **b)** *Pl.* *(hist.)* Wars of Liberation *(1813–1815);* **~versuch** der rescue bid *or* attempt; *(Ausbruchsversuch)* escape bid *or* attempt
befremden [bəˈfrɛmdn̩] **1.** *tr. V.* **jmdn. ~:** put sb. off; *(erstaunen)* take sb. aback; **es befremdete ihn, daß ...:** he was taken aback [to find] that ... **2.** *itr. V.* be disturbing
Befremden das; ~s surprise and displeasure
befremdlich *(geh.)* **1.** *Adj.* strange; odd. **2.** *adv.* strangely
Befremdung die; ~ *s.* **Befremden**
befreunden [bəˈfrɔyndn̩] *refl. V.* **a)** make *or* become friends (**mit** with); **sich miteinander ~:** make *or* become friends; **b)** *(gewöhnen)* **sich mit etw. ~:** get used to sth.
befreundet *Adj.* **[gut** *od.* **eng] ~ sein** [good *or* close] friends (**mit** with); **ein ~es (Dat.) Ehepaar/~er Schauspieler** a couple with whom we are friends/an actor who is a friend of ours; **~e Familien/Kinder** families which are friendly with each other/children who are friends; **das ~e Ausland** friendly [foreign] countries
befrieden *tr. V. (geh.)* bring peace to ⟨*country*⟩; **das Land ist jetzt befriedet** *(oft verhüll.)* the country is now at peace
befriedigen [bəˈfriːdɪɡn̩] *tr. (auch itr.) V.* **a)** satisfy; satisfy, meet ⟨*demand, need*⟩; satisfy, fulfil ⟨*wish*⟩; satisfy, gratify ⟨*lust*⟩; **seine Gläubiger ~:** satisfy one's creditors; **das Ergebnis befriedigte mich** the result satisfied me *or* was satisfactory to me; **seine Leistung befriedigte [nicht]** his performance was [un]satisfactory; **leicht/schwer zu ~ sein** be easy/hard to satisfy; be easily/not easily satisfied; **b)** *(ausfüllen)* ⟨*job, occupation, etc.*⟩ fulfil; **c)** *(sexuell)* satisfy; **sich [selbst] ~:** masturbate
befriedigend 1. *Adj.* **a)** satisfactory; satisfactory, adequate ⟨*reply, performance*⟩; **nicht ~ sein** be unsatisfactory/inadequate; **in Latein hat er „~" bekommen** ≈ he got a C in Latin; **b)** *(erfüllend)* ⟨*job, occupation, etc.*⟩ fulfilling. **2.** *adv.* satisfactorily; ⟨*answer*⟩ satisfactorily, adequately
befriedigt 1. *Adj.* satisfied. **2.** *adv.* with satisfaction
Befriedigung die; **~ a)** *s.* **befriedigen a:** satisfaction; meeting; fulfilment; gratification; **sexuelle ~:** sexual satisfaction; **zur ~ deiner Neugier** to satisfy your curiosity; **b)** *(Genugtuung)* satisfaction; **~ darin finden, etw. zu tun** get satisfaction from doing sth.

Befriedung die; **~: ein Plan zur ~ des Landes** a plan to bring peace to the country
befristen *tr. V.* **~:** limit the duration of sth. (**auf** + *Akk.* to)
befristet *Adj.* temporary ⟨*visa*⟩; fixed-term ⟨*ban, contract*⟩; **ein auf zwei Jahre ~er Vertrag** a two-year fixed-term contract; **~ sein** ⟨*visa, permit*⟩ be valid for a limited period [only]; **auf ein Jahr ~ sein** ⟨*visa, permit*⟩ be valid for one year; **ein auf zwei Jahre ~es Abkommen** an agreement running for *or* lasting two years
Befristung die; **~, ~en** setting of a time limit/time limits; **mit einer ~ von fünf Jahren gelten** have a time-limit of five years
befruchten *tr. V.* **a)** fertilize ⟨*egg*⟩; pollinate ⟨*flower*⟩; impregnate ⟨*female*⟩; *(fig. geh.)* make ⟨*fields, land*⟩ fertile; **ein Tier künstlich ~:** artificially inseminate an animal; **b)** *(geh.)* **jmdn./etw. ~, einen ~den Einfluß auf jmdn./etw. haben** have *or* be a stimulating *or* inspiring influence [up]on sb./sth.
Befruchtung die; **~, ~en a) s. befruchten a:** fertilization; pollination; impregnation; **künstliche ~:** artificial insemination; **b)** *(geh.: Anregung)* stimulation; inspiration
befugen *tr. V.* authorize; **dazu befugt sein, etw. zu tun** be authorized to do sth.; **befugte/nicht befugte Personen** authorized/unauthorized persons
Befugnis die; **~, ~se** authority; **seine ~se überschreiten** exceed one's authority *sing.;* **die ~ haben, etw. zu tun** have the authority to do sth.; be authorized to do sth.
befühlen *tr. V.* feel; *(streicheln)* run one's fingers over; fondle
befummeln *tr. V. (ugs.)* **a)** paw *(coll.);* **b)** *(sexuell berühren)* grope *(sl.);* feel up *(sl.);* **c)** *(regeln, erledigen)* fix; take care of
Befund der *(bes. Med.)* result[s *pl.*]; **ohne ~:** negative
befürchten *tr. V.* fear; **ich befürchte, daß ...:** I am afraid that ...; **das Schlimmste ~:** fear the worst; **das ist nicht zu ~:** there is no fear of that; **eine militärische Auseinandersetzung ~:** fear that there may be a military conflict
Befürchtung die; **~, ~en** fear; **die ~ haben** *od.* *(geh.)* **hegen, daß ...:** fear that ...
befürworten [bəˈfyːɐ̯vɔrtn̩] *tr. V.* support; *(genehmigen)* approve
Befürworter der; **~s, ~, Befürworterin** die; **~, ~nen** supporter
Befürwortung die; **~, ~en** support; *(Genehmigung)* approval
begaben *tr. V. (geh.)* endow
begabt [bəˈɡaːpt] *Adj.* talented; gifted; **vielseitig ~ sein** be many-talented; have many talents; **für etw. ~ sein** have a gift *or* talent for sth.
Begabte der/die; *adj. Dekl.* gifted *or* talented person/man/woman *etc.*
Begabten·förderung die assistance to gifted pupils/students
Begabung die; **~, ~en a)** *(Talent)* talent; gift; **eine ~ [für etw.] haben** have a gift *or* talent [for sth.]; **die ~ haben, etw. zu tun** *(iron.)* have a talent for *or* the knack of doing sth. *(iron.);* **b)** *(begabter Mensch)* talented person/man/woman *etc.;* talent; **er war eine musikalische ~:** he had a talent for music
begaffen *tr. V. (ugs. abwertend)* gawp at *(coll.);* stare at
begann [bəˈɡan] *1. u. 3. Pers. Sg. Prät. v.* **beginnen**
begasen [bəˈɡaːzn̩] *tr. V. (Landw.)* gas
begatten [bəˈɡatn̩] **1.** *tr. V.* mate with; ⟨*man, husband*⟩ copulate with; ⟨*stallion, bull*⟩ cover. **2.** *refl. V.* mate; ⟨*persons*⟩ copulate
Begattung die mating; *(bei Menschen)* copulation
Begattungs·organe *Pl.* reproductive organs

begaunern tr. V. (ugs. abwertend) jmdn. ~: rip sb. off (sl.); swindle sb.
begeben unr. refl. V. (geh.) a) proceed; make one's way; go; sich nach Hause/ins Hotel ~: proceed or make one's way or go home/into the hotel; sich auf den Heimweg ~: start for home; sich zu Bett ~: retire to bed; sich in ärztliche Behandlung ~: get medical treatment; s. auch Gefahr; b) (beginnen) commence; sich daran ~, etw. zu tun commence doing sth.; sich an die Arbeit ~: commence work; c) (unpers.: geschehen) happen; occur; es begab sich aber zu der Zeit, daß ... (bibl.) and it came to pass in those days that ...; d) (verzichten auf) sich einer Möglichkeit/eines Rechts usw. ~: forgo an opportunity/a right etc.
Begebenheit die; ~, ~en (geh.) event; occurrence
begegnen [bəˈgeːgnən] itr. V.; mit sein a) jmdm. ~: meet sb.; sich (Dat.) od. einander ~: meet [each other]; ihre Blicke begegneten sich (Dat.) (geh.) their eyes met; b) (antreffen) einer Sache (Dat.) ~: encounter sth.; come across sth.; solche Ausdrücke ~ einem one encounters such expressions; c) (geh.: widerfahren) etw. begegnet jmdm. sth. happens to sb.; d) (sich: behandeln) jmdm. freundlich/höflich usw. ~: behave in a friendly/polite etc. way towards sb.; treat sb. in a friendly/polite etc. way; einem Vorschlag kühl ~: treat a suggestion with coolness; e) (geh.: entgegentreten) counter ⟨accusation, attack⟩; combat ⟨illness, disease; misuse of drugs, alcohol, etc.⟩; meet ⟨difficulty, danger⟩; deal with ⟨emergency⟩
Begegnung die; ~, ~en a) meeting; ⟨das Antreffen⟩ encounter; eine Stätte internationaler ~en an international meeting-place; b) (Sport) match; die ~ Schweden gegen Italien the match between Sweden and Italy
Begegnungs·stätte die (Amtsspr.) community centre
begehbar Adj. der Weg ist nicht ~: the path cannot be used or is impassable; ein ~es Dach a roof that is safe to walk on; etw. besser ~ machen make sth. easier to walk along
begehen unr. tr. V. a) commit ⟨crime, adultery, indiscretion, sin, suicide, faux-pas, etc.⟩; make ⟨mistake⟩; eine [furchtbare] Dummheit/Taktlosigkeit ~: do something [really] stupid/tactless; einen Mord an jmdm. ~: murder sb.; ein oft begangener Fehler a frequent or common mistake; s. auch Verrat; b) (geh.: feiern) celebrate; ein Fest würdig ~: celebrate an occasion fittingly; c) (abgehen) inspect [on foot]; d) (gehen) walk along ⟨path⟩; walk across ⟨bridge⟩; (benutzen) use
Begehr [bəˈgeːɐ̯] das; ~s (veralt.) wish; desire; was ist euer ~? what is it that you require?
begehren tr. V. a) (haben wollen) desire; wish for; desire ⟨woman⟩; ein Mädchen zur Frau ~ (veralt.) ask for a girl's hand in marriage; du sollst nicht ~ ... (bibl.) thou shalt not covet ...; s. auch Herz b; b) (veralt.: wollen) desire; c) (bitten um) ask for
Begehren das; ~s (geh.) desire, wish (nach for); jmdn. nach seinem ~ fragen inquire or ask what sb. desires; einem ~ entsprechen grant sb.'s request
begehrens·wert Adj. desirable
begehrlich 1. Adj. (gierig) greedy; (verlangend) longing. 2. adv. (gierig) greedily; (verlangend) longingly
Begehrlichkeit die; ~, ~en (Gier) greed; (Verlangen) desire
begehrt Adj. much sought-after; ~ bei den Damen sein be much in demand with the ladies
Begehung die; ~, ~en a) o. Pl. (Ausführung) die ~ eines Verbrechens/eines Fehlers committing a crime/making a mistake; b) (Feier) celebration; c) (das Abgehen) inspection [on foot]
begeifern tr. V. (abwertend: schmähen) run down; vilify
begeistern 1. tr. V. jmdn. [für etw.] ~: fill or fire sb. with enthusiasm [for sth.]; das Publikum ~: fire the audience; das kann mich nicht ~: that leaves me cold. 2. refl. V. get or be enthusiastic (für about); sich an der schönen Landschaft/für die Oper ~: be very fond of the beautiful scenery/be keen on opera
begeisternd Adj. rousing
begeistert 1. Adj. enthusiastic; von jmdm./etw. ~ sein be taken by or with sb./be enthusiastic about sth. 2. adv. enthusiastically
Begeisterung die; ~: enthusiasm; etw. aus ~ tun do sth. out of enthusiasm; in ~ geraten become or get enthusiastic
begeisterungs-, Begeisterungs-: ~fähig Adj. ⟨children, people, etc.⟩ who are able to get enthusiastic or are capable of enthusiasm; er ist sehr ~fähig his enthusiasm is easily aroused; ~fähigkeit die; o. Pl. capacity for enthusiasm; ~sturm der storm of enthusiastic applause
Begier die (geh.), **Begierde** [bəˈgiːɐ̯də] die; ~, ~n desire (nach for); fleischliche ~n (veralt.) desires of the flesh; carnal desires
begierig 1. Adj. eager; (gierig) greedy; hungry; ganz ~ auf jmds. Besuch (Akk.) sein be eagerly looking forward to sb.'s visit; ~ sein, etw. zu tun be [desperately] eager to do sth.; mit ~en Blicken with hungry or greedy glances. 2. adv. eagerly; (gierig) greedily; hungrily
begießen unr. tr. V. a) water ⟨plants⟩; baste ⟨meat⟩; jmdn./etw. mit Wasser ~: pour water over sb./sth.; b) (ugs.) celebrate sth. with a drink; das muß begossen werden that calls for a drink; s. auch Nase
Beginn [bəˈgɪn] der; ~[e]s start; beginning; [gleich] zu ~ am ~ [right] at the start or beginning; mit ~ des Semesters at the start of the semester
beginnen 1. unr. itr. V. start; begin; mit einer Arbeit/dem Studium ~: start or begin a piece of work/one's studies; mit dem Bau ~: start or begin building; dort beginnt der Wald the forest starts there. 2. unr. tr. V. a) start; begin ⟨argument⟩; b) (unternehmen) go or set about; ~, etw. zu tun go or set about doing sth.; was hättet ihr nur ohne mich begonnen? what would you have done without me?; nichts mit sich zu ~ wissen not know what to do with oneself
Beginnen das; ~s (geh.) enterprise
beginnend Adj.; nicht präd. incipient; mit der ~en Morgendämmerung as dawn begins/began to break; im ~en 19. Jahrhundert at the beginning of the 19th century
beglaubigen [bəˈglaʊbɪɡn̩] tr. V. a) certify; authenticate ⟨account, report, etc.⟩; eine beglaubigte Kopie a certified copy; s. auch notariell; b) (akkreditieren) accredit (Dat., bei to)
Beglaubigung die; ~, ~en a) certification; ⟨eines Berichts⟩ authentication; zur ~: for certification; to be certified; b) (Akkreditierung) accreditation
Beglaubigungs·schreiben das letter of accreditation
begleichen unr. tr. V. settle, pay ⟨bill, debt⟩; pay ⟨sum⟩; mit jmdm. eine Rechnung zu ~ haben (fig.) have a score to settle with sb.
Begleichung die; ~ (einer Rechnung, einer Schuld) settlement; payment; (einer Summe) payment; ein Scheck zur ~ meiner Schulden a cheque in payment of my debts
Begleit·brief der covering or accompanying letter
begleiten tr. V. a) accompany; escort ⟨ship⟩; jmdn. zur Tür ~: show sb. to the door; jmdn. nach Hause ~: see sb. home; b) (Musik) accompany (an, auf + Dat. on); c) (fig.) accompany; von Erfolg begleitet werden be attended by success; etw. mit einem Kommentar ~: add a commentary to sth.
Begleiter der; ~s, ~, **Begleiterin** die; ~, ~nen a) companion; (zum Schutz) escort; (Führer[in]) guide; ihr ständiger ~/seine ständige Begleiterin (verhüll.) his/her constant companion; b) (Musik) accompanist
Begleit-: ~erscheinung die concomitant; (einer Krankheit) accompanying symptom; das Alter und seine unangenehmen ~erscheinungen old age and the attendant ills; ~instrument das accompanying instrument; ~musik die background music; (fig.) accompaniment; ~papiere Pl. accompanying documents; ~person die escort; Kinder haben nur mit einer ~person Zutritt children must be accompanied by an adult; ~schein der (Zollw.) [customs] bond note; ~schiff das escort [vessel]; ~schreiben s. ~brief; ~text der accompanying text; ~um·stand der attendant circumstance
Begleitung die; ~, ~en a) o. Pl. er bot uns seine ~ an he offered to accompany us; in ~ einer Frau/eines Erwachsenen in the company of or accompanied by a woman/an adult; er ist in ~ hier he's here with someone; b) (Musik) accompaniment; ohne ~ singen/spielen sing/play unaccompanied or without accompaniment; die ~ übernehmen take over as accompanist; c) (Person[en]) companion[s]; (zum Schutz) escort
beglotzen tr. V. (ugs.) gawp at (coll.)
beglücken tr. V. (geh.) jmdn. ~: make sb. happy; delight sb.; jmdn. mit etw. ~ (oft iron.) favour sb. with sth.; die Frauen/Männer ~: gratify women/men; ein ~des Erlebnis a gladdening experience
Beglücker der; ~s, ~: bringer of happiness (Gen. to)
beglückt 1. Adj. happy; delighted. 2. adv. happily; delightedly
Beglückung die; ~, ~en a) zur ~ der Menschheit beitragen contribute to the sum of human happiness; die ~ des Volkes bringing Utopia to the people; b) (Glück) happiness; delight
beglück·wünschen tr. V. congratulate (zu on); sich zu etw. ~: congratulate oneself on sth.
begnaden [bəˈgnaːdn̩] tr. V. (geh.) bless
begnadet Adj. (geh.) divinely gifted
begnadigen tr. V. pardon; reprieve; einen zum Tode Verurteilten zu „lebenslänglich" ~: commute the convicted prisoner's death sentence to life imprisonment
Begnadigung die; ~, ~en reprieving; (Straferlaß) pardon; reprieve
Begnadigungs-: ~gesuch das application for reprieve; ~recht das; o. Pl. right to grant reprieve
begnügen [bəˈɡnyːɡn̩] refl. V. sich mit etw. ~: content oneself or make do with sth.; sich damit ~, etw. zu tun content oneself with doing sth.
Begonie [beˈɡoːni̯ə] die; ~, ~n begonia
begonnen [bəˈɡɔnən] 2. Part. v. beginnen
begraben unr. tr. V. a) bury; dort möchte ich nicht ~ sein (ugs.) I wouldn't live there if you paid me (coll.); b) (fig.: aufgeben) abandon ⟨hope, plan, etc.⟩; du kannst dich ~ lassen (ugs.) you may as well give up; du kannst dich mit diesem Plan ~ lassen (ugs.) that plan won't get you anywhere
Begräbnis [bəˈɡrɛːpnɪs] das; ~ses, ~se burial; (~feier) funeral
Begräbnis-: ~feier die funeral; ~kosten Pl. funeral expenses; ~stätte die (geh.) burial-place
begradigen [bəˈɡraːdɪɡn̩] tr. V. straighten
Begradigung die; ~, ~en straightening
begrast [bəˈɡraːst] Adj. grass-covered

begreifbar *Adj.* comprehensible; understandable; **schwer ~ sein** be difficult to comprehend *or* understand
begreifen 1. *unr. tr. V.* **a)** understand; understand, grasp, comprehend ⟨connection, problem, meaning, necessity *of* sth., concept⟩; **er konnte nicht ~, was geschehen war** he could not grasp what had happened; **kaum zu ~ sein** be almost incomprehensible; **hast du mich begriffen?** you understand?; **b)** *(Verständnis zeigen für)* understand; **das begreife, wer will** it's beyond me; **c)** *(geh.: betrachten)* regard, see (**als** as); **d) etw. in sich ~** *(veralt.)* include sth.; **e)** *(ugs.: befühlen)* feel; *(betasten)* touch. 2. *itr. V.* understand; **schnell** *od.* **leicht/langsam ~** be quick/slow on the uptake; **schwer ~ sein** be quick/slow to grasp things
begreiflich *Adj.* understandable; **das ist mir nicht ~!** I can't understand it; **jmdm. etw. ~ machen** make sb. understand sth.
begreiflicher·weise *Adv.* understandably; **~ hat er das abgelehnt** understandably enough, he refused
begrenzen *tr. V.* **a)** limit, restrict (**auf** + *Akk.* to); **b)** *(die Grenze bilden von)* mark the boundary of; **durch etw. begrenzt sein** be bounded by sth.
begrenzt *Adj.* limited; restricted
Begrenztheit *die; ~:* limitedness
Begrenzung *die; ~, ~en* **a)** *(Grenze)* boundary; *(Zaun)* boundary fence; **b)** *(das Begrenzen)* limiting; restriction; *(der Geschwindigkeit)* restriction
Begriff *der* **a)** concept; *(Terminus)* term; **in ~en denken** think abstractly; *(Auffassung)* idea; **einen/keinen ~ von etw. haben** have an idea/no idea of sth.; **keinen ~ davon haben, wie ...:** have no idea how ...; **sich** *(Dat.)* **keinen ~ von etw. machen können** not be able to imagine sth.; **nach menschlichen ~en** in human terms; **für meine ~e** in my estimation; **ein/kein ~ sein** be/not be well known; **jmdm. ein/kein ~ sein** mean something/nothing to sb.; **der ganzen Welt ein ~ sein** be known all over the world; **c) im ~ sein** *od.* **stehen, etw. zu tun** be about to do sth.; **d)** *(Begreifen)* **schwer** *od.* **langsam von ~ sein** *(ugs. abwertend)* be slow on the uptake
begriffen [bə'ɡrɪfn̩] 1. 2. *Part. v.* begreifen. 2. *Adj.* **in im Aufbruch/Fallen ~ sein** leaving/falling; **in der Entwicklung/im Bau ~ sein** be in [the] process of development/construction
begrifflich 1. *Adj.* conceptual. 2. *adv.* conceptually; **~ denken** think abstractly
begriffs-, Begriffs-: **~bestimmung** *die* definition [of the/a concept]; **~mäßig** *Adj., adv. s.* begrifflich; **~stutzig,** *(österr.:)* **~stützig** *(abwertend)* 1. *Adj.* obtuse; slow-witted; gormless *(coll.)*; 2. *adv.* obtusely; slow-wittedly; gormlessly *(coll.)*; **~stutzigkeit,** *(österr.:)* **~stützigkeit** *die;* **~** *(abwertend)* obtuseness; slow-wittedness; gormlessness *(coll.)*; **~vermögen** *das; o. Pl.* comprehension; **über jmds. ~vermögen** *(Akk.)* **hinausgehen** be beyond sb.'s comprehension *or* grasp; **~verwirrung** *die* conceptual confusion
begründen 1. *tr. V.* **a)** substantiate ⟨statement, charge, claim⟩; give reasons for ⟨decision, refusal, opinion⟩; **womit** *od.* **wie begründet sie ihren Entschluß/ihr Verhalten?** what reasons does she give for her decision?/how does she account for her behaviour?; **etw. sachlich ~** give objective reasons for sth.; **~, warum man etw. tut** give one's reason[s] for doing sth.; **er begründete seinen Meinungswechsel damit, daß ...:** he gave as the reason for his change of opinion the fact that ...; **ein Urteil ~:** give the grounds for a judgement; *s. auch* **begründet**; **b)** *(gründen)* found; establish ⟨fame, reputation⟩; start ⟨family⟩; **einen Hausstand ~:** set up house. 2. *refl. V.* be based; **wie begründet sich das?** what is that based on?
Begründer *der* founder
begründet *Adj.* well-founded; reasonable ⟨demand, objection, complaint⟩; **sachlich ~:** objectively based; **nicht ~:** unfounded; **in etw.** *(Dat.)* **~ sein** be the result of sth.
Begründung *die; ~, ~en* **a)** reason[s]; **mit der ~, daß ...:** on the grounds that ...; **seine ~ war ...:** the reason/reasons he gave was/were ...; **für diese These fehlt eine ~:** there is no evidence to support this thesis; **etw. zur ~ einer Sache** *(Gen.)* **angeben** give sth. as the reason for sth.; **ohne jede ~:** without giving any reasons; **b)** *(Gründung)* founding; establishment; *(eines Hausstands)* setting up; *(einer Familie)* starting
begrünen *tr. V.* **etw. ~:** plant greenery in/on sth.; *(mit Rasen)* grass sth.; **etw. [mit Rasen/Bäumen/Sträuchern usw.] ~:** plant sth. with grass/trees/shrubs *etc.*
begrüßen *tr. V.* **a)** greet, ⟨host, hostess⟩ greet, welcome; **ich freue mich, Sie in meinem Hause ~ zu dürfen** *(geh.)* it's a pleasure to welcome you into my home; **ich begrüße Sie** how do you do?; **es würde uns freuen, wenn wir Sie Freitag abend bei uns ~ dürften** *(geh.)* we should be delighted to have the pleasure of your company on Friday evening; **b)** *(gutheißen)* welcome ⟨suggestion, proposal⟩; **ich begrüße es, daß ...:** I am glad that ...; **es wäre zu ~, wenn ...:** it would be a welcome development if ...; **c)** *(schweiz.)* consult
begrüßens·wert *Adj.* welcome
Begrüßung *die; ~, ~en* greeting; *(von Gästen)* welcoming; *(Zeremonie)* welcome *(Gen.* for); **jmdm. zur ~ einen Strauß Blumen überreichen** welcome sb. with a bouquet of flowers; **sich** *od.* *(geh.)* **einander zur ~ die Hand schütteln** shake hands by way of greeting
Begrüßungs-: **~an·sprache** *die* speech of welcome; welcoming speech; **~geld** *das (hist.)* money paid to GDR citizens when visiting West Berlin or the FRG; **~kuß** *der* welcoming kiss; **~rede** *die s.* **~ansprache**; **~wort** *das; Pl.* **~worte** word of welcome
begucken *tr. V. (ugs.)* look at; have *or* take a look at; **laß dich mal ~:** let's have *or* take a look at you
begünstigen [bə'ɡʏnstɪɡn̩] *tr. V.* **a)** favour; encourage ⟨exports, trade, growth⟩; further ⟨plan⟩; **vom Rückenwind begünstigt** assisted *or* helped by a following wind; **vom Schicksal begünstigt werden** be blessed by fate; **b)** *(bevorzugen)* favour; show favour to; **c)** *(Rechtsspr.)* **jmdn. ~:** be an accessory of sb. after the fact
Begünstigung *die; ~, ~en* **s.** begünstigen **a:** favouring; encouragement; furthering; **b)** *(Bevorzugung)* preferential treatment; **c)** *(Rechtsspr.)* being an accessory after the fact
begutachten *tr. V.* **a)** examine and report on; **ein Gemälde/das Flugzeugwrack ~, um etw. festzustellen** examine a painting/the [aircraft] wreckage in order to establish sth.; **ein Gebäude ~:** carry out a survey of a building; **b)** *(ugs.)* look at; have *or* take a look at; **laß dich mal ~!** let's have *or* take a look at you
Begutachter *der; ~s, ~: s.* Gutachter
Begutachtung *die; ~, ~en* examination; *(von Gebäuden)* survey; **eine schriftliche ~:** a written report
begütert [bə'ɡy:tɐt] *Adj.* **a)** wealthy; affluent; **b)** *(veralt.)* landed *attrib.* ⟨gentry, nobility, *etc.*⟩; **~ sein** own land
begütigen [bə'ɡy:tɪɡn̩] *tr. V.* placate; mollify; pacify; **~d auf jmdn. einreden** speak soothingly to sb.
Begütigung *die; ~, ~en* placating; mollifying; pacifying

behaart [bə'haːɐ̯t] *Adj.* hairy; **grau/schwarz/stark ~ sein** be covered with grey/black hair/covered with hair; **stark ~e Beine** very hairy legs
Behaarung *die; ~, ~en* covering of hair; *(Haar)* hair *no indef. art.*; **seine starke ~ auf dem Rücken** the thick hair on his back
behäbig [bə'hɛːbɪç] 1. *Adj.* **a)** stolid and portly; **b)** *(langsam und schwerfällig)* slow and ponderous; **c)** *(geruhsam und gemütlich)* placid and easy-going; **d)** *(ausladend)* large and solid ⟨furniture, house⟩. 2. *adv.* slowly and ponderously
Behäbigkeit *die; ~:* **a)** portliness; stoutness; **b)** *(Langsamkeit)* slowness and ponderousness; **c)** *(ausladende Form)* size and solidity
behacken *tr. V.* **a)** hoe ⟨plants⟩; **b)** *(hacken an)* hack at
behaftet *Adj. (geh.)* **mit einem Makel/einer Krankheit ~ sein** be marked with a blemish/afflicted with a disease; **mit einem schlechten Ruf/einem Fehler/Laster ~ sein** have a bad name/a defect/be tainted with a vice; **mit Fehlern ~ sein** contain defects
behagen *tr. V.* **jmdm. ~:** please; like; **das behagt mir/behagt mir nicht** that pleases/does not please me; I like/do not like that; **er behagt mir gar nicht** I cannot take to him at all
Behagen *das; ~s (Zufriedenheit)* contentment; *(Vergnügen)* pleasure; **mit [sichtlichem] ~:** with [obvious] contentment/pleasure; **etw. mit ~ essen** eat sth. with relish
behaglich 1. *Adj.* **a)** comfortable; comfortable, cosy ⟨atmosphere, room, home, *etc.*⟩; **es jmdm./sich ~ machen** make sb./oneself comfortable; **b)** *(genießerisch, zufrieden)* contented. 2. *adv.* **a)** comfortably, cosily ⟨warm, furnished⟩; **b)** *(genießerisch, zufrieden)* contentedly
Behaglichkeit *die; ~: s.* behaglich 1: **a)** comfortableness; cosiness; **b)** contentment
behalten *unr. tr. V.* **a)** keep; keep on ⟨workers, employees⟩; keep, retain ⟨value, expressive power, *etc.*⟩; **den Hut auf dem Kopf ~:** keep one's hat on; **Nahrung bei sich ~:** keep food down; **jmdn. als Gast bei sich ~:** have sb. stay on as one's guest; **etw. für sich ~:** keep sth. to oneself; **die Nerven/die Ruhe ~:** keep one's nerve/keep calm; **ob wir das gute Wetter ~?** will the good weather hold?; *(zurück~)* be left with; **einen Herzschaden** *usw.* **~:** be left with a weak heart *etc.*; **sie behielt von dem Unfall ein steifes Knie** the accident left her with a stiff knee; **c)** *(sich merken)* remember ⟨number, date⟩; **ich habe die Adresse nicht ~:** I've forgotten the address; **er kann Geschichtszahlen schlecht ~:** he has no memory for historical dates; **jmdn. in freundlicher Erinnerung ~:** have fond memories of sb.; *s. auch* **Recht d**
Behälter [bə'hɛltɐ] *der; ~s, ~* **a)** container; *(für Abfälle)* receptacle; **b)** *(Container)* container
Behälter-: **~schiff** *das* container ship; **~verkehr** *der* container traffic
Behältnis *das; ~ses, ~se (geh.)* container
behämmern *tr. V.* hammer
behämmert *Adj. (salopp) s.* bekloppt
behandeln *tr. V.* **a)** *(umgehen mit)* treat ⟨person⟩; handle ⟨matter, machine, device⟩; **jmdn. freundlich/herablassend/schlecht ~:** treat sb. in a friendly way/condescendingly/badly; **eine Maschine sachgemäß ~:** handle or use a machine correctly; **sie weiß, wie man Kinder/den Chef ~ muß** she knows how to handle children/the manager; **b)** *(bearbeiten)* treat (**mit** with); **c)** *(darstellen, analysieren)* deal with, treat ⟨subject, question; theme⟩; **d)** *(ärztlich)* treat ⟨patient, illness, symptom⟩ (**mit** with; **auf** + *Akk.*, **wegen** for); **jmdn. ambulant/stationär ~:** give sb. treatment as an out-patient/in-patient; **der ~de Arzt** the doctor treating the patient

Behandlung die; ~, ~en a) treatment; **eine solche ~ lasse ich mir nicht gefallen** I won't stand for being treated like that; **bessere ~ verdienen** deserve better treatment *or* to be treated better; **bei einem/diesem Arzt in ~ sein** be under medical treatment/this doctor; b) *(Besprechung)* discussion *or (Analyse)* treatment

behandlungs-, Behandlungs-: ~**bedürftig** *Adj.* ~**bedürftig sein** require treatment; ~**kosten** *Pl.* cost *sing.* of treatment; ~**methode** die method of treatment; ~**pflicht** die *obligation on a doctor to respond to a call for medical assistance;* ~**raum** der treatment room; ~**stuhl** der chair for the patient; *(beim Zahnarzt)* [dentist's] chair; ~**weise** die *s.* ~**methode**

behandschuht *Adj.* gloved

Behang der; ~[e]s, **Behänge** a) *(Wand~)* hanging; b) *(am Baum)* decoration; *(Ertrag)* crop; *(Jägerspr.) (Ohr)* lop-ear; *(Ohren)* lop-ears *pl.*

behangen *Adj.* ein mit Äpfeln ~er Baum a tree laden with apples; **mit Schmuck ~:** festooned with jewellery

behängen *tr. V.* a) etw. mit etw. ~: hang *or* decorate sth. with sth.; b) *(ugs. abwertend)* **jmdn./sich mit etw. ~:** festoon sb./oneself with sth.

beharken *tr. V.* a) *(Soldatenspr.)* rake with gunfire; b) *(salopp)* pitch into *(coll.);* set about *(coll.)*

beharren *itr. V.* a) **auf etw.** *(Dat.)* ~ *(etw. nicht aufgeben)* persist in sth.; *(auf etw. bestehen)* insist on sth.; **darauf ~, etw. zu tun** insist on doing sth.; b) *(beharrlich behaupten)* insist; c) *(geh: bleiben) (an einem Ort)* remain; *(in einem Zustand)* persist

Beharren das; ~s insistence

beharrlich 1. *Adj.* dogged; persistent. 2. *adv.* doggedly; persistently; ~ **bei seiner Meinung bleiben** stick doggedly to one's opinion

Beharrlichkeit die; ~: doggedness; persistence

Beharrung die; ~: persistence

Beharrungs·vermögen das *(Physik)* inertia

behauchen *tr. V.* a) breathe on; b) *(Phon.)* aspirate; **behauchte Konsonanten** aspirates

behauen *unr. tr. V.* hew; **roh ~e Steine** rough-hewn stone blocks

behaupten [bəˈhaʊptn̩] 1. *tr. V.* a) maintain; assert; **~, jmd. zu sein/etw. zu wissen** claim to be sb./know sth.; **das kann man nicht ~:** you cannot say that; **man behauptet** *od.* **es wird behauptet, daß ...:** it is said *or* claimed that ...; *s. auch* **steif 2 c;** b) *(verteidigen)* maintain *(position);* retain *(record); s. auch* **Feld f.** 2. *refl. V.* a) assert oneself; *(nicht untergehen)* hold one's ground; *(dableiben)* survive; **die Kirche/der Dollar konnte sich ~:** the church/the dollar was able to maintain its position; b) *(Sport)* win through

Behauptung die; ~, ~en a) claim; assertion; b) *(Verteidigung)* **für die ~ seiner Stellung kämpfen** fight to maintain one's position; c) *(Durchsetzung)* assertion

behausen *tr. V. (geh.)* house; accommodate; accommodate, put up *(guest)*

Behausung die; ~, ~en a) *(geh.: das Behausen)* housing; accommodation; b) *(oft abwertend: Wohnung)* dwelling

Behaviorismus [biheviəˈrɪsmʊs] der; ~ *(Verhaltensf.)* behaviourism *no art.*

behavioristisch *(Biol., Psych.)* 1. *Adj.* behaviourist. 2. *adv.* behaviouristically

beheben *unr. tr. V.* remove *(doubt, danger, difficulty);* repair *(damage);* remedy *(abuse, defect);* clear *(disturbance);* b) *(österr.: Abheben)* withdraw *(money)*

Behebung die; ~, ~en a) *o. Pl.: s.* **beheben a:** removal; repair; remedying; clearing; b) *(österr.: Abhebung)* withdrawal

beheimaten *tr. V.* provide a home for *(person);* **Tiere/Pflanzen in einer Gegend ~:** introduce animals/plants into an area

beheimatet *Adj.* a) *(heimisch)* **an einem Ort/in einem Land ~ sein** *(plant, animal, tribe, race)* be native *or* indigenous to a place/country; *(person)* come from a place/country; **wo ist er ~?** where does he come from?; b) *(ansässig)* resident **(in + *Dat.* in)**

beheizbar *Adj.* heatable; **eine ~e Heckscheibe** a heated rear window

beheizen *tr. V.* heat

Beheizung die; ~: heating

Behelf [bəˈhɛlf] der; ~[e]s, ~e *(Notlösung)* stopgap; makeshift; *(Ersatz)* substitute

behelfen *unr. refl. V.* a) **sich mit etw. ~:** make do *or* manage with sth.; b) *(zurechtkommen)* get by; manage; **sich allein ~:** get by *or* manage on one's own

behelfs-, Behelfs-: ~**aus·fahrt** die *(Verkehrsw.)* temporary exit *(from a motorway);* ~**heim** das makeshift *or* temporary home; ~**mäßig** 1. *Adj.* makeshift; temporary; 2. *adv.* in a makeshift way *or* fashion; ~**unterkunft** die temporary dwelling; ~**weise** *Adv. (vorübergehend)* temporarily; *(ersatzweise)* as a substitute

behelligen [bəˈhɛlɪɡn̩] *tr. V. (lästig werden für)* bother; *(zudringlich werden gegenüber)* pester

Behelligung die; ~, ~en: **ich verbitte mir solche ~en** stop bothering *or* pestering me

behelmt [bəˈhɛlmt] *Adj.* helmeted

behend [bəˈhɛnt], **behende** 1. *Adj. (geschickt)* deft; adroit; *(flink)* nimble; agile. 2. *adv.; s. Adj.:* deftly; adroitly; nimbly; agilely

Behendigkeit die; ~: *s.* **behende 1:** deftness; adroitness; nimbleness; agility

beherbergen *tr. V.* a) accommodate, put up *(guest);* b) *(Raum bieten für)* accommodate; c) *(enthalten)* contain

Beherbergung die; ~: accommodation

Beherbergungs·gewerbe das hotel trade

beherrschen 1. *tr. V.* a) rule; **den Markt ~:** dominate *or* control the market; **von Haßgefühlen/Leidenschaften beherrscht sein** *(geh.)* be ruled by feelings of hatred/by passions; b) *(meistern)* control *(vehicle, animal);* be in control of *(situation);* c) *(bestimmen, dominieren)* dominate *(townscape, landscape, discussions, relationship);* d) *(zügeln)* control *(feelings);* control, curb *(impatience);* **seine Zunge ~** *(geh.)* curb one's tongue; e) *(gut können)* have mastered *(instrument, trade);* have a good command of *(language);* **es kostet viele Jahre ständiger Übung, ein Instrument zu ~:** it takes many years of constant practice to master an instrument; **Englisch fast so gut wie Deutsch ~:** speak English almost as well as German. 2. *refl. V.* control oneself; **ich kann mich ~** *(iron.)* I can resist the temptation *(iron.);* **kannst du dich so wenig ~, daß ...?** have you got so little self-control that ...?

Beherrscher der; ~s, ~: ruler

beherrscht 1. *Adj.* self-controlled. 2. **mit ~:** with self-control; **völlig ~:** with complete self-control

Beherrschtheit die; ~: self-control

Beherrschung die; ~ a) control; *(Verwaltung)* rule; *(eines Markts)* domination; control; b) *(das Meistern)* control; c) *(Beherrschtheit)* self-control; **seine** *od.* **die ~ verlieren** lose one's self-control; d) *(das Können)* mastery

beherzigen [bəˈhɛrtsɪɡn̩] *tr. V.* **etw. ~:** take sth. to heart; heed sth.

beherzigens·wert *Adj.* worth taking to heart *or* heeding *postpos.*

Beherzigung die; ~: heeding; **dies zur ~!** I want you to heed *or* take good heed of this

beherzt *Adj.* spirited; **einige Beherzte** a few brave souls. 2. *adv.* spiritedly

Beherztheit die; ~: spirit

behexen *tr. V.* bewitch

behilflich [bəˈhɪlflɪç] *Adj.* **jmdm. [beim Aufräumen usw.] ~ sein** help sb. [clear up *or* with the clearing-up *etc.*]; **kann ich [Ihnen] ~ sein?** can I help [you]?

behindern *tr. V.* a) hinder; hamper, impede *(movement);* hold up *(traffic);* impede *(view);* **jmdn. in etw.** *(Dat.)* ~ hinder sb. in sth.; **ein behindertes Kind** a handicapped child; b) *(Sport, Verkehrsw.)* obstruct

Behinderte der/die; *adj. Dekl.* handicapped person; **die ~n** the handicapped; **WC für ~:** toilet for disabled persons

Behinderung die; ~, ~en a) **um ~en bei der Zollabfertigung zu vermeiden** to avoid holdups at customs; **zur ~ des Flugverkehrs beitragen** help to cause delays to air traffic; ~ **der Sicht** obstruction to the view; b) *(Sport, Verkehrsw.)* obstruction; **Falschparken mit ~:** parking illegally and causing an obstruction; c) *(Hindernis)* hindrance; d) *(Gebrechen)* handicap

behobeln *tr. V.* plane

behorchen *tr. V.* a) *(ugs.)* listen to; b) *(belauschen)* eavesdrop on

Behörde [bəˈhøːɐ̯də] die; ~, ~n a) authority; *(Amt, Abteilung)* department; **die ~n** the authorities; *(Gebäude)* government offices *pl.*/[local] council offices *pl.*

Behörden-: ~**apparat** der administrative apparatus; *(abwertend: Bürokratie)* bureaucracy; ~**deutsch** das *(abwertend)* officialese

behördlich 1. *Adj.; nicht präd.* official; ~**e Genehmigung** permission from the authorities; official permission; **auf ~e Anordnung** by order of the authorities. 2. *adv.* officially; **das ist ~ genehmigt worden** it has been approved by the authorities

behördlicher·seits *Adv. (durch die Behörde)* by the authorities; *(seitens der Behörde)* on the part of the authorities

behost [bəˈhoːst] *Adj. (ugs.)* in trousers *postpos.*

Behuf der; ~[e]s, ~e *in* **zu diesem ~[e]** *(veralt.)* to this end

behufs *Präp. mit Gen. (veralt.)* with a view to

behuft [bəˈhuːft] *Adj.* hooved

behum[p]sen [bəˈhʊmpsn̩, bəˈhʊmtsn̩] *tr. V. (ugs., bes. ostmd.)* diddle *(sl.)*

behüten *tr. V. (bewahren, beschützen)* protect **(vor +** *Dat.* from); *(sorgen für)* take care of; *(bewachen)* guard; **ein Geheimnis ~:** keep a secret; **jmdn. vor einer Gefahr ~:** keep *or* safeguard sb. from a danger; **[Gott] behüte!** God *or* Heaven forbid!

Behüter der; ~s, ~ *(geh.)* protector

behütet *Adj.* sheltered *(upbringing, life)*

behutsam [bəˈhuːtzaːm] 1. *Adj.* careful; cautious; cautious, discreet *(question);* *(zartfühlend)* gentle. 2. *adv.* carefully; cautiously; *(zartfühlend)* gently

Behutsamkeit die; ~: care; caution; *(Zartgefühl)* gentleness

bei [baɪ] *Präp. mit Dat.* a) *(nahe)* near; *(dicht an, neben)* by; **die Schlacht ~ Leipzig** the battle of Leipzig; **irgendwo ~ Stuttgart** somewhere near Stuttgart; **nahe ~ Bahnhof** near the station; ~**m Gepäck/Auto** *usw.* **bleiben** stay with the luggage/car; **wer steht da ~ ihm?** who is standing there with him?; **sich ~ jmdm. entschuldigen/beklagen/erkundigen** apologize/complain to sb./ask sb.; **wir haben Physik ~ Herrn Meyer** we do physics with Mr Meyer; **der Wert liegt ~ 10 000 Mark** the value is around *or* about ten thousand marks; ~**m Fenster herausschauen** *(österr.)* look out of the window; b) *(unter)* among; **war heute ein Brief für mich ~ der Post?** was there a letter for me in the post today?; c) *(an)* by; **jmdn. ~ der Hand nehmen** take sb. by the hand; **jmdn. ~ der Schulter packen** seize sb. by the shoulder; *s.*

beibehalten

auch beim b; **d)** *(im Wohnbereich) (längerfristig)* with; *(kurzfristig)* at; ~ **uns tut man das nicht** we don't do that; ~ **mir [zu Hause] at my house;** ~ **uns um die Ecke/gegenüber** round the corner from us/opposite us; ~ **seinen Eltern leben** live with one's parents; **wir sind ~ ihr eingeladen** we have been invited to her house; **wir treffen uns ~ uns/Peter** we'll meet at our/Peter's place; **morgen schlafe ich ~ meinen Großeltern** I'm sleeping at my grandparents' tomorrow; **~ uns in Österreich** in Austria [where I/we come from/live]; **[hier/damals] ~ uns in Österreich** here in Austria/in Austria in those days; **wir haben ~ [den] Clarks gefeiert** we went to a party at the Clarks'; *(im Geschäft)* **beim Bäcker/Fleischer** *usw.* at the baker's/butcher's *etc.;* ~ **uns in der Firma** in our company; ~ **Schmidt** *(auf Briefen)* c/o Schmidt; **e)** *(im geistigen Bereich)* with; ~ **jmdm. Verständnis finden** get sympathy and understanding from sb.; **die Verantwortung liegt ~ Ihnen** responsibility lies with you; **f)** *(im Arbeitsbereich)* ~ **einer Firma sein** be with a company; ~ **jmdm./einem Verlag arbeiten** work for sb./a publishing house; ~ **der Bundeswehr/Luftwaffe sein** be in the forces/air force; *s. auch bei* a; **g)** *(im Bereich eines Vorgangs)* at; ~ **einer Hochzeit/einem Empfang** *usw.* **sein** be at a wedding/reception *etc.;* ~ **der Organisation von etw./**~ **einer Aufführung mitwirken** be involved in the organization of sth./appear in a production; **h)** *(im Werk von)* ~ **Goethe** in Goethe; ~ **Schiller heißt es ...:** Schiller says *or* writes that ...; **i)** *(im Falle von)* in the case of; **wie ~ den Römern** as with the Romans; **hoffentlich geht es nicht wie ~ mir** I hope the same thing doesn't happen as happened in my case; **j)** *(im eigenen Bereich)* with; **etw. ~ sich haben** have sth. with *or* on one; ~ **sich [selbst] anfangen** start with oneself; **nicht [ganz] ~ sich sein** be not quite with it; ~ **mir ist es zehn Uhr** I make it ten o'clock; **k)** *(Zeitpunkt)* at *(beginning, end);* ~ **seiner Ankunft/seinem Eintritt** on his arrival/entry; ~ **diesen Worten errötete er at this he blushed; l)** *(Zeitspanne)* ~ **Tag/Nacht** by day/night; ~ **Sonnenaufgang/-untergang** at sunrise/sunset; ~ **unserer Begegnung** at our meeting; ~ **einem Unfall** in an accident; ~ **einer Schlägerei** in a brawl; ~ **Tisch sein** be at table; ~ **der Arbeit** at work; *s. auch beim* b; **m)** *(gleichzeitig mit)* with; ~ **zunehmendem Alter** with advancing age; **n)** *(modal)* ~ **Tag und Nacht** day and night; ~ **Tageslicht** by daylight; ~ **Nebel** in fog; ~ **Kälte** when it's cold; ~ **einem Glas Wein** over a glass of wine; ~ **offenem Fenster schlafen** sleep with the window open; **o)** *(betreffs)* with; **das gilt auch ~ ...:** this applies to ... also; ~ **so etwas ist er geschickt** he is skilled at things like that; **p)** *(im Falle von)* „~ **Feuer Scheibe einschlagen"** 'in case of fire, break glass'; „~ **Regen Schleudergefahr"** 'slippery when wet'; ~ **hohem Fieber** when sb. has a high temperature; **q)** *(auf Grund von)* with; ~ **dieser Hitze** in this heat; ~ **diesem Sturm/Lärm** with this storm blowing/noise going on; ~ **deinen guten Augen/ihrem Talent** with your good eyesight/her talent; **er erblaßte ~ der Nachricht** he turned pale at the news; **r)** *(trotz)* ~ **all seinem Engagement/seinen Bemühungen** in spite of *or* despite *or* for all his commitment/efforts; ~ **allem Verständnis, aber ich kann das nicht** much as I sympathize, I cannot do that; **s)** *(in Beteuerungsformeln)* by; ~ **Gott!** by God!; ~ **meiner Ehre!** *(veralt.)* upon my honour!

bei|behalten *unr. tr. V.* keep, retain ⟨distinction, wording, penalty, measure, practice, laws⟩; keep up ⟨custom, habit⟩; continue, maintain ⟨way of speech⟩; keep to ⟨course, method⟩; preserve, maintain ⟨attitude⟩

942

Beibehaltung die; ~: *s.* **beibehalten:** keeping; retention; keeping up; continuance; maintenance; preservation
bei|biegen *unr. tr. V. (ugs.)* **jmdm. etw. ~:** get sb. to understand sth.
Bei·blatt das insert
Bei·boot das ship's boat
bei|bringen *unr. tr. V.* **a) jmdm. etw. ~:** teach sb. sth.; **jmdm. Gehorsam ~:** teach sb. obedience; **ich werde dir ~, mich zu betrügen!** *(ugs.)* I'll teach you to cheat me! *(coll.);* **b)** *(ugs.: mitteilen)* **jmdm. ~, daß ...:** break it to sb. that ...; **c)** *(zufügen)* **jmdm./sich etw. ~:** inflict sth. on sb./oneself; **d)** *(beschaffen)* produce ⟨witness, evidence⟩; provide, supply ⟨reference, proof⟩; produce, furnish ⟨money⟩
Beichte ['baiçtə] die; ~, ~n confession *no def. art.;* **zur ~ gehen** go to confession; **jmdm. die ~ abnehmen** hear sb.'s confession
beichten 1. *itr. V.* go to confession. **2.** *tr. V. (fig.)* confess
Beicht·: ~formel die form of confession; **~geheimnis** das seal of confession; **~gespräch** das *(kath. Rel.)* talk with the priest before confession; **~stuhl** der confessional; **~vater** der father confessor
beid-: ~armig 1. *Adj.* two-handed; *(mit beiden Armen gleich geschickt)* ambidextrous; **2.** *adv.* with both hands; **~beinig 1.** *Adj.* two-legged; **2.** *adv.* with both feet
beide ['baidə] *Indefinitpron. u. Zahlw.* **a)** *mit Art. od. Pron.* **die/seine ~n Brüder** the/his two brothers; *(mit Nachdruck)* both the/his brothers; **die ~n ersten Strophen** the first two verses; **kennst du die ~n?** do you know those two?; **alle ~:** both of us/you/them; **sie sind alle ~ sehr schön** the two of them are very nice; both of them are very nice; **sie sind ~ nicht hübsch** neither of them is pretty; **ihr/euch ~:** you two; **Ihr/euch ~ nicht** neither of you; **wir/uns ~:** the two of us/both of us; **b)** *o. Art.* both; **er hat ~ Eltern verloren** he has lost both [his] parents; **mit ~ Händen** with both hands; ~ **Male** both times; **ich habe ~ gekannt** I knew both of them; ~ **haben hier gearbeitet** both [of them] worked here; **einer/eins von ~n** one of the two; **keiner/keins von ~n** neither [of them]; **c)** *Neutr. Sg.* both *pl.;* ~**s ist möglich** either is possible; **ich glaube ~s/~s nicht** I believe both things/neither thing; **das ist ~s nicht richtig** neither of those is correct; **er hat sich in ~m geirrt** he was wrong on both counts; **er hatte von ~m wenig Ahnung** he had little idea of either
beide·mal *Adv.* both times
beiderlei ['baidə'lai] *Gattungsz., indekl.* ~ **Geschlechts** of both sexes; **von ~ Art** of both kinds; **das Abendmahl in** *od.* **unter ~ Gestalt** *(ev. Rel.)* communion in both kinds
beider·seitig 1. *Adj.* mutual ⟨decision, agreement⟩; ~**e Freude** joy on both sides; **zur ~en Überraschung** to the surprise of both of us/them; **in ~em Einverständnis** by mutual agreement. **2.** *adv.* by both sides; **eine ~ interessierende Frage** a question of interest to both sides. **3.** *Adv.* on both sides
beider·seits 1. *Präp. mit Gen.* on both sides of. **2.** *Adv.* on both sides
beid-: ~füßig *Adj., adv.* with both feet; **~händig 1.** *Adj.* **a)** *(mit beiden Händen gleich geschickt)* ambidextrous; **b)** *(mit beiden Händen)* two-handed; **2.** *adv.* with two hands; **eine ~händig geschlagene Rückhand** a two-handed backhand
bei|drehen *itr. V. (Seemannsspr.)* heave to
beid·seitig 1. *Adj.* mutual. **2.** *adv.* **a)** *(auf beiden Seiten)* ⟨be printed *etc.*⟩ on both sides; ~ **gelähmt sein** be paralysed down both sides; **b)** *(gegenseitig) s.* **beiderseitig 2**
beidseits *(bes. schweiz.) s.* **beiderseits**
bei·einander *Adv.* together; ~ **Trost suchen** seek comfort from each other
beieinander-, Beieinander-: ~|haben

unr. tr. V. etw. ~**haben** have got sth. together; **du hast/er hat** *usw.* **nicht alle** *od.* **sie nicht richtig** ~ *(ugs.)* he's/you're *etc.* not all there *(coll.);* ~|**halten** *unr. tr. V.* keep together; ~|**liegen** *unr. itr. V.* lie together; ~|**sein** *unr. itr. V.; mit sein (nur im Inf. und Part. zusammengeschrieben) (ordentlich sein)* be neat and tidy; **gut/schlecht ~sein** *(ugs.)* be in good/bad shape; **nicht ganz ~sein** *(ugs.)* be not quite all there *(coll.);* ~**sein das** get-together; ~|**sitzen** *unr. itr. V.* sit together; ~|**stehen** *unr. itr. V.* stand together
Bei·fahrer der, Bei·fahrerin die a) *(im Kfz)* [front-seat] passenger; *(auf dem Motorrad)* pillion passenger; *(im Beiwagen)* sidecar passenger; **b)** *(berufsmäßig)* codriver; *(auf einem LKW)* driver's mate
Beifahrer·sitz der *(im Kfz)* passenger seat; *(eines Motorrads)* pillion
Bei·fall der; *o. Pl.* **a)** applause; *(Zurufe)* cheers *pl.;* cheering; *(Händeklatschen)* applause; clapping; **stürmischer** *od.* **tosender ~:** a storm of applause; ~ **klatschen/spenden** applaud; **b)** *(Zustimmung)* approval; ~ **finden** meet with approval
beifall·heischend *Adj. (geh.) s.* **Beifall:** looking for applause/approval; **jmdn. ~ ansehen** look at sb. in the hope of getting applause/approval
bei·fällig 1. *Adj.* approving; favourable ⟨judgement⟩; ~**es Gemurmel** murmurs *pl.* of approval. **2.** *adv.* approvingly; ~ **nicken** nod approvingly *or* in approval; ~ **aufgenommen werden** be received favourably *or* with approval
Beifall·klatschen das clapping; applause
Beifalls-: ~äußerung die expression of approval; **~bekundung** die, **~bezeigung** die; ~, ~**en** demonstration of approval; **~kundgebung** die ovation; **~kundgebungen** ovation *sing.;* **~ruf** der shout of approval; cheer; **~sturm** der storm of applause
bei|fügen *tr. V.* **a)** *(dazulegen)* **einer Bewerbung etw. ~:** enclose sth. with an application; **einem Paket die Zollerklärung ~:** attach a customs declaration to a parcel; **einem Blumenstrauß eine Grußkarte ~:** put a greetings card in with a bouquet; **b)** *(hinzufügen)* add; **dem Teig Zucker/Mehl ~:** add sugar/flour to the mixture
Bei·fügung die a) *(Sprachw.)* attribute; **b)** *o. Pl. (Amtsspr.: das Beifügen)* **unter ~ eines Lebenslaufs/Schecks** enclosing a curriculum vitae/cheque
Bei·fuß der; *o. Pl. (Bot.)* artemisia; *(Artemisia vulgaris)* mugwort
Bei·gabe die a) *o. Pl. (das Beigeben)* **unter ~** *(Dat.)* **von etw.** adding sth.; **b)** *(Hinzugefügtes)* addition; *(Beilage)* side-dish
beige [be:ʃ] *Adj.* beige; **ein ~** *od. (ugs.)* ~**s Kleid** a ~ dress
Beige das; ~, ~ *od. (ugs.)* ~**s** beige
bei|geben 1. *unr. tr. V.* **a)** *(hinzufügen)* add *(Dat.* to); **b)** *(mitgeben)* assign *(Dat.* to). **2.** *unr. itr. V.* **klein ~** *(ugs.)* cave in
beige·farben *Adj.* beige[-coloured]
bei|gehen *unr. itr. V.; mit sein (nordd.) s.* **darangehen**
Beigeordnete der/die; *adj. Dekl.* ≈ town council official
Bei·geschmack der; *o. Pl.* **einen bitteren** *usw.* **~ haben** have a slightly bitter *etc.* taste [to it]; taste slightly bitter *etc.;* **dieses Wort hat einen negativen ~** *(fig.)* this word has slightly negative overtones *pl.;* **einen ~ von Petroleum haben** have a slight taste of paraffin *(Brit.)* or *(Amer.)* kerosene; **taste slightly of petrol**
bei|gesellen *(geh.)* **1.** *tr. V.* **jmdm. jmdn. ~:** put sb. with sb. **2.** *refl. V.* **sich jmdm. ~:** attach oneself to sb.
Bei·heft das *(zum Lehrbuch)* supplement; *(einer Zeitschrift)* supplementary number

bei|heften tr. V. einer Sache (Dat.) etw. ~: attach sth. to sth.
Bei·hilfe die a) (materielle Hilfe) aid; assistance; (Geldunterstützung) [financial] aid or assistance; (Zuschuß für Kleidung, Heizung, Miete, Kinderreiche, Studenten usw.) allowance; (Subvention) subsidy; b) o. Pl. (Rechtsw.: Mithilfe) aiding and abetting; jmdn. wegen ~ zum Mord anklagen charge sb. with aiding and abetting a murder or with acting as accessory to a murder
Bei·klang der (geh.) [accompanying] sound; (fig.) overtone[s pl.]; underlying note
Bei·koch der assistant chef
bei|kommen unr. itr. V.; mit sein a) (gewachsen sein) jmdm. ~: get the better of sb.; b) (bewältigen) den Schwierigkeiten/der Unruhe/jmds. Sturheit ~: overcome the difficulties/deal with the unrest/cope with sb.'s obstinacy; c) (ugs.: herbeikommen) come; d) (ugs. heranreichen) reach; e) unpers. (geh.) es kommt jmdm. bei, etw. zu tun sb. has the idea of doing sth.
Bei·kost die diet supplement; vitaminreiche/nahrhafte ~ bekommen have a vitamin-rich/nutritious supplementary diet
Beil [bail] das; ~[e]s, ~e a) axe; (kleiner) hatchet; (Fleischer~) cleaver; b) (Fall~) guillotine
bei|laden unr. tr. V. a) (zuladen) add; b) (Rechtsw.) summon ⟨third party interested in the outcome of a case⟩
Bei·ladung die additional load
Bei·lage die a) (Zeitungs~) supplement; b) (zu Speisen) side-dish; (Gemüse~) vegetables pl.; (Salat~) side-salad; ein Fleischgericht mit diversen ~n a meat dish with a selection of trimmings; c) (das Beilegen) enclosure; unter ~ von ...: enclosing ...; gegen ~ von Rückporto if return postage is enclosed; d) (österr.: Anlage) enclosure (zu with)
Bei·lager das a) (geh. veralt.: Beischlaf) sexual intercourse; b) (hist.: Akt der Eheschließung) consummation of the marriage
bei·läufig 1. Adj. a) (nebensächlich) casual; casual, passing ⟨remark, mention⟩; b) (österr.: ungefähr) approximate; rough. 2. adv. a) (nebenbei) casually, etw. ~ erwähnen od. bemerken mention sth. casually or in passing; ~ bemerkt, ...: incidentally, ...; etw. ~ erfahren learn sth. by chance; jmdn. ~ ausfragen get information unobtrusively from sb.; b) (österr.: ungefähr) approximately; roughly
Beiläufigkeit die; ~, ~en a) o. Pl. (Nonchalance) casualness; b) (Nebensächlichkeit) triviality; ~en trivia
bei|legen tr. V. a) (dazulegen) enclose; (einem Buch, einer Zeitschrift) insert (Dat. in); einem Brief usw. etw. ~: enclose sth. with a letter etc.; b) (schlichten) settle ⟨dispute, controversy, etc.⟩; c) (beimessen) attach; einer Sache (Dat.) Gewicht/Bedeutung usw. ~: attach weight/importance etc. to sth.; d) (geben, verleihen) jmdm. einen Titel/ Namen ~: bestow or confer a title/bestow a name on sb.; sich (Dat.) einen Titel/Namen ~: assume or adopt a title/name
Beilegung die; ~, ~en settlement
beileibe [bai'laibə] Adv. ~ nicht certainly not; er ist ~ kein Genie he is by no means a genius
Bei·leid das sympathy; [mein] herzliches od. aufrichtiges ~! please accept my sincere condolences; jmdm. sein [aufrichtiges] ~ [zu etw.] aussprechen offer sb. [one's [sincere] condolences pl. to sb. [on sth.]
Beileids-: ~**besuch** der visit of condolence; visit to offer one's condolences; ~**bezeigung** die; ~, ~en, ~**bezeugung** die expression of sympathy; ~**karte** die condolence or sympathy card
Beil·hieb der blow with an/the axe

bei|liegen unr. itr. V. a) (beigefügt sein) einem Brief ~: be enclosed with a letter; dem Buch liegt ein Prospekt bei the book contains a catalogue as an insert; b) (geh. veralt.: Geschlechtsverkehr haben mit) jmdn. ~: lie with sb. (arch.); c) (Seemannsspr.) lie to
bei·liegend (Amtsspr.) Adj. enclosed; ~ senden wir ...: please find enclosed ...
beim [baim] Präp. + Art. a) = bei dem; b) jmdn. ~ Ärmel zupfen tug at sb.'s sleeve; ~ Film sein in films; c) (zeitlich) er will ~ Arbeiten nicht gestört werden he doesn't want to be disturbed when or while [he's] working; ~ Essen spricht man nicht you shouldn't talk while [you're] eating; den Hund darf man ~ Fressen nicht stören you mustn't disturb the dog while it's eating; ~ Verlassen des Gebäudes when or on leaving the building; ~ Fasching at carnival time; ~ Lesen/Essen/Duschen sein be reading/be having breakfast/dinner etc./be taking a shower
bei|mengen tr. V. add (Dat. to)
Beimengung die; ~, ~en a) o. Pl. (das Beimengen) addition; b) (Zusatz) admixture
bei|messen unr. tr. V. attach; jmdm./einer Sache Bedeutung/Wert usw. ~: attach importance/value etc. to sth.
bei|mischen tr. V. (geh.) add (Dat. to); meiner Bewunderung war Grauen beigemischt (fig.) my admiration was tinged with horror
Bei·mischung die a) o. Pl. (das Beimischen) addition; b) (Zusatz) admixture
Bein [bain] das; ~[e]s, ~e a) leg; jmdm. ~e machen (coll.) make sb. get a move on (coll.); du hast jüngere ~e (ugs.) your legs are younger than mine; ein langes ~ machen (Fußballjargon) take a sliding tackle; ein ~ stehen lassen (Fußballjargon) put or (coll.) stick one's foot out; sich (Dat.) die ~e nach etw. ausreißen (fig.) chase round everywhere for sth.; er hat sich (Dat.) kein ~ ausgerissen (ugs.) he didn't over-exert himself; jmdm. ein ~ stellen (zum Stolpern bringen) trip sb.; (fig.: hereinlegen) put or throw a spanner or (Amer.) a monkey-wrench in sb.'s works; jmdm. [einen] Knüppel od. Prügel zwischen die ~e werfen (fig.) put or throw a spanner or (Amer.) a monkey-wrench in sb.'s works; das hat ~e gekriegt (fig. ugs.) it seems to have [grown legs] and walked (coll.); die ~e in die Hand od. unter die Arme nehmen (fig. ugs.) (sich beeilen) step on it (coll.); (weglaufen) take to one's heels; die ~e unter jmds. Tisch strecken (fig. ugs.) live at sb.'s expense; sich (Dat.) die ~e in den Bauch stehen (fig. ugs.) cool one's heels; alles, was ~e hat (fig. ugs.) everyone who possibly can; wieder auf den ~en sein be back on one's feet again; [wieder] auf die ~e kommen (ugs.) get back on one's/its feet [again]; jmdn./etw. [wieder] auf die ~e bringen (ugs.) put sb./sth. back on his/her/its feet again; eine Firma/Expedition/ein Programm auf die ~e stellen (ugs.) start a business/mount an expedition/put together a programme; jmdm. auf die ~e helfen help sb. to his/her feet; (fig. ugs.) help to get or put sb. back on his/her feet again; ich kann mich nicht mehr/kaum noch auf den ~en halten I can't/can hardly stand up; auf eigenen ~en stehen (fig.) stand on one's own two feet; support oneself; auf schwachen ~en stehen (fig.)⟨argument⟩ rest on shaky foundations; ⟨firm⟩ be in a precarious position; das geht in die ~e (Alkohol) it makes you unsteady on your feet; (Musik) it makes you want to get up and dance; mit beiden ~en im Leben od. [fest] auf der Erde stehen have both feet [firmly] on the ground; mit dem linken ~ zuerst aufgestanden sein (ugs.) have got out of bed on the wrong side; mit einem ~ im Gefängnis/Grab[e] stehen (fig.) stand a good

chance of ending up in prison/have one foot in the grave; von einem ~ aufs andere treten (ugs.) shift from one foot to the other; auf einem ~ kann man nicht stehen (scherzh.) one drink isn't enough to wet one's whistle; s. auch Klotz a; Kopf e; vertreten 2; b) (Hosen~, Teil eines Möbelstückes, Stativ) leg; c) (nordd.: Fuß) foot; d) (südd., österr., schweiz.: Knochen) bone; jmdm. in die ~e fahren go right through sb.; s. auch ²Mark a
bei·nah[e] ['bainaː(ə)] Adv. almost; nearly; wir wären ~ zu spät gekommen we were nearly too late; ich möchte ~ sagen, daß ...: I would almost say that ...
Beinahe·zusammenstoß der (Flugw.) airmiss
Bei·name der epithet
bein-, Bein-: ~**amputation** die leg amputation; ~**amputiert** Adj. ⟨person⟩ with a or one leg/both [his/her] legs amputated; sie ist ~: she has had a leg/both [her] legs amputated; ~**arbeit** die (beim Boxen, Ringen, Tanzen) footwork; (beim Schwimmen) leg action; ~**bruch** der broken leg; das ist [doch] kein ~**bruch**! (ugs.) it's not the end of the world (coll.)
beinern ['bainɐn] Adj. a) (knöchern) bone attrib.; made of bone postpos.; b) (aus Elfenbein) ivory attrib.; made of ivory postpos.
Bein-: ~**fleisch** das (österr.) beef cooked and served on the bone; ~**freiheit** die legroom
beinhalten [bəˈɪnhaltn̩] tr. V. (Papierdt.) involve
bein·hart (österr., südd.) 1. Adj. rock-hard; tough ⟨movie⟩; ⟨person⟩ as hard as nails. 2. adv. ~ gefroren frozen hard; ~ spielen (Sportjargon) be hard and physical
Bein·haus das (hist.) charnel-house
-beinig Adj. -legged; drei~/lang~: three-legged/long-legged; ein zwölf~es Insekt an insect with twelve legs
Bein-: ~**kleid** das; meist Pl. (veralt.) trousers pl.; ~**leiden** das (Med.) leg condition
Beinling ['bainlɪŋ] der; ~s, ~e (veralt.) leg
Bein-: ~**prothese** die artificial leg; ~**schere** die (Ringen) leg scissors sing.; ~**schiene** die (Sport) [long] shin pad; (Cricket, Hockey) pad; b) (Teil der Rüstung) greave usu. in pl.; ~**stumpf** der stump [of the leg]
bei|ordnen tr. V. a) jmdm. jmdn. ~: assign sb. to assist sb.; b) (Rechtsw.) als Pflichtverteidiger beigeordnet werden be called in as duty solicitor (Brit.) or (Amer.) court-appointed lawyer; c) (Sprachw.) s. nebenordnen
Bei·ordnung die a) (Sprachw.) co-ordination; b) (Rechtsw.) assignment
Bei·pack der extra item [ordered]
bei|packen tr. V. einer Warensendung etw. ~: pack sth. in with a consignment of goods
Beipack·zettel der the instruction leaflet
bei|pflichten ['baipflɪçtn̩] itr. V. jmdm. [in einer Sache] ~: agree with sb. [on sth.]; einem Vorschlag usw. ~: agree with a proposal etc.; Sie werden mir darin ~, daß ...: you will agree with me that ...
Bei·programm das supporting programme
Bei·rat der a) (Gremium) advisory committee or board; b) (veralt.: Berater) adviser
beirren tr. V. sich durch nichts/von niemandem ~ lassen not be put off or deterred by anything/anybody; nicht lassen/any/anybody put one off or deter one; nichts konnte ihn in seinen Ansichten ~: nothing could shake him in his views
Beirut [bai'ruːt] (das); ~s Beirut
beisammen [bai'zamən] Adv. together
beisammen-, Beisammen-: ~**haben** unr. tr. V. a) (gesammelt haben) have got

943

together; **b) er hat nicht alle ~** *(ugs.)* he's not all there *(coll.)*; he's a bit soft in the head *(coll.)*; **~|halten** *unr. tr. V.* keep together; hold on to ⟨*money*⟩; **~sein** *unr. itr. V.*; *mit sein; nur im Inf. und 2. Part.* zusammengeschr. *(ugs.)* [**gut**] **~sein** be in good health *or* shape; **~sein das** get-together; **~|sitzen** *unr. itr. V.* sit together
Bei·satz der *(Sprachw.)* appositive
Bei·schlaf der *(geh., Rechtsw.)* sexual intercourse
bei|schließen *unr. tr. V. (österr.)* einem Brief usw. etw. **~:** enclose sth. with a letter etc.
Bei·schluß der *(österr.: Anlage)* enclosure
Bei·segel das *(Segeln)* additional sail
Bei·sein das *in im ~ von jmdm., in jmds. ~:* in the presence of sb. *or* in sb.'s presence; **ohne ~ von jmdm., ohne jmds. ~:** in the absence of sb. *or* in sb.'s absence
bei·seite *Adv.* **a)** *(auf die Seite)* aside; jmdn. **~** ziehen/schieben draw/push sb. to one side *or* aside; **etw. ~ bringen** get sth. hidden away; hide sth. away; **etw. ~ lassen** *(fig.)* leave sth. aside; **etw. ~ legen** *(sparen)* put sth. by *or* aside; *(Angefangenes weglegen)* put *or* lay sth. aside; jmdn./die Leiche **~ schaffen** *(ugs.)* get rid of sb./the body; **die Beute/das Geld ~ schaffen** *(ugs.)* stash *(t.)* *or* hide the loot/money away; **jmdn./etw. ~ schieben** *(fig.)* push sb./sth. aside; **b)** *(auf der Seite)* on *or* to one side; **~ stehen** *(fig.)* take second place
Beis[e]l ['baizl] das; ~s, ~ *od.* ~n *(österr.)* pub *(Brit. coll.)*; bar *(Amer.)*
bei|setzen *tr. V.* **a)** *(geh.: beerdigen)* bury; inter; lay to rest; inter ⟨*ashes*⟩; **b)** *(Seemannsspr.)* set, hoist ⟨sail⟩
Bei·setzung die; ~, ~en *(geh.)* funeral; burial
Beisetzungs·feierlichkeiten *Pl.* funeral [ceremony] *sing.*
Bei·sitz der assessorship; **den ~ haben** act as assessor
Bei·sitzer der; ~s, ~, **Bei·sitzerin** die; ~, ~nen assessor; *(bei Ausschüssen)* committee member
Bei·spiel das **a)** example **(für** of); **zum ~:** for example *or* instance; **wie zum ~:** as for example; such as; **ohne ~ sein** be without parallel *or* unparalleled; *(unerhört sein)* be outrageous; **b)** *(Vorbild)* example; **ein warnendes ~:** a warning; **jmdm. ein ~ geben** set an example to sb.; **sich** *(Dat.)* **an jmdm./etw. ein ~ nehmen** follow sb.'s example/take sth. as one's example; **mit gutem ~ vorangehen** set a good example
beispiel·gebend *Adj.* exemplary; **~ für jmdn. sein** be an example to sb.
beispielhaft 1. *Adj.* exemplary. **2.** *adv.* in an exemplary fashion
beispiel-, Beispiel-: **~halber** *Adv.*: *s.* beispielshalber; **~los 1.** *Adj.* unparalleled; *(unerhört)* outrageous. **2.** *adv.* incomparably ⟨*well, badly, etc.*⟩; **~ erfolgreich/grausam** with unparalleled success/cruelty; **~satz** der *(Sprachw.)* example sentence; illustrative sentence
beispiels-: **~halber** *Adv.* for example *or* instance; **etw. ~halber anführen** offer *or* give sth. by way of example; **~weise** *Adv.* for example *or* instance
bei|springen *unr. itr. V.*; *mit sein* jmdm. [in der Not] **~:** leap *or* rush to sb.'s aid *or* assistance [in an emergency]; **jmdm. mit Geld ~:** help sb. out with money
beißen ['baisn] **1.** *unr. tr., itr. V.* **a)** bite; **in etw.** *(Akk.)* **~, etw. in etw.** *(Akk.)* **~:** bite on sth.; **an den Nägeln ~:** bite one's nails; **sich** *(Dat.)* **die Lippen wund ~:** bite one's lips till they bleed; **ich habe mich** *od.* **mir auf die Zunge/in die Lippe gebissen** I've bitten my tongue/lip; **der Hund hat mir** *od.* **mich ins Bein gebissen** the dog bit me in the leg; **nach jmdm./etw. ~:** snap at sb./sth.; **der Hund biß [wild] um sich** the dog snapped [wildly] in all directions; **b)**(*bissig sein; auch fig.*) bite; **c)** *(ätzen)* sting; **in die** *od.* **in den Augen ~:** sting one's eyes; make one's eyes sting; **auf der Zunge ~:** burn the tongue; **d)** *(Angelsport)* bite; **e)** *(kauen)* nicht mehr [richtig] **~ können** no longer be able to chew things [properly]; **nichts/nicht viel zu ~ haben** *(fig.)* have nothing/not have much to eat; **sich in den Arsch** *(derb)* *od.* **Hintern** *(salopp)* **~** *(fig.)* kick oneself. **2.** *unr. refl. V.* *(ugs.)* ⟨*colours, clothes*⟩ clash
beißend *Adj.*; *nicht präd.* biting ⟨*cold*⟩; acrid ⟨*smoke, fumes*⟩; sharp ⟨*frost*⟩, cutting ⟨*wind*⟩; pungent, sharp ⟨*smell, taste*⟩; *(fig.)* biting ⟨*ridicule*⟩; cutting ⟨*irony*⟩
Beißerchen das; ~s, ~ *(fam.)* toothy-peg *(child lang.)*
Beißerei die; ~, ~en fight
Beiß-: ~ring der teething-ring; **~zange** die *s.* Kneifzange
Bei·stand der **a)** *o. Pl.* *(geh.: Hilfe)* aid; assistance; help; **jmdm. ~ leisten** give sb. aid *or* assistance; come to sb.'s aid *or* assistance; **b)** *(Rechtsw.: Rechtshelfer)* lay person acting in support of a defendant
Beistands-: **~abkommen** das *(Politik)* treaty of mutual assistance; **~pakt** der *(Politik)* mutual assistance pact; **~vertrag** der *(Politik)* treaty of mutual assistance
bei|stehen *unr. itr. V.* jmdm. **~:** aid *or* assist *or* help sb.; *(zur Seite stehen)* stand by sb.
bei|stellen *tr. V.* *(österr.: bereitstellen)* make available; provide
Beistell-: ~möbel *Pl.* occasional furniture *sing.*; **~tisch** der, **~tischchen** das occasional table; *(im Restaurant)* side-table
Bei·steuer die; *o. Pl.* *(südd.)* contribution
bei|steuern *tr. V.* contribute; make ⟨contribution⟩
bei|stimmen *itr. V.*: *s.* zustimmen
Bei·strich der *(veralt.)* comma
Beitel ['baitl] der; ~s, ~ chisel
Beitrag ['baitra:k] der; ~[e]s, **Beiträge** ['baitrɛ:gə] der **a)** *(Zahlung, Mitwirkung)* contribution; *(Versicherungs~)* premium; *(Mitglieds~)* subscription; **einen ~ zu etw. leisten** make a contribution to sth.; **b)** *(Aufsatz, Kommentar)* article **(zu** on); *(in einer Zeitschrift, einem Sammelband)* article, contribution **(zu** on)
bei|tragen *unr. tr., itr. V.* contribute **(zu** to); **das Seine/viel zu etw. ~:** contribute one's share/a great deal to sth.
beitrags-, Beitrags-: **~frei** *Adj.* non-contributory; ⟨*person*⟩ not liable to pay contributions; **~gruppe**, **~klasse** die *(Sozialw.)* contribution class *(Brit.)*; insurance group *(Amer.)*; **~marke** die stamp; **~pflicht** die *(Sozialw.)* liability to pay contributions; **~pflichtig** *Adj.* *(Sozialw.)* ⟨employee⟩ on which contributions are payable; ⟨earnings⟩ on which contributions are payable; **~satz** der contribution rate; **~zahlung** die contribution
bei|treiben *unr. tr. V. (Rechtsw.)* enforce payment of
Beitreibung die; ~, ~en *(Rechtsw.)* enforcement of payment
bei|treten *unr. itr. V.*; *mit sein* **a)** *(Mitglied werden bei)* join; **einem Verein usw. ~:** join a club etc.; **b)** *(sich anschließen an)* einem Abkommen/Pakt **~:** accede to an agreement/a pact; **c)** *(Rechtsw.)* einem Verfahren/einer Verhandlung **~:** attend proceedings *pl.*/a hearing
Bei·tritt der **a)** *(Eintritt)* joining; **seinen ~ erklären** affirm one's wish to become a member; **b)** *(Rechtsw.)* jmds. **~ anordnen** *od.* verfügen order sb. to attend [the proceedings]
Beitritts·erklärung die declaration *(affirming one's wish to become a member)*
Bei·wagen der **a)** *(Seitenwagen)* side-car; **b)** *(veralt.: Anhänger)* (einer U-Bahn) car; *(einer Straßenbahn)* trailer
Beiwagen-: ~fahrer der side-car passenger; **~maschine** die motor-cycle combination *(Brit.)*; side-car motor cycle *(Amer.)*
Bei·werk das; *o. Pl.* accessories *pl.*; **in Opern ist die Handlung oft nur ~:** in opera the plot is often of only secondary importance
bei|willigen *itr. V. (schweiz.)* **s.** zustimmen
bei|wohnen *itr. V.* **a)** *(geh.: anwesend sein)* einer Sache *(Dat.)* **~:** be present at *or* attend sth.; **b)** *(veralt. verhüll.)* jmdm. **~:** lie with sb. *(arch.)*
Bei·wort das; ~[e]s, Beiwörter **a)** *s.* Adjektiv; **b)** *(veralt.)* epithet
Beiz [baits] die; ~, ~en *(schweiz.)* ³Beize
¹Beize ['baitsə] die; ~, ~n **a)** *(Holzbearb.)* [wood-]stain; **b)** *(Gerberei)* bate; **c)** *(Metallbearb.)* pickle; **d)** *(Metallbearb.)* mordant; **e)** *(Landw.)* disinfectant; seed-dressing; **f)** *(Tabakind.)* sauce; **g)** *(Kochk.)* marinade **h)** *(das Beizen)* beizen: staining, bating, mordanting, pickling; disinfecting; sauce casing; marinating
²Beize die; ~, ~n *(Jagdw.)* hawking
³Beize die; ~, ~n *(schweiz.)* pub *(Brit. coll.)*; bar *(Amer.)*
beizeiten [bai'tsaitn] *Adv.* in good time
¹beizen ['baitsn] *tr. V. (mit Beize behandeln)* **a)** *(Holzbearb.)* stain; **b)** *(Gerberei)* bate; **c)** *(Textilbearb.)* mordant; **d)** *(Landw.)* disinfect, dress ⟨seed⟩; **e)** *(Metallbearb., Tabakind.)* pickle; **f)** *(Kochk.)* marinade
²beizen *tr., itr. V. (Jägerspr.)* hawk
Beizer der; ~s, ~ stainer
bei|ziehen *unr. tr. V. (südd., österr., schweiz.)* call in ⟨*lawyer, psychologist, expert, etc.*⟩; bring in, enlist ⟨*helpers*⟩; consult, make use of ⟨*reference book etc.*⟩
Bei·ziehung die *(südd., österr., schweiz.)* calling in
Beiz-: ~jagd die *s.* ²Beize; **~vogel** der falcon; hawk
bejahen [bə'ja:ən] **1.** *tr. V.* **a)** *(mit Ja beantworten)* etw. **~:** give an affirmative answer to sth.; answer sth. in the affirmative; **b)** *(gutheißen, befürworten)* approve of; **das Leben ~:** have a positive *or* an affirmative attitude to life. **2.** *itr. V.* answer in the affirmative; give an affirmative answer; **sie bejahte lebhaft** she replied with an animated 'yes'
bejahend 1. *Adj.* affirmative; affirmative, positive ⟨*attitude*⟩. **2.** *adv.* ⟨*answer*⟩ in the affirmative; ⟨*nod*⟩ affirmatively
bejahrt [bə'ja:ɐ̯t] *Adj.* *(geh.)* advanced in years
Bejahrtheit die; ~: advanced age
Bejahung die; ~, ~en **a)** affirmative answer *or* reply; **ein Zeichen der ~:** an affirmative sign; **b)** *(das Gutheißen)* approval
bejammern *tr. V.* lament; **die Toten ~:** lament for the dead; **dazu neigen, sich selbst zu ~:** tend towards self-pity
bejammerns·wert *Adj.* pitiable ⟨*person*⟩; wretched ⟨*situation*⟩; lamentable, pitiable ⟨*condition, state*⟩; pitiful ⟨*sight*⟩
bejubeln *tr. V.* cheer; acclaim; **jmdn. als Helden usw. ~:** acclaim sb. as a hero etc.
bekacken *(vulg.)* *tr. V.* **a)** *(vulg.)* ~ **V.** shit *(vulg.)*; in ⟨*nappy etc.*⟩; **bekackte Windeln** shitty nappies *(Brit.)* *or* *(Amer.)* diapers *(vulg.)*. **2.** *refl. V.* shit oneself *(vulg.)*
bekakeln *tr. V. (ugs.)* talk over; discuss
bekämpfen *tr. V.* **a)** fight against; **sich [gegenseitig] ~:** fight [one another *or* each other]; **b)** *(einzudämmen versuchen)* combat, fight ⟨*disease, epidemic, pest*⟩; combat ⟨*unemployment, crime, alcoholism*⟩; curb ⟨*curiosity, prejudice*⟩
Bekämpfung die; ~ **a)** fight (+ *Gen.* against); **zur ~ des Feindes aufrufen** call for battle against the enemy; **b)** *s.* bekämpfen

bekannt [bəˈkant] 1. 2. Part. v. bekennen. 2. Adj. a) *(von vielen gewußt)* well-known; **es wurde ~, daß ...**: it became known that ...; **für etw. ~ sein** be well known for sth.; **es ist nichts davon ~**: nothing is known concerning it; **wegen etw. ~ sein** be well-known on account of sth.; b) *(berühmt)* well-known; famous; **er sein** be better known; **international ~ sein** be internationally known or famous; c) *(vertraut, bewußt)* **die Aufgaben sind ihm ~**: he knows what his duties are; **sie ist mir ~**: I know her; **davon ist mir nichts ~**: I know nothing about that; **mit jmdm. ~ sein/werden** know or be acquainted with sb./get to know or become acquainted with sb.; **mit etw. ~ sein/werden** be/become familiar or acquainted with sth.; **jmdn./sich mit jmdm. ~ machen** introduce sb./oneself to sb.; **Darf ich ~ machen? Meine Eltern** may I introduce my parents?; **jmdn./sich mit etw. ~ machen** acquaint sb./oneself with sth.; **jmdm. ~ vorkommen** seem familiar to sb.; **der Witz kommt mir ~ vor** I think I've heard that joke somewhere before
Bekannte der/die adj. Dekl. a) acquaintance; b) *(verhüll.: Freund/Freundin)* boyfriend/girl[-friend]
Bekannten·kreis der circle of acquaintances; **jmds. engerer** od. **näherer ~**: sb.'s circle of close acquaintances
bekannter·maßen Adv. *(Papierdt.)* s. bekanntlich
Bekannt·gabe die; ~: announcement
bekannt|geben unr. tr. V. announce
Bekanntheit die; ~ a) *(Kenntnis)* acquaintance, familiarity *(Gen.* with); b) *(Berühmtheit)* fame
Bekanntheits·grad der; ~es: **einen großen ~ haben** be very well known
bekanntlich Adv. as is well known; **etw. ist ~ der Fall** it is known that sth. is the case; sth. is known to be the case; **der Walfisch ist ~ ein Säugetier** it is well known that the whale is a mammal; **~ sind Steuererhöhungen sehr unbeliebt** we all know that tax increases are highly unpopular
bekannt|machen tr. V. announce; *(der Öffentlichkeit)* make public; *(veröffentlichen)* publish
Bekannt·machung die; ~, ~en a) o. Pl. *(das ~machen)* announcement; *(das Veröffentlichen)* publication; b) *(Mitteilung)* announcement; notice
Bekanntschaft die; ~, ~en a) o. Pl. *(Bekanntsein)* acquaintance; **bei näherer ~**: on closer acquaintance; **jmds. ~ machen** make sb.'s acquaintance; **du wirst bald mit der Polizei ~ machen** *(ugs.)* you're going to get into trouble with the police soon; **dein Hosenboden wird gleich mit meiner Hand ~ machen** *(ugs.)* you'll feel my hand across your backside any minute; b) *(Mensch, den man kennt)* acquaintance; *(Bekanntenkreis)* circle of acquaintances
bekannt|werden unr. itr. V.; mit sein; nur im Inf. und 2. Part. zusammengeschr. become known; become public knowledge
bekaufen refl. V. make a bad buy
bekehren 1. tr. V. convert (zu to); **jmdn. zum Anhänger des Buddhismus/Nacktbadens/Monetarismus ~**: convert sb. to Buddhism/nude bathing/monetarism; **vom Alkohol bekehrt sein** have turned one's back on alcohol. 2. refl. V. become converted (zu to)
Bekehrer der; ~s, ~, **Bekehrerin** die; ~, ~nen converter; *(Missionar)* missionary
Bekehrte der/die; adj. Dekl. convert
Bekehrung die; ~, ~en *(auch fig.)* conversion (zu to)

bekennen 1. unr. tr. V. a) *(eingestehen)* admit ⟨mistake, defeat⟩; confess ⟨sin⟩; admit, confess ⟨guilt, truth⟩; b) *(Rel.)* profess; **die Bekennende Kirche** *(hist.)* the Confessional Church. 2. refl. V. **sich zu Buddha/Mohammed ~**: profess or declare one's faith in Buddha/Muhammad; **nur wenige seiner früheren Freunde bekannten sich zu ihm** only a few of his former friends stood by him; **sich zu seiner Vergangenheit ~**: acknowledge one's past; **sich zu seiner Schuld ~**: admit or confess one's guilt; **sich zum Sozialismus ~**: declare one's belief in socialism; **sich schuldig/nicht schuldig ~**: admit or confess/not admit or not confess one's guilt; *(vor Gericht)* plead guilty/not guilty; **sich zu einem Bombenanschlag ~**: claim responsibility for a bomb attack; **sich als jmd[n]. ~**: admit or confess that one is sb./one is being sb.
Bekenner der confessor
Bekenner-: **~brief,** der letter *(Gen.* from) claiming responsibility; **~geist** der, **~mut** der; o. Pl. courage of one's convictions
Bekenntnis das; ~ses, ~se a) *(Eingeständnis)* confession; b) *(Eintreten)* **ein ~ für die Sache des Friedens/zum Frieden** a declaration of belief in the cause of peace/a declaration for peace; **ein ~ zum Christentum/zur Demokratie ablegen** profess one's faith in Christianity/declare one's belief in democracy; c) *(Konfession)* denomination; d) *(formulierter Inhalt)* confession; **das Augsburger ~**: the Confession of Augsburg
bekenntnis-, Bekenntnis-: **~freiheit** die; o. Pl. religious freedom; freedom of worship; **~kirche** die; o. Pl. Confessional Church; **~los** Adj. not belonging to any denomination postpos., not pred.; **~los sein** not belong to any denomination; **~schule** die denominational school
bekieken tr. V. *(nordd. ugs.)* look at; have a look at
bekifft [bəˈkɪft] Adj. *(ugs.)* stoned *(sl.)*
beklagen 1. tr. V. a) *(betrauern)* mourn; **Menschenleben waren nicht zu ~**: there were no fatalities; there was no loss of life; b) *(bedauern)* lament; **sein/jmds. Los ~**: lament or bewail one's fate/deplore sb.'s fate; **wir haben einen großen Umsatzrückgang zu ~**: we have to note with regret a large drop in sales. 2. refl. V. **sich über jmdn./etw. ~**: complain about sb./sth.; **ich kann mich nicht ~**: I can't complain; **du kannst dich nicht ~**: you've got nothing to complain about or no reason to complain
beklagens-: **~wert, ~würdig** *(geh.)* 1. Adj. pitiful ⟨sight, impression⟩; pitiable ⟨person⟩; lamentable, pitiable, deplorable ⟨condition, state⟩; wretched ⟨situation⟩; 2. adv. lamentably; deplorably
beklagt [bəˈklaːkt] Adj.; nicht präd. **die ~ Partei** the defendant; *(bei Ehescheidungen)* the respondent; **die ~en Personen** the defendants
Beklagte der/die; adj. Dekl. defendant; *(bei Ehescheidungen)* respondent
beklatschen tr. V. a) clap; applaud; b) *(ugs.: klatschen über)* gossip about
beklauen tr. V. *(salopp)* rob; do *(sl.)*
bekleben tr. V. **eine Wand** usw. **mit etw. ~**: stick sth. all over a wall etc.; **mit etw. beklebt sein** have sth. stuck all over it
bekleckern *(ugs.)* 1. tr. V. **seinen Schlips** usw. **mit Soße** usw. **~**: drop or spill sauce etc. down one's tie etc.; **mit Senf bekleckerte Teller** plates smeared with mustard. 2. refl. V. **ich habe mich bekleckert** I've dropped or spilled sth. down myself; **sich mit Soße** usw. **~**: drop or spill sauce etc. down oneself; s. auch Ruhm
bekleksen tr. V. spatter; **etw. mit Tinte** usw. **~**: spatter ink etc. on sth.
bekleiden tr. V. a) clothe; **mit etw. bekleidet sein** be dressed in or be wearing sth.; b) *(geh.: innehaben)* occupy, hold ⟨office, position⟩; c) *(geh. veralt.: versehen)* **jmdn. mit etw. ~**: bestow sth. on sb.
Bekleidung die clothing; clothes pl.; garments pl.; *(Aufmachung)* dress; attire
Bekleidungs-: **~gewerbe** das, **~handwerk** das clothing trade; **~industrie** die clothing industry; **~stück** das s. Kleidungsstück; **~vorschriften** Pl. dress regulations; regulations governing dress
bekleistern tr. V. *(ugs.)* a) *(mit Kleister bestreichen)* apply paste to; b) *(bekleben)* **etw. mit Aufklebern** usw. **~**: plaster stickers etc. all over it
beklemmen tr. V. oppress; **jmdm. das Herz** od. **jmds. Herz ~** *(geh.)* weigh upon sb.'s heart
beklemmend 1. Adj. oppressive. 2. adv. oppressively
Beklemmung die; ~, ~en oppressive feeling; *(Angst)* [feeling of] unease; *(stärker)* [feeling of] apprehension; **ich bekomme** od. **kriege ~en** I feel as if I'm being stifled
beklommen [bəˈklɔmən] 1. Adj. uneasy; shaky ⟨voice⟩; *(stärker)* apprehensive. 2. adv. uneasily; *(stärker)* apprehensively
Beklommenheit die; ~: uneasiness; *(stärker)* apprehensiveness
beklönen tr. V. *(nordd. ugs.)* talk over
beklopfen tr. V. tap
bekloppt [bəˈklɔpt] Adj. *(salopp)* barmy *(Brit. sl.)*; loony *(sl.)*; **dieser ~e Fahrer** this nut-case of a driver *(Brit. sl.)*; this nutty driver *(sl.)*; **ein Bekloppter** a nut-case *(Brit. sl.)*; a nut *(sl.)*
beknackt Adj. *(salopp)* lousy *(sl.)*; **ein ~er Typ** a berk *(Brit. sl.)*; a jerk *(sl.)*; **so was Beknacktes** what a load of rubbish! *(coll.)*
beknien tr. V. *(ugs.)* beg
bekochen tr. V. *(ugs.)* cook for
beködern tr. V. *(Angeln)* bait ⟨hook⟩
bekommen 1. unr. tr. V. *(erhalten)* get; get, receive ⟨money, letter, reply, news, orders⟩; **ich habe seit Monaten keinen Brief mehr von ihm ~**: I haven't had a letter from him for months; **Anschluß/eine Verbindung [zu einem Ort] ~**: get through [to a place]; **fünf Tage Urlaub ~** get five days' holiday *(Brit.)* or *(Amer.)* vacation; **drei Monate Gefängnis ~**: get or receive three months in prison; **eine Flasche usw. über den Kopf ~** get hit on the head with a bottle etc.; **was ~ Sie?** *(im Geschäft)* can I help you?; *(im Lokal, Restaurant)* what would you like?; *(wieviel Geld?)* how much is that?; *(bei mehreren Sachen)* how much does that come to?; **wir ~ Regen/besseres Wetter** we're going to get some rain/some better weather; there's rain/better weather on the way; **sie bekommt ein Kind** she's expecting a baby; **wann bekommt sie ihr Kind?** when is the baby due?; b) *(finden, erlangen)* get; obtain; catch ⟨train, bus, flight⟩; **eine Vorstellung/einen Eindruck von etw. ~**: get some or an idea/impression of sth.; **seinen Willen ~**: get one's way; c) *(ein bestimmtes Ziel erreichen)* get; **etw. durch die Tür/in den Kofferraum ~**: get sth. through the door/into the boot *(Brit.)* or *(Amer.)* trunk; **etw. zu Papier ~**: get sth. down on paper; **jmdn. nicht aus dem Bett ~**: be unable to get sb. out of bed or up; **jmdn. zum Reden ~**: get sb. to talk; **jmdn. dazu ~, die Wahrheit zu sagen** get sb. to tell the truth; **etw. sauber/wohnlich ~**: get sth. clean/make sth. homely or comfortable; d) *(entwickeln, erleiden)* get ⟨goose-pimples, measles, spots, diarrhoea, practice, experience, etc.⟩; **Hunger/Durst ~**: get hungry/thirsty; **einen roten Kopf/eine Glatze ~**: go red/bald; **Mut/Angst ~**: take heart/become frightened; **Gestalt/Form ~**: take shape; **er bekommt einen Bart** he's growing a beard; **sie bekommt eine Brust** her breasts are developing; **Zähne ~**: s.

945

bekömmlich

⟨*baby*⟩ teethe; **er bekommt seine Weisheitszähne** his wisdom teeth are coming through; **e)** (+ *Inf.*) **etw. zu essen/trinken ~:** have sth. to eat/drink; **wo bekomme ich etwas zu essen/trinken?** where can I get something to eat/drink?; **etw./jmdn. zu fassen ~:** get hold of sth./lay one's hands on sb.; *s. auch* **hören, spüren; f)** + 2. *Part.* get; **etw. geschenkt ~:** get [given] sth. *or* be given sth. as a present; **etw. direkt vom Verlag geschickt ~:** get sth. direct from the publisher; **seine Arbeit von anderen gemacht ~:** get one's work done by other people; **g)** *in* **es nicht über sich (***Akk.***) ~:** be unable to bring oneself to do sth. **2.** *unr. itr. V.*; *mit sein* **jmdm. gut ~:** do sb. good; be good for sb.; **jmdm. [gut] ~:** ⟨*food, medicine*⟩ agree with sb.; **jmdm. schlecht** *od.* **nicht ~:** not be good for sb.; not do sb. any good; ⟨*food, medicine*⟩ not agree with sb.; **wohl bekomm's!** your [very good] health!

bekömmlich [bə'kœmlɪç] *Adj.* easily digestible; **leicht/schwer ~ sein** be easily digestible/difficult to digest

Bekömmlichkeit die; **~:** easy digestibility

beköstigen [bə'kœstɪgn] *tr. V.* cater for; **er wird von seiner Tante beköstigt** he gets his meals provided by his aunt

Beköstigung die; **~: a)** catering *no indef. art.;* **b)** (*Kost*) food *no indef. art.*

bekotzen *tr. V.* (*derb*) puke over (*coarse*)

bekräftigen *tr. V.* reinforce ⟨*statement*⟩; reaffirm ⟨*promise*⟩; confirm, strengthen ⟨*suspicion, conviction*⟩; **eine Vereinbarung durch Handschlag ~:** seal an agreement with a handshake

Bekräftigung die confirmation

bekränzen [bə'krɛntsn̩] *tr. V.* **jmdn./etw. ~:** crown sb. with a wreath/garland sth.

bekreuzen 1. *tr. V.* (*kath. Kirche*) make the sign of the cross over. **2.** *refl. V. s.* **bekreuzigen**

bekreuzigen *refl. V.* (*kath. Kirche*) cross oneself

bekriegen *tr. V.* wage war on; (*fig.*) fight; **bekriegt werden** be attacked; **sich ~:** be at war; (*fig.*) fight [each other *or* one another]

bekritteln *tr. V.* (*abwertend*) find fault with (in a petty way)

bekritzeln *tr. V.* scribble on; **die Wände waren von oben bis unten bekritzelt** the walls were covered with graffiti; **die Buchränder mit Anmerkungen ~:** scribble comments in the margins of the book

bekrönen *tr. V.* (*auch fig., Archit.*) crown

bekucken (*nordd.*) *s.* **begucken**

bekümmern *tr. V.* jmdn. **~:** cause sb. worry; **das braucht dich nicht zu ~:** you needn't worry about that

Bekümmernis die (*geh.*) worry; trouble; (*stärker*) distress

bekümmert [bə'kʏmɐt] **1.** *Adj.* worried; troubled; (*stärker*) distressed. **2.** *adv.* **~ schweigen** maintain a worried silence

bekunden [bə'kʊndn̩] **1.** *tr. V.* **a)** (*geh.: zeigen*) express; **b)** (*Rechtsw.: bezeugen*) make ⟨*statement*⟩; **er bekundete, daß ...:** he testified that ... **2.** *refl. V.* (*geh.: sich zeigen*) manifest itself

Bekunden das *in* **nach seinem/ihrem** *usw.* **eigenen ~:** according to his/her *etc.* own statement[s]

Bekundung die; **~, ~en** expression; (*Aussage*) statement

belabern *tr. V.* (*salopp abwertend*) keep on [and on] at

belächeln *tr. V.* smile [pityingly/tolerantly *etc.*] at; **belächelt werden** meet with a pitying smile

belachen *tr. V.* laugh at

¹**beladen** *unr. tr. V.* **a)** (*mit einer Ladung versehen*) load ⟨*ship*⟩; load [up] ⟨*car, wagon*⟩; **Be- und Entladen gestattet/verboten** loading and unloading permitted/no loading *or* unloading; **b)** (*zu tragen geben*) load up ⟨*horse, donkey*⟩; **c)** (*reich bedecken*) load ⟨*table*⟩

²**beladen** *Adj.* loaded, laden (**mit** with); **mit etw. ~ sein** be laden with sth.; **sie war schwer mit Paketen ~:** she was loaded *or* laden down with parcels; **mit Sorgen/Schuld ~ sein** (*fig.*) ⟨*person*⟩ be burdened with cares/guilt; **mit einem Fluch ~ sein** be under a curse

Belag [bə'laːk] **der**; **~[e]s, Beläge** [bə'lɛːgə] **a)** (*Schicht*) coating; film; (*Zungen~*) fur *no indef. art.;* coating; (*Zahn~*) film; **Sie haben einen ~ auf der Zunge** your tongue is coated; **b)** (*Fußboden~*) covering; (*Straßen~*) surface; (*Brems~*) lining; **c)** (*von Kuchen, Pizza, halben Brötchen*) topping; (*von Sandwiches*) filling

Belagerer [bə'laːgərɐ] **der**; **~s, ~:** besieger

belagern *tr. V.* **a)** (*Milit.*) besiege; lay siege to; **b)** (*fig.: bedrängen*) besiege

Belagerung die; **~, ~en a)** (*Milit.*) siege; **b)** *o. Pl.* (*fig.: Bedrängung*) besieging

Belagerungs-: ~maschine die siegemachine; **~zustand der**; *o. Pl.* state of siege; (*Ausnahmezustand*) state of emergency; **den ~zustand ausrufen** declare a state of siege/emergency; **über die Stadt wurde der ~zustand verhängt** the town was declared under siege/a state of emergency was declared in the town

Belang [bə'laŋ] **der**; **~[e]s, ~e a)** *o. Pl.* (*Bedeutung*) **[für etw.] von/ohne ~ sein** be of importance/of no importance [for sth.]; **für jmdn. von/ohne ~ sein** be important/not be important to sb.; **b)** *Pl.* (*Interessen*) interests; **jmds. ~e wahrnehmen/vertreten** look after/represent sb.'s interests

belangen *tr. V.* **a)** (*Rechtsw.*) sue; (*strafrechtlich*) prosecute; **jmdn. wegen etw. ~:** sue/prosecute sb. for ...; **b)** (*veralt. unpers.: betreffen*) **was mich/ihn** *usw.* **belangt, so ...:** as far as I am/he *etc.* is concerned, ...

belang-, Belang-: ~los *Adj.* (*trivial*) trivial; (*unerheblich*) of no importance (**für** for); **~losigkeit die**; **~, ~en** *o. Pl.* (*Trivialität*) triviality; (*Unerheblichkeit*) unimportance; **b)** (*triviale Äußerung*) triviality; **~voll** *Adj.* (*geh.*) important (**für** for)

belassen *tr. V.* (*unverändert lassen*) leave; **jmdn. in seinem Amt ~:** keep sb. in his/her post; **~ wir es dabei** let's leave it at that; **b)** (*überlassen*) **jmdm. etw. ~:** let sb. keep sth.

belastbar *Adj.* **a)** (*mit Last, Gewicht*) tough, resilient ⟨*material*⟩; ⟨*material*⟩ able to withstand stress *pred.;* [nur] **mit 3,5 t ~ sein** be able to take a load of [only] 3.5 t; **b)** (*beanspruchbar*) tough, resilient ⟨*person*⟩; **seelisch/körperlich ~ sein** be emotionally/physically tough *or* resilient; be able to stand emotional/physical stress; **ein ~er Mitarbeiter** an employee who can work under pressure; **die Umwelt ist nicht weiter ~:** the pressures on the environment have become intolerable

Belastbarkeit die; **~, ~n a)** (*von Material*) ability to withstand stress; (*von Konstruktionen*) load-bearing capacity; **b)** (*von Menschen*) toughness; resilience; (*von Mitarbeitern*) ability to work under pressure

belasten *tr. V.* **a)** (*beschweren*) load ⟨*vehicle etc.*⟩; put weight on ⟨*ski*⟩; **der Fahrstuhl darf nur mit vier Personen belastet werden** the lift (*Brit.*) *or* (*Amer.*) elevator must not carry more than four persons; **b)** (*beeinträchtigen*) pollute ⟨*atmosphere*⟩; put pressure on ⟨*environment*⟩; **c)** (*in Anspruch nehmen*) burden (**mit** with); **d)** (*zu schaffen machen*) **jmdn. ~:** ⟨*responsibility, guilt*⟩ weigh upon sb.; ⟨*thought*⟩ weigh upon sb.'s mind; **Fett belastet den Magen** fat puts a strain on the stomach; **das belastet ihn seelisch schwer, daß ihn seine Frau verlassen hat** the fact that his wife has left him is causing him great emotional strain and distress; **e)** (*Rechtsw.:*

belebt

schuldig erscheinen lassen) incriminate; **~des Material** incriminating evidence; **f)** (*Geldw.*) **jmds. Konto mit 100 DM ~:** debit sb.'s account with 100 DM; **jmdn. mit zusätzlichen Steuern ~:** increase the tax burden on sb.; **den Staatshaushalt ~:** place a burden on the national budget; **das Haus ist mit einer Hypothek belastet** the house is encumbered with a mortgage

belästigen [bə'lɛstɪgn̩] *tr. V.* bother; (*sehr aufdringlich*) pester; (*sexuell*) molest; **sich von etw. belästigt fühlen** regard sth. as a nuisance

Belästigung die; **~, ~en: am schlimmsten empfanden wir die ~ durch die Reporter/Insekten** we found the worst thing was being pestered by reporters/bothered by insects; **etw. als ~ empfinden** regard sth. as a nuisance

Belastung [bə'lastʊŋ] **die**; **~, ~en a)** die **~ der Atmosphäre/Umwelt durch Schadstoffe** the pollution of the atmosphere by harmful substances/the pressure on the environment caused by harmful substances; **b)** (*Inanspruchnahme*) strain; **für jmdn. eine ~ sein** put a strain on sb.; **c)** (*Bürde, Sorge*) burden; **das stellte eine schwere seelische ~ für sie dar** it was causing her great strain and distress; **d)** (*Rechtsw.: Beschuldigung*) incrimination; **e)** (*Geldw.*) charge; (*steuerlich*) burden; **außergewöhnliche ~en** extraordinary expenses (*partly deductible as a charge on one's income*); **eine weitere ~ meines Kontos kann ich mir nicht erlauben** I can't afford to draw any more money from my account; **f)** (*Beschwerung*) loading; **die maximale ~ der Brückenpfeiler** the safe maximum load for the bridge piers

belastungs-, Belastungs-: ~-EKG das (*Med.*) electrocardiogram after effort; **~fähig** *Adj.* s. **belastbar; ~grenze die** limit; (*der Atmosphäre, des Wasserhaushalts*) maximum tolerable level of pollution; **~material das** (*Rechtsw.*) incriminating evidence; **~probe die** (*bei Menschen*) endurance test; (*bei Materialien*) stress test; (*bei Konstruktionen*) load test; **~spitze die** (*Elektrot.*) peak load; **~zeuge der** (*Rechtsw.*) witness for the prosecution

belatschern [bə'laːtʃɐn] *tr. V.* (*berlin. salopp*) **a)** jmdn. **~, daß er etw. macht** talk sb. into doing sth.; **er hat mich belatschert** he talked me into it; **b)** (*ansprechen*) accost

belauben *refl. V.* come into leaf; **belaubte Pappeln** poplars in leaf

Belaubung die; **~ a)** coming into leaf; **b)** (*Laubwerk*) foliage; leaves *pl.*

belauern *tr. V.* **jmdn. ~:** (*versteckt beobachten*) watch sb. from hiding; (*mit lauerndem Blick beobachten*) eye *or* watch sb. carefully; keep a watchful eye on sb.

belaufen *unr. refl. V.* **sich auf ...** (*Akk.*) **~:** amount *or* come to ...; ⟨*rent, price*⟩ come to ..., be ...

belauschen *tr. V.* **a)** eavesdrop on; **b)** (*geh.: beobachten*) observe

Belcanto [bel'kanto] **der**; **~s** (*Musik*) bel canto

beleben 1. *tr. V.* **a)** (*in Schwung bringen*) enliven; liven up (*coll.*); (*wieder~*) put new life into; stimulate ⟨*demand*⟩; **b)** (*lebendig gestalten*) enliven; brighten up; **c)** (*lebendig machen*) give life to; **d)** (*bevölkern*) inhabit; populate. **2.** *refl. V.* **a)** (*lebhafter werden*) ⟨*eyes*⟩ light up; ⟨*face*⟩ brighten [up]; ⟨*market, economic activity*⟩ revive, pick up; **b)** (*lebendig, bevölkert werden*) come to life; **sich neu belebt fühlen** feel revived

belebend 1. *Adj.* stimulating; invigorating. **2.** *adv.* **~ wirken** have a stimulating *or* invigorating effect

belebt *Adj.* **a)** (*lebhaft, bevölkert*) busy ⟨*street, crossing, town, etc.*⟩; **b)** (*lebendig, auch fig.*) living; **die ~e Natur** the living world of nature

Belebtheit die; ~: bustle; bustling activity
Belebung die; ~, ~en revival; **eine ~ der Wirtschaft** a revival in the economy; **eine ~ des Absatzes** a stimulation of demand; **ein Getränk usw. zur ~:** a drink *etc.* to revive oneself
belecken *tr. V.* lick; **von Kultur/Geschichte nicht/wenig beleckt sein** *(fig. ugs.)* have no/not much trace of culture/knowledge of history
Beleg [bə'le:k] *der;* ~[e]s, ~e **a)** *(Beweisstück)* piece of [supporting] documentary evidence; *(Quittung)* receipt; ~e [supporting] documentary proof *sing.* or evidence *sing. no indef. art./receipts;* **b)** *(Beispiel)* instance, example **(für** of); *(Quellennachweis)* reference; **als ~ für etw.** as evidence for sth.; **ein ~ für ein Wort** an example of the use of a word; **c)** *(Archäol.: Fundstück)* find
Beleg·arzt *der* doctor on duty *(who shares responsibility for hospital in-patients)*
belegbar *Adj.* verifiable
belegen 1. *tr. V.* **a)** *(Milit.: beschießen)* bombard; *(mit Bomben)* attack; **b)** *(mit Belag versehen)* cover ⟨floor⟩ **(mit** with); fill ⟨flan base, sandwich⟩; top ⟨open sandwich⟩; **eine Scheibe Brot mit Schinken/Käse ~:** put some ham/cheese on a slice of bread; **c)** *(reservieren)* reserve, book ⟨seat, table, room⟩; *(nutzen)* occupy ⟨seat, room, etc.⟩; *(Hochschulw.)* enrol for, register for ⟨seminar, lecture-course⟩; **d)** *(Sport)* **den ersten/letzten Platz ~:** come first *or* take first place/come last; **e)** *(nachweisen)* prove; give a reference for ⟨quotation⟩; *(fig.)* substantiate ⟨demand⟩; **etw. mit o. durch Quittungen ~:** support sth. with receipts; **f)** *(versehen)* **jmdn./etw. mit etw. ~:** impose sth. on sb./sth.; **jmdn. mit einem Spitznamen ~:** give sb. a nickname; **g) eine Schule mit Flüchtlingen ~:** accommodate refugees in a school. **2.** *itr. V. (Hochschulw.)* enrol *or* register [for seminars/lectures] for the coming semester
Beleg-: **~exemplar** *das* voucher copy; *(für Autoren)* author's copy; **~frist** *die (Hochschulw.)* enrolment period; **~leser** *der (DV)* document-reader; **~material** *das* documentary evidence
Belegschaft *die;* ~, ~en staff; employees *pl.*
Belegschafts-: **~aktie** *die* employees' share; **~mitglied** *das* employee; **~versammlung** *die* meeting of the staff
Beleg-: **~stelle** *die* reference; **~stück** *das* s. **~exemplar**
belegt 1. 2. *Part. v.* **belegen. 2.** *Adj.* **a) ein ~es Brot** *(offen)* an open *or* (*Amer.*) open-face sandwich; *(zugeklappt)* a sandwich; **ein ~es Brötchen** *(offen)* a roll with topping; an open-face roll *(Amer.); (zugeklappt)* a filled roll; a sandwich roll *(Amer.);* **b)** *(mit Belag bedeckt)* coated, furred ⟨tongue, tonsils⟩; **c)** *(heiser)* husky ⟨voice⟩; **eine ~e Stimme haben** be hoarse; **d)** *(nicht mehr frei)* ⟨room, flat⟩ occupied; ⟨hotel, hospital⟩ full
Belegung *die;* ~, ~en *(Reservierung)* reservation; booking; *(Nutzung)* occupying
belehnen *tr. V.* **a)** *(hist.)* **jmdn. mit Land/einem Amt ~:** enfeoff sb. with land/in an office; **b)** *(schweiz.)* s. **beleihen**
belehrbar *Adj.* teachable
belehren *tr. V.* **a)** *(lehren)* teach; instruct; *(aufklären)* enlighten; *(informieren)* inform; advise; **jmdn. über etw. (Akk.) ~:** inform sb. about sth.; **jmdn. über seine Rechte ~/die Bedeutung des Eides ~:** *(Rechtsw.)* inform *or* advise sb. of his/her rights/caution *or* warn sb. about the meaning of the oath; **b)** *(von einer irrigen Meinung abbringen)* **sich ~ lassen** [be willing to] listen *or* take advice *or* be told; **ich bin belehrt** I've learnt something; **sich eines anderen ~ lassen müssen** learn otherwise; *s. auch* **besser**
belehrend *Adj.* didactic
Belehrung *die;* ~, ~en **a)** *(das Belehrtwer-*

den) instruction; **b)** *(Zurechtweisung)* lecture; **c)** *(Rechtsw.)* caution; warning
beleibt [bə'laipt] *Adj. (geh.)* stout; portly; corpulent
Beleibtheit *die;* ~: *(geh.)* stoutness; portliness; corpulence
beleidigen [bə'laidign] *tr. V.* insult; offend; **jmds. Ehre ~:** offend sb.'s honour; **~d** offensive; **~e Äußerungen** *(Rechtsw.) (schriftlich)* libellous statements; *(mündlich)* slanderous statements; **das beleidigt mein Ohr/mein Auge** *(fig.)* it offends my ear/eye
beleidigt *Adj.* insulted; offended; *(gekränkt)* offended; **ein ~es Gesicht machen** put on a hurt expression; **er ist schnell ~:** he easily takes offence; **jmdn. ~ ansehen** give sb. an offended look
Beleidigung *die;* ~, ~en insult; *(Rechtsw.)* libel; *(mündlich)* slander; **etw. als ~ empfinden** regard sth. as an insult; **eine ~ für das Auge/Ohr** *(fig.)* an offence to the eye/ear
Beleidigungs-: **~klage** *die (Rechtsw.) (wegen schriftlicher Beleidigung)* action for libel; libel action; *(wegen mündlicher Beleidigung)* action for slander; slander action; **eine ~klage gegen jmdn. erheben** sue sb. for libel/slander; bring an action for libel/slander against sb.; **~prozeß** *der (Rechtsw.) (wegen schriftlicher Beleidigung)* libel suit; *(wegen mündlicher Beleidigung)* slander suit
beleihen *unr. tr. V.* **a)** *(als Pfand nehmen)* grant a loan on the security of; grant a mortgage on ⟨home, property⟩; raise money on ⟨insurance, policy⟩; **etw. ~ lassen** raise a loan/mortgage on sth.; **ihr Schmuck wurde mit 15 000 DM beliehen** she raised a loan of 15,000 DM on her jewellery; **b)** *(hist.) s.* **belehnen a**
Beleihung *die;* ~, ~en: **die ~ von etw.** raising a loan on sth.
belemmern [bə'lɛmɐn] *tr. V. (nordd. ugs.)* bother; *(sehr aufdringlich)* pester
belemmert *Adj. (ugs.)* **a)** *(niedergedrückt)* miserable; **er stand [wie] ~ da** he stood there miserably; **b)** *(scheußlich)* awful *(coll.);* terrible *(coll.);* dreadful *(coll.)*
belesen *Adj.* well-read
Belesenheit *die;* ~: [große] ~: [very] wide reading
Beletage [bɛle'ta:ʒə] *die;* ~, ~n *(veralt.)* first floor *(Brit.);* second floor *(Amer.)*
beleuchten *tr. V.* **a)** *(Fot.)* illuminate; light up; **light** ⟨stairs, room, street, etc.⟩; **festlich beleuchtet** festively lit; **b)** *(fig.: untersuchen)* examine ⟨topic, problem⟩
Beleuchter *der;* ~s, ~ *(Theater, Film)* lighting technician
Beleuchter·brücke *die (Theater, Film)* lighting bridge
Beleuchterin *die;* ~, ~nen *(Theater, Film)* lighting technician
Beleuchtung *die;* ~, ~en **a)** *(Licht)* light; **die ~ in der Stadt fiel aus** all the lights *pl.* of the town went out; **b)** *(das Beleuchten)* lighting; *(Anstrahlung)* illumination; **c)** *(fig.: Untersuchung)* examination
Beleuchtungs-: **~an·lage** *die* lighting installation; **~effekt** *der* the lighting effect; **~technik** *die* lighting engineering
beleumdet [bə'lɔymdət], **beleumundet** [bə'lɔymʊndət] *Adj.* **übel/gut ~ sein** have a bad/good reputation
belfern ['bɛlfɐn] **1.** *itr. V. (ugs.)* bark; *(fig.)* ⟨cannon⟩ boom; ⟨rifle⟩ crack. **2.** *tr. V.* bark; **bark [out]** ⟨order⟩
Belgien ['bɛlgiən] (das); ~s Belgium
Belgier ['bɛlgiɐ] *der;* ~s, ~, **Belgierin** *die;* ~, ~nen Belgian; *s. auch* **-in**
belgisch *Adj.* Belgian; *s. auch* **deutsch-**; **²Deutsche**
Belgrad ['bɛlgra:t] (das); ~s Belgrade
belichten 1. *tr. V.* **a)** *(Fot.)* expose; **eine Aufnahme richtig/falsch ~:** give a shot the

right/wrong exposure; **b)** *(fachspr.: beleuchten)* light. **2.** *itr. V. (Fot.)* **richtig/falsch/kurz ~:** use the right/wrong exposure/a short exposure time
Belichtung *die* **a)** *(Fot.)* exposure; **b)** *(fachspr.: Licht)* light
Belichtungs-: **~automatik** *die (Fot.)* automatic exposure control; **~dauer** *die (Fot.) s.* **~zeit;** **~messer** *der (Fot.)* exposure meter; **~tabelle** *die (Fot.)* exposure table; **~zeit** *die (Fot.)* exposure time
belieben *(geh.) itr. V. (unpers.)* [ganz] **wie es dir beliebt** [just] as you like; **was beliebt?** *(veralt.)* what can I do for you?; **wie beliebt?** *(veralt.)* I beg your pardon?; **~, etw. zu tun** like doing sth.; **Sie ~ zu scherzen** *(iron.)* you are joking, of course; **ihr könnt tun, was euch** *(Dat.)* **beliebt** you can do what you like
Belieben *das;* ~s: **es steht in deinem ~/es bleibt Ihrem ~ überlassen** it is up to you; **nach ~:** just as you/they *etc.* like
beliebig 1. *Adj.* any; **du kannst ein ~es Beispiel/einen ~en Tag wählen** you can choose any example/day you like; **fünf ~e Personen** any five people; **eine ~e Reihe von Beispielen** an arbitrary series of examples; **die Reihenfolge/Farbe ist ~:** any order/colour will do. **2.** *adv.* as you like/he likes *etc.;* **~ lange/viele** as long/many as you like/he likes *etc.;* **wähle eine ~ große Zahl** choose any number[, as high as] you like; **wir konnten ~ lange wegbleiben** we could stay out [for] as long as we liked; **diese beiden Begriffe sind nicht ~ austauschbar** these two terms are not interchangeable at will
beliebt *Adj.* popular; favourite *attrib.;* **sich [bei jmdm.] ~ machen** make oneself popular [with sb.]
Beliebtheit *die;* ~: popularity; **sich großer ~** *(Gen.)* **erfreuen** *(geh.)* enjoy great popularity
beliefern *tr. V.* supply; **jmdn. mit etw. ~:** supply sb. with sth.
Belieferung *die* supplying; **die ~ von jmdm. mit etw.** supplying sb. with sth.
Belladonna [bɛla'dɔna] *die;* ~, **Belladonnen** *(Bot., Pharm.)* belladonna
bellen ['bɛlən] **1.** *itr. V.* **a)** ⟨dog, fox⟩ bark; ⟨hound⟩ bay; *(fig.)* ⟨cannon⟩ boom; **b)** *(laut husten)* have a hacking cough; **ein ~der Husten** a hacking cough. **2.** *tr. V. (abwertend)* bark out ⟨orders⟩
Belletristik [bɛle'trɪstɪk] *die;* ~: belles-lettres *pl.*
belletristisch 1. *Adj.* belletristic ⟨literature⟩; **ein ~er Verlag** a publishing house specializing in belletristic literature. **2.** *adv.* **er hat seine Darstellung ~ aufgelockert** he made his account lighter and more entertaining
belobigen [bə'lo:bɪgn] *tr. V.* commend
Belobigung *die;* ~, ~en commendation; **jmdm. eine ~ aussprechen** commend sb.
Belobigungs·schreiben *das* letter of commendation
belohnen *tr. V.* **a)** *(beschenken)* reward; **jmdn. mit/für etw. ~:** reward sb. with/for sth.; **b)** *(vergelten)* repay, reward ⟨patience, loyalty, trust⟩
Belohnung *die;* ~, ~en **a)** *(Lohn)* reward; **eine ~ für etw. aussetzen** offer a reward for sth.; **b)** *o. Pl. (das Belohnen)* rewarding
Belt [bɛlt] *der;* ~s *(Geogr.)* **der Kleine/Große ~:** The Little/Great Belt
belüften *tr. V.* ventilate; *(auslüften)* air; **das Zimmer wurde nur durch eine kleine Luke in der Decke belüftet** the only means of ventilation in the room was a small skylight
Belüftung *die* ventilation
Belüftungs·anlage *die* ventilation system
¹Beluga [be'lu:ga] *die;* ~, ~s *(Zool.)* beluga [sturgeon]; *(Wal)* white whale
²Beluga *der;* ~s beluga caviare

belügen *unr. tr. V.* jmdn. ~: lie to *or* tell lies to sb.; **sich selbst** ~: deceive oneself; *s. auch* **Strich**
belustigen 1. *tr. V.* jmdn. ~: amuse sb.; *(zum Lachen bringen)* make sb. laugh. 2. *refl. V.* **a)** *(geh.)* **sich über jmdn./etw.** ~: make fun of *or* laugh at sb./sth.; **b)** *(veralt.: sich vergnügen)* amuse oneself
belustigt 1. *Adj.* amused. 2. *adv.* in amusement
Belustigung *die;* ~, ~en **a)** *(Fest, Vergnügen)* entertainment; **b)** *o. Pl. (Belustigtsein, Belustigtwerden)* amusement; **der allgemeinen** ~ **dienen** serve to amuse everybody
bemächtigen [bə'mɛçtɪgn̩] *refl. V. (geh.)* **a)** *(in seine Gewalt bringen)* **sich einer Sache/eines Menschen** ~: seize sb./sth.; **sich der Regierungsgewalt/des Thrones** ~: seize power/the throne; **b)** *(überkommen)* **Angst bemächtigte sich seiner** he was seized by fear; **Unruhe/Unsicherheit bemächtigte sich seiner** a feeling of unease/uncertainty came over him; **Entsetzen bemächtigte sich eines jeden** everyone was horrified
bemäkeln *tr. V. (ugs.)* find fault with
bemalen 1. *tr. V.* **a)** *(bunt streichen)* paint; *(verzieren)* decorate ⟨porcelain etc.⟩; **mit etw. bemalt sein** be painted/decorated with sth.; **b)** *(ugs.: stark schminken)* paint. 2. *refl. V. (ugs.)* paint one's face; put on one's war-paint *(coll.);* **warum hast du dich so bemalt?** why have you put so much war-paint on? *(coll.)*
Bemalung *die;* ~, ~en **a)** *o. Pl. (Bemalen)* painting; *(Verzierung)* decorating; **b)** *(Farbschicht)* painting
bemängeln [bə'mɛŋl̩n] *tr. V.* find fault with; **Bremsen/Reifen** ~: find the brakes/tyres to be faulty; **etw. an jmdn./etw.** ~: criticize sth. about sb./sth.
Bemäng[e]lung *die;* ~, ~en criticism; **die häufige** ~ **von Fabrikationsfehlern** the frequent complaints about *or* of manufacturing defects
bemannen *tr. V.* man
Bemannung *die;* ~, ~en **a)** *(das Bemannen)* manning; **b)** *(Mannschaft)* crew
bemänteln [bə'mɛntl̩n] *tr. V.* cover up
Bemänt[e]lung *die;* ~, ~en covering up
Bembel ['bɛmbl̩] *der;* ~s, ~ *(hess.: Krug)* mug; *(zum Servieren)* jug; pitcher
bemeistern *(geh. veralt.)* 1. *tr. V.* master; control ⟨rage, excitement, etc.⟩. 2. *refl. V.* control oneself
bemerkbar *Adj.* noticeable; perceptible; **sich** ~ **machen** *(auf sich aufmerksam machen)* attract attention [to oneself]; *(eine Wirkung ausüben, sich zeigen)* ⟨disadvantage⟩ become apparent; ⟨tiredness⟩ make itself felt; **mach dich** ~, **wenn du etwas brauchst** if you need anything, let me know
bemerken *tr. V.* **a)** *(wahrnehmen)* notice; **ich wurde nicht bemerkt** I was unobserved; **sie bemerkte zu spät, daß** ...: she realized too late that ...; **b)** *(äußern)* remark; **nebenbei bemerkt** by the way; incidentally
Bemerken *das;* ~s *(Amtsspr.)* in **mit dem** ~ ...: with the comment ...
bemerkenswert 1. *Adj. (beachtlich, bedeutend)* remarkable; notable; *(Aufmerksamkeit verdienend, auffallend)* remarkable. 2. *adv.* remarkably
Bemerkung *die;* ~, ~en **a)** *(Äußerung)* remark; comment; **b)** *(Notiz)* note; *(Anmerkung)* comment
bemessen 1. *unr. tr. V.* **etw. nach etw.** ~: measure sth. according to sth.; **die Zeit ist kurz/sehr knapp** ~: time is short *or* limited/very limited; **das Trinkgeld war reichlich** ~: the tips were generous. 2. *unr. refl. V. (Amtsspr.)* **sich nach** ~: be measured on the basis of; **die Vergütung bemißt sich nach** ...: payment is calculated on the basis of ...
Bemessung *die* calculation; **die** ~ **der Strafe richtet sich nach der Schwere des Deliktes**

the penalty is fixed in accordance with the seriousness of the offence
Bemessungs·grundlage *die (Amtsspr.)* basis for assessment
bemitleiden *tr. V.* pity; feel sorry for; **er ist zu** ~: he is to be pitied; **sich selbst** ~: feel sorry for oneself
bemitleidens·wert *Adj.* pitiable
Bemitleidung *die;* ~, *o. Pl.* pity *no indef. art.* (+ *Gen.* for)
bemittelt *Adj. (veralt.)* well-to-do; well off
Bemme ['bɛmə] *die;* ~, ~n *(ostmd.)* open *or (Amer.)* open-face sandwich; *(mit Butter bestrichen)* slice of bread and butter; *(zusammengeklappt)* sandwich
bemogeln *tr. V. (ugs.)* cheat; diddle *(Brit. sl.);* con *(sl.)*
bemoost *Adj.* mossy; covered in moss *postpos.;* **ein** ~**es Haupt** *(ugs., bes. Studenspr.)* a perpetual student
bemühen 1. *refl. V.* **a)** *(sich anstrengen)* try; make an effort; **sich sehr** ~: try hard; make a great effort; **sich** ~, **etw. zu tun** try *or* endeavour to do sth.; **bemüht sein, etw. zu tun** endeavour to do sth.; **bitte,** ~ **Sie sich nicht [weiter]!** please do not trouble yourself [any further]; **b)** *(sich kümmern)* **sich um jmdn./etw.** ~: seek to help sb./endeavour *or* strive to achieve sth.; **um das Wohl der Hotelgäste bemüht sein** make every effort to ensure the comfort and enjoyment of the hotel patrons; **c)** *(zu erlangen suchen)* **sich um etw.** ~: try *or* endeavour to obtain sth.; **sich um eine Stelle/Wohnung** ~: try to get a job/a flat (*Brit.) or (Amer.)* apartment; **sich um eine Dame** ~: pay every attention to a lady; **sich um einen Regisseur/Trainer/Wissenschaftler** ~: try *or* endeavour to obtain the services of a director/manager/scientist; **d)** *(geh.: sich begeben)* proceed *(formal);* **er hat sich sogar in meine Wohnung bemüht** he even took the trouble to go/come to my flat. 2. *tr. V. (geh.)* **a)** *(in Anspruch nehmen)* trouble; call in, call upon the services of ⟨lawyer, architect, etc.⟩; *(als Beweis heranziehen)* bring in a quotation/quotations from ⟨author, philosopher, etc.⟩; **b)** *(bitten, zu kommen)* trouble sb. to come; **jmdn. ins oberste Stockwerk** ~: trouble sb. to come/go up to the top floor
Bemühen *das;* ~s *(geh.)* effort; endeavour; **unser** ~ **um die Sanierung dieses Stadtteils** our efforts *pl. or* endeavours *pl.* to redevelop this part of the town; **trotz jahrelangen** ~s despite years of effort
bemühend *Adj. (schweiz.)* [painfully] embarrassing; *(unerfreulich)* unpleasant
bemüht 1. 2. *Part. v.* **bemühen.** 2. *Adj.* forced; forced, constrained ⟨cheerfulness⟩; constrained ⟨person⟩
Bemühung *die;* ~, ~en **a)** *(Anstrengung)* effort; endeavour; **alle** ~**en waren vergeblich** all efforts were in vain; **trotz aller** ~**en, allen** ~**en zum Trotz** in spite of *or* despite all our/his *etc.* efforts; **vielen Dank für Ihre** ~**en** thank you very much for your efforts *or* trouble; **niemand wollte ihn in seinen** ~**en unterstützen** no one wanted to support him in his endeavours; **b)** *Pl. (Dienstleistung)* services
bemüßigen *refl. V. (geh.)* **sich einer Sache** *(Gen.)* ~: make use of sth.
bemüßigt [bə'my:sɪçt] *(geh. iron.)* **in sich** ~ **sehen** *od.* **fühlen** *od.* **finden, etw. zu tun** feel obliged to do sth.; feel it incumbent on oneself to do sth.
bemuttern *tr. V.* mother
Bemutterung *die;* ~, ~en mothering
benachbart *Adj.* neighbouring *attrib.;* ~**e Fachgebiete** related fields of study.; **ihre Häuser sind** ~: their houses are next door to each other
benachrichtigen [bə'na:xrɪçtɪgn̩] *tr. V.* inform; notify; **jmdn. von etw.** ~: inform *or* notify sb. of *or* about sth.

Benachrichtigung *die;* ~, ~en notification; **ich bitte um sofortige** ~: I wish to be informed *or* notified immediately; **warum habt ihr uns denn keine** ~ **geschickt?** why didn't you contact us *or* let us know?
benachteiligen *tr. V.* put at a disadvantage; ⟨disability⟩ handicap; *(diskriminieren)* discriminate against; **sich benachteiligt fühlen** feel at a disadvantage/feel discriminated against; **er fühlte sich von seinen Lehrern benachteiligt** he felt unfairly treated by his teachers; **ein wirtschaftlich benachteiligtes Gebiet** an economically deprived area; **die sozial benachteiligten Schichten** the underprivileged classes
Benachteiligte *der/die; adj. Dekl.* disadvantaged person; **die** ~**n** the disadvantaged; those at a disadvantage; **die sozial** ~**n** the underprivileged; the socially deprived
Benachteiligung *die;* ~, ~en *(Vorgang)* discrimination (*Gen.* against); *(Zustand)* disadvantage (*Gen.* to); **der Firma wurde eine** ~ **der Frauen vorgeworfen** the firm was accused of discriminating against women
benagen *tr. V.* gnaw *or* nibble [at] ⟨bread, cheese, etc.⟩; gnaw [at] ⟨tree, bark, etc.⟩
benähen *tr. V.* **einen Rock usw. mit etw.** ~: sew sth. on to a skirt *etc.*
benässen *tr. V. (geh.)* moisten; ⟨dew⟩ wet
Bendel ['bɛndl̩] *der od. das;* ~s, ~ *(landsch.)* ribbon; *(Schuh~)* shoe-lace; **jmdn. am** ~ **haben** *(ugs.)* have sb. on a string
benebeln *tr. V.* befuddle; **mit benebeltem Kopf aufwachen** wake up with a muzzy head
Benediktiner [benedɪk'tiːnɐ] *der;* ~s, ~ **a)** *(Mönch)* Benedictine [monk]; **b)** *(Kräuterlikör)* benedictine
Benediktinerin *die;* ~, ~nen Benedictine [nun]
Benediktiner·orden *der* Benedictine order; order of St. Benedict
Benefiz [beneˈfiːts] *das;* ~es, ~e **a)** *(veralt.: Vorstellung)* benefit performance; **b)** *(Wohltätigkeitsveranstaltung)* charity performance/match, *etc.*
Benefiz·spiel *das* charity game *or* match
benehmen 1. *unr. refl. V.* behave *(wie like);* *(in bezug auf Umgangsformen)* behave [oneself]; **sich schlecht** ~: behave badly; misbehave; **sie kann sich einfach nicht** ~: she simply does not know how to behave; **wenn du dich nicht** ~ **kannst,** ...: if you can't behave yourself, ... 2. *unr. tr. V. (geh.: wegnehmen)* **es benahm mir den Atem** it took my breath away
Benehmen *das;* ~s **a)** behaviour; **kein** ~ **haben** have no manners *pl.;* **b)** *(Amtsspr.)* in **sich mit jmdm.** ~ **setzen** make contact with sb.
beneiden *tr. V.* envy; be envious of; **jmdn. um etw.** ~: envy sb. sth.; **du bist [nicht] zu** ~: I [don't] envy you
beneidens·wert 1. *Adj.* enviable. 2. *adv.* enviably
Benelux [ˈbeːnelʊks] *Abk.* Benelux
Benelux·staaten *Pl.* Benelux countries
benennen *unr. tr. V.* **a)** *(mit einem Namen versehen)* name; **etw./jmdn. nach jmdm.** ~: name sth./name *or* call sb. after *or (Amer.)* for sb.; **b)** *(namhaft machen)* call ⟨witness⟩; **jmdn. als Kandidaten** ~: nominate sb. as a candidate; **jmdn. als** *od.* **zum Zeugen** ~: call sb. as a witness
Benennung *die;* **a)** *o. Pl. (Namengebung)* naming; **b)** *(das Namhaftmachen)* **durch** ~ **zweier weiterer Zeugen** by calling two more witnesses; **c)** *(Name)* name; *(Bezeichnung)* designation
benetzen *tr. V. (geh.)* moisten; ⟨dew⟩ cover; **mit Tau/mit Schweiß benetzt** covered *or* wet with dew/damp with perspiration
Bengale [bɛŋˈgaːlə] *der;* ~n, ~n, **Bengalin** *die;* ~, ~nen Bengali; Bengalese
Bengalen *(das);* ~s Bengal

Bengali [bɛŋ'gaːli] *das;* ~[s] Bengali
bengalisch *Adj.* Bengalese; Bengali, Bengalese *(people, language)*; ~**e Beleuchtung,** ~**es Feuer** Bengal light *or* fire
Bengel ['bɛŋl] *der;* ~s, ~ *od.* (nordd.) ~s a) *(abwertend: junger Bursche)* young rascal; b) *(fam.: kleiner Junge)* little lad *or* boy; **ein süßer** ~: a dear little lad *or* boy; c) *(veralt.: Knüppel)* stick
Benimm [bə'nɪm] *der;* ~s *(ugs.)* manners *pl.*; **jmdm.** ~ **beibringen** teach sb. some manners
Benjamin ['bɛnjamiːn] *der;* ~s, ~e *(scherzh.)* youngest boy; **er ist der** ~ **der Familie** he's the baby of the family
benommen [bə'nɔmən] 1. 2. *Part. v.* **benehmen**. 2. *Adj.* bemused; dazed; *(durch Fieber, Medikamente, Alkohol)* muzzy *(von* from)
Benommenheit *die;* ~: bemused *or* dazed state; *(durch Fieber, Medikamente, Alkohol)* muzziness
benoten *tr. V.* mark *(Brit.);* grade *(Amer.);* **einen Test mit „gut"** ~: mark a test 'good' *(Brit.);* assign a grade of 'good' to a test *(Amer.)*
benötigen *tr. V.* need; require; **das benötigte Geld** the necessary money
Benotung *die;* ~, ~en a) *o. Pl. (das Benoten)* marking *(Brit.);* grading *(Amer.);* **sich um eine gerechte** ~ **bemühen** try *or* endeavour to mark fairly *(Brit.) or (Amer.)* grade fairly; b) *(Note)* mark *(Brit.);* grade *(Amer.)*
benutzbar *Adj.* usable; „**Aufzug vorübergehend nicht** ~" 'lift temporarily out of service'; **schwer** ~: difficult to use
benutzen, *(bes. südd.)* **benützen** *tr. V.* use *(für* for); take, use *(car, lift);* take *(train, taxi);* use, consult *(reference book);* **das benutzte Geschirr** the dirty dishes; **etw. als Vorwand/Alibi** ~: use sth. as an excuse/alibi; **wir benutzten den freien Tag zu einem Ausflug** we made use of *or* took advantage of the free day to go on an excursion
Benutzer, *(bes. südd.)* **Benützer** *der;* ~s, ~: user; *(eines entliehenen Buchs)* borrower
benutzer·freundlich *Adj.* user-friendly
Benutzer·kreis *der* users *pl.; (von Büchereien)* borrowers *pl.;* **ein großer** ~: a large number of users/borrowers
Benutzung, *(bes. südd.)* **Benützung** *die;* ~: use; **jmdm. etw. zur** ~ **überlassen** give sb. the use of sth.; allow sb. to use sth.; **in** ~ *(Dat.)* **sein** be in use; **etw. in** ~ *(Akk.)* **nehmen** bring sth. into use; **etw. zur** ~ **freigeben** open sth.; **unter** ~ **einer Sache** *(Gen.)* making use of sth.
Benutzungs-: ~**gebühr** *die* charge; *(in Büchereien)* borrowing charge; **die** ~**gebühr für etw.** the charge for using/borrowing sth.; ~**ordnung** *die:* **die** ~**ordnung der Badeanstalt/Bibliothek** *usw.* the rules and conditions *pl.* for the use of the pool/library *etc.*
Benzin [bɛn'tsiːn] *das;* ~s petrol *(Brit.);* gasoline *(Amer.);* gas *(Amer. coll.); (Wasch~)* benzine; *(Feuerzeug~)* petrol *(Brit.);* gasoline *(Amer.);* lighter fuel
Benzin-: ~**dunst** *der* petrol *(Brit.) or (Amer.)* gasoline fumes *pl.;* ~**einspritzung** *die;* ~ *(Kfz-W.)* fuel injection
Benziner *der;* ~s, ~ *(ugs.)* car that runs on petrol *(Brit.) or (Amer.)* gasoline; car with a petrol *(Brit.) or (Amer.)* gasoline engine; petrol-driven *(Brit.) or (Amer.)* gasoline-powered car
Benzin-: ~**feuerzeug** *das* petrol *(Brit.) or (Amer.)* gasoline lighter; ~**gutschein** *der* petrol *(Brit.) or (Amer.)* gasoline coupon; ~**hahn** *der (Kfz-W.)* fuel *or* petrol *(Brit.) or (Amer.)* gasoline tap; *s. auch* **Ölhahn;** ~**kanister** *der* petrol *(Brit.) or (Amer.)* gasoline can; ~**leitung** *die* fuel pipe; ~**motor** *der* petrol *(Brit.) or (Amer.)* gasoline engine; ~**preis** *der* price of petrol *(Brit.) or (Amer.)* gasoline; ~**pumpe** *die* petrol *(Brit.) or*

(Amer.) gasoline pump; ~**tank** *der* petrol *(Brit.) or (Amer.)* gasoline tank; ~**uhr** *die (Kfz-W.)* fuel gauge; ~**verbrauch** *der* fuel consumption
Benzoe ['bɛntsoe] *die;* ~ *(Chemie)* [gum] benzoin
Benzoe·säure *die; o. Pl. (Chemie)* benzoic acid
Benzol [bɛn'tsoːl] *das;* ~s, ~e *(Chemie)* benzene
beobachtbar *Adj.* observable
beobachten [bə'|oːbaxtn] *tr. V.* a) observe; watch; *(als Zeuge)* see; **er hat beobachtet, wie das Radio stahl** he watched her steal the radio; **jmdn.** ~ **lassen** put sb. under surveillance; have sb. watched; b) *(bemerken)* notice, observe, *geh.* an jmdm. ~: notice sth. about sb.; **eine Veränderung an jmdm.** ~: notice a change in sb.; c) *(geh.: beachten)* observe
Beobachter *der;* ~s, ~: observer
Beobachtung *die;* ~, ~en a) *(das Beobachten, die Feststellung)* observation; ~ **anstellen** keep a watch; **zur** ~: for observation; **unter** ~ **stehen** be kept under surveillance; b) *(geh.: Beachtung)* observation
Beobachtungs-: ~**ballon** *der* observation balloon; ~**gabe** *die; o. Pl.* powers *pl.* of observation; ~**posten** *der* observation post; **auf** ~**posten stehen** be on look-out duty; ~**station** *die (im Krankenhaus)* observation ward; b) *s.* **Wetterstation**
beölen *refl. V. (Jugendspr.)* kill *or (coarse)* piss oneself laughing
beordern *tr. V.* order; **jmdn. nach Hause/ins Ausland** ~: order *or* summon sb. home/order sb. [to go] abroad
bepacken *tr. V.* load; **etw./jmdn./sich mit etw.** ~: load sth. up with/load sb./oneself with sth.
bepflanzen *tr. V.* plant **(mit** with)
Bepflanzung *die* a) *(das Bepflanzen)* planting **(mit** with); b) *(Pflanzen)* plants *pl.* (Gen. in)
bepflastern *tr. V.* a) *(ugs.)* put a plaster on *(wound etc.);* b) *(mit Pflasterung versehen)* pave; *(fig.: mit Orden, Aufklebern usw.)* plaster; c) *(Soldatenspr.: bombardieren)* plaster *(sl.);* bombard
bepinkeln *(ugs.)* 1. *tr. V.* pee on *(coll.).* 2. *refl. V.* wet oneself
bepinseln *tr. V.* a) *(ugs.: einpinseln)* paint *(gums);* brush *(dough, cake-mixture);* b) *(ugs. abwertend: anstreichen)* paint; **etw. mit Farbe** ~: paint sth.
bepissen *tr. V. (derb)* piss on *(coarse)*
Beplankung [bə'plaŋkʊŋ] *die;* ~, ~en *(Boots~ od. Flugzeug~)* skin
bepudern *tr. V.* powder
bequasseln *tr. V. (salopp) s.* **bequatschen a**
bequatschen *tr. V. (salopp)* a) *(bereden)* **etw. [ausführlich]** ~: have a [long] jaw about sth. *(coll.);* b) *(überreden)* persuade; **jmdn.** ~**, daß er mitkommt** talk sb. into coming along
bequem [bə'kveːm] 1. *Adj.* a) *(angenehm)* comfortable; **es sich** *(Dat.)* ~ **machen** make oneself comfortable; **machen Sie es sich** ~: make yourself at home; b) *(mühelos)* easy; **ein** ~**es Leben führen** have an easy *or* comfortable life; c) *(abwertend: träge)* lazy; idle. 2. *adv.* a) comfortably; **liegen/sitzen Sie so** ~? are you comfortable like that?; b) *(leicht)* easily; comfortably
bequemen *refl. V.* a) *(abwertend)* **sich dazu** ~**, etw. zu tun** *(sich herablassen)* condescend *or* deign to do sth.; *(sich endlich entschließen)* bring oneself to do sth; b) *(veralt.: sich fügen)* become adapted *(Dat.* to)
bequemlich *Adj. (veralt.) s.* **bequem**
Bequemlichkeit *die;* ~, ~en a) *(Annehmlichkeit, Komfort)* comfort; b) *o. Pl. (Trägheit)* laziness; idleness; **aus [reiner]** ~: out of [sheer] laziness *or* idleness

berappen [bə'rapn] *tr., itr. V. (ugs.)* cough up *(sl.),* shell out *(sl.),* fork over *(sl.) (money)*
beraten 1. *unr. tr. V.* a) advise; **jmdn. gut/schlecht** ~: give sb. good/bad advice; **sich** ~ **lassen** take *or* get advice *(von* from); **du bist gut** ~**, wenn du ...:** you'd be well advised to ...; b) *(besprechen)* discuss *(plan, matter).* 2. *unr. itr. V.* **über etw.** *(Akk.)* ~: discuss sth.; **sie berieten lange** they were a long time in discussion. 3. *unr. refl. V.* **sich mit jmdm.** ~**, ob ...:** discuss with sb. whether ...; **sich mit seinem Anwalt** ~: consult one's lawyer
beratend *Adj.* advisory, consultative *(function, role, etc.)*
Berater *der;* ~s, ~, **Beraterin** *die;* ~, ~nen adviser
Berater-: ~**stab** *der* team of advisers; ~**vertrag** *der* consultancy contract
beratschlagen [bə'raːtʃlaːgn] 1. *tr. V.* discuss. 2. *itr. V.* **über etw.** *(Akk.)* ~: discuss sth.
Beratschlagung *die;* ~, ~en discussion
Beratung *die;* ~, ~en a) advice *no indef. art.; (durch Arzt, Rechtsanwalt)* consultation; **ohne juristische** ~: without [taking] legal advice; b) *(Besprechung)* discussion; **Gegenstand der** ~ **war ...:** the subject under discussion was ...; **sich zur** ~ **zurückziehen** withdraw for discussions *pl.;* c) *s.* **Beratungsstelle**
Beratungs-: ~**kosten** *Pl.* consultation fees; ~**stelle** *die* advice centre *(Brit.);* counseling center *(Amer.);* ~**zimmer** *das* conference room
berauben *tr. V. (auch fig.)* rob; **jmdn. einer Sache** *(Gen.)* ~ rob sb. of sth.; **jmdn. seiner Freiheit/Hoffnungen** ~ *(fig.)* deprive sb. of his/her freedom/hopes
Beraubung *die;* ~, ~en robbing *no indef. art.*
berauschen *(geh.)* 1. *tr. V. (auch fig.)* intoxicate; *(alcohol)* intoxicate, inebriate; *(drug)* make euphoric; *(speed)* exhilarate; **der Erfolg/die Macht berauschte ihn** he was intoxicated *or* drunk with success/drunk with power. 2. *refl. V.* become intoxicated; **sich an etw.** *(Dat.)* ~: become intoxicated with sth.; **sich an seinen eigenen Worten** ~: become carried away by one's own words
berauschend 1. *Adj.* intoxicating; **auf jmdn. wirken** have an intoxicating effect on sb.; heady, intoxicating *(perfume, scent);* **das ist nicht** ~ *(ugs.)* it's nothing very special *or (coll.)* nothing to write home about. 2. *adv.* ~ **schön** enchantingly beautiful; **der Abend war** ~ **schön** *(iron.)* the evening was just great *(iron.)*
Berber ['bɛrbɐ] *der;* ~s, ~ a) Berber; b) *(Teppich)* Berber carpet/rug; c) *(Pferderasse)* Barbary horse; d) *(Nichtseßhafter)* tramp
Berberitze [bɛrbə'rɪtsə] *die;* ~, ~n *(Bot.)* common barberry
Berber·teppich *der* Berber carpet/rug
berechenbar [bə'rɛçnbaːɐ] *Adj.* calculable; predictable *(behaviour)*
Berechenbarkeit *die;* ~: calculability; *(des Verhaltens)* predictability
berechnen *tr. V.* a) *(ermitteln)* calculate *(quantity, cost, price, risk, etc.);* predict *(behaviour, consequences); (fig.)* calculate *(effect);* b) *(anrechnen)* charge; **jmdm. etw. mit 10 Mark** ~: charge sb. 10 marks for sth.; **jmdm. etw. nicht** ~: not charge sb. for sth.; **für etw. nichts** ~: not charge for sth.; make no charge for sth.; **jmdm. zuviel** ~: overcharge sb.; charge sb. too much; c) *(kalkulieren)* calculate; *(vorsehen)* intend; **der Architekt berechnete die Bauzeit auf sieben Monate** the architect estimated that the construction time would be seven months; **für sechs Personen berechnet sein** *(recipe, buffet)* be for six people
berechnend *Adj.* calculating

Berechnung die a) *(das Berechnen)* calculation; **nach meiner ~, meiner ~ nach** according to my calculations *pl.*; **b)** *o. Pl. (abwertend: Eigennutz)* [calculating] self-interest; **etw. aus ~ tun** do sth. from motives of self-interest; **c)** *o. Pl. (Überlegung)* deliberation; calculation; **mit kühler ~ vorgehen** act with cool deliberation

berechtigen [bəˈrɛçtɪgn̩] **1.** *tr. V.* entitle; **jmdn. ~, etw. zu tun** entitle sb. *or* give sb. the right to do sth.; **das berechtigt ihn zu dieser Kritik** it entitles him *or* gives him the right to criticize [in this way]. **2.** *itr. V.* **die Karte berechtigt zum Eintritt** the ticket entitles the bearer to admission; **sein Talent berechtigt zu den schönsten Hoffnungen** his talent gives grounds for very great hopes indeed; **das berechtigt zu der Annahme, daß ...**: it justifies the assumption that ...

berechtigt *Adj.* justified, legitimate ⟨*demand, criticism, objection, doubt, complaint, hope*⟩; just ⟨*accusation*⟩; **jmd. ist ~, etw. zu tun** sb. is authorized to do sth.

berechtigterweise *Adv. (Papierdt.)* legitimately; with justification

Berechtigung die; ~, ~en a) *(Befugnis)* entitlement; *(Recht)* right; **mit welcher ~ kritisiert er mich?** what right has he to criticize me?; **b)** *(Rechtmäßigkeit)* legitimacy; **seine/ihre ~ haben** be justified *or* legitimate

Berechtigungs·schein der authorization; *(zum Zutritt, Einlaß usw.)* pass

bereden 1. *tr. V.* **a)** *(besprechen)* talk over; discuss; **b)** *(überreden)* **jmdn. ~, etw. zu tun** talk sb. into doing sth.; **sich ~ lassen, etw. zu tun** let oneself be talked into doing sth. **2.** *refl. V.* **sich [mit jmdm.] über etw. (Akk.) ~**: talk sth. over *or* discuss sth. [with sb.]

beredsam [bəˈreːtzaːm] **1.** *Adj. (beredt)* eloquent; *(iron.: redefreudig)* ~ **sein** have the gift of the gab *(coll.)*. **2.** *adv. (beredt)* eloquently; *(iron.: redefreudig)* ~ **für etw. werben** use one's gift of the gab to promote sth. *(coll.)*

Beredsamkeit die; ~ *s.* **beredsam:** eloquence; gift of the gab *(coll.)*

beredt [bəˈreːt] **1.** *Adj. (auch fig.)* eloquent; **~es Zeugnis von etw. ablegen** bear eloquent witness to sth.; **es herrschte ein ~es Schweigen** there was a meaningful silence. **2.** *adv.* eloquently

beregnen *tr. V.* water ⟨*field*⟩ using an overhead sprinkling system; water ⟨*lawn*⟩ using a sprinkler

Beregnung die; ~ *s.* **beregnen:** watering using an overhead sprinkling system/a sprinkler

Beregnungs·anlage die overhead sprinkling system

Bereich der; ~[e]s, ~e a) *(Gebiet)* area; **im ~/außerhalb des ~s der Stadt** within/outside the town; **im nördlichen ~**: in northern areas *pl.*; **b)** *(Sphäre)* sphere; area; *(Fachgebiet)* field; area; **in jmds. ~ (Akk.) fallen** be [within] sb.'s province; **im ~ des Möglichen liegen** be within the bounds *pl.* of possibility; **aus dem ~ der Kunst/Politik** from the sphere of art/politics; **c)** *(Wirkungsfeld)* **im privaten/staatlichen ~**: in the private/public sector; **sich im ~ eines Tiefs befinden** be under the influence of a low-pressure area

bereichern [bəˈraɪçɐn] **1.** *refl. V.* get rich; **sich an jmdm./etw. ~**: make a great deal of money at sb.'s expense/out of sth. **2.** *tr. V.* enrich; enlarge, increase ⟨*collection, knowledge*⟩; **diese Erfahrung hat mich bereichert** I gained a lot from the experience

Bereicherung die; ~, ~en a) *(das Sichbereichern)* money-making; **b)** *(Nutzen)* valuable acquisition; **eine wertvolle ~ der koreanischen Literatur** a valuable addition to Korean literature

¹bereifen *tr. V.* put tyres on ⟨*car*⟩; put a tyre on ⟨*wheel*⟩; **neu ~**: put a new tyre/new tyres on; **gut bereift sein** ⟨*car*⟩ have good tyres

²bereifen 1. *tr. V.* cover with hoar-frost *or* rime. **2.** *itr. V.* become covered with hoar-frost *or* rime

Bereifung die; ~, ~en [set *sing.* of] tyres *pl.*

bereinigen 1. *tr. V.* **a)** *(klären)* clear up ⟨*misunderstanding*⟩; settle, resolve ⟨*dispute*⟩; **mit jmdm. etw. zu ~ haben** have sth. to sort out with sb.; **b)** *(verbessern)* correct ⟨*text*⟩; adjust, correct ⟨*statistics*⟩ (**um** for). **2.** *refl. V.* resolve itself; sort itself out

Bereinigung die *(eines Mißverständnisses)* clearing up; *(eines Streites)* settlement; resolution; *(eines Textes)* correction; *(einer Statistik)* adjustment; correction

bereisen *tr. V.* travel around *or* about; travel through ⟨*towns*⟩; *(beruflich)* ⟨*representative etc.*⟩ cover ⟨*area*⟩; **fremde Länder ~**: travel in foreign countries; **ganz Afrika ~**: travel throughout Africa

bereit [bəˈraɪt] *Adj.* **a)** *(fertig, gerüstet)* **in ~ sein** be ready; **sich ~ halten** be ready; **der Arzt mußte sich auf Abruf ~ halten** the doctor was on call; **etw. ~ haben** have sth. ready; **b)** *(gewillt)* ~ **sein, etw. zu tun** be willing *or* ready *or* prepared to do sth.; **sich ~ zeigen/finden, etw. zu tun** show oneself/be willing *or* ready *or* prepared to do sth.; **sich ~ erklären, etw. zu tun** declare oneself willing *or* ready to do sth.

bereiten 1. *tr. V.* **a)** *(zu~)* prepare; make ⟨*tea, coffee*⟩; run ⟨*bath*⟩; **jmdm. od. für jmdm. etw. ~**: prepare/make/run sth. for sb.; **b)** *(zufügen)* cause ⟨*trouble, sorrow, frustration, difficulty, etc.*⟩; **jmdm. Freude/einen begeisterten Empfang ~** give sb. great pleasure/an enthusiastic reception; **einer Sache (Dat.) ein Ende ~**: put an end to sth. **2.** *refl. V.* (*geh.:* sich vorbereiten) prepare oneself; **sich zum Sterben ~**: prepare to die

bereit-: ~|halten *unr. tr. V.* have ready; *(für Notfälle)* keep ready; **~|legen** *tr. V.* lay out ready; **jmdm. od. für jmdn. etw. ~legen** lay sth. out ready for sb.; **~|liegen** *unr. itr. V.* be ready; ⟨*surgical instruments, tools, papers*⟩ be laid out ready; **~|machen** *tr. V.* get ready; make up ⟨*bed*⟩

bereits *Adv.* already; **sie sind ~ gestern angekommen** they [in fact] arrived yesterday; **~ seit fünf Jahren** [as long as] five years; **~ vor drei Stunden** three 'hours ago; **~ damals** even then *or* at that time; **~ im 17. Jh.** as early as the 17th century; **~ am nächsten Tag** by the very next day; **~ in zwei Wochen** in only two weeks' time

Bereitschaft die; ~; ~en a) *o. Pl.* willingness; readiness; preparedness; **etw. in ~ haben** have sth. ready; **b)** *o. Pl. (ugs.:~sdienst)* **~ haben** ⟨*doctor, nurse*⟩ be on call; ⟨*policeman, fireman*⟩ be on stand-by duty; ⟨*chemist's*⟩ be on rota duty *(for dispensing outside normal hours)*; **c)** *(Einheit)* unit

Bereitschafts-: ~arzt der doctor on call; **~dienst der: ~dienst haben** ⟨*doctor, nurse*⟩ be on call; ⟨*policeman, fireman*⟩ be on stand-by duty; ⟨*chemist's*⟩ be on rota duty *(for dispensing outside normal hours)*; **~polizei die** police; *(bei Demonstrationen usw.)* riot police

bereit-: ~|stehen *unr. itr. V.* be ready; ⟨*car, train, aircraft*⟩ be waiting; ⟨*troops*⟩ be standing by; **für uns steht ein Auto ~**: a car is/will be waiting for us; **etw. ~stehen haben** have sth. ready; **~|stellen** *tr. V.* place ready; get ready ⟨*food, drinks*⟩; provide, make available ⟨*money, funds*⟩; **die Getränke sind nebenan ~gestellt** the drinks are ready next door

Bereitung die; ~: *(Papierdt.)* preparation; *(von Tee, Kaffee)* making

bereit·willig 1. *Adj.*; nicht präd. willing. **2.** *adv.* readily

Bereitwilligkeit die; ~: willingness

berennen *unr. tr. V.* storm, attack ⟨*castle, fortress*⟩; *(Sport)* storm, *(Amer.)* rush ⟨*goal*⟩

berenten *tr. V. (Amtsspr.)* **jmdn. ~**: retire sb. on a pension; **sich ~ lassen** retire on a pension

bereuen 1. *tr. V.* regret; **seine Sünden ~**: repent [of] one's sins; **ich bereue, daß ...**: I'm sorry *or* I regret that ...; **nichts zu ~ haben** have no regrets. **2.** *itr. V.* be sorry; *(Rel.)* repent

Berg [bɛrk] *der;* **~[e]s, ~e a)** hill; *(im Hochgebirge)* mountain; **über ~ und Tal** up hill and down dale; **~ Heil!** greeting between mountaineers; **wenn der ~ nicht zum Propheten kommt, muß der Prophet zum ~e kommen** *(Spr.)* if the mountain won't come to Muhammad, then Muhammad must go to the mountain *(prov.)*; **jmdm. goldene ~e versprechen** *(fig.)* promise sb. the moon; **mit etw. hinter dem od. hinterm ~ halten** *(fig.)* keep sth. to oneself; keep quiet about sth.; **mit seiner Meinung nicht hinter dem od. hinterm ~ halten** *(fig.)* not keep one's views *pl.* to oneself; not hesitate to speak one's mind; **~e versetzen [können]** *(fig.)* [be able to] move mountains *(fig.)*; **über alle ~e sein** *(ugs.)* be out of the wood *(Brit.)* or *(Amer.)* woods; ⟨*patient*⟩ be on the mend, have turned the corner; **[längst] über alle ~e sein** *(ugs.)* be miles away; **b)** *Pl. (Gebirge)* mountains; **in die ~e fahren** go up into the mountains; **c)** *(Haufen)* enormous *or* huge pile; *(von Akten, Abfall auch)* mountain

berg-, Berg-: ~ab [-'-] *Adv.* downhill; **einen steilen Weg ~ab fahren** go down a steep path; **mit dem Patienten/der Firma geht es ~ab** *(fig. ugs)* the patient's getting worse/the firm's going downhill; **~abwärts** [-'--] *Adv.* downhill; **~ahorn der** sycamore [maple]; **~akademie die** school of mining

Bergamotte [bɛrgaˈmɔtə] *die; ~, ~n a) (Pomeranze)* bergamot [orange]; **b)** *(Birne)* bergamot [pear]

berg-, Berg-: ~amt das [local] mining authority; **~an** [-'-] *s.* **~auf; ~arbeiter der** miner; mineworker; **~auf** [-'-] *Adv.* uphill; **es geht ~auf mit der Firma** *(fig. ugs.)* things are looking up for the firm; **mit dem Patienten geht's ~auf** the patient's on the mend; **~aufwärts** [-'--] *Adv.* uphill; **~bahn die** mountain railway; *(Seilbahn)* mountain cableway; **~bau der;** *o. Pl.* mining; **~bauer der** mountain farmer; **~dorf das** mountain village

berge·hoch *s.* **berghoch**

Berge·lohn der salvage payment

bergen *unr. tr. V.* **a)** *(retten)* rescue, save ⟨*person*⟩; salvage ⟨*ship*⟩; salvage, recover ⟨*cargo, belongings*⟩; *(einbringen)* gather *or* get in ⟨*harvest*⟩; **jmdn. tot/lebend ~**: recover sb.'s body/rescue sb. alive; **sich geborgen fühlen** feel safe; **die Segel ~** *(Seemannsspr.)* take in *or* furl the sails; **b)** *(geh.: enthalten)* hold; **Gefahren/Vorteile in sich (Dat.) ~** *(fig.)* hold dangers/have advantages; **c)** *(geh.: ver~)* hide; *(vor Regen)* shelter; *(vor Sonne)* protect; **den Kopf in den Händen ~**: bury one's head in one's hands

berg-, Berg-: ~fach das mining *no art.*; **~fahrt die a)** *(Schiffahrt)* passage upstream; **b)** *(Hochgebirgstour)* mountaineering expedition; **auf ~fahrt gehen** go mountaineering; **~fest das** *(ugs.)* party to celebrate reaching the half-way stage; **~fex** [-fɛks] *der;* **~es, ~e** *(ugs.)* enthusiastic climber; mountaineering freak *(coll.)*; **~fried** [-fri:t] *der;* **~[e]s, ~e** keep; **~führer der** mountain guide; **~geist der;** *Pl.* **~geister** legendary sorcerer, kobold, gnome, *or* giant living inside a mountain; **~gipfel der** mountain peak *or* top; summit; **~grat der** mountain ridge; **~hoch 1.** *Adj.* as high as a mountain/as mountains; mountainous ⟨*waves, seas*⟩; **2.** *adv.* **~hoch aufsteigende Wellen** mountainous waves *or* seas; **~hütte die** mountain hut

bergig *Adj.* hilly; *(mit hohen Bergen)* mountainous

Berg-: ~ingenieur der [qualified] mining engineer; **~kessel** der corrie; cirque; **~kette** die range or chain of mountains; mountain range or chain; **~krankheit** die mountain sickness; **~kristall** der rock crystal; **~kuppe** die [rounded] peak or mountain-top; **~land** das hilly country no indef. art; (mit hohen Bergen) mountainous country no indef. art.; **das spanische ~land** the hill country of Spain; **das Schottische ~land** the Highlands of Scotland

Bergler ['bɛrklɐ] der; ~s, ~: mountain-dweller

Berg·mann der; Pl. **Bergleute** miner; mineworker

berg·männisch [-mɛnɪʃ] 1. Adj. miner's attrib. 2. adv. by miners

Bergmanns-: ~gruß der miner's greeting; **~sprache** die mining terminology

berg-, Bergs-: ~not die: **in ~not sein/geraten** ⟨climber⟩ be/get into difficulties while climbing [in the mountains]; **jmdn. aus ~not retten** rescue sb. who has got into difficulties while climbing [in the mountains]; **~predigt** die; o. Pl. Sermon on the Mount; **~recht** das; o. Pl. laws relating to mining; **~rennen** das (Motorsport) hill-climbing; **ein ~rennen** a hill-climb; **~rettungs·dienst** der s. **~wacht**; **~riese** der giant of a mountain; **~rücken** der mountain ridge; **~rutsch** der landslide; landslip; **~sattel** der saddle; col; **~schuh** der mountaineering boot; **~see** der mountain lake; **~spitze** die [mountain] peak; mountain top; **~sport** der mountaineering; mountain-climbing; **~station** die top station; **~steigen** unr. itr. V.; mit haben od. sein; nur im Inf. und Part. go mountaineering or mountain-climbing; **~steigen** das; ~s mountaineering no art.; mountain-climbing no art.; **~steiger** der, **~steigerin** die; ~, ~nen mountaineer; mountain-climber; **~steigerisch** 1. Adj.; nicht präd. mountaineering; 2. adv. **~steigerisch [gesehen]** from a mountaineering point of view; **~stock** der a) (Spazierstock) alpenstock; b) s. Gebirgsstock; **~straße** die a) mountain road; b) (Geogr.) **die ~straße** the Bergstraße (hilly wine-growing and orchard district between Darmstadt and Heidelberg); **~sturz** der rock fall; **~tour** die trip up into the mountains; (zu Fuß) mountain climb; (Wanderung) hike in the mountains; **~-und-Tal-Bahn** die roller-coaster; switch back (Brit.); big dipper (Brit.); **~-und-Tal-Fahrt** die journey full of steep climbs and descents; **das war die reinste ~-und-Tal-Fahrt** it was just like going up and down on a roller-coaster (Brit.) switchback

Bergung die; ~, ~en a) (Erste Hilfe) rescue; saving; b) (von Schiffen, Gut) salvaging; salvage; c) (der Ernte) gathering in

Bergungs-: ~arbeiten Pl. rescue work sing.; **~kommando** das rescue team; **~schiff** das salvage vessel; **~versuch** der rescue attempt; (Versuch, ein Schiff zu bergen) salvage attempt

Berg-: ~volk das mountain people; **~vor·sprung** der spur; (Absatz) ledge; **~wacht** die; o. Pl. mountain rescue service; **~wand** die mountain face; **~wanderung** die hike in the mountains; **~welt** die (geh.) mountain landscape

Berg·werk das mine; **im ~ arbeiten** work down the mine

Bergwerks·gesellschaft die mining company

Berg-: ~wesen das; o. Pl. mining no art.; **~wiese** die mountain pasture

Beriberi [beri'be:ri] die; ~ (Med.) beriberi

Bericht [bə'rɪçt] der; ~[e]s, ~e report; **einen ~ von etw. od. über etw. (Akk.) geben** give a report on sth.; **[jmdm.] [von etw.] ~ erstatten** report or give a report [to sb.] [on sth.]

berichten tr., itr. V. report; **jmdm. etw. ~**: report sth. to sb.; **über etw. (Akk.) od. von etw. ~**: report on sth.; **es wird berichtet, daß ...**: it is reported that ...; **es wird soeben berichtet, daß ...**: reports are coming in that ...; **mir ist berichtet worden, daß ...**: I have heard a report/reports that ...; **wie uns berichtet wurde** according to reports reaching us

Bericht-: ~erstatter [-ɛɐʃtatɐ] der; ~s, ~: reporter; (Referent) rapporteur; **unser ~erstatter aus Paris** our Paris correspondent; **~erstattung** die reporting no indef. art.; **zur ~erstattung zurückgerufen werden** ⟨Ambassador etc.⟩ be recalled to make a report; **die ~erstattung durch Presse und Rundfunk über diese Ereignisse** press and radio coverage of these events; **~haus** das (schweiz.) information centre

berichtigen tr. V. correct

Berichtigung die; ~, ~en correction; (berichtigte Fassung) corrected version; **der Lehrer gab uns die Arbeiten zur ~ zurück** the teacher gave the work back to us for the corrections to be done

Berichts-: ~heft das (Schulw.) (apprentice's/trainee's) record book; **~jahr** das (bes. Wirtsch.) year [covered by the report]

beriechen unr. tr. V. a) (riechen an) smell; sniff [at]; b) (ugs.: vorsichtig Kontakt aufnehmen mit) **sich [gegenseitig] ~**: size each other or one another up

berieseln tr. V. a) (besprühen) water ⟨field⟩ using an overhead sprinkling system; water ⟨lawn⟩ using a sprinkler; b) (ugs. abwertend) **mit Werbung/Musik berieselt werden** be subjected to a constant [unobtrusive] stream of advertisements/constant background music

Berieselung die a) s. **berieseln**: watering using an overhead sprinkling system/a sprinkler; b) (ugs. abwertend) **die ständige ~ mit Musik** subjection to constant background music

Berieselungs·anlage die sprinkler system

beringen tr. V. put a ring on; ring ⟨bird⟩

Bering·straße ['be:rɪŋ-] die (Geogr.) Bering Strait

beringt Adj. beringed ⟨finger, hand⟩; ⟨hand⟩ covered with rings

beritten a) (reitend) mounted; on horseback postpos.; b) (mit Pferden ausgerüstet) mounted; **gut ~ sein** have good mounts or horses

Berittene der/die; adj. Dekl. rider; horseman/horsewoman

Berlin [bɛr'li:n] (das); ~s Berlin

¹Berliner 1. Adj.; nicht präd. Berlin; **~ Weiße [mit Schuß]** light, very fizzy beer flavoured with a dash of raspberry juice or woodruff. 2. der; ~s, ~: Berliner; s. auch **Kölner**

²Berliner der; ~s, ~: (~ Pfannkuchen) [jam (Brit.) or (Amer.) jelly] doughnut

Berlinerin die; ~, ~nen Berliner; s. auch -in

berlinerisch Adj. (ugs.) s. **berlinisch**

berlinern itr. V. (ugs.) speak [in] Berlin dialect

berlinisch Adj. Berlin attrib.; **im Berlinischen** (Sprachw.) in Berlin dialect; **„Schrippe" ist ~**: 'Schrippe' is Berlin dialect

Bermuda·inseln [bɛr'mu:da-] Pl. Bermuda sing., no art.; Bermudas

Bermudas Pl. a) Bermudas; Bermuda sing., no art.; b) s. **Bermudashorts**

Bermuda·shorts Pl. Bermuda shorts

Bern [bɛrn] (das); ~s Bern[e]

Berner 1. Adj.; nicht präd. Bernese; **eine ~ Zeitung** a Bern[e] newspaper; **die ~ Konvention** the Berne Convention; **das ~ Oberland** the Bernese Oberland. 2. der; ~s, ~: Bernese

Bernhardiner [bɛrnhar'di:nɐ] der; ~s, ~: St. Bernard ⟨dog⟩

Bern·stein ['bɛrn-] der; o. Pl. amber

bernstein·farben Adj. amber[-coloured]

Berserker [bɛr'zɛrkɐ] der; ~s, ~ a) (hist.) berserker; berserk; b) **wie ein ~ arbeiten** work like mad; **wie ein ~ auf jmdn. einschlagen** go berserk and attack sb.

bersten ['bɛrstn̩] unr. itr. V.; mit sein (geh.) ⟨ice⟩ break or crack up; ⟨glass⟩ shatter [into pieces]; ⟨wall⟩ crack up; **[bis] zum Bersten voll od. gefüllt sein** be full to bursting-point; **vor Neugier/Ungeduld/Freude/Zorn ~** (fig.) be bursting with curiosity/impatience/joy/rage

berüchtigt [bə'rʏçtɪçt] Adj. notorious (wegen for); (verrufen) disreputable; **als Raufbold ~ sein** be a notorious ruffian

berücken tr. V. (geh.) captivate; charm; enchant; **ein ~der Anblick** an enchanting or a bewitching sight

berücksichtigen [bə'rʏkzɪçtɪgn̩] tr. V. a) (einbeziehen) take into account or consideration; **jmds. Alter ~**: make allowances for sb.'s age; b) (beachten) consider ⟨applicant, application, suggestion⟩

Berücksichtigung die; ~ a) (das Einbeziehen) **bei ~ aller Umstände** taking all the circumstances into account; **in od. unter ~ der Vor- und Nachteile** taking account of all the advantages and disadvantages; b) (Beachtung) consideration; **eine ~ Ihres Auftrags ist nicht möglich** we cannot consider your application

Beruf der; ~[e]s, ~e a) occupation; (akademischer, wissenschaftlicher, medizinischer ~) profession; (handwerklicher ~) trade; (Stellung) job; (Laufbahn) career; **was sind Sie von ~?** what do you do for a living?; what is your occupation?; **er ist von ~ Bäcker/Lehrer** od. **Bäcker/Lehrer von ~**: he's a baker by trade/a teacher by profession; **20 Jahre im ~ stehen** have been in the profession/trade for 20 years; **von ~s wegen** because of one's job; **den ~ verfehlt haben** (scherzh.) have missed one's vocation; s. auch **ergreifen, frei**; b) (geh. veralt.) s. **Berufung b**

¹berufen 1. unr. tr. V. a) (einsetzen) appoint; **jmdn. auf einen Lehrstuhl/in ein Amt ~**: appoint sb. to a chair/an office; b) (ugs.: beschreien) **berufe es nicht!** don't tempt fate too soon!; **ich will es nicht ~, aber bisher hat die Sache immer geklappt** I don't want to tempt fate or providence, but until now it's worked every time; c) (veralt.: zusammenrufen) call, summon ⟨person⟩ (zu to); call a meeting of ⟨council, cabinet, etc.⟩. 2. unr. refl. V. **sich auf etw. (Akk.) ~**: refer to sth.; quote or cite sth.; **sich auf jmdn. als Zeugen ~**: appeal to sb. as a witness; **wenn Sie sich vorstellen, können Sie sich auf mich ~**: when you introduce yourself, you can mention my name

²berufen Adj. a) competent; **aus ~em Munde** from somebody or one competent or qualified to speak; b) (prädestiniert) **sich dazu ~ fühlen, etw. zu tun** feel called to do sth.; **feel one has a mission to do sth.**; **sich zu großen Taten ~ fühlen** feel called to great things; **zum Dichter/zu Höherem ~ sein** have a vocation as a poet/be destined for greater things

beruflich 1. Adj.; nicht präd. occupational, vocational ⟨training etc.⟩; (bei akademischen Berufen) professional ⟨training etc.⟩; **seine ~e Tätigkeit** his occupation; **er hat ~e Probleme** he has problems at work or in his job; **aus ~en Gründen** because of one's job; (bei akademischen Berufen) for professional reasons. 2. adv. **meine Reise war ~ bedingt** my trip was business-related; **~ erfolgreich sein** be successful in one's career; **~ viel unterwegs sein** be away a lot on business; **sich ~ weiterbilden** undertake further job training; **~ verhindert sein** be detained by one's work

berufs-, Berufs-: ~armee die s. **~heer**;

~aus·bildung die occupational *or* vocational training; *(als Lehrer, Wissenschaftler, Arzt)* professional training; **eine [solide] ~ausbildung [als etw.] bekommen** receive [a thorough] training [as sth.]; **~aussichten** *Pl.* job prospects *(in a particular profession etc.);* **~beamte der** ≈ established civil servant; *s. auch* **Beamte;** **~beamtentum das** civil service with life-long job security; **~bedingt** *Adj.* occupational ⟨*disease*⟩; ⟨*expenses, difficulties*⟩ connected with one's job; **~berater der** vocational adviser; **~beratung die** vocational guidance; **~bezeichnung die** job title; **~bezogen** *Adj.* vocationally orientated; **~bild das** outline of a/the profession/trade as a career; **~bildend** *Adj.* **~bildende Schule** vocational training school; **~boxer der** professional boxer; **~erfahren** *Adj.* [professionally] experienced; **with considerable [professional] experience** *postpos.,* not *pred.;* **~erfahrung die** *o. Pl.* [professional] experience; **~ethos das** *(geh.)* professional code of ethics; **~fach·schule die** vocational college *(providing full-time vocational training);* **~fahrer der** [professional] driver; **~feuerwehr die** [professional] fire service; **~fremd** *Adj.* ⟨*task, work, job*⟩ unconnected with the profession/trade for which one has been trained; „Berufsfremde werden eingearbeitet" [on-the-job] training will be given where necessary'; **~geheimnis das** professional secret; *(Schweigepflicht)* professional secrecy; **~genossenschaft die** *professional/trade association having liability for industrial safety and insurance;* **~gruppe die** occupational group; **~heer das** regular *or* professional army; **~kleidung die** [prescribed] work[ing] clothes *pl.;* **~krankheit die** occupational disease; **~leben das** working life; **im ~leben stehen** be working; **ins ~leben treten** start one's working life, start in one's first job; **~mäßig 1.** *Adj.;* nicht präd.; professional; **2.** *adv.* professionally; **~offizier der** regular officer; **~politiker der** professional politician; **~richter der** full-time salaried judge; **~risiko das** occupational risk; **~schule die** vocational school; **~schüler der** student at a vocational school; **~soldat der** regular *or* professional soldier; **~sportler der** professional sportsman; **~stand der** profession; *(Gewerbe)* trade; **~ständisch** *Adj.* professional; **~tätig** *Adj.* working attrib.; **es gibt mehr ~tätige Männer als Frauen** more men than women have a job or are in paid employment; **[halbtags] ~tätig sein** work [part-time]; **~tätige der/die;** adj. Dekl. working person; **~tätige der/die;** adj. Dekl. working people; **~unfähigkeit die** incapacity *(to follow one's profession/trade);* **~verband der** professional/trade association; **~verbot das** debarment from practising a particular profession or trade; *(für den öffentlichen Dienst)* official debarment, on political grounds, from all civil service professions; **~verbrecher der** professional criminal; **~verkehr der** rush-hour traffic; **~wahl die;** *o. Pl.* choice of career; **~wechsel der** change of career; **~wunsch der** preferred choice of career; **~zweig der** branch of the profession/trade
Berufung die; ~, ~en a) *(für ein Amt)* offer of an appointment **(auf, in, an** + Akk. to); **seit seiner ~ nach ...:** since he took up the appointment in ...; **b)** *(innerer Auftrag)* vocation; **die ~ zum Künstler in sich** *(Dat.)* **verspüren** feel one has a vocation as an artist; **c)** *(das Sichberufen)* **unter ~** *(Dat.)* **auf jmdn./etw.** referring *or* with reference to sb./sth.; **d)** *(Rechtsw.: Einspruch)* appeal; **~ einlegen** lodge an appeal; appeal; **in die ~ gehen** appeal; **e)** *(veralt.: Einberufung)* summoning

Berufungs-: ~frist die *(Rechtsw.)* period within which an appeal must be lodged; period allowed for an appeal; **~instanz die** *(Rechtsw.)* court of appeal; **~verfahren das** *(Rechtsw.)* appeal proceedings *pl.*
beruhen *itr. V.* **auf etw.** *(Dat.)* **~:** be based on sth.; **etw. auf sich** *(Dat.)* **~ lassen** let sth. rest; *s. auch* **Gegenseitigkeit**
beruhigen [bə'ru:ɪgn̩] **1.** *tr. V.* calm [down]; quieten, pacify ⟨*child, baby*⟩; *(trösten)* soothe; *(die Befürchtung nehmen)* reassure, salve, soothe ⟨*conscience*⟩; **die Nerven/den Magen ~:** calm one's nerves/settle the stomach; **beruhigt schlafen/nach Hause gehen können** be able to sleep/go home with one's mind set at ease. **2.** *refl. V.* ⟨*person*⟩ calm down; ⟨*wind*⟩ drop, die down; ⟨*sea*⟩ become calm; ⟨*storm*⟩ abate, die down; ⟨*struggle, traffic*⟩ lessen; ⟨*rush of people*⟩ subside; ⟨*prices, stock exchange, stomach*⟩ settle down; **die Lage beruhigt sich** the situation is becoming more stable; **meine Nerven haben sich beruhigt** my nerves have steadied
Beruhigung die; ~ a) *s.* **beruhigen 1:** calming [down]; quietening; pacifying; soothing; salving; reassurance; **jmdm. etw. zur ~ geben** give sb. sth. to calm him/her [down]; **b)** *(das Ruhigwerden)* **eine ~ des Wetters ist vorauszusehen** the weather can be expected to become more settled; **zu Ihrer ~ kann ich sagen, ...:** you'll be reassured to know that ...; **jmdm. ein Gefühl der ~ geben** reassure sb.; **eine ~ der politischen Lage ist nicht zu erwarten** we should not expect that the political situation will become more stable
Beruhigungs-: ~mittel das sedative; tranquillizer; **~pille die** sedative [pill]; tranquillizer; *(fig.)* sop; **~spritze die** sedative injection; **~zelle die** cooling-off cell; holding cell; **~zigarette die** calming cigarette; cigarette to calm one's nerves
berühmt [bə'ry:mt] *Adj.* famous; **durch diesen Roman wurde er ~:** the novel made him famous; **wegen** *od.* **für etw. ~ sein** be famous for sth.; **das ist nicht gerade ~** *(ugs. iron.)* it's nothing to write home about *(coll.)* or no big deal *(coll.)*
berühmt-berüchtigt *Adj.* notorious
Berühmtheit die; ~, ~en a) *o. Pl.* *(Ruhm)* fame; **erlangen/gewinnen** become famous/win fame; **zu trauriger ~ gelangen** become notorious; **b)** *(Mensch)* celebrity
berühren *tr. V.* **a)** *(anrühren)* touch; sich *od.* *(geh.)* einander **~:** touch; „Bitte Waren nicht ~!" 'please do not touch the merchandise'; **b)** *(kurz erwähnen)* touch on ⟨*topic, issue, question*⟩; **c)** *(beeindrucken)* affect; **das berührte ihn seltsam/schmerzlich** he was strangely affected/painfully moved by it; **wir fühlten uns davon unangenehm/peinlich berührt** it made an unpleasant impression on us/made us feel embarrassed; **das berührt mich [überhaupt] nicht** it's a matter of [complete] indifference to me
Berührung die; ~, ~en a) *(das Berühren)* touch; **mit etw. in ~** *(Akk.)* **kommen** come into contact with sth.; **jede ~ mit jmdm. vermeiden** avoid all physical contact with sb.; **bei der geringsten ~:** at the slightest touch; **b)** *(Kontakt)* contact; **mit jmdm./etw. in ~** *(Akk.)* **kommen** come into contact with sb./sth.; **jmdn. in ~** *(Akk.)* **mit jmdm./etw. bringen** bring sb. into contact with sb./sth.; **c)** *o. Pl. (Erwähnung)* mention
berührungs-, Berührungs-: ~angst die *(Psych.)* fear of contact; haptephobia *(Psych.);* **~los** *(Physik, Technik)* **1.** *Adj.* contactless; non-contact; **2.** *adv.* without direct contact; **~punkt der a)** *(Math.)* point of contact *or* tangency; **b)** *(Gemeinsamkeit)* point of contact; **politische ~punkte mit jmdm. besitzen** have the same views as sb. on a number of political issues
Beryll [bɛ'rʏl] **der; ~s, ~e** *(Mineral.)* beryl

Beryllium [be'rʏliʊm] **das; ~s** *(Chemie)* beryllium
besabbern *tr. V.* *(salopp)* slobber [on *or* over]
besäen *tr. V.* sow
besagen *tr. V.* say; *(bedeuten)* mean; **das besagt noch gar nichts/sehr viel** that doesn't mean anything/means a great deal
besagt *Adj.;* nicht präd. *(Amtsspr.)* aforementioned
besamen [bə'za:mən] *tr. V.* fertilize; *(künstlich)* inseminate
besammeln *refl. V. (schweiz.)* *s.* **versammeln**
Besammlung die; ~, ~en *(schweiz.)* *s.* **Versammlung**
Besamung die; ~, ~en fertilization; *(künstlich)* insemination
Besan [be'za:n] **der; ~s, ~e a)** *(Segel)* mizen[-sail]; **b)** *(~mast)* mizen-mast
besänftigen [bə'zɛnftɪgn̩] **1.** *tr. V.* calm [down]; pacify; calm, soothe ⟨*temper*⟩. **2.** *refl. V.* ⟨*person*⟩ calm down; ⟨*sea*⟩ become calm
Besänftigung die; ~: calming [down]; pacifying; *(von jmds. Zorn)* calming; soothing
Besan·mast der the mizen-mast
besät [bə'zɛ:t] *Adj.* sown **(mit** with); *(fig.)* covered **(mit,** von with); **mit Blütenblättern/Sternen ~:** strewn with petals/studded with stars
Besatz der a) *(Mode: Borte)* trimming *no indef. art.;* **b)** *(Jagdw., Landw., Fischereiw.)* stock
Besatzer [bə'zatsɐ] **der; ~s, ~:** member of the occupying forces; **die ~:** the occupying forces
Besatzung die a) *(Mannschaft)* crew; **b)** *(Milit.: Verteidigungstruppe)* garrison; **c)** *(Milit.: Okkupationstruppen)* occupying troops *pl. or* forces
Besatzungs-: ~armee die occupying army; army of occupation; **~kind das** child of a [coloured] member of the occupying forces and a local woman; **~macht die** occupying power; **~truppen** *Pl.* occupying troops *or* forces; **~zone die** occupied zone
besaufen *unr. refl. V. (salopp)* get boozed up *(Brit. sl.)* or canned *(Brit. sl.)* or bombed *(Amer. sl.);* *s. auch* **sinnlos 2 c**
Besäufnis [bə'zɔyfnɪs] **die; ~, ~se** *od.* **das; ~ses, ~se** *(salopp)* booze-up *(Brit. sl.):* blast *(Amer. sl.)*
besäuseln *refl. V.* *(ugs.)* get merry *(Brit. coll.)* or tipsy; **besäuselt** merry *(coll.);* tipsy
beschädigen *tr. V.* damage
Beschädigte der/die; *adj. Dekl. (veralt.)* disabled person
Beschädigung die a) *o. Pl. (das Beschädigen)* damaging; **b)** *(Schaden)* damage; **zahlreiche/mehrere ~en** a lot of/quite a lot of damage *sing.*
beschaffbar *Adj.* obtainable; **schwer/leicht ~:** difficult/easy to obtain
¹**beschaffen** *tr. V.* obtain; get; get ⟨*job*⟩; **ein Quartier ~:** find accommodation; **jmdm. etw. ~:** obtain/get sb. sth. *or* sth. for sb.; **sich** *(Dat.)* **Geld/die Genehmigung ~:** get [hold of] money/get *or* obtain the permit/licence
²**beschaffen** *Adj.* **so ~ sein, daß ...:** ⟨*goods, materials*⟩ be made in such a way that ...; ⟨*substance*⟩ be such that ...
Beschaffenheit die; ~: composition; *(von Menschen)* make-up; **rauhe/glatte ~:** roughness/smoothness
Beschaffung die *s.* **beschaffen:** obtaining; getting; finding
Beschaffungs-: ~amt das; *o. Pl. (Milit.)* ≈ Procurement Executive *(Brit.)* or *(Amer.)* Office; **~kosten** *Pl.* procurement cost *sing.;* cost price *sing.;* cost of acquisition *sing.;* **~kriminalität die** crime in the pursuit of drug acquisition
beschäftigen [bə'ʃɛftɪgn̩] **1.** *refl. V.* **sich mit etw. ~:** occupy *or* busy oneself with sth.;

sich viel mit Musik/den Kindern ~: devote a great deal of one's time to music/the children; sich mit den Schriften Hegels ~: be engaged in a study of the writings of Hegel; sich mit einem Fall ~: deal with a case; mit etw. beschäftigt sein be [busy] working on sth.; sehr beschäftigt sein be very busy. 2. *tr. V.* a) *(geistig in Anspruch nehmen)* jmdn. ~: be on sb.'s mind; preoccupy sb.; **was beschäftigt dich so?** what's on your mind?; **Märchen ~ die Phantasie der Kinder** fairy stories engage children's imaginations; b) *(angestellt haben)* employ ⟨workers, staff⟩; **bei einer Firma beschäftigt sein** work for a firm; c) *(zu tun geben)* occupy; **jmdn. mit etw. ~:** give sb. sth. to occupy him/her; **du mußt die Kinder ~:** you must keep the children occupied
Beschäftigte der/die; *adj. Dekl.* employee; **die Fabrik/das Kaufhaus hat 500 ~:** the factory has a workforce/the department store has a staff of 500
Beschäftigung die; ~, ~en a) *(Tätigkeit)* activity; occupation; **bei dieser ~ solltest du ihn nicht stören** you shouldn't disturb him while he's occupied with that; **einer ~ nachgehen** pursue an activity; b) *(berufliche Tätigkeit)* job; **seiner ~ nachgehen** go about one's business; **er geht wieder seiner ~ nach** he's now back at work; **ohne ~ sein** not be working; *(unfreiwillig)* be unemployed; c) *(mit einer Frage, einem Problem)* consideration (**mit** of); *(Untersuchung, Studium)* study (**mit** of); d) *o. Pl. (das Angestelltwerden)* employment; e) *o. Pl. (das Beschäftigtsein)* die ~ **in diesem Betrieb/im Staatsdienst** working for this firm/in the Civil Service
beschäftigungs-, Beschäftigungs-: ~**grad** der *(Wirtsch.)* level of employment; ~**los** *Adj.* a) *(untätig)* ~ **sein** have nothing to do; b) *(ohne Arbeit)* ~ **sein** not be working; *(unfreiwillig)* be unemployed; ~**therapie** die *(Med.)* occupational therapy
beschälen *tr. V.* cover, serve ⟨mare⟩
Beschäler der; ~s, ~: breeding stallion; stud-horse
beschallen *tr. V.* a) fill with sound; b) *(Med.)* treat with ultrasonic waves *or* ultrasound
beschämen *tr. V.* shame; **jmdn. durch seine Großmütigkeit ~:** make sb. ashamed by one's generosity
beschämend 1. *Adj.* a) *(schändlich)* shameful; b) *(demütigend)* humiliating; **für jmdn. ~ sein** be humiliating for sb.; bring humiliation upon sb. 2. *adv.* shamefully
beschämt *Adj.* ashamed; abashed; **ein ~es Gesicht** a shamefaced expression; **sich ~ fühlen** be ashamed *or* abashed
Beschämung die; ~: shame; **zu meiner ~ muß ich gestehen, daß ...:** to my shame I must confess that ...
beschatten *tr. V.* a) *(geh.)* shade; *(fig.)* overshadow, cast a cloud over ⟨event⟩; cloud ⟨face⟩; b) *(heimlich überwachen)* shadow; **jmdn. ~ lassen** have sb. shadowed; c) *(Fußball, Hockey)* mark closely
Beschatter der; ~s, ~: shadow
Beschattung die; ~ *(eines Verdächtigen)* shadowing
Beschau die inspection
beschauen *tr. V. (bes. md.) s.* **betrachten**
Beschauer der; ~s, ~: viewer
beschaulich [bəˈʃaʊlɪç] 1. *Adj.* a) *(behaglich)* peaceful, tranquil ⟨life, manner, etc.⟩; meditative, contemplative ⟨person, character⟩; b) *(kath. Rel.)* ~**e Orden** contemplative orders. 2. *adv.* peacefully; tranquilly
Beschaulichkeit die; ~: peacefulness; tranquillity
Bescheid [bəˈʃaɪt] der; ~[e]s, ~e a) *(Auskunft)* information; *(Antwort)* answer; reply; **jmdm. ~ geben** *od.* **sagen[, ob ...]** let sb. know or tell sb. [whether ...]; **sage bitte im Restaurant ~, daß ...:** please let the restaurant know *or* let them know in the restaurant that ...; **jmdm. ~ sagen** *(ugs.: sich beschweren)* give sb. a piece of one's mind *(coll.)*; *(über etw. (Akk.))* ~ **wissen** know [about sth.]; **in einer Stadt/mit Autos ~ wissen** know one's way around a town/know about cars; **jmdm. ~ stoßen** *(ugs.)* give sb. a dressing-down *(coll.)*; **Entschuldigung, wissen Sie hier ~?** excuse me, do you know your way around here?; b) *(Entscheidung)* decision; **ein abschlägiger/günstiger ~:** a refusal/a positive reply
¹**bescheiden** 1. *unr. tr. V.* a) *(Amtsspr.: Mitteilung machen an)* **jmdn./etw. abschlägig ~:** turn sb./sth. down; refuse sb./sth.; **jmdn. ~[, daß ...]** inform *or* notify sb. [that ...]; b) *(geh.: zuteil werden lassen)* **jmdm. etw. ~:** grant sb. sth.; **es war ihm nicht beschieden, den Erfolg seines Romans zu erleben** it was not granted to him to live to see the success of his novel. 2. *unr. refl. V. (geh.)* be content; **man muß sich ~ können** one has to be able to make do with less *or* moderate one's needs
²**bescheiden** 1. *Adj.* a) *(unaufdringlich)* modest; modest, unassuming ⟨person, behaviour⟩; b) *(einfach)* modest; simple ⟨meal⟩; **darf ich die Frage stellen, wie ...?** *(auch iron.)* may I venture to ask how ...?; **aus ~en Anfängen** from modest *or* humble beginnings; **in ~en Verhältnissen aufwachsen** grow up in humble circumstances; c) *(dürftig)* modest ⟨salary, results, pension, etc.⟩; d) *(ugs. verhüll.: sehr schlecht)* lousy *(sl.)*; bloody awful *(Brit. coll.)*. 2. *adv.* modestly; **darf ich mal ganz ~ anfragen, wie ...?** *(auch iron.)* may I venture to ask how ...?
Bescheidenheit die; ~: modesty; **keine falsche ~!** don't be shy!; ~ **ist eine Zier, doch weiter kommt man ohne ihr** *(scherzh.)* modesty is a virtue, but it doesn't get you very far; **aus falscher ~:** out of false modesty
Bescheidung die; *o. Pl. (geh.)* moderation in one's needs
bescheinen *unr. tr. V.* shine [up]on; **vom Mond/von der Sonne beschienen** moonlit/sunlit
bescheinigen [bəˈʃaɪnɪɡn] *tr. V.* **etw. ~:** confirm sth. in writing; **den Tod [auf dem Totenschein] ~:** sign the death certificate; **jmdm. den Empfang des Geldes ~:** acknowledge receipt of the money; *(durch Quittung)* give sb. a receipt for the money; **sich (Dat.) ~ lassen, daß man arbeitsunfähig ist/die Rechnung bezahlt hat** get oneself certified as unfit for work/get a receipt for the bill; **du wirst deinen Fehler noch bereuen, das kann ich dir ~** *(fig.)* you'll regret your mistake, I can guarantee you that
Bescheinigung die; ~, ~en a) *(Schriftstück)* written confirmation *no indef. art.*; *(Schein)* certificate; *(Quittung)* receipt; **eine ~ des Arztes** a doctor's certificate; a certificate from the doctor; a medical certificate; b) *o. Pl. (das Bescheinigen)* confirmation in writing
bescheißen *unr. tr. V. (derb)* **jmdn. ~:** rip sb. off *(sl.)*; screw sb. *(coarse)*; **jmdn. um etw. ~:** do sb. out of sth. *(sl.)*
beschenken *tr. V.* **jmdn. ~:** give sb. a present/presents; **jmdn. reich ~:** shower sb. with presents; **jmdn. mit etw. ~:** give sb. sth. as a present; **sich [gegenseitig] ~:** give each other presents
bescheren 1. *tr. V.* a) *(schenken)* **jmdm. [mit etw.] ~:** give sb. [sth. as] a Christmas present/Christmas presents; **jmdm. etw. ~:** give sb. sth. for Christmas; b) *(zuteil werden lassen)* **ihnen waren keine Kinder beschert** they were not blessed with children; **ich bin gespannt, was uns dieser Tag ~ wird** I wonder what today will bring; **ihm waren noch viele Jahre des Glücks beschert** he was granted many more happy years. 2. *itr. V.* **nach dem Abendessen wird beschert** the presents are given out after supper
Bescherung die; ~, ~en a) *(zu Weihnachten)* giving out of the Christmas presents; **die Kinder konnten die ~ kaum erwarten** the children could hardly wait for the presents to be given out; b) *(ugs. iron.: unangenehme Überraschung)* **das ist ja eine schöne ~:** this is a pretty kettle of fish; **jetzt haben wir die ~:** that's done it, I told you so; **nun guck dir die ~ an** just look at this mess
bescheuert *Adj. (salopp)* a) *(verrückt)* barmy *(Brit. sl.)*; nuts *(sl.)*; b) *(unangenehm)* stupid ⟨task, party, etc.⟩; **jmdn./etw. ~ finden** find sb./sth. a real pain [in the neck] *(coll.)*
beschichten *tr. V. (Technik)* coat; **mit Kunststoff beschichtet** plastic-coated
Beschichtung die; ~, ~en *(Technik)* coating
beschicken *tr. V.* a) supply ⟨market, shop⟩; send representatives to ⟨meeting, congress, etc.⟩; send exhibits to ⟨art exhibition⟩; b) *(Technik: füllen)* charge ⟨furnace⟩
beschickert [bəˈʃɪkɐt] *Adj. (ugs.: angetrunken)* tipsy; merry *(Brit. coll.)*
Beschickung die; ~, ~en *(Technik: eines Hochofens) (das Beschicken)* charging; *(Füllung)* charge
beschießen *unr. tr. V.* a) fire *or* shoot at; *(mit Artillerie)* bombard; b) *(Kernphysik)* bombard
Beschießung die; ~, ~en s. **beschießen:** a) **die ~ der feindlichen Flugzeuge** firing *or* shooting at the enemy aircraft; **hält diese ~ weiter an, ...:** if this firing *or* shooting/bombardment continues ...; b) **die ~ mit Neutronen/Alphateilchen** bombardment with neutrons/alpha particles
beschildern *tr. V.* label ⟨jar etc.⟩; put up direction-signs along ⟨road, path⟩
Beschilderung die a) labelling; **die ~ der Straße/des Wanderwegs** putting up direction-signs along the road/footpath; b) *(Schilder)* direction signs
beschimpfen *tr. V.* abuse; swear at; **ich lasse mich von Ihnen nicht ~!** I won't stand for being sworn at *or* abused by you
Beschimpfung die; ~, ~en a) *(das Beschimpfen)* abuse *no indef. art.*; **die öffentliche ~ des Staatsoberhaupts** publicly insulting the head of state; b) *(Äußerung)* insult; ~**en** abuse *sing.*; insults
beschirmen *tr. V. (geh.)* a) *(beschützen)* protect (**vor** + *Dat.* from); b) *(vor Licht)* shade
beschirmt *Adj. (scherzh.)* ~ **sein** have an *or* one's umbrella [with one]
Beschiß der; Beschisses *(derb)* rip-off *(sl.)*; **das ist doch alles ~!** it's a rip-off *(sl.)* *or* swindle
beschissen [bəˈʃɪsn] *(derb)* 1. *Adj.* lousy *(sl.)*; shitty *(vulg.)*. 2. *adv.* ⟨behave⟩ in a bloody awful manner *(Brit. coll.)*, shittily *(vulg.)*; **ihm geht es ~:** he's having a lousy *or (Brit.)* bloody awful time of it *(sl.)*
beschlafen *unr. tr. V. (ugs.)* a) *(den Beischlaf ausüben mit)* lay *(sl.)*; sleep with; b) *(überdenken)* sleep on
Beschlag der a) *(an Truhen)* metal fitting; *(an Fenstern, Türen, Möbelstücken, Sätteln)* metal mount; *(Scharnier)* hinge; *(Schließe)* clasp; b) **in jmdn./etw. mit ~ belegen** *od.* **in ~ nehmen, jmdn./etw. in ~ halten** monopolize sb./sth.; c) *(Hufeisen)* horseshoe
¹**beschlagen** 1. *unr. tr. V.* shoe ⟨horse⟩; **ein Faß mit Reifen ~:** hoop a barrel; **Schuhsohlen mit Nägeln ~:** stud the soles of shoes with [hob]nails. 2. *unr. itr. V.*; **mit sein** ⟨window⟩ mist up *(Brit.)*, fog up *(Amer.)*; *(durch Dampf)* steam up; **~e Scheiben** misted-up/fogged-up/steamed-up windows. 3. *unr. refl. V.* mist up *(Brit.)*; fog up *(Amer.)*; *(durch Dampf)* steam up

²beschlagen *Adj.* knowledgeable; **in etw. (Dat.) [gut] ~ sein** be knowledgeable about sth.; **auf einem Gebiet ~ sein** be knowledgeable about *or* well-versed in a subject
Beschlagenheit *die*; ~: thorough *or* sound knowledge (**auf** + *Dat.* of)
Beschlag·nahme [-na:mə] *die*; ~, ~n seizure; confiscation
beschlagnahmen *tr. V.* **a)** *(konfiszieren)* seize; confiscate; **b)** *(scherzh.: in Anspruch nehmen)* **jmdn. ~:** monopolize sb.
Beschlagnahmung *die*; ~, ~en *s.* **Beschlagnahme**
beschleichen *unr. tr. V.* **a)** *(heranschleichen an)* creep up on *or* to; steal up to; ⟨*hunter*⟩ stalk ⟨*game, prey*⟩; **b)** *(geh.: überkommen)* creep over
beschleunigen [bəˈʃlɔynɪɡn̩] **1.** *tr. V.* speed up; increase ⟨*speed*⟩; quicken ⟨*pace, step[s], pulse*⟩; accelerate ⟨*atomic particle*⟩; speed up, expedite ⟨*work, delivery*⟩; hasten ⟨*departure, collapse*⟩; accelerate, speed up, expedite ⟨*process*⟩; **etw. beschleunigt erledigen** deal with sth. as a matter of priority. **2.** *refl. V.* ⟨*speed, heart-rate*⟩ increase; ⟨*pulse*⟩ quicken. **3.** *itr. V.* ⟨*car*⟩ accelerate; ⟨*engine*⟩ speed up
Beschleuniger *der*; ~s, ~ *(Kernphysik)* accelerator
Beschleunigung *die*; ~, ~en **a)** *s.* **beschleunigen 1:** speeding up; increasing; quickening; acceleration; expedition; hastening; **eine ~ der Arbeit erreichen** speed up the work; **eine weitere ~ des Tempos** a further increase in speed; **b)** *(ugs.: ~svermögen)* acceleration; **eine gute ~ haben** have good acceleration; **c)** *(Physik)* acceleration
Beschleunigungs-: ~**anlage** *die s.* **Beschleuniger;** ~**vermögen** *das*; *o. Pl. (Technik) (eines Kfz)* acceleration; *(eines Motors)* throttle response; ~**wert** *der (Technik)* acceleration figure
beschließen 1. *unr. tr. V.* **a)** *(entscheiden)* ~, **etw. zu tun** decide *or* resolve to do sth.; **das ist beschlossene Sache** it's settled; **b)** *(einen Mehrheitsbeschluß fassen über)* pass ⟨*law*⟩; ~, **etw. zu tun** resolve to do sth.; **c)** *(beenden)* end; end, conclude ⟨*lecture*⟩; end, close ⟨*letter*⟩; **seine Tage ~** *(geh.)* end one's days. **2.** *unr. itr. V.* **über etw.** *(Akk.)* ~: decide concerning sth.
beschlossen [bəˈʃlɔsn̩] **1. 2.** *Part. v.* **beschließen. 2. in etw.** *(Dat.)* ~ **sein** *od.* **liegen** *(geh.)* be summed up in sth.
Beschluß *der* **a)** *(Entscheidung)* decision; *(gemeinsam festgelegt)* resolution; **einen ~ fassen** come to a decision/pass a resolution; **laut ~ des Gerichtes/der Direktion** in accordance with the decision of the court/ management; **b)** *o. Pl. (veralt.: Ende)* end; **zum ~:** to end *or* conclude
beschluß-, Beschluß-: ~**fähig** *Adj.* quorate; ~**fähig sein** have a quorum; ~**fähigkeit** *die*; *o. Pl.* presence of a quorum; **die ~fähigkeit herstellen** make a quorum; ~**fassung** *die (Amtsspr.)* **einen Entwurf zur ~fassung vorlegen** submit a draft resolution; ~**organ** das decision-making body; ~**unfähig** *Adj.* inquorate; ~**unfähig sein** not have a quorum; be inquorate
beschmeißen *unr. tr. V. (salopp)* **jmdn./sich [gegenseitig] mit etw. ~:** pelt sb./each other with sth.; **jmdn./etw. mit Schmutz** *od.* **Dreck ~** *(fig.)* fling mud at sb./sth.
beschmieren *tr. V.* **a)** etw./sich ~: get sth. oneself in a mess; **sich** *(Dat.)* **die Kleidung/ Hände mit etw. ~:** smear *or* get sth. [smeared] all over one's clothes/hands; **b)** *(abwertend)* daub paint all over; *(bekritzeln)* scrawl *or* scribble all over; **c)** *(bestreichen)* **sein Brot mit etw. ~:** spread sth. on one's bread; **das Brot mit Butter ~:** butter the bread; **etw. mit Fett/Salbe ~:** grease sth./smear ointment on sth.; **d)** *(abwertend: vollschreiben)* cover ⟨*paper*⟩
beschmunzeln *tr. V.* smile at
beschmutzen *tr. V.* **etw. ~:** make sth. dirty; **ganz beschmutzt sein** be covered in dirt; **jmdn. Namen/Gedenken ~** *(fig.)* besmirch sb.'s name/memory; **sich ~** *(verhüll.)* dirty oneself
beschneiden *unr. tr. V.* **a)** *(stutzen)* cut, trim, clip ⟨*hedge*⟩; prune, cut back ⟨*bush*⟩; cut back ⟨*tree*⟩; trim ⟨*book block*⟩; **einem Vogel die Flügel ~:** clip a bird's wings; **b)** *(Med., Rel.)* circumcise; **ein Beschnittener** a circumcised boy/man; **c)** *(einschränken)* cut ⟨*salary, income, wages*⟩; restrict ⟨*rights*⟩; **jmdn. in seinen Rechten ~:** restrict sb.'s rights
Beschneidung *die*; ~, ~en **a)** *(das Stutzen) s.* **beschneiden a:** trimming; cutting; clipping; pruning; cutting back; **b)** *(Einschränkung) s.* **beschneiden c:** cutting; restriction; **die ~ seines Einkommens in Kauf nehmen** accept a cut in [one's] income; **c)** *(Med., Rel.)* circumcision
beschneit *Adj.* snow-covered
beschnüffeln *tr. V.* **a)** *(beriechen)* sniff at; **b)** *(ugs.: prüfen)* **jmdn./sich ~:** size sb./each other up; **c)** *(ugs. abwertend: bespitzeln)* spy on
beschnuppern *tr. V.: s.* **beschnüffeln a, b**
beschönigen [bəˈʃøːnɪɡn̩] *tr. V.* gloss over
Beschönigung *die*; ~, ~en glossing over; **das wäre eine ~:** that would be to gloss over the true situation
beschränken [bəˈʃrɛŋkn̩] **1.** *tr. V.* restrict; limit; **etw. auf etw.** *(Akk.)* ~: restrict *or* limit sth. to sth.; **jmdn. in seinen Rechten ~:** restrict sb.'s rights; **die Mittel sind beschränkt** my/our *etc.* resources are limited; **beschränkte Verhältnisse** straitened circumstances. **2.** *refl. V.* tighten one's belt *(fig.)*; **sich auf etw.** *(Akk.)* ~: restrict *or* confine oneself to sth.
beschrankt *Adj.* ⟨*level crossing*⟩ with barriers; ~ **sein** have barriers
beschränkt 1. *Adj.* **a)** *(abwertend: dumm)* dull-witted; **b)** *(engstirnig)* ⟨*person*⟩ of restricted *or* limited outlook; narrow-minded ⟨*person*⟩; narrow[-minded] ⟨*views, outlook*⟩; ~ **sein** have a restricted *or* limited outlook; ~ **sein** narrow-minded; **einen ~en Horizont haben** have limited horizons *pl.* **2.** *adv.* narrow-mindedly; in a narrow-minded way
Beschränktheit *die*; ~: **a)** *(Dummheit)* lack of intelligence; **in ihrer ~:** with her limited intelligence; **b)** *(das Begrenztsein)* limitedness; restrictedness
Beschränkung *die*; ~, ~en **a)** *o. Pl. (das Beschränken)* limitation; restriction; **b)** *(das, was beschränkt)* restriction; **jmdm./einer Sache ~en auferlegen** impose restrictions on sb./sth.
beschreiben *unr. tr. V.* **a)** write on; *(vollschreiben)* write ⟨*page, side, etc.*⟩; **eng beschriebene Seiten** closely written pages; **b)** *(darstellen)* describe; **ich kann dir [gar] nicht ~, wie ..., es ist [gar] nicht zu ~, wie ...:** I [simply] can't tell you how ...; **ihre Leiden waren nicht zu ~:** her sufferings were indescribable *or* beyond description; **wer beschreibt seine Freude, als ...:** who could describe his joy when ...; **c)** *(durch Kreisbewegung herstellen)* describe ⟨*circle, orbit, curve, etc.*⟩
Beschreibung *die*; ~, ~en **a)** description; **jeder ~ spotten** defy *or* be beyond description; **b)** *(Gebrauchsanweisung)* instructions *pl.*
beschreien *unr. tr. V.: s.* **¹berufen 1 b**
beschreiten *unr. tr. V.* walk along ⟨*path etc.*⟩; **neue Wege ~** *(fig.)* tread new paths; ⟨*medicine, technology, etc.*⟩ pursue new methods; **den Rechtsweg ~:** have recourse to litigation

Beschrieb *der (schweiz.)* description
beschriften [bəˈʃrɪftn̩] *tr. V.* label; address ⟨*envelope, letter*⟩; inscribe ⟨*stone*⟩; letter ⟨*sign*⟩
Beschriftung *die*; ~, ~en **a)** *o. Pl.* labelling; *(eines Briefes)* addressing; *(eines Steines)* inscribing; *(eines Schildes)* lettering; **b)** *(Aufschrift)* label; *(eines Briefes)* address; *(eines Steines)* inscription; *(eines Schildes)* lettering
beschuhen [bəˈʃuːən] *tr. V. (Technik)* shoe; tip [with metal]
beschuht *Adj.* shod; **ein weiß ~er Fuß** a foot [shod] in a white shoe
beschuldigen [bəˈʃʊldɪɡn̩] *tr. V.* accuse (+ *Gen.* of); **jmdn. des Mordes/des Mordes an seiner Frau ~:** accuse sb. of murder/of the murder of his wife; **jmdn. ~, etw. getan zu haben/etw. zu sein** accuse sb. of doing/being sth.
Beschuldigte *der/die*; *adj. Dekl.* accused
Beschuldigung *die*; ~, ~en accusation; ~**en gegen jmdn. erheben** make accusations against sb.
beschummeln *tr. V. (ugs.)*, **beschupsen** *tr. V. (salopp)* cheat; diddle *(Brit. coll.)*; burn *(Amer. sl.)*; **jmdn. um etw. ~:** diddle *(Brit. sl.) (or) (coll.)* do sb. out of sth.
Beschuß *der* **a)** *(aus Kanonen)* shelling; *(mit Pfeilen)* shooting; **unter ~ nehmen** fire at/shell/shoot at; *(fig.: kritisieren)* attack; **[heftig** *od.* **stark] unter ~ geraten/stehen** *od.* **liegen** *(auch fig.)* come/be under [heavy] fire; **b)** *(Physik)* ~ **mit Neutronen** *usw.* bombardment with neutrons *etc.*
beschützen *tr. V.* protect (**vor** + *Dat.* from); ~**d den Arm um jmdn. legen** put a protective arm around sb.; ~**de Werkstätte** sheltered workshop
Beschützer *der*; ~s, ~, **Beschützerin** *die*; ~, ~en protector (**vor** from)
beschwatzen, *(bes. südd.)* **beschwätzen** *tr. V. (ugs.)* **a)** *(ugs.)* talk sb. round; **jmdn. zu etw. ~:** talk sb. into sth.; **jmdn. ~, etw. zu tun** talk sb. into doing sth.; **b)** *(bereden)* chat about *or* over
Beschwerde [bəˈʃveːɐ̯də] *die*; ~, ~n **a)** complaint (**gegen, über** + *Akk.* about); ~ **führen** *(Amtsspr.)* od. **einlegen** *(Rechtsw.)* lodge a complaint; *(gegen einen Entscheid)* lodge an appeal; **b)** *Pl. (Schmerz)* pain *sing.*; *(Leiden)* ache; **er fragte mich nach meinen ~n** he asked me what the trouble was; **jmdm. [ziemliche/große] ~n machen** give sb. [quite a lot of/considerable] pain; ~**n [mit der Verdauung** *usw.***]** **haben** have trouble [with one's digestion *etc.*]; **die ~n des Alters** the aches and pains *or* infirmities of old age
beschwerde-, Beschwerde-: ~**ausschuß** *der (DDR)* appeal tribunal *(against actions of official bodies)*; ~**buch** *das* complaints book; ~**frei 1.** *Adj.* trouble-free; *(ohne Schmerzen)* free from pain *postpos.*; **2.** *adv.* without pain; **relativ ~frei leben** live a life relatively free from pain; ~**frist** *die (Rechtsw.)* time-limit for lodging an appeal; ~**führer** *der* complainant; *(gegen einen Entscheid)* appellant; ~**weg** *der*; *o. Pl.* **auf dem ~weg** by appealing; by means of an appeal
beschweren [bəˈʃveːrən] **1.** *refl. V.* complain (**über** + *Akk.*, **wegen** *about*); **sich bei jmdm. ~:** complain to sb. **2.** *tr. V.* weight; *(etw. Schweres auflegen)* weight down; *(fig.: belasten)* burden ⟨*person, memory*⟩
beschwerlich 1. *Adj.* arduous; *(ermüdend)* exhausting; **jmdm. ~ fallen** *(veralt., geh.)* ⟨*person, children*⟩ be a burden to sb.; **jmdm. fällt etw. ~** *(veralt. geh.)* sb. finds sth. troublesome. **2.** *adv.* laboriously; with an effort
Beschwerlichkeit *die*; ~, ~en **a)** *o. Pl.* arduousness; **b)** *Pl. (Anstrengungen)* tribulations

Beschwernis die; ~, ~se *(geh.)* tribulation
Beschwerung die; ~, ~en **a)** o. Pl. weighting; **zur ~:** in order to weight it [down]; **b)** *(Gegenstand)* weight; **etw. als ~ benutzen** use sth. as ballast
beschwichtigen [bə'ʃvɪçtɪɡn̩] *tr. V.* pacify; calm ⟨*excitement*⟩; placate, mollify ⟨*anger etc.*⟩; **sein Gewissen ~:** ease one's conscience; **er versucht [uns] zu ~, wenn wir in Streit geraten** he tries to conciliate *or* placate us when we quarrel; **~de Worte** soothing words
Beschwichtigung die; ~, ~en pacification; *(des Zorns, Hasses)* mollification
Beschwichtigungs·politik die policy of appeasement
beschwindeln *tr. V. (ugs.)* jmdn. ~: tell sb. a fib/fibs; *(betrügen)* hoodwink sb.
beschwingt [bə'ʃvɪŋt] **1.** *Adj.* elated, lively ⟨*mood*⟩; lively, lilting ⟨*tune, melody*⟩; **sein/sich ~ fühlen** ⟨*person*⟩ be/feel elated; **~en Schrittes/Fußes** *(geh.)* with a spring in one's step. **2.** *adv.* ~ **gehen** walk with a spring in one's step; ~ **tanzen** dance with great élan
Beschwingtheit die; ~: elation; *(einer Melodie)* liveliness; *(des Ganges)* springiness
beschwipst [bə'ʃvɪpst] *Adj.* tipsy
beschwören *unr. tr. V.* **a)** ~, **daß ...:** swear that ...; **etw.** ~: swear to sth.; **eine Aussage** ~: swear a statement on *or* under oath; **b)** charm ⟨*snake*⟩; **c)** *(erscheinen lassen)* invoke, conjure up ⟨*spirit*⟩; *(fig.)* evoke, conjure up ⟨*pictures, memories, etc.*⟩; **ein Unheil** ~: make a disaster happen *(by thinking/talking about it)*; **die Vergangenheit** ~: revive memories of the past; **d)** *(bitten)* beg; implore; **in ~dem Ton** in a beseeching *or* imploring tone; **mit ~dem Blick** with an imploring glance; **sie sah ihn ~d an** she looked at him imploringly; **e)** *(veralt.: bannen)* exorcize ⟨*evil spirit*⟩
Beschwörung die; ~, ~en **a)** *(Zauberspruch)* spell; incantation; **b)** *(Bitte)* entreaty; **c)** *(das Erscheinenlassen)* invoking; conjuring up
Beschwörungs·formel die incantation
beseelen [bə'ze:lən] *tr. V.* animate; **ein fester Glaube beseelte ihn** a steadfast faith was his inspiration
besehen *unr. tr. V.* have a look at; **sich** *(Dat.)* **etw. [genau] ~:** have a [close] look at sth.; inspect sth. [closely]; **er besah sich im Spiegel** he looked at himself in the mirror
beseitigen [bə'zaɪtɪɡn̩] *tr. V.* **a)** *(entfernen)* remove; get rid of; eliminate ⟨*error, difficulty*⟩; dispose of ⟨*rubbish*⟩; clear ⟨*snow*⟩; eradicate ⟨*injustice, abuse*⟩; **b)** *(verhüll.: ermorden)* dispose of; eliminate
Beseitigung die; ~ **a)** removal; *(eines Fehlers, einer Schwierigkeit)* elimination; *(des Mülls)* disposal; *(eines Mißstands)* eradication; **b)** *(verhüll.: Ermordung)* elimination
beseligen [bə'ze:lɪɡn̩] *tr. V.* fill with delight *or* joy; **ein ~des Gefühl/ein ~der Gedanke** a delightful *or* blissful feeling/thought
Besen ['be:zn̩] der; ~s, ~ **a)** broom; *(Reisig~)* besom; *(Hand~)* brush; ~ **und Schaufel** dustpan and brush; **die Hexe auf ihrem ~:** the witch on her broomstick; **ich fress' einen ~, wenn das stimmt** *(salopp)* I'll eat my hat if that's right *(coll.)*; **neue ~ kehren gut** *(Spr.)* a new broom sweeps clean *(prov.)*; **mit eisernem ~ [aus]kehren** *(fig.)* apply drastic remedies; **b)** *(salopp abwertend: Frau)* battleaxe *(coll.)*
besen-, Besen-: ~binder der broom-maker; *(von Reisig~)* besom-maker; **~ginster** der *(Bot.)* broom; **~kammer** die broom-cupboard; broom-closet *(Amer.)*; **~macher** der broom-maker; **~rein** *Adj.* swept clean *postpos.*; **~schrank** der s. **~kammer**; **~stiel** der broom-handle; *(eines Reisigbesens)* broomstick; **er läuft herum,**

als habe er einen ~stiel verschluckt *(ugs.)* he runs around as stiff as a ramrod
besessen [bə'zɛsn̩] **1.** *2. Part. v.* besitzen. **2.** *Adj.* **a)** possessed; **vom Teufel ~ sein** be possessed by *or (dated)* of the Devil; **wie ~:** like one possessed; **b)** *(heftig ergriffen)* obsessive ⟨*gambler*⟩; fanatical ⟨*racing driver, footballer. etc.*⟩; **von einer Idee** usw. ~ **sein** be obsessed with an idea *etc.*
Besessene der/die; *adj. Dekl.* **ein ~r/eine ~:** one possessed; **zum/zur ~n werden** become like one possessed; become fanatical
Besessenheit die; ~ **a)** *(durch einen Dämon, Teufel)* possession; **b)** *(Ergriffenheit)* obsessiveness; **mit wahrer ~:** in a truly obsessive manner; **zur ~ werden** become obsessive *or* an obsession
besetzen *tr. V.* **a)** *(mit Pelz, Spitzen)* edge; trim; **mit Perlen/Edelsteinen besetzt** set with pearls/precious stones; **b)** *(belegen; auch Milit.: erobern)* occupy; *(füllen)* fill ⟨*mit*⟩; *(Jagdw., Fischereiw.)* stock ⟨*shoot, pond, etc.*⟩; *(reservieren)* keep, reserve ⟨*seat, table, etc.*⟩; **der Bus kann mit 50 Personen besetzt werden** the bus can carry 50 people; **c)** *(vergeben)* fill ⟨*post, position, role, etc.*⟩; cast ⟨*role, play, etc.*⟩; **einen Ausschuß ~:** fill [the places on] a committee; **die frei werdenden Stellungen werden nicht mehr neu besetzt** no new appointments are being made to positions which become vacant
besetzt *Adj.* occupied; ⟨*table, seat*⟩ taken *pred.*; ⟨*washing-machine, drier, etc.*⟩ in use *pred.*; *(gefüllt)* full; filled to capacity; **es od. die Leitung/die Nummer ist ~:** the line/number is engaged *or (Amer.)* busy; **er ist im Moment ~:** he is occupied *or* busy at the moment; **die amerikanisch ~e Zone** the American zone of occupation
Besetzt·zeichen das *(Fernspr.)* engaged tone *(Brit.)*; busy signal *(Amer.)*
Besetzung die; ~, ~en **a)** *(einer Stellung)* filling; *(einer Rolle)* casting; *(eines Ausschusses)* composition; *(Jagdw., Fischereiw.)* stocking *no indef. art.*; **b)** *(Mitwirkende)* *(Film, Theater usw.)* cast; *(einer Popgruppe)* line-up; **das Stück in hervorragender ~ sehen** see the play with an outstanding cast; **in der besten/der neuen ~ antreten** *(Sport)* team⟩ field its best side/new line-up; **die erste/zweite ~** *(Theater)* the first/second cast; **c)** *(Eroberung)* occupation; **die ~ des Brückenkopfes** the taking of the bridgehead
besichtigen [bə'zɪçtɪɡn̩] *tr. V.* see ⟨*sights*⟩; see the sights of ⟨*town*⟩; look round ⟨*building*⟩; view ⟨*house, flat*⟩; *(prüfend)* inspect ⟨*troops, joc.: baby, girl-friend*⟩
Besichtigung die; ~, ~en viewing; *(Führung)* tour; *(Prüfung von Truppen)* inspection; **etw. zur ~ freigeben** open sth. to visitors *or* to the public; **die ~ der Kirche ist zwischen 10 und 16 Uhr möglich** the church is open to visitors between 10 a.m. and 4 p.m.
Besichtigungs-: ~reise die sightseeing trip; **~zeit** die opening time
besiedeln *tr. V.* settle *(mit* with); **neu ~:** resettle; **ein dicht/dünn besiedeltes Land** a densely/thinly populated country; **b)** *(heimisch sein in)* ⟨*animal, plant*⟩ inhabit, be found in
Besiedlung die settlement
Besiedlungs·dichte die population density
besiegeln *tr. V.* set the seal on; **sein Schicksal ist besiegelt** his fate is sealed
Besieg[e]lung die; ~, ~en sealing; **die ~ von etw. sein** seal sth.; **zur ~ des Geschäftes/unserer Freundschaft** to seal the transaction/our friendship
besiegen *tr. V.* **a)** defeat; **sich besiegt geben** admit defeat; **b)** *(überwinden)* overcome ⟨*doubts, difficulties, curiosity, etc.*⟩

Besiegte der/die; *adj. Dekl.* loser
besingen *unr. tr. V.* **a)** *(geh.)* celebrate in verse; *(durch ein Lied)* celebrate in song; **b)** **eine Platte ~:** make a record [of songs]
besinnen 1. *unr. refl. V.* **a)** think it *or* things over; **sich anders/eines Besseren ~:** change one's mind/think better of it; **b)** *(sich erinnern)* **sich [auf jmdn./etw.] ~:** remember *or* recall ⟨*sb./sth.*⟩; **sich darauf ~, wann ...:** recall when ...; **wenn ich mich recht besinne** if I remember correctly; **c)** *(sich bewußt werden)* **sich auf die Bedeutung von etw. ~:** become aware of the significance of sth. **2.** *unr. tr. V.* reflect on
besinnlich *Adj.* contemplative; thoughtful ⟨*person*⟩; reflective ⟨*story*⟩; **in einer ~en Stunde** in a quiet moment; when one has time to think; **ein ~er Abend** an evening of reflection
Besinnlichkeit die; ~: contemplation; **Stunden der ~:** moments of reflection
Besinnung die; ~ **a)** consciousness; **die ~ verlieren** *(das Bewußtsein verlieren)* lose consciousness; *(ohnmächtig werden)* faint; **ohne od. nicht bei ~:** unconscious; **[wieder] zur ~ kommen** come to; regain consciousness; **b)** *(Nachdenken)* reflection; **zur ~ kommen** stop and think things over; **ehe ich recht zur ~ kommen konnte** before I had time to think; **jmdn. zur ~ bringen** bring sb. to his/her senses
Besinnungs·aufsatz der reflective essay
besinnungs·los 1. *Adj.* **a)** *(bewußtlos)* unconscious; **b)** *(fig.)* mindless, blind ⟨*rage, hatred*⟩; ~ **vor Angst** out of one's mind with fear. **2.** *adv.* mindlessly; ~ **auf jmdn. einschlagen** hit out at sb. in a blind *or* uncontrollable rage
Besinnungslosigkeit die; ~: unconsciousness *no art.*; **er betrank sich bis zur ~:** he drank himself into oblivion
Besitz der **a)** property; **nur wenig ~ haben** have only a few possessions *pl.*; **jmdm. den rechtmäßigen ~ [einer Sache (***Gen.***)] streitig machen** dispute sb.'s legal title to his/her property [in sth.]; **b)** *(des Besitzens)* possession; **sich in jmds. ~** *(Dat.)* **befinden**, in **jmds. ~** *(Dat.)* **sein** be in sb.'s possession; **es befindet sich seit mehreren Generationen im ~ unserer Familie** it has been in our family for several generations; **sich in privatem ~ befinden** be privately owned; **in privatem ~** *or* hands; **in amerikanischem ~:** in American ownership; **in jmds. ~** *(Akk.)* **übergehen** *od.* **kommen** pass *or* come into sb.'s possession; **in den ~ eines Hauses** usw. **kommen** become the owner of a house *etc.*; *(durch eigene Bemühungen)* gain possession of a house *etc.*; **im ~ einer Sache** *(Gen.)* **/von etw. sein, etw. in ~ haben** be in possession of sth.; possess sth.; **im vollen ~ seiner geistigen Kräfte sein** be in full possession of one's faculties; **in [seinen] ~ nehmen, von etw. ~ ergreifen** take possession of sth.; **von jmdm. ~ ergreifen** *(geh.)* take hold of sb.; *(Land~)* estate
besitz-, Besitz-: ~anspruch der claim to ownership; **einen ~anspruch auf etw.** *(Akk.)* **anmelden** file a claim to ownership of sth.; **~anzeigend** *Adj. (Sprachw.)* possessive; **~bürgertum** das property-owning bourgeoisie
besitzen *unr. tr. V.* **a)** own; have ⟨*quality, talent, etc.*⟩; *(nachdrücklicher)* possess; **seit wann besitzt er ein Auto?** since when does he own a car?; how long has he had a car?; **alles, was er besaß** all he possessed; **keinen Pfennig ~** *(ugs.)* not have a penny to one's name; **er besaß die Frechheit/Unverschämtheit, zu ...:** he had the cheek *or* nerve/impertinence to ...; **die ~de Klasse** the propertied class; **das Recht ~, zu ...:** have the right to ...; **b)** *(geh. verhüll.)* **eine Frau ~:** possess a woman
Besitzer der; ~s, ~ **a)** owner; *(eines Be-*

besitzergreifend besserwisserisch

triebs usw.) proprietor *(formal);* **den ~ wechseln** change hands *pl.;* **b)** *(österr.)* property-owner
besitz·ergreifend *Adj.* ⟨*troops etc.*⟩ taking possession
Besitz·ergreifung die seizure
Besitzerin die; ~, ~**nen** *s.* **Besitzer**
Besitzer-: ~**stolz der** pride of ownership; **voller** ~**stolz** very much the proud owner; ~**wechsel der** change of ownership
besitz-, Besitz-: ~**gier die** cupidity; acquisitiveness; ~**los** *Adj.* destitute; **die** ~**lose Klasse** the propertyless class; ~**nahme die** appropriation; *(mit Gewalt)* seizure; ~**stand der** standard of living; **den** ~**stand wahren** maintain living standards
Besitztum das; ~**s, Besitztümer** [-ty:mɐ] **a)** possession; **b)** *(Gut)* estate
Besitzung die; ~, ~**en** *(geh.)* estate
Besitz·verhältnisse *Pl.* matters relating to ownership; *(marxistische Theorie)* conditions of ownership
besoffen [bə'zɔfn̩] **1.** *2. Part. v.* **besaufen. 2.** *Adj.* *(salopp)* boozed [up] *(sl.);* plastered *(sl.);* pissed *pred. (sl.);* **völlig** ~**:** completely stoned *(sl.);* blind drunk
Besoffene der/die; *adj. Dekl. (salopp)* drunk
besohlen *tr. V.* sole; **neu** ~**:** resole
Besohlung die; ~ **a)** soling; **eine neue** ~ **der Schuhe** resoling the shoes; **b)** *(Sohle)* sole
besolden *tr. V.* pay ⟨*soldier*⟩; *(civil servant)* his/her salary; **eine gut besoldete Stelle** a well-paid job
Besoldung [bə'zɔldʊŋ] **die;** ~, ~**en** pay; *(Gehalt)* salary
Besoldungs-: ~**gruppe die** salary bracket; ~**ordnung die** [tables of] pay scales *pl. (for civil servants)*
besonder... [bə'zɔndɐ...] *Adj.; nicht präd.* special; *(mehr als gewohnt)* particular ⟨*pleasure, enthusiasm, effort, etc.*⟩; *(hervorragend)* exceptional ⟨*quality, beauty, etc.*⟩; **im** ~**en** in particular; **im allgemeinen und im** ~**en** in general and in particular; **ein** ~**es Ereignis** an unusual *or* a special event; **keine** ~**en Vorkommnisse wurden gemeldet** no incidents of any particular note were reported; ~**e Merkmale** *(im Paß usw.)* distinguishing marks; ~**en Wert auf etw.** *(Akk.)* **legen** lay particular emphasis on sth.; **keine** ~**e Leistung** no great achievement; **einen** ~**en Geschmack haben** ⟨*person*⟩ have exceptional taste; ⟨*dish*⟩ have an unusual taste; **es ist mir eine [ganz]** ~**e Freude/Ehre** it is a particular pleasure/honour for me
Besondere das; *adj. Dekl.* **a) etwas [ganz]** ~**s** something [really] special; **nichts** ~**s** nothing special; *(nichts Interessantes)* nothing of note *or* worth mentioning; **das ist doch nichts** ~**s** there's nothing special *or* unusual about that; **das** ~ **daran** the special thing about it; **b)** *(Einzelerscheinung)* **vom** ~**n zum Allgemeinen kommen** proceed from the particular to the general
Besonderheit die; ~, ~**en** special *or* distinctive feature; *(Eigenart)* peculiarity; **dieser Fall stellt eine** ~ **dar** this is a special case
besonders *Adv.* **a)** particularly; ~ **du sollst das wissen** you of all people should know that; ~ **bei schönem Wetter** especially in fine weather; **das hat ihn** ~ **gefreut** that gave him particular pleasure; **das braucht man wohl nicht** ~ **zu erwähnen** presumably one does not have to mention this specifically; **nicht** ~ **viel Geld haben** not be particularly well off; **b) nicht** ~ **sein** be nothing special; **es ist nichts** ~, **nach Hause zu schreiben über** be nothing to write home about; **ich fand den Film nicht** ~**:** I didn't think the film was anything special *or* was up to much; **es geht ihm nicht** ~**:** he doesn't feel too well; **c)** *(getrennt)* separately
besonnen [bə'zɔnən] **1.** *2. Part. v.* **besinnen. 2.** *Adj.* prudent; *(umsichtig)* circumspect; **ruhig und** ~**:** calm and collected; **es Urteil**

considered judgement. **3.** *adv.* prudently; *(umsichtig)* circumspectly
Besonnenheit die; ~**:** *s.* **besonnen 2:** prudence; circumspection
besonnt [bə'zɔnt] *Adj.* sunlit
besorgen *tr. V.* **a)** get; *(kaufen)* buy; **jmdm. etw.** ~**:** get/buy sb. sth. *or* sth. for sb.; **ich will mir das Buch** ~**:** I want to get the book [for myself]; **b)** *(ugs. verhüll.: stehlen)* **sich** *(Dat.)* **etw.** ~**:** help oneself to sth.; **c)** *(erledigen)* take care of; deal with; prepare *(edition)*; **einen Brief** ~**:** post a letter; **er besorgte die Auswahl der Gedichte** he was responsible for the selection of poems; **was du heute kannst** ~, **das verschiebe nicht auf morgen** *(Spr.)* never put off to tomorrow what you can do today *(prov.);* **d)** *(betreuen)* look after ⟨*children, flowers, etc.*⟩; **jmdm. den Haushalt/die Wäsche** ~**:** keep house/do the washing for sb.; **e) es jmdm.** ~**:** *(ugs. heimzahlen)* get back at sb. *(coll.);* get one's own back on sb. *(Brit. coll.); (derb: geschlechtlich befriedigen)* give it to sb. *(sl.)*
Besorgnis die; ~, ~**se** concern; **echte** ~ **[um jmdn./über etw.** *(Akk.)*] **empfinden** be genuinely concerned [about sb./sth.]; **jmds.** ~ **erregen** cause sb. concern; **jmds.** ~**se zerstreuen** put an end to sb.'s worries
besorgnis·erregend *Adj.* serious; ~ **sein** give cause for concern
besorgt 1. *Adj.* worried **(über +** *Akk.,* **um** about); concerned *usu. pred.* **(über +** *Akk.,* **um** about); **er macht einen sehr** ~**en Eindruck** he appears to be very concerned; **sie war rührend um das Wohl ihrer Gäste** ~**:** she showed a touching concern for the well-being of her guests; **er war** ~, **es könnte etwas passieren** he was concerned lest something should happen *or* worried that something might happen. **2.** *adv.* with concern; *(ängstlich)* anxiously; **sich sehr** ~ **äußern** express one's great concern
Besorgtheit die; ~**:** concern
Besorgung die; ~, ~**en a)** purchase; **[einige]** ~**en machen** do some shopping; **kleinere** ~**en machen** do odd bits of shopping; **b)** *o. Pl. (das Beschaffen)* getting; *(das Kaufen)* buying; **c)** *o. Pl. (das Betreuen)* **die** ~ **des Haushalts usw.** looking after the household etc.
bespannen *tr. V.* **a)** cover ⟨*wall, chair, car, etc.*⟩; string ⟨*racket, instrument*⟩; **b)** *(mit Zugtieren)* **einen Wagen mit einem Pferd** ~**:** harness a horse to a cart; **mit zwei Schimmeln bespannt** harnessed to *or* pulled by two white horses
Bespannung die; ~, ~**en** covering; *(eines Schlägers, eines Instruments)* stringing
bespeien *tr. V. (geh.)* spit at
bespiegeln *tr. V.* **a) sein eigenes Ich** *od.* **sich spiegeln** ~**:** contemplate one's own ego; **b)** *(darstellen)* mirror; portray
bespielbar *Adj.* **a) das Band ist nicht mehr** ~**:** one can no longer record on this tape; **b)** *(Sport)* playable ⟨*ground, tennis-court*⟩
bespielen *tr. V.* **a)** make a recording on ⟨*tape, cassette*⟩; **ein Band mit Liedern** ~**:** record songs on a tape; **die Kassette ist schon bespielt** the cassette already has a recording on it; *(Theaterw.)* **eine Bühne** ~**:** play a theatre
bespitzeln *tr. V.* spy on
Bespitz[e]lung die; ~, ~**en** spying
bespötteln *tr. V.* mock; make fun of
besprechen 1. *unr. tr. V.* **a)** discuss; talk over; *(rezensieren)* review; **gut/schlecht besprochen werden** get a good/bad review; *(mehrfach)* get lots of reviews; **b)** *(aufnehmen)* **eine Kassette** ~**:** make a [voice] recording on a cassette; *(statt eines Briefes)* record a message on a cassette; **eine Platte mit Gedichten** ~**:** make a record of poems; **c)** *(beschwören)* **etw.** ~**:** utter a magic incantation *or* spell over sth. **2.** *unr. refl. V.* confer **(über +** *Akk.* about); **sich [ausführ-**

lich] über etw. *(Akk.)* ~**:** discuss sth. [in detail]; **sich mit jmdm.** ~**:** have a talk with sb.; confer with sb. *(formal)*
Besprechung die; ~, ~**en a)** discussion; *(Konferenz)* meeting; **in einer** ~ **sein, [gerade] eine** ~ **haben** be in a meeting; **b)** *(Rezension)* review *(Gen.,* **von** of); **c)** *(das Beschwören)* incantation
Besprechungs·exemplar das *(Buchw.)* review copy
besprengen *tr. V.* sprinkle
besprenkeln *tr. V.* spatter
bespringen *unr. tr. V.* ⟨*stallion, bull, etc.*⟩ cover, mount ⟨*mare, cow, etc.*⟩
bespritzen *tr. V.* **a)** splash; *(mit einem Wasserstrahl)* spray; **b)** *(beschmutzen)* bespatter
besprühen *tr. V.* spray
bespucken *tr. V.* **jmdn. [mit etw.]** ~**:** spit [sth.] at sb.
Bessemer·birne ['bɛsəmɐ-] **die** *(Metallbearb.)* Bessemer converter
besser ['bɛsɐ] **1.** *s.* **gut; wohl 1 f. 2.** *Adj.* **a)** better; ~ **dran sein** be better off; **[auch] schon [mal]** ~**e Zeiten gesehen haben** *(ugs.)* have seen better days; **es wäre** ~, **du hieltest deinen Mund** it would be better if you kept your mouth shut; ~ **werden** get better; ⟨*work etc.*⟩ improve; **um so** ~**:** so much the better; all the better; **es wurde noch** ~ *(iron.)*; **there was more *or* better to come *(iron.)*; **that wasn't the best of it *(iron.)*; **das wäre ja noch** ~**!** *(iron.)* that really is the limit!; **ich habe Besseres zu tun** I've got better things to do; ~ **ist** ~**:** better safe than sorry; just to be on the safe side; **jmdn. eines Besseren belehren** *(geh.)* put sb. right; **schließlich hat er sich doch eines Besseren belehren lassen** in the end he accepted that he was wrong; *s. auch* **besinnen; b)** *(sozial höher gestellt)* superior; upper-class; ~**e** *od.* **die** ~**en Kreise** more elevated circles; **es verkehren hier die** ~**en Leute** you get a better *or* superior class of people here; **eine** ~**e Gegend/Adresse** a smart[er] *or* [more] respectable area/address; **c)** *(abwertend)* glorified; **wir arbeiten in einer** ~**en Baracke** we work in a glorified hut. **3.** *adv.* **a) [immer] alles** ~ **wissen** always know better; **es** ~ **haben** be better off; *(es leichter haben)* have an easier time of it; **es kommt noch** ~ *(iron.)* it gets even better *(iron.);* ~ **gesagt** to be [more] precise; **sie war nicht ganz offen, oder** ~ **gesagt, hat uns belogen** she was not quite frank, or to put it bluntly, she lied to us; **b)** *(lieber)* **das läßt du** ~ **sein** *od. (ugs.)* **bleiben** you'd better not do that; **er ließe es** ~ **bleiben, sich einzumischen** he would be better advised not to interfere; **er täte** ~ **daran, zu ...:** he would do better to ...; **geh** ~ **zum Arzt** you'd better go to the doctor
besser|gehen *unr. itr. V.; mit sein* **jmdm. geht es besser** sb. feels better; **kurze Zeit später ging es ihr schon wieder besser** a short time later, she had already recovered
Bessergestellte [-gəʃtɛltə] *Pl.; adj. Dekl.* **die** ~ the better off; the well-to-do
bessern 1. *refl. V.* improve; ⟨*person*⟩ mend one's ways. **2.** *tr. V.* improve; reform ⟨*criminal*⟩
besser|stellen *tr. V.* **jmdn. [finanziell]** ~**:** improve sb.'s [financial] position
Besserung die; ~**: a)** *(Genesung)* recovery; **[ich wünsche dir] gute** ~**:** [I hope you] get well soon; **sich auf dem Wege der** ~ **befinden** be on the road to recovery *or* on the mend; **b)** *(Verbesserung)* improvement **(+** *Gen.* in); *(eines Kriminellen)* reform; ~ **geloben** promise to mend one's ways
Besserungs·anstalt die *(ugs. veralt.)* reform school; reformatory *(esp. Amer.)*
besser-, Besser-: ~**wissen das** *s.* ~**wisserei;** ~**wisser der;** ~**s,** ~ *(abwertend)* know-all; smart aleck; ~**wisserei** [----] **die;** ~ *(abwertend)* superior attitude; ~**wisserisch** *Adj. (abwertend)* superior;

956

know-all; **sei nicht so ~wisserisch!** don't always pretend you know better
best... ['bɛst...] **1.** *s.* **gut. 2.** *Adj.* **a)** *attr.* best; **aus ~em Hause sein** *od.* **stammen** come from one of the very best families; **bei ~er Gesundheit/Laune sein** be in the best of health/spirits *pl.;* **im ~en Falle** at best; **er wird im ~en Falle mit einer Geldstrafe davonkommen** the best he can hope for is to get off with a fine; **in den ~en Jahren, im ~en Alter** in one's prime; **~e** *od.* **die ~en Grüße an ...** *(Akk.)* best wishes to ...; **mit den ~en Grüßen** *od.* **Wünschen** with best wishes; *(als Briefschluß)* ≈ yours sincerely; **~en Dank** many thanks *pl.; s. auch* **Dank, Familie, Weg, Wille; b) es ist** *od.* **wäre das ~e, wenn ...:** it would be best if ...; **es wäre das ~e, zu ...:** it would be best to ...; **er hielt es für das ~e, sofort abzureisen** he thought it best to leave immediately; **am ~en** best; **am ~en fährst du mit dem Zug** it would be best for you to go by train; **du bleibst am ~en zu Hause** you had best stay at home; **alles aufs ~e regeln** *od.* **richten** arrange everything in the best way possible; **es steht nicht zum ~en mit etw.** things are not going too well for sth.; **mit seiner Gesundheit steht es nicht zum ~en** his health is none too good; **der/die/das nächste ~e ...:** the first ... one comes across; **sie hat den ersten ~en Mann geheiratet,** **der ihr über den Weg lief** she married the first man who happened to cross her path; **eine Geschichte/einen Witz zum ~en geben** entertain [those present] with a story/a joke; **jmdn. zum ~en halten** *od.* **haben** pull sb.'s leg; **c)** *subst.* best; **der Beste in unserer Gruppe** the best person in our group; **der/die Beste der Klasse** the best [pupil/student] in the class; **das Beste vom Besten** the very best; **das Beste ist gerade gut genug** only the best is good enough; **sein Bestes tun** do one's best; **das Beste aus etw./ daraus machen** make the best of sth./of it; **aufs** *od.* **auf das Beste hoffen** hope for the best; **ich will nur dein Bestes** I am doing this for your own good; **zu deinem Besten** for your benefit; in your best interests *pl.*
bestallen [bə'ʃtalən] *tr. V. (Amtsspr.)* appoint **(zu, als** as)
Bestallung die *(Amtsspr.)* appointment **(zu, als** as)
Bestallungs·urkunde die *(Amtsspr.)* certificate of appointment
Bestand der **a)** *o. Pl.* continued existence; survival; **keinen ~ haben, nicht von ~ sein** not last; not last long; **b)** *(Vorrat)* stock **(an** + *Dat.* of); *s. auch* **eisern 1 a)** *(Forstw.)* **~ von Eichen und Buchen** [mixed] stand of oaks and beeches; **Bestände durchforsten** thin out standing timber; **d)** *(österr.: Dauer des Bestehens)* **nach 15jährigem ~:** after 15 years of existence; after existing for 15 years; **e)** *(südd., österr.: Pacht)* **etw. in ~ haben/geben** lease sth./lease sth. [out]
bestanden [bə'ʃtandn] **1. 2.** *Part. v.* **bestehen. 2.** *Adj.* **a) von** *od.* **mit etw. ~ sein** have sth. growing on it; **mit Blumen ~e Wiesen** flower-covered meadows; meadows full of flowers; **mit Tannen ~e Hügel** fir-covered hills; **b) nach ~er Prüfung** after passing one's examination; **c)** *(schweiz.: alt)* elderly
beständig 1. *Adj.* **a)** *nicht präd. (dauernd)* constant; **b)** *(gleichbleibend)* constant; steadfast *(person);* *(zuverlässig)* reliable; settled *(weather);* *(Chemie)* stable *(compound);* **seine Leistungen sind ~:** his work is consistent; **c)** *(widerstandsfähig)* resistant **(gegen, gegenüber** to). **2.** *adv.* **~:** constantly; **sie klagt ~:** she is constantly *or* for ever complaining; **b)** *(gleichbleibend)* consistently
-beständig *adj.* **hitze~/wetter~/säure~:** heat-/weather-/acid-resistant
Beständigkeit die **~: a)** *(Dauerhaftigkeit)* constancy; steadfastness; *(bei der Arbeit)* consistency; *(Zuverlässigkeit)* reliability; **b)** *(Widerstandsfähigkeit)* resistance **(gegen, gegenüber** to)
Bestands·aufnahme die stock-taking; **[eine] ~ machen** do a stock-taking; take inventory *(Amer.); (fig.)* take stock
Bestand·teil der component; **ein notwendiger ~ unserer Nahrung** an essential part *or* element of our diet; **sich in seine ~e [sämtlichen] ~e zerlegen** dismantle sth. [completely]
Best·arbeiter der *(DDR)* best worker *(worker receiving an award as being the most efficient in his department, factory, etc.)*
bestärken 1. *tr. V.* confirm; **jmdn. in seinem Plan** *od.* **Vorsatz** *od.* **darin ~, etw. zu tun** strengthen sb.'s resolve *or* confirm sb. in his/her resolve to do sth. **2.** *refl. V.* grow
Bestärkung die confirmation
bestätigen [bə'ʃtɛːtɪgn] **1.** *tr. V.* confirm; endorse *(document);* acknowledge *(receipt);* **ein Urteil ~** *(Rechtsw.)* uphold a judgement; **jmdn. [in seinem Amt] als Schulleiter usw. ~:** confirm sb.'s appointment as headmaster *(Brit.)* or *(Amer.)* principal etc.; **hiermit wird bestätigt, daß ...** *(in Urkunden)* this is to confirm *or* certify that ...; **jmdm. [schriftlich] ~, daß er ...:** give sb. [written] confirmation that he ...; certify that sb. ...; **sich in seiner Meinung/in seinen Vorurteilen bestätigt fühlen** have one's opinion/ prejudices reinforced; **einen Brief/eine Bestellung ~** *(Kaufmannsspr.)* acknowledge [receipt of] a letter/an order. **2.** *refl. V.* be confirmed; *(rumour)* prove to be true; **damit hat sich meine Vermutung bestätigt** this confirmed my supposition
Bestätigung die **~, ~en** confirmation; *(des Empfangs)* acknowledgement; *(schriftlich)* letter of confirmation; **zur ~ seiner Aussage erbrachte er Beweise** he produced evidence to support *or* back up his statement; **die ~ [in seinem Amt] als ...:** the confirmation of his appointment as ...
bestatten [bə'ʃtatn] *tr. V. (geh.)* inter *(formal);* bury; **bestattet werden** be laid to rest
Bestatter der; **~s, ~:** undertaker; mortician *(Amer.); (bei Firmennamen)* funeral director
Bestattung die; **~, ~en** *(geh.)* interment *(formal);* burial; *(Feierlichkeit)* funeral; „Meier und Schulze, ~en" 'Meier and Schulze, Funeral Directors *or (Amer.)* Morticians'
Bestattungs-: ~institut das, **~unternehmen** das [firm of] undertakers *pl.* or funeral directors *pl.;* funeral parlor *(Amer.)*
bestäuben [bə'ʃtɔybn] *tr. V.* **a)** dust; **b)** *(Biol.)* pollinate
Bestäubung die; **~, ~en** *(Biol.)* pollination
bestaunen *tr. V.* marvel at; *(bewundernd anstarren)* gaze in wonder at; *(bewundernd anerkennen)* be lost in admiration for
best·bezahlt *Adj.; nicht präd.* best-paid
beste *s.* **best...**
Beste das; **~** *s.* **best... c**
bestechen 1. *unr. tr. V.* **a)** bribe; **b)** *(für sich einnehmen)* win over, captivate *(audience etc.).* **2.** *itr. V.* win people over
bestechend *Adj.* attractive, captivating, winning *(smile, charm);* persuasive *(argument, logic);* tempting *(offer);* **von ~er Logik** irresistibly logical; **in ~er Form** *(Sport)* in irresistible form
bestechlich *Adj.* corruptible; open to bribery postpos.
Bestechlichkeit die; **~:** corruptibility
Bestechung die; **~, ~en** bribery *no indef. art.;* **eine ~:** a case of bribery; **der ~ eines Beamten/der ~ schuldig sein** be guilty of bribing of an official/of bribery; **aktive ~** *(Rechtsw.)* giving bribes; **passive ~** *(Rechtsw.)* accepting bribes
Bestechungs-: ~geld das bribe; **~skandal** der bribery scandal; **~summe** die bribe; **~versuch** der attempted bribery
Besteck [bə'ʃtɛk] das; **~[e]s, ~e a)** cutlery setting; **noch ein ~ auflegen** lay another place; **~e putzen** polish cutlery; **b)** *o. Pl. (ugs.: Gesamtheit der Bestecke)* cutlery; **c)** *(Med.)* [set *sing.* of] instruments *pl.;* **d)** *(Seemannsspr.)* fix; *(aus Kurs und Geschwindigkeit bestimmt)* dead reckoning [position]
bestecken *tr. V.* **A mit B ~:** stick B in/on A; **der Adventskranz war mit Tannenzapfen besteckt** the Advent wreath had fir-cones stuck in it
Besteck-: ~kasten der cutlery-box; *(größer)* canteen; **~schublade** die cutlery-drawer
bestehen 1. *unr. itr. V.* **a)** exist; **die Schule besteht noch nicht sehr lange** the school has not been in existence *or* has not been going for very long; **es besteht [die] Aussicht/Gefahr, daß ...:** there is a prospect/danger that ...; **darüber bestand noch immer keine Klarheit** it was still unclear; **es besteht noch** *od.* **noch besteht die Hoffnung, daß ...:** there is still hope that ...; **b)** *(fortdauern)* survive; last; *(standhalten)* hold one's own; **gegen diese Konkurrenz werden wir kaum ~ können** we shall hardly be able to survive *or* keep going in the face of this competition; **seine Arbeit kann vor jeder Kritik ~:** his work can stand up to any criticism; **in einer Gefahr** *usw.* **~:** prove oneself in a dangerous situation etc.; **c)** *(zusammengesetzt sein)* **aus etw. ~:** consist of sth.; *(aus einem Material)* be made of sth.; **in etw.** *(Dat.)* **~:** consist of *or* in sth.; **ihre Aufgabe besteht in der Aufstellung der Liste** her task is to draw up the list; **der Unterschied besteht darin, daß ...:** the difference is that ...; **eine Möglichkeit besteht darin, zu beweisen ...:** one possibility would be to prove ...; **d)** *(beharren)* **auf etw.** *(Dat.)* **~:** insist on sth.; **er bestand darauf, den Chef zu sprechen** he insisted on seeing the boss; **ich bestehe darauf, daß man mich darüber informiert** I insist that I or on being informed about it; **e)** *(die Prüfung ~)* pass [the examination]. **2.** *unr. tr. V.* **a)** pass *(test, examination);* **b)** *(ertragen)* withstand *(blows of fate);* face up to *(difficulties)*
Bestehen das; **~s a)** existence; **die Firma feiert ihr 10jähriges ~:** the firm is celebrating its tenth anniversary; **seit ~ der Bundesrepublik** since the Federal Republic came into existence; since the founding of the Federal Republic; **b)** *(einer Prüfung)* passing; **mit ~ der Prüfung** on passing the examination; **c)** *(Beharren)* insistence **(auf** + *Dat.* on)
bestehen|bleiben *unr. itr. V.;* **mit sein** remain; *(doubt)* persist; *(regulation)* remain in force
bestehend *Adj.* existing; current *(conditions);* **das seit 5 Jahren ~e Gesetz** the law which has been in existence for five years
bestehen|lassen *unr. tr. V.* retain; allow *(objection etc.)* to stand
bestehlen *unr. tr. V.* **jmdn. [um etw.] ~:** rob sb. [of sth.]
besteigen *unr. tr. V.* **a)** climb; mount *(horse, bicycle);* climb into *(pulpit);* ascend *(throne);* **b)** *(betreten)* board *(ship, aircraft);* get on *(bus, train); s.* **besprengen**
Besteigung die ascent
Bestell-: ~block der *(Kaufmannsspr.)* order-pad; **~buch** das *(Buchhandel)* orderbook
bestellen 1. *tr. V.* **a)** order **(bei** from); **sich** *(Dat.)* **etw. ~:** order sth. [for oneself]; **würden Sie mir bitte ein Taxi ~?** would you order me a taxi?; **b)** *(reservieren lassen)* reserve *(table, tickets);* **c)** *(kommen lassen)* **jmdn. [für 10 Uhr] zu sich ~:** ask sb. to go/ come to see one [at 10 o'clock]; **jmdn. in ein Café ~:** ask sb. to meet one in a café; **beim**

od. **zum Arzt bestellt sein** have an appointment with the doctor; **dastehen wie bestellt und nicht abgeholt** *(ugs. scherzh.)* stand there like a little boy/girl lost; **d)** *(ausrichten)* **jmdm. etw. ~:** pass on sth. to sb.; tell sb. sth.; **bestell deinem Mann schöne Grüße von mir** give your husband my regards; **würden Sie Ihrer Kollegin etwas von mir ~?** would you give your colleague a message from me?; **er ließ dir ~, daß ...:** he left a message [for you] that ...; **nichts/nicht viel zu ~ haben** have no say/little or not much say; **e)** *(ernennen)* appoint **(zu, als** as); **f)** *(bearbeiten)* cultivate, till ⟨field⟩; keep, look after ⟨garden⟩; **g) es ist um jmdn./etw.** od. **mit jmdm./etw. schlecht bestellt** sb./sth. is in a bad way; **mit seiner Gesundheit ist es schlecht bestellt** he is in poor health. **2.** *itr. V.* order
Besteller der; ~s, ~: customer *(who has ordered sth.)*
Bestelliste die check-list *(of goods for ordering)*
Bestell-: **~nummer** die order number; **~schein** der order form
Bestellung die **a)** order **(über, auf** + *Akk.* for); *(das Bestellen)* ordering *no indef. art.*; **bei ~ von/bei ~ en über mehr als 1 000 Stück** if more than 1,000 are ordered/for orders of more than 1,000; **auf ~:** to order; *(im Lokal)* **eine ~ aufgeben** give one's order; **jmds. ~/die ~en aufnehmen** take sb.'s/the orders; **b)** *(Reservierung)* reservation; **c)** *(Nachricht)* **eine ~ übermitteln** od. **ausrichten** pass on a message; **d)** *(das Ernennen)* appointment; *(Wahl)* selection; **e)** *(das Bearbeiten)* cultivation; tilling; **~ des Gartens** gardening; work on the garden
Bestell·zettel der order-form
besten·falls *Adv.* at best
Besten·liste die *(Sport)* list of top athletes/sportsmen
bestens *Adv.* **a)** excellently; extremely well; **sich ~ verstehen** get on splendidly; **sich ~ unterhalten** have a splendid time; **b)** *(vielmals)* **jmdn. ~ grüßen** give sb. one's best wishes; **wir danken Ihnen/bedanken uns ~:** we thank you very much
besteuern *tr. V.* tax; **besteuert sein** be subject to tax; **höher besteuert werden** be more heavily taxed; **etw. höher ~:** increase the tax on sth.
Besteuerung die taxation; **bei einer ~ des Einkommens von 45 %** where income is taxed at [a rate of] 45 %
best-, Best-: **~form** die; *o. Pl. (Sport)* best form; **in ~form sein** in top form; **~gehaßt** *Adj.; nicht präd. (ugs. iron.)* most heartily disliked; **~gekleidet** *Adj.; nicht präd.* best-dressed
bestialisch [bɛsˈtiaːlɪʃ] **1.** *Adj.* **a)** *(abwertend)* bestial; **b)** *nicht präd. (ugs.: schrecklich)* ghastly *(coll.);* awful *(coll.).* **2.** *adv.* **a)** *(abwertend)* in a bestial manner; **~ schreien** scream like a wild beast; **b)** *(ugs.: schrecklich)* awfully *(coll.);* unbearably; **~ kalt** beastly cold
Bestialität [bɛstialiˈtɛːt] die; ~, ~en a) *o. Pl.* bestiality; **ein Verbrechen von solcher ~:** a crime of such a bestial nature *or* of such brutality; **b)** *(Tat)* brutality; atrocity
Bestiarium [bɛsˈtiaːriʊm] das; ~s, Bestiarien bestiary
besticken *tr. V.* embroider; **ein mit Perlen besticktes Kleid** a dress sewn with pearls
Bestie [ˈbɛstiə] die; ~, ~n *(auch fig. abwertend)* beast
bestimmbar *Adj.* ascertainable; *(identifizierbar)* identifiable; **nicht [genau] ~ sein** be impossible to ascertain/identify [precisely]
bestimmen 1. *tr. V.* **a)** *(festsetzen)* decide on; fix ⟨price, time, etc.⟩; **das Gesetz bestimmt, daß ...:** the law provides that ...; **nichts zu ~ haben** have no say; **jmdn. zum** od. **als Nachfolger ~:** decide on sb. as one's

successor; *(nennen)* name sb. as one's successor; **b)** *(vorsehen)* destine; intend; set aside ⟨money⟩; **das ist für dich bestimmt** that is meant for you; **er ist zu Höherem bestimmt** he is destined for higher things; **füreinander bestimmt sein** be meant for each other; **c)** *(ermitteln, definieren)* identify ⟨part of speech, find, plant, etc.⟩; determine ⟨age, position⟩; define ⟨meaning⟩; **d)** *(prägen)* determine the character of; give ⟨landscape, townscape⟩ its character; **unser Leben ~:** play a dominant *or* decisive role in our lives; **e)** *(veranlassen)* **jmdn. zum Nachgeben/Bleiben ~:** induce sb. to give in /stay; **sich von jmdm. zu etw. ~ lassen** allow sb. to talk one into sth. **2.** *itr. V.* **a)** make the decisions; **hier bestimme ich** I'm in charge or the boss here; my word goes around here; **b)** *(verfügen)* **über jmdn. ~:** tell sb. what to do; **[frei] über etw.** *(Akk.)* **~:** do as one wishes with sth.
bestimmt 1. *Adj.* decisive; determining. **2.** *adv.* decisively
bestimmt 1. *Adj.* **a)** *nicht präd. (speziell)* particular; *(gewiß)* certain; *(genau)* definite; **soll es ein ~es Buch sein?** have you a particular book in mind?; **es sind immer ganz ~e Leute, die so was tun** it is always a particular type of person who does something like that; **ich habe schon eine ~e Vorstellung davon, wie ...:** I already have a clear *or* definite idea of how ...; **ich kann noch nichts Bestimmtes sagen** I can say nothing definite *or* I cannot say anything definite yet; **ich habe nichts Bestimmtes vor** I am not doing anything in particular; **b)** *(festgelegt)* fixed; given ⟨quantity⟩; **c)** *(Sprachw.)* definite ⟨article etc.⟩; **d)** *(entschieden)* firm; **in sehr ~em Ton** very firmly; in a very firm voice; **~es Auftreten** resolute manner. **2.** *adv.* **a)** *(deutlich)* clearly; *(genau)* precisely; **b)** *(entschieden)* firmly; **sich ~ gegen etw. aussprechen** express one's firm opposition to sth. **3.** *Adv.* for certain; **du weißt es doch [ganz] ~:** noch I'm sure you must remember it; **ganz ~, ich komme** I'll definitely come; yes, certainly, I'll come; **Vergiß sie nicht wieder.** – **Nein, ~ nicht** Don't forget them again – Don't worry, I won't; **sie wird das ~ schaffen** she is certain *or* bound to manage it; **er hat es ~ vergessen** he is bound to have forgotten; **ich habe das ~ liegengelassen** I must have left it behind; **das ist ~ nicht richtig** that can't be right
Bestimmtheit die; ~ **a)** firmness; *(im Auftreten)* decisiveness; **etw. mit aller ~ sagen/ablehnen** say sth. very firmly/reject sth. categorically; **b)** *(Gewißheit)* **mit ~:** for certain
Bestimmung die **a)** *o. Pl. (das Festsetzen)* fixing; **b)** *(Vorschrift)* regulation; **gesetzliche ~en** legal requirements; **c)** *o. Pl. (Zweck)* purpose; **eine Brücke** usw. **ihrer ~ übergeben** [officially] open a bridge etc.; **d)** *(das Ermitteln)* identification; *(eines Begriffs)* definition; *(des Alters, der Position)* determination; *(der Bedeutung)* definition; **~ der Satzteile** distinguishing the parts of a sentence; parsing; **e)** *(Sprachw.)* modifier; **adverbiale ~:** adverbial qualification; **f)** *o. Pl. (Schicksal)* **das ist ~:** that is destiny *or* fate; **göttliche ~:** Divine Providence; **es war höhere ~, daß wir uns begegneten** it was ordained [by fate] that we should meet; **g)** *(veralt.: Bestimmungsort)* destination
Bestimmungs-, Bestimmungs-: **~bahnhof** der *(Eisenb.)* destination; **~gemäß** *Adv.* in accordance with the regulations *or* requirements [of the law]; **~hafen** der [port of] destination; **~ort** der; *Pl.* **~orte** destination; **~wort** das; *Pl.* **~wörter** *(Sprachw.)* qualifying element *(of a compound);* modifier
best-, Best-: **~leistung** die best performance; *(absolute ~leistung)* record; **persönliche ~leistung** personal best; **~mann** der;

Pl. **~männer** *(Seew.)* mate *(of a coaster);* **~marke** die *(Sport)* record; **~möglich 1.** *Adj.* best possible; **das Bestmögliche tun/getan haben** do the best one can/have done the best one could; **2.** *adv.* as well as possible *or* as one possibly can
Best.-Nr. *Abk.* Bestellnummer order no.
bestochen [bəˈʃtɔxn̩] **2.** *Part. v.* bestechen
bestrafen *tr. V.* punish **(für, wegen** for); **es wird mit Gefängnis bestraft** it is punishable by imprisonment
Bestrafung die; ~, ~en punishment; *(Rechtsw.)* penalty; *(Geldstrafe)* fine
bestrahlen *tr. V.* **a)** *(beleuchten)* illuminate; floodlight ⟨building⟩; *(scheinen auf)* ⟨sun etc.⟩ shine on; *(erhellen)* light up; **b)** *(Med.)* treat ⟨tumour, part of body⟩ using radiotherapy; *(mit Höhensonne)* use sun-ray *or* sun-lamp treatment on ⟨part of body⟩
Bestrahlung die; ~, ~en **a)** *(Med.)* radiation [treatment] *no indef. art.;* *(bes. mit Röntgenstrahlen)* radiotherapy *no art.; (mit Höhensonne)* sun-ray *or* sun-lamp treatment; **b)** *(das Beleuchten)* illumination; *(eines Gebäudes)* floodlighting; *(der Bühne)* lighting; **eine intensive ~ durch die Sonne** concentrated exposure to the sun's rays
Bestrahlungs·lampe die radiation lamp; *(Höhensonne)* sun[-ray] lamp
Bestreben das endeavour[s *pl.*]; in seinem **~:** im ~, keine Schwächen zu zeigen in his efforts *or* endeavours to show no weakness
bestrebt *Adj.* **~/bei ~ sein, etw. zu tun** endeavour/take great pains *or* go to great trouble to do sth.
Bestrebung die; ~, ~en effort; *(Versuch)* attempt
bestreichen *unr. tr. V.* **A mit B ~:** spread B on A; **sein Brot mit Butter ~:** spread butter on one's bread; butter one's bread; **den Braten/das Hähnchen mit Öl** usw. **~:** baste the roast/chicken with oil etc.; **die Plätzchen mit Eigelb ~:** brush *or* coat the biscuits *(Brit.) or* cookies with egg yolk
bestreiken *tr. V.* take strike action against; **diese Firma wird bestreikt** there is a strike [on] at this firm
bestreitbar *Adj.* disputable; questionable; dubious ⟨argument⟩; **es ist nicht ~[, daß ...]:** it is indisputable *or* cannot be denied [that ...]
bestreiten *unr. tr. V.* **a)** dispute; contest; *(leugnen)* deny; **er bestreitet, daß ...:** he denies that ...; **es läßt sich nicht/wohl kaum ~, daß ...:** it cannot/can hardly be denied that ...; there is no disputing/it can hardly be disputed that ...; **jmdm. ein Recht auf etw.** *(Akk.)* **~:** dispute or challenge sb.'s right to ⟨studies, sb.'s keep, etc.⟩; meet ⟨costs, expenses⟩; **c)** *(gestalten)* carry ⟨programme, conversation, etc.⟩; **d)** *(Sport)* take part in ⟨game⟩
Bestreitung die; ~ **a)** financing; **b)** **eine ~ seiner Aussage liegt mir fern** I have no intention of disputing *or* challenging his statement
bestreuen *tr. V.* **etw. mit Zucker ~:** sprinkle sth. with sugar; **einen Weg mit Sand/Salz ~:** scatter sand on a path/salt a path
bestricken *tr. V.* **a)** ensnare; captivate; **b)** *(für andere stricken)* knit things for
bestrumpft [bəˈʃtrʊmpft] *Adj.* stockinged; **lila ~:** in mauve stockings
Bestseller [ˈbɛstsɛlɐ] der; ~s, ~: best seller
Bestseller-: **~autor** der best-selling author; **~liste** die best-seller list
bestücken *tr. V.* fit; equip; *(mit Waffen)* arm; *(mit Waren)* stock [up]
Bestückung die; ~, ~en equipment; *(mit Waffen)* armament; *(mit Waren)* stocking; **eine ordnungsgemäße ~ des Lagers garantieren** ensure that the correct stock level is maintained at the warehouse

bestuhlen [bə'ʃtuːlən] *tr. V.* provide with seats

Bestuhlung *die;* ~, ~en a) fitting of [the] seats *(Gen.* in); b) *(Stühle)* seating

bestürmen *tr. V.* a) storm; *(Fußball)* besiege *(goal)*; b) *(bedrängen)* besiege *(mit* with)

Bestürmung *die* storming; *(Angriff)* assault

bestürzen *tr. V.* dismay; *(erschüttern)* shake; *(erschrecken)* alarm; **es hat ihn sehr bestürzt zu hören, daß** ...: he was deeply dismayed to hear that ...

bestürzend *Adj.* disturbing; *(erschreckend)* alarming

bestürzt 1. *Adj.* dismayed **(über** + *Akk.* about); *(erschrocken)* alarmed **(über** + *Akk.* about); **sie machte ein [sehr] ~es Gesicht** her face fell [a mile *(coll.)*]; she looked [deeply] dismayed. 2. *adv.* with dismay *or* consternation; **jmdn. [ganz** *od.* **sehr] ~ ansehen** look at sb. in *or* with [great] consternation

Bestürzung *die;* ~: dismay; consternation; **mit ~ feststellen, daß** ...: find to one's consternation that ...

bestußt [bə'ʃtʊst] *Adj. (salopp)* barmy *(Brit. sl.);* loopy *(sl.)*

Best-: ~**wert** *der; meist Pl.* optimum result; *(Bestleistung)* maximum performance figure; *(beim Wettbewerb)* maximum mark; ~**zeit** *die (Sport)* best time; **[persönliche] ~zeit** personal best [time]; ~**zeit laufen/schwimmen** run/swim a best time/one's personal best *or* one's best time

Besuch [bə'zuːx] *der;* ~[e]s, ~e a) visit; **ein ~ bei jmdm.** a visit to sb.; *(kurz)* a call on sb.; **~ eines Museums** *usw.* visit to a museum *etc.;* **bei seinem letzten ~:** on his last visit; **wir erwarten den ~ alter Freunde** we are expecting a visit from some old friends; **~ von jmdm. bekommen** receive a visit from sb.; **auf od. zu ~ kommen** come for a visit; *(auf länger)* come to stay; **er ist bei uns auf ~:** he is staying with us; **jmdm. einen ~ abstatten** pay sb. a visit; b) *(das Besuchen)* visiting; *(Teilnahme)* attendance; **der ~ der Schule/Vorlesungen/Gottesdienste** attendance at school/lectures/services; **die Konzerte erfreuen sich eines regen ~s** the concerts are well attended; c) *(Gast)* visitor; *(Gäste)* visitors *pl.;* **~ bekommen/erwarten** have/expect visitors/a visitor; **ich bekomme gleich ~:** I've got visitors/a visitor coming any minute

-besuch *der:* **Deutschland~/England~/USA-Besuch** visit to Germany/England/the USA; **Messe~:** visit to the/a fair

besuchen *tr. V.* a) visit ⟨*person*⟩; *(weniger formell)* go to see ⟨*person*⟩; **gestern hat mich ein alter Bekannter besucht** yesterday an old friend came to see me *or* called on me; b) visit ⟨*place*⟩; go to ⟨*exhibition, theatre, museum, etc.*⟩; *(zur Besichtigung)* go to see ⟨*church, exhibition, etc.*⟩; **die Schule/Universität ~:** go to *or (formal)* attend school/university; **hast du diese Ausstellung schon besucht?** have you been to [see] this exhibition yet?; **er hat sämtliche Lokale der Umgebung besucht** he patronized all the pubs *(Brit. coll.) or (Amer.)* bars in the neighbourhood; **s. auch besucht**

Besucher *der* visitor; **~ eines Museums** *usw.* visitor to a museum *etc.;* **die ~ des Theaters** the theatre audience; the theatregoers; **er ist ständiger ~ der Oper/von Konzerten** he is a regular opera-goer/concertgoer; **alle ~ des Kurses/der Vorstellung/des Vortrags** all those attending the course/performance/lecture

-besucher *der:* **Berlin~:** visitor to Berlin; **Messe~:** visitor to the/a fair

Besucherin *die;* ~, ~nen *s.* **Besucher**

Besucher-: ~**strom** *der* stream of visitors; ~**zahl** *die* number of visitors

Besuchs-: ~**erlaubnis** *die* visiting permit; ~**ritze** *die (ugs. scherzh.)* join between the [twin] beds; ~**tag** *der* visiting day; ~**zeit** *die* visiting time *or* hours *pl.;* **es ist keine ~zeit** it is not visiting time

besucht *Adj.* **gut/schlecht ~:** well/poorly attended ⟨*lecture, performance, etc.*⟩; much/little frequented ⟨*restaurant etc.*⟩

besudeln *tr. V. (geh. abwertend)* besmirch; **jmds. Andenken/Namen ~** *(fig.)* cast a slur on sb.'s memory/name

Beta ['beːta] *das;* ~[s], ~s beta

Beta·blocker [-blɔkɐ] *der;* ~s, ~ *(Med.)* betablocker

betagt [bə'taːkt] *Adj. (geh.)* elderly; *(scherzh.)* ancient ⟨*car etc.*⟩; **noch als ~er Mann** even in his old age

Betagtheit *die;* ~ *(geh.)* old age

betanken *tr. V.* refuel

betasten *tr. V.* feel [with one's fingers]

Beta-: ~**strahlen** *Pl. (Physik)* beta rays; ~**teilchen** *das (Physik)* beta particle

betätigen 1. *refl. V.* busy *or* occupy oneself; **sich politisch/literarisch/körperlich ~:** engage in political/literary/physical activity; **sich als etw. ~:** act as sth.; **wenn du dich ~ willst, kannst du mir beim Spülen helfen** if you want to do something [useful], you can help me with the washing-up. 2. *tr. V.* operate ⟨*lever, switch, flush, etc.*⟩; press ⟨*button*⟩; apply ⟨*brake*⟩

Betätigung *die;* ~, ~en a) activity; **ich werde schon eine ~ für dich finden** I'll find you something to do; b) *o. Pl. (das Bedienen)* operation; *(einer Bremse)* application; *(eines Knopfes)* pressing

Betätigungs-: ~**drang** *der* [compulsive] urge to be up and doing [something]; ~**feld** *das* sphere of activity

betatschen *tr. V. (salopp abwertend)* finger; *(sexuell)* paw *(coll.)*

betäuben [bə'tɔybn̩] *tr. V.* a) *(Med.)* anaesthetize; make numb, deaden ⟨*nerve*⟩; **einen Patienten örtlich ~:** give a patient a local anaesthetic; b) *(unterdrücken)* ease, deaden ⟨*pain*⟩; quell, still ⟨*unease, fear*⟩; **seinen Kummer mit Alkohol ~** *(fig.)* drown one's sorrows [in drink]; c) *(benommen machen)* daze; *(mit einem Schlag)* stun; **ein ~der Duft** a heady *or* intoxicating scent; **ein ~der Lärm** a deafening noise

Betäubung *die;* ~, ~en a) *(Med.)* anaesthetization; *(Narkose)* anaesthesia; **eine örtliche ~ vornehmen** administer a local anaesthetic; **zur ~ der Schmerzen** to deaden the pain; b) *(Benommenheit)* daze

Betäubungs·mittel *das* narcotic; *(Med.)* anaesthetic

Betäubungsmittel·gesetz *das* narcotics law *(regulating the use of cocaine, morphine, cannabis, etc.)*

betaut [bə'taʊt] *Adj. (geh.)* covered in dew *(postpos.)*; bedewed *(literary)*

Bet·bruder ['beːt-] *der (abwertend)* overpious type *(coll.)*

Bete ['beːtə] *die;* ~, ~n **in rote ~:** beetroot *(Brit.);* [red] beet *(Amer.)*

beteilen *tr. V. (österr.)* provide *(mit* with)

beteiligen 1. *refl. V.* **sich an etw. ~** *(Dat.)* ~: participate *or* take part in sth.; **er hat sich kaum an der Diskussion beteiligt** he took hardly any part in the discussion; **sich an einem Geschäft ~:** take a share in *or* come in on a deal; **sich an etw. mit einer Million ~:** contribute a million to sth. 2. *tr. V.* **jmdn. [mit 10%] an etw.** *(Dat.)* ~: give sb. a [10%] share of sth.

beteiligt *Adj.* a) involved **(an** + *Dat.* in); b) *(finanziell)* **an einem Unternehmen/am Gewinn ~ sein** have a share in a business/in the profit; **er ist mit 20 000 DM ~:** he has a 20,000 mark share

Beteiligte *der/die; adj. Dekl.* person involved **(an** + *Dat.* in); *(an einem Spiel, einer Sitzung usw.)* participant **(an** + *Dat.* in); **die [meisten] an dem Unfall/der Affäre ~n** [most of] those involved in the accident/affair

Beteiligung *die;* ~, ~en a) *(Teilnahme)* participation **(an** + *Dat.* in); *(Zahl der Beteiligten)* number of participants **(an** + *Dat.* in); *(an einem Verbrechen)* involvement **(an** + *Dat.* in); **unter ~ von** with the participation of; b) *(Anteil)* share **(an** + *Dat.* in); **eine ~ am Gewinn/Umsatz** a share in the profits/turnover

Betel ['beːtl̩] *der;* ~s betel

Betel·nuß *die* betel-nut

beten ['beːtn̩] 1. *itr. V.* pray *(für,* **um** for); **zu Gott ~, daß etw. geschehen möge** pray to God that sth. should happen; **es wird gebetet** prayers are said. 2. *tr. V.* say ⟨*prayer*⟩

Beter *der;* ~s, ~, **Beterin** *die;* ~, ~nen prayer (= *one who prays*)

beteuern [bə'tɔyɐn] *tr. V.* affirm; assert, protest ⟨*one's innocence*⟩; **jmdm. seine Liebe ~:** avow one's love to sb.; **sie beteuerte, daß sie mit dieser Sache nichts zu tun habe** she protested that she had nothing to do with this business

Beteuerung *die;* ~, ~en *s.* **beteuern:** affirmation; assertion; protestation

Bet·haus *das* synagogue

betiteln [bə'tiːtl̩n] *tr. V.* a) *(ugs. abwertend)* **jmdn. [mit] X/mit einem Schimpfnamen ~:** call sb. X/a rude name; b) *(mit Titel anreden)* **jmdn. [mit] Doktor/Professor ~:** address sb. as *or* call sb. 'Doctor'/'Professor'; c) *(mit Titel versehen)* give ⟨*book etc.*⟩ a title

Beton [be'tɔŋ, *bes. österrr.:* be'toːn] *der;* ~s, ~s [-ɔns] *od.* ~e [-oːnə] concrete

Beton-: ~**bau** *der; Pl.* ~**bauten** a) concrete building; b) *o. Pl. (Bauweise)* concrete construction *no art.;* ~**bunker** *der* a) concrete bunker; *(Luftschutzbunker)* concrete shelter; b) *(abwertend* ~**bau)** concrete box

betonen [bə'toːnən] *tr. V.* a) stress ⟨*word, syllable*⟩; accent ⟨*syllable, beat*⟩; **ein Wort falsch ~:** put the wrong stress on a word; b) *(hervorheben)* emphasize; **ich möchte ~, daß** ...: I should like to emphasize *or* stress that ...; **warum betont er seine Herkunft so?** why does he lay such stress on his origins?; **die Taille ~:** accentuate the waist

betonieren [beto'niːrən] *tr. V.* a) concrete; surface ⟨*road etc.*⟩ with concrete; lay a concrete floor in ⟨*cellar etc.*⟩; **frisch betonierte Fläche** recently laid concrete; b) *(festlegen)* harden ⟨*attitude*⟩; reinforce ⟨*prejudice*⟩

Betonierung *die;* ~, ~en a) concreting; b) *(Betondecke)* concrete surface

Beton-: ~**klotz** *der* a) concrete block; b) *(abwertend: massiver ~bau)* concrete monolith; ~**kopf** *der (abwertend)* hardliner; ~**mischer** *der,* ~**misch·maschine** *die* concrete-mixer

betont [bə'toːnt] 1. *Adj.* a) stressed; accented; b) *(bewußt)* pointed, studied; deliberate, studied ⟨*simplicity, elegance*⟩. 2. *adv.* pointedly; deliberately; **sich ~ sportlich kleiden** wear clothes with a strong *or* pronounced sporting character; **sich ~ zurückhaltend verhalten** behave with studied reserve

Beton·träger *der* concrete beam

Betonung *die;* ~, ~en a) stressing; accenting; b) *(Akzent)* stress; accent *(esp. Mus.);* *(Intonation)* intonation; c) *(das Hervorheben)* emphasis *(Gen.* on); *(von Formen, Farben)* accentuation; **ein Lernprogramm mit ~ des Musisch-Kreativen** a syllabus with the emphasis on artistic creativity

Betonungs·zeichen *das* stress-mark

Beton·wüste *die (ugs. abwertend)* concrete desert

betören [bə'tøːrən] *tr. V. (geh.)* a) captivate; bewitch; b) *(verblenden)* beguile, entice ⟨*purchaser, consumer*⟩

Betörung *die;* ~, ~en *(geh.)* captivation; bewitching

betr. *Abk.* betreffs, betrifft re
Betr. *Abk.* Betreff re
Betracht [bə'traxt] *in* jmdn./etw. **in ~ ziehen** consider sb./sth.; **jmdn./etw. außer ~ lassen** discount *or* disregard sb./sth.; **eine Frage außer ~ lassen** pass over a question; *(zeitweilig)* leave a question on one side; **er/sie kommt/kommt nicht in ~:** he/she can/cannot be considered; **das kommt nicht in ~:** that is not worth considering; that is out of the question; **außer ~ bleiben** be passed over; *(zeitweilig)* be left on one side
betrachten *tr. V.* **a)** look at; *(bei einer Tätigkeit)* watch; observe; *(fig.: studieren)* observe, study ⟨*history, development, etc.*⟩; **sich** (*Dat.*) **etw.** [**genau**] **~:** take a [close] look at sth.; watch *or* observe sth. [closely]; **sich im Spiegel ~:** look at oneself in the mirror; *(längere Zeit)* contemplate oneself in the mirror; **jmdn. von oben bis unten ~:** look sb. up and down; **genau/bei Licht betrachtet** *(fig.)* upon closer consideration/seen in the light of day; **b)** *(für etw. halten)* **jmdn./etw. als ... ~:** regard sb./sth. as ...; **sich als jmds. Freund ~:** regard oneself as *or* consider oneself sb.'s friend; **c)** *(beurteilen)* consider; view; **objektiv betrachtet** viewed objectively; from an objective point of view; **so betrachtet** seen in this light *or* from this point of view
Betrachter der; **~s, ~:** observer
beträchtlich [bə'trɛçtlɪç] **1.** *Adj.* considerable; **um ein ~es** to a considerable degree. **2.** *adv.* considerably
Betrachtung die; **~, ~en a)** *o. Pl.* contemplation; *(Untersuchung)* examination; **bei genaue[re]r ~:** upon close[r] examination; *(fig.)* upon close[r] consideration; **bei nachträglicher ~:** [viewed] in retrospect; **b)** *(Überlegung)* observation; **~en über etw.** (*Akk.*) **anstellen** make observations *or* comments about sth.
Betrachtungs·weise die way of looking at things; *(Standpunkt)* point of view
Betrag [be'traːk] der; **~[e]s, Beträge** [bə'trɛːgə] sum; amount; **ein Scheck über einen ~ von 1 000 DM** a cheque for 1,000 marks; **~ dankend erhalten** *(auf Quittungen)* received *or* paid with thanks
betragen 1. *unr. itr. V.* be; *(bei Geldsummen)* come to; amount to; **die Zeitdifferenz beträgt 3 Stunden** the time difference is three hours. **2.** *unr. refl. V.* behave (**gegenüber, gegen** towards)
Betragen das; **~s** behaviour; *(in der Schule)* conduct; **in ~ eine gute Note bekommen** get a good mark for conduct
Betragens·note die mark for conduct
betrauen *tr. V.* **jmdn. mit etw. ~:** entrust sb. with sth.; **jmdn. damit ~, etw. zu tun** entrust sb. with the task of doing sth.
betrauern *tr. V.* mourn ⟨*death, loss*⟩; **jmdn. ~:** mourn for sb.
beträufeln *tr. V.* sprinkle (**mit** with drops of)
Betrauung die; **~:** entrusting
Betreff [bə'trɛf] der; **~[e]s, ~e** *(Amtsspr., Kaufmannsspr.)* subject; matter; *(~zeile)* heading; reference line; **den ~ angeben** state the subject [of the letter]; *(im Brief)* **~: Ihr Schreiben vom 26. d. M.** re: your letter of the 26th inst.
betreffen *unr. tr. V.* **a)** concern; ⟨*new rule, change, etc.*⟩ affect; **was mich betrifft, ...:** as far as I'm concerned ...; **was mich betrifft, bin ich** *od.* **ich bin einverstanden** for my part I am in agreement; **was das betrifft, ...:** as regards that; as far as that goes; **b)** *(geh.: widerfahren)* befall; **c)** *(geh. veralt.: bestürzt machen)* hurt; **es hat mich schmerzhaft betroffen** *od.* **ihren, daß ...:** it saddened me to hear that ...; **d)** *(geh. veralt.: ertappen)* apprehend
betreffend *Adj.* concerning; **der ~e Sachbearbeiter** the person concerned with *or* dealing with this matter; **in dem ~en Fall** in the case concerned *or* in question
Betreffende der/die; *adj. Dekl.* person concerned; **die ~n** the people concerned
betreffs *Präp. mit Gen.* *(Amtsspr., Kaufmannsspr.)* concerning
betreiben *unr. tr. V.* **a)** tackle ⟨*task*⟩; proceed with, *(energisch)* press ahead with ⟨*task, case, etc.*⟩; pursue ⟨*policy, studies*⟩; carry on ⟨*trade*⟩; **auf jmds./sein Betreiben** (*Akk.*) [**hin**] on sb./at his instigation; **das Tischlerhandwerk ~:** ply the carpenter's trade; **b)** *(führen)* run ⟨*business, shop*⟩; **Radsport ~:** go in for cycling as a sport; **c)** *(antreiben)* drive (**mit** by); **etw. elektrisch ~:** drive sth. by electricity *or* electrically; **ein atomar/mit Dampf betriebenes Schiff** a nuclear-powered/steam-powered ship; **d)** *(schweiz.: Rechtsw.)* sue *(for payment of a debt)*
Betreibung die; **~, ~en: die ~ eines Geschäfts/einer Anlage** running a business/driving a plant
betreßt [bə'trɛst] *Adj.* braided
¹**betreten** *unr. tr. V.* *(hineintreten in)* enter; *(treten auf)* walk *or* step on; *(begehen)* walk on ⟨*carpet, grass, etc.*⟩; **er hat das Haus nicht mehr** *od.* **nie wieder ~:** he never set foot in the house again; „**Betreten verboten**" 'Keep off'; *(kein Eintritt)* 'Keep out'; „**Betreten der Baustelle verboten**" 'Building site. No entry *or* Keep out'; **den Rasen nicht ~:** keep off the grass; *s. auch* **Neuland**
²**betreten 1.** *Adj.* embarrassed; **ein ~es Gesicht machen** look embarrassed. **2.** *adv.* with embarrassment; **man schwieg ~:** there was an embarrassed silence
Betretenheit die; **~:** embarrassment
betreuen [bə'trɔʏən] *tr. V.* look after; care for ⟨*invalid*⟩; supervise ⟨*youth group*⟩; see to the needs of ⟨*tourists, sportsmen*⟩; look after, be in charge of ⟨*department etc.*⟩
Betreuer der; **~s, ~** *(für Alte, Kranke, Behinderte)* social worker; *(für Kinder)* minder; *(für Entlassene aus Krankenhaus/Gefängnis)* after-care worker; *(für Sportler, Künstler)* manager; *(für Touristen)* courier; travel guide; *(einer Delegation)* secretary
Betreuerin die; **~, ~nen a)** *(Kinder~)* child-minder; *(ganztägig)* nanny (Brit.); nursemaid (Amer.); *(Krankenpflegerin)* nurse; **b)** *s.* **Betreuer**
Betreuung die; **~ a)** care *no indef. art.*; **die ~ der Gäste** taking care of the guests; **jmdn. zur ~ des Großvaters einstellen** take on sb. to look after *or* care for grandfather; **zwei Reiseleiter waren zu unserer ~ vorhanden** there were two couriers *or* travel guides to see to our needs; **b)** *(Person)* minder; *(Krankenpfleger)* nurse
Betrieb der; **~[e]s, ~e a)** business; *(Firma)* firm; **ein staatlicher ~:** a state-owned *or* nationalized concern; **ein landwirtschaftlicher ~:** an agricultural holding; **im ~ sein/bleiben/essen** be/stay/eat at work; *s. auch* **volkseigen**; **b)** *o. Pl.* *(das In-Funktion-Sein)* operation; *(Arbeitsprozeß)* working process; operations *pl., no art.*; **in ~ sein** be running; be in operation; **außer ~ sein** be out of order; **in/außer ~ setzen** start up/stop ⟨*machine etc.*⟩; *(ein-/ausschalten)* switch on/off; **in ~ nehmen** put into operation; put ⟨*bus, train*⟩ into service; **ein Kraftwerk wird in ~ genommen** a power-plant is commissioned; **den ~ einstellen** close down *or* cease operations; *(in einer Fabrik)* stop work; *(einer Buslinie o. ä.)* withdraw the service; **den [ganzen] ~ aufhalten** *(ugs.)* hold everybody up; **c)** *o. Pl.* *(ugs.: Treiben)* bustle; commotion; *(Verkehr)* traffic; **es herrscht großer ~, es ist viel ~:** it's very busy; **bei dem ~ kann man nicht arbeiten** one cannot work with all that [commotion] going on
betrieblich *Adj.; nicht präd.* firm's; company; *(inner~)* internal; within the company *postpos.*; **aus ~en Gründen** for reasons to do with the state of the company
betriebsam 1. *Adj.* busy; *(ständig ~)* constantly on the go *postpos.*; **~e Naturen** hyperactive types; eager beavers *(coll.)*; *(Frauen)* busy bees *(coll.)*. **2.** *adv.* busily
Betriebsamkeit die; **~:** [bustling] activity; **eine hektische ~ an den Tag legen** become frantically busy
betriebs-, Betriebs-: ~angehörige der/die employee; *Pl.* company staff; **~an·leitung** die, **~an·weisung** die operating instructions *pl.*; *(Heft)* instruction manual; **~arzt** der company doctor; **~aus·flug** der staff outing; **~begehung** die *(DDR)* factory etc. inspection tour; **~bereit** *Adj.* ready to be put into operation *postpos.*; **~bereit sein** be operational; **~besichtigung** die visit to a firm; *(DDR)* factory visit; *(eines landwirtschaftlichen Betriebs)* farm visit; **~blind** *Adj.* inured to the shortcomings of working methods *postpos.*; professionally blinkered; **~blind werden** get into a rut *or* become blinkered in one's work; **~blindheit** die blinkered attitude to one's work; **~eigen** *Adj.* company-owned; *(DDR)* for employees *postpos.*; company *(flat, sports ground)*; **~erlaubnis** die operating permit; **~ferien** *Pl.* firm's annual close-down *sing.*; **das Geschäft hat ~ferien** the shop is closed for its annual holidays; „**Wegen ~ferien geschlossen**" 'closed for annual holidays'; **~ferien·lager** das *(DDR)* holiday camp for employees' children and apprentices; **~fertig** *Adj.* **~: bereit**; **~fest** das firm's party; **~fremd** *Adj.* who are not company employees *postpos., not pred.*; outside; „**Zutritt Betriebsfremden nicht gestattet**" 'Staff Only'; **~frieden** der harmonious relationship between employer and employed *(which all parties are obliged to uphold)*; industrial peace; **~führer** der *s.* **~leiter; ~führung** die *s.* **~leitung; ~geheimnis** das company secret; trade secret *(also fig.)*; **das ~geheimnis verletzen** infringe the confidentiality of company matters; **~gewerkschafts·leitung** die *(DDR)* trade union committee *(of an enterprise)*; **~gruppe** die trade union membership *(within one company)*; **~intern 1.** *Adj.* internal; internal company *attrib.*; **2.** *adv.* internally; within the company; **~kampfgruppe** die *(DDR veralt.)* [reservist] workers' militia *(within an enterprise)*; **~kapital** das **a)** working capital; **b)** *(Anfangskapital)* initial capital; **~kinder·garten** der play school for employees' children; **~klima** das working atmosphere; **~kosten** *Pl.* running costs; *(einer Firma)* operating costs; **~kranken·kasse** die company sickness insurance scheme; **~leiter** der manager; *(einer Fabrik)* works manager; **~leitung** die management [of the firm]; **~nudel** die *(ugs.)* **a)** live wire in the office; *(Komiker)* office comedian; **b)** *(übergeschäftige Person)* eager beaver *(coll.)*; *(Frau)* busy bee *(coll.)*; **~obmann** der workers' representative *(in a small firm)*; **~prüfung** die audit of a/the firm's accounts *(by the taxation authorities)*; **~rat** der; *Pl.*: **~räte a)** works committee; **b)** *(Person)* member of a/the works committee; **~rats·mitglied** das member of a/the works committee; **~rats·vorsitzende** der/die chairman of a/the works committee; **~rats·pension** company pension; **~ruhe** die; **~ruhe haben** ⟨*business, factory*⟩ be closed; **~schließung** die closure [of a/the firm]; **~schluß** der *(im Geschäft)* end of business hours; *(in der Fabrik)* end of working hours; **kurz vor ~schluß** shortly before it was time to go home *or* *(coll.)* knocking-off time; **nach ~schluß geht er gleich nach**

betriebssicher / **beugen**

Hause after work he goes straight home; ~**sicher** *Adj.* [operationally] safe; ~**sicher sein** be safe to operate *or* run; ~**sicherheit die** [operational] safety; *(in der Fabrik)* safety at work; ~**stillegung die** closure [of a/the firm]; *(eines Werks)* works closure; ~**störung die** malfunction; ~**treue die** loyalty to a/the company; 10**jährige** ~**treue** 10 years' service with a/the company; ~**unfall der** a) *(veralt.)* industrial accident; b) *(ugs.: Ungeschicklichkeit)* slip-up; little mishap; ~**vereinbarung die** agreement between 'Betriebsrat' and management; ~**verfassung die** code of industrial relations *(covering worker participation and representation)*; ~**verfassungs·gesetz das** industrial realtions law *(for the private sector);* ~**versammlung die** meeting of the work-force; ~**wirt der** graduate in business management; ~**wirtschaft die;** *o. Pl.* business management; ~**wirtschaftlich** 1. *Adj.* business management *attrib.;* 2. *adv.* from the business management standpoint; ~**wirtschafts·lehre die;** *o. Pl.* [theory of] business management; *(Fach)* management studies *sing., no art.;* ~**wissenschaft die;** *o. Pl. s.* ~**wirtschaftslehre;** ~**zeitung die** company newspaper

betrinken *unr. refl. V.* get drunk; **sich fürchterlich/sinnlos** ~: get terribly/blind drunk

betroffen [bə'trɔfn̩] 1. *2. Part. v.* **betreffen.** 2. *Adj.* upset; *(bestürzt)* dismayed; **zutiefst** *od.* **im Innersten** ~: extremely upset; *(gekränkt)* deeply hurt. 3. *adv.* in dismay *or* consternation; ~ **schweigen** be too upset/dismayed to say anything

Betroffene der/die; *adj. Dekl.* person affected; **die von ... ~n** those affected by ...

Betroffenheit die; ~: dismay; consternation

betrog [bə'tro:k] *1. u. 3. Pers. Sg. Prät. v.* **betrügen**

betrogen *2. Part. v.* **betrügen**

betrüben 1. *tr. V.* **seine Eltern durch sein Verhalten** ~: cause one's parents distress through one's behaviour. 2. *refl. V. (geh. veralt.)* **sich über etw.** *(Akk.)* ~: become dejected *or* depressed over sth.

betrüblich *Adj. (geh.); (deprimierend)* depressing; **ich muß Ihnen die ~e Mitteilung machen, daß ...**: unfortunately I have to inform you that ...

betrüblicher·weise *Adv.* unfortunately; *(traurigerweise)* sadly

Betrübnis [bə'try:pnɪs] *die;* ~, ~**se** *(geh.)* sadness

betrübt [bə'try:pt] 1. *Adj. (traurig)* sad (**über** + *Akk.* about); *(deprimiert)* dismayed, depressed (**über** + *Akk.* about); **gloomy** *(face etc.);* ~ **aussehen** look gloomy; *s. auch* **Tod.** 2. *sadly;* ~ *(schwermütig)* gloomily

Betrug [bə'tru:k] *1. u. 3. Pers. Sg. Prät. v.* **betragen**

Betrug der; ~**[e]s;** *Pl.* **schweiz.: Betrüge** deception; *(Mogelei)* cheating *no indef. art.;* *(Delikt)* fraud; **das ist [glatter]** ~: that's [plain] fraud; **fortgesetzter** ~: repeated fraud; **ein frommer** ~: a well-meaning deception; *(Selbsttäuschung)* [a case of] self-deception

betrügen 1. *unr. tr. V.* a) deceive; be unfaithful to ⟨*husband, wife*⟩; *(Rechtsw.)* defraud ⟨*firm, customer, etc.*⟩; *(beim Spielen)* cheat; **sich [in etw.** *(Dat.)***] betrogen sehen** be deceived [in sth.]; *(in seinem Vertrauen)* be betrayed [in sth.]; *(enttäuscht)* be let down [in sth.]; **er sah sich in all seinen Hoffnungen betrogen** all his hopes were dashed; he was disappointed in all his hopes; **sich selbst** ~: deceive oneself; b) *(um etw. bringen)* **jmdn. um 100 DM** ~: cheat *or (coll.)* do sb. out of 100 marks; *(arglistig)* swindle sb. out of 100 marks; **um sein Recht betrogen werden** be

cheated of one's rights. 2. *unr. itr. V.* cheat; *(bei Geschäften)* swindle people

Betrüger der; ~**s,** ~: swindler; *(Hochstapler)* con man *(coll.); (beim Spielen)* cheat; *(der Ehefrau)* deceiver

Betrügerei die; ~, ~**en** deception; *(beim Spielen usw.)* cheating; *(bei Geschäften)* swindling; **eine kleine** ~: a bit of a swindle *or* of swindling; a bit of cheating; **deine ~en** your swindling *sing.*/cheating *sing.*

Betrügerin die; ~, ~**nen** swindler; *(beim Spielen)* cheat; *(des Ehemanns)* deceiver

betrügerisch *Adj.* deceitful; *(Rechtsw.)* fraudulent; **in ~er Absicht** with intent to deceive

betrunken [bə'trʊŋkn̩] 1. 2. *Part. v.* **betrinken.** 2. *Adj.* drunken *attrib.;* drunk *pred.;* **ein total ~er Fahrer** a completely drunk and incapable driver. 3. *adv.* drunkenly

Betrunkene der/die; *adj. Dekl.* drunk; **eine** ~: a drunken woman

Bet-: ~**saal der** meeting-hall; [primitive] chapel; ~**schwester die** *(abwertend)* over-pious type *(coll.);* ~**stuhl der** prayer-stool

Bett [bɛt] *das;* ~**[e]s,** ~**en** a) bed; **das** ~ **machen** make the bed; **die ~en bauen** *(ugs. scherzh.)* make the beds; **jmdm. das Frühstück ans** ~ **bringen** bring sb. breakfast in bed; **sie ging an sein** ~/**saß an seinem** ~: she went to/sat at his bedside; **jmdn. aus dem** ~ **holen** *(ugs.)* get sb. out of bed; **er kommt nur schwer aus dem** ~: he doesn't like getting up; **im** ~ **sein; im Bett [mit Fieber] im** ~ **liegen** be in bed [with a temperature]; **ins** *od.* **zu** ~ **gehen, sich ins** *od.* **zu** ~ **legen** go to bed; **ins** ~ **fallen** *(ugs.)* fall into bed; **die Kinder ins** ~ **bringen** put the children to bed; **das** ~ **hüten [müssen]** *(fig.)* [have to] stay in bed; **er hütet seit einer Woche das** ~ *(fig.)* he has been in bed for a week; **das** ~ **mit jmdm. teilen** *(fig. geh.)* share bed and board with sb.; **live together with sb.; mit jmdm. ins** ~ **gehen** *od.* **steigen** *(fig. ugs.)* go to bed with sb.; **sich ins gemachte** ~ **legen** *(fig.)* have everything handed to one on a plate *(fig.); s. auch* **fesseln, klingeln;** b) *(Feder~)* duvet; c) *(Fluß~)* bed; **der Fluß hat sich ein neues** ~ **gesucht** the river has formed a new bed; d) *(Technik)* bed

Bet·tag der *s.* **Buß- und Bettag**

Bett-: ~**an·zug der** *(schweiz.),* ~**bezug der** duvet cover; ~**couch die** bed-settee; studio couch; ~**decke die** a) blanket; *(gesteppt)* quilt; b) *(Tagesdecke)* bedspread

Bettel ['bɛtl̩] *der;* ~**s** a) *(ugs.)* junk *(coll.);* b) *(veralt.: Habe)* begging *no art.*

bettel-, Bettel-: ~**arm** *Adj.* destitute; penniless; ~**brief der** begging letter

Bettelei die; ~, ~**en** begging *no art.*

Bettel-: ~**mann der;** *Pl.:* ~**leute** *(veralt.)* beggar; ~**mönch der** mendicant friar

betteln ['bɛtl̩n] *itr. V.* beg *(um* for); ~ **gehen** go begging; „**Betteln verboten!**" 'No begging'; **bei jmdm. um etw.** ~: beg sb. for sth.; **darum,** ~ **aufbleiben zu dürfen** beg to be allowed to stay up

Bettel-: ~**orden der** mendicant order; ~**stab der jmdn. an den** ~**stab bringen** reduce sb. to penury; ~**weib das** *(veralt.)* beggar woman

betten *(geh.)* 1. *tr. V.* lay; **jmdn. flach** ~: lay sb. [down] flat; **jmdn. weich** ~: make a soft bed for sb. to lie on; **weich gebettet sein** *(fig.)* have an easy time of it; be featherbedded; b) *(einbetten)* **etw. in etw.** *(Akk.)* ~: embed sth. in sth. 2. *refl. V. (fig.)* **wie man sich bettet, so liegt man** *so* you make your bed, so you must lie on it; **sich weich** ~: feather one's nest

Betten-: ~**berg der** surplus of beds; ~**burg die** a) *(Hotel)* giant hotel; b) *(Urlaubsort)* over-developed resort; ~**machen das** making the beds *no art.;* **das tägliche**

~**machen** the daily making of beds; ~**mangel der** shortage of beds

bett-, Bett-: ~**feder die** a) bedspring; b) *Pl. (Füllung)* [pillow/bed-]feathers; ~**flasche die** hot-water bottle; ~**genosse der,** ~**genossin die** bedfellow; ~**geschichte die** *(abwertend)* a) *(Verhältnis)* purely physical relationship; **seine ~geschichten schildern** describe one's bedroom experiences; b) *(Klatschgeschichte)* bedroom saga; ~**geschichten der Filmstars** gossip about film stars' love-lives; ~**gestell das** bedstead; ~**häschen das,** ~**hase der** *(ugs. scherzh.)* sex kitten; ~**himmel der** bed canopy; ~**hupferl** [~hʊpfɐl] *das;* ~**s,** ~: bedtime treat; ~**jäckchen das,** ~**jacke die** bed-jacket; ~**kante die** edge of the bed; ~**kasten der** bedding box *(under a bed);* ~**lade die** *(südd., österr.) s.* ~**gestell;** ~**lägerig** [~lɛ:gərɪç] *Adj.* bedridden; ~**laken das** sheet; ~**lektüre die** bedtime reading *no indef. art.*

Bettler ['bɛtlɐ] *der;* ~**s,** ~: beggar

Bettlerin die; ~, ~**nen** beggar [woman]

bett-, Bett-: ~**nässen** *das;* ~**nässen** bed-wetting *no art.;* ~**nässer der** bed-wetter; ~**pfanne die** bedpan; ~**reif** *Adj. (ugs.)* ready for bed *pred.;* ~**ruhe die** bed-rest; **zwei Wochen [absolute]** ~**ruhe** two weeks of [complete] bed-rest; ~**schwere die;** *o. Pl.* **in die nötige** *od.* **notwendige** ~**schwere haben** *(ugs.)* be ready for one's bed; ~**statt die;** ~**statt,** ~**stätten** [~ʃtɛtn̩] *(südd., österr.); s.* ~**stelle die** *s.* ~**gestell;** ~**szene die** *(Film)* bedroom scene; ~**tuch** *s.* **Bettuch;** ~**über·zug der** duvet cover

Bettuch das sheet

Bett·umrandung die bedside carpeting *(on three sides of the bed)*

Bettung die; ~, ~**en** *(Eisenb., Straßenbau)* road-bed

bett-: ~**vorlage die,** ~**vorleger der** bedside rug; ~**wäsche die** bed-linen; ~**zeug das;** *o. Pl. (ugs.)* bedclothes *pl.*

betucht [bə'tu:xt] *Adj. (ugs.)* [gut] ~: well-heeled *(coll.);* well-off

betulich [bə'tu:lɪç] 1. *Adj.* a) fussy; *(besorgt)* worried; agitated; b) *(gemächlich)* leisurely; unhurried. 2. *adv.* a) fussily; b) *(gemächlich)* in a calm unhurried way

Betulichkeit die; ~: a) fussiness; *(Besorgtheit)* agitation; b) *(Gemächlichkeit)* calm unhurried manner

betun *unr. refl. V. (ugs.)* fuss around

betupfen *tr. V.* dab

betuppen [bə'tʊpn̩] *(nordwestd. ugs.) tr. V.* diddle *(Brit. coll.);* do *(coll.)*

betütern [bə'ty:tɐn] *(nordd. ugs.)* 1. *tr. V.* mollycoddle. 2. *refl. V.* get merry *or* tipsy

betütert *Adj. (nordd. ugs.)* a) *(beschwipst)* merry; tipsy; b) *(verwirrt)* not quite with it *pred. (coll.)*

beugbar *Adj. (Sprachw.)* declinable ⟨*noun, adjective*⟩; conjugable ⟨*verb*⟩

Beuge ['bɔygə] *die;* ~, ~**n** a) *(Turnen)* bend; **eine** ~ **machen** bend over; *(Knie~)* **in die** ~ **gehen** do a knees-bend; b) *(Biegung)* bend; c) *(Arm~/Bein~)* crook of one's arm *or* elbow/knee

Beuge·haft die *(Rechtsw.)* coercive detention

Beugel ['bɔygl̩] *das;* ~**s,** ~ *(österr.)* filled croissant

Beuge·muskel der *(Anat.)* flexor

beugen 1. *tr. V.* a) bend; bow ⟨*head*⟩; **den Rumpf** ~: bend from the waist; **gebeugt gehen** walk with a stoop; **vom Alter/vom Kummer gebeugt** *(geh.)* bent *or* bowed with age *postpos./*bowed down with grief *postpos.;* b) *(geh.: brechen)* **jmdn.** ~**s R.'s** resistance; **jmds. Starrsinn/Stolz** ~: break sb.'s stubborn/proud nature; c) *(Sprachw.: flektieren)* inflect ⟨*word*⟩; decline ⟨*noun, adjective*⟩; conjugate ⟨*verb*⟩; **stark/schwach gebeugt werden** be strong/weak; have

961

strong/weak endings; **ein stark/schwach gebeugtes Adjektiv** an adjective with strong/weak endings; d) *(Rechtsw.)* bend ⟨law⟩; **das Recht ~:** pervert the course of justice; e) *(Physik)* diffract ⟨light ray etc.⟩. **2.** *refl. V.* a) bend over; *(sich bücken)* stoop; **sich nach vorn/hinten ~:** bend forwards/bend over backwards; **sich aus dem Fenster ~:** lean out of the window; **sich über den Tisch/das Geländer** *usw.* **~:** lean over the table/the banisters *etc.*; **er beugte sich über ihre Hand** he bowed his head over her hand; b) *(sich fügen)* give way; give in; **sich dem Druck ~:** yield *or* give way to pressure; **sich der Mehrheit ~:** bow to the will of the majority
Beugung die; ~, ~en a) *(das Biegen)* bending; *(Biegung)* bend; b) *(Sprachw.)* inflexion; *(eines Substantivs)* declension; *(eines Verbs)* conjugation; **ein Adjektiv mit starker/schwacher ~:** an adjective with strong/weak endings *or* inflexion; c) *(Rechtsw.: des Gesetzes)* bending; **~ des Rechts** perversion of justice; d) *(Physik)* diffraction
Beugungs·endung die *s.* Flexionsendung
Beule ['bɔylə] die; ~, ~n a) bump; swelling; *(Furunkel)* boil; b) *(Vertiefung)* dent (**an** + *Dat.* in); *(Vorwölbung)* bump; bulge
beulen *itr. V.* bulge; ⟨trousers⟩ be baggy
Beulen·pest die bubonic plague
beunruhigen [bə|'ʊnruːɪgn̩] **1.** *tr. V.* worry; **es beunruhigte ihn sehr** it made him very worried; **über etw. (Akk.) beunruhigt sein** be worried about sth.; **bist du nicht beunruhigt darüber, daß ...?** aren't you worried that ...? **2.** *refl. V.* worry (**um, wegen** about)
Beunruhigung die; ~, ~en worry; concern; **eine deutliche ~:** an obvious sense of concern
beurkunden [bə|'uːɐ̯kʊndn̩] *tr. V.* record; *(belegen)* document, provide a record of
beurlauben [bə|'uːɐ̯laʊbn̩] **1.** *tr. V.* a) jmdn. [für zwei Tage] ~: take [two days'] leave of absence; **sich ~ lassen** obtain leave of absence; **beurlaubt sein** be on leave [of absence]; **Professor X ist in diesem Semester beurlaubt** Professor X is on sabbatical leave this term; b) *(suspendieren)* suspend. **2.** *refl. V.* *(veralt.)* take one's leave
Beurlaubung die; ~, ~en a) leave of absence *no indef. art.*; **eine [einjährige] ~ beantragen** apply for [one year's] leave of absence; ⟨professor⟩ apply for a [one-year] sabbatical; b) *(Suspendierung)* suspension
beurteilen *tr. V.* judge; assess; **etw. falsch ~:** misjudge sth.; assess sth. wrongly; **sie ~ die Lage als kritisch** they judge the situation to be critical *or* see the situation as critical; **er kann doch nicht ~, was wirklich passiert ist** he cannot possibly tell *or* is in no position to say what really happened
Beurteilung die; ~, ~en a) judgement; *(einer Lage usw.)* assessment; **bei nüchterner ~ der Ereignisse muß man ...:** if one views the events dispassionately, one has to ...; b) *(Gutachten)* assessment; *(für eine Bewerbung)* reference
Beurteilungs·maßstab der criterion of judgement/assessment
Beuschel ['bɔyʃl] das; ~s, ~ a) *(österr., bayr.)* dish made of finely chopped lights *usu.* with heart and other offal; b) *(österr. salopp: Lunge)* lung; c) *(österr. salopp: Eingeweide)* guts *pl. (coll.)*
¹**Beute** ['bɔytə] die; ~, ~n a) *(Gestohlenes)* haul; loot *no indef. art.*; *(Kriegs~)* booty; spoils *pl.*; **eine ~ in Millionenhöhe machen** make a haul worth millions; **fette ~ machen** get rich pickings *pl.*; b) *(von Raubtieren)* prey; *(eines Jägers)* bag; **[seine] ~ schlagen** catch one's prey; **leichte ~:** easy prey; c) *(geh.: Opfer)* prey (+ *Gen.* to); **eine ~ der Flammen werden** be consumed by the flames
²**Beute** die; ~, ~n *(Imkerspr.)* hive
beute·gierig *Adj.* a) rapacious; on the prowl *postpos.*; ravening ⟨wolf⟩; b) *(auf Raub aus)* greedy for loot *postpos.*
Beutel ['bɔytl] der; ~s, ~ a) bag; *(kleiner, für Tabak usw.)* pouch; b) *(ugs.: Geld~)* purse; **jmds. ~ ist leer** sb. is broke *(coll.)*; **tief in den ~ greifen müssen** have to dig deep into one's pocket; **etw. reißt ein großes Loch in jmds. ~:** sth. makes a big hole in sb.'s pocket; c) *(Zool.)* pouch
beuteln 1. *tr. V.* a) *(südd., österr.: schütteln)* shake; b) *(fig.: hart bedrängen)* batter; **das Leben hat ihn gebeutelt** life has given him some hard knocks; c) *(übervorteilen)* **jmdn. ~:** take sb. for a ride *(sl.)*. **2.** *itr. V.* bulge; ⟨trousers⟩ be baggy
Beutel-: **~ratte** die opossum; **~schneider** der *(veralt.)* a) cutpurse *(arch.)*; *(Gauner)* crook; b) *(geh.: Nepper)* shark; racketeer; **~tier** das marsupial
Beute·zug der thieving spree; raid
Beutler ['bɔytlɐ] der; ~s, ~ *(Zool.)* marsupial
bevölkern [bə'fœlkɐn] **1.** *tr. V.* populate; inhabit; *(besiedeln)* settle; *(fig.)* fill; invade; **ein stark/dünn** *od.* **wenig bevölkertes Land** a densely/thinly *or* sparsely populated country; **von Touristen bevölkert** *(fig.)* full of tourists. **2.** *refl. V.* become populated; ⟨bar, restaurant, etc.⟩ fill up
Bevölkerung die; ~, ~en a) population; *(Volk)* people; b) *o. Pl. (Besiedlung)* settling
Bevölkerungs-: **~abnahme** die decline in population; **~dichte** die population density; **~explosion** die population explosion; **~gruppe** die section of the population; **~schicht** die section *or* stratum of society; **~schwund** der *s.* **~abnahme**; **~statistik** die demography *no art.*; **~zahl** die population; **~zunahme** die, **~zuwachs** der increase in population
bevollmächtigen [bə'fɔlmɛçtɪgn̩] *tr. V.* **jmdn. [dazu] ~, etw. zu tun** authorize sb. to do sth.; *(in Rechtshandlungen)* give sb. power of attorney to do sth.
Bevollmächtigte der/die; *adj. Dekl.* authorized representative
Bevollmächtigung die; ~, ~en authorization; *(Rechtsw.)* power of attorney
bevor [bə'foːɐ̯] *Konj.* before; **noch ~ ich antworten konnte** before I could [even] reply; **~ du nicht unterschreibst/unterschrieben hast** until you sign/have signed
bevor·munden *tr. V.* **jmdn. ~:** impose one's will on sb.; **sie wollen sich nicht länger ~ lassen** they do not want to be dictated to any longer
Bevormundung die; ~, ~en imposing one's will (+ *Gen.* on); **wie kann sie sich diese ~ durch ihre Eltern gefallen lassen?** how can she put up with her parents telling her what to do?
bevor·raten *tr. V. (Amtsspr.)* lay in stocks of ⟨goods, materials⟩; **gut bevorratet werden/sein** be kept/be well stocked *or* supplied
bevor|stehen *unr. itr. V.* be near; be about to happen; [**unmittelbar**] **~:** be imminent; **jmdm. steht etw. bevor** sth. is in store for sb.; **mir steht etwas Schlimmes bevor** there's something unpleasant in store for me; **die schwerste Prüfung steht ihm noch bevor** he has still to face his severest test; his severest test is still to come
bevorstehend *Adj.* forthcoming; coming ⟨winter⟩; [**unmittelbar**] **~:** imminent; **die [dir/uns] ~en Probleme** the problems facing you/us
bevorzugen [bə'foːɐ̯tsuːgn̩] *tr. V.* a) prefer (**vor** + *Dat.* to); b) *(begünstigen)* favour; give preference *or* preferential treatment to (**vor** + *Dat.* over)
bevorzugt 1. *Adj.* favoured *(privilegiert)* privileged; preferential ⟨treatment⟩. **2.** *adv.* **jmdn. ~ behandeln** give sb. preferential treatment; **jmdn. ~ abfertigen/bedienen** give sb. priority *or* precedence/serve sb. first; **etw. ~ erledigen/bearbeiten** give sth. priority
Bevorzugung die; ~, ~en preferential treatment; preference *(Gen.,* **von** for)
bewachen *tr. V.* guard; *(Ballspiele)* mark; **die Gefangenen werden streng bewacht** a close watch is kept on the prisoners; the prisoners are closely guarded; **ihr Mann bewacht sie wie ein Schießhund** her husband watches over her like a guard dog; **bewachter Parkplatz** car park with an attendant
Bewacher der; ~s, ~: guard; *(Ballspiele)* marker
bewachsen *unr. tr. V.* grow over; cover; **eine mit Efeu ~e Laube** a summerhouse overgrown with ivy; an ivy-covered summerhouse; **ein dicht ~es Tal/Blumenbeet** a valley full of dense vegetation/a border packed with flowers
Bewachung die; ~, ~en a) guarding; *(Ballspiele)* marking; **zur ~ des Geländes** to guard the site; **unter scharfer ~:** closely guarded; **jmdn. unter ~ stellen** put sb. under guard; **sich der ~ entziehen** *(Ballspiele)* escape one's marker/markers; b) *(Wachmannschaft)* guard
bewaffnen [bə'vafnən] **1.** *tr. V.* arm; **ein Heer [neu] ~:** supply an army with [new] weapons. **2.** *refl. V. (auch fig.)* arm oneself (**mit** with)
bewaffnet *Adj.* armed; **bis an die Zähne ~:** armed to the teeth; **~er Raubüberfall/Widerstand** armed robbery/resistance; **mit Fotoapparaten ~** *(fig.)* armed with cameras
Bewaffnete der/die; *adj. Dekl.* armed man/woman/person; **~:** people bearing arms; armed men/women
Bewaffnung die; ~, ~en a) arming; b) *(Waffen)* weapons *pl.*
bewahren *tr. V.* a) **jmdn. vor etw. (Dat.) ~:** protect *or* preserve sb. from sth.; **vor einer Enttäuschung bewahrt bleiben** be saved *or* spared a disappointment; [**Gott** *od.* **i] bewahre!** good Lord, no!; *(Gott behüte)* God forbid!; b) *(erhalten)* **seine Fassung ~/Haltung ~:** keep *or* retain one's composure; **Stillschweigen/Treue ~:** remain silent/faithful; **sich (Dat.) etw. ~:** retain *or* preserve sth.; c) *(geh.: auf~)* keep; **etw. im Gedächtnis ~** *(fig.)* preserve the memory of sth.; **etw. im Herzen ~** *(fig.)* treasure sth. in one's heart
bewähren 1. *refl. V.* prove oneself/itself; prove one's/its worth; **sich als [guter] Freund ~:** prove to be a [good] friend; **sich im Leben ~:** prove oneself in life; make something of one's life; **das Gerät hat sich doch noch bewährt** this apparatus has turned out to be useful after all; **sich gut/schlecht ~:** prove/not prove to be worth while *or* a success; **sich am besten ~:** prove to be best; **unsere Freundschaft hat sich über all die Jahre bewährt** our friendship has stood the test of time over all these years. **2.** *tr. V. (veralt.)* prove
bewahrheiten [bə'vaːɐ̯haɪtn̩] *refl. V.* prove to be true; **an ihm bewahrheitet sich der Spruch, daß ...:** he demonstrates the truth of the saying that ...
bewährt *Adj.* proven ⟨method, design, etc.⟩; well-tried, tried and tested ⟨recipe, cure⟩; reliable ⟨worker⟩
Bewahrung die; ~, ~en a) protection *no indef. art.* (**vor** + *Dat.* from); b) *(geh.: Auf~)* keeping; c) *(Beibehaltung)* **zur ~ seines Andenkens** to preserve his memory
Bewährung die; ~, ~en *(Rechtsw.)* probation; **3 Monate Gefängnis mit ~:** three months suspended sentence [with probation]; **eine Strafe zur ~ aussetzen** [conditionally] suspend a sentence on probation; b) *(das Sichbewähren)* proving; *(das Testen)* testing
Bewährungs-: **~auf·lage** die *(Rechtsw.)*

obligation imposed as a condition of sentence being suspended; ~**frist** die (Rechtsw.) period of probation; ~**helfer** der probation officer; ~**hilfe** die (Rechtsw.) probation supervision; (Dienst) probation service; ~**probe** die [crucial] test; trial [of one's/its worth]; jmdn./jmds. Nerven auf eine [harte] ~probe stellen subject sb. to a [severe] test/be a severe test of sb.'s nerves; ~**zeit** die (Rechtsw.) probation period
bewaldet [bəˈvaldət] Adj. wooded
Bewaldung die; ~, ~en a) tree cover; (Wälder) woodlands pl.; eine spärliche ~: a few trees pl.; b) (Aufforstung) afforestation no indef. art.
bewältigen tr. V. deal with; cope with; overcome ⟨difficulty, problem⟩; cover ⟨distance⟩; (innerlich verarbeiten) get over ⟨experience⟩; **die Vergangenheit ~**: come to terms with the past
Bewältigung die; ~, ~en s. bewältigen: coping with; overcoming; covering; getting over, coming to terms with; **zur ~ der Arbeit** usw. to deal or cope with the work etc.
bewandert [bəˈvandɐt] Adj. well-versed; knowledgeable; **auf einem Gebiet/in etw. (Dat.) ~ sein** be well-versed or well up in a subject/in sth.
Bewandtnis [bəˈvantnɪs] die; ~, ~se: **mit etw. hat es [s]eine eigene/besondere ~**: there's a particular explanation for sth. or a [special] story behind sth.; **mit jmdm. hat es seine eigene/besondere ~**: there's a special story about sb.; **es ist ~ a special case; damit hat es folgende ~**: the story behind or reason for it is this
bewässern tr. V. irrigate; (begießen) water
Bewässerung die; ~, ~en irrigation; (das Begießen) watering
Bewässerungs-: ~**an·lage** die irrigation system; (für Grünflächen usw.) watering system; ~**graben** der irrigation ditch; ~**kanal** der irrigation channel; ~**system** das irrigation system
bewegbar Adj. movable
¹bewegen [bəˈveːgn̩] 1. tr. V. a) move; **den Koffer von der Stelle ~**: move or shift the suitcase [from the spot]; **die Pferde/den Hund ~**: exercise the horses/the dog; **Erde ~**: shift or remove earth; b) (ergreifen) move; **eine ~de Rede** a moving speech; **niemand wußte, was ihn so bewegte** nobody knew what was affecting him so deeply; c) (innerlich beschäftigen) preoccupy; **das bewegt mich schon lange** I have been preoccupied with this or this has exercised my mind for a long time. 2. refl. V. a) move; **die Blätter bewegten sich sanft** the leaves stirred gently; **der Hund bewegte sich nicht** the dog did not stir or was quite still; b) (ugs.: sich Bewegung verschaffen) **ich muß mich ein bißchen ~**: I must get some exercise; **du solltest/mußt dich mehr ~**: you ought to/ must take more exercise; c) (fig.) **seine Ausführungen ~ sich in der gleichen Richtung** his comments have the same drift or are on the same lines; d) (schwanken) vary; fluctuate; **der Preis bewegt sich zwischen 10 DM und 20 DM** the price varies or fluctuates between 10 and 20 marks; e) (sich verhalten) behave; **sich mit großer Sicherheit ~**: bear oneself with great confidence
²bewegen unr. tr. V. jmdn. dazu ~, etw. zu tun ⟨thing⟩ make sb. do sth., induce sb. to do sth.; (überreden) ⟨person⟩ prevail upon or persuade sb. to do sth.; **jmdn. zu etw. ~**: talk sb. into sth.; **jmdn. zum Einlenken ~**: persuade sb. to give way
Beweg·grund der motive
beweglich 1. Adj. a) movable; mobile ⟨troops etc.⟩; moving ⟨target⟩; **die ~en Teile einer Maschine** the moving parts of a machine; **seine ~e Habe** one's goods and chattels pl.; ~**e Feste** movable feasts; **etw. ist leicht/schwer ~**: sth. is easy/difficult to move; b) (rege) agile, active ⟨mind⟩; (wendig) flexible ⟨policy⟩; **geistig ~ sein** be nimble-minded; have an agile mind; c) (veralt.: rührend) moving. 2. adv. (veralt.) movingly
Beweglichkeit die; ~ a) mobility; b) (Wendigkeit) agility; **taktische ~**: tactical flexibility
bewegt [bəˈveːkt] 1. 2. Part. v. ¹bewegen. 2. Adj. a) eventful; (unruhig) turbulent; **ein ~es Leben** an eventful/turbulent life; **sie hat eine ~e Vergangenheit** she has a colourful past; b) (gerührt) moved pred.; **mit ~en Worten/~er Stimme** in words/a voice heavy with emotion; c) (unruhig) **leicht/stark ~** ⟨sea⟩ slightly choppy/very rough
Bewegung die; ~, ~ a) movement; (bes. Technik, Physik) motion; (von Erdmassen) moving; **in ~ sein** ⟨person⟩ be on the move; ⟨thing⟩ be in motion; **sie ist immer in ~**: she is never still; **jmdn. in ~ bringen/halten** get sb. moving or going/keep sb. on the go; **eine Maschine** usw. **in ~ setzen** start [up] a machine etc.; **sich in ~ setzen** ⟨train etc.⟩ start to move; ⟨procession⟩ move off; ⟨person⟩ get moving; s. auch **Hebel**; b) (körperliche) exercise; c) (Ergriffenheit) emotion; **große ~ auslösen** arouse strong emotions pl. or feelings pl.; d) (Bestreben, Gruppe) movement
bewegungs-, **Bewegungs-**: ~**ab·lauf** der sequence of movements; ~**drang** der urge to be on the move; ~**energie** die; o. Pl. (Physik) kinetic energy; ~**freiheit** die; o. Pl. freedom of movement; ~**krieg** der mobile warfare; ~**los** 1. Adj. motionless; **vor Schreck ~los** paralysed with fright; 2. adv. without moving; ~**los liegen/sitzen/ stehen** lie/sit/stand motionless; ~**losig·keit** die; ~: motionlessness; immobility; ~**studie** die time and motion study; ~**the·rapie** die physical or exercise therapy; ~**unfähig** Adj. unable to move postpos.; (gelähmt) paralysed; ⟨vehicle⟩ immobilized
bewehren tr. V. (veralt.) arm ⟨person⟩; fortify ⟨castle⟩
beweih·räuchern [bəˈvaɪ̯rɔʏçan] tr. V. surround with incense; (fig. abwertend) idolize; **sich selbst ~**: sing one's own praises; blow one's own trumpet
Beweih·räucherung die (fig. abwertend) idolization; adulation
beweinen tr. V. lament; (weinend) weep over; **jmdn./jmds. Tod ~**: mourn sb./sb.'s passing
Beweinung die; ~: **die ~ Christi** the mourning of Christ
Beweis [bəˈvaɪ̯s] der; ~es, ~e proof (Gen., für of); (Zeugnis) evidence; **belastende ~e** incriminating evidence; **einen ~/~e für etw. haben** have proof/evidence of sth.; **haben Sie einen ~ dafür, daß ...?** have you any proof/evidence that ...?; **als ~ od. zum ~ seiner Aussage/Theorie** to substantiate or in support of his statement/theory; **bis zum ~ des Gegenteils** until there is proof/evidence to the contrary; **den ~ für etw. antreten** od. **erbringen** produce proof [in support] of sth.; **aus Mangel an ~en** owing to lack of evidence; **etw. unter ~ stellen** (Amtsspr.) provide proof of sth.; **sie lassen sich kaum unter ~ stellen** they are hardly susceptible of proof; **jmdm. einen ~ seines Vertrauens/seiner Hochachtung geben** give sb. a token of one's trust/esteem; **zahlreiche ~e der Anteilnahme** numerous expressions of sympathy
Beweis-: ~**antrag** der (Rechtsw.) application to produce evidence; ~**aufnahme** die (Rechtsw.) hearing of [the] evidence
beweisbar Adj. provable; susceptible of proof postpos.; **das ist nicht ~**: it cannot be proved
beweisen 1. unr. tr. V. a) prove; **jmdm. seine Beteiligung an etw. (Dat.) ~**: prove sb.'s participation in sth.; **dem Angeklagten konnte die Tat nicht bewiesen werden** it could not be proved that the accused committed the deed; **was [noch] zu ~ wäre** which has yet to be proved; **was zu ~ war** which was the point at issue or which needed clarifying; b) (zeigen) show; **damit beweist er seine mangelnde Einsicht** that shows his lack of understanding. 2. unr. refl. V. prove oneself or one's worth (vor + Dat. to)
beweis-, **Beweis-**: ~**erhebung** die s. ~aufnahme; ~**führung** die a) (Rechtsw.) presentation of the evidence or case; b) (Argumentation) reasoning; argumentation; ~**gegen·stand** der (Rechtsw.) issue; ~**kraft** die; o. Pl. value as evidence; (einer Argumentation) cogency; ~**kräftig** Adj. of value as evidence postpos.; (Rechtsw.) of probative value postpos.; cogent ⟨reasoning⟩; conclusive ⟨test result⟩; ~**last** die; o. Pl. (Rechtsw.) a) (~pflicht) burden of proof; b) (Nachteil) disadvantage due to one's inability to prove a fact material to one's case; ~**material** das evidence; (~stück) piece of evidence; ~**mittel** das (Rechtsw.) form of evidence; ~**not** die; o. Pl. want of proof; lack of evidence; **sich in ~not befinden** lack evidence; be short of evidence; ~**pflichtig** Adj. (Rechtsw.) **für etw. ~pflichtig sein** be obliged to furnish proof of sth.; ~**stück** das piece of evidence; ~**stücke [für etw.]** evidence sing. [of sth.]
bewenden unr. V. **in es bei** od. **mit etw. ~ lassen** [have to] content oneself with sth.
Bewenden das; ~**s**: **damit hat es sein ~**: that is the end of the matter; **damit, daß sie entlassen wird, wird es keineswegs sein ~ haben** even if she is dismissed, the matter won't end there
bewerben unr. refl. V. apply (**um** for); **sich bei einer Firma ~**: apply to a company etc. [for a job]; **sich als Buchhalter** usw. **~**: apply for a job as a bookkeeper etc.; **die Firma bewarb sich um den Auftrag** the firm competed for the contract
Bewerber der, **Bewerberin** die a) applicant; (Sport: Titel~) contender; b) (veralt.: Freier) suitor; s. auch **-in**
Bewerbung die application (**um** for)
Bewerbungs-: ~**bogen** der application form; ~**schreiben** das letter of application; ~**unterlagen** Pl. documents in support of an/the application
bewerfen unr. tr. V. a) **jmdn./etw. mit etw. ~**: throw sth. at sb./sth.; **jmdn. mit [faulen] Eiern ~**: pelt sb. with [rotten] eggs; **jmds. Namen mit Schmutz ~** (fig.) sling mud at sb. (fig.); drag sb.'s good name through the mud; b) (Bauw.) render ⟨wall⟩; **mit Lehm beworfen** covered or faced with clay
bewerkstelligen [bəˈvɛrkʃtɛlɪɡn̩] tr. V. pull off, manage ⟨deal, sale, etc.⟩; **es ~, etw. zu tun** contrive or manage to do sth.
Bewerkstelligung die managing
bewertbar Adj. assessable
bewerten tr. V. assess; rate; (dem Geldwert nach) value (**mit** at); (beurteilen) judge ⟨person⟩; (Schulw., Sport) mark; grade (Amer.); **etw. als Heldentat ~**: rate sth. as a heroic deed; **etw. zu hoch/niedrig ~**: overrate/ underrate sth.; (dem Geldwert nach) overvalue/undervalue sth.; **Arbeiten schlecht ~** (Schulw.) give work low marks or grades (Amer.); **einen Aufsatz mit [der Note] „gut" ~**: mark or (Amer.) grade an essay 'good'; **eine Kür mit Noten zwischen 5,6 und 5,9 ~** (Eiskunstlauf, Turnen) give a programme marks between 5.6 and 5.9
Bewertung die a) (das Bewerten) assessment; (des Geldwerts) valuation; (eines Menschen) judgement; (das Benoten einer Schularbeit) marking; grading (Amer.); b) (Äußerung) assessment; (Note) mark; grade (Amer.)

963

Bewertungs·maß·stab der criterion of assessment
bewies [bə'viːs] *1. u. 3. Pers. Sg. Prät. v.* beweisen
bewiesen [bə'viːzn] *1. u. 3. Pers. Pl. Prät. u. 2. Part. v.* beweisen
bewiesenermaßen *Adv.* demonstrably; as can be proved
bewilligen [bə'vɪlɪgn̩] *tr. V.* grant; award ⟨*salary, grant*⟩; *(im Parlament usw.)* approve ⟨*sum, tax increase, etc.*⟩; **jmdm. eine Stundung/zwei Mitarbeiter** usw. **~**: allow sb. deferment/two assistants etc.
Bewilligung die; ~, ~en granting; *(Zustimmung)* approval; *(eines Gehalts, Stipendiums)* award
bewimpert [bə'vɪmpɐt] *Adj.* lashed; *(Zool.)* ciliate
bewirken *tr. V.* bring about; cause; ~, **daß etw. geschieht** cause sth. to happen; **damit/dadurch hast du nur bewirkt, daß ...**: all you have achieved by this *or* the only effect of this is that ...; **nichts/das Gegenteil bei jmdm. ~**: have *or* produce no effect/the opposite effect on sb.; **durch gutes Zureden bewirkt man bei ihm nichts** you don't get anywhere with him by talking to him nicely
bewirten [bə'vɪrtn̩] *tr. V.* feed; **jmdn. mit etw. ~**: serve sth. to sb.; serve sb. sth.
bewirtschaften *tr. V.* a) run, manage ⟨*estate, farm, restaurant, business, etc.*⟩; b) *(bestellen)* farm ⟨*fields, land*⟩; cultivate ⟨*field*⟩; c) *(staatlich lenken)* ration; **den Wohnraum ~**: make living accommodation subject to government control; **Devisen ~**: operate currency controls
Bewirtschaftung die; ~, ~en a) running; management; b) *(Bestellung)* farming; cultivation; c) *(staatliche Lenkung)* government control
Bewirtung die; ~, ~en provision of food and drink; *(Gastfreundschaft)* hospitality; **die ~ der Gäste** catering for the guests
bewitzeln *tr. V.* joke about; poke fun at
bewog [bə'voːk] *1. u. 3. Pers. Sg. Prät. v.* ²bewegen
bewogen *2. Part. v.* ²bewegen
bewohnbar *Adj.* habitable
Bewohnbarkeit die; ~: suitability *or* fitness for habitation
bewohnen *tr. V.* inhabit, live in ⟨*house, area*⟩; live in ⟨*room, flat*⟩; live on ⟨*4th storey etc.*⟩; ⟨*animal, plant*⟩ be found in
Bewohner der; ~s, ~, **Bewohnerin** die; ~, ~nen *(eines Hauses, einer Wohnung)* occupant; *(einer Stadt, eines Gebietes)* inhabitant; **ein ~ der Steppe** *(Mensch)* a steppe-dweller, *(Tier, Pflanze)* a native of the steppes; **ein ~ des Waldes** a forest-dweller; *(Tier)* a woodland creature
Bewohnerschaft die; ~, ~en inhabitants *pl.*; *(eines Wohnblocks)* occupants *pl.*
bewohnt *Adj.* occupied ⟨*house etc.*⟩; inhabited ⟨*area*⟩; **ist das Haus noch ~?** is the house still lived in *or* occupied?
bewölken [bə'vœlkn̩] *refl. V.* cloud over; become overcast; **seine Stirn bewölkte sich** *(fig.)* his face darkened
bewölkt *Adj.* cloudy; overcast; **dicht** *od.* **stark ~**: heavily overcast; **der Himmel ist nur leicht ~**: there is only a light cloud cover
Bewölkung die; ~, ~en a) *o. Pl.* clouding over; b) *(Wolkendecke)* cloud [cover]; **wechselnde ~**: variable amounts *pl.* of cloud
Bewölkungs-: **~auf·lockerung** die breaking up of the cloud cover; **~zunahme** die increase in the cloud cover
Bewuchs der plant cover; vegetation *no indef. art.*
Bewunderer der; ~s, ~, **Bewunderin** die; ~, ~nen admirer
bewundern *tr. V.* admire (wegen, für for); **ich kann sie nur ~**: I really admire her
bewunderns-: **~wert**, **~würdig** *1. Adj.*

admirable; worthy of admiration *postpos.*; *2. adv.* admirably; in an admirable fashion
Bewunderung die; ~, ~en admiration
bewunderungs·würdig *s.* bewundernswert
Bewurf der *(Bauw.)* rendering
bewußt [bə'vʊst] **1.** *Adj.* a) *(im Bewußtsein vorhanden)* conscious ⟨*reaction, behaviour, etc.*⟩; *(absichtlich)* deliberate ⟨*lie, deception, attack, etc.*⟩; **~e Ablehnung** conscious *or* deliberate rejection; **ein ~er Sozialist** a convinced socialist; **etw. ist/wird jmdm. ~**: sb. is/becomes aware of sth.; sb. realizes sth.; **mir war nicht recht ~, was ich tat** I was not really conscious of what I was doing; b) *(klar erkennend)* **ein ~er Mensch** a thinking person; **sich** *(Dat.)* **einer Sache** *(Gen.)* **~ sein/werden** be/become aware *or* conscious of something; c) *(bekannt)* well-known in particular; *(fraglich)* in question *postpos.* **2.** *adv.* a) *(absichtlich)* deliberately; b) *(klar erkennend)* consciously; **~er leben** live with greater awareness
Bewußtheit die; ~: deliberateness
bewußt·los *Adj.* unconscious; **~ zusammenbrechen** collapse unconscious; **der/die Bewußtlose** the unconscious man/woman
Bewußtlosigkeit die; ~: unconsciousness; **aus der ~ erwachen** regain consciousness; **bis zur ~** *(ugs.)* ad nauseam
bewußt|machen *tr. V.* **jmdm. etw. ~**: make sb. realize sth.; **sich** *(Dat.)* **etw. ~**: realize sth.
Bewußt·sein das a) *(deutliches Wissen)* awareness; **im ~ seiner Kraft** [secure] in the knowledge *or* awareness of one's strength; **im ~, seine Pflicht getan zu haben** conscious of having done one's duty; **sich** *(Dat.)* **etw. ins ~ rufen** remember *or* recall sth.; **jmdm. etw. ins ~ bringen** remind sb. of sth.; **gewisse Themen in das allgemeine ~ bringen** make the general public aware of certain issues; bring certain issues to the notice of the general public; **etw. mit ~ erleben** be fully aware of sth. [one is experiencing]; **jmdm. zu[m] ~ kommen** become clear to sb.; **jetzt erst kam ihr zu ~, daß ...**: only now did she realize that ...; b) *(Psych., Politik, Philos. usw.)* consciousness; **ein historisches ~**: a consciousness *or* awareness of history; c) *(geistige Klarheit)* consciousness; **das ~ verlieren** lose consciousness; **wieder zu ~ kommen, das ~ wiedererlangen** regain consciousness; **bei vollem ~ sein** be fully conscious; **bei vollem ~ operiert werden** be operated on while fully conscious
bewußtseins-, Bewußtseins-: **~bildung** die; *o. Pl.* creation of [greater] awareness; **eine politische ~bildung** the creation of political consciousness *or* awareness; **~erweiternd 1.** *Adj.* mind-expanding; psychedelic; **2.** *adv.* **~erweiternd wirken** have a mind-expanding effect; **~erweiterung** die expansion of consciousness; **~spaltung** die *(Med., Psych.)* split consciousness; schizophrenia; **~störung** die disturbance of consciousness; **~trübung** die clouding *or* dimming of consciousness; **~verändernd 1.** *Adj.* mind-bending ⟨*drug*⟩; **dieses Erlebnis war ~verändernd** this experience changed sb.'s outlook; **2.** *adv.* **auf jmdn. ~verändernd wirken** change sb.'s awareness; **~veränderung** die change of awareness *or* outlook
Bewußtwerdung die; ~: development of awareness
bez. *Abk.* bezahlt pd.
bezahlbar *Adj.* affordable; *(wirtschaftlich vernünftig)* economic; **diese Miete ist für ihn kaum ~**: he can hardly afford this rent
bezahlen 1. *tr. V.* pay ⟨*person, bill, taxes, rent, amount*⟩; pay for ⟨*goods etc.*⟩; **etw. [in] bar ~**: pay [in] cash for sth.; **etw. mit [einem] Scheck ~**: pay for sth. by cheque; **jmdm. etw. ~**: pay for sth. for sb.; **bekommst du sein**

Essen bezahlt? do you get your meals paid for?; **[jmdm.] für etw. 10 DM ~**: pay [sb.] 10 marks for sth.; **bezahlter Urlaub** paid leave; holiday[s] with pay; **er mußte seinen Leichtsinn teuer ~** *(fig.)* he had to pay dearly for his carelessness; **das macht sich bezahlt** it pays off; **als ob er's bezahlt bekäme** *od.* **kriegte** *(ugs.)* for all he's worth *(coll.)*; like a mad thing. **2.** *itr. V.* pay; **Herr Ober, ich möchte ~** *od.* **bitte ~**: waiter, the bill *or* *(Amer.)* check please; **heute bezahle ich** it's on me today *(coll.)*
Bezahlung die; *(Lohn, Gehalt)* pay; **die ~ der Waren** the payment for the goods; **gegen ~ arbeiten** work for payment *or* money
bezähmen 1. *tr. V.* a) contain, control ⟨*wrath, curiosity, impatience*⟩; restrain ⟨*desire*⟩; b) *(veralt.: zähmen)* tame. **2.** *refl. V.* restrain oneself
bezaubern 1. *tr. V.* enchant; **von etw. bezaubert** enchanted with *or* by sth. **2.** *itr. V.* enchant; be enchanting
bezaubernd 1. *Adj.* enchanting; **es war ~ von euch, das Fest zu geben** it was wonderfully kind of you to give the party. **2.** *adv.* enchantingly
bezecht [bə'tsɛçt] *Adj.* drunken *attrib.*; drunk *pred.*
bezeichnen 1. *tr. V.* a) **jmdn./sich/etw. als etw. ~**: call sb./oneself/sth. sth.; describe sb./oneself/sth. as sth.; **das muß man schon als anmaßend ~**: that can only be described as arrogant; **wie bezeichnet man das?** what is it called?; **mit dem Wort bezeichnet man eine Art Jacke** this word is used to denote *or* describe a kind of jacket; **jmdn. als Halunken** *od.* **mit dem Wort Halunke ~**: describe sb. as a scoundrel; call sb. a scoundrel; **jmdn. als Feigling ~**: call sb. a coward; **etw. als Verrat ~**: call sth. treachery; **so kann man das auch ~**: that's one way of describing it; b) *(Name sein für)* denote; c) *(markieren)* mark; *(durch Zeichen angeben)* indicate
bezeichnend *Adj.* characteristic, typical *(für* of); *(bedeutsam)* significant; **das ist ~ für ihn** that is typical *or* characteristic of him
bezeichnender·weise *Adv.* characteristically; typically; *(als Zeichen dafür)* significantly
Bezeichnung die a) *o. Pl.* marking; *(Angabe durch Zeichen)* indication; b) *(Name)* name; **mir fällt die richtige ~ dafür nicht ein** I can't think of the right word for it/them
bezeigen *(geh.)* **1.** *tr. V.* show; give proof of ⟨*courage*⟩; **jmdm. Ehrfurcht** *od.* **Respekt ~**: show sb. respect. **2.** *refl. V.* **sich dankbar/erkenntlich ~**: show one's gratitude/appreciation
bezeugen *tr. V.* a) testify to; **er/sie bezeugte, daß ...**: he/she testified that ...; **der Ort ist schon im 8. Jh. [dokumentarisch] bezeugt** [the existence of] this place is documented as early as the 8th century; b) *(bezeigen)* show; **jmdm. sein Wohlwollen ~**: give sb. proof of one's goodwill
Bezeugung die a) attestation; *(das Bezeugen)* testifying *(Gen.* to); b) *(das Bezeigen)* showing; demonstration
bezichtigen [bə'tsɪçtɪgn̩] *tr. V.* accuse; **jmdn. des Verrats ~**: accuse sb. of treachery; **jmdn. ~, etw. getan zu haben** *od.* **er/sie habe etw. getan** accuse sb. of having done sth.
Bezichtigung die; ~, ~en accusation
beziehbar *Adj.* a) ready for occupation *postpos.*; b) *(anwendbar)* applicable **(auf + Akk.** to)
beziehen 1. *unr. tr. V.* a) cover, put a cover/covers on ⟨*seat, cushion, umbrella, etc.*⟩; **die Betten frisch ~**: put clean sheets on the beds; **einen Schirm neu ~**: re-cover an umbrella; **das Sofa ist mit Leder bezogen** the

Bezieher der; ~s, ~, **Bezieherin** die; ~, ~nen *(einer Zeitung)* reader; subscriber *(Gen., von* to); *(einer Rente, eines Gehalts)* recipient; *s. auch* **-in**

Beziehung die a) *(Verbindung)* relations pl. *(zu* with); **gute ~en od. eine gute ~ zu jmdm./einer Firma haben** have good relations with sb./a firm; be on good terms with sb./a firm; **intime ~en zu jmdm. haben** have intimate relations with sb.; **diplomatische ~en aufnehmen/unterhalten/abbrechen** establish/maintain/break off diplomatic relations; b) *Pl. (Verbindungen, die Vorteile verschaffen)* connections *(zu* with); **etw. durch ~en bekommen** get sth. through connections; **seine ~en spielen lassen** pull some strings; c) *(Verhältnis)* relationship *(zwischen* between, *zu* with); *(Verständnis)* affinity *(zu* for); **zu jmdm. keine ~ haben** be unable to relate to sb.; **er hat keine ~ zur Kunst** he has a blind spot where the arts are concerned; the arts are a closed book to him; d) *(Zusammenhang)* connection *(zu* with); **zwischen A und B besteht keine/eine ~**: there is no/a connection between A and B; **A zu B in ~ setzen** relate A to B; see A in relation to B; **A und B in ~ zueinander setzen** relate A and B to each other; connect *or* link A and B; **das steht in keiner ~ dazu** that is not connected with *or* related to it; **in dieser/jeder ~**: in this/every respect; **in mancher ~**: in many respects; **mit ~ auf etw.** *(Akk.)* with reference to sth.

beziehungs-, Beziehungs-: ~**kiste** die *(ugs.)* relationship; ~**los** 1. *Adj.* unconnected; unrelated; 2. *adv.* without any connection; ~**reich** *Adj.* evocative; rich in associations *(vielseitig)* many-faceted; ~**weise** *Konj.* a) *(oder vielmehr)* that is; or to be precise; b) *(und im anderen Fall)* and ... respectively; *(oder)* or; **beiden Münzen waren aus Kupfer ~ aus Nickel** the two coins were made of copper and of nickel respectively; **sie sind in Schwarz ~ in Weiß lieferbar** they are available in black or in white

beziffern [bəˈtsɪfɐn] 1. *tr. V.* a) *(numerieren)* number; **beziffertes Baß** *(Musik)* figured bass; b) *(angeben)* estimate *(auf + Akk.* at); **den Schaden auf 3000 DM ~** estimate the damage at 3,000 marks. 2. *refl. V.* **sich auf 10 Millionen** *(Akk.)* **DM ~**: come *or* amount to 10 million marks

Bezifferung die; ~, ~en a) numbering; b) *(Zahlen)* numbers pl.

Bezirk [bəˈtsɪrk] der; ~[e]s, ~e a) district; **Vertreter für den ~ Südhessen** representative for the South Hessen area; b) *(Verwaltungs~)* [administrative] district; *(DDR)* [administrative] area; *(in West-Berlin)* borough; c) *(DDR: Behörde)* local *or* area authority; **auf dem ~**: at the local *or* area authority offices *pl.*

bezirklich *Adj.* district *attrib.; (DDR)* area *attrib.*

Bezirks-: ~**amt** das district *or (DDR)* area authority; ~**bürgermeister** der Borough Mayor *(in West Berlin);* ~**gericht** das district *or (DDR)* area court; ~**hauptmann** der; *Pl.* ~**hauptleute** *(österr.)* chief officer of an administrative district; ~**hauptmannschaft** die *(österr.)* district authority; **auf der ~hauptmannschaft** at the district authority offices; ~**klasse** die *(Sport)* district *or (DDR)* area league; ~**leiter** der a) *(DDR)* head of the area administration; b) *(Kaufmannsspr.)* area manager; ~**regierung** die *(BRD)* district authority; ~**stadt** die *(DDR)* chief town of the area; area capital; ~**tag** der *(DDR)* area assembly; ~**verordnetenversammlung** die borough assembly *(in West Berlin)*

bezirzen [bəˈtsɪrtsn̩] *tr. V.* becircen

bezog [bəˈtsoːk] *1. u. 3. Pers. Sg. Prät. v.* beziehen

bezogen 1. *2. Part. v.* beziehen. 2. *Adj.* **auf jmdn./etw.** [seen] in relation to sb./sth.

-bezogen *Adj.* -related

Bezogene der/die; *adj. Dekl.* drawee (of cheque)

bezug [bəˈtsuːk] **in ~ auf jmdn./etw.** concerning *or* regarding sb./sth.

Bezug der a) *(für Kissen usw.)* cover; *(für Polstermöbel)* loose cover; slip-cover *(Amer.); (für Betten)* duvet cover; *(für Kopfkissen)* pillowcase; b) *o. Pl. (Erwerb)* obtaining; *(Kauf)* purchase; ~ **einer Zeitung** taking a newspaper; **bei ~ von mehr als 100 Stück** if more than 100 are ordered; c) *Pl. (österr. auch Sg.) (Gehalt)* salary *sing.;* **die Bezüge der Beamten** the salaries of the civil servants; d) *(Verbindung)* connection, link *(zu* with); **der Film vermeidet jeden ~ zur Gegenwart** this film avoids all allusion to the present; **mit od. unter ~ auf etw.** *(Akk.) (Amtsspr., Kaufmannsspr.)* with reference to sth.; **auf etw.** *(Akk.)* ~ **nehmen** *(Amtsspr., Kaufmannsspr.)* refer to sth.; ~ **nehmend auf unser Telex** with reference to our telex

Bezüger [bəˈtsyːɡɐ] der; ~s, ~ *(schweiz.)* a) *s.* Bezieher; b) *(von Steuern)* collector

bezüglich [bəˈtsyːklɪç] 1. *Präp. mit Gen.* concerning; regarding. 2. *Adj.* **auf etw.** *(Akk.)* ~: relating to sth.; **die darauf ~en Paragraphen** the relevant paragraphs; ~**es Fürwort** *(Sprachw.)* relative pronoun

Bezugnahme [bəˈtsuːknaːmə] die; ~, ~n *(Amtsspr.)* reference; **unter ~ auf etw.** *(Akk.)* with reference to sth.

bezugs-, Bezugs-: ~**aktie** die *(Wirtsch.)* new share; ~**berechtigt** *Adj.* entitled to receive goods/payment *postpos.;* ~**berechtigt folgende** the following are entitled to benefit; ~**fertig** *Adj.* ready to move into *pred.;* **eine ~fertige Wohnung** a flat *(Brit.)* or *(Amer.)* apartment that is ready to move into; ~**person** die *(Psych., Soziol.)* jedes Kind braucht eine ~**person** every child needs someone it can relate to and take as an example; ~**preis** der [subscription] price; ~**punkt** der point of reference; ~**quelle** die source of supply; *(Firma)* supplier; ~**recht** das *(Wirtsch.)* preemptive or subscription right; ~**satz** der *(Sprachw.)* relative clause; ~**schein** der [ration] coupon; **auf ~schein** on coupons *pl.;* ~**system** das a) *(Koordinatensystem)* reference frame; b) *(System des Denkens usw.)* terms *pl.* of reference

bezuschussen [bəˈtsuːʃʊsn̩] *tr. V. (Amtsspr.)* subsidize

Bezuschussung die; ~, ~en a) subsidization; b) *(Betrag)* subsidy

bezwecken [bəˈtsvɛkn̩] *tr. V.* aim to achieve; aim at; **was willst du damit ~?** what do you expect to achieve by [doing] that?; **was soll das ~?** what is the point of that?; what is that supposed to achieve?

bezweifeln *tr. V.* doubt; question; **sie bezweifelt, daß od. ob ...**: she doubts whether ...; **ich bezweifle nicht, daß ...**: I do not doubt that ...; **das ist nicht zu ~**: there is no doubt about that; **das möchte ich doch ~**: I have my doubts about that

bezwingbar *Adj.* a) *(zu besiegen)* conquerable; *(fig.)* controllable; **er/sie/es ist ~**: he/she/it can be beaten *or* overcome; b) *(zu bewältigen)* manageable; negotiable *(course, slope)*

bezwingen 1. *unr. tr. V.* conquer *(enemy, mountain, pain, etc.);* defeat *(opponent);* take, capture *(fortress);* master *(pain, hunger);* **seinen Zorn/seine Neugier ~**: keep one's anger/curiosity under control; **er konnte diese Piste/diesen Paß nicht ~** he was unable to negotiate this course/pass. 2. *unr. refl. V.* control *or* restrain oneself

bezwingend *Adj.* compelling; irresistible *(smile)*

Bezwinger der, **Bezwingerin** die; ~, ~nen conqueror

Bezwingung die; ~, ~en a) defeat; *(Sieg)* victory (+ *Gen.* over); *(fig.)* control; b) *(Bewältigung)* conquest

BfA [beːˈʔɛfˈʔaː] die; ~ *Abk.:* a) Bundesanstalt für Arbeit; b) Bundesversicherungsanstalt für Angestellte

BGB [beːɡeːˈbeː] *Abk.:* Bürgerliches Gesetzbuch

BGH [beːɡeːˈhaː] der; ~ *Abk.:* Bundesgerichtshof

BGS [beːɡeːˈʔɛs] der; ~ *Abk.:* Bundesgrenzschutz

BH [beːˈhaː] der; ~[s], ~[s] *Abk.:* Büstenhalter bra

bi [biː] *Adj.; nicht attr.* (salopp) bi *(sl.)*

Biathlon [ˈbiːatlɔn] das; ~s, ~s *(Sport)* biathlon

bibbern [ˈbɪbɐn] *itr. V. (ugs.)* (vor Kälte) shiver (**vor** with); (vor Angst) shake, tremble (**vor** with); **um jmdn./etw. ~**: fear or tremble for sb./sth.

Bibel [ˈbiːbl̩] die; ~, ~n *(auch fig.)* Bible

bibel-, Bibel-: ~**fest** well-versed in the Bible *postpos.;* who knows his/her *etc.* Bible *postpos.,* not *pred.;* **du bist ziemlich ~fest** you know your Bible pretty well; ~**forscher** der *(veralt.)* Jehovah's Witness; ~**spruch** der biblical saying; ~**stunde** die Bible reading with discussion and prayer; ~**vers** der verse from the Bible; ~**wort** das; *Pl.* ~**worte** biblical saying

¹**Biber** [ˈbiːbɐ] der; ~s, ~ a) beaver; **Mantel aus ~**: beaver coat

²**Biber** der *od.* das; ~s *(Stoff)* flannelette

Biber-: ~**geil** das; ~[e]s castor; ~**pelz** der beaver [fur]; *(einzelner Pelz)* beaver pelt; **ein Mantel usw. aus ~pelz** a beaver coat *etc.;* ~**schwanz** a) beaver's tail; b) *(Ziegel)* plain *or* plane tile (with curved lower edge)

Bibliograph [biblioˈɡraːf] der; ~en, ~en bibliographer

Bibliographie die; ~, ~n bibliography

bibliographieren *tr. V.* a) Bücher/Titel ~: list books/titles in a bibliography; b) *(Daten feststellen)* establish the bibliographical details of *(book, essay);* identify *(book);* identify the source of *(essay etc.)*

Bibliographin die; ~, ~nen *s.* Bibliograph

bibliographisch 1. *Adj.* bibliographical. 2. *adv.* bibliographically; as a bibliography

Bibliomane [biblioˈmaːnə] der; ~n, ~n bibliomaniac

Bibliomanie die; ~: bibliomania

bibliophil [biblioˈfiːl] *Adj.* a) bibliophilic (interests *etc.*); bibliophile *(collector);* b) *(wertvoll)* for the bibliophile *postpos.;* ~**e Ausgabe** collector's edition

Bibliophile der/die; *adj. Dekl.* bibliophile; book-lover

Bibliophilie die; ~: bibliophily *(formal);* love of books

Bibliothek [biblioˈteːk] die; ~, ~en library;

bei *od.* an einer ~ angestellt sein have a job in a library
Bibliothekar [bibliote'ka:ɐ̯] der; ~s, ~e, **Bibliothekarin** die; ~, ~nen librarian
Bibliotheks-: ~**benutzer** der library-user; „die ~benutzer werden gebeten, ...": 'readers are requested ...'; ~**katalog** der library catalogue; ~**wesen** das; o. Pl. library system
biblisch ['bi:blɪʃ] Adj. biblical; **ein ~es Alter** a grand old age
Bick·beere ['bɪk-] die (nordd.) s. **Heidelbeere**
Bidet [bi'de:] das; ~s, ~s bidet
bieder ['bi:dɐ] 1. Adj. a) unsophisticated; (langweilig) stolid; (treuherzig) trusting; b) (veralt.: rechtschaffen) upright. 2. adv. in an unsophisticated manner; **etw. brav und ~ ausführen** carry sth. out faithfully and unquestioningly
Biederkeit die; ~ a) (Rechtschaffenheit) [bourgeois] probity; [stolid] uprightness; b) (Rückständigkeit) conventional attitudes pl.; (Einfältigkeit) lack of sophistication
Bieder·mann der; Pl. **Biedermänner** a) (veralt.) man of integrity or probity; b) (Spießer) petty bourgeois
biedermännisch ['bi:dɐmɛnɪʃ] Adj. a) (veralt.) stolidly upright; b) (spießig) stuffily correct; petty bourgeois
Biedermeier das; ~s Biedermeier [period/style]
Biedermeier-: ~**stil** der; o. Pl. Biedermeier style; ~**sträußchen** das small bouquet wrapped in white lace-paper; ~**zeit** die; o. Pl. Biedermeier period
Bieder·sinn der; o. Pl. (geh.) [stolid] uprightness; moral rectitude
biegbar Adj. flexible; pliable ⟨material⟩; **leicht ~**: easily bent
Biege ['bi:gə] die; ~, ~n bend; **eine ~ drehen** (salopp) stretch one's legs; **eine ~ fahren/fliegen** (salopp) go for a spin [in the car/aircraft]
biegen ['bi:gn̩] 1. unr. tr. V. a) bend; incline ⟨head⟩; **das Recht ~** (fig. veralt.) bend the law; **mit gebogenem Rücken sitzen** sit with one's back hunched; b) (österr. Sprachw.) s. **beugen** 1c. 2. unr. refl. V. bend; (nachgeben) give; sag; **der Tisch bog sich unter der Last der Speisen** the table sagged or groaned under the weight of the food; **sich vor Lachen ~** (ugs.) double up with laughter; **ihre Augenbrauen ~ sich nach oben** her eyebrows curve upward/her nose is turned up. 3. unr. itr. V.; **mit sein** a) turn; **um die Ecke ~** turn the corner; ⟨car⟩ take the corner; b) **auf Biegen oder** od. **und Brechen** (ugs.) at all costs; by hook or by crook; **es geht auf Biegen oder** od. **und Brechen** (ugs.) it has come to the crunch or (Amer.) showdown
biegsam Adj. flexible; pliable ⟨material⟩; supple ⟨joints, person⟩; **ein ~er Charakter** (fig.) a malleable personality
Biegsamkeit die; ~ s. **biegsam**: flexibility; pliability; suppleness; (fig.) malleability
Biegung die; ~, ~n a) bend; **eine [enge] ~ nach rechts machen** bend [sharply] to the right; b) (österr. Sprachw.) s. **Beugung** b
Biene ['bi:nə] die; ~, ~n a) bee; b) (ugs. veralt.: Mädchen) bird (Brit. sl.); dame (Amer. sl.); **eine flotte ~**: a smashing bird (Brit. sl.); a luscious piece (sl.)
Bienen-: ~**fleiß** der unflagging industry; **mit wahrem ~fleiß ging er daran** he set about it industriously; ~**haus** das apiary; ~**honig** der bees' honey; ~**kasten** der beehive; (as tech. term) frame hive; ~**königin** die queen bee; ~**korb** der straw hive; ~**schwarm** der swarm of bees; ~**sprache** die language of bees; ~**staat** der bee-colony; ~**stich** der a) bee-sting; b) (Kuchen) cake with a topping of sugar and almonds (and sometimes a cream filling);

~**stock** der beehive; ~**wachs** das beeswax; ~**zucht** die beekeeping; ~**züchter** der beekeeper
Biennale [biɛ'na:lə] die; ~, ~n biennial
Bier [bi:ɐ̯] das; ~[e]s, (Sorten:) ~e beer; **ein kleines/großes ~**: a small/large [glass of] beer; **zwei ~**: two beers; two glasses of beer; **10 verschiedene ~** ten different beers or types of beer; **das ist [nicht] mein ~** (ugs.) that is [not] my affair or business; **etw. wie sauer** od. **saures ~ anpreisen** praise sth. to the skies in an effort to get rid of it/them
Bier-: ~**bar** der beer-bar; ~**bauch** der (ugs. spött.) beer belly; ~**brauer** der [beer-]brewer; ~**brauerei** die a) o. Pl. die ~**brauerei** the brewing of beer; brewing beer; b) (Betrieb) brewery
Bierchen das; ~s, ~ (ugs.) a) (gute Sorte) **so ein ~**: such a beer; a beer like that; **das ist ein ~!** that's quite some beer! (Brit.); great beer! (Amer.); b) (Glas Bier) little [glass of] beer
bier-, Bier-: ~**deckel** der beer-mat; ~**dose** die beer can; ~**durst** der: [schrecklichen] **~durst haben** be [badly] in need of a beer; ~**ernst** (ugs.) 1. Adj. deadly serious; solemn; 2. adv. solemnly; **so ~ernst** with such deadly seriousness; ~**ernst** der deadly seriousness; ~**faß** das beer-barrel; ~**filz** der beer-mat; ~**flasche** die beer-bottle; (voll) bottle of beer; ~**garten** der beer garden; ~**glas** das beer-glass; ~**kasten** der beer-crate; ~**keller** der beer cellar; ~**kneipe** die ~ pub (Brit. coll.); beerhouse (Amer.); ~**krug** der beer-mug; (aus Glas, Zinn) tankard; ~**kutscher** der (ugs.) brewery delivery driver; ~**laune** die (ugs.): **in einer ~laune, aus einer ~laune heraus** in an exuberant mood; ~**leiche** die (ugs. scherzh.) drunk lying dead to the world; ~**lokal** das pub (Brit. coll.); beerhouse (Amer.); ~**ruhe** die (ugs.) unruffled calm; unflappability (coll.); ~**schinken** der slicing sausage containing pieces of ham; ~**schwemme** die beer hall; ~**seidel** das beer-mug; (aus Glas, Zinn) tankard; ~**selig** (scherzh.) 1. Adj. beery ⟨mood⟩; ~**selig, wie er war** in his beerily happy state; 2. adv. in a beerily happy state; ⟨laugh⟩ in beery merriment; ~**stube** die ≈ small pub (Brit. coll.); beer bar (Amer.); ~**suppe** die soup containing beer, sugar, and eggs or rye bread; ~**tisch** der: **am ~tisch** over a glass of beer; in the pub (Brit. coll.) or (Amer.) bar; ~**trinker** der, ~**trinkerin** die beer-drinker; ~**verlag** der, ~**vertrieb** der beer wholesaler's; ~**wärmer** der beer-warmer; ~**wurst** die smoked slicing sausage containing beef, pork, bacon, and spices; ~**zeitung** die joke newspaper (made up for a closed group); ~**zelt** das beer tent; ~**zipfel** der tag worn by member of a student corporation, bearing its colours
Biese ['bi:zə] die; ~, ~n a) (bes. Milit.) trouser-stripe; (Paspel) piping; b) (Fältchen) tuck
Biest [bi:st] das; ~[e]s, ~er (ugs. abwertend) a) (Tier, Gegenstand) wretched thing; (Bestie) creature; **ein riesiges ~ von einem Elefanten** a huge elephant; b) (Mensch) beast (derog.); wretch; **das freche ~**: the cheeky devil (coll.)
Biesterei die; ~, ~en (ugs. abwertend) (Gemeinheit) beastly trick (coll.); (etw. Ärgerliches) blasted nuisance (coll.)
biestig (ugs. abwertend) 1. Adj. a) beastly (coll.) (zu to); **ganz schön ~ werden** turn really nasty; b) (unangenehm) filthy, beastly (coll.) ⟨weather⟩; frightful (coll.) ⟨cold⟩. 2. adv. a) (gemein) nastily; in a beastly way (coll.); b) (sehr) horribly (coll.)
Biet [bi:t] das; ~[e]s, ~e (schweiz.) area
bieten [bi:tn̩] 1. unr. tr. V. a) offer; put on ⟨programme etc.⟩; provide ⟨shelter, guarantee, etc.⟩; (bei Auktionen, Kartenspielen)

bid (für, auf + Akk. for); **jmdm. Geld/eine Chance ~**: offer sb. money/a chance; **wir ~ beim Pokern bis zu 5 DM** we play poker for stakes of up to five marks; **was** od. **wieviel bietest du mir dafür?** what will you give me for it?; **jmdm. den Arm ~** (geh.) offer sb. one's arm; **jmdm. die Hand zur Versöhnung ~** (fig. geh.) hold out the olive-branch to sb.; **für Jugendliche wird nichts geboten** there is nothing for young people to do; **eine hervorragende Leistung ~**: put up an outstanding performance; **das bietet keine Schwierigkeiten** that presents no difficulties; **das Stadion bietet Platz für** or **kann 40 000 Personen fassen** the stadium has room for or can hold 40,000 people; b) **ein schrecklichen/gespenstisches usw. Bild ~**: present a terrible/eerie etc. picture; be a terrible/eerie etc. sight; **einen prächtigen Anblick ~**: look splendid; be a splendid sight; c) (zumuten) **das lasse ich mir nicht ~**: I won't put up with or stand for that. 2. unr. refl. V. sich jmdm. ~: present itself to sb.; **es bietet sich ...: there is ...; hier bietet sich dir eine Chance** this is an opportunity for you; this offers you an opportunity; **ihnen bot sich ein Bild des Grauens** a horrific sight confronted them. 3. unr. itr. V. bid (auf + Akk. for); **jeder kann auf einer Auktion ~**: anyone can make a bid at an auction
Bieter der; ~s, ~, **Bieterin** die; ~, ~nen bidder
Bifokal·brille [bifo'ka:l-] die bifocal spectacles pl.; bifocals pl.
Bigamie [biga'mi:] die; ~, ~n bigamy no def. art.
Bigamist der; ~en, ~en bigamist
Big Band ['bɪg 'bænd] die; ~ ~, ~ ~s big band
Big Business ['bɪg 'bɪznɪs] das; ~ ~: big business no art.; **zum ~ ~ gehören** belong to the world of big business
bigott [bi'gɔt] (abwertend) 1. Adj. a) religiose; over-devout; b) (scheinheilig) sanctimonious; holier-than-thou; (heuchlerisch) hypocritical; ~**e Heuchler** sanctimonious hypocrites. 2. adv. sanctimoniously; (heuchlerisch) hypocritically
Bigotterie [bigɔtə'ri:] die; ~ (abwertend) religious bigotry; religiosity; (Scheinheiligkeit) sanctimoniousness
Bijou [bi'ʒu:] der; ~s, ~s (veralt., schweiz.) piece of jewellery; ~s jewellery sing.
Bijouterie [biʒutə'ri:] die; ~, ~n (veralt., schweiz.) jeweller's shop
Bikini [bi'ki:ni] der; ~s, ~s bikini; **im ~**: in a bikini/in bikinis
bi·konkav Adj. (Optik) biconcave
bi·konvex Adj. (Optik) biconvex
bi·labial Adj. (Phon.) bilabial
Bilanz [bi'lants] die; ~, ~en a) (Kaufmannsspr., Wirtsch.) balance sheet; **die ~ des Jahres ~ des Jahres** the year's results pl.; **eine ~ aufstellen** make up the accounts pl.; draw up a balance sheet; b) (Ergebnis) outcome; (Endeffekt) net result; **erfreuliche ~**: happy outcome; **~ ziehen** take stock; sum things up; [**die**] **~ aus etw. ziehen** draw conclusions pl. about sth.; (rückblickend) take stock of sth.
Bilanz-: ~**analyse** die (Wirtsch., Kaufmannsspr.) balance sheet analysis; ~**buchhalter** der (Wirtsch., Kaufmannsspr.) [stewardship] accountant
bilanzieren (Wirtsch., Kaufmannsspr.) 1. itr. V. balance; **mit ... DM ~**: show a balance of ... marks. 2. tr. V. balance ⟨account⟩; show ⟨turnover⟩ in the balance sheet; (fig.) sum up
Bilanz-: ~**prüfer** der (Wirtsch., Kaufmannsspr.) auditor; ~**summe** die (Wirtsch., Kaufmannsspr.) balance-sheet
bi·lateral (Politik) 1. Adj. bilateral. 2. adv. bilaterally

Bild [bɪlt] *das*; ~[e]s, ~er **a)** picture; *(in einem Buch usw.)* illustration; *(Spielkarte)* picture or court card; **ein ~ [von jmdm./etw.] machen** take a picture [of sb./sth.]; **wieviele ~er hast du noch auf dem Film?** how many photos or exposures have you left on the film?; **ein ~ von einem Mann/einer Frau sein** be a fine specimen of a man/woman; be a fine-looking man/woman; **ein lebendes ~**: a tableau vivant; **b)** *(Aussehen)* appearance; *(Anblick)* sight; **das ~ der Stadt** the appearance of the town; the townscape; **ein ~ des Jammers sein** *od.* **bieten** be a pathetic sight; **ein ~ für [die] Götter [sein]** *(scherzh.)* [be] a sight for sore eyes; **c)** *(Metapher)* image; metaphor; **im ~ bleiben** extend or continue the metaphor; **d)** *(Abbild)* image; *(Spiegel~)* reflection; **er ist [ganz] das ~ seines Vaters** he is the [very] image of his father; **e)** *(Vorstellung)* image; **ein falsches/merkwürdiges ~ von etw. haben** have a wrong impression/curious idea of sth.; **sich** *(Dat.)* **ein ~ von jmdm./etw. machen** form an impression of sb./sth.; **jmdn. [über etw.** *(Akk.)***] ins ~ setzen** put sb. in the picture [about sth.]; **[über etw.** *(Akk.)***] im ~e sein** be in the picture [about sth.]; **ich bin im ~e** *(als Reaktion: ich verstehe)* I'm with you; **f)** *(Theater)* scene

Bild-: ~**archiv** *das* picture library; ~**aus·fall** *der* loss of picture or vision; ~**aus·schnitt** *der* section of a/the picture; *(bes. Kunst)* detail; ~**autor** *der* photographer *(who takes the photographs for a book)*; ~**band** *der* copiously illustrated book

bildbar *Adj.* formable (**aus** from); malleable ⟨*personality, mind*⟩; **schwer ~e Laute** sounds which are difficult to form

Bild-: ~**bei·lage** *die* pictorial or illustrated supplement; ~**bericht** *der* photo-reportage; ~**beschreibung** *die* picture description; ~**dokument** *das* pictorial document; *(Film)* pictorial record

bilden 1. *tr. V.* **a)** form (**aus** from); *(modellieren)* mould (**aus** from); **den Charakter ~**: form or mould sb.'s personality; **eine Gasse ~**: make a path or passage; **sich** *(Dat.)* **ein Urteil [über jmdn./etw.] ~**: form an opinion [of sb./sth.]; **b)** *(ansammeln)* build up ⟨*fund, capital*⟩; **c)** *(darstellen)* be, represent ⟨*exception etc.*⟩; constitute ⟨*rule etc.*⟩; **den Höhepunkt des Abends bildete sein Auftritt** his appearance was the high spot of the evening; **d)** *(erziehen)* educate; **Reisen bildet den Geist** travel broadens the mind. **2.** *refl. V.* **a)** *(entstehen)* form; **eine starke Opposition bildete sich** a strong opposition developed or came into being; **b)** *(lernen)* educate oneself. **3.** *itr. V.* **Lesen bildet** reading educates or cultivates the mind; **Reisen bildet** travel broadens the mind

bildend *Adj.* **a) die ~e Kunst, die ~en Künste** the plastic arts *pl. (including painting and architecture)*; **b)** *(belehrend)* educational

Bilder·bogen *der* pictorial broadsheet
Bilder·buch *das* picture-book *(for children)*; **aussehen wie im** *od.* **aus dem ~**: look a picture

Bilderbuch-: perfect ⟨*landing, weather*⟩; picture-book ⟨*weather, village*⟩; story-book ⟨*marriage, ending*⟩; archetypal ⟨*Catholic, proletarian, capitalist*⟩

Bilder-: ~**geschichte** *die* picture story; *(Comic)* strip cartoon; ~**kult** *der* idolatry; ~**rahmen** *der* picture-frame; ~**rätsel** *das* picture puzzle *(Rebus)* rebus; ~**schrift** *die* pictographic [system of] writing; *(Hieroglyphen)* hieroglyphics *pl.*; ~**sturm** *der (hist.)* iconoclasm; ~**stürmer** *der (hist.; auch fig.)* iconoclast

bild-, Bild-: ~**fläche** *die*: **auf der ~fläche erscheinen** *(ugs.)* appear on the scene; *(auftauchen)* turn up; **von der ~fläche verschwinden** *(ugs.) (rasch weggehen)* make oneself scarce *(coll.)*; *(aus der Öffentlichkeit verschwinden)* disappear from the scene; ~**folge** *die* **a)** *o. Pl. (im Film)* sequence of shots; **b)** [picture] sequence; ~**frequenz** *die (Film, Ferns.)* picture frequency; ~**geschichte** *die s.* Bildergeschichte; ~**haft 1.** *Adj.* graphic; pictorial, illustrative ⟨*language, sense, etc.*⟩; vivid ⟨*imagination, clarity, etc.*⟩; **2.** *adv.* graphically; *(lebhaft)* vividly; ~**haftigkeit** *die*; ~: vividness; graphic quality; *(der Sprache)* pictorial or illustrative quality; ~**hauer** *der* sculptor; ~**hauerei** [---'-] *die* sculpture *no def. art.*; ~**hauerin** *die*; ~, ~**nen** sculptress; ~**hauerisch** [~haʊərɪʃ] *Adj.*; *nicht präd.* sculptural; ~**hauer·kunst** *die s.* Bildhauerei; ~**hübsch** *Adj.* really lovely; stunningly beautiful ⟨*girl*⟩

bildlich 1. *Adj.* pictorial; *(übertragen)* figurative; ~**er Ausdruck, ~e Wendung** figure of speech; image. **2.** *adv.* **a)** pictorially; **sich etw. ~ vorstellen** picture sth. to oneself; **b)** figuratively; ~ **gesprochen** metaphorically speaking

Bild-: ~**material** *das* pictures *pl.* (**über** + *Akk.* of); *(Fotos/Film)* photographic/film material (**über** + *Akk.* of); ~**mischer** *der*, ~**mischerin** *die (Ferns.)* vision-mixer

bildnerisch 1. *Adj.* artistic; creative ⟨*abilities*⟩. **2.** *adv.* artistically

Bildnis ['bɪltnɪs] *das*; ~ses, ~se portrait; *(Plastik)* sculpture

Bild-: ~**platte** *die* video disc; ~**plattenspieler** *der* video disc player; ~**qualität** *die* picture quality; ~**reportage** *die* photo-reportage; ~**reporter** *der* photojournalist; ~**röhre** *die (Ferns.)* picture tube

bildsam *Adj. (geh.)* malleable; impressionable

Bild·schärfe *die (Fot., Ferns.)* definition
Bild·schirm *der (Ferns., Informationst.)* screen; **am ~ arbeiten** work at or with a VDU; **einen Text am ~ korrigieren** correct a text on screen

bildschirm-, Bildschirm-: ~**arbeit** *die* VDU work *no art., no pl.*; ~**gerät** *das* VDU; visual display unit; ~**gerecht** *Adj.* in screen format *postpos.*; ~**text** *der* viewdata; ~**zeitung** *die* teletext

bild-, Bild-: ~**schnitzer** *der* wood-carver; wood-sculptor; ~**schön** *Adj.* really lovely; stunningly beautiful ⟨*girl, woman*⟩; ~**seite** *die* **a)** *(einer Münze)* obverse; *(beim Werfen)* **die ~seite ist oben** it's heads; **b)** *(bei Büchern, Zeitungen)* picture page; **zwei ~seiten** two pages of pictures; ~**serie** *die* series or sequence of pictures; ~**stelle** *die* picture and film library; ~**stock** *der* wayside shrine; ~**störung** *die* interference *no def. art.* on vision; ~**synchron** *Adj. (Film, Ferns.)* synchronized [with the picture]; ~**telefon** *das* video telephone; ~**teppich** *der* tapestry

Bildung *die*; ~, ~**en a)** *(Erziehung)* education; *(Kultur)* culture; **eine umfassende ~**: a broad educational and cultural background; **das gehört zur allgemeinen ~**: that is something every educated person should know; **[keine] ~ haben** be [un]educated; *(un[kultiviert sein)* be [un]cultivated or [un]cultured; **b)** *(das Formen, Schaffung)* formation; **die ~ einer Untersuchungskommission** setting up a committee of investigation; **c)** *(Form, Gestalt)* form; shape; **die seltsamen ~en der Wolken/Eiskristalle** the strange formations of the clouds/ice crystals

bildungs-, Bildungs-: ~**anstalt** *die (Amtsspr.)* educational establishment; ~**arbeit** *die*; *o. Pl.* educational work *no art.*; ~**beflissen** *Adj.* keen on education *postpos.*; *(sich bilden wollend)* keen on self-improvement *postpos.*; ~**bürger** *der* [traditionally educated] middle-class intellectual; ~**chancen** *Pl.* educational opportunities; ~**dünkel** *der* intellectual arrogance or snobbery; ~**einrichtung** *die s.* ~**anstalt**; ~**erlebnis** *das* formative experience; ~**fähig** *Adj.* fast-learning; receptive to teaching *postpos.*; ~**feindlich** *Adj.* hostile to education *postpos.*; anti-education; ~**gang** *der* educational career; ~**grad** *der* level of education; ~**gut** *das* material for one's general education; *(Kulturgut)* cultural heritage; ~**hunger** *der* thirst for education; ~**hungrig** *Adj.* eager to be educated *postpos.*; ~**ideal** *das* educational ideal; ~**lücke** *die* gap in one's education; **das ist eine ~lücke!** that's culpable ignorance!; ~**monopol** *das* monopoly of education; ~**not·stand** *der* state of emergency in education; ~**politik** *die* educational policy; ~**politisch** *Adj.* educational-policy *attrib. (measure, strategy)*; ⟨*discussion*⟩ concerning educational policy; ~**reform** *die* educational reform; ~**reise** *die* educational tour; ~**roman** *der (Literaturw.)* novel of character development; Bildungsroman; ~**stätte** *die (geh.)* educational establishment; *(Universität)* seat of learning; ~**urlaub** *der* educational leave; ~**weg** *der* educational course; **der zweite ~weg** the second chance to study; the alternative way of studying *(in adult classes)*; **auf dem zweiten ~weg** using the second chance to study *(in adult classes)*; ~**wesen** *das*; *o. Pl.* education system; **das ~wesen** education

Bild-: ~**unter·schrift** *die* caption; ~**wand** *die* [projection] screen; ~**werfer** *der* epidiascope; ~**werk** *das (geh.)* sculpture; ~**wörter·buch** *das* pictorial dictionary; *(für Kinder)* picture dictionary; ~**zuschrift** *die* reply enclosing a photograph
Bilge ['bɪlgə] *die*; ~, ~**n** *(Seemannsspr.)* bilge

bilingual [bilɪŋ'gua:l] **1.** *Adj.* bilingual. **2.** *adv.* bilingually
Billard ['bɪljart, *österr.*: bi'ja:ɐ̯] *das*; ~s, ~e, *österr.*: ~s billiards

Billard-: ~**kugel** *die* billiard-ball; ~**stock** *der* billiard-cue; ~**tisch** *der* billiard-table
Billet *(schweiz.)*, **Billett** [bɪl'jɛt] *das*; ~[e]s, ~e *od.* ~s **a)** *(schweiz., sonst veralt.)* [entrance] ticket; **b)** *(schweiz., sonst veralt.)* [train/tram/bus-]ticket; **c)** *(österr., sonst veralt.)* note; **d)** *(österr.: Glückwunschkarte)* greetings card *(Brit.)*; greeting card *(Amer.)*
Billiarde [bɪ'ljardə] *die*; ~, ~**n** thousand million million; quadrillion *(Amer.)*

billig ['bɪlɪç] **1.** *Adj.* **a)** cheap; **ein ~er Preis** *(ugs.)* a low price; **b)** *(abwertend: primitiv)* shabby, cheap ⟨*trick*⟩; feeble ⟨*excuse*⟩; **ist dir das nicht zu ~?** isn't that beneath you?; **ein ~er Trost** cold comfort; **c)** *(veralt.: angemessen)* reasonable; proper. **2.** *adv.* **a)** cheaply; **~ einkaufen** shop cheaply; **~ abzugeben** *(in Anzeigen)* for sale cheap; **~ davonkommen** *(fig. ugs.)* get off lightly; **b)** *(veralt.: angemessen)* **nicht mehr als ~**: no more than is reasonable or proper; **jeder ~ denkende Mensch** any fair-minded person; *s. auch* recht

Billig·angebot *das* special or cut-price offer
billigen *tr. V.* approve; **~, daß jmd. etw. tut** approve of sb.'s doing sth.; **ich kann nicht ~, daß du dich daran beteiligst** I cannot approve of or condone your taking part; **etw. stillschweigend ~**: give sth. one's tacit approval
billigermaßen, billigerweise *Adv.* rightly; justifiably

Billig-: ~**flagge** *die* flag of convenience; ~**flug** *der* cheap flight
Billigkeit *die*; ~ **a)** cheapness; low cost; **b)** *(Rechtsw. od. geh.)* fairness; equitableness

Billig-: ~**laden** *der* cut-price shop; ~**lohn** *der* low wages *pl.*; ~**lohn·land** *das* low-

wage country; ~**preis** der low price; *(verbilligter Preis)* cut price
Billigung die; ~: approval; jmds. ~ **finden** meet with or receive sb.'s approval
Billig·ware die cheap goods pl.
Billion [bɪ'li̯oːn] die; ~, ~en million million; trillion *(Amer.)*
Bilsen·kraut ['bɪlzn̩-] das; o. Pl. henbane
Bilux·lampe ['biːlʊks-] die twin-filament bulb
bim [bɪm] *Interj.* ding; ~, **bam** ding dong
Bimbam in [ach du] heiliger ~! *(ugs.)* [oh] my sainted aunt! *(sl.);* glory be! *(sl.)*
Bi·metall das *(Technik)* bimetallic strip; **aus** ~: bimetallic
Bimmel ['bɪml] die; ~, ~n *(ugs.)* [ting-a-ling] bell
Bimmel·bahn die *(ugs. scherzh.)* narrow-gauge railway *(with a warning bell)*
Bimmelei die; ~ *(ugs. abwertend)* constant ringing; *(lautmalend)* ting-a-ling-a-ling
bimmeln *itr. V. (ugs.)* ring
Bimse ['bɪmzə] *Pl. (ugs.)* ~ **kriegen** get a walloping *(sl.)* or thrashing
bimsen *tr. V. (ugs.)* a) *(drillen)* drill; b) *(einexerzieren)* practise; c) *(Schülerspr.: pauken)* mug up *(sl.)*
Bims·stein ['bɪms-] der a) pumice-stone; b) o. Pl. *(Gestein)* pumice; c) *(Baustein)* pumice block
bin [bɪn] *1. Pers. Sg. Präsens v.* ¹sein
binar [bi'naːɐ̯], **binär** [bi'nɛːɐ̯], **binarisch** [bi'naːrɪʃ] *Adj. (fachspr.)* binary
binaural [binaʊ̯'raːl] *Adj. (Med., Technik)* binaural
Binde ['bɪndə] die; ~, ~n a) *(Verband)* bandage; *(Augen~)* blindfold; b) *(Arm~)* armband; c) *(ugs.: Damen~)* [sanitary] towel *(Brit.)* or *(Amer.)* napkin; d) *(veralt.: Krawatte)* tie; **sich** *(Dat.)* **einen hinter die ~ gießen** *(ugs.)* **kippen** *(ugs.)* have a drink or two
Binde-: ~**gewebe** das *(Anat.)* connective tissue; ~**glied** das [connecting] link; ~**haut** die *(Anat.)* conjunctiva; ~**hautentzündung** die *(Med.)* conjunctivitis no art.; ~**mittel** das binder
binden *1. unr. tr. V.* a) *(bündeln)* tie; **etw. zu etw.** ~: tie sth. into sth.; b) *(herstellen)* make up *(wreath, bouquet);* make *(broom);* c) *(fesseln)* bind; **jmdn. an Händen und Füßen** ~: bind sb. hand and foot; *s. auch* **gebunden, Hand;** d) *(verpflichten)* bind; **ich bin zu jung, um mich schon zu** ~: I am too young to be tied down; **nicht mehr gebunden sein** be free of any ties; e) *(festigen, auch fig.)* tie (**an** + *Dat.* to); **nicht an einen Ort gebunden sein** *(fig.)* not be tied to one place; **jmdn. an sich** *(Akk.)* ~ *(fig.)* make sb. dependent on one; f) *(knüpfen)* tie *(knot, bow, etc.);* knot *(tie);* g) *(festhalten)* bind *(capital, mixture, etc.);* thicken *(sauce);* **der Regen bindet den Staub** the rain lays the dust; h) *(Buchw.)* bind; i) *(Musik)* slur; j) *(Verslehre)* **Wörter durch Reime** ~: link words in rhyme; **in gebundener Rede/Sprache** in verse. *2. unr. itr. V. (fest machen)* bind
bindend *Adj.* binding (**für** on); definite ⟨*answer*⟩
Binder der; ~s, ~ a) *(Krawatte)* tie; b) *(Bindemittel)* binder; c) *(Landw.)* [reaper-]binder; d) *(Bauw.: Stein)* header; e) *(Bauw.: Dachbalken)* [roof] truss
Binderei die; ~, ~en a) *(Blumen~)* wreath and bouquet department; b) *(Buch~)* bindery
Binde-: ~**strich** der hyphen; ~**wort** das *(Sprachw.)* conjunction
Bind·faden der string; **ein [Stück]** ~: a piece of string; **es regnet Bindfäden** *(ugs.)* it's raining cats and dogs *(coll.)*
Bindung die; ~, ~en a) *(Beziehung)* relationship (**an** + *Akk.* to); **seine politische** ~ **an die Sozialdemokraten** his political commitment to or ties with the Social Democrats; b) *(Verbundenheit)* attachment (**an** +

Akk. to); c) *(Ski~)* binding; d) *(Chemie)* bond; e) *(Weberei)* weave
Bingo ['bɪŋgo] das; ~[s] bingo
binnen ['bɪnən] *Präp. mit Dat. od. (geh.) Gen.* within; ~ **Jahresfrist** within a year; ~ **kurzem** soon
binnen-, Binnen-: ~**bords** *Adv. (Seemannsspr.)* inboard; ~**deich** der inner dike; ~**deutsch** *1. Adj.* ⟨*dialect*⟩ spoken in Germany; ⟨*word, expression, etc.*⟩ used in Germany; *2. adv.* in Germany; ~**fischerei** die freshwater fishing; ~**gewässer** das inland water; ~**hafen** der inland port; ~**handel** der domestic or home trade; ~**land** das o. Pl. interior; **im** ~**land** inland; ~**ländisch** *Adj.;* nicht präd. inland; ~**markt** der *(Wirtsch.)* domestic or home market; **europäischer** ~**markt** internal European market; ~**meer** das inland sea; ~**reim** der *(Literaturw.)* internal rhyme; ~**schiffahrt** die inland navigation; ~**schiffer** der member of an inland ship's crew; *(auf Schlepp-, Schubkahn)* bargee *(Brit.)* bargeman *(Amer.);* ~**see** der lake; ~**staat** der land locked country or state; ~**zoll** der internal duty or tariff
binokular [binoku'laːɐ̯] *Adj.* binocular
Binom [bi'noːm] das; ~s, ~e *(Math.)* binomial
binomisch *Adj. (Math.)* binomial
Binse ['bɪnzə] die; ~, ~n *(Bot.)* rush; **in die ~n gehen** *(ugs.) (mißlingen)* fall through; *(verlorengehen, entzweigehen)* go for a burton *(Brit. sl.);* come to grief *(Amer.);* ⟨*money*⟩ go down the drain *(coll.);* ⟨*vehicle, machine*⟩ pack up *(sl.);* **die Prüfung ist in die** ~**n gegangen** the exam was a disaster
Binsen·weisheit die truism
Bio ['biːo] *o. Art. (Schülerspr.)* biol *(school sl.);* biology
bio-, Bio-: ~**aktiv** *1. Adj.* biological ⟨*washing powder*⟩; *2. adv.* biologically; ~**chemie** die biochemistry; ~**chemisch** *1. Adj.* biochemical; ~**dynamisch** *1. Adj.* organic; *2. adv.* organically; ~**gas** ['---] das *(Ökologie)* biogas; ~**genese** die biogenesis; ~**genetisch** *Adj.* biogenetic; ~**graph** der; ~en, ~en biographer; ~**graphie** die; ~, ~n a) *(Beschreibung)* biography; b) *(Lebenslauf)* life [history]; ~**graphin** die; ~, ~nen biographer; ~**graphisch** *Adj.* biographical; ~**laden** [---] der *(ugs.)* health-food shop; ~**loge** der; ~n, ~n biologist; ~**logie** die; ~: biology no art.; ~**login** die; ~, ~nen biologist; *s. auch* **-in;** ~**logisch** *1. Adj.* biological; **ein** ~**logisches Standardwerk** a standard work of biology; b) *(natürlich)* natural ⟨*medicine, cosmetic, etc.*⟩; *2. adv.* a) biologically; b) *(natürlich)* naturally; ~**masse** die biomass
Bionik [bi'oːnɪk] die; ~: bionics *sing.,* no art.
Bio·physik die biophysics *sing.,* no art.
bio·physikalisch *Adj.* biophysical
Biopsie [biɔ'psiː] die; ~, ~n *(Med.)* biopsy
Bio-: ~**rhythmus** der biorhythm; ~**sphäre** [--'--] die biosphere
Biotop [bio'toːp] der od. das; ~s, ~e *(Biol.)* biotope
Bio·wissenschaften *Pl.* life sciences
bi·polar *Adj. (bes. Math., Physik)* bipolar
bi·quadratisch *Adj. (Math.)* biquadratic
Bircher·mü[e]sli ['bɪrçɐmyː(ə)sli] das muesli *(made with fresh fruit)*
Birke ['bɪrkə] die; ~, ~n a) *(Baum)* birch[-tree]; b) o. Pl. *(Holz)* birch[wood]
Birken-: ~**holz** das; o. Pl. birch[wood]; ~**wald** der birch-wood; *(größer)* birch forest; ~**wasser** *Pl.* ~**wässer** hair lotion made from birch sap
Birk-: ~**hahn** der the blackcock; ~**huhn** das black grouse
Birma ['bɪrma] (das); ~s Burma
Birmane [bɪr'maːnə] der; ~n, ~n, **Birmanin** die; ~, ~nen Burmese; *s. auch* **-in**

Birn·baum der a) pear-tree; b) *(o. Pl.: Holz)* pear-wood
Birne ['bɪrnə] die; ~, ~n a) pear; b) *(Glüh~)* [light-]bulb; c) *(salopp: Kopf)* nut *(sl.);* **eine weiche** ~ **haben** *(salopp)* be soft in the head
Birnen·geist der pear brandy
bis [bɪs] *1. Präp. mit Akk.* a) *(zeitlich)* until; till; *(die ganze Zeit über und bis zu einem bestimmten Zeitpunkt)* up to; up until; till; *(nicht später als)* by; **ich muß bis fünf Uhr warten** I have to wait until five o'clock; ~ **[einschließlich] Freitag** by Friday; **von Dienstag** ~ **Donnerstag** from Tuesday to Thursday; **Tuesday through Thursday** *(Amer.);* **von sechs** ~ **sieben [Uhr]** from six until or till seven [o'clock]; ~ **Ende März ist er zurück/verreist** he'll be back by/away until the end of March; ~ **dann** od. **dahin will ich Ergebnisse sehen/muß ich mich noch gedulden** I want to see results by then/I must be patient until then; ~ **wann dauert das Konzert?** till or until when does the concert go on?; how long does the concert last?; ~ **jetzt ist nichts geschehen** up to now or so far nothing has happened; ~ **dann/gleich/später/morgen/nachher!** see you then/in a while/later/tomorrow/later!; ~ **spätestens Montag** od. **Montag spätestens** by Monday at the latest; **er ist [nur]** ~ **17 Uhr hier** he is [only] here until or till 5 o'clock; **er ist [spätestens]** ~ **17 Uhr hier** he will be here by 5 o'clock [at the latest]; *s. auch* **dato;** b) *(räumlich)* to; **dieser Zug fährt nur** ~ **Offenburg** this train only goes to or as far as Offenburg; ~ **wohin fährt der Bus?** how far does the bus go?; **nur** ~ **Seite 100** only up to or as far as page 100; ~ **5000 Mark** up to 5,000 marks; **von Anfang** ~ **Ende** from beginning to end; ~ **dahin sind es 2 km** it's 2 km to there; c) **in** ~ **auf** *(einschließlich)* down to; *(mit Ausnahme von)* except for; ~ **auf weiteres** for the time being; ~ **in zu up to; Städte** ~ **zu 50 000 Einwohnern** towns of up to 50,000 inhabitants. *2. Adv.* ~ **zu 6 Personen** up to six people; **Kinder** ~ **6 Jahre** children up to the age of six or up to six years of age; **die Feier dauerte** ~ **gegen 10 Uhr** the party went on until or till about 10 o'clock; ~ **gegen 10 Uhr ist es fertig** it will be ready by about 10 o'clock; ~ **nach Köln** to Cologne; ~ **an die Decke** up to the ceiling; ~ **ins kleinste** od. **letzte** down to the smallest or last detail. *3. Konj.* a) *(nebenordnend)* to; **vier** ~ **fünf** four to five; **heiter** ~ **wolkig** fair or cloudy; b) *(bevor nicht)* until; till; ~ **daß der Tod euch scheidet** *(geh.)* until or till death do you part; c) *(österr.: sobald)* when; **gleich** ~ **er aufgewacht ist** as soon as he's woken up
Bisam ['biːzam] der; ~s, ~e od. ~ s a) s. **Moschus;** b) *(Pelz)* musquash
Bisam·ratte die musk-rat
Bischof ['bɪʃɔf] der; ~s, **Bischöfe** ['bɪʃœfə] bishop
bischöflich *Adj.* episcopal
Bischofs-: ~**amt** das episcopate; office of bishop; ~**hut** der the bishop's hat; ~**konferenz** die conference of bishops; ~**mütze** die [bishop's] mitre; ~**sitz** der seat of a/the bishopric; ~**stab** der [bishop's] crosier or crook; ~**stadt** die *s.* **sitz**
Bise ['biːzə] die; ~, ~n *(schweiz.)* north[-east] wind to the north of the Alps; bise
Bi·sexualität die bisexuality
bi·sexuell *1. Adj.* bisexual. *2. adv.* bisexually
bis·her *Adv.* up to now; *(aber jetzt nicht mehr)* until now; till now; ~ **war alles in Ordnung** everything has been all right up to now/everything was all right until or till now; **er hat sich** ~ **nicht gemeldet** he hasn't been in touch up to now or as yet; **das wußte ich** ~ **nicht** I didn't know that till now or before; **ein** ~ **unbekanntes Buch** a hitherto or previously unknown book

bisherig *Adj.; nicht präd. (vorherig)* previous; *(momentan)* present; **sie ziehen um, ihre ~e Wohnung wird zu klein** they are moving – their present flat is getting too small; **sie sind umgezogen, ihre ~e Wohnung wurde zu klein** they have moved – their previous flat became too small
Biskaya [bɪs'ka:ja] *die;* ~: **die ~/der Golf von** ~: the Bay of Biscay
Biskuit [bɪs'kvi:t] *das od. der;* ~[e]s, ~s *od.* ~e a) *sponge biscuit;* b) *(~teig)* sponge
Biskuit-: ~**rolle** *die* Swiss roll; ~**teig** *der* sponge mixture
bis·lang *Adv.: s.* **bisher**
Bismarck·hering ['bɪsmark-] *der* Bismarck herring
Bison ['bi:zɔn] *der;* ~s, ~s bison
Biß [bɪs] *der; Bisses, Bisse;* a) bite; b) *(ugs.: Engagement)* punch
bißchen *indekl. Indefinitpron.* a) *(in der Funktion eines Adjektivs)* **ein** ~ **Geld/Brot/Milch/Wasser** a bit of *or* a little money/bread/a drop of *or* a little milk/water; **ich würde ihm kein** ~ **Geld mehr leihen** I wouldn't lend him any more money at all; **das** ~ **Geld/Farbe** that [little] bit of money/[little] drop of paint; **ein/kein** ~ **Angst haben** be a bit/not a bit frightened; b) *(in der Funktion eines Adverbs)* **ein** ~ a bit *or* a little/not a *or* one bit; **ich werde mich ein** ~ **aufs Ohr legen** I'm going to lie down for a bit; **er hat mir kein** ~ **geholfen** he didn't help me one [little] bit; **ein klein** ~: a little bit; **ein** ~ **zuviel/mehr** a bit too much/a bit more; **ein** ~ **sehr teuer sein** be getting rather expensive; c) *(in der Funktion eines Substantivs)* **ein** ~: a bit; a little; *(bei Flüssigkeiten)* a drop; a little; **von dem** ~ **werde ich nicht satt** that little bit/drop won't fill me up; **das/kein** ~: the little [bit]/not a *or* one bit; *s. auch* **lieb 1 d**
bissel ['bɪsl] *(südd., österr. ugs.) s.* **bißchen**
Bissen *der;* ~s, ~: a) mouthful; **laß mich mal einen kleinen** ~ **davon probieren** let me try a small piece *or* a little bit; **sie brachte keinen** ~ **herunter** she couldn't eat a thing; **ich muß erst mal einen** ~ **essen** I must have a bite to eat first; **ein fetter** ~ *(fig.)* a really good deal; **jmdm. die** ~ **im Mund zählen** *(fig.)* watch how much sb. eats; **ihm blieb der** ~ **im Hals[e] stecken** *(ugs.)* the food stuck in his throat; *(Dat.)* **jeden** *od.* **den letzten** ~ **vom Munde absparen** scrimp [and save]
bisserl ['bɪsɐl] *s.* **bissel**
bissig 1. *Adj.* a) ~ **sein** ⟨*dog*⟩ bite; **ein ~er Hund** a dog that bites; „**Vorsicht, ~er Hund**" 'beware of the dog'; b) cutting, caustic ⟨*remark, tone, etc.*⟩; **du brauchst doch nicht gleich so** ~ **zu werden** there's no need to bite my/his *etc.* head off; c) *(Sportjargon)* **ein ~er Spieler** a sharp, attacking player. **2.** *adv. (boshaft)* ⟨*say*⟩ cuttingly, caustically; ⟨*grin*⟩ maliciously
Bissigkeit *die;* ~, ~en a) *o. Pl. (von Hunden);* **Kettenhunde neigen zur** ~: dogs that are chained up tend to bite; b) *o. Pl. (Schärfe) die* ~ **seiner Antwort zeigte nur, wie wütend er war** his cutting *or* caustic answer just showed how angry he was; c) *(Bemerkung)* cutting *or* caustic remark
Biß·wunde *die* bite
bist [bɪst] *2. Pers. Sg. Präsens v.* **sein**
biste *(ugs.)* = **bist du;** *s. auch* **haste**
Bistro ['bɪstro] *das;* ~s, ~s bistro
Bistum ['bɪstu:m] *das;* ~s, **Bistümer** ['bɪsty:mɐ] bishopric; diocese; **das** ~ **Limburg** the diocese of Limburg
bis·weilen *Adv. (geh.)* from time to time; now and then
Bit [bɪt] *das;* ~[s], ~[s] *(DV)* bit
Bitt·brief *der* letter of request; *(Bittgesuch)* petition
bitte ['bɪtə] *Höflichkeitsformel* a) *(bittend)* please; **können Sie mir** ~ **sagen ...?** could you please tell me ...?; ~ **nicht!** no, please don't!; *(ich möchte nicht)* I'd rather not; ~ **nach Ihnen** after you; ~, ~ **machen** *(Kinderspr.)* clap hands [to mean 'please']; b) *(auffordernd)* please; **der Nächste** ~! next please!; **ja,** ~? *(am Telefon)* hello?; yes?; **nehmen Sie** ~ **Platz** please sit down; ~**[, treten Sie ein]!** *(geh.)* come in!; ~ **hier, hier** ~! over here, please!; ~ **[schön]?** *(im Laden)* can I help you?; *(im Lokal)* what would you like?; **Hast du mal ein Tempotuch für mich?** – **Bitte [schön** *od.* **sehr]!** can you let me have a tissue? – There you are; ~, **gern/selbstverständlich** certainly/of course; **Entschuldigung!** – **Bitte!** I'm sorry – That's all right; ~, **nur zu** [go on,] help yourself; c) *(bejahend)* please; **aber** ~! yes, do; ~ **ja!, ja** ~ **yes please!;** d) *(Dank erwidernd)* ~ **[schön** *od.* **sehr]** not at all; you're welcome; e) *(nachfragend)* **[wie]** ~? sorry?; *(iron.)* **what?;** f) *(mißbilligend)* all right; **aber** ~, **macht, was ihr wollt** just [go ahead and] do what you want; **na** ~! there you are!
Bitte *die;* ~, ~n hungry request; *(inständig)* plea; **eine große** ~ **[an jmdn.]/nur die eine** ~ **haben** have a [great] favour to ask [of sb.]/have [just] one request *or* just one thing to ask; **auf seine** ~ **hin** at his request; **jmdm. keine** ~ **abschlagen** *od.* **ausschlagen können** not be able to refuse sb. anything
bitten 1. *unr. itr. V.* a) **um etw.** ~: ask for *or* request sth.; *(inständig)* beg for sth.; **der Blinde bat um eine milde Gabe** the blind man begged for alms; **ich bitte einen Moment um Geduld/Ihre Aufmerksamkeit** I must ask you to be patient for a moment/may I ask for your attention for a moment; **darf ich [um den nächsten Tanz]** ~? may I have the pleasure [of the next dance]?; **[ich] bitte gehorsamst, gehen zu dürfen** *(veralt., scherzh.)* [I] respectfully beg permission to leave; **es half ihm kein Bitten** pleading was *or* pleas were of no avail; ~ **und betteln** beg and plead; b) *(einladen)* ask; **ich lasse** ~: [please] ask him/her/them to come in; **der Herr Konsul läßt** ~: the consul will see you now; **darf ich zu Tisch** ~? may I ask you to come and sit down at the table?; c) *(geh.: Fürsprache einlegen)* plead; **bei jmdm. für jmdn.** ~: plead on sb.'s behalf. **2.** *unr. tr. V.* a) *(sich höflich wenden an)* **jmdn. um etw.** ~: ask sb. for sth.; **darf ich Sie um Feuer/ein Glas Wasser** ~? could I ask you for a light/a glass of water, please?; **darf ich die Herrschaften um Geduld/Ruhe** ~? could I ask you to be patient/silent?; **es wird gebeten, die Tiere nicht zu füttern** please do not feed the animals; **allmächtiger Gott, wir** ~ **Dich, erhöre uns!** almighty God, we beseech Thee to hear us; **ich bitte dich um alles in der Welt** I beg [of] you; **[aber] ich bitte dich/Sie!** [please] don't mention it; **so, jetzt geht ihr ins Bett, aber ein bißchen plötzlich, wenn ich** ~ **darf** into bed with you, at once if you please; **darum möchte ich doch sehr gebeten haben!** *(ugs.)* I should hope so *(coll.);* **ich muß doch [sehr]** ~! really!; **er ließ sich nicht lange** *od.* **erst** ~: he didn't have to be asked twice; **er läßt sich gern** ~: he likes to be asked; **jmdn. zu sich** ~: ask sb. to come and see one; b) *(einladen)* ask, invite; **jmdn. zum Tee [zu sich]** ~: ask *or* invite sb. to tea; **jmdn. ins Haus/Zimmer** ~: ask sb. [to come] in; **jmdn. zum Tanz** ~: ask sb. to dance; **er wurde für neun Uhr zur Direktion gebeten** he was asked to be at the manager's office at 9 o'clock; **jmdn. zu Tisch** ~: ask sb. to come and sit down at the table
bitter 1. *Adj.* a) bitter; plain ⟨*chocolate*⟩; b) *(schmerzlich)* bitter ⟨*experience, irony, contempt, disappointment, etc.*⟩; painful, hard ⟨*loss*⟩; painful, hard ⟨*truth*⟩; bitter ⟨*time, fate, etc.*⟩; **eine ~e Lehre** a hard lesson; **bis zum ~en Ende** to the bitter end; **das ist mein ~ster Ernst** I am deadly serious; **eine solche Erfahrung ist** ~: an experience like that is a bitter one; c) *(verbittert)* bitter; **ein ~es Gefühl** a feeling of bitterness; **er hatte einen ~en Zug um den Mund** he had a look of bitterness on his face; **jmdn.** ~ **machen** embitter sb.; make sb. bitter; d) *(groß, schwer)* bitter ⟨*cold, tears, grief, remorse, regret*⟩; dire ⟨*need*⟩; desperate ⟨*poverty*⟩; grievous ⟨*injustice, harm*⟩; **es herrschte [eine] ~e Kälte** it was bitterly cold; e) *(verbittert)* bitter ⟨*enemy*⟩. **2.** *adv.* a) *(verbittert)* bitterly; b) *(sehr stark)* desperately; ⟨*regret*⟩ bitterly; **etw.** ~ **nötig haben** be in dire need of sth.; **das wird sich** ~ **rächen** you'll/he'll *etc.* pay dearly for that
bitter-: ~**arm** *Adj.; präd. getrennt geschr.* wretchedly poor; ~**böse 1.** *Adj.* furious; **2.** *adv.* furiously; ~**ernst 1.** *Adj.* deadly serious; **damit ist es mir ~ernst!** I am deadly serious; **2.** *adv.* **ich meine das ~ernst** I mean it deadly seriously; ~**kalt** *Adj.; präd. getrennt geschr.* bitterly cold
Bitterkeit *die;* ~ a) *(auch fig.)* bitterness; b) *(Verbitterung)* bitterness
bitterlich 1. *Adj.* slightly bitter ⟨*taste*⟩; **etwas** ~: slightly bitter. **2.** *adv. (heftig)* ⟨*cry, complain, etc.*⟩ bitterly
Bitter-: ~**mandel** *die* bitter almond; ~**mandel·öl** *das* bitter almond oil; oil of bitter almonds
Bitternis *die;* ~, ~se *(geh.)* a) *(Geschmack)* bitterness; b) *(Gefühl)* bitterness; *(Leiden)* suffering
Bitter·salz *das* Epsom salts *pl.*
bitter·süß *Adj. (auch fig.)* bitter-sweet
Bitte·schön *das;* ~s: **mit einem höflichen** ~ **überreichte er das Geschenk** he said politely 'this is for you' as he presented the gift
Bitt-: ~**gang** *der* a) *(zu jmdm.)* **ein ~gang [nach einem Ort]** going [to a place] with a request; **einen ~gang zu jmdm. machen** go to sb. with a request; b) *(kath. Rel.: ~prozession)* Rogation procession; ~**gebet** *das (Rel.)* prayer of supplication; ~**gesuch** *das* petition; ~**gottes·dienst** *der (Rel.)* Rogation service; ~**prozession** *die (kath. Rel.)* Rogation procession
bitt·schön *(ugs. Höflichkeitsformel)* ~, **der Herr** there we are, sir; **Vielen Dank. – Bittschön, gern geschehen** Thank you very much – My pleasure; *s. auch* **bitte b**
Bitt-: ~**schreiben** *das* petition; ~**schrift** *die* petition; ~**steller** *der;* ~s, ~, ~**stellerin** *die;* ~, ~**nen** petitioner
Bitumen [bi'tu:mən] *das;* ~s, ~ *(auch:)* **Bitumina** [-mina] *(Chemie)* bitumen
bitzeln ['bɪts|n] *itr. V. (südd., westd.)* tingle; ⟨*fabric, itching-powder, etc.*⟩ prickle
bivalent [bivɐ'lɛnt] *Adj. (Chemie, Sprachw.)* bivalent
Biwak ['bi:vak] *das;* ~s, ~s *(bes. Milit., Bergsteigen)* bivouac
biwakieren *itr. V. (bes. Milit., Bergsteigen)* bivouac
bizarr [bi'tsar] **1.** *Adj.* bizarre; fantastic, grotesque ⟨*coral reef, tree, formation, etc.*⟩. **2.** *adv.* bizarrely
Bizarrerie [bitsarə'ri:] *die;* ~, ~**n** bizarreness; *(Handlung)* bizarre action
Bizeps ['bi:tsɛps] *der;* ~es, ~e biceps
BKA [be:ka:'|a:] *das;* ~[s] *Abk.:* **Bundeskriminalnamt**
B-Klarinette ['be:-] *die* B-flat clarinet
Blabla [bla'bla:] *das;* ~[s] *(ugs.)* blah[-blah] *(coll.)*
Blach·feld ['blax-] *das (dichter. veralt.)* plain; champaign *(literary)*
Black-box-Methode ['blɛkbɔks-] *die (Kybernetik)* black-box method
Blackout ['blɛkaʊt] *das od. der;* ~[s], ~s black-out
blaffen ['blafn], **bläffen** ['blɛfn] *itr. V.* a) bark; give a short bark; *(kläffen)* yap; b) *(schimpfen)* snap
Bläh·bauch *der (ugs.)* bloated belly; **einen** ~ **kriegen/haben** get/be bloated

blähen ['blɛːən] **1.** *tr. V.* **a)** swell, distend ⟨*stomach*⟩; billow, fill, belly [out] ⟨*sail*⟩; billow ⟨*sheet, curtain, clothing*⟩; **b)** *(aufblasen)* flare ⟨*nostrils*⟩; **mit vor Stolz geblähter Brust schritt er ...**: his chest swollen with pride, he strode ... **2.** *refl. V.* **a)** *(rund werden)* ⟨*sail*⟩ billow *or* belly out; ⟨*nostrils*⟩ dilate; **b)** *(angeben)* puff oneself up. **3.** *itr. V. (Blähungen verursachen)* cause flatulence *or* wind; **~de Speisen** flatulent foods; **das bläht fürchterlich** it causes terrible flatulence
Blähung die; ~, ~en flatulence *no art., no pl.*; wind *no art., no pl.*; **~en** flatulence *sing.*; wind *sing.*; **eine ~ abgehen lassen** break wind
blaken ['blaːkn̩] *itr. V.* *(nordd.)* smoke
bläken ['blɛːkn̩] *itr. V.* *(ugs. abwertend)* ⟨*child*⟩ yell; bawl; ⟨*animal*⟩ bellow
blakig *Adj.* *(nordd.)* smoky *pred.*
blamabel [bla'maːbl̩] *Adj.* shameful, disgraceful ⟨*behaviour etc.*⟩; embarrassing ⟨*situation*⟩. **2.** *adv.* shamefully; disgracefully
Blamage [bla'maːʒə] die; ~, ~n disgrace
blamieren [bla'miːrən] **1.** *tr. V. (bloßstellen)* disgrace; *(in Verlegenheit bringen)* embarrass. **2.** *refl. V. (sich bloßstellen)* disgrace oneself; *(sich lächerlich machen)* make a fool of oneself
blanchieren [blã'ʃiːrən] *tr. V. (Kochk.)* blanch
blank [blaŋk] *Adj.* **a)** *(glänzend)* shiny; etw. **~ reiben/polieren** rub/polish sth. till it shines; **die Gläser werden nicht ~**: the glasses won't polish to a shine; **b)** *(ugs.: abgewetzt)* shiny; **c)** *(unbekleidet)* bare; naked; **mit ~en Beinen kannst du nicht gehen** you can't go without any tights/stockings/socks on; **d)** *(ugs.: mittellos)* **~ sein** be broke *(coll.)*; **e)** *(bloß)* bare ⟨*wood, plaster, earth, etc.*⟩; **er ist mit dem ~en Messer auf mich losgegangen** he came at me with his knife drawn; **f)** *(rein)* pure; sheer; utter ⟨*mockery*⟩; **g)** *(dichter.: hell)* bright; **der ~e Hans** *(dichter. nordd.)* the stormy North Sea; **h)** *(österr.: ohne Mantel)* coatless; without a coat
Blankett [blaŋ'kɛt] das; ~s, ~e **a)** *(Wirtsch.)* blank [form]; *(mit Blankounterschrift)* signed blank [form]; **b)** *(Technik)* blank
blanko ['blaŋko] *Adv.* **a)** *(bei Schriftstücken)* blank; **ich schreibe dir mal ~ einen Scheck aus** I'll write you a blank cheque; **b)** *(bei Papier)* plain
Blanko-: **~scheck** der *(Wirtsch., fig.)* blank cheque; **~unterschrift** die blank signature; **~vollmacht** die *(Wirtsch., fig.)* carte blanche
blank·poliert *Adj. präd. getrennt geschr.* brightly polished
Blank·vers der blank verse
Bläschen ['blɛːsçən] das; ~s, ~ **a)** [small] bubble; *(in der Haut)* [small] blister
Bläschen·aus·schlag der *(Med.)* herpes simplex
Blase ['blaːzə] die; ~, ~n **a)** bubble; *(im Farbenanstrich)* blister; **~n werfen** *od.* **ziehen** ⟨*paint*⟩ blister; ⟨*wallpaper*⟩ bubble; **es regnet ~n** it's pelting [down]; **b)** *(in der Haut)* blister; **sich** *(Dat.)* **~n laufen** get blisters [from walking/running]; **c)** *(Harn~)* bladder; **eine erkältete ~ haben/sich** *(Dat.)* **die ~ erkälten** have/get a chill in the bladder; **eine schwache ~ haben** *(ugs.)* have a weak bladder; **d)** *(salopp abwertend: Leute)* mob *(sl.)*
Blase·balg der bellows *pl.*; pair of bellows
blasen 1. *unr. itr. V.* **a)** blow; **b)** *(ein Blasinstrument spielen)* play; **auf dem Kamm ~** play the comb; **c) zum Angriff/Rückzug/Aufbruch ~**: sound the charge/retreat/departure; **d)** *(wehen)* ⟨*wind*⟩ blow; **e)** *(bes. südd., österr.: kühlen)* **in die Suppe/auf eine Brandwunde ~** *(ugs.)* blow on one's soup/a burn. **2.** *unr. tr. V.* **a)** blow; **b)** *(spielen)* play ⟨*musical instrument, tune, melody, etc.*⟩; **c)** *(we-*

hen) ⟨*wind*⟩ blow; **d)** *(formen)* blow ⟨*bottle, glass, etc.*⟩; **e)** *(derb)* suck sb. off *(sl.)*; **jmdm. einen ~**: suck sb. off *(sl.)*; give sb. a blow job *(sl.)*. **3.** *unr. unpers. V.* **es bläst** it's windy *or* blowy
Blasen-: **~bildung** die blistering; **sonst kommt es zur ~bildung** or blisters will form; **~katarrh** der *(Med.)* cystitis *no indef. art.*; **~leiden** das bladder complaint; **ein ~leiden haben** have bladder trouble *or* a bladder complaint; **~stein** der *(Med.)* bladder-stone; vesical calculus *(Med.)*; **~tee** der herbal tea taken for bladder complaints
Bläser ['blɛːzɐ] der; ~s, ~ **a)** *(Musik)* wind player; **die ~**: the wind section *sing.*; **b)** *(Bergmannsspr.)* blower
Bläser·ensemble das wind ensemble
Bläserin die; ~, ~nen *(Musik)* wind player
Bläser·quartett das wind quartet
blasiert [bla'ziːɐ̯t] *(abwertend)* **1.** *Adj.* blasé. **2.** *adv.* in a blasé way
Blasiertheit die; ~: blasé attitude
blasig *Adj.* blistered ⟨*paint, skin*⟩; bubbly ⟨*liquid*⟩; [light and] frothy ⟨*dough*⟩
Blas-: **~instrument** das wind instrument; **~kapelle** die brass band; **~musik** die brass-band music; **(~kapelle)** brass band; **~orchester** das brass band
Blasphemie [blasfe'miː] die; ~, ~n blasphemy
blasphemisch 1. *Adj.* blasphemous. **2.** *adv.* blasphemously
Blas·rohr das **a)** *(Waffe)* blowpipe; **b)** *(Technik)* blast pipe
blaß [blas] **1.** *Adj.* pale ⟨*face, skin, colour, complexion*⟩; pale, wan ⟨*light, glow*⟩; faint ⟨*writing*⟩; *(fig.)* colourless ⟨*account, portrayal, etc.*⟩; **werden** turn *or* go pale; **vor Angst, Schreck** pale; turn *or* go pale; **Rot macht dich ~**: red makes you look pale [in the face]; **~ wie eine Wand/wie der Tod sein/werden** *(fig.)* be/turn *or* go green with envy; **b)** *(schwach)* faint, dim ⟨*recollection, suspicion*⟩; faint ⟨*hope, similarity*⟩; only slight ⟨*effect*⟩; **c) der ~ e Neid** sheer *or* pure envy. **2.** *adv. (matt)* palely
blaß·blau *Adj.* pale blue
Blässe ['blɛsə] die; ~ **a)** *(der Haut)* paleness; pallor; *(der Farbe)* paleness; *(des Lichts)* paleness; wanness
Bläß·huhn ['blɛs-] das coot
bläßlich 1. *Adj.* **a)** rather pale; palish; **b)** *(unscheinbar, nichtssagend)* colourless ⟨*person, account, portrayal, etc.*⟩. **2.** *adv. (nichtssagend)* colourlessly
blaß·rosa *Adj. indekl. Adj.* pale pink
Blatt [blat] das; ~[e]s, **Blätter** ['blɛtɐ] **a)** *(von Pflanzen)* leaf; **kein ~ vor den Mund nehmen** not mince one's words; **b)** *(Papier)* sheet; **ein ~ Papier** a sheet of paper; **fliegende Blätter** loose leaves *or* sheets; **[noch] ein unbeschriebenes ~ sein** *(ugs.) (unerfahren sein)* be inexperienced; *(unbekannt sein)* be an unknown quantity; **c)** *(Buchseite usw.)* page; leaf; **etw. vom ~ spielen** sight-read sth.; **auf einem anderen ~ stehen** *(fig.)* be [quite] another *or* a different matter; **d)** *(Zeitung)* paper; **e)** *(Spielkarten)* hand; **das ~ hat sich gewendet** *(ugs.)* things have changed; **f)** *(am Werkzeug, Ruder)* blade; **g)** *(Graphik)* print; **h)** *(Jägerspr.)* shoulder
Blatt·ader die leaf vein
Blättchen ['blɛtçən] das; ~s, ~ **a)** *(von Pflanzen)* [small] leaf; **b)** *(Papier)* [small] sheet; **c)** *(abwertend: Zeitung)* rag *(derog.)*
Blätter·dach das leafy canopy
blätterig *s.* blattrig
blätterig *s.* blattrig
-blätterig *adj.* -leaved
Blattern *Pl.* smallpox *sing.*
blättern ['blɛtɐn] **1.** *itr. V.* **a) in einem Buch ~**: leaf through a book; **b) mit sein** *(zerfallen)* flake; **b) mit sein** *(sich ablösen)* ⟨*paint, plaster, etc.*⟩ flake off. **2.** *tr. V.* put down

[one by one]; **er blätterte mir 50 Mark auf den Tisch** he counted me out fifty marks in notes on the table
Blatter·narbe die pock-mark
blatternarbig *Adj.* pock-marked
Blätter-: **~pilz** der agaric; **~schmuck** der *(geh.)* foliage; **~teig** der puff pastry; **~teig·gebäck** das puff pastries *pl.*; **~wald** der *(scherzh.)* press; **es rauscht im ~**: there are murmurings *or* rumblings in the press; **~werk** das; *o. Pl.* foliage
blatt, Blatt-: **~feder** die *(Technik)* leaf spring; **~gewächs** das *(Bot.)* foliage plant; **~gold** das; *o. Pl.* chlorophyll; **~knospe** die leafbud; **~laus** die aphid; greenfly; **~los** *Adj.* leafless; **~metall** das foil; **~pflanze** die foliage plant
blattrig *Adj.* pock-marked
blättrig *Adj.* **a)** *(von Pflanzen)* leafy; **b)** *(abblätternd)* flaky
-blättrig *adj.* -leaved
blatt-, Blatt-: **~säge** die wide-bladed [hand]saw; **~salat** der green salad; **~silber** das silver leaf; **~wanze** die lygus bug; **~weise** *Adv.* **a)** *(bei Pflanzen)* leaf by leaf; **b)** *(bei Papier)* sheet by sheet; **~werk** das; *o. Pl.* foliage
blau [blau] *Adj.* blue; **ein ~es Auge [haben]** *(ugs.)* kriegen [have/get] a black eye; **mit einem ~en Auge davonkommen** *(fig. ugs.)* get off fairly lightly; **jmdm. ein ~es Auge hauen** *od.* **schlagen** give sb. a black eye; **etw. nicht nur wegen jds. schöner ~er Augen tun** not do sth. just out of the goodness of one's heart; **ein ~er Fleck** a bruise; **die ~en Jungs** *(ugs.: die Marine)* the boys in blue; **der ~e Planet** Earth; **die ~e Stunde** *(dichter.)* the twilight hour; **die ~e Blume [der Romantik]** the Blue Flower [of the Romantics]; **der ~e Brief** *(ugs.) (Kündigung)* one's cards *pl.*;*(Schulw.)* letter informing parents that their child is in danger of having to repeat a year; **~e Forelle** *(Kochk.)* blue trout; **einen ~en Montag einlegen** *od.* **machen** *(ugs.)* skip work on Monday; **sein ~es Wunder erleben** *(ugs.)* get a nasty surprise; **jmdm. ~en Dunst vormachen** *(ugs.)* pull the wool over sb.'s eyes; **~ sein** *(fig. ugs.)* be tight *(coll.)* *or* canned *(sl.)*; **~ sein wie ein Veilchen** *od.* **wie eine [Strand]haubitze** *od.* **wie [zehn]tausend Mann** *(salopp)* be [completely] canned *(sl.)*
Blau das; ~s, ~ *od. (ugs.:)* ~s blue
blau-, Blau-: **~alge** die blue-green alga; **~äugig** *Adj.* blue-eyed; **b)** *(naiv)* naive; **~äugigkeit** [~ɔʏɡɪçkaɪt] die; ~ *(fig.)* naïvety; **~bart** der Bluebeard; **~beere** die bilberry; whortleberry; **~blütig** *Adj. (meist iron.)* blue-blooded
¹**Blaue** die; ~n, ~n blue; **das ~ vom Himmel [herunter]lügen** *(ugs.)* lie like anything; tell a pack of lies; **jmdm. das ~ vom Himmel [herunter] versprechen** *(ugs.)* promise sb. the earth *or* the moon; **wir wollen einfach ins ~ fahren** we'll just set off and see; *s. auch* **Fahrt c**
²**Blaue** der; ~n, ~n *(ugs.)* **a)** *(Hundertmarkschein)* hundred-mark note; **acht ~ kosten** cost eight hundred marks; **b)** *(veralt.: Polizist)* cop *(sl.)*; copper *(sl.)*
Bläue ['blɔʏə] die; ~ *(geh.)* blue; blueness; *(des Himmels)* blue
bläuen *tr. V.* **a)** *(färben)* dye ⟨*material, clothes, etc.*⟩ blue; turn ⟨*litmus-paper*⟩ blue; **b)** *(aufhellen)* blue
blau-, Blau-: **~färbung** die blue colour; blueness; **~felchen** das Blaufelchen; whitefish; **~filter** der *od.* das *(Fot.)* blue filter; **~fuchs** der **a)** *(Tier)* Arctic fox; blue fox; **b)** *(Fell)* blue fox [fur]; **~grau** *Adj.* blue-grey; bluish grey; **~grün** *Adj.* blue-green; bluish green; **~hemd** das *(DDR) (Hemd)* blue shirt [of the Free German Youth]; **b)** *(ugs.: Mitglied)* member of the Free German Youth]; **~holz** das logwood;

~**kabis** der *(schweiz.)*, ~**kohl** der *(bes. nordd.)*, ~**kraut** das *(südd., österr.)* s. **Rotkohl**
bläulich *Adj.* bluish
Blau·licht das flashing blue light; **ein Krankenwagen raste mit ~ vorbei** an ambulance raced past with [its] blue light flashing
blau-, Blau-: ~**|machen** *(ugs.)* 1. *itr. V.* skip work; 2. *tr. V.* **den Freitag ~machen** skip work on Friday; ~**mann** der; *Pl.* ~**männer** *(ugs.)* boiler suit; ~**meise** die blue tit; ~**papier** das [blue] carbon paper; ~**pause** die blueprint; ~**rot** *Adj.* purple; ~**säure** die; *o. Pl. (Chemie)* prussic acid; hydrocyanic acid; ~**schimmel** der blue mould; ~**schwarz** *Adj.* blue-black; ~**stichig** [~ʃtɪçɪç] *Adj. (Fot.)* with a blue cast *postpos., not pred.*; ~**stichig sein** have a blue cast; ~**stift** der blue pencil; ~**strumpf** der *(abwertend)* bluestocking; ~**tanne** die blue spruce; Colorado spruce; ~**wal** der blue whale
Blazer ['ble:zɐ] der; ~s, ~: blazer
Blech [blɛç] das; ~[e]s, ~e **a)** *o. Pl. (Metall)* sheet metal; **b)** *(Platte)* metal sheet; *(Grob~)* metal plate; **c)** *(Back~)* [baking] tray; **d)** *o. Pl. (ugs.: Unsinn)* rubbish; nonsense; tripe *(sl.)*; **e)** *o. Pl. (ugs. abwertend: Orden)* medals *pl.*; gongs *pl. (sl.)*; **f)** *(Musik: ~bläser)* brass
Blech-: ~**bläser** der brass-player; **die** ~**bläser** *(im Orchester)* the brass [section] *sing;* ~**blas·instrument** das brass instrument; ~**büchse** die, ~**dose** die tin; ~**eimer** der metal bucket
blechen *tr., itr. V. (ugs.)* cough up *(sl.)*; fork out *(sl.)*
blechern ['blɛçɐn] *Adj.* 1. **a)** *nicht präd. (aus Blech)* metal; **b)** *(metallisch klingend)* tinny ⟨*sound, voice*⟩. 2. *adv. (metallisch)* tinnily
Blech-: ~**instrument** das brass instrument; ~**kiste** die *(ugs. abwertend)* crate *(sl.);* ~**lawine** die *(ugs. scherzh.)* solid line of cars; ~**musik** die *(abwertend)* brassband music; ~**napf** der metal bowl
Blechner der; ~s, ~ *(südd.)* s. **Klempner**
Blech-: ~**schaden** der *(Kfz-W.)* damage *no indef. art.* to the bodywork; ~**schere** die metal-shears *pl.*; ~**schmied** der *(nordwestd.)* s. **Klempner**; ~**trommel** die tin drum
blecken ['blɛkn̩] *tr. V.* **die Zähne** ~: bare one's/its teeth
¹**Blei** [blai] das; ~[e]s, ~e **a)** lead; ~ **gießen** pour lead into cold water to tell one's fortune for the coming year; **jmdm. wie** ~ **in den Gliedern. Knochen liegen** ⟨*tiredness, exhaustion, shock, etc.*⟩ make sb.'s limbs feel like lead; **jmdm. wie** ~ **im Magen liegen** *(schwer verdaulich sein)* weigh heavily on sb.'s stomach; *(jmdn. bedrücken)* prey on sb.'s mind; **b)** *(Lot)* plumb[-bob]; **c)** *(veralt.) (Gewehrkugeln)* lead
²**Blei** der *od.* das; ~[e]s, ~e *(~stift)* pencil
Bleibe die; ~, ~n place to stay; **keine ~ haben** have nowhere to stay
bleiben ['blaibn̩] *unr. itr. V.*; **mit sein a)** *(an einem Ort)* stay; remain; ~ **Sie bitte am Apparat** hold the line please; **wo bleibt er so lange?** where has he got to?; **wo bleibst du denn so lange?** where have you been *or* what's been keeping you all this time?; **wo bleibt der Kaffee?** where has the coffee got to?; what has happened to the coffee?; **wo sind die Blumen geblieben?** what's happened to the flowers?; **wo ~ nur die Jahre!** how the years have flown!; **zum Abendessen ~:** stay for supper; **auf dem Weg ~:** keep to *or* stay on the path; **da ~ wir ganz unter** *(Dat.) od.* **für uns** would life just be us; **jmdm. in Erinnerung** *od.* **im Gedächtnis ~:** stay in sb.'s mind *or* memory; **von etw.** ~ *(ugs.)* stay or keep away from sth.; **das bleibt unter uns** *(Dat.)* that's [just] between ourselves; **zusehen, wo man bleibt** *(ugs.)* have to fend for oneself; **ich kann sehen, wo ich bleibe** I'm left to shift for myself; **jmdn. zum Bleiben auffordern** ask sb. to stay; **hier ist meines Bleibens nicht länger** *(veralt., scherzh.)* I shall not stay here any longer; **bleibe im Lande, und nähre dich redlich** there's a good living to be had in your own country; *s. auch* **Rahmen b; Sache b; b)** *(Zustand, Eigenschaft beibehalten)* stay; remain; **der Kuchen bleibt mehrere Tage frisch** the cake will keep for several days; **bleib ruhig!** keep calm!; **das Geschäft bleibt heute geschlossen** the shop is closed today; **der Brief blieb unbeantwortet** the letter went *or* remained unanswered; **unbestraft/unbeachtet ~:** go unpunished/go unnoticed *or* escape notice; **dieser Tag wird uns** *(Dat.)* **immer unvergessen ~:** we shall always remember this day; **sitzen ~:** stay *or* remain sitting down *or* seated; **~ Sie doch bitte sitzen** please don't get up; **ich bleibe lieber stehen** I would rather stand; **Freunde ~:** remain friends; go on being friends; **c)** *(übrigbleiben)* be left; remain; **bis zur Abreise bleibt uns weniger als eine Stunde** there is less than an hour before we leave; **es bleibt ihm keine Hoffnung mehr** he had no hope left; **was bleibt mir dann noch?** what shall I have left?; *s. auch* **Wahl; d)** *(für die Zukunft.)* **es bleibt abzuwarten, ob ...:** it remains to be seen whether ...; **es bleibt zu hoffen, daß ...:** we can only hope that ...; **bei dem Wein ~ wir** we'll stick to *or* with *or* keep to this wine; **e)** *(nicht ändern)* **bei etw.** ~: keep *or* stick to sth.; **ich bleibe dabei, daß ...:** I still say that ...; **dabei bleibt es!** that's that; that's the end of it; **f)** *(verhüll.: sterben)* **im Feld/im Krieg/auf See ~:** die *or* fall in action/die in the war/at sea
bleibend *Adj.* lasting; permanent ⟨*damage*⟩
bleiben|lassen *unr. tr. V. (nicht tun)* **etw.** ~: give sth. a miss; forget sth.; **das wirst du mal schön ~** you can forget about that; **b)** *(aufhören)* **das Rauchen ~:** give up *or* stop smoking
bleich [blaiç] *Adj.* **a)** pale; ~ **vor Angst/Wut sein** be white with fear/rage; ~ **wie eine Wand/wie der Tod** white as a sheet/deathly pale; ~ **werden** turn *or* go pale; *(vor Angst, Schreck)* pale; turn *or* go pale; **b)** *(geh.: fahl)* pale ⟨*light, gleam*⟩
Bleiche die; ~, ~n **a)** *(veralt.: für Wäsche)* bleaching field; bleaching-ground; **b)** *o. Pl. (geh.: Blässe)* paleness; *(des Gesichts, der Haut)* pallor; paleness
¹**bleichen** *tr. V.* bleach
²**bleichen** *regelm. (veralt. auch unr.) itr. V.* become bleached; bleach; **in der Sonne ~:** be bleached by the sun
bleich-, Bleich-: ~**gesicht** das *Pl.* ~**gesichter a)** pale face *(ugs.: blasser Mensch)* pale-faced *or* pasty-faced type *(coll.);* **b)** *(scherzh.: Weißer)* pale-face; ~**gesichtig** *Adj. (ugs.)* pale-faced; pasty-faced; ~**mittel** das bleach; bleaching agent; ~**sucht** die *o. Pl. (veralt.) (Chemie)* chlorosis; greensickness; ~**süchtig** *Adj. (veralt.)* chlorotic; greensick
bleiern ['blaiɐn] **1.** *Adj.* **a)** *nicht präd. (aus Blei)* lead; **er schwimmt wie eine ~e Ente** *(ugs. scherzh.)* he can't swim for toffee *(Brit. sl.) or* swim a stroke; **b)** *(geh.: bleifarben)* leaden ⟨*sky, grey*⟩; **c)** *(schwer)* heavy ⟨*sleep, tiredness, etc.*⟩; leaden ⟨*heaviness*⟩; **seine Füße waren ~:** his feet were like lead. **2.** *adv. (fig.: schwer)* heavily; **es lag ihr ~ in den Gliedern** her limbs felt like lead *or* as heavy as lead
blei-, Blei-: ~**erz** das lead ore; ~**farben**, ~**farbig** *Adj.* lead-coloured; lead-grey; leaden ⟨*sky*⟩; ~**frei** **1.** *Adj.* unleaded ⟨*fuel*⟩; **2.** *adv.* **fahren/tanken** drive on/use unleaded fuel; ~**fuß** der *in* **mit ~fuß fahren** *(ugs. scherzh.)* drive with one's foot down to the floor; ~**gehalt** der lead content; ~**gewicht** das *(auch fig.)* lead weight; ~**gießen** das pouring lead into cold water to tell one's fortune for the coming year; ~**glanz** der *(Mineral.)* galena; ~**glas** das lead glass; ~**haltig** *Adj.* ⟨*petrol, paint, etc.*⟩ containing lead; plumbiferous, lead-bearing ⟨*ore*⟩; ~**haltig sein** ⟨*petrol, paint, etc.*⟩ contain lead; **die Luft hier ist ziemlich ~haltig** *(salopp scherzh.)* there's plenty of lead flying around; ~**hütte** die lead works *sing.;* ~**kristall** das stiletto heel; ~**kugel** die **a)** *(Geschoß)* lead bullet; **b)** *(Kugel)* lead ball; ~**oxyd** das *(Chemie)* lead oxide; ~**satz** der; *o. Pl. (Druckw.)* hot-metal composition; ~**schürze** die lead apron; ~**schwer 1.** *Adj.* heavy as lead *postpos.;* **2.** *adv.* heavily; like a heavy *or* lead weight; ~**soldat** der lead soldier
Blei·stift der pencil; **mit ~:** in pencil
Bleistift-: ~**absatz** der stiletto heel; ~**mine** die [pencil] lead; ~**spitzer** der pencil-sharpener; ~**zeichnung** die pencil drawing
Blei·vergiftung die lead-poisoning
Blende die; ~, ~n **a)** *(Lichtschutz)* shade; *(am Fenster)* blind; *(im Auto)* [sun-]visor; **b)** *(Optik, Film, Fot.: Vorrichtung)* diaphragm; **die ~ öffnen/schließen** open up the aperture/stop down; **c)** *(Film, Fot.: Blendenzahl)* aperture setting; f-number; **mit ~** *od.* **bei ~ 8** [at an aperture setting of] f/8; ~ **11 einstellen** set the aperture to *or* at f/11; **d)** *(Film: Einstellung)* fade; **einen Film mit einer ~ anfangen/enden lassen** start a film with a fade-in/end a film with a fade-out; **e)** *(Stoffstreifen)* trimming; **f)** *(Archit.)* blind window/arch/niche etc.; **g)** *(Chemie)* blende
blenden 1. *tr. V.* **a)** *(auch beeindrucken, täuschen)* dazzle; **b)** *(blind machen)* blind; **c)** *(Kürschnerei)* blend. **2.** *itr. V.* ⟨*light*⟩ be dazzling; **b)** *(täuschen)* dazzle people
Blenden·automatik die *(Fot.)* automatic aperture control
blendend 1. *Adj.* splendid; brilliant ⟨*musician, dancer, speech, achievement, etc.*⟩; **es geht mir ~** I feel wonderfully well *or* wonderful. **2.** *adv.* **wir haben uns ~ amüsiert** we had a wonderful *or* marvellous time
Blender der; ~s, ~ *(ugs.)* fraud; phoney *(sl.)*
blend·frei *Adj.* **a)** *(nicht blendend)* non-reflective; **b)** *(nicht spiegelnd)* non-dazzle
Blend·laterne die dark lantern
Blendung die; ~, ~en **a)** dazzling; **b)** *(Täuschung)* deception; **c)** *(Strafe)* blinding; **d)** *(Kürschnerei)* blending
Blend·werk das *(geh. abwertend)* deception; **ein ~ des Teufels** a trap set by the devil
Blesse ['blɛsə] die; ~, ~n **a)** *(Fleck)* blaze; **b)** *(Tier)* horse/cow etc. with a/the blaze
Bleß·huhn das *s.* **Bläßhuhn**
blessiert [blɛsiːɐt] *Adj. (geh., scherzh.) (verletzt)* injured; *(verwundet)* wounded
Blessur [blɛˈsuːɐ] die; ~, ~en *(veralt., scherzh.) (Verletzung)* injury; *(Wunde)* wound
bleu [bløː] *indekl. Adj., nicht attr.* light *or* pale blue
Bleu das; ~s, ~ *od. (ugs.)* ~s light *or* pale blue
blich [blɪç] *1. u. 3. Pers. Sg. Prät. v.* ²**bleichen**
Blick [blɪk] der; ~[e]s, ~e **a)** *(das Anschauen)* look; *(flüchtig)* glance; **jmdm. einen ~/sich ~e zuwerfen** give sb. a look/exchange glances; **einen kurzen ~ auf etw.** *(Akk.)* **werfen** take a quick look at *or* glance [briefly] at sth.; **einen ~ riskieren** *(ugs.)* venture a glance; **jmds.** *(Dat.)* **ausweichen** avoid sb.'s glance *or* eye; **jmds. ~** *(Akk.)* **erwidern** return sb.'s look *or* gaze; **ein ~ in die Vergangenheit/Zukunft** a look back [into the past]/a look into the future; **auf den ersten ~:** at first glance; **auf den zweiten ~:** look

971

blicken

ing at it again *or* a second time; **etw. mit einem ~ sehen** see sth. at a glance; **keinen ~ für jmdn./etw. haben** take no notice of sb./sth.; **jmdn./etw. im ~ haben** be looking at sb./sth.; **wenn ~e töten könnten!** if looks could kill; **einen ~ hinter die Kulissen werfen** *od.* **tun** take a look behind the scenes; **den ~ heben** *(geh.)* raise one's eyes; look up; **den ~ senken** *(geh.)* lower one's eyes; **mein ~ fiel auf den Brief** my eye fell on the letter; the letter caught my eye; **er wendete keinen ~ von der attraktiven Frau** his eyes never left the attractive woman; **jmdn. mit seinen ~en verschlingen** devour sb. with one's eyes; **jmdn. mit ~en durchbohren** look piercingly at sb.; *s. auch* **Liebe a**; würdigen **b**; **b)** *o. Pl. (Ausdruck)* look in one's eyes; **mit mißtrauischem ~:** with a suspicious look in one's eye; **mit zärtlichem ~:** with a tender look in one's eyes; *s. auch* **böse**; **c)** *(Aussicht)* view; **ein Zimmer mit ~ aufs Meer** a room with a sea view; **jmdm./etw. aus dem ~ verlieren** lose sight of sb./sth.; **etw. im ~ haben** be able to see sth.; **d)** *o. Pl. (Urteil[skraft])* eye; **einen sicheren/geschulten ~ für etw. haben** have a sure/trained eye for sth.; **keinen ~ für etw. haben** have no eye for sth.; **seinen ~ für etw. schärfen** sharpen one's awareness of sth.
blicken 1. *itr. V.* look; *(flüchtig)* glance; **jmdm. gerade in die Augen ~:** look sb. straight in the eye; **zur Seite ~:** look away; **auf das vergangene Jahr ~** *(fig.)* look back on the past year; **das läßt tief ~** *(ugs.)* that's very revealing; **2.** *tr. V.* lassen put in an appearance; **laß dich mal wieder ~:** come again some time; **er hat sich lange nicht mehr ~ lassen** he hasn't been seen for a long time; **sie wagt es nicht, sich ~ zu lassen** she dare not show her face; **er läßt sich ja nie ~:** he's never around *(coll.)*
Blick-: ~fang der eye-catcher; **als ~fang dienen** serve to catch the eye; **~feld** das field of vision *or* view; **er hat ein recht enges ~feld** *(fig.)* he has really narrow horizons *pl.*; **jmdn./etw. ins ~feld der Öffentlichkeit rücken** make sb./sth. the focus of public attention; **~kontakt** der eye-contact; **~punkt** der the view; field of vision; **im ~punkt der Öffentlichkeit stehen** *(fig.)* be in the public eye; **jmdn. in den ~punkt rücken** *(fig.)* single sb. out; **in den ~punkt treten** *(fig.)* become the focus of attention; enter the limelight; **~richtung** die **a)** line of sight *or* vision; **in ~richtung [nach] rechts** to the *or* to your right; looking to your right; **b)** *(fig.)* perspective; **~winkel** der **a)** angle of vision; **b)** *(fig.)* point of view; viewpoint; perspective
blieb [bli:p] *1. u. 3. Pers. Sg. Prät. v.* bleiben
blies [bli:s] *1. u. 3. Pers. Sg. Prät. v.* blasen
blind [blɪnt] **1.** *Adj.* **a)** blind; **~ werden** go blind; **auf einem Auge ~ sein** be blind in one eye; **auf dem Auge ist sie ~** *(fig. ugs.)* she refuses to see that; **~ für etw. sein** be blind to sth.; **~ vor Tränen** *(geh.)* blinded by tears; *s. auch* **Huhn**; **b)** *(maßlos)* blind ⟨*rage, hatred, fear, etc.*⟩; indiscriminate ⟨*violence*⟩; **c)** *(kritiklos)* blind ⟨*obedience, enthusiasm, belief, etc.*⟩; **~er Eifer schadet nur** *(Spr.)* haste makes waste *(prov.)*; **d)** *(trübe)* clouded ⟨*glass*⟩; dull, tarnished ⟨*metal*⟩; **e)** *(verdeckt)* concealed; invisible ⟨*seam*⟩; **ein ~er Passagier** a stowaway; **f)** **~er Alarm** a false alarm; **g)** *(undurchschaubar)* **der ~e Zufall** pure *or* sheer chance; **das ~e Walten des Schicksals** *(geh.)* the unfathomable workings *pl.* of fate; **h)** *(pocket, buttonhole, etc.)* false ⟨*pocket, buttonhole, etc.*⟩; blind ⟨*window, arch, etc.*⟩. **2.** *adv.* **a)** *(ohne hinzusehen)* without looking; *(wahllos)* blindly; wildly; **b)** *(unkritisch)* ⟨*trust*⟩ implicitly; ⟨*obey*⟩ blindly; **c)** *(verdeckt)* **der Mantel wird ~ geknöpft** the coat has concealed buttons

Blind·band der; *Pl.* ~bände *(Buchw.)* dummy
Blind·darm der **a)** *(Anat.: Teil des Dickdarms)* caecum; **b)** *(volkst.: Wurmfortsatz)* appendix
Blind·darm-: ~entzündung die *(volkst.)* appendicitis; **~operation** die *(volkst.)* appendix operation; **~reizung** die *(volkst.)* grumbling appendix
Blinde der/die; *adj. Dekl.* blind person; blind man/woman; **die ~n** the blind; **das sieht doch ein ~r [mit dem Krückstock]** *(ugs.)* anyone *or* any fool can see that; *s. auch* **einäugig**
Blinde·kuh *o. Art.* blind man's buff
Blinden-: ~anstalt die *s.* **~heim**; **~führer** der blind person's guide; **~heim** das home for the blind; **~hund** der guide-dog; **~schrift** die Braille; **~stock** der white stick
blind-, Blind-: ~fenster das *(Bauw.)* blind window; **~|fliegen** *unr. itr. V.; mit sein* fly blind; **~flug** der blind flight; *(das Blindfliegen)* blind flying; **im ~flug** *(land, take off, etc.)* blind; **~gänger** der **a)** *(Geschoß)* unexploded shell; dud *(sl.)*; **b)** *(salopp: Versager)* dead loss *(coll.)*
Blindheit die; *~ (auch fig.)* blindness; **[wie] mit ~ geschlagen sein** be [as if struck] blind
Blind·landung die *(Flugw.)* blind landing
blindlings ['blɪntlɪŋs] *Adv.* blindly; ⟨*trust*⟩ implicitly
blind-, Blind-: ~material das *(Druckw.)* spacing material; **~schleiche** [~ʃlaiçə] die; ~, ~n slowworm; blindworm; **~|schreiben** *unr. tr., itr. V.* touch-type; **~spiel** das *(Schach)* blindfold game; **~wütig 1.** *Adj.* raging ⟨*anger, hatred, fury, etc.*⟩; wild ⟨*rage*⟩; **~wütige Schläge** furious blows; **2.** *adv.* in a blind rage *or* fury; **~wütigkeit** die; ~: blind rage *or* fury
blinken ['blɪŋkn̩] *tr., itr. V.* **a)** *(Verkehrsw.)* indicate; **b)** *(Signal geben)* **mit Lampen ~:** flash lamps; **c)** *(leuchten)* ⟨*light, glass, crystal*⟩ flash; ⟨*star*⟩ twinkle; ⟨*metal, fish*⟩ gleam; ⟨*water, wine*⟩ sparkle; **das ganze Haus blinkte vor Sauberkeit** the whole house was sparkling clean. **2.** *tr. V.* **(Signal geben)** flash; **SOS ~:** flash an SOS [signal]
Blinker der; ~s, ~ **a)** *(am Auto)* indicator [light]; winker; **b)** *(Angeln)* spoon[-bait]
Blink-: ~feuer das *(Seew.)* flashing light; **~gerät** das *(Milit.)* signalling apparatus; signal lamp; **~leuchte** die *(Kfz-W.)* indicator [light]; winker; **~licht** das *(Verkehrsw.)* flashing light; **~licht·anlage** die *(Verkehrsw.)* flashing lights *pl.*; **~signal** das, **~zeichen** das flashlight signal
blinzeln ['blɪntsl̩n] *itr. V.* blink; *(mit einem Auge, um ein Zeichen zu geben)* wink
Blitz [blɪts] der; ~es, ~e **a)** *(bei Gewitter)* lightning *no indef. art.*; **ein ~:** a flash of lightning; **der ~ hat eingeschlagen** lightning has struck; **war das ein ~?** was that [a flash of] lightning?; **seine Augen schossen ~e** *(fig.)* his eyes flashed; **potz ~!** *(veralt.)* upon my soul!; good heavens!; **[schnell] wie der ~:** like lightning; as fast as lightning; **wie ein geölter ~** *(ugs.)* like greased lightning; **wie ein ~ aus heiterem Himmel** like a bolt from the blue; **wie vom ~ getroffen** thunderstruck; **b)** ⟨*light*⟩ flash
blitz-, Blitz-: ~ab·leiter der lightning-conductor; **~aktion** die lightning operation; **~angriff** der *(Milit.)* lightning attack; **~artig 1.** *Adj.*; *nicht präd.* lightning; **2.** *adv.* like lightning; ⟨*disappear*⟩ in a flash; **~blank** *Adj.* *(ugs.)* **~blank [geputzt]** sparkling clean; *(brightly polished)* ⟨*shoes*⟩
blitzeblank *s.* blitzblank
blitzen 1. *itr. V.* **a)** *unpers. (bei Gewitter)* **es blitzte** *(einmal)* there was a flash of lightning; *(mehrmals)* there was lightning; there were flashes of lightning; **bei dir blitzt es** *(ugs. scherzh.)* your slip is showing; Char-

Blockstaaten

lie's dead *(Brit. coll.)*; it's snowing down south *(Brit. coll.)*; **b)** *(glänzen)* ⟨*light, glass, crystal*⟩ flash; ⟨*metal*⟩ gleam; **sie hatte weiße, ~e Zähne** she had sparkling white teeth; **das Haus blitzte vor Sauberkeit** the house was sparkling clean; **Zorn blitzte aus ihren Augen** *(fig.)* her eyes flashed with anger; **c)** *(nackt laufen)* streak *(coll.)*; **d)** *(ugs.: mit Blitzlicht)* use [a] flash; **er fing wie wild an zu ~:** he started to flash away like mad *(coll.)*. **2.** *tr. V. (ugs.: mit Blitzlicht)* take a flash photo of
Blitzer der; ~s, ~, **Blitzerin** die; ~, ~nen *(ugs.)* streaker *(coll.)*
Blitzes·schnelle die *in* **od.** *mit* ~: at lightning speed; ⟨*disappear*⟩ in a flash
blitz-, Blitz-: ~gerät das *(Fot.)* flash [unit]; flash-gun; **~gescheit** *Adj.* very bright; **~gespräch** das priority call *(with tenfold call charge)*; **~krieg** der *(Milit.)* blitzkrieg; **~licht** das; *Pl.* **~lichter** flash[light]; **mit ~licht** by flash[light]; **~licht·aufnahme** die flash[light] photograph; **~licht·foto** das flash photo[graph]; **~reise** die flying visit; **~sauber** *Adj.* **~sauber [geputzt]** sparkling clean; **~schlag** der flash of lightning; **von einem ~schlag getroffen werden** be struck *or* hit by lightning; **~schnell 1.** *Adj.* lightning *attrib.*; **~schnell sein** be like lightning; **2.** *adv.* like lightning; ⟨*disappear*⟩ in a flash; **das alles geschah so ~schnell, daß ...:** it all happened so quickly that ...; **~sieg** der *(Milit.)* lightning victory; **~start** der lightning start; **~telegramm** das priority telegram *(with tenfold charge)*; **~um·frage** die lightning poll; **~würfel** der *(Fot.)* flash-cube
Blizzard ['blɪzɐt] der; ~s, ~s blizzard
blochen ['blɔxn̩] *tr., itr. V. (bes. schweiz.)* polish
Blocher der; ~s, ~ *(schweiz.)* floor-polisher
Block [blɔk] der; ~[e]s, **Blöcke** ['blœkə] *od.* ~s **a)** *Pl.* **Blöcke** *(Brocken)* block; *(Fels~)* boulder; **b)** *(Wohn~)* block; **c)** *Pl.* **Blöcke** *(Gruppierung von politischen Kräften, Staaten)* bloc; **d)** *(Schreib~)* pad; **e)** *(Basketball)* screen; *(Volleyball)* block; **f)** *Pl.* **~s** *(Eisenb.)* block; **g)** *(Philat.)* block; **h)** *(ns.: Organisationseinheit)* block *or* blocks
Blockade [blɔ'ka:də] die; ~, ~n **a)** *(Absperrung)* blockade; **eine ~ brechen** run a blockade; **b)** *(Druckw.)* [space marked by] turned letter[s] *(indicating missing or illegible material)*
Blockade·brecher der blockade-runner
Block-: ~bildung die formation *or* creation of a bloc/blocs; **~buchstabe** der block capital *or* letter
blocken 1. *tr. V.* **a)** *(südd.: bohnern)* polish; **b)** *(bes. Boxen: abfangen; Ballspiele: sperren)* block. **2.** *itr. V.* **a)** *(südd.: bohnern)* polish; **b)** *(bes. Boxen: abfangen; Ballspiele: sperren)* block; **c)** *(Jägerspr.)* perch
block-, Block-: ~flöte die recorder; **~frei** *Adj.* non-aligned ⟨*country, state*⟩; **~freie** der; *adj. Dekl.* non-aligned country *or* state; **~haus** das, **~hütte** die log cabin
blockieren 1. *tr. V.* **a)** *(sperren)* blockade ⟨*country, port*⟩; block ⟨*access road, border crossing-point, etc.*⟩; **b)** *(verstopfen)* block; jam ⟨*telephone line*⟩; **c)** *(unterbrechen)* block ⟨*supply*⟩; stop, halt ⟨*traffic*⟩; **d)** *(anhalten)* lock ⟨*wheel, machine, etc.*⟩; **e)** *(unterbinden)* block ⟨*negotiations, proposal, etc.*⟩; **f)** *(Druckw.)* mark with turned letter[s] *etc. (to indicate missing or illegible material)*. **2.** *itr. V.* ⟨*stehen bleiben*⟩ ⟨*wheels*⟩ lock; ⟨*gears*⟩ jam
Blockierung die; ~, ~en *s.* blockieren: blockade; blocking; locking; jamming; stopping; halting
Block-: ~partei die *(bes. DDR)* bloc party; **~politik** die *(bes. DDR)* bloc policy; **~schokolade** die cooking chocolate; **~schrift** die block capitals *pl. or* letters *pl.*; **~staaten** *Pl.* aligned countries *or* states;

die ~staaten des Westens und des Ostens the countries of the Western and Eastern blocs; ~stunde die *(Schulw.)* double period; ~unterricht der theme-work teaching *no art.;* teaching using the theme method *or* approach *no art.;* ~wart der *(ns.)* block warden

blöd[e] ['blø:t, 'blø:də] 1. *Adj.* a) *(schwachsinnig)* mentally deficient; imbecilic; b) *(unsinnig, ugs.: dumm)* stupid; idiotic *(coll.);* c) *(ugs.: unangenehm)* stupid; **das Blöde ist nur, daß ...:** the stupid thing is that ... 2. *adv.* a) *(schwachsinnig)* imbecilically; b) *(unsinnig, ugs.: dumm)* stupidly; idiotically *(coll.),* **er hat vielleicht ~ geguckt** a really stupid look came across his face; **frag doch nicht so ~:** don't ask such stupid *or (coll.)* idiotic questions; c) *(ärgerlich)* stupidly

Blödel ['blø:dl] der; ~s, ~ s. **Blödian**

Blödelei die; ~, ~en a) *o. Pl.* messing *or* fooling about *no indef. art.;* b) *(Äußerung)* silly joke

blödeln *itr. V.* a) mess *or* fool about; b) *(sich äußern)* make silly jokes

blöder·weise *Adv. (ugs.)* stupidly

Blöd·hammel der *(salopp abwertend)* stupid fool *or (coll.)* idiot *or (Brit. sl.)* twit *or (Amer. sl.)* jerk

Blödheit die; ~, ~en a) *o. Pl. (Dummsein)* stupidity; b) *(dumme Äußerung)* stupid remark; *(dumme Tat)* stupidity; c) *o. Pl. (Schwachsinnigkeit)* mental deficiency; imbecility

Blödian ['blø:dia:n] der; ~s, ~e *(ugs. abwertend)* idiot *(coll.);* fool

Blödler der; ~s, ~ *(ugs.)* silly joker

Blödling der; ~s, ~e *s.* **Blödian**

blöd-, Blöd-: ~**mann** der; *Pl.* ~**männer** *(salopp)* stupid idiot *(coll.) or* fool; ~**sinn** der; *o. Pl. (ugs. abwertend)* nonsense; **jetzt habe ich ~sinn gemacht** now I've [gone and] messed up; **mach doch keinen ~sinn!** don't be stupid; **was machst du denn da für einen ~sinn?** what are you messing about at?; **hör jetzt auf mit dem ~sinn** stop that nonsense; stop fooling *or* messing around; **höherer ~sinn** *(iron.)* high-flown nonsense; ~**sinnig** 1. *Adj.* a) *(ugs.: unsinnig)* stupid; idiotic *(coll.);* b) *(schwachsinnig)* mentally deficient; imbecilic; 2. *adv. (ugs.)* stupidly; idiotically *(coll.);* **frag doch nicht so ~sinnig** don't ask such stupid *or (coll.)* idiotic questions; ~**sinnigkeit** die; ~ *(ugs.)* stupidity; idiocy *(coll.)*

blöken ['blø:kn] *itr. V.* 〈*sheep*〉 bleat; 〈*cattle*〉 low

blond [blɔnt] *Adj.* fair-haired, blond 〈*man, race*〉; blonde, fair-haired 〈*woman*〉; blond/blonde, fair 〈*hair*〉; **ein ~es Gift** *(ugs. scherzh.)* a blonde bombshell

Blond das; ~s blond; *(von Frauenhaar)* blonde; **ihr ~ ist aus der Tube** her blonde hair comes from a bottle

¹**Blonde** der/die; *adj. Dekl. (blonder Mann)* fair-haired *or* blond man; *(blonde Frau)* blonde

²**Blonde** das *od.* die; *adj. Dekl. (ugs.: Bier)* light beer; ≈ lager

blond-: ~**gefärbt** *Adj.; präd. getrennt geschr.* dyed blond/blonde; ~**gelockt** *Adj.; präd. getrennt geschr.* fair curly *attrib.* 〈*hair*〉; 〈*girl, child, etc.*〉 with fair curly hair

blondieren *tr. V.* bleach; *(mit Färbemittel)* dye blond/blonde; **sich ~ lassen** have one's hair bleached/dyed blond/blonde

Blondierung die; ~, ~en a) *o. Pl.; s.* **blondieren:** bleaching *or (with colouring)* dyeing blond/blonde; b) *(blonde Farbe)* blond hair colour

Blondine [blɔn'di:nə] die; ~, ~n blonde

Blond·kopf der a) *(Kopf)* blond/blonde fair hair; b) *(Kind)* blond/blonde child; fair-haired child

bloß [blo:s] 1. *Adj.* a) *(nackt)* bare; naked; **du kannst nicht mit ~en Beinen gehen** you can't go without tights/stockings/socks; **mit ~em Oberkörper** stripped to the waist; **den Pullover kann man nicht auf der ~en Haut tragen** you can't wear this pullover next to the skin *or* with nothing on underneath; **mit ~em Kopf** bare-headed; **mit ~en Füßen** barefoot; **mit ~en Händen** with one's bare hands; **auf der ~en Erde** on the ground; b) *(nichts als)* mere 〈*words, promises, triviality, suspicion, etc.*〉; **der ~e Gedanke daran** the mere *or* very thought of it; **er kam mit dem ~en Schrecken davon** he escaped with no more than a fright; **nach dem ~en Augenschein beurteilen** judge simply by appearances; **ein ~er Zufall** mere *or* pure chance; ~**es Gerede** mere gossip. 2. *Adv. (ugs.: nur)* only; **ich habe ~ noch zehn Mark** I only have ten marks left; **das ist alles ~ deine Schuld** it's all your fault; **ich habe das Buch, ~ weiß ich nicht mehr, wo ich es hingelegt habe** I've got the book, but *or* only I don't know where I've put it. 3. *in nicht ~ ..., sondern auch ...:* not only ..., but also ...; **er sagt das nicht ~, er glaubt es auch** he doesn't just say it, he believes it as well. 4. *Partikel (verstärkend)* **was hast du dir ~ dabei gedacht?** what on earth *or* whatever were you thinking of?; **sieh ~ zu, daß ...:** just make sure that ...; **wie konnte das ~ geschehen?** how on earth did it happen?

Blöße ['blø:sə] die; ~, ~n a) *(geh.: Nacktheit)* nakedness; b) **sich** *(Dat.)* **eine/keine ~ geben** show a/not show any weakness; **er wollte sich** *(Dat.)* **nicht die ~ geben, das einzugestehen** he didn't want to show a weakness by admitting it; **jmdm. eine ~ bieten** reveal a weakness to sb.; c) *(Gerberei)* skin prepared for tanning; d) *(im Wald)* clearing; e) *(Fechten)* target; **eine ~ freigeben** *od.* **öffnen** present a target

bloß-, Bloß-: ~|**legen** *tr. V.* uncover; expose; *(fig.) (herausfinden)* uncover; reveal; *(enthüllen)* expose; reveal 〈*error, defect, etc.*〉; ~|**liegen** *unr. itr. V.;* mit sein be uncovered *or* exposed; ~|**stellen** *tr. V.* show up; unmask; expose 〈*swindler, criminal, etc.*〉; **sich ~stellen** show oneself up; ~**stellung** die *s.* ~**stellen:** showing up; unmasking; exposure; ~|**strampeln** *refl. V.* kick the *or* one's covers off

Blouson [blu'zõ:] das *od.* der; ~[s], ~s blouson; bomber jacket

blubbern ['blʊbɐn] *itr. V. (ugs.)* a) *(Blasen bilden)* bubble; b) *(undeutlich reden)* mutter; mumble

Blücher ['blyçɐ] *in* **er/sie geht ran wie ~** *(ugs.)* he/she really goes hard at it

Bluejeans, Blue jeans ['blu:dʒi:ns] *Pl. od.* die; ~, ~: [blue] jeans *pl.;* denims *pl.;* **er trug eine ~:** he wore [a pair of] jeans *or* denims

Blues [blu:s] der; ~, ~ *(Musik, Tanz)* blues *pl.*

Bluff [blʊf] der; ~s, ~s bluff

bluffen *tr., itr. V.* bluff

blühen ['bly:ən] *itr. V.* a) 〈*plant*〉 flower, bloom, be in flower *or* bloom; 〈*flower*〉 bloom, be in bloom, be out; 〈*tree*〉 be in blossom; ~**de Gärten/Wiesen** gardens/ meadows full of flowers; **es blüht** there are flowers in bloom; **diese Rosensorte blüht rot** this type of rose has red flowers; **Azaleen zum Blühen bringen** get azaleas to flower; b) *(florieren)* flourish; thrive; c) *(ugs.: bevorstehen)* **jmdm. ~:** be in store for sb.; **das gleiche blüht mir nächste Woche** I've got the same thing coming [to me] next week; **da blüht dir ja was Nettes** *(iron.)* that'll be nice for you *(iron.);* **das kann dir auch noch ~:** the same may *or* could happen to you; **sonst blüht dir was!** otherwise you'll catch it!

blühend *Adj.* a) *(frisch, gesund)* glowing 〈*colour, complexion, etc.*〉; radiant 〈*health*〉; **ein ~es Geschäft** a flourishing trade; **er sieht ~ aus** he looks marvellous *or* the picture of health; **aussehen wie das ~e Leben** look the very picture of health; **sie starb im ~en Alter von 20 Jahren** she died at 20, in the full bloom of youth; b) *(übertrieben)* vivid, lively 〈*imagination*〉; absolute, utter 〈*nonsense*〉

Blühet die; ~ *(schweiz.)* blossom

Blümchen ['bly:mçən] das; ~s, ~: [little] flower

Blümchen·kaffee der *(ugs. scherzh.)* a) weak coffee; b) *(Kaffee-Ersatz)* coffee substitute

Blume ['blu:mə] die; ~, ~n a) *(auch fig. dichter.)* flower; **vielen Dank für die ~n** *(iron.)* thank you very much *(iron.);* thanks for nothing; **etw. durch die ~ sagen** say sth. in a roundabout way; **jmdm. etw. durch die ~ sagen** *od.* **zu verstehen geben** tell sb. sth. in a roundabout way; b) *(des Weines)* bouquet; c) *(des Biers)* head; d) *(Jägerspr.: des Hasen, Kaninchens)* tail; scut

blumen-, Blumen-: ~**beet** das flower-bed; ~**bukett** das *(geh.)* bouquet [of flowers]; ~**draht** der florist's wire; ~**erde** die potting compost; ~**fenster** das window full of flowers; *(spezielles Fenster)* flower window; ~**flor** der *(geh.)* abundance of flowers; ~**frau** die flower-woman; ~**fülle** die *o. Pl.* abundance of flowers; ~**garten** der flower-garden; ~**geschäft** das florist's; flower-shop; ~**geschmückt** *Adj.* flower-bedecked; adorned with flowers *postpos.;* ~**gruß** der bouquet of flowers; ~**händler** der florist; ~**kasten** der flower-box; *(vor einem Fenster)* window box; ~**kind** das flower child; ~**kohl** der cauliflower; ~**korb** der *(für Blumen)* flower-basket; *(mit Blumen)* basket of flowers; ~**kranz** der floral wreath; garland of flowers; ~**laden** der *s.* ~**geschäft;** ~**mädchen** das flower-girl; ~**markt** der flower-market; ~**muster** das floral pattern; ~**pracht** die magnificent display of flowers; ~**rabatte** die flower-border; herbaceous border; ~**reich** 1. *Adj.* a) *(voller Blumen)* full of flowers *postpos.;* flowery; b) flowery 〈*language, style, etc.*〉; 2. *adv.* 〈*speak*〉 in a flowery way; 〈*write*〉 in a flowery style; ~**schale** die *(Schale für Blumen)* plant-bowl; *(Schale mit Blumen)* bowl of plants; ~**schmuck** der floral decoration; ~**stand** der flower-stall; ~**stock** der [flowering] pot plant; ~**strauß** der bunch of flowers; *(Bukett)* bouquet of flowers; ~**teppich** der carpet of flowers; ~**topf** der a) *(Topf für Pflanzen)* flowerpot; b) *(ugs.: Topfpflanze)* [flowering] pot plant; **damit kannst du keinen ~topf gewinnen** *(ugs.)* that won't get you anywhere; ~**uhr** die floral clock; ~**vase** die *(Vase für Blumen)* [flower] vase; *(Vase mit Blumen)* vase of flowers; ~**zwiebel** die bulb

blümerant [blymə'rant] *Adj.* queasy; **mir ist ~:** I feel queasy

blumig 1. *Adj.* flowery 〈*language, style, perfume, wine, etc.*〉. 2. *adv.* 〈*speak*〉 in a flowery way; 〈*write*〉 in a flowery style

Blunze ['blʊntsə] die; ~, ~n, **Blunzen** die; ~, ~ *(bayr., österr.)* a) black pudding; b) *(ugs. abwertend: Frau)* fat cow *(sl. derog.)*

Bluse ['blu:zə] die; ~, ~n blouse; **ganz schön etwas in** *od.* **unter der ~ haben** *(salopp)* be well stacked *(sl. joc.) or* well endowed *(joc.);* **jmdm. an die ~ gehen** *(salopp)* try to grope sb.'s boobs *et. C.*

Blüse ['bly:zə] die; ~, ~n *(Seemannsspr.)* light

blusig 1. *Adj.* bloused. 2. *adv.* ~ **geschnitten/fallend** bloused

Blust [blu:st] der *od.* das *(veralt., schweiz.)* blossom

Blut [blu:t] das; ~[e]s blood; **deine Stirn ist ja voller ~:** your forehead is covered in blood; ~ **abgenommen bekommen** have a

973

blood sample taken; **gleich ins ~ gehen** pass straight into the bloodstream; **jmdm. steigt das ~ in den Kopf** the blood rushes to sb.'s head; **es wurde viel ~ vergossen** there was a great deal of bloodshed; **er kann kein ~ sehen** he can't stand the sight of blood; **er lag in seinem ~:** he lay in a pool of blood; **~ und Boden** *(ns.)* blood and soil; **wenn sie so was sieht, kocht ihr das ~ in den Adern** *(fig.)* when she sees something like that, it makes her blood boil; **den Zuschauern gefror** *od.* **stockte** *od.* **gerann das ~ in den Adern** *(fig.)* the spectators' blood ran cold; **heißes/feuriges ~ haben** *(fig.)* be hot-blooded; **französisches/russisches ~ in den Adern haben** *(fig.)* have French/Russian blood in one *or* in one's veins *(fig.);* **~ ist dicker als Wasser** *(fig.)* blood is thicker than water *(fig.);* **ein junges Blut** *(fig. dichter.)* a young thing *(fig.);* **an jmds. Händen klebt ~** *(fig. geh.)* there is blood on sb.'s hands *(fig.);* **blaues ~ in den Adern haben** *(fig.)* have blue blood in one's veins *(fig.);* **kaltes ~ bewahren** *(fig.)* remain cold and unmoved; **böses ~ machen** *od.* **schaffen** *(fig.)* cause *or* create bad blood; **~ und Wasser schwitzen** *(fig. ugs.)* sweat blood *(fig. coll.);* **~ geleckt haben** *(fig. ugs.)* have got a taste for it; **[nur/immer] ruhig ~!** *(ugs.)* keep your hair on! *(Brit. sl.);* keep your cool! *(coll.);* **jmdn. bis aufs ~ quälen** *od.* **peinigen** *(fig.)* torment sb. mercilessly; **jmdm. im ~ liegen** *(fig.)* be in sb.'s blood *(fig.);* **ins ~ gehen** get into one's blood; really get one going; **etw. mit seinem ~ besiegeln** *(dichter.)* lay down one's life for sth.; **nach [jmds.] ~ lechzen** *od.* **dürsten** *(geh.)* thirst for [sb.'s] blood *(fig.)*

blut-, Blut-: **~ader die** *(Anat.)* vein; **~alkohol der** blood alcohol level; **~andrang der** *(Med.)* congestion; hyperaemia *(Med.);* **~apfelsine die** *s.* **~orange;** **~arm** *Adj. (Med.)* anaemic; **~armut die** *(Med.)* anaemia; **~auffrischung die** *(fig.)* **die Firma braucht eine ~auffrischung** the company needs some new blood; **~ausstrich der** *(Med.)* blood smear; **~austausch der** *(Med.)* exchange transfusion; **~bad das** blood-bath; **~bahn die** bloodstream; **~bank die;** *Pl.* **~banken** *(Med.)* blood bank; **~befleckt** *Adj.* bloodstained; **seine Hände sind ~befleckt** *(fig.)* he has blood on his hands *(fig.);* **~beschmiert** *Adj.* smeared with blood *postpos.;* **~bild das** *(Med.)* blood picture; **~bildend** *Adj. (Med.)* haematinic; **~bildung die** *(Med.)* blood-formation; **~blase die** blood blister; **~buche die** copper beech; **~druck der;** *o. Pl.* blood pressure; **~druckmessung die** blood-pressure test; **~drucksenkend** *Adj. (Med.)* anti-hypertensive; **~dürstig** *Adj.* bloodthirsty

Blüte ['bly:tə] **die;** **~, ~n** **a)** flower; bloom; *(eines Baums)* blossom; **die ~ der Jugend** *(dichter.)* the flower of the young men; **~n treiben** flower; bloom; *(tree)* blossom; **seltsame** *od.* **wunderliche ~n treiben** *(fig.)* produce strange effects; *(custom, fashion)* take strange forms; **seine Phantasie trieb üppige/die seltsamsten ~n** *(fig.)* his imagination produced extravagant/the strangest fancies; **b)** *(das Blühen)* flowering; blooming; *(Baum~)* blossoming; **die ~ der Tulpen/Obstbäume hat schon begonnen** the tulips have started to flower *or* bloom/the fruit-trees have started to blossom; **in [voller] ~ stehen** be in [full] flower *or* bloom/blossom; **in der ~ seiner Jahre** *(fig. geh.)* in his prime; in the prime of his life; **c)** *(geh.: Entwicklungsstand)* **seine/ihre ~ erreichen** *(culture)* reach its full flowering; **die Renaissance war für die Kunst eine Zeit der ~:** art flourished during the Renaissance; **d)** *(ugs.: falsche Banknote)* dud note *(sl.);* **e)** *(ugs. abwertend: unfähiger Mensch)* duffer

Blut·egel der leech

bluten *itr. V.* **a)** *(Blut verlieren)* bleed (**aus** from); **mir blutet das Herz** *(iron.)* it makes my heart bleed *(iron.);* **~den Herzens, mit ~dem Herzen** with a heavy heart; **wie ein Schwein ~** *(derb)* bleed like a stuck pig; **b)** *(ugs.: viel bezahlen)* [**ganz schön**] **~:** cough up *(sl.)* or fork out *(sl.)* a[n awful] lot of money (**für** for)

Blüten-: **~blatt das** petal; **~flor der** *(dichter.)* abundance of flowers; **~honig der** blossom honey; **~hülle die** *(Bot.)* perianth; **~kelch der** *(Bot.)* calyx; **~knospe die** flower-bud; **~lese die** *(veralt.)* florilegium *(arch.);* **~meer das** *(geh.)* sea of flowers; **~pflanze die** *(Bot.)* flowering plant; **~stand der** *(Bot.)* inflorescence; **~staub der** *(Bot.)* pollen

Blut·entnahme die taking of a blood sample; **zur ~entnahme zum Arzt gehen** go to the doctor to have a blood sample taken

blüten·weiß *Adj.* sparkling white

Bluter ['blu:tɐ] **der;** **~s, ~** *(Med.)* haemophiliac

Blut·erguß der haematoma; *(blauer Fleck)* bruise

Bluter·krankheit die haemophilia *no art.*

Blüte·zeit die **a)** **die ~ der Geranien ist von Mai bis Oktober** geraniums flower *or* are in flower from May to October; **während ~ der Obstbäume** when the fruit-trees are/were in blossom; **b)** *(fig.)* heyday; **seine ~ erleben** *(culture, empire)* be in its heyday; **das frühe 17. Jahrhundert war eine ~ des Dramas** drama flourished in the early 17th century

blut-, Blut-: **~farb·stoff der** *(Physiol.)* haemoglobin; **~fleck[en] der** blood-stain; **~flüssigkeit die** *s.* **~plasma;** **~gefäß das** *(Anat.)* blood-vessel; **~geld das** *(veralt.)* blood money; **~gerinnsel das** blood-clot; **~gerinnung die** *(Physiol.)* clotting of the blood; **~gerüst das** *(fig.)* scaffold; **~getränkt** *Adj.* blood-soaked; **~gier die** *(auch fig.)* blood-lust; **~gierig** *Adj. (auch fig.)* bloodthirsty; **~gruppe die** *(Med.)* blood group; blood type; **jmds. ~gruppe bestimmen** *od.* **feststellen** blood-type sb.; type sb.'s blood; **er hatte ~gruppe 0** he was blood group 0; **~gruppen·bestimmung die** *(Med.)* blood-typing; **~gruppen·untersuchung die** *(Med.)* blood test; **~hoch·druck der** *(Med.)* high blood pressure; **~hund der** bloodhound; *(fig.)* bloodthirsty murderer

blutig **1.** *Adj.* **a)** bloody; **jmdn. ~ schlagen** beat sb. to a pulp; **~ geschlagen werden** be left battered and bleeding; **b)** *nicht präd. (fig. ugs.: total, völlig)* absolute, complete ⟨*beginner, layman, etc.*⟩; **das ist mein ~er Ernst!** I am deadly serious. **2.** *adv.* bloodily; **sich ~ rächen** take bloody revenge

blut-, Blut-: **~jung** *Adj.* very young; **~konserve die** *(Med.)* container of stored blood; **~konserven** stored blood; **~körperchen das** *(Anat.)* blood corpuscle; **rote/weiße ~körperchen** red/white corpuscles; **~krebs der** *(Med.)* leukaemia; **~kreis·lauf der** *(Physiol.)* blood circulation; **~kuchen der** blood clot; **~lache die** pool of blood; **~leer** *Adj.* bloodless; **ihr Gesicht wurde ganz ~leer** the blood drained from her face; **~leere die** restricted blood supply; ischaemia *(Med.);* **~mangel der** **a)** lack of blood; **b)** *(Anämie)* anaemia; **~orange die** blood orange; **~pfropf der** *(Physiol.)* blood clot; clot of blood; **~plasma das** *(Physiol.)* blood plasma; **~plättchen das** *(Physiol.)* blood platelet; **~probe die** *(Med.)* **a)** *(~entnahme, ~untersuchung)* blood test; **b)** *(kleine ~menge)* blood sample; **~rache die** blood revenge; blood vengeance; **~rausch der** *(geh.)* murderous frenzy; **~reinigend** blood-cleansing; **~reinigung die** purification of the blood; **~reinigungs·tee der** blood-cleansing tea; **~rot** *Adj.* blood-red; **~rünstig** [-rʏnstɪç] **1.** *Adj.* bloodthirsty; **2.** *adv.* bloodthirstily; **~sauger der** *(auch fig. abwertend)* bloodsucker

Bluts-: **~bande** *Pl.* blood ties; **~brüderschaft die** blood brotherhood; **~brüderschaft schließen** become blood brothers

blut-, Blut-: **~schande die** incest; **~schänder der,** **~schänderin die** incestuous person; **~schänderisch** *Adj.* incestuous; **~schuld die** *(geh.)* blood-guilt; **~schwamm der** *(Med.)* strawberry mark; **~senkung die** *(Med.)* erythrocyte sedimentation test; **zur ~senkung gehen** *(ugs.)* go to have a sedimentation test; **~serum das** *(Physiol.)* blood serum; **~spende die** *(das Spenden)* giving *no indef. art.* of blood; donation of blood; *(~menge)* blood-donation; **~spender der** blood-donor; **~spende·zentrale die** blood-donor centre; **~spucken das** spitting of blood; haemoptysis *(Med.);* **~spur die** **a)** trail of blood; **b)** *Pl.* *(auf Kleidung o. ä.)* traces of blood; **~stillend** *Adj.* styptic; **~stillende Mittel** styptics; **~strom der** bloodstream

Bluts·tropfen der drop of blood

Blut·sturz der **a)** *(ugs.: aus Mund und Nase)* **er erlitt einen ~sturz** he was bleeding from [his] nose and mouth; **b)** *(Med.)* haemorrhage

bluts-, Bluts-: **~verwandt** *Adj.* related by blood *postpos.;* **sie ist nicht ~verwandt mit ihm** she is not related to him by blood; **sie sind nicht ~verwandt** they are not blood relations; **~verwandte der/die** blood relation; **~verwandtschaft die** blood relationship

blut-, Blut-: **~tat die** *(geh.)* bloody deed; **~transfusion die** blood-transfusion; **~triefend** *Adj.; nicht präd.* dripping with blood *pred.;* **~überströmt** *Adj.* streaming with blood *pred.;* covered in blood *pred.;* **~übertragung die** blood-transfusion

Blut-und-Boden-Dichtung die; **~** *(abwertend)* blood-and-soil literature

Blutung die *(Med.)* bleeding *no indef. art., no pl.;* haemorrhage; **innere/äußere ~en** internal/external bleeding *sing.;* **eine ~ im Gehirn** a brain haemorrhage; **b)** *(Regel~)* period

blut-, Blut-: **~unterlaufen** *Adj.* suffused with blood *postpos.;* bloodshot ⟨*eyes*⟩; **~untersuchung die** *(Med.)* blood test; **~vergießen das** *s.* **~vergossen;** **~vergiftung die** blood-poisoning *no indef. art., no pl.;* **~verlust der** loss of blood; **~verschmiert** *Adj.* blood-stained, smeared with blood *pred.;* **~wäsche die** *(Med.)* purification of the blood; **~wurst die** black pudding; **~zirkulation die** blood circulation; **~zoll der** *(geh.)* toll of lives; **~zucker der** *(Physiol.)* blood sugar; **~zucker·spiegel der** *(Physiol.)* blood-sugar level; **~zufuhr die** blood supply

b-Moll ['beːmɔl] **das;** **~:** B flat minor; *s.* **auch a-Moll**

BMX-Fahrrad das BMX bike

BND [beːɛnˈdeː] **der;** **~** *Abk.* Bundesnachrichtendienst

Bö [bøː] **die;** **~, ~en** gust [of wind]; *(mit Niederschlag)* squall; **in ~en orkanartig** gusting to hurricane force

Boa ['boːa] **die;** **~, ~s** *(Schlange, Feder~)* boa

Bob [bɔp] **der;** **~, ~s** bob[-sleigh]

Bob-: **~bahn die** bob[-sleigh] run; **~fahrer der** bob[-sleigh] team; **~rennen das** bob[-sleigh] racing; *(einzelne Veranstaltung)* bob[-sleigh] race; **~sport der** bob-sleighing; **~tail** [~teɪl] **der** [Old English] sheep-dog

Boccia ['bɔtʃa] das; ~[s] od. die; ~: boccie; boccia

¹**Bock** [bɔk] der; ~[e]s, Böcke ['bœkə] **a)** (Reh~, Kaninchen~) buck; (Ziegen~) billy-goat; he-goat; (Schafs~) ram; **ein steifer ~** od. **steif wie ein ~ sein** (ugs.) be as stiff as a board; **stur wie ein ~ sein** (ugs.) be as stubborn as a mule; **stinken wie ein ~** (salopp) stink to high heaven (coll.); **jmdm. stößt der ~** (ugs.) sb. is being contrary (coll.); **etw. aus ~ tun** (ugs.) do sth. just for the fun of it; **einen ~ schießen** (fig. ugs.) boob (Brit. sl.); make a boo-boo (Amer. coll.); (einen Fauxpas begehen) drop a clanger (sl.); **den ~ zum Gärtner machen** (ugs.) be asking for trouble; **die Böcke von den Schafen trennen** (fig.) separate the sheep from the goats; **einen/keinen ~ auf etw. (Akk.) haben** (ugs.) fancy/not fancy sth.; **einen/keinen ~ haben, etw. zu tun** (ugs.) fancy/not fancy doing sth.; **b)** (ugs.: Schimpfwort) **der geile alte ~!**: the randy old goat; **sturer ~!** you stubborn git (sl. derog.); **c)** (Gestell) trestle; **d)** (Turnen) buck; **e)** (Kutsch~) box

²**Bock** das; ~s (Bier) bock [beer]

bock-, Bock-: ~**beinig** (ugs.) **1.** Adj. contrary (coll.); stubborn and awkward; **2.** adv. contrarily (coll.); ~**bier** das bock [beer]

bocken itr. V. **a)** (nicht weitergehen) refuse to go on; (vor einer Hürde) refuse; (sich aufbäumen) buck; rear; **die alte Karre bockt mal wieder** (salopp) the old heap is playing up again (coll.); **b)** (fam.: trotzig sein) be stubborn and awkward; play up (coll.); **c)** (Landw.: brünstig sein) be on heat; **d)** (derb: koitieren) have it away or off (sl.); have a screw (vulg.)

bockig 1. Adj. stubborn and awkward; contrary (coll.). **2.** adv. stubbornly [and awkwardly]; contrarily (coll.)

Bock-: ~**kitz** das (Jägerspr.) young buck; ~**mist** der (salopp) bilge no indef. art. (sl.); bullshit no indef. art. (coarse); **einen ziemlichen ~mist verzapfen** come out with a load of bilge; **einen schönen ~mist machen** make a real cock-up (Brit. sl.) or a holy mess

Bocks-: ~**bart** der **a)** (bei der Ziege) [goat's] beard; (beim Mann) goatee [beard]; **b)** (Bot.) goat's-beard; ~**beutel** der **a)** (Flasche) bocksbeutel; wide, bulbous bottle for fine Franconian wines; **b)** (Wein) o. Pl. bocksbeutel wine; Franconian wine sold in a bocksbeutel

Bock·schein der (salopp) (prostitute's) certificate of health

Bocks-: ~**fuß** der goat's foot; ~**horn** das: **sich [nicht] ins ~horn jagen lassen** (ugs.) (sich [nicht] einschüchtern lassen) [not] let oneself be browbeaten [by sb.]; (sich [nicht] erschrecken und verwirren lassen) [not] let oneself get worked up into a state [by sb.]

Bock-: ~**springen** das (Turnen) vaulting [over the buck]; (ohne Gerät) leapfrog; ~**sprung** der **a)** (Turnen / Disziplin) vaulting [over the buck]; **b)** (ungelenker Sprung) [ungainly] jump or leap; ~**sprünge machen** jump or leap about; **vor Freude ~sprünge machen** jump for joy; ~**wurst** die bockwurst

Boden ['bo:dn] der; ~s, Böden ['bø:dn] **a)** (Erde) ground; soil; **er wäre am liebsten im ~ versunken** he wished the ground would open and swallow him up; **den ~ für jmdn./etw. [vor]bereiten** prepare the ground for sb./sth.; **[bei jmdm.] auf fruchtbaren ~ fallen** (advice, warning) have some effect [on sb.]; **etw. [nicht] aus dem ~ stampfen können** [not] be able to conjure sth. up [out of thin air]; **wie aus dem ~ gestampft** od. **gewachsen** as if by magic; (Fuß~) floor; **bei ihr kann man vom ~ essen** her floors are so clean that you could eat off them; **zu ~ fallen/sich zu ~ fallen lassen** fall/drop to the ground; **der Boxer ging zu ~**: the boxer went down; **die Augen zu ~ schlagen** look down; **jmdn. zu ~ schlagen** od. (geh.) **strecken** knock sb. down; floor sb.; (fig.) **sich auf unsicherem ~ bewegen** be on shaky ground (fig.); **sich auf schwankenden ~ begeben** get into a risky area (fig.); **jmdm. wird der ~ unter den Füßen zu heiß** od. **brennt der ~ unter den Füßen** (ugs.) things are getting too hot for sb. (fig.); **festen ~ unter den Füßen haben** be back on terra firma; (wirtschaftlich gesichert sein) be firmly on one's feet; **jmdm. den ~ unter den Füßen wegziehen** cut the ground from under sb.'s feet; **einem Gerücht/einer Theorie den ~ entziehen** scotch a rumour/explode a theory; **sie hatte das Gefühl, den ~ unter den Füßen zu verlieren** she felt the ground fall from beneath her feet; **er scheint völlig den ~ unter den Füßen verloren zu haben** the bottom seems to have dropped out of his world; **am ~ liegen** be bankrupt; **am ~ zerstört [sein]** (ugs.) [be] shattered (coll.); **jmdn. zu ~ drücken** (cares, worries) get on top of sb.; **c)** o. Pl. (Grundlage) **bleiben wir doch auf dem ~ der Tatsachen** let's stick to the facts; **hart auf den ~ der Wirklichkeit zurückgeholt werden** be brought back down to earth with a bump (fig.); **auf dem ~ der Verfassung/des Gesetzes stehen** (person) be within the constitution/law; **d)** o. Pl. (Terrain) **heiliger ~**: holy ground; **feindlicher ~**: enemy territory; **auf französischem ~** on French soil; ~ **gutmachen** od. **wettmachen** (ugs.) make up ground; [an] ~ **gewinnen/verlieren** gain/lose ground; **e)** (unterste Fläche) bottom; (Hosen~) seat; (Torten~) base; **auf dem ~ des Meeres** at the bottom of the sea; on the sea-bed; s. auch **doppelt; f)** (Dach~, Heu~) loft; (Wäsche~) drying-room; **auf dem ~**: in the loft/drying-room

boden-, Boden-: ~**abwehr** die (Milit.) ground defence; ~**bearbeitung** die cultivation of the land; tillage; ~**belag** der (Teppich, Linoleum) floor-covering; (Fliesen, Parkett) flooring; ~**beschaffenheit** die **a)** (der Erde) condition of the soil; **b)** (des Fußbodens) condition of the ground; conditions pl. underfoot; ~**biologie** die soil biology; ~-**Boden-Rakete** die (Milit.) surface-to-surface missile; ~**erosion** die soil erosion; ~**ertrag** der crop yield; ~**feuchtigkeit** die soil moisture; ~**fräse** die (Landw.) rotary cultivator; ~**freiheit** die (Technik) ground clearance; ~**frost** der ground frost; ~**gefecht** das (Milit.) ground battle; ~**haftung** die (Kfz-W.) road-holding no indef. art.; ~**heizung** die underfloor heating; ~**kammer** die attic; ~**kampf** der **a)** (Judo, Ringen) groundwork; **b)** (Milit.) ground battle; ~**kunde** die soil science; ~**lang** Adj. full-length (skirt, dress, etc.); ~**los** Adj. **a)** (tief) bottomless; **ins Bodenlose fallen** fall into a bottomless abyss; **b)** (ugs.: unerhört) incredible, unbelievable (foolishness, meanness, etc.); ~-**Luft-Rakete** die (Milit.) surface-to-air missile; ~**nähe** die (Flugw.) **in ~nähe** at a low level; ~**nebel** der ground mist; (dichter) ground fog; ~**nutzung** die agricultural land use; ~**personal** das (Flugw.) ground staff; ~**raum** der loft; ~**recht** das (Rechtsw.) land law; ~**reform** die land reform; ~**rente** die ground rent; ~**satz** der sediment; (von Kaffee) grounds pl.; (fig.) (Rest) residue; (Grundbestandteil) basic component or ingredient; ~**schätze** Pl. mineral resources

Boden·see der; o. Pl. Lake Constance

boden-, Boden-: ~**sicht** die (Flugw.) ground visibility; ~**spekulation** die land speculation; ~**ständig** Adj. indigenous, native (culture, population, etc.); local (custom, craft, cuisine, tradition); (novel) rooted in the soil; ~**ständigkeit** die; ~: die ~ständigkeit des echten Kölners geht so weit, daß ...: the roots of the genuine native of Cologne go so deep that ...; **die Schwarzwaldbauern verlieren ihre ~ständigkeit** the farmers of the Black Forest are losing the close links with their native soil; ~**station** die (Raumf.) ground station; ~**streitkräfte** Pl.: s. ~**truppen;** ~**treppe** die attic stairs pl.; ~**truppen** Pl. ground forces or troops; ~**turnen** das floor exercises pl.; ~**vase** die large vase (standing on the floor); ~**verhältnisse** Pl. ground conditions; ~**welle** die **a)** (Unebenheit) bump; **b)** (Funkw.) ground wave; ~**wichse** die (schweiz.) floor-polish

bodigen [bo:dɪgn̩] tr. V. (schweiz.: besiegen) beat; defeat

Bodmerei [bo:dməˈrai] die; ~, ~en (Seew.) bottomry

Bodybuilder ['bɔdibɪldɐ] der; ~s, ~: bodybuilder

Bodybuilding [bɔdibɪldɪŋ] das; ~s bodybuilding no art.; ~ **betreiben** do bodybuilding exercises

Bodycheck ['bɔditʃɛk] der; ~s, ~s (Eishockey) body-check

Böe ['bø:ə] die; ~, ~n s. Bö

Bofist ['bo:fɪst] der; ~[e]s, ~e puff-ball

bog [bo:k] 1. u. 3. Pers. Sg. Prät. v. biegen

Bogen ['bo:gn̩] der; ~s, ~, (südd., österr.:) **Bögen** ['bø:gn̩] **a)** (gebogene Linie) curve; (Math.) arc; (Skifahren) turn; (Schlittschuhlaufen) curve; **einen ~ schlagen** move in a curve; **der Weg macht/beschreibt einen ~**: the path bends/the path describes a curve; **immer, wenn ich sie auf der Straße sehe, mache ich einen großen ~** (fig. ugs.) whenever I see her in the street I make a detour [round her]; **einen großen ~ um jmdn./etw. machen** (fig. ugs.) give sb./sth. a wide berth; **das Wasser spritzte in hohem ~ heraus** the water spurted out in a great arc; **in hohem ~ hinausfliegen** (fig. ugs.) be chucked out (sl.); **große ~ spucken** (ugs.) talk big; s. auch **heraushaben; b)** (Archit.) arch; **c)** (Waffe) bow; **den ~ überspannen** (fig.) go too far; **d)** (Musik: Geigen~ usw.) bow; **e)** (Papier~) sheet; **ein ~ Schreibpapier/Packpapier** a sheet of writing-paper/wrapping-paper; **ein A4-~:** a sheet of A4 paper; **f)** (Musik: Zeichen) slur; (bei gleicher Notenhöhe) tie

bogen-, Bogen-: ~**brücke** die arch bridge; ~**fenster** das arched window; ~**förmig** Adj. arched; ~**führung** die (Musik) bowing no indef. art.; ~**gang** der **a)** (Arkaden) arcade; **b)** (Anat.) semicircular canal; ~**lampe** die (Elektrot.) arc lamp; ~**pfeiler** der pillar or column of the/an arch; ~**säge** die coping saw; ~**schießen** das (Sport) archery no art.; ~**schütze** der (Sport) archer

Boheme [bo'e:m] die; ~: bohemian world or society

Bohemien [boe'miɛ̃:] der; ~s, ~s bohemian

Bohle ['bo:lə] die; ~, ~n [thick] plank

Bohlen·belag der planking no indef. art.

böhmakeln ['bø:makln̩] itr. V. (österr. ugs. abwertend) speak with a dreadful Czech accent

Böhme ['bø:mə] der; ~n, ~n Bohemian

Böhmen ['bø:mən] (das); ~s Bohemia

Böhmer·wald der Bohemian Forest

Böhmin die; ~, ~nen Bohemian; s. auch -in

böhmisch Adj. Bohemian

Böhnchen ['bø:nçən] das; ~s, ~: [small] bean

Bohne ['bo:nə] die; ~, ~n bean; **grüne ~n** green beans; French beans (Brit.); **dicke/weiße ~n** broad/haricot beans; **gebackene ~n** casserole sing. of beans with pork; **blaue ~n** (Soldatenspr. veralt., noch scherzh.) bullets; **nicht die ~** (ugs.) not one little bit

Bohnen-: **~ein·topf** der bean stew; **~kaffee** der a) *(Bohnen)* real coffee; gemahlener **~kaffee** ground coffee; b) *(Getränk)* real coffee; **~kraut** das savory; **~salat** der bean salad; **~stange** die *(auch ugs.: Mensch)* beanpole; **~stroh** das: dumm wie **~stroh** *(ugs.)* as thick as two short planks *(coll.)*; **~suppe** die bean soup
Bohner der; **~s,** **~** s. **Bohnerbesen**
Bohner-: **~besen** der floor-polisher; floor-polishing brush; **~maschine** die floor-polisher; floor-polishing machine
bohnern *tr., itr. V.* polish; **hier ist frisch gebohnert** this floor has/these stairs have *etc.* been freshly polished; „**Vorsicht, frisch gebohnert!**" 'freshly polished floor/stairs *etc.*'
Bohner·wachs das floor-polish
bohren ['bo:rən] 1. *tr. V.* a) bore *(mit Bohrer, Bohrmaschine)* drill, bore ⟨hole⟩; sink ⟨well, shaft⟩; bore, drive ⟨tunnel⟩; sink ⟨pole, post etc.⟩ (**in** + *Akk.* into); b) *(bearbeiten)* drill ⟨wood, concrete, etc.⟩; c) *(drücken in* + *Akk.* in[to]). 2. *itr. V.* a) *(eine Bohrung vornehmen)* drill; **in einem Zahn ~:** drill a tooth; **in der Nase ~:** pick one's nose; **nach Öl/Wasser usw. ~:** drill for oil/water *etc.*; b) *(fig.: nagen)* gnaw; **Zweifel bohrten in ihm** he had nagging doubts; c) *(ugs.: drängen, fragen)* keep on; **jetzt hört auf zu ~:** now, don't keep on; **ich habe so lange gebohrt, bis ...:** I kept on and on until ... 3. *refl. V. (eindringen)* bore its way; **das Flugzeug hatte sich tief in die Erde gebohrt** the aircraft had buried itself deep in the ground
bohrend *Adj.* a) gnawing ⟨pain, hunger, remorse⟩; b) *(hartnäckig)* piercing ⟨look etc.⟩; probing ⟨question⟩
Bohrer der; **~s,** **~** a) *(Gerät)* drill; *(zum Vorbohren)* gimlet; b) *(Arbeiter)* driller
Bohr-: **~insel** die drilling rig; *(für Öl)* drilling rig; oil rig; **~loch** das borehole; *(in Metall, Holz)* drill-hole; *(einer Ölquelle)* well; **~maschine** die drill; **~meißel** der bit; **~probe** die core [sample]; **~turm** der derrick
Bohrung die; **~,** **~en** a) s. **bohren** 1a: drilling; boring; sinking; driving; b) *(Bohrloch)* borehole; *(in Holz, Metall)* drill-hole; c) *(lichte Weite)* **die ~ des Zylinders** the bore of the cylinder
böig *Adj.* gusty; *(mit Niederschlag)* squally; **~ auffrischend** freshening in gusts/squalls
Boiler ['bɔylɐ] der; **~s,** **~:** boiler; *(im Haushalt)* water-heater
Boje ['bo:jə] die; **~,** **~n** buoy
Bolero [bo'le:ro] der; **~s,** **~s** a) *(Tanz, Jacke)* bolero; b) *(Hut)* bolero hat
Bolid [bo'li:t] der; **~s** *od.* **~en,** **~e** *od.* **~en** *(Astron.)* bolide
Bolivianer [boli'via:nɐ] der; **~s,** **~,** **Bolivianerin** die; **~,** **~nen** Bolivian; *s. auch* **-in**
bolivianisch *Adj.* Bolivian
Bolivien [bo'li:viən] (das); **~s** Bolivia
bölken ['bœlkn] *itr. V. (nordd., westd.)* ⟨cow⟩ moo; ⟨sheep⟩ bleat; *(schreien)* bawl, shout
¹**Bolle** ['bɔlə] die; **~,** **~n** a) *(berlin.)* **a)** *(Zwiebel)* onion; **b)** *(Loch in der Socke)* hole
²**Bolle** *o. Art.:* **in sich wie ~ [auf dem Milchwagen] amüsieren** *(berlin.)* have a marvellous *or (coll.)* great time
Böller ['bœlɐ] der; **~s,** **~** a) *(Geschütz)* [small] cannon *(used on ceremonial occasions)*; b) *(Feuerwerkskörper)* banger
bollern *itr. V.; mit sein (bes. nordd.)* thud; **die Kinder bollerten die Treppe hinunter** the children clattered down the stairs
böllern *itr. V.* **es wurde 21mal geböllert** there was a 21-gun salute
Böller·schuß der gun salute; **der Admiral wurde mit fünf Böllerschüssen begrüßt** the admiral was greeted with a five-gun salute
Boller·wagen der *(nordd.)* handcart
Bollette [bɔ'lɛtə] die; **~,** **~n** *(österr. Amtsspr.)* customs declaration

Boll·werk das a) *(Befestigung)* bulwark; *(fig.)* bulwark; bastion; stronghold; b) *(Kai)* quay
Bolschewik [bɔlʃe'vɪk] der; **~en,** **~i,** *(abwertend)* **~en** a) *(hist.)* Bolshevik; b) *(abwertend: Kommunist)* Bolshevik; Commie *(sl.)*
bolschewisieren [bɔlʃevi'zi:rən] *tr. V.* Bolshevize
Bolschewismus [bɔlʃe'vɪsmʊs] der; **~:** Bolshevism *no art.*
Bolschewist der; **~en,** **~en** Bolshevist
bolschewistisch 1. *Adj.* a) Bolshevik; Bolshevist; b) *(abwertend)* Bolshevik; bolshy *(sl.)*. 2. *adv.* a) **~ geführt** led by the Bolsheviks; b) *(abwertend)* **~ unterwandert sein** be Bolshevik-infiltrated; be infiltrated by the Bolsheviks
bolzen ['bɔltsn] *(ugs.)* 1. *itr. V. (Fußball spielen)* kick the ball about. 2. *tr. (treten)* slam, *(coll.)* belt ⟨ball⟩; kick ⟨stone⟩
Bolzen der; **~s,** **~** *(Stift)* pin; bolt; *(mit Gewinde)* bolt; *(Geschoß)* bolt
bolzen·gerade 1. *Adj.* perfectly *or* absolutely straight ⟨back⟩. 2. *adv.* ⟨sit, stand⟩ bolt upright
Bolzen·schneider der bolt-cutters *pl.*
Bolzerei die; **~,** **~en** *(ugs.)* [aimless] kicking about
Bolz·platz der [children's] football area; **hier war in meiner Jugend der ~:** this is where we used to have kick-abouts *(Brit.)* when I was young
bömakeln *s.* **böhmakeln**
Bombardement [bɔmbardə'mā:] das; **~s,** **~s** a) *(Milit. veralt.: Artilleriebeschuß)* bombardment; b) *(Milit.: Bombenabwurf)* bombing; c) *(ugs.: Überhäufung)* **ein ~ mit Briefen/von Fragen** a flood of letters/deluge of questions
bombardieren [bɔmbar'di:rən] *tr. V.* a) *(Milit. veralt.: beschießen)* bombard; b) *(Milit.: Bomben abwerfen auf)* bomb; c) *(ugs.: bewerfen, überhäufen)* bombard
Bombardierung die; **~,** **~en** a) *(Milit. veralt.: Beschuß)* bombardment; b) *(Milit.: Bombenabwurf)* bombing; c) *(ugs.: das Bewerfen)* bombardment; d) *(ugs.: Überhäufung)* **die ~ mit Fragen/Bitten** the rush of questions/requests
Bombast [bɔm'bast] der; **~[e]s** *(abwertend)* bombast *no indef. art.*
bombastisch *(abwertend)* 1. *Adj.* bombastic ⟨speech, language, style, etc.⟩; ostentatious ⟨architecture, production⟩. 2. *adv.* ⟨speak, write⟩ bombastically; ostentatiously ⟨dressed⟩
Bombe ['bɔmbə] die; **~,** **~n** a) *(Sprengkörper)* bomb; **die Nachricht schlug ein wie eine ~:** the news came as a bombshell; **die ~ ist geplatzt** *(fig. ugs.)* the balloon has gone up *(fig.)*; b) *o. Pl. (ugs.: Atom~)* **die ~:** the bomb *(coll.)*; c) *(Sportjargon: Schuß)* thunderbolt; tremendous shot *(coll.)*; d) *(Geol.)* bomb; e) *(ugs.: Hut)* bowler [hat]
bomben 1. *tr. V. (ugs.: bombardieren)* bomb. 2. *itr. V. (Sportjargon: schießen)* slam; blast *(coll.)*
bomben-, **Bomben-:** **~angriff** der bombing raid; **einen ~angriff fliegen** fly a bombing raid; **~an·schlag** der bomb attack; **~attentat** das bomb attack; **~drohung** die bomb threat; **~erfolg** der *(ugs.)* smash hit *(sl.)*; **~fest** *Adj.* a) *(unzerstörbar)* bomb-proof; b) ['-'-] *(ugs.: unveränderbar)* dead certain; **~fest stehen** be dead certain; be a dead cert *(Brit. sl.)*; **mein Entschluß steht ~fest** my mind is completely made up; **~flug·zeug** das bomber; **~form** die *(ugs.)* top form; **~gehalt** das *(ugs.)* tremendous salary *(coll.)*; **er kriegt doch sicher ein ~gehalt** he must earn a fortune *or (sl.)* bomb; **~geschäft** das *(ugs.)* **ein ~geschäft machen** do a roaring trade; **ein/kein ~geschäft sein** be/not be a gold

mine *(fig.)*; **~geschwader** das bomber wing; bomber group *(Amer.)*; **~krater** der bomb crater; **~nacht** die night of bombing; **~rolle** die *(ugs.)* tremendous *or* terrific part *(coll.)*; **~schaden** *no indef. art.*; **~schuß** der *(Sportjargon)* thunderbolt; tremendous shot *(coll.)*; **~sicher** 1. *Adj.* a) *(unzerstörbar)* bombproof; b) ['-'-] *(ugs.: gewiß)* dead certain; **das ist eine ~sichere Sache** that's dead certain; that's a dead cert *(Brit. sl.)*; a sure thing *(Amer.)*; **ein ~sicherer Tip** a dead cert [tip] *(Brit. sl.)*; a sure thing *(Amer.)*; 2. *adv. (ugs.: gewiß)* as sure as eggs are eggs *(coll.)*; **~splitter** der bomb fragment *or* splinter; **~stimmung** die *(ugs.)* tremendous *or* fantastic atmosphere *(coll.)*; **~teppich** der: **das Gebiet wurde mit einem ~teppich belegt** the area was carpet-bombed; **~terror** der the terrorist bombing; **~trichter** der bomb crater
Bomber der; **~s,** **~** a) *(ugs.: Flugzeug)* bomber; b) *(Sportjargon)* **der ~ der Nation** the player with the fiercest shot in the country
Bomber·verband der bomber wing; bomber group *(Amer.)*
bombig *(ugs.)* 1. *Adj.* super *(coll.)*; smashing *(coll.)*; terrific *(coll.)*; fantastic *(coll.)*. 2. *adv.* **sich ~ schlagen** make a terrific *or* fantastic showing *(coll.)*
Bommel ['bɔml] die; **~,** **~n** *od.* **~s,** **~** *(bes. nordd.)* bobble; pompom
Bon [bɔŋ] der; **~s,** **~s** a) *(ugs.)* voucher; coupon; b) *(Kassenzettel)* receipt; sales slip
Bonbon [bɔŋ'bɔŋ] der *od.* *(österr. nur)* das; **~s,** **~s** a) sweet; candy *(Amer.)*; *(fig.)* treat; b) *(ugs. scherzh.; bes. ns.: Parteiabzeichen)* [party] badge
bonbon·farben, **bonbon·farbig** *Adj.* *(abwertend)* candy-coloured
Bonbonniere [bɔŋbo'nie:rə] die; **~,** **~n** a) *(Behälter)* sweet-jar *(Brit.)*; candy jar *(Amer.)*; b) *(Schachtel)* box of chocolates
bonbon-, **Bonbon-:** **~papier** das sweet-wrapper; sweet-paper; **~rosa** *indekl. Adj.* candy pink; bright pink
bongen ['bɔŋən] *(ugs.)* 1. *tr. V.* ring up; **gebongt sein** *(ugs.)* be *(lit. fig.)* fine! 2. *itr. V.* **ich habe falsch gebongt** I've rung up the wrong amount
Bongo ['bɔŋgo] das; **~[s],** **~s** *od.* die; **~,** **~s** bongo [drum]
Bonhomie [bɔno'mi:] die; **~,** **~n** *(geh.)* bonhomie
Bonifatius [boni'fa:tsiʊs] der, **Bonifaz** [boni'fa:ts] (der) Boniface
Bonität [boni'tɛ:t] die; **~** *(Kaufmannsspr.)* creditworthiness; [good] credit rating *(Amer.)*
Bonmot [bõ'mo:] das; **~s,** **~s** bon mot
Bonn (das); **~s** Bonn
Bonner 1. *indekl. Adj.; nicht präd.* Bonn; **die ~ Regierung** the FRG Government. 2. der; **~s,** **~:** inhabitant of Bonn; *(von Geburt)* native of Bonn; *(in Politik ugs.)* the Government; *s. auch* **Kölner**
Bonsai der; **~s,** **~s** bonsai [tree]
Bonus ['bo:nʊs] der; **~,** **~ses** *od.* **Bonusse,** *(auch:)* **Boni** ['bo:ni] a) *(Kaufmannsspr.) (Rabatt)* discount; *(Dividende)* extra dividend; *(Versicherungsw.)* bonus; b) *(Schadenfreiheitsrabatt)* [no-claims] bonus; c) *(Punktvorteil)* bonus points *pl.*
Bon vivant [bõvi'vã:] der; **~s,** **~s** *(geh.)* bon vivant
Bonze ['bɔntsə] der; **~n,** **~n** a) *(abwertend: Funktionär)* bigwig *(coll.)*; big wheel *(sl.)*; big wheel *(Amer. sl.)*; b) *(Mönch)* bonze
Boogie-Woogie ['bugi'vugi] der; **~[s],** **~s** boogie-woogie
Boom [bu:m] der; **~s,** **~s** boom
Boot [bo:t] das; **~[e]s,** **~e** boat; **wir sitzen alle in einem** *od.* **im selben ~** *(fig. ugs.)* we're all in the same boat

Boots-: ~**bau** der o. Pl. boat-building no art.; ~**fahrt** die boat trip; ~**haken** der boat-hook; ~**haus** das boathouse; ~**länge** die [boat's] length; ~**mann** der Pl. ~**leute** a) (Handelsmarine) ≈ boatswain, bosun; b) (Bundesmarine) ≈ petty officer; ~**steg** der landing-stage; ~**verleih** der a) (das Verleihen) boat-hire; hiring of boats; b) (Unternehmen) boat-hire [business]

Bor [boːɐ] das; ~s (Chemie) boron

Borax ['boːraks] der; ~[es] (Chemie) borax

¹**Bord** [bɔrt] das; ~[e]s, ~e a) (Wandbrett) shelf; b) (veralt., noch schweiz.: Abhang) bank

²**Bord** der; ~[e]s, ~e (eines Schiffes) side; **an ~**: on board; **an ~ eines Schiffes/der „Baltic"** on board or aboard a ship/the 'Baltic'; **alle Mann an ~!** all aboard!; **über ~**: overboard; **über ~ gehen** go overboard; **Mann über ~!** man overboard!; **etw. über ~ werfen** (auch fig.) throw sth. overboard; **von ~ gehen** leave the ship ⟨passengers at destination⟩ disembark, leave the ship; (aus dem Flugzeug) leave the aircraft

Bord-: ~**buch** das log[-book]; ~**case** [-keɪs] das od. der; ~, ~ od. ~s (ugs.) flight case; ~**computer** der on-board computer

bordeaux indekl. Adj. s. bordeauxrot

Bordeaux [bɔrˈdoː] der; ~, ~ [bɔrˈdoːs] s. Bordeauxwein

bordeaux-rot Adj. bordeaux-red; claret

Bordeaux·wein der Bordeaux [wine]; roter ~: claret

bord·eigen Adj. ships/plane's [own] attrib.

Bordell [bɔrˈdɛl] das; ~s, ~e brothel; **in ein ~ gehen** visit a brothel

Bordell-: ~**besucher** der patron of a/the brothel; ~**gegend** die red-light district

Bord-: ~**flugzeug** das ship's aircraft; ~**funk** der [ship's/aircraft] radio; ~**funker** der radio operator; ~**kamera** die on-board camera; ~**personal** das (Flugw.) cabin crew; ~**rechner** der s. ~computer; ~**stein** der kerb; ~**steinkante** die [edge of the/a] kerb

Bordüre [bɔrˈdyːrə] die; ~, ~n edging

Bord-: ~**waffen** Pl. armament sing.; ~**wand** die [ship's] side/side [of the/an aircraft]

Boreas ['boːreas] der; ~: north wind

Borg [bɔrk] in **auf ~** (veralt.) on credit; on tick (Brit. coll.) or on the cuff (Amer. coll.)

borgen ['bɔrɡn̩] tr., itr. V. a) (geben) lend; **jmdm. etw. ~**: lend sb. sth.; lend sth. to sb.; b) (erhalten) borrow; [sich (Dat.)] **etw. von jmdm. ~**: borrow sth. from sb.

Borgis ['bɔrɡɪs] die; ~ (Druckw.) 9-point type; bourgeois (Hist.)

Borke ['bɔrkə] die; ~, ~n a) (Rinde) bark; b) (ugs.: auf Wunden) scab

Borken-: ~**flechte** die ([Tier]med.) ringworm; ~**käfer** der bark beetle; ~**krepp** der bark crêpe; crépon; ~**schokolade** die thin-sheet chocolate made into rough-surfaced rolls; chocolate bark

borkig Adj. a) (rissig) cracked ⟨earth⟩; chapped, cracked ⟨skin⟩; b) (ugs.) ⟨knee, arm, etc.⟩ covered in scabs

Born [bɔrn] der; ~[e]s, ~e (dichter.) spring; fount (poet./rhet.)

borniert [bɔrˈniːɐ̯t] (abwertend) 1. Adj. narrow-minded; bigoted. 2. adv. in a narrow-minded or bigoted way

Borniertheit die; ~, ~en o. Pl. (Eigenschaft) narrow-mindedness; bigotry; b) (Äußerung, Handlung) piece of narrow-mindedness or bigotry

Borretsch ['bɔrɛtʃ] der; ~[e]s borage

Bor-: ~**salbe** die boric acid ointment; ~**säure** die (Chemie) boric acid (Chem.); boracic acid

Börse ['bœrzə] die; ~, ~n a) (Aktien~) stock market; **an der ~**: on the stock market; b) (Gebäude) stock exchange c) (geh. veralt.: Geld~) purse; d) (Boxen) purse

Börsen-: ~**beginn** der opening of the [stock] market; **bei ~beginn** when the [stock] market opens/opened; ~**bericht** der stock-market report; ~**fähig**, ~**gängig** Adj. (Wirtsch.) ⟨commodity, security, etc.⟩ negotiable on the stock market; ~**geschäft** das stock-market transaction; ~**krach** der stock-market crash; collapse of the [stock] market; ~**kurs** der [stock-]market price; ~**makler** der stockbroker; ~**notierung** die (stock-exchange) quotation; ~**schluß** der close of the [stock] market; **bei ~schluß** when the [stock] market closes/closed; ~**spekulation** die speculation on the stock market; ~**sturz** der s. ~krach; ~**tendenz** die [stock-]market trend; ~**tip** der market tip

Börsianer der; ~s, ~ (ugs.) a) (Makler) stockbroker; b) (Spekulant) stock-market speculator

Borste ['bɔrstə] die; ~, ~n a) bristle; b) Pl. (ugs.: beim Menschen) hair sing.; **seine ~n aufstellen** (fig.) bristle

Borsten·vieh das (ugs.) (Schwein) pig; (Schweine) pigs pl.

borstig 1. Adj. a) (struppig) bristly; b) (grob) crusty ⟨person, manner, etc.⟩. 2. adv. (grob) crustily

Borte ['bɔrtə] die; ~, ~n braiding no indef. art.; trimming no indef. art.; edging no indef. art.

Bor·wasser das boric acid [eye-]lotion

bös [bøːs] s. böse 1 c, d, 2

bös·artig 1. Adj. a) (heimtückisch) malicious ⟨person, remark, etc.⟩; vicious ⟨animal⟩; b) (Med.) malignant; 2. adv. (heimtückisch) maliciously

Bös·artigkeit die a) maliciousness; (von Tieren) viciousness; b) (Med.) malignancy

Böschung [ˈbœʃʊŋ] die; ~, ~en (an der Straße) bank; embankment; (am Bahndamm) embankment; (am Fluß) bank

Böschungs·winkel der gradient

böse ['bøːzə] 1. Adj. a) (verwerflich) wicked; evil; **eine ~ Zunge haben** have a wicked or malicious tongue; **Schneewittchen hatte eine ~ Stiefmutter** Snow White had a wicked stepmother; **etw. aus ~r Absicht/~m Willen tun** do sth. with evil intent; **Böses mit Gutem vergelten** repay evil with good; **jmdm. Böses tun** (geh.) do sb. harm; **ich will dir doch nichts Böses** I don't mean you any harm; (bei Rat, Bemerkung) I don't mean it nastily; b) **nicht präd.** (übel) bad ⟨times, illness, dream, etc.⟩; nasty ⟨experience, affair, situation, trick, surprise, etc.⟩; **ein ~s Ende nehmen** end in disaster; **eine ~ Geschichte** a bad or nasty business; **nichts Böses ahnen** be unsuspecting; not suspecting anything is/was wrong; **den ~n Blick haben** have the evil eye; **die ~ Sieben** (fig.) the unlucky seven; c) (ugs.) ⟨wütend⟩ mad (coll.); ⟨verärgert⟩ cross (coll.); **mit jmdm. od. auf jmdm. werden** get mad at/cross with sb. (coll.); **auf jmdn. od. mit jmdm. sein** be mad at/cross with sb. (coll.); **~ über etw.** (Akk.) **sein** be mad at/cross about sth. (coll.); **im ~n auseinandergehen** part on bad terms; s. auch **Blut**; d) (fam.: ungezogen) naughty; e) **nicht präd.** (ugs.: entzündet) bad, sore ⟨knee, finger, etc.⟩; f) **nicht präd.** (ugs.: arg) terrible (coll.) ⟨pain, fall, shock, disappointment, storm, etc.⟩. 2. adv. a) (übel) **arg** badly; **mit ihm wird es noch ~ enden** he'll come to a bad end; **das wird ~ enden** it is bound to end in disaster; **es war doch nicht ~ gemeint** I didn't mean it nastily; b) (ugs.) ⟨wütend⟩ angrily; ⟨verärgert⟩ crossly (coll.); c) (ugs.: arg) terribly (coll.); ⟨hurt⟩ badly; **er hat sich ~ geirrt** he was badly wrong; **er ist ~ gefallen** he had a nasty fall (coll.)

¹**Böse** der/die; adj. Dekl. evil or wicked person; **er spielt den ~n** he plays the villain or (coll.) baddy; **die ~n kommen in die Hölle** the wicked go to hell

²**Böse** der; adj. Dekl., o. Pl. (veralt.: Teufel) the Evil One; the Devil

Böse·wicht der Pl. ~**wichter** a) (ugs. scherzh.: Schlingel) rascal; b) (veralt., noch fig.: Schuft) villain; **jedesmal bin ich der ~** (fig.) I'm always the villain of the piece

boshaft ['boːshaft] 1. Adj. malicious. 2. adv. maliciously

Boshaftigkeit die; ~, ~en a) o. Pl. maliciousness; b) (Bemerkung) malicious remark; (Handlung) piece of maliciousness

Bosheit die; ~, ~en a) (Art) malice; **mit konstanter ~**: out of sheer spite; b) (Bemerkung) malicious remark; (Handlung) piece of maliciousness

Boskop ['bɔskɔp], **Boskoop** ['bɔskoːp] der; ~s, ~: russet

Bosporus ['bɔspɔrʊs] der; ~: Bosporus

Boß [bɔs] der; **Bosses**, **Bosse** (ugs.) boss (coll.)

Bossa Nova ['bɔsaˈnɔva] der; ~~, ~~s bossa nova

bosseln ['bɔsl̩n] tr., itr. V. (ugs.) etw./an etw. (Dat.) ~: beaver away (Brit.) or slave away making sth.; **er braucht immer was zu ~**: he always needs to be working on or making something

bös-, Bös-: ~**willig** 1. Adj. malicious; wilful ⟨desertion⟩; 2. adv. maliciously; wilfully ⟨desert⟩; ~**willigkeit** die; ~: malice; maliciousness

bot [boːt] 1. u. 3. Pers. Sg. Prät. v. **bieten**

Botanik [boˈtaːnɪk] die; ~ a) botany no art.; b) (ugs.: Natur) nature

Botaniker der; ~s, ~, **Botanikerin** die; ~, ~**nen** botanist; s. auch -in

botanisch 1. Adj. botanical. 2. adv. botanically

botanisieren itr. V. botanize

Botanisier·trommel die (veralt.) [botanist's] vasculum

Bötchen ['bøːtçən] das; ~s, ~ little boat

Bote ['boːtə] der; ~n, ~n a) (Überbringer) messenger; (fig.) herald, harbinger; b) (Laufbursche) errand-boy; messenger[-boy]

Boten-: ~**dienst** der job as a messenger/errand-boy; **sie verdient sich ein Taschengeld durch ~dienste** she earns pocket money as a messenger or by carrying messages/running errands; ~**gang** der errand; ~**gänge erledigen** run errands; ~**lohn** der [messenger's/errand-boy's] payment or tip

Botin die; ~, ~**nen** s. **Bote** a, b: messenger; errand-girl

bot·mäßig (geh. veralt.) 1. Adj. (gehorsam) obedient; (untertänig) submissive. 2. adv. (gehorsam) obediently; (untertänig) submissively

Botmäßigkeit die; ~ (geh. veralt.) a) (Herrschaft) dominion; sway; b) (Gehorsam) obedience; (Untertänigkeit) submissiveness

Botschaft die; ~, ~en a) (geh.: Nachricht) message; **die freudige ~**: the good or happy news; **die Frohe ~** (christl. Rel.) the Gospel; b) (Verlautbarung) message; c) (diplomatische Vertretung, auch Gebäude) embassy

-botschaft die: **Friedens-/Kriegs-/Sieges~**: news of peace/war/victory

Botschafter der; ~s, ~, **Botschafterin** die; ~, ~**nen** ambassador

Botschafts-: ~**rat** der counsellor; ~**sekretär** der [embassy] secretary

Böttcher ['bœtçɐ] der; ~s, ~: cooper

Böttcherei die; ~, ~en o. Pl. (Handwerk) cooper's trade; cooperage no art.; b) (Werkstatt) cooper's workshop; cooperage

Bottich ['bɔtɪç] der; ~s, ~e tub

Bottnische Meer·busen ['bɔtnɪʃə -] der Gulf of Bothnia

¹**Bouclé** [buˈkleː] das; ~s, ~s bouclé [yarn]

²**Bouclé** der; ~s, ~s a) (Stoff) bouclé; b) (Teppich) bouclé carpet

Boudoir

Boudoir [bu'dǒa:ɐ̯] das; ~s, ~s (veralt.) boudoir
Bouillabaisse [buja'bɛ:s] die; ~, ~s [-'bɛ:s] (Kochk.) bouillabaisse
Bouillon [bul'jɔŋ] die; ~, ~s a) (Brühe) bouillon; consommé; b) (Med.) bouillon; broth
Bouillon·würfel der bouillon cube
Boule [bu:l] das; ~[s], ~s od. die; ~, ~s boule[s pl.]
Boulette s. Bulette
Boulevard [bulə'va:ɐ̯] der; ~s, ~s boulevard
Boulevard-: ~**blatt** das s. ~zeitung; ~**presse** die (abwertend) popular press; ~**stück** das (Theater) boulevard drama; ~**theater** das light theatre; ~**zeitung** die (abwertend) popular rag (derog.); tabloid
Bouquet [bu'ke:] das; ~s, ~s s. Bukett
Bourbone [bʊr'bo:nə] der; ~n, ~n (hist.) Bourbon
bourgeois [bʊr'ʒoa] Adj. (abwertend, auch Soziol.) bourgeois
Bourgeois der; ~, ~ (abwertend, auch Soziol.) bourgeois
Bourgeoisie [bʊrʒoa'zi:] die; ~, ~n (abwertend, auch Soziol.) bourgeoisie
Boutique [bu'ti:k] die; ~, ~s od. ~n boutique
Bovist s. Bofist
Bowden·zug ['baʊdn̩-] der (Technik) Bowden cable
Bowle ['bo:lə] die; ~, ~n a) punch (made of wine, champagne, sugar, and fruits or spices); b) (Gefäß) punch-bowl
bowlen ['bo:ʊlən] itr. V. (Sport) (auf der Bahn) bowl; (auf dem Rasen) play bowls
Bowlen·glas das; Pl. ~gläser punch-glass
Bowler ['bo:ʊlɐ] der; ~s, ~: bowler [hat]
Bowling ['bo:ʊlɪŋ] das; ~s, ~s (auf der Bahn) [ten-pin] bowling; (auf dem Rasen) bowls; ~ spielen gehen go [ten-pin] bowling/go to play bowls
Bowling·bahn die [ten-pin] bowling-alley
Box [bɔks] die; ~, ~en a) (Lautsprecher) speaker; b) (Pferde-) [loose] box; c) (für Autos) [partitioned off] [parking-]space; d) (Kamera) box camera; e) (Behälter) box; f) (Montageplatz) box; **an den ~en** in the pits
Boxcalf s. Boxkalf
boxen 1. itr. V. box; **gegen jmdn. ~**: fight sb.; box [against] sb.; **um die Weltmeisterschaft** usw. **~**: fight for the world championship etc.; **jmdm. in den Magen ~**: punch sb. in the stomach. 2. tr. V. a) (schlagen) punch; b) (Sportjargon: kämpfen gegen) fight. 3. refl. V. a) (ugs.: Weg bahnen) fight one's way; b) (ugs.: sich prügeln) have a punch-up (coll.) or fight; **hört auf, euch zu ~**: stop fighting
Boxer der; ~s, ~ a) (Sportler, Hund) boxer; b) (ugs.: Schlag) punch
Boxer·aufstand der; o. Pl. (hist.) Boxer Rebellion
boxerisch Adj.; nicht präd. boxing ⟨skill, know-how, etc.⟩
Boxer-: ~**motor** der (Technik) horizontally opposed engine; ~**nase** die boxer's nose
Box·hand·schuh der boxing-glove
Box·kalf [-kalf] das; ~s, ~s boxcalf
Box-: ~**kampf** der a) (Kampf) boxing match; (im Streit) fist-fight; **er hat 200 ~kämpfe ausgetragen** he's had 200 fights or bouts; b) o. Pl. (Disziplin) boxing no art.; ~**ring** der boxing ring; ~**sport** der; o. Pl. boxing no art.; ~**staffel** die boxing team
Boy [bɔy] der; ~s, ~s a) (Diener) servant; (im Hotel) page-boy; b) (Jugendspr.: junger Mann) boy; (Freund) boy-friend
Boykott [bɔy'kɔt] der; ~[e]s, ~s boycott; **einem Land den ~ erklären** declare a boycott of a country
Boykott·hetze die (DDR Amtsspr., Rechtsw.) anti-state agitation
boykottieren tr. V. boycott

Boykott·maßnahme die boycott [action]; **sich zu weiteren ~n gegen ein Land entschließen** decide to tighten the boycott of a country
Bozen ['bo:tsn̩] (das); ~s Bolzano
BR [be:'ɛr] der; ~ Abk.: **Bayrischer Rundfunk** Bavarian Radio
brabbeln ['brabl̩n] tr., itr. V. (ugs.) mutter; mumble; ⟨baby⟩ babble
Brabbel·wasser das (ugs. scherzh.) a) schnapps; b) ~ **getrunken haben** (ugs. scherzh.) have verbal diarrhoea (sl.)
¹**brach** [bra:x] 1. u. 3. Pers. Sg. Prät. v. brechen
²**brach** Adj. (veralt.) fallow; (auf Dauer) uncultivated; waste
Brache die; ~, ~n a) (Feld) [piece of] fallow land; (auf Dauer) [piece of] uncultivated or waste land; b) (Zeit) fallow period
brachial [bra'xi̯a:l] Adj. a) violent; ~**e Gewalt** brute force; b) (Med.) brachial
Brachial·gewalt die; o. Pl. brute force
Brachiosaurus [braxi̯o'zaʊrʊs] der; ~, **Brachiosaurier** [...zaʊri̯ɐ] brachiosaurus
Brach·land das fallow [land]; (auf Dauer) uncultivated or waste land
brach|liegen unr. itr. V. (auch fig.) lie fallow; (auf Dauer) lie waste
brachte ['braxtə] 1. u. 3. Pers. Sg. Prät. v. bringen
Brach·vogel der curlew
brackig Adj. (niederd.) brackish
Brack·wasser das brackish water
Brahmane [bra'ma:nə] der; ~n, ~n, **Brahmanin** die; ~, ~n Brahmin
brahmanisch Adj. Brahminical
Brainstorming ['brɛɪnstɔ:mɪŋ] das; ~s **brainstorming; ein ~** a brainstorming session
bramarbasieren [bramarba'zi:rən] itr. V. (geh. abwertend) brag, boast ⟨von about⟩
Bram·segel ['bra:m-] das topgallant sail
Branche ['brã:ʃə] die; ~, ~n a) (branch of) industry; **alle ~n der Bekleidungsindustrie** all branches of the clothing industry; **er kennt sich in der ~ am besten aus** he has the most knowledge of the industry; b) (Fachgebiet) field; **die ~ wechseln** move into a different field
branche[n]-, Branche[n]-: ~**fremd** Adj. new to the industry postpos.; ⟨person⟩ who knows nothing of the industry postpos., not pred.; ~**kenntnisse** Pl. knowledge sing. of the industry; ~**kundig** Adj. experienced in the industry postpos.; with knowledge of the industry postpos., not pred.; ~**üblich** Adj. usual in the industry postpos.; **im Baugewerbe ~üblich** usual in the building industry
Branchen·verzeichnis das classified directory; (Telefonbuch) yellow pages pl.
Brand [brant] der; ~[e]s, **Brände** ['brɛndə] a) fire; b) (Brennen) **beim ~ der Scheune** when the barn caught fire; **in ~ geraten** catch fire; **etw. in ~ setzen** od. **stecken** set fire to sth.; **set sth. on fire**; c) (ugs.: Durst) raging thirst; **einen fürchterlichen ~ haben** have a terrible thirst; d) o. Pl. (Med.) [trockener/feuchter] ~: [dry/moist] gangrene; e) o. Pl. (Bot.) blight
brand-, Brand-: ~**aktuell** Adj. very latest ⟨news⟩; up-to-the-minute ⟨report⟩; red-hot ⟨news item, issue⟩; highly topical ⟨book⟩; ~**an·schlag** der arson attack ⟨auf + Akk. on⟩; ~**bekämpfung** die fire-fighting no art.; ~**binde** die dressing [for burns]; ~**blase** die [burn] blister; ~**bombe** die fire-bomb; incendiary bomb; ~**direktor** der chief fire officer; fire chief (Amer.); ~**eilig** Adj. (ugs.) extremely urgent
branden itr. V. (geh.) break; **~der Beifall** (fig.) thunderous applause
Branden·burg (das); ~s Brandenburg
Brandenburger indekl. Adj.; nicht präd. **das ~ Tor** the Brandenburg Gate

Braten

brand-, Brand-: ~**fackel** die firebrand; flaming torch; ~**fleck** der burn mark; ~**gefahr** die danger of fire; **bei ~gefahr** when there is danger of fire; ~**gefährlich** Adj. perilous; highly dangerous; ~**geruch** der smell of burning; ~**herd** der source of the fire
brandig Adj. a) ⟨smell⟩ of burning; burnt ⟨taste⟩; **es riecht ~**: there is a smell of burning; b) (Med.) gangrenous; c) (Bot.) suffering from blight postpos.
brand-, Brand-: ~**kasse** die fire insurance company; **katastrophe** die disastrous fire; [~le:gɐ] der; ~s, ~ (österr.) s. ~stifter; ~**legung** die; ~en (österr.) s. ~stiftung; ~**mal** das (geh.) burn mark; (fig.: Stigma) stigma; ~**marken** tr. V. brand ⟨person⟩; denounce ⟨thing⟩; jmdn. [**als Verräter**] ~**marken** brand sb. [as a traitor]; ~**mauer** die fire wall; ~**meister** der chief fire officer; fire chief (Amer.); ~**neu** Adj. (ugs.) brand-new; ~**opfer** das a) (Rel.) burnt offering; b) (Opfer eines Brandes) fire victim; victim of the/a fire; ~**rede** die fiery tirade; ~**salbe** die ointment for burns; ~**satz** der incendiary mixture; ~**schaden** der fire damage no pl., no indef. art.; **die ~schäden in den Wäldern** the damage to forests caused by fire; ~**schatzen** tr. V. (hist.) pillage and threaten to burn; ~**schatzung** die; ~, ~en (hist.) pillaging and threat of burning; ~**schutz** der; o. Pl. fire safety no art.; ~**sohle** die insole; ~**stelle** die a) scene of the fire; b) (verbrannte Stelle) burn; (größer) burnt patch; ~**stifter** der arsonist; ~**stiftung** die arson; **einen Fall von ~stiftung** a case of arson; ~**teig** der (Kochk.) choux pastry
Brandung die; ~, ~en surf; breakers pl.; **die ~ donnerte gegen die Felsen** the breakers crashed against the rocks; **bei starker ~**: when the surf is high
Brandungs-: ~**boot** das surf-boat; ~**welle** die breaker
Brand-: ~**versicherung** die fire insurance; (Gesellschaft) fire-insurance company; ~**wache** die a) fire-watcher (Mannschaft) fire-watchers pl.; b) (Dienst) fire-watch; ~**wunde** die burn; (Verbrühung) scald; ~**zeichen** das brand
brannte ['brantə] 1. u. 3. Pers. Sg. Prät. v. brennen
Brannt·wein der spirits pl.; **Wodka ist ein ~**: vodka is a type of spirit
Branntwein-: ~**brenner** der distiller; ~**monopol** das monopoly of spirits; liquor monopoly (Amer.); ~**steuer** die tax on spirits; liquor tax (Amer.)
¹**Brasil** [bra'zi:l] der; ~s, ~e od. ~s Brasil[ian] tobacco
²**Brasil** die; ~, ~[s] Brazil cigar
Brasil·holz das Brazil-wood
Brasilianer [brazi'li̯a:nɐ] der; ~s, ~, **Brasilianerin** die; ~, ~nen Brazilian; s. auch -in
brasilianisch Adj. Brazilian
Brasilien [bra'zi:li̯ən] (das); ~s Brazil
Brasil-: ~**tabak** der Brazil[ian] tobacco; ~**zigarre** die Brazil cigar
Brasse ['brasə] die; ~, ~n (Seemannsspr.) brace
brät [brɛ:t] 3. Pers. Sg. Präsens v. braten
Brät das; ~s lean minced pork used esp. as filling for sausages
Brat·apfel der baked apple
braten 1. unr. tr. V. (auf dem Herd) fry; (im Backofen) (mit Fett, im eigenen Saft) roast; (ohne Fett) bake; **etw. braun ~**: fry sth. until it is brown; **etw. am Spieß ~**: roast sth. on a spit. 2. unr. itr. V. (auf dem Herd) fry; (im Backofen) (mit Fett, im eigenen Saft) roast; (ohne Fett) bake; **in der Sonne ~** (fig.) roast in the sun
Braten der; ~s, ~ joint; (gebratene Portion) roast [meat] no indef. art.; **sonntags gab es bei uns immer ~**: we always had a roast or a

joint on Sundays; **kalter ~:** cold meat; **den fetten ~ konnte er sich nicht entgehen lassen** *(fig. ugs.)* he couldn't miss the chance of making such a big killing *(coll.)*; **den ~ riechen** *(fig. ugs.)* smell a rat
Braten-: **~fett** das [meat] fat; [meat] juices *pl.*; **~rock** der *(veralt. scherzh.)* frock-coat; **~saft** der meat juice[s *pl.*]; **~soße** die gravy; **~wender** der slice; turner
Brat-: **~fett** das [cooking] fat; **~fisch** der fried fish; **~hähnchen** das, *(südd., österr.)* **~hendl** das a) roast chicken; *(gegrillt)* broiled chicken; b) *(Hähnchen zum Braten)* roasting chicken; *(zum Grillen)* broiling chicken; **~hering** der fried herring; **~huhn** das, **~hühnchen** das *s.* **~hähnchen; ~kartoffeln** *Pl.* fried potatoes; home fries *(Amer.);* **~kartoffel·verhältnis** das *(ugs. veralt.)* **er hat ein ~kartoffelverhältnis mit ihr** he treats her as his meal-ticket; **~ofen** der oven; **~pfanne** die frying-pan; **~röhre** die *s.* **~ofen; ~rost** der grill
Bratsche ['braːtʃə] die; ~, ~n *(Musik)* viola
Bratschen·schlüssel der *(Musik) s.* **Altschlüssel**
Bratschist der; ~en, ~en, **Bratschistin** die; ~, ~nen violist; viola-player
Brat-: **~spieß** der a) spit; b) *(Gericht)* kebab; **~wurst** die a) [fried/grilled] sausage; b) *(Wurst zum Braten)* sausage [for frying/grilling]
Brauch [braux] der; ~[e]s, **Bräuche** ['brɔyçə] custom; **so ist es ~, so will es der ~:** that's the custom; **das ist bei ihnen so ~:** that's their custom; **nach altem ~:** in accordance with an old custom
brauchbar 1. *Adj.* useful; *(benutzbar)* usable; wearable *⟨clothes⟩*; *(ordentlich)* decent *⟨worker, pupil⟩*; **er ist ganz ~:** he is a decent worker/pupil *etc.* 2. *adv.* **er schreibt/arbeitet ganz ~:** he's a useful writer/he does useful work
Brauchbarkeit die; ~ usefulness; *(Benutzbarkeit)* usability
brauchen 1. *tr. V.* a) *(benötigen)* need; **alles, was man zum Leben braucht** everything one needs in order to live reasonably; **ich kann dich jetzt nicht ~** *(fam.)* I don't want you around just now; **deine guten Ratschläge kann ich nicht ~:** I can well do without your advice; b) *(aufwenden müssen)* **mit dem Fahrrad/Auto braucht er nur zehn Minuten** it only takes him ten minutes on his bicycle/by car; **er hat für die Arbeit Jahre gebraucht** the work took him years; **wie lange brauchst du dafür?** how long will it take you?; *(im allgemeinen)* how long does it take you?; c) *(benutzen, verwenden, verbrauchen)* usc; **ich könnte es gut ~:** I could do with it. 2. *itr. V. (geh. veralt.: bedürfen)* **es braucht keines weiteren Beweises** no further proof is needed *or* necessary. 3. **mit Inf. mit „zu"**, verneintes od. eingeschränktes Modalverb need; **du brauchst nicht zu helfen** there is no need [for you] to help; you don't need to help; **du brauchst doch nicht gleich zu weinen** there's no need to start crying; **das hättest du nicht zu tun ~:** there was no need to do it; you need have done that; **das hätte nicht zu sein ~:** that needn't have happened; **es braucht nicht sofort zu sein** it doesn't need *or* have to be done immediately; **du brauchst es [mir] nur zu sagen** you only have to tell me; **du brauchst es nur zu sagen** you only have to say so
Brauchtum das; ~s, **Brauchtümer** [-tyːmɐ] custom; **zum ~ dieser Region gehört ...:** one of the customs in this area is ...
Braue ['braʊə] die; ~, ~n [eye]brow
brauen 1. *tr. V.* a) brew; b) *(ugs.: aufbrühen, zubereiten)* brew [up] *⟨tea, coffee⟩*; concoct *⟨potion etc.⟩*; mix *⟨cocktail⟩*. 2. *itr. V.* a) *(Bier ~)* brew [beer]; b) *(dichter.: wallen)* *⟨mist, fog⟩* gather

Brauer der; ~s, ~: brewer
Brauerei die; ~, ~en a) *o. Pl.* brewing; b) *(Betrieb)* brewery
Brau-: **~haus** das brewery; **~meister** der master brewer
braun [braʊn] *Adj.* a) brown; **~werden** *(sonnengebräunt)* get brown; get a tan; **sich von der Sonne ~ brennen lassen** sit/lie in the sun and get a tan; b) *(abwertend: nationalsozialistisch)* Nazi; **er war ~:** he was a Nazi
Braun das; ~s, ~, *(ugs.)* **~s** brown
braun·äugig *Adj.* brown-eyed; **~ sein** have brown eyes
Braun·bär der brown bear
Braune der; *adj. Dekl.* a) bay [horse]; b) *(österr.: Kaffee)* [cup of] white coffee *(Brit.);* [cup of] coffee with milk/cream
Bräune ['brɔynə] die; ~: [sun-]tan
bräunen 1. *tr. V.* a) tan; **die Sonne hat sein Gesicht stark gebräunt** the sun has tanned his face a deep brown; b) *(Kochk.)* brown. 2. *itr. V.* a) **die südliche Sonne bräunt stark** the Southern sun gives you a good tan; b) *(Kochk.)* *⟨meat⟩* brown; *⟨cake⟩* go golden brown; *⟨butter⟩* go brown
braun-, Braun-: **~gebrannt** *Adj.* [sun-]tanned; **~hemd** das *(ns.)* a) brown shirt; b) *(Träger des ~hemds)* Brown-shirt; **~kohl** der *s.* **Grünkohl; ~kohle** die brown coal; lignite
bräunlich *Adj.* brownish
Braunschweig ['braʊnʃvaɪk] (das); -s Braunschweig; Brunswick *(Hist.)*
braunschweigisch *Adj.* Braunschweig *attrib.; s. auch* **hannoversch**
Bräunung die; ~, ~en browning; *(durch die Sonne)* [sun-]tan
Bräunungs·studio das solarium
Braus [braʊs] *s.* **Saus**
Brause ['braʊzə] die; ~, ~n a) fizzy drink; *(~pulver)* sherbet; b) *(veralt.: Dusche)* shower; **sich unter die ~ stellen** take *or* have a shower; c) *(Sprühteil) (einer Gießkanne)* rose; *(einer Dusche)* shower head
Brause-: **~bad** das *(veralt.)* a) shower-[-bath]; b) *(Duschbad)* shower; **ein ~bad nehmen** take *or* have a shower; **~kopf** der *(veralt.)* hothead; **~limonade** die fizzy lemonade
brausen 1. *itr. V.* a) *⟨wind, water, etc.⟩* roar; *(fig.)* *⟨organ, applause, etc.⟩* thunder; **hier braust der Verkehr bei Tag und Nacht** there is a constant roar of traffic here day and night; b) *(duschen)* [take *or* have a] shower; c) *(sich schnell bewegen)* race. 2. *tr. V.* put *⟨children etc.⟩* under the shower. 3. *refl. V.* [take *or* have a] shower
Brausen das; ~s roar; **das ~ in meinen Ohren** the ringing *or* buzzing in my ears
Brause-: **~pulver** das sherbet; **~tablette** die effervescent tablet
Braut [braʊt] die; ~, **Bräute** ['brɔytə] a) bride; b) *(Verlobte)* fiancée; bride-to-be; c) *(ugs.: Freundin)* girl[-friend]
-braut die *(ugs.)* **Fußball-~:** football player's/fan's girl-friend/wife; **Rocker-~:** rocker's girl; *(Mitglied der Bande)* girl rocker
Braut-: **~bett** das *(hist.)* bridal bed; **~eltern** *Pl.* bride's parents
Bräutigam ['brɔytɪgam] der; ~s, ~e a) [bride]groom; b) *(veralt.: Verlobter)* fiancé; husband-to-be
Braut-: **~jungfer** die bridesmaid; **~kleid** das wedding dress; **~kranz** der bridal wreath; **~leute** *Pl.: s.* **~paar; ~mutter** die bride's mother; **~nacht** die wedding night; **~paar** das bridal couple; bride and groom; **~schau** die; *o. Pl.* **in auf ~schau gehen, ~schau halten** *(ugs. scherzh.)* go *or* be looking for a wife; **~schleier** der bridal veil; **~vater** der bride's father
brav [braːf] 1. *Adj.* a) *(artig)* good; **sei [schön] ~:** be good; **sei ein ~es Kind** be a good boy/girl; b) *(redlich)* honest; upright; **er soll ein**

~es Mädchen heiraten he should marry a good honest girl; c) *(hausbacken)* plain and conservative *⟨clothes⟩*; d) *(veralt.: tapfer)* brave. 2. *adv.* a) **nun iß schön ~ deine Suppe** be a good boy/girl and eat up your soup; **eat up your soup like a good boy/girl; die Kinder spielten ~ in ihrem Zimmer** the children were being good and playing quietly in their room; b) *(redlich)* honestly; c) *(bieder) [recht] ~ spielen/schreiben* play/write quite nicely; d) *(veralt.: tapfer)* bravely
bravo ['braːvo] *Interj.* bravo
Bravo das; ~s, ~s cheer; **das laute ~ der Zuschauer** the loud cheers *or* cheering of the audience; **ein ~ für ...:** three cheers for ...
Bravo·ruf der cheer
Bravour [braˈvuːɐ] die; ~ a) stylishness; **mit ~:** with style and élan; b) *(Tapferkeit)* daring and bravery
Bravour·leistung die brilliant performance
bravourös [bravuˈrøːs] 1. *Adj.* a) *(rasant)* **mit ~em Tempo** at magnificent speed; b) *(meisterhaft)* brilliant. 2. *adv.* a) *(rasant)* with great dash; b) *(meisterhaft)* brilliantly
Bravour·stück das piece of bravura; brilliant performance
BRD [beːɛrˈdeː] die; ~ *(nicht amtlich) Abk.* **Bundesrepublik Deutschland** FRG
Break [breɪk] das; ~s, ~s *(Sport, Musik)* break
Breakdance [breɪkdæns] der; ~[s] breakdancing
brechbar *Adj.* a) breakable; **nicht ~:** unbreakable; b) *(ablenkbar)* refrangible
Brech-: **~bohne** die French bean *(Brit.);* green bean; **~durchfall** der diarrhoea and vomiting *no indef. art.;* **~eisen** das *s.* **~stange**
brechen ['brɛçn̩] 1. *unr. tr. V.* a) break; cut *⟨marble, slate, etc.⟩*; **Blumen ~** *(dichter.)* pluck flowers; **sich ~; den Arm/das Genick ~:** break one's arm/neck; **nichts zu ~ und zu beißen haben** *(geh.)* not have anything at all to eat; b) *(ablenken)* break *⟨water etc.⟩*; refract *⟨light⟩*; c) *(bezwingen)* overcome *⟨resistance⟩*; break *⟨will, silence, record, blockade, etc.⟩*; d) *(nicht einhalten)* break *⟨agreement, contract, promise, the law, etc.⟩*; e) *(ugs.: erbrechen)* bring up. 2. *unr. itr. V.* a) *mit sein* break; *⟨leather⟩* crack; **mir bricht das Herz** *(fig.)* it breaks my heart; **brechend voll sein** be full to bursting; b) *(Beziehungen aufgeben)* break; **er brach mit der Familientradition** he broke [away] from the family tradition; **mit einer Gewohnheit ~:** break a habit; c) **mit sein** *(hervorkommen)* break *⟨durch* through*⟩*; d) *(ugs.: sich erbrechen)* throw up. 3. *unr. refl. V. ⟨waves etc.⟩* break *⟨an + Dat.* on*⟩*; *⟨rays etc.⟩* be refracted
Brecher der; ~s, ~ a) *(Welle)* breaker; b) *(Maschine)* crusher
Brech-: **~mittel** das emetic; **der Mann ist ein echtes ~mittel** *(fig. ugs. abwertend)* that man makes me sick *(coll.) or (coarse)* want to puke; **~reiz** der nausea; **~stange** die crowbar; **mit der ~stange vorgehen** *(fig.)* go about it with a sledgehammer; **ein Sieg mit der ~stange** *(Sport)* a victory by sheer force
brecht[i]sch ['brɛçt(ɪ)ʃ] *Adj.* Brechtian
Brechung die; ~, ~en a) *(Physik)* refraction; b) *(Sprachw.)* breaking
Brechungs·winkel der *(Physik)* angle of refraction
Bredouille [breˈdʊljə] die; ~, ~n *(ugs.)* **in der ~ sein od. sitzen** be in real trouble; **in die ~ kommen** get into real trouble
Bregen ['breːgn̩] der; ~s, ~ *(nordd.)* brains *pl.*
Brei [braɪ] der; ~[e]s, ~e *(Hafer~)* porridge *(Brit.),* oatmeal *(Amer.) no indef. art.;* *(Reis~)* rice pudding; *(Grieß~)* semolina *no indef. art.;* **etw. zu einem ~ verrühren**

979

make sth. into a mash *or* purée; **um den [heißen] ~ herumreden** *(ugs.)* beat about the bush

breiig *Adj.* mushy; **eine ~e Masse** a thick paste

breit [braɪt] **1.** *Adj.* **a)** wide ⟨*street, river, bridge, window, margin, etc.*⟩; broad, wide ⟨*hips, face, shoulders, forehead, etc.*⟩; **etw. ~er machen** widen sth.; **einen ~en Buckel od. Rücken haben** *(fig. ugs.)* have broad shoulders *(fig.)*; **die Beine ~ machen** *(auch fig.)* open one's legs; **die Schuhe ~ treten** stretch one's shoes out of shape; **ein ~es Lachen** a guffaw; **eine ~e Aussprache** a broad accent; **b)** *(bei Maßangaben)* wide; **ein 5 cm ~er Saum** a hem 5 cm wide; **einen Finger ~ sein** be the width of a finger *or* a finger's breadth; **c)** *(groß)* **die ~e Masse** the general public; most people *pl.*; **die ~e Öffentlichkeit** the general public; **~e Bevölkerungsschichten** large sections of the population; **ein ~es Interesse finden** arouse a great deal of interest; **d)** *(ugs.: im Rausch)* high *(coll.)*; stoned *(sl.)*. **2.** *adv.* **a) ~ gebaut** sturdily *or* well built; **~ lachen** guffaw; **etw. ~ darstellen** describe sth. in great detail; **b) der Stoff liegt doppelt ~**: the material is double width

breit·beinig 1. *Adj.; nicht präd.* rolling ⟨*gait*⟩. **2.** *adv.* with one's legs apart; **er stand ~ vor uns** he stood squarely in front of us

Breite *die;* **~, ~n a)** width; breadth; *(bei Maßangaben)* width; **etw. der ~ nach durchsägen** saw through sth. widthways *or* widthwise; **etw. in epischer ~ schildern** *(fig.)* describe sth. in great detail *or* down to the last detail; **in die ~ gehen** *(ugs.)* put on weight; **b)** *(Geogr.)* latitude; **auf/unter 50° nördlicher ~**: at/below latitude 50° north; **c)** *Pl.* *(Gebiet)* **in diesen ~n** in these latitudes

breiten *(geh.) tr., refl. V.* spread

Breiten-: ~grad *der* degree of latitude; **New York und Mailand liegen auf demselben ~:** New York and Milan have the same latitude; **der 30. ~grad** the 30th parallel; **~kreis** *der* [line of] latitude; parallel; **~sport** *der* popular sport; **~wirkung** *die* widespread effect

breit-, Breit-: ~flächig *Adj.* wide; **~flächig gebaut** built over a wide area *postpos.*; **~gefächert** *Adj.; nicht präd.* wide ⟨*range, choice*⟩; **~krempig** *Adj.* broad-brimmed; **~|machen** *refl. V.* *(ugs.)* **a)** take up room; **mach dich nicht so ~:** don't take up so much room; **b)** *(sich ausbreiten)* be spreading; **c)** *(sich niederlassen)* make oneself at home; **~randig** *Adj.* broad-brimmed; **~|schlagen** *unr. tr. V.* *(ugs.)* **sich zu etw. ~schlagen lassen** let oneself be talked into sth.; **er ließ sich ~schlagen** he let himself be persuaded; **~schult[e]rig** *Adj.* broad-shouldered; **~schwanz** *der* caracul; broadtail; **~seite** *die* **a)** *(eines Tisches, Gebäudes, Zimmers usw.)* long side; *(eines Schiffes)* side; **b)** *([Abfeuern der] Geschütze)* broadside; **~spur** *die (Eisenb.)* broad gauge; **~spurig** *Adj.* broad-gauge ⟨*railway etc.*⟩ ⟨*car etc.*⟩ with a wide track; **~|treten** *unr. tr. V. (ugs. abwertend)* go on about; **das Thema ist breitgetreten** this subject has been flogged to death; **~wand** *die (Kino)* wide *or* big screen; **~wand·film** *der* wide-screen *or* big-screen film

Bremer 1. *indekl. Adj.; nicht präd.* Bremen; **der ~ Hafen** the Port of Bremen. **2.** *der; ~s, ~:* native/inhabitant of Bremen; *s. auch* Kölner

bremisch *Adj.* Bremen *attrib.*

Brems-: ~backe *die (Kfz-W.)* brake-shoe; **~belag** *der (Kfz-W.)* brake lining

¹**Bremse** ['brɛmzə] *die;* **~, ~n** brake; **auf die ~ treten** put on the brakes

²**Bremse** *die;* **~, ~n** *(Insekt)* horse-fly

bremsen 1. *itr. V.* brake; **der Dynamo bremst ganz erheblich** the dynamo has quite a considerable braking effect. **2.** *tr. V.* **a)** brake; *(um zu halten)* stop; **b)** *(fig.)* slow down ⟨*rate, development, production, etc.*⟩; restrict ⟨*imports etc.*⟩; **jmdn. ~** *(ugs.)* stop sb.; **er ist nicht [mehr] zu ~** *(ugs.)* there's no stopping him. **3.** *refl. V.* *(ugs.)* stop oneself; hold oneself back

Bremser *der;* **~s, ~** *(Eisenb., Bobsport)* brakeman

Brems-: ~flüssigkeit *die (Kfz-W.)* brake fluid; **~hebel** *der* brake arm; **~klotz** *der* **a)** *(am Fahrrad)* brake-block; *(am Wagen)* brake-pad; **b)** *(Klotz, der vor das Rad geschoben wird)* [wheel] chock; **c)** *(fig.)* obstacle to progress; **~kraft·verstärker** *der (Kfz-W.)* brake servo; **~leitung** *die (Kfz-W.)* brake-pipe; **~leuchte** *die,* **~licht** *das; Pl.* **~lichter** brake-light; **~pedal** *das* brake-pedal; **~probe** *die* brake test; **~scheibe** *die (Kfz-W.)* brake-disc; **~spur** *die* skid-mark; **~trommel** *die (Kfz-W.)* brake-drum

Bremsung *die;* **~, ~en** braking

Brems-: ~weg *der* braking distance; **~zylinder** *der (Kfz-W.)* brake-cylinder

brenn-, Brenn-: ~bar *Adj.* [in]flammable; combustible; **leicht ~bar** highly [in]flammable *or* combustible; **~dauer** *die; o. Pl.* **a)** *(einer Glühlampe)* life; **b)** *(im Brennofen)* firing time; **~eisen** *das* **a)** *s.* **~schere; b)** *(für Brandzeichen)* branding-iron

brennen ['brɛnən] **1.** *unr. itr. V.* **a)** ⟨*wood etc.*⟩ burn; ⟨*house etc.*⟩ burn, be on fire; **schnell/leicht ~:** catch fire quickly/easily; **es brennt!** fire!; **in der Hotelbar hat es gebrannt** there was a fire in the hotel bar; **wo brennt's denn?** *(fig. ugs.)* what's the panic?; **b)** *(glühen)* be alight; **c)** *(leuchten)* be on; **in ihrem Zimmer brennt Licht** there is a light on in her room; **das Licht ~ lassen** leave the light on; **die Birne/Kerze brennt ganz schwach** the bulb is glowing very dimly/the candle is burning very low; **d)** *(scheinen)* **die Sonne brannte so stark** the sun was so strong; **die Sonne brannte** the sun was burning down; **e)** *(schmerzen)* ⟨*wound etc.*⟩ burn, sting; ⟨*feet etc.*⟩ hurt, be sore; **mir ~ die Augen** my eyes are stinging *or* smarting; **Pfeffer brennt auf der Zunge** pepper burns the tongue; **f)** *(trachten)* **darauf ~, etw. zu tun** be dying *or* longing to do sth.; **auf Rache ~:** be bent on *or* dying for revenge; **g)** *(ungeduldig sein)* **vor Neugier ~:** be dying to know; **er brannte vor Ehrgeiz** he was burning with ambition. **2.** *unr. tr. V.* **a)** burn ⟨*hole, pattern, etc.*⟩; **einem Tier ein Zeichen ins Fell ~:** brand an animal; **gebranntes Kind scheut das Feuer** *(Spr.)* once bitten, twice shy *(prov.)*; **b)** *(mit Hitze behandeln)* fire ⟨*porcelain etc.*⟩; distil ⟨*spirits*⟩; **gebrannter Kalk** quicklime; **c)** *(rösten)* roast ⟨*coffee-beans, almonds, etc.*⟩; brown ⟨*flour, sugar, etc.*⟩

brennend 1. *Adj. (auch fig.)* burning; urgent ⟨*topic, subject*⟩; lighted ⟨*cigarette*⟩; raging ⟨*thirst*⟩; violent ⟨*homesickness*⟩. **2.** *adv.* **ich würde ~ gern mal ein Wochenende dort verbringen** I should absolutely love to spend a weekend there; **ich wüßte ~ gern, ob ...:** I'm dying to know whether ...; **es scheint dich ja ~ zu interessieren, was besprochen wurde** you seem to be dying to know what was discussed

Brenner *der;* **~s, ~:** burner

Brennerei *die;* **~, ~en a)** *o. Pl.* distilling; **b)** *(Betrieb)* distillery

Brennessel ['brɛnɛsl] *die;* **~, ~n** stinging nettle

Brenn-: ~glas *das* burning-glass; **~holz** *das; o. Pl.* firewood; **~material** *das* fuel; **wir benutzen alte Zeitungen als ~material** we use old newspapers to burn on the fire; **~nessel** *die s.* Brennessel; **~ofen** *der* kiln; **~punkt** *der (auch Mathematik, Optik)* focus; **im ~punkt des Interesses stehen** be the focus of attention *or* interest; **in den ~punkt der Diskussion rücken** become the focal point of discussion; **~schere** *die* curling-tongs *pl. (Brit.)*; curling iron *(Amer.)*; **~spiegel** *der (Optik)* burning-mirror; **~spiritus** *der* methylated spirits; **~stab** *der (Kerntechnik)* fuel rod; **~stoff** *der* fuel; **~weite** *die (Optik)* focal length

brenzlig ['brɛntslɪç] *Adj.* **a)** ⟨*smell, taste, etc.*⟩ of burning *not pred.*; **~ riechen/schmecken** smell of burning/taste burnt; **b)** *(ugs.: bedenklich)* dicey *(sl.)*; **mir wird die Sache zu ~:** things are getting too hot for me

Bresche ['brɛʃə] *die;* **~, ~n** gap; breach; **[für jmdn.] in die ~ springen** stand in [for sb.]; **für jmdn./etw. eine ~ schlagen** give one's backing to sb./sth.

Bretagne [bre'tanjə] *die;* **~:** Brittany

Bretone [bre'to:nə] *der;* **~n, ~n, Bretonin** *die;* **~, ~nen** Breton

Brett [brɛt] *das;* **~[e]s, ~er a)** board; *(lang und dick)* plank; *(Diele)* floorboard; **hier ist die Welt [wie] mit ~ern vernagelt** *(ugs.)* this place is like the end of the earth; **das Schwarze ~:** the notice-board; **ein ~ vor dem Kopf haben** *(fig. ugs.)* be thick; **ich habe heute einfach ein ~ vor dem Kopf** *(fig. ugs.)* I just can't think straight today; **das ~ bohren, wo es am dünnsten ist** *(fig. ugs.)* take the easy way out; **b)** *(für Spiele)* board; **c)** *Pl.* *(Skisport)* skis; **d)** *Pl. (Bühne)* stage *sing.*; boards; **auf den ~ern stehen** be on [the] stage *or* on the boards; **die ~er, die die Welt bedeuten** *(geh.)* the stage *sing.*; the boards; **e)** *Pl. (Boxen)* floor *sing.*; canvas *sing.*; **er schickte seinen Gegner auf die ~er** he put his opponent on the canvas; he floored his opponent

Brettchen *das;* **~s, ~ a)** *wooden board used for breakfast*; **b)** *(zum Schneiden)* board

Brettel ['brɛtl] *das;* **~s, ~[n]** *(südd., österr.)* **a)** board; **b)** *Pl. (Skisport)* skis

Bretter-: ~boden *der* wooden floor; **~bude** *die* [wooden] hut, shack; **~verschlag** *der* [wooden] shed; **~wand** *die* wooden wall *or* partition; **~zaun** *der* wooden fence

Brett·spiel *das* board game

Brevier [bre'viːɐ] *das;* **~s, ~e a)** *(kath. Rel.)* breviary; **b)** *(Leitfaden)* guide *(für* to)

Brezel ['bre:tsl] *die;* **~, ~n, Brezen** ['bre:tsn] *der;* **~s, ~** *od.* **die;* **~, ~** *(österr.)* pretzel

Bridge [brɪtʃ] *das;* **~:** bridge

Brief [briːf] *der;* **~[e]s, ~e a)** letter; **blauer ~** *(ugs.)* warning letter; **offener ~** *(fig.)* open letter; **jmdm. ~ und Siegel [auf etw. (Akk.)] geben** *(fig.)* promise sb. faithfully *or* give sb. one's word [on sth.]; **b)** *(Rauschgiftpäckchen)* deck

Brief-: ~beschwerer *der;* **~s, ~:** paperweight; **~block** *der; Pl.* **~blocks** writing-pad; letter-pad; **~bogen** *der* sheet of writing-paper *or* notepaper; **~bögen mit Kopf** letter-headed writing-paper *sing. or* notepaper *sing.*; **~bombe** *die* letter-bomb

Briefchen *das;* **~s, ~ a) ein ~ Nähnadeln/Streichhölzer** a packet of needles/book of matches; **b)** *(kurzer Brief)* note

Brief-: ~druck·sache *die (Postw.)* printed paper *(sent as a letter)*; **eine ~drucksache** a piece of printed matter; **die Gebühren für ~drucksachen** the rates for printed matter *sing.*; **~freund** *der,* **~freundin** *die* pen-friend; pen-pal *(coll.)*; **~geheimnis** *das* privacy of the post; secrecy of correspondence; **~karte** *die* correspondence card; **~kasten** *der* **a)** post-box; pillar-box *(Brit.)*; **b)** *(privat)* letter-box; **lebender/toter ~kasten** *(Geheimdienstjargon)* [live] letter-box/letter-box; **c)** *(in der Zeitung)* agony column *(coll.)*

Briefkasten-: ~firma *die* accommodation address; **~tante** *die (ugs. scherzh.)* agony aunt *(coll.)*

Brief-: ~**kopf** der a) letter-heading; b) *(aufgedruckt)* letter-head; ~**kuvert** das *(veralt.)* s. ~**umschlag**
brieflich 1. *Adj.; nicht präd.* written. 2. *adv.* by letter
Brief·marke die [postage] stamp
Briefmarken-: ~**album** das stamp-album; ~**sammler** der stamp-collector; philatelist; ~**sammlung** die stamp-collection; **wollen Sie sich meine ~sammlung ansehen?** *(fig. verhüll.)* come up and see my etchings *(joc.)*
Brief-: ~**öffner** der letter-opener; ~**papier** das writing-paper; notepaper; ~**partner** der, ~**partnerin** die pen-friend; ~**porto** das [letter] rate; ~**post** die letter post; ~**roman** der epistolary novel; ~**schreiber** der [letter-]writer; ~**sendung** die item sent by letter post; ~**tasche** die wallet; ~**taube** die carrier pigeon; ~**träger** der postman; letter-carrier *(Amer.);* ~**trägerin** die postwoman; female letter-carrier *(Amer.);* ~**um·schlag** der envelope; ~**waage** die letter-scales pl.; ~**wahl** die postal vote; ~**wechsel** der a) correspondence; **einen ~wechsel führen have** a or be in correspondence; **mit jmdm. in ~wechsel stehen** be in correspondence or correspond with sb.; b) *(gesammelte Briefe)* correspondence
Brie·käse ['bri:-] der Brie
Bries [bri:s] das; ~es, ~e thymus [gland] *(esp. of calf);* *(Kochk.)* sweetbreads pl.
briet [bri:t] *1. u. 3. Pers. Sg. Prät. v.* **braten**
Brigade [bri'ga:də] die; ~, ~n a) *(Milit.)* brigade; b) *(DDR)* work team; [work] brigade
Brigade-: ~**führer** der s. **Brigadier**; ~**general** der *(Milit.)* brigadier
Brigadier a) [briga'die:] der; ~s, ~s *(Milit.)* brigadier; b) [briga'di:ɐ] od. briga'di:ɐ] der; ~s, ~s od. ~e *(DDR)* [work] team leader; brigade leader
Brigadierin die; ~, ~nen *(DDR)* [work] team leader; brigade leader; s. auch **-in**
Brigg [brɪk] die; ~, ~s *(Seew.)* brig
Brikett [bri'kɛt] das; ~s, ~s briquette
brillant [brɪl'jant] 1. *Adj.* brilliant. 2. *adv.* brilliantly
¹**Brillant** [brɪl'jant] der; ~en, ~en brilliant
²**Brillant** die; ~ *(Druckw.)* 3-point type
Brillantine [brɪljan'ti:nə] die; ~, ~n *(veralt.)* brilliantine
Brillant-: ~**kollier** das (brilliant-cut) diamond necklace; ~**ring** der (brilliant-cut) diamond ring; ~**schliff** der brilliant cut; ~**schmuck** der; o. Pl. (brilliant-cut) diamond jewellery
Brillanz [brɪl'jants] die; ~ a) brilliance; b) *(Akustik)* clarity; sound quality
Brille ['brɪlə] die; ~, ~n a) glasses or spectacles pl.; spectacles pl.; specs *(coll.)* pl.; **eine ~:** a pair of glasses or spectacles; **eine ~ tragen** wear glasses or spectacles; **etw. durch eine gefärbte ~ sehen** *(fig.)* look at sth. subjectively or from one's own point of view; **etw. durch eine rosa[rote] ~ sehen** od. **betrachten** *(fig.)* see sth. through rose-coloured or rose-tinted spectacles; b) *(ugs.: Klosett~)* [lavatory or toilet] seat
Brillen-: ~**etui** das, ~**futteral** das glasses-case; spectacle-case; ~**gestell** das spectacle-frame; [glasses-]frame; ~**glas** das [spectacle-]lens; ~**schlange** die a) *(Zool.)* spectacled cobra; b) *(ugs. scherzh.)* **in der Schule wurde ich oft ~schlange genannt** I was often called 'four-eyes' at school; ~**träger** der person who wears glasses; person with glasses
brillieren [brɪl'ji:rən] *itr. V. (geh.)* be brilliant
Brimborium [brɪm'bo:rjʊm] das; ~s *(ugs. abwertend)* hoo-ha *(coll.)*
bringen ['brɪŋən] *unr. tr. V.* a) *(her~)* bring; *(hin~)* take; **sie brachte mir/ich brachte ihr ein Geschenk** she brought me/I took her a present; **Unglück/Unheil [über jmdn.] ~:** bring misfortune/disaster [upon sb.]; **jmdm. Glück/Unglück ~:** bring sb. [good] luck/bad luck; **jmdm. eine Nachricht ~:** bring sb. news; **der letzte Winter brachte uns viel Schnee** *(fig.)* we had a lot of snow last winter; b) *(begleiten)* take; **jmdn. nach Hause/zum Bahnhof ~:** take sb. home/to the station; **das Auto in die Garage ~:** put the car in the garage; **die Kinder ins Bett** od. **zu Bett ~:** put the children to bed; c) **es zu etwas/nichts ~:** get somewhere/get nowhere or not get anywhere; **er hat es zu nichts weiter als zum Redaktionsassistenten gebracht** he didn't get further than assistant editor; **es bis zum Direktor ~:** make it to director; **es zu hohem Ansehen ~:** acquire standing or a high reputation; **es weit ~:** get on or do very well; **es im Leben weit ~:** go far in life; d) **jmdn. ins Gefängnis ~** ⟨crime, misdeed⟩ land sb. in prison or gaol; **eine Sache vor Gericht ~:** take a matter to court; **das Gespräch auf etw./ein anderes Thema ~:** bring the conversation round to sth./change the topic of conversation; **jmdn. wieder auf den rechten Weg ~** *(fig.)* get sb. back on the straight and narrow; **jmdn. zum Lachen/zur Verzweiflung ~:** make sb. laugh/drive sb. to despair; **jmdn. dazu ~, etw. zu tun** get sb. to do sth.; **du hast mich auf eine gute Idee gebracht** you have given me a good idea; **etw. hinter sich ~** *(ugs.)* get sth. over and done with; **es nicht über sich** *(Akk.)* ~ **[können], etw. zu tun** not be able to bring oneself to do sth.; **etw. an sich** *(Akk.)* ~ *(ugs.)* collar sth. *(sl.);* e) *(mit Präp.* **um)** **jmdn. um seinen Besitz ~:** do sb. out of his property; **jmdn. um den Schlaf/Verstand ~:** rob sb. of his/her sleep/drive sb. mad; f) *(veröffentlichen)* publish; **die Zeitschrift bringt jetzt eine Artikelserie über ...:** the magazine is running a series of articles about ...; **was bringt denn die Zeitung heute darüber?** what does it say about it in today's paper?; **alle Zeitungen brachten Berichte über das Massaker** all the papers carried reports of the massacre; g) *(senden)* broadcast; **um 23.00 Uhr ~ wir die letzten Nachrichten** the late-night news will be at 11 o'clock; **das Fernsehen bringt eine Sondersendung** there is a special programme on television; **einen Film im Fernsehen ~:** show a film on television; **das Fernsehen hat nichts darüber gebracht** there was nothing about it on the television; h) *(darbringen)* **das/ein Opfer ~:** make the/a sacrifice; **eine Nummer/ein Ständchen ~:** perform a number/a serenade; i) *(erbringen)* **einen großen Gewinn/hohe Zinsen ~:** make a large profit/earn high interest; **das Gemälde brachte 50 000 DM** the painting fetched 50,000 marks; **das bringt nichts** *(ugs.)* it's pointless; j) **das bringt es mit sich, daß ... :** that means that ...; **seine Krankheit bringt es mit sich, daß ... :** it's because of or to do with his illness that ...; k) *(verursachen)* **das bringt nur Ärger** it can only be to your advantage; l) *(salopp: schaffen, erreichen)* **das bringt du nicht** you'll not manage that; **der Wagen/diese Kneipe bring't's doch nicht** the car/this pub is no good; **der Wagen bringt 210 km/h** the car can or will do 210 km/h; m) *(hinein~, heraus~ bewegen)* get (in + Akk. into, aus out of); **der Schrank ist viel zu groß, als daß ich ihn allein von der Stelle ~ könnte** the cupboard is far too big for me to shift on my own; **den Wagen zum Laufen ~:** get the car to go; **ich bringe den Schlüssel nicht ins Schloß** *(bes. südd.)* I can't get the key into the lock
Bring·schuld die *(Rechtsw.)* debt to be paid at the creditor's domicile
brisant [bri'zant] *Adj.* explosive; **ein recht ~es Unternehmen** a highly risky undertaking; **~e Sprengstoffe** highly explosive materials
Brisanz [bri'zants] die; ~, ~en a) o. Pl. explosiveness; explosive nature; **ein Thema von hoher politischer ~:** a highly explosive political subject; b) *(Waffenkunde)* explosive force
Brise ['bri:zə] die; ~, ~n breeze
Britannien [bri'tanjən] (das); ~s Britain; *(hist.)* Britannia
Brite ['brɪtə] der; ~n, ~n Briton; **die ~n** the British; **er ist [kein] ~:** he is [not] British; **der ~ gewann eine Medaille** the British athlete/scholar etc. won a medal
Britin die; ~, ~nen Briton; British girl/woman; **die ~nen** the British [girls/women]; **sie ist [keine] ~:** she is [not] British; s. auch **-in**
britisch *Adj.* British; **die Britischen Inseln** the British Isles
Bröckchen ['brœkçən] das; ~s, ~: bit; small piece
bröckchen·weise *Adv. s.* **brockenweise**
bröckelig *Adj.* crumbly
bröckeln ['brœkl̩n] *tr., itr. V.* a) crumble; b) **mit sein von der Decke/Wand ~:** crumble away from the ceiling/wall
Brocken ['brɔkn̩] der; ~s, ~ a) *(von Brot)* hunk, chunk; *(von Fleisch)* chunk; *(von Lehm, Kohle, Erde)* lump; b) *(fig.)* **ein paar ~ Englisch** a smattering of English; **ein paar ~ eines Gesprächs auffangen** catch a few snatches of a conversation; **jmdm. einen fetten ~ wegschnappen** *(ugs.)* snap up a real opportunity from under sb.'s nose; **das war ein harter ~** *(ugs.)* that was a tough or a hard nut to crack; c) *(ugs.: dicke Person)* lump; **ist das ein ~!** what a big fat lump he/she is!
brocken·weise *Adv. (auch fig.)* bit by bit
bröcklig s. **bröckelig**
brodeln ['bro:dl̩n] *itr. V.* bubble; **es brodelt in der Masse/Bevölkerung** *(fig.)* there is seething unrest among the masses/in the population
Brodem ['bro:dəm] der; ~s *(geh.)* vapour *(literary)*
Broiler ['brɔylɐ] der; ~s, ~ *(DDR)* s. **Brathähnchen**
Brokat [bro'ka:t] der; ~[e]s, ~e brocade
Brokat·kleid das brocade dress
Brokkoli ['brɔkoli] Pl. broccoli sing.
Brom [bro:m] das; ~s *(Chemie)* bromine
Brom·beere ['brɔm-] die a) bramble; blackberry-bush; b) *(Frucht)* blackberry; **~n pflücken gehen** go blackberrying
Brombeer-: ~**konfitüre** die, ~**marmelade** die blackberry jam; ~**strauch** der bramble; blackberry-bush
Bronchial-: ~**asthma** das *(Med.)* bronchial asthma; ~**katarrh** der *(Med.)* s. **Bronchitis;** ~**tee** der bronchial tea
Bronchie ['brɔnçiə] die; ~, ~n *(Med.)* bronchial tube; bronchus
Bronchitis ['brɔnçitɪs] die; ~, Bronchitiden *(Med.)* bronchitis
Bronze ['brõ:sə] die; ~: bronze; **diese Leistung reichte gerade noch für ~** *(Sportjargon)* this performance was just enough to get a bronze; s. auch **Gold**
Bronze·medaille die bronze medal
bronzen ['brõ:sn̩] *Adj.* bronze ⟨object⟩; bronzed ⟨skin⟩; **~ schimmern** glint like bronze
Bronze·zeit die Bronze Age
Brosame ['bro:za:mə] die; ~, ~n *(geh. veralt., auch fig.)* crumb
Brosche ['brɔʃə] die; ~, ~n brooch
broschiert [brɔ'ʃi:rt] *Adj.* paperback; **~e Ausgabe** a paperback or soft-cover edition; **~e Heftchen** booklets
Broschüre [brɔ'ʃy:rə] die; ~, ~n booklet; pamphlet; *(Reiseprospekt)* brochure
Brösel ['brø:zl̩] der; ~s, ~, *(österr.)* das; ~s, ~: breadcrumb
bröselig *Adj.* crumbly

bröseln — Brunnen

bröseln 1. *itr. V.* crumble. **2.** *tr. V.* crumble
Brot [bro:t] *das; ~[e]s, ~e* **a)** bread *no pl., no indef. art.;* (*Laib ~*) loaf [of bread]; **wes ~ ich ess', des Lied ich sing'** (*Spr.*) he/she is not going to bite the hand that feeds him/her; **Bier ist flüssiges ~** (*scherzh.*) beer is full of nourishment; **der Mensch lebt nicht vom ~ allein** (*Spr.*) man shall not live by bread alone (*bibl.*).; **~ und Arbeit finden** find a paid job; **b)** (*Scheibe Brot*) slice [of bread]; **c)** *s.* **Butterbrot**; **d)** (*Lebensunterhalt*) daily bread (*fig.*).; **das ist ein hartes ~**: it's a hard way to earn a *or* your living
Brot-: ~aufstrich *der* spread; **~belag** *der* topping; (*im zusammengeklappten Brot*) filling; **~beruf** *der* occupation that enables one to make a living; **~beutel** *der* satchel
Brötchen ['brø:tçən] *das; ~s, ~*: roll; **kleinere ~ backen [müssen]** (*fig. ugs.*) [have to] lower one's sights; **seine/die ~ verdienen** (*ugs.*) earn one's/the daily bread
Brötchen·geber *der; ~s, ~* (*scherzh.*) employer
brot-, Brot-: ~einheit *die* carbohydrate unit; **~erwerb** *der* way to earn a living; **~fabrik** *die* bakery (*producing bread on a large scale*); **~frucht·baum** *der* breadfruit tree; **~kanten** *der* [bread] crust; **~kasten** *der* bread-bin; **~korb** *der* breadbasket; **jmdm. den ~korb höher hängen** (*ugs.*) put sb. on short rations; (*fig.*) put the squeeze on sb. (*sl.*).; **~krume** *die*, **~krümel** *der* breadcrumb; **~kruste** *die* [bread] crust; **~laib** *der* loaf [of bread]; **~los** *Adj.* unemployed; **jmdn. ~los machen** put sb. out of work; **das ist eine ~lose Kunst** there's no money in that; **~maschine** *die* breadslicer; **~messer** *das* bread-knife; **~neid** *der* jealousy of sb.'s position/salary; **~rinde** *die* [bread] crust; **~scheibe** *die* slice of bread; **~schneide·maschine** *die s.* **~maschine; ~studium** *das; o. Pl.* für einen großen Teil der Studenten heute ist die Medizin ein reines **~studium** a lot of today's students choose medicine because it will get them a well-paid job; **~teig** *der* bread dough; **~zeit** *die* (*südd.*) **a)** (*Pause*) [tea-/coffee-/lunch-]break; **b)** *o. Pl.* (*Vesper*) snack; (*Vesperbrot*) sandwiches *pl.*
brr [br̩] *Interj.* **a)** (*bei Kälte*) brr; (*vor Ekel*) ugh; **b)** (*Zuruf an Zugtier*) whoa
BRT *Abk.* Bruttoregistertonne grt
¹Bruch [brʊx] *der; ~[e]s, Brüche* ['brʏçə] **a)** (*das Brechen*) break; **der ~ des Deiches/Dammes** the breaching (*Brit.*) *or* (*Amer.*) breaking of the dike/dam; **das hätte ~ geben können** (*ugs.*) there could have been a crash; **~ machen** (*ugs.*) break things; (*Fliegerspr.*) crash; **in die Brüche gehen** (*zerbrechen*) break; get broken; (*enden*) break up; **zu ~ gehen** break; get broken; **etw. zu ~ fahren** smash sth. up; **b)** (*~stelle*) break; **die Brüche im Deich** the breaches (*Brit.*) *or* (*Amer.*) breaks in the dike; **c)** (*Med.: Knochen~*) fracture; break; **d)** (*Med.: Eingeweide~*) hernia; rupture; **sich** (*Dat.*) **einen ~ heben** rupture oneself *or* give oneself a hernia [by lifting sth.]; **e)** (*fig.*) (*eines Vorsprechens*) breaking; (*eines Abkommens, Gesetzes, einer Verfassung*) violation; (*mit der Vergangenheit, Tradition, Partei*) break (*mit* with); (*einer Freundschaft*) break; (*einer Ehe*) break-up; **ein ~ des Waffenstillstandes** a violation of the cease-fire; **der ~ mit den Elternhaus** the break with home; **es kam zum ~ zwischen ihnen** they broke up; **f)** (*Math.*) fraction; **g)** (*Kaufmannsspr.: beschädigte Ware*) **diese Schokolade ist ~**: this chocolate is broken; **h)** (*Falte*) crease; **nach dem ~ falten** fold along the crease/creases; **i)** (*salopp: Einbruch*) break-in; **einen ~ machen** do a break-in
²Bruch *der od. das; ~[e]s, Brüche* (*Sumpfland*) marsh
bruch-, Bruch-: ~band *das; Pl.* **~bänder**
(*Med.*) truss; **~bude** *die* (*ugs. abwertend*) hovel; dump (*coll.*); **~fest** *Adj.* unbreakable
brüchig ['brʏçɪç] *Adj.* **a)** brittle, crumbly ⟨*rock, brickwork*⟩; **das Leder mit Creme einreiben, damit es nicht ~ wird** rub cream into the leather to keep it from cracking; **der Stoff ist ziemlich ~**: the material is splitting quite a bit; **b)** (*fig.*) crumbling ⟨*relationship, marriage, etc.*⟩; **c)** (*rauh*) rough; cracked
Brüchigkeit *die; ~* **a)** brittleness; crumbliness; **b)** *die* **~ ihrer Beziehung/Ehe ist für alle offenbar** it is obvious to everyone that their relationship/marriage is breaking up; **c)** (*Rauheit*) roughness
bruch-, Bruch-: ~landen *itr. V.*; *mit sein; nur im Inf. u. 2. Part.* crash-land; **make a crash-landing**; **~landung** *die* crash-landing; **~los** *Adj.* without a break *postpos.*; **~operation** *die* hernia operation; **~pilot** *der* (*ugs.*) crash-happy pilot; **~rechnen** *itr. V.; nur im Inf.* do fractions; **~rechnen** *das* fractions *pl.* [*das*] **~rechnen beibringen** teach sb. how to do fractions; **beim ~rechnen ...: when doing fractions ...**; **~rechnung** *die* fractions *pl.*; **~schaden** *der* breakage; **~schokolade** *die* broken chocolate; **~sicher** *Adj.* unbreakable; **~stein** *der* undressed stone; **~stelle** *die* break; (*von Knochen auch*) fracture; **die ~stelle mit Klebstoff bestreichen** apply adhesive to the broken area; **~strich** *der* fraction line; **~stück** *das* fragment; (*großes Stück*) piece; (*fig.*) snatch; **~stückhaft 1.** *Adj.* fragmentary; **2.** *adv.* in a fragmentary way; **~teil** *der* fraction; **im ~teil einer Sekunde** in a fraction of a second; **in a split second; er kam um den ~teil einer Sekunde zu spät** he came a split second too late; **~zahl** *die* fraction
Brücke ['brʏkə] *die; ~, ~n* **a)** (*auch: Schiffs~, Zahnmed., Bodenturnen, Ringen*) bridge; **die od. alle ~n hinter sich** (*Dat.*) **abbrechen** (*fig.*) burn one's bridges (*fig.*); **jmdm. eine [goldene] ~** *od.* **[goldene] ~n bauen** (*fig.*) make things easier for sb.; **b)** (*Landungs~*) gangway; gangplank; **c)** (*Teppich*) rug; **d)** (*Anat.*) pons [Varolii]
Brücken-: ~bau *der; Pl.* **~bauten a)** *o. Pl.* building *or* construction of a/the bridge; (*allgemein*) bridge-building; bridge construction; **b)** (*Brücke*) bridge [structure]; **~bogen** *der* arch [of a/the bridge]; **~geländer** *das* parapet; railing; **~heilige** *der/die* sculptured saint [on a/the bridge]; **~kopf** *der* (*Milit., auch fig.*) bridgehead; **~pfeiler** *der* pier [of a/the bridge]; **~waage** *die* weighbridge; **~zoll** *der* [bridge] toll; **~zoll bezahlen** pay a [bridge] toll
Bruder ['bru:dɐ] *der; ~s, Brüder* ['bry:dɐ] **a)** (*auch: Mitmensch, Mönch*) brother; **die Brüder Müller** the Müller brothers; **die brothers Müller; ~ Peter** Brother Peter; **und willst du nicht mein ~ sein, so schlag' ich dir den Schädel ein** if you're not my friend, then I'll treat you as an enemy; **der große ~** (*fig.*) Big Brother; **der große/kleine ~** (*fig.: die größere/kleinere Ausgabe*) the larger/smaller edition; **unter Brüdern** (*fig. ugs. scherzh.*) between *or* amongst friends; **b)** (*ugs. abwertend: Mann*) guy (*sl.*); **ein ziemlich windiger ~**: a bit of a dodgy (*Brit.*) *or* shady character (*coll.*); **~ Lustig** *od.* **Leichtfuß** (*veralt. scherzh.*) lighthearted fellow; *s. auch* **warm 1 c**
Bruder·bund *der* (*geh., bes. DDR*) comradeship; fraternal links *pl.*
Brüderchen ['bry:dɐçən] *das; ~s, ~*: little brother; ein kleines ~ : little brother
Bruder-: ~herz *das; o. Pl.* (*veralt., noch scherzh.*) dear brother; **hör mal, ~herz** listen, brother dear; **~krieg** *der* fratricidal war; **~kuß** *der* brotherly kiss; **~land** *das* (*geh., bes. DDR*) fraternal country
brüderlich 1. *Adj.* brotherly. **2.** *adv.* (*im politischen Bereich*) fraternal. **2.** *adv.* in a brotherly way; (*im politischen Bereich*) fraternally; **etw. ~ [mit jmdm.] teilen** share sth. [with sb.] in a fair and generous way
Brüderlichkeit *die; ~*: brotherliness; (*im politischen Bereich*) fraternity
Bruder-: ~liebe *die* brotherly love; **~mord** *der* fratricide; **~mörder** *der*, **~mörderin** *die* fratricide
Bruder·partei *die* (*bes. DDR*) fraternal party
Bruderschaft *die; ~, Brüderschaft** *die; ~, ~en* **a)** *o. Pl.* [*mit jmdm.*] **~ trinken** to close friendship [with sb.] (*agreeing to use the familiar 'du' form*); **b)** (*Rel.*) brotherhood
Bruder-: ~volk *das* **a)** (*bes. DDR*) sister people; **b)** (*veralt. geh.*) kindred people; **~zwist** *der* feud between brothers; (*im politischen Bereich*) fraternal feud
Brühe ['bry:ə] *die; ~, ~n* **a)** stock; (*als Suppe*) clear soup; broth; **b)** (*ugs. abwertend: Getränk*) muck; **eine abscheuliche ~** (*fig.*) a revolting concoction; **c)** (*abwertend: verschmutztes Wasser*) dirty *or* filthy water; **d)** (*Kochk.: Kochwasser*) water; **e)** (*ugs.: Schweiß*) sweat
brühen *tr. V.* **a)** blanch; **b)** (*auf~*) brew, make ⟨*tea*⟩; make ⟨*coffee, soup*⟩
brüh-, Brüh-: ~warm 1. *Adj.* hot ⟨*news*⟩; very latest ⟨*gossip etc.*⟩; **2.** *adv.* **etw. ~warm weitererzählen** pass sth. on *or* spread sth. around straight away; **~würfel** *der* stock cube; **~wurst** *die* sausage (*which is heated in boiling water*)
Brüll·affe *der* (*Zool.*) howler [monkey]; howling monkey
brüllen ['brʏlən] **1.** *itr. V.* **a)** ⟨*bull, cow, etc.*⟩ bellow; ⟨*lion, tiger, etc.*⟩ roar; ⟨*elephant*⟩ trumpet; **b)** (*ugs.: schreien*) roar; shout; **vor Schmerzen/Lachen ~**: roar with pain/laughter; **brüll nicht so!** there's no need to shout like that; **nach jmdm. ~**: shout to *or* for sb.; **~ des Gelächter** roars *pl.* of laughter; **das ist [ja] zum Brüllen** (*ugs.*) it's a [real] scream; what a scream; **c)** (*ugs.: weinen*) howl; bawl; **er brüllte wie am Spieß** he bawled his head off. **2.** *tr. V.* yell; shout
Brumm-: ~bär *der* (*ugs.*) grouch (*coll.*); **~baß** *der* (*ugs.*) deep *or* bass voice; **b)** *s.* **Kontrabaß**
brummeln ['brʊml̩n] *tr., itr. V.* (*ugs.*) mumble; mutter
brummen ['brʊmən] *tr., itr. V.* **a)** ⟨*insect*⟩ buzz; ⟨*bear*⟩ growl; ⟨*engine etc.*⟩ drone; **mir brummt der Schädel od. Kopf** (*ugs.*) my head is buzzing; **b)** (*sich ~ bewegen*) ⟨*fly etc.*⟩ buzz; ⟨*lorry etc.*⟩ thunder; ⟨*moped*⟩ buzz; **c)** (*unmelodisch singen*) drone; **d)** (*mürrisch sprechen*) mumble; mutter; **e)** (*ugs. veralt.: in Haft sein*) do time; **zwei Jahre ~**: do two years; **f)** (*ugs.: nachsitzen*) stay behind
Brummer *der; ~s, ~* (*ugs.*) **a)** (*Fliege*) bluebottle; **b)** (*Lkw*) heavy truck (*Brit.*) *or* truck
Brummi *der; ~s, ~s* (*ugs.*) lorry (*Brit.*); truck
brummig (*ugs.*) **1.** *Adj.* grumpy. **2.** *adv.* grumpily
Brumm-: ~kreisel *der* humming top; **~schädel** *der* (*ugs.*) thick head; **~ton** *der* humming noise
brünett [brʏ'nɛt] *Adj.* dark-haired ⟨*person*⟩; dark ⟨*hair*⟩; **sie ist ~**: she's [a] brunette
Brünette *die; ~, ~n* brunette
Brunft [brʊnft] *die; ~, Brünfte* ['brʏnftə] (*Jägerspr.*) *s.* **Brunst**
brunften *itr. V.* (*Jägerspr.*) brunsten
Brunft·hirsch *der* (*Jägerspr.*) rutting stag
brunftig *Adj.* (*Jägerspr.*) rutting ⟨*male animal*⟩; ⟨*female animal*⟩ in *or* on heat
Brunft-: ~schrei *der* (*Jägerspr.*) bell; **~zeit** *die* (*Jägerspr.*) *s.* **Brunstzeit**
Brunnen ['brʊnən] *der; ~s, ~* **a)** well; (*fig. geh.*) fountain (*literary*); **den ~ [erst] zu-**

Brunnenbecken | **Buchladen**

decken, wenn das Kind hineingefallen ist lock the stable door after the horse has bolted *(fig.)*; **b)** *(Spring~)* fountain; **c)** *(Wasser einer Heilquelle)* spring water; ~ **trinken** take the waters *pl.*
Brunnen-: ~**becken** das basin [of a/the fountain]; ~**figur** die figure on a/the fountain; ~**haus** das pump-room; ~**kresse** die watercress; ~**kur** die [spa] cure; **eine** ~**kur machen** take a cure/a course of treatment at a spa; ~**putzer** der *in schaffen wie ein* ~**putzer** *(ugs., bes. südwestd.)* slave away; work like a horse; ~**vergifter** der; ~s, ~: water-poisoner; *(fig. abwertend)* trouble-maker; ~**vergiftung** die water-poisoning; *(fig. abwertend)* trouble-making
Brünnlein ['brʏnlai̯n] das; ~s, ~ **a)** [little] well; **b)** *(Springbrunnen)* [little] fountain
Brunst [brʊnst] die; ~, **Brünste** ['brʏnstə] *(von männlichen Tieren)* heat; *(von weiblichen Tieren)* heat; **Männchen/Weibchen in der** ~: rutting males/females in *or* on heat
brunsten *itr. V.* ⟨*male animal*⟩ rut; ⟨*female animal*⟩ be in *or* on heat
brünstig ['brʏnstɪç] **1.** *Adj.* rutting ⟨*male animal*⟩; ⟨*female animal*⟩ in *or* on heat. **2.** *adv.* ~ **röhren** bell
Brunst-: ~**schrei** der bell; ~**zeit** die *(bei männlichen Tieren)* rut; rutting season *(bei weiblichen Tieren)* [season of] heat
brunzen ['brʊntsn̩] *itr. V. (landsch. derb)* [have a] piss *(coarse)*; take a leak *(sl.)*
brüsk [brʏsk] **1.** *Adj.* brusque; abrupt. **2.** *adv.* brusquely; abruptly
brüskieren *tr. V.* offend; *(stärker)* insult; *(schneiden)* snub
Brüskierung die; ~, ~**en** *s.* **brüskieren**: piece of offensive behaviour; insult; snub
Brüssel ['brʏsl̩] (**das**) ~**s** Brussels
Brüsseler 1. *indekl. Adj.; nicht präd.* Brussels; ~ **Spitzen** Brussels lace *sing.* **2.** *der;* ~**s,** ~: inhabitant of Brussels; *(von Geburt)* native of Brussels; *s. auch* **Kölner**
Brust [brʊst] die; ~, **Brüste** ['brʏstə] **a)** *o. Pl.* chest; *(fig. geh.)* breast; heart; **an** ~: face to face; **sich in die** ~ **werfen** puff oneself up; **mit geschwellter** ~: proudly; as proud as a peacock; **er sang aus voller** ~: he sang lustily; **einen zur** ~ **nehmen** *(ugs.)* have a drink or two; **schwach auf der** ~ **sein** *(ugs.: anfällig sein)* have a weak chest; *(ugs.: wenig Geld haben)* be short [of money]; **b)** *(der Frau)* breast; **einem Kind die** ~ **geben** breast-feed a baby; **c)** *o. Pl. (Hähnchen~)* breast; *(Rinder~)* brisket; **d)** *o. Pl. (Sport)* breast-stroke
Brust-: ~**bein** das breastbone; ~**beutel** der purse *(worn around the neck)*; ~**drüse** die *(Anat.)* mammary gland
brüsten ['brʏstn̩] *refl. V. (abwertend)* **sich mit etw.** ~: boast *or* brag about sth.
brust-, Brust-: ~**fell·entzündung** die *(Med.)* pleurisy; ~**flosse** die *(Zool.) (bei Fischen)* pectoral fin; *(beim Wal)* flipper; ~**haar** das hair on the chest; chest hair; ~**harnisch** der *(hist.)* breastplate; ~**hoch** *Adj.* chest-high; ~**höhe** die; *o. Pl. in* ~**höhe** at chest height; ~**höhle** die *(Anat.)* thoracic cavity; ~**kasten** *(ugs.)* chest; ~**kind** das *(ugs.)* breast-fed baby; ~**korb** der *(Anat.)* thorax *(Anat.)*; ~**krebs** der breast cancer; cancer of the breast; ~**schutz** der *(Fechten)* plastron; ~**schwimmen** *itr. unr. V.; nur im Inf.* do [the] breast-stroke; ~**schwimmen** das breast-stroke; ~**stimme** die *(Musik)* chest-voice; ~**stück** das *(Kochk.)* breast; *(vom Rind)* brisket; ~**tasche** die breast pocket; *(Innentasche)* inside breast pocket; *(an der Latzhose)* front pocket; ~**tee** der pectoral tea; ~**ton** der *(Musik)* chest tone; **im** ~**ton der Überzeugung** *(fig.)* with utter conviction; ~**tuch** das neckerchief *(worn with traditional costume)*; ~**umfang** der chest measurement; *(bei Frauen)* bust measurement

Brüstung die; ~, ~**en a)** parapet; *(Balkon~)* balustrade; *(Logen~)* ledge; **b)** *(Fenster~)* breast
Brust-: ~**warze** die nipple; ~**wickel** der *(Med.)* chest compress; ~**wirbel** der *(Anat.)* thoracic vertebra
Brut [bruːt] die; ~, ~**en a)** *(das Brüten)* brooding; **b)** *(Jungtiere, auch fig. scherzh.: Kinder)* brood; **c)** *o. Pl. (abwertend: Gesindel)* mob
brutal [bruˈtaːl] **1.** *Adj.* brutal; violent ⟨*attack, programme, etc.*⟩; brute ⟨*force, strength*⟩. **2.** *adv.* brutally
brutalisieren *tr. V.* brutalize
Brutalisierung die; ~, ~: brutalization
Brutalität [brutaliˈtɛːt] die; ~, ~**en a)** *o. Pl.* brutality; **b)** *(Handlung)* act of brutality *or* violence
Brut·apparat der incubator
brüten ['bryːtn̩] **1.** *itr. V.* **a)** brood; **b)** *(geh.: lasten)* hang heavily; ~**de Hitze** stifling heat; **c)** *(grübeln)* ponder **(über + Dat.** over); **über einem Plan** ~: work on a plan; **in dumpfes Brüten versinken** *od.* **verfallen** fall to brooding. **2.** *tr. V. (Kernphysik)* breed
brütend·heiß *Adj.; nicht präd. (ugs.)* boiling *or* stifling hot
Brüter der; ~**s,** ~: *(Kernphysik)* breeder; **schneller** ~: fast breeder
Brut-: ~**henne** die sitting hen; ~**hitze** die *(ugs.)* stifling *or* sweltering heat; ~**kasten** der incubator; **in ihrem Haus ist eine Hitze wie in einem** ~**kasten** it's like an oven in her house; ~**pflege** die *(Zool.)* care of the brood; ~**reaktor** der *(Kernphysik)* breeder reactor; ~**stätte** die breeding-ground *(fig.)* breeding-ground *(Gen., für* for); hotbed *(Gen., für* for)
brutto ['bruto] *Adv.* gross; ~ **4 000 DM, 4 000 DM** ~: 4,000 marks gross; ~ **800 kg** 800 kilos gross
Brutto-: ~**einkommen** das gross income; ~**ertrag** der gross return; ~**gehalt** das gross salary; ~**gewicht** das gross weight; ~**inlands·produkt** das *(Wirtsch.)* gross domestic product; ~**preis** der full price; ~**raum·zahl** die gross register tonnage; ~**register·tonne** die *(Seew.)* gross register[ed]ton; ~**sozial·produkt** das *(Wirtsch.)* gross national product
brutzeln ['brʊtsl̩n] **1.** *itr. V.* sizzle; **die Kartoffeln müssen noch 10 Minuten** ~: the potatoes have to fry [gently] for another ten minutes. **2.** *tr. V. (ugs.)* fry [up]; **sich** *(Dat.)* **etw.** ~: ...
Bruyère·holz [bryˈjɛːɐ-] das brierwood
Btx [beːteːˈɪks] *Abk.* Bildschirmtext
Bub [buːp] der; ~**en,** ~**en** *(südd., österr., schweiz.)* boy; lad
Bübchen ['byːpçən] das; ~**s,** ~ *(südd., österr., schweiz.)* [little] boy; [little] lad
Bube ['buːbə] der; ~**n,** ~**n a)** *(Kartenspiele)* jack; knave; **b)** *(veralt. abwertend)* rogue; knave; **der böse** ~: the bad boy
Buben-: ~**streich** der **a)** childish prank; **b)** *(veralt.: Übeltat)* knavish trick; ~**stück** das *(veralt.)* knavish trick
Bubi ['buːbi] der; ~**s,** ~**s a)** [little] boy *or* lad *or* fellow; **b)** *(salopp abwertend: Schnösel)* young lad
Bubi-: ~**kopf** der bobbed hair[cut]; bob; **sie hat sich** *(Dat.)* **einen** ~**kopf schneiden lassen** she had her hair bobbed; ~**kragen** der *(veralt.)* Peter Pan collar
bübisch ['byːbɪʃ] **1.** *Adj.* **a)** mischievous; **b)** *(veralt. abwertend: schurkisch)* villainous. **2.** *adv.: see Adj.:* mischievously; villainously
Buch [buːx] das; ~**[e]s, Bücher** ['byːçɐ] **a)** book; **über seinen Büchern sitzen** pore over one's books; **das Goldene** ~ **der Stadt** the visitors' book of the town; **sie ist ein aufgeschlagenes** *od.* **offenes** ~ **für mich** I can read her like an open book; **das** ~ **der Bücher** Book of Books; **wie ein** ~ **reden** *(ugs.)* talk nineteen to the dozen; **ein Detektiv/ein**

Faulpelz, wie er im ~**e steht** a classic [example of a] detective/a complete lazybones; **ein** ~ **mit sieben Siegeln** a closed book; a complete mystery; **sich [mit etw.] ins** ~ **der Geschichte eintragen** *(geh.)* go down in the annals *pl.* of history [for sth.]; **ein schlaues** ~ *(ugs.)* a reference book/textbook; **die fünf Bücher Mose** the Pentateuch; **das erste/zweite/dritte/vierte/fünfte** ~ **Mose** Genesis/Exodus/Leviticus/Numbers/Deuteronomy; **b)** *(Drehb.)* script; **c)** *(Geschäfts~)* book; **er führt selbst die Bücher** he keeps his own books *or* accounts; **über etw.** *(Akk.)* ~ **führen/genau** ~ **führen** keep a record of sth./keep an exact record of sth.; **zu** ~**[e] schlagen** (den Etat beeinflussen) be reflected in the budget; *(ins Gewicht fallen)* have a big influence; **es schlägt mit ca. 200 DM zu** ~**[e]** it makes a difference of about 200 marks; **d)** *(Wettliste)* book; ~ **machen** make a book
Buch-: ~**besprechung** die book-review; ~**binder** der bookbinder; ~**binderei** die **a)** *o. Pl.* bookbinding; **b)** *(Betrieb)* bindery; ~**block** der; *Pl.* ~**blocks** book block; ~**deckel** der [book] cover *(front or back)*; ~**druck** der; *o. Pl.* letterpress printing; **im** ~**druck** in letterpress; ~**drucker** der printer; ~**druckerei** die **a)** *Pl.* letterpress printing; **b)** *(Betrieb)* printing works; ~**drucker·kunst** die; *o. Pl.* art of printing
Buche die; ~, ~**n a)** beech[-tree]; **b)** *o. Pl. (Holz)* beech[wood]
Buch-: ~**ecker** die beech-nut; ~**einband** der binding; [book] cover
¹**buchen** *tr. V.* **a)** enter; **etw. auf ein Konto** ~: enter sth. into an account; **etw. als Erfolg** ~ *(fig.)* count sth. as a success; **einen Sieg für sich** ~ *(fig.)* chalk up a victory; **b)** *(vorbestellen)* book ⟨*holiday, trip, flight*⟩; book, reserve ⟨*seat, berth, room*⟩
²**buchen** *Adj.; nicht präd.* beech; of beech[wood] postpos.
Buchen-: ~**hain** der beech-grove; ~**holz** das beechwood; ~**wald** der beech-wood
Bücher-: ~**bord** das **a)** *s.* ~**brett**; **b)** *s.* ~**regal**; ~**brett** das bookshelf
Bücherei die; ~, ~**en** library
Bücher-: ~**freund** der book-lover; ~**gestell** das bookshelves *pl.*; ~**kiste** die book-crate; *(Kiste mit Büchern)* crate of books; ~**narr** der book-fiend; **sie ist ein wahrer** ~**narr** she's really mad on books; ~**regal** das bookshelves *pl.*; ~**schrank** der bookcase; ~**sendung** die: **etw. als** ~**sendung aufgeben/schicken** send sth. at printed paper rate; **das ist eine** ~**sendung** this can be/has been sent at printed paper rate; ~**stube** die bookshop; ~**stütze** die book-end; ~**verbot** das *(kath. Kirche)* ban on books; ~**verbrennung** die burning of books; ~**wand** die **a)** bookshelf unit; **b)** *(Wand mit* ~**regal)** wall of bookshelves; ~**weisheit** die *(abwertend)* book-learning; ~**wurm** der *(scherzh.)* bookworm
Buch-: ~**fink** der chaffinch; ~**form** die *in* ~**form** in book form; ~**führung** die bookkeeping; **einfache/doppelte** ~**führung** single/double-entry bookkeeping; ~**gemeinschaft** die book club; ~**halter** der, ~**halterin** die bookkeeper
buchhalterisch 1. *Adj.* bookkeeping *attrib.* **2.** *adv.* ~ **gesehen** from a bookkeeping point of view
Buch-: ~**haltung** die **a)** accountancy; **b)** *(Abteilung)* accounts department; ~**handel** der; *o. Pl.* book trade; **im** ~**handel erhältlich** available from bookshops; ~**händler** der, ~**händlerin** die bookseller; ~**handlung** die bookshop; „~**handlung Franz Maier"** 'Franz Maier's Bookshop'; ~**hülle** die [book-]cover; ~**illustration** die book illustration; ~**klub** der book club; ~**kritik** die book-review; ~**laden** der *s.* ~**handlung**

983

Büchlein das; ~s, ~: little book
Buch-: ~macher der bookmaker; bookie (coll.); ~malerei die; o. Pl. illumination; ~messe die book fair; ~prüfer der auditor; ~rücken der spine
Buchs·baum ['buks-] der box[-tree]
Buchse ['bʊksə] die; ~, ~n a) (Elektrot.) socket; b) (Technik) bush; liner
Büchse ['bʏksə] die; ~, ~n a) tin; die ~ der Pandora Pandora's box; b) (ugs.: Sammel~) [collecting-]box; c) (Gewehr) rifle, (Schrot~) shotgun; jmdm. vor die ~ kommen come into sb.'s sights pl.
Büchsen-: ~fleisch das tinned (Brit.) or (Amer.) canned meat; ~gemüse das tinned (Brit.) or (Amer.) canned vegetables pl.; ~macher der gunsmith; ~milch die tinned (Brit.) or (Amer.) canned milk; ~öffner der tin-opener (Brit.); can opener (Amer.)
Buchstabe ['buːʃtaːbə] der; ~ns, ~n letter; (Druckw.) character; ein großer/kleiner ~: a capital [letter]/small letter; nach dem ~n des Gesetzes (fig.) according to the letter of the law; sich auf seine vier ~n setzen (ugs. scherzh.) sit [oneself] down
buchstaben-, Buchstaben-: ~getreu 1. Adj. literal; 2. adv. to the letter; ~rätsel das word-puzzle; ~rechnung die; o. Pl. simple algebra; ~schloß das letter-lock; ~schrift die alphabetic script; ~wort das; Pl. ~wörter acronym
buchstabieren tr. V. a) spell; b) (mühsam lesen) spell out
buchstäblich ['buːxʃtɛːplɪç] 1. Adv. literally. 2. Adj. literal
Buch·stütze die s. Bücherstütze
Bucht [bʊxt] die; ~, ~en a) bay; b) (für Schweine) sty; (für Pferde) stall
Buchtel ['bʊxtl] die; ~, ~n (österr.) yeast pastry with jam or poppy-seed filling
Buch·titel der title
Buchung die; ~, ~en a) entry; b) s. ¹buchen b: booking; reservation
Buchungs·maschine die accounting machine
Buch-: ~weizen der buckwheat; ~wesen das; o. Pl. book trade; (Studienfach) the book trade; ~wissen das (abwertend) book-learning; das ist nur ~wissen that is only knowledge gained from books; ~zeichen das bookmark[er]
Bücke ['bʏkə] die; ~, ~n (Turnen) stoop vault
Buckel ['bʊkl] der; ~s, ~ a) (ugs.: Rücken) back; den ~ voll kriegen get a good hiding (coll.); einen ~ machen (cat) arch its back; ⟨person⟩ hunch one's shoulders; rutsch mir den ~ runter! (salopp) get lost! (sl.); der kann od. soll mir mal den ~ runterrutschen (salopp) he can get lost or take a running jump (sl.); den ~ voll Schulden haben be up to one's neck or ears in debt; den ~ hinhalten (fig.) take the blame; carry the can (sl.); einen krummen ~ machen, den ~ krumm machen (fig.) bow and scrape; kowtow; genug/viel auf dem ~ haben (fig.) have enough/a lot on one's plate (fig.); schon 40 Jahre od. Jährchen auf dem ~ haben be 40 already; wenn du so viele Jahre auf dem ~ hast wie ich when you are as old as I am; s. auch breit 1 a; b) (Rückenverkrümmung) hunchback; hump; c) (ugs.: Hügel) hillock; d) (ugs.: gewölbte Stelle) bump
buckelig s. bucklig
buckeln itr. V. (ugs.) a) (abwertend) bow and scrape; kowtow; vor jmdm. ~: kowtow to sb.; nach oben ~ und nach unten treten bow to superiors and kick underlings; b) ⟨cat⟩ arch its back
Buckel·rind das zebu
bücken ['bʏkn] refl. V. bend down; sich nach etw. ~: bend down to pick sth. up
bucklig Adj. a) hunchbacked; humpbacked; b) (ugs.: uneben) bumpy

Bucklige der/die; adj. Dekl. hunchback; humpback
¹Bückling ['bʏklɪŋ] der; ~s, ~e (ugs. scherzh.: Verbeugung) bow
²Bückling der; ~s, ~e (Hering) smoked herring; bloater
Büdchen ['byːtçən] das; ~s, ~: little hut
Buddel ['bʊdl] die; ~, ~n (nordd.) bottle
Buddelei ['bʊdəˈlai] die; ~, ~en (ugs. abwertend) digging no pl.; eine ~ a piece for digging
Buddel·kasten der sand-pit
buddeln (ugs.) 1. itr. V. dig; die Kinder ~ im Garten/im Sand the children are digging about in the garden/sand. 2. tr. V. a) dig ⟨hole, tunnel⟩; b) (ausgraben) dig up; etw. aus der Erde ~: dig sth. up out of the ground
Buddha ['bʊda] der; ~s, ~s Buddha
Buddhismus der; ~: Buddhism no art.
Buddhist der; ~en, ~en, **Buddhistin** die; ~, ~nen Buddhist
buddhistisch 1. Adj. Buddhist attrib. 2. adv. ~ beeinflußt influenced by Buddhism
Bude ['buːdə] die; ~, ~n a) kiosk; (Markt~) stall; (Jahrmarkts~) booth; b) (Bau~) hut; c) (ugs.: Haus) dump (coll.); d) (ugs.: Zimmer) room; digs pl. (Brit. coll.); Leben in die ~ bringen liven the place up; mir fällt die ~ auf den Kopf I'm feeling or getting claustrophobic; [jmdm.] die ~ auf den Kopf stellen turn the or sb.'s place upside down; jmdm. die ~ einrennen pester or badger sb.; jmdm. auf die ~ rücken (ugs. abwertend) go/come round to sb.'s place; (als Besuch) drop in on sb.; e) (ugs. abwertend: Laden, Lokal) outfit (coll.)
Budel ['buːdl] die; ~, ~n (bayr., österr.) counter
Buden-: ~besitzer der stall-holder; stall-keeper; ~zauber der (ugs. veralt.) ~zauber machen have a rave-up (sl.)
Budget [bʏˈdʒeː] das; ~s, ~s budget
budgetär [bʏdʒeˈtɛːɐ̯] Adj. budgetary
Budget-: ~beratung die budget discussion; ~entwurf der draft budget
Budike [buˈdiːkə] die; ~, ~n (berl.) a) little shop; b) (Lokal) pub (Brit. coll.); bar
Budiker der; ~s, ~ (berl.) landlord
Budo ['buːdo] das; ~s budo
Büfett [byˈfɛt] das; ~[e]s, ~e od. ~e a) sideboard; b) (Schanktisch) bar; c) (Verkaufstisch) counter; d) kaltes ~: cold buffet; e) (schweiz.: Bahnhofsrestaurant) station restaurant
Büfett·fräulein das barmaid (Brit.)
Büfettier [byfɛˈtiːɐ̯] der; ~s, ~s barman
Büffel ['bʏfl] der; ~s, ~: buffalo
Büffelei die (ugs.) swotting no pl. (Brit. sl.)
Büffel-: ~herde die herd of buffalo; ~leder das buffalo-hide
büffeln (ugs.) 1. itr. V. swot (Brit. sl.); cram. 2. tr. V. swot up (Brit. sl.); cram
Buffet, (österr. auch:) **Büffet** [byˈfɛt] das; ~s, ~s s. Büfett
Buffo ['bʊfo] der; ~s, ~s od. **Buffi** buffo
Bug [buːk] der; ~[e]s, ~e u. **Büge** ['byːɡə] Pl.: **Buge** (Schiffs~) bow; (Flugzeug~) nose; jmdm. eine vor den ~ knallen (salopp) einen Schlag versetzen) sock (sl.) or give sb. one; (einschüchtern) sock (sl.) or give it sb. hot; auch Schuß a; b) (Schlachtstück) shoulder; c) Pl.: Büge (Technik) brace; strut
Bügel ['byːɡl] der; ~s, ~ a) hanger; über einen/einem ~: on a hanger; b) (Steig~) stirrup; c) (Brillen~) ear-piece; d) (an einer Tasche, Geldbörse) frame; e) (Griff einer Handtasche) handle; f) (Stromnehmer) bow; pantograph; g) (Säge~) frame; h) (Gewehr~) trigger-guard
bügel-, Bügel-: ~automat der s. ~maschine; ~brett das ironing-board; ~eisen das iron; ~falte die [trouser] crease; ~frei Adj. non-iron; ~maschine die ironing-machine

bügeln tr., itr. V. iron ⟨clothes⟩; s. auch gebügelt
Bügel·säge die hack-saw
Buggy ['baɡi] der; ~s, ~s buggy
Bügler der; ~s, ~, **Büglerin** die; ~, ~nen ironer
Bug-: ~rad das (Flugw.) nose-wheel; ~see die (Seemannsspr.) s. ~welle
Bugsier·dampfer der (Seemannsspr.) tug [boat]
bugsieren [bʊkˈsiːrən] tr. V. a) (ugs.) shift; manœuvre; steer ⟨person⟩; b) (Seemannsspr.) tow
Bug-: ~spriet das od. der (Seemannsspr.) bowsprit; ~welle die (Seemannsspr.) bow wave
buh [buː] Interj. boo; ~ rufen boo
Buh das; ~s, ~s (ugs.) boo; die ~s the boos or booing sing.
Buhei [buˈhai] das; ~s (bes. westd.) fuss
buhen itr. V. (ugs.) boo
Bühl [byːl] der; ~[e]s, ~e (südd., schweiz., österr.) hill
¹Buhle ['buːlə] der; ~n, ~n (dichter. veralt.) paramour
²Buhle die; ~, ~n (dichter. veralt.) paramour; mistress
buhlen ['buːlən] itr. V. a) (abwertend) um jmds. Gunst ~: court sb.'s favour; um jmds. Anerkennung ~: strive for recognition by sb.; um jmdn. ~: court or woo sb.; b) (veralt.: eine Liebschaft haben) mit jmdm. ~: have a liaison with sb.
Buhler der; ~s, ~ s. ¹Buhle; b) (geh. abwertend: Werber) wooer
buhlerisch (veralt. abwertend) 1. Adj. a) amorous; b) (werbend) ingratiating. 2. adv. a) amorously; b) (werbend) ingratiatingly
Buh·mann der; Pl. **Buhmänner** (ugs.) a) whipping-boy; scapegoat; b) (Schreckgestalt) bogyman
Buhne ['buːnə] die; ~, ~n groyne
Bühne ['byːnə] die; ~, ~n a) stage; es gab mehrmals Beifall auf offener ~: there were several rounds of applause during the play; ein Stück auf die ~ bringen put on or stage a play; seit Monaten steht er jeden Abend als Faust auf der ~: he has been playing Faust [on the stage] every evening for months; auf der politischen ~ (fig.) on the political scene; über die ~ bringen (ugs.) finish ⟨process⟩; get ⟨event⟩ over; über die ~ gehen (ugs.) go off; von der ~ des Lebens abtreten (geh. verhüll.) depart this life; von der ~ abtreten disappear from or leave the scene; b) (Theater) theatre; die Städtischen ~n Köln the Cologne municipal theatres; das Stück ging über alle ~n the play was put on or staged in all the theatres; an od. bei der ~ sein be on the stage or in the theatre; zur ~ gehen go on the stage or into the theatre; c) (landsch.: Dachboden) attic; loft; d) (landsch.: Heuboden) [hay] loft; e) (Hebe~) lift; ramp
bühnen-, Bühnen-: ~anweisung die stage direction; ~arbeiter der stage-hand; ~aussprache die standard or received pronunciation; ~ausstattung die stage set; ~autor der playwright; ~bearbeitung die stage adaptation; ~beleuchtung die stage lighting; ~bild das [stage] set; ~bildner der, ~, ~bildnerin die; ~, ~nen stage or set designer; ~dekoration die [stage] setting; stage decoration; ~dichtung die drama; theatre; ~effekt der stage effect; ~eingang der stage door; ~erfahrung die stage experience; ~erfolg der; das Stück wurde einen großen ~erfolg the play was a big success; b) (Theaterstück) stage hit; ein großer ~erfolg am Broadway a big Broadway hit; ~fassung die s. ~bearbeitung; ~gerecht Adj. (form) suitable for the stage; stage ⟨adaptation⟩; etw. ~gerecht bearbeiten adapt sth. for the stage; ~himmel der cyc-

Bühnenkunst | **Bundestagsfraktion**

lorama; ~**kunst** die s. Schauspielkunst; ~**maler** der scene-painter; ~**manuskript** das script; ~**musik** die incidental music; ~**raum** der stage [and backstage]; ~**reif** Adj. ⟨play etc.⟩ ready for the stage; ⟨imitation etc.⟩ worthy of the stage; dramatic ⟨entrance etc.⟩; ~**schaffende** der/die; adj. Dekl. dramatic artist; ~**stück** das stage play; ~**technik** die; o. Pl. stage equipment or machinery; ~**werk** das work for the stage; (im engeren Sinne: dramatisches Werk) dramatic work; ~**wirksam** Adj. effective on the stage pred.; ~**wirkung** die dramatic effectiveness
Buh · ruf der boo
buk [buːk] 1. u. 3. Pers. Sg. Prät. v. backen
Bukarest ['buːkarɛst] (das); ~s Bucharest
Bukett [bu'kɛt] das; ~s, ~s od. ~e a) (geh.) bouquet; **ein** ~ **Rosen** a bouquet of roses; b) (bei Wein) bouquet
Bukolik [bu'koːlɪk] die; ~ (Literaturw.) bucolic or pastoral poetry
bukolisch Adj. (Literaturw.) bucolic; pastoral; b (geh.: idyllisch) idyllic
Bulette [bu'lɛtə] die; ~, ~n (bes. berl.) rissole; **ran an die** ~**n!** (ugs.) go to it! (coll.)
Bulgare [bʊl'gaːrə] der; ~n, ~n Bulgarian
Bulgarien [bʊl'gaːriən] (das); ~s Bulgaria
Bulgarin die; ~, ~nen Bulgarian; s. auch -in
bulgarisch Adj. Bulgarian; s. auch deutsch, Deutsch
Bulk · ladung ['bʌlk-] die (Seemannsspr.) bulk cargo
Bull- [bʊl-]: ~**auge** das circular porthole; ~**dogge** die bulldog
Bulldozer ['bʊldoːzɐ] der; ~s, ~: bulldozer
¹**Bulle** ['bʊlə] der; ~n, ~n a) bull; b) (ugs. abwertend: Mann) great ox; big bull; d) (salopp abwertend: Polizist) cop (sl.); **die** ~**n kommen!** here come the fuzz (sl.) or the cops (sl.)!
²**Bulle** die; ~, ~n a) (päpstlicher Erlaß) bull; s. auch golden; b) (Urkundensiegel) bulla
bullen-, Bullen-: ~**beißer** der a) s. Bulldogge; b) (ugs. abwertend: Mensch) aggressive fellow; ~**hitze** die (ugs.) sweltering or boiling heat; ~**kalb** das bull-calf; ~**stark** Adj. (ugs.) as strong as an ox pred.
bullern ['bʊlɐn] itr. V. (ugs.) ⟨water⟩ bubble [away]; ⟨fire etc.⟩ roar [away]
Bulletin [byl'tɛ̃ː] das; ~s, ~s bulletin
bullig 1. Adj. a) beefy, stocky ⟨person, appearance, etc.⟩; chunky, hefty ⟨car⟩; b) ⟨drückend⟩ sweltering, boiling ⟨heat⟩. 2. adv. swelteringly; ~ **heiß** boiling hot
Bull · terrier der bull-terrier
Bully ['bʊli] das; ~s, ~s (Sport) bully; **das** ~ **ausführen** take a bully
bum [bʊm] Interj. bang
Bumerang ['buːməraŋ] der; ~s, ~e od. ~s boomerang; **es erwies sich als** ~ (fig.) it boomeranged [on him/her/them]
Bumerang · effekt der boomerang effect
Bummel ['bʊml] der; ~s, ~ a) stroll (durch around); **einen** ~ **[durch den Park] machen** go for or take a stroll [in the park]; b) (durch Lokale) pub-crawl (coll.)
Bummelant [bʊmə'lant] der; ~en, ~en (ugs. abwertend) a) slowcoach (Brit.); slowpoke (Amer.); dawdler; b) (Faulenzer) idler, loafer
Bummelei die; ~, ~en (ugs. abwertend) a) dawdling; b) (Faulenzerei) idling or loafing about
bummelig (ugs. abwertend) 1. Adj. a) slow; b) (nachlässig) slovenly; slipshod. 2. adv. a) slowly; b) (nachlässig) in a slovenly or slipshod way
Bummel · liese die (ugs. abwertend) slowcoach; dawdler
bummeln itr. V. a) mit sein (ugs.) stroll (**durch** around); **[im Park]** ~ **gehen** go for or take a stroll [in the park]; b) mit sein (ugs.: durch Lokale) go round the pubs (Brit. coll.); go on a pub-crawl (Brit. coll.); c) (ugs. abwertend: trödeln) dawdle; **bei den Schulaufgaben** ~: dawdle over one's homework; d) (ugs. abwertend: faulenzen) laze about; do nothing
Bummel-: ~**streik** der go-slow; (bei Beamten usw.) work to rule; **in einen** ~**streik treten** go on a go-slow; ~**zug** der (ugs.) slow or stopping train
bummern ['bʊmɐn] itr. V. (landsch.) bang; **gegen die Tür** ~: bang on the door
Bummler der; -s, ~ (ugs.) a) (Spaziergänger) stroller; b) s. Bummelant
bummlig s. bummelig
bums [bʊms] Interj. bang!; **es machte laut** ~: there was a loud bang or thud
Bums der; ~es, ~e a) (ugs.) bang; (dumpfer) thud; thump; b) (salopp abwertend: Lokal) dive (coll.); c) (salopp abwertend: Tanzvergnügen) hop (coll.); d) (Fußballjargon) **einen unerhörten** ~ **haben** have a tremendous shot
bumsen 1. itr. V. (ugs.) a) unpers. **es bumste ganz furchtbar** there was a terrible bang/thud or thump; **es bumste an der Tür** there was a bang/thump on the door; **an dieser Kreuzung bumst es mindestens einmal am Tag** (fig.) there's at least one smash or crash a day at this junction; **hör auf, oder es bumst [gleich]!** (fig.) stop it, or you'll catch it [in a minute]! (coll.); b) (schlagen) bang; (dumpfer) thump; **gegen die Tür** ~: bang/thump on the door; c) mit sein (stoßen) bang; bash; **er ist mit dem Kopf gegen die Wand gebumst** he banged or bashed his head on the wall; d) (salopp koitieren) have it off (sl.); screw (vulg.). 2. tr. V. a) (Fußballjargon) thump; b) (salopp koitieren mit) have it off with (sl.); screw (vulg.); **gebumst werden** get laid (sl.); be screwed (vulg.)
bums-, Bums-: ~**lokal** das (ugs. abwertend) dive (coll.); ~**musik** die (ugs. abwertend) oompah music (coll.); ~**voll** Adj. (salopp) full to bursting pred.
¹**Bund** [bʊnt] der; ~[e]s, **Bünde** ['bʏndə] a) (Verband, Vereinigung) association; society; (Bündnis, Pakt) alliance; **der Dritte im ~e** (fig.) the third in the trio; **der Alte** ~/**der Neue** ~ (Rel.) the Old/New Testament; **den** ~ **der Ehe eingehen, den** ~ **fürs Leben schließen** (geh.) enter into the bond of marriage; **mit jmdm. im ~e sein** od. **stehen** be in league with sb.; b) (föderativer Staat) federation; **der** ~ **und die Länder** the Federation or Federal Government and the Länder or States; (in Austria) the Federation or Federal Government and the provinces; c) (ugs.: Bundeswehr) forces pl; **beim** ~: in the forces pl.; **zum** ~ **gehen** do one's military service; **er hat sich freiwillig zum** ~ **gemeldet** he joined up voluntarily; d) (an Röcken od. Hosen) waistband; e) (an Instrumenten) fret
²**Bund** das; ~[e]s, ~e bunch; **ein ~ Petersilie/Mohrrüben/Spargel** a bunch of parsley/carrots/asparagus
Bündchen ['bʏntçən] das; ~s, ~ (am Hals) [neck-]band; (am Ärmel) [sleeve-]band; (an der Taille) [waist]band; (am Knöchel) [ankle-]band
Bündel ['bʏndl] das; ~s, ~ a) bundle; **ein ~ von Fragen** (fig.) a set or cluster of questions; **ein hilfloses/schreiendes** ~ (ugs.) a helpless/howling little bundle; **jeder hat sein ~ zu tragen** (fig.) everybody has his cross to bear; **sein** ~ **packen** od. **schnüren** pack one's bags pl.; b) (Zusammengebundenes) bundle; sheaf; c) (Geom.) sheaf
bündeln tr. V. bundle up ⟨newspapers, old clothes, rags, etc.⟩; tie ⟨banknotes etc.⟩ into bundles/a bundle; tie ⟨flowers, radishes, carrots, etc.⟩ into bunches/a bunch; sheave ⟨straw, hay, etc.⟩
bündel · weise Adv. by the bundle; in bundles; (bei Blumen, Möhren, Radieschen usw.) by the bunch; in bunches

bundes-, Bundes-: ~**amt** das federal department (**für** of); (schweiz.) federal office (**für** of); ~**angestellten · tarif*** der; o. Pl. [civil servants'] statutory salary scale; ~**anleihe** die government bond; ~**anstalt** die federal institute (**für** of); ~**anwalt** der a)* Federal Prosecutor; b) (*; beim Bundesverwaltungsgericht) prosecutor in the Supreme Administrative Court; c) (schweiz.) public prosecutor; ~**anwaltschaft*** die a) Federal Supreme Court prosecutors pl.; b) (beim ~verwaltungsgericht) Supreme Administrative Court prosecutors pl.; ~**anzeiger*** der federal gazette; ~**arbeitsgericht*** das Federal Labour Court; ~**ausbildungs · förderungsgesetz*** das Federal Education and Training Assistance Act; ~**autobahn** die (*, österr.) federal motorway; ~**bahn** die Federal Railway; ~**bank** die Deutsche ~**bank*** the German Federal Bank; ~**beamte** der federal civil servant; ~**behörde** die federal authority; ~**bruder** der fellow member [of a/the students' association]; ~**bürger*** der West German citizen; ~**deutsch*** Adj. West German; **der ~deutsche Alltag** everyday life in West Germany; ~**deutsche*** der/die; adj. Dekl. West German; ~**ebene** die: **auf ~ebene** at federal or national level; ~**eigen** Adj. federal-owned; nationalized; ~**gebiet*** das federal territory; **das ~gebiet** West Germany; ~**genosse** der ally; ~**gericht** das Federal Court; (schweiz.) Federal Supreme Court; ~**gerichts · hof*** der; o. Pl. Federal Supreme Court; ~**gesetzblatt** das Federal Law Gazette; ~**grenzschutz*** der Federal Border Police; ~**haupt · stadt** die federal capital; ~**haus** das; o. Pl. Federal Parliament; (Gebäude) federal parliament [building]; ~**haushalt** der (*, österr.) federal or national budget; ~**heer** das (österr., schweiz.) [federal] armed forces pl.; ~**kabinett*** das Federal Cabinet; ~**kanzlei** die (*, schweiz.) Federal Chancellery; ~**kanzler** der a) (*, österr.) Federal Chancellor; b) (schweiz.) Chancellor of the Confederation; ~**kanzler · amt** das (*, österr.) Federal Chancellery; ~**kriminal · amt*** das Federal Criminal Investigation Agency; ~**lade** die (jüd. Rel.) Ark of the Covenant; ~**land** das [federal] state; (österr.) province; ~**liga** die national or federal division; ~**ligist** der; ~en, ~en team in the national or federal division; ~**marine*** die Federal Navy; West German Navy; ~**minister** der (*, österr.) Federal Minister; ~**ministerium** das (*, österr.) Federal Ministry; ~**mittel** Pl. federal funds; ~**nachrichten · dienst*** der Federal Intelligence Agency; ~**post** die Deutsche ~**post*** the West German [Federal] Post Office; ~**präsident** der a) (*, österr.) [Federal] President; b) (schweiz.) President of the Confederation; ~**rat** der a) (*) [Federal] Upper House of Parliament; Bundesrat; b) (österr., schweiz.) Federal Council; ~**rechnungs · hof*** der Federal Audit Office; ~**recht** das federal law; ~**regierung** die Federal Government; ~**republik** die federal republic; **die ~republik Deutschland** The Federal Republic of Germany; ~**republikanisch*** Adj.; nicht präd. West German; ~**richter** der federal judge; ~**sieger** der national winner; ~**staat** der federal state; ~**straße** die (*, österr.) federal highway; ≈ A road (Brit.)
Bundes · tag* der [Federal] Lower House of Parliament; Bundestag
Bundestags-: ~**abgeordnete*** der/die member of parliament; member of the Bundestag; ~**fraktion*** die parliamentary group; group in the Bundestag; ~**präsi-**

---
* (Bundesrepublik Deutschland)

Bundestagspräsident — **Büroartikel**

dent* der President of the Bundestag; ~wahl* die parliamentary or general election

bundes-, Bundes-: ~trainer der national team manager; national coach; ~treue die federal allegiance; ~verband der federal association; ~verband der Deutschen Industrie* Federation of German Industries; ~verdienst·kreuz* das Order of Merit of the Federal Republic; ~verfassung die federal constitution; ~verfassungs·gericht* das Federal Constitutional Court; ~versammlung die (*, schweiz.) Federal Assembly; ~versicherungs·anstalt* die federal insurance institution; die ~versicherungsanstalt für Angestellte the Federal Insurance Institution [for salaried employees]; ~verwaltungs·gericht* das Supreme Administrative Court; ~wehr* die; o. Pl. [Federal] Armed Forces pl.; ~weit 1. Adj.; nicht präd. nation-wide; national; 2. adv. nation-wide; nationally; ~zwang* der federal obligation

Bund-: ~falten Pl. pleats; ~falten·hose die pleat[ed]-front trousers pl.; ~hose die knee-breeches

bündig ['bʏndɪç] 1. Adj. a) concise; succinct; b) (schlüssig) conclusive; s. auch kurz 1 b; c) (Bauw.) flush; level. 2. adv. a) concisely; succinctly; s. auch kurz 2 b; b) (schlüssig) conclusively; c) (Bauw.) flush

Bündigkeit die; ~ a) conciseness; succinctness; b) (Schlüssigkeit) conclusiveness

Bündnis ['bʏntnɪs] das; ~ses, ~se alliance

bündnis-, Bündnis-: ~frei Adj. non-aligned; ~partner der ally; ~politik die a) alliance policy; b) (um Bündnisse zu schließen) policy of alliance; ~system das system of alliance; das atlantische ~system the Atlantic alliances pl.; ~treue die loyalty to the alliance

Bund·weite die waist; (Maß) waist measurement

Bungalow ['bʊŋgalo] der; ~s, ~s bungalow

Bunker ['bʊŋkɐ] der; ~s, ~ a) (auch Behälter) bunker; (für Getreide) silo; (für Raketen) silo; bunker; b) (Luftschutz~) air-raid shelter; c) (salopp: Gefängnis) clink (sl.)

bunkern 1. tr. V. a) bunker 〈coal〉; store 〈grain etc.〉; b) (salopp: verstecken) stash away (sl.). 2. itr. V. (Seemannsspr.) refuel

Bunsen·brenner ['bʊnzn̩-] der Bunsen burner

bunt [bʊnt] 1. Adj. a) (farbig) coloured; (vielfarbig) colourful; ~e Farben/Kleidung bright colours/brightly coloured or colourful clothes; ~e Luftballons different coloured balloons; zu ~e Kleidung garish clothing; b) (fig.) colourful 〈sight〉; varied 〈programme etc.〉; ein ~er Abend a social [evening]; ein ~er Teller [mit Äpfeln, Nüssen und Süßigkeiten] a plate of assorted fruit, nuts, and sweets (Brit.) or (Amer.) candy; Männer und Frauen bilden eine ~e Reihe men and women alternate; Buntes (DDR ugs.) West German currency; s. auch Hund a; c) (ungeordnet) confused 〈muddle etc.〉; ein ~es Treiben a real hustle and bustle; jetzt wird es mir zu ~ (ugs.) that's or it's too much. 2. adv. a) colourfully; die Vorhänge waren ~ geblümt the curtains had a colourful floral pattern; etw. ~ bemalen/streichen paint sth. a bright colour/in bright colours; ~ gekleidet sein be colourfully dressed; have colourful clothes; b) (fig.) ein ~ gemischtes Programm a varied programme; ein ~ gemischtes Publikum a very mixed audience/(im Restaurant) clientele; c) (ungeordnet) ~ durcheinander liegen be in a complete muddle; es zu ~ treiben (ugs.) go too far; overdo it

bunt-, Bunt-: ~bemalt Adj.; präd. getrennt geschrieben brightly or colourfully painted; ~druck der; ~es, ~e a) o. Pl. (Verfahren) colour printing; b) (Gedrucktes) colour print; ~film der s. Farbfilm; ~geblümt Adj.; präd. getrennt geschrieben with a colourful floral pattern or design postpos., not pred.; ~gefärbt Adj.; präd. getrennt geschrieben multicoloured; ~gefiedert Adj.; präd. getrennt geschrieben with colourful or brightly coloured feathers postpos., not pred.; ~metall das non-ferrous metal; ~papier das coloured paper; ~sand·stein der a) red sandstone; b) o. Pl. (Geol.) Bunter; ~scheckig Adj. spotted; ~schillernd Adj. iridescent; ~specht der spotted woodpecker; ~stift der coloured pencil/crayon; ~wäsche die coloureds pl.

Bürde ['bʏrdə] die; ~, ~n (geh.) weight; load; (fig.) burden; jmdm. zur ~ werden (fig.) become a burden to sb.

bürden tr. V. (geh. veralt.) die Verantwortung für etw. auf jmds. Schultern (Akk.) ~: burden sb. with the responsibility for sth.

Bure ['bu:rə] der; ~n, ~n Boer

Buren·krieg der Boer War

Bürette [byˈrɛtə] die; ~, ~n (Chemie) burette

Burg die; ~, ~en a) castle; b) (Strand~) wall of sand; c) (Sand~) [sand-]castle; d) (Jägerspr.) lodge

Burg-: ~anlage die castle buildings pl.; castle complex; ~berg die castle hill; (aufgeschüttet) castle mound; ~bewohner der inhabitant of a/the castle; die ~bewohner those living in the castle

Bürge ['bʏrgə] der; ~n, ~n a) guarantor; einen ~n stellen offer surety or a guarantor; er muß zwei ~n stellen he has to give the names of two guarantors; b) (fig.) guarantee

bürgen itr. V. a) für jmdn./etw. ~: vouch for or act as guarantor for sb./vouch for or guarantee sth.; wer bürgt mir dafür, daß ich das Geld zurückbekomme? who can guarantee or what guarantee do I have that I'll get the money back?; b) (fig.) guarantee; der Name bürgt für Qualität the name is a guarantee of quality

Bürger der; ~s, ~ a) (Staats~) citizen; akademischer ~ (veralt.) [university] student; s. auch Uniform; b) (einer Gemeinde) citizen; resident; die Bremer ~ the citizens or people of Bremen; die ~ von Calais the burghers of Calais; c) (Bourgeois) bourgeois

Bürger-: ~aktion die public campaign; ~beauftragte der/die ombudsman; ~begehren das public petition; ~beteiligung die public participation or involvement; ~entscheid der local referendum; ~forum das open forum; public debate; ~haus das [bourgeois] town house

Bürgerin die; ~, ~nen a) (Staats~) citizen; b) (einer Gemeinde) citizen; resident; c) (zur Bourgeoisie gehörend) bourgeois[e]

Bürger-: ~initiative die citizens' action group; ~krieg der civil war; der Spanische ~krieg the Spanish Civil War

bürgerlich 1. Adj. a) nicht präd. (staats~) civil 〈rights, marriage, etc.〉; civic 〈duties〉; das Bürgerliche Gesetzbuch the [German] Civil Code; s. auch Name his real name; b) (dem Bürgertum zugehörig) middle-class; die ~e Küche good plain cooking; good home cooking; das ~e Trauerspiel domestic tragedy; c) (Polit.) non-socialist; (nicht marxistisch) non-Marxist; d) (abwertend: spießerhaft) bourgeois. 2. adv. 〈think, etc.〉 in a middle-class way; ~ leben live a middle-class life; gut ~ essen have a good plain meal; (gewohnheitsmäßig) eat good plain food; b) (abwertend: spießerhaft) in a bourgeois way; dieses ~ engstirnige Denken this bourgeois, narrow-minded way of thinking

Bürgerliche der/die; adj. Dekl. a) (Nichtadlige) commoner; b) (Polit.) non-socialist

Bürgerlichkeit die; ~: middle-class or bourgeois way of life; eine erdrückende Atmosphäre der ~: a stifling middle-class or bourgeois atmosphere

bürger-, Bürger-: ~meister der mayor; ~meister·amt das a) (Gemeindeverwaltung) local authority; b) (Amt des ~meisters) office of mayor; c) (Gebäude) local council offices pl.; ~meisterin die mayor; ~mut der s. Zivilcourage; ~nah Adj. which/who reflects the general public's interests postpos., not pred.; ~nahe Politik in der Politik politics for the people; ~nähe die; ~nähe in der Politik politics for the people; ~nähe bewahren keep a close relationship with the people; ~pflicht die civic duty; duty as a citizen; s. auch Ruhe f; ~recht das one of the civil rights; ~rechte civil rights; ~rechtler der; ~s, ~; ~rechtlerin die; ~, ~nen civil-rights campaigner; ~rechts·bewegung die civil-rights movement; ~rechts·kämpfer der s. ~rechtler

Bürgerschaft die; ~, ~en a) citizens pl.; die ganze ~: all the citizens; b) (in Hamburg u. Bremen) city parliament

Bürger·schreck der bogey of the middle classes

Bürgers-: ~frau die (veralt.) middle-class woman; (zur Bourgeoisie gehörend) bourgeoise; ~mann der; Pl.: ~leute (veralt.) a) middle-class man; b) (zur Bourgeoisie gehörend) bourgeois

Bürger-: ~sohn der a) son of a middle-class family; b) (zur Bourgeoisie gehörend) son of a bourgeois family; ~stand der o. Pl. (veralt.) a) middle class; b) (Großbürgertum) middle class; ~steig der pavement (Brit.); sidewalk (Amer.)

Bürgertum das; ~s a) middle class; b) (wohlhabender Bürgerstand) bourgeoisie

Bürger·wehr die vigilante group

Burg-: ~fräulein das (hist.) daughter of the lord of the/a castle; ~fried der; ~[e]s, ~e s. Bergfried; ~friede der a) truce; b) (hist.: Schutz) castle precincts pl.; ~graben der [castle] moat; ~graf der (hist.) burgrave; ~gräfin die (hist.) chatelaine; ~herr der (hist.) lord of the/a castle; ~herrin die (hist.) lady of the/a castle

Bürgin ['bʏrgɪn] die; ~, ~nen s. Bürge

Burg·ruine die castle ruins pl.; ruined castle

Bürgschaft die; ~, ~en a) (Rechtsw.) guarantee; security; die ~ für jmdn./etw. übernehmen agree to act as sb.'s guarantor/to guarantee sth.; b) (Garantie) guarantee; ~ für etw. leisten vouch for or guarantee sth.; c) (Betrag) penalty

Bürgschafts-: ~erklärung die guarantee; ~nehmer der creditor

Burgund [bʊrˈgʊnt] (das); ~s Burgundy

Burgunder der; ~s, ~ a) (Einwohner, auch hist.) Burgundian; b) (Wein) burgundy

Burgunder·wein der burgundy

Burg-: ~verlies das [castle] dungeon; ~vogt der s. ~graf

Burin die; ~, ~nen Boer; s. auch -in

Burkina Faso [bʊrˈki:na ˈfa:zo] (das) Burkina

Burkiner der; ~s, ~; Burkinerin die; ~, ~nen Burkinan; s. auch -in

burkinisch Adj. Burkinan

burlesk [bʊrˈlɛsk] Adj. burlesque

Burleske die; ~, ~n (Theater, Musik) burlesque

Burma ['bʊrma] s. Birma

Burnus ['bʊrnʊs] der; ~ses, ~se burnous

Büro [by'ro:] das; ~s, ~s office

Büro-: ~angestellte der/die office-worker; ~arbeit die office work no pl.; ~arbeiten all types of office work; ~artikel der item of office equipment; ~artikel

---

* (Bundesrepublik Deutschland)

Bürobedarf

Pl. office supplies *or* equipment; ~**bedarf** der office supplies *pl.;* ~**gehilfe** der office-boy; ~**gehilfin** die office-girl; ~**haus** das office-block; ~**hengst** der *(ugs. abwertend)* office-clerk; pen-pusher *(coll.);* ~**kaufmann** der [qualified] office executive; ~**klammer** die paper-clip; ~**kraft** die clerical worker
Bürokrat [byro'kra:t] der; ~en, ~en *(abwertend)* bureaucrat
Bürokratie [byrokra'ti:] die; ~, ~n bureaucracy
Bürokratin die; ~, ~nen bureaucrat
bürokratisch 1. *Adj.* bureaucratic. 2. *adv.* bureaucratically
bürokratisieren *tr. V.* bureaucratize
Bürokratismus der; ~ *(abwertend)* bureaucracy
Büro-: ~**maschine** die office machine; ~**material** das *s.* ~**bedarf;** ~**mensch** der *(ugs.)* office-clerk; ~**schluß** der [office] closing-time; **bei uns ist um 17 h ~schluß** our office closes at 5 o'clock; **nach ~schluß** after the office closes/the offices close; after office hours; ~**tätigkeit** die, o. *Pl.* **eine ~tätigkeit** office work; an office job; **Mädchen für leichte ~tätigkeit gesucht** girl required to carry out basic clerical duties; ~**vorsteher** der *(veralt.)* office manager *or* supervisor; ~**zeit** die office hours *pl.;* **während der ~zeit** during office hours
Bursch [burʃ] der; ~en, ~en a) *member of a student fraternity;* b) *s.* Bursche
Bürschchen ['byrʃçən] das; ~s, ~: little fellow; little chap; **ein freches ~:** a cheeky little devil; **sei vorsichtig, mein ~:** be careful, sonny *or* laddie
Bursche ['burʃə] der; ~n, ~n a) boy; lad; b) *(junger Mann)* young man; **die jungen ~n aus dem Dorf** the village youths; **er hält sich für einen ganz tollen ~** *(ugs.)* he thinks he's really something; **er ist ein toller ~** *(ugs.)* he's a reckless devil; c) *(abwertend: Kerl)* guy *(sl.);* character; **ein übler ~:** a nasty piece of work *(coll.);* d) *(ugs.: Prachtexemplar)* specimen; **der Hecht, den er gefangen hat, ist ein prächtiger ~:** the pike he caught is a real whopper ee) *(Milit. hist.:)* batman; orderly; f) *s.* Bursch a
Burschenschaft die; ~, ~en students' duelling society
Burschenschafter der; ~s, ~: member of a/the students' duelling society
burschikos [burʃi'ko:s] 1. *Adj.* a) sporty ⟨clothes, look⟩; [tom]boyish ⟨behaviour, girl, haircut⟩; b) *(ungezwungen)* casual ⟨comment, behaviour, etc.⟩. 2. *adv.* a) [tom]boyishly; **sich ~ benehmen** behave like a [tom]boy; b) *(ungezwungen)* in a colloquial way
Burschikosität [burʃikozi'tɛ:t] die; ~, ~en *s.* burschikos 1: sportiness; [tom]boyishness; casualness
Burse ['burzə] die; ~, ~n *(hist.)* hostel *(for students and journeymen)*
Bürste ['byrstə] die; ~, ~n a) brush; b) *(Haarschnitt)* crew cut; c) *(Elektrot.)* brush
bürsten *tr. V.* a) brush; b) *(vulg.: koitieren)* screw *(vulg.)*
Bürsten-: ~**abzug** der *(Druckw.)* brush proof; ~**binder** der a) *(veralt.) s.* ~**macher;** b) **trinken** *(ugs.) od.* **saufen** *(salopp)* **wie ein ~binder** drink like a fish; ~**macher** der broom- and brushmaker; ~**schnitt** der crew cut
Bürzel ['byrtsl] der; ~s, ~ a) *(Zool.)* rump; b) *(Jägerspr.)* tail
Bus [bus] der; ~ses, ~se bus; *(Privat- und Reisebus auch)* coach
Bus-bahn-hof der bus station; *(für Reisebusse auch)* coach station
Busch [buʃ] der; ~[e]s, Büsche ['byʃə] a) bush; *(fig.)* **auf den ~ klopfen** *(ugs.)* sound things out; **bei jmdm. auf den ~ klopfen** *(ugs.)* sound sb. out; **mit etw. hinterm ~ hal-**ten *(ugs.)* keep sth. to oneself; **es ist etw. im ~** *(ugs.)* something's up; **sich [seitwärts] in die Büsche schlagen** *(ugs.)* slip away; b) *(Geogr.)* bush; c) *(ugs.: Urwald)* jungle; **aus dem ~ kommen** have come from the backwoods *pl.;* d) *(Strauß)* bunch; e) *(Büschel)* tuft; **ein ~ Haare/Federn** a tuft of hair/feathers
Busch-bohne die dwarf bean
Büschel ['byʃl] das; ~s, ~ *(von Haaren, Federn, Gras usw.)* handful; *(von Heu, Stroh)* handful; **ein ~ Federn** a tuft of feathers
büschel-weise *Adv. s.* Büschel: in tufts/in handfuls; ~ **Unkraut** whole clumps of weeds
Buschen der; ~s, ~ *(südd., österr. ugs.)* **ein ~** [Blumen/Zweige] a bunch [of flowers]/bundle [of twigs]; **einen ~ über die Tür hängen** hang a bundle of twigs above the door
Buschen-schenke die *(österr.) s.* Straußwirtschaft
buschig *Adj.* bushy; **~e Rosen** rose-bushes
Busch-klepper der *(veralt.)* highwayman *(Hist.)*
Busch-: ~**mann** der Bushman; ~**messer** das machete; ~**werk** das; *o. Pl.* bushes *pl.;* ~**wind-röschen** das wood anemone
Busen ['bu:zn] der; ~s, ~ bust; **sie hat wenig ~** *(ugs.)* she has very little bosom; **in dem Film wurde viel ~ gezeigt** *(ugs.)* in this film there was plenty of bosom on display; **eine Schlange in. Natter an seinem ~ nähren** *(veralt.)* nourish a viper in one's bosom *(literary);* b) *(dichter.: Brust)* bosom; breast; **am ~ der Natur** *(fig. scherzh.)* in the bosom of nature; c) *(dichter. veralt.: Inneres)* bosom; heart; d) *(dichter. veralt.: Mieder)* bodice; bosom
busen-, Busen-: ~**frei** *Adj.* topless; ~**freund** der, ~**freundin** die *(oft iron.)* bosom friend; ~**star** der *(ugs.)* sex symbol
Bus-: ~**fahrer** der bus-driver; *(von Reisebussen auch)* coach-driver; ~**halte-stelle** die bus-stop; *(von Reisebussen auch)* coach-stop; ~**linie** die bus-route; **mein Haus liegt an der ~linie 7** my house is on the number 7 bus-route
Bussard ['busart] der; ~s, ~e *(Zool.)* buzzard
Buße ['bu:sə] die; ~, ~n a) *(Rel.)* penance no art.; ~ **tun** *(veralt.)* do penance; b) *o. Pl.* *(Reue)* repentance; c) *(Rechtsw.)* damages *pl.;* d) *(schweiz. Rechtsspr.: Geldstrafe)* fine
Bussel ['busl] das; ~s, ~[n] *s.* Busserl
busseln *s.* busserln
büßen ['by:sn] 1. *tr. V.* a) *(Rel.: sühnen)* atone for; expiate; **das wirst du mir ~!** *(ugs.)* you'll pay for that; c) *(fig.: bezahlen)* pay for. 2. *itr. V.* *(Rel.)* **für etw. ~:** atone for *or* expiate sth.; b) *(bestraft werden)* suffer; c) *(fig.: bezahlen)* pay
Büßer der; ~s, ~ *(Rel.)* penitent
Büßer-: ~**gewand** das, ~**hemd** das penitential robe; **im ~hemd zeigen, im ~hemd erscheinen** *(fig.)* show repentance
Büßerin die; ~, ~nen *(Rel.)* penitent
Busserl ['busl] das; ~s, ~[n] *(südd., österr. ugs.)* kiss
busserln *tr., itr. V. (südd., österr. ugs.)* kiss
buß-, Buß-: ~**feier** die *(Rel.) s.* ~**gottesdienst;** ~**fertig** *(Rel.)* 1. *Adj.* penitent; *(fig.)* repentant; 2. *adv.* penitently; ~**fertigkeit** die o. *Pl. (Rel.)* repentance; *(fig.)* repentance; ~**gang** der *(geh.)* **einen ~gang antreten** *od.* **machen** go to beg for forgiveness; ~**gebet** das *(Rel.)* prayer of repentance *or* penitence; ~**geld** das *(Rechtsw.)* fine; ~**geld-bescheid** der official demand for payment of a fine; **einen ~geld-bescheid bekommen** be fined (von by); ~**gesang** der *(Rel.)* hymn of repentance; ~**gottes-dienst** der *(kath. Rel.)* service of confession and general absolution
Bussi ['busi] das; ~s, ~s *(ugs.)* kiss

butterweich

Bussole [bu'so:lə] die; ~, ~n compass; *(Elektrot.)* galvanometer
Buß-: ~**prediger** der repentance-preacher; ~**predigt** die sermon calling to repentance; ~**sakrament** das *(Rel.)* sacrament of penance; ~**tag** der a) *(kath. Rel.)* day of repentance; b) *s.* ~**- und Bettag;** ~**- und Bettag** der *(ev. Kirche)* Wednesday eleven days before Advent *(as day of penance)*
Büsten-halter der bra; brassière *(formal)*
Bus-: ~**verbindung** die a) *(Linie)* bus service; b) *(Anschluß)* bus connection; *(für Reisebusse auch)* coach connection; ~**verkehr** der bus service; *(von Fernreisebussen auch)* coach service
Butan [bu'ta:n] das; ~s, ~e *(Chemie)* butane
Butan-gas das butane gas
Butt [but] der; ~[e]s, ~e flounder; butt
Bütt [byt] die; ~, ~en speaker's platform; [carnival] soap-box; **in der ~ stehen** stand on the platform *or* soap-box; **in die ~ steigen** take the platform; get up on the soap-box
Butte die; ~, ~n a) *(südd., österr., schweiz.) s.* Bütte; b) *(Winzerspr.)* dosser; pannier
Bütte die; ~, ~n a) tub; b) *(Papierherstellung)* vat
Büttel ['bytl] der; ~s, ~ a) *(abwertend)* lackey; b) *(veralt.: Häscher)* bailiff; c) *(geh. abwertend: Polizist)* minion of the law
Bütten das; ~s *s.* ~**papier**
Bütten-: ~**papier** das handmade paper *(with deckle-edge);* ~**rand** der deckle-edge; ~**rede** die carnival speech; ~**redner** der carnival speaker
Butter ['butɐ] die; ~: butter; **gute ~** *(veralt.)* butter; **[es ist] alles in ~** *(ugs.)* everything's fine; **sie läßt sich** *(Dat.)* **nicht die ~ vom Brot nehmen** *(ugs.)* she doesn't let anyone put one over on her; **jmdm. die ~ aufs** *od.* **auf dem Brot nicht gönnen** *(ugs.)* begrudge sb. everything
Butter-: ~**bemme** die *(ostmd.) s.* ~**brot;** ~**berg** der; *o. Pl. (ugs.)* butter mountain; ~**blume** die *(Löwenzahn)* dandelion; *(Sumpfdotterblume)* marsh marigold; *(Hahnenfuß)* buttercup; ~**brot** das piece *or* slice of bread and butter; *(zugeklappt)* sandwich; **ein ~brot mit Schinken** a slice of bread and butter with ham on it/a ham sandwich; **für ein ~brot** *(ugs.)* for next to nothing; ⟨buy, sell⟩ for a song; **mußt du mir ständig aufs ~brot streichen** *od.* **schmieren, daß ...?** *(ugs.)* do you have to keep rubbing it in that ...?; ~**brot-papier** das greaseproof paper; ~**creme** die butter-cream; ~**creme-torte** die butter-cream cake; ~**dose** die butter-dish; ~**fahrt** die *(ugs.)* sea trip to buy duty-free goods; ~**faß** das [butter-]churn; ~**fett** das butter-fat; ~**flöckchen** das flake of butter
Butterfly ['bʌtɐflai] der; ~s a) *(Schwimmen)* butterfly [stroke]; b) *(Eiskunstlauf)* split jump
butter-gelb *Adj.* butter yellow
butterig *Adj.* buttery
Butter-: ~**käse** der rich creamy cheese; ~**keks** der butter biscuit; ~**krem** die *(ugs. auch:)* der *s.* ~**creme;** ~**messer** das butter-knife; ~**milch** die buttermilk
buttern 1. *itr. V.* make butter. 2. *tr. V.* a) butter; grease ⟨baking tray⟩ with butter; b) *(ugs.: aufwenden)* put (in + Akk. into)
butter-, Butter-: ~**pilz** der boletus lutens; ~**säure** die *(Chemie)* butyric acid; ~**schmalz** das clarified butter; ~**stulle** die *(nordd., bes. berlin.) s.* ~**brot;** ~**teig** der short pastry [made with butter]; ~**weich** 1. *Adj.* a) beautifully soft; **eine ~weiche Landung** *(fig.)* a [really] soft landing; b) *(ohne Festigkeit)* vague ⟨agreement, promise⟩; **wenn man ihm schmeichelt, wird er ~weich** if you flatter him, he's like putty in your hands; c) *(Sportjargon)* gentle ⟨shot, pass⟩;

987

2. *adv.* **a)** gently; **die Maschine landete ~weich** the machine landed gently; **b)** *(Sportjargon)* gently
Buttje ['bʊtjə], **Buttjer** ['bʊtjɐ] *der;* ~s, ~s *(nordd.)* kid *(coll.)*
Büttner ['bʏtnɐ] *der;* ~s, ~ *s.* **Böttcher**
Button [bʌtn] *der;* ~s, ~s badge
buttrig *s.* **butterig**
Butze·mann *der; Pl.* ~männer *(fam.)* bogyman
bützen ['bʏtsn̩] *tr., itr. V. (rhein.)* kiss
Butzen·scheibe *die* bull's-eye pane
Büx [byks] *die;* ~, ~en, **Buxe** ['bʊksə] *die;* ~, ~n *(nordd.)* trousers *pl.;* pants *pl. (Amer.);* **zwei Büxen** *od.* **Buxen** two pairs of trousers *or (Amer.)* pants
Buxtehude [bʊkstə'hu:də] *in* in/aus/nach ~ *(fig. ugs.)* at/from/to the back of beyond
BV *die;* ~ *Abk. (schweiz.)* **Bundesversammlung**
BVG *das;* ~s *Abk.* **a)** Bundesverwaltungsgericht; **b)** Bundesverfassungsgericht; **c)** Betriebsverfassungsgesetz
b.w. *Abk.* bitte wenden p.t.o.
Bypass ['baipɑs] *der;* ~es, **Bypässe** *(Med.)* bypass
Byte [bait] *das;* ~[s], ~[s] *(DV)* byte
Byzantiner [bytsan'ti:nɐ] *der;* ~s, ~ Byzantine
byzantinisch *Adj.* Byzantine; **das Byzantinische Reich** the Byzantine Empire
Byzantinismus *der;* ~ *(geh. abwertend)* obsequiousness; sycophancy
Byzantinistik *die;* ~: Byzantine studies *pl., no art.*
Byzanz [by'tsants] **(das)** Byzanz' Byzantium
bzgl. *Abk.* bezüglich
bzw. *Abk.* beziehungsweise

C

c, C [tse:] *das;* ~, ~: **a)** *(Buchstabe)* c/C; **b)** *(Musik)* [key of] C; *s. auch* a, A
C *Abk.* Celsius C
ca. *Abk.* cirka c.
Cabaret [kaba're:] *s.* **Kabarett**
Cabrio *s.* **Kabrio**
Cabriolet [kabrio'le:] *s.* **Kabriolett**
cachieren *s.* **kaschieren**
Café [ka'fe:] *das;* ~s, ~s café; **ins ~ gehen** go to a/the café
Cafeteria [kafetə'ri:a] *die;* ~, ~s cafeteria
cal *Abk.* [Gramm]kalorie cal.
Calcium *s.* **Kalzium**
Callgirl ['kɔ:lgɜ:l] *das;* ~s, ~s call-girl
Callgirl·ring *der* call-girl ring
Calvados [kalva'do:s] *der;* ~, ~ calvados
calvinistisch *s.* **kalvinistisch**
Calypso [ka'lɪpso] *der;* ~[s], ~s calypso
Camembert ['kamɑmbeːɐ̯] *der;* ~s, ~s Camembert
Camion [ka'mi̯õ] *der;* ~s, ~s *(schweiz.)* lorry *(Brit.);* truck *(Amer.)*
Camouflage [kamu'fla:ʒə] *die;* ~, ~n *(bes. Milit.; veralt.)* camouflage
camouflieren *tr. V. (veralt.)* camouflage
Camp [kɛmp] *das;* ~s, ~s camp

campen ['kɛmpn̩] *itr. V.* camp
Camper *der;* ~s, ~, **Camperin** *die;* ~, ~nen camper
Camping ['kɛmpɪŋ] *das;* ~s camping; **zum ~** [nach X] **fahren** go camping [in X]
Camping-: ~aus·rüstung *die* camping equipment; **~beutel** *der* duffle-bag; **~bus** *der* motor caravan; camper; **~führer** *der* camping guide[book]; **~platz** *der* campsite; campground *(Amer.);* **~stuhl** *der* [folding] camp-chair; **~tisch** *der* [folding] camp-table
Campus ['kampʊs] *der;* ~ *(Hochschulw.)* campus
Canaille *s.* **Kanaille**
Canasta [ka'nasta] *das;* ~s canasta
Cancan [kã'kã:] *der;* ~s, ~s cancan
Candela [kan'de:la] *die;* ~, ~ *(Physik)* candela
Cannabis ['kanabɪs] *der;* ~: cannabis
Cannelloni [kanɛ'lo:ni] *Pl.* cannelloni
Cañon ['kanjɔn] *der;* ~s, ~s canyon
Canossa *s.* **Kanossa**
Canto ['kanto] *der;* ~s, ~s *(Literaturw.)* canto
Cantus ['kantʊs] *der;* ~, ~ *(Musik)* cantus; principal *or* melody voice
Cape [ke:p] *das;* ~s, ~s cape
Cappuccino [kapʊ'tʃi:no] *der;* ~[s], ~[s] cappuccino
Capriccio [ka'prɪtʃo] *das;* ~s, ~s *(Musik)* capriccio
Car [ka:ɐ̯] *der;* ~s, ~s *(schweiz.)* coach
Caravan ['ka(:)ravan] *der;* ~s, ~s **a)** *(Kombi)* estate car; station wagon *(Amer.);* **b)** *(Wohnwagen)* caravan; trailer *(Amer.)*
Carbid *s.* **Karbid**
Caritas ['ka:ritas] *die;* ~ Caritas *(Catholic welfare organization);* **ich bin doch nicht von der ~!** *(ugs.)* I'm not a charitable institution!
Carnet [de passages] [kar'nɛ (də pa'sa:ʒə)] *das;* ~ [~], ~s [~] [kar'nɛ (~)] *(Verkehrsw.)* carnet
cartesianisch [karte'zi̯a:nɪʃ] *Adj.* Cartesian
Cartoon [kar'tu:n] *der od. das;* ~[s], ~s cartoon
Casanova [kaza'no:va] *der;* ~[s], ~s Casanova
Cäsar ['tsɛ:zar] **(der)** Caesar
Cäsaren- [tsɛ'za:rən-]: **~herrschaft** *die* dictatorship; **~wahn·sinn** *der* [dictatorial] megalomania
Cäsarismus [tsɛza'rɪsmʊs] *der;* ~ Caesarism; absolutism
Cäsaropapismus [tsɛzaropa'pɪsmʊs] *der;* ~: Caesaropapism *no art.*
Cashew·nuß ['kɛʃu-] *die* cashew-nut
Cash-flow [kæʃ'floʊ] *der;* ~s *(Wirtsch.)* [gross] cash flow
Casino *s.* **Kasino**
Cassata [ka'sa:ta] *die;* ~, ~s cassata
Cassette *s.* **Kassette**
Catch-as-catch-can ['kætʃəz'kætʃ'kæn] *das;* ~: catch-as-catch-can; all-in wrestling
catchen ['kɛtʃn̩] *itr. V.* do all-in wrestling; **das Catchen** all-in wrestling
Catcher ['kɛtʃɐ] *der;* ~s, ~: all-in wrestler
Cayenne·pfeffer [ka'jɛn-] *der* cayenne [pepper]
CB-Funk [tse:'be:-] *der;* ~s *(Nachrichten.)* CB radio
cbm *Abk. (veralt.)* Kubikmeter m³
ccm *Abk. (veralt.)* Kubikzentimeter c.c.
CD-Platte [tse:'de:-] *die* compact disc
CD-ROM *die;* ~, ~[s] CD-ROM
CD-Spieler [tse:'de:-] *der* the compact-disc player
CDU [tse:de:'|u:] *die;* ~ *Abk.* Christlich-Demokratische Union [Deutschlands] [German] Christian Democratic Party
C-Dur ['tse:-] *das;* ~: C major; *s. auch* A-Dur
C-Dur-Dreiklang *der* C major triad

Cedille [se'di:j(ə)] *die;* ~, ~n *(Sprachw.)* cedilla
Cellist [tʃɛ'lɪst] *der;* ~en, ~en, **Cellistin** *die;* ~, ~nen cellist; *s. auch* -in
Cello ['tʃɛlo] *das;* ~s, ~s *od.* **Celli** *(tʃɛli)* cello
Cello·konzert *das* cello concerto
Cellophan W *das;* ~s, **Cellophane** W [tsɛlo'fa:n(ə)] *die;* ~ Cellophane **(P)**
Celsius ['tsɛlzius] *o. Art.* centigrade; Celsius *(Phys.)*
Celsius·skala *die* Celsius *or* centigrade scale
Cembalo ['tʃɛmbalo] *das;* ~s, ~s *od.* **Cembali** harpsichord
Cent [tsɛnt] *der;* ~[s], ~[s] cent
Center ['sɛntɐ] *das;* ~s, ~ **a)** *(Großmarkt)* centre; **b)** *(Einkaufszentrum)* shopping centre *or (Amer.)* mall
Centime [sã'ti:m] *der;* ~[s], ~s centime
Cercle ['sɛrkl] *der;* ~s, ~s **a)** ~ **halten** *(veralt.)* hold court; **b)** *(österr.: im Theater)* front seats *pl.*
Cervelat ['sɛrvəla] *der;* ~s, ~s *(schweiz.)* cervelat [sausage]
ces, Ces [tsɛs] *das;* ~, ~ *(Musik)* C flat
Ces-Dur *das;* ~[s] C flat major; *s. auch* A-Dur
Čevapčići [tʃɛ'vaptʃɪtʃi] *Pl.:* Serbian spiced and grilled mince fingers
Ceylon ['tsailɔn] **(das);** ~s *(hist.)* Ceylon *(Hist.)*
Ceylonese *der;* ~n, ~n, **Ceylonesin** *die;* ~, ~nen *(hist.)* Ceylonese
cf. *Abk.* conferatur cf.
C-Flöte [tse:-] *die* soprano recorder
Cha-Cha-Cha ['tʃa 'tʃa 'tʃa] *der;* ~[s], ~s cha-cha-cha
Chaise ['ʃɛ:zə] *die;* ~, ~n **a)** *(veralt.: Kutsche)* [closed] chaise; **b)** *(ugs. abwertend: Auto)* jalopy; banger *(Brit. sl.)*
Chaise-longue [ʃɛzɛ'lõ:k] *die;* ~, ~n *od.* ~s chaise longue
Chalet [ʃa'le:] *das;* ~s, ~s **a)** Alpine *(cowherd's)* hut; **b)** *(Landhaus)* [Swiss] chalet
Chamäleon [ka'mɛ:leɔn] *das;* ~s, ~s *(auch fig.)* chameleon
Chamois [ʃa'moa] *das;* ~ **a)** *(Farbe)* chamois; parchment [colour]; **b)** *s.* **~leder**
Chamois·leder *das* chamois[-leather]
Champagner [ʃam'panjɐ] *der;* ~s, ~ champagne *(from Champagne)*
champagner·farben *Adj.* champagne-coloured
Champignon ['ʃampɪnjɔn] *der;* ~s, ~s mushroom
Champion ['tʃɛmpiɔn] *der;* ~s, ~s *(Sport)* champion; *(Mannschaft)* champions *pl.*
Chance ['ʃã:sə] *die;* ~, ~n *(Gelegenheit)* chance; **eine ~/keine ~/mehr ~n haben, etw. zu tun** have a chance/no chance/more chance of doing sth.; **die ~n [zu gewinnen] stehen eins zu hundert** the chances [of winning] are one in a hundred; *(bes. beim Wetten)* the odds [against winning] are 100:1 or a hundred to one; **ich gebe dir eine letzte ~:** I'll give you one last chance; **eine/keine ~ sehen, zu ...:** see a/no chance *or* hope of ...; **sie rechnen sich** *(Dat.)* **eine ~ aus, 2 Punkte zu machen** they reckon they have a chance of scoring 2 points; **~n/eine ~ vergeben** *(Sport)* give away chances/a chance; **b)** *Pl. (Aussichten)* prospects; **seine ~n stehen gut/schlecht** his prospects are good/poor; **[bei jmdm] ~n haben** stand a chance [with sb.]
Chancen·gleichheit *die;* ~ *o. Pl. (Päd., Soziol.)* equality of opportunity *no art.*
changieren [ʃã'ʒi:rən] *itr. V.* shimmer *(in different colours);* iridesce; **~d** iridescent; **~de Seide** shot silk
Chanson [ʃã'sõ:] *das;* ~s, ~s chanson; cabaret-style song
Chansonette, Chansonnette [ʃãsɔ'nɛta] *die;* ~, ~n chanteuse; *(im Kabarett)* cabaret singer

Chansonnier [ʃɑ̃sɔ'nie:] der; ~s, ~s singer/composer of chansons; chansonnier
Chaos ['ka:ɔs] das; ~ chaos no art.; **in der Wohnung herrschte ein einziges ~**: the flat (Brit.) or (Amer.) apartment was in total chaos
Chaot [ka'o:t] der; ~en, ~en a) (Politik) anarchist (trying to undermine society); (bei Demonstrationen) violent demonstrator; **b)** (salopp: unordentlicher Mensch) **ein [furchtbarer] ~ sein** be [terribly] disorganized
chaotisch 1. Adj. chaotic. 2. adv. chaotically; **es geht ~ zu** there is chaos
Chapeau claque [ʃapo'klak] der; ~ ~, ~x ~s [ʃapo'klak] opera-hat
Charade s. **Scharade**
Charakter [ka'raktɐ] der; ~s, ~e [...'te:rə] a) character; personality; **etw. prägt od. formt den ~**: sth. moulds one's character or is character-forming; **die seinen ~ prägenden od. formenden Jahre** his formative years; **Geld verdirbt den ~**: money spoils people; **sie hat einen schwierigen/ist ein schwieriger ~**: she has/is a complex personality; **gegensätzliche ~e haben/sein** have entirely different personalities/be quite different in personality or character; **er ist ein mieser ~** (ugs.) he's a lousy so-and-so (sl.) **b)** o. Pl. (~stärke) [strength of] character; **keinen ~ haben** lack [strength of] character; be spineless; **c)** o. Pl. (Eigenart) **die Mitteilung hat vertraulichen ~**: the communication is of a confidential nature
charakter-, Charakter-: **~an·lage** die; meist Pl. trait; **gute/schlechte ~anlagen haben** have good/bad qualities or a good/bad disposition; **~bildend** Adj. character-forming; **~bildung** die; o. Pl. formation of character; **jmds. ~bildung** the formation of sb.'s character; **~darsteller** der actor of complex parts; **~darstellerin** die actress of complex parts; **~eigenschaft** die characteristic; trait; **~fehler** der fault [of character]; **~fest** Adj. steadfast; **~festigkeit** die firmness or strength of character
charakterisieren tr. V. characterize
Charakterisierung die; ~, ~en characterization; (Schilderung) portrayal
Charakteristik die; ~, ~en characterization
Charakteristikum das; ~s, **Charakteristika** (geh.) characteristic (+ Gen. od. für of)
charakteristisch 1. Adj. characteristic, typical (für of). 2. adv. characteristically; **in a typical manner**
charakteristischerweise Adv. characteristically [for him/her]
Charakter·kopf der striking head; **ein ~ sein** have a magnificent or striking head
charakterlich 1. Adj. character attrib. ⟨defect, development, training⟩; personal ⟨qualities⟩; **~e Veränderungen** personality changes. 2. adv. in ⟨respect of⟩ character; **jmdn. ~ formen** mould sb.'s character; (schulen) give sb. character-training
charakter·los 1. Adj. unprincipled; characterless, colourless ⟨style, playing, townscape⟩; (niederträchtig) despicable; (labil) spineless. 2. adv. in an unprincipled fashion; (ohne Ausdruck) colourlessly; drearily; (niederträchtig) despicably; (labil) spinelessly
Charakterlosigkeit die; ~, ~en a) o. Pl. lack of principle; (Niederträchtigkeit) despicableness; (Labilität) weakness of character; spinelessness; **b)** (Handlung) unprincipled/despicable action; (Äußerung) unprincipled/despicable remark
Charakterologie [karakterolo'gi:] die; ~: characterology no art.
charakter-, Charakter-: **~rolle** die (Theater) complex part or character; **~schwach** Adj. of weak character postpos.; spineless; **~schwäche** die weakness

of character; spinelessness no pl.; **~schwein** das (ugs. abwertend) unprincipled bastard (coll.); **~stärke** die; o. Pl. strength of character; (Entschlossenheit) strength of mind; **~voll** Adj. **a)** (~fest) steadfast; showing strength of character postpos., not pred.; **b)** (ausdrucksvoll) distinctive; ⟨house etc.⟩ of character; strongly characterized, individual ⟨features⟩; **~zug** der characteristic
Charge ['ʃarʒə] die; ~, ~n a) (bes. Milit.: Dienstgrad, Person) rank; **die unteren ~n** the lower ranks (Mil.)/orders; **die oberen ~n** the upper ranks (Mil.)/echelons; **b)** (Theater: Nebenrolle) small character part
Charisma ['ça:rɪsma] das; ~s, **Charismen** charisma
charismatisch [çarɪs'ma:tɪʃ] Adj. charismatic
Charleston ['tʃarlstn̩] der; ~, ~s Charleston
charmant [ʃar'mant] 1. Adj. charming; **sich von seiner ~esten Seite zeigen** show one's most attractive side. 2. adv. charmingly; with much charm
Charme [ʃarm] der; ~s charm; **seinen ganzen ~ spielen lassen** od. **aufbieten** turn on all one's charm
Charmeur [ʃar'mø:ɐ̯] der; ~s, ~s od. ~e charmer
Charmeuse [ʃar'mø:z] die; ~ (Textilw.) charmeuse
Charta ['karta] die; ~, ~s (Politik) charter
Charter ['tʃartɐ] der; ~s, ~s charter agreement
Charter-: **~flug** der charter flight; **~maschine** die chartered aircraft
chartern tr. V. charter ⟨aircraft, boat⟩; hire [the services of] ⟨guide, firm⟩
Charts [tʃarts] Pl. charts
chassidisch [xa'si:dɪʃ] Adj. (jüd. Rel.) Hasidic
Chassidismus der; ~ (jüd. Rel.) Hasidism no art.
Chassis [ʃa'si:] das; ~ [ʃa'si:(s)], ~ [ʃa'si:s] (Kfz-W., Elektrot.) chassis
Chateaubriand [ʃatobri'ã:] das; ~[s], ~s (Kochk.) Chateaubriand [steak]
Chauffeur [ʃɔ'fø:ɐ̯] der; ~s, ~e driver; (privat angestellt) chauffeur
chauffieren (veralt.) tr., itr. V. drive
Chaussee [ʃɔ'se:] die; ~, ~n (veralt.) (surfaced) highway; main road
Chauvi ['ʃo:vi] der; ~s, ~s (ugs. abwertend) male chauvinist (coll. derog.)
Chauvinismus [ʃovi'nɪsmʊs] der; ~: chauvinism; **männlicher ~**: male chauvinism
Chauvinist der; ~en, ~en (abwertend) chauvinist; **männlicher ~**: male chauvinist
Chauvinistin die; ~, ~nen chauvinist
chauvinistisch (abwertend) 1. Adj. chauvinistic; (männlich-~) male chauvinist. 2. adv. chauvinistically; (männlich-~) in a male chauvinist way
Check (schweiz.) s. **Scheck**
checken ['tʃɛkn̩] tr. V. **a)** (bes. Technik: kontrollieren) check; examine; **sich [vom Arzt] ~ lassen** (ugs.) have a check-up [from the doctor]; **b)** (salopp: begreifen) twig (coll.); (bemerken) spot; **ich habe das noch nicht gecheckt** I haven't got it yet; **c)** (Eishockey: stoppen) check ⟨player⟩
Check·liste die check-list; (Passagierliste) passenger list
Chef [ʃɛf] der; ~s, ~s a) (Leiter) (einer Firma, Abteilung, Regierung) head; (der Polizei, des Generalstabs) chief; (einer Partei, Bande) leader; (Vorgesetzter) superior; boss (coll.); **wer ist denn hier der ~?** who's in charge here?; **b)** (salopp: Anrede) **hallo, ~**: hey, chief or squire (Brit. coll.); hey mister (Amer. coll.)
Chef- in Zus. chief
Chef-: **~arzt** der head of one or more specialist departments in a hospital; (Direktor) superintendent (of small hospital); **~dramaturg** der (Theater) [chief] literary adviser; **~etage** die management floor; **Unruhe in den ~etagen** cause a flutter in the boardrooms; **~ideologe** der leading ideologist
Chefin die; ~, ~nen a) (Leiterin) (einer Firma, Abteilung, Regierung) head; (einer Partei, Bande) leader; (Vorgesetzte) superior; boss (coll.); **b)** (ugs.: Frau des Chefs) boss's wife (coll.); **c)** (salopp: Anrede) missis (sl.); ma'am (Amer.)
Chef-: **~koch** der chef; head cook; **~redakteur** der chief editor; (Verlagsw. auch) managing editor; **~sekretärin** die director's secretary; **~visite** die senior consultant's round (in the wards)
Chemie [çe'mi:] die; ~ a) (Wissenschaft) chemistry no art.; **b)** (ugs.: Chemikalien) chemicals pl.; **der Pudding ist reine ~**: the pudding is nothing but chemicals or is purely synthetic
Chemie-: **~arbeiter** der chemical worker; **~betrieb** der chemical firm; **~faser** die synthetic or man-made fibre; **~ingenieur** der chemical engineer; **~laborant** der, **~laborantin** die chemical laboratory assistant; **~werker** der (ugs.) chemical worker
Chemikalie [çemi'ka:liə] die; ~, ~n chemical
Chemiker ['çe:mikɐ] der; ~s, ~, **Chemikerin** die; ~, ~nen (graduate) chemist; s. auch -**in**
Cheminée ['ʃmine] das; ~s, ~s (schweiz.) open fireplace
chemisch 1. Adj. chemical; **~er Versuch** chemistry experiment; **eine/die ~e Reinigung** a/the dry cleaner's; (Vorgang) dry cleaning; **die ~e Keule** Chemical Mace (P.). 2. adv. chemically; **~ bleichen** bleach with chemicals
chemisieren tr. V. (DDR) chemicalize; make increased use of chemicals in ⟨agriculture⟩
chemo-, Chemo-: **~techniker** der industrial chemist; (Chemieingenieur) chemical engineer; **~therapeutisch** Adj. (Med.) chemotherapeutic; **~therapie** die (Med.) chemotherapy; **mit einer ~therapie beginnen** start a course of chemotherapy
Chenille [ʃə'nɪljə] die; ~, ~n chenille
Cherry Brandy ['tʃɛri 'brɛndi] der; ~ ~s, ~ ~s cherry brandy
Cherub ['çe:rʊp] der; ~s, **Cherubim** ['çe:rubi:m] od. **Cherubinen** [çe:ru'bi:nən] (Rel.) cherub
cherubinisch Adj. cherubic
Chester·käse ['tʃɛstɐ-] der (usu. processed) Cheddar cheese
chevaleresk [ʃəvalə'rɛsk] (geh.) 1. Adj. chivalrous; gentlemanly. 2. adv. chivalrously
Chevreau·leder [ʃə'vro:-] das kid
Chianti ['kjanti] der; ~[s] Chianti
Chiasmus ['çiasmʊs] der; ~ (Rhet.) chiasmus no art.
chic usw. s. **schick** usw.
Chicorée ['ʃikore] der; ~s od. die; ~: chicory
Chiffon ['ʃifõ] der; ~s, ~s chiffon
Chiffre ['ʃifrə] die; ~, ~n a) (Zeichen) symbol; **b)** (Geheimzeichen) cipher; **~n Code** sing.; **in ~n** (Dat.) **schreiben** write in code; **c)** (in Annoncen) box number; **Zuschriften unter ~ ...**: reply quoting box no. ...; **d)** (Rhet.) cipher
Chiffre·schrift die code
chiffrieren tr. V. [en]code; **chiffriert** coded; in [a secret] code postpos.
Chignon [ʃɪn'jõ:] der; ~s, ~s chignon
Chihuahua [tʃi'uaua] der; ~s, ~s chihuahua
Chile ['tʃi:le, 'çi:lə] (das); ~s Chile

Chilene [tʃi'leːnə, çi'leːnə] der; ~n, ~n, **Chilenin** die; ~, ~nen Chilean; *s. auch* **-in**
chilenisch *Adj.* Chilean
Chile·salpeter der Chile salpeter *or* nitre
Chili ['tʃiːli] der; ~s, ~es **a)** *Pl. (Schoten)* chillies; **b)** *o. Pl. (Gewürz)* chilli [powder]
Chiliasmus [çi'liasmʊs] der; ~ *(christl. Rel.)* chiliasm *no art.*
Chili·soße die chilli sauce
Chimäre [çiːmɛːrə] die; ~, ~n **a)** *s.* **Schimäre**; **b)** *(Biol.)* chimera
China ['çiːna] (das); ~s China
China-: **~kracker** der Chinese cracker; **~kohl** der Chinese cabbage; *(im Handel)* Chinese leaves *pl.*; **~papier** das rice paper
¹**Chinchilla** [tʃɪn'tʃɪla] das; ~s, ~s **a)** *(Pelz)* chinchilla; **b)** *(Kaninchen)* chinchilla [rabbit]
²**Chinchilla** die; ~, ~s *(Zool.)* chinchilla
Chinese [çi'neːzə] der; ~n, ~n Chinese; **zum ~n essen gehen** *(ugs.)* eat Chinese *(coll.)*
Chinesin die; ~, ~nen Chinese; *s. auch* **-in**
chinesisch 1. *Adj.* Chinese; **~er Tee** China tea; **die Chinesische Mauer** the Great Wall of China. **2.** *adv.* in the Chinese manner *or* style; **~ essen** have a Chinese meal; eat Chinese *(coll.)*
-chinesisch das; ~[s] ... jargon
Chinin [çi'niːn] das; ~s quinine
chinin·haltig *Adj.* containing quinine *postpos., not pred.*; **~ sein** contain quinine
Chintz [tʃɪnts] der; ~ chintz
Chip [tʃɪp] der; ~s, ~s **a)** *(Spielmarke)* chip; **b)** *(Kartoffel~)* [potato] crisp *(Brit.) or (Amer.)* chip; **c)** *(Elektronik)* [micro]chip
Chip·karte die smart card
Chippendale ['tʃɪpəndeɪl] das; ~[s] Chippendale
Chiromant [çiro'mant] der; ~en, ~en palmist
Chiromantie die; ~ chiromancy *no art.*; palmistry *no art.*
Chiropraktik die; ~ *(Med.)* chiropractic *no art.*
Chiropraktiker der; ~s, ~ *(Med.)* chiropractor
Chirurg [çi'rʊrk] der; ~en, ~en surgeon
Chirurgie [çirʊr'giː] die; ~, ~n **a)** *o. Pl. (Disziplin)* surgery *no art.*; **b)** *(Abteilung)* surgical department; *(Station)* surgical ward; **auf der ~ liegen** be in the surgical ward
Chirurgin die; ~, ~nen surgeon; *s. auch* **-in**
chirurgisch 1. *Adj., nicht präd.* surgical. **2.** *adv. (operativ)* surgically; by surgery
Chitin [çi'tiːn] das; ~s chitin
Chitin·panzer der *(Zool.)* chitinous exoskeleton
Chlor [kloːɐ] das; ~s chlorine
Chloral [klo'raːl] das; ~s *(Chemie)* chloral
Chlorat [klo'raːt] das; ~s, ~e *(Chemie)* chlorate
chloren *tr. V.* chlorinate
chlor·haltig *Adj.* containing chlorine *postpos., not pred.*; **~/stark ~ sein** contain chlorine/have a high chlorine content
Chlorid [klo'riːt] das; ~s, ~e *(Chemie)* chloride
chlorieren *tr. V. (Chemie)* chlorinate
chlorig *Adj.* **~e Säure** *(Chemie)* chlorous acid
Chloroform [kloro'fɔrm] das; ~s chloroform
chloroformieren *tr. V.* chloroform
Chlorophyll [kloro'fʏl] das; ~s *(Bot.)* chlorophyll
Chlor-: **~säure** die *(Chemie)* chloric acid; **~wasser** das **a)** *(ugs.: gechlortes Wasser)* chlorinated water; **b)** *(Chemie)* chlorine water; **~wasser·stoff** der *(Chemie)* hydrogen chloride
Choke [tʃoʊk] der; ~s, ~s, **Choker** [tʃoʊkɐ] der; ~s, ~ *(Kfz-W.)* [manual] choke
Cholera ['koːlera] die; ~ *(Med.)* cholera
Choleriker [ko'leːrikɐ] der; ~s, ~ choleric type *or (Psych.)* subject; **ein klassischer ~**: a textbook example of the choleric temperament; **b)** *(ugs.: jähzorniger Mensch)* irascible person; **ein ~ sein** have a short fuse
cholerisch 1. *Adj.* irascible; choleric 〈*temperament*〉. **2.** *adv.* irascibly
Cholesterin [çolɛste'riːn] das; ~s *(Med.)* cholesterol
Cholesterin·spiegel der *(Physiol.)* cholesterol level
¹**Chor** [koːɐ] der; ~[e]s, Chöre ['køːrə] **a)** choir; *(in Oper, Sinfonie)* chorus; **im ~ rufen/brüllen** shout/roar in chorus; **b)** *(Komposition; im Theater)* chorus
²**Chor** der *od. (selten:)* das; ~[e]s, ~e *od.* Chöre **a)** *(Altarraum)* choir; **b)** *(Empore)* choir loft; *(mit der Orgel)* organ loft
Choral [ko'raːl] der; ~s, Choräle [ko'rɛːlə] **a)** *(Kirchenlied)* chorale; **b)** *(Gregorianischer ~)* [Gregorian] chant
Choral-: **~bearbeitung** die *(Musik)* arrangement of a chorale; **~vor·spiel** das *(Musik)* chorale prelude
Choreograph [koreo'graːf] der; ~en, ~en choreographer
Choreographie die; ~, ~n choreography
choreographieren *tr., itr. V.* choreograph
Choreographin die; ~, ~nen choreographer; *s. auch* **-in**
choreographisch *Adj.* choreographic
Chor-: **~frau** die *(kath. Rel.)* canoness; **~führer** der *(Theater)* leader of the chorus; **~gebet** das *(kath. Rel.)* canonical hour *(as part of divine office)*; **~gestühl** das *(kath. Rel.)* choir-stalls *pl.*; **~herr** der *(kath. Rel.)* canon [regular]
Chorist der; ~en, ~en *s.* **Chorsänger**
Choristin die; ~, ~nen *s.* **Chorsängerin**
Chor-: **~knabe** der choirboy; chorister; **~konzert** das choral concert; **~leiter** der chorus-master; *(des Kirchenchors)* choirmaster; **~musik** die choral music; **~rock** der surplice; **~sänger** der, **~sängerin** die member of the chorus
Chorus ['koːrʊs] der; ~, ~se *(Jazz)* theme
Chose ['ʃoːzə] die; ~, ~n *(ugs.)* **a)** *(Angelegenheit)* business *(derog.)*; **b)** *(Gegenstände)* stuff; **die ganze ~:** the whole lot *(coll.)* or *(sl.)* shoot *or (sl.)* caboodle
Chow-Chow [tʃaʊ 'tʃaʊ] der; ~s, ~s chow
¹**Christ** [krɪst] der; ~en, ~en Christian
²**Christ** (der) *(Christus)* Christ
christ-, Christ-: **~baum** der **a)** *(bes. südd.)* Christmas tree; **nicht alle auf dem ~baum haben** *(ugs.)* be dotty *(Brit. coll.)*; be not quite all there *(Brit. coll.)*; be missing some marbles *(sl.)*; **b)** *(milit. Jargon: Leuchtsignale)* target marker [flare]; **~baum-** *s.* **Weihnachtsbaum-**; **~demokrat** der *(Politik)* Christian Democrat; **~demokratisch** *(Politik)* **1.** *Adj.* Christian-Democrat; **2.** *adv.* in a Christian-Democrat manner *or* spirit; **~demokratisch regiert** governed by Christian Democrats
Christen-: **~gemeinde** die Christian community; **~glaube[n]** der Christian faith
Christenheit die; ~ Christendom *no art.*; **die ganze ~:** the whole Christian community; all Christians *pl.*
Christen·lehre die; *o. Pl.* **a)** *(christl. Kirchen)* [Church] teaching of Christian doctrine; **b)** *(DDR Schulw.)* Christian religious instruction
Christentum das; ~s Christianity *no art.*; *(Glaube)* Christian faith; **sich zum ~ bekennen** profess the Christian faith; declare oneself a Christian
Christen·verfolgung die persecution of Christians
Christ·fest das *(veralt., noch südd., österr.)* **s. Weihnachtsfest**
christianisieren [krɪstiani'ziːrən] **1.** *tr. V.* Christianize; convert to Christianity. **2.** *itr. V.* make conversions to Christianity
Christianisierung die; ~ Christianization
Christin die; ~, ~nen Christian; *s. auch* **-in**
christ-, Christ-: **~katholisch** *Adj.* *(schweiz.)* *s.* **altkatholisch**; **~kind** das; *o. Pl.* **a)** *(Jesus)* infant Jesus; Christ-child; **b)** *(weihnachtliche Gestalt)* Christ-child *(as bringer of Christmas gifts)*; **er glaubt noch ans ~kind** *(fig. iron.)* he still believes in Father Christmas; **c)** *(bes. südd., österr.: Geschenk)* Christmas present; **~kindchen** das; ~, **~kindl** das *(südd., österr.)* *s.* **~kind a, b**; **~königs·fest** das *(kath. Rel.)* feast of Christ the King
christlich 1. *Adj.* Christian; **die ~e Seefahrt** *(scherzh.)* seafaring; **wir stehen um halb neun auf – eine halbwegs ~e Zeit** *(ugs. scherzh.)* we get up at half-past eight – a more or less civilized time. **2.** *adv.* in a [truly] Christian manner; live a Christian life; **Kinder ~ erziehen** give children a Christian upbringing; **~ geprägt** imbued with Christian principles
Christlichkeit die; ~: Christian spirit
Christ-: **~messe** die *(kath. Rel.)* Christmas Mass; **~mette** die *(kath. Rel.)* Christmas Mass; *(ev. Rel.)* midnight service [on Christmas Eve]; **~nacht** die Christmas night
Christoph ['krɪstɔf] (der) Christopher
Christophorus [krɪs'tɔforʊs] (der): **der heilige ~:** St Christopher
Christ-: **~rose** die Christmas rose; **~stollen** der [German] Christmas loaf *(with candied fruit, almonds, etc.)*
Christus ['krɪstʊs] (der); ~ *od.* Christi Christ; **1000 vor/nach Christi Geburt** 1000 BC/AD 1000
Christus-: **~dorn** der *(Bot.)* crown of thorns; **~kopf** der *(Kunst)* head of Christ; **~monogramm** das Christogram; chi-rho
Christ·vesper die *(kath. u. ev. Rel.)* Christmas Eve vespers *(with music)*
Chrom [kroːm] das; ~s chromium
Chromatik [kro'maːtɪk] die; ~ **a)** *(Musik)* chromaticism; **b)** *(Physik)* chromatics *pl.*
chromatisch *Adj.* chromatic
chrom-, Chrom-: **~blitzend** *Adj.* gleaming with chrome *postpos.*; **~dioxyd·kassette** die chrome-[dioxide] cassette; **~gelb** das chrome yellow; **~leder** das chrome leather; **~nickel·stahl** der chrome-nickel steel
Chromosom [kromo'zoːm] das; ~s, ~en *(Biol.)* chromosome
Chromosomen·satz der *(Biol.)* chromosome set
Chromosphäre [kromo'sfɛːrə] die *(Astron.)* chromosphere
Chrom·stahl der chrome steel
Chronik ['kroːnɪk] die; ~, ~en chronicle
chronisch 1. *Adj. (Med., auch ugs.)* chronic; **an ~em Geldmangel leiden** *(ugs.)* suffer from a chronic shortage of money. **2.** *adv. (Med., auch ugs.)* chronically
Chronist [kro'nɪst] der; ~en, ~en chronicler
Chronistik die; ~: historiography *no art.*
Chronologie die; ~: chronology; **die ~ der Ereignisse** *od.* **des Geschehens** the sequence of events; **[nach] unserer/jüdischen ~:** according to our/the Jewish calendar
chronologisch 1. *Adj.* chronological; **~er Fehler** mistake regarding the date. **2.** *adv.* chronologically; in chronological order
Chronometer [krono'meːtɐ] das; ~s, ~: chronometer
chronometrisch 1. *Adj.* chronometric. **2.** *adv.* chronometrically
Chrysantheme [kryzan'teːmə] die; ~, ~n chrysanthemum
Chuzpe ['xʊtspə] die; ~ *(salopp abwertend)* chutzpah; **die ~ haben, etw. zu tun** have the nerve to do sth. *(coll.)*
CIA ['siː'aɪ'eɪ] der *od.* die; ~: CIA
Cicero die *od. (schweiz.)* der; ~, ~ *(Druckw.)* pica; 12-point type

Cidre [si:dɐ] der; ~s [Normandy/Brittany] cider
Cimbal s. **Zimbal**
Cineast [sine'ast] der; ~en, ~en a) (Filmschaffender) film-maker; b) (Kenner) film expert; (Filmfan) film fan
circa s. **zirka**
Circe ['tsɪrtsə] die; ~, ~n Circe; enchantress
Circulus vitiosus ['tsɪrkulʊs vi'tsjo:zʊs] der; ~ ~, Circuli vitiosi (geh.) vicious circle
Circus s. **Zirkus**
cis, Cis [tsɪs] das; ~, ~ (Musik) C sharp
Cis-Dur das; ~[s] (Musik) C sharp major; s. auch **A-Dur**
cis-Moll das; ~[s] (Musik) C sharp minor; s. auch **a-Moll**
Citoyen [sitoa'jɛ̃:] der; ~s, ~s (politically aware) citizen
City ['sɪti] die; ~, ~s city centre
Clair-obscur [klɛrɔps'ky:ɐ̯] das; ~[s] (Kunst) chiaroscuro
Clan [kla:n] der; ~s, ~e od. ~s a) (salopp: Interessengemeinschaft) clique; b) (in Schottland; auch salopp: Familie) clan
Claque ['klakə] die; ~ claque; hired applauders pl.
Claqueur [kla'kø:ɐ̯] der; ~s, ~e claqueur; hired applauder
Clavicembalo [klavi'tʃɛmbalo] das; ~s, ~s (Musik) harpsichord
clean [kli:n] Adj.; nicht attr. (ugs.) clean (coll.); ~ werden come off drugs
Clearing ['kli:rɪŋ] das; ~s, ~s (Wirtsch.) clearing
clever ['klɛvɐ] 1. Adj. (raffiniert) shrewd; (intelligent, geschickt) clever; smart. 2. adv.: s. Adj.: shrewdly; cleverly; smartly
Cleverneß ['klɛvɐnɛs] die; ~ s. clever 1: shrewdness; cleverness; smartness (Amer.)
Cliché s. **Klischee**
Clinch [klɪntʃ] der; ~[e]s a) (Boxen) clinch; in den ~ gehen go into a clinch; b) (ugs.: Auseinandersetzung) conflict; mit jmdm. im ~ liegen be locked in dispute with sb.; [mit jmdm.] in den ~ gehen start quarrelling or wrangling [with sb.]
clinchen itr. V. (Boxen) go into a clinch
Clip s. **Ohrklipp**
Clipper Ⓦ [ˈklɪpɐ] der; ~s, ~ (veralt.) [longhaul] airliner (on overseas routes)
Clique ['klɪkə] die; ~, ~n a) (abwertend: Interessengemeinschaft) clique; b) (Freundeskreis) set; lot (coll.); (größere Gruppe) crowd (coll.); (Jugendliche) gang (coll.); er gehört mit zur unserer ~: he's one of our crowd (coll.) or lot (coll.)
Cliquen~: ~[un]wesen das; o. Pl., ~wirtschaft die (ugs. abwertend) clique system
Clivia ['kli:vja] die; ~, Clivien (Bot.) clivia
Clochard [klɔ'ʃa:r] der; ~s, ~s down-and-out; tramp
Clog [klɔk] der; ~s, ~s clog
Clou [klu:] der; ~s, ~s (ugs.) main point; (Glanzpunkt) highlight; der besondere ~: the really special thing [about it]; das ist doch gerade der ~: but that's the great thing about it
Clown [klaʊn] der; ~s, ~s clown; sich zum ~ machen make oneself look a fool or look ridiculous; jmdn. zum ~ machen make a clown of sb.; treat sb. as a clown
Clownerie [klaʊnə'ri:] die; ~, ~n: ~[n] clowning no pl.
Club s. **Klub**
Cluster ['klastɐ] der; ~s, ~[s] (Kernphysik, Musik, Sprachw.) cluster
cm Abk.: Zentimeter cm.
c-Moll [tse:-] das; ~ C minor; s. auch **a-Moll**
Co. Abk.: Compagnie Co.
Coach [koʊtʃ] der; ~[s], ~s (Sport) coach; (bes. Fußball: Trainer) manager
coachen ['koʊtʃn̩] tr., itr. V. (Sport) coach; (Trainer sein) manage

Coca ['ko:ka] das; ~[s], ~s od. die; ~, ~s (ugs.) Coke (P)
Cockerspaniel ['kɔkɐ-] der; ~s, ~s cocker spaniel
Cockpit ['kɔkpɪt] das; ~s, ~s cockpit; (bei großen Linienflugzeugen) flight deck
Cocktail ['kɔkteɪl] der; ~s, ~s a) (Getränk; auch Salat usw.) cocktail; b) (Party) cocktail party; (DDR: Empfang) reception
Cocktail-: ~empfang der [cocktail] reception; ~kleid das cocktail dress; ~party die cocktail party; ~schürze die hostess apron
Code s. **Kode**
Codein s. **Kodein**
Codex s. **Kodex**
Cœur [kø:ɐ̯] das; ~[s], ~[s] (Kartenspiel) hearts pl.; (einzelne Karte) heart; s. auch ²**Pik**
cognac ['kɔnjak] indekl. Adj.; nicht attr. cognac[-coloured]
Cognac Ⓦ der; ~s, ~s Cognac
cognac-farben Adj. cognac[-coloured]
Coiffeur [koa'fø:ɐ̯] der; ~s, ~e, **Coiffeuse** [koa'fø:zə] die; ~, ~n (schweiz., sonst geh.: Friseur/Friseuse) hairdresser; (Schöpfer/Schöpferin von Haarmoden) hair-stylist
Coiffure [koa'fy:ɐ̯] die; ~, ~n a) o. Pl. (geh.: Frisierkunst) hairdressing; (Schöpfung von Haarmoden) hair-styling; b) (schweiz.: Frisiersalon) hairdresser's [salon]
Cola ['ko:la] das; ~[s], ~s od. die; ~, ~s (ugs.) Coke (P)
Collage [kɔ'la:ʒə] die; ~, ~n collage; (als Form/Technik) die ~: collage
Collie ['kɔli] der; ~s, ~s collie
Colloquium s. **Kolloquium**
Colonia-kübel [ko'lo:nia-] der (österr.) dustbin; garbage or trash can (Amer.)
Color- [ko'lo:ɐ̯-] (Fot.) ~film/~dia/~negativ colour film/slide/negative
Colt Ⓦ [kɔlt] der; ~s, ~s Colt (P) [revolver]
Combo ['kɔmbo] die; ~, ~s small (jazz or dance) band; combo (sl.)
Comeback [kam'bɛk] das; ~[s], ~s comeback; ein ~ feiern stage a come-back
COMECON, Comecon ['kɔmekɔn] der od. das; ~: Comecon
Comic ['kɔmɪk] der; ~s, ~s a) (Heft) comic; b) (Film) cartoon film
Comic-: ~heft das comic; ~held der comic-strip hero
Comic strip ['kɔmɪk 'strɪp] der; ~ ~[s], ~ ~s comic strip
Composer [kɔm'po:zɐ] der; ~s, ~ (Druckw.) composer
Computer [kɔm'pju:tɐ] der; ~s, ~: computer; über ~ (Akk.) gehen od. laufen be computerized; ~ auf (Akk.) umstellen computerize
computer-, Computer-: ~anlage computer system; ~blitz der (Fot.) computerized [electronic] flash unit; ~diagnostik die (Med.) computer[-aided] diagnosis; ~gerecht 1. Adj. computer-compatible; 2. adv. in computer-compatible form; ~gesteuert Adj. computer-controlled; ~gestützt Adj. computer-assisted
computerisieren tr. V. computerize ⟨data, system⟩; (aufbereiten) make ⟨data⟩ computer-compatible
Computer-: ~kunst die; o. Pl. computerized art; ~satz der; o. Pl. (Druckw.) computer setting
Comte [kõ:t] der; ~s, ~s (French) count
Comtesse [kõ'tɛs] die; ~, ~n s. **Komteß**
Concept-art ['kɔnsɛptla:ɐ̯t] die; ~ (Kunstwiss.) concept[ual] art
Concerto grosso [kɔn'tʃɛrto 'grɔso] das; ~ ~, Concerti grossi (Musik) concerto grosso
Concierge [kõ'sjɛrʃ] der/die; ~, ~s concierge
Conditio sine qua non [kɔn'di:tsio 'zi:nə 'kva: 'no:n] die; ~ ~ ~ ~ (Philos.) sine qua non

Conférencier [kõferã'sje:] der; ~s, ~s compère (Brit.); master of ceremonies
Confiserie s. **Konfiserie**
Confiteor [kɔn'fi:teɔr] das; ~ (kath. Rel.) Confiteor; general confession
Connaisseur [kɔnɛ'sø:ɐ̯] der; ~s, ~s (geh.) connoisseur
Consommé [kõsɔ'me:] die; ~, ~s od. das; ~s, ~s (Kochk.) consommé
Container [kɔn'te:nɐ] der; ~s, ~: container; (für Müll) [refuse] skip; (für Altglas) bottle-bank
Container-: ~bahn·hof der container station; ~hafen der container port or terminal; ~schiff das container ship; ~verkehr der; o. Pl. container traffic no art.
Contenance [kõtə'nã:s(ə)] die; ~ (geh.) composure; die ~ [bewahren/verlieren keep/lose one's composure or countenance
Contergan Ⓦ [kɔntɐ'ga:n] das; ~s thalidomide
Contergan-kind das thalidomide child
cool [ku:l] 1. Adj. a) (gelassen) cool; ~ bleiben keep one's cool (sl.); b) (gut) fabulous (coll.); c) (reell) reliable; (anständig) decent; reasonable. 2. adv. a) (gelassen) coolly; b) (gut) fabulously (coll.); c) (anständig) decently; reasonably
Cool Jazz ['ku:l 'dʒæz] der; ~ ~: cool jazz
Copilot s. **Kopilot**
Copyright ['kɔpirait] das; ~s, ~s copyright
coram publico [ko:ram 'pu:bliko] (geh.) in public
Cord [kɔrt] der; ~[e]s, ~e od. ~s cord; (~samt) corduroy
Cord-: ~an·zug der cord/corduroy suit; ~hose die [pair sing. of] corduroy trousers pl. or cords pl.; ~jeans Pl. corduroy jeans; cords
Cordon bleu [kɔrdõ'blø] das; ~ ~, ~s ~s [kɔrdõ'blø] (Kochk.) veal escalope cordon bleu
Cord-: ~rock der corduroy skirt; ~samt der corduroy
Core [kɔ:] das; ~[s], ~s (Kernphysik) core
Corned beef ['kɔ:nd 'bi:f] das; ~ ~: corned beef
Corner ['kɔ:nɐ] der; ~s, ~ (österr. Fußball) corner [kick]
Corn-flakes ['kɔ:nfleɪks] Pl. cornflakes
Cornichon [kɔrni'ʃõ:] das; ~s, ~s [finequality] gherkin
Corona s. **Korona**
Corps s. **Korps**
Corpus s. **Korpus**
Corpus delicti ['kɔrpus de'lɪkti] das; ~ ~, **Corpora** ['kɔrpora] **delicti** a) (Rechtsspr.) weapon [used]; b) (meist scherzh.: Beweisstück) piece of incriminating evidence
Corso s. **Korso**
Cortison s. **Kortison**
Costa Rica ['kɔsta 'ri:ka] (das); ~s Costa Rica
Costaricaner der; ~s, ~ Costa Rican
costaricanisch Adj. Costa Rican
CO-Test [tse:'lo:-] der (Kfz-W.) exhaust emission test (for carbon monoxide content)
Couch [kaʊtʃ] die; (schweiz. auch:) der; ~, ~es sofa; auf die ~ müssen (fig.) need to see a psychiatrist
Couch-: ~garnitur die three-piece suite; ~tisch der coffee-table
Couleur [ku'lø:ɐ̯] die; ~, ~s a) o. Pl. (Richtung) shade [of opinion]; persuasion; Politiker jeglicher ~: politicians of every shade of opinion or of every hue; b) (Studentenspr.: Band u. Mütze) fraternity colours pl.; ~ tragen wear one's fraternity colours
Coulomb [ku'lõ:] das; ~s, ~ (Physik) coulomb
Countdown ['kaʊnt'daʊn] der od. das; ~[s], ~s (Raumf., auch fig.) countdown
Country-music ['kʌntrɪmju:zɪk] die; ~: country music
Coup [ku:] der; ~s, ~s coup; einen ~ landen (ugs.) pull off a coup

Coupé [ku'pe:] *das;* ~s, ~s a) coupé; b) *(österr., sonst veralt.: Abteil)* compartment
Couplet [ku'ple:] *das;* ~s, ~s satirical song *(with refrain)*
Coupon [ku'põ:] *der;* ~s, ~s a) *(Gutschein)* coupon; voucher; *(im Café)* ticket; *(zum Abreißen)* counterfoil; **auf** *od.* **für** *od.* **gegen diesen** ~ **bekommen Sie ...**: for this voucher you will receive ...; b) *(Finanzw.)* [interest] coupon; c) *(Stoff)* piece; length
Cour [ku:ɐ̯] *in einer Frau/Dame die* ~ **machen** *od.* **schneiden** *(veralt.)* pay court to a woman/lady
Courage [kuˈraːʒə] *die;* ~ *(ugs.)* courage; **im letzten Moment verließ sie die** ~: at the last moment she lost her nerve; *s. auch* **Angst**
couragiert [kuraˈʒiːɐ̯t] 1. *Adj. (mutig)* courageous; *(beherzt)* spirited. 2. *adv. s.* 1: courageously; spiritedly
Courtage [kʊrˈtaːʒə] *die;* ~, ~n brokerage; broker's commission
Courtoisie [kʊrtoaˈziː] *die;* ~, ~n *(veralt.)* courtesy
Cousin [kuˈzɛ̃:] *der;* ~s, ~s *(male)* cousin; *s. auch* **Grad** a
Cousine [kuˈziːnə] *die;* ~, ~n *(female)* cousin
Couturier [kutyˈri̯e:] *der;* ~, ~s couturier
Couvert [kuˈveːɐ̯] *das;* ~s, ~s a) *s.* **Kuvert**; b) *(für Bettdecken)* [quilt] cover
Cover ['kavɐ] *das;* ~s, ~s a) *(von Illustrierten)* cover; b) *(von Schallplatten)* sleeve
Cover-girl *das* cover girl
Cowboy ['kaʊbɔɪ] *der;* ~s, ~s cowboy
Cowboy-: ~**hut** *der* cowboy hat; stetson; ~**stiefel** *der* cowboy boot
Cox Orange ['kɔksˌorãːʒə] *der;* ~ ~, ~ ~ Cox's orange pippin
Crack [krɛk] *der;* ~s, ~s ace; crack player; *(Athlet)* crack athlete; **ein** ~ **im Schwimmen/ Radfahren** a crack swimmer/cyclist
Cracker ['krɛkɐ] *der;* ~s, ~[s] cracker
Credo *s.* **Kredo**
creme [krɛːm] *indekl. Adj.; nicht attr.* cream
Creme [krɛːm] *die;* ~, ~s, *(schweiz.:)* ~n a) *(Kosmetik, Kochk.)* cream; b) *o. Pl. (oft iron.: Oberschicht)* cream; top people; **die** ~ **der Gesellschaft** the cream of society
creme·farben *Adj.* cream[-coloured]
cremen *tr. V. s.* **eincremen**
Creme-: ~**schnitte** *die* cream slice; ~**törtchen** *das* cream tart[let]; ~**torte** *die* cream cake *or* gateau
cremig 1. *Adj.* creamy; *etw.* ~ **schlagen** beat sth. into a cream. 2. *adv.* like cream
¹**Crêpe** [krɛp] *die;* ~, ~s *(Kochk.)* crêpe
²**Crêpe** *der;* ~, ~s *s.* **Krepp**
Crescendo [krɛˈʃɛndo] *das;* ~s, ~s *(Musik)* crescendo
Crew [kruː] *die;* ~, ~s a) *(eines Schiffs/Flugzeugs)* crew; b) *(Gruppe)* team; c) *(Marine: Kadetten)* group of cadets *(in the same year);* class
Croissant [krɔaˈsãː] *das;* ~[s], ~s croissant
Cromargan ⓦ [kromarˈgaːn] *das;* ~s stainless [chrome-nickel] steel
Croquette *s.* **Krokette**
Cross-country [krɔsˈkantri] *das;* ~[s], ~s *(Sport)* cross-country [race]
Croupier [kruˈpi̯e:] *der;* ~s, ~s croupier
Crux [krʊks] *die;* ~ a) *(Schwierigkeit)* trouble (+ *Gen.,* bei with); b) *(Sorgen)* **man hat seine** ~ **mit ihnen** they are a real trial; *(sie sind eine Last)* they are a real burden
Csárdás ['tʃardas] *der;* ~, ~: csardas
C-Schlüssel ['tseː-] *der (Musik)* C clef
ČSFR [tʃeːlɛsˈɛfˈɛr] *die;* ~ *Abk.:* Tschechoslowakei
ČSSR [tʃeːlɛsˈɛsˈɛr] *die; (hist.) s.* **ČSFR**
CSU [tseːlɛsˈʔu:] *die;* ~ *Abk.:* Christlich-Soziale Union CSU
c.t. [tseːˈteː] *Abk.:* **cum tempore;** Beginn: 20 Uhr ~: 8.15 start
cum grano salis [kʊm ˈgraːno ˈzaːlɪs] *(geh.)* taken with a pinch of salt
cum laude [kʊm ˈlaʊdə] *(Hochschulw.)* with distinction; *third of four grades of successful doctoral examination*
cum tempore [kʊm ˈtɛmpore] *(Hochschulw.)* 15 minutes after the time indicated; observing
Cunnilingus [kʊnɪˈlɪŋɡʊs] *der;* ~, **Cunnilingi** *(Sexualk.)* cunnilingus
Cup [kap] *der;* ~s, ~s cup
Cup·finale *das (Fußball)* Cup Final; *(andere Sportarten)* final of the Cup
Cupido [kuˈpiːdo] *(der);* ~s *(Myth.)* Cupid
Curettage *s.* **Kürettage**
Curie [kyˈriː] *das;* ~, ~ *(Physik)* curie
Curling ['kɔːlɪŋ] *das;* ~s *(Sport)* curling
curricular [kʊrikuˈlaːɐ̯] *Adj.; nicht präd. (Päd.)* curricular
Curriculum [kʊˈriːkulʊm] *das;* ~s, **Curricula** *(Päd.)* curriculum; *(genauer festgelegt)* syllabus
Curriculum·forschung *die* curricular research
Curry ['kœri] *das;* ~s, ~s a) *(auch: der)* curry-powder; b) *(Gericht)* curry
Curry-: ~**sauce,** ~**soße** *die* curry sauce; ~**wurst** *die* sliced fried sausage sprinkled with curry powder and served with ketchup
Cut [kœt, kat] *der;* ~s, ~s a) *(Sakko)* morning coat; b) *(Boxen)* cut *(esp. above the eye)*
Cutaway ['kœtəveɪ] *der;* ~s, ~s *s.* **Cut a**
cutten ['katn̩] *tr., itr. V. (Film, Rundf., Ferns.)* cut; edit
Cutter ['katɐ] *der;* ~s, ~, **Cutterin** *die;* ~, ~nen *(Film, Ferns., Rundf.)* editor
cuttern *s.* **cutten**
CVJM [tseːfaʊˈjɔtˈʔɛm] *der;* ~ *Abk.:* a) Christlicher Verein Junger Männer YMCA; b) Christlicher Verein Junger Menschen; *combined form of YMCA and YWCA*
CVP [tseːfaʊˈpeː] *die;* ~ *(schweiz.) Abk.:* Christlich-demokratische Volkspartei Christian-Democratic People's Party
c_w-Wert *der (Technik)* c_d [value]
Cyan [tsyˈaːn] *das;* ~s *(Chem.)* cyanogen
Cyanid [tsy̆aˈniːt] *das;* ~s, ~e *(Chemie)* cyanide
Cymbal *s.* **Zimbal**

D

d, D [deː] *das;* ~, ~ a) *(Buchstabe)* d/D; b) *(Musik)* [key of] D; *s. auch* **a, A**
D *Abk.* **Damen**
da [da:] 1. *Adv.* a) *(dort)* there; **da draußen/drinnen/drüben/unten** out/in/over/down there; **da hinten/vorn[e]** [there] at the back/front; **da hinab/hinauf/hinüber** down/up/over that way; **geh da herum** go round that way; **he, Sie da!** hey, you there!; **der Kerl da** that fellow [over there]; **ich möchte von dem da** I'd like some of that one; **halt, wer da?** *(Milit.)* halt, who goes there?; **hallo, wer ist denn da?** *(am Telefon)* hello, who's that [speaking]?; **gleich sind wir da** we're almost there; we'll be there in a minute; **ach, da ist meine Brille!** so 'that's where my glasses are!; oh, 'there are my glasses!; **da bist du ja!** there you are [at last]!; **da, ein Reh!** look, [there's] a deer!; **da, wo die Straße nach X abzweigt** where the road to X turns off; at the turning for X; **da und da** at such-and-such a place; **da und dort** here and there; *(manchmal)* now and again *or* then; b) *(hier)* here; **da bin ich here I am**; **da hast du das Buch** here's the book; **da, nimm schon!** here [you are], take it!; *s. auch* **dasein, dahaben**; c) *(zeitlich)* then; *(in dem Augenblick)* at that moment; **ich hatte mich gerade ins Bett gelegt, da klingelte das Telefon** I had just got into bed when the telephone rang; **von da an** from then on; **in meiner Jugend, da war alles besser** back in my young days, everything was better [then]; d) *(deshalb)* **der Zug war schon weg, da habe ich den Bus genommen** the train had already gone, so I took the bus; e) *(ugs.: in diesem Fall)* **da kann man nichts machen** there's nothing one can do about it *or* that; **was gibt's denn da zu lachen?** what's there to laugh about [there]?; what's funny about that?; **da kann ich [ja] nur lachen!** that's plain ridiculous!; **was tut man da?** what does one do in a case like this?; f) *(altertümelnd: nach Relativpronomen; wird nicht übersetzt)* **..., der da sagt ...**, who says; g) *(hervorhebend; wird meist nicht übersetzt)* **ich habe da einen Kollegen, der ...**: I have a colleague who ...; **da fällt mir noch was ein** [oh yes] another thought strikes me; h) *(Note: in North German colloquial usage pronominal adverbs are often divided so that* **da** *appears on its own with the remainder of the adverb at the end of the clause; see footnotes under* **dabei, dafür, dagegen, daher, damit, danach, davon, davor, dazu, dazwischen**). 2. *Konj.* a) *(weil)* as; since; **da ich ein Feigling bin, wagte ich es nicht** being a coward *or* since I'm a coward I didn't dare to; **da es [gerade] regnet** as *or* seeing that it's raining; b) *(geh.: als)* when; **jetzt, da es feststand, daß ...**: now that it was definite that ...
da-: 1. **Bei den aus da- od. dar- und einer Präposition gebildeten Adverbien** *(dabei, dafür, damit, daran* usw.*) wird da[r]- im allgemeinen durch* **it** *oder, wenn es sich auf einen Plural bezieht, durch* **them** *übersetzt. z. B.* **Es gibt nur eine Tür, jeder muß dadurch** there is only one door and everyone has to pass through it; **die Tulpen sind schön; wieviel verlangen Sie dafür?** the tulips are nice; how much are you asking for them? *Wenn jedoch der Bestandteil* **da[r]-** *besonders betont ist, dann ist* that *bzw.* those *die angemessenere Übersetzung:* **also darauf willst du hinaus!** so that's what you're getting at! **Haben die Spritzen nicht geholfen? – Nein, dadurch ist ihr nur noch schlechter geworden** Didn't the injections help? – No, those only made him worse. *Wenn auf das Adverb ein* **daß** *mit Nebensatz folgt, bietet sich häufig die Formulierung* the fact that *an:* **dadurch gekennzeichnet, daß ...** characterized by the fact that ... *Wenn Haupt- u. Nebensatz dasselbe Subjekt haben oder wenn ein Infinitivsatz angeschlossen ist, kommt man durch die Verbindung von Präposition und Verbalsubstantiv zu einer eleganten Übersetzung:* **wir sind dafür, daß wir weitermachen** *od.* **weiterzumachen** we are in favour of continuing. *Das ist manchmal sogar bei verschiedenen Subjekten möglich, wenn man ein Possessivpronomen* (his, our *usw.*) *hinzusetzt:* **er ist dafür, daß wir weitermachen** he is in favour of our continuing. 2. *Die Einträge für diese Adverbien berücksichtigen nur einen Teil der möglichen Kontextbeispiele mit Verben oder Substantiven. Es empfiehlt sich deshalb, auch unter den jeweiligen Verben oder Substantiven nachzuschlagen; so kann man z. B. die Übersetzung für* **danach fragen** (ask about it/them) *über* **nach** *etw.*

fragen *unter dem Stichwort* fragen *erschließen*
d. Ä. *Abk.:* der Ältere
da|behalten *unr. tr. V.* keep [there]; *(hier behalten)* keep here; **sie hat die Kinder gleich ~:** she simply kept the children at her place; **kann ich das Buch ~?** can I keep the book [here]?
da·bei *Adv.* a) *(bei etw.)* with it/them; *(bei jmdm.)* with him/her/them; *(beigeschlossen)* enclosed; **eine Tankstelle mit einer Werkstatt ~:** a filling station with its own workshop [attached]; **nahe ~** *(in der Nähe)* near it; close by; **wir wollen es ~ lassen** *(fig.)* we'll leave it at that; b) *(währenddessen)* at the same time; *(bei diesem Anlaß)* then; on that occasion; **er aß weiter und redete ~:** he went on eating and talked as he did so; **die ~ entstehenden Kosten** the expense involved; **er ist ~ gesehen worden, wie er das Geld nahm** he was seen [in the act of] taking the money; **eine unangenehme Reparatur – man muß ~ unterm Auto liegen** an unpleasant job – you have to lie under the car to do it; **ich hoffe, Sie haben alle ~ etwas gelernt** I hope you have all learned something from it *or* in the process; **eine Massenkarambolage – – gab es zwei Tote** a big pile-up – two people were killed [in it]; **es kam es zu erbitterten Kämpfen** this gave rise to bitter fighting; c) *(außerdem)* ~ [auch] what is more; **es war eiskalt und [auch] naß ~:** it was freezing cold and damp into the bargain; **er ist sehr beschäftigt, aber ~ immer freundlich** he is very busy but even so always friendly; d) *(hinsichtlich des Erwähnten)* about it/them; **was hast du dir denn ~ gedacht?** what were you thinking of?; what came over you?; **er hat sich nichts ~ gedacht** he saw no harm in it; **ich fühle mich ganz und gar nicht wohl ~:** I am not at all happy about it; **da ist doch nichts ~!** there's really no harm in it!; *(es ist nicht schwierig)* there's nothing to it!; *s. auch* bleiben e; da-; e) *(obwohl)* but; **er suchte nach dem Brief, ~ hatte er ihn in der Hand** he was looking for the letter and all the time he had it in his hand; *NB In senses* a, b, *and* d *the word can occur in two parts in North German coll. usage, e.g.* **da ist eine Karte bei** there is a card with it
dabei: ~|**bleiben** *unr. itr. V.; mit sein (dort)* stay there; be there; *(bei einer Tätigkeit)* stick to it; *(bei einer Firma, der Armee)* stay on; ~|**haben** *unr. tr. V.* have with one; **ich habe kein Geld ~:** I haven't got any money with me *or* on me; **sie wollte die Kinder nicht ~haben** *(ugs.)* she didn't want to have the children there *or* around; ~|**sein** *unr. itr. V.; mit sein (Zusschr. nur im Inf. u. 2. Part.)* a) *(anwesend sein)* be there; be present (**bei** at); *(teilnehmen)* take part (**bei** in); **bei der Sitzung ~sein** be at *or* attend the meeting; ~**sein ist alles!** it's taking part that counts; **Wer kommt mit? – Ich bin ~!** Who's coming? – Count me in!; **ein wenig Angst ist immer ~:** there is always an element of fear; b) *(gerade tun)* [gerade] ~**sein**, **etw. zu tun** be just doing sth.; **Spülst du das Geschirr? – Ich bin schon ~!** Will you wash up? – I'm already in the middle of it!; ~|**sitzen** *unr. itr. V.* sit there; ~|**stehen** *unr. itr. V.* stand by; stand there
da|bleiben *unr. itr. V.; mit sein* stay there; *(hier bleiben)* stay here; [noch] ~: stay on
da capo [da'ka:po] *a) (Musik)* da capo; *b) (Beifallsruf)* ~! encore!
d'accord [da'ko:ɐ̯] *(bes. österr.)* **mit jmdm. ~ gehen od. sein** agree with sb.
Dach [dax] *das;* ~[e]s, **Dächer** ['dɛçɐ] *a)* roof; **[ganz oben] unterm ~** *od. (ugs. scherzh.)* **unterm ~ juchhe** [right up] in the attic; **ein/kein ~ über dem Kopf haben** *(ugs.)* have a/no roof over one's head; **[mit jmdm.] unter einem ~ leben** live under the same roof (**mit** *or* **als** sb.]; **etw. unter ~ und Fach**

bringen get sth. [safely] under cover; bring in sth.; *(fig.: erfolgreich beenden)* get sth. all wrapped up; **unter ~ und Fach sein** be under cover; *(harvest)* be safely [gathered] in; *(fig.: erfolgreich beendet)* wrapped up; ‹contract etc.› be signed and sealed; **das ~ der Welt** *(fig.)* the roof of the world; *b) (fig. ugs.)* **jmdm. aufs ~ steigen** give sb. a piece of one's mind; ‹superior officer etc.› haul sb. over the coals; **jmdm. eins aufs ~ geben** bash sb. over the head; *(tadeln)* give sb. a dressing down; tear a strip off sb. *(sl.);* **eins aufs ~ bekommen** *od.* **kriegen** get a bash on the head; *(eine Rüge erhalten)* get it in the neck *(coll.)*
dạch-, Dạch-: ~**antenne** *die* roof-aerial; roof antenna *(Amer.);* ~**balken** *der* roof-beam; ~**boden** *der* loft; **auf dem ~boden** in the loft; ~**decker** [~dɛkɐ] *der;* ~s, ~: roofer; *(für Reetdächer)* thatcher; **das kannst du halten wie ein ~decker** *(ugs.)* it's all the same to me; ~**decker·arbeiten** *Pl.* roofing work *sing.; (mit Reet)* thatching work *sing.;* ~**fenster** *das* skylight; *(Dachgaube)* dormer window; ~**first** *der* [roof-]ridge; ~**förmig** *Adj.* roof-shaped; ~**förmiger Vorsprung** rooflike projection; ~**garten** *der a)* roof-garden; *b) s.* ~**terrasse;** ~**gaube** *die (bes. Bauw.)* dormer window; ~**gebälk** *das* roof-timbers *pl.;* ~**gepäck·träger** *der (Kfz.-W.)* roof-rack; ~**geschoß** *das* attic [storey]; ~**gesellschaft** *die (Wirtsch.)* holding company; ~**gesims** *das* eaves *pl.;* ~**gestühl** *das s.* ~**stuhl;** ~**giebel** *der* gable; ~**gleiche** [~glaiçə] *die;* ~, ~**n** *(österr.) s.* **Richtfest;** ~**hase** *der (scherzh.)* cat; moggie *(sl.);* ~**kammer** *die* attic [room]; *(ärmlich)* garret; ~**konstruktion** *die a)* roof-structure; *(Entwurf)* roof-design; *b) (das Konstruieren)* construction of the roof; ~**lawine** *die* mass of snow sliding from a roof
Dächlein ['dɛçlain] *das;* ~s, ~: little roof
Dạch-: ~**luke** *die* skylight; ~**organisation** *die* umbrella organization; ~**pappe** *die* roofing-felt; ~**pfanne** *die* pantile; ~**platte** *die* flat tile; *(Schindel)* shingle; *(aus Schiefer)* slate; ~**reiter** *der* ridge turret; ~**rinne** *die* gutter
Dachs [daks] *der;* ~es, ~e *a) (Tier)* badger; *b) (ugs.: unerfahrener Bursche)* greenhorn; **er ist noch ein ganz junger ~:** he's still wet behind the ears; *c) (ugs.: Kind)* **vorlauter** *od.* **frecher kleiner ~:** little rascal; young whipper-snapper
Dachs-: ~**bär** *der (Jägerspr.)* [male] badger; ~**bau** *der; Pl.* ~e badger's earth *or* set
Dach-: ~**schaden** *der a) o. Pl. (ugs.)* **einen ~schaden haben** be not quite right in the head; be slightly screwy *(sl.); b) (Schaden am Dach)* roof-damage; ~**schiefer** *der* roofing-slate; ~**schindel** *die* [roof-]shingle; ~**schräge** *die* roof angle; pitch of the roof
Dachs·hund *der (fachspr.) s.* **Dackel** a
Dächsin ['dɛksɪn] *die;* ~, ~**nen** [female] badger; badger sow
Dach-: ~**sparren** *der* rafter; ~**stroh** *das* straw thatch; ~**stübchen** *das (veralt.)* little attic room; *(ärmlich)* garret; ~**stube** *die (veralt.) s.* ~**kammer;** ~**stuhl** *der* roof-truss
dachte ['daxtə] *1. u. 3. Pers. Sg. Prät. v.* **denken**
Dach-: ~**terrasse** *die* roof-terrace; ~**traufe** *die* eaves *pl.;* ~**verband** *der s.* ~**organisation);** ~**wohnung** *die* attic flat *(Brit.) or (Amer.)* apartment; ~**ziegel** *der* roof-tile; ~**ziegel·verband** *der (Med.)* [rib-]strapping; ~**zimmer** *das* attic room
Dạckel ['dakl] *der;* ~s, ~ *a) (Hund)* dachshund; *b) (Schimpfwort)* clot *(sl.)*
Dạckel·beine *Pl. (ugs. scherzh.)* [stumpy] bow legs

Dada ['dada] *der;* ~[s] *a)* Dada; *b) (Gruppe)* Dada[ist group]
Dada-Bewegung *die* Dadaist movement; Dadaism
Dadaịsmus *der;* ~: Dadaism *no art.*
Dadaịst *der;* ~en, ~en, **Dadaịstin** *die;* ~, ~**nen** Dadaist
dadaịstisch *Adj.* Dadaist
da·dran *(ugs.) s.* **daran**
da·drauf *(ugs.) s.* **darauf**
da·draus *(ugs.) s.* **daraus**
da·drin *(ugs.) s.* **darin**
da·drinnen *(ugs.) s.* **darinnen**
da·drüber *(ugs.) s.* **darüber**
da·drum *(ugs.) s.* **darum**
da·drunter *(ugs.) s.* **darunter**
da·durch *Adv. a) (durch diese Öffnung hindurch)* through it/them; *(geh.: wodurch)* through which; **soll ich dadurch gehen oder dadurch?** should I go through this one *or* that one *or* through here *or* through there?; *b) (durch diesen Umstand)* as a result; *(durch dieses Mittel)* in this way; by this [means]; **ich nehme den D-Zug, ~ bin ich zwanzig Minuten eher da** I'll take the express, that way I'll get there twenty minutes earlier; **er hat sich ~ selbst geschadet** by doing this he has damaged his own interests; **c) ~, daß er es [nicht] tat, konnte er ...:** as a result of [not] doing it *or* by [not] doing it he was able to ...; ~, **daß er älter ist, hat er einige Vorteile** he has several advantages by virtue of being older *or* because he is older; *s. auch* **da-**
da·für *Adv. a) (für diese Sache, diesen Zweck)* for it/them; ~ **gebe ich gern etwas [Geld]** I'll gladly give some money for that; ~ **haben wir Sie schließlich eingestellt!** after all, that's what we took you on for!; **Magenschmerzen? Pfefferminztee ist sehr gut ~** *(ugs.)* Stomach ache? Peppermint tea is very good for that; ~, **daß ...:** considering that ...; *(damit)* so that ...; ~ **sorgen [, daß ...]** see to it [that ...]; **der Grund ~, daß ...** the reason why ...; *b) (zugunsten dieser Sache)* **für it;** ~ **sein** be in favour [of it]; **ich bin ganz ~:** I'm all for it; **er ist nicht ~, daß sie allein fährt** he's against her going alone; **das ist ein/kein Beweis ~, daß ...:** this is proof/no proof that ... *or* proves/does not prove that ...; **ein Beispiel ~ ist ...:** an example of this is ...; **alles spricht ~, daß ...:** if the evidence *or* everything suggests that ...; *c) (als Gegenleistung)* in return [for it]; *(beim Tausch)* in exchange; *(statt dessen)* instead; **heute hat er keine Zeit, ~ will er morgen kommen** he has no time today, so he wants to come tomorrow instead; **in Mathematik ist er zwar eine Niete, aber ~ kann er sehr gut zeichnen** he is useless at maths, but then *or* on the other hand he can draw very well; *d) (als etw. [geltend])* **der Stein ist kein Rubin, aber man könnte ihn ~ halten** the stone is not a ruby, but one might think it was *or* take it for one; **er ist schon 60, aber ~ hält ihn niemand** he is 60 but nobody would think so; **sie ist ihre Mutter, nicht ihre Schwester, aber sie könnte ~ gelten** she is her mother, not her sister, though she could pass for it; *s. auch* **da-;** *NB In senses* **a, b,** *and* **d** *the word can occur in two parts in North German coll. usage, e.g.* **da kriege ich nichts für** I'm getting nothing for it
dafür-: ~|**halten** *unr. itr. V. (geh.)* consider; be of the opinion; **nach meinem Dafürhalten** in my opinion; ~|**können** *unr. itr. V.* **in etwas/nichts ~können** be/not be responsible; ~ **können nichts** *(nordd. ugs.)* **da kann er nichts für [, daß ...]:** it's not his fault [that ...]; he can't help it [that ...]; **die können sehr wohl etwas ~, daß es so ist** they are very much responsible for things being the way they are; ~|**stehen** *unr. itr. V. a) (veralt.: bürgen)* ~**stehen, daß ...:** guarantee that ...; ~**stehen, wie sich die Kinder beneh-**

men be responsible for the way the children behave; **b)** *(österr.: sich lohnen)* **das** *od.* **es steht [nicht] ~:** it is [not] worth it

DAG [de/a:'ge:] *die;* **~** *Abk. (Bundesrepublik Deutschland):* **Deutsche Angestellten-Gewerkschaft** German Employees' Union

dagegen *Adv.* **a)** *(gegen das Genannte)* against it/them; **der Wagen raste auf den Pfeiler zu und prallte ~:** the car careered towards the pillar and crashed into it; **er stieß aus Versehen ~:** he knocked into it by mistake; **ich protestiere energisch ~, daß Sie mich verleumden** I must protest strongly against this slander; **etwas ~ haben** have sth. against it; object [to it]; **ich habe nichts ~:** I've no objection; I don't mind; **haben Sie etwas** *od. (ugs.)* **was ~, wenn ...?** do you mind if ...?; **was hat er ~, daß wir Freunde sind?** why does he object to our being friends?; **~ sein** be opposed to it *or* against it; **die Mehrheit war ~,** **das Angebot anzunehmen** the majority was against *or* opposed to accepting the offer; **wir kennen kein Mittel ~:** we know of no cure for it; **~ kann man nichts machen** there is nothing one can do about it; **b)** *konjunktional (im Vergleich dazu)* by *or* in comparison; compared with that; *(jedoch)* on the other hand; **sein Sohn ist dunkelhaarig, seine Tochter ~ blond** his son has dark hair, but his daughter on the other hand is blonde; **c)** *(als Gegenwert)* in exchange; **er hat ein anderes Gerät ~ eingetauscht** he got another machine in exchange [for it]; *s. auch* **da-;** NB *In senses* **a, c** *the word can occur in two parts in North German coll. usage, e.g.* **da kann niemand gegen sein** nobody can have any objection [to that]

dagegen-: **~|halten** *unr. tr. V.* **a)** *(entgegnen)* counter; *(einwenden)* object; **er hielt ~, daß ...:** his rejoinder *or* answer was that ...; **b)** *(ugs.: vergleichen)* hold it/them against; compare it/them with; **halte das Original ~:** compare it with the original; **~|setzen** *tr. V.* put forward [in opposition]; „**Das stimmt doch gar nicht", setzte er ~:** 'That's quite untrue', he objected; **nichts ~zusetzen haben** offer no counter-argument; *(nichts einwenden)* make no objection; *(es nicht leugnen)* not deny it; **~|sprechen** *unr. itr. V.* be against it/them; **zahlreiche Gründe sprechen/nichts spricht ~, daß du ein paar Tage freinimmst** there are numerous reasons/there is no reason why you should not take a couple of days off; **was spricht ~?** what is the objection?; **~|stellen** *refl. V.* oppose it; **~|stemmen** *refl. V.* oppose it vigorously; fight it

da|haben *unr. tr. V. (Zusschr. nur im Inf. u. 2. Part.) (ugs.)* have [here]; *(im Hause)* have in the house; **mal sehen, ob ich noch eins da habe** I'll see whether I've got one left

da·heim *Adv. (bes. südd., österr., schweiz.)* **a)** *(zu Hause)* at home; *(nach Präp.)* home; **ich bin für niemanden ~:** I'm not at home to anybody; **~ anrufen** phone *or* ring home; **wie geht es ~?** how are things at home?; **sind Sie hier ~?** do you live here?; **bei mir ~:** at my place; **~ ist ~!** there's no place like home! *(prov.);* **b)** *(in der Heimat)* [back] home; **bei uns ~:** back home where I/we come from; **nach ~ schreiben** write home; **wo bist du ~?** where do you come from?

Daheim *das;* **~s** *(bes. südd., österr., schweiz.)* home

Daheim·gebliebene der/die; *adj. Dekl.* one who stayed at home; **die ~gebliebenen** those who stayed at home; those back home

da·her *Adv.* **a)** *(von dort)* from there; **~ habe ich meine neuen Stiefel** that's where I got my new boots from; **von ~ droht keine Gefahr** there is no danger from 'that quarter'; **~ weht also der Wind!** *(ugs.)* so 'that's the

way the wind blows! *(fig.);* **b)** *(durch diesen Umstand)* hence; **~ kommt seine gute Laune** that's why he's in a good mood; that's the reason for his good mood; **das/die Krankheit kommt ~, daß ...:** the reason for this/the illness is that...; **~ der Name Bratkartoffel!** *(scherzh.)* that explains it; so that's why!; **~ wußte er das** *od.* **hat er das** that's how he knew; that's where he got it from; **c)** *konjunktional (deshalb)* therefore; so; **d)** *(bes. südd.: hierhin)* here; NB *In senses* **a, b,** *and* **d** *the word can occur in two parts in coll. usage, e.g.* **da hast du die Klamotten her** that's where you got those clothes from

daher-, Daher-: **~|bringen** *unr. tr. V. (südd., österr.)* **a)** *(mitbringen)* bring [with one]; *(nach Hause)* bring home; **b)** *(abwertend: sagen)* come out with *(coll.);* **~|fliegen** *unr. itr. V.; mit sein* **a)** *(umherfliegen)* fly around; **b)** *(heranfliegen)* fly up; **~geflogen kommen** come flying along; *(auf jmdn. zu)* come flying up; **~gelaufen** *Adj.; nicht präd. (abwertend)* that nobody's heard of *postpos.;* **jeder ~gelaufene Kerl** any guy who comes along; any Tom, Dick, or Harry; **~gelaufene der/die;** *adj. Dekl. (abwertend)* nonentity; **jeder ~gelaufene** absolutely anybody [who comes along]; **~|kommen** *unr. itr. V.* come along; *(gemütlich)* stroll along; *(auf jmdn. zu)* come/stroll up; *(auftreten)* turn up; **wie kann man nur in so einem Aufzug ~kommen?** how can one go around dressed like that?; **~reden** *(abwertend)* **1.** *itr. V.* **a)** talk off the cuff; **b)** *(viel reden)* blather on; [so] **dumm ~reden** talk [such] rubbish; **2.** *tr. V.* **a)** say off the cuff; **b)** *(wortreich sagen)* prattle; **was er ~redet** his blathering on; the things he comes out with

da·hier *Adv. (österr., schweiz., sonst veralt.)* here

da|hin *Adv. (nach dort)* there; **~ und dorthin** this way and that; **b)** *(fig.)* **~ mußte es kommen** it had to come to that; **~ hat ihn seine Wettleidenschaft gebracht** that's where his betting mania has got him; **du wirst es ~ bringen, daß ...:** you'll carry things *or* matters so far that ...; **c) bis ~:** until then; *(zeitlich)* until then; **bis ~ sind es 75 km** it is 75 km from here; **bis ~ sind es noch zehn Minuten** there are another ten minutes to go until then; **es steht mir bis ~** *(ugs.)* I am sick and tired of it *or* fed up to the back teeth with it *(coll.);* **d)** [-'-] *(verloren, vorbei)* **~ sein** be *or* have gone; **mein neuer Mantel ist ~:** my new coat is ruined *or (coll.)* has had it; **e)** *(in diesem Sinne)* **~ [gehend], daß ...:** to the effect that ...; **man kann dieses Schreiben auch ~ [gehend] auslegen/verstehen, daß ...:** one can also interpret/take this letter as meaning that ...

da·hinab *Adv.* down there; down that way
da·hinauf *Adv.* up there; up that way
da·hinaus *Adv.* out there; *(in die Richtung)* out that way

dahin-: **~|bewegen** *refl. V.* move on one's way; **~|dämmern** *itr. V.; mit sein* be semiconscious; **~|eilen** *itr. V.; mit sein (geh.)* hurry along *or* on one's way; *(time)* fly [past]

da·hinein *Adv.* in there; *(hier hinein)* in here

dahin-: **~|fahren** *unr. itr. V.; mit sein* **a)** *(dichter.: wegfahren)* depart; **b)** *(dichter.: vorbeifahren)* go *or* pass on one's/its way; **c)** *(veralt.: sterben)* pass away; depart this life *(literary);* **~|fliegen** *unr. itr. V.; mit sein (dichter.)* **a)** *(wegfliegen)* fly on its way; *(person)* fly away; **b)** *(vergehen)* fly past; **~|fließen** *unr. itr. V.; mit sein (geh.)* flow along *or* on its way

da·hingegen *Adv.* on the other hand

dahin-: **~|gehen** *unr. itr. V.; mit sein* **a)** *(geh.: vergehen)* pass; *(years)* go by; **b)** *(geh. vorbeigehen)* go *or* pass on one's way;

c) *(verhüll.: sterben)* pass away; **~gestellt** *in es ist od.* **bleibt ~gestellt** it remains to be seen; **ob etwas Vernünftiges dabei herauskommt, sei ~gestellt** we must wait and see whether this produces any useful result; **etw. ~gestellt sein lassen** leave sth. open [for the moment]; **~|jagen** *itr. V.; mit sein (geh.)* tear *or* race along; **~|kümmern** *itr. V.; mit sein (geh.)* fade away; *(im Gefängnis usw.)* languish; **~|leben** *itr. itr. V.* live one's life; **~|plätschern** *itr. V.; mit sein* **das Gespräch plätscherte an der Oberfläche dahin** the conversation was very superficial *or* remained at the level of small talk; **~|raffen** *tr. V. (geh. verhüll.)* carry off; **~|sagen** *tr. V.* say without thinking; **das war nur so ~gesagt** that was just a casual *or* off-the-cuff remark; **~|scheiden** *itr. V.; mit sein (geh. verhüll.)* pass away; depart this life *(literary);* **~|schwinden** *unr. itr. V.; mit sein (geh.)* **a)** *(abnehmen)* dwindle; ⟨courage, interest, hope⟩ fade; **b)** *(vergehen)* pass; **~|siechen** *itr. V.; mit sein (geh.)* waste away; **~|stehen** *unr. itr. V.* **[es] steht [noch] ~:** [it] remains to be seen

da·hinten *Adv.* over there
da·hinter *Adv.* behind it/them; *(folgend)* after it/them; **ein Haus mit einem Garten ~:** a house with a garden behind *or* at the back; **was sich wohl ~ verbirgt?** *(fig.)* what can be behind it?; *s. auch* **da-**

dahinter·her *Adj.; nur präd. (ugs.)* **~ sein** make a big effort; put oneself out; **nie macht ihr eure Aufgaben von euch aus, ich muß immer ~ sein** you never do your homework without being reminded, I've always got to keep on at you

dahinter-: **~|klemmen** *refl. V.,* **~|knien** *refl. V. (ugs.)* buckle down to it; pull one's finger out *(sl.);* **~|kommen** *unr. itr. V.; mit sein (ugs.)* find out; **~|machen** *refl. V. (ugs.)* get down to it; **mach dich ~!** get on with it!; **~|setzen** *refl. V. (ugs.):* **s. ~klemmen; ~|stecken** *unr. itr. V. (ugs.)* **a)** *(als Grund, Urheber)* be behind it/them; **b)** *(Sinn haben)* **es steckt nichts/nicht viel ~** there is nothing/not much to it/them; **~|stehen** *unr. itr. V.* **a)** *(dafür eintreten)* be behind it/them; [fully] support it/them; **b)** *(bei eigenen Erklärungen, Entscheidungen)* stand by it/them; **b)** *(zugrunde liegen)* be behind it/them; be at the root of it/them

da·hinüber *Adv.* over/across there
da·hinunter *Adv.* down there; *(in diese Richtung)* down that way

dahin-: **~|vegetieren** *itr. V.* [elend] **~vegetieren** drag out a miserable existence; **~|ziehen 1.** *unr. V.; mit sein* go *or* move on one's/its way; ⟨clouds⟩ drift by; **2.** *unr. refl. V.* ⟨path⟩ pass along

Dahlie ['da:liə] *die;* **~,** **~n** dahlia
Dakapo [da'ka:po] *das;* **~s,** **~s** *(Musik)* encore

daktylisch [dak'ty:lɪʃ] *Adj. (Verslehre)* dactylic

Daktylo- ['daktylo]: **~graphin** [~'gra:fɪn] *die;* **~,** **~nen** *(schweiz.)* typist; **~skopie** [~sko'pi:] *die;* **~,** **~n** dactyloscopy *no art.;* fingerprint identification *no art.*

Daktylus ['daktylʊs] *der;* **~,** **Daktylen** *(Verslehre)* dactyl

da-: **~|lassen** *unr. tr. V. (ugs.)* leave [here]; *(dort lassen)* leave there; [jmdm.] **keine Nachricht ~lassen** leave [sb.] no message; **~|liegen** *unr. itr. V.; mit sein* ⟨building *etc.*⟩ stand there

Dalk [dalk] *der;* **~[e]s,** **~e** *(südd., österr. ugs.)* (clumsy) clot *(Brit. sl.);* jerk *(sl.)*
Dalken *Pl. (österr.)* (yeast-dough) fritters
dalkert ['dalkɐt] *(südd., österr. ugs.)* **1.** *Adj.* daft; **~e Kuh** silly woman *(derog.).* **2.** *adv.* stupidly

Dalle ['dalə] *die;* **~,** **~n** *(bes. südd.)* dent
Dalles ['daləs] *der;* **~** *(ugs.)* **im ~ sein** be broke *(coll.)*

dalli ['dali] *Adv. (ugs.)* aber [ein bißchen] ~! and make it snappy *(coll.)*; [~] ~! get a move on!; *(beim Laufen)* come on, at the double!

Dalmatien [dal'ma:tsiən] *(das)*; ~s Dalmatia

Dalmatiner [dalma'ti:nɐ] *der*; ~s, ~ Dalmatian

dalmatinisch *Adj.* Dalmatian

damalig ['da:ma:lɪç] *Adj.: nicht präd.* at that *or* the time *postpos.*; **der ~e Bundeskanzler** the then Federal Chancellor; the Federal Chancellor at that *or* the time; **das ~e Leben** life in those days; **die ~e Regierung** the government of the day; **unter den ~en Umständen** in the circumstances obtaining at the time; **im ~en Gallien** in what was then Gaul

damals ['da:ma:ls] *Adv.* then; at that time; **~, als ...**: at the time, in the days when ...; **von ~**: of that time *or* those days; *(aus dieser Zeit)* from that time *or* those days; **seit ~**: since then; **wie es ~ war** what it was like in those days

Damast [da'mast] *der*; ~[e]s, ~e damask

damasten *Adj. (geh.)* damask

Damaszener·klinge [damas'tse:nɐ-] die Damascus blade

damaszieren [damas'tsi:rən] *tr. V.* damascene ⟨*blade, sword*⟩

Dämchen ['dɛːmçən] *das*; ~s, ~ **a)** little lady; **b)** *(Kind)* [proper] little lady; little madam; **c)** *(abwertend: Prostituierte)* lady of the night

Dame ['da:mə] *die*; ~, ~n **a)** *(Frau)* lady; **sehr verehrte** *od.* **meine ~n und Herren!** ladies and gentlemen; **was wünschen Sie, meine ~?** may I help you, madam?; **ein Abend mit ~n** a ladies' night; **die Abfahrt/die 200 Meter der ~n** *(Sport)* the women's downhill/200 metres; **bei den ~n siegte die deutsche Staffel** *(Sport)* the German team won in the women's event; **die ~ des Hauses** the lady of the house; **meine Alte ~** *(veralt. scherzh.)* my mater (dated sl.); **ganz ~ sein** be the complete lady; *s. auch* **Höhere ~**; **b)** *(Schach, Kartenspiele)* queen; **c)** *o. Pl. (Spiel)* draughts *(Brit.)*; checkers *(Amer.)*; **d)** *(Doppelstein)* king

Dame·brett *das* draught-board *(Brit.)*; checkerboard *(Amer.)*

Dämel [dɛːml] *der*; ~s, ~ *(salopp)* fool; **du ~!** you clot! *(Brit. sl.)*; you jerk! *(sl.)*

Damen-: **~bart** *der* [unwanted] facial hair; **~begleitung** *die*: **in/ohne ~begleitung** in the company of a lady/unaccompanied; with/without a female companion; **~bekanntschaft** *die* lady friend; **eine ~bekanntschaft machen** *(ugs.)* meet *or* get to know someone of the opposite sex; **~besuch ist ab 20⁰⁰ untersagt** no female visitors after 8 p.m.; **~binde** *die* sanitary towel *(Brit.)* or *(Amer.)* napkin; **~doppel** *das (Sport)* women's doubles *pl.*; **~einzel** *das (Sport)* women's singles *pl.*; **~fahrrad** *das* lady's bicycle; **~friseur** *der* ladies' hairdresser; **~fußball** *der*; *o. Pl.* women's football; **~garnitur** *die* set of women's underwear; **~gesellschaft** *die* **a)** ladies' party; **b)** *o. Pl. (Begleitung von Damen)* female company; **in ~gesellschaft** in the company of a lady/of ladies

damenhaft 1. *Adj.* ladylike; **~e Kleidung** clothes fit for a lady. **2.** *adv.* like a lady; in a ladylike manner

Damen-: **~kapelle** *die* women's band; **~konfektion** *die* ladies' wear; **~kränzchen** *das (veralt.)* ladies' circle; **~mannschaft** *die* women's team; **~rad** *das* lady's bicycle; **~salon** *der* ladies' hairdressing salon *(Brit.)*; beauty salon *(Amer.)*; **~sattel** *der* side-saddle; **im ~sattel reiten** ride side-saddle; **~schuh** *der* lady's shoe; **~schuhe** ladies' shoes; **~sitz** *der (Reiten)*: **im ~sitz reiten** ride side-saddle; **~stift** *das (veralt.)* home for elderly gentlewomen *(esp. members of the aristocracy)*; **~toilette** *die* **a)** *(WC)* ladies' toilet; ladies' rest-room *(Amer.)*; **b)** *(Kleidung)* ladies' [formal] wear; **~unter·wäsche** *die* ladies' underwear; **~wahl** *die*; *o. Pl.* ladies' choice; **jetzt ist ~wahl** now it's the ladies' turn to choose their partners; **~welt** *die*; *o. Pl. (scherzh.)* **die ~welt** the ladies *pl.*; the fair sex

Dame-: **~spiel** *das* **a)** *das ~spiel* draughts *(Brit.)*; checkers *(Amer.)*; **b)** *(Partie)* game of draught *or (Amer.)* checkers; **~stein** *der* draughtsman *(Brit.)*; checker *(Amer.)*

Dam·hirsch ['dam-] *der* fallow deer; *(männliches Tier)* fallow buck

damisch ['da:mɪʃ] *(südd., österr. ugs.)* **1.** *Adj.* **a)** *(dumm)* stupid; **b)** *nicht attr. (schwindlig)* dizzy. **2.** *adv. (dumm)* stupidly

da·mit 1. *Adv. (mit dieser Sache)* with it/them; **was will er ~ [machen]?** what's he going to do with it/them?; **meint er mich ~?** does he mean me?; **ich bin gleich ~ fertig** I'll be finished in a moment; **du hast recht ~ gehabt** you were right there *or* about that; **er hatte nicht ~ gerechnet** he had not expected that *or* reckoned with that; **~ habe ich nichts zu tun** I have nothing to do with it/them; **er kommt immer wieder ~ an** he's for ever harping on it; **was ist denn ~?** what's the matter with it/them?; what about it/them?; **wie wäre es ~?** how about it?; **~ hat es noch Zeit** there's no hurry about that/those; **Schluß** *od.* **genug ~!** that's enough [of that]; **hör auf ~!** stop it!; **her ~!** let's have it/them!; hand it/them over!; **c)** *(daher)* thus; as a result; **er hatte kein Alibi, und gehörte ~ zu den Verdächtigen** he had no alibi and was therefore one of the suspects; *s. auch* **da-**; *NB In sense a the word can occur in two parts in North German usage, e.g.* **da habe ich nicht mit gerechnet** I didn't expect that. **2.** *Konj.* so that; **er kam früher, ~ sie mehr Zeit hatten** *od. (geh.)* **hätten** he came earlier so that they would have more time

Dämlack ['dɛːmlak] *der*; ~s, ~e *od.* ~s *(salopp)* clot *(Brit. sl.)*; twerp *(sl.)*; jerk *(sl.)*

dämlich ['dɛːmlɪç] *(ugs. abwertend)* **1.** *Adj.* stupid. **2.** *adv.* stupidly; **~ fragen** ask stupid questions

Dämlichkeit *die*; ~, ~en *(ugs. abwertend)* **a)** *o. Pl. (Art)* stupidity; **b)** *(Handlung)* piece of stupidity

Damm [dam] *der*; ~[e]s, Dämme ['dɛmə] **a)** *(Schutzwall)* embankment; levee *(Amer.)*; *(Deich)* dike; *(Stau~)* dam; *(durch Wasser, Watt, Sumpf)* causeway; *(fig.)* bulwark (**gegen** against); **einen ~ gegen etw. errichten** *(fig.)* form a barrier *or* defence against sth.; **b)** *(Straßen~, Bahn~)* embankment; **c)** *(nord[ost]d.: Straße)* road[way]; **d)** *(fig.)* **wieder/nicht auf den ~ sein** be fit *or* in good shape again/not be fit *or* in good shape; **jmdn. wieder auf den ~ bringen** *(ugs.)* put sb. back on his/her feet; **e)** *(Anat.)* perineum

Damm- insulating

Damm·bruch *der s.* **Damm**: breach in a dam/dike; collapse of an embankment/a causeway

dämmen ['dɛmən] *tr. V.* **a)** *(geh.: aufhalten)* hold back; dam ⟨*river, stream*⟩; stem ⟨*flood*⟩; **b)** *(Technik: nicht durchlassen)* retain, keep in ⟨*heat*⟩; *(ausschließen)* keep out ⟨*noise, light*⟩

Dämmer *der*; ~s *(dichter.)* twilight; *(Halbdunkel)* half-light; **der ~ des Halbschlafs** *(fig.)* stupefied half-sleep

dämmerig *s.* **dämmrig**

Dämmer·licht *das*; *o. Pl.* twilight; *(trübes Licht)* dim light

dämmern ['dɛmɐn] *itr. V.* **a)** **es dämmert** *(morgens)* it is getting light; *(abends)* it is getting dark; *(mit Zeitangabe)* it gets light/dark; **der Morgen dämmert** the day is dawning *or* breaking; **der Abend dämmert** dusk is falling; **b)** *(ugs.: klarwerden)* **jmdm. ~**: dawn upon sb.; **mir dämmert da etwas** the penny is beginning to drop; *(ich habe einen Verdacht)* I am beginning to smell a rat; **jetzt dämmert's [bei] mir** now I'm beginning to understand; **c)** *(im Halbschlaf)* doze; **vor sich hin ~**: doze; *(nicht klar bei Bewußtsein)* be semi-conscious

Dämmer-: **~schlaf** *der* **a)** *(Halbschlaf)* half-sleep; doze; **b)** *(Med.)* twilight sleep; **~schoppen** *der* [early] evening drink; **~stündchen** *das* early evening get-together; **~stunde** *die (geh.)* twilight hour; **in der ~stunde** at twilight *or* dusk

Dämmerung *die*; ~, ~en **a)** *(Abend~)* twilight; dusk; **in der [abendlichen] ~**: in the twilight *or* gloaming; **bei** *od.* **mit/vor Einbruch der ~**: at/before dusk *or* nightfall; **die Stunden der ~**: the twilight hours; **b)** *(Morgen~)* dawn; daybreak; **die ~ bricht an** dawn *or* day is breaking; **bei** *od.* **mit/vor Anbruch der ~**: at/before dawn *or* daybreak; **c)** *o. Pl. (Halbdunkel)* semi-darkness; half-light; **der Raum lag in tiefer ~**: the room was in deep shadow *or* gloom

Dämmer·zustand *der* **a)** *(Halbschlaf)* half-sleep; doze; **b)** *(Bewußtseinstrübung)* semi-conscious state; coma

dämmrig *Adj.* **a) es ist** *od.* **wird schon ~** *(morgens)* it is beginning to get light; day is breaking; *(abends)* it is beginning to get dark; night is falling; **draußen ist es noch ~** it is still quite dark outside; **b)** *(halbdunkel)* gloomy; dim ⟨*light*⟩

Damm-: **~riß** *der (Med.)* perineal tear; **~schnitt** *der (Med.)* episiotomy

Dämmung *die*; ~, ~en *(Technik)* insulation

Damm·weg *der* embankment/dike path; *(Verbindung durch Wasser, Watt, Sumpf)* causeway

Damokles·schwert ['da:mɔkləs-] *das*; ~[e]s *(geh.)* sword of Damocles

Dämon ['dɛːmɔn] *der*; ~s, ~en [dɛ'mo:nən] **a)** *(böser Geist)* demon; **gute und böse ~en** good and evil spirits; **b)** *(geh.: im Menschen)* daemon; daemonic inner force

dämonenhaft *Adj.* demonic

Dämonie [dɛmo'niː] *die*; ~, ~n *(geh.)* daemonic power; *(eines Künstlers)* daemonic genius; **eine** *od.* **die ~ des Schicksals** a cruel stroke of fate

dämonisch 1. *Adj.* daemonic; *(teuflisch)* diabolical. **2.** *adv.* daemonically; **~ grinsen** grin like a demon

dämonisieren *tr. V.* demonize; portray as a demon/demons

Dämonisierung *die*; ~, ~en demonization; portrayal as a demon/demons

Dämonismus *der*; ~ demonism *no art.*

Dampf [dampf] *der*; ~[e]s, Dämpfe ['dɛmpfə] **a)** steam *no pl.*, *no indef. art.*; *(Rauch)* smoke *no pl.*, *no indef. art.*; *(Physik)* [water] vapour *as tech. term*, *no pl.*, *no indef. art.*; **wallende Dämpfe** clouds of steam; **giftige Dämpfe einatmen** breathe in toxic vapour *or* fumes; **etw. mit ~ behandeln** steam sth.; **mit ~ betrieben [werden]** [be] steam-powered *or* steam-driven; **unter ~ stehen** *(Dat.)* have steam up; **~ aufmachen** *(veralt.: stärker feuern)* get up [more] steam; *(ugs.: energischer spielen)* put on an effort; **da ist/aus etw. ist der ~ raus** *(ugs.)* it/sth. has lost its momentum; **~ ablassen** *(auch ugs.)* *(Ärger abreagieren)* let off steam; **jmdm. ~ [unterm Hintern] machen** *(ugs.)* make sb. get on with it; put pressure on sb.; **~ drauf haben** *(ugs.)* be really shifting *(sl.)* *or* moving; *(vital sein)* be full of beans; **~ dahinter/hinter etw. (Akk.) machen** *od.* **setzen** *(ugs.)* *(sich beeilen)* get a move on/get a move on with sth.; *(andere zur Eile treiben)* get things *pl.*/sth. moving; **dieser**

Dampfantrieb — **danke**

Boxer hat ~ in den Fäusten this boxer packs quite a punch; **b)** *(ugs.: Angst)* vor jmdm./ etw. [mächtigen *od.* unheimlichen] ~ haben be [absolutely] terrified of sb./in a [blue] funk about sth. *(sl.)*; **c)** *(bayr.: Alkoholrausch)* einen ~ haben be drunk

Dampf-: **~antrieb** der steam drive; *(Eisenb.)* steam traction; mit ~antrieb steam-driven; **~bad** das steam *or* Turkish bath; *(Raum)* steam *or* Turkish baths *pl.*; **~boot** das steamboat; **~bügel·eisen** das steam iron; **~druck** der; *Pl.* **~drücke** steam pressure

dampfen *itr. V.* **a)** *(Dampf abgeben)* steam (vor + *Dat.* with, due to); **b)** *mit sein (fahren)* steam; **c)** *mit sein (ugs.: mit Zug, Schiff reisen)* chug; *(wegfahren)* chug off

dämpfen ['dɛmpfn̩] *tr. V.* **a)** *(mit Dampf garen)* steam *(fish, vegetables, potatoes)*; **b)** *(glätten)* press with a damp cloth; *(mit Dampfbügeleisen)* steam-iron; **c)** *(mildern)* muffle, deaden ⟨sound⟩; attenuate ⟨high notes⟩; dim, turn down ⟨lights⟩; die *od.* seine Stimme ~: lower one's voice; den Ton einer Trompete ~: mute a trumpet; *s. auch* gedämpft; **d)** *(abschwächen)* cushion, absorb ⟨blow, impact, shock⟩; damp ⟨vibrations⟩; *(fig.)* temper, diminish ⟨joy⟩; dampen ⟨enthusiasm⟩; assuage ⟨sb.'s wrath⟩; calm ⟨anger, excitement⟩; *(Wirtsch.)* curb ⟨price rises⟩; slow down ⟨inflation⟩

Dampfer der; **~s,** ~ steamer; **mit dem ~ fahren** go by steamer; **auf dem falschen ~ sein** *od.* **sitzen** *(fig. ugs.)* be barking up the wrong tree; have got it wrong

Dämpfer der; **~s,** ~ **a)** *(beim Klavier)* damper; *(bei Streich- u. Blasinstrumenten)* mute; **b)** *(fig.)* einen ~ bekommen *(ugs.)* have one's enthusiasm dampened; *(gerügt werden)* be taken down a peg or two *(ugs.)*; einen ~ aufsetzen dampen sb.'s enthusiasm; **c)** *(Technik)* damper; *(Stoß~)* shock absorber

Dampfer·linie die steamer service; *(Gesellschaft)* steamship line

dampf-, Dampf-: **~förmig** *Adj.* vaporous; vapour *attrib.* ⟨state⟩; **~hammer** der steam-hammer; **~heizung** die steam heating

dampfig *Adj.* steamy; *(dunstig)* misty

Dampf-: **~kessel** der boiler; **~kochtopf** der pressure-cooker; **~kraft** die; *o. Pl.* steam power; **~kraft·werk** das steam-[-driven] power station; **~lok[omotive]** die steam locomotive *or* engine; **~maschine** die steam engine; **~nudel** die *(südd. Kochk.)* steamed yeast dumpling; aufgehen wie eine **~nudel** *(ugs.)* fill out like a balloon; **~pfeife** die steam whistle; *(mit Druckluft betrieben)* compressed-air whistle; **~schiff** das steamer; *(bes. hist.)* steamship; **~schiffahrt** die steam navigation; **~turbine** die steam turbine

Dämpfung die; **~, ~en a)** *(der Stimme)* lowering; *(von hohen Tönen)* attenuation; *(von Licht)* dimming; ~ des Schalls/der Töne deadening of sound/sounds; **b)** *(Stoß~)* cushioning; absorption; *(von Schwingungen)* damping; *(fig.)* *(von Freude, Leidenschaft)* tempering; diminishing; *(von Begeisterung)* dampening; *(von Wut, Aufregung)* calming; *(Wirtsch.: des Preisauftriebs)* curbing; *(der Konjunktur)* slowing down

Dampf·walze die **a)** steamroller; **b)** *(ugs. scherzh.: Frau)* mountain of flesh

Dam·wild das; *o. Pl.* fallow deer *pl.*

da·nach *Adv.* **a)** *(zeitlich)* after it/that; then; **noch tagelang ~:** for days after[wards]; **eine Stunde ~:** an hour later; **ich dusche gern kalt, ~ fühlt man sich gleich viel frischer** I like cold shower, you feel really refreshed afterwards; **b)** *(räumlich: dahinter)* after it/them; **voran gingen die Eltern, ~ kamen die Kinder** the parents went in front, the children following after *or* be-

hind; **Kommt Mainz vor oder nach Wiesbaden? - Danach** Is Mainz before or after Wiesbaden? - After; **c)** *(ein Ziel angebend)* towards it/them; **er sprang/griff ~:** he jumped/made a grab for it/them; **laßt uns alle streben für das** let us all strive for that; **d)** *(entsprechend)* in accordance with it/them; **ein Brief ist gekommen; ~ ist sie schon unterwegs** a letter has arrived, according to which she is already on her way; **~ zu urteilen** to judge by that; **ihr kennt die Regeln, nun richtet euch ~!** you know the rules, stick to *or* abide by them; **~ steht mir nicht der Sinn,** *(ugs.)* I'm not in the mood; I don't feel like it; **es sieht ~ aus/~ aus, als ob ...:** it looks like it/looks as though ...; **~ siehst du [gerade] aus!** *(ugs. iron.)* tell that to the Marines!; **es ist billig, aber es ist auch ~** *(ugs.)* it's cheap and looks it; **es ist nur ein kleiner Schnellimbiß, und das Essen ist auch ~:** it's only a small snack bar and the food's what you might expect; *s. auch* **da-;** NB In sense **d** the word can occur in two parts in North German coll. usage, *e.g.* **es ist billig, da ist es aber auch nach** it's cheap and looks it

Danaer·geschenk ['da:naɐ-] das *(geh.)* Greek gift

Dancing ['da:nsɪŋ] das; **~s, ~s** *(bes. österr.)* **a)** *(Lokal)* dance hall; **b)** *(Veranstaltung)* dance

Dandy ['dɛndi] der; **~s, ~s** dandy

dandyhaft 1. *Adj.* dandyish; foppish ⟨manner⟩. **2.** *adv.* like a dandy/dandies

Dandytum das; **~s a)** *(Art)* dandyish nature; **b)** *(Schicht)* das ~: the dandies *pl.* (as a group)

Däne ['dɛ:nə] der; **~n, ~n** Dane; **er ist ~:** he is Danish *or* a Dane

da·neben *Adv.* **a)** *(an der/die Seite davon)* next to *or* beside him/her/it/them *etc.*; *(im Vergleich dazu)* in comparison; **c)** *(außerdem)* in addition [to that]; besides [that]; **man muß ~ auch berücksichtigen, wie schwer es ist** one must consider at the same time *or* as well how difficult it is

daneben-: **~|benehmen** *unr. refl. V. (ugs.)* blot one's copybook *(coll.)*; spoil one's record; *(sich aufführen)* make an exhibition of oneself; **~|fallen** *unr. itr. V.; mit sein (ugs.)* **gehen** *unr. itr. V. (ugs.)* *(das Ziel verfehlen)* miss [the target]; **b)** *(ugs.: fehlschlagen)* misfire; be a flop *(sl.)*; **das geht sowieso ~:** it won't be any good; **~|geraten** *unr. itr. V.; mit sein (ugs.)* [jmdm.] **~geraten** go wrong [on sb.]; **~|greifen** *unr. itr. V.* **a)** *(vorbeigreifen)* miss [one's aim] *(when reaching for sth.)*; **beim Klavierspielen ~greifen** play a wrong note/some wrong notes on the piano; **b)** *(fig.)* **im Ausdruck ~greifen** *(aus Unkenntnis)* say the wrong thing; *(aus Taktlosigkeit)* put one's foot in it; **mit seiner Prognose ~greifen** be wide of the mark with one's prognosis; **~|halten** *unr. tr. V. (ugs.: vergleichen)* **wenn man X ~hält** when compared with X; **~|hauen** *unr. itr. V.* **a)** *(nicht treffen)* miss; **b)** *(ugs.: sich irren)* be wide of the mark; **mit der Antwort hat er ziemlich ~gehauen** his answer was well wide of the mark *or (coll.)* way out; **~|liegen** *unr. itr. V. (ugs.)* be wide of the mark; **mit dieser Meinung liegst du aber sehr ~:** your estimation is quite wrong *or (coll.)* way out; **~|schießen** *unr. itr. V.* **a)** *(Ziel verfehlen)* shoot to miss; **b)** *s.* **~hauen b; ~|sein** *unr. itr. V.; Zusschr. nur im Inf. u.* 2. Part. *(ugs.) (verwirrt sein)* be in a complete daze; *(sich unwohl fühlen)* not be oneself; be under the weather *(coll.)*; **~|tippen** *itr. V. (ugs.)* guess wrong; **~getippt!** wrong!; **~|treffen** *unr. itr. V.* miss [the target]; **danebengetroffen!** missed!

Dänemark ['dɛ:nəmark] *(das);* **~s** Denmark

dang [daŋ] *1. u. 3. Pers. Sg. Prät. v.* **dingen**

da·nieden *Adv. (dichter. veralt.)* here below [on earth]

danieder|liegen *unr. itr. V. (geh.)* **a)** *(krank sein)* be laid low; **schwer** [krank]/**sterbend ~:** lie seriously ill/dying; **b)** *(Wirtsch.)* ⟨trade, economy⟩ be depressed

Dänin die; **~, ~nen** Dane; Danish woman/girl; *s. auch* **-in**

dänisch ['dɛ:nɪʃ] *Adj.* Danish; *s. auch* **deutsch, Deutsch**

dank [daŋk] *Präp. mit Dat. u. Gen. im Sg. u. meist mit Gen. im Pl.* thanks to; **~ einem Zufall** *od.* **eines Zufalls** by chance; owing to a coincidence

Dank der; **~[e]s a)** thanks *pl.*; **jmdm. seinen ~ abstatten** offer one's thanks to sb.; **jmdm. seinen [herzlichen/allerherzlichsten] ~ aussprechen** express one's/sincere/most sincere/thanks *or* gratitude to sb.; **jmdm. ~ sagen** thank sb.; offer one's thanks to sb.; **jmdm. [großen] ~ schulden** *od.* **schuldig sein** *(geh.)*, **jmdm. zu [großem] ~ verpflichtet sein** owe sb. a [great] debt of gratitude; **kein Wort des ~es sagen** not say *or* offer a word of thanks; **als ~ dafür, daß ich seinen Hund in Pflege genommen hatte** as a way of saying 'thank you' to me for looking after his dog; **zum ~ dafür hat sie mir noch ins Gesicht gespuckt** *(iron.)* all the thanks I got was that she spat in my face; **und das ist nun der ~ dafür** *(iron.)* so that's all the thanks I get!; **zum ~ für seine Verdienste** in grateful recognition of his services; **mit vielem** *od.* **bestem ~ zurück** thanks for the loan; *(bes. geschrieben)* returned with thanks!; **mit ~ annehmen** accept sth. with thanks; **von [tiefem] ~ erfüllt sein** *(geh.)* be filled with a [deep] sense of gratitude; **damit wird er [bei mir] wenig/keinen ~ ernten** he won't get much/any thanks [from me] for that; **b)** *(in Dankesformeln)* **haben Sie ~!** please accept my thanks; **vielen/besten/herzlichen ~!** thank you very much; many thanks; **vielen ~, daß du mir beim Umzug geholfen hast** thank you very much for helping me with the move; **[nein,] vielen ~!** *(iron.)* no, thank you!; **tausend ~!** *(ugs.)* very many thanks [indeed]; *s. auch* **heiß**

Dank·adresse die [official] letter of thanks

dankbar 1. *Adj.* **a)** *(voller Dank)* grateful; *(anerkennend)* appreciative ⟨child, audience, etc.⟩; **in ~er Anerkennung** *(+ Gen.)* **Erinnerung an** *(+ Akk.)* in grateful recognition/memory of; **[jmdm.] für etw. ~ sein** be grateful [to sb.] for sth.; **sich ~ zeigen** show one's gratitude *or* appreciation; **sie sind für jede Abwechslung ~:** they are thankful for any diversion; **für eine baldige Antwort wären wir ~:** we should be grateful for an early reply; **ich wäre Ihnen sehr ~, wenn Sie ... könnten** I should be very grateful if you could ...; **b)** *(lohnend)* rewarding ⟨job, part, task, etc.⟩; **c)** *(ugs.: haltbar)* hard-wearing ⟨material, clothes⟩; *(unempfindlich)* easy-care ⟨garment, plant, etc.⟩. **2.** *adv.* gratefully. **etw. ~ annehmen** *od.* entgegennehmen accept sth. gratefully *or* with thanks; **jmdm. ~ anblicken** give sb. a look of gratitude

Dankbarkeit die; **~:** gratitude; **etw. aus ~ tun** do sth. out of gratitude; **in/mit [aufrichtiger/tiefer] ~:** in/with [sincere/deep] gratitude

Dank·brief der letter of thanks; thank-you letter

danke ['daŋkə] *Höflichkeitsformel* thank you; *(ablehnend)* no, thank you; **Darf ich Ihnen noch Tee nachgießen? - Ja ~[, gern]** May I pour you some more tea? - Yes, please[, I'd like some]; **Gefällt es Ihnen hier bei uns? - Ja ~, sehr sogar** Do you like it here? - Yes, thank you very much; **nein ~, nein, no, thank you; Soll ich Ihnen helfen? - Danke, es geht schon** Shall I help you? – No thank you *or* No thanks, it's all right; ~ **schön/sehr/vielmals** thank you very much; ~ **schön sagen** say 'thank you'; **Wie geht's?** – **Mir geht's** ~ *(ugs.)* How are you? – I'm OK [thanks] *(coll.);* **sonst geht's dir [wohl]** ~! *(ugs.)* what do you think you're doing?; have you taken leave of your senses?

danken 1. *itr. V. (Dank aussprechen)* thank; **jmdm. für etw. [vielmals]** ~: thank sb. [very much] for sth.; **ich danke Ihnen vielmals** thank you very much; **er dankte kurz und verließ das Zimmer** he said a quick 'thank you' and left the room; **danke der [gütigen] Nachfrage!** *(meist scherzh. od. iron.)* thanks for asking; kind of you to ask; **Betrag ~d erhalten** [payment] received with thanks; **~d ablehnen** decline with thanks; **dafür danke ich bestens** *(iron.)* thanks a lot *(coll.);* **na, ich danke!** *(ugs.)* no, 'thank you!; **ich danke für Obst und Südfrüchte** *(ugs.)* no, thanks; *s. auch* **Knie. 2.** *tr. V.* a) [aber bitte,] **nichts zu** ~: don't mention it; not at all; **es wird einem noch nicht einmal gedankt** you don't even get any thanks [for it]; **sie hat ihm seine Hilfe schlecht gedankt** she gave him a poor reward for his help; **er dankte ihnen ihre Güte mit Ungehorsam** *(iron.)* the only reward they got [from him] for their kindness was disobedience; b) *(geh.: verdanken)* **jmdm. etw.** ~: owe sb. sth.; owe sth. to sb.; **nur diesem Umstand ist es zu** ~, **daß ...**: it was only thanks to this that ...

dankens·wert *Adj.* commendable *(effort etc.);* **es ist** ~, **daß er uns hilft** it is kind *or* very good of him to help [us]

dankenswerter·weise *Adv.* kindly; generously; ~ **haben sich viele freiwillig gemeldet** commendably many have volunteered

Danke·schön *das;* ~s thank-you; **ein [herzliches]** ~ **sagen** express one's [sincere] thanks; **nicht einmal ein** ~ **bekommen** not get so much as a thank-you

Dankes·wort *das* word of thanks

Dank-: ~**gebet** *das* prayer of thanksgiving; ~**gottes·dienst** *der* thanksgiving service; ~**sagung** *die;* ~, ~**en** *(Text)* expression of thanks; *(Karte)* note of thanks; *(Brief)* letter of thanks; ~**schreiben** *das* letter of thanks

dann [dan] *Adv.* a) then; **was machen wir** ~? what shall we do then *or* after that?; **was** ~? what happens then?; **noch drei Tage,** ~ **ist Ostern** another three days and it will be Easter; **was soll** ~ **werden?** what will happen then?; **bis** ~: see you then; ~ **und** ~: at such and such a time; *(an dem und dem Tag)* on such and such a date; **von** ~ **bis** ~: from such and such a date/time to such and such a date/time; ~ **und wann** now and then; b) *(räumlich: dahinter)* **zuerst kam die Kapelle,** ~ **folgten die Pfadfinder** first came the band, then *or* followed by the Scouts; **an die Gärten schließt sich** ~ **Ödland** then at the end of the gardens there is a piece of wasteland; c) *(rangmäßig danach)* **er ist der Klassenbeste,** ~ **kommt sein Bruder** he is top of the class, followed by his brother *or* then comes his brother; d) *(unter diesen Umständen)* ~ **will ich nicht weiter stören** then *or* in that case I won't disturb you any further; **na** ~! well, that's different!; **[na,]** ~ **eben nicht!** in that case, forget it!; ~ **bis morgen** see you tomorrow, then; **wenn er selbst nicht hinfahren kann, wer** ~? if he can't go there himself, who can?; **nur** ~, **wenn** ...: only if ...; **lehnt er ab,** ~ **werden wir klagen** if he refuses, [then] we shall complain; e) *(außerdem)* ~ **noch** ...: then ... as well; **und** ~ **kommt noch die Mehrwertsteuer hinzu** and then there's VAT *(Brit.) or (Amer.)* tax to add on top of that; **zuletzt fiel** ~ **noch der Strom aus** finally to top it all there was a power failure; f) *(demnach)* ~ **hast du also die ganze Zeit mit zugehört** so you've been listening the whole time; g) *(schließlich)* **es hat** ~ **doch noch geklappt** it was all right in the end

dannen ['danən] *Adv. in* **von** ~ *(veralt.)* from thence *(arch./literary);* **von** ~ **eilen/gehen** hasten away/depart

dantesk [dan'tɛsk] *Adj. (geh.)* Dantesque

dantisch ['dantɪʃ] *Adj.* Dantean

Danzig ['dantsɪç] *(das);* ~s Gdansk; *(vor 1945)* Danzig

daran [da'ran] *Adv.* a) *(an dieser/diese Stelle, an diesem/diesen Gegenstand)* on it/them; **es klebt etwas** ~: something is sticking to it/them; **es hängt etwas** ~: something is hanging from it/them; **er klammert sich** ~ *(auch fig.)* he clings to it; ~ **riechen** take a sniff at it/them; ~ **vorbei** past it/them; **kommen wir noch einmal** ~ **vorbei?** shall we be passing it/them again?; **dicht** ~: close to it/them; **nahe** ~ **sein, etw. zu tun** be on the point of doing sth.; b) *(hinsichtlich dieser Sache)* **denken Sie** ~: think about it/them; **das Beste/Schlimmste** ~: the best/worst part of *or* about it/them; ~ **ist nichts zu machen** there's nothing one can do about it; ~ **wird sich nichts ändern** nothing will alter this fact; **kein Wort** ~ **ist wahr** not a word of it is true; **er arbeitet schon lange** ~: he has been working on it/them for a long time; **wir haben keinen Bedarf mehr** ~: we no longer have any need of it/them; **mir liegt viel** ~: it means a lot to me; **mir liegt** ~, **zu erfahren, wie er zu der Sache steht** I'd really like *or* I'd be interested to know his view of this matter; **Sie werden viel Freude** ~ **haben** you will get a lot of pleasure from it; c) *(auf Grund dieser Sache)* **ich wäre beinahe** ~ **erstickt** I almost choked on it; it almost made me choke; **er ist** ~ **gestorben** he died of it; d) *(an diesen Vorgang)* ~ **anschließend** *od.* **im Anschluß** ~ **fand eine Diskussion statt** after that there was a discussion; *s. auch* **da-; dran**

daran- *(s. auch* **dran-**): ~|**geben** *unr. tr. V. (geh.)* sacrifice; ~|**gehen** *unr. itr. V.; mit sein* set about it; ~**gehen, etw. zu tun** set about doing sth.; ~|**machen** *refl. V. (ugs.)* set about it; *(ernstlich)* get down to it; **sich** ~**machen, etw. zu tun** get down to/set about doing sth.; ~|**setzen 1.** *tr. V.* devote ⟨energy etc.⟩ to it; summon up ⟨ambition⟩ for it; *(aufs Spiel setzen)* risk ⟨one's life, one's honour⟩ for it; **er hat alles** *od.* **alle seine Kräfte** ~**gesetzt, um dieses Ziel zu erreichen** he spared no effort to achieve *or* devoted all his energy to achieving this aim; **2.** *refl. V. (ugs.: in Angriff nehmen)* get down to it; **sich** ~**setzen, etw. zu tun** get down to doing sth.; ~|**wenden** *unr. od. regelm. tr. V. (geh.)* **dieser,** ~ **einige Zeit, effort** try to it

darauf [da'rauf] *Adv.* a) *(auf dieser/diese Stelle)* on it/them; *(oben* ~) on top of it/them; **er ißt gern Frikadellen mit Senf** ~: he likes eating rissoles with mustard on top; **er goß Wasser** ~: he poured water on [to] it/them; b) *(auf ein Ziel hin)* **er hat** ~ **geschossen** he shot at it/them; ~ **müßt ihr zugehen** that's what you must head towards *or* make for; **ich muß** ~ **dringen** I must insist on it; **er ist ganz versessen** ~: he is mad [keen] on it *(sl.);* **also darauf willst du hinaus** so 'that's what you're getting at; ~ **wollen wir anstoßen!** let's drink to that!; c) *(auf diese Angelegenheit)* **about it**; **wir kamen nur kurz** ~ **zu sprechen** we only talked about it briefly *or* touched on it; **wie kommt du nur** ~? what makes you think that?; **wie kommst du** ~, **so etwas anzunehmen?** how do you come to assume such a thing?; d) *(danach)* after that; **erst ein Blitz, unmittelbar** ~ **ein Donnerschlag** first there was lightning, immediately followed by a clap of thunder; **ein Jahr** ~ / **kurz** ~ **starb er** he died a year later/ shortly afterwards; **zuerst kamen die Kinder,** ~ **folgten die Festwagen** first came the children, then followed *or* followed by the floats; e) *(infolgedessen, daraufhin)* because of that; as a result; f) **der Gutschein ist verfallen,** ~ **bekommen Sie nichts mehr** the voucher is out of date, you won't get anything on *or* for that; ~ **fußen alle unsere Überlegungen** all our deliberations are based on it *or* this; *s. auch* **da-; drauf; tags**

darauf- *(s. auch* **drauf-**): ~**folgend** *Adj.; nicht präd.* following; **dieser und der** ~**folgende Wagen** this car and the one behind *or* following it; **am** ~**folgenden Tag** the following day; next day; ~**hin** [--'-] *Adv.* a) *(infolgedessen)* as a result [of this/that]; consequently; *(zeitlich)* thereupon; b) *(unter diesem Gesichtspunkt)* with a view to this/ that; **etw.** ~**hin prüfen, ob es geeignet ist** examine sth. to see whether it is suitable

daraus [da'raus] *Adv.* a) *(aus diesem Raum, Behälter o. ä. heraus)* from it/them; out of it/them; **er holte eine Flasche und goß** ~ **ein** he fetched a bottle and poured out drinks from it; **sie öffnete den Koffer und holte ein Kleid** ~ **hervor** she opened the suitcase and took out a dress *or* took a dress out of it; b) *(aus dieser Angelegenheit, Sache)* from it/ them; out of it/them; **wir alle wissen das und sollten** ~ **lernen** we all know that and should learn from it; **sie hat ihm nie einen Vorwurf** ~ **gemacht** she never reproached him for it *or* made an issue out of it; **mach dir nichts** ~: don't worry about it; **dieser Stoff ist hübsch,** ~ **nähe ich mir ein Kleid** this material is pretty, I'm going to make myself a dress out of it; **Kartoffeln sind nicht nur zum Essen da, viele machen Schnaps** ~: potatoes are not only for eating – a lot of people make schnapps from them; ~ **ist eine große Firma geworden** it has become *or* turned into a large business; **was ist** ~ **geworden?** what has become of it?; ~ **wird nichts** nothing will come of it; c) *(aus dieser Quelle, Unterlage)* from it/them; ~ **geht eindeutig hervor, daß** ...: from this it is clear that ...

darben ['darbn] *itr. V. (geh.)* a) *(in Not leben)* live in want; *(sich sehr einschränken)* go short; pinch and scrape; **die** ~**den Massen** the indigent *or* destitute masses; **wir haben sehr gedarbt** we suffered great want; b) *(Hunger leiden)* go hungry

dar|bieten *(geh.)* **1.** *unr. tr. V.* a) *(anbieten)* offer; serve ⟨drinks, food⟩; **die dargebotene Hand ausschlagen** reject the proffered hand [of friendship] *(fig.);* b) *(aufführen, vortragen)* perform; **es wurden Gedichte und Lieder dargeboten** a recital of poems and songs was presented. **2.** *unr. refl. V.* **sich jmds. Blicken** ~: expose oneself to sb.'s gaze; **eine herrliche Aussicht bot sich uns dar** a marvellous view met our eyes

Darbietung *die;* ~, ~**en** *(geh.)* a) presentation; b) *(Aufführung)* performance; *(beim Varieté usw.)* act

dar|bringen *unr. tr. V.* offer; **jmdm. ein Ständchen** ~: serenade sb.

darein [da'rain] *Adv. (geh.)* in it/them; *s. auch* **da-**

darein-: ~|**finden** *unr. refl. V. (geh.)* come to terms with it; *(sich daran gewöhnen)* become accustomed to it; ~|**fügen** *refl. V. (geh.)* resign oneself to it; ~|**reden** *itr. V.* **jmdm.** ~: meddle *or* interfere in sb.'s affairs/decisions etc.; *(unterbrechen)* interrupt sb.; **niemand hat ihm** ~**zureden** nobody has any right to [try to] tell him what to do; ~|**setzen** *tr. V.* devote to it; **alles** *od.* **seine ganze Energie** ~**setzen, etw. zu tun** concentrate all one's efforts on doing sth.; **er setzt seinen ganzen Ehrgeiz** ~, **als erster fertig zu sein** he has made it his great ambition to finish first

darf [darf] *1. u. 3. Pers. Sg. Präsens v.* **dürfen**

darfst [darfst] *2. Pers. Sg. Präsens v.* **dürfen**

darin [da'rın] *Adv.* **a)** *(in dieser Sache o. ä.)* in it/them; *(drinnen)* inside [it/them]; **die ~ enthaltenen Briefe** the letters contained in it/them *or (formal)* therein; **b)** *(in dieser Hinsicht)* in that respect; **~ stimme ich völlig mit Ihnen überein** I entirely agree with you there; *s. auch* **da-**
darinnen [da'rınən] *Adv. (geh.)* in it/them; therein *(formal)*
dar|legen *tr. V.* explain; set forth *(reasons, facts)*; expound *(theory)*; **jmdm. etw. ~:** explain sth. to sb.; **etw. schriftlich ~:** set sth. out in writing
Darlegung *die;* **~, ~en** explanation
Darlehen ['da:ɐ̯le:ən] *das;* **~s, ~:** loan; **ein ~ aufnehmen** get *or* raise a loan; **jmdm. ein ~ gewähren** give *or* grant sb. a loan
Darlehens-: **~kasse** *die* credit bank; **~nehmer** *der (Bankw.)* borrower; **~summe** *die* amount of the loan; **eine ~summe von ...:** a loan amounting to ...; **~vertrag** *der* loan agreement
Darm [darm] *der;* **~[e]s, Därme** ['dɛrmə] **a)** intestines *pl.;* bowels *pl.;* **[jmdm.] auf den ~ schlagen** give sb. diarrhoea; **den ~ entleeren** evacuate *or* empty one's bowels; **Erkrankungen des ~es** intestinal diseases; **b)** *(als Saiten)* gut; **c)** *(als Wursthaut)* skin
Darm-: **~aus·gang** *der (Anat.)* anus; **~blutung** *die (Med.)* intestinal haemorrhage; **~bruch** *der (Med.)* enterocele; **~entleerung** *die* evacuation of the bowels; **~grippe** *die* gastric influenza; **~katarrh** *der (Med.)* enteritis; **~krebs** *der; o. Pl.* cancer of the intestine *or* bowels; **~saite** *die* gut string; **~spülung** *die (Med.)* enema; **~tätigkeit** *die; o. Pl. (Med.)* functioning of the bowels; **~trägheit** *die (Med.)* constipation; **~trakt** *der (Anat.)* intestinal tract; **~verschlingung** *die (Med.)* volvulus; **~verschluß** *der (Med.)* intestinal obstruction
darnach *(veralt.) s.* **danach**
darneben *(veralt.) s.* **daneben**
darnieder- *s.* **danieder-**
darob [da'rɔp] *Adv. (veralt.)* **a)** *(darüber)* about it/them; **er wunderte sich ~, daß ...:** he was surprised that ...; **b)** *(deswegen)* because of it; *s. auch* **da-**
Darre ['darə] *die;* **~, ~n a)** *(Vorrichtung)* [drying] kiln; **b)** *(das Darren)* drying
dar|reichen *tr. V. (geh.)* **a)** *(anbieten)* proffer; **b)** *(überreichen)* **jmdm. ein Geschenk usw. ~:** present sb. with a gift *etc.*
darren *tr. V.* dry
Darr-: **~gewicht** *das* [kiln-]dry weight *(of wood)*; **~malz** *das* [kiln-]dried malt
darstellbar *Adj.* **a)** *(abbildbar)* depictable; portrayable; **ist das graphisch ~?** can that be represented graphically?; **graphisch ~e Entwicklungen** developments which can be shown on a graph *or* diagram; **b)** *(spielbar)* playable *(part)*; **c)** *(Chemie)* **ein leicht ~er Stoff** a material which can easily be produced
dar|stellen 1. *tr. V.* **a)** *(abbilden)* depict; portray; **etw. graphisch ~:** present sth. graphically; *(als Graph)* show sth. on a graph; **wen/was stellt dieses Bild dar?** whom does this picture portray/what does this picture represent?; **die ~de Geometrie** descriptive geometry; **die ~de Kunst** the performing arts *pl.;* **ein ~der Künstler** a performer; **b)** *(verkörpern)* play; act; **den Othello ~:** play *or* act [the part of] Othello; **etwas/mehr/nichts ~:** make [a bit of] an impression/more of an impression/not make any sort of an impression; *(gift etc.)* look good/look better/not look anything special; **c)** *(schildern)* describe *(person, incident, etc.)*; present *(matter, argument)*; **falsch/verzerrt ~:** misrepresent/distort *(facts)*; **es wurde dann so dargestellt, als sei das unser Wunsch gewesen** it was then put in such a way as to suggest that we had wanted it; **so schlimm, wie du ihn darstellst, ist er auch nicht** he is not as bad as you make him out to be; **d)** *(sein, bedeuten)* represent; constitute; **das zweite Kind stellt eine große Belastung für sie dar** the second child means a heavy load for her; **e)** *(Chemie)* produce. 2. *refl. V.* **a)** *(sich erweisen, sich zeigen)* prove [to be]; turn out to be; **sich jmdm. als ... ~:** appear to sb. as ...; **nach dem Bericht stellt sich die Sache ungefähr so dar** according to the report the situation appears to be roughly this; **b)** *(sich selbst schildern)* portray oneself (**als** + *Akk.* as); **sie lieben es, sich als Wohltäter darzustellen** they like to present themselves in the role of benefactors
Darsteller *der;* **~s, ~:** actor; **der ~ des Hamlet** the actor playing Hamlet; **berühmt als ~ des Hamlet** famous for his portrayal of Hamlet *or* as an interpreter of Hamlet
Darstellerin *die;* **~, ~nen** actress; *s. auch* **Darsteller**
darstellerisch 1. *Adj.; nicht präd.* acting *attrib.;* **das Darstellerische** the interpretative aspect; **eine einmalige ~e Leistung** a marvellow piece of acting; **ihre ~en Fähigkeiten** her abilities as an actress. 2. *adv.* from an acting point of view
Darstellung *die* **a)** representation; *(Schilderung)* portrayal ; *(Bild)* picture; **graphische/schematische ~:** diagram; *(Graph)* graph; **b)** *(Beschreibung, Bericht)* description; account; **bei seiner ~ der geschichtlichen Tatsachen** in his account *or* rendering of the historical facts; **c)** *(einer Theaterrolle)* interpretation; performance; *(einer Szene usw.)* performance; **seine ~ des Mephisto** his portrayal *or* interpretation of Mephisto; **etw. zur ~ bringen** portray sth.; *(aufführen)* perform sth.; **d)** *(Chemie)* production
Darstellungs-: **~form** *die* form of representation; **~mittel** *das* representational technique; *(eines Schauspielers)* acting technique
dar|tun *unr. tr. V. (geh.) (darlegen)* state *(fact, one's reasons)*; *(erklären)* explain; *(demonstrieren)* demonstrate; **er hat zur Genüge dargetan, wie ...:** he gave a sufficient account of how ...
darüber *Adv.* **a)** *(über dem Genannten)* over *or* above it/them; **wir wohnen im zweiten Stock und er ~:** we live on the second floor and he lives above us; **b)** *(über das Genannte [hinweg])* over it/them; **~ führen zu wenige Brücken** too few bridges go across it/them; **~ hinaus** in additon [to that]; *(noch obendrein)* what is more; **~ hinaussein** *(zu alt/erfahren genug für etw. sein)* be beyond that stage [now]; *(etw. überwunden haben)* have got over it; **c)** *(über dieser/diese Angelegenheit)* about it/them; **~ kann kein Zweifel bestehen** there can be no doubt about it; **ich habe fast den ganzen Tag ~ gesessen** I spent almost the whole day over *or* on it; **~ wollen wir hinwegsehen** we will overlook it; **d)** *(über diese Grenze, dieses Maß hinaus)* above [that]; over [that]; **Kinder im Alter von 5 Jahren und ~:** children of 5 and over; **der Preis beträgt 50 Mark oder etwas ~:** the price is 50 marks or a bit more; **Ist es schon 12 Uhr? – Aber ja, es ist schon 10 Minuten ~:** Is it twelve o'clock yet? – Oh yes, it's already ten past; **man braucht 4 Wochen, manchmal auch etwas ~:** it takes four weeks, sometimes rather longer *or* more; **e)** *(währenddessen)* in the process; **es war ~ Abend geworden** meanwhile it had become evening; **f)** *(währenddessen und deshalb)* because of it/them; as a result; **der Film war so spannend, daß er ~ seine Sorgen vergaß** the film was so exciting that it made him forget his worries; *s. auch* **da-**
darüber-: **~fahren** *unr. itr. V.; mit sein* run over it/them; **sie fuhr rasch mit der Hand/mit einem Tuch ~:** she quickly ran her hand over it/wiped it with a cloth; **~liegen** *unr. itr. V.* be higher; **sie liegen mit ihrem Angebot weit ~:** their offer is much higher; **~machen** *refl. V. (ugs.)* get down to it/them; *(essen)* get stuck into it *(sl.)*; *(trinken)* get to work on it; **~stehen** *unr. itr. V.* be above such things; **~steigen** *unr. itr. V.; mit sein* climb over it/them
darum [da'rʊm] *Adv.* **a)** *(um diese Stelle herum)* [a]round it/them; **ein Häuschen mit einem Garten ~ [herum]** a little house surrounded by a garden; **b)** *(hinsichtlich dieser Angelegenheit)* **ich werde mich ~ bemühen** I will try to deal with it; *(versuchen, es zu bekommen)* I'll try to get it; **sie wird nicht ~ herumkommen, es zu tun** she won't get out of *or* avoid doing it; **~ ist es mir nicht zu tun, ~ geht es mir nicht** that's not the point as far as I'm concerned; that's not what I'm after; **es geht mir ~, eine Einigung zu erzielen** my concern *or* aim is to reach an agreement; **c)** ['--] *(deswegen)* because of that; for that reason; **ach, ~ ist er so schlecht gelaunt!** so that's why he's in such a bad mood!; **er ist zwar klein, aber ~ nicht schwach** he is small but that doesn't mean that he's weak; **Warum weinst du? – Darum!** Why are you crying? – Because!; *s. auch* **da-**
darum-: **~binden** *unr. tr. V.* tie [a]round it/them; **~kommen** *unr. itr. V.; mit sein* lose it/them; **~kommen, etw. zu tun** miss the opportunity of doing sth.; miss out on [doing] sth. *(coll.)*; **~legen** *tr. V.* put around it/them
darunter [da'rʊntɐ] *Adv.* **a)** *(unter dem Genannten/das Genannte)* under *or* beneath it/them; **wir wohnen im 2. Stock und er ~:** we live on the second floor and he lives under us *or* on the floor below; **sie hatte nichts ~ an** she was wearing nothing underneath; **b)** *(unter dieser Grenze, diesem Maß)* less; **10° oder etwas ~:** 10° or a bit less; **~ kann ich die Vase nicht verkaufen** I can't sell the vase for less; **Bewerber im Alter von 40 Jahren und ~:** applicants aged 40 and under; **~ tut er es nicht** *(ugs.)* he's not satisfied with anything less; **c)** *(unter dieser Sache)* **was verstehen Sie ~?** what do you understand by that?; **was hat man ~ zu verstehen?** what is one to make of it/that?; **sie hat sehr ~ gelitten** she suffered a great deal from *or* because of it/that; **d)** *(unter dieser/diese Menge, dazwischen)* amongst them; **in vielen Ländern, ~ der Schweiz** in many countries, including Switzerland; *s. auch* **da-**
darunter-: **~bleiben** *unr. itr. V.; mit sein* remain lower; *(niedriger sein)* be lower; **viele forderten 20 %, wir blieben aber ~:** many demanded 20%, but we kept below this; **~fallen** *unr. itr. V.; mit sein* be included; be amongst them; *(in diese Kategorie)* come under it; **~gehen** *unr. itr. V.; mit sein* **a)** *(ugs.) (unter diese Sache passen)* fit *or* go underneath; **b)** *(diese Grenze unterschreiten)* go below that; **~liegen** *unr. itr. V.* be lower; *(weniger bekommen)* get less; **die Parallelklasse liegt mit ihren Leistungen ~:** the parallel class's performance is not as good; **~mischen** 1. *tr. V.* mix in; mix with it; 2. *refl. V.* mingle with it/them; **~schreiben** *unr. itr. V.* write underneath *or* at the bottom; *(als Unterschrift)* sign underneath *or* at the bottom; *(mit der Schreibmaschine)* type underneath *or* at the bottom; **~setzen** *tr. V.* put ⟨signature, name⟩ to it
Darwinismus [darvi'nısmʊs] *der;* **~:** Darwinism *no art.*
darwinistisch 1. *Adj.* Darwinian; Darwinist. 2. *adv.* in Darwinian terms

das [das] **1.** *best. Art.* the; **das Leben im Dschungel** life in the jungle; **das Weihnachtsfest** Christmas; **das Frankreich/London des 19. Jahrhunderts** nineteenth-century France/London; **das Laufen/Sprechen fällt ihm schwer** walking/talking is difficult for him; **das Gute/Schöne** what is good/beautiful. **2.** *Demonstrativpron.* **a)** *attr.* **das Kind/Buch/Auto** war es it was 'that child/book/car; **b)** *selbständig* **das** [das] that one; **das [hier]** this one [here]; **das mit dem blonden Haar/roten Umschlag** the one with the fair hair/red cover; **das Schwein, das!** the dirty pig!; **mein Auto, das ist kaputt** *(ugs.)* oh, my car – it's conked out *(coll.)*. **3.** *Relativpron. (Mensch)* who; that; *(Sache, Tier)* which; that; **das Mädchen, das da drüben entlanggeht** the girl walking along over there; **ich sah ein Mädchen/Hündchen, das aus dem Fenster schaute** I saw a girl/little dog looking out of the window

da|sein *unr. itr. V.; mit sein; Zusschr. nur im Inf. u. Part.* **a)** be there; *(übrig sein)* be left; **ist Herr X da?** is Mr X about *or* available?; **er ist schon da** he has already arrived; **der neue Katalog ist da** the new catalogue is in; **ist ein Brief für mich da?** is there a letter for me?; **es ist niemand da** there is nobody there/here; **es muß noch Brot ~:** there must be some bread left; **du mußt essen, was da ist** you must eat what there is; **der Schlüssel ist wieder da** the key is back again; *(ist gefunden worden)* the key has turned up [again]; **ich bin gleich wieder da** I'll be right *or* straight back; **ich melde mich, wenn ich wieder da bin** I'll get in touch when I get back; **es/sie sind nur dazu da, zu ...:** it only exists/they only exist to ...; its/their only purpose is to ...; **dafür** *od.* **dazu ist es ja da!** that's what it's [there] for!; **b)** *(sich ereignen)* occur; *(moment)* have arrived; *(situation)* have arisen; **ein solcher Fall ist noch nie dagewesen** such a case has never occurred before *or* is unprecedented; **er überbot alles bisher Dagewesene** he surpassed all previous achievements; **c)** *(existieren, leben)* be left; be still alive; **du warst du noch gar nicht da** *(ugs.)* you weren't around then; that was before your time; **sie war nur noch für ihn da** he had her to himself; **d)** *(ugs.: klar bei Bewußtsein sein)* **ganz** *od.* **voll ~:** be completely with it *(coll.)*; **ich bin noch nicht ganz da** I'm not quite with it yet *(coll.)*; I haven't quite come round yet; **er ist [geistig] wieder voll da** he is in full possession of his faculties again

Da·sein **das;** *o. Pl.* **a)** *(Vorhandensein)* existence; **etw. ins ~ rufen** create sth.; *(gründen)* found sth.; **b)** *(menschliche Existenz)* life; **sich/jmdm. das ~ erleichtern** make life easier for oneself/sb.; **ein trauriges ~ führen** lead a miserable existence; *s. auch* **fristen, Kampf; c)** *(Zugegensein)* presence

Daseins-: **~berechtigung** die right to exist; **das findet darin** *od.* **dadurch seine ~berechtigung** this justifies its existence; **~form** die form *or* mode of existence; **~freude** die *s.* Lebensfreude; **~kampf** der struggle for existence

da·selbst *Adv. (geh. veralt.)* there

da|sitzen *unr. itr. V.* **a)** sit there; **b)** *(ugs.: ohne etw. auskommen müssen)* be left [there]; **ich saß ohne Geld da** I was stuck there without any money

dasjenige *s.* derjenige

daß [das] *Konj.* **a)** that; **entschuldigen Sie bitte, ~ ich mich verspätet habe** please forgive me for being late; please forgive my being late; **ich weiß, ~ du recht hast** I know [that] you are right; **ich verstehe nicht, ~ sie ihn geheiratet hat** I don't understand why she married him; **es ist schon 3 Jahre her, ~ wir zum letzten Mal im Theater waren** it is three years since *or* it was three years ago when we last went to the theatre; **b)** *(nach Pronominaladverbien o. ä.)* [the fact] that; *(bei gleichen Subjekten)* **er leidet darunter, ~ er kleiner ist** he suffers from the fact that he is smaller *or* from being smaller; **Wissen erwirbt man dadurch, ~ man viel liest** one acquires knowledge by reading a great deal; *(bei verschiedenen Subjekten)* **das liegt daran, ~ du nicht aufgepaßt hast** that is due to the fact that you did not pay attention; that comes from your not paying attention; **ich bin dagegen, ~ er geht** I am against his going; **c)** *(mit Konsekutivsatz)* that; **[so] ~ so** that; in such a way that; **ich bin so müde, ~ ich kaum gehen kann** I am so tired [that] I can hardly walk; **er lachte so [sehr], ~ ihm die Tränen in die Augen traten** he laughed so much that he almost cried; **d)** *(mit Finalsatz)* so that; **hilf ihm doch, ~ er endlich fertig wird** do help him so that he'll finally be ready/finished; **e)** *(mit Wunschsatz)* if only; **~ er doch käme!** if only he would come!; **~ ihn doch der Teufel hole!** to hell with him!; **~ mir das nicht noch einmal passiert!** see that it doesn't happen again!; **o ~ ich dich bald wiedersehe!** *(poet.)* oh that I may see you again soon!; **f)** *(bedauernder Ausruf)* **~ er so jung sterben mußte!** how terrible *or* it's so sad that he had to die so young!; **~ mir das passieren mußte!** why did it have to [go and] happen to me!; *s. auch* **als, [an]statt, auf, außer, nur, ohne, kaum**

dasselbe *s.* derselbe

dasselbige *s.* derselbige

Dassel·fliege die bot-fly

da|stehen *unr. itr. V.* **a)** *(untätig stehen)* [just] stand there; **wie stehst du denn da!** what a way to stand!; **krumm ~:** slouch; **~ wie die Kuh** *od.* **der Ochs vorm neuen Tor** *od.* **Scheunentor** *od.* **vorm Berg** *(salopp)* be completely baffled; **b)** *(in einer bestimmten Lage sein)* find oneself; **gut/schlecht/[ganz] anders ~:** be in a good/bad/[quite] different position; **[ganz] allein ~:** be [all] alone in the world; **nun, wie stehe ich jetzt da?** *(ugs.)* just look at me now!; *(bei einer bestimmten Leistung)* how about that?; *(verzweifelt)* **now I'm sunk!** *(coll.)*; **wie stehen wir denn jetzt vor den Nachbarn da?** what will the neighbours think of us now?; **mit leeren Händen/als Lügner** *usw.* **~:** be left empty-handed/looking like a liar *etc.*

Datei [da'tai] *die;* **~, ~en** data file

Daten ['da:tn] *Pl. (Angaben)* data; *(persönliche ~)* particulars; **die technischen ~ eines Typs** the technical specification *sing.* of a model; *s. auch* **Datum a, c**

Daten-: **~autobahn** die *(DV)* data highway; **~bank** die; *Pl.* **~banken** data bank; **~bestand** der data base; **~erfassung** die; *o. Pl.* data collection *or* capture; **~schutz** der data protection; **~schutzbeauftragte** der/die data protection officer; **~technik** die data systems [engineering]; **~träger** der data carrier; **~typist** der; **~en, ~en, ~typistin** die; **~, ~en** data processing keyboarder; **~verarbeitung** die data processing *no def. art.;* **~verarbeitungs·anlage** die data processor; *(größeres System)* data processing system

datieren [da'ti:rən] **1.** *tr. V.* **vom 1. Mai datiert** dated 1 May; **archäologische Funde [ins 3. Jh.] ~:** date archaeological finds [to the third century AD]. **2.** *itr. V. (stammen)* date *(aus* from); **der Brief datierte vom 4. Mai** the letter was dated 4 May

Dativ ['da:ti:f] *der;* **~s, ~e** *(Sprachw.)* dative [case]; *(Wort im ~)* dative [form]; **im/mit dem ~ stehen** be in/take the dative [case]

Dativ·objekt das *(Sprachw.)* indirect object

dato [da:to] **bis ~** *(Kaufmannsspr., sonst ugs.)* to date

Dato·wechsel der *(Bankw.)* time-bill

Datscha ['datʃa] *die;* **~, ~s** *od.* **Datschen, Datsche** ['datʃə] *die;* **~, ~n** *(DDR)* dacha

Dattel ['datl̩] *die;* **~, ~n** date

Dattel-: **~palme** die date-palm; **~traube** die *popular name for various large, elongated black grapes*

Datterich ['datərɪç] *s.* Tatterich

Datum ['da:tʊm] *das;* **~s, Daten** ['da:tn̩] **a)** *(Zeitangabe, Zeitpunkt)* date; **das heutige ~:** the date today; today's date; **was für ein/welches ~ haben wir heute?** what is the date today?; **der Brief trägt das ~ vom 6. Mai** the letter is dated 6 May; **unter dem heutigen/gestrigen ~ übersandten wir Ihnen ...:** in today's/yesterday's mail we sent you ...; **ein Schriftstück mit dem ~ versehen** date a document; **eine Entdeckung neueren ~s** a recent discovery; **b)** *(Faktum)* fact

Datums-: **~grenze** die date-line; **~stempel** der date-stamp

Daube ['daubə] *die;* **~, ~n a)** *(am Faß)* stave; **b)** *(beim Eisschießen)* tee

Dauer ['daur] *die;* **~, ~n a)** *(Zeitraum)* length; duration; **die ~ eines Vertrags** the term of a contract; **die ~ des Besuchs** the length of the visit; **von kurzer** *od.* **nicht von [langer] ~ sein** not last long; be short-lived; **für die ~ eines Jahres** *od.* **von einem Jahr** for a period of one year; **während der ~ unseres Aufenthalts** for the duration of our stay; *(die ganze Zeit)* throughout our whole stay; **b)** *(Fortbestehen)* **von ~ sein** last [long]; **ihr Glück hatte keine ~** *od.* **war nicht von ~ :** her happiness was short-lived *or* did not last [long]; **auf die ~:** in the long run; **der Lärm ist auf die ~ nicht zu ertragen** the noise is not tolerable for any length of time; **auf die ~ möchte ich hier nicht wohnen** I wouldn't want to live here permanently *or* indefinitely; **auf ~:** permanently; for good; **er hat die Stelle jetzt auf ~:** his job is now permanent; he now has tenure *(Amer. Sch./Univ.)*

dauer-, Dauer-: **~arbeitslose** der/die long-term unemployed person; **~auftrag** der *(Finanzw.)* standing order; **per** *od.* **durch ~auftrag** by standing order; **~ausweis** der long-term pass; **~belastung** die continual *or* constant strain; *(Technik)* permanent load; **~beschäftigung** die permanent job *or (formal)* position; **~brenner** der **a)** *(Ofen)* slow-burning stove; **b)** *(ugs.: Theaterstück usw.)* long-running success; *(Schlager)* evergreen; **~einrichtung** die permanent institution; **~erfolg** der long-running success; **~erscheinung** die permanent feature *(bei, in* of); **~frost** der long period of frost; **es herrschte ~frost** there was a long period of frost; **~gast** der **a)** *(im Hotel usw.)* long-stay guest *or* resident; *(scherzh.: Besucher)* long-term visitor *(who outstays his/her welcome);* **b)** *(im Lokal)* regular; **~geschwindigkeit** die cruising speed; **~haft 1.** *Adj.* **a)** *(von langer Dauer)* [long-]lasting, enduring *(peace, friendship, etc.);* **b)** *(haltbar)* durable; hard-wearing; **2.** *adv.* lastingly; with long-lasting effect; **~karte** die season ticket; **~lauf** der jogging *no art.;* **~lauf** a jog; **einen ~lauf machen** go for a jog; go jogging; **im ~lauf** at a jog; **~lösung** die permanent solution; **~lutscher** der large lollipop; all-day sucker *(Amer.);* **~mieter** der long-term tenant

¹dauern *itr. V.* last; *(job etc.)* take; **der Film dauert zwei Stunden** the film lasts [for] *or* goes on for two hours; **bei ihm dauert alles furchtbar lange** everything takes him a terribly long time; **einen Moment, es dauert nicht lange** just a minute, it won't take long; **etw. dauert seine Zeit** sth. takes time; **ein Weilchen wird es schon noch ~:** it will be *or* take a little while longer; **es dauert mir zu lange** it takes too long for me; **das dauert** *(ugs.)* that will take [some] time; **diese Freundschaft wird ~** *(geh.)* this friendship will last *or* endure

999

dauern

²**dauern** *tr. V. (geh.)* **die Waisen dauerten ihn** he felt sorry for the orphans; **es dauert mich, daß ...:** I regret *or* I am sorry that ...
dauernd 1. *Adj.; nicht präd.* constant, perpetual ⟨*noise, interruptions, etc.*⟩; permanent ⟨*institution*⟩; ~**er Wohnsitz** permanent residence. **2.** *adv.* constantly; *(immer)* always; the whole time; **er kommt ~ zu spät** he is for ever *or* keeps on arriving late
Dauer-: ~**obst** das fruit which keeps well; ~**parker** der; ~**s,** ~: resident with a parking permit; *(im Parkhaus)* holder of a reserved parking-space; ~**redner** der *(abwertend)* voluble speaker; ~**regelung** die permanent arrangement; ~**regen** der continuous rain; ~**schach** das perpetual check; ~**schaden** der *(Med.)* ein ~**schaden/**~**schäden** permanent damage *no indef. art.*; *(Verletzung)* permanent injury; ~**stellung** die permanent position; ~**strom** der *(Elektrot.)* constant current; ~**test** der long-term test; ~**ton** der continuous tone; ~**welle** die perm; permanent wave; **sie will sich** *(Dat.)* ~**wellen legen lassen** *od. (ugs.)* **machen lassen** she wants to have her hair permed; ~**wurst** die smoked sausage ⟨*with good keeping properties, esp. salami*⟩; ~**zustand** der permanent state [of affairs]; **zum** ~**zustand werden** become permanent *or* a permanent state
Däumchen ['dɔymçən] das; ~**s,** ~: little thumb; ~ **drehen** *(ugs.)* twiddle one's thumbs
Daumen ['daumən] der; ~**s,** ~: thumb; **am** ~ **lutschen** suck one's thumb; *(fig. ugs.)* [sit there and] starve; **jmdm.** *od.* **für jmdn. den** *od.* **die** ~ **drücken** *od.* **halten** keep one's fingers crossed for sb.; **auf etw.** *(Dat.)* **den** ~ **haben, auf etw.** *(Akk.)* **den** ~ **halten** *(ugs.)* keep a careful eye *or* check on sth.; **jmdm. den** ~ **aufs Auge drücken** *(ugs.)* put the screws *pl.* on sb.; **[etw.] über den** ~ **peilen** *(ugs.)* make a guesstimate [of sth.] *(coll.)*; **über den** ~ **gepeilt** at a rough estimate
daumen-, Daumen-: ~**ab·druck** der thumb-print; ~**breit** *Adj.* as wide as your thumb *postpos.*; ≈ an inch across *postpos.*; ~**lutscher** der *(oft abwertend)* thumbsucker; ~**nagel** der thumb-nail; ~**register** das thumb-index; ~**schrauben** *Pl. (hist.)* thumbscrews; **jmdm. die** ~**schrauben anlegen** *(fig.)* put the screws on sb.
Däumling ['dɔymlɪŋ] der; ~**s,** ~**e a)** *o. Pl. (Märchengestalt)* Tom Thumb; **b)** *(Schutzkappe)* thumb-stall
Daune ['daunə] die; ~, ~**n** down [feather]; ~**n** down *sing.*; **man geht weich wie auf** ~**n** it's like walking on thistledown
daunen-, Daunen-: ~**bett** das down-filled quilt; ~**kissen** das down[-filled] cushion; *(für das Bett)* down[-filled] pillow; ~**weich** *Adj.* downy soft; as soft as down *postpos.*
Daus [daus] *(veralt.)* **in ei der** ~**!, was der** ~**!** what the deuce *or* dickens! *(coll.)*
David ['da:fɪt] **(der)** David
David[s]·stern der star of David
davon [da'fɔn] *Adv.* **a)** *(von dieser Stelle entfernt)* from it/them; *(von dort)* from there; *(mit Entfernungsangabe)* away [from it/them]; **nur einige Meter** ~ **[entfernt] ist eine Mauer** there is a wall only a few metres away [from it]; **wir sind noch weit** ~ **entfernt** *(fig.)* we are still a long way from that; we still have a long way to go; **b)** *(von dieser Stelle weg)* from it/them; **sie konnte die Augen nicht** ~ **abwenden** she could not take her eyes off it *or* away from it; **dies ist die Hauptstraße, und** ~ **zweigen einige Nebenstraßen ab** this is the main road and a few side-roads branch off in thistledown; **c)** *(hinsichtlich dieser Sache, darüber)* about it/them; **er redet nur davon** he talks only of this; he talks of *or* about nothing else; **d)** *(durch diese Angelegenheit verursacht, dadurch)* by it/them;

1000

thereby; ~ **betroffen sein** be affected by it/them; ~ **wirst du krank** it will make you ill; ~ **kriegt man Durchfall** you get diarrhoea from [eating] that/those; that gives/those give you diarrhoea; **das kommt** ~**!** *(ugs.)* [there you are,] that's what happens; *(es geschieht dir usw. recht)* it serves you/him/her/them right; **das kommt** ~**, daß du nicht genug schläfst** that's the result of [your] not getting enough sleep; **das hast du nun** ~**!** that's what comes of it!; **du hast du doch nichts** ~ you won't *or* don't get anything out of it; there's nothing in it for you; **e)** *(als Teil eines Ganzen; dessen, deren)* of it/them; **das Gegenteil** ~ **ist wahr** the opposite [of this] is true; **ich hätte gern ein halbes Pfund** ~**:** I would like half a pound of that/those; **geben Sie mir vier** ~**:** give me four of them; **hast du schon** ~ **gegessen/genommen?** have you had/taken some of that/those?; **f)** *(aus diesem Material, auf dieser Grundlage)* from *or* out of it/them; **hier ist Wolle, du kannst dir einen Schal** ~ **stricken** here is some wool, you can knit yourself a scarf with it; ~ **kann man nicht leben** you can't live on that; *s. auch* **da-;** *NB The word can occur in two parts in North German coll. usage, e.g.* **da weiß ich nichts von** I don't know anything about it
davon-: ~**bleiben** *unr. itr. V.; mit sein* keep away; **du sollst** ~**bleiben!** don't touch it/them!; leave it/them alone!; ~**fahren** *unr. itr. V.; mit sein* leave; *(mit dem Auto)* drive away *or* off; *(mit dem Fahrrad, Motorrad)* ride away *or* off; **dem** ~**fahrenden Zug nachschauen** look after the departing train; *(aus dem Bahnhof)* watch the train as it pulls out; **jmdm.** ~**fahren** leave sb. behind; **ich muß mich beeilen, sonst fährt mir der Bus** ~**:** I must hurry *or* the bus will leave without me *or* I'll miss the bus; **er fährt allen** ~ *(ist schneller als alle)* he leaves the rest standing; ~|**fliegen** *unr. itr. V.; mit sein* fly away *or* off; ~|**gehen** *unr. itr. V.; mit sein* walk away *or* off; ~|**kommen** *unr. itr. V.; mit sein* get away; escape; **mit dem Leben** ~**kommen** escape with one's life; **mit dem Schrecken/einer Geldstrafe** ~**kommen** get off with a fright/a fine; ~|**lassen** *unr. itr. V.* **in die Finger** ~**lassen** *s.* **Finger a;** ~|**laufen** *unr. itr. V.* **a)** *(weglaufen)* run away; **er ist mir** ~**gelaufen** he's made off; **es ist zum Davonlaufen** *(ugs.)* it really turns you off *(coll.)*; it makes you want to run a mile; **b)** *(ugs.: überraschend verlassen)* jmdm. ~**laufen** walk out on sb.; **dieser Partei laufen die Wähler** ~**:** the voters are deserting this party; *(unkontrollierbar steigen)* **die Kosten des Projekts sind uns** ~**gelaufen** the costs of the project have got out of control; **die Preise laufen den Einkommen** ~**:** prices are outstripping incomes; ~|**machen** *refl. V.* make off (mit with); ~|**schleichen** *unr. itr. V mit sein; auch refl. V.* slink off *or* away; ~|**sein** *unr. itr. V.; mit sein; Zusschr. nur im Inf. u. im 2. Part. (ugs.)* **seine Frau ist mit einem andern** ~**:** his wife has run off with another man; ~|**stehlen** *unr. refl. V. (geh.)* steal away; ~|**tragen** *unr. itr. V.* **a)** *(wegtragen)* carry away; take away ⟨*rubbish*⟩; **b)** *(geh.: erringen)* win, gain ⟨*a victory, fame*⟩; **den Sieg** ~**tragen** win, be victorious; *(Sport)* be the winner/winners; **c)** *(geh.: sich zuziehen)* receive, suffer ⟨*injuries*⟩; ~|**ziehen** *unr. itr. V.; mit sein* **a)** *(Sport)* pull away; **b)** *(weggehen)* go on one's way
davor [da'fo:ɐ] *Adv.* **a)** *(vor dieser/diese Stelle)* in front of it/them; **ein Haus mit einem Garten** ~**:** a house with a garden at the front *or* in front [of it]; **Kommt Mainz vor oder nach Wiesbaden? – Davor** Is Mainz before or after Wiesbaden? – Before; **b)** *(zeitlich)* before [it/them]; ~ **macht er einen Dauerlauf von 30 Minuten** he goes jogging for 30

dazukommen

minutes beforehand *or* first; **c)** *(in Verbindung mit bestimmten Verben und Substantiven)* **wir haben ihn** ~ **gewarnt** we warned him of *or* about it/them; **er hat Angst** ~**, erwischt zu werden** he is afraid of being caught; **wir sind** ~ **geschützt** we are protected from it/them; *s. auch* **da-;** *NB In some uses under* **a** *and* **c** *the word occurs in North German colloquial usage in two parts, e.g.* **da habe ich keine Angst vor** I'm not afraid of it/them
davor-: ~|**legen 1.** *tr. V.* put in front of it/them; **2.** *refl. V.* lie down in front of it/them; ~|**liegen** *unr. itr. V.* lie in front of it/them; **die** ~**liegende Matte** the mat [lying] in front of it; *(vor der Längsseite)* the mat [lying] beside it; ~|**schieben 1.** *unr. tr. V.* push in front of it/them; **2.** *unr. refl. V.* move in front of it/them; *(bedecken)* cover it/them; ~|**stehen** *unr. itr. V.* **a)** *(vor dieser Sache)* stand in front of it/them; *(vor einem Haus usw.)* stand outside; **b)** *(vor diesem Ereignis usw.)* **kurz** ~**stehen** be close to it; *(vor einer Tat)* be about to do it; ~|**stellen 1.** *tr. V.* put in front of it/them; **2.** *refl. V.* plant oneself in front of it/them
dazu [da'tsu:] *Adv.* **a)** *(zusätzlich zu dieser Sache)* with it/them; *(gleichzeitig)* at the same time; *(außerdem)* what is more; ~ **reicht man am besten Salat** it's/they're best served with lettuce/salad; **er ist dumm und** ~ **auch noch frech** he is stupid and insolent into the bargain; **b)** *(darüber)* about *or* on it/them; **was meinen Sie** ~**?** what do you think about it?; what is your opinion on this?; **c)** *(zu diesem Zweck)* for it; *(es zu tun)* to do it; **d)** *(zu diesem Ergebnis)* to it; **ich kann nichts** ~ **tun** I can't do anything to help; **er ist zu alt** ~**:** he is too old for it; ~ **reicht das Geld nicht** we haven't enough money for that; ~ **sind sie ja da!** that's what they are there for!; ~ **kann ich dir nur raten** I would strongly advise you to do it; **im Widerspruch/Gegensatz** ~**:** contrary to this/that; ~ **war sie nicht in der Lage** she was not in a position to do it *or* do so; **er hatte** ~ **keine Lust** he didn't want to *or* didn't feel like it; **ich komme nie** ~**/nie** ~**, es zu tun** I never get round to it/to doing it; **wie komme ich** ~**?** *(ugs.)* it would never occur to me; why on earth should I?; *s. auch* **da-;** *NB In senses* **b** *and* **d** *the word occurs in North German colloquial usage in two parts, e.g.* **da habe ich keine Lust zu** I don't feel like it
dazu-: ~|**geben** *unr. tr. V.* **a)** *(beisteuern)* give towards it; **b)** *(zusätzlich geben)* add; give as well; **c)** *(Kochk.)* add; *s. auch* **Senf;** ~|**gehören** *refl. V.* **a)** *(zu dieser Sache, Kategorie gehören)* belong to it/them; *(als Zusatz)* go with it/them; **der Wein gehört** ~**:** *(ist nicht wegzudenken)* the wine belongs with it; you have to have wine, it's all part of it; *(ist im Preis inbegriffen)* the wine is included [in the price]; **das gehört [mit]** ~**:** it's all part of it; *(es ist Sitte)* it's the done thing *(coll.)*; **alles, was** ~**gehört** everything that goes with it/them; **b)** *(erforderlich sein)* **sie hat alles, was** ~**gehört, um Karriere zu machen** she has what it takes to make a successful career; **es gehört Mut/schon einiges** ~**:** it takes courage/quite something; ~**gehörig** *Adj.; nicht präd.* **a)** *(appropriate)* which goes/go with it/them *postpos.*; *(farblich usw. passend)* matching; **ein Schloß und die** ~**gehörigen Schlüssel** a lock and the keys that fit it; **b)** *(erforderlich)* necessary; ~|**gesellen** *refl. V.* join in; *(als Zuschauer)* gather round; ~|**kommen** *unr. itr. V.; mit sein* **a)** *(hinkommen)* arrive [on the scene]; turn up; **b)** *(außerdem kommen)* **es kommen noch einige Gäste** ~**:** there are still some guests to come; **kommt noch etwas** ~**?** *(fig.)* is there anything else [you would like]?; ~ **kommt, daß ...** *(fig.)* what's more, ...; on top

dazumal

of that, ...; *s. auch* **kommen** m; ~|**lernen** *tr., itr. V.* [etwas] ~ **lernen** learn [something new]; **man kann immer noch [etwas] ~lernen** there's always something [new] to learn

da·zu·mal *Adv. (veralt., noch scherzh. altertümelnd)* in those days; *s. auch* **Anno**

dazu-: ~**rechnen** *tr. V.* add on; **wenn man noch ~rechnet ...** *(fig.)* when you also consider ...; ~|**setzen** *refl. V.* sit down next to him/her/you/them; **darf ich mich ~setzen?** may I join you *or* sit here?; ~|**tun** *unr. itr. V. (ugs.)* add; **das Seine ~tun** do one's bit; *(mit Geld)* chip in *(coll.);* **ohne jmds. Dazutun** without sb.'s help; *(ohne jmds. Beteiligung)* without involving sb.; ~|**verdienen** *tr., itr. V.* earn 〈*sth.*〉 extra; *(als Nebenbeschäftigung)* earn 〈*sth.*〉 on the side; **seine Frau verdient noch [etwas]** ~: his wife earns something as well

dazwischen [daˈtsvɪʃn] *Adv.* **a)** in between; between them; *(darunter)* among them; **b)** *(unterwegs)* on the way; *(währenddessen)* during this

dazwischen-: ~|**fahren** *unr. itr. V.; mit sein* **a)** *(eingreifen)* step in [and sort things out]; **b)** *(unterbrechen)* break in; ~|**funken** *itr. V. (ugs.)* put a spanner in the works; *(sich einmischen)* put one's oar in; **jmdm.** ~**funken** put a spoke in sb.'s wheel; mess it up for sb.; ~|**kommen** *unr. itr. V.; mit sein* **a)** *(zwischen diese Dinge kommen)* **mit dem Hemd/Finger ~kommen** get one's shirt/finger caught [in it]; **b)** *(als Störung auftreten)* [jmdm.] ~**kommen** complicate matters [for sb.]; *(es verhindern)* prevent it; **mir ist etwas ~gekommen** I had problems; *(immer noch)* I've got problems; **wenn nur nichts ~kommt** as long as there are no hitches *or* complications; **c)** *(dazwischen an der Reihe sein)* [noch] ~**kommen** come in between; ~|**liegen** *unr. itr. V.;* lie in between; **Jahre lagen** ~: years had passed; **da liegen doch schon Tage** ~: that was days ago; **die ~liegende Zeit/Strecke** the intervening period/distance; **die ~liegenden Ereignisse** the events which have/had occurred in the mean while; ~|**reden** *itr. V.* **a)** *(unterbrechen)* interrupt; **b)** *(umzustimmen versuchen)* **jmdm.** ~**reden** try to make sb. change his/her mind; ~|**rufen** 1. *unr. itr. V.* interrupt [by shouting]; interject; **2.** *unr. tr. V.* interrupt [loudly] with; interject; ~|**schalten** *tr. V.* **a)** *(Elektrot.)* insert; **b)** *(fig.)* interpose; *(vorteilhaft)* use as an intermediary; ~|**stehen** *unr. itr. V.* **a)** *(Einigung verhindern)* be obstructive; stand in the way; **b)** *(zwischen diesen Gegensätzen stehen)* be [somewhere] in the middle; **c)** *(zwischen den Erwähnten stehen)* stand amongst them; ~|**treten** *unr. itr V; mit sein* **a)** *(eingreifen)* intervene; **sein Dazwischentreten** his intervention; **b)** *(Uneinigkeit verursachen)* come between them

DB *Abk.* **Deutsche Bundesbahn** German Federal Railways

DBP *Abk.* **Deutsche Bundespost** German Federal Post Office

DDR [deːdeːˈlɛr] *die;* ~ *Abk.* **Deutsche Demokratische Republik** GDR; East Germany *(in popular use)*

DDR-Bürger *der* GDR citizen; East German *(in popular use)*

D-Dur [ˈdeːduːɐ̯] *das;* ~[s] D major; *s. auch* **C-Dur**

Deal [diːl] *der od. das;* ~s, ~s *(salopp)* deal

dealen [ˈdiːlən] *itr. V. (ugs.)* push drugs; **mit LSD** ~: push LSD

Dealer *der;* ~s, ~, **Dealerin** *die;* ~, ~nen *(ugs.)* pusher

Debakel [deˈbaːkl] *das;* ~s, ~: debacle; fiasco; *(schwere Niederlage)* rout

Debatte [deˈbatə] *die;* ~, ~n debate (**über** + *Akk.* on); *(Streit)* argument (**über** + *Akk.* about); **etw. in die** ~ **werfen** introduce *or* bring sth. into the debate; [**nicht**] **zur** ~ **stehen** [not] be under discussion; *(auf der Tagesordnung)* [not] be on the agenda; **etw. zur** ~ **stellen** put sth. up for discussion

debattieren *tr., itr. V.* debate; *(weniger formell)* discuss; [**mit jmdm.**] **über etw.** ~: discuss sth. [with sb.]

Debattier·klub *der* debating society

Debet [ˈdeːbɛt] *das;* ~s, ~s *(Finanzw.)* debit [side]

debil [deˈbiːl] *Adj.* **a)** *(Med.)* mentally subnormal; **b)** *(abwertend)* feeble-minded

Debilität [debiliˈtɛːt] *die;* ~ **a)** *(Med.)* mental subnormality; **b)** *(abwertend)* feeble-mindedness

Debitor [ˈdeːbitɔr] *der;* ~s, ~en [debiˈtoːrən] *(Finanzw.)* debtor

Debüt [deˈbyː] *das;* ~s, ~s debut; **sein** ~ [**als Autor usw.**] **geben** make one's debut [as an author etc.]

Debütant [debyˈtant] *der;* ~en, ~en newcomer [making his debut]; *(in einer Mannschaft, Truppe, usw.)* new face

Debütantin *die;* ~, ~nen *a) s.* **Debütant; b)** *(in der Gesellschaft)* debutante

Debütantinnen·ball *der* debutantes' ball

debütieren [debyˈtiːrən] *itr. V.* make one's debut

Dechant [dɛˈçant] *der;* ~en, ~en *(kath. Kirche)* dean

dechiffrieren *tr. V.* decipher 〈*code, message*〉; decode 〈*message, (fig.) conventions*〉

Deck [dɛk] *das;* ~[e]s, ~s **a)** *(eines Schiffes)* deck; **alle Mann an** ~! all hands on deck!; **auf** ~ **sein** be on deck; **unter** ~ **gehen** go below [decks]; **auf dem obersten/im mittleren/unteren** ~: on the top/middle/lower deck; **b)** *(Park~)* storey; level; **auf** ~ **6 fahren** drive up to level 6; **c)** *(im Autobus)* deck

Deck-: ~**adresse** *die* accommodation *or (Amer.)* cover address; ~**an·strich** *der* top coat; ~**auf·bauten** *Pl.* superstructure *sing.;* ~**bett** *das s.* **Oberbett;** ~**blatt** *das* **a)** *(Bot.)* bract; **b)** *(vom Zigarre)* wrapper; **c)** *(Titelblatt)* title-page

Deckchen *das;* ~s, ~ **a)** small tablecloth; **b)** *(Zier~, Häkel~)* [small] crocheted mat *or* cover

Decke [ˈdɛkə] *die;* ~, ~n **a)** *(Tisch~)* tablecloth; **eine neue** ~ **auflegen** put a clean cloth on [the table]; **b)** *(Woll~, Pferde~, auch fig.)* blanket; *(Reise~)* rug; *(Deckbett, Stepp~)* quilt; *(Tages~)* bedspread; **sich** *(Dat.)* **die** ~ **über den Kopf ziehen** pull the covers *pl.* over one's head; **unter die** ~ **kriechen** slip under the covers; **sich nach der** ~ **strecken [müssen]** *(ugs.)* [have to] cut one's coat according to one's cloth; **mit jmdm. unter einer** ~ **stecken** *(ugs.)* be hand in glove with sb.; be in cahoots with sb. *(sl.);* **c)** *(Zimmer~)* ceiling; **mir fällt die** ~ **auf den Kopf** *(ugs.) (ich bekomme Platzangst)* I feel claustrophobic *or* shut in; *(ich langweile mich)* I get sick of the sight of] these four walls; **an die** ~ **gehen** *(ugs.)* hit the roof *(coll.);* [**vor Freude**] [**bis**] **an die** ~ **springen** jump for joy; **d)** *(Radmantel)* [outer] cover; **e)** *(Fahrbahn~)* surface; **f)** *(Buchw.: Bucheinband)* cover; **g)** *(Jägerspr.: Haut, Fell)* skin

Deckel [ˈdɛkl] *der;* ~s, ~ **a)** lid; *(auf Flaschen, Gläsern usw.)* top; *(Schacht~, Uhr~, Buch~ usw.)* cover; **b)** *(Bier~)* beer mat; *(salopp: Kopfbedeckung)* headgear *no pl.;* **jmdm. eins auf den** ~ **geben** *(ugs.)* haul sb. over the coals; tell sb. off; **jmdm. eins auf den** ~ **kriegen** *(ugs.)* be taken to task

Deckel·krug *der* tankard *(with a lid)*

deckeln *tr. V. (ugs.)* take to task; tell off

decken 1. *tr. V.* **a)** *(breiten, legen)* spread; **b)** *(mit einem Dach o. ä. versehen)* roof 〈*house*〉; cover 〈*roof*〉; **ein Dach/Haus mit Ziegeln/Stroh** ~: tile/thatch a roof/house; **c) den Tisch** ~: lay *or* set the table; **es ist [für fünf Personen] gedeckt** the table is set [for five]; **d)** *(schützen)* cover; *(bes. Fußball: abschirmen)* mark 〈*player*〉; *(vor Gericht usw.)* cover up for 〈*accomplice, crime, etc.*〉; **e)** *(befriedigen)* satisfy, meet 〈*need, demand*〉; **mein Bedarf ist gedeckt** *(ugs.)* I've had enough; **f)** *(Finanzw., Versicherungsw.)* cover; **g)** *(genau beschreiben)* describe accurately; cover; **h)** *(begatten)* cover; 〈*stallion*〉 serve 〈*mare*〉. **2.** *itr. V.* **a)** *(Fußball)* mark; *(Boxen)* keep up one's guard; **besser** ~: improve one's marking/guard; **b)** *(den Tisch* ~) lay *or* set the table; **c)** 〈*colour*〉 cover. **3.** *refl. V.* **a)** *(Geom.)* be congruent; **b)** *(gleich sein)* coincide; tally; **ihre Aussage deckt sich nicht mit seiner** her statement does not agree with his

Decken-: ~**balken** *der* ceiling beam; ~**beleuchtung** *die* ceiling light; ~**gemälde** *das* ceiling painting; ~**malerei** *die* ceiling painting; ~**träger** *der* [iron] ceiling joist

Deck-: ~**farbe** *die* paint *(which covers well);* body-colour; *(für Gouachen)* gouache colour; ~**feder** *die* cover; tectrix *(Ornith.);* ~**flügel** *der* elytron; ~**haar** *das* **a)** *(bei Tieren)* guard hair; **b)** *(bei Menschen)* top hair; ~**hengst** *der* stud-horse; breeding stallion; ~**mantel** *der,* ~**mäntelchen** *das; o. Pl. (abwertend)* cover; **unter dem ~mantel der Entwicklungshilfe** *usw.* using development aid *etc.* as a blind *or* cover; under the guise of development aid *etc.;* ~**name** *der* alias; assumed name; *(eines Spions, milit. Programms)* code name; *(einer Organisation)* cover name; ~**plane** *die* waterproof cover; *(bes. geteert)* tarpaulin; ~**platte** *die* cover; ~**station** *die* stud

Deckung *die;* ~, ~en **a)** *o. Pl. (das Schützen)* covering *(esp. Mil.);* *(Feuerschutz)* covering fire; *(Boxen, Fechten)* guard; *(bes. Fußball)* marking; *(Schach)* protection; **b)** *(Schutz; auch fig.)* cover *(esp. Mil.);* *(Schach)* defence; *(Boxen)* guard; *(bes. Fußball: die deckenden Spieler)* defence; ~ **nehmen, in** ~ **gehen** take cover; ~ **suchen/in** ~ **bleiben** look for/stay under cover; [**volle**] ~! take cover!; **c)** *(Finanzw.: das Begleichen) o. Pl.* meeting; **zur** ~ **seiner Schulden** to meet his debts; **d)** *(Finanzw.: Sicherheit)* cover[ing]; **der Scheck ist ohne** ~: the cheque is not covered; **als** ~ **für seine Schulden** as security for his debts; **e)** *(Befriedigung)* satisfaction; **f)** *(Übereinstimmung)* **Pläne** *usw.* **zur** ~ **bringen** make plans *etc.* agree; bring plans *etc.* into line; **g)** *(von Tieren: Begatten)* covering; *(einer Stute)* service

deckungs-, Deckungs-: ~**auf·lage** *die (Verlagsw.)* break-even quantity; ~**fehler** *der (bes. Fußball)* marking error; ~**gleich** *Adj. (Geom.)* congruent; **unsere Meinungen sind ~gleich** *(fig.)* our opinions coincide *or* are the same

Deck-: ~**weiß** *das* opaque white; ~**wort** *das* code word

decodieren *s.* **dekodieren**

Decrescendo [dekreˈʃɛndo] *das;* ~s, ~s *od.* **Decrescendi** *(Musik)* decrescendo

Dedikation [dedikaˈtsi̯oːn] *die;* ~, ~en dedication

Dedikations·exemplar *das* presentation copy *(containing dedication)*

dedizieren [dediˈtsiːrən] *tr. V.* dedicate; **jmdm. ein Exemplar** ~: inscribe a copy to sb.

Deduktion [dedʊkˈtsi̯oːn] *die;* ~, ~en *(Philos., Kybernetik)* deduction

deduktiv [dedʊkˈtiːf] *(Philos.)* **1.** *Adj.* deductive. **2.** *adv.* deductively; ~ **folgern** conclude by deduction

deduzieren [deduˈtsiːrən] *tr. V. (bes. Philos.)* deduce

Deern [deːɐ̯n] *die;* ~s, ~s *(nordd.)* lass

Deez *s.* **Dez**

DEFA [ˈdeːfa] *die;* ~ *(DDR) Abk.* **Deutsche Film-Aktiengesellschaft** *(nationalized East German film company)*

1001

de facto [deːˈfakto] *Adv.* de facto *(esp. Polit., Law);* in reality
De-facto-Anerkennung die de facto recognition
Defaitismus *usw. (schweiz.)* s. **Defätismus** *usw.*
Defäkation [defɛkaˈtsi̯oːn] die; ~, ~en *(Med.)* defecation
Defätismus [defɛˈtɪsmʊs] der; ~ *(oft abwertend)* defeatism
Defätist der; ~en, ~en *(abwertend)* defeatist
defätistisch *(oft abwertend)* **1.** *Adj.* defeatist. **2.** *adv.* in a defeatist manner
defekt [deˈfɛkt] *Adj.* **a)** defective; faulty; ~ sein have a defect; be faulty; *(nicht funktionieren)* not be working; **b)** *(fig.)* deficient ⟨mind, understanding⟩
Defekt der; ~[e]s, ~e **a)** defect, fault (**an** + *Dat.* in); **b)** *(Psych., Med.)* defect (**an** + *Dat.* in); **Heilung mit bleibendem ~**: cure leaving a permanent handicap
defektiv [defɛkˈtiːf] *Adj. (Sprachw.)* defective
Defektivum [defɛkˈtiːvʊm] das; ~s, Defektiva *(Sprachw.)* defective
defensiv [defɛnˈziːf] **1.** *Adj.* **a)** *(verteidigend; auch Sport)* defensive; **b)** *(sicherheitsbewußt)* safety-conscious. **2.** *adv.* **a)** *(verteidigend; auch Sport)* defensively; **b)** *(sicherheitsbewußt)* in a safety-conscious manner
Defensive die; ~, ~n **a)** defensive; **in der ~**: on the defensive; **jmdn. in die ~ drängen** force sb. on [to] the defensive; **in die ~ geraten** go on [to] the defensive; **b)** *(Sport)* **die ~**: defensive play; **aus der ~ heraus** from defensive positions *pl.*
Defensiv-: ~**krieg** der defensive war; ~**spiel** das *(Sport)* defensive play
Defilee [defiˈleː] das; ~s, ~s, *(auch:)* ~n parade; march past
defilieren [defiˈliːrən] *itr. V.; mit haben od. sein* **vor jmdm./etw. ~**: parade before or march past sb./sth.
definierbar *Adj.* definable; *(identifizierbar)* identifiable; **nicht [näher] ~**: indefinable; *(nicht zu identifizieren)* unidentifiable
definieren [defiˈniːrən] **1.** *tr. V.* define; *(identifizieren)* identify. **2.** *refl. V.* ⟨sich als etw. verstehen⟩ describe oneself **(durch** in terms of)
Definition [definiˈtsi̯oːn] die; ~, ~en definition
definitiv [definiˈtiːf] **1.** *Adj.* definitive; final ⟨answer, decision⟩; *(sicher)* definite. **2.** *adv.* finally; *(sicher)* definitely
definitorisch [definiˈtoːrɪʃ] **1.** *Adj.* ⟨problem⟩ of definition; ⟨skill⟩ at defining. **2.** *adv.* with regard to definition
defizient [defiˈtsi̯ɛnt] *Adj.* deficient
Defizit [ˈdeːfitsɪt] das; ~s, ~e **a)** *(Fehlbetrag)* deficit; **b)** *(Mangel)* deficiency; **~ an etw.** *(Dat.)* lack of sth.
defizitär [defitsiˈtɛːɐ̯] **1.** *Adj.* **a)** *(Defizit aufweisend)* ⟨trade etc.⟩ which shows/showed a deficit *not pred.*; ⟨firm etc.⟩ which runs/ran at a loss *not pred.*; **b)** *(Defizit verursachend)* which leads/led to a deficit *postpos., not pred.* **2.** *adv.* **~[er] arbeiten** *od.* **wirtschaften** show a [bigger] deficit; run at a [bigger] loss
Deflation [deflaˈtsi̯oːn] die; ~, ~en *(Wirtsch.)* deflation
deflationär [deflatsi̯oˈnɛːɐ̯], **deflationistisch** *Adj. (Wirtsch.)* deflationary
Deflations·politik die *(Wirtsch.)* deflationary policy
Deflektor [deˈflɛktɔr] der; ~s, ~en [-ˈtoːrən] *(Technik)* deflector
Defloration [defloraˈtsi̯oːn] die; ~, ~en *(Med.)* defloration
deflorieren [defloˈriːrən] *tr. V.* deflower
Deformation die **a)** *(Physik)* deformation; **b)** *(Med.)* deformation; *(Mißbildung)* deformity
deformieren *tr. V.* **a)** *(verformen)* distort;

put out of shape; **deformiert** out of shape *pred.*; distorted; **b)** *(entstellen)* deform *(also fig.)*; *(verunstalten)* disfigure ⟨face etc.⟩; *(verstümmeln)* mutilate
Deformierung die **a)** *o. Pl. (Verformung)* deformation; distortion; **b)** *(Entstellung)* deformation; *(Verunstaltung)* disfigurement; *(Verstümmelung)* mutilation; *(Mißbildung)* deformity
Deformität [deformiˈtɛːt] die; ~, ~en *(Med.)* deformity
Defraudant [defrauˈdant] der; ~en, ~en *(veralt.)* defrauder; swindler; *(bei Unterschlagung)* embezzler
Defroster [deˈfrɔstɐ] der; ~s, ~ *(Gerät)* defroster; **b)** *(Spray)* de-icer
deftig [ˈdɛftɪç] *(ugs.)* **1.** *Adj.* **a)** [good] solid *attrib.*, good and solid *pred.* ⟨meal etc.⟩; [nice] big, [nice] fat ⟨sausage etc.⟩; *(tüchtig)* [really] big ⟨surprise⟩; sound ⟨hiding⟩; *(hoch)* tremendous, *(coll.)* terrific ⟨price, bill, etc.⟩; **b)** *(derb)* crude, coarse ⟨joke, speech, etc.⟩. **2.** *adv.* good and proper *(coll.)*
¹**Degen** der; ~s, ~ *(hist.)* [doughty] warrior
²**Degen** [ˈdeːɡn̩] der; ~s, ~ **a)** *(Waffe)* [light] sword *(esp. for duelling)*; *(Rapier)* rapier; **b)** *(Sportgerät)* épée
Degeneration [degeneraˈtsi̯oːn] die; ~, ~en degeneration
Degenerations·erscheinung die sign of degeneration
degenerativ [degeneraˈtiːf] **1.** *Adj.* degenerative. **2.** *adv.* **es ist ~ verändert** it has degenerated
degenerieren [degeneˈriːrən] *itr. V.; mit sein* degenerate **(zu** into)
degeneriert *Adj.* degenerate; *(überzüchtet)* overbred
Degen-: ~**fechten** das épée [fencing] *no art.*; ~**klinge** die sword-blade; ~**korb** der [sword-]guard; ~**scheide** die scabbard
degoutant [deɡuˈtant] *(geh.)* **1.** *Adj.* disgusting. **2.** *adv.* in a disgusting manner
degoutieren [deɡuˈtiːrən] *tr. V. (geh.)* disgust
degradieren [deɡraˈdiːrən] *tr. V.* **a)** *(im Rang o. ä.)* demote; **vom Feldwebel zum einfachen Schützen degradiert werden** be demoted from [the rank of] sergeant to [a] mere private; **b)** *(herabwürdigen)* **jmdn./etw. zu etw. ~**: reduce sb./sth. to [the level of] sth.
Degradierung die; ~, ~en **a)** *(im Rang)* demotion; **b)** *(Herabwürdigung)* degradation; reduction **(zu** to the level of)
Degression [deɡrɛˈsi̯oːn] die; ~, ~en **a)** *(Wirtsch.)* progressive reduction [of unit cost]; **b)** *(Steuerw.)* degression
degressiv [deɡrɛˈsiːf] *Adj. (Wirtsch., Steuerw.)* degressive
degustieren [deɡʊsˈtiːrən] *tr. V. (bes. schweiz.)* taste; sample
dehnbar *Adj.* **a)** *(elastisch)* ⟨material etc.⟩ that stretches *not pred.*; elastic ⟨waistband etc.⟩; stretch ⟨fabric⟩; **etw. ist ~**: sth. can be stretched; **b)** *(fig. vage)* ⟨saying⟩ vague; **das ist ein ~er Begriff** it's a loose concept; that can mean what you want it to mean
Dehnbarkeit die; ~ *(auch fig.)* elasticity
dehnen [ˈdeːnən] **1.** *tr. V.* **a)** stretch; **b)** *(lang aussprechen)* lengthen, draw out ⟨vowel, word⟩; **etw. gedehnt sagen/aussprechen** say/pronounce sth. slowly; *(lässig)* drawl sth. **2.** *refl. V.* **a)** stretch; **er dehnte sich wohlig** he stretched [himself] luxuriantly; **b)** *(lange dauern)* **sich endlos ~**: go on for ever *(coll.)*; go on and on; **die Minuten ~ sich zu Stunden** the minutes seem like hours
Dehnung die; ~, ~en *o. Pl. (das Dehnen)* stretching; *(eines Vokals)* lengthening; **b)** *(Dehnbarkeit)* elasticity
Dehnungs-: ~**fuge** die *(Bauw.)* expansion joint; ~**-h** das; ~, ~ *(Phon.)* 'h' lengthening the preceding vowel; ~**zeichen** das *(Phon.)* length-mark

dehydrieren *tr. V. (Chemie)* dehydrogenate
Deibel [ˈdaibl̩] s. **Deiwel**
Deich [daiç] der; ~[e]s, ~e dike; **mit etw. über den ~ gehen** *(nordd.)* make off with sth.
Deich-: ~**bau** der; *o. Pl.* building of a/the dike; *(allgemein)* dike-building; ~**bruch** der breach *(Brit.)* or *(Amer.)* break in the dike; *(Brechen des Deiches)* breaching *(Brit.)* or *(Amer.)* breaking of the dike; ~**genossenschaft** die s. ~**verband**; ~**graf** der *(veralt.)* s. ~**vorsteher**; ~**krone** die top of the dike
Deichsel [ˈdaiksl̩] die; ~, ~n shaft; *(in der Mitte)* pole; *(aus zwei Stangen)* shafts *pl.*
Deichsel·kreuz das **a)** *(Griff)* shafthandle; **b)** *(Symbol)* Y[-shaped] cross
deichseln *tr. V. (ugs.)* fix; *(durch eine List)* wangle *(sl.)*
Deich-: ~**verband** der association of owners of diked land; ~**vorland** das land above mean high-water mark on the seaward side of a dike; ~**vorsteher** der chairman of a 'Deichverband'
deifizieren [deifiˈtsiːrən] *tr. V. (geh.)* deify
¹**dein**, *(in Briefen)* **Dein** [dain] *Possessivpron.* your; *(Rel., auch altertümelnd)* thy; **viele Grüße von Deinem Emil/Deiner Karin/Deinen Müllers** with best wishes, yours Emil/Karin/the Müllers; **~ Wille geschehe** *(Rel.: im Vaterunser)* Thy will be done; **heute abend kannst du ~en Humphrey Bogart im Fernsehen sehen** you can watch your beloved Humphrey Bogart or that Humphrey Bogart of yours on television tonight; **das Buch dort, ist das ~[e]s?** that book over there, is it yours?; **sind das ihre Schuhe oder ~e?** are those her shoes or yours?; **das war nicht mein Wunsch, sondern ~er** *od.* **Deiner ~e** it was not my wish but yours; **ewig/stets der Deine** *(geh.)* yours ever; **du und die Deinen** *(geh.)* you and yours or your family; **der/die Deine** *(geh.)* your husband/wife; **das Deine** *(geh.)* your possessions *pl. or* property; **du mußt das Deine tun** *(was du kannst)* you must do what you can; *(deinen Teil)* you must do your bit or share; **s. auch 'mein**
²**dein** *(geh. veralt.)*, **deiner** *Gen. des Personalpronomens* **du** *(geh.)* of you; **ich gedenke ~ auf ewig** I will always remember you; **man lachte ~**: they laughed at you
deiner·seits [ˈdainɐˈzaits] *Adv. (von deiner Seite)* on your part; *(auf deiner Seite)* for your part
deines·gleichen *indekl. Pron.* people *pl.* like you; *(abwertend)* the likes *pl.* of you; your sort or kind; **unter ~**: amongst your own sort or kind; **für dich und ~** *(abwertend)* for your sort or for the likes of you
deines·teils *Adv.* for your part
deinet·halben *(veralt.)* s. **deinetwegen a**
deinet·wegen *Adv.* **a)** because of you; on your account; *(für dich)* on your behalf; *(dir zuliebe)* for your sake; **ich habe mir ~ große Sorgen gemacht** I have been very worried about you or on your account; **b)** *(du hast nichts dagegen)* **du hast gesagt, ~ könnten wir gehen** you said we could go as far as you were concerned
deinet·willen *Adv.* **in um ~**: for your sake
deinige [ˈdaɪnɪɡə] *Possessivpron. (geh. veralt.)* **der/die/das ~**: yours; **die Deinigen** your family *sing.*; **das Deinige** what is your property; **du mußt das Deinige tun** *(was du kannst)* you must do what you can; *(deinen Teil)* you must do your bit or share
Deismus [deˈɪsmʊs] der; ~: deism *no art.*
deistisch *Adj.* deistic
Deiwel [ˈdaivl̩] *(nordd.)*, **Deixel** [ˈdaiksl̩] *(südd.) der;* ~s devil; s. *auch* **Teufel**
de jure [deː ˈjuːrə] *Adv.* de jure; legally
De-jure-Anerkennung die de jure recognition

Deka ['dɛka] *das;* ~[s], ~ *(österr.)* decagram
Dekade [de'ka:də] *die;* ~, ~n a) *(zehn Tage)* ten days *pl.;* b) *(zehn Jahre)* decade
dekadent [deka'dɛnt] *Adj.* decadent
Dekadenz [deka'dɛnts] *die;* ~: decadence
dekadisch *Adj.* ~**es Zahlensystem** decimal system; ~**er Logarithmus** *(Math.)* common logarithm
Deka-: ~**eder** *das (Geom.)* decahedron; ~**gramm** *das* decagram; ~**liter** *der* decalitre
Dekalog [deka'lo:k] *der;* ~[e]s *(Rel.)* decalogue
Dekan [de'ka:n] *der;* ~s, ~e a) *(Universität)* dean; b) *(kath. Kirche)* dean; c) *(ev. Kirche)* superintendent
Dekanat [deka'na:t] *das;* ~s, ~e a) *(Universität)* dean's office; b) *(kath. Kirche)* deanery; c) *(Amt eines Dekans)* office of dean
dekartellisieren [dekartɛli'zi:rən] *tr. V. (Wirtsch.)* decartelize
dekatieren [deka'ti:rən] *tr. V. (Textilw.)* decatise
Deklamation [deklama'tsi̯o:n] *die;* ~, ~en a) *(Vortrag)* recitation; b) *(abwertend: hohles Gerede)* [empty] rhetoric *no pl.*
deklamatorisch [deklama'to:rɪʃ] 1. *Adj.* a) *(ausdrucksvoll)* declamatory; b) *(abwertend: hohl)* rhetorical. 2. *adv.* a) *(ausdrucksvoll)* expressively; b) *(abwertend: hohl klingend)* rhetorically; in expansive terms
deklamieren [dekla'mi:rən] *tr., itr. V.* recite
Deklaration [deklara'tsi̯o:n] *die;* ~, ~en *(Politik, Zoll-, Steuer-, Postwesen)* declaration
deklarieren [dekla'ri:rən] *tr. V.* declare; **etw. als etw. ~**: declare sth. to be sth.; **zur atomwaffenfreien Zone deklariert werden** be declared a nuclear-free zone
deklassieren *tr. V.* a) *(Soziol.)* disadvantage; b) *(herabsetzen)* reduce; downgrade; c) *(Sport)* outclass; *(beim Rennen)* leave standing
Deklassierung *die;* ~, ~en a) *(Soziol.)* disadvantaging; reduction in circumstances; b) *o. Pl. (Herabsetzung)* downgrading; c) *o. Pl. (Sport)* outclassing
deklinabel [dekli'na:bl̩] *Adj. (Sprachw.)* declinable
Deklination [deklina'tsi̯o:n] *die;* ~, ~en a) *(Sprachw.)* declension; **die starke/schwache ~**: the strong/weak declension; b) *(Astron., Physik)* declination
deklinierbar *Adj. (Sprachw.)* declinable
deklinieren [dekli'ni:rən] *tr. V. (Sprachw.)* decline; **ein Wort schwach/stark ~**: decline a word as weak/strong
dekodieren *tr. V. (fachspr.)* decode
Dekolleté [dekɔl'te:] *das;* ~s, ~s low[-cut] neckline; décolletage; **Kleid mit tiefem ~**: very low-cut dress; dress with a plunging neckline
dekolletieren [dekɔl'ti:rən] *tr. V.* make *or* cut with a low neckline
dekolletiert *Adj.* a) *(ausgeschnitten)* décolleté; low-cut ⟨*back, neckline*⟩; b) *(Dekolleté tragend)* ~**e Damen** ladies in low-cut dresses; **[tief] ~ sein** *od.* **gehen** wear a [very] low-cut dress/[very] low-cut dresses
Dekolonisation *die* decolonization
dekolonisieren *tr. V.* decolonize
Dekompression *die* decompression
Dekompressions·kammer *die* decompression chamber
Dekontamination *die* decontamination
Dekonzentration *die (der Verwaltung)* decentralization; *(der Industrie usw.)* deconcentration
Dekor [de'ko:ɐ̯] *das;* ~s, ~s *od.* ~e a) *(Verzierung)* decoration; *(Muster)* pattern; **ein Zimmer im ~ der dreißiger Jahre** a room in the 1930s style; b) *(Theater, Film)* décor; setting

Dekorateur [dekora'tø:ɐ̯] *der;* ~s, ~e, **Dekorateurin** *die;* ~, ~nen *(Schaufenster~)* window-dresser; *(von Innenräumen)* interior decorator *or* designer; *(Dekorationsmaler)* scene-painter
Dekoration [dekora'tsi̯o:n] *die;* ~, ~en a) *o. Pl. (das Dekorieren)* decoration; *(von Schaufenstern)* window-dressing; **zur ~**: for decoration; b) *(Schmuck, Ausstattung)* decorations *pl.;* *(Schaufenster~)* window display; *(Theater, Film)* set; scenery *no pl.;* **bloße ~ sein** be purely for decoration purposes; c) *(Orden[verleihung])* decoration
Dekorations-: ~**maler** *der* interior decorator; *(Theater)* [stage] decorator; scene-painter; ~**stoff** *der* furnishing fabric; ~**stück** *das* part of the décor; *(Theater)* piece of scenery
dekorativ [dekora'ti:f] 1. *Adj.* decorative. 2. *adv.* decoratively
dekorieren [deko'ri:rən] *tr. V.* a) *(ausschmücken)* decorate ⟨*room etc.*⟩; dress ⟨*shop-window*⟩; b) *(mit Orden auszeichnen)* decorate ⟨mit⟩
Dekorierung *die;* ~, ~en *s.* Dekoration a, c
Dekorum [de'ko:rʊm] *das;* ~s *(veralt.)* decorum *no art.;* **das ~ verletzen/wahren** offend against/observe the proprieties *pl.*
Dekostoff ['de:ko-] *der* furnishing fabric
Dekrescendo *s.* Decrescendo
Dekret [de'kre:t] *das;* ~[e]s, ~e decree
dekretieren *tr. V.* decree
dekuvrieren [deku'vri:rən] 1. *tr. V. (entlarven)* expose. 2. *refl. V. (schlechte Züge zeigen)* reveal oneself; **sich als etw. ~**: reveal oneself to be sth.
Deleatur [dele'a:tʊɐ̯] *das;* ~s, ~, **Deleatur·zeichen** *das (Druckw.)* deletion mark
Delegation [delega'tsi̯o:n] *die;* ~, ~en delegation (**an** + *Akk.* to; **bei** at)
Delegations·chef *der* head of a/the delegation
delegieren [dele'gi:rən] *tr. V.* a) *(abordnen)* send as a delegate/as delegates (**zu** to); **jmdn. ins Komitee ~**: select sb. as one's representative on the committee; b) *(übertragen)* delegate ⟨*task etc.*⟩ (**an** + *Akk.* to)
Delegierte *der/die;* adj. Dekl. delegate; *(Sport)* representative (**bei** at)
Delegierten-: ~**konferenz** *die* delegates' *or* delegate conference; ~**versammlung** *die* delegates' *or* delegate assembly
delektieren [delɛk'ti:rən] 1. *tr. V.* **jmdn. mit etw. ~**: entertain *or* regale sb. with sth. 2. *refl. V.* **mit etw.** *(Dat.)* **~**: regale oneself with sth.; *(fig.)* take delight in sth.
delikat [deli'ka:t] 1. *Adj.* a) *(wohlschmeckend)* delicious; *(fein)* subtle, delicate ⟨*bouquet, aroma*⟩; b) **~ riechen** have a delicate bouquet/aroma; b) *(Diskretion erfordernd, heikel)* delicate; *(geh.: empfindlich)* **in so persönlichen Dingen ist sie sehr ~**: she is very sensitive about such personal matters; c) *(geh.: behutsam)* *(taktvoll)* tactful; ~**e Andeutung** subtle *or* discreet reference. 2. *adv.* a) *(lecker)* deliciously; b) *(geh.: behutsam)* **etw. ~ behandeln** handle sth. tactfully *or* discreetly
Delikatesse [delika'tɛsə] *die;* ~, ~n a) *(Leckerbissen)* delicacy; *(fig.)* treat; **als besondere ~**: as a special delicacy/treat; b) *o. Pl. (geh.: Feingefühl)* delicacy; *(Takt)* tact; discretion; **eine Angelegenheit mit ~ behandeln** handle a matter discreetly
Delikatessen·geschäft, **Delikateß·geschäft** *das* delicatessen
Delikateß·gurke *die* [fine-quality] gherkin
Delikt [de'lɪkt] *das;* ~[e]s, ~e offence
delinquent [delɪŋ'kvɛnt] *Adj. (bes. Rechtl.)* delinquent; criminal ⟨*conduct*⟩
Delinquent *der;* ~en, ~en offender
Delinquenz *die;* ~ *(bes. Rechtsw.)* delinquency

delirieren [deli'ri:rən] *itr. V.* be delirious
Delirium [de'li:ri̯ʊm] *das;* ~s, **Delirien** delirium; **im ~ liegen/sein** lie/be in a delirium; **im ~ reden** speak in one's delirium
Delirium tremens [~ 'tre:mɛns] *das;* ~ ~ *(Med.)* delirium tremens; **im ~ sterben** die in a state of delirium [tremens]
deliziös [deli'tsi̯ø:s] *(geh.)* 1. *Adj.* delicious; delectable; ~ **schmecken** taste delicious. 2. *adv.* deliciously
Delle ['dɛlə] *die;* ~, ~n a) *(ugs.)* dent; **eine ~ in die Stoßstange fahren** drive into something and dent one's bumper; b) *(Geogr.)* hollow
delogieren *tr. V. (bes. österr.)* evict
¹**Delphin** [dɛl'fi:n] *der;* ~s, ~e dolphin
²**Delphin** *das;* ~s *(Schwimmen)* butterfly [stroke]
Delphinarium [dɛlfi'na:ri̯ʊm] *das;* ~s, **Delphinarien** dolphinarium
Delphin·schwimmen *das* butterfly
delphisch ['dɛlfɪʃ] 1. *Adj.* Delphic ⟨*oracle*⟩; enigmatic ⟨*remark etc.*⟩. 2. *adv.* enigmatically
¹**Delta** ['dɛlta] *das;* ~[s], ~[s] *(Buchstabe)* delta
²**Delta** *das;* ~s, ~s *od.* **Delten** *(Fluß~)* delta
delta-, **Delta-:** ~**förmig** *Adj.* delta-shaped; triangular; deltaic ⟨*estuary*⟩; ~**mündung** *die* delta [estuary]; ~**strahlen** *Pl. (Kernphysik)* delta rays
De-Luxe-Ausstattung [də'lʏks-] *die:* **eine ~ haben** be fitted with de luxe equipment; ⟨*car etc.*⟩ be a de luxe model; ⟨*room*⟩ have de luxe fittings
dem [de:m] 1. *best. Art., Dat. Sg. v.* ¹**der** 1 *u.* **das** 1: **ich gab dem Mann/dem Kind das Buch** I gave the man/the child the book; I gave the book to the man/to the child; **hast du dem Peter das Geld gegeben?** *(ugs.)* have you given Peter the money?; **ich half dem Mann/dem Kind** I helped the man/the child; **er hat sich dem Okkultismus zugewandt** he turned to occultism; **aus dem Libanon/Baltikum kommen** come from Lebanon/the Baltic area; **dem Theater/Kino seinen Ruhm verdanken** owe one's fame to the stage/films. 2. *Demonstrativpron., Dat. Sg. v.* ²**der** 2 *u.* **das** 2: a) *attr.* **gib es dem Mann/Kind** give it to 'that man/child'; **mit dem Messer kann man fast alles schneiden** you can cut almost anything with 'that knife'; b) *selbständig* **gib es nicht dem, sondern dem da!** don't give it to him, give it to that man/child *etc.;* **Zwiebeln schneide ich nicht mit dem [hier], sondern mit dem da** I chop onions with 'that knife', not with this one. 3. *Relativpron., Dat. Sg. v.* ³**der** 3 *u.* **das** 3 *(Mensch)* **der Mann/das Kind, dem ich das Geld gab** the man/the child to whom I gave the money *or (coll.)* that I gave the money to; **der Mann, dem ich geholfen habe** the man whom *or* that I helped; *(Sache)* **das Messer, mit dem ich Zwiebeln schneide** the knife with which I chop onions *or (coll.)* that I chop onions with
Demagoge [dema'go:gə] *der;* ~n, ~n *(abwertend)* demagogue
Demagogie [demago'gi:] *die;* ~, ~n *(abwertend)* demagogy
demagogisch *(abwertend)* 1. *Adj.* demagogic. 2. *adv.* by demagogic means; *(zu ~en Zwecken)* for demagogic purposes; ~ **reden** talk like a demagogue
Demarche [de'marʃ(ə)] *die;* ~, ~n *(Dipl.)* diplomatic move
Demarkation [demarka'tsi̯o:n] *die;* ~, ~en demarcation; *(Staatsgrenze)* frontier
Demarkations·linie *die* demarcation line
demarkieren *tr. V.* demarcate
demaskieren 1. *refl. V.* a) *(Maske ablegen)* unmask; take one's mask off; b) *(sich offenbaren)* reveal oneself [as what one is]; appear in one's true colours; **sich als etw. ~**: reveal *or* show oneself to be sth. 2. *tr. V.*

1003

Dementi

(entlarven) unmask; expose; **jmdn. als etw. ~:** reveal sb. as sth.
Dementi [de'mɛnti] das; ~s, ~s denial
dementieren 1. *tr. V.* deny. 2. *itr. V.* deny it
Dementierung die; ~, ~en denial
dem·entsprechend 1. *Adj.* appropriate; **das Wetter war schlecht und die Stimmung ~:** the weather was bad and the general mood was correspondingly bad *or* bad too; **Er hat eine Villa in Cannes und eine Luxusjacht. Sein Einkommen ist auch ~:** He has a villa in Cannes and a luxury yacht. And he has an income to match *or* to go with it. 2. *adv.* accordingly; *(vor Adjektiven)* correspondingly; **~ wird er bezahlt** he is paid accordingly
dem-: **~gegenüber** *Adv.* in contrast; *(jedoch)* on the other hand; **~gemäß** 1. *adv.* a) *(infolgedessen)* consequently; b) *(entsprechend)* accordingly; 2. *Adj.* in accordance with it/them *postpos.*; *(angemessen)* appropriate; **ein Zimmer mit Vollpension kostet nur 18 Mark – das Essen ist ~:** a room with full board only costs 18 marks – the food is what you'd expect [at that price]
Demimonde [dami'mõ:d] die; ~ *(abwertend)* demi-monde
Demission die; ~, ~en *(Politik)* resignation; **jmdn. zur ~ zwingen** force sb. to resign; **um seine ~ bitten** ask to be relieved of one's duties
demissionieren *itr. V.* a) *(Politik: zurücktreten)* resign; b) *(schweiz.: kündigen)* hand in one's notice *(auf + Akk.* for)
dem-: **~jenigen** s. derjenige; **~nach** *Adv.* therefore; *(laut dessen)* according to that; **~nächst** *Adv.* in the near future; shortly; **~nächst in diesem Theater** coming soon [to this theatre]; *(ugs. scherzh.)* some time soon
Demo ['dɛmo] die; ~, ~s *(ugs.)* demo; **auf der ~:** at the demo
demobilisieren *tr. V.* a) demobilize ⟨army, industry⟩; b) *(veralt.: entlassen)* discharge ⟨soldier⟩
Demobilisierung die; ~, ~en demobilization
Demodulation die; ~, ~en *(Nachrichtent.)* demodulation
Demo·graphie die demography *no art.*
demo·graphisch 1. *Adj.* demographic. 2. *adv.* demographically
Demokrat [demo'kra:t] der; ~en, ~en a) democrat; b) *(Parteimitglied)* Democrat
Demokratie [demokra'ti:] die; ~, ~n a) *o. Pl. (Prinzip)* democracy *no art.;* **zur ~ zurückkehren** return to democracy *or* democratic government; b) *(Staat)* democracy
Demokratie·verständnis das understanding *or* conception of democracy
demokratisch 1. *Adj.* a) democratic ⟨principle, process, etc.⟩; b) *(zur Demokratischen Partei gehörend)* Democratic. 2. *adv.* democratically; **es wurde ~ gewählt** democratic elections were held; **bei uns geht es ~ zu** we run things on democratic lines; **~ eingestellt sein** have democratic attitudes
demokratisieren *tr. V.* a) democratize; make democratic; b) *(allgemein zugänglich machen)* make generally available; make ⟨art⟩ generally accessible; bring ⟨art, fashion⟩ to the people
Demokratisierung die; ~ a) *(eines Staates, einer Institution)* democratization; b) *(das Zugänglichmachen)*; **die ~ der Mode/des Reisens** making fashion/travel generally available *or* accessible
demolieren [demo'li:rən] *tr. V.* a) *(zerstören)* wreck; smash up ⟨furniture⟩; b) *(österr.: abreißen)* demolish
Demolierung die; ~, ~en a) *(Zerstörung)* wrecking; *(von Möbeln)* smashing up; b) *(österr.: Abriß)* demolition
Demonstrant [demɔn'strant] der; ~en, ~en demonstrator

Demonstrantin die; ~, ~nen demonstrator; *s. auch* **~in**
Demonstration [demɔnstra'tsio:n] die; ~, ~en a) *(Protestkundgebung)* demonstration (**für** in support of, **gegen** against); b) *(Bekundung, Veranschaulichung)* demonstration; **zur ~ seines guten Willens** as a demonstration of *or* to demonstrate his good will
Demonstrations-: **~marsch** der demonstration; *(gegen etw.)* protest march; **~objekt** das exhibit *(used to demonstrate a point)*; **~recht** das right to demonstrate; **~verbot** das ban on demonstrations; **~zug** der column *or* procession of demonstrators
demonstrativ [demɔnstra'ti:f] 1. *Adj.* a) *(betont)* demonstrative; pointed; **ein ~es Nein** an emphatic no; b) *(Sprachw.)* demonstrative; c) *(anschaulich)* graphic ⟨example etc.⟩. 2. *adv.* pointedly; *(aus Protest)* in protest; **ich sah ~ weg** I intentionally looked the other way; **sie blieben ~ sitzen** they remained seated in protest *or* to make their point
Demonstrativ·pronomen das *(Sprachwissenschaft)* demonstrative pronoun
demonstrieren [demɔn'stri:rən] 1. *itr. V.* demonstrate (**für** in support of, **gegen** against). 2. *tr. V.* demonstrate; **jmdm. etw. ~:** demonstrate sth. to sb.
Demontage [demɔn'ta:ʒə] die; ~, ~n *(auch fig.)* dismantling; *(eines Schiffes)* breaking-up; **soziale ~** *(Politik)* dismantling of the welfare state
demontieren *tr. V.* a) *(abbrechen)* dismantle; *(zerlegen)* break up ⟨ship, aircraft⟩; b) *(abmontieren)* take off; c) *(fig.)* eradicate ⟨prejudices⟩; damage ⟨reputation⟩
Demontierung die; ~, ~en s. Demontage
Demoralisation [demoraliza'tsio:n] die; ~, ~en s. Demoralisierung
demoralisieren *tr. V.* a) *(Moral untergraben)* corrupt; b) *(entmutigen)* demoralize
Demoralisierung die; ~, ~en demoralization; *(Sittenverfall)* moral decline
Demoskop [demo'sko:p] der; ~en, ~en opinion pollster
Demoskopie [demosko'pi:] die; ~, ~n a) *o. Pl. (Meinungsforschung)* [public] opinion research *no art.;* b) *(Umfrage)* opinion poll
Demoskopin die; ~, ~nen opinion pollster
demoskopisch 1. *Adj.: nicht präd.* opinion research ⟨institute, methods, data, etc.⟩; ⟨data etc.⟩ from opinion polls *or* opinion research; **das ~e Ergebnis** the result of the opinion poll; **~e Umfrage** [public] opinion poll. 2. *adv.* through opinion polls *or* research; **etw. ~ untersuchen** conduct an opinion poll on sth.
dem·selben s. derselbe
Demut ['de:mu:t] die; ~: humility; **in od. mit ~:** with humility
demütig [de:my:tɪç] 1. *Adj.* humble; *(respektvoll)* respectful. 2. *adv.* humbly; *(respektvoll)* respectfully
demütigen *tr. V.* humiliate; humble ⟨sb.'s pride⟩. 2. *refl. V.* humble oneself; **sich vor jmdm. ~:** humble oneself before sb.
Demütigung die; ~, ~en humiliation
Demuts·gebärde die *(Verhaltensf.)* attitude of submission
dem·zufolge *Adv.* consequently; therefore
¹**den** [de:n] 1. *best. Art., Akk. Sg. v.* ¹**der** 1: **ich sah den Mann/den Hund/den Stein** I saw the man/the dog/the stone; **wir haben den "Faust" gelesen** we read 'Faust'; **hast du den Peter gesehen?** *(ugs.)* have you seen Peter?; **in den Libanon reisen** travel to Lebanon; **den Sozialismus/Kapitalismus ablehnen** reject socialism/capitalism. 2. Demonstrativpron., *Akk. Sg. v.* ¹**der** 2: a) *attr.* **ich meine den Mann/den Hund/den Stein, nicht den anderen** I mean that man/that dog/'that stone, not the other; b) *selbständig ich*

meine den [da] I mean 'that one. 3. *Relativpron., Akk. Sg. v.* ¹**der** 3: **der Mann/Hund/Stein, den ich gesehen habe** the man/dog/stone that I saw
²**den** 1. *best. Art., Dat. Pl. v.* ¹**der** 1, ¹**die** 1, **das** 1: **ich gab es den Männern/Frauen/Kindern** I gave it to the men/women/children; **ich habe mich mit den Berichten/Theorien/Büchern befaßt** I dealt with the reports/theories/books; **er war bei den Müllers zu Besuch** *(ugs.)* he visited the Müllers. 2. *Demonstrativpron., Dat. Pl. v.* ¹**der** 2a, ¹**die** 2a, **das** 2a: **ich gab es den Männern/den Frauen/den Kindern** I gave it to 'those men/'those women/'those children
Denaturalisation die; ~, ~en denaturalization
denaturalisieren *tr. V.* denaturalize
denaturieren [denatu'ri:rən] 1. *tr. V.* a) *(geh.: verändern)* warp the personality of; *(entmenschen)* dehumanize; b) *(bes. Chemie)* denature ⟨alcohol, foodstuffs, protein, fissile material, etc.⟩. 2. *itr. V.; mit sein (geh.)* **zu etw. ~:** degenerate into sth.
Dendrit [dɛn'dri:t] der; ~en, ~en *(Geol., Anat.)* dendrite
denen ['de:nən] 1. *Demonstrativpron., Dat. Pl. v.* ¹**der** 2b, ¹**die** 2b, **das** 2b: **gib es ~, nicht den anderen** give it to 'them, not to the others; **~ gehört das Buch** the book belongs to 'them; **~, die uns geholfen haben, helfen wir auch** as we help those who have helped us. 2. *Relativpron., Dat. Pl. v.* ¹**der** 3, ¹**die** 3, **das** 3: **die Menschen, ~ wir Geld gegeben haben** the people to whom we gave money; **die Tiere, ~ er geholfen hat** the animals that he helped; **die Bücher, mit ~ sie aufgewachsen ist** the books she grew up with
dengeln ['dɛŋ]n] *tr. V. (Landw.)* sharpen *(by hammering out irregularities)*
Den Haag [de:n 'ha:k] (das); ~ ~s The Hague
denjenigen s. derjenige
Denk-: **~an·satz** der intellectual approach; **~an·stoß** der something to think about; **jmdm. einen ~anstoß geben** give sb. food for thought; **~art** die way of thinking; **~auf·gabe** die brain-teaser
denkbar 1. *Adj.* conceivable; **in einem Zustand, wie er schlimmer nicht ~ ist** in the worst state imaginable. 2. *adv. (sehr, äußerst)* extremely; **die Lösung ist ~ leicht** the solution could not be easier *or* is as easy as could be; **die ~ beste Methode** the best method imaginable
denken ['dɛŋkŋ] 1. *unr. itr. V.* think (**an** *od.* [*südd., österr.*] **auf +** *Akk. od.* **über +** *Akk.* about); **kleinlich/liberal/edel ~:** be pettyminded / liberal-minded / noble-minded; **spießig/reaktionär ~:** have a bourgeois/reactionary mind *or* bourgeois/reactionary views; **wie denkst du darüber?** what do you think about it?; what's your opinion of it?; **ich weiß nicht, wie ich darüber ~ soll** I don't know what to think *or* make of it; **erst ~, dann handeln** think before you act; **der Mensch denkt, [und] Gott lenkt** *(Spr.)* man proposes, God disposes; **Denken ist Glückssache** *(ugs.)* he/she *etc.* thought wrong; **~de Menschen** thinking people; **so darfst du nicht ~:** you mustn't think that; **schlecht von jmdm. ~:** think badly of sb.; **jmdm. zu ~ geben** make sb. suspicious; *(stutzig machen)* make sb. think; **just think, Eva has got engaged!**; **denk mal an!** *(spött.)* just imagine!; imagine that!; **denk daran, daß .../zu ...:** don't forget that .../to ...; **ich darf gar nicht an die Kosten ~:** I daren't think of the cost; the cost doesn't bear thinking about; **der wird noch an mich ~:** I'll give him something to remember; **das geschieht schon, solange ich ~ kann** this has been going on as long as I can remember; **ich muß an meine Familie ~:** I have to think

of *or* consider my family; **an was für einen Schuh haben Sie denn gedacht?** what sort of shoe did you have in mind?; **ich komme nach Hause, denke an nichts Böses** I came home, quite unsuspecting; **ich denke nicht daran!** no way!; not on your life!; **ich denke nicht daran, das zu tun** I've no intention *or* I wouldn't dream of doing that. **2.** *unr. tr. V.* think; **was sollen bloß die Nachbarn ~?** what will the neighbours think?; **einen Gedanken zu Ende ~:** think an idea through; **er dachte den gleichen Gedanken** the same thought occurred to him; **ich habe nichts Böses dabei gedacht** I didn't mean any harm [by it]; **das denke ich auch** I think so too; **ich denke schon** I think so; **was od. wieviel haben Sie denn gedacht?** how much did you have in mind?; **wer hätte das gedacht?** who would have thought it?; [typischer Fall von] **denkste!** *(ugs.)* how wrong can one be!; *(da irrst du dich)* that's what 'you think'!; **da weiß man nicht, was man ~ soll** one doesn't know what to think; **das hätte ich nie von dir gedacht** I would never have thought it of you; **eine gedachte Linie** an imaginary line; **ein gedachter Punkt** an imaginary point. **3.** *unr. refl. V.* **a)** *(sich vorstellen)* think; imagine; **ich habe mir gedacht, daß wir ein paar Tage in Urlaub fahren** I was thinking *or* thought that we could go on holiday for a few days; **du kannst dir ~, daß ...:** you can imagine that ...; as you can imagine, ...; **das kann ich mir ~/nicht ~:** I can well believe/ cannot believe that; **das habe ich mir so gedacht** I imagined it like this; this is what I had in mind; **das hast du dir so gedacht!** that's what you thought; **das hättest du dir doch ~ können, daß ...:** you should have realized that ...; **das habe ich mir [gleich] gedacht** that's [just] what I thought; *(bei Verdacht)* I thought *or* suspected as much; **das hätte ich mir ~ können!** I might have known it!; **ich denke mir mein[en] Teil** I can put two and two together *or* work things out for myself; **b)** *sich (Dat.) etw. bei etw. ~ (beabsichtigen)* mean sth. by sth.; **ich habe mir nichts [Böses] dabei gedacht** I didn't mean any harm [by it]; **er denkt sich nichts dabei** he doesn't think anything of it; *s. auch* gedacht
Denken das; ~s thinking; *(Denkweise)* thought; **logisches/abstraktes ~:** logical/ abstract thought
Denker der; ~s, ~: thinker
denkerisch 1. *Adj.* intellectual. **2.** *adv.* intellectually
Denker·stirn die *(oft scherzh.)* intellectual's high brow
denk-, Denk-: **~fähig** *Adj.* capable of thinking *postpos*; intellectually able; **~fähigkeit** die; *o. Pl.* ability to think; intellectual capacity; **~faul** *Adj.* mentally lazy; **sei nicht so ~faul** use your brains; **~fehler** der flaw in one's reasoning; **das war ein ~fehler** that was poor thinking
Denk·mal das; ~s, Denkmäler *od. (geh.)* Denkmale **a)** *(Monument)* monument; memorial; **jmdm. ein ~ errichten** *od.* setzen erect *or* put up a memorial to sb.; **mit der Klinik hat er sich ein ~ gesetzt** *(fig.)* by building the clinic he has ensured that his name will live on; **b)** *(Zeugnis)* monument
Denkmal[s]-: **~pflege** die preservation of historic monuments; **~schutz** der protection of historic monuments; **unter ~schutz stehen/stellen** be/put under a preservation order
Denk-: **~modell** das hypothesis; **~pause** die pause for thought; **eine ~pause machen** *od.* einlegen pause for thought; *(bei Verhandlungen usw.)* have a break [to think things over]; **~schrift** die memorandum; **~sport·auf·gabe** die brain-teaser; **~spruch** der maxim; motto; **~übung** die intellectual exercise

Denkungs·art die way of thinking
denk-, Denk- **~vermögen** das: [kreatives] **~vermögen** ability to think [creatively]; **~weise** die way of thinking; [mental] attitude; **eine solch niedrige ~weise** such low-mindedness; **~würdig** *Adj.* memorable. **2.** **~würdigkeit** die **a)** *o. Pl.* memorable nature; **der ~würdigkeit eines Ereignisses bewußt** aware how memorable an event is; **b)** *Pl. (Ereignisse)* memorable events; **~zettel** der warning; lesson; **jmdm. einen ~zettel verpassen** teach sb. a lesson
denn [dɛn] **1.** *Konj.* **a)** *(kausal)* for; because; **b)** *(geh.: als)* than; **schöner/besser/größer je** [*zuvor*] more beautiful/better/greater than ever; **c)** *(konzessiv)* **es sei ~, ...:** unless ...; **ich spreche nicht mehr mit ihm, er müßte sich ~ geändert haben** *(veralt.)* I'm not speaking to him again unless he changes his ways; *s. auch* geschweige. **2.** *Partikel* **a)** *(in Fragesätzen: oft nicht übersetzt)* **Die Kirschen sind wahnsinnig teuer! – Wieviel kosten sie ~?** The cherries are frightfully expensive! – How much are they then?; **was ist ~ da los?** what 'is going on there?; **ist er ~ krank gewesen?** has he been ill, then?; **wie geht es dir ~?** tell me how are you?; **wer will ~ aufgeben?** who is talking of giving up?; **ist das ~ so wichtig?** is that really so important?; **was muß ich ~ machen?** what am I to do, then?; **wie hieß sie ~ noch?** now what was her name?; **wie heißt du ~?** tell me your name; **wieso ~?** why is that?; *(stärker)* **what ever for?**; **warum ~ nicht?** why ever not?; **was soll das ~?** what's all this about?; *(wozu ist das gut?)* what's this in aid of?; **was ~ [sonst]?** well, what [else] then?; **wohin [fahrt ihr] ~?** where [are you going then?]; **b)** *(in Aussagesätzen verstärkend, oft folgernd)* **so wollen wir ~ zur Abstimmung kommen** let's get on with the voting now; **das ist ~ doch die Höhe!** that really is the limit!; **er starb ~ auch bald** and so he soon did. **3.** *Adv. (nordd.: dann)* then **na, ~ man los!** right then, let's get going!
dennoch ['dɛnɔx] *Adv.* nevertheless; even so; **ein höfliches und ~ eisiges Lächeln** a polite yet frosty smile
Denotat [deno'ta:t] das; ~s, ~e *(Sprachw.)* denotation
Denotation [denota'tsio:n] die; ~, ~en *(Logik, Sprachw.)* denotation
denselben *s.* derselbe
dental [dɛn'ta:l] **1.** *Adj. (Anat., Med., Sprachw.)* dental; **~e Laute** dentals. **2.** *adv. (Sprachw.)* dentally
Dental der; ~s, ~e *(Sprachw.)* dental
Dentist [dɛn'tɪst] der; ~en, ~en, **Dentistin** die; ~, ~nen *(veralt.)* dentist
Denunziant [denʊn'tsjant] der; ~en, ~en *(abwertend)* informer; grass *sl.*
Denunziation [denʊntsja'tsio:n] die; ~, ~en *(abwertend)* denunciation *(by an informer)*
denunziatorisch [denʊntsja'to:rɪʃ] *Adj. (abwertend)* **a)** *(denunzierend)* **ein ~es Klima** a climate which favours informing; **~e Äußerungen seines eigenen Vaters** statements informing against him made by his own father; **b)** *(öffentlich verurteilend)* denunciatory; condemnatory
denunzieren [denʊn'tsi:rən] *tr. V. (abwertend)* **a)** *(anzeigen)* denounce; *(bei der Polizei)* inform against; grass on *(sl.)* **(bei** to); **b)** *(als negativ hinstellen)* denounce
Deo ['de:o] das; ~s, ~s, **Deodorant** [deodo'rant] das; ~s, ~s *(auch:)* ~e deodorant
deodorierend [deodo'ri:rənt] *Adj.* deodorant
Deo·spray das deodorant spray
Departement [departə'mã:, *schweiz.:* departa'mɛnt] das; ~s, ~s *(schweiz.:)* ~e department
Dependance [depã'dã:s] die; ~, ~n **a)** *(Hotelw.)* annexe; **b)** *(Zweigstelle)* branch

Dependenz [depɛn'dɛnts] die; ~, ~en **a)** *(Philos.)* dependence **(von** on); **b)** *(Sprachw.)* dependency
Dependenz·grammatik die *(Sprachw.)* dependency grammar
Depesche [de'pɛʃə] die; ~, ~n *(veralt.)* telegram **(an** + *Akk.* to)
depeschieren *(veralt.)* **1.** *tr. V.* send a telegram giving ⟨*time of arrival etc.*⟩; **~, daß ...:** wire that ... *(coll.)*. **2.** *itr. V.* send a telegram **(an** + *Akk.* to)
deplaciert, deplaziert [depla'tsi:ɐ̯t] *Adj.* out of place *pred.*; misplaced ⟨*remark etc.*⟩
Depolarisation die *(Physik)* depolarization
Deponie [depo'ni:] die; ~, ~n tip *(Brit.)*; dump; **geordnete ~:** controlled tip *(Brit.)*, sanitary landfill *(Amer.)* *(subsequently covered and planted with trees etc.)*
deponieren *tr. V.* **a)** *(im Safe o. ä.)* deposit **(bei** with); **b)** *(an einem bestimmten Platz)* put
Deponierung die; ~: depositing
Deportation [depɔrta'tsio:n] die; ~, ~en transportation **(in** + *Akk., nach* to); *(ins Ausland)* deportation **(in** + *Akk., nach* to)
deportieren [depɔr'ti:rən] *tr. V.* transport **(in** + *Akk., nach* to); *(ins Ausland)* deport **(in** + *Akk., nach* to)
Deportierte der/die; *adj. Dekl.* transportee; *(ins Ausland)* deportee
Depositar [depozi'ta:ɐ̯], **Depositär** [depozi'tɛ:ɐ̯] der; ~s, ~e *(Finanzw.)* depositary
Depositen [depo'zi:tn̩] *Pl. (Finanzw.)* deposits
Depot [de'po:] das; ~s, ~s **a)** *(Aufbewahrungsort)* depot; *(Lagerhaus)* warehouse; *(für Möbel usw.)* depository; *(im Freien, für Munition o. ä.)* dump; *(für Straßenbahnen, Omnibusse)* depot; garage; *(in einer Bank)* strong-room; safe deposit; **b)** *(hinterlegte Wertgegenstände)* deposits *pl.*; **c)** *(Med.)* deposit
Depot-: **~fett** das *(Biol., Med.)* adipose; **~fund** der *(Archäol.)* cache [find]; **~geschäft** das *(Finanzw.)* safe-deposit business; **~präparat** das *(Med.)* depot preparation
Depp [dɛp] der; ~en *(auch:)* ~s, ~en *(auch:)* ~e *(bes. südd., österr., schweiz. abwertend)* **a)** *(Dummkopf)* twit *(sl.)*; nitwit *(coll.)*; **und ich ~ bin darauf reingefallen** and like a fool I fell for it; **b)** *(Schwachsinniger)* cretin
deppert ['dɛpɐt] *(südd., österr. abwertend)* **1.** *Adj.* stupid; *(begriffsstutzig)* thick. **2.** *adv.* **stell dich doch nicht so ~** an don't act so stupid
Depression [deprɛ'sio:n] die; ~, ~en *(Wirtsch., Psych., Met.)* depression; **an ~en leiden** suffer from [fits *pl.* of] depression *sing*.
depressiv [deprɛ'si:f] **1.** *Adj.* **a)** depressive; **b)** *(Wirtsch.)* depressive ⟨*effect*⟩; depressed ⟨*phase*⟩. **2.** *adv.* **a)** **~ veranlagt sein** have a tendency towards depression; **b)** *(Wirtsch.)* **den Markt ~ beeinflussen** have a depressive influence on *or* depress the market
Depressivität [deprɛsivi'tɛ:t] die; ~ *(Psych.)* depression
deprimieren [depri'mi:rən] *tr. V.* depress
deprimierend *Adj.* depressing
deprimiert 1. *Adj.* depressed. **2.** *adv.* dejectedly
Deputat [depu'ta:t] das; ~[e]s, ~e **a)** *(Schulw.)* teaching load; **mit einem halben ~ unterrichten** have half the normal teaching load; **b)** *(Sachleistung)* payment in kind; **ein ~ Kohlen/Milch** *usw.* **erhalten** receive free coal/milk *etc.*
Deputation [deputa'tsio:n] die; ~, ~en deputation; *(bei Konferenzen)* delegation
deputieren [depu'ti:rən] *tr. V.* depute; delegate; **jmdn. zu einer Konferenz ~:** depute *or* delegate sb. to attend a conference

1005

Deputierte der/die; adj. Dekl. (Mitglied einer Deputation) delegate; (Abgeordnete[r]) deputy

¹**der** [de:ɐ̯] 1. best. Art. Nom. the; **der Kleine** the little boy; **der Tod** death; **der Montag/April/Winter** Monday/April/winter; **der „Faust"**/(ugs.) **der Dieter** 'Faust'/Dieter; **der Kapitalismus/Sozialismus/Buddhismus/Islam** capitalism/socialism/Buddhism/Islam; **der 1. FC Köln** Cologne FC; **er ist der Fußballer/Komponist** he's 'the footballer/composer; **der Washingtonplatz** Washington Square; **der Bodensee/Mount Everest** Lake Constance/Mount Everest; **der Iran/Sudan** Iran/the Sudan; **der Mensch/Mann ist ...**: man is .../men are ... 2. Demonstrativpron. a) attr. **der Mann war es** it was 'that man; b) selbständig **der war es** it was 'him; **der und arbeiten!** (ugs.) [what,] him work! (coll.); **der mit der Glatze** (ugs.) him with the bald head (coll.); **der [da] (Mann/Junge)** that man/boy; (Gegenstand, Tier) that one; **der [hier] (Mann/Junge)** this man/boy; (Gegenstand, Tier) this one; **der Idiot, der!** (salopp) what an idiot!. 3. Relativpron. (Mensch) who; that; (Sache, Tier) which; that; **der Mann, der da drüben entlanggeht** the man walking along over there; **ich sah einen Mann/Hund, der aus dem Fenster schaute** I saw a man/dog looking out of the window. 4. Relativ- u. Demonstrativpron. the one who; that; **der das getan hat** the man etc. who did it

²**der** 1. best. Art. a) Gen. Sg. v. ¹**die 1**: **der Hut der Frau** the woman's hat; **der Henkel der Tasse** the handle of the cup; **das Wiehern der Stute** the neighing of the mare; **die Freuden der Liebe** the joys of love; **der Untergang der „Titanic"** the sinking of the Titanic; **am Ende der Hauptstraße** at the end of the High Street; **der Einfluß der NATO/UNO** the influence of NATO/the UN; b) Dat. Sg. v. ¹**die 1**: **sein schwarzes Haar hat er von der Mutter** he got his black hair from his mother; **der Henkel an der Tasse** the handle of the cup; **sein Buch ist der Callas gewidmet** his book is dedicated to Callas; **in der Türkei** in Turkey; **seit der Aufklärung** since the Enlightenment; c) Gen. Pl. v. ¹**der 1**, ¹**die 1**, ¹**das 1**: **das Haus der Freunde** our/their etc. friends' house; **das Zimmer der Schwestern** our/their etc. sisters' room; **das Bellen der Hunde** the barking of the dogs. 2. Demonstrativpron. a) Gen. Sg. v. ¹**die 2**: **es ist das Kind der Frau, die gestern hier war** he's/she's the child of the woman who was here yesterday; b) Dat. Sg. v. ¹**die 2** attr. **der Frau [da/hier]** gehört es it belongs to that woman there/this woman here; selbständig **gib es der da!** (ugs.) give it to 'her; **alles nur wegen der** (ugs.) all because of her; c) Gen. Pl. v. ¹**die 2**: **die Ansichten der Leute lehne ich ab** I reject the views of those people. 3. Relativpron.; Dat. Sg. v. ¹**die 3** (Mensch) **die Frau, der ich es gegeben habe** the woman to whom I gave it; the woman I gave it to; (Tier, Sache) **die Katze, der er einen Tritt gab** the cat [that] he kicked; **die Lawine, unter der er begraben wurde** the avalanche under which he was buried

derangiert [derã'ʒi:ɐ̯t] Adj. dishevelled

der-art Adv. jmdn. ~ **schlecht/unfreundlich behandeln, daß** ...: treat sb. so badly/in such an unfriendly way that ...; ~ **gute Vorbereitungen** such good preparations; **eine** ~ **schöne Frau** such a beautiful woman; **es hat lange nicht mehr ~ geregnet** it hasn't rained as hard as that for a long time; **sie hat ~ geschrien, daß** ...: she screamed so much that ...

der-artig 1. Adj.; nicht präd. such; **ein** ~**er Wutausbruch** such a fit of fury; ~**es things** pl. like that; **etwas Derartiges** a thing like this; such a thing. 2. adv. s. derart

derb [dɛrp] 1. Adj. a) strong, tough (material); stout, strong, sturdy (shoes); b) (kräftig) solid, substantial (food); c) (kraftvoll, deftig) earthy (scenes, humour); d) (unverblümt) crude, coarse (expression, language); e) (unfreundlich) gruff. 2. adv. a) strongly (made, woven, etc.); b) (heftig) roughly; c) (kraftvoll, deftig) earthily; **um es einmal ~ zu sagen** to put it crudely; d) (unverblümt) crudely; coarsely; e) (unfreundlich) gruffly

Derbheit die; ~, ~**en** a) o. Pl. s. derb c, d: earthiness; crudity; coarseness; b) (Äußerung) crudity

derb-knochig Adj. big-boned

Derby ['dɛrbi] das; ~s, ~s a) (Pferdesport) Derby; b) (Fußball) derby

Deregulierung [deregu:liˈrʊŋ] die; ~, ~**en** deregulation

der-einst Adv. a) (geh.) one or some day; b) (veralt.) once; at one time; **der-einstig** Adj.; nicht präd. (geh.) future

deren ['de:rən] 1. Relativpron. a) Gen. Sg. v. ¹**die 3** attr. (Menschen) whose; (Sachen, Tiere) of which; **die Katastrophe, ~ Folgen furchtbar waren** the disaster, the consequences of which were frightful; selbständig **die Großmutter, ~ wir uns gerne erinnern** our grandmother, of whom we have fond memories; **eine Anrede, ~ er sich gern bediente** a form of address which or that he liked to use; b) Gen.. Pl. v. ¹**der 3**, ¹**die 3**, **das 3** attr. (Menschen) whose; (Sachen, Tiere) **Maßnahmen, ~ Folgen wir noch nicht absehen können** measures, the consequences of which we cannot yet foresee. 2. Demonstrativpron. a) Gen. Sg. v. ¹**die 2** attr. **meine Tante, ihre Freundin und ~ Hund** my aunt, her friend and 'her dog; **die Universität und ~ Abteilungen** the university and its departments; selbständig **Tante Frieda? Deren erinnere ich mich nicht mehr** Aunt Frieda? I don't remember 'her; b) Gen. Pl. v. ¹**der 2**, ¹**die 2, das 2** attr. **meine Verwandten und ~ Kinder** my relatives and their children; **die Schulen und ~ Lehrpersonal** the schools and their teaching staff; selbständig **Bücher/Kinder? Deren hat er genug** (geh.) Books/Children? He's got enough of those

derent-: ~**halben** Adv. (veralt.), ~**wegen** Adv. 1. relativ on whose account; on account of whom; because of whom; (von Sachen) on account of which; because of which; **die Frau, ~wegen er seine Familie verlassen hat** the woman on whose account or for whom he left his family; **die Tasche, ~wegen du das ganze Haus abgesucht hast** the purse for which you searched the entire house; 2. demonstrativ because of them; ~**willen** Adv. 1. relativ **um ~willen** for whose sake; for the sake of whom; (von Sachen) for the sake of which; **die Erbstücke, um ~willen sich die Kinder zerstritten** the heirlooms over which the children fell out; **die Parkplätze, um ~willen es so heiße Diskussionen gab** the car parks about which there were such impassioned debates; 2. demonstrativ **um ~willen** for her/their sake

derer ['de:rɐ] Demonstrativpron.; Gen. Pl. v. ¹**der 2**, ¹**die 2, das 2**; vorausweisend **Schicksal ~, die verschollen sind** the fate of those who are missing; **die Zahl ~, die das glauben** the number of people who believe that; **das Schloß ~ von Fleckenstein** (geh.) the castle of the family Fleckenstein

deret-: s. derent-

der-gestalt Adv. (geh.) ~, **daß** ...: in such a way that ...; **Widrigkeiten, die uns ~ belasten[, daß ...]** adversities which weigh so heavily upon us [that ...]; ~ **ausgerüstet/vorbereitet** thus equipped/prepared

der-gleichen indekl. Demonstrativpron. a) attr. such; like that postpos., not pred.; b) alleinstehend that sort of thing; such things pl.; things pl. like that; **nichts ~**: nothing of the sort; **es gibt ~ mehr** there's more of that sort of thing; **und ~ [mehr]** and suchlike; **nichts ~ tun** do nothing of the sort

Derivat [deriˈvaːt] das; ~[e]s, ~e (Chemie, Sprachw., Biol.) derivative

Derivativ [derivaˈtiːf] das; ~s, ~e (Sprachw.) derivative

der-jenige [-jeːnɪgə], **die-jenige, das-jenige** Demonstrativpron. a) mit Relativsatz **derjenige, der ...**: (Mensch) the one who ...; (Sache) the one which ...; **die Kinder derjenigen, die ...**: the children of those who ...; **er ist immer derjenige, welcher** (ugs.) it's always him (coll.); **ach, du bist diejenige, welche** (ugs.) oh, so you're the one; b) mit nachfolgendem Gen. that; **diejenigen** those; **seine Frau ist charmanter als diejenige seines Bruders** (geh.) his wife is more charming than his brother's

derlei ['deːɐ̯laɪ] indekl. Demonstrativpron. a) attr. such; like that postpos., not pred.; b) selbständig that sort of thing; such things pl.; things pl. like that

der-maßen Adv. ~ **schön usw., daß ...**: so beautiful etc. that ...; **ein ~ intelligenter Mensch** such an intelligent person; **er hat mich ~ belogen, daß ...**: he has lied to me so much that ...

Dermatologe [dɛrmatoˈloːgə] der; ~n, ~n dermatologist

Dermatologie [dɛrmatoloˈgiː] die; ~: dermatology no art.

Dermatologin die; ~, ~nen dermatologist

Dermato-plastik die (Med.) dermatoplasty (Med.); plastic surgery

Dero ['deːro] indekl. Pron. (veralt.) Your ders. Abk. derselbe

derselbe [deːɐ̯ˈzɛlbə], **dieselbe, dasselbe**, Pl. **dieselben** Demonstrativpron. a) attr. the same; **derselbe Mann/dieselbe Frau/dasselbe Dorf** the same man/woman/village; b) selbständig the same one; **er sagt immer dasselbe** he always says the same thing; **sie ist immer noch [ganz] dieselbe** she is still [exactly] the same; **es sind immer dieselben, die ...**: it's always the same people or ones who ...; **noch einmal dasselbe, bitte** (ugs.) [the] same again please; c) selbständig (Amtsspr.) same; **derselben/desselben** of same; **... des Angeklagten. Derselbe hatte ...**: ... of the defendant. He had ...

derselbige [deːɐ̯ˈzɛlbɪgə], **dieselbige, dasselbige**, Pl. **dieselbigen** (veralt.) s. derselbe

der-weil[en] 1. Adv. meanwhile; in the meantime. 2. Konj. while

Derwisch [ˈdɛrvɪʃ] der; ~[e]s, ~e dervish

der-zeit Adv. a) (zur Zeit) at present; at the moment; b) (veralt.: damals) at that time; then

der-zeitig Adj.; nicht präd. a) (jetzig) present; current; b) (veralt.: damalig) at that time postpos.

¹**des** [dɛs] 1. best. Art.; Gen. Sg. v. ¹**der 1, das 1**: **die Mütze des Jungen** the boy's cap; **das Wiehern des Pferdes** the neighing of the horse; **das Klingeln des Telefons** the ringing of the telephone; **er hat das schwarze Haar des Vaters** he has his father's black hair; **nördlich des Schillerplatzes** to the north of Schiller Square. 2. Demonstrativpron.; Gen. Sg. v. ¹**der 2, das 2**: **er ist der Sohn des Mannes, der gestern hier war** he's the son of the man who was here yesterday

²**des** (veralt.) a) s. dessen; b) s. wes

³**des, Des** das; ~, ~ (Musik) D flat

Desaster [deˈzastɐ] das; ~s, ~ disaster

desavouieren [dɛsavuˈiːrən] tr. V. (geh.) a) (bloßstellen) expose; b) (nicht anerkennen) repudiate

Desavouierung die; ~, ~en s. desavouieren: exposure; repudiation

Des-Dur [auch '-'-] das D flat major; s. auch C-Dur

desensibilisieren *tr. V. (Fot., Med., fig.)* desensitize

Deserteur [dezɛr'tøːɐ̯] *der;* ~s, ~e *(Milit.)* deserter

desertieren *itr. V.; mit sein (Milit., fig.)* desert

Desertion [dezɛr'tsi̯oːn] *die;* ~, ~en *(Milit.)* desertion

des gleichen *Adv.* likewise; **er ist Antialkoholiker, ~ seine Frau** he is a teetotaller, as is *or* and so is his wife; **es fehlt an Papier, ~ an Schreibmaschinen** there's a shortage of paper and also [of] typewriters

des halb *Adv.* for that reason; because of that; **~ bin ich zu dir gekommen** that is why I came to you; **aber ~ ist sie nicht dumm** but that doesn't mean she is stupid; **~ also!** so that's why *or* the reason!; **er war krank, [und] ~ konnte er nicht kommen** he was ill, [and] so he couldn't come; **..., aber ~ könnt ihr gerne noch bleiben** ..., but you're still welcome so stay

Desiderat [dezide'raːt] *das;* ~[e]s, ~e, **Desideratum** [dezide'raːtɔm] *das;* ~s, **Desiderata a)** *(Buchw.)* suggestion; **dieses Buch ist schon seit langem ein ~ in unserer Bibliothek** it was suggested a long time ago that our library should acquire this book; **b)** *(geh.: Erwünschtes)* desideratum

Design [di'zain] *das;* ~s, ~s design

Designat [dezi'gnaːt] *das;* ~[e]s, ~e *(Sprachw., Logik)* designatum

Designation [dezigna'tsi̯oːn] *die;* ~, ~en designation

Designer [di'zainɐ] *der;* ~s, ~, **Designerin** *die;* ~, ~nen designer

designieren [dezi'gniːrən] *tr. V. (geh.)* designate (**zu** as)

desillusionieren [dɛsiluzio'niːrən] *tr. V.* disillusion

Desillusionierung *die;* ~, ~en disillusionment

Des infektion [dɛs|-] *die* disinfection; **zur ~:** to disinfect it/them

Desinfektions mittel *das* disinfectant

des infizieren *tr. V.* disinfect

Des infizierung *die* disinfection

Des information *die* disinformation *no indef. art.;* **~en information** *sing.*

Des integration *die (Soziol., Psych.)* disintegration

Des interesse *das* lack of interest (**an** + *Dat.* in)

des interessiert 1. *Adj.* uninterested. 2. *adv.* uninterestedly

Deskription [deskrip'tsi̯oːn] *die;* ~, ~en *(geh.)* description

deskriptiv [deskrip'tiːf] 1. *Adj.* descriptive. 2. *adv.* descriptively

Desodorant [dɛs|odo'rant] s. **Deodorant**

desolat [dezo'laːt] *Adj. (geh.)* wretched

Des organisation *die (geh.)* **a)** disintegration; **b)** *(fehlende Planung)* disorganization *no indef. art.;* lack of organization

des orientieren *tr. V.* disorientate

Des orientiertheit, Des orientierung *die;* ~, confusion

Des oxidation *(fachspr.),* **Des oxydation** *die* deoxidation

Desoxyribo[se]nuklein säure [dɛs|ɔksyri'bo(ːzə)nukle'iːn-] *die (Biochemie)* deoxyribonucleic acid

despektierlich [despɛk'tiːɐ̯lɪç] *(geh.)* 1. *Adj. (abfällig, geringschätzig)* disparaging; *(respektlos)* disrespectful. 2. *adv.; s.* 1: disparagingly; disrespectfully

Desperado [dɛspe'raːdo] *der;* ~s, ~s desperado

desperat [dɛspe'raːt] *Adj. (geh.)* desperate; **eine ~e Stimmung** a mood of desperation

Despot [dɛs'poːt] *der;* ~en, ~en despot; *(fig. abwertend)* tyrant

Despotie [dɛspo'tiː] *die,* ~, ~n despotism

despotisch 1. *Adj.* despotic. 2. *adv.* despotically

Despotismus *der;* ~: despotism

des selben *s.* derselbe

dessen ['dɛsn] 1. *Relativpron.: Gen. Sg. v.* ¹**der** 3, **das** 3 *attr. (Mensch)* whose; **der Onkel, ~ Besuch wir erwarten** the uncle from whom we are expecting a visit; *(Sache, Tier)* **der Garten, ~ Fläche 2 000 m² beträgt** the garden, the area of which is 2,000 m²; **selbständig der Großvater, ~ wir uns gern erinnern** our grandfather, of whom we have fond memories; **ein Sprichwort, ~ er sich gern bedient** a proverb which *or* that he likes to use. 2. *Demonstrativpron.; Gen. Sg. v.* ¹**der** 2, **das** 2 *attr.* **mein Onkel, sein Sohn und ~ Hund** my uncle, his son, and 'his dog'; **das Waldsterben und ~ Folgen** the death of the forests and its consequences; **selbständig Onkel August? Dessen erinnere ich mich noch sehr gut** Uncle August? I remember 'him well

dessent-: **~halben** *(veralt.),* **~wegen** *Adv.* 1. *relativ* on whose account; on account of whom; because of whom; *(von Sachen)* on account of which; because of which; **das Verbrechen, ~wegen er verurteilt wurde** the crime of which he was convicted; 2. *demonstrativ* because of him; *(von Sachen)* because of this; **~willen** *Adv.* 1. *relativ* **um ~willen** for whose sake; for the sake of whom; *(von Sachen)* for the sake of which; **das Treffen, um ~willen wir dorthin reisten** the meeting for which we travelled there; 2. *demonstrativ* **um ~willen** for his sake

dessen ungeachtet *Adv.* nevertheless; notwithstanding [this]

Dessert [dɛ'seːɐ̯] *das;* ~s, ~s dessert

Dessert-: **~teller** *der* dessert plate; **~wein** *der* dessert wine

Dessin [dɛ'sɛ̃ː] *das;* ~s, ~s **a)** design; pattern; **b)** *(Entwurf)* design; **c)** *(Billard)* path [of the ball]

Dessous [dɛ'suː] *das;* ~ [dɛ'suː(s)], ~ [dɛ'suːs] *(geh.) (ladies')* underwear *no indef. art.*

destabilisieren *tr. V. (Politik)* destabilize

Destabilisierung *die;* ~, ~en *(Politik)* destabilization

Destillat [dɛstɪ'laːt] *das;* ~[e]s, ~e distillate

Destillateur [dɛstɪla'tøːɐ̯] *der;* ~s, ~e distiller

Destillation [dɛstɪla'tsi̯oːn] *die;* ~, ~en **a)** *(Chemie)* distillation; **b)** *(von Weinbrand)* distilling; *(Anlage)* distillery

Destillator [dɛstɪ'laːtɔr] *der;* ~s, ~en [-la'toːrən] still

Destille [dɛs'tɪlə] *die;* ~, ~n **a)** bar; **b)** *(Branntweinbrennerei)* distillery

destillieren *tr. V.* **a)** *(Chemie)* distil; **destilliertes Wasser** distilled water; **b)** *(fig.)* condense (**zu** into); **aus einer Dokumentation eine Reportage ~:** condense records into a report

Destillier kolben *der* distillation flask

desto *Konj., nur vor Komp.* **je eher, ~ besser** the sooner the better; **~ ängstlicher** the more anxious/anxiously; **ich schätzte ihn ~ mehr** I appreciated him all the more; **~ schlimmer für ihn** so much the worse for him; **~ besser für uns** all the better for us

Destruktion [destrʊk'tsi̯oːn] *die;* ~, ~en destruction

Destruktions trieb *der (Psych.)* destructive urge

destruktiv [destrʊk'tiːf] 1. *Adj.* destructive. 2. *adv.* destructively; **~ auf etw.** *(Akk.)* **wirken** have a destructive effect on sth.

Destruktivität [destrʊktiviˈtɛːt] *die;* ~: destructiveness

des wegen *Adv. s.* deshalb

Deszendent [dɛstsɛn'dɛnt] *der;* ~en, ~en *(Genealogie, Astrol.)* descendant

Deszendenz theorie *die* theory of evolution

Detail [de'tai] *das;* ~s, ~s detail; **ins ~ gehen** go into detail; **in allen ~s** in the fullest detail; **bis ins [kleinste] ~:** down to the smallest detail

detail-, Detail-: **~frage** *die* question of detail; **~getreu** 1. *Adj.* accurate in every detail *postpos.;* 2. *adv.* accurately in every detail; **~kenntnisse** *Pl.* detailed knowledge *sing.*

detaillieren [detaˈjiːrən] *tr. V.* explain *(plan, suggestion, etc.)* in detail; **etw. genauer ~:** explain sth. in more or greater detail

detailliert 1. *Adj.* detailed. 2. *adv.* in detail; **sehr ~:** in great detail

Detail schilderung *die* detailed account; *(Beschreibung)* detailed description

Detektei [detɛk'tai] *die;* ~, ~en [private] detective agency

Detektiv [detɛk'tiːf] *der;* ~s, ~e [private] detective; **die ~e von Scotland Yard** the detectives from Scotland Yard

Detektiv-: **~büro** *das s.* Detektei; **~geschichte** *die* detective story

Detektivin *die;* ~, ~nen [private] detective

detektivisch 1. *Adj.* **mit ~em Scharfsinn** with the keen perception of a detective; **in ~er Kleinarbeit** by detailed detective work. 2. *adv.* like a detective

Detektiv roman *der* detective novel

Detektor [deˈtɛktɔr] *der;* ~s, ~en [-'toːrən] *(Technik, Funkw.)* detector

Detergens [deˈtɛrɡɛns] *das;* ~, **Detergenzien** *(Chemie)* detergent

Determinante [detɛrmi'nantə] *die;* ~, ~n *(Math., Biol.)* determinant

Determination [detɛrmina'tsi̯oːn] *die;* ~, ~en *(Philos., Biol., Psych.)* determination

determinieren *tr. V.* determine

Determiniertheit *die;* ~: *(Philos.)* determined nature; **die gesellschaftliche ~ der Sprache** the socially determined nature of language

Determinismus *der;* ~ *(Philos.)* determinism *no art.*

deterministisch 1. *Adj.* deterministic. 2. *adv.* deterministically

Detonation [detona'tsi̯oːn] *die;* ~, ~en detonation; explosion; **eine Bombe zur ~ bringen** detonate a bomb

detonieren [deto'niːrən] *itr. V.; mit sein* detonate; explode

Deubel ['dɔybl] *der;* ~s, ~ *(nordd.) s.* Teufel

deucht ['dɔyçt] 3. *Pers. Sg. Präsens v.* dünken

deuchte 3. *Pers. Sg. Prät. v.* dünken

Deut [dɔyt] **keinen ~:** not one bit; **du bist keinen ~ besser als er** you're not one bit *or* whit better than he is

deutbar *Adj.* interpretable

Deutelei *die;* ~, ~en *(abwertend)* speculation

deuteln ['dɔytln] *itr. V.* quibble (**an** + *Dat.* about); **daran gibt es nichts zu ~:** there are no ifs and buts about it

deuten ['dɔytn] 1. *itr. V.* **a)** point; [**mit dem Finger**] **auf jmdn./etw. ~:** point [one's finger] at sb./sth.; **b)** *(hinweisen)* **auf etw.** *(Akk.)* **~:** point to or indicate sth.; **sein Verhalten deutet darauf hin, daß ...:** his behaviour indicates that .... 2. *tr. V.* interpret; **die Zukunft ~:** read the future; **etw. falsch ~:** misinterpret sth.

Deuter *der;* ~s, ~ **a)** interpreter; **b)** *(österr.: Tip)* hint; clue

deutlich 1. *Adj.* **a)** clear; **daraus wird ~, daß/wie ...:** this makes it clear that/how ...; **b)** *(eindeutig)* clear; plain; clear, distinct *(recollection, feeling);* clear *(victory);* **das ist ~:** that is [quite] plain *or* clear; **das war ~ [genug]** that was clear *or* plain enough; **~ werden** make oneself plain *or* clear; **muß ich noch ~er werden?** do I have to speak more plainly?. 2. *adv.* **a)** clearly; **~ sichtbar/erkennbar/hörbar sein** be clearly *or* plainly visible/recognizable/audible; **b)** *(eindeutig)* clearly; plainly; **klar und ~ sagen, daß ...:**

1007

make it [perfectly or quite] clear that ...; **jmdm. etw. ~ zu verstehen geben** make sth. clear or plain to sb.

Deutlichkeit die; ~, ~en a) o. Pl. clarity; **b)** o. Pl. (Eindeutigkeit) clearness; plainness; (von Erinnerungen) clearness; distinctness; **in** od. **mit aller ~ sagen, daß ...:** make it perfectly clear or plain that ...; **seine Antwort ließ an ~ nichts zu wünschen übrig** his answer could not have been clearer; **c)** Pl. (Grobheiten) rude remarks

deutlichkeits·halber Adv. for the sake of clarity

deutsch [dɔytʃ] **1.** Adj. a) German; **die ~e Schrift** German script; **~er Schäferhund** Alsatian; German shepherd [dog]; **mit typisch ~er Gründlichkeit** with typical Teutonic or German thoroughness; **Deutsche Mark** Deutschmark; German mark; **der Deutsche Orden** the Teutonic Order; **Deutsche Bundesbahn** German Federal Railway; **Deutsche Bundespost** German Federal Post Office; **b)** (die Sprache betreffend) German Democratic Republic; **Deutscher Fußball-Bund** German Football Association; **Deutscher Gewerkschaftsbund** German Trade Union Federation; **das Deutsche Reich** the German Reich or Empire; **Deutsche Presse-Agentur** German Press Agency; **Deutsches Rotes Kreuz** German Red Cross; **b)** (die Sprache betreffend) German; **etw. auf ~ sagen** say sth. in German; **auf** od. **in ~ geschrieben sein** be written in German; **was heißt das Wort auf ~?** what is the word in German?; what is the German for that word?; **auf [gut] ~** (ugs.) in plain English; **die ~e Schweiz** German-speaking Switzerland. **2.** adv.; **~ sprechen/schreiben** speak/write German; **~ geschrieben sein** be written in German; **~ fühlen** feel German; **etw. ~ aussprechen** pronounce sth. in a German way; **mit jmdm. ~ reden** od. **sprechen** (fig. ugs.) be blunt with or speak bluntly to sb.; **dieses Gebiet war damals ~ besetzt/verwaltet** this area was under German occupation/administration at that time

Deutsch das; ~[s] a) German; **gutes/fließend ~ sprechen** speak good/fluent German; **ein perfektes ~:** faultless or perfect German; **kein ~ [mehr] verstehen** (ugs.) not understand plain English; **b)** o. Art. (Unterrichtsfach) German no art.; or best it in ~? he's good at German; **wen habt ihr in ~?** who do you have for German?

Deutsch·amerikaner der German-American

deutsch-amerikanisch Adj.; nicht präd. German-American

Deutsch·arbeit die (Schulw.) German test

deutsch-deutsch Adj.; nicht präd. intra-German

¹Deutsche ['dɔytʃə] der/die; adj. Dekl. German; **~[r] sein** be German; **er ist kein ~r** he's not German; **als ~r** as a German; **er hat eine ~ geheiratet** he married a German girl/woman

²Deutsche das; ~ a) mit best. Art. German; **das ~ ist ...:** German is ...; **aus dem ~n/ins ~ übersetzen** translate from/into German; **b)** (deutsche Eigenart) **alles ~:** all things pl. or everything German; **das typische ~ daran** what is/was typically German about it

Deutschen·feind der anti-German; Germanophobe

deutsch-englisch Adj. Anglo-German ⟨relations, co-operation, etc.⟩; German-English ⟨dictionary, anthology, etc.⟩

Deutschen·haß der hatred of the Germans; Germanophobia no indef. art.

deutsch-, Deutsch-: **~feindlich** Adj. anti-German; Germanophobe; **~feindlichkeit** die Germanophobia no indef. art.; anti-German feeling; **~französisch** Adj. Franco-German ⟨relations, border, etc.⟩; German-French ⟨dictionary, antho-

logy, etc.⟩; **der Deutsch-Französische Krieg** the Franco-Prussian War; **~freundlich** Adj. pro-German; Germanophile; **~herren** Pl. (hist.) Teutonic Knights; **~herrenorden** der (hist.) Teutonic Order of Knights; **~kanadier** der German-Canadian

Deutschland (das); ~s Germany; **die beiden ~:** the two Germanies

Deutschland-: **~fahrt** die trip through Germany; **~frage** die (Politik) German question; **~lied** das the song 'Deutschland, Deutschland über alles'; **~politik** die (innerdeutsche Politik) intra-German policy; (gegenüber ~) policy towards Germany; **~politisch 1.** Adj. ⟨speaker⟩ for intra-German affairs; 2. adv. ⟨interested⟩ in intra-German affairs; **~politisch gesehen** from the point of view of intra-German affairs; **~reise** die trip to Germany; (Rundreise) tour of Germany

deutsch-, Deutsch-: **~lehrer** der German teacher; **~schweiz** die (schweiz.) German-speaking Switzerland; **~schweizer** der German-Swiss; **~schweizerisch** Adj. German-Swiss; **~sowjetisch** Adj., nicht präd. German-Soviet; **~sprachig** Adj. a) German-speaking; **Deutschsprachige** Pl. German speakers; **b)** (in deutscher Sprache) German-language attrib. ⟨newspaper, edition, broadcast⟩; ⟨teaching⟩ in German; German ⟨literature⟩; **~sprachlich** Adj. German[-language attrib.]; **~sprechend** Adj.; nicht präd. German-speaking; **~stämmig** Adj. of German origin postpos.; **Deutschstämmige** Pl. ethnic Germans; **~stunde** die German lesson

Deutschtum das; ~s a) (deutsche Wesensart) Germanness; **b)** (Volkszugehörigkeit) German nationality; **c)** (die Deutschen) Germans pl.

Deutschtümelei [-ty:mə'lai] die; ~, ~en (abwertend) jingoistic emphasis on things German

Deutsch·unterricht der German teaching; (Unterrichtsstunde) German lesson; **~ erteilen** or **geben** teach German; s. auch **Englischunterricht; Unterricht**

Deutung die; ~, ~en interpretation

Deutungs·versuch der attempt at interpretation; **ein ~ dieser Parabel** an attempt to interpret this parable

Devalvation [devalva'tsio:n] die; ~, ~en (Finanzw.) devaluation

Devise [de'vi:zə] die; ~, ~n motto; **sich** (Dat.) **etw. zur ~ machen** make sth. one's motto

Devisen Pl. foreign exchange sing.; (Sorten) foreign currency sing. or exchange sing.

Devisen-: **~abkommen** das (Politik) foreign exchange agreement; **~bewirtschaftung** die foreign exchange control; **~börse** die foreign exchange market; **~bringer** der foreign exchange earner; **~geschäft** das foreign exchange business or dealings pl.; (einzelne Transaktion) foreign exchange transaction; **~kurs** der exchange rate; rate of exchange; **~markt** der foreign exchange market; **~schmuggel** der [foreign] currency smuggling; **~sperre** die exchange embargo; **~vergehen** das currency offence; breach of exchange control regulations

devot [de'vo:t] (geh.) **1.** Adj. a) (abwertend) obsequious; **b)** (veralt.: demütig) humble. **2.** adv. a) (abwertend) obsequiously; **b)** (veralt.: demütig) humbly

Devotionalien [devotsio'na:liən] Pl. (Rel.) devotional objects

Dextrose [dɛks'tro:zə] die; ~: dextrose

Dez [de:ts] der; ~es, ~e (salopp) nut (sl.); bonce (sl.)

Dez. Abk. Dezember Dec.

Dezember [de'tsɛmbɐ] der; ~s, ~: December; s. auch **April**

Dezennium [de'tsɛniʊm] das; ~s, Dezennien (geh.) decennium; decade

dezent [de'tsɛnt] **1.** Adj. quiet ⟨colour, pattern, suit⟩; subdued ⟨lighting, music⟩; discreet ⟨smile, behaviour⟩; gentle ⟨irony⟩. **2.** adv. discreetly; ⟨dress⟩ unostentatiously

dezentral 1. Adj. a) non-central ⟨location⟩; **b)** (von verschiedenen Stellen ausgehend) decentralized. **2.** adv. a) outside the centre; **b)** s. **1 b:** decentrally

Dezentralisation die; ~, ~en decentralization

dezentralisieren tr. V. decentralize

Dezentralisierung die; ~, ~en decentralization

Dezenz [de'tsɛnts] die; ~ a) discreetness; **b)** (Eleganz) unostentatious elegance

Dezernat [detsɐr'na:t] das; ~[e]s, ~e department

Dezernent [detsɐr'nɛnt] der; ~en, ~en head of department

dezi-, Dezi- ['de:tsi-]: deci

Dezibel [detsi'bɛl] das; ~s, ~: decibel

dezidiert [detsi'di:ɐt] (geh.) **1.** Adj. firm ⟨demand, view⟩; **mit einigen ~en Fragen** with some determined questioning. **2.** adv. ⟨support, demand⟩ firmly; ⟨question⟩ determinedly

Dezi-: **~gramm** das decigram; **~liter** der od. das decilitre

dezimal [detsi'ma:l] Adj. decimal

Dezimal-: **~bruch** der decimal [fraction]; **~klassifikation** die; o. Pl. decimal or Dewey classification; **~rechnung** die decimal arithmetic no art.; **~stelle** die decimal place; **~system** das decimal system; **~waage** die decimal balance; **~zahl** die decimal [number]

Dezime [de'tsi:mə] die; ~, ~n (Musik) tenth

Dezi·meter der od. das decimetre

dezimieren [detsi'mi:rən] **1.** tr. V. decimate. **2.** refl. V. be drastically reduced

Dezimierung die; ~, ~en a) decimation; **b)** (starker Rückgang) drastic reduction (Gen. in)

DFB [de:|ɛf'be:] der; ~ Abk. Deutscher Fußball-Bund

DGB [de:ge:'be:] der; ~ Abk. Deutscher Gewerkschaftsbund West German Trade Union Federation

dgl. Abk. dergleichen, desgleichen

d. Gr. Abk. der Große

d. h. Abk. das heißt i. e.

Di. Abk. Dienstag Tue[s].

Dia ['di:a] das; ~s, ~s slide; transparency

Diabetes [dia'be:tɛs] der; ~: diabetes

Diabetiker [dia'be:tikɐ] der; ~s, ~, **Diabetikerin** die; ~, ~nen diabetic

diabetisch Adj. diabetic

Dia·betrachter der [slide-]viewer

Diabolik [dia'bo:lɪk] die; ~ (geh.) diabolic malevolence

diabolisch (geh.) **1.** Adj. diabolic; diabolically malevolent. **2.** adv. with diabolic malevolence

diachron [dia'kro:n] **1.** Adj. diachronic. **2.** adv. diachronically

Diachronie [diakro'ni:] die; ~ (Sprachw.) diachrony no art.

diachronisch Adj. s. **diachron**

Diadem [dia'de:m] das; ~s, ~e diadem

Diadochen [dia'dɔxn̩] Pl. (geh.) rivals for the succession

Diadochen·kämpfe Pl. (geh.) power struggle sing.

Diagnose [dia'gno:zə] die; ~, ~n diagnosis; **eine ~ stellen** make a diagnosis

Diagnose·zentrum das diagnostic clinic

Diagnostik [dia'gnɔstɪk] die; ~ (Med., Psych.) diagnostics sing., no art.

Diagnostiker der; ~s, ~, **Diagnostikerin** die; ~, ~nen (Med., Psych.) diagnostician

diagnostisch

diagnostisch 1. *Adj.* diagnostic. 2. *adv.* diagnostically
diagnostizieren [diagnɔsti'tsi:rən] 1. *tr. V.* diagnose. 2. *itr. V.* **auf etw.** *(Akk.)* ~: diagnose sth.
diagonal [diago'na:l] 1. *Adj.* diagonal. 2. *adv.* diagonally; **etw.** ~ **lesen** *(ugs.)* skim through sth.
Diagonale die; ~, ~n diagonal
Diagramm das graph; *(von Gegenständen)* diagram
Diakon [dia'ko:n] der; ~s *od.* ~en, ~e[n] *(christl. Kirche)* deacon
Diakonie [diako'ni:] die; ~ *(ev. Kirche)* welfare and social work
diakonisch *Adj.; nicht präd. (ev. Kirche)* welfare and social *(work, facilities, etc.)*
Diakonisse [diako'nɪsə] die; ~, ~n *(ev. Kirche)* deaconess
dia·kritisch *Adj.* in ~**es Zeichen** *(Sprachw.)* diacritical mark *or* sign; diacritic
Dialekt [dia'lɛkt] der; ~[e]s, ~e dialect; ~ **sprechen** speak in dialect
dialektal [dialɛk'ta:l] *Adj.* dialectal
dialekt-, Dialekt-: ~**ausdruck** der; *Pl.* ~**ausdrücke** dialect expression; ~**forschung** die dialect research; ~**frei** 1. *Adj.* ~**freies Deutsch sprechen** speak German without a trace of [any] dialect; 2. *adv.* ~**frei sprechen** speak without a trace of [any] dialect
Dialektik [dia'lɛktɪk] die; ~ a) *(Philos.)* dialectics *pl.*; *(Diamat)* dialectic; b) *(Gegensätzlichkeit)* conflicting nature
Dialektiker der; ~s, ~, **Dialektikerin** die; ~, ~nen *(Philos.)* dialectician
dialektisch 1. *Adj.* a) *(Philos.)* dialectical; b) *s.* dialektal. 2. *adv.* dialectically
Dialog [dia'lo:k] der; ~[e]s, ~e dialogue
dialogisch *Adj.* dialogic; ⟨*story*⟩ in dialogue form
Dialyse [dia'ly:zə] die; ~, ~n *(Physik, Chemie, Med.)* dialysis
Dialyse·zentrum das dialysis centre
¹**Diamant** [dia'mant] der; ~en, ~en diamond
²**Diamant** die; ~ *(Druckw.)* diamond (4¹⁄₂ points Pica); brilliant (4 points Pica)
diamanten *Adj.; nicht präd.* diamond
Diamant[en]-: ~**schleifer** der diamond cutter; ~**schmuck** der diamond jewellery; diamonds *pl.*; ~**staub** der diamond dust
Diamat, DIAMAT [dia'ma(:)t] der; ~ *Abk.* dialektischer Materialismus
diametral [diame'tra:l] 1. *Adj.* a) *(Geom.)* diametral; b) *(fig. geh.)* diametrical ⟨*opposition*⟩; diametrically opposed ⟨*views*⟩; **im ~en Gegensatz zu etw. stehen** be diametrically opposed to sth. 2. *adv. (geh.)* diametrically; ~ **entgegengesetzt sein** be diametrically opposed
Dia-: ~**positiv** das slide; transparency; ~**projektor** der slide projector; ~**rahmen** der slide mount
Diärese [di'ɛ:rezə] die; ~, ~n *(Sprachw., Metrik, Rhet., Philos.)* diaeresis
Diarrhö, Diarrhöe [dia'rø:] die; ~, Diarrhöen *(Med.)* diarrhoea
Diaspora [di'aspora] die; ~: Diaspora
Diastole [di'astole] die; ~, ~n [dia'sto:lən] *(Med.)* diastole
diät [di'ɛ:t] *adv.* ~ **kochen** cook according to a/one's diet; ~ **essen** be on a diet; **[strikt]** ~ **leben** keep to a [strict] diet
Diät die; ~, ~en diet; **eine** ~ **einhalten** keep to a diet; **nach einer** ~ **leben** live on a diet; **jmdm. auf** ~ **setzen** put sb. on a diet
Diät-: ~**assistent** der, ~**assistentin** die dietician; ~**bier** das diabetic beer
Diäten *Pl.* [parliamentary] allowance *sing.*
Diätetik [diɛ'te:tɪk] die; ~, ~en dietetics *sing., no art.*
diätetisch *Adj.* dietetic; dietary; **eine ~e Lebensweise** living on a diet

Diät·fahrplan der *(ugs.)* diet
Diätist die; ~en, ~en, **Diätistin** die; ~, ~nen dietician
Diät-: ~**koch** der, ~**köchin** die dietary cook; ~**kost** die dietary food; ~**küche** die a) dietary kitchen; b) *o. Pl. (Schonkost)* dietary food; ~**kur** die diet cure
Diatonik [dia'to:nɪk] die; ~ *(Musik)* diatonicism; diatonic system
diatonisch *Adj. (Musik)* diatonic
Diät·plan der dietary plan; diet plan; diet
dich [dɪç] 1. *Akk. des Personalpron.* **du** you. 2. *Akk. des Reflexivpron. der 2. Pers. Sg.* yourself; **wäschst du dich?** are you washing [yourself]?; **entschuldige dich!** apologize!
Dichotomie [dɪçoto'mi:] die; ~, ~n *(Bot., Philos., Sprachw.)* dichotomy
dicht [dɪçt] 1. *Adj.* a) thick ⟨*hair, fur, plumage, moss*⟩; thick, dense ⟨*foliage, fog, cloud*⟩; dense ⟨*forest, thicket, hedge, crowd*⟩; heavy, dense ⟨*traffic*⟩; densely ranked, close-ranked ⟨*rows of houses*⟩; heavy ⟨*snowstorm*⟩; *(fig.)* dense ⟨*prose, dialogue, etc.*⟩; full, packed ⟨*programme*⟩; **in ~er Folge** in rapid *or* quick succession; b) *(undurchlässig)* ⟨*für Luft*⟩ airtight; ⟨*für Wasser*⟩ watertight ⟨*shoes*⟩; ⟨*für Licht*⟩ heavy ⟨*curtains, shutters*⟩; ~ **machen** seal ⟨*crack*⟩; **make airtight/watertight**; **seal the crack[s]/leak[s] in** ⟨*roof, window, etc.*⟩; waterproof ⟨*material, umbrella, etc.*⟩; **nicht ganz** ~ **sein** *(salopp)* have a screw loose *(coll.)*; c) *(ugs.: geschlossen)* shut; closed. 2. *adv.* a) densely ⟨*populated*⟩; thickly, densely ⟨*wooded*⟩; tightly ⟨*packed*⟩; heavily ⟨*built up*⟩; ~ **verschneit** thick with snow; ~ **besetzt** full; packed; ~ **behaart** [very] hairy; ~ **an** ~ *od.* ~ **gedrängt stehen/sitzen** stand/sit close together; **das Dorf war** ~ **verschneit** the village was covered in a thick blanket of snow *or* was deep in snow; b) *(undurchlässig)* tightly; c) **mit Präp.** *(nahe)* ~ **neben** right next to; **sich** ~ **bei jmdn. halten** keep close to sb.; ~ **daran** hard by; ~ **nebeneinander** close together; ~ **vor/hinter ihm** right *or* just in front of/behind him; **die Polizei ist ihm** ~ **auf den Fersen** the police are hard *or* close on his heels; d) *(zeitlich: unmittelbar)* **ich war** ~ **daran, es zu tun** I was just about to do it; ~ **bevorstehen** be imminent; **das Fest steht** ~ **bevor** the party is almost upon us/them *etc.*
dicht-: ~**auf** *Adv.* close behind; ~**bebaut** *Adj. (präd. getrennt geschrieben)* heavily built-up; ~**behaart** *Adj. (präd. getrennt geschrieben)* [very] hairy; ~**belaubt** *Adj. (präd. getrennt geschrieben)* densely foliated; ~**besetzt** *Adj. (präd. getrennt geschrieben)* full; packed; ~**besiedelt** *Adj. (präd. getrennt geschrieben)* densely populated; ~**bevölkert** *Adj. (präd. getrennt geschrieben)* densely populated; ~**bewachsen** *Adj. (präd. getrennt geschrieben)* covered with dense vegetation *postpos.*
Dichte ['dɪçtə] die; ~ a) *(Physik, fig.)* density; b) *(Undurchdringlichkeit)* **ein Nebel von solcher** ~: such [a] dense *or* thick fog
¹**dichten** ['dɪçtn] 1. *itr. V.* **[gut]** ~: make a good seal. 2. *tr. V.* make airtight/watertight; seal ⟨*joint etc.*⟩; seal the crack[s]/leak[s] in ⟨*window, roof, etc.*⟩
²**dichten** 1. *itr. V.* a) write poetry; b) **sein ganzes Dichten und Trachten** all his thoughts and endeavours. 2. *tr. V. (verfassen)* write; compose
Dichter der; ~s, ~: poet; *(Schriftsteller)* writer; author
Dichter·fürst der *(veralt.)* prince among poets; *(Schriftsteller)* prince among writers
Dichterin die; ~, ~nen poet[ess]; *(Schriftstellerin)* writer; author[ess]
dichterisch 1. *Adj.* poetic ⟨*schriftstellerisch*⟩ literary. 2. *adv.; s.* 1: poetically; literarily
Dichter-: ~**komponist** der poet/writer

dicke

and composer; ~**kreis** der circle of poets; *(von Schriftstellern)* circle of writers; ~**lesung** die reading *(by a poet or writer from his own works)*
Dichterling der; ~s, ~e *(abwertend)* poetaster *(derog.)*; rhymester *(derog.)*
Dichter-: ~**schule** die school of poets; *(von Schriftstellern)* school of writers; ~**sprache** die poetic language
dicht-: ~**gedrängt** *Adj. (präd. getrennt geschrieben)* tightly *or* closely packed; ~**halten** *unr. itr. V. (ugs.)* keep one's mouth shut *(coll.)*
Dicht·kunst die a) art of poetry; b) *(Fähigkeit, Talent)* poetic talent; c) *(Poesie)* poetry *no art.*
dicht|machen *(ugs.)* 1. *tr. V.* shut; close; *(endgültig)* shut *or* close down; **die Polizei hat ihm die Bar dichtgemacht** the police shut *or* closed down his bar. 2. *itr. V.* a) shut; close; *(endgültig)* shut *or* close down; b) *(Sportjargon)* **hinten** ~: close the game down at the back
¹**Dichtung** die; ~, ~en a) *o. Pl.* sealing; **zur** ~ **der Fugen** to seal the joints; b) *(Vorrichtung)* seal; *(am Hahn usw.)* washer; *(am Vergaser, Zylinder usw.)* gasket
²**Dichtung** die; ~, ~en a) literary work; work of literature; *(in Versform)* poetic work; poem; *(fig. ugs.)* fiction; ~ **und Wahrheit** fact and fiction; truth and fantasy; **Goethes „~ und Wahrheit"** Goethe's 'Poetry and Truth'; b) *o. Pl. (Dichtkunst)* literature; *(in Versform)* poetry
Dichtungs-: ~**masse** die sealing compound; sealant; ~**mittel** das integral waterproofing agent *or* waterproofer; ~**ring** der, ~**scheibe** die sealing ring; *(am Hahn)* washer
dick [dɪk] 1. *Adj.* a) thick; thick, chunky ⟨*pullover*⟩; stout ⟨*tree*⟩; fat ⟨*person, arms, legs, behind, etc.*⟩; big ⟨*bust*⟩; ~ **und rund** *od.* **fett sein** *(ugs.)* be round and fat; ~ **werden** get fat; **das Kleid macht** ~: the dress makes you look fat; **Kuchen macht** ~: cakes are fattening *or* make you fat; **ein** ~**es Auto fahren** *(fig. ugs.)* drive a great big car *(coll.)*; **ein Mädchen** ~ **machen** *(salopp)* put a girl in the club *(sl.)*; b) *(mit Maßangaben)* thick; **5 cm** ~ **sein** be 5 cm thick; **5 cm** ~**e Bretter** planks 5 cm thick; 5 cm thick planks; c) *(stark)* thick ⟨*carpet, wall, layer*⟩; **mit jmdm. durch** ~ **und dünn gehen** stay *or* stick with sb. through thick and thin; **es sicht so** ~ **haben** *(ugs.)* not be very well off *(ugs.)*; d) *(ugs.: angeschwollen)* swollen ⟨*cheek, ankle, tonsils, etc.*⟩; e) *(dicht, ~flüssig)* thick ⟨*hair, fog, soup, sauce, etc.*⟩; **im ~sten Verkehr** *(fig. ugs.)* in the heaviest traffic; **mitten in der ~sten Arbeit** *(fig. ugs.)* just when we're/they're *etc.* right up to our/their *etc.* necks in work *(coll.)*; f) *(ugs.: außergewöhnlich groß)* big ⟨*mistake, order*⟩; hefty, *(coll.)* fat ⟨*fee, premium, salary*⟩; **einen ~en Tadel verdienen** deserve heavy criticism; **jmdm. ein ~es Lob aussprechen** give sb. a great deal of praise *or* high praise; **das ~e Ende kommt noch** *(ugs.)* the worst is yet to come; g) *(ugs.: eng)* close ⟨*friends, friendship, etc.*⟩. 2. *adv.* a) **etw.** ~ **unterstreichen** underline sth. heavily; **sich** ~ **anziehen** wrap up warm[ly]; b) *(mit Maßangabe)* **etw. 5 cm** ~ **schneiden/auftragen** *usw.* cut/apply sth. 5 cm. thick *etc.* *(stark)* thickly; ~ **geschminkt/bemalt** heavily made up; ~ **auftragen** *(ugs. abwertend)* lay it on thick *(sl.)*; d) ~ **geschwollen** *(ugs.)* badly swollen; e) ~ **befreundet sein** *(ugs.)* be close friends
dick-, Dick-: ~**bauch** der *(scherzh.)* fatty; *(mit Spitzbauch)* pot-belly; ~**bauchig** *Adj.* large-bellied, big-bellied ⟨*vase, pot, etc.*⟩; ~**bäuchig** *Adj.* corpulent; portly; *(mit Spitzbauch)* pot-bellied ⟨*person*⟩; ~**darm** der *(Anat.)* large intestine
dicke *Adv. (ugs.)* easily; **wir haben noch** ~

1009

Zeit we've got plenty of time; **von etw. ~ genug haben** have had quite enough of sth.; **jmdn./etw. ~ haben** *(salopp)* have had a bellyful of sb./sth.

¹Dicke die; ~: thickness; *(von Menschen, Körperteilen)* fatness

²Dicke der/die; *adj. Dekl.* **a)** *(ugs.)* fatty *(coll.);* fat man/woman; **die ~n** *(im allgemeinen)* fatties *(coll.);* fat people; **b)** *(Kosename)* podge *(coll.)*

dicken **1.** *tr. V.* thicken. **2.** *itr. V.; auch mit sein* thicken

Dickerchen das; ~s, ~ *(ugs. scherzh.)* podge *(coll.)*

dickeltun *unr. refl. V.* *(ugs. abwertend)* show off; *(durch Reden)* boast; brag; **sich mit etw. ~:** boast or brag about sth.; **sich mit seiner Kraft ~:** show off one's strength

dick-, Dick-: **~fellig** *(ugs. abwertend)* **1.** *Adj.* thick-skinned; **~fellig sein** have a thick skin; be thick-skinned; **2.** *adv.* in a thick-skinned way; **~felligkeit** die; ~ *(ugs. abwertend)* insensitivity; **~flüssig** *Adj.* thick; viscous *(as tech. term);* **~flüssigkeit** die; *o. Pl.* thickness; viscosity *(as tech. term);* **~häuter** der; ~s, ~: pachyderm; *(fig.)* thick-skinned person

Dickicht ['dɪkɪçt] das; ~[e]s, ~ a thicket; *(im Wald)* dense undergrowth *no indef. art.; (fig.)* jungle

dick-, Dick-: **~kopf** der *(ugs.)* mule *(coll.);* **du bist ein ~kopf** you're as stubborn as a mule; **einen ~kopf haben** be stubborn or pigheaded; **~köpfig** *(ugs.)* **1.** *Adj.* stubborn; pigheaded; **2.** *adv.* stubbornly; pigheadedly; **~leibig** *Adj.* *(geh.)* corpulent; fat; *(fig.)* thick, fat *(document, book);* **~leibigkeit** die; ~ *(geh.)* corpulence; fatness

dicklich *Adj.* **a)** plumpish; chubby; **b)** *(dickflüssig)* thick

dick-, Dick-: **~macher** der *(ugs.)* fattening food; **~milch** die sour milk; **~schädel** der *s.* **~kopf;** **~schalig** *Adj.* thick-skinned ⟨orange, tomato, etc.⟩; **~|tun** *unr. refl. V. s.* dicketun; **~wandig** *Adj.* thick-walled, thick-sided ⟨vessel, container⟩; **~wanst** der *(salopp abwertend)* fatso *(sl.)*

Didaktik [di'daktɪk] die; ~, ~en a) *o. Pl.* didactics *sing., no art.;* **a)** theory of teaching and methodology; **b)** *(Unterrichtsmethode)* teaching method

Didaktiker der; ~s, ~, **Didaktikerin** die; ~, ~nen **a)** educationalist; **b)** *(jmd. mit didaktischen Fähigkeiten)* teacher

didaktisch **1.** *Adj.* didactic. **2.** *adv.* didactically

¹die **1.** *best. Art. Nom.* the; **die Kleine** the little girl; **die Liebe/Freundschaft** love/friendship; **die „Iphigenie"/***(ugs.)* **Helga** 'Iphigenia'/Helga; **die Demokratie/Diktatur/Monarchie** democracy/dictatorship/monarchy; **die Bardot** *(ugs.)* Bardot; **die [Frankfurter] Eintracht** *(ugs.)* [Frankfurt] Eintracht; **sie ist die Sängerin/Schauspielerin** she's 'the singer/actress; **die Marktstraße** Market Street; **die Schweiz/Türkei** Switzerland/Turkey; **die Frau/Menschheit** women *pl./*mankind; **die „Concorde"/„Klaus Störtebeker"** 'Concorde'/the 'Klaus Störtebeker'; **die Kunst/Oper** art/opera. **2.** *Demonstrativpron.* **a)** *attr.* **die Frau war es** it was 'that woman; **b)** *selbständig* she; **die war es** it was 'her; **die und arbeiten!** *(ugs.)* [what,] her work!; **die mit dem Hund/den lila Haaren** *(ugs.)* her with the dog/purple hair; **die [da]** *(Frau, Mädchen)* that woman/girl; *(Gegenstand, Tier)* that one; **die blöde Kuh, die!** *(fig. salopp)* what a silly cow! *(sl.).* **3.** *Relativpron. Nom. (Mensch)* who; that; *(Sache, Tier)* which; that; **die Frau, die da drüben entlanggeht** the woman walking along over there; **ich sah eine Frau/Katze, die aus dem Fenster schaute** I saw a women/cat looking out of the window. **4.** *Relativ- u. Demonstrativpron.* the one who; **die das getan hat** the woman etc. who did it

²die **1.** *best. Art.* **a)** *Akk. Sg. v.* **¹die 1:** **ich sah die Frau/Ratte** I saw the women/rat; **wir sahen die „Zauberflöte"** we saw the 'Magic Flute'; **hast du die Ute gesehen?** *(ugs.)* have you seen Ute?; **er hat die Callas geheiratet** *(ugs.)* he married Callas; **ich fuhr durch die Marktstraße** I drove through Market Street; **b)** *Nom. u. Akk. Pl. v.* **¹der 1, ¹die 1, das 1: [er fragte] die Männer/Frauen/Kinder** [he asked] the men/women/children. **2.** *Demonstrativpron. Nom. u. Akk. Pl. v.* **¹der 1, ¹die 1, das 1:** *attr.* **ich meine die Männer/Frauen/Kinder, die gestern hier waren** I mean those men/women/children who were here yesterday; *selbständig* **ich meine die [da]** I mean 'them. **3.** *Relativpron.* **a)** *Akk. Sg. v.* **¹die 3:** *(bei Menschen)* **die Frau, die ich gesehen habe** the woman who or that I saw; *(bei Sachen, Tieren)* **die Straße, die ich entlangging** the street [that or which] I walked along; **die Maus, die die Katze fing** the mouse which or that the cat caught; **b)** *Nom. u. Akk. Pl. v.* **¹der 3, ¹die 3, das 3:** *(bei Menschen)* **die Männer/Frauen/Kinder, die ich gesehen habe/die dort gehen** the men/women/children I saw/walking along over there; *(bei Sachen, Tieren)* **die Nägel/Birnen/Bücher, die da liegen/die jemand da hingelegt hat** the nails/pears/books lying there/which somebody put there

Dieb [di:p] der; ~[e]s, ~e thief; **haltet den ~!** stop thief!

Dieberei die; ~, ~en a) *o. Pl. (das Stehlen)* thieving; **b)** *(Diebstahl)* theft

Diebes-: **~bande** die *(abwertend)* gang of thieves; **~beute** die stolen goods *pl.* or property; **~gut** das stolen goods *pl.* or property; **~nest** das thieves' hide-out; **~tour** die **auf ~tour gehen/sein** go/have gone [out] thieving or stealing; **auf ~touren sein** have been [out] thieving or stealing on a number of occasions

Diebin die; ~, ~nen [woman] thief; *s. auch* **-in**

diebisch **1.** *Adj.* **a)** *nicht präd.* thieving; **b)** *(verstohlen)* mischievous. **2.** *adv.* mischievously; **sich ~ über etw.** *(Akk.)* **freuen** take a mischievous pleasure in sth.

Diebstahl ['di:p-ʃta:l] der; ~[e]s, Diebstähle ['di:p-ʃtɛ:lə] theft; **einfacher ~:** theft; **schwerer ~:** burglary and theft; **räuberischer ~:** robbery accompanied by use of violence to keep possession of the stolen property; **[ein] geistiger ~:** plagiarism *no indef. art*

Diebstahl · versicherung die insurance against theft

die · jenige, diejenigen *s.* derjenige

Diele ['di:lə] die; ~, ~n a) hall[way]; **b)** *(Fußbodenbrett)* floor-board

dielektrisch [dieˈlɛktrɪʃ] *Adj. (Physik, Elektrot.)* dielectric

dielen *tr. V.* lay floor-boards in ⟨room⟩; board ⟨floor⟩

Dielen · brett das floor-board

dienen ['di:nən] *itr. V.* **a)** be in service; **jmdm. ~:** serve sb.; **als Magd ~:** serve as a maid; **der Gerechtigkeit ~** *(geh.)* serve the cause of justice; **bei Hof ~:** wait or serve at court; *s. auch* **Herr;** **b)** *(veralt.: Militärdienst tun)* do military service; **beim Heer ~:** serve in the army; **acht Jahre ~:** do eight years' military service; *s. auch* **gedient 2;** **c)** *(nützlich sein)* serve; **das dient einer guten Sache** it is in a good cause; **diese Maßnahmen ~ der Sicherheit am Arbeitsplatz** these measures help towards safety at work; **d)** *(helfen)* help (in + *Dat.* in); **womit kann ich ~?** what can I do for you?; **can I help you?**; **mit 20 DM wäre mir schon gedient** 20 marks would do; **damit ist mir wenig gedient** it's not much help or use to me; **damit kann ich leider nicht ~:** I'm afraid I can't help you there; **e)** *(verwendet werden)* serve; **als Museum ~:** serve or be used as a museum; **als Ersatz/Vorwand ~:** serve as a substitute/pretext; **das soll dir als Warnung ~:** let that serve as or be a warning to you; **zur Unterstützung einer Theorie ~:** serve to support a theory

Diener der; ~s, ~ servant; **einen ~ machen** *(ugs.);* bow; make a bow; *s. auch* **stumm**

Dienerin ['di:nərɪn] die; ~, ~nen maid; servant

dienern *itr. V. (abwertend)* bow; *(fig.)* bow and scrape

Dienerschaft die; ~: servants *pl.;* domestic staff

dienlich *Adj.* helpful; useful; **jmdm./einer Sache ~ sein** be helpful or of help to sb./sth.; **kann ich Ihnen mit etwas ~ sein?** *(geh.)* can I be of any assistance to you?

Dienst [di:nst] der; ~[e]s, ~e a) *o. Pl. (Tätigkeit)* work; *(von Soldaten, Polizeibeamten, Krankenhauspersonal usw.)* duty; **seinen ~ antreten** start work/go on duty; **zum ~ gehen** go to work/go on duty; **~ haben** be at work/on duty; ⟨doctor⟩ be on call; ⟨chemist⟩ be open; **außerhalb des ~es** outside work/when off duty; **im ~ sein** be at work/on duty; **nicht im ~ sein** not be at work/be off duty; **der Unteroffizier vom ~:** *(Milit.)* the duty NCO; **der Chef vom ~** *(Zeitungsw.)* the duty editor; **~ ist ~, und Schnaps ist Schnaps** *(ugs.)* you shouldn't mix business and pleasure; **b)** *(Arbeitsverhältnis)* post; **den** *od.* **seinen ~ quittieren** resign one's post; *(Milit.)* leave the service; ⟨officer⟩ resign one's commission; **jmdn. aus dem ~/seinen ~en entlassen** dismiss sb.; **jmdn. in ~ nehmen** *(veralt.)* employ or engage sb.; **in jmds. ~[en] sein** *od.* **stehen** *(veralt.)* be in sb.'s employ; **Major** *usw.* **außer ~ [sein]** be a] retired major *etc.;* **im** *oder* **in einer guten Sache** *(Gen.)* **stehen** be in a good cause; **sich in den ~ einer guten Sache** *(Gen.)* **stellen** devote oneself to a good cause; **etw. in ~ stellen** put sth. into service or commission; **c)** *o. Pl. (Tätigkeitsbereich)* service; **der höhere ~ der Beamtenlaufbahn** the senior civil service; *s. auch* **öffentlich;** **d)** *(Hilfe)* **seine ~ [anbieten]** [offer] one's services; **jmdm. einen ~ tun** help sb.; **~ am Kunden** *(ugs.)* customer service; **seinen ~ tun** ⟨machine, appliance⟩ serve its purpose; **jmdm. gute ~e tun** serve sb. well; give sb. good service; **jmdm. etw. einen schlechten ~ erweisen** do sb. a disservice or a bad turn with sth.; **zu jmds. ~en** *od.* **jmdm. zu ~en sein** *od.* **stehen** *(geh.)* be at sb.'s disposal *or* service; **jmdm. den ~ versagen** fail sb.; **e)** *(Hilfs~)* service; *(Nachrichten~, Spionage~)* **f)** *(intelligence)* service; *(Kunstwiss.)* respond

-dienst der service; **Schicht~** shift work

Dienst-: **~abteil** das *(Eisenb.)* guard's compartment; **~adel** der *(hist.)* nobility whose titles derive from being in the king's service

Diens · tag [di:ns-] der Tuesday; **am ~:** on Tuesday; ⟨jeden ~⟩ on Tuesday; **~, der 1. Juni** Tuesday the first of June; Tuesday, 1 June; **am ~, dem 1. Juni** *od.* **den 1. Juni** on Tuesday 1 June *or* June 1st; **er kommt ~:** he is coming on Tuesday; **die letzten ~e** last few Tuesdays; **eines ~s** one Tuesday; **den ganzen ~:** über all day Tuesday; the whole of Tuesday; **~ morgen/nachmittag/abend** Tuesday morning/afternoon/evening; **~ morgens/abends** Tuesday mornings/evenings; **~ mittags** Tuesday lunchtimes; **ab nächsten** *od.* **nächstem ~:** from next Tuesday [onwards]; **die Nacht von ~ auf** *od.* **zum Mittwoch** Tuesday night; **~ in einer Woche** *od.* **in acht Tagen** Tuesday week; a week on Tuesday; **~ vor einer Woche** a week last Tuesday

Dienstag · abend der Tuesday evening

dienstägig ['di:nstɛ:gɪç] *Adj.; nicht präd.* **die/unsere ~e Sendung** *usw.* Tuesday's pro-

dienstäglich / **differenzieren**

gramme *etc.*; the/our programme *etc.* on Tuesday
dienstäglich 1. *Adj.*; *nicht präd.* [regular] Tuesday. 2. *adv.* on Tuesday
Dienstag-: ~**mittag** der Tuesday lunchtime; ~**morgen** der Tuesday morning; ~**nachmittag** der Tuesday afternoon
diens·tags *Adv.* on Tuesday[s]; ~ **abends/morgens** on a Tuesday evening[s]/morning[s]; on a Tuesday evening/morning
Dienstag·vormittag der Tuesday morning
dienst-, Dienst-: ~**alter** das length of service; er hat ein ~alter von 6 Jahren he has 6 years of service; ~**älteste** der/die longest-serving person; ~**an·tritt** der commencement of one's duties; ~**an·weisung** die instruction; laut ~anweisung according to instructions *pl.*; ~**auf·fassung** die conception of duty; ~**auf·sicht** die; *o. Pl.* supervision; die ~aufsicht liegt bei ...: ... has supervisory responsibility; ~**aufsichts·beschwerde** die complaint to the supervising authority (*about a public servant or government department*); ~**ausweis** der [official] identity card; ~**bar** *Adj.* sich jmdm. ~**bar erzeigen** (*veralt.*) show one's willingness to serve sb.; **ein** ~**barer Geist** (*ugs. scherzh.*) a ministering angel; **sich** (*Dat.*) **jmdn./etw.** ~**bar machen** get good service from sb./utilize sth.; **einer Sache** (*Dat.*) **jmdn./etw.** ~**nehmern die** make sb./sth. serve sth.; **sich** (*Dat.*) **die Kräfte der Natur/die Atomenergie** ~**bar machen** harness the power of nature/atomic energy; ~**barkeit die;** ~, ~**en** a) *o. Pl.* (*geh.*) jmdn. in seine ~barkeit bringen bring sb. under one's power; in jmds. ~barkeit geraten come under sb.'s power; b) *o. Pl.* (*hist.*) bondage; servitude; c) (*jur.*) easement; ~**beflissen** 1. *Adj.* zealous; eager; 2. *adv.* zealously; eagerly; ~**beflissenheit** die zeal; eagerness; ~**beginn** der start of work; vor/nach/bei ~beginn before/after/at the start of work; ~**bereich** der area of responsibility; ~**bereit** *Adj.* (*chemist*) open *pred.*; (*doctor*) on call or duty; (*dentist*) on duty; die nächste ~bereite Apotheke the nearest chemist that is/was open; ~**bereitschaft** die ~bereitschaft haben (*chemist*) be open; (*doctor*) be on call or duty; (*dentist*) be on duty; ~**bezüge** *Pl.* salary *sing.*; ~**bote** der servant; ~**boten·eingang** der tradesmen's entrance; ~**bezeichnung** die title; ~**eid** der official oath; ~**eifer** der zeal; eagerness; ~**eifrig** 1. *Adj.* zealous; eager; 2. *adv.* zealously; eagerly; ~**enthebung** die suspension from duty; ~**fähig** *Adj.* fit for work *postpos.*; (*Milit.*) fit for service *postpos.*; ~**fahrt die** *s.* ~**reise**; ~**frei** *Adj.* free (*time*); an ~freien Tagen on days off; ~**frei haben/bekommen** have/get time off; am Montag ~frei haben have Monday off; Heiligabend ist ~frei Christmas Eve is a holiday; ~**gebrauch der** in nur für den ~gebrauch bestimmt for official use only; ~**geheimnis das** a) professional secret; (*im Staatsdienst*) official secret; b) *o. Pl.* professional secrecy; (*im Staatsdienst*) official secrecy; **unter das** ~**geheimnis fallen** be a professional/official secret; ~**geschäfte** *Pl.* business *sing.*; **in** ~**geschäften** on business; (*von Beamten*) on official business; ~**gespräch das** a) business meeting; (*von Beamten*) official meeting; b) (*Telefongespräch*) business call; (*von Beamten*) official call; ~**grad** der (*Milit.*) rank; ~**gradabzeichen das** (*Milit.*) insignia [of rank]; ~**habend** *Adj.*; *nicht präd.* duty (*officer*); (*official, doctor*) on duty; ~**habende der/die**; *adj. Dekl.* (*Offizier*) duty officer; (*Beamter/Arzt*) official/doctor on duty; ~**herr** der employer; ~**hund** der dog used for police/security work; ein Polizist mit seinem ~hund a policeman with his dog;

~**jahr das** year of service; ~**jubiläum das** anniversary; anläßlich seines 25jährigen ~jubiläums to mark his completion of 25 years' service; ~**kleidung die** uniform; ~**kleidung tragen** wear a uniform; ~**leistung die** (*auch Wirtsch.*) service
Dienstleistungs-: ~**abend** der late opening evening; ~**betrieb** der (*Wirtsch.*) business in the service sector; ~**gewerbe** das (*Wirtsch.*) service industries *pl.*; ~**sektor** der (*Wirtsch.*) service sector
dienstlich 1. *Adj.* a) business ⟨call⟩; (*im Staatsdienst*) official ⟨letter, call, etc.⟩; b) (*offiziell*) official; ~ **werden** (*ugs.*) get businesslike and formal. 2. *adv.* on business; (*im Staatsdienst*) on official business
dienst-, Dienst-: ~**mädchen das** (*veralt.*) maid; ~**magd die** (*veralt.*) maid; ~**mann der;** *Pl.:* ~**männer** *od.* ~**leute** (*veralt.*) porter; ~**marke die** [police] identification badge; ≈ warrant card (*Brit.*) or (*Amer.*) ID card; ~**mütze die** regulation cap; ~**nehmer der,** ~**nehmerin die** (*österr.*) Arbeitnehmer; ~**ordnung die** official regulations *pl.*; ~**personal das** servants *pl.*; (*in einem Hotel*) domestic staff; ~**pflicht die** a) *o. Pl.* compulsory service; b) (*bei Beamten*) duty; ~**pflichtig** *Adj.* liable for compulsory service *postpos.*; ~**pistole die** service pistol; ~**plan der** duty roster; ~**rang der** (*Milit.*) rank; ~**recht das** ≈ civil service law; ~**rechtlich** 1. *Adj.* ≈ under civil service law *postpos.*; 2. *adv.* ≈ under civil service law; ≈ (*regulated*) by civil service law; ~**reise die** business trip; **auf** ~**reise sein** be on a business trip or away on business; ~**sache die** a) official matter; b) (*Schreiben*) official letter; c) (*Postw.*) item of official mail; (*Brief*) official letter; ~**schluß der;** *o. Pl.* end of work; **um 17 Uhr ist** ~**schluß** work finishes at 5 o'clock; **nach** ~**schluß** after work; ~**schluß haben** finish work/have finished work; ~**schreiben das** official letter; ~**stelle die** office; (*Abteilung*) department; ~**stellen·leiter der** (*einer Abteilung*) department head; ~**stempel der** official stamp; ~**stunden** *Pl.* a) working hours; **während der** ~**stunden** during working hours; b) (*Öffnungszeiten*) ~**stunden haben** be open; ~**tauglich** *Adj.* (*Milit.*) fit for service *postpos.*; ~**tuend** *adj.*; ~**tuende der/die**; *adj. Dekl. s.* ~**habende**; ~**unfähig** *Adj.* unfit for work *postpos.*; (*Milit.*) unfit for service *postpos.*; ~**untauglich** *Adj.* unfit for service *postpos.*; ~**vergehen das** offence against [official] regulations; ~**verhältnis das** contractual relationship between employee and employer in the public service; **ein** ~**verhältnis eingehen** become a public employee; ~**verpflichten** *tr. V.* (*nur im Inf. u. 2. Part.*) conscript; ~**vertrag der** contract of employment; ~**vorschrift die** regulations *pl.*; (*Milit.*) service regulations; ~**wagen der** official car; (*Geschäftswagen*) company car; ~**weg der** proper or official channels *pl.*; **den** ~**weg gehen** *od.* **einhalten** go through the proper or official channels; **auf dem** ~**weg** through the proper or official channels; ~**wohnung die** (*von Firmen*) company flat (*Brit.*) or (*Amer.*) apartment; (*von staatlichen Stellen*) government flat (*Brit.*) or (*Amer.*) apartment; (*vom Militär*) army/navy/air force flat (*Brit.*) or (*Amer.*) apartment; ~**zeit die** a) period of service; **eine** ~**zeit von 40 Jahren** 40 years' service; b) (*tägliche Arbeitszeit*) working hours *pl.*; **außerhalb der** ~**zeit** outside working hours; ~**zeugnis das** testimonial; ~**zimmer das** office
dies [di:s] *s.* dieser
dies·bezüglich 1. *Adj.*; *nicht präd.* relating to or regarding this *postpos.*, *not pred.* 2. *adv.* regarding this; on this matter
diese ['di:zə] *s.* dieser

Diesel ['di:zl] der; ~[s], ~ diesel
die·selbe *s.* derselbe
die·selbige *s.* derselbige
Diesel-: ~**kraft·stoff** der diesel fuel; ~**lokomotive** die diesel locomotive; ~**motor** der diesel engine; ~**öl** das diesel oil
dieser ['di:zɐ], **diese, dieses, dies** *Demonstrativpron.* a) *attr.* this; *Pl.* these; **dieses Buch/diese Bücher** [da] that book/those books [there]; **diesen Sommer/diese Weihnachten** this summer/this Christmas; [zu] **Anfang dieses Jahres/dieser Woche** at the beginning of this year/this week; **in dieser Nacht wird es noch schneien/begann es zu schneien** it will snow tonight/it started to snow that night; **er hat dieser Tage Geburtstag** it's his birthday within the next few days; **ich habe ihn dieser Tage noch gesehen** I saw him the other day; **diese Inge ist doch ein Goldschatz/Idiot** that Inge is a treasure/an idiot, isn't she?; **wer ist denn diese Inge?** who is this Inge?; **diese Russen** these or those Russians; b) *selbständig* **diese[r]** [hier/da] this one [here]/that one [there]; **diese** *Pl.* [hier/da] these [here]/those [there]; **dies alles** all this; **diese** ..., **jene** ... (*geh.*) the latter ..., the former ...; **dies und das**, (*geh.*) **dieses und jenes und jener** (*geh.*) (*einige*) some [people] *pl.*; (*ein paar*) a few [people] *pl.*; **dieser oder jener** (*geh.*) (*der eine oder andere*) someone or other; (*mancher*) some people *pl.*
dieser·art (*geh.*) 1. *indekl. Demonstrativpron.* of this/that kind *postpos.*. 2. *Adv.* in this/that way
dieses *s.* dieser
diesig *Adj.* hazy
dies-: ~**jährig** *Adj.*; *nicht präd.* this year's; **unser** ~**jähriges Treffen** our meeting this year; ~**mal** *Adv.* this time; ~**seitig** *Adj.*; *nicht präd.* a) das ~seitige Rheinufer this side of the Rhine; die ~seitigen Grenzdörfer the villages on this side of the border; b) (*geh.*) worldly; secular ⟨*world*⟩; ~**seits** 1. *Präp. mit Gen.* on this side of; 2. *Adv.* ~**seits von** on this side of
Diesseits das; ~: **im** ~: in this world; **das** ~: this world
Dietrich ['di:trɪç] der; ~s, ~e picklock; (*Nachschlüssel*) skeleton key
die·weil (*veralt.*) 1. *Konj.* a) (*zeitl.*) while; b) (*kausal*) because. 2. *adv.* in the mean time or the mean while
diffamatorisch [dɪfama'to:rɪʃ] *Adj.* (*geh.*) defamatory
diffamieren [dɪfa'mi:rən] *tr. V.* defame; ~**de Äußerungen** defamatory utterances
Diffamierung die; ~, ~**en** defamation; (*Bemerkung*) defamatory statement; **eine** ~ **des Gegners** defamation of one's opponent's character
Differential [dɪfərɛn'tsi̯a:l] das; ~s, ~e a) (*Math.*) differential; b) (*Technik*) differential [gear]
Differential-: ~**getriebe das** (*Technik*) differential [gear]; ~**gleichung die** (*Math.*) differential equation; ~**rechnung die** (*Math.*) differential calculus
Differenz [dɪfə'rɛnts] die; ~, ~**en** a) (*auch Math.*) difference; b) (*Meinungsverschiedenheit*) difference [of opinion]
Differenz·betrag der difference
differenzier·bar *Adj.* a) distinguishable; b) (*Math.*) differentiable
differenzieren 1. *tr. V.* a) be discriminating in ⟨*judgement, opinion*⟩; (*unterscheiden*) differentiate; b) (*Math.*) differentiate; c) (*DDR Landw.*) grade. 2. *itr. V.* differentiate; make a distinction/distinctions ⟨*zwischen* between⟩; (*bei einem Urteil, einer Behauptung*) be discriminating; **genau** ~: make a precise distinction/precise distinctions. 3. *refl. V.* ⟨*methods*⟩ become more subtly differentiated; ⟨*life, language*⟩

1011

differenziert 1. *Adj.* subtly differentiated ⟨*methods, colours*⟩; complex ⟨*life, language, person, emotional life*⟩; sophisticated ⟨*taste*⟩; diverse ⟨*range*⟩; **ein sehr ~er Bericht** a precise and subtle analysis. 2. *adv.* **~ urteilen** be discriminating in one's judgement; **etw. ~ darlegen** give a precise and subtle analysis of sth.
Differenziertheit *die;* ~ *s.* **differenziert 1:** differentiation; complexity; sophistication; diversity
Differenzierung *die;* ~, ~en *(von Methoden)* greater differentiation; *(des Lebens, der Sprache)* greater complexity; *(des Geschmacks)* greater sophistication
Differenz·menge *die (Math.)* **die ~ A\B** the complement of the set B relative to A
differieren [dɪfəˈriːrən] *itr. V. (geh.)* differ **(um** by**)**
diffizil [dɪfiˈtsiːl] *Adj. (geh.)* difficult; *(kompliziert)* complex; *(peinlich genau)* meticulous
diffus [dɪˈfuːs] 1. *Adj.* a) *(Physik, Chemie)* diffuse; b) *(geh.)* vague; vague and confused ⟨*idea, statement, etc.*⟩. 2. *adv.* in a vague and confused way
Diffusion [dɪfuˈzi̯oːn] *die;* ~, ~en *(Physik, Chemie)* diffusion
Digestivum [digɛsˈtiːvʊm] *das;* ~s, **Digestiva** a) *(geh.)* digestant; b) *(Chemie)* digestive
digital [digiˈtaːl] *(DV)* 1. *Adj.* digital. 2. *adv.* digitally
Digital·anzeige *die* digital display
digitalisieren *tr. V. (DV)* digitalize
Digital-: ~**rechner** *der (DV)* digital computer; *(Taschenrechner)* digital calculator; ~**uhr** *die* digital clock; *(Armbanduhr)* digital watch
Dikta *s.* **Diktum**
Diktaphon [dɪktaˈfoːn] *das;* ~s, ~e Dictaphone (P)
Diktat [dɪkˈtaːt] *das;* ~[e]s, ~e a) dictation; **nach ~ schreiben** take dictation; **etw. nach ~ schreiben** write/type sth. from dictation; b) *(das Diktierte)* dictation; **ein ~ aufnehmen** take dictation; c) *(Schulw.)* dictation; d) *(geh.: Befehl)* dictate; *(Politik)* diktat; **das ~ der Mode** the dictates *pl.* of fashion
Diktator [dɪkˈtaːtɔr] *der;* ~s, ~en [-ˈtoːrən] *(auch fig.)* dictator
diktatorisch 1. *Adj. (auch fig.)* dictatorial. 2. *adv. (auch fig.)* dictatorially
Diktatur [dɪktaˈtuːɐ̯] *die;* ~, ~en *(auch fig.)* dictatorship
diktieren [dɪkˈtiːrən] *tr. V.* dictate
Diktier·gerät *das* dictating machine
Diktion [dɪkˈtsi̯oːn] *die;* ~, ~en *(geh.)* style and diction
Diktionär [dɪktsi̯oˈnɛːɐ̯] *das od. der;* ~s, ~e *(veralt.)* dictionary
Diktum [ˈdɪktʊm] *das;* ~s, **Dikta** *(geh.)* a) dictum; b) *(veralt.: Entscheid)* dictum; pronouncement
dilatorisch [dilaˈtoːrɪʃ] *(geh.)* 1. *Adj.* dilatory. 2. *adv.* dilatorily; in a dilatory manner
Dilemma [diˈlɛma] *das;* ~s, ~s *od.* **Dilemmata** dilemma
Dilettant [dilɛˈtant] *der;* ~en, ~en, **Dilettantin** *die;* ~, ~nen *(auch abwertend)* dilettante
dilettantisch *(abwertend)* 1. *Adj.* dilettante; amateurish. 2. *adv.* amateurishly
Dilettantismus *der;* ~ *(meist abwertend)* dilettantism; amateurism
dilettieren [dilɛˈtiːrən] *itr. V. (geh.)* dabble
Dill [dɪl] *der;* ~[e]s, ~e, *österr. auch:* **Dille** *die;* ~, ~n *(Gattung)* Anethum; **Echter Dill** dill
Diluvium [diˈluːvi̯ʊm] *das;* ~s *(Geol. veralt.)* **das ~:** the Pleistocene
Dimension [dimɛnˈzi̯oːn] *die;* ~, ~en *(Physik, fig.)* dimension

-dimensional [dimɛnzi̯oˈnaːl] *Adj.* -dimensional; **mehr-/drei~** multi-/three-dimensional
dimensionieren *tr. V. (Technik)* dimension
Diminuendo [dimiˈnu̯ɛndo] *das;* ~s, ~s *od.* **Diminuendi** *(Musik)* diminuendo
diminutiv [diminuˈtiːf] *Adj.; nicht präd. (Sprachw.)* diminutive
Diminutiv *das;* ~s, ~e *(Sprachw.)* diminutive
Dimmer [ˈdɪmɐ] *der;* ~s, ~ *(Elektrot.)* dimmer
DIN [diːn] *Abk.* Deutsche Industrie-Norm[en] German Industrial Standard[s]; DIN; **DIN-Format** DIN size; **DIN-A4-Format** A4
dinarisch [diˈnaːrɪʃ] *Adj.* Dinaric
Diner [diˈneː] *das;* ~s, ~s a) *(geh.) [formal]* dinner; b) *(Abendessen)* dinner
¹**Ding** [dɪŋ] *das;* ~[e]s, ~e a) *(Gegenstand, Objekt)* thing; **das ~ an sich** *(Philos.)* the thing-in-itself; **die Welt der ~e** *(Philos.)* the world of material objects; **jedes ~ hat zwei Seiten** there are two sides to everything; *s. auch* **Namen**; b) *(Pl. (Ereignisse)* things; **nach Lage der ~e** the way things are; **wie die ~ stehen** as things stand; **über den ~en stehen** be above such things; *s. auch* **harren**; c) *Pl. (Angelegenheiten)* matters; **persönliche/private ~e** personal/private matters; **in ~en des Geschmacks** in matters of taste; **wie ich die ~e sehe** as I see things *or* matters; **reden wir von anderen ~en** let's talk about something else; **gut ~ will Weile haben** it takes time to do a thing well; **die Letzten ~e** the last things; **ein ~ der Unmöglichkeit sein** be quite impossible; **das geht nicht mit rechten ~en zu** there's something funny about it; **vor allen ~en** above all; d) **guter ~e sein** *(geh.)* be in good spirits; e) *(Hist.) s.* **Thing**
²**Ding** *das;* ~[e]s, ~er a) *(ugs.: Gegenstand, Sache)* thing; **das ist ja ein ~!** that's really something; **ein ~ drehen** *(criminal)* pull a job *(sl.);* **jmdm. ein ~ verpassen** *(salopp)* clout sb. one *(coll.);* **mach keine ~er!** stop having me on *(Brit. coll.);* stop putting me on *(Amer. coll.);* b) *(ugs.: Mädchen)* thing; creature; c) *(salopp: Penis)* thing *(coll.);* tool *(sl.)*
dingen *unr. tr. V.* a) *(geh.)* hire; **ein gedungener Schreiberling** a mercenary hack; **ein gedungener Mörder** a hired killer; b) *(veralt.: anstellen)* hire; take on
ding·fest *in* **jmdn. ~ machen** arrest *or* apprehend sb.
Dinghi, Dingi [ˈdɪŋgi] *das;* ~s, ~s dinghy
dinglich *Adj.* a) real; **die ~e Welt** the material world; the world of objects; b) *(Rechtsspr.)* real ⟨*right, security, etc.*⟩
¹**Dings** [dɪŋs] *der/die;* ~ *(ugs.: Mensch)* thingamy *(coll.);* thingumajig *(coll.);* **what's-his-name/-her-name**
²**Dings** *das;* ~ *(ugs.)* a) *(Gegenstand)* thingamy *(coll.);* thingumajig *(coll.)* what-d'you-call-it; b) *o. Art. (Ort)* what's-its-name; what's-it-called
Dings·bums [-bʊms] *der/die/das s.* ¹**Dings,** ²**Dings**
Ding·wort *das* naming word
dinieren [diˈniːrən] *itr. V. (geh.)* dine
Dinkel [ˈdɪŋkl] *der;* ~s, ~ *(Landw.)* spelt
Dinner [ˈdɪnɐ] *das;* ~s, ~[s] dinner
Dinosaurier [dinoˈzau̯ri̯ɐ] *der* dinosaur
Diode [diˈoːdə] *die;* ~, ~n *(Elektrot.)* diode
Diolen ⓦ [di̯oˈleːn] *das;* ~s *(Textilind.)* Terylene (P)
dionysisch [di̯oˈnyːzɪʃ] 1. *Adj.* Dionysiac; Dionysian. 2. *adv.* Dionysiacally
Diopter [diˈɔptɐ] *das;* ~s, ~ *(am Gewehr)* [optical] sight; *(an einer Kamera)* [directvision] frame finder
Dioptrie [di̯ɔpˈtriː] *die;* ~, ~n *(Optik)* dioptre
Dioskuren [di̯ɔsˈkuːrən] *Pl. (geh.)* heavenly twins; inseparable friends

Dioxid [diˈɔksiːt] *(fachspr.),* **Dioxyd** [ˈdiːɔksiːt] *das;* ~s, ~e *(Chemie)* dioxide
Dioxin [diˈɔksiːn] *das;* ~s *(Chemie)* dioxin
Diözesan *der;* ~en, ~en member of the/a diocese
Diözese [di̯øˈtseːzə] *die;* ~, ~n diocese
Diphtherie [dɪfteˈriː] *die;* ~, ~n *(Med.)* diphtheria
diphtherisch *Adj. (Med.)* diphtherial
Diphthong [dɪfˈtɔŋ] *der;* ~s, ~e *(Sprachw.)* diphthong
diphthongieren [dɪftɔŋˈgiːrən] *tr. V. (Sprachw.)* diphthongize
Diphthongierung *die;* ~, ~en *(Sprachw.)* diphthongization
diphthongisch *(Sprachw.)* 1. *Adj.* diphthongal. 2. *adv.* **etw. ~ aussprechen** pronounce sth. as a diphthong
Dipl.-Ing. *Abk.* Diplomingenieur *academically qualified engineer*
Dipl.-Kfm. *Abk.* Diplomkaufmann *holder of a diploma in commerce*
Dipl.-Landw. *Abk.* Diplomlandwirt *holder of a diploma in agriculture*
diploid [diploˈiːt] *Adj. (Biol.)* diploid
Diplom [diˈploːm] *das;* ~s, ~e a) ≈ [first] degree *(in a scientific or technical subject);* *(für einen Handwerksberuf)* diploma; **sein ~ machen** do one's *or* a degree/diploma; b) *(Urkunde)* ≈ degree certificate *(in a scientific or technical subject);* *(für einen Handwerksberuf)* diploma
Diplom-: qualified
Diplom·arbeit *die* ≈ degree dissertation *(for a first degree in a scientific or technical subject);* *(für einen Handwerksberuf)* dissertation [submitted for a/the diploma]
Diplomat [diploˈmaːt] *der;* ~en, ~en *(auch fig.)* diplomat
Diplomaten-: ~**gepäck** *das* diplomatic bags *pl.* or baggage; ~**koffer** *der* attaché case; executive case; ~**viertel** *das* embassy district
Diplomatie [diplomaˈtiː] *die;* ~ a) diplomacy; b) *(die Diplomaten)* diplomatic corps
Diplomatin *die;* ~, ~nen *(auch fig.)* diplomat
diplomatisch *(auch fig.)* 1. *Adj.* diplomatic. 2. *adv.* diplomatically
diplomieren *tr. V. (Hochschulw.)* **jmdn. ~:** award sb. a degree/diploma
diplomiert *Adj.* qualified
Diplom·prüfung *die* ≈ degree examination *(in a scientific or technical subject);* *(für einen Handwerksberuf)* diploma examination
Dipol [diˈpoːl] *der;* ~s, ~e *(Physik, Antenne)* dipole
Dipol·antenne *die* dipole antenna
dippen [ˈdɪpn̩] *tr. V. (Seemannsspr.)* dip ⟨*flag*⟩
dir [diːɐ̯] 1. *Dat. des Personalpron.* **du** to you; *(nach Präpositionen)* you; **ich gab es ~:** I gave it to you; **ich gab ~ das Buch** I gave you the book; **Freunde von ~:** friends of yours; **gehen wir zu ~:** let's go to your place; *s. auch* **mir 1a, b.** 2. *Dat. des Reflexivpron. der 2. Pers. Sg.* yourself; **hast du ~ seine Vorschläge genau überlegt?** have you given careful thought to his suggestions?; **hast du ~ gedacht, daß ...:** did you think that ...; **du willst ~ ein neues Kleid kaufen** you want to buy yourself a new dress; **nimm ~ noch von dem Braten** help yourself to some more roast
direkt [diˈrɛkt] 1. *Adj.* direct. 2. *adv.* a) *(geradewegs)* straight; directly; b) *(sofort)* directly; straight; **etw. ~ übertragen** broadcast sth. live; c) *(nahe)* directly; **~ am Marktplatz** right by the market square; d) *(unmittelbar)* direct; **sich ~ mit jmdm. verbinden lassen** get a direct line to sb.; e) *(unverblümt)* directly; f) *(ugs.: geradezu)* really; really, positively ⟨*dangerous, witty*⟩
Direkt·flug *der* direct flight

Direktheit die; ~: directness
Direktion [dirɛk'tsi̯o:n] die; ~, ~en a) o. Pl. management; (von gemeinnützigen, staatlichen Einrichtungen) administration; b) (die Geschäftsleiter) management; c) (Büroräume) managers' offices pl.
Direktions-: ~**assistent** der management trainee; ~**sekretärin** die manager's secretary
Direktive [dirɛk'ti:və] die; ~, ~n (geh.) directive
Direkt·mandat das (Politik) [über] ~: [by] direct mandate
Direktor [di'rɛktɔr] der; ~s, ~en [...'to:rən] a) (Schulw.) headmaster; (von Hochschulinstituten) director; (von Fachschulen usw.) principal; b) (einer gemeinnützigen Einrichtung) director; (einer Strafanstalt) governor; c) (Wirtsch.) director; manager; (einer bestimmten Abteilung) manager
Direktorat [dirɛkto'ra:t] das; ~[e]s, ~e a) (Amt, Amtszeit) (einer Schule) headship; (gemeinnütziger Einrichtungen) directorship; b) (Dienstzimmer) headmaster's/headmistress's office
Direktoren·sessel der (ugs.) directorship; managership
direktorial [dirɛkto'ri̯a:l] Adj. directorial
Direktorin [dirɛk'to:rɪn] die; ~, ~nen a) (Schulw.) headmistress; (von Hochschulinstituten) director; (von Fachschulen usw.) principal; b) s. **Direktor** b, c; s. auch **-in**
Direktorium [dirɛk'to:ri̯ʊm] das; ~s, Direktorien board of directors
Direktrice [dirɛk'tri:sə] die; ~, ~n head designer; (in einem Einzelhandelsgeschäft) manageress
Direkt-: ~**sendung** die s. ~**übertragung**; ~**student** der (DDR) campus student; ~**studium** das (DDR) campus course; ~**übertragung** die live transmission or broadcast; ~**verbindung** die a) (Eisenb.) direct connection; through train; (Flugw.) direct flight; b) (Fernspr.) direct [telephone] connection; ~**wahl** die a) in od. durch ~**wahl** by direct election; b) o. Pl. direct dialling
Direx ['di:rɛks] der; ~, ~e,/die; ~, ~en (Schülerspr.) head
Dirigent [diri'gɛnt] der; ~en, ~en conductor
Dirigenten-: ~**pult** das conductor's rostrum; ~**stab** der, ~**stock** der [conductor's] baton
dirigieren [diri'gi:rən] tr. V. a) auch itr. conduct; b) (führen) steer (person); jmdn. an einen Ort ~: send sb. to a place; c) run ‹business, company›; d) (lenken) steer ‹vehicle›; (fahren) drive
Dirigismus [diri'gɪsmʊs] der; ~ (Wirtsch.) dirigisme
dirigistisch (Wirtsch.) 1. Adj. dirigiste. 2. adv. in a dirigiste manner
Dirn [dɪrn] die; ~, ~en a) (bayr., österr.) maid; b) (nordd.) girl; lass (esp. Scot.)
Dirndl ['dɪrndl] das; ~s, ~: dirndl
Dirndl·kleid das dirndl
Dirne ['dɪrnə] die; ~, ~n a) prostitute; b) (veralt.: Mädchen) girl; lass (esp. Scot.)
Dirnen-: ~**viertel** das red-light district
Dis [dɪs] das; ~, ~ (Musik) D sharp
Disagio [dɪs'la:dʒo] das; ~s (Finanzw.) disagio
Discjockey ['dɪskdʒɔke] der s. **Diskjockey**
Disco ['dɪsko] die; ~, ~s disco
Discount-: [dɪs'kaʊnt] discount; ~**geschäft/**~**preis** discount shop/price
Dis-Dur [auch '-'-'] das; ~ (Musik) D sharp major; s. auch **A-Dur**
Disengagement [dɪsɪn'geɪdʒmənt] das; ~s (Politik) disengagement
Disharmonie [auch: '----] die a) (Musik) disharmony; discord; dissonance; b) (von Farben) clash; c) (geh.: Uneinigkeit) disagreement; disharmony no indef. art.; solche ~n such disharmony sing. or disagreements

disharmonieren itr. V. a) (Musik) be discordant or dissonant; b) ‹colours› clash; c) (geh.: uneinig sein) disagree
disharmonisch Adj. a) (Musik) disharmonious; discordant; dissonant; b) (nicht zusammenstimmend) clashing ‹colours›; c) (geh.: uneinig) disharmonious
Disjunktion [dɪsjʊŋk'tsi̯o:n] die; ~, ~en (Logik) disjunction
disjunktiv [dɪsjʊŋk'ti:f] Adj. (Sprachw.) disjunctive
Diskant [dɪs'kant] der; ~s, ~e a) in einen schneidenden ~ umschlagen ‹voice› become gratingly shrill; b) (einer Singstimme, beim Klavier) treble; c) (beim Cantus firmus) descant
Diskette [dɪs'kɛtə] die; ~, ~n (DV) floppy disc
Disketten·lauf·werk das (DV) [floppy-] disc drive
Disk·jockey ['dɪskdʒɔke] der disc jockey
Disko s. **Disco**
Diskont [dɪs'kɔnt] der; ~s, ~e (Finanzw.) a) discount; b) discount rate
Diskonten Pl. (Finanzw.) inland or domestic bills of exchange
Diskont·erhöhung die (Finanzw.) raising of the discount rate
diskontieren tr. V. (Finanzw.) discount
Diskontinuität die; ~, ~en a) discontinuity; b) (Politik) principle that bills not passed before the end of a legislative period must be reintroduced in the next parliament
Diskont·satz der (Finanzw.) discount rate
Diskothek [dɪsko'te:k] die; ~, ~en a) (Tanzlokal) discothèque; b) (Schallplatten) record collection; c) (Raum für Schallplatten) record library
diskreditieren [dɪskredi'ti:rən] tr. V. discredit
Diskrepanz [dɪskre'pants] die; ~, ~en discrepancy (zwischen between)
diskret [dɪs'kre:t] 1. Adj. a) (vertraulich) confidential ‹discussion, report›; (unauffällig) discreet ‹action›; b) (taktvoll) tactful ‹behaviour, reserve›; sie ist sehr ~: she is very discreet; c) (dezent) quiet ‹colour, elegance›; subtle ‹perfume›; d) (Technik, Physik, Math.) discrete. 2. adv. a) (vertraulich) confidentially; etw. ~ behandeln treat sth. in confidence; b) (taktvoll) tactfully; sich ~ zurückziehen retire discreetly; c) (dezent) discreetly; ~ gemustert sein have a subdued pattern
Diskretion [dɪskre'tsi̯o:n] die; ~ a) (Verschwiegenheit, Takt) discretion; in einer Angelegenheit äußerste/strengste ~ wahren treat a matter in the strictest confidence; ~ [ist] Ehrensache you can rely on my discretion; b) (Unaufdringlichkeit) discreetness
diskriminieren [dɪskrimi'ni:rən] tr. V. a) (herabwürdigen) disparage; b) (benachteiligen) discriminate against
Diskriminierung die; ~, ~en a) discrimination (von against); b) (Handlung) act of discrimination; c) (Äußerung) discriminatory remark
Diskurs [dɪs'kʊrs] der; ~es, ~e (Abhandlung) discourse; b) (gen.: Unterhaltung) discourse no indef. art. (literary); conversation; einen ~ [mit jmdm.] haben/führen have or hold a conversation [with sb.]; c) (Wortwechsel) exchange [of words]; altercation; d) (Sprachw.) discourse
diskursiv [dɪskʊr'zi:f] (Philos.) 1. Adj. discursive. 2. adv. discursively
Diskus ['dɪskʊs] der; ~ od. ~ses, Disken od. ~se (Leichtathletik) discus

Diskussion [dɪskʊ'si̯o:n] die; ~, ~en discussion; (Gesprächsrunde, Tagesgespräch) discussion; debate; etw. zur ~ stellen put sth. up for discussion; [nicht] zur ~ stehen [not] be under discussion
Diskussions-: ~**abend** der discussion [evening]; ~**beitrag** der contribution to a/the discussion; ~**grundlage** die basis of a/the discussion; als ~**grundlage** dienen serve as a basis for [a/the] discussion; ~**leiter** der chairman [of the discussion]; ~**teilnehmer** der participant [in a/the discussion]
Diskus-: ~**werfen** das (Leichtathletik) [throwing the] discus; das ~**werfen** ist ...: [throwing] the discus is ...; die Meisterschaften im ~**werfen** the discus championships; ~**werfer** der, ~**werferin** die discus thrower; ~**wurf** der (Leichtathletik) a) o. Pl. (Disziplin) throwing the discus; beim ~**wurf** in the discus; b) (einzelner Wurf) [discus] throw
diskutabel [dɪsku'ta:bl] Adj., **diskutierbar** Adj. [äußerst] ~: [very well] worth considering or discussing postpos.
diskutieren [dɪsku'ti:rən] 1. itr. V. a) über etw. (Akk.) ~: discuss sth.; darüber wird viel zu viel diskutiert there's much too much discussion about that; darüber läßt sich ~: that's debatable; wir haben stundenlang diskutiert our discussion went on for hours. 2. tr. V. discuss
dis-Moll ['dɪs-] das; ~ (Musik) D sharp minor; s. auch **a-Moll**
disparat Adj. disparate
Dispatcher [dɪs'pɛtʃɐ] der; ~s, ~ (DDR Technik) controller
Dispens [dɪs'pɛns] der; ~es, ~e (österr. u. kath. Kirche nur:) die; ~, ~en (bes. kath. Kirche) dispensation (von from)
dispensieren tr. V. (auch fig.) dispense (form., Eccl.), excuse (von from)
Dispensierung die; ~, ~en a) (Befreiung) dispensation (form., Eccl.), exemption (von from); b) (Pharm.) dispensing; **Wartezeit bei ~en** waiting period for dispensed or made-up prescriptions
Dispersion [dɪspɛr'zi̯o:n] die; ~, ~en (Physik, Chemie) dispersion
Dispersions·farbe die emulsion paint
Disponent [dɪspo'nɛnt] der; ~en, ~en a) (Wirtsch.) junior departmental manager; b) (am Theater) manager
Disponentin die; ~, ~nen a) (Wirtsch.) junior departmental manager; b) (am Theater) manageress
disponibel [dɪspo'ni:bl] Adj. (verfügbar) available; (vielseitig einsetzbar) versatile
disponieren 1. itr. V. a) (verfügen) über jmdn./etw. ~ (zur Verfügung haben) have sb./sth. at one's disposal; nach Belieben über jmdn./etw. ~: do just as one wishes or likes with sb./sth.; b) (vorausplanen) plan ahead
disponiert Adj. a) gut/schlecht ~ sein be in good form or on form/be in bad form or off form; b) (Med.) für od. zu etw. ~ sein be disposed to sth.
Disposition [dɪspozi'tsi̯o:n] die; ~, ~en a) (Verfügungsgewalt) right of disposal; jmdm. zur od. zu jmds. ~ stehen be at sb.'s disposal; jmdm. etw. zur ~ stellen place sth. at sb.'s disposal; jmdn. zur ~ stellen (Amtsspr.) suspend sb.; b) (Planung) arrangement; ~**en treffen** make arrangements; c) (Gliederung) plan; d) (Med.: Anlage) disposition (zu, für to)
Dispositions·kredit der (Finanzw.) overdraft facility
Disput [dɪs'pu:t] der; ~[e]s, ~e (geh.) dispute, argument (über + Akk. about)
disputabel [dɪspu'ta:bl] Adj. (geh.) disputable
Disputation [dɪsputa'tsi̯o:n] die; ~, ~en (Hochschulw., geh.: Streit) disputation
disputieren itr. V. (geh.) discuss; (streiten) dispute; über etw. (Akk.) ~: discuss/dispute sth.
Disqualifikation die (auch Sport) disqualification
disqualifizieren tr. V. (auch Sport) disqualify

1013

Disqualifizierung die; ~, ~en *(auch Sport)* disqualification
Diss. *Abk.* **Dissertation** diss.
Dissens [dɪsɛns] der; ~es, ~e *(geh.)* dissent *no indef. art.;* disagreement (**über** + *Akk.* over)
Dissertation [dɪsɛrta'tsi̯oːn] die; ~, ~en [doctoral] dissertation *or* thesis
Dissident [dɪsi'dɛnt] der; ~en, ~en, **Dissidentin,** die; ~, ~nen dissident; *(Rel.)* nonbeliever
Dissimilation [dɪsimila'tsi̯oːn] die; ~, ~en *(Sprachw., Biol.)* dissimilation
dissimilieren *tr. V. (Sprachw., Biol.)* dissimilate
dissonant [dɪso'nant] *Adj. (Musik)* dissonant
Dissonanz [dɪso'nants] die; ~, ~en *(Musik)* dissonance
Distanz [dɪs'tants] die; ~, ~en **a)** *(Abstand)* distance; **in einiger ~:** some distance away; **~ zu etw. gewinnen** *(fig.)* distance oneself from sth.; **b)** *o. Pl. (Rangunterschied, Zurückhaltung)* ~ **wahren** *od.* **halten** keep one's distance; **die soziale ~:** the social gap; **auf ~ bleiben** *od.* **gehen** keep one's distance; **c)** *(Leichtathletik, Rennsport)* distance; **gegen Ende der ~:** towards the end of the race; **d)** *(Boxen: Abstand, Rundenzahl)* distance; **jmdn. auf ~ halten** keep sb. at long range
distanzieren 1. *refl. V.* **sich von jmdm./etw. ~:** dissociate oneself from sb./sth. **2.** *tr. V. (Sport: überrunden)* outdistance, outpace (**um** by); *(schlagen)* beat (**um** by)
distanziert 1. *Adj.* distant; reserved; reserved *(politeness).* **2.** *adv.* in a distant *or* reserved manner; with reserve
Distel ['dɪstl̩] die; ~, ~n thistle
Distel·fink der the goldfinch
Distichon ['dɪstiçɔn] das; ~s, **Distichen** *(Verslehre)* distich
distinguiert [dɪstɪŋ'giːɐ̯t] *(geh.)* **1.** *Adj.* distinguished. **2.** *adv.* in a distinguished manner
Distribution [dɪstribu'tsi̯oːn] die; ~, ~en *(auch Wirtsch., Math., Sprachw.)* distribution
distributiv [dɪstribu'tiːf] *Adj. (Sprachw., Math.)* distributive
Distrikt [dɪs'trɪkt] der; ~[e]s, ~e district; area; *(Bezirk)* district
Disziplin [dɪstsi'pliːn] die; ~, ~en a) *o. Pl. (Ordnung)* discipline; ~ **halten** keep discipline; *(sich diszipliniert verhalten)* behave in a disciplined way; **b)** *o. Pl. (Selbstbeherrschung)* [self-]discipline; **c)** *(Wissenschaftszweig, Sport)* discipline
disziplinär [dɪstsipli'nɛːɐ̯] *(bes. österr.)* **1.** *Adj.* disciplinary. **2.** *adv.* **gegen jmdn. ~ vorgehen** take disciplinary action against sb.
disziplinarisch 1. *Adj.* **a)** disciplinary; **b)** *(streng)* severe. **2.** *adv.* **gegen jmdn. ~ vorgehen** take disciplinary action against sb.; **jmdm. ~ unterstellt sein** be answerable to sb. in matters of discipline; **b)** *(streng)* **jmdn. ~ bestrafen** punish sb. severely
Disziplinar-: ~maßnahme die; *meist Pl.* disciplinary measure; **~strafe** die *(Sport)* disciplinary penalty; **mit einer ~strafe rechnen müssen** have to expect disciplinary action; **eine hohe ~strafe** a heavy fine; **er erhielt eine ~strafe von 100 DM** he was fined 100 marks; **b)** *(Eishockey)* misconduct penalty; **b)** *(veralt.)* disciplinary measure; **~verfahren** das disciplinary proceedings *pl.*
disziplinieren 1. *tr. V.* discipline. **2.** *refl. V.* discipline oneself
diszipliniert 1. *Adj.* **a)** *(geordnet)* well-disciplined; **b)** *(beherrscht)* disciplined. **2.** *adv.* **a)** *(geordnet)* in a well-disciplined way; **b)** *(beherrscht)* in a disciplined way
Disziplinierung die; ~, ~en disciplining *no indef. art.*

disziplin-, Diszplin-: ~los 1. *Adj.* undisciplined; **2.** *adv.* in an undisciplined way; **~losigkeit** die; ~: lack of discipline; **~schwierigkeiten** *Pl.* discipline problems; problems in maintaining discipline
dithyrambisch *Adj. (Literaturw.)* dithyrambic
Dithyrambus [dity'rambʊs] der; ~, **Dithyramben a)** *(Literaturw.)* dithyramb
dito ['diːto] *Adv. (Kaufmannsspr., auch ugs.)* ditto
Diuretikum [diu're:tikʊm] das; ~s, **Diuretika** *(Med.)* diuretic
diuretisch *(Med.) Adj.* diuretic
Diva ['diːva] die; ~, ~s *u.* **Diven a)** *(Künstlerin)* prima donna; diva; *(Film~)* great [film] star; **b)** *(eingebildeter Mensch)* prima donna
divergent [dɪvɛr'gɛnt] **1.** *Adj. (auch fig., Math.)* divergent. **2.** *adv. (auch fig., Math.)* divergently; **~ verlaufen** diverge
Divergenz [dɪvɛr'gɛnts] die; ~, ~en *(auch Math.)* divergence; *(Meinungsverschiedenheit)* divergence of opinion
divergieren *itr. V. (auch Math.)* diverge
divers... [dɪ'vɛrs...] *Adj.; nicht präd.* various; *(von derselben Sorte)* several; **die ~esten ...:** the most diverse ...
Diversifikation [dɪvɛrzifika'tsi̯oːn] die; ~, ~en *(Wirtsch.)* diversification
diversifizieren [dɪvɛrzifi'tsiːrən] *tr., itr. V. (Wirtsch.)* diversify
Diversion [dɪvɛr'zi̯oːn] die; ~, ~en *(bes. DDR)* subversion
Divertimento [dɪvɛrti'mɛnto] das; ~s, ~s *u.* **Divertimenti** *(Musik)* divertimento
Divertissement [dɪvɛrtɪsə'mãː] das; ~s, ~s *(Musik)* divertissement
Dividend [divi'dɛnt] der; ~en, ~en *(Math.)* dividend
Dividende [divi'dɛndə] die; ~, ~n *(Börsenw., Wirtsch.)* dividend
Dividenden·ausschüttung die *(Börsenw., Wirtsch.)* payment of the dividend/ of dividends
dividieren [divi'diːrən] *tr. V. (Math.)* divide
Divis [di'viːs] das; ~es, ~e *(Druckw.)* hyphen
Division [divi'zi̯oːn] die; ~, ~en *(Math., Milit.)* division
Divisions·kommandeur der *(Milit.)* divisional commander
Divisor [di'viːzɔr] der; ~s, ~en [-'viːzorən] *(Math.)* divisor
Diwan ['diːvaːn] der; ~s, ~e *(veralt.: Sofa, Literaturw.: Gedichte)* divan
Dixieland ['dɪksilænd] der; ~[s] Dixieland
d. J. *Abk.* **a)** dieses Jahres; **b)** der/die Jüngere
DJH [deːjɔt'haː] der; ~ *Abk.* Deutscher Jugendherbergsverband German Youth Hostel Association
DKP [deːkaː'peː] die; ~ *Abk.* Deutsche Kommunistische Partei Communist Party of Germany
DLRG [deːɛlɛr'geː] die; ~ *Abk.* Deutsche Lebens-Rettungs-Gesellschaft German Life Saving Society
dm *Abk.* Dezimeter dm
DM *Abk.* Deutsche Mark DM
d. M. *Abk.* dieses Monats inst.; **am 13. d. M.** on the thirteenth inst.
d-Moll [deː'mɔl] das; ~ *(Musik)* D minor; *s. auch* **a-Moll**
DNS [deːɛn'ɛs] die; ~ *Abk. (Chemie)* Desoxyribonukleinsäure DNA
do. *Abk.* dito do.
Do. *Abk.* Donnerstag Thur[s].
Dobermann ['doːbɐman] der; ~s, **Dobermänner** Dobermann [pinscher]
doch [dɔx] **1.** *Konj.* but. **2.** *Adv.* **a)** *(jedoch)* but; **b)** *(dennoch)* all the same; still; *(trotzdem)* nevertheless; all the same; *(wider Erwarten)* after all; **aber ich habe ihn ~ erkannt** but I recognized him all the same; I still recognized him; **und ~:** and yet;

aber die Ausstellung war ~ ganz interessant but the exhibition was actually quite interesting; **c)** *(geh.: weil)* wußte er ~, daß ...: because he knew that ...; **d)** *(als Antwort)* **Das kannst du nicht! – Doch!** You can't do that! – [Oh] yes I can!; **Das stimmt nicht! – Doch!** That's not right! – [Oh] yes it is!; **Hast du keinen Hunger? – Doch!** Aren't you hungry? – Yes [I am]!; **doch schon, aber ...:** yes, I do/he does *etc.*, but ...; **e)** *(Angezweifeltes richtigstellend: tatsächlich)* **er war also ~ der Mörder!** so he 'was the murderer!; **sie hat es also ~ gesagt** so she 'did say it; **f)** *(etw. für unnütz erklärend)* in any case; **du kannst mir ~ nicht helfen** there's nothing you can do to help me. **3.** *Partikel* **a)** *(auffordernd, Ungeduld, Empörung ausdrückend)* oft nicht übersetzt **das hättest du ~ wissen müssen** you [really] should have known that; **du hast ~ selbst gesagt, daß ...** *(rechtfertigend)* you did say yourself that ...; **gib mir ~ bitte mal die Zeitung** pass me the paper, please; **Kinder, seid ~ nicht so laut!** don't make so much noise, children!; **reg dich ~ nicht so auf!** don't get so worked up!; **paß ~ auf!** [oh.] do be careful!; **das ist ~ nicht zu glauben** that's just incredible; **b)** *(Zweifel ausdrückend)* **du hast ~ meinen Brief erhalten?** you did get my letter, didn't you?; **es wird ihm ~ nichts passiert sein?** you don't think something has happened to him[, do you]?; **c)** *(Bestätigung erwartend)* **Sie kommen ~ morgen?** you will be coming tomorrow, won't you?; **d)** *(Überraschung ausdrückend)* nicht übersetzt **da ist ~ Karl!** there's Karl! **e)** *(an Bekanntes erinnernd)* **er ist ~ nicht mehr der jüngste** he's not as young as he used to be[, you know]; **ich bin ~ deine Schwester** I 'am your sister[, you know]; **g)** *(nach Vergessenem fragend)* **wie war ~ sein Name?** now what was his name?; **h)** *(verstärkt Bejahung/Verneinung ausdrückend)* **gewiß/sicher ~!** [why] certainly, of course; **ja ~!** [yes,] all right *or* [coll.] OK; **nein ~!** [no,] of course not; **nicht ~!** *(abwehrend)* [no,] don't!; **sollen sie ~!** let them, then!; well, let them!; **i)** *(Wunsch verstärkend)* **wäre es ~ ...:** if only it were ...
Docht [dɔxt] der; ~[e]s, ~e wick
Dock [dɔk] das; ~s, ~s dock
Dock·arbeiter der dock-worker; docker
Docke die; ~, ~n **a)** *(Garnbündel)* skein; *(Getreidebündel)* shock, stook, **c)** *(südd.: Puppe)* doll
¹docken *tr. V.* shock, stook *(corn)*; wind *(thread)* into a skein/skeins
²docken 1. *itr. V. (Seew., Raumf.)* dock. **2.** *tr. V. (Seew.)* dock *(ship)*; put *(ship)* in dock
Docker der; ~s, ~: docker
Dock·hafen der dock
Dodekaeder [dodeka'eːdɐ] das; ~s, ~ *(Geom.)* dodecahedron
Dodekaphonie [dodekafoː'niː] die; ~ *(Musik)* twelve-tone technique
Doge ['doːʒə] der; ~n, ~n doge
Dogge ['dɔɡə] die; ~, ~n **a)** **deutsche ~:** Great Dane; **b)** **englische ~:** mastiff
Dogma ['dɔɡma] das; ~s, **Dogmen** *(bes. kath. Kirche, auch fig.)* dogma
Dogmatik [dɔ'ɡmaːtik] die; ~, ~en **a)** *(Theol.)* dogmatics *sing., no art.;* **b)** *(fig. abwertend)* dogmatism
Dogmatiker der; ~s, ~, **Dogmatikerin** die; ~, ~nen *(Theol., auch fig.)* dogmatist
dogmatisch *(Theol., auch fig.)* **1.** *Adj.* dogmatic. **2.** *adv.* dogmatically
dogmatisieren *tr. V. (Theol., auch fig.)* dogmatize
Dogmatismus der; ~ *(oft abwertend)* dogmatism
Dogmen·geschichte die; *o. Pl. (Theol.)* history of dogma
Dohle ['doːlə] die; ~, ~n jackdaw
Dohne ['doːnə] die; ~, ~n springe

Döhnkes ['døːnkəs] *Pl. (nordd.)* stories; yarns

Doktor ['dɔktɔr] *der;* ~s, ~en [-'toːrən] **a)** *o. Pl. (Titel)* doctorate; doctor's degree; **den/seinen ~ machen** do a/one's doctorate; **den ~ haben** have a doctorate *or* doctor's degree; **zum ~ promoviert werden** be awarded one's doctorate *or* doctor's degree; **b)** *(Träger)* doctor; **er ist ~ der Philosophie** he is a doctor of philosophy; **guten Tag, Frau ~!** hello, Doctor; *(Frau eines ~s)* hello, Mrs X; **Herr ~ Krause** Doctor Krause; **c)** *(ugs.: Arzt)* doctor; **der Onkel ~** *(Kinderspr.)* the nice doctor; **~ spielen** play doctors and nurses

Doktorand [dɔkto'rant] *der;* ~en, ~en student taking his/her doctorate; **er ist ~ bei Professor Meier** he is studying for his doctorate under Professor Meier

Doktoranden·kolloquium *das* research students' colloquium

Doktorandin *die;* ~, ~nen *s.* Doktorand

Doktor·arbeit *die* doctoral thesis *or* dissertation (**über** + *Akk.* on)

Doktorat [dɔkto'raːt] *das;* ~[e]s, ~e **a)** *(veralt.: Doktorwürde)* doctorate; **b)** *(österr.) s.* Doktorprüfung

Doktor-: ~**diplom** *das* Ph. D. certificate; doctoral diploma *(Amer.);* ~**examen** *das s.* ~**prüfung;** ~**grad** *der* doctorate; doctor's degree; **den ~grad erwerben** gain *or* get one's doctorate *or* doctor's degree; ~**hut** *der* **a)** *(Hut)* doctor's cap; **b)** *(ugs.) s.* ~**grad**

Doktorin *die;* ~, ~nen doctor; *s. auch* -in

Doktor-: ~**ingenieur** *der* doctor of engineering science; ~**prüfung** *die* examination for a/one's doctorate; ~**titel** *der* title of doctor; **den ~titel führen** *(sich ~ nennen)* call oneself doctor; *(den ~grad haben)* have a doctorate *or* doctor's degree; ~**vater** *der (ugs.)* [thesis] supervisor; ~**würde** *die* doctorate; doctor's degree

Doktrin [dɔk'triːn] *die;* ~, ~en doctrine

doktrinär [dɔktri'nɛːɐ] **1.** *Adj.* doctrinal; *(abwertend: starr, einseitig)* doctrinaire. **2.** *adv.* doctrinally; *(abwertend: starr, einseitig)* in a doctrinaire way

Doktrinär *der;* ~, ~e **a)** *(Verfechter einer Doktrin)* advocate of a/the doctrine; **b)** *(abwertend)* doctrinaire

Dokument [dɔku'mɛnt] *das;* ~[e]s, ~e **a)** *(Urkunde)* document; **b)** *(Zeugnis)* document; record; **c)** *(DDR: Parteibuch)* party membership book

Dokumentalist [dɔkumɛnta'lɪst] *der;* ~en, ~en *(DDR),* **Dokumentar** [dɔkumɛn'taːr] *der;* ~s, ~e documentalist

Dokumentar-: ~**bericht** *der* documentary report; ~**film** *der* documentary [film]

dokumentarisch 1. *Adj.* documentary. **2.** *adv.* **etw. ~ belegen** provide documentary evidence of *or* for sth.; **etw. ~ festhalten** make a documentary record of sth.

Dokumentar-: ~**literatur** *die* documentary literature; ~**theater** *das* documentary drama

Dokumentation [dɔkumɛnta'tsjoːn] *die;* ~, ~en **a)** *o. Pl. (das Dokumentieren)* documentation; **b)** *(Material)* documentary account; *(Bericht)* documentary report; **c)** *o. Pl. (das Beweisen)* demonstration; **d)** *(Beweis, Ausdruck)* evidence

dokumentieren 1. *tr. V.* **a)** *(bekunden)* demonstrate ⟨readiness, cast of mind, sympathy, interest⟩; express, register ⟨protest⟩; **b)** *(belegen)* document; **c)** *(darstellen)* record ⟨behaviour, event⟩. **2.** *refl. V. (offenbar werden)* **sich in od. an etw. (Dat.) ~:** be demonstrated by sth.

Dolby Ⓦ ['dɔlbi] *das;* ~s Dolby system (P)

Dolce vita ['dɔltʃə 'viːta] *das od. die;* ~ ~: dolce vita; **~ ~ machen** *(ugs.)* live a life of luxury and pleasure

Dolch [dɔlç] *der;* ~[e]s, ~e dagger

Dolch-: ~**stich** *der* stab [with a dagger];

~**stoß** *der* **a)** *(Stoß)* dagger-thrust; **b)** *(fig.: Hinterhalt)* stab in the back; ~**stoß·legende** *die* myth of the stab in the back

Dolde ['dɔldə] *die;* ~, ~n *(Bot.)* umbel

Dolden-: ~**blütler** *der (Bot.)* **a)** *(aus der Ordnung ~blütler)* plant of the order Umbelliflorae; **b)** *s.* ~**gewächs;** ~**gewächs** *das (Bot.)* umbellifer

Dole ['doːlə] *die;* ~, ~n *(südd.)* drain

doll [dɔl] *(bes. nordd., salopp)* **1.** *Adj.* **a)** *(ungewöhnlich)* incredible; amazing; **b)** *(verrückt)* batty *(sl.); s. auch* **oll; c)** *(großartig)* fantastic *(coll.);* great *(coll.); (iron.)* great *(coll.);* **d)** *(schlimm)* dreadful *(coll.)*. **2.** *adv.* **a)** *(verrückt)* like a madman; **b)** *(großartig)* fantastically [well] *(coll.);* **c)** *(sehr)* ⟨hurt⟩ dreadfully *(coll.),* like mad; ⟨shake, rain⟩ good and hard *(coll.);* **es regnet immer ~er** it's chucking it down harder than ever *(coll.);* **sich ~ freuen** be terribly pleased *(coll.)*

Dollar ['dɔlaːɐ̯] *der;* ~[s], ~s dollar; **zwei ~:** two dollars

Dollar-: ~**kurs** *der* dollar rate; ~**zeichen** *das* dollar sign

Dolle *die;* ~, ~n rowlock

Doll·punkt *der (ugs.)* bone of contention

Dolly ['dɔli] *der;* ~[e]s, ~e *(Film) od.* **Dolly** ['dɔli] *die;* ~, ~s *(Film)* dolly

Dolmetsch ['dɔlmɛtʃ] *der;* ~[e]s, ~e **a)** *(bes. österr.: Dolmetscher)* interpreter; **b)** *(geh.: Fürsprecher, Verkünder)* spokesman *(Gen.* for)

dolmetschen 1. *itr. V. (übersetzen)* act as interpreter (**bei** at); *(als Dolmetscher arbeiten)* work as *or* be an interpreter. **2.** *tr. V.* act as interpreter at ⟨discussion etc.⟩

Dolmetscher *der;* ~s, ~: interpreter; **sich über einen** *od.* **mit Hilfe eines ~ unterhalten** talk through an interpreter

Dolmetscherin *die;* ~, ~nen *s.* Dolmetscher; *s. auch* -in

Dolmetscher-: ~**institut** *das,* ~**schule** *die* institute *or* school of interpreting

Dolomit [dolo'miːt] *der;* ~s, ~e *(Geol.)* dolomite

Dolomiten *Pl. die* ~: the Dolomites

Dom [doːm] *der;* ~[e]s, ~e **a)** *(fig.)* cathedral; *(fig.)* dome; **der Kölner ~, der ~ zu Köln** Cologne Cathedral; **b)** *(Geol.)* dome

Domäne [do'mɛːnə] *die;* ~, ~n **a)** *(Spezialgebiet)* domain; **b)** *(Staatsgut)* demesne

Domestik [domɛs'tiːk] *der;* ~en, ~en *(veralt. abwertend)* domestic

Domestikation [domɛstika'tsjoːn] *die;* ~, ~en domestication

Domestike *der;* ~n, ~n *s.* Domestik

Domestikin *die;* ~, ~nen *(verhüll.)* sub girl *(coll.)*

domestizieren [domɛsti'tsiːrən] *tr. V.* domesticate; *(fig.)* tame; subdue

Dom-: ~**freiheit** *die (hist.)* area of a city, usually around the cathedral, under the jurisdiction of the Church; ~**herr** *der (kath. Rel.)* canon

¹Domina ['doːmina] *die;* ~, **Dominä** abbess; mother superior

²Domina *die;* ~, ~s *(verhüll.)* mistress; dominatrix

dominant [domi'nant] **1.** *Adj. (auch Biol.)* dominant. **2.** *adv.* dominantly

Dominant·akkord *der (Musik)* dominant chord

Dominante *die;* ~, ~n **a)** *(Hauptmerkmal)* dominant feature; **b)** *(Musik) (Quint)* dominant; *(Dreiklang)* **3.** *Dominantakkord*

Dominant·sept·akkord *der (Musik)* dominant seventh chord

Dominanz [domi'nants] *die;* ~, ~en *(auch Biol.)* dominance

dominieren [domi'niːrən] **1.** *itr. V.* dominate; ⟨aspect⟩ predominate, dominate; ~**d** dominant. **2.** *tr. V.* dominate

Dominikaner [domini'kaːnɐ] *der;* ~s, ~, **Dominikanerin** *die;* ~, ~nen **a)** *(Mönch/Nonne)* Dominican; **b)** *(Einwohner/-*

nerin der Dominikanischen Republik) Dominican

Dominikaner·orden *der o. Pl.* Dominican order

dominikanisch *Adj.* Dominican; **die Dominikanische Republik** the Dominican Republic

¹Domino ['doːmino] *der;* ~s, ~s *(Mantel, Person)* domino

²Domino *das;* ~s, ~s *(Spiel)* dominoes *sing.*

³Domino *der;* ~s, ~s *(österr.: ~stein)* domino

Domino-: ~**spiel** *das* **a)** dominoes *sing.;* **b)** *(~steine)* [set *sing.* of] dominoes *pl.;* **c)** *(~partie)* game of dominoes; ~**stein** *der* **a)** *(Spielstein)* domino; **b)** *(Gebäck)* small chocolate-covered cake with layers of marzipan, jam, and gingerbread

Domizil [domi'tsiːl] *das;* ~s, ~e **a)** *(geh.)* domicile; residence; **bei jmdm./in einer Stadt usw. ~ nehmen** take up residence with sb./in a town *etc.;* **b)** *(Finanzw.)* place of payment

domizilieren *tr. V. (Finanzw.)* domicile

Dom-: ~**kapitel** *das (kath. Kirche)* cathedral chapter; ~**kapitular** *der (kath. Kirche)* canon; ~**pfaff** *der;* ~en *od.* ~s, ~en *(Zool.)* bullfinch; ~**prediger** *der (ev. Kirche)* cathedral preacher; ~**probst** *der (kath. Kirche)* dean; provost

Dompteur [dɔmp'tøːɐ̯] *der;* ~s, ~e, **Dompteuse** [dɔmp'tøːzə] *die;* ~, ~n tamer

Donau ['doːnau] *der;* ~: Danube

Donau-: ~**monarchie** *die;* ~ *(hist.)* Austro-Hungarian Empire; ~**schwaben** *Pl.* German settlers on the middle Danube

Dönkes ['dœnkəs] *Pl. (nordd.) s.* Döhnkes

Donner ['dɔnɐ] *der;* ~s, ~ *(auch fig.)* thunder; **der erste ~** the first clap *or* peal of thunder; **wie vom ~ gerührt dastehen sein** be thunderstruck; **~ und Blitz** *od.* **Doria!** *(veralt.)* by Jove! *(dated coll.)*

Donner-: ~**balken** *der (salopp)* bog *(Brit. sl.);* latrine; *(Sitzstange)* latrine seat; ~**getöse** *das;* ~ *o. Pl.* thunderous din; ~**gott** *der; o. Pl.* god of thunder; ~**keil** *der* **a)** *Art. (ugs.: Ausruf des Erstaunens)* my word; **b)** *(Werkzeug, Belemnit)* thunderstone; ~**littchen** [~'lɪtçən], ~**lüttchen** ['~lʏtçən] *o. Art. (nordd. Ausruf des Erstaunens)* my word; wow

donnern 1. *itr. V.* **a)** *(unpers.)* thunder; **es hat gedonnert und geblitzt** there was thunder and lightning; **b)** *(fig.)* ⟨gun⟩ thunder, boom [out]; ⟨engine⟩ roar; ⟨hooves⟩ thunder; ~**der Applaus** thunderous applause; **c)** *mit sein (sich laut fortbewegen)* ⟨train, avalanche, etc.⟩ thunder; **d)** *(ugs.: schlagen)* thump, hammer ⟨an + *Akk.,* gegen on⟩; **e)** *mit sein (ugs.: prallen)* **gegen etw. ~:** smash into sth.; **der Ball donnerte an die Latte** the ball slammed against the bar; **f)** *(ugs.: schimpfen)* **gegen etw. ~:** rage against sth. **2.** *tr. V.* **a)** *(ugs.: schleudern)* sling *(coll.);* hurl; **b)** *(ugs.: schlagen)* slam; **jmdm. eine** *od.* **ein paar ~:** thump sb.; give sb. a good thumping; **c)** *(ugs.: schimpfen)* thunder

Donner·schlag *der* clap *or* peal of thunder; **die Nachricht traf uns wie ein ~:** the news completely stunned us

Donners·tag *der* Thursday; *s. auch* Dienstag

donnerstags *Adv.* on Thursday[s]; *s. auch* dienstags

Donner-: ~**stimme** *die* thundering voice; ~**wetter** *das* **a)** *(ugs.: Krach)* row; **das wird ein [schönes] ~wetter geben** *od.* **setzen** that will cause a hell of a row *(coll.);* **ein ~wetter über sich ergehen lassen müssen** be given what for *(sl.);* **b)** ['-'--'] *o. Art. (ugs.: Ausruf der Verärgerung)* **zum ~wetter [noch einmal]!** damn it all!; **warum, zum ~wetter, ...?** why, for Heaven's sake, ...?; **c)** ['-'--'] *o. Art.*

(ugs.: Ausruf der Bewunderung) my word; wow

Don Quichotte [dɔnki'ʃɔt] **(der)** Don Quixote

Donquichotterie [dɔnkiʃɔtə'riː] **die;** ~, ~**n** quixotism; quixotry

doof [doːf] *(ugs. abwertend)* **1.** *Adj.* **a)** *(einfältig)* stupid; dumb *(coll.);* dopey *(sl.);* ~ **bleibt** ~**|, da helfen keine Pillen|** once a fool, always a fool; **b)** *(langweilig)* boring; **c)** *nicht präd. (ärgerlich)* stupid. **2.** *adv. (beschränkt)* stupidly; **da hat er vielleicht** ~ **geguckt** he didn't half make *(Brit.)* or really made a stupid face

Doofheit die; ~, ~**en** *(ugs. abwertend)* **a)** *o. Pl.* stupidity; dumbness *(coll.);* **b)** *(Äußerung)* stupid or *(coll.)* dumb remark

Doofi ['doːfi] **der;** ~|s|, ~s *(ugs.)* dope *(coll.);* dummy; [stupid] twit *(sl.);* **steh nicht da wie Klein** ~ **mit Plüschohren!** stop looking so stupid!

Doofkopp [-kɔp] **der;** ~s, **Doofköppe** [-kœpə], **Doofmann der;** ~|e|s, **Doofmänner** *(ugs. abwertend)* dope *(coll.);* dummy; [stupid] twit *(sl.)*

dopen ['dɔpn̩] *tr. V.* dope *(horse etc.);* **jmdn.** ~: give sb. drugs; **gedopt sein** *(athlete)* have taken drugs; **sich** ~: take drugs

Doping ['doːpɪŋ] **das;** ~s, ~s **a)** *(bei Sportlern)* taking drugs; *(das Verabreichen von Drogen)* administering drugs; **b)** *(von Pferden usw.)* doping

Doppel ['dɔpl̩] **das,** ~s, ~ **a)** *(Kopie)* duplicate; copy; **b)** *(Sport)* doubles *sing.* or *pl.;* **im gemischten/das gemischte** ~ **gewinnen** win the mixed doubles; **ein** ~: a game of doubles; *(im Turnier)* a doubles match

doppel-, Doppel-: ~**adler der** double eagle; ~**agent der** double agent; ~**album das** double album *or* LP; ~**-b das** *(Musik)* double flat; ~**band der** double[-sized] volume; ~**belastung die** double burden *or* load; ~**belichtung die** *(Fot.)* double exposure; ~**beschluß der** *(Politik)* twin-track decision; ~**besteuerung die** double taxation; ~**bett das** double bed; ~**bock das** extra-strong bock beer; ~**bödig** [-bøːdɪç] **1.** *Adj.* ambiguous; **2.** *adv.* ambiguously; ~**bödigkeit die;** ~, ~**en** ambiguity; ~**bogen der** double sheet; ~**bruch der** *(Math.)* compound *or* complex fraction; ~**decker der;** ~s, ~ **a)** *(Flugzeug)* biplane; **b)** *(Omnibus)* double-decker [bus]; ~**deutig** [-dɔytɪç] **1.** *Adj.* **a)** ambiguous; **b)** *(anzüglich)* suggestive; **2.** *adv.* **a)** ambiguously; **b)** *(anzüglich)* suggestively; ~**deutigkeit die;** ~, ~**en a)** ambiguity; **b)** *(Anzüglichkeit)* suggestiveness; *(anzügliche Äußerung)* double entendre; ~**fenster das** double-glazed window; ~**fenster haben** have double glazing; ~**flinte die** double-barrelled shotgun; ~**gänger der;** ~s, ~, ~**gängerin die;** ~, ~**nen; gleisig 1.** *Adj.* **a)** *(mit zwei Gleisen)* double-tracked; **b)** *(zwielichtig)* dubious; **2.** *adv.* **a)** *(mit zwei Gleisen)* **diese Strecke ist** ~**gleisig ausgebaut** this section is double-tracked *or* has two tracks; ~**gleisig fahren** *(fig.)* adopt a two-pronged strategy; **b)** *(zwielichtig)* dubiously; ~**griff der** *(Musik)* double-stop; ~**haus das** pair of semi-detached houses; ~**haus hälfte die** semi[-detached] house; ~**heft das** double issue; ~**hoch zeit die** double wedding; ~**kinn das** double chin; ~**klick der,** ~s, ~s *(DV)* double click; ~**knoten der** double knot; ~**konsonant der** *(Sprachw.)* double consonant; ~**konzert das** double concerto; ~**kopf der;** *o. Pl. (Kartenspiel)* Doppelkopf; ~**lauf der** double barrel; ~**laut der** *(Sprachw.)* **a)** *(~diphthong)* diphthong; **b)** *(~konsonant)* double consonant; **c)** *(~vokal)* double vowel; ~**leben das** double life; ~**moral die** double standards *pl.;* ~**mord der** double murder

doppeln *tr. V.* **a)** *(südd., österr.)* resole; **b)** *(DV)* reproduce

doppel-, Doppel-: ~**naht die** French seam; ~**name der** double-barrelled name *(Brit.);* hyphenated name; ~**paß der** *(Fußball)* one-two; ~**punkt der** colon; ~**reihig** *Adj. s.* **zweireihig;** ~**rolle die** dual role; ~**schicht die** double shift; **eine** ~**schicht fahren/arbeiten** work a double shift; ~**schlag der a)** *(Musik)* turn; **b)** *(Tennis, Tischtennis, Badminton)* double hit; ~**seite die** *(Zeitungsw.)* double page; ~**seitig 1.** *Adj.* **a)** *(Zeitungsw.)* two-page *attrib.;* double-page *attrib.;* ~**seitig gedruckt** printed across two pages *or* a double page; **b)** *(Med.)* ~**seitig gelähmt** paralysed on both sides; ~**sieg der** first and second place; **einen** ~**sieg feiern** celebrate taking first and second place; ~**sinnig 1.** *Adj.* ambiguous; **2.** *adv.* ambiguously; ~**spiel das a)** *(Sport)* doubles *sing.* or *pl.;* **b)** *(abwertend: Unehrlichkeit)* double game; ~**steck dose die** *(Elektrot.)* double socket; ~**stecker der** *(Elektrot.)* two-way plug *or* adapter; ~**stöckig** *Adj.* two-storey *⟨house⟩;* double-decker *attrib.* *⟨bus⟩;* *(fig.)* double *⟨whisky etc.⟩;* **ein** ~**stöckiges Bett** a bunk-bed; ~**stunde die** double period

doppelt 1. *Adj.* **a)** *(zweifach)* double; dual *⟨nationality⟩;* **die** ~**e Länge/Breite/Menge** double *or* twice the length/breadth/quantity; ~**e Buchführung** *(Kaufmannsspr.)* double-entry bookkeeping; **ein** ~**er Klarer** *(ugs.)* a double schnapps; **ein** ~**er Boden** a false bottom; **in** ~**er Größe, stark|** redoubled *⟨enthusiasm, attention⟩;* **mit** ~**er Kraft arbeiten** work with twice as much energy; **2.** *adv.* **a)** *(zweimal)* ~ **konzentriert** double concentrated; **der Stoff liegt** ~: the material is double-width; ~ **genäht hält besser** *(Spr.)* it's better to be on the safe side; better safe than sorry; **das ist** ~ **gemoppelt** *(ugs.)* that's just saying the same thing twice over; ~ **so groß/alt wie ...:** twice as large/old as ...; ~ **soviel** twice as much; **das/diese Platte habe ich** ~: I have two of them/two copies of this record; **etw.** ~ **nehmen** double sth. up; ~ **sehen** see double; **etw.** ~ **und dreifach bereuen/prüfen** regret sth. deeply/test and retest sth.; **b)** *(besonders groß, noch mehr)* ~ **einsam** twice as lonely; **sich** ~ **anstrengen** try twice as hard; **es** ~ **bereuen, daß ...:** be even more sorry that ...

²**Doppelte das;** *adj. Dekl.* **das** ~ **bezahlen** pay twice as much; pay double; **um/auf das** ~ **steigen** triple/treble; **etw. um das** ~ **erhöhen** triple sth.; **um das** ~ **größer** three times as large; **das** ~ **leisten** do double the work *or* twice as much work

²**Doppelte der;** *adj. Dekl. (ugs.)* double

doppelt kohlen sauer *Adj. (Chemie)* **...saures Natron** sodium bicarbonate; bicarbonate of soda; **...saurer Kalk** calcium bicarbonate

Doppelt sehen das; ~s *(Med.)* double vision; diplopia *(Med.)*

Doppelt tür die double door

Doppelung die; ~, ~**en** doubling

doppel-, Doppel-: ~**verdiener der a)** *Pl. (Eheleute)* married couple who are both earning; **b)** *(mit zwei Einkommen)* person with an income from two jobs; ~**verdiener sein** have an income from two jobs; ~**vokal der** *(Sprachw.)* double vowel; ~**zentner der** 100 kilograms; quintal; ~**zimmer das** double room; ~**züngig** [-tsynɪç] *(abwertend)* **1.** *Adj.* two-faced; **2.** *adv.* ~**züngig reden** be two-faced; ~**züngigkeit die;** ~ *(abwertend) s.* **züngig:** double-facedness; two-facedness

Doppler effekt der; ~|e|s *(Physik)* Doppler effect

Dorado [do'raːdo] *s.* **Eldorado**

Dorf [dɔrf] **das;** ~|e|s, **Dörfer** ['dœrfɐ] *(auch ugs.: die Einwohner)* village; **auf dem** ~: in the country; **vom** ~ **kommen** *od.* **stammen** come from the country; **aufs** ~ **ziehen** move to the country; **über die Dörfer** from village to village; **über die Dörfer fahren** drive on country roads; **das olympische** ~: the Olympic village; **das mir/für mich böhmische Dörfer** *(ugs.)* it's all Greek to me; **auf/über die Dörfer gehen** *(Skat)* lead the side suits; **aus** *od.* **in jedem** ~ **einen Hund haben** *(Skat)* have a more or less even distribution; *s. auch* **potemkinsch**

Dorf-: ~**akademie die** *(DDR)* village adult education centre; ~**älteste der** village elder; ~**anger der** village green; ~**bewohner der** villager

Dörfchen ['dœrfçən] **das;** ~s, ~: small village; hamlet

Dorf depp der *(bes. südd., österr.)* village idiot

dörfisch 1. *Adj.* rustic. **2.** *adv.* rustically

Dorf-: ~**jugend die** young people *pl.* of the village; village youth; ~**krug der** *(nordd.)* village inn *or* *(Brit. coll.)* pub

Dörfler ['dœrflɐ] **der;** ~s, ~, **Dörflerin die;** ~, ~**nen** villager

dörflich *Adj.* village *attrib.* *⟨life, traditions, etc.⟩;* *(ländlich)* rural *⟨character⟩*

Dorf-: ~**polizist der** village policeman; ~**schenke die** village inn *or* *(Brit. coll.)* pub; ~**schönheit die** village beauty; ~**schulze der** *(veralt.)* mayor of the/a village; ~**trottel der** village idiot

dorisch ['doːrɪʃ] *Adj.* **a)** *(Archit.)* Doric; **b)** *(Musik)* Dorian *⟨mode⟩*

¹**Dorn** [dɔrn] **der;** ~|e|s, ~**en** *(ugs. auch:)* **Dörner** ['dœrnɐ] **a)** *(an Rosen o. ä.)* thorn; **jmdm. ein** ~ **im Auge sein** annoy sb. intensely; **sein Weg war voller** ~**en** *(fig. geh.)* his life was no bed of roses; **b)** *(Bot.)* thorn; spine; **c)** *(dichter.:* ~**busch)** thorn-bush

²**Dorn** **der;** ~|e|s, ~**e a)** *(Metallstift)* spike; *(an der Gürtelschnalle)* tongue; **b)** *(Technik)* *(zum Weiten von Löchern o. ä.)* punch; *(zum Biegen von Blechen o. ä.)* mandrel

Dorn busch der thorn-bush; **der brennende** ~ *(bibl.)* the burning bush

dornen-, Dornen-: ~**gestrüpp das** tangle of thorn-bushes; ~**krone die** crown of thorns; ~**reich** *Adj. (fig. geh.)* hard *⟨life, fate⟩;* thorny; ~**strauch der** thorn-bush; ~**voll** *Adj. (fig. geh.) s.* ~**reich**

Dorn fort satz der *(Anat.)* spinous process

dornig *Adj.* **a)** *(mit Dornen)* thorny; **b)** *(geh.: schwierig)* hard *⟨life, fate⟩;* thorny *⟨path, subject, question⟩*

Dorn-: ~**röschen (das)** the Sleeping Beauty; ~**röschen schlaf der** *(iron.)* long sleep

dorren ['dɔrən] *itr. V.;* **mit sein** *(geh.)* dry up

dörren ['dœrən] **1.** *tr. V.* *(trocken machen)* dry. **2.** *itr. V.;* **mit sein** dry

Dörr-: ~**fleisch das** *(südd.)* lean bacon; ~**obst das** dried fruit; ~**pflaume die** prune

dorsal [dɔr'zaːl] *Adj.* **a)** *(Med.)* dorsal *⟨artery, nerve⟩;* spinal *⟨curvature⟩;* **b)** *(Phon.)* dorsal

Dorsch [dɔrʃ] **der;** ~|e|s, ~**e** cod; *(junger Kabeljau)* codling

dort [dɔrt] *Adv.* there; *s. auch* **da 1 a**

dort-: ~**|behalten** *unr. tr. V.* **jmdn./etw.** ~**behalten** keep sb./sth. there; ~**bleiben** *unr. itr. V.;* **mit sein** stay there; ~**her** *Adv.* **|von|** ~**her** from there; ~**hin** *Adv.* there; **bis** ~**hin** so far as there; **ich ging** ~**hin, wo der Wagen wartete** I went to where the car was waiting; ~**hinab** *Adv.* down there; down that way; ~**hinauf** *Adv.* up that way; **bis** ~**hinauf** up to there; ~**hinaus** *Adv.* out there; *(in diese Richtung)* out that way; **frech bis** ~**hinaus** *(ugs.)* [as] cheeky as anything; **das ärgert mich bis** ~**hinaus** *(ugs.)*

dorthinein that really gets me *or* my goat *(sl.);* **~hinein** *Adv.* in there; **~hinunter** *Adv.* down there

dortig *Adj.; nicht präd.* there *postpos.*

dort·zu·lande *Adv. (geh.)* in that country; there

Döschen ['dø:sçən] *das; ~s, ~ s.* Dose a: small tin/box

Dose ['do:zə] *die; ~, ~n* a) *(Blech~)* tin; *(Pillen~)* box; *(Zucker~)* bowl; b) *(Konserven~)* can; tin *(Brit.); (Bier~)* can; **Bier aus der ~**: canned beer; beer in cans; c) *(Steck~)* socket

dösen ['dø:zn̩] *itr. V. (ugs.)* doze; **vor sich hin ~** doze

dosen-, Dosen-: **~bier** *das* canned beer; **~fertig** *Adj.* in the can *or (Brit.) postpos.;* **~fleisch** *das* canned *or (Brit.)* tinned meat; **~milch** *die* canned *or (Brit.)* tinned milk; **~öffner** *der* can opener; tin-opener *(Brit.)*

dosierbar *Adj.* etw. ist genau *od.* exakt ~: sth. can be measured out in precise *or* exact doses

dosieren *tr. V.* etw. ~: measure out the required dose of sth.; **ein Medikament genau/niedriger ~**: measure out/administer an exact/a smaller dose of a medicine; **sorgfältig dosierte Mengen** carefully measured doses; **seine Zuneigung sehr dosiert verteilen** *(fig.)* dispense one's affection in very small doses

Dosierung *die; ~, ~en* a) *o. Pl.* measuring out; *(das Zuführen)* administering; *(fig.)* dispensing; b) *s.* Dosis

dösig ['dø:zɪç] *(ugs.)* 1. *Adj.* a) *(schläfrig)* drowsy; dozy; b) *(benommen)* dopey *(sl.);* **ich habe einen ganz ~en Kopf** my head is all muzzy; c) *(unaufmerksam)* dozy *(coll.).* 2. *adv.* a) *(schläfrig)* drowsily; b) *(benommen)* dopily *(sl.);* c) *(unaufmerksam)* dozily *(coll.)*

Dosimeter [dozi'me:tɐ] *das; ~s, ~ (Physik)* dosimeter

Dosis ['do:zɪs] *die; ~, Dosen (auch fig.)* dose; **die tägliche ~**: the daily dosage

Döskopp ['dø:skɔp] *der; ~s,* **Dösköppe** ['dø:skœpə] *(salopp)* dozy twit *(Brit. sl.);* dim-wit

Dossier [dɔ'si̯e:] *das, (veraltet:) der; ~s, ~s* dossier

Dotation [dota'tsi̯o:n] *die; ~, ~en* endowment

dotieren [do'ti:rən] *tr. V.* a) **eine Position gut/mit 5 000 DM ~**: offer a good salary/a salary of 5,000 marks with a position; b) *(Physik)* dope

dotiert 1. *1. Part. v.* dotieren. 2. *Adj.* **eine gut/mit 5 000 DM im Monat ~e Stellung** a well-paid position/a position with a monthly salary of 5,000 marks; **das Rennen ist gut ~**: good prize-money is being put up for the race

Dotierung *die; ~, ~en* a) *o. Pl. (das Dotieren)* **die ~ des Wettbewerbs/Rennens** putting up the prize-money for the competition/race; b) *(Entgelt)* remuneration; salary; *(Preis, Gewinn)* prize

Dotter ['dɔtɐ] *der; das; ~s, ~* a) *(Eigelb)* yolk; b) *(Zool.: Nährsubstanz)* vitellus; yolk

dotter-, Dotter-: **~blume** *die* marsh marigold; **~gelb** *Adj.* bright yellow; **~sack** *der (Zool.)* yolk-sac

doubeln ['du:bl̩n] 1. *tr. V.* stand in for *(actor);* use a stand-in for *(scene);* **sich ~ lassen** use *or* have a stand-in. 2. *itr. V.* **für jmdn. ~**: stand in for sb.

Double ['du:bl̩] *das; ~s, ~s* a) *(Ersatzsteller[in])* stand-in; b) *(Doppelgänger, Sport: doppelter Gewinn)* double; c) *(Musik: Variation)* double

Doublé [du'ble:] *das; ~s, ~s* a) *(Schmuck)* rolled gold; b) *(Fechten)* double hit

doublieren *s.* dublieren

Douglasie [du'gla:zi̯ə] *die; ~, ~n,* **Douglas·fichte** ['du:glas-], **Douglas·tanne** *die* Douglas fir *or* spruce

down [daʊn] *Adj.; nicht attr. (salopp)* down

Doyen [doa'jɛ̃:] *der; ~s, ~s* doyen

Doyenne [doa'jɛn] *die; ~, ~s* doyenne

Dozent [do'tsɛnt] *der; ~en, ~en,* **Dozentin** *die; ~, ~nen* lecturer *(für* in); *s. auch* **-in**

Dozentur [dotsɛn'tu:ɐ] *die; ~, ~en* lectureship *(für* in)

dozieren [do'tsi:rən] 1. *itr. V.* a) *(lehren)* lecture *(über + Akk.* on, an *+ Dat.* at); b) *(belehrend reden)* lecture. 2. *tr. V.* „...", dozierte sie '...,' she said in a lecturing tone

dpa [de:pe:'|a:] *Abk.* Deutsche Presse-Agentur West German Press Agency

Dr. *Abk.:* Doktor Dr; *s. auch* Dr. phil.

Drache ['draxə] *der; ~n, ~n (Myth.)* dragon

Drachen *der; ~s, ~* a) *(Papier~)* kite; **einen ~ steigen lassen** fly a kite; b) *(salopp: zänkische Frau)* dragon; c) *(Fluggerät)* hang-glider; d) *(Segelboot)* dragon

Drachen-: **~blut** *das (Myth.; Chemie)* dragon's blood; **~fliegen** *das; ~s (Sport)* hang-gliding; **~saat** *die (geh.)* seeds *pl.* of discord

Dragée, Dragee [dra'ʒe:] *das; ~s, ~s* dragée

Dragoner [dra'go:nɐ] *der; ~s, ~* a) *(salopp: resolute Frau)* battleaxe *(coll.);* b) *(hist.: Soldat)* dragoon

Draht [dra:t] *der; ~[e]s,* **Drähte** ['drɛ:tə] a) *(dünnes Metall)* wire; b) *(Leitung)* wire; cable; *(Telefonleitung)* line; wire; c) *(Telefonverbindung)* line; **per od. über ~**: by wire *or* cable; **hast du einen ~ zur Polizei?** *(fig.)* have you got a direct line to the police?; **heißer ~**: hot line; **auf ~ sein** *(ugs.)* be on the ball *(coll.);* **jmdn. auf ~ bringen** *(ugs.)* make sb. get a move on

Draht-: **~aus·löser** *der (Fot.)* cable release; **~bürste** *die* wire brush

Drähtchen ['drɛ:tçən] *das; ~s, ~* little wire

drahten *tr. V. (veralt.)* wire; *(ins Ausland)* cable; **an jmdn./nach Paris ~, daß ...**: wire/cable sb./Paris to say that ...

Draht-: **~esel** *der (ugs. scherzh.)* bike *(coll.);* **~funk** *der* wired radio; **~geflecht** *das* wire mesh; **~gitter** *das* wire netting *no indef. art.;* **~glas** *das* wire glass

drahtig *Adj.* wiry *(person, hair)*

draht-, Draht-: **~los** *(Nachrichtenw.)* 1. *Adj.* wireless; 2. *adv.* **~ telegrafieren/übermitteln** radio sth.; **~schere die** wire-cutters *pl.;* **~seil** *das* [steel] cable; **~seil·bahn** *die* cable railway; **~seil·künstler** *der* tightrope walker; **~verhau** *der od. das (Barriere)* wire entanglement; *(Käfig)* wire enclosure; **~zange die** cutting pliers *pl.;* **~zaun** *der* wire fence; **~zieher** [-tsi:ɐ] *der* a) *(Beruf)* wire-drawer; b) *(Hintermann)* wire puller; **~zieherei** *die; ~, ~en* wire works

Drainage [drɛ'na:ʒə] *die; ~, ~n (Med., Landw., Kfz-W.)* drainage

drainieren [drɛ'ni:rən] *tr. V. (Med., Landw.)* drain

Draisine [drai̯'zi:nə] *die; ~, ~n* a) *(Laufrad)* dandy-horse; b) *(Schienenfahrzeug)* trolley

drakonisch [dra'ko:nɪʃ] 1. *Adj.* Draconian. 2. *adv.* in a Draconian way

drall [dral] *Adj.* strapping *(girl);* full, rounded *(cheeks, face, bottom)*

Drall *der; ~[e]s, ~e* a) *(bei Feuerwaffen)* rifling; b) *(eines Geschosses, Balls)* spin; **er hat einen ~ nach rechts** *(fig.)* he leans to the right *or* has right-wing tendencies; c) *(Physik: Verdrehung)* torsion; *(Rotation)* rotation; d) *(Phimpuls)* angular momentum

Dralon Ⓦ ['dra:lɔn] *das; ~[s]* Dralon (P)

Drama ['dra:ma] *das; ~s,* **Dramen** drama; **ein einziges/furchtbares ~** *(fig.)* an absolute/a terrible disaster; **das ~ um die Entführung** *(fig.)* the drama of *or* surrounding the hijack

Dramatik [dra'ma:tɪk] *die; ~*: drama

Dramatiker *der; ~s, ~*: dramatist

dramatisch 1. *Adj.* 2. *adv.* dramatically; **der Autor hat den Stoff ~ bearbeitet** the author adapted the material as a drama *or* for the stage

dramatisieren *tr. V.* dramatize

Dramaturg [drama'tʊrk] *der; ~en, ~en (Theater)* literary and artistic director *(who also plans the programme of performances and advises on choice of costumes, scenery, etc.); (Rundf., Ferns.)* script editor

Dramaturgie [dramatʊr'gi:] *die; ~, ~n* a) *(Dramenlehre)* dramaturgy; b) *(Gestaltung)* dramatization; c) *(Abteilung) (Theater)* literary and artistic director's department; *(Rundf., Ferns.)* script department

Dramaturgin *die; ~, ~nen s.* Dramaturg

dramaturgisch 1. *Adj.* dramaturgical; *(gestalterisch)* dramaturgical; dramatic; **die ~e Abteilung** *(Theater)* the literary and artistic director's department; *(Rundfunk, Fernsehen)* the script department. 2. *adv.* **~ wirkungsvoll in Szene gesetzt** staged effectively; **~ gerechtfertigt** justified on dramaturgical grounds

dran [dran] *Adv. (ugs.)* a) *(an einer/eine Sache)* **das Schild bleibt ~**: the sign stays up; **gib noch etwas Mehl ~** add some more flour; **halt deine Hand mal hier ~** put your hand on this; **häng das Schild ~!** put the sign up!; **ich komme/kann nicht ~**: I can't reach; **mach doch ein Schild ~**: put a sign up; b) **arm ~ sein** be in a bad way; **gut/schlecht ~ sein** be well off/badly off; **sich gut/schlecht fühlen** be well/not very well; **früh/spät ~ sein** be early/late; **an dem Gerücht ist was ~**: there is something in the rumour; **an ihm ist doch nichts ~**: he's got nothing going for him *(coll.); (er ist sehr mager)* there's nothing of him; **ich bin ~ od.** *(scherzh.)* **am ~sten (ich bin an der Reihe)** it's my turn; I'm next; *(ich werde zur Verantwortung gezogen)* I'll be for the high jump *or (sl.)* for it *(Brit.);* I'll be under the gun *(Amer.);* **nicht wissen wie** *od.* **wo man ~ ist** not know where one stands; **nicht wissen wie** *od.* **wo man mit jmdm. ~ ist** not know where one is with sb.; *s. auch:* daran; dranbleiben; drangeben; dranhängen *usw.* glauben

Dränage [drɛ'na:ʒə] *die; ~, ~n (auch Med.)* drainage

dran|bleiben *unr. itr. V.;* mit sein *(ugs.) (am Telefon)* hold *or (coll.)* hang on; *(an der Arbeit)* stick at it *(coll.);* **am Gegner/an der Arbeit ~**: stick to one's opponent *(coll.)/*stick at one's work *(coll.)*

drang [draŋ] 1. *u.* 3. *Pers. Sg. Prät. v.* dringen

Drang *der; ~[e]s,* **Dränge** ['drɛŋə] a) *(Antrieb)* urge; **ein ~ nach Bewegung/Freiheit** an urge to move/be free; b) *o. Pl. (Bedrängnis)* pressure

dränge ['drɛŋə] 1. *u.* 3. *Pers. Sg. Konjunktiv II v.* dringen

dran-: **~|geben** *unr. tr. V.* give up ⟨time⟩; give, sacrifice ⟨one's life⟩; *s. auch* dran a; **~|gehen** *unr. itr. V.;* mit sein *(ugs.)* a) *(berühren)* touch; b) *(in Angriff nehmen)* **~gehen, etw. zu tun** get down to doing sth.

Drängelei *die; ~, ~en (abwertend)* a) pushing [and shoving]; **hören Sie doch mit Ihrer ~ auf** stop pushing [and shoving]; b) *(mit Wünschen, Bitten)* pestering

drängeln ['drɛŋl̩n] *(ugs.)* 1. *itr. V.* a) *(schieben)* push [and shove]; b) *(auf jmdn. einreden)* go on *(coll.);* **zum Aufbruch ~**: go on about it being time to leave *(coll.).* 2. *tr. V.* a) *(schieben)* push; shove; b) *(einreden auf)* pester; go on at *(coll.).* 3. *refl.* **sich nach vorn/durch die Menge ~**: push one's way to the front/through the crowd *etc.;* **sich danach ~, etw. zu tun** *(fig.)* fall over oneself to do sth. *(coll.)*

drängen ['drɛŋən] 1. *itr. V.* a) *(schieben)*

Dränger

push; **die Menge drängte zum Ausgang** the crowd pressed towards the exit; **b)** *(fordern)* demand; **auf etw.** *(Akk.)* ~: press for sth.; **zum Aufbruch** ~: insist that it is/was time to leave; **zur Eile** ~: hurry us/them *etc.* up; **darauf** ~, **daß** ...: insist that ...; **c) die Zeit drängt** time is pressing; ~**de Fragen/Probleme** pressing *or* urgent questions/problems; **d)** *(Sport)* press *or* push forward. **2.** *tr. V.* **a)** *(schieben)* push; **b)** *(antreiben)* press; urge; **jmdn. zur Bezahlung** ~: press sb. to pay; **es drängt mich, Ihnen zu sagen, daß** ...: I feel I have to *or* must tell you that ... **3.** *refl. V.* 〈*visitors, spectators, etc.*〉 crowd, throng; 〈*crowd*〉 throng; **sich nach vorn/durch die Menge** ~: push one's way to the front/through the crowd; **sich in den Vordergrund** ~ *(fig.)* make oneself the centre of attention

Dränger *der;* ~s, ~ s. **Stürmer b**

Drängerei *die;* ~, ~**en** *(abwertend)* pushing [and shoving]

Drangsal ['draŋza:l] *die;* ~, ~**e** *(geh.)* *(Not)* hardship; *(Qual)* suffering

drangsalieren *tr. V.* *(abwertend)* *(quälen)* torment; *(plagen)* plague

dran-: ~**halten** *unr. refl. V.* *(ugs.)* get a move on *(coll.); s. auch* **dran a;** ¹~**hängen** *(ugs.)* **1.** *tr. V.* **a)** *(aufwenden)* **viel Zeit/Geld** ~**hängen** put a lot of time/money into it; **b)** *(anschließen)* **ein paar Tage an seinen Urlaub** ~: add a few days on to one's holiday *(Brit.) or* vacation *(Amer.);* **2.** *refl. V. (verfolgen)* stay *or (coll.)* stick close behind; **s. auch dran a;** ²~**hängen** *unr. itr. V.* **da hängt noch viel Arbeit dran** it still needs a lot of work

dränieren [drɛˈniːrən] *tr. V. (auch Med.)* drain

dran-: ~**kommen** *unr. itr. V.;* **mit sein** *(ugs.)* have one's turn; *(beim Spielen)* have one's turn *or* go; **ich kam als erste/erster** ~: it was my turn first; *(beim Arzt, Zahnarzt usw.)* I was the first one; **wer kommt jetzt** ~? who's next?; **jeder von uns kommt mal** ~ *(verhüll.)* we've all got to go some time; **ich bin heute in Latein** ~**gekommen** *(aufgerufen worden)* I got picked on to answer in Latin today *(coll.); s. auch* **dran a;** ~**kriegen** *tr. V. (ugs.)* **jmdn.** ~**kriegen** get sb.; *(zum Arbeiten bringen)* get sb. at it *(coll.);* ~**machen** *refl. V. (ugs.)* **sich** ~**machen, etw. zu tun** get down to doing sth.; **wenn sich die Kinder** ~**machen, ist der Kuchen gleich weg** once the children get started on it the cake won't last long; *s. auch* **dran a;** ~**nehmen** *unr. tr. V. (ugs.)* **jmdn.** ~**nehmen** *(beim Friseur usw.)* see to; *(beim Arzt)* see; **jmdn.** ~**nehmen** *(in der Schule)* pick on sb. [to answer]; ~**setzen** *(ugs.)* **1.** *tr. V. (einsetzen)* **seine ganze Kraft** ~**setzen, etw. zu erreichen** put all one's energy into achieving sth.; **alles** ~**setzen** put everything into it; make every effort; **2.** *refl. V. (beginnen)* get down to it

dransten ['dranstn̩] *s.* **dran b**

dran|wollen *unr. itr. V. (ugs.)* want [to have] a turn; *(beim Spielen)* want [to have] a turn *or* go

Draperie [drapəˈriː] *die;* ~, ~**n** *(veralt.)* drapery

drapieren [draˈpiːrən] *tr. V.* drape

Dräsine *s.* **Draisine**

Drastik ['drastik] *die;* ~ *(eines Witzes, Schwanks)* crude explicitness; *(eines Berichts usw.)* graphicness

drastisch 1. *Adj.* **a)** *crudely explicit* 〈*joke, story, etc.*〉; graphic 〈*report, account*〉; **b)** *(empfindlich spürbar)* drastic 〈*measure, means*〉. **2.** *adv.* **a)** *(grob)* with crude explicitness; *(deutlich)* graphically; **b)** *(einschneidend)* drastically; 〈*punish*〉 severely

drauf [draʊf] *Adv. (ugs.)* on it; **da wäre ich nie** ~ **gekommen** I would never have thought of that; **ich lege keinen Wert** ~: it's not important to me; **da zeigt sich, wer**

1018

was ~ **hat** that'll show who can and who can't; **da kannst du mal zeigen, was du** ~ **hast** here's your chance to show what you can do; **die Rolle/die dollsten Sprüche/90 Sachen** ~ **haben** have *or* know the part off pat *(Brit.) or (Amer.)* have the part down pat/have the most amazing patter/be doing 90; ~ **und dran sein, etw. zu tun** be just about to do *or* be on the verge of doing sth.; **halt mal den Finger hier** ~: put your finger on here; **ich kriege den Deckel nicht** ~: I can't get the lid on; **der Deckel geht nicht** ~: the lid won't go on; **mach einen neuen Deckel** ~: put a new lid on [it]; *s. auch* **darauf a–e; draufgehen; draufhalten** *usw.;* **scheißen**

drauf-, Drauf-: ~**bekommen** *unr. tr. V. (ugs.)* **in eins** ~**bekommen** *(gescholten werden)* get it in the neck *(coll.);* *(geschlagen werden)* get a smack; ~**gänger der** daredevil; *(veralt.: Frauenheld)* lady-killer; ~**gängerisch** *Adj.* daring; audacious; ~**gängerig** *Adj.;* ~s daredevilry; ~**geben** *unr. tr. V. (ugs.)* **a)** *(dazugeben)* **etw./was** ~**geben** add sth./add a bit on; **b)** **in jmdm. eins** ~**geben** *(schlagen)* give sb. a smack; *(zurechtweisen)* put sb. in his/her place; *(österr.: als Zugabe)* **etw.** ~**geben** play/sing/dance etc. as an encore; ~**gehen** *unr. itr. V.;* **mit sein** *(ugs.)* **a)** *(umkommen)* kick the bucket *(sl.);* **b)** *(verbraucht werden)* go; **für etw.** ~**gehen** 〈*money*〉 go on sth.; **für diese Sitzungen geht immer viel Zeit drauf** these meetings always take up a lot of time; **c)** *(entzweigehen)* get busted *(coll.) or* broken; ~**halten** *unr. itr. V. (ugs.)* shoot; ~**halten und abdrücken** aim and fire; ~**hauen** *unr. tr. V. (ugs.)* **mein Arm tut noch weh, da darfst du nicht** ~**hauen** my arm still hurts, you're not to bash it; **einen** ~**hauen** have a booze-up *(Brit. coll.);* **einen** *(sl.);* ~**kommen** *unr. itr. V.;* **mit sein** *(ugs.)* **jmdm.** ~**kommen, daß er etw. tut** catch sb. doing sth.; *s. auch* **drauf;** ~**kriegen** *tr. V. (ugs.)* **eins** ~**kriegen** *(zu einem Kind: gescholten werden)* get smacked; *(besiegt werden)* get a thrashing; ~**legen** *(ugs.)* **1.** *tr. V.* **150 DM/noch etwas** ~**legen** fork out *(sl.)* an extra 150 marks/a bit more; **2.** *itr. V.* lay out *(sl.);* **ich lege dabei noch** ~: it's costing me money; *s. auch* **drauf**

drauf·los *Adv.* **nichts wie** ~! go on!

drauflos-: ~|**arbeiten** *itr. V.* work away; *(anfangen zu arbeiten)* get straight down to work; ~|**gehen** *unr. itr. V.;* **mit sein** *(ugs.)* get going; ~|**reden** *itr. V.* talk away; *(anfangen zu reden)* start talking away; ~|**schimpfen** *itr. V. (ugs.)* curse away; *(anfangen zu schimpfen)* start cursing away; ~|**wirtschaften** *itr. V. (ugs. abwertend)* splash out money right, left, and centre *(Brit. coll.);* throw one's money around

drauf-: ~|**machen** *tr. V.* **einen** ~**machen** *(ugs.)* paint the town red; ~|**stehen** *unr. itr. V. (ugs.)* be on it; ~|**zahlen** *tr. V.* **noch etwas/1 250 DM** ~**zahlen** fork out *(sl.) or* pay a bit more/an extra 1,250 marks; **2.** *itr. V. (Unkosten haben)* **ich zahle dabei noch** ~: it's costing me money; **diejenige sein, die immer nur** ~**zahlt** *(fig.)* be the one who makes all the sacrifices

draus [draʊs] *Adv. (ugs.) s.* **daraus**

draußen ['draʊsn̩] *Adv.* **a)** *(außerhalb)* outside; **hier/da** ~: out there; **vor der Tür** ~: at the door; **nach/von** ~: outside/from outside; „**Hunde müssen** ~ **bleiben**" 'no dogs[, please]'; **bleib** ~ stay outside; ~ **auf dem Land** *(fig.)* out in the country; **b)** *(irgendwo)* out there; **da/hier** ~: out there/here; **weit/weiter** ~: far/further out; ~ **in der Welt** *(fig.)* in the world outside

drechseln ['drɛksl̩n] *tr. V. (ugs.)* turn; *(fig. iron.)* compose 〈*statement*〉; turn 〈*phrase, verse*〉

Drechsler *der;* ~s, ~: turner

Dreh

Drechsler-: ~**arbeit die** piece of turned work; ~**arbeiten** [pieces *pl.* of] turned work *sing.;* ~**bank die** lathe

Drechslerei *die;* ~, ~**en** turner's workshop; turnery

Drechslerin *die;* ~, ~**nen** *s.* **Drechsler**

Dreck [drɛk] *der;* ~[e]s **a)** *(ugs.)* dirt; *(sehr viel/ekelerregend)* filth; *(Schlamm)* mud; *(Kot)* mess; muck; **in den** ~ **fallen** fall in the dirt/mud/muck; **deine Hände sind schwarz vor** ~: your hands are filthy [dirty]; **vor** ~ **starren** be covered in dirt; be filthy [dirty]; ~ **machen** make a mess; ~ **am Stecken haben** have a skeleton in the cupboard *(Brit.) or (Amer.)* closet; **aus dem [gröbsten]** ~ [**heraus**] **sein** *(ugs.)* be over the worst; **jmdn. aus dem** ~ **ziehen** *(ugs.)* take sb. out of the gutter; **etw. in den** ~ **ziehen** *od.* **treten** drag sth. through the mud *or* mire; **im** ~ **stecken/sitzen** *(ugs.)* be in a [real] mess *or* in the mire; **mit** ~ **und Speck** *(ugs.)* unwashed; **jmdn./etw. mit** ~ **bewerfen** throw *or (coll.)* sling mud at sb./sth.; **b)** *(salopp abwertend: Angelegenheit)* **bei/wegen jedem** ~ **regt er sich auf** he gets worked up about every piddling little thing *(coll.);* **mach deinen** ~ **allein do it yourself; kümmere dich um deinen eigenen** ~: mind your own damn business; **ein** ~ *od.* **der letzte** ~ **sein** *(salopp abwertend)* be the lowest of the low; **das geht dich einen an** *(salopp)* none of your damned business *(sl.);* **er kümmert sich einen** ~ **darum** *(salopp)* he doesn't give a damn about it; **er hat uns einen** ~ **zu befehlen** *(salopp)* he's got no damn right to order us around; **jmdn. wie [den letzten]** ~ **behandeln** *(ugs.)* treat sb. like dirt; **c)** *(salopp abwertend: Zeug)* rubbish *no indef. art.;* junk *no indef. art.;* *(Nahrungsmittel)* junk *no indef. art.*

Dreck-: ~**arbeit** *die (salopp)* **a)** *(schmutzige Arbeit)* dirty *or* messy work *no indef. art., no pl.;* dirty *or* messy job; **b)** *(minderwertige Arbeit)* dirty *or* menial work *no indef. art., no pl.;* dirty *or* menial job; ~**ding das** *(salopp)* **a)** *(schmutziges Ding)* dirty *or* filthy thing; **b)** *(minderwertiges Ding)* damn thing *(coll.);* ~**eimer der** *(südd. ugs.)* rubbish bin; ~**fink der** *(salopp)* filthy pig *(coll.);* *(Kind, das etw. schmutzig macht)* mucky pup *(Brit. coll.);* ~**fleck der** *(salopp)* stain; dirty mark

dreckig 1. *Adj.* **a)** *(ugs.: schmutzig, ungepflegt, auch fig.)* dirty; *(sehr/ekelerregend schmutzig, auch fig.)* filthy; **mach dich nicht** ~: don't get yourself dirty; **b)** *(salopp abwertend: unverschämt)* cheeky; **c)** *nicht präd. (salopp abwertend: gemein)* dirty, filthy 〈*swine etc.*〉; foul 〈*crime*〉. **2.** *adv.* **a) es geht ihm** ~ *(ugs.)* he's in a bad way; **b)** *(salopp abwertend: unverschämt)* cheekily; ~ **grinsen** have a cheeky grin on one's face

Dreck-: ~**loch** *(salopp abwertend: Zimmer)* dump *(coll.);* *(Wohnung)* dump *(coll.);* ~**nest das** *(salopp abwertend)* hole *(coll.);* dump *(coll.);* ~**sack der** *(derb)* bastard *(coll.);* **der** ~**sack von Torhüter** that dirty bastard of a goalkeeper; ~**sau die** *(derb)* dirty *or* filthy swine *(ugs.)* dustpan; ~**schaufel die** *(derb abwertend)* *(Mundwerk)* foul mouth; **halt deine** ~**schleuder!** keep your filthy trap shut *(sl.);* **b)** *(Mensch)* foul-mouth; ~**schwein das** *(derb)* dirty *or* filthy swine

Drecks·kerl *der (derb)* dirty *or* filthy swine

Drecks-: ~**spatz der** *(fam.: Kind)* grubby little so-and-so *(coll.);* *(Kind, das etw. schmutzig macht)* mucky pup *(Brit. coll.);* **b)** *(ugs.: Ärger erregender Mensch)* filthy so-and-so *(coll.);* ~**wetter das** *(ugs. abwertend)* lousy *(sl.) or* filthy weather; ~**zeug das** *(ugs. abwertend)* rubbish *no indef. art.;* junk *no indef. art.;* *(Nahrungsmittel)* junk *no indef. art.*

Dreh [dreː] *der;* ~s, ~**s** *(ugs.)* **a)** *(Einfall, Kunstgriff)* **den** ~ **herausheben[, wie man es**

Drehachse | **Dreißigpfennigmarke**

macht] have [got] the knack [of doing it]; **auf/hinter den richtigen ~ kommen** get the knack or the hang of it (coll.); **b) in um den ~:** about that
Dreh-: ~**achse** die axis [of rotation]; ~**arbeiten** Pl. (Film) shooting sing. (zu of); **die ~arbeiten fanden in ... statt** the film was shot in ...; ~**bank** die lathe
drehbar 1. Adj. revolving attrib. ⟨stand, stage⟩; swivel attrib. ⟨chair⟩; **~ sein** revolve/swivel. **2.** adv. **~ gelagert** pivoted
Dreh-: ~**bewegung** die rotary motion; rotation; **sie machte eine rasche ~bewegung** she made a rapid or spun round quickly; ~**bleistift** der propelling pencil (Brit.); mechanical pencil (Amer.); ~**brücke** die swing bridge; ~**buch** das screenplay; [film] script; ~**buch·autor** der script-writer; (als Berufsbez.) screen-writer; script-writer; ~**bühne** die revolving stage
drehen 1. tr. V. **a)** turn; **du kannst es ~ und wenden, wie du willst** (fig.) whichever way you look at it; **b)** (ugs.: einstellen) **das Radio laut/leise ~:** turn the radio up/down; **die Flamme klein/die Heizung auf klein ~:** turn the heat/heating down; **c)** (formen) twist ⟨rope, thread⟩; roll ⟨cigarette⟩; make ⟨pill⟩ by rolling; **sich** (Dat.) **eine [Zigarette] ~:** roll a cigarette; **d)** (Film) shoot ⟨scene⟩; film ⟨report⟩; make, shoot ⟨film⟩ ⟨star⟩ make ⟨film⟩; **e)** (ugs. abwertend: beeinflussen) **es so ~, daß ...:** work it so that ... (sl.); **daran ist nichts zu ~ und zu deuteln** there are no two ways about it; **f)** (ugs. abwertend: anstellen) **etwas ~:** get up to sth.; s. auch ²**Ding a, krumm, Mangel, Nase, Runde, Strick, Wolf. 2.** itr. V. **a)** (Richtung ändern) ⟨car⟩ turn; ⟨wind⟩ change, shift; **b) an etw.** (Dat.) **~:** turn sth.; (spielend, aus Langeweile) twiddle sth.; **am Radio ~:** turn/twiddle a knob/knobs on the radio; **da muß einer dran gedreht haben** (salopp) somebody must have fiddled about or messed around with it; **c)** (Film) shoot [a/the film]; film. **3.** refl. V. **a)** turn; ⟨wind⟩ change, shift; (um eine Achse) turn; rotate; revolve; (um einen Mittelpunkt) revolve (um around); (sehr schnell) spin; **sie drehten sich im Tanz** they spun around; **mir dreht sich alles** (ugs.) everything's going round and round; **sich auf den Bauch ~:** turn over on to one's stomach; **b)** (ugs.: zum Gegenstand haben) **sich um etw. ~:** be about sth.; **es dreht sich darum, daß ...:** it's about the fact that ...; **alles dreht sich um ihn** everything revolves around him; (er steht im Mittelpunkt des Interesses) he is the centre of attention; **c)** (österr. ugs.: aufbrechen) push off (sl.)
Dreher der; ~s, ~ **a)** (Beruf) lathe-operator; **b)** (Tanz) Austrian folk dance, similar to the Ländler
Dreherin die; ~, ~nen s. Dreher a
Dreh-: ~**feld** das (Elektrot.) rotating field; ~**impuls** der (Physik) angular momentum; ~**kolben·motor** der rotary engine; ~**kran** der revolving or slewing crane; ~**kreuz** das turnstile; ~**maschine** die lathe; ~**moment** das (Physik) torque; ~**orgel** der barrel-organ; ~**ort** der (Film) location; ~**pause** die (Film) break in shooting; ~**punkt** der pivot; (eines Sturms) centre; **der ~- und Angelpunkt einer Sache** (fig.) the key element in sth.; ~**restaurant** das revolving restaurant; ~**schalter** der rotary switch; ~**scheibe** die (Eisenb.) turntable; (fig.) hub; ~**strom** der (Elektrot.) three-phase current; ~**stuhl** der swivel chair; ~**tag** der (Film) day of shooting; ~**tür** die revolving door
Drehung die; ~, ~en **a)** turn; (um eine Achse) turn; rotation; revolution; (um einen Mittelpunkt) revolution; (sehr schnell) spin; (beim Motor) revolution; **eine halbe/ganze ~:** a half/complete turn; **eine ~ um 180°** [machen] [do] a 180° turn; (fig.) [do] a complete about-face; **b)** (das Drehen) turning; (sehr schnell) spinning
Dreh-: ~**wurm** der **a)** in einen od. den ~**wurm kriegen/haben** (salopp) get/feel giddy; **b)** (Finne) coenurus; ~**zahl** die revolutions or (coll.) revs (esp. per minute); **bei einer bestimmten ~zahl** at a particular number of revolutions or (coll.) revs per minute; ~**zahl·bereich** der: **im unteren/oberen ~zahlbereich** at lower/higher revs (coll.); ~**zahl·messer** der revolution counter; rev counter (coll.); tachometer
drei Kardinalz. three; **er ißt/arbeitet für ~:** he eats enough for three/does the work of three people; **aller guten Dinge sind ~!** all good things come in threes; (nach zwei mißglückten Versuchen) third time lucky!; **nicht bis ~ zählen können** (ugs.) be as thick as two [short] planks (coll.); **be dead from the neck up** (coll.); s. auch ¹**acht; heilig a**
Drei die; ~, ~en three; **eine ~ schreiben/bekommen** (Schulw.) get a C; s. auch ¹**Acht a, b, d, e; Zwei b**
drei-, Drei-: ~**achser** der (ugs.) three-axled vehicle; ~**achtel·takt** der (Musik) three-eight time; ~**ad[e]rig** Adj. (Elektrot.) three-core; ~**akter** der the three-act play; ~**bändig** Adj. three-volume; ~**bein** das (ugs.) three-legged stool; ~**beinig** Adj. three-legged; ~**bett·zimmer** das room with three beds; ~**blättrig** Adj. (Bot.) three-leaved; trifoliate (Bot.)
3-D-Brille [draɪˈdeː-] die 3-D glasses pl.
3-D-Effekt der 3-D effect
drei-, Drei-: ~**dimensional 1.** Adj. three-dimensional; **2.** adv. three-dimensionally; in three dimensions; **einen Film ~dimensional sehen** watch a film in 3-D; ~**eck** das; ~s, ~e **a)** (Geom.) triangle; **das Goldene ~eck** the Golden Triangle; **b)** (bes. Fußball) top corner; ~**eckig** Adj. triangular; three-cornered; ~**ecks·verhältnis** das eternal triangle; ~**ein·halb** Bruchz. three and a half; ~**einig** Adj. in der ~**einige Gott** (christl. Rel.) the triune God[head]; ~**einigkeit** die (christl. Rel.) trinity; **die Heilige ~einigkeit** the [Holy] Trinity
Dreier der; ~s, ~ **a)** (ugs.) s. **Drei; b)** (ugs.: im Lotto) three winning numbers; **c)** (hist.: Münze) three-pfennig piece; **d)** (Golf) threesome; **e)** (ugs.: Sprungbrett) three-metre board; s. auch **Achter c, d**
Dreier-: ~**kombination** die (Ski) Alpine combined event; ~**reihe** die row of three; ~**takt** der (Musik) triple time
dreierlei Gattungsz.; indekl. **a)** attr. three kinds or sorts of; three different ⟨sorts, kinds, sizes, possibilities⟩; **b)** subst. three [different] things
drei-, Drei-: ~**fach** Vervielfältigungsz. triple; **die ~fache Menge** three times or triple the amount; **~fach** three times as much; **ein ~fach[es] Hoch!** three cheers!; **ein ~fach verschnürtes Paket** a parcel tied three times; ~**fach verstärkt** triple reinforced; s. auch **achtfach;** ~**fache** das; adj. Dekl. ~**fache essen/kosten** eat/cost three times as much; **das ~fache von 3 ist 9** three times three is nine; **auf ein ~faches** od. **auf das ~fache steigen** treble; triple; s. auch **Achtfache;** ~**faltigkeit** [-'---] die; ~ (christl. Rel.) Trinity; ~**farben·druck** [-'---] der a) o. Pl. (Verfahren) three-colour process; **im ~farbendruck [gedruckt]** printed by the three-colour process; **b)** (einzelner Druck) three-colour print; ~**felder·wirtschaft** [-'----] die; o. Pl. three-field or three-course system; ~**fuß** der **a)** (für Kessel usw.) trivet; tripod; **b)** (Schemel) three-legged stool; **c)** (zum Besonnen) three-way last; ~**gang·schaltung** die three-speed gearbox or gears pl. or (Amer.) gear-shift; ~**gespann** das team of three horses; (fig.: von Direktoren o. ä.) triumvirate; **eine Kutsche mit ~gespann** a three-horse carriage; **das**

unzertrennliche ~**gespann** (fig.) the inseparable trio or threesome; ~**gestrichen** Adj. (Musik) **das ~gestrichene C** the C two octaves above middle C; ~**gestrichene Oktave** three-line octave; ~**groschen·heft** [-'---] das (abwertend) cheap novelette; dime novel (Amer.)
Dreiheit die; ~: trinity
drei-, Drei-: ~**hundert** Kardinalz. three hundred; ~**jährig** Adj. (3 Jahre alt) three-year-old attrib.; (3 Jahre dauernd) three-year attrib.; s. auch **achtjährig;** ~**jährlich 1.** Adj. three-yearly; triennial; **2.** adv. every three years; triennially; s. auch **achtjährlich;** ~**kampf** der (Sport) triathlon; ~**kantig** Adj. three-sided; triangular; ~**kantstahl** der (Technik) triangular section steel [rod]; ~**käse·hoch** [-'---] der; ~s, ~s (ugs. scherzh.) [little] nipper (Brit. sl.); little kid (sl.); ~**klang** der triad; ~**klassen·wahlrecht** [-'----] das (hist.) three-class franchise; ~**könige** [-'---] Pl. or Art. Epiphany sing.; **an** od. **zu/nach ~könige** at/after Epiphany; ~**köpfig** Adj. ⟨family, crew⟩ of three; three-headed ⟨monster⟩; ~**länder·eck** [-'---] das; ~s, ~e region where three countries meet; ~**mal** Adv. three times; s. auch **achtmal;** ~**malig** Adj.; nicht präd. **eine ~malige Warnung/Wiederholung** three warnings/repeats; s. auch **achtmalig;** ~**meilen·zone** [-'----] die three-mile zone; ~**meter·brett** [-'---] das three-metre board
drein (ugs.) s. **darein**
drein-: ~**blicken** itr. V. mürrisch usw. ~**blicken** look morose etc.; ~|**finden** unr. refl. V. (ugs.) get used to things; ~|**reden** itr. V. (ugs.) jmdm. ~**reden** (sich einmischen) interfere in sb.'s affairs; (jmdm. Vorschriften machen) tell sb. what to do; ~|**schauen** itr. V. s. ~**blicken;** ~|**schlagen** unr. itr. V. (ugs.) lay into him/her/them etc. (coll.)
drei-, Drei-: ~**phasen·strom** [-'----] der (Elektrot.) three-phase current; ~**polig** Adj. (Elektrot.) three-core ⟨cable⟩; three-pin ⟨adapter⟩; ~**punkt·gurt** der lap and diagonal belt; ~**rad** das **a)** (Kinderfahrrad) tricycle; **b)** (Kleintransporter) three-wheeled van; ~**räd[e]rig** Adj. three-wheeled; ~**satz** der; ~**satz·rechnung** die; o. Pl. rule of three; ~**schiffig** Adj. (Archit.) with a nave and two aisles postpos.; ~**seitig** Adj. three-sided ⟨figure⟩; three-page ⟨letter, leaflet, etc.⟩; ~**sekunden·regel** [-'----] die (Sport) three-second rule; ~**silbig** Adj. trisyllabic; three-syllable attrib.; ~**spaltig** (Druckw.) **1.** Adj. three-column; **2.** adv. ⟨printed, set⟩ in three columns; ~**spänner** der; ~s, ~: three-horse carriage; ~**spitz** der (hist.) tricorn; three-cornered hat; ~**sprachig 1.** Adj. trilingual; **2.** adv. **a)** ~**sprachig erzogen werden** be brought up speaking three languages; **b)** ⟨written⟩ in three languages; s. auch **zweisprachig;** ~**sprung** der triple jump
dreißig [ˈdraɪsɪç] Kardinalz. thirty; s. auch **achtzig**
Dreißig die; ~: thirty
dreißiger indekl. Adj.; nicht präd. **ein Jahrgang a '3'30 vintage; die ~ Jahre** the thirties
¹Dreißiger der; ~s, ~ (30jähriger) thirty-year-old; s. auch ¹**Achtziger b, c**
²Dreißiger der; ~s, ~ (ugs.) **a)** (Briefmarke) thirty-pfennig/schilling etc. stamp; **b)** (Zigarre) thirty-pfennig cigar
³Dreißiger Pl. thirties; **eine Frau in den ~n** a woman in her thirties
dreißig-, Dreißig-: ~**jährig** Adj. (30 Jahre alt) thirty-year-old attrib.; (30 Jahre dauernd) thirty-year attrib.; **der Dreißigjährige Krieg** the Thirty Years' War; s. auch **achtjährig;** ~**jährige** der/die; adj. Dekl. thirty-year-old; ~**pfennig·marke** [-'----] die thirty-pfennig stamp

dreißigst... ['draisıçst...] *Ordinalz.* thirtieth; *s. auch* acht...; achtzigst...
Dreißigstel *das;* ~s, ~: thirtieth
dreist [draist] 1. *Adj.* brazen; barefaced ⟨*lie*⟩. 2. *adv.* brazenly
drei·stellig *Adj.* three-figure *attrib.* ⟨*number, sum*⟩; *s. auch* achtstellig
Dreistigkeit *die;* ~, ~en a) *o. Pl. (Art)* brazenness; **er besaß die ~, zu...**: he had the audacity *or* cheek to ...; b) *(Handlung)* brazen act; *(Bemerkung)* brazen remark
drei-, Drei-: ~**stimmig** 1. *Adj.* ⟨*song*⟩ for three voices; three-voice ⟨*choir*⟩; three-part ⟨*singing*⟩; 2. *adv.* ⟨*sing*⟩ in three voices; ⟨*play*⟩ in three parts; ~**stöckig** 1. *Adj.* three-storey *attrib.; s. auch* achtstöckig; 2. *adv.* ⟨*build*⟩ three storeys high; ~**stufen·rakete** [-'-----] *die* three-stage rocket; ~**stündig** *Adj.* three-hour *attrib.; s. auch* achtstündig; ~**stündlich** 1. *Adj.* three-hourly; 2. *adv.* every three hours; ~**tägig** *Adj.* (3 *Tage alt*) three-day-old *attrib.;* (*3 Tage dauernd*) three-day *attrib.; s. auch* achttägig; ~**täglich** 1. *Adj.* in ~**täglichem Wechsel** on the day rota; 2. *adv.* every three days; ~**tausend** *Kardinalz.* three thousand; ~**tausender** *der* mountain more than three thousand metres high; ~**teilig** *Adj.* three-part *attrib.* ⟨*documentary, novel, etc.*⟩; three-piece *attrib.* ⟨*suit*⟩; ~**teilig sein** be in three parts/consist of three pieces; ~**viertel** *Bruchz.* three-quarters; ~**viertel Liter**/eine ~**viertel Stunde** three-quarters of a litre/of an hour; **die Flasche ist** ~**viertel leer** the bottle is three-quarters empty; *s. auch* ¹acht; **Viertel** *a;* ~**viertel·lang** [----] *Adj.* three-quarter-length; ~**viertel·liter·flasche** [---'----] *die* three-quarter-litre bottle; ~**viertel·mehrheit** [---'----] *die* three-quarters majority; ~**viertel·stunde** [---'--] *die* three-quarters of an hour; ~**viertel·takt** [-'----] *der* three-four time; **im** ~**viertel·takt** in three-four time; ~**wege·katalysator** *der (Kfz-W.)* three-way catalytic converter; ~**wertig** *Adj.* a) *(Chemie)* trivalent; b) *(Sprachw.)* three-place *attrib.;* ~**wöchentlich** 1. *Adj.* three-weekly; 2. *adv.* every three weeks; *s. auch* achtwöchentlich; ~**wöchig** *Adj.* (3 *Wochen alt*) three-week-old *attrib.;* (3 *Wochen dauernd*) three-week *attrib.;* ~**zack·ber**, ~**e** trident; ~**zackig** *Adj.* three-pointed; ~**zehn** *Kardinalz.* thirteen; **jetzt schlägt's aber** ~! *(ugs.)* that's going too far; *s. auch* achtzehn; ~**zehntel** *das* thirteenth; ~**zeilig** *Adj.* three-line *attrib.;* ~**zeilig sein** have three lines; ~**zimmer·wohnung** *die* three-room flat *(Brit.)* or *(Amer.)* apartment
Dresche ['drɛʃə] *die;* ~ *(salopp)* walloping *(sl.);* thrashing; ~ **kriegen** get a walloping *(sl.)* or thrashing
dreschen 1. *unr. tr. V.* a) thresh; b) *(salopp: prügeln)* wallop *(sl.);* thrash; c) *(salopp: schießen)* wallop *(sl.)* ⟨*ball*⟩; **den Ball ins Netz** ~: slam the ball into the net *(coll.); s. auch* **Skat.** 2. *unr. V.* a) thresh; b) *(salopp: schlagen)* thump; bang; **mit der Faust auf den Tisch** ~: bang one's fist on the table; pound *or* bang the table with one's fist
Drescher *der;* ~s, ~: thresher
Dresch-: ~**flegel** *der* flail; ~**maschine** *die* threshing-machine
Dresden ['dre:sdn] *(das);* ~s Dresden
Dresd[e]ner ['drɛːsd(ə)nɐ] 1. *Adj.; nicht präd.* Dresden. 2. *der;* ~s, ~: native of Dresden; *(Einwohner)* inhabitant of Dresden; *s. auch* **Kölner**
Dreß [drɛs] *der;* ~ *od.* **Dresses, Dresse;** *(österr. auch* **Dressen) a)** *(Sportkleidung)* kit *(Brit.);* (*Fußball, Hockey usw.*) kit *(Brit.);* strip *(Brit. coll.);* b) *(ugs.: Kleidung)* outfit
Dresseur [drɛˈsøːɐ̯] *der;* ~s, ~e [animal-]-trainer

dressierbar *Adj.* trainable; **nicht/gut ~**: untrainable/easy to train
dressieren *tr. V.* a) train ⟨*animal*⟩; **darauf dressiert sein, etw. zu tun** be trained to do sth.; **der Hund ist auf den Mann dressiert** the dog is trained to attack people; b) *(Kochk.)* dress ⟨*poultry, fish, game*⟩; decorate ⟨*cake etc.*⟩; pipe ⟨*icing, marzipan, etc.*⟩
Dressing ['drɛsɪŋ] *das;* ~s, ~s dressing
Dressman ['drɛsmən] *der;* ~s, **Dressmen** male model
Dressur [drɛˈsuːɐ̯] *die;* ~, ~**en** a) training; *(fig. abwertend)* conditioning; b) *(Kunststück)* trick; c) *(Dressurreiten)* dressage
Dressur-: ~**pferd** *das* dressage horse; ~**prüfung** *die (Reiten)* dressage [test]; ~**reiten** *das* dressage
dribbeln ['drɪbln] *itr. V. (Ballspiele)* dribble [the ball]
Dribbling ['drɪblɪŋ] *das;* ~s, ~s *(Ballspiele)* piece of dribbling; **seine Stärken sind Kopfball und** ~: his strengths are heading and dribbling
Drift [drɪft] *s.* **Trift** a
driften *itr. V.;* mit sein *(auch fig.)* drift
¹**Drill** [drɪl] *der;* ~**[e]s** drilling; *(Milit.)* drill
²**Drill** *der;* ~s, ~e *s.* **Drillich**
Drill·bohrer *der* drill
drillen *tr. V.* a) *(auch Milit.)* drill; **auf etw.** *(Akk.)* **gedrillt sein** be well-drilled in sth.; **jmdn. auf Angriff** ~: train sb. to attack; b) *(Landw.)* drill; c) *(bohren)* drill ⟨*hole*⟩
Drillich ['drɪlɪç] *der;* ~s, ~e drill
Drillich·zeug *das* [heavy cotton twill] overalls *pl.*
Drilling ['drɪlɪŋ] *der;* ~s, ~e a) *(Geschwister)* triplet; b) *(Gewehr)* triple-barrelled shotgun
Drill·maschine *die (Landw.)* drill
drin [drɪn] *Adv.* a) *(ugs.: darin)* in it; **da könnte für mich was** ~ **sein** something might come out of it [for me]; **das/mehr als 2 000 DM ist nicht** ~: that/any more than 2,000 marks is not on *(Brit. coll.)* or *(Amer. coll.)* is no go; **es ist noch alles** ~ *(bei einem Fußballspiel usw.)* there's still everything to play for; **nach drei Tagen ist man wieder** ~ *(wieder eingearbeitet)* after three days you're back in the swing of things; *s. auch* **darin;** b) *(ugs.: drinnen)* inside; **hier/da ~**: in here/there; *s. auch* **drinnen**
dringen ['drɪŋən] *unr. itr. V.* a) *mit sein (gelangen)* ⟨*water, smell, etc.*⟩ penetrate, come through; ⟨*news*⟩ get through; **in etw.** *(Akk.)* ~: get into *or* penetrate sth.; **durch etw.** ~: come through *or* penetrate sth.; ⟨*person*⟩ push one's way through sth.; **die Nachricht ist nicht bis zu mir gedrungen** the news did not get through to me; **in od. an die Öffentlichkeit** ~: get out; become public knowledge; **bei** *mit sein (geh.: einwirken)* **in jmdn.** ~: press *or* urge sb.; **mit Fragen/Ermahnungen in jmdn.** ~: ply sb. with questions/press warnings on sb.; **sich gedrungen fühlen, etw. zu tun** *(veralt.)* feel obliged *or* compelled to do sth.; c) *(fordern)* **auf etw.** *(Akk.)* ~: insist upon sth.
dringend 1. *Adj.* a) *(eilig)* urgent; b) *(eindringlich, stark)* urgent ⟨*appeal*⟩; strong ⟨*suspicion, advice*⟩; compelling ⟨*need*⟩. 2. *adv.* a) *(sofort)* urgently; b) *(zwingend)* ⟨*recommend, advise, suspect*⟩ strongly; **jmdn.** ~ **bitten, etw. zu tun** insist that sb. does sth.; ~ **erforderlich sein** be imperative *or* essential
dringlich ['drɪŋlɪç] 1. *Adj.* urgent. 2. *adv.* urgently; **jmdn.** ~ **bitten, etw. zu tun** plead hard with sb. to do sth.
Dringlichkeit *die;* ~: urgency
Dringlichkeits·antrag *der (Parl.)* emergency motion
Drink [drɪŋk] *der;* ~[s], ~s drink
drinnen ['drɪnən] *Adv.* inside; *(im Haus)* indoors; inside; **von** ~: in from inside/indoors; **nach** ~ **gehen** go in[side]/indoors; ~ **im Haus** indoors; **hier/da** ~: in here/there

drin-: ~**sitzen** *unr. V. (ugs.)* be right in it *(coll.);* ~**stecken** *itr. V. (ugs.)* a) *(beschäftigt sein)* [bis über beide Ohren] in etw. *(Dat.)* ~**stecken** be up to one's ears in sth. *(coll.);* b) *(vorhanden sein)* **ich bin überzeugt, daß viel in ihm** ~**steckt** I am convinced he has a lot in him; **da steckt nichts für dich** ~: there's nothing in it for you; **da steckt viel Arbeit** ~: there's a lot of work in that; c) *(voraussehen können)* **da steckt man nicht** ~: there's no [way of] telling; ~**stehen** *unr. itr. V.;* südd. *auch mit sein in etw. (Dat.)* ~**stehen** be in sth.
dritt [drɪt] **in wir waren zu** ~: there were three of us; **eine Ehe zu** ~: a ménage à trois; *s. auch* ²**acht**
dritt... *Ordinalz.* third; **wer ist der Dritte im Bunde?** who is the third person?; **in Gegenwart Dritter** in the presence of other people; **ein Drittes wäre noch zu erwägen** there is a third point that ought to be considered; **wenn zwei sich streiten, freut sich der Dritte** when two people argue, somebody else benefits; **der lachende Dritte** the one to benefit *(from a dispute between two others); s. auch* **acht...**
dritt·best... *Adj.* third-best
Drittel *das;* ~s, ~e *(veralt.),* **Drittel,** *das, (schweiz. meist* **Dritt**-) ~; ~: third
dritteln *tr. V.* split *or* divide ⟨*cost, profit*⟩ three ways; divide ⟨*number*⟩ by three
drittens *Adv.* thirdly
dritt-, Dritt-: ~**größt...** *Adj.* third-largest; ~**höchst...** *Adj.* third-highest; ~**klassig** *Adj. (meist abwertend)* third-class ⟨*hotel, railway carriage*⟩; third-rate ⟨*actor, novel, artist*⟩; ~**klässler** *der* third-former; ~**letzt...** *Adj.* antepenultimate; ~**schuldner** *der (Rechtsw.)* garnishee
Drive [draif] *der;* ~s, ~s *(auch Jazz, Golf, Tennis)* drive
Dr. jur. *Abk.* doctor juris LL D; *s. auch* **Dr. phil.**
DRK [deːɛrˈkaː] *das;* ~ *Abk.* Deutsches Rotes Kreuz German Red Cross
Dr. med. *Abk.* doctor medicinae MD; *s. auch* **Dr. phil.**
Dr. med. dent. *Abk.* doctor medicinae dentoriae DMD; *s. auch* **Dr. phil.**
drob [drɔp] *s.* **darob**
droben ['droːbn] *Adv. (südd., österr., sonst geh.)* up there; **da/hier** ~: up there
Droge ['droːɡə] *die;* ~, ~**n** drug; **unter** ~ **stehen** be on drugs
dröge ['drøːɡə] *(nordd.)* 1. *Adj. (auch fig.)* dry. 2. *adv.* drily
drogen-, Drogen-: ~**abhängig** *Adj.* addicted to drugs; postpos.; ~**abhängig sein/werden** be/become a drug addict; ~**abhängige** *der/die;* adj. Dekl. drug addict; ~**abhängigkeit** *die* drug addiction; ~**handel** *der* drug trafficking; ~**süchtig** *Adj. s.* ~**abhängig;** ~**szene** *die* drug scene; ~**tote** *der/die* drug-related death
Drogerie [droɡəˈriː] *die;* ~, ~**n** chemist's [shop] *(Brit.);* drugstore *(Amer.)*
Drogist [droˈɡɪst] *der;* ~**en,** ~**en, Drogistin** *die;* ~, ~**nen** chemist *(Brit.);* druggist *(Amer.)*
Droh·brief *der* threatening letter
drohen ['droːən] *itr. V.* threaten; **er drohte ihm mit erhobenem Zeigefinger** he raised a warning finger to him; **jmdm. mit etw.** ~: threaten sb. with sth.; **die Regierung hat mit dem Abbruch der diplomatischen Beziehungen gedroht** the government threatened to break off diplomatic relations; **den Angeklagten droht die Todesstrafe** the accused are threatened with the death penalty; **ein Gewitter drohte** a storm was threatening
drohend 1. *Adj.* impending ⟨*danger, strike, disaster*⟩; threatening ⟨*gesture, clouds*⟩. 2. *adv.* threateningly
Droh·gebärde *die* threatening gesture
Drohn [droːn] *der;* ~**en,** ~**en, Drohne** *die;* ~, ~**n** drone

dröhnen ['drø:nən] *itr. V.* **a)** ⟨*voice, music*⟩ boom; ⟨*machine*⟩ roar; ⟨*room etc.*⟩ resound (**von** with); **~er Applaus** thunderous applause; **er brach in ~des Gelächter aus** he roared with laughter; **mir dröhnt der Schädel** (*ugs.*) my head's ringing; **b)** (*Drogenjargon: Rausch verursachen*) **das dröhnt** it gives you a high (*sl.*)

Dröhnung *die;* ~, ~**en** (*Drogenjargon*) **a)** (*Dosis*) fix (*sl.*); **b)** (*Rausch*) high (*sl.*)

Drohung *die;* ~, ~**en** threat; **eine ~ wahr machen** carry out a threat

drollig ['drɔlɪç] **1.** *Adj.* **a)** (*spaßig*) funny; comical; (*niedlich*) sweet; cute (*Amer.*); **b)** (*seltsam*) odd; peculiar; **werde nicht ~**: don't get funny. **2.** *adv.* **a)** (*spaßig*) comically; (*niedlich*) sweetly; cutely (*Amer.*); **b)** (*seltsam*) oddly; peculiarly

Dromedar ['dro:meda:ɐ̯] *das;* ~**s,** ~**e** dromedary

Drops [drɔps] *der od. das;* ~, ~: fruit *or* (*Brit.*) acid drop; **saurer** *od.* **saures ~**: acid drop (*Brit.*); sour ball (*Amer.*)

drosch [drɔʃ] **1.** *u.* **3. Pers. Sg. Prät. v. dreschen**

Droschke ['drɔʃkə] *die;* ~, ~**n a)** hackney carriage; **b)** (*veralt.: Taxi*) [taxi-]cab

Droschken-: ~**kutscher** *der* hackney coachman; ~**platz** *der* (*Amtsspr.*) taxi-rank

¹Drossel ['drɔsl̩] *die;* ~, ~**n** thrush

²Drossel *die;* ~, ~**n** (*Technik*) *s.* ~**spule,** ~**ventil**

Drossel·klappe *die* (*Technik*) throttle *or* butterfly valve

drosseln *tr. V.* **a)** turn down ⟨*heating, air-conditioning*⟩; throttle back ⟨*engine*⟩; reduce *or* restrict the flow of ⟨*steam, air*⟩; check ⟨*flow*⟩; **b)** (*herabsetzen*) reduce *or* cut back *or* down; reduce ⟨*speed*⟩

Drossel·spule *die* (*Elektrot.*) choking coil

Drosselung *die;* ~, ~**en** *s.* **drosseln:** turning down; throttling back; reduction *or* restriction of the flow; checking; reduction; cutback

Drossel·ventil *das* (*Technik*) throttle valve

Dr. phil. *Abk.* doctor philosophiae Dr; ~ Hans Schulz Dr Hans Schulz; Hans Schulz, Ph. D.; **sie ist ~ ~, nicht Dr. med.** she is a Ph.D. *or* a Doctor of Philosophy, not a Doctor of Medicine

Dr. rer. nat. *Abk.* doctor rerum naturalium Doctor of Natural Science

Dr. rer. pol. *Abk.* doctor rerum politicarum Doctor of Political Science

Dr. theol. *Abk.* doctor theologiae DD

drüben ['dry:bn̩] *Adv.* **a)** dort *od.* da ~: over there; ~ **auf der anderen Seite** over on the other side; **b)** (*in der DDR*) in the East; (*in der Bundesrepublik, in West-Berlin*) in the West; **von ~ kommen** come from across the border/sea *etc.*

drüber ['dry:bɐ] (*ugs.*) *s.* **darüber**

drüber- (*ugs.*) *s.* **darüber-**

¹Druck [drʊk] *der;* ~[**e**]**s, Drücke** ['drʏkə] **a)** (*Physik*) pressure; **einen ~ im Kopf/Magen haben** (*fig.*) have a feeling of pressure in one's head/stomach; **b)** *o. Pl.* (*das Drücken*) **ein ~ auf den Knopf** a touch *of or* on the button; **c)** *o. Pl.* (*Zwang*) pressure; **auf jmdn. ~ ausüben** put pressure on sb.; **unter ~ stehen/handeln** be/act under pressure; **jmdn. unter ~ setzen** put pressure on sb.; ~ **dahinter machen** (*ugs.*) put some pressure on; **in** *od.* **im ~ sein** (*ugs.*) be under pressure of time; **d)** *Pl.* ~**s** (*Drogenjargon: Injektion*) fix (*sl.*); **sich** (*Dat.*) **einen ~ setzen** give oneself a fix (*sl.*)

²Druck *der;* ~[**e**]**s,** ~**e a)** *o. Pl.* (*das Drucken*) printing; (*Art des Drucks*) print; **in ~ gehen** go to press; **etw. in ~ geben** send sth. to press; ~ **und Verlag Meier & Sohn** printed and published by Meier and son; **im ~ erscheinen** appear in print; **im ~ sein** be being printed; **b)** (*Bild, Graphik usw.*) print; **c)** *Pl.* ~**s** (*Textilw.*) print; **d)** (~**schrift**) printed

work; **frühe persische ~e** early printed works from Persia

Druck-: ~**ab·fall** *der* (*Physik*) drop *or* fall in pressure; ~**an·zug** *der* pressure suit; ~**anstieg** *der* (*Physik*) rise *or* increase in pressure; ~**ausgleich** *der* (*Physik, Med.*) (*Vorgang*) equalization of pressure; (*Zustand*) balance of pressure; ~**blei·stift** *der* propelling pencil; ~**bogen** *der* printed sheet; ~**buchstabe** *der* block letter *or* capital

Drückeberger ['drʏkəbɛrgɐ] *der;* ~**s,** ~ (*ugs. abwertend*) shirker

Drückebergerei *die;* ~ (*ugs. abwertend*) shirking

druck·empfindlich *Adj.* pressure-sensitive ⟨*material*⟩; easily bruised ⟨*fruit*⟩; ⟨*area of the body*⟩ sensitive to pressure

drucken *tr., itr. V.* print

drücken ['drʏkn̩] **1.** *tr., itr. V.* **a)** (*pressen*) press; press, push ⟨*button*⟩; **jmdm. die Hand ~**: squeeze sb.'s hand; **jmdn. zur Seite/an die Wand ~**: push sb. aside/against the wall; **jmdn. ans Herz** *od.* **an sich** (*Akk.*) ~: clasp sb. to one's breast; **jmdm. etw. in die Hand ~**: press sth. into sb.'s hand; **b)** (*heraus~*) squeeze ⟨*juice, pus*⟩ (**aus** out of); **c)** (*liebkosen*) **jmdn. ~**: hug [and squeeze] sb.; **d)** (*Druck verursachen, quetschen*) ⟨*shoe, corset, bandage, etc.*⟩ pinch; **e)** (*geh.: be~*) (*consience*) weigh heavily [up]on sb.; **jmds. Stimmung ~**: depress sb.'s spirits; **f)** (*herabsetzen*) push *or* force down ⟨*price, rate*⟩; depress ⟨*sales*⟩; bring down ⟨*standard*⟩; **den Rekord ~**: beat *or* break the record; **den Rekord um zwei Sekunden ~**: take two seconds off the record; **g)** (*Gewichtheben*) press; **i)** (*Drogenjargon: injizieren*) **sich** (*Dat.*) **einen Schuß ~**: give oneself a fix (*sl.*). **2.** *itr. V.* **a)** (*pressen*) **auf den Knopf ~**: press *or* push the button; "**bitte ~**": 'push'; **die Hitze drückt** *od.* **ist drückend** (*fig.*) the heat is oppressive; **es drückte auf die Stimmung/unsere gute Laune** (*fig.*) it spoilt the atmosphere/dampened our spirits; *s. auch* **Tränendrüse; b)** (*Druck verursachen*) ⟨*shoe, corset, bandage*⟩ pinch; **der Rucksack drückt** the rucksack is pressing *or* digging into me; **c)** (*herabsetzen*) **auf etw.** (*Akk.*) ~: push *or* force sth. down; **d)** (*Drogenjargon*) fix (*sl.*). **3.** *refl. V.* **a) sich in die Ecke ~**: squeeze [oneself] into the corner; **die Kinder drückten sich ängstlich in die Ecke** the children huddled frightened in the corner; **sich aus dem Saal ~**: slip out of the hall; **b)** (*ugs.*) shirk; **sich vor etw.** (*Dat.*) **~**: get out of *or* dodge sth.; **sich vor einer Pflicht/Verantwortung/Aussprache ~**: shirk a duty/responsibility/avoid a frank discussion; **sich vor der Arbeit/ums Bezahlen ~**: get out of *or* avoid doing any work/paying

drückend *Adj.* **a)** burdensome ⟨*responsibility*⟩; grinding ⟨*poverty*⟩; heavy ⟨*debt, taxes*⟩; serious ⟨*worries*⟩; **b)** (*schwül*) oppressive

Drucker *der;* ~**s,** ~: printer

Drücker *der;* ~**s,** ~ **a)** (*Tür~*) handle; (*eines Schnappschlosses*) latch; (*Abzug am Gewehr*) trigger; **auf den letzten ~** (*ugs.*) at the very last minute; **b)** (*Knopf*) [push-]button; (*Klingelknopf*) bell] push; **am ~ sitzen** *od.* **sein** (*fig. ugs.*) be in charge; **c)** (*ugs.: Werber*) hawker of magazine subscriptions; **d)** (*ugs.: Unterton, Nuance*) touch

Druckerei *die;* ~, ~**en** printing-works; (*Firma*) printing-house; printer's

Druckerei·arbeiter *der* print worker

Drucker·farbe *die s.* **Druckfarbe**

Druck·erlaubnis *die* permission to print; **die ~ verweigern** refuse to allow the book/article *etc.* to be printed

Drucker-: ~**presse** *die s.* **Druckmaschine;** ~**schwärze** *die* printer's *or* printing ink; ~**sprache** *die* printers' terminology; ~**zeichen** *das* printer's mark

druck-, Druck-: ~**erzeugnis** *das* piece of printed matter; ~**erzeugnisse** printed matter *sing.*; ~**fahne** *die* galley proof; ~**farbe** *die* printer's *or* printing ink; ~**fehler** *der* misprint; printer's error; ~**fehler teufel** *der* (*scherzh.*) misprint gremlin; ~**fertig** *Adj.* ready for press *pred.*; ~**fest** *Adj.* pressure-resistant; ~**form** *die* [type]forme; ~**frisch** *Adj.* hot off the press *postpos.*; ~**graphik** *die* (*Kunstwiss.*) graphic reproduction; ~**kabine** *die* pressurized cabin; ~**knopf** *der* **a)** press-stud (*Brit.*); snap-fastener; **b)** (*an Geräten*) push-button; ~**kosten** *Pl.* printing costs

Drucklegung *die;* ~, ~**en** printing; **die ~** *od.* **mit der ~ beginnen** go to press

druck-, Druck-: ~**luft** *die* (*Physik*) compressed air; ~**luft·bremse** *die* air brake; ~**maschine** *die* printing-press; ~**messer** *der* (*Physik*) pressure gauge; ~**mittel** *das* means of bringing pressure to bear (**gegenüber** on); ~**papier** *das* printing paper; ~**platte** *die* [printing] plate; ~**posten** *der* (*ugs.*) cushy job (*coll.*); ~**pumpe** *die* (*Technik*) pressure pump; ~**punkt** *der* **a)** (*bei Waffen*) first trigger pressure; **b)** (*bei Flugzeugen*) centre of pressure; ~**reif 1.** *Adj.* ready for publication; (~*fertig*) ready for press; (*fig.*) polished, perfectly formulated ⟨*phrase, reply*⟩; **2.** *adv.* ⟨*speak*⟩ in a polished manner; ~**sache** *die* (*Postw.*) printed matter; **b)** (*Druckw.*) printed stationery; ~**schrift** *die* **a)** block letters *pl.*; **b)** (*Schriftart*) type[-face]; **c)** (*Schriftwerk*) pamphlet

drucksen ['drʊksn̩] *itr. V.* (*ugs.*) hum and haw (*coll.*)

druck-, Druck-: ~**stelle** *die* mark (*where pressure has been applied*); (*an Obst*) bruise; **die ~stelle von der Zahnklammer** the tender spot where the brace has/had been pressing; ~**stock** *der* block; ~**taste** *die* push-button; ~**technisch 1.** *Adj.* printing *attrib.* ⟨*process*⟩; **ein ~technisches Problem** a problem from the point of view of printing; **2.** *adv.* from the point of view of printing; ~**type** *die* type; ~**verband** *der* pressure bandage; ~**verfahren** *das* printing process; ~**vorlage** *die* printer's copy; ~**wasser·reaktor** *der* pressurized-water reactor; ~**welle** *die* (*Physik*) shock wave; ~**werk** *das* publication; printed work; ~**wesen** *das; o. Pl.* printing; ~**zylinder** *der* (*Fotoreproduktion*) printing cylinder; (*Offsetdruck*) impression cylinder

Drude ['dru:də] *die;* ~, ~**n** (*Myth.*) nocturnal female spirit that causes nightmares

Druden·fuß *der* pentagram

druff [drʊf] (*ugs. landsch.*) *s.* **drauf**

Druide [dru'i:də] *der;* ~**n,** ~**n** (*hist.*) druid

drum [drʊm] *Adv.* (*ugs.*) **a)** *s.* **darum; b)** [a]round; **um etw. ~ herum** [all] [a]round sth.; **ein Haus mit einem Garten ~**: a house with a garden [a]round it; ~ **rumreden** beat about *or* (*Amer.*) around the bush; **eben ~**: that's precisely why; **sei's ~**: never mind; [that's] too bad; **alles, was ~ und dran ist** *od.* **hängt** all the things that go with it; (*bei einer Sachlage*) all the circumstances; **alles** *od.* **das [ganze] Drum und Dran** (*bei einer Mahlzeit*) all the trimmings; (*bei einer Feierlichkeit*) all the palaver that goes with it (*coll.*)

drum-: (*ugs.*) *s.* **darum-**

Drum·herum *das;* ~**s** everything that goes/went with it

Drummer ['dramɐ] *der;* ~**s,** ~ (*Musik*) drummer

Drums [drams] *Pl.* (*Musik*) drums; **an den ~**: on [the] drums

drunten ['drʊntn̩] *Adv.* (*südd., österr.*) down there

drunter ['drʊntɐ] *Adv.* (*ugs.*) underneath; **es** *od.* **alles geht ~ und drüber** everything is topsy-turvy; things are completely chaotic; **das Drunter und Drüber** the confusion

1021

drunter (ugs.) s. darunter-
Drusch [drʊʃ] der; ~[e]s, ~e a) threshing; b) (Ertrag) threshed corn; grain
¹Druse ['dru:zə] der; ~n, ~n Druze
²Druse die; ~, ~n a) (Geol.) geode; druse; b) (Pferdekrankheit) strangles sing.
Drüse ['dry:zə] die; ~, ~n gland
Drüsen-: ~**funktion** die glandular function; ~**schwellung** die glandular swelling
drusisch Adj. Druze
DSB [de:|ɛs'be:] der; ~ Abk. Deutscher Sportbund
Dschingis-Khan ['dʒɪŋgɪs'ka:n] (der) Genghis Khan
Dschungel ['dʒʊŋļ] der; ~s, ~ (auch fig.) jungle; (von Konflikten, Leidenschaften) tangle
Dschungel-: ~**fieber** das jungle yellow fever; ~**krieg** der jungle war; (Kriegsführung) jungle warfare
Dschunke ['dʒʊŋkə] die; ~, ~n junk
DSF [de:|ɛs'ɛf] die; ~: Abk. (DDR) Gesellschaft für Deutsch-Sowjetische Freundschaft
DSG [de:|ɛs'ge:] die; ~ Abk. Deutsche Schlafwagen- und Speisewagen-Gesellschaft
dt. Abk. deutsch G.
Dtzd. Abk. Dutzend doz.
du [du:] Personalpron.; 2. Pers. Sg. Nom. you; thou (arch.); (in Briefen) Du you; **du zueinander sagen** use the familiar form in addressing one another; say 'du' to each other; [**mit jmdm.**] **per du sein** be on familiar terms or use the familiar form of address [with sb.]; **mit jmdm. auf du und du stehen** be on familiar terms with sb.; **du Glücklicher/Idiot!** you lucky thing/you idiot!; **unser Vater, der du bist im Himmel** (bibl.) our Father which art in heaven; **ich kann nicht länger warten** [listen,] I can't wait any longer; **du bist es** it's 'you'; **mach du das doch** 'you do it; s. auch (Gen.) **deiner**, (Dat.) **dir**, (Akk.) **dich**
Du das; ~[s], ~[s] 'du' no art.; the familiar form 'du'; **jmdm. das ~ anbieten** suggest to sb. that he/she use [the familiar form] 'du' or the familiar form of address
dual [du'a:l] Adj. dual
Dual der; ~s, ~e, **Dualis** [du'a:lɪs] der; ~, **Duale** (Sprachw.) dual
Dualismus der; ~ (Philos., geh.) dualism
dualistisch Adj. (Philos., geh.) dualistic
Dualität [duali'tɛ:t] die; ~: duality
Dual·system das (Math.) binary system
Dübel ['dy:bļ] der; ~s, ~: plug (Holz-) dowel
dübeln tr. V. **etw. ~:** fix sth. using a plug/ plugs
dubios [du'bio:s], **dubiös** [du'biø:s] Adj. (geh.) dubious; **ich finde es ~, daß ...:** I find it suspicious that ...
Dublee [du'ble:] das; ~s, ~s rolled gold [plate]
Dublette [du'blɛtə] die; ~, ~n a) duplicate; b) (bei Edelsteinen) doublet; c) (Boxen) one-two
dublieren [du'bli:rən] tr. V. a) plate with gold; b) (Spinnerei) double; ply; c) (Kunstwiss.) reline
ducken ['dʊkn̩] 1. refl. V. duck; (fig. abwertend) humble oneself (vor + Dat. before); (vor Angst) cower; **sich vor jmds. Fäusten ~:** duck to avoid sb.'s fists. 2. tr. V. a) duck (head [and shoulders]); b) (geh. abwertend) intimidate; (demütigen) humiliate. 3. itr. V. humble oneself (vor + Dat. before)
Duckmäuser ['dʊkmɔyzɐ] der; ~s, ~ (abwertend) moral coward
duckmäuserisch Adj. (behaviour etc.) showing moral cowardice. 2. adv. (behave) in a way that shows moral cowardice
Duckmäusertum das; ~s (abwertend) moral cowardice

Dudelei die; ~, ~en (ugs. abwertend) (auf einem Blasinstrument) tootling; (aus dem Radio, Fernsehen usw.) drone; droning
Dudel·kasten der (salopp abwertend) (Radio) radio; (Plattenspieler) record-player
dudeln ['du:dļn] 1. tr. V. (auf Blasinstrument) tootle; (singen) sing tunelessly. 2. itr. V. ⟨radio, television, etc.⟩ drone on; ⟨barrel organ⟩ grind away
Dudel·sack der bagpipes pl.
Dudelsack·pfeifer der; ~s, ~: piper; bagpipe-player
Duell [du'ɛl] das; ~[e]s, ~e a) duel; **jmdn. zum ~ [heraus]fordern** challenge sb. to a duel; **ein ~ auf Pistolen** a duel with pistols; b) (Sport) contest (Gen. between); c) (Wortgefecht) duel of words
Duellant [duɛ'lant] der; ~en, ~en duellist
duellieren refl. V. fight a duel (**um** over)
Duett [du'ɛt] das; ~[e]s, ~e a) (Musik) duet; **im ~ singen** sing a duet; **etw. im ~ singen** sing sth. as a duet; **im ~ schreien/heulen** (fig. ugs.) scream/weep in unison; b) (Duo, Paar) duo; pair
Dufflecoat ['dʌfəlkoʊt] der; ~s, ~s dufflecoat
Duft [dʊft] der; ~[e]s, **Düfte** ['dyftə] a) pleasant smell; (Zool.) scent; (von Parfüm, Blumen) scent; fragrance; (von Kaffee, frischem Brot, Tabak) aroma; (iron.) beautiful smell (iron.); **den ~ der großen, weiten Welt schnuppern** (fig.) get a taste of the big, wide world; b) (schweiz.: Rauhreif) hoar-frost
-duft der: **Flieder~/Veilchen~/Jasmin~** usw. scent of lilac/violets/jasmine etc.
Düftchen ['dyftçən] das; ~s, ~: pleasant aroma or smell; (iron.) beautiful whiff or smell
Duft·drüse die (Zool.) scent gland
dufte ['dʊftə] (ugs.) 1. Adj. great (coll.). 2. adv. ⟨dressed, behave⟩ smashingly (coll.); ⟨taste⟩ great (coll.)
duften ['dʊftn̩] itr. V. smell (nach of); **nicht ~:** not smell; have no smell; **die Rosen ~ gut** the roses smell lovely or have a lovely scent; **es duftet nach Kaffee** it smells of coffee; there's a smell of coffee
duftend Adj. sweet-smelling; fragrant; **angenehm/stark ~:** pleasant-/strong-smelling
duftig Adj. a) gossamer-fine ⟨dress, material⟩; soft and fine ⟨hair⟩; b) ⟨dichter.⟩ hazy
Duft-: ~**marke** die (Zool.) scent mark; ~**note** die fragrance; ~**stoff** der a) (Biol.) scent; b) (bei Kosmetika) aromatic substance or essence; ~**wasser** das; Pl. ~**wässer** a) (scherzh.: Parfüm) perfume; scent; b) (Eau de Toilette) toilet water; ~**wolke** die cloud of perfume
duhn [du:n] s. dun
Dukaten [du'ka:tn̩] der; ~s, ~ (hist.) ducat
Dukaten-: ~**esel** der (ugs. scherzh.) ein ~**esel sein** be made of money; ~**gold** das fine gold; ~**scheißer** der (derb) s. ~**esel**
Duktus ['dʊktʊs] der; ~ (geh.) characteristic style; (eines Gemäldes) characteristic lines pl. or style; (einer Handschrift) characteristic shape or appearance
dulden ['dʊldn̩] 1. tr. V. a) tolerate; put up with; **keinen Widerspruch ~:** tolerate or (literary) brook no contradiction; **die Arbeit duldet keinen Aufschub** the work will admit no delay; b) (Aufenthalt gestatten) jmdn. ~: tolerate or put up with sb.'s presence; **er war nur geduldet** his presence was only tolerated; he was here/there only on sufferance; c) (geh.: er~) endure. 2. itr. V. (geh.) suffer
Dulder der; ~s, ~, **Dulderin** die; ~, ~nen patient sufferer
Dulder·miene die (iron.) martyred expression; **mit ~:** with a martyred expression
duldsam ['dʊltza:m] 1. Adj. tolerant (gegen towards); (geduldig) patient. 2. adv. tolerantly; (geduldig) patiently

Duldsamkeit die; ~: tolerance; (Geduld) patience
Duldung die; ~: toleration; stillschweigende ~: tacit permission; connivance
Dumdum [dʊm'dʊm] das; ~[s], ~[s], **Dumdum·geschoß** das dumdum [bullet]
dumm [dʊm], **dümmer** ['dʏmɐ], **dümmst...** ['dʏmst...] 1. Adj. a) (nicht intelligent) stupid; stupid; thick, dense ⟨person⟩; **jmdn. wie einen ~en Jungen behandeln** treat sb. like a stupid child; [**nicht**] **so ~ sein, wie man aussieht** [not] be as stupid as one looks; **sich ~ stellen** act stupid; ~ **geboren, nichts dazugelernt** (salopp) stupid idiot! (coll.); **sich nicht für ~ verkaufen lassen** (ugs.) not be taken in; **du willst mich wohl für ~ verkaufen!** you're trying to have me on (Brit. coll.) or (Amer. coll.) put me on; **sich ~ und dämlich** od. **dusselig reden/verdienen/essen** (ugs.) talk till one is blue in the face/earn a fortune/eat oneself silly; b) (unvernünftig) foolish; stupid; daft; **so etwas Dummes!** how stupid!; c) (ugs.: töricht, albern) idiotic; silly; stupid; **eine ~e Gans** a silly goose; **das ist mir [einfach] zu ~:** I've had enough of it; d) (ugs.: unangenehm) nasty ⟨feeling, suspicion⟩; annoying ⟨habit⟩; awful (coll.) ⟨experience, business, coincidence⟩; **so etwas Dummes!** how annoying!; **mir ist etwas Dummes passiert** something awful happened to me (coll.); e) (ugs.: benommen) **mir ist ganz ~ im Kopf** my head is swimming. 2. adv. a) (ugs.: töricht) foolishly; stupidly; **frag nicht so ~:** don't ask such silly or stupid questions; b) (ugs.: unangenehm) ⟨end⟩ badly or unpleasantly; **jmdm. ~ kommen** be cheeky or insolent to sb.
Dummchen ['dʊmçən] das; ~s, ~ s. Dummerchen
dumm·dreist 1. Adj. brashly impertinent. 2. adv. in a brashly impertinent manner
Dumme der/die; adj. Dekl. fool; **einen ~n finden, der etw. macht** find somebody stupid enough to do sth.; **die ~n werden nicht alle** there's one born every minute; **der ~ sein** (ugs.) be the loser
Dumme·jungen·streich der (ugs.) silly prank
Dummen·fang der; o. Pl. (abwertend) duping of unsuspecting people; **auf ~ gehen/aussein** go looking/be out looking for unsuspecting people to dupe
Dummerchen ['dʊmɐçən] das; ~s, ~ (fam.) nitwit (coll.); ninny; silly little boy/girl
dummer·weise Adv. a) (leider) unfortunately; (ärgerlicherweise) annoyingly; irritatingly; b) (törichterweise) foolishly; like a fool; stupidly
Dummheit die; ~, ~en a) o. Pl. stupidity; **wenn ~ weh täte, müßte er den ganzen Tag schreien** (salopp) he's as thick as two short planks (Brit. coll.) or (Amer.) as dumb as an ox; b) (unkluge Handlung) stupid or foolish thing; **es war eine große ~, deine Warnung nicht ernst zu nehmen** it was extremely stupid not to heed your warning; [**mach**] **keine ~en!** don't do anything stupid or foolish; **lauter** od. **nur ~en im Kopf haben** have a head full of silly ideas
Dumm·kopf der (ugs.) nitwit (coll.); [silly] fool or idiot; blockhead
dümmlich ['dʏmlɪç] 1. Adj. simple-minded. 2. adv. ⟨grin, smile⟩ [rather] foolishly or stupidly
Dümmling ['dʏmlɪŋ] der; ~s, ~e (ugs.) dimwit (coll.)
Dumms·dorf (das) (scherzh.) **ich bin doch nicht aus ~!** I wasn't born yesterday!; **du bist wohl aus ~!** you must be stupid!
dümpeln ['dʏmpļn] itr. V. (Seemannsspr.) roll [gently]
dumpf [dʊmpf] 1. Adj. a) dull ⟨thud, rumble of thunder⟩; muffled ⟨sound, thump⟩; b) (muffig) musty; c) (stumpfsinnig) dull; dull

Dumpfheit / **durchaus**

and expressionless ⟨*look*⟩; numb ⟨*indifference*⟩; stifling ⟨*small-town atmosphere*⟩; **d)** *(undeutlich)* dull ⟨*pain, anger*⟩; dim ⟨*memory, recollection*⟩; vague, hazy ⟨*conception, idea*⟩; **e)** *(veralt.: benommen)* dazed; stupefied ⟨*half-sleep*⟩. **2.** *adv.* **a)** ⟨*echo*⟩ hollowly; ~ **auf etw.** *(Akk.)* **aufschlagen** land with a dull thud on sth.; **b)** *(stumpfsinnig)* apathetically; numbly; ~ **vor sich hin blicken** gaze dully or apathetically into space; **c)** *(undeutlich)* vaguely ⟨*remember*⟩.
Dumpfheit die; ~ **a)** *(Stumpfsinn)* torpor; apathy; **b)** *(Benommenheit)* numbness
dumpfig *Adj.* *(muffig)* musty; *(moderig)* fusty; mouldy; *(stickig)* stuffy ⟨*atmosphere*⟩
Dumping ['dampɪŋ] das; ~s *(Wirtsch.)* dumping
Dumping·preis der dumping price
dun [dʊn] *Adj.; nicht attr. (nordd. salopp)* plastered *(sl.);* well oiled *(sl.)*
Düne ['dy:nə] die; ~, ~n [sand-]dune
Dung [dʊŋ] der; ~[e]s dung; manure
Dünge·mittel das fertilizer
düngen ['dyŋən] **1.** *tr. V.* fertilize ⟨*soil, lawn, etc.*⟩; spread fertilizer on ⟨*field*⟩; scatter fertilizer around ⟨*plants*⟩. **2.** *itr. V.* ⟨*person*⟩ put on fertilizer; **gut ~** ⟨*substance*⟩ be a good fertilizer
Dünger der; ~s, ~: fertilizer
Dung·haufen der dunghill; dung or manure heap
Düngung die; ~, ~en **a)** use of fertilizers; **die ~ mit Chemikalien** the use of chemical fertilizers; **b)** *(Düngen)* fertilization
dunkel ['dʊŋkl] **1.** *Adj.* **a)** dark; **es wird ~** it's getting dark; **es wird um 22 h ~:** it gets dark about 10 o'clock; **im Dunkeln** in the dark; **im ~n bleiben** *(fig.)* ⟨*person*⟩ remain unidentified; ⟨*sb.'s identity etc.*⟩ remain a mystery; ⟨*future events*⟩ remain uncertain; **im ~n tappen** *(fig.)* grope around or about in the dark; **b)** *(unerfreulich)* dark ⟨*chapter in one's life*⟩; black ⟨*day*⟩; darker ⟨*side of life*⟩; **c)** *(fast schwarz)* dark; **dunkles Brot** brown bread; **dunkles Bier** dark beer *(darker than bitter);* **eine dunkle Brille** dark glasses *pl.;* **d)** *(tief)* deep ⟨*voice, note*⟩; **e)** *(unbestimmt)* vague; dim, faint, vague ⟨*recollection*⟩; dark ⟨*hint, foreboding, suspicion*⟩; **in dunkler Vorzeit** in the dim and distant past; **jmdm. [über etw.** *(Akk.)***] im ~n lassen** *(fig.)* leave sb. in the dark [about sth.]; **f)** *(abwertend: zweifelhaft)* dubious; shady; **dunkle Geschäfte machen** be involved in shady transactions or deals. **2.** *adv.* **a)** *(tief)* ⟨*speak*⟩ in a deep voice; **b)** *(unbestimmt)* vaguely; ⟨*remember*⟩ vaguely, dimly
Dunkel das; ~s **a)** *(geh.)* darkness; **im ~ der Nacht** *(geh.)* in the darkness of the night; **b)** *(Rätselhaftigkeit)* obscurity, mystery **(um** surrounding**); in ~ gehüllt sein** be shrouded in mystery
Dünkel ['dyŋkl] der; ~s *(geh. abwertend)* *(Überheblichkeit)* arrogance; haughtiness; *(Einbildung)* conceit[edness]; **einen ungeheuren ~ haben** be immensely arrogant or conceited
dunkel-: **~äugig** *Adj.* dark-eyed; **~blau** *Adj.* dark blue; **~blond** *Adj.* light brown ⟨*hair*⟩; ⟨*person*⟩ with light brown hair; **~blond sein** have light brown hair; **~braun** *Adj.* dark brown; **~grau** *Adj.* dark grey; **~grün** *Adj.* dark green; **~haarig** *Adj.* dark-haired
Dunkel·haft die confinement in a darkened cell
dünkelhaft 1. *Adj.* *(überheblich)* arrogant; haughty; *(eingebildet)* conceited. **2.** *adv.* *(hochmütig)* arrogantly; haughtily; *(eingebildet)* conceitedly
dunkel·häutig *Adj.* dark-skinned
Dunkelheit die; ~ **a)** darkness; **bei ~:** during the hours of darkness; **bei Einbruch der ~:** at nightfall; *s. auch* **Einbruch; b)** *(geh.: dunkle Tönung)* darkness

Dunkel-: **~kammer** die dark-room; **~mann** der; *Pl.* **~männer** *(abwertend)* **a)** shady character; **b)** *(veralt.: Obskurant)* obscurantist
dunkeln 1. *itr. V.* **a)** *(unpers.)* **es dunkelt** *(geh.)* it is growing dark; **b)** *mit sein* grow or go darker; darken; **c)** *(dichter.)* ⟨*evening, night*⟩ fall. **2.** *tr. V.* make darker; darken
dunkel-, Dunkel-: **~rot** *Adj.* dark red; *(tiefrot)* deep red; **~werden** das; **~s** nightfall; **vor dem ~werden** before nightfall; **~ziffer** die number of unrecorded cases
Dünkirchen ['dy:nkɪrçn] *(das);* ~s Dunkirk
dünn [dyn] **1.** *Adj.* **a)** thin ⟨*slice, layer, etc.*⟩; slim ⟨*book*⟩; **b)** *(mager)* thin ⟨*person*⟩; **sich ~ machen** *(scherzh.)* squash or *(Amer.)* scrunch up [a bit]; **c)** *(leicht)* thin, light ⟨*clothing, fabric*⟩; fine ⟨*stocking*⟩; *(fig.)* thin, rarefied ⟨*air*⟩; fine ⟨*mist, rain*⟩; **d)** *(spärlich)* thin ⟨*hair*⟩; sparse ⟨*tree, cover, vegetation*⟩; **e)** *(wenig gehaltvoll)* thin ⟨*soup*⟩; weak, watery ⟨*coffee, tea*⟩; watery ⟨*beer*⟩; **f)** *(~flüssig)* thin ⟨*paint, lubricating oil*⟩; runny ⟨*batter*⟩; **g)** *(schwach)* thin ⟨*voice*⟩; weak, faint ⟨*smile*⟩; faint ⟨*scent*⟩. **2.** *adv.* **a)** **~geschnittene Wurst/~ geschnittener Käse** thinly sliced sausage/cheese; **etw. ~ auftragen** apply sth. thinly; **b)** *(leicht)* lightly ⟨*dressed*⟩; **c)** *(spärlich)* **~ besiedelt sein** be thinly or sparsely populated or inhabited; *s. auch* **säen; d)** *(schwach)* ⟨*smile*⟩ weakly, faintly
dünn-, Dünn-: **~besiedelt, ~bevölkert** *Adj. (präd. getrennt geschrieben)* thinly or sparsely populated or inhabited; **~bier** das *(veralt.)* small beer; **~brett·bohrer** der *(salopp abwertend)* **er ist ein ~brettbohrer** he likes to take the easy way out; **~darm** der *(Anat.)* small intestine; **~druck** der *Pl.* **~drucke** thin-paper or India paper edition; **~druck·aus·gabe** die thin-paper or India paper edition; **~druck·papier** das India paper
¹**Dünne** die; ~ *(Technik)* thinness
²**Dünne** der/die; *adj. Dekl. (ugs.)* thin man/ woman; **die ~n** thin people
dünne|machen *s.* **dünnmachen**
dunnemals ['dʊnəmaːls] *s.* **Anno**
dünn-, Dünn-: **~flüssig** *Adj.* thin; runny ⟨*batter etc.*⟩; **~gesät** *Adj. (präd. getrennt geschrieben)* rare; **~häutig** *Adj.* *(auch fig.)* thin-skinned; **~machen** *refl. V. (ugs.)* make oneself scarce *(coll.);* **~pfiff** *o. Pl. (salopp),* **~schiß** der *(derb)* the runs *pl. (coll.);* the shits *pl. (vulg.);* **~wandig** *Adj.* thin-walled
Dunst [dʊnst] der; ~[e]s, **Dünste** ['dʏnstə] **a)** *o. Pl.* haze ⟨*Nebel*⟩ mist; **b)** *(Geruch)* smell; *(Ausdünstung)* fumes *pl.;* (stickige, dumpfe Luft) fug *(coll.);* **jmdm. blauen ~ vormachen** *(ugs.)* pull the wool over sb.'s eyes; **keinen [blassen] ~ von etw. haben** *(ugs.)* have not the foggiest or faintest idea about sth.
Dunst·abzugs·haube die extractor hood
dunsten *itr. V. (geh.)* **a)** smell, give off a smell *(nach of);* **b)** *(dampfen)* steam
dünsten ['dʏnstn] *tr. V.* steam ⟨*fish, vegetables*⟩; braise ⟨*meat*⟩; stew ⟨*fruit*⟩
Dunst·glocke die pall of haze
dunstig *Adj.* **a)** hazy; *(neblig)* misty; **b)** *(verräuchert)* smoky; *(stickig)* stuffy
Dunst·kreis der *(fig.)* orbit
Dunst·obst *(österr.),* **Dünst·obst** das stewed fruit
Dunst-: **~schicht** die layer of haze; *(Nebelschicht)* layer of mist; **~schleier** der veil of haze; *(Nebelschleier)* veil of mist; **~wolke** die cloud of smog; *(stickige, dumpfe Luft)* fug *(coll.)*

Dünung die; ~, ~en swell
Duo ['du:o] das; ~s, ~s *(Musik)* **a)** *(Stück)* duet; **b)** *(Ausführende)* ⟨*piano etc.*⟩ duet; *(fig. scherzh.)* duo; pair
Duodez- [duo'deːts]: **~band** der duodecimo or twelvemo edition; **~fürst** der *(abwertend)* princeling; petty or minor prince; **~fürstentum** das *(abwertend)* petty or minor princedom; **~staat** der *(abwertend)* minor state
Duo·dezimal·system das duodecimal system
düpieren [dy'piːrən] *tr. V. (geh.)* dupe
Duplikat [dupli'kaːt] das; ~[e]s, ~e duplicate
Duplikation [duplika'tsi̯oːn] die; ~, ~en *(geh., Genetik)* duplication
Duplizität [duplitsi'tɛːt] die; ~, ~en *(geh.)* duplication
Dur [duːɐ̯] das; ~ *(Musik)* major [key]; **in ~ enden** finish in a major key
Dur·akkord der *(Musik)* major chord
durativ ['duːratiːf] *Adj. (Sprachw.)* durative
durch [dʊrç] **1.** *Präp. mit Akk.* **a)** *(räumlich)* through; **~ die Straßen/die Stadt bummeln** stroll through the streets/the town; **~ ganz Europa reisen** travel all over or throughout Europe; **~ einen Fluß waten** wade across a river; *s. auch* **Kopf; b)** *(modal)* by; **etw. ~ Boten/die Post schicken** send sth. by courier/post *(Brit.);* **etw. ~ Lautsprecher/das Fernsehen bekanntgeben** announce sth. over the loudspeakers/on television; **sie ist ~ das Fernsehen bekannt geworden** she became famous through television; **etw. ~ jmdn. bekommen** get or obtain sth. through sb.; **zehn [geteilt] ~ zwei** ten divided by two; **c)** *(österr.: zeitlich)* **~ Wochen/Jahre** for weeks/years; **~ sein ganzes Leben** throughout or all his life. **2.** *adv.* **a)** *(hin~)* **das ganze Jahr ~:** throughout the whole year; all year; **die ganze Zeit ~:** all the time; **b)** *(ugs.: vorbei)* **es war 3 Uhr ~:** it was past or gone 3 o'clock; **c)** **~ und naß/überzeugt** wet through [and through]/completely or totally convinced; **jmdm. ~ und ~ gehen** go right through sb.; **er ist ein Lügner ~ und ~:** he's an out and out liar; *s. auch* **durchsein**
durch|ackern *(ugs.)* **1.** *tr. V.* plough through. **2.** *refl. V.* **sich durch etw. ~:** plough [one's way] through sth.
durch|arbeiten 1. *tr. V.* **a) die Nacht/Pause usw. ~:** work through the night/break *etc.;* **b)** *(lesen und auswerten)* work or go through ⟨*book, article*⟩; **c)** *(ausarbeiten)* work out ⟨*speech, essay*⟩; **d)** *(durchkneten)* work or knead thoroughly ⟨*dough*⟩; massage or knead thoroughly ⟨*muscles*⟩. **2.** *itr. V.* work through. **3.** *refl. V. (auch fig.)* work one's way through
durch|atmen *itr. V.* take a deep breath/ deep breaths; breathe deeply
durch·aus *Adv.* **a)** **~ mitkommen wollen** [absolutely] insist on coming too; **das ist ~ nötig/ zu empfehlen** it is absolutely necessary/definitely to be recommended; **Muß das sein? – Ja, ~:** Is that necessary? – Yes, absolutely; **wenn du ~ willst** if you really insist; **b)** *(völlig)* perfectly, quite ⟨*correct, possible, understandable*⟩; **das ist ~ richtig** that is entirely right; **ich bin ~ Ihrer Meinung** I am entirely of your opinion; **man kann ~ vermuten, daß ...:** one can quite reasonably suppose or assume that ...; **ein ~ annehmbarer Vorschlag/gelungener Abend** an eminently acceptable suggestion/thoroughly successful evening; **c)** *(verneint)* **das hat ~ nichts damit zu tun** that's got nothing at all or whatsoever to do with it; **nicht ins Wasser/darüber sprechen wollen** absolutely refuse to go into the water/talk about it; **es ist ~ nicht so einfach wie ...:** it is by no means as easy as ...; **das ist ~ kein Scherz** it is certainly no joke; **für so etwas habe ich ~**

1023

kein Verständnis I have absolutely no time for that sort of thing

durch|backen 1. *itr. V.* bake through. 2. *tr. V.* **etw. richtig ~:** bake sth. right the way through

¹durch|beißen 1. *unr. tr. V.* bite through. 2. *unr. refl. V.* *(ugs.)* [manage to] struggle through

²durch·beißen *unr. tr. V.* bite through; **jmdm. die Kehle ~:** tear *or* rip sb.'s throat open

durch|bekommen *unr. tr. V.* **etw. ~:** get sth. through; *(zerlegen)* get *or* cut through sth.

durch|betteln *refl. V.* **sich überall ~:** beg one's way through life

durch|biegen 1. *unr. tr. V.* **etw. ~:** bend sth. as far as possible; **seinen Rücken/sein Kreuz ~:** straighten one's back. 2. *unr. refl. V.* sag

durch|blasen 1. *unr. tr. V.* a) *(durch Hindurchblasen reinigen)* etw. **~:** clear sth. by blowing through it; b) *(treiben)* **etw. durch etw. ~:** blow sth. through sth.; c) *(durchdringen)* ⟨wind⟩ blow right through ⟨person⟩. 2. *unr. itr. V.* **~ durch** ⟨wind⟩ blow through ⟨cracks, thin coat, etc.⟩

¹durch|blättern, **²durch·blättern** *tr. V.* leaf through ⟨book, file, etc.⟩

durch|bleuen *tr. V.* *(ugs.)* **jmdn. ~:** give sb. a good hiding *(coll.)* or thrashing

Durch·blick der a) *(ugs.)* **den [absoluten] ~ haben** know [exactly] what's going on; **den ~ verlieren** no longer know what's going on; lose track of what's going on; b) *(Ausblick)* view (**auf** + *Akk.* of)

durch|blicken *itr. V.* a) look through; **durch etw. ~:** look through sth.; b) *(ugs.)* **ich blicke da nicht durch** I can't make head or tail of it; **blickst du bei dieser Aufgabe durch?** can you make head or tail of this exercise?; c) **~ lassen, daß .../wie ...:** hint that .../at how ...; **etw. ~ lassen** hint at sth.

¹durch|bluten *itr. V.* a) **die Wunde blutete durch** blood from the wound soaked through [the bandage/dressing etc.]; b) *mit sein* ⟨bandage etc.⟩ become soaked with blood

²durch·bluten *tr. V.* a) supply ⟨body, limb, etc.⟩ with blood; **seine Beine sind schlecht durchblutet** the circulation in his legs is poor; b) *(mit Blut tränken)* **etw. ~:** soak sth. with blood

Durch·blutung die; *o. Pl.* flow *or* supply of blood (+ *Gen.* to); [blood-]circulation

durchblutungs·fördernd *Adj.* ⟨substance⟩ which stimulates the [blood-]circulation; **~ fördernd sein** stimulate the [blood-]circulation

Durchblutungs·störung die disturbance of the blood supply

¹durch|bohren 1. *tr. V.* drill *or* bore through ⟨wall, plank⟩; drill, bore ⟨hole⟩. 2. *itr. V.* **durch etw. ~:** drill *or* bore through sth. 3. *refl. V.* **sich durch etw. ~** ⟨woodworm etc.⟩ bore its way through sth.; ⟨spear, iron paling⟩ go right through sth.

²durch·bohren *tr. V.* pierce; **jmdn. mit ~den Blicken ansehen** *(fig.)* look piercingly *or* penetratingly at sb.

durch|boxen *(ugs.)* 1. *refl. V.* fight one's way through; *(fig.)* battle through. 2. *tr. V.* force *or* push through ⟨law, measure, bill, etc.⟩; **einen Kandidaten ~:** bring pressure to bear to get a candidate appointed

durch|braten *unr. tr. V.* **etw. ~:** cook *or* roast sth. till it is well done; **ich möchte mein Steak durchgebraten** I'd like my steak well done

¹durch|brechen 1. *unr. tr. V.* a) *(zerbrechen)* **etw. ~:** break sth. in two; b) *(eine Öffnung brechen)* **eine Tür/ein Fenster ~:** make a door/window. 2. *unr. itr. V.; mit sein* a) break in two; **der Blinddarm/das Magenschwür ist durchgebrochen** *(Med.)* the ap-

pendix has burst/the gastric ulcer has perforated; b) *(hervorkommen)* ⟨sun⟩ break through; *(new tooth)* come through; ⟨bud⟩ appear; *(fig.)* ⟨rage, hatred⟩ erupt; c) *(einbrechen)* fall through ⟨ice, floor, etc.⟩; **durch etw. ~:** fall through sth.; d) *(Milit.: sich einen Weg bahnen)* break through

²durch·brechen *unr. tr. V.* break through ⟨sound barrier⟩; break *or* burst through ⟨crowd barrier⟩; ⟨car⟩ crash through ⟨railings etc.⟩; *(fig.)* break ⟨law, convention⟩

durch|brennen *unr. itr. V.; mit sein* a) ⟨heating coil, light bulb⟩ burn out; ⟨fuse⟩ blow; **da ist ihm die Sicherung durchgebrannt** *(fig. salopp)* he blew a fuse *(sl.)* or his top *(coll.)*; b) *(ugs.: weglaufen)* *(von zu Hause)* run away; *(mit der Kasse)* run off; abscond; *(mit dem Geliebten/der Geliebten)* run off; c) *(glühen)* ⟨coals, logs⟩ glow

durch|bringen *unr. tr. V.* a) s. **durchbekommen**; b) *(durch eine Kontrolle, über eine Grenze)* **etw. ~:** get sth. through; c) *(bei Wahlen)* **jmdn. ~:** get sb. elected; d) *(durchsetzen)* get ⟨bill⟩ through; get ⟨motion⟩ passed; get ⟨proposal⟩ accepted; e) *(versorgen)* **seine Familie/sich ~:** support one's family/ oneself; f) *(verschwenden)* get through

durch·brochen 1. 2. *Part. v.* ²durchbrechen. 2. *Adj.* open-work *attrib.* ⟨stockings, shoes, etc.⟩

Durch·bruch der a) *(Milit., Geol., fig.)* breakthrough; **einer Idee** *(Dat.)* **zum ~ verhelfen** get an idea generally accepted; b) *(Öffnung)* opening; *(durch Gewalteinwirkung)* breach

durch|buchstabieren *tr. V.* spell out

¹durch|bummeln *(ugs.)* *tr. V.* a) **bis zum Morgen ~:** live it up till morning *(coll.)*; b) *mit sein* **~ durch** wander through ⟨park, exhibition, etc.⟩

²durch·bummeln *tr. V.* **die Nacht ~:** be on the spree all night *(coll.)*; **eine durchbummelte Nacht** a night on the spree *(coll.)*

durch|bürsten *tr. V.* brush ⟨hair⟩ thoroughly

durch|checken *tr. V.* check ⟨list, documents⟩ thoroughly; check ⟨car⟩ over thoroughly

durch·dacht 1. 2. *Part. v.* durchdenken. 2. *Adj.* **ein wenig/gut ~er Plan** a badly/well thought-out plan; **nicht [genügend] ~ sein** not be sufficiently well thought-out

durch·denken *unr. tr. V.* think over *or* through

durch|diskutieren *tr. V.* discuss thoroughly

durch|drängen *refl. V.* **sich [durch etw.] ~:** push *or* force one's way through [sth.]

durch|drehen 1. *tr. V.* put ⟨meat etc.⟩ through the mincer *or (Amer.)* grinder; chop ⟨nuts etc.⟩ in the blender. 2. *itr. V.; auch mit sein (ugs.)* crack up *(coll.)*; go to pieces; b) ⟨wheels⟩ spin

¹durch|dringen *unr. itr. V.; mit sein* a) ⟨rain, sun⟩ come through; **durch etw. ~:** penetrate sth.; come through sth.; **bis zu jmdm. ~** *(fig.)* ⟨rumour, story⟩ get through to sb.; b) *(sich durchsetzen)* **mit einem Vorschlag bei der Geschäftsleitung ~:** succeed in getting the management to accept one's suggestion; **der Redner drang mit seiner Stimme nicht durch** the speaker couldn't make himself heard

²durch·dringen *unr. tr. V.* a) penetrate; **kaum zu ~ sein** be almost impenetrable; b) *(erfüllen)* **jmdn. ~** ⟨idea⟩ take hold of sb. [completely]; **von der Wahrheit einer Behauptung durchdrungen sein** be totally convinced of the truth of a statement; **seine Schriften sind von diesen Ideen durchdrungen** his writings are imbued with these ideas

durch·dringend 1. *Adj.* a) *(intensiv)* piercing, penetrating ⟨voice, look, scream, sound⟩; **mit ~em Blick** with a piercing *or*

penetrating look; b) *(penetrant)* pungent, penetrating ⟨smell⟩. 2. *adv.* a) **jmdn. ~ ansehen** look at a person piercingly *or* penetratingly; give sb. a piercing *or* penetrating look; b) *(penetrant)* **~ riechen/stinken** have a pungent *or* penetrating smell/stench

Durchdringung die; ~ a) penetration; *(Verschmelzung)* fusion; b) *(Erfassung)* comprehension

durch|drücken *tr. V.* a) Püree usw. [durch ein Sieb/Tuch] **~:** press *or* pass purée *etc.* through a sieve/cloth; b) *(strecken)* straighten ⟨limb, back⟩; **die Knie ~:** straighten one's legs; c) *(ugs.: durchsetzen)* manage to get ⟨extra holiday etc.⟩; **seinen Antrag ~:** manage to force one's application through; **ein Gesetz im Parlament ~:** force a bill through Parliament

durch|dürfen *unr. itr. V.* *(ugs.)* be allowed through; **darf ich mal [hier] durch?** can I get through here ?

durch·einander *Adv.* **~ sein** ⟨papers, desk, etc.⟩ be in a mess *or* a muddle; *(verwirrt sein)* be confused *or* in a state of confusion; *(aufgeregt sein)* be flustered *or (coll.)* in a state; **alles ~ essen/trinken** eat/drink everything indiscriminately

Durcheinander das; ~**s** a) muddle; mess; **in wirrem ~** *(fig.)* in wild confusion; b) *(Wirrwarr)* confusion

durcheinander-: ~|bringen *unr. tr. V.* a) *(in Unordnung bringen)* get ⟨room, flat⟩ into a mess; get ⟨papers, file⟩ into a muddle; muddle up ⟨papers, file⟩; b) *(verwirren)* confuse; c) *(verwechseln)* confuse ⟨names etc.⟩; get ⟨names etc.⟩ mixed up *or* muddled; **~|geben** *unr. itr. V.; mit sein (ugs.)* **im Betrieb/Hause geht alles ~:** everything's in a real muddle at work/the whole house is in a muddle; **mir geht alles ~** *(fig.)* I'm getting everything muddled up; **~|geraten** *unr. itr. V.; mit sein* ⟨collection, letters⟩ get in a muddle; **~|kommen** *unr. itr. V.; mit sein* ⟨pictures, papers, etc.⟩ get into a muddle; ⟨person⟩ get into a muddle, get confused; **~|laufen** *unr. itr. V.; mit sein* run [around] in all directions; **~|reden** *itr. V.* all talk at once *or* at the same time; **~|rennen** *unr. itr. V.; mit sein* s. **~|laufen**; **~|werfen** *unr. tr. V.* turn ⟨desk, cupboard, etc.⟩ upside down; muddle *or* jumble up ⟨papers⟩; b) *(verwechseln)* mix *or* muddle up; get mixed *or* muddled up

durch|essen *unr. refl. V.* *(ugs.)* **sich bei jmdm. ~:** live on sb.'s hospitality; b) *(scherzh.)* **sich durch etw. ~:** eat one's way through

durch|exerzieren *tr. V. (ugs.)* go through, practise ⟨rules, multiplication tables⟩; rehearse ⟨situation⟩

¹durch|fahren *unr. itr. V.; mit sein* a) **[durch etw.] ~:** drive through [sth.]; b) *(nicht anhalten)* go straight through; *(mit dem Auto)* drive straight through; *(fahren, ohne umsteigen zu müssen)* travel direct; go straight through; **durch eine Stadt ~:** go/drive straight through a town; drive through a town without stopping; **der Zug fährt [in H.] nicht** Der Zug hält nicht [an H.]; **der Zug fährt bis München durch** the train is non-stop to Munich; **die [ganze] Nacht ~:** travel/drive [right] through the night

²durch·fahren *unr. tr. V.* a) travel through; ⟨train⟩ pass through; *(mit dem Auto)* drive through; b) *(zurücklegen)* cover ⟨distance⟩; complete ⟨course, lap⟩; c) *(durchzucken)* plötzlich durchfuhr ihn ein Schreck he was seized with sudden fright; **auf einmal durchfuhr mich [der Gedanke], daß ...:** suddenly the thought *or* it flashed through my mind that ...

Durch·fahrt die a) *o. Pl.* *(das Durchfahren)* „~ verboten" 'no entry except for access'; **die ~ durch den Kanal** the passage through the canal; **bei der ~ durch den Tunnel** when passing through the tunnel; **b)** o. Pl. *(Durchreise)* **auf der ~ sein** be passing through; be on the way through; **c)** o. Pl. *(Weiterfahrt)* **die ~ freigeben** allow vehicles through; **freie ~ haben** have right of way; **d)** *(Weg)* thoroughfare; „**bitte [die] ~ freihalten**" 'please do not obstruct'

Durchfahrts·straße die main road through

Durch·fall der **a)** diarrhoea *no art.*; **b)** *(ugs.: Versagen)* failure; **in der Prüfung einen ~ erleben** fail the exam *(coll.)*

durch|fallen *unr. itr. V.; mit sein* **a)** fall through; **durch etw. ~:** fall through sth.; **b)** *(ugs.: nicht bestehen)* fail; flunk *(Amer. coll.)*; **bei etw./in etw.** *(Dat.)***/durch etw.** *(Akk.)* **~:** fail *or* flunk sth.; **c)** *(ugs.: erfolglos sein)* 〈*play, performance*〉 flop *(sl.)*; **bei der Kritik ~:** be a flop *(sl.) or* failure; **bei der Wahl ~:** lose the election; be defeated in the election

durch|faulen *itr. V.; mit sein* rot through

durch|fechten **1.** *unr. tr. V.* **seine Ansprüche/Forderungen ~:** fight successfully to establish one's claims/get one's demands accepted. **2.** *refl. V.* **sich [im Leben] ~:** battle one's way through [life]

durch|fegen *tr. V.* sweep [out] 〈*room*〉 thoroughly

¹**durch|feiern** *itr. V.* [die ganze Nacht] **~:** celebrate all night

²**durch·feiern** *tr. V.* **die [ganze] Nacht ~:** spend all night celebrating; celebrate all night; **nach durchfeierter Nacht** after celebrating all night

durch|feilen *tr. V.* **a)** file through; **b)** *(bearbeiten)* polish 〈*essay, speech, etc.*〉

durch|finden *unr. refl. V.* find one's way through; **sich durch etw. ~:** find one's way through sth.; **sich durch das U-Bahn-System/in der Stadt ~:** find one's way around the underground *(Brit.) or (Amer.)* subway system/the town; **ich finde mich in diesem Kuddelmuddel nicht mehr durch** I can't make head or tail of this muddle

¹**durch|fliegen** *unr. itr. V.; mit sein* **a)** [durch etw.] **~:** fly through [sth.]; **unter der Brücke ~:** fly under the bridge; **b)** *(nicht zwischenlanden)* fly non-stop; **c)** *(ugs.: nicht bestehen)* [in einem Examen/bei einer Prüfung] **~:** fail [an exam *(coll.)*]

²**durch·fliegen** *unr. tr. V.* **a)** fly through; fly over 〈*country*〉; fly along 〈*air corridor*〉; **b)** *(zurücklegen)* fly, cover 〈*distance*〉; **c)** *(lesen)* glance through 〈*newspaper, post*〉; skim through 〈*novel*〉

¹**durch|fließen** *unr. itr. V.; mit sein* [durch etw.] **~:** flow through [sth.]

²**durch·fließen** *unr. tr. V.* flow through

Durch·flug der flight through; **der ~ durch den Luftkorridor/das Gebiet** the flight along the air corridor/over the area; **Passagiere auf dem ~** transit passengers; **auf dem ~ [nach Kanada] sein** be in transit [to Canada]

Durch·fluß der **a)** *o. Pl. (das Durchfließen)* flow; **b)** *(Öffnung in einem Damm)* [discharge] opening; outlet; *(zwischen Becken)* connection channel

durch·fluten *tr. V.* *(geh.)* 〈*river*〉 flow through 〈*country*〉; 〈*warmth, pleasant feeling*〉 flood through 〈*person*〉; **Licht durchflutete den Raum** light flooded the room; the room was flooded with light

durch|formen *tr. V.* **etw. ~:** get sth. into its final shape; **etw. bis ins einzelne ~:** work sth. out down to the last detail

durch|formulieren *tr. V.* finalize the [exact] wording of 〈*essay, thesis*〉; **eine Rede ~:** prepare the wording of a speech in detail

durch·forschen *tr. V.* **a)** search 〈*pocket, room, area, etc.*〉 thoroughly; **b)** *(untersuchen)* make a thorough investigation *or* examination of 〈*sources, literature on a subject*〉; carry out research into 〈*subject*〉

¹**durch|forsten, ²durch·forsten** *tr. V.* **a)** *(Forstw.)* thin; **b)** *(durchsehen)* sift through 〈*archives, regulations, etc.*〉

durch|fragen *refl. V.* **sich [nach dem Bahnhof/zum Museum] ~:** find one's way [to the station/museum] by asking

¹**durch|fressen** **1.** *unr. tr. V.* **a) ein Loch durch etw. ~:** eat a hole through *or* in sth.; **b)** *(zerstören, zersetzen)* eat through; 〈*moths*〉 eat holes in 〈*pullover etc.*〉. **2.** *unr. refl. V.* **a)** 〈*maggot, woodworm*〉 eat [its way] through; 〈*rust*〉 eat through; **b)** *(ugs. abwertend)* **sich bei jmdm. ~:** live on sb.'s hospitality; **c)** *(durcharbeiten)* plough through 〈*book, statistics, etc.*〉

²**durch·fressen** *Adj.* **von Motten ~ sein** be moth-eaten *or* full of moth-holes; **ein von Säure ~er Kittel** a coat full of acid holes

durch|frieren *unr. itr. V.; mit sein* **a)** get frozen stiff; get *or* become chilled to the marrow *or* bone; **durchgefroren sein** be frozen stiff *or* chilled to the bone; **b)** *(gefrieren)* 〈*water, lake*〉 freeze solid

durchfroren *Adj.* frozen 〈*face, hands*〉; **~ sein** 〈*person*〉 be frozen stiff

durch|fühlen *tr. V.* **etw. durch etw. ~:** feel sth. through sth.; **jmds. Bitterkeit ~** *(fig.)* sense sb.'s bitterness

durchführbar *Adj.* practicable; feasible; workable; **ein leicht/schwer ~er Plan** a plan that is easy/difficult to carry out

Durchführbarkeit die; **~:** practicability; feasibility; workability

durch|führen **1.** *tr. V.* **a)** *(verwirklichen)* carry out 〈*intention*〉; put into effect, implement 〈*decision, programme*〉; carry out, put into effect, implement 〈*plan*〉; put into practice 〈*idea*〉; **b)** *(ausführen)* carry out 〈*work, installation, investigation*〉; perform, carry out 〈*operation*〉; take 〈*measurement*〉; **c)** *(veranstalten)* make 〈*charity collection*〉; hold 〈*meeting, election, examination*〉; carry out 〈*census*〉; **d)** *(zu Ende führen)* complete, finish 〈*task*〉; carry through 〈*method, system*〉; maintain, keep up 〈*role*〉. **2.** *itr. V.* **durch etw./unter etw.** *(Dat.)* **~** 〈*track, road*〉 go *or* run *or* pass through/under sth.

Durchfuhr-: **~handel** der *(Wirtsch.)* transit trade; **~land** das *(Wirtsch.)* country of transit

Durch·führung die **a)** *(Verwirklichung)* (einer Absicht) carrying out; (eines Plans, Programms) carrying out, implementation; **zur ~ kommen** *od.* **gelangen** *(Papierdt.)* 〈*decision, regulation*〉 be implemented; **zur ~ bringen** *(Papierdt.)* enforce 〈*regulation, law*〉; **b)** *(Ausführung)* (einer Arbeit) carrying out; (einer Operation) performing; (einer Messung) taking; **c)** *(Einhaltung)* (einer Idee) carrying through; *(von Richtlinien)* putting into practice; **d)** *(Veranstaltung)* (eines Kongresses usw.) holding; (eines Wettbewerbs) staging

Durchführungs·verordnung die implementing order

durch|füttern *tr. V.* *(ugs.)* feed; support; **sich von jmdm. ~ lassen** live off sb.

Durch·gabe die *(von Nachrichten, Meldungen)* announcement; *(von Gewinnzahlen)* reading; **bei der ~ des Telegramms** when telephoning the telegram through

Durch·gang der **a)** „**kein ~**", „**~ verboten**" 'no thoroughfare'; **b)** *(Weg)* passage[way]; **c)** *(Phase)* stage; (einer Versuchsreihe) run; (im Sport, bei Wahlen, Wettbewerb) round; **d)** *(Astron.)* transit

durch·gängig **1.** *Adj.* general; *(universell)* universal; *(feature)* general *(principle)*; continual, constant 〈*use*〉. **2.** *adv.* generally, universally 〈*accepted*〉; **~ mit Maschine geschrieben sein** be typed throughout

Durchgangs-: **~bahn·hof** der through station; **~lager** das transit camp; **~station** die *(fig.)* transitional stage; **~straße** die through road; thoroughfare; **~verkehr** der **a)** through traffic; **b)** *(Transitverkehr)* transit traffic

durch|geben *unr. tr. V.* announce 〈*news*〉; give 〈*results, weather report, winning numbers*〉; **eine Meldung im Radio/Fernsehen ~:** make an announcement on the radio/on television; **etw. in den Nachrichten ~:** announce sth. on the news; **telefonisch** *od.* **per Telefon ~:** telephone 〈*telegram*〉 through; give 〈*traffic information*〉 over the telephone; pass on 〈*report, results*〉 by telephone

durch|gehen **1.** *unr. itr. V.; mit sein* **a)** [durch etw.] **~:** go *or* walk through [sth.]; „**bitte weiter ~!**" 'pass *or* move right down, please'; **b)** *(hindurchdringen)* 〈*rain, water*〉 come through [sth.]; 〈*wind*〉 go through [sth.]; **c)** *(direkt zum Ziel führen)* 〈*train, bus, flight*〉 go [right] through (**bis** to); go direct; **d)** *(andauern)* 〈*meeting, party, etc.*〉 go on (**bis zu** until); **e)** *(verlaufen)* 〈*path etc.*〉 go *or* run through (**bis zu** to); 〈*stripe*〉 go *or* run right through; **f)** *(angenommen werden)* 〈*application, claim*〉 be accepted; 〈*law*〉 be passed; 〈*motion, bill*〉 be passed, get through; **g)** *(hingenommen werden)* 〈*discrepancy*〉 be tolerated; 〈*mistake, discourtesy*〉 be allowed to *or* let pass, be overlooked; [**jmdm.**] **etw. ~ lassen** let sb. get away with sth.; **h)** *(davonstürmen)* 〈*horse*〉 bolt; **i)** *(ugs.: davonlaufen)* **mit etw./jmdm. ~:** run off with sth./sb.; **sie ist ihrem Mann durchgegangen** she ran off and left her husband; **j)** *(außer Kontrolle geraten)* **die Nerven gehen mit ihm durch** he loses his temper; **ihr Temperament/ihre Begeisterung geht mit ihr durch** her temperament/enthusiasm gets the better of her; **k)** *(ugs.: durchgebracht werden)* [**durch etw.**] **~:** go through [sth.]; **hinter etw.** *(Dat.)* **~:** go through behind sth.; **l)** *(ohne Unterbrechung zu Fuß gehen)* walk without a break; *(gehalten werden für)* **für neu/30 Jahre usw. ~:** be taken to be *or* pass for new/thirty *etc.*. **2.** *unr. tr. V.* **etw. ~:** go through 〈*newspaper, text*〉; **etw. Punkt für Punkt/Wort für Wort ~:** go through sth. point by point/word by word

durch·gehend **1.** *Adj.* **a)** continuous 〈*line, pattern, etc.*〉; constantly recurring 〈*motif*〉; **b)** *(direkt)* through *attrib.* 〈*train, carriage*〉; direct 〈*flight, connection*〉. **2.** *adv.* **a)** ~ **geöffnet haben/bleiben** be/stay open all day; *(Tag und Nacht)* be/stay open 24 hours a day; **b)** *(in einer Linie)* **~ geknöpft werden/gefüttert sein** button all the way down/be lined throughout or fully lined

durch·geistigt *Adj.* spiritual 〈*person, appearance*〉

durch·geschwitzt **1. 2.** *Part. v.* durchschwitzen. **2.** *Adj.* 〈*person*〉 soaked *or* bathed in sweat; 〈*clothes*〉 soaked with sweat; sweat-soaked *attrib.* 〈*clothes*〉

durch|gestalten *tr. V.* work 〈*theme, motif*〉 out in detail; portray 〈*experience*〉 in detail

durch|gießen *tr. V.* **etw. [durch etw.] ~:** pour sth. through [sth.]; **etw. durch ein Tuch ~:** strain sth. through a cloth

durch|gliedern *tr. V.* structure

¹**durch|glühen** **1.** *itr. V.; mit sein* **a)** *(entzweigehen)* 〈*heating coil, light bulb*〉 burn out; 〈*fuse*〉 blow; **b)** *(vollständig glühen)* 〈*coals, log*〉 glow right through. **2.** *tr. V.* **etw. ~:** heat sth. until it glows right through

²**durch·glühen** *tr. V. (dichter.)* **von etw. durchglüht sein** be aglow with sth.

durch|graben **1.** *unr. tr. V.* **einen Tunnel/Gang usw.** [durch etw.] **~:** dig a tunnel/passage through [sth.]. **2.** *unr. refl. V.* **sich** [durch etw.] **~** 〈*miner*〉 dig his way through [sth.]; 〈*mole*〉 tunnel its way through [sth.]

durch|greifen *unr. itr. V.* **a)** [hart] ~: take drastic measures *or* steps; **rücksichtslos/strenger** ~: take ruthless/more drastic measures *or* steps; **gegen die Demonstranten hart** ~: take drastic action against the demonstrators; **b)** ~ **durch** reach through

durch|gucken *itr. V. (ugs.)* [**durch etw.**] ~: peep *or* look through [sth.]; **durch jmds. Fernglas**~: have a look through sb.'s binoculars

durch|haben *unr. tr. V. (ugs.)* **a)** have finished with ⟨book, newspaper⟩; have got through ⟨song, discussion point⟩; **b)** *(zerteilt haben)* have got through; **c)** *(hindurchbewegt haben)* etw. [durch etw.] ~: have got sth. through [sth.]

durch|hacken *tr. V.* hack *or* chop through; *(mit einem Schlag)* chop through

Durchhalte·appell *der (bei einem Kampf)* appeal to hold out; *(bei einer schwierigen Aufgabe)* appeal to see it through

durch|halten 1. *unr. tr. itr. V. (bei einem Kampf)* hold out; *(bei einer schwierigen Aufgabe)* see it through; *(beim Rennen)* stay the course. **2.** *unr. tr. V.* stand ⟨strain, difficult working conditions⟩; stand, keep up ⟨pace⟩; **eine Diät** ~: keep to a diet

Durchhalte-: ~parole *die (abwertend)* exhortation to hold out; ~**vermögen** *das* staying-power; stamina; [power of] endurance

durch|hängen *unr. itr. V.* **a)** sag; **b)** *(ugs.)* be washed out *or* drained

durch|hauen 1. *regelm. (auch unr.) tr. V.* **a)** etw. ~: chop *or* split sth. in half; **b)** *(bahnen)* **sich** *(Dat.)* **einen Weg durch etw.** ~: hack one's *or* a way through sth. **2.** *tr. V. (ugs.)* **a)** *(verprügeln)* jmdn. ~: give sb. a good hiding *(coll.) or (sl.)* walloping; **b)** *(zerstören)* blow ⟨fuse⟩; wreck ⟨power line⟩. **3.** *unr. refl. V.* **sich** [**durch etw.**] ~: hack one's way through [sth.]

durch|hecheln *tr. V. (ugs. abwertend)* gossip about ⟨person, behaviour⟩

durch|heizen 1. *tr. V.* **a)** heat ⟨house, offices, etc.⟩ through; **b)** *(ohne Pause heizen)* heat ⟨house, offices, etc.⟩ continuously *or* day and night. **2.** *itr. V.* have *or* keep the heating on

durch|helfen *unr. itr. V.* jmdm. [durch etw.] ~: help a person through [sth.]; **ich werde mir schon** ~: I'll manage *or* get by

durch|hören *tr. V.* **a)** etw. [durch etw.] ~: hear sth. [through sth.]; **b)** *(heraushören)* sense, detect ⟨bitterness, envy, etc.⟩

durch|hungern *refl. V.* get by *or* struggle along on very little to eat

durch·irren *tr. V.* wander *or* roam [aimlessly] through

durch|ixen *tr. V. (ugs.)* x out ⟨typing error⟩

¹**durch|kämmen** *tr. V.* **a)** comb ⟨hair⟩ through; **b)** *(durchsuchen)* comb ⟨area etc.⟩

²**durch·kämmen** *tr. V.* comb ⟨area etc.⟩

durch|kämpfen 1. *tr. V.* **a)** fight ⟨case⟩ [right] to the end; fight one's way through ⟨adversity⟩; **b)** *(durchsetzen)* force through. **2.** *refl. V.* **a)** sich [durch etw.] ~: fight *or* battle one's way through [sth.]; **b)** *(durchstehen)* battle *or* struggle through; **c)** *(sich überwinden)* sich dazu ~, etw. zu tun bring oneself to do sth.

durch|kauen *tr. V.* **a)** etw. [gut] ~: chew sth. thoroughly *or* well; **b)** *(ugs.: besprechen)* go over and over

durch|klettern *itr. V.; mit sein* [**durch etw.**] ~: climb *or* clamber through [sth.]

durch|kneten *tr. V.* **a)** knead ⟨dough etc.⟩ thoroughly; **b)** *(ugs.: massieren)* knead ⟨muscles etc.⟩ thoroughly; **jmdn.** ~: give sb. a good hard massage

durch|knöpfen *tr. V.* button ⟨dress, coat⟩ all the way down; **das Kleid wird hinten durchgeknöpft** the dress buttons all the way up the back; **ein durchgeknöpftes Kleid** a button-through dress

durch|kochen *tr. V.* boil ⟨stock, jam⟩ thoroughly

durch|kommen *unr. itr. V.; mit sein* **a)** come through; *(mit Mühe hindurchgelangen)* get through; **durch etw.** ~: come/get through sth.; **es gab kein Durchkommen** there was no way through; **b)** *(ugs.: beim Telefonieren)* get through; **c)** *(durchgehen, -fahren usw.)* **durch etw.** ~: come *or* pass through sth.; **um fünf Uhr kommt der Zug [hier] durch** the train comes through [here] at five o'clock; **wenn du hier durchkommst, ...**: when you're passing through ...; **d)** *(sich zeigen)* ⟨sun⟩ come out; ⟨character trait, upbringing⟩ come through, become apparent; **manchmal kommt sein Dialekt durch** *(fig.)* sometimes his dialect becomes noticeable; **bei ihm kommt der Lehrer durch** *(fig.)* the teacher in him comes through; **e)** *(erfolgreich sein)* **mit dieser Einstellung wird er [im Leben] nicht** ~: he won't get anywhere *or* far [in life] with an attitude like that; **mit Freundlichkeit und Verbindlichkeit kann man überall besser** ~: you'll get a lot further by being friendly and obliging; **damit kommst du bei mir nicht durch** you won't get anywhere with me like that; **mit so einer Entschuldigung kommt man bei ihm nicht durch** you won't get away with an excuse like that with him; **f)** *(ugs.: überleben)* pull through; **g)** *(ugs.: durchdringen)* [durch etw.] ~ ⟨water, sand, etc.⟩ come through [sth.]; **h)** *(durchgesagt werden)* be announced; **die Nachricht kam im Fernsehen/Radio durch** the news was announced on television/the radio; **i)** *(bestehen)* get through; pass; **in einer Prüfung** ~: get through *or* pass an examination; **j)** *(auskommen)* manage; get by; **mit seiner Rente** ~: get by *or* manage on one's pension

durch|komponieren *tr. V.* **a)** work ⟨story, play⟩ out in detail; **b)** *(Musik)* compose ⟨song⟩ with an individual setting for each verse; set ⟨poem⟩ to music with an individual setting for each stanza; **die Ballade ist durchkomponiert** the ballad is through-composed *or* durchkomponiert

durch|können *unr. itr. V. (ugs.)* **a)** *(durchgehen, -kommen dürfen)* [durch etw.] ~: be able to/come through [sth.]; **Sie können hier nicht durch** you can't go/come through here; **kann ich mal durch, bitte?** can I get by, please?; excuse me, please; **b)** *(durchkommen)* [durch etw.] ~: be able to get through [sth.]

durch|konstruieren *tr. V.* etw. ~: design and construct sth. with great attention to detail

¹**durch|kreuzen** *tr. V.* cross through *or* out ⟨mistake, irrelevant information⟩

²**durch·kreuzen** *tr. V.* **a)** *(vereiteln)* thwart, frustrate ⟨plan, intention, ambition, policy⟩; **b)** *(geh.: durchfahren)* cross ⟨continent, sea, etc.⟩

durch|kriechen *unr. itr. V.; mit sein* [durch etw.] ~: crawl through [sth.]; **unter etw.** *(Dat.)* ~: crawl [through] under sth.

durch|kriegen *tr. V. (ugs.)* s. **durchbekommen**

durch|laden 1. *unr. tr. V.* cock ⟨pistol etc.⟩ and rotate the cylinder. **2.** *unr. itr. V.* cock the trigger and rotate the cylinder

Durchlaß ['dʊrçlas] *der;* **Durchlasses, Durchlässe** ['dʊrçlɛsə] **a)** *(geh.)* permission to pass; *(Einlaß)* admittance; **sich** *(Dat.)* ~ **verschaffen** obtain permission to pass/gain admittance; **b)** *(Öffnung)* gap; opening; *(für Wasser)* duct; conduit

durch|lassen *unr. tr. V.* **a)** jmdn. [durch etw.] ~: let *or* allow sb. through [sth.]; **den Ball** ~ *(Sport)* ⟨goalkeeper⟩ let a goal in; **b)** *(durchlässig sein)* let ⟨light, water, etc.⟩ through; *(eindringen lassen)* let ⟨light, water, etc.⟩ in; **c)** *(ugs.: dulden)* jmdm. etw. ~: let sb. get away with sth.

durchlässig ['dʊrçlɛsɪç] *Adj.* **a)** permeable; *(porös)* porous; *(undicht)* leaky; ⟨raincoat, shoe⟩ that lets in water; **b)** *(offen)* open ⟨system, border⟩; **die Grenzen müssen durchlässiger werden** the borders must be opened up further; **im Verteidigungsministerium gab es eine ~e Stelle** *(fig.)* there had been a leak/leaks at the defence ministry

-**durchlässig** *Adj.* **gas-/luft-/wasser-** *usw.* ~ **sein** be permeable to gas/air/water *etc.*

Durchlässigkeit *die;* ~ **a)** permeability; *(Porosität)* porosity; *(Undichte)* leakiness; **b)** *(Offenheit)* free interchange (+ *Gen.*, **zwischen** between)

Durchlaucht ['dʊrçlaʊxt] *die;* ~, ~**en Ihre/Seine** ~: Her/His [Serene] Highness; [**Euer**] ~: Your [Serene] Highness

Durch·lauf *der* **a)** *(Sport, DV)* run; **b)** *(von Wasser)* flow; **während des ~s des Wassers** while the water is flowing through; **c)** *(Ferns.)* preview *(of programme to gain approval for broadcast)*; *(Rundf.)* scrutiny

¹**durch|laufen 1.** *unr. itr. V.; mit sein* [durch etw.] ~: run through [sth.]; **b)** *(durchrinnen)* [durch etw.] ~: trickle through [sth.]; **der Kaffee ist durchgelaufen** the coffee is filtered; **c)** *(passieren)* ⟨runners⟩ run *or* pass through; **d)** *(ohne Pause laufen)* run without stopping; **e)** *(fortlaufen)* ⟨balcony, frieze⟩ run all the way along. **2.** *unr. tr. V.* go through ⟨socks, soles of shoes⟩

²**durch·laufen** *unr. tr. V.* **a)** go *or* pass through ⟨phase, stage⟩; **b)** *(geh.: hindurchgehen durch)* ⟨shudder, feeling, etc.⟩ run through; **c)** *(zurücklegen)* run, cover ⟨distance⟩

durchlaufend 1. *Adj.* continuous. **2.** *adv.* ⟨numbered, marked⟩ in sequence

Durchlauf-: ~erhitzer *der;* ~**s, ~**: geyser; instantaneous water-heater; ~**zeit die** processing time; *(DV)* run duration

durch|lavieren *refl. V. (ugs. abwertend)* get along by dint of some smart manœuvring

durch·leben *tr. V.* live through; experience ⟨moments of bliss, terror, fright⟩; **etw. wieder** ~: relive sth.

durch|legen *tr. V. (ugs.)* **die Straße/Leitung wird hier durchgelegt** the road/pipe will be laid through here

durch·leiden *unr. tr. V. (geh.)* endure; suffer

durch|leiten *tr. V.* **den Verkehr durch die Stadt** ~: direct the traffic through the town; **den Strom [durch das Gebiet]** ~: run electricity cables through [the area]

durch|lesen *unr. tr. V.* etw. [ganz] ~: read sth. [all the way] through; **wenn du das Buch durchgelesen hast** when you've finished reading the book; **sich** *(Dat.)* **etw.** ~: read sth. through; **etw. auf Fehler hin** ~: read sth. for errors

durch·leuchten *tr. V.* **a)** x-ray ⟨patient, part of body⟩; **sich** ~ **lassen** have an x-ray; **jmdm. den Magen** ~ x-ray sb.'s stomach; **b)** *(fig.: analysieren)* investigate ⟨case, matter, problem, etc.⟩ thoroughly *or* in depth; **jmds. Vergangenheit** ~: probe into *or* investigate sb.'s past; **jmdn.** ~: vet sb.

Durchleuchtung *die;* ~, ~**en a)** *(das Röntgen)* x-ray examination; **jmdn. zur** ~ **ins Krankenhaus schicken** send sb. to hospital for an x-ray; **b)** *(fig.: Analyse)* [thorough] investigation; *(von Bewerbern usw.)* vetting

durch|liegen 1. *unr. tr. V.* wear out ⟨mattress, bed⟩ [so that it sags in the middle]; **eine durchgelegene Matratze** a worn-out mattress. **2.** *refl. V.* ⟨patient⟩ develop *or* get bedsores

durch·löchern *tr. V.* **a)** make holes in; wear holes in ⟨socks, shoes⟩; ⟨rust⟩ eat holes in; **jmdn./etw. mit Schüssen** ~: riddle sb./sth. with bullets; **völlig durchlöchert sein** be full of holes; **b)** *(fig.: schwächen)* undermine ⟨system⟩ completely; render ⟨principle⟩ meaningless

durch|lotsen *tr. V. (ugs.)* ein Schiff [durch etw.] ~: pilot a ship through [sth.]; **jmdn. [durch die Stadt]** ~: guide sb. through [the town]

¹durch|lüften 1. *tr. V.* air ⟨*room, flat, etc.*⟩ thoroughly. 2. *itr. V.* air the place

²durch · lüften *tr. V. (fachspr.)* aerate ⟨*soil*⟩; ventilate ⟨*grain, woodpile*⟩

durch|machen *(ugs.)* 1. *tr. V.* **a)** undergo ⟨*change*⟩; complete ⟨*training course*⟩; go through ⟨*stage, phase*⟩; serve ⟨*apprenticeship*⟩; **b)** *(erleiden)* go through; **sie hat schlimme Zeiten/viel durchgemacht** she's been through some bad times/a lot; **eine schwere Krankheit** ~: suffer *or* have a serious illness; **c)** *(durcharbeiten)* work through ⟨*lunch-break, weekend, etc.*⟩. 2. *itr. V. (durcharbeiten)* work [right] through; *(durchfeiern)* celebrate all night/day *etc.*; keep going all night/day *etc.*

durch|manövrieren *tr. V.* etw. [durch etw.] ~: manœuvre sth. through [sth.]; **jmdn. sicher durch alle Schwierigkeiten** ~ *(fig.)* bring *or* lead sb. safely through all the difficulties

Durch · marsch der a) der ~ zur Grenze the march through to the frontier; **auf dem** ~ **sein** be marching through; **b)** *o. Pl. (salopp: Durchfall)* ~ **haben/bekommen** have/get the runs *(coll.)*; **c)** *(Skat)* einen ~ **machen** take all the tricks when ramsch is called

durch|marschieren *itr. V.; mit sein* [durch etw.] ~: march through [sth.]

durch|mengen *tr. V.* [gut] ~: mix ⟨*ingredients etc.*⟩ thoroughly

¹durch · messen *unr. tr. V. (geh.)* cross ⟨*room*⟩; traverse ⟨*time and space*⟩; **das Zimmer mit großen Schritten** ~: stride across the room; cross the room with long strides

Durchmesser der; ~s, ~: diameter; **das mißt 3 m im** ~: it measures 3 m in diameter

¹durch|mischen *tr. V.* [gut/gründlich] ~: mix ⟨*ingredients etc.*⟩ thoroughly

²durch · mischen *tr. V.* etw. mit etw. ~: mix sth. with sth.

durch|mogeln *refl. V. (ugs. abwertend)* cheat one's way through; *(sich hineinmogeln)* wangle one's way in *(sl.)*; **sich bei einer Prüfung** *usw.* ~: get through an examination *etc.* by cheating

durch|müssen *unr. itr. V. (ugs.)* [durch etw.] ~: have to go through [sth.]; **da werden wir** ~ *(fig.)* we'll have to see it *or* the thing through

durch · mustern *tr. V. (geh.)* examine closely; scrutinize

Durchnahme ['dʊrçnaːmə] die; ~: **bei** ~ **des Stoffes** while we/they *etc.* are/were going through the material

durch · nässen *tr. V.* soak; drench; **[völlig] durchnäßt sein** be soaking wet *or* wet through; **mit durchnäßten Kleidern** with soaking-wet clothes

durch|nehmen *unr. tr. V.* deal with, do ⟨*subject, topic*⟩; go through ⟨*material*⟩

durch|numerieren *tr. V.* number ⟨*pages, seats, etc.*⟩ consecutively from beginning to end

durch|organisieren *tr. V.* organize sth. well; **etw. perfekt** ~: organize sth. down to the last detail

durch|pauken *tr. V. (ugs.)* **a)** force through ⟨*law, regulation, etc.*⟩; **b)** *(lernen)* swot up *(Brit.)*; bone up on *(Amer.)*

durch|pausen *tr. V.* trace

durch|peitschen *tr. V.* **a)** jmdn. ~: give sb. a flogging; flog sb.; **b)** *(ugs. abwertend)* railroad ⟨*law, application, etc.*⟩ through

durch|pennen *itr. V. (salopp)* sleep through; **ich habe bis 11 Uhr durchgepennt** I kipped till 11 o'clock *(sl.)*

durch · pflügen *tr. V.* plough through

durch|planen *tr. V.* etw. ~: plan sth. well

durch|plumpsen *itr. V.; mit sein (ugs.)* **a)** [durch etw.] ~ ⟨*person*⟩ fall through [sth.]; ⟨*small object*⟩ drop *or* fall through [sth.]; **b)** *(bei einer Prüfung)* fail; flunk *(Amer. coll.)*; **bei/in etw.** *(Dat.)* ~: fail *or* flunk sth.

durch|pressen *tr. V.* mash ⟨*potatoes*⟩; purée ⟨*fruit*⟩ *(by pressing through a sieve)*; crush ⟨*garlic*⟩ *(in a press)*; **Kartoffeln/Obst durch ein Sieb** ~: press *or* pass potatoes/ fruit through a sieve

durch|proben *tr. V.* etw. ~: run through *or* rehearse sth. from beginning to end

durch|probieren *tr. V.* taste *or* try ⟨*wines, cakes, etc.*⟩ one after another; try on ⟨*dresses, suits, etc.*⟩ one after another

durch|prügeln *tr. V. (ugs.)* give sb. a real beating *or (sl.)* walloping; give ⟨*naughty child*⟩ a good hiding *or (sl.)* walloping

durch · pulsen *tr. V. (geh.)* ⟨*blood*⟩ pulse through; **buntes Leben durchpulste die Straßen** *(fig.)* the streets pulsated with life

durch|pusten *tr. V. (ugs.)* etw. ~: clear sth. by blowing through it

durch · queren *tr. V.* cross; travel across ⟨*country*⟩; ⟨*train*⟩ pass *or* go through ⟨*country*⟩

durch|quetschen *refl. V. (ugs.)* sich [durch etw.] ~: squeeze one's way through [sth.]

durch|rasen *tr. V.; mit sein* [durch etw.] ~: tear through [sth.]

durch|rasseln *itr. V.; mit sein (salopp)*, **durch|rauschen** *itr. V.; mit sein (ugs.) s.* **durchfallen b**

durch|rechnen *tr. V.* calculate ⟨*costs etc.*⟩ [down to the last penny]; check ⟨*bill*⟩ thoroughly

durch|regnen *tr. V. (unpers.)* **in der Küche** *usw.* regnet es durch the rain is coming through in the kitchen *etc.*; **es regnet durchs Dach durch** the rain is coming [in] through the roof; **die ganze Nacht** ~: rain all [through the] night; *s. auch* **durchgeregnet**

Durchreiche die; ~, ~n [serving-]hatch

durch|reichen *tr. V.* etw. [durch etw.] ~: pass *or* hand sth. through [sth.]

Durch · reise die journey through; **auf der** ~ **sein** be on the way through *or* passing through

¹durch|reisen *itr. V.; mit sein* travel *or* pass through

²durch · reisen *tr. V.* travel through *or* across ⟨*area, continent*⟩

Durch · reisende der/die person travelling through; ~ **auf dem Weiterflug nach Rom** passengers travelling through *or* on to Rome

Durchreise · visum das transit visa

durch|reißen 1. *unr. tr. V.* etw. ~: tear sth. in two *or* in half. 2. *unr. itr. V.; mit sein* ⟨*fabric, garment*⟩ rip, tear; ⟨*thread, rope*⟩ snap *or* break [in two]

durch|reiten *unr. itr. V.; mit sein* [durch etw.] ~: ride through [sth.]; **die ganze Nacht** ~: ride all night without stopping

durch|rennen *unr. itr. V.; mit sein* [durch etw.] ~: run through [sth.]

¹durch|rieseln *itr. V.; mit sein* [durch etw.] ~: trickle through [sth.]

²durch · rieseln *tr. V.* ⟨*feeling of horror or pleasure*⟩ run through; **es durchrieselte sie kalt/heiß** a cold shiver ran through her/she felt a hot flush come over her

durch|ringen *unr. refl. V.* **sie hat sich endlich [zu einem Entschluß] durchgerungen** finally she managed to come to a decision; **wann wirst du dich dazu** ~, **es zu tun?** when are you going to bring yourself to do it?

durch|rinnen *unr. itr. V.; mit sein* [durch etw.] ~: run through [sth.]; **das Geld rinnt ihm zwischen den Fingern durch** *(fig.)* money burns a hole in his pocket

durch|rosten *itr. V.; mit sein* rust through

durch|rufen *unr. itr. V. (ugs.)* [bei jmdm.] ~: ring [sb.] up *(Brit.)*

durch|rühren *tr. V.* etw. [gut] ~: stir sth. [well]

durch|rutschen *itr. V.; mit sein* **a)** [durch etw.] ~ ⟨*object*⟩ slip through [sth.]; ⟨*person*⟩ slide through [sth.]; **b)** *(ugs.: durchkommen)* manage to get through without doing any work

durch|rütteln *tr. V.* jmdn. ~: shake sb. about badly

durchs [dʊrçs] *Präp. + Art.* = durch das

durch|sacken *itr. V.; mit sein* ⟨*aeroplane*⟩ drop suddenly; *(bei zu geringer Geschwindigkeit)* stall

Durch · sage die announcement; *(an eine bestimmte Person)* message; **eine** ~ **machen** make an announcement

durch|sagen *tr. V. s.* **durchgeben**

¹durch|sägen, ²durch · sägen *tr. V.* saw through

durch|saufen *unr. itr. V. (derb)* **die ganze Nacht** ~: booze all night *(sl.)*

durch|sausen *itr. V.; mit sein (ugs.)* **a)** [durch etw.] ~: shoot through [sth.]; **b)** *(ugs.: durchfallen)* [durch eine Prüfung] ~: fail *or (Amer. coll.)* flunk [an examination]

durch|schalten 1. *tr. V. (Technik)* connect ⟨*telephone line*⟩ through; put ⟨*telephone call*⟩ through; switch ⟨*signal, current, etc.*⟩ through. 2. *itr. V. (beim Autofahren)* ⟨*car driver*⟩ change up [quickly]

durchschaubar *Adj.* transparent; **leicht/ schwer** ~ **sein** be easy/difficult to see through; *(verständlich)* be easy/difficult to understand; **leicht** ~ ⟨*lie, plan, intention*⟩ that is easy to see through *or* is easily seen through; **ein leicht/schwer** ~**er Mensch** a person who is easy/difficult to see through; **etw.** ~ **machen** make sth. easy to understand

¹durch|schauen *itr. V. s.* **durchsehen**

²durch · schauen *tr. V.* **a)** see through ⟨*lie, plan, intention, person, etc.*⟩; *(erkennen)* see ⟨*situation*⟩ clearly; **du bist durchschaut** I've/we've seen through you; I/we know what you're up to; ~, **worum es wirklich geht** see what it's really all about; **b)** *(verstehen)* understand

¹durch|scheinen *unr. tr. V.* [durch etw.] ~ ⟨*sun, light*⟩ shine through [sth.]; ⟨*colour, pattern*⟩ show through [sth.]

²durch · scheinen *unr. tr. V. (geh.)* ⟨*sun*⟩ fill ⟨*room*⟩ with light; **von Sonnenlicht durchschienen** filled with sunlight

durchscheinend *Adj. (lichtdurchlässig)* translucent; *(durchsichtig)* transparent; diaphanous ⟨*fabric*⟩; translucent ⟨*skin etc.*⟩

durch|scheuern 1. *tr. V.* wear through; **ein durchgescheuertes Kabel** a worn cable. 2. *refl. V.* wear through

durch|schieben *unr. tr. V.* etw. [durch etw.] ~: push sth. through [sth.]; **einen Brief unter der Tür** ~: push a letter under the door

¹durch|schießen *unr. tr. V.* ~: shoot through sth.; **den Ball zwischen den Bäumen** ~: shoot the ball [through] between the trees

²durch · schießen *unr. tr. V.* **a)** etw. ~: shoot sth. through; **b)** *(Buchbinderei)* interleave; **c)** *(Druckw.)* space out; **d)** *(Textilind.)* interweave *(mit* with*)*

durch|schimmern *itr. V.* **a)** [durch etw.] ~ ⟨*light*⟩ shimmer through [sth.]; ⟨*colour*⟩ gleam through [sth.]; **b)** *(fig.)* ⟨*qualities, emotions*⟩ show through

durch|schlafen *unr. itr. V.* sleep [right] through; **die ganze Nacht** ~: sleep all night [without waking]

Durch · schlag der **a)** *(Kopie)* carbon [copy]; **b)** *(Küchengerät)* colander; strainer; **c)** *(Kfz-W.)* puncture; **d)** *(Werkzeug)* punch; **e)** *(Elektrot.)* disruptive discharge

¹durch|schlagen 1. *unr. tr. V.* **a)** etw. ~: chop *or* split sth. in two; **b)** *(schlagen)* **ein Loch/einen Nagel [durch etw.]** ~: knock a hole through [sth.]/knock *or* drive a nail through [sth.]. 2. *unr. itr. V.* **a)** *mit sein* [durch etw.] ~ ⟨*dampness, water*⟩ come through [sth.]; **das schlägt auf die Preise durch** *(fig.)* it has an effect on prices; **bei**

1027

durchschlagen ihm schlägt die Mutter durch *(fig.)* he takes after his mother; **der Aristokrat in ihm schlägt durch** the aristocrat in him comes out; **b)** *mit sein* ⟨*fuse*⟩ blow; **c)** *(abführen)* have a strong laxative effect; **bei jmdm. ~:** go straight through sb. **3.** *refl. V.* **a)** struggle along; **b)** *(ein Ziel erreichen) (mit Gewalt)* fight one's way through; *(mit List)* make one's way through

²**durch·schlagen** *unr. tr. V.* smash

durchschlagend *Adj.* resounding ⟨*success*⟩; decisive ⟨*effect, measures*⟩; conclusive ⟨*evidence*⟩

Durchschlag·papier *das* copy paper

Durchschlags·kraft *die* **a)** *(Ballistik)* penetrating power; **b)** *(fig.: Wirkung)* power; force

durch|schlängeln *refl. V.* **sich [durch etw.] ~** *(auch fig.)* thread one's way through [sth.]

durch|schleichen *unr. refl. V.* **sich [durch etw.] ~:** slip *or* creep through [sth.]

durch|schleppen *tr. V.* (ugs.) carry ⟨*loss-making concern, non-productive worker*⟩; keep ⟨*needy relation etc.*⟩

durch|schleusen *tr. V.* **a)** *(ugs.)* **jmdn./etw. [durch etw.] ~:** guide sb./sth. through [sth.]; *(durchschmuggeln)* get sb./sth. through [sth.]; **b)** *(Schiffahrt)* **ein Schiff ~:** pass a ship through a lock

Durchschlupf [ˈdʊrçʃlʊpf] *der;* ~[e]s, ~e gap; *(Loch)* hole

durch|schlüpfen *itr. V.; mit sein* **[durch etw.] ~:** slip through [sth.]

durch|schmecken 1. *tr. V.* be able to taste (**bei** in). **2.** *itr. V.* come through [too strongly]

durch|schmoren *itr. V.; mit sein* (ugs.) ⟨*cable*⟩ burn through; ⟨*element*⟩ burn out

durch|schmuggeln *tr. V.* **etw. [durch etw.] ~:** smuggle sth. through [sth.]

¹**durch|schneiden** *unr. tr. V.* cut through ⟨*thread, cake*⟩; cut ⟨*ribbon, sheet of paper*⟩ in two; cut ⟨*throat, umbilical cord*⟩; **etw. in der Mitte ~:** cut sth. in half

²**durch·schneiden** *unr. tr. V.* **a)** *s.* ¹**durch·schneiden; b)** *(geh.)* ⟨*road, river, valley*⟩ cut through; ⟨*bow of boat*⟩ slice through ⟨*waves*⟩; **das Land ist von Kanälen durchschnitten** the country is criss-crossed by canals

Durch·schnitt *der; o. Pl.* **a)** average; **im ~:** on average; **im ~ 110 km/h fahren** average 110 k.p.h.; do 110 k.p.h. on average; **b)** *(Mittelmaß)* **über/unter dem ~ liegen, guter/unterer ~ sein** be above/below average; **vom ~ abweichen** deviate from the norm; **c)** *(ugs.: Mehrheit)* majority; **der ~ ist ...:** the majority [of people] *or* people in general are ...; **d)** *(Math.)* mean; **e)** *(fachspr.)* [cross-]section

durchschnittlich 1. *Adj.* **a)** *nicht präd.* average ⟨*growth, performance, output*⟩; **b)** *(ugs.: mehrheitlich)* ordinary ⟨*life, person, etc.*⟩; **c)** *(mittelmäßig)* modest ⟨*intelligence, talent, performance, achievements*⟩; ordinary ⟨*appearance*⟩. **2.** *adv.* ⟨*produce, spend, earn, etc.*⟩ on [an] average; **~ groß sein** be of average height; **~ begabt sein** be moderately talented

Durchschnitts-: ~**alter** *das* average age; ~**bürger** *der* average citizen; ~**ehe** *die* ordinary marriage; *(Statistik)* average marriage; ~**einkommen** *das* average income; ~**geschwindigkeit** *die* average speed; ~**gesicht** *das* ordinary face; ~**leser** *der* average reader; ~**lohn** *der* average wage; ~**mensch** *der* average person; ⟨*Alltagsmensch*⟩ ordinary person; **für uns ~menschen** for ordinary people like ourselves; ~**note** *die (Schulw.)* average grade; ~**temperatur** *die* average temperature; ~**wert** *der* average *or* mean value; ~**zensur** *die s.* ~**note**

¹**durch|schnüffeln,** ²**durch·schnüffeln** *tr. V. (abwertend)* poke *or* nose around in

Durchschreibe·block *der* duplicate pad

durch|schreiben *unr. tr. V.* make a carbon copy of

durch·schreiten *unr. tr. V. (geh.)* stride across ⟨*room*⟩; stride through ⟨*door, hall*⟩

Durch·schrift *die* carbon [copy]

Durch·schuß *der* **a)** bullet *or* gunshot wound (where the bullet has passed right through); **b)** *(Schuß)* shot in which the bullet passes through and emerges on the other side; **c)** *(Druckw.)* ⟨*Zwischenraum*⟩ space; *(Blindmaterial)* lead; **d)** *(Textilw.)* weft; woof

durch|schütteln *tr. V.* **jmdn. ~:** give sb. a good shaking; **wir wurden im Bus tüchtig durchgeschüttelt** we were shaken about all over the place in the bus

durch·schweifen *tr. V. (dichter.)* roam *or* wander through; *(fig.)* ⟨*gaze*⟩ rove *or* wander

¹**durch|schwimmen** *unr. itr. V.; mit sein* **[durch etw.] ~:** swim through [sth.]; **unter etw.** *(Dat.)* **~:** swim through under sth.

²**durch·schwimmen** *unr. tr. V.* swim ⟨*the Channel, course, etc.*⟩

durch|schwindeln *refl. V.* get along by cheating and lying

durch|schwitzen, durch·schwitzen *tr. V.* **ich habe mein Hemd usw. durchgeschwitzt** *od.* **durchschwitzt** my shirt etc. is soaked in sweat; *s. auch* **durchgeschwitzt**

durch|segeln *itr. V.; mit sein* **[durch etw.] ~:** sail through [sth.]; **zwischen den Felsen ~:** sail [through] between the rocks; **b)** *(Schülerspr.: durchfallen)* **[durch etw.] ~:** fail *or* (Amer. coll.) flunk sth.; **bei/in etw.** *(Dat.)* **~:** fail *or* flunk sth.

durch|sehen 1. *unr. itr. V.* **a) [durch etw.] ~:** look through [sth.]; **durch dieses Glas kann man nicht ~:** you can't see through this type of glass; **b)** *s.* **durchblicken b. 2.** *unr. tr. V.* **a)** look *or* check through *or* over ⟨*essay, homework, etc.*⟩; **etw. auf Fehler ~:** look *or* check through sth. for mistakes; **b)** *(lesen)* look through ⟨*newspaper, magazine*⟩

durch|seihen *tr. V. (Kochk.)* strain; pass ⟨*sauce, gravy*⟩ through a sieve

durch|sein *unr. V.; mit sein; nur im Inf. u. Part.* zusammengeschrieben *(ugs.)* **a) [durch etw.] ~:** be through [sth.] *or* have got through [sth.]; **durch den Fluß ~:** be across *or* have got across the river; **ist die Post/der Briefträger schon durch?** has the mail arrived/has the postman (Brit.) *or* (Amer.) mailman been?; **b)** *(vorbeigefahren sein)* ⟨*train, cyclist*⟩ have gone through; *(abgefahren sein)* ⟨*train, bus, etc.*⟩ have gone; **c)** *(fertig sein)* have finished; **durch etw. ~:** have got through sth.; **mit etw. ~:** have got through sth.; **d)** *(durchgescheuert sein)* have worn through; **e)** *(reif sein)* ⟨*cheese*⟩ be ripe; **f)** *(durchgebraten sein)* ⟨*meat*⟩ be well done; **g)** *(angenommen sein)* ⟨*law, regulation*⟩ have gone through; ⟨*35-hour week etc.*⟩ have been adopted; **h)** *(gerettet sein)* ⟨*sick or injured person*⟩ be out of danger; **i) bei jmdm. unten ~:** be in sb.'s bad books; **j)** *(bestanden haben)* have got through

durchsetzbar *Adj.* enforceable ⟨*demand, claim*⟩; **diese Rentenerhöhung/Reform ist nicht ~:** it will be impossible to get this pension increase approved/to carry this reform through

¹**durch|setzen 1.** *tr. V.* carry *or* put through ⟨*programme, reform*⟩; carry through ⟨*intention, plan*⟩; accomplish, achieve ⟨*objective*⟩; enforce ⟨*demand, claim*⟩; get ⟨*resolution*⟩ accepted; **~, daß etw. geschieht** succeed in getting sth. done; **seinen Willen ~:** have one's [own] way. **2.** *refl. V.* assert oneself ⟨*idea*⟩ find *or* gain acceptance, become generally accepted *or* established; ⟨*fashion*⟩ catch on *(coll.)*, find *or* gain acceptance; **sich gegen jmdn. ~:** assert oneself against sb.; **sich den Schülern gegenüber ~** ⟨*teacher*⟩ assert one's authority over the pupils

²**durch·setzen** *tr. V.* **eine Gruppe mit Spitzeln/ein Land mit Spionen ~:** infiltrate informers into a group/spies into a country; **mit Nadelbäumen durchsetzt sein** be interspersed with conifers

Durchsetzung *die;* ~ *s.* ¹**durchsetzen:** carrying through; putting through; accomplishment; achievement; enforcement; **zur ~ unserer Forderungen** to enforce our demands

Durchsetzungs-: ~**kraft** *die,* ~**vermögen** *das* ability to assert oneself

Durch·sicht *die* look *or* check through; **nach [einer] ~ der Unterlagen** after looking *or* checking through the documents; **jmdm. etw. zur ~ geben** give sb. sth. to look *or* check through

durchsichtig *Adj.* **a)** transparent; see-through, transparent ⟨*night-dress, blouse*⟩; clear ⟨*air, water*⟩; **b)** *(durchschaubar)* transparent; **etw. ~ machen** make sth. comprehensible

durch|sickern *itr. V.; mit sein* **a)** seep through; **b)** *(bekannt werden)* ⟨*news*⟩ leak out; **es ist durchgesickert, daß ...:** news has leaked out that ...

¹**durch|sieben** *tr. V.* sift, sieve ⟨*flour etc.*⟩; strain ⟨*tea etc.*⟩; *(fig.)* sift [through] ⟨*applicants etc.*⟩

²**durch·sieben** *tr. V.* ⟨*bullets*⟩ riddle; **von Kugeln durchsiebt** riddled with bullets

durch|sitzen 1. *unr. tr. V.* wear out ⟨*chair, seat*⟩; **seine Hose ~:** wear through *or* out the seat of one's trousers. **2.** *unr. refl. V.* ⟨*chair, seat*⟩ wear out, become worn out

durchsoffen *Adj. (derb)* **eine ~e Nacht** a night on the booze *(sl.)*

durch|sollen *itr. V. (ugs.)* **[durch etw.] ~:** ⟨*cupboard, cable*⟩ be supposed to go through [sth.]; **soll der Schrank hier durch?** is the cupboard to go through here?

durchsonnt [dʊrçˈzɔnt] *Adj. (dichter.)* sun-drenched; sunny, sun-filled ⟨*room, clearing*⟩

durch|spielen *tr. V.* **a)** act ⟨*scene*⟩ through; play ⟨*piece of music*⟩ through; **b)** *(fig.: durchgehen)* go through ⟨*alternatives, options*⟩; play ⟨*part, role*⟩ to the end; ⟨*footballer*⟩ play right through; **die ganze Nacht ~** ⟨*card players etc.*⟩ play all night [long]

durch|sprechen *unr. tr. V.* talk ⟨*matter etc.*⟩ over; discuss ⟨*matter etc.*⟩ thoroughly

durch|springen *unr. tr. V.; mit sein* **[durch etw.] ~:** jump *or* leap through [sth.]

durch|spülen *tr. V.* **etw. [gut/gründlich] ~:** rinse sth. thoroughly

durch|starten *itr. V.; mit sein* **a)** *(Flugw.)* begin climbing again (instead of landing); **b)** *(Kfz-W.)* accelerate away again

¹**durch|stechen** *unr. itr. V.* **mit einer Nadel usw. [durch etw.] ~:** stick a needle etc. through [sth.]

²**durch·stechen** *unr. tr. V.* pierce; cut through ⟨*isthmus*⟩; **sich** *(Dat.)* **die Ohrläppchen ~ lassen** have one's ears pierced

durch|stecken *tr. V.* **etw. [durch etw.] ~:** put *or (coll.)* stick sth. through [sth.]

durch|stehen *unr. tr. V.* **a)** stand ⟨*pace, boring job, living with sb.*⟩; come through ⟨*adventure, difficult situation*⟩; pass ⟨*test*⟩; get over ⟨*illness*⟩; **b)** *(Ski)* complete ⟨*jump, run*⟩ without falling

Durchsteh·vermögen *das* staying power; stamina; [power of] endurance

durch|steigen *unr. itr. V.; mit sein* **a) [durch etw.] ~:** climb through [sth.]; **b)** *(salopp: verstehen)* get it *(coll.)*; **da steige ich nicht durch** I don't get it *(coll.)*

durch|stellen *tr. V.* put ⟨*call*⟩ through (**in** + Akk., **auf** + Akk. to)

durch|stemmen *tr. V.* chisel through, chisel a hole in ⟨*wall*⟩

Durch·stich *der* **a)** *o. Pl. (Vorgang)* cutting

through; **der** ~ **der Landenge** *usw.* cutting through the isthmus *etc.*; **b)** *(Verbindung)* cut; cutting

Durchstieg ['dʊrçʃtiːk] **der**; ~[e]s, ~e: **einen** ~ **in den Zaun schneiden** cut a hole in the fence [through which one can/could climb]

¹**durch|stöbern** *tr. V. (ugs.)* search all through ⟨*house*⟩; rummage through ⟨*cupboard, case, etc.*⟩; scour ⟨*wood, area*⟩

²**durch · stöbern** *tr. V. (ugs.)* **a)** s. **durch|stöbern**; **b)** *(durchsuchen)* rummage around ⟨*shop*⟩ (**nach** in search of); rummage through ⟨*archives*⟩ (**nach** in search of)

Durch · stoß der *(Milit.)* breakthrough

¹**durch|stoßen** *unr. tr. V.* **a) durch etw.** ~: knock a hole through sth.; break through sth.; **b)** *mit sein (Milit.)* break through (**bis zu** to)

²**durch · stoßen** *unr. tr. V.* break through; go through ⟨*cloud layer*⟩; rupture ⟨*hymen*⟩; smash ⟨*pane of glass*⟩; **die feindlichen Linien** ~ *(Milit.)* break through the enemy lines

¹**durch|streichen** *unr. tr. V.* **a)** cross through *or* out; delete; *(in Formularen)* delete; **b)** *(passieren)* **Gemüse/die Sauce [durch ein Sieb]** ~: pass vegetables through a sieve/strain the sauce [through a sieve]

²**durch · streichen** *unr. tr. V. (geh.)* roam ⟨*area*⟩, rove, roam ⟨*foreign parts*⟩

durch · streifen *tr. V.* **a)** *(geh.)* roam, wander through ⟨*fields, countryside*⟩; **b)** *(kontrollieren)* patrol

¹**durch|strömen** *itr. V.; mit sein* **[durch etw.]** ~: flow through [sth.]; *(fig.)* ⟨*people, crowd*⟩ stream *or* pour through [sth.]

²**durch · strömen** *tr. V.* flow through

durch|strukturieren *tr. V. etw.* ~: structure sth. well; **ein gut durchstrukturierter Artikel** a well-structured article

¹**durch|suchen** *tr. V.* search through

²**durch · suchen** *tr. V.* search ⟨*house, car*⟩ (**nach** for); frisk, search ⟨*person*⟩ (**nach** for); search, scour ⟨*area*⟩ (**nach** for)

Durchsuchung die; ~, ~en search; **zur** ~ **einer Wohnung** in order to search a flat

Durchsuchungs · befehl der search warrant

¹**durch|tanzen 1.** *itr. V.* **die ganze Nacht** ~: dance all night; dance the night away; **bis zum Morgen** ~: dance until morning. **2.** *tr. V.* wear out ⟨*shoes*⟩ [by] dancing

²**durch · tanzen** *tr. V.* **die Nacht** ~: spend the night dancing; dance all night; **nach einer durchtanzten Nacht** after a night of *or* spent dancing

durch|testen *tr. V.* **a) jedes einzelne Gerät** ~: test each device individually; **b)** *(gründlich testen)* **etw.** ~: test sth. thoroughly

durch · toben *tr. V. (geh.)* rage through

durch|trainieren *tr. V.* ⟨*athlete, team, body*⟩ into condition; **ein gut durchtrainierter Körper** a body in peak condition

durch · tränken *tr. V. (geh.)* soak *or* saturate [completely]; soak, steep ⟨*fruit*⟩

durch|treiben *unr. tr. V.* **a) Menschen/Tiere [durch etw.]** ~: drive people/animals through [sth.]; **b)** *(durchschlagen)* **einen Nagel** *usw.* **[durch etw.]** ~: drive a nail *etc.* through [sth.]

¹**durch|trennen,** ²**durch · trennen** *tr. V.* cut [through] ⟨*wire, rope*⟩; sever ⟨*nerve, umbilical cord*⟩

durch|treten 1. *unr. tr. V.* press ⟨*clutch-, brake-pedal*⟩ right down; depress ⟨*clutch-, brake-pedal*⟩ completely. **2.** *unr. itr. V.* **a)** *mit sein* **[durch etw.]** ~ ⟨*liquid, gas*⟩ come through [sth.]; **b)** *mit sein (ugs.: weitergehen)* ⟨*passenger*⟩ move along down (in bus, train)

durchtrieben *(abwertend)* **1.** *Adj.* crafty; sly. **2.** *adv.* craftily; slyly

Durchtriebenheit die; ~: craftiness; slyness

durch|trinken *unr. itr. V.* **die ganze Nacht** ~: drink all night; **bis zum Morgen** ~: drink right through till morning

durch|tropfen *itr. V.; mit sein* **[durch etw.]** ~ ⟨*water*⟩ drip through [sth.]

¹**durch|wachen** *tr. V.* stay awake; **die ganze Nacht** ~: stay awake all night

²**durch · wachen** *tr. V.* **die Nacht/mehrere Nächte** ~: stay awake all night/[for] several nights running; **die Nacht am Bett des Kranken** ~: keep watch through the night at the patient's bedside

¹**durch|wachsen** *unr. itr. V.; mit sein* **[durch etw.]** ~ ⟨*plant*⟩ grow through sth.

²**durch · wachsen 1.** *Adj.* **a) mit Unkraut** ~ **sein** ⟨*lawn*⟩ have weeds growing in it; ~**er Speck** streaky bacon; **b)** *(ugs. scherzh.)* so-so. **2.** *adv.* **ihr geht es** ~: she has her ups and downs

durch|wagen *refl. V. (ugs.)* **sich [durch etw.]** ~: dare to go through sth.; venture through sth.

Durchwahl die; *o. Pl.* **a)** direct dialling; **b) mein Apparat ist mit/hat keine** ~: I have/don't have an outside line; **c)** s. **Durchwahlnummer**

durch|wählen *itr. V.* **a)** dial direct; **direkt nach Nairobi** ~: dial Nairobi direct; **in ein Land** ~: dial a country direct; **b)** *(bei Nebenstellenanlagen)* dial straight through

Durchwahl · nummer die number of the/one's direct line

durch|walken *tr. V.* **a)** *(durchkneten)* **jmdn.** ~ ⟨*masseur*⟩ give sb. a good, hard massage; **die Wäsche** ~: use a vigorous kneading action to get the washing clean; **b)** *(ugs.: verprügeln)* **jmdn.** ~: give sb. a good belting; *(als Strafe)* give sb. a good hiding

¹**durch|wandern** *itr. V.; mit sein* walk *or* hike without a break; **den ganzen Tag** ~: walk *or* hike all day

²**durch · wandern** *tr. V.* walk *or* hike through

¹**durch|wärmen,** ²**durch · wärmen** *tr. V.* **jmdn.** ~: warm sb. up

durch|waschen *tr. V.* **etw.** ~: wash sth. through

¹**durch|waten** *itr. V.; mit sein* **[durch etw.]** ~: wade through [sth.]

²**durch · waten** *tr. V.* wade across

durch · weben *regelm. tr. V. (dichter. auch unr.) tr. V.* interweave (**mit** with)

durchweg ['dʊrçvɛk], *(österr. ugs.)* **durchwegs** [dʊrçveːks] *Adv.* without exception; **er umgibt sich** ~ **mit Leuten, die ...**: he surrounds himself exclusively with people who ...; **die Vegetation ist** ~ **öde** the vegetation is uniformly dreary

¹**durch|wehen** *itr. V.* **durch etw.** ~ ⟨*wind*⟩ blow through sth.

²**durch · wehen** *tr. V. (geh.)* ⟨*breeze*⟩ waft through; *(fig.)* pervade

¹**durch|weichen** *itr. V.; mit sein* ⟨*cardboard, paper*⟩ become *or* go [soft and] soggy

²**durch · weichen** *tr. V.* make ⟨*earth, path, etc.*⟩ sodden; **völlig durchweicht sein** *(fig.)* be drenched; be sopping wet

durch|werfen *unr. tr. V.* **etw. [durch etw.]** ~: throw sth. through [sth.]

durch|wetzen *tr. V.* wear out ⟨*clothes*⟩; wear through ⟨*sleeves*⟩; **eine durchgewetzte Hose** a worn-out pair of trousers

durch|winden *unr. refl. V.* **sich [durch etw.]** ~ ⟨*river*⟩ wind its way through [sth.]; ⟨*person*⟩ thread one's way through [sth.]

durch · wirken *tr. V.* s. **durchweben**

durch|witschen *itr. V. (ugs.)* **[durch etw.]** ~: slip through [sth.]; **jmdm.** ~ ⟨*word*⟩ escape sb.

durch|wollen *itr. V. (ugs.)* **a) [durch etw.]** ~ *(durchgehen wollen)* want to go through [sth.]; *(durchkommen wollen)* want to come through [sth.]; **unter etw.** ~ *(ein Hindernis durchqueren)* **[durch etw.]** ~: want to get through [sth.]

¹**durch|wühlen 1.** *tr. V.* rummage through, ransack ⟨*drawers, cupboard, case*⟩ (**nach** in

search of, looking for); turn ⟨*room, house*⟩ upside down (**nach** in search of, looking for). **2.** *refl. V. (ugs.)* **sich durch das Blumenbeet/die Erde** ~ ⟨*mole*⟩ dig up the flowerbed/burrow through the earth; **sich durch einen Aktenstoß** ~ *(fig.)* plough through a pile of documents

²**durch · wühlen** *tr. V.* **a)** s. ¹**durchwühlen 1**; **b)** *(aufwühlen)* churn up

durch|wurschteln, durch|wursteln *refl. V. (salopp)* muddle through

durch|zählen *tr. V.* count; count up ⟨*money, people*⟩

¹**durch|zechen** *itr. V.* **bis zum Morgen** ~: drink until morning

²**durch · zechen** *tr. V.* **die Nacht** ~: spend all night drinking; **eine durchzechte Nacht** a night of drinking

durch|zeichnen *tr. V.* s. **durchpausen**

¹**durch|ziehen 1.** *unr. tr. V.* **a)** **jmdn./etw. [durch etw.]** ~: pull sb./sth. through [sth.]; **ein Gummiband [durch etw.]** ~: draw an elastic through [sth.]; **b)** *(ugs.: durchführen)* get through ⟨*syllabus, programme*⟩; **wir müssen die Sache** ~: we must see the matter through; **c)** *(bis zum Anschlag ziehen)* pull ⟨*oar, saw-blade*⟩ right through; **d)** *(salopp: rauchen)* smoke; **einen [Joint]** ~: smoke a joint *(sl.)*; **e)** *(erstellen)* dig ⟨*ditch*⟩ through; **eine Mauer [durch den Saal]** ~: build a wall across [the room]. **2.** *unr. itr. V.; mit sein* **[durch ein Gebiet** *usw.***]** ~: pass through [an area *etc.*]; ⟨*soldiers*⟩ march through [an area *etc.*]; **b)** *(Kochk.)* ⟨*fruit, meat, etc.*⟩ soak; **gut durchgezogen sein** be well soaked

²**durch · ziehen** *unr. tr. V.* **a)** pass through ⟨*land, area*⟩; **b)** *(durchsetzen)* ⟨*river, road, ravine*⟩ run through, traverse ⟨*landscape*⟩; **von blauen Adern durchzogener Marmor** marble veined with blue; **c)** *(enthalten sein in)* ⟨*theme, motif, etc.*⟩ run through ⟨*book etc.*⟩; **d)** *(durchdringen)* ⟨*pain*⟩ shoot through ⟨*person*⟩; ⟨*smell, scent*⟩ suddenly fill ⟨*room*⟩; *(fig.)* ⟨*feeling, awareness*⟩ come over ⟨*person*⟩

durch · zucken *tr. V.* ⟨*lightning, beam of light*⟩ flash across; **jmdn.** ~ *(fig.)* ⟨*thought*⟩ flash through *or* cross sb.'s mind

Durch · zug der a) *o. Pl.* draught; ~ **machen** create a draught; **auf** ~ **schalten** *(ugs.)*, **die Ohren auf** ~ **stellen** *(ugs.)* let it go in one ear and out the other; **b)** *(das Durchziehen)* passage through; *(von Truppen)* march through; **nach dem** ~ **des Schlechtwettergebietes** *(Met.)* once the area of bad weather has moved through

Durchzügler [-tsyːklɐ] **der**; ~s, ~ *(Zool.)* bird of passage

Durchzugs · recht das *(Völkerr.)* right to march troops through

durch|zwängen 1. *tr. V.* **etw. [durch etw.]** ~: force *or* squeeze [sth.] through [sth.]. **2.** *refl. V.* **sich [durch etw.]** ~: force *or* squeeze one's way through [sth.]

Dur · drei · klang der *(Musik)* major triad

dürfen ['dʏrfn] **1.** *unr. Modalverb*; 2. *Part.* ~ **a)** *(Erlaubnis haben zu)* **etw. tun** ~: be allowed *or* permitted to do sth.; **darf ich [das tun]?** may I [do that]?; **hier darf man nicht rauchen** smoking is prohibited here; **b)** *(in Höflichkeitsformeln)* **darf ich rauchen?** may I smoke?; **darf ich Sie bitten, das zu tun?** could I ask you to do that?; **darf** *od.* **dürfte ich mal Ihre Papiere sehen?** may I see your papers?; **darf ich um diesen Tanz bitten?** may I have [the pleasure of] this dance?; **was darf es sein?** can I help you?; **was möchten Sie trinken, was darf es sein?** what can I get you to drink?; **darf ich bitten?** *(um einen Tanz)* may I have the pleasure?; *(einzutreten)* won't you come in?; **Ruhe, wenn ich bitten darf!** will you please be quiet!; **c)** *(verneint)* **das darf man nicht tun** *(ist einem nicht erlaubt)* that is not allowed *or* permitted; *(sollte man nicht)* one

1029

shouldn't do that; **er hat es nicht tun ~:** he was not allowed *or* permitted to do it; **nein, das darfst du nicht** no, you may not; **ich darf morgen nicht verschlafen** I mustn't oversleep tomorrow; **du darfst nicht lügen!/jetzt nicht aufgeben!** *(solltest nicht)* you shouldn't tell lies!/give up now!; *(mußt nicht)* you mustn't tell lies!/give up now!; **ihm darf nichts geschehen** nothing must happen to him; **das darf nicht wahr sein** *(ugs.)* that's incredible; **das hätte nicht kommen ~!** *(ugs.)* he/you *etc.* shouldn't have said that; **d)** *(Grund haben zu)* **ich darf Ihnen mitteilen, daß ...:** I am able to inform you that ...; **darf ich annehmen, daß ...?** can I assume that ...?; **sie darf sich nicht beklagen** she can't complain; she has no reason to complain; **da darf sie sich nicht wundern** that shouldn't surprise her; **das darfst du mir glauben** you can take my word for it; **e)** *Konjunktiv II + Inf.* **das dürfte der Grund sein** that is probably the reason; *(ich nehme an, daß das der Grund ist)* that must be the reason; **es dürfte einfach sein, das zu tun** it should be *or* ought to be easy to do it; **das dürfte reichen** that should be enough. **2.** *unr. tr., itr. V.* **er hat nicht gedurft** he was not allowed *or* permitted to; **darf ich ins Theater?** may I go to the theatre?; **darfst du das?** are you allowed to?; **Darf ich? – Ja, Sie ~:** May I? – Yes, you may

durfte ['dʊrftə], *1. u. 3. Pers. Sg. Prät. v.* **dürfen**

dürfte ['dʏrftɪç] *1. u. 3. Pers. Sg. Konjunktiv II v.* **dürfen**

dürftig ['dʏrftɪç] **1.** *Adj.* **a)** *(ärmlich)* poor; scanty, meagre ⟨*meal*⟩; scanty, poor ⟨*clothing*⟩; **b)** *(abwertend: unzulänglich)* poor ⟨*substitute, performance, light*⟩; feeble, poor ⟨*explanation*⟩; lame, feeble ⟨*excuse*⟩; scanty ⟨*knowledge, evidence, results*⟩; sparse ⟨*growth of hair*⟩; paltry, meagre ⟨*income*⟩; **c)** *(kümmerlich, unansehnlich)* puny ⟨*tree, person*⟩. **2.** *adv.* **a)** ⟨*live*⟩ poorly; scantily ⟨*dressed*⟩; **b)** *(abwertend: unzulänglich)* skimpily, scantily ⟨*furnished*⟩; poorly ⟨*attended*⟩; ⟨*report, formulate*⟩ sketchily; thinly ⟨*concealed*⟩

Dürftigkeit die; *~ s.* **dürftig: a)** *(Ärmlichkeit)* poorness; scantiness; meagreness; **b)** *(abwertend) Unzulänglichkeit)* poorness; feebleness; lameness; scantiness; sparseness; paltriness; meagreness

dürr [dʏr] *Adj.* **a)** withered ⟨*branch*⟩; dry, dried up, withered ⟨*grass, leaves*⟩; arid, barren ⟨*ground, earth*⟩; **b)** *(mager)* skinny, scraggy, scrawny ⟨*legs, arms, body, person*⟩; **c)** *(unergiebig)* lean ⟨*years*⟩; bare ⟨*words, description*⟩

Dürre die; *~, ~n* **a)** *(Trockenheit)* drought; **b)** *o. Pl. (Dürrheit)* aridity; barrenness; *(fig.: der Sprache)* dryness

Dürre-: ~jahr das year of drought; **~katastrophe** die catastrophic drought; **~periode** die period of drought

Durst [dʊrst] *der; ~[e]s* thirst; **~ haben** be thirsty; **~ bekommen** get *or* become thirsty; **seinen ~ löschen** *od.* **stillen** quench *or* slake one's thirst; **ich habe ~ auf ein Bier** *od.* **nach einem Bier** I could just drink a beer; **~ nach Ruhm/Wissen** *(fig. geh.)* a thirst for fame/ knowledge; **ein Glas** *od.* **einen/etliche über den ~ trinken** *(ugs. scherzh.)* have one/a few too many; **Fisch macht ~:** fish makes one thirsty

dursten *(geh.) itr. V.* **a)** thirst; **~ müssen** have to go thirsty; **b)** *s.* **dürsten**

dürsten ['dʏrstn̩] *(dichter.)* **1.** *tr. V. (unpers.)* **mich dürstet** *od.* **es dürstet mich** I am thirsty; **ihn dürstete nach Rache** *(fig.)* he thirsted *or* was thirsty for revenge. **2.** *itr. V.* **nach Rache/Gerechtigkeit** *usw.* **~:** thirst for revenge/justice *etc.*

durstig *Adj.* thirsty; **das macht ~:** it makes you thirsty; it gives you a thirst

durst-, Durst-: ~löschend, ~stillend *Adj.* thirst-quenching; **~strecke die** lean period *or* time; **~streik** der refusal of fluids *(as a means of protest);* **in einen ~streik treten** refuse fluids

Dur-: ~ton·art die *(Musik)* major key; **~ton·leiter** die *(Musik)* major scale

Dusch·bad das shower[-bath]

Dusche ['dʊʃə] die; *~, ~n* shower; **unter die ~ gehen** take *or* have a shower; **unter der ~ sein** be in the shower; **eine heiße/kalte ~ nehmen** take *or* have a hot/cold shower; **eine kalte ~ [für jmdn.] sein, wie eine kalte ~ [auf jmdn.] wirken** *(ugs.)* be like a cold douche *or* a douche of cold water [on sb.]

duschen 1. *itr., refl. V.* take *or* have a shower; **[sich] warm/kalt ~:** take *or* have a warm/cold shower. **2.** *tr. V.* **jmdn. ~:** give sb. a shower

Düse ['dy:zə] die; *~, ~n (Technik)* nozzle; *(eines Vergasers)* jet

Dusel ['du:zl̩] der; *~s* **a)** *(ugs.)* luck; **~ haben** be jammy *(Brit. coll.) or* lucky; **sie hat [einen] ~ gehabt** her luck was in *(coll.);* she was jammy *(Brit. coll.) or* lucky; **so ein ~:** that was lucky; **b)** *(nordd.: Schwindelgefühl)* daze; **einen ~ haben** feel dizzy; **c)** *(nordd.: Rausch)* fuddle; **im ~ sein** be in a fuddle

duselig *Adj. (ugs.) (angetrunken)* fuddled; tipsy; muzzy; *(benommen)* muzzy; *(schlaftrunken)* drowsy

duseln *itr. V. (ugs.)* doze

düsen *itr. V.; mit sein (ugs.)* dash

Düsen-: ~an·trieb der jet propulsion; **mit ~antrieb** jet-propelled; **~bomber** der jet bomber; **~clipper** der jet airliner; **~flugzeug** das jet aeroplane *or* aircraft *or* plane; **~jäger** der jet fighter; **~maschine** die [aeroplane *or* aircraft *or* plane]; **~motor** der jet engine; **~trieb·werk** das jet power plant; jet engine

Dussel ['dʊsl] der[s]; *~s, ~ (ugs.)* dope *(coll.);* idiot; clot *(Brit. sl.)*

Dusselei die; *~ (ugs.)* stupidity

dusselig, dußlig *(ugs.)* **1.** *Adj.* **a)** gormless *(Brit. coll.);* stupid; idiotic; **b)** *(nordd.: benommen)* dopey *(sl.);* muzzy. **2.** *adv.* gormlessly *(Brit. coll.);* stupidly

duster ['du:stɐ] *Adj. (nordd.)* dark

düster ['dy:stɐ] **1.** *Adj.* **a)** dark; gloomy; dim ⟨*light*⟩; dark ⟨*background*⟩; **b)** *(bedrückend)* gloomy, dismal ⟨*day, weather, surroundings*⟩; sombre ⟨*colour, music*⟩; **c)** gloomy, sombre ⟨*atmosphere, picture*⟩; **c)** *(unheilvoll)* gloomy ⟨*forecast, conception, etc.*⟩; dark ⟨*foreboding*⟩; **d)** *(schwermütig)* gloomy ⟨*expression, look, person*⟩; gloomy, depressing ⟨*atmosphere*⟩; gloomy, dark ⟨*thoughts*⟩; **e)** *(obskur)* shady ⟨*business, affair*⟩; **f)** *(unklar)* hazy ⟨*idea*⟩; dim, hazy ⟨*conception*⟩. **2.** *adv. (schwermütig)* gloomily

Düsterheit, Düsterkeit die; *~,* **Düsternis** die; *~ (geh.)* **a)** *s.* **düster a:** darkness; gloom; dimness; **b)** *s.* **düster b:** gloominess; dismalness; sombreness; **c)** *s.* **düster d:** gloominess; depressingness; darkness

Dutt [dʊt] der; *~[e]s, ~e od. ~s* bun

Dytte die; *~, ~n (österr. ugs.)* teat

Duty-free-Shop ['dju:tɪ'fri:ʃɔp] der; *~[s], ~s* duty-free shop

Dutzend ['dʊtsn̩t] das; *~s, ~e* **a)** *Pl.: ~:* dozen; **ein [ganzes]/halbes ~:** a dozen/half a dozen; **zwei ~:** two dozen; **ein ~ Eier** a dozen eggs; **das ~ Schnecken kostet** *od.* **kosten 16 Mark** snails cost 16 marks a dozen; **davon gehen 12 auf ein ~** *(ugs.)* there is nothing special about it; **b)** *~e (eine Menge)* dozens; **sie kamen in** *od.* **zu ~en** they came in [their] dozens *(coll.)*

dutzend-, Dutzend-: ~fach 1. *Adj.; nicht präd.* dozens of *attrib.;* **2.** *adv.* a dozen times; dozens of times; **~gesicht** das *(abwertend)* nondescript face; **~mal** *Adv.* a dozen times; dozens of times; **~mensch** der *(abwertend)* nondescript *or* run-of-the-mill person; **~typ** der *(abwertend)* nondescript *or* run-of-the-mill type; **~ware** die *(abwertend)* cheap mass-produced item; **~ware sein** be a cheap mass-produced item; **~weise** *Adv.* ⟨arrive, leave⟩ in [their] dozens *(coll.);* **Artikel ~weise kaufen/verkaufen** buy/sell articles by the dozen

Duz·bruder der *(veralt.) s.* **Duzfreund**

duzen ['du:tsn̩] *tr. V.* call 'du' *(the familiar form of address);* **sich ~:** call each other 'du'; **sich mit jmdm. ~:** call sb. 'du'

Duz-: ~freund der good friend *(whom one addresses with 'du');* **~fuß** der *in* **mit jmdm. auf [dem] ~fuß stehen** *(ugs. veralt.)* use [the familiar form] 'du' *or* the familiar form of address with sb.

DVP [de:vaʊ'pe:] die; *~ Abk. (DDR)* Deutsche Volkspolizei

dwars [dvars] *Adv. (Seemannsspr.)* abeam

Dynamik [dy'na:mɪk] die; *~* **a)** *(Physik)* dynamics *sing., no art.;* **b)** *(Triebkraft)* dynamism; **c)** *(Musik)* dynamics; **d)** *(Versicherungsw.)* **eine Lebensversicherung mit ~:** ≈ index-linked life insurance *(linked to changes in the national product)*

dynamisch [dy'na:mɪʃ] **1.** *Adj.* **a)** *(auch fig.)* dynamic; **~e Renten** ≈ index-linked pensions *(linked to changes in the national product);* **eine ~e Lebensversicherung** ≈ index-linked life insurance *(linked to changes in the national product);* **b)** *(Physik)* dynamic; **~e Gesetze** laws of dynamics; **d)** *(Musik)* dynamic. **2.** *adv.* dynamically

dynamisieren *tr. V.* **a)** **etw. ~:** make sth. dynamic; give sth. dynamism; **b)** *(anpassen)* adjust ⟨*pension*⟩

Dynamisierung die; *~, ~en* **a)** **eine ~ der Agrarpolitik** making the agricultural policy more dynamic; **die ~ einer Bewegung auslösen** give a movement dynamism; **b)** *(Anpassung)* adjustment *(of pension)*

Dynamismus der; *~: ~* dynamism

Dynamit [dyna'mi:t] das; *~s* dynamite; **~ in den Fäusten/Beinen haben** *(fig.)* pack a powerful punch/have a powerful shot

Dynamo [dy'na:mo] der; *~s, ~s* dynamo

Dynast [dy'nast] der; *~en, ~en (hist.)* dynast

Dynastie die; *~, ~n* dynasty

dynastisch *Adj. nicht präd.* dynastic

Dys·funktion [dʏs-] die *(Med., Psych., Soziol.)* dysfunction

Dystonie [dʏsto'ni:] die; *~, ~n (Med.)* dystonia; **vegetative ~:** neurodystonia

D-Zug ['de:-] der fast *or* express train; **ein alter Mann/eine alte Frau ist doch kein ~!** *(salopp)* I'm too old to hurry

D-Zug-: ~-Tempo das *(ugs.)* **im ~-Tempo:** in double-quick time; **~-Zuschlag** der fast train supplement

E

e, E [e:] das; *~, ~* **a)** *(Buchstabe)* e/E; **b)** *(Musik)* [key of] E; *s. auch* **a, A**

E *Abk.* Europastraße

Eau de Cologne [ˈoː də koˈlɔnjə] **das** *od.* **die**; ~ ~ ~, **Eaux de Cologne** [ˈoː--] eau-de-Cologne

Ebbe [ˈɛbə] **die**; ~, ~**n a)** *(Bewegung)* ebb tide; **nach Eintritt der** ~: once the tide starts/had started to go out; ~ **und Flut** ebb and flow; **b)** *(Zustand)* low tide; **es ist** ~: the tide is out; **bei** ~: at low tide; **when the tide is/was out; es herrschte** ~ **in seinem Geldbeutel** *od.* **in seiner Kasse** *(fig. ugs.)* he was short of cash *(coll.)*

Ebbe-und-Flut-Kraftwerk das tidal power-station

ebd. *Akk.* ebenda, ebendort ibid

eben [ˈeːbn̩] **1.** *Adj.* **a)** *(flach)* flat; **b)** *(glatt)* level ⟨ground, path, stretch⟩; **c)** *nicht präd.* *(veralt.: gleichmäßig)* even, smooth ⟨gait⟩. **2.** *adv.* **a)** *(gerade jetzt)* just; **hast du** ~ **etwas gesagt?** did you just say something?; **b)** *(kurz)* [for] a moment; **kann ich Sie** ~ **sprechen?** can I speak to you [for] a moment *or* minute?; **c)** *(gerade noch)* just [about]; **etw.** ~ **noch schaffen** only just manage sth.; **d)** *(genau)* precisely; **aus** ~ **diesem Grunde** for this very reason; for precisely this reason; **aus** ~ **diesem Grunde brauchen wir das Geld** that is exactly *or* precisely why we need the money; **ja,** ~: yes, exactly *or* precisely; **ja,** ~ **das meine ich auch** yes, that's just *or* exactly what I think. **3.** *Partikel* **a) nicht** ~: not exactly; **b)** *(nun einmal)* simply; **das ist** ~ **so** that's just the way it is; **so gut ich** ~ **kann** as well as I can in the circumstances

eben-, Eben-: ~**bild die:** ~**bild sein** be the spitting image of sb.; ~**bürtig** [~bʏrtɪç] *Adj.* equal; **jmdm. ein** ~**bürtiger Gegner sein** be sb.'s equal; be a match for sb.; **jmdm.** ~**bürtig sein** be equal to sb.; be sb.'s equal; **die beiden waren sich** ~**bürtig** they were [both] equal; ~**da** *Adv.* ibid *abbr.*; ibidem; ~**der,** ~**die,** ~**das** *Demonstrativpron.* ~**das meine ich** that's exactly what I mean; ~**die, von der wir sprachen** the very one we were talking about; ~**der war krank** he was the very one who was ill; ~**derselbe,** ~**dieselbe,** ~**dasselbe** *Demonstrativpron.* the very same ⟨person, thing⟩; ~**dieselbe meine ich** she's just the one I mean; ~**dasselbe wollte ich auch kaufen** I wanted to buy the very same thing; ~**deshalb,** ~**deswegen** *Adv.* that is/was precisely [the reason] why; ~**dieser,** ~**diese,** ~**dieses** *Demonstrativpron.* ~**dieses Thema wurde behandelt** this very topic was discussed; ~**diese Regeln gelten in allen Abteilungen** these same rules apply in all departments; ~**dieser wurde genannt** he was the very one who was mentioned

Ebene die, ~, ~**n a)** *(flaches Land)* plain; **in der** ~: on the plain; **b)** *(Geom., Physik)* plane; **zwei sich schneidende** ~**n** two intersecting planes; **c)** *(Stufe)* level; **auf einer rein wissenschaftlichen** ~: on a purely scientific plane *or* level; **auf höchster** ~: at the highest level; *s. auch* **schief**

eben-: ~**erdig 1.** *Adj.* ground-level; *(in Gebäuden)* ground-floor; one-storey ⟨house⟩; ~**erdig sein** be on ground level/on the ground floor *or (Amer.)* first floor; **2.** *adv.* at ground level; *(in Gebäuden)* on the ground floor *or (Amer.)* first floor; ~**falls** *Adv.* likewise; as well; **der Botschafter war** ~**falls eingeladen** the ambassador was likewise invited; the ambassador was invited as well; **danke,** ~**falls** thank you, [and] [the] same to you

Eben·holz das ebony

ebenholz·farben *Adj.* ebony

eben-, Eben-: ~**maß, das;** *o. Pl. (der Gesichtszüge)* regularity; *(des Körperbaus)* symmetry; even proportions *pl.;* (*von Versen)* regularity; harmony; ~**mäßig 1.** *Adj.* regular ⟨features⟩; well-proportioned ⟨figure⟩; regular, harmonious ⟨verse⟩; **von** ~**mäßigem Wuchs** of even proportions; **2.** *adv.* ~**mäßig geformt** *od.* **gestaltet** regularly shaped; ~**mäßigkeit die;** ~ *s.* **Ebenmaß**

eben·so *Adv.* **a)** *mit Adjektiven* just as; ~ **groß/schön/gut wie ...** **sein** be just as big/beautiful/good as ...; **ein** ~ **frecher wie dummer Kerl** a fellow who is/was as impudent as he is/was stupid; **er ist/arbeitet** ~ **fleißig wie geschickt** he is as diligent as he is skilful/works as diligently as he does skilfully; **b)** *mit Verben* in exactly the same way; *(in demselben Maße)* just as much; **ich glaube, er wird es** ~ **machen wie wir** I think he'll do exactly the same as we [do]; **bei Tag** ~ **wie bei Nacht** in the daytime as well as by night; **er ist dagegen, und ich denke** ~: he's against it, and so am I; **mir geht es** ~: its just the same for me

ebenso-: ~**gern** *Adv.* ~**gern mag ich Erdbeeren [wie ...]** I like strawberries just as much [as ...]; ~**gern würde ich an den Strand gehen** I would just as soon go to the beach; ~**gut** *Adv.* just as well; ~**gut hätte er zu Hause bleiben können** he might just as well have stayed at home; **ich kann** ~**gut ein Taxi nehmen** I can just as easily take a taxi; ~**häufig** *Adv. s.* ~**oft;** ~**lange** *Adv.* for the same length of time; ~**oft** *Adv.* just as often; just as frequently

eben·solch... *Demonstrativpron.* the same; **ich habe ebensolche Angst/Kopfschmerzen wie du** I am just as afraid as you are/I have a headache too

ebenso-: ~**sehr** *Adv.* **a)** *mit Adjektiven* just as; **b)** *mit Verben* just as much; ~**viel** *Indefinitpron., Adv.* just as much; ~**weit** *Adv.* as far; ~**wenig** *Indefinitpron., Adv.* just as little; **man kann dieses** ~**wenig wie jenes tun** one cannot do this, any more than that; **er aß kein Gemüse,** ~**wenig mochte er Obst** he didn't eat vegetables and he didn't like fruit either; he didn't eat vegetables, nor did he like fruit

Eber [ˈeːbɐ] **der;** ~**s,** ~: boar; **wie ein angestochener** ~ *(salopp)* like a [raving] maniac

Eber·esche die rowan; mountain ash

ebnen *tr. V.* level ⟨ground⟩; **jmdm. den Weg** *od.* **die Bahn** ~ *(fig.)* smooth the way for sb.; **das Geld seines Vaters ebnete ihm alle Wege** *(fig.)* his father's money opened [up] all doors for him

echauffieren [eʃoˈfiːrən] *tr. V. (geh.)* **a)** make hot; **sich** ~ get hot; **b)** *(aufregen)* excite; **sich** ~: get excited

echauffiert *Adj. (geh.)* **a)** hot; **b)** *(aufgeregt)* excited

Echo [ˈɛço] **das;** ~**s,** ~**s** echo; **das** ~ **auf die Ankündigung/den Vorschlag** *(fig.)* the response to the announcement/the suggestion; **das** ~ **in der Presse** *(fig.)* the press reaction; the reaction in the press; **ein breites** ~ **finden** meet with a wide response

Echo·effekt der echo effect

echoen [ˈɛçoən] **1.** *itr. V. (unpers.)* **es echot** there is an echo. **2.** *tr. V. (gedankenlos wiederholen)* echo

Echo-: ~**lot das a)** *(Seew.)* echo-sounder; sonic depth finder; **b)** *(Flugw.)* sonic altimeter; ~**lotung die** *(Seew.)* echo-sounding

Echse [ˈɛksə] **die;** ~, ~**n** *(Zool.)* **a)** saurian; **b)** *(Eid-)* lizard

echt [ɛçt] **1.** *Adj.* **a)** *(nicht nachgemacht)* genuine ⟨gold, fur, coin, Scotch whisky, Persian carpet⟩; authentic, genuine ⟨signature, document⟩; **ist das** ~**?** is that real gold/fur etc.?; **ein** ~**er Picasso** a genuine Picasso; **b)** *(wahr)* true, real ⟨love, friendship⟩; real, genuine ⟨concern, sorrow, emergency, need⟩; **sind seine Gefühle** ~**?** is he sincere?; **sie hat noch** ~**e Gefühle** her emotions are still natural ones; **c)** *nicht präd. (typisch)* real, typical ⟨Bavarian, American, etc.⟩; **d)** *(Math.)* proper ⟨fraction⟩; **e)** *(Textilw., Chemie)* fast ⟨dye⟩; **f)** *meist attr. (reinrassig)* thoroughbred ⟨horse⟩; pedigree ⟨dog, cattle⟩. **2.** *adv.* **a)** *(ugs. verstärkend)* really; **ich habe mich** ~ **gefreut** I was really pleased; **das ist** ~ **wahr/blöd** that's absolutely true/stupid; **das war eine Frechheit, aber** ~: it was a piece of downright cheek; **b)** *(typisch)* typically; **das ist** ~ **amerikanisch/Frau/Klaus** that's typically American/just like a woman/Klaus all over; **c)** *(unverfälscht)* **das Armband ist** ~ **golden** the bracelet is real gold

echt-, Echt-: ~**gold das** real *or* genuine gold; ~**golden** *Adj.* real *or* genuine gold; ~**haar·perücke die** [real] hair wig

Echtheit die; ~ **a)** genuineness; *(einer Unterschrift, eines Dokuments)* authenticity; genuineness; **b)** *(Textilw., Chemie)* fastness

Echt·silber das real silver; genuine silver

echt·silbern *Adj.* real silver; genuine silver

Eck [ɛk] **das;** ~**s,** ~**e a)** *(südd., österr.: Ecke)* corner; **über(s)** ~: diagonally; **b)** *(Sport: Torecke)* **das lange/kurze** ~: the far/near corner [of the goal]

Eckart [ˈɛkart] **der** *in* **der getreue** ~ *(fig.)* a faithful supporter

Eck-: ~**ball der** *(Sport)* corner[-kick/-hit/-throw]; **einen** ~**ball treten** take a corner; **einen** ~**ball verwandeln** score from a corner; ~**bank die** corner seat; ~**daten** *Pl.* basic information *sing.*

Ecke [ˈɛkə] **die;** ~, ~**n a)** corner; **am liebsten hätte ich mich in eine** ~ **verkrochen** I felt like creeping off into a corner; **an der** ~: on *or* at the corner; **Nietzschestr., Ecke Goethestr.** on the corner of Nietzschestrasse and Goethestrasse; Nietzschestrasse at Goethestrasse *(Amer.);* **um die** ~: round the corner; **um die** ~ **biegen** turn the corner; go/come round the corner; **jmdn. in die** ~ **drängen** *(fig.)* get sb. in a corner *(fig.);* **es brennt an allen** ~**n [und Enden** *od.* **Kanten]** *(fig.)* there's a terrible commotion everywhere *(coll.);* **das Auto klappert an allen** ~**n [und Enden** *od.* **Kanten]** every nut and bolt in the car rattled; **jmdm. um die** ~ **bringen** *(salopp)* bump sb. off *(sl.);* **mit jmdm. um die** ~ **sieben** ~**n verwandt sein** *(ugs.)* be distantly related to sb.; *s. auch* **fehlen f; b)** *(Ballspiele)* corner; **eine** ~ **treten** take a corner; **den Ball zur** ~ **schlagen** put the ball over for a corner; **in die lange/kurze** ~: in[to] the far/near corner; **eine lange/kurze** ~ **treten** take a long/short corner; **c)** *(Boxen)* corner; **d)** *(ugs.: Gegend)* corner; **ihr wohnt in einer schönen** ~: you live in a lovely spot; **e)** *(ugs., bes. nordd.: Strecke)* **ich komme noch eine** ~ **mit** I'll come a little way/a bit further with you; **bis dahin ist es noch eine ganze** ~: it's still quite some way there; **er ist eine ganze** ~ **besser als du** *(fig.)* he is a whole lot better than you are; **f)** *(keilförmiges Stück)* wedge; **eine** ~ **Käse** a wedge of cheese

Ecken·steher der *(fig.)* street loafer

Ecker [ˈɛkɐ] **die;** ~, ~**n a)** *(Buch-)* beechnut; **b)** *(selten: Eichel)* acorn

Eck-: ~**fahne die** *(Sport)* corner flag; ~**fenster das** corner window; ~**grundstück das** corner site; ~**haus das** corner house; house on the/a corner; *(einer Häuserreihe)* end house

eckig 1. *Adj.* **a)** square; angular ⟨features⟩; **b)** *(ruckartig)* jerky ⟨movement, walk, gait⟩. **2.** *adv.* **sich** ~ **bewegen** move jerkily

Eck-: ~**kneipe die** small friendly pub on a street-corner; ~**laden der** corner shop; ~**lohn der** *(Wirtsch.)* basic *or* minimum wage; ~**pfeiler der** corner pillar; *(fig.)* corner-stone; ~**platz der** end seat; ~**schrank der** corner cupboard; ~**sitz der** *s.* ~**platz;** ~**sofa das** corner sofa; ~**stein der a)** corner-stone; **b)** *(Kartenspiel) s.* **Karo;** ~**stoß der** *(Fußball)* corner-kick; ~**tisch der** corner table; ~**turm der** angle tower; ~**wert der**

Eckzahn

(Wirtsch.) standard [of value]; ~**zahn** der canine tooth; ~**zimmer** das corner room; ~**zins** der *(Finanzw.)* official minimum interest rate on savings
Eclair [e'klɛːɐ̯] das; ~s, ~s éclair
Economy·klasse [ɪ'kɔnəmɪ-] die economy class; tourist class; **in der ~ fliegen** fly economy [class]
Ecuador [eku̯a'doːɐ̯] (das); ~s Ecuador
Ecuadorianer [eku̯ado'rj̯aːnɐ] der; ~s, ~: Ecuadorean
Edamer Käse ['eːdamɐ -] der Edam cheese
Edda ['ɛda] die; ~: [Elder] Edda; **die jüngere ~**: the Younger Edda
edel ['eːdl̩] **1.** *Adj.* **a)** *nicht präd.* (reinrassig) thoroughbred ⟨horse⟩; species ⟨rose⟩; **b)** *(großmütig)* noble[-minded], high-minded ⟨person⟩; noble ⟨thought, gesture, feelings, deed⟩; honourable ⟨motive⟩; **seine edle Gesinnung** his nobility of mind *or* noble-mindedness; **c)** *(geh.: wohlgeformt)* finely-shaped; **von edlem Wuchs** of noble stature; **d)** *(geh.: vortrefflich)* fine ⟨wine⟩; high-grade ⟨wood, timber⟩; **die edlen Teile** *(scherzh.)* the vital parts [of the body]; **e)** *nicht präd. (veralt.: adlig)* noble; **aus edlem Geschlecht** of noble stock. **2.** *adv.* **~ handeln** act nobly; **~ geformt** finely-fashioned
Edel-: ~**fäule** die *(Winzerspr.)* noble rot; ~**fräulein** das *(hist.)* [unmarried] noblewoman; ~**gas** das *(Chemie)* noble *or* inert *or* rare gas; ~**hirsch** der s. **Rothirsch**; ~**holz** das high-grade wood; high-grade timber
Edeling ['eːdəlɪŋ] der; ~s, ~e *(hist.)* s. **Edelmann**
edel-, Edel-: ~**kastanie** die sweet chestnut; Spanish chestnut; ~**kitsch** der grandly pretentious kitsch; ~**mann** der; *Pl.* ~**leute** *od.* ~**männer** *(hist.)* nobleman; noble; ~**metall** das **a)** precious metal; **b)** *(Chem.)* noble metal; ~**mut** der *(geh.)* nobility of mind; noble-mindedness; magnanimity; ~**mütig** *Adj. (geh.)* noble-minded; magnanimous; ~**nutte** die *(salopp)* high-class tart *(sl.)*; ~**pilz·käse** der blue[-veined] cheese; ~**reis** das scion; ~**rost** der patina; ~**schnulze** die *(abwertend)* example of pretentious schmaltz; **der Film/Roman war eine ~schnulze** the film/novel was pretentious schmaltz; ~**stahl** der *(rostfreier Stahl)* stainless steel; *(Sonderstahl)* special steel

Edel·stein der precious stone; gem[stone]; **mit ~en besetzt set with precious stones; ein synthetischer ~**: a synthetic stone; an artificial stone
Edelstein·schleifer der gem-cutter
Edel-: ~**tanne** die silver fir; ~**weiß** das; ~[es], ~e edelweiss; ~**wild** das s. **Rotwild**; ~**zwicker** der Edelzwicker *(fine Alsatian wine)*
Eden ['eːdn̩] **a)** *in* **der Garten ~** *(bibl.)* the Garden of Eden; **b)** *das*; ~[s] *(Paradies)* earthly paradise
edieren [e'diːrən] *tr. V.* edit
Edikt [e'dɪkt] das; ~[e]s, ~e *(hist.)* edict
Edition [edi'tsi̯oːn] die; ~, ~en *(das Herausgeben)* editing; *(Ausgabe)* edition
E-Dur ['eːduːɐ̯] das; ~ *(Musik)* E major; *s. auch* **A-Dur**
EDV *Abk.* elektronische Datenverarbeitung EDP
EEG [eːeː'geː] das; ~[s], ~[s] *Abk.* Elektroenzephalogramm EEG; *s. auch* **EKG**
Efeu ['eːfɔy] der; ~s ivy
efeu·bewachsen *Adj.* ivy-covered; ivy-clad
Efeu·ranke die ivy-twine; ivy-bind
Effeff [ɛfʔɛf] **in etw. aus dem ~ beherrschen** *od.* verstehen know sth. inside out; **etw. aus dem ~ machen/können** do/be able to do sth. just like that *(coll.)*
Effekt [ɛ'fɛkt] der; ~[e]s, ~e effect; **im ~**: in the end; **im ~ läuft beides auf das gleiche hinaus** in effect the two *or* both come to the same thing
Effekten [ɛ'fɛktn̩] *Pl. (Finanzw.)* securities
Effekten-: ~**bank** die investment bank *(also acting as an issuing house)*; ~**börse** die stock exchange; ~**geschäft** das dealing in securities; ~**makler** der stockbroker
Effękt·hascherei [-haʃəˈraɪ] die; ~, ~en *(abwertend)* straining for effect; showiness; **ohne jede ~**: without any showiness; **billige ~**: cheap straining for effect
effektiv [ɛfɛk'tiːf] **1.** *Adj.* **a)** *(wirksam)* effective; **ein ~er Schutz** an effective form of protection; **b)** *nicht präd. (tatsächlich)* effective ⟨profit, price, benefit⟩. **2.** *adv.* **a)** effectively; **b)** *(ugs.: ganz bestimmt)* really; **ich weiß ~ nichts** I really haven't a clue *(coll.)*; **da ist ~ nichts zu machen** there's really nothing that can be done about it
Effektivität [ɛfɛktiviˈtɛːt] die; ~: effectiveness
Effektiv·lohn der real wage[s]
effękt·voll 1. *Adj.* effective ⟨speech, poem, contrast, pattern⟩; dramatic ⟨pause, gesture, entrance⟩. **2.** *adv.* effectively
Effet [ɛ'feː] der; ~s, ~s spin; *(Billard)* side; **den Ball mit ~ schlagen** put spin/side on the ball
effizient [ɛfi'tsi̯ɛnt] **1.** *Adj. (geh.)* efficient. **2.** *adv.* efficiently
Effizienz [ɛfi'tsi̯ɛnts] die; ~, ~en *(geh.)* efficiency; *(Wirksamkeit)* effectiveness
EFTA ['ɛfta] die; ~ *Abk.* Europäische Freihandelsassoziation Efta; European Free Trade Association
EG ['eː'geː] die; ~: *Abk.* **a)** Europäische Gemeinschaft[en]; **die ~-Länder** the countries of the European Communities; **b)** Erdgeschoß
egal [e'gaːl] **1.** *Adj.* **a)** *nicht attr. (ugs.: einerlei)* **es ist ~ jmdm. ~**: it makes no difference to sb.; it's all the same to sb.; *(es kümmert ihn nicht)* sb. couldn't care less; it's all the same to sb.; **das ist ~**: that doesn't make any difference; **das kann dir doch ~ sein** that's none of your business; that's no concern of yours; **[ganz] ~, wie/wer/warum/wo/ob ...**: no matter how/who/why/where/whether ...; **b)** *(ugs.: gleich[artig])* identical; **~ sein** be the same *or* identical; **sie hat nicht zwei ~e Stühle** *(ugs.)* she hasn't got two chairs the same. **2.** *adv.* **a)** **Bretter ~ schneiden** cut planks to the same size; **b)** *(bes. ostm.: fortwährend)* constantly
egalisieren *tr. V.* **a)** *(Sport)* equal ⟨record⟩; **den Vorsprung des Gegners ~**: wipe out the opponent's lead; **den Punktvorsprung ~**: level the scores; **b)** *(Textilw.)* level ⟨colour⟩; **c)** *(Technik, Handw.)* smooth; dress ⟨leather⟩
egalitär [egali'tɛːɐ̯] *Adj.* egalitarian. **2.** *adv.* in an egalitarian way
Egalität die; ~: equality
Egel ['eːgl̩] der; ~s, ~ leech
Egge ['ɛgə] die; ~, ~n *(Landw.)* harrow
eggen *tr. V. (Landw.)* harrow
Ego [ˈeːgo] das; ~, ~s *(Psych.)* ego
Egoismus [ego'ɪsmʊs] der; ~, Egoismen *o. Pl. (Selbstsucht)* egoism; **gesunder ~**: healthy self-esteem; **b)** *Pl. (egoistische Eigenschaften)* egoistic traits; **wo persönliche Egoismen aufeinanderstoßen** where individual egos clash
Egoist [ego'ɪst] der; ~en, ~en, **Egoistin** die; ~, ~nen egoist
egoistisch 1. *Adj.* egoistic[al]. **2.** *adv.* egoistically
Ego·trip [ˈeːgo-] der *(ugs.)* ego trip
Egozentrik [ego'tsɛntrɪk] die; ~: egocentric attitude
Egozentriker der; ~s, ~, **Egozentrikerin**, die; ~, ~nen egocentric
egozentrisch 1. *Adj.* egocentric. **2.** *adv.* egocentrically; **~ denken** be egocentric in the way one thinks

¹**eh** [eː] *Interj. (ugs.)* **a)** hey; **b)** *(was?)* **das hast du nicht erwartet, ~?** you didn't expect that, did you [,eh]?
²**eh** *Adv.* **a)** *(bes. südd., österr.: sowieso)* anyway; in any case; **es ist ~ alles zu spät** it's too late anyway *or* in any case; **b)** **seit ~ und je** for as long as anyone can remember; for donkey's years *(coll.)*; **wie ~ und je** just as before; **es sieht aus wie ~ und je** it looks the same as ever *or* the same as it always has done
ehe ['eːə] *Konj.* before; **~ ihr nicht still seid, kann ich euch das Märchen nicht vorlesen** I can't read you the fairy story until you're quiet; **~ ich das tue, gehe ich lieber ins Gefängnis** I would rather go to prison than do it
Ehe ['eːə] die; ~, ~n marriage; **eine glückliche ~ führen** be happily married; lead a happy married life; **die ~ brechen** commit adultery *(geh. veralt.)*; **jmdm. die ~ versprechen** promise to marry sb.; **mit jmdm. eine ~ eingehen** marry sb.; **ihre ~ wurde vor dem Standesamt/in der Kirche geschlossen** they were married in a registry office/in church; **Geld/Kinder in die ~ mitbringen** bring money/children into the marriage; **in erster ~ war sie mit einem Arzt verheiratet** her first husband was a doctor; **aus erster ~**: from his/her first marriage; **in wilder ~ leben** *(veralt.)* live in sin *(dated)*; **eine ~ zur linken Hand** *(hist.)* a morganatic *or* left-handed marriage; *s. auch* ¹**Hafen f**; **Stand**; **wild 1 b**
ehe-, Ehe-: ~**ähnlich** *Adj.* **ein ~ähnliches Verhältnis** a common-law marriage; **in einem ~ähnlichen Verhältnis leben** live [together] as man and wife; cohabit; ~**anbahnung** die ~**vermittlung**; ~**berater** der, ~**beraterin** die marriage guidance counsellor; ~**beratung** die **a)** marriage guidance *(Brit.)*; marriage counselling *(Brit.)*; **b)** *s.* ~**beratungsstelle**; ~**beratungs·stelle** die marriage guidance *or (Amer.)* counseling centre *(Brit.)*; ~**bett** das marriage-bed; *(Doppelbett)* double bed; ~**brechen** *unr. itr. V.*; *nur im Inf. u. 1. Part. gebr. (geh. veralt.)* commit adultery; **du sollst nicht ~brechen** *(bibl.)* thou shalt not commit adultery; ~**brecher** der; ~s, ~; adulterer; ~**brecherin** die; ~, ~nen adulteress; ~**brecherisch** *Adj.* adulterous; ~**bruch** der adultery
ehe·dem *Adv. (geh.)* formerly; in former times; **wie ~**: as in former times; **von ~**: of former times
ehe-, Ehe-: ~**feindlich** *Adj.* **a)** *(der ~ abgeneigt)* misogamic ⟨attitude, tendencies⟩; **b)** *(die ~ erschwerend)* **ein ~feindlicher Beruf** an occupation which is difficult to combine with marriage; ~**frau** die *(im Verhältnis zum ~mann)* wife; *(im Verhältnis zu anderen)* married woman; ~**freuden** *Pl. (scherzh.)* joys of married life; ~**gatte** der *(geh.)* husband; spouse; **beide ~gatten** both husband and wife; ~**gattin** die *(geh.)* wife; spouse; ~**gelübde** das *(geh.)* marriage vows *pl.*; ~**gemeinschaft** die marriage partnership; ~**glück** das wedded *or* married bliss; ~**hälfte** die *(scherzh.)* better half *(joc.)*; ~**hindernis** das *(Rechtsw.)* impediment to marriage; ~**joch** das; *o. Pl. (scherzh.)* yoke of marriage *or* matrimony; **sich ins ~joch begeben** get hitched *(sl.)*; ~**kandidat** der *(scherzh.)* marriage candidate; ~**krach** der *(ugs.)* row; quarrel; **er hat immer ~krach zu Hause** he is always having rows at home with his wife; **sie hatten ihren ersten ~krach** they had the first row of their married life; ~**krise** die marital crisis; ~**leben** das maried life; ~**leute** *Pl.* married couple; **die beiden ~leute** the husband and wife
ehelich 1. *Adj.* **a)** *nicht präd. (die Ehe betreffend)* marital; matrimonial; conjugal ⟨rights, duties⟩; ~**e Gemeinschaft** marriage

partnership; ~es **Zusammenleben** married life; **b)** *(aus einer Ehe stammend)* legitimate ⟨child⟩; **ein Kind für ~ erklären** declare a child legitimate; legitimate a child. **2.** *adv.* **sich ~ verbinden** *(geh.)* enter into [holy] wedlock
ehelichen *tr. V. (veralt., scherzh.)* wed
ehe·los *Adj.* celibate
Ehelosigkeit *die;* ~: celibacy
ehemalig ['eːəmalɪç] *Adj.* former; **ein ~er Offizier** a former *or* one-time officer; **meine ~e Wohnung** my old flat *(Brit.) or (Amer.)* apartment; **seine ~e Frau** his ex-wife; **seine Ehemalige/ihr Ehemaliger** *(ugs.)* his/her ex *(coll.)*
ehemals ['eːəmals] *Adv. (geh., veralt.)* formerly; in former times
ehe-, Ehe-: ~**mann** *der; Pl.* ~**männer** husband; **als ~mann** as a married man; ~**müde** *Adj.* tired of married life *postpos.;* ~**mündig** *Adj. (Rechtsspr.)* of marriageable age *postpos.;* ~**mündig sein** be of an age to marry; ~**mündigkeit** *die (Rechtsspr.)* being of marriageable age; **vor Eintritt der ~mündigkeit** before attaining marriageable age; ~**paar** *das* married couple; **ein älteres ~paar** an elderly [married] couple; ~**partner** *der* marriage partner
eher ['eːɐ] *Adv.* **a)** *(früher)* earlier; sooner; **ich war ~ da als er** I was there earlier *or* sooner than he was; **je ~, desto lieber** *od.* **besser** the sooner the better; **b)** *(lieber)* rather; sooner; ~ **will ich sterben als mit ihr zusammenwohnen** I'd rather *or* sooner die than live with her; **alles ~ als das** anything but that; **c)** *(wahrscheinlich)* more likely; *(leichter)* more easily; **das ist schon ~ möglich** that's more likely; **er ist schon ~ mein Typ** he's more my type; **um so ~, als**... [all] the more so as *or* because ...; **d)** *(mehr)* **er ist ~ faul als dumm** he is lazy rather than stupid; he's more lazy than stupid *(coll.);* ~ **wie ein Beamter als wie ein Künstler aussehen** look more like a civil servant than an artist; **seine Wohnung ist ~ klein** his flat *(Brit.) or (Amer.)* apartment is rather on the small side; **es geht ihm ~ besser** he's rather better; **alles ~ sein als ...**: be anything but ...
Ehe-: ~**recht** *das; o. Pl. (Rechtsw.)* marriage law; laws governing marriage; ~**ring** *der* wedding-ring
ehern ['eːɐn] *Adj.; nicht präd. (dichter.)* bronze; *(eisern)* iron ⟨*will, law*⟩; **mit ~er Stirn** brazenly
Ehe-: ~**sakrament** *das; o. Pl. (kath. Rel.)* sacrament of marriage; ~**scheidung** *die* divorce; ~**schließung** *die* wedding *or* marriage ceremony; **standesamtliche ~schließung** registry office wedding
ehest... ['eːəst] **1.** *Adj.; nicht präd.* **zum ~en Termin** at the earliest possible date; **bei ~er Gelegenheit** at the earliest opportunity. **2.** *adv.* **a)** *(noch am liebsten)* best of all; **am ~en wäre er nach Peru gefahren** best of all he'd have liked to go to Peru; **b)** *(noch am wahrscheinlichsten)* most likely; **am ~en möglich sein** be most likely *or* the most likely possibility; **mit diesem Werkzeug wirst du es noch am ~en schaffen** you'll manage it easiest with this tool; **am ~en könnte man ihn/es mit ... vergleichen** he/it could be most nearly compared to ...
Ehe·stand *der; o. Pl.* marriage *no art.;* matrimony *no art.;* **in den ~ treten** *(geh.)* enter into matrimony
Ehestands·darlehen *das* low-interest government-backed loan available to young married couples
ehestens ['eːəstn̩s] *Adv.* **a)** *(frühestens)* at the earliest; ~ **[am] Dienstag** [on] Tuesday at the earliest; ~ **in drei Wochen** in three weeks at the earliest; **b)** *(österr.: baldmöglichst)* as soon as possible
ehe-, Ehe-: ~**stifter** *der* matchmaker;

~**streit** *der* marital *or* matrimonial dispute; ~**vermittlung** *die* **a)** arrangement of introductions between people wishing to marry; ~**vermittlung durch Computer** matching prospective marriage partners by computer; **b)** *(Institut)* marriage bureau; ~**vermittlungs·institut** *das* marriage bureau; ~**versprechen** *das* promise of marriage; ~**vertrag** *der (Rechtsw.)* marriage contract; ~**weib** *das (veralt., scherzh.)* spouse *(arch., joc.);* ~**widrig** *(Rechtsspr.)* **1.** *Adj.* extramarital ⟨*relations*⟩; ~**widriges Verhalten** behaviour constituting a matrimonial offence; **2.** *adv.* **sich ~widrig verhalten** commit a matrimonial offence; ~**zwist** *der s.* ~**streit**
Ehr-: ~**ab·schneider** *der* calumniator; vilifier; ~**auf·fassung** *die* conception of honour
ehrbar **1.** *Adj. (geh.)* respectable, worthy ⟨*person, occupation*⟩; honourable ⟨*intentions*⟩; ~**e Leute** respectable *or* worthy people. **2.** *adv.* respectably
Ehrbarkeit *die;* ~: respectability; worthiness
Ehr·begriff *der* conception of honour
Ehre ['eːrə] *die;* ~, ~**n a)** *(Ansehen)* honour; **seine ~ verlieren/wahren** lose/preserve one's self-respect; **jmdm./einer Sache [alle] ~ machen** do sb./sth. [great] credit; **in ~n alt werden** *(geh.)* grow old without dishonour; **jmds. Andenken** *(Akk.)* **in ~n halten** honour sb.'s memory; **etw. um der ~ willen tun** do sth. for the honour of it; **zu ihrer ~ sei gesagt, ...**: in fairness to her *or* to do her justice it should be said ...; **[ich] hab'** *od.* **habe die ~** *(österr., südd.)* pleased to meet you; **auf ~ und Gewissen** in all truthfulness *or* honesty; **er fragte mich auf ~ und Gewissen, ob ich ...**: he asked me whether in all truthfulness *or* honesty I ...; **auf ~!, bei meiner ~!** upon my [word of] honour!; **dein Eifer in [allen] ~n, aber ...**: your enthusiasm is not in doubt *or* in question, but ...; **deine Meinung in [allen] ~n, aber ich halte das nicht für richtig** with [all] due respect to your opinion, I still think that it is wrong; ~ **verloren, alles verloren** *(Spr.)* take away my good name and take away my life *(prov.);* **b)** *(Zeichen der Wertschätzung)* **jmdm./einer Sache ~ antun** pay tribute to sb./sth.; **jmdm./einer Sache zuviel ~ antun** overvalue sb./sth.; **die ~ haben, etw. zu tun** *(geh.)* have the honour of doing sth.; **wir geben uns die ~, die Vermählung unserer Tochter bekanntzugeben** *(geh.)* we have much pleasure in announcing *or* are very pleased to announce the marriage of our daughter; **wir geben uns die ~, Sie zu einem Gartenfest einzuladen** *(geh.)* we request the pleasure of your company at a garden-party; we have the honour of inviting you to a garden-party; **sich** *(Dat.)* **etw. zur ~ anrechnen** give oneself credit for sth.; regard sth. as being to one's credit; **jmdm. zur ~ gereichen** *(geh.)* bring honour to sb.; **etw. zur ~ Gottes tun** do sth. to the glory of God; ~, **wem** ~ **gebührt** [give] credit where credit is due; **jmdm. die letzte ~ erweisen** pay one's last respects to sb.; **mit ihr kannst du ~/keine ~ einlegen** she's a/no credit to you; **damit kannst du [keine] ~ einlegen** that does you [no] credit; **mit diesen Manieren legst du keine ~ ein** you won't get very far with manners like that; **der Wahrheit** *(Dat.)* **die ~ geben** tell the truth; **um der Wahrheit die ~ zu geben** to tell the truth; to be [perfectly] honest; **mit ~n von honour; mit ~n überhäuft** loaded with honours; **er wurde in ~n entlassen** he went into an honourable retirement; **zu ~n des Staatsbesuchs/des Königs** in honour of the state visit/of the king; **wieder zu ~n kommen** come back into favour; **c)** *o. Pl.* *(Ehrgefühl)* sense of honour; *(Selbstachtung)* self-esteem; pride; **jmdm. gegen die ~ gehen** of-

fend sb.'s sense of honour; **ein Mann von ~** *(geh.)* a man of honour; **er hat keine ~ im Leib[e]** he doesn't have an ounce of integrity in him; **jmdn. bei seiner ~ packen** *od.* **fassen** appeal to sb.'s sense of honour; **d)** *(veralt.: Jungfräulichkeit)* honour; **e)** *(Golf)* honour
ehren *tr. V.* **a)** *(Ehre erweisen)* honour; **ihre Einladung ehrt uns sehr** we are greatly honoured by her invitation; **für seine Verdienste wurde er mit einem Orden geehrt** he was awarded a medal in recognition of his services; **man ehrte den ausländischen Gast mit einem Empfang** a reception was held in honour of the foreign guest; **sehr geehrter Herr Müller!/sehr geehrte Frau Müller!** Dear Herr Müller/Dear Frau Müller; **b)** *(Ehre machen)* **deine Hilfsbereitschaft ehrt dich** your willingness to help does you credit; **sein Vertrauen ehrt mich** I'm honoured by his confidence in me; **c)** *(veralt.: achten)* respect; **du sollst Vater und Mutter ~** *(bibl.)* honour thy father and thy mother
ehren-, Ehren-: ~**ab·zeichen** *das* medal; ~**amt** *das* honorary position *or* post; ~**amtlich** **1.** *Adj.* honorary ⟨*position, membership*⟩; voluntary ⟨*help, worker*⟩; **2.** *adv.* in an honorary capacity; ⟨*freiwillig*⟩ on a voluntary basis; ~**bezeigung** *die* salute
Ehren·bürger *der,* **Ehren·bürgerin** *die* honorary citizen; **ein Ehrenbürger/eine Ehrenbürgerin der Stadt** a freeman of the town/city; **jmdn. zum ~bürger der Stadt ernennen** give sb. the freedom of the town/ city
Ehren·bürger-: ~**recht** *das,* ~**würde** *die;* **jmdm. das ~recht** *od.* **die ~würde verleihen** admit sb. as a freeman
Ehren-: ~**dame** *die* lady-in-waiting; ~**dienst** *der (geh.)* **seinen ~dienst leisten** have the privilege of serving; ~**doktor** *der* **a)** *(Titel)* honorary doctorate; **b)** *(Person)* honorary doctor; ~**doktor·würde** *die* honorary doctorate; ~**erklärung** *die:* **eine ~erklärung [für jmdn.]** a statement that aspersions cast on sb. are without foundation; ~**formation** *die (Milit.)* guard of honour; ~**fried·hof** *der* war cemetery; ~**garde** *die* guard of honour; ~**gast** *der* guest of honour; ~**geleit** *das* official escort; ~**gericht** *das* disciplinary tribunal *or* court; *(Standesgericht)* professional tribunal
ehrenhaft **1.** *Adj.* honourable ⟨*intentions, person*⟩; **ein ~er Mann** an honourable man; a man of honour. **2.** *adv.* ⟨*act*⟩ honourably
Ehrenhaftigkeit *die;* ~: sense of honour; **die ~ seiner Absichten** the honourableness of his intentions
ehren-, Ehren-: ~**halber** *Adv.* **jmdm. den Doktortitel ~halber verleihen** confer an honorary doctorate on sb.; **Doktor ~halber** honorary doctor; ~**handel** *der; Pl.* ~**händel** *(veralt.)* affair of honour; ~**karte** *die* complimentary ticket; ~**kodex** *der* code of honour; ~**kompanie** *die* guard of honour; ~**kränkung** *die (Rechtsspr.)* affront; insult; ~**legion** *die* Legion of Honour; ~**loge** *die* VIP box; box reserved for VIPs; ~**mal** *das* monument; ~**mann** *der; Pl.* ~**männer** man of honour; ~**mit·glied** *das* honorary member; ~**nadel** *die* badge of honour *(in the form of a lapel-pin);* ~**name** *der:* **den ~namen ... erhalten/tragen** be honoured by being given/by bearing the name ...; ~**pflicht** *die* bounden duty; **es ist meine ~pflicht, diese Aufgabe zu erfüllen** I'm honour bound to perform this task; ~**platz** *der* place of honour; **die ~plätze** the seats of honour; ~**präsident** *der* honorary president; ~**preis** *der* special prize; special award; ~**rechte** *Pl.* **die bürgerlichen ~rechte** civil rights *or* liberties; *s. auch* **Aberkennung**; ~**rettung** *die:* **zu jmds. ~rettung etw. sagen** say sth. to clear sb.'s name; **zu ihrer ~rettung muß ich sagen, daß ...**: it

ehrenrührig — Eierkuchen

must be said in her defence that ...; **~rührig** *Adj.* defamatory ⟨*allegations*⟩; insulting ⟨*behaviour*⟩; **etw. ist ~rührig** sth. is an insult to sb.'s honour; **~runde die** lap of honour; **eine ~runde laufen/fahren** *usw.* do a lap of honour; **eine ~runde drehen** *(Schülerspr.)* repeat *or (Brit.)* stay down a year [at school]; **~sache die a)** *(~pflicht)* **das ist ~sache** that is a point of honour; **Verschwiegenheit ist ~sache** I/we feel honour bound to stay silent; **~sache!** you can count on me!; **b)** *(Angelegenheit der Ehre)* **es handelt sich um eine ~sache** my/our *etc.* reputation *or* good name is at stake; **~salut der** salute; **man begrüßte ihn mit einem ~salut** a salute was fired to welcome him; **~schuld die** debt of honour; **~senator der** honorary member of the/a university senate; **~spalier das** guard of honour; **~tag der** *(geh.)* special day; **~titel der a)** *(für besondere Dienste)* [honorary] title; **b)** *(ehrende Anrede, Bezeichnung)* title; **~tor das, ~treffer der** *(Sport)* consolation goal; **~tribüne die** VIP stand; **~urkunde die** certificate; **~voll 1.** *Adj.* honourable ⟨*peace, death, compromise, occupation*⟩; creditable, gallant ⟨*attempt, conduct*⟩; **2.** *adv.* ⟨*act*⟩ honourably; **~vorsitzende der/die** honorary chairman; **~wache die a)** *(Wachtposten)* guard of honour; **b)** *(Dienst)* **Soldaten zur ~wache abkommandieren** detail soldiers to form a guard of honour; **~wache halten** keep vigil; **~wert** *Adj.* *(geh.)* worthy, honourable ⟨*person, occupation*⟩; **die Ehrenwerte Gesellschaft** the Mafia; **~wort das;** *pl.* **~worte: ~wort** [!/?] word of honour [!/?]; **sein ~wort brechen** break one's word; **auf [mein] ~wort** [I] promise; **großes ~wort!** *(scherzh.)* scout's honour! *(joc.)*; **Urlaub auf ~wort** *(Milit.)* parole; **~wörtlich 1.** *Adj.*; *nicht präd.* solemn ⟨*agreement, promise*⟩; ⟨*agreement, promise*⟩ on one's honour; **2.** *adv.* **es war ~wörtlich ausgemacht, daß ...**: he/they *etc.* had promised faithfully *or* made a solemn promise that ...; **~zeichen das** decoration
ehrerbietig ['eːɐ̯ʔɛɐ̯biːtɪç] **1.** *Adj.* *(geh.)* respectful; **sein ~es Gehabe** his deferential manner. **2.** *adv.* ⟨*greet*⟩ respectfully
Ehrerbietung die; ~ *(geh.)* respect
Ehr·furcht die *(vor + Dat.* for); **[große] ~ vor jmdm./etw. haben** have [a great] respect for sb./sth.; **~ vor dem Leben** reverence for life; **jmdm. ~ einflößen** fill sb. with awe; **er hat vor nichts ~**: he has no respect for anything; nothing is sacred to him
ehrfurchtgebietend 1. *Adj.* awe-inspiring ⟨*personality, cathedral*⟩; awesome ⟨*silence*⟩; authoritative ⟨*voice*⟩. **2.** *adv.* **~ auftreten** have an imposing presence
ehrfürchtig 1. *Adj.* reverent. **2.** *adv.* reverently
ehrfurchts-: ~los 1. *Adj.* irreverent; **2.** *adv.* irreverently; **~voll** *(geh.)* **1.** *Adj.* reverent; **mit ~voller Miene** with a reverential expression; **2.** *adv.* reverently
ehr-, Ehr-: ~gefühl das; *o. Pl.* sense of honour; *(Selbstachtung)* self-esteem; pride; **falsches ~gefühl** a misplaced sense of honour; **~geiz der** ambition; **sie hatte den ~geiz, Pilotin zu werden** her ambition was *or* it was her ambition to become a pilot; **seinen ~geiz dareinsetzen, etw. zu tun** make it one's ambition to do sth.; **~geizig 1.** *Adj.* ambitious; **wenig ~geizig sein** be lacking in ambition; **2.** *adv.* ambitiously; **~geizling** [~gaɪtslɪŋ] **der; ~s, ~e** *(ugs. abwertend)* pushy individual *(coll.)*; pusher
ehrlich 1. *Adj.* **a)** honest ⟨*person, face, answer, deal*⟩; genuine ⟨*concern, desire, admiration*⟩; upright ⟨*character*⟩; honourable ⟨*intentions*⟩; *(wahrheitsgetreu)* truthful ⟨*answer, statement*⟩; **wenn ich ~ bin** if to want my honest opinion; **der ~e Finder gab die Brieftasche beim Fundbüro ab** the person who found the wallet handed it in *(Brit.)* or *(Amer.)* turned it in at the lost-property office; **dem ~en Finder winkt eine Belohnung von 10% der Gesamtsumme** a reward of 10% is offered [for the return of the money]; **~ währt am längsten** *(Spr.)* honesty is the best policy *(prov.)*; **b)** *(veralt.: anständig)* **seinen Namen wieder ~ machen** restore one's good name; **ein ~es Handwerk** an honest trade. **2.** *adv.* honestly; **etw. ~ teilen** share sth.; **~ spielen** play fairly; **es ~ mit jmdm. meinen** play straight with sb.; **~ gesagt** quite honestly; to be honest
ehrlicherweise *Adv.* **a)** in all honesty; **etw. ~ zugeben** own up and admit sth.; **b)** *(selten: ehrlich)* honestly
Ehrlichkeit die; ~: *s.* **ehrlich 1 a:** honesty; genuineness; uprightness; honourableness; truthfulness
ehr-, Ehr-: ~los 1. *Adj.* dishonourable; **2.** *adv.* dishonourably; **~los aus dem Leben scheiden** depart this life in dishonour; **~losigkeit die; ~**: dishonourableness; **~pusselig, ~pußlig** *Adj.* *(ugs.)* ⟨*person*⟩ who is pompously concerned about his/her reputation
ehrsam *Adj.* *(geh. veralt.)* respectable, worthy ⟨*people, occupation*⟩
Ehrsamkeit die; ~: respectability
ehr-, Ehr-: ~sucht die; *o. Pl.* *(veralt.)* inordinate ambition; **~süchtig** *Adj.* *(veralt.)* inordinately ambitious; over-ambitious
Ehrung die; ~, ~en a) *(das Ehren)* **die ~ der Preisträger** the prize-giving *(Brit.)* or *(Amer.)* awards ceremony; **bei der ~ der Sieger** when the winners were awarded their medals/trophies; **für jmdn. die höchste ~ sein** be the supreme accolade for sb.; **b)** *(Ehrenerweisung)* honour
ehr-, Ehr-: ~verlust der; *o. Pl.* *(Rechtsw.)* loss of civil rights; *(hist.)* attainder; **~würden (der); ~[s]** *(kath. Kirche, veralt.)* **Euer ~würden Reverend Father; ~würden Bruder Martin/Schwester Notburga** brother Martin/sister Notburga; **~würdig** *Adj.* **a)** *(ehrfurchtgebietend)* venerable ⟨*person*⟩; **~würdiges Alter haben** ⟨*person*⟩ have reached a great old age; ⟨*building*⟩ be of great age; **b)** *(kath. Kirche)* **~würdiger Vater/~würdige Mutter** Reverend Father/Mother
ei [aɪ] *Interj.* **a)** hey; *(abschätzig)* oho; *s. auch* **Daus**; **b)** *(Kinderspr.)* **ei [ei] machen** stroke sb. [affectionately]; **mach mal ei!** stroke me!
Ei [aɪ] **das; ~[e]s, ~er a)** egg; *(Physiol., Zool.)* ovum; **aus dem ~ schlüpfen** hatch [out]; **verlorene od. pochierte ~er** poached eggs; **russische ~er** egg mayonnaise; Russian eggs; **sie geht wie auf [rohen] ~ern** *(fig.)* she is walking very carefully; **das ist ein [dickes] ~!** *(ugs.)* that's terrible; **ach, du dickes ~!** *(ugs.)* dash it! *(Brit. coll.)*; **das ~ des Kolumbus** *(fig.)* an inspired discovery; **wie aus dem ~ gepellt sein** *(fig.)* be dressed to the nines; **sich gleichen wie ein ~ dem anderen** be as alike as two peas in a pod; **das ~ will klüger sein als die Henne** *(fig.)* stop trying to teach your grandmother to suck eggs; **ein ~ legen** lay an egg; *(ugs.: einen Plan ausbrüten)* hatch [out] a plan; *(derb: seine große Notdurft verrichten)* have *(Brit.)* or *(Amer.)* take a shit *(coarse); s. auch* **Apfel**; **bewerfen; Pfanne; roh; schälen**; **b)** *(derb: Hode) meist Pl.* **~er balls** *(coarse)*; nuts *(Amer. coarse)*; **c)** *(salopp)* **zwölf ~er** twelve marks; *(zwölf Pfund)* twelve quid *(coll.)*; *(zwölf Dollar)* twelve bucks *(coll.)*; **d)** *(Sportjargon: Ball)* ball
eia ['aɪa] *s.* **ei b**
eiapopeia [aɪapoˈpaɪa] *Interj.* *(Kinderspr.)* hushaby[e]; **~ machen** lull the baby to sleep
Eibe ['aɪba] **die; ~, ~n** yew[-tree]
Eibisch ['aɪbɪʃ] **der; ~[e]s, ~e** *(Bot.)* marsh mallow
Eich-: ~amt das local weights and measures office *(Brit.)*; local bureau of standards *(Amer.)*; **~baum der** oak-tree; **~behörde die** ≈ Weights and Measures Inspectorate *(Brit.)*; ≈ National Bureau of Standards *(Amer.)*
Eiche ['aɪçə] **die; ~, ~n** oak[-tree]; *(Holz)* oak[-wood]
Eichel ['aɪçl̩] **die; ~, ~n a)** *(Frucht)* acorn; **b)** *(Anat.)* glans; **c)** *Pl.; o. Art.* *(Spielkartenfarbe)* acorns *pl.*; *s. auch* ²**Pik**
Eichel·häher der jay
¹**eichen** *tr. V.* calibrate ⟨*measuring instrument, thermometer*⟩; standardize ⟨*weights, measures, containers, products*⟩; adjust ⟨*weighing-scales*⟩; **darauf bin ich geeicht** *(ugs.)* that's in my line *(coll.)*
²**eichen** *Adj.*; *nicht präd.* oak[en] *(furniture)*
Eichen-: ~baum der oak-tree; **~blatt das** oak-leaf; **~holz das** oak[-wood]; **ein Schreibtisch aus ~holz** an oak writing-desk; **~laub das, o. Pl.** oak leaves *pl.*; **b)** *(Auszeichnung)* garland of oak [leaves]; **~sarg der** oak[en] coffin *or (Amer.)* casket; **~wald der** oak-wood; *(größer)* oak forest
Eich·gewicht das standard weight
Eich·hörnchen das, Eich·kätzchen das *(landsch.)*, **Eich·katze die** *(landsch.)* squirrel
Eich-: ~maß das standard measure; **~stempel der** verification stamp; **~strich der** [engraved] line showing the correct measure; **ein Glas bis zum ~strich füllen** fill a glass up to the line
Eid [aɪt] **der; ~[e]s, ~e** oath; **einen ~ leisten** *od.* **ablegen** swear *or* take an oath; **einen ~ auf die Bibel schwören** swear an oath on the [Holy] Bible; **einen ~ auf die Verfassung schwören** solemnly swear to preserve, protect, and defend the constitution; **unter ~ [stehen]** [be] under *or* on oath; **etw. auf seinen ~ nehmen** swear to sth.; **ich nehme es auf meinen ~, daß ...**: I swear that ...; **der ~ des Hippokrates** the Hippocratic oath; **an ~es Statt erklären, daß ...** *(Rechtsspr.)* attest in an statutory declaration that ...
Eidam ['aɪdam] **der; ~s, ~e** *(veralt.)* son-in-law
Eid·bruch der breach of one's oath; *(Rechtsw.)* perjury *no indef. art.*; **einen ~bruch begehen** break one's oath
eid·brüchig *Adj.* treacherous ⟨*allies*⟩; **~brüchig werden** break one's oath; *(Rechtsw.)* perjure oneself
Eidechse ['aɪdɛksə] **die; ~, ~n** lizard
Eider- ['aɪdɐ-]: **~daune die** eider-down; **~ente die** eider [duck]
eides-, Eides-: ~belehrung die *(Rechtsw.)* caution to those about to take the oath; *(vom Richter erteilte)* wording of the oath; **die ~formel nachsprechen** repeat the [words of the] oath; **~stattlich 1.** *Adj.* *(Rechtsw.)* **eine ~stattliche Erklärung** a statutory declaration; **2.** *adv.* **~stattlich erklären** *od.* **versichern, daß ...**: attest in a statutory declaration that ...
Eidetik [aɪˈdeːtɪk] **die; ~** *(Psych.)* eidetic ability
eidetisch *Adj.* *(Psych.)* eidetic
eid-, Eid-: ~genosse der Swiss; *(Verbündeter)* confederate; **~genossenschaft die;** *o. Pl.* **die Schweizerische ~genossenschaft** the Swiss Confederation; **~genössisch** *Adj.* Swiss
eidlich 1. *Adj.* made under oath *postpos.* **2.** *adv.* on oath
Ei·dotter der *od.* **das** egg yolk
eier-, Eier-: ~becher der egg-cup; **~brikett das** ovoid; **~farbe die** paint for decorating eggs as Easter gifts; **~frucht die** egg-plant; aubergine; **~hand·granate die** Mills bomb *or* grenade; **~kohle die** egg-coal; **~kopf der a)** *(salopp)* egg-shaped head; **b)** *(ugs.: Intellektueller)* egghead *(coll.)*; **~kuchen der** pancake; *(Omelett)*

1034

omelette; **~laufen** das egg-and-spoon race; **~legend** Adj. (Biol.) oviparous; egg-laying; **~likör** der egg-liqueur; **~löffel** der egg-spoon

eiern itr. V. a) (ugs.: ungleichmäßig rotieren) wobble; b) mit sein (salopp: sich wackelnd fortbewegen) roll

eier-, Eier-: **~nudel** die; meist Pl. egg noodle; **~pfann·kuchen** der s. ~kuchen; **~pflaume** die egg-plum; **~punsch** der egg-flip; egg-nog; **~salat** der egg salad; **~schale** die eggshell; **er hat noch die ~schalen hinter den Ohren** (fig.) he's still wet behind the ears (fig.); **~schalen·farben** Adj. off-white

Eier-: **~schwamm** der (bes. österr.) chanterelle; **~speise** die a) egg dish; b) (österr.) scrambled egg; **~stich** der; o. Pl. (Kochk.) cooked-egg garnish; royale; **~stock** der (Physiol., Zool.) ovary; **~stock·entzündung** die (Med.) ovaritis; **~tanz** der (ugs.) (um eine heikle Angelegenheit) intricate manœuvring no indef. art.; (zwischen unangenehmen Alternativen) treading carefully no art.; **einen [richtigen] ~tanz aufführen** engage in [really] intricate manœuvring/tread [very] carefully; **~uhr** die egg-timer; **~wärmer** der egg-cosy

Eifer ['aifɐ] der; ~s enthusiasm; (Eifrigkeit) eagerness; (Emsigkeit) zeal; etw. voller ~ tun do sth. with great enthusiasm; in ~ geraten become excited or heated; etw. im ~ [des Gefechts] vergessen forget sth. in the excitement; s. auch blind 1 c

Eiferer der; ~s, ~ (geh.) zealot

eifern itr. V. a) (abwertend) für etw. ~: agitate for sth.; gegen etw. ~: rail or agitate against sth.; b) (geh.: heftig streben) strive; nach Macht ~: strive for power

Eifer·sucht die jealousy (auf + Akk. of); etw. aus ~ tun do sth. out of jealousy

Eifersüchtelei [-zyçtə'lai] die; ~, ~en; meist Pl. petty jealousy

eifer·süchtig 1. Adj. jealous (auf + Akk. of). 2. adv. jealously

Eifersuchts-: **~szene** die display of jealousy; **sie machte ihm eine ~szene** in a fit of jealousy she made a scene; **~tragödie** die tragedy due to jealousy; **es handelte sich um eine ~tragödie** the tragedy was the result of jealousy

Eiffel·turm ['aifl-] der Eiffel Tower

ei·förmig Adj. egg-shaped

eifrig 1. Adj. eager; constant ⟨reader⟩; enthusiastic ⟨supporter, collector⟩; (fleißig) assiduous; **die ganz Eifrigen** the really keen ones; **~ bei einer Sache sein** show keen interest in doing sth. 2. adv. eagerly; ~ **dabei sein, etw. zu tun** be busy doing sth.; **sich ~ um etw. bemühen** set about sth. eagerly; **sich ~ bemühen, etw. zu tun** set about doing sth. eagerly; **~ bemüht sein, etw. zu tun** be eager to do sth.

Ei·gelb das; ~[e]s, ~e egg yolk; **drei ~:** the yolks of three eggs; three [egg] yolks

eigen ['aign] Adj. a) nicht präd. (jmdm. selbst gehörend) own; (selbständig) separate; **mein ~er Bruder** my own brother; **eine ~e Wohnung haben** have one's own flat (Brit.) or (Amer.) apartment; **ein Zimmer mit ~em Eingang** a room with a separate entrance; **etw. mit ~en Augen sehen** see sth. with one's [very] own eyes; **seine ~e Meinung** his own opinion; **auf ~en Füßen** od. **Beinen stehen** stand on one's own two feet; **sich** (Dat.) **etw. zu ~ machen** adopt sth.; **etw. sein ~ nennen** (geh., iron.) call sth. one's own; **meinem Lehrer zu ~** (geh.) [dedicated] to my teacher; b) (kennzeichnend) characteristic; **mit einer ihr ~en Gebärde** with a gesture characteristic of her; with a characteristic gesture; **mit allem ihr ~en Charme** with all her characteristic charm; c) (landsch.: gewissenhaft) particular; **mit etw. ~ sein** be particular about sth.; d) (veralt.: seltsam) peculiar; strange; odd; **mir ist so ~ zumute** I feel so strange; I have the strangest feeling

-eigen Adj. a) (im Besitz von) belonging to the ⟨school, company, community⟩; b) (zugehörig) intrinsic to the ⟨body, language⟩; inherent in the ⟨system, period⟩

eigen-, Eigen-: **~art** die (Wesensart) particular nature; (Zug) peculiarity; **eine ~art dieser Stadt** one of the characteristic features of this city; **ihre merkwürdigen ~arten** her strange peculiarities; **~artig** Adj. peculiar; strange; odd; **~artigerweise** Adv. strangely [enough]; oddly [enough]; **~artigkeit** die a) o. Pl. peculiarity; strangeness; oddness; b) (~artige Verhaltensweise) peculiarity; (~artige Eigenschaft) eccentricity; oddity; **~bedarf** der own requirements pl.; (eines Landes) domestic requirements pl.; **~be·richt** der: „**~bericht**" 'report from our own correspondent'; **nur die Lokalberichte sind ~berichte** only the local news reports are by staff reporters; **~besitz** der (Rechtsspr.) personal property; **~brötelei** [-brø:tə'lai] die; ~, ~en taking an [unduly] independent line; **~brötler** [-brø:tlɐ] der; ~s, ~: loner; lone wolf; **~brötlerisch** 1. Adj. solitary; 2. adv. **sich ~brötlerisch verhalten** behave like a loner or a lone wolf; **~dynamik** die inherent dynamism; **eine ~dynamik entwickeln** develop a momentum of its own; **~finanzierung** die self-financing no art.; etw. in ~finanzierung tun finance sth. oneself; **~funktion** die (Math., Phys.) eigenfunction; **~gesetzlich** 1. Adj. **die ~gesetzliche Entwicklung der Wirtschaft** the development of the economy according to its own laws; 2. adv. according to its/their own laws; **~gesetzlichkeit** die inherent laws pl.; **~gewicht** das a) own weight; b) (Wirtsch.: Nettogewicht) net weight; **~goal** das (österr.) s. ~tor; **~händig** 1. Adj. personal ⟨signature⟩; personally inscribed ⟨dedication⟩; holographic ⟨will, document⟩; 2. adv. **etw. ~händig unterschreiben/übergeben** sign/present sth. personally; „**~händig abzugeben**" 'to be delivered to the addressee in person'; **~heim** das house of one's own; **der Trend zum ~heim** the trend towards owning a house of one's own

Eigenheit die; ~, ~en peculiarity

eigen-, Eigen-: **~initiative** die initiative of one's own; **auf ~initiative** on one's own initiative; **~interesse** das personal interest; **~kapital** das (Wirtsch.) equity capital; **~leben** das; o. Pl. life of one's own; **ein ~leben haben** od. **führen** live one's own life; **sein ~leben bewahren** continue to live a life of one's own; **~liebe** die amour propre; **~lob** das self-praise; **~lob stinkt!** (ugs.) self-praise is no recommendation; **~mächtig** 1. Adj. unauthorized ⟨decision⟩; (selbstherrlich) high-handed; 2. adv. **~mächtig handeln** act on one's own authority; (selbstherrlich) act high-handedly; **er ist ~mächtig mit meinem Auto gefahren** he took my car without permission; **etw. ~mächtig tun** do sth. without asking; **~mächtiger·weise** Adv. s. ~mächtig 2; **~mächtigkeit** die; ~, ~en a) o. Pl. highhandedness; b) (~mächtige Handlung) unauthorized action; **~mittel** Pl. own resources; **aus ~mitteln** out of or from one's own resources; **~name** der proper name (Ling.) proper noun; **~nutz** der; ~es self-interest; **~nützig** [-nʏtsɪç] 1. Adj. self-interested; self-seeking ⟨person⟩; selfish ⟨motive⟩; 2. adv. selfishly; **~produktion** die: **aus ~produktion** home-made; home-grown ⟨fruit, vegetables, etc.⟩; **das ist eine ~produktion** I/they etc. made it myself/themselves etc.; **~regie** die: **etw. in ~regie tun** undertake sth. oneself

eigens Adv. specially; ~ **für diesen Zweck** specifically for this purpose; ~ **aus diesen Gründen** just or solely for these reasons

Eigenschaft die; ~, ~en (von Menschen, Tieren, Pflanzen) quality; characteristic; (von Sachen, Stoffen) property; **in seiner ~ als Mann/Vorsitzender** as a man/in his capacity as chairman

Eigenschafts·wort das adjective

eigen-, Eigen-: **~sinn** der; o. Pl. obstinacy; stubbornness; **~sinnig** 1. Adj. obstinate; stubborn; 2. adv. obstinately; stubbornly; **~sinnigkeit** die; ~: obstinacy; stubbornness; **~sinnigkeiten** obstinate or stubborn behaviour sing.; **~staatlich** Adj. a) (souverän) sovereign; b) (den ~en Staat betreffend) national; **~staatlichkeit** die; ~: sovereignty; (von Bundesstaaten) statehood; **~ständig** 1. Adj. independent; 2. adv. independently; **~ständigkeit** die; ~: independence; **~sucht** die; ~: selfishness; **~süchtig** 1. Adj. selfish; 2. adv. selfishly

eigentlich ['aignlɪç] 1. Adj.; nicht präd. (wirklich) actual; real; (wahr) true; (ursprünglich) original; **die ~e Bedeutung eines Wortes** the original meaning of a word; **das Eigentliche** the essential thing. 2. Partikel a) (tatsächlich, genaugenommen) actually; really; ~ **nicht** not really; b) (Verstärkung) **wann erscheint ~ der neue Band?/warum kommst du ~ nicht mehr zu uns?** tell me, when will the last volume come out?/why have you stopped coming to see us?; ~ **müßte ich ja jetzt gehen, aber ...:** really, I ought to go now, but ...; **es ist ~ schade, daß ...:** actually, it's a pity that ...; **sind sie verheiratet?** are they in fact married?; **wohnen Sie ~ in Köln oder in Bonn?** is it in Cologne or Bonn that you live?; **wußten Sie ~ schon, daß ...?** were you actually aware that ...?; **warst du ~ schon [ein]mal da?** have you in fact ever been there?; **ist daraus ~ was geworden?** (ugs.) did it ever come to anything?; **was soll das ~?** what's it all about?; **wer sind Sie ~?** who do you think you are?; **wissen Sie ~, wer ich bin?** do you know who 'I am?; **rauchen Sie ~ viel?** do you actually smoke a lot?; **was muß ~ noch alles passieren, bevor ...?** what else has got to happen before ...?; **was denkst du dir ~?** what do you think you're doing?; **was willst du ~?** what exactly do you want?

Eigentlichkeit die; ~, ~en (geh.) authenticity

Eigen·tor das (Ballspiele, fig.) own goal; **ein ~ schießen** score an own goal; **zum ~ für jmdn. werden** (fig.) backfire on sb.

Eigentum das; ~s, ~e a) property; (einschließlich Geld usw.) assets pl.; **geistiges ~:** [one's own] intellectual creation; **sie haben sein geistiges ~ verwendet** they used his idea/ideas; **sich an fremdem ~ vergreifen** steal; b) (Recht des Eigentümers) ownership (an + Dat. of); c) (veralt.: Grundbesitz) property

Eigentümer ['aignty:mɐ] der; ~s, ~: owner; (Hotel~, Geschäfts~) proprietor; owner

Eigentümerin die owner; (Hotel~, Geschäfts~) proprietress; proprietor; owner

eigentümlich ['aignty:mlɪç] 1. Adj. a) (typisch) peculiar; characteristic; **eine ihm ~e Geste** a gesture peculiar to him or characteristic of him; b) (eigenartig) peculiar; strange; odd. 2. adv. peculiarly; strangely; oddly

eigentümlicherweise Adv. strangely enough; oddly enough

Eigentümlichkeit die; ~, ~en a) o. Pl. (Eigenartigkeit) peculiarity; strangeness; b) (typischer Zug) peculiarity

Eigentums-: **~bildung** die acquisition of assets; **~delikt** das offence against property; **~recht** das right of ownership; **~recht geltend machen** claim one's proprietary rights; **~streuung** die distribution of assets; **~vorbehalt** der (Rechtsw.) reservation of proprietary rights; **~wohnung**

1035

die owner-occupied flat *(Brit.)*; condominium *or* co-op apartment *(Amer.)*; **eine ~wohnung kaufen** buy a flat *(Brit.) or (Amer.)* an apartment

eigen-, Eigen-: **~verantwortlich 1.** *Adj.* responsible; **eine ~verantwortliche Tätigkeit** a job with responsibility; a responsible job; **2.** *adv.* **~verantwortlich handeln** act on one's own authority; **etw. ~verantwortlich bestimmen/entscheiden** decide sth. on one's own responsibility; **~wärme die** *(Biol.)* body temperature; **~wert der** the intrinsic value; *(Math., Phys.)* eigenvalue; **~willig** *Adj.* **a)** self-willed ⟨*person*⟩; individual ⟨*style, idea*⟩; **b)** *(~sinnig)* obstinate; stubborn; **~willigkeit die; ~, ~en a)** *o. Pl. (von Menschen)* individualism; independence of mind; *(einer Behauptung, eines Kunstwerks, eines Stils usw.)* originality; unconventionality; **b)** *(Handlung)* display of self-will

eignen 1. *refl. V.* be suitable; **sich als** *od.* **zum Lehrer ~:** be suitable as a teacher; **er würde sich gut als** *od.* **zum Handwerker ~:** he would make a good craftsman; **das Buch eignet sich gut als Geschenk** this book makes a good present; **für solche Arbeiten eignet er sich besonders** he is particularly well suited for that kind of work; *s. auch* **geeignet. 2.** *itr. V. (geh., veralt.: eigen sein)* **jmdm. eignet etw. sb.** possesses sth.

eigne, eigner *s.* eigen

Eigner der; ~s, ~: owner

Eignung die; ~: suitability; aptitude; **seine ~ für diesen Beruf/als Lehrer** his suitability for this profession/as a teacher; **seine ~ zum Fliegen** his aptitude for flying

Eignungs-: **~prüfung die, ~test der** aptitude test

Ei·klar, das; ~s, ~ *(österr.) s.* Eiweiß a

Ei·land das; ~[e]s, ~e *(veralt., dichter.)* isle *(poet.)*

Eil- [aɪl-]: **~bote der** special messenger; **etw. durch einen ~boten zustellen lassen** send sth. by special delivery *or* express; **„durch** *od.* **per ~boten"** *(veralt.)* 'express'; **~brief der** express letter

Eile ['aɪlə] **die; ~:** hurry; **ich habe [große] ~:** I'm in a [great] hurry; **ich habe keine ~:** I'm not in a *or* any hurry; **die Sache hat ~:** it's urgent *or* a matter of urgency; **die Sache hat keine ~:** there's no hurry; it's not urgent; **[immer] in ~ sein** [always] be in a hurry; **in der ~:** in her/our *etc.* hurry; **in aller ~:** in great haste; **jmdn. zur ~ antreiben** hurry sb. up

Ei·leiter der *(Anat.)* Fallopian tube

Eileiter-: *(Med.)* **~entzündung die** salpingitis; **~schwangerschaft die** tubal pregnancy

eilen 1. *itr. V.* **a)** *mit sein* hurry; hasten; *(besonders schnell)* rush; **nach Hause ~:** hurry/rush home; **jmdm. zu Hilfe ~:** rush to sb.'s aid; **eile mit Weile** *(Spr.)* more haste, less speed *(prov.)*; **b)** *(dringend sein)* ⟨*matter*⟩ be urgent; **„eilt!"** 'urgent'; **„eilt sehr!"** 'immediate'; **es eilt mir damit** it's urgent; **I'm in a hurry; es eilt ihm mit dem Umzug** he is in a hurry to move. **2.** *refl. V.* hurry; make haste

eilends *Adv. (unverzüglich)* immediately; without delay; *(geh.: geschwind)* hastily

eil-, Eil-: **~fertig** *(geh.)* **1.** *Adj.* **a)** *(vorschnell)* rash; **b)** *(dienstbeflissen)* zealous; **2.** *adv.: s. Adj.* rashly; zealously; **~fertigkeit die;** *o. Pl.: s.* **~fertig:** rashness; zeal; **~fracht die** express freight; express goods *pl.*; **etw. per** *od.* **als ~fracht senden** send sth. by express freight; express goods *pl.*; **etw. als ~gut schicken** send sth. by fast freight

eilig 1. *Adj.* **a)** *(schnell)* hurried; **mit ~en Schritten** hurriedly; **es ~ haben** be in a hurry; **b)** *(dringend)* urgent ⟨*news*⟩; **~ sein** be urgent; **es [sehr] ~ mit etw. haben** be in a

[great] hurry about sth.; **etw. Eiliges** sth. urgent; an urgent matter; **nichts Eiligeres zu tun haben, als ...** *(iron)* have nothing better to do than...; **er hatte nichts Eiligeres zu tun, als allen davon zu erzählen** he couldn't wait to tell everybody about it. **2.** *adv.* hurriedly; **~ laufen** run hurriedly; hurry

Eil-: **~marsch der** *(Milit.)* forced march; **~paket das** express parcel; **~schritt der: im ~schritt laufen** walk with short, quick steps; *(Brief)* express letter; *(Paket)* express parcel; **~tempo das** *(ugs.)* **im ~tempo** in a rush; **im ~tempo ging es zum Bahnhof** we/they *etc.* rushed to the station; **~verfahren das** *(jur.)* summary proceedings *pl.*; **etw. im ~verfahren erledigen** *(fig. ugs.)* do sth. in a rush; **~zug der** semi-fast train; stopping train *(Brit.)*; **~zustellung die** *(Postw.)* express delivery

Eimer ['aɪmɐ] **der; ~s, ~ a)** bucket; *(Milch~)* pail; *(Abfall~)* bin; **ein ~ [voll] Wasser** a bucket of water; **es gießt wie aus ~n** *(ugs.)* it's raining cats and dogs *(coll.)*; it's coming down in buckets *(coll.)*; **im ~ sein** *(salopp)* be up the spout *(sl.)*; **mein Wagen ist im ~** *(salopp)* my car is a total wreck; **unsere Stimmung war im ~** *(salopp)* the atmosphere was totally ruined; **seine Gesundheit ist im ~** *(salopp)* he's a physical wreck; **b)** *(ugs. abwertend: altes Schiff)* tub

Eimer·bagger der bucket dredger

eimer·weise *Adv.* by the bucketful; in bucketfuls

¹ein [aɪn] **1.** Kardinalz. *(betont)* one; **~ Dollar/~e Mark/~ Jahr** one dollar/mark/year; **in ~ em Tag** in one day; in a single day; **~ einziger Tag/Mensch** one single day/person; **ich will dir noch ~[e]s sagen** there's one more thing I'd like to tell you; **~[e]s gefällt mir daran an ihr nicht** there's one thing I don't like about it/her; **das ~e Gute daran ist ...:** the only good thing about it is ...; **das ~e, das ich brauche** the one thing I need; **~er von beiden** one of the two; one or the other; **~er für alle, alle für ~en** one for all and all for one; **~ für allemal** once and for all; **~ und derselbe** one and the same; **er war ihr ~ und alles** he was everything to her; **das Buch bietet alles in ~em** the book has everything in one volume; **in ~em fort** *(geh.)* continuously; all the time. **2.** *unbest. Art. (unbetont)* a/an; **~ Kleid/Apfel/Mensch/Hotel** a dress/an apple/a human being/a[n] hotel; **~ Held/~ ehrlicher Mensch** a hero/an honest man/woman; **~ bißchen** *od.* **wenig** a little [bit]; **~ anderer** somebody else; **~ jeder** *(geh.)* each and every one; **~e Kälte ist das hier!** it's freezing here!; **~e Frechheit ist das!** what absolute cheek!; **was für ~ Wein!** what good wine!; **was für ~ Unordnung!** what a mess!; **was für ~ Kleid hast du gekauft?** what sort of dress did you buy?; **das nenne nur ~ Beethoven schaffen** only a Beethoven could do that; **er besaß ~en Klee und ~en Picasso** he owned a Klee and a Picasso. **3.** Indefinitpron. *(betont)* **a)** *(irgendeiner)* one; **b)** *(man)* one; *(jemand)* someone; somebody; **wie soll das ~er wissen?** how is one supposed to know that?; **das mach mal ~em verständlich** try explaining that to anybody; **~e/~er/~[e]s der besten** one of the best [people/things]; **~s war offen und ~s zu** one was open and one shut; **kaum ~er** hardly anybody; **~er von uns/euch** one of us/you; **~er namens Mayer** *(meist abwertend)* a certain Mayer; **ist ~er bereit, mir zu helfen?** is anyone willing to help me?; **~er nach dem anderen** one after the other; one by one; **der ~e kommt, der andere geht** one comes, the other goes; **die ~en ..., die anderen ...:** some ..., the others ...; **er trinkt ganz gerne ~en** *(ugs.)* he likes [to have] a drink; **sieh [mal] ~er an!** *(ugs.)* [now just] look at that!; **du bist [mir] ~e/~er!** *(iron.)* you are a

[right] one *(coll.)*; **das ist ~e/~er!** *(ugs.)* she's/he's quite a one *(coll.)*; **er ist belesen wie selten ~er** he's uncommonly well read; **c)** *(der-/die-/dasselbe)* **~er** Meinung sein be of the same opinion; **es kommt alles auf ~[e]s heraus** it all comes to the same thing [in the end]

²ein *(elliptisch)* **~ – aus** *(an Schaltern)* on – off; **~ und aus gehen** go in and out; **bei jmdm. ~ und aus gehen** be a regular visitor at sb.'s house; **ich wußte nicht ~ noch aus** I didn't know where to turn *or* what to do

ein·achsig *Adj.* single-axle

ein·adrig *Adj. (Elektrot.)* single-core

Einakter ['aɪnaktɐ] **der; ~s, ~:** one-act play

einander [aɪ'nandɐ] reziprokes *Pron. (geh.)* each other; one another; **sie grüßten ~:** they greeted each other *or* one another; **liebet ~** *(bes. bibl.)* love one another; **~ widersprechende Behauptungen** mutually contradictory statements

ein|arbeiten *tr. V.* **a)** *(ausbilden)* train ⟨*employee*⟩; **er arbeitet sich gerade ein** he is training at present; **sich in etw. (Akk.) ~:** become familiar *or* familiarize oneself with sth.; **b)** *(einfügen)* incorporate ⟨*quotation etc.*⟩ (**in + Akk.** into); **sie arbeitete einige Verzierungen in die Decke ein** she worked some patterns into the cover

Einarbeitung die; ~, ~en training; **die ~ in das neue Sachgebiet fiel ihm schwer** he found it difficult to familiarize himself with the new subject

Einarbeitungs·zeit die training period

ein·armig 1. *Adj.* one-armed; **ein Einarmiger** a one-armed man. **2.** *adv.* **~ Gewichte stemmen** lift weights with one hand

ein|äschern ['aɪnɛʃɐn] *tr. V.* **a)** *(niederbrennen)* **ein Gebäude ~:** burn a building to the ground *or* down; reduce a building to ashes; **eine Stadt ~:** reduce a town to ashes; **b)** cremate ⟨*corpse*⟩; **ich werde mich ~ lassen** I am going to be cremated

Einäscherung die; ~, ~en a) *(das Niederbrennen)* **die ~ des Gebäudes** the burning down of the building; **die ~ der Stadt** the destruction of the town by fire; **b)** *(Leichenverbrennung)* cremation

Einäscherungs·halle die crematorium

ein|atmen *tr. V., itr. V.* breathe in

einatomig ['aɪnatomɪç] *Adj. (Chemie, Physik)* monatomic

ein·äugig *Adj.* one-eyed; single-lens ⟨*camera*⟩; **unter Blinden ist der Einäugige König** *(Spr.)* in the kingdom of the blind the one-eyed man is king *(prov.)*

Ein·bahn·straße die the one-way street; **eine ~, aus der es kein Zurück mehr gab** *(fig.)* a path from which there could be no turning back *(fig.)*; **das Verhältnis darf keine ~ sein** there must be give and take on both sides

ein|balsamieren *tr. V.* embalm ⟨*corpse*⟩; **du kannst dich ~ lassen** *(fig. ugs.)* you might as well give up

Ein·band der; *Pl.* **-bände** binding; [book-]cover

Einband-: **~deckel der** *(Buchw.)* board; **~entwurf der** cover design

ein·bändig *Adj.* one-volume

ein basisch *Adj. (Chemie)* monobasic

Ein·bau der; ~s, ~ten a) *o. Pl. (das Einbauen)* fitting; *(eines Motors)* installation; **b)** *o. Pl. (Einfügung)* incorporation; insertion; **c)** *Pl. (Eingebautes)* fitted shelves/cupboards

ein|bauen *tr. V.* **a)** build in, fit ⟨*cupboard, kitchen*⟩; **b)** *(Technik)* install ⟨*engine, motor*⟩; **c)** *(einfügen)* insert, incorporate ⟨*chapter*⟩

Einbau·küche die fitted kitchen

Ein·baum der dug-out

Einbau-: **~möbel** *Pl.* built-in furniture *sing.*; *(Schränke)* built-in cupboards; *(Regale)* fitted shelves; **~schrank der** built-in cupboard; *(für Kleidung)* built-in wardrobe

ein|begreifen *unr. tr. V. (geh.)* include; **MWSt einbegriffen** including VAT
ein|behalten *unr. tr. V.* **a)** *(zurückbehalten)* withhold; **b)** *(Amtsspr.: festsetzen)* detain
ein·beinig *Adj.* one-legged
ein|bekennen *unr. tr. V. (geh., bes. österr.) s.* eingestehen
Ein·bekenntnis *das (geh., bes. österr.) s.* Eingeständnis
ein|berechnen *tr. V. s.* einkalkulieren
ein|berufen *unr. tr. V.* **a)** summon; call; **eine Versammlung/Sitzung ~:** call *or* convene a meeting; **den Bundestag ~:** summon the Bundestag; **nach Berlin/eine Sitzung für den 30. Mai ~:** call a meeting in Berlin/for 30 May; **b)** *(zur Wehrpflicht)* call up; conscript; draft *(Amer.)*; **~ werden** be called up *or* conscripted; be drafted *(Amer.)*
Ein·berufene *der/die; adj. Dekl.* conscript; draftee *(Amer.)*
Ein·berufung *die* **a)** *(das Einberufen)* calling; **die ~ des Parlaments** the summoning of Parliament; **b)** *(zur Wehrpflicht)* call-up; conscription; draft *(Amer.)*
Einberufungs-: **~befehl** *der,* **~bescheid** *der* call-up papers *pl.*; draft card *(Amer.)*
ein|beschreiben *unr. tr. V. (Geom.)* inscribe ⟨*circle*⟩; **einem Dreieck einen Kreis ~:** inscribe a circle in a triangle
ein|bestellen *tr. V. (Amtsspr.)* summon
ein|betonieren *tr. V.* concrete in; **etw. in etw.** *(Akk.)* **~:** concrete sth. into sth.
ein|betten *tr. V.* **a)** embed (**in** + *Akk.* in); **das Haus liegt eingebettet in ein Tal** the house nestles in a valley; **b)** *(Sprachw.)* **eingebettete Sätze** embedded sentences
Einbett-: **~kabine** *die* single-berth cabin; **~zimmer** *das* single room
ein|beulen **1.** *tr. V.* **etw. ~:** dent sth.; make a dent in sth.; **ein eingebeulter Kotflügel** a dented mudguard. **2.** *refl. V.* become dented
ein|beziehen *unr. tr. V.* include; **etw. in etw.** *(Akk.)* **~:** include sth. in sth.; **jmdn. in eine Diskussion ~:** involve sb. in be involved in a discussion
Ein·beziehung *die,* **Ein·bezug** *der (schweiz.) o. Pl.* inclusion; **unter ~ aller Faktoren** taking all factors into account
ein|biegen 1. *unr. itr. V.; mit sein* turn; **in eine Straße ~:** turn into a street; **[nach] links/rechts ~:** turn left/right. **2.** *unr. tr. V.* bend. **3.** *unr. refl. V.* bend inwards
ein|bilden *refl. V.* **a) sich** *(Dat.)* **etw. ~:** imagine sth.; **sich** *(Dat.)* **~, daß ...:** imagine that ...; **ich bilde mir ein, daß ich ihn in der Stadt gesehen habe** *(ugs.)* I think I saw him in town; **eine eingebildete Krankheit** an imaginary illness; **was bildest du dir eigentlich ein?** *(ugs.)* what do you think you are doing?; **b)** *(ugs.: übermäßig stolz sein)* **er bildet sich** *(Dat.)* **ganz schön viel ein** he thinks no end of himself *(coll.)*; he fancies himself no end *(coll.)*; **sich** *(Dat.)* **ziemlich viel auf etw. ~:** be terribly conceited about sth. *(coll.)*; **darauf brauchst du dir nichts einzubilden** there's no need to be stuck-up about it
Ein·bildung *die; ~, ~en* **a)** *o. Pl. (Phantasie)* imagination; **das ist alles nur ~:** it's all in the mind; **c)** *o. Pl. (Hochmut)* conceitedness; **~ ist auch eine Bildung** *(ugs.)* you're letting your imagination run away with you
Einbildungs-: **~kraft** *die,* **~vermögen** *das* [powers *pl.* of] imagination; imaginative powers *pl.*
ein|bimsen *tr. V. (ugs.)* **jmdm. etw. ~:** drum sth. into sb.
ein|binden *unr. tr. V.* **a)** bind ⟨*book*⟩; **etw. neu ~:** rebind sth.; **b)** *(einfügen)* **er war in bestimmten Konventionen/Wertvorstellungen eingebunden** *(fig.)* he was bound by certain conventions/subject to certain values; **in die Verantwortung eingebunden** constrained by responsibility; **c)** *(integrieren)* **das Dorf muß in das Verkehrsnetz eingebunden werden** the village must be linked into the transport system; **den einzelnen in ein Kollektiv ~:** make the individual part of a group; **in ein System eingebunden bleiben** remain part of a system; **d)** *(einhüllen)* wrap; bandage ⟨*limb*⟩
Ein·bindung *die* **a)** *(Integration)* integration; **die ~ der Bundesrepublik in die EG** the fact that the Federal Republic forms part of the European Community; **b)** *(Bindung, Festgelegtsein)* **gegen die zu starke ~ durch den Vertrag setzte er sich zur Wehr** he fought against being bound *or* tied too closely by the contract
ein·blätt[e]rig *Adj. (Bot.)* monophyllous
ein|blenden *(Rundf., Ferns., Film)* **1.** *tr. V.* insert; **eine Nachricht in eine Sendung ~:** interrupt a programme with a news flash; **Geräusche/Musik/Szenen nachträglich ~:** dub in sounds/music/scenes. **2.** *refl. V.* **sich in ein Fußballspiel ~:** go over to a football match; **sich in eine Direktübertragung ~:** link up with a live transmission
Ein·blendung *die (Rundf., Ferns., Film)* insertion; *(Rückblende)* flashback (**in** + *Akk.* to)
ein|bleuen *tr. V.* **jmdm. etw. ~:** drum *or* hammer sth. into sb.
Ein·blick *der* **a)** *(Sicht)* **den ~ in den Garten verhindern** obstruct the view of the garden; **~ in etw.** *(Akk.)* **haben** be able to see into sth.; **b)** *(Durchsicht)* **~ in etw. nehmen** take a look at *or* examine sth.; **jmdm. ~ in etw.** *(Akk.)* **gewähren** allow *or* permit sb. to look at *or* examine sth.; **keinen ~ in etw.** *(Akk.)* **haben** not be permitted to look at *or* examine sth.; **c)** *(Kenntnis)* insight; **[einen] ~ in etw. haben/gewinnen** have/gain an insight into sth.
ein|bohnern *tr. V.* wax ⟨*floor, stairs*⟩
ein|bohren 1. *tr. V.* drill; bore. **2.** *refl. V.* **sich in etw.** *(Akk.)* **~:** bore into sth.
ein|brechen 1. *unr. itr. V.* **a)** *mit haben od. sein* break in; **in eine Bank/ein Geschäft ~:** break into a bank/shop; **bei jmdm. ~:** burgle sb.; **bei uns wurde eingebrochen** we were burgled; we had a break-in; **b)** *mit sein (einstürzen)* ⟨*roof, ceiling*⟩ fall in, cave in; **c)** *mit sein (durchbrechen)* fall through; **beim Eislaufen ~:** fall or go through the ice while skating; **d)** *mit sein (eindringen)* **in ein Land ~:** invade a country; **in die Verteidigungslinie ~:** break through the line of defences; **e)** *mit sein (geh.: beginnen)* ⟨*night, darkness*⟩ fall; ⟨*winter*⟩ set in; **f)** *mit sein (salopp: scheitern)* **[ganz schön] ~:** come [badly] unstuck *or* a [fearful] cropper *(coll.)*; **g)** *mit sein (hineinstürzen)* burst in; **in etw.** *(Akk.)* **~:** burst into sth. **2.** *unr. tr. V.* break down ⟨*door, wall*⟩; demolish ⟨*chimney*⟩.
Einbrecher *der;* **~s, ~:** burglar
Einbrecher·bande *die* gang of burglars
Einbrecherin *die; ~, ~nen* burglar
Einbrenne ['ainbrɛnə] *die; ~, ~n (Kochk.: bes. südd., österr.)* roux
ein|brennen 1. *unr. tr. V.* **ein Zeichen in Holz/auf eine Platte ~:** burn a design into wood/bake a design on to a plate; **einem Tier das Brandzeichen ~:** brand an animal. **2.** *unr. refl. V. (geh.)* **das Erlebnis hatte sich tief in sein** *od.* **seinem Gedächtnis eingebrannt** the experience had engraved itself on his memory
ein|bringen 1. *unr. tr. V.* **a)** *(hineinschaffen)* bring *or* gather in ⟨*harvest*⟩; **ein Schiff in den Hafen ~:** bring a ship into port; **das Werkstück in die Maschine ~:** put the workpiece into the machine; **b)** *(verschaffen)* **jmdm. viel Geld ~:** bring sb. [in] a lot of money; **Gewinn/Zinsen ~:** yield a profit/ bring in interest; **jmdm. Ruhm/Ehre ~:** bring sb. fame/honour; **das hat nichts als Ärger eingebracht** that's caused nothing but trouble; **das bringt nichts ein** it isn't worth it; **c)** *(Parl.: vorlegen)* introduce ⟨*bill*⟩; **einen Antrag im Parlament ~:** introduce a bill into parliament; bring a bill before parliament; **d)** *(in eine Gemeinschaft, Gesellschaft usw.)* invest ⟨*capital, money*⟩; **etw. in eine Ehe ~:** bring sth. into a marriage; **etw. [in eine Situation] ~:** contribute sth. [to a situation]; **e)** *(festsetzen)* catch, capture ⟨*escaped prisoners*⟩; **f)** *(Druckw.)* take in ⟨*lines*⟩. **2.** *unr. refl. V.* **sich in eine Beziehung ~:** make one's own contribution to a relationship
Einbringung *die;* **~ a)** *(Festsetzung)* capture; **b)** *(Parl.: von Gesetzen)* introduction
ein|brocken *tr. V. (ugs.)* **sich/jmdm. etw. [Schönes] ~, sich/jmdm. eine schöne Suppe ~:** land oneself/sb. in the soup *or* in it *(coll.)*; **das hast du dir selbst eingebrockt** you've only yourself to thank for that *(coll.)*
Ein·bruch *der* **a)** burglary; break-in; **ein ~ in eine Bank** a break-in at a bank; **einen ~ verüben** commit a burglary; **b)** *(das Einstürzen)* collapse; **ein ~ der Börsenkurse** *(fig.)* a slump in stock-market prices; **c)** *(Vorstoß)* breakthrough; **der ~ des Feindes in ein Land** the enemy invasion of a country; **der ~ einer Kälte-/Hitzewelle** *(fig.)* the onset of a cold wave *or* spell/a heat wave; **d)** *(Beginn)* **vor ~ der Dunkelheit** before it gets dark; **der ~ des Winters** the onset of winter; **bei ~ der Nacht** at nightfall; when night closes/ closed in; **bei ~ des Winters** when winter sets/set in; **e)** *(salopp: das Scheitern)* **einen ~ erleiden** take a drubbing *or* hiding *(coll.)*; **f)** *(Geol.)* area of subsidence
einbruch[s]-, Einbruch[s]-: **~diebstahl** *der* burglary; breaking and entering; **~gefahr** *die:* „~gefahr" 'danger – thin ice'; **~sicher** *Adj.* burglar-proof
ein|buchten *tr. V. (salopp)* **jmdn. ~:** lock sb. up *(coll.)*; put sb. away *(coll.); s. auch* eingebuchtet
Einbuchtung *die;* **~, ~en a) eine ~ der Straße** a bend in the road; **eine ~ der Küste** a bay; an inlet; **b)** *(Delle)* dent; **die ~ der Autotür** the dent in the car door
ein|buddeln *tr. V. (ugs.)* bury; **sich ~:** dig oneself in
ein|bürgern 1. *tr. V.* naturalize ⟨*person, plant, animal*⟩; introduce ⟨*custom, practice*⟩. **2.** *refl. V.* ⟨*custom, practice*⟩ become established; ⟨*person, plant, animal*⟩ become naturalized; **sich in einer Sprache ~:** become established as part of a language; **das hat sich hier so eingebürgert** it has become the practice here
Einbürgerung *die; ~, ~en* naturalization
Ein·buße *die* loss; **schwere ~n erleiden** suffer heavy losses; **eine ~ an etw.** *(Dat.)* a loss of sth.; **das bedeutet eine [finanzielle] ~ für mich** I shall be worse off financially
ein|büßen 1. *tr. V.* lose; *(durch eigene Schuld)* forfeit; **sein Geld/seine Freiheit/ sein Leben ~:** lose/forfeit one's money/ one's freedom/one's life. **2.** *itr. V.* **sie büßte an Ansehen ein** her reputation suffered
ein|checken *tr., itr. V. (Flugw.)* check in
ein|cremen *tr. V.* put cream on ⟨*hands, back*⟩; **sich ~:** put cream on; **jmdm./sich die Hände/den Rücken ~:** put cream on sb.'s/one's hands/back
ein|dämmen *tr. V.* **a)** dam ⟨*river*⟩; embank, dike ⟨*land*⟩; **b)** *(aufhalten)* check; stem
ein|dämmern *itr. V.; mit sein* doze off
Eindämmung *die; ~, ~en s.* eindämmen: damming, diking; checking, stemming; **eine ~ des Drogenhandels scheint unmöglich** it seems impossible to stem the flow of drugs
ein|dampfen *tr. V. (Chemie)* evaporate
ein|decken 1. *refl. V.* stock up; **sich [für den Winter] mit etw. ~:** stock up with sth. [for

the winter]. **2.** *tr. V. (ugs.: überhäufen)* **jmdn. mit Arbeit/Fragen ~:** swamp sb. with work/questions; **mit etw. eingedeckt sein** be swamped with sth.
Eindecker *der; ~s, ~ (Flugw.)* monoplane
ein|deichen *tr. V.* dike ⟨land⟩; dike, embank ⟨river⟩
ein|dellen *tr. V. (ugs.)* dent [in]
eindeutig ['aindɔytɪç] **1.** *Adj.* **a)** *(klar)* clear; clear, definite ⟨proof⟩; **b)** *(nur eine Deutung zulassend)* unambiguous ⟨concept⟩. **2.** *adv. s. Adj.* clearly; unambiguously
Eindeutigkeit *die; ~, ~en* **a)** *o. Pl. s.* **eindeutig:** clarity; unambiguity; **b)** *meist Pl. (scherzh.: unanständiger Witz)* crudity
ein|deutschen *tr. V.* Germanize
Eindeutschung *die; ~, ~en* **a)** *o. Pl.* Germanization; **b)** *(eingedeutschtes Wort)* Germanized word
ein|dicken *tr., itr. V.* thicken
ein·dimensional *Adj.* one-dimensional; unidimensional; *(fig.)* one-dimensional ⟨personality⟩
ein|docken *tr. V. (Schiffbau)* dock
ein|dosen *tr. V.* can; tin *(Brit.)*
ein|dösen *tr. V. (ugs.: ein)* doze off
ein|drängen 1. *itr. V.; mit sein* **auf jmdn. ~:** crowd around sb.; **Eindrücke/Erinnerungen drängten auf ihn ein** *(fig.)* impressions/memories crowded in [up]on him. **2.** *refl. V.* push one's way in; force one's way in
ein|drecken ['aindrɛkn] *tr. V. (ugs.) etw./sich ~:** get sth./oneself filthy; *(mit Schlamm usw.)* get sth./oneself covered in *or* with muck *(coll.)*
ein|drehen *tr. V.* **a)** *(hineindrehen)* screw in ⟨light bulb⟩ (in + Akk. into); **b) sich** *(Dat.)* **die Haare ~:** put one's hair in curlers or rollers; **sich** *(Dat.)* **die Haare ~ lassen** have one's hair curled
ein|dreschen *unr. itr. V. (ugs.)* **auf jmdn. ~:** lay into sb. *(coll.)*
ein|dringen *unr. itr. V.; mit sein* **a) in etw.** *(Akk.)* **~:** penetrate into sth.; ⟨vermin⟩ get into sth.; ⟨bullet⟩ pierce sth.; *(allmählich)* ⟨water, sand, etc.⟩ seep into sth.; **er drang in sie ein** he penetrated her *(sexually)*; **die ~de Kaltluft** the cold air that blows in; **b)** *(einbrechen)* **in ein Gebäude ~:** force an entry *or* one's way into a building; **Feinde sind in das Land eingedrungen** *(geh.)* enemies invaded the country; **in eine Gesellschaft ~** *(fig.)* be an uninvited guest; **c)** *(bedrängen)* set upon, attack ⟨person⟩; **mit Fragen auf jmdn. ~:** besiege *or* ply sb. with questions; **auf jmdn. ~/, etw. zu tun]** *(fig.)* press or urge sb. [to do sth.]
ein·dringlich 1. *Adj.* urgent ⟨warning, entreaty⟩; impressive ⟨voice⟩; forceful, powerful ⟨speech, words⟩. **2.** *adv.* ⟨urge⟩ strongly; ⟨talk⟩ insistently; **jmdn. auf das ~ste warnen** warn sb. most urgently
Eindringlichkeit *die; ~ s. eindringlich:* urgency; impressiveness; forcefulness
Eindringling ['aindrɪŋlɪŋ] *der; ~s, ~e* intruder
Ein·druck *der; ~[e]s, Eindrücke* **a)** *(Vorstellung, Wirkung)* impression; **einen ~ haben/gewinnen** have/get *or* gain an impression; **jmdn. nach dem ersten ~ beurteilen** judge sb. by first impressions; **einen guten ~ machen** make a good impression; **~ auf jmdn. machen** make an impression on sb.; **Eindrücke gewinnen** receive impressions; **er macht den ~ eines sehr gewissenhaften Menschen** he gives the impression of being a very conscientious person; **er konnte sich des ~s nicht erwehren, daß ...** he had the strong impression that ...; **sie stand noch unter dem ~ dieses schrecklichen Erlebnisses** she was still haunted by this terrible experience; **er stand noch ganz unter dem ~ seiner Indienreise** he was still under the spell of his journey to India; **er tat es nur, um [bei

ihr] ~ zu schinden *(ugs.)* he only did it to impress [her]; **b)** *(Spur)* impression
ein|drücken *tr. V.* **a)** *(verbiegen, zerbrechen)* smash in ⟨mudguard, bumper⟩; stave in ⟨side of ship⟩; smash ⟨pier, column, support⟩; break ⟨window⟩; crush ⟨ribs⟩; flatten ⟨nose⟩; **der Wind drückte alle Fenster ein** the wind blew all the windows in; **b)** *(hineindrücken)* **etw. in etw.** *(Akk.)* **~:** press *or* push sth. in[to sth.]
eindrucks-: ~los 1. *Adj.* unimpressive; **2.** *adv.* unimpressively; **~voll 1.** *Adj.* impressive; **2.** *adv.* impressively
ein|dübeln *tr. V.* **etw. in die Wand ~:** fix sth. into the wall with a plug/dowel
eine *s.* ¹**ein**
ein|ebnen *tr. V.* level; **der Unterschied ist eingeebnet worden** *(fig.)* the difference has been eliminated
Einebnung *die; ~, ~en* levelling; *(fig.)* elimination; **bei der ~ des Grundstücks** during the levelling of the site
Ein·ehe *die* monogamy *or* art.
eineiig ['ainai̯ɪç] *Adj.* identical ⟨twins⟩
ein·eindeutig *Adj.* one-to-one ⟨correspondence, relationship⟩; **eine ~e Abbildung** a representation having a one-to-one correspondence with its original
ein·ein·halb *Bruchz.* one and a half; **~ Stunden/Jahre** an hour/a year and a half; one and a half hours/years
ein·ein·halb·fach *Vervielfältigungsz.* one and a half times; **die ~e Anzahl/Menge** one and a half times the number/amount
einen *tr. V. (geh.)* unite
ein|engen *tr. V.* **a) jmdn. ~:** restrict sb.'s movement[s]; **sich eingeengt fühlen** feel hemmed in *or* shut in; **b)** *(fig.: einschränken)* restrict, narrow down ⟨concept⟩; **jmdn. in seiner Freiheit ~:** restrict *or* curb sb.'s freedom
einer *s.* ¹**ein**
Einer *der; ~s, ~* **a)** *(Math.)* unit; **b)** *(Sport)* single sculler; **im ~:** in the single sculls
einerlei ['ainɐlai̯] **1.** *Adj.; nicht attr. (unwichtig)* **~, ob/wo/wer usw.** no matter whether/where/who *etc.*; **es ist ~:** it makes no difference; **es ist ihm ~:** it is all the same *or* all one to him; *(er kümmert ihn nicht)* he does not care at all. **2.** *Gattungsz.; indekl.: nicht präd.* **von ~ Sorte** of one *or* of the same kind; **mit ~ Maß gemessen werden** be assessed according to one *or* the same standard
Einerlei *das; ~s* monotony; **das tägliche ~:** the monotony of everyday life; the daily grind *(coll.)*
einerseits ['ainɐzaits] *Adv.* on the one hand; **~ ..., andererseits ...:** on the one hand ..., on the other hand ...
Einer·stelle *die (Math.)* units place
eines *s.* ¹**ein**
eines·teils *Adv.* on the one hand; **~ ..., ander[e]nteils ...:** on the one hand ..., on the other hand ...
ein|exerzieren *tr. V.* drill, train ⟨soldier, pupil, etc.⟩; **jmdm. etw. ~:** drill *or* train sb. in sth.
ein·fach 1. *Adj.* **a)** *(nicht mehrfach)* single ⟨knot, ticket, journey⟩; **zweimal ~ [nach] Köln** two singles to Cologne; **b)** *(nicht schwierig)* simple, easy ⟨task⟩; **sich** *(Dat.)* **etw. [zu] ~ machen** make sth. [too] easy for oneself; **warum ~, wenn es auch kompliziert geht!** *(scherzh.)* the other way would be too simple, I suppose!; **c)** *(einleuchtend)* simple ⟨explanation, reason⟩; **aus dem ~en Grund, weil ...:** for the simple reason that ...; **d)** *(bescheiden)* simple ⟨person, manner, life, dress, etc.⟩; plain, simple ⟨food⟩; **er war nur ein ~er Mann** he was just an ordinary man; *s. auch* **Verhältnis. 2.** *adv.* **a)** *(bescheiden, einleuchtend)* simply; **sich betont ~ kleiden** dress very simply; **b)** *(nicht mehrfach)* **etw.**

~ falten fold sth. once. **3.** *Partikel (verstärkend)* simply; just; **das ist ~ unmöglich** that is simply *or* just impossible; **ich begreife es ~ nicht** I simply *or* just cannot understand it; **es ist ~ nicht zu begreifen, daß ...:** it's simply incomprehensible that ...
Einfachheit *die; ~* **a)** *(einfache Gestaltung)* simplicity; **von verblüffender ~ sein** be of astonishing simplicity; **der ~ halber** for the sake of simplicity; for simplicity's sake; **b)** *(Bescheidenheit)* simplicity; *(der Nahrung)* plainness; simplicity
ein|fädeln 1. *tr. V.* **a)** thread ⟨needle, tape⟩ (in + Akk. into); thread up ⟨sewing-machine⟩; **einen [neuen] Faden ~:** [re]thread the needle; **b)** *(ugs.: geschickt einleiten)* engineer ⟨scheme, plot⟩; **das hat sie fein/schlau eingefädelt** she worked that nicely/craftily *(coll.)*. **2.** *refl. V. (Verkehrsw.)* filter in; **sich in den fließenden Verkehr ~:** filter into the flow of traffic. **3.** *itr. V. (Skisport)* become entangled in the gate
ein|fahren 1. *unr. itr. V.; mit sein* come in; ⟨train⟩ come *or* pull in; **in den Bahnhof ~:** come *or* pull into the station; **der Zug nach Hamburg ist soeben auf Gleis 5 eingefahren** the Hamburg train has just arrived at platform 5. **2.** *unr. tr. V.* **a)** bring in ⟨harvest⟩; **b)** *(beschädigen)* knock down ⟨wall⟩; smash in ⟨mudguard⟩; **c)** *(Kfz-W.)* run in ⟨car⟩; **d)** *(Technik)* retract ⟨undercarriage, antenna⟩; **e)** *(Wirtsch.)* make ⟨profit, loss⟩; set up ⟨record⟩. **3.** *unr. refl. V.* **a) sich mit einem Fahrzeug ~:** get used to a vehicle; **b)** *(sich einspielen)* **der neue Produktionsprozeß hat sich eingefahren** the new production process is now running smoothly; *s. auch* **eingefahren**
Einfahr·signal *das (Eisenb.)* home signal
Ein·fahrt *die* **a)** *o. Pl. (das Hineinfahren)* entry; **Vorsicht bei der ~ des Zuges!** stand clear for the edge of the platform], the train is approaching; **b)** *(Zufahrt)* entrance; *(Autobahn~)* slip road; **„keine ~"** 'no entry'; **der Zug hat noch keine ~/hat ~ auf Gleis 5** the train is not yet able to pull in/is now approaching platform 5
Ein·fall *der* **a)** *(Idee)* idea; **ein sonderbarer ~:** a strange notion *or* idea; **auf den ~ kommen, etw. zu tun** have *or* get the idea of doing sth.; **sie hat Einfälle wie ein altes Haus** *(scherzh.)* she gets some strange ideas; **b)** *o. Pl. (Licht~)* incidence *(Optics)*; **c)** *(in ein Land usw.)* invasion (in + Akk. of); **d)** *(geh.: plötzliches Einsetzen) (des Winters)* onset; **bei ~ der Nacht** at nightfall
ein|fallen *unr. itr. V.; mit sein* **a) jmdm. fällt etw. ein** sb. thinks of sth.; sth. occurs to sb.; **fällt dir etwas ein, was wir tun könnten?** can you think of anything we can do?; **ihm fallen immer wieder neue Ausreden ein** he can always think of *or (coll.)* come up with new excuses; **was fällt dir denn ein!** what do you think you're doing?; how dare you?; **laß dir das ja nicht ~ ein!** don't you dare!; **sich** *(Dat.)* **etw. ~ lassen [müssen]** [have to] think of sth.; **das fällt mir nicht im Schlaf od. im Traum[e] ein** I wouldn't dream of it *or* such a thing; **b)** *(in Erinnerung kommen)* **ihr Name fällt mir nicht ein** I cannot think of her name; **plötzlich fiel ihm seine Frau ein** suddenly he thought of his wife; **es wird dir schon [wieder] ~:** it will come [back] to you; **plötzlich fiel ihr ein, daß ...** *(merkte sie)* suddenly she realized that ...; *(erinnerte sie sich daran)* suddenly she remembered that ...; **c)** *(von Licht)* come in; **d)** *(gewaltsam eindringen)* **in ein Land ~:** invade a country; **e)** *(einstimmen, mitreden usw.)* join in; **in den Gesang ~:** join in the singing; **in ein Gespräch ~:** break into a conversation; **"Ja, natürlich", fiel er ein** 'Yes, of course,' he put in; **f)** *(geh.: plötzlich beginnen)* ⟨winter⟩ set in; ⟨night⟩ fall; ⟨storm⟩ break
einfalls-, Einfalls-: ~los 1. *Adj.* unimaginative; lacking in ideas; **2.** *adv.* unima-

Einfallslosigkeit | Eingangshalle

ginatively; without imagination; ~**losigkeit** die; ~: unimaginativeness; lack of ideas; ~**reich** 1. *Adj.* imaginative; full of ideas; 2. *adv.* imaginatively; with imagination; ~**reichtum** der; *o. Pl.* imaginativeness; wealth of ideas; ~**tor** das gateway
Einfall·straße die *(Verkehrsw.)* access road
Einfall[s]·winkel der *(Physik)* angle of incidence
Einfalt ['ainfalt] die; ~ a) *(Beschränktheit)* simpleness; simple-mindedness; b) *(geh.: Reinheit)* simplicity; innocence; ~ **des Herzens** simplicity of heart
einfältig ['ainfɛltɪç] *Adj.* a) *(arglos)* simple; naïve; artless; naïve *(remarks)*; **sei nicht so ~!** don't be so naïve!; b) *(beschränkt)* simple; simple-minded
Einfältigkeit die; ~ a) *(Arglosigkeit)* simplicity; naïvety; artlessness; b) *(Beschränktheit)* simpleness; simple-mindedness
Einfalts·pinsel der *(ugs. abwertend)* nincompoop
Ein·familien·haus das house *(as opposed to block of flats etc.)*
ein|fangen 1. *unr. tr. V.* a) catch, capture *(fugitive, animal)*; b) *(geh.: wiedergeben)* capture *(atmosphere, aura, etc.)*. 2. *unr. refl. V. (ugs.: bekommen)* **sich** *(Dat.)* **eine Erkältung usw. ~:** catch *or* get a cold *etc.*; **sich** *(Dat.)* **eine Tracht Prügel ~:** get a beating
ein|färben *tr. V.* a) dye *(material, hair)*; **eine kommunistisch eingefärbte Zeitung** *(fig.)* a newspaper with a communist slant; b) *(Druckw.)* ink
ein·farbig, *(österr.)* **ein·färbig** 1. *Adj.* *(material, dress)* of one colour; plain *(material, dress)*. 2. *adv.* **das Sofa ~ beziehen** cover the sofa in material of one colour; **die Wände ~ streichen** paint the walls all one colour
ein|fassen *tr. V.* border, hem, edge *(material, dress, tablecloth)*; frame *(picture)*; set *(gem)*; edge *(lawn, flower-bed, grave)*; curb *(source, spring)*
Ein·fassung die *s.* einfassen: border; hem; edging; frame; setting; *(von Brunnen, Quellen)* enclosure
ein|fetten *tr. V.* grease; dubbin *(leather)*; **sich** *(Dat.)* **die Haut/Hände ~:** rub cream into one's skin/hands
ein|finden *unr. refl. V. (eintreffen)* arrive; *(sich treffen)* meet; *(zusammenkommen)* gather; *(sich melden)* be present; *(fig.) (opportunity etc.)* occur; **sich bei jmdm. ~:** report to sb.
ein|flechten *unr. tr. V.* **sich** *(Dat.)* **Bänder ins Haar ~:** plait *or* braid ribbons into one's hair; **ein Muster in einen Korb ~:** weave a pattern into a basket; **in eine Rede ein paar Scherze ~:** work a couple of jokes into a speech; **Episoden in einen Roman ~:** weave episodes into a novel; **wenn ich das kurz ~ darf** if I could turn to this for a moment
ein|flicken *tr. V. (ugs.)* stitch on; *(fig.)* shove in *(coll.)*
ein|fliegen 1. *unr. tr. V.* a) fly in *(supplies, troops)*; b) flight-test, test-fly *(aircraft)*; c) *(Wirtsch.)* make *(profit, loss)*. 2. *unr. itr. V.; mit sein* a) fly in; **eingeflogen kommen** come over by air; **in ein Gebiet ~:** fly into *or* enter a territory; b) *(in einen geschlossenen Raum) (bees, spores, etc.)* fly in; **in etw.** *(Akk.)* **~:** fly into sth.
ein|fließen *unr. itr. V.; mit sein* flow in; **von Norden fließt Kaltluft nach Westeuropa ein** *(fig.)* a cold northerly airstream is moving into Western Europe; **etw. in ein Gespräch ~ lassen** *(fig.)* slip sth. into a conversation; ~**de Kalt-/Warmluft** *(Met.)* an inflow of cold/warm air
ein|flößen *tr. V.* a) **jmdm. Tee/Medizin ~:** pour tea/medicine into sb.'s mouth; **jmdm.**

mit Gewalt Alkohol ~: force alcohol *or* drink down sb.['s throat]; b) *(fig.)* **jmdm. Angst ~:** put fear into sb.; arouse fear in sb.; **jmdm. Vertrauen ~:** inspire sb. with confidence; **jmdm. Ehrfurcht/Mut ~:** fill sb. with awe/courage; inspire awe/courage in sb.
Ein·flug der: ~ **einer feindlichen Maschine** an incursion by an enemy aircraft; **beim ~ in feindliches Hoheitsgebiet** while flying into enemy territory
Einflug-: ~**loch** das *(Zool.)* entrance [hole]; ~**schneise** die *(Flugw.)* approach path
Ein·fluß der a) influence; ~ **auf jmdn./etw. haben/ausüben** have/exert an influence on sb./sth.; **das entzieht sich meinem ~:** I have no influence over that; that is beyond my control; **unter jmds. ~** *(Dat.)* **stehen** be under sb.'s influence; **unter dem ~ von Alkohol** under the influence of alcohol; ~ **auf etw.** *(Akk.)* **nehmen** influence sth.; **[einen] großen ~ besitzen** have a great deal of influence *or* sway; b) *(Met.)* inflow; c) *(fig.: von Kapital usw.)* influx
einfluß-, Einfluß-: ~**bereich** der, ~**gebiet** das sphere of influence; ~**los** *Adj.* uninfluential; lacking in influence *postpos.*; ~**nahme** die; ~: exertion of influence (**auf** + *Akk.* on); *(Versuch)* ~**nahme auf jmdn.** attempt to influence sb.; ~**reich** *Adj.* influential; ~**sphäre** die sphere of influence
ein|flüstern 1. *tr. V. (oft abwertend)* **wer hat dir denn diesen Unsinn eingeflüstert?** who has put this nonsense into your head?; **laß dir nicht solche albernen Gerüchte ~:** don't be taken in by such silly gossip. 2. *itr. V. (flüsternd sprechen)* whisper
Einflüsterung die; ~, ~**en** *(geh. abwertend)* blandishment
ein|fordern *tr. V.* demand *(payment)*; demand payment of *(money, outstanding debts)*; **ein Gutachten ~:** ask for a report
ein·förmig 1. *Adj.* monotonous. 2. *adv.* monotonously
Ein·förmigkeit die; ~, ~**en** monotony
ein|fressen *unr. refl. V.* **sich in etw.** *(Akk.)* **~:** eat into sth.
ein|frieden, ein|friedigen *tr. V. (geh.)* enclose *(plot of land)*
Einfriedung, Einfriedigung die; ~, ~**en** means of enclosure; *(Zaun)* fence; *(Hecke)* hedge; *(Mauer)* wall
ein|frieren 1. *unr. itr. V.; mit sein* a) *(water)* freeze, turn to ice; *(pond)* freeze over; *(pipes)* freeze up; *(ship)* be frozen in; **ihr Lächeln war eingefroren** *(fig.)* her smile had frozen *(fig.)*; b) *(fig.) (wages, credit)* be frozen; *(negotiations)* break down. 2. *unr. tr. V.* a) deep-freeze *(food)*; b) *(beenden)* freeze *(credit, project, plan)*; break off, suspend *(negotiations)*; suspend *(inquiry)*
ein|frosten *tr. V. s.* einfrieren 2 a
ein|fuchsen *tr. V. (ugs.)* **jmdn. auf etw.** *(Akk.)* **~:** drill sb. in sth.; **ein eingefuchster Spezialist/Trainer** an experienced specialist/trainer; **auf etw.** *(Akk.)* **eingefuchst sein** be well practised in it.
ein|fügen 1. *tr. V.* fit in; **etw. in etw.** *(Akk.)* **~:** fit sth. into sth.; **etw. in einen Text ~:** insert sth. into a text; **ich möchte noch einfügen, daß ...** *(fig.)* I would like to add that.... 2. *refl. V.* adapt; **sich in etw.** *(Akk.)* **~:** adapt oneself to sth.; **sich überall gut ~:** fit in well anywhere
Ein·fügung die insertion
ein|fühlen *refl. V.* **sich in jmdn. ~:** empathize with sb.; **ich kann mich gut in deine Lage ~:** I know exactly how you feel; I can well understand how you feel; **er kann sich gut in eine Rolle/in einen anderen ~:** he is good at getting into a part/putting himself in another person's place; **sich in die Atmosphäre des alten Moskau ~:** get the feel of the atmosphere in old Moscow

einfühlsam *Adj.* understanding; sensitive *(interpretation, performance)*
Einfühlsamkeit die; ~: sensitivity
Ein·fühlung die; ~: empathy (**in** + *Akk.* with)
Einfühlungs·vermögen das ability to empathize; **mit ausgesprochenem ~ spielen/übersetzen** play/translate with great sensitivity for the work
Ein·fuhr die; ~, ~**en** a) *o. Pl. (das Einführen)* import; importing; b) *(das Eingeführte)* import
ein|führen 1. *tr. V.* a) *(importieren)* import *(goods, technology)*; b) *(als Neuerung)* introduce *(fashion, method, technology)*; c) *(ein-, unterweisen)* introduce; initiate; **jmdn. in etw.** *(Akk.)* **~:** introduce sb. to sth.; initiate sb. into sth.; **jmdn. in sein Amt ~:** install sb. in office; **der neue Kollege wurde eingeführt** our *etc.* new colleague was introduced to *or* initiated into his new job; d) *(hineinschieben)* introduce, insert *(catheter etc.)* (**in** + *Akk.* into); e) *(vorstellen)* introduce; **jmdn. bei seinen Eltern ~:** introduce sb. to one's parents; **eine junge Dame in die Gesellschaft ~:** bring a young lady out; **jmdn. bei Hofe ~:** present sb. at court. 2. *refl. V.* a) *(sich vorstellen)* introduce oneself; **du hast dich nicht sehr gut eingeführt** you didn't make a very good first impression; b) *(Kaufmannsspr.) (shop, company)* become established
Einfuhr-: ~**erlaubnis,** ~**genehmigung** die import licence; ~**hafen** der port of entry; ~**kontingent** das import quota; ~**land** das importing country; importer; ~**lizenz** die import licence; ~**sperre** die, ~**stopp** der embargo *or* ban on imports
Ein·führung die a) introduction; **eine ~ in die Naturwissenschaften** an introduction to the natural sciences; **ihre ~ in die Gesellschaft/bei Hof** her introduction to society/ her presentation at court; **die ~ in sein Amt** his installation in office; b) *(Einarbeitung)* introduction; initiation; induction; c) *(das Hineinschieben)* introduction; insertion
Einführungs-: ~**kurs[us]** der *(Schulw.)* introductory course; ~**preis** der *(Kaufmannsspr.)* introductory price
Einfuhr-: ~**verbot** das *s.* ~**sperre;** ~**zoll** der import duty
ein|füllen *tr. V.* **etw. in etw.** *(Akk.)* **~:** pour *or* put sth. into sth.; **Wasser in eine Flasche ~:** fill a bottle with water
Einfüll·stutzen der *(an Tanks)* filler pipe; *(an Haushaltsgeräten)* filling spout
ein|füttern *tr. V. (DV)* feed in; **einem Computer Daten ~:** feed data into a computer
Ein·gabe die a) *(Gesuch)* petition; *(Beschwerde)* complaint; b) *o. Pl. (das Verabreichen)* administration; **die ~ der Tabletten sollte alle zwei Stunden erfolgen** the tablets are to be taken every two hours; c) *(DV)* input
Eingabe·gerät das *(DV)* input device
Ein·gang der a) *(Tür, Pforte, Portal usw.)* entrance; **der ~ eines Hauses/eines Parks** the entrance of *or* to a house/a park; „**kein ~**" 'no entry'; **in etw.** *(Akk.)* **~ finden** *(fig.)* become established in sth.; b) *o. Pl. (von Post, Geld)* receipt; *meist Pl. (eingetroffene Post)* incoming mail
ein·gängig 1. *Adj.* catchy *(song, melody)*; **ihr war das [nicht] ~** *(fig.)* it was [in]comprehensible to her. 2. *adv.* **etw. ~ erklären** explain sth. simply and clearly
eingangs 1. *Adv.* at the beginning; at the start. 2. *Präp.* + *Gen.* ~ **der Kurve/Fußgängerzone** where the bend/pedestrian precinct begins *or* starts; ~ **des Jahres** at the beginning *or* start of the year
Eingangs-: ~**buch** das *(Buchf.)* 'goods inward' book; ~**datum** das *(Bürow.)* date of receipt; ~**formel** die preamble; ~**halle** die entrance hall; *(eines Hotels, Theaters)*

1039

foyer; **~pforte** die gateway; **~stempel der** *(Bürow.)* date-stamp; **~tür** die *(von Kaufhaus, Hotel usw.)* [entrance] door; *(von Wohnung, Haus usw.)* front door

ein|geben *unr. tr. V.* **a)** *(verabreichen)* give; jmdm. Medizin ~: give *or* administer medicine to sb.; **b)** *(DV)* feed in; **etw. in den Computer ~**: feed sth. into the computer; **c)** *(geh.: zu denken veranlassen)* jmdm. eine Idee ~: inspire sb. with an idea; **jmdm. den Wunsch ~, etw. zu tun** prompt sb. to do sth.

ein·gebildet 1. *2. Part. v.* einbilden. **2.** *Adj.* **a)** *(imaginär)* imaginary ⟨illness⟩; **ein ~er Kranker** a malade imaginaire; **~e Schwangerschaft** false pregnancy; **b)** *(arrogant)* conceited; **auf etw.** *(Akk.)* **~ sein** be conceited about sth.; *s. auch* Affe

ein·geboren *Adj.* **a)** *nicht präd.* native ⟨population etc.⟩; **b)** *(geh.: angeboren)* inborn; innate; **c)** *(Rel.)* Gottes **~er Sohn** the only begotten Son of God

Eingeborene der/die; *adj. Dekl. (veralt.)* native

eingebuchtet 1. *2. Part. v.* einbuchten. **2.** *Adj.* indented ⟨coastline⟩

Eingebung die; **~, ~en** inspiration; **es muß eine glückliche ~ gewesen sein** the idea was an inspiration; **einer ~ folgend** acting on a sudden impulse

eingedenk ['aɪŋɡədɛŋk] *Adj.; nicht attr.* einer Sache ~ sein/bleiben *(geh.)* be mindful of sth.; **~ dieser Sache ...**: bearing this in mind ...; **~ der Tatsache, daß ...**: bearing in mind that ...

ein·gefahren 1. *2. Part. v.* einfahren. **2.** *Adj.* long-established; deep-rooted ⟨prejudice⟩; **sich auf ~en Bahnen od. Gleisen bewegen** go on in the same old way

ein·gefallen 1. *2. Part. v.* einfallen. **2.** *Adj.* gaunt ⟨face⟩; sunken, hollow ⟨cheeks⟩

eingefleischt ['aɪŋɡəflaɪʃt] *Adj., nicht präd.* confirmed ⟨bachelor⟩; inveterate ⟨smoker⟩; deep-rooted, ingrained ⟨habit, prejudice⟩

ein|gehen 1. *unr. itr. V.; mit sein* **a)** *(eintreffen)* arrive; be received; **der Brief ist nicht bei uns eingegangen** we have not received the letter; **b)** *(aufgenommen werden)* **in die Geschichte ~**: go down in history; **in die Weltliteratur ~**: find one's/its place in world literature; **in die ewige Ruhe ~** *(dichter.)* pass away; **in das Reich Gottes ~**: enter the kingdom of Heaven; **c)** *(schrumpfen)* shrink; **d)** *(Bezug nehmen)* **auf eine Frage/ein Problem ~/nicht ~**: go into or deal with/ignore a question/problem; **e)** *(entgegenkommen, sich widmen)* **auf jmdn. ~**: be responsive to sb.; **auf jmdn. nicht ~**: ignore sb.'s wishes; **f) auf ein Angebot ~/nicht ~**: accept/reject an offer; **g)** *(sterben)* ⟨animal, plant⟩ die; **ihm war die Kuh eingegangen** the cow had died on him *(coll.)*; **die Blumen gehen eine nach der anderen ein** the flowers are dying off; **h)** *(bankrott gehen)* ⟨shop⟩ close down; ⟨newspaper, business⟩ close down, fold [up]; **i)** *(einleuchten)* **ihm geht alles leicht ein** he's quick on the uptake *(coll.)*; **es will mir nicht ~, daß ...**: she can't grasp the fact that ... **2.** *unr. tr. V.* enter into ⟨contract, matrimony⟩; take ⟨risk⟩; accept ⟨obligation⟩; **darauf gehe ich jede Wette mit jmdm. ~** *(ugs.)* I'll bet you anything on that *(coll.)*

eingehend 1. *Adj.* detailed ⟨discussion, explanation, report⟩; **~e Verhandlungen** negotiations on every detail. **2.** *adv.* in detail; **~er in more detail**

ein·gekeilt 1. *2. Part. v.* einkeilen. **2.** *Adj.* *(von beiden Seiten)* wedged in (in, zwischen + *Dat.* between); *(von allen Seiten)* hemmed in (in among); **mein Auto war ~**: my car was boxed in

Ein·gekochte das; **~n** *s.* Eingemachte **s Ein·gemachte** das; **~n a)** preserved fruit/vegetables; **b)** *(fig.: Substanz)* **ans ~ gehen**

(ugs.) draw on one's reserves; **jetzt geht's ans ~** *(ugs.)* now comes the crunch

ein|gemeinden *tr. V.* incorporate ⟨village⟩ (in + *Akk.*, nach into)

Eingemeindung die; **~, ~en** incorporation

ein·genommen 1. 2. Part. v. einnehmen. **2. a)** *(eingebildet)* **von sich ~ sein** be conceited; **von etw. ~ sein** be conceited about sth.; **b)** *(begeistert)* **von jmdm./etw. ~ sein** be taken with sb./sth.; *(dauerhaft)* like sb. very much/be very fond of sth.

ein·geschlechtig *Adj. (Bot.)* unisexual

ein·geschnappt 1. *2. Part. v.* einschnappen. **2.** *Adj. (ugs.:* beleidigt*)* huffy

ein·geschossig *Adj.* single-storey; one-storey; *s. auch* achtstöckig; einstöckig

ein·geschränkt 1. *2. Part. v.* einschränken. **2.** *Adj.* **~es Haltverbot** prohibition of stopping except for certain purposes; **in ~en Verhältnissen leben** live in reduced circumstances. **3.** *adv.* **~ leben** live in reduced circumstances

ein·geschrieben 1. *2. Part. v.* einschreiben. **2.** *Adj.* registered ⟨letter, member⟩; enrolled ⟨student⟩

ein·geschworen 1. *2. Part. v.* einschwören. **2.** *Adj.* dedicated (auf + *Akk.* to); **ein ~er Freund/Gegner** a sworn friend/enemy; **die beiden waren darauf ~**: the two had agreed on it

ein·gesessen 1. *2. Part. v.* einsitzen. **2.** *Adj.* established

Ein·gesessene der/die; *adj. Dekl.* established resident

ein·gespannt 1. *2. Part. v.* einspannen. **2.** *Adj.* **stark ~**: very busy

ein·gespielt 1. *2. Part. v.* einspielen. **2.** *Adj.* in practice; **aufeinander ~**: playing well together

ein·gesprengt 1. *2. Part. v.* einsprengen. **2.** *Adj.* **mit ~en Kiefern/Heideflächen/Fremdwörtern** with a sprinkling of conifers/a few areas of heathland/occasional foreign words

eingestandenermaßen *Adv.* admittedly

Ein·geständnis das; confession; admission

ein|gestehen *unr. tr. V.* admit, confess ⟨guilt⟩; admit, confess to ⟨mistake, theft⟩; **[sich] ~, daß ...**: admit [to oneself] that ...

ein·gestellt *Adj. s.* einstellen. **2.** *Adj.* **fortschrittlich/modern ~**: progressively minded/not at all old-fashioned in one's views; **ich weiß nicht, wie er [politisch] ~ ist** I don't know what his [political] views are

ein·gestrichen 1. *2. Part. v.* einstreichen. **2.** *Adj.* *(Musik)* **das ~e A** the A above middle C; **das ~e C** middle C

Eingeweide ['aɪŋɡəvaɪdə] das; **~s, ~**; *meist Pl.* entrails *pl.*; innards *pl.*; **der Hunger wühlte in seinen Eingeweiden** *(geh.)* raging hunger gnawed his insides

Eingeweide·bruch der *(Med.)* hernia

Ein·geweihte der/die; *adj. Dekl.* initiate

ein|gewöhnen 1. *refl. V.* get used *or* accustomed to one's new surroundings; accustom oneself to one's new surroundings; **er hat sich hier gut eingewöhnt** he's settled down here very well; **sich an seinem neuen Arbeitsplatz/in eine neue Tätigkeit ~**: settle in at one's new place of work/get used to a new job. **2.** *tr. V.* **jmdn. in etw.** *(Akk.)* **~**: get sb. used or accustomed to sth.

Eingewöhnung die; *o. Pl.* **~ im Arbeitsplatz usw.:** settling in *no art.*; **die ~ in seiner neuen Umgebung/an seinem neuen Arbeitsplatz fiel ihm schwer** he found it difficult to get used to his new surroundings/job

ein·gewurzelt 1. *2. Part. v.* einwurzeln. **2.** *Adj.* ingrained; **ein ~es Mißtrauen** a deeply rooted *or* deep-seated mistrust

ein|gießen *unr. tr. V. (auch itr.) V.* pour in; **etw. in etw.** *(Akk.)* **~**: pour sth. into sth.; **den Kaffee/die Limonade ~**: pour [out] the coffee/lemonade

ein|gipsen *tr. V.* **a)** *(Handw.)* einen Nagel/Haken ~: fix a nail/hook in with plaster; **b)** *(Med.)* **ein Bein/einen Arm ~**: put or set a leg/arm in plaster

Ein·glas die *(veralt.)* monocle

eingleisig ['aɪŋɡlaɪzɪç] **1.** *Adj.* single-track ⟨railway line⟩. **2.** *adv.* **eine ~ befahrene Strecke** a single-track line; **~ denken/ausgerichtet sein** *(fig.)* be narrow in one's outlook; be narrow-minded

Eingleisigkeit die; **~** *(fig.)* narrowness

ein|gliedern 1. *tr. V.* integrate (in + *Akk.* into); incorporate ⟨village, company⟩ (in + *Akk.* into); *(einordnen)* include (in + *Akk.* in). **2.** *refl. V.* **sich in etw.** *(Akk.)* **~**: fit into sth.

Ein·gliederung die *s.* eingliedern: integration; incorporation; inclusion

ein|graben *unr. tr. V.* **a)** bury ⟨box, treasure⟩ (in + *Akk.* in); sink ⟨pile, pipe⟩ (in + *Akk.* into); **sich in etw.** *(Akk.)* **~**: ⟨claws⟩ dig into sth. **der Krebs grub sich in den Sand ein** the crab buried itself in the sand; **b)** *(einpflanzen)* plant ⟨tree, bush⟩ (in + *Akk.* in); **c)** *(eindrücken)* make, leave ⟨imprint, hole⟩ (in + *Akk.* in); **d)** *(geh.: einmeißeln)* engrave ⟨inscription, epitaph, etc.⟩ (in + *Akk.* on); **der Fluß hatte sich tief ins Tal eingegraben** *(fig.)* the river had carved a deep channel in the valley

ein|gravieren *tr. V.* engrave (in + *Akk.* in).

ein|greifen *unr. itr. V.* **a)** *(Einfluß nehmen)* intervene (in + *Akk.* in); **entschieden ~**: take decisive action; **das Eingreifen** intervention; **b)** *(Technik)* **in etw.** *(Akk.)* **~**: mesh with sth.

eingreifend *Adj.* drastic, radical ⟨change⟩; far-reaching ⟨consequences⟩

Eingreif·truppe die *(Milit.)* strike force

ein|grenzen *tr. V.* **a)** enclose; **von od. mit etw. eingegrenzt werden** be enclosed by sth.; **b)** *(fig.: beschränken)* limit, restrict ⟨topic, discussion, etc.⟩ (auf + *Akk.* to); restrict, circumscribe ⟨freedom, rights, etc.⟩

Ein·griff der **a)** intervention (in + *Akk.* in); **ein staatlicher ~ in die Wirtschaft** state intervention in the economy; **ein ~ in jmds. Intimsphäre** *(Akk.)* an intrusion upon sb.'s privacy; **ein ~ in jmds. Rechte** an infringement of sb.'s rights; **b)** *(Med.)* operation; **c)** *(Schlitz)* fly

ein|gruppieren *tr. V.* **jmdn. in eine Gehaltsstufe ~**: place sb. on a step on the salary scale

Ein·gruppierung die grading

ein|hacken *itr. V.* **auf jmdn./aufeinander/ etw. ~**: peck at/each other/sth.; **auf jmdn. ~** *(fig. ugs.)* pick on sb.

ein|haken 1. *tr. V.* **a)** *(mit Haken befestigen)* fasten; **b)** sich bei jmdm. ~: link arms with sb.; **die Demonstranten hakten sich ein** the demonstrators linked arms; **sie gingen eingehakt** they walked arm in arm. **2.** *refl. V.* **sich bei jmdm. ~**: link arms with sb.; take sb.'s arm. **3.** *itr. V.* *(ugs.)* butt in; **bei einem Punkt ~**: [butt in and] take up a point

ein·halb·mal *Wiederholungsz., Adv.* half; **~ so viel/groß/teuer** half as much/big/expensive

Ein·halt der in **jmdm./einer Sache ~ gebieten** *od. tun* *(geh.)* stop *or* halt sb./sth.

ein|halten 1. *unr. tr. V.* keep ⟨appointment⟩; meet ⟨deadline, commitments⟩; keep to ⟨diet, speed-limit, agreement⟩; observe ⟨regulation⟩; **die Gesetze ~**: obey the laws; **den Kurs ~**: stay on course. **2.** *unr. tr. V.* *(geh.)* stop; *(vorübergehend)* pause; stop; **mit/in etw.** *(Dat.)* **~**: stop doing sth.

Ein·haltung die; *o. Pl.* *(einer Verabredung)* keeping; *(einer Frist)* meeting; **die ~ der Diät/Geschwindigkeitsbegrenzung/ Vereinbarung** keeping to the diet/speed-limit/agreement; **die ~ eines Termins** meeting a deadline; **die ~ des Kurses** staying on course

ein|hämmern 1. *itr. V.* **auf etw.** *(Akk.)* ~: hammer on sth.; **auf jmdn.** ~ *(fig.)* pummel *or* pound sb. 2. *tr. V.* **jmdm. etw.** ~: hammer *or* drum sth. into sb. *or* sb.'s head
ein|handeln 1. *tr. V.* **etw. für/gegen etw.** ~: barter sth. for sth. 2. *refl. V.* **a)** *(ugs.: hinnehmen müssen)* **sich** *(Dat.)* **etw.** ~: let oneself in for sth. *(coll.);* **b)** *(ugs.: sich zuziehen)* catch, get ⟨*disease*⟩
einhändig ['aınhɛndıç] 1. *Adj.* one-handed. 2. *adv.* with [only] one hand
ein|händigen *tr. V.* **jmdm. etw.** ~: hand sth. over to sb.
Ein·hand·segler der single-handed yachtsman; *(Boot)* single-hander; single-handed dinghy/yacht
ein|hängen 1. *tr. V.* hang ⟨*door*⟩; fit ⟨*window*⟩; put down ⟨*receiver*⟩. 2. *itr. V. (Fernspr.: auflegen)* hang up. 3. *refl. V.* **sich bei jmdm.** ~: take sb.'s arm; link arms with sb.; **sie gingen eingehängt** they walked arm in arm
ein|hauchen *tr. V.* ⟨*dichter.*⟩ **jmdm./einer Sache etw.** ~: breathe sth. into sb./sth.
ein|hauen 1. *unr. tr. V.* **a)** *(zertrümmern)* smash [in] ⟨*window*⟩; break down ⟨*door*⟩; **jmdm. den Schädel** ~ *(ugs.)* bash sb.'s head in *(coll.);* **b)** *(hineinschlagen)* drive in, knock in ⟨*nail*⟩; **c)** *(einmeißeln)* carve. 2. *unr. itr. V.* **a)** *(einschlagen)* **auf jmdn.** ~: lay into sb.; **b)** *(ugs.: essen)* stuff oneself *(coll.)*
ein|heben *unr. tr. V.* **a)** hang, fit ⟨*door*⟩; fit ⟨*window*⟩; put *or* lift ⟨*wagon, train*⟩ back on the rails; **b)** *(südd., österr.)* levy ⟨*tax, fine*⟩; charge ⟨*sum, fee*⟩
Einhebung die; ~, ~en *(südd., österr.)* s. **einheben b:** levying; charging
ein|heften *tr. V.* file
ein|heilen *itr. V. (Med.)* ⟨*graft*⟩ take
ein·heimisch *Adj.* native, indigenous ⟨*population, plant*⟩; native ⟨*culture, traditions*⟩; home *attrib.* ⟨*team*⟩
Einheimische der/die; *adj. Dekl.* local
ein|heimsen ['aınhaımzn] *tr. V.* ⟨*ugs.*⟩ collect ⟨*medals, good marks*⟩; rake in *(coll.)* ⟨*money, profits*⟩
Ein·heirat die marriage (**in +** *Akk.* into); **durch** ~ **in die Familie** by marrying into the family
ein|heiraten *itr. V.* **in eine Familie** ~: marry into a family
Einheit die; ~, ~en **a)** unity; **b)** *(Maß*~, *Milit.)* unit
einheitlich 1. *Adj.* **a)** *(in sich geschlossen)* unified; integrated; **der Film hatte keine** ~**e Handlung** there was no unity of action in the film; **b)** *(unterschiedslos)* uniform ⟨*dress*⟩; standardized ⟨*education*⟩; standard ⟨*procedure, practice*⟩. 2. *adv.* ~ **gekleidet sein** be dressed the same; **die Prüfungsbestimmungen** ~ **regeln** standardize the examination regulations; ~ **gestaltet sein** be designed along the same lines; **alle waren** ~ **ausgebildet** they had all had the same training
Einheitlichkeit die; ~ *(der Kleidung)* uniformity; *(der Ausbildung, des Verfahrens)* standard nature
Einheits-: ~**essen** das institutional food; ~**format** das standard size; ~**front** die united front; ~**gewerkschaft** die general trade union; ~**kleidung** die uniform; ~**kurzschrift** die unified shorthand [system]; ~**liste** die *(Politik)* unified list [of candidates]; single list [of candidates]; ~**partei** die united party; **Sozialistische Einheitspartei Deutschlands** *(DDR)* Socialist Unity Party of Germany; ~**preis der** standard *or* fixed price; ~**staat der** centralized state; ~**tarif der** standard tariff; ~**wert der** *(Steuerw.)* rateable value
ein|heizen 1. *tr. V.* put on ⟨*stove, boiler*⟩; heat ⟨*room*⟩. 2. *itr. V.* **a)** *(ugs.: zur Eile antreiben)* **jmdm.** ~: chivvy sb. along *(coll.);* **b)** *(ugs.: bedrängen)* **jmdm.** ~: give sb. a kick up the backside *(coll.)*

einhellig ['aınhɛlıç] 1. *Adj.* unanimous. 2. *adv.* unanimously
Einhelligkeit die; ~: unanimity
ein·her|gehen *unr. itr. V.; mit sein* **a)** *(geh.: gemächlich gehen)* walk about *or* around; **b)** *(fig.: begleitet sein)* **mit etw.** ~: be accompanied by sth.
einhöck[e]rig *Adj.* one-humped
ein|holen 1. *tr. V.* **a)** *(erreichen)* **jmdn./ein Fahrzeug** ~: catch up with sb./a vehicle; **b)** make up ⟨*arrears, time*⟩; pull back ⟨*lead*⟩; **c)** *(einziehen)* haul in, pull in ⟨*nets*⟩; lower ⟨*flag*⟩; **d)** *(ugs.: einkaufen)* buy, get ⟨*groceries*⟩; **e)** *(erbitten)* ask for, seek ⟨*reference, advice*⟩; make ⟨*enquiries*⟩. 2. *itr. V. (ugs.)* ~ **gehen** go shopping
Einhol-: ~**netz** das *(ugs.)* string bag; ~**tasche** die *(ugs.)* shopping bag
Ein·horn das unicorn
Einhufer ['aınhu:fɐ] der; ~s, ~ *(Zool.)* soliped; solidungulate
ein|hüllen *tr. V.* **sich/jmdn. in etw.** *(Akk.)* ~: wrap oneself/sb. up in sth.; **der Schnee/Nebel hatte die Gipfel eingehüllt** snow blanketed the peaks/the peaks were shrouded in mist
ein·hundert *Kardinalz.* a *or* one hundred; *s. auch* **hundert**
einig ['aınıç] *Adj.* **a)** *(einmütig)* **sich** *(Dat.)* ~ **sein** be agreed *or* in agreement; **sich** *(Dat.)* ~ **werden** reach agreement; **mit jmdm. über etw.** *(Akk.)* ~ **sein** be in agreement *or* agree with sb. about *or* on sth.; **mit jmdm. über etw.** *(Akk.)* ~ **werden** reach agreement *or* agree with sb. about *or* on sth.; **b)** *(geeint)* united ⟨*nation*⟩
einig... ['aını...] *Indefinitpron. u. unbest. Zahlwort* **1)** *Sg. (etwas)* some ⟨*effort, hope, courage*⟩; **bei** ~**em guten Willen** with a measure of good will; **in** ~**er Entfernung** some distance away; **b)** *Pl. (mehrere)* some; ~**e wenige** a few; ~**e hundert** several hundred; ~**e dreißig** thirty or so; **c)** *Sg. u. Pl. (beträchtlich)* ~**er Ärger** quite a bit *or* quite a lot of trouble; **ich könnte dir über ihn** ~**es erzählen** I could tell you a thing or two about him; **dazu gehört schon** ~**es** it takes quite a lot
ein|igeln ['aınˌi:gln] *refl. V.* **a)** *(sich einrollen)* curl up into a ball; **b)** *(sich zurückziehen)* hide oneself away; **c)** *(Milit.)* take up a position of all-round defence
einige·mal *Adv.* a few times; on a few occasions
einigen 1. *tr. V.* unite. 2. *refl. V.* come to an agreement; reach an agreement; **sich auf jmdn./etw.** ~: agree on sb./sth.; **sich mit jmdm. [über etw.]** *(Akk.)* ~: come to *or* reach an agreement with sb. [about sth.]
einigermaßen *Adv.* rather; somewhat; ~ **zufrieden** fairly *or* reasonably satisfied; **Wie geht's dir?** – ~: How are you? – Not too bad; **das Essen war** ~ *(ugs.)* the meal was OK *(coll.)* *or* all right
Einigkeit die; ~ **a)** *(Einheit, Eintracht)* unity; **b)** *(Übereinstimmung)* agreement
Einigung die; ~, ~**en a)** *(Übereinkunft)* agreement; **[über etw.** *(Akk.)***] eine** ~ **erzielen** come to *or* reach [an] agreement [on sth.]; **b)** *(Vereinigung)* unification
Einigungs-: ~**vertrag der** *(Politik)* unification treaty; ~**versuch der** attempt to reach [an] agreement
ein|impfen *tr. V. (ugs.)* **jmdm. etw. [immer wieder]** ~: drum sth. into sb. [over and over again]; **b)** *(Med.: einspritzen)* **jmdm./einem Tier etw.** ~: inject sb./an animal with sth.
ein|jagen *tr. V.* **jmdm. Angst/einen Schrecken** ~: give sb. a fright
ein·jährig *Adj.* **a)** *(ein Jahr alt)* one-year-old *attrib.;* one year old *pred.;* *(ein Jahr dauernd)* **eine** ~**e Strafe** a one-year sentence; **eine** ~**e Abwesenheit** an absence of a *or* one year; a year's absence; **eine** ~**e Frist** a period of a *or* one year; **b)** *(Bot.)* annual
¹**Einjährige das;** *adj. Dekl. (Schulw. veralt.)* school-leaving examination taken after six years at secondary school
²**Einjährige der/die;** *adj. Dekl.* one-year-old
ein|kalkulieren *tr. V.* **a)** *(einplanen)* take into account; **b)** *(mitberechnen)* take into account; include
Ein·kammer·system das *(Politik)* unicameral system
ein|kapseln 1. *tr. V.* encapsulate. 2. *refl. V.* encapsulate oneself; *(fig.)* withdraw into one's shell
Einkaräter ['aınkarɛ:tɐ] der; ~s, ~: one-carat gem
einkarätig ['aınkarɛ:tıç] *Adj.* one-carat
ein|kassieren *tr. V.* **a)** *(einnehmen)* collect; **b)** *(ugs.: entwenden)* pinch *(coll.);* nick *(Brit. sl.);* **c)** *(salopp: festnehmen)* pinch *(sl.);* nab *(sl.)*
Ein·kauf der **a)** *(Besorgung)* buying; **[einige] Einkäufe machen** *od.* **erledigen** do some shopping; **b)** *(eingekaufte Ware)* purchase; **ein guter/schlechter** ~: a good/bad buy; **c)** *(für ein Unternehmen)* buying; purchasing; **einen** ~ **tätigen** make a purchase; **d)** *o. Pl. (Kaufmannsspr.)* buying *or* purchasing department; **die Abteilung** ~: the buying *or* purchasing department; **e)** *(Sport) (von Spielern)* purchase; *(eingekaufter Spieler)* new signing; **der Verein tätigte einige Einkäufe** the club bought some players; **f)** *(einer Teilhaberschaft)* **der** ~ **in eine Firma** buying oneself into a firm
ein|kaufen 1. *itr. V.* **a)** *(Einkäufe machen)* shop; ~ **gehen** go shopping; do the *or* some shopping; **beim Bäcker/im Supermarkt** ~: shop at the baker's/the supermarket; **da hast du aber teuer eingekauft** you paid high prices there; **b)** *(Kaufmannsspr.)* do the buying *or* purchasing. 2. *tr. V.* **a)** buy; purchase; buy in ⟨*stores, provisions*⟩; **etw. billig/günstig** ~: buy sth. cheaply/at a favourable price; **b)** *(Sport)* buy ⟨*player*⟩. 3. *refl. V.* **sich in ein Seniorenheim** ~: buy a place in an old people's home; **sich in eine Firma** ~: buy oneself into a firm
Ein·käufer der, **Ein·käuferin** die *(Berufsbez.)* buyer; purchaser
Einkaufs-: ~**abteilung** die *s.* **Einkauf d;** ~**bummel** der [leisurely] shopping expedition; **einen** ~**bummel machen** go on a shopping expedition; ~**genossenschaft** die purchasing co-operative; ~**korb** der shopping basket; *(im Geschäft)* [wire-]basket; ~**netz** das string bag; ~**passage** die shopping arcade *or (Amer.)* mall; ~**preis** der *(Kaufmannsspr.)* wholesale price; ~**quelle** die: **eine gute** ~**quelle für etw. sein** a good place to buy sth.; ~**tasche** die shopping bag; ~**wagen** der [shopping] trolley *(Brit.) or (Amer.)* cart; ~**zentrum** das shopping centre; *(Großmarkt)* hypermarket; ~**zettel** der shopping-list
Einkehr ['aınke:ɐ] die; ~ **a)** *(geh. veralt.)* stop; ~ **halten** stop; make a stop; **b)** *(geh.: Sammlung)* ~ **halten** take stock of oneself and one's attitudes; **eine Stunde der** ~: time for reflection and taking stock
ein|kehren *itr. V.; mit sein* **a)** stop; **in einem Wirtshaus** ~: stop at an inn; **b)** *(geh.: sich einstellen)* come
ein|keilen *tr. V.* **mein Auto ist eingekeilt** my car is boxed in; **die Fans keilten die Spieler ein** the fans mobbed the players; *s. auch* **eingekeilt**
ein·keim·blättrig *Adj. (Bot.)* monocotyledonous
ein|kellern *tr. V.* store in the/a cellar
ein|kerben *tr. V.* cut *or* carve a notch *or* notches in; notch; **Zeichen in etw.** *(Akk.)* ~: carve signs on sth.

1041

Einkerbung

Einkerbung die; ~, ~en (Kerbe) notch
ein|kerkern tr. V. (geh.) incarcerate
Einkerkerung die; ~, ~en incarceration
ein|kesseln tr. V. (bes. Milit.) surround; encircle
Einkesselung die; ~, ~en (bes. Milit.) encirclement
ein|kitten tr. V. fix in with putty
einklagbar Adj. legally recoverable ⟨debts⟩; nicht alle Rechte sind ~: not all rights can be obtained through legal action
ein|klagen tr. V. sue for ⟨damages, compensation, etc.⟩; etw. ~: take legal action in order to gain or obtain sth.; **Schulden ~**: sue for the recovery of debts
ein|klammern tr. V. etw. ~: put sth. in brackets; bracket sth.
Ein·klang der a) (Übereinstimmung) harmony; **im ~ mit jmdm. sein** be in accord or agreement with sb.; **im od. in ~ mit etw. stehen** accord with sth.; **zwei Dinge in ~ [miteinander] bringen** harmonize two things; **die Hausarbeit mit einem Beruf in ~ bringen** combine housework and a career; b) (Musik) unison
ein|klappen tr. V. fold up; shut, close ⟨knife⟩
ein|klarieren tr. V. (Zollw., Seew.) clear
Ein·klassen·schule die one-room school
ein·klassig Adj. (Schulw.) one-room ⟨school⟩; **der ~e Unterricht** the teaching of children of different age-groups in one class
ein|kleben tr. V. stick in; **Fotos ins Album ~**: stick photos into the album
ein|kleiden tr. V. a) sich/jmdm. ~: clothe oneself/sb.; **sich/jmdm. neu ~**: fit oneself/sb. out with a new set of clothes; **sich/jmdm. völlig neu ~**: buy oneself/sb. a complete new wardrobe; b) (mit einer Uniform versehen) kit out ⟨soldier⟩; clothe ⟨priest, nun⟩; c) (fig.: umschreiben) couch; **Ermahnungen in Fabeln ~**: couch warnings in the form of fables
ein|klemmen tr. V. a) (quetschen) catch; **jmdm./sich die Hand [in etw. (Dat.)] ~**: catch or trap sb.'s/one's hand [in sth.]; s. auch **Schwanz** a; b) (fest einfügen) clamp
ein|klinken 1. tr. V. latch ⟨latch⟩. 2. itr. V.; mit sein ⟨door⟩ click to or shut
ein|klopfen tr. V. knock in ⟨nail⟩; pat in ⟨cream⟩
ein|kneifen unr. itr. V. s. **Schwanz** a
ein|knicken 1. tr. V. bend; crease over ⟨paper⟩; (brechen) snap; **mit eingeknickten Knien** with knees bent. 2. itr. V.; mit sein bend; (brechen) snap; **sie knickte beim Gehen ein** she went over on her ankle while walking along
ein|knöpfen tr. V. etw. in etw. (Akk.) ~: button sth. into sth.
ein|kochen 1. tr. V. preserve ⟨fruit, vegetables⟩. 2. itr. V. thicken; **eine eingekochte Soße** a thickened sauce
ein|kommen unr. itr. V.; mit sein a) (geh.: nachsuchen) [bei jmdm.] um etw. ~ (geh.) apply [to sb.] for sth.; b) (veralt.: eingehen) ⟨money⟩ come in; c) (Sport, Seemannsspr.) come in; **als erster/letzter ~**: come in first/last
Einkommen das; ~s, ~: income; **~ aus Grundbesitz/unselbständiger Arbeit** income from property/from employment
einkommens-, Einkommens-: **~grenze** die income limit; **~los** Adj. without an income postpos.; **~los sein** have no income; be without an income; **~schwach** Adj. low-income attrib.; **~stark** Adj. high-income attrib.
Einkommen·steuer die income tax
Einkommensteuer·erklärung die income tax return
einkommensteuerpflichtig [-pflɪçtɪç] Adj. liable for income tax postpos.

ein|köpfen tr., itr. V. (Fußball) head in; **er köpfte zum 1:0 ein** he headed in to make it or the score 1-0
ein|kreisen tr. V. a) (durch einen Kreis markieren) etw. ~: put a circle round sth.; b) (umzingeln) surround ⟨person⟩; surround, encircle ⟨house, town, troops⟩; c) (fig.: eingrenzen) circumscribe ⟨problem⟩
Einkreisung die; ~, ~en encirclement
ein|kriegen (ugs.) 1. tr. V. s. **einholen** 1a. 2. refl. V. control oneself; **sie konnte sich vor Lachen nicht ~**: she couldn't stop laughing
Einkünfte ['aɪnkʏnftə] Pl. income sing. (aus from); **feste ~**: a regular income
ein|kuppeln itr. V. (Kfz-W.) engage the clutch
¹**ein|laden** unr. tr. V. load (in + Akk. into) ⟨goods⟩
²**ein|laden** unr. tr. V. invite; **jmdn. zum Essen ~**: invite sb. for a meal; **(im Restaurant) invite sb. out for a meal; jmdn. in sein Landhaus/auf sein Boot ~**: invite sb. to one's country house/on to one's boat; **ich lade euch alle ein** this is on me; **sich einladen** (scherzh.) invite oneself; **jmdn. auf ein Bier/einen Kaffee ~**: invite sb. for a beer or coffee; **jmdn. zu sich nach Hause ~**: invite sb. over
einladend 1. Adj. inviting ⟨impression, atmosphere⟩; tempting, appetizing ⟨meal⟩; ~e **Worte** words of invitation. 2. adv. invitingly
Ein·ladung die invitation; **einer ~ (Dat.) folgen** accept an invitation
Einladungs-: **~karte** die invitation [card]; **~schreiben** das [written] invitation
Ein·lage die a) (in einem Brief) enclosure; b) (Kochk.) vegetables, meat balls, dumplings, etc. added to a clear soup; **eine Brühe mit ~**: a clear soup with meat balls/dumpling etc.; c) (Schuh~) arch-support; d) (Einschiebsel) **eine witzige ~**: a witty or humorous aside; **eine musikalische ~**: a musical interlude; e) (eingelegte Verzierung) inlay; f) (Zahnmed.) temporary filling; g) (Finanzw.) (Guthaben) deposit; (Beteiligung) investment; **die ~n bei den Banken** bank deposits; h) (Schneiderei) padding; (Versteifung) interfacing
ein|lagern 1. tr. V. store; lay in ⟨stores⟩. 2. refl. V. **sich [in etw. (Akk.)] ~**: be deposited [in sth.]
Ein·lagerung die a) (Aufbewahren) storage; b) (das Abgelagerte) deposit
ein|langen itr. V.; mit sein (österr.) arrive
Einlaß ['aɪnlas] der; **Einlasses, Einlässe** ['aɪnlɛsə] a) o. Pl. admission, admittance (in + Akk. to); **sich (Dat.) ~ verschaffen** gain admission or admittance; **~ fordern** demand entry or admittance; **jmdm. ~ gewähren** grant sb. admission or admittance; b) (veralt.: Eingang) entrance
ein|lassen 1. unr. tr. V. a) (hereinlassen) admit; let in; b) (einfüllen) run ⟨water⟩; c) (einpassen) etw. in etw. (Akk.) ~: set sth. into sth. 2. unr. refl. V. a) (meist abwertend) **sich mit jmdm. ~**: get mixed up or involved with sb.; **sie läßt sich mit vielen Männern ein** she goes with lots of different men (coll.); b) **sich auf etw. (Akk.) ~**: get involved in sth.; **sich auf einen Streit ~**: be drawn into or get involved in an argument; **auf dein Vorhaben lasse ich mich nicht ein** I don't want anything to do with your plan; c) (Rechtsw.) testify; **sich dahin gehend ~, daß ...**: testify that ...; make a statement to the effect that ...
Einlaß·karte die admission ticket
Einlassung die; ~, ~en (Rechtsw.) testimony; **nach eigenen ~en** according to his/her etc. own testimony
Ein·lauf der a) (Med.) enema; **jmdm. einen ~ machen** give sb. an enema; b) o. Pl. (Sport: Passieren der Ziellinie) finish; **beim ~**: at the finish; c) o. Pl. (Sport: Beginn einer Rennphase) **beim ~ in die Gerade/das Stadion** entering the straight/the stadium; d) (Sport: Reihenfolge) placings pl.; **es gab folgenden ~**: the placings were as follows
ein|laufen 1. unr. itr. V.; mit sein a) (Sport) **ins Stadion ~**: run into or enter the stadium; **in die letzte Runde ~**: start the last lap; b) (ankommen) **der Zug/das Schiff läuft ein** the train/ship is coming in; **das Schiff läuft in den Hafen ein** the ship is coming into or entering port; c) (kleiner werden) ⟨clothes⟩ shrink; d) (hineinfließen) run in; e) (eingehen) ⟨news, information⟩ come in. 2. unr. V. a) wear in ⟨shoes⟩; **jmdm. das Haus od. die Tür od. die Bude ~** (ugs.) pester sb. all the time. 3. unr. refl. V. (Sport) warm up
Einlauf·wette die (Pferdesport) place-bet
ein|läuten tr. V. ~ **in** ⟨Sunday, New Year⟩; **die letzte Runde ~** (Sport) ring the bell to signal or for the start of the last lap; (Boxen) ring the bell for the [start of the] last round
ein|leben refl. V. settle down; **sich an einem Ort ~**: settle down in a place; **sich in einem Haus ~**: settle in in a house; **sich gut ~**: settle down well
Einlege·arbeit die (Kunsthandwerk) inlaid work; (Gegenstand) piece of inlaid work
ein|legen tr. V. a) etw. in etw. (Akk.) ~: put sth. in sth., **einen Film in eine Kamera ~**: put or load a film into a camera; **den ersten Gang ~**: engage first gear; **einen schnelleren Gang ~**: go faster; **ein schnelleres Tempo einlegen** (fig.) get a move on (coll.); b) (Kochk.) pickle; **eingelegte Zwiebeln/Heringe** pickled onions/herrings; c) (Kunsthandwerk) **in die Truhe waren Blumenmuster eingelegt** the chest had been inlaid with flower patterns; d) (Friseurhandwerk) set ⟨hair⟩; **sich/jmdm. die Haare ~**: set one's/sb.'s hair; e) (einschieben) put in, insert ⟨film extracts etc.⟩; put on ⟨trains, buses⟩; **eine Pause ~**: take a break; f) (geltend machen) lodge ⟨protest⟩; **sein Veto gegen etw. ~**: use one's veto against sth.; veto sth.; **ein gutes Wort für jmdn. ~**: put in a good word for sb.; s. auch **Ehre** b
Einleger der; ~s, ~ (Bankw.) depositor
Einlege·sohle die insole
ein|leiten tr. V. a) (beginnen) institute, start ⟨search⟩; introduce, take ⟨measures, steps⟩; open ⟨negotiations, investigation, inquest⟩; induce ⟨birth⟩; launch, open ⟨campaign⟩; b) (eröffnen) introduce ⟨chapter⟩; **der Roman leitete eine neue Epoche ein** the novel ushered in a new epoch; **einige ~de Worte sprechen** say a few words of introduction; make a few introductory remarks; c) (hineinleiten) lead ⟨water⟩ (in + Akk. into); discharge ⟨effluent⟩
Ein·leitung die a) (einleitender Teil) introduction; **die ~ eines Aufsatzes/Buches** the introduction to an essay/book; b) (einer Suche) institution; (von Maßnahmen) introduction; (einer Untersuchung, von Verhandlungen) opening; (einer Geburt) induction; (einer Kampagne) launching; opening; c) (Eröffnung) als od. **zur ~ des Empfanges** to open or start the reception; **ein Feuerwerk bildete die ~**: the opening event was a firework display; d) **die ~ giftiger Abwässer in etw. (Akk.)** the discharge of poisonous effluents into sth.
ein|lenken 1. itr. V. a) (nachgeben) give way; make concessions; **sein Einlenken führte zu einem Kompromiß** by giving way or making concessions he enabled a compromise to be reached; b) mit sein (einbiegen) **in eine Straße ~**: turn into a street. 2. tr. V. steer ⟨boat, rocket, etc.⟩
ein|lesen 1. unr. refl. V. **sich in ein Buch ~**: get into a book. 2. unr. tr. V. (DV) feed in; input; **etw. in den Speicher ~**: read sth. into the memory

einleuchten tr. V. jmdm. ~: be clear to sb.; **es leuchtet ihr nicht ein, daß sie es allein machen soll** she doesn't see why she should do it by herself; **das will mir nicht ~:** I don't see that

ein·leuchtend 1. Adj. plausible. **2.** adv. plausibly

ein|liefern tr. V. **einen Brief bei der Post ~:** take a letter to the post office; **jmdn. ins Krankenhaus/Gefängnis ~:** take sb. to hospital/jail; **wir mußten unsere Großmutter ins Krankenhaus ~ [lassen]** we had to have our grandmother admitted to hospital

Ein·lieferung die admission (**in** + Akk. to); **die ~ eines Verurteilten [ins Gefängnis]** taking a convicted prisoner to jail; **er wehrte sich gegen seine ~ ins Krankenhaus** he fought against being admitted to hospital

Einlieferungs·schein der **a)** receipt; **b)** (Postw.) certificate of posting

ein·liegend (Papierdt.) Adj. enclosed; **~ übersenden wir Ihnen ...:** please find enclosed ...

Einlieger·wohnung die ≈ granny flat

ein|lochen 1. tr. V. (salopp) **jmdn. ~:** put sb. away (coll.); put sb. behind bars (coll.). **2.** tr., itr. V. (Golf) hole; (Billard) pot ⟨ball⟩

einlösbar Adj. redeemable; **das Versprechen ist nicht ~:** the promise can't be kept

ein|lösen tr. V. **a)** cash ⟨cheque⟩; cash [in] ⟨token, voucher, bill of exchange⟩; redeem ⟨pledge, pawned article⟩; **man wollte [mir] den Scheck nicht ~:** they wouldn't cash the cheque [for me]; **b)** (geh.: erfüllen) redeem ⟨pledge⟩; **sein Wort ~:** keep one's word

Ein·lösung die (von Schecks) cashing; (von Pfändern, Versprechen) redemption

ein|lullen tr. V. **jmdn. ~:** lull sb. to sleep; (fig.) lull sb.'s suspicions

ein|machen tr. V. preserve ⟨fruit, vegetables⟩; (in Gläser) bottle

Einmach·glas das preserving jar

einmal 1. Adv. **a)** (ein Mal) once; **noch ~ so groß [wie]** twice as big [as]; **etw. noch ~ tun** do sth. again; **~ mehr** once more or again; **~ sagt er dies, ein andermal das** first he says one thing, then another; **~ ist keinmal** (Spr.) just once won't matter; it won't matter just this once; **auf ~:** all at once; suddenly; (zugleich) at once; **b)** ['-'-] (später) some day; one day; (früher) once; **es war ~ ein König, der ...:** once upon a time there was a king who ... **2.** Partikel **daran ist nun ~ nichts mehr zu ändern** there's nothing more that can be done about it; **nicht ~:** not even; **wieder ~:** yet again; **wir wollen die Sache erst ~ in Ruhe besprechen** let's discuss the matter quietly first; **b) alle ~ zuhören!** listen everybody!; **hör ~ auf zu reden!** stop talking, will you!

Einmal·eins das; ~: [multiplication] tables pl.; **das kleine/große ~:** tables from 1 to 10/11 to 20; **das ~ der Kochkunst/Politik** (fig.) the fundamentals pl. of cookery/politics

Einmal·hand·tuch das disposable towel

einmalig 1. Adj. **a)** unique ⟨opportunity, chance⟩; one-off, single ⟨payment, purchase⟩; **b)** (hervorragend) superb ⟨film, book, play, etc.⟩; (ugs.) fantastic (coll.) ⟨girl, woman⟩. **2.** adv. (ugs.) really fantastic or superb (coll.); **das Fest war ~ schön** the party was really superb or really fantastic (coll.)

Einmaligkeit die; ~: uniqueness

Ein·mann·~betrieb der **a)** (Firma) one-man business; **b)** (Arbeitsweise) one-man operation; **~bus** der one-man bus; **~wagen** der one-man bus/tram (Brit.) or (Amer.) trolley

Ein·mark·stück das one-mark piece

Ein·marsch der **a)** entry; **der ~ ins Stadion** the march into the stadium; **b)** (Besetzung) invasion (**in** + Akk. of)

ein|marschieren itr. V.; mit sein **a)** march in; **ins Stadion ~:** march into the stadium; **b)** (gewaltsam besetzen) **in ein Land ~:** march into or invade a country

ein|massieren tr. V. massage or rub in

Einmaster ['ainmastɐ] der; ~s, ~ (Seemannsspr.) single-master

ein|mauern tr. V. **a)** immure ⟨prisoner, traitor⟩; wall in ⟨relic, treasure⟩; **b)** (ins Mauerwerk einfügen) **etw. in die Wand usw. ~:** set sth. into the wall etc.

ein|meißeln tr. V. **etw. in etw.** (Akk.) **~:** carve sth. into or on sth. [with a chisel]

Ein·meter·brett das one-metre board

ein|mieten refl. V. **sich in einer Villa ~:** rent a villa; **sich in einer Pension ~:** rent a room in a boarding-house

ein|mischen 1. refl. V. interfere (**in** + Akk. in); **wenn ich mich kurz ~ darf** if I may butt in for a moment. **2.** tr. V. mix in

Ein·mischung die interference (**in** + Akk. in); **verzeihen Sie meine ~:** excuse my butting in

einmonatig Adj.; nicht präd. **a)** (einen Monat alt) one-month-old attrib.; **b)** (einen Monat dauernd) one-month attrib.; s. auch **achtmonatig**

ein·monatlich 1. Adj. monthly; s. auch **achtmonatlich 1. 2.** adv. monthly; once a month

ein·motorig Adj. single-engined

ein|motten tr. V. **etw. ~:** put sth. into mothballs; (fig.) mothball

ein|mummen[l]n tr. V. (ugs.) wrap up; **sich [warm] ~:** wrap up or wrap oneself up [warmly]

ein|münden itr. V.; auch mit sein **a)** flow in; enter; **in einen Fluß ~:** flow into or enter a river; **b)** (enden) **in etw.** (Akk.) **~:** lead into sth.

Ein·mündung die **a)** **die ~ der Mosel in den Rhein** the confluence of the Rhine and the Moselle; **die ~ des Kanals in den Fluß** the point where the canal flows into the river; **b)** (von Straßen) **die ~ der Straße in die Hauptstraße/den Platz** the junction of the street and the main road/the point where the road comes out into the square

einmütig ['ainmy:tɪç] **1.** Adj. unanimous. **2.** adv. unanimously

Einmütigkeit die; ~: unanimity (**über** + Akk. on)

ein|nachten itr. V. (unpers.) (schweiz.) get dark

ein|nähen tr. V. **a)** (festnähen) sew in; **etw. in etw.** (Akk.) **~:** sew sth. into sth.; **b)** (enger nähen) take in

Einnahme die; ~, ~en meist Pl. income; (Staats~) revenue; (Kassen~) takings pl.; **b)** o. Pl. (von Arzneimitteln) taking; **vor der ~ einer leichten Mahlzeit** it is advisable to take a light meal; **die ~ der Tabletten muß regelmäßig erfolgen** the tablets must be taken regularly; **c)** o. Pl. (einer Stadt, Burg) capture; taking; **die ~ Berlins** the capture or taking of Berlin

Einnahme·quelle die source of income; (des Staates) source of revenue

ein|nässen 1. itr. V. wet ⟨bed⟩; **er näßt noch ein** he's still wetting the bed

ein|nebeln 1. tr. V. shroud; blanket. **2.** refl. V. **a)** (Milit.) put up a smokescreen; **b)** (unpers.) **es hat sich eingenebelt** a mist has come down

ein|nehmen unr. tr. V. **a)** (kassieren) take; (verdienen) earn; **er hat nicht viel an Trinkgeld eingenommen** he didn't make much by way of tips; **b)** (zu sich nehmen) take ⟨medicine, tablets⟩; **eine Mahlzeit ~** (geh.) take a meal; (partake of a meal (literary)); **c)** (einsetzen) capture, take ⟨town, fortress⟩; **d) seinen Platz ~:** take one's place; (sich setzen) take one's seat or place; **eine Haltung/einen Standpunkt ~** (fig.) take up or adopt an attitude/a position; **eine wichtige Stellung in der Kunst/Literatur ~** (fig.) occupy an important place in the artistic/literary world; **e)** (ausfüllen) take up ⟨amount of room⟩; **f)** (beeinflussen) **jmdn. für sich ~:** win sb. over; **gegen sich ~:** turn sb. against one; **gegen jmdn. eingenommen sein** be prejudiced against sb.; **von sich eingenommen sein** think a lot of oneself (coll.); be very taken with oneself

einnehmend Adj. winning ⟨manner⟩; **ein ~es Wesen haben** (scherzh.) take everything one can get

ein|nicken itr. V.; mit sein (ugs.) nod off

ein|nisten refl. V. **a)** (meist abwertend: sich niederlassen) **sich bei jmdm. ~:** park oneself on sb. (coll.); **b)** (ein Nest bauen) build a nest/their nests; nest; **c)** (Med.) **das befruchtete Ei nistet sich im Uterus ein** the fertilized ovum is implanted in the uterus

Ein·öde die barren or featureless waste; (Einsamkeit) isolation; **die weißen ~n Alaskas** the white wastes of Alaska

Einöd·hof der (südd., österr.) isolated farm

ein|ölen tr. V. **a)** (mit Öl einreiben) **sich/jmdn. ~:** put or rub oil on oneself/sb.; **b)** (ölen) oil

ein|ordnen 1. tr. V. **a)** (einfügen) arrange; put in order; **etw. in Aktenordner ~:** sort sth. into files; file sth.; **Briefe in Fächer ~:** sort letters and place them in their correct pigeon-holes; **b)** (klassifizieren) classify, categorize, classify ⟨writer, thinker, artist⟩. **2.** refl. V. (Verkehrsw.) get into the correct lane; **sich nach rechts/links ~:** get into the right-hand/left-hand lane; „~" 'get in lane'; **b)** (sich einfügen) **sich [in die Gemeinschaft] ~:** fit in[to the community]

Ein·ordnung die; o. Pl. (in Karteien usw.) arranging; (Klassifizierung) classification

ein|packen 1. tr. V. **a)** pack (**in** + Akk. in); (einwickeln) wrap [up]; **b)** (ugs.: warm anziehen) wrap up; **jmdn./sich warm/gut ~:** wrap sb./oneself up warmly. **2.** itr. V. (ugs.) **er kann ~:** he's had it (coll.); **pack ein!** (hör auf!) pack it in! (coll.); give it a rest! (coll.); (verschwinde!) get lost! (coll.)

ein|parken tr., itr. V. park

Ein·parteien·-: one-party

ein|passen 1. tr. V. fit; install; **etw. in etw.** (Akk.) **~:** fit sth. into sth. **2.** refl. V. fit in

ein|pauken tr. V. **etw. ~:** mug up (Brit.) or (Amer.) bone up on sth. (coll.); **jmdm. etw. ~:** drum or hammer sth. into sb.

Einpeitscher ['ainpaitʃɐ] der; ~s, ~ **a)** (Agitator) rabble-rouser; **b)** (Parl.) whip

ein|pendeln refl. V. settle down; cease to fluctuate

ein|pennen itr. V.; mit sein (salopp) drop or doze off

Ein·personen·-: **~haushalt** der single-person household; **~stück** das (Theater) monodrama

Ein·pfennig·stück das one-pfennig piece

ein|pferchen tr. V. (zusammendrängen) **eingepfercht stehen/sein** stand/be crammed or crushed together; **b)** pen in ⟨animals⟩

ein|pflanzen tr. V. **a)** plant ⟨flowers, shrubs, etc.⟩; **jmdm. einen Sinn für Gerechtigkeit ~** (fig.) implant in sb. a sense of justice; **b)** (Med.) implant; **jmdm. ein Organ ~:** implant an organ in[to] sb.

ein|pfropfen tr. V. graft (**in** + Akk. on)

Ein·phasen-Wechselstrom der (Physik, Elektrot.) single-phase current

einphasig Adj. (Physik, Elektrot.) single-phase

ein|pinseln tr. V. brush; paint ⟨wound⟩

ein|planen tr. V. **etw. ~:** include sth. in one's plans; **diese Verzögerung war nicht eingeplant** we/they etc. didn't plan on this delay

ein|pökeln tr. V. (Kochk.) salt

ein·polig Adj. (Physik, Elektrot.) single-pole

ein|prägen 1. tr. V. **a)** stamp (**in** + Akk. into, on); **b)** (fig.) **sich** (Dat.) **etw. ~:** mem-

1043

einprägsam ... **einsam**

orize sth.; commit sth. to memory; **jmdm. ~, pünktlich zu sein** impress on sb. the importance of being punctual. **2.** *refl. V.* **das prägte sich ihm [für immer] ein** it made an [indelible] impression on him; **Werbetexte prägen sich einem leicht ein** advertising slogans are catchy

einprägsam 1. *Adj.* easily remembered; catchy, easily remembered ⟨tune, melody, slogan⟩. **2.** *adv.* **er hat das sehr ~ dargelegt** he expounded it in a way that made it easy to remember

ein|prasseln *itr. V.; mit sein* **auf jmdn./etw. ~:** rain down on sb./sth.; **die Fragen der Zuhörer prasselten auf ihn ein** the audience showered him with questions

ein|pressen *tr. V.* press in; **etw. in etw.** *(Akk.)* **~:** press sth. into sth.

ein|programmieren *tr. V. (DV)* input ⟨data, figures, etc.⟩; programme in ⟨function, property⟩

ein·prozentig *Adj.* one per cent *attrib.;* of one per cent *postpos.*

ein|prügeln 1. *itr. V.* **auf jmdn./ein Tier ~:** beat sb./an animal. **2.** *tr. V.* **jmdm. etw. ~** *(fig.)* drub or beat sth. into sb.

ein|pudern *tr. V.* powder; **sich** *(Dat.)* **das Gesicht ~:** powder one's face

ein|quartieren 1. *tr. V.* quarter, billet ⟨troops⟩; **die Opfer wurden vorläufig in Hotels einquartiert** the victims were given temporary accommodation in hotels; **sie quartierten ihre Freunde bei ihren Eltern ein** they put their friends up with their parents. **2.** *refl. V.* **sich bei jmdm. ~** *(Milit.)* be quartered with or billeted on sb.; **sich auf einem Bauernhof/bei seinen Eltern ~:** stay on a farm/with one's parents

Einquartierung die; ~, ~en a) *(Milit.)* quartering; billeting; **b)** **[sechs Mann] ~ haben** have [six] soldiers billeted on one

ein|quetschen *tr. V. s.* einklemmen

Ein·rad das unicycle

einräd[e]rig *Adj.* one-wheeled

ein|rahmen *tr. V.* frame; **sich** *(Dat.)* **etw. ~ lassen** have sth. framed; **er saß da, von zwei Damen eingerahmt** *(fig.)* he sat flanked by two ladies; **den Brief solltest du dir ~ lassen** *(iron.)* you ought to or should get that letter framed

ein|rammen *tr. V.* **a)** ram in; **etw. in den Boden ~:** ram sth. into the ground; **b)** *(zertrümmern)* smash up ⟨car⟩; break or batter down ⟨door⟩

ein|rasten *itr. V.; mit sein (Technik)* engage *(Akk.)* ~.

ein|räuchern *tr. V.* envelope in smoke; **ein Zimmer ~:** fill a room with smoke; **die Gardinen ~:** get or make the curtains smoky; **jmdn. mit Tränengas ~:** use tear gas against sb.

ein|räumen *tr. V.* **a)** *(einordnen)* put away; **etw. in etw.** *(Akk.)* **~:** put sth. away in sth.; **Bücher wieder [ins Regal] ~:** put books back [on the shelf]; **b)** *(füllen)* **er mußte seinen Schrank ~:** he had to put his things away in his cupboard; **das Zimmer wieder ~:** put everything or all the furniture back into the room; **c)** *(zugestehen)* admit; concede; **jmdm. etw. ~:** admit sth. to sb.; **jmdm. einen Platz ~:** reserve sb. a seat; **jmdm. ein Recht/einen Kredit ~:** give or grant sb. a right/loan; **jmdm. das Recht ~, etw. zu tun** give or grant sb. the right to do sth.; **d)** *(Sprachw.)* **~de Konjunktion** concessive conjunction

ein|rechnen *tr. V.* include, take account of ⟨costs etc.⟩; **nicht eingerechnet die Trinkgelder** not including the tips

ein|reden 1. *tr. V.* **jmdm. etw. ~:** talk sb. into believing sth.; **er redete ihr ein, es zu kaufen** he persuaded her to buy it; he talked her into buying it; **sich** *(Dat.)* **~, daß ...:** persuade oneself that...; **das redest du dir bloß ein** you're just imagining it. **2.** *itr. V.* **auf jmdn. ~:** talk insistently to sb.; **laut/beruhigend auf jmdn. ~:** keep talking to sb. loudly/soothingly

ein|regnen 1. *refl. V. (unpers.)* **es hat sich eingeregnet** it's begun to rain steadily. **2.** *itr. V.; mit sein* get soaked [to the skin]

ein|regulieren *tr. V. (Technik)* set ⟨temperature⟩ **(auf + Akk.** at⟩; **ein falsch einreguliertes Hörgerät** a wrongly adjusted hearing-aid

ein|reiben *unr. tr. V.* **Salbe [in die Haut] ~:** rub ointment in[to one's skin]; **jmdn. den Rücken ~:** rub lotion/ointment etc. into sb.'s back; **sich** *(Dat.)* **den Nacken/das Gesicht mit etw. ~:** rub sth. into one's neck/face

ein|reichen *tr. V.* **a)** submit ⟨application⟩; hand in, submit ⟨piece of work, dissertation, thesis⟩; lodge, make ⟨complaint⟩; tender ⟨resignation⟩; **b)** *(jur.)* file ⟨suit, petition for divorce⟩

ein|reihen 1. *refl. V.* **sich in etw.** *(Akk.)* **~:** join sth. **2.** *tr. V.* **jmdn. in eine Kategorie/Gruppe ~:** place sb. in a category/group; **sich in eine Gruppe** *usw.* **~:** become part of a group *etc.*

Einreiher der; ~s, ~: single-breasted suit/jacket

einreihig ['ainraihɪç] **1.** *Adj.* single-breasted suit⟩. **2.** *adv.* in a single row or line; **ein ~geknöpfter Mantel** a single-breasted overcoat

Ein·reise die entry; **bei der ~ nach Frankreich/in die ČSSR** on entry into France/Czechoslovakia; **jmdm. die ~ verweigern** refuse sb. entry

Einreise·erlaubnis die entry permit

ein|reisen *itr. V.; mit sein* enter; **nach Schweden ~:** enter Sweden

Einreise-: ~verbot das: jmdm. ~verbot erteilen refuse sb. entry; **~visum das** entry visa

ein|reißen 1. *unr. tr. V.* **a)** *(abreißen)* pull or tear down ⟨building⟩; **b)** *(einen Riß machen in)* tear; rip; **sich** *(Dat.)* **einen Dorn ~:** prick oneself on a thorn; **sich** *(Dat.)* **einen Splitter ~:** get a splinter in one's hand/foot *etc.*. **2.** *unr. itr. V.; mit sein* **a)** *(einen Riß bekommen)* tear; rip; **b)** *(ugs.: sich verbreiten)* become a habit; **etw. ~ lassen** allow sth. to or let sth. become a habit; **eine Gewohnheit ~ lassen** allow a habit to catch on *(coll.)* or spread

Einreiß·haken der ceiling hook

ein|reiten 1. *unr. itr. V.* **~** ride in; **in etw.** *(Akk.)* **~:** ride into sth.. **2.** *unr. refl. V.* warm up; **sich mit einem Pferd ~:** get used to riding a horse

ein|renken *tr. V.* **a)** *(Med.)* set; reduce *(Med.);* **jmdm. den Fuß/Arm [wieder] ~:** [re]set sb.'s foot/arm; **b)** *(ugs.: bereinigen)* **etw. ~:** sort or straighten sth. out; **das renkt sich ein** that will sort or straighten itself out

ein|rennen 1. *unr. tr. V.* *(aufbrechen)* break down ⟨door⟩; **jmdm. [wegen etw.] das Haus od. die Bude ~** *(ugs.)* pester sb. all the time [for sth.]; s. auch **offen**. **2.** *unr. refl. V. (ugs.: sich verletzen)* **sich** *(Dat.)* **den Kopf an etw.** *(Dat.)* **~:** bash or bang one's head on or against sth.

ein|richten 1. *refl. V.* **a)** **sich gemütlich/schön ~:** furnish one's home comfortably/beautifully; **sich an einem Ort häuslich ~:** make oneself at home in a place; **b)** *(auskommen)* **sich [mit seinem Gehalt] ~:** get by or make ends meet [on one's salary]; **c)** *(sich vorbereiten)* **sich auf jmdn./etw. ~:** prepare for sb./sth.; **darauf war sie nicht eingerichtet** she was not prepared for that. **2.** *tr. V.* **a)** furnish ⟨flat, house⟩; fit out ⟨shop, restaurant, hobbies room⟩; equip ⟨laboratory⟩; **b)** *(ermöglichen)* arrange; **das läßt sich ~** that can be arranged; **es so ~, daß ...:** arrange things so that ...; **c)** *(eröffnen)* open ⟨branch, shop⟩; set up ⟨advisory centre⟩; start, set up ⟨business⟩; **sich** *(Dat.)* **ein Geschäft/eine Modeboutique ~:** start a business/open a fashion boutique; **d)** *(Med.)* set; reduce *(Med.);* **e)** *(umformen)* arrange ⟨piece of music⟩; adapt ⟨play, novel, etc.⟩; **f)** *(Math.)* **eine gemischte Zahl ~:** reduce a mixed number

Ein·richter der fitter

Ein·richtung die a) *o. Pl. (das Einrichten)* *(einer Wohnung)* furnishing; *(eines Musikstücks)* arrangement; *(eines Theaterstücks)* adaptation; *(Med.)* setting; reducing *(Med.);* **b)** *(Mobiliar)* furnishings *pl.;* **c)** *(Geräte)* **~en** ⟨Geschäfts~⟩ fittings; *(Labor~)* equipment *sing.;* **sanitäre ~en** sanitary facilities; sanitation *sing.;* **d)** *(Institution, Gewohnheit)* institution; **öffentliche/staatliche ~en** public/state institutions

Einrichtungs-: ~gegen·stand der piece of furniture; **~haus das** [large] furniture store

ein|ritzen *tr. V.* carve; **seinen Namen in einen Stamm ~:** carve one's name on a tree trunk

ein|rollen 1. *tr. V.* roll up ⟨carpet etc.⟩; **sich/jmdm. die Haare ~:** put one's/sb.'s hair in curlers or rollers; **sich ~** ⟨hedgehog, cat⟩ curl up. **2.** *itr. V.; mit sein* **a)** roll in; **der Zug rollt ein** the train is coming in

ein|rosten *itr. V.; mit sein* go rusty; rust up; **er ist/seine Knochen sind eingerostet** *(fig.)* his joints have stiffened up

ein|rücken 1. *itr. V.; mit sein* **a)** *(Milit.: einmarschieren)* move in; **in ein Land ~:** march into a country; **wieder in die Kaserne ~:** return to barracks; **b)** *(Milit. veralt.: einberufen werden)* report for duty. **2.** *tr. V.* **a)** *(Schriftw.)* indent ⟨line, heading, etc.⟩; **b)** *(Zeitungsw.)* insert ⟨advertisement, article⟩

ein|rühren *tr. V.* stir in; **etw. in etw.** *(Akk.)* **~:** stir sth. into sth.

ein|rüsten *tr. V. (Bauw.)* put up or erect scaffolding around ⟨building⟩

eins [ains] **1.** Kardinalz. one; **es ist ~:** it is one o'clock; **Punkt ~:** on the stroke of one; at one o'clock precisely; **halb ~:** half past twelve; **Viertel nach/vor ~:** [a] quarter past/to one; **gegen/vor ~:** around/before one; **~ zu null** one-nil; **~ zu ~:** one all; **~ zu null für ich!** *(ugs.)* that's one up to you!; **die Nummer ~ sein** *(fig.)* be number one; **„~, zwei, drei!"** 'ready, steady, go'; **... und ~, zwei, drei, weg war er** and in a jiffy *(coll.)* or in no time he was gone; **~ a**, *(Kaufmannsspr. meist)* **I a** top-quality; **seine Arbeit ~ a erledigen** *(ugs.)* do a first-class job; *s. auch* **¹acht**. **2.** *Adj.: nicht attr.* **mir ist alles ~:** it's all the same or all one to me; **den Schrei hören und zu Hilfe eilen war für sie ~:** the moment she heard the cry, she was hurrying to help; **mit jmdm. über etw.** *(Akk.)* **~ sein/werden** be in full agreement with sb. about or on sth.; **sich mit jmdm. ~ wissen/fühlen** be/feel at one with sb. **3.** Indefinitpron. *s.* ¹**ein 3 b, c**

Eins die; ~, ~en a) one; **wie eine ~ stehen** *(ugs.)* stand as straight as a ramrod; **sie kocht/spielt Klavier wie eine ~** she's a fantastic cook/piano-player *(coll.);* s. auch **¹Acht a, e, g; b)** *(Schulnote)* one; A; s. auch **Zwei b**

Ein·saat die sowing

¹ein|sacken *tr. V.* **a)** *(in Säcke füllen)* **etw. ~:** put sth. into sacks; **b)** *(ugs.: einstecken)* grab; pocket ⟨money⟩

²einsacken *itr. V.; mit sein* sink in; ⟨building, pavement⟩ subside

ein|sagen *itr. V. (südd., österr.)* **er sagte ihr ein** he whispered the answer to her

ein|sägen *tr. V.* **etw. ~:** saw into sth.

ein|salben *tr. V.* **den Arm ~:** rub ointment on or into one's arm; **sich/jmdn. ~:** rub ointment on [oneself]/rub ointment on sb.

ein|salzen *tr. V.* salt ⟨fish, meat⟩

einsam *Adj.* **a)** *(verlassen)* lonely ⟨person, decision⟩; **~ leben** live a lonely or solitary

Einsamkeit / einschließlich

life; **sich ~ fühlen** feel lonely; b) *(einzeln)* solitary ⟨*rock, tree, wanderer*⟩; **~e Spitzenklasse sein** *(ugs.)* be in a class of its/his/her own; c) *(abgelegen)* isolated; **~ liegen** be situated miles from anywhere; d) *(menschenleer)* empty; deserted; **~ und verlassen |da|liegen** lie [there] lonely and deserted

Einsamkeit die; ~, ~en a) *(Verlassenheit)* loneliness; b) *(Alleinsein)* solitude; c) *(Abgeschiedenheit)* isolation

ein|sammeln tr. V. a) *(auflesen)* pick up; gather up; **die Kinder ~** *(ugs.)* pick up or collect the children; b) *(sich aushändigen lassen)* collect in; collect ⟨*tickets*⟩

ein|sargen tr. V. **einen Toten ~:** put the body of a dead person into a coffin; **laß dich doch ~!** *(salopp)* [go and] get stuffed *(Brit. sl.)*; go to hell *(sl.)*

Ein·satz der a) *(eingesetztes Teil)* (in Tischdecke, Kopfkissen usw.) inset; *(in Kochtopf, Nähkasten usw.)* compartment; b) *(eingesetzter Betrag)* stake; **den ~ erhöhen** raise the stakes *pl.*; c) *o. Pl. (das Einsetzen)* (von Maschinen, Gewehren, Wasserwerfern, Schlagstöcken) use; *(von Truppen)* deployment; **unter ~ seines Lebens** at the risk of his life; **zum ~ kommen** *od.* **gelangen** *(Papierdt.)* ⟨*machine*⟩ come into operation; ⟨*police, troops*⟩ be brought into action, be used; ⟨*reserve player*⟩ be brought on or used; **jmdn./etw. zum ~ bringen** use sb./sth.; d) *(Engagement)* commitment; dedication; **~ zeigen** show commitment or dedication; **der ~ hat sich gelohnt** the effort was worthwhile; e) *(Milit.)* **im ~ sein/fallen** be in action or on active service/die in action; **einen ~ fliegen** *(Luftwaffe)* fly a mission; f) *(Musik)* **der ~ der Instrumente** the entry of the instruments; **der ~ der Violinen kam zu spät** the violins came in too late

einsatz-, Einsatz-: ~befehl der a) *(Befehl zum Einsatz)* order to go into action; b) *(Verantwortung)* **den ~befehl haben** have operational command; **~bereit** Adj. a) *(bereit, sich einzusetzen)* ⟨*worker*⟩ ready to work; ⟨*athlete*⟩ fit to compete; b) *(bereit, eingesetzt zu werden)* ready for use; c) *(Milit.)* combat-ready *attrib.*; ready for action *postpos.*; **~bereitschaft** die s. **einsatzbereit:** readiness to work; fitness to compete; readiness for use; combat-readiness; readiness for action; **~fähig** Adj. a) *(fähig, sich einzusetzen)* ⟨*athlete*⟩ fit to compete; b) *(verfügbar)* fit ⟨*player*⟩; ⟨*washing machine etc.*⟩ in working order; **~freudig** Adj. enthusiastic; **~gruppe** die, **~kommando** das task force; **~leiter** der a) *(des Einsatzkommandos)* head of operations; b) *(des Einsatzes)* leader of the task force; **~plan** der plan of action; **~wagen** der *(der Polizei)* police car; *(der Feuerwehr)* fire engine; *(Notarztwagen)* ambulance; *(der Straßenbahn)* relief; **~zentrale** die operations centre

ein|sauen tr. V. *(derb)* **sich/etw. ~:** get oneself/sth. covered in muck *(coll.)*

ein|saugen unr. *(auch regelm.)* tr. V. suck in ⟨*air, liquid*⟩; breathe [in] ⟨*fresh air*⟩; **die Bienen saugen den Nektar ein** the bees suck the nectar

ein|säumen tr. V. a) *(Schneiderei)* hem; b) *(einfassen)* edge ⟨*flower-bed, vegetable-patch*⟩; surround ⟨*property*⟩

ein|scannen tr. V. scan in

ein|schalten tr. V. a) switch or turn on ⟨*radio, TV, electricity, etc.*⟩; **einen anderen Sender ~:** switch or tune to another station; b) *(fig. beteiligen)* call in ⟨*press, police, expert, etc.*⟩; **jmdn. in die Verhandlungen ~:** bring sb. into the negotiations; c) *(einfügen)* take ⟨*break*⟩. 2. refl. V. a) switch [itself] on; come on; b) *(eingreifen)* intervene **(in +** *Akk.***)**

Einschalt·quote die *(Rundf.)* listening figures *pl.*; *(Ferns.)* viewing figures *pl.*

Ein·schaltung die a) *(Einschalten)* switching or turning on; b) *(Beteiligung)* calling in; c) *(Sprachw.)* parenthesis

ein|schärfen tr. V. **jmdm. etw. ~:** impress sth. [up]on sb.; **jmdm. ~, etw. zu tun** impress upon sb. that he/she must do sth.

ein|scharren tr. V. *(vergraben)* bury; *(lieblos begraben)* **jmdn. ~:** bury sb. hurriedly

ein|schätzen tr. V. a) judge ⟨*person*⟩; assess ⟨*situation, income, damages*⟩; *(schätzen)* estimate; **jmdn./eine Situation falsch ~:** misjudge sb./a situation; **jmdn./eine Leistung hoch/niedrig ~:** think highly/not think highly of sb./an achievement; **wie ich die Lage einschätze** as I see the situation; b) *(Steuerw.)* assess

Ein·schätzung die a) s. **einschätzen:** judging; assessment; estimation; **nach seiner/meiner ~:** in my estimation or judgement; b) *(Steuerw.)* assessment

ein|schäumen tr. V. a) *(mit Schaum bedecken)* lather; **sich/jmdm. die Haare ~:** lather one's/sb.'s hair; b) *(mit Schaumstoff umhüllen)* **etw. ~:** wrap sth. in foam [material]

ein|schenken tr., itr. V. a) *(eingießen)* pour [out]; **jmdm. etw. ~:** pour out sth. for sb.; b) *(füllen)* fill [up] ⟨*glass, cup*⟩; **er schenkte immer wieder ein** he kept on filling up my glass/cup/our/their etc. glasses/cups

ein|scheren itr. V.; mit sein *(Verkehrsw.)* in *od.* **auf eine Fahrspur ~:** get or move into a lane; **nach links/rechts ~:** get or move into the left-hand/right-hand lane; **in eine Lücke ~:** move into a space; **er scherte vor mir ein** he cut in front of me

ein|schicken tr. V. send in; **etw. zur Reparatur ~:** send sth. [in] to be repaired

ein|schieben unr. tr. V. a) *(hineinschieben)* push in; **den Ball zum 1:0 ~** *(Fußballjargon)* put the ball away to make it or the score 1-0; b) *(einfügen)* put in; insert; put on ⟨*trains, buses*⟩; fit in ⟨*client, patient*⟩; **etw. in etw.** *(Akk.)* **~:** put or insert sth. into sth.

Ein·schienen·bahn die monorail

ein|schießen 1. unr. tr. V. a) *(zerstören)* demolish ⟨*wall, building*⟩ by gunfire; **das Fenster [mit einem Ball] ~** *(fig.)* smash the window [with a ball]; b) *(treffsicher machen)* try out, test ⟨*gun etc.*⟩; c) *(hineinschießen)* insert ⟨*dowel, plug*⟩; b) *(Sport)* kick in ⟨*ball*⟩; **den Ball zum 1:1 ~** shoot a goal to make it or the score 1-1; e) *(einzahlen)* inject ⟨*capital, etc.*⟩ **(in +** *Akk.* into); f) *(Druckw.)* interleave; insert; g) *(Weberei)* **den Faden ~:** shoot the weft; pick. 2. unr. refl. V. a) *(treffsicher werden)* sich [auf etw. *Akk.*)] **~:** find or get the range [of sth.]; b) *(Sport)* find or get the range; c) *(angreifen)* **sich [immer mehr] auf jmdn./etw. ~:** make sb./sth. the target of [increasingly frequent] attacks

ein|schiffen 1. tr. V. embark ⟨*passengers*⟩; load ⟨*cargo*⟩. 2. refl. V. embark *(nach* for)

Einschiffung die; ~, ~en *s.* **einschiffen:** embarkation; loading

Einschiffungs·hafen der port of embarkation

ein|schlafen unr. itr. V.; mit sein a) fall asleep; go to sleep; **über der Zeitung ~** fall asleep over the paper; **beim Fernsehen ~** fall asleep while watching television or in front of the television; **ich kann nicht ~** I can't get to sleep; b) *(verhüll.: sterben)* pass away *(euphem.)*; c) *(gefühllos werden)* go to sleep; **mein Bein ist eingeschlafen, mir ist das Bein eingeschlafen** my leg has gone to sleep; d) *(aufhören)* peter out

ein|schläfern tr. V. a) *(in Schlaf versetzen)* **jmdn. ~:** send sb. to sleep; b) *(betäuben)* **jmdn. ~:** put sb. to sleep; b) *(schmerzlos töten)* **ein Tier ~:** put an animal to sleep; d) *(beruhigen)* soothe, salve ⟨*conscience*⟩; dull ⟨*critical faculties*⟩

einschläfernd 1. Adj. soporific. 2. adv. **~ wirken** have a soporific effect

Einschläferung die; ~, ~en a) *(Betäubung)* anaesthesia no art.; b) *(Tötung)* **der Tierarzt empfahl die ~:** the vet recommended putting the animal to sleep; c) *o. Pl. (Beruhigung)* s. **einschläfern** d: soothing; salving; dulling

Ein·schlag der a) *(Einschlagen)* **wir sahen den ~ des Blitzes/der Bomben** we saw the lightning strike/the bombs land; b) *(Stelle)* **wir sahen die Einschläge der Kugeln/der Bomben** we saw the bullet-holes/where the bombs had fallen or landed; c) *(Anteil)* element; **eine Familie mit südländischem ~:** a family with southern blood in it; **mit nihilistischem ~:** with an element of nihilism; d) *(Kfz-W.)* *(des Lenkrads)* turning; *(der Räder)* lock; e) *(Forstw.)* felling

ein|schlagen 1. unr. tr. V. a) *(hineinschlagen)* knock in; hammer in; **etw. in etw.** *(Akk.)* **~:** knock or hammer sth. into sth.; b) *(zertrümmern)* smash [in]; c) *(einwickeln)* wrap up ⟨*present*⟩; cover ⟨*book*⟩; **ein Kind in eine warme Decke ~:** wrap a child up in a warm blanket; d) *(wählen)* take ⟨*route, direction*⟩; take up ⟨*career*⟩; adopt ⟨*policy*⟩; **einen Kurs ~:** follow a course; *(fig.)* follow or pursue a course; **einen anderen Kurs ~** *(auch fig.)* change or alter course; e) *(Kfz-W.)* turn ⟨[*steering-*]*wheel*⟩; f) *(Schneiderei: umlegen)* take in; take up ⟨*trousers*⟩; g) *(Forstw.)* fell ⟨*trees*⟩. 2. unr. itr. V. a) *(auftreffen)* ⟨*bomb*⟩ land; ⟨*lightning*⟩ strike; **bei uns hat es eingeschlagen** our house was struck by lightning; b) *(einprügeln)* **auf jmdn./etw. ~:** rain blows on or beat sb./sth.; c) *(durch Händedruck)* shake [hands] on it; *(fig.)* accept; **schlag ein!** shake on it!; d) *(Kfz-W.)* **nach links/rechts ~:** steer to the left/right; e) *(sich erfolgreich entwickeln)* come along or on well; come on well; f) *(Erfolg haben)* be a success

einschlägig ['ainʃlɛːgɪç] 1. Adj.; nicht präd. specialist ⟨*journal, shop*⟩; relevant ⟨*literature, passage*⟩. 2. adv. **er ist ~ vorbestraft** he has previous convictions for a similar offence/similar offences; **der ~ vorbestrafte Angeklagte** the accused, who has/had previous convictions for a similar offence/similar offences

ein|schleichen unr. refl. V. steal or sneak or creep in; *(fig.)* creep in; **sich in etw.** *(Akk.)* **~:** steal or sneak or creep into sth.; **der Verdacht schleicht sich ein, daß ...:** one has a sneaking suspicion that ...

ein|schleifen 1. unr. tr. V. a) *(eingraben)* cut in; **etw. in etw.** *(Akk.)* **~:** cut sth. into sth.; b) *(Technik: einpassen)* grind in. 2. unr. refl. V. *(bes. Psych.)* become established

ein|schleppen tr. V. tow in ⟨*ship, yacht, etc.*⟩; bring in, introduce ⟨*disease, pest*⟩; **Typhus in ein Land ~:** bring or introduce typhus into a country

ein|schleusen tr. V. smuggle in; **Agenten in ein Land/eine Terroristengruppe ~:** infiltrate agents into a country/a terrorist group

ein|schließen unr. tr. V. a) **etw. in etw.** *(Dat.)* **~:** lock sth. up [in sth.]; **jmdn./sich ~:** lock sb./oneself in; **jmdn. in ein|em| Zimmer ~:** lock sb. [up] in a room; **sich in ein[em] Zimmer ~:** lock oneself in a room; b) *(umgeben)* ⟨*wall*⟩ surround, enclose; ⟨*people*⟩ surround, encircle; c) *(einbegreifen)* **etw. in etw.** *(Akk.)* **~:** include sth. in sth.

einschließlich 1. Präp. mit Gen. (stark dekl. Substantiv im Sg. ohne Artikel od. Attribut bleibt ungebeugt) including; inclusive of; **~ der Unkosten** including expenses; **die Kosten ~ Porto** costs including or inclusive of postage; **sie verlor ihre Handtasche ~ aller Papiere** she lost her handbag and all the papers which were in it. 2. adv. **bis ~ 30. Juni** up to and including 30 June; **bis Montag ~:** up to and including Monday

1045

ein|schlummern itr. V.; mit sein a) (geh.: einschlafen) fall asleep; b) (verhüll.: sterben) pass away (euphem.)
Ein·schluß der a) (Einbeziehung) inclusion; **alle Staaten unter** od. **mit ~ dieses Landes** all states, including this country; b) (Geol.) inclusion
ein|schmeicheln refl. V. **sich bei jmdm. ~:** ingratiate oneself with sb.
einschmeichelnd Adj. beguiling ⟨music, voice⟩; ingratiating ⟨manner⟩
ein·schmeißen unr. tr. V. (salopp) smash [in] ⟨window⟩
ein|schmelzen unr. tr. V. melt down
ein|schmieren tr. V. (ugs.) a) (einfetten) (mit Creme) cream ⟨face, hands, etc.⟩; (mit Fett) grease; (mit Öl) oil; **die Kinder schmierten meine Schuhe mit Zahncreme ein** the children smeared toothpaste on my shoes or smeared my shoes with toothpaste; b) (schmutzig machen) **sich/etw. ~:** make or get oneself/sth. mucky (coll.) or dirty; **sich mit Eis ~:** get oneself covered in ice-cream
ein|schmuggeln tr. V. a) (unerlaubt einführen) smuggle; **etw. in ein Land** (Akk.) **~:** smuggle sth. into a country; b) (ugs.: unerlaubt Zutritt verschaffen) **sich in etw.** (Akk.) **~:** sneak into sth.; **jmdn. in etw.** (Akk.) **~:** smuggle or sneak sb. into sth.
ein|schnappen itr. V.; mit sein ⟨door, lock⟩ click to; b) (ugs.: schmollen) go into a huff; s. auch eingeschnappt 2
ein|schneiden 1. unr. tr. V. a) (hineinschneiden) make a cut in; cut; ⟨rope⟩ cut into ⟨wrists⟩; **das Papier an den Ecken ~:** make a cut at each of the corners of the paper; b) (einritzen) carve; **ein tief eingeschnittenes Tal** a deeply carved valley. 2. unr. itr. V. **das Kleid schneidet an den Schultern ein** the dress cuts into my shoulders
einschneidend Adj. drastic, radical ⟨measure, change⟩; drastic, far-reaching ⟨effect⟩
ein|schneien itr. V.; mit sein ⟨person, car⟩ get snowed in; become snowbound; ⟨village, farm⟩ get snowed in, be cut off by snow; ⟨mountain pass⟩ be closed by snow; **eingeschneit sein** be snowed in
Ein·schnitt der a) (Schnitt) cut; incision (Med.); **einen ~ machen** make a cut or (Med.) incision; b) (eingeschnittene Stelle) cut; (Med.) incision; (im Gebirge) cleft; c) (Zäsur) break; d) (einschneidendes Ereignis) [decisive] turning-point; decisive event
ein|schnüren tr. V. a) sich/jmdm. **die Taille ~:** lace one's/sb.'s waist; **sich ~:** lace oneself up [in one's corset]; b) (einengen) cut in; **es schnürt mich ein** it cuts into me
ein|schränken 1. tr. V. a) (verringern) reduce, curb ⟨expenditure, consumption, power⟩; **das Trinken/Rauchen/Essen ~:** cut down on the amount one drinks/smokes/eats; b) (einengen) limit; restrict; **jmdn. in seinen Rechten/seiner Bewegungsfreiheit ~:** limit or restrict sb.'s rights/freedom of movement; c) (relativieren) qualify, modify ⟨remark⟩. 2. refl. V. economize; cut back on spending; **sich finanziell ~ müssen** have to cut back on one's spending; **sich im Rauchen/Trinken sehr ~:** cut down drastically on the amount one smokes/drinks; s. auch **eingeschränkt**
Einschränkung die; ~, ~en a) (Einschränken) restriction; limitation; **jmdm. ~en auferlegen** impose restrictions on sb.; **sich** (Dat.) **erhebliche finanzielle ~en auferlegen müssen** have to make considerable economies; b) (Vorbehalt) reservation; **nur mit ~[en]** only with reservations pl.; **ohne ~[en]** without reservation; **mit der ~, daß ...:** with the [one] reservation that ...
ein|schrauben tr. V. screw in
Einschreibe-: ~brief der registered letter; **~gebühr** die a) (Postw., Hochschulw.) registration fee; b) (in Vereinen usw.) membership fee
ein|schreiben unr. tr. V. a) (hineinschreiben) write up; b) (Postw.) register ⟨letter⟩; **einen Brief ~ lassen** register a letter; send a letter by registered mail; s. auch **eingeschrieben 2**; c) (eintragen) **sich/jmdn. [in eine Liste] ~:** write sb.'s/one's name down [on a list]; enter sb.'s/one's name [on a list]; **sich an einer Universität ~:** register at a university; **sich für einen Abendkurs ~:** enrol for an evening class; s. auch **eingeschrieben**; d) (DV) input
Ein·schreiben das (Postw.) registered letter; **per ~:** by registered mail
Ein·schreibung die (Hochschulw.) registration; (für einen Abendkurs) enrolment
ein|schreien unr. tr. V. **auf jmdn. ~:** shout at sb.
ein|schreiten unr. itr. V. intervene; **gegen jmdn./etw. ~:** take action against sb./sth.; **das Einschreiten der Polizei** intervention by the police
ein|schrumpfen itr. V.; mit sein shrivel up; (fig.) dwindle
Ein·schub der (Schrift- u. Druckw.) insertion
ein|schüchtern tr. V. intimidate; **sich ~ lassen** let oneself be intimidated; **wir lassen uns nicht ~:** we won't be intimidated
Einschüchterungs·versuch der attempt at intimidation
ein|schulen tr. V. **eingeschult werden** start school; **Sie müssen Ihr Kind mit 6 Jahren ~ lassen** you must ensure that your child starts school when he or she reaches the age of 6
Ein·schulung die: **die Anforderungen für die ~ erfüllen** meet the requirements for starting school; **wir müssen die ~ verlegen** we must postpone the date on which he/she starts school
Einschulungs·alter das age at which children start school
Ein·schuß der a) (Schuß) bullet wound; wound at point of entry; b) (Raumf.) **nach dem ~ in die Mondumlaufbahn** after the rocket has/had been put into orbit around the moon or into moon orbit; c) (Weberei) weft; woof; d) (Sport) **zum ~ kommen** shoot a goal
Einschuß-: ~loch das bullet-hole; **~stelle** die wound at point of entry; bullet wound
ein|schütten tr. V. pour in; **etw. in etw.** (Akk.) **~:** pour sth. into sth.; **den Schweinen das Futter ~:** pour the pigs their feed
ein|schweben itr. V.; mit sein glide in
ein|schweißen tr. V. weld in; **etw. in etw.** (Akk.) **~:** weld sth. into sth.; b) (in Klarsichtfolien) **etw. ~:** seal sth. in transparent film
ein|schwenken itr. V.; mit sein a) turn in; **in die Toreinfahrt ~:** turn into the gateway; **nach links ~:** wheel left; b) (fig.) fall into line; **er schwenkte auf einen neuen politischen Kurs ein** he changed course politically
ein|schwören unr. tr. V. a) (durch Treueschwur binden) **jmdn. ~:** swear sb. in; b) (verpflichten) **jmdn. auf etw.** (Akk.) **~:** swear sb. to sth.; s. **eingeschworen**
ein|segnen tr. V. a) (ev. Religion landsch.: konfirmieren) confirm; b) (kath. Religion: weihen) consecrate
Ein·segnung die s. **einsegnen:** confirmation; consecration
ein|sehen unr. tr. V. a) (überblicken) see into ⟨building, garden, etc.⟩; b) (prüfend lesen) look at, see ⟨files⟩; c) (erkennen) see; realize; d) (begreifen) understand, see
Einsehen das; ~s: **ein ~ haben** have or show [some] understanding; **kein ~ haben** have or show no understanding
ein|seifen tr. V. a) **jmdn./sich/etw. ~:** lather sb./oneself/sth.; **jmdn. mit Schnee ~:** rub snow in sb's face; b) (ugs.: betrügen) **jmdn. ~:** con sb. (coll.); put one over on sb. (coll.)
ein·seitig 1. Adj. a) on one side postpos.; unrequited ⟨love⟩; one-sided ⟨friendship⟩; **er hat eine ~e Lähmung** he's paralysed down one side; b) (tendenziös) one-sided, biased ⟨view, statement, etc.⟩; one-sided ⟨person⟩; c) (nicht abwechslungsreich) unbalanced ⟨diet⟩; one-sided ⟨education⟩; **ein sehr ~er Mensch** a person with narrow interests. 2. adv. a) **etw. ~ bedrucken** print sth. on one side; b) (tendenziös) one-sidedly; c) (nicht abwechslungsreich) **sich ~ ernähren** have an unbalanced diet; **sehr ~ ausgebildet sein** have had a very one-sided education
Einseitigkeit die; ~, ~en (Voreingenommenheit) one-sidedness; bias
ein|senden unr. (auch regelm.) tr. V. send [in]; **etw. einem Verlag** od. **an einen Verlag ~:** send sth. to a publisher
Ein·sender der sender; (bei einem Preisausschreiben) entrant; **die ~ von Fotos werden gebeten ...:** we [would] ask all those who send in photographs ...
Einsende·schluß der closing date
Ein·sendung die letter/card/contribution/article etc.; (bei einem Preisausschreiben) entry
ein|senken tr. V. sink ⟨pile etc.⟩; **etw. in etw.** (Akk.) **~:** sink sth. into sth.
Einser der; ~s, ~ (ugs.) a) (Schulnote) one; A; s. auch **Zweier** a; b) (Buslinie) number one [bus]
ein|setzen 1. tr. V. a) (hineinsetzen) put in; put in, fit ⟨window⟩; insert, put in ⟨tooth, piece of fabric, value, word⟩; **etw. in etw.** (Akk.) **~:** put/fit/insert sth. into sth.; **Karpfen in einen Teich ~:** stock a pond with carp; b) (Verkehrsw.) **~** put on ⟨special train etc.⟩; c) (ernennen, in eine Position setzen) appoint; **jmdn. zum** od. **als Erben ~:** appoint or name sb. one's heir; **jmdn. in ein Amt ~:** appoint sb. to an office; **der Monarch glaubte sich von Gott eingesetzt** the monarch believed he held his office by divine right; d) (in Aktion treten lassen) use ⟨weapon, machine⟩; bring into action, use ⟨troops, police⟩; bring on, use ⟨reserve player⟩; **seine ganze Kraft ~:** use all one's strength; e) (aufs Spiel setzen) stake ⟨money⟩; f) (riskieren) risk; put at risk; **sein Leben/seinen Ruf ~:** risk one's life/reputation; put one's life/reputation at risk. 2. itr. V. start; begin; ⟨storm⟩ break; **etw. ~:** start or begin sth.; **dann setzte Regen ein** then it started or began to rain; **wenn [die] Ebbe/Flut einsetzt** when the tide begins to ebb/flow. 3. refl. V. a) (sich engagieren) **ich werde mich dafür ~, daß Sie mehr Geld bekommen** I shall do what I can to see that you get more money; **sich für die Annahme des Gesetzes/die Rettung der Flüchtlinge ~:** do what one can to see that the law is passed/the refugees are saved; **sich selbstlos für die Armen ~:** lend aid unselfishly to the poor; **der Schüler/Minister setzt sich nicht genug ein** the pupil is lacking application/the minister is lacking in commitment; b) (Fürsprache einlegen) **sich für jmdn. ~:** support sb.'s cause
Einsetzung die; ~, ~en appointment (in + Akk. to)
Ein·sicht die a) (das Einsehen) view (in + Akk. into); b) o. Pl. (Einblick) **~ in die Akten nehmen** take or have a look at the files; **jmdm. ~ in etw.** (Akk.) **gewähren** allow sb. to look at or see sth.; c) (Erkenntnis) insight; **zu der ~ kommen, daß ...:** come to realize that ...; **come to the realization that ...;** d) o. Pl. (Vernunft) sense; reason; (Verständnis) understanding; **~ mit jmdm. haben** show [some] understanding for sb.; **zur ~ kommen** come to one's senses

einsichtig 1. *Adj.* **a)** *(verständnisvoll)* understanding; **jeder Einsichtige muß zugeben, daß ...:** anyone with any understanding of the situation must concede that ...; **b)** *(verständlich)* comprehensible, understandable, clear; **ihm war nicht ~, warum ...:** it was not clear to him why ...; he was not clear why ... **2.** *adv.* **sehr ~ vorgehen** show a great deal of understanding

Einsichtnahme *die;* ~, ~n *(Papierdt.)* **nach ~ in die Akten** after studying the files; **die Baupläne liegen zur ~ aus** the building plans are available for inspection

einsichts-: ~**los** *Adj.* **a)** *(verständnislos)* lacking in understanding *postpos.*; **b)** *(reuelos)* without remorse *postpos.*; ~**voll** *Adj.* understanding

ein|sickern *itr. V.; mit sein* seep in; *(fig.)* trickle in

Einsiedelei [ainzi:dəˈlai] *die;* ~, ~en hermitage; *(fig.)* [country] retreat

Ein·siedler *der (fig.)* recluse

einsiedlerisch *Adj.* hermit-like; solitary

Einsiedler-: ~**klause** *die* hermitage; ~**krebs** *der* hermit-crab

ein|silbig 1. *Adj.* **a)** monosyllabic ⟨word⟩; **b)** *(fig.)* taciturn ⟨person⟩; monosyllabic ⟨answer⟩. **2.** *adv. (fig.)* ⟨answer⟩ in monosyllables

Einsilbigkeit *die;* ~ *(fig.)* taciturnity

ein|singen *unr. refl. V.* get oneself into voice; ⟨choir⟩ get itself into voice

ein|sinken *unr. itr. V.* **a)** sink in; **in etw.** *(Dat.)* ~: sink into th.; **b)** *(zusammenfallen)* ⟨roof⟩ sag; **eingesunkene Wangen** sunken cheeks

ein|sitzen *unr. itr. V. (Rechtsw.)* serve a prison sentence; **er sitzt für drei Jahre ein** he is serving three years *or* a three-year sentence

Einsitzer *der;* ~s, ~: single-seater

einsitzig *Adj.* single-seater *attrib.*

ein|sortieren *tr. V.* sort ⟨books, papers, etc.⟩ and put them away; **Briefmarken/Fotos in ein Album ~:** put stamps/photos into an album; **Karteikarten ~:** file cards; **Briefe in Fächer ~:** sort letters into pigeonholes

ein·spaltig *(Druckw.)* **1.** *Adj.* singlecolumn *attrib.* **2.** *adv.* ⟨print, set⟩ in one column

ein|spannen *tr. V.* **a)** harness ⟨horse⟩; **b)** *(in etw. spannen)* **den Bogen [in die Schreibmaschine] ~:** put the sheet of paper in[to the typewriter]; **Stoff in einen Stickrahmen ~:** fix cloth into an embroidery frame; **das Werkstück [in den Schraubstock] ~:** clamp the work [in the vice]; **c)** *(ugs.: heranziehen)* rope in *(coll.);* **er wollte uns für seine Zwecke ~:** he wanted to use us for his own ends; *s. auch eingespannt 2*

Einspänner [ˈainʃpɛnɐ] *der;* ~s, ~ **a)** onehorse carriage; **b)** *(österr. Gastr.)* black coffee with whipped cream *(served in a glass)*

einspännig 1. *Adj.* one-horse *attrib.* ⟨carriage⟩. **2.** *adv.* ~ **fahren** drive a one-horse carriage

ein|sparen *tr. V.* save, cut down on ⟨costs, expenditure⟩; save ⟨time⟩; save, economize on ⟨energy, electricity, gas, materials⟩; **Stellen/Arbeitsplätze ~:** cut down on the number of posts/cut down on staff

Einsparung *die;* ~, ~en saving (**an** + *Dat.* in); ~**en an Kosten/Energie/Material** savings *or* economies in costs/energy/materials; **durch ~ an** *od.* **von Material** by economizing on *or* saving materials

Einsparungs·maßnahme *die* economy measure

einspicheln *tr. V.* insalivate

ein|speichern *tr. V. (DV)* feed in; input; **einem Computer etw. ~:** feed sth. into a computer

ein|speisen *tr. V. (Technik, DV)* feed in; **etw. in etw.** *(Akk.)* ~: feed sth. into sth.

ein|sperren *tr. V.* **jmdn.** ~: lock sb. up

ein|spielen 1. *refl. V.* **a)** ⟨musician, athlete, team, etc.⟩ warm up; *(zum Saisonbeginn)* ⟨athlete, team⟩ get into practice; **sich aufeinander ~** *(fig.)* get used to each other's ways *or* one another; *s. auch eingespielt 1*; **b)** *(funktionieren)* get going [properly]. **2.** *tr. V.* **a)** *(einbringen)* bring in; **der Film hat seine Unkosten eingespielt** the film has covered its costs; **b)** play *or* break in ⟨musical instrument⟩; *s. auch* **2. a)** *(aufnehmen)* record

Einspiel·ergebnis *das (Film, Theater)* box-office takings *pl.*

ein|spinnen *unr. refl. V. (Zool.)* ⟨insect⟩ spin a cocoon around itself

einsprachig [ˈainʃpraːxɪç] **1.** *Adj.* monolingual. **2.** *adv.* ~ **aufwachsen** grow up speaking only one language; *s. auch zweisprachig*

ein|sprechen *unr. itr. V.* einreden 2

ein|sprengen *tr. V.* **etw.** ~: sprinkle sth. with water; damp sth.; *s. auch eingesprengt*

Einsprengsel [ˈainʃprɛŋsl] *das;* ~s, ~ embedded particles *pl.*; **mit einigen philosophischen usw.** ~**n** *(fig.)* with a sprinkling of philosophy *etc.*

ein|springen 1. *unr. itr. V.; mit sein* **a)** *(als Stellvertreter)* stand in; *(fig.: aushelfen)* step in and help out; **für jmdn.** ~: stand in for sb./step in and help sb. out; **b)** *(Turnen)* **in den Handstand ~:** perform a dive to handstand. **2.** *unr. refl. V. (Ski)* do practice jumps

Einspritz|düse *die* injection nozzle

ein|spritzen *tr. V. (auch Kfz.-W.)* inject; **jmdm. etw.** ~: inject sb. with sth.

Einspritz-: ~**motor** *der* fuel-injection engine; ~**pumpe** *die* injection pump

Ein·spruch *der* **a)** *(Einwand)* objection (**gegen** to); ~ **gegen etw. erheben** raise an objection to sth.; **b)** *(Rechtsw.)* appeal; **[gegen etw.] ~ einlegen** raise an objection [to sth.]; *(gegen Urteil, Entscheidung)* lodge an appeal [against sth.]

ein|sprühen *tr. V.* **die Windschutzscheibe mit einem Entfroster ~:** spray de-icer on [to] the windscreen *(Brit.)* or *(Amer.)* windshield; **sich** *(Dat.)* **das Haar ~:** put hairspray on one's hair

einspurig [ˈainʃpuːrɪç] **1.** *Adj.* single-track ⟨road⟩. **2.** *adv.* **die Autobahn ist nur ~ befahrbar** only one lane of the motorway is open

Eins·sein *das (geh.)* oneness

einst [ainst] *Adv. (geh.)* **a)** *(früher)* once; **b)** *(der~)* some *or* one day; ~ **wird kommen der Tag, da ...** *(dichter., veralt.)* the day will come when ...

ein|stampfen *tr. V.* pulp ⟨books⟩

Ein·stand *der* **a)** *(zum Dienstantritt)* **seinen ~ geben** celebrate starting a new job; **b)** *o. Pl. (Sport: erstes Spiel)* début; **seinen ~ geben** make one's début; play one's first match; **c)** *o. Pl. (Tennis)* deuce

ein|stanzen *tr. V. (Technik)* stamp in; **etw. auf etw.** *(Akk.)*/**in etw.** *(Akk.)* ~: stamp sth. into *or* on to sth.

ein|stauben *itr. V.; mit sein* get dusty; get covered in dust; **eingestaubt sein** be dusty; be covered in dust

ein|stäuben *tr. V. (mit Mehl)* dust

ein|stechen 1. *unr. itr. V.* **a)** *(mit einer Stichwaffe)* **auf jmdn.** ~: stab sb.; **b)** *(Kartenspiel)* trump; play a trump. **2.** *unr. tr. V.* pierce, make ⟨hole⟩; **eine Nadel in etw.** *(Akk.)* ~: stick *or* push a needle into sth.; **den Teig mit einer Gabel ~:** prick the dough with a fork

ein|stecken *tr. V.* **a)** *(in etw. stecken)* put in; **etw. in etw.** *(Akk.)* ~: put sth. into sth.; **das Bügeleisen ~:** plug in the iron; **er steckte die Pistole/das Messer wieder ein** he put the pistol back in the holster/the knife back in the sheath; **b)** *(mitnehmen)* [**sich** *(Dat.)*] **etw. ~:** take sth. with one; put sth. in one's pocket/case *etc.*; **c)** mail ⟨letter⟩; **d)** *(abwertend: für sich behalten)* pocket ⟨money, profits⟩; **e)** *(hinnehmen)* take ⟨criticism, defeat, etc.⟩; take, swallow ⟨insult⟩; **f)** *(ugs.: übertreffen)* outclass ⟨competitors, opponents⟩

Einsteck-: ~**kamm** *der* comb; ~**tuch** *das* dress handkerchief

ein|stehen *unr. itr. V.* **a)** *(garantieren)* **für jmdn.** ~: vouch for sb.; **dafür ~, daß ...:** vouch [for the fact] that ...; **b)** *(verantwortlich gemacht werden)* **für etw.** ~: take responsibility for *or* assume liability for sth.; **für jmdn.** ~: take responsibility for sb.'s debts/misdeeds *etc.*; *(jmdm. treu bleiben)* stand by sb.

Einsteige·diebstahl *der (Rechtsw.)* burglary involving entering, but not breaking into, a property

ein|steigen *unr. itr. V.; mit sein* **a)** *(in ein Fahrzeug)* get in; **in ein Auto ~:** get into a car; **in den Bus ~:** get on the bus; **vorn/hinten ~** *(ins Auto)* get into the front/back; *(in den Bus)* get on at the front/back; **b)** *(eindringen)* **durch ein Fenster/über den Balkon ~:** climb in *or* get in through a window/over the balcony; **c)** *(ugs.: sich engagieren)* **in ein Geschäft/die Politik ~:** go into a business/into politics; **in die Frauenbewegung ~:** get involved in the women's movement; **[mit zwei Millionen] in ein Unternehmen ~:** take a [two million pound *etc.*] stake in a company; **d)** *(Bergsteigen)* **in eine Felswand ~:** tackle a rock-face; **e)** *(Sport)* **hart ~:** go in hard

einstellbar *Adj.* adjustable; **das ist genau ~:** it can be adjusted *or* set exactly

ein|stellen 1. *tr. V.* **a)** *(einordnen)* put away ⟨books etc.⟩; **b)** *(unterstellen)* put in ⟨car, bicycle⟩; **das Auto [in die Garage] ~:** put the car in [the garage]; **c)** *(auch itr.: beschäftigen)* take on, employ ⟨workers⟩; „**VW stellt wieder ein**" 'VW is taking on new workers again'; „**wir stellen ein: Schweißer**" 'we have vacancies for welders'; **d)** *(regulieren)* adjust; set; focus ⟨camera, telescope, binoculars⟩; adjust ⟨headlights⟩; **die Kamera auf die richtige Entfernung ~:** set the camera to the correct distance; **das Radio laut/leiser ~:** put the radio on loud/turn the radio down; **ein Radio auf einen Sender ~:** tune a radio to a station; tune in to a station; **ein Programm [an der Waschmaschine] ~:** select a programme [on the washing-machine]; **e)** *(beenden)* stop; call off ⟨search, strike⟩; **das Feuer ~:** cease fire; **die Zeitung hat ihr Erscheinen eingestellt** the newspaper has ceased publication; **ein Gerichtsverfahren ~:** abandon court proceedings; **die Arbeit ~** ⟨factory⟩ close; ⟨workers⟩ stop work; **f)** *(Sport)* equal ⟨record⟩; **g)** *(Sport: vorbereiten)* **eine Mannschaft defensiv/offensiv ~:** train a team to play defensive/attacking football. **2.** *refl. V.* **a)** *(ankommen, auch fig.)* arrive; **b)** *(eintreten)* ⟨pain, worry⟩ begin; ⟨success⟩ come; ⟨symptoms, consequences⟩ appear; **starkes Erbrechen stellte sich ein** he/she began to vomit violently; **c)** *(einrichten)* **sich auf etw.** *(Akk.)* ~: prepare oneself *or* get ready for sth.; **sich schnell auf neue Situationen ~:** adjust quickly to new situations; **sie war nicht auf Gäste eingestellt** she was not prepared for guests; **sich auf jmdn.** ~: adapt to sb.

Einstell·hebel *der* adjusting lever

ein·stellig *Adj.* single-figure *attrib.* ⟨number⟩

Einstell·platz *der* parking space; *(auf eigenem Grundstück)* carport

Ein·stellung *die* **a)** *(von Arbeitskräften)* employment; taking on; **b)** *(Regulierung)* adjustment; setting; *(eines Fernglases, einer Kamera)* focusing; *(von Scheinwerfern)* adjustment; **c)** *(Beendigung)* stopping; *(einer Suchaktion, eines Streiks)* calling off; **die ~**

der Produktion veranlassen order that production be stopped; **er drohte mit der ~ der Zahlungen** he threatened to stop the payments; **d)** *(Sport)* **die ~ eines Rekordes** the equalling of a record; **e)** *(Ansicht)* attitude; **ihre politische/religiöse ~:** her political/religious views *pl.*; **f)** *(Film)* take
Einstellungs-: ~bedingung die; *meist Pl.* requirement [for appointment]; **~gespräch das** the interview; **~sperre die, ~stopp der** freeze on recruitment; **~termin der** starting date
einstens ['a͜instn̩s] *(geh., veralt.) s.* **einst**
Ein·stich der a) insertion; **b)** *(~stelle)* puncture; prick
ein|sticken *tr. V.* embroider (**in** + *Akk.* on)
Ein·stieg der; ~[e]s, ~e a) *(Eingang)* entrance; *(Tür)* door/doors; **b)** *(das Einsteigen)* entry; „**kein ~**" 'exit only'; **c)** *(Bergsteigen)* **der ~ in die Nordwand** the start of the assault on the north face; **beim ~ in den Kamin** at the start of the climb up the chimney; **ein guter ~:** a good point to start the climb; **d)** *(fig.)* **der ~ in diese Problematik ist schwierig** these are difficult problems to approach
Einstieg·luke die hatch
Einstiegs·droge die come-on drug
einstig *Adj.; nicht präd.* former
ein|stimmen *tr. V.* join in; *(veralt.: zustimmen)* agree; **in den Gesang ~:** join in the singing; **in das [allgemeine] Lachen ~** *(fig.)* join in the [general] laughter. **2.** *tr. V.* **jmdn. auf etw.** *(Akk.)* **~:** get sb. in the [right] mood for sth.
einstimmig 1. *Adj.* **a)** *(Musik)* **ein ~es Lied** a song for one voice; **b)** *(einmütig)* unanimous *(decision, vote)*. **2.** *adv.* **a)** *(Musik)* **~ singen** sing in unison; **b)** *(einmütig)* unanimously
Einstimmigkeit die; *o. Pl.* unanimity; **~ erzielen** achieve unanimity; reach unanimous agreement
Ein·stimmung die: zur *od.* **als ~ auf etw.** to get in the [right] mood for sth.
ein|stippen *tr. V. (bes. nordd.)* dip; dunk
einst·mals *Adv. (geh., veralt.)* formerly; in former times
ein·stöckig 1. *Adj.* single-storey *attrib.*; one-storey *attrib.*; **hier sind die meisten Häuser ~:** most of the houses here have one storey. **2.** *adv.* **hier darf nur ~ gebaut werden** single-storey or one-storey buildings only may be built here
ein|stöpseln *tr. V.* **a)** plug in *(telephone, electrical device)*; **b)** put in, push in *(cork etc.)*
ein|stoßen *unr. tr. V.* **a)** *(gewaltsam öffnen)* break down *(door, wall)*; smash [in] *(window)*; smash *(mirror)*; **b)** *(durch Anstoßen verletzen)* break *(nose, ribs)*; **sich** *(Dat.)* **den Kopf ~:** bang one's head
ein|strahlen 1. *itr. V.* **a)** *(hineinscheinen)* shine in; **das ~de Licht** the light shining in; **b) auf etw.** *(Akk.)* **~** *(sun)* irradiate sth **2.** *tr. V. (Physik, Technik)* direct *(beam etc.)*
Ein·strahlung die irradiation; *(Sonnen~)* insolation
ein|streichen *unr. tr. V.* **a)** Brot mit Butter *usw.* **~:** spread butter *etc.* on bread; **b)** *(ugs.: für sich behalten)* pocket *(money, winnings, etc.)*; *(ugs. abwertend)* rake in *(coll.)* *(money, profits, etc.)*; **c)** *(Theater)* cut *(script, play)*
ein·streifig *(Verkehrsw.)* **1.** *Adj.* single-lane. **2.** *adv.* in a single-lane
ein|streuen *tr. V.* **a) etw. mit Sand ~:** strew or scatter sand on sth.; **b)** *(einfügen)* **er streute witzige Bemerkungen in seinen Vortrag ein** he sprinkled his lecture with witty remarks
ein|strömen *itr. V. (water)* pour or flood or stream in; *(air, light)* stream in; *(fig.)* *(crowd, supporters)* stream or pour in

ein·strophig *Adj.* one-verse *attrib.* *(poem, song)*; *(poem, song)* consisting of one verse; **das Gedicht ist ~:** the poem consists of or has one verse or stanza
ein|studieren *tr. V.* rehearse
ein·studiert *Adj. (abwertend)* studied
Einstudierung die; ~, ~en a) *o. Pl.* rehearsal; **b)** *(Inszenierung)* production
ein|stufen *tr. V.* classify; categorize; **jmdn. in eine Kategorie/eine höhere Steuerklasse ~:** put sb. in a category/a higher income-tax bracket
ein·stufig *Adj.* single-stage *(rocket)*
Einstufung ['a͜inʃtuːfʊŋ] **die, ~, ~en** classification; categorization
ein|stülpen *tr. V.* push in
ein·stündig *Adj.* one-hour *attrib.* *(wait, delay)*; **nach ~em Warten** after a wait of one hour; after an hour's wait; *s. auch* **achtstündig**
ein|stürmen *itr. V.* **mit Fragen/Bitten auf jmdn. ~:** besiege sb. with questions/requests
Ein·sturz der collapse
ein|stürzen *itr. V.; mit sein* **a)** collapse; **eine Welt stürzte für sie ein** *(fig.)* her whole world collapsed or fell apart; **b)** *(fig.)* **auf jmdn. ~** *(worries, problems)* crowd in [up]on sb.
Einsturz·gefahr die; *o. Pl.* danger of collapse; „**Achtung, ~!**" 'danger – building unsafe'
einst·weilen *Adv.* **a)** *(vorläufig)* for the time being; temporarily; **b)** *(inzwischen)* in the mean time; meanwhile
einstweilig *Adj.; nicht präd. (Amtsspr.)* temporary; **eine ~e Verfügung/Anordnung** *(Rechtsw.)* a temporary injunction/order; **in den ~en Ruhestand versetzt werden** be suspended from duty
ein|suggerieren *itr. V.* **jmdm. etw. ~:** instil sth. into sb. by suggestion
Eins·werden das *(geh.)* becoming one *no art.*; **das ~ der Liebenden** the union of the lovers
ein·tägig *Adj.* one-day *attrib.*; **ein ~er Ausflug** a day tour; *s. auch* **achttägig**
Eintags·fliege die *(Zool.)* mayfly; *(fig. ugs.)* seven-day wonder; *(kein Dauerzustand)* passing phase
ein|tanzen *refl. V.* warm up
Ein·tänzer der *(veralt.)* gigolo
ein|tasten *tr. V. (Technik)* key in
ein|tauchen 1. *tr. V.* immerse; **den Pinsel in die Farbe ~:** dip the brush in the paint; **den Zwieback in den Tee ~:** dunk or dip the rusk in the tea. **2.** *itr. V.; mit sein* dive in; *(submarine)* dive
Ein·tausch der exchange; **im ~ gegen etw.** in exchange for sth.
ein|tauschen *tr. V.* exchange (**gegen** for)
ein·tausend *Kardinalz.* a or one thousand; *s. auch* ¹**acht**
ein|teilen *tr. V.* **a)** divide up; classify *(plants, species)*; **den Kuchen in zwölf Stücke ~:** divide or cut the cake [up] into twelve pieces; **b)** *(disponieren, verplanen)* organize; plan [out]; **sein Geld [besser] ~:** plan or organize one's finances [better]; **sich** *(Dat.)* **seine Arbeit ~:** organize or plan [out] one's work; **sich seine Vorräte ~:** plan out how to make one's provisions last; **c)** *(delegieren, abkommandieren)* **jmdn. für etw.** *od.* **zu etw. ~:** assign sb. to sth.
Einteiler der; ~s, ~ *(Mode)* one-piece bathing-suit
einteilig ['a͜inta͜iliç] *Adj.* one-piece *(dress, bathing-suit)*
Ein·teilung die a) *(Gliederung)* division; dividing up; *(Biol.)* classification; **b)** *(planvolles Disponieren)* organization; planning; **bei besserer ~ seines Gehalts würde er ...:** if he planned out better how to spend his salary, he would...; *c)* *(Delegierung, Abkommandierung)* assignment

Eintel ['a͜intl] **das** *(schweiz. meist* **der)**; **~s, ~:** whole
ein|tippen *tr. V. (in die Kasse)* register; *(in einen Rechner)* key in
eintönig *Adj.* **1.** *Adj.* monotonous *(landscape, work, life)*. **2.** *adv.* monotonously; *(read)* in a monotone
Eintönigkeit die; ~: monotony
Ein·topf der, Eintopf·gericht das *(Kochk.)* stew
Ein·tracht die *o. Pl.* harmony; concord; **in ~ leben** live in harmony
ein·trächtig 1. *Adj.* harmonious. **2.** *adv.* harmoniously; **~ zusammenleben** live together in harmony
Eintrag ['a͜intraːk] **der; ~[e]s, Einträge** ['a͜intrɛːgə] **a)** *o. Pl. (das Eintragen)* entering; **b)** *(Aktennotiz)* entry; **ein ~ ins Register** an entry in the register
ein|tragen *unr. tr. V.* **a)** *(einschreiben)* enter; copy out *(essay)*; **einen Aufsatz in sein Heft ~:** copy an essay into one's exercise-book; *(einzeichnen)* mark in; enter; **seinen Namen** *od.* **sich [in eine Liste] ~:** enter one's name [on a list]; **b)** *(Amtsspr.)* register; **sich ~ lassen** register; **etw. auf seinen Namen ~ lassen** have sth. registered in one's name; **ein eingetragenes Warenzeichen** a registered trade mark; *s. auch* **Verein**; **c)** *(einbringen)* bring in *(money)*; bring *(criticism)*; win *(goodwill)*; **das Geschäft trägt [einen] Gewinn ein** the business makes a profit; **das hat ihm nur Undank eingetragen** that only brought him ingratitude
einträglich ['a͜intrɛːklɪç] *Adj.* profitable, lucrative *(business, sideline)*; lucrative *(work, job)*
Eintragung die; ~, ~en a) *(das Eintragen)* entering; **die ~ der Zinsen vornehmen lassen** have the interest entered [in one's account book]; **eine ~ ins Grundbuch bezahlen** pay to have a property *etc.* entered in the land register; **b)** *(Eingetragenes)* entry
ein|träufeln *tr. V.* **sich/jmdm. Augentropfen ~:** put drops in one's/sb.'s eyes; **jmdm. ein Medikament ~:** administer or give a medicine to sb. in drops
ein|treffen *unr. itr. V.; mit sein* **a)** *(ankommen)* arrive; **b)** *(verwirklicht werden)* *(prophecy)* come true
Ein·treffen das; *o. Pl.* arrival; **ich glaube nicht an das ~ dieser Prophezeiung** I don't believe that this prophecy will come true
ein|treiben *unr. tr. V.* **a)** *(kassieren)* collect *(taxes, debts)*; *(durch Gerichtsverfahren)* recover *(debts, money)*; **das Geld ~ lassen** take action to obtain the money; **b)** *(hineintreiben)* drive in *(nail, stake)*
Eintreibung die; ~, ~en *(von Steuern, Schulden)* collection; *(durch Gerichtsverfahren)* recovery
ein|treten 1. *unr. itr. V.* **a)** *mit sein (einen Raum betreten)* enter; **in ein Zimmer ~:** enter a room; **bitte, treten Sie ein!** please come in; **die Eintretenden** those entering; **b)** *mit sein (Mitglied werden)* **in einen Verein/einen Orden ~:** join a club/enter a religious order; **c)** *mit sein (Raumfahrt)* **in die Erdumlaufbahn/Erdatmosphäre ~:** enter Earth orbit/the Earth's atmosphere; **d)** *mit sein* **in eine neue/schwierige Phase ~:** be entering a new/difficult phase; **in Verhandlungen ~:** enter into negotiations; **in die Beweisaufnahme ~** *(Rechtsw.)* proceed to hearing the evidence; **e)** *mit sein (sich ereignen)* occur; *(silence)* descend; *(thaw)* set in; *(darkness, night)* set in, fall; **bald trat eine Besserung ein** there was soon an improvement; **bei Eintreten der Dunkelheit** at nightfall; when darkness sets in; **das Unerwartete war eingetreten** the unexpected had occurred or happened; **f)** *mit sein (sich einsetzen)* **für jmdn./etw. ~:** stand up for sb./sth.; *(vor Gericht)* speak in sb.'s defence; **g) auf jmdn./etw. ~:** kick sb./sth. **2.** *unr. tr. V.* kick in

⟨door, window, etc.⟩. 3. *unr. refl. V.* sich *(Dat.)* etw. ~: get sth. in one's foot
ein|trichtern *tr. V. (salopp)* jmdm. etw. ~: drum sth. into sb.; jmdm. ~, daß ...: drum into sb. that ...
Ein·tritt der a) entry; entrance; sich *(Dat.)* [in etw. *(Akk.)*] ~ verschaffen gain entry [to sth.]; beim ~ in die Adoleszenz *(fig.)* when entering adolescence; vor dem ~ in die Verhandlungen *(fig.)* before entering into negotiations; b) *(Beitritt)* der ~ in einen Verein/einen Orden joining a club/entering a religious order; c) *(von Raketen)* entry; beim ~ [in die Erdatmosphäre] on entry [into the Earth's atmosphere]; d) *(Zugang, Eintrittsgeld)* admission; [der] ~ [ist] frei admission [is] free; jmdm. den ~ [in etw. *(Akk.)*] verwehren refuse sb. admission [to sth.]; e) *(Beginn)* *(des Winters)* onset; vor/nach ~ der Dunkelheit before/after nightfall *or* dusk; f) *(eines Ereignisses)* occurrence; *(der Menstruation, Wehen)* onset; bei ~ des Todes when death occurs
Eintritts-: ~geld das admission charge *or* fee; entrance charge *or* fee; ~karte die admission *or* entrance ticket; ~preis der admission *or* entrance charge
ein|trocknen *itr. V.*; *mit sein* a) ⟨paint, blood⟩ dry; ⟨water, toothpaste⟩ dry up; b) *(verdorren)* ⟨leather⟩ dry out; ⟨berry, fruit⟩ shrivel
ein|trüben *refl. V.* *(Met.)* cloud over; become overcast; es trübt sich ein it's clouding over
Ein·trübung die cloudy spell
ein|trudeln *itr. V.*; *mit sein (ugs.)* drift in *(coll.)*
ein|tunken *tr. V. (landsch.)* etw. in etw. *(Akk.)* ~: dip *or* dunk sth. in sth.
ein|tüten *tr. V.* bag
ein|üben *tr. V.* a) *(sich aneignen)* practise; jede einzelne seiner Gesten wirkt sorgfältig eingeübt all of his gestures seem carefully rehearsed; b) *(Proben, Trainieren)* mit jmdm. etw. ~: practise sth. with sb.
Ein·übung die a) *(Aneignung)* acquisition; b) *(Proben, Trainieren)* practising
Ein·uhr-: one o'clock ⟨news, train⟩
ein·und·ein·halb s. anderthalb
Einung die ~, ~en *(dichter.)* s. Einigung b
ein|verleiben [-fɛɐlaibn] 1. *tr. V.* annex ⟨land, country⟩. 2. *refl. V.* (sich zu eigen machen) assimilate, absorb ⟨knowledge, experience⟩; *(scherzh.: zu sich nehmen)* put away *(coll.)*
Einvernahme die ~, ~n *(Rechtsw., bes. österr. u. schweiz.)* examination
ein|vernehmen *unr. tr. V.* *(Rechtsw., bes. österr. u. schweiz.)* examine
Ein·vernehmen das; ~s harmony; *(Übereinstimmung)* agreement; in freundschaftlichem/gutem ~ [mit jmdm.] on friendly/good terms [with sb.]; *s. auch* setzen 1c
ein·vernehmlich *(Amtsspr.)* 1. *Adv.* conjointly. 2. *adj.* conjoint
einverstanden *Adj.*; nicht attr. mit jmdm. ~ sein *(einer Meinung)* be in agreement with sb.; agree with sb.; mit jmdm./etw. ~ sein *(zufrieden)* approve of sb./sth.; sich [mit etw.] ~ erklären agree [to sth.]; express one's agreement [to sth.]; ~! *(ugs.)* okay! *(coll.);* agreed!
ein·verständlich *(geh.)* 1. *Adj.* mutually agreed; ⟨divorce⟩ by mutual consent. 2. *adv.* by mutual consent
Ein·verständnis das a) *(Billigung)* consent (zu to); approval (zu of); im ~ mit jmdm. handeln act with sb.'s consent; Ihr ~ vorausgesetzt if you are agreed; b) *(Übereinstimmung)* agreement; zwischen ihnen herrscht ~: there is agreement between them
Ein·waage die *(Kaufmannsspr.)* contents *pl.*
¹**ein|wachsen** *unr. itr. V.*; *mit sein* grow into the flesh; **eingewachsen** ingrown ⟨toenail⟩
²**ein|wachsen** *tr. V.* wax
Einwand der; ~[e]s, Einwände ['ainvɛndə] objection (gegen to)
Ein·wanderer der immigrant
ein|wandern *itr. V.*; *mit sein* immigrate (in + *Akk.* into)
Ein·wanderung die immigration; eine Zunahme der ~en an increase in the number of immigrants
Einwanderungs-: ~behörde die immigration authorities *pl.*; ~land das immigration country; ~quote die immigration quota; ~welle die wave of immigrants
einwand·frei 1. *Adj.* a) *(ohne Fehler)* flawless; perfect; impeccable ⟨behaviour⟩; das Fleisch ist noch ~: the meat is still perfectly fresh; b) *(eindeutig)* indisputable, definite ⟨proof⟩; watertight ⟨alibi⟩. 2. *adv.* a) perfectly; flawlessly; ⟨behave⟩ impeccably; b) beyond question *or* doubt; es ist ~ erwiesen, daß ...: it has been proved beyond question *or* doubt that ...
einwärts ['ainvɛrts] *Adv.* inwards
einwärts gebogen *Adj.* concave
ein|weben *tr. V.* weave *or* work in; etw. in etw. *(Akk.)* ~: weave *or* work sth. into sth.
ein|wechseln *tr. V.* a) *(wechseln, umtauschen)* change ⟨money⟩; b) *(Sport)* substitute ⟨player⟩
ein|wecken *tr. V.* preserve, preserve, bottle ⟨fruit, vegetables⟩
ein|weichen *tr. V.* soak
ein|weihen *tr. V.* a) open [officially] ⟨bridge, road⟩; dedicate ⟨monument⟩; consecrate ⟨church⟩; b) *(ugs. scherzh.: zum erstenmal benutzen)* christen *(coll.)*; c) *(vertraut machen)* jmdn. in etw. *(Akk.)* ~: let sb. in on sth.; jmdn. in die Kunst des Strickens/in das Schachspiel ~: initiate sb. into the art of knitting/the mysteries of chess
Einweihung die ~, ~en [official] opening
ein|weisen *unr. tr. V.* a) jmdn. in ein Krankenhaus ~: have sb. admitted to hospital; die Flüchtlinge wurden in eine Wohnung/ein Lager eingewiesen the refugees were assigned a flat *(Brit.)* *or (Amer.)* apartment/sent to a camp; b) *(in eine Tätigkeit)* jmdn. [in eine/die Arbeit] ~: introduce sb. to a/the job; etw. was a/the job involves; c) *(in ein Amt)* install; jmdn. in sein Amt ~: install sb.; d) *(Verkehrsw.)* direct
Ein·weisung die *(Unterbringung)* ~ in ein Krankenhaus admission to a hospital; sich gegen die ~ in ein Lager wehren fight against being sent to a camp; b) *(in eine Tätigkeit)* introduction; er wurde mit der ~ der neuen Mitarbeiter betraut he was given the task of introducing the new members of staff to their jobs; c) *(Amtseinführung)* installation
ein|wenden *unr. (auch regelm.) tr. V.* dagegen läßt sich manches/vieles ~: there are a number of things/is a lot to be said against that; dagegen ist nichts einzuwenden there can be no objection to that; „...", wandte er ein '...', he objected; gegen etw. nichts einzuwenden haben have no objection to sth.; have nothing against sth.
Ein·wendung die objection [gegen to]
ein|werfen 1. *unr. tr. V.* a) ~ mail ⟨letter, mail⟩; put in, insert ⟨coin⟩; b) *(zertrümmern)* smash, break ⟨window⟩; c) *(Ballspiele)* throw in ⟨ball⟩; d) *(bemerken, sagen)* „...", warf sie ein '...', she interjected. 2. *unr. itr. V.* *(Ballspiele)* *(vom Rand)* take the throw-in; *(ins Tor)* score

ein·wertig *Adj.* a) *(Chemie)* monovalent ⟨atom⟩; b) *(Sprachw.)* one-place ⟨verb⟩
ein|wickeln *tr. V.* a) wrap [up] ⟨article, present⟩; jmdn./sich in etw. *(Akk.)* ~: wrap sb./oneself [up] in sth.; b) *(ugs.)* jmdn. ~ *(überreden)* get round sb.; *(überlisten)* take sb. in
Einwickel·papier das wrapping paper
¹**ein|wiegen** *tr. V.* jmdn. ~: lull sb. to sleep; *(in der Wiege)* ein Kind ~: rock a child to sleep
²**ein|wiegen** *unr. tr. V.* *(Kaufmannsspr.)* weigh out
ein|willigen *itr. V.* agree, consent (in + *Akk.* to); in ein Angebot ~: accept an offer
Einwilligung die; ~, ~en agreement; consent; seine ~ zu etw. geben give one's consent to sth.; ihre ~ in das Angebot her acceptance of the offer
ein|winken *tr. V. (Verkehrsw.)* guide in ⟨aircraft⟩; guide *or* direct in ⟨car⟩; ein Auto in eine Parklücke ~: guide *or* direct a car into a parking space
ein|wirken 1. *itr. V.* a) *(beeinflussen)* auf jmdn. ~: influence sb.; exert *or* have an influence on sb.; beruhigend auf jmdn. ~: exert a soothing *or* calming influence on sb.; b) *(eine Wirkung ausüben)* have an effect (auf + *Akk.* on); man lasse die Creme ~: let the cream work in. 2. *tr. V.* *(Handarb., Textilw.)* work in; etw. in etw. *(Akk.)* ~: work sth. into sth.
Ein·wirkung die *(Einfluß)* influence; *(Wirkung)* effect; unter ~ von Drogen stehen be under the influence of drugs
ein·wöchig *Adj.* one-week attrib.; week-old ⟨baby⟩; week-long ⟨conference⟩
Einwohner der; ~s, ~, **Einwohnerin** die; ~, ~nen inhabitant; die Stadt hat 3 Millionen ~: the town has 3 million inhabitants *or* a population of 3 million
Einwohner·meldeamt das local government office for registration of residents
Einwohnerschaft die; ~, ~: population, inhabitants *pl.*
Einwohner·zahl die population
Ein·wurf der a) *(Einwerfen)* insertion; *(von Briefen)* mailing; b) *(Ballspiele)* throw-in; ein falscher ~: a foul throw; c) *(Öffnung)* *(eines Briefkastens)* letter-box; d) *(Zwischenbemerkung)* interjection; *(kritisch)* objection; einen kritischen ~ machen raise an objection
ein|wurzeln *itr. V. (auch refl.) V.* root; *(fig.)* take root
Ein·zahl die; *o. Pl. (Sprachw.)* singular
ein|zahlen *tr. V.* pay in; deposit; Geld auf sein Konto ~: pay *or* deposit money into one's account; die Miete ~: pay in the rent
Ein·zahlung die payment; deposit; *(Überweisung)* payment
Einzahlungs-: ~beleg der counterfoil; ~schalter der paying-in counter *(Brit.)*; deposit counter *(Amer.)*; ~schein der pay[ing]-in slip *(Brit.)*; deposit slip
ein|zäunen *tr. V.* fence in; enclose; ein Grundstück [mit etw.] ~: fence a property in [with sth.]
Einzäunung die; ~, ~en a) *(das Einzäunen)* fencing-in; enclosure; b) *(Zaun)* fence; enclosure
ein|zeichnen *tr. V.* draw *or* mark in; etw. in eine Karte ~: draw *or* mark sth. in on a map
ein·zeilig *Adj.* a) one-line attrib.; *s. auch* achtzeilig; b) eine ~e Küche a fitted kitchen arranged along one wall
Einzel ['aints] das; ~s, ~ *(Sport)* singles *pl.*; der Sieger im ~: the winner in the singles; ~ spielen to play a singles match
Einzel-: ~aktion die independent action; ~anfertigung die custom-made article; *(Fahrzeug)* custom-built model; ~ausgabe die separate edition; ~band der individual *or* single volume; ~bett das single bed; ~buchstabe der *(Druckw.)* single

[piece of] type; single sort; **~darstellung die** *(eines Themas)* individual treatment; *(Abhandlung)* monograph; **~disziplin die** *(bes. Leichtathletik)* single event; **~erscheinung die** isolated occurrence; **~fahrer der** *(Motorsport)* solo rider; **~fahr·schein der** single; **~fall der a)** particular case; **im ~fall** in particular cases; **b)** *(Ausnahme)* isolated case; exception; **~feuer das** *(Milit.)* independent fire; **~frage die** individual question

Einzelgänger [-gɛŋɐ] **der; ~s, ~ a)** solitary person; loner; **b)** *(Tier)* lone animal

Einzelgängerin die; ~, ~nen solitary person; loner

Einzelgängertum das; ~s solitariness

Einzel-: ~gehöft das solitary farm; **~gewerkschaft die** member union; **~grab das** separate *or* individual grave; **~haft die** solitary confinement

Einzel·handel der retail trade; **das kostet im ~ 200 DM** it retails at 200 marks; **etw. im ~ kaufen** buy sth. retail

Einzelhandels-: ~geschäft das retail shop; retail store *(Amer.)*; **~kaufmann der** retail salesman; **~preis der** retail price

Einzel-: ~händler der retailer; retail trader; **~haus das** detached house

Einzelheit die; ~, ~en a) detail; **b)** *(einzelner Umstand)* particular; **bis in alle ~en** down to the last detail; **in ~en gehen** go into detail

Einzel-: ~interesse das individual interest; **~kind das** only child

Einzeller ['aintsɛlɐ] **der; ~s, ~** *(Biol.)* unicellular organism

einzellig ['aintsɛlɪç] *Adj.* *(Biol.)* unicellular; single-cell *attrib.*

einzeln *Adj.* **a)** *(für sich allein)* individual; **die ~en Bände eines Werkes** the individual *or* separate volumes of a work; **jede ~e Insel** each individual island; **ein ~er Schuh/Handschuh** an odd shoe/glove; **jede ~e ist ein Kunstwerk** each individual one is a work of art; **schon ein ~es von diesen Gläsern** just one of these glasses on its own; **„bitte ~ eintreten"** 'please enter one [person] at a time'; **alle Teile ~ verpacken** pack each piece individually; **~ reisen** travel alone or on one's own; **wir sind alle ~ gekommen** we all came separately; **sich um jeden ~en Gast kümmern** look after each guest individually; **b)** *(alleinstehend)* solitary *(building, tree)*; **eine ~e Dame/ein ~er Herr** a single lady/gentleman; **c)** *(wenige)* a few; *(einige)* some; **~e Regenschauer** scattered or isolated showers; **d)** *substantivisch (~er Mensch)* **der/jeder ~e** the/each individual; **als ~er** as an individual; **jeder ~e der Betroffenen wurde angehört** every [single] one of those concerned was given a hearing; **ein ~er** one individual; **für einen ~ geeignet** suitable for one person; **e)** *substantivisch* **~es** *(manches)* some things *pl.*; **das Einzelne** the particular; **vom Einzelnen zum Allgemeinen** from the particular to the general; **etw. im ~en besprechen** discuss sth. in detail; **ins ~e gehen** go into detail[s *pl.*]; **bis ins ~e** right down to the last detail

einzeln·stehend *Adj.* solitary

Einzel-: ~person die one person; individual; **als ~person** as an individual; **~preis der** individual price; **~rad·aufhängung die** *(Kfz-W.)* independent suspension; **~richter der** judge sitting singly; **~schicksal das** individual fate *or* destiny; **~staat der** individual state; **~stück das** individual piece *or* item; **~stunde die** private lesson; **~teil das** individual *or* separate part; **etw. in [seine] ~teile zerlegen** take sth. to pieces; **~therapie die** *(Med.)* individual therapy; **~unterricht der** individual tuition; **~wertung die** *(Sport)* individual placings *pl.*; **~wesen das** individual [being]; **der Mensch als ~wesen** man as an

individual; **~wettbewerb der** *(Sport)* individual event; **~zelle die a)** *(für ~haft)* single cell; **b)** *(Biol.)* single cell; **~zimmer das** single room

ein|zementieren *tr. V.* cement in

einziehbar *Adj.* **a)** *(Technik)* retractable; **b)** *(Finanzw.)* recoverable

Einzieh·decke die duvet *(Brit.)*; continental quilt *(Brit.)*; stuffed quilt *(Amer.)*

ein|ziehen 1. *unr. tr. V.* **a)** put in ⟨duvet⟩; thread in ⟨tape, elastic⟩; **b)** *(einbauen)* put in ⟨wall, ceiling⟩; **c)** *(einholen)* haul in, pull in ⟨net⟩; retract, draw in ⟨feelers, claws⟩; **den Kopf ~:** duck; **der Frühling zog den Schwanz ein** the dog puts its tail between its legs; *s. auch* **Schwanz a; d)** *(einatmen)* breathe in ⟨scent, fresh air⟩; inhale ⟨smoke⟩; **e)** *(einberufen)* call up, conscript ⟨recruits⟩; **f)** *(beitreiben)* collect; **er läßt die Miete vom Konto ~:** he pays his rent by direct debit; **g)** *(beschlagnahmen)* confiscate; seize; **h)** *(aus dem Verkehr ziehen)* withdraw, call in ⟨coins, banknotes⟩; **i)** *(Amtsspr.)* *(einholen)* Informationen/Erkundigungen ~: gather information/make enquiries; **j)** *(Druckw.)* indent ⟨paragraph⟩. **2.** *unr. itr. V.; mit sein* **a)** *(eindringen)* ⟨liquid⟩ soak in; **b)** *(einkehren)* enter; **der Frühling zieht ein** *(geh.)* spring comes or arrives; **dann zog bei uns wieder Ruhe ein** then we had peace and quiet again; **ins Parlament ~:** enter parliament; **c)** *(in eine Wohnung)* move in

Ein·ziehung die a) *(Einberufung)* call-up; conscription; drafting *(Amer.)*; **b)** *(Beitreibung)* collection; **c)** *(von Eigentum)* confiscation, seizure; *(von Münzen, Banknoten usw.)* withdrawal

einzig ['aintsɪç] **1.** *Adj.; o. Komp.; Sup.* *(ugs.:)* **~ste a)** *(alleinig)* only; single; *(intensivierend nach „ein" od. „kein")* single; **der ~e Sohn** our only son; **unser Einziger/unsere Einzige** our only son/daughter; **nur ein ~er** only one; **nicht ein ~es Stück** not one single piece; **es blieb nur ein ~er Ausweg** there was only one way out; **ihre ~e Freude war ihre Tochter** her daughter was her one and only joy; **das ~e, was er sah, war ...:** the only thing he saw was ...; **b)** *nicht präd.* *(völlig)* complete; absolute; one long ⟨torment⟩; **c)** *(geh.: unvergleichlich)* unique; **~ in ihrer/seiner Art** unique in her/his/its [own] way. **2.** *adv.* **a)** *(intensivierend bei Adj.)* singularly; extraordinarily; **ein ~ schöner Tag** an extraordinarily beautiful day; **b)** *(ausschließlich)* only; **das ~ Wahre** the only thing; **das ~ Vernünftige/Richtige** the only sensible/right thing [to do]; **~ und allein** nobody/nothing but; solely; **~ ihm wollte sie sich anvertrauen** he was the only one she would confide in

einzig·artig **1.** *Adj.* unique. **2.** *adv.* uniquely; **~ schön** extraordinarily beautiful

Einzigartigkeit die, Einzigkeit die uniqueness

Ein·zimmer-: ~apartment das, ~appartement das, ~wohnung die one-room flat *or (Amer.)* apartment

ein|zuckern *tr. V.* sprinkle with sugar

Ein·zug der a) entry (**in** + *Akk.* into); **der ~ des Winters** *(geh.)* the advent of winter; **[seinen] ~ halten** make one's entrance; **mit strahlendem Sonnenschein hielt der Frühling [seinen] ~:** glorious sunshine marked the beginning of spring; **der ~ ins Parlament** entry into parliament; **b)** *(in eine Wohnung)* move; **c)** *(Druckw.)* indentation

Einzugs-: ~bereich der, ~gebiet das catchment area

ein|zwängen *tr. V.* squeeze or hem in; ⟨corset⟩ constrict

Ein·zylinder·motor der single-cylinder engine

Eis [ais] **das; ~es a)** ice; **eine Flasche auf ~ legen** put a bottle on ice; **ein Whisky mit ~:** a whisky with ice or on the rocks; **etw. auf ~ legen** *(fig. ugs.)* put sth. on ice; shelve sth.; **jmdn. auf ~ legen** *(fig. salopp)* put sb. out of harm's way; **b)** *(Speise~)* ice-cream; **ein ~ am Stiel** an ice-lolly *(Brit.)* or *(Amer.)* ice pop

Eis-: ~bahn die ice-rink; **~bär der** polar bear; **~behälter der** ice bucket; **~becher der a)** *(~portion)* ice-cream sundae; **b)** *(Gefäß)* [ice-cream] sundae dish; **~bein das a)** *(Kochk.)* knuckle of pork; **b) ich habe ~beine** *(ugs. scherzh.)* my feet are like ice; **~berg der** iceberg; **die Spitze eines ~bergs** the tip of an iceberg; **~beutel der** ice-bag; ice-pack; **~blume die** frost flower; **~bombe die** *(Gastr.)* bombe glacée; **~brecher der** ice-breaker; **~café das** ice-cream parlour

Ei·schnee der stiffly beaten egg-white

Eis-: ~creme die ice-cream; **~diele die** ice-cream parlour

Eisen ['aizn] **das; ~s, ~: a)** *o. Pl.* iron; **aus ~ sein** be made of iron; **man muß das ~ schmieden, solange es heiß ist** *(Spr.)* strike while the iron is hot *(prov.)*; **b)** *(Werkzeug, Golf~)* iron; *(Jägerspr.)* trap; **jmdn. in ~ legen** *(veralt.)* put sb. in irons; *(fig.)* **ein heißes ~ anfassen od. anpacken** grasp the nettle; **das ist ein heißes ~:** that is a hot potato; **noch ein/mehrere ~ im Feuer haben** have another iron/several irons in the fire; **jmdn./etw. zum alten ~ werfen** *(ugs.)* throw sb./sth. on [to] the scrap-heap; **zum alten ~ gehören** belong on the scrap heap; **jmdn. zum alten ~ zählen** write sb. off [as too old]

Eisen·bahn die a) railway; railroad *(Amer.)*; **mit der ~ fahren** go or travel by train or rail; **es ist [die] aller|höchste ~** *(ugs.)* it's high time; it's getting late; **b)** *(Bahnstrecke)* railway line; railroad track *(Amer.)*; **c)** *(Verwaltung)* railway[s] *(Amer.)*; **d)** *(Spielbahn)* train or railway set

Eisenbahn-: ~abteil das railway or *(Amer.)* railroad compartment; **~bau der** railway or *(Amer.)* railroad construction

Eisenbahner der; ~s, ~: railwayman; railroader *(Amer.)*

Eisenbahner-: ~gewerkschaft die railwaymen's union; **~streik der** railway or *(Amer.)* railroad strike

Eisenbahn-: ~fähre die train ferry; **~gesellschaft die** railway or *(Amer.)* railroad company; **~knotenpunkt der** railway or *(Amer.)* railroad junction; **~netz das** railway or *(Amer.)* railroad network; **~schaffner der** railway guard; railroad conductor *(Amer.)*; **~tunnel der** railway or *(Amer.)* railroad tunnel; **~unglück das** train crash; **~wagen der** railway carriage; railroad car *(Amer.)*; *(Güterwagen)* railway wagon; railroad car *(Amer.)*; **~waggon der** *(veralt.)* *s.* **~wagen**

eisen-, Eisen-: ~berg·werk das iron mine; **~beschlag der** piece of ironwork; **~beschläge** ironwork *sing.*; **~erz das** iron ore; **~farbe die** ferric oxide paint; **~feil·späne** *Pl.* iron filings; **~fresser der** *(ugs. abwertend)* big mouth *(coll.)*; **~gerüst das** iron scaffolding *no indef. art.*; **~gießerei die** *(Verfahren)* iron-smelting; *(Betrieb)* iron-foundry; **~guß der**; *o. Pl. (das Gießen)* iron-casting; *(Guß~)* cast iron; **~haltig** *Adj.* iron-bearing ⟨stone⟩; ⟨food⟩ containing iron; **~hammer der a)** *(bild. Kunst)* trimming hammer; **~hart** *Adj.* as hard as iron or as a rock; *(fig.) ⟨person⟩* as hard as nails; iron ⟨will⟩; **~hut der a)** *(Bot.)* monks-hood; wolfs-bane; **b)** *(Hist.)* iron hat

Eisen·hütte die ironworks *sing. or pl.*; iron foundry

Eisenhütten-: ~industrie die iron industry; **~werk das** *s.* **Eisenhütte**

eisen-, Eisen-: ~industrie die iron industry; **~kern der** *(Elektrot.)* ferrite core; **~kette die** iron chain; **~kitt der** iron ce-

ment; ~**kraut** das (Bot.) vervain; ~**kur** die course of iron treatment; ~**legierung** die iron alloy; ~**mangel** der (Med.) iron deficiency; ~**nagel** der iron nail; ~**oxid** (fachspr.), ~**oxyd** das iron oxide; ~**präparat** das iron preparation; ~**ring** der iron ring; ~**säge** die hack-saw; ~**schaffend** Adj. in ~schaffende Industrie iron-and-steel-producing industry; ~**schwamm** der (Metall.) sponge iron; ~**span** der; meist Pl. iron filing; ~**spat** der (Mineral.) siderite; ~**stange** die iron bar; ~**staub** der iron filings pl.; ~**sulfat** das ferrous sulphate; ~**teil** das iron part; ~**träger** der iron girder; ~**verarbeitend** Adj.; nicht präd. iron-processing ⟨industry, firm, etc.⟩; ~**verhüttung** die iron smelting; ~**vitriol** das (Chemie) green vitriol; copperas; ferrous sulphate; ~**waren** Pl. ironmongery sing.; ~**waren·händler** der ironmonger; ~**zeit** die Iron Age
eisern ['aizɐn] 1. Adj. a) nicht präd. (aus Eisen) iron; ~e Lunge (Med.) iron lung; der ~e Vorhang (Theater) the safety curtain; der Eiserne Vorhang (Pol.) the Iron Curtain; das Eiserne Kreuz the Iron Cross; die Eiserne Jungfrau the Iron Maiden; b) (unerschütterlich) iron ⟨discipline⟩; unflagging ⟨energy⟩; mit ~em Willen with a will of iron; Eiserne Hochzeit 65th wedding anniversary; c) (unerbittlich) iron; unyielding; iron ⟨discipline⟩; mit ~em Besen [aus]kehren od. [aus]fegen make a ruthlessly clean sweep; der Eiserne Kanzler the Iron Chancellor; d) (bleibend) ~**er Bestand** emergency stock; eine ~e Reserve emergency reserves pl.; die ~e Ration the iron rations pl.; (fig.) one's last reserves pl. or standby. 2. adv. a) (unerschütterlich) resolutely; ~ bei etw. bleiben stick tenaciously to sth.; ~ schweigen remain resolutely silent; sich ~ an etw. (Akk.) halten keep resolutely to sth.; ~ **sparen/trainieren** save/train with iron determination; b) (unerbittlich) ~ Widerstand leisten put up steadfast resistance; ~ **durchgreifen** take drastic measures or action; ~ **auf Disziplin bedacht sein** insist on iron discipline
Eises·kälte die icy cold
eis-, Eis-: ~**fach** das freezing compartment; ~**fischerei** die ice fishing; ~**fläche** die sheet or surface of ice; ~**frei** Adj. ice-free; free of ice postpos.; ~**gang** der drift ice; ~**gekühlt** Adj. iced ⟨drink⟩; ~**glatt** Adj. a) icy ⟨road⟩; b) ['-'-] (ugs.) ⟨floor, steps⟩ as slippery as ice; ~**glätte** die black ice; ~**grau** Adj. steely grey; eine graue Alte a hoary old woman; ~**heilige** in die ~**heiligen** [feast days of] Three Saints (12, 13, 14 May); ~**hockey** das ice hockey
eisig 1. Adj. a) (kalt wie Eis) icy ⟨wind, cold⟩; icy [cold] ⟨water⟩; es ist ~: it's icy cold; it's freezing; b) (kalt ablehnend) frosty ⟨atmosphere⟩; frosty ⟨smile⟩. 2. adv. a) ~ kalt sein be icy cold; b) (ablehnend) ⟨smile⟩ frostily; ~ schweigen maintain an icy silence; jmdn. ~ empfangen give sb. a frosty or icy reception
eisig·kalt Adj. präd. getrennt geschrieben ice-cold ⟨water⟩; freezing cold ⟨weather⟩
eis-, Eis-: ~**kaffee** der iced coffee; ~**kalt** 1. Adj. a) ice-cold ⟨drink⟩; freezing cold ⟨weather⟩; sich ~**kalt anfühlen** feel freezing cold; b) (völlig gefühllos) icy; ice-cold ⟨technocrat, businessman⟩; ein ~**kalter Blick** a cold look. 2. adv. a) es lief mir ~**kalt über den Rücken** a cold shiver went down my spine; b) etw. ~**kalt tun** (kaltblütig) do sth. in cold blood; (lässig) do sth. without turning a hair; jmdn. ~**kalt ansehen/abweisen** give sb. an icy or frosty look/coldly reject sb.'s request; **er ging ~kalt hin und sagte ...**: he went over there, cool as you like, and said ...; ~**kanal** der (Sportjargon) toboggan run; ~**karte** die (Gastron.) ice-cream

menu; ~**kraut** das (Bot.) ice plant; ~**kristall** das ice crystal; ~**kübel** der ice bucket
Eis·kunst-: ~**lauf** der figure skating; ~**laufen** das figure skating; ~**läufer** der figure skater
eis-, Eis-: ~**lauf** der ice-skating; ~**laufen** unr. itr. V.; mit sein ice-skate; ~**laufen** das ice-skating; ~**läufer** der ice-skater; ~**mann** der; Pl. ~**männer** (ugs.) ice-cream man; ~**maschine** die ice-cream maker; freezer (Amer.); ~**meer** das: das Nördliche/Südliche ~**meer** the Arctic/Antarctic Ocean; ~**pickel** der (Bergsteiger) ice-pick
Ei·sprung der (Physiol.) ovulation
eis-, Eis-: ~**regen** der sleet; ~**revue** die ice show; ~**schicht** die layer of ice; ~**schießen** das (Sport) s. ~**stockschießen**; ~**schnelllauf** der, ~**schnelllaufen** das speed skating; ~**schnellläufer** der (Sport) speed skater; ~**scholle** die ice-floe; ~**schrank** der refrigerator; ~**spalte** die crevasse; ~**sport** der ice sports pl.; ~**stadion** das ice rink; ~**stock** der (Sport) icestick; ~**stock·schießen** das (Sport) icestick shooting; Bavarian curling; ~**tanz** der (Sport) ice-dancing; ~**vogel** der a) kingfisher; b) (Falter) white admiral; ~**waffel** die [ice-cream] wafer; ~**wasser** das; o. Pl. a) (~kaltes Wasser) ice-cold water; b) (Wasser mit ~stücken) iced water; c) (Schmelzwasser) melt-water; ~**wein** der wine made from grapes frozen on the vine; ~**würfel** der ice cube; ~**zapfen** der icicle; ~**zeit** die ice age; ~**zeitlich** Adj. ice-age attrib., of the ice age postpos.
eitel ['aitl] Adj. a) (abwertend) vain; ~ **wie ein Pfau** [sein] [be] as proud as a peacock; b) (veralt.: nichtig) vain ⟨hope⟩; futile, vain ⟨endeavour⟩; empty, idle ⟨talk⟩; c) indekl.; nicht präd. (veralt.: rein) pure; ~ **Freude** pure joy
Eitelkeit die; ~, ~en vanity
Eiter ['aitɐ] der; ~s pus
Eiter-: ~**beule** die boil; abscess; ~**herd** der pus focus; suppurative focus; ~**pickel** der spot; pimple
eitern itr. V. suppurate
eitrig Adj. suppurating; festering
Ei·weiß das a) (des Hühnereis) egg-white; albumen; ~ **und Dotter trennen** separate the egg-white and the yolk; **drei** ~: the whites of three eggs; b) (Chemie, Biol.) protein
eiweiß-, Eiweiß-: ~**arm** Adj. low-protein attrib.; low in protein postpos.; ~**bedarf** der protein requirement; ~**haltig** Adj. ⟨food⟩ containing protein; ~**mangel** der protein deficiency; ~**reich** Adj. high-protein attrib.; rich in protein postpos.
Ejakulation [ejakula'tsjo:n] die; ~, ~en (Physiol.) ejaculation
EK [e:'ka:] der; ~[s], ~[s] Iron Cross
EKD [e:ka:'de:] die; ~ Abk. Evangelische Kirche in Deutschland
ekel ['e:kl] Adj.; nicht präd. (veralt.) a) nauseating; disgusting; vile; b) (verwerflich) nasty; odious
¹**Ekel** der; ~s a) (Abscheu) disgust; loathing; revulsion; [einen] ~ vor etw. (Dat.) haben have a loathing or revulsion for sth.; [ein] ~ packte/erfüllte ihn he was seized by/filled with disgust etc.; ein ~ stieg in ihr hoch she was overcome by a feeling of disgust etc.; b) (Überdruß) loathing; einen ~ vor etw. (Dat.) entwickeln come to loathe sth.
²**Ekel** das; ~s, ~ (ugs. abwertend) horror; **er ist ein [altes] ~**: he is a perfect horror or quite obnoxious
ekel·erregend Adj. disgusting; nauseating; revolting; ~e Krankheiten diseases which could cause offence
ekelhaft 1. Adj. disgusting; revolting, nauseating ⟨sight⟩; nasty, (coll.) horrible ⟨weather, person⟩; ~ **riechen/schmecken** smell/taste disgusting or revolting. 2. adv. a) in a disgusting or nauseating

way; b) (ugs.: sehr) terribly (coll.), dreadfully (coll.) ⟨cold, hot⟩
ekeln ['e:kln] 1. refl. V. be or feel disgusted or sickened; **sie ekelt sich vor Schlangen/Spinnen** usw. she finds snakes/spiders etc. repulsive; **sich vor jmdm./etw. ~**: find sb./sth. disgusting or revolting. 2. tr., itr. V. (unpers.) **es ekelt mich** od. **mir ekelt davor** I find it disgusting or revolting. 3. tr. V. a) **Hunde ~ ihn** he finds dogs repulsive; b) (vertreiben) **jmdn. aus dem Haus ~** hound sb. out of the house
EKG [e:ka:'ge:] das; ~[s], ~[s] Abk. Elektrokardiogramm ECG; **ein ~ machen lassen** have an ECG
Eklat [e'kla(:)t] der; ~s, ~s (geh.) (Aufsehen, Skandal) sensation; stir; (Konfrontation) row; altercation; **es kam zum ~**: it came to a row or [major] confrontation
eklatant [ekla'tant] (geh.) 1. Adj. a) (offensichtlich) striking ⟨difference⟩; flagrant, scandalous ⟨offence⟩; b) (sensationell) sensational; spectacular. 2. adv. flagrantly; ~ **gegen etw. verstoßen** be in flagrant breach of sth.
Eklektiker [e'klɛktikɐ] der; ~s, ~, **Eklektikerin** die; ~, ~nen eclectic
eklektisch 1. Adj. eclectic. 2. adv. eclectically
Eklektizismus [eklɛkti'tsɪsmʊs] der; ~: eclecticism
eklig ['e:klɪç] 1. Adj. a) disgusting, revolting, nauseating ⟨sight⟩; nasty (coll.), horrible ⟨weather, person⟩; ~ **riechen/schmecken** smell/taste disgusting or revolting; b) (ugs.: gemein) mean; nasty; **sich ~ benehmen** be mean or nasty. 2. adv. a) in a disgusting or revolting or nauseating way; b) (ugs.: sehr) terribly (coll.), dreadfully (coll.) ⟨hot, cold⟩
Eklipse [e'klɪpsə] die; ~, ~n (Astron.) eclipse
Ekliptik [e'klɪptɪk] die; ~, ~en (Astron.) ecliptic
Ekstase [ɛk'sta:zə] die; ~, ~n ecstasy; **in ~ geraten** go into ecstasies; become ecstatic; **jmdn. in ~ versetzen** send sb. into ecstasies; make sb. ecstatic
ekstatisch [ɛk'sta:tɪʃ] 1. Adj. ecstatic. 2. adv. ecstatically
Ektoderm ['ɛktodɛrm] das; ~s, ~e (Zool.) ectoderm
Ekto·plasma [ɛkto-] das (Biol.; Parapsychologie) ectoplasm
Ekzem [ɛk'tse:m] das; ~s, ~e (Med.) eczema
ekzematös [ɛktsema'tø:s] Adj. (Med.) eczematous
Elaborat [elabo'ra:t] das; ~[e]s, ~e (geh. abwertend) pathetic concoction
elaboriert Adj. (geh.) elaborate ⟨style⟩; elaborated; **ein ~er Code** (Sprachw.) an elaborated code
Elan [e'la:n] der; ~s der; vigour
elan·voll Adj. zestful; vigorous. 2. adv. zestfully; vigorously
Elaste [e'lastə] Pl. (Chemie) elastomers
Elastik [e'lastɪk] das; ~s, ~s od. die; ~, ~en elasticated material; stretch fabric
elastisch 1. Adj. a) (dehnbar) elasticated ⟨material⟩; springy, resilient ⟨surface⟩; b) (geschmeidig) supple, lithe ⟨person, body⟩; c) (flexibel) flexible ⟨tactics, rules⟩. 2. adv. a) (geschmeidig) supply; lithely; **sein ~ federnder Gang** his supple or lithe walk; b) (flexibel) flexibly
Elastizität [elastitsi'tɛ:t] die; ~: a) (Dehnbarkeit) elasticity; (Federkraft) springiness; b) (Geschmeidigkeit) suppleness; c) (Flexibilität) flexibility
Elativ ['e:lati:f] der; ~s, ~e (Sprachw.) absolute superlative; elative
Elb-Florenz ['ɛlp-] das Dresden
Elb·kähne Pl. (nordd. scherzh.) clodhoppers (coll.)
Elch [ɛlç] der; ~[e]s, ~e elk; (in Nordamerika) moose

Elch-: ~**bulle** der bull elk; ~**kuh** die cow elk
Eldorado [ɛldo'ra:do] das; ~s, ~s eldorado; **ein** ~ **der** od. **für Taucher** (fig.) a divers' paradise
Elefant [ele'fant] der; ~en, ~en elephant; **wie ein** ~ **im Porzellanladen** (ugs.) like a bull in a china shop; s. auch **Mücke**
Elefanten-: ~**baby** das baby elephant; s. auch ~**küken**; ~**bulle** der bull elephant; ~**haut** die elephant skin; **eine** ~**haut haben** (fig. ugs.) be thick-skinned; ~**herde** die elephant herd; ~**hochzeit** die (Wirtsch. scherzh.) giant merger; ~**kuh** die cow elephant; ~**küken** das: **er ist ein richtiges** ~**küken** (ugs. scherzh.) he looks just like a baby elephant; ~**rennen** das (ugs. scherzh.) race between two juggernauts
Elefantiasis [elefan'ti:azɪs] die; ~ (Med.) elephantiasis
elegant [ele'gant] 1. Adj. a) (geschmackvoll) elegant, stylish ⟨dress, appearance⟩; elegant ⟨society⟩; **die** ~**e Welt** elegant society; b) (harmonisch) elegant, graceful ⟨movement⟩; neat ⟨solution⟩; c) (kultiviert) elegant, civilized ⟨taste⟩; elegant ⟨style⟩; civilized ⟨manner⟩. 2. adv. elegantly, stylishly ⟨dressed⟩; **sich** ~ **aus der Affäre ziehen** get oneself gracefully out of it
Eleganz [ele'gants] die; ~ elegance; stylishness; **zeitlose/sportliche/lässige** ~: timeless/sporty/casual elegance
Elegie [ele'gi:] die; ~, ~n elegy
elegisch [e'le:gɪʃ] 1. Adj. a) (Dichtk.) elegiac; b) (fig.: wehmütig) elegiac; mournful; plaintive. 2. adv. ~ **gestimmt sein** feel in a mournful mood
elektrifizieren [elɛktrifi'tsi:rən] tr. V. electrify
Elektrifizierung die; ~, ~en electrification
Elektrik [e'lɛktrɪk] die; ~, ~en electrics pl.
Elektriker der; ~s, ~: electrician
elektrisch 1. Adj. electric ⟨current, light, heating, shock⟩; electrical ⟨resistance, wiring, system⟩; **der** ~**e Stuhl** the electric chair. 2. adv. ~ **kochen** cook with electricity; ~ **geladen sein** be electrically charged; **sich** ~ **rasieren** use an electric shaver
Elektrische die; ~n, ~n (veralt.) tram (Brit.); streetcar (Amer.)
elektrisieren 1. tr. V. a) (Med.) treat using electricity; b) (fig.: entflammen) electrify. 2. refl. V. give oneself or get an electric shock
Elektrizität [elɛktritsi'tɛ:t] die; ~ (Physik) electricity; (elektrische Energie) electricity; [electric] power
Elektrizitäts-: ~**erzeugung** die generation of electricity; ~**gesellschaft** die electricity company; ~**versorgung** die [electric] power supply; ~**werk** das power station; ~**zähler** der electricity meter
elektro-, Elektro-: ~**antrieb** der electric drive; ~**artikel** der electrical appliance; ~**auto** das electric car; ~**chemie** die electrochemistry no art.; ~**chemisch** 1. Adj. electrochemical; 2. adv. electrochemically; ~**chirurgie** die electrosurgery no art.
Elektrode [elɛk'tro:də] die; ~, ~n electrode
elektro-, Elektro-: ~**dynamik** die (Physik) electrodynamics sing., no art.; ~**dynamisch** (Physik) 1. Adj. electrodynamic. 2. adv. electrodynamically; ~**enzephalogramm** das (Med.) electroencephalogram; ~**fahrzeug** das electric vehicle; ~**gerät** das electrical appliance; ~**geschäft** das electrical shop or (Amer.) store; ~**handwerk** das electrical trade; ~**herd** der electric cooker; ~**industrie** die electrical goods industry; ~**ingenieur** der electrical engineer; ~**installateur** der electrical fitter; electrician; ~**kardiogramm** das (Med.) electrocardiogram; ~**karren** der electric trolley; ~**konzern** der electric company

Elektrolyse [elɛktro'ly:zə] die; ~, ~n (Chemie, Physik) electrolysis
elektrolysieren tr. V. (Chemie) electrolyse
Elektrolyt [elɛktro'ly:t] der; ~en od. ~s, ~en od. ~e electrolyte
elektrolytisch Adj. electrolytic
elektro-, Elektro-: ~**magnet** der electromagnet; ~**magnetisch** 1. Adj. electromagnetic; 2. adv. electromagnetically; ~**magnetismus** der electromagnetism no art.; ~**mechanik** die electrical engineering no art.; ~**mechanisch** 1. Adj. electromechanical; 2. adv. electromechanically; ~**meter** der electrometer; ~**mobil** das electric car; ~**monteur** der s. ~**installateur**; ~**motor** der electric motor
Elektron [e'lɛktrɔn] das; ~s, ~en [-'tro:nən] (Kernphysik) electron
Elektronen-: ~**blitz** der electronic flash; ~**blitz·gerät** das (Fot.) electronic flash; ~**[ge]hirn** das (ugs.) electronic brain (coll.); ~**hülle** die electron shell; ~**mikroskop** das electron microscope; ~**optik** die electron optics sing., no art.; ~**rechner** der electronic computer; ~**röhre** die electron tube or valve; ~**strahl** der (Physik) electron beam; ~**theorie** die electron theory; ~**volt** das electron volt
Elektronik [elɛk'tro:nɪk] die; ~ a) o. Pl. electronics sing., no art.; b) (Bestandteile) electronic parts pl.; electronics pl.
Elektroniker der; ~s, ~: electronics engineer
elektronisch 1. Adj. electronic. 2. adv. electronically
Elektro-: ~**ofen** der (Technik) electric furnace; ~**rasierer** der electric shaver or razor; ~**rasur** die shaving no art. with an electric shaver or razor; ~**schock** der (Med.) electric shock; ~**schweißer** der arc welder
Elektroskop [elɛktro'sko:p] das; ~s, ~e electroscope
elektro-, Elektro-: ~**smog** der electronic smog; ~**statisch** 1. Adj. electrostatic; 2. adv. electrostatically; ~**technik** die electrical engineering no art.; ~**techniker** der a) electronics engineer; b) (Elektriker) electrician; ~**technisch** 1. Adj. electrotechnical; ~**technische Industrie** electrical or electrotechnical industry; 2. adv. electrotechnically; ~**therapie** die (Med.) electrotherapy; ~**wagen** der electric vehicle
Element [ele'mɛnt] das; ~[e]s, ~e a) element; **die vier** ~**e** the four elements; **die entfesselten** ~**e** (geh.) the raging elements; **er war/fühlte sich in seinem** ~: he was/felt in his element; **zwielichtige/kriminelle** ~**e** shady/criminal elements; **die** ~**e der Mathematik/Grammatik/Chemie** usw. the elements or rudiments of mathematics/grammar/chemistry etc.; b) (Bauteil) element; (einer Schrankwand) unit; c) (Elektrot.) cell; battery
elementar [elemɛn'ta:ɐ̯] 1. Adj. a) (grundlegend) fundamental ⟨requirement, right, condition, insight, significance⟩; b) (einfach) elementary, rudimentary ⟨knowledge⟩; **ihm fehlen die** ~**sten Kenntnisse** he lacks the most elementary or rudimentary knowledge; c) (naturhaft) elemental ⟨force, forces⟩. 2. adv. with elemental force
Elementar-: ~**begriff** der elementary or basic concept; ~**gewalt** die elemental force; ~**kenntnisse** Pl. elementary or rudimentary knowledge sing.; ~**mathematik** die elementary mathematics sing., no art.; ~**stufe** die (Schulw.) pre-school level; ~**teilchen** das (Physik) elementary particle; ~**unterricht** a) (Einführungsunterricht) elementary instruction; b) (Unterricht in der** ~**stufe**) pre-school teaching
Elen [e'lɛn] das od. der; ~s, ~: s. **Elch**
elend [e'lɛnt] 1. Adj. a) (wretched, miserable ⟨existence, life conditions, environment⟩; **ei-**

nes ~**en Todes sterben** die a miserable death; b) (krank) sich ~ **fühlen** feel wretched or (coll.) awful; **mir ist/wird** ~: I feel/I am beginning to feel awful or terrible (coll.); c) (gemein) despicable ⟨person, coward, allegation⟩; d) **nicht präd.** (ugs.: besonders groß) dreadful (coll.) ⟨hunger, pain⟩. 2. adv. a) (jämmerlich) wretchedly; miserably; ~ **zugrunde gehen** come to a miserable or wretched end; b) (ugs.: intensivierend) dreadfully (coll.)
Elend das; ~s a) (Leid) misery; wretchedness; **das ganze Leben ist ein** ~: life is just a complete misery; **es ist ein** ~ **mit ihm** (ugs.) he's enough to drive you to despair; **das heulende** ~ **kriegen** (ugs.) start blubbering hysterically; **..., da kann man das heulende** ~ **kriegen** it's enough to make you weep; **wie das leibhaftige** ~ **aussehen** (ugs.) look like death warmed up (coll.); **ein langes** ~ (ugs. scherzh.) a beanpole; s. auch **Häufchen**; b) (Armut) misery; destitution; **jmdn. ins** ~ **stürzen** plunge sb. into misery
elendig, elendiglich Adv. (geh.) miserably; wretchedly; ~ **zugrunde gehen** perish miserably; come to a wretched or miserable end
Elends-: ~**gestalt** die [poor] wretch; wretched figure; ~**quartier** das slum [dwelling]; ~**viertel** das slum area
Eleve [e'le:və] der; ~n, ~n a) (Theater, Ballett) student; b) (Land- und Forstwirtsch.) trainee; c) (veralt. geh.: Schüler, Jünger) acolyte; disciple
elf [ɛlf] Kardinalz. eleven; s. auch ¹**acht**
¹**Elf** die; ~, ~en a) eleven; s. auch ¹**Acht** a, e, g; b) (Sport) team; side
²**Elf** der; ~en, ~en elf
Elfe [ɛlfə] die; ~, ~n fairy
Elfen·bein das ivory; **schwarzes** ~ (fig.) black ivory
Elfenbein·arbeit die ivory piece
elfen·beinern Adj. ivory
elfenbein-, Elfenbein-: ~**farben** Adj. ivory-coloured; ~**küste** die Ivory Coast; ~**schnitzerei** die a) o. Pl. ivory-carving; b) (Gegenstand) ivory carving; ~**turm** der (fig.) ivory tower
elfenhaft Adj. elfish; elfin
Elfen-: ~**königin** die elfin queen; fairy queen; ~**reigen** der fairy dance
Elfer der; ~s, ~, a) (Fußballjargon) penalty; b) (landsch.: Zahl Elf) eleven; c) (Buslinie) number eleven
Elfer-: ~**rat** der carnival committee consisting of eleven members; ~**wette** die (Sport) football pools [entry] requiring eleven selections; **er hat sieben Richtige in der** ~**wette** he's got seven out of eleven on the pools
elf-: ~**fach** Vervielfältigungsz. elevenfold; **die** ~**fache Menge** eleven times the amount; s. auch **achtfach**; ~**mal** Wiederholungsz. eleven times; s. auch **achtmal**
Elf·meter der (Fußball) penalty; **einen** ~ **schießen** take a penalty
Elfmeter-: ~**punkt** der (Fußball) penalty spot; ~**schießen** das (Fußball) **durch** ~**schießen** by or on penalties; **es gab ein** ~**schießen** it was decided on penalties; ~**schütze** der (Fußball) penalty taker; ~**tor** das (Fußball) penalty
elft in wir waren zu ~: there were eleven of us; s. auch ²**acht**
elft-. Ordinalz. eleventh; s. auch **acht...**
elf·tausend Kardinalz. eleven thousand
Elftel ['ɛlftl] das; ~s, ~: eleventh
elftens Adv. eleventh
elidieren [eli'di:rən] tr. V. a) (geh.: streichen) delete; b) (Sprachwiss.) elide
Elimination [elimina'tsjo:n] die; ~, ~en elimination
eliminieren [elimi'ni:rən] tr. V. eliminate
Eliminierung die; ~, ~en elimination
Elisabeth [e'li:zabɛt] (die) Elizabeth
elisabethanisch Adj. Elizabethan

Elision [eli'zi̯oːn] die; ~, ~en elision
elitär [eli'tɛːɐ̯] 1. *Adj.* **a)** élitist; **ein** ~**es Bewußtsein** an élite-awareness; **b)** *(zu einer Elite gehörend)* élite *attrib.* 2. *adv.* **er denkt/verhält sich** ~: he thinks/behaves in an élitist fashion
Elite [e'liːtə] die; ~, ~n élite; **die** ~ **der Sportler** the sporting élite
Elite-: ~**denken** das élitist thinking; élitism; ~**truppe** die *(Milit.)* élite *or* crack force
Elixier [elɪ'ksiːɐ̯] das; ~s, ~e elixir
Ell·bogen der; ~s, ~: elbow; **er/sie hat keine** ~ *(fig. ugs.)* he/she isn't pushy enough *(coll.)*
Ellbogen-: ~**freiheit** die elbow-room; ~**gesellschaft** die *(abwertend)* society where the weakest go to the wall; ~**mensch** der *(abwertend)* pushy individual *(ugs.)*
Elle ['ɛlə] die; ~, ~n **a)** *(Anat.)* ulna; **b)** *(frühere Längeneinheit)* cubit; **c)** *(veralt.: Maßstock)* ≈ yardstick; **alles mit einer** ~ **messen** *(fig.)* measure everything by the same yardstick
Ellen·bogen s. Ellbogen
ellen·lang *Adj. (ugs.)* ⟨*list*⟩ as long as your arm; interminable ⟨*lecture, sermon*⟩; terribly long *(coll.)* ⟨*letter*⟩
Ellipse [ɛ'lɪpsə] die; ~, ~n ellipse; *(Sprachw., Rhet.)* ellipsis
Ellipsen·bahn die elliptical orbit
ellipsen·förmig 1. *Adj.* elliptical. 2. *adv.* elliptically
elliptisch [ɛ'lɪptɪʃ] 1. *Adj.* elliptical. 2. *adv.* elliptically
Elms·feuer ['ɛlms-] das *(Met.)* St. Elmo's fire
Eloge [e'loːʒə] die; ~, ~n *(geh.)* eulogy
E-Lok die *(veralt.)* electric locomotive *or* engine
eloquent [elo'kvɛnt] *(geh.)* 1. *Adj.* eloquent. 2. *adv.* eloquently
Eloquenz die; ~ *(geh.)* eloquence
Elritze ['ɛlrɪtsə] die; ~, ~n *(Zool.)* minnow
Elsaß ['ɛlzas] das; ~ *od.* **Elsasses** Alsace; **im/aus dem** ~: in/from Alsace
Elsässer ['ɛlzɛsɐ] 1. *indekl. Adj.; nicht präd.* Alsatian. 2. der; ~s, ~: Alsatian
Elsässerin die; ~, ~nen Alsatian; *s. auch* -in
elsässisch *Adj.* Alsatian
Elsaß-Lothringen (das) *(hist.)* Alsace-Lorraine
Elster ['ɛlstɐ] die; ~, ~n *(Zool.)* magpie; **wie eine** ~ **stehlen** be light-fingered; **eine diebische** ~ *(fig.)* a pilferer
Elter ['ɛltɐ] das *od.* der; ~s, ~n *(Biol.)* parent
elterlich *Adj.; nicht präd.* parental
Eltern *Pl.* parents; **nicht von schlechten** ~ **sein** *(fig. ugs.)* be quite something
eltern-, Eltern-: ~**abend** der *(Schulw.)* parents' evening; ~**aktiv** das *(DDR: Schulw.)* parents' committee; ~**bei·rat** der *(Schulw.)* parents' association; ~**haus** das parental home; **aus einem armen/katholischen** ~**haus kommen** come from a poor/Catholic home; ~**liebe** die parental love; ~**los** 1. *Adj.* parentless; orphaned; **ein** ~**loses Kind** a child without parents; an orphan; 2. *adv.* ~**los aufwachsen** grow up an orphan or without parents
Elternschaft die; ~ **a)** *(Schulw.)* parents' association; **b)** *(Elternsein)* parenthood; **geplante** ~: planned parenthood
Eltern-: ~**sprech·tag** der parents' day; ~**teil** der parent; ~**versammlung** die parents' meeting
elysäisch [ely'zɛːɪʃ], **elysisch** [e'lyːzɪʃ] *Adj., adv. (dichter.)* Elysian
Elysium [e'lyːzi̯ʊm] das; ~s, **Elysien** [e'lyːzi̯ən] *(dichter.)* Elysium
EM *Abk.* Europameisterschaft[en]
Email [e'mai̯] das; ~s, ~s, **Emaille** [e'maljə] die; ~, ~n enamel

Email[le]-: ~**arbeit** die *(Kunst)* **a)** enamel; **b)** *(~ malerei)* enamel painting; ~**geschirr** das enamelware; ~**waren** *Pl.* enamelware *sing.*
emaillieren *tr. V.* enamel
Emanation [emana'tsi̯oːn] die; ~, ~en *(Philos.)* emanation
Emanze [e'mantsə] die; ~, ~n *(ugs., auch abwertend)* women's libber *(coll.)*
Emanzipation [emantsipa'tsi̯oːn] die; ~, ~en emancipation; **die** ~ **der Frau** the emancipation *or* liberation of women
Emanzipations·bewegung die liberation movement
emanzipatorisch [emantsipa'toːrɪʃ] *Adj. (geh.)* emancipatory ⟨*education*⟩
emanzipieren [emantsi'piːrən] 1. *refl. V.* **sich [von jmdm./etw.]** ~: emancipate oneself [from sb./sth.]. 2. *tr. V.* emancipate
emanzipiert *Adj.* emancipated; emancipated, liberated ⟨*woman*⟩
Embargo [ɛm'bargo] das; ~s, ~s embargo
Emblem [ɛm'bleːm] das; ~s, ~e *od.* ~ata emblem
Embolie [ɛmbo'liː] die; ~, ~n *(Med.)* embolism
Embonpoint [ãbõ'poɛ̃ː] der *od.* das; ~s *(geh. scherzh.)* embonpoint
Embryo ['ɛmbryo] der; ~s, ~nen [-y'oːnən] *od.* ~s embryo
Embryoblast der; ~en, ~en *(Biol.)* cyst
embryonal *Adj.; nicht präd. (Med., Biol., fig.)* embryonic
Emendation [emɛnda'tsi̯oːn] die; ~ *(Literaturw.)* emendation
emeritieren [emeri'tiːrən] *tr. V.* confer emeritus status on; **ein emeritierter Professor** an emeritus professor; a professor emeritus
Emeritierung die; ~, ~en: **seit seiner** ~: since he has been an emeritus professor
Emeritus [e'meːrɪtʊs] der; ~, **Emeriti** *(geh.)* emeritus professor
Emigrant [emi'grant] der; ~en, ~en emigrant; *(Flüchtling)* emigré
Emigranten·presse die emigré press
Emigrantin die; ~, ~nen s. Emigrant
Emigration [emigra'tsi̯oːn] die; ~, ~en **a)** *(das Emigrieren)* emigration; **die innere** ~: inner emigration *(particularly during the Nazi period in Germany);* **b)** *o. Pl. (die Fremde)* exile; **in der** ~ **leben** live in exile; **c)** *o. Pl. (die Emigranten)* emigrés *pl.*
emigrieren [emi'griːrən] *itr. V.; mit sein* emigrate
eminent [emi'nɛnt] 1. *(geh.) Adj.* eminent; **von** ~**er Bedeutung sein** be of the utmost significance. 2. *adv.* eminently; **das ist** ~**wichtig** that is of the utmost importance
Eminenz [emi'nɛnts] die; ~, ~en *(kath. Kirche)* eminence; **Eure/Seine** ~: Your/His Eminence; **eine graue** ~: an éminence grise; a grey eminence
Emir ['eːmɪr] der; ~s, ~e emir
Emirat [emi'raːt] das; ~[e]s, ~e emirate
Emissär [emi'sɛːɐ̯] der; ~s, ~e emissary
Emission [emi'si̯oːn] **a)** *(Physik, Ökologie)* emission; **b)** *(Ausgabe [von Briefmarken, Wertpapieren])* issue
Emissions·schutz·gesetz das anti-pollution law
Emitter [e'mɪtɐ] der; ~s, ~ *(Technik)* emitter
emittieren *tr. V.* **a)** *(Finanzw.)* issue; **b)** *(in die Luft abblasen)* emit
Emmchen ['ɛmçən] *Pl. (ugs. veralt.)* marks
Emmentaler ['ɛməntaːlɐ] der; ~s, ~: Emmenthal [cheese]
e-Moll das E minor; *s. auch* a-Moll
Emotion [emo'tsi̯oːn] die; ~, ~en emotion
emotional 1. *Adj.* emotional; *(person, reaction, etc.);* emotive ⟨*topic, question*⟩. 2. *adv.* emotionally
emotionalisieren *tr. V. (geh.)* arouse emotions in, emotionalize ⟨*person*⟩; emotionalize ⟨*issue*⟩

Emotionalität die; ~: emotionalism; emotionality
emotionell *Adj. s.* emotional
emotions·geladen *Adj.* emotionally charged
E-Motor der electric motor
Empathie [ɛmpa'tiː] die; ~ *(Psych.)* empathy
empfahl [ɛm'pfaːl] *1. u. 3. Pers. Sg. Prät. v.* empfehlen
empfand [ɛm'pfant] *1. u. 3. Pers. Sg. Prät. v.* empfinden
Empfang [ɛm'pfaŋ] der; ~[e]s, **Empfänge a)** *(Entgegennahme)* receipt; **bei** ~: on receipt; **etw. in** ~ **nehmen** accept sth.; **mit einer Strafpredigt in** ~ **genommen werden** *(iron.)* be welcomed *or* greeted with a dressing-down; **zahlbar bei** ~: payable on receipt; **b)** *(Funkw., Rundf., Ferns.)* reception; **auf** ~ **gehen/bleiben** *(Funkw.)* switch over to 'receive'/stay on 'receive'; **c)** *o. Pl. (geh.: Begrüßung)* reception; **d)** *(festliche Veranstaltung)* reception; **e)** *(Rezeption)* reception [desk]
empfangen 1. *unr. tr. V.* **a)** *(geh.)* receive; **einen Gast bei sich** ~: receive a guest at home; **die Sakramente** ~ *(Rel.)* receive the sacraments; **b)** *(Funkw., Rundf., Ferns.)* receive; **c)** *(begrüßen)* receive, greet ⟨*person*⟩; **jmdn. mit Blumen** ~: greet sb. with flowers; **d)** *(geh.: angeregt werden zu)* conceive ⟨*idea*⟩; **eine Anregung [von jmdm.]** ~: receive a stimulus from sb.; **e)** *(geh.)* **ein Kind** ~: conceive a child. 2. *unr. itr. V. (geh.: schwanger werden)* conceive
Empfänger [ɛm'pfɛŋɐ] der; ~s, ~ **a)** recipient; *(eines Briefs)* addressee; ~ **unbekannt/verzogen/unbekannt verzogen** not known at this address/gone away/gone away, address unknown; **b)** *(Empfangsgerät)* receiver
-empfänger der *(Renten- usw.)* recipient of ...
Empfängerin die; ~, ~nen s. Empfänger a
empfänglich *Adj.* **a)** *(leicht zugänglich)* receptive (**für** to); **b)** *(beeinflußbar)* susceptible; **für jmds. Charme/Schönheit** ~ **sein** be susceptible to sb.'s charm/beauty
Empfänglichkeit die; ~: **a)** *(Zugänglichkeit)* receptivity, receptiveness (**für** to); **b)** *(Beeinflußbarkeit)* susceptibility (**für** to)
Empfängnis die; ~: conception
empfängnis·verhütend *Adj.* **ein** ~**es Mittel** a contraceptive; ~ **wirken** act as a contraceptive
Empfängnis·verhütung die contraception
Empfängnisverhütungs·mittel das contraceptive
Empfängnis·zeit *(Rechtsw.)* time of conception
empfangs-, Empfangs-: ~**antenne** die *(Rundf., Ferns.)* [receiving] aerial *(Brit.)* or *(Amer.)* antenna; ~**berechtigt** *Adj.* authorized to receive payment/goods *postpos.;* **eine** ~**berechtigte Person** an authorized recipient; ~**bereich** der *(Rundf., Ferns.)* reception area; ~**bestätigung** die receipt; ~**chef** der head receptionist; ~**dame** die receptionist; ~**gerät** das *(Funkw., Rundf., Ferns.)* receiver; ~**halle** die reception lobby; ~**saal** der reception hall; ~**station** die *(Funkw., Rundf., Ferns.)* receiving station; *(Raumfahrt)* tracking station; ~**zimmer** das reception room
empfehlen [ɛm'pfeːlən] 1. *unr. tr. V.* **a)** **jmdm. etw./jmdn.** ~: recommend sth. to sb.; **der empfohlene Richtpreis** *(Wirtsch.)* the recommended price; ~ **Sie mich Ihrer Gattin** *(geh.)* convey my respects to your wife; **dieser Arzt/dies ist sehr zu** ~: this doctor/this is to be highly recommended; **b)** *(veralt.: anvertrauen)* commend *(Dat.* to). 2. *unr. refl. V.* **a)** *(geh.: sich verabschieden und gehen)* take one's leave; **darf ich**

1053

mich ~? may I take my leave?; **b)** *(unpers.)* **es empfiehlt sich, ... zu ...:** it's advisable to ...; **c)** *(geh.: sich als geeignet erweisen)* **sich [durch/wegen etw.] ~:** commend oneself/itself [because of sth.]
empfehlens·wert *Adj.* **a)** to be recommended *postpos.*; recommendable; **b)** *(ratsam)* advisable
Empfehlung *die;* ~, ~en **a)** recommendation; **sie kam auf ~:** she came on somebody's recommendation; **b)** *(Empfehlungsschreiben)* letter of recommendation; testimonial; **c)** *(höflicher Gruß)* „**eine ~ an Ihre Frau Mutter**" '[kind] regards to your mother'; „**mit freundlicher ~**" 'with kindest regards'
Empfehlungs·schreiben *das* letter of recommendation; testimonial
empfiehl [ɛm'pfiːl] *Imperativ Sg. v.* **empfehlen**
empfiehlst *2. Pers. Sg. Präsens v.* **empfehlen**
empfiehlt *3. Pers. Sg. Präsens v.* **empfehlen**
empfinden [ɛm'pfɪndn̩] *unr. tr. V.* **a)** *(wahrnehmen)* feel ⟨*pain, pleasure, bitterness, etc.*⟩; **etwas/nichts für jmdn. ~:** feel something/nothing for sb.; **b)** *(auffassen)* **etw. als Beleidigung ~:** feel sth. to be an insult; **jmdn. als Eindringling ~:** feel sb. to be an impostor; **das empfinde ich nicht so** I feel differently about it
Empfinden *das;* ~s feeling; **für mein** *od.* **nach meinem ~:** to my mind
empfindlich *1. Adj.* **a)** *(sensibel, feinfühlig, auch fig.)* sensitive; fast ⟨*film*⟩; **eine ~e Stelle** a tender spot; **b)** *(leicht beleidigt)* sensitive, touchy ⟨*person*⟩; **c)** *(anfällig)* **zart und ~:** delicate; **~ gegen Viruserkrankungen** prone to virus infections; **d)** *(stark)* severe ⟨*punishment, shortage*⟩; harsh ⟨*punishment, measure*⟩; sharp ⟨*increase*⟩. *2. adv.* **a) ~ auf etw. (Akk.) reagieren** *(sensibel)* be susceptible to sth.; *(beleidigt)* react oversensitively to sth.; **b)** *(spürbar)*⟨*punish*⟩ severely, harshly; ⟨*increase*⟩ sharply; **c)** *(intensivierend)*⟨*hurt*⟩ badly; bitterly ⟨*cold*⟩; **der Streik machte sich für die Verbraucher sofort ~ bemerkbar** the strike had an immediate effect on the consumers
Empfindlichkeit *die;* ~, ~en *s.* **empfindlich:** sensitivity; touchiness; severity; harshness; *(eines Films)* speed; **ihre ~ gegen Infektionen** her proneness *or* susceptibility to infections
empfindsam *1. Adj.* sensitive ⟨*nature*⟩; *(gefühlvoll)* sentimental. *2. adv.* sensitively; *(gefühlvoll)* sentimentally
Empfindsamkeit *die;* ~ : sensitivity; *(Literaturw.)* sentimentality
Empfindung *die;* ~, ~en **a)** *(sinnliche Wahrnehmung)* sensation; sensory perception; **b)** *(Gefühl)* feeling; emotion
empfindungs-, Empfindungs-: ~los *Adj.* **a)** *(körperlich)* numb; without sensation *pred.*; **b)** *(seelisch)* insensitive; unfeeling; **~losigkeit** *die;* ~ **a)** *(körperlich)* numbness; lack of sensation; **b)** *(Gefühlskälte)* insensitivity; lack of feeling; **~nerv** *der* sensory nerve; **~vermögen** *das* **a)** *(physisch)* sensory perception; **b)** *(seelisch)* sensitivity
empfing [ɛm'pfɪŋ] *1. u. 3. Pers. Sg. Prät. v.* **empfangen**
empfohlen [ɛm'pfoːlən] *1. 2. Part. v.* **empfehlen.** *2. Adj.* recommended
empfunden [ɛm'pfʊndn̩] *2. Part. v.* **empfinden**
Emphase [ɛm'faːzə] *die;* ~, ~n *(geh.)* emphasis
emphatisch [ɛm'faːtɪʃ] *1. Adj. (geh.)* emphatic. *2. adv.* emphatically
¹Empire [ã'piːɐ̯] *das;* ~[s] Empire
²Empire ['ɛmpaɪɐ] *das;* ~[s] *(Hist.)* Empire
Empire·stil [ã'piːɐ̯-] *der* Empire style
Empirie [ɛmpi'riː] *die;* ~ **a)** *(Methode)* empirical method; **b)** *(Erfahrungswissen)* empirical knowledge
Empiriker *der;* ~s, ~ : empiricist
empirisch *1. Adj.* empirical. *2. adv.* empirically
Empirismus *der;* ~ : empiricism
empor [ɛm'poːɐ̯] *Adv. (geh.)* upwards; up
empor-: ~|**arbeiten** *refl. V. (geh.)* work one's way up; ~|**blicken** *itr. V. (geh.)* look upwards *or (literary)* heavenwards; **zum Himmel ~blicken** raise one's eyes heavenwards *(literary)*
Empore *die;* ~, ~n gallery
empören [ɛm'pøːrən] *1. tr. V.* fill with indignation; incense; outrage. *2. refl. V.* **a)** *(zornig werden)* **sich über jmdn./etw. ~:** become indignant *or* incensed *or* outraged about sb./sth.; **b)** *(geh.: sich auflehnen)* **sich gegen jmdn./etw. ~:** rebel *or* rise against sb./sth.
empörend *1. Adj.* outrageous. *2. adv.* outrageously
Empörer *der;* ~s, ~ *(geh.)* rebel
empörerisch *Adj. (geh.)* rebellious
empor-: ~|**heben** *unr. tr. V. (geh.)* raise; ~|**kommen** *unr. itr. V.; mit sein (geh.)* **a)** *(nach oben kommen)* come up; **b)** *(fig.: aufsteigen)* rise
Emporkömmling [-kœmlɪŋ] *der;* ~s, ~e *(abwertend)* upstart; parvenu
empor-: ~|**ragen** *itr. V. (geh.)* rise [up]; **über etw. (Akk.) ~ragen** tower above sth.; ~|**recken** *1. tr. V. (geh.)* raise; *2. refl. V. (geh.)* rise; ~|**schauen** *unr. itr. V. (geh.)* raise one's eyes; ~|**schwingen** *unr. refl. V. (geh.)* **sich ~schwingen** swing oneself aloft; **sich zu großen Taten ~schwingen** *(fig.)* rise to great deeds; ~|**steigen** *unr. itr. V.; mit sein (geh.)* **a)** climb up; an etw. *(Dat.)* ~steigen climb [up] sth.; **einen Berg/die Treppe ~steigen** climb a mountain/the stairs; **b)** ⟨*balloon, kite*⟩ rise aloft; ~|**streben** *itr. V. mit sein (geh.)* soar upwards; **ein ~strebender Künstler** an aspiring artist
empört *1. Adj.* outraged ⟨*letter, look*⟩; **über jmdn./etw. ~ sein** be outraged at sth./about sb. *2. adv.* **jmdn./etw. ~ zurückweisen** reject sb./sth. indignantly *or* angrily
Empörung *die;* ~, ~en *o. Pl.* outrage; **b)** *(geh.: Aufstand)* rebellion; uprising
empor|züngeln *itr. V.; mit sein (geh.)* ⟨*flames*⟩ leap up
emsig ['ɛmzɪç] *1. Adj. (fleißig)* industrious, busy ⟨*person*⟩; *(geschäftig)* bustling ⟨*activity*⟩; *(übereifrig)* sedulous; **ein ~es Treiben** bustling activity; a hustle and bustle; **~ wie die Ameisen** *od.* **Bienen sein** be busy as bees. *2. adv. (fleißig)* industriously, busily; *(übereifrig)* sedulously
Emsigkeit *die;* ~ *(Fleiß)* industriousness; business; *(Übereifer)* sedulousness
Emu ['eːmu] *der;* ~s, ~s *(Zool.)* emu
Emulgator [emʊl'gaːtɔr] *der;* ~s, ~en [-ga'toːrən] *(Chemie)* emulsifying agent; emulsifier
Emulsion [emʊl'zi̯oːn] *die;* ~, ~en *(Chemie, Fot., Kosmetik)* emulsion
E-Musik *die;* ~ : serious music
en bloc [ã'blɔk] *Adv.* en bloc
end-, End-: ~**abnehmer** *der (Wirtsch.)* ultimate buyer; ~**abrechnung** *die* final account; ~**bahn·hof** *der* terminus; ~**betont** *Adj. (Sprachw.)* ⟨*word*⟩ with final stress; **das Wort „Berlin" ist ~betont** the word 'Berlin' is stressed on the final syllable; ~**betonung** *die (Sprachw.)* final stress; ~**betrag** *der* final amount
Endchen *das;* ~s, ~ : little bit; small piece
End·darm *der (Anat.) (Dickdarm)* large intestine; rectum; *(Afterdarm)* rectum
End·dreißiger *der* man in his late thirties
Ende ['ɛndə] *das;* ~s, ~n **a)** end; **am ~ der Straße/Stadt** at the end of the road/town; **am ~ der Welt** *(scherzh.)* at the back of beyond; **etw. am richtigen/falschen ~ anfassen** *(fig.)* go about sth. the right/wrong way; **am/bis/gegen ~ des Monats/der Woche/des Jahres/des Jahrhunderts** at/by/towards the end of the month/week/year/century; **~ April** at the end of April; **bis ~ der Woche** by the end of the week; **am ~ des Buchs/Films** at the end of the book/film; **das ~ des Films hat mir nicht gefallen** I didn't like the ending of the film; **~ zwanzig** *od.* **der Zwanziger/fünfzig** *od.* **der Fünfziger sein** be in one's late twenties/fifties; **wenn die beiden sich zanken, finden sie kein ~:** once those two start quarrelling they never stop; **zu ~ sein** ⟨*patience, hostility, war*⟩ be at an end; **die Schule/das Kino/das Spiel ist zu ~:** school is over/the film/game has finished; **zu ~ gehen** *(period of time)* come to an end; ⟨*supplies, savings*⟩ run out; ⟨*contract*⟩ expire; **etw. zu ~ führen** *od.* **bringen** finish sth.; **ein Buch zu ~ lesen** read a book to the end; **alles hat ein ~** *od.* **muß ein ~ haben** everything has to [come to an] end sometime; **~ gut, alles gut** all's well that ends well *(prov.)*; **ein/kein ~ nehmen** come to an end/never come to an end; **einer Sache/seinem Leben ein ~ machen** *od.* **setzen** *(geh.)* put an end to sth./take one's life; **am ~ sein** *(ugs.)* be at the end of one's tether; **ich bin mit meiner Geduld am ~:** my patience is at an end; **mit etw. am ~ sein** be at *or* have reached the end of sth.; **mit ihm geht es zu ~** *(verhüll.)* he is nearing his end; **das ~ vom Lied** *(ugs.)* the end of the story; **am ~** *(schließlich)* when all is said and done; **am ~ wird er der Täter sein** *(nordd.)* he's probably the culprit; **das ~ der Wurst** the end [piece] of the sausage; **b)** *(ugs.: kleines Stück)* bit; piece; **ein ~ Schnur** a bit *or* piece of string; **c)** *(ugs.: Strecke)* **ein ganzes ~:** a pretty long way; **d)** *(Jägerspr.)* point; **e)** *(Seemannsspr.)* rope
End·effekt *der:* **im ~:** in the end; in the final analysis
endemisch [ɛn'deːmɪʃ] *1. Adj. (Biol., Med.)* endemic. *2. adv.* endemically
endeln ['ɛndl̩n] *tr. V. (bayr., österr.)* turn in [and oversew] ⟨*hem, seam*⟩
enden *itr. V. auch mit sein;* **a)** end, finish; **der Zug endet in Berlin/hier** this train terminates in Berlin/here; **gut ~:** end well; **das wird nicht gut ~:** it's bound to end in disaster; **nicht ~ wollender Beifall** unending applause; **b)** *(sterben) mit sein* **in der Gosse/im Gefängnis ~:** end up in the gutter/in prison; *(dort sterben)* die in the gutter/end one's days in prison
End·ergebnis *das* final result
en détail [ãde'taj] *Adv.* **a)** *(im einzelnen)* in detail; **b)** *(Kaufmannsspr.)* retail
end-, End-: ~**fünfziger** *der* man in his late fifties; ~**geschwindigkeit die** *s.* **Höchstgeschwindigkeit;** ~**gültig** *1. Adj.* final ⟨*consent, answer, decision*⟩; conclusive ⟨*evidence*⟩; **etwas/nichts Endgültiges sagen/hören** say/hear something/nothing definite; *2. adv.* **das ist ~gültig vorbei** that's all over and done with; **sich ~gültig trennen** separate for good; **das ist jetzt ~gültig entschieden** it's been decided once and for all; ~**gültigkeit** *die* finality; *(von Beweisen)* conclusiveness; ~**halte·stelle** *die* terminus
endigen ['ɛndɪɡn̩] *itr. V. (veralt.) s.* **enden**
Endivie [ɛn'diːvi̯ə] *die;* ~, ~n endive
End-: ~**kampf** *der (Sport)* final; *(Milit.)* final battle; ~**lagerung die** permanent disposal *(of nuclear matter)*; ~**lauf** *der (Sport)* final; ~**lauf·teilnehmer** *der* finalist
endlich *1. Adv.* **a)** *(nach langer Zeit)* at last; **na ~ [kommst du]!** [so you've arrived] at [long] last!; **bist du ~ soweit?** are you ready at last?; **siehst du ~ ein, daß du unrecht hattest?** do you see now that you were wrong?; **halt ~ den Mund!** why don't you shut up?; **laß mich ~ in Ruhe mit deinem Geschwätz**

Endlichkeit

stop your babbling and leave me in peace; **b)** *(schließlich)* in the end; eventually; **wir kamen ~ doch zu einer Einigung** we did reach an agreement in the end *or* eventually. **2.** *Adj.* finite ⟨size, number⟩
Endlichkeit die; ~: finiteness
end·los 1. *Adj.* **a)** *(ohne Ende)* infinite; *(ringförmig)* endless, continuous ⟨belt, chain⟩; **b)** *(nicht enden wollend)* endless ⟨road, desert, expanse, etc.⟩; endless, infinite ⟨patience, etc.⟩; interminable ⟨speech⟩. **2.** *adv.* **~ lange dauern** be interminably long; go on and on; **~ lange reden** talk interminably; **~ warten** wait for ages
Endlos·formular das: ein ~: continuous stationery; form paper *(Amer.)*
Endlosigkeit die; ~: infinity; endlessness
End-: **~lösung die a)** *(selten: endgültige Lösung)* final solution; **b)** *(ns. verhüll.)* Final Solution *(to the Jewish question)*; **~moräne die** terminal moraine
Endogamie [ɛndoga'miː] **die;** ~ *(Völkerk.)* endogamy *no art.*
endogen [ɛndo'geːn] *Adj.* *(Med., Psych., Bot.)* endogenous
Endoskop [ɛndo'skoːp] **das; ~s, ~e** *(Med.)* endoscope
endotherm [ɛndo'tɛrm] *Adj.* *(Physik, Chemie)* endothermic
End-: **~phase die** final stages *pl.*; **~produkt das** final *or* end product; **~punkt der** end; *(einer Reise)* last stop; **~reim der** end rhyme; **~resultat das** final result; **~runde die** *(Sport)* final; **~runden·teilnehmer der** *(Sport)* finalist; **~sechziger der** man in his late sixties; **~siebziger der** man in his late seventies; **~sieg der** *(bes. ns.)* final *or* ultimate victory; **~silbe die** [word-]final syllable; **~spiel das a)** *(Sport)* final; **b)** *(Schach)* end game; **~spurt der** *(bes. Leichtathletik)* final spurt; **einen guten ~spurt haben** have a good finish; be good in the final spurt; **~stadium das** final stage; *(Med.)* terminal stage; **Krebs im ~stadium** terminal cancer; **~stand der** *(Sport)* final result; **~station die** terminus; **~station Krankenhaus** *(fig.)* finishing up in hospital; **~stück das** end; *(eines Brotes)* crust; **~summe die** [sum] total
Endung die; ~, ~en *(Sprachw.)* ending
endungs·los *Adj.* *(Sprachw.)* without an ending *postpos.*, *not pred.*
end-, End-: **~verbraucher der** *(Wirtsch.)* consumer; **~verbraucher·preis der** retail price; **~vierziger der** man in his late forties; **~zeit die** *(Rel.)* last days [of the world]; **~zeitlich** *Adj. (Rel.)* apocalyptic; **~ziel das** *(einer Reise)* final destination; *(Zweck)* ultimate aim *or* goal; **~ziffer die** final number; **das Los mit der ~ziffer 4** the coupon with a number ending in 4; **~zustand der** final state; **~zwanziger der** man in his late twenties; **~zweck der** ultimate purpose *or* object
Energie [enɛr'giː] **die; ~, ~n a)** *(Physik)* energy; **b)** *o. Pl. (Tatkraft)* energy; vigour
energie-, Energie-: **~arm** *Adj.* ⟨country⟩ lacking in energy resources; **~bedarf der** energy requirement; **~bewußt** *Adj.* energy-conscious; **~bündel das** *(ugs.)* bundle of energy; **~form die** form of energy; **~geladen** *Adj.* energetic, dynamic ⟨person⟩; **~gewinnung die** energy production; **~haushalt der** *(Physiol.)* energy balance; *(Wirtsch.)* control of the use of energy; **~intensiv** *Adj.* energy-intensive; **~krise die** energy crisis; **~los** *Adj.* lacking [in] energy *postpos.*; sluggish; **~politik die** energy policy; **~politisch 1.** *Adj.* **~politische Maßnahmen/Programme** energy measures/programmes; **2.** *adv.* in terms of energy policy; **~quelle die** energy source; source of energy; **neuzeitliche ~quellen** modern sources of energy; **~reich** *Adj.* energy-rich; **~reichtum der** energy

wealth; **~satz der** *(Physik)* principle of the conservation of energy; **~sparer der** energy-saver; **~spender der** energy-giving substance; **~träger der** energy source; **~verbrauch der** energy consumption; **~verschwendung die a)** wasting of energy; **b)** *(Verschwendung von Tatkraft)* waste of energy; **~versorgung die** energy supply; **der ~versorgung** *(Dat.)* **dienen** serve to supply energy; **~wirtschaft die** energy sector; **~zufuhr die** supply of energy
energisch [e'nɛrgɪʃ] **1.** *Adj.* **a)** *(tatkräftig)* energetic, vigorous ⟨person⟩; firm ⟨action⟩; **~ werden** put one's foot down; **b)** *(von starkem Willen zeugend)* determined, forceful; **ein ~es Kinn** a strong chin; **c)** *(entschlossen)* forceful, firm ⟨voice, words⟩. **2.** *adv.* **a)** *(tatkräftig)* **~ durchgreifen** take drastic action; **etw. ~ verteidigen** defend sth. vigorously; **b)** *(entschlossen)* ⟨reject, say⟩ forcefully, firmly; ⟨stress⟩ emphatically; ⟨deny⟩ strenuously
enervieren [enɛr'viːrən] *tr. V. (geh.)* enervate
Enfant terrible [ãfãtɛ'ribl] **das;** ~ ~, ~s ~s *(geh.)* enfant terrible
eng [ɛŋ] **1.** *Adj.* **a)** *(schmal)* narrow ⟨valley, road, bed⟩; **einen ~en Horizont** *od.* **Gesichtskreis haben** *(fig.)* have a narrow *or* limited outlook; **b)** *(dicht)* close ⟨writing⟩; **c)** *(fest anliegend)* close-fitting, tight; **ein ~es Kleid** a close-fitting dress; **der Anzug/ Rock ist zu ~:** the suit/skirt is too tight; **d)** *(beschränkt)* narrow, restricted ⟨interpretation, concept⟩; cramped, constricted ⟨room, space⟩; **e) im Komp. u. Sup.** *(begrenzt)* **in die ~ere Wahl kommen** be short-listed *(Brit.)*; **in der ~eren Wahl sein** be on the short list *(Brit.)*; **f)** *(nahe)* close ⟨friend⟩; **im ~sten Freundeskreis** among close friends; **die Hochzeit fand im ~sten Kreis der Familie statt** the wedding was attended by close relatives [only]; **die ~ere Verwandtschaft/Heimat** one's immediate relatives/home [area]. **2.** *adv.* **a)** *(dicht)* **~ schreiben** write closely together; **~ [zusammen] sitzen/stehen** sit/ stand close together; **b)** *(fest anliegend)* **~ anliegen/sitzen** fit closely; **c)** *(beschränkt)* **etw. zu ~ auslegen** interpret sth. too narrowly; **das siehst du zu ~** *(ugs.)* there's more to it than that; **d)** *(nahe)* closely; **mit jmdm. ~ befreundet sein** be a close friend of sb.
Engadin [ˈɛŋɡadiːn] **das;** ~s Engadine
Engagement [ãɡaʒə'mãː] **das; ~s, ~s a)** *o. Pl. (Einsatz)* involvement; **sein ~ für etw.** his commitment to sth.; **sein ~ gegen etw.** his committed stand against sth.; **b)** *(eines Künstlers)* engagement
engagieren [ãɡaʒiːrən] **1.** *refl. V.* commit oneself, become committed (**für** to); **sich politisch ~:** become politically involved; **sich in einer Organisation ~:** be active in an organization; **sich in einem Land/Geschäft ~** *(verhüllend)* become involved in a country/business. **2.** *tr. V. (unter Vertrag nehmen)* engage ⟨artist, actor, etc.⟩
engagiert *Adj.* **a)** *(entschieden für etw. eintretend)* committed ⟨literature, film, director⟩; **politisch/sozial ~ sein** be politically/ socially committed *or* involved; **b)** *(angestellt)* engaged ⟨artist, actor, etc.⟩
Engagiertheit die; ~: commitment; involvement
eng-: **~anliegend** *Adj. (präd. getrennt geschrieben)* tight-fitting, close-fitting; **~bedruckt** *Adj. (präd. getrennt geschrieben)* closely-printed ⟨page⟩; **~befreundet** *Adj. (präd. getrennt geschrieben)* **die beiden ~befreundeten Professoren/Ehepaare** the two professors/[married] couples, who are/ were close friends; **~begrenzt** *Adj. (präd. getrennt geschrieben)* limited; restricted; **~beschrieben** *Adj. (präd. getrennt geschrieben)* closely-written

Engpaß

Enge ['ɛŋə] **die; ~, ~n a)** *o. Pl.* confinement; restriction; **b)** *(veralt.: Engpaß) (Meeres~)* strait; *(Kanal~)* narrows *pl.*; **jmdn. in die ~ treiben** *(fig.)* drive sb. into a corner
Engel ['ɛŋl] **der; ~s, ~:** angel; **ich habe die ~ [im Himmel] singen** *od.* **pfeifen hören** *(ugs.)* it hurt like hell; **sie ist mein guter/ein rettender/ein wahrer ~:** she is my good/a guardian/a real angel; **er ist [auch] nicht gerade ein ~:** he's not exactly an angel
Engelchen das; ~s, ~, Engelein das; ~s, ~: little angel
engel-, Engel-: **~haft** *Adj.* angelic; **~macher der, ~macherin die; ~, ~nen** backstreet abortionist; **~schar die** heavenly host; host of angels
Engels-: **~geduld die** patience of a saint; **~gesicht das** angelic face
engel[s]·gleich *Adj.* angelic
Engels·haar das angel's hair
Engel[s]·kopf der cherub
Engels-: **~miene die** innocent look; **~musik die** heavenly music; **~zungen** *Pl.* **in mit ~zungen auf jmdn. einreden** use all one's powers of persuasion on sb.
Engerling ['ɛŋɐlɪŋ] **der; ~s, ~e** grub
eng·herzig 1. *Adj.* petty. **2.** *adv.* in a petty way
Eng·herzigkeit die; ~: pettiness
England (das); ~s a) England; **b)** *(ugs.: Großbritannien)* Britain
Engländer ['ɛŋlɛndɐ] **der; ~s, ~ a)** Englishman/English boy; **er ist ~:** he is English *or* an Englishman; **die ~:** the English; **b)** *(ugs.: Brite)* British person/man; Britisher *(Amer.)*; **die ~:** the British; **c)** *(Schraubenschlüssel)* monkey wrench
Engländerin die; ~, ~nen a) Englishwoman/English girl; **sie ist ~:** she is English *or* an Englishwoman; **b)** *(ugs.: Britin)* British person/woman; **die ~n sind ...:** British women are ...
england·freundlich *Adj.* anglophile
¹**englisch 1.** *Adj.* English; **~-deutsch** Anglo-German; English-German ⟨dictionary⟩; ⟨book⟩ in English and German; **die ~e Sprache/Literatur** the English language/ English literature; **die ~e Krankheit** *(veralt.)* rickets; **Englisch Horn** *(fachspr.) s.* **Englischhorn**; **Englische Bulldogge** bulldog. **2.** *adv.* **~ sprechen** speak English; **~ [gebraten]** rare; underdone; **ein ~ abgefaßter Artikel** an article in English; *s. auch* **deutsch**, ²**Deutsche**
²**englisch** *Adj.* **der Englische Gruß** the Angelic Salutation; the Ave Maria; the Hail Mary; **die Englischen Fräulein** Institute of the Blessed Virgin Mary; the 'English Ladies'; the 'English Virgins'
Englisch das; ~[s] English; **ein gutes/fehlerfreies ~ sprechen** speak good/perfect English; **das moderne ~/~ Chaucers** present day/Chaucerian English; *s. auch* **Deutsch**
englisch-, Englisch-: **~horn das** *(Musik)* cor anglais; **~lehrer der** English teacher; **~sprachig** *Adj.* **a)** (in **~er Sprache**) English-language ⟨book, magazine⟩; **die ~sprachige Literatur** English literature; **b)** *(~ sprechend)* English-speaking ⟨population, country⟩; **~unterricht der** English teaching; *(Unterrichtsstunde)* English lesson; **er gibt ~unterricht** he teaches English; **sie arbeitet im ~unterricht gut mit** she always pays attention in English lessons; **das habe ich im ~unterricht gelernt** I learnt that in English
English-Waltz ['ɪŋglɪʃ 'wɔ(ː)l(t)s] **der; ~, ~:** slow waltz
eng·maschig 1. *Adj.* **a)** close-meshed ⟨fabric⟩; **b)** *(Sport)* tight. **2.** *adv.* **a)** **~ stricken/gestrickt sein** knit/be knitted tightly; **b)** *(Sport)* **~ spielen** play tightly
Eng·paß der a) [narrow] pass; defile; **b)** *(fig.: in der Versorgung usw.)* bottle-neck

1055

en gros [ãˈgroː] *(Kaufmannsspr.)* wholesale
eng-, Eng-: ~stirnig 1. *Adj. (abwertend)* narrow-minded *⟨person⟩*; **2.** *adv.* **~stirnig denken/handeln** be narrow-minded in the way one thinks/acts; **~stirnigkeit die; ~:** narrow-mindedness; **~verwandt** *Adj. (präd. getrennt geschrieben)* closely related; **~zeilig** *Adv.* with the lines closely spaced
Enjambement [ãʒãbəˈmãː] *das; ~s, ~s (Verslehre)* enjambment
¹Enkel [ˈɛŋkl̩] *der; ~s, ~ (nordd.)* ankle
²Enkel *der; ~s, ~* **a)** grandson; **b)** *(Nachfahr)* grandchild; **selbst unsere ~ werden sich daran erinnern** even our grandchildren and great-grandchildren will remember it
Enkelin *die; ~, ~nen* granddaughter
Enkel-: ~kind *das* grandchild; **~sohn** *der* grandson; **~tochter** *die* granddaughter
Enklave [ɛnˈklaːvə] *die; ~, ~en* enclave
enkodieren [ɛnkoˈdiːrən] *tr. V.* encode
en masse [ãˈmas] *(ugs.)* en masse
en miniature [ãminjaˈtyːr] in miniature; **der Eiffelturm ~ ~:** the Eiffel Tower in miniature; a miniature Eiffel Tower
enorm [eˈnɔrm] **1.** *Adj.* enormous *⟨sum, costs⟩*; tremendous *(coll.)* *⟨effort⟩*; immense *⟨strain⟩*; vast *⟨knowledge, sum⟩*. **2.** *adv.* tremendously *(coll.)* *⟨expensive, practical⟩*; **~ verdienen** earn an enormous amount *or* vast sums [of money]; **~ viel/viele** a tremendous *(coll.)* or an enormous amount/a tremendous *(coll.)* or an enormous number; **sich ~ freuen** *(ugs.)* be tremendously *(coll.)* pleased
en passant [ãpaˈsã] **a)** *(beiläufig)* en passant; in passing; **b)** *(Schach)* en passant
Enquete [ãˈkɛːt(ə)] *die; ~, ~n* **a)** survey; **b)** *(österr.: Arbeitstagung)* meeting for discussion
Ensemble [ãˈsãːbl̩] *das* **a)** *(Gruppe)* ensemble; **das ~ eines Theaters** the company of a theatre; **b)** *(Auftritt)* ensemble; **c)** *(Kleidungsstück)* outfit, ensemble; **d)** *(geh.: Gesamtheit)* ensemble
Ensemble-: ~mitglied *das* member of the ensemble/company; **~musik** *die* light music
entarten *itr. V.; mit sein* degenerate; **entartet** degenerate; **zu** *od.* **in** *(Akk.)* **etw. ~:** degenerate into sth.
Entartung *die; ~, ~en* degeneration
Entartungs·erscheinung *die* sign of degeneration; **das führte zu ~en** this led to degeneracy
entasten, entästen *tr. V. (Forstw.)* disbranch
entäußern *refl. V. (geh.)* **a)** **sich einer Sache** *(Gen.)* **~** *(entsagen)* renounce sth.; *(weggeben)* relinquish *or* give up sth.; **b)** *(Philos.)* be realized
Entäußerung *die* **a)** *(geh.: Verzicht)* renunciation; **b)** *(Weggabe)* giving up; **c)** *(Philos.)* realization
entbehren [ɛntˈbeːrən] **1.** *tr. V.* **a)** *(geh.: vermissen)* miss *⟨person⟩*; **b)** *(verzichten)* do without; spare; **etw./jmdn. nicht ~ können** not be able to spare sth./sb.; not be able to do without sth./sb.; **viel[es] ~ müssen** have to go without [a lot of things]. **2.** *itr. V. (geh.: ermangeln)* **einer Sache** *(Gen.)* **~:** lack *or* be without sth.
entbehrlich *Adj.* dispensable; unnecessary *⟨action⟩*
Entbehrlichkeit *die; ~:* superfluousness; dispensability
Entbehrung *die; ~, ~en* privation; **große ~en auf sich** *(Akk.)* **nehmen** make great sacrifices
entbehrungs-: ~reich, ~voll *Adj.* *⟨life, years⟩* of privation
entbeinen *tr. V.* bone
entbieten *unr. tr. V. (geh.)* **a)** offer *⟨best wishes, greetings⟩*; **jmdm. seine Grüße ~:** present one's compliments to sb.; **b)** *(veralt.: kommen lassen)* summon

entbinden 1. *unr. tr. V.* **a)** *(befreien)* **jmdn. von einem Versprechen ~:** release sb. from a promise; **seines Amtes** *od.* **von seinem Amt entbunden werden** be relieved of [one's] office; **b)** *(Geburtshilfe leisten)* **jmdn. ~:** deliver sb.; deliver sb.'s baby; **von einem Jungen/Mädchen entbunden werden** give birth to a boy/girl. **2.** *unr. tr. itr. V. (gebären)* give birth; **zu Hause ~:** have one's baby at home
Entbindung *die* **a)** *(das Gebären)* **eine schwere/schmerzfreie ~:** a difficult/painless delivery *or* birth; **zur ~ in die Klinik müssen** have to go to hospital for the delivery *or* to have the baby; **bei der ~ sein** be present at the birth; **b)** *(Befreiung)* release; **um die ~ von seinem Amt bitten** ask to be relieved of one's duties
Entbindungs-: ~saal *der* delivery room; **~station** *die* maternity ward
entblättern 1. *refl. V.* **a)** *(trees, shrubs)* shed its/their leaves; **b)** *(scherzh.: sich ausziehen)* strip; take one's clothes off. **2.** *tr. V.* strip *⟨trees⟩* [of leaves]
entblöden *refl. V.* **sich nicht ~, etw. zu tun** *(geh. abwertend)* have the effrontery to do sth.
entblößen 1. *refl. V.* take one's clothes off; *⟨exhibitionist⟩* expose oneself; *(sein wahres Gesicht zeigen)* expose oneself as one really is/was. **2.** *tr. V.* **a) den Arm ~:** uncover one's arm; **entblößt** bare; **mit entblößtem Kopf** without a hat; **sein Schwert ~** *(dichter.)* unsheathe one's sword; **b)** *(fig.)* reveal *⟨feelings, thoughts⟩*
entbrennen *unr. itr. V.; mit sein (geh.)* **a)** *(beginnen)* *⟨battle⟩* break out; *⟨quarrel⟩* flare up; **b)** *(ergriffen werden)* **in Liebe entbrannt sein** be passionately in love; **in Zorn entbrannt sein** be inflamed with anger
Entchen [ˈɛntçən] *das; ~s, ~:* duckling
entdecken 1. *tr. V.* **a)** *(finden)* discover; **eine Insel/ein chemisches Element ~:** discover an island/a chemical element; **b)** *(ausfindig machen)* **jmdn. ~:** find *or* spot sb.; **wir konnten ihn in dem Gewühl nicht ~:** we couldn't find him in the crowd; **etw. ~:** find *or* discover sth.; **c)** *(überraschend bemerken)* discover *⟨theft⟩*; come across *⟨acquaintance⟩*; **d)** *(fig.: offenbaren)* **jmdm. etw. ~:** reveal *or* *(arch.)* discover sth. to sb. **2.** *refl. V. (veralt.: anvertrauen)* **sich jmdm. ~:** confide in sb.
Entdecker *der; ~s, ~:* discoverer; *(Forschungsreisender)* explorer
Entdecker·freude *die* joy of discovery
Entdeckerin *die; ~, ~nen* s. **Entdecker**
Entdeckung *die; ~, ~en* discovery
Entdeckungs·reise *die* voyage of discovery; *(zu Lande)* expedition; **auf ~/~n gehen** *(fig. scherzh.)* go exploring
Ente [ˈɛntə] *die; ~, ~n* **a)** *(Vogel, Fleisch)* duck; **eine lahme ~** *(ugs.)* a slow-coach *(coll.)*; **sein Wagen ist eine richtige lahme ~** *(ugs.)* his car totally lacks oomph *(sl.)* or has no pick-up *(Amer. sl.)*; **b)** *(ugs.: Falschmeldung)* canard; spoof *(coll.)*; **c)** **kalte ~:** [cold] punch; **d)** *(ugs.: Auto)* Citroën 2CV car; **e)** *(ugs.: Uringefäß)* [bed-]bottle
entehren *tr. V.* dishonour; **~d** degrading
Entehrung *die* dishonouring
enteignen *tr. V.* expropriate
Enteignung *die* expropriation
enteilen *itr. V.; mit sein (geh.)* hasten away; *(fig.)* *⟨hours, years, etc.⟩* fly by
enteisen *tr. V.* de-ice
enteisenen *tr. V.* remove the iron from; **stark/schwach enteisent** with very low/slightly reduced iron content
Entelechie [ɛntɛlɛˈçiː] *die; ~, ~n (Philos.)* entelechy
Enten-: ~braten *der* roast duck; **~ei** *das* duck's egg; **~feder** *die* duck's feather; **~flott** *das (nordd.)* s. **~grütze**; **~gericht** *das* duck dish; **~grütze** *die* duckweed; **~jagd** *die* duck shooting; **eine ~jagd** a

duck shoot; **~junge** *das* duckling; **~klein** *das*; **~s** *(Kochk.)* duck's giblets *pl*; **~küken** *das* duckling; **~schnabel der* **a)** duck's bill; **b)** *(Schuh)* duck-bill
Entente [ãˈtãːt(ə)] *die; ~, ~n (Politik)* entente
Enten-: ~teich *der* duck pond; **~wal** *der* bottle-nosed whale
Enter·beil *das* boarding pike
enterben *tr. V.* disinherit
Enter·brücke *die* boarding bridge
Enterbung *die; ~, ~en* disinheritance
Enter·haken *der* grapnel; grappling iron
Enterich [ˈɛntərɪç] *der; ~s, ~e* drake
entern [ˈɛntɐn] **1.** *tr., itr. V.* board *⟨ship⟩*. **2.** *itr. V.; mit sein* **in die Masten ~** *(Seemannsspr.)* climb the rigging. **3.** *tr. V. (ugs.: erklettern)* climb *⟨fence, wall, etc.⟩*; climb on to *⟨lorry, etc.⟩*
Enter·säbel *der (hist.)* cutlass
Entertainer [ˈɛntɐteɪnɐ] *der; ~s, ~:* entertainer
entfachen *tr. V. (geh.)* **a)** kindle, light *⟨fire⟩*; **einen Brand ~:** start a fire; **b)** *(fig.: hervorrufen)* provoke, start *⟨quarrel, argument⟩*; arouse *⟨passion, enthusiasm⟩*
entfahren *unr. V.; mit sein* **ihm entfuhr ein Fluch/ein Seufzer** he swore inadvertently/he let out a sigh
entfallen *unr. itr. V.; mit sein* **a)** *(aus dem Gedächtnis)* **der Name/das Wort ist mir ~:** the name/word escapes me *or* has slipped my mind; **das ist mir ~:** I have forgotten; **b)** *(zugeteilt werden)* **auf jmdn./etw. ~:** be allotted to sb./sth.; **auf jeden Erben entfielen 10000 Mark** each heir received 10,000 marks; **auf jeden Miteigentümer ~ 50000 Mark** *(müssen bezahlt werden)* each of the joint owners has to pay 50,000 marks; **c)** *(wegfallen)* lapse; **für Kinder ~ diese Gebühren** these charges do not apply *or* are not applicable to children; **aus Zeitmangel ~:** be omitted for lack of time; **d)** *(fig.)* **jmds. Händen ~:** slip *or* fall from sb.'s hands
entfalten 1. *tr. V.* **a)** *(auseinanderfalten)* open [up]; unfold, spread out *⟨map etc.⟩*; *⟨plant⟩* open *⟨leaves⟩*; **b)** *(zeigen)* show, display *⟨ability, talent⟩*; *(darlegen)* expound *⟨ideas, thoughts⟩*; present *⟨plan⟩*; **d)** *(entwickeln)* begin to show *or* display *⟨interest, enthusiasm, etc.⟩*. **2.** *refl. V.* **a)** *(entwickeln)* *⟨personality, talent⟩* develop; **sich frei ~:** develop one's own personality to the full; **b)** *(sich öffnen)* *⟨flower, parachute⟩* open [up]
Entfaltung *die; ~, ~en* **a)** *(Entwicklung)* development; **die ~ der Persönlichkeit** the development of one's personality; **zur ~ kommen** *od.* **gelangen** develop; **b)** *(Darstellung)* display; *(eines Plans)* exposition; presentation
entfärben 1. *tr. V.* take the colour out of *⟨material, clothing⟩*. **2.** *refl. V.* *⟨material, clothing, etc.⟩* fade
Entfärber *der* colour *or* dye remover
entfernen 1. *tr. V.* **a)** remove *⟨stain, wart, etc.⟩*; take out *⟨tonsils etc.⟩*; **jmdn. von** *od.* **aus der Schule ~:** expel sb. from school; **jmdn. aus seinem Amt ~:** dismiss sb. from his office; **b)** *(geh.: fortbringen)* remove. **2.** *refl. V.* go away; **sich vom Weg ~:** go *or* leave the path; **sich unerlaubt von der Truppe ~:** go absent without leave; **sich aus der Stadt/dem Büro ~:** leave [the] town/the office; **langsam entfernten sich die Schritte** the footsteps slowly receded
entfernt 1. *Adj.* **a)** *(fern)* remote; **das ist** *od.* **liegt weit ~ von der Stadt** it is a long way from the town *or* out of town; **er ist weit davon ~, das zu tun** *(fig.)* he does not have the slightest intention of doing that; **10 km/zwei Stunden [von einem Punkt] ~:** 10 km/two hours away [from a place]; **b)** *nicht präd. (weitläufig)* slight *⟨acquaintance⟩*; dis-

tant ⟨*relation*⟩; **c)** *(schwach)* slight, vague ⟨*resemblance*⟩. **2.** *adv.* **a)** *(fern)* remotely; **das stört mich nicht im ~esten** that does not bother me in the slightest *or* in the least; **er dachte nicht ~** *od.* **im ~esten daran, das zu tun** he did not have the slightest intention of doing that; **b)** *(weitläufig)* slightly ⟨*acquainted*⟩; distantly ⟨*related*⟩; **mit jmdm. ~ verwandt sein** be distantly related to sb.; **c)** *(schwach)* slightly, vaguely; **sich ~ an etw.** *(Akk.)* **erinnern** remember sth. vaguely; have a vague recollection of sth.

Entfernung *die*; **~, ~en a)** *(Abstand)* distance; *(beim Schießen)* range; **in einer ~ von 100 m** at a distance/range of 100 m.; **100 m. away**; **auf eine ~ von 100 m** from a distance of 100 m.; **aus der ~**: from a distance; **b)** *(das Beseitigen)* removal; **c)** *(das Weggehen)* **unerlaubte ~ von der Truppe** absence without leave

Entfernungs·messer *der (Gerät)* rangefinder

entfesseln *tr. V.* unleash ⟨*war, riot, etc.*⟩; raise ⟨*laughter etc.*⟩; **die entfesselten Elemente** *od.* **Naturgewalten** the raging elements; **entfesselte Leidenschaften** *(geh.)* unbridled passions

Entfesselungs·künstler *der* escapologist

entfetten *tr. V.* skim ⟨*milk*⟩; scour ⟨*wool*⟩; dry ⟨*skin*⟩

Entfettungs·kur *die* diet to remove one's excess fat

entflammbar *Adj.* **a)** inflammable; **b)** *(begeisterungsfähig)* easily roused

entflammen 1. *tr. V.* arouse ⟨*enthusiasm etc.*⟩; **jmdn. für etw. ~**: arouse sb.'s enthusiasm for sth. **2.** *itr. V.; mit sein* **a)** ⟨*hatred etc.*⟩ flare up; ⟨*battle, strike*⟩ break out; **er ist [in Liebe] für sie entflammt** he became enraptured with her; *(Zustand)* he is passionately in love with her

entflechten *unr. V. (auch regelm.) tr. V.* **a)** *(entwirren)* disentangle; **b)** *(Wirtsch.)* break up ⟨*cartel etc.*⟩

Entflechtung *die*; **~, ~en** *(Wirtsch.)* breaking-up; break-up

entfleuchen *itr. V.; mit sein (altertümelnd scherzh.)* get *or* run away

entfliegen *itr. unr. V.; mit sein* fly away; **gestern ist uns** *(Dat.)* **unser Kanarienvogel entflogen** yesterday our canary got away; „**Wellensittich entflogen**" 'budgerigar lost'

entfliehen *itr. unr. V.; mit sein* **a)** escape; **jmdm. ~**: escape from sb.; **dem Alltag ~** *(geh.)* escape from the daily routine; **b)** *(geh.: entschwinden)* ⟨*time*⟩ fly by

entfremden 1. *tr. V.* **a)** *(fremd machen)* **jmdn. einer Sache** *(Dat.)* **~**: alienate *or* estrange sb. from sth.; **etw. seinem Zweck ~**: use sth. for a different purpose; ⟨*Philos., Soziol.*⟩ **entfremdet** alienated ⟨*person, work, etc.*⟩. **2.** *refl. V.* **sich jmdm./einer Sache ~**: become estranged from sb./unfamiliar with sth.

Entfremdung *die*; **~, ~en a)** alienation; estrangement; **die ~ von jmdm./etw.** alienation *or* estrangement from sb./sth.; **die ~ zwischen Regierung und Volk** the government's alienation from the people; **b)** *(Philos., Soziol.)* alienation

entfrosten *tr. V.* defrost ⟨*refrigerator etc.*⟩; defrost, de-ice ⟨*windscreen etc.*⟩

Entfroster *der*; **~s, ~**: defroster; de-icer

entführen *tr. V.* **a)** kidnap, abduct ⟨*child etc.*⟩; hijack ⟨*plane, lorry, etc.*⟩; **b)** *(scherzh.: mitnehmen)* steal; make off with

Entführer *der*. *s. entführen* **a**: kidnapper; abductor; hijacker

Entführung *die s. entführen* **a**: kidnap; kidnapping; abduction; hijack; hijacking; „**Die ~ aus dem Serail**" 'Il Seraglio'

entgegen 1. *Adv.* **a)** *(auf ... zu)* towards; **der Sonne ~!** on towards the sun!; **b)** *(zuwider)* **alles, was ihnen ~ war** everything they did not like. **2.** *Präp. mit Dat.* **~ meinem Wunsch** against my wishes; **~ dem Befehl** contrary to orders

entgegen-, Entgegen-: **~|arbeiten** *itr. V.* **jmdm./einer Sache** *(Dat.)* **~arbeiten** work against sb./sth.; **~|blicken** *itr. V.* *(geh.)* **a)** **jmdm. freudig/böse ~blicken** happily/angrily watch sb. coming; **b)** *(fig.: ~sehen)* **der Zukunft froh/mit Bangen ~blicken** look towards the future with joy/fear; **~|branden** *itr. V.* *(geh.)* **dem Künstler brandete Beifall ~**: the artist received *or* was greeted with a great wave of applause; **~|bringen** *unr. tr. V.* *(fig.)* **jmdm. Liebe/Verständnis ~bringen** show sb. love/understanding; **~|eilen** *itr. V.; mit sein* **a)** **jmdm. ~eilen** hurry to meet sb.; **b)** *(fig.: ~gehen)* **einer Sache** *(Dat.)* **~eilen** rush towards sth.; **~|fahren** *unr. V.; mit sein* **jmdm. ~fahren** come/go to meet sb.; **~|fiebern** *itr. V.* **einem Ereignis ~fiebern** look forward to an event with nervous anticipation; **~|gehen** *unr. V.; mit sein* **a)** **jmdm. [ein Stück] ~gehen** go [a little way] to meet sb.; **b)** *(fig.)* **einer Katastrophe/schweren Zeiten ~gehen** be heading for *or* towards a catastrophe/hard times; **der Vollendung/ dem Ende ~gehen** be approaching completion/its end; **~|gesetzt 1.** *Adj.* **a)** *(umgekehrt)* opposite ⟨*end, direction*⟩; **sie gingen in ~gesetzter Richtung davon** they went off in opposite directions; **b)** *(gegensätzlich)* opposing; **~gesetzter Meinung sein** hold opposing views; **das Entgegengesetzte tun** do the opposite; **2.** *adv.* **genau ~gesetzt handeln/denken** do/think exactly the opposite; **~|halten** *unr. tr. V.* **a)** **jmdm. etw. ~halten** offer sth. to sb.; **b)** *(fig.: einwenden)* **einem Argument ein anderes ~halten** counter an argument with another; **~halten, daß ...**: counter that ...; **~|kommen** *unr. itr. V.; mit sein* **a)** *(zukommen auf)* **jmdm. ~kommen** come to meet sb.; **der ~kommende Verkehr** oncoming traffic; **b)** *(Zugeständnisse machen)* **jmdm. ~kommen** be accommodating towards sb.; **dem Verhandlungspartner ~kommen** make concessions to one's opposite number in the negotiations; **sie/das kam unseren Wünschen ~**: she complied with our wishes/it was what we wanted; **c)** *(entsprechen)* **einer Sache** *(Dat.)* **~kommen** comply with *or* fit in with sth.; **~kommen das** *(Konzilianz)* cooperation; **wenn er etwas mehr ~kommen gezeigt hätte** if he had shown a little more willingness to co-operate; **b)** *(Zugeständnis)* concession; **zu keinem ~kommen bereit sein** be unwilling to make any concessions; **~kommend** *Adj.* obliging; **~kommenderweise** *Adv.* obligingly; **~|laufen** *itr. V.; mit sein* **a)** **jmdm. ~laufen** run to meet sb.; **b)** *(sich widersprechen)* **einander ~laufen** conflict with each other; **~nahme** *die (Amtsspr.)* receipt; **bei ~nahme** on receipt; **~|nehmen** *unr. tr. V.* receive; **ein Paket ~nehmen** accept a parcel; **~|schlagen** *unr. V.* **a)** *mit sein* **eine Rauchwolke/ein übler Geruch schlug mir ~**: I encountered a cloud of smoke/a foul smell; **ihm schlug eine Welle der Entrüstung ~**: he was met by a wave of indignation; **b)** *(geh.)* **die Herzen schlugen ihm ~**: their/our etc. hearts went out to him; **~|sehen** *unr. itr. V.* **a)** **einer Sache** *(Dat.)* **~sehen** look forward to sth.; **einem Ereignis erwartungsvoll ~sehen** look forward eagerly to an event; **b)** *(~blicken)* **den eintreffenden Gästen ~sehen** watch the guests arriving; **~|setzen** *tr. V.* **a)** **einer Sache** *(Dat.)* **etw. ~setzen** oppose sth. with sth.; **einer Sache** *(Dat.)* **Widerstand ~setzen** resist sth.; **b)** *(gegenüberstellen)* **einer Behauptung/einem Argument etw. ~setzen** counter a claim/an argument with sth.; **~|stehen** *unr. V.* **a)** *(hinderlich sein)* **einer Sache** *(Dat.)* **~stehen** stand in the way of sth.; **dem steht nichts ~**: there's no reason why not; **b)** *(im Gegensatz stehen zu)* **einer Sache** *(Dat.)* **~stehen** conflict with sth.; **~|stellen** *tr. V.*: *s.* **~setzen b**; **~|strecken** *tr. V.* **jmdm. etw. ~strecken** hold sth. out towards sb.; **~|treten** *unr. itr. V.; mit sein* **a)** *(in den Weg treten)* go/come up to; **einem Angreifer ~treten** go into action against an attacker; **Schwierigkeiten** *(Dat.)* **~treten** stand up to difficulties; **einem Angriff ~treten** *etw.* **~**: say sth. in *(sich wehren gegen)* **Vorwürfen/Anschuldigungen ~treten** answer reproaches/accusations; **~|wirken** *itr. V.* **einer Sache** *(Dat.)* **~wirken** [actively] oppose sth.; **die Regierung sollte diesem Mißbrauch ~wirken** the Government should do something to halt this abuse

entgegnen [ɛntˈgeːgnən] *tr. V.* retort; reply; **einer Sache** *(Dat.)* **etw. ~**: say sth. in reply to sth.; **jmdm. ~, daß ...**: reply that ...

Entgegnung *die*; **~, ~en** retort; reply; **als ~ darauf** in reply

entgehen *unr. V.; mit sein* **a)** *(entkommen)* escape; **einer Gefahr/Strafe** *(Dat.)* **~**: escape *or* avoid danger/punishment; **b)** *(versäumt, ausgelassen werden)* miss; **das darf man sich** *(Dat.)* **nicht ~ lassen** that is not to be missed; **c)** *(nicht bemerkt werden)* **jmdm. entgeht etw.** sb. misses sth.; sb. fails to see sth.; **ihm ist nicht entgangen, daß ...**: it has not escaped his notice that ...

entgeistert [ɛntˈgaistɐt] *Adj.* dumbfounded; **jmdn. ~ anstarren** stare at sb. in amazement *or* astonishment

Entgelt [ɛntˈgɛlt] *das*; **~[e]s, ~e** payment; fee; **gegen** *od.* **für ~ für ein geringes ~**: for a small fee; **ohne ~**: free of charge

entgelten *unr. tr. V.* *(geh.)* pay for *(also fig.)*; **jmdm. eine Arbeit ~**: pay sb. a job; **jmdm. etw. ~ lassen** make sb. pay for sth.

entgeltlich *(Papierdt.)* **1.** *Adj.* payable. **2.** *adv.* on payment of a fee

entgiften *tr. V.* decontaminate ⟨*substance etc.*⟩; detoxicate ⟨*body etc.*⟩

Entgiftung *die*; **~, ~en** decontamination; detoxication

entgleisen *itr. V.; mit sein* **a)** be derailed; **der Zug ist entgleist** the train was derailed; **das Entgleisen** the derailment; **b)** *(in Gesellschaft)* make *or* commit a/some faux pas

Entgleisung *die*; **~ en** *s.* **entgleisen: a)** derailment; **b)** faux pas

entgleiten *itr. V.; mit sein* **a)** **jmdm. ~**: slip **jmds. Händen ~**: slip from sb.'s hands; **b)** *(fig.)* **jmdm. entgleitet etw.** sb. loses his/her grip on sth.

entgräten *tr. V.* fillet; bone; **entgräteter Fisch** filleted fish

enthaaren *tr. V.* remove hair from; depilate *(formal)*

Enthaarungs·mittel *das* hair remover; depilatory

¹enthalten 1. *unr. tr. V.* contain. **2.** *unr. refl. V.* **sich einer Sache** *(Gen.)* **~**: abstain from sth.; **sich der Stimme ~**: abstain; **sich jeder Meinung/Äußerung ~**: refrain from giving any opinion/making any comment

²enthalten *Adj.* **in etw.** *(Dat.)* **~ sein** be contained in sth.; **die im Wasser ~en Stoffe** the substances contained in water; **wie oft ist 4 in 12 ~?** how many times does 4 go into 12?; **das ist im Preis ~**: that is included in the price

enthaltsam 1. *Adj.* abstemious; *(sexuell)* abstinent. **2.** *adv.* **in bezug auf etw.** *(Akk.)* **~ sein** be moderate regarding sth.; **~ leben** live in abstinence

Enthaltsamkeit *die*; **~**: abstinence

Enthaltung *die* abstention; **mit 20 Stimmen bei 3 ~en gewählt werden** be elected by 20 votes with 3 abstentions

enthärten *tr. V.* soften ⟨*water*⟩

Enthärtungs·mittel *das* [water] softener

enthaupten *tr. V.* *(geh.)* behead

Enthauptung die; ~, ~en (geh.) beheading
enthäuten tr. V. skin
entheben unr. tr. V. (geh.) relieve; **jmdn. seines Amtes ~**: relieve sb. of his/her office; **aller Sorgen enthoben sein** be relieved of all one's cares; **einer Verpflichtung enthoben werden** be released from an obligation
entheiligen tr. V. desecrate, profane ⟨sabbath⟩
enthemmen tr., itr. V. **jmdn. ~**: make sb. lose his/her inhibitions; free sb. from his/her inhibitions; **Alkohol enthemmt** alcohol takes away one's inhibitions
enthemmend 1. Adj. disinhibitory ⟨effect, etc.⟩. 2. adv. **~ wirken** take away sb.'s inhibitions
enthemmt 1. s. enthemmen. 2. Adj. uninhibited
Enthemmtheit die; ~, **Enthemmung** die loss of inhibition[s]; disinhibition (Psych.)
enthüllen 1. tr. V. **a)** unveil ⟨monument etc.⟩; reveal ⟨face, etc.⟩; **b)** (offenbaren) reveal ⟨truth, secret⟩; disclose ⟨secret⟩; (Zeitungsw.) expose ⟨scandal⟩. 2. refl. V. **(sich offenbaren) sich [jmdm.] ~**: be revealed [to sb.]; **sich als etw. ~**: be revealed as or turn out to be sth.
Enthüllung die; ~, ~en s. enthüllen: **a)** (das Enthüllen) unveiling; revelation; disclosure; exposé; **b)** (das Enthüllte) revelation; disclosure
enthülsen tr. V. shell; pod
Enthusiasmus [ɛntuˈzjasmʊs] der; ~: enthusiasm
Enthusiast der; ~en, ~en, **Enthusiastin** die; ~, ~nen enthusiast
enthusiastisch 1. Adj. enthusiastic. 2. adv. enthusiastically
Entität [ɛntiˈtɛːt] die; ~, ~en (Philos.) entity
entjungfern tr. V. deflower
Entjungferung die; ~, ~en defloration
entkalken tr. V. decalcify
entkeimen tr. V. **a)** (keimfrei machen) sterilize ⟨water etc.⟩; **b)** (Triebe entfernen von) remove the shoots from ⟨potatoes etc.⟩
entkernen tr. V. **a)** core ⟨apple etc.⟩; stone, remove stone from ⟨plum etc.⟩; remove pips from ⟨grape etc.⟩; **b)** (Städtebau) reduce the density of ⟨town⟩
entkleiden tr. V. (geh.) **a) jmdn./sich ~**: undress sb./undress; **die entkleidete Leiche einer Unbekannten** the unclothed body of an unknown woman; **b)** (berauben) strip; **jmdn. einer Sache** (Gen.) **~**: strip sb. of sth.
Entkleidung die undressing
entknoten 1. tr. V. untie, undo ⟨string etc.⟩. 2. refl. V. (fig.) ⟨plot etc.⟩ unravel itself
entkoffeiniert [ɛntkɔfeiˈniːɐt] Adj. decaffeinated
Entkolon[ial]isierung die decolonization
entkommen unr. itr. V.; mit sein escape; **jmdm./einer Sache ~**: escape or get away from sb./sth.; **es gibt kein Entkommen** there is no escape
entkorken tr. V. uncork ⟨bottle⟩
entkräften [ɛntˈkrɛftn] tr. V. **a)** weaken; **völlig ~**: exhaust; **von etw. [völlig] entkräftet sein** be [utterly] exhausted by sth.; **b)** (widerlegen) refute, invalidate ⟨argument etc.⟩; remove ⟨suspicion etc.⟩
Entkräftung die; ~, ~en **a)** debility; **völlige ~**: exhaustion; **an** od. **vor ~** (Dat.) **sterben** die of exhaustion; **b)** (Widerlegung) refutation; invalidation
entkrampfen 1. tr. V. **a)** relax ⟨body etc.⟩; loosen, relax ⟨muscles etc.⟩; **b)** (fig.) ease ⟨situation, tension⟩. 2. refl. V. relax; **b)** (fig.) ⟨atmosphere etc.⟩ become relaxed
Entkrampfung die; ~, ~en s. entkrampfen: relaxation; loosening; easing
entkriminalisieren tr. V. legalize; make legal
entladen 1. unr. tr. V. unload ⟨vehicle, ship, luggage, gun⟩; discharge ⟨battery⟩; s. auch

¹**beladen** a. 2. unr. refl. V. **a)** ⟨storm⟩ break; **b)** (fig.: hervorbrechen) ⟨anger etc.⟩ erupt; ⟨aggression etc.⟩ be released; **sich in etw.** (Dat.) **~**: release itself in sth.; **c)** (Elektrot.) ⟨battery⟩ run down; **d)** ⟨gun⟩ go off
Entladung die s. entladen 1, 2 b: unloading; discharge; eruption; release; **etw. zur ~ bringen** (fig.) cause sth. to erupt
entlang 1. Präp. mit Akk. u. Dat. along; **den Weg ~**, **~ dem Weg** along the path. 2. Adv. along; **hier/dort ~, bitte!** this/that way please!
entlang-: **~|fahren** unr. itr. V.; mit sein **a)** drive along; **die Straße/den** od. **am Fluß ~fahren** drive or go down the street/along the river; **b)** (streichen) go along; **er fuhr mit dem Finger die** od. **an der Tischkante ~**: he ran his finger along the edge of the table; **~|führen** tr. V. lead along; **jmdn. die Straße ~führen** lead sb. along or down the street; 2. itr. V. (verlaufen) run or go along; **die Straße führt am** od. **den Fluß ~**: the road runs or goes along the river; **~|gehen** unr. itr. V.; mit sein ⟨person⟩ go or walk along; **bitte gehen Sie hier ~**: [go] this way please; **~|kommen** unr. itr. V.; mit sein come along; **~|laufen** unr. itr. V.; mit sein **a)** go or walk/run along; **b)** (verlaufen) run or go along
entlarven tr. V. expose; **jmdn. als Schwindler ~**: expose sb. as or show sb. to be a swindler
Entlarvung die; ~, ~en exposure
Entlaß- (südd.) s. Entlassungs-
entlassen unr. tr. V. **a)** (aus dem Gefängnis) release; (aus dem Krankenhaus, der Armee) discharge; **jmd. wird aus der Schule ~**: leaves school; **jmdn. aus der** od. **seiner Staatsbürgerschaft ~**: release sb. from citizenship; **b)** (aus einem Arbeitsverhältnis) dismiss; (wegen Arbeitsmangels) make redundant (Brit.); lay off; **bei einer Firma ~ werden** be dismissed from/be made redundant (Brit.) or laid off by a company; **c)** (geh.: gehen lassen) release
Entlassung die; ~, ~en **a)** (aus dem Gefängnis) release; (aus dem Krankenhaus, der Armee) discharge; (aus der Schule) leaving; **~ aus der Staatsbürgerschaft** release from citizenship; **b)** (aus einem Arbeitsverhältnis) dismissal; (wegen Arbeitsmangels) redundancy (Brit.); laying off; **c)** (Entlassungsschreiben) notice of dismissal; (wegen Arbeitsmangels) redundancy notice (Brit.); pink slip (Amer.)
Entlassungs-: **~feier** die (Schulw.) school-leaving or (Amer.) graduation ceremony; **~gesuch** das resignation; **~papiere** Pl. (eines Soldaten) discharge papers; (eines Häftlings) release papers; **~schreiben** das (Arbeitsw.) notice of dismissal; (wegen Arbeitsmangels) redundancy notice (Brit.); pink slip (Amer.)
entlasten tr. V. **a)** (Rechtsspr.) exonerate ⟨defendant⟩; **b)** (Beanspruchung mindern) **jmdn. ~**: relieve or take the load of sb.; **den Verkehr ~**: ease the traffic; **den Kreislauf ~**: relieve the strain on the circulation; **b)** (erleichtern) **sein Gewissen ~**: ease or relieve one's conscience; **d)** (Finanzw.) **sein Konto ~**: pay off the amount owed on one's account; **e)** (Kaufmannsspr.) approve the actions of ⟨chairman, board, etc.⟩
Entlastung die; ~, ~en **a)** (Rechtsw.) exoneration; defence; **zu jmds. ~**: in sb.'s defence; **b)** (Minderung der Belastung) relief; **die ~ eines Menschen/des Körpers/der Straßen** relief of the burden on a person/the body/the roads; **c)** (Person od. Sache) **eine große ~ für seinen Vater** a great help to his father; **eine ungeheure ~ für den Ortsverkehr** an enormous relief for local traffic; **d)** (Erleichterung) easing; relief; **wir senden Ihnen Ihre Unterlagen zu unserer ~ zurück** we are returning your documents for safe keeping; **e)** (Finanzw.) **die ~ eines Kontos** paying off the amount owed on an account; **f)** (Kaufmannsspr.) approval of the actions of ⟨chairman, board, etc.⟩
Entlastungs-: **~material** das (Rechtsw.) evidence for the defence; **~zeuge** der (Rechtsw.) witness for the defence; defence witness; **~zug** der (Eisenb.) relief train
entlauben 1. tr. V. strip ⟨branch⟩; defoliate ⟨forest, area⟩. 2. refl. V. ⟨tree⟩ shed its leaves; **entlaubte Äste** bare branches
Entlaubung die; ~, ~en defoliation
Entlaubungs·mittel das defoliant
entlaufen unr. itr. V.; mit sein run away; **jmdm. ~**: run away from sb.; **ein ~er Sträfling/Sklave** an escaped convict/a runaway slave; **„Hund ~"** 'dog missing or lost'
entlausen tr. V. delouse
Entlausung die; ~, ~en delousing
entledigen refl. V. (geh.) **a) sich jmds./einer Sache** (Gen.) **~**: dispose of or rid oneself of sb./sth.; **b) sich eines Kleidungsstücks ~**: remove an item of clothing; **c)** (erledigen) **sich einer Aufgabe/einer Schuld/seiner Pflichten ~**: carry out a task/discharge a debt/one's duty
entleeren 1. tr. V. **a)** empty ⟨ashtray etc.⟩; evacuate ⟨bowels, bladder⟩. 2. refl. V. **a)** (leer werden) empty; become empty; **b)** (fig.: seinen Sinn verlieren) ⟨concept, tradition⟩ lose its meaning
Entleerung die **a)** (das Leermachen) emptying; **b)** (fig.: von Werten, Begriffen) erosion; **c)** (Med.) evacuation
entlegen Adj. **a)** (entfernt) remote, out-of-the-way ⟨place⟩; **b)** (abwegig) remote, little-known ⟨word, expression⟩; out-of-the-way, odd ⟨theory etc.⟩
entlehnen tr. V. borrow (Dat., aus from)
Entlehnung die; ~, ~en borrowing; **das Wort ist eine ~ aus dem Lateinischen** the word is borrowed or a borrowing from the Latin
entleiben refl. V. (geh. veralt.) take one's own life
entleihen unr. tr. V. borrow; **entliehene Bücher** borrowed books
Entleiher der; ~s, ~: borrower
Entlein [ˈɛntlaɪn] das; ~s, ~: duckling; **ein häßliches ~** (ugs. scherzh.) an ugly duckling
entloben refl. V. break off one's or the engagement
Entlobung die; ~, ~en breaking off [of] one's or the engagement
entlocken tr. V. (geh.) **jmdm. etw. ~**: elicit sth. from sb.; **jmdm. Begeisterung ~**: arouse enthusiasm in sb.; **jmdm. ein Geheimnis ~**: worm a secret out of sb.; **jmdm. ein Lächeln ~**: draw a smile from sb.
entlohnen, (bes. schweiz.) **entlöhnen** tr. V. pay; **jmdn. [für etw.] ~**: pay sb. [for sth.]
Entlohnung die; ~, ~en payment; (Lohn) pay
entlüften tr. V. **a)** ventilate; **b)** (Technik) bleed ⟨brakes, radiator, etc.⟩
Entlüfter der; ~s, ~ **a)** ventilator; **b)** (Technik) bleeder
Entlüftung die ventilation; (Anlage) ventilation [system]
Entlüftungs-: **~anlage** die ventilation system; **~ventil** das air-release valve
entmachten tr. V. deprive of power
Entmachtung die; ~, ~en deprivation of power
entmannen tr. V. castrate; (fig.) emasculate
Entmannung die; ~, ~en castration; (fig.) emasculation
entmaterialisieren tr. V. (bes. Philos.) dematerialize
entmenschen, entmenschlichen tr. V. **a)** dehumanize; **b)** (verrohen) brutalize
entmenscht Adj. brutalized
entmieten tr. V. (Amtsspr.) drive out the tenants of

entmilitarisieren

entmilitarisieren *tr. V.* demilitarize; **eine entmilitarisierte Zone** a demilitarized zone
Entmilitarisierung *die* demilitarization
entminen *tr. V.* clear of mines
entmisten *tr. V.* muck out
entmotten *tr. V. (Technik)* de-mothball
entmündigen *tr. V. (Rechtsw.)* incapacitate; *(fig.)* deprive of the right of action
Entmündigung *die;* ~, ~en *(jur.)* incapacitation; *(fig.)* deprivation of the right of decision
entmutigen *tr. V.* discourage; dishearten; **laß dich nicht ~:** don't be discouraged
Entmutigung *die;* ~, ~en discouragement
Entmythologisierung *die* demythologization
Entnahme *die;* ~, ~n *(von Wasser)* drawing; *(von Geld, Blutprobe)* taking; *(von Blut)* extraction; *(von Organen)* removal
entnazifizieren [ɛntnatsifiˈtsiːrən] *tr. V.* denazify
Entnazifizierung *die;* ~, ~en denazification
entnehmen *unr. tr. V.* **a)** *(herausnehmen aus)* **etw. [einer Sache** *(Dat.)* **] ~:** take sth. [from sth.]; **der Kasse Geld ~:** take money out of the till; **jmdm. Blut/eine Blutprobe ~:** take a blood sample from sb.; **Organe ~:** remove organs; **b)** *(ersehen aus)* gather; **einer Sache** *(Dat.)* **etw. ~ können** be able to gather sth. from sth.; **wie wir Ihrem Schreiben ~, ...:** we gather from your letter that ...
entnerven *tr. V.* **jmdn. ~:** be nerve-racking for sb.
entnervend *Adj.* nerve-racking
entölen *tr. V.* remove fat from ⟨cocoa⟩; **stark/schwach entölt** with very low/slightly reduced fat content *postpos., not pred.*
Entomologie [ɛntomoloˈgiː] *die;* ~: entomology *no art.*
entpflichten *tr. V.* release
entprivatisieren *tr. V.* nationalize; take out of the private sector
entpuppen *refl. V.* **sich als etw./jmd. ~:** turn out to be sth./sb.
entquellen *unr. itr. V.; mit sein (geh.)* **einer Sache** *(Dat.)* **~:** pour from sth.; **Tränen entquollen ihren Augen** tears streamed from her eyes
entrahmen *tr. V.* skim ⟨milk⟩
entraten *unr. itr. V. (geh.)* **jmds./einer Sache ~** dispense with sb./sth.; **einer Sache** *(Gen.)* **~ müssen** have to do without sth.
enträtseln **1.** *tr. V.* decipher ⟨code etc.⟩; understand, fathom ⟨behaviour etc.⟩. **2.** *refl. V.* ⟨mystery, secret, etc.⟩ be solved
entrechten *tr. V.* **jmdn. ~:** deprive sb. of his/her rights
Entrechtete *der/die; adj. Dekl.* person deprived of his/her rights
Entrecote [ɑ̃trəˈkoːt] *das;* ~[s], ~s *(Kochk.)* entrecôte
Entree [ɑ̃ˈtreː] *das;* ~s, ~s *a) (Kochk.)* entrée; **b)** *(Eingang)* [entrance] hall; **c)** *(Erscheinen)* entrance; **d)** *(bes. österr.: Eintrittsgeld)* entrance or admission fee
entreißen *unr. tr. V.* *(wegnehmen)* **jmdm. etw. ~:** snatch sth. from sb.; **b)** *(retten vor)* **jmdn. dem Tod ~:** save sb. from imminent death; **c)** *(geh.: befreien von)* **jmdn./etw. dem Vergessen ~:** rescue sb./sth. from oblivion
entrichten *tr. V. (Amtsspr.)* pay ⟨fee⟩; **jede Familie mußte dem Krieg ihren Tribut ~** *(fig.)* the war took its toll of every family
entriegeln *tr. V.* unbolt
entrinden *tr. V.* strip the bark off; decorticate
entringen *(geh.)* **1.** *unr. tr. V.* *(wegnehmen)* **jmdm. etw. ~:** wrest sth. from sb. **2.** *unr. refl. V.* **sich [einer Sache** *(Dat.)* **] ~:** escape [from sth.]; **ein Seufzer entrang sich ihrer Brust** she heaved a sigh
entrinnen *unr. itr. V.; mit sein (geh.)* **a)** *(entgehen)* **einer Sache** *(Dat.)* **~:** escape sth.; **b)** *(dichter.)* ⟨time⟩ fly by

entrollen **1.** *tr. V. (geh.)* unroll. **2.** *refl. V. (fig.)* unfold
Entropie [ɛntroˈpiː] *die;* ~, ~n *(fachspr.)* entropy
entrosten *tr. V.* derust
entrücken *tr. V. (geh.)* **jmdn. ~:** carry sb. [far] away *(fig.)* *(Dat.* from); **entrückt** carried away; transported; *(gedankenverloren)* lost in reverie; **jmdm./einer Sache entrückt sein** be far away from sb./sth.; **in eine bessere Welt entrückt** transported to a better world
Entrücktheit *die;* ~, ~en *(geh.)* reverie; **in völliger ~:** completely lost in reverie
entrümpeln [ɛntˈrʏmpl̩n] *tr. V.* clear out
Entrümpelung *die;* ~, ~en clear-out; clearing out
entrußen *tr. V.* clear of soot
entrüsten 1. *refl. V.* **sich [über etw.** *(Akk.)* **] ~:** be indignant [at or about sth.]. **2.** *tr. V.* *(empören)* **jmdn. ~:** make sb. indignant; **über etw.** *(Akk.)* **entrüstet/aufs höchste entrüstet sein** be indignant/outraged at sth.; **etw. entrüstet tun** do sth. indignantly
Entrüstung *die* indignation *(über* + *Akk.* at, about)
entsaften *tr. V.* extract the juice from
Entsafter *der;* ~s, ~: juice-extractor
entsagen *itr. V. (geh.)* **einem Genuß ~:** renounce or forgo a pleasure; **der Welt ~:** renounce the world; **sie mußte lernen zu ~:** she had to learn self-denial
Entsagung *die;* ~, ~en *(geh.)* renunciation; **viele ~en auf sich** *(Akk.)* **nehmen** renounce many things
entsagungsvoll *Adj.* **a)** full of self-denial *postpos.;* **b)** *(Entsagungen verlangend)* full of privation *postpos.*
entsalzen *tr. V.* desalinate
Entsalzung *die;* ~, ~en desalination
Entsalzungsanlage *die* desalination plant; *(bei Erdölgewinnung)* brine separator
Entsatz *der; o. Pl. (Milit.)* **a)** relief; **b)** *(~truppe)* relief troops *Pl.*
entsäuern *tr. V.* deacidify; disacidify
entschädigen *tr. V.* compensate *(für* for); **jmdn. für etw. ~** *(fig.)* make up for sth.
Entschädigung *die* compensation *no indef. art.*
entschädigungs-, Entschädigungs-: **~los** *Adj., adv.* without compensation; **~summe** *die* compensation *no indef. art.*
entschärfen *tr. V.* **a)** defuse, deactivate ⟨bomb etc.⟩; control ⟨avalanche⟩; blunt ⟨edge etc.⟩; make ⟨hill, slope⟩ less steep; alleviate ⟨disaster, crisis⟩; **b)** *(fig.)* defuse ⟨situation⟩; tone down ⟨discussion, criticism⟩
Entschärfung *die;* ~, ~en **a)** *(von Bomben usw.)* defusing; deactivation; **b)** *(fig.)* defusing; toning down
Entscheid [ɛntˈʃaɪt] *der;* ~[e]s, ~e decision
entscheiden 1. *unr. refl. V.* **a)** decide; **sich für/gegen jmdn./etw. ~:** decide in favour of/against sb./sth.; **sich nicht ~ können** be unable to make up one's mind; **b)** *(unpers.)* **morgen entscheidet es sich, ob ...:** I/we/you will know tomorrow whether ... **2.** *unr. itr. V.* **über etw.** *(Akk.)* **~:** decide on or settle sth. **3.** *unr. tr. V.* **a)** *(bestimmen)* decide on ⟨dispute⟩; **der Richter entschied, daß ...:** the judge decided or ruled that ...; **b)** *(den Ausschlag geben für)* decide ⟨outcome, result⟩
entscheidend 1. *Adj.* crucial ⟨problem, question, significance⟩; decisive ⟨action⟩; **die ~e Stimme** the deciding vote; **etwas/ nichts Entscheidendes** something/nothing crucial or decisive. **2.** *adv.* **jmdn./etw. ~ beeinflussen** have a crucial or decisive influence on sb./sth.; **sich/etw. ~ verändern** change/change sth. decisively
Entscheidung *die* decision; *(Gerichts~)* ruling; *(Schwurgerichts~)* verdict; **etw. steht vor der ~:** sth. is just about to be decided; **einer ~** *(Dat.)* **ausweichen** avoid

entschuldigend

making a decision; **jmdn. vor die ~ stellen, etw. zu tun** leave the decision to sb. to do sth.
entscheidungs-, Entscheidungs-: **~befugnis** *die* decision-making powers *pl.;* **~frage** *die (Sprachw.)* yes-no or polar question; **~gewalt** *die* power of decision; **~hilfe** *die* help or assistance in reaching a decision; **~kampf** *der* decisive struggle; *(Milit.)* decisive battle; **~schlacht** *die* decisive battle; **~spiel** *das (Sport)* deciding match; *(bei gleichem Rang)* play-off; **~träger** *der* decision-maker
entschieden 1. 2. *Part. v.* **entscheiden. 2.** *Adj.* **a)** *(entschlossen)* determined; resolute; **b)** *(eindeutig)* definite. **3.** *adv.* resolutely; **etw. ~ od. auf das ~ste ablehnen** reject sth. emphatically or categorically; **jmdm. sehr ~ antworten** give sb. a very definite answer; **das geht ~ zu weit** that is going much too far
Entschiedenheit *die;* ~: decisiveness; **etw. mit ~ behaupten/verneinen** state/deny sth. categorically; **etw. mit ~ fordern** demand sth. emphatically
entschlacken *tr. V.* cleanse
Entschlackung *die;* ~, ~en cleansing
entschlafen *unr. itr. V.; mit sein* **a)** *(verhüll.: sterben)* pass away; fall asleep *(euphem.);* **sanft ~:** pass away peacefully; **b)** *(geh.: einschlafen)* fall asleep
entschleiern *tr. V. (geh.)* **a)** *(fig.)* reveal; uncover; **ein Geheimnis ~:** reveal a secret; **b)** unveil ⟨face⟩
entschließen *unr. refl. V.* decide; make up one's mind; **sich ~, etw. zu tun** decide or resolve to do sth.; **sich dazu ~:** decide to do it; **sich zu einer Reise/zur Heirat ~:** decide to make a journey/to marry; **ich kann mich zu nichts ~:** I can't make up my mind; **sich anders ~:** change one's mind
Entschließung *die* resolution
entschlossen 1. 2. *Part. v.* **entschließen. 2.** *Adj.* determined, resolute ⟨person⟩; determined ⟨look etc.⟩; **fest ~ [sein], etw. zu tun** [be] absolutely determined to do sth. **3.** *adv.* **~ handeln/durchgreifen** act resolutely or with determination/take determined action; **kurz ~:** on the spur of the moment; *(als Reaktion)* immediately
Entschlossenheit *die;* ~: determination; resolution; **in wilder ~:** fiercely determined; with fierce determination
entschlummern *itr. V.; mit sein* **a)** *(dichter.: einschlafen)* fall asleep; **b)** *s.* **entschlafen a**
entschlüpfen *itr. V.; mit sein* **a)** escape; slip away; **b)** ⟨remarks, words⟩ slip out
Entschluß *der;* **seinen ~ ändern** change one's mind; **aus eigenem ~:** on one's own initiative; of one's own volition
entschlüsseln *tr. V.* decipher; decode
Entschlüsselung *die;* ~, ~en deciphering; decoding
entschluß-, Entschluß-: **~freudig** *Adj.* decisive; **~kraft** *die* decisiveness; **~los 1.** *Adj.* indecisive; **2.** *adv.* indecisively
entschuldbar *Adj.* excusable; pardonable
entschulden *tr. V.* free of debts; **einen Betrieb ~:** write off a business's debts
entschuldigen 1. *refl. V.* apologize; **sich bei jmdm. wegen od. für etw. ~:** apologize to sb. for sth.; **sich in aller Form ~:** apologize formally; make a formal apology. **2.** *tr. (auch itr.) V.* excuse ⟨person⟩; **die Mutter entschuldigte ihren Sohn in der Schule** the mother had her son excused from school; **sich ~ lassen** ask to be excused; **sein Verhalten ist durch nichts zu ~:** his behaviour is inexcusable; **~ Sie [bitte]!** *(bei Fragen, Bitten)* excuse me; *(bedauernd)* excuse me; I'm sorry; **Sie müssen ~, daß ...:** I'm sorry, but ...
entschuldigend 1. *Adj.* apologetic; **~e Worte** words of apology. **2.** *adv.* apologetically

1059

Entschuldigung die; ~, ~en a) *(Rechtfertigung)* excuse; **etw. zu seiner ~ sagen/anführen** say sth. in one's defence; b) *(schriftliche Mitteilung)* [excuse] note; letter of excuse; c) *(Höflichkeitsformel)* ~! *(bei Fragen, Bitten)* excuse me; *(bedauernd)* excuse me; [I'm] sorry; **jmdn. für** *od.* **wegen etw. um ~ bitten** apologize to sb. for sth.; d) *(entschuldigende Äußerung)* apology
Entschuldigungs-: ~**grund der** excuse; ~**schreiben das** letter of apology
entschweben *itr. V.; mit sein (geh., häufig iron.)* waft away
entschwefeln *tr. V. (Chemie)* desulphurize
entschwinden *unr. itr. V.; mit sein (geh.)* a) disappear; vanish; **jmds. Blicken** ~: disappear *or* vanish from sb.'s view *or* sight; b) *(vergehen)* ⟨*time*⟩ fly by
entseelt [ent'ze:lt] *Adj. (geh.)* lifeless, dead *(also fig.)*
entsenden *unr. (auch regelm.) tr. V.* dispatch
Entsendung die; *o. Pl. (geh.)* dispatch
entsetzen 1. *refl. V.* be horrified; **sich vor** *od.* **bei dem Anblick von etw.** ~: be horrified at the sight of sth. **2.** *tr. V.* a) *(erschrecken)* horrify; **über etw.** *(Akk.)* **entsetzt sein** be horrified by sth.; **entsetzt starren** stare in horror; b) *(Milit.)* relieve
Entsetzen das; ~s horror; **vor** ~ **stumm** speechless with horror; **mit** ~ **bemerken** notice to one's horror; **ihn befiel lähmendes** ~: he was paralysed with horror
Entsetzens·schrei der cry of horror
entsetzlich 1. *Adj.* a) horrible, dreadful ⟨*accident, crime, etc.*⟩; *nicht präd.* *(ugs.: stark)* terrible ⟨*thirst, hunger*⟩; **einen** ~**en Durst haben** have a terrible thirst; be terribly thirsty. **2.** *adv.* terribly *(coll.)*; awfully; **es ist** ~ **kalt/warm/dunkel** it is terribly *(coll.) or* awfully cold/warm/dark
Entsetzlichkeit die; ~, ~en horribleness; dreadfulness
entseuchen *tr. V.* decontaminate
entsichern *tr. V.* **eine Pistole** ~: release the safety catch of a pistol; **das Gewehr war entsichert/nicht entsichert** the rifle had the safety catch off/on
entsinnen *unr. refl. V.* **sich jmds./einer Sache** ~: remember sb./sth.; **sich an jmdn./etw.** ~: remember sb./sth.
entsorgen *tr. V. (Amtsspr., Wirtsch.)* dispose of ⟨*waste etc.*⟩; **eine Stadt/ein Kernkraftwerk** ~: dispose of a town's/a nuclear power station's waste
Entsorgung die; ~, ~en *(Amtsspr., Wirtsch.)* waste disposal
entspannen 1. *tr. V.* a) *(lockern)* relax ⟨*body etc.*⟩; relax, loosen ⟨*muscles*⟩; b) *(von Spannung befreien)* relax the tension of ⟨*spring*⟩; reduce the surface tension of ⟨*water*⟩. **2.** *refl. V.* a) ⟨*person*⟩ relax; b) *(fig.)* ⟨*situation, tension*⟩ ease
Entspannung die; *o. Pl.* a) relaxation; b) *(politisch)* easing of tension; *detente*
Entspannungs-: ~**politik die** policy of détente; ~**übung die** relaxation exercise
entspiegeln *tr. V.* bloom; **entspiegeltes Glas** coated glass
entspinnen *unr. refl. V.* develop; arise
entsprechen *unr. itr. V.* a) *(übereinstimmen mit)* **einer Sache** *(Dat.)* ~: correspond to sth.; **der Wahrheit/den Tatsachen** ~: be in accordance with the truth/the facts; **den Erwartungen** ~: live up to one's expectations; **sich** *(Dat.) od.* **einander** ~: correspond; b) *(nachkommen)* **einem Wunsch/einer Bitte** ~: comply with a wish/request; **den Anforderungen** ~: meet the requirements; **dem Anlaß** ~: be appropriate for the occasion; **dem Zweck** ~: suit the purpose
entsprechend 1. *Adj.* a) corresponding; *(angemessen)* appropriate ⟨*payment, reply, etc.*⟩; b) *nicht attr.* *(dem*~*)* in accordance *postpos.*; **das Wetter war schlecht und die Stimmung** ~: the weather was bad and the mood was the same; c) *nicht präd. (zuständig)* relevant ⟨*department etc.*⟩; ⟨*person*⟩ concerned. **2.** *adv.* a) *(angemessen)* appropriately; b) *(dem*~*)* accordingly. **3.** *Präp. mit Dativ:* ~ **einer Sache** in accordance with sth.; **der Anweisung** ~ **handeln** act in accordance with *or* according to instructions; **es geht ihm den Umständen** ~: he is as well as can be expected [in the circumstances]
Entsprechung die; ~, ~en a) *(Übereinstimmung)* correspondence; b) *(Analogie)* parallel; **in einer Sache seine** ~ **haben** *od.* **finden** have its counterpart in sth.; **für dieses Wort gibt es keine deutsche** ~: there is no German equivalent for this word
entsprießen *unr. itr. V.; mit sein (geh.)* **einer Sache** *(Dat.)* ~: spring from sth.; *(fig.: hervorgehen aus)* come from sth.
entspringen *unr. itr. V.; mit sein* a) ⟨*river*⟩ rise, have its source; b) *(entstehen aus)* **einer Sache** *(Dat.)* ~: spring from sth.; c) *(entweichen aus)* escape; **ein entsprungener Häftling** an escaped prisoner; **dem Irrenhaus entsprungen sein** *(scherzh.)* be crazy
entstaatlichen *tr. V.* denationalize
Entstalinisierung [ɛntʃtalini'ʦi:rʊŋ] **die;** ~: destalinization
entstammen *itr. V.; mit sein* come from; *(herrühren von)* derive from; **einer Sache** *(Dat.)* ~: come/derive from sth.
entstauben *tr. V.* dust; remove the dust from; *(fig.)* bring up to date
entstehen *unr. itr. V.; mit sein* a) originate; ⟨*quarrel, friendship, etc.*⟩ arise; ⟨*work of art*⟩ be created; ⟨*building, town, etc.*⟩ be built; ⟨*industry*⟩ emerge; ⟨*novel etc.*⟩ be written; **im Entstehen [begriffen] sein** be being created/built/written/be emerging; b) *(gebildet werden)* be formed (**aus** from, **durch** by); c) *(sich ergeben)* occur; *(als Folge)* result; **jmdm.** ~ **Kosten** sb. incurs costs; **hoffentlich ist nicht der Eindruck entstanden, daß** ...: I/we hope I/we have not given the impression that ...
Entstehung die; ~: origin; **die** ~ **des Lebens/der Arten** the origin of life/species; **die** ~ **dieser Stadt/Industrie** the building of this town/the emergence of this industry
Entstehungs-: ~**geschichte die** history of the origin[s]; ~**ort der** place of origin; ~**ursache die** [original] cause; ~**zeit die** time of origin; *(Datum)* date of origin
entsteigen *unr. V.; mit sein (geh.)* **einer Kutsche** *(Dat.) usw.* ~ alight from a coach etc.
entsteinen *tr. V.* stone
entstellen *tr. V.* a) disfigure ⟨*person*⟩; distort ⟨*face*⟩; b) *(verfälschen)* distort ⟨*text, facts*⟩
Entstellung die a) *(Entstelltsein)* disfigurement; b) *(Verfälschung)* distortion
entstielen *tr. V.* remove the stalks from
entstören *tr. V. (Elektrot.)* suppress ⟨*engine, distributor, electrical appliance*⟩
Entstörungs·stelle die fault repair service
entströmen *tr. V.; mit sein (geh.)* pour out; ⟨*gas*⟩ escape; *(fig.)* ⟨*crowd*⟩ pour *or* stream out
enttabuisieren *tr. V. (geh.)* free from taboos
enttarnen *tr. V.* uncover; *(fig.)* discover; **etw. als etw.** ~: reveal sth. as sth.
Enttarnung die uncovering
enttäuschen 1. *tr. V.* disappoint; **unsere Hoffnungen wurden enttäuscht** our hopes were dashed; **jmdn. angenehm** ~: come as a pleasant surprise to sb. **2.** *itr. V.* **etw./jmd. enttäuscht sth./sb.** is disappointing *or* a disappointment
enttäuscht *Adj.* disappointed; dashed ⟨*hopes*⟩; **von jmdm.** ~ **sein** be disappointed in sb.; **von** *od.* **über etw.** ~ **sein** be disappointed by *or* at sth.
Enttäuschung die disappointment (**für** to); **jmdm. eine** ~ **bereiten** be a disappointment to sb.
entthronen *tr. V.* a) *(geh.)* dethrone ⟨*monarch*⟩; b) *(fig.: verdrängen)* take the title away from ⟨*champion etc.*⟩; remove ⟨*magnate*⟩ from power
Entthronung die; ~, ~en *(auch fig.)* dethronement
entvölkern [ɛnt'fœlkɐn] **1.** *tr. V.* depopulate. **2.** *refl. V.* become depopulated *or* deserted
Entvölkerung die; ~, ~en depopulation
ent·wachsen *unr. itr. V.; mit sein* **einer Sache** *(Dat.)* ~: grow out of *or* outgrow sth.; *s. auch* **Kinderschuh**
entwaffnen *tr. V. (auch fig.)* disarm
entwaffnend 1. *Adj.* disarming. **2.** *adv.* disarmingly
Entwaffnung die; ~: disarming; *(der Bevölkerung, eines Landes)* disarmament
entwalden *tr. V.* deforest
entwarnen *itr. V.* sound *or* give the all-clear
Entwarnung die [sounding of the] all-clear
entwässern 1. *tr. V.* a) drain ⟨*meadow, area*⟩; b) *(Med.)* dehydrate. **2.** *itr. V. (abfließen)* flow
Entwässerung die; ~, ~en a) drainage; *(Kanalisation)* drainage [system]
Entwässerungs-: ~**an·lage die** drainage system; ~**graben der** drainage ditch; ~**netz das** drainage network
entweder *Konj.* ~ ... **oder** either ... or
Entweder-Oder das; ~, ~: es gibt kein ~: there is no alternative *or* are no alternatives; **es gibt nur ein** ~: a choise has to be made
entweichen *unr. itr. V.; mit sein* a) *(ausströmen)* escape; **ihrem Gesicht entwich alles Blut** *(geh.)* the blood drained from her face; b) *(geh.: entfliehen)* escape
entweihen *tr. V.* desecrate; profane
Entweihung die; ~: desecration; profanation
entwenden *tr. V. (geh.)* purloin *(Dat.* from*)*
entwerfen *unr. tr. V.* design ⟨*furniture, dress*⟩; *(fig.)* draw ⟨*picture*⟩; b) *(ausarbeiten)* draft ⟨*novel etc.*⟩; draw up ⟨*plans etc.*⟩
entwerten *tr. V.* a) cancel ⟨*ticket, postage stamp*⟩; b) *(Finanzw.)* devalue ⟨*currency*⟩
Entwerter der; ~s, ~: ticket-cancelling machine
Entwertung die *s.* **entwerten:** cancellation; cancelling; devaluation
entwesen *tr. V. (Amtsspr.)* disinfest
Entwesung die; ~, ~en *(Amtsspr.)* disinfestation
entwickeln 1. *refl. V.* develop (**aus** from, **zu** into); **sie ist körperlich voll entwickelt** she is [physically] fully developed. **2.** *tr. V.* give off, produce ⟨*vapour, smell*⟩; show, display ⟨*ability, characteristic*⟩; develop ⟨*weapons, equipment, process, photograph, film*⟩; elaborate ⟨*theory, ideas*⟩
Entwickler der; ~s, ~ *(Fot.)* developer
Entwickler·bad das *(Fot.)* developing bath
Entwicklung die; ~, ~en a) development; *(von Dämpfen usw.)* production; **in der** ~ **sein** ⟨*young person*⟩ be adolescent *or* in one's adolescence; **in seiner [körperlichen]** ~ **zurückbleiben** be physically underdeveloped; **eine bestimmte** ~ **nehmen** show certain developments; **eine positive** ~ **zeichnet sich ab** positive developments *pl.* can be seen; **die** ~ **geht dahin, daß** ...: the trend is that ...; **etw. befindet sich in der** ~: sth. is [still] in the development stage; b) *(Darlegung)* elaboration; c) *(Fot.)* development; developing
entwicklungs-, Entwicklungs-: ~**abschnitt der** stage of development; ~**alter**

Entwicklungsdienst | **Er**

das adolescence; **~dienst** der development aid service; **~fähig** *Adj.* capable of development; **~geschichte** die history of the development; **die ~geschichte der Menschheit/der Meerestiere** the evolution of man/of marine animals; **~geschichtlich 1.** *Adj.* historical; *(stammesgeschichtlich)* evolutionary. **2.** *adv.* **~geschichtlich bedeutsam** important historically/as regards evolution; **sich ~geschichtlich verändert haben** have evolved; **~helfer** der development aid worker; **~hilfe** die [development] aid; **~jahre** *Pl.* adolescence *sing.*; **in die ~jahre kommen** reach adolescence; **~kosten** *Pl.* development costs; **~land** das; *Pl.* **~länder** developing country; **~ministerium** das ministry of development aid; **~phase** die stage of development; **~politik** die development aid policy; **~roman** der *(Literaturw.)* novel showing the development of an individual's character; **~stand** der level of development; **~störung** die developmental disturbance; **~stufe** die stage of development; **~zeit** die **a)** *s.* **~alter; b)** *(~zeitraum)* period of development
entwinden *(geh.)* **1.** *unr. tr. V.* jmdm. etw. **~**: wrest sth. from sb.. **2.** *unr. refl. V.* sich jmdm./einer Sache **~**: wrest *or* free oneself from sb./sth.
entwirrbar *Adj.* **das Garnknäuel war kaum ~**: the ball of thread could scarcely be unravelled; **die vielen Handlungsstränge waren kaum ~**: the strands of the plot could scarcely be untangled
entwirren 1. *tr. V.* **a)** unravel, disentangle ⟨wool etc.⟩; **b)** *(fig.)* unravel, sort out ⟨situation etc.⟩. **2.** *refl. V.* sort itself out
entwischen *itr. V.*; *mit sein (ugs.)* get away; **aus dem Gefängnis ~**: get out of jail; **jmdm. ~**: give sb. the slip *(coll.)*
entwöhnen [ɛnt'vø:nən] *tr. V.* **a)** wean ⟨baby⟩; **b)** *(geh.)* **jmdn. einer Sache** *(Dat.)* **~**: break sb. of the habit of [doing] sth.; **jmdn. [von einer Sucht] ~**: cure sb. [of an addiction]
entwürdigen *tr. V.* degrade
entwürdigend 1. *Adj.* degrading. **2.** *adv.* ⟨treat sb.⟩ in a degrading manner; degradingly ⟨low⟩
Entwürdigung die degradation
Entwurf der; design; **b)** *(Konzept)* draft; **der ~ zu einem Roman** the outline *or* draft of a novel
entwurmen *tr. V.* worm
entwurzeln *tr. V.* uproot ⟨tree etc., person⟩; **ein entwurzelter Mensch** a rootless person
Entwurzelung die; ~, ~en uprooting
entzaubern *tr. V. (geh.)* **a)** free ⟨person⟩ from the spell; break the spell on ⟨person⟩; **b) entzaubert werden** ⟨die Poesie, den Zauber verlieren⟩ lose its magic
entzerren *tr. V.* **a)** *(Technik)* correct; rectify; **b)** *(Fot.)* rectify
Entzerrer der; ~s, ~ **a)** *(Technik)* equalizer; **b)** *(Fot.)* rectifier
entziehen 1. *unr. tr. V.* **a)** take away; etw. jmdm./einer Sache **~**: take sth. away from sb./sth.; **jmdm. den Führerschein ~**: take sb.'s driving licence away; **jmdm. das Wort ~**: ask sb. to stop [speaking]; **b)** *(nicht zugestehen)* withdraw; **jmdm. das Vertrauen ~**: withdraw one's confidence in sb.; **c)** *(entfernen von, aus)* etw. einer Sache *(Dat.)* **~**: remove sth. from sth.; **d)** *(herausziehen aus)* etw. einer Sache *(Dat.)* **~**: extract sth. from sth.; **e)** *(ugs.: entwöhnen)* get ⟨addict⟩ off drugs; dry ⟨alcoholic⟩ out *(coll.)*. **2.** *unr. refl. V.* **sich jmds. Armen/Umklammerung ~**: free oneself from sb.'s arms/embrace; **ihrem Reiz konnte ich mich nicht ~**: I could not resist her/their charms; **sich der Gesellschaft** *(Dat.)* **~** *(geh.)* withdraw from society; **sich seinen Pflichten** *(Dat.)* **~**: shirk *or* evade one's duty; **sich einer Untersuchung** *(Dat.)* **~** *(geh.)* elude an investigation; **das entzieht sich meiner Kontrolle/Kenntnis** that is beyond my control/knowledge
Entziehung die **a)** withdrawal; loss; **b)** *(Entziehungskur)* withdrawal treatment *no indef. art.*; **eine ~ machen** take withdrawal treatment
Entziehungs-: ~anstalt die treatment centre; clinic; **~kur** die course of withdrawal treatment; withdrawal programme
entzifferbar *Adj.* decipherable
entziffern *tr. V.* **a)** decipher ⟨writing⟩; **b)** *(entschlüsseln)* decipher, decode ⟨message⟩
Entzifferung die; ~, ~en *s.* **entziffern**: deciphering; decoding
entzücken 1. *tr. V.* delight; etw. entzückt jmdn. sth. delights sb. *or* fills sb. with delight. **2.** *refl. V. (geh.)* sich an etw. *(Dat.)* **~**: be enraptured by sth.
Entzücken das; ~s *(geh.)* delight, joy (an + *Dat.* in)
entzückend 1. *Adj.* delightful; **das ist ja ~!** *(iron.)* [that's] charming! **2.** *adv.* delightfully
entzückt *Adj.* delighted; **von/über etw.** *(Akk.)* **~ sein** be delighted by/at sth.
Entzückung die; ~, ~en *(geh.)* joy; rapture
Entzug der; ~[e]s **a)** withdrawal; **b)** *s.* **Entziehung b**
Entzugs·erscheinung die withdrawal symptom
entzündbar *Adj.* **a)** *(brennbar)* [in]flammable; **b)** *(fig.: erregbar)* easily roused
entzünden 1. *tr. V.* **a)** *(geh.: anzünden)* light ⟨fire⟩; strike, light ⟨match⟩; **b)** *(geh.: erregen)* kindle, arouse ⟨passion⟩; arouse ⟨hatred⟩. **2.** *refl. V.* **a)** catch fire; ignite; **b)** *(anschwellen)* become inflamed; **entzündete Augen haben** have inflamed eyes; **c)** *(geh.: entstehen)* **sich an etw.** *(Dat.)* **~**: be sparked off by sth.; ⟨temper⟩ flare at sth.
entzündlich *Adj.* **a)** [in]flammable ⟨substance⟩; **b)** *(Med.)* inflammatory
Entzündlichkeit die; ~: [in]flammability
Entzündung die; ~, ~en inflammation
entzündungs·hemmend *Adj.* anti-inflammatory; antiphlogistic *(Med.)*
Entzündungs·herd der focus of inflammation
entzwei *Adj.*; *nicht attr. (geh.)* in pieces
entzweibrechen *(geh.)* **1.** *unr. tr. V.* break into pieces. **2.** *unr. itr. V.*; *mit sein* break into pieces
entzweien 1. *refl. V.* sich [mit jmdm.] **~**: fall out [with sb.]. **2.** *tr. V.* cause ⟨persons⟩ to fall out
entzwei- (geh.): ~|gehen *unr. itr. V.*; *mit sein (zerbrechen)* break; *(nicht mehr funktionieren)* cease to function; **~|machen** *tr. V.* break; **~|schlagen** *unr. tr. V.* smash to pieces
Entzweiung die; ~, ~en: **eine ~ herbeiführen** cause the two friends/countries *etc.* to fall out
en vogue [ã'vo:k] *(geh.)* **~ ~ sein** be fashionable *or* in vogue
Enzephalogramm [ɛntsefalo'gram] das; ~s, ~e *(Med.)* encephalogram
Enzian ['ɛntsia:n] der; ~s, ~e **a)** *(Bot.)* gentian; **b)** *(Schnaps)* enzian liqueur
enzian·blau *Adj.* gentian-blue
Enzyklika [ɛn'tsy:klika] die; ~, **Enzykliken** encyclical
Enzyklopädie [ɛntsyklopɛ'di:] die; ~, ~n encyclopaedia
enzyklopädisch 1. *Adj.* encyclopaedic. **2.** *adv.* encyclopaedically
Enzyklopädist der; ~en, ~en encyclopaedist
Enzym [ɛn'tsy:m] das; ~s, ~e *(Chemie)* enzyme
eo ipso ['e:o 'ɪpso] *(geh.)* ipso facto
Eolithikum [eo'li:tikʊm] das; ~s eolithic period
Epaulett [epo'lɛt] das; ~s, ~s, **Epaulette** die; ~, ~n epaulette
Epen *s.* **Epos**
ephemer [efe'me:ɐ] *Adj. (geh.)* ephemeral
Epidemie [epide'mi:] die; ~, ~n *(auch fig.)* epidemic
epidemisch 1. *Adj.* epidemic. **2.** *adv.* as/like an epidemic
Epidermis [epi'dɛrmɪs] die; ~, **Epidermen** *(Biol.)* epidermis
Epidiaskop [epidia'sko:p] das; ~s, ~e epidiascope
epigonal [epigo'na:l] *Adj. (geh.) s.* **epigonenhaft**
Epigone [epi'go:nə] der; ~n, ~n *(geh.)* imitator
epigonenhaft *Adj. (geh.)* imitative; unoriginal
Epigonentum das; ~s *(geh.)* imitativeness; unoriginality
Epigramm [epi'gram] das; ~s, ~e *(Literaturw.)* epigram
Epigrammatik die; ~ *(Literaturw.)* epigrammatism
epigrammatisch *Adj.* epigrammatic
Epik ['e:pɪk] die; ~ *(Literaturw.)* epic poetry
Epiker der; ~s, ~: epic poet
Epikureer [epiku're:ɐ] der; ~s, ~ **a)** *(Philos.)* Epicurean; **b)** *(geh.)* epicurean
epikureisch *Adj.* **a)** *(Philos.)* Epicurean; **b)** *(geh.)* epicurean
Epilepsie [epilɛ'psi:] die; ~, ~n *(Med.)* epilepsy *no art.*
Epileptiker [epi'lɛptikɐ] der; ~s, ~, **Epileptikerin** die; ~, ~nen epileptic
epileptisch *Adj.* epileptic
Epilog [epi'lo:k] der; ~s, ~e epilogue
Epiphanias [epi'fa:nias] das; ~: Epiphany *no art.*
Epiphanie [epifa'ni:] die; ~ *(Rel.)* epiphany
episch ['e:pɪʃ] **1.** *Adj.* epic. **2.** *adv.* in epic terms
Episkop [epi'sko:p] das; ~s, ~e episcope
Episkopal·kirche die **a)** episcopal church; **b)** *(ev. Kirche)* protestant church
Episkopat [epɪsko'pa:t] das *od.* der; ~[e]s, ~e *(Theol.)* **a)** *o. Pl. (Amt)* episcopate; **b)** *(Gesamtheit der Bischöfe)* episcopate; episcopacy
Episode [epi'zo:də] die; ~, ~n episode
episodenhaft, episodisch 1. *Adj.* episodic. **2.** *adv.* episodically
Epistel [e'pɪstl] die; ~, ~n a) *(bibl.)* epistle; **b)** *(kath. Kirche)* epistle; lesson; **jmdm. die ~ lesen** *(fig. veralt.)* read sb. a lesson
Epitaph [epi'ta:f] das; ~s, ~e *(geh.)* **a)** epitaph; **b)** *(Gedenktafel)* memorial plaque
Epithel [epi'te:l] das; ~s, ~e *(Biol.)* epithelium
Epitheton [e'pi:teton] das; ~s, **Epitheta** *(Sprachw.)* epithet
Epizentrum das *(Geol.)* epicentre
epochal [epo'xa:l] *Adj.* epochal; epoch-making ⟨invention⟩; *(fig. iron.)* world-shattering; monumental
Epoche [e'pɔxə] die; ~, ~n epoch; **~ machen** be epoch-making
epoche·machend *Adj.* epoch-making
Epos ['e:pɔs] das; ~, **Epen** epic [poem]; epos
Eprouvette [epru'vɛt] die; ~, ~n *(österr.)* test-tube
Equipage [ekvi'pa:ʒə] die; ~, ~n *(veralt.)* equipage
Equipe [e'kɪp] die; ~, ~n team
er [e:ɐ] *Personalpron. 3. Pers. Sg. Nom. Mask.* he; *(betont)* him; *(bei Dingen/Tieren)* it; *(bei männlichen Tieren)* he/him; it; **„Er"** *(auf Handtüchern, an Türen)* 'His'; **er war es, nicht sie** it was him, not her; **ich weiß mehr als er** I know more than he does; I know more than him *(coll.)*; **„Er, 42, Witwer ..."** 'widower, 42 ...'; **bring Er den Wein!** *(veralt.)* fetch the wine!; *s. auch* **ihm; ihn; seiner**
Er der; ~, ~s *(ugs.)* he; **ist es ein Er oder eine Sie?** is it a he or a she?

1061

erachten

erachten *tr. V. (geh.)* consider; **etw. als** *od.* **für seine Pflicht ~:** consider sth. [to be] one's duty; **etw. als** *od.* **für notwendig ~:** consider *or* think sth. necessary
Erachten das *in meinem ~ nach, meines ~s* in my opinion
erahnen *tr. V.* imagine; guess
erarbeiten *tr. V.* **a)** *(erwerben)* work for; [sich (Dat.)] ein Vermögen ~: make [oneself] a fortune; **b)** *(zu eigen machen)* work on; study; [sich (Dat.)] einen Text ~: understand a text by working on it; **c)** *(erstellen)* work out ⟨plan, programme, etc.⟩
Erb- [ˈɛrp-]: **~adel** *der* hereditary nobility; *(Titel)* hereditary title; **~anlage** *die (Biol.)* hereditary disposition; **~anspruch** *der* claim to an/the inheritance; **~anteil** *der* share of an/the inheritance
erbarmen [ɛɐ̯ˈbarmən] **1.** *refl. V. (geh.)* **sich jmds./einer Sache ~:** take pity on sb./sth.; **Herr, erbarme dich unser!** Lord, have mercy upon us. **2.** *tr. V.* **jmdn. ~:** arouse sb.'s pity; move sb. to pity
Erbarmen das; ~s pity; **mit jmdm. ~ haben** take pity on *or* feel pity for sb.; **er kennt kein ~:** he knows no pity *or* mercy; **zum ~:** pitifully; pathetically; **zum ~ sein** be pitiful *or* pathetic
erbarmens·wert *Adj.* pitiful
erbärmlich [ɛɐ̯ˈbɛrmlɪç] **1.** *Adj.* **a)** *(elend)* wretched; **b)** *(unzulänglich)* pathetic; **c)** *(abwertend: gemein)* mean; wretched; **d)** *nicht präd. (sehr groß)* terrible ⟨hunger, thirst, fear, etc.⟩. **2.** *adv.* **a)** *(intensivierend)* terribly ⟨cold, hot, thirsty, hungry, etc.⟩
Erbärmlichkeit *die;* ~: **a)** *(Elend)* wretchedness; **b)** *(abwertend: Gemeinheit)* meanness; wretchedness
erbarmungs-, Erbarmungs-: ~los **1.** *Adj.* merciless; **2.** *adv.* mercilessly; **~losigkeit** *die;* ~: mercilessness; **~würdig** *Adj.* pitiful
erbauen **1.** *tr. V.* **a)** build; **b)** *(geh.: erheben)* uplift; edify; **wir waren von seinen Plänen wenig erbaut** we were not exactly delighted about his plans. **2.** *refl. V. (geh.: sich erfreuen)* **sich an etw. (Dat.) ~:** be uplifted *or* edified by sth.
Erbauer *der;* ~s, ~: architect
erbaulich *Adj.* edifying
Erbauung *die;* ~ *(Freude)* edification
Erbauungs·literatur *die* devotional literature
erb-, Erb-: **~bauer** *der* **a)** *farmer owning property by hereditary right;* **b)** *(in ~pacht) farmer with hereditary right of tenure;* **~begräbnis das;** **a)** *right to be buried in the family grave;* **b)** *s.* **Familiengrab; ~berechtigt** *Adj.* entitled to inherit; entitled to an/the inheritance; **die Erbberechtigten** the heirs; **~biologisch** *Adj.* genetic; **ein ~biologisches Gutachten** the opinion of an expert in genetics
¹Erbe [ˈɛrbə] *das;* ~s **a)** *(Vermögen)* inheritance; **das väterliche/mütterliche ~:** patrimony/maternal inheritance; **sein ~ antreten** come into one's inheritance; **b)** *(Vermächtnis)* heritage; legacy
²Erbe *der;* ~n ~n heir; **der rechtmäßige/mutmaßliche ~:** the rightful heir/heir presumptive; **jmdn. zum** *od.* **als ~n einsetzen** appoint sb. as one's heir; **am Ende war alles nur für die lachenden ~n** *(ugs.)* in the end it was all just for others to inherit; **die ~n** *(fig.)* future generations
Erbe·aneignung, Erbe·rezeption *die (DDR)* acquainting oneself with the nation's cultural heritage
erbeben *itr. V.; mit sein (geh.)* **a)** shake; tremble; **b)** *(fig.: erregt werden)* shake; quiver
erb-, Erb-: **~eigen** *Adj.* inherited; **~eigenschaft** *die (Biol.)* hereditary characteristic; **~einsetzung** *die (Rechtsw.)* appointment of an/one's heir

erben *tr. (auch itr.) V.* inherit; **bei mir ist nichts zu ~** *(ugs.)* you won't get anything out of me
Erben·gemeinschaft *die* [community of] joint heirs
erbetteln *tr. V.* get by begging; **um eine Mahlzeit zu ~:** to beg for a meal
erbeuten [ɛɐ̯ˈbɔytn̩] *tr. V.* carry off, get away with ⟨valuables, prey, etc.⟩; capture ⟨enemy plane, tank, etc.⟩
erb-, Erb-: **~fähig** *Adj. (Rechtsspr.)* heritable; **~faktor** *der* hereditary factor; **~fall** *der (Rechtsw.)* inheritance; **~fehler** *der* hereditary defect; **~feind** *der* **a)** traditional enemy; **b)** *(verhüll.: Teufel)* arch fiend
Erb·folge *die* **a)** succession; **die gesetzliche ~:** intestate succession; **b)** *(Thronfolge)* succession
Erbfolge-: **~krieg** *der* war of succession; **~recht** *das* law of succession
Erb-: **~forschung** *die* genetics *sing., no art.;* **~gut** *das (Biol.)* genotype; genetic make-up; **~hof** *der* ancestral estate; *(fig. Pol.)* perquisite
erbieten *unr. refl. V. (geh.)* **sich ~, etw. zu tun** offer to do sth.
Erbin *die;* ~, ~nen heiress
erbitten 1. *unr. tr. V. (geh.)* **„baldige Antwort erbeten"** 'early reply appreciated'. **2.** *unr. refl. V. (veralt.)* **sich ~ lassen, etw. zu tun** be prevailed upon to do sth.
erbittern *tr. V.* enrage; incense
erbittert 1. *Adj.* bitter ⟨resistance, struggle⟩. **2.** *adv.* **~ kämpfen** wage a bitter struggle
Erbitterung *die;* ~: bitterness
Erb·krankheit *die* hereditary disease
erblassen [ɛɐ̯ˈblasn̩] *itr. V.; mit sein (geh.)* go *or* turn pale; blanch *(literary); s. auch* **Neid**
Erblasser [ˈɛrplasɐ] *der;* ~s, ~ *(Rechtsw.)* testator
Erblasserin *die;* ~, ~nen *(Rechtsw.)* testatrix
Erb-: **~lehen** *das (hist.)* hereditary fief; **~lehre** *die (Biol.)* genetics *sing.*
erbleichen *itr. V.; mit sein (geh.)* go *or* turn pale; blanch *(literary)*
erblich 1. *Adj.* hereditary ⟨title, disease⟩. **2.** *adv.* **er ist ~ belastet** he suffers from a hereditary condition; *(scherzh.)* it runs in his family
Erblichkeit *die;* ~ *(auch Biol.)* heritability
erblicken *tr. V. (geh.)* **a)** catch sight of; see; **b)** *(fig.)* see; **sie erblickte in mir eine Konkurrentin** she saw me as a rival; she saw a rival in me
erblinden *itr. V.; mit sein* **a)** go blind; lose one's sight; **b)** *(matt werden)* go *or* become dull
Erblindung *die;* ~: loss of sight
erblonden *itr. V.; mit sein (scherzh.)* go blonde
erblühen *itr. V.; mit sein (geh.)* **a)** bloom; blossom; **b)** *(sich entfalten)* blossom
Erb-: **~masse** *die* **a)** *(Biol.)* genotype; genetic make-up; **b)** *(Rechtsspr.)* estate; **~monarchie** *die* hereditary monarchy; **~onkel** *der (ugs. scherzh.)* rich uncle
erbosen [ɛɐ̯ˈboːzn̩] *(geh.)* **1.** *tr. V.* infuriate. **2.** *refl. V.* **sich ~ über etw. (Akk.)** become furious about sth.
erbost *Adj.* angry, furious (**über** + *Akk.* at)
erbötig [ɛɐ̯ˈbøːtɪç] *Adj. (veralt.)* **sich ~ machen, etw. zu tun** offer to do sth.
Erb-: **~pacht** *die* **a)** *(Rechtsw.)* hereditary lease; **b)** *(hist.)* fee simple; **~prinz** *der* heir to the throne
erbrechen 1. *unr. tr. V.* **a)** bring up ⟨food⟩; **b)** *(geh.: aufbrechen)* break open ⟨safe etc.⟩; **c)** *(veralt.: öffnen)* open ⟨letter, seal⟩. **2.** *unr. refl. V.* **sich ~:** vomit; be sick
Erbrechen das; ~s vomiting; **bis zum ~** *(ugs.)* ad nauseam
Erb·recht *das (Rechtsw.)* **a)** *o. Pl.* law of in-

Erde

heritance; **b)** *(Anspruch)* right of inheritance
erbringen *unr. tr. V.* **a)** produce ⟨proof, evidence⟩; **b)** *(liefern)* produce ⟨result etc.⟩; yield ⟨amount⟩; result in ⟨savings etc.⟩; **die vorgesehene Leistung ~:** do the required work; **c)** *(aufbringen)* raise ⟨funds etc.⟩; put up ⟨money etc.⟩
Erbrochene [ɛɐ̯ˈbrɔxənə] *das; adj. Dekl.* vomit
Erb·schaden *der (Genetik)* hereditary defect
Erbschaft *die;* ~, ~en inheritance; **eine ~ machen** come into an inheritance; **die ~ des Kolonialismus** *(fig.)* the legacy of colonialism
Erbschafts·anspruch *der* claim to an/the inheritance
Erbschaft[s]·steuer *die* estate *or* death duties *pl.*
Erb-: **~schein** *der* certificate of inheritance; **~schleicher** *der;* ~s, ~ *(abwertend)* legacy-hunter; **~schleicherei** *die;* ~, ~en *(abwertend)* legacy-hunting; **~schuld** *die (Rechtsw.)* inherited debt
Erbse [ˈɛrpsə] *die;* ~, ~n pea; **grüne/getrocknete** *od.* **gelbe ~n** green/dried peas
erbsen·groß *Adj.* pea-size; the size of a pea *postpos.*
Erbs[en]·püree *das* pease pudding
Erbsen·suppe *die* **a)** pea soup; **b)** *(ugs.: Nebel)* pea souper
Erb-: **~stück** *das* heirloom; **~sünde** *die* original sin; **~tante** *die (ugs. scherzh.)* rich aunt; **~teil** *das* **a)** share of an/the inheritance; **b)** *(fig.: Anlage)* inherited trait; **~träger** *der (Biol.)* gene; **~vertrag** *der* testamentary contract; **~verzicht** *der* renunciation of the/an inheritance
Erd-: **~achse** *die* earth's axis; **~altertum** *das (Geol.)* Palaeozoic [era]; **~anziehung** *die* earth's gravitational pull; **~apfel** *der (bes. österr.)* s. **Kartoffel;** **~arbeiten** *Pl. (Bauw.)* earth-moving *sing.;* **~arbeiter** *der (Bauw.)* labourer; navvy *(Brit.);* **~atmosphäre** *die* earth's atmosphere; **~bahn** *die* earth's orbit; **~ball** *der (geh.)* globe; earth; **~beben** *das* earthquake
erdbeben-, Erdbeben-: **~gebiet** *das* earthquake area; **~herd** *der* seismic focus; hypocentre; **~messer** *der;* ~s, ~: seismograph; **~sicher** *Adj.* earthquake-proof ⟨building, construction⟩; ⟨region etc.⟩ free from earthquakes; **~warte** *die* seismological station; **~welle** *die* seismic wave
Erdbeer·bowle *die* strawberry punch
Erd·beere *die* strawberry
erdbeer·farben *Adj.* strawberry-coloured
Erd-: **~beschleunigung** *die* acceleration of gravity; **~bestattung** *die* burial; interment; **~bevölkerung** *die* earth's population; **~bewegung** *die* **a)** *(in der Erdkruste)* tremor; **b)** *(Bauw.)* excavation; earthwork; **~bewohner** *der* inhabitant of the earth; *(Science Fiction)* earthling; **~boden** *der* ground; earth; **etw. dem ~boden gleichmachen** raze sth. to the ground; **sie ist wie vom ~boden verschluckt** it's as if the earth *or* ground had swallowed her up; **er wäre am liebsten in den ~boden versunken** he wished the earth *or* ground could have swallowed him up; **vom ~boden verschwinden** disappear from *or* off the face of the earth; **~bohrer** *der (Technik)* drill
Erde [ˈɛrdə] *die;* ~, ~n **a)** *(Erdreich)* soil; earth; **ein Klumpen ~:** a lump of earth; **etw. in die ~ rammen** ram sth. into the ground; **zu ~ werden** *(geh. verhüll.)* turn to dust; **b)** *o. Pl. (fester Boden)* ground; **etw. auf die ~ legen/stellen** put sth. down [on the ground]; **zu ebener ~:** on the ground floor *or (Amer.)* the first floor; **auf der ~ bleiben** *(fig.)* keep one's feet on the ground *(fig.);* **mit beiden Beinen** *od.* **Füßen fest auf der ~ stehen** *(fig.)* have one's feet firmly on the ground *(fig.);*

1062

unter der ~ liegen *(geh. verhüll.)* be in one's grave; **jmdn. unter die ~ bringen** *(ugs.)* bury sb.; *(fig.: töten)* be the death of sb. *(coll.)*; **c)** *o. Pl. (Gebiet)* **ein ruhiges/idyllisches Fleckchen ~**: a peaceful/idyllic spot; **in heimatlicher/fremder ~ begraben werden** be buried in one's native soil/in foreign soil; *s. auch* **Taktik**; **d)** *o. Pl. (Welt)* earth; world; **auf ~n** *(bibl.)*, **auf der ~**: on earth; **die fernsten Winkel der ~**: the farthest corners of the globe; **auf der ganzen ~**: throughout the world; **e)** *o. Pl. (Planet)* Earth; **der Mars, der Jupiter und die ~**: Mars, Jupiter, and [the] Earth; **f)** *(Elektrot.)* earth
erden *tr. V. (Elektrot.)* earth
Erden-: **~bürger** *der* earth-dweller; **ein neuer/kleiner ~bürger** *(scherzh.)* a new arrival; **~da·sein** *das (geh.)* earthly existence; **~jammer** *der (dichter.)* earthly misery; misery of the world
erdenkbar *Adj. s.* **erdenklich**
erdenken *unr. tr. V.* think *or* make up; **eine erdachte Geschichte** a made-up story
Erden·kind *das (geh.)* child of the earth *(literary)*; mortal
erdenklich *Adj.* conceivable; imaginable; **alle** *od.* **jede ~e Mühe** every conceivable *or* the greatest possible trouble
Erden-: **~kloß** *der (veralt.: Mensch)* lump of clay; **~leben** *das (geh.)* earthly existence; **~wurm** *der (dichter. veralt.)* earthly being; mortal
erd-, Erd-: ~fern *Adj.* **a)** *(Astron.)* remote, distant ⟨planet⟩; distant ⟨orbit⟩; **b)** *(dichter.)* spiritual ⟨world *etc.*⟩; **~ferne die a)** *(Astron.)* apogee; **b)** *(dichter.)* remoteness [from the world]; **~gas** *das* natural gas; **~gebunden** *Adj. (geh.)* close to nature *postpos.*; **~geist** *der* earth spirit; **~geruch** *der* earthy smell; **~geschichte** *die*; *o. Pl.* history of the earth; **~geschichtlich 1.** *Adj.* relating to the earth's history *postpos., not pred.*; **2.** *adv.* relating to the earth's history; **~geschoß** *das* ground floor; first floor *(Amer.)*; **im ~geschoß** on the ground floor; **~gravitation die** [earth's] gravitation; **~haufen der** mound of earth; **~hörnchen** *das*; **~s, -**, *(Zool.)* chipmunk; ground-squirrel
erdichten *tr. V.* manufacture; **das ist alles erdichtet** it's all a pure fabrication
erdig *Adj.* earthy ⟨mass, smell, taste⟩; **b)** *(geh.: mit Erde beschmutzt)* muddy
erd-, Erd-: ~innere *das* interior of the earth; **~kabel** *das* underground cable; **~karte die** map of the earth; **~kern** *der* earth's core; **~klumpen** *der* lump of earth; clod [of earth]; **~kreis der** *(dichter.)* world; **~kröte die** toad; **~kruste die** earth's crust; **~kugel die a)** *(Planet)* terrestrial globe; earth; **b)** *(Globus)* globe; **~kunde die** geography; **~kundlich 1.** *Adj.* geographical; **2.** *adv.* geographically; **~leitung die** *(Elektrot.)* earth [connection]
Erdling ['e:ɐdlɪŋ] *der*; **~s, ~e** *(Science-fiction)* earthling
erd-, Erd-: ~loch *das* hole in the ground; *(Milit.)* foxhole; **~magnetismus** *der* terrestrial magnetism; **~massen** *Pl.* masses of earth; **~metall** *das (Chemie)* group III metal; **~mittel·alter** *das (Geol.)* Mesozoic [era]; **~mittel·punkt** *der* centre of the earth; **~nah** *Adj. (Astron.)* close to the earth *postpos.*; **b)** *(geh.)* down to earth; **~nuß die** peanut; ground-nut; **~nuß·butter die** peanut butter; **~nuß·öl** *das* ground-nut oil; **~ober·fläche die** earth's surface; **~öl** *das* oil; petroleum *(as tech. term)*
erdolchen *tr. V. (geh.)* stab to death
erdöl-, Erdöl-: ~exportierend *Adj.* oil-exporting ⟨country⟩; **~feld** *das* oilfield; **~förder·land** *das* oil-producing country; **~gewinnung die** oil production; **~leitung die** oil pipeline; **~produkt** *das* oil product; **~produzent** *der* oil-producing country; **~produzierend** *Adj.* oil-producing; **~raffinerie die** oil refinery

Erd-: **~pol** *der* terrestrial pole; **~reich** *das* soil
erdreisten *refl. V.* **sich ~, etw. zu tun** have the audacity to do sth.
erdröhnen *itr. V.; mit sein* **a)** *(ertönen)* roar; **b)** *(beben)* shake
erdrosseln *tr. V.* strangle
Erdrosselung die; **~, ~en** strangling
Erd·rotation die rotation of the earth
erdrücken *tr. V.* **a)** crush; **b)** *(fig.: belasten)* overwhelm; **die ständigen Geldsorgen erdrückten ihn** he was oppressed by the continual worries about money; **c)** *(fig.: nicht gelten lassen)* overshadow; **die Schrankwand erdrückt den kleinen Raum** these wall units are too overpowering in the small room
erdrückend 1. *Adj.* overwhelming ⟨evidence, superiority⟩; oppressive ⟨heat, silence⟩. **2.** *adv.* overwhelmingly
Erd-: **~rutsch** *der* landslide; landslip; **ein politischer ~rutsch** a political landslide; **~rutsch·sieg** *der (Politik)* landslide victory; **~satellit** *der* earth satellite; **~schatten** *der* shadow of the earth; **~schicht die a)** layer of earth; **b)** *(Geol.)* stratum; **~schluß** *der (Elektrot.)* accidental earth contact; **~scholle die** lump of earth; clod [of earth]; **~spalte die** fissure [in the ground]; **~stoß** *der* earth tremor; **~teil** *der* continent; **~trabant** *der (geh.)* earth satellite
erdulden *tr. V.* endure ⟨sorrow, misfortune⟩; tolerate ⟨insults⟩; ⟨über sich ergehen lassen⟩ undergo
Erd-: **~um·drehung die** rotation of the earth; **eine ~umdrehung** one revolution of the earth; **~um·fang** *der* circumference of the earth; **~umkreisung die** orbit of the earth; **~um·lauf·bahn die** orbit [of the earth]; **in die ~umlaufbahn eintreten** enter into orbit; **~um·rundung die** *(eines Schiffes)* circumnavigation of the earth; *(eines Raumschiffs)* orbit of the earth; **~umseg[e]lung die** circumnavigation of the earth
Erdung die; **~, ~en** *(Elektrot.)* **a)** *(das Erden)* earthing; **b)** *(Leitung)* earth [connection]
erd-, Erd-: ~verbunden, ~verhaftet, ~verwachsen *Adj. (geh.)* close to nature *postpos.*; **~wall** *der* wall of earth; *(Milit., Straßenbau)* earthwork; **~wärts** *Adv. (geh.)* earthward[s]; **~zeit·alter** *das* geological era
ereifern *refl. V.* **sich über etw.** *(Akk.)* **~**: get excited about sth.; **sich schnell/unnötig ~**: quickly get worked up/get worked up about nothing
Ereiferung die; **~**: excitement
ereignen *refl. V.* happen; ⟨accident, mishap⟩ occur
Ereignis [ɛɐˈʔaɪgnɪs] *das*; **~ses, ~se** event; occurrence; **ein aufregendes/historisches ~**: an exciting/historical event; **das fröhliche ~ Eurer Hochzeit** the happy occasion of your marriage; **all ~se überstürzten sich** everything seemed to happen at once; **ein freudiges ~**: a happy event; **große ~se werfen ihren Schatten voraus** coming events cast their shadows before
ereignis-: **~los 1.** *Adj.* uneventful; **2.** *adv.* uneventfully; **~reich 1.** *Adj.* eventful; **2.** *adv.* eventfully
ereilen *tr. V. (geh.)* **der Tod ereilte ihn** he died suddenly; **das gleiche Schicksal ereilte ihn** he met the same fate
Erektion [erɛkˈtsi̯oːn] *die*; **~, ~en** erection
Eremit [ereˈmiːt] *der*; **~en, ~en** hermit
Eremitage [eremiˈtaːʒə] *die*; **~, ~n** hermitage
Eremiten·leben *das* hermit's life

ererben *tr. V. (veralt.)* inherit ⟨money, characteristics⟩
ererbt *Adj.* inherited ⟨fortune, ability⟩; inherited, hereditary ⟨characteristic etc.⟩
erfahrbar *Adj.* **~ sein** be able to be experienced; **einem Kind etw. ~ machen** bring sth. within a child's experience
¹erfahren *unr. tr. V.* **a)** find out; learn; *(hören)* hear; **etw. Wichtiges/Neues/Einzelheiten ~**: find out something important/new/some details; **etw. von jmdm. ~**: find sth. out from sb.; **etw. über jmdn./etw. ~**: find out *or* hear sth. about sb./sth.; **etw. von etw. ~**: find out *or* learn/hear sth. about sth.; **etw. durch jmdn./etw. ~**: learn of sth. from sb./sth.; **b)** *(geh.: erleben)* experience; **viel Leid/Kummer ~**: suffer much sorrow/anxiety; *s. auch* **Leib a**; **c)** *(mitmachen)* undergo ⟨change, experience, development, etc.⟩; suffer ⟨set-back⟩
²erfahren *Adj.* experienced
Erfahrung die; **~, ~en** experience; **über reiche/langjährige ~ verfügen** have years of experience/years of experience; **eine Frau mit ~**: a woman of experience; **~en sammeln** gain experience *sing.*; **~en austauschen** share one's experiences; **bittere ~en sammeln müssen** have bitter experiences; **die ~ machen, daß ...**: learn by experience that ...; **durch ~ lernen** learn through experience; **aus ~ sprechen** speak from experience; **wir haben schlechte ~en mit ihm/damit gemacht** our experience of him/it has not been very good; **etw. in ~ bringen** discover sth.
erfahrungs-, Erfahrungs-: ~austausch *der* exchange of experiences; **~bericht** *der* report; **~gemäß** *Adv.* in our/my experience; **~gemäß ist es, daß ...**: experience shows that ...; **~mäßig 1.** *Adj.* empirical; **2.** *adv.* empirically; **~tat·sache die** empirical fact; **~wert** *der* figure drawn from past experience; **~wissenschaft die** empirical science
erfaßbar *Adj.* ascertainable
erfassen *tr. V.* **a)** *(mitreißen)* catch; **b)** *(begreifen)* grasp ⟨situation, implications, etc.⟩; **etw. intuitiv ~**: have an intuitive grasp of sth.; **du hast es erfaßt!** *(meist iron.)* you've got it!; **c)** *(registrieren)* register; record; **einen repräsentativen Bevölkerungsdurchschnitt ~**: record information on *or* from a representative cross-section of the population; **d)** *(einbeziehen)* cover; **e)** *(packen)* seize; **Angst/Freude erfaßte ihn** he was seized by fear/overcome with joy
Erfassung die registration; **eine ~ der gesamten Bevölkerung/des Wohnraums** a survey of the whole population/living space
erfinden *unr. tr. V.* **a)** invent; **b)** *(ausdenken)* make up ⟨story, words⟩; make up, invent ⟨excuse⟩; **sie hat die Arbeit [auch] nicht erfunden** *(iron.)* she is a lazy so-and-so *(coll.)*; **das ist alles erfunden** it is pure fabrication; *s. auch* **Pulver b**
Erfinder *der*; **~s, -, Erfinderin die**; **~, ~nen a)** inventor; **b)** *(Urheber)* creator; **das ist nicht im Sinne des ~s** *(ugs.)* that's not what it was meant for
Erfinder·geist *der*; *o. Pl.* inventive genius
erfinderisch *Adj.* inventive; *(schlau)* resourceful
Erfinder·schutz *der* protection of inventors; ≈ patent law
erfindlich *Adj.* **nicht ~ sein** be unclear; **mir ist nicht ~, warum ...**: I do not see why ...
Erfindung die; **~, ~en a)** invention; **die ~en der Raumfahrttechnik** inventions in the field of space technology; **eine ~ machen** invent something; **er hat viele ~en gemacht** he has many inventions to his credit; **b)** *(Ausgedachtes)* invention; fabrication
erfindungs-, Erfindungs-: ~gabe die inventiveness; **~reich 1.** *Adj.* imaginative; **2.** *adv.* imaginatively; **~reichtum** *der* capacity for invention

1063

erflehen *tr. V. (geh.)* beg; **jmds. Hilfe/Hilfe von jmdm. ~:** beg sb.'s help/beg help from sb.; **Vergebung ~:** beg for forgiveness

Erfolg [ɛɐ̯'fɔlk] *der;* ~[e]s, ~e success; **viel/ keinen ~ haben** be very successful/be unsuccessful; **etw. mit/ohne ~ tun** do something successfully/without success; **ohne ~ bleiben** remain unsuccessful; **der ~ blieb aus** success was not forthcoming; **einen ~ erzielen** *od.* **erringen** achieve success; **von ~ begleitet/gekrönt sein** be accompanied by/ crowned with success; **der ~ war, daß ...** *(ugs.)* the upshot was that ...

erfolgen *itr. V.; mit sein* take place; occur; **nach erfolgtem Umbau** when reconstruction has/had been completed; **auf seine Beschwerden erfolgte keine Reaktion** there was no reaction to his complaints; **es erfolgte keine weitere Stellungnahme** no further statement was forthcoming

erfolg-, Erfolg-: ~**gekrönt** *Adj. (geh.)* crowned with success; ~**los 1.** *Adj.* unsuccessful; **2.** *adv.* unsuccessfully; ~**losigkeit die;** ~: lack of success; ~**reich 1.** *Adj.* successful; **2.** *adv.* successfully

Erfolgs-: ~**aus·sicht die;** *meist Pl.* prospect of success; ~**autor** *der* successful author; ~**beteiligung die** profit-sharing; ~**chance die** chance of success; ~**denken das: das rücksichtslose** ~**denken** the thoughtless worship of success; ~**erlebnis** *das* feeling of achievement; **dieses** ~**erlebnis tat ihm gut** this experience of success did him good; ~**film** *der* successful film; ~**honorar** *das* contingent fee; ~**kurve die** path of success; *(eines Produkts)* sales graph; ~**meldung die** report of success; ~**mensch** *der* successful individual; ~**prämie die** *(eines Vertreters)* commission; *(eines Arbeiters)* bonus; ~**quote die** success rate; *(bei Prüfungen)* pass rate; ~**rezept** *das* recipe for success; ~**roman** *der* successful novel; ~**stück** *das (Theater)* successful play; ~**zahl die,** ~**ziffer die;** *meist Pl.* high success figure; *(Wirtsch.)* profit figure; ~**zwang** *der* pressure to succeed

erfolg·versprechend *Adj.* promising
erforderlich *Adj.* required; necessary
erforderlichenfalls *Adv. (Amtsspr.)* should it be necessary
erfordern *tr. V.* require; demand; **wenn es die Umstände ~:** if circumstances require
Erfordernis *das;* ~ses, ~se requirement
erforschen *tr. V.* discover ⟨*facts, causes, etc.*⟩; explore ⟨*country*⟩; find out ⟨*truth*⟩; **sein Gewissen ~:** search one's conscience
Erforscher *der* researcher; *(Forschungsreisender)* explorer
Erforschung die research (+ *Gen.* into); *(der Erde, des Weltalls usw.)* exploration
erfragen *tr. V.* ascertain; **Einzelheiten zu ~ bei ...:** further details can be obtained from ...
erfrechen *refl. V. (veralt., scherzh.)* **sich ~, etw. zu tun** have the audacity to do sth.
erfreuen 1. *tr. V.* please; **wir möchten Sie mit einem kleinen Geschenk ~:** we should like to give you a small present; **diese gute Nachricht hat uns sehr erfreut** we were very pleased to hear the good news; **sehr erfreut!** how do you do. **2.** *refl. V.* **a) sich an etw.** *(Dat.)* ~: take pleasure in sth.; **b)** *(geh.: genießen)* **sich einer Sache** *(Gen.)* ~: enjoy sth.; **sich bester Gesundheit ~:** enjoy the best of health
erfreulich *Adj.* pleasant; **eine ~e Mitteilung** a piece of good news; **es ist sehr ~ zu hören, daß es Ihnen besser geht** its very good to hear that you're better; **etwas/wenig/ nichts Erfreuliches** something/hardly anything/nothing pleasant
erfreulicherweise *Adv.* happily
erfrieren 1. *unr. itr. V.; mit sein* **a)** ⟨*person, animal*⟩ freeze to death; ⟨*plant, harvest, etc.*⟩ be damaged by frost; suffer frostdamage; **er ist ganz erfroren** *(ugs.)* he's absolutely frozen; **b)** *(fig.: erstarren)* freeze; ⟨*feelings*⟩ cool. **2.** *unr. refl. V.* **sich** *(Dat.)* **die Finger/Ohren ~:** get frostbite in one's fingers/ears
Erfrierung *die;* ~, ~en frostbite *no pl.;* ~en **an den Händen/Füßen** frostbitten hands/ feet
Erfrierungs·tod *der* death from exposure
erfrischen 1. *tr. (auch itr.) V.* **a)** *(beleben)* refresh; **ein Abendspaziergang erfrischt sehr** an evening walk is very refreshing; **b)** *(anregen)* stimulate. **2.** *refl. V.* freshen oneself up
erfrischend *(auch fig.)* **1.** *Adj.* refreshing. **2.** *adv.* refreshingly
Erfrischung *die;* ~, ~en *(auch fig.)* refreshment
Erfrischungs-: ~**getränk** *das* soft drink; **eisgekühlter Tee ist ein herrliches** ~**getränk** iced tea is a wonderfully refreshing drink; ~**raum** *der* refreshment room; ~**stand** *der* refreshment stand; ~**trunk** *der (geh.)* refreshing drink; ~**tuch** *das; Pl.* ~**tücher** tissue wipe; towelette
erfühlen *tr. V. (geh.)* sense
erfüllbar *Adj.* ~e **Wünsche/Bedingungen** wishes which can be granted/conditions which can be met; **Ihre Wünsche/Bedingungen sind nicht ~:** your wishes cannot be granted/your conditions cannot be met
erfüllen 1. *tr. V.* **a)** grant ⟨*wish, request*⟩; fulfil ⟨*contract*⟩; carry out ⟨*duty*⟩; meet ⟨*condition*⟩; **seinen Zweck ~:** serve its purpose; **der Tatbestand des Totschlags ist erfüllt** this constitutes a case of manslaughter; **b)** *(füllen)* fill; **die Luft war von süßem Duft erfüllt** a sweet perfume filled the air; **ein erfülltes Leben** *(geh.)* a full life; **c)** *(stark beschäftigen)* overcome; **eine Sehnsucht erfüllte sein Herz** a longing overcame him; **jmdn. mit etw. ~** *(geh.)*: fill sb. with sth.; **d)** *(Math.)* satisfy. **2.** *refl. V.* ⟨*wish*⟩ come true
Erfüllung *die:* ~ **von Pflichten** the performance of duties; **sie glaubte nicht mehr an die ~ ihrer Wünsche** she no longer believed that her wishes would be granted; **in ~ gehen** come true; **in etw.** *(Dat.)* ~ **finden** find fulfilment in sth.
Erfüllungs-: ~**gehilfe** *der (Rechtsw.)* agent of vicarious liability; ~**ort** *der; Pl.* ~e *(Rechtsw.)* place of performance; ~**politik die** *(bes. ns.)* policy of unconditional fulfilment of the reparations and disarmament clauses of the Treaty of Versailles; ~**tag** *der (Rechtsw.)* day for settlement *(of debts)*
erfunden 1. 2. *Part. v.* **erfinden. 2.** *Adj.* **eine ~e Geschichte** a fictional story; **das Abenteuer ist doch nur ~:** the adventure is just made up; **frei ~:** completely fictitious
Erg [ɛrk] *das;* ~s, ~ *(Physik)* erg
ergänzen [ɛɐ̯'gɛntsn̩] **1.** *tr. V.* **a)** *(vervollständigen)* complete; *(erweitern)* add to; replenish ⟨*supply*⟩; amplify ⟨*remark, statement, etc.*⟩; amend ⟨*statute*⟩; **etw. wieder ~:** make sth. up; **er ergänzte seine Sammlung durch** *od.* **um einige wertvolle Stücke** he added some valuable pieces to his collection; **b)** *(hinzufügen)* ~[**d**] **hinzufügen]** add ⟨*remark*⟩; **c)** *(hinzukommen zu)* **eine Jacke ergänzt das Sommerkleid** a jacket complemented the summer dress; **der neue Mitarbeiter ergänzt das Team hervorragend** the new employee makes up the team admirably; **d) sie ~ einander** *od.* **sich** they complement each other. **2.** *refl. V.* **sich durch etw. ~:** be augmented by sth.
Ergänzung die; ~, ~en **a)** *(Vervollständigung)* completion; *(Erweiterung)* enlargement; **die ~ der Arbeitsgruppen** making up the working groups; **zur ~ des Gesagten/ einer Sammlung** to amplify what has been said/in order to enlarge a collection; **die ~ eines Gesetzes** the amendment of a statute; **die ~ der Vorräte** the replenishment of supplies; **b)** *(Zusatz)* addition; *(zu einem Gesetz)* amendment; **c)** *(zusätzliche Bemerkung)* further remark; **d)** *(Sprachw.: Objekt)* object

Ergänzungs-: ~**ab·gabe die** *(Steuerw.)* surtax; ~**band der;** *Pl.* ~**bände** supplementary volume; supplement; ~**bindestrich der** *(Sprachw.)* hyphen; ~**frage die a)** *(Sprachw.)* wh-question; **b)** *(Zusatzfrage)* supplementary question
ergattern *tr. V. (ugs.)* manage to grab
ergaunern *tr. V.* get by underhand means; **wo hast du [dir] das Fahrrad ergaunert?** *(ugs.)* where did you pinch *or* swipe that bike? *(coll.)*
¹ergeben 1. *unr. refl. V.* **a)** *(sich fügen)* **sich in etw.** *(Akk.)* ~: submit to sth.; **sich in sein Schicksal ~:** resign oneself *or* become resigned to one's fate; **b)** *(kapitulieren)* surrender ⟨*jmdm.* to sb.⟩; **sich [der Polizei** *(Dat.)*] ~: give oneself up [to the police]; **c)** *(folgen, entstehen)* ⟨*opportunity, difficulty, problem*⟩ arise *(aus* from); **bald ergab sich ein angeregtes Gespräch** soon a lively discussion was taking place; **es ergab sich so** it just turned out that way; **d)** *(sich hingeben)* **sich jmdm. ~:** give oneself up to someone; **sich einer Sache** *(Dat.)* ~: abandon oneself to sth.; **sich dem Alkohol/** *(ugs.)* **Suff ~:** take to alcohol/drink *or* to the bottle. **2.** *unr. tr. V.* result in; **die Ernte ergab rund 400 Zentner Kartoffeln** the harvest produced about 400 hundredweight of potatoes; **eins und eins ergibt zwei** one and one makes two
²ergeben 1. *Adj.* **a)** *(zugeneigt)* devoted; **b)** *(resignierend)* **mit ~er Miene** with an expression of resignation; **c)** *(geh.: devot)* obsequious; ~**sten Dank** *(veralt.)* humblest thanks; **Ihr sehr ~er ...** *(geh.)* yours most obediently, ...; **Ihr ~ster** *od.* **sehr ~er Diener** *(veralt.)* your most obedient servant *(arch.)*. **2.** *adv.* **a)** devotedly; **b)** with resignation; **c)** *(geh.)* obsequiously; **jmdm. ~st danken** *(veralt.)* thank sb. most humbly
Ergebenheit die; ~ **a)** *(Treue)* devotion; **b)** *(Sichfügen)* resignation
Ergebenheits·adresse die declaration of loyalty; *(an Monarchen)* loyal address
Ergebnis das; ~ses, ~se result; **zu einem ~ kommen** reach a conclusion; **zu einem ~ führen** produce a result; **ohne ~ bleiben** lead to nothing
ergebnis·los 1. *Adj.* fruitless ⟨*discussion*⟩; **die Verhandlungen blieben/verliefen ~/wurden ~ abgebrochen** negotiations remained inconclusive/proceeded unprofitably/were broken off without a conclusion having been reached. **2.** *adv.* fruitlessly
ergebnis·reich *Adj.* fruitful
Ergebung die; ~: resignation
ergebungs·voll 1. *Adj.* humble. **2.** *adv.* humbly
ergehen 1. *unr. refl. V.* **a)** *(äußern)* **sich in etw.** *(Dat.)* ~: indulge in sth.; **sich in endlosen Reden ~:** get carried away in endless speeches; **b)** *(geh.: lustwandeln)* take a turn. **2.** *unr. itr. V.; mit sein* **a)** *(geh.: erlassen werden)* ⟨*law*⟩ be enacted; **an ihn erging der Ruf einer bekannten Universität** he was offered a chair at a well-known university; **die Einladungen ergingen an alle Mitglieder** the invitations went to all members; **b)** *unpers. (widerfahren)* **jmdm. ergeht es gut/schlecht** things go well/badly for someone; **c) etw. über sich** *(Akk.)* ~ **lassen** let sth. wash over one
ergiebig [ɛɐ̯'giːbɪç] *Adj.* rich ⟨*deposits, resources*⟩; productive ⟨*mine*⟩; fertile ⟨*fisheries, topic*⟩; **der neue Kaffee ist nicht so ~/ist ~er** the new coffee does not go as far/ goes further
Ergiebigkeit die; ~: *s.* **ergiebig:** richness; productivity; fertility; **wegen der ~ des Kaffees/Tees** because the coffee/tea goes a long way

ergießen *unr. refl. V.* pour; **die Abwässer ~ sich in den Fluß** the effluent pours out into the river; **eine Menschenmasse ergoß sich in das Stadion** a mass of people poured into the stadium

erglänzen *itr. V.; mit sein (geh.)* ⟨*sun, light*⟩ appear; ⟨*sea, diamonds*⟩ begin to sparkle

erglühen *itr. V.; mit sein (geh.)* **a)** glow; **in Liebe [zu jmdm.] erglüht sein** be passionately in love [with sb.]; **b)** *(rot werden)* redden

ergo [ˈɛrgo] *Adv.* ergo

Ergo·meter *das;* **~s, ~** *(Med.)* ergometer

Ergonomie [ɛrgonoˈmiː] *die,* **~, Ergonomik** [ɛrgoˈnoːmɪk] *die;* **~**: ergonomics *sing., no art.*

ergötzen *(geh.)* **1.** *tr. V.* enthrall; captivate. **2.** *refl. V.* **sich an etw.** *(Dat.)* **~**: be delighted by sth.

Ergötzen *das;* **~s** *(geh.)* delight

ergötzlich *(geh.)* **1.** *Adj.* delightful. **2.** *adv.* delightfully

ergrauen *itr. V.; mit sein* go *or* turn grey; **in Ehren ergraut sein** *(fig.)* have grown old with honour; **ein im Dienst ergrauter Beamter** *(fig.)* an official of long standing

ergreifen *unr. tr. V.* **a)** *(greifen)* grab; **jmds. Hand ~**: grasp sb.'s hand; **b)** *(festnehmen)* catch ⟨*thief etc.*⟩; *(fig.: erfassen)* seize; **von blindem Zorn ergriffen** *(geh.)* in the grip of blind anger; **c)** *(fig.: auf etw. kommen)* **einen Beruf ~**: take up a career; **die Initiative/eine Gelegenheit ~**: take the initiative/an opportunity; **e)** *(fig.: bewegen)* move

ergreifend 1. *Adj.* moving; **das ist ja ~** *(iron.)* how moving. **2.** *adv.* movingly

Ergreifung *die;* **~ a)** *(des Schuldigen)* capture; **b)** *(der Macht)* seizure

ergriffen *Adj.* moved

Ergriffenheit *die;* **~**: **vor ~ schweigen** be too moved to speak; **vor ~ weinen** be moved to tears; **voller ~**: deeply moved

ergrimmen 1. *itr. V.; mit sein* be angry; **über etw.** *(Akk.)* **ergrimmt sein** be angry about something. **2.** *tr. V.* infuriate

ergründbar *Adj. s. ergründen*: ascertainable; discoverable; graspable; fathomable

ergründen *tr. V.* ascertain; discover ⟨*cause*⟩; grasp ⟨*concept*⟩; fathom ⟨*mystery*⟩

Ergründung *die s. ergründen*: ascertainment; discovery; grasping; fathoming

Erguß *der* **a)** *(Med.)* *(Blut~)* bruise; contusion; *(Samen~)* ejaculation; **b)** *(geh. abwertend)* outburst; **ein poetischer ~**: a poetic outpouring; **c)** *(Geol.)* eruption

erhaben *Adj.* **a)** *(weihevoll)* solemn ⟨*moment*⟩; awe-inspiring ⟨*sight*⟩; sublime ⟨*beauty*⟩; **b)** *(überlegen)* **über etw.** *(Akk.)* **~ sein** be above sth.; **über jeden Zweifel ~ sein** beyond all criticism; **c)** *(hervortretend)* uneven ⟨*surface*⟩; embossed ⟨*pattern*⟩

Erhabenheit *die;* **~**: grandeur; **eine Landschaft von solcher ~**: a landscape of such awe-inspiring grandeur; **die ~ des Augenblicks** the solemn grandeur of the moment

Erhalt *der;* **~[e]s** *(Amtsspr.)* **a)** receipt; **den ~ eines Briefes bestätigen** acknowledge receipt of a letter; **bei ~ zahlen** pay on receipt; **b)** *s.* **Erhaltung**

erhalten 1. *unr. tr. V.* **a)** *(empfangen, bekommen)* receive ⟨*letter, news, gift*⟩; be given ⟨*order*⟩; get ⟨*good mark, impression*⟩; **eine hohe Geldstrafe ~**: be fined heavily; **er erhielt 3 Jahre Gefängnis** he was sentenced to 3 years in prison; **b)** *(bewahren)* preserve ⟨*town, building*⟩; conserve ⟨*energy*⟩; **diese Kleider sind noch gut ~**: these clothes are still in good condition; **jmdn. am Leben ~**: keep sb. alive; **er ist noch gut ~** *(scherzh.)* he is well preserved; **c)** *(unterhalten)* support; **d)** *(als Endprodukt gewinnen)* obtain ⟨*sugar, oil, etc.*⟩. **2.** *unr. refl. V. (überdauern)* survive

Erhalter *der (Bewahrer)* preserver; *(der Familie)* bread-winner

erhältlich [ɛɐˈhɛltlɪç] *Adj.* obtainable

Erhaltung *die;* **~**: *(des Friedens)* maintenance; *(der Arten, von Kunstschätzen)* preservation; *(der Energie)* conservation

Erhaltungs·satz *der (Physik)* principle of conservation

erhängen *tr. V.* **jmdn./sich ~**: hang sb./oneself; **Tod durch Erhängen** death by hanging

erhärten *tr. V.* **a)** strengthen ⟨*suspicion, assumption*⟩; substantiate ⟨*claim*⟩; **b)** *s.* **härten 1**

Erhärtung *die;* **~, ~en a)** *(Bekräftigung)* substantiation; **b)** *s.* **Härtung**

erhaschen *tr. V. (geh., auch fig.)* catch

erheben 1. *unr. tr. V.* **a)** *(emporheben)* raise ⟨*one's arm/hand*⟩; **das Glas ~**: raise one's glass; **erhobenen Hauptes** with head held high; **die Stimme ~**: raise one's voice; **b)** *(verlangen)* levy ⟨*tax*⟩; charge ⟨*fee*⟩; **c)** *(befördern)* **jmdn. in den Adelsstand ~**: elevate sb. to the nobility; **d)** *(sammeln)* gather, collect ⟨*data, material*⟩; *(vorbringen)* **Anklage ~**: bring *or* prefer charges; **Protest ~**: make a protest; *s. auch* **Einspruch a**; **f)** *auch itr. (geh.: erbauen)* ⟨*art*⟩ edify; ⟨*music*⟩ uplift; **g)** *(bes. südd., österr.: feststellen)* ascertain ⟨*cause etc.*⟩. **2.** *unr. refl. V.* **a)** *(aufstehen)* rise; **sich von seinem Platz ~**: rise from one's seat; **b)** *(rebellieren)* rise up **(gegen** against); **c)** *(aufsteigen)* ⟨*bird, balloon*⟩ rise; **d)** *(hinauswachsen)* **sich über etw.** *(Akk.)* **~**: rise above sth.; **e)** *(emporragen)* ⟨*tower, mountain*⟩ rise; **f)** *(geh.: sich besser dünken)* **sich über jmdn. ~**: feel superior to sb.; **g)** *(geh.: beginnen)* ⟨*cry*⟩ ring out; ⟨*storm*⟩ rise

erhebend *Adj.* uplifting

erheblich [ɛɐˈheːplɪç] **1.** *Adj.* considerable. **2.** *adv.* considerably

Erhebung *die;* **~, ~en a)** *(Anhöhe)* elevation; **b)** *(Aufstand)* uprising; **c)** *(Umfrage)* survey; **d)** *(Einziehen) (von Steuern)* levying; *(von Gebühren)* charging; **e)** *(Beförderung)* elevation; **seine ~ in den Adelsstand** his elevation to the nobility; **f)** *(seelische Erbauung)* uplift

Erhebungs·zeitraum *der (Statistik)* period during which information is/was collected

erheischen *tr. V. (geh.)* demand; command ⟨*admiration*⟩

erheitern 1. *tr. V.* **jmdn. ~**: cheer sb. up. **2.** *refl. V. (geh.)* be amused; **seine Züge erheiterten sich** his face brightened up

Erheiterung *die;* **~, ~en** amusement

erhellen 1. *tr. V.* **a)** *(beleuchten)* light up, illuminate ⟨*room, sky*⟩; **b)** *(erklären)* shed light on, illuminate ⟨*reason, relationship*⟩. **2.** *refl. V. (geh.: sich aufheitern)* ⟨*eyes, face*⟩ brighten. **3.** *itr. V. (veralt.: hervorgehen)* **daraus erhellt, daß ...**: it follows *or* is evident from this that ...

Erhellung *die;* **~** *(Erklärung)* illumination

erhitzen 1. *tr. V.* **a)** *(heiß machen)* heat ⟨*liquid*⟩; **jmdn. ~**: make sb. hot; **b)** *(fig.: erregen)* **die Gemüter ~**: make feelings run high. **2.** *refl. V.* **a)** heat up ⟨*person*⟩ become hot; **b)** *(fig.: sich erregen)* ⟨*feelings*⟩ become heated

erhitzt *Adj.* heated

Erhitzung *die;* **~, ~en** heating; *(Hitze)* heat

erhoffen *tr. V.* **sich** *(Dat.)* **viel/wenig von etw. ~**: expect a lot/little from sth.; **die erhoffte Änderung/Lohnerhöhung** the change/pay rise we/they had expected

erhöhen 1. *tr. V.* **a)** **eine Mauer [um einen Meter] ~**: make a wall [one metre] higher; **b)** *(steigern)* increase, raise ⟨*prices, productivity, etc.*⟩; **erhöhte/leicht erhöhte Temperatur haben** have a [high]/slight temperature; **erhöhter Blutdruck** somewhat high blood pressure; **erhöhte Gefahr** increased danger; **erhöhte Vorsicht** extra care; **c)** *(Musik)* raise ⟨*note*⟩. **2.** *refl. V.* ⟨*rent, prices*⟩ rise

Erhöhung *die;* **~, ~en a)** *(Höhermachen)* raising; **die ~ der Schornsteine/Deiche** increasing the height of the chimneys/dikes; **b)** **eine ~ der Preise/Steuern** an increase in prices/taxes; **eine Erhöhung des Blutdrucks** a rise in blood pressure; **die ~ einer Dosis** the increasing of a dose; **c)** *(Musik)* raising [of a note]; **d)** *(Anhöhe)* hill

Erhöhungs-: **~winkel** *der (Waffent.)* angle of elevation; **~zeichen** *das (Musik)* sharp [sign]

erholen *refl. V.* **a)** *(sich ausruhen)* **sich [gut] ~**: have a [good] rest; *(entspannen)* relax [thoroughly]; **die Kurse haben sich erholt/die Wirtschaft hat sich erholt** *(fig.)* the rates of exchange have/the economy has recovered; **b)** *(genesen)* **sich von etw. ~**: recover from something

erholsam *Adj.* restful ⟨*weekend, holiday*⟩; **wandern ist sehr ~**: walking is very refreshing

Erholung *die;* **~ a)** **~ brauchen** *od.* **nötig haben** need a rest; **nach der langen Krankheit hat er ~ nötig** he needs to recuperate after his long illness; **zur ~ fahren** go on holiday to rest/relax; *(nach einer Krankheit)* go on holiday to convalesce; **eine ~ sein** be relaxing; **b)** *(fig.)* refreshing change

erholungs-, Erholungs-: **~aufenthalt** *der* holiday; **~bedürftig** *Adj.* in need of a rest *postpos.*; **~bedürftig sein** need a rest; **~gebiet** *das* holiday area; **~heim** *das* holiday home; **~ort** *der; Pl.* **~e** resort; **~pause** *die* break; **~reif** *Adj. (ugs.) s.* **~bedürftig**; **~reise** *die* holiday trip; **~suchend** *Adj.* seeking relaxation *postpos.*; **~suchende** *der/die; adj. Dekl.* holidaymaker; **~urlaub** *der* holiday for convalescence; **~wert** *der* recreational value; **~zentrum** *das* leisure centre

erhören *tr. V. (geh.)* hear ⟨*plea, prayer*⟩; **einen Liebhaber ~** *(veralt.)* yield to a lover

erigieren [eriˈɡiːrən] *itr. V.; mit sein* become erect; **erigiert erect**

Erika [ˈeːrika] *die;* **~, ~s** *od.* **Eriken** [-kən] *(Bot.)* erica

erinnerlich *Adj.; nicht attr.* **wie ~**: as will be recalled; **soviel mir ~ ist** as I recall; **das ist mir nicht mehr ~**: I cannot remember that any more

erinnern [ɛɐˈʔɪnɐn] **1.** *refl. V.* **sich an jmdn./etw. [gut/genau] ~**: remember sb./sth. [well/clearly]; **sich [daran] ~, daß ...**: remember *or* recall that ...; **wenn ich mich recht erinnere** if I remember rightly; **sich jmds./einer Sache ~** *(geh.)* remember *or* recall sth. **2.** *tr. V.* **a)** *(ins Bewußtsein rufen)* **jmdn. an etw./jmdn. ~**: remind sb. of sth./sb.; **jmdn. daran ~, etw. zu tun** remind sb. to do sth.; **b)** *(ugs., bes. nordd.)* **jmdn./etw. ~**: remember sb./sth. **3.** *tr. V.* **jmdn./etw. erinnert an etw./jmdn.** etw. sb./sth. reminds one of sb./sth.; **b)** *(zu bedenken geben)* **an etw.** *(Akk.)* **~**: remind sb. of sth.; **ich möchte daran ~, daß ...**: let us not forget *or* overlook that ...

Erinnerung *die;* **~, ~en a)** memory (**an +** *Akk.* of); **etw. [noch gut] in ~ haben** [still] remember sth. [well]; **etw. aus der ~ aufschreiben/sagen** write/say sth. from memory; **wenn mich die ~ nicht täuscht** if my memory does not deceive me; **sich** *(Dat.)* **etw. in die ~ zurückrufen** call something to mind again; **nach meiner ~, meiner ~ nach** as far as I remember; **seinen ~en nachhängen** lose oneself in one's memories; **jmdn./etw. in guter ~ behalten** have pleasant memories of sb./sth.; **zur ~ an jmdn./etw.** in memory of sb./sth.; **zur ~ an die Gefallenen wurde ein Denkmal errichtet** a monument was erected to the memory of those who had fallen; **b)** *(Erinnerungsstück)* remembrance, souvenir; **c)** *Pl. (Autobiographie)* memoirs; **d)** *(Zahlungsaufforderung)* reminder

Erinnerungs-: **~bild** *das* memory; **~foto** *das* souvenir snapshot; **~lücke** *die* gap in one's memory; **da habe ich eine ~lücke** my mind is a blank about that; **~medaille** die commemorative coin; **~schreiben** das reminder; **~stück** das keepsake; *(von einer Reise)* souvenir; **~vermögen** das memory; **~wert** der sentimental value

Erinnye [e'rɪnyə] die; ~, ~n *(Myth.)* Fury; Erinys

erjagen *tr. V.* **a)** *(erbeuten)* catch; **b)** *(gewinnen)* win ⟨fame⟩; make ⟨money, fortune⟩

erkalten *tr. V.; mit sein* cool; ⟨limbs⟩ grow cold; *(fig.)* ⟨passion, feeling⟩ cool

erkälten *refl. V.* catch cold; **sich** *(Dat.)* **den Magen ~**: get a chill on one's stomach; *s. auch* **Blase c**

Erkältung die; ~, ~en cold; **sich** *(Dat.)* **eine ~ zuziehen** *od. (ugs.)* **holen** catch a cold

Erkältungs·krankheit die cold

erkämpfen *tr. V.* win; **den Sieg ~**: gain a victory; **sich** *(Dat.)* **etw. ~ müssen** have to fight for sth.

erkaufen *tr. V.* **a)** *(durch Opfer)* win; **etw. teuer ~**: win something at great cost; **b)** *(durch Geld)* buy; **sich** *(Dat.)* **etw. ~**: buy oneself sth.

erkennbar 1. *Adj.* recognizable; *(sichtbar)* visible; *(schwach sichtbar)* discernible. **2.** *adv.* recognizably; *(sichtbar)* visibly

erkennen 1. *unr. tr. V.* **a)** *(deutlich sehen)* make out; **die Fingerabdrücke waren deutlich zu ~**: the fingerprints were clearly visible; **b)** *(identifizieren)* recognize (**an** + *Dat.* by); **der Täter wurde nicht erkannt** the culprit was not identified; **sich zu ~ geben** reveal one's identity; **sich als etw. zu erkennen geben** reveal oneself to be sth.; **c)** *(einschätzen)* recognize; perceive; acknowledge *(error, mistake)*; „erkenne dich selbst!" 'know thyself!'; **d)** *(geh. veralt.: begatten)* know *(arch.)*. **2.** *unr. itr. V.* **a)** *(Rechtsspr.)* **auf Freispruch ~**: grant an acquittal; **das Gericht erkannte auf 6 Jahre Gefängnis** the court passed a sentence of six years' imprisonment; **b)** *(Sport)* **auf Elfmeter/Freistoß ~**: award a penalty/free kick

erkenntlich *Adj.* **a) sich [für etw.] ~ zeigen** show one's appreciation for sth.; **b)** *s.* **erkennbar**

Erkenntlichkeit die; ~, ~en **a)** *o. Pl.* *(Dankbarkeit)* gratitude; **b)** *(Geschenk)* token of gratitude

Erkenntnis die; ~, ~se **a)** *(Einsicht)* discovery; **wissenschaftliche/wichtige/gesicherte ~se** scientific findings/important discoveries/firm insights; **zu der ~ kommen, daß ...**: come to the realization that ...; **b)** *o. Pl.* *(das Erkennen)* cognition; **der Baum der ~** *(bibl.)* the tree of knowledge

erkenntnis-, Erkenntnis-: **~drang** der thirst for knowledge; **~kritik** die *(Philos.)* critique of knowledge; **~prozeß** der cognitive process; **~theoretisch** *(Philos.)* **1.** *Adj.* epistemological; **2.** *adv.* epistemologically; **~theorie** die *(Philos.)* theory of knowledge; epistemology *no art.*; **~vermögen** das powers *pl.* of cognition

erkennungs-, Erkennungs-: **~dienst** der police records department; **~dienstlich 1.** *Adj.* **~dienstliche Behandlung** fingerprinting and photographing; **2.** *adv.* **Personen ~dienstlich erfassen** investigate persons through the police records department; **jmdn. ~dienstlich behandeln** take sb.'s fingerprints and photograph; **~marke** die identification disc; **~melodie** die *(einer Sendung)* theme music; *(eines Senders)* signature tune; **~zeichen** das sign [to recognize sb. by]

Erker ['ɛrkɐ] der; ~s, ~: bay window

erker-, Erker-: **~fenster** das bay window; **~zimmer** das room with a bay window

erkiesen *unr. tr. V. (veralt. geh.)* choose

erklärbar *Adj.* explicable; **etw. ist ~ sth.** can be explained; **aus ~en Gründen** for reasons which can easily be explained

erklären 1. *tr. V.* **a)** explain; **jmdm. etw. ~**: explain sth. to sb.; **etw. an einem Beispiel ~**: explain sth. with an example; **b)** *(begründen)* explain (**durch** by); **c)** *(mitteilen)* state; declare; announce ⟨one's resignation⟩; **jmdm. den Krieg ~**: declare war on sb.; **d)** *(bezeichnen)* **jmdn. für tot ~**: pronounce someone dead; **etw. für ungültig/verbindlich ~**: declare something to be invalid/binding; **die Ehe wurde für ungültig erklärt** the marriage was declared void; **jmdn. od. etw. ~**: name sb. as sth. **2.** *refl. V.* **a) sich einverstanden/bereit ~**: declare oneself [to be] in agreement/willing; **sich zu etw. ~**: make a statement on sth.; **sich für jmdn./etw. ~** *(geh.)* declare one's support for sb./sth.; **sich gegen jmdn./etw. ~**: declare one's opposition to sb./sth.; **sich jmdm. ~** *(geh. veralt.)* declare one's love to someone; **b)** *(seine Begründung finden)* be explained; **das erklärt sich einfach/von selbst** that is easily explained/self-evident

erklärend 1. *Adj.* explanatory; **mit einigen ~en Worten** with a few words of explanation. **2.** *adv.* by way of explanation

erklärlich *Adj.* understandable; **es ist mir einfach nicht ~, wie ...**: I just can't understand how ...

erklärlicherweise *Adv.* understandably

erklärt *Adj.; nicht präd.* declared ⟨opponent, intention⟩; **er war der ~e Mittelpunkt** he was regarded by all as the centre of attraction

erklärtermaßen *Adv.* on one's own admission

Erklärung die; ~, ~en **a)** *(Darlegung)* explanation; **b)** *(Mitteilung)* statement; **eine ~ abgeben** make a statement

Erklärungs·versuch der attempt at an explanation

erklecklich [ɛɐ̯'klɛklɪç] *Adj.* considerable ⟨sum, profit⟩

erklettern *tr. V.* climb to the top of ⟨rock, wall, mountain⟩; climb to ⟨summit⟩

erklimmen *unr. tr. V. (geh.)* climb ⟨wall, tree⟩; **die oberste Stufe der Erfolgsleiter ~** *(fig.)* reach the top of the ladder to success

erklingen *unr. itr. V.; mit sein* ring out; **Musik ~ hören** hear the sound of music; **es erklang die Nationalhymne** the national anthem was played

erkoren [ɛɐ̯'ko:rən] *2. Part. v.* **erkiesen**

erkranken *itr. V.; mit sein* become ill (**an** + *Dat.* with); **er ist an einer Lungenentzündung erkrankt** he's got an inflammation of the lungs; **schwer erkrankt sein** be seriously ill; **ein erkrankter Kollege** a sick colleague

Erkrankung die; ~, ~en *(eines Menschen, Tieres)* illness; *(eines Körperteils)* disease

Erkrankungs·fall der: **im ~**: in event of illness; **die Versicherung schließt Erkrankungsfälle nicht ein** the insurance does not cover illness

erkühnen *refl. V. (geh.)* **sich ~, etw. zu tun** dare to do sth.

erkunden *tr. V.* reconnoitre ⟨terrain⟩; **die Situation ~**: find out what the situation is

erkundigen *refl. V.* **sich nach jmdm./etw. ~**: ask after sb./enquire about sth.; **sich ~, ob/wann ...**: enquire whether/when ...; *s. auch* **Befinden**

Erkundigung die; ~, ~en enquiry; **~en einholen** *od.* **einziehen** make enquiries

Erkundung die; ~, ~en *(meist Milit.)* reconnaissance; **auf ~ gehen** go out on reconnaissance

Erkundungs-: **~fahrt** die exploratory trip; **eine ~fahrt machen** go exploring; **eine ~fahrt durch die Umgebung machen** explore the area; **~flug** der reconnaissance flight; **~trupp** der reconnaissance party

erkünstelt [ɛɐ̯'kynstl̩t] *Adj. (abwertend) s.* **gekünstelt 1**

Erlag·schein [ɛɐ̯'la:k-] der *(österr.) s.* **Zahlkarte**

erlahmen *itr. V.; mit sein* **a)** tire; become tired; ⟨strength⟩ flag; **b)** *(nachlassen)* ⟨enthusiasm etc.⟩ wane

erlangen *tr. V.* gain; obtain ⟨credit, visa⟩; reach ⟨age⟩

Erlangung die; ~: attainment; *(eines Kredits, Visums)* obtaining; *(von Stimmen)* gaining; **zur ~ der Doktorwürde** for the degree of doctor

Erlaß [ɛɐ̯'las] der; **Erlasses, Erlasse a)** *(Anordnung)* decree; **der ~ eines Ministers** a decree by a minister; a ministerial decree; **b)** *(Straf~, Schulden~ usw.)* remission; **c)** *o. Pl. (Verfügung) (eines Gesetzes, einer Bestimmung)* enactment; *(eines Dekrets)* issue; *(eines Verbots)* imposition

erlassen *unr. tr. V.* **a)** *(verkünden)* enact ⟨law⟩; declare ⟨amnesty⟩; issue ⟨warrant⟩; **b)** *(verzichten auf)* remit ⟨sentence⟩; **~ Sie es mir, das zu schildern** *(geh.)* excuse me from having to describe it

erlauben 1. *tr. V.* **a)** allow; **jmdm. ~, etw. zu tun** allow sb. to do sth.; **~ Sie mir, das Fenster zu öffnen?** *(geh.)* would you mind if I opened the window?; **es ist nicht erlaubt, den Rasen zu betreten** it is forbidden to walk on the grass; **[na], ~ Sie mal!** *(ugs.)* do you mind!; **was ~ Sie sich!** how dare you!; **erlaubt ist, was gefällt** do what you feel like doing; **was nicht verboten ist, das ist erlaubt** if something's not forbidden then it's allowed; **b)** *(ermöglichen)* permit; **meine Gesundheit erlaubt es mir nicht** my health does not permit me to do it; **meine Zeit erlaubt es mir nicht** time does not allow. **2.** *refl. V.* **a)** *(sich die Freiheit nehmen)* **sich** *(Dat.)* **etw. ~**: permit oneself sth.; **du hast dir in letzter Zeit ziemlich viele Freiheiten erlaubt** you have been taking a lot of liberties recently; **sie hat sich in letzter Zeit grobe Nachlässigkeiten erlaubt** she's allowed herself to become extremely negligent recently; **über seine berufliche Leistung kann ich mir kein Urteil ~**: I do not feel free to comment on his professional competence; **sich** *(Dat.)* **alles ~**: do just as one pleases; **sich** *(Dat.)* **einen Scherz [mit jmdm.] ~**: play a trick [on someone]; **b)** *(sich leisten)* **sich** *(Dat.)* **etw. ~**: treat oneself to sth.; **das/solche teuren Geschenke kannst du dir nicht ~**: you cannot afford it/such expensive presents

Erlaubnis die; ~, ~se permission; *(Schriftstück)* permit; **jmdn. um ~ bitten, etw. zu tun** ask sb.'s permission *or* sb. for permission to do sth.; **jmdm. die ~ erteilen/verweigern, etw. zu tun** give/refuse sb. permission to do sth.

Erlaubnis·schein der permit

erlaucht [ɛɐ̯'lauxt] *Adj. (geh.)* illustrious

Erlaucht die; ~, ~en *(veralt.)* **Ihre/Seine ~**: Her Ladyship/His Lordship; **Euer ~**: Your Ladyship/Lordship

erläutern *tr. V.* explain; comment on ⟨picture etc.⟩; annotate ⟨text⟩; **näher ~**: clarify; **~de Anmerkungen** explanatory notes

Erläuterung die explanation; *(zu einem Bild usw.)* commentary; *(zu einem Text)* [explanatory] note

Erle ['ɛrlə] die; ~, ~n alder

erleben *tr. V.* experience; **etwas Schönes/Schreckliches ~** have a pleasant/terrible experience; **das habe ich noch nie erlebt!** I've never heard of such a thing!; **er hat viel erlebt** he has seen a lot of life; **große Abenteuer ~**: have great adventures; **er wollte erst etwas ~**: he wanted to live it up a bit first; **so ängstlich hatte er sie noch nie erlebt** he had never seen her so afraid before; **etw. bewußt/intensiv ~**: be fully aware of sth./experience sth. to the full; **sie wünschte sich nur, die Hochzeit ihrer Tochter noch zu ~**: her only remaining wish was to be at her daughter's wedding; **er wird das nächste Jahr nicht mehr ~**: he won't see next year;

dieser Film erlebte einen völligen Reinfall this film was a complete flop *(coll.)*; **du kannst was ~!** *(ugs.)* you won't know what's hit you!; **sich als etw. ~**: feel oneself to be sth.; *s. auch* **erlebt**
Erleben das experience; **etw. aus eigenem ~ kennen** know something from one's own experience
Erlebens·fall der *(Versicherungsw.)* **im ~:** in the event of survival; **eine Versicherung auf den ~:** endowment assurance
Erlebnis das; ~ses, ~se experience; **das war ein ~:** what an experience!
Erlebnis-: ~**auf·satz** der *(Schulw.)* essay based on personal experience; ~**fähigkeit** die; *o. Pl.* *(Psych.)* capacity for experience; ~**hunger** der thirst for experience
erlebt *Adj.* ~**e Rede** inner monologue; ~**e Geschichte** a first-hand account
erledigen 1. *tr. V.* a) *(ausführen)* **einen Auftrag ~:** deal with a task; **ich muß noch einige Dinge erledigen** I must see to a few things; **so, damit wäre die Angelegenheit endlich erledigt** so now the matter is finally settled; **sie hat alles pünktlich erledigt** she got everything done on time; **schon erledigt!** that's already done; b) *(erschöpfen)* finish *(coll.)* ⟨person⟩; **der Umzug hat ihn völlig erledigt** the move finished him off completely *(coll.)*; *(ugs.: töten)* knock off *(sl.)*; *(fig.: zerstören)* destroy. 2. *refl. V.* ⟨matter, problem⟩ resolve itself; **damit hat sich die Sache erledigt** that's that; **vieles erledigt sich von selbst** a lot of things sort them'selves out
erledigt *Adj.* closed ⟨case⟩; *(ugs.)* worn out ⟨person⟩
Erledigung die; ~, ~en a) *o. Pl.* *(Durchführung)* carrying out; *(Beendigung)* completion; *(einer Angelegenheit)* settling; **um baldige ~ wird gebeten** please give this matter your prompt attention; b) *(Besorgung)* **er hat noch einige ~en zu machen** he's got one or two more things to see to
erlegen *tr. V.* a) shoot ⟨animal⟩; b) *(österr.: entrichten)* pay ⟨fee, charge⟩
erleichtern 1. *tr. V.* a) *(einfacher machen)* make easier; **jmdm./sich die Arbeit ~:** make sb.'s/one's work easier; b) *(befreien)* relieve; **das hat ihn [sehr] erleichtert** that came as a [great] relief to him; **erleichtert aufatmen** breathe a sigh of relief; c) *(Gewicht verringern, fig.)* lighten; **sein Herz/sein Gewissen ~:** open one's heart/unburden one's conscience; **jmdn. um etw. ~** *(ugs. scherzh.)* relieve sb. of sth. 2. *refl. V.* *(verhüll.: seine Notdurft verrichten)* relieve oneself
Erleichterung die; ~, ~en a) *o. Pl.* *(Vereinfachung)* **zur ~ der Arbeit** to make the work easier; b) *o. Pl.* *(Befreiung)* relief; **mit ~:** with relief; **voller ~:** with great relief; **~ empfinden** feel relieved; c) *(Verbesserung, Milderung)* alleviation; **es gab weitere ~en im Reiseverkehr** there was a further easing of travel restrictions
erleiden *unr. tr. V.* suffer
erlernbar *Adj.* learnable; **es ist leicht ~:** it can be easily learnt *or* is easy to learn; **eine ~e Fähigkeit** a faculty which can be acquired
erlernen *tr. V.* learn
¹**erlesen** *unr. tr. V.* *(geh. veralt.)* choose
²**erlesen** *Adj.* choice ⟨wine⟩; choice ⟨dish⟩; **ein ~er Geschmack** a discriminating taste
Erlesenheit die; ~: exquisiteness
erleuchten *tr. V.* a) light; **Blitze erleuchteten den Himmel** the sky was lit up by flashes of lightning; **hell erleuchtete Fenster** brightly lit windows; b) *(geh.: mit Klarheit erfüllen)* inspire
Erleuchtung die; ~, ~en inspiration; **ihm kam eine ~:** he had a flash of inspiration
erliegen *unr. itr. V.; mit sein* a) succumb *(Dat.* to); **einem Irrtum ~:** be misled; **im Kampf ~** *(veralt.)* be vanquished in battle;

zum Erliegen kommen come to a standstill; **etw. zum Erliegen bringen** bring sth. to a standstill; b) *(zum Opfer fallen)* **einer Krankheit** *(Dat.)* **~:** die from an illness
Erl·könig ['εrl-] der a) „**Der ~**" 'The erlking'; b) *(Kfz-Jargon)* test model
erlogen *Adj.* made up; untruthful ⟨story⟩
Erlös [εɐ'lø:s] der; ~es, ~e proceeds *pl.;* **vom ~ seiner Bilder leben** live on the income from the sale of one's paintings
erlöschen *unr. itr. V.; mit sein* a) ⟨fire⟩ go out; **ein erloschener Vulkan** an extinct volcano; **die Lichter waren schon erloschen** the lights were already out; b) *(nachlassen)* ⟨hope, feelings⟩ wane; c) *(aussterben)* ⟨family, clan⟩ die out; d) *(zu bestehen aufhören)* ⟨claim, obligation⟩ cease; ⟨firm, membership⟩ cease to exist
erlösen *tr. V.* save, rescue (**von** from); **jmdn. von seinen Schmerzen ~:** release sb. from pain; **von einer Sorge erlöst sein** be relieved of a worry; **von einer Krankheit erlöst werden** *(verhüll.)* be released from an illness; **jmdn. ~** *(ugs. scherzh.)* take over from sb.; **und erlöse uns von dem Übel** *od.* **Bösen** *(bibl.)* and deliver us from evil
erlösend *Adj.* **das ~e Wort sprechen** say the magic word; **~ wirken** come as a relief
Erlöser der; ~s, ~ a) *(christl. Rel.)* saviour; b) *(christl. Rel.)* redeemer
Erlösung die release (**von** from); *(christl. Rel.)* redemption; **es war eine ~ zu wissen, daß ...:** it was a relief to know that ...
ermächtigen *tr. V.* authorize; **[dazu] ermächtigt sein, etw. zu tun** be authorized to do sth.
Ermächtigung die; ~, ~en authorization
Ermächtigungs·gesetz das *(Politik, bes. ns.)* Enabling Act
ermahnen *tr. V.* admonish; tell *(coll.); (warnen)* warn
Ermahnung die admonition; *(Warnung)* warning
ermangeln *itr. V.* *(geh.)* **einer Sache** *(Gen.)* **~:** lack sth.
Ermang[e]lung die; **~ in in ~ (+** *Gen.) (geh.)* in the absence of; **in ~ eines Besseren** for lack of anything better
ermannen *refl. V.* **sich ~, etw. zu tun** pluck up courage to do sth.
ermäßigen 1. *tr. V.* reduce. 2. *refl. V.* be reduced
Ermäßigung die reduction
ermatten *(geh.)* 1. *itr. V.; mit sein* ⟨person⟩ become exhausted; *(fig.)* ⟨enthusiasm⟩ wane. 2. *tr. V.* *(matt machen)* exhaust, tire ⟨person⟩
ermattet *Adj.* exhausted
Ermattung die; ~: weariness; fatigue
ermessen *unr. tr. V.* estimate, gauge ⟨consequences, implications⟩; **daran können Sie ~, wie/whether ...:** that will give you some idea of how/whether ...; **die Bedeutung von etw. ~:** appreciate the significance of sth.
Ermessen das; ~s estimation; **nach eigenem ~:** in one's own estimation; **in jmds.** *(Dat.)* **liegen** be at sb.'s discretion; **nach menschlichem ~:** as far as anyone can judge; **in jmds.** *(Akk.)* **~ stellen** leave sth. to sb.'s discretion
Ermessens-: ~**entscheidung** die discretionary decision; ~**frage** die matter of discretion; ~**mißbrauch** der abuse of one's powers of discretion; ~**spiel·raum** der powers *pl.* of discretion; discretionary powers *pl.*
ermitteln 1. *tr. V.* a) *(herausfinden)* ascertain, determine ⟨facts⟩; discover ⟨culprit, hideout, address⟩; establish, determine ⟨identity, origin⟩; decide ⟨winner⟩; b) *(errechnen)* calculate ⟨quota, rates, data⟩. 2. *itr. V.* *(Rechtsw.)* investigate; **gegen jmdn. ~:** investigate sb.; **in einer Sache ~:** investigate sth.
Ermittlung die; ~, ~en a) *(das Ermitteln)* s.

ermitteln a: ascertainment; determination; discovery; establishment; **die ~ eines Gewinners** deciding a winner; b) *(Untersuchung)* meist *Pl.* investigation
Ermittlungs-: ~**arbeit** die investigatory work; ~**aus·schuß** der committee of inquiry; ~**beamte** der investigating officer; ~**richter** der examining magistrate; ~**verfahren** das *(Rechtsw.)* preliminary inquiry
ermöglichen *tr. V.* enable; **jmdm. etw. ~:** make sth. possible for sb.; **um einen besseren Gedankenaustausch zu ~:** to facilitate a better exchange of ideas
ermorden *tr. V.* murder; *(aus politischen Gründen)* assassinate
Ermordung die; ~, ~en murder; *(aus politischen Gründen)* assassination
ermüden 1. *itr. V.; mit sein* a) *(müde werden)* tire; become tired; b) *(Technik)* ⟨metal⟩ fatigue. 2. *tr. V.* *(müde machen)* tire; make tired
ermüdend *Adj.* tiring
Ermüdung die; ~, ~en a) tiredness; **vor ~:** from tiredness; b) *(Technik)* metal fatigue
Ermüdungs-: ~**erscheinung** die sign of fatigue; ~**zustand** der state of fatigue
ermuntern *tr. V.* **jmdn. [dazu] ~, etw. zu tun** encourage sb. to do sth.; ⟨person⟩; **jmdn. zum Reden/zu einem Verbrechen ~:** encourage sb. to talk/to commit a crime; b) *(veralt.: wach machen)* liven up ⟨person⟩
ermunternd 1. *Adj.* encouraging. 2. *adv.* encouragingly
Ermunterung die; ~, ~en a) *(Aufheiterung)* enlivenment; **zur ~ der Anwesenden** to the amusement of those present; b) *(Ermutigung)* encouragement; c) *(ermunternde Worte)* words *pl.* of encouragement
ermutigen *tr. V.* encourage; *s.* **ermuntern** a
ermutigend 1. *Adj.* encouraging. 2. *adv.* encouragingly
Ermutigung die; ~, ~en a) encouragement; **zur ~:** to encourage; b) *(ermutigende Worte)* words *pl.* of encouragement
ernähren 1. *tr. V.* a) feed ⟨young, child⟩; **mit der Flasche ernährt werden** be bottlefed; b) *(unterhalten)* keep ⟨family, wife⟩; **das ernährt seinen Mann** it provides a good living. 2. *refl. V.* feed oneself; **sich von etw. ~:** live on sth.; ⟨animal⟩ feed on sth.; **sich vegetarisch ~:** live on a vegetarian diet
Ernährer der; ~s, ~, **Ernährerin** die; ~, ~nen breadwinner; provider
Ernährung die; ~: a) *(das Ernähren)* feeding; b) *(Nahrung)* diet; **gesunde/ungesunde ~:** a healthy/an unhealthy diet; c) *(Versorgung)* feeding; **zur ~ der Familie beitragen** contribute to feeding the family
Ernährungs-: ~**lage** die state of nutrition; ~**lehre** die *(Med.)* dietetics *sing., no art.;* ~**ministerium** das Ministry of Food; ~**störung** die *(Med.)* nutritional disorder; ~**weise** die diet; ~**wissenschaft** die dietetics *sing., no art.*
ernennen *unr. tr. V.* a) **jmdn. zu etw. ~:** make sb. sth.; b) *(bestimmen)* appoint ⟨deputy, ambassador⟩
Ernennung die appointment (**zu** as)
Ernennungs·urkunde die certificate of appointment
Erneu[e]rer der; ~s, ~, **Erneuerin** die; ~, ~nen reviver
erneuern 1. *tr. V.* a) *(auswechseln)* replace; b) *(wiederherstellen)* renovate ⟨roof, building⟩; *(fig.)* thoroughly reform ⟨system⟩; c) *(beleben)* resume ⟨relations⟩; d) *(verlängern lassen)* extend, renew ⟨permit, licence, contract⟩. 2. *refl. V.* ⟨nature, growth⟩ renew itself
Erneuerung die a) *(Auswechslung)* replacement; b) *(Wiederherstellung)* renovation; *(fig.)* thorough reform; **demokratische/religiöse ~:** democratic/religious revival; c) *(von Beziehungen)* resumption; d) *(Verlänge-*

erneuerungsbedürftig / **erreichen**

ern<u>eu</u>erungs‧bedürftig *Adj.* in need of replacement *postpos.*
Ern<u>eu</u>erungs‧schein *der (Börsenw.)* talon
ern<u>eu</u>t 1. *Adj.; nicht präd.* renewed. **2.** *adv.* once again
ern<u>ie</u>drigen *tr. V.* **a)** *(demütigen)* humiliate; **sich [selbst] ~:** lower oneself; **wer sich selbst erniedrigt, wird erhöht werden** *(bibl.)* he that shall humble himself shall be exalted; **b)** *(heruntersetzen)* lower, reduce ⟨*price, pressure*⟩; **c)** *(Musik)* lower ⟨*note*⟩
ern<u>ie</u>drigend *Adj.* humiliating
Ern<u>ie</u>drigung *die;* ~, ~en **a)** *(Demütigung)* humiliation; **b)** *(Senkung)* lowering; reduction (+ *Gen.* in); **c)** *(Musik)* lowering
Ern<u>ie</u>drigungs‧zeichen *das (Musik)* flat sign
ernst [ɛrnst] **1.** *Adj.* **a)** serious ⟨*face, expression, music, doubts*⟩; **~ bleiben** remain serious; keep a straight face *(coll.)*; **b)** *(aufrichtig)* genuine ⟨*intention, offer*⟩; **c)** *(gefahrvoll)* serious ⟨*injury*⟩; grave ⟨*situation*⟩; **etwas Ernstes etwas** something serious. **2.** *adv.* seriously; **jmdn./etw. ~nehmen** take sb./sth. seriously; **es ~ mit etw. meinen** be serious about sth.
¹**Ernst** *der;* ~[e]s **a)** *(ernster Wille)* seriousness; **das ist mein [voller] ~:** I mean that [quite] seriously; **es ist mir [bitterer] ~ damit** I'm [deadly] serious about it; **etw. im ~ sagen** say something in all seriousness; **etw. im ~ meinen** mean sth. seriously; **allen ~es** in all seriousness; **etw. mit ~ betreiben** apply oneself seriously to sth.; **[mit etw.] ~ machen** be serious [about sth.]; **er will jetzt ~ machen und morgen nach Peru fliegen** now he wants to turn words into action and fly to Peru tomorrow; **b)** *(Wirklichkeit)* **daraus wurde [blutiger/bitterer] ~:** it became [deadly] serious; **der ~ des Lebens** the serious side of life; **dann beginnt der ~ des Lebens** then life begins in earnest; **c)** *(Gefährlichkeit)* **der ~ der Lage** the seriousness of the situation; **d)** *(gemessene Haltung)* gravity
²**Ernst** (der); ~s Ernest
Ernst‧fall *der:* **eine Übung für den ~:** a practice for the real thing; **im ~:** when the real thing happens
ẹrnst‧gemeint *Adj. (präd. getrennt geschrieben)* serious ⟨*offer, reply*⟩; sincere ⟨*wish*⟩
ẹrnsthaft 1. *Adj.* serious; **etwas/nichts Ernsthaftes** something/nothing serious. **2.** *adv.* seriously; **jmdn. ~ an etw. (Akk.) erinnern** give sb. a stern reminder about sth.
Ẹrnsthaftigkeit *die;* ~: seriousness
ẹrnstlich 1. *Adj.* **a)** *(nachdrücklich)* serious ⟨*doubt, attempt, intention*⟩; **b)** *(aufrichtig)* genuine ⟨*wish*⟩; **c)** *(gefährlich)* serious ⟨*threat, danger, risk*⟩. **2.** *adv.* **a)** *(nachdrücklich)* seriously; **er hat ~ gefordert, daß ...:** he has demanded in all seriousness that ...; **b)** *(aufrichtig)* genuinely ⟨*sorry, repentant*⟩; **jmdm. ~ böse sein** be seriously annoyed with sb.; **c)** *(gefährlich)* seriously ⟨*ill, threatened*⟩; **~ gefährdet sein** be in serious danger
Ernte ['ɛrntə] *die;* ~, ~n **a)** *(das Ernten)* harvest; **bei der ~ sein** be bringing in the harvest; **während der ~:** at harvest time; **reiche/furchtbare ~ halten** *(fig. geh.)* take a heavy/terrible toll; **b)** *(Ertrag)* crop; **die ~ einbringen** bring in the harvest; **die ~ an Getreide/Kartoffeln/Tabak** the grain/potato/tobacco crop; **ihm ist die ganze ~ verhagelt** *(fig.)* he's had a bad blow
-ernte *die;* ~, ~n ... harvest; *(Ertrag)* ... crop
Ernte-: **~arbeit** *die* harvest work; **~arbeiter** *der* harvester; **~aus‧fall** *der* crop failure; **~dạnk‧fest** *das* harvest festival; **~ein‧satz** *der* assistance with the harvest;

jmdn. zum ~einsatz aufrufen call upon sb. to help with the harvest; **~ertrag** *der* yield; **~maschine** *die* harvester; **~monat** *der* month of the harvest
ẹrnten *tr. V.* harvest ⟨*cereal, fruit*⟩; *(fig.)* get ⟨*mockery, ingratitude*⟩; win ⟨*fame, praise*⟩
Ẹrnte-: **~wagen** *der* harvest wagon; **~wetter** *das:* **gutes/schlechtes ~wetter haben** have good/bad weather for the harvest; **~zeit** *die* harvest time; **in der ~zeit** at harvest time
ernüchtern *tr. V.* **a)** *(nüchtern machen)* sober up; **b)** *(fig.)* **jmdn. [völlig] ~:** bring sb. down to earth [with a bang]; **~d** sobering
Ernüchterung *die;* ~, ~en *(fig.)* disillusionment
Eroberer [ɛɐ̯'|o:bərə] *der;* ~s, ~, **Eroberin** *die;* ~, ~nen conqueror
erobern *tr. V.* **a)** conquer ⟨*country*⟩; take ⟨*town, fortress*⟩; **b)** conquer ⟨*woman, market*⟩; seize ⟨*power*⟩; **[sich (Dat.)] die Herzen ~:** win hearts; **eine Stadt/ein Land ~** *(scherzh.)* take a town/country by storm; *s. auch* **Sturm b**
Eroberung *die;* ~, ~en *(auch fig. scherzh.)* conquest; *(einer Stadt, Festung)* taking; **die ~ der Macht** the seizing of power; **~en machen** make conquests; *s. auch* **ausgehen b**
Eroberungs-: **~drang** *der; o. Pl.* thirst for conquest; **~feld‧zug** *der* campaign of conquest; **~krieg** *der* war of conquest
eröffnen 1. *tr. V.* **a)** open ⟨*shop, gallery, account*⟩; start ⟨*business, practice*⟩; **b)** *(beginnen)* open ⟨*meeting, conference*⟩; **das Feuer ~:** open fire; **eine Veranstaltung mit Musik ~:** begin an event with music; **c)** *(mitteilen)* **jmdm. etw. ~:** reveal sth. to sb.; **d)** **ein Testament ~:** read a will; **e)** *(Rechtsw., Wirtsch.)* **den Konkurs ~:** institute bankruptcy proceedings; **das Verfahren ~:** begin proceedings; **f)** **jmdm. neue Möglichkeiten ~:** open up new possibilities to sb.; **g)** *(Börsenw.)* ⟨*stock exchange*⟩ open. **2.** *refl. V. (sich bieten)* **sich jmdm. ~:** ⟨*opportunity, possibility*⟩ present itself
Eröffnung *die* **a)** opening; *(einer Sitzung)* start; *(einer Schachpartie)* opening [move]; **b)** *(Mitteilung)* revelation; **ich muß dir eine ~ machen** I have something to tell you; **c)** *(Testaments~)* reading; **d)** *(Wirtsch.)* **die ~ des Konkurses** the institution of bankruptcy proceedings
Eröffnungs-: **~an‧sprache** *die* opening speech; **~beschluß** *der (Rechtsw.)* decision to begin court proceedings; **~bilanz** *die (Wirtsch.)* opening balance; **~feier** *die* opening ceremony; **~kurs** *der (Börsenw.)* opening price; **~spiel** *das (Sport)* opening game; **~tag** *der (einer Ausstellung, eines Kongresses usw.)* first day; *(einer Eröffnung usw.)* first day of opening; **~variante** *die (Schach)* opening variation; **~wehen** *Pl. (Med.)* dilation pains
erogen [ero'ge:n] *Adj.* erogenous ⟨*zone*⟩
erörtern [ɛɐ̯'|œrtn̩] *tr. V.* discuss
Erörterung *die;* ~, ~en discussion
Eros ['e:rɔs] *der;* ~: **a)** *(Gott)* Eros; **b)** *(sinnliche Liebe)* erotic love
Eros-Center *das* [licensed] brothel; eros centre
Erosion [ero'zjo:n] *die;* ~, ~en erosion
Erosions‧schutz *der* protection against erosion
Erotik [e'ro:tɪk] *die;* ~: eroticism
Erotika [e'ro:tika] *s.* **Erotikon**
Erotiker [e'ro:tikɐ] *der;* ~s, ~ **a)** eroticist; **b)** *(Autor)* erotic writer
Erotikon [e'ro:tikɔn] *das;* ~s, **Erotika** *(Druck- u. Schriftw.)* erotic work; **Erotika** erotica; **b)** *Pl. (Mittel)* aphrodisiacs
erotisch 1. *Adj.* erotic. **2.** *adv.* erotically
erotisieren *tr. V.* arouse sexual desire in; **~d wirken** have an erotic effect
Erotomane [eroto'ma:nə] *der;* ~n, ~n erotomaniac

Erotomanie *die;* ~: erotomania
Erotomanin *die;* ~, ~nen erotomaniac
Erpel ['ɛrpl̩] *der;* ~s, ~: drake
erpicht [ɛɐ̯'pɪçt] *Adj.* **in auf etw. (Akk.) ~ sein** be keen on sth.
erpressen *tr. V.* **a)** *(nötigen)* blackmail; **jmdn. mit etw. ~:** blackmail sb. with sth.; **b)** *(erlangen)* extort ⟨*money, confession*⟩ (**von** from)
Erpresser *der;* ~s, ~: blackmailer
Erpresser‧brief *der* blackmail letter
Erpresserin *die;* ~, ~nen blackmailer
erpresserisch 1. *Adj.* blackmailing *attrib.*; **diese Maßnahme ist ~:** this action amounts to blackmail; **in ~er Absicht** for the purpose of blackmail. **2.** *adv.* **~ vorgehen** use blackmail
Erpresser‧methoden *Pl.* blackmail *sing.*
Erpressung *die* blackmail *no indef. art.*; *(von Geld, Geständnis)* extortion; *s. auch* **räuberisch 1a**
Erpressungs‧versuch *der* blackmail attempt
erproben *tr. V.* test ⟨*medicine*⟩ (**an** + *Akk.* on); **jmds. Zuverlässigkeit ~:** put sb.'s reliability to the test; **ein erprobter Soldat** an experienced soldier; **das ist seit langem erprobt** it is tried and tested
Erprobung *die;* ~, ~en testing
Erprobungs‧flug *der* test *or* proving flight
erquicken [ɛɐ̯'kvɪkn̩] *tr. V. (geh.)* refresh; **das Herz ~:** gladden one's heart; **ich will euch ~** *(bibl.)* and I will give you rest
erquickend *Adj. (geh.)* refreshing
erquicklich *(geh.)* **1.** *Adj.* pleasant. **2.** *adv.* pleasantly
Erquickung *die;* ~, ~en *(geh.)* refreshment; **der Schlaf brachte ihm keine ~:** the sleep did not refresh him
Errata *s.* **Erratum**
erraten *unr. tr. V.* guess; **du hast es ~!** *(iron.)* you've guessed it!
erratisch *Adj. (Geol.)* erratic
Erratum [ɛ'ra:tʊm] *das;* ~s, **Errata** *(Druck- u. Schriftw.)* erratum
errechenbar *Adj.* calculable; **leicht/genau ~ sein** be easily/accurately calculated
errechnen 1. *tr. (auch itr.) V.* **a)** *(ausrechnen)* calculate ⟨*sum*⟩; **wie er errechnete** according to his calculations; **b)** *(erwarten)* count on ⟨*chance, advantage*⟩. **2.** *refl. V.* **sich aus etw. ~:** be calculated from sth.
erregbar *Adj.* excitable
Erregbarkeit *die;* ~: excitability
erregen 1. *tr. V.* **a)** annoy; **b)** *(sexuell)* arouse; **c)** *(verursachen)* arouse; **Aufsehen/Ärgernis ~:** cause a stir/annoyance; *s. auch* **öffentlich. 2.** *refl. V.* **sich über etw. (Akk.) ~:** get excited about sth.
erregend *Adj.* exciting; *(sexuell)* arousing
Erreger *der;* ~s, ~ *(Med.)* pathogen
erregt 1. *Adj.* excited; *(sexuell)* aroused; **die ~en Gemüter** the hot tempers. **2.** *adv.* excitedly
Erregung *die* **a)** excitement; *(sexuell)* arousal; **in starke ~ geraten** become extremely excited; **vor ~:** with excitement; **b)** *(Verursachung)* **~ öffentlichen Ärgernisses** *(Rechtsspr.)* causing a public nuisance; **~ von Mißfallen** incurring displeasure
Erregungs‧zustand *der* state of excitement; *(sexuell)* [state of] arousal
err<u>ei</u>chbar *Adj.* **a)** within reach *postpos.*; **in ~er Höhe** at a reachable height; **b)** **der Ort ist mit dem Auto/Zug ~:** the place can be reached by car/train; **leicht ~ sein** be easy to reach; be easily reachable; **c)** **er ist [telefonisch] ~:** he can be contacted [by telephone]
err<u>ei</u>chen *tr. V.* **a)** reach; **den Zug ~:** catch the train; **etw. ist zu Fuß/mit dem Bus/schnell zu ~:** sth. can be reached on foot/by bus/quickly; **b)** *(in Verbindung treten mit, ansprechen)* reach ⟨*viewers*⟩; **er ist telefo-**

Erreichung nisch/um 10 Uhr/zu Hause zu ~: he can be contacted by telephone/at 10 o'clock/at home; **c)** *(durchsetzen)* achieve ⟨*goal, aim*⟩; **bei jmdm. etwas/nichts ~:** get somewhere/not get anywhere with sb.

Erreichung die; ~: reaching *no art.*; **bei** *od.* **mit ~ der Altersgrenze/Volljährigkeit** on reaching the age limit/one's majority

erretten *tr. V.* (geh.) save

Erretter *der* (geh.) saviour

errichten *tr. V.* **a)** build ⟨*house, bridge, etc.*⟩; **b)** *(aufstellen)* erect, put up ⟨*rostrum, barrier, etc.*⟩; **c)** *(einrichten)* found ⟨*company*⟩; set up ⟨*fund*⟩

erringen *unr. tr. V.* gain ⟨*victory*⟩; reach ⟨*first etc. place*⟩; win ⟨*majority*⟩; gain, win ⟨*sb.'s trust*⟩

erröten *itr. V.*; *mit sein* blush (**vor** with); **jmdn. zum Erröten bringen** make sb. blush

Errungenschaft die; ~, ~en achievement; **meine neueste ~** *(ugs. scherzh.)* my latest acquisition

Ersatz *der*; ~es **a)** replacement; **als ~ für jmdn.** in place of sb.; **b)** *(Entschädigung)* compensation; **c)** *(Milit.)* reserve

ersatz-, Ersatz-: **~anspruch** *der* claim for damages; **~ansprüche stellen** claim damages; **~ball** *der (Sport)* new ball; **~bank** *die (Sport)* substitutes' bench; **~befriedigung** *die (Psych.)* vicarious satisfaction; **~dienst** *der* community service as an alternative to military service; **~dienstleistende** *der; adj. Dekl.*: person carrying out alternative service; **~heer** *das* reserve army; **~kasse** *die* private health insurance company; **~los 1.** *Adj.* without replacement *postpos.*; **2.** *adv.* **etw. ~los streichen** cancel sth.; **ein Gesetz ~los streichen** strike a law from the statute books; **~mann** *der*; *Pl.* **~männer, ~leute** replacement; *(Sport)* substitute; **~mine** *die* refill; **~mittel** *das* substitute; **~pflichtig** *Adj.* liable to pay compensation *postpos.*; **~rad** *das* spare wheel; **~reifen** *der* spare tyre; **~religion** *die* substitute religion; **~spieler** *der (Sport)* substitute [player]

Ersatz·teil *das* *(bes. Technik)* spare part; spare *(Brit.)*

Ersatzteil-: **~lager** *das* [spares] store; **~medizin** *die* spare-part surgery

Ersatz-: **~truppe** *die (Milit.)* reserve troops *pl.*; **~weise** *Adv.* as an alternative

ersaufen *unr. itr. V.*; *mit sein* **a)** *(salopp)* drown; **b)** *(überflutet werden)* flood

ersäufen [ɛɐ̯ˈzɔɪ̯fn̩] *tr. V.* drown; **seinen Kummer im Alkohol ~** *(fig.)* drown one's sorrows [in drink]

erschaffen *unr. tr. V.* create; **wie Gott ihn ~ hat** *(scherzh. verhüll.)* in his birthday suit

Erschaffer *der*; ~s, ~ *(Rel.)* Creator

Erschaffung *die* creation

erschallen *unr. od. regelm. itr. V.*; *mit sein* ⟨*song, call*⟩ ring out; ⟨*music*⟩ sound

erschaudern *itr. V.*; *mit sein (geh.)* shudder (**bei** at)

erschauern *itr. V.*; *mit sein (geh.)* tremble (**vor** + *Dat.* with)

erscheinen *unr. itr. V.*; *mit sein* **a)** *(sichtbar werden, sich zeigen, auftreten)* appear; **jmdm. ~:** appear to sb.; **in der Schule/am Arbeitsplatz ~:** put in an appearance at school/at work; **vor Gericht ~:** appear in court; **um frühzeitiges/rechtzeitiges/zahlreiches Erscheinen wird gebeten** an early/a punctual arrival/a full turn-out is requested; **b)** *(herausgegeben werden)* ⟨*newspaper, periodical*⟩ appear; ⟨*book*⟩ be published; **c)** *(sich darstellen)* **jmdm. ratsam/unverständlich ~:** seem advisable/incomprehensible to sb.; *s. auch* **Licht a**

Erscheinung *die*; ~, ~en **a)** *(Vorgang)* phenomenon; *(Alters~, Krankheits~ usw.)* symptom; **in ~ treten** become evident; **das Fest der ~ des Herrn** *(christl. Rel.)* [the Feast of] the Epiphany; **b)** *(äußere Gestalt)* appearance; **eine stattliche/elegante ~ sein** be an imposing/elegant figure; **c)** *(Vision)* apparition; **eine ~/~en haben** see a vision/visions

Erscheinungs-: **~bild** *das* appearance; **vom ~bild her** judging by appearance; **~fest** *das* Epiphany *no art.*; **~form** *die* manifestation; **~jahr** *das* year of publication; **~ort** *der* place of publication; **~tag** *der* day of publication; publication day; **~weise** *die* **a)** *s.* **~form; b)** *die* **~weise einer Zeitung** the frequency of publication of a newspaper; **wöchentliche/monatliche ~weise** weekly/monthly publication; **„~weise: vierteljährlich"** 'published quarterly'; **~welt** *die* world perceived through the senses

erschießen *unr. tr. V.* shoot dead; **Tod durch Erschießen** death by firing squad; **erschossen sein** *(fig. ugs.)* be completely whacked *(Brit. coll.)*; **dann kann ich mich ~** *(ugs.)* I might as well end it all *(coll.)*; *s. auch* **Flucht a, standrechtlich 2**

Erschießung *die*; ~, ~en shooting; **eine sofortige/standrechtliche ~:** a summary execution [by firing squad]; **zur ~ abgeführt werden** be led away to be shot

Erschießungs·kommando *das* firing squad

erschlaffen *itr. V.*; *mit sein* **a)** *(kraftlos werden)* ⟨*muscle, limb*⟩ become limp; *(fig.)* ⟨*resistance, will*⟩ weaken; **seine Spannkraft war erschlafft** he had lost his vigour; **b)** *(welk werden)* ⟨*skin*⟩ grow slack

Erschlaffung *die* **a)** *(das Müdewerden)* weakening; **b)** *(das Welkwerden)* **bei ~ der Haut** when the skin grows slack

¹**erschlagen** *unr. tr. V.* strike dead; kill; *(ugs.: erschöpfen)* wear out; **vom Blitz ~ werden** be struck dead by lightning; **jmdn. mit Argumenten ~** *(fig.)* defeat sb. with arguments

²**erschlagen** *Adj.* **a)** *(erschöpft)* worn out; **b)** *(verblüfft)* **wie ~ sein** be flabbergasted *(coll.)* or thunderstruck

erschleichen *unr. refl. V.* *(abwertend)* **sich** *(Dat.)* **etw. ~:** get sth. by devious means; **sich** *(Dat.)* **jmds. Gunst/Vertrauen ~:** worm oneself into sb.'s favour/confidence

erschließbar *Adj.* ascertainable ⟨*facts*⟩; **~e Rohstoffquellen** sources of raw materials which can be tapped; **~e Absatzmärkte** markets which can be opened up

erschließen 1. *unr. tr. V.* **a)** *(zugänglich machen)* develop ⟨*area, building land*⟩; open up ⟨*market*⟩; **jmdm. etw. ~** *(fig.)* make sth. accessible to sb.; **er hat mir ganz neue Welten erschlossen** he opened up a whole new world to me; **b)** *(nutzbar machen)* tap ⟨*resources, energy sources*⟩; **c)** *(ermitteln)* deduce ⟨*meaning, wording*⟩. **2.** *unr. refl. V.* **a)** *(verständlich werden)* **sich jmdm. ~:** become accessible to sb.; **b)** *(geh.: sich offenbaren)* **sich jmdm. ~:** confide in sb.

Erschließung *die* **a)** *(von Bauland)* development; *(von Märkten)* opening up; **b)** *(von Rohstoffen)* tapping; **c) zur ~ des Textes** in order to grasp the meaning of the text

Erschließungs·kosten *Pl. (Bauw.)* development costs *pl.*

erschöpfen 1. *tr. V. (auch fig.)* exhaust; **seine Kräfte ~:** drain one's strength. **2.** *refl. V.* **a)** *(sich beschränken)* **darin ~ sich ihre Kenntnisse** her knowledge does not go beyond that; **b)** *(zu Ende gehen)* ⟨*supplies, stores*⟩ run out; **seine Ideen haben sich erschöpft** he has run out of ideas

erschöpfend 1. *Adj.* exhaustive. **2.** *adv.* exhaustively

erschöpft *Adj.* exhausted

Erschöpfung *die*; ~ **bis zur ~:** to the point of exhaustion; **vor ~ einschlafen/umfallen** fall asleep from exhaustion/drop with exhaustion

Erschöpfungs-: **~tod** *der* death from exhaustion; **den ~tod sterben** die from exhaustion; **vor ~** *(Dat.)* **über etw.** *(Akk.)* **~:** be startled by sth.; **~zustand** *der* state of exhaustion; **Müdigkeit und ~zustände** tiredness and exhaustion

¹**erschrecken** *unr. itr. V.*; *mit sein* be startled; **vor etw.** *(Dat.)* **über etw.** *(Akk.)* **~:** be startled by sth.; **erschrick nicht!** don't be startled; **er war zutiefst/zu Tode erschrocken** he was frightened out of his wits/frightened to death

²**erschrecken** *tr. V.* frighten; scare; **du hast mich aber erschreckt!** you really gave me a scare

³**erschrecken** *unr. od. regelm. refl. V.* get a fright; **erschrick dich nicht!** don't be frightened

erschreckend *Adj.* **1.** alarming. **2.** *adv.* alarmingly

erschrocken 1. 2. *Part. v.* ¹**erschrecken**. **2.** *Adj.* frightened; **sie wandte sich ~ ab** she turned away in fright

erschüttern *tr. V. (auch fig.)* shake; **die Nachricht hat uns erschüttert** we were shaken by the news; **über etw.** *(Akk.)* **erschüttert sein** be shaken by sth.; **das kann mich nicht ~** *(ugs.)* that doesn't worry me

erschütternd *Adj.* deeply distressing ⟨*account, picture, news*⟩; deeply shocking ⟨*conditions*⟩

Erschütterung *die*; ~, ~en **a)** *(Bewegung)* *(durch Lkws usw.)* vibration; *(der Erde)* tremor; **wirtschaftliche ~en** *(fig.)* economic upheavals; **b)** *(Ergriffenheit)* shock; *(Trauer)* distress; **c) das trug zur ~ meines Glaubens/Vertrauens bei** that helped to shake my faith/confidence

erschütterungs-: **~fest** *Adj.* shockproof; **~frei 1.** *Adj.* vibrationless; free *from or* without vibration *postpos.*; **ein ~freier Transport von etw.** transporting sth. without jolting; **2.** *adv.* without vibration

erschweren 1. *tr. V.* **etw. ~:** make sth. more difficult; **jmdm. etw. ~:** impede or hinder sb. by sth. **2.** *refl. V.* **sich [durch etw.] ~:** be hindered [by sth.]

erschwerend 1. *Adj.* complicating ⟨*factor*⟩; **~e Umstände** *(Rechtsw.)* aggravating circumstances. **2.** *adv.* **es kommt ~ hinzu, daß er ...:** to make matters worse he ...; **das kommt ~ hinzu** that is an added problem

Erschwernis *die*; ~, ~se difficulty

Erschwernis·zulage *die* bonus for particularly hard work or shift work

Erschwerung *die*; ~, ~en: **eine ~ für etw.** an impediment to sth.; **das ist eine ~ seiner Tätigkeit** that makes his job more difficult

erschwindeln *refl. V.* get by swindling; **sich** *(Dat.)* **etw. von jmdm. ~:** swindle sb. out of sth.

erschwinglich *Adj.* reasonable ⟨*price*⟩; **für jmdn. nicht ~ sein** not be within sb.'s reach; **dort sind die Mieten noch ~:** the rents there are still affordable

ersehen *unr. tr. V.* see; **aus etw. zu ~ sein** be evident from sth.

ersehnen *tr. V. (geh.)* long for

ersetzbar *Adj.* replaceable

ersetzen *tr. V.* **a)** replace; **etw./jmdn. durch etw./jmdn. ~:** replace sth./sb. by sth./sb.; **Talent durch Fleiß ~:** substitute hard work for talent; **ihn wird niemand ~ können** nobody will be able to take his place; **b)** *(erstatten)* **jmdm. einen Schaden ~:** compensate sb. for damages; **die Fahrtkosten ~:** reimburse travel expenses

Ersetzung *die*; ~, ~en *(von Kosten usw.)* reimbursement; **die ~ von Schäden** compensation for damage

ersichtlich *Adj.* apparent; **ohne ~en Grund** for no apparent reason; **etw. ist klar/nicht ~:** sth. is quite obvious/not clear; **hieraus ist ~, daß ...:** it is apparent from this that ...; **die Lieferbedingungen sind aus dem Kaufvertrag ~:** the conditions of delivery are contained in the contract of sale

ersinnen *unr. tr. V. (geh.)* devise
ersitzen 1. *unr. refl. V. (abwertend)* **als Beamter ersitzt man sich eine ansehnliche Pension** as a civil servant you get a considerable pension just by staying in your job long enough. 2. *unr. tr. V. (Rechtsspr.)* obtain by prescription
erspähen *tr. V. (geh.)* espy *(literary)*; catch sight of; **einen Vorteil ~** *(fig.)* see an advantage
ersparen *tr. V.* a) *(erwerben)* save ⟨*money*⟩; **sein/ihr erspartes Geld** *od.* **Erspartes** his/her savings; b) *(fernhalten von)* save, spare ⟨*trouble, bother*⟩; save ⟨*work*⟩; **ich konnte ihr diese peinlichen Fragen nicht ~**: he could not spare her these awkward questions; **es bleibt einem nichts erspart** *(ugs.)* at least I/you *etc.* could have been spared that
Ersparnis die; **~, ~se** a) *(österr. auch das*; **~ses, ~se**) *(ersparte Summe)* savings *pl.*; b) *(Einsparung)* saving
Ersparnis·kasse die *(schweiz.)* savings bank
ersprießlich *Adj. (geh.)* profitable, fruitful ⟨*contacts, collaboration*⟩; **das ist nicht sehr ~**: it is not very pleasant
erst [eːɐ̯st] 1. *Adv.* a) *(zu~)* first; **~ einmal** first [of all]; **wenn er ~ einmal in Wut gerät** once he becomes angry; **~ noch** first; **eine solche Frau muß ~ noch geboren werden** such a woman has not yet been born; b) *(nicht eher als)* eben **~**: only just; **er will ~ in vierzehn Tagen/einer Stunde zurückkommen** he won't be back for a fortnight *(Brit.)* or for two weeks/for an hour; **~ nächste Woche/um 12 Uhr** not until next week/12 o'clock; **er war ~ zufrieden, als ...**; **im 19. Jh. ...**: it was not until the nineteenth century that ...; c) *(nicht mehr als)* only; **~ eine Stunde/halb soviel** only an hour/half as much; **sie ist mit ihrer Arbeit ~ am Anfang** she is only just beginning her work. 2. *Partikel* **so was lese ich gar nicht ~!**: I dont even start reading that sort of stuff; **jetzt tue ich es ~ recht!** that makes me even more determined to do it; **er ist schon ziemlich arrogant, aber ~ seine Frau** he is quite arrogant but his wife is even worse
erst... *Ordinalz.* a) first; **der ~e Stock** the first or *(Amer.)* second floor; **etw. das ~e Mal tun** do sth. for the first time; **am Ersten [des Monats]** on the first [of the month]; **am nächsten Ersten** on the first [day] of next month; **als erstes** first of all; **der/die ~e** the first person; **als ~er/~e etw. tun** be the first to do sth.; **Karl der Erste** Charles the First; **fürs ~e** for the moment; **der/die ~e beste** the first suitable; **sie kaufte das ~e beste Kleid, das sie sah** she bought the first dress she saw; *s. auch* **zum h**; b) (*best...*) **das ~e Hotel** the best hotel; **der/die Erste [der Klasse]** the best boy/girl [of the class]; **sie kam als ~e ins Ziel** she was the first to reach the finish; **die Erste** *(Sportjargon: erste Mannschaft)* the first
erstarken *itr. V.; mit sein (geh.)* regain one's strength; *(fig.)* grow stronger
Erstarkung die; **~** *(geh.)* strengthening
erstarren *itr. V.; mit sein (geh.)* ⟨*starr werden*⟩ ⟨*jelly, plaster*⟩ set; **ihm erstarrte das Blut in den Adern** *(fig.)* the blood ran cold in his veins; b) *(steif werden)* ⟨*limbs, fingers*⟩ grow stiff; c) **vor Schreck/Entsetzen ~**: be paralysed by fear/with horror; d) *(geh.: leblos werden)* ossify
Erstarrung die; **~** a) *(Starrheit)* numbness; b) *(von Lava)* solidification; *(von Eisen)* hardening; c) *(von Gliedern)* stiffening; d) *(fig.: Absterben)* ossification
erstatten *tr. V.* a) reimburse ⟨*expenses*⟩; b) **Anzeige gegen jmdn. ~**: report sb. [to the police]; **jmdm. Bericht über etw.** *(Akk.)* **~**: report on sth. to sb.; **[über etw.** *(Akk.)*] **Meldung ~**: report [sth.]

Erstattung die; **~, ~en** *(von Kosten)* reimbursement; b) **die ~ einer Anzeige** the reporting of sth. [to the police]; **er sah von der ~ einer Anzeige ab** he refrained from reporting it/us *etc.* to the police; **die ~ einer Meldung** the making of a report
Erst-: **~aufführung** die première; **~auflage** die first impression
erstaunen *tr. V.* astonish; amaze; **es erstaunte ihn nicht sonderlich** he wasn't particularly surprised
Erstaunen das; **~s** astonishment; amazement; **jmdn. in ~ versetzen** astonish *or* amaze sb.
erstaunlich 1. *Adj.* astonishing, amazing ⟨*achievement, number, amount*⟩; **das ~e ist, daß ...**: the astonishing *or* amazing thing is that ...; **das Erstaunliche an diesem Vorfall** the astonishing *or* amazing thing about this incident. 2. *adv.* astonishingly; amazingly
erstaunlicher·weise *Adv.* astonishingly *or* amazingly [enough]
erstaunt *Adj.* astonished; amazed
erst-, Erst-: **~aus·gabe** die first edition; **~aus·rüstung** die *(Kfz-W.)* original fittings *pl.*; **~ausstattung** die original furnishings *pl.*; **~best...** *Adj.* **der ~beste Wagen, der ihr angeboten wurde** the first car she was offered; **die ~beste Frau, die ihm über den Weg lief** the first woman he met; **bei ~bester Gelegenheit** at the first opportunity; **~beste der/die/das** *s.* Nächstbeste; **~besteigung** die first ascent; **Hillary gelang die ~besteigung des Mount Everest** Hillary made the first successful ascent of Mount Everest; **~druck** der *s.* ~ausgabe
erstechen *unr. tr. V.* stab [to death]
erstehen 1. *unr. tr. V. (geh.: kaufen)* purchase. 2. *unr. itr. V.; mit sein (geh.)* a) *(entstehen)* ⟨*difficulties, problems*⟩ arise; b) *(auferstehen)* rise; „**Christ ist erstanden**" 'Christ is risen'
Erste-Hilfe-Ausrüstung die first-aid kit
Erste-Hilfe-Leistung die administering of first aid; **zur ~ verpflichtet sein** be obliged to give first aid
ersteigen *unr. tr. V.* climb
ersteigern *tr. V.* buy [at an auction]
Ersteigung die ascent
erstellen *tr. V. (Papierdt.)* a) *(bauen)* build; b) *(anfertigen)* make ⟨*assessment*⟩; draw up ⟨*plan, report, list*⟩
Erstellung die a) *(Bau)* construction; building; b) *(Anfertigung)* s. **erstellen b**: making; drawing up
erste·mal *Adv.* **das ~**: for the first time
ersten·mal *Adv.* **zum ~**: for the first time; **beim ~** for the first time
erstens ['eːɐ̯stn̩s] *Adv.* firstly; in the first place
erster... ['eːɐ̯stə...] *Adj.* the former
Erste[r]-Klasse-Abteil das first-class compartment
ersterben *unr. itr. V.; mit sein (geh.)* ⟨*flame*⟩ die down; ⟨*singing, murmuring*⟩ die away; ⟨*smile*⟩ fade
erst-, Erst-: **~geboren** *Adj.; nicht präd.* first-born; **der/die Erstgeborene** the first-born child; **~geburt** die a) first-born child; b) *o. Pl.* [*das Recht der*] **~geburt** *(Rechtsw.)* [right of] primogeniture; **~geburts·recht** das right of primogeniture; **~genannt** *Adj.; nicht präd.* mentioned first *postpos.*; **der Erstgenannte** the one mentioned first
ersticken 1. *itr. V.; mit sein* suffocate; *(sich verschlucken)* choke; **an einem Knochen ~**: choke on a bone; **vor Lachen ~** *(ugs.)* choke with laughter; **zum Ersticken sein** ⟨*heat*⟩ be stifling; **in Arbeit ~** *(ugs.)* be swamped with work; **im Geld ~** *(ugs.)* be rolling in money. 2. *tr. V.* a) *(töten)* suffocate; **die Tränen erstickten ihre Stimme** *(fig.)* she was choked by tears; **der Widerstand wurde erstickt** *(fig.)* resistance was suppressed; **etw. sofort**

od. **im Keim ~** *(fig.)* nip sth. in the bud; b) *(löschen)* smother ⟨*flames*⟩
Erstickung die; **~** a) *(Sterben)* suffocation; asphyxiation; b) *(Löschen)* smothering; **zur ~ der Flammen** to smother the flames
Erstickungs-: **~gefahr** die danger of suffocation; **~tod** der death from suffocation; **~tod sterben** die from suffocation
erst-, Erst-: **~instanz** die *(Rechtsw.)* court of first instance; **~klassig** 1. *Adj.* first-class; **~klassige Bedingungen** excellent conditions; 2. *adv.* superbly; **da kann man ~klassig essen** you can get a first-class meal there; **da wird man ~klassig bedient** the service there is first-class; **~kläßler** der; **~s**, **~** *(südd., schweiz.)* pupil in first class of primary school; first-year pupil; **~kommunion** die *(kath. Rel.)* first communion
Erstling der; **~s**, **~e** first work
Erstlings-: **~ausstattung** die layette; **~film** der first film; **~roman** der first novel; **~werk** das first work
erstmalig 1. *Adj.* first. 2. *adv.* for the first time
erstmals *Adv.* for the first time
Erst·plazierte der/die *(Sport)* person gaining one of the first [three] places
erstrahlen *itr. V.; mit sein* shine; **der ganze Park erstrahlte im Lichterglanz** the whole park was aglow with light
erstrangig *Adj.* a) *(vordringlich)* of top priority *postpos.*; **von ~er Bedeutung** of the utmost importance; b) *s.* **erstklassig 1**
erstreben *tr. V.* strive for
erstrebens·wert *Adj.* ⟨*ideals etc.*⟩ worth striving for; desirable ⟨*situation*⟩
erstrecken *refl. V.* a) *(sich ausdehnen)* stretch; **sich bis an etw.** *(Akk.)* **~**: extend as far as sth.; **sich über ein Gebiet ~**: extend over or cover an area; b) *(dauern)* **sich über 10 Jahre ~**: carry on for 10 years; c) *(betreffen)* **sich auf jmdn./etw. ~**: affect sb./sth.; ⟨*laws, regulations*⟩ apply to sb./sth.
erstreiten *unr. tr. V. (geh.)* gain; **sich** *(Dat.)* **etw. ~ müssen** have to fight to get sth.; **sich ein Recht ~ müssen** have to fight for a right
Erst-: **~schlag** der first strike; **~schlag·waffe** die first-strike weapon; **~sendung** die first broadcast; **~stimme** die first vote
Ersttags-: **~brief** der *(Philat.)* first-day cover; **~stempel** der *(Philat.)* first-day stamp
Erst·täter der *(Rechtsw.)* first offender
erstunken [ɛɐ̯ˈʃtʊŋkn̩] *in* **~ und erlogen sein** *(salopp)* be a pack of lies
erstürmen *tr. V.* take ⟨*fortress, town*⟩ by storm; **den Gipfel ~** *(geh.)* conquer the summit
Erstürmung die; **~, ~en** storming
Erst-: **~wagen** der main car; **~wähler** der first-time voter
ersuchen *tr. V. (geh.)* ask; **jmdn. um etw. ~**: request sth. of sb.; **jmdn. ~, etw. zu tun** request sb. to do sth.
Ersuchen das; **~s**, **~**: request (an + *Akk.* to); **auf ~ von .../des ...**: at the request of ...
ertappen *tr. V.* catch ⟨*thief, burglar*⟩; **jmdn. dabei ~, wie er etw. tut** catch sb. in the act of doing sth.; **jmdn. beim Mogeln ~**: catch sb. cheating; **sich bei etw. ~**: catch oneself doing sth.; *s. auch* **frisch 1a**
erteilen *tr. V.* give ⟨*advice, information*⟩; give, grant ⟨*permission*⟩; **Unterricht ~**: teach; **Klavier-/Deutschunterricht ~**: give piano/German lessons; *s. auch* **Auftrag a; Lektion; Wort b**
Erteilung die giving; **die ~ der Arbeitsgenehmigung** granting of a work permit
ertönen *itr. V.; mit sein (laut werden)* sound; **er ließ seine tiefe Stimme ~**: his deep voice rang out; b) *(geh.)* **von etw. ~**: resound with sth.

Ertrag [ɛɐ'traːk] der; ~[e]s, Erträge [ɛɐ'trɛːɡə] a) *(landwirtschaftliche Produkte)* yield; b) *(Gewinn)* return

ertragen *unr. tr. V.* bear ⟨pain, shame, uncertainty⟩; etw. mit Geduld/Fassung ~: bear sth. patiently/take sth. calmly; es ist nicht mehr zu ~: I can't stand it any longer; **Frauen können mehr Schmerz ~ als Männer** women can stand *or* tolerate more pain than men; **er mußte große Schmerzen ~:** he had to endure great pain

ertrag·fähig *Adj.* a) *(gewinnbringend)* profitable ⟨investment etc.⟩; b) *(fruchtbar)* fertile ⟨soil⟩

Ertrag·fähigkeit die; *o. Pl.*: s. ertragfähig: profitability; fertility

erträglich [ɛɐ'trɛːklɪç] 1. *Adj.* a) bearable ⟨pain⟩; tolerable ⟨conditions, climate⟩; **die Grenze des Erträglichen erreichen** be as much as one can endure; b) *(ugs.: annehmbar)* tolerable. 2. *adv.* *(ugs.: annehmbar)* tolerably

ertrag-: ~**los** *Adj.* unprofitable ⟨business⟩; unproductive ⟨land, soil⟩; ~**reich** *Adj.* lucrative ⟨business⟩; productive ⟨land, soil⟩

ertrags-, Ertrags-: ~**arm** *Adj.* unprofitable ⟨year⟩; poor ⟨soil⟩; ~**ein·buße** die decrease in profits; ~**lage** die profit situation; profits; ~**minderung** die decrease in profits

Ertrag[s]-: ~**steigerung** die increase in profits; ~**steuer** die *(Wirtsch.)* tax on profits

ertränken *tr. V.* drown; **seinen Kummer/seine Sorgen im Alkohol ~** *(fig.)* drown one's sorrows [in drink]

erträumen *refl. V.* dream of; **sie ist die Frau, die er sich** *(Dat.)* **erträumt hat** she's the woman of his dreams; **erträumte Welten** imaginary worlds

ertrinken *unr. itr. V.; mit sein* be drowned; drown; *(fig.)* be inundated; **in einer Flut von Anfragen ~** *(fig.)* be inundated with inquiries

Ertrinkende der/die; *adj. Dekl.* drowning person

ertrotzen *tr. V.* sich *(Dat.)* etw. ~: obtain sth. by sheer defiance

Ertrunkene der/die; *adj. Dekl.* drowned person

ertüchtigen 1. *tr. V.* toughen up ⟨body⟩. 2. *refl. V.* sich körperlich ~: get/keep oneself fit

Ertüchtigung die; ~, ~en fitness; **jmdn. zur Ertüchtigung ~ anhalten** encourage sb. to keep [himself/herself] physically fit

erübrigen 1. *tr. V.* spare ⟨money, time⟩; etw. Geld/Zeit ~ können have some money/time to spare. 2. *refl. V.* be unnecessary; **es erübrigt sich, noch länger darüber zu sprechen** there's no point in talking about it any longer

eruieren [eru'iːrən] *tr. V.* find out; **jmdn. ~** *(österr.)* trace sb.

Eruierung die; ~, ~en investigation; **die ~ des Täters** *(österr.)* the tracing of the culprit

Eruption [erʊp'tsjoːn] die; ~, ~en *(Geol., Med.)* eruption

Eruptiv·gestein [erʊp'tiːf-] das *(Geol.)* eruptive rock

erwachen *itr. V.; mit sein (geh.)* awake; wake up; *(fig.)* awake; **aus tiefem Schlaf ~:** awake from a deep sleep; **aus der Narkose ~:** come round; **aus seinen Tagträumen ~:** snap out of the day-dreams; **ein neuer Tag erwacht** *(geh.)* a new day dawns

Erwachen das; ~s *(auch fig.)* awakening; **es wird ein böses ~ [für ihn] geben** *(fig.)* it'll be a rude awakening [for him]

¹**erwachsen** *unr. itr. V.; mit sein* a) grow ⟨aus out of⟩; *(rumour)* spread; b) *(sich ergeben)* ⟨difficulties, tasks⟩ arise

²**erwachsen** 1. *Adj.* grown-up *attrib.*; ~ **sein** be grown up; ~ **werden** reach adulthood. 2. *adv.* ⟨behave⟩ in an adult way

Erwachsene der/die; *adj. Dekl.* adult; grown-up

Erwachsenen-: ~**alter** das adulthood; ~**bildung** die; *o. Pl.* adult education *no art.*

Erwachsen·sein das being an adult/adults *no art.*

erwägen *unr. tr. V.* consider

erwägens·wert *Adj.* worth considering *postpos.;* worthy of consideration *postpos.*

Erwägung die; ~, ~en consideration; etw. in ~ ziehen consider sth.; take sth. into consideration

erwählen *tr. V. (geh.)* choose

Erwählte der/die; *adj. Dekl. (Freund[in])* sweetheart; *(Bevorrechtigte)* **er gehört zu den wenigen ~n** he belongs to the elect few

erwähnen *tr. V.* mention; **etw. mit keinem Wort ~:** make no mention of sth.; **jmdn. lobend ~:** speak in praise of sb.; **es muß lobend erwähnt werden, daß ...:** it must be said in his/her *etc.* praise that ...; **bereits erwähnt** aforementioned *attrib.;* **oben erwähnt** above mentioned *attrib.*

erwähnens·wert *Adj.* worth mentioning

Erwähnung die; ~, ~en mention; **das verdient [keine] ~:** that is [not] worth mentioning

erwandern *tr., refl. V.* **er hat [sich** *(Dat.)*] **ganz Frankreich erwandert** he's walked all round France

erwärmen 1. *tr. V.* a) *(warm machen)* heat; **das erwärmte uns** *(Dat.)* **das Herz** *(fig.)* that warmed our hearts; b) *(fig.: gewinnen)* jmdn. für etw. ~: win sb. over to sth. 2. *refl. V. (warm werden)* ⟨air, water⟩ warm up; sich für jmdn./etw. ~: *(fig.)* warm to sb./sth.; **für diese Idee kann ich mich nicht ~:** I cannot work up any enthusiasm for this idea

Erwärmung die; ~: **eine ~ der Luft/des Wassers** an increase in air/water temperature; **bei ~ der Flüssigkeit** when the liquid is heated

erwarten *tr. V.* a) expect ⟨guests, phone call, post⟩; etw. ungeduldig/sehnlich ~ wait impatiently/eagerly for sth; **jmdn. am Bahnhof ~:** wait for sb. at the station; **wir ~ ihn um 7 Uhr** we are expecting him at 7 o'clock; **ein Kind ~:** be expecting a baby; be expecting *(coll.)*; **ich kann meinen Urlaub kaum ~:** I can hardly wait for my holiday; b) *(rechnen mit)* etw. von jmdm. ~: expect sth. of sb.; **von jmdm. ~, daß er etw. tut** expect sb. to do sth.; **es ist** *od. (geh.)* **steht zu ~, daß ...:** it is to be expected that ...; **wider Erwarten** contrary to expectation; **[sich** *(Dat.)*] **von etw. viel/wenig/nichts ~:** expect a lot/little/nothing from sth.

Erwartung die; ~, ~en expectation; **~en in etw.** *(Akk.)* **setzen** have expectations of sth.; **die in ihn gesetzten ~en erfüllten sich nicht** the hopes placed in him were not fulfilled; **in freudiger ~:** in joyful anticipation; **die ~en [nicht] erfüllen** [not] come up to one's expectations

erwartungs-, Erwartungs-: ~**gemäß** *Adv.* as expected; ~**horizont** der level of expectations; ~**voll** 1. *Adj.* expectant; 2. *adv.* expectantly

erwecken *tr. V.* a) *(auf~)* wake; **jmdn. vom Tode ~:** bring sb. back to life; b) *(erregen)* arouse ⟨longing, mistrust, pity⟩; **den Eindruck ~, als ...:** give the impression that ...

Erweckung die; ~, ~en a) *(Auf~)* resurrection; b) *(Erregung)* arousal; c) *(Mystik)* religious awakening; d) *(ev. Theol.)* religious revival

Erweckungs·bewegung die revivalist movement

erwehren *refl. V. (geh.)* sich jmds./einer Sache ~: fend *or* ward sb./sth. off; **sie konnte sich des Gefühls/des Eindrucks nicht ~, daß ...:** she could not help feeling/thinking that ...

erweichen 1. *tr. V.* soften; **jmdn./jmds. Herz ~** *(fig.)* soften sb.'s heart; **sich ~ lassen** *(fig.)* yield. 2. *itr. V.; mit sein (aufweichen)* become soft

Erweichung die; ~, ~en softening

erweisen 1. *unr. tr. V.* a) prove; **es ist erwiesen, daß ...:** it has been proved that ...; b) *(bezeigen)* jmdm. Achtung ~: show respect to sb.; **jmdm. einen Gefallen ~:** do sb. a favour; **~ Sie mir die Ehre** *(geh.)* do me the honour. 2. *unr. refl. V.* prove to be sth.; **seine Behauptungen haben sich als falsch erwiesen** his assertions have proved false

erweislich *Adv. (geh.)* demonstrably

erweitern 1. *tr. V.* widen ⟨river, road⟩; expand ⟨library, business⟩; enlarge ⟨collection⟩; dilate ⟨pupil, blood vessel⟩; extend ⟨power⟩; **seinen Horizont/seine Kenntnisse ~:** broaden one's horizons/knowledge; **einen Bruch ~** *(Math.)* reduce a fraction to higher terms; **eine erweiterte Neuauflage** a new, expanded edition; **erweiterte Oberschule** *(DDR) (Stufe)* ≈ sixth form; *(Schule)* ≈ sixth-form college. 2. *refl. V.* ⟨road, river⟩ widen; ⟨pupil, blood vessel⟩ dilate; **sich zu etw. ~:** widen into sth.

Erweiterung die; ~, ~en s. erweitern: widening; expansion; enlargement; dilation; extension; **die ~ eines Bruchs** the reduction of a fraction; **zur ~ seiner Fremdsprachkenntnisse ...:** to increase his knowledge of foreign languages ...

Erweiterungs·bau der; *Pl.* ~ten extension

Erwerb [ɛɐ'vɛrp] der; ~[e]s a) **der ~ des Lebensunterhaltes** earning a living; b) *(Arbeit)* occupation; **ohne ~ sein** be unemployed; c) *(Aneignung)* acquisition; d) *(Kauf)* purchase; e) *(das Erworbene)* earnings *pl.*

erwerben *unr. tr. V.* a) *(verdienen)* earn; *(fig.)* win ⟨fame⟩; sich *(Dat.)* **großen Ruhm ~:** win great fame; **jmds. Vertrauen ~:** win *or* earn sb.'s trust; b) *(sich aneignen)* gain ⟨experience, influence⟩; acquire, gain ⟨knowledge⟩; c) acquire ⟨property, works of art, etc.⟩; etw. käuflich ~ *(Papierdt.)* purchase sth.; d) *(Biol., Psych.)* acquire

erwerbs-, Erwerbs-: ~**fähig** *Adj.* capable of gainful employment *postpos.;* able to work *postpos.;* ~**fähigkeit** die; *o. Pl.* ability to work; ~**leben** das working life; **im ~leben stehen** be working; ~**los** *Adj.*: s. arbeitslos; ~**lose** der/die; *adj. Dekl.*: s. Arbeitslose; ~**minderung** die ~e **minderung** a reduction in one's/sb.'s capacity for work; ~**mittel** das means of livelihood; ~**quelle** die source of income; ~**sinn** der; *o. Pl.* business sense; ~**tätig** *Adj.* gainfully employed; ~**tätige** der/die; *adj. Dekl.* person in work; **die ~tätigen** those in work; ~**unfähig** *Adj.* incapable of gainful employment *postpos.;* unable to work *postpos.;* ~**unfähigkeit** die inability to work; ~**zweig** der source of employment

Erwerbung die a) *(Aneignung)* acquisition; b) *(Erworbenes)* acquisition; *(Gekauftes)* purchase

erwidern [ɛɐ'viːdɐn] *tr. V.* a) reply; **etw. auf etw.** *(Akk.)* **~:** say sth. in reply to sth.; **auf diese Beleidigung wußte sie nichts zu ~:** she could not think of a reply to this insult; b) *(reagieren auf)* return ⟨greeting, visit⟩; reciprocate ⟨sb.'s feelings⟩

Erwiderung die; ~, ~en a) *(Antwort)* reply *(auf + Akk.* to); b) s. erwidern b: return; reciprocation

erwiesen 1. *2. Part. v.* erweisen. 2. *Adj.* proved; **eine ~e Tatsache** a proven fact; **das ist doch längst ~:** that has long since been proved

erwiesener·maßen *Adv.* as has been proved; **er hat ~ die Unwahrheit gesagt** it has been proved that he didn't tell the truth

erwirken tr. V. obtain ⟨permit, release⟩
erwirtschaften tr. V. etw. ~: obtain sth. by careful management
erwischen tr. V. (ugs.) a) (fassen, ertappen, erreichen) catch ⟨culprit, train, bus⟩; jmdn. beim Abschreiben ~: catch sb. copying; b) (greifen) grab; jmdn. am Ärmel ~: grab sb. by the sleeve; c) (bekommen) manage to catch or get; d) (unpers.) es hat ihn erwischt (ugs.) (er ist tot) he has bought it (sl.); (er ist krank) he has got it; (er ist verletzt) he's been hurt; (scherzh.: er ist verliebt) he's got it bad (coll.)
erwünscht [ɛɐ̯'vʏnʃt] Adj. wanted; **das ~e Resultat** the desired result; **deine Anwesenheit ist dringend ~**: your presence is urgently required
erwürgen tr. V. strangle
Erz [ɛrts od. eːɐ̯ts] das; ~es, ~e ore
Erz-: **~abbau** der mining of ore; **~ader** die vein of ore
erzählen tr. (auch itr.) V. tell ⟨joke, story⟩; jmdm. etw. ~: tell sb. sth.; **erzähl keine Märchen!** (ugs.) don't tell stories!; **dem werde ich was ~!** (ugs.) (zurechtweisend) I'll have something to say to him!; (ablehnend) I'll tell him where to get off! (coll.); **einen Traum/ein Erlebnis ~**: recount a dream/an experience; jmdm. von etw. ~: tell sb. about sth.; **von etw. ~**: talk about sth.; **etw. von jmdm. od. über jmdn. ~**: tell sth. about sb.; **das kannst du einem anderen od. (ugs.) deiner Großmutter ~!** tell that to the [horse] marines (Brit. coll.); pull the other leg or one (coll.); **du kannst mir viel ~** (ugs.) you can say what you like
erzählens·wert Adj. ⟨things, stories⟩ worth telling
Erzähler der a) story-teller; **der ~ eines Romans** the narrator of a novel; b) (Autor) writer [of stories]; narrative writer; „Deutsche" 'Stories by German Authors'; 'German Narrative Writers'
erzählerisch Adj. narrative attrib.
Erzähl-: **~gut** das narrative [writing]; **~kunst** die narrative art; **~technik** die narrative technique
Erzählung die; ~, ~en a) account; **ich kenne sie nur aus ~en** I only know her from what other people have said about her; b) (literarischer Text) story; (märchenhafte, phantastische Geschichte) tale; **in die ~ eingebetteten Dialoge** the dialogue embedded in the narrative
Erzähl-: **~weise** die a) narrative style; b) (Literaturw.) narrative form; **~zeit** die; o. Pl. (Literaturw.) narrative time
erz-, Erz-: **~bergbau** der ore-mining no art.; **~bergwerk** das ore mine; **~bischof** der archbishop; **~bischöflich** Adj. archiepiscopal; **~bistum** das, **~diözese** die archbishopric; archdiocese
erzen adj. nicht präd. (geh.) bronze
Erz·engel der archangel
erzeugen tr. V. a) produce; generate ⟨electricity⟩; b) (österr.: anfertigen) manufacture; produce
Erzeuger der; ~s, ~ a) (Vater) father; **er ist zwar mein ~, aber ich betrachte ihn nicht als Vater** I may be his child, but I do not regard him as a father; b) (Produzent) producer; **vom ~ zum Verbraucher** from producer to consumer; c) (österr.: Hersteller) manufacturer
Erzeuger-: **~land** das country of origin; **~preis** der manufacturer's price
Erzeugnis das (auch fig.) product; **landwirtschaftliche ~se** agricultural products or produce
Erzeugung die a) (das Bewirken) creation; b) (das Produzieren) (von Lebensmitteln usw.) production; (von Industriewaren) manufacture; (Strom~) generation; c) (österr.: Herstellung) manufacture
erz-, Erz-: **~feind** der arch enemy; **~gang** der lode of ore; **~gauner** der (ugs.) arch

villain; **~gehalt** der ore content; **~grube** die ore mine; **~haltig** Adj. ore-bearing; **~herzog** der archduke; **~herzogin** die archduchess; **~hütte** die ore-smelting works sing.
erziehbar Adj. educable; **der Junge ist sehr schwer ~**: the boy is a very difficult child
erziehen unr. tr. V. a) (bilden u. fördern) bring up; (in der Schule) educate; **ein Kind streng/sehr frei ~**: give a child a strict/very liberal upbringing/education; b) (anleiten) jmdn. zum Verbrecher ~: bring sb. up to criminal ways; **ein Kind zu Sauberkeit und Ordnung ~**: bring a child up to be clean and tidy; **jmdn./sich dazu ~, etw. zu tun** train sb./oneself to do sth.; s. auch **erzogen 2**
Erzieher der; ~s, ~, **Erzieherin** die; ~, ~nen educator; (Pädagoge) educationalist; (Lehrer) teacher
erzieherisch s. pädagogisch 1a, 2a
erziehlich Adj. (bes. österr.) educational
Erziehung die; o. Pl. a) (das Erziehen) upbringing; (Schul~) education; **eine gute ~ genießen** enjoy a good education; b) (Manieren) upbringing; breeding; **seine gute ~ vergessen** forget oneself
erziehungs-, Erziehungs-: **~anstalt** die (veralt.) approved school; Borstal (Brit.); **~berater** der (Berufsbez.) child guidance counsellor; **~beratung** die a) (Beraten) child guidance; b) (Beratungsstelle) child guidance clinic; **~berechtigt** Adj. having parental authority postpos., not pred.; **sein Großvater wurde ~berechtigt** his grandfather became his [legal] guardian; **~berechtigte** der/die; adj. Dekl. parent or [legal] guardian; **~frage** die question of upbringing; **~heim** das community home; **~maßnahme** die measure used in bringing up a child; **~methode** die educational method; teaching method; **~roman** der (Literaturw.) novel describing the development of an individual's character; **~wesen** das educational system; education; **~wissenschaft** die education; **~wissenschaften studieren** study education sing.; **~wissenschaftler** der educationalist
erzielen tr. V. reach ⟨agreement, compromise, speed⟩; achieve ⟨result, effect⟩; make ⟨profit⟩; obtain ⟨price⟩; score ⟨goal⟩
erzittern itr. V.; mit sein a) [begin to] shake or tremble; **etw. ~ lassen** shake sth.; b) (geh.) quiver; tremble
erz-, Erz-: **~konservativ** Adj. ultra-conservative; **~lager·stätte** die ore deposit; **~lügner** der inveterate liar; **~lump** der (abwertend) [low-down] scoundrel
erzogen 1. 2. Part. v. erziehen. 2. Adj. **gut/schlecht ~ sein** have been brought up/not have been brought up properly
erzürnen (geh.) 1. tr. V. anger; (stärker) incense; **erzürne ihn nicht** don't make him angry. 2. refl. V. **sich über jmdn./etw. ~**: become or grow angry with sb./about sth.
Erz-: **~vater** der (Rel.) patriarch; **~verhüttung** die ore smelting; **~vorkommen** das ore deposit
erzwingen unr. tr. V. force; **sich (Dat.) den Zutritt ~**: force an entry; **etw. von jmdm. ~**: force sth. out of sb.
erzwungenermaßen Adv. under duress
¹es [ɛs] Personalpron.; 3. Pers. Sg. Nom. u. Akk. Neutr. a) (s. auch Gen. seiner; Dat. ihm) (bei Dingen) it; (bei weiblichen Personen) she/her; (bei männlichen Personen) he/him; b) bezieht sich auf ein Nomen mit beliebigem Genus **Wer ist der Mann? – Es muß der Bruder des Gastgebers sein** Who is that man? – He/It must be the host's brother; **es waren Studenten** they were students; **keiner**

will es gewesen sein no one will admit to it; **ich bin es** it's me; **er/sie ist es** it's him/her; it is he/she (formal); **wir sind es** it's us; it is we (formal); **ich bin/wir sind es, der/die ...**: I am the one/we are the ones who ...; (förmlicher) it is I/it is we who ...; c) bezieht sich auf ein Adj. **wir sind traurig, ihr seid es auch** we are sad, and you are for or so are you; d) bezieht sich auf ein Prädikat it; **er hat gelogen, will es aber nicht zugeben** he lied, but won't admit it; **er hatte es nicht anders erwartet** he hadn't expected anything else; **Wird man ihn dafür bestrafen? – Ich befürchte es** Will he be punished for it? – I fear so; e) kündigt Subjekt od. Subjekt- und Objektsatz an **es war einmal ein König** once upon a time there was a king; there was once a king; **es gibt keinen anderen Weg** there is no other way; **es war Karl, der ...**: it was Karl who ...; **es ist schön, daß ...**: it is nice that ...; **es wundert mich, daß ...**: I'm surprised that ...; **es sei denn, [daß] ...**: unless ...; f) bezieht sich auf einen Sachverhalt **es ist genug!** that's enough; **wir schaffen es** we'll manage it; g) bei unpersönlicher Witterungsangabe **es regnet/schneit/donnert** it rains/snows/thunders; (jetzt) **es regnet/schneit/donnert** it is raining/snowing/thundering; **es blitzt** there is lightning; **es stürmt** it is blowing a gale; h) bei unpersönlicher Darstellung **es hat geklopft** there was a knock; **es klingelte** there was a ring; **es klingelt** someone is ringing; **es knistert** there is something rustling; **in diesem Haus spukt es** this house is haunted; **es friert mich** I am cold; i) bei Zustands- u. Artsätzen **es ist 9 Uhr/spät/Nacht** it is 9 o'clock/late/night-time; **es wird schöner** the weather is improving; **es wird kälter** it's getting colder; **es wird Frühling** spring is on the way; **es geht gut/schlecht** he is well/unwell; j) bei passivischer Konstruktion **es wird gelacht** there is laughter; **es wird um 6 Uhr angefangen** we/they etc. start at 6 o'clock; **es wurde uns befohlen, das Gebäude zu verlassen** we were ordered to leave the building; k) bei reflexiver Konstruktion **es läßt sich aushalten** it is bearable; **es lebt sich gut hier** it's a good life here; l) als formales Objekt **er hat es gut** he has it good; it's all right for him; **er meinte es gut** he meant well; **sie hat es mit dem Herzen** (ugs.) she has got heart trouble or something wrong with her heart; **er hat es mit seiner Sekretärin** (salopp) he has a thing with his secretary (sl.); s. auch **haben 1n**
²es, ¹Es das; ~, ~ (Musik) E flat
²Es das; ~, ~ (Psych.) id
³Es der; ~, ~ (österr., ugs.) schilling
E-Saite die E-string
Eschatologie [ɛsçatolo'giː] die; ~, ~n [-ən] (Theol.) eschatology no art.
eschatologisch Adj. eschatological
Esche ['ɛʃə] die; ~, ~n (Bot.) ash
Es-Dur das E flat major; s. auch **A-Dur**
Esel ['eːzl̩] der; ~s, ~ a) donkey; ass; **bepackt od. beladen wie ein ~ sein** be loaded down like a pack-horse; **den hat der ~ im Galopp verloren** (salopp) he just appeared from nowhere (coll.); **wenn es dem ~ zu wohl wird, geht er aufs Eis** (Spr.) you'll/he'll etc. come unstuck one of these days; b) (ugs.: Dummkopf) ass (coll.); idiot (coll.); **du alter ~!** what a stupid ass or idiot (coll.); **du ~!** you ass!; s. auch **auch**
Eselei die; ~, ~en (ugs.) stupidity; **das war aber eine ~!** (Handlung) that was a stupid or silly thing to do; (Bemerkung) that was a stupid or silly thing to say
Eselein das; ~s, ~: little donkey
Esel-: **~füllen** das ass-foal; **~hengst** der he-donkey; jackass
Eselin die; ~, ~nen she-donkey; jenny-ass
Esels-: **~brücke** die (ugs.) mnemonic; **~milch** die ass's milk; **~ohr** das (ugs.) **~ohren haben** (fig.) have donkey's ears; b)

Eselsstute *(umgeknickte Stelle)* dog-ear; **ein Buch voller ~ohren** a dog-eared book; **~stute die** she-donkey; jenny[-ass]

Esel·treiber der donkey-driver

Eskalation [ɛskala'tsi̯oːn] **die; ~, ~en** escalation

eskalieren *tr., itr. V.* escalate

eskamotieren [ɛskamo'tiːrən] *tr. V.* conjure away; **Fakten ~**: explain facts away by sleight of hand

Eskapade [ɛska'paːdə] **die; ~, ~n** escapade; *(Seitensprung)* amorous adventure

Eskapismus [ɛska'pɪsmʊs] **der; ~** *(Psych.)* escapism *no art.*

eskapistisch *Adj.* escapist

Eskimo ['ɛskimo] **der; ~[s], ~[s]** Eskimo

eskimoisch *Adj.* Eskimo

Eskorte [ɛs'kɔrtə] **die; ~, ~n** escort; *(fig.)* entourage; **eine ~ der Polizei** a police escort

eskortieren *tr. V.* escort

es-Moll das; ~: E flat minor; *s. auch* **a-Moll**

esoterisch [ezo'teːrɪʃ] **1.** *Adj.* esoteric. **2.** *adv.* esoterically

Espe ['ɛspə] **die; ~, ~n** aspen

Espen·laub das; in wie ~ zittern shake like a leaf

Esperanto [ɛspe'ranto] **das; ~[s]** Esperanto

Esplanade [ɛspla'naːdə] **die; ~, ~n** esplanade

¹**Espresso** [ɛs'prɛso] **der; ~[s], ~s** *od.* **Espressi** **a)** *o. Pl.*: dark blend of roasted coffee; **b)** *(Getränk)* espresso [coffee]

²**Espresso das; ~[s], ~[s]** *(Lokal)* espresso [bar]

Espresso·maschine die espresso [machine]

Esprit [ɛs'priː] **der; ~s** esprit

Essai ['ɛse, ɛ'seː] *s.* **Essay**

Eß·apfel der eating apple; eater *(Brit.)*

Essay ['ɛse] **der** *od.* **das; ~s, ~s** essay

Essayist der; ~en, ~en, Essayistin die; ~, ~nen essayist

essayistisch *Adj.* essayistic; **seine ~e Begabung** his talent as an essayist

eßbar *Adj.* edible; **ist etwas Eßbares im Haus?** *(ugs.)* is there anything to eat in the house?; **nicht ~ sein** be inedible

Eß·besteck das knife, fork, and spoon; **unser ~:** our cutlery; **zwei ~e** two sets of knife, fork, and spoon

Esse ['ɛsə] **die; ~, ~n a)** *(bes. ostmd.)* chimney; **b)** *(Herd)* hearth; forge

Eß·ecke die dining area

essen ['ɛsn̩] *unr. tr., itr. V.* eat; eat, drink ⟨soup⟩; **mittags ißt er meist im Restaurant** he usually lunches *or* has lunch at a restaurant; **etw. gern ~:** like sth.; **möchten Sie ein Stück Kuchen ~?** would you like a piece of cake?; **was gibt es zu ~?** what's for lunch/dinner/supper?; **von etw. ~:** eat some of sth.; **jmdm. etwas zu ~ machen** get sb. something to eat; **sich satt ~:** eat one's fill; **den Teller leer ~:** clear one's plate; **er ißt mich noch arm!** he'll eat me out of house and home!; **gut ~:** have a good meal; *(immer)* eat well; **warm/kalt ~:** have a hot/cold meal; **das Kind ißt schlecht** the child doesn't eat very much *or* has a poor appetite; **Kranke müssen gut ~:** you must eat properly when you're ill; **~ gehen** got out for a meal; **er ißt bei seiner Tante** he has his meals with his aunt; **es wird nichts so heiß gegessen, wie es gekocht wird** *(Spr.)* nothing is ever as bad as it seems; **selber ~ macht fett** *(ugs.)* I'm all right, Jack *(coll.)*; *s. auch* **Abend a;** ¹**Mittag a;** ²**Mittag**

Essen das; ~s, ~ a) *o. Pl.* **beim ~ sein** be having lunch/dinner/supper; **laßt euch nicht beim ~ stören** don't let me/us disturb your meal; **zum ~ gehen** go to lunch; **jmdn. zum ~ einladen** invite sb. for a meal; **b)** *(Mahlzeit)* meal; *(Fest~)* banquet; **zehn ~:** ten meals; **ein ~ [für jmdn.] geben** give a banquet [in sb.'s honour]; **c)** *(Speise)* food; [**das**] **~ machen/kochen** get/cook the meal; **das ~ warm stellen** keep the lunch/dinner/supper hot; **das ~ wird kalt** lunch/dinner/supper is getting cold; the food is getting cold; **~ fassen!** *(Soldatenspr.)* come and get it!; **~ auf Rädern** meals on wheels; **d)** *(Verpflegung) o. Pl.* food; **~ und Trinken** food and drink

Essen·fassen das *(Soldatenspr.)* **zum ~!** come and get it!; **beim ~:** at mess-time

Essen[s]-: ~ausgabe die a) *(das Ausgeben)* serving of meals; **die ~ausgabe ist zwischen 12 und 14 Uhr** meals are *or* lunch is served between 12 [o'clock] and 2 o'clock; **b)** *(Stelle)* serving-hatch; **~marke die** meal-ticket; **~zeit die** mealtime; **während der ~zeit** during *or* at mealtimes

essentiell [ɛsɛn'tsi̯ɛl] **1.** *Adj.* *(geh., auch Chemie, Biol.)* essential. **2.** *adv.* *(geh.)* essentially

Essenz [ɛ'sɛnts] **die; ~, ~en** essence

Esser der; ~s, ~: er ist ein guter/schlechter **~:** he has a healthy/poor appetite; **ein zusätzlicher ~, den es zu ernähren gilt** an extra mouth to feed

essig-, Essig-: ~baum der staghorn sumac; **~essenz die** vinegar essence; **~flasche die** vinegar bottle; **~gurke die** pickled gherkin; **~sauce die** vinaigrette; French dressing; **~sauer** *Adj.* acetic; **~saure Tonerde** basic aluminium acetate; **~säure die** *(Chemie)* acetic acid; **~soße die:** *s.* **~sauce; ~-und-Öl-Ständer der** cruet-stand; **~wasser das** water with a little vinegar added

eß-, Eß-: ~kastanie die sweet chestnut; **~kohle die** dry steam coal; **~kultur die** gastronomy; **~löffel der** *(Suppenlöffel)* soup-spoon; *(für Nach-, Vorspeise)* dessertspoon; **~löffel·weise** *Adv.* in dessert-spoonfuls; *(steigernd)* by the spoonful; **~lokal das** restaurant; **~lust die;** *o. Pl.* desire for something to eat; **~napf der** bowl; **~paket das** food parcel; **~platz der** dining area; **~stäbchen das** chopstick; **~teller der** dinner plate; **~tisch der** dining-table; **~waren** *Pl.* food *sing.*; **~zimmer das** dining-room; *(Möbel)* dining-room suite

Establishment [ɪs'tɛblɪʃmənt] **das; ~s, ~s** Establishment

Este ['ɛstə] **der; ~n, ~n** Estonian

Ester ['ɛstɐ] **der; ~s, ~** *(Chemie)* ester

Estin *die;* **~, ~nen** Estonian

Est·land (das); ~s Estonia

Estländer der; ~s, ~: *s.* **Este**

estländisch, estnisch *Adj.* Estonian; *s. auch* **deutsch; Deutsch**

Estrade [ɛs'traːdə] **die; ~, ~n a)** *(veralt.)* estrade; dais; platform; **b)** *(DDR)* open-air show

Estragon ['ɛstragɔn] **der; ~s** tarragon

Estrich ['ɛstrɪç] **der; ~s, ~e a)** composition *or* jointless floor; **b)** *(schweiz.)* attic; loft

Eszett [ɛs'tsɛt] **das; ~, ~:** [the letter] ß

Eta ['eːta] **das; ~[s], ~s** eta

etablieren [eta'bliːrən] **1.** *tr. V.* *(gründen)* establish; set up. **2.** *refl. V.* **a)** *(sich niederlassen)* open up; *(chain store)* open up *or* set up branches; **sich als Juwelier ~:** set up as a jeweller; open up a jeweller's shop; **sich [neu] einrichten]** settle in; **c)** *(gesellschaftlich)* become established

etabliert *Adj.* established; **er ist jetzt so entsetzlich ~** *(abwertend)* he is now so terribly conservative; **die Etablierten** the Establishment

Etablissement [etablɪs(ə)'mãː] **das; ~s, ~s** establishment

Etage [e'taːʒə] **die; ~, ~n** floor; storey; **in** *od.* **auf der dritten ~ wohnen** live on the third *or (Amer.)* fourth floor

Etagen-: ~bett das bunk-bed; **~haus das** block of flats *(Brit.)* *or (Amer.)* apartments; **~heizung die** central heating serving one floor of a building; **~kellner der** waiter [serving one floor of a hotel]; **~wohnung die** flat *(Brit.)* *or (Amer.)* apartment occupying an entire floor

Etagere [eta'ʒeːrə] **die; ~, ~n** *(veralt.)* étagère; whatnot

Etappe [e'tapə] **die; ~, ~n a)** *(Teilstrecke)* stage; leg; *(Rennsport)* stage; **b)** *(Stadium)* stage; **c)** *(Milit.)* back area; base; **jmdn. in die ~ versetzen** move sb. back behind the lines

etappen-, Etappen-: ~hase der, ~hengst der *(Soldatenspr. salopp)* base wallah *(Mil. sl.)*; **~sieg der** *(Rennsport)* stage-win; **der heutige ~sieg ging an ...:** the winner of today's stage was ...; **~weise** *Adv.* by *or* in stages; **~wertung die** *(Rennsport)* daily points classification; **~ziel das** *(Sport)* finish of the stage

Etat [e'taː] **der; ~s, ~s** budget

etat-, Etat-: ~ausgleich der balancing of the budget; **~defizit das** budgetary deficit; **~kürzung die** cut in the budget; **die ~kürzungen im Bildungswesen** the cuts in the education budget; the education cuts; **~mäßig 1.** *Adj.* **a)** *(im Etat)* budgetary ⟨expenditure⟩; **b)** *(eingeplant)* budgeted ⟨post, position⟩; **der ~mäßige Mittelstürmer** *(Fußballjargon)* the regular centre-forward; **2.** *adv.* in the budget; **~stärke die** *(Milit.)* planned strength

etc. *Abk.* et cetera etc.

et cetera [ɛt'tseːtera] et cetera; **~ ~ pp.** [-'--- pe'peː] *(ugs., scherzh.)* and so on and so forth *(coll.)*

etepetete [eːtəpe'teːtə] *Adj.* *(ugs.)* fussy; finicky; pernickety *(coll.)*

Eternit Ⓦ [etɐ'niːt] **das** *od.* **~s** asbestos cement

ETH *Abk.* Eidgenössische Technische Hochschule Swiss Federal Institute of Technology

Ethik ['eːtɪk] **die; ~, ~en a)** *(Sittenlehre)* ethics *sing.*; **b)** *o. Pl.* *(sittliche Normen)* ethics *pl.*; **c)** *(Werk über Ethik)* ethical work

Ethiker der; ~s, ~ a) *(Philos.)* moral philosopher; **b)** *(Moralist)* moralist

ethisch 1. *Adj.* ethical. **2.** *adv.* ethically

Ethnie [ɛt'niː] **die; ~, ~n** *(Völkerk.)* ethnos

ethnisch ['ɛtnɪʃ] **1.** *Adj.* ethnic; **~e Säuberung** ethnic cleansing. **2.** *adv.* ethnically

Ethnograph [ɛtno'graːf] **der; ~en, ~en** ethnographer

Ethnographie die; ~, ~n ethnography *no art.*

Ethnographin die; ~, ~nen ethnographer

Ethnologe [ɛtno'loːgə] **der; ~n, ~n** ethnologist

Ethnologie die; ~, ~n ethnology *no art.*

Ethnologin die; ~, ~nen ethnologist

ethnologisch 1. *Adj.* ethnological. **2.** *adv.* ethnologically

Ethologie [etolo'giː] **die; ~, ~n** ethology *no art.*

Ethos ['eːtɔs] **das; ~:** ethos; **das berufliche ~ der Ärzteschaft** doctors' professional ethics *pl.*

Etikett [eti'kɛt] **das; ~[e]s, ~en** *od.* **~e** *od.* **~s** label; **jmdn./etw. mit einem ~ versehen** *(fig.)* pin a label on sb./sth.

¹**Etikette die; ~, ~n** *(schweiz., österr.) s.* **Etikett**

²**Etikette die; ~, ~n** etiquette; **die ~ wahren** observe the proprieties; **gegen die ~ verstoßen** commit a breach of etiquette

Etiketten·schwindel der *(abwertend)* playing with names

etikettieren [etikɛ'tiːrən] *tr. V.* label

etlich... ['ɛtlɪç...] *Indefinitpron. u. unbest.*

Zahlwort **a)** *(ugs., verstärkend) Sg.* quite a lot of; *Pl.* quite a few; a number of; **vor ~en Wochen** several *or* some weeks ago; **b)** *Sg. (veralt.: wenig)* a little; **~es bemerken** make a few remarks *or* comments; **~es sagen** say a few things; **c)** *Pl. (veralt.: einige)* a few; some; **~e der Gefangenen** a few *or* some of the prisoners

ẹtliche·mal *Adv. (veralt.)* several times; a number of times

Etrusker [e'trʊskɐ] *der; ~s, ~:* Etruscan

etrụskisch *Adj.* Etruscan; *s. auch* **deutsch**

Ẹtsch *die; ~:* Adige

Etüde [e'ty:də] *die; ~, ~n (Musik)* étude

Etui [ɛt'vi:] *das; ~s, ~s* case

etwa ['ɛtva] *1. Adv.* **a)** *(ungefähr)* about; approximately; **~ 50 m/2 Wochen** about 50 m/2 weeks; **so groß wie ...:** about as large as ...; **wie lange wird die Fahrt ~ dauern?** roughly how long will the journey take?; **~ so** roughly like this; **das läßt sich ~ so erklären** one could perhaps explain it like this; **in ~:** to some *or* a certain extent *or* degree; **können Sie mir in ~ sagen, wann ...?** can you give me any idea when ...?; **b)** *(beispielsweise)* for example; for instance; **vergleicht man ~ ...:** for example, if one compares ...; **wie ~ ...:** as, for example ...; **c)** *(schweiz.: bisweilen)* from time to time; now and then. *2. Part. (womöglich)* **hast du das ~ vergessen?** you haven't forgotten that, have you?; **störe ich ~?** am I disturbing you at all?; **falls sie ~ doch mitgeht, ...:** if she does happen to go ...; **du glaubst doch nicht ~, daß ...?** surely you don't think that ...?; **sie darf nicht ~ glauben, daß ...:** she mustn't think that ...

etwaig... ['ɛtva(:)ɪg...] *(Papierdt.) Adj.* possible ⟨*delays*⟩; **~e Mängel/Beschwerden** any faults/complaints [which might arise]; **bei ~en Beschwerden** in the event of any complaints

etwas ['ɛtvas] *Indefinitpron.* **a)** something; *(fragend, verneinend)* anything; **~ sagen/hören/sehen** say/hear/see something; **hast du ~ gesagt?** did you say something?; **irgend ~:** something; **erzähl ihm einfach irgend ~:** just tell him anything!; **es muß ~ geschehen** something has to *or* must be done; **wenn sie es wagt, dir ~ zu tun** if she dares to do anything to you; **~ gegen jmdn. haben** have something against sb.; **sie haben ~ miteinander** *(ugs.)* there is something going on between them; **~ für sich haben** *(ugs.)* have sth. in it; **dein Argument hat ~ für sich** *(ugs.)* there's something in your argument; **so ~:** like that; **[so] ~ wie ...:** something like ...; **so ~ habe ich noch nie gesehen** I've never seen anything like it; **nein, so ~:** would you believe it! **b)** *attr.* something; *(fragend, verneinend)* anything; **~ Schönes/Neues/Unangenehmes** something beautiful/new/unpleasant; **so ~ Schönes habe ich noch nie gesehen** I've never seen anything so beautiful before; **~ anderes** something else; *(fragend, verneinend)* anything else; **das ist ~ anderes** *(ugs.)* that's different; **c)** *(Bedeutsames)* **aus ihm wird ~:** he'll make something of himself *or* his life; **es zu ~ bringen** get somewhere; **~ gelten** count for something; **das will ~ heißen** that really is something; **d)** *(ein Teil)* some; *(fragend, verneinend)* any; **~ von dem Geld** some of the money; **kann ich auch ~ davon haben?** can I have some of it too?; **er weiß ~ von dieser Sache** he knows something about this matter; **sie hat ~ von einer Künstlerin an sich** *(Dat.)* she has *or* there is something of the artist about her; **e)** *(ein wenig)* a little; **noch ~ Milch** a little more *or* some more milk; **kannst du mir ~ Geld leihen?** can you lend me some money?; **~ lauter/besser** a little louder/better; **[noch] ~ spielen/lesen** play/read for a little while [longer]; **~ Englisch** a little *or* some English

Ẹtwas *das; ~, ~:* something; **ein hilfloses ~:** a helpless little thing; **das gewisse ~:** that certain something

ẹtwelch... ['ɛtvɛlç...] *Indefinitpron. (schweiz., österr.)* some

Etymologe [etymo'lo:gə] *der; ~n, ~n* etymologist

Etymologie *die; ~, ~n* etymology

Etymologin *die; ~, ~nen* etymologist

etymologisch *1. Adj.* etymological. *2. adv.* etymologically

etymologisieren *tr. V.* etymologize

Et-Zeichen ['ɛt-] *das* ampersand

Ẹtzel ['ɛtsl] *(der)* Attila the Hun

EU *Abk.* **Europäische Union** EU

euch, *(in Briefen)* **Euch** [ɔyç] *1. Dat. u. Akk. Pl. des Personalpron.* **ihr**; *(Bibl./arch.)* **ich gebe ~ das** I'll give you it; I'll give it to you. *2. Dat. u. Akk. Pl. des Reflexivpron. d. 2. Pers. Pl.* yourselves

Eucharistie [ɔyçarıs'ti:] *die; ~, ~n (kath. Rel.)* Eucharist

eucharistisch *Adj. (kath. Rel.)* Eucharistic

¹**euer**, *(in Briefen)* **Euer** ['ɔyɐ] *Possessivpron.* your; **Grüße von Eu|e|rer Helga/Eu|e|rem Hans** Best wishes, Yours, Helga/Hans; **Eu|e|re** *od.* **Euer Exzellenz** Your Excellency; **ist das/sind das eure?** is that/are they yours?; **es ist der Eu|e|re** *(geh.)* it is yours; **die Eu|e|ren** *od.* **Euern** *(geh.)* your family; **nehmt Euch das Eu|e|re** *(geh.)* take what is yours; **ihr müßt das Eu|e|re dazu tun** you must do your share; **ich verbleibe auf immer die Eu|e|re** *... (veralt.)* I remain, yours for ever, ...; *s. auch* **¹dein**

²**euer**, *(in Briefen)* **Euer** *Gen. des Personalpron.* **ihr** *(geh.)* **wir werden ~ gedenken** we will remember you

euerseits *s.* **eurerseits**

euersgleichen *s.* **euresgleichen**

euert-: **~halben** *s.* **eurethalben**; **~wegen** *s.* **euretwegen**; **~willen** *s.* **euretwillen**

Eugenik [ɔy'ge:nɪk] *die; ~ (Med.)* eugenics *sing.*

eugenisch *Adj. (Med.)* eugenic

Eukalyptus [ɔyka'lyptʊs] *der; ~, Eukalypten* *od.* **~:** eucalyptus

Eukalyptus·bonbon *das* eucalyptus cough-sweet *(Brit.)*; cough-drop

Euklid [ɔy'kli:t] *(der)* Euclid

euklidisch *Adj. (Math.)* Euclidean

Eule ['ɔylə] *die; ~, ~n* **a)** owl; **~n nach Athen tragen** carry coals to Newcastle; send owls to Athens; **b)** *(salopp abwertend: Frau)* old boot *(sl.)*

eulen-, Eulen-: **~haft** *Adj.* owlish; owllike; **~spiegel der** joker; *s. auch* **Till**; **~spiegelei** *die; ~, ~en* caper; **~vogel** *der (Zool.)* owl

Eumel ['ɔyml] *der; ~s, ~ (Jugendspr.)* twerp *(sl. derog.)*

Eunuch [ɔy'nu:x] *der; ~en, ~en,* **Eunuche** *der; ~n, ~n* eunuch

Eunuchen·stimme *die (ugs.)* squeaky, high-pitched voice

Euphemismus [ɔyfe'mɪsmʊs] *der; ~, Euphemismen* *(geh., Sprachw.)* euphemism

euphemistisch *(geh., Sprachw.) 1. Adj.* euphemistic. *2. adv.* euphemistically

euphonisch [ɔy'fo:nɪʃ] *Adj. (Sprachw., Musik)* euphonic

Euphorie [ɔyfo'ri:] *die; ~, ~n (bes. Med., Psych.)* euphoria; **in [eine] ~ verfallen** go into a state of euphoria

euphorisch *(bes. Med., Psych.) 1. Adj.* euphoric. *2. adv.* euphorically

Euphrat ['ɔyfrat] *der; ~[s]* Euphrates

Eurasien [ɔy'ra:ziən] *(das); ~s* Eurasia

Eurasier [ɔy'ra:ziɐ] *der; ~s, ~,* **Eurasierin** *die; ~, ~nen* Eurasian

eurasisch *Adj.* Eurasian

Euratom [ɔyra'to:m] *die; ~:* Euratom

eure, Eure [ɔyrə] *s.* **¹euer**

eurer·seits *Adv. (von eurer Seite)* on your part; *(auf eurer Seite)* for your part

eures·gleichen *indekl. Pron.* people *pl.* like you; *(abwertend)* the likes *pl.* of you; your sort *or* kind; *s. auch* **deinesgleichen**

euret-: **~halben** [-halbn] *(veralt.),* **~wegen** *Adv. (wegen euch)* because of you; on your account; *(für euch)* on your behalf; *(euch zuliebe)* for your sake; **ich mache mir ~wegen keine Sorgen** I don't worry about you; **~willen** *Konj.* **um ~willen** for your sake

Eurhythmie [ɔyrʏt'mi:] *die; ~* **a)** *(bes. Tanz, Gymnastik)* eurhythmics *sing., no art.;* **b)** *(Med.)* eurhythmia

eurige ['ɔyrɪgə] *Possessivpron. (geh., veralt.)* **der/die/das ~:** yours; **das Eurige** *(Angelegenheit)* your affairs; *(Besitz)* what is yours

Eurocheque ['ɔyroʃɛk] *der; ~s, ~s* Eurocheque

Eurocheque·karte *die* Eurocheque card

Euro-: **~dollar** *der (Wirtsch.)* Eurodollar; **~kommunismus** *der* Eurocommunism; **~krat** [~'kra:t] *der; ~en, ~en,* **~kratin** *die; ~, ~nen* Eurocrat

Europa [ɔy'ro:pa] *(das); ~s* Europe

Europa·cup *der (Sport)* European cup

Europäer [ɔyro'pɛ:ɐ] *der; ~s, ~,* **Europäerin** *die; ~, ~nen* European

Europa·flagge *die* flag of the Council of Europe

europäisch [ɔyro'pɛ:ɪʃ] *Adj.* European; **die Europäische Gemeinschaft/Europäischen Gemeinschaften** the European Community/European Communities; **Europäische Wirtschaftsgemeinschaft** European Economic Community

europäisieren *tr. V.* Europeanize

Europäisierung *die; ~, ~en* Europeanization

europa-, Europa-: **~meister** *der (Sport)* European champion; **~meisterschaft die** *(Sport)* **a)** *(Wettbewerb)* European Championship; **b)** *(Sieg)* championship of Europe, European title; **~minister der** minister for Europe; **~müde** *Adj.* disillusioned with the Common Market *postpos.*; **~parlament das;** *o. Pl.* European Parliament *or* Assembly; **~pokal der** *(Sport)* **Europacup**; **~politik die** policy towards the EEC; **~rat der;** *o. Pl.* Council of Europe; **~rekord der** *(Sport)* European record; **~straße die** European long-distance road; **~wahlen pl.** European elections

Euro·scheck *der s.* **Eurocheque**

Euro·vision die Eurovision

Eurythmie *s.* **Eurhythmie a**

Eustachische Röhre [ɔys'taxɪʃə -] *die; ~n ~, ~n ~ (Med., Zool.)* Eustachian tube

Euter ['ɔytɐ] *das od. der; ~, ~:* udder

Euthanasie [ɔytana'zi:] *die; ~:* euthanasia *no art.*

e. V., E. V. *Abk.* **eingetragener Verein**

ev. *Abk.* **evangelisch** ev.

¹**Eva** ['e:fa *od.* 'e:va] *(die)* Eve; *s. auch* ¹**Adam**

²**Eva** *die; ~, ~s (ugs. scherzh.: Frau)* **sie ist eine richtige ~:** she's a real little Eve

evakuieren [evaku'i:rən] *tr. V.* evacuate

Evakuierte der/die; adj. Dekl. evacuee

Evakuierung die; ~, ~en evacuation

Evaluation [evalua'tsio:n] *die; ~, ~en* **a)** *(geh.)* valuation; **b)** *(Päd.)* evaluation

Evangelien·buch das Gospel

evangelikal [evaŋgeli'ka:l] *Adj. (christl. Kirche)* evangelical

evangelisch [evaŋ'ge:lɪʃ] *Adj.* **a)** Protestant; **die ~e Kirche** the Protestant Church; **b)** *(des Evangeliums)* evangelical

evangelisch-lutherisch *Adj.* Lutheran

evangelisch-reformiert *Adj.* Reformed

evangelisieren *tr. V.* evangelize

Evangelist *der; ~en, ~en* evangelist

Evangelium [evaŋ'ge:lɪʊm] *das; ~s, Evangelien* **a)** *o. Pl. (auch fig.)* gospel; **alles, was ihr Mann sagte, war [ein] ~ für sie** she took everything her husband said as gospel; **b)**

Evas- ['eːfas- *od.* 'eːvas-]: **~kostüm** das *in im ~kostüm (ugs. scherzh.)* in her birthday suit/their birthday suits *(coll. joc.);* in the altogether *(coll. joc.);* **~tochter die** *(scherzh.)* **eine echte ~tochter** a real little Eve

Eventual- [evɛn'tu̯aːl-]: **~fall** der eventuality; contingency; **für den ~fall** should the eventuality arise; **~haushalt** der *(Politik)* contingency reserve

Eventualität [evɛntu̯aliˈtɛːt] die; ~, ~n eventuality; contingency

eventuell [evɛn'tu̯ɛl] 1. *Adj.; nicht präd.* possible ⟨objections, difficulties, applicants⟩; ⟨objections, difficulties⟩ which might occur; **bei ~en Schäden** in the event *or* case of damage. 2. *adv.* possibly; perhaps; **wir werden ~ morgen kommen** we may [possibly] come tomorrow; **können wir ~ bei euch übernachten?** can we stay the night at your house, if necessary?

Evergreen ['ɛvəɡriːn] der; ~s, ~s old favourite

evident [eviˈdɛnt] *Adj. (geh.)* a) *(einleuchtend)* convincing ⟨argument, proof⟩; evident, self-evident ⟨truth⟩; b) *(offenkundig)* evident, obvious ⟨disadvantage⟩

Evidenz [eviˈdɛnts] die; ~, ~en *(geh.)* (einer Behauptung, eines Beweises) convincingness; (eines Satzes, einer Wahrheit) self-evidence

Evolution [evoluˈtsi̯oːn] die; ~, ~en evolution

evolutionär [evolutsi̯oˈnɛːɐ̯] 1. *Adj.* evolutionary. 2. *adv.* by evolution

Evolutions·theorie die theory of evolution

evozieren [evoˈtsiːrən] *tr. V. (geh.)* evoke

evtl. *Abk.* eventuell

EW *Abk.* Elektrizitätswerk

Ewer ['eːvɐ] der; ~s, ~ *(nordd.)* ketch-rigged sailing barge

E-Werk das *s.* Elektrizitätswerk

EWG *postpos.:geˈeː] Abk.;* ~ *EEC*

ewig ['eːvɪç] 1. *Adj.* eternal, everlasting ⟨life, peace⟩; eternal, undying ⟨love⟩; *(abwertend)* never-ending; **die Ewige Stadt** the Eternal City; **der Ewige Jude** the Wandering Jew; **ein ~er Student** *(scherzh.)* an eternal student; **das ~e Einerlei** the unending *or* never-ending monotony; **seit ~en Zeiten** for ages *(coll.);* for donkey's years *(coll.);* **das Ewige Licht** *(kath. Rel.)* the Sanctuary Lamp. 2. *adv.* eternally; for ever; ~ **warten** wait for ever; ~ **dauern** take ages; ~ **halten** last for ever *or* indefinitely; **auf ~** for ever; **sein Name wird ~ leben** his name will live forever; ~ **und drei Tage** *(ugs.)* for ever and a day; *s. auch* **immer a**

Ewig·gestrige der/die; *adj. Dekl. (abwertend)* **ein ~r sein** be an old reactionary

Ewigkeit die; ~, ~en a) eternity; **in ~**: for ever and ever; **in die ~ eingehen** *(geh. verhüll.)* find eternal rest; b) *(ugs.)* **es dauert eine [ganze] ~**: it takes [absolutely] ages *(coll.);* **es ist eine [kleine] ~ her** it was ages ago *(coll.);* **es muß ~en hersein, daß ...**: it must be ages since ... *(coll.);* **seit ~en** for ages *(coll.);* **in alle ~**: for ever

Ewigkeits-: ~sonntag, der s. Totensonntag; ~wert der *(geh.)* **es besitzt ~**: it will last for ever

ewiglich *Adv. (dichter. veralt.)* for ever; till the end of time

Ewig·weibliche das; ~n *(geh.)* **das ~**: the essential Feminine

EWS *Abk.* europäisches Währungssystem EMS

ex [ɛks] *Adv. (ugs.)* a) etw. **ex trinken** drink sth. down in one *(coll.);* knock sth. back in one *(sl.);* **ex!** down in one! *(sl.);* b) *(salopp: tot)* **der ist ex** he's snuffed it *(sl.)*

Ex- *(vor Personenbez.: vormalig)* ex-

exakt [ɛˈksakt] 1. *Adj.* exact; precise; **eine ~e Beschreibung** a precise description. 2. *adv.* ⟨work etc.⟩ accurately; ~ **[um] 12 Uhr** at 12 o'clock precisely; ~! exactly!; precisely!

Exaktheit die; ~: precision; exactness

exaltieren [ɛksalˈtiːrən] *refl. V.* get overexcited *or* worked up

exaltiert 1. *Adj. (hysterisch)* over-excited; *(überspannt)* exaggerated ⟨behaviour, gestures⟩; *(überschwenglich)* effusive. 2. *adv. (hysterisch)* over-excitedly; *(überschwenglich)* effusively

Exaltiertheit die; ~, ~en: s. **exaltiert**: over-excitedness; exaggeratedness; effusiveness

Examen [ɛˈksaːmən] das; ~s, ~ *od.* Examina [ɛˈksaːmina] examination; exam *(coll.);* **ein ~ machen** *od.* **ablegen** sit *or* take an examination; ~ **haben** *(ugs.)* have examinations; **im** ~ **sein** be in the middle of one's examinations; **im ~ durchfallen** fail the examination

Examens-: ~angst die examination nerves *pl.;* **~arbeit** die written work presented for an examination; **~kandidat der** examination candidate

examinieren *tr. V.* a) examine; **eine examinierte Krankenschwester** a qualified nurse; b) *(ausfragen)* question; c) *(veralt. geh.: prüfend untersuchen)* scrutinize ⟨appearance⟩; investigate ⟨affair, matter⟩

ex cathedra [ɛksˈka(ː)tedra] *(kath. Rel.)* ex cathedra

Exegese [ɛkseˈɡeːzə] die; ~, ~n *(Theol.)* exegesis

Exeget [ɛkseˈɡeːt] der; ~en, ~en *(Theol.)* exegete

exekutieren [ɛksekuˈtiːrən] *tr. V.* a) execute; b) *(österr.) s.* **pfänden**

Exekution [ɛksekuˈtsi̯oːn] die; ~, ~en a) execution; b) *(österr.) s.* **Pfändung**

Exekutions·kommando das firing squad

exekutiv [ɛksekuˈtiːf] *Adj. (bes. Politik, Rechtsw.)* executive

Exekutiv·ausschuß der executive committee

Exekutive [ɛksekuˈtiːvə] die; ~, ~n *(Rechtsw., Politik)* executive

Exekutiv-: ~gewalt die *(Politik)* executive power; **~organ** das *(Politik)* executive body

Exekutor [ɛkseˈkuːtɔr] der; ~s, ~en *(österr.)* bailiff

Exempel [ɛˈksɛmpl̩] das; ~s, ~: example; **ein ~ [an jmdm.] statuieren** make an example [of sb.]; **zum ~** *(veralt.)* for example; *s. auch* **Probe a**

Exemplar [ɛksɛmˈplaːɐ̯] das; ~s, ~e specimen; *(Buch, Zeitung, Zeitschrift)* copy

exemplarisch [ɛksɛmˈplaːrɪʃ] 1. *Adj.* exemplary; **eine ~e Strafe** an exemplary punishment; a deterrent sentence; ~ **ist typisch sein** be typical of sth. 2. *adv.* by means of an example/examples; **jmdn. ~ bestrafen** punish sb. as an example to others

exemplifizieren [ɛksɛmplifiˈtsiːrən] *tr. V. (geh.)* exemplify; **etw. an einem Beispiel ~**: illustrate sth. by an example

Exequien [ɛˈkseːkvi̯ən] *Pl. (kath. Kirche)* exequies

exerzieren [ɛksɛrˈtsiːrən] 1. *itr. V. (Milit.: Übungen machen)* drill. 2. *tr. V.* a) *(Milit.: ausbilden)* drill ⟨soldiers⟩; b) *(ugs.: üben)* practise; c) *(ausführen)* employ ⟨technique, method⟩; follow ⟨procedure⟩

Exerzier-: ~munition die *(Milit.)* dummy ammunition; **~platz** der *(Milit.)* parade ground; **~reglement** das *(Milit.)* drill regulations *pl.*

Exerzitien [ɛksɛrˈtsiːtsi̯ən] *Pl. (kath. Rel.)* religious *or* spiritual exercises

Exhaustor [ɛksˈhaʊstɔr] der; ~s, ~en *(Technik)* extractor fan

exhibitionieren [ɛkshibitsi̯oˈniːrən] *itr., refl. V. (Psych.)* expose oneself

Exhibitionismus der; ~ *(Psych., fig.)* exhibitionism

Exhibitionist der; ~en, ~en, **Exhibitionistin** die; ~, ~nen *(Psych., fig.)* exhibitionist

exhibitionistisch *(Psych.)* 1. *Adj.* exhibitionist. 2. *adv.* **er ist ~ veranlagt** he has exhibitionist tendencies

exhumieren [ɛkshuˈmiːrən] *tr. V.* exhume

Exhumierung die; ~, ~en exhumation

Exil [ɛˈksiːl] das; ~s, ~e exile; **ins ~ gehen** go into exile

Exilant [ɛksiˈlant] der; ~en, ~en exile

Exil·heimat die home in exile

exiliert [ɛksiˈliːɐ̯t] *Adj.* exiled

Exilierte der/die; *adj. Dekl.* exile

Exil-: ~literatur die literature written in exile; **~regierung** die government in exile

existent [ɛksɪsˈtɛnt] *Adj.* existing; existent; **jmdn./etw. als nicht ~ betrachten** treat sb./sth. as if he/she/it did not exist

Existentialismus [ɛksɪstɛntsi̯aˈlɪsmʊs] der; ~ *(Philos.)* existentialism *no art.*

Existentialist der; ~en, ~en, **Existentialistin** die; ~, ~nen existentialist

existentialistisch 1. *Adj.* existentialist. 2. *adv.* ~ **beeinflußt** influenced by existentialism

existentiell [ɛksɪstɛnˈtsi̯ɛl] *Adj. (Philos.)* existential; **in etw.** *(Dat.)* **eine ~e Bedrohung sehen** see in sth. a threat to one's existence

Existenz [ɛksɪsˈtɛnts] die; ~, ~en a) *(Dasein)* existence; **die nackte ~ retten** to escape with one's life; b) *(Lebensgrundlage)* livelihood; **sich** *(Dat.)* **eine ~ aufbauen** build a life for oneself; **jmdm. eine gesicherte ~ bieten** offer sb. a secure livelihood *or* living; c) *(Mensch)* zweifelhafte ~en dubious characters; **eine verkrachte ~** *(ugs.)* a dead-beat

existenz-, Existenz-: ~angst die angst; existential fear; **~bedingungen** *Pl.* living conditions; conditions of life; **~berechtigung** die right to exist; **diese Institution hat keine ~berechtigung mehr** there is no longer any justification for the existence of this institution; **~fähig** *Adj.* able to exist *or* to survive *postpos.;* **~frage** die matter of life and death; **~grundlage** die basis of one's livelihood; **~kampf** der struggle for existence; **~minimum** das subsistence level; **am Rande des ~minimums leben** live at subsistence level; **die Löhne der Teepflücker liegen unter dem ~minimum** the tea-pickers earn less than a living wage; **~philosophie** die existential philosophy *no art.*

existieren [ɛksɪsˈtiːrən] *itr. V.* exist

Exitus [ˈɛksitʊs] der; ~ *(Med.)* death; „~", konstatierte der Arzt 'she's/he's dead,' confirmed the doctor

exkl. *Abk.* exklusiv[e] excl.

Exklave [ɛksˈklaːvə] die; ~, ~n exclave

exklusiv [ɛkskluˈziːf] 1. *Adj.* exclusive. 2. *adv.* exclusively; **[über etw.** *(Akk.)***]** ~ **berichten** run an exclusive report [on sth.]

Exklusiv·bericht der exclusive [report]

exklusive [ɛkskluˈziːvə] *Präp. + Gen. (Kaufmannsspr.)* exclusive of; excluding

Exklusiv·interview das exclusive interview

Exklusivität [ɛksklu̯ziviˈtɛːt] die; ~: exclusiveness; exclusivity

Exklusiv·vertrag der exclusive contract

Ex·kommunikation die *(kath. Kirche)* excommunication

ex·kommunizieren *tr. V. (kath. Kirche)* excommunicate

Ex·könig der ex-king

Exkrement [ɛkskreˈmɛnt] das; ~[e]s, ~e; *meist Pl. (bes. Med., Zool.)* excrement; **menschliche ~e** human excrement *sing.*

Exkret [ɛksˈkreːt] das; ~[e]s, ~e *(Med., Zool.)* excretion; ~e excreta; excretions

Exkulpation [ɛkskʊlpaˈtsi̯oːn] die; ~, ~en *(Rechtsw.)* exculpation

exkulpieren [ɛkskʊlˈpiːrən] *tr. V. (Rechtsw.)* exculpate

Exkurs [ɛks'kʊrs] der; ~es, ~e digression; (in einem Buch) excursus
Exkursion [ɛkskʊr'zjoːn] die; ~, ~en study trip or tour
Exlibris [ɛks'liːbriːs] das; ~, ~ (Buchw., Graphik) ex-libris; book-plate
Exmatrikulation [ɛksmatrikula'tsjoːn] die; ~, ~en (Hochschulw.) removal of a student's name from the register on leaving a university
exmatrikulieren [ɛksmatriku'liːrən] tr. V. (Hochschulw.) jmdn./sich ~: remove sb.'s name/have one's name removed from the university register
Ex·meister der (Sport) ex-champion
exmittieren [ɛksmɪ'tiːrən] tr. V. (Rechtsw.) evict
Exmittierung die; ~, ~en (Rechtsw.) eviction
Exodus ['ɛksodʊs] der; ~, ~se (geh.) exodus
exogen [ɛkso'geːn] Adj. (Med., Psych., Bot.) exogenous
exorbitant [ɛksɔrbi'tant] 1. Adj. (geh.) exorbitant ⟨price⟩. 2. adv. exorbitantly
Exorzismus [ɛksɔr'tsɪmʊs] der; ~, Exorzismen (Rel.) exorcism
Exorzist der (Rel.) exorcist
Exot [ɛ'ksoːt] der; ~en, ~en a) (Mensch) strange foreigner; b) (Tier, Pflanze) exotic
Exotin die; ~, ~nen s. Exot a
exotisch 1. Adj. exotic. 2. adv. exotically
Expander [ɛks'pandɐ] der; ~s, ~ (Sport) chest-expander
expandieren [ɛkspan'diːrən] tr., itr. V. expand
Expansion [ɛkspan'zjoːn] die; ~, ~en expansion
expansionistisch Adj. (Politik) expansionist
expansions-, Expansions-: ~**freudig** Adj. a) (Politik) expansionist; b) (Wirtsch.) ~freudige Unternehmen businesses which are eager to expand; ~**kraft die** (Physik, Technik) expansive force; ~**krieg der** expansionist war; ~**politik die a)** expansionism; expansionist policy; **b)** (Wirtsch.) policy of expansion
expansiv [ɛkspan'ziːf] 1. Adj. a) (Politik) expansionist; b) (Wirtsch.) expansionary. 2. adv. in an expansionary manner
expatriieren [ɛkspatri'iːrən] tr. V. (Politik, Rechtsw.) expatriate
Expedient [ɛkspe'djɛnt] der; ~en, ~en a) dispatch agency clerk; b) (im Reisebüro) travel agency clerk
expedieren [ɛkspe'diːrən] tr. V. dispatch; send; jmdn. an einen anderen Ort ~: (ugs.) pack sb. off somewhere else (coll.)
Expedition [ɛkspedi'tsjoːn] die; ~, ~en a) expedition; b) (Versandabteilung) dispatch department
Expeditions-: ~**korps das** (Milit.) expeditionary force; ~**leiter der** leader of the/an expedition
Experiment [ɛksperi'mɛnt] das; ~[e]s, ~e experiment; **mach keine ~!** (ugs.) (sei vorsichtig) don't take any unnecessary risks!; (bleib bei dem, was du kennst) why experiment unnecessarily?; **ein filmisches ~:** an experimental film
Experimental- [ɛksperimɛn'taːl-]: ~**film der** experimental film; (o. Pl.: Filmschaffen) experimental cinema; ~**physik die** experimental physics
experimentell [ɛksperimɛn'tɛl] 1. Adj.; nicht präd. experimental. 2. adv. experimentally; **etw. ~ beweisen/bestätigen** prove/confirm sth. experimentally or by experiment
experimentieren itr. V. experiment; **mit etw. ~:** experiment on or with sth.
experimentier-, Experimentier-: ~**freudig** Adj. keen to experiment; ~**stadium das** experimental stage; ~**theater das** experimental theatre

Experte [ɛks'pɛrtə] der; ~n, ~n, **Expertin die**; ~, ~nen expert (für in)
Expertise [ɛkspɛr'tiːzə] die; ~, ~n expert's report; **eine ~ [über etw.] einholen** obtain an expert opinion [on sth.]
explizieren [ɛkspli'tsiːrən] tr. V. (geh.) explicate
explizit [ɛkspli'tsiːt] 1. Adj. explicit. 2. adv. ⟨describe, define⟩ explicitly
explizite [ɛks'pliːtsɪtə] Adv. (geh.) explicitly
explodieren [ɛksplo'diːrən] itr. V.; mit sein (auch fig.) explode; ⟨costs⟩ rocket
Explosion [ɛksplo'zjoːn] die; ~, ~en explosion; **etw. zur ~ bringen** detonate sth.; **eine ~ der Rohstoffpreise** (fig.) an explosion in the price of raw materials
explosions-, Explosions-: ~**artig** 1. Adj. explosive, astronomical ⟨growth, increase⟩; 2. adv. ⟨rise⟩ astronomically; ~**gefahr die**; o. Pl. danger of explosion; „**~gefahr!**" '[Danger,] Explosives!'; ~**herd der a)** centre of the explosion; **b)** (Unruheherd) trouble-spot; ~**krater der** crater; (Bombenkrater) bomb crater; ~**motor der** internal combustion engine; ~**welle die** shock wave
explosiv [ɛksplo'ziːf] 1. Adj. **a)** (auch fig.) explosive; **b)** (Sprachw.) explosive; plosive; ~**e Laute** plosives. 2. adv. explosively; **~ reagieren** (fig.) react violently
Explosiv-: ~**geschoß das** explosive device; ~**laut der** (Sprachw.) explosive; plosive; ~**stoff der** s. Sprengstoff
Explosivität [ɛksplozivi'tɛːt] die explosiveness
Exponat [ɛkspo'naːt] das; ~[e]s, ~e exhibit
Exponent [ɛkspo'nɛnt] der; ~en, ~en (Math.) exponent; (fig.) leading exponent
Exponential- [ɛkspoːnɛn'tsjaːl-] (Math.) exponential ⟨function, equation, curve⟩
exponieren [ɛkspo'niːrən] tr. V. (geh.) (der Aufmerksamkeit aussetzen) jmdn./sich ~: draw attention to sb./oneself; (der Gefahr aussetzen) lay sb./oneself open to attack
exponiert Adj. exposed
Export [ɛks'pɔrt] der; ~[e]s, ~e a) o. Pl. (das Exportieren) export; exporting; **der ~ nach Afrika** exports to Africa; **b)** (das Exportierte) export; **c)** Pl. ~ (~bier) export
Export-: ~**abteilung die** export department; ~**artikel der** export; ~**bier das** export beer
Exporteur [ɛkspɔr'tøːɐ] der; ~s, ~e (Wirtsch.) exporter
Export-: ~**firma die** exporter; ~**geschäft das a)** export business; **b)** (geschäftlicher Abschluß) export deal; ~**handel der** export trade; ~**händler der** exporter
exportieren tr., itr. V. export
Export-: ~**kaufmann der** export salesman; ~**quote die** ratio of the value of exports to that of the national product
Exposé [ɛkspo'zeː] das; ~s, ~s **a)** exposé; report; **b)** (eines Drehbuchs, Romans usw.) outline
Exposition [ɛkspozi'tsjoːn] die; ~, ~en exposition
expreß [ɛks'prɛs] Adv. **a)** (schnell) express; **b)** (veralt.: absichtlich) on purpose; deliberately
Expreß der; Expresses (bes. österr.) express [train]
Expreß-: ~**brief der** (veralt.) express letter; ~**gut das** express freight; express goods pl.; **etw. als ~gut schicken** send sth. by express goods
Expressionismus [ɛksprɛsjoˈnɪsmʊs] der expressionism no art.
Expressionist der; ~en, ~en, Expressionistin die; ~, ~nen expressionist
expressionistisch 1. Adj. expressionist. 2. adv. expressionistically; ⟨influenced⟩ by expressionism
expressis verbis [ɛks'prɛsiːs ~] (geh.) explicitly

expressiv [ɛksprɛ'siːf] Adj. expressive; creative ⟨dance⟩
Expreß-: ~**reinigung die** express [dry] cleaning service; ~**zug der** (bes. schweiz.) express [train]
Expropriation [ɛksproprja'tsjoːn] die; ~, ~en (geh., Soziol.) expropriation
exquisit [ɛkskvi'ziːt] 1. Adj. exquisite. 2. adv. exquisitely
Exquisit·geschäft das (DDR) shop selling foreign and luxury goods (for GDR currency)
ex tempore [ɛks'tɛmpore] Adv. (Theater) extempore
Extempore das; ~s, ~s (Theater) improvisation; extemporization
extemporieren itr. V. (Theater) improvise; extemporize
extensiv [ɛkstɛn'ziːf] 1. Adj. (auch Landw.) extensive. 2. adv. **a)** (auch Landw.) extensively; **b)** (Rechtsw.) **ein Gesetz ~ auslegen** give an extensive interpretation to a law
Exterieur [ɛkste'rjøːɐ] das; ~s, ~s u. ~e (geh.) (von Menschen) appearance; (von Gebäuden) exterior
extern [ɛks'tɛrn] (Schulw.) 1. Adj. external; **ein ~er Schüler** a day boy/girl. 2. adv. **eine Prüfung ~ ablegen** take an examination as an external candidate
Externe der/die; adj. Dekl. (Schulw.) day boy/girl; (Prüfling) external candidate
exterritorial [ɛkstɛrito'rjaːl] Adj. (Völkerr.) extraterritorial
Exterritorialität [ɛkstɛritorjali'tɛːt] die (Völkerr.) extraterritoriality
extra ['ɛkstra] 1. Adv. **a)** (gesondert) ⟨pay⟩ separately; **Getränke werden ~ berechnet** drinks are extra; **ein ~ Bett** a spare bed; **b)** (zusätzlich, besonders) extra; **~ fein gemahlener Kaffee** extra-fine ground coffee; **dafür brauche ich aber noch 10 DM ~:** but I need another 10 marks for that; **etwas ~ Schönes** something particularly nice; **c)** (eigens) especially; **etw. ~ für jmdn. tun** do sth. especially or just for sb.; **~ deinetwegen** just because of you; **d)** (ugs.: absichtlich) etw. **~ tun** do sth. on purpose. 2. Adj.; nicht attr. (bayr., österr.) fussy; hard to please
Extra das; ~s, ~s; meist Pl. extra
extra-, Extra-: ~**aus·gabe die a)** (Zeitung) special edition; extra; **b)** (Geldausgabe) extra or additional expense; ~**blatt das** special edition; extra; ~**fahrt die** (bes. schweiz.) special excursion; ~**fein** Adj. (ugs.) really good; superb; ~**galaktisch** Adj. (Astron.) extragalactic
extrahieren [ɛkstra'hiːrən] tr. V. (Med., Chem.) extract
Extrakt [ɛks'trakt] der; ~[e]s, ~e **a)** fachspr. auch das extract; **b)** (Zusammenfassung) summary; synopsis
Extraktion [ɛkstrak'tsjoːn] die; ~, ~en (Med., Chem.) extraction
extra-, Extra-: ~**ordinarius der** (Hochschulw.) extraordinary professor; ~**polation** [~polatsjoːn] (Math.) extrapolation; ~**polieren** tr., itr. V. (Math.) extrapolate; ~**post die** (hist.) postchaise; **mit ~post** (veralt.) by express post; ~**ration die** extra ration; ~**terrestrisch** [~tɛrɛstrɪʃ] Adj. (Astron.) extraterrestrial; ~**tour die** (ugs. abwertend) **sich** (Dat.) **ständig irgendwelche ~touren leisten** keep doing things of one's own bat (Brit.) or on one's own initiative
extravagant [-va'gant] 1. Adj. flamboyant; flamboyantly furnished ⟨flat⟩. 2. adv. flamboyantly
Extravaganz [-va'gants] die; ~, ~en **a)** o. Pl. flamboyance; **b)** (Sache) **~en** flamboyance sing.
extravertiert [-vɛr'tiːɐt] Adj. (Psych.) extrovert[ed]
Extravertiertheit die; ~ (Psych.) extroversion

Extra·wurst die a) *(fig. ugs.)* eine ~ bekommen get special treatment *or* special favours; **sie will immer eine ~ [gebraten] haben** she always expects to get special treatment; b) *(österr.)* s. **Lyoner**
extrem [ɛks'tre:m] 1. *Adj.* extreme. 2. *adv.* extremely; **das Unternehmen hat sich ~ vergrößert** the business has expanded enormously; ~ **reagieren** react in an extreme manner
Extrem das; ~s, ~e extreme; **von einem ~ ins andere fallen** go from one extreme to another
Extrem·fall der extreme case
Extremismus der; ~, **Extremismen** extremism; **alle Extremismen** all forms of extremism
Extremist der; ~en, ~en, **Extremistin** die; ~, ~nen extremist
extremistisch *Adj.* extremist
Extremität [ɛkstremi'tɛ:t] die; ~, ~en a) extremity; b) *(das Extremsein)* extremeness
Extrem-: ~**punkt** der *(Math.)* extremum; ~**situation** die extreme situation; extremity; ~**wert** der *(Math.)* extremum
extrovertiert [ɛkstrove'ti:ɐt] s. **extravertiert**
exzellent [ɛkstsɛ'lɛnt] *(geh.)* 1. *Adj.* excellent. 2. *adv.* excellently
Exzellenz [ɛkstsɛ'lɛnts] die; ~, ~en Excellency; **Eure/Seine ~**: Your/His Excellency
Exzenter [ɛks'tsɛntɐ] der; ~s, ~ *(Technik)* tappet
Exzenter·welle die *(Technik)* camshaft; tappet shaft
Exzentriker [ɛks'tsɛntrikɐ] der; ~s, ~: eccentric
exzentrisch 1. *Adj.* eccentric. 2. *adv.* eccentrically
Exzentrizität [ɛkstsɛntritsi'tɛ:t] die; ~, ~en eccentricity
exzeptionell [ɛkstsɛptsio'nɛl] *Adj. (geh.)* unusual; exceptional ⟨case, cirumstances⟩; *(hervorragend)* exceptional
exzerpieren [ɛkstsɛr'pi:rən] *tr. V. (geh.)* extract ⟨reference⟩; excerpt ⟨book⟩
Exzerpt [ɛks'tsɛrpt] das; ~[e]s, ~e excerpt
Exzeß [ɛks'tsɛs] der; **Exzesses, Exzesse** excess; **etw. bis zum ~ treiben** carry sth. to excess
exzessiv [ɛkstsɛ'si:f] 1. *Adj.* excessive. 2. *adv.* excessively
Eyeliner ['ailainɐ] der; ~s, ~: eye-liner
E-Zug der semi-fast train; stopping train *(Brit.)*

F

f, F [ɛf] das; ~, ~ a) *(Buchstabe)* f/F; **nach Schema F** according to a set pattern *or* routine; b) *(Musik)* [key of] F; *s. auch* a/A
f. *Abk.* folgend f.
F *Abk.* Fahrenheit F
Fa. *Abk.* Firma
Fabel ['fa:bl] die; ~, ~n a) *(Literaturw.) (Gattung)* fable; *(Kern einer Handlung)* plot; b) *(Erfundenes)* story; tale; fable; [jmdm.] eine ~ auftischen spin [sb.] a yarn; ins Reich der ~ gehören belong in the realm of fantasy
Fabel-: ~**buch** das book of fables; ~**dichter** der writer of fables
fabelhaft 1. *Adj.* a) *(ugs.: großartig)* fantastic *(coll.)*; **das ist ja ~**: that's [just] fantastic; b) *nicht präd. (unglaublich)* fabulous ⟨riches⟩. 2. *adv. (ugs.)* fantastically *(coll.)*; fabulously *(coll.)*
Fabel-: ~**tier** das mythological *or* fabulous creature; ~**welt** die fairy-tale world; fabulous world
Fabrik [fa'bri:k] die; ~, ~en factory; *(Papier-, Baumwollspinnerei)* mill; **eine chemische ~**: a chemical works; **in die ~ gehen** *(ugs.)* work in a factory
Fabrik·anlage die factory; *(Maschinen)* factory plant
Fabrikant [fabri'kant] der; ~en, ~en manufacturer
Fabrik·arbeiter der factory-worker
Fabrikat [fabri'ka:t] das; ~[e]s, ~e product; *(Marke)* make
Fabrikation [fabrika'tsio:n] die; ~: production; **die ~ einstellen** stop production
Fabrikations-: ~**fehler** der manufacturing fault; factory fault; ~**prozeß** der, ~**verfahren** das manufacturing process
fabrik-, Fabrik-: ~**besitzer** der factory-owner; ~**direktor** der works *or* production manager; ~**gebäude** das factory building; ~**gelände** das factory site; ~**neu** *Adj.* brand-new
fabriks-, Fabriks- *(bes. österr.)* s. **fabrik-, Fabrik-**
Fabrik-: ~**schiff** das factory ship; ~**schornstein** der factory chimney; ~**tor** das factory gate
fabrizieren [fabri'tsi:rən] *tr. V.* a) *(ugs. abwertend)* knock together *(coll.)*; **Unsinn ~**: make a mess of things; b) *(veralt.: herstellen)* manufacture; produce
fabulieren [fabu'li:rən] *itr. V.* invent stories; spin yarns
Fabulier·lust die delight in making up stories
Facette [fa'sɛtə] die; ~, ~n facet
Facetten-: ~**auge** das compound eye; ~**schliff** der faceted facing; **ein Schmuckstein mit ~schliff** a faceted gem
Fach [fax] das; ~[e]s, **Fächer** ['fɛçɐ] a) compartment; *(für Post)* pigeon-hole; **ein ~ für Wäsche** a shelf for linen; *s. auch* **Dach** a; b) *(Studienrichtung, Unterrichts~)* subject; *(Wissensgebiet)* field; *(Berufszweig)* trade; **ein Meister seines ~es** a master of his trade; **das schlägt [nicht] in mein ~**: that is [not] my province; **vom ~ sein** be an expert; **ein Mann vom ~**: an expert
fach-, Fach-: ~**arbeiter** der skilled worker; craftsman; ~**arzt** der specialist (für in); ~**ausdruck** der, ~**begriff**, der technical *or* specialist term; ~**bereich** der *(Hochschulw.)* faculty; school; *(in der Schule)* department; ~**bezogen** *Adj.* specialized ⟨training⟩; ~**blatt** das specialist journal; ~**buch** das *(Abhandlung)* specialist book; *(Nachschlagewerk)* reference book; *(Lehrbuch)* textbook
fächeln ['fɛçln] 1. *tr. V.* fan. 2. *itr. V.* ⟨breeze⟩ blow gently
Fächer ['fɛçɐ] der; ~s, ~: fan; *(fig.)* range
fächer-, Fächer-: ~**artig** 1. *Adj.* fan-like. 2. *adv.* like a fan; ~**besen** der *(Gartenbau)* wire-rake fan; ~**gewölbe** das fan vault
fächern 1. *refl. V.* fan out. 2. *tr. V. (fig.)* diversify; **das Angebot ist breit gefächert** there is a wide range to choose from
Fächer·palme die fan palm
Fächerung die; ~, ~en *(fig.)* diversity
fach-, Fach-: ~**fremd** *Adj.* ~fremde Methoden methods alien to the subject; ~**fremde Ausdrücke/Vorstellungen** layman's terms/ideas; ~**gebiet** das field; ~**gelehrte** der/die specialist (für in); ~**gerecht** 1.*Adj.* correct; 2. *adv.* correctly; ~**geschäft** das specialist shop; **ein ~geschäft für Sportartikel/Eisenwaren** *usw.* a specialist sports shop/ironmonger's; ~**gespräch** das technical discussion; ~**gruppe** die section; ~**handel** der specialist shops *pl.*; ~**hochschule** die college *(offering courses in a special subject)*; ~**hochschule für Musik** academy of music; ~**idiot** der *(abwertend)* person who has no interests outside his/her subject; ~**jargon** der *(abwertend)* technical jargon; ~**kenntnis** die specialized *or* specialist knowledge; ~**kraft** die skilled worker; ~**kreise** *Pl.* in ~kreisen in specialist circles; ~**kundig** 1. *Adj.* knowledgeable; 2. *adv.* jmdn. ~kundig beraten give sb. informed *or* expert advice; ~**lehrer** der subject teacher
fachlich 1. *Adj.* specialist ⟨knowledge, work⟩; technical ⟨problem, explanation, experience⟩; ~**e Ausbildung/Qualifikation** training/qualification in the subject. 2. *adv.* **etw. ~ beurteilen** give a professional opinion on sth.; ~ **qualifiziert** qualified in the subject
fach-, Fach-: ~**literatur** die specialist literature; *(bes. naturwissenschaftlich auch)* technical literature; **in der medizinischen ~literatur** in the specialist medical literature; ~**mann** der expert; ~**männisch** 1. *Adj.* expert. 2. *adv.* jmdn. ~männisch beraten give sb. expert advice; ~**ober·schule** die *college specializing in particular subjects*; ~**presse** die specialist/technical publications *pl.*; *s. auch* ~**literatur**; ~**richtung** die *s.* **Fach** b
Fachschaft die; ~, ~en a) *(einer Berufsgruppe)* professional association; b) *(von Studenten)* student body of the/a faculty
fach-, Fach-: ~**schule** die technical college; ~**simpelei** [~zɪmpə'lai] die; ~, ~en *(ugs. abwertend)* shop-talk; ~**simpelein** shop-talk *sing.*; ~**simpeln** [~zɪmpln] *itr. V.* *(ugs. abwertend)* talk shop; ~**sprache** die technical terminology *or* language; ~**sprachlich** *Adj.* technical; ~**tagung** die [specialist] conference; ~**terminus** der specialist/technical term; *s. auch* ~**literatur**; ~**text** der specialist text; ~**übergreifend** 1. *Adj.* inter-disciplinary ⟨teaching⟩; 2. *adv.* ⟨think, argue⟩ along interdisciplinary lines; ⟨teach⟩ using interdisciplinary methods; ~**verband** der trade association; ~**welt** die; *o. Pl.* experts *pl.*; **in der ~welt** among experts
Fach·werk das a) *o. Pl. (Bauweise)* half-timbered construction; b) *(Balkengerippe)* half-timbering
Fachwerk·haus das half-timbered house
Fach-: ~**wissenschaftler** der specialist; ~**wort** das; *Pl.* ~**wörter** technical *or* specialist term; ~**wörter·buch** das specialist/technical dictionary; *s. auch* ~**literatur**; ~**zeit·schrift** die specialist/technical journal; *s. auch* ~**literatur**
Fackel ['fakl] die; ~, ~n torch; **die ~ des Krieges** *(fig.)* the flames of war; **die ~ der Revolution/der Hoffnung** *(fig.)* the flame of revolution/hope; **von ~n erleuchtet sein** be torchlit *or* lit by torches; **wie lebende ~n** like human torches
fackeln *itr. V. (ugs.)* shilly-shally *(coll.)*; dither; **nicht lange gefackelt!** no shilly-shallying! *(coll.)*; don't dither about!
Fackel-: ~**schein** der torchlight; **im ~schein** by torchlight; ~**träger** der torch-bearer; ~**zug** der torchlight procession
fad [fa:t] *(bes. südd., österr.) s.* **fade**
Fädchen ['fɛ:tçən] das; ~s, ~: short, thin thread
fade ['fa:də] *Adj.* a) *(schal)* insipid; **ein ~r Beigeschmack** *(fig.)* a flat after-taste; b) *(bes. südd., österr.: langweilig)* dull; c) *(südd., österr.: zimperlich)* **sei nicht ~!** don't be such a sissy!

1077

fädeln ['fɛːd|n] *tr. V.* thread; **etw. auf eine Schnur ~**: thread sth. on to a string

¹**Faden** ['faːdn̩] *der;* ~s, **Fäden** ['fɛːdn̩] **a)** *(Garn)* thread; **ein ~**: a piece of thread; **sich wie ein roter ~ durch etw. ziehen** run like a thread through sth.; **der rote ~** *(fig.)* the central theme; **den ~ verlieren** *(fig.)* lose the thread; **er hat** *od.* **hält alle Fäden in der Hand** *(fig.)* he holds the reins; **er hält alle Fäden fest in der Hand** *(fig.)* he keeps a tight rein on everything; **an einem dünnen** *od.* **seidenen ~ hängen** *(fig.)* hang by a single thread; **seine Fäden spinnen** *(fig.)* spin a web of intrigue; **keinen trockenen ~ mehr am Leibe haben** *(ugs.)* be wet through *or* soaked to the skin; *s. auch* **Strich h**; **b)** *(fig.)* **ein schmaler ~ Blut** a thin trickle of blood; **graue Fäden im Haar haben** have a grey hair here and there; **Fäden ziehen** 〈*cheese etc.*〉 be soft and stringy; **c)** *(Med.)* suture; **die Fäden ziehen** remove the stitches

²**Faden** *der;* ~s, ~ *(Seemannsspr.)* fathom

faden-, Faden-: **~kreuz** *das;* cross-hairs *pl.;* **~lauf** *der* grain [of the cloth]; **~molekül** *das* linear molecule; **~nudeln** *Pl. (Kochk.)* vermicelli *sing.;* **~scheinig** [~ʃainɪç] *Adj.* **a)** *(fig. abwertend: nicht glaubhaft)* threadbare 〈*morality*〉; **b)** *(abgewetzt)* threadbare 〈*clothes*〉; **~spiel** *das* cat's cradle; **~stärke** *die* thickness *(of wool);* **~wurm** *der (Zool.)* threadworm

Fadheit *die;* ~, ~en *s.* **fade a, b**: insipidness; dullness

Fagott [fa'gɔt] *das;* ~[e]s, ~e bassoon

Fagottist *der;* ~en, ~en, **Fagottistin** *die;* ~, ~nen bassoonist

Fähe ['fɛː] *die;* ~, ~n *(Jägerspr.) (Fuchs~)* vixen; bitch; *(Dachs~)* sow; bitch

fähig ['fɛːɪç] *Adj.* **a)** *(begabt)* able; capable; **ich halte ihn für einen ~en Kopf** I think he has an able mind; **b)** *(bereit, in der Lage)* **zu etw. ~ sein** be capable of sth.; **er ist zu allem ~**: he is capable of anything; **~ sein, etw. zu tun** be capable of doing sth.

Fähigkeit *die;* ~, ~en **a)** *meist Pl. (Tüchtigkeit)* ability; capability; **menschliche ~en** human faculties; **geistige ~en** intellectual faculties *or* abilities; **praktische ~en** practical skills; **jmds. ~en wecken** awaken sb.'s talents; **seine ~en für etw. einsetzen** use one's abilities for sth.; **b)** *o. Pl. (Imstandesein)* ability (**zu** to)

Fähigkeits·nachweis *der* certificate of proficiency

fahl [faːl] *Adj.* pale; pallid; wan 〈*light, smile*〉; **~ schien der Mond ins Zimmer** the moon shone wanly into the room

fahl-: **~blau** *Adj.* pale-blue; **~blond** *Adj.* ash-blond; **~gelb** *Adj.* pale-yellow

Fahlheit *die;* ~: paleness; pallor

Fähnchen ['fɛːnçən] *das;* ~s, ~ **a)** little flag; **~ schwenken** wave flags; **b)** *(ugs. abwertend: Kleid)* **ein billiges ~**: a cheap frock *(Brit.)* or dress

fahnden ['faːndn̩] *itr. V.* search (**nach** for)

Fahndung *die;* ~, ~en search

Fahndungs-: **~aktion** *die* search operation; **~apparat** *der* **der gesamte ~apparat der Polizei ist eingesetzt worden** the police have committed all their available resources to the search; **~blatt** *das,* **~liste** *die* wanted list

Fahne ['faːnə] *die;* ~, ~n **a)** flag; *(fig.)* **etw. auf seine ~ schreiben** espouse the cause of sth.; **seine ~ nach dem Wind[e] hängen** trim one's sails to the wind; **mit fliegenden ~n zu jmdm./etw. übergehen** *od. (abwertend)* überlaufen openly and suddenly turn one's coat; **jmdn. zu den ~n rufen** *(veralt.)* call sb. to the colours; **c)** *o. Pl. (ugs.: Alkoholgeruch)* smell of alcohol on sb.'s breath; **eine ~ haben** reek of alcohol; **d)** *(Druckw.)* galley

fahnen-, Fahnen-: **~eid** *der* oath of allegiance; **~flucht** *die* desertion; **~flucht begehen** desert; **~flüchtig** *Adj.* **~flüchtig werden/sein** desert/be a deserter; **~geschmückt** *Adj.* decorated with flags *postpos.;* **~korrektur** *(Druckw.) (Fahne)* galley-proof; *(Korrekturlesen)* **die ~korrektur muß bald erfolgen** the galley-proofs will have to be read soon; **~mast** *der,* **~stange** *die* flagpole; **das Ende der ~stange ist erreicht** *(fig.)* that's as far as we/they *etc.* can go; **~träger** *der* standard-bearer; **~weihe** *die* consecration of the flag

Fähnlein ['fɛːnlain] *das;* ~s, ~ *(hist.)* small troop

Fähnrich ['fɛːnrɪç] *der;* ~s, ~e *(Milit.)* ~, *(Marine)* **~ zur See** ensign

Fahr·ausweis *der* **a)** *(Amtsspr.: Fahrschein)* ticket; **b)** *(schweiz.: Führerschein)* driving licence

Fahr·bahn *die* carriageway; **die linke/rechte ~**: the left-hand/right-hand side of the road; **beim Überqueren der ~**: when crossing the road *or (formeller)* carriageway

Fahrbahn-: **~belag** *der* road surface; **~breite** *die* road width; **~markierung** *die* road-marking

fahrbar *Adj.* 〈*table, bed*〉 on castors; mobile 〈*crane, kitchen, etc.*〉; **ein ~er Untersatz** *(ugs.)* wheels *pl. (joc.)*

fahr·bereit *Adj. (car etc.)* in running order; **wir sind ~**: we're ready to go

Fahr·bereitschaft *die* motor pool

Fähr·betrieb *der* ferry service; *(von mehreren Fähren)* ferry services *pl.*

Fahr-: **~damm** *der (bes. berlin.) s.* **~bahn**; **~bücherei** *die* mobile library; **~dienstleiter** *der (Eisenb.)* train controller; **~draht** *der* overhead contact wire

Fähre ['fɛːrə] *die;* ~, ~n ferry

Fahr·eigenschaft *die (Kfz-W.)* handling characteristic; **~en** handling

fahren ['faːrən] 1. *unr. itr. V.; mit sein* **a)** *(als Fahrzeuglenker)* drive; *(mit dem Fahrrad, Motorrad usw.)* ride; *(mit dem Kinderroller)* scooter; *(auf Skiern)* ski; *(mit Rollschuhen)* [roller-]skate; *(mit Schlittschuhen)* [ice-]skate; *(mit dem Rodelschlitten)* toboggan; **mit dem Auto ~**: drive; *(her~ auch)* come by car; *(hin~ auch)* go by car; **mit dem Fahrrad/Motorrad ~**: cycle/motor cycle; come/go by bicycle/motor cycle; **mit 80 km/h ~**: drive/ride at 80 k.p.h.; **links/rechts ~**: drive on the left/right; *(abbiegen)* bear *or* turn left/right; **langsam ~**: drive/ride slowly; **langsamer ~**: slow down; **gegen etw. ~**: go into sth.; **wie fährt man am schnellsten zum Bahnhof?** what is the quickest route to the station [by car/motor cycle *etc.*]?; **b)** *(mit dem Auto usw. als Mitfahrer; mit dem Bus, der Straßenbahn, U-Bahn, dem Taxi, Zug, Schiff, Luftschiff, Schlitten usw., ugs. mit dem Flugzeug)* go; *(mit dem Aufzug/der Rolltreppe/der Seilbahn/dem Skilift)* take the lift *(Brit.)* or *(Amer.)* elevator/escalator/cable-car/ski-lift; *(mit der Achterbahn, dem Karussell usw.)* ride (**auf** + *Dat.* on); *(per Anhalter)* hitch-hike; **mit dem Auto/Bus/Zug usw. ~**: go by car/bus/train *etc.;* **erster/zweiter Klasse/zum halben Preis ~**: travel *or* go first/second class/at half-price; **ich fahre nicht gern [im] Auto/Bus** I don't like travelling in cars/buses; **fährst du mit mir?** are you coming with me?; **sollen wir ~ oder zu Fuß gehen?** shall we go by car/bus *etc.* or walk?; **mit Chauffeur ~**: be driven round by a chauffeur; **ich will noch mal ~!** *(auf der Achterbahn usw.)* I want to have another ride!; **c)** *(reisen)* go; **in Urlaub ~** go on holiday; **ins Wochenende ge~ sein** *(vom Arbeitsplatz aus gesehen)* have left for the weekend; *(von zu Hause)* have gone away for the weekend; *s. auch* **Himmel b**; **Hölle a**; **d)** *(los~)* go; leave; **e)** 〈*motor vehicle, train, lift, cable-car*〉 go; 〈*ship*〉 sail; **mein Auto fährt nicht** my car won't go; **der Wagen fährt sehr ruhig** the car is very quiet *or* runs very quietly; **der Aufzug fährt heute nicht** the lift *(Brit.)* or *(Amer.)* elevator is out of service today; **f)** *(verkehren)* run; **der Bus fährt alle fünf Minuten/bis Goetheplatz** the bus runs *or* goes every five minutes/goes to Goetheplatz; **hier fährt dreimal täglich eine Fähre** there are three ferries a day from here; **von München nach Passau fährt ein D-Zug** there's a fast train from Munich to Passau; **g)** *(mit bestimmtem Treibstoff)* **mit Diesel/Benzin ~**: run on diesel/petrol *(Brit.)* or *(Amer.)* gasoline; **mit Dampf/Atomkraft ~**: be steam-powered/ atomic-powered; **h)** *(schnelle Bewegungen ausführen)* **in die Kleider ~**: leap into one's clothes; **in die Höhe ~**: jump up [with a start]; **der Blitz ist in einen Baum ge~**: the lightning struck a tree; **jmdm. an die Kehle ~**: leap to sb.'s throat; **sich** *(Dat.)* **mit der Hand durch das Haar ~**: run one's fingers through one's hair; **was ist denn in dich ge~?** *(fig.)* what's got into you?; **der Schreck fuhr ihm in die Glieder** *(fig.)* the shock went right through him; **ein Gedanke fuhr ihm durch den Kopf** *(fig.)* an idea flashed through his mind; **jmdm. über den Mund ~** *(fig.)* shut sb. up; **aus der Haut ~** *(ugs.)* blow one's top *(coll.);* **i)** *(Erfahrungen machen)* **gut/schlecht mit jmdm./einer Sache ~**: get on well/badly with sb./sth.; **er ist schlecht damit ge~, den Arbeitsplatz zu wechseln** his changing of his job turned out badly for him. 2. *unr. tr. V.* **a)** *(fortbewegen)* drive 〈*car, lorry, train, etc.*〉; ride 〈*bicycle, motor cycle*〉; **ein Boot ~**: sail a boat; **Auto/Motorrad/Roller ~**: drive [a car]/ride a motor cycle/scooter; **Kahn** *od.* **Boot/Kanu ~**: go boating/canoeing; **Ski ~**: ski; **Schlitten ~**: toboggan; **Rollschuh ~**: [roller-]skate; **Schlittschuh ~**: [ice-]skate; **Aufzug/Rolltreppe ~**: ride up and down in the lift *(Brit.)* or *(Amer.)* elevator/on the escalator; **Sessellift ~**: ride in a/the chair-lift; **U-Bahn ~**: ride on the underground *(Brit.)* or *(Amer.)* subway; **b)** *mit sein (als Strecke) zurücklegen)* drive; *(mit dem Motorrad, Fahrrad)* ride; take 〈*curve*〉; **einen Umweg/eine Umleitung ~**: make a detour/follow a diversion; **der Zug fährt jetzt eine andere Strecke** the train takes a different route now; **er fährt seine 26. Runde** he is on his twenty-sixth lap; **c)** *(befördern)* drive, take 〈*person*〉; take 〈*thing*〉; 〈*vehicle*〉 take, *etc.*〉 carry 〈*goods*〉; *(zum Sprecher)* drive, bring 〈*person*〉; bring 〈*thing*〉; 〈*vehicle*〉; **jmdn. über den Fluß ~**: ferry sb. across the river; **d)** *mit sein (mit einer bestimmten Geschwindigkeit)* **50/80 km/h ~**: do 50/80 k.p.h.; **hier muß man 50 km/h ~**: you've got to keep to 50 k.p.h. here; **e)** *meist mit sein (als Teilnehmer mitfahren bei)* **ein Rennen ~**: take part in a race; **f)** *meist mit sein (erzielen)* **einen Rekord ~**: set a record; **1 : 23 : 45/eine gute Zeit ~**: do *or* clock 1.23.45/a good time; **g)** *mit sein (leisten)* **der Wagen fährt 210 km/h** the car will do 210 k.p.h.; **ein Auto in schlechten Zustand bringen) ein Auto schrottreif ~** write off a car; *(durch lange Beanspruchung)* run *or* drive into the ground; **eine Beule in den Kotflügel ~**: dent the wing; **jmdm. eine Schramme in den Kotflügel ~**: scratch sb.'s wing; **i)** *(als Treibstoff benutzen)* use 〈*diesel, regular*〉; **j)** *(auf Rollschuhen ausführen)* skate; **k)** *(Technik: bedienen)* operate; **l)** *(Rundf.: senden)* broadcast 〈*programme*〉; **m)** *(arbeiten)* **eine Sonderschicht ~**: do *or* work an extra shift. 3. *unr. refl. V.* **a)** **sich gut ~** 〈*car*〉 handle well, be easy to drive; **wie fährt sich so ein Rennboot?** how does a power-boat like that handle?; **b)** *mit sein (unpers.)* **in dem Wagen**

fahrend

fährt es sich bequem the car gives a comfortable ride; **auf dieser Straße/mit dem Zug fährt es sich angenehm** this road is pleasant to drive on/it's pleasant travelling by train
fahrend *Adj.* itinerant; **~er Sänger** wandering minstrel; **~es Volk** travelling people *pl.*
Fahrenheit *s.* **Grad c**
fahren|lassen *unr. tr. V.* **a)** *(loslassen)* let go; **b)** *(aufgeben)* abandon ⟨*hope*⟩
Fahrens·mann der; *Pl.* **Fahrensmänner** *od.* **Fahrensleute** *(Seemannsspr.)* sailor
Fahrer der; **~s, ~**: driver; **„Nicht mit dem ~ sprechen!"** 'Passengers must not talk to the driver'
Fahrerei die; **~, ~en** *(Fahrweise)* driving; *(dauerndes Fahren)* driving/riding around
Fahrer-: **~flucht** die: **wegen ~flucht** for failing to stop after [being involved in] an accident; **~flucht begehen** fail to stop after [being involved in] an accident; **~haus** das [driver's] cab
Fahrerin die; **~, ~nen** driver; *s. auch* **-in**
fahrerisch 1. *Adj.; nicht präd.* **~es Können** driving skill; skill as a driver. **2.** *adv.* **jmdm. ~ überlegen sein** be a better driver than sb.
Fahrer·kabine die [driver's] cab
Fahr-: **~erlaubnis** die *(Amtsspr.)* driving licence; **jmdm. die ~ entziehen** disqualify sb. from driving; **~gast** der passenger; **~geld** das fare; **~geld·erstattung** die reimbursement of travelling expenses; **~gelegenheit** die means of transport; **~gemeinschaft** die car pool; **~geschwindigkeit** die speed; **~gestell** das **a)** *(Kfz-W.)* chassis; **b)** *(bei Kränen, Eisenbahnwagen, Maschinen)* bogie *(Brit.);* *(Lafette)* gun-carriage; *(beim Flugzeug)* undercarriage; **c)** *(scherzh.: Beine)* legs *pl.*
Fähr·hafen der ferry terminal
fahrig ['faːrɪç] *Adj.* nervous, agitated ⟨*movements*⟩; nervous and fidgety ⟨*student, pupil*⟩
Fahrigkeit die; **~**: nervousness and fidgetiness
Fahr·karte die ticket; **eine ~ schießen** *(ugs.)* miss completely
Fahrkarten-: **~ausgabe** die ticket office; **~automat** der ticket machine; **~kontrolleur** der *(im Bus)* inspector; *(im Zug)* ticket inspector; **~schalter** der ticket window; **~verkäufer** der ticket-office clerk
fahr-, Fahr-: **~kilometer** der *(im Bus)* kilometre [travelled]; *(eines Autos)* kilometre [covered]; **~komfort** der [passenger] comfort; **~kunst** die driving skills *pl.;* **~lässig 1.** *Adj.* negligent ⟨*behaviour*⟩; **~e Tötung/Körperverletzung** *(Rechtsw.)* causing death/injury through *or* by [culpable] negligence; **2.** *adv.* negligently; **er hat den Tod des Fußgängers ~lässig verschuldet** he was responsible for *or* guilty of causing the death of the pedestrian through *or* by culpable negligence; **~lässigkeit** die negligence; **~lehrer** der driving instructor; **~leistung** die performance
Fähr·mann der ferryman
Fahrnis die; **~, ~se** *(Rechtsw.)* chattels *pl.;* movables *pl.*
Fährnis die; **~, ~se** *(veralt.)* peril
Fahr·personal das crew
Fahr·plan der **a)** timetable; schedule *(Amer.);* **den ~ einhalten** run to schedule *or* on time; **b)** *(ugs.: Vorhaben)* plans *pl.;* **den ~ durcheinanderbringen** upset the entire schedule *or* all the arrangements
fahrplan·mäßig 1. *Adj.* scheduled ⟨*departure, arrival*⟩; **der verspätete Schnellzug nach Köln, ~e Abfahrt 16.**³⁰ **...**: the delayed fast train to Cologne, due to depart at 16.30, ... **2.** *adv. (depart, arrive)* according to schedule, on time
Fahr·praxis die driving experience
Fahr·preis der fare
Fahrpreis-: **~anzeiger** der taximeter; **~erhöhung** die fare increase; increase in fares; **~ermäßigung** die reduction in fares; **eine ~ermäßigung erhalten** be given concessionary fares
Fahr·prüfung die driving test
Fahr·rad das bicycle; cycle; **mit dem ~ fahren** ride a bicycle
Fahrrad-: **~fahrer** der cyclist; **~händler** der bicycle dealer; **etw. beim ~händler kaufen** buy sth. from a/the bicycle shop; **~handlung** die bicycle shop; **~kette** die bicycle chain; **~lampe** die bicycle lamp; **~pumpe** die bicycle pump; **~schlüssel** der **a)** *(für das Schloß)* bicycle-lock key; **b)** *(Schraubenschlüssel)* bicycle spanner; **~ständer** der bicycle rack *or* stand; **~weg** der cycle path
Fahr·rinne die shipping channel; fairway
Fahr·schein der ticket
Fahrschein-: **~automat** der ticket machine; **~entwerter** der ticket cancelling machine; **~heft** das book of tickets
Fähr·schiff das ferry
Fahr-: **~schule** die **a)** *(Unternehmen)* driving school; **b)** *(ugs.: Unterricht)* driving lessons *pl;* **~schüler** der **a)** learner driver; **b)** pupil who must use transport to get to school; **~sicherheit** die safe driving *no art.;* **die ~sicherheit erhöhen** make driving safer; **~spur** die traffic-lane; **die ~spur wechseln/beibehalten** change lanes/stay in one's lane
fährst [fɛːɐ̯st] *2. Pers. Sg. Präsens v.* **fahren**
Fahr-: **~stil** der style of driving; *(mit dem Rad)* style of riding; *(auf Skiern)* style of skiing; **~streifen** der *s.* **~spur**
Fahr·stuhl der lift *(Brit.);* elevator *(Amer.);* *(für Lasten)* hoist; **mit dem ~ fahren** take the lift/elevator
Fahrstuhl-: **~führer** der lift attendant *(Brit.);* elevator operator *(Amer.);* **~schacht** der lift shaft *(Brit.);* elevator shaft *(Amer.)*
Fahr·stunde die driving lesson
Fahrt [faːɐ̯t] die; **~, ~en a)** *o. Pl. (das Fahren)* journey; **„während der ~ nicht hinauslehnen!"** 'do not lean out of the window while the train is in motion'; **freie ~ haben** have a clear run; *(fig.)* have been given the green light; **b)** *(Reise)* journey; *(Schiffsreise)* voyage; **auf der ~**: on the journey; **c)** *(kurze Reise, Ausflug)* trip; *(Wanderung)* hike; **eine ~ [nach/zu X] machen** go on *or* take a trip [to X]; **eine ~ ins Blaue machen** *(mit dem Auto)* go for a drive; *(Veranstaltung)* go on a mystery tour; **auf ~ gehen** *(veralt.)* go hiking; **d)** *o. Pl. (Geschwindigkeit)* **in voller ~**: at full speed; **die ~ verlangsamen** slow down; decelerate; **die ~ beschleunigen** speed up; accelerate; **die ~ aufnehmen** gather speed; pick up speed; **kleine ~ machen** *(Seemannsspr.)* sail slowly; **in ~ kommen** *od.* **geraten** *(ugs.)* get going; *(böse werden)* get worked up; **jmdn. in ~ bringen** *(ugs.)* get sb. going; *(böse machen)* get sb. worked up; **e)** *(Seemannsspr.)* **Kapitän auf großer ~**: foreign trade master; **das Patent für kleine ~**: master's certificate for coastal trade *or* home trade
-fahrt die; **~, ~en**: **Frankreich~/Ostasien~**: trip to France/East Asia
fährt [fɛːɐ̯t] *3. Pers. Sg. Präsens v.* **fahren**
fahr·tauglich *Adj.* fit to drive *postpos.*
Fahr·tauglichkeit die fitness to drive
fahrt-, Fahrt-: **~ausweis** der *s.* **Fahrausweis;** **~bereit** *s.* **fahrbereit;** **~dauer** die travelling-time
Fährte ['fɛːɐ̯tə] die tracks *pl.;* trail; **die ~ aufnehmen** pick up the trail *or* scent; **Hunde auf die ~ setzen** put hounds on the track; **jmds. ~ verfolgen** track sb.; **die richtige ~ finden** *(fig.)* get on the right track; **die falsche ~ verfolgen** *(fig.)* be on the wrong track; **jmdn. auf eine falsche ~ locken** *(fig.)* put sb. on the wrong track
Fahrten-: **~buch** das **a)** *(Kontrollbuch)* logbook; **b)** *(Tagebuch)* [rambler's] diary; **~messer** das sheath-knife; **~schreiber**

der tachograph; **~schwimmer** der advanced swimmer; **den ~schwimmer machen** *(ugs.)* take the advanced swimmer's test
Fahrt·kosten *Pl. (für öffentliche Verkehrsmittel)* fare/fares; *(für Autoreisen)* travel costs; **die ~ erstatten** pay travelling expenses
Fahr·treppe die escalator
Fahrt·richtung die direction; **in ~ Innenstadt** in the direction of the town centre; **die Autobahn ist in ~ Norden gesperrt** the northbound carriageway of the motorway is closed; **in ~ parken** park in the direction of the traffic; **die ~ ändern** change direction; **gegen die ~ sitzen** *(im Zug)* sit with one's back to the engine; *(im Bus)* facing backwards; **in ~ sitzen** *(im Zug)* sit facing the engine; *(im Bus)* facing forwards
Fahrtrichtungs·anzeiger der *(Kfz-W.)* **a)** *(Blinklicht)* [direction] indicator; **b)** *(Hinweistafel)* destination board
Fahrt·schreiber der *s.* **Fahrtenschreiber**
fahr·tüchtig *Adj.* ⟨*driver*⟩ fit to drive; ⟨*vehicle*⟩ roadworthy
Fahr·tüchtigkeit die *(des Fahrers)* fitness to drive; *(des Fahrzeugs)* roadworthiness
Fahrt-: **~unterbrechung** die break [in the journey]; stop; **eine ~unterbrechung ist [nicht] möglich** passengers may [not] break their journey; **~wind** der airflow; **~ziel** das destination
fahr·untüchtig *Adj.* ⟨*driver*⟩ unfit to drive; ⟨*vehicle*⟩ unroadworthy
Fähr·verbindung die ferry link
Fahr-: **~verbot** das disqualification from driving; driving ban; **jmdm. [ein] ~verbot erteilen** ban *or* disqualify sb. from driving; **~verhalten** das **a)** *(des Fahrers)* behaviour as a driver; **b)** *(des Fahrzeuges)* performance
Fähr·verkehr der ferry traffic
Fahr-: **~wasser** das shipping channel; fairway; **in ein gefährliches ~wasser geraten** *(fig.)* get on to dangerous ground; **in ein politisches ~wasser geraten** *(fig.)* stumble into a political minefield; **in jmds. ~wasser schwimmen** *od.* **segeln** *(fig.)* follow [along] in sb.'s wake; **~weise** die way of driving; **seine ~weise the way he drives; ~werk** das **a)** *(Flugw.)* undercarriage; **b)** *(Kfz-W.)* *s.* **~gestell; b)** *s.* **Fahrtwind; ~zeit** die travelling time; **eine ~zeit von wenigen Minuten/Stunden** a few minutes'/hours' travelling time; **nach einer ~zeit von zwei Stunden** after travelling for two hours
Fahr·zeug das vehicle; *(Luft~)* aircraft; *(Wasser~)* vessel
Fahrzeug-: **~bau** der motor manufacturing industry; **~brief** der *s.* **Kraftfahrzeugbrief; ~führer** der driver of a/the motor vehicle; **~halter** der registered keeper [of a/the vehicle]; **~kolonne** die convoy of vehicles; **~papiere** *Pl.* vehicle documents *pl.;* **~verkehr** der traffic
Faible ['fɛːbl] das; **~s, ~s** liking; *(Schwäche)* weakness; **ein ~ für etw. haben** have a weakness for sth.
fair [fɛːɐ̯] **1.** *Adj.* fair (**gegen** to). **2.** *adv.* fairly; **~ spielen** play fairly *or (coll.)* fair
Fairneß ['fɛːɐ̯nɛs] die; **~**: fairness
Fairneß·pokal der *(Sport)* cup for the most sporting competitor
Fair play ['fɛːɐ̯'pleɪ] das; **~, ~**: fair play
Fait accompli [fɛtakɔ̃'pli] das; **~ ~, ~s ~s** *(geh.)* fait accompli
Fäkalien [fɛ'kaːli̯ən] *Pl.* faeces *pl.*
Fakir ['faːkiːɐ̯, *österr.:* fa'kiːɐ̯] der; **~s, ~e** fakir
Faksimile [fak'ziːmile] das; **~s, ~s** facsimile
Faksimile-: **~aus·gabe** die facsimile edition; **~druck** der printed facsimile
Fakt [fakt] das *od.* der; **~[e]s, ~en** *od.* **~s** fact

Fakten s. Faktum
Fakten-: ~**material** das facts pl.; ~**wissen** das factual knowledge
Faktion [fak'tsio:n] die; ~, ~en (veralt., schweiz.) faction
faktisch 1. Adj.; nicht präd. real; actual; der ~e Nachteil/Nutzen the practical disadvantage/usefulness. 2. adv. **a) das bedeutet ~ ...:** it means in effect ...; **es ist ~ möglich/unmöglich** it is in actual fact possible/impossible; **b)** (bes. österr. ugs.: praktisch, eigentlich) more or less; virtually
Faktor ['faktɔr] der; ~s, ~en [-'to:rən] **a)** (auch Math.) factor; **der auslösende ~:** the immediate cause; **ein konstanter ~** (Math.) a constant; **b)** (Berufsbez.) (in einer Setzerei) composing-room foreman or supervisor; (in einer Druckerei) [printing-room] foreman or supervisor
Faktorei die; ~, ~en (hist.) foreign trading post; factory (Hist.)
Faktotum ['faktotum] das; ~s, ~s od. Faktoten (scherzh.) factotum
Faktum ['faktʊm] das; ~s, Fakten fact
Faktur [fak'tu:ɐ] die; ~, ~en (Kaufmannsspr. veralt.) invoice
fakturieren itr. V. do invoicing
Fakturier·**maschine** die invoicing machine
Fakturist der; ~en, ~en, **Fakturistin** die; ~, ~nen invoice clerk
Fakultas [fa'kʊltas] die; ~, Fakultäten [fakʊl'tɛ:tn̩] (Schulw.) qualification to teach; **die ~ für etw. haben** be qualified to teach sth.
Fakultät [fakʊl'tɛ:t] die; ~, ~en (Hochschulw.) **a)** (Abteilung) faculty; **die philosophische/medizinische/juristische ~:** the faculty of arts/medicine/law; **die ~ wechseln** change faculty; **b)** (Lehrer und Studenten) staff and students (of a faculty); **c)** (Räumlichkeiten) faculty building; **d)** (Math.) factorial; **5 ~** factorial 5
fakultativ [fakʊlta'ti:f] 1. Adj. optional ⟨subject, participation⟩. 2. adv. optionally
Falange [fa'laŋgɛ] die; ~: Falange
Falangist der; ~en, ~en Falangist
falb [falp] Adj. (geh.) dun-coloured
Falbe ['falbə] der; ~n, ~n dun [horse]
Falbel ['falbl̩] die; ~, ~n (Textilw.) furbelow, flounce
Falke ['falkə] der; ~n, ~n (auch Politik fig.) hawk
Falken·**beize** die falconry
Falkenier [falkə'ni:ɐ] der; ~s, ~e: s. Falkner
Falkländer ['falklɛndɐ] der; ~s, ~, **Falkländerin** die; ~, ~nen Falkländer
Falkland·**inseln** Pl. Falkland Islands; Falklands
Falkner der; ~s, ~: falconer
Falknerei die; ~, ~en **a)** o. Pl. (Falkenbeize) falconry; **b)** (Anlage) hawk-house
¹Fall [fal] der; ~[e]s, Fälle ['fɛlə] **a)** (Sturz) fall; **zu ~ kommen** have a fall; **durch od. über etw.** (Akk.) **zu ~ kommen** (fig.) come to grief because of sth.; **jmdn. zu ~ bringen** (fig.) bring about sb.'s downfall; **der freie ~ Stadt** (fig.) the fall of a town; s. auch Hochmut; **b)** (das Fallen) descent; **der freie ~:** free fall; **c)** (Ereignis, Vorkommnis) case; (zu erwartender Umstand) eventuality; **für den äußersten od. schlimmsten ~, im schlimmsten ~:** if the worst comes to the worst; **im besten ~:** at best; **es ist [nicht] der ~:** it is [not] the case; **gesetzt den ~:** assuming; supposing; **für den ~, daß es morgen schön ist** in case it's fine tomorrow; **im ~e einer Veränderung** in the event of a change; **auf jeden ~** in any case; **auf alle Fälle** in any case; **auf keinen ~:** on no account; **das ist doch ein ganz klarer ~:** it's perfectly clear; **jmds. ~ sein** (fig. ugs.) be sb.'s cup of tea; **klarer ~** (ugs.) it goes without saying; **in jedem ~:** in any case; **der ~ [für mich]**

erledigt [as far as I'm concerned] that's the end of it; **d)** (Rechtsw., Med., Grammatik) case; **der 1./2./3./4. ~** (Grammatik) the nominative/genitive/dative/accusative case
²Fall das; ~[e]s, ~en (Seemannsspr.) halyard
Fall-: ~**beil** das guillotine; ~**beschleunigung** die (Physik) gravitational acceleration
Falle ['falə] die; ~, ~n **a)** (auch fig.) trap; **in die ~ gehen** walk into the trap; **jmdm. eine ~ stellen** (fig.) set a trap for sb.; **jmdn. in eine ~ locken** (fig.) lure sb. into a trap; **jmdm. in die ~ gehen** (fig.) fall into sb.'s trap; **in der ~ sitzen** (fig.) be in a spot; **b)** (salopp: Bett) **in die ~ gehen** turn in (coll.); **sich in die ~ hauen** hit the sack or hay (sl.); **c)** (Riegel an Türschloß) catch; latch
fallen unr. itr. V.; mit sein **a)** fall; etw. ~ lassen drop sth.; **immer [wieder] auf die Füße ~** (fig. ugs.) always land on one's feet; **sich ins Gras/Bett/Heu ~ lassen** fall on to the grass/into bed/into the hay; s. auch Decke c; Gewicht; Groschen b; Rahmen b; Schoß a; Schuppe a; stehen; Stein b; Stuhl a; Tür; Wasser a; Wolke; Würfel b; **b)** (hin-, stürzen) fall [over]; **auf die Knie/in den Schmutz ~:** fall to one's knees/in the dirt; **über einen Stein ~:** trip over a stone; **im Fallen hat er den Schirmständer umgerissen** he pulled the umbrella stand over as he fell; s. auch gefallen 2; Kopf a; Mund; Nase a; **c)** (sinken) ⟨prices⟩ fall; ⟨temperature, water level⟩ fall, drop; ⟨fever⟩ subside; **im Preis ~:** go down or fall in price; s. auch Arm a; Hals a; Knie a; Rücken a; Schloß a; Zügel a; **d)** (an einen bestimmten Ort gelangen, dringen) ⟨light, shadow, glance, choice, suspicion⟩ fall; **die Wahl fiel auf ihn** the choice fell on him; **e)** (abgegeben, erzielt werden) ⟨shot⟩ be fired; ⟨Sport⟩ ⟨goal⟩ be scored; **f)** (nach unten hängen) ⟨hair⟩ fall; **die Haare ~ ihr ins Gesicht/auf die Schulter** her hair falls over her face/to her shoulders; **g)** (im Kampf sterben) die; fall (literary); **im Krieg ~:** die in the war; **er ist bei Verdun ge~:** he died or fell at Verdun; **h)** (aufgehoben, beseitigt werden) ⟨ban⟩ be lifted; ⟨tax⟩ be abolished; ⟨obstacle⟩ be removed; ⟨limitation⟩ be overcome; s. auch Opfer b; Tisch; **i)** (zu einer bestimmten Zeit stattfinden) **auf ~ ...:** occur at a time; **mein Geburtstag fällt auf einen Samstag** my birthday falls on a Saturday; **in diese Zeit fällt der Höhepunkt der romantischen Dichtung** that time saw the heyday of Romantic poetry; **j)** (zu einem Bereich gehören) **in/unter eine Kategorie ~:** fall into or within a category; **unter ein Gesetz/eine Bestimmung ~:** come under a law/a regulation; **k)** (zu-, zuteil werden) **eine Erbschaft/ein Gebiet fällt an jmdn.** an inheritance/a piece of territory falls to sb.; **er ist seinen Feinden in die Hände ge~:** he has fallen into the hands of his enemies; **l)** (geäußert werden) ⟨decision⟩ be taken or made; **scharfe Worte/Bemerkungen fielen** harsh words were spoken/harsh remarks were made; **m)** (ver~) **in Trümmer ~:** collapse in ruins; **in Schwermut ~:** be overcome by melancholy; **in einen Dialekt ~:** lapse into a dialect; **in Trab ~:** break into a trot; s. auch Last c; Rolle f; Ungnade; **n)** (erobert werden) ⟨town, stronghold⟩ fall; **o)** (geh.: ab~) slope; fall
fällen ['fɛlən] tr. V. **a)** fell ⟨tree, timber⟩; **b)** (verkünden) **ein Urteil ~** ⟨judge⟩ pass sentence; ⟨jury⟩ return a verdict; **einen Schiedsspruch ~:** make a ruling; **c)** (Milit.: zum Angriff senken) lower ⟨bayonet⟩; **d)** (Chemie) precipitate
fallen|lassen unr. tr. V.; 2. Part. ~ od. (seltener) fallengelassen **a)** (aufgeben) abandon ⟨plan, aim, project⟩; **b)** (sich lossagen von) drop ⟨friend, colleague⟩; **c)** (äußern) let fall ⟨remark⟩; drop ⟨hint⟩
Fallen·**steller** der; ~s, ~: trapper

Fall-: ~**geschwindigkeit** die (Physik) velocity of fall; ~**gesetz** das (Physik) law of gravity; ~**gitter** das portcullis; ~**grube** die pitfall; ~**höhe** die **a)** (Physik) height of fall; **b)** (Literaturw.) extent of a/the dramatic hero's fall
fallieren itr. V. (Finanzw.) go bankrupt
fällig ['fɛlɪç] Adj. **a)** due; **eine ~e Reform** an overdue reform; **der Kerl ist ~** (ugs.) he's in for it (sl.); **b)** (zu bezahlen) ⟨sum of money⟩ payable, due; **ein ~er Wechsel/~e Zinsen** a bill to mature/interest payable
Fälligkeit die; ~, ~en (Wirtsch.), **Fälligkeits**·**termin** der settlement date; date of payment
Fall·**obst** das windfalls pl.
Fallout [fɔ:l'aʊt] der; ~, ~s (Kernphysik) fall-out
Fall-: ~**reep** das (Seemannsspr.) jackladder; ~**rückzieher** der (Fußball) bicycle kick
falls [fals] (Konj.) **a)** (wenn) if; ~ **es regnet/schneit** if it rains/snows; **b)** (für den Fall, daß) in case; ~ **es regnen sollte** in case it should rain
Fall·**schirm** der parachute; **mit dem ~ abspringen** (im Notfall) parachute out; (als Sport) make a [parachute] jump; **mit dem ~ über Belgien abspringen** parachute out over Belgium; (als Soldat, Spion) parachute into Belgium
Fallschirm-: ~**jäger** der (Luftwaffe) paratrooper; ~**springen** das parachuting no art.; ~**springer** der parachutist
Fall-: ~**strick** der trap; snare; **jmdm. ~stricke legen** (fig.) set traps for sb.; ~**studie** die case-study; ~**sucht** die (Med.) (ver·alt.) falling sickness (arch.); ~**tür** die trapdoor
Fällungs·**mittel** das (Chemie) precipitant
fall-, Fall-: ~**weise** Adv. (österr.) s. gelegentlich 2 a; ~**wind** der katabatic wind; ~**wurf** der (Handball) falling throw
falsch [falʃ] 1. Adj. **a)** (unecht, imitiert) false ⟨teeth, plait⟩; imitation ⟨jewellery⟩; **Falsche Akazie** (Bot.) false acacia; ~**er Hase** (Kochk.) meat loaf; **b)** (gefälscht) counterfeit, forged ⟨banknote⟩; false, forged ⟨passport⟩; assumed ⟨name⟩; **c)** (irrig, fehlerhaft) wrong ⟨impression, track, pronunciation⟩; wrong, incorrect ⟨answer⟩; **auf der ~en Fährte sein** be on the wrong track; **logisch ~ sein** be logically false; **an den Falschen geraten** come to the wrong man; **die Aufgaben ~ [gelöst] haben** have got all one's exercises wrong; **etw. in die ~e Kehle** od. **den ~en Hals bekommen** (fig. ugs.) take sth. the wrong way; s. auch Licht a, Pferd a; **d)** (unangebracht) false ⟨shame, modesty⟩; **e)** (irreführend) false ⟨statement, promise⟩; **unter Vorspiegelung ~er Tatsachen** under false pretences; **f)** (abwertend: hinterhältig) false ⟨friend⟩; **ein ~er Hund** (salopp) a two-faced so-and-so (sl.); **eine ~e Schlange** (fig.) a snake in the grass; **ein ~es Spiel [mit jmdm.] treiben** play false with sb.; s. auch Fuffziger; **g)** (bes. nordd.: erzürnt) angry. 2. adv. **a)** (fehlerhaft) wrongly; incorrectly; ~ **singen** sing wrongly; ~ **gehen/fahren** go the wrong way; **etw. ~ verstehen** misunderstand sth.; **die Uhr geht ~:** the clock is wrong; ~ **informiert**. **unterrichtet sein** be misinformed; ~ **herum** (verkehrt) back to front; the wrong way round; (auf dem Kopf) upside down; (links) inside-out; s. auch Heraum a, verbinden 1 b; **b)** (irreführend) **schwören** lie on oath
Falsch der; ~s (geh., veralt.) **in an jmdm. kein ~:** sb. is guileless; **ohne ~ sein** be completely guileless
Falsch-: ~**aus**·**sage** die (Rechtsspr.) [eidliche] ~**aussage** false testimony or evidence; **uneidliche ~aussage** false statement [not on oath]; ~**eid** der (Rechtsspr.) unintentional false statement under oath

fälschen ['fɛlʃn̩] *tr. V.* forge, fake ⟨*signature, document, passport*⟩; forge ⟨*painting*⟩; forge, counterfeit ⟨*coin, banknote*⟩; falsify ⟨*history*⟩
Fälscher *der;* ~s, ~, **Fälscherin** *die;* ~, ~nen forger; counterfeiter
Falsch-: ~**fahrer** *der s.* Geisterfahrer; ~**geld** *das* counterfeit money
Falschheit *die;* ~ **a)** *(Hinterhältigkeit)* duplicity; deceitfulness; **b)** *(Unechtheit)* falseness; *(Fehlerhaftigkeit)* wrongness
fälschlich 1. *Adj.; nicht präd.* false ⟨*claim, accusation*⟩; *(irrtümlich)* mistaken, false ⟨*assumption, suspicion*⟩. **2.** *adv.* falsely, wrongly ⟨*claim, accuse*⟩; mistakenly, falsely ⟨*assume, suspect*⟩
fälschlicher·weise *Adv.* by mistake; mistakenly
falsch-, Falsch-: ~**liegen** *unr. itr. V.* (ugs.) be mistaken; ~**meldung** *die* false report; ~**münzer** ['~mʏntsɐ] *der* forger; counterfeiter; ~**münzerei** [~mʏntsəˈraɪ] *die;* ~, ~en forgery; counterfeiting; ~**spielen** *itr. V.* cheat; ~**spieler** *der* cheat; *(erwerbsmäßig)* card-sharp[er]
Fälschung *die;* ~, ~en **a)** fake; counterfeit; **b)** *(das Fälschen)* forging; counterfeiting
Falsett [fal'zɛt] *das;* ~[e]s, ~e *(Musik)* falsetto [voice]
Falsifikat [falzifiˈkaːt] *das;* ~[e]s, ~e forgery; fake
Falsifikation [falzifikaˈtsi̯oːn] *die;* ~, ~en falsification
falsifizieren [falzifiˈtsiːrən] *tr. V.* falsify
faltbar *Adj.* collapsible ⟨*box, boat*⟩
Falt-: ~**blatt** *das* leaflet; *(in Zeitungen, Zeitschriften, Büchern)* insert; ~**boot** *das* collapsible boat
Fältchen ['fɛltçən] *das;* ~s, ~: wrinkle
Falte ['faltə] *die;* ~, ~n **a)** crease; ~n schlagen crease; **b)** *(im Stoff)* fold; *(mit scharfer Kante)* pleat; **c)** *(Haut~)* wrinkle; line; **die Stirn in** ~**n legen** *od.* **ziehen** *(nachdenklich)* knit one's brow; *(verärgert)* frown; **d)** *(Geol.)* fold
fälteln ['fɛltl̩n] *tr. V.* fold
falten 1. *tr. V.* fold; **die Hände ~:** fold one's hands. **2.** *refl. V. (auch Geol.)* fold; ⟨*skin*⟩ wrinkle, become wrinkled
falten-, Falten-: ~**bildung** *die (auch Geol.)* folding; *(der Haut)* wrinkling; ~**frei** *Adj.* creaseless ⟨*fit*⟩; ~**gebirge** *das* [range of] fold mountains; ~**los** *Adj.* uncreased ⟨*garment*⟩; unwrinkled ⟨*skin*⟩; ~**reich** *Adj.* heavily pleated ⟨*robe*⟩; heavily lined ⟨*face*⟩; ~**rock** *der* pleated skirt; ~**wurf** *der* arrangement of the folds
Falter *der;* ~s, ~ *(Nacht~)* moth; *(Tag~)* butterfly
faltig a) *Adj.* ⟨*clothes*⟩ gathered [in folds]; wrinkled ⟨*skin, hands*⟩; **h)** *(zerknittert)* creased
-fältig [-fɛltɪç] *Adj., adv.* -fold; **hundert~/tausend~:** hundredfold/thousandfold
Falt-: ~**karte** *die* folding map; ~**karton** *der* collapsible cardboard box; ~**tür** *die* folding door
Faltung *die;* ~, ~en *(Geol.)* fold
Falz [falts] *der;* ~es, ~e **a)** *(Buchbinderei) (scharfe Faltlinie)* fold; *(Übergang zwischen Buchdeckel und -rücken)* groove; *(angehefteter Leinenstreifen)* guard; stub; **b)** *(bei Briefmarken)* hinge; **c)** *(Bauw., Holzverarb.)* rebate; rabbet; **d)** *(Technik)* lock seam; double seam
falzen *tr. V. (Buchbinderei)* fold; *(Technik)* seam
Falz·maschine *die* **a)** *(Buchbinderei)* folding machine; **b)** *(Technik)* seaming machine
Fama ['faːma] *die;* ~ *(geh.)* rumour; **es geht die ~, daß ...:** there is a rumour that ...
familial [famiˈli̯aːl] *Adj. (Soziol.)* familial
familiär [famiˈli̯ɛːɐ̯] **1.** *Adj.* **a)** family ⟨*problems, worries*⟩; **aus ~en Gründen** for family reasons; **b)** *(zwanglos)* familiar; informal; informal ⟨*tone, relationship*⟩. **2.** *adv. (zwanglos)* **sich ~ ausdrücken** to talk in a familiar way
Familiarität [familjariˈtɛːt] *die;* ~, ~en familiarity
Familie [faˈmiːli̯ə] *die;* ~, ~n **a)** family; ~ **Meyer** the Meyer family; ~ **haben** have a family; **eine ~ gründen** *(heiraten)* marry; *(Kinder bekommen)* start a family; **das bleibt in der ~:** it will stay in the family; it will go no further; **das kommt in den besten ~n vor** it happens in the best families; **das liegt in der ~:** it runs in the family; **b)** *(Biol.)* family
familien-, Familien-: ~**album** *das* family album; ~**angehörige der/die;** *adj. Dekl.* member of the family; ~**angelegenheit die** family affair *or* matter; **in dringenden ~angelegenheiten** on urgent family business; ~**anschluß der** personal contact [with a/the family]; ~**anzeigen** *Pl.* births, deaths, and marriages; ~**besitz der** in the family's possession; **dieses Stück ist aus altem ~besitz** this piece is a family heirloom; ~**betrieb der** family business *or* firm; ~**bibel die** family bible; ~**bild** *das (Foto)* family photograph; *(Gemälde)* family picture; ~**chronik die** family history; ~**ehre die** family honour; ~**feier die** family party; ~**feindlich** *Adj.* ⟨*policy etc.*⟩ hostile to the family; ~**flasche die** family-sized bottle; ~**forschung die** genealogy; ~**für·sorge die** family welfare service; ~**gerecht** *Adj.* ⟨*accommodation etc.*⟩ suiting the needs of families; ~**grab** *das* family grave; ~**gruft die** family vault; ~**krach der** (ugs.) family row; **bei uns gibt es oft ~krach** we often have family rows; ~**kreis der** family circle; **im engsten ~kreis** in the immediate family; ~**leben** *das; o. Pl.* family life; ~**minister der** minister responsible for family matters; ~**mit·glied das** member of the family; ~**name der** surname; family name; ~**ober·haupt das** head of the family; ~**paß der** family passport; ~**planung die;** *o. Pl.* family planning *no art.;* ~**politik die;** *o. Pl.* policy/policies relating to the family; ~**recht das** family law; ~**roman der** family saga; ~**schmuck der** family jewels *pl.;* family jewellery; ~**sinn der** sense of commitment to the family; ~**stand der** marital status; ~**stück das** family heirloom; ~**treffen das** family meeting; ~**vater der;** ~**vater sein** be the father of a family; **ein guter ~vater** a good husband and father; ~**verhältnisse** *Pl.* family circumstances; family background; **aus geordneten ~verhältnissen kommen** have a stable family background; ~**vor·stand der** *(Amtsspr.)* head of the family; ~**wappen das** family coat of arms; ~**zu·sammen·führung die** re-uniting of families; ~**zuwachs der** addition[s] to the family; ~**zuwachs bekommen/erwarten** be expecting an addition to the family
famos [faˈmoːs] *(veralt.)* **1.** *Adj.* splendid. **2.** *adv.* splendidly
famulieren [famuˈliːrən] *itr. V. (Med.)* do one's clinical training
Famulus ['faːmulʊs] *der;* ~, ~se *od.* Famuli ['faːmuli] **a)** *(Med.)* medical student doing his/her clinical training; intern *(Amer.);* **b)** *(veralt., scherzh.: Assistent)* famulus
Fan [fɛn] *der;* ~s, ~s fan
Fanal [faˈnaːl] *das;* ~s, ~e *(geh.)* torch; **ein ~ für etw. setzen** light a torch for sth.
Fanatiker [faˈnaːtikɐ] *der;* ~s, ~, **Fanatikerin** *die;* ~, ~nen fanatic; *(religiös)* fanatic; zealot
-fanatiker *der:* **Frischluft~/Fußball~:** fresh air/football fanatic
fanatisch 1. *Adj.* fanatical. **2.** *adv.* fanatically

fanatisieren *tr. V.* rouse to fanaticism; **der fanatisierte Mob** the fanatically excited mob
Fanatismus *der;* ~: fanaticism
fand [fant] *1. u. 3. Pers. Sg. Prät. v.* finden
Fandango [fanˈdaŋgo] *der;* ~s, ~s fandango
Fanfare [fanˈfaːrə] *die;* ~, ~n **a)** herald's trumpet; **die ~ blasen** play the ceremonial trumpet; **b)** *(Signal)* fanfare; flourish; ~**n erklingen** fanfares are sounded; **c)** *(Musikstück)* fanfare; **d)** *(am Auto)* musical [air] horn
Fanfaren-: ~**klang der** sound of the fanfare; ~**zug der** parade of trumpeters
Fang [faŋ] *der;* ~[e]s, **Fänge** ['fɛŋə] **a)** *o. Pl. (Tier~)* trapping; *(von Fischen)* catching; **zum ~ auslaufen** put to sea [to fish]; **b)** *o. Pl. (Beute)* bag; *(von Fischen)* catch; haul; **einen guten ~ machen** have a good catch; **c)** *(Jägerspr.: Fuß eines Raubvogels) Pl.* talons *pl.;* claws *pl.;* **was er einmal in den Fängen hat, rückt er nicht wieder heraus** *(fig. ugs.)* once something gets into his clutches, he doesn't let go; **d)** *Pl. (Jägerspr.: Fangzähne)* fangs *pl.*
Fang-: ~**arm der** *(Zool.)* tentacle; ~**ball der** catch; ~**eisen das** *Jagdw.* trap
fangen 1. *unr. tr. V.* **a)** *(ergreifen, fassen)* catch, trap ⟨*bird, animal*⟩; catch ⟨*fish*⟩; **die Katze fängt eine Maus** the cat catches a mouse; **eine ~** *(südd., österr. ugs.)* get a clip round the ear *(coll.);* **b)** *(gefangennehmen)* catch, capture ⟨*fugitive etc.*⟩; **gefangene Soldaten** captured soldiers; **in Frankreich/Rußland gefangen sein** be a prisoner of war in France/Russia; **von etw. [ganz] gefangen sein** *(fig.)* be [quite] enthralled by sth.; **sich gefangen geben** give oneself up; surrender; **c)** *auch itr. (auffangen)* catch ⟨*ball*⟩; **er kann gut/nicht ~:** he's good/not good at catching. **2.** *unr. refl. V.* **a)** *(in eine Falle geraten, nicht mehr frei kommen)* get *or* be caught; **der Wind fängt sich in etw.** sth. catches the wind; *s. auch* Schlinge b; **b)** *(wieder in die normale Lage kommen)* **sich [gerade] noch ~:** [just] manage to steady oneself; **sich wieder ~** *(fig.)* recover
Fangen *das;* ~**s: ~ spielen** play tag *or* catch
Fänger ['fɛŋɐ] *der;* ~s, ~: catcher; *(von Großwild)* hunter
fang-, Fang-: ~**flotte die** fishing leet; ~**frage die** catch question; trick question; ~**frisch** *Adj.* fresh; freshly caught ⟨*fish*⟩; ~**gebiet das** fishing ground; ~**leine die a)** *(Seemannsspr.) (eines Schiffs)* hawser; *(eines Bootes)* mooring rope; **b)** *(Fallschirmspringen)* shroud line; ~**netz das a)** *(Fischereiw.)* [fishing] net; **b)** *(Flugw.)* arrester gear; **c)** *(Artistik)* safety net
Fango·packung ['faŋgo-] *die (Med.)* fango pack
Fang-: ~**prämie die** bounty; ~**riemen der** *(binding)* strap; ~**schaltung die** *(Fernspr.)* tracing device; interception circuit; ~**schuß der** *(Jagdw.)* coup de grâce; ~**zeit die** the season
Fan- [fɛn-]: ~**klub der** fan club; ~**post die** fan mail
Fantasie [fantaˈziː] *die;* ~, ~n *(Musik)* fantasia
Faraday·käfig ['færadɪ-] *der (Physik)* Faraday cage
Färb-: ~**ab·stimmung die** colour balance; colour harmony; ~**band das** *(typewriter)* ribbon; ~**beutel der** paint bomb; ~**bild das a)** *(Aufnahme)* colour photo; **b)** *(Illustration)* colour picture; ~**dia das** colour slide; colour transparency; ~**druck der** colour print *or* reproduction
Farbe ['farbə] *die;* ~, ~n **a)** colour; ~ **bekommen/verlieren** get some colour/lose one's colour; **an ~ gewinnen/verlieren** *(fig.)* become more/less colourful; **die ~ wechseln** ⟨*person*⟩ blanch; **b)** *(Farbstoff) (für Texti-*

farbecht ... **fastnächtlich**

lien) dye; *(für Holz, Metall, Stein usw.)* paint; ~**n mischen/auftragen** mix/apply paint; **die ~n laufen ineinander/verblassen** the colours are running together/are fading; **etw. in den schwärzesten/glühendsten ~n malen** *od.* **schildern** *(fig.)* paint the gloomiest possible picture/a rosy picture of sth.; **c)** *o. Pl. (Buntheit)* colour; **der Film ist in ~**: the film is in colour; **d)** *meist Pl. (Symbol eines Landes, einer Vereinigung)* ~ **n colours**; **die ~ seines Landes vertreten** represent one's country; **die ~ wechseln** *(fig.)* change sides; **e)** *(Spielkarten)* suit; **eine ~ bedienen** follow suit; **~ bekennen** *(fig. ugs.)* come clean *(coll.)*
farb-, Farb-: ~echt *Adj.* colour-fast; ~**effekt** *der* colour effect; ~**empfindlich** *Adj.* **a)** colour-sensitive ⟨*film*⟩; **b)** *(nicht ~echt)* non-colour-fast
Färbe·mittel *das* dye
färben ['fɛrbn̩] **1.** *tr. V.* **a)** dye ⟨*wool, material, hair*⟩; **etw. grün/schwarz/beige ~**: dye sth. green/black/beige; **sich** *(Dat.)* **das Haar blond ~ lassen** have one's hair dyed blond; **b)** *meist im 2. Part. (verändert darstellen)* **eine politisch gefärbte Rede** a speech with a political slant; **ein gefärbter Bericht** a biased report. **2.** *refl. V.* change colour; **sich schwarz/rot** *usw.* **~**: turn black/red *etc.* **3.** *itr. V. (ugs.: ab~)* **der Stoff/die Bluse färbt** the material/the blouse runs
-farbig *Adj., adv.* **erd~/erdbeer~/creme~/haut~**: earth-/strawberry-/cream-/skin-coloured; **creme~ angestrichen** painted cream
farben-, Farben-: ~blind *Adj.* colour-blind; ~**freudig** *Adj.,* ~**froh** *Adj.* colourful; ~**industrie** *die* paint industry; ~**lehre** *die* theory of colour; ~**pracht** *die* colourful splendour; ~**prächtig** *Adj.* vibrant with colour *postpos.;* ~**sinn** *der; o. Pl.* colour-sense; sense of colour; ~**spiel** *das* play of colours; ~**test** *der (Psych.)* colour test; ~**tragend** *Adj.* ⟨*student fraternity*⟩ using traditional colours
Färber *der; ~s, ~*: dyer
Färberei *die; ~, ~en* **a)** *(Betrieb)* dye-works *sing.;* **b)** *o. Pl. (Verfahren)* dyeing
Färberin *die; ~, ~nen* dyer
Farb-: ~fernsehen *das* colour television; ~**fernseher** *der (ugs.)* colour telly *(coll.)* *or* television; **~fernseh·gerät** *das* colour television [set]; ~**film** *der* colour film; ~**filter, der,** *fachspr. meist: das* colour filter; ~**fleck** *der* paint spot; ~**foto** *das* colour photo; ~**fotografie die a)** *o. Pl. (Verfahren)* colour photography; **b)** *(Foto)* colour photograph; ~**gebung, ~gestaltung die** colouring; choice of colours
farbig 1. *Adj.* **a)** colourful **b)** *(bunt, fig.: anschaulich, lebhaft)* colourful ⟨*dress, picture, description, tale*⟩; **~e [Kirchen]fenster** stained-glass [church-]windows. **2.** *adv.* colourfully
-farbig *Adj., adv. s.* **-farben**
Farbige *der/die; adj. Dekl.* coloured man/woman; coloured; **die ~n in Amerika/Südafrika** the coloured people in America/the Coloureds in South Africa
Farbigkeit *die; ~ (auch fig.)* colourfulness
Farb-: ~karte *die* colour chart *or* guide; ~**klecks** *der* paint spot *or* splash; *(nicht aufgesogen)* blob of paint; paint spot; ~**kombination die** colour combination; ~**komposition die** colour composition
farblich 1. *Adj.* in colour *postpos.;* as regards colour *postpos.* **2.** *adv.* **etw. ~ aufeinander abstimmen** match sth. in colour
farb-, Farb-: ~los *Adj. (auch fig.)* colourless; clear ⟨*varnish*⟩; neutral ⟨*shoe polish*⟩; ~**losigkeit die** *~* **a)** colourlessness; **b)** *(fig.)* ~**negativ** *das (Fot.)* colour negative; ~**schicht** *die* layer of paint; *(beim Auftragen)* coat of paint; ~**skala die** colour range; ~**stift** *der* **a)** *(Buntstift)* coloured pencil; **b)** *(Filzstift)* coloured felt-tip *or* pen; ~**stoff** *der* **a)** *(Med., Biol.)* pigment; **b)** *(für Textilien)* dye; **c)** *(für Lebensmittel)* colouring; ~**ton** *der* shade; ~**tupfen, ~tupfer** *der* spot of colour
Färbung *die; ~, ~en* **a)** *(Farbgebung)* colouring; colour; **b)** *(das Färben)* dyeing; **c)** *(fig.: Tendenz)* slant
Farb-: ~walze *die (Druckw.)* ink[ing] roller; ~**wechsel** *der* **a)** *(wechselndes Auftreten von Farben)* variation in colour; **b)** *(Zool.)* ability to change skin-colour
Farce ['farsə] *die; ~, ~n* **a)** *(auch fig.)* farce; **b)** *(Kochk.)* stuffing; *(mit Fleisch)* forcemeat
farcieren *tr. V. (Kochk.)* fill; stuff
Farm [farm] *die; ~, ~en* farm
Farmer *der; ~s, ~*: farmer
Farn [farn] *der; ~[e]s, ~e* fern
Farn-: ~kraut *das* fern; ~**wedel** *der* fern frond
Färse ['fɛrzə] *die; ~, ~n* heifer
Fasan [fa'za:n] *der; ~[e]s, ~e[n]* pheasant
Fasanerie [fazanə'ri:] *die; ~, ~n* pheasantry
faschieren *tr. V. (österr.)* mince
Faschierte *das; adj. Dekl. (österr.)* minced meat; mince
Faschine [fa'ʃi:nə] *die; ~, ~n (Straßenbau)* fascine; faggot
Fasching ['faʃɪŋ] *der; ~s, ~e od. ~s* [pre-Lent] carnival; **im ~**: at carnival time
Faschings-: ~ball *der* carnival ball; ~**kostüm** *das* fancy-dress costume [for carnival]; ~**zug** *der* carnival procession
Faschismus [fa'ʃɪsmʊs] *der; ~*: fascism *no art.;* **Opfer des ~**: victim of fascism
Faschist *der; ~en, ~en,* **Faschistin** *die; ~, ~nen* fascist
faschistisch *Adj.* fascist
faschistoid [faʃɪsto'i:d] *Adj.* fascistic
Fase ['fa:zə] *die; ~, ~n (Technik)* bevel [edge]; chamfer [edge]
Faselei *die; ~, ~en (ugs. abwertend)* drivel; twaddle
faseln ['fa:zn̩] *itr. V. (ugs. abwertend)* drivel; blather
fasen ['fa:zn̩] *tr. V. (Technik)* bevel; chamfer
Faser ['fa:zɐ] *die; ~, ~n* fibre; **mit jeder ~ seines Herzens an etw.** *(Dat.)* **hängen** *(geh.)* love sth. with every fibre of one's being
Faser·glas *das; o. Pl. (Technik)* fibreglass
faserig *Adj.* fibrous ⟨*paper*⟩; stringy ⟨*meat*⟩
fasern *itr. V.* fray
faser-, Faser-: ~pflanze die fibre-plant; ~**schonend** *Adj.* gentle [to fabrics]; ~**stoff** *der* fibrous material
Fas·nacht ['fas-] *die; o. Pl. (bes. südd.) s.* **Fastnacht**
Faß [fas] *das,* **Fasses, Fässer** ['fɛsɐ] barrel *(Öl~, Benzin~ usw.);* drum; *(kleines Bier~)* keg; *(kleines Sherry~, Portwein~ usw.)* cask; *(Butter~)* churn; **Bier vom ~**: draught beer; **Wein vom ~**: wine from the wood; **er ist [so] dick wie ein ~** *(ugs.)* he's as fat as a barrel; **er säuft wie ein ~** *(ugs.)* he drinks like a fish; **das schlägt dem ~ den Boden aus** *(ugs.)* that takes the biscuit *(Brit. coll.) or (coll.)* cake; **das bringt das ~ zum Überlaufen** that's the last straw; **ein ~ ohne Boden sein** be an endless drain on sb.'s resources; **ein ~ aufmachen** *(ugs.)* paint the town red
Fassade [fa'sa:də] *die; ~, ~n* **a)** *(auch fig.)* façade; frontage; **b)** *(abwertend: äußere Erscheinung)* façade; front; **das ist nur [noch] ~**: it is just a façade *or* front; **sie hat eine hübsche ~**: she is pretty on the outside
Fassaden-: ~kletterer *der; ~s, ~*: cat-burglar; ~**lift** *der* [workmen's/window-cleaners'] cradle; ~**reiniger** *der* workman who cleans the exteriors of buildings
faßbar *Adj.* **a)** *(greifbar, konkret)* tangible; concrete ⟨*results*⟩; **b)** *(verständlich)* comprehensible
Faß-: ~bier *das* draught beer; beer on draught; ~**binder** *der; ~s, ~ (bes. südd., österr.)* cooper
Fäßchen ['fɛsçən] *das; ~s, ~*: small barrel; [small] cask
fassen ['fasn̩] **1.** *tr. V.* **a)** *(greifen)* grasp; take hold of; take hold of sb.'s arm; **jmdn. bei der Hand ~**: take hold of sb.'s hand; take sb. by the hand; **etw. zu ~ bekommen** get a hold on sth.; **faß!** grab it/him!; *s. auch* **Ehre** c; **Fuß** b; **Kopf** a; **Nase** a; **Schopf** a; **Stier** a; **Wurzel** a; **b)** *(festnehmen)* catch ⟨*thief, culprit*⟩; **c)** *(aufnehmen können)* ⟨*hall, tank*⟩ hold; **d)** *(begreifen)* **ich kann es nicht ~**: I cannot take it in; **das ist [doch] nicht zu fassen!** it's incredible; **e)** *(in verblaßter Bedeutung)* make, take ⟨*decision*⟩; **Vertrauen zu jmdm. ~**: begin to feel confidence in sb.; trust sb.; **Mut ~**: take courage; **er konnte keinen klaren Gedanken ~**: he could not think clearly; *s. auch* **Auge** a; **Herz** b; **f)** *(in eine Fassung bringen)* set, mount ⟨*jewel*⟩; curb ⟨*spring, well*⟩; **g)** *(formulieren, gestalten)* **etw. in Worte/Verse ~**: put sth. into words/verse; **einen Begriff eng/weit ~**: define a concept narrowly/widely; **h)** *(geistig er~)* grasp; **i)** *(als Ladung aufnehmen)* take on ⟨*load, goods*⟩; **j)** *(Soldatenspr. V.* **a)** *(greifen)* **nach etw. ~**: reach for sth.; **in etw.** *(Akk.)* **~**: put one's hand in sth.; **an etw.** *(Akk.)* **~**: touch sth.; **ins Leere ~**: grasp thin air; **b)** *(einrasten)* ⟨*screw*⟩ bite; ⟨*cog*⟩ mesh. **3.** *refl. V.* **a)** pull oneself together; recover [oneself]; **sich [schnell/allmählich] wieder ~**: recover [quickly/gradually]; **b)** **sich kurz ~**: be brief; *s. auch* **Geduld**
fässer·weise *Adv.* by the barrel
faßlich *Adj.* comprehensible; intelligible; **etw. in [leicht] ~er Form schreiben** write sth. in an easily comprehensible way
Fasson [fa'sõ:] *die; ~, ~s* style; shape; **keine ~ mehr haben** have become shapeless; **jeder muß nach seiner [eigenen]** *od.* **auf seine [eigene] ~ selig werden** everyone has to work out his own salvation
Fasson·schnitt *der* short back and sides
Fassung *die; ~, ~en* **a)** *(sprachliche, künstlerische Form)* version; **b)** *o. Pl. (Selbstbeherrschung, Haltung)* composure; **die ~ bewahren** keep one's composure; **die ~ verlieren** lose one's self-control; **jmdn. aus der ~ bringen** upset *or* ruffle sb.; **etw. mit ~ tragen** bear sth. calmly; **nach ~ ringen** struggle to retain one's composure; **c)** *(für Glühlampen)* holder; **d)** *(von Juwelen)* setting; *(Bilder~, Brillen~)* frame
fassungs-, Fassungs-: ~kraft die s. **Auffassungsgabe;** ~**los** *Adj.* stunned; **ich war einfach ~los** *(ugs.)* I was completely bewildered; **vor Schmerz sein** be beside oneself with grief; **jmdn. ~los anstarren** gaze at sb. in bewilderment; ~**losigkeit die** state of bewilderment; ~**vermögen das;** *o. Pl.* capacity
fast [fast] *Adv.* almost; nearly; **~ nie** almost never; hardly ever; **~ nirgends** hardly anywhere; **~ nichts** almost nothing; hardly anything
fasten *itr. V.* fast; **das lange/kurze Fasten** the long/short fast
Fasten *Pl.* **a)** ⟨*~zeit vor Ostern*⟩ Lent *sing.;* **b)** *(Bußübungen)* Lenten works of penance
Fasten-: ~kur *die* drastic reducing diet; **eine ~kur machen** be/go on a drastic reducing diet; ~**predigt** *die (kath. Rel.)* Lent[en] sermon; ~**zeit** *die* **a)** *(Rel.)* time of fasting; **b)** *(kath. Rel.)* Lent
Fast·nacht *die* **a)** *(Faschingsdienstag)* Shrove Tuesday; **b)** *(Karneval)* carnival; Shrovetide; **während der ~**: at Shrovetide; at carnival time; **~ feiern** celebrate Shrovetide *or* the carnival
fast·nächtlich *Adj.; nicht präd.* Shrovetide; carnival

Fastnachts-: ~**brauch** der Shrovetide custom; ~**dienstag** der Shrove Tuesday; ~**kostüm** das [carnival] fancy dress; ~**spiel** das *(Literaturw.)* Shrovetide play; ~**treiben** das [carnival] hustle and bustle; ~**zeit** die Shrovetide; ~**zug** der carnival procession
Faszikel [fas'tsiːkl̩] der; ~s, ~: fascicle
Faszination [fastsinaˈtsi̯oːn] die; ~: fascination; **eine ~ auf jmdn. ausüben** fascinate sb.
faszinieren [fastsi'niːrən] tr. V. fascinate
fatal [fa'taːl] Adj. a) *(peinlich, mißlich)* awkward; embarrassing; ~**e Folgen haben** have unfortunate consequences; **sich als ~ erweisen** prove [to be] rather unfortunate; b) *(verhängnisvoll)* fatal
fataler·weise Adv. unfortunately
Fatalismus der; ~: fatalism
Fatalist der; ~en, ~en fatalist
fatalistisch 1. Adj. fatalistic. **2.** adv. fatalistically
Fata Morgana [ˈfaːta mɔrˈɡaːna] die; ~ ~, ~ **Morganen** od. ~ ~s fata morgana; mirage; *(fig.)* illusion
Fatum [ˈfaːtʊm] das; ~s, **Fata** *(geh.)* fate; destiny
Fatzke [ˈfatskə] der; ~n od. ~s, ~n od. ~s *(ugs. abwertend)* twit *(Brit. sl.)*; jerk *(sl.)*
fauchen [ˈfauxn̩] itr. V. a) ⟨cat⟩ hiss; ⟨tiger⟩ snarl; *(fig.)* ⟨engine⟩ hiss; b) *(sich gereizt äußern)* snarl
faul [faul] **1.** Adj. a) *(verdorben)* rotten, bad ⟨food⟩; bad ⟨tooth⟩; rotten ⟨wood⟩; foul, stale ⟨air⟩; foul ⟨water⟩; b) *(träge)* lazy; idle; **zu ~ zu etw. sein/zu ~ sein, etw. zu tun** be too lazy *or* idle for sth./to do sth.; **er hat heute seinen ~en Tag** *(ugs.)* he's having a lazy day today; **er, nicht ~, übernahm die Leitung** he was not slow in taking over; **auf der ~en Haut liegen/sich auf die ~e Haut legen** take it easy; c) *(ugs.: nicht einwandfrei)* bad ⟨joke⟩; dud ⟨cheque⟩; fishy ⟨peace⟩; lame ⟨excuse⟩; shabby ⟨compromise⟩; shady ⟨business, customer⟩; **das ist doch [alles] ~er Zauber** it's [all] quite bogus; **etwas ist ~ im Staate Dänemark** something is rotten in the state of Denmark; d) *(säumig)* bad ⟨debtor⟩. **2.** adv. *(träge)* lazily; idly
Faul·baum der alder buckthorn; alder dogwood
Fäule [ˈfɔylə] die; ~: foulness
faulen itr. V.; meist mit sein ⟨vegetables, fruit, straw, leaves, wood⟩ rot; ⟨water⟩ go foul, stagnate; ⟨meat⟩ go off, putrefy; ⟨fish⟩ go off, go bad
faulenzen [ˈfaulɛntsn̩] itr. V. laze about; loaf about *(derog.)*
Faulenzer der; ~s, ~: idler; lazy-bones sing. (coll.)
Faulenzerei die; ~, ~en *(abwertend)* idleness; laziness
Faul·gas das sludge *or* sewage gas
Faulheit die; ~: laziness; idleness; **vor ~ stinken** *(ugs.)* be bone-idle
faulig Adj. stagnating ⟨water⟩; putrefying ⟨meat⟩; ⟨meat⟩ which is going bad; rotting ⟨vegetables, fruit⟩; foul, putrid ⟨smell⟩; ~ **schmecken/riechen** taste/smell bad *or* off
Fäulnis [ˈfɔylnɪs] die; ~: rottenness; *(fig.)* decadence; degeneracy; **in ~ übergehen** begin to rot
Fäulnis-: ~**bakterie** die putrefactive bacterium; ~**erreger** der putrefactive agent; organism causing putrefaction
Faul-: ~**pelz** der *(fam.)* lazy-bones sing. (coll.); ~**schlamm** der sludge; ~**tier** das a) *(Zool.)* sloth; b) *(ugs.: Faulenzer)* s. ~**pelz**
Faun [faun] der; ~[e]s, ~e faun
Fauna [ˈfauna] die; ~, **Faunen** *(Zool.)* fauna
faunisch 1. Adj. *(geh.)* a) *(naturhaft)* faunlike; b) *(sinnesfroh)* lascivious. **2.** adv. lasciviously
Faust [faust] die; ~, **Fäuste** [ˈfɔystə] fist; **eine ~ machen, die Hand zur ~ ballen** clench one's fist; **die ~ ballen/öffnen** clench/unclench one's fist; **auf jmdn./etw. mit den Fäusten losgehen** fly at sb. with one's fists; **jmdm. mit der ~ ins Gesicht schlagen** punch sb. in the face; **das paßt wie die ~ aufs Auge** *(ugs.)* *(paßt nicht)* that clashes horribly; *(paßt)* that matches perfectly; **er paßt zu ihr wie die ~ aufs Auge** *(ugs.)* they are like chalk and cheese *or* like night and day; **die ~ im Nacken spüren** *(fig.)* begin to feel the pressure; **die ~/Fäuste in der Tasche ballen** *(fig.)* be seething inwardly; **auf eigene ~** on one's own initiative; off one's own bat *(coll.)*; **mit der ~ auf den Tisch schlagen** *od.* **hauen** *(fig.)* put one's foot down
Faust-: ~**abwehr** die *(Ballspiele)* save with the fists; ~**ball** der faustball
Fäustchen [ˈfɔystçən] das; ~s, ~: fist; **sich** *(Dat.)* **eins ~ lachen** laugh up one's sleeve
faust·dick 1. Adj. as thick as a man's fist postpos.; **eine ~e Lüge** *(fig.)* a bare-faced lie. **2.** adv. **er hat es ~ hinter den Ohren** *(ugs.)* he's a crafty or sly one
Fäustel [ˈfɔystl̩] der; ~s, ~: club hammer; stonemason's hammer
fausten tr. V. fist, punch ⟨ball⟩
faust-, Faust-: ~**groß** Adj. as big as a fist postpos.; ~**hand·schuh** der mitten; ~**hieb** der punch
faustisch Adj. *(geh.)* Faustian
Faust-: ~**kampf** der *(geh.)* pugilism; boxing; *(Wettkampf)* boxing contest; ~**kämpfer** der *(geh.)* pugilist; boxer; ~**keil** der *(Archäol.)* hand-axe
Fäustling [ˈfɔystlɪŋ] der; ~s, ~e mitten
Faust-: ~**pfand** das security; *(fig.)* bargaining-counter; **ein ~pfand verlangen** demand security; ~**recht** das; o. Pl. rule of force; ~**regel** die rule of thumb; ~**schlag** der punch; **jmdm. einen ~schlag versetzen** punch sb.
Fauteuil [foˈtøːj] der; ~s, ~s *(bes. österr., sonst veralt.)* armchair
Fauvismus [foˈvɪsmʊs] der; ~ *(bild. Kunst)* fauvism *no art.*
Fauxpas [foˈpa] der; ~, ~: faux pas
favorisieren [favoriˈziːrən] tr. V. a) *(geh.: bevorzugen)* favour; b) *(Sport)* **er ist klar favorisiert** he is the clear favourite
Favorit [favoˈriːt] der; ~en, ~en favourite
Favoriten·rolle die position as favourite
Favoritin die; ~, ~nen favourite
Fax [faks] das; ~, ~[e] fax
faxen tr. V. fax
Faxen Pl. *(ugs.)* a) *(dumme Späße)* fooling around; **nur ~ im Sinn** *od.* **Kopf haben** do nothing but fool around *or* play the fool; **laß die ~!** stop fooling around *or* playing the fool!; b) *(Grimassen)* ~ **machen** *od.* **schneiden** make *or* pull faces
Fax: ~**gerät** das fax machine; ~**nummer** die fax number
Fayence [faˈjãːs] die; ~, ~n faience
Fazialis [faˈtsi̯aːlɪs] der; ~ *(Anat.)* facial nerve
Fazit [ˈfaːtsɪt] das; ~s, ~s od. ~e result; das ~ **[aus etw.] ziehen** sum [sth.] up
FCKW Abk. Fluorchlorkohlenwasserstoff CFC
FDGB [ɛfdeːgeːˈbeː] der; ~[s] Abk. *(DDR)* Freier Deutscher Gewerkschaftsbund
FDJ [ɛfdeːˈjɔt] die; ~ Abk. *(DDR)* Freie Deutsche Jugend Free German Youth
FDJler [ɛfdeːˈjɔtlɐ] der; ~s, ~, **FDJlerin** die; ~, ~nen *(DDR)* Free German Youth member
F.D.P. [ɛfdeːˈpeː] die; ~ Abk. Freie Demokratische Partei
F-Dur [ˈɛf-] das; ~ *(Musik)* [key of] F major; s. auch A-Dur
Feature [ˈfiːtʃɐ] das; ~s, ~s od. die; ~, ~s *(Rundf., Ferns., Zeitungsw.)* feature
Feber [ˈfeːbɐ] der; ~[s], ~ *(österr.)* February
Febr. Abk. Februar Feb.
Februar [ˈfeːbruaːɐ̯] der; ~[s], ~e February; s. auch April
Fecht-: ~**bahn** die [fencing] piste; ~**boden** der *(Studenspr.)* fencing room
fechten [ˈfɛçtn̩] unr. itr., tr. V. a) fence; **für etw. ~** *(fig. auch: Kampf)* fight for sth.; b) *(geh.: im Krieg kämpfen)* fight
Fechter der; ~s, ~: fencer
Fechter·flanke die *(Turnen)* flank vault
Fechterin die; ~, ~nen fencer; s. auch -in
Fecht-: ~**hand·schuh** der fencing glove; ~**hieb** der cut; ~**kampf** der rapier fight; *(Sport)* fencing bout; ~**maske** die fencing mask; ~**meister** der fencing master; ~**sport** der fencing; ~**stellung** die fencing stance; ~**waffe** die fencing weapon
Fedajin [fedaˈjiːn] der; ~[s], ~/~s fedayin
Feder [ˈfeːdɐ] die; ~, ~n a) *(Vogel~)* feather; *(Gänse~)* quill; *(lange Hut~)* plume; **leicht wie eine ~ sein** be as light as a feather; **in die ~n kriechen** *(ugs.)* turn in *(coll.)*; **[noch] in den ~n liegen** *(ugs.)* [still] be in one's bed; **er ließ ~n** *od.* **mußte ~n lassen** *(ugs.)* he did not come out [of it] unscathed; **sich mit fremden ~n schmücken** strut in borrowed plumes; b) *(zum Schreiben)* nib; *(mit Halter)* pen; *(Gänse~)* quill[-pen]; **ein Mann der ~** *(geh.)* a man of letters; **eine spitze ~ führen** *(geh.)* wield a sharp pen; **aus berufener ~ stammen** *(geh.)* come from an authoritative source; **jmdm. etw. in die ~ diktieren** dictate sth. to sb.; **zur ~ greifen** *(geh.)* take up one's pen; c) *(Technik)* spring; d) *(Tischlerei)* tongue
Feder·antrieb der *(Technik)* clockwork
Feder·ball der a) o. Pl. *(Spiel)* badminton; b) *(Ball)* shuttlecock
Federball-: ~**schläger** der badminton racket; ~**spiel** das *(Zubehör)* badminton rackets and shuttlecock; b) o. Pl. badminton
feder-, Feder-: ~**bein** das *(Technik)* *(am Auto)* suspension strut; *(am Motorrad)* telescopic arm; ~**bett** das duvet *(Brit.)*; continental quilt *(Brit.)*; stuffed quilt *(Amer.)*; ~**blume** die artificial flower [made of feathers]; ~**boa** die feather boa; ~**busch** der a) *(Hutzierde)* plume; b) *(eines Vogels)* crest; ~**fuchser** [~fʊksɐ] der; ~s, ~ *(abwertend)* pen-pusher; ~**führend** Adj. in charge postpos.; **der ~führende Redakteur** the chief editor; **die ~führung: unter der ~führung des Ministers** under the overall control of the minister; **die ~führung haben** have overall control; be in overall charge; ~**gewicht** *(Schwerathletik)* a) o. Pl. *(Gewichtsklasse)* featherweight; s. auch **Fliegengewicht**; b) *(Sportler)* featherweight; ~**gewichtler** der; ~s, ~: featherweight; ~**halter** der fountain-pen; ~**kiel** der quill; ~**kissen** das feather cushion; *(im Bett)* feather pillow; ~**kleid** das *(geh.)* plumage; ~**kraft** die a) tension (of a/the spring); b) *(Elastizität)* springiness; ~**leicht 1.** Adj. ⟨person⟩ as light as a feather; featherweight ⟨object⟩; **2.** adv. as light as a feather; ~**lesen** das: **nicht viel ~lesen[s] mit jmdm./etw. machen** give sb./sth. short shrift; make short work of sth.; **ohne viel ~lesen[s], ohne langes ~lesen** without much ado; **viel zu viel ~lesen[s] machen** make far too much fuss; ~**mappe** die pen and pencil case; ~**messer** das penknife
federn 1. itr. V. ⟨springboard, floor, etc.⟩ be springy; **in den Knien ~** bend at the knees; **ein ~der Gang** a springy *or* bouncy walk; **mit ~den Schritten** with a spring in one's step. **2.** tr. V. **mit einer Federung versehen** spring; **das Auto ist gut/schlecht gefedert** the car has good/poor suspension; **das Bett ist gut gefedert** the bed is well-sprung; b) s. **teeren**
Feder-: ~**ohr** das ear-tuft; plumicorn; ~**schaft** der shaft of a/the feather; ~**schmuck** der a) *(Kopfschmuck)* feather

1083

Federspiel

head-dress; b) (geh.: Gefieder) plumage; ~**spiel** das (Jägerspr.) lure; ~**skizze** die pen-and-ink sketch; ~**strich** der stroke of the pen; **du hast noch keinen ~strich getan** (fig. ugs.) you have not yet put pen to paper

Federung die; ~, ~**en** (in Möbeln) springs pl.; (Kfz-W.) suspension

Feder-: ~**vieh** das (ugs.) poultry; ~**waage** die spring balance; ~**weiße** der; adj. Dekl. new wine; ~**werk** das spring mechanism; ~**wild** das game birds pl.; ~**wisch** der feather-duster; ~**wolke** die wispy or fleecy cloud; ~**zeichnung** die pen-and-ink drawing

Fee [fe:] die; ~, ~**n** fairy

Feedback ['fi:dbæk] das; ~**s**, ~**s** feedback

Feeling ['fi:lɪŋ] das; ~**s**, ~**s** feeling; (Geschicklichkeit) feel

feenhaft Adj. fairy-like

Feen-: ~**königin** die fairy queen; queen of the fairies; ~**reich** das Fairyland; **ins ~reich** to Fairyland

Fege·feuer das purgatory

fegen ['fe:gn] 1. tr. V. a) (bes. nordd.: säubern) sweep; b) (schnell entfernen) brush; **etwas vom Tisch ~**: brush sth. off the table; (fig.) brush sth. aside; **den Gegner vom Platz ~** (Sportjargon) wipe the floor with one's opponent/opponents; c) (schnell treiben) sweep; drive; d) (bes. südd.: blank reiben) scour (pots, pans); e) auch itr. V. (Jägerspr.) fray; **die Hirsche ~ [ihr Geweih]** the stags fray [their heads]. 2. itr. V. a) sweep up; b) mit sein (rasen, stürmen) sweep; tear (coll.)

Feger der; ~**s**, ~ (ugs.) live-wire

Fehde ['fe:də] die; ~, ~**n** feud; **mit jmdm. in ~ liegen** be at feud with sb.; **literarische/politische ~n [mit jmdm.] austragen/ausfechten** (fig. geh.) carry on/fight out literary/political controversies [with sb.]

Fehde·hand·schuh der (geh.) **jmdm. den ~ hinwerfen** od. **vor die Füße werfen** throw down the gauntlet to sb.; **den ~ aufnehmen** od. **aufheben** take up the gauntlet

fehl [fe:l] Adv. **~ am Platz[e] sein** be out of place

Fehl in **ohne Fehl [und Tadel] sein** (geh.) be faultless or beyond reproach

Fehl·anzeige die a) (ugs.: Ausdruck der Verneinung) no chance (coll.); b) (Milit.) nil return

fehlbar Adj. fallible

Fehlbarkeit die; ~; fallibility

Fehl-: ~**bedienung** die incorrect operation; ~**besetzung** die: **so viele ~besetzungen** so many examples of miscasting; **[als Ophelia] eine ~besetzung sein** be miscast [in the role of Ophelia]; ~**bestand** der shortage; deficiency; ~**betrag** der (bes. Kaufmannsspr.) deficit; ~**bildung** die (Med.) deformity; malformation; ~**diagnose** die incorrect diagnosis; ~**druck** der; Pl. ~**drucke** (Philat.) misprint; ~**ein·schätzung** die false assessment; (einer Entwicklung) misjudgement

fehlen itr. V. a) (nicht vorhanden sein) **ihm fehlt der Vater/das Geld** he has no father/no money; **ihr fehlt der Sinn dafür** she lacks a or has no feeling for it; b) (ausbleiben) be missing; be absent; **[un]entschuldigt ~**: be absent with[out] permission; **du darfst bei dieser Party nicht ~**: you mustn't miss this party; **diese Zutat darf bei dieser Soße nicht ~**: this ingredient is a must in this sauce; c) (verschwunden sein) be missing; be gone; **in der Kasse fehlt Geld** money is missing or has gone from the till; d) (vermißt werden) **er/das wird mir ~**: I shall miss him/that; e) (erforderlich sein) be needed; **zwei Punkte ~ nur noch** only two points are still needed; **ihm ~ noch zwei Punkte zum Sieg** he needs only two points to win; **es fehlte nicht viel, und ich wäre eingeschlafen** I all but fell asleep; **das fehlte mir gerade noch [zu meinem Glück]**, **das hat mir gerade noch gefehlt** (ugs.) that's all I needed; f) unpers. (mangeln) **es fehlt an Lehrern** there is a lack of teachers; **es fehlt am Nötigsten** what is most needed is lacking; **bei ihnen fehlt es am Nötigsten** they lack what is most needed; **es an nichts ~ lassen** provide everything that is needed; **an mir soll es nicht ~**: I shall do my part; **es fehlt an allen Ecken und Enden** od. **Kanten [bei jmdm.]** sb. is short of everything; g) (krank sein) **was fehlt Ihnen?** what seems to be the matter?; **fehlt dir etwas?** is there something wrong?; are you all right?; **mir fehlt nichts** I'm all right; there is nothing wrong with me; h) **weit gefehlt!** (geh.) far from it!; i) (geh.: sündigen) do wrong; sin

Fehl-: ~**entscheidung** die wrong decision; ~**entwicklung** die abortive development

Fehler der; ~**s**, ~ a) (Unrichtigkeit, Irrtum) mistake; error; (Sport) fault; **der Schiedsrichter entschied** od. **erkannte auf ~**: the referee called a fault; b) (schlechte Eigenschaft) fault, shortcoming; (Gebrechen) [physical] defect; **der ~ ist, daß er ...**: it is a fault of his that ...; c) (schadhafte Stelle) flaw; blemish; **Textilien/Porzellan mit kleinen ~n** textiles/porcelain with small flaws or imperfections

fehler·frei 1. Adj. faultless, perfect ⟨piece of work, dictation, etc.⟩; correct ⟨measurement⟩; **ein ~es Deutsch sprechen/schreiben** speak/write faultless or perfect German; (Reiten) **ein ~er Durchgang** a clear round. 2. adv. without any faults; (Reiten) without any faults; **ich spreche französisch, aber nicht ~**: I can speak French, but not perfectly

Fehler·grenze die margin of error; tolerance; **die ~ liegt bei 30 %** there's a 30 % margin of error

fehlerhaft Adj. faulty; defective; imperfect ⟨pronunciation⟩; incorrect ⟨measurement⟩; **eine ~e Stelle im Material** a defect in the material

fehler-, Fehler-: ~**los** 1. Adj. flawless; 2. adv. flawlessly; without a mistake; **etw. ~los schreiben/aufsagen** write/recite sth. without a mistake; ~**quelle** die source of error; ~**quote** die (Statistik, Schulw.) error rate; ~**rechnung** die; o. Pl. calculus of accidental error; ~**suche** die a) (bei der Reparatur) **ein Gerät zur ~suche** a device for detecting faults; b) (zur Kontrolle) **bei der ~suche** when checking for faults; (DV: im Programm) when checking for errors; ~**zahl** die number of mistakes or errors

fehl-, Fehl-: ~**farbe** die (Kartenspiel) (Farbe, die einem Spieler fehlt) void suit; (Farbe, die nicht Trumpf ist) plain suit; **mit einer ~farbe bedienen** follow with a non-trump card; ~**geburt** die miscarriage; ~**gehen** unr. itr. V.; mit sein (geh.) a) (sich irren) go or be wrong; **in einer Annahme ~gehen** be wrong in an assumption; b) (sich verlaufen) lose one's way; **Sie können nicht ~gehen** you cannot go [far] wrong; c) (nicht treffen) ⟨shot⟩ miss [the mark]; ~**griff** der wrong choice; **einen ~griff tun** make a mistake or the wrong choice; ~**information** die piece of wrong information; **einer ~information aufsitzen** (ugs.) have been given wrong information; **auf einer ~information beruhen** be based on [a piece of] incorrect information; ~**interpretation** die misinterpretation; ~**investition** die (bes. Wirtsch.) a) bad investment; b) (ugs.: Gegenstand) **eine [glatte] ~investition sein** be a [total] waste of money; ~**kalkulation** die miscalculation; ~**kauf** der (ugs.) bad buy; ~**konstruktion** die: **eine ~konstruktion sein** be badly designed; ~**leistung** die (Psych.) slip; mistake; **eine Freudsche ~leistung** a Freudian slip; ~**leiten** tr. V. (geh.)

feiern

misdirect; misroute ⟨transport, convoy⟩; ~**paß** der (Ballspiele) bad pass; ~**planung** die [piece of] bad planning no art.; ~**schlag** der failure; ~|**schlagen** unr. itr. V.; mit sein fail; ⟨hopes⟩ come to nothing; ~**schluß** der wrong conclusion; ~**sichtig** [~zɪçtɪç] Adj. ⟨person⟩ with defective vision; ~**sichtigkeit** die defective vision; ~**start** der a) (Leichtathletik) false start; b) (Flugw.) faulty start; c) (Raumf.) abortive launch; ~**tritt** der a) (falscher Tritt) false step; b) (geh.: Verfehlung) slip; indiscretion; (veralt.: gesellschaftlich verpönte Liebesbeziehung) indiscretion; **einen ~tritt begehen, sich eines ~tritts schuldig machen** commit an indiscretion; ~**urteil** das a) (Rechtsspr.) **ein ~urteil fällen** ⟨jury⟩ return a wrong verdict; ⟨judge⟩ pass a wrong judgement; b) (falsche Beurteilung) error of judgement; **ein ~urteil über etw. (Akk.) abgeben** make an incorrect assessment of sth.; ~**verhalten** das (fehlerhaftes Verhalten) incorrect conduct; ~**verhalten beim Überholen** incorrect action when overtaking; b) (anormales Verhalten) aberrant behaviour; ~**versuch** der (Gewichtheben, Hochsprung) unsuccessful attempt; failure; (Weitsprung) foul jump; ~**zündung** die (Technik) misfire

Fehn [fe:n] das; ~[**e**]**s**, ~**e** fen; marsh

Fehn·kultur die (Landw.) method of cultivation which puts marshland to agricultural use

feien ['faiən] tr. V.; meist im 2. Part. (geh.) protect (gegen against); **gegen Tropenkrankheiten gefeit sein** be immune to tropical diseases

Feier ['faiɐ] die; ~, ~**n** a) (Veranstaltung) party; (aus festlichem Anlaß) celebration; **zu od. anläßlich einer Begebenheit eine ~ veranstalten** celebrate an occasion with a party; **eine ~ in kleinem Rahmen/im Familienkreis** a small [family] celebration/party; **keine ~ ohne Meier** (scherzh.) he/she etc. never misses a party; b) (Zeremonie) ceremony; **die ~ des heiligen Abendmahls** the celebration of Holy Communion; **zur ~ des Tages** (oft scherzh.) to mark the day; in honour of the occasion

Feier·abend der a) (Zeit nach der Arbeit) evening; **den ~ genießen** enjoy one's evening; **schönen ~!** have a nice evening; b) (Arbeitsschluß) finishing time; **nach ~** after work; **~ machen** finish work; knock off; **für mich ist ~, dann ist** od. **mache ich ~** (fig. ugs.) I'm finished; I've had enough (coll.)

Feierabend-: ~**beschäftigung** die leisure pursuit; spare-time interest; ~**heim** das (DDR) old people's home; ~**lektüre** die leisure-time reading

Feierei die; ~, ~**en** (ugs. abwertend) **diese ständige ~** these endless parties

feierlich 1. Adj. a) ceremonial; solemn; **eine ~e Handlung** a ceremonial act; **eine ~e Stille** a solemn silence; **das ist ja [schon] nicht mehr ~** (ugs.) it's got beyond a joke; b) (emphatisch) solemn ⟨declaration⟩. 2. adv. a) solemnly; ceremoniously; **jmdm. ist ~ zumute** sb. is in a solemn mood or frame of mind; **~ verabschiedet werden** be given a ceremonious farewell; b) (emphatisch) solemnly ⟨declare, swear, etc.⟩

Feierlichkeit die; ~, ~**en** a) o. Pl. (Würde, Ernst) solemnity; b) meist Pl. (feierliche Veranstaltung) celebration; festivity

feiern 1. tr. V. a) (festlich begehen) celebrate ⟨birthday, wedding, etc.⟩; **man muß die Feste ~, wie sie fallen** you have to enjoy yourself while you can; b) (ehren, umjubeln) acclaim ⟨artist, sportsman, etc.⟩; **ein gefeierter Sportler/Dichter** a celebrated sportsman/poet; **Triumphe ~**: win the highest acclaim. 2. itr. V. (lustig beisammen sein) celebrate; have a party

Feierschicht   **Feldspieler**

f**eier-, Feier-**: ~**schicht** die *(Arbeitswelt)* cancelled shift; eine ~**schicht einlegen müssen** have one's shift cancelled; ~**stunde** die ceremony; jmdn. in/mit einer ~**stunde ehren** hold a ceremony in sb.'s honour; ~**tag** der holiday; ein gesetzlicher/kirchlicher ~**tag** a public holiday/religious festival; **an Sonn- und** ~**tagen** on Sundays and public holidays; jmdm. schöne ~**tage wünschen** wish sb. a good holiday; **für mich ist heute ein** ~**tag** *(fig.)* today is a very special or a red letter day for me; ~**täglich** *Adj.* solemn ⟨*silence, mood*⟩; ~**tags** *Adv.* sonn- und ~**tags** on Sundays and public holidays; ~**tags·stimmung** die Sunday mood

feig, feige [faik, 'faigə] **1.** *Adj.* cowardly. **2.** *adv.* like a coward/like cowards; in a cowardly way

Feige die; ~, ~**n** fig

Feigen-: ~**baum** der fig tree; ~**blatt** das **a)** *(Blatt)* fig-leaf; **b)** *(fig.: Verhüllung)* front; cover; ~**kaktus** der Indian fig; prickly pear

Feigheit die; ~: cowardice; cowardliness; ~ **vor dem Feind** *(Milit.)* cowardice in the face of the enemy

Feigling der; ~**s**, ~**e** coward

feil [fail] *Adj. (veralt.)* for sale *postpos.*; *(fig.)* venal; **eine** ~**e Dirne** *(veralt.)* a harlot; **für Geld ist nicht alles** ~: money can't buy everything

feil|**bieten** *unr. tr. V. (geh.)* offer ⟨*goods*⟩ for sale

Feile die; ~, ~**n** file; **etw. mit einer** ~ **bearbeiten** file sth.

feilen *tr., itr. V.* file; **etw. passend/rund** ~: file sth. to fit/into a round shape; **sich** *(Dat.)* **die Fingernägel** ~: file one's [finger-]nails

feil|**halten** *unr. tr. V. (veralt.)* offer ⟨*goods*⟩ for sale

feilschen ['failʃn̩] *itr. V.* haggle (**um** over); **nach langem/hartem Feilschen** after a long/ hard bout of haggling

Feil-: ~**span** der filing; ~**staub** der filings *pl.*

fein [fain] **1.** *Adj.* **a)** *(zart)* fine ⟨*material, line, mesh, etc.*⟩; **b)** *(aus kleinsten Teilchen bestehend)* fine ⟨*sand, powder*⟩; finely-ground ⟨*flour*⟩; finely-granulated ⟨*sugar*⟩; **etw.** ~ **mahlen** grind sth. fine; **c)** *(hochwertig)* high-quality ⟨*fruit, soap, etc.*⟩; fine ⟨*silver, gold, etc.*⟩; fancy ⟨*cakes, pastries, etc.*⟩; **nur das Feinste vom Feinen kaufen** buy only the best; **d)** *(ugs.: erfreulich)* great *(coll.)*; marvellous; **e)** *(~geschnitten)* finely shaped, delicate ⟨*hands, features, etc.*⟩; **f)** *(scharf, exakt)* keen, sensitive ⟨*hearing*⟩; keen ⟨*sense of smell*⟩; **eine** ~**e Nase für etw. haben** *(fig.)* have a good nose for sth.; **g)** *(listig, gerissen)* cunning ⟨*move, scheme*⟩; **h)** *(ugs.: anständig, nett)* great *(coll.)*, splendid ⟨*person*⟩; **eine** ~**e Verwandtschaft/Gesellschaft** *(iron.)* a fine or nice family/crowd; **i)** *(einfühlsam)* delicate ⟨*sense of humour*⟩; keen ⟨*sense, understanding*⟩; **ein** ~**es Gespür für etw. haben** have a good feeling for sth.; **j)** *(gediegen, vornehm)* refined ⟨*gentleman, lady*⟩; **du bist dir wohl zu** ~ **dafür!** *(ugs.)* I suppose you think it's beneath you!; *s. auch* **Herr a. 2.** *adv.* **a)** *(gut, günstig)* ~ **[he]raussein** *(ugs.)* be sitting pretty *(coll.)*; **Unterschiede** ~ **herausarbeiten** bring out subtle differences; **b)** *(listig, gerissen)* ~ **ausgeklügelt** cleverly thought out; **c)** *(ugs.: bekräftigend)* **etw.** ~ **säuberlich aufschreiben** write sth. down nice and neatly; ~ **brav sein** be a good boy/girl

Fein-: ~**ab·stimmung** die *(Technik)* fine tuning; ~**arbeit** die detailed work; *(Technik)* precision work; ~**bäckerei** die patisserie; ~**bearbeitung** die *(Technik)* finishing; ~**blech** das thin sheet metal

feind [faint] *Adj. (geh.)* **in jmdm./einer Sache** ~ **sein** be hostile towards sb./sth.

-**feind** der ...hater; **ein Hunde-/Fernseh-**~ sein be anti dogs/television

Feind der; ~[**e**]**s**, ~**e a)** enemy; **er ist ein** ~ **des Alkohols** he is opposed to alcohol; **sich** *(Dat.)* ~**e machen** make enemies; **sich jmdn. zum** ~ **machen** make an enemy of sb.; **liebet eure** ~**e** *(bibl.)* love thine enemy; „,~ **hört mit"** 'careless talk costs lives'; **b)** *o. Pl. (feindliche Truppen)* enemy *constr. as pl.*; [**nichts wie**] **ran an den** ~ *(fig. ugs.)* get/let's get going or *(sl.)* stuck in

Feind-: ~**berührung** die *(Milit.)* contact with the enemy; ~**bild** das concept of the enemy

Feindes-: ~**hand** die *(veralt.)* **in** ~**hand geraten** *od.* **fallen** fall into the hands of the enemy; **von** ~**hand** fallen at the hands of the enemy; ~**land** das *(veralt.)* enemy territory

Feind·flug der *(Luftwaffe)* operational flight [over enemy territory]

Feindin die; ~, ~**nen** *s.* **Feind a**

feindlich 1. *Adj.* **a)** hostile; **b)** *nicht präd. (Milit.)* enemy ⟨*attack, broadcast, activity*⟩. **2.** *adv.* in a hostile manner; with hostility

-**feindlich** *adj.* anti-⟨*Soviet, American, EEC, government, etc.*⟩; **familienfeindliche/ kinderfeindliche Gesetze** laws which are hostile towards families/children

Feind·mächte *Pl.* enemy powers *pl.*

Feindschaft die; ~, ~**en** enmity; **zwischen ihnen herrscht bittere** ~: they are bitter enemies; **sich** *(Dat.)* **jmds.** ~ **zuziehen** make an enemy of sb.

feind·selig 1. *Adj.* hostile; **sich** ~ **gegen jmdn. zeigen** show hostility towards sb. **2.** *adv.* **sich** ~ **ansehen** look at each other in a hostile manner *or* with hostility

Feind·seligkeit die; ~, ~**en** hostility; ~**en** *(Milit.)* hostilities

fein-, Fein-: ~**einstellung** die fine adjustment; ~**frost** der; *o. Pl. (DDR)* deep-frozen foods *pl.*; ~**fühlig 1.** *Adj.* sensitive. **2.** *adv.* sensitively; ~**fühligkeit** die; ~: sensitivity; ~**gebäck** das [fancy] cakes and pastries *pl.*; ~**gefühl** das sensitivity; ~**gehalt** der fineness; ~**gemahlen** *Adj. (präd. getrennt geschrieben)* finely-ground; ~**geschnitten** *Adj. (präd. getrennt geschrieben)* **a)** finely-chopped ⟨*herbs, vegetables, etc.*⟩; **b)** *(fig.: schön geformt)* delicate, finely shaped ⟨*face, hands etc.*⟩; ~**gewicht** das fineness; ~**glied[e]rig** *Adj.* delicate; slender; ~**gold** das fine gold; ~**guß** der *(Metall)* precision casting

Feinheit die; ~, ~**en** *o. Pl. (zarte Beschaffenheit)* fineness; delicacy; **b)** *(Nuance, Andeutung)* subtlety; **die stilistischen** ~**en** the stylistic subtleties *or* nuances; **c)** *o. Pl. (Vornehmheit)* refinement

fein-, Fein-: ~**körnig** *Adj.* **a)** fine-grained, fine ⟨*sand, gravel, etc.*⟩; finely-granulated ⟨*sugar*⟩; **b)** *(Fot.)* fine-grain ⟨*film*⟩; ~**kost** die delicatessen *pl.*; ~**kost·geschäft** das delicatessen; ~**machen** *refl. V. (ugs.)* dress up; ~**maschig** *Adj.* finely meshed, fine-mesh *attrib.* ⟨*net etc.*⟩; ~**mechanik** die precision engineering *no art.*; ~**mechaniker** der precision engineer; ~**mechanisch** *Adj.; nicht präd.* precision ⟨*instrument*⟩; ~**meß·gerät** das precision measuring-instrument; ~**nervig** *Adj.* sensitive; ~**säuberlich** *Adj. (österr.) s.* **säuberlich**; ~|**schleifen** *tr. V.* fine-grind; ~**schmecker** der; ~**s**, ~, ~**schmeckerin** die; ~, ~**nen** gourmet; ~**schmecker- lokal** das gourmet restaurant; ~**schnitt** der **a)** *(Tabak)* fine cut; **b)** *(Film)* final editing; ~**silber** das fine silver; ~**sinnig 1.** *Adj.* sensitive and subtle; **2.** *adv.* in a sensitive and subtle manner; ~**sinnigkeit** die; ~: sensitivity and subtlety

Feins·liebchen das *(dichter. veralt.)* sweetheart

Fein-: ~**struktur** die *(Physik, Med.)* fine structure; ~**strumpf·hose** die sheer tights *pl. or* pantihose; ~**unze** die: eine ~**unze Gold/Silber** an ounce of fine gold/ silver; ~**wäsche** die delicates *pl.*; ~**wasch·mittel** das mild detergent

feist *Adj. (meist abwertend)* fat ⟨*face, fingers, etc.*⟩; **mit einem** ~**en Grinsen** *(fig.)* with a leer

feixen ['faiksn̩] *itr. V. (ugs.)* smirk

Felchen ['fɛlçn] der; ~**s**, ~: whitefish

Feld [fɛlt] das; ~[**e**]**s**, ~**er a)** *o. Pl. (geh.: unbebaute Bodenfläche)* country[side]; **freies** ~: open country[side]; **b)** *(bebaute Bodenfläche)* **auf dem** ~ **arbeiten** work in the field; **das** ~ **bestellen** till the field; **c)** *(Sport: Spiel~)* pitch; field [of play]; **d)** *(auf Formularen)* box; space; *(auf Brettspielen)* space; *(auf dem Schachbrett)* square; *(in Kassettendecken)* panel; **e)** *o. Pl. (Tätigkeitsbereich)* field; sphere; **das** ~ **der Wissenschaften** the field of science; **ein weites** ~ [**sein**] *(fig.)* [be] a wide sphere; **f)** *o. Pl. (veralt.: Schlacht~)* field [of battle]; **ins** ~ **rücken** *od.* **ziehen** *(veralt.)* go into battle; **gegen/für jmdn./etw. ins** ~ **ziehen** *(fig.)* crusade against/for sb./sth.; **das** ~ **räumen** stand one's ground; **in der Politik behaupten nach wie vor Männer das** ~: politics is still dominated by men; **das** ~ **räumen** leave; get out; **jmdm. das** ~ **überlassen** hand over to sb.; leave sb. a clear field; **jmdn. aus dem** ~[**e**] **schlagen** eliminate sb.; get rid of sb.; **jmdm. das** ~ **streitig machen** compete with sb.; **etw. gegen jmdn./etw. ins** ~ **führen** bring up sth. against sb./sth.; **g)** *(Sport: geschlossene Gruppe)* field; **h)** *(Physik, Sprachw.)* field

feld-, Feld-: ~**ahorn** der field maple; ~**arbeit** die **a)** work in the field; **b)** *(Wissensch.)* field-work; ~**bahn** die narrow-gauge railway; light railway; ~**bau** der agriculture; ~**bett** das camp-bed; ~**blume** die field flower; wild flower; ~**ein**[**wärts**] [' - - -] *Adv.* across the field/fields; ~**flasche** die *(Milit.)* canteen; water-bottle; ~**forschung** die *(Wissensch.)* field-work; ~**frucht** die arable crop; ~**geistliche** der *(Milit. veralt.)* army chaplain; ~**gottesdienst** der field-service; ~**grau** *Adj.* field-grey; ~**hand·ball** der field handball; fieldball; ~**hase** der common hare; European hare

Feld·herr der *(veralt.)* commander

Feldherrn-: ~**kunst** die *(veralt.)* strategy; ~**stab** der *(veralt.)* field marshal's baton

feld-, Feld-: ~**hockey** das *(Sport)* [field] hockey; ~**huhn** das partridge; ~**hüter** der guard protecting crops from birds, thieves, etc.; ~**jäger** der *(Polizist)* military policeman; *(Polizei)* military police; ~**küche** die *(bes. Milit.)* field kitchen; ~**lager** das *(veralt.)* encampment; ~**lazarett** das field hospital; ~**linien** *Pl. (Physik)* field lines; ~**marschall** der Field Marshal; ~**marsch·mäßig 1.** *Adj.; nicht präd.* in full marching order *postpos.*; **2.** *adv.* ~**marschmäßig angetreten/ausgerüstet sein** be lined up/be in full marching order; ~**maus** die [European] common vole

Feld·post die forces' *(Brit.) od. (Amer.)* military postal service

Feldpost-: ~**brief** der forces' *(Brit.) or (Amer.)* military letter; ~**nummer** die forces' *(Brit.) or (Amer.)* military postal code

Feld-: ~**prediger** der *(veralt.)* army chaplain; ~**rain** der baulk; ~**salat** der corn salad; lamb's lettuce

Feldscher ['fɛltʃeːɐ] der; ~**s**, ~**e** *(Milit.)* **a)** *(hist.: Wundarzt)* [unqualified] army doctor; **b)** *(DDR)* medical orderly

Feld-: ~**schlacht** die *(veralt.)* battle [in the field]; ~**schütz** der; ~**en**, ~**en** field-guard; ~**spat** [-ʃpa:t] der; ~[**e**]**s**, ~**späte** [-ʃpɛːtə] *od.* ~**spate** feldspar; ~**spieler** der player

1085

Feldstärke — **Fernfahrt**

(excluding goalkeeper); ~**stärke** die (Physik) field strength; ~**stecher** der binoculars pl.; field glasses pl.; ~**stein** der stone; boulder; ~**studie** die (Wissensch.) field study; ~**theorie** die (Sprachw.) field theory; ~**überlegenheit** die (Sport) superiority; ~**versuch** der (Wissensch.) field experiment; ~**verweis** der (Sport) sending-off; **einen ~verweis gegen jmdn. aussprechen** send sb. off [the field]

Feld-Wald-und-Wiesen- (ugs.) run-of-the-mill; common-or-garden

Feld·webel [-ve:bḻ] der; ~s, ~ (Milit.) sergeant

Feld·weg der path; track

Feld·weibel [-vaibḻ] der; ~s, ~ (schweiz. Milit.) sergeant

Feld-: ~**zeichen** das (hist.) standard; flag; ~**zug** der (Milit., fig.) campaign

Felg·auf·schwung der (Turnen) upward circle forwards

Felge ['fɛlgə] die; ~, ~n a) (Radkranz) [wheel] rim; **die Reifen auf die ~n montieren** put the tyres on the wheels; b) (Turnen) circle

Felgen·bremse die (Technik) rim brake

Felg·um·schwung der (Turnen) circle

Fell [fɛl] das; ~[e]s, ~e a) (Haarkleid) fur; (Pferde~, Hunde~, Katzen~) coat; (Schaf~) fleece; skin; **ein weiches/glänzendes ~**: a soft/shiny coat; **einem Tier das ~ abziehen** skin an animal; **jmdm. das ~ über die Ohren ziehen** (fig. salopp) take sb. for a ride (sl.); b) o. Pl. (Material) fur; furskin; **ein Mantel aus [braunem] ~**: a [brown] fur coat; c) (abgezogene behaarte Haut) skin; hide; **ihm sind die od. alle ~e weg-** od. **davongeschwommen** (fig.) he has had all his hopes dashed; d) (salopp: Haut des Menschen) skin; (fig.) **ihm** od. **ihn juckt das ~** (ugs.) he is asking for a good hiding (coll.); **sich** (Dat.) **ein dickes ~ anschaffen** (ugs.) become thick-skinned; **ein dickes ~ haben** (ugs.) be thick-skinned or have a thick skin; **jmdm. das ~ versohlen** (ugs.) tan sb.'s hide; give sb. a good hiding (coll.); **das ~ versaufen** (ugs.) have a good drink to sb.'s memory

Fellache [fɛ'laxə] der; ~n, ~n, **Fellachin** die; ~, ~nen fellah

Fellatio [fɛ'la:tsio] die; ~: fellatio no art.

Fell·eisen das (veralt.) knapsack

Fell-: ~**handel** der skin trade; ~**jacke** die fur jacket; ~**mütze** die fur cap

Fels [fɛls] der; ~en, ~en a) o. Pl. (Gestein) rock; b) (geh.: Felsen) rock; **wie ein ~ in der Brandung stehen** stand as firm as a rock; s. auch ¹**wachsen** a

Fels-: ~**bild** das rock painting; ~**block** der; Pl. ~**blöcke** rock boulder

Felsen ['fɛlzn̩] der; ~s, ~: rock; (an der Steilküste) cliff

felsen-, Felsen-: ~**bucht** die bay lined by cliffs; cliff-lined bay; ~**fest 1.** Adj. firm; unshakeable ⟨opinion, belief⟩; **2.** adv. ⟨believe, be convinced⟩ firmly; ~**grab** das rock tomb; ~**grotte** die grotto; cave; ~**höhle** die rock cave; ~**klippe** die rocky cliff; **an einer ~klippe zerschellen** be dashed to pieces on a rock; ~**küste** die rocky coast or coastline; ~**riff** das rocky reef; ~**tor** das (Geogr.) rock arch

Fels-: ~**geröll** das rocks pl.; boulders pl.; ~**haken** der (Bergsteigen) piton

felsig Adj. rocky

Fels-: ~**massiv** das [rock] massif; ~**nase** die ledge; ~**schlucht** die rocky gorge; ravine; ~**spalte** die crevice [in the rock]; ~**vorsprung** der ledge; ~**wand** die rock face

fem. Abk. feminin fem.

Feme ['fe:mə] die; ~, ~n a) (hist.) vehmgericht; b) (Geheimgericht) kangaroo court

Feme-: ~**gericht** das s. Feme; ~**mord** der lynching

feminin [femi'ni:n] Adj. a) (geh.: weiblich) feminine ⟨characteristic, behaviour⟩; b) (abwertend: unmännlich) effeminate ⟨man, type⟩; c) (Sprachw.) feminine

Femininum ['fe:mini:nʊm] das; ~s, **Feminina** feminine noun

Feminismus der; ~, **Feminismen a)** o. Pl. (Frauenbewegung) feminism no art.; b) (Med., Zool.) feminism no art.

Feminist der; ~en, ~en, **Feministin** die; ~, ~nen feminist

feministisch Adj. feminist

Femme fatale [famfa'tal] die; ~ ~, ~s ~s (geh.) femme fatale

Fenchel ['fɛnçḷ] der; ~s fennel

Fenchel-: ~**knolle** die fennel; ~**öl** das fennel oil; ~**tee** der fennel tea

Fender ['fɛndɐ] der; ~s, ~ (Seew.) fender

Fenn [fɛn] das; ~[e]s, ~e (bes. nordd.) fen

Fennek ['fɛnɛk] der; ~s, ~s od. ~e fennec

Fenster ['fɛnstɐ] das; ~s, ~ (auch DV) window; **im ~ liegen** be leaning out of the window; **[sein] Geld zum ~ hinauswerfen** (fig.) throw [one's] money down the drain; **weg vom ~ sein** (ugs.) be right out of it

Fenster-: ~**bank** die window-sill; window-ledge; ~**bogen** der (Archit.) window arch; ~**brett** das ~ bank; ~**brief[umschlag]** der window envelope; ~**brüstung** die window breast; ~**flügel** der (side of a/the] window; ~**front** der window frontage; ~**gips** der (Med.) fenstrated plaster; ~**gitter** das window grille or grating; ~**glas** das a) o. Pl. window glass; b) Pl. ~**gläser** (ungeschliffenes Glas) plain glass; **eine Brille aus ~glas** glasses with plain glass lenses; ~**griff** der window catch; ~**kitt** der window putty; ~**klappe** die shutter opening; ~**kreuz** das mullion and transom; ~**kurbel** die window handle; ~**laden** der [window] shutter; ~**leder** das wash-leather

fensterln ['fɛnstɐln] itr. V. (bes. südd., österr.) climb through one's sweetheart's window

fenster-, Fenster-: ~**los** Adj. windowless; ~**nische** die window recess; ~**öffnung** die window opening; ~**platz** der window-seat; seat by the window; ~**putzer** der window-cleaner; ~**rahmen** der window-frame; ~**ritze** die gap between window-pane and frame; ~**rose** die (Archit.) rose window; ~**scheibe** die window-pane; ~**sims** der od. das, ~es, ~e; ~**sturz** der a) der Prager ~**sturz** (Hist.) the Defenestration of Prague; b) (~**abschluß**) [window] lintel; ~**verband** der (Med.) fenestrated dressing

Ferial·tag [fe'ria:l-] der (österr.) s. Ferientag

Ferien ['fe:riən] Pl. a) (Arbeitspause) holiday (Brit.); vacation (Amer.); (Werks~) shut-down; holiday (Brit.); (Parlaments~) recess; (Hochschul~) vacation; **in den großen/während der großen ~**: in/during the summer holidays/vacation; **~ haben** have a or be on holiday/vacation; **das Parlament geht in die ~**: parliament goes into recess; b) (Urlaub) holiday[s pl.] (Brit.); vacation (Amer.); **in die ~ fahren** go on holiday/vacation

Ferien-: holiday... (Brit.); vacation... (Amer.); s. auch Urlaubs-

Ferien-: ~**arbeit** die vacation work; **eine ~arbeit** a vacation job; ~**aufenthalt** der holiday (Brit.); vacation (Amer.); ~**beginn** der start of the school holidays/vacation; ~**dorf** das holiday/vacation village; ~**erlebnis** das holiday/vacation experience; ~**gast** der holiday/vacation guest; ~**haus** das holiday/vacation house; ~**kind** das child on a state-subsidized holiday/vacation in the country or at the seaside; ~**kolonie** die [children's] holiday/vacation camp; ~**kurs** der holiday/vacation course; ~**lager** das holiday/

vacation camp; ~**ordnung** die holiday/vacation dates pl.; ~**ort** der holiday/vacation resort; **ein idyllischer ~ort** an idyllic holiday/vacation spot or spot for a holiday/vacation; ~**paradies** das holiday[-maker's]/vacation[er's] paradise; ~**reise** die holiday/vacation trip; ~**sonder·zug** der special holiday/vacation train; holiday/vacation special; ~**tag** der day [of one's holiday (Brit.)] or (Amer.) vacation]; ~**zeit** die (Brit.); vacation (Amer.); **zu Beginn der ~zeit** at the beginning of the holidays/vacation; ~**zentrum** das holiday/vacation centre or resort

Ferkel ['fɛrkl] das; ~s, ~ a) (junges Schwein) piglet; b) (ugs. abwertend) pig; **du [altes] ~!** you [dirty] pig!

Ferkelei die; ~, ~en (ugs. abwertend) (Benehmen) filthy behaviour; (Bemerkung) dirty remark; **seine ~en** his filth sing. or smut sing.

ferkeln itr. V. a) (Ferkel werfen) farrow; b) (ugs. abwertend) be filthy

Fermate [fɛr'ma:tə] die; ~, ~n (Musik) pause

Ferment [fɛr'mɛnt] das; ~[e]s, ~e (veralt.) ferment (arch.); enzyme

Fermentation [fɛrmɛnta'tsio:n] die; ~, ~en fermentation

fermentieren tr. V. ferment

fern [fɛrn] **1.** Adj. a) (räumlich) distant, faraway ⟨country, region, etc.⟩; b) (zeitlich) distant ⟨past, future⟩; **eine Geschichte aus ~en Tagen** a story from far-off days; **in [nicht allzu] ~er Zukunft** in the [not too] distant future; **der Tag ist nicht mehr ~**: the day is not far off; **der Frieden ist ~ der je** peace is farther away than ever. **2.** adv. ~ **von der Heimat [sein/leben]** [be/live] far from home; **etw. von ~ betrachten** look at sth. from a distance; **von ~ betrachtet** (fig.) looked at from a distance; **so von ~ betrachtet würde ich ...**: looking at it from a distance, I should ...; **das sei ~ von mir, daß ich dich jemals verraten werde** (geh.) heaven forbid that I should ever betray you; s. auch Osten c; nahe 2a. **3.** Präp. mit Dat. (geh.) ~ [far [away] from; a long way from; ~ **der Heimat [leben]** [live] far from home or a long way from home

fern-, Fern-: ~**ab** [-'-] (geh.) **1.** Adv. far away; ~**ab von aller Zivilisation** far [away] from all civilization; **2.** Präp. mit Dat. ~**ab aller Zivilisation** far [away] from all civilization; ~**amt** das (veralt.) telephone exchange; ~**auslöser** der (Fot.) remote shutter release; ~**bahn** die main-line railway; ~**bahn·hof** der main-line station; ~**beben** das (Geol.) distant earthquake; ~**bedienung** die remote control; ~**bereich** der (bes. Fot.) distance; ~**bleiben** unr. itr. V.; mit sein (geh.) stay away; **dem Unterricht ~bleiben** stay away from lessons; ~**blick** der view

ferne in von ~ (geh.) from far off or away

Ferne die; ~, ~n a) (räumlich) distance; etw. in weiter ~ **erblicken** see sth. in the far distance; **ein Gruß aus der ~**: greetings from afar or far away; **in die ~ ziehen** (geh.) travel to far-off parts [of the world]; b) (Zukunft) future; (Vergangenheit) past; **das liegt noch/schon in weiter ~**: that is still far off or a long time away/that was a long time ago

ferner Adv. a) in addition; furthermore; **er rangiert unter „ ~ liefen"** (fig.) he is an also-ran; b) (geh.: künftig) in [the] future; **auch ~ etw. tun** continue to do sth.

ferner... Adj. (Papierdt.) further

ferner·hin Adv. a) in the future; **wir werden ihn auch ~ unterstützen** we shall continue to support him. b) s. ferner a

fern-, Fern-: ~**fahrer** der the long-distance lorry-driver (Brit.) or (Amer.) trucker; ~**fahrer·lokal** das transport café; ~**fahrt**

1086

Fernflug / **Fertilität**

die long run *or* trip; **~flug** der long-distance *or* long-haul flight; **~gelenkt** *Adj.* remote-controlled; *(fig.: durch Geheimdienste usw.)* controlled; eine **~gelenkte Rakete** a guided missile; **~geschoß** das *(Milit.)* long-range missile; **~gespräch** das long-distance call; trunk call; ein **~gespräch mit jmdm./London führen** speak to *or* with sb./ London long-distance; **~gesteuert** *Adj. s.* **~gelenkt**; **~glas** das; *Pl.* **~gläser** binoculars *pl.*; etw. mit dem **~glas** erkennen make sth. out with binoculars; **~|gucken** *itr. V.* *(ugs.)* watch telly *(coll.)* or the box *(coll.)*; **~|halten** 1. *unr. tr. V.* jmdn./etw. von jmdm./etw. **~halten** keep sb./sth. away from sb./sth.; 2. *unr. refl. V.* sich von jmdm./etw. **~halten** keep away from sb./sth.; **~heizung** die district heating system; **~her** *Adv.* *(geh.)* [von] **~her** from afar; **~hin** *Adv.* *(geh.)* far off; **~kopierer** der fax machine; **~kurs[us]** der correspondence course; **~laster** der *(ugs.)* long-distance lorry *(Brit.)* or *(Amer.)* truck; **~last·fahrer** der long-distance lorry-driver *(Brit.)* or *(Amer.)* trucker; **~last·zug** der [long-distance] articulated lorry; **~lehr·gang** der correspondence course; **~leihe** die a) *(Dienststelle)* inter-library loans department; b) *(Leihverkehr)* inter-library loan system; ein Buch über [die] **~leihe** bestellen order a book through inter-library loans; **~leitung** die a) *(Postw.)* long-distance line; b) *(Energiewirtsch.)* long-distance cable; **~|lenken** *tr. V.* operate by remote control; **~lenkung** die remote control; **~lenk·waffen** *Pl.* guided missiles; **~licht** das *(Kfz-W.)* full beam; das **~licht** anhaben drive on full beam; **~|liegen** *unr. itr. V.* das liegt mir **~**: that is the last thing I want to do; **es liegt mir ~, das zu tun** I shouldn't dream of doing that
Fern·melde-: ~amt das telephone exchange; **~gebühren** *Pl.* telephone charges; **~netz** das telecommunications network; **~satellit** der communications satellite; **~technik** die; *o. Pl.* telecommunications *sing., no art.*; **~truppe** die *(Milit.)* signal corps; **~turm** der telecommunications tower; **~verkehr** der telecommunication; **~wesen** das telecommunications *pl.*
fern-, Fern-: ~mündlich 1. *Adj.; nicht präd.* telephone *(communication)*; 2. *adv.* by telephone; **~ost** *o. Art.* Far East; **in/ nach ~ost** in/to the Far East; **~östlich** *Adj.; nicht präd.* Far Eastern; eine **~östliche Schönheit** an oriental beauty; **~ruf** der telephone number; **~ruf:** 45678 telephone *or* tel.: 45678; **~schach** das correspondence chess; **~schaltung** die remote control system; durch **~schaltung** by remote control; **~schreiben** das telex [message]; **~schreiber** der telex [machine]; teleprinter; **~schriftlich** 1. *Adj.; nicht präd.* telex *(message)*; 2. *adv.* by telex; **~schuß** der *(Ballspiele)* long-range shot
Fernseh-: ~ansager der, **~ansagerin** die television announcer; **~anstalt** die television organization; **~antenne** die television aerial *(Brit.)* or *(Amer.)* antenna; **~apparat** der television [set]; **~aufzeichnung** die telerecording; **~diskussion** die [television] discussion programme; **~empfang** der television reception
fern|sehen *unr. itr. V.* watch television
Fern·sehen das; **~s**: television; **im ~:** on television; vom *od.* im **~** übertragen werden be televised; be shown on television; das **~** brachte eine Sendung über ... *(Akk.)* they showed a programme about ... on television
Fern·seher der; **~s**, **~** *(ugs.)* a) *(Gerät)* telly *(Brit. coll.)*; TV; television; b) *(Zuschauer)* [television] viewer

Fernseh-: ~fassung die television version; **~film** der television film; **~gebühren** *Pl.* television licence fee; **~gerät** das television [set]; **~journalist** der television reporter; **~kamera** die television camera; **~lotterie** die television lottery; **~programm** das a) *(Sendungen)* television programmes *pl.*; b) *(Kanal)* television channel; c) *(Blatt, Programmheft)* television [programme] guide; **~publikum** das viewing public; **~reporter** der television reporter; **~satellit** der television satellite; **~schirm** der television screen; **~sender** der television transmitter; **~sendung** die television programme; **~serie** die television series; **~sessel** der television chair; **~spiel** das television play; **~spot** der television commercial; **~sprecher** der *s.* **~ansager**; **~studio** das television studio; **~team** das television crew; **~techniker** der television engineer; **~truhe** die cabinet television; **~turm** der television tower; **~übertragung** die television broadcast; **~zuschauer** der television viewer
Fern·sicht die *(Aussicht)* view; *(gute Sicht)* visibility
fern·sichtig *Adj. s.* weitsichtig
Fern·sprech- *(bes. Amtsspr.) s.* Telefon-
Fernsprech-: ~amt das telephone [area] office; **~ansage·dienst** der telephone information service; **~an·schluß** der telephone; line; noch keinen **~anschluß** haben not yet be connected to the telephone network; **~apparat** der telephone; **~auftrags·dienst** der telephone services *pl.*; ich möchte mich vom **~auftragsdienst** wecken lassen I'd like to book an alarm call; **~auskunft** die directory enquiries *sing., no art.*; eine Telefonnummer über die *od.* von der **~auskunft** bekommen get a [telephone] number from *or* through directory enquiries; **~automat** der coinbox telephone; pay phone; **~buch** das telephone book or directory
Fern·sprecher der telephone
Fernsprech-: ~gebühren *Pl.* telephone charges; **~nummer** die telephone number; **~säule** die roadside telephone; **~teilnehmer** der telephone subscriber; telephone customer *(Amer.)*; **~verbindung** die telephone connection *or* link; **~verkehr** der telephone communication; **~zelle** die telephone-booth *or (Brit.)* -box; call-box *(Amer.)*
fern-, Fern-: ~|stehen *unr. itr. V.* *(geh.)* jmdm. **~stehen** not be on close terms with sb.; **~|steuern** *tr. V. s.* **~lenken**; **~steuerung** die *(Technik)* remote control; *(fig.: durch Geheimdienste usw.)* control; **~straße** die [principal] trunk road; major road; **~studium** das a) *(Studium ohne personale Medien)* correspondence course; ≈ Open University course *(Brit.)*; b) *(DDR)* extra-mural studies *pl.*; **~trauung** die marriage by proxy; **~universität** die ≈ Open University *(Brit.)*; **~unterricht** der correspondence courses *pl.*; **~verkehr** der long-distance traffic; **~verkehrs·mittel** das form of long-distance transport; **~verkehrs·straße** die *s.* **~straße**; **~wahl** die *(Postw.)* [automatic] trunk dialling; long-distance dialling; **~wärme** die district heating; **~weh** das *(geh.)* wanderlust; **~ziel** das a) *(zeitlich)* long-term aim; etw. als **~ziel** ansehen aim for sth. in the long term; b) *(räumlich)* distant destination; **~zug** der long-distance train
Ferrit [fa'ri:t] der; **~s**, **~e** ferrite
Ferrit·antenne die ferrite-rod aerial *(Amer.)* antenna
Ferro- [fɛro-] ferro-
Ferro·magnetismus der ferromagnetism
Ferse ['fɛrzə] die; **~**, **~n** heel; jmdm. in die **~n treten** kick sb. in the heel; *(fig.)* sich an jmds. **~n** *(Akk.)*/sich jmdm. an die **~n** heften

stick [hard] on sb.'s heels; jmdm. [dicht] auf den **~n** sitzen *od.* sein *(ugs.)* be [hard *or* close] on sb.'s heels; jmdm. auf den **~n** bleiben stick on sb.'s heels; stay on sb.'s tail; ich habe die Polizei auf den **~n** *(ugs.)* the police are on my tail; er hatte Löcher in den **~n** he had holes in the heels of his socks
Fersen-: ~bein das *(Anat.)* heel bone; calcaneum; **~geld** das in **~geld** geben *(ugs. scherzh.)* take to one's heels
fertig ['fɛrtɪç] *Adj.* a) *(völlig hergestellt)* finished *(manuscript, picture, etc.)*; das Essen ist **~:** lunch/dinner etc. is ready; und **~** ist der Lack *od.* die Laube *(ugs.)* and there you are; and bob's your uncle *(Brit. coll.)*; b) *nicht attr.* *(zu Ende)* finished; [mit etw.] **~ sein/werden** have finished/finish [sth.]; bist du **~?** have you finished?; mit jmdm. **~** sein *(ugs.)* be finished *or* through with sb.; mit etw. **~** werden *(fig.)* cope with sth.; sie wird mit dem Jungen einfach nicht mehr **~** *(ugs.)* she cannot cope with the boy any more; c) *nicht attr.* *(bereit, verfügbar)* ready *(zu, für* for); zum Abmarsch/Start **~** sein be ready to march/ready for take-off; auf die Plätze **– ~ – los!** on your marks, get set, go! *(Sport)*; *(bei Kindern auch:)* ready, steady, go!; d) *(deprimieren)* finished; mit den Nerven **~** sein be at the end of one's tether; e) *meist attr.* *(reif)* mature *(person, artist, etc.)*
fertig-, Fertig-: ~bau der; *Pl.* **~ten** a) *(Gebäude)* prefabricated building; b) *o. Pl.* *(Herstellung)* prefabricated building; prefabrication; **~bau·weise** die prefabricated construction; prefabrication; etw. in **~bauweise** errichten build sth. by the prefabricated method; **|bekommen** *unr. tr. V.*, **|bringen** *unr. tr. V.* a) *(imstande sein zu)* manage; so etwas bringst auch nur du **~!** *(iron.)* only you could manage to do a thing like that!; ich brächte es nicht **~**, jmdn. zu erschießen I couldn't bring myself to shoot anybody; der bringt das **~!** *(iron.)* I wouldn't put it past him; sie bringt es **~** und sagt ihr das she is capable of saying that to her; b) *(zu Ende bringen)* finish
fertigen *tr. V.* make; von Hand/maschinell gefertigte Waren hand-made/machine-produced goods
Fertig-: ~erzeugnis das, **~fabrikat** das finished product; **~gericht** das ready-to-serve meal; ein **~gericht** aus der Dose a meal out of *or* from a tin *(Brit.)* or *(Amer.)* can; **~haus** das prefabricated house; prefab *(coll.)*
Fertigkeit die; **~**, **~en** skill; eine **~** in etw. *(Dat.)* haben be skilled in *or* at sth.; **~** im Zeichnen/Nähen skill in *or* at drawing/sewing
fertig-, Fertig-: ~|kriegen *tr. V.* *(ugs.)* s. **~bringen**; **~|machen** *tr. V.* a) *(ugs.: beenden)* finish *(task, job, etc.)*; b) *(ugs.: bereitmachen)* get *(meals, beds)* ready; sich für etw. **~machen** get ready for sth.; c) *(erschöpfen)* jmdn. **~machen** wear sb. out; *(durch Schikanen)* wear sb. down; der Lärm macht mich [ganz] **~:** that noise is getting me down; d) *(deprimieren)* jmdn. **~machen** get sb. down; e) *(salopp: zusammenschlagen, töten)* jmdn. **~machen** do sb. in *(sl.)*; f) *(ugs.: zurechtweisen)* jmdn. **~machen** tear sb. off a strip *(sl.)*; **~produkt** das finished product; **~|stellen** *tr. V.* complete; finish; **~stellung** die completion; **~teil** das prefabricated part
Fertigung die; **~:** production; manufacture
Fertigungs- production
Fertigungs-: ~kosten *Pl.* production *or* manufacturing costs; **~verfahren** das production *or* manufacturing process
Fertig·ware die finished product
Fertilität [fɛrtili'tɛ:t] die; **~** *(Biol., Med.)* fertility

1087

¹Fes [fe:s] der; ~[es], ~[e] fez
fes, ²Fes [fɛs] das; ~, ~ *(Musik)* F flat
fesch [fɛʃ] *Adj.* **a)** *(bes. österr.: hübsch)* smart ⟨woman, suit, etc.⟩; **b)** *(österr.: nett)* good; **sei ~ und komm mit!** be a sport and come too!
¹Fessel ['fɛsl̩] *die*; ~, ~n *meist Pl. (auch fig.)* fetter; shackle; *(Kette)* chain; **jmdm. ~n anlegen,** *(geh.)* **jmdn. in ~n legen** fetter sb./put sb. in chains
²Fessel *die*; ~, ~n *(Anat.)* **a)** *(bei Huftieren)* pastern; **b)** *(bei Menschen)* ankle
Fessel-: ~ballon *der (Zool.)* captive balloon; **~gelenk** *das (Zool.)* pastern-joint
fesseln *tr. V.* **a)** tie up; *(mit Ketten)* chain up; **jmdn. an etw.** *(Akk.)* ~: tie/chain sb. to sth.; **jmdn. an Händen und Füßen ~:** tie sb. hand and foot; **jmdm. die Hände auf den Rücken ~:** tie sb.'s hands behind his/her back; **ans Bett/Haus/an den Rollstuhl gefesselt sein** *(fig.)* be confined to [one's] bed/tied to the house/confined to a wheelchair; **jmdn. an sich** *(Akk.)* ~ *(fig.)* bind sb. to oneself; **b)** *(faszinieren)* ⟨book⟩ grip; ⟨work, person⟩ fascinate; ⟨personality⟩ captivate; ⟨idea⟩ possess; **das Buch hat mich so gefesselt** I was so gripped by the book; **jmdn. durch etw. ~:** captivate sb. with sth.
Fesselung, Feßlung *die*; ~, ~en *(Schach)* block
fest [fɛst] **1.** *Adj.* **a)** *(nicht flüssig od. gasförmig)* solid; ~e **Nahrung** solid food; ~e **Gestalt od. Form[en] annehmen** take on a definite shape; **b)** *(straff)* firm, tight ⟨bandage⟩; **c)** *(kräftig)* firm ⟨handshake⟩; *(tief)* sound ⟨sleep⟩; **d)** *(haltbar, solide)* sturdy ⟨shoes⟩; tough, strong ⟨fabric⟩; solid ⟨house, shell⟩; **e)** *(energisch)* firm ⟨tread⟩; steady ⟨voice⟩; **eine ~e Hand brauchen** *(fig.)* need a firm hand; **f)** *(unbeirrbar)* **der ~ e Überzeugung od. Meinung sein, daß ...:** be firmly convinced *or* of the firm opinion that ...; **g)** *(endgültig)* firm ⟨appointment, date⟩; **eine ~e Zusage machen** make a firm *or* definite commitment; *s. auch* **Fuß b; h)** *nicht präd. (konstant)* fixed, permanent ⟨address⟩; fixed ⟨income⟩; **einen ~en Freund/eine ~e Freundin haben** have a steady boyfriend/girlfriend; **in ~en Händen sein** *(fig.)* be spoken for; **einen ~en Platz in etw.** *(Dat.)* **haben** *(fig.)* be firmly established in sth.; **i)** *(Milit. veralt.)* fortified ⟨position⟩. **2.** *adv.* **a)** *(straff)* ⟨tie, grip⟩ tight[ly]; **b)** *(ugs. auch* ~e) *(tüchtig)* ⟨work⟩ with a will; ⟨eat⟩ heartily; ⟨sleep⟩ soundly; ~ **zuschlagen** plant a solid punch; **er schläft [gerade] ~:** he is fast asleep; ~ **zulangen** tuck in; ~ **feiern** have a real celebration; **immer ~ los [drauf od. druff!** *(salopp)* get stuck in! *(sl.)*; let them have it!; **c)** *(unbeirrbar)* ⟨believe, be convinced⟩ firmly; **sich auf jmdn./etw. ~ verlassen** rely one hundred per cent on sb./sth.; **d)** *(endgültig)* firmly; definitely; **etw. ~ vereinbaren** come to a firm *or* definite arrangement about sth.; **e)** *(auf Dauer)* permanently; ~ **angestellt sein** be permanently employed *or* a permanent member of staff; ~ **befreundet sein** be close friends; *(als Paar)* be going steady; **jmdn. ~ einstellen** give sb. a permanent job; employ sb. as a permanent member of staff
Fest *das*; ~[es], ~e **a)** *(Veranstaltung)* celebration *(Dat.)*; *(Party)* party; **man muß die ~e feiern, wie sie fallen** you don't get a chance for a celebration every day of the week; **es ist mir ein ~** *(scherzh.)* [it's] my pleasure; **b)** *(Feiertag)* festival; *(Kirchen~)* feast; **bewegliches/unbewegliches ~:** movable/immovable feast; **frohes ~!** happy Christmas/Easter!
fest-, Fest-: ~akt *der* ceremony; **~angestellt** *Adj. (präd. getrennt geschrieben)* permanent; **~angestellte** *der/die; adj. Dekl.* permanent employee; **~ansprache** *die* address; **~|backen** *itr. V. (landsch.)* stick;

~|beißen *unr. refl. V.* **sich in etw.** *(Dat.)* **~beißen** ⟨dog etc.⟩ sink its teeth firmly into sth.; **sich an einem Problem ~beißen** *(fig.)* get bogged down in a problem; **~beleuchtung** *die* festive lighting; **in ~beleuchtung erstrahlen** be ablaze with festive illuminations; **~besoldet** *Adj. (präd. getrennt geschrieben)* full-time [and] salaried; **~besoldete** *der/die; adj. Dekl.* full-time member of staff; **~|binden** *unr. tr. V.* tie [up]; **etw. an einem Baum/Pfosten ~binden** tie sth. to a tree/post; **~|bleiben** *unr. itr. V.; mit sein* stand firm; **~|drehen** *tr. V.* screw [up] tight
feste *Adv. (ugs.) s.* **fest 2 b**
Feste *die*; ~, ~n *(veralt.)* fortress; castle
fest-, Fest-: ~essen *das* banquet; **~|fahren** *unr. itr., refl. V. (itr. V. mit sein)* get stuck; *(fig.)* get bogged down; **der Wagen hat sich od. ist ~gefahren** the car got stuck; **~|fressen** *unr. refl. V.* **a)** *(sich verklemmen)* ⟨engine⟩ seize up; ⟨saw⟩ get stuck; **b)** *(fig.: sich einprägen)* stick in sb.'s mind; **~fressen become fixed in sb.'s mind; ~|frieren** *unr. itr. V.; mit sein* freeze up; freeze solid; **~gabe die** *(geh.)* gift; **~gefügt** *Adj.* firmly established; **~gelage** *das s.* **Gelage; ~geld** *das (Bankw.)* time deposit; **~gottesdienst** *der* festival service; **~|haken 1.** *tr. V. (befestigen)* hook up; **etw. an etw.** *(Dat.)* **~haken** hook sth. to sth.; **2.** *refl. V.* **sich ~haken** get caught (**an + Dat.** on); **~halle** *die* festival hall; **~|halten 1.** *unr. tr. V.* **a)** *(halten, packen)* hold on to; **jmdn. am Arm ~halten** hold on to sb.'s arm; **etw. mit den Händen ~halten** hold sth. in one's hands; **b)** *(nicht weiterleiten)* withhold ⟨letter, parcel, etc.⟩; **c)** *(verhaftet haben)* hold, detain ⟨suspect⟩; **d)** *(aufzeichnen, fixieren)* record; capture; **etw. in Bild und Ton ~halten** record *or* capture sth. in sound and vision; **etw. mit der Kamera ~halten** capture sth. with the camera; **e)** *(konstatieren)* record; **~halten, daß ...:** record the fact that ...; **2.** *unr. refl. V. (sich anklammern)* **sich an jmdn./etw. ~halten** hold on to sb./sth.; **halt dich ~!** hold tight!; *(fig. ugs.)* brace yourself!; **3.** *unr. itr. V.* **an jmdm./etw. ~halten** stand by sb./sth.; **~|hängen** *unr. itr. V.* get caught [mit etw.] **an/in etw.** *(Dat.)* **~hängen** get [sth.] caught on/in sth.
festigen ['fɛstɪɡn̩] **1.** *tr. V.* strengthen ⟨friendship, alliance, marriage, etc.⟩; consolidate ⟨position⟩; **in sich** *(Dat.)* **gefestigt sein** be strong. **2.** *refl. V.* ⟨friendship, ties⟩ become stronger
Festigkeit *die*; ~ **a)** *(Entschlossenheit)* firmness; **b)** *(Standhaftigkeit)* steadfastness; resolution; **sein Ziel mit ~ verfolgen** pursue one's aim with [great] resolution; **c)** *(von Stoffen)* strength
Festigkeits·lehre *die; o. Pl.* [theory of] strength of materials
Festigung *die*; ~: strengthening; *(einer Stellung)* consolidation
Festival ['fɛstɪval] *das*; ~s, ~s festival
Festival·besucher *der* visitor to a/the festival
Festivität [fɛstivi'tɛːt] *die*; ~, ~en *(veralt., scherzh.)* festivity; celebration
fest-, Fest-: ~|klammern 1. *tr. V.* **etw. [an etw.** *(Dat.)*] **~klammern** clip sth. on [to sth.]; **Wäsche an der Leine ~klammern** peg washing [up] on the line; **2.** *refl. V.* **sich an jmdm./etw. ~klammern** cling [on] to sb./sth.; **~|kleben 1.** *itr. V.; mit sein* stick (**an + Dat.** to); **2.** *tr. V.* stick; **etw. an etw.** *(Dat.)* **~kleben** stick sth. to sth.; **~kleid** *das* evening dress; **die Stadt legte ihr ~kleid an** *(fig. geh.)* the town took on a festive look; **~kleidung** *die* formal dress; **~|klemmen 1.** *itr. V.; mit sein* **~geklemmt sein** be stuck *or* jammed; **2.** *tr. V.* wedge; jam; **~|klopfen** *tr. V.* bang ⟨nail⟩ in *or* home; bang ⟨floor-board⟩ down; *(fig.)* finalize ⟨agreement⟩; **~|knoten** *tr. V.* **etw. an etw.** *(Dat.)* **~knoten** tie sth. to sth.; **~komitee** *das* festival committee; **~komma** *das (DV)* fixed point; **~körper** *der (Physik)* solid; **~körper·physik** *die* solid-state physics *sing., no art.*; **~|krallen** *refl. V.* **sich in etw.** *(Dat.)* **~krallen** dig its claws into sth.; **sich an jmdm. ~krallen** cling to sb. with its claws; *(person)* cling [on] to sb.; **~land** *das; o. Pl.* **a)** *(Kontinent)* continent; *(im Gegensatz zu den Inseln)* mainland; **das europäische ~land** the continent of Europe/the European mainland; **b)** *(fester Boden)* land; **auf dem ~land od. zu ~land** on dry land; **~ländisch** *Adj.* **a)** *(kontinental)* continental ⟨climate, shelf, etc.⟩; **b)** *(im Gegensatz zu den Inseln)* mainland *attrib.*; **~land[s]·sokkel** *der (Geogr.)* continental shelf; **~|laufen 1.** *unr. itr., refl. V. (itr. V. mit sein)* ⟨ship⟩ run aground, get stuck; ⟨wheels⟩ jam, get jammed; *(fig.)* ⟨negotiations⟩ reach a deadlock; ⟨policy⟩ get bogged down; **das Schiff hat sich od. ist im Packeis ~gelaufen** the ship has got stuck in the pack-ice; **2.** *refl. V. (Sport)* **die Stürmer liefen sich immer wieder ~:** the forwards could not find a way through [the defence]; **~legbar** *Adj.* **das ist [nicht] eindeutig ~legbar** it can[not] definitely be established; **~|legen** *tr. V.* **a)** *(verbindlich regeln)* fix ⟨time, deadline, price⟩; arrange ⟨programme⟩; **etw. gesetzlich ~legen** prescribe sth. by law; **b)** *(verpflichten)* **sich [auf etw.** *(Akk.)*] **~legen [lassen]** commit oneself [to sth.]; **jmdn. [auf etw.** *(Akk.)*] **~legen** tie sb. down [to sth.]; **c)** *(Bankw.)* tie up ⟨money⟩; **~legung** *die*; ~, ~en *s.* **~legen: a)** fixing; arrangement; **b)** commitment
festlich 1. *Adj.* **a)** festive ⟨atmosphere⟩; **b)** *(einem Fest gemäß)* formal ⟨dress⟩. **2.** *adv.* **a)** festively; **b)** *(einem Fest gemäß)* formally; **etw. ~ begehen** celebrate sth.
Festlichkeit *die*; ~, ~en **a)** *(Feier)* celebration; **b)** *(der Stimmung, Atmosphäre)* festiveness; *(Feierlichkeit, Würde)* solemnity
fest-, Fest-: ~|liegen *unr. itr. V.* **a)** *(nicht weiterkommen)* be stuck; **b)** *(~stehen)* have been fixed; ⟨programme⟩ have been arranged; **c)** *(Bankw.)* ⟨money⟩ be tied up; **~|machen 1.** *tr. V.* **a)** *(befestigen)* fix; *(fig.)* demonstrate ⟨characteristic, fault⟩; **b)** *(fest vereinbaren)* arrange ⟨meeting etc.⟩; **c)** *(Seemannsspr.)* moor ⟨boat⟩; *z. B. s.* **~mannsspr.: a) anlegen 2, ~mahl** *das (geh.)* banquet; **~meter** *der od. das* cubic metre *(of solid timber)*; **~|nageln** *tr. V.* **a)** *(befestigen)* nail (**an + Dat.** to); **wie ~genagelt dastehen** *(ugs.)* stand there as though rooted to the spot; **b)** *(ugs.: festlegen)* **jmdn. [auf etw.** *(Akk.)*] **~nageln** tie sb. down [to sth.]; **sich auf etw.** *(Akk.)* **~nageln lassen** let oneself be tied [down] to sth.; **~nahme** *die*; ~, ~n arrest; **bei seiner ~nahme** when he was/is arrested; **~|nehmen** *unr. tr. V.* arrest; **jmdn. vorläufig ~nehmen** take sb. into custody
Feston [fɛs'tõ:] *das*; ~s, ~s festoon
fest-, Fest-: ~platte *die (DV)* fixed disc; **~platz** *der* fairground; **~preis** *der (Wirtsch.)* fixed price; **~programm** *das* festival programme; **~rede** *die* speech; **~redner** *der* speaker; **~|rennen** *unr. refl. V.* **a)** *(ugs.)* get tangled up; **b)** *(Sport) s.* **~laufen 2; ~saal** *der* banqueting hall; *(Ballsaal)* ballroom; **~|saugen** *regelm. (auch unr.) refl. V.* attach itself (**an + Dat.** to); **~schmaus** *der (veralt.)* banquet; feast; **~schmuck** *der* festive decorations *pl.*; **im ~schmuck erstrahlen** be festively decorated; **~|schnallen** *tr. V.* tie (**an + Dat.** to); **der Pilot schnallte sich am Sitz ~:** the pilot strapped *or* fastened himself in; **~|schrauben** *tr. V.* screw [up] tight; **~|schreiben** *unr. tr. V.* establish; **~schrift** *die* commemorative volume; *(für Gelehrten)* Festschrift; **~|setzen 1.** *tr. V.* **a)**

Festsetzung

(~legen) fix ⟨time, deadline, price⟩; lay down ⟨duties⟩; **b)** (in Haft nehmen) detain; **2.** refl. V. **a)** ⟨dust⟩ collect, settle; ⟨idea⟩ take root; diese Idee hat sich bei ihm ~gesetzt this idea has become fixed in his mind; **b)** (ugs.: sich niederlassen) establish oneself; ~setzung die; ~, ~en s. ~setzen 1: **a)** fixing; laying down; **b)** (selten) detention; ~|sitzen unr. itr. V. **a)** (haften) be stuck; **b)** (nicht mehr weiterkommen) be stuck; ~spiel das **a)** Pl. festival; die Bayreuther/Edinburger ~spiele the Bayreuth/Edinburgh Festival sing.; **b)** (Bühnenstück) festival production; (fact) das festival theatre; ~|stecken **1.** tr. V. (befestigen) pin up; **2.** regelm. (auch unr.) itr. V. (nicht weiterkommen) be stuck; ~stehen unr. itr. V. **a)** (~gelegt sein) ⟨order, appointment, etc.⟩ have been fixed; **b)** (unumstößlich sein) ⟨decision⟩ be definite; (fact) be certain; ~steht od. es steht ~, daß...: it is certain or definite that ...; es steht ~, daß sie keine Chance haben they certainly have no chance; ~**stellbar** Adj. **a)** (zu ermitteln) ascertainable; die Ursache ist nicht mehr ~stellbar the cause can no longer be ascertained or established; **b)** (wahrnehmbar) detectable; diagnosable ⟨illness⟩; ⟨arretierbar⟩ lockable; securable ⟨lock⟩; ~|stellen tr. V. **a)** (ermitteln) establish ⟨identity, age, facts⟩; das läßt sich [nicht] mit Sicherheit ~stellen it can[not] be established with certainty or for certain; **b)** (wahrnehmen) detect; diagnose ⟨illness⟩; er stellte ~, daß er sich geirrt hatte he realized that he was wrong; sie mußte ~stellen, daß ...: she realized that ...; die Ärzte konnten nur noch den Tod ~stellen all the doctors could do was [to] confirm that the patient/victim etc. was dead; **c)** (aussprechen) state ⟨fact⟩; ich muß ~stellen, daß ...: I must or am bound to say that ...; **d)** (arretieren) secure, lock ⟨moving part⟩; secure ⟨lock⟩

Feststell-: ~**hebel** der locking lever; ~**taste** die shift lock

Fest·stellung die **a)** (Ermittlung) establishment; **b)** (Wahrnehmung) realization; die ~ machen, daß ...: realize that ...; **c)** (Erklärung) statement; die ~ treffen, daß ...: observe that ...

Fest-: ~**stimmung** die festive atmosphere or mood; ~**stoff·rakete** die solid-fuel rocket; ~**tafel** die (geh.) banquet table

Fest·tag der **a)** holiday; (Kirchenfest) [religious] feast-day; (Ehrentag) special day; **b)** (Festspieltag) [day of a/the] festival; die Berliner ~e the Berlin Festival sing.

Festtags·stimmung die festive atmosphere or mood

fest-: ~|**treten** unr. tr. V. tread down; das tritt sich ~: don't worry, it's good for the carpet (iron.); ~**umrissen** Adj. präd. getrennt geschrieben; clear-cut; definite

Festung die; ~, ~en **a)** (Verteidigungsanlage) fortress; **b)** (hist.: Haft) imprisonment [in a fortress]

Festungs-: ~**anlage** die fortification; ~**graben** der moat; ~**haft** die (hist.) imprisonment [in a fortress]; ~**mauer** die wall of a/the fortress

fest-, **Fest-**: ~**veranstaltung** die official function; ~**verwurzelt** Adj. (präd. getrennt geschrieben) (auch fig.) deep-rooted; ~**verzinslich** Adj. (Bankw.) fixed-interest attrib.; fixed-income attrib.; ~**vortrag** der lecture; ~|**wachsen** unr. itr. V.; mit sein an od. auf etw. (Dat.) ~**wachsen** grow on [to] sth.; ~**wiese** die festival site; ~**zeit** die holiday (Brit.) or (Amer.) vacation [period]; ~**zelt** das marquee; ~|**ziehen** unr. tr. V. pull tight; ~**zug** der procession

fetal [fe'ta:l] Adj. (Med.) foetal

Fete ['fe:tə] die; ~, ~n (ugs.) party; eine ~ geben od. feiern have or throw a party

Fetisch ['fe:tɪʃ] der; ~s, ~e (Völkerk., fig.) fetish

Fetischismus der; ~: fetishism no art.
Fetischist der; ~en, ~en fetishist

fett [fɛt] **1.** Adj. **a)** (~reich) fatty ⟨food⟩; ~**er Speck** fat bacon; das Fleisch war zu ~: there was too much fat on the meat; **b)** (sehr dick) fat; **c)** (ugs.: üppig, reich) fat ⟨inheritance, wallet⟩; ~**e Jahre/Zeiten** rich years/good years; ~**e Beute** machen make a rich haul; **d)** (ertragreich) rich ⟨soil⟩; luxuriant ⟨vegetation⟩; **e)** (Druckw.) bold; (breiter, größer) extra bold; etw. ~ drucken print sth. in bold/extra bold [type]. **2.** adv. ~ **essen** eat fatty foods; ~ **kochen** use a lot of fat [in cooking]; ~ **lachen** guffaw

Fett das; ~[e]s, ~e **a)** fat; pflanzliche/tierische ~e vegetable/animal fats; (fig.) das ~ abschöpfen (ugs.) cream off the best; sein ~ |ab|bekommen od. |ab|kriegen (ugs.) get one's come-uppance (Amer.); sein ~ |weg|haben (ugs.) have been put in one's place or taught a lesson; im ~ schwimmen (ugs.) be rolling in it (coll.); **b)** o. Pl. (~gewebe) fat; ~ **ansetzen** ⟨animal⟩ fatten up; ⟨person⟩ put on weight; die Gans hat viel ~: the goose has a lot of fat on it; ~ **schwimmen oben** (Spr.) fat people never drown!; (fig.) the rich never suffer

fett-, **Fett-**: ~**ansatz** der fat; er neigt zu ~ansatz he tends to get fat or to put on weight easily; ~**arm 1.** Adj. low-fat ⟨food⟩; low in fat pred.; **2.** adv. ~**arm essen** eat low-fat foods; ~**auge** das speck of fat; ~**bauch** der (ugs.) paunch; fat stomach; ~**bedarf** der fat requirement; ~**creme** die enriched [skim] cream; ~**depot** das (Physiol.) fat depot; ~**druck** der bold type; **in** ~**druck in bold** [type]

fetten 1. tr. V. (mit Fett einreiben) grease. **2.** itr. V. (Fett absondern) be greasy

fett-, **Fett-**: ~**film** der greasy film; ~**fleck[en]** der grease mark or spot; ~**frei** Adj. non-fat; ~**gebäck** das, ~**gebackene** das; adj. Dekl. cakes pl. fried in fat; ~**gedruckt** Adj. (präd. getrennt geschrieben) bold; ~**gehalt** der fat content; ~**geschwulst** die fatty tumour; ~**gewebe** das fatty tissue; ~**haltig** Adj. fatty; [sehr] ~**haltig** sein contain [a lot of] fat; ~**henne** die (Bot.) stonecrop; Große ~**henne** orpine; ~**herz** das fatty heart; fat heart

fettig Adj. greasy; oily; greasy ⟨skin, saucepan, etc.⟩

fett-, **Fett-**: ~**kloß** der (ugs. abwertend) fatty; fatso (sl.); ~**leber** die (Med.) fatty liver; ~**leibig** Adj. obese; ~**leibigkeit** die; ~: obesity; ~**löslich** Adj. fat-soluble; ~**näpfchen treten** (scherzh.) put one's foot in it [with sb.]; ~**polster** das subcutaneous fat no indef. art.; fat pad; ~**reich 1.** Adj. high-fat ⟨food⟩; **2.** adv. ~**reich essen** eat high-fat foods; ~**sack** der (salopp abwertend) fatso (sl.); ~**säure** die (Chemie) fatty acid; ~**schicht** die layer of fat; ~**stift** der (Schreibgerät) grease pencil; lithographic pencil; (Lippenstift) lip salve; ~**stoffwechsel** der fat metabolism; ~**sucht** die (Med.) obesity; ~**triefend** Adj. dripping with fat postpos.; ~**wanst** der (salopp abwertend) fatso (sl.); ~**wulst** der od. die roll of fat

Fetus ['fe:tʊs] der; ~ od. ~ses, ~se od. **Feten** (Med.) foetus

fetzen ['fɛtsn̩] tr. V. (ugs.) tear; die Musik/Platte fetzt unheimlich (Jugendspr.) the music/record is really mind-blowing (sl.)

Fetzen der; ~s, ~ **a)** scrap; der Tapete hängt in ~ von der Wand the wallpaper is hanging [off the wall] in shreds; das Kleid ist in ~: the dress is in tatters; etw. in ~ [zer]reißen tear sth. to pieces or shreds; **in** ~ **gehen** (ugs.) fall apart or to pieces; daß die ~ fliegen (ugs.) like mad; **b)** (abwertend: billiges Kleid) ein billiger ~: cheap rags pl.

feucht [fɔʏçt] Adj. damp ⟨cloth, wall, hair⟩;

Feuerbestattung

tacky ⟨paint⟩; humid ⟨climate⟩; sweaty, clammy ⟨hands⟩; moist ⟨lips⟩; lubricated ⟨condom⟩; die ~e Schnauze des Hundes the dog's wet nose; **Oberhemden müssen** ~ **gebügelt werden** shirts must be ironed damp; **Gardinen** ~ **aufhängen** hang curtains while [they are] still damp; etw. ~ **abwischen** wipe sth. with a damp cloth; **eine** ~ **Aussprache haben** (scherzh.) spit when one speaks; **ein** ~**er Abend** (fig. ugs.) a boozy evening (coll.); ~**e Augen bekommen** be close to tears; **das geht dich einen** ~**en Schmutz** od. **Kehricht an** (ugs.) that's none of your business

Feucht·biotop das (Ökol.) wetland
Feuchte die; ~: humidity
feucht-, **Feucht-**: ~**fröhlich** Adj. (ugs. scherzh.) merry ⟨company⟩; boozy (coll.) ⟨evening⟩; ~**gebiet** das wet area; ~**heiß** Adj. hot and humid

Feuchtigkeit die **a)** (leichte Nässe) moisture; **b)** (das Feuchtsein) dampness; die ~ **des Bodens/der Luft** the wetness of the soil/humidity of the air

Feuchtigkeits-: ~**creme** die (Kosmetik) moisturizing cream; moisturizer; ~**gehalt** der moisture content; (der Luft) humidity; ~**grad** der moisture level; (der Luft) humidity; ~**messer** der hygrometer; ~**schutz** der (Bauw.) damp protection; protection against damp

feucht-: ~**kalt** Adj. cold and damp; ~**warm** Adj. muggy; humid

feudal [fɔʏ'da:l] **1.** Adj. **a)** feudal ⟨system⟩; **b)** (aristokratisch) aristocratic ⟨regiment etc.⟩; **c)** (ugs.: vornehm) plush ⟨hotel etc.⟩. **2.** adv. (ugs.: vornehm) ~ **essen** have a slap-up meal (coll.); ~ **Urlaub machen** have a plush holiday

Feudal-: ~**gesellschaft** die feudal society; ~**herr** der feudal lord; ~**herrschaft** die

Feudalismus der; ~: feudalism no art.
feudalistisch Adj. feudalistic
Feudal·staat der feudal state

Feuer ['fɔʏɐ] das; ~s, ~ **a)** fire; [ein Gegensatz] wie ~ und Wasser sein be as different as chalk and cheese; das Essen aufs ~ stellen/vom ~ nehmen put the food on to cook/take the food off the heat; jmdn. um ~ bitten ask sb. for a light; jmdm. ~ geben give sb. a light; das olympische ~: the Olympic flame or torch; mit dem ~ spielen play with fire; es ist ganz ehrlich, da lege ich die Hand ins ~: he is totally honest, I'd swear to it; s. auch **brennen 2 a**; **b)** (Brand) fire; blaze; ~ ! fire!; [für etw.] ~ und Flamme sein be full of enthusiasm [for sth.]; ~ **fangen** catch fire; (fig.: sich verlieben) be smitten; (fig.: sich schnell begeistern) be fired with enthusiasm; **für jmdn. durchs** ~ **gehen** go through hell and high water for sb.; **zwischen zwei** ~ **geraten** be caught between the devil and the deep blue sea; **jmdm.** ~ **unter dem Hintern machen** (salopp) put a squib under sb.; **c)** o. Pl. (Milit.) fire; **unter feindliches** ~ **geraten** come under enemy fire; das ~ **einstellen** cease fire; **jmdn./etw. unter** ~ **nehmen** fire on sb./sth.; [gebt] ~! fire!; ~ **frei!** open fire!; **d)** o. Pl. (Leuchten, Funkeln) sparkle; blaze; **ihre Augen sprühten** ~: her eyes blazed [with fire]; **e)** o. Pl. (innerer Schwung) fire; passion; das ~ **der Jugend** the fire or passion of youth; das Pferd/der Wein hat [viel] ~: the horse has [a lot of] spirit/the wine is strong and full-bodied

feuer-, **Feuer-**: ~**alarm** der fire alarm; ~**alarm geben** raise the [fire] alarm; ~**anbeter** der, ~**s**, ~: (Rel.) fire-worshipper; ~**anzünder** der; ~**s**, ~: fire-lighter; ~**befehl** der (Milit.) order to fire; ~**bekämpfung** die fire-fighting; ~**bereit** Adj. (Milit.) ready to fire postpos.; ~**beständig** Adj. fire-resistant; ~**bestattung** die cre-

1089

mation; ~**bock** der fire-dog; andiron; ~**bohne** die (*Bot.*) scarlet runner [bean]; ~**büchse** die a) (*Technik*) firebox; b) (*veralt.: Gewehr*) musket; ~**eifer** der enthusiasm; zest; ~**einstellung** die cessation of fire; (*Waffenstillstand*) cease-fire; ~**fest** *Adj.* heat-resistant ⟨*dish, plate*⟩; fire-proof ⟨*material*⟩; ~**flüssig** *Adj.* molten ⟨*rock, lava*⟩; ~**gefahr** die fire hazard or risk; **bei** ~**gefahr** when there is a risk of fire; ~**gefährlich** *Adj.* [in]flammable; ~**gefecht** das gun battle; ~**haken** der poker; ~**holz** das; *o. Pl.* firewood; ~**kult** der fire cult
Feuer·land (das); ~s Tierra del Fuego
Feuerländer der; ~s, ~: Fuegian
Feuer-: ~**leiter** die (*bei Häusern*) fire escape; (*beim* ~*wehrauto*) [fireman's] ladder; (*fahrbar*) turntable ladder; ~**lösch·boot** das fireboat; ~**löscher** der; ~s, ~: fire extinguisher; ~**mal** das port-wine mark or stain; ~**melder** der fire alarm
feuern 1. *tr. V.* a) (*ugs.: entlassen*) fire (*coll.*); sack (*coll.*); b) (*ugs.: schleudern, werfen*) fling; **jmdm. eine** ~ (*salopp*) belt sb. one; c) (*heizen*) fire ⟨*stove*⟩; **mit Holz** ~: have wood fires. 2. *itr. V.* (*Milit.*) fire (**auf** + *Akk.* at)
feuer-, Feuer-: ~**patsche** die fire-beater; ~**pause** die (*Milit.*) lull in the fighting; ~**polizei** die *authorities responsible for fire precautions and fire-fighting;* ~**probe** die a) (*Prüfung*) test; **die** ~**probe bestehen** pass the [acid] test; b) (*Gottesurteil*) ordeal by fire; ~**qualle** die stinging jellyfish; ~**rad** das a) (~*werkskörper*) Catherine wheel; b) (*Wagenrad*) fire wheel; ~**rot** *Adj.* fiery red; flaming red; ~**rot werden** (*fig.*) turn crimson or scarlet; ~**salamander** der fire salamander; ~**säule** die column of fire
Feuers·brunst die (*geh.*) great fire; conflagration
feuer-, Feuer-: ~**schein** der fiery glow; glow of the/a fire; ~**schiff** das lightship; ~**schlucker** der fire-eater; ~**schutz** der a) (*Brandschutz*) fire prevention or protection; b) (*Milit.*) covering fire; **jmdm.** ~**schutz geben** cover sb.; ~**sicher** 1. *Adj.* fire-proof; 2. *adv. etw.* ~**sicher in einem Safe deponieren** deposit sth. in a fire-proof safe; ~**sirene** die fire siren; ~**speiend** *Adj.; nicht präd.* fire-breathing ⟨*dragon*⟩; ⟨*volcano*⟩ spewing fire; ~**spritze** die fire hose; ~**stätte** die hearth; ~**stein** der flint; ~**stelle** die [camp]fire; ~**stellung** die (*Milit.*) firing position; ~**stuhl** der (*ugs. scherzh.*) [motor]bike (*coll.*); machine; ~**taufe** die baptism of fire; ~**teufel** der (*Pressejargon*) arsonist; ~**tod** der (*geh.*) [death at] the stake; **den** ~**tod erleiden** be burnt at the stake; ~**treppe** die fire escape; ~**über·fall** der armed attack
Feuerung die; ~, ~en a) (*Verbrennungsvorrichtung*) firing [system]; b) *o. Pl.* (*das Heizen*) heating; c) *o. Pl.* (*Brennstoff*) fuel
Feuer-: ~**versicherung** die fire insurance; ~**wache** die fire station; ~**waffe** die firearm; ~**wasser** das; *o. Pl.* (*ugs.*) firewater (*coll.*)
Feuer·wehr die; ~, ~en fire service; **das ging ja wie die** ~ (*ugs.*) that was quick; **der fährt ja wie die** ~ (*ugs.*) he drives like a maniac
Feuerwehr-: ~**auto** fire engine; ~**beil** das fireman's axe; ~**mann** der; *Pl.* ~**männer** od. ~**leute** fireman; ~**übung** die fire service drill; fire-fighting exercise
Feuer-: ~**werk** das firework display; (~*werkskörper*) fireworks *pl.;* (*fig.*) barrage; ~**werks·körper** der firework; ~**zangen·bowle** die burnt rum and red wine punch; ~**zeug** das lighter; ~**zone** die (*Milit.*) firing zone
Feuilleton [fœjəˈtõː] das; ~s, ~s a) (*Teil einer Zeitung*) arts section; b) (*literarischer Beitrag*) [literary] article

Feuilletonismus der; ~ (*oft abwertend*) literary journalese
Feuilletonist der; ~en, ~en, **Feuilletonistin** die; ~, ~**nen** arts writer or correspondent
feuilletonistisch 1. *Adj.* (*unterhaltend*) literary journalistic ⟨*style*⟩; (*abwertend*) glib, facile ⟨*essay etc.*⟩. 2. *adv.* in a literary journalistic style; (*abwertend*) glibly
Feuilleton·teil der arts section
feurig *Adj.* a) fiery ⟨*horse, spice, wine*⟩; passionate ⟨*speech*⟩; b) (*geh.: feuerrot*) flaming ⟨*sky, red, etc.*⟩; c) (*geh.: funkelnd*) blazing ⟨*precious stone*⟩
Fez [fɛts] der; ~es (*ugs.*) lark (*coll.*); ~ **machen** lark about (*coll.*); **hört nie mit dem** ~ **auf!** stop larking about (*coll.*)
ff [ɛfˈɛf] *Abk.* sehr fein superior-quality ⟨*sweets, cakes and pastries, etc.*⟩
ff. *Abk.* folgende [Seiten] ff.
Ffm. *Abk.* Frankfurt am Main
Fiaker [ˈfjakɐ] der; ~s, ~ (*österr.*) hackney carriage; cab
Fiale [ˈfjaːlə] die; ~, ~n (*Archit.*) pinnacle
Fiasko [ˈfjasko] das; ~s, ~s fiasco; **unser Urlaub war ein einziges** ~: our holiday was a total disaster (*coll.*)
Fibel [ˈfiːbl̩] die; ~, ~n a) (*Lesebuch*) reader; primer; b) (*Lehrbuch*) handbook; guide
Fiber [ˈfiːbɐ] die; ~, ~n fibre
Fibrille [fiˈbrɪlə] die; ~, ~n (*Med.*) fibril
Fibrin [fiˈbriːn] das; ~s (*Med.*) fibrin
Fibrom [fiˈbroːm] das; ~s, ~e (*Med.*) fibroma
Fiche [fiːʃ] der od. das; ~s, ~s (*Informationst.*) [micro]fiche
ficht [fɪçt] *Imperativ Sg. u.* 3. *Pers. Präsens v.* **fechten**
Fichte die; ~, ~n a) spruce; b) (*Rottanne*) Norway spruce
Fichten-: ~**brett** das spruce board; ~**holz** das spruce [wood]; ~**nadel** die spruce needle; ~**nadel·öl** das spruce oil; pine-needle oil; ~**wald** der spruce forest
Fick [fɪk] der; ~s, ~s (*vulg.*) fuck (*coarse*)
ficken *tr., itr. V.* (*vulg.*) fuck (*coarse*); **mit jmdm.** ~: fuck sb.; **sie ließ sich von ihm** ~: she let him fuck her
Fickerei die; ~, ~en (*vulg.*) a) *o. Pl.* (*das Ficken*) fucking (*coarse*); b) (*sexuelles Abenteuer*) fuck (*coarse*)
fick[e]rig [ˈfɪk(ə)rɪç] *Adj.* (*landsch.: nervös*) nervous
Fideikommiß [fideikoˈmɪs] das; **Fideikommisses, Fideikommisse** (*Rechtsspr.*) entail; entailed estate
fidel [fiˈdeːl] *Adj.* (*ugs.*) jolly, merry ⟨*company, person*⟩; **ein** ~**es Haus sein** be a or the cheerful type
Fidibus [ˈfiːdibʊs] der; ~ *od.* ~**ses,** ~ *od.* ~**se** (*scherzh.*) spill
Fidschianer [fiˈdʒiːanɐ] der; ~s, ~: Fijian
Fidschi·inseln [ˈfɪdʒi-] *Pl.* die; ~: Fiji; the Fiji Islands
Fieber [ˈfiːbɐ] das; ~s a) [high] temperature (*über 38 °C*) fever; ~ **haben** have a [high] temperature or a fever; **hohes/ansteigendes** ~ **haben** have a high/rising temperature; ~ **messen/bei jmdm.** ~ **messen** take one's/sb.'s temperature; **im** ~: in one's fever; b) (*geh.: Besessenheit*) fever; **vom** ~ **des Ehrgeizes gepackt sein** be consumed with ambition; **das** ~ **der Ungeduld hatte ihn ergriffen** he was in a fever of impatience; **im** ~ **der Erwartung** in a fever of anticipation; **im** ~ **des Wahlkampfs** in the heat of the election campaign
fieber-, Fieber-: ~**anfall** der attack or bout of fever; ~**flecke[n]** *Pl.* fever spots; fever rash *sing.;* ~**frei** *Adj.* ⟨*person*⟩ free from fever; **er ist wieder** ~**frei** his temperature is back to normal; ~**glänzend** *Adj.* (*geh.*) feverish ⟨*eyes*⟩
fieber·haft 1. *Adj.* a) feverish, febrile ⟨*infection, state, condition*⟩; b) (*angestrengt, hektisch*) feverish ⟨*activity*⟩; **eine** ~**e Tätig-**

keit entfalten become feverishly active. 2. *adv.* feverishly; ~ **überlegen** think desperately hard
fieberig *Adj. s.* fiebrig
Fieber-: ~**kurve** die temperature chart; ~**messer** der *s.* ~**thermometer;** ~**mücke** die (*Zool.*) malaria mosquito
fiebern *itr. V.* a) (*Fieber haben*) have or run a temperature; b) (*sehr aufgeregt sein*) **vor Aufregung/Erwartung** (*Dat.*) ~: be in a fever of excitement/anticipation; c) (*heftig verlangen*) **nach etw.** ~: long desperately for sth.
fieber-, Fieber-: ~**phantasie** die; *meist Pl.* [feverish] delirium; ~**senkend** *Adj.* antipyretic; ~**senkende Mittel** antipyretics; ~**thermometer** das [clinical] thermometer; ~**wahn** der (*geh.*) [feverish] delirium; **im** ~**wahn** in his/her delirium
fiebrig *Adj.* (*auch fig.*) feverish
Fiedel [ˈfiːdl̩] die; ~, ~n (*veralt., scherzh.*) fiddle
fiedeln *tr., itr. V.* (*scherzh., abwertend*) fiddle; **eine Melodie** ~: play a tune on the fiddle
Fiedler [ˈfiːdlɐ] der; ~s, ~ (*scherzh., abwertend*) fiddler
fiel [fiːl] *1. u.* 3. *Pers. Sg. Prät. v.* **fallen**
fiepen [ˈfiːpn̩] *itr. V.* a) ⟨*dog*⟩ whimper; ⟨*bird*⟩ cheep; b) (*Jägerspr.*) ⟨*deer*⟩ call
fies [fiːs] 1. *Adj.* (*ugs.*) a) (*charakterlich*) nasty ⟨*person, character*⟩; **das finde ich** ~: I think that's mean; b) (*geschmacklich*) horrid (*coll.*); awful (*coll.*). 2. *adv.* in a nasty way
Fiesling [ˈfiːslɪŋ] der; ~s, ~e (*salopp abwertend*) creep (*sl.*)
Fifa, FIFA [ˈfiːfa] die; ~: FIFA; International Football Federation
fifty-fifty [ˈfɪftiˈfɪfti] *Adv.* (*ugs.*) **in** ~ **machen** go fifty-fifty; **die Sache wird am Ende wohl** ~ **ausgehen** things will no doubt work out even in the end
Figaro [ˈfiːgaro] der; ~s, ~s (*scherzh.*) hairdresser
Fight [faɪt] der; ~s, ~s (*Sport*) fight
fighten [ˈfaɪtn̩] *itr. V.* (*Sport*) fight
Fighter [ˈfaɪtɐ] der; ~s, ~ (*Sport*) fighter
Figur [fiˈɡuːɐ̯] die; ~, ~**en** a) (*Wuchs, Gestalt*) (*einer Frau*) figure; (*eines Mannes*) physique; **eine gute/schlechte** ~ **machen** cut a good/poor or sorry figure; b) (*Bildwerk*) figure; c) (*geometrisches Gebilde*) shape; d) (*Spielstein*) piece; e) (*Persönlichkeit*) figure; f) (*literarischen Gestalt*) character; **die komische** ~ (*Theater*) the comic character or figure; **eine komische** ~ **sein** be a figure of fun; g) (*Tanzen, Eissport usw.*) figure; ~**en laufen** skate figures; h) *meist Pl.* (*salopp: Mensch*) character (*coll.*); i) (*Musik, Sprachw.*) figure
figural [fiɡuˈraːl] *Adj.* figured
Figural·musik die figurate or florid music
Figuration [fiɡuraˈtsi̯oːn] die; ~, ~**en** (*Musik, Kunstwiss.*) figuration
figurativ [fiɡuraˈtiːf] (*Sprachw., Kunstw.*) 1. *Adj.* 2. *adv.* figuratively
figurieren *itr. V.* (*geh.*) figure
Figurine [fiɡuˈriːnə] die; ~, ~**n** a) (*Kunstwiss.*) figurine; b) (*bes. Theater*) costume design
figürlich [fiˈɡyːɐ̯lɪç] 1. *Adj.* (*Kunstwiss.*) figured. 2. *adv.* (*in bezug auf die Figur*) as far as her figure/his physique is concerned
Figur·problem das; *meist Pl.* (*ugs.*) weight problem
Fiktion [fɪkˈtsi̯oːn] die; ~, ~**en** fiction
fiktional [fɪktsi̯oˈnaːl] *Adj.* (*geh.*) fictional ⟨*significance*⟩; ⟨*work*⟩ of fiction
fiktiv [fɪkˈtiːf] *Adj.* (*geh.*) fictitious
Filament [filaˈmɛnt] das; ~s, ~e (*Bot., Astron.*) filament
¹Filet [fiˈleː] das; ~s, ~s (*Textilw.*) filet; netting
²Filet das; ~s, ~s fillet; (*Rinder*~, *Schweine*~) fillet; filet

Filetarbeit   **finden**

Filet·arbeit die *(Handarb.)* filet; netting
filetieren [file'tiːrən] *tr. V. (Kochk.)* fillet
Filet-: ~**nadel** die netting needle; ~**steak** das fillet steak
Filial·betrieb der branch
Filiale [fiˈli̯aːlə] die; ~, ~n branch
Filial·generation die *(Genetik)* filial generation
Filialist der; ~en, ~en *(Wirtsch.)* chain-store owner
Filial-: ~**kirche** die daughter church; subsidiary church; ~**leiter** der branch manager
Filibuster [filiˈbastɐ] das; ~[s], ~ *(Parl.)* filibuster
filigran [filiˈgraːn] *Adj.; nicht präd.* filigreed
Filigran das; ~s, ~e filigree
Filigran-: ~**arbeit** die [piece of] filigree work; ~**schmuck** der filigree [jewellery]
Filipina [filiˈpiːna] die; ~, ~s Filipina
Filipino der; ~s, ~s Filipino
Filius [ˈfiːli̯ʊs] der; ~, ~se *(scherzh.)* son
Film [fɪlm] der; ~[e]s, ~e **a)** *(Fot.)* film; **b)** *(Kino~)* film; movie *(Amer. coll.)* da ist bei ihm der ~ gerissen *(fig. ugs.)* he's had a mental blackout; der deutsche/brasilianische ~: the German/Brazilian cinema; **c)** *o. Pl. (Filmbranche)* films *pl.;* beim ~ sein be in films; **d)** *(dünne Schicht)* film
Film-: ~**amateur** der amateur film-maker; ~**archiv** das film library *or* archive; ~**atelier** das film studio; ~**aufnahme** die shot; mit den ~aufnahmen beginnen start filming *or* shooting; ~**ausrüstung** die filming equipment; ~**bar** der *[porno]* film club; ~**bericht** der film report; ~**branche** die films *pl., no art.;* ~**bühne** die *(Bildbühne)* film window; **b)** *s.* Filmtheater; ~**cutter** der, ~**cutterin** die film editor; ~**diva** die *(veralt.)* screen goddess
Filme·macher der film-maker
filmen 1. *tr. V.* **a)** film; **b)** *(ugs.: hereinlegen)* jmdn. ~: take sb. for a ride *(sl.).* **2.** *itr. V.* film; make a film/films
Film-: ~**festival** das film festival; ~**festspiele** *Pl.* film festival *sing.;* ~**fritze** der *(salopp)* film guy *(sl.);* ~**geschäft** das; *o. Pl.* film business *or* industry; ~**groteske** die film grotesquerie; ~**held** der screen hero; ~**industrie** die film industry
filmisch 1. *Adj.* cinematic ⟨*art etc.*⟩. **2.** *adv.* cinematically
Film-: ~**kamera** die film camera; *(Schmalfilmkamera)* cine-camera; ~**kassette** die *(Fot.)* film cassette *or* cartridge; ~**klub** der film club *or* society; ~**komödie** die film comedy; comedy film; ~**kopie** die [film] print; copy of a/the film; ~**kritik** die **a)** *(Besprechung)* film review; **b)** *(~kritiker)* film critics *pl.;* ~**kritiker** der film critic; ~**kulisse** die film set; das wäre eine ideale ~**kulisse** that would be an ideal setting for a film; ~**kunst** die; *o. Pl.* cinematic art; ~**kunst·theater** das film theatre; ~**lein·wand** die cinema screen; ~**material** das **a)** *(Fot., Film: Aufnahmematerial)* film; **b)** *(Filme zu einem Thema)* film material; ~**musik** die film music; *(eines einzelnen Films)* theme music
Filmographie [fɪlmograˈfiː] die; ~, ~n filmography *no art.*
Film-: ~**palast** der picture palace *(dated);* cinema; ~**preis** der film award; ~**produzent** der film producer; ~**projektor** der film projector; ~**regisseur** der film director; ~**riß** der in einen ~riß haben *(ugs.)* have a mental blackout; ~**rolle** die **a)** *(schauspielerische Rolle)* film part *or* role; jmdm. eine ~rolle anbieten offer sb. a part in a film; **b)** *(Spule)* reel of film; ~**schaffende** der/die; *adj. Dekl.* film-maker; ~**schau·spieler** der film actor; ~**schau·spielerin** die film actress; ~**spule** die film reel; ~**stadt** die **a)** *(Studiokomplex)* film studios *pl.;* **b)** *(Zentrum)* centre of the film

industry; ~**star** der film star; ~**studio** das film studio; ~**technik** die film technology *no art.;* ~**theater** das cinema; ~**titel** der film title; ~**verleih** der film distributor[s]; ~**vor·führer** der; ~s, ~: film projectionist; ~**vor·stellung** die film show; ~**wirtschaft** die; *o. Pl.* film business *or* industry; ~**zensur** die film censorship; *(Gremium)* film censors *pl.;* censor *(coll.)*
Filou [fiˈluː] der *(abwertend)* **a)** *(Spitzbube)* dog *(derog.);* rogue; **b)** *(Verführer)* devil *(derog.)*
Filter [ˈfɪltɐ] der, *(fachspr. meist)* das; ~s, ~: filter; Zigaretten ohne/mit ~: plain/[filter-]tipped cigarettes
filter-, Filter-: ~**fein** *adj.* finely-ground *attrib.,* filter-fine *attrib.* ⟨*coffee*⟩; **Kaffee** ~**fein mahlen** grind coffee fine[ly]; ~**kaffee** der filter coffee; ~**mund·stück** das filter-tip
filtern *tr. V.* filter
Filter-: ~**papier** das filter paper; ~**presse** die *(Technik)* filter press; ~**tüte** die filter; ~**zigarette** die [filter-]tipped cigarette
Filtrat [fɪlˈtraːt] das; ~[e]s, ~e *(Technik)* filtrate
Filtration [fɪltraˈtsi̯oːn] die; ~, ~en *(Technik)* filtration
filtrieren *tr. V.* filter
Filz [fɪlts] der; ~es, ~e **a)** *(Material)* felt; **b)** *(filzartig Verschlungenes)* mass; mat; **c)** *(ugs. abwertend: geiziger Mensch)* miser; skinflint; **d)** *(Bierdeckel)* beer-mat; **e)** *(~hut)* felt hat; **f)** *(ugs. abwertend: Korruption)* corruption; graft *(coll.)*
filzen 1. *itr. V.* felt. **2.** *tr. V.* **a)** *(ugs.: durchsuchen)* search ⟨*room, car, etc.*⟩; frisk ⟨*person*⟩; **b)** *(salopp: berauben)* do over *(sl.);* **c)** *(salopp: schlafen)* kip *(Brit. sl.)*
Filz·hut der felt hat
filzig *Adj.* **a)** *(verfilzt)* felted ⟨*wool*⟩; matted ⟨*hair*⟩; **b)** *(ugs.: geizig)* mean; tight-fisted
Filz-: ~**latschen** der *(ugs.)* slipper; ~**laus** die *(Zool.)* crab louse
Filzokratie [fɪltsokraˈtiː] die; ~, ~n *(abwertend)* corruption; graft *(coll.)*
Filz-: ~**pantoffel** der slipper; ~**schreiber** der felt-tip pen; ~**stiefel** der felt boot; ~**stift** der felt-tip pen
Fimmel [ˈfɪml] der; ~s, ~ *(ugs. abwertend)* einen ~ für etw. haben have a thing about sth. *(coll.);* du hast wohl einen ~! there must be something the matter with you; you must be dotty *(Brit.);* das ist ein ~ von ihm it's a strange habit of his; *(Idee)* it's a funny idea he has *(coll.)*
final [fiˈnaːl] *Adj. (Philos., Sprachw.)* final
Finale [fiˈnaːlə] das; ~s, ~[s] **a)** *(Sport: Endkampf)* final; im ~ stehen be in the final; **b)** *(spektakulärer Abschluß; Musik: Schlußsatz, -szene)* finale
Final·gegner der *(Sport)* opponent in the final
Finalist der; ~en, ~en *(Sport)* finalist
Finalität [finaliˈtɛːt] die; ~, ~en *(bes. Philos.)* finality
Final·satz der *(Sprachw.)* final clause
Finanz [fiˈnants] die; ~ **a)** *(Geldwesen)* finance *no art.;* **b)** *(~leute)* financiers *pl.*
Finanz-: ~**amt** das **a)** *(Behörde)* ≈ Inland Revenue; Ärger mit dem ~amt trouble with the taxman; **b)** *(Gebäude)* tax office; ~**aristokratie** die financial aristocracy; ~**ausgleich** der equalization of revenue and costs between government and local authorities; ~**beamte** der tax officer; ~**buch·halter** der financial accountant; ~**buch·haltung** die financial accountancy; ~**dinge** *Pl.* financial matters
Finanzen *Pl.* **a)** *(ugs.: finanzielle Verhältnisse)* finances; **b)** *(Finanz- und Geldwesen)* finance *sing.;* die Abteilung ~: the finance department; **c)** *(Einkünfte des Staates)* [government] finances
Finanz-: ~**genie** das financial wizard;

~**gericht** das court dealing with tax disputes; ~**gruppe** die [financial] syndicate; ~**hilfe** die financial aid; ~**hoheit** die fiscal prerogative
finanziell [finanˈtsi̯ɛl] **1.** *Adj.* financial. **2.** *adv.* financially; jmdn. ~ unterstützen give sb. financial support; ~ gesichert sein be financially secure
Finanzier [finanˈtsi̯eː] der; ~s, ~s financier
finanzieren *tr. V.* **a)** finance; *(fig.: bezahlen)* pay for; frei/staatlich finanziert sein be privately financed/financed by the state; **b)** *(Kaufmannsspr.: auf Kredit kaufen)* buy on credit; etw. langfristig ~: obtain long-term credit for sth.
Finanzierung die; ~, ~en **a)** financing; **b)** *(Gewährung eines Kredits)* credit *no indef. art.;* eine langfristige ~: long-term credit
Finanzierungs·plan der financial plan
finanz-, Finanz-: ~**kapital** das; *o. Pl.* financial capital; ~**kontrolle** die *(Wirtsch.)* financial control; ~**kraft** die; *Pl.* financial strength; ~**kräftig** *Adj.* financially powerful; ~**lage** die financial situation; ~**minister** der minister of finance; ≈ Chancellor of the Exchequer *(Brit.);* ≈ Secretary of the Treasury *(Amer.);* ~**ministerium** das Ministry of Finance; *(in GB u. USA)* ≈ Treasury; ~**not** die financial difficulties *pl.;* ~**planung** die financial planning; ~**politik** die *(des Staates, eines Unternehmens)* financial policy; *(allgemeine)* politics of finance; ~**politisch 1.** *Adj.* ⟨*questions etc.*⟩ relating to financial policy; **2.** *adv.* from the point of view of financial policy; ~**reform** die financial reform; ~**schwach** *Adj.* financially weak; ~**spritze** die *(ugs.)* cash injection; ~**stark** *Adj.* financially strong; ~**verwaltung** die regional department with responsibility for settling fiscal matters; ≈ Board of Inland Revenue *(Brit.);* ≈ Internal Revenue Service *(Amer.);* ~**wesen** das; *o. Pl.* system of public finances; ein Ausdruck aus dem ~wesen a financial expression; **b)** *s.* ~verwaltung; ~**wirtschaft** die public finances *pl.;* ~**wissenschaft** die public finance
finassieren [finaˈsiːrən] *itr. V. (abwertend)* use trickery
Findel·kind [ˈfɪndl̩-] das foundling
finden [ˈfɪndn̩] **1.** *unr. tr. V.* **a)** *(entdecken)* find; eine Spur von jmdm. ~: get a lead on sb.; keine Spur von jmdm. ~: find no trace of sb.; er/das ist nicht zu ~: he/it is not to be found; ich weiß nicht, was er an ihr findet I don't know what he sees in her; **b)** *(erlangen, erwerben)* find ⟨*work, flat, wife, etc.*⟩; Freunde ~: make friends; die Kraft/den Mut dazu ~, etw. zu tun find the strength/the courage to do sth.; **c)** *(heraus~)* find ⟨*solution, mistake, pretext, excuse, answer*⟩; einen Ausweg ~: see a way out; **d)** *(einschätzen, beurteilen)* etw. gut/richtig ~: think sth. is good/right; wie ~ Sie dieses Bild? what do you think of this painting?; nichts bei etw. ~: not mind sth.; ich finde nichts dabei I don't mind; wie finde ich denn das? *(ugs.)* well, really!; **e)** *(erhalten)* Hilfe [bei jmdm.] ~: get help from sb.; *s. auch* Anklang a; Beifall b; ²Gefallen; Verwendung a; **f)** *(vorfinden)* find; er fand das Haus verlassen he found the house deserted. **2.** *unr. refl. V.* sich ~: turn up; es fand sich niemand/jemand, der das tun wollte nobody wanted to do that/there was somebody who wanted to do that; das/es wird sich alles ~: *(das wird sich aufklären)* it will all work out all right; sich in sein Schicksal/seine Lage/seine neue Rolle ~: *(geh.)* come to terms with one's fate/situation/new role. **3.** *unr. itr. V.* zu jmdm. ~: find sb.; nach einem Ort ~: find the way to a place; nach Hause ~: find the way home; zu sich selbst ~: *(fig.)* come to terms with oneself; er gehört zu diesen Nachtmenschen,

1091

Finder

die nicht ins Bett ~ können he is one of these night-owls who just will not go to bed; **das Kind findet schon allein zur Schule** the child knows the way to school by himself/herself **Finder** der; ~s, ~: finder; *s. auch* **ehrlich 1 a Finder·lohn** der reward [for finding sth.] **Fin de siècle** [fɛ̃d'sjɛkl] das; ~ ~ ~: fin de siècle; **die Kunst/Literatur des** ~ ~ ~: fin de siècle art/literature

findig *Adj.* resourceful; **ein ~er Kopf** a resourceful person; **er ist ~ im Aufspüren von Antiquitäten** he is good at finding antiques **Findling** ['fɪntlɪŋ] der; ~s, ~e a) *(Findelkind)* foundling; **b)** *(Geol.)* erratic block **Findlings·block** der *(Geol.)* erratic block **Finesse** [fi'nɛsə] die; ~, ~n a) *meist Pl.* *(Kunstgriff)* trick; **alle ~n von etw. beherrschen** know all the tricks of sth.; **b)** *meist Pl.* *(in der Ausstattung)* refinement; **mit allen ~n ausgestattet** equipped with every refinement; **c)** *(Schlauheit)* flair

fing [fɪŋ] *1. u. 3. Pers. Sg. Prät. v.* **fangen Finger** ['fɪŋɐ] der; ~s, ~ a) finger; **mit dem ~ auf jmdn./etw. zeigen** *(auch fig.)* point one's finger at sb./sth.; **den ~ an die Lippen legen** put one's finger to one's lips; **einen Ring am ~ tragen** have a ring on one's finger; **den ~ am Abzug haben** have one's finger on the trigger; **mit den ~n schnippen** snap one's fingers; **sich** *(Dat.)* **die ~ wund schreiben** write one's fingers to the bone; **b)** *(fig.)* **das Geld zerrinnt ihm unter** *od.* **zwischen den ~n** money just runs through his fingers; **wenn man ihm den kleinen ~ reicht, nimmt er gleich die ganze Hand** if you give him an inch he takes a mile; **die ~ davonlassen/von etw. lassen** *(ugs.)* steer clear of it/of sth.; **sie macht keinen ~ krumm** *(ugs.)* she never lifts a finger; **lange ~ machen** *(ugs.)* get itchy fingers; **er rührte keinen ~:** he wouldn't lift a finger; **ich würde mir alle [zehn] ~ danach lecken** *(ugs.)* I'd give my eye-teeth for it; **die ~ in etw.** *(Dat.)/***im Spiel haben** *(ugs.)* have a hand in sth./have one's finger in the pie; **sich** *(Dat.)* **die ~ schmutzig machen** get one's hands dirty; **sich** *(Dat.)* **die ~ verbrennen** *(ugs.)* burn one's fingers *(fig.)*; **etw. an den ~n abzählen können** be able to count sth. on the fingers of one hand; **sich** *(Dat.)* **etw. an den [fünf** *od.* **zehn] ~n abzählen können** be able to see sth. straight away; **eine[n] an jedem ~ haben** *(ugs. scherz.)* have one for every day of the week; **jmdm. auf die ~ sehen** *od.* **gucken** *(ugs.)* keep a sharp eye on sb.; **jmdm. auf die ~ klopfen** *(ugs.)* rap sb. across the knuckles; **sich** *(Dat.)* **etw. aus den ~n saugen** *(ugs.)* make sth. up; **ihm** *od.* **ihn juckt es in den ~n [, etw. zu tun]** *(ugs.)* he is itching [to do sth.]; **dann juckt's mir in den ~n** *(ugs.)* then I get restless; **jmdm. in die ~ fallen** *od.* **geraten** *(ugs.)* fall into sb.'s hands; **etw. in die ~ bekommen** *od.* **kriegen** *(ugs.)* get hold of sth.; **wenn ich den in die ~ kriege!** *(ugs.)* wait till I get my hands on him *(coll.)*; **sich** *(Dat.)* **in den ~ geschnitten haben** *(ugs.)* have another think coming *(coll.)*; **etw. mit spitzen ~n anfassen** hold sth. at arm's length; **etw. mit dem kleinen ~ machen** *(ugs.)* do sth. with one's eyes shut; **jmdn. um den [kleinen] ~ wickeln** *(ugs.)* wrap sb. round one's little finger; **jmdn. unter die ~ kommen** *od.* **geraten** *(ugs.)* fall into sb.'s hands; **der elfte ~** *(salopp scherzh.)* one's third leg *(coll. joc.)*; **c)** *(Teil des Handschuhs)* finger

finger-, Finger-: **~abdruck** der fingerprint; **jmdm. ~abdrücke abnehmen** take sb.'s fingerprints; **~beere die** *(Anat.)* finger pad; **~breit** *Adj.* as wide as a finger *postpos.;* half an inch wide *postpos.;* **~breit** der; ~, ~ *(Maßeinheit)* finger's width; *(fig.)* inch; **sie war nicht bereit, einen ~breit abzuweichen** *(fig.)* she was not prepared to budge an inch; **~dick** *Adj.* as thick as a finger *postpos.;* **Brot ~dick mit**

etw. bestreichen spread bread thickly with sth.; **~druck** der; *o. Pl.* touch of a finger; **~fertig** *Adj.* nimble-fingered; **~fertigkeit die;** *o. Pl.* dexterity; **~gelenk** das finger joint; **~glied** das phalanx; **~hakeln** [~ha:kḷn] das; ~s finger-wrestling; **~hand·schuh** der glove [with fingers]; **~hut** der a) thimble; **ein ~hut [voll]** *(fig.)* a thimbleful; **b)** *(Bot.)* foxglove; **~knochen** der, **~knöchel** der knuckle; **~kuppe** die fingertip

fingern 1. *itr. V.* fiddle; **an etw.** *(Dat.)* **~:** fiddle with sth.; **nach etw. ~:** fumble [around] for sth. **2.** *tr. V.* **etw. aus der Tasche ~:** fish sth. out of one's pocket

Finger-: **~nagel** der fingernail; **an den ~nägeln kauen** bite one's nails; **er gönnt ihr nicht das Schwarze unterm ~nagel** *(fig.)* he grudges her everything; **~rechnen** das counting on one's fingers *no art.;* **er beherrscht schon das ~rechnen** he can already count on his fingers; **~ring** der ring; **~satz** der *(Musik)* fingering; **~schale** die finger-bowl; **~schnippen** das; ~s snapping one's fingers; **sich mit ~schnippen melden** attract attention by snapping one's fingers **Finger·spitze** die fingertip; **Künstler/musikalisch bis in die ~n sein** *(fig.)* be an artist/ be musical to the tips of one's fingers; **das muß man in den ~n haben** *(fig.)* you have to have a feel for it

Fingerspitzen·gefühl das; *o. Pl.* feeling; **ein [besonderes] ~ für etw. haben** have a [special] feeling for sth.

Finger-: **~sprache** die deaf-and-dumb language; *(alphabetische Zeichen)* deaf-and-dumb alphabet; **~übung** die *(Musik)* finger exercise; **~zeig** [~tsaik] der; ~s, ~e tip-off; **einen ~zeig erhalten** be given a hint; *(police)* be tipped off, get a tip-off; **für sie war es ein ~zeig des Schicksals** she took it as a sign

fingieren [fɪn'giːrən] *tr. V.* fake *(accident, break-in)*; **ein fingierter Name** a false name; **ein fingierter Briefwechsel** *(in der Literatur)* an imaginary correspondence

Finish ['fɪnɪʃ] das; ~s, ~s finish
finit [fi'niːt] *Adj. (Sprachw.)* finite
Fink [fɪŋk] der; ~en, ~en finch
Finken-: **~schlag** der; *o. Pl.* finch's song; **~vogel** der finch
Finn-Ding[h]i ['fɪndɪŋgi] das; ~s, ~s Finn dinghy
¹Finne ['fɪnə] der; ~n, ~n Finn
²Finne die; ~, ~n a) *(Zool.)* fin; **b)** *(am Hammer)* peen
Finnen·dolch der [short, wide-bladed] dagger
Finnin die; ~, ~nen Finn
finnisch *Adj.* Finnish; **der Finnische Meerbusen** the Gulf of Finland; *s. auch* **deutsch, Deutsch,** ²**Deutsche**
Finnland ['fɪnlant] (das); ~s Finland
Finnlandisierung [fɪnlandiˈziːrʊŋ] die; ~ *(Pol.)* Finlandization
Finn·wal der *(Zool.)* fin whale; common rorqual

finster ['fɪnstɐ] **1.** *Adj.* **a)** dark; **im Finstern in the dark; b)** *(düster)* dark *(house, forest, alleyway)*; dimly-lit *(pub, district)*; **c)** *(dubios)* shady *(plan, affair)*; **eine ~e Gestalt** a sinister figure; **d)** *(verdüstert, feindselig)* **eine ~e Miene [aufsetzen]** [assume] a black expression; **~e Gedanken gegen jmdn. hegen** have evil intentions against sb.; **e)** *(fig.)* **in diesen ~en Zeiten** in these dark times; **aus dem ~en Mittelalter** from the Dark Ages; **im ~n tappen** be groping in the dark. **2.** *adv.* **jmdn. ~ ansehen** give sb. a black look; **~ entschlossen sein, etw. zu tun** be grimly determined to do sth.
Finsternis die; ~, ~se **a)** darkness; *(auch bibl., fig.)* dark; **rabenschwarze ~:** pitch darkness; **in tiefer ~ liegen** be shrouded in darkness; **die Mächte/das Reich der ~:** the

powers of darkness/the Kingdom of Darkness; **eine ägyptische ~:** stygian gloom; **b)** *(Astron.)* eclipse
Finte ['fɪntə] **die;** ~, ~n **a)** trick; **jmdn. durch eine ~ täuschen** deceive sb. by trickery; **alle ~n nützen Ihnen nichts** no trickery will help you; **b)** *(Fechten)* feint
finten·reich *Adj. (geh.)* skilful, tricky ⟨opponent⟩
finzelig, finzlig ['fɪnts(ə)lɪç] *Adj. (ugs.)* **~e Arbeit** fiddly work *(coll.)*; **~e Schrift** tiny writing
fipsig ['fɪpsɪç] *Adj. (ugs.)* undersized
Firlefanz ['fɪrləfants] der; ~es *(ugs. abwertend)* **a)** *(Tand, Flitter)* frippery; trumpery; **b)** *(Unsinn)* nonsense; **~ machen** fool around
firm [fɪrm] *Adj.* **in etw.** *(Dat.)* **~ sein** be well up in sth.; know sth. thoroughly
Firma ['fɪrma] die; ~, Firmen **a)** firm; company; **in einer ~ arbeiten** work for a firm *or* company; **die ~ ist erloschen** the company has been struck from the register; „Fa. W. Bert & Söhne" 'W. Bert & Sons'; **b)** *(ugs. abwertend: Sippschaft)* bunch *(sl.)*
Firmament [fɪrmaˈmɛnt] das; ~[e]s *(dichter.)* firmament
firmen *tr. V. (kath. Rel.)* confirm
firmen-, Firmen-: **~aufdruck** der company letter heading; **~chef** der *s.* **~inhaber; ~eigen** *Adj.* company *attrib.;* belonging to the company *postpos.;* **~eigen sein** belong to the company; **ein ~eigener LKW/ eine ~eigene Kantine** a company lorry *(Brit.)* or truck/canteen; **~inhaber** der owner of the/a company; **~intern** **1.** *Adj.* internal; internal company *attrib.;* **2.** *adv.* internally; within the company; **~name** der name of a/the company *or* firm; **~schild** das company's name plate; **~stempel** der company stamp; firm's stamp; **~wagen** der company car; **~zeichen** das trademark
firmieren *itr. V.* trade
Firmling ['fɪrmlɪŋ] der; ~s, ~e *(kath. Rel.)* confirmation candidate
Firm·pate der sponsor
Firmung die; ~, ~en confirmation; **jmdm. die ~ erteilen** confirm sb.
firn [fɪrn] *Adj.* mature ⟨wine⟩
Firn der; ~[e]s firn
Firn·feld das firn field
Firnis ['fɪrnɪs] der; ~ses, ~se varnish
Firn·schnee der firn snow
First [fɪrst] der; ~[e]s, ~e ridge
First-: **~höhe** die height [to the ridge of the roof]; **eine ~höhe von 8,50 m aufweisen** or 8.50 m high; **~ziegel** der ridge tile
Fis [fɪs] das; ~, ~ *(Musik)* [key of] F sharp
Fisch [fɪʃ] der; ~[e]s, ~e **a)** fish; **[fünf] ~e fangen** catch [five] fish; **sie hatten viele ~e im Netz** they had a good catch; **fliegende ~e** flying fish; **gesund und munter wie ein ~ im Wasser** as fit as a fiddle; **stumm wie ein ~ sein** keep a stony silence; *(fig.)* **kleine ~e** *(ugs.)* small fry; **faule ~e** *(ugs.)* lame excuses; **die ~e füttern** *(ugs. scherzh.)* be seasick; **b)** *o. Pl. (Nahrungsmittel)* fish; **das ist weder ~ noch Fleisch** *(fig.)* that's neither fish nor fowl; **c)** *(Astrol.)* **die ~e** Pisces: the Fishes; **er ist [ein] ~:** he is a Piscean; **im Zeichen der ~e geboren sein** be born under [the sign of] Pisces; **d)** *(Druckerspr.)* letter from the wrong fount

fisch-, Fisch-: **~abfälle** *Pl.* fish scraps; **~adler** der *(Zool.)* osprey; **~arm** *Adj.* poor as regards fish; **~auge** das **a)** fish eye; **er hat große, hervorquellende ~augen** *(fig.)* he's got big, protruding fish-like eyes; **b)** *(Fot.)* fisheye lens; **~becken** das fishpond; **~bein** das; *o. Pl.* whalebone; **~bestand** der fish population; **~besteck** das fish knife and fork; **~blase** die **a)** *(Schwimmblase)* fish-sound; **b)** *(Archit.)* vesica piscis; **~blut** das fish blood; **~blut**

in den Adern haben *(fig.)* be a cold fish; ~braterei die, ~brat·küche die friedfish shop; ~brötchen das fish roll; ~bude die *stall selling pickled and smoked fish;* ~bulette die fishcake; ~dampfer der steam trawler; ~ei das fish egg

fischen 1. *tr. V.* a) fish for; Forellen/Aale ~: fish for trout/eels; b) *(ugs.)* etw. aus etw. ~: fish sth. out of sth. 2. *itr. V.* fish; ~ gehen go fishing; nach etw. ~: fish for sth.; nach Komplimenten ~ *(fig.)* fish for compliments; *s. auch* trüb 1 a

Fischer der; ~s, ~ a) fisherman; b) *(ugs.: Angler)* angler

Fischer-: ~boot das fishing boat; ~dorf das fishing village

Fischerei die; ~: fishing; von der ~ leben make a/one's living from fishing

Fischerei-: ~fahrzeug das fishing vessel; ~flotte die fishing fleet; ~grenze die fishing limit; ~hafen der fish dock; *(Hafenort)* fishing port; ~recht das a) fishing rights *pl.;* right of fishery *(Law);* b) *o. Pl. (Rechtsvorschriften)* fishing laws *pl.;* ~schiff das fishing vessel; ~schutzboot das fishery protection vessel; ~wesen das fisheries *pl.*

Fischer-: ~hütte die, ~kate die fisherman's hut; ~netz das fishing net; ~ring der *(kath. Rel.)* Fisherman's Ring

Fisch-: ~fabrik die fish cannery; ~fabrik·schiff das factory ship

Fisch·fang der; *o. Pl.* vom ~ leben make a/one's living by fishing; auf ~ gehen go fishing

Fischfang-: ~flotte die fishing fleet; ~gebiet das fishing grounds *pl.;* fishery

fisch-, Fisch-: ~filet das fish fillet; ~frau die fishwife; ~frikadelle die fishcake; ~futter das fish food; ~gabel die fish fork; ~gang der *(Gastr.)* fish course; ~gericht das fish dish; ~geruch der smell of fish; ~geschäft das fishmonger's [shop] *(Brit.)*/ fish store *(Amer.);* ~gräte die fish bone; ~grät[en]·muster das *(Textilw.)* herringbone pattern; im Mantel/ein Anzug mit ~grätenmuster a herringbone coat/suit; ~gräten·stich der herringbone stitch; ~gründe *Pl.* fishing grounds; ~guano der fish guano; ~handel der fish trade; ~händler der fishmonger *(Brit.);* fish dealer *(Amer.); (Großhändler)* fish wholesaler; ~konserve die canned fish; ~kutter der fishing trawler; ~laden der *s.* ~geschäft; ~laich der *(Zool.)* fish spawn; ~lokal das *s.* ~restaurant; ~markt der fish market; ~mehl das fish-meal; ~messer das fish knife; ~milch die *(Zool.)* milt; ~otter der fish otter; ~paß der fish ladder; ~reich *Adj.* rich in fish postpos.; ~reiher der *(Zool.)* common heron; ~restaurant das fish restaurant; seafood restaurant; ~reuse die fish trap; ~schuppe die fish scale; ~schwanz der fish's tail; ~schwarm der shoal of fish; ~stäbchen das *(Kochk.)* fish finger; ~sterben das death of the fish; ~suppe die fish soup; ~teich der fish-pond; ~vergiftung die fish poisoning; ~wanderung die *(Zool.)* fish migration; ~weib das *(meist abwertend)* fishwife; ~werker der *(Berufsbez.)* fish-worker; ~wilderei die illicit fishing; ~wirt der *(Berufsbez.)* fish-farmer; ~wirtschaft die fishing industry; ~zaun der fish weir; fishgarth; ~zucht die fish farming; ~zug der a) *(ugs.: gewinnbringendes Unternehmen)* killing; b) *(Fischereiw.)* draught

Fis-Dur [auch: '-'-] das; ~ *(Musik)* F sharp major; *s. auch* A-Dur

Fisimatenten [fizima'tɛntn̩] *Pl. (ugs.)* messing about *sing.;* mach keine ~! stop messing about; es ist besser, Sie machen keine ~: it will be better if you don't try anything silly

fiskalisch [fɪs'kaːlɪʃ] *Adj.* fiscal

Fiskus ['fɪskʊs] der; ~, Fisken *od.* ~se Government *(as managing the State finances);* das Erbe fällt dem ~ zu the estate falls to the Crown *(Brit.)*/the Government *(Amer.)*

fis-Moll [auch: '-'-] das; ~ *(Musik)* F sharp minor; *s. auch* a-Moll

fisselig ['fɪsəlɪç] *Adj. (bes. nordd.)* a) *(dünn, fein)* fine ⟨wool, material⟩; b) *(umständlich)* fiddly ⟨work⟩

fisseln ['fɪsl̩n] *itr. V. (unpers.) (bes. nordd.)* drizzle; es fisselt it is drizzling

Fissur [fɪ'suːɐ̯] die; ~, ~en *(Med.)* fissure

Fistel ['fɪstl̩] die; ~, ~n *(Med.)* fistula

fisteln ['fɪstl̩n] *itr. V.* speak in a thin highpitched voice

Fistel·stimme die a) *(hohe Stimme bei Männern)* thin high-pitched voice; b) *(Musik)* falsetto [voice]

fit [fɪt] *Adj.; nicht attr.* fit; jmdn. ~ machen get sb. fit; sich ~ halten keep fit; das hält ~: it keeps you fit

Fitness, Fitneß ['fɪtnɛs] die; ~: fitness

Fitness-, Fitneß-: ~raum der fitness room; ~training das fitness training; ~zentrum das fitness centre

Fittich ['fɪtɪç] der; ~[e]s, ~e *(dichter.)* wing; pinion; jmdn. unter seine ~e nehmen *(ugs. scherzh.)* take sb. under one's wing

Fitting ['fɪtɪŋ] das; ~s, ~s *(Technik)* fitting

Fitzel ['fɪtsl̩] der *od.* das; ~s, ~ *(bes. nordd.)* morsel

Fitzelchen das; ~s, ~ *(ugs.)* scrap; nicht ein ~ war von seinem Reichtum übriggeblieben he did not have a penny of his fortune left

fix [fɪks] 1. *Adj.* a) *(ugs.: flink, wendig)* quick; ein ~er Bursche a bright lad; b) *(ugs.)* ~ und fertig *(fertig vorbereitet)* quite finished; *(völlig erschöpft)* completely shattered *(coll.);* c) *(festgelegt)* fixed ⟨cost, salary⟩; eine ~e Idee an idée fixe. 2. *adv.* quickly; das geht ganz ~: it won't take a jiffy *(coll.);* mach ~! hurry up!

Fixativ [fɪksa'tiːf] das; ~s, ~e fixative

Fixe ['fɪksə] die; ~, ~n *(Drogenjargon)* needle

fixen ['fɪksn̩] *itr. V.* a) *(Drogenjargon: spritzen)* fix *(sl.);* b) *(Börsenw.)* bear

Fixer der; ~s, ~ a) *(Drogenjargon)* fixer; b) *(Börsenw.)* bear

Fix·geschäft das *(Wirtsch.)* purchase for delivery at a fixed time

Fixier·bad das *(Fot.)* fixer

fixierbar *Adj.* definable

fixieren [fɪˈksiːrən] *tr. V.* a) *(scharf ansehen)* fix one's gaze on; jmdn./etw. scharf/kühl ~: gaze sharply/coldly at sb./sth.; b) *(geh.: schriftlich niederlegen)* take down ⟨interview, report, statement⟩; c) *(geh.: verbindlich bestimmen)* fix ⟨date⟩; der Zeitpunkt ist auf den 12. Mai fixiert worden the date has been fixed as the twelfth of May; d) *(Fot.)* fix; e) *(Med.: festmachen)* set; f) *(Psych.)* er ist stark auf seine Mutter fixiert he has a strong mother-fixation; sich auf *(Akk.)*/an *(Dat.)* etw. ~: devote oneself *or* give oneself up entirely to sth.

Fixier·salz das *(Fot.)* hypo

Fixierung die; ~, ~en a) *(starres Festlegen, -halten)* die ~ auf eine Frage concentration on a question; die ~ auf seine Mutter his mother-fixation; b) *(Festlegung)* determination

Fixigkeit die; ~ *(ugs.)* speed

Fix-: ~punkt der fixed point; ~stern der *(Astron.)* fixed star

Fixum ['fɪksʊm] das; ~s, Fixa basic salary

Fix·zeit die core time

Fjord [fjɔrt] der; ~[e]s, ~e fiord

FKK [ɛf ka: 'ka:] *Abk.* Freikörperkultur nudism *no art.;* naturism *no art.*

FKK-: ~-Anhänger der nudist; naturist; ~-Strand der nudist beach

Fla [flaː] die; ~: anti-aircraft defense; AA defence

flach [flax] *Adj.* a) *(eben)* flat ⟨countryside, region, roof⟩; das ~e Land the flat country; sich ~ hinlegen lay oneself [down] flat; mit der ~en Hand with the flat of one's hand; b) *(niedrig)* low ⟨heels, building⟩; flat ⟨shoe⟩; c) *(nicht tief)* shallow ⟨water, river, etc., dish⟩; d) *(abwertend: nichtssagend, unwesentlich)* shallow

flach-, Flach-: ~bau der; *Pl.* ~bauten low building; ~bogen der *(Archit.)* segmental arch; ~brüstig *Adj.* flat-chested; ~dach das flat roof; ~druck·verfahren das planographic printing method

Fläche ['flɛçə] die; ~, ~n a) *(ebenes Gebiet)* area; auf einer ~ von x m² over an area of x square metres; b) *(Ober~, Außenseite)* surface; c) *(Math.)* area; *(einer dreidimensionalen Figur)* side; face; d) *(weite Land-, Wasser~)* expanse; e) *(von Kristallen)* facet

Flach-: ~eisen das a) *(gewalztes Eisen)* flat bar; b) *(Werkzeug)* scorper

flächen-, Flächen-: ~ausdehnung die area; ~blitz der sheet lightning; ~brand der extensive blaze; sich zu einem ~brand ausweiten *(fig.)* spread like wildfire; ~gleich *Adj.* of equal area postpos.; equal in area postpos.; ~haft 1. *Adj.* extensive; 2. *adv.* extensively; ~inhalt der *(Math.)* area; ~maß das *(Math.)* unit of square measure; ~nutzungs·plan der land development plan; ~staat der territorial state; ~wirkung die surface effect

flach-, Flach-: ~|fallen *itr. V.;* mit sein *(ugs.)* ⟨trip⟩ fall through; ⟨event⟩ be cancelled; das Kino fällt für dich heute ~: it won't be going to the cinema today; diese Subventionen sollen ~fallen these subsidies will not be continued; ~feile die flat file; ~glas das sheet glass; ~hang der slip-off slope

Flachheit die; ~, ~en *Pl. (abwertend)* a) shallowness; b) *(Bemerkung)* platitude

flächig 1. *Adj.* a) *(abgeflacht)* flat ⟨features, shape⟩; b) *(ausgedehnt)* extensive ⟨area⟩; c) *(Kunstw.)* two-dimensional ⟨style, representation⟩. 2. *adv.* extensively

flach-, Flach-: ~kopf der *(abwertend)* numskull; ~küste die *(Geogr.)* beach; ~land das *o. Pl.* lowland; ~länder der; ~s, ~: lowlander; ~|legen 1. *refl. V. (ugs.)* lie down; 2. *tr. V. (zu Boden strecken)* floor ⟨opponent⟩; ~liegen *itr. V. (ugs.)* be flat on one's back; ~mann der; *Pl.* ~männer *(ugs. scherzh.)* hip-flask; ~meißel der flat chisel; ~moor das *(Geogr.)* low-moor bog; ~paß der *(Fußball)* low pass; einen ~paß [auf jmdn.] spielen make a low pass [to sb.]; ~relief das low relief; ~rennen das *(Sport)* flat race

Flachs [flaks] der; ~es a) flax; b) *(ugs.: Ulk)* das war doch nur ~: I/he *etc.* was just having you on *(Brit. coll.)* or *(Amer. coll.)* putting you on; ganz ohne ~: no kidding *(coll.)*

flachs·blond *Adj.* flaxen ⟨hair⟩

Flach·schuß der *(Fußball)* low shot

flachsen ['flaksn̩] *itr. V.* mit jmdm. ~ *(ugs.)* joke with sb.; gerne ~: like a joke

Flachserei die; ~, ~en *(ugs.)* joking; das war doch nur ~: it was just a joke

Flachs·kopf der flaxen-haired person; beide Kinder waren ~köpfe both of the children were flaxen-haired

Flach-: ~strecke die *(Leichtathletik)* flat race; ~zange die flat tongs *pl.;* ~ziegel der flat tile

flackern ['flakɐn] *itr. V.* flicker; ~des Kaminfeuer/Licht/~de Augen flickering fire/light/eyes; Erregung flackerte in seinem Blick his eyes glinted with excitement

Flacker·schein der flickering light

Fladen ['flaːdn̩] der; ~s, ~ a) flat, round unleavened cake made with oat or barley flour; ≈ [large] oatcake *(Scot.);* b) *(Kuh~)* cowpat

Fladen·brot das unleavened bread

Flagellant [flagɛ'lant] der; ~en, ~en flagellant

Flagellantismus der; ~ (Med., Psych.) flagellantism no art.

Flagellation [flagɛla'tsi̯oːn] die, ~ (Med., Psych.) flagellation

Flagellum [fla'gɛlʊm] das; ~s, Flagellen (Biol.) flagellum; (Peitsche) scourge

Flagge ['flagə] die; ~, ~n flag; **unter neutraler ~ fahren** sail under a neutral flag; **die ~ streichen** strike the flag *(fig.)*; **~ zeigen** *(fig.)* show one's colours; **unter falscher ~ segeln** *(fig.)* sail under false colours

flaggen 1. *itr. V.* put out the flags; **überall war geflaggt** the flags were flying everywhere. 2. *tr. V.* **die Straßen sind geflaggt** the flags have been put out in the streets

Flaggen-: **~alphabet** das international code of signals; **~ehrung** die s. **~parade**; **~gala** die flag dressing; **~gruß** der flag salute; **~leine** die halyard; **~mast** der flagstaff; **~parade** die flag-raising/flag-lowering ceremony; **~signal** das code flag signal; **~tuch** das; *Pl.* **~tuche** bunting

Flagg-: **~leine** die halyard; **~offizier** der flag officer; **~schiff** das flagship

flagrant [fla'grant] *Adj.* flagrant

Flair [flɛːɐ̯] das; ~s **a)** *(Fluidum, Aura)* air; **ein ~ von etw. haben** have an air of sth.; **b)** *(Talent)* flair; **ein ~ für etw. haben** have a flair for sth.

Flak [flak] die; ~, ~ *(Milit.)* anti-aircraft gun; AA gun

Flak-: **~feuer** das anti-aircraft fire; flak; **wir wurden unter ~feuer genommen** we came under anti-aircraft fire *or* flak; **~geschütz** das anti-aircraft gun; AA gun; **~helfer** der anti-aircraft auxiliary; **~soldat** der anti-aircraft soldier; **~stellung** die anti-aircraft position; AA position

Flakon [fla'kõː] das *od.* der; ~s, ~s bottle

flambieren [flam'biːrən] *tr. V.* flambé; **flambiert flambéed**

Flamboyant [flãboa'jãː] der; ~s, ~s *(Bot.)* flamboyant tree; royal poinciana tree

Flamboyant-stil der *(Archit.)* Flamboyant style

Flame ['flaːmə] der; ~n, ~n Fleming

Flamenco [fla'mɛŋko] der; ~[s], ~s flamenco

Flamin, Flämin ['flɛːmɪn] die; ~, ~nen Fleming; *s. auch* **-in**

Flamingo [fla'mɪŋgo] der; ~s, ~s flamingo

flämisch ['flɛːmɪʃ] *Adj.* Flemish

Flämmchen ['flɛmçən] das; ~s, ~: [small] flame

Flamme ['flamə] die; ~, ~n **a)** flame; etw. **auf kleiner/großer ~ kochen** cook sth. on a low/high flame *or* gas; **in [hellen] ~n stehen** be in flames; **in ~n aufgehen** go up in flames; **b)** *(Brennstelle)* burner; **ein Gasherd mit drei ~n** a gas stove with three burners; **c)** *(ugs. veralt.: Freundin)* flame

flammen ['flamən] *itr. V.* (geh.) blaze

Flammen-blume die *(Bot.)* phlox

flammend *Adj.* **a)** flaming; **~es Haar** flaming red hair; **b)** *(fig.)* fiery ⟨speech⟩; **~e Anklagen und Protestaktionen** fervent accusations and protests

Flammen-: **~meer** das *(geh.)* sea of flame[s]; **~tod** der *(geh.)* death by burning: **er konnte sie vor dem ~tod retten** he was able to save them from burning to death; **sie erlitt den ~tod** she was burnt to death; **~werfer** der flame-thrower

Flammeri ['flamərɪ] der; ~[s], ~s *(Kochk.)* flummery

Flandern ['flandɐn] (das) ~s Flanders

Flanell [fla'nɛl] der; ~s, ~e flannel; **ein Anzug aus ~**: a flannel suit

Flanell-: **~anzug** der flannel suit; **~hose** die flannel trousers *pl.*

Flaneur [fla'nøːɐ̯] der; ~s, ~e flâneur

flanieren [fla'niːrən] *itr. V.*; mit Richtungsangabe mit sein stroll

Flanke ['flaŋkə] die; ~, ~n **a)** *(Weiche)* flank; **b)** *(Ballspiele)* centre; **eine ~ geben** *od.* **schlagen** centre the ball; **eine ~ direkt aufnehmen** pick up a centre; **c)** *(Teil des Spielfeldes)* wing; **über die [rechte/linke] ~ spielen** play on the [right/left] wing; **d)** *(Turnen)* flank vault; **e)** *(Milit.)* flank; **f)** *(Fechten)* lower outside target

flanken *itr. V.* **a)** *(Ballspiele)* [in die Mitte] **~**: centre the ball; **b)** *(Turnen)* flank vault; **über etw.** *(Akk.)* **~**: flank vault over sth.

Flanken-: **~ball** der *(Ballspiele)* centre; **~deckung** die *(Milit.)* flank defence; **~schutz** der *(Milit.)* flank protection

flankieren *tr. V.* flank; **von jmdm./etw. flankiert werden** be flanked by sb./sth.; **~de Maßnahmen** additional measures

Flansch [flanʃ] der; ~[e]s, ~e *(Technik)* flange

Flappe ['flapə] die; ~, ~n *(bes. nordd.; ugs.)* **eine ~ ziehen** sulk; **halt die ~!** shut up! *(coll.)*

Flaps [flaps] der; ~es, ~e *(ugs.)* lout

flapsig ['flapsɪç] *(ugs.)* 1. *Adj.* rude. 2. *adv.* rudely

Flasche ['flaʃə] die; ~, ~n **a)** bottle; **eine ~ Wein/Bier/Milch** a bottle of wine/beer/milk; **etw. aus** *od.* **aus der ~ abfüllen** *od.* **ziehen** bottle sth.; **gibst du deinem Kind immer noch die ~?** are you still bottle-feeding your child?; **ich muß dem Kind noch die ~ geben** I must just feed the baby; **ein Tier mit der ~ großziehen** rear an animal by bottle; **zur ~ greifen** *(fig.)* take to the bottle; **b)** *(ugs. abwertend)* *(Feigling)* wet *(sl.)*; *(unfähiger Mensch)* **eine [richtige] ~ sein** be [completely] useless; **du ~!** you useless item! *(coll.)*

flaschen-, Flaschen-: **~batterie** die *(ugs.)* hoard of bottles; **~baum** der *(Bot.)* custard-apple tree; sweet-sop tree; **~bier** das bottled beer; **~bofist, ~bovist** der *(Bot.)* devil's tobacco pouch; **~bürste** die bottle brush; **~etikett** das label [on a/the bottle]; **~gärung** die fermentation in the bottle; **~gas** das bottled gas; **~gestell** das bottle rack; **~grün** *Adj.* bottle-green; **~hals** der *(auch fig.)* bottleneck; **~kind** das bottle-fed baby; **waren Sie ein Brustkind oder ein ~kind?** were you breast-fed or bottle-fed?; **~korken** der cork; **~kürbis** der *(Bot.)* bottle-gourd; **~milch** die a) *(abgefüllte Milch)* bottled milk; **b)** *(Nahrung)* [liquid] baby food; baby milk; **~öffner** der bottle-opener; **~pfand** das deposit [on a/the bottle]; **~post** die message in a/the bottle; **~regal** das bottle-rack; **~wein** der wine by the bottle; **offene und ~weine** wine by the bottle or by the glass; **~weise** *Adv.* by the bottleful; **~zug** der block and tackle

Flaschner ['flaʃnɐ] der; ~s, ~ *(südd., schweiz.)* plumber

Flatschen [fla(ː)tʃn̩] der; ~s, ~ *(ugs.)* *(Lehm-)* lump; *(Tapeten-)* strip

Flatter ['flatɐ] in die ~ **machen** *(salopp)* beat it *(coll.)*

Flatter-: **~geist** der fickle person; **~gras** das millet grass

flatterhaft *Adj.* fickle

Flatterhaftigkeit die; ~: fickleness

Flatter-mann der; *Pl.* **~männer** *(salopp)* **a)** *o. Pl. (nervöse Unruhe)* jitters *pl. (coll.)*; **einen ~ haben** have the jitters; *(zitternde Hände)* be shaking all the time; **b)** *(scherzh.: Brathuhn)* roast chicken

flattern *itr. V.* **a)** mit Richtungsangabe mit sein flutter; **der Vogel flatterte in seinem Käfig** the bird fluttered its wings in its cage; **b)** *(zittern)* ⟨hands⟩ shake; ⟨eyelids⟩ flutter; **seine Nerven flatterten** *(fig.)* he got in a flap *(coll.)*; **c)** mit sein *(vom Wind weitergetragen werden)* flutter; **zu Boden** *od.* **auf den Boden ~**: flutter to the ground; **plötzlich flatterte mir eine Postkarte auf den Tisch** *(fig.)* suddenly a postcard appears on the table; **d)** *(die Haftung verlieren)* ⟨ski, wheel⟩ lose its grip

Flatter-: **~satz** der *(Druckw.)* unjustified setting; **~tier** das *(Zool.)* flying mammal; **~zunge** die *(Musik)* tonguing

flau [flau] 1. *Adj.* **a)** *(schwach, matt)* slack ⟨breeze⟩; flat ⟨atmosphere⟩; **b)** *(leicht übel)* queasy ⟨feeling⟩; **mir ist ~** [vor Hunger] I feel queasy [with hunger]. 2. *adv. (Kaufmannsspr.)* **das Geschäft geht ~**: business is slack; **die Börse eröffnete ~**: the market got off to a slow start

Flaum [flaum] der; ~[e]s **a)** fuzz; **b)** *(~feder)*

Flaum-bart der downy beard

Flaumer der; ~s, ~ *(schweiz.)* mop

Flaum-: **~feder** die down feather; **~haar** das down

flaumig *Adj.* **a)** downy; **b)** *(österr.: schaumig, porös)* fluffy

Flausch [flauʃ] der; ~[e]s, ~e brushed wool

flauschig *Adj.* fluffy

Flausch-jacke die brushed-wool jacket

Flause ['flauzə] die; ~, ~n; meist *Pl. (ugs.)* **a)** *(Unsinn)* **er hat nur ~n im Kopf** he can never think of anything sensible; **jmdm. die ~n austreiben** knock some sense into sb.; **laß doch die albernen ~n** stop messing about *(coll.)*; **b)** *(Ausflucht)* excuse; **~n machen** make excuses

Flaute ['flautə] die; ~, ~n **a)** *(Seemannsspr.)* calm; **b)** *(Kaufmannsspr.)* fall[-off] in trade; **in der ~**: in the doldrums; **es herrscht eine [allgemeine] ~**: trade is [generally] slack; **c)** *(Sport: Tiefpunkt)* **sie überwanden die ~**: they got over the bad patch [in the game]

Fläz [flɛːts] der; ~es, ~e *(ugs. abwertend)* lout

fläzen *refl. V. (ugs. abwertend)* **sich in den/im Sessel ~**: flop into/lounge in the armchair

Flebbe ['flɛbə] die; ~, ~n *(salopp)* identity card

Flechse ['flɛksə] die; ~, ~n sinew

Flecht-arbeit die piece of wickerwork; **~en** wickerwork *sing.*

Flechte ['flɛçtə] die; ~, ~n **a)** *(Bot.)* lichen; **b)** *(Med.)* eczema; **c)** *(geh.: Zopf)* plait

flechten *unr. V.* **a)** *(tr.)* weave ⟨basket, mat⟩; **etw. zu einem Korb ~**: weave sth. into a basket; weave a basket out of sth.; **jmdn. aufs Rad ~** *(hist.)* break sb. on the wheel

Flechter der; ~s, ~, **Flechterin** die; ~, ~nen basket-weaver

Flecht-: **~werk** das **a)** *(Geflecht)* wickerwork; **b)** *(Archit.)* wattle and daub; **~zaun** der wicker fence

Fleck [flɛk] der; ~[e]s, ~e **a)** *(verschmutzte Stelle)* stain; **voller ~e** will be covered in stains; **~e machen** leave stains; **das macht keine ~e** that does not leave stains or does not stain; **einen ~ auf der [weißen] Weste haben** *(fig. ugs.)* have blotted one's copybook; **b)** *(andersfarbige Stelle)* patch; **ein weißer ~ auf der Landkarte** a piece of uncharted territory; an uncharted region; *s. auch* **blau**; **c)** *(Stelle, Punkt)* spot; **er rührte sich nicht vom ~**: he didn't move an inch; **auf demselben ~ stehen** stand in the same place; **wir brachten den Stein nicht vom ~**: we couldn't budge the stone; **ich bin nicht vom ~ gekommen** *(fig.)* I didn't get anywhere; **am falschen ~ sparen** *(fig.)* save on the wrong things; **vom ~ weg** *(fig.)* on the spot; *s. auch* **Herz**

Fleckchen das; ~s, ~: spot; **ein schönes ~ Erde** a lovely little spot

flecken *itr. V.* stain

Flecken der; ~s, ~ **a)** *s.* Fleck a, b; **b)** *(Ortschaft)* little place

flecken-, Flecken-: **~entfernungsmittel** das stain *or* spot remover; **~los 1.** *Adj.* **a)** spotless; **b)** *(einwandrei, tadellos)* without blemish *postpos.*; **2.** *adv.* spotlessly

Fleckentferner | **Fliegengewichtler**

Fleck·entferner der, **Fleck·entfernungs·mittel** das, **Flecken·wasser** das stain *or* spot remover
Fleckerl·teppich der *(bayr., österr.)* patchwork rug
Fleck·fieber das *(Med.)* typhus
fleckig ['flɛkɪç] *Adj.* a) *(verschmutzt)* stained; **ganz ~**: full of stains; b) *(gepunktet)* speckled ⟨*apple*⟩; blotchy ⟨*face, skin*⟩
fleddern ['flɛdɐn] *tr. V.* plunder, rob ⟨*person*⟩; *(salopp)* ransack ⟨*desk etc.*⟩
Fleder·maus ['fle:dɐ-] **die** bat
Fledermaus·ärmel der *(Textilw.)* batwing sleeve
Fleder·wisch der feather duster
Fleet [fle:t] das; ~s, ~e *(nordd.)* canal
Flegel ['fle:gl] der; ~s, ~ *(abwertend)* lout
Flegel·alter das s. Flegeljahre
Flegelei die; ~, ~en *(abwertend)* loutish behaviour; **eine solche ~/solche ~en** such loutish behaviour
flegelhaft 1. *Adj. (abwertend)* loutish; boorish ⟨*tone of voice*⟩. 2. *adv.* loutishly
Flegel·jahre *Pl.* uncouth adolescence *sing.*; **in die ~ kommen/aus den ~n heraus sein** reach/be past the awkward age *sing.*
flegeln *refl. V. (abwertend)* **sich auf ein Sofa/in einen Sessel ~**: flop on to a sofa/into an armchair
flehen ['fle:ən] *itr. V.* plead; **[bei jmdm.] um etw. ~**: plead [with sb.] for sth.; **mit ~der Stimme** with a pleading voice; **zu Gott/zum Himmel [um etw.] ~**: beg God/Heaven [for sth.]
flehentlich *Adv. (geh.)* pleadingly
Fleisch [flaɪʃ] das; ~[e]s a) *(Muskelgewebe)* flesh; **das nackte ~**: one's bare flesh; **das rohe ~**: one's raw flesh; **viel ~ zeigen** *(ugs.)* show a lot of flesh; *(fig.)* **sein eigen[es] ~ und Blut** *(geh.)* his own flesh and blood; **jmdm. in ~ und Blut übergehen** become second nature to sb.; **sich** *(Dat.)* **ins eigene ~ schneiden** cut off one's nose to spite one's face; **vom ~ fallen** *(ugs.)* waste away; b) *(Nahrungsmittel)* meat; c) *(Frucht~)* flesh; d) **den Weg allen ~es gehen** *(geh.)* go the way of all flesh
fleisch-, Fleisch-: ~**abfälle** *Pl.* meat scraps; ~**arm** 1. *Adj.* ⟨*diet*⟩ low in meat; 2. *adv.* **ich esse sehr ~arm** I eat very little meat; ~**beschau** die meat inspection; *(ugs. scherzh.)* cattle-market; ~**beschauer** der meat inspector; ~**brocken** der chunk of meat; ~**brühe** die *(mit Einlage)* meat soup; *(klar)* bouillon; consommé; ~**einlage** die added meat; **mit ~einlage** with meat added; ~**einwaage** die meat content
Fleischer ['flaɪʃɐ] der; ~s, ~: butcher; *s. auch* Bäcker
Fleischerei die; ~, ~en butcher's shop; **in der ~**: at the butcher's; *s. auch* Bäckerei
Fleischer-: ~**geselle** der butcher; ~**haken** der meat hook; ~**handwerk** das butchery trade; ~**hund** der large fierce dog; **ein Gemüt wie ein ~hund haben** *(ugs.)* be a cold-blooded sort *(coll.)*; ~**laden** der s. Fleischerei; ~**meister** der master butcher; ~**messer** das butcher's knife
Fleisches·lust die *(geh.)* carnal lust
fleisch-, Fleisch-: ~**esser** der meat-eater; ~**extrakt** der meat extract; ~**farben**, ~**farbig** *Adj.* flesh-coloured; ~**fliege** die meat-fly; ~**fondue** das *(Kochk.)* meat fondue; ~**fressend** *Adj.*; *nicht präd.* *(Biol.)* carnivorous; ~**fresser** der; ~s, ~ *(Biol.)* carnivore; ~**füllung** die *(Kochk.)* meat stuffing; *(in Pasteten)* meat filling; ~**gang** der *(Gastr.)* meat course; ~**gericht** das meat dish; ~**geworden** *Adj.*; *nicht präd.* *(dichter.)* incarnate *(Theol.)*; ⟨*innocence, virtue, etc.*⟩ personified; ~**haken** der meat hook; ~**hauer** der *(österr.)* butcher
fleischig *Adj.* plump ⟨*hands, face*⟩; fleshy ⟨*leaf, fruit*⟩

Fleisch-: ~**käse** der meat loaf; ~**kloß** der a) *(Kochk.)* meat ball; b) *s.* ~**klumpen**; ~**klößchen** das small meat ball; ~**klumpen** der *(ugs.)* a) *(großes Stück ~)* chunk of meat; b) *(abwertend: Mensch)* mound of flesh; ~**konserve** die tin of meat *(Brit.)*; can of meat *(Amer.)*; ~**konserven** tinned meat *(Brit.)*; canned meat *(Amer.)*
fleischlich *Adj.* a) *nicht präd. (veralt.)* ~**e Kost** *od.* **Nahrung** meat; b) *(geh. veralt.)* carnal; **allem Fleischlichen entsagen** renounce the flesh
fleisch-, Fleisch-: ~**los** 1. *Adj.* a) ⟨*meal*⟩ without meat; b) ⟨*hager, mager*⟩ bony ⟨*hands, face*⟩; 2. *adv.* ⟨*cook*⟩ without meat; ~**maschine** die *(südd., österr.)* s. ~**wolf**; ~**messer** das carving knife; ~**pastete** die *(Kochk.)* pâté; ~**preis** der price of meat; **die ~preise** the meat prices; ~**ration** die meat ration; ~**salat** der *(Kochk.)* meat salad; ~**seite** die *(Gerberei)* flesh side; ~**stück** das piece of meat; ~**topf** der meat pot; **sich nach den ~töpfen Ägyptens sehnen/zurücksehnen** long for/long to return to the good life; ~**vergiftung** die food poisoning [from meat]; ~**waren** *Pl.* meat products; ~**- und Wurstwaren** meat and sausages; ~**werdung** die; ~ *(selten, dicht.)* incarnation; ~**wolf** der mincer; **etw. durch den ~wolf drehen** put sth. through the mincer; mince sth.; ~**wunde** die fleshwound; ~**wurst** die pork sausage
Fleiß [flaɪs] der; ~es a) *(eifriges Streben)* hard work; *(Eigenschaft)* diligence; **mit großem ~**: diligently; **mit ihrem beharrlichen ~**: with her unceasing application; **viel ~ auf etw.** *(Akk.)* **verwenden** put a lot of effort into sth.; **durch ~ etw. erreichen** achieve sth. by hard work; **im ~ nachlassen** become slack; **ohne ~ kein Preis** *(Spr.)* success never comes easy; b) *(veralt., südd.)* *Absicht*; **mit ~**: on purpose
Fleiß·arbeit die task requiring great diligence; **eine reine ~** *(abwertend)* a [diligent but] routine piece of work
fleißig ['flaɪsɪç] 1. *Adj.* a) *(arbeitsam)* hardworking; ~**e Hände willing hands**; **sie sind ~ wie die Bienen** *od.* **Ameisen** they work like beavers; b) *nicht präd. (von Fleiß zeugend)* **eine ~e Arbeit** a diligent piece of work; c) *(regelmäßig, häufig)* **ein ~er Besucher** a frequent visitor *(Gen.* to*)*; d) *(unermüdlich)* indefatigable ⟨*collector*⟩; great ⟨*walker*⟩. 2. *adv.* ⟨*work, study*⟩ hard; ~ **lernen** learn as much as one can; b) *(unermüdlich)* ⟨*drink, spend*⟩ steadily; ⟨*collect*⟩ regularly; **immer ~ hauen** keep on hitting; c) *(regelmäßig)* frequently; **geh nur ~ spazieren** do as much walking as you can
Fleiß·prüfung die *examination to assess application*
flektierbar *Adj. (Sprachw.)* inflectional
flektieren [flɛk'tiːrən] *(Sprachw.)* 1. *tr. V.* inflect. 2. *itr. V.* be inflected
flennen ['flɛnən] *itr. V.* *(ugs. abwertend)* blubber
fletschen ['flɛtʃn] *tr., itr. V.* **die Zähne** *od.* **mit den Zähnen ~**: bare one's teeth; **mit gefletschten Zähnen** with bared teeth
fleucht [flɔʏçt] *s.* kreucht
Fleurop Ⓦ ['flɔʏrɔp] die Interflora (P)
flexibel [flɛ'ksiːbl] 1. *Adj.* flexible. 2. *adv.* flexibly
Flexibilität [flɛksibiliˈtɛːt] die; ~: flexibility
Flexion [flɛkˈsjoːn] die; ~, ~en a) *(Sprachw.)* inflexion; *(von Adjektiven, Substantiven)* declension; *(von Verben)* conjugation; b) *(Sprachw.)* flexion
flexions-, Flexions-: ~**endung** die *(Sprachw.)* inflectional suffix *or* ending; ~**los** *Adj. (Sprachw.)* uninflected
Flexo·druck ['flɛkso-] der *(Druckw.)* flexographic printing
flicht *Imperativ Sg. u. 3. Pers. Sg. Präsens v.* flechten

Flick·arbeit die repair; **mit einer ~ beschäftigt sein** be repairing *or* mending something
flicken ['flɪkn] *tr. V.* mend ⟨*trousers, dress*⟩; repair ⟨*engine, cable*⟩; mend, repair ⟨*wall, roof*⟩; **etw. notdürftig ~**: patch sth. up
Flicken der; ~s, ~: patch
Flicken-: ~**decke** die patchwork quilt; ~**teppich** der patchwork rug
Flickflack ['flɪkflak] der; ~s, ~s *(Turnen)* flik-flak
Flick-: ~**korb** der sewing basket; ~**schneider** der *(veralt.)* mending tailor; ~**schuster** der a) *(veralt. abwertend)* mending shoemaker; cobbler; b) *(fig. Nichtskönner)* bungler; ~**schusterei** die *(fig. abwertend)* bungling; ~**werk** das; *o. Pl. (abwertend)* botched-up job; ~**wort** das; *Pl.* ~**wörter** filler; ~**zeug** das repair kit
Flieder ['fliːdɐ] der; ~s, ~: lilac
flieder-, Flieder-: ~**duft** der scent of lilac; ~**farben**, ~**farbig** *Adj.* lilac; ~**strauch** der lilac bush; ~**tee** der elderberry tea
Fliege ['fliːgə] die; ~, ~n a) fly; **die Menschen starben wie die ~n** people were dying like flies; **er tut keiner ~ etwas zuleide/könnte keiner ~ etwas zuleide tun** he wouldn't/couldn't hurt a fly; **ihn stört die ~ an der Wand** the least little thing annoys him; **zwei ~n mit einer Klappe schlagen** kill two birds with one stone; **die** *od.* **'ne ~ machen** *(salopp)* beat it *(sl.)*; b) *(Schleife)* bow-tie; c) *(Bärtchen)* shadow
fliegen 1. *unr. itr. V.* a) *mit sein* fly; **das ~de Personal** the air-crew; **im Wind ~**: be flying in the wind; **mit ~den Rockschößen** with flapping coat-tails; **die Funken flogen** sparks flew about; **in die Luft ~**: blow up; *s. auch* Fahne b; b) *mit sein (ugs.: geworfen werden)* **aus der Kurve ~**: skid off a/the bend; **vom Pferd/Fahrrad ~**: fall off a/the horse/bicycle; c) *mit sein (ugs.: entlassen werden)* be sacked *(coll.)*; **den Sack** *(coll.)*; **auf die Straße/aus einer Stellung ~**: get the sack *(coll.)*; be thrown out; **von der Schule ~**: be chucked out [of the school] *(coll.)*; d) *mit sein (ugs.: hinfallen, stürzen)* fall; **in einen Graben ~**: fall into a ditch; **über etw.** *(Akk.)* **~**: trip over sth.; **durch das Examen/eine Prüfung ~** *(fig.)* fail the exam/a test; e) *mit sein auf jmdn./etw. ~* *(ugs.)* go for sb./sth.; **er fliegt auf Blondinen** he makes a beeline for blondes; f) *meist mit sein (flattern, zittern)* ⟨*pulse*⟩ race; **sein Atem flieg** he is gasping for breath; **er flog am ganzen Körper** he was trembling all over; g) *mit sein (eilen, rasen)* fly; race; **das Pferd flog wie ein Pfeil über die Bahn** the horse raced *or* flew over the track like a shot from a gun; **ihre Hand flog über das Papier** her hand flew over the paper; **in ~der Eile** *od.* **Hast** in a mad rush. 2. *unr. tr. V.* a) *(steuern, fliegend befördern)* fly ⟨*aircraft, passengers, goods*⟩; b) *auch mit sein (fliegend ausführen)* **einen Einsatz ~**: fly a mission; **einen Umweg ~**: make a detour; **eine Kurve ~**: describe a curve; **einen Looping ~**: loop the loop; **einen Angriff ~** *(Milit.)* make an attack. 3. *refl. V.* **die Maschine fliegt sich gut/schlecht** the plane flies well/badly; **es fliegt sich gut/schlecht hier/heute** the flying is good/bad here/today
fliegend *Adj.*; *nicht präd.* flying; **ein ~er Händler** a pedlar; ~**e Bauten** mobile buildings; **der Fliegende Holländer** the Flying Dutchman
Fliegen-: ~**draht** der fly screen; ~**dreck** der fly droppings *pl.*; ~**fänger** der flypaper; ~**fenster** das wire-mesh window; ~**gewicht** das *(Schwerathletik)* a) *o. Pl.* flyweight; **die Meisterschaften im ~gewicht** the flyweight championships; **im ~gewicht starten** compete at flyweight; b) *s.* ~**gewichtler**; ~**gewichtler** [~gəvɪçtlɐ]

1095

Fliegenklatsche / **Flötenton**

der; ~s, ~: flyweight; **~klatsche** die fly swat; **~kopf** der *(Druckw.)* piece of type turned over to print as black oblong; **~pilz** der fly agaric; **~schnäpper** der *(Zool.)* flycatcher; **~schrank** der meat-safe
Flieger der; ~s, ~ **a)** pilot; **er ist bei den ~n** *(Milit.)* he's in the air force; **b)** *(Radsport)* sprinter; **c)** *(Artistik)* trapeze artist; **d)** *(Zool.)* flyer
Flieger-: **~abwehr** die s. Flugabwehr; **~abzeichen** das *(Milit.)* flying badge; **~alarm** der air-raid warning; **~angriff** der air raid
Fliegerei die; ~: flying *no art.*
Flieger·horst der *(Milit.)* military airfield
Fliegerin die; ~, ~nen [woman] pilot
fliegerisch *Adj.; nicht präd.* aeronautical; **~e Eigenschaften** handling characteristics; handling *sing.*
Flieger-: **~jacke** die flying jacket; **~krankheit** die altitude sickness; **~rennen** das *(Radsport)* sprint; **~schule** die flying school; **~sprache** die airmen's jargon; **~staffel** die *(Milit.)* [flying] squadron
Flieh·burg die refuge
fliehen ['fli:ən] **1.** *unr. itr. V.; mit sein (flüchten)* flee (**vor** + *Dat.* from); *(aus dem Gefängnis usw.)* escape (**aus** from); **ins Ausland/über die Grenze ~:** flee the country/escape over the border. **2.** *unr. tr. V. (geh.: meiden)* shun
fliehend *Adj.; nicht präd.* sloping ⟨forehead⟩; receding ⟨chin⟩
Flieh·kraft die *(Physik)* centrifugal force
Fliese ['fli:zə] die; ~, ~n tile; **etw. mit ~n auslegen** tile sth.
fliesen *tr. V.* tile
Fliesenleger [-le:gɐ] der; ~s, ~: tiler
Fließ-: **~arbeit** die; *o. Pl.* assembly line production; **~band** das conveyor belt; **am ~band arbeiten** *od.* *(ugs.)* **stehen** work on the assembly line; **am ~band gefertigt werden** be produced on the assembly line; **~band·arbeit** die assembly-line work; **~band·arbeiter** der assembly-line worker; **~band·fertigung** die assembly-line production
fließen ['fli:sn̩] *unr. itr. V.; mit sein* **a)** flow; **ein Bach ist ein ~des Gewässer** a stream is a body of running water; **ein Zimmer mit ~dem [warmem und kaltem] Wasser** a room with [hot and cold] running water; „**Alles fließt**", **sagte Heraklit** 'All is flux', said Heraclitus; *(unpers.)* **es floß Blut** blood was shed; **b)** *(fig.)* **viele Devisen flossen ins Land** a great deal of foreign currency flowed into the country; **die Gaben flossen reichlich** donations were pouring in; **die Nachrichten aus diesem Gebiet flossen nur spärlich** news from this area came in very infrequently; **der Verkehr war ~d** the traffic kept moving; **die Grenzen [zwischen zwei Gebieten] sind ~d** the dividing-line [between two areas] is blurred; **~de Übergänge** fluid transitions; **die Verse flossen ihm aus der Feder** the verses flowed from his pen; **eine Sprache ~d sprechen** speak a language fluently
Fließ-: **~grenze** die *(Technik)* yield point; **~heck** das *(Kfz-W.)* fastback; **~komma** das *(DV)* floating point; **~satz** der *(Druckw.)* undisplay; **~wasser** das *(Touristik)* running water
Flimmer-: **~epithel** das *(Biol.)* ciliated epithelium; **~kasten** der, **~kiste** die *(ugs.)* telly *(coll.)*; box *(coll.)*
flimmern ['flɪmɐn] *itr. V.; mit Richtungsangabe* flicker ⟨water, air, surface⟩; *⟨film⟩* flicker; **ihm flimmerte es vor den Augen** everything was swimming in front of his eyes; **über den Bildschirm ~** *(ugs.)* be served up on the box *(coll.)*
flink [flɪŋk] **1.** *Adj.* nimble ⟨fingers⟩; sharp ⟨eyes⟩; quick ⟨hands⟩; **~ wie ein Wiesel** as quick as a flash; **er hat noch ~e Beine** *od.* **ist noch ~ auf den Beinen** *(ugs.)* he's still nippy on his pins *(coll.)*. **2.** *adv.* quickly; **mit etw. ~ bei der Hand sein** be very ready to do sth.; **aber ein bißchen ~!** *(ugs.)* and be quick about it!
Flinkheit die; ~ s. flink 1: nimbleness; sharpness; quickness
flink·züngig [-tsʏŋɪç] **1.** *Adj.* eloquent. **2.** *adv.* eloquently
Flinte ['flɪntə] die; ~, ~n shotgun; **alles, was ihm vor die ~ kommt** everything he gets in his sights; **der soll mir nur vor die ~ kommen!** *(fig. salopp)* if I can just get my hands on him; **die ~ ins Korn werfen** *(fig.)* throw in the towel
Flinten-: **~knall** der gun-fire; **ein ~knall** a gunshot; **~kugel** die shotgun pellet; **~lauf** der shotgun barrel; **~weib** das *(abwertend)* soldier in skirts
Flip [flɪp] der; ~s, ~s flip
Flipflop·schaltung ['flɪpflɔp-] die *(Elektrot.)* flip-flop circuit
Flipper ['flɪpɐ] der; ~s, ~, **Flipper·automat** der the pinball machine; **Flipper spielen** play pinball
flippern ['flɪpɐn] *itr. V.* *(ugs.)* play pinball
flirren ['flɪrən] *itr. V. (geh.)* ⟨heat, light, dust, etc.⟩ shimmer
Flirt [flɪrt] der; ~s, ~s flirtation; **einen ~ mit jmdm. anfangen/haben** start flirting with sb./flirt with sb.
flirten *itr. V.* flirt
Flittchen ['flɪtçən] das; ~s, ~ *(ugs. abwertend)* floozie
Flitter ['flɪtɐ] der; ~s, ~ **a)** *o. Pl. (täuschender Glanz)* frippery; trumpery; **b)** *(Metallplättchen)* sequin
Flitter-: **~gold** das Dutch metal; **~kram** der *(ugs. abwertend)* frippery; trumpery
flittern *itr. V. (ugs. scherzh.)* honeymoon
Flitter-: **~wochen** *Pl.* honeymoon *sing.*; **in die ~wochen fahren** go on one's honeymoon; **~wöchner** der *(ugs. scherzh.)* honeymooner
Flitz[e]·bogen ['flɪts(ə)-] der the bow; *(fig.)* **gespannt sein wie ein ~:** be on tenterhooks; **ich bin gespannt wie ein ~, ob er kommen wird** I'm dying to see if he will come; **auf etw. ~ gespannt sein wie ein ~:** be on tenterhooks waiting for sth.
flitzen ['flɪtsn̩] *itr. V.; mit sein (ugs.)* shoot; dart; **ich flitze mal gerade zum Fleischer** I'll just dash to the butcher's; **nach rechts und links ~:** dart to either side
Flitzer der; ~s, ~ *(ugs.)* sporty job *(coll.)*
floaten ['floʊtn̩] *tr., itr. V. (Wirtsch.)* float
Floating ['floʊtɪŋ] das; ~s, ~s *(Wirtsch.)* floating
F-Loch ['ɛf-] das *(Musik)* F-hole
flocht [flɔxt] *1. u. 3. Pers. Sg. Prät. v.* flechten
Flöckchen ['flœkçən] das; ~s, ~ ⟨Schnee~⟩ flake; ⟨Staub~⟩ bit of fluff
Flocke ['flɔkə] die; ~, ~n **a)** **eine ~** ⟨Watte-/Wolle-~⟩ bit of cottonwool/tuft of wool; **b)** ⟨Schnee~⟩ flake; **es schneit in dicken ~n** it's snowing large flakes; **c)** ⟨Schaum~⟩ blob; ⟨Staub~⟩ piece of fluff
Flocken-: **~blume** die *(Bot.)* centaury; **~wirbel** der *(geh.)* whirl of snowflakes
flockig *Adj.* fluffy; **~er Schaum** blobs *pl.* of foam; **Butter ~ rühren** cream butter
Flock-: **~print** der; **~[s]** *(Textilw.)* flock printing; **~seide** die floss
flog [flo:k] *1. u. 3. Pers. Sg. Prät. v.* fliegen
floh [flo:] *1. u. 3. Pers. Sg. Prät. v.* fliehen
Floh [flo:] der; ~[e]s, **Flöhe** ['flø:ə] **a)** flea; *(fig.)* **lieber einen Sack [voll] Flöhe hüten, als ...:** even if you paid me a million pounds I wouldn't ...; **jmdm. einen ~ ins Ohr setzen** *(ugs.)* put an idea into sb.'s head; **die Flöhe husten** *od.* **niesen hören** know it all before it happens; **b)** *Pl. (salopp: Geld)* dough *sing. (sl.)*; bread *sing. (sl.)*
Floh·biß der flea-bite

flöhen ['flø:ən] *tr. V.* flea
Floh-: **~hüpfen** das *(Kinderspiel)* tiddlywinks; **~kino** das *(ugs.)* flea-pit *(sl.)*; **~kraut** das *(Bot.)* fleabane; **~markt** der flea market; **~zirkus** der flea-circus
Flom[en] ['flo:m(ən)] der; ~s *(nordd.)* leaf fat
Flop [flɔp] der; ~s, ~s *(ugs.)* flop *(coll.)*
¹Flor [floːɐ] der; ~s, ~e *(geh.)* **a)** *(Blütenpracht)* **im ~ stehen** be in full bloom; **einen zweiten ~ entfalten** have a second flush; **b)** *(Blumenfülle)* display
²Flor der; ~s, ~e, *selten:* **Flöre** ['flø:rə] **a)** *(zartes Gewebe)* gauze; **b)** *(Faserenden)* pile; **c)** s. Trauerflor
Flora ['flo:ra] die; ~, **Floren** flora
Flor·band das black band; mourning band
¹Florentiner [florɛn'ti:nɐ] der; ~s, ~: Florentine
Florentiner der; ~s, ~ **a)** *(Hut)* picture hat; **b)** *(Gebäck)* florentine
Florentinerin die; ~, ~nen Florentine
florentinisch *Adj.* Florentine
Florenz [flo'rɛnts] (das); **Florenz'** Florence
Florett [flo'rɛt] das; ~[e]s, ~e **a)** *(Stoßwaffe)* foil; **mit dem ~ fechten** fence with a foil; **b)** *o. Pl.* (~fechten) foils *sing.*; foil fencing *no art.*
Florett-: **~fechten** das foil fencing *no art.*; **~fechter** der foil fencer
Flor·fliege die *(Zool.)* green lacewing
florieren [flo'ri:rən] *itr. V. ⟨business⟩* flourish; **ein [gut] ~der Laden** a flourishing shop
Florist [flo'rɪst] der; ~en, ~en, **Floristin** die; ~, ~nen **a)** *(Blumenbinder)* [qualified] flower-arranger; **b)** *(Kenner einer Flora)* botanist; **c)** *(Blumenhändler)* florist
Flor·teppich der pile carpet
Floskel ['flɔskl̩] die; ~, ~n cliché; **der Brief enthält nichts außer abgedroschenen ~n** the letter is full of clichés or hackneyed phrases
floskelhaft **1.** *Adj.* cliché-ridden; clichéd. **2.** *adv.* **sich ~ ausdrücken** talk in clichés
floß [flɔs] *1. u. 3. Pers. Sg. Prät. v.* fließen
Floß [flo:s] das; ~es, **Flöße** ['flø:sə] **a)** raft; **b)** *(an der Angel)* float
flöß·bar *Adj.* navigable by raft *postpos.*
Flosse ['flɔsə] die; ~, ~n **a)** *(Zool., Flugw.)* fin; **b)** *(zum Tauchen)* flipper; **c)** *(ugs. scherzh. od. abwertend: Hand)* paw
flößen ['flø:sn̩] *tr. V.* raft; **Baumstämme [auf dem Fluß] ~:** raft tree trunks [on the river]
Flossen·füß[l]er der *(Zool.)* pinniped
Flößer ['flø:sɐ] der; ~s, ~: raftsman
Flößerei ['flø:səˈrai] die; ~: rafting
Floß-: **~fahrt** die voyage by raft; **~gasse** die channel for rafts; **~holz** das rafted wood
Flotation [flota'tsi̯o:n] die; ~, ~en *(bes. Hüttenw.)* flotation
Flöte ['flø:tə] die; ~, ~n **a)** *(Musik)* flute; ⟨Block-⟩ recorder; **~ spielen** play the flute/recorder; **die ~ des Pan** the pipes of Pan; **b)** *(Skat)* **die [ganze] ~** renterspielen play a [straight] flush; **c)** *(hohes Glas)* flute
flöten ['flø:tn̩] **1.** *itr. V.* ⟨bird⟩ flute; **b)** *(ugs.: affektiert sprechen)* pipe; **in den sanftesten Tönen ~:** speak in wheedling tones. **2.** *tr. V.* whistle ⟨song, tune⟩
flöten-, Flöten-: **~gehen** *unr. itr. V.; mit sein* **a)** *(verlorengehen)* ⟨money⟩ go down the drain; ⟨time⟩ be wasted; **seine Illusionen gingen ~:** his illusions went for a burton *(Brit. sl.)*; **b)** *(entzweigehen)* get smashed; **~kessel** der whistling kettle; **~konzert** das **a)** *(Musikstück)* flute concerto; **b)** *(Veranstaltung)* flute concert; **~musik** die flute music; **~register** das *(Musik)* flute stop; **~spiel** das flute-playing; **~spieler** der flute-player; **~ton** der sound of a flute; **jmdm. die ~töne beibringen** *(fig. ugs.)* teach sb. a thing or two *(coll.)*

Flötist [fløˈtɪst] *der;* ~en, ~en, **Flötistin** *die;* ~, ~nen flautist
flott [flɔt] 1. *Adj.* a) *(ugs.: schwungvoll)* lively ⟨*music, dance, pace, style*⟩; snappy ⟨*dialogue*⟩; **den ~en Otto haben** *(salopp)* have the runs *(coll.);* b) *(ugs.: schick, modisch)* smart ⟨*hat, suit, car*⟩; c) *(munter, hübsch)* stylish; smart; **~ aussehen** look attractive; d) *(leichtlebig)* **ein ~es Leben führen** be fast-living; e) *nicht attr. (fahrbereit, wiederhergestellt)* seaworthy ⟨*vessel*⟩; *(ugs.)* roadworthy ⟨*vehicle*⟩; airworthy ⟨*aircraft*⟩; **mein Auto ist wieder ~:** my car is back on the road again. 2. *adv.* ⟨*work*⟩ quickly; ⟨*dance, write*⟩ in a lively manner; ⟨*be dressed*⟩ smartly
flott|bekommen *unr. tr. V.; s.* flottkriegen
Flotte [ˈflɔtə] *die;* ~, ~n fleet
Flotten-: ~**abkommen** das naval treaty; ~**chef** der commander-in-chief of the/a fleet; ~**kommando** das fleet command; ~**parade** die naval parade; ~**stützpunkt** der naval base; ~**verband** der naval unit
Flottille [flɔˈtɪl(j)ə] *die;* ~, ~n flotilla
Flottillen·admiral der rear-admiral
flott-: ~**|kommen** *unr. itr. V.* get afloat; ~**|kriegen** *tr. V.* get ⟨*boat*⟩ afloat; get ⟨*car*⟩ going; ~**|machen** *tr. V.* refloat ⟨*ship*⟩; get ⟨*car*⟩ back on the road; ~**weg** *Adv. (ugs.)* ~**weg arbeiten** keep at it
Flöz [fløːts] *das;* ~es, ~e *(Bergbau)* seam
Fluch [fluːx] *der;* ~[e]s, **Flüche** [ˈflyːçə] a) *(Kraftwort)* curse; oath; **ein derber/lästerlicher ~:** a vulgar/blasphemous oath; **einen ~ ausstoßen/unterdrücken** utter/suppress an oath; b) *(Verwünschung)* curse; **einen ~ gegen jmdn. ausstoßen** utter a curse against sb.; c) *o. Pl. (Unheil, Verderben)* curse; **ein ~ liegt über/lastet auf jmdm.** there's a curse on sb.; **das ist der ~ der bösen Tat** that's the wages of sin
fluch·beladen *Adj. (geh.)* accursed
fluchen *itr. V.* a) *(Flüche ausstoßen)* curse; swear; **auf/über jmdn./etw. ~:** swear at *or* curse sb./sth.; b) *(verwünschen) (geh.)* curse; **jmdm./einer Sache ~:** curse sb./sth.
¹**Flucht** [flʊxt] *die;* ~ a) *(Fliehen, Flüchten)* flight; **auf/während der ~:** while fleeing; *(von Gefangenen)* on the run; **jmdn. auf der ~ erschießen** shoot sb. while he/she is trying to escape; **auf** *od.* **während der ~ erschossen werden** be shot while trying to escape; **in wilder ~ davonjagen** run away in mad panic; **die ~ aus dem Gefängnis/aus einem Land** the escape from prison/from a country; **den Bankräubern/Gefangenen gelang die ~:** the bank robbers/prisoners succeeded in escaping; **die ~ ergreifen** ⟨*prisoner*⟩ make a dash for freedom; *(fig.)* make a dash for it; **jmdn. in die ~ schlagen** put sb. to flight; *s. auch* **Ägypten**; b) *(Ausweichen)* refuge; **ihr blieb nur noch die ~ in den Alkohol/das Rauschgift** the only thing left to her was to take refuge in alcohol/drugs; **die ~ in die Krankheit/Anonymität** taking refuge in illness/anonymity; **die ~ in die Krankheit antreten** take refuge in illness; **die ~ aus der Wirklichkeit/Verantwortung** escape from reality/responsibility; **die ~ nach vorn antreten** take the bull by the horns; **die ~ in die Öffentlichkeit antreten** make a public statement
²**Flucht** *die;* ~, ~en a) *(Bauw.: Häuser~, Arkaden~)* row; **die ~ der Fenster** the line of the windows; b) *(Zimmer~)* suite
flucht-, Flucht-: ~**artig** 1. *Adj.* hurried; hasty; 2. *adv.* hurriedly; hastily; ~**auto** das getaway car; ~**burg** die refuge
flüchten [ˈflʏçtn̩] 1. *itr. V.; mit sein* **vor jmdm./etw. ~:** flee from sb./sth.; **vor der Polizei ~:** run away from the police; *(mit Erfolg)* escape from the police; **zu jmdm. ~:** take refuge with sb.; **ins Ausland ~:** escape abroad; **unter ein schützendes Dach ~:** take shelter under a protective roof. 2. *refl. V.*

sich in ein Bauernhaus ~: take refuge in a farmhouse; **sich aufs Dach ~:** escape on to the roof
Flucht-: ~**fahrzeug** das getaway vehicle; ~**gefahr** die risk of an escape attempt; **es besteht ~gefahr/keine ~gefahr** there's a/no risk of an escape attempt; ~**helfer** der person who aids/aided an/the escape; ~**hilfe** die aiding an escape
flüchtig [ˈflʏçtɪç] 1. *Adj.* a) *(flüchtend)* fugitive; **er ist noch ~:** he is still at large; **ein ~er Dieb/Verbrecher** a wanted thief/criminal; b) *(oberflächlich)* cursory; superficial ⟨*insight*⟩; **eine ~e Arbeit** a hurried piece of work; c) *(eilig, schnell)* quick; short ⟨*visit, greeting*⟩; fleeting ⟨*glance*⟩; d) *(vergänglich)* fleeting ⟨*moment*⟩; quickly changing ⟨*moods*⟩; sudden ⟨*temper, whim*⟩; e) *(Chemie)* volatile. 2. *adv.* a) *(oberflächlich)* cursorily; b) *(eilig)* hurriedly
Flüchtigkeit *die;* ~, ~en a) *(Oberflächlichkeit)* cursoriness; b) *s.* **Flüchtigkeitsfehler**; c) *(Vergänglichkeit)* fleetingness; d) *(Chemie)* volatility
Flüchtigkeits·fehler der slip; *(tadelnswert)* careless mistake
Flucht·kapital das *(Wirtsch.)* capital which has been sent out of the country to evade tax
Flüchtling [ˈflʏçtlɪŋ] *der;* ~s, ~e refugee
Flüchtlings-: ~**ausweis** der refugee's identity card; ~**elend** das hardship among refugees; ~**lager** das refugee camp; ~**treck** der long stream of refugees
Flucht-: ~**linie** die vanishing-line; ~**plan** der escape plan; ~**punkt** der *(Kunstwiss.)* vanishing-point; ~**reaktion** die *(Verhaltensf.)* escape reaction; ~**verdacht** der: **es besteht [kein] ~verdacht** he/she is [not] likely to try to escape; ~**versuch** der the escape attempt; **einen ~versuch unternehmen** *od.* **machen** attempt to escape; ~**weg** der escape route; **sich** *(Dat.)* **den ~weg offenhalten** keep a way out open; **sich** *(Dat.)* **den ~weg freischießen** shoot one's way out
fluch·würdig *Adj. (geh.)* monstrous
Flug [fluːk] *der;* ~[e]s, **Flüge** [ˈflyːɡə] a) *o. Pl.* flight; **im ~:** in flight; **die Urlaubstage/Stunden vergingen [wie] im ~e** the holiday/hours flew by; b) *(Flugreise)* flight; c) *(Ski·springen)* jump; **einen ~ [sicher] stehen** land safely; d) *(Jägerspr.)* flock
flug-, Flug-: ~**abwehr** die *(Milit.)* anti-aircraft defence; ~**abwehr·rakete** die *(Milit.)* anti-aircraft missile; ~**angst** die fear of flying; ~**asche** die fly ash; ~**bahn** die trajectory; ~**ball** der *(Tennis)* volley; ~**begleiter** der steward; ~**begleiterin** die stewardess; ~**benzin** das aviation fuel; ~**bereit** *Adj.* ready for take-off *postpos.*; ~**betrieb** der air traffic; ~**bild** das *(Zool.)* flight silhouette; ~**blatt** das pamphlet; leaflet; ~**boot** das flying boat; ~**daten·schreiber** der flight-recorder; ~**dauer** die flight time; ~**dienst** der a) *(Flugverkehr)* air service; b) *(Überwachungsdienst)* air traffic control; ~**dienst·leiter** der air traffic controller; ~**drache** der *(Zool.)* flying dragon; ~**echse** die *(Zool.)* pterosaurian; ~**eigenschaft** die; *meist Pl.* flying characteristic
Flügel [ˈflyːɡl̩] *der;* ~s, ~ a) wing; **mit den ~n schlagen** flap its/their wings; **die ~ hängen lassen** *(fig. ugs.)* become disheartened; **jmdm. die ~ stutzen** *od.* **beschneiden** *(fig.)* clip sb.'s wings; **das verlieh ihm ~** *(fig. geh.)* that gave or lent him wings *(literary)*; b) *(Altar~)* wing; *(Fenster~)* casement; *(Nasen~)* nostril; **der linke/rechte ~ der Lunge** the left/right lung; c) *(Klavier)* grand piano; **jmdn. auf dem ~ begleiten** accompany sb. on the piano; d) *(Milit., Ballspiele)* wing; **über die ~ spielen/angreifen** play/attack on the wings; e) *(Tragfläche, Partei~, Gebäude~)* wing; f) *(Schrauben~)* vane; *(Windmühlen~)* sail

flügel-, Flügel-: ~**altar** der winged altar; ~**decke** die *(Zool.)* elytron; wing-case; ~**fenster** das casement window; ~**horn** das *(Musik)* flugelhorn; ~**lahm** *Adj.* a) ⟨*bird*⟩ with an injured wing; **einen Vogel ~lahm schießen** wing a bird; b) *(fig.: mutlos, kraftlos)* lacking energy *postpos.*; limping ⟨*organization*⟩; ~**mutter** die wing nut; ~**pumpe** die rotary pump; ~**rad** das a) impeller wheel; b) *(als Symbol)* winged wheel; ~**roß** das *(Myth.)* winged horse; ~**schlag** der beat of [its/their] wings; ~**schlagend** *Adj.; nicht präd.* beating its/their wings; ~**spann·weite** die *(Flugw., Zool.)* wing span; ~**stürmer** der *(Ballspiele)* wing forward; winger; ~**tür** die double door
flug-, Flug-: ~**entfernung** die distance by air; ~**erfahrung** die flying experience; ~**fähig** *Adj.* airworthy; ~**feld** das airfield; ~**gast** der [air] passenger
flügge [ˈflʏɡə] *Adj.* fully-fledged; *(fig.: selbständig)* independent
Flug-: ~**geschwindigkeit** die *(eines Flugzeugs)* flying speed; *(eines Vogels)* speed of flight; ~**gesellschaft** die airline; ~**hafen** der airport; ~**hafen** Frankfurt Frankfurt airport; ~**hafen·restaurant** das airport restaurant; ~**hafer** der *(Bot.)* wild oat; ~**höhe** die altitude; **in einer ~höhe von ...:** at an altitude of ...; ~**hund** der *(Zool.)* flying fox; ~**ingenieur** der flight engineer; ~**kapitän** der captain; ~**kilometer** der [air] kilometre; ~**körper** der space vehicle; ~**lärm** der aircraft noise; ~**lehrer** der flying instructor; ~**leiter** der flight controller; ~**linie** die a) *(Strecke)* air route; b) *(Gesellschaft)* airline; ~**loch** *s.* **Einflugloch**; ~**lotse** der air traffic controller; ~**motor** der aircraft engine; ~**objekt** das flying object; **ein unbekanntes ~objekt** an unidentified flying object; ~**personal** das flight personnel; ~**plan** der flight schedule; ~**platz** der airfield; aerodrome; ~**preis** der air fare; ~**reise** die air journey; ~**route** die air route
flugs [flʊks] *Adv. (veralt.)* swiftly
flug-, Flug-: ~**sand** der wind-borne sand; ~**saurier** der *(Zool.)* pterosaurian; ~**schanze** die *(Skifliegen)* ski-jump *(used for ski-flying)*; ~**schein** a) pilot's licence; b) *(Flugticket)* air ticket; ~**schneise** die air corridor; ~**schreiber** der flight-recorder; ~**schrift** die pamphlet; ~**schüler** der trainee pilot; ~**sicherung** die air traffic control; ~**simulator** der flight simulator; ~**sport** der aerial sports; ~**steig** der the pier; *(Ausgang)* ~**steig 5** gate 5; ~**stunde** die hour's flying time; **zwei ~stunden entfernt** two hours away by air; ~**tauglich** *Adj.* ⟨*pilot*⟩ fit to fly; ~**technik** die a) *(Technologie)* aeronautical engineering; b) *(fliegerisches Können)* flying technique; ~**technisch** 1. *Adj.; nicht präd.* aeronautical. 2. *adv.* ~**touristik** die tourism by air; ~**tüchtig** *Adj. s.* ~**fähig**; ~**unfähig** *Adj.* flightless ⟨*bird*⟩; *(vorübergehend)* ⟨*bird*⟩ unable to fly; ⟨*aircraft*⟩ not airworthy; ~**verbindung** die air connection; ~**verkehr** der air traffic; **der ~verkehr nimmt ständig zu** the volume of air traffic is continually increasing; ~**wetter** das flying weather; ~**wetter·dienst** der meteorological service [for aviation]; ~**zeit** die flight time
Flug·zeug das; ~[e]s, ~e aeroplane *(Brit.)*; airplane *(Amer.)*; aircraft; **mit dem ~ reisen** travel by plane *or* air
Flugzeug-: ~**absturz** der plane crash; ~**bau** der; *o. Pl.* aircraft construction; ~**besatzung** die crew; ~**entführer** der [aircraft] hijacker; ~**entführung** die [aircraft] hijack[ing]; ~**halle** die hangar; ~**industrie** die aircraft industry; ~**katastrophe** die air disaster; ~**konstrukteur** der aircraft designer; ~**modell** das model

aeroplane; ~**mutterschiff** das seaplane carrier; ~**träger** der aircraft carrier; ~**typ** der model of aircraft; ~**unglück** das plane crash; ~**wrack** das wreckage of the/a plane zwei ~**wracks** the wreckage of two planes

Fluidum ['fluːidʊm] das; ~s, Fluida aura; atmosphere; **von ihr/davon geht ein gewisses ~ aus** she/it exudes a certain aura; **das ~ des Künstlers** the aura or atmosphere surrounding the artist

Fluktuation [flʊktua'tsi̯oːn] die; ~, ~en (bes. Wirtsch., Soziol.) fluctuation (Gen. in)

fluktuieren [flʊktuˈiːrən] itr. V. fluctuate (bes. Wirtsch., Soziol.)

Flunder ['flʊndɐ] die; ~, ~n flounder

Flunkerei [flʊŋkaˈraɪ] die; ~, ~en (ugs.) a) o. Pl. (Flunkern) story-telling; b) (Lügengeschichte) tall story

flunkern ['flʊŋkɐn] itr. V. tell stories

Flunsch [flʊnʃ] der; ~[e]s, ~e od. die; ~, ~en (ugs.) pout; **eine[n] ~ ziehen** od. **machen** pout

¹**Fluor** ['fluːɔr] das; ~s (Chemie) fluorine

²**Fluor** der; ~s (Med.) vaginal discharge

Fluor·chlor·kohlen·wasserstoff der (Chemie) chlorofluorocarbon

Fluoreszenz [fluorɛsˈtsɛnts] die; ~: fluorescence

fluoreszieren itr. V. fluoresce; be fluorescent; **das Wasser fluoresziert** the water is fluorescent; **eine fluoreszierende Flüssigkeit** a fluorescent liquid

Fluor·gehalt der (Chemie) fluorine content

Fluorid [fluoˈriːt] das; ~[e]s, ~e (Chemie) fluoride

Fluor·test der (Paläont.) fluorine test

¹**Flur** [fluːɐ] der; ~[e]s, ~e (Korridor) corridor; (Diele) [entrance] hall; **im/auf dem ~**: in the corridor/hall

²**Flur** die; ~, ~en a) (landwirtschaftliche Nutzfläche) farmland no indef. art.; **die ~ bereinigen** reallocate land; **die ~en** in the fields; b) (geh.: offenes Kulturland) fields pl.; **allein auf weiter ~ sein** od. **stehen** (fig.) be all alone in the world; **er stand mit seiner Ansicht allein auf weiter ~**: he was a lone voice in the wilderness

Flur-: ~**begehung** die inspection of fields; ~**bereinigung** die reallocation of land; ~**fenster** das hall window/window in a/the corridor; ~**form** die layout of fields; ~**garderobe** die hall-stand; ~**hüter** der field guard; ~**name** der name of a feature of the local landscape; ~**schaden** der damage no pl., no indef. art. to farmland; ~**tür** die front door

Fluse ['fluːzə] die; ~, ~n (bes. nordd.) bit of fluff

flusen itr. V. shed fluff

Fluß [flʊs] der; Flusses, Flüsse ['flʏsə] a) river; **die Stadt liegt am ~**: the town stands on the river; **am ~ sitzen** sit by the river; b) o. Pl. (fließende Bewegung) flow; **der ~ des Verkehrs** the flow of traffic; **die Dinge sind noch im ~**: things are in a state of flux; **in ~ kommen** od. **geraten** get going; get under way; **etw. in ~ bringen** get sth. going

fluß-, Fluß-: ~**aal** der (Zool.) freshwater eel; ~**ab[wärts]** Adv. downstream; ~**arm** der river branch; river arm; ~**auf[wärts]** Adv. upstream; ~**barsch** der (Zool.) perch; ~**bett** das river bed

Flüßchen ['flʏsçən] das; ~s, ~: small river

Fluß-: ~**dampfer** der river steamer; ~**diagramm** das (DV, Arbeitswiss.) flow chart; ~**ebene** die flood plain; ~**fisch** der freshwater fish; ~**gott** der (Myth.) river god; ~**hafen** der river port

flüssig ['flʏsɪç] Adj. a) liquid (nourishment, fuel); molten (ore, glass); melted (butter); runny (honey); **sie konnte nur ~e Nahrung zu sich nehmen** she could only take liquids; **etw. ~ machen** melt sth.; **~es**

Brot (scherzh.) beer; b) (fließend, geläufig) fluent; ~**er Verkehr** free-flowing traffic; c) (verfügbar, solvent) ~**es Kapital/Geld** ready capital/money; ~**es Vermögen** liquid assets; **wieder ~ sein** (ugs.) have got some cash to play with again (coll.); **nicht ~ sein** (ugs.) be skint (Brit. coll.) or (coll.) [flat]broke. 2. adv. (write, speak) fluently; **der Verkehr lief ~**: the traffic was flowing freely; **~ ernährt werden müssen** be only able to take liquids

Flüssig·gas das liquid gas

Flüssigkeit die; ~, ~en a) liquid; (auch Gas) fluid; b) (Geläufigkeit) fluency

Flüssigkeits-: ~**aufnahme** die intake of fluids; ~**maß** das liquid measure

Flüssig·kristall·anzeige die (Technik) liquid crystal display

flüssig|machen tr. V. make available (money, funds)

Flüssigseife die liquid soap

Fluß-: ~**krebs**, der (Zool.) crayfish; ~**landschaft** die a) (Geogr.) fluvial topography; b) (Gemälde) river landscape; ~**lauf** der course of a/the river; ~**mittel** das (Technik) flux; ~**mündung** die river mouth; (mit Gezeiten) estuary; ~**name** der river name; ~**niederung** die flood plain; ~**pferd** das hippopotamus; ~**regulierung** die river control; ~**schiffahrt** die river traffic; (Navigation) river navigation; ~**spat** der fluorite; fluorspar; ~**tal** das river valley; ~**ufer** das river bank; **das diesseitige/jenseitige ~ufer** the near/opposite bank [of the river]; ~**wasser** das river water

Flüster-: ~**gewölbe** das whispering gallery; ~**laut** der whisper; ~**laute von sich geben** whisper

flüstern ['flʏstɐn] 1. itr. V. whisper; **sich ~d unterhalten/verständigen** speak/communicate in whispers; **leises, beschwörendes Flüstern** quiet, pleading whispers. 2. tr. V. whisper; **jmdm. etw. ins Ohr ~**: whisper sth. in sb.'s ear; **jmdm. [et]was ~** (ugs.) give sb. something to think about; **das kann ich dir ~** (ugs.) I can promise you that

Flüster-: ~**parole** die rumour; ~**propaganda** die underground propaganda; ~**ton** der whisper; **im ~ton sprechen** speak in whispers; ~**tüte** die (ugs.) megaphone; ~**witz** der underground joke

Flut [fluːt] die; ~, ~en a) o. Pl. tide; **die ~ steigt/ebbt ab** the tide is coming in/going out; **die steigende ~**: the incoming or rising tide; **mit der ~ aus-/einlaufen** sail with the tide/come in on the tide; b) meist Pl. (geh.: Wassermasse) flood; **aufgewühlte/schmutzige ~en** turbulent/dirty waters; **in den ~en umkommen** die in the floods; **eine ~ von Protesten** (fig.) a flood of protests

fluten 1. itr. V.; mit sein (geh.) flood; **in etw. (Akk.) ~**: flood sth.; **Sonnenlicht flutete in den Raum** sunlight streamed into the room. 2. tr. V. (Seemannsspr.: unter Wasser setzen) flood

Flut-: ~**höhe** die height of the tide; ~**katastrophe** die flood disaster; ~**licht** das; o. Pl. floodlight; ~**lichtanlage** die floodlight installation; floodlights pl.

flutschen ['flʊtʃn] itr. V. (ugs., bes. nordd.) a) mit sein (gleiten) slip; **jmdm. aus den Fingern/Händen ~**: slip out of sb.'s fingers/ hands; b) (glatt vonstatten gehen) go smoothly; **es flutscht nur so** it's going extremely well

Flut-: ~**warnung** die flood warning; ~**welle** die tidal wave

fluvial [fluˈvi̯aːl] Adj. (Geol.) fluvial

fm Abk. Festmeter solid m³

f-Moll ['ɛf-] F minor; pleading whispers. s. auch a-Moll

focht [fɔxt] 1. u. 3. Pers. Sg. Prät. v. fechten

Fock [fɔk] die; ~, ~en (Seew.) foresail; (auf einer Jacht) jib

Fock·mast der foremast

föderal [fødeˈraːl] Adj. s. föderativ

Föderalismus der; ~: federalism no art.

föderalistisch Adj. federalist

Föderation [føderaˈtsi̯oːn] die; ~, ~en federation

föderativ [føderaˈtiːf] 1. Adj. federal. 2. adv. federally

fohlen ['foːlən] itr. V. foal

Fohlen das; ~s, ~: foal

Föhn [føːn] der; ~[e]s, ~e föhn; **es war ~**: the föhn was blowing; **bei ~**: when the föhn is/ was blowing

Föhn·krankheit die illness caused by föhn conditions

Föhre ['føːrə] die; ~, ~n (landsch.) s. ²Kiefer

Fokus ['foːkʊs] der; ~, ~se (Optik, Med.) focus

fokussieren tr., itr. V. (Optik) focus

Folge ['fɔlgə] die; ~, ~n a) (Auswirkung) consequence; (Ergebnis) consequence; result; **das kann böse ~n nach sich ziehen** that could have dire consequences; **die ~n tragen müssen** have to take the consequences; **an den ~n eines Unfalls/eines Herzleidens sterben** die as a result of an accident/a heart condition; **etw. zur ~ haben** result in sth.; lead to sth.; b) (Aufeinander-) succession; (zusammengehörend) sequence; (einer Sendung) episode; (eines Romans) instalment; (einer Zeitschrift) issue; **in rascher ~**: in quick succession; **eine ~ von Bildern/Tönen** a sequence of pictures/notes; **die Fortsetzung in 10 ~n** a serialization in ten episodes; c) **einem Aufruf/einem Befehl/einer Einladung ~ leisten** (Amtsspr.) respond to an appeal/obey or follow an order/accept an invitation

Folge-: ~**einrichtung** die community facility; ~**erscheinung** die consequence; ~**kosten** Pl. resulting costs; ~**kriminalität** die crime arising from the need to acquire drugs etc.; ~**lasten** s. ~kosten

folgen ['fɔlgn̩] itr. V. a) mit sein follow; **jmdm./einer Sache ~**: follow sb./sth.; **jmdm. im Amt/in der Regierung ~**: succeed sb. in office/in government; **auf etw. (Akk.) ~**: follow sth.; come after sth.; **einer Rede/ einem Vortrag ~ [können]** [be able to] follow a speech/a lecture; **kannst du mir ~?** (oft scherzh.) do you follow me?; **jmds. Beispiel (Dat.) ~**: follow sb.'s example; **aus etw. ~**: follow from sth.; **daraus folgt, daß ...** it follows from this that ...; b) (gehorchen) auch mit sein jmds. Anordnungen/Befehlen ~: follow or obey sb.'s orders; **seiner inneren Stimme/seinem Gefühl ~**: listen to one's inner voice/be ruled by one's feelings

folgend Adj. der/die/das ~e the next in order; **er sagte das ~e ...**: he said this ...; **~es** od. **das Folgende** the following [words pl./passage etc.]; **aus ~em** od. **dem Folgenden geht hervor, daß ...**: it will be seen from what follows that ...; **alle ~en** all those who come/came after; **im ~en** od. **im ~em** in [the course of] the following discussion/passage etc.; **der/die Folgende** the one who follows/ followed; **die Folgenden** those following

folgendermaßen Adv. as follows; (so) in the following way

folgen-: ~**los** Adj. without consequences postpos.; **das ist nicht ~los geblieben** that hasn't been without its consequences; ~**reich** Adj. (decision, event) fraught with consequences; (bedeutsam) momentous; ~**schwer** Adj. fateful (error, omission); (error, omission, accident) with serious consequences

folge·richtig 1. Adj. logical (decision, conclusion); consistent (behaviour, action). 2. adv. (think, develop, conclude) logically; (act, behave) consistently

Folge·richtigkeit die (einer Entscheidung, Schlußfolgerung) logicality; (eines Verhaltens, einer Handlung) consistency

folgern ['fɔlgɐn] 1. tr. V., **daß** ...: con-

Folgerung / **Formelhaftigkeit**

clude that ...; etw. aus etw. ~: deduce or infer sth. from sth. 2. *itr. V.* **richtig ~:** draw a/the correct conclusion; **voreilig ~:** jump to conclusions
Folgerung die; ~, ~en conclusion
Folge-: **~satz** der *(Sprachw.)* consecutive clause; **~schaden** der **a)** *meist Pl.* damaging after-effects; **b)** *(Versicherungsw.)* consequential damage
Folge·ton·horn das *s.* Martinshorn
folge·widrig 1. *Adj.* illogical ⟨conclusion⟩; inconsistent ⟨behaviour⟩. 2. *adv.* ⟨conclude⟩ illogically; ⟨behave⟩ inconsistently
Folge·zeit die ensuing *or* following weeks/months/years *pl.*
folglich ['fɔlklɪç] *Adv.* consequently; as a result; *(ugs.: deshalb)* consequently; therefore
folgsam 1. *Adj.* obedient. 2. *adv.* obediently
Folgsamkeit die; ~: obedience
Foliant [fo'li̯ant] der; ~en, ~en folio
Folie ['foːli̯ə] die; ~, ~n **a)** *(Metall~)* foil; *(Plastik~)* film; **b)** *(Druckw.: Farbschicht)* [blocking] foil
Folio ['foːli̯o] das; ~s, Folien *od.* ~s folio
Folio·band der; *Pl.* ~bände folio volume
Folklore [fɔlk'loːrə] die; ~ **a)** *(Überlieferung)* folklore; **b)** *(Musik)* folk-music
Folklore·bluse die peasant blouse
Folkloristik die; ~: [study of] folklore
folkloristisch 1. *Adj.* folkloric. 2. *adv.* in a folkloric way
Folk·song ['foʊk-] der folk-song
Follikel [fɔ'liːkl] der; ~s, ~ *(Med., Bot.)* follicle
Follikel·sprung der *(Med.)* ovulation
Folter ['fɔltɐ] die; ~, ~n **a)** torture; **bei jmdm. die ~ anwenden** use torture on sb.; **die ~ abschaffen** abolish the use of torture; **b)** *(~bank)* rack; **jmdn. auf die ~ legen** put sb. on the rack; **jmdn. auf die ~ spannen** *(fig.)* keep sb. in an agony of suspense; **c)** *(geh.: peinigende Qual)* torment
Folter·bank die; *Pl.* ~bänke rack
Folterer der; ~s, ~: torturer
Folter~: **~kammer** die, **~keller** der torture-chamber; **~knecht** der torturer
foltern 1. *tr. V.* **a)** torture; **b)** *(fig. geh.)* torment. 2. *itr. V.* use torture
Folter·qual die **a)** agony of torture; **b)** *(fig. geh.)* torment; **jmdm. wahre ~en bereiten** be sheer torment to sb.
Folterung die; ~, ~en torture; **nach tagelangen ~en** after days of torture
Folter·werkzeug das instrument of torture
Fön ⓌⒻ [føːn] der; ~[e]s, ~e hair-drier; **sich** *(Dat.)* **die Haare mit dem ~ trocknen** blow-dry one's hair
¹**Fond** [fõː] der; ~s, ~s *(geh.)* rear compartment; back; **im ~ sitzen** sit in the back [seat]
²**Fond** der; ~s, ~s *(Kochk.)* juices *pl.*
Fondant [fõ'dãː] der *od.* das; ~s, ~s fondant
Fonds [fõː] der; ~ [fõː(s)], ~ [fõːs] **a)** *(Vermögensreserve)* fund; **einen ~ bilden** set up a fund; **b)** *Pl. (Finanzw.)* government stocks; government bonds
Fondue [fõ'dyː] die; ~, ~s *od.* das; ~s, ~s *(Kochk.)* fondue
Fondue-: **~gabel** die fondue fork; **~gerät** das fondue set
fönen [føːnən] *tr. V.* blow-dry
Fono- *s.* Phono-
Fontäne [fɔn'tɛːnə] die; ~, ~n jet; *(Springbrunnen)* fountain
Fontanelle [fɔnta'nɛlə] die; ~, ~n *(Anat.)* fontanelle
foppen ['fɔpn] *tr. V. (ugs.)* **jmdn. ~:** pull sb.'s leg *(coll.)*; put sb. on *(Amer. coll.)*; **jmdn. mit etw. ~:** make fun of sb. with sth.; **jmdn. mit einem Spitznamen ~:** make fun of sb. by calling him/her by his/her nickname

forcieren [fɔr'siːrən] *tr. V.* **a)** step up ⟨production⟩; redouble, intensify ⟨efforts⟩; speed up, push forward ⟨developments⟩; **das Tempo/Rennen ~** *(Sport)* force the pace; **er drängte auf eine forcierte Durchführung des Planes** he pressed for the plan to be forced through; **b)** *(Milit.)* force ⟨pass, stronghold, etc.⟩
Forcierung die; ~, ~en *s.* forcieren: stepping up; redoubling; intensification; speeding up; pushing forward; forcing
Förde ['fœrdə] die; ~, ~n long narrow inlet
Förder-: **~anlage** die *(Technik)* conveyor; **~band** das *(Technik)* conveyor belt
Förderer ['fœrdərɐ] der; ~s, ~ **a)** *(Gönner)* patron; **b)** *s.* Förderanlage
Förder-: **~korb** der *(Bergbau)* cage; **~leistung** die *(Bergbau, Technik)* output; production
förderlich *Adj.* beneficial; **für jmdn./etw. ~ sein** be beneficial *or* of benefit to sb./sth.; **guten Beziehungen ~ sein** be conducive to *or* promote good relations
fordern ['fɔrdɐn] *tr. V.* **a)** *(verlangen)* demand; **sein Recht ~:** demand one's rights; **Rechenschaft von jmdm. ~:** call sb. to account; **das Unglück hat 200 Menschenleben gefordert** the disaster claimed 200 lives; **b)** *(in Anspruch nehmen)* make demands on; **gefordert werden** have demands made on one; **von etw. gefordert werden** be stretched by sth.; **jmdn. zu stark ~:** make excessive *or* too many demands on sb.; **von einem Gegner gefordert werden** be stretched by an opponent; **c)** *(zum Zweikampf)* **jmdn. [zum Duell] ~:** challenge sb. to a duel; **jmdn. auf Pistolen/Säbel ~** *(veralt.)* challenge sb. to a duel with pistols/sabres
fördern ['fœrdɐn] *tr. V.* **a)** promote ⟨trade, plan, project, good relations⟩; patronize, support ⟨art, artist⟩; further ⟨investigation⟩; foster ⟨talent, tendency, new generation⟩; improve ⟨appetite⟩; aid ⟨digestion, sleep⟩; **~d auf etw.** *(Akk.)* **wirken** have a beneficial effect on sth.; **b)** *(Bergbau, Technik)* mine ⟨coal, ore⟩; extract ⟨oil⟩
Förder-: **~schacht** der *(Bergbau)* winding shaft; **~stufe** die *(Schulw.)* phase of mixed-ability teaching intended to reveal the aptitudes and abilities of individual pupils; **~turm** der *(Bergbau)* head-frame; headgear
Forderung die; ~, ~en **a)** *(Anspruch)* demand; *(in bestimmter Höhe)* claim; **eine ~ erfüllen** meet a demand/a claim; **b)** *(Kaufmannsspr.)* claim (**an** + *Akk.* against); **eine ~ einklagen** sue for payment of a debt; **c)** *(zum Duell)* challenge; **eine ~ auf Pistolen/Säbel** *(veralt.)* a challenge to a duel with pistols/sabres
Förderung die; ~, ~en **a)** *o. Pl. s.* fördern **a:** promotion; patronage; support; furthering; fostering; improvement; aiding; **b)** *(Bergbau, Technik)* output; *(das Fördern)* mining; *(von Erdöl)* extraction; **die ~ steigt** output is increasing
-förderung die: **Erdöl~/Erdgas~:** extraction of petroleum/natural gas; **Silber~/Kali~:** mining of silver/potash
Förderungs·maßnahme die supportive measure
förderungs·würdig *Adj.* worthy *or* deserving of support *postpos.*
Förder·wagen der *(Bergbau)* mine car
Forelle [fo'rɛlə] die; ~, ~n trout; **~ blau** *(Kochk.)* blue trout
Forellen-: **~teich** der trout pond; **~zucht** die trout-farming
forensisch [fo'rɛnzɪʃ] *Adj.* **a)** forensic; **b)** *(veralt.: rhetorisch)* oratorical
Forke ['fɔrkə] die; ~, ~n *(bes. nordd.)* fork
Form [fɔrm] die; ~, ~en **a)** *(Gestalt)* shape; **es hat die ~ einer Kugel/eines Rechtecks** it

has the form of a sphere/rectangle; **[feste] ~[en] annehmen** take definite shape; **die Demonstration nahm häßliche ~en an** the demonstration began to look ugly; **in ~ von Tabletten/Briefmarken/Lebensmitteln/Subventionen** in the form of tablets/stamps/food/subsidies; **aus der ~ gehen** *(ugs. scherzh.)* lose one's figure; **b)** *(bes. Sport: Verfassung)* form; **in ~ sein** be on form; **in guter ~ sein** be in good form; **in schlechter ~ sein** be off form; **sich in ~ bringen** get on form; **zu großer ~ auflaufen** *(Jargon)* hit peak form; **c)** *(vorgeformtes Modell)* mould; *(Back~)* baking tin; **d)** *(Gestaltungsweise, Erscheinungs~, Darstellungs~)* form; **musikalische/künstlerische ~:** musical/artistic form; **~ und Inhalt** form and content; **etw. in angemessene ~ kleiden** present sth. in an appropriate form; **e)** *(Umgangs~)* form; **ein Mensch ohne ~ sein** be an ill-mannered person; **die ~[en] wahren** observe the proprieties; **etw. der ~ halber tun** do sth. for the sake of form *or* as a matter of form; **in aller ~:** formally
formal [fɔr'maːl] 1. *Adj.* formal; **ein ~er Fehler** a technical error; *(Rechtsw.)* procedural error. 2. *adv.* formally; **eine ~ gute Lösung** a good solution from the point of view of form; **~ im Recht sein** be technically in the right
Formaldehyd ['fɔrmaldehyːt] der; ~s *(Biol., Med.)* formaldehyde
Formalie [fɔr'maːli̯ə] die; ~, ~n; *meist Pl.* formality
Formalin ⓌⒻ [fɔrma'liːn] das; ~s formalin
formalisieren *tr. V.* formalize
Formalisierung die; ~, ~en formalization
Formalismus der; ~, Formalismen formalism
Formalist der; ~en, ~en formalist
formalistisch 1. *Adj.* formalistic. 2. *adv.* formalistically
Formalität [fɔrmali'tɛːt] die; ~, ~en formality
formaliter [fɔr'maːlitɐ] *Adv. (geh.)* formally
formal·juristisch, formal·rechtlich 1. *Adj.* technical; **ein rein ~er Standpunkt** a narrowly legalistic view. 2. *adv.* technically
Form·anstieg der *(Sport)* improvement in form
Format [fɔr'maːt] das; ~[e]s, ~e **a)** size; *(Buch~, Papier~, Bild~)* format; **b)** *o. Pl. (Persönlichkeit)* stature; **ihm fehlt das menschliche ~:** he lacks real personal stature; **eine Frau von ~:** a woman of stature; **c)** *o. Pl. (besonderes Niveau)* quality; **etw. hat/ist ohne ~:** sth. has/lacks class
Formation [fɔrma'tsi̯oːn] die; ~, ~en **a)** *(Herausbildung, Anordnung)* formation; *(einer Generation, Gesellschaft)* development; **b)** *(Gruppe)* group; **eine Hamburger ~** *(Tanzsport)* a team from Hamburg; **c)** *(Milit.: von Flugzeugen)* formation; *(von Soldaten)* unit; **d)** *(Geol., Bot.)* formation
Formations-: **~flug** der **a)** *(Flug in Formation)* formation flying; **b)** *(Raumflug)* alignment of orbits; **~tanz** der *(Tanzsport)* formation dancing
formbar *Adj.* malleable; soft ⟨bone⟩; *(fig.)* malleable, pliable ⟨character, person⟩
Formbarkeit die; ~: malleability; *(fig.)* malleability; pliability
form·beständig *Adj.* **~beständig sein** keep its/their shape
Form·blatt das form
Formel ['fɔrml] die; ~, ~n formula; **die ~ des Eides** the wording of the oath; **~ 1/2** *(Motorsport)* Formula One/Two; **~-1-Fahrer/-Wagen** Formula One driver/car
formelhaft 1. *Adj.* stereotyped ⟨style, mode of expression⟩; **eine ~e Wendung** a stereotyped phrase. 2. *adv.* **sich ~ ausdrücken** talk in stereotyped phrases
Formelhaftigkeit die; ~: stereotyped character

Formel·kram der *(ugs.)* die Chemie mit ihrem ~: chemistry and its awful formulae *pl.*
formell [fɔr'mɛl] **1.** *Adj.* formal. **2.** *adv.* formally; **die Einladung wurde rein ~ ausgesprochen** the invitation was made only as a matter of form; **er ist nur ~ im Recht** he's only technically in the right
Formel-: ~**sammlung** die formulary; ~**sprache** die: die ~sprache der Physik the language of formulae as used in physics; **die mathematische ~sprache** the language of mathematical formulae; ~**zeichen** das symbol
formen 1. *tr. V.* **a)** *(gestalten)* form; shape; **etw. in Ton/Gips ~**: shape *or* form sth. in clay/plaster; **schön geformte Möbel/Hände** finely shaped furniture/hands; **Laute/Silben ~**: form sounds/syllables; **b)** *(bilden, prägen)* mould, form ⟨character, personality⟩; mould ⟨person⟩; **jmdn. zu etw. ~**: mould sb. into sth. **2.** *refl. V.* take on a shape; *(fig.)* form; take shape
formen-, Formen-: ~**lehre** die **a)** *(Sprachw., Biol.)* morphology; **b)** *(Musik)* theory of [musical] form; ~**reich** *Adj.* with its/their great variety of forms; ~**reich sein** display a great variety of forms; ~**reichtum** der great variety of forms; wealth of forms
Former der; ~s, ~ *(Berufsbez.)* moulder
Formerei die; ~, ~en moulding department
form-, Form-: ~**fehler** der **a)** *(in einem Verfahren, Dokument)* irregularity; **b)** *(Taktlosigkeit)* faux pas; breach of etiquette; ~**frage** die formality; ~**gebung** die; ~, ~en design; ~**gerecht 1.** *Adj.* correct; proper; **2.** *adv.* correctly; properly; ~**gestalter** der *s.* Designer; ~**gestaltung** die *s.* Design
formidabel [fɔrmi'daːbl̩] *Adj.* **a)** *(geh.: außergewöhnlich)* superb; **b)** *(veralt.: besorgniserregend)* formidable
formieren 1. *tr. V.* form ⟨team, party, organization⟩; **der Feldherr formierte seine Truppen auf dem Hügel** the commander drew up his troops on the hill. **2.** *refl. V.* **a)** *(sich aufstellen)* form; **wir formierten uns zu einer Gruppe** we formed ourselves into a group; **sich neben der Tribüne ~**: assemble beside the rostrum; **b)** *(sich zusammenschließen)* be formed; **die formierte Gesellschaft** *(hist.)* the aligned society
Formierung die; ~, ~en formation; *(von Truppen)* drawing up
-förmig [-fœrmɪç] -shaped; *s. auch* **ei-, gabel-, kugelförmig** *usw.*
Form·krise die *(Sport)* bad patch; **in einer ~ sein** *od.* **stecken** be off form
förmlich ['fœrmlɪç] **1.** *Adj.* **a)** formal; **warum denn so ~?** why [be] so formal?; **b)** *nicht präd. (regelrecht)* positive; **ein ~er Schreck durchfuhr ihn** he got a real fright; **einen ~en Abscheu verspüren** feel positive revulsion. **2.** *adv.* **a)** *(steif, unpersönlich, offiziell)* formally; **b)** *(geradezu)* **sich ~ fürchten** be really afraid; **~ außer sich sein** be quite beside oneself; **jmdn. ~ zwingen, etw. zu tun** positively force sb. to do sth.
Förmlichkeit die; ~, ~en formality; **in aller ~ um etw. bitten** *(veraltend)* formally request sth.; **die juristischen ~en** the legal formalities; **bitte keine ~en!** please don't stand on ceremony!
form-, Form-: ~**los 1.** *Adj.* **a)** informal; **einen ~losen Antrag stellen** make an application without the official form[s]; apply informally; **b)** *(gestaltlos)* shapeless; **2.** *adv.* informally; ~**losigkeit** die; ~ **a)** informality; **b)** *(Gestaltlosigkeit)* shapelessness; ~**sache** die formality; **das ist [eine] reine ~sache** that is purely a formality; ~**schön** *Adj.* elegant; ~**tief** das *(Sport)* bad patch; **er steckt** *od.* **befindet sich in einem ~tief** he's badly off form

Formular [fɔrmu'laːɐ̯] das; ~s, ~e form
formulieren [fɔrmu'liːrən] *tr. V.* formulate; **eine Frage noch einmal ~**: reformulate *or* rephrase a question
Formulierung die; ~, ~en **a)** *o. Pl. (das Formulieren)* formulation; *(eines Entwurfes, Gesetzes)* drafting; **b)** *(formulierter Text)* formulation; **politische/wissenschaftliche ~en** political/scientific phraseology *sing.*
Formung die; ~, ~en **a)** *(Gestaltung)* design; **die strenge ~ des Sonetts** strict sonnet form; **b)** *o. Pl. (Bildung, Erziehung)* moulding; *(des Charakters)* moulding; forming
form-, Form-: ~**veränderung** die change in shape; ~**verstoß** der *s.* ~**widrigkeit**; ~**vollendet 1.** *Adj.* perfectly executed ⟨pirouette, bow, etc.⟩; ⟨poem⟩ perfect in form; **2.** *adv.* **etw. ~vollendet tun** do sth. faultlessly; ~**vorschrift** die statutory form; ~**widrig 1.** *Adj.* improper ⟨behaviour, expression⟩; **2.** *adv.* improperly; ~**widrigkeit** die impropriety
forsch [fɔrʃ] **1.** *Adj.* self-assertive; forceful; **einen ~en Eindruck machen** seem self-assertive *or* forceful; **mit ~en Schritten** with a brisk step; briskly. **2.** *adv.* self-assertively; forcefully
forschen *itr. V.* **a)** *(suchen)* **nach jmdm./etw. ~**: search *or* look for sb./sth.; **jmdn. ~d** *od.* **mit ~dem Blick betrachten** look at sb. searchingly; give sb. a searching look; **b)** *(als Wissenschaftler)* research; do research; **auf einem Gebiet ~**: research *or* do research in a field; **in [alten] Quellen ~**: research into [ancient] sources
Forscher der; ~s, ~ **a)** *(Wissenschaftler)* researcher; research scientist; **b)** *(Forschungsreisender)* explorer
Forscher-: ~**drang** der **a)** *(Wissensdurst)* thirst for new knowledge; **b)** *(Entdeckerfreude)* urge to explore; ~**geist** der inquiring mind
Forscherin die; ~, ~nen *s.* Forscher
forscherisch 1. *Adj.* research *attrib.*; ~**e Arbeit** research work. **2.** *adv.* **~ arbeiten** do research [work]
Forscher·team das research team
Forschheit die; ~: self-assertiveness; forcefulness
Forschung die; ~, ~en research; **~en [auf einem Gebiet] betreiben** do research [in a field]; **~ und Lehre** teaching and research
Forschungs-: ~**anstalt** die research establishment; ~**arbeit** die **a)** piece of research; **b)** *o. Pl. s.* Forschung; ~**auftrag** der research assignment; ~**bericht** der research report; ~**ergebnis** das result of the research; ~**gebiet** das field of research; ~**gegen·stand** der research topic; ~**institut** das research institute; ~**labor[atorium]** das research laboratory; ~**methode** die research method; ~**programm** das research programme; ~**rakete** die research rocket; ~**reaktor** der research reactor; ~**reise** die expedition; ~**reisende** der/die explorer; ~**satellit** der research satellite; ~**schiff** das research vessel; ~**stipendium** das research grant; ~**tätigkeit** die research work; ~**vorhaben** das research project; ~**zentrum** das research centre; ~**zweck** der purpose of the research; **für ~zwecke** for research purposes
Forst [fɔrst] der; ~[e]s, ~e[n] forest
Forst-: ~**amt** das forestry office; ~**beamte** der forestry official
Förster ['fœrstɐ] der; ~s, ~: forest warden; forester; ranger *(Amer.)*
Försterei die; ~, ~en *s.* Forsthaus
forst-, Forst-: ~**frevel** der offence against the forest law; ~**frevel begehen** break the forest law; ~**haus** das forester's house; ~**ingenieur** der senior forestry official *(with academic qualifications)*; ~**nutzung** die [commercial] exploitation of forests; ~**recht** das forest law; ~**revier** das forest district; ~**schaden** der damage *no pl., no indef. art.* to the forest; ~**schädling** der forest pest; ~**verwaltung** die forestry commission; ~**wesen** das; *o. Pl.* forestry; ~**wirtschaft** die forestry; ~**wirtschaftlich 1.** *Adj.* commercial; **2.** *adv.* commercially
Forsythie [fɔr'zyːtsi̯ə] die; ~, ~n **a)** forsythia; **b)** *Pl. (Zweige)* sprigs of forsythia
fort [fɔrt] *Adv.* **a)** *(weg)* **sie ist schon ~**: she has already gone *or* left; **ihre Brille war ~**: her glasses had gone *or* had vanished; **~ mit dir!** be off with you!; away with you!; **~ mit ihm/damit!** take her/it away!; **[schnell] ~!** run for it!; **b)** *(weiter)* **nur immer so ~**: just carry on as you are *or* like that; **und so ~**: and so on; and so forth; **in einem ~**: continuously
Fort [foːɐ̯] das; ~s, ~s fort
fort-, Fort-: *(s. auch* **weg-, Weg-)**: ~**an** [-'-] *Adv.* from now/then on; ~**bestand** der; *o. Pl.* continuation; *(eines Staates)* continued existence; ~|**bestehen** *unr. itr. V.* remain; continue; ⟨nation⟩ remain in existence; *(beim alten bleiben)* remain the same; remain as before; ~|**bewegen 1.** *tr. V.* move; shift; **2.** *refl. V.* move [along]; ~**bewegung** die; *o. Pl.* locomotion; ~**bewegungsmittel** das means of transport; ~|**bilden** *tr. V.* **sich/jmdn. ~bilden** continue one's/sb.'s education; **die Lehrlinge wurden ~gebildet** the apprentices were given further training; ~**bildung** die; *o. Pl.* further education; *(beruflich)* further training; ~**bildungs·kurs** der further education course; *(beruflich)* training course; ~|**bleiben** *unr. V.*; *mit sein* fail to come; **du bist so lange ~geblieben!** you've been away so long!; **sein Fortbleiben beunruhigte mich** I was worried when he didn't turn up; ~|**bringen** *unr. tr. V.*: *s.* wegbringen; ~**dauer** die continuation; ~|**dauern** *itr. V.* continue; ~**dauernder Widerstand** continuing/*(in der Vergangenheit)* continued resistance; **unter ~dauerndem Beschuß geraten** come under continuous bombardment; ~|**denken** *unr. tr. V.*: *s.* wegdenken
forte ['fɔrtə] *Adv. (Musik, Pharm.)* forte
Forte das; ~s, ~s *od.* **Forti** *(Mus.)* forte
fort-, Fort-: ~|**eilen** *itr. V.*; *mit sein (geh.)* hurry off *or* away; hasten away; ~|**entwickeln 1.** *tr. V.* **etw. ~entwickeln** develop sth. further; **2.** *refl. V.* develop; ~|**erben** *refl. V.* be passed on; be handed down; **sich auf jmdn. ~erben** pass to sb.; be handed down to sb.; ~|**fahren 1.** *unr. itr. V.* **a)** *mit sein (abreisen)* leave; *(einen Ausflug machen)* go out; **b)** *auch mit sein (weitermachen)* ~**fahren [,etw. zu tun]** continue *or* go on [doing sth.]; **in seiner Rede ~fahren** continue *or* go on with one's speech; **bitte, fahren Sie ~**: please continue; please go on; **2.** *unr. tr. V.* drive away; **jmdn. [mit dem Auto] ~fahren** drive *or* take sb. away [in a car]; **etw. [mit einem Auto] ~fahren** take sth. away [in a car]; ~|**fall** der ending; discontinuation; ~|**fallen** *unr. itr. V.*; *mit sein* ⟨obstacle, misgiving⟩ be removed; ⟨words⟩ be omitted; ⟨conditions⟩ no longer apply; ⟨subsidy⟩ be discontinued; ⟨advantage⟩ be lost; **ein Kapitel ~fallen lassen** delete a chapter; ~|**fliegen** *unr. itr. V.*; *mit sein s.* wegfliegen; ~|**führen 1.** *tr. V.* **a)** lead away; **b)** *(fortsetzen)* continue, keep up ⟨tradition, business⟩; continue, carry on ⟨another's work⟩; *s.* **auch** *V.* **von etw. ~führen** lead away from sth.; ~**führung** die *s.* ~**führen 1 b**; continuation; keeping up; carrying on; **sich zur ~führung von jmds. Geschäften bereit erklären** declare one's readiness to carry on sb.'s business; ~**gang** der; *o. Pl.* **a)** departure (aus from); **b)** *(Weiterentwicklung)* progress; **seinen ~gang nehmen** progress; ~|**geben** *unr. tr. V. s.* weggeben; ~|**gehen** *unr. itr. V.*; *mit sein* **a)** *(weggehen)* leave;

fortgeschritten / **Frage**

geh ~! go away!; geh nicht ~! don't go away!; don't leave!; b) *(andauern, verlaufen)* continue; go on; ~**geschritten** *Adj.* advanced; in ~geschrittenem Alter at an advanced age; zu ~geschrittener Tageszeit at a late hour; die Krankheit befindet sich in einem ~geschrittenen Stadium the disease has reached an advanced stage; ~**geschrittene der/die;** *adj. Dekl.* advanced student/player; ein Kurs[us] für ~geschrittene a course for advanced students; an advanced course; ~**geschrittenen kurs[us]** der advanced course; ~**gesetzt** 1. *Adj.; nicht präd.* continual; constant; ~gesetzter Betrug/~gesetzte Untreue repeated fraud/embezzlement; 2. *adv.* continually; constantly; ~|**haben** *unr. tr. V.: s.* weghaben a; ~**hin** *Adv. (veralt.)* henceforth; henceforward

fortissimo [fɔrˈtısimo] *Adv. (Musik)* fortissimo

Fortissimo das; ~s, ~s *od.* **Fortissimi** *(Musik)* fortissimo

fort-, Fort-: ~|**jagen** *tr. V.: s.* wegjagen; ~|**kommen** *unr. itr. V.; mit sein* a) *s.* wegkommen a, b, d, f; b) *(Erfolg haben)* get on; do well; in der Schule/im Beruf ~kommen get on at school/in one's job; ~**kommen das;** ~s a) *(das Vorwärtskommen, auch beruflich)* progress; das wird für mein ~kommen nützlich sein that will help me get ahead or get on; b) *(Lebensunterhalt)* living; sein ~kommen finden make a living; das Gehalt reichte gerade für sein ~kommen the money was just enough for him to get by on; ~|**können** *unr. itr. V.: s.* wegkönnen; ~|**lassen** *unr. tr. V.: s.* weglassen; ~|**laufen** *unr. itr. V.; mit sein* a) *s.* weglaufen; b) *(sich ~setzen)* continue; ~**laufend** 1. *Adj.* continuous; die ~laufende Handlung der Fernsehserie the ongoing plot of the television series; ~laufende Hefte consecutive issues; 2. *adv.* continuously; ~laufend numeriert numbered consecutively; ~|**leben** *itr. V.: s.* weiterleben; ~|**legen** *tr. V.* put down or aside; ~|**loben** *tr. V.: s.* wegloben; ~|**machen** *(ugs.)* 1. *refl. V.* get away; 2. *itr. V.: s.* weitermachen 1; ~|**müssen** *unr. itr. V.: s.* wegmüssen; ~|**nehmen** *unr. tr. V.* take away; ~|**pflanzen** *refl. V.* a) *(sich vermehren)* reproduce [oneself/itself]; b) *(sich ausbreiten)* ⟨*idea, mood*⟩ spread; ⟨*sound, light*⟩ travel, propagate; ~**pflanzung** die a) *(Vermehrung)* reproduction; b) *(Verbreitung)* transmission; *(von Schall, Licht)* propagation; *(von Ideen)* spread; ~**pflanzungs·fähig** *Adj.* capable of reproduction *postpos.*; ~**pflanzungs·trieb** der reproductive instinct; ~|**räumen** *tr. V.: s.* wegräumen; ~|**reisen** *itr. V.; mit sein: s.* abreisen; ~|**reißen** *unr. tr. V.* a) *(wegreißen)* tear away; die Fluten rissen alles mit sich ~: the floods swept everything away; b) *(begeistern)* jmdn. ~reißen carry or sweep sb. along; jmdn. zu Beifallsstürmen ~reißen rouse sb. to tumultuous applause; ~|**rennen** *unr. itr. V.; mit sein (ugs.)* run off or away; ~**satz** der *(Biol.)* process; ~|**schaffen** *tr. V.* take or carry away; ~|**scheiden** *refl. V.; nur Imp.* scher dich ~! clear off! *(coll.)*; ~|**scheuchen** *tr. V.* shoo or chase away; ~|**schicken** *tr. V.: s.* wegschicken; ~|**schieben** *unr. tr. V.: s.* wegschieben; ~|**schleichen** *unr. itr., refl. V.: s.* wegschleichen; ~|**schleppen** *refl. V., tr. V.: s.* wegschleppen; ~|**schleudern** *tr. V.* fling away; ~|**schreiben** *unr. tr. V.* update; *(in die Zukunft)* project forward; ~**schreibung** die updating; *(in die Zukunft)* forward projection; ~|**schreiten** *unr. tr. V.; mit sein* ⟨*process*⟩ progress, continue; *(time)* move on; die Zeit ist [weit] ~geschritten it is getting on or late; der Sommer ist [weit] ~geschritten we are well into summer; das Fortschreiten progress; ~**schreitend** *Adj.* pro- gressive; mit ~schreitender Jahreszeit as the year went/goes on; mit ~schreitendem Alter with advancing age; with the passing of the years; ~**schritt** der progress; ~**schritte** progress *sing.*; ein ~schritt a step forward; das ist schon ein ~schritt that is some progress at least; große ~schritte machen make great progress; ~**schrittlich** 1. *Adj.* progressive; 2. *adv.* progressively; ~**schrittlichkeit** die, ~: progressiveness; ~**schritts·feindlich** *Adj.* antiprogressive; ~**schritts·gläubig** *Adj.* ~schrittsgläubig/zu ~schrittgläubig sein put one's/too much faith in progress; das ~schrittsgläubige 19. Jahrhundert the nineteenth century with its implicit faith in progress; ~**schritts·gläubigkeit** die belief or faith in progress; ~|**schwemmen** *tr. V.* sweep away; ~|**sehnen** *refl. V.* long to go; ~|**setzen** 1. *tr. V.* continue; carry on; den Weg zu Fuß/mit dem Auto ~setzen continue by foot/car; 2. *refl. V.* continue; ~**setzung** die; ~, ~en a) *(das ~setzen)* continuation; [s]eine ~setzung finden resume; b) *(anschließender Teil)* instalment; in ~setzungen erscheinen be published in instalments; ~setzung von S. 7 continued from p. 7; ~**setzung folgt** to be continued; ~**setzungs·roman** der serial; serialized novel; ~|**spülen** *tr. V.: s.* wegspülen; ~|**stehlen** *unr. refl. V.* steal or sneak away; ~|**stoßen** *unr. tr. V.: s.* wegstoßen; ~|**stürzen** *itr. V.; mit sein* rush off or away; ~|**tragen** *unr. tr. V.: s.* wegtragen; ~|**treiben** 1. *unr. tr. V.* a) *(vertreiben)* drive off or away; er hat seinen Sohn ~getrieben he made it impossible for his son to stay; es trieb mich bald ~ I soon felt I had to leave; b) *(wegschwemmen)* sweep away; 2. *itr. V.; mit sein* float away

Fortuna [fɔrˈtuːna] (die) Fortune; ~ lachte *od.* lächelte ihm *(geh.)* Fortune smiled upon him

Fortune [fɔrˈtyːn], *eingedeutscht:* **Fortüne** [fɔrˈtyːnə] die; ~: luck; keine/wenig ~ haben have no/not much luck

fort-: ~|**währen** *itr. V. (geh.) s.* dauern; ~|**während** 1. *Adj.; nicht präd.* continual; incessant; 2. *adv.* continually; incessantly; ~|**werfen** *unr. tr. V.: s.* wegwerfen; ~|**wirken** *itr. V.* continue to have an effect; das wirkt in uns ~: the effect of it persists in us; sein Vorbild wirkt in ihnen ~: his example continues to exert an influence on them; das Fortwirken antiker Motive the continuing influence of ancient motifs; ~|**wollen** *unr. itr. V.* a) *s.* wegwollen; b) *(vorwärts wollen)* want to move; seine Füße wollten nicht recht ~: his feet did not seem to be able to carry him; ~|**zaubern** *tr. V.* etw. ~zaubern make sth. disappear; ~|**zerren** *tr. V.: s.* wegzerren; ~|**ziehen** *unr. tr., itr. V.: s.* wegziehen

Forum [ˈfoːrʊm] das; ~s, **Foren** *od.* **Fora** a) *(Personenkreis, Plattform, mit. Marktplatz)* forum; b) *Pl. nur* **Foren** *(Aussprache)* ⟨*über Literatur*⟩ symposium; *(über Politik)* forum

fossil [fɔˈsiːl] *Adj.* fossilized; fossil *attrib.*

Fossil das; ~s, ~ien fossil

¹**Foto** [ˈfoːto] das; ~s, ~s *(schweiz.:)* die; ~, ~s photo; ~s machen *od. (ugs.:)* schießen take photos; auf einem ~ in a photo

²**Foto** der; ~s, ~s *(bes. südd. ugs.)* camera

Foto-: ~**album** das photo album; ~**apparat** der camera; ~**atelier** das photographic studio; ~**ecke** die [mounting] corner

fotogen [fotoˈgeːn] *Adj.* photogenic

Foto·geschäft das photographic shop

Foto·graf der; ~en, ~en photographer

Fotografie die; ~, ~n a) *o. Pl.* photography *no art.*; b) *(Lichtbild)* photograph

fotografieren 1. *tr. V.* photograph; take a photograph/photographs of; sie läßt sich gern/ungern ~: she likes/does not like being photographed or having her photo- graph taken; **Katzen lassen sich gut ~:** cats photograph well. 2. *itr. V.* take photographs; **er fotografiert gut** *od.* **kann gut ~:** he is a good photographer; **[das] Fotografieren [ist] verboten!** photography prohibited

Fotografin die; ~, ~nen photographer

fotografisch 1. *Adj.* photographic. 2. *adv.* photographically

foto-, Foto-: ~**kopie** die photocopy; ~**kopieren** *tr., itr. V.* photocopy; ~**kopierer** der, ~**kopier·gerät** das photocopier; photocopying machine

Foto-: ~**labor** das photographic laboratory; ~**modell** das a) photographic model; b) *(verhüll.: Prostituierte)* call-girl; ~**montage** die photomontage; ~**papier** das photographic paper; ~**realismus** der *(bild. Kunst)* photo-realism *no art.*; ~**reporter** der press photographer; newspaper photographer; ~**safari** die photographic safari; ~**satz** der *(Druckw.) s.* Lichtsatz; ~**tasche** die camera bag; ~**wettbewerb** der photographic competition; ~**zeitschrift** die photographic magazine

Fötus *s.* Fetus

Fotze [ˈfɔtsə] die; ~, ~n a) *(vulg.: Vulva)* cunt *(coarse)*; b) *(vulg.: Frau)* cunt *(coarse)*; c) *(bayr. u. österr. ugs.: Mund)* gob *(sl.)*

foul [faʊl] *Adv. (Sport)* ~ **spielen** play dirty; be a dirty player; **er hat gerade ~ gespielt** he has just committed a foul

Foul das; ~s, ~s *(Sport)* foul (an + *Dat.* on)

Foul·elf·meter der *(Fußball)* penalty [for a foul]; **einen ~ verhängen** *od.* **geben** award or give a penalty

foulen [ˈfaʊlən] *(Sport)* 1. *tr. V.* foul. 2. *itr. V.* commit a foul

Fox [fɔks] der; ~[es], ~e a) *s.* Foxterrier; b) *s.* Foxtrott

Fox·terrier der fox-terrier

Fox·trott [-trɔt] der; ~s, ~e *od.* ~s foxtrot; ~ **tanzen** foxtrot

Foyer [foaˈjeː] das; ~s, ~s foyer

FPÖ *Abk.* Freiheitliche Partei Österreichs

¹**Fr.** *Abk.* Franken SFr.

²**Fr.** *Abk.* Frau

³**Fr.** *Abk.* Freitag Fri.

Fracht [fraxt] die; ~, ~en a) *(Schiffs~, Luft~)* cargo; freight; *(Bahn~, LKW~)* goods *pl.*; **volle/halbe ~ führen** carry full/half freight; b) *(~kosten)* *(Schiffs~, Luft~)* freight, freightage; *(Bahn~, LKW~)* carriage

Fracht-: ~**brief** der consignment note; waybill; ~**dampfer** der *(veralt.)* steam freighter

Frachten·bahnhof der, **Frachtenstation** die *(österr.) s.* Güterbahnhof

Frachter der; ~s, ~ freighter

fracht-, Fracht-: ~**flugzeug** das cargo or freight plane; ~**frei** 1. *Adj.* carriage-free ⟨*delivery*⟩; 2. *adv.* ⟨*deliver*⟩ carriage free; ~**führer** der carrier; ~**geld** das *s.* Fracht b; ~**gut** das slow freight; slow goods *pl.*; **etw. als ~gut schicken** send sth. by slow goods; ~**kosten** *Pl.: s.* Fracht b; ~**raum** der; *o. Pl.* [cargo] hold; *(Platz)* [cargo] space; ~**schiff** das cargo ship

Frack [frak] der; ~[e]s, **Fräcke** [ˈfrɛkə] tails *pl.*; evening dress; **einen ~ tragen** wear tails or evening dress; **im ~ erscheinen** turn up in tails or evening dress; **jmdm. saust der ~** *(fig. ugs. scherzh.)* sb. gets the wind up *(sl.)*

Frack-: ~**hemd** das dress shirt; ~**sausen das; in ~sausen haben** *(ugs.)* get the wind up *(sl.)*; ~**schoß** der; *meist Pl.* coat-tail; ~**weste** die waistcoat *(worn with evening dress)*

Frage [ˈfraːgə] die; ~, ~n a) question; **jmdm.** *od.* **an jmdn. eine ~ stellen** put a question to sb.; **jmdm. eine ~ beantworten/auf jmds. ~** *(Akk.)* **antworten** reply to or answer sb.'s question; **eine ~ [zu etw.] haben** have a question [on sth.]; **sind noch ~n?** are there any questions?; **an jmdn. eine ~ richten** dir-

1101

ect a question to sb.; **darf ich Ihnen eine ~ stellen?** may I put a question?; **eine ~ verneinen/bejahen** give a negative/positive answer to a question; **auf eine dumme ~ bekommt man eine dumme Antwort** ask a silly question [and you get a silly answer]; b) *(Problem)* question; *(Angelegenheit)* issue; **es erhebt sich/bleibt die ~, ob ...**: the question arises/remains whether ...; **eine soziale/politische ~**: a social/political issue; **die deutsche ~**: the German problem; **das ist [nur] eine ~ der Zeit** that is [only] a question *or* matter of time; c) *in* **das ist noch sehr die ~**: that is still very much the question; **das ist die große ~**: that is the big question; **das ist gar keine ~**: there's no doubt *or* question about it; **es ist od. steht außer ~, daß ...**: there is no doubt that ...; there is no question but that ...; **etw. in ~ stellen** call sth. into question; question sth.; **jmdn. in ~ stellen** cast doubt on sb.; **das stellt unsere Glaubwürdigkeit in ~**: it casts doubt on our credibility; **in ~ kommen** be possible; **für ein Stipendium kommen nur gute Schüler in ~**: only good pupils can be considered for a grant; **dieses Kleid kommt für mich nicht in ~**: I couldn't possibly wear this dress; **die für die Tat in ~ kommenden Personen** those suspected of the crime; **das kommt nicht in ~** *(ugs.)* that is out of the question; **ohne ~**: without question
Frage-: ~bogen der questionnaire; *(Formular)* form; **~bogen · aktion die** poll; **~für · wort das** *s.* Interrogativpronomen
fragen 1. *tr., itr. V.* **a)** ask; **er fragt immer so klug** he always asks *or* puts such astute questions; **neugierig/erstaunt ~**: ask inquisitively/in amazement; **gezielt ~**: ask *or* put well-aimed questions; **frag nicht so dumm!** *(ugs.)* don't ask such silly questions; **das fragst du noch?** *(ugs.)* need you ask?; **~ Sie lieber nicht** *(ugs.)* don't ask!; **da fragst du mich zuviel** that I don't know; I really can't say; **jmdn. ~d ansehen** look at sb. inquiringly; give sb. a questioning look; **~ kostet nichts** there is no harm in asking; **b)** *(sich erkundigen)* **nach etw. ~**: ask *or* inquire about sth.; **jmdn. nach/wegen etw. ~**: ask sb. about sth., **nach dem Weg ~**: ask the way; **nach Einzelheiten ~**: ask for details; **nach jmds. Meinung ~**: ask [for] sb.'s opinion; **nach jmdm. ~** *(jmdm. suchen)* ask for sb.; *(über jmdn. Fragen stellen)* ask about sb.; *(nach jmds. Befinden ~)* ask after *or* about sb.; **wenn ich ~ darf** if you don't mind my asking; *(ungeduldig)* may I ask?; **c)** *(nachfragen)* ask for; **jmdn. um Rat/Erlaubnis ~**: ask sb. for advice/permission; **d)** *(verneint: sich nicht kümmern)* **nach jmdm./etw. nicht ~**: not care about sb./sth.; **ich frage den Teufel od. einen Dreck danach** *(salopp)* I couldn't care less [about it] *(coll.)*; I don't give a damn about it *(sl.)*. **2.** *refl. V.* **sich ~, ob ...**: wonder whether ...; **ich frage mich auch** I was wondering that, too; *(unpers.)* **es fragt sich [nur], ob/wann ...**: the [only] question is whether/when ...
Fragen · komplex der set of problems
Fragerei die; **~, ~en** *(abwertend)* questions *pl.*
Frage-: ~satz der interrogative sentence/clause; **ein direkter/indirekter ~satz** a direct/an indirect question; **~stellung die a)** *(Formulierung)* formulation of a/the question; **durch eine geschickte ~stellung** by skilled questioning; **b)** *(Problem)* problem; **~stunde die** *(Parl.)* question time; **~-und-Antwort-Spiel das** question-and-answer game; **~zeichen das** question mark; **ein ~zeichen setzen** put a question mark; **etw. mit [dicken/großen] ~zeichen versehen** *(fig.)* put a [big] question mark over sth. *(fig.)*; **dastehen wie ein ~zeichen** *(ugs.)* stand like a hunchback
fragil [fra'gi:l] *Adj.* *(geh.)* fragile

fraglich ['fra:klɪç] *Adj.* **a)** *(unsicher)* doubtful; **b)** *nicht präd.* *(betreffend)* in question *postpos.*; relevant; **zur ~en Zeit** at the time in question; at the relevant time
fraglos *Adv.* without question; unquestionably
Fragment [fra'gmɛnt] *das*; **~[e]s, ~e** fragment
fragmentarisch [fragmɛn'ta:rɪʃ] **1.** *Adj.* fragmentary. **2.** *adv.* **ein ~ überlieferter Text** a text preserved only as fragments/a fragment; **es ist nur ~ erhalten** it is preserved only in fragmentary form
frag · würdig *Adj.* **a)** questionable; **b)** *(zwielichtig)* dubious
Fragwürdigkeit die; **~, ~en a)** questionableness; **b)** *(Zwielichtigkeit)* dubiousness
fraktal [frak'ta:l] *Adj. (Math.)* fractal
Fraktion [frak'tsio:n] *die*; **~, ~en a)** *(Parl.)* parliamentary party; *(mit zwei Parteien)* parliamentary coalition; **b)** *(Sondergruppe)* faction; **c)** *(Chemie)* fraction
fraktionell [fraktsio'nɛl] *Adj.* within a/the party/group *postpos.*; internal ⟨*conflict, agreement*⟩
fraktions-, Fraktions- *(Parl.):* **~beschluß der** party/coalition decision; **~führer der** leader of the parliamentary party/coalition; **~kollege der** fellow parliamentary party/coalition member; **~los** *Adj.* independent; **~mit · glied das** member of a/the parliamentary party/coalition; **~sitzung die** meeting of the parliamentary party/coalition; **~stärke die a)** minimum number of elected members necessary for a party to be allowed to form a parliamentary group; **b)** *(Größe der Fraktion)* size of the parliamentary party; **~vorsitzende der/die** *s.* **~führer**; **~zwang der** obligation to vote in accordance with party policy; **den ~zwang aufheben** allow a free vote
Fraktur [frak'tuːɐ̯] *die*; **~, ~en a)** *(Med.)* fracture; **b)** *(Schriftart)* Fraktur; **mit jmdm. ~ reden** *(ugs.)* talk straight with sb.
Franc [frã:] *der*; **~, ~s** franc
Franchise ['frænt∫aɪz] *das*; **~** *(Wirtsch.)* franchise
frank [fraŋk] *Adv.* **~ und frei** frankly and openly; openly and honestly
Franke der; **~n, ~n a)** Franconian; **b)** *(hist.)* Frank
¹Franken (das); ~s Franconia
²Franken der; ~s, ~: [Swiss] franc
¹Frankfurter ['fraŋkfɔrtɐ] *die*; **~, ~** *(Wurst)* frankfurter
²Frankfurter 1. *indekl. Adj.*; *nicht präd.* Frankfurt. **2.** *der*; **~s, ~:** Frankfurter; *s. auch* **Kölner**
frankieren [fraŋ'ki:rən] *tr. V.* frank
Frankier · maschine die franking-machine
fränkisch [ˈfrɛŋkɪʃ] *Adj.* **a)** Franconian; **b)** *(hist.)* Frankish; *s. auch* **deutsch, Deutsch, badisch**
franko ['fraŋko] *Adv. (Kaufmannsspr. veralt.)* carriage paid; *(mit der Post)* post-free
frankophil [-'fi:l] *Adj.* Francophile
frankophon [-ˈfo:n] *Adj.* Francophone
Frank · reich (das); ~s France
Franktireur [frãkti'røːɐ̯] *der*; **~s, ~e** *od.* **~s** *(hist.)* franc tireur
Franse ['franzə] *die*; **~, ~n** strand [of a/the fringe]; **die ~n der Decke/des Teppichs** the fringe of the rug/the carpet
fransen *itr. V.: s.* **ausfransen 1**
fransig 1. *Adj.* frayed ⟨*shirt, trousers*⟩; straggly ⟨*hair*⟩. **2.** *adv.* **das Haar hing ihr ~ ins Gesicht** her hair hung down over her face in untidy strands
¹Franz [frants] **(der)** Francis
²Franz das; ~ *(Schülerspr.)* French
Franz · branntwein der; *o. Pl. (veralt.)* alcoholic liniment
Franziskaner [frantsɪs'kaːnɐ] *der*; **~s, ~:** Franciscan

Franziskaner-: ~kloster das Franciscan monastery; **~orden der** *(kath.)* Franciscan Order
Franzose [fran'tso:zə] *der*; **~n, ~n a)** Frenchman; **er ist ~:** he is French *or* a Frenchman; **die ~n** the French; **b)** *(ugs.: Schraubenschlüssel)* screw wrench
Franzosen · krankheit die *(veralt.)* French disease *(dated)*; syphilis
Französin [fran'tsø:zɪn] *die*; **~, ~nen** Frenchwoman
französisch 1. *Adj.* French; **ein ~es Bett** a double bed; **die Französische Schweiz** French-speaking Switzerland; **die Französische Revolution** the French Revolution; **die ~e Krankheit** *(veralt.)* *s.* **Franzosenkrankheit**. **2.** *adv.* **es ~ machen** *(salopp)* have oral sex; **sich [auf] ~ empfehlen** *od.* **verabschieden** *(ugs.)* take French leave; *s. auch* **deutsch**; **²Deutsche**
Französisch das; ~[s] French; *s. auch* **Deutsch**
frappant [fra'pant] *Adj.* striking ⟨*similarity*⟩; remarkable ⟨*success, discovery*⟩
frappieren [fra'pi:rən] *tr. V. (geh.)* astonish; astound
frappierend *Adj.* astonishing; remarkable
Fräse ['frɛ:zə] *die*; **~, ~n a)** *(für Holz)* moulding machine; *(für Metall)* milling machine; **b)** *s.* **Fräser a**; **c)** *(Boden~)* rotary cultivator
fräsen *tr. V.* **a)** shape ⟨*wood*⟩; mill ⟨*metal*⟩; form ⟨*groove, thread*⟩; **b)** *(Landw.)* hoe [with a rotary cultivator]
Fräser der; **~s, ~ a)** *(Werkzeug)* cutter; **b)** *(Metallbearb.)* milling-machine operator; *(Holzverarb.)* moulding-machine operator
Fräs · maschine die *s.* **Fräse a**
fraß [fra:s] **1. u. 3. Pers. Sg. Prät. v. fressen**
Fraß der; **~es a)** *(Tiernahrung)* food; **einem Tier etw. als** *od.* **zum ~ vorwerfen** feed an animal with sth.; **jmdm. etw. zum ~ hin-** *od.* **vorwerfen** *(fig. abwertend)* let sb. have sth.; **b)** *(derb: schlechtes Essen)* muck; swill; **ein abscheulicher/widerlicher ~:** disgusting/repulsive muck; **c) vom ~ befallen sein** have been eaten away
Frater ['fra:tɐ] *der*; **~s, Fratres** ['fra:tre:s] *(kath. Kirche)* lay brother
fraternisieren [fratɛrni'zi:rən] *itr. V. (geh.)* fraternize
Fraternisierung die; **~:** fraternization
Fratz [frats] *der*; **~es, ~e,** *(österr.:)* **~en, ~en a)** *(ugs.: niedliches Kind)* [little] rascal; **ein süßer ~:** a sweet little rascal; **b)** *(bes. südd., österr.: ungezogenes Kind)* brat
Fratze ['fratsə] *die*; **~, ~n a)** *(häßliches Gesicht)* hideous face; hideous features *pl.*; **sein Gesicht war zu einer ~ deformiert** his face was hideously deformed; **b)** *(ugs.: Grimasse)* grimace; **jmdm. ~n schneiden** pull faces at sb.; **c)** *(abwertend: Gesicht)* mug *(sl.)*
fratzenhaft *Adj.* grotesque; hideous
frau [frau] *Indefinitpron. im Nom. (feministischer Sprachgebrauch) s.* **¹man**
Frau die; **~, ~en a)** woman; **zur ~ werden** *(verhüll.)* lose one's virginity; **typisch** *od.* **echt ~ ein ~** typical of a woman; **die Gleichberechtigung der ~:** equal rights for women; **von ~ zu ~:** woman to woman; **b)** *(Ehe~)* wife; **wie Mann und ~ zusammenleben** live together as man *or* husband and wife; **jmdn. zur ~ nehmen** *(veralt.)* take to wife *(arch.)*; **er hat eine Französin zur Frau** his wife is French; **willst du meine ~ werden?** will you be my wife?; **c)** *(Titel, Anrede)* **~ Schulze** Mrs Schulze; **~ Professor/Dr. Schulze** Professor/Dr. Schulze; **~ Ministerin/Direktorin/Studienrätin Schulze** Mrs/Miss/Ms Schulze; **~ Ministerin/Professor/Doktor** Minister/Professor/doctor; **~ Vorsitzende/Präsidentin** Madam Chairman/President; *(in Briefen)* **Sehr geehrte ~**

Schulze Dear Madam; *(bei persönlicher Bekanntschaft)* Dear Mrs/Miss/Ms Schulze; [**Sehr verehrte**] **gnädige ~:** [Dear] Madam; **gute ~** *(veralt.)* good lady; **Ihre ~ Gemahlin/Mutter** *(geh.)* your lady wife/lady mother *(dated)*; your wife/mother; **d)** *(Herrin)* lady; mistress; **die ~ des Hauses** the lady of the house; **Unsere Liebe ~** *(kath. Rel.)* Our Lady

Frauchen ['frauçən] *das*; ~s, ~ **a)** *(ugs.: Ehefrau)* wifie; **b)** *(Herrin eines Hundes)* mistress

frauen-, Frauen-: ~arbeit die a) *o. Pl. (Erwerbstätigkeit)* women's employment; **b)** *(für ~ geeignete Arbeit)* women's work; **c)** *(gesellschaftspolitisch)* work for the women's movement; **in der ~arbeit tätig sein** work in the women's movement; **~arzt der, ~ärztin die** gynaecologist; **~beruf der** women's occupation; **~bewegung die** *o. Pl.* women's movement; **~emanzipation die** female emancipation; women's emancipation; **~fachschule die** women's technical college; **~farn der** *(Bot.)* lady fern; **~feind der** misogynist; **~feindlich** *Adj.* anti-women; **~frage die** issue of women's rights; **~funk der** women's [radio] programmes *pl.*; **~fuß·ball der** women's football; **~gefängnis das** women's prison; **~geschichten** *Pl. (ugs.)* affairs with women; **~gestalt die** female character; **~haar das a)** woman's hair; **b)** *(Bot.)* haircap moss; **~haar·farn der** *(Bot.)* maidenhair fern; **~hand die** *in von zarter ~hand gepflegt* nursed by a woman's tender care; **~haus das a)** battered wives' refuge; **b)** *(veralt.)* brothel; **c)** *(Völkerk.)* unmarried girls' dormitory; **~heil·kunde die** gynaecology; **~held der** lady-killer; **~herz das** female heart; **sich auf ~herzen verstehen** know the way to a woman's heart; **~kenner der** connoisseur of women; **~kleider** *Pl.* women's clothes; **~klinik die** gynaecological hospital *or* clinic; **~kloster das** convent; nunnery; **~krankheit die, ~leiden das** gynaecological disorder; **Facharzt für ~krankheiten** gynaecologist; **~liebling der** favourite with the ladies; **~lohn der** women's pay *no indef. art.*; **~los** *Adj.* all-male; **~mörder der** killer of women; **~orden der** *(kath. Rel.)* women's order; **~recht das**; *meist Pl.* women's right; **~rechtlerin** [-rɛçtlərɪn] *die*; ~, ~nen feminist; Women's Libber *(coll.)*; **~sache die: das ist ~sache** that's a woman's job; **~schänder der** rapist; **~schuh der** *(Bot.)* lady's slipper; **~seite die** women's page

Frauens·person die *(veralt.)* female

Frauen-: ~sport der women's sport; **~station** *die* women's ward; **~stimme die a)** woman's voice; **b)** *(Parl.)* **die ~stimmen** the women's vote *sing.*; **~stimmrecht das** *s.* **~wahlrecht**; **~tausch der** *(Völkerk.)* exchange of wives

Frauentum *das*; ~s *(geh.)* womanhood

Frauen-: ~turnen das ladies' *or* women's gymnastics *sing.*; **~über·schuß der** surplus of women; **~verband der** women's association; **~wahl·recht das** women's franchise; women's right to vote; **~zeitschrift die** women's magazine; **~zimmer das a)** *(abwertend)* female; **b)** *(veralt., landsch.)* woman

Fräulein ['frɔylaɪn] *das*; ~s, ~ *(ugs. ~s)* **a)** *(junges ~)* young lady; *(ältliches ~)* spinster; **b)** *(Titel, Anrede)* ~ **Mayer/Schulte** Miss Mayer/Schulte; [**sehr verehrtes**] **gnädiges ~, [X]** Dear Miss X; **c)** *(veralt.: Angestellte)* ~, **wollen Sie ...**: Miss, would you ...; **das ~ hat uns schlecht bedient** the girl gave us bad service; **d)** *(Kellnerin)* ~, **wir möchten zahlen** [Miss], could we have the bill *(Brit.)* *or (Amer.)* check, pledase?; **das ~ kommt gleich** the waitress is just coming; **e)** **das ~ vom Amt** *(veralt.)* the operator

fraulich 1. *Adj.* feminine; *(reif)* womanly. **2.** *adv.* in a feminine/womanly way; **sich ~ kleiden** dress femininely/in a womanly way

Fraulichkeit *die*; ~: femininity; *(reifes Wesen)* womanliness

frech [frɛç] **1.** *Adj.* **a)** *(respektlos, unverschämt)* impertinent; impudent; cheeky; bare-faced ⟨lie⟩; **ein ~er Kerl** an impertinent chap; **~ werden** become/be impertinent; **etw. mit ~er Stirn behaupten** *(fig.)* have the bare-faced cheek to say sth.; **~ wie Dreck** *od.* **Oskar sein** *(bes. berlin.)* be a cheeky devil *(coll.)*; **b)** *(keck, keß)* saucy. **2.** *adv. (respektlos, unverschämt)* impertinently; impudently; cheekily; **jmdm. ~ anlügen** tell sb. bare-faced lies; **jmdm. etw. ~ ins Gesicht sagen** say sth. quite unashamedly to sb.'s face; **jmdm. ~ ins Gesicht lachen** laugh in sb.'s face

Frech·dachs der *(ugs., meist scherzh.)* cheeky little thing

Frechheit die; ~, ~en **a)** *o. Pl. (Benehmen)* impertinence; impudence; cheek; **die ~ haben, etw. zu tun** have the impertinence *etc.* to do sth.; **das ist der Gipfel der ~!** that is the height of impertinence!; **b)** *(Äußerung)* impertinent *or* impudent *or* cheeky remark; **sich** *(Dat.)* **~en erlauben** be impertinent; **was erlauben Sie sich für ~en?** how dare you be so impertinent?

Frechling der; ~s, ~e *(geh.)* impudent rascal

Freesie ['fre:ziə] *die*; ~, ~n freesia

Fregatte [fre'gatə] *die*; ~, ~n **a)** *(Marine)* frigate; **b)** *(abwertend: Frau)* **eine alte/aufgetakelte ~**: an old bag/overdressed old bag

Fregatten·kapitän der commander

frei [fraɪ] **1.** *Adj.* **a)** *(unabhängig)* free ⟨man, will, life, people, decision, etc.⟩; **eine ~e Reichsstadt/Hansestadt** *(hist.)* a free imperial/Hanseatic city; **b)** *(nicht angestellt)* free-lance ⟨writer, worker, etc.⟩; **die ~en Berufe** the independent professions; **c)** *(ungezwungen)* free and easy; lax *(derog.)*; **ein ~es Benehmen haben** behave in a free and easy/lax way; **es herrschte ein ~er Ton** there was an informal atmosphere; **~e Liebe** free love; **d)** *(nicht mehr in Haft)* free; at liberty *pred.*; **e)** *(offen)* open; **ein ~es Gelände/~er Platz** open ground/an open square; **unter ~em Himmel** in the open [air]; outdoors; **auf ~er Strecke** *(Straße)* on the open road; *(Eisenbahn)* between stations; **ins Freie gehen** walk out into the open; **im Freien sitzen/übernachten** sit out of doors/spend the night in the open; **ständig im Freien übernachten** sleep rough; **f)** *(unbesetzt)* vacant; unoccupied; free; **ein ~er Stuhl/Platz** a vacant *or* free chair/seat; **Entschuldigung, ist hier noch ~?** excuse me, is this anyone's seat *etc.?*; **eine ~e Stelle** a vacancy; **ein Bett ist [noch] ~:** one bed is [still] free *or* not taken; **ist der Tisch ~?** is this table free?; **sind Sie ~?** are you free?; **den Weg/die Kreuzung ~ machen** clear the path/junction; [**jmdm.**] **Platz ~ lassen** leave [sb.] some space; **einige Seiten ~ lassen** leave some pages blank; **Ring ~!** *(Boxen)* seconds out!; **g)** *(kostenlos)* free ⟨food, admission⟩; **~e Verpflegung** free board; **der Eintritt ist ~:** admission is free [of charge]; **20 kg Gepäck ~ haben** have *or* be allowed a 20 kilogram baggage allowance; **Lieferung ~ Haus** carriage free; **~e Kost und Logis** *(veralt.)* free board and lodging; **h)** *(ungenau)* **eine ~e Übersetzung** a free *or* loose translation; **~ nach einer Vorlage** based [loosely] on a source; **i)** *(ohne Vorlage)* improvised; **in ~er Improvisation** in spontaneous improvisation; **j)** *(uneingeschränkt)* free; **~e Meinungsäußerung/Religionsausübung** free expression of opinion/practice of religion; **die ~e Arzt-/Berufswahl** the free choice of doctor/profession; **der Zug hat ~e Fahrt** the train can proceed; **der ~e Fall** *(Physik)* free fall; **k)** *(nicht beeinträchtigt)* free; **~ von Schuld/Schmerzen sein** be free of guilt/pain; **~ von Fehlern** without faults; **nicht ~ von Überheblichkeit** not without arrogance; **l)** *(verfügbar)* spare; free; **jede ~e Minute/Stunde** every spare *or* free minute/hour; **ich habe heute ~:** I've got today off; **er hat seinen Sonnabend/Abend** this is his Saturday/evening off; **sich** *(Dat.)* **~ nehmen** *(ugs.)* take some time off; **er ist noch/nicht mehr ~:** he is still/no longer unattached; **m)** *(ohne Hilfsmittel)* **eine ~e Rede** an extempore speech; **aus ~er Hand zeichnen** draw free-hand; **n)** *(unbekleidet)* bare; **das Kleid läßt die Schultern ~:** the dress leaves the shoulders bare; **den Oberkörper ~ machen** strip to the waist; **o)** *(bes. Fußball)* unmarked; **der ~e Mann** the sweeper; **~ stehen** be [standing] unmarked; **p)** *(Chemie, Physik)* free; **~ werden** *(bei einer Reaktion)* be given off; **Elektronen werden ~:** electrons are released; **q)** *(in festen Wendungen)* **~e Hand haben** have a free hand; **jmdm. ~e Hand lassen** give sb. a free hand; **aus ~en Stücken** *(z.)* of one's own accord; voluntarily; **jmdn. auf ~en Fuß setzen** set sb. free; **auf ~em Fuß** *(von Verbrechern etc.)* at large; **~ ausgehen** get away scot-free; get away with it *(coll.)*; **ich bin so ~!** if I may ... **2.** *adv.* ⟨*act, speak, choose*⟩ freely; ⟨*translate*⟩ freely, loosely; **etw. ~ heraus sagen** say sth. freely; **~ herumlaufen** run around scot-free; **eine Rede ~ halten** make a speech without notes; **ein ~ praktizierender Arzt** a doctor in private practice; **die Personen sind/die Geschichte ist ~ erfunden** the characters are/the story is entirely fictional; **~ in der Luft schweben** hang in mid-air

frei-, Frei-: ~**aktie die** *(Börsenw.)* bonus share; ~**bad das** open-air *or* outdoor swimming-pool; ~**ballon der** free balloon; ~**bank die** place in slaughterhouse where lower-grade meat is sold; **~|bekommen 1.** *unr. itr. V. (ugs.)* get time off; **ich habe nachmittags ~bekommen** I've got the afternoon off; **2.** *unr. tr. V.* **jmdn./etw. ~bekommen** get sb./sth. released; ~**beruflich 1.** *Adj.* self-employed; free-lance ⟨journalist, editor, architect, etc.⟩; ⟨doctor, lawyer⟩ in private practice; **2.** *adv.* ~**beruflich tätig sein/arbeiten** work free-lance/practise privately; ~**betrag der** *(Steuerw.)* [tax] allowance; ~**beuter** [-bɔytɐ] *der*; ~s, ~ **a)** *(hist.: Pirat)* freebooter; **b)** *(abwertend)* exploiter; ~**beuterei die**; ~ **a)** *(hist.: Piraterie)* freebootery; **b)** *(abwertend)* exploitation; ~**bier das** free beer; ~**bleibend** *(Kaufmannsspr.)* **1.** *Adj.* ~**bleibendes Angebot** provisional offer; **2.** *adv.* **die Preise verstehen sich ~bleibend** prices are subject to alteration; ~**bord der** *(Schiffahrt)* freeboard; ~**brief der a)** *in* **kein ~brief für etw. sein** be no excuse for sth.; **jmdm. einen ~brief für etw. geben** *od.* **ausstellen** give sb. a licence for sth.; **einen ~brief für etw. haben/einen ~brief haben, etw. zu tun** have authority for sth./to do sth.; *(fig.)* have a licence for sth./to do sth.; **etw. als ~brief für etw. ansehen/betrachten** regard sth. as a charter for sth.; **b)** *(hist.: Urkunde)* charter; ~**demokrat der** Free Democrat; ~**denker der** free thinker; ~**denkertum das**; ~s free thought; free-thinking

Freie der/die; *adj. Dekl. (hist.)* freeman/freewoman

freien 1. *tr. V. (veralt.)* marry; wed; **jung gefreit hat nie gereut** *(Spr.)* marry young and you won't regret it. **2.** *itr. V.* **um ein Mädchen ~:** court *or* woo a girl

Freier der; ~s, ~ **a)** *(veralt.)* suitor; **b)** *(salopp: Kunde einer Dirne)* punter *(sl.)*

1103

Frei·ers·füße *Pl. in auf ~n gehen (scherzh.)* be courting
frei-, Frei-: **~exemplar** *das (Buch)* free copy; *(Zeitung)* free issue; **~fahr·schein** *der* free ticket; **~fahrt** *die* free trip; *(auf Karussell)* free turn *or* ride; **~fläche** *die* open space; **~flug** *der* free flight; **~frau** *die,* **~fräulein** *das* baroness; **~gabe** *die* a) release; **die ~gabe der Wechselkurse** the lifting of controls on exchange rates; b) *(Übergabe)* opening [to the public]; **~|geben** 1. *unr. tr. V.* a) release ⟨*prisoner, footballer*⟩; decontrol ⟨*exchange rates*⟩; **jmdm. den Weg ~geben** let sb. through; b) open ⟨*motorway*⟩; pass ⟨*film*⟩; **etw. für den Verkehr/die Öffentlichkeit ~geben** open sth. to traffic/to the public; **der Film ist ab 18 freigegeben** the film has been passed 18; 2. *unr. tr., itr. V.* **jmdm. ~geben** give sb. time off; **sich** *(Dat.)* **zwei Tage ~geben lassen** take two days off; **~gebig** [-ge:bɪç] *Adj.* generous; open-handed; **~gebig gegen jmdn. sein** *(veraltl.)* be generous to sb.; **[nicht] sehr ~gebig mit etw. sein** be [not] very generous *or* open-handed with sth.; **~gebigkeit** *die* generosity; open-handedness; **~gehege** *das* outdoor *or* open-air enclosure; **~geist** *der* free thinker; **~geistig** *Adj.* free-thinking; **~gelände** *das* piece of open ground; *(Film)* studio lot; **~gelassene der/die; adj. Dekl. (hist.)** freedman/freedwoman *(Hist.);* **~gepäck** *das* baggage allowance; **~grenze** *die (Steuerw.)* tax exemption limit; **~gut** *das (Zollw.)* duty-free goods *pl.;* **~|haben** *unr. tr. V. (ugs.)* **ich habe [am** *od.* **den] Montag ~:** I've got Monday off; **~hafen** *der* free port; **~|halten** *unr. tr. V.* a) treat; **er hielt das ganze Lokal ~:** he stood drinks for everyone in the pub *(Brit.)* or *(Amer.)* bar; b) *(offenhalten)* keep ⟨*entrance, roadway*⟩ clear; **Einfahrt ~halten!** no parking in front of entrance; keep clear; c) *(reservieren)* **jmdm.** *od.* **für jmdn. einen Platz ~halten** keep a place for sb.; **sich ~halten** keep oneself free of engagements; **~hand·bücherei** *die* open-access library; **~handel** *der* free trade; **~handels·zone** *die* free-trade zone; **~händig** [-hɛndɪç] 1. *Adj.* a) ⟨*free-hand ⟨drawing⟩;* offhand ⟨*shooting*⟩; b) *(Amtsspr.)* private ⟨*sale*⟩; 2. *adv.* a) ⟨*cycle*⟩ without holding on; ⟨*draw*⟩ free-hand; ⟨*shoot*⟩ offhand; b) *(Amtsspr.)* ⟨*sell*⟩ privately; **~hand·zeichnen** *das* free-hand drawing
Freiheit *die;* **~, ~en** a) freedom; **~, Gleichheit, Brüderlichkeit** Liberty, Equality, Fraternity; **die persönliche ~:** personal freedom *or* liberty; **die ~ der Presse** Press freedom; the freedom of the Press; **die akademische ~:** academic freedom; **jmdm. völlige ~ lassen** give sb. a completely free hand; **die ~ der Meere** *(Rechtsw.)* the freedom of the seas; **einem Gefangenen/Tier die ~ schenken** give a prisoner his/an animal its freedom; **jmdn. in ~ setzen** set sb. free; b) *(Vorrecht)* freedom; privilege; **[besondere] ~en genießen** enjoy [special] privileges; **sich** *(Dat.)* **gegen jmdn. ~en herausnehmen** take liberties with sb.; **die dichterische ~:** poetic licence; **sich** *(Dat.)* **die ~ nehmen, etw. zu tun** take the liberty of doing sth.
-freiheit *die;* **~:** **Gebühren-/Porto-~:** freedom from dues/postal charges; **Bewegungs-~:** freedom of movement; **Entscheidungs-~:** freedom of decision or choice
freiheitlich 1. *Adj.* liberal ⟨*philosophy, conscience*⟩; **~ und demokratisch** free and democratic. 2. *adv.* liberally; **~ gesinnt sein** have liberal ideas
freiheits-, Freiheits-: **~beraubung** *die (jur.)* wrongful detention; **~bewegung** *die* liberation movement; **~drang** *der; o. Pl.* desire for freedom; **~entzug** *der* imprisonment; **jmdn. zu zwei Jahren ~entzug verurteilen** sentence sb. to two years' imprisonment; **~kampf** *der* struggle for freedom; **~kämpfer** *der* freedom fighter; **~krieg** *der* war of liberation; **die ~kriege** *(hist.)* the War of Liberation; **~liebe** *die; o. Pl.* love of freedom *or* liberty; **~liebend** *Adj.* freedom-loving; **~rechte** *Pl.* civil rights; **~statue** *die* Statue of Liberty; **~strafe** *die (Rechtsw.)* term of imprisonment; prison sentence; **er wurde zu einer ~strafe von fünf Jahren/zu einer lebenslänglichen ~strafe verurteilt** he was sentenced to five years' imprisonment/given a life sentence
frei-, Frei-: **~heraus** *Adv.* frankly; openly; **~heraus gesagt …:** to put it frankly …; **~herr** *der* baron; **~herrlich** *Adj.; nicht präd.* baronial
Freiin ['fraiɪn] *die;* **~, ~nen** baroness
frei-, Frei-: **~|kämpfen** *tr. V.* liberate; **sich ~kämpfen** fight one's way out; **~karte** *die* complimentary *or* free ticket; **~|kaufen** *tr. V.* ransom ⟨*hostage*⟩; buy the freedom of ⟨*slave*⟩; **sich von der Verantwortung/ Schuld ~kaufen** *(fig.)* buy off one's responsibility/guilt; **~kirche** *die* Free Church; **~|kommen** *unr. itr. V.;* **mit sein aus dem Gefängnis ~kommen** be released from prison; leave prison; **aus jmds. Fängen ~kommen** escape from sb.'s clutches; **~körper·kultur** *die; o. Pl.* nudism *no art.;* naturism *no art.;* **~korps** *das (hist.)* volunteer corps; **~land·gemüse** *das* outdoor vegetables *pl.;* **~|lassen** *unr. tr. V.* set free; release; **~lassung** *die* release; **~lauf** *der (Technik)* neutral gear; *(beim Fahrrad)* free-wheel; **im ~lauf fahren** ⟨*driver*⟩ coast in neutral; ⟨*cyclist*⟩ free-wheel; **~|laufen** *unr. refl. V. (bes. Fuß- und Handball)* run into *or* find space; **~lebend** *Adj.* living in the wild *postpos.;* **~|legen** *tr. V.* uncover; **~leitung** *die (Technik)* overhead cable
freilich *Adv.* a) *(einschränkend)* **er arbeitet schnell, ~ nicht sehr gründlich ist** works quickly, though admittedly he's not very thorough; **deine Theorie klingt zwar überzeugend, ~ ist eine wichtige Einschränkung zu machen** your theory sounds convincing, it's true, but there is one important reservation; **ich werde morgen einmal bei dir vorbeischauen, lange bleiben kann ich ~ nicht** I'll call in on you tomorrow, though I shan't be able to stay long; **sie hat sehr viel Talent, ~ fehlt es ihr an Ausdauer** she has a great deal of talent, but she does lack staying power; b) *(einräumend)* **man muß ~ bedenken, daß …:** one must of course bear in mind that …; **~ scheinen die Tatsachen gegen meine Überlegungen zu sprechen …:** admittedly the facts seem to contradict my ideas, but …; **sie war sehr wütend auf ihren Mann, wozu sie ~ auch allen Grund hatte** she was furious with her husband, and of course she had every reason to be; c) *(bes. südd.: selbstverständlich)* of course; **ja ~:** [why] yes; of course
Frei·licht-: **~bühne** *die s.* **~theater;** **~museum** *das* open-air *or* outdoor museum; **~theater** *das* open-air *or* outdoor theatre
frei-, Frei-: **~los** *das* a) free [lottery] ticket; b) *(Sport)* bye; **durch ~los die nächste Runde erreichen** get a bye into the next round; **~|machen** 1. *refl. V. (ugs.: frei nehmen)* **sich [für etw.] ~machen** take time off [for sth.]; 2. *tr. V. (Postw.)* frank; **etw. mit 0,50 DM ~machen** put a 50-pfennig stamp on sth.; **~machung** *die;* **~** *(Postw.)* franking; **~marke** *die* postage stamp; **~maurer** *der* Freemason; **~maurerei** *die; o. Pl.* Freemasonry; **~maurer·loge** *die* Freemasons' lodge; **~mut** *der* candidness; frankness; **mit ~mut sprechen** speak candidly *or* frankly; **~mütig** 1. *Adj.* candid; frank; 2. *adv.* candidly; frankly; **~mütigkeit** *die;* **~:** candidness; frankness; **~platz** *der* a) *([Hoch]schulw.)* scholarship; b) *(Sitzplatz)* free seat; **~|pressen** *tr. V.* **jmdn. ~pressen** obtain sb.'s release by threats; **~raum** *der (Psych., Soziol.)* space *no indef. art.* to be oneself; **unpolitische ~räume** areas where politics is not involved; **~religiös** *Adj.* non-denominational; **~saß, ~sasse** *der;* **~sassen, ~sassen** *(hist.)* yeoman; tenant farmer; **~schaffend** *Adj.* free-lance; **Steuervergünstigungen für Freischaffende** tax concessions to self-employed persons; **~schar** *die (hist.)* corps of irregulars; **~schärler** [-ʃɛːɐlɐ] *der;* **~s, ~:** irregular [soldier]; **~|schaufeln** *tr. V.* clear ⟨*road*⟩ by shovelling; **dig** ⟨*person*⟩ free; **~|schießen** *unr. tr., refl. V.* **sich** *(Dat.)* **den Weg ~schießen** shoot one's way out; **jmdn. ~schießen** free sb. [in a gun battle]; **~|schwimmen** *unr. refl. V.* **sich ~schwimmen** pass the 15-minute swimming test; **inzwischen hat er sich ~geschwommen** *(fig.)* he has now got over his initial difficulties; **~|setzen** *tr. V.* a) *(Physik, Chemie, Med.)* release ⟨*energy*⟩; emit ⟨*rays, electrons, neutrons*⟩; release, give off ⟨*gas*⟩; b) *(Arbeitsw.)* release ⟨*staff*⟩; *(verhüll.)* make ⟨*staff*⟩ redundant; **~setzung** *die;* **~, ~en** a) *(Physik, Chemie, Med.)* (von Energie, Gas) release; *(von Strahlung usw.)* emission; b) *(Arbeitsw.)* release of ⟨*staff*⟩; *(verhüll.)* redundancy; **~sinn** *der; o. Pl. (veralt.)* liberalism; **~sinnig** *Adj. (veralt.)* liberal; broad-minded; **~spiel** *das* free turn; **~|spielen** 1. *tr. V. (Ballspiele)* **jmdn./sich ~spielen** create space for sb./oneself; 2. *refl. V. (auf der Bühne)* settle into the performance; **~|sprechen** *unr. tr. V.* a) *(Rechtsw.)* acquit; **jmdn. von einer Anklage ~sprechen** acquit sb. of a charge; b) *(für unschuldig erklären)* exonerate (von from); c) *(Handw.)* release ⟨*apprentice*⟩; **~sprechung** *die;* **~, ~en** a) *(Rechtsw.)* acquitting; b) *(Handw.)* release; **~spruch** *der (Rechtsw.)* acquittal; **~staat** *der (veralt.)* free state; **der ~staat Bayern** the Free State of Bavaria; **~statt, ~stätte** *die;* **~, ~stätten** *(geh.)* sanctuary; **~|stehen** *unr. itr. V.* a) **es steht jmdm. ~, etw. zu tun** sb. is free to do sth.; b) ⟨*flat, house*⟩ be empty *or* vacant; ⟨*storeroom etc.*⟩ be empty; **~stelle** *die s.* **~platz** a; **~|stellen** *tr. V.* a) **jmdm. etw. ~stellen** leave sth. up to; let sb. decide sth.; b) *(befreien)* release ⟨*person*⟩; **jmdn. vom Wehrdienst ~stellen** exempt sb. from military service; **~stellung** *die* release; *(befristet)* leave; **~stempel** *der (Postw.)* postmark
Frei·stil *der; o. Pl. (Sport)* a) *s.* **~ringen;** b) *s.* **~schwimmen**
Freistil-: **~ringen** *das* free-style wrestling; **~schwimmen** *das* free-style swimming
Frei-: **~stoß** *der (Fußball)* free kick; **einen ~stoß schießen** *od.* **treten** take a free kick; **~stunde** *die* free hour; *(Schulstunde)* free period
Frei·tag *der* Friday; **ein schwarzer ~:** a black day; *s. auch* **Dienstag, Dienstagtags**
freitags *Adv.* on Friday[s]; *s. auch* **dienstags**
frei-, Frei-: **~tod** *der (verhüll.)* suicide *no art.;* **den ~tod wählen** choose to take one's own life; **~tragend** *Adj. (Bauw.)* suspended ⟨*floor*⟩; cantilever ⟨*bridge*⟩; **~treppe** *die* [flight of] steps; **~übung** *die; meist Pl. (Sport)* keep-fit exercise; **~übungen machen** do keep-fit exercises; **~umschlag** *der* stamped addressed envelope; s.a.e.; **~verkehr** *der (Bankw.)* unofficial market; kerb dealings *pl.;* **~wache** *die (Seemannsspr.)* watch below; **~weg** *Adv. (ugs.)* **wir können ~weg reden** we can talk freely *or* openly; **sag es ~weg** say it straight out; **~wild** *das* fair game; **zum ~wild werden** become fair game; **~willig** 1. *Adj.* voluntary ⟨*decision*⟩; optional ⟨*subject*⟩; **~willige Feuerwehr** volunteer fire brigade; 2. *adv.* voluntarily; of

Freiwillige — Freudenschrei

one's own accord; **sich ~willig melden** volunteer; **~willig aus dem Leben scheiden** choose to end one's life; **~willige der/die**; *adj. Dekl.* volunteer; **~willige vor!** volunteers take one step forward!; **sich als ~williger zu etw. melden** volunteer for sth.; **~wurf** *der* free throw; **~zeichen** *das* a) *(volkst.)* dialling tone; b) *(Nachrichtenw.)* ringing tone; **~zeichnungs·klausel** *die (Rechtsw.)* exemption clause

Frei·zeit *die*; *o. Pl.* spare time; leisure time; *(Arbeitsw.)* time off in lieu; **in od. während der ~**: in/during one's spare time; b) *(Zusammenkunft)* [holiday/weekend] course; *(der Kirche)* retreat

Freizeit-: **~anzug** *der* leisure suit; **~beschäftigung** *die* hobby; leisure pursuit; **~gestaltung** *die (Soziol., Päd.)* leisure activity; **~hemd** *das* sports shirt; **~industrie** *die* leisure industry; **~kleidung** *die* casual clothes *pl.*; leisure wear *(Commerc.)*; **~park** *der* amusement park; **~wert** *der*: **eine Stadt mit hohem ~wert** a town with many leisure amenities

frei-, Frei-: **~zügig** 1. *Adj.* a) *(großzügig)* generous, liberal *(dosage, spending)*; liberal, flexible *(interpretation of rule etc.)*; **~zügig im Geldausgeben** generous with one's money; b) *(gewagt, unmoralisch)* risqé, daring *(remark, film, dress)*; permissive *(attitude)*; c) *(frei in der Wahl des Wohnsitzes)* **~zügig sein** enjoy freedom of domicile; **ein ~züges Leben führen** live a nomadic life; be always on the move; 2. *adv.* **Geld ~zügig ausgeben** be generous with one's money; **ein Gesetz ~zügig auslegen** interpret a law flexibly; **~zügigkeit** *die*; ~ a) *(Großzügigkeit) (in Geldsachen)* generosity, *(von Interpretation)* flexibility; b) permissiveness; c) *(freie Wahl des Wohnsitzes)* freedom of domicile

fremd [fremt] *Adj.* a) *nicht präd.* foreign *(country, government, customs, language)*; b) *nicht präd. (nicht eigen)* other people's; of others *postpos.*; **~es Eigentum** other people's property; the property of others; **sich in ~e Angelegenheiten mischen** interfere in other people's business; **etw. ohne ~e Hilfe schaffen** do sth. without anyone else's help; **unter ~em Namen** under an assumed name; **unter ~em Namen schreiben** write under a nom de plume *or* pseudonym; **~e Welten** other worlds; *s. auch* Feder a; c) *(unbekannt)* strange; **eine ~e Umgebung** strange *or* unknown surroundings *pl.*; **Rockmusik war ihr ~**: she knew nothing about rock music; **Hinterhältigkeit ist ihm ~**: underhandedness is foreign to his nature; **er fühlte sich sehr ~**: he felt very much a stranger; **sich** *(Dat.)* **od. einander ~ werden** become estranged; grow apart; **die Anziehungskraft des Fremden** the attraction of the unfamiliar; d) *(andersgeartet)* strange

fremd-, Fremd-: **~arbeiter** *der (veralt., schweiz.)* foreign worker; **~artig** *Adj.* strange; *(exotisch)* exotic; **~artigkeit** *die* strangeness; *(Exotik)* exoticness; **~bestimmt** *Adj. (Politik, Wirtsch., Soziol.)* heteronomous; **~bestimmung** *die (Politik, Wirtsch., Soziol.)* heteronomy

¹**Fremde** ['frɛmdə] *der/die*; *adj. Dekl.* a) *(Unbekannte[r])* stranger; b) *(Ausländer)* foreigner; alien *(Admin. lang.)*; c) *(Besucher, Tourist)* visitor

²**Fremde** *die*; ~ *(geh.)* foreign parts *pl.*; abroad; **in die ~ ziehen** go off to foreign parts; go abroad

Fremd·einwirkung *die (Rechtsspr.)* **ohne ~**: without any other person *or* vehicle being involved; **der Unfall passierte ohne ~**: no other vehicle was involved in the accident

fremdeln, *(schweiz.)* **fremden** *itr. V.* be afraid of strangers

fremden-, Fremden-: **~bett** *das* hotel bed; **~buch** *das* hotel register; **~feindlich** *Adj.* hostile to strangers/foreigners *postpos.*; **~feindlichkeit** *die*; ~: xenophobia; **~führer** *der* tourist guide; **~heim** *das* guest-house, boarding-house; **~industrie** *die* tourist industry; tourist trade; **~legion** *die*; *o. Pl.* foreign legion; **~legionär** *der* legionnaire; **~paß** *der* alien's passport; **~polizei** *die*; *o. Pl.* police department dealing with aliens; **~verkehr** *der* tourism *no art.*; **~zimmer** *das* a) *(Hotelzimmer)* room; **~zimmer frei!** vacancies *(Brit.)*; vacancy *(Amer.)*; b) *(Gastzimmer)* guest room

fremd-, Fremd-: **~erregung** *die (Technik)* separate excitation; **~finanzierung** *die (Finanzw.)* financing from outside sources; **~|gehen** *unr. itr. V.; mit sein (ugs.)* be unfaithful

Fremdheit *die*; ~: strangeness; *(Zurückhaltung)* reserve

fremd-, Fremd-: **~herrschaft** *die* foreign domination *no art.* or rule *no art.*; **~kapital** *das (Wirtsch.)* outside capital; **~körper** *der (Med., Biol.)* foreign body; b) *(fig.)* **ein ~körper sein/ sich** *(Dat.)* **wie ein ~körper vorkommen** be/feel out of place; **~ländisch** [-lɛndɪʃ] *Adj.* foreign; *(exotisch)* exotic

Fremdling *der*; *~s, ~e (veralt.)* stranger

Fremd·sprache *die* foreign language

Fremdsprachen-: **~korrespondentin** *die* bilingual/multilingual secretary; **~unterricht** *der* teaching of foreign languages

fremd-, Fremd-: **~sprachig** *Adj.* bilingual/multilingual *(staff, secretary)*; foreign *(literature)*; foreign-language *(edition, teaching)*; **~sprachlich** *Adj.*; *nicht präd.* foreign-language *(teaching)*; foreign *(word)*; **~stoff** *der*; *meist Pl. (Med.)* foreign substance; **~verschulden** *das* involvement of another person; **ein ~verschulden an diesem Unfall ist unwahrscheinlich** it is unlikely that anyone else was involved in the accident; **~wort** *das*; *Pl.* **~wörter** foreign word; **Liebe ist für ihn ein ~wort** *(fig.)* he doesn't know the meaning of the word love; **~wörter·buch** *das* dictionary of foreign words

frenetisch [fre'ne:tɪʃ] 1. *Adj.* frenetic *(applause)*. 2. *adv.* *(applaud)* frenetically

frequentieren *tr. V.* frequent *(pub, café)*; use *(library)*; **eine stark frequentierte Straße** a heavily used road

Frequenz [fre'kvɛnts] *die*; ~, ~en a) *(Physik)* frequency; *(Med.: Puls~)* rate; b) *(Besucherzahl)* **die Schule hat eine geringe ~**: the school has low numbers; **die ~ der Touristen** *(bes. österr., schweiz.)* the number of tourists; **die ~ des Elternabends war gut** attendance at the parents' evening was good; c) *(Verkehrsdichte)* traffic density

Frequenz-: *(Technik)* **~bereich** *der* frequency range; **~modulation** *die* frequency modulation

Fresko ['frɛsko] *das*; ~s, **Fresken** *(Kunstwiss.)* fresco

Fresko·malerei *die (Kunstwiss.)* fresco; fresco-painting

Fressalien [frɛˈsaːli̯ən] *Pl. (ugs. scherzh.)* grub *(sl.)*

Freß·beutel *der* a) *(ugs.: Brotbeutel)* lunch bag; b) *(für Pferde)* nosebag

Fresse ['frɛsə] *die*; ~, ~n *(derb)* a) *(Mund)* gob *(sl.)*; b) *(ugs.)* **eine große ~ haben** *(fig.)* have a big mouth *(coll.)*; **die ~ weit aufreißen** *(fig.)* shoot one's mouth off *(sl.)*; **[ach] du meine ~!** bloody hell! *(sl.)*; **die ~ halten** keep one's trap *or* gob shut *(sl.)*; c) *(Gesicht)* mug *(sl.)*; **jmdm. die ~ polieren** smash sb.'s face in *(sl.)*; **jmdm. eins vor** *od.* **auf die ~ geben** smash sb. in the face *(sl.)*

fressen 1. *unr. tr. V.* a) *(animal)* eat; *(sich ernähren von)* feed on; **einem Tier zu ~ geben** feed an animal; **sich satt ~**: eat its/her/ his fill; **sich dick [und rund] ~**: get fat by overeating; b) *(ugs.: verschlingen)* swallow up *(money, time, distance)*; drink *(petrol)*; c) *(zerstören)* eat away; d) *(derb: von Menschen)* guzzle; *(fig.)* **er wird dich schon nicht ~** *(salopp)* he won't eat you *(coll.)*; **etw. ge~ haben** *(ugs.)* have understood sth.; **jmdn. ge~ haben** *(ugs.)* hate sb.'s guts *(coll.)*; **jmdn. zum Fressen gern haben** like sb. so much one could eat him/her. 2. *unr. itr. V.* a) *(von Tieren)* feed; **friß, Vogel, oder stirb!** *(fig.)* you've got no option; b) *(zerstören)* **an etw.** *(Dat.)* **~**: *(rust)* eat away at sth.; *(fire)* begin to consume sth.; **Ärger und Sorgen fraßen an ihm** irritation and worry gnawed at him; c) *(derb: von Menschen)* stuff oneself *or* one's face *(sl.)*; **er frißt für drei** he eats enough for three. 3. *unr. refl. V.* **sich durch/in etw.** *(Akk.)* **~**: eat one's way through/into sth.

Fressen *das*; ~s a) *(Futter) (für Hunde, Katzen usw.)* food; *(für Vieh)* feed; b) *(derb, oft abwertend: Essen)* grub *(sl.)*; **das ist ein gefundenes ~ für sie** *(fig.)* that's just what she needed; that's a real gift for her; **erst kommt das ~, dann kommt die Moral** you can't moralize on an empty stomach

Fresser *der*; *~s, ~* a) *(Tier)* **ein guter/langsamer ~**: a good/slow eater; b) *(derb: Mensch)* hungry mouth to feed

-fresser *der*; *~s, ~ (ugs. abwertend)* **Kommunisten-**: Communist-hater

Fresserei *die*; ~, ~en *(derb abwertend)* guzzling; stuffing; **eine große ~**: a big blow-out *(sl.)*

freß-, Freß-: **~gier** *die (abwertend) (bei Tieren)* voracity; *(bei Menschen)* greed; gluttony; **~gierig** *Adj.* voracious *(animal)*; greedy, gluttonous *(person)*; **~korb** *der (ugs.)* a) *(Verpflegungskorb)* picnic basket; b) *(Geschenkkorb)* hamper; **~lust** *die*; *o. Pl. (ugs.)* desire for food; **~napf** *der* feeding-bowl; **~paket** *das (ugs.)* food parcel; **~sack** *der (derb)* greedy pig *(sl.)*; **~sucht** *die*; *o. Pl.* [morbid] craving for food; **~trog** *der* [feeding-]trough; **~welle** *die (scherzh.)* wave of gluttony *or* overeating; **~werk·zeuge** *Pl. (Zool.)* trophi

Frettchen ['frɛtçən] *das*; *~s, ~ (Zool.)* ferret

Freude ['frɔydə] *die*; ~, ~n a) joy; *(Vergnügen)* pleasure; *(Wonne)* delight; **~ an etw.** *(Dat.)* **haben** take pleasure in sth.; **~ am Leben haben** enjoy life; **die ~ an der Natur** enjoyment of nature; **das war eine große ~ für uns** that was a great pleasure for us; **eine wahre/reine ~**: a real pleasure *or* joy; **das war nicht gerade eine reine ~ für mich** it was not exactly fun for me; **jmdm. eine ~ machen** *od.* **bereiten** make sb. happy; **etw. aus lauter** *od.* **reiner ~ tun** do sth. out of sheer joy; *(aus Spaß)* do sth. just for the pleasure of it; **vor ~ hüpfen/in die Hände klatschen** jump for joy/clap one's hands with joy; **zu unserer ~**: to our delight; **zu meiner ~ kann ich Ihnen mitteilen, daß ...**: I am pleased to be able to inform you that ...; **jmdm. die ~ verderben** spoil sb.'s enjoyment; **seine helle ~ an etw.** *(Dat.)* **haben** be delighted about sth.; **herrlich und in ~n leben** live happily; **geteilte ~ ist doppelte ~** *(Spr.)* a pleasure shared is a pleasure doubled; **Freud und Leid** *(geh.)* joy and sorrow; **mit ~ n** with pleasure; b) *Pl. (Annehmlichkeit)* **die ~n des Alltags/der Liebe** the pleasures of everyday life/the joys of love

Freuden-: **~botschaft** *die* glad news; **~fest** *das* celebration; **ein ~fest feiern** hold a celebration; **~feuer** *das* bonfire; **~gebrüll** *das,* **~geheul** *das,* **~geschrei** *das* cries *or* shouts of joy; **~haus** *das* house of pleasure; **~mädchen** *das (verhüll.)* woman of easy virtue; **~rausch** *der* transport of joy; **~schrei** *der* cry *or* shout of joy; **einen ~schrei ausstoßen** shout for joy;

1105

Freudenspender

~spender der (geh.) source of pleasure; **~sprung** der joyful leap; **einen ~sprung machen** jump for joy; **~tag** der joyous or happy day; **~tanz** der in einen [wilden od. wahren] **~tanz ausführen** od. vollführen dance for joy; **~taumel** der transport of delight or joy; **~träne** die; meist Pl. **~tränen weinen** od. **vergießen** cry or weep tears of happiness or joy

freude-: **~strahlend** Adj. beaming with joy; radiant with joy; **mit ~strahlendem Gesicht** beaming with delight or joy; **~trunken** Adj. (dichter.) delirious with joy

Freudianer ['frɔyˈdiaːnɐ] der; ~s, ~: Freudian

freudianisch Adj. Freudian

freudig 1. Adj. **a)** joyful, happy ⟨face, feeling, greeting⟩; joyous ⟨heart⟩; **in ~er Erwartung** in joyful anticipation; **b)** (erfreulich) delightful ⟨surprise⟩; **ein ~es Ereignis** (verhüll.) a happy event; **eine ~e Nachricht** good news; glad tidings (literary). **2.** adv. **~ erregt** happy and excited; **von etw. ~ überrascht sein** be surprised and delighted about sth.; **etw. ~ tun** do sth. gladly or with pleasure; **etw. ~ erwarten** look forward to sth. with pleasure; **jmd./etw. ~ begrüßen** give sb./sth. a warm welcome; **~ arbeiten/seine Pflicht tun** work cheerfully/do one's duty willingly

-freudig Adj. **a)** (Freude an etw. zeigend) **lese~:** fond of reading; **b)** (schnell bereit, etw. zu tun) **experimentier~/kauf~:** keen or eager to experiment/buy; **beifalls~/entscheidungs~:** very ready to applaud/take decisions

Freudigkeit die; ~: joyfulness; (Begeisterung) enthusiasm

freud·los 1. Adj. joyless ⟨days, existence⟩; cheerless ⟨surroundings⟩. **2.** adv. joylessly; **~ arbeiten** work unenthusiastically

Freudsch [frɔytʃ] Adj. Freudian

freud·voll 1. Adj. joyful; joyous; happy. **2.** adv. joyfully; joyously; happily

freuen ['frɔyən] **1.** refl. V. be pleased or glad (**über** + Akk. about); (froh sein) be happy; **ich freue mich über das Geschenk** I am pleased with the present; **sich zu früh ~:** get carried away or rejoice too soon; **sich an jmdm./etw. ~** (geh.) take pleasure in sb.'s sth.; **sich auf etw.** (Akk.) **~:** look forward to sth.; **sich auf jmdn. ~:** look forward to seeing sb.; **sich mit jmdm. ~:** rejoice with sb.; **sich für jmdn. ~:** be pleased or glad for sb.; **ich freue mich, Ihnen mitteilen zu können, daß ...:** I am pleased to be able to inform you that ... **2.** tr. V. please; **es freut mich, daß ...:** I am pleased or glad that ...; **freut mich!** pleased to meet you; **es hat mich aufrichtig gefreut, Ihre Bekanntschaft zu machen** I'm delighted or very pleased to have met you; **das hat ihn sehr gefreut** he was very pleased about it

freund [frɔynt] Adj.; nicht attr. (geh. veralt.) **jmdm. ~ sein/bleiben** be/remain friends with sb.; **jedem Menschen ~ sein** be a friend to all men

Freund der; ~es, ~e **a)** friend; **unter ~en sein** be among friends; **jmdn. zu seinen ~en rechnen** regard or count sb. as a friend; **~e in der Not gehen hundert** od. **tausend auf ein Lot** (Spr.) friends are hard to find when you really need them; **~ und Feind** friend and foe; **dicke ~e sein** (ugs.) be bosom pals or buddies (coll.); **du bist mir ja ein feiner ~!** (iron.) you're a fine friend; **b)** (Verehrer, Geliebter) boy-friend; (älter) gentleman-friend; **c)** (Anhänger, Liebhaber) lover; **ein ~ der Musik/Kunst/des Weines** a lover of music/art/wine; **ich bin kein ~ von großen Worten** (fig.) I am not one for fine words; **d)** (Anrede) **~[e]!** my friend[s]!; **hallo, alter ~!** hello, old friend

Freundchen das; ~s, ~ (Anrede; [scherzh.] drohend) my friend

Freundes-: **~hand** die (geh.) hand of friendship; **~kreis** der circle of friends; **im engen ~kreis** among close friends; **~treue** die (geh.) loyalty as a friend

Freund-Feind-Denken das us-and-them attitude

Freundin die; ~, ~nen **a)** friend; **b)** (Geliebte) girl-friend; (älter) lady-friend

freundlich 1. Adj. **a)** (liebenswürdig) kind ⟨face⟩; kind, friendly ⟨reception⟩; friendly ⟨smile⟩; fond ⟨farewell⟩; **zu jmdm. ~ sein** be kind to sb.; **er war so ~, mir zu helfen** he was kind or good enough to help me; **würden Sie so ~ sein, mir den Weg zum Bahnhof zu zeigen?** would you be so kind or good as to show me the way to the station?; **bitte recht ~!** smile, please!; **b)** (angenehm) pleasant ⟨weather, surroundings⟩; pleasant, congenial ⟨atmosphere⟩; pleasant, mild ⟨climate⟩; **eine ~e Stimmung/Tendenz an der Börse** (Kaufmannsspr.) a favourable mood/trend on the Stock Exchange; **c)** (freundschaftlich) friendly, amiable ⟨person, manner⟩; friendly ⟨disposition, attitude, warning⟩. **2.** adv. **a)** (freundschaftlich) **jmdn. ~ anhören/begrüßen** listen to/greet sb. amiably; **jmdm. ~ danken** thank sb. kindly; **jmdm. ~ gesinnt sein** be well-disposed towards sb.; **b)** (angenehm) **die Morgensonne schien ~ in das Zimmer** the morning sun cast its friendly light into the room

-freundlich adj. **a)** (wohlgesinnt) **pro-; regierungs~:** pro-government; **presse~:** friendly to the press postpos.; **b)** (-gerecht) **familien~/fußgänger~:** catering for the interests of families/pedestrians postpos., not pred.; **haut~:** kind to the skin postpos.; **benutzer~:** user-oriented

freundlicher·weise Adv. kindly; **sie hat mich ~ mit dem Auto mitgenommen** she was kind enough to take me in the car

Freundlichkeit die; ~, ~en **a)** (Liebenswürdigkeit, Gefälligkeit) kindness; **würden Sie die ~ haben, mit uns mitzukommen?** would you be so kind as to come with us?; **jmdm. ein paar ~en sagen** to make a few kind remarks to sb.; **jmdm. ~en erweisen** show kindness to sb.; be kind to sb.; **b)** o. Pl. (angenehme Art) pleasantness; friendliness; (eines Zimmers, Hauses) cheerfulness

freund·nachbarlich Adj. good-neighbourly

Freundschaft die; ~, ~en **a)** friendship; **die ~ zwischen uns/ihnen** the friendship between us/them; **mit jmdm. ~ schließen** make or become friends with sb.; **jmdm. in aller ~ sagen** tell sb. sth. as a friend; **b)** o. Pl. (DDR: Gruß der FDJ) **~!** greeting of the Free German Youth organization; **c)** (DDR: Pioniergruppe) school branch of the Pioneer organization

freundschaftlich 1. Adj. friendly; amicable; **ein ~er Hinweis** a friendly piece of advice; **mit jmdm. auf ~em Fuße stehen** be on friendly or amicable terms with sb. **2.** adv. in a friendly way; amicably; **jmdm. ~ auf die Schulter klopfen** give sb. a friendly pat on the shoulder

Freundschafts-: **~bande** Pl. (geh.) bonds of friendship; **~besuch** der (bes. Politik) goodwill visit; **~bezeigung** die; ~, ~en (geh.) gesture of friendship; **~dienst** der service rendered out of friendship; **jmdm. einen ~dienst erweisen** render sb. a service out of friendship; **~pakt** der (Politik) pact of friendship; **~preis** der: etw. zu einem **~preis verkaufen** sell sth. at a specially reduced price; **~ring** der ring given as a token of friendship; **jmdm. einen ~ring schenken** give sb. a ring as a token of friendship; **~spiel** das (Sport) friendly match or game; friendly (coll.); **~treffen** das (bes. DDR) friendly meeting; **~vertrag** der (Politik) treaty of friendship

Frevel ['freːfl̩] der; ~s, ~ (geh., veralt.) crime; outrage; **einen ~ an jmdm./etw. begehen** commit a crime against sb./sth.; **~ gegen Gott** sacrilege

frevelhaft (geh.) **1.** Adj. wicked ⟨deed, rebellion, person⟩; criminal ⟨stupidity⟩. **2.** adv. wickedly

freveln itr. V. (geh.) **an jmdm./gegen etw. ~:** commit a crime against sb./sth.; **gegen das Gesetz ~:** violate the law

Frevel·tat die (geh.) wicked deed; heinous crime

freventlich ['freːfn̩tlɪç] Adj. (veralt.) s. frevelhaft

Frevler der; ~s, ~, **Frevlerin** die; ~, ~nen evil-doer; wicked person; (gegen Gott) sacrilegious person; (Lästerer) blasphemer

frevlerisch Adj. s. frevelhaft

friderizianisch [frideriˈtsiːanɪʃ] of Frederick the Great postpos., not pred.

Friede ['friːdə] der; ~ns, ~n **a)** (älter, geh.) s. Frieden; **b)** (geh.) **~ sei mit euch** peace be with you; **~ seiner Asche** (Dat.) God rest his soul; **~ auf Erden** peace on earth; **ruhe in ~n** Rest in Peace

Frieden der; ~s, ~ **a)** peace; [mit dem Feind] **~ schließen** make peace [with the enemy]; **mit jmdm. ~ schließen** make one's peace with sb.; **mitten im ~:** in the middle of peace-time; **der eheliche/häusliche ~:** marital/domestic peace; **zwischen Gegnern ~ stiften** make peace between opponents; **um des lieben ~s willen** for the sake of peace and quiet; **er kann keinen ~ finden** he can find no peace; **der ~ der Natur** the peace or tranquillity of nature; **laß mich in ~!** (ugs.) leave me in peace!; leave me alone!; **seinen ~ mit jmdm. machen** make one's peace with sb.; **ich traue dem ~ nicht** (ugs.) it's not good to be true; **b)** (Friedensschluß) peace settlement; **den ~ diktieren** dictate the terms for peace or the terms of the peace settlement

friedens-, Friedens-: **~angebot** das peace-offer; **~apostel** der (spött.) peacemaker; **~appell** der, **~auf·ruf** der appeal for peace; **einen ~appell** od. **~aufruf an die Völker richten** call upon the nations to make peace; **~bedingungen** Pl. peace terms; terms for peace; **~bemühungen** Pl. efforts to bring about peace; **~bewegung** die peace movement; **~bruch** der violation of the peace; **~demonstration** die peace demonstration; **~diktat** das dictated peace terms pl.; **das ~diktat der Siegermächte** the peace terms dictated by the victorious nations; **~engel** der angel of peace (poet.); messenger of peace; **~fahrt** die (DDR) Peace Race; **~forschung** die peace studies pl., no art.; **~freund** der lover of peace; **~fürst** der (bibl.) Prince of Peace; **~garantie** die guarantee of peace; **~gefährdend** Adj. representing a threat to peace postpos., not pred.; **~gespräche** Pl. peace talks; **~glocken** Pl. die **~glocken läuten** the bells are ringing to proclaim the peace; **~göttin** die goddess of peace; **~grenze** die (DDR) frontier serving as guarantee of peace, esp. Oder-Neisse-Line; **~kämpfer** der pacifist; **~konferenz** die peace conference; **~kundgebung** die peace rally; **~kuß** der (kath. Rel.) kiss of peace; pax; **~lager** das (DDR) bloc of peace-loving nations; **~liebe** die love of peace; **~nobel·preis** der Nobel Peace Prize; **~pfeife** die pipe of peace; **mit jmdm. die ~pfeife rauchen** (fig.) make one's peace with sb.; **laßt uns die ~pfeife rauchen!** (fig.) let us make peace; **~pflicht** die (Arbeitswelt) obligation on employers and unions to avoid conflicts resulting in industrial action while a/the wages agreement is in force; **~politik** die policy of peace; **~richter** der lay magistrate dealing with minor offences; ≈ Justice of the Peace; **~schluß** der peace settlement; **nach dem ~schluß** after the

Friedenssehnsucht | **Fröhlichkeit**

peace settlement had been reached; **~sehnsucht** die longing for peace; **~sicherung** die peace-keeping; **~stärke** die *(Milit.)* peace-time strength; **~stifter** der peacemaker; **~symbol** das symbol of peace; **~taube** die dove of peace; **~truppe** die peace-keeping force; **~verhandlungen** Pl. peace negotiations; peace talks; **~vertrag** der peace treaty; **~wille** der desire for peace; **~wirtschaft** die peace-time economy; **~zeiten** Pl. peace-time sing.

fried·fertig Adj. peaceable ⟨person, character⟩; peaceful ⟨intentions⟩; **selig sind die Friedfertigen** *(bibl.)* blessed are the peace-makers

Fried·fertigkeit die; ~: peaceableness

Fried·hof der cemetery; *(Kirchhof)* grave-yard; churchyard

Friedhofs-: **~gärtner** der cemetery gardener; **~kapelle** die cemetery chapel; **~ruhe** die, **~stille** die stillness or quiet of the graveyard; *(fig.)* deathly stillness, deathly quiet; **~wärter** der cemetery attendant

friedlich ['fri:tlɪç] 1. Adj. a) *(nicht kriegerisch)* peaceful; **auf ~em Wege** by peaceful means; b) *(ruhig, verträglich)* peaceable, peaceful ⟨character, person⟩; peaceful, tranquil ⟨life, atmosphere, valley⟩; **sei ~!** *(ugs.)* be quiet!. 2. adv. ⟨live, sleep⟩ peacefully; **einen Streit ~ schlichten/beilegen** settle an argument peaceably or peacefully

Friedlichkeit die; ~: peaceableness; peacefulness; *(der Atmosphäre, eines Tals)* peacefulness; tranquillity

fried·liebend Adj. peace-loving

fried·los 1. Adj. a) *(geh.: ruhelos)* **er entsagte der ~en Welt** he renounced the unquiet world; b) *(hist.: geächtet)* outlawed ⟨person⟩. 2. adv. a) *(geh.: ruhelos)* **~ durchwanderte er die Welt** he wandered through the world, never finding peace; b) *(hist.: geächtet)* ⟨live⟩ as an outlaw

Friedrich ['fri:drɪç] *(der)* Frederick; **~ der Große** Frederick the Great

Friedrich Wilhelm der; **~s, ~ s** *(ugs. scherzh.: Unterschrift)* monicker *(coll. joc.)*

fried·voll Adj. *(geh.)* peaceful; tranquil

frieren ['fri:rən] unr. itr. V. a) *(Kälte empfinden)* be or feel cold; **erbärmlich/sehr ~**: be freezing/terribly cold; **er fror an den Händen/Beinen** he had [freezing] cold hands/legs; b) **mit sein** ⟨ge~⟩ freeze; **das Wasser/der Boden ist gefroren** the water/the ground is or has frozen; **steif gefroren sein** be frozen stiff; **blau gefroren sein** be blue with cold; c) *(unpers.: Kälte empfinden)* **mich/ihn/sie friert [es]** I am/he/she is cold; d) *(unpers.: ge~)* **es friert/hat gefroren** it is/was freezing; *s. auch* **Stein**

Fries [fri:s] der; **~es, ~e** (Archit., Textilw.) frieze

Friese ['fri:zə] der; **~n, ~n** [East] Frisian

friesisch Adj. [East] Frisian

frigid[e] [fri'gi:d(ə)] Adj. frigid

Frigidität [frigidi'tɛ:t] die; ~: frigidity

Frikadelle [frika'dɛlə] die; ~, ~n rissole

Frikandeau [frikan'do:] das; ~s, ~s *(Kochk.)* fricandeau

Frikassee [frika'se:] das; ~s, ~s *(Kochk.)* fricassee; **aus jmdm. ~ machen** *(salopp, scherzh.)* make mincemeat of sb. *(coll.)*

frikassieren tr. V. fricassee

Frikativ [frika'ti:f] der; ~s, ~e *(Sprachw.)* fricative

Friktion [frɪk'tsi̯o:n] die; ~, ~en friction

frisch [frɪʃ] 1. Adj. a) fresh; new-laid ⟨egg⟩; fresh, clean ⟨linen⟩; clean ⟨underwear⟩; wet ⟨paint⟩; **~e Luft schöpfen** od. *(ugs.)* schnappen get some fresh air; **mit ~en Kräften** with renewed strength; **~en Mut fassen** take heart again; **sich ~ machen** freshen oneself up; **jmdn. auf ~er Tat ertappen** catch sb. red-handed; **die Erinnerung daran ist noch**

ganz ~: the memory of it is still quite fresh [in sb.'s mind]; b) *(munter)* fresh; **~ und munter sein** *(ugs.)* be bright and cheerful; **~, fromm, fröhlich, frei** fresh, pious, cheerful, free *(motto of 19th century physical education enthusiasts)*; c) *(kühl)* fresh ⟨wind, breeze⟩; chilly ⟨night, air⟩; d) *(leuchtend)* lively ⟨colours⟩. 2. adv. freshly; **~ gelegte Eier** new-laid eggs; **~ gebackenes Brot/gefallener Schnee** freshly baked bread/fallen snow; **Bier, ~ vom Faß** beer straight from the barrel; **~ gewaschen** ⟨person⟩ have just had a wash; ⟨garment⟩ have just been washed; **~ rasiert sein** have just had a shave; **er kommt ~ von der Universität** he has come straight from the university; **er kommt ~ vom Friseur** he has just been to the hairdresser's; **~ geputzte Schuhe/ausgehobene Gräber/gestrichene Bänke** newly cleaned shoes/dug graves/painted seats; „Vorsicht, ~ gestrichen!" 'wet paint'; **etw. ~ verputzen lassen** have sth. replastered; **die Betten ~ beziehen** put fresh or clean sheets on the beds; **~ gewagt ist halb gewonnen** *(Spr.)* nothing ventured, nothing gained *(prov.)*

frisch·auf Adv. *(veralt.)* let us be off

Frische die; **~** a) freshness; b) *(Lebhaftigkeit, frisches Aussehen)* **jugendliche ~**: youthful freshness; **geistige ~**: mental alertness; **körperliche ~**: physical fitness; vigour; **in voller körperlicher und geistiger ~**: hale and hearty in mind and body; **in erstaunlicher ~**: with amazing sprightliness; **in rosiger ~**: with a rosy freshness; **morgen in alter ~!** *(ugs.)* see you tomorrow!; c) *(Kühle, Reinheit)* freshness; **~ für den ganzen Tag** all-day freshness; d) *(von Farben)* liveliness

Frisch·ei das new-laid egg

frischen tr. V. *(Hüttenw.)* refine

frisch-, Frisch-: **~fisch** der fresh fish; **~fleisch** das fresh meat; **~gebacken** Adj.; nicht präd. *(ugs.)* **ein ~gebackenes Ehepaar** a newly-wed couple; newly-weds pl.; **ein ~gebackener Doktor** a newly-qualified doctor; *s. auch* **frisch 2**; **~gemüse** das fresh vegetables pl.; **~gewaschen** Adj. *(präd. getrennt geschrieben)* *s.* **frisch 2**; **~gewicht** das weight when packed; **~halte·beutel** der airtight bag; **~halte·packung** die airtight pack; **~käse** der curd cheese

Frischling der; **~s, ~e** a) *(Jägerspr.)* young boar; b) *(scherzh.)* new boy or girl

frisch-, Frisch-: **~luft** die fresh air; **~luft·zufuhr** die fresh air supply; **~milch** die fresh milk; **~obst** das fresh fruit; **~wasser** das fresh water; **~weg** Adv. uninhibitedly; **~weg antworten** answer right away; **~zelle** die *(Med.)* living cell; **~zellen·therapie** die *(Med.)* Niehans's therapy

Friseur [fri'zø:ɐ̯] der; **~s, ~e** a) hairdresser; *(Herren~)* hairdresser; barber; b) *(~salon)* *(für Frauen)* hairdresser's *(Brit.)*; beauty salon *(Amer.)*; *(für Herren)* hairdresser's; barber's; *s. auch* **Bäcker**

Friseur·salon der hairdressing or hairdresser's salon *(Brit.)*; *(für Frauen)* beauty salon *(Amer.)*; *(für Herren)* barber shop *(Amer.)*

Friseuse [fri'zø:zə] die; **~, ~n** hairdresser

Frisier·creme die hair cream

frisieren [fri'zi:rən] 1. tr. V. **jmdn./sich ~**: do sb.'s/one's hair; **sich ~ lassen** have one's hair done; **[sich** *(Dat.)***] die Haare ~**: do one's hair; **eine elegant frisierte Dame** an elegantly coiffured lady; **er war immer sorgfältig frisiert** he was always well-groomed; b) *(ugs.: verfälschen)* doctor ⟨reports, statistics⟩; fiddle *(coll.)* ⟨accounts⟩; c) *(Kfz-W.)* soup up *(coll.)* ⟨engine, vehicle⟩

Frisier-: **~haube** die *(hood-type)* hairdrier; **~kommode** die dressing-table;

~salon der *s.* **Friseursalon**; **~spiegel** der dressing-table mirror; **~stab** der curling-tongs pl.; **~um·hang** der cape

Frisör *s.* **Friseur**

Frisöse *s.* **Friseuse**

friß [frɪs] Imperativ Sg. v. **fressen**

frißt 2. u. 3. Pers. Sg. Präsens v. **fressen**

Frist [frɪst] die; **~, ~en** a) *(Zeitspanne)* time; period; **die ~ für die Anmeldung läuft ab** the time allowed for registration is running out; [sich *(Dat.)*] **eine ~ von 3 Wochen setzen** set [oneself] a time limit of 3 weeks; **die ~ verlängern** extend the deadline; **in kürzester ~**: within a very short time; b) *(begrenzter Aufschub)* extension; **jmdm. drei Tage [als] ~ geben** give sb. three days' time; **eine letzte ~ von einem Monat** a final extension of one month; c) *(Zeitpunkt)* date; deadline; **[bis] zu dieser ~**: by that date

fristen tr. V. **ein kümmerliches Dasein** od. **Leben ~**: eke out a wretched existence; barely manage to survive

Fristen-: **~lösung** die, **~regelung** die abortion limit

frist-, Frist-: **~gemäß, ~gerecht** Adj., adv. within the specified time postpos.; *(bei Anmeldung usw.)* before the closing date postpos.; **wir bitten Sie um eine ~gerechte Wahrnehmung der Liefertermine** it is requested that delivery dates should be met; **~los 1.** Adj. instant ⟨dismissal⟩; 2. adv. without notice; **jmdn.** od. **jmdm. ~los kündigen, jmdn. ~los entlassen** dismiss sb. without notice; **jmdm. ~los die Wohnung kündigen** ask sb. to quit without notice; **~verlängerung** die extension [of the/a time-limit]

Frisur [fri'zu:ɐ̯] die; **~, ~en** hairstyle; hair-do *(coll.)*

Friteuse [fri'tø:zə] die; **~, ~n** deep fryer

fritieren [fri'ti:rən] tr. V. deep-fry

Frittate [fri'ta:tə] die; **~, ~n** *(bes. österr.)* pancake

Fritte ['frɪta] die; **~, ~n** *(ugs.)* chip

-fritze ['frɪtsə] der; **~n, ~n** *(ugs., abwertend)* man

frivol [fri'vo:l] Adj. a) *(schamlos)* suggestive ⟨remark, picture, etc.⟩; risqué ⟨joke⟩; earthy ⟨man⟩; flighty ⟨woman⟩; b) *(leichtfertig)* frivolous; irresponsible

Frivolität [frivoli'tɛ:t] die; **~, ~en** a) *o. Pl. s.* **frivol** a: suggestiveness; risqué nature; earthiness; flightiness; b) *(frivole Bemerkung)* risqué remark

Frivolitäten·arbeit die *(Handarb.)* tatting

Frl. Abk. **Fräulein**

froh [fro:] Adj. a) *(glücklich)* happy; cheerful ⟨person, mood⟩; **jmdn. ~ machen** make sb. happy; cheer sb. up; **~e Ostern** happy Easter; **~e Weihnachten** happy or merry Christmas; **~es Fest** happy Christmas/ Easter *etc.*; **~en Herzens** with a glad heart; b) *(ugs.: erleichtert)* pleased, glad ⟨über + Akk. about⟩; **du kannst ~ sein, daß ...** : you can be thankful or glad that ...; **da bin ich aber ~ [, daß ...]** I am glad [that ...]; **seines Lebens nicht mehr ~ werden** not enjoy life any more; **der soll seines Lebens nicht mehr ~ werden** we'll make his life a misery; c) nicht präd. *(erfreulich)* good ⟨news⟩; happy ⟨event⟩

froh-, Froh-: **~botschaft** die; *o. Pl. (geh.)* glad tidings pl.; **~gelaunt** Adj. cheerful; **~gemut** 1. Adj. happy; 2. adv. happily; in good spirits

fröhlich ['frø:lɪç] 1. Adj. cheerful; happy; **~e Ostern** happy Easter; **~e Weihnachten** happy or merry Christmas; **~e Gesellschaft** a happy crowd of people; **~es Treiben** merry-making; **~e Spiele** fun and games; **~e Tänze** dancing and merry-making. 2. adv. *(unbekümmert)* blithely; cheerfully

Fröhlichkeit die; **~**: cheerfulness; *(eines Festes, einer Feier)* gaiety

1107

frohlocken   **Frühdienst**

froh·locken *itr. V. (geh.)* **a)** *(Schadenfreude empfinden)* rejoice; gloat; **heimlich ~:** secretly rejoice; **b)** *(jubeln)* rejoice; exult; **frohlocket dem Herrn** sing joyfully unto the Lord

Froh-: **~natur die a)** *o. Pl.* happy *or* cheerful nature; **b)** *(Mensch)* cheerful person; **~sinn der;** *o. Pl.* cheerfulness; gaiety

fromm [frɔm]; **frommer** *od.* **frömmer** ['frœmɐ], **frommst...** *od.* **frömmst...** 1. *Adj.* **a)** pious, devout *(person)*; devout *(Christian)*; **ein ~es Leben führen** lead a devout life; **~e Reden führen** talk piously; **b)** *(scheinheilig)* **ein ~er Augenaufschlag** a look of wide-eyed innocence; **~es Getue** pious affectation; **c)** *(wohlgemeint)* **eine ~e Lüge** a white lie; **einer ~en Täuschung unterliegen** deceive oneself; **ein ~er Wunsch** a pious hope; **d)** *(brav)* docile; **~ wie ein Lamm** meek as a lamb; **e)** *(veralt.: rechtschaffen)* worthy *(person)*. 2. *adv. (gläubig)* piously; *(brav)* docilely; **~ und rechtschaffen leben** *(veralt.)* live a worthy life

Frömmelei die; ~, ~en *(abwertend)* **a)** *o. Pl.* affected piety; **b)** *(Handlung)* sanctimonious act; **~en** sanctimonious behaviour *sing.*

frömmeln ['frœml̩n] *itr. V. (abwertend)* affect piety; **eine ~de Betschwester** an overpious woman; **~des Geschwätz** sermonizing

frommen *itr. V. (unpers.) (veralt.)* **das frommt uns [nicht]** it will avail us [nothing]; *s. auch* **Nutz**

frömmer *s.* **fromm**

Frömmigkeit ['frœmɪçkait] **die; ~:** piety; devoutness

Frömmler ['frœmlɐ] **der; ~s, ~** *(abwertend)* [pious] hypocrite

frömmst ... *s.* **fromm**

Fron [fro:n] **die; ~, ~en** *(hist.)* corvée; **schwere ~ leisten** do hard forced labour; **b)** *(geh.: aufgezwungene Mühsal)* drudgery

Fron·arbeit die *s.* **Frona**

Fronde ['frõːdə] **die; ~, ~n** *(geh.)* [political] faction

Fron·dienst der a) *s.* **Frona; b)** *(schweiz.)* voluntary work

fronen *itr. V.* **a)** *(hist.)* do forced labour; **b)** *(geh.: unter Zwang arbeiten)* slave; toil

frönen *itr. V. (geh.)* **einer Neigung/einem Laster ~:** indulge an inclination/in a vice; **dem Alkohol ~:** indulge one's craving for alcohol; **einem Hobby ~:** devote oneself to a hobby

Fron·leichnam *o. Art.* [the feast of] Corpus Christi

Fronleichnams·prozession die Corpus Christi procession

Front [frɔnt] **die; ~, ~en a)** *(Gebäude~)* front; façade; **b)** *(Kampfgebiet)* front [line]; **an die ~ gehen** go to the front; **er war an der ~:** he fought at the front; **c)** *(Milit.: vorderste Linie)* front line; **auf breiter ~:** on a broad front; **in vorderster ~ stehen** be at the very front; **die ~en haben sich verhärtet** *(fig.)* attitudes have hardened; **zwischen die ~en geraten** *(fig.)* be caught in the crossfire; **an zwei ~en kämpfen** *(fig.)* fight on two fronts; **klare ~en schaffen** clarify one's position; **d)** *(Milit.: einer Truppe)* **die ~ abnehmen/abschreiten** inspect the troops/guard of honour *etc.*; **gegen jmdn./etw. ~ machen** *(fig.)* make a stand against sb./sth.; **e)** *(Sport)* **in ~ [liegen]** [be] in front *or* in the lead; **in ~ gehen** go in front; **die Mannschaft lag mit 5 : 0 in ~:** the team was leading 5-0; **f)** *(Gruppe)* front; **die Nationale ~** *(DDR)* the National Front; **g)** *(Met.)* front

Front·abschnitt der *(Milit.)* sector of the front

frontal [frɔnˈtaːl] **1.** *Adj.; nicht präd.* **a)** *(von vorn)* head-on *(collision)*; **b)** *(nach vorn)* frontal *(attack)*. **2.** *adv. (collide)* head-on; *(attack)* from the front

Frontal-: **~an·griff der** frontal attack; **zum ~angriff übergehen** go over into a frontal attack; **~unterricht der** *(Päd.)* teacher-centred teaching; **~zusammenstoß der** head-on collision

Front-: **~an·trieb der** *(Kfz-W.)* front-wheel drive; **~begradigung die** *(Milit.)* straightening of the front; **~bericht der** *(Milit.)* report *or* dispatch from the front; **~dienst der** *(Milit.)* front-line service; service at the front; **~ein·satz der** *(Milit.)* front-line action; **~erfahrung die** *(Milit.)* experience of the front

Frontispiz [frɔntiˈspiːts] **das; ~es, ~e a)** *(Archit.)* pediment; frontispiece; **b)** *(Buchw.)* frontispiece

Front-: **~kämpfer der** *(Milit.)* front-line soldier; **~linie die** *(Milit.)* front line; **~scheibe die** windscreen (Brit.); windshield (Amer.); **~seite die** front page; **~soldat der** *(Milit.)* front-line soldier; **~stellung die a)** *(entschiedene Gegnerschaft)* hostile stance; **b)** *(Fechten)* guard position; **~urlaub der** *(Milit.)* leave from the front; **~wechsel der** *(fig.)* U-turn; volte-face

fror [froːɐ̯] *1. u. 3. Pers. Sg. Prät. v.* **frieren**

Frosch [frɔʃ] **der; ~[e]s, Frösche** ['frœʃə] **a)** frog; **einen ~ in der Kehle** *od.* **im Hals haben** have a frog in one's throat; **sei kein ~** *(ugs.)* don't be a spoilsport; **b)** *(Musik)* nut; **c)** *s.* **Knallfrosch**

Frosch-: **~auge das** [frog's] eye; **[richtige] ~augen haben** *(fig.)* have [real] goggle-eyes; **~hüpfen das** leap-frog; **~klemme die** *(Technik)* stone tongs; nippers *pl.*; **~könig der** Frog Prince; **~laich der** frog-spawn; **~löffel der** *(Bot.)* water plantain; **~lurch der** *(Zool.)* anuran; salientian; **~mann der;** *Pl.* **~männer** frogman; **~perspektive die** worm's-eye view; **etw. aus der ~perspektive fotografieren** make a low-angle shot of sth.; **etw. aus der ~perspektive betrachten** *(fig.)* take a very narrow view of sth.; **~schenkel der** frog's leg; **~teich der** frog-pond; **~test der** *(Med.)* male frog test

Frost [frɔst] **der; ~[e]s, Fröste** ['frœstə] **a)** frost; **es herrscht** *od.* **ist [strenger] ~:** it is [very] frosty; **b)** *(Kälteempfindung)* fit of shivering

frost-, Frost-: **~anfällig** *Adj.* sensitive *or* susceptible to frost *postpos.*; **~auf·bruch der** frost damage *no indef. art.*; **wegen der ~aufbrüche** because of the frost damage; **~beständig** *Adj.* frost-resistant; **~beule die** chilblain; **~boden der** frozen soil; *(ständig)* permafrost; **~ein·bruch der** sudden frost

frösteln ['frœstl̩n] *itr. V.* **a)** feel chilly; **vor Kälte/Müdigkeit ~:** shiver with cold/tiredness; **mich überkommt** *od.* **durchläuft ein Frösteln** I feel a sudden chill; **b)** *(unpers.)* **es fröstelt ihn, ihn fröstelt** he feels chilly

frosten *tr. V. (fachspr.)* deep-freeze

Froster der; ~s, ~: freezing compartment

frost-, Frost-: **~frei** *Adj.* **ein ~freier Winter** a winter without frost; **die Nacht war ~frei** there was no frost during the night; **~gefahr die;** *o. Pl.* danger of frost; **~grenze die** *(Met.)* 0 °C isotherm; *(Geol.)* frost line

frostig ['frɔstɪç] **1.** *Adj. (auch fig.)* frosty. **2.** *adv.* frostily; **sie lächelte ~:** she smiled frostily *or* icily; **jmdn. ~ empfangen** give sb. a frosty reception

Frostigkeit die; ~: frostiness

frost-, Frost-: **~klirrend** *Adj.* crisp and frosty; **~salbe die** chilblain ointment; **~schaden der** frost damage; **durch die vielen ~schäden** due to extensive frost damage; **~schutz der** frost protection; protection from frost damage; **~schutzmittel das a)** frost protection agent; **b)** *(Kfz-W.)* anti-freeze; **~sicher** *Adj.* frost-proof; **~warnung die** *(Met.)* frost warning; **~wetter das** freezing weather; frost

Frottee [frɔˈteː] **das u. der; ~s, ~s** terry towelling

Frottee-: **~handtuch das** terry towel; **~kleid das** towelling dress

Frottier- [frɔˈtiːɐ̯-] *s.* **Frottee**

frottieren [frɔˈtiːrən] *tr. V.* rub; towel; **sich ~:** rub oneself down

Frotzelei die; ~, ~en *(ugs.)* **a)** *o. Pl.* teasing; **b)** *(Bemerkung)* teasing remark

frotzeln ['frɔtsl̩n] **1.** *tr. V.* tease; **jmdn. wegen einer Sache ~:** tease sb. about sth. **2.** *itr. V.* **über jmdn./etw. ~:** make fun of sb./sth.

Frucht [frʊxt] **die; ~, Früchte** ['fryçtə] **a)** fruit; **Früchte tragen** *(auch fig.)* bear fruit; **Früchte ansetzen** start to fruit; **jmdm. wie eine reife ~ in den Schoß fallen** drop into sb.'s lap; **verbotene Früchte** *(fig.)* forbidden fruits; **die ~ ihres Leibes** *(fig. geh.)* the fruit of her womb; **b)** *(geh.: Ertrag)* fruit; **reiche Früchte tragen** bear rich fruit; **c)** *o. Pl.* *(landsch.: Getreide)* corn; crops *pl.*; **die ~ steht gut/schlecht [auf dem Halm]** the corn is coming on well/looks bad

frucht·bar *Adj.* fertile *(soil, field, man, woman)*; prolific *(breed)*; fruitful *(work, idea)*; fruitful, rewarding *(conversation)*; **eine Idee usw. für etw. ~ machen** allow sth. to benefit from an idea *etc.*

Fruchtbarkeit die; ~: fruchtbar; prolificness; fruitfulness

Fruchtbarkeits·kult der fertility cult

Frucht-, Frücht-: **~becher der a)** *(Eisbecher)* fruit sundae; **b)** *(Bot.)* cupule; **~blase die** *(Anat.)* amniotic sac; **~bonbon das** *od.* **der** fruit drop; **~bringend** *Adj.* fruitful; rewarding

Früchtchen ['fryçtçən] **das; ~s, ~** *(ugs. abwertend: Tunichtgut)* good-for-nothing; **ein nettes/sauberes ~:** a right good-for-nothing

Frucht-: **~ein·waage die** net weight [of fruit]; **~eis das** fruit ice-cream

fruchten *tr. V.* **nichts ~:** be no use; be of no avail; **[bei jmdm.] nicht[s] ~:** have no effect [on sb.]

Frucht-: **~fleisch das** flesh; pulp; **~fliege die** fruit fly; **~folge die** *(Landw.)* rotation of crops

fruchtig *Adj.* fruity

frucht-, Frucht-: **~joghurt der** *od.* **das** fruit yoghurt; **~kapsel die** *(Biol.)* capsule; **~knoten der** *(Bot.)* ovary; **~los** *Adj.* fruitless, vain *(efforts)*; **alle Anstrengungen blieben ~los** all efforts proved in vain; **~losigkeit die; ~:** fruitlessness; **~presse die** fruit squeezer; **~saft der** fruit juice; **~salat der** fruit salad; **~säure die** fruit acid; **~stand der** *(Bot.)* multiple fruit; **~wasser das** *(Anat.)* amniotic fluid; waters *pl.* *(coll.)*; **~zucker der** fruit sugar; fructose

Fructose [frʊkˈtoːzə] **die; ~** *(Chemie)* fructose

frugal [fruˈgaːl] **1.** *Adj.* frugal. **2.** *adv.* frugally

früh [fryː] **1.** *Adj.* **a)** early; **am ~en Morgen/Abend** early in the morning/evening; **von ~er Kindheit an** from early childhood; **b)** *(vorzeitig)* premature; **ein ~es Ende finden** come to an untimely end; **einen ~en Tod sterben** die an untimely *or* premature death. **2.** *adv.* early; **~ am Tage/morgens** early in the day/morning; **~ genug kommen** arrive in [good] time; **~er oder später** sooner or later; **heute/morgen/gestern ~:** this/tomorrow/yesterday morning; **um fünf Uhr ~:** at five o'clock in the morning; **von ~ bis spät** from morning till night; from dawn to dusk; *s. auch* **aufstehen; früher**

früh-, Früh-: **~auf** *in vom ~auf* from early childhood on[wards]; **~aufsteher der; ~s, ~:** early riser; early bird *(coll.)*; **~beet das** cold frame; *(geheizt)* heated frame; **~christlich** *Adj.* early Christian; **~diagnose die** *(Med.)* early diagnosis; **~dienst der** early duty; *(im Betrieb)* early shift; **~dienst haben** be on early duty/shift

Frühe die; ~: **in der** ~: *(geh.)* in the early morning; **in aller** ~: at the crack of dawn
Früh·ehe die early marriage
früher ['fry:ɐ] **1.** *Adj., nicht präd.* **a)** *(vergangen)* earlier; former; **in** ~**en Zeiten** in the past; in former times; **aus** ~**en Zeiten/Jahrhunderten** from the past/from past centuries; **eine** ~**e Auflage** an earlier edition; **b)** *(ehemalig)* former ⟨*owner, occupant, friend*⟩. **2.** *adv.* formerly; ~ **war er ganz anders** he used to be quite different at one time; **meine Bekannten von** ~: my former acquaintances; **ich kenne ihn [noch] von** ~ [**her**] I know him from some time ago; **diese Dinge waren ihm von** ~ [**her**] **vertraut** he had already been familiar with such things; **an** ~ **denken** think earlier
Früh·erkennung die *(Med.)* early recognition *or* diagnosis
frühestens ['fry:əstn̩s] *Adv.* at the earliest; ~ **in einer Woche/morgen** in a week/tomorrow at the earliest
frühest·möglich ['fry:əst'mø:klɪç] *Adj.; nicht präd.* earliest possible
früh-, Früh-: ~**geburt die a)** premature birth; **b)** *(Kind)* premature baby; ~**gemüse das** early vegetables *pl.*; ~**geschichte die;** *o. Pl.* ancient history; **die** ~**geschichte Europas** the early history of Europe; early European history; ~**geschichtlich** *Adj.* ~**geschichtliche Funde** finds dating back to early history; **aus** ~**geschichtlicher Zeit** dating back to early history; ~**gottes·dienst der** early service; ~**herbst der** early autumn; ~**invalide der/die** premature invalid
Früh·jahr das spring; **im** ~: in spring
Frühjahrs-: ~**kollektion die** spring collection; ~**messe die** *(Wirtsch.)* spring trade fair; ~**müdigkeit die** springtime tiredness; ~**putz der** spring-cleaning
früh-, Früh-: ~**kapitalismus der** early capitalism *no art.*; ~**kapitalistisch** *Adj.* early capitalist; ~**kartoffel die** early potato; ~**kindlich** *Adj. (Psych.)* in early childhood *postpos.*; ~**konzert das** [early] morning concert; ~**kultur die a)** *(Geschichte)* early culture; **b)** *(Gartenbau)* forcing; **bei der** ~**kultur wachsen die Pflanzen schneller** when forced, plants grow more quickly
Frühling ['fry:lɪŋ] **der;** ~**s,** ~**e** spring; **im** ~: in [the] spring; [**im**] ~ **vergangenen/nächsten Jahres** last/next spring; in spring last/next year; **der** ~ **kommt** spring is coming; **vor dem nächsten** ~: before next spring; **im** ~ **1979:** in the spring of 1979; **im** ~ **des Lebens** *(geh.)* in the springtime of one's life; **seinen zweiten** ~ **erleben** *(fig. iron.)* relive one's youth
frühlings-, Frühlings-: ~**anfang der** first day of spring; ~**gefühl das;** ~**gefühle haben/bekommen** *(ugs. scherzh.)* feel/get frisky *(coll.)*; ~**haft** *Adj.* springlike; ~**lied das** song about spring; ~**punkt der** *(Astron.)* vernal equinox; ~**rolle die** *(Kochk.)* spring roll; ~**tag der** spring day; ~**wetter das** spring weather; ~**zeit die;** *o. Pl. (geh.)* spring [time]; springtide *(literary)*
früh-, Früh-: ~**messe, ~mette die** *(kath. Kirche)* early [morning] mass; ~**morgens** [-'--] *Adv.* early in the morning; ~**nebel der** early morning fog/mist; ~**neu·hoch·deutsch das** Early New High German; ~**reif** *Adj.* precocious ⟨*child*⟩; early ⟨*fruit, vegetables*⟩; ~**rente die** early retirement pension; ~**rentner der** person who has retired early; ~**rentner werden/sein** retire/have retired early; ~**schicht die** early shift; ~**schicht haben** be on the early shift; ~**schoppen der** morning drink; *(um Mittag)* lunchtime drink; ~**sommer der** early summer; ~**sport der** early-morning exercise; ~**stadium das** early stage; **im** ~**stadium** at an early stage; ~**start der** *(Sport)* false start

Früh·stück das; ~**s,** ~**e a)** breakfast; **das erste** ~: breakfast; **das zweite** ~: mid-morning snack; **b)** *(ugs.: Pause)* morning break; coffee break
frühstücken 1. *itr. V.* breakfast; have breakfast; **gut/ausgiebig** ~: have a good/hearty breakfast. **2.** *tr. V.* **Brot/Eier** ~: breakfast on bread/eggs; have bread/eggs for breakfast
Frühstücks-: ~**brot das** sandwiches *pl.* [for morning break]; ~**fernsehen das** breakfast television; ~**fleisch das** luncheon meat; ~**kartell das** *(Wirtsch. Jargon)* informal, illegal cartel; ~**pause die** morning break; coffee break; ~**speck der** bacon; bacon rashers *pl.*; ~**teller der** tea plate
früh-, Früh-: ~**verstorben** *Adj. (präd. getrennt geschrieben)* **seine** ~**verstorbene Mutter** his mother, who died young; ~**vollendet** *Adj. (präd. getrennt geschrieben) (geh.)* **der** ~**vollendete Dichter Keats** the poet Keats, whose life ended so soon; **ein Frühvollendeter** one whose genius was cut off by his/her untimely death; ~**warn·system das** early warning system; ~**werk das** early work; *(gesamtes)* early works *pl.*; ~**zeit die** *(einer Kulturstufe)* early period; *(eines Künstlers)* early life; ~**zeitig 1.** *Adj.* **a)** *(früh)* early; **b)** *(vorzeitig)* premature; untimely ⟨*death*⟩; **der** ~**zeitige Winter** the early onset of winter; **2.** *adv.* **a)** *(früh)* early; *(im Leben, in der Entwicklung)* at an early stage; **das Verbrechen wurde** ~**zeitig aufgedeckt** the crime was uncovered at an early stage; **jmdn.** ~**zeitig benachrichtigen** let someone know in good time; **b)** *(vorzeitig)* prematurely; ~**zug der** early [morning] train; ~**zündung die** *(Technik)* pre-ignition
Fruktose *s.* Fructose
Frust [frʊst] **der;** ~**[e]s** *(ugs.)* frustration; **ihre Arbeit war der absolute** ~: her work was a real drag *(coll.)*; **der große** ~ **überkam ihn** he began to feel really browned off *(coll.)*
Frustration [frʊstra'tsi̯oːn] **die;** ~, ~**en** *(Psych.)* frustration
frustrieren [frʊs'triːrən] *tr. V.* frustrate
frustrierend *Adj.* frustrating
FS *Abk.* Fernschreiben
F-Schlüssel der *(Musik)* bass clef; F-clef
FU['ɛfˈuː**]** **die;** ~ *Abk.* Freie Universität [Berlin]
Fuchs [fʊks] **der;** ~**es, Füchse** ['fʏksə] **a)** fox; **dort sagen sich** ~ **und Hase** *od.* **die Füchse gute Nacht** *(scherzh.)* it's in the middle of nowhere *or* at the back of beyond; **b)** *(ugs.: schlauer Mensch)* **ein schlauer** ~: a sly *or* cunning devil; **c)** *(Fell, Pelz)* fox[-fur]; **d)** *(Pferd)* chestnut; *(heller)* sorrel; **e)** *(ugs.: rothaariger Mensch)* carrot-top; **f)** *(Tagfalter)* tortoise-shell; **g)** *(Studenspr.)* first-year member of a student fraternity
Fuchs·bau der; *Pl.* ~**baue** fox-den
Füchschen ['fʏksçən] **das;** ~**s,** ~: little fox
fuchsen 1. *tr. V.* annoy; vex. **2.** *refl. V.* **sich** [**über etw.** *(Akk.)*] ~: be annoyed [about sth.]
Fuchs-: ~**falle die** fox trap; ~**fell das** fox-fur
Fuchsie ['fʊksi̯ə] **die;** ~, ~**n** *(Bot.)* fuchsia
fuchsig *Adj.* **a)** *(ugs.: wütend)* mad *(coll.)*; furious; **b)** *(ugs.)* ginger ⟨*hair*⟩
Füchsin ['fʏksɪn] **die;** ~, ~**nen** vixen
fuchs-, Fuchs-: ~**jagd die** fox-hunt; *(Schleppjagd)* drag-hunt; ~**loch das s.** Fuchsbau; ~**pelz der** fox-fur; ~**rot** *Adj.* ginger; ~**schwanz der a)** [fox's] brush; [fox] tail; **b)** *(Bot.)* amaranth; love-lies-bleeding; **c)** *(Werkzeug)* hand saw; ~**teufels·wild** *Adj. (ugs.)* livid *(coll.)*; hopping mad *(coll.)*
Fuchtel [fʊxtl̩] **die;** ~, ~**n a)** *o. Pl. (ugs.: strenge Zucht)* **jmdn. unter der/seiner** ~ **haben/halten** have/keep sb. under one's thumb; **b)** *(österr.: zänkische Frau)* shrew

fuchteln *itr. V. (ugs.)* **mit etw.** ~: wave sth. about; **mit etw. vor jmds. Gesicht/Nase** ~: wave sth. in sb.'s face
fuchtig ['fʊxtɪç] *Adj. (ugs.)* mad *(coll.)*; furious
Fuder ['fuːdɐ] **das;** ~**s,** ~ **a)** *(Wagenladung)* cart-load; **b)** *(ugs.: große Menge)* load *(coll.)*; **c)** *(fachspr.: Weinfaß)* Fuder
fuder·weise *Adv. (ugs.)* by the ton; **er ißt das** ~: he eats tons of it
fuffzehn ['fʊf-] *(ugs.) s.* fünfzehn
fuffzig ['fʊftsɪç] *(ugs.) s.* fünfzig
Fuffziger der; ~**s,** ~ *(ugs.)* fifty-pfennig piece; **ein falscher** ~: a real crook
Fug [fuːk] **der in mit** ~ [**und Recht**] rightly; justifiably
¹Fuge ['fuːɡə] **die;** ~, ~**n a)** joint; *(Zwischenraum)* gap; **der Stuhl/Tisch kracht in allen** ~**n** *(ugs.)* every joint in the chair/table creaks; **aus den** ~**n gehen** *od.* **geraten/sein** *(fig.)* be turned completely upside down *(fig.)*; **b)** *(Sprachw.)* juncture
²Fuge die; ~, ~**n** *(Musik)* fugue
fugen ['fuːɡn̩] *tr. V.* **a)** *(verbinden)* join, joint ⟨*timber*⟩; **b)** *(ausfüllen)* point ⟨*brickwork*⟩; grout ⟨*tiles*⟩
fügen ['fyːɡn̩] **1.** *tr. V.* **a)** *(hinzu~)* place; set; **etw. zu etw.** ~ *(fig.)* add sth. to sth.; **Wort an Wort** ~: string words together; **sie fügte Masche an Masche** she joined up the stitches one by one; **b)** *(geh.: zusammen~)* put together; **aus roten Ziegeln gefügt** built with red bricks; **lose gefügte Bretter** loosely jointed boards; **Bestandteile zu einem Ganzen** ~ *(fig.)* join parts together to form a whole; **c)** *(geh.: bewirken)* ⟨*fate*⟩ ordain, decree; ⟨*person*⟩ arrange; **der Zufall hat es gefügt, daß ...**: fate decreed that ... **2.** *refl. V.* **a)** *(sich ein~)* **sich in etw.** *(Akk.)* ~: fit into sth.; **im Garten fügte sich ein Beet an das andere** in the garden one flower-bed followed the next; **b)** *(gehorchen)* **sich** ~: fall into line; **sich jmdm./einer Sache** ~: fall into line with sb./sth.; **er muß lernen, sich zu** ~: he must learn to toe the line; **sich in sein Schicksal** ~: submit to *or* accept one's fate; **c)** *(geh.: geschehen)* **es fügt sich gut, daß ...**: it is fortunate that ...; **die Umstände scheinen sich günstig zu** ~: circumstances seem to be favourable
fugenlos 1. *Adj.* smooth ⟨*concrete wall*⟩; **eine** ~ **Trockenmauer** a dry stone wall with no gaps. **2.** *adv.* **die Tür schließt** ~: the door fits exactly
Fugen·zeichen das *(Sprachw.)* juncture marker
füglich *Adv. (veralt.)* with reason; justifiably
fügsam 1. *Adj.* obedient. **2.** *adv.* obediently
Fügsamkeit die; ~: obedience
Fügung die; ~, ~**en a) eine** ~ **Gottes** divine providence; **eine** ~ **des Schicksals** a stroke of fate; **in etw.** *(Dat.)* **eine glückliche** ~ **sehen** see providence at work in sth.; **b)** *(Sprachw.)* construction
fühlbar 1. *Adj.* **a)** noticeable ⟨*lack, improvement, change, difference*⟩; **b)** *(wahrnehmbar)* perceptible ⟨*touch, sound*⟩. **2.** *adv.* **a)** noticeably; **b)** *(wahrnehmbar)* perceptibly
fühlen ['fyːlən] **1.** *tr., itr. V.* feel ⟨*pain, warmth, etc.*⟩; **jmdm. den Puls** ~: feel sb.'s pulse; **einen Drang/eine Kraft in sich** *(Dat.)* ~: feel in oneself an urge/a strength; **jmdn. seine Verachtung** ~ **lassen** show sb. one's contempt; [**Mitleid**] **mit jmdm.** ~: feel [sympathy] for sb. **2.** *refl. V.* **sich krank/matt** ~: feel sick/weary; **sich bedroht/verfolgt** ~: feel threatened/persecuted; **sich zu jmdm. hingezogen/von jmdm. abgestoßen** ~: feel drawn to/repelled by sb.; **sich schuldig/betrogen** ~: feel guilty/betrayed; **sich zu etw. berufen** ~: feel called to be sth.; **sich zu etw. verpflichtet** ~: feel obliged *or* an obligation to do sth.; **sich als Künstler** ~: feel oneself

1109

to be an artist; feel one is an artist; **der fühlt sich aber** *(ugs.)* he's really pleased with himself. **3.** *itr. V. (tastend prüfen)* **nach etw. ~:** feel for sth.
Fühler *der;* **~s, ~ a)** *(Tentakel)* feeler; antenna; **seine/die ~ ausstrecken** put out feelers; **b)** *s.* Meß~
Fühl[er]·lehre *die* feeler gauge
fühl·los *Adj. (geh. veralt.)* unfeeling
Fühlung *die;* **~:** contact; **mit jmdm. ~ bekommen/auf]nehmen** get into contact with sb.; **mit einer Organisation/Regierung ~ haben** be in contact with an organization/a government
Fühlungnahme *die;* **~:** initial contact; **die diplomatische ~ ist erfolgt** diplomatic contact has been established
fuhr [fu:ɐ̯] *1. u. 3. Pers. Sg. Prät. v.* fahren
Fuhrbetrieb *der s.* Fuhrunternehmen
Fuhre ['fu:rə] *die;* **~, ~n a)** *(Wagenladung)* load; **eine ~ Sand/Kies** a load of sand/gravel; **b)** *(Transport) (Taxi)* fare; *(Laster)* trip; journey
führen ['fy:rən] *1. tr. V.* **a)** *(geleiten, bringen)* lead; **jmdn. an der Hand ~/zum Tisch ~:** lead sb. by the hand/to the table; **ein Tier an der Leine ~:** walk an animal on a lead; **jmdn. durch ein Haus/eine Stadt ~:** show sb. around a house/town; **jmdn. ins Theater/zu einem Ball ~:** take sb. to the theatre/to a ball; **durch das Programm führt [Sie] Klaus Frank** Klaus Frank will present the programme; **jmdn. auf die richtige Spur ~:** put sb. on the right track; **eine Klasse zum Abitur ~:** take a class through to Abitur level; **ein Land ins Chaos ~:** plunge a country into chaos; **b)** *(verkaufen)* stock, sell ⟨*goods*⟩; **(durch~)** **Gespräche/Verhandlungen ~:** hold conversations/negotiations; **ein Orts-/Ferngespräch ~:** make a local/long-distance call; **ein unruhiges Leben ~:** lead a turbulent life; **eine glückliche Ehe ~:** be happily married; **einen Prozeß [gegen jmdn.] ~:** take legal action [against sb.]; **d)** *(verantwortlich leiten)* manage, run ⟨*company, business, pub, etc.*⟩; lead ⟨*party, country*⟩; command ⟨*regiment*⟩; chair ⟨*committee*⟩; **eine Reisegruppe ~:** be courier to a group of tourists; **e)** *(gelangen lassen)* take; **die Straße/Reise führte uns durch einen Wald** the road/journey took us through a forest; **was führt Sie zu mir?** what brings you to me?; **f)** *(Amtsspr.)* drive ⟨*train, motor, vehicle*⟩; navigate ⟨*ship*⟩; fly ⟨*aircraft*⟩; **g)** *(bewegen)* **die Hand an die Mütze/Stirn ~:** raise one's hand to one's cap/forehead; **h)** *(verlaufen lassen)* take; **die neue Autobahn um die Stadt ~:** take the new motorway round the city; **i)** *(als Kennzeichnung, Bezeichnung haben)* bear; **etw. in seinem Wappen ~:** have *or* bear sth. on one's coat of arms; **das Auto führt das Kennzeichen ...:** the car bears the registration number ...; **das Schiff führt die schwedische Flagge** the ship is flying the Swedish flag; **einen Titel/Künstlernamen ~:** have a title/use a stage name; **den Titel „Professor" ~:** use the title of professor; **j)** *(angelegt haben)* keep ⟨*diary, list, file*⟩; **k)** *(beförden)* carry; **die Leitung führt Gas** the pipe carries gas; **der Lkw führt Kohle** the truck *or* (Brit.) lorry is carrying coal; **der Zug führt einen Speisewagen** the train has a dining-car; **der Fluß führt Hochwasser** the river is in flood; **l)** *(registrieren)* **jmdn. in einer Liste/Kartei ~:** have sb. on a list/on file; **in einer Liste geführt werden** appear on a list; **wir ~ hier keinen Müller** there is no Müller here; **m)** *(tragen)* **etw. bei** *od.* **mit sich ~:** have sth. on one; **eine Waffe/einen Ausweis bei sich ~:** carry a weapon/a pass; **n)** *(handhaben)* wield ⟨*weapon*⟩. **2.** *itr. V.* **a)** lead; **die Straße führt nach .../durch ...:** the road leads *or* goes to .../goes through ...; **die Brücke führt über den Bach** the bridge goes over the stream; **das Rennen führt über zehn Runden** the race is over ten laps; **das führt zu weit** *(fig.)* that would be taking things too far; **b)** *(an der Spitze liegen)* lead; be ahead; **nach Punkten ~:** be ahead on points; **in der Tabelle ~:** be the league leaders; be at the top of the league; **mit 3 : 1 ~:** be leading 3-1; **c)** *(ein Ergebnis haben)* **zu etw. ~:** lead to sth.; **zum Ziel ~:** bring the desired result; **das führt zu nichts** *(ugs.)* that won't get you/us etc. anywhere ⟨*coll.*⟩. **3.** *refl. V.* **sich gut/schlecht ~:** conduct oneself *or* behave well/badly; **er wurde frühzeitig aus dem Gefängnis entlassen, weil er sich gut geführt hatte** he got remission for good behaviour
führend *Adj.* leading ⟨*politician, figure, role*⟩; high-ranking ⟨*official*⟩; prominent ⟨*position*⟩; **auf einem Gebiet/in einer Sache ~ sein** be a leader in a field/in sth.
Führer *der;* **~s, ~ a)** *(Leiter)* leader; *der ~ (ns.)* the Führer; **b)** *(Fremden)* guide; **c)** *(Handbuch)* guide[book] **(durch** to); **d)** *(Amtsspr., schweiz.: Fahrer)* driver
Führer-: **~befehl** *der (ns.)* Führer's order; **~eigenschaft** *die; meist Pl.* quality of leadership; **~hauptquartier** *das (ns.)* Führer's headquarters *pl.*; **~haus** *das* driver's cab
Führerin *die;* **~, ~nen** *s.* Führer a, b, d
führer-, Führer-: **~kult** *der* leader cult; **~los 1.** *Adj.* **a)** *(ohne Anführer)* leaderless; **b)** *(ohne Lenker)* driverless ⟨*car*⟩; pilotless ⟨*aircraft*⟩; unmanned ⟨*boat*⟩. **2.** *adv.* **a)** *(ohne Anführer)* without a leader; **b)** *(ohne Lenker)* **s. 1 b:** without a driver; without a pilot; unmanned; **~natur** *die* **a)** leader figure; **b)** *(Wesensart)* **er hat eine starke ~natur** he is clearly a born leader; **~persönlichkeit** *die s.* ~natur; **~prinzip** *das (bes. ns.)* leadership principle
Führerschaft *die;* **~:** leadership
Führer-: **~schein** *der* driving licence *(Brit.)*; driver's license *(Amer.)*; **den ~schein machen** *(ugs.)* learn to drive; **jmdm. den ~schein entziehen** take away sb.'s licence; ban *or* disqualify sb. from driving; **~schein·entzug** *der* disqualification from driving; driving ban; **~sitz** *der* driving seat; driver's seat; **~stand** *der* driver's cab
Führ·hand *die (Boxen)* leading hand
Fuhr-: **~lohn** *der (an die Spedition)* carriage charge; *(an den Fahrer)* carriage money; **~mann** *der; Pl.* **~leute** *(einer Kutsche)* driver; **b)** *o. Pl. (Astron.)* **der ~mann** the Charioteer; **~park** *der* transport fleet
Führ·ring *der (Pferdesport)* paddock
Führung *die;* **~, ~en a)** *o. Pl. s.* führen 1 d: management; running; leadership; command; chairmanship; **die politische ~ übernehmen** take over political control *or* the political leadership; **b)** *(Fremden~)* guided tour; **an einer ~ teilnehmen** go on a guided tour; **c)** *o. Pl. (führende Position)* lead; **auf einem Gebiet/in etw. *(Dat.)* die ~ haben** be the leader *or* the leader/leaders in a field/in sth.; **in ~ liegen/gehen** *(Sport)* be in/go into the lead; **d)** *o. Pl. (Erziehung)* guidance; **eine feste ~:** a firm hand; firm guidance; **e)** *o. Pl. (leitende Gruppe)* leaders *pl.*; *(einer Partei)* leadership; *(einer Firma)* directors *pl.*; *(eines Regiments)* commanders *pl.*; **f)** *o. Pl. (Betragen)* conduct; **wegen guter ~ vorzeitig entlassen werden** get remission for good behaviour; **g)** *o. Pl. (eines Registers, Protokolls usw.)* keeping; **h)** *o. Pl. (das Handhaben von Waffen)* wielding; **i)** *o. Pl. (Amtsspr.) (eines Kfz)* driving; *(eines Flugzeugs)* flying; **j)** *o. Pl. (eines Titels usw.)* use; **k)** *(Technik)* guide
Führungs-: **~an·spruch** *der* claim to leadership; **einen ~anspruch erheben** lay claim to the leadership; **~auf·gabe** *die (im Betrieb)* management function; *(Politik)* leadership function; **~gremium** *das* executive committee; **~kraft** *die* manager; **~krise** *die (Politik)* leadership crisis; *(Wirtsch.)* boardroom crisis; **~rolle** *die* role as leader; **~schiene** *die (Technik)* guide rail; **~spitze** *die (Politik)* top leadership; *(im Betrieb)* top management; **~stab** *der (Milit.)* high command; *(im Betrieb)* top management; **~tor** *das,* **~treffer** *der (Sport)* goal which puts the/a team in the lead; **das ~tor erzielen** score the goal which puts one's team in the lead; **~wechsel** *der (Politik)* change of leadership; *(Wirtsch.)* change of director/directors; **~zeugnis** *das* document issued by police certifying that holder has no criminal record
fuhr-, Fuhr-: **~unternehmen** *das* haulage business; **~unternehmer** *der* haulage contractor; **~werk** *das* cart *(drawn by horse[s], ox[en], etc.)*; *(veralt.: Wagen)* (horse-drawn) carriage; **~werken** *itr. V. (ugs.)* **mit etw. ~werken** wave sth. about; **sie ~werkte nervös mit ihrer Handtasche** she fumbled nervously with her handbag
Fülle ['fʏlə] *die;* **~ a)** *(große Menge)* wealth; abundance; **eine ~ von Arbeit** an enormous amount of work; **in ~:** in plenty; in abundance; **b)** *(Intensität)* **die ganze ~ des Lebens** the fullness *or* richness of life; **die ~ seines Glücks** the extent of his happiness; **c)** *(Körper~)* corpulence; *(von Wein)* full-bodiedness; *(von Haar)* fullness; **zur ~ neigen** tend to corpulence; **sie ließ sich mit ihrer ganzen ~ auf das Sofa fallen** she let her whole weight drop on to the sofa
füllen 1. *tr. V.* **a)** *(vollmachen, an~)* fill; **eine Flasche/ein Glas [mit etw.] ~:** fill a bottle/a glass with sth.; **bis zum Rand gefüllt sein** be full to the brim; **der Saal ist bis auf den letzten Platz/halb gefüllt** the hall is completely/half full; *s. auch* gefüllt 2; **b)** *(fig.)* fill in ⟨*gap, time*⟩; **c)** *(mit einer Füllung versehen)* stuff ⟨*fowl, tomato, apple, mattress, toy*⟩; fill ⟨*tooth*⟩; *s. auch* gefüllt 2; **d)** *(schütten)* pour; **etw. in Flaschen ~:** bottle sth.; **etw. in Säcke ~:** put sth. into sacks; **e)** *(einnehmen)* fill ⟨*space etc.*⟩. **2.** *refl. V. (voll werden)* fill [up]; **sich mit etw. ~:** fill up with sth.
Füllen *das;* **~s, ~** *(geh.)* foal
Füller *der;* **~s, ~ a)** *(ugs.)* [fountain-]pen; **b)** *(Zeitungsw.)* filler
Füll-: **~feder·halter** *der* fountain-pen; **~gewicht** *das* net weight; **~horn** *das* horn of plenty; *(fig.)* cornucopia
füllig *Adj.* corpulent, portly ⟨*person*⟩; ample, portly ⟨*figure*⟩; full ⟨*face*⟩; ample ⟨*bosom*⟩
Füll-: **~masse** *die* filler; **~material** *das (Druckw.)* furniture; spacing material
Füllsel ['fʏlzl] *das;* **~s, ~ a)** *(Lückenfüller)* padding; **b)** *(in Lebensmitteln)* filling; *(in Geflügel)* stuffing
Füllung *die;* **~, ~en a)** *(in Geflügel, Paprika)* stuffing; *(in Pasteten, Kuchen)* filling; *(in Schokolade, Pralinen)* centre; *(in Kissen, Matratzen)* stuffing; **b)** *(Zahnmed.)* filling; **c)** *(Teil der Tür)* panel; **d)** *o. Pl. (das Vollmachen)* filling
Füll·wort *das; Pl.* **-wörter** filler; *(Sprachw., Literaturw.)* expletive
fulminant [fʊlmi'nant] *Adj.* brilliant
Fummel [fʊml] *der;* **~s, ~** *(salopp)* **a)** rags *pl.*; **b)** *(von Transvestiten)* drag [outfit]; **im ~:** in drag
Fummelei *die;* **~, ~en** *(ugs.)* **a)** twiddling; **das ist eine furchtbare ~:** it's terribly fiddly; **b)** *(Petting)* petting; groping ⟨*coll.*⟩; **c)** *(Fußballjargon)* dribbling
fummeln 1. *itr. V.* **a)** *(ugs.: fingern)* fiddle; **an etw. *(Dat.)* ~:** fiddle [around] with sth.; **nach etw. ~:** grope for *or* feel for sth.; **b)** *(ugs.: erotisch)* pet; **c)** *(Fußballjargon)* dribble. **2.** *tr. V.* **etw. in etw. *(Akk.)* /aus etw. ~** *(ugs.)* get sth. in sth./out of sth.

Fund [fʊnt] der; ~[e]s, ~e *(auch Archäol.)* find; *(wissenschaftliche Entdeckung)* discovery
Fundament [fʊndaˈmɛnt] das; ~[e]s, ~e a) *(Bauw.)* foundations *pl.*; **das ~ legen** *od.* **mauern** lay the foundations; **etw. bis auf die ~e abreißen** raze sth. to the ground; **etw. in seinen ~en erschüttern** *(fig.)* strike at the very foundations of sth.; **das ~ zu etw. legen** *(fig.)* lay the foundations for sth.; **an den ~en rütteln** *(fig.)* rock the very foundations; **b)** *(Basis)* basis; **ein solides ~ haben** have a solid base
fundamental [fʊndamɛnˈtaːl] *Adj.* fundamental
Fundamentalismus der; ~: fundamentalism
Fundamentalist der; ~en, ~en, **Fundamentalistin** die; ~, ~nen fundamentalist; *s. auch* **-in**
Fundamental·satz der fundamental theorem
fundamentieren *tr. V. (Bauw.)* **ein Gebäude ~**: lay the foundations of a building; **schlecht fundamentiert sein** *(auch fig.)* have weak foundations
Fund-: **~amt** das *(bes. österr.)*, **~büro** das lost property office *(Brit.)*; lost and found office *(Amer.)*; **~sache b)** *(Archäol.)* find; **~grube** die treasure-house
Fundi [ˈfʊndi] der; ~s, ~s/die; ~, ~s *(ugs.)* fundamentalist
fundieren [fʊnˈdiːrən] *tr. V.* **a)** *(geistig begründen, untermauern)* **ein wissenschaftlich fundierter Vortrag** a scientifically sound lecture; **b)** *(geh.: festigen)* sustain; **c)** *(finanziell sichern)* strengthen [financially]; **ein gut fundiertes Unternehmen** a [financially] sound business
fündig [ˈfʏndɪç] *Adj.* **~ sein** yield something; **~ werden** make a find; *(bei Bohrungen)* make a strike
Fund-: **~ort** der place *or* site where sth. is/was found; **~sache** die article found; **~sachen** lost property *sing.*; **~stätte** die, **~stelle** die *s.* **~ort**; **~unterschlagung** die *(Rechtsw.)* larceny by finding
Fundus [ˈfʊndʊs] der; ~, ~ **a)** *(Requisition)* equipment store; **b)** *(Grundstock, -lage)* **einen [reichen] ~ von/an etw.** *(Dat.)* **haben** have a [rich] fund of sth.; **kein eigentlicher geistiger ~**: no real intellectual resources *pl.*
fünf [fʏnf] *Kardinalz.* five; **~[e] gerade sein lassen** *(fig. ugs.)* let sth. pass; **man muß manchmal ~[e] gerade sein lassen** *(ugs.)* one has to turn a blind eye sometimes; **es ist ~ Minuten vor zwölf** it is five minutes to twelve; **~ Minuten vor zwölf** *(fig.)* at the eleventh hour; at the last minute; *s. auch* ¹**acht**; **Finger b**; **Sinn a**
Fünf die; ~, ~en five; **eine ~ schreiben/bekommen** *(Schulw.)* get an E; *s. auch* ¹**Acht a, d, e, g**; **Zwei b**
fünf-, Fünf- *(s. auch* **acht-, Acht-**): **~akter** [-laktɐ] der; ~s, ~: five-act play; **~eck** das; ~s, ~e pentagon; **~eckig** *Adj.* pentagonal; five-cornered
Fünfer der; ~s, ~ *(ugs.)* **a)** *(Geldschein, Münze)* five; **b)** *(ugs.: Ziffer)* five; **c)** *(Lottogewinn)* five out of six; **d)** *(ugs.: Sprungturm)* five-metre board; *s. auch* **Achter c, d**
fünferlei *Gattungsz.; indekl.* **a)** *attr.* five kinds *or* sorts of; five different *attrib.* ⟨*sorts, kinds, sizes, possibilities*⟩; **b)** *subst.* five [different] things
fünf-, Fünf-: **~fach** Vervielfältigungsz. fivefold; quintuple; *s. auch* **achtfach**; **~fache** das; *adj. Dekl.* five times as much; quintuple; *s. auch* **Achtfache**; **~fältig** *Adj. (veralt.) s.* **~fach**; **~flach**, **~s**, **~e**, **~flächner** der; ~s, ~: pentahedron; **~franken·stück** das five-franc piece; **~füßig** *Adj. (Verslehre)* five-foot; **~füßiger**

Jambus/Trochäus iambic/trochaic pentameter; **~gang·getriebe** das five-speed gearbox; **~hebig** *Adj. (Verslehre) s.* **~füßig**; **~hundert** Kardinalz. five hundred; *s. auch* **hundert**; **~hundert·jahr·feier** die quincentenary; **~jahr[es]·plan** der five-year plan; **~jährig** *Adj.* (~ Jahre alt) five-year-old; *(~ Jahre dauernd)* five-year; *s. auch* **achtjährig**; **~jährlich** **1.** *Adj.* five-yearly; quinquennial; **2.** *adv.* every five years; *s. auch* **achtjährlich**; **~kampf der** *(Sport)* pentathlon; **der moderne ~kampf** the Modern Pentathlon; **~kämpfer der**, **~kämpferin die** *(Sport)* pentathlete; **~köpfig** *Adj.* ⟨family, crew⟩ of five; five-headed ⟨monster⟩;
Fünfling [ˈfʏnflɪŋ] der; ~s, ~e quintuplet; quin *(coll.)*
fünf-, Fünf-: **~mal** *Adv.* five times; *s. auch* **achtmal**; **~malig** *Adj.; nicht präd.* **eine ~malige Wiederholung** five repeats; *s. auch* **achtmalig**; **~markstück** das five-mark piece; **~meterplatt·form** die *(Wasserspringen)* five-metre platform; **~meter·raum** der *(Fußball)* goal area; **~pfennig·stück** das five-pfennig piece; **~prozentig** *Adj.* five per cent; **~prozentklausel** constitutional clause laying down that only parties with more than five per cent of the vote may be represented in parliament; five per cent clause; **~seitig** *Adj.* five-page ⟨letter, leaflet⟩; *s. auch* **achtseitig**; **~silber** der; ~s, ~: **Fünfsilbler**; **~silbig** *Adj.* five-syllable; pentasyllabic; **~silbler** der; ~s, ~ *(Verslehre)* five-syllable line; **~stellig** *Adj.* five-figure ⟨number, sum⟩; *s. auch* **achtstellig**; **~stöckig** *Adj.* five-storey *attrib.*; *s. auch* **achtstöckig**; **~strophig** [-ʃtroːfɪç] *Adj.* of five stanzas *or* verses *postpos., not pred.*
fünft [fʏnft] *in* **wir/sie waren zu ~**: there were five of us/them; *s. auch* ²**acht**
fünft... *Ordinalz.* fifth; *s. auch* **acht...**
fünf-, Fünf-: **~tage·woche** die five-day [working] week; **~tägig** *Adj.* five-day; *s. auch* **achttägig**; **~tausend** Kardinalz. five thousand; *s. auch* **tausend**
Fünfte der/die; *adj. Dekl.* fifth; **Kaiser Karl V. der ~**: the Emperor Charles V; *s. auch* **Achte**
fünfteilig *Adj.* five-part; *s. auch* **achtteilig**
fünftel [ˈfʏnftl̩] *Bruchz.* fifth; *s. auch* **achtel**
Fünftel das *(schweiz. meist der)*, ~s, ~: fifth
fünftens [ˈfʏnftn̩s] *Adv.* fifthly; in the fifth place
fünf-, Fünf-: **~tonner** der; ~s, ~: five-tonner; **~uhr·tee** der [afternoon] tea; **~viertel·takt** [ˈ----] der five-four time; **~zehn** Kardinalz. fifteen; *s. auch* **achtzehn**; **~zehn·jährig** *Adj.* (15 Jahre alt) fifteen-year-old *attrib.*; (15 Jahre dauernd) fifteen-year *attrib.*; *s. auch* **achtjährig**; **~zehnt...** *Ordinalz.* fifteenth; *s. auch* **acht...**
fünfzig [ˈfʏnftsɪç] *Kardinalz.* fifty; *s. auch* **achtzig**
Fünfzig die; ~: fifty
fünfziger *indekl. Adj.; nicht präd.* **die ~ Jahre** the fifties; *s. auch* **achtziger**
¹**Fünfziger** der; ~s, ~ **a)** *(ugs.)* fifty-pfennig piece; **b)** (50jähriger) fifty-year-old; *s. auch* ¹**Achtziger b, c**
²**Fünfziger** die; ~, ~ *(ugs.)* **a)** *(Briefmarke)* fifty-pfennig/shilling *etc.* stamp; **b)** *(Zigarre)* fifty-pfennig cigar
³**Fünfziger** *Pl.* fifties; *s. auch* ³**Achtziger**
fünfzig-, Fünfzig-: **~jährig** *Adj.* (50 Jahre alt) fifty-year-old *attrib.*; (50 Jahre dauernd) fifty-year *attrib.*; *s. auch* **achtjährig**; **~pfennig·stück** das fifty-pfennig piece
fünfzigst... [ˈfʏnftsɪçst...] *Ordinalz.* fiftieth; *s. auch* **acht...**; **~achtzigst...**
fungieren [fʊŋˈgiːrən] *itr. V.* **als etw.** ⟨person⟩ act as sth.; ⟨word *etc.*⟩ function as sth.
Funk [fʊŋk] der; ~s **a)** *(drahtlose Übermitt-*

lung) radio; **jmdn./etw. über ~** *(Akk.)* **anfordern** ask for sb./sth. by radio; **b)** *(Rund~)* radio; **beim ~ sein** *(ugs.) od.* **arbeiten be** *(coll.) or* work in radio
Funk-: **~amateur der** radio ham; **~anlage die** radio set; **~ausstellung die** radio and television exhibition; **~bake die** radio beacon; **~bearbeitung die** radio adaptation; adaptation for radio; **~bericht der** radio report; **~bild das** radio photograph
Fünkchen [ˈfʏŋkçən] das; ~s, ~: *s.* **Funke b**
Funk·dienst der radio communication service
Funke [ˈfʊŋkə] der; ~ns, ~n **a)** *(glühendes Teilchen)* spark; **~n sprühen** send out a shower of sparks; *(fig.)* ⟨eyes⟩ flash; **b)** *(fig.)* **der ~ der Begeisterung/Revolution** the spark of enthusiasm/revolution; **der auslösende ~ für meinen Entschluß war ...**; what finally triggered my decision was...; **ein/kein ~** *od.* **Fünkchen [von] Verstand/Ehrgefühl/Mitleid** a/not a glimmer of understanding/shred of honour/scrap of sympathy; **arbeiten, daß die ~n stieben** *od.* **fliegen** *(fig.)* work like mad
funkeln [ˈfʊŋkl̩n] *itr. V.* ⟨light, star⟩ twinkle, sparkle; ⟨gold, diamonds⟩ glitter, sparkle; ⟨eyes⟩ blaze
funkel·nagel·neu *Adj.* *(ugs.)* brand new; spanking new *(coll.)*
funken [ˈfʊŋkn̩] **1.** *tr. V.* ⟨transmitter⟩ broadcast; **SOS ~**: send out an SOS. **2.** *itr. V.; unpers.* *(fig. ugs.)* **es hat gefunkt** *(es hat Streit gegeben)* the sparks flew; *(die Sache geht in Ordnung)* it's worked out OK *(coll.)*; *(man hat sich verliebt)* something clicked between them/us *(coll.)*; **es hat bei ihm gefunkt** the penny's dropped [with him] *(coll.)*
funken-, Funken-: **~bildung** die sparking *no art.*; **~entladung** die spark discharge; **~fänger** der *(Eisenb.)* spark-arrester; **~flug** der flying sparks *pl.*; **~mariechen** das; ~s, ~: red-coat girl *(in Rhenish carnival)*; **~regen** der shower of sparks; **~sprühend** **1.** *Adj.* **ein ~sprühendes Feuer** a fire sending out showers of sparks; **2.** *adv.* **~sprühend raste die Lok vorbei** the engine thundered past, giving off showers of sparks
funk·entstören *tr. V.* fit with a suppressor/suppressors; suppress
Funk·entstörung die suppression of interference
Funker der; ~s, ~: radio operator
Funk-: **~fern·steuerung** die radio control; **~feuer** das *s.* **~bake**; **~gerät** das radio set; *(tragbar)* walkie-talkie; **~haus** das broadcasting centre; **~kolleg** das radio-based [adult education] course; **~meldung** die radio message *or* report; **~meß·technik** die radar; **~navigation** die radio navigation; **~ortung** die radio position-finding; **~peiler** der [radio] direction-finder; **~peilung** die [radio] direction-finding; **~sprech·gerät** das radiophone; *(tragbar)* walkie-talkie; **~sprech·verkehr** der radio telephony; **~spruch** der radio signal; *(Nachricht)* radio message; **~station** die, **~stelle** die radio station; **~stille** die radio silence; **bei ihm herrscht ~stille** *(fig.)* he's keeping quiet; **~störung** die [radio] interference; *(mit Absicht)* jamming; **~streife** die [police] radio patrol; **~streifen·wagen** der radio patrol car; **~taxi** das radio taxi; **~technik** die radio technology; **~telegramm** das radio telegram
Funktion [fʊŋkˈtsjoːn] die; ~, ~en **a)** function; **b)** *o. Pl. (Tätigkeit, Arbeiten)* functioning, working; **außer/in ~ sein** be out of/in operation; **in ~** *(Akk.)* **treten** come into operation; **jmdn./etw. außer ~ setzen** put sb./sth. out of operation; **c)** *(Amt, Stellung)* function; **in seiner ~ als ...**: in his function as ...; **d)** *(Math., Sprachw.)* function

1111

funktional [fʊŋktsio'naːl] 1. *Adj.* functional. 2. *adv.* functionally
Funktionalismus der; ~: functionalism
Funktionär [fʊŋktsio'nɛːɐ̯] der; ~s, ~e, **Funktionärin** die; ~, ~nen official; functionary
funktionell [fʊŋktsio'nɛl] 1. *Adj.* functional. 2. *adv.* functionally
Funktionen·theorie die *(Math.)* theory of functions
funktionieren *itr. V.* work; function; **die gut ~de Organisation** the smooth organization
funktions-, Funktions-: ~**fähig** *Adj.* able to function *or* work *pred.;* ~**gerecht** 1. *Adj.* functional; 2. *adv.* functionally; ~**los** *Adj.* ⟨person⟩ without a job to do; functionless ⟨equipment, object⟩; ~**los werden** become unnecessary; ~**sicher** 1. *Adj.* operatively sound; **2.** *adv.* properly; ~**störung** die *(Med.)* functional disorder; dysfunction; ~**tüchtig** *Adj.* working ⟨equipment, part⟩; sound ⟨organ⟩; ~**verb das** *(Sprachw.)* empty verb; ~**wechsel der** change in function
Funk-: ~**turm** der radio tower; ~**verbindung** die radio contact; ~**verkehr** der radio communication; ~**wagen** der radio patrol car; ~**weg** der: **auf dem ~weg** by radio
Funzel ['fʊntsl̩] die; ~, ~n *(ugs., abwertend)* useless lamp *or* light; **bei dieser ~:** in this gloomy light
für [fyːɐ̯] 1. *Präp. mit Akk.* a) for; ~ **etw. trainieren/kämpfen** train/fight for sth.; ~ **jmdn. bestimmt sein** be meant for sb.; **das ist nichts ~ mich** that's not for me; **Lehrer/Professor/Minister ~ etw. sein** be a teacher/professor/minister of sth.; **zu jung/alt ~ etw. sein** be too young/old for sth.; ~ **sich** by oneself; on one's own; **er ist am liebsten ganz ~ sich** he most prefers to be quite alone; **jetzt habe ich eine Küche ganz ~ mich** now I've a kitchen all to myself; **das ist gut ~ Husten** that's good for coughs; **sich ~ jmdn. freuen/schämen** be pleased/ashamed for sb.; ~ **etw. verurteilt werden** be condemned for sth.; **etw. ~ 50 DM kaufen** buy sth. for 50 marks; ~ **diese Jahreszeit ist es viel zu kalt** it's much too cold for this time of year; ~ **20 Minuten/drei Tage** for 20 minutes/three days; ~ **morgen** for tomorrow; ~ **immer** for ever; for good; ~ **gewöhnlich** usually; ~ **nichts und wieder nichts** for absolutely nothing; b) *(zugunsten)* for; ~ **jmdn./etw. stimmen/sein** vote/be for *or* in favour of sb./sth.; **das hat etwas ~ sich** there is something to be said for it; **das Für und Wider** the pros and cons *pl.;* c) *(als)* **etw. ~ ungültig/zulässig erklären** declare sth. invalid/admissible; **jmdn. ~ tot erklären** declare sb. dead; d) *(an Stelle)* for; ~ **zwei jmdn. einspringen** take sb.'s place; ~ **zwei arbeiten** do the work of two people; e) *(als Stellvertreter)* for; on behalf of; ~ **jmdn. eine Erklärung abgeben** make an announcement on sb.'s behalf; f) *(um)* **Jahr ~ Jahr/Tag ~ Tag** year after year/day after day; **Punkt ~ Punkt/Schritt ~ Schritt** point by point/step by step; **Wort ~ Wort** word for word; *s. auch* **was** 1. **2.** *adv. (veralt.)* ~ **und ~:** for ever [and ever]; unto all generations *(bibl.)*
Furage [fuˈraːʒə] die; ~ *(Milit. veralt.)* a) *(Verpflegung)* rations *pl.;* b) *(Futter)* forage
furagieren *itr. V. (Milit. veralt.)* forage
für·baß *Adv. (veralt., noch scherzh.)* onwards; ~ **gehen/schreiten** proceed on one's way
Für·bitte die intercession; [bei jmdm.] **für jmdn.** ~ **einlegen** intercede [with sb.] for sb.
Furche ['fʊrçə] die; ~, ~n a) furrow; [mit dem Pflug] ~**n ziehen** plough furrows; ~**n im Gesicht/auf der Stirn haben** have a furrowed face/brow; b) *(Wagenspur)* rut; c) *(Rille)* groove

furchen *tr. V. (geh.)* a) *(Linien bilden)* furrow; **die Stirn/die Brauen** ~: furrow one's brow; b) *(Rillen ziehen)* make ⟨ruts⟩; make ruts in ⟨ground, track⟩
Furcht [fʊrçt] die; ~: fear; ~ **vor jmdm./etw. haben** fear sb./sth.; ~ **vor Gespenstern haben** be afraid of ghosts; **von** ~ **erfaßt sein** *(geh.)* be seized by fear *or* dread; **jmdm.** ~ **einflößen** frighten sb.; **aus** ~ **vor jmdm./etw. for fear of sb./sth.; jmdn. in** ~ **und Schrecken versetzen** fill sb. with terror; terrify sb.
furchtbar 1. *Adj.* a) awful; frightful; dreadful; ~ **aussehen** look awful *or* frightful; **es war mir** ~, **das tun zu müssen** it was awful [for me] to have to do it; b) *(ugs.: unangenehm)* awful *(coll.);* terrible *(coll.);* **ein** ~**er Angeber/Pedant** an awful *or* frightful show-off/pedant *(coll.).* 2. *adv. (ugs.)* awfully *(coll.);* terribly *(coll.);* ~ **lachen [müssen]** laugh oneself silly *(coll.);* **das ist** ~ **einfach/teuer** it's awfully simple/expensive; **es dauerte** ~ **lange** it took an awfully long time; **jmdn.** ~ **beschimpfen/verprügeln** give sb. an awful talking-to/beating
furcht·einflößend *Adj.* frightening; fearsome; **es wirkte** ~ **auf uns** it frightened us
fürchten 1. *refl. V.* **sich [vor jmdm./etw.]** ~: be afraid *or* frightened [of sb./sth.]; **es ist/war zum Fürchten** it is/was quite frightening; **du siehst in diesem Anzug ja zum Fürchten aus** *(scherzh.)* you look quite frightful in that suit. 2. *tr. V.* fear; be afraid of; **jmdn./etw.** ~: fear *or* be afraid of sb./sth.; **jmdn./etw. wegen etw.** ~: fear sb./sth. because of sth.; **er war als strenger Prüfer gefürchtet** he was feared as a strict examiner; **ein gefürchteter Kritiker** a feared critic; **der gefürchtete Augenblick** the moment they/we *etc.* had been fearing; **Gott** ~**!** fear God; **ich fürchte, [daß]** ...: I'm afraid [that] ... . 3. *itr. V.* **für** *od.* **um jmdn./etw.** ~: fear for sb./sth.
fürchterlich *Adj. s.* furchtbar
furcht·erregend *Adj.* frightening
furcht·los 1. *Adj.* fearless. 2. *adv.* fearlessly
Furcht·losigkeit die; ~: fearlessness
furchtsam ['fʊrçtzaːm] 1. *Adj.* timid; fearful. 2. *adv.* timidly; fearfully
Furchtsamkeit die; ~, ~en timidity; fearfulness
Furchung die; ~, ~en *(Biol.)* cleavage; segmentation
fürder[hin] ['fyrdɐ(hɪn)] *Adv. (veralt.)* in future
für·einander *Adv.* for one another; for each other
Furie ['fuːriə] die; ~, ~n Fury; **er rannte wie von** ~**n gehetzt davon** he ran off as if the devil were on his tail; **sie wurde zur** ~ *(fig.)* she started acting like a woman possessed; **wie** ~**n gingen sie aufeinander los** they went for each other like wildcats
furios [fuˈrioːs] *Adj. (geh. veralt.)* rousing; stirring
für·lieb|nehmen *unr. V. (veralt.) s.* vorliebnehmen
fürnehm ['fyːɐ̯neːm] *Adj. (veralt., scherzh.) s.* vornehm
Furnier [fʊrˈniːɐ̯] das; ~s, ~e veneer
furnieren *tr. V.* veneer; [mit] **Eiche furniert sein** have an oak veneer
Furore [fuˈroːrə] *in* ~ **machen** cause a sensation *or* stir
fürs [fyːɐ̯s] *Präp. + Art.* a) = **für das**; b) ~ **erste** for the time being
Für·sorge die; ~ a) *(umsorgende Hilfe)* care; b) *(veralt.: Sozialamt)* welfare *pl.;* d) *(ugs.: Unterstützungsgeld)* social security *(Brit.);* welfare *(Amer.)*
Fürsorge-: ~**amt** das *(veralt.)* welfare office; ~**arzt** der *(veralt.)* welfare service doctor; ~**empfänger** der *(ugs.)* recipient of social security; ~**empfänger sein** receive

social security; ~**erziehung** die upbringing in [local authority] care
für·sorgend 1. *Adj.* caring; thoughtful. 2. *adv.* caringly; thoughtfully
Fürsorge·pflicht die *(jur.)* employer's obligation to ensure the welfare of his/her employees
Fürsorger der; ~s, ~, **Fürsorgerin** die; ~, ~nen *(veralt.)* welfare worker
Fürsorge·unterstützung die *(veralt.)* social security *(Brit.);* welfare *(Amer.)*
für·sorglich 1. *Adj.* considerate; thoughtful. 2. *adv.* considerately; thoughtfully
Fürsorglichkeit die; ~: considerateness; thoughtfulness
Für·sprache die support; **bei jmdm. für jmdn.** ~ **einlegen** put in a good word for sb. with sb.
Fürsprech ['fyːɐ̯ʃprɛç] der; ~s, ~e *(veralt., geh.) s.* Fürsprecher
Für·sprecher der, **Für·sprecherin** die a) advocate; **in jmdm. einen** ~ **haben** have an advocate in sb.; b) *(schweiz.) s.* Rechtsanwalt
Fürst [fʏrst] der; ~en, ~en prince; **der** ~ **der Hölle/Finsternis** *(fig.)* the Prince of Hell/Darkness; **gehe nie zu deinem** ~**n, wenn du nicht gerufen wirst** *(scherzh.)* do not meet trouble half way
Fürst-: ~**abt** der *(hist.)* prince-abbot; ~**bischof** der *(hist.)* prince-bishop
Fürsten-: ~**geschlecht** das, ~**haus** das royal house; ~**hof** der prince's palace; ~**krone** die prince's coronet; ~**spiegel** der novel giving guidance for the conduct of princes; ~**stand** der; *o. Pl.* rank of prince
Fürstentum das; ~s, **Fürstentümer** [-tyːmɐ] principality; **das** ~ **Liechtenstein/Monaco** the Principality of Liechtenstein/Monaco
Fürstin die; ~, ~nen princess
fürstlich 1. *Adj.* a) *nicht präd.* royal; b) *(fig.: üppig)* handsome; lavish. 2. *adv.* handsomely; lavishly; ~ **speisen** enjoy a sumptuous meal
Fürstlichkeit die; ~, ~en royal personage
Furt [fʊrt] die; ~, ~en ford
Furunkel [fuˈrʊŋkl̩] der *od.* das; ~s, ~: boil; furuncle
Furunkulose [furʊŋkuˈloːzə] die; ~, ~n *(Med.)* furunculosis
für·wahr *Adv. (geh. veralt.)* of a truth *(arch.);* in truth *(literary)*
Für·witz der; ~es *(veralt.) s.* Vorwitz
Für·wort das; *Pl.* -**wörter** pronoun
Furz [fʊrts] der; ~es, **Fürze** ['fʏrtsə] *(derb)* fart *(coarse);* **einen** ~ **lassen** let off a fart; **jeder** ~ *(fig.)* the slightest thing
furzen *(derb) itr. V.* fart *(coarse)*
Fusel ['fuːzl̩] der; ~s, ~ *(ugs. abwertend)* rotgut *(coll. derog.)*
Fusel-: ~**geruch** der *(ugs. abwertend)* smell of cheap alcohol; ~**öl** das fusel oil
Füsilier [fyziˈliːɐ̯] der; ~s, ~e *(schweiz., sonst veralt.)* fusilier
füsilieren *tr. V. (veralt.)* execute by firing squad
Fusion [fuˈzioːn] die; ~, ~en a) amalgamation; *(von Konzernen)* merger; b) *(Naturw.)* fusion
fusionieren *itr. V.* merge
Fusions·reaktor der *(Physik)* fusion reactor
Fuß [fuːs] der; ~es, **Füße** ['fyːsə] a) foot; *(südd., österr., schweiz.)* leg; **sich** *(Dat.)* **den** ~ **verstauchen/brechen** sprain one's ankle/break a bone in one's foot; **mit bloßen Füßen** barefoot; with bare feet; **jmdm. auf den** ~ **treten** tread on sb.'s foot; **zu** ~ **gehen** go on foot; walk; **über seine eigenen Füße stolpern** trip over one's own feet; **gut/schlecht zu** ~ **sein** be a good/bad walker; **ich habe keinen** ~ **vor die Tür gesetzt** I did not set foot outside the door; **sich** *(Dat.)* **gegenseitig auf die Füße treten** tread on each other's toes; **jmdm. auf dem ~e folgen** follow at

Fußabdruck

sb.'s heels; **bei ~!** heel!; **nimm die Füße weg!** *(ugs.)* move your feet!; **Gewehr bei ~ stehen** stand with ordered arms; **b)** *(fig.)* **kalte Füße** stand with ordered arms; **b)** *(fig.)* **kalte Füße kriegen** *(ugs.)* get cold feet *(coll.)*; **sich** *(Dat.)* **die Füße nach etw. ablaufen** *od.* **wund laufen** chase round everywhere for sth.; **sich auf eigene Füße stellen** stand on one's own feet; **auf freiem ~ sein** be at large; **jmdm. auf freien ~ setzen** set sb. free; **auf großem ~ leben** live in great style; **mit jmdm. auf freundschaftlichem/gespanntem ~ stehen** *od.* **leben** be on friendly/less than friendly terms with sb.; **jmdm. auf die Füße treten** *(ugs.)* give sb. a good talking-to; **auf dem ~e folgen** follow swiftly; **jmdm. auf dem falschen ~ erwischen** *(Sportjargon)* wrong-foot sb.; **jmdm./etw. mit Füßen treten** trample on sb./sth.; **jmdm. etw. vor die Füße werfen** throw sth. in sb.'s face; **jmdm. zu Füßen liegen** *(geh.)* *(bewundern)* adore *or* worship sb.; *(anflehen)* go on one's bended knee to sb.; **jmdm. etw. zu Füßen legen** *(geh.)* lay sth. at sb.'s feet; *s. auch* **eigen a**; **Erde b**; **fallen a**; **Gefängnis a**; **Grab** *usw.*; **c)** *(tragender Teil)* *(einer Lampe)* base; *(eines Weinglases)* foot; *(eines Schranks, Sessels, Klaviers)* leg; **auf tönernen** *od.* **schwankenden Füßen stehen** *(fig.)* be unsoundly based; **d)** *o. Pl.* *(eines Berges)* foot; *(einer Säule)* base; **e)** *Pl.: ~* *(Längenmaß)* foot; **zwei/drei ~:** two/three feet *or* foot; **f)** *(Teil des Strumpfes)* foot
fuß-, Fuß-: **~abdruck** der footprint; **~abstreifer, ~abtreter** der shoe scraper; **~abwehr** die *(Ballspiele)* kick save; **~angel** die mantrap; *(fig.)* trap; **er hat sich in den ~angeln dieser Paragraphen verstrickt** he has got entangled in these legal clauses; **~bad das a)** foot-bath; **b)** *(ugs., scherzh.)* pool in the saucer
Fuß·ball der **a)** *o. Pl.* *(Ballspiel)* [Association] football; soccer *(coll.)*; **b)** *(Ball)* football; soccer ball *(coll.)*
Fuß·ballen der the ball of the/one's foot
Fußballer der; *~s, ~:* footballer; soccer player *(coll.)*
fußballerisch *Adj.; nicht präd.* footballing
Fußball-: **~klub** der *s.* **~verein; ~mannschaft** die football team; **~meisterschaft** die football championship; **~platz** der football ground; *(Spielfeld)* football pitch; **~schuh** der football boot; **~spiel das a)** football match; **b)** *o. Pl.* *(Sportart)* football *no art.;* **~spieler** der football player; **~tor** das [football] goal; **~toto** das *od.* der football pools *pl.;* **~verband** der football association; **~verein** der football club
Fuß-: **~bank** die foot-stool; **~bekleidung** die footwear; **~bett** das foot-bed; **~boden** der floor
Fußboden-: **~belag** der floor covering; **~heizung** die underfloor heating
fuß-, Fuß-: **~breit** *Adj.* foot-wide; **~breit sein** be a foot wide; **~breit der; ~:** foot; **er wollte keinen ~breit nachgeben** *(fig.)* he would not budge an inch; **~bremse** die foot-brake; **~brett** das foot rest
Füßchen ['fy:sçən] das; *~s, ~:* [little] foot
Fussel ['fʊsl̩] die; *~, ~n od. der; ~s, ~[n]* fluff; **ein|e ~:** a piece of fluff; *(coll.)*
fusselig *Adj.* covered with fluff *postpos.;* *(ausgefranst)* frayed; **sich** *(Dat.)* **den Mund ~ reden** *(salopp)* talk till one is blue in the face *(coll.)*
fusseln *itr. V.* make fluff
fußen *itr. V.* **auf etw.** *(Dat.)* **~:** be based on sth.
Fuß·ende das foot
fuß-, Fuß-: **~fall** der kowtow; **einen ~fall vor jmdm. machen** *(fig.)* kowtow to sb.; **~fällig 1.** *Adj.* humble; **2.** *adv.* **a) sie flehte den Fürsten ~fällig um Gnade an** she fell on her knees before the prince, begging him

for mercy; **b)** *(fig.)* humbly; **~fehler** der **a)** *(bes. Hockey)* kick; **b)** *(Tennis)* foot fault; **~fesseln** *Pl.* shackles *(on the feet);* **~frei** *Adj.* ankle-length ⟨dress, skirt, etc.⟩
Fußgänger [-gɛŋɐ] der; *~s, ~:* pedestrian
Fußgänger-: **~brücke** die foot-bridge; **~tunnel** der pedestrian subway; **~übergang** der, **~über·weg** der pedestrian crossing; **~unter·führung** die pedestrian subway; **~verkehr** der pedestrian traffic; **~zone** die pedestrian precinct
fuß-, Fuß-: **~geher** der *(österr.)* pedestrian; **~gelenk** das ankle; **~gymnastik** die foot exercises *pl.;* **~hebel** der foot pedal; **~hoch 1.** *Adj.* ankle-high ⟨grass etc.⟩; ankle-deep ⟨water etc.⟩; **2.** *adv.* ⟨rise, lie⟩ ankle-deep
-füßig [-fy:sɪç] *adj.* -footed ⟨animal⟩; -legged ⟨chair, stool, insect⟩; -foot ⟨line⟩
fuß-, Fuß-: **~kalt** *Adj.* **das Zimmer ist ~kalt** the room has a cold floor; **~kettchen** das anklet; **~knöchel** der ankle bone; **~krank** *Adj.* **~krank sein/werden** have/get bad feet; **~lage** die *(Med.)* footling presentation; **~lappen** der footcloth; **~leiden** das foot complaint; **~leiste** die skirting-board *(Brit.);* baseboard *(Amer.)*
fußlig *s.* fusselig
Füßling ['fy:slɪŋ] der; *~s, ~e* foot *(of sock, stocking)*
Fuß-: **~marsch** der march; **ein ~marsch von zwei Stunden** *(fig.)* two hours' steady walk; **~matte** die doormat; **~nagel** der toe-nail; **~note** die footnote; **~pfad** der footpath; **~pflege** die foot treatment; *(beruflich)* chiropody; **zur ~pflege gehen** go to the chiropodist's; **~pfleger** der chiropodist; **~pilz** der, **~pilz·erkrankung** die athlete's foot; **~puder** der foot powder; **~punkt der a)** *(Math.)* foot [of the perpendicular]; **b)** *(Astron.)* nadir; **~raste** die foot rest; **~ring** der toe ring; **~rücken** der instep; **~sack** der foot-muff; **~schalter** der foot switch; **~schaltung** die foot gear-change control; **~schemel** der footstool; **~schweiß** der foot perspiration; **~sohle** die sole [of the/one's foot]; **meine ~sohlen** the soles of my feet; **~soldat** der *(veralt.)* foot soldier; **~spitze die: auf den ~spitzen gehen/stehen** walk/stand on tiptoe; **~sprung** der *(ins Wasser)* feet-first jump; **einen ~sprung machen** jump feet first; **~spur** die footprint; *(Fährte)* line of footprints; track; **~stapfen** der; *~s, ~:* footprint; **in jmds. ~stapfen** *(Akk.)* **treten** *(fig.)* follow in sb.'s footsteps; **~steig** der **a)** *(veralt.)* footpath; **b)** *(Gehsteig)* pavement *(Brit.);* sidewalk *(Amer.);* **~stütze** die foot rest; **~tritt** der **a)** kick; **jmdm./einer Sache einen ~tritt geben** *od.* **versetzen** *(fig.)* give sb./sth. a kick; **einen ~tritt bekommen** *(fig.)* get a kick in the teeth *(coll.);* **b)** *(Auftreten)* **jmdn. an seinem ~tritt erkennen** recognize sb. by his/her step; **~truppe** die *(Milit.)* infantry; **~volk das a)** *(hist.)* footmen *pl.;* **b)** *(abwertend: Untergeordnete)* lower ranks *pl.;* dogsbodies *pl. (coll.);* **~wanderung** die ramble; **~waschung** die *(kath. Rel.)* pedilavium; foot-washing; **~weg der a)** *(Gehweg; Bürgersteig)* footpath; **b)** *(Gehen zu ~)* walk; **eine Stunde/zwei Stunden ~weg** one hour's/two hours' walk; **~zehe** die *(ugs.)* toe
Fut [fʊt] die; *~, ~en (vulg.)* *s.* Fotze
Futon ['fu:tɔn] der; *~s, ~s* futon
futsch [fʊtʃ] *Adj.; nicht attr. (salopp)* **~ sein** have gone for a burton *(Brit. sl.)*
¹**Futter** ['fʊtɐ] das; *~s* *(Tiernahrung)* feed; *(für Pferde, Kühe)* fodder; **dem Vieh ~ geben** feed the cattle; **gut im ~ sein** *od.* **stehen** *(ugs.)* be well-fed
²**Futter** das; *~s* **a)** *(von Kleidungsstücken)* lining; **b)** *(Bauw.)* casing; **c)** *(Techn.)* chuck
Futterage [fʊtəˈraːʒə] die; *~ (ugs.)* grub *(sl.)*

Futteral [fʊtəˈraːl] das; *~s, ~e* case
Futter-: **~beutel** der nose-bag; **~getreide** das fodder cereal; forage cereal; **~klee** der red clover; **~krippe** die manger; *(fig.)* **an der ~krippe sitzen** *(ugs.)* be in clover; **an die ~krippe kommen** get on the gravy train *(coll.);* **~mittel** das animal food
füttern *(ugs.)* **1.** *tr. V.* eat. **2.** *itr. V.* feed; **futtert nur ordentlich!** tuck in; have a good feed
¹**füttern** ['fʏtɐn] *tr. V.* feed; **Vieh mit etw. ~:** feed cattle on sth.; **„bitte nicht ~!"** 'please do not feed the animals'; **etw. ~:** use sth. for feed; *(für Haustiere)* use sth. for food; **einen Computer mit etw. ~** *(fig.)* feed a computer with sth.; **jmdn. mit Bonbons/Schokolade ~:** stuff sb. with sweets/chocolate
²**füttern** *tr. V.* **a)** *(mit* ²*Futter ausstatten)* line; **mit Taft/Seide gefüttert** lined with taffeta/silk; **b)** *(ausmauern, auskleiden)* case
Futter-: **~napf** der bowl; **~neid** der **a)** *(Verhaltensf.)* jealousy [as regards food]; **b)** *(fig. ugs.: Neid)* jealousy; envy; **~pflanze** die fodder plant; forage plant; **~rübe** die mangold; mangel-wurzel; **~silo** der *od.* das fodder silo; **~suche** die search for food; **auf ~suche/bei der ~suche** searching for food; **~trog** der feeding trough
¹**Fütterung** die; *~, ~en* feeding
²**Fütterung** die; *~, ~en* *(von Kleidungsstücken)* lining
Futter·verwerter der: **ein guter/schlechter ~ sein** fatten up well/badly; *(fig. salopp)* ⟨person⟩ get fat easily/never get fat
Futur [fuˈtuːɐ̯] das; *~s, ~e (Sprachw.)* future [tense]; **das erste/zweite ~:** future/future perfect [tense]
Futurismus der; *~:* Futurism *no art.*
futuristisch a) Futurist; **b)** *(die Futurologie betreffend)* futuristic
Futurologe [futuroˈloːɡə] der; *~n, ~n* futurologist
Futurologie die; *~:* futurology
Futurum [fuˈtuːrʊm] das; *~s,* **Futura** *(veralt.)* *s.* Futur
F-Zug ['ɛf-] der [long-distance] express train

G

g, G [ɡeː] das; *~, ~* **a)** *(Buchstabe)* g/G; **b)** *(Musik)* [key of] G; *s. auch* **a, A**
g *Abk.* **a)** Gramm g; **b)** Groschen
gab [ɡaːp] *1. u. 3. Pers. Sg. Prät. v.* geben
Gabardine ['ɡabardiːn] der; *~s od.* die; *~:* gabardine
Gabe ['ɡaːbə] die; *~, ~n* **a)** *(geh.: Geschenk)* gift; present; **eine ~ Gottes** a gift of God; **b)** *(Almosen, Spende)* alms *pl.;* **(an eine Sammlung) eine milde/fromme ~:** alms *pl.;* **um eine ~ bitten** beg for alms; **c)** *(geh.: Begabung, Talent)* gift; **die ~ haben, etw. zu tun** have the gift *or (iron.)* knack of doing sth.; **d)** *o. Pl. (Med.: Verabreichung)* administration; **e)** *(Med.: Dosis)* dose
gäbe ['ɡɛːbə] *1. u. 3. Pers. Sg. Konjunktiv II v.* geben; *s. auch* gang

Gabel

Gabel ['ga:bl] die; ~, ~n a) (Eßgerät) fork; b) (Heu~, Mist~) pitchfork; c) (Telefon~) rest; cradle; d) (Fahrrad~) fork; e) (Ast~) fork; f) (Jägerspr.) fork; g) (Deichsel) shafts pl.
gabel-, Gabel-: ~bissen der a) piece of pickled herring; b) s. **Appetithappen**; ~**bock** der (Zool.) pronghorn [antelope]; ~**deichsel** die shafts pl.; ~**förmig** 1. Adj. forked; 2. adv. sich ~**förmig teilen** fork; ~**frühstück** das cold buffet; fork lunch
gabeln 1. refl. V. fork; (fig.: sich teilen) divide; **ein gegabelter Ast/Stock** a forked branch/stick. 2. tr. V. fork ⟨hay, straw⟩
Gabel-: ~**schlüssel** der flat spanner; ~**stapler** [-ʃtaːplɐ] der; ~s, ~: fork-lift truck
Gabelung die; ~, ~en fork
Gabel-: ~**weihe** die (Zool.) red kite; ~**zinke** die prong
Gaben·tisch der gift table (at Christmas and on birthdays); **ein reich gedeckter** ~: a table overflowing with gifts
Gabun [ga'buːn], (österr.) **Gabon** [ga'boːn] (das); ~s Gabon
gack, gack ['gak 'gak] Interj. cluck, cluck
gackern ['gakɐn] itr. V. a) cluck; b) (ugs.: kichern, lachen) cackle
Gaffel [gafl] die; ~, ~n (Seemannsspr.) gaff
Gaffel-: ~**schoner** der (Seemannsspr.) fore-and-aft schooner; ~**segel** das (Seemannsspr.) gaff-sail
gaffen ['gafn] itr. V. (abwertend) gape; gawp (coll.)
Gaffer der; ~s, ~: gaper; starer
Gag [gɛk] der; ~s, ~s a) (Theater, Film) gag; b) (Besonderheit) gimmick
Gagat [ga'gaːt] der; ~[e]s, ~e jet
Gage ['ɡaːʒə] die; ~, ~n salary; (für einzelnen Auftritt) fee
gähnen ['ɡɛːnən] itr. V. a) yawn; **im Saal herrschte** ~**de Leere** the hall was totally empty; b) (geh.: sich auftun) ⟨chasm, abyss⟩ yawn; ⟨hole⟩ gape; **ein** ~**der Abgrund** a yawning abyss
Gala ['gaːla, auch 'gala] die; ~ a) (Festkleidung) formal dress; gala dress; **sich in** ~ **werfen** (ugs. scherzh.) put on one's best bib and tucker (coll.); b) (~vorstellung) gala
Gala-: ~**abend** der s. ~**vorstellung**; ~**diner** das formal dinner; banquet; ~**empfang** der gala reception; formal reception
galaktisch [ga'laktɪʃ] Adj. galactic; ~**er Nebel** [galactic] nebula
Galaktose [galak'toːzə] die; ~, ~n (Biol.) galactose
Galan [ga'laːn] der; ~s, ~e (ugs. abwertend) lover boy (coll. derog.)
galant [ga'lant] 1. Adj. a) (veralt.) gallant; b) (amourös) amorous ⟨adventure⟩; ~**e Dichtung** galant poetry (of the late 17th century). 2. adv. gallantly
Galanterie [galantə'riː] die; ~, ~n (veralt.) gallantry
Galanterie·waren Pl. (veralt.) fashion accessories pl.
Gala-: ~**uniform** die full-dress uniform; ~**vorstellung** die gala performance
Galaxie [gala'ksiː] die; ~, ~n (Astron.) galaxy
Galaxis [ga'laksɪs] die; ~ (Astron.) Galaxy
Gäle ['ɡɛːlə] der; ~n, ~n Gael
Galeere [ga'leːrə] die; ~, ~n galley
Galeeren-: ~**sklave** der galley slave; ~**sträfling** der galley slave
Galeone [gale'oːnə] die; ~, ~n (hist.) galleon
Galerie [galə'riː] die; ~, ~n a) gallery; b) (scherzh.: beträchtliche Anzahl) **eine [ganze]** ~ **von etw.** a [whole] array of sth.; c) (bes. österr., schweiz.: Tunnel) tunnel; d) (Teppich) runner
Galerist [galə'rɪst] der; ~en, ~en gallery-owner

Galgen ['galgn] der a) gallows sing.; gibbet; **jmdn. zum [Tode am]** ~ **verurteilen** condemn sb. to [death on] the gallows; **jmdn. an den** ~ **bringen** (ugs.) bring sb. to the gallows; **am** ~ **enden** end up on the gallows; b) (Mikrophon~) boom
Galgen-: ~**frist** die reprieve; ~**humor** der gallows humour; ~**strick** der, ~**vogel** der (ugs. abwertend) rogue
Galicien [ga'liːtsi̯ən] (das); ~s Galicia (in Spain)
Galiläa [gali'lɛːa] (das); ~s Galilee
Galiläer [gali'lɛːɐ] (der); ~s, ~: Galilean
Galilei [gali'leːi] (der) Galileo
Galions·figur [ga'lioːns-] die figurehead
gälisch ['ɡɛːlɪʃ] Adj. Gaelic
Galizien [ga'liːtsi̯ən] (das); ~s Galicia (in E. Europe)
Gall·apfel der oak-apple; gall
¹**Galle** ['galə] die; ~, ~n a) (Gallenblase) gall[-bladder]; b) (Sekret) (bei Tieren) gall; (bei Menschen) bile; **bitter wie** ~: extremely bitter; **mir lief die** ~ **über od. kam die** ~ **hoch** (fig.) my blood boiled; **seine** ~ **verspritzen** (fig.) give bitter vent to one's feelings
²**Galle** die; ~, ~n (Bot.) gall
galle·bitter Adj. extremely bitter
Gallen-: ~**blase** die gall-bladder; ~**gang** der; meist Pl. bile duct; ~**kolik** die biliary colic; ~**leiden** das gall-bladder complaint; ~**stein** der the gallstone; ~**wege** Pl. biliary tract sing.; bile ducts
Gallert [galɛrt] das; ~[e]s jelly
gallert·artig Adj. jelly-like
Gallerte [ga'lɛrtə] die; ~, ~n s. Gallert
Gallien [ɡalɪ̯ən] (das); ~s Gaul
Gallier [ɡalɪ̯ɐ] der; ~s, ~: Gaul
gallig Adj. a) (bitter) **einen** ~**en Geschmack haben**, ~ **schmecken** taste of bile; b) (verbittert) caustic ⟨remark, humour, person⟩
Gallions·figur die s. Galionsfigur
gallisch Adj. Gallic
Gallium [ɡalɪ̯ʊm] das; ~s (Chemie) gallium
Gallizismus [gali'tsɪsmʊs] der; ~, Gallizismen Gallicism
Gallone [ga'loːnə] die; ~, ~n gallon
Gall·wespe die (Zool.) gall-wasp
Galopp [ga'lɔp] der; ~s, ~s od. ~e a) (Gangart) gallop; **im** ~: at a gallop; **in** ~ **fallen** break into a gallop; **in vollem** od. **gestrecktem** ~: at full gallop; **etw. im** ~ **machen** (fig. ugs.) race through sth.; b) (Tanz) galop
Galopp·bahn die (Pferdesport) race-track; racecourse
Galopper der; ~s, ~ (Pferd) racehorse; (Reiter) jockey
galoppieren itr. V.; meist mit sein gallop; **die** ~**de Schwindsucht/Inflation** galloping consumption/inflation
Galopp-: ~**rennbahn** die s. Galoppbahn; ~**rennen** das (Pferdesport) race
Galosche [ga'lɔʃə] die; ~, ~n galosh
galt [galt] 1. u. 3. Pers. Sg. Prät. v. gelten
galvanisch [ɡal'vaːnɪʃ] Adj. galvanic
Galvaniseur [galvani'zøːɐ̯] der; ~s, ~e electroplater
galvanisieren tr. V. electroplate
Galvano [ɡal'vaːno] das; ~s, ~s (graph. Technik) electro[type]
Galvano-: ~**meter** das (Technik) galvanometer; ~**plastik** die; o. Pl. a) (Druckw.) electrotyping; ~**skop** das; ~[e]s, ~e (Technik) galvanoscope
Gamasche [ga'maʃə] die; ~, ~n gaiter; (bis zum Knöchel reichend) spat
Gamaschen·hose die (pair of) leggings pl.
Gambe ['gambə] die; ~, ~n (Musik) viola da gamba
Gambia ['gambi̯a] (das); ~s the Gambia
Gambit [gam'bɪt] das; ~s, ~s (Schach) gambit
Gamelan ['gaːməlan], **Gamelang** ['gaːməlaŋ] das; ~s, ~s (Musik) gamelan

Gängelband

Gamet [ga'meːt] der; ~en, ~en (Biol.) gamete
Gamma ['gama] das; ~[s], ~s gamma
Gamma-: ~**funktion** die (Math.) gamma function; ~**strahlen** Pl. (Physik, Med.) gamma rays
Gammel ['gaml] der; ~s (ugs.) junk (coll.)
Gammelei die; ~ (ugs.) drifting around; bumming around (Amer. coll.)
gammelig ['gam(ə)lɪç] Adj. (ugs.) a) (ungenießbar) bad; rotten; **der Fisch/das Fleisch/der Käse ist** ~: the fish/meat/cheese has gone off; b) (unordentlich) scruffy; ~ **aussehen/herumlaufen** look scruffy/go round looking scruffy
Gammel-Look der scruffy or untidy look; **sie erschien im** ~: she appeared dressed as a drop-out (coll.)
gammeln ['gamln] itr. V. a) (ugs.) (verderben) go bad; go off; b) (nichts tun) loaf around; bum around (Amer. coll.)
Gammler [gamlɐ] der; ~s, ~ (ugs.) drop-out (coll.)
gammlig s. gammelig
Gams [gams] die; ~, ~en (Jägerspr., südd.) s. Gemse
Gams·bart der tuft of chamois hair used as a hat decoration
gang [gaŋ] **in** ~ **und gäbe sein** be quite usual; be the usual or accepted thing
¹**Gang** [gaŋ] der; ~[e]s, Gänge ['gɛŋə] a) (Gehweise) walk; gait; **jmdn. am** ~ **erkennen** recognise sb. by the way he/she walks; **gemessenes** ~**es einherschreiten** (geh.) walk with a measured step; b) (zu einem Ort) errand; **einen** ~ **in die Stadt machen** go to town; **sein erster** ~ **führte ihn in die Kneipe** the first place he went to was the pub; **jmdn. auf seinem letzten** ~ **begleiten** (fig. geh.) accompany sb. to his/her last or final restingplace; **einen schweren** ~ **tun** od. **gehen [müssen]** (fig.) [have to] do a difficult thing; c) (Besorgung) **ich habe noch einige Gänge zu machen** I still have some errands to do; **jmdm. einen** ~ **abnehmen** do an errand for sb.; d) o. Pl. (Bewegung) running; **die Maschine hatte einen ruhigen** ~: the machine ran quietly; **etw. in** ~ **bringen** od. **setzen** get sth. going; **etw. in** ~ **halten** keep sth. going; **in** ~ **sein** be going; **die Maschine ist in** ~: the machine is running; **in** ~ **kommen** get going; get off the ground; e) o. Pl. (Verlauf) course; **der** ~ **der Ereignisse/Verhandlungen** the course of events/negotiations; **seinen [gewohnten]** ~ **gehen** go on as usual; **im** ~**[e] sein** be in progress; **gegen ihn ist etwas im** ~**[e]** (ugs.) moves are being made against him; f) (Technik) **den ersten** ~ **einlegen** engage first gear; **in den ersten** ~ **[zurück]schalten** change [down] into first gear; **einen** ~ **zulegen** (fig. ugs.) get a move on (coll.); **einen** ~ **zurückschalten** (fig. ugs.) take things a bit easier; g) (Flur) (in Zügen, Gebäuden usw.) corridor; (Verbindungs-) passage[-way]; (im Theater, Kino, Flugzeug) aisle; **auf dem** ~: in the corridor/hall [way]; h) (unterirdisch) tunnel; passage[way]; (im Bergwerk) gallery; (eines Tierbaus) tunnel; (von Insekten) gallery; tunnel; i) (Kochk.) course; j) (Fechten) bout; **einen** ~ **ausfechten** od. **austragen** fight a bout; k) (Geol.) vein; l) (Med.) **der** ~ **der Gewindegang**
²**Gang** [gɛŋ] die; ~, ~s (Bande) gang
Gang·art die walk; way of walking; gait; (eines Pferdes) gait; **eine schnellere** ~ **anschlagen** step up the pace; (Pferdesport) increase to a faster pace or gait; **eine langsamere** ~ **einlegen** (fig.) take things more easily
gangbar Adj. passable; **nicht** ~: impassable; **jmdm. einen** ~**en Weg zeigen** (fig.) show sb. a feasible or practicable way
Gängel·band ['ɡɛŋl-] das in **jmdn. am** ~ **führen** keep sb. in leading-reins; **am** ~ **gehen** be in leading reins

Gängelei die; ~, ~en (ugs.) spoon-feeding; **sie war seine ~ leid** she was tired of being treated like a child by him
gängeln ['gɛŋln] tr. V. (ugs.) jmdn. ~: boss sb. around; tell sb. what to do
gang genau Adj. accurate
Gang·genauigkeit die accuracy
gängig ['gɛnɪç] Adj. **a)** (üblich) common; **(aktuell)** current; **b)** (leicht verkäuflich) popular; in demand postpos.; **c)** (im Umlauf) current; **d)** (beweglich) [wieder] ~ machen get ⟨mechanism⟩ working [again]; loosen [again] ⟨lock, screw, etc.⟩
Ganglien·zelle ['gaŋ(g)liən-] die (Med.) ganglion cell
Ganglion ['gaŋ(g)liɔn] das; ~s, Ganglien ['gaŋ(g)liən] (Med.) ganglion
Gangrän [gaŋ'grɛ:n] die; ~, ~en od. das; ~s, ~e (Med.) gangrene
Gang·schaltung die (Technik) gear system; (Art) gear-change; **hat dein Auto Automatik oder ~?** has your car got an automatic or manual gearbox?; **ein Fahrrad mit ~:** a bicycle with gears
Gangster ['gɛnstɐ] der; ~s, ~ (abwertend) gangster
Gangster-: ~**bande** die gang [of criminals]; ~**boß** der (ugs.) gang boss; ~**braut** die gangster's moll (coll.); ~**methoden** Pl. (abwertend) gangster tactics; ~**stück** das piece of villainy
Gangstertum das; ~s gangsterism
Gangway ['gæŋweɪ] die; ~, ~s gangway
Ganove [ga'no:və] der; ~n, ~n (ugs. abwertend) crook (coll.)
Gans [gans] die; ~, Gänse ['gɛnzə] **a)** goose; **b)** (Braten) [roast] goose; **c)** (abwertend: weibliche Person) **eine [dumme/alberne/blöde] ~:** a silly goose
Gänschen ['gɛnsçən] das; ~s, ~ **a)** (junge Gans) gosling; **b)** (kleine Gans, naives Mädchen) little goose
Gänse-: ~**blümchen** das daisy; ~**braten** der roast goose; ~**brust** die (Kochk.) breast of goose; ~**ei** das goose-egg; ~**feder** die goose-feather; ~**fett** das goose-fat; ~**füßchen** pl.; meist Pl. (ugs.) s. Anführungszeichen; ~**geier** der griffon vulture; ~**haut** die (fig.) goose-flesh; goose pimples pl.; **eine ~haut bekommen od. kriegen** get goose-flesh or goose-pimples; **ihm läuft eine ~haut über den Rücken** a cold shiver runs down his spine; ~**junge** das gosling; ~**kiel** der goose-quill; ~**klein** das; ~s (Kochk.) braised trimmings of goose; gänseklein; ~**leber** die goose-liver; ~**leber·pastete** die pâté de foie gras; ~**marsch** in im ~marsch in single or Indian file
Ganser ['ganzɐ] der; ~s, ~ (südd., österr.), **Gänserich** ['gɛnzərɪç] der; ~s, ~e gander
Gänse-: ~**schmalz** das goose dripping; ~**wein** der; o. Pl. (ugs. scherzh.) water; Adam's ale or wine (coll. joc.)
Ganter ['gantɐ] der; ~s, ~ (nordd.) s. Gänserich
ganz [gants] **1.** Adj. **a)** nicht präd. (gesamt) whole; entire; **den ~en Tag/das ~e Jahr** all day/year; **die ~e Welt/Stadt** the whole world/town; **~ Europa/Afrika** the whole of Europe/Africa; **wir fuhren durch ~ Frankreich** we travelled all over France; **diese Arbeit fordert den ~en Mann** this work requires all one's efforts; **~e Arbeit leisten** do a complete or proper job; **die ~e Geschichte od. Sache** (ugs.) the whole story or business; **b)** nicht präd. (ugs.: alle) **die ~en Kinder/Leute/Gläser** all the children/people/glasses etc.; **die ~e Stadt/Straße** everybody in the town/street; **c)** nicht präd. (vollständig) **~e Zahlen** whole numbers; **eine ~e Note** (Musik) a semibreve (Brit.); a whole note (Amer.); **im ~en sechs Tage/drei Jahre** six days/three years in all or altogether; **im ~en ist seine Leistung gut**

on the whole or all in all his performance is good; **die ~e Shakespeare** (ugs.) the whole of Shakespeare (coll.); **d)** nicht präd. (ugs.: ziemlich [viel]) **eine ~e Menge/ein ~er Haufen** quite a lot/quite a pile; **~e Nächte/Tage** whole nights/days; **e)** (ugs.: unversehrt) intact; **etw. wieder ~ machen** mend sth.; **f)** nicht präd. (ugs.: nur) all of; **~ie 14 Jahre alt/10 Mark** all of fourteen [years old]/ten marks; **mit ~en drei Mann kann ich die Arbeit unmöglich schaffen** with only three men I can't possibly get the work done; **g)** (richtig) **ein ~er Mann** a real man; s. auch groß 1 k; Herz b. **2.** adv. **a)** (vollkommen) quite; etw. **~ Blödes sagen** say sth. really stupid; **das ist mir ~ egal** it's all the same to me; I don't care; etw. **~ vergessen** completely or quite forget sth.; **du bist ja ~ naß!** you're all wet!; **etwas ~ anderes** something quite different; etw. **~ allein tun od. machen** do sth. entirely on one's own; **nicht ~:** not quite; **~ deiner Meinung!** I quite agree [with you]; **~ besonders** especially; **er hat sich ~ besonders viel Mühe gegeben** he took particular trouble; **~ wie Sie wollen** just as you like; **sie ist ~ die Mutter/der Vater** she's the image of or just like her mother/father; **sie ist ~ Dame** she ist quite the lady; **~ und gar** totally; utterly; **es ist ~ und gar nicht wahr** it is utterly or totally untrue; etw. **~ oder gar nicht machen** do sth. properly or not at all; **ein Buch ~ lesen** read a book from cover to cover or all the way through; **b)** (sehr, ziemlich) quite; **es ist mir ~ recht** it's quite all right with me; **~ gut/nett** quite good/nice; s. auch Ohr

Ganze das; adj. Dekl. **a)** (Einheit) whole; **das ~ im Auge behalten** keep looking at the whole; etw. **als ~s betrachten** see sth. as a whole; **b)** (alles) **das ~ ~:** the whole thing; **das ~ gefällt mir gar nicht** I don't like anything about it; **aufs ~ gehen** (ugs.) go the whole hog (coll.); **es geht ums ~:** everything's at stake

Gänze ['gɛntsə] **in seiner/ihrer ~** (geh.) in its/their entirety; **zur ~** (bes. österr.) entirely; completely

Ganzheit die; ~, ~en entirety; (Einheit) unity; etw. **in seiner ~ erfassen** grasp sth. in its entirety

ganzheitlich Adj. (Päd.) integrated

Ganzheits-: ~**medizin** die; o. Pl. holistic medicine; ~**methode** die (Päd.) 'look and say' method; ~**psychologie** die 'Ganzheit' psychology; holism; ~**unterricht** der (Päd.) integrated teaching

ganz·jährig 1. Adj.; nicht präd. **die ~e Trockenperiode** the dry period lasting all year. **2.** adv. **~ geöffnet** open throughout the year or all the year round

Ganz·leder das (Buchw.) **in ~ [gebunden]** bound in [full] leather

Ganzleder·band der; Pl. -bände (Buchw.) [full-]leather-bound volume

ganz·leinen Adj. **a)** (Textilw.) pure linen; **b)** (Buchw.) **ein ~er Einband** a cloth binding

Ganz·leinen·band der; Pl. -bände (Buchw.) cloth-bound book

gänzlich ['gɛntslɪç] **1.** Adv. completely; entirely; **~ unangebracht** quite inappropriate or out of place. **2.** Adj. complete; total

Ganz·massage die whole-body massage

ganz-, Ganz-: ~**sache** die (Postw., Philat.) entire; ~**seitig 1.** Adj. whole-page; **2.** adv. **~seitig inserieren** (einmal) take a whole-page advertisement; (auf Dauer) use whole-page advertising; ~**tägig 1.** Adj.; nicht präd. **eine ~tägige Arbeit** a full-time job; **2.** adv. all day

ganz·tags Adv. **~ arbeiten** work full-time

Ganztags-: ~**beschäftigung** die; o. Pl. full-time job; ~**schule** die all-day school; (System) all-day schooling no art.

Ganz·wort·methode die; o. Pl. (Päd.) 'look and say' method

¹gar [ga:ɐ̯] Adj. **a)** cooked; done pred.; etw. **ist ~/erst halb ~:** sth. is cooked or done/ only half-cooked or half-done; **etw. ~ kochen** cook sth. [until it is done]; **b)** (Landw.) ready for cultivation postpos.; **der Kompost ist ~:** the compost is ready for use

²gar Partikel **a)** (überhaupt) **~ nicht [wahr]** not [true] at all; **sie konnte ~ nicht anders handeln** there was nothing else at all that she could do; **~ nicht so übel** not bad at all; **das habe ich ~ nicht gewußt** I had no idea that that was so; **~ nichts** nothing at all or whatsoever; **ich habe ~ keinen Hunger** I'm not at all or not in the least hungry; **~ niemand od. keiner** nobody at all or whatsoever; **~ keines** not a single one; **~ kein Geld** no money at all; **b)** (südd., österr., schweiz.: verstärkend) **~ zu** only too; **es waren ~ zu viele Leute da** there were just too many people there; **er wäre ~ zu gern gekommen** he would so much have liked to come; **~ so very**; **sei doch nicht ~ so stur!** don't be so [damned] stubborn!; **(geh.: sogar) ~ even**; **die Zeitungen setzten sich ~ für den Attentäter ein** the papers even came out in support of the assassin; **ich glaube ~, sie weint** I do believe she's crying; **d)** (geh. veralt.: erst) **er ist unangenehm genug, und ~ sein Bruder!** he's unpleasant enough, and as for his brother!; **e)** (veralt.: sehr) very; **du bist ~ früh gekommen** you have indeed come early; **~ mancher** many a one or person; s. auch ganz 2 a

Garage [ga'ra:ʒə] die; ~, ~n garage

Garagen-: ~**einfahrt** die garage entrance; ~**wagen** der garaged car

garagieren tr. V. (österr., schweiz.) park

Garant [ga'rant] der; ~en, ~en guarantor

Garantie [garan'ti:] die; ~, ~n **a)** (Gewähr) guarantee; **eine ~ für etw.** a guarantee of sth.; **für etw. keine ~ übernehmen** not guarantee sth.; **wir haben unter ~ nicht genug Geld** (ugs.) we're dead certain not to have enough money (coll.); **b)** (Kaufmannsspr.) guarantee; warranty; **die ~ auf od. für das Auto ist abgelaufen** the guarantee on the car has run out; **eine ~ auf etw. (Akk.) geben** guarantee sth.; **für od. auf etw. (Akk.) ein Jahr ~ erhalten** get a one year guarantee on sth.; **c)** (Sicherheit) guarantee; surety

Garantie-: ~**anspruch** der right to claim under [the] guarantee; ~**frist** die guarantee period; ~**lohn** der guaranteed minimum wage

garantieren 1. tr. V. guarantee; **jmdm. etw. ~:** guarantee sb. sth. **2.** itr. V. **für etw. ~:** guarantee sth.; **ich kann für ihn Hund nicht ~:** I can't say for sure what the dog will do

garantiert Adv. (ugs.) **wir kommen ~ zu spät** we're dead certain to arrive late (coll.)

Garantie·schein der guarantee [certificate]

Garaus ['ga:ɐ̯laus] **jmdm. den ~ machen** do sb. in (coll.); **dem Ungeziefer/Unkraut den ~ machen** get rid of the vermin/weeds; **einem Gerücht den ~ machen** scotch a rumour

¹Garbe ['garbə] die; ~, ~n **a)** (Getreide~) sheaf; **b)** (Geschoß~) burst of fire; **eine ~ abfeuern** fire a burst

²Garbe die; ~, ~n s. Schafgarbe

Gär·bottich der fermenter

Garçonnière die; ~, ~n (österr.) bed-sitter

Garde ['gardə] die; ~, ~n **a)** (Leib~) guard; **b)** (Gruppe) team; **von der alten ~ sein** be one of the old guard; **c)** (Milit.: Elitetruppe) the Guards pl.; **bei der ~:** in the Guards

Garde·maß das; o. Pl. **a)** (hist.) minimum height for belonging to the Prussian Guards; **b)** (scherzh.) **~ haben** be as tall as a tree; **mit deinem ~ solltest du Basketballspieler werden** with your height you ought to be a basketball player

Gardenie [gar'de:niə] die; ~, ~n (Bot.) gardenia

Garde·regiment das Guards regiment
Garderobe [gardə'ro:bə] die; ~, ~n a) *o. Pl. (Oberbekleidung)* wardrobe; clothes *pl.; für diesen Anlaß fehlt ihm die passende* ~: he hasn't got suitable clothes for this occasion; *für* ~ *wird nicht gehaftet!* clothes are left at the owner's risk; b) *(Flur~)* coat-rack; *etw.* an die ~ hängen hang sth. up on the coat rack; c) *(Raum)* clothes cupboard *or (Amer.)* closet; d) *(im Theater o.ä.)* cloakroom; checkroom *(Amer.); etw.* an der ~ abgeben hand sth. in at the cloakroom; e) *(Ankleideraum)* dressing-room
Garderoben-: ~**frau** die cloakroom *or (Amer.)* checkroom attendant; ~**marke** die cloakroom *or (Amer.)* checkroom ticket; ~**spiegel** der hall mirror; ~**ständer** der coat-stand
Garderobier [gardəro'bi̯e:] der; ~s, ~s dresser
Garderobiere [gardəro'bi̯e:rə] die; ~, ~n a) dresser; b) *(veralt.) s.* Garderobenfrau
Gardine [gar'di:nə] die; ~, ~n a) net curtain; b) *(landsch., veralt.)* curtain; *s. auch* schwedisch
Gardinen-: ~**leiste** die curtain rail; ~**predigt** die *(ugs.)* telling-off *(coll.); (einer Ehefrau zu ihrem Mann)* curtain lecture; *jmdm. eine* ~**predigt halten** give sb. a [good] telling-off *(coll.)*/a curtain lecture; ~**ring** der curtain ring; ~**röllchen** das curtain runner; ~**stange** die curtain rail; ~**stoff** der curtain material
Gardist der; ~en, ~en guardsman
garen ['ga:rən] *tr., itr. V.* cook; *Fleisch/Gemüse* ~ [lassen] cook meat/vegetables
gären ['gɛ:rən] 1. *regelm. (auch unr.) itr. V.* ferment; *(fig.)* seethe; *es gärt in ihm/der Masse* he/the crowd is seething [with anger]/with [hatred/passion]. 2. *regelm. (auch unr.) tr. V.* ferment ⟨*beer, tobacco*⟩
Gär·futter das *(Landw.)* silage *no pl.*
gar-, Gar-: ~**gekocht** *Adj.; nicht präd.* cooked; ~**küche** die snack-bar
Gär·mittel das ferment; fermenting agent
Garn [garn] das; ~[e]s, ~e a) *(Faden)* thread; *(zum Weben, Stricken)* yarn; *(Näh~)* cotton; b) *(Seew.)* yarn; c) *(Seemannsspr.: Geschichte)* in [s]ein ~ **spinnen** spin a yarn; d) *(Jagdw., Fischereiw.: Netz)* net; *jmdm. ins* ~ **gehen** *(fig.)* fall *or* walk into sb.'s trap
Garnele [gar'ne:lə] die; ~, ~n shrimp
Gar·nichts der *od.* das; ~, ~e *(abwertend)* [absolute] nonentity
garnieren [gar'ni:rən] *tr. V.* a) *(schmücken)* decorate *(mit* with); b) *(Gastr.)* garnish
Garnierung die; ~, ~en a) garnish; b) *(Vorgang)* garnishing
Garnison [garni'zo:n] die; ~, ~en garrison
Garnison·stadt die garrison town
Garnitur [garni'tu:ɐ̯] die; ~, ~en a) *(zusammengehörige Stücke)* set; *(Wäsche)* set of [matching] underwear; *(Schreibtisch~)* desk-set; *(Möbel)* suite; *eine zwei-/dreiteilige* ~: a two-piece/three-piece suite; b) *(ugs.)* die erste/zweite ~: the first/second-rate people *pl.; zur ersten/zweiten* ~ **gehören, erste/zweite** ~ **sein** be first/second-rate; c) *(Gastr.)* garnishing; garniture
Garn-: ~**knäuel** das *od.* der ball of thread; *(zum Weben)* ball of yarn; ~**rolle** die reel; bobbin; *(von Nähgarn)* cotton reel; ~**spule** die spool
Gär·prozeß der *s.* Gärungsprozeß
Garrotte [ga'rɔtə] die; ~, ~n garrotte
garstig ['garstɪç] *Adj.* a) *(boshaft)* nasty ⟨*zu* to⟩; bad ⟨*behaviour*⟩; nasty, naughty, *(coll.)* horrid ⟨*child*⟩; b) *(abscheulich)* horrible; nasty
Garstigkeit die; ~, ~en *o. Pl.* nastiness; *(eines Kindes)* naughtiness, *(coll.)* horridness; b) *(Handlung)* piece of nastiness; ~**en** nastiness *sing.;* horridness *sing. (coll.);* c) *(Äußerung)* nasty *or (coll.)* horrid remark

Gärtchen ['gɛrtçən] das; ~s, ~: little garden
Garten ['gartn̩] der; ~s, Gärten ['gɛrtn̩] garden; *ein [kleines] Stück* ~: a [small] bit of garden; *der* ~ **Eden** the Garden of Eden; *quer durch den* ~ *(ugs.: verschiedene Sorten Gemüse)* all sorts of different vegetables, *(oft spöttisch: in bunter Vielfalt)* all sorts; a real mixture; *s. auch* botanisch; zoologisch
Garten-: ~**anlage** die garden; *(öffentlich)* park; gardens *pl.;* ~**arbeit** die gardening; ~**architekt** der landscape gardener; ~**bank** die; *Pl.* ~**bänke** garden seat
Garten·bau der; *o. Pl.* horticulture
Gartenbau-: ~**betrieb** der market garden; ~**ingenieur** der horticulturist
Garten-: ~**blume** die garden flower; ~**erde** die garden mould; ~**fest** das garden party; ~**freund** der amateur gardener; ~**gerät** das garden tool; ~**gestaltung** die landscaping; ~**haus** das a) *(Haus im* ~) summer-house; garden house; b) *(Hinterhaus)* dwelling situated at *or* forming the rear of a house and having its own garden; *wir wohnen in der Goethestr. 10, im* ~**haus** we live at 10, Goethestrasse, at the back; ~**hecke** die garden hedge; ~**land** das; *o. Pl.* gardening land; ~**laube** die summer-house; garden house; ~**lokal** das beer garden; *(Restaurant)* open-air café; ~**mauer** die garden wall; ~**möbel** das piece of garden furniture; ~**möbel** *Pl.* garden furniture *sing.;* ~**party** die *s.* ~fest; ~**schau** die horticultural show; ~**schirm** der sunshade; ~**schlauch** der garden hose; ~**stadt** die garden city; ~**stuhl** der garden chair; ~**wirtschaft** die *s.* ~lokal; ~**zaun** der garden fence; ~**zwerg** der a) garden gnome; b) *(salopp abwertend)* little runt
Gärtner ['gɛrtnɐ] der; ~s, ~: gardener
Gärtnerei die; ~, ~en a) nursery; b) *o. Pl. (Gartenarbeit)* gardening
Gärtnerin die; ~, ~nen gardener
Gärtnerin·art die *in* Schweinefleisch *usw.* nach ~ *(Gastr.)* pork *etc.* jardinière
gärtnerisch 1. *Adj. der* ~e Pflanzenbau the growing of garden plants; *ein Betrieb* ~er nursery. 2. *adv. sich* ~ **betätigen** enjoy gardening
Gärung die; ~, ~en a) fermentation; *etw. zur* ~ **ansetzen** start sth. fermenting; b) *(Erregung)* ferment; *in* ~ *sein* be in [a state of] ferment
Gärungs-: ~**mittel** das *s.* Gärmittel; ~**prozeß** der fermentation process
Gar·zeit die *(Kochk.)* cooking time
Gas [ga:s] das; ~es, ~e a) gas; *jmdn. mit* ~ **vergiften** gas sb.; *mit* ~ **heizen** have gas heating; *mit* ~ **kochen** cook with gas; use gas for cooking; *jmdm. das* ~ **abdrehen** *(fig. salopp)* force sb. out of business; *etw. aufs* ~ **stellen** put sth. on the cooker *or* the gas; b) *(Treibstoff)* petrol *(Brit.);* gasoline *(Amer.);* gas *(Amer. coll.); ohne* ~ **den Berg hinunterfahren** drive down the mountain without using any petrol *etc.;* ~ **wegnehmen** decelerate; take one's foot off the accelerator; ~ **geben** accelerate; put one's foot down *(coll.); (ugs. fig.: schneller gehen)* step on it *(coll.);* b) *(ugs.: ~pedal)* accelerator; gas pedal *(Amer.);* **aufs** ~ **treten** put one's foot down *(coll.); vom* ~ **gehen** take one's foot off the accelerator
gas-, Gas-: ~**ableser** der [gas-]meter reader; gas man; ~**anschluß** der gas connection; *(~hahn)* gas tap; ~**werk** das gas-lighter; ~**austausch** der *(Biol., Med.)* gaseous exchange; ~**automat** der coin-in-the-slot gas meter; ~**bade·ofen** der gas water-heater; ~**behälter** der gasholder; gasometer; ~**beheizt** *Adj.* gas-heated; *ein* ~**beheizter Backofen** a gas oven; ~**beleuchtung** die gas lighting; ~**beton** der *(Bauw.)* cellular *or* aerated concrete; ~**bombe** die gas bomb; ~**brand** der *(Med.)* gas gan-grene; ~**brenner** der gas burner; ~**dicht** *Adj.* gas-tight; ~**druck** der gas pressure; ~**entladung** die *(Physik)* gas discharge; ~**entwicklung** die formation of gas; ~**explosion** die gas explosion; ~**fabrik** die gasworks *sing.;* ~**feuerung** die gas-firing; ~**feuerzeug** das gas lighter; ~**flamme** die gas flame; ~**flasche** die gas-cylinder; *(für einen Herd, Ofen)* gas bottle; gas container; ~**förmig** *Adj.* gaseous; ~**fuß** der *(ugs.) einen nervösen* ~**fuß haben** rev up impatiently at the lights *(coll.);* ~**gemisch** das mixture of gases; ~**gerät** das gas appliance; ~**geruch** der smell of gas; ~**hahn** der gas tap; *den* ~**hahn aufdrehen** *(ugs. verhüll.)* end it all *(coll. euphem.); jmdm. den* ~**hahn abdrehen** *(salopp)* force sb. out of business; ~**hebel** der accelerator pedal; gas pedal *(Amer.);* ~**heizung** die gas heating; ~**herd** der gas cooker; ~**hülle** die atmosphere; ~**kammer** die gas chamber; ~**kessel** der gas holder; gasometer; ~**kocher** der camping stove; ~**koks** der gas coke; ~**krieg** der gas war; *(Kriegführung)* gas warfare; ~**lampe, ~laterne** die gas lamp; ~**leitung** die gas pipe; *(Hauptrohr)* gas main; ~**licht** das gaslight; ~-**Luft-Gemisch** das *(Kfz-W.)* fuel-and-air mixture; ~**mann** der *(ugs.)* gas man; ~**maske** die gas mask; ~**ofen** der gas heater
Gasolin [gazo'li:n] das; ~s gasoline
Gasometer [gazo'me:tɐ] der *(veralt.)* gasometer; gasholder
Gas-: ~**pedal** das accelerator [pedal]; gas pedal *(Amer.);* ~**pistole** die pistol that fires gas cartridges; ~**rechnung** die gas bill; ~**rohr** das gas pipe; *(Hauptrohr)* gas main; ~**schlauch** der gas hose
Gasse ['gasə] die; ~, ~n a) lane; narrow street; *(österr.)* street; *auf der* ~: in the lane *or* narrow street; *die Salzburger Altstadt ist von kleinen, engen* ~**n durchzogen** the old part of Salzburg is a maze of little, narrow streets and alley-ways *or* passages; *[für jmdn.] eine* ~ **bilden** *(fig.)* make way *or* clear a path [for sb.]; *wir machten eine* ~ *für das Brautpaar* we lined up to make a passage for the bride and groom; *jmdm./sich eine* ~ **durch die Menge bahnen** *(fig.)* clear a path for sb./force one's way through the crowd; b) *(Fußball)* opening; *eine* ~ **öffnen** make an opening; c) *(Rugby)* line-out; d) *(Kegeln)* in die rechte/linke ~ **zielen/werfen** aim/throw at the right-hand/left-hand gap between the lines of skittles
gassen-, Gassen-: ~**hauer** der *(ugs.)* popular song; ~**junge** der *(abwertend)* street urchin; ~**seitig** *Adj. (österr.)* ⟨*room etc.*⟩ facing the street; ~**seitig sein** face the street; ~**wohnung** die *(österr.)* flat facing the street; ~**wort** das; *Pl.* ~**wörter** coarse word; *er benutzt die ordinärsten* ~**wörter** he uses the most vulgar gutter language
Gassi ['gasi] *in* ~ **gehen** *(ugs.)* go walkies *(Brit. coll.)*
¹**Gast** [gast] der; ~[e]s, Gäste ['gɛstə] a) *(zahlender* ~) guest; *ungebetene Gäste (auch fig.)* uninvited guests; *(bei einer Party usw. auch)* gatecrashers; *das Glück war ein seltener* ~ *bei ihr (fig.)* she hadn't known much happiness; *bei jmdm. zu* ~ **sein** be sb.'s guest/guests; *jmdn. zu* ~ **haben** have sb. as one's guest/guests; *jmdn. zu* ~ **laden** *od.* **bitten** *(geh.)* request the pleasure of sb.'s company; b) *(Besucher eines Lokals)* patron; c) *(Besucher)* visitor; *ein* ~ *in einem Land* a visitor to a country; *als* ~ *im Studio* war X the studio guest was X; d) *(Künstler[in])* guest star
²**Gast** der; ~[e]s, ~en *od.* Gäste *(Seemannsspr.)* man; *(Boots~)* crewman; *(Signal~)* signalman
Gas·tanker der gas tanker
Gast-: ~**arbeiter** der immigrant *or* foreign

Gastbett

or guest worker; **~bett** das *(im Hotel)* bed; *(im Haus)* spare bed; **~dozent** der *(Hochschulw.)* visiting lecturer

Gäste-: **~buch** das guest book; **~handtuch** das guest-towel; **~haus** das guesthouse; **~zimmer** das *(privat)* guest room; *(im Hotel)* room

gast-, Gast-: **~frei** Adj. hospitable; **~freiheit** die; o. Pl. hospitality; **~freund** der *(veralt.)* a) *(~geber)* host; b) *(Besucher)* guest; **~freundlich** Adj. hospitable; **~freundschaft** die hospitality; **~gebend** Adj.; nicht präd. host ⟨city, nation, etc.⟩; die **~gebende Mannschaft** the home team or side; **~geber** der a) host; b) meist Pl. *(Sport)* der/die **~geber** the home team or side; **~geberin** die; ~, ~nen hostess; **~geschenk** das gift [for one's host/hostess]; **~haus** das, **~hof** der inn; **~hörer** der student who with permission attends lectures and seminars at a university without working for a degree; auditor *(Amer.)*

gastieren itr. V. appear as a guest; give a guest performance; **das Orchester gastiert in N.** the orchestra is giving a guest performance in N; **der ~de Tenor** the guest tenor

Gast-: **~konzert** das guest concert; **~land** das host country

gastlich 1. Adj. hospitable; **~e Aufnahme finden** have a hospitable reception; be received hospitably. 2. adv. hospitably

Gastlichkeit die; ~: hospitality

Gast-: **~mahl** das *(geh.)* banquet; **Platons „~mahl"** Plato's 'Symposium'; **~mannschaft** die *(Sport)* visiting team

Gas·tod der death by gassing; **den ~ erleiden** be gassed

Gast-: **~professor** der visiting professor; **~recht** das right to hospitality; **jmdm. ~recht gewähren/das ~recht verweigern** grant/refuse sb. hospitality; **~recht genießen** enjoy the privileges of a guest; **das ~recht mißbrauchen** abuse one's position as a guest; **~redner** der guest speaker

Gastritis [gas'tri:tɪs] die; ~, Gastritiden *(Med.)* gastritis

Gast·rolle die guest role or part; **in einer ~ auftreten** make a guest appearance; appear as a guest

gastro-, Gastro- [gastro-:]: **~nom** [~'no:m] der; ~en, ~en, **~nomie** [~no'mi:] die; ~ a) *(Gaststättengewerbe)* restaurant trade; *(Versorgung, Service)* catering no art.; b) *(Kochk.)* gastronomy; **~nomisch** [~no:mɪʃ] Adj. gastronomic; **~skopie** [~sko'pi:] die *(Med.)* gastroscopy

Gast·spiel das guest performance; **ein [kurzes] ~ geben** *(fig. scherzh.)* stay for a short time

Gastspiel·reise die tour; **eine ~ durch Japan** a tour of Japan; **auf ~**: on tour

Gast·stätte die public house; *(Speiselokal)* restaurant

Gaststätten·gewerbe das pub/restaurant trade

Gast·stube die bar; *(in einem Speiselokal)* restaurant

Gas·turbine die gas turbine

Gast-: **~vorlesung** die guest lecture; **~vorstellung** die guest performance; **~wirt** der *(veraltend)* publican; landlord; *(eines Restaurants)* [restaurant] proprietor or owner; *(Pächter)* restaurant manager; **~wirtschaft** die s. **~stätte**; **~zimmer** das s. Gästezimmer

Gas-: **~uhr** die gas meter; **~verbrauch** der gas consumption; **~verflüssigung** die *(Technik, Physik)* liquefaction of gases; **~vergiftung** die gas-poisoning no indef. art.; **~versorgung** die gas supply; **~wasch·flasche** die *(Technik)* gas washer; *(Chemie)* gas-washing bottle; **~werk** das gasworks sing.; **~wolke** die cloud of gas; **~zähler** der gas meter

Gatt [gat] das; **~[e]s, ~en** od. **~s** *(Seemannsspr.)* eyelet hole

GATT [gat] das; ~: GATT

Gatte ['gatə] der; ~n, ~n a) *(geh.: Ehemann)* husband; b) Pl. *(veralt.: Eheleute)* couple; husband and wife

Gatten-: **~liebe** die *(geh.)* conjugal love; love of one's husband/wife; **~mord** der *(Rechtsw., sonst geh.)* murder of one's husband/wife

Gatter ['gatɐ] das; ~s, ~ a) *(Zaun)* fence; *(Lattenzaun)* fence; paling; b) *(Tor)* gate; c) *(Jägerspr.: Gehege)* [game] preserve; d) *(Pferdesport)* rails pl.; e) *(Textilw.)* creel; f) *(Elektronik)* gate

Gatter-: **~säge** die *(Technik)* gang saw; **~tor** das gate

Gattin ['gatɪn] die; ~, ~nen *(geh.)* wife; **die besten Grüße an Ihre ~**: my regards to your lady wife

Gattung ['gatʊŋ] die; ~, ~en a) kind; sort; *(Kunst~)* genre; form; **Menschen/Dinge verschiedener ~**: all sorts of people/things of different kinds or sorts; b) *(Biol.)* genus; c) *(Milit.)* service

Gattungs-: **~begriff** der generic concept; **~name** der generic name; **~zahl·wort** das; Pl. …wörter *(Sprachw.)* numeral showing how many different kinds ('acherlei' etc.); variative numeral

Gau [gau] der; **~[e]s, ~e** a) tribal district in Germanic times; b) *(ns.: Organisationseinheit)* administrative district during the Nazi period; c) *(Gebiet)* region

Gäu [gɔy] das; ~[e]s, ~e *(österr., schweiz.)* s. Gau a

Gaube ['gaubə] die; ~, ~n dormer [window]

Gauchheil ['gauxhaɪl] der; ~[e]s, ~e *(Bot.)* anagallis; pimpernel

Gaucho ['gautʃo] der; ~[s], ~s gaucho

Gaudi ['gaudi] das; ~s *(bayr., österr.: die; ~)* *(ugs.)* bit of fun; **eine große ~ haben** have a lot of or great fun; **eine ~ sein** be a lot of or great fun

Gaudium ['gaudiʊm] das; ~s amusement; entertainment; **zum allgemeinen ~**: to everyone's amusement; to the amusement of everyone or all

Gaukel·bild das *(veralt.)* phantasm; **ein ~ deiner Phantasie** a figment of your imagination

Gaukelei die; ~, ~en *(geh.)* a) *(Vorspiegelung)* trickery no indef. art., no pl.; **~en** trickery sing.; tricks; b) *(Possenspiel)* trick

gaukeln ['gaukln] itr. V.; mit sein *(dichter.)* ⟨glow-worm⟩ flicker; ⟨butterfly⟩ flutter; **der ~de Flug der Fledermäuse** the dancing flight of the bats

Gaukel·spiel das *(geh.)* deception

Gaukler der; ~s, ~ a) *(veralt.: Taschenspieler)* itinerant entertainer; b) *(geh.: Betrüger)* charlatan; mountebank; trickster; c) *(Zool.)* bateleur [eagle]

Gauklerin die; ~, ~nen s. Gaukler a, b

Gaul [gaul] der; **~[e]s, Gäule** ['gɔylə] a) *(abwertend)* nag *(derog.);* hack *(derog.);* b) *(veralt.)* horse; **einem geschenkten ~ schaut man nicht ins Maul** *(Spr.)* never look a gift-horse in the mouth

Gau·leiter der *(ns.)* gauleiter

Gaullismus [go'lɪsmʊs] der; ~: Gaullism

Gaumen ['gaumən] der; ~s, ~ a) *(Anat.)* palate; roof of the mouth; **der weiche/harte ~**: the soft/hard palate; b) *(geh.: Geschmackssorgan)* palate; **das ist etw. für einen verwöhnten ~**: this is sth. for the real gourmet

Gaumen-: **~freude** die; meist Pl. *(geh.)*, **~kitzel** der *(geh.)* delicacy; **~laut** der guttural; **~mandel** die *(Anat.)* [palatine] tonsil; **~platte** die upper [dental] plate; **~segel** das *(Anat.)* velum palati; **~spalte** die *(Med.)* cleft palate; **~zäpfchen** das uvula

Gauner ['gaunɐ] der; ~s, ~ a) *(abwertend)* crook *(coll.);* rogue; **ein ausgemachter/kleiner ~**: an out-and-out crook *(coll.)* or rogue/a small-time crook *(coll.);* b) *(ugs.: schlauer Mensch)* cunning devil *(coll.);* sly customer *(coll.)*

Gauner·bande die gang or band of crooks *(coll.)*

Gaunerei die; ~, ~en swindle; *(das Gaunern)* swindling

Gauner·komödie die comedy thriller

gaunern 1. itr. V. swindle; cheat. 2. refl. V. **sich durchs Leben ~**: cheat one's way through life

Gauner-: **~sprache** die thieves' cant or Latin; **~streich** der, **~stück** das swindle; piece of roguery

gautschen ['gautʃn] tr. V. a) *(Papierherstellung)* couch; b) *(Druckw.)* jmdn. ~: give sb. a ducking *(initiation ceremony for those finishing an apprenticeship in the printing trade)*

Gautscher der; ~s, ~ *(Papierherstellung)* coucher

Gaza·streifen ['ga:za-] der Gaza Strip

Gaze ['ga:zə] die; ~, ~n gauze; *(Draht~)* gauze; [wire-]mesh

Gaze-: **~bausch** der gauze swab; **~binde** die gauze bandage

Gazelle [ga'tsɛlə] die; ~, ~n gazelle

Gaze·schleier der gauze veil

Gazette [ga'tsɛtə] die; ~, ~n newspaper; rag *(coll. derog.)*

Gaze·tupfer der s. Gazebausch

Gdańsk [gdaĩsk] (das); ~s *(amtl. Form in der DDR)* s. Danzig

G-Dur ['ge:-] das; ~ *(Musik)* G major; s. auch A-Dur

geachtet 1. 2. Part. v. achten. 2. Adj. respected; **~ und respektiert** esteemed and respected; **bei jmdm. ~ sein** be respected or held in esteem by sb.

Geächtete der/die; adj. Dekl. outlaw

Geächze das; ~s groaning; groans pl.

Geäder [gə'lɛ:dɐ] das; ~s venation; veins pl.; *(beim Menschen)* veins pl.

geädert, geädert Adj. veined

Geäfter [gə'lɛftɐ] das; ~s, ~ *(Jägerspr.)* dew-claws pl.

Gealbere das; ~s *(ugs. abwertend)* messing about or around *(coll.)*

geartet Adj. **es ist [ganz] anders ~, als ich mir vorgestellt hatte** it is [quite] different [in kind] from what I'd imagined; **wie [auch] immer die Situation ~ ist** whatever the situation may be; **kein wie auch immer ~er Reiz** no stimulus of any kind; **dieses besonders ~e Material** this special material; **so ~, daß …**: her nature is such that …; **gutmütig ~**: good-natured; **sie ist ganz anders ~**: she is quite different; she has quite a different nature

Geäst [gə'lɛst] das; ~[e]s branches pl.;

geb. Abk. a) geboren; b) geborene

Gebäck [gə'bɛk] das; ~[e]s, ~e cakes and pastries pl.; *(Kekse)* biscuits pl.; *(Törtchen)* tarts pl.

gebacken 2. Part. v. backen

Gebäck-: **~schale** die cake dish; **~zange** die cake tongs pl.

Gebälk [gə'bɛlk] das; ~[e]s, ~e a) *(Balkenwerk)* beams pl.; *(Dach~)* rafters pl.; **es knistert** od. **kracht im ~** *(fig.)* there are signs that things are beginning to fall apart *(fig.);* b) *(antike Archit.)* entablature

Geballere das; ~s *(ugs. abwertend)* banging

geballt [gə'balt] 1. 2. Part. v. ballen. 2. Adj.; nicht präd. concentrated; **mit ~er Kraft einen neuen Angriff starten** concentrate one's forces in a new attack; **eine ~e Ladung** *(Milit.)* a concentrated charge; **jmdm. eine ~e Ladung Sand ins Gesicht werfen** *(fig. ugs.)* chuck a load of sand in sb.'s face *(coll.)*

gebar 1. u. 3. Pers. Sg. Prät. v. gebären

Gebärde [gə'bɛːɐdə] die; ~, ~n gesture; **mit vielen ~n** with much gesticulation

gebärden *refl. V.* **sich seltsam/wie ein Rasender/wie toll ~:** behave *or* act oddly/like a madman/as if one were mad
Gebärden-: **~spiel** *das* gestures *pl.*; gesticulation[s *pl.*]; **~sprache** *die (Zeichensprache)* sign language; *(Taubstummensprache)* deaf-and-dumb language
Gebaren *das*; **~s** *(oft abwertend)* conduct; behaviour
gebären [gəˈbɛːrən] *unr. tr. V.* bear; give birth to; **jmdm. ein Kind ~** *(geh.)* bear sb. a child; **wo bist du geboren?** where were you born?; **einen Gedanken/eine Idee ~** *(fig.)* generate a thought/give birth to an idea; *s. auch* geboren
gebär·freudig *Adj.* prolific
Gebär·mutter *die*; **~, -mütter** womb
Gebärmutter·krebs *der (Med.)* cancer of the womb
gebauchpinselt [gəˈbaʊxpɪnzlt] *in* **sich ~ fühlen** *(ugs. scherzh.)* feel flattered
Gebäude [gəˈbɔʏdə] *das*; **~s, ~** **a)** *(Bauwerk)* building; **b)** *(Gefüge)* structure; **kunstvolles ~:** edifice; **das ~ einer Theorie/Wissenschaft** the structure of a theory/of a science; **ein ~ von Lügen** a tissue of lies
Gebäude-: **~komplex** *der* complex of buildings; **~teil** *der* part of the building
gebaut **1.** *2. Part. v.* bauen. **2.** *Adj.* **gut ~ sein** have a good figure; **gut ~e Mannequins** models with good figures; **so wie du ~ bist ...** *(ugs.)* with a figure like yours ...; *(fig.)* you being what you are ... *(coll.)*
gebe·freudig *Adj.* generous; openhanded
Gebein *das*; **~[e]s, ~e** *pl. (geh.: Skelett)* bones *pl.*; **[sterbliche Reste]** [mortal] remains; **b) ihr fuhr der Schreck durchs ~** *(veralt.)* her whole body shook with fear
Gebell *das*; **~[e]s** barking; *(der Jagdhunde)* baying; *(fig.: von Geschützen)* booming
geben [ˈɡeːbn̩] **1.** *unr. tr. V.* **a)** give; *(reichen)* give; hand; pass; **jmdm. zu essen/trinken ~:** give sb. sth. to eat/drink; **jmdm. [zur Begrüßung] die Hand ~:** shake sb.'s hand [in greeting]; ~ **Sie mir bitte Herrn N.** please put me through to Mr N.; **ich gäbe viel darum, wenn ich das machen könnte** I'd give a lot to be able to do that; **jmdm. etw. in die Hand ~:** give sb. sth.; **etw. [nicht] aus der Hand ~:** [not] let go of sth.; **ich gebe Ihnen die Vase für 130 Mark** I'll let you have the vase for 130 marks; ~ **Sie mir bitte eine Schachtel Zigaretten/ein Bier** I'll have a packet of cigarettes/a beer, please; **können Sie mir zwei Plätze ~?** can you give me *or* let me have two seats?; **jmdm. seine ganze Liebe ~** *(fig.)* give sb. all one's love; **Geben ist seliger denn Nehmen** *(Spr.)* it is more blessed to give than to receive *(prov.)*; **b)** *(über~)* **jmdn. zu jmdm. in die Lehre ~:** apprentice sb. to sb.; **etw. in Druck** *(Akk.) od.* **zum Druck ~:** send sth. to press *or* to be printed; **jmdm. etw. als *od.* zum Pfand ~:** give sb. sth. as [a] security; **etw. [bei jmdm.] in Verwahrung ~:** hand sth. in [to sb.] for safe keeping; **etw. zur Reparatur ~:** take sth. [in] to be repaired; **etw. zur Post ~:** post sth.; *s. auch* Pflege; **c)** *(gewähren)* **jmdm. eine Genehmigung/ein Interview ~:** give sb. permission/an interview; **einen Elfmeter/eine Ecke ~** *(Sport)* award a penalty/ corner; **d)** *(bieten)* give; **er hat mir nichts ge~:** I didn't gain anything from *or* get anything out of it; **jmdm. ein gutes/schlechtes Beispiel ~:** set sb. a good/bad example; **e)** *(versetzen)* give; **jmdm. einen Klaps/Tritt ~:** give sb. a slap/kick; **es jmdm. ~:** *(ugs.: jmdm. verprügeln)* let sb. have it; **gib [es] ihm!** *(ugs.)* let him have it!; **f)** *(erteilen)* give; **Unterricht ~:** teach; **eine Lektion ~:** give a lesson; **Französisch ~:** teach French; **jmdm. Antwort ~:** give an answer; **jmdm. Auskunft/Aufschluß ~:** give sb. information; **g)** *(hervorbringen)* give ⟨milk, shade, light⟩; **etw. gibt Flecken** *(ugs.)* sth. stains; **h)** *(veranstalten)* give, throw ⟨party⟩; give, lay on ⟨banquet⟩; give ⟨dinner-party, ball⟩; **ein Fest ~:** give *or* hold a party *or* celebration; **i)** *(aufführen)* give ⟨concert, performance⟩; **das Theater gibt nächste Woche den "Faust"** the theatre is putting on 'Faust' next week; **was wird heute ge~?** what's on today?; **die Schauspielerin gibt ihr Debüt** the actress is making her debut; **j)** *(er~)* **drei mal drei gibt neun** three threes are nine; three times three is *or* makes nine; **eins plus eins gibt zwei** one and one is *or* makes two; **das gibt [k]einen Sinn** that makes [no] sense; **ein Wort gab das andere** one word led to another; **k)** *(vermitteln)* give; **jmdm./einer Sache neue Impulse/Anregungen ~:** give sb./sth. a fresh impetus/stimulus; **etw. ist jmdm. nicht ge~:** sb. just hasn't got sth.; **es ist ihm nicht ge~, eine gute Rede zu halten** he just hasn't got what it takes to be a good speaker; **l)** *(äußern)* **etw. von sich ~:** utter sth.; **Unsinn/dummes Zeug von sich ~** *(abwertend)* talk nonsense/rubbish; **keinen Laut/Ton von sich ~:** not make a sound; **m)** **viel/wenig auf etw.** *(Akk.)* **~:** set great/little store by sth.; **n)** *(hinzu~)* add; put in; **etw. an das Essen ~:** add sth. to *or* put sth. into the food; **o)** *(ugs.: erbrechen)* **alles wieder von sich ~** *(ugs.)* bring up *or* (coll.) sick everything up again; **p)** *(Ballspiele: ab~)* pass; **den Ball nach links ~:** pass the ball [to the] left; **q)** *(darstellen)* play ⟨role⟩. **2.** *unr. tr. V. (unpers.)* **a)** *(vorhanden sein)* **es gibt** there is/are; **es gibt einen/keinen Gott** God exists/does not exist; **das gibt es wohl häufiger** it happens all the time; **daß es so etwas heutzutage überhaupt noch gibt!** I'm surprised that such things still go on nowadays; **zu meiner Zeit gab es das nicht** it wasn't like that in my day; **gibt es noch etwas?** *(ugs.)* is there anything else?; **das gibt es ja gar nicht** I don't believe it; you're joking *(coll.)*; **Ein Hund mit fünf Beinen? Das gibt es ja gar nicht** A dog with five legs? There's no such thing!; **was gibt es Neues?** what's new? *(coll.)*; **bei mir gibt's nichts Neues** I haven't got any news; **Kommen Sie herein. Was gibt es?** Come in. What's the matter *or* (coll.) what's up?; **was gibt's denn da?** what's going on over there?; **was es nicht alles gibt!** *(ugs.)* what will they think of next?; **gibt es dich auch noch?** *(ugs.)* are you still around? *(coll.)*; **da gibt's nichts** *(ugs.)* there's no denying it *or* no doubt about it; **da gibt's nichts, da würde ich sofort protestieren** there's nothing else for it, I'd protest immediately in that case; **b)** *(angeboten werden)* **was gibt es zu Essen/trinken?** what is there to eat/drink?; **was gibt es denn zum Mittagessen?** what's for lunch?; **heute gibt's Schweinefleisch** we're having pork today; **im Theater/Fernsehen gibt es heute abend ...:** ... at the theatre/on television this evening; **c)** *(einsetzen)* **morgen gibt es Schnee/Sturm** it'll snow tomorrow/ there'll be a storm tomorrow; **es gibt Scherereien/Streit** there'll be trouble/a row; **gleich/sonst gibt's was** *(ugs.)* there'll be trouble in a minute/otherwise. **3.** *unr. itr. V.* **a)** *(Karten austeilen)* deal; **wer gibt, wie deal is it?; **b)** *(Sport: aufschlagen)* serve. **4.** *unr. refl. V.* **a) sich [natürlich/steif] ~:** act *or* behave [naturally/stiffly]; **er gab sich nach außen hin gelassen** he gave the appearance of being relaxed; **deine Art, dich zu ~** the way you behave; **b)** *(nachlassen)* **das Fieber wird sich ~:** his/her etc. temperature will drop; **sein Eifer wird sich bald ~:** his enthusiasm will soon wear off *or* cool; **das gibt sich/wird sich noch ~:** it will get better
gebenedeit [ɡebənəˈdaɪt] *Adj. (christl. Rel.)* blessed; **die ~e Jungfrau** the Blessed Virgin Mary

Geber *der*; **~s, ~** **a)** *(veralt.: Gebender)* giver; donor; **b)** *(Technik)* transducer
Geber·laune *die*; *o. Pl.* generous mood; **in ~:** in a generous mood
Gebet [ɡəˈbeːt] *das*; **~[e]s, ~e** prayer; **ein ~ sprechen** say a prayer; **sein ~ verrichten** say one's prayers *pl.*; **das ~ des Herrn** *(geh.)* the Lord's Prayer; **jmdn. ins ~ nehmen** *(ugs.)* give sb. a dressing down; take sb. to task
Gebet·buch *das* prayer-book
gebeten *2. Part. v.* bitten
Gebets-: **~mühle** *die* prayer wheel; **~teppich** *der (islam. Rel.)* prayer mat
gebeut [ɡəˈbɔʏt] *(veralt.) 3. Pers. Sg. Präsens v.* gebieten
gebiert [ɡəˈbiːɐ̯t] *3. Pers. Sg. Präsens v.* gebären
Gebiet [ɡəˈbiːt] *das*; **~[e]s, ~e** **a)** *(Landstrich)* region; area; **b)** *(Staats~)* territory; **c)** *(Bereich)* field; sphere; **auf dem ~ der Wirtschaft/Politik** in the field *or* sphere of economics/politics; **d)** *(Fach)* field; **auf einem ~ führend sein** be the leader in a field
gebieten *(geh.)* **1.** *unr. tr. V.* **a)** *(befehlen, fordern)* command; order; **jmdm. ~, etw. zu tun** command *or* order sb. to do sth.; **eine Respekt ~de Persönlichkeit** a figure who commands/commanded respect; **b)** *(erfordern)* demand; bid; *s. auch* Einhalt . **2.** *unr. itr. V.* **a) über etw.** *(Akk.)* **~:** command sth.; have command over sth.; **über ein Land/Volk ~:** hold sway over a country/people; **b)** *(verfügen)* **über Geld ~:** have money at one's disposal; **er gebietet über beträchtliche Körperkräfte** he is a man of considerable strength
Gebieter *der*; **~s, ~** *(veralt.)* master; ~ **über 400 Sklaven** master of 400 slaves
Gebieterin *die*; **~, ~nen** *(veralt.)* mistress
gebieterisch *(geh.)* **1.** *Adj.* imperious; *(herrisch)* domineering; overbearing; peremptory ⟨tone⟩. **2.** *adv.* imperiously; **die Lage erfordert ~, daß ...:** the situation makes it [absolutely] imperative that ...
gebiets-, Gebiets-: **~abtretung** *die* cession *or* ceding of territory; **~anspruch** *der* territorial claim; **~körperschaft** *die (Rechtsw.)* regional authority; **~reform** *die* local government reorganization; **~weise** *Adv.* locally; in some areas
Gebilde [ɡəˈbɪldə] *das*; **~s, ~** *(Gegenstand)* object; *(Bauwerk)* construction; structure; *(Form)* shape; **ein kompliziertes geistiges ~** *(fig.)* a complicated intellectual construct; **diese Dinge sind ~ seiner Phantasie** *(fig.)* these things are products of his imagination
gebildet **1.** *2. Part. v.* bilden. **2.** *Adj.* educated; *(kultiviert)* cultured; **er ist sehr ~:** he is very well educated; **vielseitig ~:** broadly educated; **er ist vielseitig ~:** he has a broad education; **akademisch ~ sein** have had an academic training. **3.** *adv.* **sich ~ unterhalten** have a cultured conversation
Gebimmel *das*; **~s** *(ugs.)* ringing; *(von kleinen Glocken)* tinkling
Gebinde *das*; **~s, ~** *(Blumenarrangement)* arrangement; *(Bund, Strauß)* bunch; *(von kleinen Blumen)* posy
Gebirge [ɡəˈbɪrɡə] *das*; **~s, ~** **a)** mountain range; range of mountains; **ein ~ von Schutt** *(fig.)* a mountain of rubble *(fig.)*; **b)** *(Gebirgsgegend)* mountains *pl.*; **c)** *(Bergbau)* rock
gebirgig *Adj.* mountainous
Gebirgs-: **~ausläufer** *der* foothill; **~bach** *der* mountain stream; **~bahn** *die* mountain railway; **~bewohner** *der* mountain dweller; **~jäger** *der (Milit.)* **a)** *(Soldat)* mountain soldier; **b)** *Pl. (Waffengattung)* mountain troops *pl.*; **~kamm** *der* mountain ridge *or* crest; **~kette** *die* mountain chain *or* range; **~klima** *das* mountain climate; **~landschaft** *die* mountainous region; *(Ausblick)* mountain scenery; *(Ge-*

Gebirgsmassiv / **Geburtshilfe**

mälde) mountain landscape; ~**massiv** das massif; ~**paß** der mountain pass; ~**stock** der massif; ~**truppe** die *(Milit.)* s. ~**jäger** b; ~**volk** das mountain people; *(Stamm)* mountain tribe; ~**zug** der mountain range
Gebiß das; Gebisses, Gebisse a) *(Zähne)* set of teeth; teeth *pl.*; **sein ~ zeigen/entblößen** bare one's teeth; b) *(Zahnersatz)* denture; plate *(coll.)*; *(für die Zähne beider Kiefer)* dentures *pl.*; set of false teeth; false teeth *pl.*; **ein [künstliches] ~ anpassen** fit a denture/dentures *or* [a set of] false teeth; c) *(am Pferdezaum)* bit
gebissen *2. Part. v.* beißen
Gebläse [gə'blɛːzə] das; ~s, ~ *(Technik)* fan; *(Kfz-W.: am Vergaser)* supercharger
Gebläse·motor der *(Kfz-W.)* supercharged engine
geblasen *2. Part. v.* blasen
geblichen [gə'blɪçn] *2. Part. v.* bleichen
Geblödel das; ~s *(ugs.)* silly chatter; twaddle *(coll.)*
geblümt [gə'bly:mt] *Adj.* a) flowered; b) *(geziert)* flowery ⟨*style etc.*⟩
Geblüt [gə'bly:t] das; ~[e]s *(geh.)* blood; **von königlichem ~ sein** be of royal blood; **eine Prinzessin von ~**: a princess of the blood
gebogen 1. *2. Part. v.* biegen. 2. *Adj.* bent; **eine aufwärts ~e Nase** an upturned nose
geboren [gə'boːrən] 1. *2. Part. v.* gebären. 2. *Adj.* blind/taub ~ sein be born blind/deaf; **Frau Anna Schmitz ~e Meyer** Mrs Anna Schmitz née Meyer; **sie ist eine ~e von Schiller** she is a von Schiller by birth; **der ~e Schauspieler** *usw.* **sein** be a born actor *etc.*; **zum Musiker** *usw.* **~ sein** be born to be a musician *etc.*; **er ist ein ~er Musiker** *etc.*
geborgen 1. *2. Part. v.* bergen. 2. *Adj.* safe; secure; **sich bei jmdm. ~ fühlen** feel safe and secure with sb.; **sicher und ~ sein** be safe and secure
Geborgenheit die; ~: security
geborsten [gə'bɔrstn̩] *2. Part. v.* bersten
gebot *1. u. 3. Pers. Sg. Prät. v.* gebieten
Gebot das; ~[e]s, ~e a) *(Grundsatz)* precept; **das ~ der Fairneß/Höflichkeit verlangt es, daß ...**: fairness/politeness demands that ...; **das oberste/erste ~**: the highest precept; **die Zehn ~e** *(Rel.)* the Ten Commandments; b) *(Vorschrift)* regulation; c) *(geh.: Befehl)* command; *(Verordnung)* decree; **auf jmds. ~** *(Akk.)* **[hin]** at sb.'s command; d) **in jmdm. zu ~[e] stehen** *(geh.)* be at sb.'s command/disposal; e) *(Erfordernis)* **ein ~ der Vernunft/Klugheit** a dictate of reason/good sense; **es ist ein ~ der Vernunft/Klugheit, etw. zu tun** reason/good sense dictates that one does sth.; **es ist das ~ der Stunde, nicht länger zu zögern** *(geh.)* our present predicament demands that we hesitate no longer; **etw. ist das ~ der Stunde** *(geh.)* sth. is the order of the day; f) *(Kaufmannsspr.)* bid; **verkaufe X gegen ~**: offers [are] invited for X
geboten 1. *2. Part. v.* bieten, gebieten. 2. *Adj.* *(ratsam)* advisable; *(notwendig)* necessary; *(unbedingt ~)* imperative; **mit der ~en Sorgfalt** with [all] due care; **mit dem ~en Respekt** with all due respect
Gebots·schild das *(Verkehrsw.)* regulatory sign
Gebr. *Abk.* Gebrüder Bros.
gebracht [gə'braxt] *2. Part. v.* bringen
gebrandmarkt *2. Part. v.* brandmarken
gebrannt [gə'brant] *2. Part. v.* brennen
gebraten *2. Part. v.* braten
Gebräu [gə'brɔy] das; ~[e]s, ~e *(meist abwertend)* brew; concoction *(derog.)*
Gebrauch der a) *o. Pl. (Benutzung)* use; **für den persönlichen/täglichen ~** for personal/daily use; **vor ~ gut schütteln!** shake well before use; **von etw. ~ machen** make use of sth.; **von seinem Recht ~ machen** avail oneself of *or* exercise one's rights *pl.*; **außer ~ kommen** fall into disuse; **etw. in ~ nehmen**

start using sth.; **etw. in** *od.* **im ~ haben** be using sth.; **in** *od.* **im ~ sein** be in use; b) *meist Pl. (Brauch)* custom
gebrauchen *tr. V.* use; **das kann ich gut ~**: I can make good use of that; I can just do with that *(coll.)*; **er ist zu nichts zu ~** *(ugs.)* he is useless; **sie ist zu allem zu ~**: she is always a useful person to have around; **den Verstand/eine List ~**: use one's common sense/a subterfuge; **er könnte einen neuen Mantel ~** *(ugs.)* he could do with *or (coll.)* use a new coat; **ich kann jetzt keine Störung ~** *(ugs.)* I don't want to be disturbed just now
gebräuchlich [gə'brɔyçlɪç] *Adj.* a) *(üblich)* normal; usual; customary; b) *(häufig)* common
gebrauchs-, Gebrauchs-: ~**an·leitung** die, ~**an·weisung** die instructions *pl.* or directions *pl.* [for use]; ~**artikel** der basic consumer item; ~**artikel** *Pl.* basic consumer goods; ~**fähig** *Adj.* usable; in working order *pred.*; **etw. ~fähig machen** make sth. usable; put sth. in working order; ~**fertig** *Adj.* ready for use *pred.*; ~**gegen·stand** der item of practical use; ~**graphik** die commercial art; ~**graphiker** der commercial artist; ~**gut** das; *meist Pl.* consumer item; ~**güter** consumer goods; **langlebige ~güter** consumer durables; ~**muster** das *(Rechtsw.)* registered design; ~**muster·schutz** der *(Rechtsw.)* protection of designs; ~**wert** der utility value
gebraucht 1. *2. Part. v.* brauchen, gebrauchen. 2. *Adj.* second-hand ⟨*bicycle, clothes, etc.*⟩; used; second-hand ⟨*car*⟩; used ⟨*handkerchief*⟩; **etw. ~ kaufen** buy sth. second-hand
Gebraucht-: ~**wagen** der used *or* secondhand car; ~**wagen·händler** der used-car dealer; second-hand car dealer; ~**ware** die; *meist Pl.* second-hand item; ~**n** second-hand goods
Gebrause das; ~s *(des Meeres, der Wellen)* thundering; roar[ing]; booming; *(des Sturms, Windes)* roar[ing]; *(des Verkehrs)* roar
gebrechen *unr. itr. V. (unpers.) (geh.)* **jmdm. gebricht etw., jmdm. gebricht es an etw.** *(Dat.)* sb. is lacking in *or* lacks sth.
Gebrechen das; ~s, ~ *(geh.)* affliction
gebrechlich *Adj.* infirm; frail; **die Alten und Gebrechlichen** the aged and infirm
Gebrechlichkeit die; ~: infirmity; frailty
gebrochen [gə'brɔxn̩] 1. *2. Part. v.* brechen. 2. *Adj.* a) *(fehlerhaft)* **~es Englisch/Deutsch** broken English/German; b) *(niedergedrückt)* broken; **er ist ein ~er Mensch** he is a broken man; c) *(gestört)* **ein ~es Verhältnis zu jmdm./etw. haben** have a disturbed relationship to sb./sth. 3. *adv.* **~ Deutsch sprechen** speak broken German
Gebrodel das; ~s boiling; bubbling; *(fig.)* turmoil
Gebrüder *Pl.* a) *(Kaufmannsspr.)* **die ~ Meyer** Meyer Brothers; b) *(veralt.)* **die ~ Schulze** the brothers Schulze
Gebrüll das; ~[e]s a) *(von Rindern)* bellowing; b) *(ugs.) (lautes Schreien)* bellowing; yelling; *(einer Menschenmenge)* roaring; *(ugs.)* **~!** *(scherzh.)* go for or get them! c) *(ugs.: lautes Weinen)* bawling
Gebrumm das; ~[e]s *(von Bären)* growling; *(von Flugzeugen, Bienen)* droning; *(von Insekten)* buzz[ing]; **ein zustimmendes ~** *(fig.)* a growl of assent
Gebrumme das; ~s *(ugs. abwertend) (von Flugzeugen, Motorrädern, Bienen)* droning; *(von Insekten)* buzz[ing]
gebückt 1. *2. Part. v.* bücken. 2. *Adj.* **in ~er Haltung** bending forward; **~ gehen** walk with a stoop
gebügelt *2. Part. v.* bügeln; *s. auch* geschniegelt

Gebühr [gə'byːɐ̯] die; ~, ~en a) charge; *(Maut)* toll; *(Anwalts-~)* fee; *(Fernseh-)* licence fee; *(Vermittlungs-~)* commission **no pl.**; fee; *(Post-~)* postage **no pl.**; **~ bezahlt Empfänger** postage will be paid by addressee; b) **jmds. Leistungen nach ~ anerkennen** give due recognition to sb.'s achievements; **ich werde dich nach ~ belohnen** I shall reward you appropriately; **über ~** *(Akk.)* unduly; excessively
gebühren *(geh.)* 1. *itr. V.* **jmdm. gebührt Achtung** *usw.* **[für etw.]** sb. deserves respect *etc.* [for sth.]; respect *etc.* is due to sb. [for sth.]. 2. *refl. V.* **wie es sich gebührt** as is fitting *or* proper; **er bewahrte die Haltung, wie es sich für einen König gebührt** he kept his composure, as befitted a king
Gebühren·anzeiger der *(Fernspr.)* telephone meter
gebührend 1. *Adj.* fitting; proper; *(angemessen)* fitting; suitable; **in ~em Abstand** at a proper distance; **mit ~er Sorgfalt** with due care; **jmdm. die ~e Achtung erweisen** show sb. due *or* proper respect; show sb. the respect due to him/her. 2. *adv.* fittingly; in a fitting manner
gebührender·maßen, gebührender·weise *Adv.* fittingly; in a fitting manner
gebühren-, Gebühren-: ~**einheit** die *(Fernspr.)* [tariff] unit; ~**erhöhung** die s. Gebühr a: increase in charges/fees; *(Erhöhung der Fernseh-~)* licence fee increase; ~**erlaß** der s. Gebühr a: remission of charges/fees; *(der Fernseh-~)* remission of the licence fee; ~**ermäßigung** die s. Gebühr a: reduction of charges/fees; ~**frei** 1. *Adj.* free of charge *pred.*; post-free ⟨*letter, packet, etc.*⟩; 2. *adv.* free of charge; **einen Brief ~frei schicken** send a letter post-free; ~**marke** die revenue stamp; fiscal stamp; ~**ordnung** die s. Gebühr a: scale of charges/fees; ~**pflichtig** 1. *Adj.* **eine ~pflichtige Verwarnung** a fine and a caution. 2. *adv.* **jmdn. ~pflichtig verwarnen** fine and caution sb.; ~**vignette** die [Swiss] motorway fee sticker
gebührlich *Adj. (veralt.)* s. gebührend
gebunden 1. *2. Part. v.* binden. 2. *Adj.* a) *(verpflichtet)* bound; **an ein Versprechen/das Haus ~ sein** be bound by a promise/tied to one's home; **sich [an etw.** *(Akk.)***] ~ fühlen** feel bound by sth.; b) *(verlobt)* engaged; *(verheiratet)* married; c) *(festgesetzt)* fixed ⟨*book prices*⟩
Gebundenheit die; ~: **ein Gefühl der ~**: a feeling of being tied [down]
Geburt [gə'buːɐ̯t] die; ~, ~en birth; **von ~ an** from birth; **vor/nach Christi ~**: before/after the birth of Christ; **von hoher ~ sein** *(geh.)* be of noble birth; **ein Deutscher/Engländer von ~**: a German/Englishman by birth; **das war eine schwere ~** *(fig. ugs.)* It wasn't easy; it took some doing *(coll.)*
geburten-, Geburten-: ~**beschränkung** die population control; ~**kontrolle** die; *o. Pl.* birth control; ~**regelung** die; *o. Pl.* birth control; ~**rückgang** der decrease in the birth rate; ~**schwach** *Adj.* **ein ~schwacher Jahrgang** a year with a low birth rate; ~**stark** *Adj.* **ein ~starker Jahrgang** a year with a high birth rate; ~**überschuß** der excess of births over deaths; ~**ziffer** die birth rate
gebürtig [gə'bʏrtɪç] *Adj.* **ein ~er Schwabe** a Swabian by birth; **aus Ungarn/Paris ~ sein** be Hungarian/Parisian by birth
Geburts-: ~**anzeige** die birth announcement; ~**datum** das date of birth; ~**fehler** der congenital defect; ~**haus** das; das ~**haus Beethovens** the house where Beethoven was born; Beethoven's birthplace; ~**helfer** der *(Arzt)* obstetrician; *(Laie)* assistant [at a/the birth]; ~**helferin** die obstetrician; *(Hebamme)* midwife; ~**hilfe** die *(Med.)* obstetrics *sing.*; *(von einer Heb-*

1119

Geburtsjahr — gedrungen

amme) midwifery; **~jahr das** year of birth; **1848 ist das ~jahr der Demokratie in Deutschland** *(fig.)* the year 1848 marks the birth of democracy in Germany; **~ort der** place of birth; birthplace; **~schein der** *s.* **~urkunde**; **~stadt die** native town/city; **~stunde die** hour of birth; **die ~stunde des Reiches schlug, als er den Thron bestieg** *(fig.)* with his accession to the throne the empire was born

Geburts·tag der a) birthday; **jmdm. zum ~ gratulieren** wish sb. [a] happy birthday *or* many happy returns of the day; **sich** *(Dat.)* **etw. zum ~ wünschen** want sth. for one's birthday; **er hat morgen ~:** it's his birthday tomorrow; **b)** *(Geburtsdatum)* date of birth **Geburtstags-: ~feier die** birthday party; **~geschenk das** birthday present; **~kind das** *(scherzh.)* birthday boy/girl; **~torte die** birthday cake; **~überraschung die** birthday surprise

Geburts-: ~trauma das *(Med., Psych.)* birth trauma; **~ur·kunde die** birth certificate; **~wehen** *Pl.* labour pains; *(fig.)* birth pangs; **~zange die** obstetric forceps *pl.*

Gebüsch [gə'byʃ] **das;** ~[e]s, ~e bushes *pl.;* clump of bushes; **ein niedriges ~** a clump of low bushes; some low bushes *pl.;* **sich im ~ verstecken** hide in the bushes

Geck [gɛk] **der;** ~en, ~en *(abwertend)* dandy; fop

geckenhaft 1. *Adj.* dandyish; foppish. **2.** *adv.* **er kleidet sich ~:** he dresses like a dandy

Gecko ['gɛko] **der;** ~s, ~s *od.* ~nen [-'--] *(Zool.)* gecko

gedacht [gə'daxt] **1. 2.** *Part. v.* **denken, gedenken. 2.** *Adj.* **für jmdn./etw. ~ sein** be meant *or* intended for sb./sth.; **so war das nicht ~:** that wasn't what I intended

Gedächtnis [gə'dɛçtnɪs] **das;** ~ses, ~se a) memory; **den Alten läßt sein ~ im Stich** the old man's memory fails him; **sich** *(Dat.)* **etw. ins [zurück]rufen** recall sth.; **etw. aus dem ~ aufsagen** recite sth. from memory; **jmdm. etw. aus dem ~ sagen** tell sb. sth. from memory; **das ist meinem ~ entfallen** it has slipped my mind; **das ist mir noch frisch im ~:** it is still fresh in my memory; **du hast ein kurzes ~** *(ugs.)* you have a short memory; **jmds. ~** *(Dat.)* **nachhelfen** jog sb.'s memory; **ein ~ wie ein Sieb haben** *(ugs.)* have a memory like a sieve *(coll.);* **b)** *(Andenken)* memory; remembrance; **zum ~ an jmdn.** in memory *or* remembrance of sb.

Gedächtnis-: ~feier die *s.* **Gedenkfeier**; **~gottes·dienst der** service of remembrance; memorial service; **~hilfe die** *s.* **~stütze**; **~lücke die** gap in one's memory; **~rede die** *s.* **Gedenkrede**; **~schwäche die;** *o. Pl.* weak *or* poor memory; *(Med., Psych.)* defective *or* weakened memory; **~schwund der** loss of memory; amnesia; **~störung die** *(bes. Med., Psych.)* defect of memory; memory defect; **~stütze die** memory aid; mnemonic

gedämpft 1. 2. *Part. v.* **dämpfen. 2.** *Adj.* subdued ⟨mood⟩; subdued, soft ⟨light⟩; subdued, muted ⟨colour⟩; muffled ⟨sound⟩; **mit ~er Stimme** in a low *or* hushed voice; **~e Schwingungen** *(Physik)* damped vibrations

Gedanke der; ~ns, ~n **a)** thought; **ein guter/vernünftiger ~** a good/sensible idea; **einen ~n aufgreifen** take up an idea; **einen ~n zu Ende denken** follow a thought through; **seinen ~n nachhängen** abandon oneself to one's thoughts; **jmdn. auf andere ~n bringen** take sb.'s mind off things; **in ~n verloren** *od.* **versunken** [sein] [be] lost *or* deep in thought; **er war ganz in ~n** he was lost in thought; **in ~n ganz woanders sein** have one's mind on something completely different; be miles away *(coll.);* **mit seinen ~n nicht bei der Sache sein** have one's mind on something else; **ich bin in ~n immer bei dir** I'm always with you in my thoughts; **sich mit einem ~n vertraut machen** get used to an idea; **~n sind frei** thoughts are free; **jmds. ~n lesen** read sb.'s thoughts *or* mind; **~n lesen können** be able to read people's thoughts *or* to mind-read; **sich** *(Dat.)* **[um jmdn./etw.] od. wegen jmds./etw.] ~n machen** be worried [about sb./sth.]; **mach dir keine ~n** *(ugs.)* don't worry; **sich über etw.** *(Akk.)* **~n machen** *(länger nachdenken)* think about *or* ponder sth.; **b)** *o. Pl.* **der ~ an etw.** *(Akk.)* the thought of sth.; **bei dem ~n an das müssen** at the thought of having to go; **kein ~ [daran]!** *(ugs.)* out of the question!; no way! *(coll.);* **kein ~ daran, daß ich rechtzeitig fertig werde** *(ugs.)* there's no chance that I'll be finished on time; **c)** *Pl. (Meinung)* ideas; **seine eigenen ~n über etw. haben** have one's own ideas about sth.; **seine ~n [über etw.** *(Akk.)*] **austauschen** exchange views [about sth.]; **d)** *(Einfall)* idea; **das bringt mich auf einen ~n** that gives me an idea; **mir kommt ein ~:** I've had an idea; **mir kam ein ~, wir könnten ...:** it occurred to me that we could ...; **auf dumme ~n kommen** *(ugs.)* get silly ideas *(coll.);* **sich mit dem ~n tragen, etw. zu tun** entertain the idea of *or* consider doing sth.; **mit dem ~n spielen[, etw. zu tun]** be toying with the idea [of doing sth.]; **e)** *(Idee)* idea; **der ~ des Friedens** the idea of peace

gedanken-, Gedanken-: ~armut die paucity of ideas; unoriginality; **~austausch der** exchange of ideas; **~blitz der** *(ugs. scherzh.)* brainwave *(coll.);* **~flug der** flight of intellect; **~freiheit die;** *o. Pl.* freedom of thought; **~gang der** train of thought; **~gebäude das** edifice of ideas; **~gut das** thought; **christliches ~gut** Christian thought; **staatszersetzendes ~gut** subversive ideas *pl.;* **~lektüre die** mindreading; **~los 1.** *Adj. (unüberlegt)* unconsidered; thoughtless; *(oberflächlich)* thoughtless; *(zerstreut)* absent-minded; **2.** *adv. (zerstreut)* absent-mindedly; *(unüberlegt)* without thinking; thoughtlessly; **~losigkeit die** *(Zerstreutheit)* absent-mindedness; *(Unüberlegtheit)* lack of thought; thoughtlessness; **~lyrik die** *(Literaturw.)* philosophical poetry; **~reichtum der** *(eines Menschen)* fertility of ideas; *(eines Werkes)* wealth of ideas; **~schritt der** logical step; **~spiel das** intellectual pastime *or* game; **~splitter der** *s.* **Aphorismus**; **~sprung der** mental leap; jump from one idea to another; **~strich der** dash; **~übertragung die** telepathy *no indef. art.;* **~transference** *no indef. art.;* **~verloren** *Adv.* lost in thought; **~voll** *Adj.* pensive; thoughtful; **2.** *adv.* pensively; thoughtfully; **~vorbehalt der** *(Rechtsw.)* mental reservation; **~welt die** intellectual world

gedanklich [gə'daŋklɪç] **1.** *Adj.; nicht präd.* intellectual; **ein ~er Fehler** an error in reasoning; **die ~e Klarheit in diesem Werk** the clarity of thought in this work. **2.** *adv.* intellectually

Gedärm [gə'dɛrm] **das;** ~[e]s, ~e intestines *pl.;* bowels *pl.;* *(eines Tieres)* entrails *pl.*

Gedeck das; ~[e]s, ~e **a)** place setting; cover; **ein ~ auflegen** lay *or* set a place; **b)** *(Menü)* set meal; **c)** *(Getränk)* drink [with a cover charge]

gedeckt 1. 2. *Part. v.* **decken. 2.** *Adj.* subdued; muted; *s. auch* **Apfelkuchen**

Gedeih in auf ~ und Verderb for good or ill; for better or [for] worse; **jmdm. auf ~ und Verderb ausgeliefert sein** be entirely at sb.'s mercy

gedeihen [gə'daɪ̯ən] *unr. itr. V.;* **mit sein a)** thrive; *(wirtschaftlich)* flourish; prosper; **gut/schlecht gedeihen** have/not have thrived; **b)** *(fortschreiten)* progress; **noch nicht sehr weit gediehen sein** have not yet progressed very far

gedeihlich 1. *Adj. (geh.)* thriving, flourishing, successful ⟨business⟩; successful ⟨development, co-operation⟩; beneficial ⟨effect etc.⟩. **2.** *adv.* successfully

ge·denken *unr. itr. V.* **a)** *(geh.: zurückdenken, sich erinnern)* **jmds./einer Sache** *od.* *(schweiz.)* **jmds./einer Sache** *(Dat.)* **~:** remember sb./sth.; *(erwähnen)* recall sb./sth.; *(in einer Feier)* commemorate sb./sth.; **b)** *(beabsichtigen)* intend

Gedenken das; ~s *(geh.)* remembrance; memory; **Worte des ~s** words of remembrance; **zum ~ an jmdn./etw.** in memory *or* remembrance of sb./sth.

Gedenk-: ~feier die commemoration; commemorative ceremony; **~gottes·dienst der** *s.* **Gedächtnisgottesdienst**; **~marke die** *(Philat.)* commemorative stamp; **~minute die** minute's silence; **eine ~minute einlegen** observe a minute's silence; **~münze die** commemorative coin; **~rede die** commemorative speech; **~stätte die** memorial; **~stein der** memorial *or* commemorative stone; **~stunde die** hour of commemoration; **~tafel die** commemorative plaque; **~tag der** day of remembrance; commemoration day

Gedicht das; ~[e]s, ~e poem; **Goethes ~e** Goethe's poetry *sing. or* poems; **das Steak/Kleid ist ein ~** *(fig. ugs.)* the steak is just superb/the dress is just heavenly

Gedicht-: ~interpretation die interpretation of a poem; **~sammlung die** collection of poems; *(von mehreren Dichtern)* anthology of poetry *or* verse; poetry anthology

gediegen [gə'diːgn̩] **1.** *Adj.* **a)** *(solide)* solid, solidly-made ⟨furniture⟩; sound, solid ⟨piece of work⟩; well-made ⟨clothing⟩; **~e Kenntnisse** *od.* **~es Wissen** sound knowledge; **ein ~er Charakter** a sterling character; **b)** *(rein)* pure ⟨gold, silver, etc.⟩; *(in der Natur rein vorkommend)* native ⟨metal⟩; **c)** *(ugs.: komisch)* hilarious; **eine ~e Marke/Type** sein be good fun *(coll.);* **d)** *(wunderlich)* odd; peculiar. **2.** *adv.* **~ gebaut/verarbeitet** solidly built/made

Gediegenheit die; ~: solidity; *(von Kleidung)* sound manufacture; *(von Metall)* purity

gedieh [gə'diː] *1. u. 3. Pers. Sg. Prät. v.* **gedeihen**

gediehen *2. Part. v.* **gedeihen**

gedient 1. *2. Part. v.* **dienen. 2.** *Adj.* **ein ~er Soldat** a former soldier

Gedinge das; ~s, ~ *(Bergmannsspr.: Akkordlohn)* piece-rate pay; *(Vereinbarung)* piece-work agreement; **im ~ arbeiten** work on a piece-work basis

Gedöns [gə'døːns] **das;** ~es *(landsch.)* fuss; **ein ~ machen** make a fuss

Gedränge das; ~s **a)** *(das Drängeln)* pushing and shoving; *(Menschenmenge)* crush; **vor der Theaterkasse herrschte ein großes ~:** there was a big crush in front of the box-office; **b)** **in ins ~ kommen** *od.* **geraten** get into difficulties; **mit dem Termin/der Zeit ins ~ kommen** *od.* **geraten** have problems meeting the deadline/get into difficulties through lack of time; **d)** *(Rugby)* scrum; scrummage

gedrängt 1. *2. Part. v.* **drängen. 2.** *Adj.* compressed, condensed ⟨account⟩; terse, succinct ⟨style, description⟩; crowded ⟨timetable, agenda⟩. **3.** *adv.* **~ schreiben** write succinctly *or* tersely; **etw. ~ behandeln** treat sth. in a condensed form

gedroschen [gə'drɔʃn̩] *2. Part. v.* **dreschen**

gedrückt 1. *2. Part. v.* **drücken. 2.** *Adj.* dejected, depressed ⟨mood⟩

gedrungen [gə'drʊŋən] **1.** *2. Part. v.* **dringen. 2.** *Adj.* stocky; thick-set

Gedrungenheit die; ~: stockiness
Gedudel das; ~s (ugs. abwertend) tootling; (im Radio) noise
Geduld [gə'dʊlt] die; ~: patience; meine ~ ist erschöpft/am Ende my patience is exhausted/at an end; die ~ verlieren lose one's patience; keine ~ [zu etw.] haben have no patience [with sth.]; mit jmdm. ~ haben be patient with sb.; haben Sie bitte noch ein wenig ~: please bear with me/us etc. a little while longer; ihm riß die ~: his patience snapped or gave way; mir reißt die ~: my patience is wearing thin; I'm losing all patience; sich in ~ fassen exercise or have patience; mit ~ und Spucke (fig. salopp) with a little patience [and ingenuity]
gedulden refl. V. be patient; ~ Sie sich bitte ein paar Minuten please be so good as to wait a few minutes
geduldig 1. Adj. patient; ein ~er Patient a good patient; ~ wie ein Lamm meek as a lamb. 2. adv. patiently
Gedulds-: **~faden** der in mir/ihm etc. reißt der ~faden (ugs.) my/his etc. patience is wearing thin; **~probe** die trial of one's patience; das ist eine harte ~probe für mich that sorely tries my patience; auf eine harte ~probe gestellt werden have one's patience sorely tried; **~spiel** das puzzle; (fig.) Chinese puzzle
gedungen [gə'dʊŋən] 2. Part. v. dingen
gedunsen [gə'dʊnzn̩] Adj. s. aufgedunsen
gedurft [gə'dʊrft] 2. Part. v. dürfen
geeignet 1. 2. Part. v. eignen. 2. Adj. suitable; (richtig) right; er ist der ~e Mann für diese Aufgabe he's the right man for this job; im ~en Augenblick at the right moment; ich war für diese Arbeit nicht ~: I wasn't suited to the work
Geest [ge:st] die; ~: sandy heathland on N. German coast
Gefahr die; ~, ~en a) (gefährliche Lage) danger; (Bedrohung) danger; threat; die ~en meines Berufs the hazards of my job; die ~en des Dschungels the perils of the jungle; eine ~ für jmdn./etw. a danger to sb./sth.; in ~ kommen/geraten get into danger; jmdn./etw. in ~ bringen put sb./sth. in danger; sich in ~ begeben put oneself in danger; expose oneself to danger; in ~ sein be in danger; ⟨rights, plans⟩ be in jeopardy or peril; außer ~ sein be out of danger; bei ~: in case of emergency; sie liebt die ~: she likes living dangerously; b) (Risiko) risk; jmdn./sich einer ~ aussetzen run or take a risk; es besteht die Gefahr, daß ...: there is a danger or risk that ...; auf die ~ hin, daß das passiert at the risk of that happening; ~ laufen, etw. zu tun risk or run the risk of doing sth.; auf eigene ~: at one's own risk; wer sich in ~ begibt, kommt darin um if you keep on taking risks, you'll come to grief eventually
gefahr·bringend Adj. dangerous
gefährden [gə'fɛ:ɐdn̩] tr. V. endanger; jeopardize ⟨enterprise, success, position, etc.⟩; (aufs Spiel setzen) put at risk; sich ~: put oneself in danger
gefährdet Adj. ⟨people, adolescents, etc.⟩ at risk postpos.
Gefährdung die; ~, ~en a) o. Pl. endangering; (eines Unternehmens, einer Position usw.) jeopardizing; b) (Gefahr) threat (+ Gen. to)
gefahren 2. Part. v. fahren
Gefahren-: **~bereich** der danger area or zone; **~herd** der source of danger; **~quelle** die source of danger; **~zone** die danger zone or area; **~zulage** die danger money no indef. art.
gefährlich [gə'fɛ:ɐlɪç] 1. Adj. dangerous; (gewagt) risky; ein Mann im ~en Alter (fig.) a man at a dangerous age; [für jmdn./etw.] ~ sein be dangerous [for sb./sth.]; er könnte mir ~ werden he could be a threat or a

danger to me; (fig.) I could fall for him [in a big way]; das ist [alles] nicht so ~: it's not disastrous; ein ~er Plan/~es Unternehmen a risky plan/enterprise; ein ~es Spiel treiben play a dangerous game. 2. adv. dangerously
Gefährlichkeit die; ~: dangerousness; (Gewagtheit) riskiness
gefahr·los 1. Adj. safe. 2. adv. safely
Gefahr·losigkeit die; ~: safety; safeness
Gefährte der; ~n, ~n, **Gefährtin** die; ~, ~en (geh.) companion; (Ehemann/Ehefrau) partner in life
gefahr·voll Adj. dangerous; perilous
Gefälle [gə'fɛlə] das; ~s, ~ a) (Neigungsgrad) slope; incline; (eines Flusses) drop; (einer Straße) gradient; ein ~ von fünf Prozent a gradient of one in twenty or of five per cent; das Gelände hat ein leichtes ~: the land slopes gently; b) (Unterschied) difference; das geistige/soziale ~: the difference in intellect/social class
¹**gefallen** unr. itr. V. a) das gefällt mir I like it; das gefällt mir sehr gut/gar nicht I like it very much or (coll.) a lot/doesn't like it at all; es gefiel ihr, wie er sich bewegte she liked the way he moved; zu ~ wissen know how to make oneself liked [by everyone]; weißt du, was mir an dir/dem Bild so gut gefällt? do you know what I like so much about you/the picture?; mir gefällt es hier I like it here; er gefällt mir [ganz und gar] nicht (ugs.: sieht krank aus) he looks in a bad way to me (coll.); die Sache gefällt mir nicht (ugs.) I don't like [the look of] it (coll.); wenn es dem Herrn gefällt (ugs.) if it please God; if it is God's will; b) (ugs.) in sich (Dat.) etw. ~ lassen put up with sth.; das lasse ich mir nicht länger ~: I won't put up with it or stand for it any longer; das lasse ich mir ~! there's nothing I like better; that's just the job (coll.); c) (abwertend) sich (Dat.) in einer Rolle ~: enjoy or like playing a role; fancy oneself in a role (coll.); er gefällt sich in der Rolle des Intellektuellen he likes playing the intellectual; er gefällt sich in Übertreibungen he likes to exaggerate
²**gefallen** 1. 2. Part. v. fallen, gefallen. 2. Adj. ⟨angel etc.⟩; ein ~es Mädchen (veralt.) a fallen woman
¹**Gefallen** der; ~s, ~: favour; jmdm. einen ~ tun od. erweisen do sb. a favour; tu mir den od. einen ~, und ...! (ugs.) do me a favour and ...; jmdn. um einen ~ bitten ask a favour of sb.
²**Gefallen** das; ~s pleasure; etw. mit ~ betrachten get pleasure from or enjoy looking at sth.; an jmdm./jmdm. einander ~ finden take pleasure in sb./each other; an etw. (Dat.) ~ finden get or derive pleasure from sth.; enjoy sth.; jmdm. etw. zu ~ tun do sth. to please sb.
Gefallene der; adj. Dekl. soldier killed in action; die ~n the fallen; those killed or those who fell in action
Gefallenen·denkmal das war memorial
Gefälle·strecke die incline
ge·fällig 1. Adj. a) (hilfsbereit) obliging; helpful; jmdm. ~ sein oblige or help sb.; sich ~ zeigen/[als] ~ erweisen show oneself willing to oblige or help; b) (anziehend) pleasing; agreeable; pleasant, agreeable ⟨programme, behaviour⟩; c) nicht attr. (gewünscht) folgen Sie mir, wenn's ~ ist! follow me, if you please; noch ein Kaffee ~? would you like or care for another coffee?. 2. adv. pleasingly; agreeably
Gefälligkeit die; ~, ~en a) (Hilfeleistung) favour; jmdm. eine [kleine] ~ erweisen do sb. a [small] favour; b) o. Pl. (Hilfsbereitschaft) obligingness; helpfulness; etw. aus reiner ~ tun do sth. just to be obliging; c) (ansprechende Art) agreeableness; pleasantness
Gefälligkeits·akzept das; **Gefällig-**

keits·wechsel der (Bankw.) accommodation bill
gefälligst [gə'fɛlɪçst] Adv. (ugs.) kindly; laß das ~! kindly stop that
Gefäll·strecke die s. Gefällestrecke
Gefall·sucht die; ~; o. Pl. (veralt.) vanity
gefall·süchtig Adj. (veralt.) vain
gefangen 2. Part. v. fangen
Gefangene der/die; adj. Dekl. a) prisoner; captive; ~ machen take prisoners; b) (Häftling, Kriegs~) prisoner
Gefangenen-: **~austausch** der exchange of prisoners; **~befreiung** die (Rechtsw.) aiding and abetting the escape of a prisoner; **~haus** das (österr.) s. Gefängnis; **~lager** das prisoner of war camp; prison camp
gefangen-, Gefangen-: **~|halten** unr. tr. V. a) jmdn./ein Tier ~ hold sb. prisoner or captive/keep an animal in captivity; b) (geh.: begeistern) jmdn./jmds. Aufmerksamkeit ~halten hold sb. enthralled/rivet sb.'s attention; **~nahme** die; ~: capture; bei seiner ~nahme when he was captured; **~|nehmen** tr. V. a) jmdn. ~nehmen capture sb.; take sb. prisoner; b) (begeistern) captivate; enthral
Gefangenschaft die; ~, ~en captivity; in ~ sein/geraten be a prisoner/be taken prisoner; in russischer ~ sein be a prisoner of the Russians
gefangen|setzen tr. V. (geh.) imprison
Gefängnis [gə'fɛŋnɪs] das; ~ses, ~se a) (Strafanstalt) prison; gaol; jail; jmdn. ins ~ bringen/werfen put/throw sb. in[to] prison; im ~ sein od. sitzen be in prison; ins ~ kommen be sent to prison; mit einem Bein od. Fuß im ~ stehen be only just on the right side of the law; b) (Strafe) imprisonment; darauf steht ~: that is punishable by imprisonment or a prison sentence; ein Vergehen mit ~ bestrafen punish an offence with imprisonment; jmdn. zu zwei Jahren ~ verurteilen sentence sb. to two years' imprisonment or two years in prison
Gefängnis-: **~arzt** der prison doctor; **~direktor** der prison governor; **~geistliche** der prison chaplain; **~haft** die imprisonment; **~hof** der prison yard; **~kleidung** die prison uniform; **~mauer** die prison wall; **~strafe** die prison sentence; eine ~strafe verbüßen od. (ugs.) absitzen serve a prison sentence; eine ~strafe von sechs Monaten six months' imprisonment; six months in prison; jmdn. zu einer ~strafe [von acht Monaten] verurteilen send sb. to prison [for eight months]; **~wärter** der prison officer; [prison] warder; **~zelle** die prison cell
Gefasel das; ~s (ugs. abwertend) twaddle (coll.); drivel (derog.)
Gefäß [gə'fɛ:s] das; ~es, ~e a) (Behälter) vessel; container; b) (Med.) vessel; c) (Fechten) coquille
gefäß-, Gefäß-: **~erweiternd** (Med.) 1. Adj. vaso-dilating; 2. adv. ~erweiternd wirken have a vaso-dilating effect; **~erweiterung** die (Med.) vascular dilation; **~leiden** das (Med.) vascular complaint
gefaßt [gə'fast] 1. 2. Part. v. fassen. 2. Adj. a) (beherrscht) calm; composed; mit ~er Haltung mit composure; mit ~er Stimme in a calm voice; b) in auf etw. (Akk.) [nicht] ~ sein [not] be prepared for sth.; sich auf etw. (Akk.) ~ machen prepare oneself for sth.; der kann sich auf was ~ machen (ugs.) he'll catch it or be for it (coll.). 3. adv. calmly; with composure
Gefaßtheit die calmness; composure
gefäß-, Gefäß-: **~verengend** (Med.) 1. Adj. vaso-constrictive; 2. adv. ~verengend wirken have a vaso-constrictive effect; **~verengung** die (Med.) vaso-constriction; vascular constriction; **~wand** die (Med.) vascular wall

Gefecht das; ~[e]s, ~e a) battle; engagement *(Milit.);* ein schweres/kurzes ~: fierce fighting/a skirmish; sich *(Dat.)*/dem Feind ein ~ liefern engage each other/the enemy in battle; die Truppen ins ~ führen lead the troops into battle; ein hitziges ~ *(fig.)* a heated exchange; jmdn./etw. außer ~ setzen put sb./sth. out of action; klar zum ~! *(Marine)* clear for action!; b) *(Fechten)* bout; *s. auch* Eifer

gefechts-, Gefechts-: ~ausbildung die *(Milit.)* combat training; battle training; ~bereich der *(Milit.)* battle zone; battle area; combat zone *(Amer.);* ~bereit *Adj. (Milit.)* ready for action *or* battle *postpos.;* combat-ready; ~bereitschaft die *(Milit.),* readiness for action; readiness for battle; sich in ~bereitschaft befinden be ready for action *or* battle; ~einheit die *(Milit.)* fighting unit; ~klar *Adj. s.* ~bereit; ~kopf der *(Milit.)* warhead; ~mäßig *(Milit.)* 1. *Adj.* ⟨equipment⟩ for active service; combat ⟨firing practice, formation, etc.⟩; 2. *adv.* ~mäßig ausgerüstet equipped for active service *or* for battle; ~pause die lull in the fighting; ~stand der *(Milit.)* battle headquarters *pl.;* command post; *(Luftw.)* operations room; ~stärke die *(Milit.)* fighting strength; ~turm der *(Milit.)* turret; ~übung die *(Milit.)* combat exercise; field exercise

gefedert *2. Part. v.* federn
gefehlt 1. *2. Part. v.* fehlen. *2. Adj.* weit ~! wide of the mark!
Gefeilsche das; ~s haggling
gefeit *2. Part. v.* feien
gefestigt 1. *2. Part. v.* festigen. *2. Adj.* assured ⟨beliefs⟩; secure ⟨person⟩; established ⟨tradition⟩
Gefiedel das; ~s *(abwertend)* fiddling
Gefieder [gə'fiːdɐ] *das;* ~s, ~: plumage; feathers *pl.*
gefiedert *Adj.* a) *(mit Federn)* feathered; unsere ~en Freunde our feathered friends; b) *(Bot.)* pinnate; paarig/unpaarig ~: abruptly pinnate/odd-pinnate
Gefilde [gə'fɪldə] *das;* ~s, ~ *(geh.)* anmutige/sonnige ~: pleasant/sunny climes *(literary);* die ~ der Seligen *(griech. Myth.)* the Elysian Fields; wieder in heimatlichen ~n sein *(scherzh.)* be back under one's native skies
gefingert 1. *2. Part. v.* fingern. *2. Adj. (Bot.)* digitate[d]; palmate
gefinkelt [gə'fɪŋkl̩t] *Adj. (österr.)* cunning; crafty; shrewd
geflammt 1. *2. Part. v.* flammen. *2. Adj.* mottled, wavy-grained ⟨wood⟩; mottled ⟨tile⟩; watered, moiré ⟨silk, fabric⟩
Geflatter das; ~s fluttering
Geflecht das; ~[e]s, ~e a) *(Flechtwerk)* wickerwork *no art.;* ein ~ aus Binsen interlaced rushes *pl.;* b) *(fig.: dichtes Netz)* tangle; ein wirres/dichtes ~ von Zweigen und Wurzeln a tangled/dense network of twigs and roots
gefleckt 1. *2. Part. v.* flecken. *2. Adj.* spotty, blotchy ⟨skin, face⟩; spotted ⟨leopard skin⟩
Geflenne das; ~s *(ugs. abwertend)* bawling; blubbering
Geflimmer das; ~s *(auf dem Bildschirm, auf der Filmleinwand)* flickering; *(von Sternen)* twinkling
geflissentlich [gə'flɪsn̩tlɪç] 1. *Adj.; nicht präd.* a) *(absichtlich)* deliberate; b) *(Amtsspr. veralt.: freundlich)* zu Ihrer ~en Kenntnisnahme/Beachtung for your information/for your esteemed consideration. *2. adv.* deliberately; jmdm. ~ aus dem Wege gehen studiously avoid sb.
geflochten [gə'flɔxtn̩] *2. Part. v.* flechten
geflogen [gə'floːɡn̩] *2. Part. v.* fliegen
geflohen [gə'floːən] *2. Part. v.* fliehen
geflossen [gə'flɔsn̩] *2. Part. v.* fließen

Gefluche das; ~s *(ugs. abwertend)* swearing; cursing
Geflügel das; ~s *(Federvieh, Fleisch)* poultry
Geflügel-: ~farm die poultry farm; ~haltung die poultry-farming; ~händler der poulterer; ~handlung die poulterer's [shop]; ~salat der chicken salad/turkey salad *etc.;* ~schere die poultry shears *pl.*
geflügelt *Adj.* winged ⟨insect, seed⟩; ein ~es Wort *(fig.)* a standard *or* familiar quotation
Geflügel-: ~zucht die poultry-breeding; ~züchter der poultry-breeder
Geflunker das; ~s *(ugs.)* fibbing *(coll.)*
Geflüster das; ~s whispering
gefochten [gə'fɔxtn̩] *2. Part. v.* fechten
Gefolge das; ~s, ~ a) *(Begleitung)* entourage; retinue; etw. im ~ haben lead to sth.; bring sth. in its wake; b) *(Trauergeleit)* cortège
Gefolgschaft die; ~, ~en *o. Pl. (Gehorsam)* jmdm. ~ leisten obey *or* follow sb.; give one's allegiance to sb.; jmdm. die ~ aufsagen *od.* kündigen refuse to obey sb. any longer; renounce one's allegiance to sb.; jmdm. die ~ verweigern refuse to obey *or* follow sb.; refuse to give sb. one's allegiance; b) *(hist.)* band of young nobles bound to a peer leader by an oath of fealty; ≈ followers *pl.*
Gefolgs·mann der; *Pl.* -männer *od.* -leute member of a Gefolgschaft; ≈ follower; *(fig.)* follower
Gefrage das; ~s *(abwertend)* questions *pl.*
gefragt 1. *2. Part. v.* fragen. *2. Adj.* ⟨artist, craftsman, product⟩ in great demand; sought-after ⟨artist, craftsman, product⟩; ~ sein *od.* werden be in great demand
gefräßig [gə'frɛːsɪç] *Adj. (abwertend)* greedy; gluttonous; voracious ⟨animal, insect⟩
Gefräßigkeit die; ~ *(abwertend)* greediness; gluttony; *(von Tieren)* voracity
Gefreite [gə'fraɪtə] *der; adj. Dekl. (Milit.)* lance-corporal *(Brit.);* private first class *(Amer.); (Marine)* able seaman; *(Luftw.)* aircraftman first class *(Brit.);* airman third class *(Amer.)*
gefressen *2. Part. v.* fressen
Gefrier-: ~anlage die freezing plant; ~apparat der freezing unit; freezer
gefrieren 1. *unr. itr. V.;* mit sein *(auch fig.)* freeze; *s. auch* Blut. 2. *unr. tr. V. (einfrieren)* freeze
gefrier-, Gefrier-: ~fach das freezing compartment; ~fleisch das frozen meat; ~gemüse das frozen vegetables *pl.;* ~getrocknet *2. Part. v.* ~trocknen; ~gut das frozen food; ~punkt der freezing-point; Temperaturen über/unter dem ~punkt temperatures above/below freezing; ~raum der freezer; deep-freeze room; ~schrank der [upright] freezer; ~schutz·mittel das *s.* Frostschutzmittel; ~|trocknen *tr. V.;* meist im *Inf. u. 2. Part.* freeze-dry; ~truhe die [chest] freezer
gefroren [gə'froːrən] *2. Part. v.* frieren, gefrieren
Gefror[e]ne das; *adj. Dekl. (südd., österr.)* ice cream
Gefrotzel das; ~s *(ugs.)* ribbing *(coll.)*
Gefuchtel das; ~s gesticulating
Gefüge das; ~s, ~ a) *(Zusammengefügtes)* structure; construction; ein ~ aus Balken/Steinen a construction of beams/stones; b) *(Aufbau, Struktur)* structure; das syntaktische ~: the syntactical structure; das wirtschaftliche/soziale ~: the economic/social fabric
gefügig *Adj.* submissive; compliant; docile ⟨animal⟩; ein ~es Werkzeug *(fig.)* a willing tool; sich *(Dat.)* jmdn. ~ machen/jmdn. seinen Wünschen ~ machen make sb. submit to one's will/one's wishes

Gefügigkeit die; ~: submissiveness; compliance; *(von Tieren)* docility
Gefühl das; ~s, ~e a) *(Wahrnehmung)* sensation; feeling; ein ~ für Wärme und Kälte haben be able to feel *or* tell the difference between hot and cold; kein ~ im Arm haben have no feeling in one's arm; ein ~ des Schmerzes/der Kälte a sensation of pain/cold; b) *(Gemütsverfassung)* feeling; ein ~ der Einsamkeit/der Scham a sense *or* feeling of loneliness/shame; ein beglückendes/beängstigendes ~ überkam/ergriff sie she was filled with a feeling of happiness/gripped by a feeling of anxiety; kein ~ haben have no feelings; mit gemischten ~en with mixed feelings; drei Mark sind das höchste der Gefühle *(ugs.)* three marks is the most I'm prepared to pay; *(was man dafür verlangen kann)* it won't fetch more than three marks; c) *(Ahnung)* feeling; ein/das ~ haben, als ob ...: have a/the feeling that ...; etw. im ~ haben have a feeling *or* a premonition of sth.; d) *(Verständnis, Gespür)* sense; instinct; ein ~ für Rhythmus/Gut und Böse a sense of rhythm/right and wrong; sich auf sein ~ verlassen trust one's feelings *or* instinct; etw. nach ~ tun do sth. by instinct
gefühlig *Adj. (abwertend)* mushy, mawkish ⟨play, film, etc.⟩; mawkish ⟨person⟩
gefühl·los *Adj.* a) *(ohne Wahrnehmung)* numb; ~ gegen Schmerzen insensitive to pain; b) *(herzlos, kalt)* unfeeling; callous
Gefühllosigkeit die; ~, ~en a) numbness; lack of sensation; b) *(Mangel an Mitleid)* unfeelingness; callousness
gefühls-, Gefühls-: ~aktiv *Adj.* supersensitive, extra sensitive ⟨condom⟩; ~arm *Adj.* lacking in feeling; ~ausbruch der outburst of feeling; ~betont 1. *Adj.* emotional ⟨speech, argument⟩; 2. *adv.* ~betont handeln be guided by one's emotions; ~dinge *Pl.* emotional matters *pl.;* ~duselei [-duːzə'laɪ] die; ~ *(ugs. abwertend)* mawkishness; mawkish sentimentality; ~kalt *Adj.* a) cold; unfeeling; b) *(frigide)* frigid; ~kälte die a) coldness; unfeelingness; b) *(Frigidität)* frigidity; ~leben das emotional life; ~mäßig 1. *Adj.* emotional ⟨reaction⟩; ⟨action⟩ based on emotion; 2. *adv.* es hat sich ~mäßig auf ihn stark ausgewirkt it has affected him deeply; rein ~mäßig würde ich sagen, daß ...: my own, purely instinctive, feeling would be to say that ...; ~mensch der emotionalist; person guided by his/her emotions; ~nerv der sensory nerve; ~regung die emotion; ~roheit die callousness; ~sache die matter of feel *or* instinct; ~tiefe die *(geh.)* depth of feeling; ~überschwang der flood of emotion; in seinem ~überschwang carried away by emotion; ~welt die emotions *pl.*
gefühl·voll 1. *Adj.* a) *(empfindsam)* sensitive; b) *(ausdrucksvoll)* expressive. 2. *adv.* sensitively; expressively; with feeling
gefüllt 1. *2. Part. v.* füllen. 2. ~e Bonbons sweets *(Brit.) or (Amer.)* candies with centres; ~e Tomaten/Paprikaschoten stuffed tomatoes/peppers; ~er Flieder/~e Geranien double lilac/geraniums; eine [gut] ~e Brieftasche a well-stuffed *or* bulging wallet
Gefummel das; ~s *(ugs. abwertend)* a) fiddling *(coll.);* laß doch das ~ an der Tischdecke! stop fiddling with the table-cloth!; b) *(erotisch)* pawing *(coll.)*
gefunden [gə'fʊndn̩] *2. Part. v.* finden; *s. auch* Fressen b
gefurcht 1. *2. Part. v.* furchen. *2. Adj.* lined; wrinkled
gefürchtet 1. *2. Part. v.* fürchten. *2. Adj.* dreaded; feared ⟨despot, opponent⟩
gefüttert *2. Part. v.* füttern
gegabelt 1. *2. Part. v.* gabeln. *2. Adj.* forked ⟨branch, stick, tail⟩

Gegacker das; ~s a) *(dauerndes Gackern)* cackling; b) *(ugs.: Kichern)* giggling
gegangen 2. Part. v. **gehen**
gegeben 1. 2. Part. v. **geben**. 2. *Adj.* a) *(vorhanden)* given; etw. als ~ voraussetzen/hinnehmen take sth. for granted; aus ~em Anlaß for certain reasons *(specified or not)*; aus ~em Anlaß kann ich nicht umhin, auch einige Worte der Kritik zu äußern [there are reasons why] I cannot refrain from offering some criticisms; unter den ~en Umständen in these circumstances; eine ~e Größe/Zahl *(Math.)* a given magnitude/number; b) *(passend)* right; proper; das ist das gegebene that's the best thing; zu ~er Zeit in due course; at the appropriate time
gegebenen·falls *Adv.* should the occasion arise; *(wenn nötig)* if necessary; *(auf einem Formular)* if applicable
Gegebenheit die; ~, ~en; *meist Pl.* condition; *(Tatsache)* fact; die wirtschaftlichen und sozialen ~en the economic and social conditions
gegen ['ge:gn̩] 1. *Präp. mit Akk.* a) towards; *(an)* against; das Dia ~ das Licht halten hold the slide up to *or* against the light; ~ die Tür schlagen bang on the door; ~ etw. stoßen knock into *or* against sth.; das ist [nicht] ~ Sie gerichtet that is [not] aimed against you; ein Mittel ~ Husten/Krebs a cough medicine/a cure for cancer; ~ jmdn. spielen/gewinnen play [against] sb./win against sb.; etwas/nichts ~ jmdn. haben have something/nothing against sb.; ~ die Abmachung contrary to *or* against the agreement; ~ alle Vernunft/bessere Einsicht against all reason/one's better judgement; ~ jmds. Willen/Befehl against *or* contrary to sb.'s wishes/orders; b) *(ungefähr um)* ~ Abend/Morgen towards evening/dawn; ~ 4⁰⁰ nachts around 4 a.m. *or* 4 o'clock in the morning; c) *(im Vergleich zu)* compared with; in comparison with; ~ gestern compared with yesterday; ich wette hundert ~ eins, daß er ... : I'll bet you a hundred to one he ...; d) *(im Ausgleich für)* for; etw. ~ bar verkaufen/tauschen sell/exchange sth. for cash; etw. ~ Quittung erhalten receive sth. against a receipt; e) *(veralt.: gegenüber)* ~ jmdn. freundlich/höflich sein be pleasant/polite to *or* towards sb.; ~ jmdn./sich streng sein be strict with sb./oneself. 2. *Adv. (ungefähr)* about; around
Gegen-: ~**angebot** das counter-offer; ~**angriff** der counter-attack; zum ~angriff ansetzen mount *or* launch a counter-attack; ~**antrag** der *(im Parlament)* countermotion; ~**anzeige** die *(Med.)* contraindication; ~**argument** das counterargument; ~**beispiel** das example to the contrary; counter-example; ~**beschuldigung** die counterchage, counteraccusation; ~**besuch** der return visit; ~**bewegung** die a) counter-movement; b) *(Musik) (bei der Melodie)* inversion; *(bei Tonleitern usw.)* contrary motion; ~**beweis** der evidence to the contrary, counter-evidence *no indef. art., no pl.*; den ~beweis antreten *od.* führen produce evidence to the contrary *or* counter-evidence; ~**buchung** die *(Buchf.)* cross-entry
Gegend ['ge:gn̩t] die; ~, ~en a) *(Landschaft)* landscape; *(geographisches Gebiet)* region; die ~ ist flach/gebirgig the region is flat/mountainous; durch die ~ latschen/kurven *(salopp)* traipse around *(coll.)*/drive around; in der ~ herumbrüllen *(salopp)* bawl one's head off *(coll.)*; b) *(Umgebung)* area; neighbourhood; *(Stadtviertel)* district; neighbourhood; in der ~ von/um Hamburg in the Hamburg area; in der ~ des Parks in the neighbourhood of the park; ein Einbrecher/eine Jugendbande macht die ~ unsicher *(ugs.)* there is a burglar about in the neighbourhood/a gang of youths are making a nuisance of themselves in this area; c) in der ~ des Magens/der Leber in the region of the stomach/the liver; d) *(Richtung)* direction

Gegen-: ~**darstellung** die: eine ~darstellung [der Sache] an account [of the matter] from an opposing point of view; ~**demonstration** die counter-demonstration; ~**dienst** der service in return; *(Gefälligkeit)* favour in return; ~**druck** der counter-pressure; *(fig.)* resistance

gegen·einander *Adv.* a) against each other *or* one another; *(im Austausch)* man tauschte die Geiseln ~ aus the hostages were exchanged; es ist schwierig, diese beiden Begriffe/Epochen ~ abzugrenzen it is difficult to distinguish these two concepts/to divide these two periods from each other; die beiden haben etwas ~: those two have got something against each other; b) *(zueinander)* to[wards] each other *or* one another

Gegen·einander das; ~s conflict

gegeneinander-: ~**|halten** *unr. tr. V.* a) *(nebeneinanderhalten)* zwei Dinge ~halten hold two things up together *or* side by side; b) *(vergleichen)* compare; put side by side; ~**|prallen** *itr. V.*; *mit sein* collide; ~**|schlagen** 1. *unr. tr. V.* beat against each other; knock ⟨heads⟩ against each other; strike ⟨flints⟩ against each other; 2. *unr. itr. V.*; *mit sein* bang against each other; ~**|stellen** *itr. V.* a) Bretter/Fahrräder ~stellen stand planks/bicycles [up] against one another; b) *(vergleichen)* compare; put side by side

gegen-, Gegen-: ~**entwurf** der alternative draft; ~**erklärung** die counter-statement; rebuttal; ~**fahrbahn** die opposite carriageway; ~**forderung** die a) *(Forderung eines Schuldners)* counter-claim; ~**frage** die question in return; auf eine Frage mit einer ~frage antworten answer a question with another question; ~**gabe** die *(geh.)* present *or* gift in return; ~**gerade** die *(Leichtathletik)* back straight; ~**gewalt** die counter-violence; ~**gewicht** das counterweight; ein ~gewicht zu *od.* gegen etw. bilden *(fig.)* counterbalance sth.; ~**gift** das antidote; ~**grund** der *s. Grund c*; ~**|halten** *unr. tr., itr. V. (nordd. ugs.)* [die Hand/den Finger] ~halten hold one's hand/finger against it; ~**kandidat** der opposing candidate; rival candidate; ~**klage** die *(Rechtsw.)* counter-claim; countercharge; ~**klage** [gegen jmdn.] erheben bring a counter-claim *or* counter-charge/countercharges *pl.* [against sb.]; ~**kläger** der *(Rechtsw.)* counterclaimant; ~**könig** der *(hist.)* rival claimant to the throne; ~**kraft** die opposing force; counter-force; ~**kultur** die counter-culture; alternative culture; ~**kurs** der *(Flugw.)* reciprocal course; auf ~kurs gehen set a reciprocal course; *(fig.)* steer an opposite course; ~**läufig** 1. *Adj.* opposed ⟨pistons⟩; contra-rotating ⟨propellers⟩; eine ~läufige Entwicklung/Tendenz *(fig.)* a reverse development/trend; 2. *adv.* sich ~läufig bewegen ⟨pistons⟩ be opposed; ⟨propellers⟩ contra-rotate; ~**leistung** die service in return; consideration; als ~leistung für etw. in return for sth.; zu einer ~leistung bereit sein be prepared to do sth. in return; ~**|lenken** *itr. V.* turn the wheel to correct the line; ~**|lesen** *unr. tr. V.* read as a check

Gegen·licht das; *o. Pl. (bes. Fot.)* backlighting

Gegenlicht·aufnahme die *(Fot.)* photograph taken/taking a picture against the light; contre-jour photograph

gegen-, Gegen-: ~**liebe** die *in* [bei jmdm.] ~liebe finden *od.* auf ~liebe stoßen find favour [with sb.]; ~**maßnahme** die counter-measure; ~**meinung** die opposing *or* dissenting view; ~**mittel** das *(gegen Gift)* antidote; *(gegen Krankheit)* remedy; ein ~mittel für ein Gift/gegen eine Krankheit an antidote for *or* to a poison/a remedy for a disease; ~**mutter** die *(Technik)* locking nut; lock-nut; ~**offensive** die *(Milit.)* counter-offensive; ~**papst** der *(hist.)* antipope; ~**part** der *(geh.)* counterpart; *(Gegner)* opponent; ~**partei** die opposing side; other side; *(Sport)* opposing side *or* team; ~**plan** der *(DDR Wirtsch.)* counter-plan *(to supplement the national economic plan)*; ~**pol** der *(auch fig.)* opposite pole; *(Math.)* antipole; ~**probe** die a) *(einer Behauptung, These)* cross-check; durch die ~probe by cross-checking; die ~probe machen carry out a cross-check; *(bei einer Rechnung)* work the sum the other way round; b) *(bei Abstimmungen durch Handzeichen od. Aufstehen)* recount in which the opposite motion is put; ~**propaganda** die counter-propaganda; ~**rechnung** die contra account; check account; [jmdm.] die ~rechnung aufmachen make out a contra account for sb.; *(fig.)* reply with one's own set of figures; ~**rede** die a) *(geh.: Erwiderung)* reply; rejoinder; Rede und ~rede dialogue; ein amüsantes Spiel von Rede und ~rede an amusing series of exchanges; b) *(Widerrede)* contradiction; *(Einspruch)* objection; ~**reformation** die *(hist.)* Counter-Reformation; ~**revolution** die counter-revolution; ~**richtung** die opposite direction; ~**ruder** das *(Flugw.)* a) *(zur Erleichterung des Steuerns)* servo tab; b) *(zur Einhaltung der Fluglage)* trim tab; ~**satz** der a) *(Gegenteil)* opposite; einen schroffen/diametralen ~satz zu etw./jmdn. bilden contrast sharply with/be diametrically opposed to sth./sb.; im ~satz zu in contrast to *or* with; unlike; ~sätze ziehen sich an opposites attract; b) *(Widerspruch)* conflict; im krassen/scharfen ~satz zu etw. stehen be in stark/sharp conflict with sth.; c) *Pl. (Meinungsverschiedenheiten)* ~sätze abbauen/überbrücken reduce/reconcile differences; ~**sätzlich** 1. *Adj.* conflicting ⟨views, opinions, etc.⟩; ~sätzliche Fronten opposing alignments; 2. *adv.* etw. ~sätzlich beurteilen judge sth. completely differently; ~**schlag** der counterstroke; zum ~schlag ausholen prepare to counter-attack *or* strike back; ~**seite** die a) *(einer Straße, eines Flusses usw.)* other side; far side; b) *s.* ~partei; ~**seitig** 1. *Adj.* a) *(wechselseitig)* mutual ⟨aid, consideration, love, consent, services⟩; reciprocal ⟨aid, obligation, services⟩; in ~seitiger Abhängigkeit stehen be mutually dependent; be dependent on each other *or* one another; b) *(beide Seiten betreffend)* eine ~seitige Abmachung a bilateral arrangement; in ~seitigem Einvernehmen by mutual agreement; 2. *adv.* sich ~seitig helfen/überbieten help/outdo each other *or* one another; ~**seitigkeit** die reciprocity; auf ~seitigkeit *(Dat.)* beruhen be mutual; ~**sinn** der *in* ~sinn in the opposite direction; ~**spieler** der a) *(Widersacher)* opponent; b) *(Sport)* opposite number; c) *(Theater)* antagonist; ~**spionage** die counter-espionage; ~**sprechanlage** die intercom [system]; *(Fernspr.)* duplex system; ~**sprech·verkehr** der two-way communication

Gegen·stand der a) *(Ding, Körper)* object; Gegenstände des täglichen Gebrauchs/Bedarfs objects *or* articles of everyday use; b) *o. Pl. (Thema)* subject; topic; etw. zum ~ haben deal with sth.; be concerned with sth.; c) *(Objekt, Ziel)* der ~ seiner Zuneigung/seines Hasses the object of his affections/of his hatred; zum ~ der Kritik werden become the target *or* butt of criticism; d) *(österr.: Schulfach)* subject

gegenständlich ['geːgnʃtɛntlɪç] *Adj.* *(Kunst)* representational; *(Philos.)* objective

gegenstands·los *Adj.* **a)** *(hinfällig)* invalid; **das hat unsere Pläne ~los gemacht** that's made nonsense of our plans; **b)** *(grundlos, unbegründet)* unsubstantiated, unfounded ⟨*accusation, complaint*⟩; baseless ⟨*fear*⟩; unfounded ⟨*jealousy*⟩; **c)** *(abstrakt)* non-representational; abstract

Gegenstands·wort *das (Sprachw.)* concrete noun

gegen-, Gegen-: ~**steuern** *itr. V.* **a)** *s.* ~**lenken;** **b)** *(fig.)* take countermeasures; ~**stimme die** **a)** vote against; **ohne ~stimme** unanimously; **das Gesetz passierte mit 380 Jastimmen und 80 ~stimmen das Parlament** the law was passed by Parliament by 380 votes to 80; **b)** *(gegenteilige Meinung)* dissenting voice; **c)** *(Musik)* counterpart; ~**stoß der** **a)** *s.* ~**schlag;** **b)** *s.* ~**angriff;** ~**strömung die** counter-current; ~**stück das a)** *(Pendant)* companion piece; *(fig.)* counterpart; **b)** *s.* ~**teil;** ~**teil das** opposite; **im ~teil** on the contrary; **ganz im ~teil:** far from it; quite the reverse; **die Stimmung schlug ins ~teil um** the mood changed completely; ~**teilig** *Adj.* opposite; contrary; ~**teiliger Meinung/Ansicht sein** hold the opposite opinion or view; be of the opposite opinion; ~**teilige Aussagen** contradictory statements; ~**tor das,** ~**treffer der** *(Sport)* goal for the other side; **ein ~tor** *od.* **einen ~treffer hinnehmen müssen** concede a goal

gegen·über **1.** *Präp. mit Dat.* **a)** *(auf der entgegengesetzten Seite)* opposite; **~ dem Bahnhof/Rathaus, dem Bahnhof/Rathaus ~:** opposite the station/town hall; **b)** *(in bezug auf)* **~ jmdm.** *od.* **jmdm. ~ freundlich/streng sein** be kind to/strict with sb.; **~ einer Sache** *od.* **einer Sache ~ skeptisch sein** be sceptical about sth.; **~ uns** *od.* **uns ~ brauchst du wirklich keine Hemmungen zu haben** you really needn't have any inhibitions with us; **c)** *(im Vergleich zu)* compared with; in comparison with; ~**jmdm. im Vorteil sein** have an advantage over sb. **2.** *Adv.* opposite; **er wohnt schräg ~:** he lives diagonally opposite

Gegen·über *das;* ~**s,** ~ **a)** *(gegenübersitzende/-stehende Person)* person [sitting/standing] opposite; *(Gesprächspartner)* person one is talking to; **b)** *(Bewohner eines gegenüberliegenden Gebäudes)* person living opposite; **kein ~ haben** have no one living opposite

gegenüber-, Gegenüber-: ~|**liegen** *unr. itr. V.* **sich** *(Dat.) od.* **einander ~liegen** face each other *or* one another; **auf der ~liegenden Seite/am ~liegenden Ufer** on the opposite side/bank; ~|**sehen** *unr. refl. V.* **sich jmdm./etw. ~sehen** find oneself facing sb./sth.; **sich einer Sache** *(Dat.)* **~sehen** *(fig.)* be faced with sth.; ~|**sitzen** *unr. itr. V.* **jmdm.** *(Dat.)* **~sitzen** sit opposite *or* facing sb./each other; ~|**stehen** *unr. itr. V.* **a)** *(zugewandt stehen)* **jmdm./einer Sache ~stehen** stand facing sb./sth.; **jmdm. Auge in Auge ~stehen** confront sb. face to face; **Schwierigkeiten/Problemen ~stehen** *(fig.)* be faced or confronted with difficulties/problems; **b)** *(eingestellt sein)* **jmdm./einer Sache feindlich/wohlwollend ~stehen** be ill/well disposed towards sb./sth.; **jmdm./einer Sache mißtrauisch ~stehen** be mistrustful of sb./sth.; *s. auch ablehnend;* **c)** *(Sport)* **sich ~stehen** face each other *or* one another; meet; **d)** *(im Widerstreit stehen)* **sich ~stehen** stand directly opposed to each other *or* one another; ~|**stellen** *tr. V.* **a)** *(konfrontieren)* confront; **jmdm. einem Zeugen ~stellen** confront sb. with a witness; **b)** *(in Beziehung bringen)* compare; ~**stellung die a)** *(Konfrontation)* confrontation; **b)** *(Vergleich)* comparison; ~|**treten** *unr. itr. V.;*

mit sein face; **Schwierigkeiten** *(Dat.)* **~treten** face [up to] difficulties

Gegen-: ~**verkehr der** oncoming traffic; ~**vorschlag der** counter-proposal

Gegenwart [-vart] *die;* ~ **a)** *present; (heutige Zeit)* present [time or day]; **bis in die ~ fortwirken** continue [down] to the present day; **die Literatur/Musik der ~:** contemporary literature/music; **b)** *(Anwesenheit)* presence; **in ~ von anderen** in the presence of others; **c)** *(Grammatik)* present [tense]

gegenwärtig [-vɛrtɪç] **1.** *Adj.* **a)** *nicht präd.* present; *(heutig)* present[-day]; current; **b)** *(geh.: erinnerlich)* **ich habe die Begebenheit nicht ~:** I cannot recall the event; **sich** *(Dat.)* **etw. ~ halten** keep sth. in mind; **c)** *(veralt.: anwesend, zugegen)* present; **bei etw. ~ sein** be present at sth.; **in dieser mittelalterlichen Stadt ist die Geschichte überall ~** *(fig.)* history is all around one in this medieval town. **2.** *adv.* at present; at the moment; *(heute)* today; currently

gegenwarts-, Gegenwarts-: ~**bezogen** *Adj.* relevant to the present day or to today *postpos.;* ~**fern** *Adj.* remote from the present *postpos.;* ~**fremd** *Adj.* out of touch with the present *or* with today; ~**kunde die** *(Schulw.)* political and social studies *sing.*, no art.; ~**kunst die** contemporary art no art.; ~**literatur die** contemporary literature no art.; ~**nah[e] 1.** *Adj.* relevant to the present day or to today *postpos.; (aktuell)* topical; **2.** *adv.* **~ nah denken** be up to date in one's thinking; **~ nah unterrichten** teach in accordance with contemporary ideas; ~**schaffen das** *(DDR)* contemporary creative work in the arts; ~**sprache die** present-day language; **die deutsche ~sprache** modern German; ~**stück das** contemporary play

gegen-, Gegen-: ~**wehr die;** *o. Pl.* resistance; **[keine] ~wehr leisten** put up [no] resistance; ~**wert der** equivalent; **der volle ~wert für das gestohlene Auto** the full replacement value of the stolen car; ~**wind der** head wind; ~**winkel der** *(Math.)* opposite angle; ~**wirkung die** reaction; ~|**zeichnen** *tr. V.* countersign; ~**zug der a)** *(Brettspiele, fig.)* reciprocal gesture; **im ~zug** *(fig.)* in return for; **b)** *(entgegenkommender Zug)* train in the opposite direction; **c)** *s.* ~**angriff**

gegessen [gə'gɛsn] *2. Part. v.* **essen**
geglichen [gə'glɪçn] *2. Part. v.* **gleichen**
geglitten [gə'glɪtn] *2. Part. v.* **gleiten**
Geglitzer *das;* ~**s** *(von Edelsteinen)* glitter; sparkle; *(von Sternen)* twinkling
geglommen [gə'glɔmən] *2. Part. v.* **glimmen**
Geglucks[e] *das;* ~**[e]s** chuckling; *(lauter)* chortling; **laß doch mal dein ~:** stop [that] chuckling/chortling

Gegner ['gɛgnɐ] *der;* ~**s,** ~ **a)** adversary; opponent; *(Rivale)* rival; **ein ~ der Todesstrafe sein** oppose *or* be an opponent of; **b)** *(Sport)* opponent; *(Mannschaft)* opposing team; **der ~ war für uns viel zu stark** the opposition was far too strong for us; **c)** *(feindliches Heer)* enemy

Gegnerin *die;* ~, ~**nen a)** *s.* **Gegner b**; *(Sport)* opponent

gegnerisch *Adj.; nicht präd.* **a)** opposing; **b)** *(Sport)* opposing ⟨*team, player, etc.*⟩; opponents' ⟨*goal*⟩; **c)** *(Milit.)* enemy

Gegnerschaft *die;* ~ **a)** *(Einstellung)* hostility; antagonism; **b)** *(Gesamtheit der Gegner)* opposition

gegolten [gə'gɔltn] *2. Part. v.* **gelten**
gegoren [gə'goːrən] *2. Part. v.* **gären**
gegossen [gə'gɔsn] *2. Part. v.* **gießen**
gegriffen [gə'grɪfn] *2. Part. v.* **greifen**
Gegrinse *das;* ~**s** *(abwertend)* grinning
Gegröle *das;* ~**s** *(ugs. abwertend)* [raucous] bawling and shouting; *(Gesang)* raucous singing

Gegrunze *das;* ~**s** *(abwertend)* grunting
Gehabe *das;* ~**s** *(abwertend)* affected behaviour; **ihr wichtigtuerisches ~:** her pompous behaviour
gehaben *refl. V.* *(veralt., noch scherzh.)* **gehab dich wohl!/gehabt euch wohl!/ ~ Sie sich wohl!** farewell!
Gehaben *das;* ~**s** *(geh. veralt.)* behaviour; demeanour
gehabt **1.** *2. Part. v.* **haben. 2.** *Adj.; nicht präd.* *(ugs.: schon dagewesen)* usual; *(coll.)* usual; **wie ~:** as before; **[es ist] alles wie ~:** everything's just the same *or* just as before
Gehackte [gə'haktə] *das; adj. Dekl.* mince[meat]; **~s vom Rind/Schwein** minced beef/pork
¹**Gehalt** *der;* ~**[e]s,** ~**e a)** *(gedanklicher Inhalt)* meaning; **intellektueller/religiöser ~:** intellectual/religious content; **b)** *(Anteil)* content; **ein hoher ~ an Gold/Blei** a high gold/lead content
²**Gehalt** [gəˈhaltə] *österr. auch: der;* ~**[e]s, Gehälter** [gəˈhɛltɐ] salary; **ein hohes/niedriges ~ beziehen** draw a large/small salary; **1 000 DM ~, ein ~ von 1 000 DM** a salary of 1,000 marks
gehalten 1. *2. Part. v.* **halten. 2.** *Adj.* **a)** *(geh.)* **~ sein, etw. zu tun** be obliged *or* required to do sth.; **b)** *(Mus.)* held; tenuto
gehalt·los *Adj.* unnutritious ⟨*food*⟩; ⟨*wine*⟩ lacking in body; *(fig.)* vacuous; empty; lacking in substance *postpos.,* not pred.
Gehaltlosigkeit *die;* ~ *(von Nahrungsmitteln)* lack of nutritional value; *(fig.)* vacuousness; emptiness; lack of substance
Gehalts-: ~**ab·rechnung die** salary statement; payslip; ~**ab·zug der** deduction from salary; ~**an·spruch der** salary claim; pay claim; ~**auf·besserung die** increase in salary; **zur ~aufbesserung** in order to increase one's salary; ~**aus·zahlung die** payment of salary/salaries; ~**empfänger der** salary earner; ~**erhöhung die** salary increase; rise [in salary]; *(regelmäßig)* increment; ~**forderung die** salary claim; pay claim; ~**gruppe die** salary group or bracket; *(innerhalb einer Firma)* grade; ~**konto das** account into which the/one's salary is paid; ~**kürzung die** salary cut; cut in salary; ~**liste die** payroll; **auf jmds. ~liste** *(Dat.)* **stehen** *(fig.)* be on sb.'s payroll; be in sb.'s pocket; ~**pfändung die** attachment of earnings; ~**streifen der** payslip; ~**stufe die** salary bracket; ~**vorrückung die** *(österr.)* increment; ~**vor·schuß der** advance [on one's salary]; ~**zahlung die** payment of salary/salaries; *(regelmäßig)* payment; *(zusätzlich)* bonus ~**zu·lage die** salary increase; *(regelmäßig)* increment
gehalt·voll *Adj.* nutritious, nourishing ⟨*food*⟩; full-bodied ⟨*wine*⟩; ⟨*novel, speech*⟩ rich in substance *postpos.*
Gehänge *das;* ~**s,** ~ **a)** *(Girlande)* festoon; *(Kranz)* garland; *(Ohrring)* ear-pendant; **b)** *(österr.: Bergabhang)* slope; **c)** *(Jagdw., sonst veralt.)* belt with scabbard for hunting-knife, sword, etc.); **d)** *(vulg.: Hoden)* balls *(coarse)*
gehangen *2. Part. v.* ¹**hängen**
Gehängte [gəˈhɛŋtə] *der/die; adj. Dekl.* hanged man/woman; **die ~n** the hanged
geharnischt [gəˈharnɪʃt] **1.** *Adj.* **a)** *(scharf, energisch)* sharp, sharply-worded, strongly-worded ⟨*letter, protest, reply*⟩; strongly-worded ⟨*speech, article*⟩; **b)** *(hist.: gepanzert)* **ein ~er Ritter** a knight in armour. **2.** *adv.* sharply
gehässig [gəˈhɛsɪç] *Adj. (abwertend)* spiteful; **~ von jmdm. reden/sprechen** be spiteful about sb.
Gehässigkeit *die;* ~, ~**en a)** *o. Pl. (Wesen)* spitefulness; **b)** *meist Pl. (Äußerung)* spiteful remark
gehauen *2. Part. v.* **hauen**

gehäuft 1. *2. Part. v.* häufen. 2. *Adj.* ein ~er Teelöffel/Eßlöffel a heaped teaspoon/tablespoon. 3. *adv.* in large numbers

Gehäuse [gəˈhɔyzə] *das;* ~s, ~ a) *(einer Maschine, Welle)* casing; housing; *(einer Kamera, Uhr)* case; casing; *(einer Lampe)* housing; *(Pistolen~, Gewehr~)* casing; b) *(Schnecken~ usw.)* shell; c) *(Kern~)* core; d) *(Sportjargon: Tor)* goal

geh·behindert *Adj.* able to walk only with difficulty *postpos.;* disabled; **sie ist stark ~behindert** she can walk only with great difficulty

Geh·behinderung *die* disability [which makes walking difficult]

Gehege *das;* ~s, ~ a) *(Jägerspr.: Revier)* preserve; **jmdm. ins ~ kommen** *(fig.)* poach on sb.'s preserve; **sich** *(Dat.)* **[gegenseitig] ins ~ kommen** *(fig.)* encroach on each other's territory; b) *(im Zoo)* enclosure

geheim 1. *Adj.* a) secret; **streng ~:** top *or* highly secret; **im ~en** in secret; secretly; **Geheimer Rat** *(hist.) (Gremium)* Privy Council; *(Mitglied)* privy councillor; b) *(mysteriös)* mysterious. 2. *adv.* ~ **abstimmen** vote by secret ballot

geheim-, Geheim-: ~**abkommen** *das* secret agreement; ~**agent** *der* secret agent; ~**befehl** *der* secret order; ~**bund** *der* secret society; ~**bündelei** *die;* ~ *(veralt.)* membership of an illegal secret society; ~**code** *der s.* ~kode; ~**dienst** *der* secret service; ~**diplomatie** *die* secret diplomacy; *(neben der offiziellen Diplomatie)* behind-the-scenes diplomacy; ~**fach** *das* secret compartment; *(Schublade)* secret drawer; ~**gang** *der* secret passage; ~**|halten** *unr. tr. V.* keep secret; **Pläne/Entwürfe ~halten** keep plans/drawings secret

Geheim·haltung *die; o. Pl.* observance of secrecy; **zur ~ verpflichtet sein** be pledged to secrecy

Geheimhaltungs·pflicht *die* obligation to maintain secrecy

Geheim-: ~**kode** *der* secret code; ~**lehre** *die* esoteric doctrine; ~**material** *das* secret papers *pl. or* documents *pl.;* **militärisches ~material** secret military papers *or* documents

Geheimnis *das;* ~ses, ~se a) secret; **ein ~ lüften/enträtseln** unravel a secret; **vor jmdm. [keine] ~se haben** have [no] secrets from sb.; **jmdn. in die ~se einer Sache einweihen** initiate *or* let sb. into the secrets of sth.; **ein/kein ~ aus etw. machen** make a big/no secret of it; **das ist das ganze ~:** that's all there is to it; **ein offenes** *od.* **öffentliches ~:** an open secret; b) *(Unerforschtes)* mystery; secret; **die ~se der Natur/des Lebens** the mysteries *or* secrets of nature/life

geheimnis-, Geheimnis-: ~**krämer** *der* *(ugs.)* mystery-monger; ~**krämerei** *die;* ~ *s.* ~tuerei; ~**träger** *der* person cleared for access to secret information; ~**tuerei** *die;* ~ *(ugs. abwertend)* secretiveness; mystery-mongering; ~**tuerisch** *(ugs. abwertend)* 1. *Adj.* secretive; 2. *adv.* secretively; ~**umwittert,** ~**umwoben** *Adj. (geh.)* shrouded in mystery *postpos.;* mysterious; ~**verrat** *der (Rechtsspr.)* betrayal of secrets; ~**voll** 1. *Adj.* mysterious; **auf ~volle Weise** in a mysterious way; mysteriously; 2. *adv.* mysteriously; ~**voll tun** be mysterious; act mysteriously

Geheim-: ~**polizei** *die* secret police; ~**polizist** *der* member of the secret police

Geheim·rat *der* Privy Councillor *(purely honorary title)*

Geheimrats·ecken *Pl. (ugs. scherzh.)* receding hairline *sing.;* **er hat schon ~:** he's receding *or* going bald [at the temples] already

geheim-, Geheim-: ~**rezept** *das* secret recipe; ~**sache** *die* classified information *no indef. art., no pl.;* ~**schrift** *die* secret writing *no indef. art., no pl.;* cipher; ~**sender** *der* secret transmitter; ~**sitzung** *die* secret session; closed meeting; ~**sprache** *die* secret language; ~**tinte** *die* invisible ink; ~**tip** *der* inside tip; ~|**tun** *unr. itr. V. (ugs. abwertend)* be secretive; **mit etw. ~tun** be secretive about sth.; ~**tür** *die* secret door; ~**vertrag** *der* secret treaty *or* agreement; ~**waffe** *die (Milit.)* secret weapon; ~**wissenschaft** *die* occult science; ~**zeichen** *das* secret sign

Geheiß *das;* ~es *(geh.)* behest *(literary);* command; **auf jmds. ~:** at sb.'s behest *or* command

gehemmt 1. *2. Part. v.* hemmen. 2. *Adj.* inhibited

gehen [ˈgeːən] 1. *unr. itr. V.; mit sein* a) *(sich zu Fuß fortbewegen)* walk; go; **auf und ab ~:** walk up and down; **über die Straße ~:** cross the street; **wo er geht und steht** wherever he goes *or* is; no matter where he goes *or* is; **etw. geht durch die Presse** *(fig.)* sth. is in the papers; b) *(sich irgendwohin begeben)* go; **schwimmen/tanzen ~:** go swimming/dancing; **schlafen ~:** go to bed; **zu jmdm. ~:** a) see sb.; go and see sb. *(coll.);* **zum Arzt ~:** go to the doctor; **nach London/Mannheim ~:** move to London/Mannheim; **aufs Amt/auf den Markt ~:** go to the office/the market; **an die Arbeit ~** *(fig.)* get down to work; **er geht auf die 60** *(fig.)* he is approaching *or (coll.)* coming 60; **in sich** *(Akk.)* **~:** take stock of oneself; c) *(regelmäßig besuchen)* attend; **in die** *od.* **zur Schule ~:** be at *or* attend school; **wieviel Jahre mußt du noch in die Schule ~?** how many more years have you got at school?; d) *(weg~)* go; leave; **ich muß jetzt/bald ~:** I must leave now/soon; **Sie können ~:** you may go; **gegangen werden** *(ugs. scherzh.)* be sacked; **der Minister/Offizier mußte ~:** the Minister/officer had to resign; **er ist von uns gegangen** *(verhüll.)* he has passed away *or* passed over *(euphem.);* **jmdn. lieber ~ als kommen sehen** be always glad to see the back of sb.; **geh mir mit diesen politischen Schlagworten** spare me the political slogans; e) *(ugs.: [ab]fahren)* leave; **der Zug geht um acht Uhr** the train leaves at ten o'clock; f) *(in Funktion sein)* work; **etw. geht wieder/nicht mehr** sth. is working again/has stopped working; **meine Uhr geht falsch/richtig** my watch is wrong/right; **das Telefon/die Klingel geht ununterbrochen** the telephone/the bell never stops ringing; g) *(möglich sein)* **ja, das geht** yes, I/we can manage that; **das geht nicht** that can't be done; that's impossible; **(ist nicht zulässig)** that's not on *(Brit. coll.);* no way *(coll.);* **Donnerstag geht auch** Thursday's a possibility *or* all right too; **es geht einfach nicht, daß du so spät nach Hause kommst** it simply won't do for you to come home so late; **es geht leider nicht anders** unfortunately there's nothing else for it; **das wird schwer/schlecht ~:** that will be difficult; **auf diese Weise geht es nicht/sicher** it won't/is bound to work this way; h) *(ugs.: gerade noch angehen)* **es geht so** it could be worse; **das Essen ging ja noch, aber der Wein war ungenießbar** the food was passable, but the wine was undrinkable; **Wie war die Feier? – Es ging so** How was the party? – [It was] all right *or* [It] could have been worse; **Hast du gut geschlafen? – Es geht** Did you sleep well? – Not too bad *or* So-so; **der Anfang ging, aber der Schluß des Films war idiotisch** the film began fairly well, but the end was absolutely stupid; i) *(sich entwickeln)* **der Laden/das Geschäft geht gut/gar nicht** the shop/business is doing well/not doing well at all; **es geht alles nach Wunsch/Plan** everything is going according to plan; **alles geht drunter und drüber** *(ugs.)* everything's at sixes and sevens; **die Anfangszeile geht ...** *(fig.)* the first line goes *or* runs ...; **wie geht die Melodie?** *(fig.)* how does the tune go?; what's the tune?; **vor sich ~:** go on; happen; j) *(sich ausdehnen bis)* **das Wasser geht mir bis an die Knie** the water comes up to *or* reaches my knees; **ich gehe ihm bis zu den Schultern** I come up to his shoulders; **in die Hunderte/Tausende ~:** run into [the] hundreds/thousands; **das geht über mein Vermögen/meinen Horizont** *(fig.)* that is beyond me; **diese Nachricht würde über ihre Kräfte ~** *(fig.)* this news would be too much for her; **es geht [doch] nichts über ...** *(+ Akk.) (fig.)* there is nothing like *or* nothing beats ...; nothing beats ...; **das geht zu weit** *(fig.)* that's going too far; k) *(unpers.)* **jmdm. geht es gut/schlecht** *(gesundheitlich)* sb. is well/not well; *(geschäftlich)* sb. is doing well/badly; **wie geht es dir/Ihnen?** how are you?; **mir geht es ähnlich** it's the same with me; same here *(coll.);* **wie geht's, wie steht's?** *(ugs.)* how are things?; l) *(unpers.) (sich um etw. handeln)* **es geht um mehr als ...:** there is more at stake than ...; **jmdm. geht es um etw.** sth. matters to sb.; **ihr geht es nur um Geld** she only thinks about money; **worum geht es hier?** what is this all about?; **bei dieser Sache geht es um viel Geld** this involves a great deal of money; **wenn es ums Geld geht, versteht er keinen Spaß** he takes money matters very seriously; **Ich hätte eine Frage. – Worum geht es denn?** I have a question. – What [is it] about?; *s. auch* **darum** b; m) *(tätig werden)* **in den Staatsdienst/in die Industrie/die Politik ~:** join the Civil Service/go into industry/politics; **zum Film/Theater ~:** go into films/on the stage; **ins Kloster ~:** enter a monastery/convent; **als Kellner/Prostituierte ~:** work as *or* be a waiter/prostitute; n) *(ugs.: sich kleiden)* **gut/schlecht gekleidet ~:** be well/badly dressed; **in kurz/lang ~:** wear a short/long dress/skirt; **als Zigeuner/Matrose ~:** go as a gypsy/a sailor; o) *(ugs.: sich zu schaffen machen an)* **du sollst nicht an meine Sachen ~:** you must not mess around with my things; *(benutzen)* you must not take my things; **die Kinder sind an den Kuchen/das Geld gegangen** the children have been at the cake/money *(coll.);* p) *(ein Liebespaar sein)* **mit jmdm. ~:** go out with sb.; q) *(absetzbar sein)* sell [well/slowly]; r) *(passen)* **in den Kofferraum geht nur ein Koffer** only one case will go into the boot; s) *(aufgeteilt werden)* **etw. geht in zwei/drei Teile** sth. is shared out *or* divided two/three ways; t) *(verlaufen)* go; **die Straße geht geradeaus/nach links** the road goes *or* runs straight ahead/turns to the left; **wohin geht diese Straße?** where does this road go *or* lead to?; u) *(gerichtet sein auf)* **nach der Hauptstraße ~:** face the main road; **die Fenster ~ alle nach Süden** all the windows face south; **gegen jmdn./etw. gehen** *(fig.)* be aimed *or* directed at sb./sth.; **das geht gegen meine Überzeugung** that goes against my convictions; v) *(als Maßstab nehmen)* **nach jmdm./etw. ~:** go by sb./sth.; **wenn es nach mir ginge, fangen wir jetzt an** I'd be quite happy if we began now; w) *s.* **aufgehen** d. 2. *unr. tr. V. (zurücklegen)* **eine Strecke ~:** cover *or* do a distance; **er ist eine Strecke mit uns gegangen** he walked with us for some of the way; **einen Umweg ~:** make a detour; **10 km ~:** walk 10 km.; **einen Weg in 30 Minuten ~:** do a walk in 30 minutes; **seine eigenen Wege ~** *(fig.)* go one's own way; **lerne doch, deine eigenen Wege zu ~** *(fig.)* learn to stand on your own two feet. 3. *unr. refl. V. (unpers.)* **in diesen Schuhen geht es sich sehr bequem** these shoes are very comfortable [to walk in]; **auf dem Weg ging es sich schlecht** the going on the track was difficult

Gehen *das;* ~s a) walking; **er hat Schmerzen**

Gehenkte — **Geißel**

beim ~: it hurts him to walk; b) *(Leichtathletik)* walking; **der Sieger im 50-km-~**: the winner of the 50 km walk
Gehenkte [gə'hɛŋktə] *der/die*; *adj. Dekl.* hanged man/woman; **die ~n** the hanged
gehen|lassen 1. *unr. refl. V. (sich nicht beherrschen)* lose control of oneself; *(sich vernachlässigen)* let oneself go. **2.** *unr. tr. V. (ugs.: in Ruhe lassen)* leave alone
Geher ['ge:ɐ] *der*; ~s, ~ a) *(Leichtathletik)* walker; b) *(Bergsteigen)* hill/mountain walker
geheuer [gə'hɔyɐ] *Adj.* a) **in diesem Gebäude ist es nicht ~**: this building is eerie; this building feels as if it's haunted *(coll.)*; **in der Ruine soll es nicht ganz ~ sein** there is said to be something eerie about the ruins; **ihr war doch nicht [ganz] ~**: she felt [a little] uneasy; c) **diese Angelegenheit ist nicht ganz ~**: there's something odd *or* suspicious about this business
Geheul *das*; ~[e]s *(auch fig.)* howling; b) *(ugs. abwertend: Weinen)* bawling; wailing
Geheule *das*; ~s *s.* Geheul b
geh·fähig *Adj.* ⟨patient⟩ who is able to walk ⟨postpos., not pred.⟩; ⟨wounded⟩; ~ **sein** be able to walk
Geh·gips *der* plaster which allows the patient to walk
Gehilfe [gə'hɪlfə] *der*; ~n, ~n, **Gehilfin** *die*; ~, ~nen a) qualified assistant; b) *(veralt.: Helfer/Helferin)* helper; assistant
Gehirn *das*; ~[e]s, ~e a) brain; b) *(ugs.: Verstand)* mind; **sein ~ anstrengen** *od. (Dat.)* **das ~ zermartern** rack one's brain[s]
Gehirn-: ~blutung *die (Med.)* cerebral haemorrhage; encephalorrhagia; **~chirurgie** *die* brain surgery; **~erschütterung** *die (Med.)* concussion; **~erweichung** *die (Med.)* softening of the brain; encephalomalacia *(Med.)*; **~haut** *die s.* Hirnhaut; **~haut·entzündung** *die s.* Hirnhautentzündung; **~kasten** *der (salopp scherzh.)* [thick] skull; **~schlag** *der (Med.)* stroke; [cerebral] apoplexy *no art. (Med.)*; **~substanz** *die* brain matter; **graue/weiße ~substanz** grey/white matter; **~tätigkeit** *die*; *o. Pl.* brain activity; **~tumor** *der s.* Hirntumor; **~wäsche** *die* brainwashing *no indef. art.*; **jmdn. einer ~wäsche unterziehen** brainwash sb.; **~zelle** *die* brain cell
gehoben [gə'ho:bn̩] **1.** 2. Part. v. heben. **2.** *Adj.* a) higher ⟨income⟩; senior ⟨position⟩; **der ~e Dienst** the higher [levels of the] Civil Service; **die ~e Beamtenlaufbahn einschlagen** ≈ enter the Civil Service as an Administrative Trainee *(Brit.)*; **der ~e Mittelstand** the upper middle class; b) *(anspruchsvoll)* **Kleidung für den ~en Geschmack** clothes for those with discerning taste; **Artikel für den ~en Bedarf** luxury goods; **die ~e Unterhaltungsliteratur** up-market popular literature; c) *(gewählt)* elevated, refined ⟨language, expression⟩; d) *(feierlich)* festive ⟨mood⟩; **in ~er Stimmung sein** be in high spirits. **3.** *adv.* **sich ~ ausdrücken** use elevated *or* refined language
Gehöft [gə'hœft, -'hø:ft] *das*; ~[e]s, ~e farm[stead]
geholfen [gə'hɔlfn̩] 2. Part. v. helfen
Gehölz [gə'hœlts] *das*; ~es, ~e a) *(Wäldchen)* copse; spinney *(Brit.)*; b) *Pl. (Holzgewächse)* woody plants
Gehör [gə'hø:ɐ] *das*; ~[e]s [sense of] hearing; **ein scharfes/gutes ~ haben** have acute/good hearing; **[etw.] nach dem ~ singen/spielen** sing/play [sth.] by ear; **das absolute ~ [haben]** [have] absolute pitch; **~/kein ~ finden** meet with *or* get a/no response; **[nicht] auf jmdn./eine Sache [kein] ~ hören** [not] listen to sb./sth.; **sich (Dat.) ~ verschaffen** make oneself heard; **um ~ bitten** ask for a hearing; **ein Lied/Gedicht/Musikstück zu ~ bringen** *(geh.)* sing a song/recite a poem/perform a piece of music

gehorchen [gə'hɔrçn̩] *itr. V.* a) *(Gehorsam leisten)* jmdm. ~: obey sb.; b) *(sich leiten, lenken lassen)* **einer Sache (Dat.) ~**: respond to sth.; **das Auto gehorchte dem Fahrer nicht mehr** the car wouldn't respond when the driver turned the wheel; **einer Laune/Stimmung (Dat.) ~**: yield to a caprice/mood
gehören 1. *itr. V.* a) *(Eigentum sein)* **jmdm. ~**: belong to sb.; **das Haus gehört uns nicht** the house doesn't belong to us; we don't own the house; **der Jugend gehört die Zukunft** the future belongs to the young; **dir will ich ~** *(dichter.)* I want to be yours; **ihr Herz gehört einem anderen** *(geh.)* her heart belongs to another; b) *(Teil eines Ganzen sein)* **zu jmds. Freunden ~**: be one of sb.'s friends; **zu jmds. Aufgaben ~**: be part of sb.'s duties; c) *(passend sein)* **dein Roller gehört doch nicht in die Küche!** your scooter does not belong in the kitchen!; **das gehört nicht/durchaus hierher** that is not to the point/is very much to the point; **dieses Problem/Thema gehört nicht/durchaus hierher** this problem/topic is not relevant/certainly relevant here; **du gehörst ins Bett** you should be in bed; d) *(nötig sein)* **es hat viel Fleiß dazu gehört, dieses Projekt durchzuführen** it took *or* called for a lot of hard work to carry through this project; **dazu gehört sehr viel/einiges** that takes a lot/something; **dazu gehört nicht viel** that doesn't take much; **auf diese Weise sein Geld zu verdienen, dazu gehört nicht viel** earning one's living like this is nothing to be proud of; e) *(bes. südd.)* **er gehört gehörfeigt** he deserves *or (coll.)* needs a box round the ears; **du gehörst eingesperrt** *(ugs.)* you ought to be locked up. **2.** *refl. V. (sich schicken)* be fitting; **es gehört sich [nicht], ... zu ...**: it is [not] good manners to ...; **wie es sich gehört comme il faut**; **benimm dich, wie es sich gehört** behave properly
Gehör·gang *der (Anat.)* auditory canal
gehörig 1. *Adj.* a) *nicht präd. (gebührend)* proper; **jmdm. den ~en Respekt/die ~e Achtung erweisen** show sb. proper *or* due respect; b) *nicht präd. (ugs.: beträchtlich)* **ein ~er Schrecken/eine ~e Portion Mut/Ausdauer** a good fright/a good deal of courage/perseverance; c) *(zu~)* **zu etw. ~ sein** be part of sth.; belong to sth.; **jmdm. ~ sein** *(geh.)* belong to sb.; be owned by sb.; **[nicht] zur momentanen Fragestellung ~**: [not] relevant to the question [under discussion]. **2.** *adv.* a) *(gebührend)* properly; b) *(ugs.: beträchtlich)* ~ **essen/trinken** eat/drink properly *or* heartily; **er hat ~ geschimpft** he didn't half grumble *(coll.)*; *s. auch* ¹**Marsch b**; **Meinung**
Gehör·knöchelchen *Pl. (Anat.)* auditory ossicles
gehör·los *Adj.* deaf
Gehörn [gə'hœrn] *das*; ~[e]s, ~e a) horns *pl.*; b) *(Jägerspr.)* antlers *pl.*
Gehör·nerv *der* auditory nerve
gehörnt *Adj.* a) *(mit einem Gehörn)* horned; *(mit einem Geweih)* antlered; b) *(scherzh. verhüll.: betrogen)* cuckolded; **ein ~er Ehemann** a cuckold
Gehör·organ *das* organ of hearing
gehorsam [gə'ho:ɐzaːm] **1.** *Adj.* a) *(artig, brav)* obedient; **jmdm. ~ sein** *(geh.)* be obedient to sb.; b) *(veralt. als Höflichkeitsformel)* humble; *(als Briefschluß)* **Ihr ~ster Diener** your most obedient servant. **2.** *adv.* *(veralt. als Höflichkeitsformel)* humbly
Gehorsam *der*; ~s obedience; ~ **gegenüber jmdm.** obedience to sb.; **jmdm. ~ leisten/den ~ verweigern** obey/refuse to obey sb.
Gehorsamkeit *die* obedience
Gehorsams-: ~pflicht *die*; *o. Pl. (Milit.)* duty to obey orders; **~verweigerung** *die*; *o. Pl. (Milit.)* insubordination; refusal to obey orders

Gehör·sinn *der*; *o. Pl.* [sense of] hearing
Geh·rock *der* frock-coat
Gehrung ['ge:rʊŋ] *die*; ~, ~en *(Handw., Technik)* mitre [joint]
Geh·steig *der* pavement *(Brit.)*; sidewalk *(Amer.)*
Geht·nicht·mehr *das* **in bis zum ~** *(salopp)* ad nauseam; **das habe ich bis zum ~ erklärt/gehört** I've explained it ad nauseam *or* till I'm blue in the face *(coll.)*/I've heard it so often I'm sick of it *(coll.)*
Gehupe *das*; ~s honking; hooting
Geh-: ~versuch *der*; *meist Pl. (eines Kindes)* attempt at walking; *(nach einem Unfall)* attempt at walking again; **~weg** *der s.* **~steig**; **~werkzeuge** *Pl. (ugs. scherzh.)* legs
Geier ['gaiɐ] *der*; ~s, ~: vulture; **hol' dich/hol's der ~** *(ugs.)* to hell with you/it *(coll.)*; **weiß der ~** *(salopp)* God only knows *(sl.)*; Christ knows *(sl.)*
Geifer ['gaifɐ] *der*; ~s a) *(Speichel)* slaver; spittle; *(bes. von Tieren)* slaver; slobber; *(schäumend)* foam; froth; b) *(geh. abwertend: Gehässigkeit)* venom; vituperation
Geiferer *der*; ~s, ~ *(geh. abwertend)* vituperator; venomous speaker/writer *etc.*
geifern *itr. V.* a) slaver; slobber; b) *(geh. abwertend: gehässig reden)* **gegen jmdn./über etw. (Akk.) ~**: discharge one's venom at sb./sth.
Geige [ˈgaigə] *die*; ~, ~n violin; fiddle *(coll./derog.)*; ~ **spielen** play the violin; **die erste ~ spielen** *(ugs.)* play first fiddle; call the tune; **die zweite ~ spielen** *(ugs.)* play second fiddle
geigen 1. *itr. V.* a) *(ugs.: Geige spielen)* play the fiddle *(coll.)* *or* the violin; b) *(ugs.: von Insekten)* chirp; chirr. **2.** *tr. V.* a) *(ugs.: auf der Geige spielen)* **einen Walzer/ein Solo ~**: play a waltz/a solo on the fiddle *(coll.)* *or* violin; **jmdm. die Meinung ~**: give sb. a piece of one's mind; b) *(salopp: koitieren mit)* **jmdm.** *od.* **jmdn. ~** *(sl.)*; shag *(sl.)*; have it off with *(sl.)*
Geigen-: ~bau *der* violin-making; **~bauer** *der* violin-maker; **~bogen** *der* violin bow; **~hals** *der* neck of the/a violin; **~kasten** *der* violin case; **~musik** *die* violin music; **~saite** *die* violin string; **~spiel** *das* violin-playing; **~spieler** *der* violin-player
Geiger *der*; ~s, ~: violin-player; violinist
Geiger·zähler *der (Physik)* Geiger counter
geil [gail] **1.** *Adj.* a) *(oft abwertend: sexuell erregt)* randy; horny *(sl.)*; *(lüstern)* lecherous; **auf jmdn. ~ sein** lust for *or* after sb.; **~e alte Männer** old lechers; dirty old men; b) *(Landw.)* rank ⟨vegetation, growth, plant⟩; over-rich, over-manured ⟨soil⟩; c) *(Jugendspr.)* great *(coll.)*; fabulous *(coll.)*. **2.** *adv.* a) *(oft abwertend)* lecherously; b) *(Landw.)* **~ wuchern/emporschießen** grow rank; c) *(Jugendspr.)* fabulously *(coll.)*
Geilheit *die*; ~: *s.* geil 1: a) randiness; horniness *(sl.)*; lecherousness; b) *(Landw.)* rankness; over-richness
Geisel ['gaizl̩] *die*; ~, ~n hostage; **jmdn. als ~ behalten** *od.* **festhalten** hold sb. hostage; **jmdn. als ~** *od.* **zur ~ nehmen** take sb. hostage
Geisel-: ~drama *das (Pressejargon)* hostage drama; **~gangster** *der (Pressejargon) s.* **~nehmer**; **~nahme** *die* taking of hostages; „**Bankraub mit ~nahme zweier Kunden**" 'Bank raid. Two customers taken hostage'; **~nehmer** *der* terrorist/guerrilla *etc.* holding the hostages
Geisha [ˈgeːʃa] *die*; ~, ~s geisha
Geiß [gais] *die*; ~, ~en a) *(südd., österr., schweiz.: Ziege)* [nanny-]goat; b) *(Jägerspr.)* doe
Geiß-: ~bart *der* a) *o. Pl. (Bot.)* goat's-beard; b) *(österr.: Spitzbart)* goatee; **~blatt** *das*; a) *o. Pl. (Bot.)* honeysuckle; woodbine
Geißel [ˈgaisl̩] *die*; ~, ~n a) *(hist., auch fig.)* scourge; b) *(Biol.)* flagellum; c) *(bes. südd.: Peitsche)* whip

geißeln *tr. V.* **a)** *(anprangern, tadeln)* castigate; **b)** *(plagen)* plague; **c)** *(hist.: züchtigen)* scourge
Geißel·tierchen *das (Biol.)* flagellate
Geißelung *die;* ~, ~en **a)** *(Anprangern)* castigation; **b)** *(hist.: Züchtigung)* scourging
Geiß·fuß *der* **a)** *o. Pl. (Bot.)* Aegopodium; gewöhnlicher ~: ground elder; goutweed; **b)** *(Handw., Technik)* V-shaped gouge
Geißlein *das;* ~s, ~: little goat
Geißler ['gaɪslɐ] *der;* ~s, ~: s. Flagellant
Geist [gaɪst] *der;* ~[e]s, ~er **a)** *o. Pl. (Verstand)* mind; jmds. ~ ist verwirrt/gestört sb. is mentally deranged/disturbed; **jmdm. mit etw. auf den ~ gehen** *(salopp)* get on sb.'s nerves with sth.; **den** *od.* **seinen ~ aufgeben** *(geh./ugs. scherzh., auch fig.)* give up the ghost; **im ~[e]** in my/his *etc.* mind's eye; **im ~ werde ich dabei sein** I shall be there in spirit; **im ~ seinen ~ aushauchen** *(geh. verhüll.)* breathe one's last; pass away; **der ~ ist willig, aber das Fleisch ist schwach** *(bibl.)* the spirit is willing, but the flesh is weak; **b)** *o. Pl. (Scharfsinn)* wit; **einen sprühenden ~ haben** have a sparkling wit; **Mangel an ~:** lack of intellect *or* intelligence; **c)** *o. Pl. (innere Einstellung)* spirit; **im ~ der Zeit** in the spirit of the age; **ein schlechter ~ in der Mannschaft** poor morale in the team; **... wes ~es Kind er/sie** *usw.* **ist** the kind of person he/she *etc.* is; **d)** *(denkender Mensch)* mind; intellect; **ein großer/kleiner ~:** a great mind/a person of limited intellect; **hier** *od.* **da scheiden sich die ~er** this is where opinions differ; **große ~er stört das nicht** *(ugs. scherzh.)* it doesn't worry me/her *etc.;* not to worry *(coll.);* **e)** *(Mensch mit bestimmten Eigenschaften)* spirit; **ein dienstbarer ~** *(ugs. scherzh.)* a servant; **f)** *(überirdisches Wesen)* spirit; **der Heilige ~** *(christl. Rel.)* the Holy Ghost *or* Spirit; **der böse ~:** the evil spirit; **g)** *(Gespenst)* ghost; **~er gehen im Schloß um/spuken im Schloß** the castle is haunted; **von allen guten ~ern verlassen sein** have taken leave of one's senses; be out of one's mind
Geister-: **~bahn** *die* ghost train; **~beschwörer** *der* exorcist; *(der die Geister heraufbeschwört)* necromancer; **~beschwörung** *die* exorcism; *(das Heraufbeschwören)* necromancy; **~erscheinung** *die* apparition; phantom; **~fahrer** *der* person driving on the wrong side of the road *or* the wrong carriageway; **~geschichte** *die* ghost story
geisterhaft **1.** *Adj.* ghostly; spectral; eerie ⟨*atmosphere*⟩. **2.** *adv.* eerily
Geister·hand *die in wie von* **od.** *durch* ~: as if by an invisible hand
geistern ['gaɪstɐn] *itr. V.; mit sein* ⟨*ghost*⟩ wander; *(fig.)* wander like a ghost; **Irrlichter geisterten über das Moor** will o' the wisps drifted eerily across the moor; **diese Idee geisterte immer noch durch seinen Kopf** he still had this idea in his head
Geister-: **~seher** *der* ghost-seer; *(Hellseher)* visionary; **~stadt** *die* ghost town; **~stunde** *die* witching hour
geistes-, Geistes-: **~abwesend 1.** *Adj.* absent-minded; **2.** *adv.* absent-mindedly; **~abwesenheit** *die* absent-mindedness; **~anlage** *die* intellectual ability *or* gift; **~arbeiter** *der* brain-worker; **~armut** *die* poverty of mind; **~art** *die* cast of mind; **~blitz** *der (ugs.)* brainwave; flash of inspiration; **~gaben** *Pl.* intellectual gifts; **~gegenwart** *die* presence of mind; **~gegenwärtig 1.** *Adj.* quick-witted; **2.** *adv.* with great presence of mind; **~geschichte** *die* history of ideas; intellectual history; **~geschichtlich 1.** *Adj.* ⟨*work, method, etc.*⟩ relating to the history of ideas, relating to intellectual history; **eine ~geschichtliche Tradition** an intellectual tradition; a tradition of ideas; **2.** *adv.* **etw. ~geschichtlich**

einordnen place sth. in the history of ideas; **~gestört** mentally disturbed; **~größe** *die* **a)** *o. Pl. (Kraft des Geistes)* greatness of mind; **b)** *(Mensch)* genius; intellectual giant; **~haltung** *die* attitude [of mind]; **~kraft** *die* mental ability; **~kräfte** *Pl.* mental powers; **~krank** *Adj.* mentally ill; [mentally] deranged; **~kranke** *der/die* mentally ill person; *(im Krankenhaus)* mental patient; **~krankheit** *die* mental illness; **~leben** *das* intellectual life; **~richtung** *die* school of thought; **~riese** *der (ugs.)* great genius; **~schaffende** *der/die; adj. Dekl. (bes. DDR)* intellectual; **~schärfe** *die* keenness of intellect; **~schwäche** *die; o. Pl.* feeble-mindedness; mental deficiency; **~störung** *die* mental disturbance *or* disorder; **~strömung** *die* current of thought; **~tätigkeit** *die* mental activity; **~verfassung** *die* state of mind; mental state; **~verwandt** *Adj.* spiritually akin; **wir sind ~verwandt** we are kindred spirits; **~verwirrung** *die* mental confusion; *(~gestörtheit)* [mental] derangement; **~welt** *die (geh.)* **a)** *(Welt des ~es)* world of the mind; **b)** *(Gesamtheit der geistig Interessierten)* intelligentsia; **~wissenschaften** *Pl.* arts; humanities; **~wissenschaftler** *der* arts scholar; scholar in the humanities; **~wissenschaftlich 1.** *Adj.* ~wissenschaftliche Fächer arts subjects; **2.** *adv.* ⟨interested, be distinguished⟩ in arts subjects; **~zustand** *der; o. Pl.* mental condition; mental state; **jmdn. auf seinen ~zustand untersuchen lassen** have sb.'s mental condition examined; **du solltest dich mal auf deinen ~zustand untersuchen lassen** *(ugs.)* you need your head examined *(coll.)*
geistig **1.** *Adj.; nicht präd.* **a)** intellectual; *(Psych.)* mental; **~e und körperliche Arbeit** physical work and brain-work; **er verlebte seine Rentnerjahre in ~er Frische** he remained mentally alert throughout the years of his retirement; **der ~e Vater/Urheber** the spiritual father/author; **in ~er Umnachtung** *(geh.)* in a state of mental derangement; **~e Erbe** the spiritual legacy; **~es Eigentum** intellectual property; **~er Diebstahl** plagiarism; **ein ~es Band** *(fig. geh.)* a spiritual bond; **~kulturell** intellectual and cultural; **das ~-kulturelle Leben** *(bes. DDR)* the intellectual and cultural scene; **ein ~kulturelles Zentrum** *(bes. DDR)* a centre of learning and the arts; **~schöpferische Arbeit** *(bes. DDR)* intellectual and creative work; **b)** *(alkoholisch)* **~e Getränke** alcoholic drinks *or* beverages. **2.** *adv.* **~ träge/rege sein** be mentally lazy/active; **~ überlegen** intellectually superior; **~ zurückgeblieben** mentally retarded; **~ weggetreten sein** *(ugs.)* be miles away *(coll.)*
Geistigkeit *die;* ~: intellectuality
geistlich 1. *Adj.; nicht präd.* sacred ⟨*song, music*⟩; religious ⟨*order*⟩; religious, devotional ⟨*book, writings*⟩; spiritual ⟨*matter, support*⟩; spiritual, religious ⟨*leader*⟩; ecclesiastical ⟨*office, dignitary*⟩; **der ~e Stand** the clergy; **in den ~en Stand eintreten** take holy orders
Geistliche *der; adj. Dekl.* clergyman; priest; *(einer Freikirche)* minister; *(Militär-, Gefängnis~)* chaplain
Geistlichkeit *die;* ~: clergy
geist-, Geist-: **~los** *Adj. (dumm)* dimwitted; witless; *(ohne ernsten Gehalt)* trivial; shallow ⟨*conversation*⟩; **~losigkeit** *die;* ~ *(Dummheit)* dim-wittedness; witlessness; *(Trivialität)* triviality; **~reich 1.** *Adj. (amüsant)* witty; ⟨*elegant*⟩ elegant; ⟨*klug*⟩ clever; *(unterhaltsam)* entertaining; **nicht gerade ~reich** *(ugs.)* look pretty stupid *(coll.)*; **2.** *adv.: s. Adj.* wittily, elegantly; cleverly; entertainingly; **~sprühend** *Adj.* brilliantly witty; **~tötend** *Adj.* soul-destroying ⟨*work, job*⟩; stupefyingly

boring ⟨*chatter, drivel*⟩; **~voll** *Adj.* brilliantly witty ⟨*joke, satire*⟩; brilliant ⟨*idea*⟩; intellectually stimulating ⟨*conversation, book*⟩
Geiz [gaɪts] *der;* ~es *(abwertend)* meanness; *(Knauserigkeit)* miserliness
geizen *itr. V.* **a)** *(übertrieben sparsam sein)* be mean; **mit etw. ~:** be mean *or* stingy with sth.; **mit Lob ~** *(fig.)* be sparing with one's praise; **sie geizt nicht mit ihren Reizen** *(fig. iron.)* she doesn't mind displaying her charms; **b)** *(veralt.: heftig verlangen)* **nach etw. ~:** crave [for] sth.; *(gierig)* be greedy for sth.
Geiz·hals *der (abwertend)* skinflint
geizig *Adj.* mean; *(knauserig)* miserly
Geiz·kragen *der (ugs. abwertend)* skinflint
Gejammer[e] *das;* ~s *(abwertend)* yammering *(coll.);* belly-aching *(sl.)*
Gejauchze *das;* ~s rejoicing; jubilation; **ihr ~ hallte durch das ganze Haus** their joyful cheers echoed through the house
Gejaul[e] *das;* ~s *(abwertend)* howling
Gejohl[e] [gəˈjoːl(ə)] *das;* ~s *(abwertend)* howling; **mit lautstarkem ~:** with loud howls *pl.*
gekannt [gəˈkant] 2. *Part. v.* **kennen**
Gekeif[e] [gəˈkaɪf(ə)] *das;* ~s scolding; nagging
Gekicher *das;* ~s giggling
Gekläff[e] *das;* ~[e]s *(abwertend; auch fig.)* yapping
Geklapper *das;* ~s clatter[ing]
Geklatsch[e] *das;* ~s *(abwertend)* **a)** *(Beifallklatschen)* clapping; **b)** *(Tratsch)* gossiping
gekleidet 1. 2. *Part. v.* **kleiden**. **2.** *Adj.* dressed; **gut/schlecht ~ sein** be well/badly dressed
Geklimper *das;* ~s *(abwertend)* plunking
Geklingel *das;* ~s ringing
geklungen [gəˈklʊŋən] 2. *Part. v.* **klingen**
Geknall[e] *das;* ~s *(abwertend)* banging; *(von Schüssen, einer Peitsche)* cracking; *(von Korken)* popping
Geknatter *das;* ~s *(eines Autos, Motors, Motorrades)* clattering; *(eines Maschinengewehrs)* rattling; *(eines Segels)* flapping; *(eines Radios)* crackle
geknickt 1. 2. *Part. v.* **knicken**. **2.** *Adj. (ugs.)* dejected; downcast
gekniffen 2. *Part. v.* **kneifen**
Geknister *das;* ~s rustling; rustle; *(von Holz, Feuer)* crackling; crackle
gekommen 2. *Part. v.* **kommen**
gekonnt [gəˈkɔnt] **1.** 2. *Part. v.* **können**. **2.** *Adj.* accomplished; *(hervorragend ausgeführt)* masterly. **3.** *adv.* in an accomplished manner; *(hervorragend)* in masterly fashion
gekoren [gəˈkoːrən] 2. *Part. v.* **küren, kiesen**
Gekrächz[e] *das;* ~s cawing; *(einer heiseren Stimme)* croaking; *(von Papageien)* squawking
Gekrakel *das;* ~s *(ugs. abwertend)* scrawl; scribble
Gekreisch[e] *das;* ~s *(von Vögeln)* screeching; *(von Menschen)* shrieking; squealing; *(von Rädern, Bremsen)* squealing
gekrischen [gəˈkrɪʃn] 2. *Part. v.* **kreischen**
Gekritzel[e] *das;* ~s scribble; scrawl
gekrochen 2. *Part. v.* **kriechen**
Gekröse [gəˈkrøːzə] *das;* ~s, ~ **a)** *(Kochk.) (vom Kalb)* tripe; *(vom Schwein)* chitterlings *pl.;* *(von Geflügel)* giblets *pl.;* **b)** *(Anat.)* mesentery
gekünstelt [gəˈkʏnstl̩t] **1.** *Adj.* artificial; **ein ~es Lächeln** a forced smile; **ein ~es Benehmen** affected behaviour. **2.** *adv.* **er lächelte ~:** he gave a forced smile; **sie spricht immer so ~:** she always talks so affectedly
Gel [geːl] *das;* ~s, ~e *(Chemie)* gel
Gelaber[e] *das;* ~s *(ugs. abwertend)* rabbiting *(coll.)* or babbling on

1127

Gelächter [gəˈlɛçtɐ] *das;* ~s, ~: laughter; **ein lautes/schallendes** ~: loud/ringing laughter; **in** ~ **ausbrechen** burst out laughing; *s. auch* **homerisch**
gelackmeiert [gəˈlakmaiɐt] *Adj.; nicht attr. (salopp scherzh.)* had *(sl.)*; conned *(coll.)*; **ich bin/du bist** *usw.* **der Gelackmeierte** I'm/you're *etc.* the one who's been had *(sl.)*
geladen 1. 2. *Part. v.* **laden**. 2. **in** ~ **sein** be furious *or (coll.)* livid; [**auf jmdn./etw.**] ~ **sein** be furious *or (Brit. coll.)* livid [with sb./about sth.]
Gelage *das;* ~s, ~: feast; banquet; *(abwertend)* orgy of eating and drinking
Gelähmte *der/die; adj. Dekl.* paralytic
Gelände [gəˈlɛndə] *das;* ~s, ~ **a)** *(Landschaft)* ground; terrain; **das** ~ **steigt an/fällt ab** the ground rises/falls; **das** ~ **durchkämmen/erkunden** comb/reconnoitre the ground; **b)** *(Grundstück)* site; *(von Schule, Krankenhaus usw.)* grounds *pl.;* **das** ~ **absperren** cordon off the area; **c)** *(Milit.)* ~ **gewinnen/verlieren** gain/lose ground
gelände-, Gelände-: ~**darstellung** *die (Geogr.)* relief mapping; ~**fahrt** *die* cross-country drive; *(das Fahren)* cross-country driving; ~**fahrzeug** *das* cross-country vehicle; ~**gängig** *Adj.* cross-country *attrib.* ⟨vehicle⟩ suitable for cross-country driving; ~**lauf** *der (Leichtathletik)* cross-country run; *(Wettbewerb)* cross-country race; *(das Laufen)* cross-country running
Geländer [gəˈlɛndɐ] *das;* ~s, ~: banisters *pl.;* handrail; *(am Balkon, an einer Brücke)* railing[s *pl.*]; *(aus Stein)* balustrades; parapet
Gelände-: ~**reifen** *der* cross-country tyre; ~**ritt** *der* **a)** cross-country ride; **b)** *(Reitsport)* endurance competition; ~**spiel** *das* scouting game; ~**sport** *der* scrambling; ~**übung** *die (Milit.)* field exercise; ~**wagen** *der s.* ~**fahrzeug**
gelang 3. *Pers. Sg. Prät. v.* **gelingen**
gelänge 3. *Pers. Sg. Konjunktiv II v.* **gelingen**
gelangen *itr. V.; mit sein* **a)** **an etw.** *(Akk.)/***zu etw.** ~: arrive at *or* reach sth.; **ans Ziel** ~: arrive at *or* reach one's destination; **an die Öffentlichkeit** ~: reach the public; leak out; **in jmds. Besitz** ~: come into sb.'s possession; **in den Besitz von etw.** ~: gain possession of sth.; **b)** *(fig.)* **zu Geld** ~ *(durch Arbeit)* make money; *(durch Erbe)* come into money; **zu Ansehen** ~: gain esteem *or* standing; **zu Ehre** ~: attain honour; **zu Ruhm** ~: achieve fame; **an die Macht** ~: come to power; **zu der Erkenntnis** ~**, daß**...~: come to the realization that ...; realize that ...; **c)** *als Funktionsverb* **zur Aufführung** ~: be presented *or* performed; **zur Auszahlung/Verteilung** ~: be paid [out]/distributed
Gelaß [gəˈlas] *das; Gelasses, Gelasse (geh.)* [small, dark] room *or* chamber; *(Verlies)* dungeon
gelassen 1. 2. *Part. v.* **lassen**. 2. *Adj.* calm; *(gefaßt)* composed; ~ **bleiben** keep calm *or* cool. **3.** *adv.* calmly
Gelassenheit *die;* ~: calmness; *(Gefaßtheit)* composure
Gelästere *das;* ~s *(abwertend)* making malicious remarks
Gelatine [ʒelaˈtiːnə] *die;* ~: gelatine
Geläuf *das;* ~[e]s, ~e **a)** *(Jägerspr.)* tracks *pl.;* track; spoor; **b)** *(Sport)* track, course
gelaufen 2. *Part. v.* **laufen**
geläufig 1. *Adj.* **a)** *(vertraut)* familiar, common ⟨expression, concept⟩; **etw. ist jmdm.** ~: sb. is familiar with sth.; **b)** *(fließend, perfekt)* fluent. **2.** *adv.* fluently; ~ **Englisch sprechen** speak fluent English; speak English fluently; be fluent in English
Geläufigkeit *die;* ~ **a)** *(Bekanntheit)* familiarity; **b)** *(Perfektion)* fluency

gelaunt [gəˈlaunt] **gut/schlecht** ~ **sein** be in a good/bad mood; **wie ist sie** ~**?** what sort of mood is she in?; **zu etw.** ~ **sein** *(veralt.)* be in the mood for sth.
Geläut *das;* ~[e]s, ~e **a)** *(Glocken)* chime; **b)** *s.* **Geläute**
Geläute *das;* ~s ringing; *(harmonisch)* chiming
gelb [gɛlp] *Adj.* yellow; **die** ~**e Gefahr** *(abwertend)* the yellow peril; **die** ~**e Karte** *(Fußball)* the yellow card; **vor Neid** ~ **werden** turn green with envy; **der Gelbe Fluß/ das Gelbe Meer** the Yellow River/Sea; **das Gelbe vom Ei** the egg-yolk; **das Gelbe vom Ei** *(fig. ugs.)* that's no great shakes *(sl.)*
Gelb *das;* ~s, ~ *od. (ugs.)* ~s yellow; **bei** ~ **über die Ampel fahren** go through *or* crash the lights on amber; *s. auch* **Blau**
gelb·braun *Adj.* yellowish-brown
Gelbe [ˈgɛlbə] *der/die; adj. Dekl. (abwertend)* Oriental
gelb-, Gelb-: ~**fieber** *das (Med.)* yellow fever; ~**filter** *der od. (fachspr. meist) das (Fot.)* yellow filter; ~**grün** *Adj.* yellowish-green; ~**körper** *der (Anat.)* corpus luteum; ~**kreuz** *das; o. Pl.* mustard gas
gelblich *Adj.* yellowish; yellowed ⟨paper⟩; sallow ⟨skin⟩
gelb-, Gelb-: ~**licht** *das; o. Pl. (Verkehrsw.)* amber [light]; ~**sucht** *die; o. Pl. (Med.)* jaundice; icterus *(Med.);* ~**süchtig** *Adj.* jaundiced; ~**wurz[el]** *die (Bot.)* turmeric
Geld [gɛlt] *das;* ~es, ~er **a)** *o. Pl.* money; **großes** ~: large denominations *pl.;* **kleines/ bares** ~: change/cash; **etw. bedeutet bares** ~: sth. is worth hard cash; **etw. für teures** ~ **erwerben** pay a lot of money for sth.; **es ist für** ~ **nicht zu haben** money cannot buy it; **mit** ~ **nicht umgehen können** be hopeless about money; **das ist hinausgeworfenes** ~: that is a waste of money *or (coll.)* money down the drain; **ohne** ~ **dastehen** be left penniless; **ins** ~ **gehen** *(ugs.)* run away with the money *(coll.);* ~ **stinkt nicht** *(Spr.)* money has no smell; ~ **regiert die Welt** *(Spr.)* money makes the world go round; ~ **allein macht nicht glücklich** [*(scherzh.)*, **aber es hilft**] *(Spr.)* money isn't everything[, but it helps]; ~ **und Gut** *(geh.)* all one's wealth and possessions; **hier liegt das** ~ **auf der Straße** *(fig.)* the streets here are paved with gold; **das große** ~ **machen** make a lot of money; **sein** ~ **unter die Leute bringen** spend one's money; **jmdm. das** ~ **aus der Tasche ziehen** get *or* wheedle money out of sb.; ~ **wie Heu haben, im** ~ **schwimmen** be rolling in money *or* in it *(coll.);* **nicht für** ~ **und gute Worte** *(ugs.)* not for love or money; **zu** ~ **kommen** get hold of [some] money; **etw. zu** ~ **machen** turn sth. into money or cash; **b)** *meist Pl. (größere Summe);* **öffentliche/staatliche** ~**er** public/state money *sing. or* funds; **c)** *(Börsenw.) s.* **Geldkurs**
geld-, Geld-: ~**adel** *der* financial aristocracy; ~**angelegenheit** *die; meist Pl.* money *or* financial matter; **seine** ~**angelegenheiten regeln** settle one's affairs; ~**anlage** *die* investment; ~**automat** *der* cash dispenser; ~**betrag** *der* sum *or* amount [of money]; ~**beutel** *der (bes. südd.)* purse; **auf dem** *od.* **seinem** ~**beutel sitzen** *(ugs. abwertend)* be tight-fisted; ~**bombe** *die* night-safe box; ~**börse** *die* purse; ~**briefträger** *der* postman who delivers items containing money or on which money is payable; ~**buße** *die* fine; ~**entwertung** *die* depreciation of the/a currency; ~**erwerb** *der* **zum** ~**erwerb arbeiten work** [in order] to earn money; **seine Malerei dient nicht dem** ~**erwerb** he does not paint for the money; **b)** *(Tätigkeit)* **seinem** ~**erwerb nachgehen** earn one's living; ~**forderung** *die* claim [for money]; **eine** ~**forderung an jmdn. haben** have a claim against sb.; ~**frage** *die* question of money; ~**geber** *der* financial backer; *(für Forschungen usw.)* sponsor; ~**geschäft** *das* financial transaction; money transaction; ~**geschenk** *das* gift of money; ~**gier** *die (abwertend)* greed; avarice; ~**gierig** *Adj. (abwertend)* greedy; avaricious; ~**hahn der** in [jmdm. *Dat*.] **den** ~**hahn ab-** *od.* **zudrehen** *(ugs.)* cut off sb.'s supply of money; ~**heirat** *die:* **das ist eine reine** ~**heirat** he just married her for her money/she just married him for his money; ~**herrschaft** *die* plutocracy
geldig *Adj. (österr.)* rich; wealthy
Geld-: ~**institut** *das* financial institution; ~**katze** *die (hist.)* large leather purse worn on *or* as a belt; ~**klemme** *die (ugs.)* financial straits *pl. or* difficulties *pl.;* ~**knappheit** *die* shortage of money; ~**kurs** *der (Börsenw.)* bid price; ~**leute** *s.* ~**mann**
geldlich *Adj.; nicht präd.* financial
Geld-: ~**mangel** *der; o. Pl.* lack of money; ~**mann** *der; Pl.* ~**leute** financier; ~**markt** *der (Wirtsch.)* money market; ~**mittel** *Pl.* financial resources; funds; ~**not** *die* financial straits *pl. or* difficulties *pl.;* ~**politik** *die* monetary policy; ~**prämie** *die* cash bonus; *(~preis)* cash prize; ~**preis** *der* cash prize; *(bei einem Turnier)* prize money; ~**quelle** *die* source of income; *(für den Staat)* source of revenue; ~**sache** *die s.* ~**angelegenheit;** ~**sack** *der* **a)** money-bag; **b)** *(veralt.) s.* ~**beutel; c)** *(ugs. abwertend: geiziger Mensch)* money-bags *sing.;* ~**schein** *der* banknote; bill *(Amer.);* ~**schöpfung** *die (Finanzw.)* creation of money; ~**schrank** *der* safe; ~**schrank·knacker** *der (ugs.)* safe-breaker; safe-cracker; ~**schuld** *die* [money *or* financial] debt; ~**schwemme** *die (ugs.)* glut of money; ~**schwierigkeiten** *Pl.* financial difficulties *or* straits; ~**sorgen** *Pl.* money troubles; financial worries; ~**sorte** *die (Bankw.)* currency; ~**spende** *die* donation; contribution; ~**spritze** *die s.* **Finanzspritze;** ~**strafe** *die* fine; **jmdn. zu einer** ~**strafe verurteilen** fine sb.; ~**stück** *das coin;* ~**summe** *die* sum [of money]; ~**tasche** *die* purse; ~**umlauf** *der* circulation of money; ~**umtausch** *der s.* ~**wechsel;** ~**verlegenheit** *die (verhüll.)* financial embarrassment; **in** ~**verlegenheit sein** be financially embarrassed; ~**verleiher** *der* money-lender; ~**verlust** *der* financial loss; ~**verschwendung** *die* waste of money; **das wäre reinste** ~**verschwendung** that would be a sheer waste of money; ~**wasch·anlage** *die (ugs.)* money-laundering scheme; ~**wechsel** *der* exchanging of money; „**wechsel**" 'bureau de change'; 'change'; ~**wert** *der* **a)** *(Wert eines Gegenstandes)* cash value; **b)** *(innerer* ~*wert)* value of money; *(äußerer* ~*wert)* value of the/a currency; ~**wesen** *das; o. Pl.* finance *no art.;* ~**zu·wendung** *die* allowance for *or (~geschenk)* gift of money
geleckt 1. 2. *Part. v.* ²**lecken.** 2. *Adj.* **in wie** ~ **aussehen** *(ugs.)* look all spruced up
Gelee [ʒɛˈleː] *der od. das;* ~s, ~s jelly; **Aale in** ~: jellied eels
Gelege *das;* ~s, ~ *(von Vögeln)* clutch of eggs; *(von Reptilien, Insekten)* batch of eggs
gelegen 1. 2. *Part. v.* **liegen.** 2. *Adj.* **a)** *(passend)* convenient; **das kommt mir** ~: that comes just at the right time for me; **b)** *(liegend)* situated
Gelegenheit *die;* ~, ~en **a)** *(günstiger Augenblick)* opportunity; **jmdm.** [**die**] ~ **geben, etw. zu tun** give sb. the opportunity of doing *or* to do sth.; **die** ~ **nutzen** make the most of the opportunity; **bei nächster** ~: at the next opportunity; **bei** ~: some time; **die** ~ **macht Diebe** opportunity makes the thief *(prov.);*

Gelegenheitsarbeit — **-gemäß**

die ~ beim Schopf[e] fassen *od.* ergreifen grab *or* seize the opportunity with both hands; **b)** *(Anlaß)* occasion; **ein Anzug für alle ~en** a suit that can be worn on any occasion
Gelegenheits-: **~arbeit** die casual work; **~arbeiter** der casual worker; **~dieb** der opportunist thief; **~dichtung** die occasional poetry; **~kauf** der bargain
gelegentlich 1. *Adj.; nicht präd.* occasional. **2.** *adv.* **a)** *(manchmal)* occasionally; **b)** *(bei Gelegenheit)* some time. **3.** *Präp. + Gen. (Amtsspr.)* on the occasion of
gelehrig [gə'le:rɪç] **1.** *Adj.* ⟨*child*⟩ who is quick to learn *or* quick at picking things up; ⟨*animal*⟩ that is quick to learn. **2.** *adv.* **sich ~ anstellen** be quick to learn
Gelehrigkeit die; ~: quickness to learn
gelehrsam *Adj.* **a)** *s.* gelehrig; **b)** *(veralt.: gelehrt)* learned; erudite
Gelehrsamkeit die; ~: learning; erudition
gelehrt 1. 2. *Part. v.* lehren. **2.** *Adj.* **a)** *(kenntnisreich)* learned; erudite; **b)** *(auf gründlichen Kenntnissen beruhend)* scholarly; **c)** *(abwertend: schwer verständlich)* highbrow. **3.** *adv.* **a)** learnedly; eruditely; **b)** *(abwertend: schwer verständlich)* in a highbrow way
Gelehrte der/die; *adj. Dekl.* scholar; **darüber streiten sich die ~n** *od.* **sind sich die ~n noch nicht einig** the experts disagree on that; *(fig.)* that's a moot point
Gelehrten-: **~dasein** das scholarly life *or* existence; **~streit** der dispute among scholars
Geleise das; ~s, ~ *(österr., sonst geh.)* s. Gleis
Geleit das; ~[e]s, ~e **a)** *(geh.: das Begleiten)* **sie bot uns ihr ~ an** she offered to accompany *or* escort us; **freies ~** *(Rechtsw.)* safe-conduct; **jmdm. das ~ geben** *(geh. verhüll.)* accompany *or* escort sb.; **jmdm. das letzte ~ geben** *(geh. verhüll.)* attend sb.'s funeral; **zum ~:** as a preface; **„zum ~"** 'preface'; **b)** *(Eskorte)* escort; *(Gefolge)* entourage; retinue
geleiten *tr. V. (geh.)* escort; *(begleiten)* accompany; escort; **jmdn. zur Tür ~:** see sb. to the door; show sb. out
Geleit-: **~schiff** das *(Milit.)* escort vessel; **~schutz** der *(Milit.)* escort; **~schutz geben** provide an escort for sth.; **~wort** das *(geh.)* preface; **~zug** der *(Milit.)* convoy
Gelenk [gə'lɛŋk] das; ~[e]s, ~e **a)** joint; **es kracht od. knackt in den ~en** my/your etc. joints creak; **b)** *(Technik)* joint; *(Scharnier~)* hinge
Gelenk-: **~entzündung** die *(Med.)* arthritis; **~fahrzeug** das articulated vehicle
gelenkig *Adj.* agile ⟨*person*⟩; *(geschmeidig)* supple ⟨*limb*⟩. **2.** *adv.* **a)** agilely; **b)** *(Technik)* **~ gelagert** *(mittels Scharnier)* hinge-mounted; *(mittels Drehzapfen)* swivel-mounted
Gelenkigkeit die; ~: agility; *(von Gliedmaßen)* suppleness
Gelenk-: **~kapsel** die *(Anat.)* joint capsule; articular capsule; **~kopf** der *(Anat.)* head of a/the bone; **~pfanne** die *(Anat.)* socket of a/the joint; **~rheumatismus** der *(Med.)* articular rheumatism; **~schmiere** die *(Anat.)* synovial fluid; **~welle** die *(Kfz-W.)* cardan shaft
gelernt 1. 2. *Part. v.* lernen. **2.** *Adj.; nicht präd.* qualified
gelesen 2. *Part. v.* lesen
Gelichter das; ~s *(veralt. abwertend)* rabble; riff-raff
Geliebte [gə'li:ptə] der/die; *adj. Dekl.* **a)** lover/mistress; **b)** *(geh. veralt.)* beloved
geliefert 1. 2. *Part. v.* liefern. **2.** *Adj.* **in ~ sein** *(salopp)* be sunk *(coll.)*; have had it *(coll.)*
geliehen [gə'li:ən] **2.** *Part. v.* leihen
gelieren [ʒe'li:rən] *itr. V.* set

Gelier·zucker der preserving sugar
gelind[e] **1.** *Adj.* **a)** *(schoenend)* mild; **b)** *(geh. veralt.: mild, sanft)* mild ⟨*climate*⟩; light ⟨*punishment*⟩; slight ⟨*pain*⟩. **2.** *adv.* mildly; **~e gesagt** to put it mildly
gelingen [gə'lɪŋən] *unr. itr. V.; mit sein* succeed; **es gelang ihr, es zu tun** she succeeded in doing it; **es gelang ihr nicht, es zu tun** she did not succeed in doing it; she failed to do it; **möge dir dein Vorhaben gelingen** I hope you succeed with *or* accomplish your plan; **das wollte ihr nicht ~:** she couldn't seem to manage it; **eine gelungene Arbeit** a successful piece of work; *s. auch* **gelungen 2**
Gelingen das; ~s success; **auf ein gutes ~ hoffen** hope for success; **jmdm. gutes ~ wünschen** wish sb. every success; **gutes ~!** the best of luck!
gelitten [gə'lɪtn] **2.** *Part. v.* leiden
¹gell [gɛl] **1.** *Adj. (geh.)* piercing; shrill. **2.** *adv.* **~ aufschreien** let out *or* give a piercing scream *or* shriek
²gell[e] ['gɛl(ə)] *Interj. (südd.) s.* gelt
gellen ['gɛlən] *itr. V.* **a)** *(hell schallen)* ring out; **ein Schrei gellte durch die Nacht** a scream *or* shriek pierced the night; **jmdm. in den Ohren ~:** make sb.'s ears ring; **~des Gelächter** shrill peals of laughter; **~d aufschreien** let out *or* give a piercing scream *or* shriek; **b)** *(nachhallen)* ring; **uns gellten die Ohren** our ears rang; **von etw. ~:** ring with sth.
geloben *tr. V. (geh.)* vow; **Besserung/Armut ~:** promise solemnly to improve/take a vow of poverty; **jmdm. Treue ~:** vow to be faithful to sb.; **sich** *(Dat.)* **~, etw. zu tun** vow to oneself *or* make a solemn resolve to do sth.; **das Gelobte Land** the Promised Land
Gelöbnis [gə'lø:pnɪs] das; ~ses, ~se *(geh.)* vow; **ein ~ ablegen** *od.* **leisten** make *or* take a vow
gelogen 2. *Part. v.* lügen
gelöst [gə'lø:st] **1. 2.** *Part. v.* lösen. **2.** *Adj.* relaxed
Gelöstheit die; ~: relaxed mood
Gelse ['gɛlzə] die; ~, ~n *(österr.)* mosquito, gnat
gelt [gɛlt] *Interj. (südd., österr. ugs.)* **~, du bist mir doch nicht böse?** you're not angry with me, are you?; **er kommt doch morgen zurück, ~?** he'll be coming back tomorrow, won't he *or* *(coll.)* right?
gelten ['gɛltn] **1.** *unr. itr. V.* **a)** *(gültig sein)* be valid; ⟨*banknote, coin*⟩ be legal tender; ⟨*law, regulation, agreement*⟩ be in force; ⟨*price*⟩ be effective; **etw. gilt für jmdn.** sth. applies to sb.; **das gilt auch für dich/Sie!** *(ugs.)* that includes you!; that goes for you too!; **das gilt nicht!** that doesn't count!; **~de Preise** current prices; **nach ~dem Recht** in accordance with the law as it [now] stands; **die ~de Meinung** the generally accepted opinion; **etw. [nicht] ~ lassen** [not] accept sth.; **b)** *(angesehen werden)* **als etw. ~:** be regarded as sth.; be considered [to be] sth.; **er galt als klug/Favorit** he was regarded as clever/the favourite; he was considered [to be] clever/the favourite; **c)** (+ *Dat.*) *(bestimmt sein für)* be directed at; **die Bemerkung galt dir** the remark is aimed at you; **der Beifall galt auch dem Regisseur** the applause was also for the director. **2.** *unr. itr. V.* **a)** *(wert sein)* **sein Wort gilt viel/wenig** his word carries a lot of/little weight; **was gilt die Wette?** what do you bet?; **etw. gilt jmdm. mehr als ...:** sth. is worth *or* means more to sb. than ...; **b)** *unpers. (darauf ankommen, daß)* **es gilt, Zeit zu gewinnen/rasch zu handeln** it is essential to gain time/act swiftly; **es gilt einen Versuch** the only thing to do is to make an attempt; **c)** *unpers. (geh.: auf dem Spiel stehen)* **es gilt dein Leben** *od.* **deinen Kopf** your life is at stake
geltend in etw. ~ machen assert sth.; **einige Bedenken/einen Einwand ~ machen** express

some doubts/raise an objection; **sich ~ machen** begin to show; begin to make itself/themselves felt; *s. auch* **gelten 1a**
Geltendmachung die; ~ *(Amtsspr.)* assertion
Geltung die; ~ **a)** *(Gültigkeit)* validity; **~ haben** ⟨*banknote, coin*⟩ be legal tender; ⟨*law, regulation, agreement*⟩ be in force; ⟨*price*⟩ be effective; **für jmdn. ~ haben** apply to sb.; **b)** *(Wirkung)* recognition; **jmdm./sich/einer Sache ~ verschaffen** gain *or* win recognition for sb./oneself/sth.; **an ~ verlieren** ⟨*value, principle, etc.*⟩ lose its importance, become less important; **etw. zur ~ bringen** show something to its best advantage; **zur ~ kommen** show to [its best] advantage
Geltungs-: **~bedürfnis** das need for recognition; **~bereich** der scope; **unter den ~bereich eines Gesetzes fallen** come within the scope of a law; **~bereich dieser Verordnung ist Hessen** the area in which the regulation is in force is Hesse; **~dauer** die period of validity; **die ~dauer des Vertrags/Gesetzes** the period during which the agreement/law is in force; **~drang der** *s.* **~bedürfnis**; **~sucht** die [pathological] craving for recognition; **~trieb** der (*~bedürfnis*) need for recognition; (*~sucht*) craving for recognition
Gelump[e] [gə'lʊmp(ə)] das; ~s *(ugs. abwertend)* **a)** *(Plunder)* junk; rubbish; **b)** *(Gesindel)* riff-raff; rabble
gelungen [gə'lʊŋən] **1. 2.** *Part. v.* gelingen. **2.** *Adj.* **a)** *(ugs.: spaßig)* priceless; **das finde ich ~:** what a laugh!; **b)** *(ansprechend)* inspired
Gelüst das; ~[e]s, ~e, **Gelüste** das; ~s, ~ *(geh.)* longing; strong desire; *(zwingend, krankhaft)* craving; **ein ~ nach** *od.* **auf etw.** *(Akk.)* **haben** have a longing *or* a strong desire/a craving for sth.
gelüsten *tr. V. (unpers.)* **es gelüstet ihn nach ...:** he has a longing for ...; *(zwingend, krankhaft)* he has a craving for ...
gemach [gə'ma:(x)] *Adv. (veralt.)* [**nur/immer**] **~!** not so fast!; take it easy!
Gemach [gə'ma:(x)] das; ~[e]s, **Gemächer** [gə'mɛ:(ç)ɐ] *(veralt. geh.)* apartment
gemächlich [gə'mɛ:(ç)lɪç] **1.** *Adj.* leisurely; **ein ~es Leben führen** take life easily. **2.** *adv.* in a leisurely manner; **~ wandern** stroll
Gemächlichkeit die; ~: leisureliness; **etw. mit ~ machen** do sth. at a leisurely pace
gemacht 1. 2. *Part. v.* machen. **2.** *Adj.* **ein ~er Mann sein** *(ugs.)* be a made man; **zu** *od.* **für etw. [nicht] ~ sein** *(ugs.)* [not] be made for sth.; **ich bin nicht dazu ~, einen solchen Posten auszufüllen** I'm not cut out for a job like this
Gemächt das; ~[e]s, **Gemächte** das; ~s *(scherzh., veralt.)* privy parts *pl. (arch.)*
Gemahl der; ~s, ~e *(geh.)* consort; husband; **bitte grüßen Sie Ihren Herrn ~:** please give my regards to your husband
Gemahlin die; ~, ~nen *(geh.)* consort; wife; **eine Empfehlung an die Frau ~:** my compliments to your wife
gemahnen *tr. V. (geh.)* **jmdn. an etw.** *(Akk.)* **~:** remind sb. of sth.; **diese Gedenktafel soll an die Opfer beider Weltkriege ~:** this memorial plaque is to commemorate the dead of two World Wars
Gemälde [gə'mɛ:ldə] das; ~s, ~: painting
Gemälde-: **~ausstellung** die exhibition of paintings; **~galerie** die picture gallery; **~sammlung** die collection of paintings
gemäß [gə'mɛ:s] **1.** *Präp.* + *Dat.* in accordance with; **~ Paragraph 15/Artikel 12** under section 15/article 12. **2.** *Adj.* **jmdm./einer Sache ~ sein** be appropriate for sb./to sth.; **eine deinen Leistungen ~e Arbeit** a job suited to your abilities
-gemäß *Adj.* in accordance with ⟨*tradition etc.*⟩; **berufs~:** in accordance with the

1129

gemäßigt

standards of the profession; **art~**: appropriate [for the species *postpos.*].
gemäßigt 1. *2. Part. v.* **mäßigen. 2.** *Adj.* moderate; modest ⟨*life-style*⟩; more restrained ⟨*version*⟩; qualified ⟨*optimism*⟩; temperate ⟨*climate*⟩
Gemäuer [gə'mɔyɐ] *das;* ~s, ~: walls *pl.;* (*Ruine*) ruin
Gemauschel *das;* ~s (*ugs. abwertend*) underhand dealing
Gemecker[e] *das;* ~s **a)** (*von Schafen, Ziegen*) bleating; **b)** (*abwertend: Lachen*) cackling; **c)** (*ugs. abwertend: Nörgelei*) griping ⟨*coll.*⟩; moaning ⟨*sl.*⟩
gemein 1. *Adj.* **a)** (*abstoßend*) coarse, vulgar ⟨*joke, expression*⟩; nasty ⟨*person*⟩; **b)** (*niederträchtig*) infuriating; mean, dirty ⟨*trick*⟩; **du bist ~!/das ist ~ [von dir]!** you're mean or nasty!/that's mean or nasty [of you]!; **c)** (*ärgerlich*) infuriating; damned annoying (*coll.*); **d)** *nicht präd.* (*Bot., Zool., sonst veralt.:* allgemein vorkommend) common; **der ~e Mann** the ordinary man; the man in the street; **ein ~er Soldat** a common soldier; **e)** (*veralt.:* allgemein) general; **das ~e Wohl** the common good; **etw. mit jmdm./etw. ~ haben** have sth. in common with sb./sth.; **sich mit jmdm. ~ machen** associate with sb.; **das ist ihnen ~:** they have that in common; they share that. **2.** *adv.* **a)** (*niederträchtig*) **jmdn. ~ behandeln** treat sb. in a mean or nasty way; **b)** (*ugs.: sehr*) **sich ~ verletzen** injure oneself badly; **es hat ganz ~ weh getan** it hurt like hell (*coll.*); **~ kalt** terribly or hellish cold (*coll.*)
Gemein·besitz *der* common property
Gemeinde [gə'maɪndə] *die;* ~, ~n **a)** (*staatliche Verwaltungseinheit*) municipality; (*ugs.: ~amt*) local authority; **die ~ X** the municipality of X; **einen Zug durch die ~ machen** (*fig. ugs.*) go an a pub crawl (*Brit. coll.*); go bar-hopping (*Amer. coll.*); **b)** (*Seelsorgebezirk*) (*christlich*) parish; (*nichtchristlich*) community; (*Mitglieder*) parish; parishioners *pl.;* **c)** (*Bewohner*) community; local population; **d)** (*Gottesdienstteilnehmer*) congregation; **e)** (*Anhängerschaft*) body of followers; **die ~ seiner Anhänger** his following
gemeinde-, Gemeinde-: ~abgaben *Pl.* rates [and local taxes] (*Brit.*); local taxes (*Amer.*); **~amt** *das* local authority; (*Gebäude*) municipal offices *pl.;* **~beamte** *der* local government official; **~behörde** *die* local authority; **~bezirk der a)** municipality; district; **b)** (*österr.*) ward; **~diener** *der* (*veralt.*) beadle; **~eigen** *Adj.* municipal ⟨*swimming pool, sports centre, etc.*⟩; **~eigen sein** be municipally owned; **~haus** *das* parish hall; **~mitglied** *das* parishioner; **~ordnung** *die* [state] law governing local authorities; **~pflege** *die* parish welfare work; **~rat** *der* **a)** (*Gremium*) local council; **b)** (*Mitglied*) local councillor; **~schwester** *die* district nurse; **~steuer** *die* local tax
gemein·deutsch *Adj.* standard German
Gemeinde-: ~verwaltung *die* local administration; **~vor·stand** *der* local council; **~wahl** *die s.* **Kommunalwahl; ~zentrum** *das* community centre
gemein-, Gemein-: ~eigentum *das* (*Politik, Wirtsch.*) public property; **~gefährlich** *Adj.* dangerous to the public; **~gefährlich sein** be a danger to the public; **ein ~gefährlicher Verbrecher** a dangerous criminal; **~gültig** *Adj.* allgemeingültig; **~gültigkeit** *die s.* Allgemeingültigkeit; **~gut** *das;* *o. Pl.* (*geh.*) common property
Gemein·heit *die;* ~, ~n **a)** (*niederträchtige Gesinnung*) meanness; nastiness; **etw. aus ~ tun/sagen** do/say sth. out of meanness or nastiness; **b)** (*gemeine Handlung*) mean or nasty or dirty trick; **das war eine ~:** that was a mean or nasty thing to do/say; **c)** (*unerfreulicher Umstand*) **so eine ~!** (*ugs.*) what a damned nuisance!
gemein-, Gemein-: ~hin *Adv.* commonly; generally; **wie man ~hin vermutet/annimmt** as is commonly or generally supposed/assumed; **~kosten** *Pl.* (*Wirtsch.*) overheads; overhead expenses; **~nutz** *der;* **~es** public good; **~nutz geht vor Eigennutz** the public interest comes first; **~nützig** [-nʏtsɪç] *Adj.* serving the public good *postpos., not pred.;* (*wohltätig*) charitable; **eine ~nützige Institution** a charitable or non-profit-making institution; **~platz** *der* platitude; commonplace
gemeinsam 1. *Adj.* **a)** common ⟨*interests, characteristics*⟩; mutual ⟨*acquaintance, friend*⟩; joint ⟨*property, account*⟩; shared ⟨*experience*⟩; **der Gemeinsame Markt** the Common Market; **~e Interessen/Merkmale haben** have interests/characteristics in common; **~e Kasse machen** pool funds or resources; **größter ~er Teiler** (*Math.*) highest common denominator; **kleinstes ~es Vielfaches** (*Math.*) lowest common multiple; **b)** *nicht präd.* (*miteinander unternommen*) joint ⟨*undertaking, consultations*⟩; joint, concerted ⟨*efforts, action, measures*⟩; [**mit jmdm.**] **~e Sache machen** join forces or sp [with sb.]; **c)** *nicht attr.* (*übereinstimmend*) **ihnen ist nur das ~:** that's the only thing they have in common; **das blonde Haar ist ihnen ~:** they both have blond hair; **viel Gemeinsames haben** have a lot in common. **2.** *adv.* together; **es gehört ihnen ~:** it is owned by them jointly
Gemeinsamkeit *die;* ~, ~en **a)** (*gemeinsames Merkmal*) common feature; point in common; **zwischen den beiden Parteien gab es keine ~en** there was no common ground between the two parties; **b)** *o. Pl.* (*Einheit*) community of interest; **ein Gefühl der ~:** a sense of community
Gemeinschaft *die;* ~, ~en **a)** community; **die ~ der Heiligen** (*Rel.*) the communion of saints; **die Europäische ~** the European Community; **b)** *o. Pl.* (*Verbundenheit*) coexistence; **in unserer Klasse herrscht keine echte ~:** there is no real sense of community in our class; **in ~ mit jmdm.** together or jointly with sb.
gemeinschaftlich 1. *Adj.; nicht präd.* common ⟨*interests, characteristics*⟩; joint ⟨*property, undertaking*⟩; mutual ⟨*acquaintance, friend*⟩; joint, concerted ⟨*efforts, action*⟩. **2.** *adv.* together; **wir führen die Firma ~:** we run the firm jointly or together
Gemeinschafts-: ~an·schluß *der* (*Fernspr.*) party line; **~antenne** *die* community aerial (*Brit.*) or (*Amer.*) antenna; **~arbeit** *die* **a)** *o. Pl.* (*gemeinschaftliches Arbeiten*) joint work; **etw. in ~arbeit tun** do sth. jointly; **sozialistische ~arbeit** (*DDR*) collective socialist work or efforts *pl.;* **b)** (*Ergebnis der Zusammenarbeit*) joint product or effort; **~auf·gabe die a)** common or shared task; **b)** (*Bundesrepublik Deutschland*) major project for which Land and Federation are jointly responsible; **~beichte die** (*christl. Rel.*) public confession; **~gefühl** *das;* *o. Pl.* community spirit; **~küche die** (*in einem Wohnheim usw.*) communal kitchen; **~kunde die** *o. Pl.* social studies *sing.;* **~leben** *das;* *o. Pl.* communal life; **~produktion die** (*von einem Film, Buch usw.*) co-production; **~raum** *der* common-room (*Brit.*); **~schule die** non-denominational school; **~sendung die** (*Rundf., Ferns.*) joint transmission; **~sinn** *der;* *o. Pl.* community spirit; **~werbung die** joint advertising; **~werbung machen run** a joint advertisement or campaign; **~wesen** *das* social being or animal; **~zelle die** shared cell
gemein-, Gemein-: ~schuldner *der* (*Rechtsw.*) [declared] bankrupt; **~sinn** *der;*

Gemüsesuppe

o. Pl. public spirit; **~sprache die** (*Sprachw.*) standard language; ordinary language; **~verständlich 1.** *Adj.* generally comprehensible or intelligible; **2.** *adv.* **sich ~verständlich ausdrücken** make oneself generally comprehensible or intelligible; **~wesen** *das* community; (*staatlich*) political unit; polity; **~wohl** *das* public or common good; **etw./jmd. dient dem ~wohl** sth. is/sb. acts in the public interest
Gemenge *das;* ~s, ~ **a)** (*Gemisch*) mixture (*aus, von* of); **b)** (*Durcheinander*) jumble; (*von Menschen*) crowd; **c)** (*Landw.*) mixed crop
Gemengsel [gə'mɛŋsl̩] *das;* ~s, ~: mixture; (*von Gerüchten, Düften*) medley
gemessen 1. *2. Part. v.* **messen. 2.** *Adj.* **a)** (*würdevoll*) measured ⟨*steps, tones, language*⟩; deliberate ⟨*words, manner of speaking*⟩; **~en Schrittes** with measured tread or steps *pl.;* **b)** *nicht präd.* (*an~*) **in ~em Abstand** *od.* **~er Entfernung** at a respectful distance; **in ~er Bescheidenheit** with due modesty; **c)** (*veralt.:* zurückhaltend) reserved. **3.** *adv.* **~ schreiten** walk with measured tread or steps *pl.;* **~ sprechen** speak in measured tones
Gemessenheit *die;* ~ **a)** (*Würde*) s. gemessen 2a: measuredness; deliberateness; **in aller ~:** slowly and with all due solemnity; **b)** (*An~*) respectfulness; **c)** (*veralt.:* Zurückhaltung) reserve
Gemetzel *das;* ~s, ~ (*abwertend*) bloodbath; massacre
gemieden [gə'mi:dn̩] *2. Part. v.* meiden
Gemisch *das;* ~[e]s, ~e (*auch fig.*) mixture (*aus, von* of); mix (*coll.*); (*Kfz-W.*) mixture
gemischt 1. *2. Part. v.* **mischen. 2.** *Adj.* **a)** mixed; **~e Kost** a varied diet; **eine ~e Klasse** a mixed or coeducational or (*coll.*) coed class; **b)** (*abwertend:* anrüchig) **eine ~e Gesellschaft** a disreputable crowd. **3.** *adv.* (*abwertend:* anrüchig) **es geht sehr ~ zu** there are all sorts of goings-on
gemischt-, Gemischt-: ~rassig, ~rassisch *Adj.* multiracial; **~rassige Badestrände** desegregated bathing-beaches; **~waren·handlung die** (*veralt.*) general store
Gemme ['gɛmə] *die;* ~, ~n **a)** (*Edelstein*) engraved gem; (*Intaglio*) intaglio; (*Kamee*) cameo; **b)** *meist Pl.* (*Biol.:* Zelle) gemma
gemocht [gə'mɔxt] *2. Part. v.* mögen
gemolken *2. Part. v.* melken
gemoppelt [gə'mɔpl̩t] *2. Part. v.* doppelt 2 a
Gemotze *das;* ~s (*salopp*) grumbling; fault-finding; crabbing (*coll.*)
Gems-: ~bart *der s.* Gamsbart; **~bock** *der* chamois buck
Gemse [ˈgɛmzə] *die;* ~, ~n chamois
Gemunkel *das;* ~s rumours *pl.;* whispers *pl.*
Gemurmel *das;* ~s murmuring
Gemüse [gəˈmyːzə] *das;* ~s, ~: vegetables *pl.;* **ein ~:** a vegetable; **frisches/gekochtes ~:** fresh/cooked vegetables; **junges ~** (*fig. ugs.*) youngsters *pl.;* **dieses junge ~ man doch nicht ernst nehmen** (*fig. ugs.*) these young whippersnappers *pl.* can't be taken seriously
Gemüse-: ~anbau *der;* *o. Pl.* growing of vegetables; (*Handelsgärtnerei*) market gardening; **~beet** *das* vegetable patch or plot; **~beilage die** vegetables *pl.;* **~eintopf** *der* vegetable stew; **~frau die** vegetable seller; **~garten** *der* vegetable or kitchen garden; (*Teil eines Gartens*) vegetable patch or plot; **~händler** *der* greengrocer; **~konserve die** canned or (*Brit.*) tinned vegetables *pl.;* (*in einem Glas*) preserved vegetables *pl.;* **~laden der** greengrocer's [shop]; **~pflanze die** vegetable; **~platte die** vegetable dish; (*als Beilage*) dish of assorted vegetables; **~saft** *der* vegetable juice; **~suppe die** vegetable soup

gemußt [gə'mʊst] 2. Part. v. müssen
Gemüt [gə'myːt] das; ~[e]s, ~er a) (Gefühlsleben) nature; disposition; **ein sonniges/ kindliches ~ haben** (iron.) be [really] naive; b) (Empfindungsvermögen) heart; soul; **viel/wenig ~ haben** be soft-hearted/hardhearted; **das rührt ans od. ist etw. fürs ~**: that touches the heart *or* tears at one's heart-strings; **jmdm. aufs ~ schlagen** *od*. **gehen** make sb. depressed; **sich** (Dat.) **etw. zu ~e führen** (beherzigen) take sth. to heart; (essen od. trinken) treat oneself to sth.; c) (Mensch) soul; **einfache/romantische ~er** simple/romantic souls; **etw. erhitzt/erregt die ~er** sth. makes feelings run high; **die ~er haben sich beruhigt** feelings have cooled down
gemütlich 1. Adj. a) (behaglich) snug; cosy; gemütlich (literary); (bequem) comfortable; **mach es dir ~!** make yourself comfortable *or* at home!; b) (ungezwungen) informal; **ein ~es Beisammensein** an informal get-together; c) (umgänglich) sociable; friendly; (gelassen) easygoing; d) (gemächlich) leisurely; **ein ~es Tempo** a leisurely *or* comfortable pace. 2. adv. a) (behaglich) cosily; (bequem) comfortably; b) (ungezwungen) **~ beisammensitzen** sit pleasantly together; **sich ~ unterhalten** have a pleasant chat; c) (gemächlich) at a leisurely *or* comfortable pace; unhurriedly
Gemütlichkeit die; ~ a) (Behaglichkeit) snugness; b) (Zwanglosigkeit) informality; **die ~ stören** disturb the atmosphere *or* mood of informality; c) (Gemächlichkeit) **in aller ~**: quite unhurriedly; **da hört [sich] doch die ~ auf** (fig. ugs.) that's going too far
gemüts-, Gemüts-: ~**arm** Adj. insensitive; cold; ~**art** die nature; disposition; ~**bewegung** die emotion; ~**krank** Adj. (Med., Psych.) emotionally disturbed; ~**krankheit** die emotional disorder; ~**lage** die emotional state; ~**mensch** der (ugs.) (gutmütiger Mensch) good-natured *or* even-tempered person; (etwas langsamer Mensch) phlegmatic person; **du bist [vielleicht] ein ~mensch!** (iron. abwertend) you're the soul of tact, I must say!; (du bist naiv) you'll be lucky!; ~**regung** die emotion; ~**ruhe** die peace of mind; **in aller ~ruhe** (ugs.) (ohne Sorge) completely unconcerned; (ohne Hast) as if there were all the time in the world; ~**verfassung** die, ~**zustand** der emotional state
gemüt·voll Adj. warm-hearted; (empfindsam) sentimental
gen [gɛn] Präp. + Akk. (veralt., bibl., noch dichter.) southwards; toward; ~ **Süden/Osten** usw. southwards, eastwards, *etc*.; **einen Blick ~ Himmel werfen** throw a glance heavenwards
Gen [geːn] das; ~s, ~e (Biol.) gene
genagelt [gə'naːg|t] 1. 2. Part. v. nageln. 2. Adj. ~**e Schuhe** hobnailed boots
genannt [gə'nant] 2. Part. v. nennen
genant [ʒɛ'nant] Adj. a) (veralt.: peinlich) embarrassing; b) (bes. südd.: schüchtern) shy; bashful
genas [gə'naːs] 1. u. 3. Pers. Sg. Prät. v. genesen
genäschig [gə'nɛʃɪç] Adj. s. naschhaft
genau [gə'nau] 1. Adj. a) (exakt) exact; precise; **eine ~e Waage** accurate scales pl.; **die ~e Uhrzeit** the exact *or* right time; ~**e Untersuchungen** accurate *or* precise investigations; **Genaues/Genaueres wissen** know the/more exact *or* precise details; **ich weiß nichts Genaues/Genaueres** I don't know anything definite/more definite; b) (sorgfältig, gründlich) meticulous, painstaking (person); careful (study); precise (use of language); detailed, thorough (knowledge). 2. adv. a) exactly; precisely; **um 8⁰⁰** at 8 o'clock precisely; at exactly 8 o'clock; **die Uhr geht [auf die Minute] ~**: the watch/clock keeps perfect time; **die Schuhe paßten ihm ~**: the shoes fitted him perfectly; b) (gerade, eben) just; ~ **reichen** be just enough; c) (als Verstärkung) just; exactly; precisely; ~ **das habe ich gesagt** that's just *or* exactly what I said; d) (als Zustimmung) exactly; precisely; quite [so]; e) (sorgfältig) ~ **arbeiten/etw. ~ durchdenken** work/think sth. out carefully *or* meticulously; **jmdn. ~ kennen** know exactly what sb. is like; **etw. ~ beachten** observe sth. meticulously *or* painstakingly; **es mit etw. [nicht so] ~ nehmen** be [not too] particular about sth.
genau·genommen Adv. strictly speaking
Genauigkeit die; ~ a) (Exaktheit) exactness; exactitude; precision; (einer Waage) accuracy; b) (Sorgfalt) meticulousness
genau·so Adv. a) mit Adjektiven just as; ~**so schlecht wie ...**: just as bad/badly as ...; b) mit Verben in exactly the same way; (in demselben Maße) just as much; **ich werde es ~ machen wie du** I'll do exactly the same as you; s. auch **ebenso**
genauso-: s. **ebenso-**
genaustens Adv. etw. ~ **durchdenken/beachten** think sth. out/observe sth. most meticulously
Gendarm [ʒan'darm] der; ~en, ~en (österr., sonst veralt.) village *or* local policeman *or* constable
Gendarmerie [ʒandarmə'riː] die; ~, ~n (österr., sonst veralt.) village *or* local constabulary
Genealoge [genea'loːgə] der; ~n, ~n genealogist
Genealogie [genealo'giː] die; ~, ~n genealogy
genealogisch Adj.; nicht präd. genealogical
genehm [gə'neːm] Adj. in jmdm. ~ **sein** (geh.) (jmdm. passen) be convenient to *or* suit sb.; (jmdm. angenehm sein) be acceptable to sb.
genehmigen tr. V. approve ⟨plan, alterations⟩; grant, approve ⟨application⟩; authorize ⟨stay⟩; grant, agree to ⟨request⟩; give permission for ⟨demonstration⟩; **sich** (Dat.) **etw. ~** (ugs.) treat oneself to sth.; **sich** (Dat.) **einen ~** (ugs.) have a drink
Genehmigung die; ~, ~en a) (eines Plans, Antrags, einer Veränderung) approval; (eines Aufenthalts) authorization; (einer Bitte) granting; (einer Demonstration) permission (Gen. for); **jmdm. die ~ zur Eröffnung einer Gaststätte verweigern** refuse [to grant] sb. a licence to open a restaurant/pub; b) (Schriftstück) permit; (Lizenz) licence
genehmigungs-, Genehmigungs-: ~**pflicht** die; o. Pl. (Rechtsspr.) obligation to obtain official approval; **der ~pflicht unterliegen** require official approval; ~**pflichtig** Adj. requiring official approval postpos.; ~**pflichtig sein** require official approval; **Demonstrationen sind ~pflichtig** demonstrations require official permission
geneigt [gə'naikt] 1. 2. Part. v. neigen. 2. Adj. **in ~ sein** *od*. **sich ~ zeigen, etw. zu tun** be inclined to do sth.; (bereit sein) be ready *or* willing to do sth.; **jmdm./einer Sache ~ sein** (geh.) be well-disposed towards sb./sth.; ~**er Leser** (veralt.) gentle reader
Geneigtheit die; ~ a) (inclination; disposition); (Bereitschaft) readiness; willingness; b) (Wohlwollen) goodwill (gegenüber, für towards)
Genera s. **Genus**
General [genə'raːl] der; ~s, ~e od. **Generäle** [genə'rɛːlə] (auch kath. Rel.) general; **Herr ~**: General
General-: ~**amnestie** die general amnesty; ~**angriff** der general offensive; ~**baß** der (Musik) [basso] continuo; thorough-bass; ~**beichte** die (kath. Rel.) general confession; ~**bevollmächtigte** der/die (Rechtsw.) general agent; universal agent [with full powers of attorney]; (Politik) plenipotentiary; (in einer Firma) general manager; ~**bundes·anwalt** der Chief Federal Prosecutor; ~**direktion** der top management; ~**direktor** der chairman; president (Amer.); ~**feld·marschall** [---|---] der (Milit.) Feldmarschall; ~**gouverneur** der Governor-General; ~**inspekteur** der (Milit.) inspector general; ~**intendant** der artistic director
generalisieren tr., itr. V. generalize
Generalisierung die; ~, ~en generalization
Generalissimus [genəra'lɪsɪmʊs] der; ~, ~se od. **Generalissimi** [-'lɪsimi] (Milit.) generalissimo
Generalist der; ~en, ~en generalist
Generalität [genərali'tɛːt] die; ~, ~en (Milit.) die ~: the generals pl.
general-, General-: ~**klausel** die (Rechtsw.) blanket *or* general clause; ~**konsul** der consul general; ~**konsulat** das consulate general; ~**leutnant** der (Milit.) lieutenant-general; (Luftw.) air marshal (Brit.); ~**major** der (Milit.) major-general; (Luftw.) air vice-marshal (Brit.); ~**musik·direktor** [----|----] der musical director; ~**nenner** der s. **Hauptnenner**; ~**präventiv** Adj. (Rechtsspr.) ⟨judgement⟩ acting as a general deterrent; ~**probe** die a) (auch fig.) dress *or* final rehearsal; b) (Sport: letztes Testspiel) final trial; ~**sekretär** der Secretary General; (einer Partei) general secretary; ~**staatsanwalt** [---|---] der chief public prosecutor (in a Higher Regional Court)
General·stab der (Milit.) general staff
Generalstabs-: ~**chef** der chief of the general staff; ~**karte** die (Milit.) ordnance survey map (scale 1:100,000); ~**offizier** der general staff officer
Generals·rang der rank of general
general-, General-: ~**streik** der general strike; ~**überholen** tr. V.; nur im Inf. und 2. Part. gebr. (bes. Technik) etw. ~**überholen** give sth. a general overhaul; **etw. ~überholen lassen** have sth. generally overhauled; ~**überholung** die general overhaul; ~**versammlung** die general meeting; **die ~versammlung der Vereinten Nationen** the General Assembly of the United Nations; ~**vertreter** der general representative; ~**vertretung** die s. **Alleinvertretung**; ~**vollmacht** die (Rechtsw.) full *or* unlimited power of attorney
Generation [genəra'tsioːn] die; ~, ~en generation
Generations-: ~**konflikt** der generation gap; ~**problem** das generation problem; ~**unterschied** der generation gap; ~**wechsel** der a) new generation; **ein ~wechsel ist notwendig** new blood is needed; b) (Biol.) alternation of generations
generativ [genəra'tiːf] Adj. a) (Biol.) generative ⟨cell, nucleus, etc.⟩; sexual ⟨reproduction⟩; b) (Sprachw.) generative
Generator [genə'raːtɔr] der; ~s, ~en [---|---] a) generator; b) (Gas~) producer
Generator·gas das producer gas
generell [genə'rɛl] 1. Adj. general. 2. adv. generally; **man kann ganz ~ sagen, daß ...**: generally speaking *or* in general, it can be said that ...; **es sollte sonnabends ~ schulfrei sein** all schools should close on Saturdays
generieren tr. V. (geh.; Sprachw.) generate
Generikum [ge'neːrikʊm] das; ~s, **Generika** generic product
generös [genə'røːs] (geh.) 1. Adj. generous. 2. adv. generously
Generosität [genərozi'tɛːt] die; ~ (geh.) generosity
Genese [ge'neːzə] die; ~, ~n genesis
genesen [gə'neːzn̩] unr. itr. V.; mit sein a)

Genesende

(*geh.*) recover; recuperate; (*fig.*) recover; **von einer Krankheit ~**: recover from an illness; **b)** (*veralt. dichter.*) **eines Knaben ~**: be delivered of a son
Genesende der/die; *adj. Dekl.* convalescent
Genesis ['gɛnezɪs] die; ~: genesis; **die ~** (*bibl.*) [the Book of] Genesis
Genesung die; ~, ~en (*geh.*) recovery
Genesungs-: **~heim** das convalescent home; **~prozeß** der [process of] recovery; **~urlaub** der (*Milit.*) convalescent leave
Genetik [ge'ne:tɪk] die; ~ (*Biol.*) genetics *sing.*, *no art.*
Genetiker der; ~s, ~: geneticist
genetisch (*Biol.*) **1.** *Adj.* genetic. **2.** *adv.* genetically
Genezareth [ge'ne:tsarɛt] (das); ~s Gennesaret; **der See ~**: the Sea of Galilee
Genf [gɛnf] (das); ~s Geneva
Genfer 1. der; ~s, ~: Genevese. **2.** *Adj.* Genevese; **der ~ See** Lake Geneva; **die ~ Konvention** the Geneva Convention; *s. auch* **Kölner**
Genfer·see der; *o. Pl.* (*schweiz.*) Lake Geneva
genial [ge'nia:l] **1.** *Adj.* brilliant ⟨*idea, invention, solution, etc.*⟩; **ein ~er Mensch** a [man/woman of] genius; **ein ~er Künstler/Musiker** an inspired artist/musician; an artist/musician of genius. **2.** *adv.* brilliantly
genialisch 1. *Adj.* **a)** brilliant; **ein ~er Musiker** a brilliant musician; a musical genius; **b)** (*exaltiert*) **ein ~er Mensch** a touch of the eccentric genius. **2.** *adv.* **a)** like a genius; **b)** (*exaltiert*) like an eccentric genius
Genialität [geniali'tɛːt] die; ~: genius
Genick [gə'nɪk] das; ~[e]s, ~e back *or* nape of the neck; **sich das ~ brechen** (*auch fig.*) break one's neck; **jmdm. beim ~ packen** grab sb. by the scruff of the neck; **ein Schlag ins ~**: a blow to the back of the neck; **jmdm./einer Sache das ~ brechen** (*ugs.*) ruin sb./sth.; **jmdm. im ~ sitzen** (*ugs.*) haunt sb.
Genick-: **~schlag** der blow to the back of the neck; rabbit punch; **~schuß** der shot through the base of the skull; **~starre** die stiffness of the neck
¹**Genie** [ʒe'ni:] das; ~s, ~s genius; **sie ist ein ~ im Kochen** she is a brilliant cook
²**Genie** [-] die; ~, ~s (*schweiz. Milit.*) *s.* **Genietruppe**
genieren [ʒe'ni:rən] **1.** *refl. V.* be *or* feel embarrassed (*wegen* about); **sich vor jmdm. ~**: be *or* feel embarrassed *or* shy in sb.'s presence; **greifen Sie zu, ~ Sie sich nicht!** help yourself – don't be shy! **2.** *tr. V.* (*veralt.*) disturb
genierlich *Adj.* (*ugs.*) **a)** (*peinlich*) embarrassing; **b)** (*schüchtern*) shy
genießbar *Adj.* (*eßbar*) edible; (*trinkbar*) drinkable; **er ist heute nicht ~** (*fig. ugs.*) he is unbearable today
genießen [gə'ni:sn] *unr. tr. V.* **a)** enjoy; **er hat eine gute Ausbildung genossen** he had [the benefit of] a good education; **er genießt das Vertrauen in der Partei** he has the confidence of the Party; **b)** (*geh.*: *essen/trinken*) eat/drink; **das Fleisch ist nicht/nicht mehr zu ~**: the meat is inedible/no longer edible; **er ist heute nicht zu ~** (*fig. ugs.*) he is unbearable today
Genießer der; ~s, ~: **er ist ein richtiger ~**: he is a regular 'bon viveur'; he really knows how to enjoy life [to the full]; **er ist ein stiller ~**: he enjoys life [to the full] in his own quiet way
genießerisch 1. *Adj.* appreciative; sensuous ⟨*lips*⟩. **2.** *adv.* appreciatively ⟨*drink, eat*⟩ with relish
Genie-: **~streich** der (*auch iron.*) stroke of genius; **~truppe** die (*schweiz. Milit.*) engineer corps; **~zeit** die (*Literaturw.*) Storm and Stress Period
genital [geni'taːl] *Adj.*; *nicht präd.* genital

Genital·apparat der *s.* **Geschlechtsapparat**
Genitale das; ~s, Genitalien [geni'taːliən], **Genital·organ** das genital organ; **die männlichen/weiblichen Genitalien** the male/female genitals *or* genital organs *or* genitalia
Genitiv ['ge:niti:f] der; ~s, ~e (*Sprachw.*) genitive [case]; (*Wort im ~*) genitive; **im/mit dem ~ stehen** be in/take the genitive [case]
Genitiv-: **~attribut** das genitive attribute; **~objekt** das genitive object
Genius ['ge:nius] der; ~, Genien ['ge:niən] **a)** (*Geist*) guardian spirit; genius; **~ loci** [~ 'loːtsi] (*geh.*) genius loci; **b)** *o. Pl.* (*geh.*: *Schöpferkraft*) [creative] genius; **c)** (*Mensch, Gottheit*) genius
Gen-: **~manipulation** die genetic manipulation; **~mutation** die gene mutation
Genom [ge'noːm] das; ~s, ~e (*Biol.*) genome
genommen [gə'nɔmən] **2.** *Part. v.* **nehmen**
genoppt [gə'nɔpt] **1. 2.** *Part. v.* **noppen**. **2.** *Adj.* knop ⟨*yarn, wool*⟩; pimpled ⟨*rubber*⟩; ⟨*suit*⟩ made of knop yarn
Genörgel [gə'nœrgl] das; ~s (*abwertend*) grumbling; moaning; (*Krittelei*) carping
genoß [gə'nɔs] **1. u. 3.** *Pers. Sg. Prät. v.* **genießen**
Genosse [gə'nɔsə] der; ~n, ~n **a)** comrade; **„~ General/Professor"** *usw.* 'Comrade General/Professor' *etc*; **er ist kein ~ der Partei** he is not a party member; **b)** (*veralt.*: *Kamerad*) comrade; companion; **... und ~n** (*abwertend*) ... and his/her/their ilk; **c)** (*Wirtsch. veralt.*) member of a/the co-operative
genossen [gə'nɔsn] **2.** *Part. v.* **genießen**
Genossenschaft die; ~, ~en co-operative
Genossenschaftler der; ~s, ~: member of a/the co-operative
genossenschaftlich 1. *Adj.* co-operative; collective ⟨*ownership*⟩; jointly owned ⟨*property*⟩. **2.** *adv.* on a co-operative basis
Genossenschafts-: **~bank** die credit co-operative *or* union; **~bauer** der (*bes. DDR*) member of a/the farming co-operative; **~betrieb** der co-operative
Genossin die; ~, ~nen **a)** *s.* **Genosse a**: comrade; **b)** (*veralt.*: *Kameradin*) companion
Geno·typ [geno-], **Geno·typus** der (*Biol.*) genotype
Genozid [-'tsiːt] der *od.* das; ~[e]s, ~e *od.* ~ien [-'tsiːdiən] genocide; **der *od.* das ~ der Nazis an den Juden** the genocide perpetrated by the Nazis against the Jews
Genre ['ʒãːrə] das; ~s, ~s genre
Genre-: **~bild** das genre-picture; genre-painting; **~malerei** die; *o. Pl.* genre-painting
¹**Gent** [dʒɛnt] der; ~s, ~s (*iron.*) dandy
²**Gent** [gɛnt] (das); ~s Ghent
Gen-: **~technik** die, **~technologie** die genetic engineering *no art.*
Genua ['ge:nua] (das); ~s Genoa
Genuese [ge'nueːzə] der; ~n, ~n Genoese
Genueser 1. der; ~s, ~: Genoese. **2.** *Adj.* Genoese; *s. auch* **Kölner**
Genueserin die; ~, ~nen Genoese
genuesisch *Adj.* Genoese
genug [gə'nuːk] *Adv.* enough; **er hat ~ Geld/Geld ~**: he has enough *or* sufficient money; **das ist ~** (*geh.*) that is enough *or* sufficient; **er hat ~ gearbeitet** he has done enough work; **ich habe jetzt ~ [davon]** now I've had enough [of it]; **~ davon!** enough of that!; **nicht ~ damit, daß er faul ist, er ist auch frech** not only is he lazy, he is cheeky as well; **~ der Worte** (*geh.*) I/we/you have talked long enough; **er ist Manns ~, um zu ...**: he is man enough to ...; **das ist ihm nicht gut ~**: that is not good enough for him; **sich** (*Dat.*) **selbst ~ sein** be quite enough

genußsüchtig

in one's own company; **er kann nicht ~ kriegen** (*ugs.*) he is very greedy; **davon kann er nicht ~ kriegen** (*ugs.*) he can't get enough of it (*fig. coll.*); **von Bach kann ich nicht ~ kriegen** (*ugs.*) I can always listen to Bach's music
Genüge [gə'nyːgə] (*geh.*) **in jmdm. ~ tun** *od.* **leisten** satisfy sb.; **einer Anordnung/Pflicht ~ tun** *od.* **leisten** comply with an order; fulfil a duty *or* an obligation; **der Gerechtigkeit wurde ~ getan** justice was done; **zur ~** (*ausreichend*) enough; sufficiently; (*im Übermaß*) quite enough; **etw. zur ~ kennen** know sth. only too well; be only too familiar with sth.
genügen *itr. V.* **a)** be enough *or* sufficient; **diese Wohnung genügt für uns** this flat is adequate for us; **das genügt mir** that is enough *or* sufficient [for me]; that will do [for me]; (*das befriedigt mich*) that satisfies me; **b)** (*erfüllen*) satisfy; **den Anforderungen ~**: satisfy *or* meet *or* fulfil the requirements; **den Bestimmungen ~**: comply with the regulations; **einer Pflicht ~**: fulfil a duty *or* an obligation
genügend 1. *Adj.* **a)** enough; sufficient; **b)** (*befriedigend*) satisfactory. **2.** *adv.* enough; sufficiently; **~ lange** long enough; **~ Geld/Zeit haben** have enough *or* sufficient money/time
genugsam *Adv.* (*geh.*) sufficiently; **das Thema dürfte ~ diskutiert sein** the subject has probably been adequately discussed
genügsam [gə'nyːkzaːm] **1.** *Adj.* modest ⟨*life*⟩; **ein ~er Mensch** a person who lives modestly; **Schafe sind sehr ~e Tiere** sheep can live *or* subsist on very little; **in bezug auf Kleidung ist sie sehr ~**: she does not spend a great deal on clothes. **2.** *adv.* **~ leben** live modestly
Genügsamkeit die; ~: **sie weiß, was ~ heißt** she knows what it means to live modestly; **wegen ihrer ~ sind Schafe ...**: sheep can live *or* subsist on very little, sheep are ...
genugtun *unr. itr. V.* (*veralt.*) **in er konnte sich** (*Dat.*) **nicht ~, sie/es zu loben** he couldn't praise her/it enough
Genugtuung [-tuːʊŋ] die; ~, ~en satisfaction; **es ist mir eine ~, das zu hören** it gives me satisfaction to hear that; **~ über etw.** (*Akk.*) **empfinden** feel satisfied *or* a sense of satisfaction about sth.; **[für etw.] ~ verlangen** demand satisfaction [for sth.]
genuin [genu'iːn] (*geh.*) *Adj.* genuine
Genus ['gɛnʊs] das; ~, Genera ['gɛnera] (*Sprachw.*) gender
Genuschel [gə'nʊʃl] das; ~s (*meist abwertend*) mumbling
Genuß [gə'nʊs] der; Genusses, Genüsse [gə'nʏsə] **a)** *o. Pl.* consumption; **der ~ von schmerzstillenden Mitteln/Heroin** the use *or* taking of pain-killers/heroin; **b)** (*Wohlbehagen*) **etw. mit/ohne ~ essen/trinken** eat/drink sth. with/without relish; **etw. mit ~ lesen** enjoy reading sth.; **das Konzert/der Kuchen ist ein ~**: the concert is thoroughly enjoyable/the cake is delicious; **die Genüsse des Lebens** the pleasures *or* good things of life; **in den ~ von etw. kommen** enjoy sth.; **in den ~ einer Rente kommen** receive a pension
genuß·freudig *Adj.* pleasure-loving
Genuß·gift das (*Amtsspr.*) stimulant *etc.* (*see* **Genußmittel**) dangerous to health
genüßlich 1. *Adj.* appreciative; comfortable ⟨*feeling*⟩; (*schadenfroh*) gleeful. **2.** *adv.* appreciatively; ⟨*eat, drink*⟩ with relish; (*schadenfroh*) ⟨*smile*⟩ gleefully; **sich ~ im Sessel zurücklehnen** lie back luxuriously in the armchair
genuß-, Genuß-: **~mensch** der hedonist; **~mittel** das tea, coffee, alcoholic drinks, tobacco, *etc.*; **~reich** *Adj.* very *or* highly enjoyable; **~sucht** die; *o. Pl.* (*oft abwertend*) craving for pleasure; **~süchtig**

genußvoll

Adj. (oft abwertend) pleasure-seeking; ~**voll** 1. *Adj. (erfreulich)* very *or* highly enjoyable; *(genüßlich)* appreciative; 2. *adv.* appreciatively; ⟨*eat, drink*⟩ with relish
Geodäsie [-dɛ'ziː] die; ~: geodesy *no art.*
Geodät der; ~en, ~en geodesist
geodätisch *Adj.* geodetic
Geo·dreieck ⓦ das geometry set square
Geograph [-'graːf] der; ~en, ~en geographer
Geographie die; ~: geography *no art.*
geographisch 1. *Adj.* geographic[al]. 2. *adv.* geographically
Geologe [-'loːɡə] der; ~n, ~n geologist
Geologen·hammer der geologist's hammer
Geologie die; ~: geology *no art.*
geologisch 1. *Adj.; nicht präd.* geological; 2. *adv.* geologically
Geo·meter der; ~s, ~ a) s. **Geodät**; b) *(veralt.)* geometer; geometrician
Geometrie die; ~: geometry *no art.*
geometrisch 1. *Adj.* geometric[al]. 2. *adv.* geometrically
Geo·morphologie die geomorphology *no art.*
Geo·physik die geophysics *sing., no art.*
Geo·politik die geopolitics *sing., no art.*
geo·politisch *Adj.; nicht präd.* geopolitical
geordnet 1. 2. *Part. v.* ordnen. 2. *Adj.* in ~en Verhältnissen leben live a settled life; ~e Verhältnisse schaffen put things on a proper footing; **ein** ~**er Rückzug** *(Milit.)* an orderly retreat
Georg [ɡeˈɔrk, ˈɡeːɔrk] (der) George
Georgien [ɡeˈɔrɡi̯ən] (das); ~s Georgia
Georgier [ɡeˈɔrɡi̯ɐ] der; ~s, ~, **Georgierin** die; ~, ~nen Georgian
Geo·wissenschaft die geoscience *no art.*
Geozentrik [ɡeo'tsɛntrɪk] die; ~ *(Astron.)* geocentric system
geozentrisch *Adj. (Astron.)* geocentric
Gepäck [ɡəˈpɛk] das; ~[e]s a) luggage *(Brit.)*; baggage *(Amer.)* *(am Flughafen)* baggage; mit leichtem ~ reisen travel light; **das** ~ **aufgeben/einchecken** hand in *or* check in the luggage; check the baggage *(Amer.)*; b) *(Milit.)* kit
Gepäck-: ~**ab·fertigung** die a) *o. Pl. s.* **Gepäck** a: checking in the luggage/baggage; b) *(Schalter) (am Bahnhof)* luggage office *(Brit.)* / baggage office *(Amer.) (am Flughafen)* baggage check-in; ~**ab·lage** die luggage rack *(Brit.)*; baggage rack *(Amer.)*; ~**annahme** die a) *o. Pl. s.* **Gepäck** a: checking in the luggage/baggage; **bei der** ~**annahme** when checking in the luggage/baggage; b) *(Schalter)* [in-counter of the] luggage office *(Brit.)* or baggage office *(Amer.) (zur Aufbewahrung)* [in-counter of the] left-luggage office *(Brit.)* or checkroom *(Amer.); (am Flughafen)* baggage check-in; ~**auf·bewahrung** die a) *o. Pl.* Schäden, die während der ~**aufbewahrung** entstanden sind damage to items in left-luggage *(Brit.)* or the checkroom *(Amer.);* b) *(Schalter)* left-luggage office *(Brit.);* checkroom *(Amer.); (Schließfächer)* luggage lockers *(Brit.);* baggage lockers *(Amer.);* ~**aufbewahrungs·schein** der left-luggage ticket *(Brit.);* baggage check *(Amer.);* ~**auf·ga·be** die *s.* ~**abfertigung** a, b; ~**aus·gabe** die a) *o. Pl. (am Bahnhof)* returning the luggage *(Brit.)* or *(Amer.)* baggage; *(am Flughafen)* reclaiming of baggage; b) *(Schalter)* [out-counter of the] luggage office *(Brit.)* or *(Amer.)* baggage office *(zur Aufbewahrung)* [out-counter of the] left-luggage office *(Brit.)* or *(Amer.)* checkroom; *(am Flughafen)* baggage reclaim; ~**beförderung** die *(mit der Bahn)* conveyance of luggage *(Brit.)* or *(Amer.)* baggage; *(mit einem Flugzeug)* conveyance of baggage; ~**karren** der *s.* **Gepäck** a: luggage/ baggage trolley; ~**kontrolle** die baggage check; ~**marsch** der *(Milit.)* route march with full kit; ~**netz** das *s.* ~**ablage**; ~**raum** der *s.* Gepäck a: luggage/baggage compartment; ~**schalter** der *s.* ~**annahme** b; ~**schein** der luggage ticket *(Brit.);* baggage check *(Amer.);* ~**schließ·fach** das luggage locker *(Brit.);* baggage locker *(Amer.);* ~**stück** das *s.* Gepäck a: piece *or* item of luggage/baggage; ~**träger** der a) porter; b) *(am Fahrrad)* carrier; rack; ~**versicherung** die *s.* Gepäck a: luggage/ baggage insurance; ~**wagen** der luggage van *(Brit.)*

Gepard [ˈɡeːpart] der; ~s, ~e cheetah; hunting leopard
gepfeffert 1. 2. *Part. v.* pfeffern. 2. *Adj. (ugs.)* a) *(unverschämt)* steep *(coll.)* ⟨*price, rent, etc.*⟩; b) *(hart)* tough ⟨*question, problem, speech*⟩; tough, harsh ⟨*words, criticism*⟩; c) *(derb)* crude ⟨*joke, oath, language, talk*⟩; spicy ⟨*story*⟩
Gepfeife das; ~s *(ugs. abwertend)* [continuous, tuneless] whistling
gepfiffen [ɡəˈpfɪfn̩] 2. *Part. v.* pfeifen.
gepflegt 1. 2. *Part. v.* pflegen. 2. *Adj.* a) well-groomed, spruce ⟨*appearance*⟩; neat ⟨*clothing*⟩; cultured ⟨*conversation*⟩; cultured, sophisticated ⟨*atmosphere, environment*⟩; stylish ⟨*living*⟩; well-kept, well-tended ⟨*garden, park*⟩; well-kept ⟨*street*⟩; well cared-for ⟨*hands, house*⟩; b) *(hochwertig)* choice ⟨*food, drink*⟩. 3. *adv.* **essen** dine in style; **essen gehen** dine at a good restaurant; **sich** ~ **ausdrücken** express oneself in a cultured manner
Gepflegtheit die; ~ a) die [äußere] ~: a well-groomed appearance; smartness of appearance; b) *(Kultiviertheit)* die ~ **seines Stils** his cultured style
gepflogen [ɡəˈpfloːɡn̩] 2. *Part. v.* pflegen 4
Gepflogenheit die; ~, ~en *(geh.) (Sitte, Brauch)* custom; tradition; *(Gewohnheit)* habit; *(Verfahrensweise)* practice
Geplänkel [ɡəˈplɛŋkl̩] das; ~s, ~ a) *(Wort~)* banter *no indef. art.*; b) *(Milit. veralt.)* skirmish
Geplapper das; ~s *(ugs., oft abwertend)* prattling; **das** ~ **des Babys** the baby's babbling
Geplärr[e] das; ~s *(ugs. abwertend)* bawling
Geplätscher das; ~s splashing; **das seichte** ~ **der Unterhaltung** *(fig.)* the superficial *or* polite exchange of pleasantries
geplättet 1. 2. *Part. v.* plätten. 2. *Adj. (salopp)* flabbergasted
Geplauder das; ~s *(geh.)* chatting
Gepolter das; ~s a) clatter; **sie rannten mit** ~ **die Treppe hinunter** they clattered down the stairs; b) *(Schimpfen)* grumbling; moaning
Gepräge das; ~s, ~ a) *(Münzk.)* strike; b) *(geh.: Merkmal)* [special] character; *(Aura, Ambiente)* aura; **einer Sache** *(Dat.)* **ihr** ~ **geben** sth. its character
Geprahle das; ~s *(abwertend)* bragging; boasting
Gepränge [ɡəˈprɛŋə] das; ~s *(geh.)* pomp; splendour; **mit festlichem/feierlichem** ~: with pomp and pageantry/in solemn splendour
Geprassel das; ~s *(von Kies usw.)* rattle; *(von Feuer)* crackle; crackling
gepriesen 2. *Part. v.* preisen
gepunktet 1. 2. *Part. v.* punkten. 2. *Adj.* spotted ⟨*tie, blouse, etc.*⟩; *(regelmäßig)* polka-dot; dotted ⟨*tie*⟩
Gequake das; ~s *(ugs.)* croaking; *(von Enten)* quacking
Gequäke das; ~s *(ugs.)* bawling
gequält 1. 2. *Part. v.* quälen. 2. *Adj.* forced ⟨*smile, gaiety*⟩; pained ⟨*expression*⟩
Gequassel, Gequatsche das; ~s *(ugs. abwertend)* jabbering

geradesogut

Gequengel[e] das; ~s *(ugs. abwertend)* whimpering; *(Drängelei)* nagging; *(Nörgelei)* carping
Gequieke das; ~s *(ugs.)* squealing
Gequietsche das; ~s *(ugs.)* squeaking; *(von Bremsen, Reifen, Kränen)* squealing; screeching; *(von Menschen)* squealing, shrieking
gequollen 2. *Part. v.* quellen
Ger [ɡeːɐ̯] der; ~[e]s, ~e *(hist.)* spear, javelin *(of ancient Germanic peoples)*
gerade [ɡəˈraːdə], *(ugs.)* **grade** [ˈɡraːdə] 1. *Adj.* a) straight; ~ **geschnitten** cut straight; **in** ~**r Linie von jmdm. abstammen** *(2.)* be descended in a direct line from sb.; **den** ~**n Weg verfolgen** *(fig.)* keep to the straight and narrow; b) *(nicht schief)* upright; ~ **gewachsen sein** ⟨*plant*⟩ have grown straight; ⟨*person*⟩ have grown up straight; ~ **sitzen/stehen** sit up/stand up straight; c) *(aufrichtig)* forthright; direct; d) *nicht präd. (genau)* **das** ~ **Gegenteil** the direct *or* exact opposite; e) *(Math.)* even ⟨*number*⟩. 2. *Adv.* a) *(soeben, ugs.: für kurze Zeit)* just; **halt** ~ [mal] fest! just hold this [for a moment]; **haben Sie** ~ **Zeit?** do you have time just now?; ~ **erst** only just; **wir wollten diese Sache** ~ **noch besprechen** we were just going to discuss the matter; b) *(direkt)* right; ~ **gegenüber/um die Ecke** right opposite/just round the corner; **jmdm.** ~ **in die Augen schauen** look sb. straight in the eyes; c) *(knapp)* just; ~ **noch** only just; **er hat das Examen** ~ **so bestanden** he just scraped through the examination; ~ **so viel, daß ...:** just enough to ...; ~ **noch rechtzeitig** only just in time; d) *(eben)* just; ~ **diese Angelegenheit** precisely *or* just this matter; e) *(ausgerechnet)* ~ **du/dieser Idiot** you/this idiot, of all people; **warum** ~ **ich/heute?** why me of all people/today of all days?; ~ **seine Toleranz wurde ihm als Schwäche angerechnet** it was precisely his tolerance which was regarded as a weakness. 3. *Partikel* a) *(besonders)* particularly; **nicht** ~: not exactly; b) *(ugs.: erst recht)* **nun** *od.* **jetzt [tue ich es]** ~! [you] just watch me; [you] just try and stop me now; **nun** *od.* **jetzt [tue ich es]** ~ **nicht** now I certainly shan't [do it]
Gerade die; ~n, ~n a) *(Geom.)* straight line; b) *(Leichtathletik)* straight; c) *(Boxen)* straight-arm punch; **linke/rechte** ~: straight left/right
gerade·aus *Adv.* straight ahead; ⟨*walk, drive*⟩ straight on, straight ahead; **immer** ~ **gehen/fahren** carry straight on; **er ist sehr** ~ *(fig.)* he is very straightforward *or* direct
gerade-, Gerade-: ~**|biegen** *unr. tr. V.* a) bend straight; straighten [out]; b) *(ugs.: bereinigen)* straighten out; put right; ~**|halten** 1. *unr. tr. V.* ~**halten** hold sth. straight; **den Kopf** ~**halten** hold one's head up; 2. *unr. refl. V.* hold oneself [up] straight; **sich bei Tisch** ~**halten** sit up straight at the table; ~**halter** der shoulder brace; ~**heraus** [---'-] *(ugs.)* 1. *Adv.* **etw.** ~**heraus sagen** say sth. straight out; **jmdm.** ~**heraus sagen/jmdn.** ~**heraus fragen** tell/ ask sb. straight; ~**heraus gesagt** quite frankly; to be quite frank; 2. *adj.; nicht präd.* straightforward; direct; ~**|klopfen** *tr. V.* hammer straight; ~**|legen** *tr. V.* put *or* set straight; ~**|machen** *tr. V. (ugs.)* straighten [out]
geraden·wegs *s.* **geradewegs**
gerade|richten *tr. V.* straighten [out]; put *or* set straight
gerädert 1. 2. *Part. v.* rädern. 2. *Adj. (ugs.)* whacked *(coll.)*; tired out; **wie** ~ **sein/sich wie** ~ **fühlen** be/feel whacked *(coll.) or* tired out
gerade-: ~**|sitzen** *unr. itr. V.* sit up straight; ~**so** *Adv.* **etw.** ~ **machen wie jmd. anderes** do sth. just like sb. else; ~**so groß/ lang wie ...:** just as big/long as ...; ~**so gut**

1133

geradesoviel

Adv. just as well; equally well; ~**sogut wie**...: just as well as ...; ~**so·viel** *Indefinitpron.* just as much; ~|**stehen** *unr. itr. V.* **a)** stand up straight; **b)** *(fig.: einstehen)* **für etw.** ~**stehen** accept responsibility for sth.; **für jmdn.** ~**stehen** answer for sb.; ~**wegs** *Adv.* **a)** straight; **b)** *(ohne Umschweife)* straight away; directly; **er kam ~wegs zum Thema** he came straight to the point; ~**zu 1.** *Adv.* **a)** really; perfectly; *(beinahe)* almost; **das ist ~zu lächerlich** that is downright ridiculous; **ein ~zu ideales Beispiel** an absolutely perfect example; **b)** *(landsch.: unverblümt)* bluntly; directly; **2.** *adj., nicht attr.* *(landsch.: unverblümt)* blunt; direct
Gerad·heit die; ~: straightforwardness
gerad-, Gerad-: ~**linig** [~li:nɪç] **1.** *Adj.* **a)** straight; direct, lineal ⟨descent, descendant⟩; **b)** *(aufrichtig)* straightforward; **2.** *adv.* ~**linig verlaufen** run in a straight line; **b)** *(aufrichtig)* ~**linig handeln/denken** be straightforward; ~**linigkeit** die; ~ **a)** straightness; **b)** *(Aufrichtigkeit)* straightforwardness; ~**sinnig** *Adj.* straightforward; honest
gerammelt 1. 2. *Part. v.* **rammeln. 2.** *Adv.* **in ~ voll** *(ugs.)* [jam-]packed *(coll.)*; packed out *(coll.)*
gerändert *Adj.* **rot ~e Augen** red-rimmed eyes; **schwarz ~es Papier** black-edged paper
Gerangel [gə'raŋl] *das;* ~*s* *(ugs.)* **a)** scrapping *(coll.)*; **b)** *(abwertend: Kampf)* free-for-all; scramble; **ein ~ um etw.** a scramble for sth.; a free-for-all for sth.
Geranie [ge'ra:nɪə] *die;* ~, ~**n** geranium
gerann [gə'ran] **3.** *Pers. Sg. Prät. v.* **gerinnen**
gerannt [gə'rant] **2.** *Part. v.* **rennen**
Geraschel *das;* ~*s* *(ugs.)* rustling
Gerassel [gə'ras!] *das;* ~*s* rattling; rattle
gerät [gə'rɛ:t] **3.** *Pers. Sg. Präsens v.* **geraten**
Gerät [gə'rɛ:t] *das;* ~[e]s, ~e **a)** piece of equipment; *(Fernseher, Radio)* set; *(Garten~)* tool; *(Küchen~)* utensil; *(Meß~)* instrument; **landwirtschaftliche ~e** agricultural implements; **elektrische ~e** electrical appliances; **b)** *(Turnen)* piece of apparatus; **an den ~en turnen** do gymnastics on the apparatus; **c)** *o. Pl. (Ausrüstung)* equipment *no pl.; (des Anglers)* tackle; *(des Handwerkers)* tools *pl.*
Geräte·haus *das (Feuerwehr)* appliance room
¹**geraten** *unr. itr. V.; mit sein* **a)** get; **in ein Unwetter ~:** be caught in a storm; **unter ein Auto ~:** be run over by a car; **an jmdn. ~:** meet sb.; **an den Richtigen/Falschen ~:** come to the right/wrong person; **in Panik/Wut/Ekstase ~:** panic *or* get into a panic/fly into a rage/go into a state of ecstasy; *s. auch* **Gesellschaft a; Verdacht; Verruf** *usw.;* **b)** *(gelingen)* turn out well; **das Essen ist [ihr] gut ~:** the meal [she cooked] turned out well; **sie ist zu kurz/lang ~** *(scherzh.)* she has turned out on the short/tall side; **die Tapeten sind zu bunt ~:** the wallpaper turned out to be too colourful; **c)** *(ähneln)* **nach jmdm. ~:** take after sb.; **d)** *(werden)* **zu etw. ~:** turn into *or* become sth.
²**geraten 1. 2.** *Part. v.* **raten, ¹geraten. 2.** *Adj.; nicht attr.* advisable; **es scheint mir ~, ...:** I think it advisable ...
Geräte-: ~**raum** *der* **a)** [sports] equipment store; **b)** *(für Gartengeräte usw.)* tool shed; ~**schuppen** *der* tool shed; ~**turnen** *das* apparatus gymnastics *sing.*
Geratewohl *das* **in wir fuhren aufs ~ los** *(ugs.)* we went for a drive just to see where we ended up; **er hat sich aufs ~ einige Firmen ausgewählt** *(ugs.)* he selected a few firms at random; **sie ist aufs ~ in die Prüfung gegangen** *(ugs.)* she took the examination on the off-chance [of passing]
Gerätschaften [gə'rɛːtʃaftn̩] *Pl. (Werkzeug)* tools; *(Küchengeräte)* utensils

gerätst 2. *Pers. Sg. Präsens v.* **geraten**
Geratter *das;* ~*s (ugs.)* clatter; *(von Schüssen)* rattle
Geräucherte [gə'rɔyçɐtə] *das;* ~**n**; *adj. Dekl.* smoked *or* cured meat *(usually ham or bacon)*
geraum *Adj.; nicht präd. (geh.)* considerable; **nach ~er Zeit** after some [considerable] time
geräumig [gə'rɔymɪç] *Adj.* spacious ⟨room⟩; roomy ⟨cupboard, compartment⟩
Geräumigkeit *die;* ~: *(eines Zimmers)* spaciousness; *(eines Schrankes, Kofferraums)* roominess
Geraune *das;* ~*s (geh.)* whispering; *(Gemurmel)* murmuring
Geraunze *das;* ~*s (österr., südd. abwertend)* grumbling; moaning; grousing *(coll.)*
Geräusch [gə'rɔyʃ] *das;* ~[e]s, ~e sound; *(unerwünscht)* noise;
geräusch-, Geräusch-: ~**arm 1.** *Adj.* quiet; **2.** *adv.* quietly; ~**empfindlich** *Adj.* sensitive to noise *pred.;* ~**empfindliche Menschen** people who are sensitive to noise; ~**kulisse** *die* **a)** background noise; **b)** *(akustische Untermalung)* [background] sound effects; ~**los 1.** *Adj.* silent; noiseless; **2.** *adv.* **a)** silently; without a sound; noiselessly; **b)** *(fig. ugs.: ohne Aufsehen)* without [any] fuss; quietly; ~**losigkeit** *die;* ~: quietness; noiselessness; ~**pegel** *der* noise level; ~**voll 1.** *Adj.* noisy; **2.** *adv.* noisily
Geräusper [gə'rɔyspɐ] *das;* ~*s* noise of throat-clearing
gerben ['gɛrbn̩] *tr. V.* tan ⟨hides, skins⟩; **von Wind und Wetter gegerbte Haut** *(fig.)* skin tanned by wind and sun
Gerber *der;* ~*s,* ~: tanner
Gerbera ['gɛrbəra] *die;* ~, ~[**s**] gerbera
Gerberei *die;* ~, ~**en a)** tannery; **b)** *(das Gerben)* tanning
Gerber·lohe *die* tanning bark
Gerbung *die;* ~, ~**en** tanning
gerecht 1. *Adj.* **a)** just ⟨verdict, punishment⟩; *(unparteiisch)* just; fair; **ein ~er Richter/Lehrer** an impartial judge/a just teacher; **~ gegen jmdn. sein** be fair *or* just to sb.; **eine ~e Sache** a just cause; **~er Zorn** righteous anger; **jmdm./einer Sache ~ werden** do justice to sb./sth.; **einer Aufgabe/der Belastung ~ werden** cope with a task/the strain; **b)** *(bibl.)* **der ~e Gott** our righteous Lord; **die Gerechten** the righteous. **2.** *adv.* justly; *(judge, treat)* fairly
-gerecht *Adj.* **a)** *(passend)* **kind~/behinderten~:** suitable for children/the disabled *postpos.;* **umwelt~:** harmless to the environment *postpos.;* **b)** *(entsprechend)* **protokoll~:** in accordance with protocol *postpos.;* **leistungs~:** productivity- *or* output-related
gerechterweise *Adv.* in [all] fairness; to be fair
gerechtfertigt 1. 2. *Part. v.* **rechtfertigen. 2.** *Adj.* justified
Gerechtigkeit *die;* ~ **a)** justice; **~ üben** *(geh.)* act justly; be just; **jmdm. ~ widerfahren lassen** *(geh.)* treat sb. justly; **um der ~ willen** in order that justice be done; **b)** *(Recht)* **die ~ nimmt ihren Lauf** the law takes its course; **c)** *(christl. Rel.)* **die ~ Gottes** the righteousness of God; **d)** *(geh.: Justiz)* **jmdn. den Händen der ~ übergeben** hand sb. over to be dealt with by the courts
gerechtigkeits-, Gerechtigkeits-: ~**fanatiker** *der* stickler for the law; ~**fimmel** *der (ugs. abwertend)* exaggerated concern for justice; ~**gefühl** *das* sense of justice; ~**liebend** *Adj.* ~**liebend sein** have a love of justice; **ein ~liebender Mensch** a person with a love of justice; ~**sinn** *der* sense of justice
Gerede *das;* ~*s (abwertend)* **a)** *(ugs.)* talk; **das ewige ~ darüber ändert doch nichts** talking about it all the time won't change anything; **b)** *(Klatsch)* gossip; **jmdn. ins ~ bringen** bring sb. into disrepute; **ins ~ kommen** get into disrepute
geregelt 1. 2. *Part. v.* **regeln. 2.** *Adj.; nicht präd.* regular, steady ⟨job⟩; orderly, well-ordered ⟨life⟩; ~**er Katalysator** computer-controlled catalytic converter
gereichen *itr. V. (geh.)* **jmdm. zur Ehre/zum Vorteil ~:** redound to sb.'s honour *or* credit/advantage
gereift 1. 2. *Part. v.* **reifen. 2.** *Adj.; nicht präd.* mature; **sie ist jetzt geistig ~:** she has now matured as a person
gereizt 1. 2. *Part. v.* **reizen. 2.** *Adj.* irritable; touchy. **3.** *adv.* irritably; **~ reagieren** react angrily; **~ lächeln** smile wearily
Gereiztheit *die;* ~: irritability; touchiness
Gerenne [gə'rɛnə] *das;* ~*s (ugs.)* running *or* racing about
gereuen *tr. V. (geh. veralt.)* **sein Zornesausbruch gereute ihn** he regretted his angry outburst; *(unpers.)* **es gereute ihn, daß ...:** he regretted that ...; **es gereute ihn** he was sorry that ...
Geriater [ge'rɪaːtɐ] *der;* ~*s,* ~ *(Med.)* geriatrician; geriatrist
Geriatrie *die;* ~: geriatrics *sing., no art.*
geriatrisch *Adj.* geriatric
¹**Gericht** [gə'rɪçt] *das;* ~[e]s, ~e **a)** *(Institution)* court; **jmdn. dem ~ od. den ~en übergeben od. ausliefern** hand sb. over to be dealt with by the courts; **jmdn. vor ~ laden od. zitieren** summon sb. to appear in court; **vor ~ erscheinen/aussagen** appear/testify in court; **vor ~ stehen** be on *or* stand trial; **mit einem Fall vor ~ gehen** take a case to court; **b)** *(Richter)* bench; **Hohes ~!** Your Honour!; **das ~ zieht sich zur Beratung zurück** the bench retires for discussion; **c)** *(Gebäude)* court[-house]; **d)** **in das Jüngste *od.* Letzte ~** *(Rel.)* the Last Judgement; **mit jmdm. [hart *od.* scharf] ins ~ gehen** *(zurechtweisen)* take sb. [severely] to task; *(bestrafen)* punish sb. [severely]; **über jmdn. ~ halten *od.* zu ~ sitzen** sit in judgement on sb.
²**Gericht** *das;* ~[e]s, ~e dish; ~**e aus der Dose** canned *or (Brit.)* tinned food *sing.*
gerichtlich 1. *Adj.; nicht präd.* judicial; forensic ⟨psychology, medicine⟩; legal ⟨proceedings⟩; court ⟨order⟩; ~**e Zuständigkeit** [legal] jurisdiction; **eine ~e Vorladung** a summons from the court; **ein ~es Nachspiel haben** have legal consequences; **die Sache wird ein ~es Nachspiel haben** the matter will end up in court. **2.** *adv.* **jmdn. ~ verfolgen** prosecute sb.; take sb. to court; **gegen jmdn. ~ vorgehen** take legal action against sb.; **take sb. to court; etw. ~ bezeugen/beeiden** testify/swear to sth. in court; **jmdn. ~ für tot erklären** pronounce sb. legally dead
gerichts-, Gerichts-: ~**akte** *die* court record; ~**arzt** *der* specialist in forensic medicine; ~**ärztlich** *Adj.; nicht präd.* forensic medical ⟨report, test, investigation⟩; ~**assessor** *der* *law student appointed as judge or court official for trial period after his second state examination*
Gerichtsbarkeit *die;* ~, ~**en** jurisdiction; **der staatlichen ~ nicht unterliegen** be immune from legal proceedings by the State
gerichts-, Gerichts-: ~**beschluß** *der* decision of the court; the/a court's decision; ~**bezirk** *der* jurisdictional district; ~**diener** *der (veralt.)* court usher; ~**dolmetscher** *der* court interpreter; ~**entscheid** *der,* ~**entscheidung** *die* decision of the/a court; the/a court's decision; ~**ferien** *Pl.* recess *sing.;* vacation *sing.;* ~**gebäude** *das* court-house; ~**herr** *der (hist.)* [highest] judicial authority; **der oberste ~herr** the supreme judicial authority; ~**hof** *der* **a)** Court of Justice; **der Oberste/Internationale/Europäische ~hof** the Supreme/International/European Court of Justice; **b)** *(früher: Kollegialgericht)* tribunal, Court

Gerichtshoheit

of Justice *(with more than one judge)*; **Hoher ~hof!** if it please the court; **~hoheit** die supreme legal authority; **~kosten** *Pl.* legal costs; costs of the case; **~kundig** *Adj. s.* **~notorisch**; **~medizin** die forensic medicine *no art.*; **~mediziner** der specialist in forensic medicine; **~medizinisch 1.** *Adj.* forensic medical ⟨*examination, report*⟩; **2.** *adv.* **etw. ~medizinisch feststellen** establish sth. by forensic medical tests; **~notorisch** *(Rechtsspr.) Adj.* ⟨*person, event, fact*⟩ known to the court; **~präsident** der senior judge; **~referendar** der law student who has passed his/her first state examination; **~reporter** der legal correspondent; **~saal** der courtroom; **Ruhe im ~saal!** silence in court!; **~schreiber** der clerk of the court; **~stand** der *(Rechtsspr.)* place of jurisdiction; **~tag** der court-day; **Mittwoch ist ~tag** the court sits on Wednesdays; **~termin** der *(strafrechtlich)* date of the/a trial; *(zivil)* date of the/a hearing; **~urteil** das judgement [of the court]; **~verfahren** das legal proceedings *pl.*; **ein ~verfahren einleiten** institute legal *or* court proceedings; **ohne ~verfahren** without trial; **~verfassung die** constitution of the courts; **~verhandlung** die *(strafrechtlich)* trial; *(zivil)* hearing; **~verwaltung die** administration of the courts; **~vollzieher der; ~s, ~**: bailiff; **~weg der: auf dem ~weg** through the court; by taking legal proceedings; **~weibel der** *(schweiz.) s.* **~diener**; **~wesen** das; *o. Pl.* judicial system

gerieben 1. 2. *Part. v.* reiben. **2.** *Adj.* *(ugs.)* artful

Geriebenheit die; **~** *(ugs.)* artfulness

gerieren [gə'riːrən] *refl. V.* *(geh.)* sich als etw. **~**: talk and act as if one were sth.

Geriesel das; **~s** trickling; trickle; *(von Schnee)* gentle fall

geriffelt 1. 2. *Part. v.* riffeln. **2.** *Adj.* corrugated ⟨*surface, sheet metal*⟩; fluted ⟨*column*⟩; ribbed ⟨*glass*⟩

gering [gə'rɪŋ] **1.** *Adj.* **a)** *(nicht groß, niedrig)* low ⟨*temperature, pressure, price*⟩; low, small ⟨*income, fee*⟩; little ⟨*value*⟩; small ⟨*quantity, amount*⟩; short ⟨*distance, time*⟩; **in ~er Entfernung** a short distance away; **von/in ~er Höhe** low/low down; **der Abstand wird ~er** the gap is closing *or* getting smaller; **um ein ~es** *(veralt.)* a little [bit]; *(um wenig Geld)* for a trifle *or* a mere bagatelle; *(fast)* nearly; almost; **b)** *(unbedeutend)* slight; minor ⟨*role*⟩; **meine ~ste Sorge** the least of my worries; **das Geringste** the least; **nicht das ~ste** nothing at all; **nicht im ~sten** not in the slightest or least; **c)** *(veralt.: niedrigstehend)* humble ⟨*origin, person*⟩; **kein Geringerer als ...:** no less a person than ...; **d)** *(geh.: schlecht)* poor, low, inferior ⟨*quality, opinion*⟩; poor ⟨*knowledge*⟩. **2.** *adv.* **~ von jmdm. sprechen/denken** speak badly/have a low opinion of sb.

gering|achten *tr. V.*: *s.* **geringschätzen**

Gering·achtung die *s.* **Geringschätzung**

geringelt 1. 2. *Part. v.* ringeln. **2.** *Adj.* curly; ⟨*hair*⟩ in ringlets; ⟨*pattern, socks, jumper*⟩ with horizontal stripes

gering·fügig [-fyːɡɪç] **1.** *Adj.* slight ⟨*difference, deviation, improvement*⟩; slight, minor ⟨*alteration, injury*⟩; small, trivial ⟨*amount*⟩; minor, trivial ⟨*detail*⟩. **2.** *adv.* slightly

Geringfügigkeit die; **~, ~en** *o. Pl.* triviality; insignificance; **eine Beschwerde wegen ~ ablehnen** dismiss a complaint because of its trivial nature; **b)** *(Kleinigkeit)* triviality; trifle; *(Angelegenheit auch)* trivial matter

gering|schätzen *tr. V.* **a)** *(verachten)* have a low opinion of, think very little of ⟨*person, achievement*⟩; set little store by ⟨*success, riches*⟩; **b)** *(mißachten)* disregard ⟨*warning*⟩; make light of ⟨*danger*⟩; **sein eigenes Leben ~:** have scant regard for one's own life

gering·schätzig [-ʃɛtsɪç] **1.** *Adj.* disdainful; contemptuous; disparaging ⟨*remark*⟩. **2.** *adv.* disdainfully; contemptuously; **von jmdm. ~ sprechen** speak disparagingly of sb.

Geringschätzigkeit die; **~**: disdain[fulness]; contempt[uousness]

Gering·schätzung die; *o. Pl.* **a)** *(Verachtung)* disdain; contempt; **b)** *(Mißachtung)* disregard; **die ~ des Lebens** a scant regard for life

geringsten·falls *Adv.* *(geh.)* at the very least

gerinnen *unr. itr. V.*; *mit sein* **a)** coagulate; ⟨*blood*⟩ coagulate, clot; ⟨*milk*⟩ curdle; *s. auch* **Blut; b)** *(fig. geh.)* **zu etw. ~:** develop into *or* become sth.

Gerinnsel das; **~s, ~ a)** *(Blut)* clot; **b)** *(veralt.: Rinnsal)* streamlet; rivulet

Gerinnung die; **~, ~en** coagulating; *(von Blut auch)* clotting; *(von Milch)* curdling

gerinnungs-: ~fähig *Adj.* coagulable; **sein Blut ist nicht ~fähig** his blood does not clot properly; **~hemmend** *Adj.* anticoagulant

Gerippe das; **~s, ~ a)** skeleton; **sie ist bis zum ~ abgemagert** *(fig.)* she has lost so much weight that she is only skin and bones; **b)** *(fig.)* framework; *(von Schiffen, Gebäuden)* skeleton; *(Grundriß, Entwurf)* outline

gerippt [gə'rɪpt] *Adj.* ribbed ⟨*fabric, garment*⟩; fluted ⟨*glass, column*⟩; laid ⟨*paper*⟩

gerissen [gə'rɪsn̩] **1. 2.** *Part. v.* reißen. **2.** *Adj.* *(ugs.)* crafty

Gerissenheit die; **~**: craftiness

geritten 2. *Part. v.* reiten

geritzt 1. 2. *Part. v.* ritzen. **2.** *Adj. (salopp)* in etw. ist **~:** sth. is [all] settled; **ist ~!** will do! *(coll.)*

Germ [ɡɛrm] der; **~[e]s**, *österr. auch:* die; **~** *(südd., österr.)* yeast

Germane [ɡɛr'maːnə] der; **~n, ~n** *(hist.)* ancient German; Teuton; *(scherzh.)* Teutonic type; **die alten ~n** the ancient Germanic peoples *or* Teutons; **die Skandinavier sind ~n** the Scandinavians are of Germanic *or* Teutonic origin

Germanentum das; **~s** *(Kultur)* Germanic *or* Teutonic culture; *(germanische Völker)* Germanic *or* Teutonic world

Germania [ɡɛr'maːni̯a] (die) Germania

Germanien [ɡɛr'maːni̯ən] (das); **~s** *(hist.)* Germania

Germanin die; **~, ~nen** ancient German; Teuton

germanisch *Adj. (auch fig.)* Germanic; Teutonic; **Germanisches Seminar** Institute of Germanic Studies

germanisieren *tr. V.* Germanize

Germanisierung die; **~**: Germanization

Germanismus der; **~, Germanismen** *(Sprachw.)* Germanism

Germanist der; **~en, ~en** Germanist; German scholar

Germanistik die; **~**: German studies *pl., no art.*

Germanistin die; **~, ~nen** Germanist; German scholar

germanistisch *Adj.*; *nicht präd.* **~e Studien** German studies; **eine ~e Zeitschrift** a periodical on *or* devoted to German studies; **Germanistisches Seminar** Institute of German Studies

Germanium [ɡɛr'maːni̯ʊm] das; **~s** *(Chemie)* germanium

germanophil [ɡɛrmano'fiːl] *Adj.* Germanophile

germanophob [ɡɛrmano'foːp] *Adj.* Germanophobe

gern[e] ['ɡɛrn(ə)]; **lieber** ['liːbɐ], **am liebsten** [-'liːpstn̩] *Adv.* **a)** *(mit Vergnügen)* **etw. ~ tun** like *or* enjoy doing *or* be fond of doing sth.; **er**

Geruchsverschluß

spielt lieber Tennis als Golf he prefers playing tennis to golf; **etw. ~ essen/trinken** like sth.; **am liebsten trinkt er Wein** he likes wine best; **ja, ~/aber ~:** yes, of course; certainly!; **Kommst du mit? – Ja, ~!** Are you coming too? – Yes I'd like to!; **[das ist] geschehen** it is *or* was a pleasure; **jmdn. ~ haben** like *or* be fond of sb.; **er hat sie lieber als dich** he likes her more than he does you; **sie hat ihn am liebsten** she likes him best; **sie hat** *od.* **sieht es lieber/am liebsten, wenn ...:** she likes it better/likes it best if ...; **~ gesehen sein/werden** be welcome; **der kann mich ~ haben!** *(ugs.)* he can go to hell! *(coll.)*; **he can get stuffed** *(sl.)*; **b)** *(drückt Billigung aus: durchaus)* **das glaube ich ~:** I can quite *or* well believe that; **das kannst du ~ tun/haben** you are welcome to do/have that; **c)** *(drückt Wunsch aus)* **ich hätte ~ einen Apfel** I would like an apple; **er wäre ~ mitgekommen** he would have liked to come along; **ich wäre lieber [zu Fuß] gegangen** I would rather have walked; **das hättest du lieber nicht tun sollen** it would have been better if you had not done that; **laß das lieber** better not do that; **noch ein Stück Kuchen? – Lieber nicht** Another piece of cake? – I'd rather not; *(aus Vernunftsgründen)* I'd better not; **ich bleibe heute lieber im Bett** I'd better stay in bed today; **d)** *(gewöhnlich)* etw. **~ tun** usually do sth.; **e)** *(ugs.: leicht, oft)* soon

Gerne·groß der; **~, ~e** *(ugs. scherzh.)* **er ist ein [kleiner] ~:** he likes to act big *(coll.)*

Geröchel das; **~s** rattle in the throat; *(eines Sterbenden)* [death-]rattle

gerochen 2. *Part. v.* riechen

Geröll [ɡə'rœl] das; **~s, ~e** detritus; debris; *(größer)* boulders *pl.*; *(im Gebirge auch)* scree

Geröll-: ~halde die scree [slope]; **~schutt** der detritus; debris; **~wüste** die boulder-strewn wilderness; *(Geogr.)* rock desert

geronnen [ɡə'rɔnən] **2.** *Part. v.* rinnen, gerinnen

Gerontokratie [ɡerɔntokra'tiː] die; **~, ~n** *(hist., Völkerk.)* gerontocracy

Gerontologie die; **~** *(Med.)* gerontology *no art.*

Geröstete [ɡə'røːstətə, ɡə'rœstətə] *Pl.; adj. Dekl.* *(südd., österr.)* sauté potatoes

Gerste ['ɡɛrstə] die; **~**: barley

Gersten-: ~grütze die **a)** barley groats; **b)** *(Brei)* porridge *or* gruel made from barley; **~kaffee** der coffee substitute produced from malted barley; **~korn** das **a)** *(Frucht)* barleycorn; **b)** *(Augenentzündung)* sty; **~saft** der *(scherzh.)* beer; **~schrot** der *od.* das bruised *or* ground barley; **~zucker** der barley sugar

Gerte ['ɡɛrtə] die; **~, ~n** switch

gerten·schlank *Adj.* slim *or* slender and willowy

Geruch [ɡə'rʊx] der; **~[e]s, Gerüche** [ɡə'rʏçə] **a)** smell; odour; *(von Blumen)* scent; fragrance; *(von Brot, Kuchen)* smell; aroma; **ein ~ nach/der ~ von frischem Brot** a/the smell of freshly-baked bread; **einen unangenehmen ~ verbreiten** give off an unpleasant smell *or* odour *or* a stench; **b)** *o. Pl. (Geruchssinn)* sense of smell; **c)** *o. Pl. (geh.: Ruf)* reputation; **im ~ stehen, etw. zu sein/getan zu haben** be reputed to be sth./to have done sth.

geruch·los *Adj.* odourless; *(ohne Duft)* unscented, scentless ⟨*flower etc.*⟩

geruchs-, Geruchs-: ~belästigung die nuisance caused by the smell *or* stench; **~bindend** *Adj.* deodorant; **~empfindlich** *Adj.* sensitive to smells *postpos.*; **~empfindung** die **a)** olfactory sensation; **b)** *s.* **~sinn**; **~nerv** der olfactory nerve; **~organ** das olfactory organ; **~sinn** der; *o. Pl.* sense of smell; olfactory sense; **~stoff** der aromatic essence; *(von Tieren)* scent; **~verschluß** der [anti-siphon] trap

1135

Gerücht [gə'rʏçt] *das*; ~[e]s, ~e rumour; ein ~ in die Welt *od.* in Umlauf setzen start a rumour; es geht das ~, daß ...: there's a rumour going round that ...; das halte ich für ein ~! *(ugs.)* I can't believe that!
Gerüchte-: ~**küche** *die (ugs. abwertend)* hotbed of rumours; ~**macher** *der (abwertend)* rumour-monger
geruch·tilgend *Adj.* deodorant
gerücht·weise *Adv.* ich habe ~ vernommen *od.* gehört, daß ...: I've heard a rumour that ...; I've heard it rumoured that ...; ~ verlautet, er sei ...: rumour has it *or* it is rumoured that he is ...
gerufen 2. *Part. v.* rufen
geruhen *tr. V. (geh. veralt.; sonst iron.)* ~, etw. zu tun condescend *or* deign to do sth.
gerührt 1. 2. *Part. v.* rühren. 2. *Adj.* touched *(also iron.)*; moved
geruhsam 1. *Adj.* peaceful; quiet; leisurely ⟨stroll⟩; jmdm. eine ~e Nacht wünschen wish sb. a restful night. 2. *adv.* leisurely; *(ungestört)* quietly
Geruhsamkeit *die*; ~: peacefulness; quietness; *(eines Spaziergangs)* leisureliness
Gerumpel *das*; ~s bumping and banging; *(von Lastwagen usw.)* rumbling
Gerümpel [gə'rʏmpl] *das*; ~s *(abwertend)* junk; [useless] rubbish
Gerundium [ge'rʊndiʊm] *das*; ~s, Gerundien *(Sprachw.)* gerund
Gerundiv [gerʊn'di:f] *das*; ~s, ~e [-'di:və] *(Sprachw.)* gerundive
gerundivisch *Adj. (Sprachw.)* gerundival
gerungen [gə'rʊŋən] 2. *Part. v.* ringen
Gerüst [gə'rʏst] *das*; ~[e]s, ~e scaffolding *no pl., no indef. art.; (fig.: eines Romans usw.)* framework
Gerüst-: ~**bau** *der*; *o. Pl.* erection of the scaffolding; „~**bau**": H. Müller, Mannheim" 'scaffolding by H. Müller, Mannheim'; ~**bauer** *der*; ~s, ~: scaffolder
gerüttelt 1. 2. *Part. v.* rütteln. 2. *Adj.* in ~ voll *(veralt.)* [jam-]packed; ein ~ Maß *(veralt.)* a good measure
ges, Ges [gɛs] *das*; ~, ~ *(Musik)* [key of] G flat; *s. auch* **a, A**
Gesabber [gə'zabɐ] *das*; ~s a) slavering; slobbering *(eines Babys)* dribbling; b) *(salopp: Gerede)* rabbiting *(Brit. sl.)*; babbling
Gesalbte [gə'zalptə] *der/die; adj. Dekl. (Rel., hist.)* er/sie kehrte als ~r/~ von Rom zurück he/she returned anointed from Rome; **Christus, der** ~: Christ, the Lord's Anointed
gesalzen 1. 2. *Part. v.* salzen. 2. *Adj.* *(salopp)* a) *(sehr hoch)* steep *(coll.)* ⟨price, bill⟩; b) *(derb ausgedrückt)* crude ⟨joke, language⟩; spicy ⟨story⟩
Gesalzene *das; adj. Dekl.; o. Pl.* salt[ed] meat
gesammelt 1. 2. *Part. v.* sammeln. 2. *Adj.* concentrated ⟨attention, energy⟩; intense ⟨fear⟩; ~e Werke collected works
gesamt *Adj.; nicht präd.* whole; entire; **das** ~**e Vermögen** the entire *or* total wealth; **die** ~**en Werke** the complete works
Gesamt *das*; ~s *s.* **Gesamtheit**
gesamt-, Gesamt-: ~**ansicht** *die* general *or* overall view; ~**auflage** *die (Druckw.)* total edition; *(einer Zeitung)* total circulation; ~**ausgabe** *die (Druckw.)* complete edition; ~**betrag** *der* total amount; ~**bild** *das* general *or* overall view; *(fig.)* general *or* overall picture; ~**darstellung** *die* general account *or* description; ~**deutsch** *Adj.; nicht präd.* all-German; ~**deutschland** *das* all Germany; ~**eindruck** *der* general *or* overall impression; ~**einkommen** *das* total income; ~**ergebnis** *das* overall result; ~**erscheinung** *die* general appearance; ~**fläche** *die* total area; ~**gesellschaftlich** *Adj.; nicht präd. (Soziol.)* of society *or* the community as a whole *postpos.*; ~**gewicht** *das* total weight; **das zulässige** ~**gewicht** the permissible maximum weight
gesamthaft *(schweiz.)* 1. *Adj.; nicht präd. s.* **gesamt**. 2. *adv. s.* **insgesamt**
Gesamtheit *die*; ~ a) **die** ~ **der Beamten** all civil servants; **die** ~ **der Bevölkerung** the whole of the *or* the entire population; **die Verleger in ihrer** ~: publishers as a whole; b) *s.* **Allgemeinheit**
gesamt-, Gesamt-: ~**hoch·schule** *die (Hochschulw.)* institution with colleges teaching at various levels, so that students can more readily extend their courses; **die integrierte** ~**hochschule** centrally administrated, fully integrated ~**hochschule**; ~**kapital** *das* total capital; ~**katalog** *der* complete catalogue; *(Katalog der Bestände mehrerer Bibliotheken)* union catalogue; ~**lage** *die* general *or* overall situation; ~**note** *die* overall mark; ~**produktion** *die* total production *or* output; ~**schaden** *der* total damage; **ein** ~**schaden von 1000 DM** total damage amounting to 1,000 marks; ~**schuldner** *Pl. (Rechtsw.)* joint debtors; ~**schule** *die* comprehensive [school]; **eine integrierte** ~**schule** an all-ages comprehensive [school]; **eine kooperative** ~**schule** a comprehensive [school] which retains ability bands corresponding to the traditional types of school: Hauptschule, Realschule, and Gymnasium; ~**sieg** *der (Sport)* overall victory; ~**sieger** *der (Sport)* overall winner; ~**stärke** *die* total strength; ~**strafe** *die (Rechtsw.)* concurrent sentence; ~**summe die** *s.* ~**betrag**; ~**um·satz** *der* total turnover; ~**unterricht** *der (Schulw.)* interdisciplinary teaching *no art.*; ~**verband** *der (Wirtsch.)* general *or* national association; ~**volumen** *das (Wirtsch.)* total volume; **das** ~**volumen des Verteidigungsetats** the total size of the defence budget; ~**werk** *das* œuvre; *(Bücher)* complete works *pl.*; ~**wert** *der* total value; ~**wirtschaft** *die* economy as a whole; national economy; ~**wirtschaftlich** 1. *Adj.; nicht präd.* overall economic ⟨development etc.⟩; ⟨development etc.⟩ of the economy as a whole; 2. *adv.* ~**wirtschaftlich vertretbar** justifiable from the point of view of the economy as a whole; ~**zahl** *die* total number; ~**zusammenhang** *der* general *or* overall context
gesandt 2. *Part. v.* senden
Gesandte *der/die; adj. Dekl.* envoy; **der päpstliche** ~: the papal legate *or* nuncio
Gesandtin *die*; ~, ~nen envoy
Gesandtschaft *die*; ~, ~en legation
Gesandtschafts·rat *der* counsellor at a/the legation
Gesang [gə'zaŋ] *der*; ~[e]s, Gesänge [gə'zɛŋə] a) *o. Pl.* singing; b) *(Lied)* song; *s. auch* **Gregorianisch**; c) *(Literaturw.)* canto
Gesang·buch *das* hymn-book; **das richtige/falsche** ~**buch haben** *(ugs. scherzh.)* belong to the right/wrong [religious] denomination; *(in der Politik)* belong to the right/wrong [political] party
gesanglich 1. *Adj.* vocal; **großes** ~**es Talent haben** have great talent as a singer. 2. *adv.* vocally
Gesang[s]-: ~**lehrer** *der*, ~**lehrerin** *die* singing-teacher; ~**stunde** *die* singing-lesson; ~**unterricht** *der* singing instruction; ~**unterricht nehmen/geben** take/give singing-lessons *pl.*
Gesang·verein *der* choral society; **mein lieber Herr** ~! *(salopp)* my godfathers!; ye gods [and little fishes]!
Gesäß [gə'zɛ:s] *das*; ~es, ~e backside; buttocks *pl.*
Gesäß-: ~**falte** *die (Anat.)* gluteal fold; gluteal furrow; ~**muskel** *der (Anat.)* gluteal muscle; ~**tasche** *die* back pocket
gesättigt 1. 2. *Part. v.* sättigen. 2. *Adj.* *(Chemie)* ~**e Fettsäuren** saturated fatty acids
Gesäusel [gə'zɔyzl] *das*; ~s *(von Wind)* whispering; murmuring; *(von Blättern)* rustling; whispering; *(ugs. abwertend: Schmeichelei)* flannel *(coll.)*
gesch. *Abk.* geschieden
Geschädigte [gə'ʃɛ:dɪçtə] *der/die; adj. Dekl.* injured party
geschaffen 2. *Part. v.* schaffen 1
geschafft 1. 2. *Part. v.* schaffen 2, 3. 2. *Adj.; nicht attr. (ugs.)* all in *(coll.)*
Geschäft [gə'ʃɛft] *das*; ~[e]s, ~e a) business; *(Abmachung)* [business] deal *or* transaction; **die** ~**e gehen gut** business is good; **mit jmdm.** ~**e/ein** ~ **machen** do business with sb.; strike a bargain *or* do a deal with sb.; **in ein** ~ **einsteigen** go into a business; **in** ~**en reisen/unterwegs sein** travel/be travelling on business; **mit jmdm. ins** ~ **kommen** go into business with sb.; ~ **ist** ~: business is business; **das** ~ **mit der Angst** trading on people's fears; b) *o. Pl. (Absatz)* business *no art.*; **das** ~ **blüht** business *or* trade is booming; c) *o. Pl. (Profit)* profit; **mit etw. ein gutes/schlechtes** ~ **machen** make a good/poor profit on sth.; **diese Unternehmung war für uns ein** ~: this venture was [not] a financial success for us; d) *(Firma)* business; **ein** ~ **führen** run *or* manage a business; **ins** ~ **gehen** *(südd.)* go to work; e) *(Laden)* shop; store *(Amer.)*; *(Kaufhaus)* store; f) *(Aufgabe)* task; duty; **seinen** ~**en nachgehen** go about one's business; g) **sein großes/kleines** ~ **erledigen** *od.* **machen** *(ugs. verhüll.)* do big jobs *or* number two/small jobs *or* number one *(child language)*
-geschäft *das* a) *(Laden)* Schuh~/Lebensmittel~/Feinkost~: shoe shop/food shop/delicatessen [shop]; shoe store/food store/delicatessen [store] *(Amer.);* b) *(Transaktion)* Bank~/Kompensations~: bank/barter transaction; *(Absatz)* Weihnachts~: Christmas trade; c) *(Aufgabe)* Amts~e/Staats~e official/state duties
geschäfte-, Geschäfte-: ~**halber** *Adv.* *(in Geschäften)* on business; *(wegen Geschäften)* because of business; ~**macher** *der (abwertend)* profit-seeker; ~**macherei** *die (abwertend)* profit-seeking *no pl.*
geschäftig 1. *Adj.* bustling; **ein** ~**es Treiben** bustling activity; hustle and bustle. 2. *adv.* ~ **hin und laufen** bustle about
Geschäftigkeit *die*; ~: bustle
Geschaftlhuber [gə'ʃaftl̩hu:bɐ] *der*; ~s, ~ *(bes. südd., österr. abwertend)* officious meddler
geschäftlich 1. *Adj.* a) business *attrib.* ⟨conference, appointment⟩; **das Geschäftliche besprechen** discuss business [matters]; b) *(sachlich, kühl)* business-like. 2. *adv.* a) on business; **er hat dort** ~ **zu tun** he has [some] business to do there; **ich habe nächste Woche** ~ **in Hamburg zu tun** I have to be in Hamburg next week on business; **Wie geht es Ihnen?** – **Meinen Sie** ~ **oder privat?** How are you doing? – Do you mean how's business or how am I personally?; b) *(sachlich, kühl)* in a business-like way *or* manner
geschäfts-, Geschäfts-: ~**ablauf** *der* business *no art.*; ~**abschluß** *der* conclusion of the/a business transaction *or* deal; **einen** ~**abschluß tätigen** conclude a business transaction *or* deal; ~**anteil der** share in the/a business; ~**aufgabe** *die* closure of the/a business; **zur** ~**aufgabe gezwungen werden** be forced to close down; „**Ausverkauf wegen** ~**aufgabe!**" 'closing-down sale'; 'going-out-of-business sale' *(Amer.);* ~**auto das** *s.* ~**wagen**; ~**bedingungen** *Pl.* terms [and conditions] of trade; ~**beginn** *der* opening-time; **eine Schlange hatte sich vor** ~**beginn gebildet** a queue *(Brit.)* or *(Amer.)* line had formed before the shop opened; ~**bereich** *der* portfolio; **Minister ohne** ~**bereich** Minister without portfolio; ~**bericht** *der* company

report; *(jährlich)* annual report; **~beziehungen** *Pl.* business dealings; **in ~beziehungen mit einer Firma stehen** have business dealings with a firm; **~beziehungen zu China** business contacts with China; **~brief** *der* business letter; **~bücher** *Pl.* books; accounts; **~eröffnung** *die* opening of a/the shop *or (Amer.)* store; **~fähig** *Adj. (Rechtsspr.)* legally competent; **~fähigkeit** *die (Rechtsspr.)* legal competence; **~frau** *die* businesswoman; **~freund** *der* business associate; **~führend** *Adj.; nicht präd.* managing *(director)*; executive 〈*chairman*〉; *(leitend)* acting; **die ~führende Regierung** the caretaker government; **~führer** *der* a) *(leitender Angestellter)* manager; b) *(Vereinswesen)* secretary; **~führung** *die*; *o. Pl.* management; **~gang** *der* a) business *no art.*; b) *(Dienstweg)* **den normalen ~gang gehen** go through the normal channels; c) *(Besorgung)* errand; **~gebaren** *das* business practices *pl.*; **~geheimnis** *das* business secret; **~geist** *der*; *o. Pl.* business acumen *or* sense; **~haus** *das* a) business [house]; firm; b) *(Gebäude)* office-block *(with or without shops)*; **~inhaber** *der* owner *or* proprietor of the/a business; **~interesse** *das*; *meist Pl.* **das ~interesse/die ~interessen** the interests *pl.* of the business; **~jahr** *das* financial year; **~jubiläum** *das* anniversary of the firm; **die Firma feiert ihr fünfzigjähriges ~jubiläum** the firm is celebrating its fiftieth anniversary; **~kapital** *das* working capital; **~kosten** *Pl. in* **auf ~kosten [gehen]** [be] on expenses; **~kundig** *Adj.* 〈*person*〉 with business experience; **~lage** *die* 〈*wirtschaftliche Lage*〉 **die ~lage der Firma** the [business] position of the firm; **die allgemeine ~lage** the general business situation; b) *(Ort)* **in guter ~lage** well situated [for business]; **~leben** *das* business [life]; **er steht seit vierzig Jahren im ~leben** he's been active in business [life] for forty years; **~leitung** *die* s. **~führung**; **~leute** *s.* **~mann**; **~mann** *der*; *Pl.* **~leute** businessman; **~mäßig** *Adj.* business-like; **~methoden** *Pl.* business methods; **~ordnung** *die* standing orders *pl.*; *(im Parlament)* [rules *pl.* of] procedure; **Antrag zur ~ordnung** procedural motion; **Fragen zur ~ordnung** questions on points of order; **zur ~ordnung!** point of order!; **~papiere** *Pl.* business documents *or* papers; **~partner** *der* business partner; **~politik** *die* business *or* trading policy; **~räume** *Pl.* business premises; *(Büroräume)* offices; **~reise** *die* business trip; **auf ~reise sein** be on a business trip; **~rück·gang** *der* decline *or* fall-off in business; **~schädigend** *Adj.* bad for business; 〈*conduct*〉 damaging to the interests of the company; **~schluß** *der* closing-time; **nach ~schluß** after business hours; *(im Büro)* after office hours; **~sinn** *der*; *o. Pl.* business sense *or* acumen; **~sitz** *der* place of business; **eingetragener ~sitz** registered office[s]; **~stelle** *die* a) *(einer Bank, Firma)* branch; *(einer Partei, eines Vereins)* office; b) *(Rechtsspr.)* court office; **~straße** *die* shopping-street; **~stunden** *Pl.* business hours; *(im Büro)* office hours; **~tätigkeit** *die* business activity *no indef. art.*; **~träger** *der (Dipl.)* chargé d'affaires; **~tüchtig** *Adj.* able, capable, efficient 〈*businessman, landlord, etc.*〉; **eine ~tüchtige Frau** an able *or* capable businesswoman; **~tüchtigkeit** *die* business ability *or* efficiency; **~über·gabe** *die* transfer of the business; **~übernahme** *die* take-over of the business; **~unfähig** *Adj. (Rechtsspr.)* legally incompetent; **~unfähigkeit** *die (Rechtsspr.)* legal incompetence; **~verbindung** *die* business connection; **~verkehr** *der* business; business dealings *pl.*; **~viertel** *das* business quarter; *(Einkaufszentrum)* shopping district;

~wagen *der* company car; **~welt** *die*; *o. Pl.* a) business world *or* community; b) *s.* **~leben**; **~zeit** *die* business hours *pl.*; *(im Büro)* office hours *pl.*; **~zentrum** *das* *s.* **~viertel**; **~zimmer** *das* office; **~zweig** *der* branch of the/a business
geschah [gə'ʃa:] *3. Pers. Sg. Prät. v.* **geschehen**
Geschäker [gə'ʃɛːkɐ] *das*; **~s** flirting
Gescharre *das*; **~s** *(abwertend)* scraping; *(mit den Füßen)* scraping of feet; *(von Hühnern)* scratching
Geschaukel *das*; **~s** rocking; *(auf See)* rolling
gescheckt [gə'ʃɛkt] *Adj.* spotted 〈*cow, bull, rabbit, etc.*〉; skewbald 〈*horse*〉; *(mit weißen Flecken auf schwarzem Fell)* piebald 〈*horse*〉
geschehen [gə'ʃeːən] *unr. itr. V.; mit sein* a) *(passieren)* happen; occur; **so tun, als wäre nichts ~**: act as if nothing had happened; **~ ist ~**: what's done is done; **so ~ ... *(veralt.)*** this came to pass ...; b) *(ausgeführt werden)* be done; **die Tat/der Mord geschah aus Eifersucht** the deed was done/the murder was committed out of jealousy; **es muß etwas ~**: something must be done; **was geschieht damit?** what's to be done with it?; **er ließ es ~**: he let it happen; c) *(widerfahren)* **jmdm. geschieht etw.** sth. happens to sb.; **es geschieht dir nichts** nothing will happen to you; **das geschieht ihm recht** it serves him right; **ihm ist ein Unrecht ~**: he's been wronged; e) **es ist um ihn ~**: it's all up with him; **es ist um seine Gesundheit/Stellung ~**: his health is ruined/he has lost his job; **als er sie sah, war es um ihn ~**: he was lost the moment he saw her
Geschehen *das*; **~s**, **~** *(geh.)* a) *(Ablauf der Ereignisse)* events *pl.*; happenings *pl.*; **das politische ~**: political events *pl.*; b) *(Vorgang)* action
Geschehnis *das*; **~ses**, **~se** *(geh.)* event
gescheit [gə'ʃaɪt] **1.** *Adj.* a) *(intelligent)* clever; **daraus werde ich nicht ~**: I can't make head or tail of it; b) *(ugs.: vernünftig)* sensible; **sei doch ~**: be sensible; **nichts/etwas Gescheites** nothing/something sensible; **gibt es etwas Gescheites zu essen?** is there anything decent to eat?; **du bist wohl nicht ganz** *od.* **nicht recht ~**: you can't be quite right in the head; you must be off your head *(coll.)*. **2.** *adv.* cleverly
Gescheitheit *die*; **~**: cleverness
Geschenk [gə'ʃɛŋk] *das*; **~[e]s**, **~e** present; gift; **jmdm. ein ~ machen** give sb. a present; **jmdm. etw. zum ~ machen** make sb. a present of sth.; give sth. to sb. as a present; **kleine ~e erhalten die Freundschaft** *(Spr.)* small gifts preserve friendships; **ein ~ des Himmels** a godsend
Geschenk-: **~artikel** *der* gift; **~packung** *die* gift pack; **~papier** *das* gift wrapping-paper; **~sendung** *die (Postw.)* parcel containing a gift/gifts; „**~sendung**" 'gift [only]'
Gescherr [gə'ʃɛr] *s.* **Herr c**
geschert [gə'ʃeːɐt] *Adj. (südd., österr. salopp)* stupid git *(sl.)*
Gescherte *der*; *adj. Dekl. (südd., österr. salopp)* stupid git *(sl.)*
Geschichte [gə'ʃɪçtə] *die*; **~**, **~n** a) *o. Pl. (auch Wissenschaft, Darstellung)* history; **die ~ Frankreichs** the history of France; **die englische ~**: English history; **Alte/Mittlere/Neue ~**: ancient/medieval/modern history; **~ machen** make history; **in die ~ eingehen** *(geh.)* go down in history; **etw. gehört der ~** *(Dat.)* **an** sth. belongs to *or* is part of history; b) *(Erzählung)* story; *(Fabel, Märchen)* story; tale; c) *(ugs.: Sache)* **das sind alte ~n** that's old hat *(coll.)*; **das ist [wieder] die alte ~**: it's the [same] old story [all over again]; **das sind ja schöne ~n!** *(iron.)* that's a fine thing *or* state of affairs! *(iron.)*; **die ganze ~**: the whole business *or* thing; **mach keine ~n!** don't do anything silly; **Du wirst**

doch nicht krank werden. **Mach keine ~n!** You won't fall ill. Don't be [so] silly!; **mach keine langen ~n** don't make a [great] fuss
Geschichten-: **~buch** *das* story-book; **~erzähler** *der* story-teller
geschichtlich **1.** *Adj.* a) historical; b) *(bedeutungsvoll)* historic. **2.** *adv.* historically; **etw. ~ betrachten** consider sth. from a historical point of view *or* perspective
Geschichtlichkeit *die*; **~** *(Philos.)* historicity
geschichts-, Geschichts-: **~atlas** *der* historical atlas; **~auffassung** *die* conception *or* view of history; **~bewußtsein** *das* awareness of history; historical awareness; **~bild** *das* s. **~auffassung**; **~buch** *das* history book; **~drama** *das (Literaturw.)* historical drama; **~epoche** *die* historical epoch; **~fälschung** *die* falsification of history; **~forscher** *der* historian; **~forschung** *die* historical research; **~klitterung** *die* deliberately biased account of history; **~lehrer** *der* history teacher; **~los** *Adj.* 〈*country, society, people, etc.*〉 without a history *or* past; *(ohne Geschichtsbewußtsein)* with no sense of its own history; **~philosophie** *die* philosophy of history; **~philosophisch** **1.** *Adj.* 〈*writings*〉 on/ 〈*studies*〉 in/〈*interpretation*〉 according to/ 〈*view of the world*〉 based on the philosophy of history; **2.** *adv.* **etw. ~philosophisch interpretieren** interpret sth. from the point of view of the philosophy of history; **~schreiber** *der* historian *(Chronist)* chronicler; **~schreibung** *die* historiography; **~unterricht** *der* history teaching; *(Unterrichtsstunde)* history lesson; **im ~unterricht nehmen sie den Dreißigjährigen Krieg durch** in history they are doing the Thirty Years War; *s. auch* **Englischunterricht**; **~werk** *das* historical work; **~wissenschaft** *die* [science of] history; **~wissenschaftler** *der* [academic] historian; **~zahl** *die* [historical] date
¹Geschick [gə'ʃɪk] *das*; **~[e]s**, **~e** a) *(geh.: Schicksal)* fate; **ihn ereilte sein ~**: he met his fate; **ein glückliches/gutes ~**: a kindly Providence; b) *Pl. (Lebensumstände)* destiny *sing.*
²Geschick *das*; **~[e]s** skill; **ein ~ für etw. haben** be skilled at sth.
Geschicklichkeit *die*; **~**: skilfulness; skill; **es zu großer ~ in etw.** *(Dat.)* **bringen** become very skilful at sth.
Geschicklichkeits-: **~fahren** *das (Motorsport)* manoeuvring tests *pl.*; **~spiel** *das* game of skill
geschickt **1.** **2. Part. v. schicken. 2.** *Adj.* a) *(gewandt)* skilful; *(fingerfertig)* skilful; dexterous; **~ im Klettern sein** be an agile climber; b) *(klug)* clever; adroit; c) *(südd.: geeignet)* suitable (**für** for). **3.** *adv.* a) *(gewandt)* skilfully; *(fingerfertig)* skilfully; dexterously; b) *(klug)* cleverly; adroitly
Geschicktheit *die*; **~**: *s.* **Geschicklichkeit**
Geschiebe *das*; **~s**, **~** a) *(ugs.)* pushing and shoving; b) *(Geol.)* debris
geschieden **2. Part. v. scheiden**; *adj. Dekl.* divorcee; **seine ~**: his ex-wife; **ihr ~** her ex-husband
geschienen **2. Part. v. scheinen**
Geschimpfe *das*; **~s** *(ugs.)* cursing; *(das Tadeln)* scolding
Geschirr [gə'ʃɪr] *das*; **~[e]s**, **~e** a) *(Riemenzeug)* harness; **dem Pferd das ~ anlegen** harness the horse; put the harness on the horse; **sich ins ~ legen** *(kräftig ziehen)* pull hard; *(angestrengt arbeiten)* work like a slave; b) *(Teller, Tassen usw.)* crockery; *(benutzt)* dishes *pl.*; *(zusammenpassend)* [dinner/tea] service; *(Küchen-)* pots and pans *pl.*; kitchenware; **das gute/beste ~**: the good/best china; **feuerfestes ~**: ovenware set; **das ~ abwaschen** wash up *or* do the dishes; c) *(veralt.: Gefäß)* pot

1137

Geschirr-: ~**aufzug** der dumb waiter; ~**schrank** der china cupboard; ~**spülen** das; ~s washing-up; ~**spüler** der a) washer-up; b) s. ~**spülmaschine**; ~**spülmaschine** die dish-washing machine; dishwasher; ~**tuch** das; Pl. -tücher tea-towel; drying-up cloth (Brit.); dish towel (Amer.)

Geschiß [gə'ʃɪs] das; Geschisses (derb) fuss and bother (coll.)

geschissen [gə'ʃɪsn̩] 2. Part. v. scheißen

Geschlabber das; ~s (ugs.) a) (das Schlabbern) slurping (coll.); b) (bei Kleidern) das ~ ihres langen Rocks the flapping of her long skirt; c) (Brei, Pudding usw.) mush

geschlafen 2. Part. v. schlafen

geschlagen 2. Part. v. schlagen

Geschlecht das; ~[e]s, ~er a) sex; männlichen/weiblichen ~s sein be male/female; Jugendliche beiderlei ~s young people of both sexes; **das starke ~** (ugs. scherzh.) the stronger sex; **das schwache/schöne/zarte ~** (ugs. scherzh.) the weaker/fair/gentle sex; b) (Generation) generation; **die nachfolgenden ~er** future generations; c) (Sippe) family; **von altem ~**: of ancient lineage; **das ~ der Habsburger** the house of Habsburg; **ein edles ~**: a noble house; d) (Sprachw.) gender; e) o. Pl. (Geschlechtsteil) sex; f) (dichter.: Gattung) **das menschliche ~** od. **das ~ der Menschen** the human race; **das ~ der Götter** the gods

Geschlechter-: ~**folge** die succession of generations; **die ~folgen** the generations; ~**trennung** die segregation of the sexes

geschlechtlich 1. Adj. sexual. 2. adv. mit jmdm. ~ **verkehren** have sexual intercourse with sb.

Geschlechtlichkeit die; ~: sexuality

geschlechts-, Geschlechts-: ~**akt** der sex[ual] act; ~**apparat** der (Fachspr.) genital organs pl.; genitals pl.; ~**bestimmung** die a) (Festlegung) sex determination; b) (Feststellung) determination of sex; (von Tieren auch) sexing; **eine ~bestimmung vornehmen** determine the sex of a baby/an animal; ~**chromosom** das (Biol.) sex chromosome; ~**drüse** die (Anat., Zool.) gonad; ~**erziehung** die sex education; ~**gebunden** 1. Adj. sex-linked; 2. adv. ~**gebunden weitervererbt werden** be passed on in a way which shows sex-linkage; ~**hormon** das sex hormone; ~**krank** Adj. ⟨person⟩ suffering from VD or a venereal disease; ~**krank sein** have VD; be suffering from a venereal disease; ~**krankheit** die venereal disease; ~**leben** das sex life; ~**los** Adj. (Biol.) asexual; (fig.) sexless; ~**lust** die sexual desire or lust; ~**merkmal** das sex[ual] characteristic; ~**organ** das sex[ual] organ; genital organ; ~**partner** der sex partner; ~**reif** Adj. sexually mature; ~**reife** die sexual maturity; ~**rolle** die (Soziol.) sex role; ~**spezifisch** Adj. (Soziol.) sex-specific; ~**teil** das: **die ~teile/das ~teil** the genitals pl.; ~**trieb** der sex[ual] drive or urge; ~**umwandlung** die sex change; change of sex; ~**unterschied** der difference between the sexes; ~**verkehr** der sexual intercourse; ~**wort** das s. Artikel; ~**zelle** die gamete

geschlichen 2. Part. v. schleichen

geschliffen 1. 2. Part. v. schleifen. 2. Adj. polished, refined ⟨style, manners, etc.⟩; polished ⟨sentence⟩. 3. adv. in a polished manner

Geschliffenheit die; ~, ~en refinement; (des Stils) polish

geschlissen [gə'ʃlɪsn̩] 2. Part. v. schleißen

geschlossen 1. 2. Part. v. schließen. 2. Adj. a) (gemeinsam) united ⟨action, front⟩; unified ⟨procedure⟩; s. auch Gesellschaft; b) (zusammenhängend) **eine ~e Ortschaft** a built-up area; **eine ~e Linie von Demonstranten** a solid line of demonstrators; c) (abgerundet) **eine [in sich] ~e Persönlichkeit** a well-rounded personality; **ein ~es Bild/ ~er Eindruck** a full or complete picture/ impression. 3. adv. ~ **für etw. stimmen/sein** vote/be unanimously in favour of sth.; **wir verließen ~ unser Büro** we walked out in a body or en masse; ~ **gegen etw. vorgehen** take concerted action against sth.; ~ **hinter jmdm. stehen** be solidly behind sb.; **die ganze Gruppe stand ~ auf** the whole group rose with one accord

Geschlossenheit die; ~ a) (Gemeinschaft) unity; b) (Einheitlichkeit) unity; uniformity; c) **die ~ der Handlung** the tight construction of the plot

Geschluchze das; ~s (ugs.) sobbing; **hör mit dem ~ auf!** stop your blubbering or (sl.) blubbing

Geschlürfe das; ~s (ugs. abwertend) slurping

geschlungen [gə'ʃlʊŋən] 2. Part. v. schlingen

Geschmack [gə'ʃmak] der; ~[e]s, Geschmäcke [gə'ʃmɛkə] od. ugs. scherzh.: Geschmäcker [gə'ʃmɛkɐ] a) taste; **einen schlechten ~ im Munde haben** have a bad or nasty taste in one's mouth; **einen guten/schlechten ~ haben** have good/bad taste; **das ist [nicht] mein ~**. od. **nach meinem ~**: that is [not] to my taste; **jmds. ~ (Akk.) treffen** guess sb.'s taste exactly; **das verstößt gegen den guten ~**: that offends against good taste; **im ~ jener Zeit eingerichtet** furnished in the style of that period; **von erlesenem ~**: exquisitely tasteful; showing exquisite taste; **die Geschmäcker sind verschieden** (ugs. scherzh.) tastes differ; **über ~ läßt sich nicht streiten** there's no accounting for taste[s]; **an etw. (Akk.) ~ finden** od. **gewinnen** acquire a taste for sth.; take a liking to sth.; **einer Sache (Dat.) ~ abgewinnen** come or grow to like sth.; **sie kann solchen Bildern keinen ~ abgewinnen** she cannot appreciate such pictures; **auf den ~ kommen** acquire the taste for it; get to like it; b) o. Pl. (Geschmackssinn) sense of taste

geschmacklich 1. Adj.: nicht präd. as regards taste postpos.; **zur ~en Verfeinerung** to improve the taste or flavour. 2. adv. as regards taste

geschmacklos 1. Adj. a) (ohne Geschmack) tasteless; insipid; b) (unschön, taktlos) tasteless; ~ **sein** be in bad taste; ⟨person⟩ be lacking in taste. 2. adv. tastelessly

Geschmacklosigkeit die; ~, ~en a) lack of [good] taste; bad taste; **diese Gebäude sind ~en** these buildings are examples of bad taste; b) o. Pl. (Unverschämtheit) tastelessness; bad taste; **das ist eine ~ ersten Ranges!** that is the height of bad taste!; c) (Äußerung) tasteless remark; (Handlung) tasteless behaviour sing., no indef. art.

geschmacks-, Geschmacks-: ~**empfindung** die sense of taste; ~**frage** die question or matter of taste; ~**knospe** die (Zool., Anat.) taste-bud; ~**neutral** Adj. tasteless; flavourless; ~**richtung** die a) flavour; b) (Aesthet., Vorlieb) sense of taste

Geschmack[s]·sache die **in das ist ~**: that is a question or matter of taste

Geschmacks-: ~**sinn** der; o. Pl. sense of taste; ~**stoff** der flavouring; ~**verirrung** die (Dat.) lapse of taste; **an** od. **unter ~verirrung (Dat.) leiden** (ugs.) suffer from a lapse in taste

geschmack·voll 1. Adj. tasteful; **die Bemerkung war nicht ~**: the remark was not in very good taste. 2. adv. tastefully

Geschmatze das; ~s (ugs. abwertend) smacking one's lips no art.; (beim Essen) noisy eating no art.; **hör mit dem ~ auf!** stop making so much noise when you're eating!

Geschmeide [gə'ʃmaidə] das; ~s, ~ (geh.) jewellery no pl.; (einzelnes Schmuckstück) piece of jewellery

geschmeidig 1. Adj. a) (schmiegsam) sleek ⟨hair, fur⟩; supple, soft ⟨leather, boots, skin⟩; smooth ⟨dough⟩; b) (gelenkig) supple ⟨fingers⟩; supple, lithe ⟨body, movement, person⟩; c) (fig.: anpassungsfähig) adaptable. 2. adv. a) (gelenkig) agilely; b) (fig.) adaptably

Geschmeidigkeit die; ~: s. geschmeidig 1: sleekness; suppleness; softness; smoothness; litheness; adaptability

Geschmeiß das; ~es a) (veralt., auch fig.) vermin; b) (Jägerspr.) droppings pl.

Geschmiere das; ~s (ugs. abwertend) a) [filthy] mess; b) (Geschriebenes) scribble; scrawl; c) (Machwerk) rubbish; bilge (sl.)

geschmissen [gə'ʃmɪsn̩] 2. Part. v. schmeißen

geschmolzen 2. Part. v. schmelzen

Geschmorte [gə'ʃmo:ɐ̯tə] das; adj. Dekl. (ugs.) braised meat

Geschmunzel das; ~s (ugs.) smiling; **allgemeines ~ auslösen** make everyone smile

Geschmuse das; ~s (ugs.) cuddling; (eines Pärchens) kissing and cuddling

Geschnäbel das; ~s (ugs.) a) (von Vögeln) billing; b) (ugs. scherzh.: Geküsse) billing and cooing

Geschnatter das; ~s (ugs.) a) (das Schnattern) cackling; cackle; b) (abwertend: das Sprechen) chatter[ing]; nattering (coll.)

Geschnetzelte das; adj. Dekl. small, thin slices of meat [cooked in sauce]

geschniegelt 1. 2. Part. v. schniegeln. 2. Adj. (ugs. abwertend) nattily dressed; ~ **und gebügelt** od. **gestriegelt** all spruced up

geschnitten [gə'ʃnɪtn̩] 2. Part. v. schneiden

geschnoben 2. Part. v. schnauben

geschoben [gə'ʃo:bn̩] 2. Part. v. schieben

geschollen 2. Part. v. schallen

gescholten [gə'ʃɔltn̩] 2. Part. v. schelten

Geschöpf [gə'ʃœpf] das; ~[e]s, ~e a) creature; **ein ~ Gottes** one of God's creatures; b) (erfundene Gestalt) creation

¹**Geschoß** das; Geschosses, Geschosse projectile; (Kugel) bullet; (Rakete) rocket; missile; (Granate) shell: grenade

²**Geschoß** das; Geschosses, Geschosse (Etage) floor; (Stockwerk) storey; **im ersten ~**: on the first (Brit.) or (Amer.) second floor

Geschoß·bahn die trajectory

geschossen [gə'ʃɔsn̩] 2. Part. v. schießen

Geschoß·hagel der hail of bullets

-geschossig 1. Adj. -storey; **ein-/zwei-/ mehr-~:** single-storey/two-storey/multistorey; **unser Wohnhaus ist zwei-~:** our house has two storeys. 2. adv. **drei-~ bauen** build three storeys high

geschraubt 1. 2. Part. v. schrauben. 2. Adj. (ugs. abwertend) stilted ⟨language, construction⟩; (geschwülstig) affected, pretentious ⟨way of speaking, style⟩. 3. adv. **sich ~ ausdrücken** express oneself in an affected or a pretentious manner or way

Geschraubtheit die; ~: stiltedness; (Schwulst) affectedness; pretentiousness

Geschrei das; ~s a) shouting; shouts pl.; (durchdringend) yelling; yells pl.; (schrill) shrieking; shrieks pl.; (von Verletzten, Tieren) screaming; screams pl.; **hört mit dem ~ auf** stop that shouting or yelling; b) (ugs.: das Lamentieren) fuss; to-do; **ein großes ~ wegen etw. machen** make or kick up a great fuss about sth.; make a great to-do about sth.

Geschreibsel [gə'ʃraipsl̩] das; ~s (ugs. abwertend) rubbish; bilge (sl.)

geschrieben 2. Part. v. schreiben

geschrie[e]n [gə'ʃri:(ə)n] 2. Part. v. schreien

geschritten 2. Part. v. schreiten

geschunden 2. Part. v. schinden

Geschütz das; ~es, ~e [big] gun; piece of

Geschützbedienung — **Gesetzlichkeit**

artillery; die ~e the artillery sing.; the [big] guns; grobes od. schweres ~ auffahren (fig. ugs.) bring up the big guns or heavy artillery (fig.)
Geschütz-: ~**bedienung** die (Milit.) gun crew; ~**donner** der roar or booming of the [big] guns or the artillery; ~**feuer** das artillery-fire; shell-fire; ~**stand** der, ~**stellung** die gun-emplacement
geschützt 1. 2. Part. v. schützen. 2. Adj. a) sheltered; b) (unter Naturschutz) protected
Geschwader [gə'ʃvaːdɐ] das; ~s, ~ (Marine) squadron; (Luftwaffe) wing (Brit.); group (Amer.)
Geschwafel das; ~s (ugs. abwertend) waffle
Geschwätz das; ~es (ugs. abwertend) a) (Gerede) prattle; prattling; b) (Klatsch) gossip; tittle-tattle
Geschwatze, Geschwätze das; ~s (ugs. abwertend) chatter[ing]; nattering (coll.)
geschwätzig Adj. (abwertend) talkative
Geschwätzigkeit die; ~ (abwertend) talkativeness; sie neigt ein bißchen zur ~: she tends to be rather talkative
geschweift 1. 2. Part. v. schweifen. 2. Adj. (gebogen) curved; ~e Klammern (Druckw.) braces
geschweige Konj. ~ [denn] let alone; never mind
geschwiegen 2. Part. v. schweigen
geschwind [gə'ʃvɪnt] (bes. südd.) 1. Adj. swift; quick. 2. adv. swiftly; quickly; ~! be quick!; ich laufe ~ zum Kaufmann I'm just dashing to the grocer's
Geschwindigkeit die; ~, ~en speed; mit großer/hoher ~: at great/high speed; mit einer ~ von 50 km/h at a speed of 50 km/h; überhöhte ~: excessive speed; die ~ erhöhen/drosseln od. verringern increase/reduce speed; speed up/slow down
Geschwindigkeits-: ~**abfall** der loss of speed; drop in speed; ~**begrenzung** die, ~**beschränkung** die speed limit; die ~beschränkung nicht beachten exceed the speed limit; ~**kontrolle** die speed check; ~**messer** der speedometer; ~**überschreitung** die exceeding the speed limit no art.; speeding; ~**zunahme** die increase in speed; increase in velocity (Phys.)
Geschwirr das; ~s (von Pfeilen) whizzing; (von Insekten) buzzing
Geschwister [gə'ʃvɪstɐ] das; ~s, ~ a) Pl. brothers and sisters; **Hans und Maria sind** ~: Hans and Maria are brother and sister; b) (bes. Biol., Psych.) sibling
Geschwister·kind das (veralt.) a) (Neffe/Nichte) nephew/niece; b) (Cousin/Cousine) cousin
geschwisterlich 1. Adj. brotherly/sisterly (affection, love). 2. adv. das Geld ~ teilen divide the money fairly among everybody
Geschwister-: ~**liebe** die a) brotherly/sisterly love or affection; b) (Inzest) love affair between a brother and [a] sister; ~**paar** das brother and sister; **zwei** ~**paare** two sets of brother and sister
geschwollen 1. 2. Part. v. schwellen. 2. Adj. a) swollen; b) (fig. abwertend) pompous; bombastic. 3. adv. pompously; bombastically
geschwommen [gə'ʃvɔmən] 2. Part. v. schwimmen
geschworen 1. 2. Part. v. schwören. 2. Adj. in ~er Feind od. Gegner von etw. sein be a sworn enemy of sth.
Geschworene, (österr.:) Geschworne der/die; adj. Dekl. juror; die ~n the jury
Geschworenen-: ~**bank** die jury-box; (fig.) jury; ~**gericht** das s. Schwurgericht
Geschwulst [gə'ʃvʊlst] die; ~, Geschwülste [gə'ʃvʏlstə] tumour
geschwunden 2. Part. v. schwinden
geschwungen 1. 2. Part. v. schwingen. 2. Adj. curved

Geschwür [gə'ʃvyːɐ] das; ~s, ~e ulcer; (Furunkel) boil; (fig.) running sore
Ges-Dur [auch: '-'-] das; ~ (Musik) G major; s. auch C-Dur
gesehen [gə'zeːən] 2. Part. v. sehen
Geselchte [gə'zɛlçtə] das; adj. Dekl.; o. Pl. (südd., österr.) smoked meat
Gesell [gə'zɛl] der; ~en, ~en (veralt.), **Geselle** [gə'zɛlə] der; ~n, ~n a) journeyman; b) (Kerl) fellow
-**geselle** der: Tischler~/Fleischer~: journeyman-carpenter/-butcher
gesellen refl. V. sich zu jmdm. ~: join sb.; (fig.) hinzukommen) dazu gesellten sich noch Krankheit und finanzielle Unsicherheit together with this came illness and financial insecurity
Gesellen-: ~**brief** der journeyman's diploma or certificate; ~**prüfung** die examination to become a journeyman; apprentice's final examination; ~**stück** das piece of work produced by an apprentice in order to qualify as a journeyman
gesellig 1. Adj. a) sociable; gregarious; ein ~er Abend/~es Beisammensein a convivial or sociable evening/a friendly get-together; b) (Biol.) gregarious. 2. adv. ~ leben live gregariously; be gregarious; ~ zusammensitzen sit [together] and chat [sociably]
Geselligkeit die; ~, ~en a) o. Pl. (Umgang) die ~ lieben enjoy [good] company; b) (geselliger Abend) social gathering
Gesellschaft die; ~, ~en a) society; eine geschlossene ~: a closed community or society; die ~ verändern change society; ~ bekommen get company; in schlechte ~ geraten get into bad company; jmdm. ~ leisten keep sb. company; die Damen der ~: society ladies; zur ~ gehören belong to society; jmdn. in die ~ einführen introduce sb. into society; die ~ Jesu (kath. Rel.) the Society of Jesus; zur ~: to be sociable; sich in guter ~ befinden (fig. scherzh.) be in good company; b) (Veranstaltung) party; eine ~ geben give a party; eine geschlossene ~: a private function or party; c) (Kreis von Menschen) group of people; crowd; (abwertend) crew; lot (coll.); d) (Wirtschaft) company; ~ mit beschränkter Haftung limited liability company
Gesellschafter der; ~s, ~ a) (Unterhalter) ein glänzender ~: a brilliant conversationalist; ein guter ~ sein be good company; b) (verhüll.: Callboy) [male] escort (euphem.); c) (Wirtsch.) partner; (Teilhaber) shareholder; stiller ~: sleeping partner; silent partner (Amer.)
Gesellschafterin die; ~, ~nen a) [lady] companion; b) (verhüll.: Callgirl) escort (euphem.); c) (Wirtsch.) partner; (Teilhaber) shareholder
gesellschaftlich 1. Adj.; nicht präd. a) social; in Verhältnisse social conditions; b) (Soziol.) ~e Produktion production by society; ~es Eigentum an etw. (Dat.) social ownership of sth.; c) (DDR) (work etc.) in the service of the community. 2. adv. a) socially; sich ~ unmöglich machen put oneself beyond the pale of society; b) (DDR) ~ nützliche Tätigkeit socially useful activity; ~ aktiv sein od. sich ~ betätigen be actively involved in service to the community
gesellschafts-, Gesellschafts-: ~**abend** der social evening; ~**anzug** der dress-suit; ~**dame** die (veralt.) s. Gesellschafterin a; ~**fähig** Adj. (auch fig.) socially acceptable; ~**feindlich** Adj. anti-social; ~**form** die form of society; social system; ~**formation** die (Soziol.) social system; ~**kapital** das (Wirtsch.) capital of a/the company; ~**klasse** die social class; ~**kritik** die social criticism; ~**kritiker** der critic of society; ~**kritisch** 1. Adj. critical of society postpos.; die ~kritischen Elemen-

te bei Fontane the elements of social criticism in Fontane; 2. adv. etw. ~kritisch interpretieren interpret sth. from the point of view of social criticism; ~**lehre** die (veralt.) sociology; (Schulfach) social studies pl., no art.; ~**ordnung** die social order; ~**politik** die social policy; ~**politisch** 1. Adj. socio-political; 2. adv. sociopolitically; ~**raum** der function room; (auf Schiffen) saloon; ~**reise** die group tour; ~**roman** der social novel; ~**schicht** die stratum of society; ~**spiel** das parlour or party game; ~**struktur** die structure of society; die japanische ~struktur the structure of Japanese society; ~**stück** das a) (Theater) comedy of manners; b) (Malerei) genre painting; ~**system** das social system; ~**tanz** der ballroom dance; (das Tanzen) ballroom dancing; ~**vertrag** der a) (Philos.) social contract; b) (Rechtsw.) memorandum or articles of association; ~**wissenschaften** Pl. social sciences; ~**wissenschaftlich** Adj. sociological (studies, analyses); ~wissenschaftliche Fächer social-science subjects
gesessen [gə'zɛsən] 2. Part. v. sitzen
Gesetz [gə'zɛts] das; ~es, ~e a) law; (geschrieben) statute; ein ~ verabschieden/einbringen pass/introduce a bill; [zum] ~ werden become law; vor dem ~: in [the eyes of the] law; das ~ der Serie the expectation that future events will continue the pattern of past ones; das ~ des Handelns the need or necessity to act; das ~ des Handelns an sich reißen seize the initiative; etw. hat seine eigenen ~e (fig.) sth. is a law unto itself; b) (Regel) rule; law; jmdm. höchstes ~ sein be sb.'s golden rule; s. auch aufheben 2; einhalten 1
Gesetz-: ~**blatt** das law gazette; ~**buch** das statute-book; das Bürgerliche ~buch the Civil Code; ~**entwurf** der bill
gesetzes-, Gesetzes-: ~**brecher** der law-breaker; ~**hüter** der (iron.) guardian of the law; ~**kraft** die force of law; legal force; ~**kraft haben** have the force of law or legal force; ~**kraft erlangen** become law; be placed on the statute-book; ~**kundig** Adj. well versed in the law postpos.
gesetzes-, Gesetzes-: ~**lücke** die loophole in the law; ~**novelle** die amendment; ~**sammlung** die legal digest; ~**tafel** die (hist.) tablet on which laws are written; die ~tafeln (bibl.) the Tables of the Law; the Two Tables; ~**text** der wording of the/a law; ~**treu** 1. Adj. law-abiding; 2. adv. in accordance with the law; ~**treue** die law-abidingness; ~**übertretung** die violation of the law; ~**vorlage** die bill; ~**werk** das corpus or body of laws
gesetz-, Gesetz-: ~**gebend** Adj. legislative; die ~gebende Versammlung/Gewalt the legislative assembly or the legislature/the legislative power; ~**geber** der legislator; law-maker; (Organ) legislature; ~**gebung** die; ~: legislation; law-making; ~**gebungs·hoheit** die supreme authority to make or enact laws; supreme legislative power or authority; ~**kundig** Adj.; s. gesetzeskundig
gesetzlich 1. Adj. legal (requirement, definition, representative, interest); legal, statutory (obligation); statutory (holiday); lawful, legitimate (heir, claim); ~es Zahlungsmittel legal tender; ~e Kündigungsfrist statutory period of notice. 2. adv. legally; ~ verankert sein be established in law; ~ geschützt registered (patent, design); (symbol) registered as a trade mark; ~ geschützt/verboten sein be protected/forbidden by law
Gesetzlichkeit die; ~ a) (Gesetzmäßigkeit) conformity to a [natural] law/[natural] laws; einer ~ folgen obey the law/laws; b) (geregelter Zustand) ~ wiederherstellen re-

gesetzlos | **Gesprächsgegenstand**

store law and order; **außerhalb der ~ liegen** be illegal

gesẹtz-, Gesẹtzes-: ~**los** *Adj.* lawless; ~**losigkeit die**; ~: lawlessness; ~**mäßig 1.** *Adj.* **a)** law-governed ⟨*development, process*⟩; ~**mäßig sein** be governed by *or* obey a [natural] law/ [natural] laws; **b)** *(gesetzlich)* legal; *(rechtmäßig)* lawful; legitimate; **2.** *adv.* in accordance with a [natural] law/ [natural] laws; ~**mäßigkeit die a)** conformity to a [natural] law/[natural] laws; ~**mäßigkeiten im Verhalten von Tieren entdecken** discover laws governing animal behaviour; **b)** *(Gesetzlichkeit)* legality; *(Rechtmäßigkeit)* lawfulness; legitimacy

gesẹtzt 1. *2. Part. v.* setzen. **2.** *Adj.* staid; **eine Dame ~en Alters** a woman of mature years

Gesẹtztheit die; ~: staidness

gesẹtz·widrig 1. *Adj.* illegal; unlawful. **2.** *adv.* illegally; unlawfully

Gesẹtz·widrigkeit die a) illegality; unlawfulness; **b)** *Pl. (Handlungen)* unlawful acts

Geseufze *das;* ~**s** sighing

¹Gesicht [gəˈzɪçt] *das;* ~[e]s, ~**er a)** face; **das ~ abwenden** turn one's face away; **ein fröhliches ~ machen** look pleasant *or* cheerful; **über das ganze ~ strahlen** *(ugs.)* beam all over one's face; **sich** *(Dat.)* **eine Zigarette ins ~ stecken** *(ugs.)* stick a cigarette in one's mouth *(coll.)*; *(fig.)* **sein wahres ~ zeigen** show oneself in one's true colours; show one's true character; **jmdm. wie aus dem ~ geschnitten sein** be the [very *or* dead] spit [and image] of sb.; **ihm fiel das Essen aus dem ~** *(ugs. scherzh.)* he threw up *(coll.)*; **das ist ein Schlag ins ~:** that is a slap in the face; **jmdm. ins ~ lachen** laugh in sb.'s face; **jmdm. ins ~ lügen** lie to sb.'s face; **jmdm. etw. ins ~ sagen** say sth. to sb.'s face; **jmdm. nicht ins ~ sehen können** be unable to look sb. in the face; **den Tatsachen ins ~ sehen** face the facts; **jmdm. [nicht] zu ~[e] stehen** [not] become sb.: **solche Unhöflichkeit steht dir nicht zu ~[e]** such impoliteness ill becomes you; **jmdm. ins ~ springen** *(ugs.)* go for sb.; **ein bekanntes/fremdes ~** a familiar *or* well-known/unknown *or* strange face; **ein anderes ~ aufsetzen** *od.* **machen** put on a different expression; **das ~ wahren** *od.* **retten** save one's face; **das ~ verlieren** lose face; **ein ~ machen wie drei** *od.* **acht** *od.* **vierzehn Tage Regenwetter** look as miserable as sin; **ein langes ~/lange ~er machen** pull a long face; **ein schiefes ~ machen** make a wry face; **ein ~ machen** *od.* **ein ~ schneiden** pull *or* make faces; **das stand ihm im ~ geschrieben** it was written all over his face; *(fig.: Aussehen)* **das ~ einer Stadt** the appearance of a town; **die vielen ~er Chinas** the many faces of China; **diese Pläne haben noch kein ~:** these plans still have no definite shape *or* form; **ein anderes ~ bekommen** take on a different complexion *or* character; **c)** *o. Pl. (geh., veralt.: Sehvermögen)* sight; **das Zweite ~ [haben]** [have] second sight; **jmdn./etw. aus dem ~ verlieren** lose sight of sb./sth.; **jmdn./etw. zu ~ bekommen** set eyes on *or* see sb./sth.; **jmdn. zu ~ kommen** *(Amtsspr.)* be seen by sb.

²Gesicht *das;* ~[e]s, ~e *(geh.)* vision; **ein ~/~e haben** have a vision/visions

gesịchts-, Gesịchts-: ~**ausdruck der** expression; look; ~**creme die** face-cream; ~**erker der** *(ugs. scherzh.)* conk *(sl.)*; hooter *(Brit. sl.)*; schnozzle *(Amer. sl.)*; ~**farbe die** complexion; ~**feld das** field of vision *or* view; ~**hälfte die** side of the face; **seine rechte ~hälfte** the right side of his face; ~**haut die** facial skin; ~**kontrolle die** *(before granting admittance to night-club etc.)*; ~**kreis der** *(veralt.)* **a)** field of view; field *or* range of vision

jmdn. aus dem ~kreis verlieren *(fig.)* lose touch with sb.; **b)** *(Horizont)* horizon; outlook; **seinen ~kreis erweitern** broaden one's horizons *pl.*; ~**lähmung die** facial paralysis; ~**los** *Adj.* faceless; ~**lotion die** face lotion; ~**maske die a)** *(Larve)* mask; **b)** *(Med.)* face-mask; **c)** *(Kosmetik)* face-mask; face-pack; **d)** *(Sport)* face-guard; ~**muskel der** facial muscle; ~**nerv der** facial nerve; ~**partie die** part of the face; **ihre untere ~partie** the lower part of her face; ~**pflege die** care of one's face; **ihre tägliche ~pflege** her daily facial; **zur ~pflege benutzt sie nur Wasser und Seife** all she uses on her face is soap and water; ~**plastik die** *(Med.)* plastic surgery *no art.* on the face; ~**puder der** face-powder; ~**punkt der** point of view; **etw. unter einem anderen/neuen ~punkt betrachten** consider sth. from a different/new point of view; ~**rose die** *(Med.)* facial erysipelas; ~**schnitt der** [cast *sing.* of] features *pl.*; ~**sinn der**; *o. Pl.* visual faculty; ~**verlust der** loss of face; ~**wasser das** face-lotion; ~**winkel der a)** angle of vision; visual angle; **b)** *s.* ~**punkt**; ~**züge** *Pl.* features

Gesims *das;* ~**es**, ~**e** cornice

Gesinde [gəˈzɪndə] *das;* ~**s**, ~ *(veralt.)* [domestic] servants *pl.*; *(auf einem Bauernhof)* [farm-]hands *pl.*

Gesịndel [gəˈzɪndl̩] *das;* ~**s** *(abwertend)* rabble; riff-raff *pl.*; **lichtscheues ~:** shady characters *pl.*

Gesịnde·stube die *(veralt.)* servants' quarters *pl.*; *(auf einem Bauernhof)* quarters *pl.* for the farm-hands

Gesịnge *das;* ~**s** *(ugs. abwertend)* singing

gesịnnt [gəˈzɪnt] *Adj.* **christlich/sozial ~ [sein]** [be] Christian-minded/public-spirited; **jmdm. freundlich/übel ~ sein** be well-disposed/ill-disposed towards sb.

Gesịnnung die; ~, ~**en** [basic] convictions *pl.*; *(fundamental)* beliefs *pl.*; **eine niedrige ~:** a low cast of mind

gesịnnungs-, Gesịnnungs-: ~**freund der**, ~**genosse der** like-minded person; **seine ~freunde** *od.* ~**genossen** people of the same mind as himself; ~**los** *(abwertend)* **1.** *Adj.* unprincipled; **2.** *adv.* in an unprincipled manner; ~**losigkeit die;** ~: lack of principle; ~**lump der** *(ugs. abwertend)* time-server; ~**schnüffelei die** *(abwertend)* snooping around to find out people's political convictions; political snooping; ~**täter der** law-breaker motivated by moral *or* political convictions; ~**treu** *Adj.* loyal; ~**treue die** loyalty; ~**wandel der**, ~**wechsel der** change *or* shift of attitude *or* views

gesịttet [gəˈzɪtət] **1.** *Adj.* **a)** well-behaved; well-mannered ⟨*behaviour*⟩; **b)** *(zivilisiert)* civilized. **2.** *adv.* **a) sich ~ benehmen** *od.* **aufführen** be well-behaved; **b)** *(zivilisiert)* in a civilized manner

Gesịttung die; ~ *(geh.)* cultured behaviour

Gesọcks [gəˈzɔks] *das;* ~ *(salopp abwertend)* riff-raff; rabble

Gesọff [gəˈzɔf] *das;* ~[e]s, ~e *(salopp abwertend)* muck *(coll.)*; awful stuff *(coll.)*

gesọgen [gəˈzoːɡn̩] *2. Part. v.* saugen

gesọndert [gəˈzɔndɐt] **1.** *Adj.* separate. **2.** *adv.* separately

gesọnnen [gəˈzɔnən] **1.** *2. Part. v.* sinnen. **2.** *Adj.* ~ **sein, etw. zu tun** feel disposed to do sth.

gesọtten [gəˈzɔtn̩] *2. Part. v.* sieden

Gesọttene *das; adj. Dekl.; o. Pl. (landsch.)* boiled meat

Gespạnn [gəˈʃpan] *das;* ~[e]s, ~**e a)** *(Zugtiere)* team; **c) ~ Ochsen** a yoke *or* team of oxen; **b)** *(Wagen)* horse and carriage; *(zur Güterbeförderung)* horse and cart; **c)** *(Menschen)* couple; pair

gespạnnt 1. *2. Part. v.* spannen. **2.** *Adj.* **a)** *(erwartungsvoll)* eager; expectant; rapt ⟨*at-*

tention⟩; **ich bin ~, ob ...:** I'm keen *or* eager to know/see whether ...; *s. auch* **Flitz[e]bogen**; **b)** *(konfliktbeladen)* tense ⟨*situation, atmosphere*⟩; strained ⟨*relations, relationships*⟩. **3.** *adv.* eagerly; expectantly; **die Kinder hörten seinen Erzählungen ~ zu** the children listened with rapt attention to his stories

Gespạnntheit die a) eager expectancy; **voller ~ die Entwicklung verfolgen** follow the developments with tense interest; **b)** *(Gereiztheit)* tenseness

gespạßig *(bayr., österr.) s.* spaßig

Gespẹnst [gəˈʃpɛnst] *das;* ~[e]s, ~**er a)** ghost; ~**er sehen** *(fig.)* be imagining things; **b)** *(geh.: Gefahr)* spectre

Gespẹnster-: ~**geschichte die** ghost story; ~**glaube der** belief in ghosts

gespẹnsterhaft *Adj.* ghostly

gespẹnstern *itr. V.* **in etw.** *(Dat.)* ~: haunt sth.

Gespẹnster·stunde die witching hour

gespẹnstig, gespẹnstisch *Adj.* ghostly; ghostly, eerie ⟨*appearance*⟩; eerie ⟨*building, atmosphere*⟩

gespie[e]n [gəˈʃpiː(ə)n] *2. Part. v.* speien

Gespiele der; ~**n**, ~**n**, **Gespielin die;** ~, ~**nen** *(geh. veralt.)* **a)** playmate; **b)** *(abwertend: Geliebte[r])* lover

Gespinst [gəˈʃpɪnst] *das;* ~[e]s, ~e gossamer-like material; pies **der Seidenraupe** the cocoon of the silkworm; **ein ~ von Lügen** *(fig.)* a tissue of lies

gesplissen [gəˈʃplɪsn̩] *2. Part. v.* spleißen

gesponnen [gəˈʃpɔnən] *2. Part. v.* spinnen

¹Gespons [gəˈʃpɔns] *der;* ~**es**, ~**e** *(veralt., noch scherzh.)* spouse; *(Bräutigam)* bridegroom

²Gespons *das;* ~**es**, ~**e** *(veralt., noch scherzh.)* spouse; *(Braut)* bride

gespọrnt 1. *2. Part. v.* spornen. **2.** *Adj. s.* gestiefelt

Gespọtt [gəˈʃpɔt] *das;* ~[e]s mockery; ridicule; **jmdn./sich zum ~ machen** make sb./oneself a laughing-stock

Gesprạch [gəˈʃprɛːç] *das;* ~[e]s, ~e **a)** conversation; *(Diskussion)* discussion; **das ~ auf etw.** *(Akk.)* **bringen** bring *or* steer the conversation round to sth.; **ein ~ über etw.** *(Akk.)* a conversation *or* talk about sth.; ~e *(Politik)* talks; discussions; **der Gegenstand des ~[e]s** the subject *or* topic under discussion; **ein ~ mit jmdm. führen** have a conversation *or* talk with sb.; **jmdn. in ein ~ verwickeln** engage sb. in conversation; **mit jmdm. ins ~ kommen** *(sich unterhalten)* get into *or* engage in conversation with sb.; *(fig.: sich annähern)* enter into a dialogue with sb.; **im ~ sein** be under discussion; **als neuer Vorsitzender ist Herr X im ~:** Mr X's name is being discussed in connection with the chairmanship; **b)** *(Telefon~)* call (**mit** to); **ein ~ anmelden** make *or* place a call; **ein ~ für Sie!** there's a call for you!; **c)** *(ugs.: Gesprächsgegenstand)* **das ~ der Stadt/der Familie** the talk of the town/the whole family; **das ~ der letzten Wochen** the talking-point for the last few weeks

gesprạchig *Adj.* talkative; **der Alkohol machte ihn ~:** the alcohol loosened his tongue

Gesprạchigkeit die; ~: talkativeness

gesprạchs-, Gesprạchs-: ~**bereit** *Adj.* ready to talk *postpos.*; *(zu Verhandlungen bereit auch)* ready for discussions *postpos.*; *(Telefon)* **sind Sie jetzt ~bereit?** are you ready to speak now?; ~**bereitschaft die** readiness for discussions; ~**dauer die** *(Fernspr.)* call-time; ~**einheit die** *s.* **Gebühreneinheit**; ~**fetzen der** fragment *or* snatch of conversation; ~**form die;** *o. Pl.* **in ~form** in the form of a dialogue; in dialogue form; ~**gegenstand der** topic of conversation; *(Diskussionsgegenstand)* subject of the discussion; ~**gegenstand war ...:**

Gesprächskreis | **Gestühl**

the subject or topic of conversation/the subject of the discussion was ...; ~**kreis** der discussion group; ~**leiter** der discussion leader; chairman; ~**partner** der: wer war ihr ~**partner**? who was she talking to?; mein heutiger ~**partner** wird der Innenminister sein today I shall be talking to the Minister of the Interior; der Kanzler und seine ~**partner** the Chancellor and his partners in the talks; ~**pause** die break in the discussions or talks; ~**stoff** der subjects pl. or topics pl. of conversation; ihr geht nie der ~**stoff** aus she never runs out of things to talk about; ~**teilnehmer** der participant in the discussion; ~**thema** das topic of conversation; ~**therapie** die (Psych.) therapy by means of conversation; ~**weise** Adv. in [the course of] conversation; ~**zeit** die (Fernspr.) call-time; Ihre ~**zeit** ist abgelaufen the time allowed for your call has run out
gespreizt 1. 2. Part. v. spreizen. 2. Adj. (abwertend) stilted; affected. 3. adv. (abwertend) in a stilted or an affected manner
Gespreiztheit die; ~ (abwertend) stiltedness; affectedness
gesprenkelt 1. 2. Part. v. sprenkeln. 2. Adj. mottled; speckled ⟨egg⟩
Gespritzte der; adj. Dekl. (südd.) wine with soda water
gesprochen [gə'ʃprɔxn̩] 2. Part. v. sprechen
gesprossen [gə'ʃprɔsn̩] 2. Part. v. sprießen
Gesprudel das; ~s bubbling
gesprungen 2. Part. v. springen
Gespür [gə'ʃpy:ɐ] das; ~s feel; sie hat ein feines ~ für Unaufrichtigkeiten she quickly senses when somebody is being insincere
gest. Abk. gestorben b.
Gestade [gə'ʃta:də] das; ~s, ~ (dichter.) shore(s)
Gestagen [gɛsta'ge:n] das; ~s, ~e (Med.) gestagen
Gestalt [gə'ʃtalt] die; ~, ~en a) build; von kräftiger ~, kräftig von ~: of powerful or strong build; zierlich von ~: petite; klein von ~: small in stature; of small build; b) (Mensch, Persönlichkeit) figure; eine zwielichtige ~: a shady character; c) (in der Dichtung) character; d) (Form) form; die ~ des neuen Hochhauses the shape of the new tower block; ~ annehmen od. gewinnen take shape; einer Sache (Gen.) ~ geben od. verleihen give shape [and form] to sth.; ⟨etw. ausdrücken⟩ express sth.; in ~ von einer Sache od. einer Sache (Gen.) in the form of sth.; sich in seiner wahren ~ zeigen show one's true character; show [oneself in] one's true colours
gestalten 1. tr. V. fashion, shape, form ⟨vase, figure, etc.⟩; design ⟨furnishings, stage-set, etc.⟩; lay out ⟨public gardens⟩; dress ⟨shop-window⟩; mould, shape ⟨character, personality⟩; arrange ⟨party, conference, etc.⟩; frame ⟨sentence, reply, etc.⟩; etw. moderner ~: modernize sth.; etw. künstlerisch/literarisch ~: give artistic/literary form to sth. 2. refl. V. turn out; sich schwieriger ~ als erwartet turn out or prove to be more difficult than had been expected; er fragte sich, wie sich seine Zukunft ~ würde he wondered what the future would hold for him
Gestalter der; ~s, ~, **Gestalterin** die; ~, ~nen creator
gestalterisch Adj.; nicht präd. creative; artistic; vom ~en Standpunkt creatively; artistically
gestalt·los Adj. shapeless; formless; eine ~e Masse an amorphous mass
Gestalt·psychologie die Gestalt psychology
Gestaltung die; ~, ~en s. gestalten: fashioning; shaping; forming; designing; laying out; dressing; moulding; shaping; arranging; framing; die literarische ~ dieses historischen Ereignisses the literary rep-

resentation of this historic event; **Hochschule für** ~: academy of art and design; die künstlerische ~ des Films the artistic direction of the film; b) (Gestaltetes) form
Gestaltungs-: ~**form** die form; ~**kraft** die creative power; ~**prinzip** das formal principle
Gestammel das; ~s stammering; stuttering; seine Antwort war nur ein ~: he was only able to stammer or stutter out a reply
Gestampfe das; ~s stamping; das ~ der Baumaschinen the pounding or thumping of the construction plant
gestand 1. u. 3. Pers. Sg. Prät. v. gestehen
gestanden 1. 2. Part. v. stehen, gestehen. 2. Adj.; nicht präd. ein ~er Mann a grown man; ein ~er Parlamentarier an experienced or seasoned parliamentarian
geständig Adj. ~ sein have confessed; wenn Sie ~ wären if you confessed; der ~e Entführer the self-confessed kidnapper
Geständnis [gə'ʃtɛntnɪs] das; ~ses, ~se confession; ein ~ ablegen make a confession; ich muß dir ein ~ machen I must make a confession to you
Gestänge [gə'ʃtɛŋə] das; ~s, ~ a) (Stangen) struts pl.; b) (Technik) linkage; (des Kolbens) connecting rod
Gestank [gə'ʃtaŋk] der; ~[e]s (abwertend) stench; stink
Gestänker [gə'ʃtɛŋkɐ] das; ~s (ugs.) trouble-making
Gestapo [gɛ'sta:po] die; ~ (ns.) Gestapo
Gestapo·methoden Pl. (abwertend) Gestapo methods
gestatten [gə'ʃtatn̩] 1. tr., itr. V. permit; allow; jmdm. ~, etw. zu tun allow sb. to do sth.; „Rauchen nicht gestattet!" 'no smoking'; ~ Sie eine Bemerkung allow or permit me to make a remark; ~ Sie, daß ich ...: may I ...?; wenn Sie ~: if I may; wenn es die Umstände ~: if circumstances permit or allow; circumstances permitting. 2. refl. V. (geh.) sich (Dat.) etw. ~: allow oneself sth.; wenn ich mir eine Bemerkung ~ darf if I may be so bold as to make a remark; sich (Dat.) ~, etw. zu tun take the liberty of doing sth.; ich gestatte mir, Sie zu diesem Fest einzuladen I have pleasure in inviting you to this celebration
Geste ['gɛstə, 'ge:stə] die; ~, ~n (auch fig.) gesture
Gesteck [gə'ʃtɛk] das; ~[e]s, ~e flower arrangement
gestehen tr., itr. V. confess; die Tat usw. ~: confess to the deed etc.; jmdm. seine Gefühle ~: confess one's feelings to sb.; ich muß ..., daß ...: I must confess that ...; offen gestanden ...: frankly or to be honest ...
Gestehungs·kosten Pl. (Wirtsch.) production costs
Gestein das; ~[e]s, ~e rock
Gesteins-: ~**ader** die rock seam; ~**art** die type of rock; ~**brocken** der rock; ~**formation** die rock formation; ~**kunde** die petrology; ~**masse** die rock mass; mass of rock; ~**probe** die rock sample; ~**schicht** die stratum or layer of rock
Gestell [gə'ʃtɛl] das; ~[e]s, ~e a) (für Weinflaschen) rack; (zum Wäschetrocknen) horse; (für Pflanzen) planter; b) (Unterbau) frame; (eines Wagens) chassis; (fig. salopp) legs pl.; c) (salopp: dünne Person) scarecrow; sie ist ein dünnes ~: she's as skinny as a rake
Gestellung die; ~, ~en a) (Milit., hist.) reporting no art. for military service; b) (Amtsspr.) provision; er bat um die ~ weiterer LKWs he requested that more trucks or (Brit.) lorries be made available
Gestellungs·befehl der (Milit., hist.) call-up papers pl.
gestelzt 1. 2. Part. v. stelzen. 2. Adj. stilted. 3. adv. in a stilted or an affected manner

gestern ['gɛstɐn] Adv. a) yesterday; ~ morgen/abend/mittag yesterday morning/evening/[at] midday yesterday; seit ~: since yesterday; ~ vor einer Woche a week ago yesterday; die Zeitung von ~: yesterday's [news]paper; die Welt/die Mode von ~: the world of yesterday or yesteryear/yesterday's fashions pl.; das Gestern yesterday; the past; im Gestern leben live in the past; von ~ sein be outdated or outmoded; sie ist nicht von ~ (ugs.) she wasn't born yesterday (coll.)
Gestichel [gə'ʃtɪçl̩] das; ~s (ugs. abwertend) snide remarks pl. or comments pl. (coll.)
gestiefelt Adj. booted; der Gestiefelte Kater Puss in Boots; ~ und gespornt (ugs. scherzh.) ready and waiting
gestiegen 2. Part. v. steigen
gestielt Adj. (Bot.) stemmed, petiolate ⟨leaf⟩; stemmed, pedunculate ⟨flower⟩; stalked ⟨fruit⟩
Gestik ['gɛstɪk] die; ~: gestures pl.
Gestikulation [gɛstikula'tsi̯o:n] die; ~, ~en gesticulation
gestikulieren [gɛstiku'li:rən] itr. V. gesticulate
gestimmt 1. 2. Part. v. stimmen. 2. Adj. freudig/heiter ~: in a joyful/cheerful mood pred.
Gestimmtheit die; ~, ~en mood
Gestirn das; ~[e]s, ~e heavenly body; ⟨Stern⟩ star
gestirnt Adj. (geh.) starry
gestoben [gə'ʃto:bn̩] 2. Part. v. stieben
Gestöber [gə'ʃtø:bɐ] das; ~s, ~: snowstorm
gestochen [gə'ʃtɔxn̩] 1. 2. Part. v. stechen. 2. Adj. eine ~e Handschrift extremely neat or careful handwriting. 3. adv. ~ scharfe Bilder crystal-clear photographs
gestohlen [gə'ʃto:lən] 1. 2. Part. v. stehlen. 2. Adj. der/das kann mir ~ bleiben (ugs.) he can get lost (sl.)/you can keep it (coll.)
Gestöhne das; ~s groaning
gestorben [gə'ʃtɔrbn̩] 2. Part. v. sterben
gestört [gə'ʃtø:ɐ̯t] 1. 2. Part. v. stören. 2. Adj. disturbed; ein ~es Verhältnis zu jmdm./etw. haben have a disturbed relationship with sb./sth.; geistig ~ sein be mentally disturbed or unbalanced
gestoßen 2. Part. v. stoßen
Gestotter [gə'ʃtɔtɐ] das; ~s (ugs., meist abwertend) stuttering; stammering; das ~ des Motors (fig.) the spluttering of the engine
Gestrampel das; ~s (ugs.) kicking about; (beim Radfahren) pedalling
Gesträuch [gə'ʃtrɔy̯ç] das; ~[e]s, ~e shrubbery; bushes pl.
gestreckt 1. 2. Part. v. strecken. 2. Adj. full ⟨gallop⟩; 180° ⟨angle⟩; flat ⟨trajectory⟩
gestreift 1. 2. Part. v. streifen. 2. Adj. striped
Gestreite das; ~s (ugs.) quarrelling; squabbling; bickering
gestreng Adj. (veralt.) strict; severe; stern
gestrichen 1. 2. Part. v. streichen. 2. Adj. level ⟨measure⟩; ein ~er Teelöffel [Zucker usw.] a level teaspoon[ful] [of sugar etc.]. 3. adv. ~ voll full to the brim; s. auch Hose b; Nase b
gestrig ['gɛstrɪç] Adj.; nicht präd. yesterday's; der ~e Abend yesterday evening; (spät) last night; der ~e Tag yesterday; unser ~es Gespräch our conversation yesterday; die ewig Gestrigen (fig.) those who live in the past
gestritten [gə'ʃtrɪtn̩] 2. Part. v. streiten
Gestrüpp [gə'ʃtrʏp] das; ~[e]s, ~e undergrowth
gestuft 1. 2. Part. v. stufen. 2. Adj. stepped ⟨gable, façade⟩; terraced ⟨landscape, slope⟩; graduated ⟨colours, shades⟩; (fig.: abgestuft) staggered ⟨working hours⟩
Gestühl [gə'ʃty:l] das; ~[e]s, ~e seats pl.; (Kirchen~) pews pl.

1141

Gestümper [gəˈʃtʏmpɐ] *das;* ~s *(ugs. abwertend)* ham-fisted performance; **das ist kein literarisches Kunstwerk, das ist abgeschmacktes ~**: that's no work of literature, it's banal rubbish; **ihr ~ auf der Violine** her amateurish efforts *pl.* on the violin
gestunken [gəˈʃtʊŋkn̩] *2. Part. v.* stinken
Gestus [ˈgɛstʊs] *der;* ~ *(geh.)* **a)** *(Attitüde)* air; **b)** *s.* Gestik
Gestüt [gəˈʃtyːt] *das;* ~[e]s, ~e stud[-farm]
Gesuch [gəˈzuːx] *das;* ~[e]s, ~e request (um for); *(Antrag)* application (um for); **ein ~ einreichen/zurückziehen** submit/withdraw a request/an application
Gesuch·steller [-ˈʃtɛlɐ] *der;* ~s, ~ *(Amtsspr. veralt.)* petitioner
gesucht 1. *2. Part. v.* suchen. 2. *Adj.* **a)** *(begehrt)* [much] sought-after; **einer der ~esten Dirigenten** one of the most sought-after conductors; **b)** *(gekünstelt)* affected ⟨*style*⟩; laboured ⟨*expression*⟩; far-fetched ⟨*comparison*⟩. 3. *adv.* ⟨*express oneself*⟩ affectedly
Gesudel [gəˈzuːdl̩] *das;* ~s *(abwertend)* scrawl; *(fig.: schlechte Literatur)* rubbish
Gesülze [gəˈzʏltsə] *das;* ~s *(salopp)* drivel (von about ⟨*topic*⟩, from ⟨*speaker*⟩)
Gesumm [gəˈzʊm] *das;* ~[e]s buzzing; humming
Gesums [gəˈzʊms] *das;* ~es *(ugs.)* fuss (um about); **dein ~**: the fuss you make
gesund [gəˈzʊnt] *Adj.* ⟨*gesünder* [gəˈzʏndɐ], *seltener:* gesunder, gesündest..., *seltener:* gesundest...⟩ **a)** healthy; healthy, strong ⟨*constitution*⟩; **b)** viable, financially sound ⟨*company, business*⟩; **wieder ~ werden** get better; recover; **~ sein** ⟨*person*⟩ be healthy; *(im Augenblick)* be in good health; **jmdn. ~ pflegen** nurse sb. back to health; **jmdn. ~ schreiben** pass sb. fit; **~ und munter wie ein Fisch im Wasser** fit and well; **aber sonst bist du ~?** *(ugs. iron.)* [are] you sure you're feeling all right? *(coll.)*; **bleib ~!** look after yourself!; **das ist ~ für ihn** *(fig.)* that will do him good; **b)** *(natürlich, normal)* healthy ⟨*mistrust, ambition, etc.*⟩; sound ⟨*construction*⟩; healthy, sound ⟨*attitude, approach*⟩; **der ~e Menschenverstand** common sense
gesund-, Gesund-: ~**beten** *tr. V.* jmdn. ~beten heal sb. *or* restore sb. to health by prayer; ~**beten** *das;* ~s faith-healing *no art.;* healing by prayer; ~**beter** *der* faith-healer; ~**beterei** *die;* ~: *s.* ~beten; ~**brunnen** *der (geh.)* die Beschäftigung mit der Jugend/dieser Urlaub ist für mich der reinste ~brunnen working with young people keeps me young and healthy/this holiday is doing wonders to restore me to health
Gesunde [gəˈzʊndə] *der/die; adj. Dekl.* healthy person
gesunden *itr. V.;* mit sein ⟨*person*⟩ recover, get well, regain one's health; ⟨*tissue*⟩ heal; *(fig.)* ⟨*economy etc.*⟩ recover
Gesundheit *die;* ~: health; **von zarter ~ sein** have a delicate constitution; **bei bester ~ sein** be in the best of health; **auf jmds. ~ (Akk.) trinken/anstoßen** drink sb.'s health; **~ und ein langes Leben!** your very good health!; **(als Geburtstagswunsch) many happy returns!;** ~! *(ugs.: Zuruf beim Niesen)* bless you!
gesundheitlich 1. *Adj.; nicht präd.* ~e Betreuung health care; **sein ~er Zustand** [the state of] his health; **aus ~en Gründen für reasons of health.** 2. *adv.* **wie geht es Ihnen ~?** how are you?; ~ **geht es ihm nicht sehr gut** he is not in very good health
gesundheits-, Gesundheits-: ~**amt** *das* [local] public health department; ~**apostel** *der (spött.)* health fanatic; ~**attest** *das* certificate of health; health certificate; ~**behörde** *die; meist Pl.* public health authority; ~**fabrik** *die (abwertend)* large, impersonal hospital dispensing assembly-line treatment; ~**fördernd** *Adj.* conducive to health *postpos.;* good for one's health *postpos.;* healthy ⟨*food, diet, climate, etc.*⟩; ~**fürsorge** *die* medical welfare services *pl.;* ~**gefährdung** *die* risk to health; ~**halber** *Adv.* for reasons of health; for health reasons; ~**lehre** *die s.* Hygiene c; ~**lenker** *der (ugs. scherzh.)* 'sit up and beg' handlebars; ~**pflege** *die* health care; ~**schaden** *der* damage *no pl., no indef. art.* to [one's] health; **das kann ~schaden bewirken** that can damage one's health; **einen bleibenden ~schaden davontragen** suffer permanent damage to one's health as a result; **trotz eines leichten ~schadens ...**: despite a slight disability ...; ~**schädlich** *Adj.* detrimental to [one's] health *postpos.;* unhealthy; **Rauchen ist ~schädlich** smoking can damage your health; ~**schutz** *der (DDR)* [system of] preventive health care; ~**wesen** *das* [public] health service; ~**zeugnis** *das* certificate of health; health certificate; ~**zustand** *der* state of health
gesund-: ~|**machen** *refl. V. (ugs.)* make a pile *(coll.);* ~|**schrumpfen** *itr. V. (auch refl.) (ugs.)* ⟨*industry, firm*⟩ be slimmed down; **eine Firma ~schrumpfen lassen** slim a firm down; ~|**stoßen** *unr. refl. V. (salopp)* grow fat *(coll.)*
Gesundung *die;* ~ *(geh., auch fig.)* recovery
gesungen [gəˈzʊŋən] *2. Part. v.* singen
gesunken [gəˈzʊŋkn̩] *2. Part. v.* sinken
Gesurre [gəˈzʊrə] *das;* ~s *(von Insekten)* buzzing; *(einer Filmkamera)* whirring
Getäfel [gəˈtɛːfl̩] *das;* ~s panelling
getäfelt *2. Part. v.* täfeln
getan [gəˈtaːn] *2. Part. v.* tun
Getändel *das;* ~s *(veralt.)* dalliance
geteilt 1. *2. Part. v.* teilen. 2. *Adj. (Bot.)* ~e Blätter compound leaves
Getier *das;* ~[e]s *(geh.)* **a)** *(Tiere)* animals *pl.;* wildlife; **b)** *(einzelnes Tier)* animal/insect
getigert [gəˈtiːgɐt] *Adj.* **a)** *(mit ungleichen Flecken)* patterned like a tiger *postpos.;* **b)** *(mit Querstreifen)* striped
Getobe *das;* ~s romping *or* charging about
Getose *das;* ~s roar
Getöse *das;* ~s [thunderous] roar; *(von vielen Menschen)* din; **mit ~**: with a roar
getragen 1. *2. Part. v.* tragen. 2. *Adj.* solemn ⟨*music, voice, etc.*⟩. 3. *adv.* solemnly
Geträller *das;* ~s *(von Vögeln)* trilling; *(von Menschen)* warbling
Getrampel *das;* ~s *(ugs.)* tramping; *(als Zeichen des Beifalls, der Ablehnung)* stamping
Getränk [gəˈtrɛŋk] *das;* ~[e]s, ~e drink; beverage *(formal)*
Getränke-: ~**automat** *der* drinks machine *or* dispenser; ~**bude** *die* drinks stand *or* kiosk; ~**karte** *die* list of beverages; *(in einem Restaurant)* wine list; ~**stand** *der* drinks stand *or* kiosk; ~**steuer** *die* tax on alcoholic drinks
Getrappel *das;* ~s *(von Hufen, Pferden)* clatter; *(von Füßen)* patter; **das ~ der Tänzer** the patter of the dancers' feet
Getratsch[e] *das;* ~s *(ugs. abwertend)* gossip; gossiping
getrauen *refl. V.* dare; **sich [nicht] od. (seltener:) sich (Dat.) es [nicht] ~, etw. zu tun [not] dare to do sth.; ich getraue mich nicht über die Straße** I dare not cross the road; **ich getraue mir den doppelten Salto noch nicht** I dare not attempt the double somersault yet
Getreide [gəˈtraɪdə] *das;* ~s, ~ grain; corn; ~**anbauen** grow cereals *pl.* or grain
Getreide-: ~**anbau** *der* growing of cereals *or* grain; ~**art** *die* kind of grain *or* cereal; ~**börse** *die* corn exchange; ~**ernte** *die* grain harvest; ~**feld** *das* cornfield; ~**halm** *der* corn-stalk; ~**handel** *der* corn-trade; ~**korn** *das* [cereal] grain; ~**land** *das* **a)** corn-growing country; **b)** *o. Pl. (Ackerland)* corn-land; ~**produkt** *das* cereal *or* grain product; ~**schädling** *der* grain pest; ~**speicher** *der* grain silo
getrennt 1. *2. Part. v.* trennen. 2. *Adj.* separate; ~**e Kasse führen** pay separately. 3. *adv.* ⟨*pay*⟩ separately; ⟨*sleep*⟩ in separate rooms; **[von jmdm.] ~ leben** live apart [from sb.]
Getrennt·schreibung *die* writing a lexical item as two *or* more separate words; **beachten Sie bitte die ~ von „so daß"** please remember that 'so daß' is written as two words
getreten *2. Part. v.* treten
getreu 1. *Adj. (geh.)* **a)** *(genau entsprechend)* exact ⟨*wording*⟩; true, faithful ⟨*image*⟩; **b)** *(treu)* faithful, loyal ⟨*friend, servant*⟩; ~ **bis in den Tod** faithful unto death. 2. *adv. (geh.)* **a)** *(genau entsprechend)* ⟨*copy*⟩ faithfully, accurately; **b)** *(treu)* faithfully, loyally. 3. *präpositional (geh.)* ~ **einem Versprechen/einer Abmachung handeln** act in accordance with a promise/an agreement
Getreue *der/die; adj. Dekl.* faithful *or* loyal follower
getreulich *Adv. s.* getreu 2
Getriebe *das;* ~s, ~ gears *pl.;* *(in einer Maschine)* gear system; *(~kasten)* gearbox; **b)** *(Betriebsamkeit)* hustle and bustle
Getriebe-: ~**bremse** *die* transmission brake; ~**gehäuse** *das* gearbox casing; ~**kasten** *der* gearbox
getrieben *2. Part. v.* treiben
Getriebe·schaden *der* gearbox damage
Getriller [gəˈtrɪlɐ] *das;* ~s trilling
getroffen *2. Part. v.* treffen, triefen
getrogen [gəˈtroːgn̩] *2. Part. v.* trügen
Getrommel *das;* ~s *(ugs.)* drumming
getrost 1. *Adj.* confident; **sei ~!** take heart! 2. *adv.* **a)** *(zuversichtlich)* confidently; **b)** *(ruhig)* **du kannst das Kind ~ allein lassen** you need have no qualms about leaving the child on its own; **du kannst mir ~ glauben, daß ...**: you can take my word for it that ...; **man kann ~ behaupten, daß ...**: one can safely say that ...
getrüffelt *Adj.* ⟨*pheasant etc.*⟩ [served *or* garnished] with truffles
getrunken *2. Part. v.* trinken
Getto [ˈgɛto] *das;* ~s, ~s ghetto
Getto·bildung *die* creation of a ghetto/of ghettos
Getue [gəˈtuːə] *das;* ~s *(ugs. abwertend)* fuss (um about); **ein ~ kick up *or* make a fuss;** *(sich wichtig machen)* put on airs
Getümmel [gəˈtʏml̩] *das;* ~s tumult; **das fröhliche/dichte ~**: the merry/crowded bustle; **mitten im dichtesten *od.* dicksten ~**: in the thick of it
getupft 1. *2. Part. v.* tupfen. 2. *Adj.* speckled ⟨*garment, fabric, etc.*⟩
Getuschel *das;* ~s *(ugs.)* whispering
geübt [gəˈyːpt] 1. *2. Part. v.* üben. 2. *Adj.* experienced, accomplished, proficient ⟨*horseman, speaker, etc.*⟩; trained, practised ⟨*eye, ear*⟩; **in etw. (Dat.) ~ sein** be proficient at sth.
Gevatter [gəˈfatɐ] *der;* ~s *od. (älter:)* ~n *(veralt.)* **a)** *(Pate)* godfather; **[bei jmdm.] zu ~ stehen** act as *or* be [sb.'s] godfather; **jmdn. zu ~ bitten** ask sb. to act as *or* be godfather; ~ **Tod** *(dicht. veralt.) (im Märchen)* Godfather Death; *(fig.)* the Grim Reaper; **bei etw. ~ stehen** *(scherzh.)* be the inspiration behind sth.; **b)** *(veralt., noch scherzh.)* **Grüß Gott, ~!** greetings, friend!
Gevatterin *die;* ~, ~nen **a)** *(Patin)* godmother; **b)** *(veralt., noch scherzh.) s.* Gevatter b
Geviert *das;* ~[e]s, ~e **a)** *(veralt.) s.* Quadrat; **b)** *(Druckw.)* quadrat; quad
GEW *Abk.* Gewerkschaft Erziehung und Wissenschaft Educators' Union
Gewächs [gəˈvɛks] *das;* ~es, ~e **a)** *(Pflanze)*

gewachsen

plant; **b)** *(Weinsorte)* wine; *(Weinjahrgang)* vintage; **c)** *(Med.: Geschwulst)* growth
gewachsen 1. 2. *Part. v.* wachsen. 2. *in jmdm./einer Sache* ~ *sein* be a match for sb./be equal to sth.
Gewächs·haus das greenhouse; glasshouse; *(Treibhaus)* hothouse
gewagt 1. 2. *Part. v.* wagen. 2. *Adj.* **a)** *(kühn)* daring; *(gefährlich)* risky; **b)** *(fast anstößig)* risqué ⟨*joke, song, etc.*⟩; daring ⟨*neckline etc.*⟩
gewählt 1. 2. *Part. v.* wählen. 2. *Adj.* refined, elegant ⟨*style, manner of expression, etc.*⟩; refined ⟨*taste*⟩. 3. *adv.* in a refined manner; elegantly
Gewähltheit die; ~ *(des Ausdrucks)* refinement; *(der Kleidung)* elegance
gewahr [gə'vaːɐ̯] *in jmdm./etw. od. (geh.) jmds./einer Sache* ~ *werden* catch sight of sb./sth.; *(etw. Akk.) od. (geh.) einer Sache (Gen.)* ~ *werden (etw. erkennen, feststellen)* become aware of sth.
Gewähr [gə'vɛːɐ̯] die; ~: guarantee; **für etw.** ~ **leisten/die** ~ **geben** guarantee sth.; **die** ~ **für etw. übernehmen/bieten** guarantee sth.; **keine** ~ **übernehmen** be unable to guarantee sth.; **die Angaben erfolgen ohne** ~: no responsibility is accepted for the accuracy of this information; **ohne** ~ *(auf Fahrplänen usw.)* subject to change
gewahren *tr. V. (geh.)* become aware of
gewähren 1. *tr. V.* **a)** *(zugestehen)* give; grant, give ⟨*asylum, credit, loan*⟩; **jmdm. einen Aufschub** ~: grant *or* allow sb. a period of grace; **b)** *(erfüllen)* grant; **jmdm. seinen Wunsch/seine Bitte** *usw.* ~: grant sb.'s wish/request *etc.*; **c)** *(bieten)* offer ⟨*advantage*⟩; give ⟨*pleasure, joy*⟩. 2. *itr. V. in jmdm.* ~ *lassen* let sb. do as he/she likes; **laß ihn nur** ~: leave him alone
gewähr·leisten *tr. V.* guarantee; ensure ⟨*safety*⟩
Gewähr·leistung die **a)** guarantee; *(von Sicherheit)* ensuring; **b)** *s.* **Mängelhaftung**
Gewahrsam [gə'vaːɐ̯zaːm] der; ~s **a)** *(Obhut)* safe-keeping; **etw. in** ~ **nehmen/behalten** take sth. into safe-keeping/keep sth. safe; **jmdm. etw. in** ~ **geben** give sth. to sb. for safe-keeping; **b)** *(Haft)* custody; **jmdn. in** ~ **bringen** take sb. into custody; **jmdn. in polizeilichen** ~ **bringen** hand sb. over to the police; **sich in [polizeilichem]** ~ **befinden** be in [police] custody
Gewährs-: ~**mann** der; *Pl.* ~**männer** *od.* ~**leute,** ~**person** der informant; source
Gewährung die; ~: *s.* **gewähren** 1: granting; giving; offering
Gewalt [gə'valt] die; ~, ~en **a)** *(Macht, Befugnis)* power; **die elterliche/richterliche** ~: parental/judicial power *or* authority; **jmdn. in seiner** ~ **haben** have sb. in one's power; **jmdn./ein Land in seine** ~ **bekommen/bringen** catch sb./bring a country under one's control; **in** *od.* **unter jmds.** ~ *(Dat.)* **stehen** be in sb.'s power; **die** ~ **über sein Fahrzeug verlieren** *(fig.)* lose control of one's vehicle; **sich/seine Beine in der** ~ **haben** have oneself under control/have control over one's legs; **b)** *o. Pl. (Willkür)* force; **der** ~ **weichen** yield to force; **etw. mit** ~ **zu erreichen suchen** try to achieve sth. by force; **sich** *(Dat.)* ~ **antun [müssen]** [have to] force oneself; **er versuchte mit aller** ~, **seinen Ehrgeiz zu befriedigen** he did everything he could to achieve his ambition; **etw. mit [aller]** ~ **wollen** want sth. desperately; **c)** *o. Pl. (körperliche Kraft)* force; violence; ~ **anwenden** use force *or* violence; **etw. mit** ~ **öffnen** force sth. open; **mit roher/brutaler** ~: with brute force; **einer Frau** ~ **antun** *(geh. verhüll.)* violate a woman; **d)** *(geh.: elementare Kraft)* force; **die** ~ **der Leidenschaft/Rede** *(fig.)* the power of passion/oratory; **höhere** ~ **[sein]** [be] an act of God; **im Falle höherer** ~: in the case of an act of God/acts of God

Gewalt-: ~**akt** der act of violence; ~**androhung** die threat of violence; ~**anwendung** die use of force *or* violence; ~**einwirkung** die: **keinerlei Spuren von** ~**einwirkung aufweisen** show no signs of violence; **durch** ~**einwirkung sterben** die as a result of violence
Gewalten-: ~**teilung** die, ~**trennung** die separation of powers
Gewalt-: ~**herrschaft** die; *o. Pl.* tyranny; despotism; ~**herrscher** der tyrant; despot
gewaltig 1. *Adj.* **a)** *(immens)* enormous, huge ⟨*sum, amount, difference, loss*⟩; tremendous ⟨*progress*⟩; **b)** *(imponierend)* mighty, huge, massive ⟨*wall, pillar, building, rock*⟩; monumental ⟨*literary work etc.*⟩; mighty ⟨*spectacle of nature*⟩; **c)** *(mächtig; auch fig.)* powerful. 2. *adv. (ugs.: sehr, überaus)* **sich** ~ **irren/täuschen** be very much mistaken; **es wundert mich/imponiert mir** ~: I'm amazed/tremendously impressed; **etw. ist** ~ **gestiegen/gesunken** sth. has risen/dropped sharply
-**gewaltige** der/die; *adj. Dekl.* boss; **die Zeitungs-n** the press barons
Gewaltigkeit die; ~ *(von Mauern, Felsen, Gebäuden usw.)* mightiness; massiveness
gewalt-, **Gewalt-:** ~**kur** die *(ugs.)* drastic measures *pl. or* methods *pl.*; drastic treatment *no indef. art.*; ~**los** 1. *Adj.* non-violent; 2. *adv.* without violence; ~**losigkeit** die; ~: non-violence; ~**marsch** der forced march; ~**maßnahme** die violent measure; **er schreckte vor** ~**maßnahmen nicht zurück** he was not afraid to use force; ~**mensch** der brutal person; brute
gewaltsam 1. *Adj.* forcible ⟨*expulsion*⟩; enforced ⟨*separation*⟩; violent ⟨*death*⟩; **ein** ~**es Ende nehmen** meet a violent death. 2. *adv.* ~ **die Tür öffnen** open the door by force; **sich** ~ **zurückhalten/wach halten** exercise the utmost restraint/force oneself to keep awake; ~ **ums Leben kommen** meet a violent death
Gewaltsamkeit die; ~: violence
gewalt-, **Gewalt-:** ~**streich** der bold surprise action; ~**tat** die *s.* ~**verbrechen**; ~**tätig** *Adj.* violent; ~**tätigkeit** die **a)** *o. Pl. (gewalttätige Art)* violence; **b)** *s.* ~**akt**; ~**verbrechen** das crime of violence; ~**verbrecher** der violent criminal; ~**verzicht·abkommen** das non-aggression treaty
Gewand das; ~[e]s, **Gewänder** [gə'vɛndɐ] *(geh.)* robe; gown; *(Abendkleid)* gown; **geistliche Gewänder** vestments; **im neuen** ~ *(fig.)* dressed up as new; **ab nächster Woche erscheint die Zeitung in einem neuen** ~ *(fig.)* from next week the newspaper will have a new look
gewandet *Adj.; nicht präd. (veralt./scherzh.)* clad; apparelled *(arch.)*
Gewand-: ~**haus** das *(hist.)* cloth-hall; ~**meister** der wardrobe master/mistress
gewandt [gə'vant] 1. 2. *Part. v.* wenden. 2. *Adj.* skilful; *(körperlich)* agile; expert ⟨*skier*⟩; **ein** ~**es Auftreten/**~**e Umgangsformen** an easy, confident manner/easy social manners. 3. *adv.* skilfully; *(körperlich)* agilely
Gewandtheit die; ~: *s.* **gewandt** 2: skill; skilfulness; agility; expertness; easiness
gewann [gə'van] 1. u. 3. *Pers. Sg. Prät. v.* **gewinnen**
gewärtig [gə'vɛrtɪç] *in einer Sache (Gen.)* ~ *sein (geh.)* be prepared for sth.; ~ **sein, daß** ...: expect that ...
gewärtigen *tr. V. (geh.) (erwarten)* expect; *(gefaßt sein auf)* be prepared for
Gewäsch [gə'vɛʃ] das; ~[e]s *(ugs. abwertend)* twaddle; garbage *(Amer. coll.)*
gewaschen 2. *Part. v.* waschen
Gewässer [gə'vɛsɐ] das; ~s, ~: stretch of water; **ein fließendes/stehendes** ~: a stretch

Gewerkschaftsbund

of running/standing water; **sich in arktische** ~ **wagen** venture into Arctic waters
Gewässer-: ~**kunde** die hydrography *no art.*; ~**schutz** der prevention of water pollution
Gewebe das; ~s, ~ **a)** *(Stoff)* fabric; **b)** *(Med., Biol.)* tissue
Gewebs-: ~**transplantation** die, ~**verpflanzung** die *(Med.)* tissue graft
Gewehr [gə'veːɐ̯] das; ~[e]s, ~e rifle; *(Schrot~)* shotgun; **mit dem** ~ **auf jmdn./etw. zielen** aim [one's rifle/shotgun] at sb./sth.; ~ **ab!** *(Milit.)* order arms!; **das** ~ **über!** *(Milit.)* shoulder arms!; **präsentiert das** ~! *(Milit.)* present arms!; ~ **bei Fuß stehen** be at the ready
Gewehr-: ~**feuer** das; *o. Pl.* rifle fire; ~**kolben** der rifle/shotgun butt; ~**kugel** die rifle bullet; ~**lauf** der rifle/shotgun barrel; ~**riemen** der rifle/shotgun sling; ~**schloß** das lock of a rifle/shotgun; ~**schuß** der rifle shot
Geweih [gə'vai] das; ~[e]s, ~e antlers *pl.*; ~**e/ein** ~: sets of antlers/a set of antlers
Geweih·stange die *(Jägerspr.)* beam; main trunk
Gewerbe das; ~s, ~ **a)** business; *(Handel, Handwerk)* trade; **ein dunkles/schmutziges** ~: a shady/dirty business; **in einem** ~ **tätig sein** be in a trade/business; **das horizontale** ~ *(ugs. scherzh.)*, **das älteste** ~ **der Welt** *(verhüll. scherzh.)* the oldest profession [in the world] *(joc.)*; **b)** *o. Pl. (kleine Betriebe)* [small and medium-sized] businesses and industries
Gewerbe·aufsicht die enforcement of laws governing health and safety and conditions of work
Gewerbe·aufsichts·amt das ≈ factory inspectorate *(authority with responsibility for Gewerbeaufsicht)*
Gewerbe-: ~**betrieb** der *(des Handels)* commercial enterprise; business; *(der Industrie)* industrial enterprise; business; ~**freiheit** die right to carry on a business *or* trade; ~**lehrer** der teacher in a trade school; ~**ordnung** die laws *pl.* governing trade and industry; ~**schein** der licence to carry on a business *or* trade; ~**schule** die trade school; ~**steuer** die trade tax; ~**tätigkeit** die business activities *pl.*; ~**treibende** der/die; *adj. Dekl.* tradesman/tradeswoman; ~**zweig** der branch of trade
gewerblich 1. *Adj.*; *nicht präd.* commercial; business *attrib.*; *(industriell)* industrial; trade *attrib.* ⟨*union, apprentice*⟩; ~**e Nutzung** use for commercial *or* business/industrial purposes. 2. *adv.* ~ **tätig sein** work; **etw.** ~ **nutzen** use sth. for commercial *or* business/industrial purposes
gewerbs·mäßig 1. *Adj.*; *nicht präd.* professional; ~**e Unzucht** prostitution; **ein** ~**er Hehler** a receiver of stolen goods. 2. *adv.* **etw.** ~ **betreiben** do sth. professionally *or* for gain
Gewerkschaft [gə'vɛrkʃaft] die; ~, ~en **a)** trade union; **b)** *(veralt.: Bergbauunternehmen)* mining company whose capital is divided into shares of no par value
Gewerkschaft[l]er der; ~s, ~, **Gewerkschaft[l]erin** die; ~, ~nen trade unionist
gewerkschaftlich 1. *Adj.* [trade] union *attrib.*; ⟨*rights, duties*⟩ as a [trade] union member; ~**er Vertrauensmann/**~**e Vertrauensfrau** shop steward; **der** ~**e Kampf** the struggle of the trade union movement. 2. *adv.* ~ **organisiert sein** belong to a [trade] union; **sich** ~ **engagieren** devote oneself to trade union work
gewerkschafts-, **Gewerkschafts-:** ~**arbeit** die; *o. Pl.* work for *or* within the/a [trade] union; ~**bank** die; ~, ~en trade union bank; ~**bewegung** die; *o. Pl.* [trade] union movement; ~**boß** der *(ugs. abwertend)* [trade] union boss; ~**bund** der

1143

federation of trade unions; ≈ Trades Union Congress *(Brit.)*; ≈ AFL–CIO *(Amer.)*; **~eigen** *Adj.* owned by a [trade] union *postpos.*; **~führer der** [trade] union leader; **~funktionär der** [trade] union official; **~kongreß der** *s.* **~tag;** **~mitglied das** member of a [trade] union; **~tag der** [trade] union conference
Gewese *das;* ~s *(ugs.)* fuss; **ein großes ~ um etw. machen** kick up *or* make a lot of fuss about sth.
gewesen 1. 2. *Part. v.* ¹**sein.** 2. *Adj.; nicht präd. (bes. österr.)* former
gewichen 2. *Part. v.* **weichen**
gewichst [gəˈvɪkst] 1. 2. *Part. v.* **wichsen.** 2. *Adj. (ugs.)* smart
Gewicht [gəˈvɪçt] *das;* ~[e]s, ~e *(auch Physik, auch fig.)* weight; **ein ~ von 75 kg/ein großes ~ haben** weigh 75 kg/be very heavy; **das zulässige ~:** the maximum permitted weight; the weight limit; **das spezifische ~** *(Physik)* the specific gravity; **sein ~ halten** stay the same weight; **etw. nach ~ verkaufen** sell sth. by weight; **seine Meinung/eine adlige Abstammung hat noch großes ~:** his opinion still carries a great deal of weight/it still counts for a great deal to be of noble descent; **einer Sache** *(Dat.)* **[kein] ~ beimessen** *od.* **beilegen** attach [no] importance to sth.; **sein ganzes ~ in die Waagschale werfen** throw one's whole weight behind it; **auf etw.** *(Akk.)* **~ legen** attach importance to sth.; **[nicht] ins ~ fallen** be of [no] consequence
gewichten *tr. V.* a) *(Statistik)* weight; b) *(Schwerpunkte festsetzen)* evaluate
Gewicht-: **~heben das;** ~s weight-lifting; **~heber der;** ~s, ~: weight-lifter
gewichtig *Adj.* a) *(veralt.: schwer)* heavy; weighty; **jmd. ist ~** *(scherzh.)* sb. is impressively large; b) *(bedeutungsvoll)* weighty, important ⟨*reason, question, decision, etc.*⟩; **eine ~e Persönlichkeit** an important person *or* figure; **~ tun** act pompously; **ein ~es Gesicht machen** *(iron.)* put on *or* assume an air of importance
Gewichtigkeit *die;* ~: *s.* **gewichtig b:** importance; weightiness
gewichts-, Gewichts-: **~abnahme die** decrease *or* reduction in weight; ⟨*~verlust*⟩ loss of weight; **~angabe die** indication of weight; **~klasse die a)** *(Sport)* weight [division *or* class]; b) *(Kaufmannsspr.)* weight class; **Eier nach ~klassen sortieren** grade eggs according to weight; **~los** *Adj.* a) *s.* **schwerelos 1;** b) *(bedeutungslos)* lacking in substance *postpos.*; **~verlagerung die** shift *or* transfer of weight; *(fig.)* shift in *or* of emphasis; **~verlust der** loss of weight; **~zunahme die** increase in weight
Gewichtung *die;* ~, ~en evaluation
gewieft [gəˈviːft] *Adj. (ugs.)* cunning; wily
gewiegt 1. 2. *Part. v.* ²**wiegen.** 2. *Adj. s.* **gewieft**
Gewieher [gəˈviːɐ] *das;* ~s a) *(Wiehern)* neighing; b) *(salopp: Gelächter)* guffawing; braying laughter
gewiesen 2. *Part. v.* **weisen**
gewillt [gəˈvɪlt] *Adj.* **in ~/nicht ~ sein, etw. zu tun** be willing/unwilling to do sth.
Gewimmel *das;* ~s throng; milling crowd; *(von Insekten)* teeming mass
Gewimmer *das;* ~s whimpering
Gewinde *das;* ~s, ~ a) *(Technik)* thread; b) *(veralt.: Girlande)* garland
Gewinde-: **~bohrer der** [screw] tap; **~gang der** turn [of a thread]; **~schneiden das;** ~s thread-cutting; *(innen)* tapping; **~stift der** grub-screw
Gewinn [gəˈvɪn] *der;* ~[e]s, ~e a) *(Reinertrag)* profit; **aus etw. ~ schlagen** *od.* **ziehen** make a profit out of sth.; **mit ~ wirtschaften** operate at a profit *or* profitably; **etw. mit ~ verkaufen** sell sth. at a profit; b) *(Preis einer Lotterie)* prize; *(beim Wetten,*

Kartenspiel usw.) winnings *pl.*; **die ~e auslosen** draw the winners *or* winning numbers; **jedes zweite Los ist ein ~:** every other ticket is a winner; c) *(Nutzen)* gain; profit; **das war ein großer ~ für uns** we gained a great deal *or* profited greatly from it; **der neue Spieler ist ein [großer] ~ für unsere Mannschaft** the new player is a valuable addition to our team; d) *(Sieg)* win; **auf ~ stehen** *(Schach)* be in a winning position
gewinn-, Gewinn-: **~anteil der** *(Wirtsch.)* share of the profits; **~beteiligung die** *(Wirtsch.)* profit-sharing; *(Betrag)* profit-sharing bonus; **gegen ~beteiligung** in return for a share of the profits; **~bringend** *Adj.* a) profitable; lucrative; b) *(nutzbringend)* profitable; valuable ⟨*knowledge, information*⟩; **~chance die** chance of winning
gewinnen [gəˈvɪnən] 1. *unr. tr. V.* a) *(siegen in)* win ⟨*contest, race, etc.*⟩; **es [nicht] über sich ~, etw. zu tun** *(geh. veralt.)* [not] bring oneself to do sth.; *s. auch* **Spiel b;** b) *(erringen, erreichen, erhalten)* gain, win ⟨*respect, sympathy, etc.*⟩; gain ⟨*time, lead, influence, validity, confidence*⟩; win ⟨*prize*⟩; **Klarheit über etw.** *(Akk.)* **~:** become clear in one's mind about sth.; **wie gewonnen, so zerronnen** *(Spr.)* easy come, easy go; *s. auch* **Abstand c; Oberhand;** c) *(Unterstützung erlangen)* **jmdn. für etw. ~:** win sb. over [to sth.]; **jmdn. als Kunden/Freund ~:** win sb. as a customer/friend; d) *(abbauen, fördern)* mine, extract ⟨*coal, ore, metal*⟩; recover ⟨*oil*⟩; e) *(erzeugen)* produce ⟨*aus* from⟩; *(durch Recycling)* reclaim; recover. 2. *unr. itr. V.* a) win (**bei** at); **in der Lotterie ~** [a prize] in the lottery; **jedes zweite Los gewinnt!** every other ticket [is] a winner!; b) *(sich vorteilhaft verändern)* improve; c) *(zunehmen)* **an Höhe/Fahrt ~:** gain height/gain *or* pick up speed; **an Bedeutung ~:** gain in importance
gewinnend 1. *Adj.* winning, engaging, winsome ⟨*manner, smile, way*⟩; charming ⟨*manners*⟩. 2. *adv.* ⟨*smile*⟩ winningly, engagingly, winsomely
Gewinner der; ~s, ~ , **Gewinnerin die;** ~, ~nen winner
Gewinner·straße die *(Sport, Jargon)* **auf ~straße sein** be set *or* heading for victory
gewinn-, Gewinn-: **~los das** winning ticket; **~nummer die** *s.* **Gewinnummer; ~quote die** share of prize money; **~satz der** *(Sport)* **über fünf ~sätze spielen** *(Tennis)* play the best of five sets; *(Tischtennis)* play the best of five games; **der fünfte Satz war ihr ~satz** *(Tennis)* she won in the fifth set; *(Tischtennis)* she won in the fifth game; **~spanne die** profit margin; **~streben das** pursuit of profit; **~sucht die;** *o. Pl.* greed for profits *pred.*; **in ~süchtiger Absicht** *(Rechtsspr.)* with the intention of making unreasonably high profits; **~trächtig** *Adj.* profitable; lucrative
Gewinnummer die winning number
Gewinn-und-Verlust-Rechnung die *(Wirtsch.)* profit and loss account
Gewinnung die; ~ a) *(von Kohle, Erz usw.)* mining; extraction; *(von Öl)* recovery; *(von Metall aus Erz)* extraction; b) *(Erzeugung)* production
Gewinn·zahl die winning number
Gewinsel das; ~s *(abwertend)* a) whimpering; whining; b) *(das Klagen, Bitten)* whining
Gewirr das; ~[e]s a) *(wirres Knäuel)* tangle; b) *(Durcheinander)* **ein ~ von Ästen** a maze of branches; **ein ~ von Paragraphen** a maze *or* jungle of regulations; **ein ~ von Stimmen** a [confused] babble of voices
Gewisper das; ~s whispering
gewiß [gəˈvɪs] 1. *Adj.* a) *nicht präd. (nicht*

sehr viel/groß) certain; **in gewisser Beziehung** in some respects; **eine gewisse Ähnlichkeit/Distanz** a certain resemblance/distance; *s. auch* **Etwas;** ¹**Maß d;** b) *(sicher)* certain (+ *Gen.* of); etw. ist jmdm. ~: sb. is certain *or* sure of sth.; **wir können seiner Hilfe ~ sein** we can be certain *or* sure of his help; we can count on his help; **man weiß nichts Gewisses** nothing certain *or* definite is known. 2. *adv.* certainly; **ja** *od.* **aber ~ [doch]!** but of course!; **du hast ~ nichts dagegen, wenn …:** I'm sure you won't mind if …; **ich weiß es ganz ~:** I'm sure *or* certain of it
Gewissen das; ~s, ~: conscience; **ein gutes/schlechtes ~:** a clean/guilty *or* bad conscience; **ruhigen ~s etw. tun** do sth. with a clear conscience; **mit gutem ~:** with a clear conscience; **ein gutes ~ ist ein sanftes Ruhekissen** *(Spr.)* one can sleep more easily with a clear conscience; *(auch Dat.)* **kein ~ daraus machen, etw. zu tun** have no scruples *or* qualms about doing sth.; **etw./jmdn. auf dem ~ haben** have sth./sb. on one's conscience; **jmdm. ins ~ reden [, etw. zu tun]** have a serious talk with sb. [and persuade him/her to do sth.]; *s. auch* **Wissen**
gewissenhaft 1. *Adj.* conscientious. 2. *adv.* conscientiously
Gewissenhaftigkeit *die;* ~: conscientiousness
gewissen·los 1. *Adj.* conscienceless; unscrupulous; **er ist vollkommen ~:** he is completely without conscience. 2. *adv.* ~ **handeln** act with a complete lack of conscience
Gewissenlosigkeit die; ~ a) *(gewissenloses Wesen)* lack of conscience; b) *(gewissenloses Handeln)* unscrupulous act; **wie konntest du eine solche ~ begehen?** how could you show such a lack of conscience?
Gewissens-: **~bisse** *Pl.* pangs of conscience; **sich** *(Dat.)* **~bisse über etw.** *(Akk.)* **machen** have a guilty conscience about sth.; **~entscheidung die** decision on a matter of conscience; **~frage die** question *or* matter of conscience; matter for one's conscience; **~freiheit die;** *o. Pl.* freedom of conscience; **~gründe** *Pl.* reasons of conscience; **aus ~gründen** for reasons of conscience; **~konflikt der** moral conflict; **~not die** moral dilemma; **~qual die: ~qual[en]** agonies *pl.* of conscience
gewissermaßen *Adv. (sozusagen)* as it were; *(in gewissem Sinne)* to a certain extent
Gewißheit die; ~, ~en certainty; **wir haben noch keine ~, ob …:** we still do not know for certain whether …; **sich** *(Dat.)* **~ verschaffen** find out for certain; **zur ~ werden** turn into certainty
gewißlich *Adv. (veralt.) s.* **gewiß 2**
Gewitter [gəˈvɪtɐ] *das;* ~s, ~: thunderstorm; *(fig.)* storm
Gewitter·front die storm front
gewitterig *Adj. s.* **gewittrig**
gewittern *itr. V. (unpers.)* **es gewitterte/wird bald ~:** there was/will soon be thunder and lightning
Gewitter-: **~neigung die;** *o. Pl.* likelihood of thunderstorms; **~regen der, ~schauer der** thundery shower; **~sturm der** thunderstorm; **~wolke die** thundercloud
gewittrig [gəˈvɪtrɪç] *Adj.* thundery; **~e Schwüle** sultry heat
gewitzigt [gəˈvɪtsɪçt] *Adj.* a) *(klüger geworden)* wiser; **durch Erfahrung/Schaden ~ sein** have learnt from experience/one's mistakes; b) *s.* **gewitzt**
gewitzt [gəˈvɪtst] *Adj.* shrewd; **ein ~er Junge** a smart lad
gewoben [gəˈvoːbn̩] 2. *Part. v.* **weben**
Gewoge *das;* ~s *(von einem Kornfeld usw.)* waving; *(von Gedanken)* surge; **das ~ der Menschenmenge** the surging back and forth of the crowd

gewogen 1. *2. Part. v.* **wiegen**. 2. *Adj. (geh.)* well disposed, favourably inclined (+ *Dat.* towards)

Gewogenheit die; ~ *(geh.)* favourable attitude; **bei aller ~, die ich Ihnen entgegenbringe, kann ich nicht ...:** although I'm favourably disposed towards you, I can't ...

gewöhnen [gə'vøːnən] 1. *tr. V.* **jmdn. an jmdn./etw. ~:** get sb. used *or* accustomed to sb./sth.; accustom sb. to sb./sth.; **Kinder an Sauberkeit ~:** get children used to being clean and tidy; **an jmdn./etw. gewöhnt sein** be used *or* accustomed to sb./sth.. 2. *refl. V.* **sich an jmdn./etw. ~:** get used *or* get *or* become accustomed to sb./sth.; **sich daran ~ müssen, daß ...:** have to get used to the fact that ...

Gewohnheit [gə'voːnhait] die; ~, ~en habit; **die ~ haben, etw. zu tun** be in the habit of doing sth.; **das ist ihm zur ~ geworden** this has become a habit with him; **sich** *(Dat.)* **etw. zur ~ machen** make a habit of sth.; **nach alter ~:** from long-established habit; **etw. aus ~ tun** do sth. out of habit *or* from force of habit; **die Macht der ~:** the force of habit

gewohnheits-, Gewohnheits-: ~**gemäß** *Adv.* as is/was his/her *etc.* custom; ~**mäßig** 1. *Adj.* habitual ⟨*drinker etc.*⟩; automatic ⟨*reaction etc.*⟩; 2. *adv.* a) *(regelmäßig)* habitually; b) *(einer Gewohnheit folgend)* as is/was my/his *etc.* habit; ~**mensch** der creature of habit; ~**recht** das *(Rechtsw.)* a) *o. Pl. (System)* common law; b) *(einzelnes Recht)* established right; ~**sache** die matter *or* question of habit; ~**tier** das *(scherzh.)* creature of habit; **der Mensch ist ein ~tier** man is a creature of habit; ~**trinker** der habitual drinker; ~**verbrecher** der *(Rechtsw.)* habitual criminal

gewöhnlich [gə'vøːnlɪç] 1. *Adj.* a) *nicht präd. (alltäglich)* normal; ordinary; **im ~en Leben** in ordinary *or* everyday life; **ein ~er Sterblicher** an ordinary mortal; b) *nicht präd. (gewohnt, üblich)* usual; normal; customary; c) *(abwertend: ordinär)* common. 2. *adv.* a) **[für] ~:** usually; normally; **wie ~:** as usual; b) *(abwertend: ordinär)* in a common way

Gewöhnlichkeit die; ~ *(abwertend)* commonness

gewohnt 1. *2. Part. v.* **wohnen**. 2. *Adj.* a) *nicht präd. (vertraut)* usual; **zur ~en Zeit/Stunde** at the usual *or* normal *or* customary time; **in ~er** *od.* **auf ~e Weise** in the/one's usual manner *or* way; b) *etw. (Akk.) ~ sein* be used *or* accustomed to sth.; **es ~ sein, etw. zu tun** be used *or* accustomed to doing sth.

gewohntermaßen *Adv.* as usual

Gewöhnung die; ~ a) habituation (**an** + *Akk.* to); b) *(Sucht)* habit; addiction

Gewölbe [gə'vœlbə] das; ~s, ~: vault; **das blaue ~ des Himmels** *(fig.)* the blue vault of the sky; **das ~ der Burg** the vaults *pl.* of the castle

Gewölk [gə'vœlk] das; ~[e]s clouds *pl.*

gewonnen [gə'vɔnən] *2. Part. v.* **gewinnen**

geworben [gə'vɔrbn̩] *2. Part. v.* **werben**

geworfen [gə'vɔrfn̩] *2. Part. v.* **werfen**

gewrungen [gə'vrʊŋən] *2. Part. v.* **wringen**

Gewühl das; ~[e]s a) milling crowd; **das ~ der Menschenmassen** the milling crowd [of people]; b) *(das Wühlen)* rooting about

gewunden *2. Part. v.* **winden**

gewunken [gə'vʊŋkn̩] *2. Part. v.* **winken**

gewürfelt 1. *2. Part. v.* **würfeln**. 2. *Adj.* *(kariert)* check; checked

Gewürm [gə'vʏrm] das; ~[e]s, ~e *(oft abwertend)* worms *pl.*; *(fig. geh.)* swarm of diminutive creatures

Gewürz das; ~es, ~e spice; *(würzende Zutat)* seasoning; condiment; *(Kraut)* herb; **verschiedene ~e** various herbs *or* spices

Gewürz-: ~**essig** der s. **Kräuteressig**; ~**gurke** die pickled gherkin; ~**mischung** die mixed spices *pl.*/herbs *pl.*; ~**nelke** die clove; ~**traminer** der Gewürztraminer

Gewusel [gə'vuːzl̩] das; ~s *(landsch.)* s. **Gewimmel**

gewußt *2. Part. v.* **wissen**

Geysir ['gaizɪr] der; ~s, ~e geyser

gez. *Abk.* gezeichnet sgd.

gezähnt [gə'tsɛːnt] *Adj. (Bot.)* dentate

Gezänk [gə'tsɛŋk] das; ~[e]s, **Gezanke** [gə-'tsaŋkə] das; ~s *(abwertend)* quarrelling

Gezappel das; ~s *(ugs., oft abwertend)* wriggling

Gezeiten *Pl.* tides

Gezeiten-: ~**kraft·werk** das tidal power-station; ~**strom** der tidal current; ~**tafel** die tide table

Gezeter das; ~s *(abwertend)* scolding; nagging

Geziefer [gə'tsiːfɐ] das; ~s *(veralt.)* s. **Ungeziefer**

geziehen [gə'tsiːən] *2. Part. v.* **zeihen**

gezielt 1. *2. Part. v.* **zielen**. 2. *Adj.* specific ⟨*questions, measures, etc.*⟩; deliberate ⟨*insult, indiscretion*⟩; well-directed ⟨*advertising campaign*⟩. 3. *adv.* ⟨*proceed, act*⟩ purposefully, in a purposeful manner; **~ nach etw. forschen** search specifically for sth.

geziemen *(geh. veralt.)* 1. *itr. V.* **jmdm. [nicht] ~:** [ill] befit sb. 2. *refl. V.* be proper *or* right; **sich für, so mit deiner Mutter zu reden** isn't proper *or* right for you to talk to your mother like that

geziemend *(geh.)* 1. *Adj.* fitting; proper, due ⟨*respect*⟩; **in ~er Weise** in a proper manner; **mit ~en Worten** with a few fitting remarks; **mit der ihr ~en Bescheidenheit** with fitting modesty. 2. *adv.* in a fitting manner

geziert 1. *2. Part. v.* **zieren**. 2. *Adj. (abwertend)* affected. 3. *adv. (abwertend)* affectedly

Geziertheit die; ~ *(abwertend)* affectedness

Gezirp[e] das; ~s *(oft abwertend)* chirping; chirruping

gezogen [gə'tsoːgn̩] *2. Part. v.* **ziehen**

Gezücht das; ~[e]s, ~e *(geh. abwertend)* riff-raff *pl.*; rabble

Gezünge [gə'tsʏŋə] das; ~s: **das ~ der Schlange/Schlangen** the flicking *or* darting of the snake's tongue/snakes' tongues; **das ~ der Flammen** *(fig.)* the flickering of the flames

Gezweig das; ~[e]s *(geh.)* branches *pl.*

Gezwitscher das; ~s twittering; chirping; chirruping

gezwungen [gə'tsvʊŋən] 1. *2. Part. v.* **zwingen**. 2. *Adj.* ⟨*laugh, smile, etc.*⟩; stiff ⟨*behaviour*⟩. 3. *adv.* ⟨*laugh*⟩ in a forced way *or* manner; ⟨*behave*⟩ stiffly

gezwungenermaßen *Adv.* of necessity; **etw. ~ machen** be forced to do sth.

GG *Abk.* Grundgesetz

ggf. *Abk.* gegebenenfalls

Ghana ['gaːna] *(das)*; ~s Ghana

Ghanaer der; ~s, ~: Ghanaian

Ghetto s. **Getto**

Ghostwriter ['goʊstraitɐ] der; ~s, ~: ghost-writer; **von ~n geschrieben werden** be ghosted

gib [giːp] *Imperativ Sg. Präsens v.* **geben**

Gibbon [gɪ'bɔn] der; ~s, ~s *(Zool.)* gibbon

gibst [giːpst] *2. Pers. Sg. Präsens v.* **geben**

gibt [giːpt] *3. Pers. Sg. Präsens v.* **geben**

¹**Gicht** [gɪçt] die; ~ a) *(im Metall.)* a) *(Öffnung)* throat [of the/a furnace]; b) *(Oberteil des Hochofens)* top [of the/a furnace]; c) *(Menge)* charge

²**Gicht** die; ~: gout

gicht·brüchig *Adj. (veralt.)* gouty; **die Gichtbrüchigen** *(bibl.)* those that had the palsy

gichtig, gichtisch *Adj.* gouty

Gicht·knoten der gouty concretion

gicht·krank *Adj.* gouty

gicksen ['gɪksn̩] *(bes. md.)* 1. *itr. V. (einen Schrei ausstoßen)* squeak. 2. *tr. V. (stechen, stoßen)* jmdn., jmdm. od. jmdm. in die Seite ~: jab sb. in the side

Giebel ['giːbl̩] der; ~s, ~ a) gable; b) *(von Portalen)* pediment

Giebel-: ~**dach** das gable roof; ~**feld** das *(Archit.)* tympanum; ~**fenster** das gable-window; ~**seite** die gable end; ~**wand** die gable wall

Gier [giːɐ] die; ~ a) greed (**nach** for); **mit solcher ~:** so greedily; **~ nach Macht/Ruhm** lust *or* craving for power/craving for fame; **~ nach Zigaretten** greedy desire for cigarettes; **~ nach Leben** passionate desire for life; b) *(Lüsternheit)* lust

¹**gieren** *itr. V. (geh.)* **nach etw. ~:** crave for sth.; **nach Macht/Rache ~:** lust for power/revenge

²**gieren** *itr. V. (Seemannsspr.)* yaw

gierig 1. *Adj.* greedy; avid ⟨*reader, desire*⟩; **nach etw. ~ sein** be greedy for sth. 2. *adv.* greedily

Gieß·bach der [mountain] torrent; *(nach starkem Regen)* swollen [mountain] stream

gießen ['giːsn̩] 1. *tr. V.* a) *(hineinlassen/schütten)* pour (**in** + *Akk.* into, **über** + *Akk.* over); b) *(verschütten)* spill (**über** + *Akk.* over); c) *(begießen)* water ⟨*plants, flowers, garden*⟩; d) cast ⟨*machine part, statue, candles, etc.*⟩; cast, found ⟨*metal*⟩; found ⟨*glass*⟩; **Blei zu Kugeln ~:** cast lead into bullets. 2. a) *unr. itr. V.* **ich muß im Garten noch ~:** I still have to water the garden; b) *(unpers., ugs.)* pour [with rain]; **es gießt in Strömen** it is coming down in buckets; it's raining cats and dogs

Gießer der; ~s, ~: caster; founder

Gießerei die; ~, ~en a) *(Betrieb)* foundry; b) *o. Pl. (Zweig der Metallindustrie)* casting; founding

Gieß-: ~**form** die *(Gießerei)* [casting-]mould; ~**grube** die *(Gießerei)* casting-pit; ~**harz** das *(Technik)* cast resin; ~**kanne** die watering-can

Gießkannen·prinzip das; *o. Pl. (scherzh.)* principle of 'equal shares for all'

Gieß-: ~**kelle** die *(Gießerei)* casting ladle; ~**pfanne** die *(Gießerei)* pouring *or* teeming ladle

Gift [gɪft] das; ~[e]s, ~e a) poison; *(Schlangen-)* venom; **jmdm. ~ [ein]geben** put poison down; b) *(fig.)* **~ für jmdn./etw. sein** be extremely bad for sb./sth.; **sein ~ verspritzen** *(fig.);* **~ und Galle speien** *od.* **spucken** *(sehr wütend sein)* be in a terrible rage; *(gehässig reagieren)* give vent to one's spleen; **du kannst ~ darauf nehmen** *(ugs.)* you can bet your life on it; *s.* **auch blond**

Gift-: ~**becher** der *(hist.)* cup of poison; ~**drüse** die *(Zool.)* poison gland

giften *(ugs.)* 1. *tr. V. (böse machen)* rile *(coll.);* infuriate. 2. *refl. V. (sich ärgern)* be furious. 3. *itr. V. (gehässig reden)* **gegen jmdn./etw. ~:** be nasty about sb./sth.

gift-, Gift-: ~**frei** *Adj.* non-toxic; non-poisonous; ~**gas** das poison gas; ~**grün** *Adj.* garish green

giftig *Adj.* 1. a) poisonous; venomous, poisonous ⟨*snake*⟩; toxic, poisonous ⟨*substance, gas, chemical*⟩; b) *(ugs.: bösartig)* venomous, spiteful ⟨*remark, person, words, etc.*⟩; venomous ⟨*look*⟩; **~ werden** turn nasty; c) *(grell, schreiend)* garish, loud ⟨*colour*⟩. 2. *adv.* venomously

Gift-: ~**küche** die *(scherzh.)* chemical laboratory *(with its unpleasant products);* ~**mischer** der a) *(ugs. abwertend)* maker of poisons; b) *(ugs. scherzh.: Apotheker)* chemist; ~**mord** der [murder by] poisoning; ~**mörder** der poisoner; ~**müll** der

1145

Giftmülldeponie — Glaskeramik

toxic waste; **~müll·deponie** die toxic [waste] tip *or* dump; **~pfeil** der poisoned arrow; **~pflanze** die poisonous plant; **~pilz** der poisonous mushroom; [poisonous] toadstool; **~schlange** die poisonous *or* venomous snake; **~schrank** der poison cabinet *or* cupboard; **~spinne** die poisonous spider; **~stachel** der poisonous sting; **~stoff** der poisonous *or* toxic substance; **~trank** der *(geh.)* poisoned drink; **~zahn** der poison fang; **~zwerg** der *(ugs. abwertend)* [nasty] spiteful little man

Giga- [giga-] giga⟨hertz etc.⟩

Gigant [gi'gant] der; ~en, ~en a) *(geh.: Riese)* giant; titan; **b)** *(sehr beeindruckende Sache, Person)* giant; titan; **~en der Landstraße/ des Meeres** *(fig.)* juggernauts of the road/ leviathans of the ocean

gigantisch *Adj.* gigantic; huge ⟨success⟩

Gigantomanie [gigantoma'ni:] die; ~ *(geh.)* craze for the huge and spectacular

Gigerl ['gi:gɐl] der *od.* das; ~s, ~n *(südd., österr. ugs.)* dandy; fop

Gigolo ['ʒi:golo] der; ~s, ~s gigolo

Gilde ['gɪldə] die; ~, ~n a) *(hist.)* guild; b) *(Interessengruppe)* fraternity

gilt [gɪlt] *3. Pers. Sg. Präsens v.* **gelten**

Gimpel [gɪmpl] der; ~s, ~ a) *(Vogel)* bullfinch; b) *(ugs. abwertend: einfältiger Mensch)* ninny; simpleton

Gin [dʒɪn] der; ~s, *(Sorten:)* ~s gin

Gin-Fizz ['dʒɪnfɪs] der; ~, ~: gin-fizz

ging [gɪŋ] *1. u. 3. Pers. Sg. Prät. v.* **gehen**

Ginseng ['gɪnzɛŋ] der; ~s, ~s ginseng

Ginster ['gɪnstɐ] der; ~s, ~: broom; *(Stech~)* gorse; furze

Gipfel ['gɪpfl̩] der; ~s, ~ a) peak; *(höchster Punkt des Berges)* summit; **den ~ besteigen/ bezwingen** climb the peak/conquer the peak *or* summit; **b)** *(Höhepunkt)* height; *(von Begeisterung, Glück, Ruhm, Macht auch)* peak; **auf dem ~ der Macht/des Ruhmes** at the height of one's power/fame; **der ~ der Geschmacklosigkeit/Dummheit** *(ugs.)* the height of bad taste/stupidity; **das ist [doch] der ~!** *(ugs.)* that's the limit!; **c)** *(veralt.: Wipfel)* top; **d)** *(~konferenz)* summit

Gipfel-: ~gespräch das summit talks *pl.*; **~konferenz** die summit conference; **~kreuz** das cross on the summit of a/the mountain

gipfeln *itr. V.* **in etw.** *(Dat.)* ~: culminate in sth.

Gipfel·punkt der highest point; top; *(fig.)* high point; **der ~ seines künstlerischen Schaffens** the peak of his artistic powers

Gips [gɪps] der; ~es, *(Sorten:)* ~e plaster; gypsum *(Chem.)*; *(zum Modellieren)* plaster of Paris; **einen Arm in ~ legen** put an arm in plaster; **drei Monate im ~ liegen** be laid up in plaster for three months

Gips-: ~abdruck der, ~abguß der plaster cast; **~bein** das *(ugs.)* **ich komme mit meinem ~bein nicht mit** I can't keep up, with this plaster on my leg; **durch ein ~bein behindert werden** be hindered by having one's leg in plaster

gipsen *tr. V.* a) plaster ⟨wall, ceiling⟩; put ⟨leg, arm, etc.⟩ in plaster; b) *(ausbessern)* repair with plaster

Gipser der; ~s, ~: plasterer

Gips-: ~figur die plaster [of Paris] figure; **~korsett** das *(Med.)* plaster jacket; **~modell** das plaster model; **~verband** der plaster cast

Giraffe [gi'rafə] die; ~, ~n giraffe

Girant [ʒi'rant] der; ~en, ~en *(Finanzw.)* endorser

girieren [ʒi'ri:rən] *tr. V. (Finanzw.)* endorse

Girl [gœrl] das; ~s, ~s a) *(ugs., oft scherzh.: Mädchen)* girl; b) *(Tänzerin)* chorus-girl

Girlande [gɪr'landə] die; ~, ~n festoon

Giro ['ʒi:ro] das; ~s, ~s, österr. auch **Giri** *(Finanzw.)* a) *(Überweisung)* giro; b) *(Vermerk)* endorsement

Giro-: ~bank die *(Finanzw.)* clearing bank; **~konto** das *(Finanzw.)* current account

girren ['gɪrən] *itr. V.* **(auch fig.)** coo

Gis, gis [gɪs] das; ~, ~ *(Musik)* G sharp

Gischt [gɪʃt] der; ~[e]s, ~e *od.* die; ~, ~en a) *(Schaumkronen)* foam; surf; b) *(Sprühwasser)* spray

gischten *itr. V. (geh.)* spray up

Gis-Dur *[auch:* '-'-] das; ~ *(Musik)* G sharp major; *s. auch* **A-Dur**

gis-Moll *[auch:* '-'-] das; ~ *(Musik)* G sharp minor; *s. auch* **a-Moll**

Gitarre [gi'tarə] die; ~, ~n guitar

Gitarren·spieler der guitar player; guitarist

Gitarrist der; ~en, ~en guitarist

Gitter ['gɪtɐ] das; ~s, ~ a) *(parallele Stäbe)* bars *pl.*; *(Drahtgeflecht vor Fenster-, Türöffnungen)* grille; *(in der Straßendecke, im Fußboden)* grating; *(Geländer)* railing[s *pl.*]; *(Spalier)* trellis; *(feines Draht~)* mesh; *(Kamin~)* [fire-]guard; **hinter ~n** *(ugs.)* behind bars; **b)** *(Physik, Chemie)* lattice; **c)** *(Math., Elektronik, auf Landkarten)* grid

Gitter-: ~bett das cot; **~fenster** das barred window; **~mast** der *(Technik)* pylon; lattice tower; **~netz** das *(Kartographie)* grid; **~rost** der grating; **~stab** der bar; **~struktur** die *(Physik)* lattice structure; **~tor** das iron-barred gate; **~werk** das; *o. Pl.* ironwork; *(kunstvoller)* wrought-iron work; **~zaun** der railing[s *pl.*]; *(mit gekreuzten Stäben)* lattice[-work] fence

Glace ['glasə] die; ~, ~n *(schweiz.)* ice cream

Glacé- [gla'se:]: **~hand·schuh** der kid glove; **jmdn./etw. mit ~handschuhen anfassen** *(ugs.)* handle sb./sth. with kid gloves; **~leder** das glacé leather

glacieren [gla'si:rən] *tr. V. (Kochk.)* glaze

Glacis [gla'si:] das; ~, ~ *(Milit.)* glacis

Gladiator [gla'dja:tɔr] der; ~s, ~en [-'to:rən] gladiator

Gladiole [gla'djo:lə] die; ~, ~n gladiolus

Glamour ['glɛmɐ] der *od.* das; ~s glamour

Glamour·girl das glamour girl

Glanz [glants] der; ~es a) *(von Licht, Sternen)* brightness; brilliance; *(von Haar, Metall, Perlen, Leder usw.)* shine; lustre; sheen; *(von Augen)* shine; brightness; lustre; **den ~ verlieren** ⟨diamonds, eyes⟩ lose their sparkle; ⟨metal, leather⟩ lose its shine; **etw. auf ~ polieren** polish sth. till it shines; **welch ~ in meiner Hütte!** *(scherzh. iron.)* to what do I owe the honour of this visit? *(iron.)*; **b)** *(der Jugend, Schönheit)* radiance; *(des Adels usw.)* splendour; **zu neuem ~ kommen** acquire new splendour; **mit ~** *(ugs. iron.)* with flying colours; **mit ~ und Gloria** *(ugs. iron.)* in grand style

Glanz·abzug der *(Fot.)* glossy print

glänzen ['glɛntsn̩] *itr. V.* a) *(Glanz ausstrahlen)* shine; ⟨car, hair, metal, paintwork, etc.⟩ gleam; ⟨elbows, trousers, etc.⟩ be shiny; **vor Sauberkeit ~:** be so clean [that] it shines; **sein Gesicht glänzte vor Freude** his face shone with joy *or* pleasure; **b)** *(Bewunderung erregen)* shine **(bei** at); **durch Wissen/ Können ~:** be outstanding for one's knowledge/ability; **in einer Rolle ~:** shine in a role; **durch Abwesenheit ~** *(iron.)* be conspicuous by one's absence

glänzend *(ugs.)* 1. *Adj.* a) *(strahlend)* shining; gleaming ⟨car, hair, metal, paintwork, etc.⟩; shiny ⟨elbows, trousers, etc.⟩; b) *(bewundernswert)* brilliant ⟨idea, career, victory, pupil, prospects, etc.⟩; splendid, excellent, outstanding ⟨references, marks, results, etc.⟩; **in ~er Laune/Form sein** be in a splendid mood/in splendid form. 2. *adv.* ~ **mit jmdm. auskommen** get on very well with sb.; **es geht mir/ uns ~:** I am/we are very well; *(finanziell)* I am/we are doing very well *or* very nicely; **eine Aufgabe ~ lösen** solve a problem brilliantly

glanz-, Glanz-: ~kohle die glance coal; **~leistung** die *(auch iron.)* brilliant performance; **~licht** das *(bild. Kunst)* highlight; **einer Sache** *(Dat.)* **[noch einige] ~lichter aufsetzen** give sth. [more] sparkle; **~los** *Adj.* dull; lacklustre; **~nummer** die star turn; **diese Rezitation ist seine ~nummer** this recitation is his pièce de résistance; **~papier** das glossy paper; **~parade** die *(Sport)* superb *or* outstanding save; **~politur** die high-gloss polish; **~punkt** der high spot; highlight; **~rolle** die star role; **~stück** das a) *(Meisterwerk)* pièce de résistance; b) *(kostbarste Gegenstand)* show-piece; **~voll 1.** *Adj.* a) *(ausgezeichnet)* brilliant; sparkling ⟨variety number⟩; b) *(prachtvoll)* magnificent; 2. *adv.* a) *(ausgezeichnet)* brilliantly; **eine Prüfung ~voll bestehen** pass an examination with flying colours; do brilliantly in an examination; b) *(prachtvoll)* **Louis XIV pflegte ~voll Hof zu halten** Louis XIV used to hold court in glittering style; **~zeit** die heyday; **ihre ~zeit ist vorüber** she's had her day

¹**Glas** ['gla:s] das; ~es, Gläser ['glɛ:zɐ] a) *o. Pl.* glass; unter ~ : behind glass; ⟨plants⟩ under glass; **„Vorsicht, ~!"** 'glass – handle with care'; **du bist nicht aus ~** *(ugs.)* you make a better door than you do window *(coll.)*; b) *(Trinkgefäß)* glass; **zwei ~ od. Gläser Wein/Bier** two glasses of wine/beer; **ein ~ über den Durst trinken** *(ugs. scherzh.)*, **zu tief ins ~ gucken** *(ugs. scherzh.)* have one too many *or* one over the eight; **c)** *(Behälter aus ~)* jar; **ein ~ Marmelade/Honig** a jar of jam/honey; **d)** *(geh.: Brillen~)* lens; **Gläser** *(veralt.: Brille)* spectacles; glasses; **e)** *(Fern~)* binoculars *pl.*; [field-]glasses *pl.*; *(Opern~)* opera-glasses *pl.*

²**Glas** das; ~es, ~en *(Seemannsspr.)* bell; **es schlug acht ~en** it struck eight bells

glas-, Glas-: ~artig *Adj.* vitreous; glassy; **~auge** das glass eye; **~ballon** der carboy; **~baustein** der glass brick *or* block; **~bläser** der glass-blower; **~bläserei** [~blɛ:zə'raɪ] die; ~, ~en *o. Pl.* glass-blowing; b) *(Betrieb)* glass-blowing works *sing.* or *pl.*

Gläschen ['glɛːsçən] das; ~s, ~ a) *(kleines Trinkglas)* [little] glass; b) *(kleines Gefäß aus Glas)* [little] [glass] jar

Glas·dach das glass roof

Glaser der; ~s, ~: glazier

Glaserei die; ~, ~en a) *(Betrieb)* glazing business; *(Werkstatt)* glazier's workshop; b) *o. Pl.* glazier's trade

gläsern ['glɛ:zɐn] *Adj.* a) *nicht präd. (aus Glas)* glass; **ein ~er Abgeordneter** *(fig.)* a member of parliament who has no secrets; b) *(dichter.: wie Glas)* glassy

glas-, Glas-: ~fabrik die glassworks *sing. or pl.*; **~faser** die; *meist Pl.* fibre; **~fenster** das [glass] window; **bemalte ~fenster** stained glass windows; **~fiber** die *s.* **~faser**; **~fiber·stab** der *(Leichtathletik)* glass-fibre pole; **~flasche** die glass bottle; **~flügler** der; ~s, ~ *(Zool.)* clearwing; **~fluß** der paste; **~geschirr** das glassware; **~hart 1.** *Adj.* a) ['--] *(hart)* solid ⟨ice⟩; rigid ⟨plastic⟩; *(spröde)* brittle; b) ['-'-] *(Sport)* cracking ⟨shot⟩; solid ⟨punch⟩; 2. *adv.* a) **~hart gefroren** frozen hard; b) *(Sport)* **seine Rechte ~hart schlagen** have a solid right; **~haus** das greenhouse; glasshouse; **wer [selbst] im ~haus sitzt, soll nicht mit Steinen werfen** *(Spr.)* those who live in glass houses shouldn't throw stones *(prov.)*; **~hütte** die glassworks *sing. or pl.*

glasieren *tr. V.* a) *(glätten und haltbar machen)* glaze; b) *(Kochk.)* ice ⟨cake etc.⟩; glaze ⟨meat⟩

glasig *Adj.* a) *(starr)* glassy ⟨stare, eyes, etc.⟩; b) *(Kochk.: durchsichtig)* transparent

glas-, Glas-: ~kasten der a) glass case; *(kleiner)* glass box; b) *(ugs.: Raum)* glass box; **~keramik** die devitrified glass;

Glaskinn / **gleich**

~kinn das *(Sportjargon)* vulnerable chin; ~klar *Adj. (auch fig.)* crystal clear; ~kolben der glass flask; *(einer Glühbirne)* glass bulb; ~körper der *(Anat.)* vitreous body; ~kugel die glass ball; *(einer Wahrsagerin)* crystal ball; *(Murmel)* marble; ~malerei die stained glass; *(Verfahren)* glass-staining; ~papier das glass *or* sand paper; ~perle die glass bead; ~platte die glass plate; *(eines Tisches)* glass top; *(im Fenster)* pane of glass; ~röhrchen das small glass tube; ~scheibe die sheet of glass; *(im Fenster)* pane of glass; ~scherbe die piece of broken glass; ~scherben [pieces of] broken glass; ~schleifer der a) glass cutter; b) *(Optik)* glass grinder; ~schneider der glass-cutter; ~schrank der glass-fronted cabinet; *(mit Wänden aus Glas)* glass cabinet; ~splitter der splinter of glass; ~stein der *s.* ~baustein; ~tür die glass door

Glasur [gla'zu:ɐ̯] die; ~, ~en a) *(Schmelz)* glaze; b) *(Kochk.) (auf Kuchen)* icing; *(auf Fleisch)* glaze

glas-, Glas-: ~veranda die glassed-in veranda; ~vitrine die glass showcase; ~ware die; *meist Pl.* piece of glassware; ~waren glassware *sing.*; ~watte die *s.* ~wolle; ~weise *Adv.* by the glass; ~wolle die glass wool; ~ziegel die glass tile

glatt [glat] 1. *Adj.* a) smooth; straight ⟨hair⟩; eine ~ Eins/Fünf a clear A/E; b) *(rutschig)* slippery; c) *nicht präd. (komplikationslos)* smooth ⟨landing, journey⟩; clean, straightforward ⟨fracture⟩; d) *nicht präd. (ugs.: offensichtlich)* downright, outright ⟨lie⟩; outright ⟨deception, fraud⟩; sheer, utter ⟨nonsense, madness, etc.⟩; pure, sheer ⟨invention⟩, flat ⟨refusal⟩; complete ⟨failure⟩; ~er Mord sein be tantamount to murder; e) *(allzu gewandt)* smooth. 2. *adv.* a) die Rechnung geht ~ auf the calculation works out exactly; stricken Sie die ersten zehn Reihen ~ rechts start with ten rows of plain knitting; b) *(komplikationslos)* smoothly; jmdm. ~ schlagen/besiegen beat/defeat sb. decisively; c) *(ugs.: rückhaltlos)* jmdm. etw. ~ ins Gesicht sagen tell sb. sth. straight to his/her face; etw. ~ ablehnen/leugnen reject/deny sth. flatly; etw. ~ vergessen completely *or* clean forget sth.; d) *(abwertend: allzu gewandt)* smoothly

glatt|bügeln *tr. V.* iron smooth

Glätte ['glɛtə] die; ~ a) *(ebene Beschaffenheit)* smoothness; b) *(Rutschigkeit)* slipperiness; c) *(abwertend: allzu große Gewandtheit)* smoothness

Glatt·eis das glaze; ice; *(auf der Straße)* black ice; jmdn. aufs ~ führen *(fig.)* catch sb. out; aufs ~ geraten *(fig.)* get on to tricky ground

Glatteis·bildung die formation of black ice

Glätt·eisen das *(schweiz.) s.* Bügeleisen

Glatteis·gefahr die; *o. Pl.* danger of black ice

glätten 1. *tr. V.* smooth out ⟨piece of paper, banknote, etc.⟩; smooth [down] ⟨feathers, fur, etc.⟩; plane ⟨wood etc.⟩; jmds. Zorn/aufgebrachte Stimmung ~ *(fig.)* calm sb.'s anger/smooth sb.'s ruffled feathers. 2. *refl. V.* ⟨waves⟩ subside; ⟨sea⟩ become calm *or* smooth; *(fig.)* subside; die down; ihre Stirn glättete sich her frown vanished. 3. *tr., itr. V. (schweiz.) s.* glätten

Glätterin die; ~, ~nen *(schweiz.) s.* Büglerin

glatt-: ~|gehen *unr. itr. V.; mit sein (ugs.)* go smoothly; ~|hobeln *tr. V.* plane smooth; ~|kämmen *tr. V.* seine Haare ~kämmen comb one's hair straight; ~|machen *tr. V.* a) *(ebnen, glätten)* smooth out; level ⟨ground⟩; b) *(ugs.: begleichen)* settle ⟨account etc.⟩; ~rasiert *Adj.* clean-shaven; ~weg *Adv. (ugs.)* etw. ~weg ablehnen/ignorieren turn sth. down flat/just *or* simply ignore sth.; das ist ~weg erlogen/erfunden that's a downright lie/that's pure invention; ~|ziehen *unr. tr. V.* pull straight; ~zünglg [-t͜sʏŋɪç] *Adj. (geh. abwertend)* smooth-tongued; glib

Glatze ['glat͜sə] die; ~, ~n bald head; *(kahle Stelle)* bald patch; eine ~ haben/bekommen be/go bald; sich eine ~ schneiden lassen *(ugs.)* have one's hair cropped very short all over; ein Mann mit ~: a man with a bald head; a bald-headed man

Glatz·kopf der a) *(Kopf)* bald head; b) *(ugs.: Person)* baldhead

glatz·köpfig *Adj.* bald[-headed]

Glaube ['glaʊ̯bə] der; ~ns a) *(gefühlsmäßige Bindung)* faith (an + *Akk.* in); *(Überzeugung, Meinung)* belief (an + *Akk.* in); den ~n an jmdn./etw. verlieren lose faith in sb./sth.; jmdm./jmds. Worten ~n schenken believe sb./what sb. says; [bei jmdm.] ~n finden be believed [by sb.]; guten ~ns sein, daß ...: be quite convinced that ...; in dem ~n leben, daß ...: live in the belief that ...; laß ihn in seinem ~n don't disillusion him; jmdn. bei *od.* in dem ~n lassen, daß ...: let sb. believe that ...; [der] ~ versetzt Berge *od.* kann Berge versetzen faith can move mountains; sich in dem ~n wiegen, daß ...: labour under the illusion that ...; in gutem *od.* im guten ~n in good faith; b) *(religiöse Überzeugung, Religion, Bekenntnis)* faith; den ~n verlieren lose one's [religious] faith; den ~n an Gott verlieren lose one's faith *or* belief in God

glauben 1. *tr. V.* a) *(annehmen, meinen)* think; believe; ich glaube, ja I think *or* believe so; ich glaube, nein *od.* nicht I don't think so; I think *or* believe not; jmdm. etw. ~ machen wollen try to make sb. believe sth.; b) *(für wahr halten)* believe; jmdm. [etw.] ~: believe sb.; ich glaube ihm seine Geschichte I believe his story; das glaubst du doch selbst nicht! [surely] you can't be serious; sie glaubt ihm jedes Wort she believes every word he says; ob du es glaubst oder nicht ...: believe it *or* not ...; wer hätte das [je] geglaubt? who would [ever] have thought it?; wer hätte [je] geglaubt, daß ...: who would [ever] have believed *or* thought that ...; du glaubst [gar] nicht, wie ...: you have no idea how ...; wer's glaubt, wird selig *(ugs. scherzh.)* if you believe that, you'll believe anything; das ist doch kaum zu ~ *(ugs.)* it's incredible; c) *(fälschlich annehmen)* wir glaubten ihn tot/in Sicherheit we thought *or* believed him [to be] dead/safe; sich allein/unbeobachtet ~: think *or* believe oneself [to be] alone/unobserved. 2. *itr. V.* a) *(vertrauen)* an jmdn./etw./sich [selbst] ~: believe in *or* have faith in sb./sth./oneself; b) *(gläubig sein)* hold religious beliefs; believe; fest/unbeirrbar ~: have a firm/unshakeable religious belief; c) *(von der Existenz von etw. überzeugt sein)* believe (an + *Akk.* in); an Gott ~: believe in God; d) dran ~ müssen *(salopp: getötet werden)* buy it *(sl.); (salopp: sterben)* peg out *(sl.)*; heute muß sie dran ~ und Küchendienst machen *(ugs.: ist an der Reihe)* today it is her turn to be lumbered with working in the kitchen *(coll.)*

Glauben der; ~s *s.* Glaube

glaubens-, Glaubens-: ~artikel der article of faith; ~bekenntnis das a) *o. Pl. (auch fig.: Überzeugung)* creed; b) *s. auch* apostolisch a; b) *(Konfessionsangehörigkeit)* religion; ~bruder der co-religionist; fellow-believer; ~dinge *Pl.* matters of faith; ~eifer der religious zeal; ~frage die question of faith *or* belief; ~freiheit die; *o. Pl.* religious freedom; freedom of worship; ~gemeinschaft die religious sect; denomination; ~kampf der religious war; war of religion; ~lehre die doctrine; *(Dogma)* dogma; *(Dogmatik)* dogmatics *sing.*; ~sache die *(ugs.)* matter of faith *or* belief; ~satz der doctrine; dogma; ~spaltung die schism; ~stark *Adj.* deeply religious; ~streit der religious dispute; ~wahrheit die religious truth; ~wechsel der change of religion

Glauber·salz ['glaʊ̯bɐ-] das; ~es *(Chemie)* Glauber's salt

glaubhaft 1. *Adj.* credible; believable. 2. *adv.* convincingly

Glaubhaftigkeit die; ~: credibility

Glaubhaft·machung die; ~ *(Rechtsspr.)* substantiation

gläubig ['glɔʏ̯bɪç] 1. *Adj.* a) *(religiös)* devout; sehr/zutiefst ~ sein be very/deeply religious; b) *(vertrauensvoll)* trusting; ~e Anhänger faithful followers. 2. *adv.* a) *(religiös)* devoutly; b) *(vertrauensvoll)* trustingly

-gläubig *Adj.* having a blind trust in ⟨authority, drugs, Hitler, the Party, etc.⟩

Gläubige der/die; *adj. Dekl.* believer; die ~n the faithful

Gläubiger der; ~s, ~, **Gläubigerin** die; ~, ~nen creditor

Gläubigkeit die; ~ a) *(religiöse Überzeugung)* religious faith; b) *(Vertrauen)* trustfulness

glaublich *Adj.* in: es ist kaum ~: it is scarcely *or* hardly credible

glaub·würdig 1. *Adj.* credible; believable; von ~er Seite/aus ~er Quelle from reliable quarters/a reliable source. 2. *adv.* convincingly

Glaubwürdigkeit die credibility

Glaukom [glaʊ̯'koːm] das; ~s, ~e *(Med.)* glaucoma

glazial [gla't͜si̯aːl] *Adj. (Geol.)* glacial

Glazial das; ~s, ~e *(Geol.)* glacial epoch

gleich [glaɪ̯ç] 1. *Adj.* a) *(identisch, von derselben Art)* same; *(~berechtigt, ~wertig, Math.)* equal; zur ~en Zeit/im ~en Augenblick at the same time/at the same moment; ~er Lohn für ~e Arbeit equal pay for equal work; ~es Recht für alle equal rights for all; dreimal zwei [ist] ~ sechs three times two equals *or* is six; das ~e wollen/beabsichtigen have the same objective[s *pl.*]/intentions *pl.*; das ~e gilt auch für dich the same applies to *or* goes for you too; das kommt auf das ~e *od.* aufs ~e heraus it amounts *or* comes to the same thing; der/die ~e bleiben remain *or* stay the same; ~es mit ~em vergelten pay sb. back in his/her own coin *or* in kind; ~ und ~ gesellt sich gern *(Spr.)* birds of a feather flock together *(prov.)*; b) *(ugs.: gleichgültig)* es ist mir völlig *od.* ganz ~: it's all the same to me; I couldn't care less *(coll.)*; ganz ~, wer anruft, ... no matter who calls, ... 2. *adv.* a) *(übereinstimmend)* ~ groß/alt *usw.* sein be the same height/age *etc.*; ~ gut/schlecht *usw.* equally good/bad *etc.*; b) *(in derselben Weise)* ~ aufgebaut/gekleidet having the same structure/wearing identical clothes; alle Menschen ~ behandeln treat everyone alike; c) *(sofort)* at once; right *or* straight away; *(bald)* in a moment *or* minute; ich komme ~: I'm just coming; es muß nicht ~ sein there's no immediate hurry; ich bin ~ wieder da I'll be back in a moment *or* minute; I'll be right back; es ist ~ zehn Uhr it is almost *or* nearly ten o'clock; das habe ich [euch] ~ gesagt I told you so; what did I tell you?; warum nicht ~ so? why didn't you do that/say so in the first place?; bis ~! see you later!; d) *(räumlich)* right; immediately; just; ~ rechts/links just *or* immediately on the right/left; ~ um die Ecke just round the corner; e) *(geh.: schon, auch)* wenn er ~ reich war, ...: rich though he was, ...; ob er ~ unschuldig war, ...: although he was innocent, ... 3. *Präp. + Dat. (geh.)* like; einem silbernen Band ~: like a silver ribbon. 4. *Partikel* a) nun wein' nicht ~/sei nicht ~ böse don't start crying/don't get cross; da könnte

1147

man doch ~ in die Luft gehen/aus der Haut fahren it's enough to drive you up the wall *(coll.);* **b)** *(in Fragesätzen)* wie hieß er ~? what was his name [again]?; was wollte ich ~ sagen? what was I going to say?
gleich-, Gleich-: ~alt[e]rig [~alt[ə]rɪç] *Adj.* of the same age (mit as); die beiden sind ~alt[e]rig they are both the same age; Gleichalt[e]rige *Pl.* people/children of the same age; **~artig 1.** *Adj.* of the same kind *postpos.* (+ *Dat.* as); *(sehr ähnlich)* very similar (+ *Dat.* to); **2.** *adv.* in the same way; **~artigkeit die;** *o. Pl.* great similarity; **~bedeutend** *Adj.* **~bedeutend mit** synonymous with; *⟨action⟩* tantamount to; **~berechtigt** *Adj.* having *or* enjoying *or* with equal rights *postpos.;* **~berechtigte Partner/Mitglieder** equal partners/members; **~berechtigt sein** have *or* enjoy equal rights; **~berechtigt mit jmdm. sein** have the same rights as sb.; **Gleichberechtigte** *Pl.* people who have *or* enjoy equal rights; **~berechtigung die** equal rights *or* equality; **für die ~berechtigung der Frauen kämpfen** fight for equal rights *or* equality for women; **~|bleiben** *unr. itr. V.; mit sein* remain *or* stay the same; *⟨speed, temperature, etc.⟩* remain *or* stay constant *or* steady; *⟨prices⟩* remain unchanged, stay the same; **sich** *(Dat.)* **~bleiben** remain the same; **das bleibt sich [doch] gleich** *(ugs.)* it makes no difference; **~bleibend** *Adj.* constant, steady *⟨temperature, speed, etc.⟩;* **~bleibend sein** remain *or* stay the same; *⟨temperature, speed, etc.⟩* remain *or* stay constant *or* steady; **in ~bleibendem Abstand** at a steady distance; **~denkend** *Adj.; nicht präd. s.* **~gesinnt**
gleichen *unr. itr. V.* **jmdm./einer Sache ~:** be like *or* resemble sb./sth.; *(sehr ähnlich aussehen)* closely resemble sb./sth.; **sich** *(Dat.)* **~:** be alike; *(sehr ähnlich aussehen)* closely resemble each other; **nichts gleicht dem Zauber dieser Musik** nothing can equal *or* there is nothing to equal the enchanting quality of this music
gleichen·orts *Adv.* *(schweiz.)* in the same place
gleichermaßen *Adv.* equally
gleich-, Gleich-: ~falls *Adv.* *(auch)* also; *(ebenfalls)* likewise; **danke ~falls!** thank you, [and] the same to you; **~farbig** *Adj.* of the same colour *postpos.;* **~förmig 1.** *Adj.* **a)** *(einheitlich)* uniform; uniform, even *⟨light⟩;* steady *⟨development⟩;* **b)** *(langweilig, monoton)* monotonous; **2.** *adv.* **a)** *(einheitlich)* uniformly; **b)** *(langweilig, monoton)* monotonously; **~förmig sprechen** speak in a monotone; **~förmigkeit die;** **a)** *(Einheitlichkeit)* uniformity; **b)** *(Monotonie)* monotony; **~geschlechtlich** *Adj.* homosexual; **~gesinnt** *Adj.; nicht präd.* like-minded; **Gleichgesinnte** *Pl.* like-minded people
Gleich·gewicht das; *o. Pl.* **a)** balance; **das ~ halten/verlieren** keep/lose one's balance; **aus dem ~ kommen** lose one's balance; **im ~ sein** be in equilibrium; **ihr ~ ist leicht gestört** her sense of balance is slightly impaired; **b)** *(Ausgeglichenheit)* balance; **das europäische ~:** the balance of power in Europe; **das ~ der Kräfte** the balance of power; **c)** *(innere Ausgeglichenheit)* balance; **aus dem ~ geraten** lose one's equilibrium; **sein ~ bewahren/verlieren** keep *or* retain/lose one's equilibrium; **jmdn. aus dem ~ bringen** throw sb. off balance
Gleichgewichts-: ~lage die equilibrium; **~organ das** *(Anat.)* organ of equilibrium; **~sinn der** sense of balance; **~störung die** disturbance of one's sense of balance; **~störungen** impaired balance *sing.*
gleich·gültig 1. *Adj.* **a)** *(teilnahmslos)* indifferent *(gegenüber* towards); **sie war ihm [nicht] ~** *(verhüll.)* he was [by no means] in‑ different to her; **b)** *(belanglos)* trivial, unimportant *⟨matter, question, etc.⟩;* trivial *⟨conversation⟩;* **es ist ~, ob ...:** it does not matter whether ...; **das ist mir [vollkommen] ~:** it's a matter of [complete] indifference to me. **2.** *adv.* indifferently; *⟨look on⟩* with indifference
Gleich·gültigkeit die indifference (gegenüber towards)
Gleichheit die; ~, ~en a) *(Identität)* identity; *(Ähnlichkeit)* similarity; **bei ~ der Punktzahl** if the teams/players *etc.* are level on points; **b)** *o. Pl. (gleiche Rechte)* equality
Gleichheits-: ~[grund]satz der the principle of equality before the law; **~zeichen das** equals sign
gleich-, Gleich-: ~klang der harmony; **~|kommen** *unr. itr. V.; mit sein* **a)** *(entsprechen)* amount to; be tantamount to; **b)** *(die gleiche Leistung erreichen)* jmdm./einer Sache [an etw. *(Dat.)]* ~kommen equal sb./sth. [in sth.]; **jmdm. an Erfolg/Schnelligkeit ~kommen** equal *or* match sb.'s success/match sb. for speed; **~lauf der;** *o. Pl.* *(Technik)* synchronism; **~laufend** *Adj.* parallel (mit with); **~lautend** *Adj.* **a)** *(im Klang, Laut gleich)* identical *⟨sound, syllable, etc.⟩;* *⟨words⟩* with the same pronunciation; homonymous *⟨words⟩* *(Ling.);* **b)** *(mit gleichem Wortlaut)* identical; identically worded; **~|machen** *tr. V.* make equal; **der Tod macht alle Menschen gleich** Death is the great leveller; *s. auch* **Erdboden; ~macherei die; ~, ~en** *(abwertend)* levelling down *(derog.);* egalitarianism; **~macherisch** *Adj.* *(abwertend)* egalitarian; **~maß das;** *o. Pl.* **a)** *(Ebenmaß)* *(von Bewegung, Strophen)* regularity; *(von Zügen, Proportionen)* symmetry; **b)** *(Ausgeglichenheit)* equilibrium; **~mäßig 1.** *Adj.* regular *⟨interval, rhythm⟩;* uniform *⟨acceleration, distribution⟩;* even *⟨heat⟩;* **~mäßige Atemzüge** regular breathing *sing.;* **2.** *adv.* *⟨breathe⟩* regularly; **etw. ~mäßig verteilen/auftragen** distribute sth. equally/apply sth. evenly; **~mäßig hohe Temperaturen** constantly high temperatures; **~mäßigkeit die** *s.* **mäßig:** regularity; uniformity; evenness; **~mut der** *(veralt., landsch. auch:* die *~)* equanimity; calmness; composure; **etw. mit ~mut hinnehmen/ertragen** accept/bear sth. with equanimity; **~mütig 1.** *Adj.* calm; composed; unruffled *⟨calm⟩;* **2.** *adv.* with equanimity; calmly; **~mütigkeit die; ~:** *s.* **~mut; ~namig** [-na:mɪç] *Adj.* **a)** of the same name *postpos.;* **b)** *(Math.)* **~namige Brüche** fractions with a common denominator; **Brüche ~namig machen** reduce fractions to a common denominator; **c)** *(Physik)* like *⟨charges, poles⟩*
Gleichnis das; ~ses, ~se *(Allegorie)* allegory; *(Parabel)* parable
gleichnishaft 1. *Adj. (allegorisch)* allegorical; *(parabolisch)* parabolic. **2.** *adv.* allegorically/parabolically
gleich-, Gleich-: ~rangig [-raŋɪç] **1.** *Adj.* *⟨principle, problem, etc.⟩* of equal importance *or* status; equally important *⟨principle, problem, etc.⟩;* *⟨official, job⟩* of equal rank; **2.** *adv.* **alle Punkte ~rangig behandeln** give all points equal treatment; **~|richten** *tr. V.* *(Elektrot.)* rectify; **~richter der** *(Elektrot.)* rectifier
gleichsam *Adv. (geh.)* as it were; so to speak; **~ als [ob] ...:** just as if ...
gleich-, Gleich-: ~|schalten *tr. V.* *(abwertend)* force *or* bring into line; **~schaltung die** *(abwertend)* Gleichschaltung; **~schenk[e]lig** *Adj.* *(Math.)* isosceles; **~schritt der;** *o. Pl.* marching in step; **im ~schritt** in step; **im ~schritt marsch!** forward march!; **~schritt halten** keep in step; **~|sehen** *unr. itr. V.* jmdm./einer Sache **~sehen** look like sb./sth.; **~seitig** *Adj.* *(Math.)* equilateral; **~|setzen** *tr. V.* zwei Dinge **~setzen** equate two things; **etw. einer Sache** *(Dat.)* *od.* **mit etw. ~setzen** equate sth. with sth.; **sich mit jmdm. ~setzen** put oneself on the same level as *or* on a level with sb.; **Ludwig XIV. setzte sich mit seinem Staat ~:** Ludwig XIV identified himself with his state; **~setzung die; ~, ~en: die ~setzung von sozialistischen und fortschrittlichen Ideen** equating socialist and progressive ideas; **die ~setzung der Arbeiter mit den Vertretern der Intelligenz** placing the workers on the same level as the members of the intelligentsia; **~silbig** *Adj.* having the same number of syllables *postpos., not pred.;* **~silbig sein** have the same number of syllables; **~sinnig 1.** *Adj.* *⟨fluctuations etc.⟩* in the same direction; **2.** *adv.* in the same direction; **~stand der;** *o. Pl.* **a)** *(Sport: gleicher Spielstand)* **den ~stand herstellen/erzielen** level the score; **beim ~stand von 1:1** with the scores level at 1 all; **das Spiel wurde beim ~stand von 1:1 beendet** the match ended in a 1 all draw; **b)** *(Politik)* balance of forces; **~|stehen** *unr. itr. V.* be equal *(Dat.* to, with); *(Sport)* be level; **~|stellen** *tr. V.* zwei Dinge **~stellen** equate two things; **etw. einer Sache** *(Dat.)* *od.* **mit etw. ~stellen** equate sth. with sth.; **jmd. [mit] jmdm. ~stellen** put sb. on the same level *or* on a level with sb.; *(gleiche Rechte zugestehen)* put sb. on an equal footing with sb.; **~stellung die: die rechtliche ~stellung unehelicher Kinder** giving equal rights to illegitimate children; **soziale ~stellung** social equality; **~strom der** *(Elektrot.)* direct current; **~|tun** *unr. tr. V.* **es jmdm. ~tun** match *or* equal sb.; *(nachahmen)* copy sb.; **es jmdm. an** *od.* **in etw.** *(Dat.)* **~tun** match *or* equal sb. in sth.; **es jmdm. an Schnelligkeit ~tun** match *or* equal sb. for speed
Gleichung die; ~, ~en equation; **die ~ ging nicht auf** *(fig.)* things did not work out as planned
gleich-, Gleich-: ~viel ['- *od.* '--] *Adv.* no matter; **~viel wohin** no matter where; **~viel ob es leicht oder schwer geht/du darüber böse bist** regardless of whether it's easy or difficult/even if you are angry about it; **~wertig** *Adj.* **a)** *(Sport: gleich stark)* evenly matched *⟨opponents, teams⟩;* **b)** *(von gleichem Wert)* of equal *or* the same value *postpos.;* *⟨performances⟩* of the same standard; **c)** *(Chemie)* equivalent; **~wertigkeit die: wie ist ~wertigkeit der Arbeit zu definieren?** how can you define what constitutes equal work?; **die ~wertigkeit beider Inszenierungen steht außer Frage** that the two productions are of an equal standard is beyond question; **~wink[e]lig** *Adj.* *(Geom.)* equiangular; **~wohl** ['- *od.* '--] **1.** *Adv.* nevertheless; nonetheless; **2.** *Konj.* *(selten, noch landsch.)* although; **~zeitig 1.** *Adj.; nicht präd.* simultaneous; **2.** *adv.* **a)** *(zur gleichen Zeit)* simultaneously; at the same time; **b)** *(auch noch)* at the same time; **~zeitigkeit die** simultaneity; simultaneousness; *(von historischen Ereignissen)* contemporaneity; contemporaneousness; **~|ziehen** *unr. itr. V.* catch up; draw level
Gleis [glaɪs] **das; ~es, ~e a)** *(Fahrspur)* track; line; rails *pl.;* permanent way *as Brit. tech. term; (Bahnsteig)* platform; *(einzelne Schiene)* rail; **auf ~ 5 einlaufen** *⟨train:⟩* arrive at platform 5; **„das Überschreiten der ~e ist verboten!"** passengers must not cross the line; **aus dem ~ springen/kommen** jump/leave the rails; **ein totes ~:** an unused siding; **b)** *(fig.)* **auf** *od.* **in ein falsches ~ geraten** get on [to] the wrong track; **jmdn. aufs tote ~ schieben** put sb. out of harm's way *(fig.);* **etw. auf ein totes ~ schieben** shelve sth. indefinitely; **jmdn. aus dem ~ bringen** *od.* **werfen** put sb. off [his/her stroke]; *(von jmdm. psychisch nicht bewältigt werden)* upset *or* affect sb. deeply; **sie/alles wird**

Gleisanlage | **gluck**

wieder ins rechte ~ kommen she'll be all right/everything will sort itself out; **alles wieder ins [rechte]** ~ **bringen** put things or matters right again; **aus dem** ~ **kommen** go off the rails *(fig.)*; er/alles ist wieder im ~: he's/everything's all right again; **sich in ausgefahrenen** ~**en bewegen** be in a rut
Gleis-: ~**an·lage die** [railway] lines *pl.* or tracks *pl.*; ~**an·schluß der** siding; ~**bau der;** *o. Pl.* track-laying; construction of permanent way *(Brit.)*; ~**bremse die** *(Eisenb.)* rail brake; ~**kette die** *(Technik)* caterpillar track
Gleisner ['glaɪsnɐ] der; ~s, ~ *(veralt.)* hypocrite
gleisnerisch *Adj. (veralt.)* hypocritical
gleißen ['glaɪsn] *itr. V. (dichter.)* blaze
Gleis-: ~**sperre die** *(Eisenb.)* scotch block; ~**waage die** weighbridge
Gleit-: ~**bahn die** *(Flugw.)* glide path; ~**boot das** hydroplane
gleiten ['glaɪtn] *unr. itr. V.; mit sein* a) glide; ⟨hand⟩ slide; **ein Lächeln glitt über ihr Gesicht** a smile passed over her face; **aus dem Sattel/ins Wasser** ~: slide out of the saddle/slide or slip into the water; **jmdm. aus den Händen** ~: slip from sb.'s hands; **er ließ das Geld in seine Tasche** ~: he slipped the money into his pocket; b) *(ugs.: in bezug auf Arbeitszeit)* work flexitime
gleitend *Adj.; nicht präd.* ~**e Arbeitszeit** flexitime; flexible working hours *pl.*; ~**e Lohnskala** index-linked wage scale
Gleiter der; ~s, ~: glider
gleit-, Gleit-: ~**fläche die** slide; *(für Schiffe)* slipway; *(am Ski)* sole [of the ski]; ~**flug der** glide; **im** ~**flug landen** glideland; **zum** ~**flug ansetzen** go into a glide; ~**flugzeug das** glider; ~**klausel die** *(Rechtsw.)* escalator clause; ~**kufe die** *(Fliegerspr.)* skid; ~**laut der** *(Sprachw.)* glide; ~**schiene die** guide or slide rail; ~**schutz der** *(Kfz-W.)* anti-skid protection; *(Bauteil)* anti-skid device; ~**sicher** *Adj.* non-slip ⟨shoe, surface, etc.⟩; non-skid ⟨tyre⟩; ~**zeit die** a) *(Zeitspanne)* flexible working hours *pl.* or starting and finishing times *pl.*; b) **drei Stunden** ~**zeit** three hours flexitime; c) *o. Pl. (ugs.: gleitende Arbeitszeit)* flexitime; flexible working hours *pl.*
Glencheck ['glɛntʃɛk] der; ~[s], ~s a) *(Material)* glen-check cloth; b) *(Anzug)* glen-check suit
Gletscher ['glɛtʃɐ] der; ~s, ~: glacier
Gletscher-: ~**bach der** glacier stream; ~**brand der** glacier burn; ~**eis das** glacial ice; ~**mühle die** glacier mill; moulin; ~**spalte die** crevasse; ~**tisch der** *(Geol.)* glacier table; ~**tor das** *(Geol.)* glacier snout
glibberig ['glɪbərɪç] *Adj. (bes. nordd.)* slippery; *(schleimig)* slimy
glich [glɪç] *1. u. 3. Pers. Sg. Prät. v.* **gleichen**
Glied [gliːt] das; ~[e]s, ~er a) *(Körperteil)* limb; *(Finger~, Zehen~)* joint; phalanx *(Anat.)*; **kein** ~ **rühren können** be unable to move a muscle; **der Schreck sitzt** *od.* **steckt ihm noch in den** ~**ern** he is [still] shaking with the shock; **der Schreck fuhr ihr in die** *od.* **durch alle** ~**er** the shock made her shake all over; b) *(Ketten~, auch fig.)* link; c) *(Teil eines Ganzen)* section; part; *(Mitglied)* member; *(eines Satzes)* part *(einer Gleichung)* term; **ein nützliches** ~ **der Gesellschaft** a useful member of society; d) *(Penis)* penis; e) *(Mannschaftsreihe)* rank; f) *(geh. veralt.: Generation)* generation
glieder-, Glieder-: ~**bau der;** *o. Pl.* limb structure; ~**füßer der** *(Zool.)* arthropod; ~**lahm** *Adj.* stiff-limbed
gliedern ['gliːdɐn] 1. *tr. V.* structure; organize ⟨thoughts⟩; **nach Eigenschaften** ~: classify according to properties; **in Teile** ~: arrange in parts; **einen Aufsatz in drei Teile** ~: divide an essay into three sections; **hierarchisch gegliedert** hierarchically structured. 2. *refl. V.* **sich in Gruppen/Abschnitte** *usw.* ~: divide or be divided into groups/sections *etc.*
Glieder-: ~**puppe die** jointed doll; *(als Modell für Maler o. ä.)* lay figure; ~**reißen das;** ~s *(ugs.)*; ~**schmerz der** rheumatic pains *pl.*; ~**tier das** *(Zool.)* member of the Articulata; **die** ~**tiere** the Articulata
Gliederung die; ~, ~**en** a) *(Aufbau, Einteilung)* structure; **in militärischer** ~: in military formation; **die** ~ **eines Buches in Kapitel** the division of a book into chapters; b) *(das Gliedern)* structuring; *(von Gedanken)* organization; *(nach Eigenschaften)* classification; *(in Teile)* arrangement; c) *(ns.: Gruppe)* section
Glieder·zucken das; ~s twitching of the limbs
glied-, Glied-: ~**maße** [-maːsə] die; ~, ~n limb; ~**satz der** *(Sprachw.)* subordinate clause; ~**staat der** member or constituent state; ~**weise** *Adv.* in ranks
glimmen ['glɪmən] *unr. od. regelm. itr. V.* glow; **in seinen Augen glomm ein gefährlicher Funke** *(fig.)* there was a dangerous glint in his eyes
Glimmer der; ~s, ~: mica
glimmern *itr. V.* glimmer; ⟨lake etc.⟩ glisten
Glimm-: ~**lampe die** *(Elektrot.)* glow lamp; ~**stengel der** *(ugs. scherzh.)* fag *(sl.)*; ciggy *(coll.)*
glimpflich ['glɪmpflɪç] 1. *Adj.* a) **der Unfall nahm ein** ~**es Ende** the accident turned out not to be too serious; **sie war über den** ~**en Ausgang der Angelegenheit erfreut** she was glad to have got off so lightly; b) *(mild)* lenient ⟨sentence, punishment⟩. 2. *adv.* a) *(ohne Schaden)* ~ **davonkommen** get off lightly; **es ist** ~ **abgegangen** it turned out not to be too bad; b) *(mild)*, leniently
glitschen ['glɪtʃn] *itr. V.; mit sein (ugs.)* slip; **jmdm. aus der Hand** ~: slip out of sb.'s hand
glitschig ['glɪtʃɪç] *Adj. (ugs.)* slippery
glitt [glɪt] *1. u. 3. Pers. Sg. Prät. v.* **gleiten**
glitz[e]rig ['glɪts(ə)rɪç] *Adj. (ugs.)* glistening ⟨snow⟩; sparkling, glittering ⟨diamond, decorations⟩
glitzern ['glɪtsɐn] *itr. V.* ⟨star⟩ twinkle; ⟨diamond, decorations⟩ sparkle, glitter; ⟨snow, eyes, tears⟩ glisten
glitzrig *s.* **glitz[e]rig**
global [glo'baːl] 1. *Adj.* a) *(weltweit)* global; world-wide; b) *(umfassend)* general, all-round ⟨education⟩; overall ⟨control, planning, etc.⟩; c) *(allgemein)* general. 2. *adv.* a) *(weltweit)* world-wide; globally; b) *(umfassend)* in overall terms; ~ **gesteuert werden** be subject to overall control; c) *(allgemein)* in general terms; ~ **gerechnet** in round figures
Global-: ~**steuerung die** *(Wirtsch.)* overall control; ~**strategie die** global or world-wide strategy
Globen *s.* **Globus**
Globetrotter ['gloːbətrɔtɐ] der; ~s, ~: globetrotter
Globus ['gloːbʊs] der; ~ *od.* ~**ses**, **Globen** ['gloːbn̩] *od.* ~**se;** b) *(salopp: Kopf)* nut *(sl.)*; bonce *(Brit. sl.)*
Glöckchen ['glœkçən] das; ~s, ~: [little] bell
Glocke ['glɔkə] die; ~, ~n a) *(auch: Tür~, Taucher~, Blüte~)* bell; **etw. an die große** ~ **hängen** *(ugs.)* tell the whole world about sth.; **wissen, was die** ~ **geschlagen hat** *(ugs.)* know what one is in for *(coll.)*; b) *(Hut)* cloche; c) *(Käse~, Butter~, Kuchen~)* cover; bell; d) *(Fechten)* coquille
glocken-, Glocken-: ~**balken der** [bell] yoke; ~**blume die** *(Bot.)* bell-flower; campanula; ~**förmig** 1. *Adj.* bell-shaped; widely flared ⟨skirt etc.⟩; 2. *adv.* ~**förmig geschnitten** widely flared; ~**geläute das** pealing or ringing of bells; ~**gießer der** bell-founder; ~**gießerei** [----'-] die bell-foundry; ~**guß der** bell-founding *no art.*; ~**heide die** *(Bot.)* bell-heather; ~**hell 1.** *Adj.* bell-like; **eine** ~**helle Stimme** a high, clear voice; 2. *adv.* ~**hell lachen** give a high, clear laugh; ~**klang der** pealing or ringing of bells; ~**klöppel der** [bell-]clapper; ~**läuten das** pealing or ringing of bells; ~**mantel der** *(Gußform)* cope; ~**rein 1.** *Adj.* as clear as a bell *postpos.*; 2. *adv.* as clear as a bell; ~**rock der** widely flared skirt; ~**schlag der** stroke; **beim** ~**schlag um acht Uhr** on the stroke of eight o'clock; **mit dem** *od.* **auf den** ~**schlag** *(ugs.)* on the dot *(coll.)*; ~**seil das** bell-rope; ~**spiel das** a) carillon; *(mit einer Uhr gekoppelt auch)* chimes *pl.*; b) *(Instrument)* glockenspiel; ~**strang der s.** ~**seil**; ~**stube die** belfry; ~**stuhl der** bell-cage; ~**ton der** stroke of a/the bell; ~**turm der** bell tower; belfry; ~**weihe die** *(kath. Rel.)* baptism or blessing of a/the bell; ~**zeichen das** ring of a/the bell; **auf das** ~**zeichen** when the bell rings/rang; ~**zug der** *(Klingelschnur)* bell-pull; *(~strang)* bell-rope
glockig ['glɔkɪç] *s.* **glockenförmig**
Glöckner ['glœknɐ] der; ~s, ~ *(veralt.)* bell-ringer; **der** ~ **von Notre Dame** the Hunchback of Notre Dame
glomm [glɔm] *1. u. 3. Pers. Sg. Prät. v.* **glimmen**
¹Gloria ['gloːria] das; ~s *od.* die; ~ *(iron.)* glory
²Gloria das; ~s, ~s *(Rel.)* gloria; **das große/kleine** ~: the greater/lesser doxology
Glorie ['gloːriə] die; ~, ~n a) *(geh.: Ruhm)* glory; b) *(geh.: Lichtschein)* glory; *(um den Kopf, um einen Stern)* halo
Glorien·schein der glory; *(um den Kopf, fig.)* halo
Glorifikation [glorifika'tsioːn] die; ~, ~**en** glorification
glorifizieren [glorifi'tsiːrən] *tr. V.* glorify
Glorifizierung die; ~, ~**en** glorification
Gloriole [glo'rioːlə] die; ~, ~**n** a) *(auch fig.)* glory; b) *(um den Kopf)* halo; aura
glorios [glo'rioːs] *(iron.)* 1. *Adj.* brilliant. 2. *adv.* brilliantly
glor·reich ['gloːɐ̯-] 1. *Adj.* glorious. 2. *adv.* gloriously
glosen ['gloːzn] *itr. V. (landsch./dichter.) s.* **glimmen**
Glossar [glɔ'saːɐ̯] das; ~s, ~**e** glossary
Glosse ['glɔsə] die; ~, ~**n** a) *(in den Medien)* commentary; b) *(spöttische Bemerkung)* sneering or *(coll.)* snide comment; c) *(Sprachw., Literaturw.)* gloss
Glossen·schreiber der commentator
glossieren *tr. V.* a) commentate on; b) *(bespötteln)* sneer at; c) *(Sprachw., Literaturw.)* gloss
Glottal [glɔ'taːl] der; ~s, ~**e** *(Phon.)* glottal stop
Glottis ['glɔtɪs] die; ~, **Glottides** ['glɔtideːs] *(Anat.)* glottis
Glotz·auge das a) *Pl. (salopp abwertend)* goggle eyes; ~**augen machen/bekommen** go goggle-eyed; goggle; b) *(Med.)* exophthalmus
glotz·äugig *Adj.* goggle-eyed
Glotze ['glɔtsə] die; ~, ~**n** *(salopp)* box *(coll.)*; goggle-box *(Brit. sl.)*
glotzen *itr. V. (abwertend)* goggle; gawk; gawp *(coll.)*
Glotz·kiste die *(salopp)* box *(coll.)*; goggle-box *(Brit. sl.)*
Glotzophon [glɔtso'foːn] das; ~s, ~**e** *(salopp scherzh.) s.* **Glotze**
Gloxinie [glɔ'ksiːniə] die; ~, ~**n** *(Bot.)* gloxinia
Glubsch·augen ['glʊpʃ-] *Pl. (nordd.) s.* **Glupschaugen**
gluck [glʊk] *Interj.* a) *(für das Glucken)* cluck; b) *(für das Gluckern)* glug; ~, ~, **weg**

1149

Glück

war er *(scherzh.)* glug, glug, and he went under; **~, ~ machen** *(ugs. scherzh.)* have a few *(sl.)*

Glück [glʏk] *das;* ~[e]s **a)** luck; **ein großes/ unverdientes ~**: a great/an undeserved stroke of luck; **|es ist/war| ein ~, daß ...**: it's/it was lucky that ...; **er hat [kein] ~ gehabt he was [un]lucky; sie hatte das ~, zu ...**: she was lucky enough to ...; **bei jmdm. ~ mit etw. haben** succeed in getting sb. to agree to sth.; **bei jmdm. kein ~ haben** get no joy out of sb.; **~ bei Frauen haben** be successful with women; **bei der Auslosung kein ~ haben** have no luck in the draw; **im Unglück haben** be quite lucky in the circumstances; **jmdm. ~ wünschen** wish sb. [good] luck; **jmdm. ~ zum Geburtstag wünschen** wish sb. a very happy birthday; **viel ~!** [the] best of luck!; good luck!; **~ bringen** bring [good] luck; **~ muß der Mensch haben** my/his etc. luck must have been in; **mehr ~ als Verstand haben** have more luck than judgement; **er weiß noch nichts von seinem ~** *(iron.)* he doesn't know what's in store for him yet; **sein ~ versuchen** try one's luck; **sein ~ machen** make one's fortune; **auf gut ~**: trusting to luck; **er hatte sich auf gut ~ beworben** he had applied on the off-chance; **sie wählte ein Buch auf gut ~**: she chose a book at random; **von ~ sagen** *od.* **reden können** consider or count oneself lucky; **zum ~** *od.* **zu meinem/seinem usw. ~**: luckily *or* fortunately [for me/him etc.]; **~ auf!** *(Bergmannsgruß)* good luck!; **~ ab!** *(Fliegergruß)* happy landings!; good luck!; **b)** *(Hochstimmung)* happiness; **das häusliche ~** = domestic bliss; **sie ist sein ganzes ~**: she means everything to him; **jmdm. zu seinem ~ zwingen** make sb. do what is good for him/her; **man kann niemanden zu seinem ~ zwingen** you can lead a horse to water but you can't make him drink; **du hast/das hat mir gerade noch zu meinem ~ gefehlt** *(iron.)* you're/that's all I needed; **jeder ist seines ~es Schmied** *(Spr.)* life is what you make it; **~ und Glas, wie leicht bricht das** *(Spr.)* happiness is such a fragile thing; **c)** *(Fortuna)* fortune; luck; **das ~ ist launisch** fortunes change; **er ist ein Liebling des ~s** fortune has always smiled upon him; **das ~ war ihm hold** *(geh.)* fortune smiled [up]on him

glück·bringend *Adj.* lucky

Glucke ['glʊkə] *die;* ~, ~n brood-hen; mother hen

glucken *itr. V.* **a)** *(brüten)* brood; **b)** *(ugs.: herumsitzen)* sit around; **c)** *(Laut hervorbringen)* cluck

glücken *tr. V.; mit sein* succeed; be successful with sth.; **ein geglückter Versuch** a successful attempt; **die Flucht ist nicht geglückt** the escape[-attempt] failed; **es glückt jmdm., etw. zu tun** sb. manages to do sth.

gluckern ['glʊkɐn] *itr. V.* gurgle; glug

glück·haft *Adj. (geh.)* happy

Gluck·henne die s. **Glucke**

glücklich 1. *Adj.* **a)** *(von Glück erfüllt)* happy ⟨**über** + *Akk.* about⟩; **wunschlos/ unsagbar ~ sein** be perfectly happy; **Geld allein macht nicht ~**: money by itself won't bring happiness; **du Glücklicher!** you lucky thing!; lucky you!; **wer ist denn der/die Glückliche?** who is the lucky man/woman/ girl etc.?; **b)** *(erfolgreich)* lucky ⟨winner⟩; successful ⟨ending⟩; safe ⟨journey⟩; happy ⟨ending⟩; **c)** *(vorteilhaft)* fortunate; **ein ~er Zufall** a happy coincidence; a lucky chance; *s. auch* **Hand f.** 2. *adv.* **a)** *(erfolgreich)* successfully; **b)** *(vorteilhaft, zufrieden)* happily ⟨chosen, married⟩; **c)** *(endlich)* eventually; at last

glücklicher·weise *Adv.* fortunately; luckily

glück·los *Adj.* luckless ⟨enterprise⟩; unhappy ⟨existence etc.⟩

Glück·sache *s.* **Glücks·sache**

Glücks-: ~bote der bearer of good news *or* glad tidings; **~botschaft die** good news *sing.*; glad tidings *pl.*; **~bringer der** *(Person)* [lucky] mascot

glück·selig 1. *Adj.* blissfully happy ⟨person⟩; blissfully happy, blissful ⟨time, experience, etc.⟩. 2. *adv.* blissfully

Glück·seligkeit die; ~: bliss; blissful happiness

glucksen ['glʊksn̩] *itr. V.* **a)** *s.* **gluckern; b)** *(lachen)* chuckle; ⟨baby⟩ gurgle

Glücks-: ~fall der piece *or* stroke of luck; **~fee die**: sie war seine **~fee** she [always] brought him good luck; **~gefühl das** feeling of happiness; **~göttin die** goddess of fortune; Fortune *no art.*; **~güter** *Pl. (geh.)* riches; **~käfer der** *s.* **Marienkäfer; ~kind das** lucky person; **er/sie ist ein ~kind** he/ she was born lucky; **~klee der** four-leaf *or* four-leaved clover; **~linie die** line of fortune; **~pfennig der** lucky penny; **~pilz der** *(ugs.)* lucky devil *(coll.)* or beggar *(coll.)*; **~rad das** wheel of fortune; **~ritter der** *(abwertend)* adventurer; fortune-hunter

Glück[s]·sache die: das ist ~: it's a matter of luck

Glücks-: ~schwein[chen] das model of a pig as a symbol of good luck *or* as a good-luck charm; **~spiel das a)** game of chance; **dem ~spiel verfallen sein** be addicted to gambling; **b)** *(fig.)* matter of luck; lottery; **~spieler der** gambler; **~stern der** lucky star; **~strähne die** lucky streak; **eine ~strähne haben** have hit a lucky streak; have a run of good luck; **~tag der** lucky day

glück·strahlend 1. *Adj.* radiant; radiantly happy. 2. *adv.* **sie verkündete uns ~, daß sie heiraten werde** she was radiant with happiness *or* radiantly happy as she told us she was going to get married

Glücks-: ~treffer der a) *(Gewinn)* bit *or* piece of luck; **b)** *(beim Schießen)* lucky hit; fluke; **~umstand der** fortunate circumstance; **~zahl die** lucky number

glück·verheißend *Adj. (geh.)* auspicious, propitious ⟨sign, omen⟩; ⟨smile⟩ which holds/held out the promise of happiness

Glück·wunsch der the congratulations *pl.*; **herzlichen ~ zur Beförderung!** [many] congratulations on your promotion!; **herzlichen ~ zum Geburtstag!** happy birthday!; many happy returns of the day!; **jmdm. die herzlichsten Glückwünsche übermitteln/senden** convey/send one's congratulations to sb.

Glückwunsch-: ~adresse die message of congratulation; congratulatory message; **~karte die** congratulations card; *(zum Geburtstag, zu Weihnachten usw.)* greetings card; **~schreiben das** letter of congratulation; congratulatory letter; **~telegramm das** telegram of congratulations; congratulatory telegram; *(zum Geburtstag, zu Weihnachten usw.)* greetings telegram

Glucose [glu'ko:zə] *die;* ~ *(Chemie)* glucose

Glüh-: ~birne die light-bulb; **~draht der** filament

glühen ['gly:ən] 1. *itr. V.* **a)** *(leuchten)* glow; *(fig.)* ⟨eyes, cheeks, etc.⟩ be aglow, glow; **heiß glühte die Sonne über der Wüste** *(fig.)* the sun was burning down on the desert; **ihr Körper glühte im Fieber** *(fig.)* her body was burning with fever; **b)** *(geh.: erregt sein)* burn; **in Liebe/Leidenschaft ~**: burn with love/passion; **vor Begeisterung ~** be fired with enthusiasm. 2. *tr. V. (zum Leuchten bringen)* heat until red-hot

glühend 1. *Adj.* **a)** *(heiß)* red-hot ⟨metal etc.⟩; *(fig.)* blazing ⟨heat⟩; burning ⟨hatred⟩; flushed, burning ⟨cheeks⟩; **b)** *(begeistert)* ardent ⟨admirer etc.⟩; passionate ⟨words, letter, etc.⟩. 2. *adv.* **a)** *(heiß)* heiß scorching *or* blazing hot; **~ rot** red-hot; **b)** *(begeistert)* passionately; ⟨admire⟩ ardently; **jmdn. ~ beneiden** be intensely envious of sb.

glühend-: ~heiß *Adj. (präd. getrennt geschrieben)* scorching *or* blazing hot; **~rot** *Adj. (präd. getrennt geschrieben)* red-hot

Glüh-: ~faden der filament; **~kerze die** *(Kfz-W.)* glow plug; **~lampe die** light bulb; **~ofen der** *(Technik)* annealing furnace; **~strumpf der** gas mantle; **~wein der** mulled wine; glühwein; **~würmchen das** *(ugs.)* ⟨weiblich⟩ glow-worm; ⟨männlich⟩ firefly

Glukose *s.* **Glucose**

Glupsch·augen ['glʊpʃ-] *Pl. (nordd.)* goggle-eyes; **~ machen** *od.* **bekommen** go goggle-eyed; goggle

Glut [glu:t] *die;* ~, ~en **a)** embers *pl.*; *(von einer Zigarette)* [burning] ash; *(fig.)* [blazing] heat; *(des Fiebers)* [burning] heat; **die ~ ihrer Wangen** the flush on her cheeks; **die ~ des Abendhimmels** the glow of the evening sky; **b)** *(geh.: Leidenschaft)* passion; **die ~ seiner Leidenschaft** the ardour of his passion; **die ~ seines Hasses** the fire of his hatred

Glutamat [gluta'ma:t] *das;* ~[e]s, ~e *(Chemie)* glutamate

Glutamin [gluta'mi:n] *das;* ~s, ~e *(Chemie)* glutamine

Glutamin·säure die *(Chemie)* glutamic acid

glut-, Glut-: ~äugig *Adj.* fiery-eyed; **~hauch der** *(dichter.)* scorching *or* sweltering heat; **~heiß** *Adj.* blazing *or* sweltering hot; **~hitze die** blazing *or* sweltering heat; **~rot** *Adj.* fiery red; **~voll** 1. *Adj.* passionate; 2. *adv.* passionately

Glycerin *(fachspr.) s.* **Glyzerin**

Glykogen [glyko'ge:n] *das;* ~s *(Med., Biol.)* glycogen

Glykol [gly'ko:l] *das;* ~s, ~e *(Chemie)* [ethylene] glycol

Glyzerin [glytseˈri:n] *das;* ~s glycerine; glycerol *(Chem.)*

Glyzerin·creme die glycerine cream

Glyzine, Glyzinie [gly'tsi:n(i)ə] *die;* ~, ~n wistaria

GmbH *Abk.* Gesellschaft mit beschränkter Haftung ≈ p.l.c.

g-Moll ['ge:mɔl] *das;* ~ *(Musik)* G minor; *s. auch* **a-Moll**

Gnade ['gna:də] *die;* ~, ~n **a)** *(Gewogenheit)* favour; **die ~ [des Königs] erlangen/verlieren** gain/lose the king's favour; **die ~ haben, etw. zu tun** *(iron.)* graciously consent to do sth. *(iron.)*; **vor jmdm. ~ vor jmds. Augen finden** find favour with sb. *or* in sb.'s eyes; **jmdm. auf ~ und** *od.* **oder Ungnade ausgeliefert sein** be [completely] at sb.'s mercy; **etw. aus ~ [und Barmherzigkeit] tun** do sth. out of the kindness of one's heart; **in ~ wieder aufgenommen werden** be restored to favour; **bei jmdm. in [hohen] ~n stehen** *(geh.)* stand high in sb.'s favour; **von jmds. ~n** by the grace of sb.'; **b)** *(Rel.: Güte)* grace; **c)** *(Milde)* mercy; **~ walten lassen** show mercy; be lenient; **~ vor der Recht ergehen lassen** temper justice with mercy; **d)** *(veraltete Anrede)* **Euer** *od.* **Ihro** *od.* **Ihre ~** Your Grace

gnaden *itr. V.* **in gnade mir/dir Gott!** God *or* Heaven help me/you!

gnaden-, Gnaden-: ~akt der act of mercy; **~beweis der, ~bezeigung die** token of [his/her etc.] favour; **~bild das** *(kath. Rel.)* picture of Christ, the Virgin Mary, *or* a saint, possessing miraculous powers; **~brot das: jmdm./einem Tier das ~brot geben** keep sb./it fed in his/ her/its old age; **einem Pferd das ~brot geben** put a horse out to grass; **~erweis der** *(Rechtsw.)* pardon; **~frist die** *(geh.)*: **jmdm. eine ~frist von 4 Wochen gewähren** give sb. four weeks' grace; **ihm bleibt eine**

Gnadengesuch | **gönnen**

~frist von einer Woche he has a week left; ~gesuch das plea for clemency; ~instanz die *person in whom or authority in which the right of pardon is vested*; ~los *(auch fig.)* 1. *Adj.* merciless; 2. *adv.* mercilessly; ~losigkeit die; ~: mercilessness; ~reich *Adj. (geh.)* gracious; ~schuß der coup de grâce *(by shooting)*; einem Pferd den ~schuß geben put a horse out of its misery [by shooting it]; ~stoß der coup de grâce *(with sword etc.)*; ~tod der euthanasia; mercy killing; jmdm. den ~tod gewähren allow sb. to die; ~voll *Adj. (geh.)* gracious; ~weg der: auf dem ~weg by a pardon; ihm steht der ~weg offen he can ask or has the right to ask for a pardon

gnädig ['gnɛːdɪç] 1. *Adj.* a) *(oft iron.)* gracious; er war so ~, mich nach Hause zu begleiten *(iron.)* he condescended to take me home; *(Anrede)* ~es Fräulein/~e Frau madam; ~er Herr *(veralt.)* sir; die ~e Frau/das ~e Fräulein/der ~e Herr *(veralt.)* madam/the young lady/the master; die Gnädige *(spött.)* her ladyship; b) *(glimpflich)* lenient, light *(sentence etc.)*; c) *(Rel.)* gracious *(God)*; Gott ist allen Sündern ~: God is merciful to or has mercy on all sinners; Gott sei uns ~: [may] the good Lord preserve us. 2. *adv.* a) *(oft iron.)* graciously; b) *(glimpflich)* das ist ~ abgegangen it turned out not to be too bad; machen Sie es ~ mit mir *(scherzh.)* have mercy on me *(joc.)*

Gneis [gnais] der; ~es, ~e *(Geol.)* gneiss

Gnom [gnoːm] der; ~en, ~en gnome; *(fig.: ugs.)* little twerp *(sl.)*

gnomen·haft *Adj.* gnome-like

Gnosis ['gnoːzɪs] die; ~: *(Rel.)* gnosis

Gnostiker ['gnɔstɪkɐ] der; ~s, ~ *(Rel.)* gnostic

gnostisch *Adj. (Rel.)* gnostic

Gnostizismus [gnɔstɪ'tsɪsmʊs] der; ~ *(Rel.)* gnosticism *no art.*

Gnu [gnuː] das; ~s, ~s gnu

Go [goː] das; ~: go

Goal [goːl] das; ~s, ~s *(österr., schweiz. Sport)* goal

Goal-: ~getter [-gɛtɐ] der; ~s, ~ *(Sport)* goal-scorer; ~keeper [-kiːpɐ] der; ~s, ~ *(Sport, bes. österr. u. schweiz.)* goalkeeper

Gobelin [gobəˈlɛː] der; ~s, ~s Gobelin *(tapestry)*

Gobelin·stickerei die Gobelin embroidery

Go-cart s. Go-Kart

Gockel ['gɔkl] der; ~s, ~ *(bes. südd., sonst ugs. scherzh.)* cock; stolz wie ein ~: [as] proud as a peacock; ein verliebter alter ~ *(fig.)* an amorous old goat *(coll.)*

Gockel·hahn der s. Gockel

Godemiché [gɔdmiˈʃeː] der; ~, ~s dildo

Goetheana [gøtəˈaːna] *Pl.* works by and on Goethe

goethesch ['gøːtəʃ], **goethisch** ['gøːtɪʃ] *Adj.* Goethean

Goethesch, Goethisch *Adj.* Goethe's *(poems etc.)*; *(poems etc.)* of Goethe

Go-go-Girl ['goːgogoːɐl] das go-go girl or dancer

Go-in [goːˈɪn] das; ~s, ~s: ein ~ veranstalten disrupt the/a meeting

Goi ['gɔi] der; ~[s], Gojim ['goːjɪm] goy

Go-Kart ['goːkart] der; ~[s], ~s go-kart *(Brit.)*; kart

Golan·höhen [goˈlaːn-] *Pl.* Golan Heights

gold [gɔlt] *Adj.* in uns geht's ja noch ~ *(ugs.)* we're still doing just marvellously

Gold das; ~[e]s, ~e: etw. ist aus ~: sth. is [made of] gold; ein Barren ~: a gold bar or ingot; das schwarze ~ *(fig.)* black gold *(fig.)*; das flüssige ~ *(fig.)* liquid gold *(fig.)*; es ist nicht alles ~, was glänzt *(Spr.)* all that glitters or glistens is not gold *(prov.)*; treu wie ~ sein be absolutely loyal or faithful; etw. in ~ bezahlen pay for sth. in gold; ~ in der Kehle haben *(fig.)* have a golden voice;

jmd. ist nicht mit ~ zu bezahlen sb. is worth his/her weight in gold *(fig.)*; etw. ist nicht mit ~ zu bezahlen od. aufzuwiegen sth. is invaluable; olympisches ~: Olympic gold; er hat bereits dreimal olympisches ~ geholt he has already won three Olympic gold medals or golds

gold-, Gold-, Gold-: ~ader die vein of gold; ~ammer die yellowhammer; ~arbeit die goldwork; *(Gegenstand)* piece of goldwork; ~auflage die gold plating *no indef. art.*; ~barren der gold bar or ingot; ~barsch der s. Rotbarsch; ~bestand der gold reserves *pl.*; ~bestickt *Adj.* embroidered with gold [thread] *postpos.*; ~betreßt *Adj.* trimmed with gold braid *postpos.*; ~blond *Adj.* golden blond *(hair etc.)*; ~borte die gold braid; ~braun *Adj.* golden brown; ~broiler der *(DDR)* spit-roasted chicken; ~brokat der gold brocade; ~deckung die gold cover; ~doublé das s. ~dublee; ~druck der gold tooling; ~dublee das rolled gold; ~echt *Adj. (ugs.)* completely genuine *(person)*

golden 1. *Adj.* a) gold *(bracelet, watch, etc.)*; das Goldene Kalb *(bibl.)* the golden calf; der Tanz ums Goldene Kalb the worship of the golden calf or Mammon; ~e Schallplatte gold disc; die Goldene Bulle *(hist.)* the Golden Bull; das Goldene Vlies *(Myth.)* the Golden Fleece; *(Orden)* the [order of the] Golden Fleece; das Goldene Buch [der Stadt] the [town's] visitors' book; die Goldene Stadt the Golden City *(Prague)*; b) *(dichter.: goldfarben)* golden; c) *(herrlich)* golden *(days, memories, etc.)*; blissful *(freedom etc.)*; der ~e Westen the promised land in the West; ~e Worte/Lehren words of wisdom/wise teachings; einen ~en Humor haben have a wonderful sense of humour; ein ~es Herz haben have a heart of gold; die ~e Mitte od. den ~en Mittelweg finden/halten find/strike a happy medium; das Goldene Zeitalter the Golden Age; die goldenen zwanziger [Jahre] the roaring twenties; der Goldene Schnitt *(Math.)* the golden section. 2. *adv.* like gold

gold-, Gold-: ~esel der *(ugs.)* ich bin auch kein ~esel I'm not made of money *(coll.)*; ~faden der gold thread; ~farben, ~farbig *Adj.* gold-coloured; golden; ~fasan der golden pheasant; ~feder die gold nib; ~fieber das gold fever; ~folie die gold foil; ~fuchs der a) *(Pferd)* golden chestnut [horse]; b) *(veralt.: Goldstück)* gold coin or piece; ~füllung die gold filling; ~fund der gold find or strike; ~gefaßt *Adj.* gold-rimmed *(glasses)*; *(jewel)* mounted in gold; ~gehalt der gold content; ~gelb *Adj.* golden yellow; ~gerändert *Adj.* *(plate etc.)* edged with gold; gold-rimmed *(glasses)*; ~glänzend *Adj.* shining gold; ~gräber der gold-digger; ~grube die *(auch fig.)* gold-mine; ~haltig *Adj.* gold-bearing; auriferous; ~hamster der golden hamster

goldig 1. *Adj. (niedlich, landsch.: nett)* sweet. 2. *adv.* sweetly

Gold-: ~junge der a) *(Kosewort)* good [little] boy; b) *(Sportjargon)* gold medallist; gold-medal winner; ~käfer der a) rose chafer; rose beetle; b) *(ugs.: reiches Mädchen)* rich girl; ~kette die gold chain; ~kind das *(ugs. Kosew.)* little treasure *(coll.)*; mein ~kind my precious *(coll.)*; my pet; ~klumpen der gold nugget; ~krone die *(Zahnmed.)* gold crown; ~kurs der *(Börsenw.)* price of gold; gold price; ~küste die; ~ *(Geogr.)* Gold Coast; ~lack der a) *(Bot.)* wallflower; b) gold lacquer; ~lager·stätte die gold deposit; ~legierung die gold alloy; ~leiste die gilt strip or fillet; ~macher der alchemist; ~mädchen das *(Sportjargon)* gold medallist; gold-medal winner; ~mark die *(hist.)* gold mark

Gold·medaille die gold medal

Goldmedaillen-: ~gewinner der, ~gewinnerin die gold medallist; gold-medal winner

gold-, Gold-: ~mine die gold mine; ~münze die gold coin; ~papier das gold[-coloured] paper; ~parität die *(Wirtsch.)* gold parity; ~pool der *(Wirtsch.)* gold pool; ~preis der price of gold; gold price; ~probe die gold assay; ~rahmen der gold or gilt frame; ~rausch der gold fever; ~regen der a) *(Bot.)* laburnum; golden rain; b) *(Feuerwerk)* golden rain; c) *(Reichtum)* riches *pl.*; wealth; ~reif der *(geh.)* gold ring; *(Armband)* gold bracelet; ~reserve die gold reserve; ~richtig *(ugs.)* 1. *Adj.* absolutely or dead right; du bist ~richtig, so wie du bist you're perfectly all right as you are; 2. *adv.* absolutely right; ~schatz der a) *(Schatz)* gold treasure; *(verborgen auch)* hoard of gold; b) *(Kosew.)* treasure

Gold·schmied der goldsmith

Goldschmiede-: ~arbeit die piece of goldwork; ~handwerk das goldsmith's craft; goldwork *no art.*; ~kunst die; o. *Pl.* goldsmith's art; goldwork *no art.*

Gold-: ~schmuck der gold jewelry or *(Brit.)* jewellery; ~schnitt der gilt edging; ~schrift die gold lettering; ~staub der gold dust; ~stück das *(hist.)* gold piece; sie ist ein ~stück *(fig.)* she is a [real] treasure; ~sucher der gold prospector; ~ton der golden colour; ~topas der yellow topaz; ~tresse die gold braid; ~überzug der layer of gold plate; ~uhr die gold watch; ~vorkommen das gold deposit; ~waage die gold balance; alles od. jedes Wort auf die ~waage legen *(wörtlich nehmen)* take everything or every word [too] literally; *(vorsichtig äußern)* weigh one's words very carefully; ~währung die *(Wirtsch.)* currency tied to the gold standard; ~waren *Pl.* gold articles; ~wäscher der gold washer; ~wert a) *(Wert des Goldes)* value of gold; b) *(Wert in Gold)* value in gold; ~zahn der *(ugs.)* gold tooth

Golem ['goːlɛm] der; ~s golem

¹**Golf** [gɔlf] der; ~[e]s, ~e gulf; der ~ von Neapel the Bay of Naples

²**Golf** das; ~s *(Sport)* golf

Golf·ball der golf ball

Golfer der; ~s, ~, **Golferin** die; ~, ~nen golfer

Golf-: ~hose die golf[ing] trousers *pl.*; ~mütze die golf[ing] cap; ~platz der golf-course; ~schläger der golf club; ~schuh der golf[ing] shoe; ~spieler der, ~spielerin die golfer; ~staat der Gulf State; ~strom der Gulf Stream; ~turnier das golf tournament

Golgatha ['gɔlgata] das; ~[s] *(bibl.)* Golgotha; für ihn war diese Niederlage/dieser Verlust ein ~ *(fig. geh.)* this defeat/loss caused him much pain and suffering

Goliath [goˈliat] der; ~, ~s Goliath

Gomorrha [goˈmɔra] s. Sodom

Gondel ['gɔndl] die; ~, ~n gondola

Gondel-: ~bahn die *(Seilbahn)* cable railway; b) *(schweiz.)* s. Sessellift; ~fahrt die trip in a/the gondola; gondola trip

gondeln itr. V.; *mit sein (ugs.)* a) *(mit einem Boot)* cruise; b) *(reisen)* travel around; c) *(herumfahren)* drive or cruise around; durch die Stadt ~: drive or cruise around town

Gondoliere [gɔndoˈli̯eːrə] der; ~s, Gondolieri gondolier

Gong [gɔŋ] der; ~s, ~s gong

gongen itr. V. es hat gegongt the gong has sounded; der Butler gongte zum Abendessen the butler sounded the gong for dinner

Gong·schlag der stroke of the/a gong; beim ~: when the gong sounds/sounded

gönnen ['gœnən] tr. V. a) *(zugestehen)*

1151

jmdm. etw. ~: not begrudge sb. sth.; **ich gönne ihm diesen Erfolg von ganzem Herzen** I'm delighted or very pleased for him that he has had this success; **jmdm. den Mißerfolg ~** (iron.) delight in sb.'s misfortune; **b)** (zukommen lassen) **sich/jmdm. etw. ~:** give or allow oneself/sb. sth.; **sie gönnte sich** (Dat.) **einen großen Cognac** she treated herself to a large cognac; **sie gönnte ihm keinen Blick/kein Wort** she didn't spare him a single glance/she didn't say a single word to him

Gönner der; ~s, ~: patron
gönnerhaft (abwertend) **1.** Adj. patronizing; **mit ~er Miene** with a patronizing expression [on his/her face]. **2.** adv. patronizingly; in a patronizing manner
Gönnerin die; ~, ~nen patroness
Gönner·miene die (abwertend) patronizing expression; **mit ~:** with a patronizing expression [on his/her face]
Gonokokkus [gono'kɔkʊs] der; ~, Gonokokken (Med.) gonococcus
Gonorrhö[e] [gonɔ'rø:] die; ~, Gonorrhöen [gonɔ'rø:ən] (Med.) gonorrhoea
Goodwill ['gʊdwɪl] der; ~s **a)** (Ansehen) good name; **b)** (Wohlwollen) goodwill
Goodwill-: ~reise die goodwill trip (nach to); **~tour** die goodwill tour (durch of)
Göpel ['gø:pl̩] der; ~s, ~: whim
gor [go:ɐ̯] 3. Pers. Sg. Prät. v. gären
Gör [gø:ɐ̯] das; ~[e]s, ~en (nordd., oft abwertend) s. Göre
gordisch ['gɔrdɪʃ] Adj. **der Gordische Knoten** the Gordian knot; **ein ~er Knoten** (fig.) a Gordian knot (fig.)
Göre ['gø:rə] die; ~, ~n (nordd., oft abwertend) **a)** (Kind) child; kid (coll.); brat (coll. derog.); **b)** (freches Mädchen) [cheeky or saucy] little madam (coll.)
Gorilla [go'rɪla] der; ~s, ~s **a)** gorilla; **b)** (ugs.: Leibwächter) heavy (coll.)
Gosch[e] ['gɔʃ(ə)], **Goschen** ['gɔʃn̩] die; ~, Goschen (südd., österr. meist abwertend) mouth; **eine große/freche ~ haben** (derb) have a big mouth (coll.)/be a cheeky so-and-so (coll.); **die ~ halten** (derb) shut one's gob or trap (sl.)
Gospel ['gɔspl̩] das od. der; ~s, ~s, **Gospel·song** der; ~s, ~s gospel song
goß [gɔs] 1. u. 3. Pers. Sg. Prät. v. gießen
Gosse ['gɔsə] die; ~, ~n gutter; (fig. abwertend) **aus der ~ kommen** come from the gutter; **in der ~ enden** end up in the gutter; **jmdn. od. jmds. Namen durch die ~ ziehen** drag sb.'s name through the mud
Gossen-: ~jargon der, **~sprache** die (abwertend) gutter language; language of the gutter
¹**Gote** ['go:tə] der; ~n, ~n Goth
²**Gote** der; ~n, ~n (bes. südd.: Pate) godfather
³**Gote** die; ~, ~n (bes. südd.: Patin) godmother
Gotha ['go:ta] der; ~: almanac containing information on the nobility of Europe
Gotik ['go:tɪk] die; ~ (Stil) Gothic [style]; (Epoche) Gothic period
gotisch Adj. Gothic; **die ~e Schrift** Gothic [script]
Gott [gɔt] der; ~es, Götter ['gœtɐ] **a)** o. Pl.; Art. Gott ~ **Vater** God the Father; **hier ruht in ~ ...:** here lies ...; **~ segne dich!** God bless you!; **~es Mühlen mahlen langsam** (Spr.) the mills of God grind slowly; **bei ~ ist kein Ding unmöglich** (Spr.) with God all things are possible; **grüß [dich] ~!** (landsch.) hello!; **behüt' dich ~!** (südd., österr.) goodbye!; God bless!; **vergelt's ~!** (landsch.) thank you! God bless you!; **mein ~!** good God!; **o** od. **ach [du lieber] ~!** goodness me!; **weiß ~:** God or heaven knows; **~ behüte** God or Heaven forbid!; **~ steh mir bei** God help me; **gebe ~, daß alles gut ausgeht** please God, may everything turn out all right; **wie ~ ihn/sie geschaffen hat** (scherzh.) in his/her birthday suit (joc.); in the altogether (joc.); **~ und die Welt** all the world and his wife; **über ~ und die Welt quatschen** (ugs.) talk about everything under the sun (coll.); **~ sei Dank!** (ugs.) thank God!; **~ sei's geklagt!** alas; **um ~es Willen** (bei Erschrecken) for God's sake; (bei einer Bitte) for heaven's or goodness' sake; **tue es in ~es Namen** (ugs.) do it and have done with it; **da sei ~ vor!** God forbid!; **~ soll mich strafen, wenn ...:** may God strike me down if ...; **so ~ will** (ugs.) God willing; **hab' ihn selig** God rest his soul; **wie ~ in Frankreich leben** (ugs.) live in the lap of luxury; **den lieben ~ einen guten Mann sein lassen** (ugs.) take things as they come; **ein Wetter, daß [es] ~ erbarm'** (ugs.) abominable weather; **er spielt/kocht, daß [es] ~ erbarm'** his playing/cooking is abominable; **dem lieben ~ den Tag stehlen** laze the day away; **ganz und gar von ~ verlassen** (ugs.) he/she has quite taken leave of his/her senses; **b)** (übermenschliches Wesen) god; **wie ein junger ~ spielen/tanzen** play/dance divinely; **das wissen die Götter** (ugs.) God or heaven only knows; **es war ein Bild für die Götter** (ugs.) it was priceless (coll.)
gott·ähnlich Adj. godlike
Göttchen in [ach] ~! oh dear!
Gott·erbarmen das in **zum ~ sein** (mitleiderregend) be pitiful; (schlecht) be pathetic; **zum ~ schreien** cry out pitifully; **zum ~ spielen/singen** play/sing pathetically
Götter-: ~bild das idol; **~bote** der messenger of the gods; **~dämmerung** die (nord. Myth.) twilight of the gods; (fig.) end of civilization; gotterdämmerung; **~gatte** der (ugs. scherzh.) lord and master (coll. joc.)
gott·ergeben 1. Adj. meek. **2.** adv. meekly
Gott·ergebenheit die meekness
götter-, Götter-: ~gestalt die god; **~gleich** Adj. godlike; **~sage** die **a)** (Myth.) mythology of the gods; **b)** (Sage von einem Gott) myth about a god/the gods; **~speise** die **a)** o. Pl. (Myth.) food of the gods; **b)** (Kochk.) jelly; **~trank** der; o. Pl. (Myth.) drink of the gods; **~vater** der (Myth.) father of the gods
gottes-, Gottes-: ~acker der (geh.) God's Acre no art. (literary); graveyard; **~begriff** der conception of God; **~beweis** der proof of the existence of God; **~dienst** der service; **den ~dienst besuchen** go to church; **~erkenntnis** die o. Pl. knowledge of God; **~friede** der (hist.) Truce of God; **~furcht** die fear of God; **~fürchtig** Adj. god-fearing; **~gabe** die gift from God; **~gelehrte** der (veralt.) theologian; **~gnadentum** das; ~s (hist.) divine right [of kings]; **~haus** das house of God; **~lästerer** der blasphemer; **~lästerlich 1.** Adj. blasphemous; **2.** adv. blasphemously; **~lästerung** die blasphemy; **~lohn** der God's reward; **um ~lohn** for love; **~mann** der; Pl. ~männer (geh.) man of God; **~mutter** die; o. Pl. Mother of God; **~sohn** der; o. Pl. Son of God; **~staat** der theocracy; **~urteil** das (hist.) trial by ordeal
gott-: ~gefällig Adj. (geh.) pleasing to God postpos.; **~gegeben** Adj. God-given; **~gesandt** Adj. sent by God postpos.; **~geweiht** Adj. dedicated to God postpos.; **~gewollt** Adj. willed by God postpos.; **~gläubig** Adj. **a)** (veralt.) religious; **b)** (ns.) **~gläubig sein** be a theist but of no particular denomination
Gottheit die; ~, ~en **a)** (Gott, Göttin) deity; **b)** o. Pl. (geh.: Gottsein) divinity; **c)** o. Pl. (geh.: Gott) the Godhead
Göttin ['gœtɪn] die; ~, ~nen goddess
göttlich ['gœtlɪç] **1.** Adj. **a)** (Gott eigen od. ähnlich; herrlich) divine 〈grace, beauty, etc.〉; **die ~e Gerechtigkeit** divine justice; **b)** (einem Gott zukommend) god-like 〈status etc.〉; **jmdm. ~e Verehrung entgegenbringen** worship sb. as if he/she were a God. **2.** adv. (herrlich) divinely

gott-, Gott-: ~lob adv. thank goodness; **es hat ~lob nicht geschneit** it didn't snow, thank goodness; **~los 1.** Adj. **a)** (verwerflich) ungodly, wicked 〈life etc.〉; impious 〈words, speech, etc.〉; (pietätlos) irreverent; **b)** (Gott leugnend) godless 〈theory etc.〉; **2.** adv. (verwerflich) irreverently; **~losigkeit** die; ~ **a)** (Verwerflichkeit) ungodliness; wickedness; (von der Rede) impiety; **b)** (Unglauben) godlessness; **~mensch** der God-man; **~sei·bei·uns** der; ~ (verhüll.) der **~seibeiuns** the Evil One
gotts·erbärmlich, gotts·jämmerlich 1. Adj. (salopp) dreadful (coll.); **b)** (stark) dreadful (coll.); terrible (coll.); God-awful (sl.). **2.** adv. terribly (coll.); dreadfully (coll.)
gott-, Gott-: ~vater der; o. Pl. God the Father; **~verdammich** [~fɛɐ̯'damɪç] Interj. (derb) God damn it (sl.); God Almighty (sl.); **~verdammt** Adj.; nicht präd. (salopp), **~verflucht** Adj.; nicht präd. (salopp) goddamn[ed] (sl.); **~vergessen** Adj. **a)** (gottlos) godless; **b)** s. ~verlassen; **~verlassen** Adj. **a)** (ugs.: abseits) godforsaken; **b)** (von Gott verlassen) forsaken by God postpos.; **sich ~verlassen fühlen** feel that God has forsaken one; **~vertrauen** das trust in God (sl.); **~voll 1.** Adj. **a)** (ugs.: komisch) priceless (coll.); **b)** (herrlich) divine (coll.). **2.** adv. divinely
Götze ['gœtsə] der; ~n, ~n (auch fig.) idol
Götzen-: ~anbeter der s. **~diener**; **~bild** das idol; graven image (bibl.); Pl. idol; **~diener** der idolater; (fig.) worshipper; **~dienerin** die idolatress; (fig.) worshipper; **~dienst** der; o. Pl. idolatry no art.; (fig.) worship; **~dienst leisten** practise idolatry; **~verehrung** die; o. Pl. idolatry no art.
Götz·zitat ['gœts-] das the insulting remark 'du kannst mich am Arsch lecken' or the like, frequently used in altercations; a verbal equivalent of the V-sign
Gouache [gua'ʃ] die; ~, ~n gouache
Gouda ['gaʊda] der; ~s, ~s, **Gouda·käse** der Gouda [cheese]
Goulasch s. Gulasch
Gourmand [gʊr'mɑ̃:] der; ~s, ~s gourmand
Gourmet [gʊr'me:] der; ~s, ~s gourmet
goutieren [gu'ti:rən] tr. V. (geh.) appreciate
Gouvernante [guvɛr'nantə] die; ~, ~n governess
gouvernanten·haft 1. Adj. schoolmarmish (coll.). **2.** adv. like a schoolmarm (coll.)
Gouvernement [guvɛrnə'mã:] das; ~s, ~s **a)** (Regierung) government; (Verwaltung) administration; **b)** (Verwaltungsbezirk) province
Gouverneur [guvɛr'nø:ɐ̯] der; ~s, ~e governor
GPU [ge:pe:'ʔu:] die; ~: Ogpu
Grab [gra:p] das; ~[e]s, Gräber ['grɛ:bɐ] grave; **das ~ meiner Träume/Hoffnungen** (fig.) the end of my dreams/hopes; **er würde sich im ~[e] herumdrehen** (fig. ugs.) he would turn in his grave; **das Heilige ~:** the Holy Sepulchre; **das ~ des Unbekannten Soldaten** the tomb of the Unknown Soldier or Warrior; **verschwiegen wie ein ~ sein** (ugs.) keep absolutely mum (coll.); **ein feuchtes** od. **nasses ~ finden** (geh.) **sein ~ in den Wellen finden** go to a watery grave; meet a watery end; **sich** (Dat.) **selbst sein ~ schaufeln** (fig.) dig one's own grave (fig.); **mit einem Fuß** od. **Bein im ~[e] stehen** (fig.) have one foot in the grave (fig.); **jmdn. an den Rand des ~es bringen** (fig. geh.) drive

Grabbeigabe — Granulat

sb. to distraction; jmdn. ins ~ bringen be the death of sb.; jmdm. ins ~ folgen (geh.) follow sb. to the grave; etw. mit ins ~ nehmen (geh.) take sth. with one to the grave; bis ins od. ans ~ (fig. geh.) [right up] to the end; jmdn. zu ~e tragen (geh.) bury sb.; seine Pläne/Hoffnungen zu ~e tragen (fig. geh.) abandon one's plans/hopes

Grab·beigabe die burial object

grabbeln ['grab{n] itr. V. (ugs., bes. nordd.) grope [about]; rummage [about]

Grab·denkmal das s. **Grabmal**

graben 1. unr. tr. V. a) dig ⟨hole, grave, etc.⟩; dig, carve ⟨Furchen/Falten in jmds. Gesicht ~⟩ (fig.) carve or etch lines/wrinkles in sb.'s face; b) ⟨gewinnen⟩ cut ⟨turf⟩; mine ⟨coal etc.⟩; c) ⟨eingraben⟩ carve; engrave. 2. unr. itr. V. dig (nach for); seine Zähne/Hände in etw. (Akk.) ~ (geh.) sink or bury one's teeth/hands in sth. 3. unr. refl. V. (geh.) sich in etw. ~: dig into sth.; es grub sich ihm ins Gedächtnis (fig.) it became imprinted or engraved in his memory

Graben der; ~s, Gräben ['grɛ:bn̩] a) ditch; b) ⟨Schützengraben⟩ trench; im ~ liegen lie in the trenches; c) ⟨Festungsgraben⟩ moat; d) (Geol.) rift valley; graben

Graben-: ~bruch der (Geol.) graben; ~kampf der, ~krieg der trench warfare no pl., no indef. art.

Gräber-: ~feld das [large] cemetery; ~fund der grave find

Grabes-: ~kälte die (geh.) deathly cold; ~luft die (geh.) grave-like or tomb-like air no pl., no indef. art.; ~ruhe die, ~stille die deathly silence or hush; ~stimme die (ugs.) sepulchral voice

Grab-: ~fund der s. **Gräberfund**; ~geläut[e] das [death-]knell; ~gesang der dirge; funeral hymn; (fig.) death-knell; ~gewölbe das vault; (in Kirche, Dom) crypt; ~hügel der grave mound; ~inschrift die inscription [on a/the gravestone]; epitaph; ~kammer die burial chamber; ~kreuz das cross [on the a/grave]; ~legung die ; ~, ~en a) o. Pl. (christl. Rel.) entombment of Christ; b) (Kunst) die ~legung Christi the Entombment of Christ; ~licht das; Pl. ~lichter grave-light; ~mal das; Pl. ~mäler, geh. ~male monument; ⟨~stein⟩ gravestone; das ~mal des Unbekannten Soldaten the tomb of the Unknown Soldier or Warrior; ~platte die memorial slab; (aus Metall) memorial plate; ~rede die funeral oration or speech; ~schänder der desecrator of a/the grave/of [the] graves; ~schändung die desecration of a/the grave/of [the] graves

grabschen ['grapʃn̩] 1. tr. V. grab; snatch. 2. itr. V. nach etw. ~: grab at sth.

Grab-: ~spruch der epitaph; ~stätte die tomb; grave; ~stein der gravestone; tombstone; ~stelle die burial plot

gräbst [grɛ:pst] 2. Pers. Sg. Präsens v. **graben**

gräbt 3. Pers. Sg. Präsens v. **graben**

Grabung die; ~, ~en (bes. Archäol.) excavation

Grab·urne die funeral urn

Grabungs·fund der archaeological find

Gracht [graxt] die; ~, ~en canal

Grad [gra:t] der; ~[e]s, ~e a) degree; Verbrennungen ersten/zweiten ~s first-/second-degree burns; ein Verwandter ersten/zweiten ~es an immediate relation/a relation once removed; Vettern ersten ~es first cousins; bis zu einem gewissen ~[e] to a [certain] degree; in hohem ~e to a great or large extent; es ist mir in höchstem ~e unsympathisch I dislike him intensely; in geringem ~e to a slight extent; slightly; b) (akademischer ~) degree; (Milit.) rank; c) (Maßeinheit, Math., Geogr.) degree; 20 ~ Celsius/Fahrenheit usw. 20 degrees Centigrade or Celsius/Fahrenheit etc.; 10 ~ Wärme/Kälte 10 degrees above zero/below [zero]; 39 ~ Fieber haben have a temperature of 39 degrees; minus 5 ~/5 ~ minus minus 5 degrees; null ~: zero; etw. auf 90 ~ erhitzen heat sth. to [a temperature of] 90 degrees; Gleichungen zweiten ~es equations of the second degree; quadratic equations; sich um hundertachtzig ~ drehen (fig.) completely change [one's views]; der 50. ~ nördlicher Breite [latitude] 50 degrees North; die Insel liegt auf dem 42. ~ östlicher Länge the longitude of the island is 42 degrees East

grad- Abk. **graduiert**

grad-, ¹Grad- s. **gerad[e]-, Gerad[e]-**

²Grad-: ~bogen der graduated arc; ~einteilung die graduation

Gradient [gra'diɛnt] der; ~en, ~en (bes. Math., Physik) gradient

gradieren tr. V. graduate; calibrate

Gradier·werk das thorn-house; graduation-house

grad-, Grad-: ~mäßig s. **graduell**; ~messer der gauge, yardstick (für of); ~netz das network of parallels and meridians

graduell [gra'duɛl] 1. Adj. gradual ⟨development etc.⟩; slight ⟨difference etc.⟩. 2. adv. gradually; by degrees; ⟨different⟩ in degree

graduieren 1. tr. V. a) (an Hochschulen) award a degree to; graduate (Amer.); b) (in Grade einteilen) graduate; calibrate. 2. itr. V. (an Hochschulen) graduate

graduiert Adj. graduate; ein ~er Ingenieur/ eine ~e Ingenieurin an engineering graduate

Graduierte der/die; adj. Dekl. graduate

Graduierung die; ~, ~en graduation

Grad·unterschied der difference of or in degree

grad·weise Adv. gradually; by degrees

Graecum ['grɛːkʊm] das; ~s (Prüfung) examination in Greek; (Qualifikation) qualification in Greek

Graf [gra:f] der; ~en, ~en a) count; (britischer ~) earl; b) o. Pl. (Titel) Count; (britischer ~) Earl; ~ Koks [von der Gasanstalt] (salopp scherzh.), ~ Rotz [von den Backe] (salopp abwertend) Lord Muck (Brit. joc.)

Grafen·stand der a) (Rang eines Grafen) rank of count; (in Großbritannien) rank of earl; earldom; jmdn. in den ~stand erheben confer the rank of count/earl upon sb.; b) (Gesamtheit der Grafen) counts pl.; (in Großbritannien) earls pl.

Graffito [gra'fi:to] der od. das; ~[s], Graffiti a) (Kunst) graffito; b) Pl. (Kritzelei) graffiti

Grafik s. **Graphik**

Grafiker s. **Graphiker**

Gräfin ['grɛ:fɪn] die; ~, ~nen countess; (Titel) Countess

grafisch s. **graphisch**

gräflich ['grɛ:flɪç] Adj. count's attrib.; of the count postpos., not pred.; (in Großbritannien) earl's attrib.; of the earl postpos.

Grafschaft die; ~, ~en a) (Amtsbezirk des Grafen) count's land; (in Großbritannien) earldom; (in Verwaltungsbezirk) county

Graham·brot ['gra:ham-] das wholemeal (Brit.) or (Amer.) wheatmeal bread

gräko- ['grɛːko-] Graeco-; ~lateinisch Graeco-Latin

Gral [gra:l] der; ~[e]s: der [Heilige] ~: the [Holy] Grail

Grals-: ~hüter der keeper of the [Holy] Grail; (fig.) guardian; ~ritter der knight of the [Holy] Grail

gram [gra:m] in jmdm. ~ sein aggrieved at sb.

Gram der; ~[e]s (geh.) grief; sorrow; aus ~ um od. über etw. (Akk.) out of grief or sorrow at sth.; vom od. von ~ gebeugt sein bowed down with grief or sorrow

grämen ['grɛːmən] 1. tr. V. grieve. 2. refl. V. grieve (über + Akk., um over); sich wegen etw. ~: worry about sth.

gram·erfüllt 1. Adj. grief-stricken; sorrowful. 2. adv. sorrowfully

Gram-Färbung die (Bakteriol.) Gram's method

gram·gebeugt Adj. bowed down with grief or sorrow postpos.

grämlich ['grɛːmlɪç] 1. Adj. morose; sullen; morose ⟨thought⟩. 2. adv. morosely; sullenly

Gramm [gram] das; ~s, ~e gram; 250 ~ Käse 250 grams of cheese

Grammatik [gra'matɪk] die; ~, ~en a) grammar; b) (Lehrbuch) grammar [book]

grammatikalisch [gramati'ka:lɪʃ] Adj. s. **grammatisch**

Grammatik·regel die grammatical rule; rule of grammar

grammatisch 1. Adj. grammatical. 2. adv. grammatically

Gramm·atom das (Chemie, Physik) gramatom

Grammel ['graml̩] die; ~, ~n (bayr., österr.) s. **Griebe**

Grammophon ® [gramo'fo:n] das; ~s, ~e gramophone; phonograph (Amer.); auf dem ~ spielen (ugs.) play records

Grammophon·trichter der gramophone or (Amer.) phonograph horn

gram-: ~negativ Adj. (Bakteriol.) Gram-negative; ~positiv Adj. (Bakteriol.) Gram-positive

Gran [gra:n] das; ~[e]s, ~e; bei Maßangaben ungebeugt (veralt.) grain

Grän [grɛːn] das; ~[e]s, ~e; bei Maßangaben ungebeugt grain

Granat [gra'na:t] der; ~[e]s, ~e a) (Schmuckstein) garnet; b) (Garnele) [common] shrimp

Granat·apfel der pomegranate

Granat·[apfel]baum der pomegranate [tree]

Granate [gra'na:tə] die; ~, ~n shell; (Hand~) grenade

granaten·voll Adj. (ugs.) absolutely plastered (sl.); totally canned (Brit. sl.)

Granat-: ~feuer das shell-fire no pl., no indef. art.; ~splitter der shell splinter; ~trichter der shell crater; ~werfer der (Milit.) mortar

Grand [grã: od. graŋ] der; ~s, ~s (Skat) grand; ~ Hand grand solo; ~ ouvert open grand

Grande ['grandə] der; ~n, ~n (hist.) grandee

Grandeur [grã'dø:ɐ̯] die; ~: grandeur

Grandezza [gran'dɛtsa] die; ~: grandeur; mit ~: with a grand air

Grand·hotel ['grã:-] das luxury or five-star hotel

grandios [gran'dio:s] 1. Adj. magnificent. 2. adv. magnificently

Grand Prix [grã'priː] der; ~ ~ [- priː(s)], ~ ~ [- priː s] Grand Prix

Grandseigneur [grãːsɛn'jøːɐ̯] der; ~s, ~s od. ~e (geh.) grand seigneur

Granit [gra'niːt] der; ~s, ~e granite; auf ~ beißen (fig.) bang one's head against a brick wall (fig.); bei jmdm. auf ~ beißen (fig.) get nowhere with sb. (fig.)

Granit·block der; Pl. -blöcke block of granite; granite block

graniten Adj. a) granite; granitic (Geol.); b) (geh.: hart) granitic; granite; (fig.) rigid; inflexible; granitic

Granit·gestein das granitic rock

Granne ['granə] die; ~, ~n awn; beard

Grant [grant] der; ~s (südd., österr. ugs.) [wegen etw.] einen ~ haben/bekommen be in/get into a bad mood [because of sth.]

grantig ['grantɪç] (südd., österr. ugs.) 1. Adj. bad-tempered; grumpy. 2. adv. bad-temperedly; grumpily

Granulat [granu'la:t] das; ~[e]s, ~e (bes. Chemie) granules pl.

1153

granulieren itr., tr. V. (bes. Chemie) granulate

Grapefruit ['gre:pfru:t] die; ~, ~s grapefruit

Grapefruit·saft der grapefruit juice

¹**Graph** [gra:f] der; ~en, ~en (Math., Naturw.) graph

²**Graph** das; ~s, ~e (Sprachw.) graph

Graphem [gra'fe:m] das; ~s, ~e (Sprachw.) grapheme

Graphie [gra'fi:] die; ~, ~n (Sprachw.) written form

Graphik ['gra:fɪk] die; ~, ~en a) o. Pl. (Gestaltung, graphisches Schaffen) graphic art[s pl.]; b) (Kunstwerk) graphic; (Druck) print; c) (Illustration) diagram

Graphiker der; ~s, ~, **Graphikerin** die; ~, ~nen [graphic] designer; (Künstler[in]) graphic artist

graphisch 1. Adj. a) graphic; das ~e Gewerbe (veralt.) the printing trade; b) (schematisch) graphic; diagrammatic; eine ~e Darstellung a diagram; (Math.: ein Graph) a graph; c) (Sprachw.) graphic. 2. adv. graphically

Graphit [gra'fi:t] der; ~s, ~e graphite

Graphit·grau Adj. dark grey

Graphit·stift der lead pencil

Graphologe [grafo'lo:gə] der; ~n, ~n graphologist

Graphologie die; ~: graphology no art.

Graphologin die; ~, ~nen graphologist

graphologisch 1. Adj. graphological. 2. adv. graphologically; ⟨analysed, interpreted⟩ by a graphologist

grapschen ['grapʃn̩] s. grabschen

Gras [gra:s] das; ~es, Gräser ['grɛ:zɐ] grass; wo er hinhaut, da wächst kein ~ mehr (fig. ugs.) one blow from him and you'd be out cold (coll.); das ~ wachsen hören (ugs. spött.) read too much into things; über etw. (Akk.) ~ wachsen lassen (ugs.) let the dust settle on sth.; ins ~ beißen [müssen] (salopp) bite the dust (coll.)

gras-, Gras-: ~**bahn** die (Sport) grass track; ~**bedeckt, ~bewachsen** Adj. grass-covered; grassy; ~**büschel** das tuft of grass; ~**decke** die covering of grass

grasen itr. V. a) graze; b) (ugs.: suchen) nach etw. ~: search for sth.

gras-, Gras-: ~**fläche** die area of grass; (Rasen) lawn; ~**fleck** der a) patch of grass; b) (auf der Kleidung) grass stain; ~**fresser** der (Zool.) herbivore; ~**frosch** der common frog; ~**grün** Adj. grass-green; ~**halm** der blade of grass; ~**hüpfer** der (ugs.) grasshopper; ~**land** das; ~ grassland; ~**mäher** der, ~**mäh·maschine** die grassmower; [grass-]mowing machine; ~**mücke** die warbler; ~**narbe** die thrift; ~**nelke** die thrift; ~**pflanze** die gramineous plant (Bot.); grass

Grass [gra:s] das; ~ (Drogenjargon) grass (sl.)

grassieren [gra'si:rən] itr. V. ⟨disease etc.⟩ rage, be rampant; ⟨craze etc.⟩ be [all] the rage; ⟨rumour⟩ be rife

Gras·ski der grass ski

gräßlich ['grɛslɪç] 1. Adj. a) (abscheulich) horrible; terrible ⟨accident⟩; b) (ugs.: unangenehm) dreadful (coll.); awful; c) (ugs.: sehr stark) terrible (coll.); awful. 2. adv. a) (abscheulich) horribly; terribly; b) (ugs.: unangenehm) terribly (coll.); c) (ugs.: sehr) terribly (coll.); dreadfully (coll.); ~ frieren be terribly or dreadfully cold (coll.)

Gräßlichkeit die; ~, ~en a) o. Pl. (Abscheulichkeit) horribleness; (eines Unfalls) terribleness; b) o. Pl. (unangenehme Art) dreadfullness (coll.); awfulness; c) (gräßliche Handlung) atrocity

Gras-: ~**steppe** die (Geogr.) [grassy] steppe; ~**streifen** der strip of grass; (längs einer Straße) grass verge; ~**teppich** der (geh.) sward (literary)

Grat [gra:t] der; ~[e]s, ~e a) (Bergrücken) ridge; b) (Archit.) hip; c) (Technik) burr

Gräte ['grɛ:tə] die; ~, ~n a) (fish-]bone; b) (salopp: Knochen) bone; sich (Dat.) die ~n brechen get badly smashed up (sl.); jmdm. alle od. sämtliche ~n brechen break every bone in sb.'s body (coll.)

gräten-, Gräten-: ~**los** Adj. boneless; ~**muster** das herring-bone [pattern]; ein Jackett mit ~muster a herring-bone jacket; ~**schritt** der (Skifahren) herring-bone [step]

Gratifikation [gratifika'tsio:n] die; ~, ~en bonus

gratinieren [grati'ni:rən] tr. V. (Gastr.) brown [the top of]; **gratinierter Blumenkohl** cauliflower au gratin

gratis ['gra:tɪs] Adv. free [of charge]; gratis; ~ **und franko** (ugs.) for free (coll.)

Gratis-: ~**aktie** die (Börsenw.) bonus share; ~**anzeiger** der (schweiz.) [free] advertisement paper; ~**exemplar** das free copy; ~**muster** das, ~**probe** die free sample; ~**vorstellung** die free performance

Grätsche ['grɛ:tʃə] die; ~, ~n (Turnen) straddle; (Sprung) straddle-vault; **in die ~ gehen** go into the straddle position

grätschen 1. tr. V. **die Beine ~:** straddle one's legs. 2. itr. V.; mit sein straddle; do or perform a straddle; **über ein Gerät ~:** do a straddle-vault over a piece of apparatus

Grätsch-: ~**sitz** der (Turnen) straddle-position; ~**sprung** der (Turnen) astride jump; (über ein Gerät) straddle-vault; ~**stellung** die (Turnen) straddle-position

Gratulant [gratu'lant] der; ~en, ~en, **Gratulantin** die; ~, ~nen well-wisher; **sie war die erste Gratulantin** she was the first to offer her congratulations

Gratulation [gratula'tsio:n] die; ~, ~en a) (Glückwunsch) congratulations pl.; ~**en entgegennehmen** receive congratulations; **meine [herzliche] ~! [many] congratulations!**; b) (das Gratulieren) **sie kamen zur ~:** they came to congratulate him/her/them

Gratulations-: ~**besuch** der congratulatory visit; ~**cour** die reception; ~**schreiben** das letter of congratulation[s]; congratulatory letter

gratulieren itr. V. jmdm. ~: congratulate sb.; **jmdm. zum Geburtstag ~:** wish sb. many happy returns [of the day]; **jmdm. zum Examen ~:** congratulate sb. on passing his/her exam; **[ich] gratuliere!** congratulations!; **zu dieser Tochter kann ich Ihnen/er sich nur ~:** you are/he is lucky to have a daughter like her

Grat·wanderung die ridge walk; (fig.) balancing act

grau [grau] Adj. a) grey; ~ **werden** go grey; ~ **im Gesicht** grey- or ashen-faced; **eine ~e Stadt** (fig.) a grey or drab town; **deine ~en Zellen** (ugs.) your grey matter (coll.); **in ~:** grey and drab; b) (trostlos) dreary; drab; depressing; **der ~e Alltag** the dull routine or monotony of daily life; **alles ~ in ~ sehen** always see the gloomy side of things; **alles ~ in ~ malen** paint a gloomy or bleak picture of things; c) (zwischen legal und illegal) grey; **der ~e Markt** the grey market; d) (unbestimmt) vague; **in ~er Vorzeit/Ferne** in the dim and distant past/future

Grau das; ~s, ~ a) grey; b) o. Pl. (Trostlosigkeit) dreariness; drabness

grau-, Grau-: ~**äugig** Adj. grey-eyed; ~**bart** der (ugs.) greybeard; ~**bärtig** Adj. grey-bearded; ~**blau** Adj. grey-blue; ~**brot** das bread made with rye- and wheat-flour

Grau·bünden [-'bʏndn̩] (das); ~s the Grisons

¹**grauen** itr. V. (geh.) **der Morgen/der Tag graut** morning is breaking; day is dawning or breaking

²**grauen** itr. V. (unpers.) **ihm graut [es] davor/vor ihr** he dreads [the thought of] it/he's terrified of her; **mir graut es, wenn ich nur daran denke** I dread the [mere] thought of it

Grauen das; ~s, ~ a) o. Pl. horror (vor + Dat. of); **ein Bild des ~s** a scene of horror; b) (Schreckbild) horror

grauen·erregend Adj. horrifying

grauen·haft, grauen·voll 1. Adj. a) horrifying; b) (ugs.: sehr unangenehm) terrible (coll.); dreadful (coll.). 2. adv. a) horrifyingly; b) (ugs.: sehr unangenehm) terribly (coll.); dreadfully (coll.)

grau-, Grau-: ~**gans** die grey goose; grey-lag [goose]; ~**grün** Adj. grey-green; ~**guß** der (Technik) grey iron; ~**haarig** Adj. grey-haired; ~**kopf** der (ugs.) a) (graues Haar) grey hair; **einen ~kopf haben** have grey hair; b) (Mensch) grey-headed man/woman

graulen ['graulən] 1. tr. V. drive out; **jmdn. aus dem Haus ~:** drive sb. out of the house. 2. refl. V. **sich [vor jmdm./etw.] ~:** be scared or frightened [of sb./sth.]. 3. itr. V. (unpers.) **davor graulte [es] ihm/ihn** he dreaded it; **mir/mich graulte bei dem Gedanken, daß ...:** I shudder at the thought that ...

graulich Adj. scary

gräulich ['grɔylɪç] Adj. greyish

grau meliert Adj. (präd. getrennt geschrieben) greying ⟨hair⟩

Graupe ['graupə] die; ~, ~n a) (Gerstenkorn) grain of pearl barley; (Weizenkorn) grain of hulled wheat; ~**n** pearl barley sing./hulled wheat sing.; b) Pl. (Gericht) pearl barley sing.

Graupel ['graupl] die; ~, ~n soft hail pellet; ~**n** soft hail; graupel

graupeln itr. V. (unpers.) **es graupelt** there's soft hail falling

Graupel-: ~**regen** der shower of soft hail; **der ~regen behinderte den Verkehr** the soft hail impeded the flow of traffic; ~**schauer** der shower of soft hail; **der Regen ging in ~schauer über** the rain turned to soft hail

Graupen·suppe die barley soup or broth

Graus [graus] der; ~es a) es ist ein ~: it's terrible; **es ist ein ~ mit dem Jungen** the boy's impossible (coll.); **o ~!** (ugs. scherzh.) oh horror! (joc.); b) (veralt.: Grausen) horror

grausam 1. Adj. a) cruel; ~ **gegen jmdn. sein** be cruel to sb.; b) (furchtbar) dreadful; c) (ugs.: sehr schlimm) terrible (coll.); dreadful (coll.). 2. adv. a) cruelly; **sich ~ für etw. rächen** take cruel revenge for sth.; b) (furchtbar) terribly; dreadfully; ~ **ums Leben kommen** die a horrible death; c) (ugs.: sehr stark) terribly (coll.); dreadfully (coll.)

Grausamkeit die; ~, ~en a) o. Pl. cruelty; b) (Handlung) act of cruelty; (Greueltat) atrocity

grau-, Grau-: ~**schimmel** der a) (Pferd) grey [horse]; b) (Pilz) grey mould; ~**schwarz** Adj. grey-black

grausen 1. tr., itr. V. (unpers.) **es grauste ihm od. ihn davor/vor ihr** he dreaded [the thought of]it/he was terrified of her; **es graust ihr od. sie, wenn sie nur an die Prüfung denkt** she dreads the [mere] thought of the exam; **uns grauste vor der langen Fahrt** we were dreading the long journey. 2. refl. V. **sich vor etw./jmdm. ~:** to be terrified by or dread sth./be terrified of sb.

Grausen das; ~s horror; **das kalte ~ kriegen** (ugs.) be scared stiff or to death (coll.)

grausig s. grauenhaft

grauslich (bes. bayr., österr.) s. gräßlich

grau-, Grau-: ~**specht** der grey-headed woodpecker; ~**tier** das (ugs. scherzh.) (Esel) ass; donkey; (Maultier) mule; ~**ton** der [shade of] grey; ~**wal** der grey whale; ~**weiß** Adj. greyish white; ~**zone** die grey area (fig.)

Graveur [gra'vø:ɐ] der; ~s, ~e, **Graveurin** die; ~, ~nen engraver

Gravier-: ~**anstalt** die engraving establishment; engraver's; ~**arbeit** die engraving
gravieren [gra'viːrən] tr. V. engrave; **etw. auf etw.** (Akk.) ~: engrave sth. on sth.
gravierend Adj. serious, grave ⟨matter, accusation, error, etc.⟩; important ⟨difference, decision, etc.⟩; ~**e Beweise** very strong evidence
Gravier·nadel die engraving needle
Gravierung die; ~, ~**en** engraving
Gravimetrie [gravime'triː] die; ~ ⟨Chemie, Physik⟩ gravimetry no art.
Gravis ['graːvɪs] der; ~, ~ ⟨Sprachw.⟩ grave [accent]
Gravitation [gravita'tsi̯oːn] die; ~ ⟨Physik, Astron.⟩ gravitation
Gravitations-: ~**feld** das ⟨Physik, Astron.⟩ gravitational field; ~**gesetz** das ⟨Physik, Astron.⟩ law of gravitation
gravitätisch 1. Adj. grave; solemn. 2. adv. gravely; solemnly
gravitieren [gravi'tiːrən] itr. V. ⟨Physik, Astron.⟩ gravitate
Gravur [gra'vuːɐ̯] die; ~, ~**en**, **Gravüre** [gra'vyːrə] die; ~, ~**n** engraving
Grazie ['graːtsi̯ə] die; ~, ~**n** a) o. Pl. ⟨Anmut⟩ grace; gracefulness; b) Pl. ⟨Myth.⟩ Graces; c) Pl. ⟨scherzh.: junge Mädchen⟩ beauties
grazil [gra'tsiːl] Adj. ⟨auch fig.⟩ delicate
graziös [gra'tsi̯øːs] 1. Adj. graceful; ⟨anmutig⟩ charming. 2. adv. gracefully; ⟨anmutig⟩ charmingly
Gräzismus [grɛ'tsɪsmʊs] der; ~, **Gräzismen** Graecism
Gräzist der; ~**en**, ~**en**, **Gräzistin** die; ~, ~**nen** expert on/student of ancient Greece
Greenhorn ['griːnhɔːn] das; ~**s**, ~**s** greenhorn
Gregor ['greːgɔɐ̯] (der) Gregory
Gregorianisch [grego'ri̯aːnɪʃ] Adj. Gregorian; ~**er Gesang** Gregorian chant; **der** ~**e Kalender** the Gregorian calendar
Greif [graɪ̯f] der; ~**[e]s** od. ~**en**, ~**en** a) ⟨Wappentier⟩ griffin; gryphon; b) s. ~**vogel**
Greif-: ~**arm** der ⟨Technik⟩ grasping arm; ~**bagger** der grab-dredger
greif·bar 1. Adj. a) etw. ~ **haben** have sth. to hand; ~ **sein** be within reach; **in** ~**er Nähe** (fig.) within reach; **der Urlaub ist in** ~**e Nähe gerückt** (fig.) the holiday is just coming up [now]; b) ⟨deutlich⟩ tangible; concrete; c) nicht attr. ⟨ugs.: verfügbar⟩ available. 2. adv. ~ **nahe** (fig.) within reach
Greif·bewegung die grasping movement
greifen 1. unr. tr. V. a) ⟨er~⟩ take hold of; grasp; ⟨rasch ~⟩ grab; seize; **sich** (Dat.) **etw.** ~: help oneself to sth.; **jmdn. an den Händen** ~: take sb. by the hand; **aus dem Leben gegriffen sein** be taken from real life; **von hier scheint der See zum Greifen nah[e]** from here the lake seems close enough to reach out and touch; **zum Greifen nahe sein** ⟨end, liberation⟩ be imminent; ⟨goal, success⟩ be within sb.'s grasp; b) ⟨fangen⟩ catch; **den werde ich mir mal** ~ (ugs.) I'll sort ⟨Brit.⟩ or ⟨Amer.⟩ straighten him out ⟨coll.⟩; **Greifen spielen** play tag; c) **einen Akkord** ~ ⟨auf dem Klavier usw.⟩ play a chord; ⟨auf der Gitarre usw.⟩ finger a chord; **er kann noch keine Oktave** ~: he can't reach an octave yet; d) ⟨schätzen⟩ **tausend ist zu hoch/niedrig gegriffen** one thousand is an overestimate/underestimate; **sein Ziel ist zu hoch gegriffen** (fig.) he has set his sights too high (fig.). 2. unr. itr. V. a) **in/unter/hinter etw./sich** (Akk.) ~: reach into/under/behind sth./one; **nach etw.** ~: reach for sth.; ⟨hastig⟩ make a grab for sth.; **zu Drogen/zur Zigarette** ~: turn to drugs/reach for a cigarette; **zu strengen Maßnahmen** ~ (fig.) resort to or use tough measures; **nach der Macht** ~ (fig.) try to seize power; [**jmdm.**] **ans Herz** ~ tug at sb.'s heartstrings; **seine Argumentation greift zu kurz** (fig.) his arguments do not go far enough; **etw. greift um sich** is spreading; b) ⟨Technik⟩ grip; c) ⟨ugs.: spielen⟩ **in die Tasten/Saiten** ~: sweep one's hand over the keys/across the strings; d) ⟨wirken⟩ take effect; **nicht mehr** ~: be no longer effective
Greifer der; ~**s**, ~ a) ⟨Technik⟩ grab[-bucket]; b) ⟨salopp abwertend: Polizist⟩ cop ⟨sl.⟩
Greif-: ~**fuß** der ⟨Zool.⟩ prehensile foot; ~**vogel** der ⟨Zool.⟩ diurnal bird of prey; ~**zange** die tongs pl.; ~**zirkel** der [outside] callipers pl.
greinen ['graɪ̯nən] itr. V. ⟨ugs. abwertend⟩ grizzle ⟨coll. derog.⟩; ⟨weinerlich klagen⟩ whine
greis [graɪ̯s] Adj. ⟨geh.⟩ aged; white ⟨hair, head⟩; ~ **werden** grow old
Greis der; ~**es**, ~**e** old man
Greisen·alter das old age; **im** [**hohen**] ~: in old age
greisen·haft 1. Adj. old man's/woman's attrib.; aged; ⟨von jüngerem Menschen⟩ ⟨face etc.⟩ like that of an old man/woman. 2. adv. like an old man/woman
Greisen·haupt das ⟨geh.⟩ old head
Greisin die; ~, ~**nen** old woman or lady
grell [grɛl] 1. Adj. a) ⟨hell⟩ glaring, dazzling ⟨light, sun, etc.⟩; b) ⟨auffallend⟩ garish, gaudy ⟨colour etc.⟩; flashy, loud ⟨dress, pattern, etc.⟩; c) ⟨schrill⟩ shrill, piercing ⟨cry, voice, etc.⟩. 2. adv. a) ⟨hell⟩ with glaring or dazzling brightness; b) ⟨auffallend⟩ **gegen od. von etw.** ~ **abstechen** contrast sharply with sth.; c) ⟨schrill⟩ shrilly; piercingly
grell-: ~**beleuchtet** Adj. präd. getrennt geschrieben) dazzlingly lit; ~**bunt** Adj. gaudily coloured
Grelle ['grɛlə] die; ~, **Grellheit** die; ~ a) ⟨Helligkeit⟩ dazzling brightness; b) ⟨Auffälligkeit⟩ garishness; gaudiness; c) ⟨Schrillheit⟩ shrillness; piercing quality
grell·rot Adj. garish or bright red
Gremium ['greːmi̯ʊm] das; ~**s**, **Gremien** committee
Grenadier [grena'diːɐ̯] der; ~**s**, ~**e** ⟨Milit.⟩ a) ⟨Infanterist⟩ infantryman; **er kam zu den** ~**en** he went into or joined the infantry; b) ⟨hist.⟩ grenadier
Grenz-: ~**abfertigung** die ⟨Zollw.⟩ passport control and customs clearance [at the/a border]; ~**baum** der s. **Schlagbaum**; ~**beamte** der border official; ~**befestigung** die ⟨Milit.⟩ border fortification; ~**bereich** der a) o. Pl. ⟨Umkreis der Grenze⟩ border or frontier zone or area; b) ⟨äußerster Bereich⟩ limit[s pl.]; ~**berichtigung** die adjustment to a/the border; ~**bewohner** der ⟨**bewohner** [the] people living near the border or frontier; ~**bezirk** der border or frontier district
Grenze ['grɛntsə] die; ~, ~**n** a) ⟨zwischen Staaten⟩ border; frontier; **die** ~ **zu Italien** the border with Italy; **die** ~ **passieren/überschreiten** cross the border or frontier; **über die** ~**n hinaus** beyond the borders of this country; **an der** ~ **wohnen** live on the border or frontier; **über die grüne** ~ **gehen** ⟨ugs.⟩ cross the border or frontier illegally; b) ⟨zwischen Gebieten⟩ boundary; **die** ~ **des Grundstücks** the boundary of the property; c) ⟨gedachte Trennungslinie⟩ borderline; dividing line; d) ⟨Schranke⟩ limit; **jmdm.** [**keine**] ~**n setzen** impose [no] limits on sb.; **einer Sache** (Dat.) [**keine**] ~**n setzen** set [no] limits to sth.; **alles hat seine** ~**n** there is a limit or are limits to everything; one must draw the line somewhere; **an seine** ~**n stoßen** reach its limit[s]; **an** ~**n stoßen** come up against limiting factors; **keine** ~**n kennen** know no bounds; **seine** ~**n kennen** know one's limitations; **jmdn. in seine** ~**n weisen** put sb. in his/her place; **sich in** ~**n halten** ⟨begrenzt sein⟩ keep or stay within limits; **seine Leistungen hielten sich in** ~**n** his achievements were not [all that ⟨coll.⟩] outstanding; **die** ~**n des Möglichen** the bounds of possibility
grenzen itr. V. **an etw.** (Akk.) ~: border [on] sth.; (fig.) verge on sth.
grenzen·los 1. Adj. boundless; endless; (fig.) boundless, unbounded ⟨joy, wonder, jealousy, grief, etc.⟩; unlimited ⟨wealth, power⟩; limitless ⟨patience, ambition⟩; extreme ⟨tiredness, anger, foolishness⟩. 2. adv. endlessly; (fig.) beyond all measure
Grenzen·losigkeit die; ~: boundlessness; immensity (fig.) **zur** ~ **steigern** (fig.) increase beyond all measure
Grenzer der; ~**s**, ~ ⟨ugs.⟩ a) s. **Grenzbewohner**; b) s. **Grenzsoldat**
grenz-, Grenz-: ~**fall** der ⟨nicht eindeutiger Fall⟩ borderline case; ⟨Sonderfall⟩ limiting case; ~**fluß** der river forming a/the border or frontier; ~**formalitäten** Pl. passport and customs formalities [at the/a border]; ~**gänger** der; ~**s**, ~: [regular] commuter across the border or frontier; ~**gebiet** das a) border or frontier area or zone; b) ⟨Sachgebiet zwischen Disziplinen⟩ adjacent field; **die Biochemie ist ein** ~**gebiet der Medizin** biochemistry is a field bordering on medicine; **im** ~**gebiet zwischen zwei Wissenschaften** in the area where two sciences meet; ~**konflikt** der border or frontier conflict; ~**kontrolle die** a) border or frontier check; b) ⟨Personen⟩ border officials pl.; ~**land** das border or frontier area; ~**linie die** a) ⟨Grenze⟩ border; b) ⟨Sport⟩ line ⟨marking edge of playing area⟩; ~**mark die** ⟨hist.⟩ marches pl.; ~**nah** Adj.; nicht präd. close to the border or frontier postpos.; ~**nutzen** der ⟨Wirtsch.⟩ marginal utility; ~**polizei die** border or frontier police; ~**posten** der border or frontier guard; ~**schutz** der a) ⟨Personen⟩ border or frontier protection; b) ⟨ugs.: Bundesgrenzschutz⟩ border or frontier police; ~**situation die** borderline situation; ~**soldat** der border or frontier guard; ~**stadt die** border or frontier town; ~**stein** der boundary stone; ~**streitigkeit die** boundary dispute; ⟨wegen einer Staatsgrenze⟩ border or frontier dispute; ~**übergang der** a) border crossing-point; frontier crossing-point; [border] checkpoint; b) ⟨das Passieren der Grenze⟩ crossing of the border or frontier; ~**überschreitend** Adj.; nicht präd. across the/a border or frontier/across the borders or frontiers postpos., not pred.; ~**verkehr** der [cross-]border traffic; frontier traffic; **der kleine** ~**verkehr** local [cross-]border or frontier traffic; ~**verlauf** der frontier line; ~**verletzung die** frontier violation; ~**wacht die** ⟨schweiz.⟩ border or frontier guard[s pl.]; · **wall** der border or frontier rampart; ~**wert** der ⟨Math.⟩ limit; ~**zwischenfall** der border incident
Gretchen-: ~**frage die**; ~: crucial question (coll.); ~**frisur die** chaplet hairstyle
Greuel ['grɔʏ̯əl] der; ~**s**, ~ a) o. Pl. ⟨Abscheu⟩ horror; **vor etw.** (Dat.) **empfinden** have a horror of sth.; **er/sie/es ist mir ein** ~: I loathe or detest him/her/it; **es ist ihm ein** ~, **das zu tun** he loathes or detests doing it; b) meist Pl. ⟨~tat⟩ atrocity
Greuel-: ~**geschichte die**, ~**märchen** das horror story; ~**meldung die** report of an/the atrocity/of atrocities; ~**propaganda die** atrocity propaganda; stories pl. of atrocities; ~**tat die** atrocity
greulich ['grɔʏ̯lɪç] 1. Adj. a) ⟨entsetzlich⟩ horrifying; b) ⟨unangenehm⟩ awful. 2. adv. a) ⟨entsetzlich⟩ horrifyingly; b) ⟨unangenehm⟩ terribly
Greyerzer ['graɪ̯ɛʁtsɐ] der; ~**s**, ~: Gruyère
Griebe ['griːbə] die; ~, ~**n** crackling no indef. art.; greaves pl.

Grieben-: ~**fett** das bacon dripping; ~**schmalz** das dripping with crackling or greaves
Grieche ['gri:çə] der; ~n, ~n Greek
Griechen·land (das); ~s Greece
Griechentum das; ~s (Zivilisation) Hellenism no art.; Greek civilization; (Kultur) Greek culture
Griechin die; ~, ~nen Greek
griechisch 1. Adj. Greek ⟨language, mythology, island, etc.⟩; ⟨vase, style, etc.⟩; die ~e Tragödie Greek tragedy. 2. adv. ~ sprechen/schreiben speak/write in Greek; s. auch deutsch
Griechisch das; ~[s] Greek no art.; s. auch **Deutsch**
Griechische das; ~n a) (Sprache) Greek no art.; b) (Eigenart) things Greek pl.; alles ~: all things pl. or everything Greek
griechisch-: ~**orthodox** Adj. Greek Orthodox; ~**römisch** Adj. (Ringen) Graeco-Roman
grienen ['gri:nən] itr. V. (bes. nordd.) grin
Griesgram ['gri:sgra:m] der; ~[e]s, ~e (abwertend) grouch (coll.)
griesgrämig ['gri:sgrɛ:mɪç] 1. Adj. grouchy (coll.); grumpy. 2. adv. in a grouchy (coll.) or grumpy manner
Grieß [gri:s] der; ~es, ~e semolina
Grieß-: ~**brei** der semolina, ~**kloß** der, ~**klößchen** das semolina dumpling
griff [grɪf] 1. u. 3. Pers. Sg. Prät. v. greifen
Griff der; ~[e]s, ~e a) (Greifen) grip; grasp; mit eisernem/festem ~: with a grip of iron/a firm grip; der ~ nach etw./in etw. (Akk.)/an etw. (Akk.) reaching for sth./dipping into sth./ taking hold of or grasping sth.; der ~ zum Alkohol/zu Drogen turning to alcohol/drugs; [mit jmdm./etw.] einen guten/glücklichen ~ tun make a good choice [with sb./ sth.]; einen ~ in die Ladenkasse tun (verhüll.) put one's hand in the till; der ~ nach der Macht (fig.) the bid for or attempt to seize power; b) (beim Ringen, Bergsteigen) hold; (beim Turnen) grip; (bei der Arbeit) jeder ~ muß sitzen every movement must be exactly right; mit wenigen ~en with very little effort; ~e kloppen (Soldatenspr.) do rifle drill; etw. im ~ haben (etw. routinemäßig beherrschen) have the hang of sth. (coll.); (etw. unter Kontrolle haben) have sth. under control; etw. in den ~ bekommen od. (ugs.) kriegen get the hang or knack of sth. (coll.); acquire a grasp of or hold on sth.; c) (Knauf, Henkel) handle; (eines Gewehrs, einer Pistole) butt; (eines Schwerts) hilt; d) (Musik) finger-placing; schwierige ~e beherrschen master difficult fingering (pl.) (Weberei) hand; handle
griff·bereit Adj. ready to hand postpos.
Griff·brett das (Musik) finger-board
Griffel ['grɪfl] der; ~s, ~ a) (Schreibgerät) slate-pencil; b) (Bot.) style; c) (salopp: Finger) finger
Griffel·kasten der (veralt.) pencil-box
griffig Adj. a) (handlich) handy ⟨tool etc.⟩ that is easy to handle; (fig.) handy, useful ⟨word, expression, etc.⟩; b) (gut greifend) that grips well postpos., not pred.; non-slip ⟨surface, floor⟩; ein ~er Reifen a tyre with good road-holding characteristics; c) (festgewebt) ⟨cloth⟩ with a firm handle; d) (österr.: grobkörnig) coarse ⟨flour⟩
Griffigkeit die; ~: a) (Handlichkeit) handiness; b) (von Reifen, Straßen) grip; c) (Festigkeit des Gewebes) firm handle; d) (österr.: von Mehl) coarseness
Griff·loch das (Musik) fingerhole
Grill [grɪl] der; ~s, ~s a) (Feuerstelle) grill; (Rost) barbecue; b) (Kfz-W.) radiator grille
Grille ['grɪlə] die; ~, ~ a) (Insekt) cricket; b) (sonderbarer Einfall) whim; fancy; er hat ~n im Kopf (hat seltsame Ideen) he's is [stuffed] full of silly ideas; (hat trübselige Gedanken) he's in low spirits or (coll.) [down] in the dumps; (fig.) ~n fangen (veralt.) be in low spirits or (coll.) down in the dumps; jmdm. die ~n vertreiben od. austreiben (fig. veralt.) knock some sense into sb.
grillen 1. tr. V. grill. 2. itr. V. im Garten ~: have a barbecue in the garden. 3. refl. V. (ugs.: bräunen) sich in der Sonne ~: soak up the sun
Grill-: ~**platz** der barbecue area; ~**spieß** der ≈ souvlaki
Grimasse [grɪˈmasə] die; ~, ~n grimace; eine ~ schneiden od. machen grimace; pull a face
Grimm [grɪm] der; ~[e]s (geh.) fury
Grimm·darm der (Anat.) colon
grimmen tr., itr. V. (unpers.) (veralt.) es grimmt mir od. mich im Bauch/Magen I have griping pains in my stomach
Grimmen das; ~s colic; griping pains pl.
grimmig 1. Adj. a) (zornig) furious ⟨person⟩; grim ⟨face, expression⟩; fierce, ferocious ⟨enemy, lion, etc.⟩; b) (heftig) fierce, severe ⟨cold, hunger, pain, etc.⟩. 2. adv. a) (wütend) furiously; ~ lachen laugh grimly; b) (heftig) fiercely; ~ kalt bitterly or fiercely cold
Grind [grɪnt] der; ~[e]s, ~e a) (Flechte) impetigo; b) (Wundschorf) scab
grindig Adj. scabby
grinsen ['grɪnzn] itr. V. grin; (höhnisch) smirk
Grinsen das; ~s: ein fröhliches/unverschämtes ~: a happy grin/an insolent smirk
grippal [grɪˈpaːl] Adj.; nicht präd. influenzal; grippal
Grippe ['grɪpə] die; ~, ~n a) influenza; flu (coll.); b) (volkst.: Erkältung) cold
Grippe-: ~**epidemie** die influenza epidemic; ~**impfung** die influenza or (coll.) flu immunization; ~**welle** die wave of influenza or (coll.) flu
Grips [grɪps] der; ~es (bes. nordd. u. md. ugs.) brains pl.; nous (coll.); **streng deinen ~** use your brains or nous
Grisly·bär, Grizzly·bär ['grɪslɪ-] der grizzly bear
grob [gro:p] 1. Adj. a) coarse ⟨sand, gravel, paper, sieve, etc.⟩; thick ⟨wire⟩; rough, dirty ⟨work⟩; ~ e Gesichtszüge coarse features; b) (ungefähr) rough; ~en Umrissen in rough outline; c) (schwerwiegend) gross; flagrant ⟨lie⟩; ein Fehler/Irrtum a bad mistake or gross error; ~er Unfug disorderly conduct; das Gröbste the worst; aus dem Gröbsten heraussein (ugs.) be over the worst; d) (barsch) coarse; rude; ~ werden become abusive or rude; e) (nicht sanft) rough; ~ [zu jmdm.] sein be rough [with sb.]; f) (heftig) fierce ⟨gust of wind⟩; ~e See (Seemannsspr.) rough sea. 2. adv. a) coarsely; ein ~ geschnittenes Gesicht haben have coarse features pl.; b) (ungefähr) roughly; ~ gerechnet od. geschätzt at a rough estimate; etw. ~ umreißen/darlegen present a rough outline/exposition of sth.; c) (schwerwiegend) grossly; ~ fahrlässig handeln (Rechtsspr.) be guilty of gross negligence; d) (barsch) coarsely; rudely; jmdm. ~ kommen (ugs.) get rude with sb.; e) (nicht sanft) roughly
grob-, Grob-: ~**blech** das thick or heavy [steel] plate; ~**einstellung** die rough adjustment; ~**faserig** Adj. coarse-fibred; ~**gemahlen** Adj. (präd. getrennt geschrieben) coarsely ground; coarse-ground; ~**gesponnen** Adj. präd. getrennt geschrieben) coarsely spun; coarse-spun
Grobheit die; ~, ~en a) o. Pl. (Wesensart) rudeness; coarseness; b) (Äußerung) rude remark; (Handlung) piece of] rudeness; jmdm. ~en sagen (ugs.) an den Kopf werfen be extremely rude to sb.; c) o. Pl. (derbe Beschaffenheit) coarseness
Grobian ['gro:bia:n] der; ~[e]s, ~e boor; lout
grob-: ~**knochig** Adj. big-boned; ~**körnig** Adj. coarse ⟨sand, flour, etc.⟩; (Fot.) coarse-grained ⟨film⟩
gröblich ['grø:plɪç] (geh.) 1. Adj.; nicht präd. gross. 2. adv. grossly
grob-, Grob-: ~**maschig** Adj. wide-meshed ⟨sieve, net, etc.⟩; loose-knit ⟨pullover etc.⟩; ~**schlächtig** [~ʃlɛçtɪç] Adj. heavily built; eine ~schlächtige Darstellung (fig.) a simplistic account; ~**schmied** der (veralt.) blacksmith
Grog [grɔk] der; ~s, ~s grog
groggy ['grɔgi] Adj.; nicht attr. a) (Boxen) groggy; b) (ugs.: erschöpft) whacked [out] (coll.); all in (coll.)
grölen ['grø:lən] 1. tr. V. (ugs. abwertend) bawl [out]; roar, howl ⟨approval⟩. 2. itr. V. bawl; eine ~de Menge a roaring crowd
Groll [grɔl] der; ~[e]s (geh.) rancour; resentment; einen ~ auf jmdn./etw. haben od. gegen jmdn./etw. hegen harbour resentment or a grudge against sb./sth.; aus ~ über jmdn./etw. from a grudge against sb./out of resentment at sth.; ohne ~: without rancour; with no ill feelings
grollen itr. V. (geh.) a) (verstimmt sein) be sullen; [mit] jmdm. ~: bear a grudge against sb.; bear sb. a grudge; b) (dröhnen) rumble; ⟨thunder⟩ roll, rumble; das Grollen des Donners the roll or rumble of thunder
Grön·land ['grø:n-] (das); ~s Greenland
Grön·länder der; ~s, ~: Greenlander
¹**Gros** [gro:] das; ~ [gro:(s)], ~ [gro:s] bulk; main body; das ~ der Betriebe the greater or major part of industry
²**Gros** [grɔs] das; ~ses, ~se (bei Maßangaben ungebeugt) gross
Groschen ['grɔʃn] der; ~s, ~ a) (österreichische Münze) groschen; b) (ugs.: Zehnpfennigstück) ten-pfennig piece; (fig.) penny; cent (Amer.); Bonbons für einen ~ zu einem ~: ten pfennigs' worth of sweets; [sich (Dat.)] ein paar ~ verdienen (ugs.) earn [oneself] a few pennies or pence; die ~ zusammenhalten müssen (ugs.) have to count every penny [one spends]; der ~ ist [bei ihm] gefallen (fig.) the penny has dropped; bei ihr fällt der ~ pfennigweise (fig.) she's a bit slow on the uptake
Groschen-: ~**blatt** das (abwertend) tabloid; cheap rag (derog.); ~**roman** der (abwertend) cheap novel; dime novel (Amer.)
groß [gro:s] **größer** ['grø:sɐ], **größt-** ['grø:st..]. 1. Adj. a) big; big, large ⟨house, window, area, room, etc.⟩; large ⟨pack, size, can, etc.⟩; great ⟨length, width, height⟩; tall ⟨person⟩; ~e Eier/Kartoffeln large eggs/potatoes; der ~e Zeiger the big or minute hand; ein ~er Buchstabe a big or capital letter; eine ~e Terz/Sekunde (Musik) a major third/second; ein ~es Bier, bitte a pint, please; im Großen einkaufen buy in bulk; die Großen Seen/der Große Salzsee the Great Lakes/Great Salt Lake; ein/zwei Nummern zu ~: one size/two sizes too big; b) (eine bestimmte Größe aufweisend) 1 m²/ 2 ha ~: 1 m²/2ha in area; sie ist 1,75 m ~: she is 1.75 m tall; doppelt/dreimal so ~ wie ...: twice/three times the size of ...; c) (älter) big ⟨brother, sister⟩; seine ~e Schwester his elder sister; unsere Große/ unser Großer our eldest or oldest daughter/son; (von zwei Kindern) our elder or older daughter/son; d) (erwachsen) grown-up ⟨children, son, daughter⟩; ~ werden grow up [with sth.]; die Großen (Erwachsene) the grown-ups; (ältere Kinder) the older children; ~ und klein old and young [alike]; e) (lange dauernd) long, lengthy ⟨delay, talk, explanation, pause⟩; ein ~er Zeitraum a long period of time; die ~en Ferien (Schulw.) the summer holidays or (Amer.) long vacation sing.; die ~e Pause (Schulw.) [mid-morning] break; f) (beträchtlich) eine ~e Zuhörerschaft/Kundschaft a large audi-

ence/clientele; ~e Summen/Kosten large sums/heavy costs; eine ~e Familie a big *or* large family; eine ~e Auswahl a wide selection *or* range; ~es Geld notes *pl.*; das ~e Geld machen *(ugs.) od.* verdienen make big money; g) *(außerordentlich)* great ⟨pleasure, pain, hunger, anxiety, hurry, progress, difficulty, mistake, importance⟩; intense ⟨heat, cold⟩; high ⟨speed⟩; mit dem größten Vergnügen with the greatest of pleasure; eine ~e Freude empfinden feel great pleasure; ein ~er Lärm a lot of noise; ~en Hunger haben be very hungry; ein ~er Esser/Bastler a great *or* heavy eater/great handyman; ihre/ seine ~e Liebe her/his great love; ~ im Geschäft sein be in great demand; h) *(gewichtig)* great; major ⟨*producer, exporter*⟩; great, major ⟨*event*⟩; ein ~er Augenblick/Tag a great moment/day; ~e Worte/Gesten grand *or* fine words/grand gestures; [k]eine ~e Rolle spielen [not] play a great *or* an important part; sie hat Großes geleistet she has achieved great things; die Großen [der Welt] the great figures [of our world]; i) *nicht präd.* *(glanzvoll)* grand ⟨*celebration, ball, etc.*⟩; in ~er Aufmachung/Garderobe in all one's finery; die ~e Dame/den ~en Herrn spielen *(iron.)* play the fine lady/gentleman; j) *(bedeutend)* great, major ⟨*artist, painter, work*⟩; Otto der Große/Katharina die Große Otto/Catherine the Great; *s. auch* Karl; k) *(wesentlich)* die ~ Linie/der ~e Zusammenhang the basic line/the overall context; in ~en Zügen *od.* Umrissen in broad outline; im ~en [und] ganzen by and large; on the whole; l) *(geh.: selbstlos)* noble ⟨*deed etc.*⟩; ein ~es Herz haben be great-hearted; m) *(ugs.: ~artig)* great *(coll.)*; das finde ich *od.* das ist ganz ~ *(iron.)* that's just great *(coll. iron.)*; ~ in etw. *(Dat.)* sein be a great one for sth.; n) *(ugs.: ~spurig)* ~e Reden schwingen *od. (salopp)* Töne spucken talk big *(coll.)*. 2. *adv.* a) die Heizung *usw.* ~/größer einstellen turn the heating *etc.* up high/higher; ein Wort ~ schreiben write a word with a capital [initial] letter *or* a capital; jmdn. ~ ansehen stare hard at sb.; ~ machen *(Kinderspr.)* do number two *(child lang.)*; ~ und breit at great length; b) *(ugs.: aufwendig)* ~ ausgehen go out for a big celebration; etw. ~ feiern celebrate sth. in a big way; jmdn./etw. ~ herausbringen publicize sb./sth. with a big splash; c) *(ugs.: besonders)* greatly; particularly; es lohnt [sich] nicht ~, das zu tun there is not much point in doing that; sich nicht ~ um jmdn./etw. kümmern not bother *or* concern oneself greatly about sb./sth.; wir haben nicht ~ darauf geachtet we didn't pay much attention to it; was gibt es da noch ~ zu diskutieren? why do we need all this long discussion?; niemand freute sich ~: nobody was very pleased *or (coll.)* exactly overjoyed; d) *(geh.: selbstlos)* ~ handeln act nobly; fähig sein, ~ zu fühlen be capable of noble sentiments; e) *(ugs.: ~artig)* sie steht ganz ~ da she has made it big *(coll.)* or made the big time *(coll.)*. f) *(ugs.: ~spurig)* ~ daherreden/auftreten talk/act big *(coll.)*

groß-, Groß-: ~abnehmer der bulk buyer *or* purchaser; ~admiral der *(Milit. hist.)* Grand Admiral; ~aktion die major campaign; big drive; ~aktionär der *(Wirtsch.)* principal *or* major shareholder; ~alarm der full-scale alarm; ~angelegt *Adj.; nicht präd.* large-scale ⟨*project, plan, etc.*⟩; full-scale ⟨*attack, investigation*⟩; ~angriff der *(Milit.)* full-scale attack; ~artig 1. *Adj.* magnificent; splendid; wonderful ⟨*person*⟩; 2. *adv.* magnificently; splendidly; wir haben uns ~artig amüsiert we had a marvellous time; ~artigkeit die magnificence; splendour; ~aufnahme die a) *(Film)* close-up; in ~aufnahme in close-up; b) *(Fot.) s.* Nahaufnahme; ~auftrag der *(Wirtsch.)* large order; ~bank die; *Pl.* ~banken *(Finanzw.)* big bank; die fünf ~banken the Big Five; ~bauer der big farmer; ~betrieb der large *or* big concern; large-scale enterprise; ~bourgeoisie die *(marx.)* haute bourgeoisie; ~brand der large fire *or* blaze

Groß·bri·tan·ni·en (das) the United Kingdom; [Great] Britain

groß-, Groß-: ~buchstabe der capital [letter]; upper-case letter *(Printing)*; ~bürgerlich *Adj.* upper middle-class; ~bürgertum das upper middle class; ~deutsch *Adj. (bes. ns.)*; ~deutschland (das) *(bes. ns.)* Germany after the anschluss of Austria

Größe ['grø:sə] die; ~, ~n a) size; *(Kleider~)* in ~ 38 in size 38; sie trägt ~ 44 she is *or* takes size 44; b) *(Höhe, Körper~)* height; der ~ nach by height; c) *(Bedeutsamkeit, sittlicher Wert)* greatness; d) *(Ausmaß)* die ~ der Katastrophe the [full] scale *or* extent of the catastrophe; e) *(Genie)* outstanding *or* important figure; f) *(Math., Physik)* quantity; eine gegebene/*(auch fig.)* unbekannte ~: a given/an unknown quantity

Groß-: ~ein·kauf der bulk purchase; ~einkauf machen do all one's shopping at one time; ~ein·satz der large-scale operation; ~eltern *Pl.* grandparents; ~enkel der great-grandchild; *(Junge)* great-grandson; ~enkelin die great-granddaughter

Größen-: ~klasse die a) size [group]; Eier der ~klasse 2 class 2 eggs; b) *(Astron.)* magnitude; ~ordnung die a) *(Dimension)* order [of magnitude]; in einer ~ordnung von einer Milliarde Mark in the order of a thousand million marks; b) *(Physik, Math.)* order of magnitude

groß·en·teils *Adv.* largely; for the most part

größen-, Größen-: ~verhältnis das a) *(Maßstab)* scale; im ~verhältnis 1:10 on a scale of 1:10; b) *(Proportion)* proportions *pl.*; ~wahn der *(abwertend)* megalomania; delusions *pl.* of grandeur; ~wahnsinnig *Adj.* megalomaniacal; er ist ~wahnsinnig he's a megalomaniac

größer *s.* groß

Groß·erzeuger der large *or* big producer

groß-, Groß-: ~fahndung die large-scale search *or* manhunt; ~familie die *(Soziol.)* extended family; *(mehrere Kleinfamilien)* composite family; ~feuer das large fire *or* blaze; ~flug·hafen der large *or* major airport; ~folio das *(Buchw.)* large folio; ~format das large size; *(bei Büchern)* large format *or* size; ~fürst der *(hist.)* Grand Duke; ~fürstin die *(hist.)* Grand Duchess; ~grund·besitz der ownership of large estates; ~grund·besitzer der big landowner; ~handel der wholesale trade; ~händler der wholesaler; ~handlung die wholesale business; ~herzig *(geh.)* 1. *Adj.* magnanimous; 2. *adv.* magnanimously; ~herzigkeit die *(geh.)* magnanimity; ~herzog der Grand Duke; ~herzogin die Grand Duchess; ~herzoglich *Adj.; nicht präd.* grand-ducal; ~herzogtum das grand duchy; ~herzogtum Luxemburg Grand Duchy of Luxemburg; ~hirn das *(Anat.)* cerebrum; ~hirn·rinde die *(Anat.)* cerebral cortex; ~industrie die big industry; ~industrielle der/die; *adj. Dekl.* big industrialist; ~inquisitor der *(hist.)* Grand Inquisitor

Grossist der; ~en, ~en *(Kaufmannsspr.)* wholesaler

groß-, Groß-: ~jährig *Adj. (veralt.)* ⟨*person*⟩ who is of age; ~jährig werden/sein come/be of age; ~jährigkeit die *(veralt.)* majority; die ~jährigkeit erlangen reach the age of majority; ~kampf·schiff das *(Milit. veralt.)* capital ship; ~kapital das *(Wirtsch.)* big business *or* capital; ~ka-pitalist der big capitalist; ~katze die *(Zool.)* big cat; ~kaufmann der merchant; ~kind das *(schweiz.)* grandchild; ~klima das *(Met.)* macroclimate; ~konzern der big *or* large combine; ~kopfe[r]te [-kɔpfətə] der; *adj. Dekl.* *(ugs. abwertend)* high-up *(coll.)*; *(Intellektueller)* egghead *(coll.)*; ~kotzig [-kɔtsɪç] 1. *Adj. (salopp abwertend)* pretentious ⟨*style*⟩; swanky *(coll.)* ⟨*present etc.*⟩; boastful ⟨*tone etc.*⟩; 2. *adv.* boastfully; ~kreuz das Grand Cross; ~küche die large kitchen *(of hotel, hospital, etc.)*; ~kundgebung die mass rally *or* meeting; ~macht die great power; die ~macht USA the USA, one of the great powers; ~macht·stellung die great power status; ~mama die *(ugs.)* grandma *(coll./child lang.)*; granny *(coll./child lang.)*; ~manns·sucht die *(abwertend)* craving for status; ~markt der central market; ~maschig *Adj.* wide-meshed; ~mast der *(Seemannsspr.)* mainmast; ~maul das *(ugs. abwertend)* big-mouth *(coll.)*; braggart; ~mäulig [-mɔylɪç] *Adj. (ugs. abwertend)* big-mouthed *(coll.)*; ~meister der Grand Master; *(Schach)* grand master; ~mut die; ~: magnanimity; generosity; ~mütig [-my:tɪç] 1. *Adj.* magnanimous; generous; 2. *adv.* magnanimously; generously; ~mutter die a) grandmother; ~mutter werden become a grandmother; das kannst du deiner ~mutter erzählen *(ugs.)* tell that to the marines; b) *(ugs.: alte Frau)* old lady; ~mütterlich *Adj.; nicht präd.* a) grandmother's; ~mütterliche Haus one's grandmother's house; jmds. ~mütterliches Erbe sb.'s inheritance from his/her/their grandmother; b) *(wie eine ~mutter)* grandmotherly; ~neffe der great-nephew; grandnephew; ~nichte die great-niece; grandniece; ~offensive die *(Milit.)* major *or* full-scale offensive; ~oktav das *(Buchw.)* royal octavo; ~onkel der great-uncle; granduncle; ~papa der *(ugs.)* grandpa *(coll./child lang.)*; ~papa der granddad *(coll./child lang.)*; ~rat der *(schweiz.)* member of a cantonal great council; ~raum der area; im ~raum Hamburg in the [Greater] Hamburg area; ~raum·abteil das *(Eisenb.)* open carriage; ~raum·büro das open-plan office; ~raum·flugzeug das wide-bodied aircraft

großräumig [-rɔymɪç] 1. *Adj.* extensive; over a wide *or* large area postpos., *not pred.*; *(viel Platz bietend)* spacious, roomy ⟨*office, house, etc.*⟩; wide-bodied ⟨*aircraft*⟩. 2. *adv.* over a wide *or* large area; eine ~ gebaute Stadt a town [built] with plenty of open space; ein ~ konzipiertes Flugzeug an aircraft designed for high-capacity air transport

groß-, Groß-: ~raum·wagen der *(Verkehrsw.)* open car; ~rechner der *(DV)* mainframe [computer]; ~reinemachen das *(ugs.)* thorough cleaning; spring-clean; ein ~reinemachen veranstalten spring-clean the house; ~schanze die *(Skisport)* ninety-metre hill; ~schnauze die *(salopp)* big-mouth *(coll.)*; ~schnauzig *Adj. (salopp)* big-mouthed *(coll.)*; ~|schreiben *unr. tr. V. (ugs.)* in ~geschrieben werden be stressed *or* emphasized; bei ihm wird Verdienen ~geschrieben earning money comes high on his list of priorities; *s. auch* groß 2a; ~schreibung die capitalization; ~segel das *(Seemannsspr.)* mainsail; ~sprecher der *(abwertend)* braggart; boaster; ~sprecherisch *Adj. (abwertend)* boastful ⟨*person*⟩; bragging attrib., boastful ⟨*words, manner, etc.*⟩; ~spurig *(abwertend)* 1. *Adj.* boastful; *(hochtrabend)* pretentious ⟨*word, language*⟩; grandiose ⟨*plan*⟩; 2. *adv.* boastfully; *(hochtrabend)* pretentiously; ~stadt die city; large town

1157

Großstädter

~**städter** *der* city-dweller; urbanite; ~**städtisch** *Adj.* [big-]city *attrib.* ⟨*life*⟩; **der** ~**städtische Autoverkehr** traffic in the [big] cities; **Genf ist in vielem** ~**städtischer als Bern** in many ways Geneva is more of a big city than Berne; ~**stadt·luft die** city air; *(fig. ugs.: Atmosphäre)* atmosphere of the big city *(fig.)*; ~**stadt·verkehr der** [big-]city traffic
größt... *s.* **groß**
Groß-: ~**tante die** great-aunt; grandaunt; ~**tat die** *(geh.)* great feat; ~**teil der** a) *(Hauptteil)* major part; **zum** ~**teil** mostly; for the most part; b) *(nicht unerheblicher Teil)* large part; **zu einem** ~**teil** largely
größten·teils *Adv.* for the most part
Größt·maß das a) *(zulässiges Maß)* maximum size *or* dimensions *pl.*; b) *(größtmöglicher Anteil)* maximum amount
größt·möglich *Adj.; nicht präd.* greatest possible
groß-, Groß-: ~**tuer** [~tuːɐ] *der*; ~**s,** ~ *(abwertend)* braggart; boaster; ~**tuerei die** *(abwertend)* bragging; boasting; ~**tuerisch** *Adj. (abwertend)* boastful; bragging; ~|**tun** **1.** *unr. itr. V.* boast; brag; **mit jmdm./etw.** ~**tun** boast *or* brag about sb./sth.; **mit seinen Kenntnissen** ~**tun** show off one's knowledge; **2.** *unr. refl. V.* **sich mit jmdm./etw.** ~**tun** boast *or* brag about sb./sth.; ~**unternehmen das** *(Wirtsch.)* large-scale enterprise; big concern; ~**unternehmer der** *(Wirtsch.)* big businessman; ~**vater der** grandfather; ~**väterlich** a) *Adj.; nicht präd.* grandfather's; **das** ~**väterliche Haus** one's grandfather's house; **jmds.** ~**väterliches Erbe** sb.'s inheritance from his/her/their grandfather; b) *(wie ein* ~*vater)* grandfatherly; ~**vater·stuhl der** *(ugs.)* easy chair; wing chair; ~**veranstaltung die** mass rally *or* meeting; ~**verbraucher der** bulk *or* large consumer; ~**verdiener der** big earner; ~**versandhaus das** [large] mail-order firm *or* house; ~**vieh das** cattle and horses *pl.*; ~**wesir der** *(hist.)* grand vizier; ~**wetter·lage die** *(Met.)* macro weather situation; *(fig.)* general political situation; ~**wild das** big game; ~**wild·jagd die** big-game hunting *no art.*; ~**wild·jäger der** big-game hunter; ~**ziehen** *unr. tr. V.* bring up; raise; rear ⟨*animal*⟩; ~**zügig 1.** *Adj.* generous, generous, handsome ⟨*tip*⟩; b) *(in großem Stil)* grand and spacious ⟨*building, gardens, etc.*⟩; generous, liberal ⟨*working conditions*⟩; large-scale ⟨*measures*⟩; **2.** *adv.* a) generously; **sich** ~**zügig über etw.** *(Akk.)* **hinwegsetzen** be broadminded enough to disregard sth.; b) *(in großem Stil)* **ein** ~**zügig eingerichtetes Büro** a handsomely equipped office; **die** ~**zügig angelegten Schloßgärten** the palace gardens, laid out on a grand scale; ~**zügigkeit die** a) generosity; b) *(großes Ausmaß)* grand scale
grotesk [groˈtɛsk] **1.** *Adj.* grotesque. **2.** *adv.* grotesquely
Grotesk die; ~ *(Druckw.)* Grotesque; sanserif
Groteske die; ~**,** ~**n** a) *(Ornamentik)* grotesque; b) *(Literaturwiss.)* grotesque tale
grotesker·weise *Adv.* absurdly [enough]
Grotte [ˈgrɔtə] *die;* ~**,** ~**n** grotto
Grotten·olm der olm
grub [gruːp] *1. u. 3. Pers. Sg. Prät. v.* **graben**
Grubber [ˈgrʊbɐ] *der;* ~**s,** ~ *(Landw.)* cultivator
Grübchen [ˈgryːpçən] *das;* ~**s,** ~: dimple
Grube die; ~**,** ~**n** a) pit; hole; **wer andern eine** ~ **gräbt, fällt selbst hinein** *(Spr.)* take care that you are not hoist with your own petard; b) *(Bergbau)* mine; pit; **in der** ~ **arbeiten/in die** ~ **einfahren** work/go down the mine; c) *(veralt.: offenes Grab)* grave; **in die** ~ **fahren** *(veralt.)* yield up the ghost *(arch.)*

Grübelei die; ~**,** ~**en** pondering; *(Melancholie)* brooding
grübeln [ˈgryːb[ə]ln] *itr. V.* ponder (**über** + *Dat.* on, over); *(brüten)* brood (**über** + *Dat.* over, about)
Gruben-: ~**arbeiter der** miner; mine-worker; ~**bahn die** mine *or* pit tram *or* train; ~**gas das** firedamp; ~**lampe die** miner's lamp; ~**unglück das** pit *or* mine disaster; ~**wasser das** pit *or* mine water
Grübler der; ~**s,** ~, **Grüblerin die;** ~**,** ~**nen** meditative person; *(Melancholiker)* brooder; brooding person
grüblerisch *Adj.* meditative; *(melancholisch)* brooding
grüezi [ˈgryːɛtsi] *Adv. (schweiz.)* hallo
Gruft [grʊft] *die;* ~**, Grüfte** [ˈgrʏftə] a) *(Gewölbe)* vault; *(in einer Kirche)* crypt; b) *(offenes Grab)* grave
grummeln [ˈgrʊmln] *itr. V.* a) *(dröhnen)* rumble; **man hörte den Donner/die Geschütze** ~: one could hear the rumble of thunder/the guns; b) *(murmeln)* mumble
Grummet [ˈgrʊmət] *das;* ~**[e]s, Grumt** [grʊmt] *das;* ~**[e]s** aftermath
grün [gryːn] *Adj.* a) green; ~**er Salat** lettuce; **die Ampel ist** ~ *(ugs.)* the lights are green; **wir haben** ~**e Weihnachten gehabt** we didn't have a white Christmas; **die Grüne Insel** the Emerald Isle; ~**e Bohnen/Erbsen** French beans/green peas; ~**es Holz** green timber; ~**e Heringe** fresh herrings; **ein** ~**er Junge** *(abwertend)* a greenhorn; ~**es Licht geben** give the go-ahead; **jmdn.** ~ **und blau** *od.* **gelb schlagen** *(ugs.)* beat sb. black and blue; **sich** ~ **und blau** *od.* **gelb ärgern** *(ugs.)* be livid *(coll.) or* furious; **du bist noch [zu]** ~ **hinter den Ohren** *(abwertend)* you're still [too] wet behind the ears *(coll.)*; *s. auch* **Welle** a; b) *(ugs.: wohlgesinnt)* **ich bin ihr nicht** ~: she's not someone I care for; **die beiden sind sich** *(Dat.)* **nicht** ~: there's no love lost between them; c) *(Politik)* ecological; **ein** ~**er Abgeordneter** a Member belonging to the Green party
Grün das; ~**s,** ~ *od. (ugs.)* ~**s** a) green; **die Ampel steht auf** *od.* **zeigt** ~: the lights *pl.* are at green; **das ist dasselbe in** ~ *(ugs.)* it makes *or* there is no real difference; b) *o. Pl. (Pflanzen)* greenery; c) *(Golf)* green; d) *(Spielkartenfarbe)* spades *pl.*; *s. auch* ²**Pik**
Grün·anlage die green space; *(Park)* park
grün·blau *Adj.* greenish blue
Grund [grʊnt] *der;* ~**[e]s, Gründe** [ˈgrʏndə] a) *(Erdoberfläche)* ground; **etw. bis auf den** ~ **abreißen** raze sth. to the ground; **von** ~ **auf neu bauen** rebuild sth. from scratch; **den** ~ **zu etw. legen** *(fig.)* lay the foundations *pl.* of *or* for sth. *(fig.)*; **sich in** ~ **und Boden schämen** be utterly ashamed; **etw. in** ~ **und Boden verdammen** condemn sth. outright; **jmdn. in** ~ **und Boden reden** shoot every one of sb.'s arguments to pieces; **etw. in** ~ **und Boden wirtschaften** bring *or* reduce sth. to rack and ruin; b) *o. Pl. (eines Gewässers, geh.: eines Gefäßes)* bottom; **auf** ~ **laufen** run aground; **ein Glas bis auf den** ~ **leeren** *(geh.)* drain a glass to the dregs; **im** ~ **seines Herzens/seiner Seele** *(fig. geh.)* at heart *or* deep down/in his innermost soul; **der Sache** *(Dat.)* **auf den** ~ **gehen/kommen** get to the bottom *or* root of the matter; **im** ~**e [genommen]** basically; c) *(Ursache, Veranlassung)* reason; *(Beweg~)* grounds *pl.*; reason; **es gibt keinen/nicht den geringsten** ~ **zu etw.** there is no/not the slightest reason for sth.; **allen** ~ **haben, etw. zu tun haben** every *or* good reason to do *or* for doing sth.; **[k]einen** ~ **zum Feiern/Klagen haben** have [no] cause for [a] celebration/to complain *or* for complaint; **aus Gründen der Geheimhaltung/Sicherheit** for reasons of secrecy/security; **aus dem einfachen** ~**, weil** ... *(ugs.)* for the simple reason that ...;

grundieren

ohne ersichtlichen ~: for no obvious *or* apparent reason; **auf** ~ **ihrer Aussagen/dieser Lage** on the basis *or* strength of their statements/in view of this situation; **Gründe und Gegengründe** pros and cons; arguments for and against; d) *(veralt., noch landsch.: Erdreich)* soil; ground; e) *(bes. österr.:* ~*besitz)* land *no indef. art., no pl.*; *(Parz.)* plot [of land]; ~ **und Boden** land; f) *(veralt.: kleines Tal)* valley; g) *o. Pl. (Unter~)* ground
grund-, Grund-: ~**anschauung die** fundamental ideas *pl. or* attitudes *pl.*; **seine politische** ~**anschauung** his basic political outlook; ~**anständig** *Adj.* thoroughly decent; ~**anstrich der** priming coat; ~**ausbildung die** *(Milit.)* basic training; ~**ausstattung die** basic equipment; ~**bedeutung die** a) fundamental *or* basic *or* essential meaning; b) *(Sprachw.)* original meaning; ~**bedingung die** basic condition; ~**begriff der** basic *or* fundamental concept; **die** ~**begriffe der lateinischen Sprache** the rudiments of Latin; ~**besitz der** a) *(Eigentum an Land)* ownership of land; b) *(Land)* landed property; ~**besitzer der** landowner; ~**bestandteil der** [basic] element; ~**buch das** land register; ~**buch·amt das** land registry; ~**ehrlich** *Adj.* thoroughly honest; ~**eigentum das** *s.* ~**besitz** a; ~**eigentümer der** *s.* ~**besitzer**; ~**einheit die** a) *(Physik)* fundamental unit; b) *(DDR: organisatorische Einheit)* local group; ~**einstellung die** fundamental *or* basic attitude; ~**eis das** anchor ice; ground ice; *s. auch* **Arsch** a
gründen [ˈgrʏndn̩] **1.** *tr. V.* a) *(neu schaffen)* found, set up, establish ⟨*organization, party, etc.*⟩; set up, establish ⟨*business*⟩; start [up] ⟨*club*⟩; **eine Familie/ein Heim** ~: start a family/set up home; b) *(aufbauen)* base ⟨*plan, theory, etc.*⟩ (**auf** + *Akk.* on). **2.** *itr. V.* **auf** *od.* **in etw.** *(Dat.)* ~: be based on sth. **3.** *refl. V.* **sich auf etw.** *(Akk.)* ~: be based on sth.
Gründer der; ~**s,** ~**, Gründerin die;** ~**,** ~**nen** founder
Gründer·jahre *Pl.:* period *(1871–1873)* when many industrial firms were founded in Germany
Grund-: ~**erwerb der** *(Rechtsw.)* acquisition *(Kauf)* purchase of land; ~**erwerb[s]·steuer die** *(Steuerw.)* land transfer tax
Gründer·zeit die; *o. Pl. s.* **Gründerjahre**
grund-, Grund-: ~**falsch** *Adj.* utterly wrong; ~**farbe die** a) *(Malerei, Druckw.)* primary colour; b) *(Untergrundfarbe)* ground colour; ~**fehler der** basic *or* fundamental mistake *or* error; ~**festen** *Pl.* **in an den** ~**festen von etw. rütteln** shake the [very] foundations of sth.; **etw. in seinen bis in seine** ~**festen erschüttern** shake sth. to its [very] foundations; ~**fläche die** a) *(eines Zimmers)* [floor] area; b) *(Math.)* base; ~**form die** a) *(Hauptform)* basic form; b) *(Urform)* original form; c) *(Sprachw.)* infinitive; *(Satzbauplan)* basic [grammatical] structure of a/the sentence; ~**frage die** basic *or* fundamental issue *or* question; **die politischen** ~**fragen** the basic *or* fundamental political issues *or* questions; ~**gebühr die** basic *or* standing charge; ~**gedanke der** basic idea; ¹~**gehalt der** *(einer Theorie)* basic idea; *(eines Dramas)* basic theme; ²~**gehalt das** basic salary; ~**gescheit** *Adj.* extremely clever *or* bright; ~**gesetz das** a) *(Verfassung)* Basic Law; b) *(wichtiges Gesetz)* fundamental *or* basic law; ~**haltung die** a) *(Sport: Körperhaltung)* basic position; b) *(Einstellung)* basic *or* fundamental attitude; ~**herr der** *(hist.)* lord of the manor
Grundier·anstrich der priming coat
grundieren [grʊnˈdiːrən] *tr. V.* prime; *(Ölmalerei)* ground; apply the ground to

1158

Grundierfarbe | **Gruß**

Grundier·farbe die primer
Grundierung die; ~, ~en a) *(das Grundieren)* priming; *(Ölmalerei)* grounding; applying the ground *(Gen.* to); b) *(erster Anstrich)* priming coat; *(Ölmalerei)* ground coat
Grund-: ~**kapital** das *(Wirtsch.)* equity *or* share capital; ~**kenntnis** die; *meist Pl.* basic knowledge *no pl.* (in + *Dat.* of); ~**konzeption** die basic *or* fundamental conception; ~**kurs** der basic course
Grund·lage die basis; foundation; **auf der** ~: on the basis; **jeder** ~ **entbehren** be completely unfounded *or* without any foundation; **die geistigen/theoretischen** ~**n** the intellectual/theoretical foundations; **die** ~**n einer Wissenschaft** the basic principles of a science; **auf breiter** ~ **arbeiten** work *or* operate on a broad basis; **iß mal tüchtig, damit du eine gute** ~ **hast** *(ugs.)* get a good meal inside you to line your stomach with *(coll.)*
Grundlagen·forschung die basic research
grund·legend 1. *Adj.* fundamental, basic (**für** to); seminal *(idea, work).* 2. *adv.* fundamentally; **sich** ~ **zu etw. äußern** make a statement of fundamental importance on sth.
Grund·legung die; ~ *(fig.)* laying of the foundations *(Gen.* for)
gründlich ['ɡrʏntlɪç] 1. *Adj.* thorough. 2. *adv.* a) *(gewissenhaft)* thoroughly; b) *(ugs.: gehörig)* **sich** ~ **täuschen** be sadly *or* greatly mistaken; **sich** ~ **langweilen** be bored to tears *(coll.);* ~ **mit etw. aufräumen** do away completely with sth.; ~ **mit jmdm. abrechnen** really get even with sb.
Gründlichkeit die; ~: thoroughness
Gründling ['ɡrʏntlɪŋ] der; ~s, ~e *(Zool.)* gudgeon
grund-, Grund-: ~**linie** die a) *(Math.)* base; b) *(Sport)* baseline; c) *(Hauptzug)* main *or* principal feature *or* characteristic; ~**linien·spiel** das *(Tennis)* baseline play; ~**lohn** der basic salary; ~**los** 1. *Adj.* a) *(unbegründet)* groundless; unfounded; b) *(ohne festen Boden)* bottomless *(sea, depths, etc.);* 2. *adv.* **sich** ~**los aufregen/ängstigen** be needlessly agitated/alarmed; ~**los lachen** laugh for no reason [at all]; **jmdn.** ~**los verdächtigen** be suspicious of sb. without reason; ~**mauer** die foundation wall; **das Haus war bis auf die** ~**mauern abgebrannt** the house had burnt to the ground; ~**nahrungs·mittel** das basic food[stuff]; ~**norm** die basic standard
Grün·donnerstag der Maundy Thursday
Grund-: ~**ordnung** die basic fundamental [constitutional] order; ~**pfeiler** der foundation *or* main pillar; *(einer Brücke)* main pier; *(fig.)* main pillar; ~**prinzip** das fundamental *or* basic principle; ~**rechen·art,** ~**rechnungs·art** die fundamental *or* basic arithmetical operation; ~**recht** das basic *or* fundamental *or* constitutional right; ~**regel** die fundamental *or* basic rule; ~**rente** die a) *(Wirtsch.: Bodenrente)* ground rent; b) *(Sozialw.)* basic pension; ~**riß** der a) *(Bauw.)* [ground-]plan; b) *(Leitfaden)* outline; ~**satz** der principle; **aus** ~**satz** on principle; **sich** *(Dat.)* **etw. zum** ~**satz machen** make sth. a matter of principle; **ein Mann von** ~**sätzen** a man of principle; ~**satz·entscheidung** die decision on fundamental principles *(Rechtsw.)* ruling; ~**satz·erklärung** die declaration of principle
grund·sätzlich 1. *Adj.* a) fundamental ⟨*difference, question, etc.*⟩; b) *(aus Prinzip)* ⟨*rejection, opponent, etc.*⟩, on principle; c) *(allgemein)* ⟨*agreement, readiness, etc.*⟩ in principle. 2. *adv.* a) fundamentally; **zu etw.** ~ **Stellung nehmen** make a statement of principle on sth.; b) *(aus Prinzip)* as a matter of principle; on principle; **es ist** ~ **verboten** it is absolutely forbidden; c) *(allgemein)* in principle; ~ **habe ich nichts dagegen einzuwenden, aber ...:** basically *or* in principle I've nothing against it, but ...
Grund-: ~**satz·programm** das political programme; ~**schnelligkeit** die *(Sport)* a) maximum speed; b) *(angeboren)* basic speed capability; ~**schuld** die *(Rechtsw., Finanzw.)* land charge; encumbrance; ~**schule** die primary school; ~**schüler** der primary school pupil; ~**schul·lehrer** der primary-school teacher; ~**stein** der foundation-stone; ~**stein** der foundation[-stone]; **den** ~**stein zu etw. legen** lay the foundation-stone of sth.; *(fig.)* lay the foundation[s *pl.*] for *or* of sth.; ~**stein·legung** die; ~, ~**en** laying of the foundation-stone; ~**stellung** die *(Sport)* basic position; ~**steuer** die *(Steuerw.)* property tax [under German law]; ~**stimmung** die prevailing mood; **eine pessimistische** ~**stimmung** a prevailing mood of pessimism; ~**stock** der basis; foundation; *(einer Sammlung)* basis; nucleus; ~**stoff** der a) *(Chemie: Element)* element; b) *(Rohstoff)* [basic] raw material; ~**stoff·industrie** die basic industry
Grund·stück das plot [of land]; *(Bau~)* plot of land; site; **ein bebautes** ~ a developed site *or* property; **Grundstücke kaufen/erben** buy/inherit property *sing.*
Grundstücks-: ~**makler** der estate agent; ~**spekulant** der property speculator
Grund-: ~**studium** das basic course; ~**tendenz** die basic trend; ~**text** der original text; ~**ton** der a) *(Farbton)* basic colour; b) *(~stimmung)* basic *or* prevailing tone *or* mood; **ein optimistischer** ~**ton** a basic *or* prevailing mood of optimism; c) *(Musik)* fundamental [tone]; root; ~**übel** das basic evil; ~**umsatz** der *(Physiol.)* basal metabolic rate
Gründung die; ~, ~**en** *(Partei~, Vereins~)* foundation; establishment; setting up; *(Geschäfts~)* setting up; establishing; *(Klub~)* starting [up]; **die** ~ **einer Familie** starting a family
Gründungs-: ~**feier** die foundation ceremony; ~**jahr** das year of foundation *or* establishment; **das** ~**jahr unseres Vereins** the year of the foundation of our organization; ~**kapital** das *(Wirtsch.)* original *or* initial capital
grund-, Grund-: ~**verkehrt** *Adj.* completely *or* entirely wrong; ~**vermögen** das *(Finanzw.)* [landed] property; real estate; ~**verschieden** *Adj.* totally *or* completely different; ~**wahrheit** die fundamental *or* basic truth; ~**wasser** das *(Geol.)* ground water, ~**wasser·spiegel** der water table; ground-water level; ~**wehr·dienst** der basic military service; national service; ~**wissen** das basic *or* elementary knowledge; ~**wissenschaft** die basic discipline; ~**wort** das; *Pl.* ~**wörter** *(Sprachw.)* basic component; ~**wort·schatz** der *(Sprachw.)* basic vocabulary; ~**zahl** die cardinal [number]; ~**zug** der essential feature; **etw. in seinen** ~**zügen darstellen** outline the essential features *or* essentials of sth.

Grüne das; *adj. Dekl.* a) green; b) **im** ~**n/ins** ~: [out] into/in the country; c) *meist o. Art. (ugs.: grüne Pflanzen)* greenery; *(Salat)* green salad; *(Gemüse)* greens *pl.;* green vegetables *pl.*
²**Grüne** der/die; *adj. Dekl. (Politik)* member of the Green Party; **die** ~**n** the Greens
³**Grüne** der; *adj. Dekl. (ugs.)* a) *(Polizist)* cop *(sl.);* b) *(20-Mark-Schein)* 20-mark note
grünen *itr. V. (geh.)* be green; *(fig. dichter.)* spring up anew
grün-, Grün-: ~**fink** der greenfinch; ~**fläche** die green space; *(im Park)* lawn; ~**futter** das *(Landw.)* green fodder; ~**gelb** *Adj.*

greenish yellow; ~**gürtel** der green belt; ~**kern** der *dried unripe spelt grains (used to thicken soup);* ~**kohl** der curly kale; ~**land** das *(Landw.)* *(Wiese)* meadow land; *(Weide)* pasture land; *(mit Grünfutter bebaut)* land used for growing green fodder
grünlich *Adj.* greenish
grün-, Grün-: ~**pflanze** die foliage plant; ~**schnabel** der *(abwertend)* [young] whippersnapper; *(Neuling)* greenhorn; ~**span** der verdigris; ~**specht** der green woodpecker; ~**stichig** *Adj. (Fot.)* with a green cast *postpos., not pred.;* ~**stichig sein** have a green cast; ~**streifen** der central reservation; centre strip *(grassed and often with trees and bushes);* (am Straßenrand) grass verge
grunzen ['ɡrʊntsn̩] *tr., itr. V.* grunt
Grün·zeug das *(ugs.) s.* ¹**Grüne** c
Grunz·laut der grunt
Grüppchen ['ɡrʏpçən] *das;* ~**s,** ~: small group
Gruppe ['ɡrʊpə] *die;* ~, ~**n** a) *(auch Sport, Math., Musik)* group; **eine** ~ **Jugendlicher/Erwachsener** *od.* **von Jugendlichen/Erwachsenen** a group of juveniles/adults; b) *(Klassifizierung)* class; category; **die** ~ **der starken/schwachen Verben** the class of strong/weak verbs; **c) ⟨***kleine Einheit***⟩** ≈ section; *(Luftwaffe)* ≈ squadron
gruppen-, Gruppen-: ~**arbeit** die; *o. Pl.* group work; ~**aufnahme** die *s.* ~**bild** a; ~**bild** das a) *(Fot.)* group photograph; b) *(Gemälde)* group portrait; ~**dynamik** die *(Sozialpsych.)* group dynamics *sing., no art.;* ~**führer** der a) *(Milit.)* ≈ section commander *or* leader; b) *(Wirtsch.)* team *or* group leader; c) *(ns.)* SS lieutenant-general; ~**mitglied** das member of the/a group; ~**reise** die *(Touristik)* group travel *no pl., no art.;* **eine** ~**reise nach London machen** travel to London with a group; ~**sex** der group sex; ~**sieg** der *(Sport)* top place in the group; **den** ~**sieg erreichen** win the group; ~**sieger** der *(Sport)* winner of the/a group; ~**therapie** die *(Psych.)* group therapy; ~**unterricht** der a) *(Päd.)* teaching of groups; **etw. im** ~**unterricht lernen** learn sth. as part of a group; b) *(erteilter Unterricht)* group instruction; ~**versicherung** die *(Versicherungsw.)* group insurance; ~**weise** *Adv.* in groups
gruppieren 1. *tr. V.* arrange; **die Stühle um den Tisch** ~: arrange *or* set the chairs round the table; **Pflanzen nach verschiedenen Gesichtspunkten** ~: group plants according to different criteria. 2. *refl. V.* form a group/groups; **sie gruppierten sich um den Tisch** they arranged themselves in a group around the table
Gruppierung die; ~, ~**en** a) *(Personengruppe)* grouping; group; *(Politik)* faction; b) *(Anordnung)* arrangement; grouping
Grus [ɡruːs] der; ~**es,** ~ **e** a) *(Kohlenstaub)* breeze; slack; b) *(Geol.)* detritus
Grusel-: ~**effekt** der horror effect; ~**film** der horror film; ~**geschichte** die horror story
gruselig ['ɡruːzəlɪç], **gruslig** ['ɡruːslɪç] *Adj.* eerie; creepy; blood-curdling ⟨*apparition, scream*⟩; spine-chilling ⟨*story, film*⟩
gruseln 1. *itr. V. (unpers.)* **es gruselt jmdn.** *od.* **jmdm.** sb.'s flesh creeps; **es hat mich** *od.* **mir vor diesem Anblick gegruselt** this sight made my flesh creep *or (coll.)* gave me the creeps. 2. *refl. V.* be frightened; get the creeps *(coll.);* **mit leichtem Gruseln** with a small shiver of fear
gruslig *s.* **gruselig**
Gruß [ɡruːs] *der;* ~**es, Grüße** ['ɡryːsə] a) greeting; *(Milit.)* salute; **jmdm. die Hand zum** ~ **reichen** *(geh.)* shake hands with sb.; **jmdm. herzliche Grüße senden** send sb. one's best regards *or* wishes; **viele Grüße** best wishes (**an** + *Akk.* to); **bestell Barbara**

1159

Grußadresse

bitte viele Grüße von mir please give Barbara my regards; please remember me to Barbara; einen [schönen] ~ an jmdn./von jmdm. [best] regards *pl.* to/from sb.; der Deutsche ~ *(ns.)* the Nazi salute; *(im Brief)* mit herzlichen Grüßen [with] best wishes; viele liebe Grüße Euer Hans love, Hans; mit bestem ~/freundlichen Grüßen Yours sincerely
Gruß·adresse die message of greetings
grüßen ['gry:sn̩] 1. *tr. V.* a) greet; *(Milit.)* salute; grüß [dich] Gott! *(südd.)* hello; er hat mich nie gegrüßt he never said hello to me; grüß dich! *(ugs.)* hello *or (coll.)* hi [there]!; b) *(Grüße senden)* grüße deine Eltern [ganz herzlich] von mir please give your parents my [kindest] regards; jmdn. ~ lassen send one's regards to sb.; grüß mir die Familie remember me to your family. 2. *itr. V.* say hello; *(Milit.)* salute; Franz läßt ~: Franz sends his regards
gruß-, Gruß-: ~**formel** die salutation; *(am Briefende)* [complimentary] close; ~**los** *Adv.* without a word of greeting/farewell; ~**wort** das; *Pl.* ~**worte** a) *s.* ~**adresse;** b) *(Ansprache)* [short] welcoming speech *or* address; einige ~**worte** a few words of welcome
Grütz·beutel der sebaceous cyst
Grütze ['grʏtsə] die; ~, ~n a) groats *pl.;* rote ~: red fruit pudding *(made with fruit juice, fruit and cornflour, etc.);* b) *o. Pl. (ugs.: Verstand)* brains *pl.;* nous *(coll.);* die hat [keine] ~ im Kopf she's got [no] nous *(coll.)*
G-Saite ['ge:-] die *(Musik)* G-string
Gschäftlhuber *s.* Geschäftlhuber
gscheit, Gscherte *s.* gescheit, Gescherte
G-Schlüssel ['ge:-] der *(Musik) s.* Violinschlüssel
Gspusi ['kʃpu:zi] das; ~s, ~s *(südd., österr. ugs.)* a) *(Liebschaft)* [love] affair; b) *(Geliebte[r])* sweetheart
Guatemala [guate'ma:la] *(das);* ~s Guatemala
Guatemalteke [guatemal'te:kə] der; ~n, ~n, **Guatemaltekin** die; ~, ~nen Guatemalan
Guayana [gua'ja:na] *s.* Guyana
gucken ['gʊkn̩] 1. *itr. V. (ugs.)* a) look; *(heimlich)* peep; jmdm. über die Schulter ~: look *or* peer over sb.'s shoulder; laß [mich] mal ~! let's have a look! *(coll.); s. auch* Karte g; b) *(hervorsehen)* stick out; c) *(dreinschauen)* look; finster/freundlich ~: look grim/affable. 2. *tr. V. (ugs.)* Fernsehen ~: watch TV *or (coll.)* telly *or (coll.)* the box
Guck·fenster das *(Fot.)* judas [window]
Gucki ['gʊki] der; ~s, ~s *(Fot.)* [slide] viewer
Guck-: ~**in·die·luft** der; *(ugs.) s.* Hans; ~**kasten** der peep-show; ~**loch** das spyhole; peep-hole
¹**Guerilla** [ge'rɪlja] die; ~, ~s a) *(Krieg)* guerrilla war; b) *(Einheit)* guerrilla unit
²**Guerilla** der; ~s, ~s *(Kämpfer)* guerrilla
Guerilla-: ~**kämpfer** der guerrilla; ~**krieg** der guerrilla war; ~**ausbildung für den** ~**krieg** special training in guerrilla warfare
Guerillero [-'je:ro] der; ~s, ~s guerrilla
Gugel·hupf [-hʊpf] der; ~[e]s, ~e *(südd., österr.)* gugelhupf
Güggeli ['gygəli] das; ~s, ~ *(schweiz.)* roast chicken
Guillotine [gijo'ti:nə] die; ~, ~n guillotine
guillotinieren *tr. V.* guillotine
Guinea [gi'ne:a] *(das);* ~s Guinea
Guineer [gi'ne:ɐ] der; ~s, ~: Guinean
Gulasch ['gʊlaʃ, 'gu:laʃ] das *od.* der; ~[e]s, ~e *od.* ~s goulash
Gulasch-: ~**kanone** die *(Soldatenspr. scherzh.)* field kitchen; ~**suppe** die goulash soup
Gulden ['gʊldn̩] der; ~s, ~: guilder; florin
gülden ['gyldn̩] *Adj. (dichter.)* golden
Gulli, Gully ['gʊli] der; ~s, ~s drain

Gusto

gültig ['gʏltɪç] *Adj.* valid; current *(note, coin);* ein ~**er Beweis** a valid proof; **das bisher** ~**e Gesetz** the law previously/hitherto in force; **dieser Geldschein ist nicht mehr** ~: this note is no longer legal tender; **der Fahrplan ist ab 1. Oktober** ~: the timetable comes into operation on 1 October; einen Vertrag als ~ anerkennen recognize a contract as valid *or* legally binding; eine Ehe für ~ erklären declare a marriage [to be] legal *or* valid; für zwanzig Fahrten sein be valid *or* good for twenty journeys
Gültigkeit die; ~: validity; *(eines Gesetzes)* [legal] force; ~ haben/erlangen be/become valid; *(law)* be in/come into force; die ~ verlieren become invalid; wann verliert diese Münze ihre ~? when does this coin cease to be legal tender?; einem Dokument ~ verleihen validate a document
Gültigkeits-: ~**dauer** die period of validity; ~**erklärung** die validation
¹**Gummi** ['gʊmi] der *od.* das; ~s, ~[s] a) [india] rubber; b) *(~ring)* rubber *or* elastic band
²**Gummi** der; ~s, ~s a) *(Radier~)* rubber; eraser; b) *(salopp: Präservativ)* rubber *(sl.)*
³**Gummi** das; ~s, ~s *(~band)* elastic *no indef. art.*
gummi-, Gummi-: ~**arabikum** [~a'ra:bikʊm] das; ~s gum arabic; ~**artig** *Adj.* rubbery; rubber-like *(material);* ~**ball** der rubber ball; ~**band** das; *Pl.* ~**bänder** a) rubber *or* elastic band; b) *(in Kleidung)* elastic *no indef. art.;* ein ~**band einziehen** insert a piece of elastic; ~**bär der,** ~**bärchen** das jelly baby; ~**baum** der *(Zimmerpflanze)* rubber plant; ~**bereifung** die rubber tyres *pl.;* ~**bonbon** das gumdrop; ~**druck** der; *o. Pl. (Druckw.)* flexography
gummieren *tr. V.* a) gum; b) *(Textilw.)* rubberize
Gummierung die; ~, ~en a) *(gummierte Fläche)* gummed surface; *(das Gummieren)* rubberized surface; b) *(das Gummieren)* gumming; *(Textilw.)* rubberizing
Gummi-: ~**gutt** das; ~s gamboge; ~**hand·schuh** der rubber glove; ~**harz** das gum resin; ~**knüppel** der [rubber] truncheon; ~**lack** der shellac; ~**linse** die *(Fot.)* zoom lens; ~**lösung** die rubber solution; ~**mantel** der mackintosh *(Brit.);* raincoat; ~**paragraph** der *(ugs.)* paragraph *or* section with an elastic interpretation; ~**reifen** der rubber tyre; ~**ring** der a) rubber band; b) *(Spielzeug)* rubber ring, quoit; c) *(Weckglasring)* rubber seal; ~**sauger** der rubber teat; ~**schlauch** der rubber hose; ~**schuh** der a) galosh; b) *s.* ~**überschuh;** ~**schutz** der *(veralt.)* sheath; condom; ~**sohle** die rubber sole; ~**stiefel** der rubber boot; *(für Regenwetter)* wellington [boot] *(Brit.); (bis zum Oberschenkel)* wader; ~**strumpf** der elastic stocking; ~**tier** das rubber animal; *(aufblasbar)* inflatable animal; ~**über·schuh** der galosh; rubber overshoe; ~**waren** *Pl.* rubber goods; ~**zelle** die padded cell; ~**zug** der *s.* ~**band** b
Gunder·mann ['gʊndɐ-] der; ~[e]s *(Bot.)* ground ivy
Gunst [gʊnst] die; ~: favour; goodwill; jmds. ~ erlangen win *or* gain sb.'s favour; in jmds. ~ *(Dat.)* ob. bei jmdm. in ~ *(Dat.)* stehen *(geh.)* enjoy sb.'s favour; be in favour with sb.; jmdm. seine ~ bezeigen show one's favour to sb.; die ~ der Stunde/Lage nutzen *(fig.)* take advantage of the favourable *or* propitious moment/situation; zu jmds. ~**en** in sb.'s favour
Gunst·bezeigung die mark of favour *or* goodwill
günstig ['gʏnstɪç] 1. *Adj.* a) *(vorteilhaft)* favourable; propitious *(sign);* auspicious *(moment);* beneficial *(influence);* good, reasonable *(price);* bei ~**em Wetter** if the weather is favourable; weather permitting; der Zug um 10 Uhr ist ~**er** the 10 o'clock train is better *or* more convenient; b) *(wohlwollend)* well-disposed; favourably disposed; das Glück war uns ~: luck was on our side. 2. *adv.* a) *(vorteilhaft)* favourably; etw. ~ beeinflussen have *or* exert a beneficial influence on sth.; etw. ~ kaufen/verkaufen buy/sell sth. at a good price; das trifft sich ~: that's a piece of luck; b) *(wohlwollend)* jmdn./etw. ~ aufnehmen receive sb./sth. well *or* favourably; jmdn. ~ stimmen put sb. in a favourable mood; jmdn. für etw. ~ stimmen make sb. well-disposed towards sth.; jmdm./einer Sache ~ gesinnt sein be well *or* favourably disposed towards sth.
günstig[st]en·falls *Adv.* at best
Günstling ['gʏnstlɪŋ] der; ~s, ~e favourite
Günstlings·wirtschaft die; *o. Pl. (abwertend)* favouritism
Guppy ['gʊpi] der; ~s, ~s *(Zool.)* guppy
Gurgel ['gʊrɡl̩] die; ~, ~n throat; jmdm. die ~ zudrücken strangle *or* throttle sb.; jmdm. die ~ durchschneiden cut sb.'s throat; jmdm. an die ~ springen/fahren jump *or* leap at/go for sb.'s throat; jmdm. an die ~ wollen fly at sb.; jmdm. die ~ abdrehen *od.* zudrücken *(fig. ugs.)* force *or* send sb. to the wall; sein ganzes Geld durch die ~ jagen *(ugs.)* drink all one's money away *(coll.);* sich *(Dat.)* die ~ ölen *od.* schmieren *(ugs.)* wet one's whistle *(coll.)*
gurgeln *itr. V.* a) *(spülen)* gargle; b) *(blubbern)* gurgle
Gürkchen ['gʏrkçən] das; ~s, ~: [cocktail] gherkin
Gurke ['gʊrkə] die; ~, ~n a) cucumber; *(eingelegt)* gherkin; saure ~**n** pickled gherkins; b) *(salopp scherzh.: Nase)* hooter *(sl.);* snout *(coll.);* c) *(salopp abwertend: Auto)* [old] banger *(sl.)*
Gurken-: ~**hobel** der cucumber-slicer; ~**salat** der cucumber salad; ~**truppe** die *(salopp)* useless *or* feeble bunch *(coll.)*
gurren *itr. V. (auch fig.)* coo
Gurt [gʊrt] der; ~[e]s, ~e strap; *(Gürtel)* belt; *(im Auto, Flugzeug)* [seat-]belt
Gürtel ['ɡʏrtl̩] der; ~s, ~: belt; den ~ enger schnallen *(fig. ugs.)* tighten one's belt *(fig.)*
Gürtel-: ~**linie** die waist[line]; ein Schlag unter die ~**linie** *(Boxen)* a punch *or* blow below the belt; das war ein Schlag unter die ~**linie** *(fig. ugs.)* that was hitting below the belt *(fig. coll.);* ~**reifen** der radial[-ply] tyre; ~**rose** die; *o. Pl. (Med.)* shingles *sing. or pl.;* ~**schnalle** die belt buckle; ~**tier** das armadillo
gürten ['gʏrtn̩] *(geh. veralt.)* 1. *tr. V.* gird *(arch./literary);* jmdm. mit dem Schwert ~: gird sb. with his sword. 2. *refl. V.* sich [zum Kampf] ~: gird oneself; sich mit dem Schwert ~: gird oneself *or* one's sword
Gurt-: ~**muffel** der *(ugs.)* person not wearing a safety-belt; ~**straffer** der; ~s, ~: seatbelt tensioner
Guru ['gu:ru] der; ~s, ~s guru
Guß [gʊs] der; Gusses, Güsse ['gʏsə] a) *(das Gießen)* casting; founding; [wie] aus einem ~: forming a unified *or* integrated whole; fully co-ordinated *(plan);* b) *(ugs.: Regenguß)* downpour; ein heftiger/wolkenbruchartiger ~: a violent downpour *or* cloudburst; c) *(gegossenes Erzeugnis)* casting; cast; d) *(das Begießen)* stream; *(Med.)* affusion; e) *(auf Backwaren)* icing; eine Torte mit ~ überziehen ice a gateau
guß-, Guß-: ~**asphalt** der [poured] asphalt; ~**beton** der cast concrete; ~**eisen** das cast iron; ~**eisern** *Adj.* cast-iron; ~**form** die casting mould; ~**naht** die *(Gießerei)* [casting] fin *or* flash; ~**stahl** der cast steel
Gusto ['ɡʊsto] der; ~s, ~s a) *(Neigung)* taste; liking; nach jmds. ~/nach eigenem

Gustostückerl | **Gymnasium**

sein be to sb.'s/one's own taste or liking; b) *(Appetit)* ~ **auf etw.** *(Akk.)* **haben** feel like or fancy sth.
Gusto·stückerl das *(österr.)* star turn
gut [gu:t]; besser ['bɛsɐ], best... ['bɛst...] **1.** *Adj.* **a)** good; fine ⟨*wine*⟩; **in Französisch ~ sein** be good at French; **ist der Kuchen ~ geworden?** did the cake turn out all right?; **es wäre ~, wenn ...**: it would be as well if ...; **also ~**: very well; all right; **schon ~**: [it's] all right *or* (coll.) OK; **nun ~**: very well *or* all right [then]; **wie ~, daß ...**: it's good that ...; **jetzt ist es aber ~!** (ugs.) that's enough!; **das ist ja alles ~ und schön** that's all very well *or* all well and good; **etwas Gutes zu essen/trinken** something good to eat/drink; **es ~ sein lassen** (ugs.) leave it at that; **laß es ~ sein** (ugs.) let's say no more about it; **das ist ~ gegen** od. **für Kopfschmerzen** it's good for headaches; **wer weiß, wozu das ~ ist** perhaps it's for the best; **das ist so ~ wie gewonnen** it's as good as won; **dieser Stürmer ist immer ~ für ein Tor** (ugs.) this forward is always likely to score goals; **~en Tag!** good morning/afternoon!; **~en Morgen!** good morning!; **~en Abend!** good evening!; **~e Nacht!** good night!; **etw. zu einem ~en Ende führen** bring sth. to a happy conclusion; **ein ~es neues Jahr** a happy new year; **Sie haben es noch nie so ~ gehabt** you've never had it so good; **er hat es doch ~ bei uns** he's well enough off with us; **ihr habt es ~**: it's all right for 'you; **mir ist nicht ~**: I'm not feeling well; I don't feel well; **alles Gute!** all the best!; **das bedeutet nichts Gutes** that's an ominous sign; **das ist zuviel des Guten** *(iron.)* that's overdoing it; **das Gute daran** the good thing about it; **~en Appetit!** enjoy your lunch/dinner *etc.!*; **es dürfte eine ~e Stunde [von hier] sein** it must be a good hour [from here]; **ein ~ Teil von etw.** a good deal *or* part of sth.; **~e Frau/~er Mann** *(iron. Anrede)* dear lady/my good man; sich *(Dat.)* **zu ~ für etw. sein** consider sth. beneath one *or* beneath one's dignity; **du bist ~!** *(iron.)* you must be joking!; **im ~en wie im bösen haben wir uns bemüht ...**: we've done everything we can to try ...; **jmdm. ~ sein** (ugs.) feel a lot of affection for sb.; **wieder ~ [mit jmdm.] sein** be friends [with sb.] again; **sei [bitte] so ~ und reich mir das Buch** would you be good *or* kind enough to pass me the book?; **im ~en auseinandergehen** part amicably *or* on amicable terms; **b)** *(besonderen Anlässen vorbehalten)* best; **sein ~er Anzug** his best suit; **die ~e Stube** the best room; **für ~** (ugs.) for best; for special occasions. **2.** *adv.* **a)** well; **~ reiten/schwimmen** be a good rider/swimmer; **etw. ~ können** be good at sth.; **eine Sache ~ machen** do well; **~ hören/sehen** [be able to] hear/see well *or* clearly; **[das hast du] ~ gemacht!** well done!; **du tätest ~ daran, darüber zu schweigen** you would do well *or* be wiser to say nothing about it; **der Laden/das Geschäft geht ~**: the shop/business is doing well; **eine Stunde [von hier] entfernt** a good hour [from here]; **~ zwei Pfund wiegen** weigh a good two pounds; **~ und gern** (ugs.) easily; at least (ugs.); **so ~ wie nichts** next to nothing; **so ~ ich kann** as best I can; **~ und richtig handeln** do the right thing; **jmdm. ~ zureden** coax sb. [gently]; **mit jmdm. ~ stehen** od. **auskommen** be on good *or* friendly terms with sb.; get on well with sb.; **es ~ meinen** mean well; **es ~ mit jmdm. meinen** have sb.'s interests at heart; **es ~ haben** anschreiben **1 b**; **b)** *(mühelos)* easily; **~ zu Fuß sein** (ugs.) be a strong walker; **hinterher hat** od. **kann man ~ reden** it's easy to be wise after the event; **du hast ~ lachen** it's all right for you to laugh; **es kann ~ sein, daß ...**: it may well be that ...; **ich kann das nicht ~ tun** I can't very well do that; *s. auch* besser, best...

Gut das; ~[e]s, Güter ['gy:tɐ] **a)** *(Eigentum)* property; *(Besitztum, auch fig.)* possession; **ererbtes/gestohlenes ~**: inherited/stolen property; **irdische Güter** earthly goods *or* possessions; **die geistigen Güter des Volkes** the intellectual wealth *sing.* of the people; **bewegliche/unbewegliche Güter** movables/immovables; **das höchste ~** *(fig.)* the greatest good; **unrecht ~ gedeihet nicht** od. **tut selten gut** *(Spr.)* ill-gotten goods *or* gains never *or* seldom prosper; **b)** *(landwirtschaftlicher Grundbesitz)* estate; **c)** *(Fracht~, Ware)* item; **Güter** goods; *(Fracht~)* freight *sing.*; goods *(Brit.)*; **d)** *(das Gute)* **~ und Böse** good and evil; **jenseits von ~ und Böse sein** *(iron.)* be past it *(coll.)*; **e)** *(veralt.: Material)* material [to be processed]
gut-, Gut-: **~achten** *itr. V.* give an expert opinion; *(in einem Prozeß)* act as an expert witness; **der ~achtende Arzt** the medical expert; **~achten** das; ~s, ~: [expert's] report; **~achter** der; ~s, ~: expert; *(in einem Prozeß)* expert witness; **~achtlich 1.** *Adj. nicht präd.* expert; **2.** *adv.* **etw. ~achtlich prüfen/untersuchen lassen** commission an expert report on sth.; **~artig 1.** *Adj.* **a)** good-natured; **b)** *(nicht gefährlich)* benign; **~artigkeit die; o. Pl.** **a)** good nature; goodnaturedness; **b)** *(Ungefährlichkeit)* benignity; **~aussehend** *Adj. nicht präd.* good-looking; **~bezahlt** *Adj.; nicht präd.* well-paid; **~|bringen** *unr. tr. V.* *(Kaufmannsspr.) s.* ~schreiben; **~bürgerlich 1.** *Adj.* good middle-class; **~bürgerliche Küche** good plain cooking; **~bürgerliches Zuhause** comfortable middle-class home; **2.** *adv.* in a good middle-class way; ⟨*grow up*⟩ in good middle-class circumstances; **~bürgerlich essen** eat good plain food; **~dünken** das; **~s** discretion; judgement; **nach [eigenem] ~dünken** at one's own discretion; **nach [eigenem/seinem] ~dünken mit jmdm./etw. verfahren** use one's own discretion in dealing with sb./sth.
Güte ['gy:tə] die; ~ **a)** goodness; kindness; **(~ Gottes)** loving-kindness; goodness; **er ist die ~ selbst** he is goodness *or* kindness itself; **sich mit jmdm. in ~ einigen** come to an amicable agreement with sb.; **ein Vorschlag zur ~**: a suggestion for an amicable agreement; **hätten Sie die ~, mir zu helfen?** *(geh.)* would you be kind *or* good enough to help me?; **[ach] du meine** od. **liebe ~!** (ugs.) my goodness!; goodness me; **b)** *(Qualität)* quality
Güte·klasse die grade; class
Gute·nacht·kuß der good-night kiss
Güter-: **~abfertigung die a)** *(Abfertigung von Waren)* dispatch of freight *or* (Brit.) goods; **b)** *(Annahmestelle)* freight *or* (Brit.) goods office; **~austausch der** exchange of goods *or* commodities; **~bahnhof** der freight depot; goods station *(Brit.)*; **~fern·verkehr** [--'---] der long-distance haulage *no art.*; **~gemeinschaft die** *(Rechtsw.)* community of property; **~nah·verkehr** [--'---] der short-distance haulage *no art.*; **~recht das** *(Rechtsw.)* law of property; **~schuppen der** goods shed *(Brit.)*; freight house *(Amer.)*; **~transport der** transport *or* carriage of goods *(Brit.)* *or* freight; **~trennung die** *(Rechtsw.)* separation of property; **~verkehr der** freight *or* (Brit.) goods traffic; **~wagen der** goods wagon *(Brit.)*; freight car *(Amer.)*; **~zug der** goods train *(Brit.)*; freight train *(Amer.)*
Güte-: **~siegel das, ~zeichen; ~verfahren das** *(Rechtsw.)* conciliation procedure; *(Verhandlung)* conciliation meeting; **~zeichen das** quality mark
gut-, Gut-: **~|gehen** *unr. itr. V.; mit sein* **a)** *(unpers.)* **es geht jmdm. gut** *(gesundheitlich)* sb. is well *or* (coll.) fine; *(geschäftlich, beruflich)* sb. is doing well; **b)** *(~ ausgehen)* turn out well; **es ist noch einmal ~gegangen** it worked out all right again this time; **~gehend** *Adj.; nicht präd.* flourishing; thriving; **~gekleidet** *Adj.* *(präd. getrennt geschrieben)* well-dressed; **~gelaunt** *Adj.* *(präd. getrennt geschrieben)* good-humoured; cheerful; **~gemeint** *Adj.* *(präd. getrennt geschrieben)* well-meant; **~gläubig** *Adj.* innocently trusting; **~gläubigkeit die** innocent trust; **~|haben** *unr. tr. V. etw. bei jmdm.* ~haben be owed sth. by sb.; **~haben das; ~s, ~**: credit balance; **Sie haben ein ~haben von 450 DM auf Ihrem Konto** your account is 450 marks in credit; **~|heißen** *unr. tr. V.* approve of; **~herzig** *Adj.* kind-hearted; good-hearted; **~herzigkeit die** kind-heartedness; good-heartedness
gütig ['gy:tɪç] **1.** *Adj.* kindly; kind ⟨*heart*⟩; **mit Ihrer ~en Erlaubnis** *(geh./iron.)* with your kind permission. **2.** *adv.* **~ lächeln/nicken** give a kindly smile/nod
gütlich ['gy:tlɪç] **1.** *Adj. nicht präd.* amicable. **2.** *adv.* amicably; **sich ~ an etw.** *(Dat.)* **tun** regale oneself with sth.
gut-, Gut-: **~|machen** *tr. V.* **a)** *(in Ordnung bringen)* make good ⟨*damage*⟩; put right, correct ⟨*omission, mistake, etc.*⟩; **an jmdm. viel ~zumachen haben** have a lot to make up *or* make amends to sb. for; **wie soll/kann ich das ~machen?** how can I ever repay you?; **b)** *(Überschuß erzielen)* make [a profit of] *(bei on)*; *(aufholen)* gegenüber der führenden Mannschaft fünf Sekunden ~machen make up five seconds on the leading team; **~mütig 1.** *Adj.* good-natured; **2.** *adv.* good-naturedly; **~mütig veranlagt sein** be good-natured; **~mütigkeit die; ~**: good nature; goodnaturedness; **~nachbarlich 1.** *Adj.* good-neigbourly ⟨*relations etc.*⟩; **2.** *adv.* as good neighbours; **~|sagen** *itr. V.* **für jmdn./etw. ~sagen** vouch for sb./sth.
Guts·besitzer der owner of a/the estate; landowner
gut-, Gut-: **~schein der** voucher, coupon (**für, auf** + *Akk.* for); **~|schreiben** *unr. tr. V.* credit; **etw. jmdm./jmds. Konto ~schreiben** credit sth./sb.'s account with sth.; **~schrift die a)** *(Betrag)* credit; **b)** *(Bescheinigung)* credit slip *or* note; **c)** *(Vorgang)* crediting
Guts-: **~haus das** manor house; **~herr der** lord of the manor; **~herrin die** lady of the manor; **~hof der** estate; manor
Guts·verwalter der the steward; bailiff
Guttapercha [gʊtaˈpɛrça] die; ~ od. das; ~[s] gutta-percha
gut·tun *unr. itr. V.* do good; **etw. tut jmdm. gut** sth. does sb. good; **es tut ihm gut, das zu machen** it'll do him good to do that; **ein Schnaps tut gut bei der Kälte** schnapps is good for you when it's cold
Guttural[laut] [gʊtuˈraːl(-)] der; ~s, ~e *(Sprachw. veralt.)* guttural
gut-, Gut-: **~unterrichtet** *Adj. (präd. getrennt geschrieben)* well-informed; **~willig 1.** *Adj.* willing; *(entgegenkommend)* obliging; **sich ~willig zeigen** be obliging; show willing (coll.); **2.** *adv.* **etw. ~willig herausgeben/versprechen** hand sth. over voluntarily/promise sth. willingly *or* freely; **~willigkeit die** willingness; *(Entgegenkommen)* obligingness
Guyana [guˈjaːna] *(das)*; ~s Guyana
gymnasial [gymnaˈzi̯aːl] *Adj.; nicht präd.* ≈ grammar-school ⟨*education, syllabus*⟩
Gymnasial-: ≈ grammar-school ⟨*education, teacher*⟩
Gymnasiast [gymnaˈzi̯ast] der; ~en, ~en, **Gymnasiastin** die; ~, ~nen ≈ grammar-school pupil
Gymnasium [gymˈnaːzi̯ʊm] das; ~s, Gymnasien **a)** *(höhere Schule)* ≈ grammar school; **neusprachliches ~**: ≈ grammar

school stressing modern languages; **aufs ~ gehen** ≈ be at *or* attend grammar school; **b)** *(in der Antike)* gymnasium
Gymnastik [gʏm'nastɪk] *die;* ~: physical exercises *pl.;* *(Turnen)* gymnastics *sing.*
Gymnastik-: ~lehrer *der* teacher of physical exercises; **~saal** *der* gymnasium; gym *(coll.)*
gymnastisch *Adj.* gymnastic
Gynäkologe [gʏnɛko'lo:gə] *der;* ~n, ~n gynaecologist
Gynäkologie *die;* ~: gynaecology *no art.*
Gynäkologin *die;* ~, ~nen gynaecologist
gynäkologisch *Adj.; nicht präd.* gynaecological
Gyroskop [gyro'sko:p] *das;* ~s, ~e gyroscope

H

h, H [ha:] *das;* ~, ~ **a)** *(Buchstabe)* h/H; **b)** *(Musik)* [key of] B; *s. auch* **a, A**
h *Abk.* **a)** Uhr hrs; **b)** Stunde hr[s]
H *Abk.* **a)** Herren; **b)** Haltestelle
H. *Abk.* Heft No.
¹ha [ha(:)] *Interj.* **a)** *(Überraschung)* ha!; oh!; ah!; **b)** *(Triumph)* aha!
²ha *Abk.* Hektar ha
Haag [ha:k] *(das) od. der;* ~s The Hague; *s. auch* **Den Haag**
Haar [ha:ɐ̯] *das;* ~[e]s, ~e **a)** *(auch Zool., Bot.)* hair; **blonde ~e** *od.* **blondes ~ haben** have fair hair; **echtes ~**: his own hair; **sein echtes ~**: his own hair; [sich *(Dat.)*] **das ~ od. die ~e waschen** wash one's hair; sich *(Dat.)* **das ~ od. die ~e schneiden lassen** have *or* get one's hair cut; **ihm geht das ~ aus** he's losing his hair; **sich** *(Dat.)* **die ~e [aus]raufen** *(ugs.)* tear one's hair [out]; **b)** *(fig.)* **ihr stehen die ~e zu Berge** *or* **sträuben sich die ~e** *(ugs.)* her hair stands on end; **ein ~ in der Suppe finden** *(ugs.)* find something to quibble about *or* find fault with; **kein gutes ~ an jmdm./etw. lassen** *(ugs.)* pull sb./sth. to pieces *(fig. coll.);* **jmdm. die ~e vom Kopf fressen** *(ugs. scherzh.)* eat sb. out of house and home; **~e auf den Zähnen haben** *(ugs. scherzh.)* be a tough customer; **sich** *(Dat.)* **über** *od.* **wegen** *od.* **um etw. keine grauen ~e wachsen lassen** not lose any sleep over sth.; not worry one's head about sth.; **er wird dir kein ~ krümmen** *(ugs.)* he won't harm a hair of your head; **an einem ~ hängen** *(ugs.)* be touch-and-go; **das ist an den ~en herbeigezogen** *(ugs.)* that's far-fetched; **jmdm. aufs ~ gleichen** be the spitting image of sb.; **sie gleichen sich aufs ~** they're as alike as two peas in a pod; **sich in die ~e geraten** *(ugs.)* quarrel, squabble **(wegen** over); **sich** *(Dat.)* **in den ~en liegen** *(ugs.)* be at loggerheads; **um ein ~** *(ugs.)* very nearly; **sie wäre um ein ~ abgestürzt** *(ugs.)* she came within an inch *or* an ace *or* a whisker of falling; **ich hätte sie um ein ~ verfehlt** *(ugs.)* I just missed her by a hair's breadth; **nicht [um] ein ~** *od.* **[um] kein ~ besser** *(ugs.)* not a whit *or* bit better

Haar-: ~ansatz *der* **a)** hairline; **b)** *(unmittelbar an der Kopfhaut)* roots *pl.;* **~ausfall** *der* loss of hair; hair loss; **~balg** *der; Pl.* **~bälge** hair follicle; **~band** *das; Pl.* **~bänder** hair-band; **~besen** *der* broom; **~breit** *das in* **nicht [um] ein** *od.* **[um] kein ~breit** not an inch; **~bürste** *die* hairbrush; **~büschel** *das* tuft of hair
haaren *itr. V.* moult; lose *or* shed its hair
Haar-: ~entferner *der;* ~s, ~: hair-remover; depilatory; **~ersatz** *der* hairpiece
Haares|breite *die in* **um ~**: by a hair's breadth; **nicht um ~ von etw. abweichen** not budge an inch from sth.
haar-, Haar-: ~farbe *die* hair colour; **mit seiner ~farbe nicht zufrieden sein** be unhappy with the colour of one's hair; **welche ~farbe hatte der Dieb?** what colour hair did the thief have?; **~färbe|mittel** *das* hair dye; **~fein** *Adj.* fine as a hair *postpos.;* **ein ~feiner Sprung** a hair-line crack; **~festiger** *der* setting lotion; **~garn** *das (Textilw.)* hair yarn; **~gefäß** *das; meist Pl. (Med.)* capillary [vessel]; **~genau** *(ugs.)* **1.** *Adj.* exact; **2.** *adv.* exactly; **die Beschreibung trifft ~genau auf sie zu** the description fits her to a T *(coll.);* **etw. ~genau erzählen** relate sth. in great detail; **das stimmt ~genau** that is absolutely right
haarig *Adj.* **a)** *(behaart)* hairy; **b)** *(ugs.: heikel)* tricky
haar-, Haar-: ~klammer *die* hair-grip; **~kleid** *das (geh.)* coat; **~klein 1.** *Adj.* minute; **2.** *adv.* in minute detail; **~klemme** *die* hair-grip; **~kranz** *der* **a)** fringe *or* circle of hair; **b)** *(Frisur)* chaplet of [plaited hair]; **~künstler** *der (oft scherzh.)* hair stylist; tonsorial artist *(joc.);* **~lack** *der* hair lacquer; **~los** *Adj.* hairless; *(glatzköpfig)* bald; **~mode** *die* hair-style; **~nadel** *die* hairpin; **~nadel|kurve** *die* hairpin bend; **~netz** *das* hair-net; **~öl** *das* hair oil; **~pflege** *die* hair care; **~pflege|mittel** *das* hair-care product; **~pinsel** *der* fine animal-hair brush; **~pracht** *die (scherzh.)* magnificent head of hair; **~riss** *der* hairline crack; **~röhrchen** *das (Physik)* capillary tube; **~scharf 1.** *Adj. (sehr genau)* razor-sharp 〈remark〉; very good 〈distinction〉; very good 〈memory〉; **2.** *adv.* **a)** *(sehr nah)* **das Auto blieb ~scharf vor dem Kind stehen** the car stopped only a hair's breadth from the child; **b)** **die Kugel flog ~scharf an ihm vorbei** the bullet missed him by a hair's breadth; **~scharf an jmdm. vorbeizielen** aim to just miss sb.; **c)** *(sehr genau)* with great precision; **~schleife** *die* bow; hair-ribbon; **~schmuck** *der* hair ornaments *pl.;* **~schneide|maschine** *die* electric clippers *pl.;* **~schnitt** *der* *(modisch)* hair-style; **jmdm. einen ~schnitt machen** cut sb.'s hair; give sb. a haircut; **~schopf** *der* mop *or* shock of hair; **~schwund** *der* loss of hair; hair loss; **~seite** *die* **a)** *(Textilw.)* right side; front; **b)** *(Gerberei)* hair side; *(eines Pelzes)* fur side; **~sieb** *das* hair sieve; **~spalter** *der;* ~s, ~ *(abwertend)* hair-splitter; **~spalterei** *die,* ~ *(abwertend)* hair-splitting; **das ist doch ~spalterei** that's splitting hairs; **~spalterisch** *Adj. (abwertend)* hair-splitting; **~spange** *die* hair-slide; **~spitze** *die* end of a hair; **die ~spitzen** the ends of the hairs; **~spray** *der od. das* hair spray; **~sträubend** *Adj.* **a)** *(grauenhaft)* hair-raising; horrifying; **b)** *(empörend)* outrageous; shocking; **~teil** *das (veralt.)* hair-piece; **~tracht** *die (veralt.)* hair-style; **~trockner** *der* hairdryer; **~wäsche** *die* shampoo; [hair-]wash; **~wasch|mittel** *das* shampoo; **~wasser** *das; Pl.* **~wässer** hair lotion; **~wild** *das (Jägerspr.)* ground game; **~wuchs** *der* hair growth; growth of hair; **einen spärlichen/starken ~wuchs haben**

have little/a lot of hair; **~wuchs|mittel** *das* hair-restorer; **~wurzel** *die* root [of the/a hair]
Hab [ha:p] *in* **~ und Gut** *(geh.)* possessions *pl.;* belongings *pl.*
Habacht|stellung *die s.* **Habtachtstellung**
Habe ['ha:bə] *die;* ~ *(geh.)* possessions *pl.;* belongings *pl.;* **bewegliche ~**: movables *pl.*
Habeaskorpus|akte [ha:beas'kɔrpʊs-] *die; o. Pl. (hist.)* Habeas Corpus Act
haben 1. *unr. tr. V.* **a)** have; have got; **er hat nichts;** *(ugs.)* he has nothing; **von ihm kannst du dir kein Geld borgen: er hat selber nichts** you can't borrow money from him: he hasn't got any himself; **wer hat, der hat** *(scherzh./iron.)* I/you *etc.* can afford it; **was man hat, das hat man** *(scherzh./iron.)* I'd rather have something than nothing; **da hast du das Geld** there's the money; **die ~'s ja** *(ugs.)* they can afford it; **gute Kenntnisse ~**: be knowledgeable; **ich habe Zeit/keine Zeit** I have [got] [the] time/I have [got] no time *or* I haven't [got] any time; **die Sache hat Zeit** it's not urgent; it can wait *(coll.);* **heute ~ wir schönes Wetter/30°** the weather is fine/it's 30° today; **wann hast du Urlaub?** when is your holiday?; *s. auch* **Datum a;** **Schuld b; b)** *(empfinden)* **Hunger/Durst ~**: be hungry/thirsty; **Sehnsucht nach etw. ~**: long for sth.; **Heimweh/Furcht ~**: be homesick/afraid; **Husten/Fieber/Schmerzen ~**: have [got] a cough/a temperature/have pain; **es hat an der Leber/auf der Brust ~** *(ugs.)* have [got] liver trouble *or* something wrong with one's liver/have [got] a bad chest; **was hast du denn?** *(ugs.)* what's the matter?; what's wrong?; **hast du was?** *(ugs.)* is [there] something the matter?; is [there] something wrong?; **ich kann das nicht ~** *(ugs.)* I can't stand it; **das hast du wohl** *(ugs.)* you must be mad *or* crazy; **c)** *mit Adj. u.* „es" **es gut/schlecht/schwer/eilig ~**: have it good *(coll.)*/have a bad time/have a difficult *or* tough time/be in a hurry; **wir es sehr gemütlich hier** we are very comfortable here; **möchten Sie es etwas wärmer ~?** are you warm enough?; **d)** *mit* „zu" *u. Inf.* **nichts zu essen/trinken ~**: have nothing to eat/drink; **habt ihr nichts zu trinken?** haven't you got anything to drink?; **er hat nichts mehr zu erwarten** he can expect nothing more; *(müssen)* **du hast zu gehorchen** you must obey; **etw. zu tun/erledigen ~**: have [got] sth. to do *or* that one must do; **er hat zu tun** he's busy; *(dürfen)* **er hat mir nichts zu befehlen** he has [got] no right to order me about; **du hast dich hier nicht einzumischen** you should mind your own business; **e)** *(sich zusammensetzen aus)* **das Jahr hat 12 Monate** there are 12 months in a year; **ein Kilometer hat 1 000 Meter** there are 1,000 metres in a kilometre; **diese Stadt hat 10000 Einwohner** this town has 10,000 inhabitants; **die USA haben 50 Bundesstaaten** the USA is made up of 50 states; **f)** *(bekommen)* **kann ich heute dein Auto ~?** can I have your car today?; **sind diese Puppen noch zu ~?** can you still get these dolls?; **zu ~ sein** *(ugs.)* be unattacked; *(zum Beischlaf bereit sein)* be available; **dafür ist er immer zu ~**: he's always game for that; **er ist immer für ein gutes Essen zu ~**: he always likes *or* enjoys a good meal; **für so etw. bin ich nicht zu ~**: I'm not one for *or* keen on things like that; **da hast du's** *(ugs.)* there you are; **g)** *(ugs.: in der Schule)* **morgen ~ wir Geschichte** we've got history tomorrow; **wir ~ schon seit Monaten keine Chemie** we haven't done [any] chemistry for months; **h)** *(ugs.: gebrauchen)* **man hat das nicht mehr** is no longer in use/in fashion; **hat man bei euch noch die alten Karbidlampen?** are you still using the old carbide lamps?; **i)** *(ugs.: gefaßt ~)* have *〈thief etc.〉;* **jetzt hab' ich dich** now I've got you; **j)** *(be-*

kommen ~) **Nachricht von jmdm.** ~: have heard from sb.; **was** *(ugs.)***/welche Note hast du diesmal in Physik?** what did you get in *or* for physics this time?; **k)** *(gefunden* ~) ~ **Sie den Fehler?** have you found the mistake?; **ich hab's!** *(ugs.)* I've got it!; **das werden wir gleich** ~ *(ugs.)* we'll soon find out; **l)** *(ugs.: repariert, beendet* ~) **noch zwei Minuten, dann hab' ich's** I'll be finished in a couple of minutes; **das werden wir gleich** ~: we'll soon fix that; **m) mit Präp. sie hat einen guten Freund an ihm** he is a good friend to her; **er weiß ja gar nicht, was er an dir hat** he doesn't realize how lucky he is to have you; **wir** ~ **viele Bilder an der Wand [hängen]** we have quite a lot of pictures up; **er hat immer Blumen auf dem Tisch [stehen]** he has always [got] flowers on the table; **ich habe meinen Wagen auf dem Parkplatz [stehen]** I've got my car in the car park; **etwas/nichts gegen jmdn.** *od.* **etw.** ~: have something/nothing against sb. *or* sth.; **sie hat alle Kollegen gegen sich** all her colleagues are against her; **etwas mit jmdm.** ~ *(ugs.)* have a thing *or* something going with sb. *(coll.)*; **hast du es schon einmal mit einer Frau gehabt?** *(salopp)* have you ever had it off with a woman? *(sl.)*; **viel/wenig von jmdm.** ~: see a lot/little of sb.; **er hat etwas von einem Tyrannen/Faulpelz** he is a bit of a tyrant/lazybones; **etw. von etw.** ~: get sth. out of sth.; **ihn würde ich gerne zum Freund** ~ I would like [to have] him as a friend; **er hat eine Adlige zur Frau** he has [got] an aristocratic wife; **n.** *auch* **an, auf, bei** *usw.*; **n)** *unpers.* *(bes. österr., südd.: vorhanden sein)* **es hat ...**: there is/are ... **2.** *refl. V.* **a)** *(ugs. abwertend: sich aufregen)* **make a fuss; hab dich nicht so!** don't make *or* stop making such a fuss!; **b)** *(ugs.: sich erledigt* ~) **und damit hat es sich** *od.* **hat sich die Sache** then that's that; **hat sich was!** far from it! **3.** *Hilfsverb* have; **ich habe/hatte ihn gesehen** I have *or* I've/I had *or* I'd just seen him; **sie** ~ **gelacht** they laughed; **er hat das gewußt** he knew it; **wir suchten, bis wir ihn gefunden hatten** we kept looking until we [had] found him; **das hättest du früher machen können** you could have done that earlier

Haben *das;* ~s, ~ *(Kaufmannsspr.)* credit; *(~seite)* **etw. im** ~ **verbuchen** credit sth.; *s. auch* **Soll a**

Habe·nichts *der;* ~, ~e pauper

Haben-: ~**seite die** *(Kaufmannsspr.)* credit side; ~**zinsen** *Pl.* interest *sing.* on deposits

Haber *der;* ~s *(südd., österr., schweiz.) s.* **Hafer**

Hab·gier die *(abwertend)* greed

hab·gierig 1. *Adj. (abwertend)* greedy. **2.** *adv.* greedily

habhaft in jmds./einer Sache ~ werden catch *or* apprehend sb./get hold of sth.

Habicht ['ha:bɪçt] *der;* ~s, ~e **a)** hawk; **b)** *(Hühner-)* goshawk

Habichts-: ~**kraut das** *(Bot.)* hawkweed; ~**nase die** hooked *or* aquiline nose

Habilitand [habili'tant] *der;* ~en, ~en, **Habilitandin die;** ~, ~nen person working on his/her habilitation thesis

Habilitation [habilita'tsio:n] *die;* ~, ~en habilitation *(qualification as a university lecturer)*

Habilitations·schrift *die postdoctoral thesis required in order to qualify as a university lecturer*

habilitieren [habili'ti:rən] **1.** *itr., refl. V.* habilitate *(qualify as a university lecturer)*; **[sich] in Berlin/bei Prof. Schumacher** ~: habilitate at Berlin/under Professor Schumacher. **2.** *tr. V.* **jmdn.** ~: habilitate sb.; confer on sb. his/her qualification as a university lecturer

¹**Habit** [ha'bi:t] *das od. der;* ~s, ~e **a)** *(abwertend, iron.)* outfit; **b)** *(Amtskleidung)* habit

²**Habit** ['hæbɪt] *das od. der;* ~s, ~s *(Psych.: Gewohnheit)* habit

Habitat [habi'ta:t] *das;* ~s, ~e *(Biol.)* habitat

habituell [habi'tuɛl] *Adj.* habitual

Habitus ['ha(:)bitʊs] *der;* ~ *(geh.)* **a)** *(Gesamterscheinungsbild)* appearance and manner *or* bearing; **b)** *(Haltung)* attitude; **c)** *(Benehmen)* behaviour; **d)** *(Med.)* habitus

Habsburger ['ha:psbʊrgɐ] *der;* ~s, ~ *(hist.)* Habsburg

hab-, Hab-: ~**seligkeiten** *Pl.* [meagre] possessions *or* belongings; ~**sucht die;** ~ *(abwertend)* greed; avarice; ~**süchtig** *(abwertend)* **1.** *Adj.* greedy; avaricious; **2.** *adv.* greedily; avariciously

Hab[t]·acht·stellung die attention; **in** ~ **stehen** stand to attention

hach [hax] *Interj.* oh!

Haché ['h]a'ʃe; *s.* **Haschee**

Hachse ['haksə] *die;* ~, ~n *(südd.)* **a)** knuckle; ~ **vom Kalb** knuckle of veal; **b)** *(ugs. scherzh.)* leg

Hack [hak] *das;* ~s *(ugs., bes. nordd.)* mince; minced meat

Hack-: ~**beil das** chopper; cleaver; ~**braten der** *(Kochk.)* meat loaf; ~**brett das** *(Musik)* dulcimer

¹**Hacke die;** ~, ~n hoe; *(Pickel)* pick[axe]

²**Hacke die;** ~, ~n *(bes. nordd. u. md.)* heel; **sich** *(Dat.)* **die** ~**n nach etw. ablaufen** *od.* **abrennen** wear oneself out running around looking for sth.; *s. auch* **Ferse**

hacken 1. *itr. V.* **a)** *(mit der Hacke arbeiten)* hoe; **sich** *(Dat. od. Akk.)* **ins Bein** ~: cut one's leg [with a hoe/an axe *etc.*]; **b)** *(picken)* peck; **nach jmdm./etw.** ~: peck at sb./sth.; **der Papagei hat mir in den Finger gehackt** the parrot pecked my finger. **2.** *tr. V.* **a)** *(mit der Hacke bearbeiten)* hoe ⟨*garden, flower-bed, etc.*⟩; **b)** *(mit der Axt zerkleinern)* chop ⟨*wood etc.*⟩; **etw. in Stücke** ~: chop sth. up; **c)** *(ein Loch machen)* chop, hack ⟨*hole*⟩; **d)** *(zerkleinern)* chop [up] ⟨*meat, vegetables, etc.*⟩

Hacker der; ~s, ~ *(DV-Jargon)* hacker

Hack-: ~**fleisch das** minced meat; mince; **aus jmdm.** ~**fleisch machen** *(fig. ugs.)* make mincemeat of sb.; ~**frucht die** *meist Pl. (Landw.)* root crop; ~**klotz der** chopping-block; ~**messer das** chopper; cleaver; ~**ordnung die** *(Verhaltensf.)* pecking order

Häcksel ['hɛksl] *der od. das;* ~s *(Landw.)* chaff

Häcks[e]ler der; ~s, ~, **Häcksel·maschine die** *(Landw.)* chaff-cutter

häckseln *tr. V.* chop [up] ⟨*straw, hay, etc.*⟩

Hader ['ha:dɐ] *der;* ~s *(geh.)* discord

hadern *itr. V.* *(geh.)* **a)** *(streiten)* quarrel; **b)** *(unzufrieden sein)* **mit etw.** ~: be at odds with sth.; **er haderte mit seinem Schicksal** he railed against his fate

Hadern·papier das *(fachspr.)* rag paper

Hades ['ha:dɛs] *der;* ~ *(griech. Myth.)* Hades the ~

Hadschi [ha'dʒi] *der;* ~s, ~s hadji

¹**Hafen** [ha'fn] *der;* ~s, **Häfen** harbour; port; *(~anlagen)* docks *pl.*; **der Hamburger** ~: the port of Hamburg; **ein Schiff läuft den** ~ **an/aus dem** ~ **aus/in den** ~ **ein** a ship is putting into/leaving/entering port *or* harbour; **in den** ~ **der Ehe einlaufen** *(fig. scherzh.)* taste the joys of married *or* wedded bliss

²**Hafen der;** ~s, ~ *(südd., schweiz., österr.)* pot; *(Schüssel)* bowl

Hafen-: ~**amt das** port *or* harbour authority; ~**anlagen** *Pl.* docks; ~**arbeiter der** dock-worker; docker; ~**ausfahrt die** harbour mouth; ~**bahn die** harbour railway; ~**becken das** harbour basin; dock; ~**behörde die** port *or* harbour authority; ~**blockade die** blockade of a/the harbour *or* port; ~**einfahrt die** harbour entrance *or* mouth; ~**gebühren** *Pl.*, ~**geld das** harbour charges *pl.*; port dues *pl.*; ~**kneipe die** dockland pub *(Brit. coll.) or (Amer.)* bar; ~**meister der** harbour-master; ~**polizei die** port *or* dock police; ~**rund·fahrt die** trip round the harbour; ~**stadt die** port; ~**viertel das** dock area; dockland *no art.*

Hafer ['ha:fɐ] *der;* ~s oats *pl.*; **jmdn. sticht der** ~ *(ugs.)* sb. is feeling his oats

Hafer-: ~**brei der** porridge; ~**flocken** *Pl.* rolled oats; porridge oats; ~**grütze die** **a)** oat groats; **b)** *(Brei)* porridge; ~**mehl das** oatmeal; ~**sack der** nosebag; ~**schleim der** gruel

Haff [haf] *das;* ~[e]s, ~s *od.* ~e lagoon

Haflinger ['ha:flɪŋɐ] *der;* ~s, ~: Haflinger [horse]

Hafner der; ~s, ~ *(südd., österr., schweiz.)* **a)** *(Töpfer)* potter; **b)** *(Ofensetzer)* stove-fitter

Haft [haft] *die;* ~ *(Gewahrsam)* custody; *(aus politischen Gründen)* detention; **jmdn. aus der** ~ **entlassen** release sb. from custody/detention; **sich in** ~ **befinden** [be held] in custody/detention; **jmdn. in** ~ **nehmen** take sb. into custody; *(aus politischen Gründen)* detain sb.; **b)** *(Freiheitsstrafe)* imprisonment; **jmdn. zu zwei Jahren** ~ **verurteilen** sentence sb. to two years in prison *or* two years' imprisonment

-haft *Adj., adv.* -like

Haft-: ~**anstalt die** prison; ~**aussetzung die** *(Rechtsspr.)* **der Verteidiger beantragte** ~**aussetzung** the defence counsel requested that the defendant be released from custody

haftbar *Adj.* *(bes. Rechtsspr.)* **in für etw.** ~ **sein** be [legally] responsible *or* liable for sth.; **jmdn. für etw.** ~ **machen** make *or* hold sb. [legally] liable for sth.

Haft-: ~**befehl der** *(Rechtsw.)* warrant [of arrest]; **einen** ~**befehl gegen jmdn. ausstellen** issue a warrant for sb.'s arrest; ~**beschwerde die** *(Rechtsw.)* appeal against a remand in custody; ~**creme die** *(Pharm.)* fixative cream; ~**dauer die** term of imprisonment

¹**haften** *itr. V.* **a)** *(festkleben)* stick; **an/auf etw.** *(Dat.)* ~: stick to sth.; **b)** *(sich festsetzen)* ⟨*smell, dirt, etc.*⟩ cling (**an** + *Dat.* to); **in der Erinnerung** ~ *(fig.)* stick in one's memory *or* mind; ~**de Eindrücke** lasting impressions; **an ihm haftet ein Makel** *(fig.)* he carries a stigma; **seine Augen hafteten/sein Blick haftete an ...** *(Dat.) (fig.)* his eyes were/gaze was fixed on ...; **c)** *(tyre)* grip

²**haften** *itr. V.* **a)** *(einstehen)* **für jmdn./etw.** ~: be responsible for sb./liable for sth.; *(verantwortlich sein)* **jmdm. für etw.** ~: be responsible *or* answerable for sth.; **für etw. nicht** ~: ⟨*company*⟩ not accept liability for sth.; *s. auch* **Garderobe a**; **b)** *(Rechtsw., Wirtsch.)* be liable

haften|bleiben *unr. itr. V.; mit sein* **a)** *(festkleben)* stick (**an/auf** + *Dat.* to); **b)** *(sich festsetzen)* ⟨*mud, clay, dirt, etc.*⟩ stick, cling (**an/auf** + *Dat.* to); ⟨*smell, smoke*⟩ cling (**an/auf** + *Dat.* to); **c)** *(ugs.: im Gedächtnis bleiben)* stick

haft-, Haft-: ~**erleichterung die** special privilege; ¹~**fähig** *Adj. (Rechtsw.)* fit to be kept in prison *postpos.*; ²~**fähig** *Adj. (klebend)* adhesive; ¹~**fähigkeit die;** *o. Pl. (Rechtsw.)* fitness to be kept in prison; ²~**fähigkeit die;** *o. Pl. (von Materialien)* adhesion

Häftling ['hɛftlɪŋ] *der;* ~s, ~e prisoner

Häftlings·kleidung die prison clothing

Haft·pflicht die **a)** liability (**für** for); **b)** *s.* **Haftpflichtversicherung**

haftpflichtig *Adj.* liable (**für** for)

Haftpflicht·versicherung die personal liability insurance; *(für Autofahrer)* third party insurance

haft-, Haft-: ~**prüfung die** *(Rechtsw.)* review of a/the remand in custody; ~**psy-**

Haftreibung — halbnackt

chose die prison psychosis; **~reibung** die *(Physik)* static friction; **~richter** der *(Rechtsw.)* magistrate; **~schale** die; *meist Pl.* contact lens; **~strafe** die *(Rechtsspr. veralt.)* prison sentence; **~unfähig** *Adj.* unfit to be kept in prison *postpos.*; **~unfähigkeit** die unfitness to be kept in prison
¹**Haftung** die; ~: adhesion; *(von Reifen)* grip
²**Haftung** die; ~, ~en a) *(Verantwortlichkeit)* liability; responsibility; *s. auch* Garderobe; b) *(Rechtsw., Wirtsch.)* liability; Gesellschaft mit [un]beschränkter ~: [un]limited [liability] company
Haft·verschonung die *(Rechtsspr.)* suspended sentence
Hag [ha:k] der; ~[e]s, ~e *(veralt., noch schweiz.)* a) *(Hecke)* hedge; b) *(Wald)* grove
Hagebutte ['ha:gəbʊtə] die; ~, ~n a) *(Frucht)* rose-hip; b) *(ugs.: Heckenrose)* dog-rose
Hagebutten·tee der rose-hip tea
Hage·dorn der; *Pl.* ~e hawthorn
Hagel ['ha:gl] der; ~s, ~ *(auch fig.)* hail; ein ~ von Drohungen a stream of threats
Hagel·korn das hailstone
hageln 1. *itr., tr. V. (unpers.)* hail; es hagelt it is hailing; es hagelte Steine und leere Bierdosen *(fig.)* there was a hail of stones and empty beer-cans; es hagelte Drohungen/Fragen *(fig.)* there was a stream of threats/flood of questions. 2. *itr. V.*; mit sein *(fig.)* auf jmdn./etw. ~: ⟨stones, bombs, etc.⟩ rain down on sb./sth.
Hagel-: **~schaden** der damage *no pl.* caused by hail; **~schauer** der [short] hailstorm; **~schlag** der hail; **~sturm** der hailstorm; **~zucker** der sugar crystals *pl.*
hager ['ha:gɐ] *Adj.* gaunt ⟨person, figure, face⟩; thin ⟨neck, arm, fingers⟩
Hagerkeit die; ~: *s.* hager: gauntness; thinness
Hage·stolz der; ~es, ~e *(veralt.)* confirmed bachelor
haha [ha'ha(:)] *Interj.* ha ha
Häher ['hɛ:ɐ] der; ~s, ~: jay
¹**Hahn** [ha:n] der; ~[e]s, Hähne ['hɛ:nə] a) cock; *(junger ~)* cockerel; ~ im Korb sein *(ugs.)* be cock of the walk; nach ihr/danach kräht kein ~ *(ugs.)* no one could care less about her/it; jmdm. den roten ~ aufs Dach setzen *(veralt.)* set sb.'s house on fire; b) *(Wetter~)* weathercock; c) *Pl.* ~en *(Jägerspr.)* cock
²**Hahn** der; ~[e]s, Hähne, *fachspr.:* ~en a) *(zur Regulierung des Durchflusses)* tap; faucet *(Amer.)*; *(eines Fasses)* tap; spigot; *s. auch* abdrehen 1 a; b) *(bei Waffen)* hammer; den ~ spannen cock a/the gun
Hähnchen ['hɛ:nçən] das; ~s, ~: chicken; *(junger Hahn)* cockerel
Hahnen-: **~fuß** der buttercup; **~fuß·gewächs** das ranunculus; **~kamm** der cockscomb; **~kampf** der a) cock-fighting; *(einzelner Wettkampf)* cock-fight; b) *(Gymnastik)* hopping-game in which players barge each other and attempt to push each other off balance; **~schrei** der cock-crow; beim ersten **~schrei** at cock-crow; **~tritt·muster** das dog-tooth or dog's tooth check
Hahnrei ['ha:nrai] der; ~s, ~e *(geh., veralt.)* cuckold
Hai [hai] der; ~s, ~e *(auch fig.)* shark
Hai·fisch der shark
Haifisch·flossen·suppe die *(Kochk.)* shark-fin soup
Hain [hain] der; ~[e]s, ~e *(dichter. veralt.)* grove
Hain·buche die hornbeam
Haiti [ha'i:ti] *(das)*; ~s Haiti
Haitianer [hai'tja:nɐ] der; ~s, ~, **Haitianerin** die; ~, ~nen Haitian
haitianisch *Adj.* Haitian
Häkchen ['hɛ:kçən] das; ~s, ~ a) [small] hook; was ein ~ werden will, krümmt sich beizeiten *(Spr.)* there's nothing like starting

young; b) *(Zeichen)* mark; *(beim Abhaken)* tick
Häkel-: **~arbeit** die crocheting; crochet-work; *(etw. Gehäkeltes)* a piece of crochet-work *or* crocheting; **~decke** die crocheted table-cloth; *(für ein Sofa, einen Stuhl usw.)* crocheted cover
Häkelei die; ~, ~en *s.* Häkelarbeit
Häkel-: **~garn** das crochet thread *or* yarn; **~muster** das crochet pattern
hakeln ['ha:kln] 1. *itr. V.* a) *(landsch.)* finger-wrestle; b) *(Fußball)* trip the/an opposing player. 2. *tr. V.* a) *(Fußball)* trip; b) *(Ringen)* jmds. Bein/Fuß ~: get sb. in a leglock/foot-lock
häkeln ['hɛ:kln] *tr., itr. V.* crochet
Häkel·nadel die crochet-hook
haken ['ha:kn] 1. *tr. V.* a) *(Eis)hockey)* hook; c) *(Fußball) s.* hakeln 2. 2. *itr. V. (klemmen)* be stuck
Haken der; ~s, ~ a) hook; ~ und Öse hook and eye; einen ~ schlagen dart sideways; mit ~ und Ösen *(fig. ugs.)* by fair means or foul; b) *(Zeichen)* tick; c) *(ugs.: Schwierigkeit)* catch; snag; wo ist der ~? where's the catch?; der ~ an etw. *(Dat.)* the catch in sth.; d) *(Boxen)* hook
haken-, Haken-: **~förmig** 1. *Adj.* hooked; hook-shaped; 2. *adv.* in a hooked/hook-shaped way; **~kreuz** das swastika; **~leiter** die hook-ladder; **~nase** die hooked nose; hook-nose
Halali [hala'li:] das; ~s, ~[s] *(Jägerspr.)* a) *(Signal)* mort; b) *(Ende der Jagd)* mort; kill
halb [halp] 1. *Adj. u. Bruchz.* a) *(die Hälfte von)* half; eine ~e Stunde/ein ~er Meter/ein ~es Glas half an hour/a metre/a glass; zum ~en Preis [at] half price; ~e Europa/die ~e Welt half of Europe/half the world; es ist ~ eins it's half past twelve; 5 Minuten vor/nach ~: 25 [minutes] past/to; *s. auch* Arm c; Höhe b; Note a; Weg d; b) *(unvollständig, vermindert)* die ~e Wahrheit [of] or part of the truth; er macht keine ~en Sachen he doesn't do things by halves; er hat [nur] ~e Arbeit getan he hasn't done the job properly; nichts Halbes und nichts Ganzes [sein] [be] neither one thing nor the other ; c) *(fast)* [noch] ein ~es Kind sein be hardly *or* scarcely more than a child; eine ~e Ewigkeit warten wait [for] ages; die ~e Stadt half the town. 2. *adv.* a) *(zur Hälfte)* ~: voll/leer half-full/-empty; ~ lachend, ~ weinend half laughing, half crying; b) *(unvollständig)* ~ gar/angezogen/wach half-done or -cooked/half dressed/wach awake; die Pflaumen sind erst ~ reif the plums aren't fully ripe; er hat seine Arbeit ~ getan he has done some of his work; die Verletzung war nur ~ so schlimm, wie er dachte the injury was not as serious as he at first thought; etw. nur ~ verstehen only half understand sth.; nur ~ zuhören be only half listening; nur ~ bei der Sache sein be only half with it *(coll.); s. auch* schlimm 1 b; c) *(fast)* ~ blind/verhungert/tot half blind/starved/dead; ich bin schon ~ fertig I'm nearly or almost finished; ~ so klug half as clever; ~ und ~ *(ugs.)* more or less; Gefällt es dir? – Halb und ~ *(ugs.)* Do you like it? – Sort of *(coll.)*
halb-, Halb-: **~affe** der *(Zool.)* half-ape; prosimian; **~amtlich** *Adj.* half-official; **~automatisch** 1. *Adj.* semi-automatic; 2. *adv.* semi-automatically; **~bekleidet** *Adj.; nicht präd.* half-dressed; **~bildung** die *(abwertend)* superficial education; **~bitter** *Adj.* plain ⟨chocolate⟩; **~blind** *Adj.* half-blind; half-blind; **~blut** das a) *(bei Pferden)* cross-breed; b) *(Mischling)* half-caste; half-breed; **~bruder** der half-brother; **~dunkel** *Adj. (präd. getrennt geschrieben)* half-dark; **~dunkel** das semi-darkness
Halbe *nadel* od. die od. das; *adj. Dekl. (ugs.)* half litre *(of beer etc.);* ein ~s a half litre

Halb·edelstein der *(veralt.)* semi-precious stone
halbe-halbe [mit jmdm.] ~ machen *(ugs.)* go halves [with sb.]
halber ['halbɐ] *Präp. mit Gen. (wegen)* on account of; *(um ... willen)* for the sake of; der Ordnung ~: as a matter of form; der Wahrheit ~: to tell the truth
halb-, Halb-: **~erfroren** *Adj. (präd. getrennt geschrieben)* half-frozen; **~erwachsen** *Adj. (präd. getrennt geschrieben)* teenage; adolescent; **~fabrikat** das *(Wirtsch.)* semi-finished product; **~fertig** *Adj. (präd. getrennt geschrieben)* half-finished; **~fett** 1. *Adj.* a) *(Druckw.)* bold ⟨type⟩; *(schmaler, kleiner)* semibold; b) medium-fat ⟨cheese⟩; 2. *adv.* etw. **~fett** drucken print sth. in bold/semibold [type]; **~finale** das *(Sport)* semi-final; **~gar** *Adj.* half-cooked; half-done; **~gebildet** 1. *Adj. (abwertend)* half-educated; 2. *adv.* in a half-educated way; **~gebildete** der/die; *adj. Dekl. (abwertend)* half-educated person; **~gefror[e]ne** das; *adj. Dekl.* soft ice cream; **~geschoß** das *(Archit.)* mezzanine [floor]; **~geschwister** *Pl.* half-brothers/half-sisters/half-brother[s] and -sister[s]; **~gott** der *(Myth., fig. iron.)* demigod; **~götter** in Weiß *(ugs. iron.)* [hospital] doctors
Halbheit die; ~, ~en *(abwertend)* half-measure
halb-, Halb-: **~herzig** 1. *Adj.* half-hearted; 2. *adv.* half-heartedly; **~herzigkeit** die; ~: half-heartedness; **~hoch** 1. *Adj. (bes. Sport)* shoulder-high ⟨shot, pass, etc.⟩; low ⟨shelf etc.⟩; calf-length ⟨boot⟩; 2. *adv.* der Ball kam **~hoch** the ball came at shoulder-height
halbieren *tr. V.* cut/tear ⟨object⟩ in half; halve ⟨amount, number⟩; *(Math.)* bisect
halb-, Halb-: **~insel** die peninsula; **~jahr** das six months *pl.;* half year; im ersten/zweiten **~jahr** in the first/last six months [of the year]; **~jahres·bilanz** die six-monthly figures *pl. or* results *pl.;* **~jahres·zeugnis** das half-yearly report; **~jährig** *Adj.; nicht präd.* a) *(ein halbes Jahr alt)* six-months-old ⟨baby, pony, etc.⟩; b) *(ein halbes Jahr dauernd)* six-month ⟨contract, course, etc.⟩; **~jährlich** 1. *Adj.* half-yearly; six-monthly; 2. *adv.* every six months; twice a year; **~jude** der *(bes. ns.:)* half-Jew; **~jude** sein be half Jewish; **~kanton** der demicanton; **~kreis** der semicircle; sich im **~kreis** aufstellen form a semicircle; im **~kreis** sitzen sit in a semicircle; **~kreis·förmig** 1. *Adj.* semicircular; 2. *adv.* in a semicircle; **~kugel** die hemisphere; **~kugel·förmig** *Adj.* hemispherical; **~lang** *Adj.* mid-length ⟨hair⟩; mid-calf length ⟨coat, dress, etc.⟩; [nun] mach [aber mal] **~lang**! *(ugs.)* hang on a minute! *(coll.);* **~laut** 1. *Adj.* low; quiet; 2. *adv.* in a low voice; in an undertone; **~leder** das *(Buchw.)* half-leather; **~leer** *Adj. (präd. getrennt geschrieben)* half-empty; **~leinen** das a) *(Gewebe)* fifty-per-cent linen material; b) *(Buchw.)* half-cloth; **~leiter** der *(Elektronik)* semiconductor; **~link...** [-'-] *Adj.; nicht präd.* *(bes. Fußball)* inside-left; **~linke** [-'-] der *(bes. Fußball)* inside left; **~links** [-'-] *Adv.* a) *(Fußball)* ⟨play⟩ [at] inside left; b) **~links** abbiegen fork left; **~mast** *Adv.* at half-mast; **~mast flaggen** fly a flag/the flags at half-mast; **~matt** *Adj. (Fot.)* half-matt; **~messer** der *(Math.)* radius; **~metall** das *(Chemie)* semi-metal; **~militärisch** *Adj.* paramilitary; **~monatlich** 1. *Adj.* fortnightly; twice-monthly; 2. *adv.* fortnightly; twice monthly; **~monatsschrift** die fortnightly periodical; **~mond** der *(auch Mond)* half-moon; heute ist **~mond** there's a half-moon tonight; b) *(Figur)* crescent; c) *(an Fingernägeln)* half-moon; **~mond·förmig** *Adj.* crescent-shaped; **~nackt** *Adj.*

halboffen | **Hals**

(*präd. getrennt geschrieben*) half-naked; ~**offen** *Adj.* (*präd. getrennt geschrieben*) **a)** half-open ⟨*door etc.*⟩; **b)** open ⟨*prison*⟩; ~**offiziell** *Adj.* semi-official; ~**part** *Adv.* in [mit jmdm.] ~**part machen** (*ugs.*) go halves [with sb.]; ~**pension** die; *o. Pl., meist o. Art.* half-board; ~**recht...** [-'-] *Adj.*; *nicht präd.* (*bes. Fußball*) inside right; ~**rechte** [-'--] der (*bes. Fußball*) inside right; ~**rechts** [-'-] *Adv.* **a)** (*Fußball*) ⟨*play*⟩ [at] inside right; **b)** ~**rechts abbiegen** fork right; ~**reif** *Adj.* (*präd. getrennt geschrieben*) half-ripe; ~**rock** der waist petticoat; ~**roh** *Adj.* (*präd. getrennt geschrieben*) half-cooked; half-done; ~**rund** *Adj.* (*präd. getrennt geschrieben*) semicircular; ~**rund** das semicircle; ~**schatten der a)** half shadow; **b)** (*Optik, Astron.*) penumbra; ~**schlaf** der light sleep; **im** ~**schlaf liegen** be half asleep; doze; ~**schuh** der shoe; ~**schwer·gewicht** das (*Schwerathletik*) **a)** *o. Pl.* light-heavyweight; *s. auch* Fliegengewicht **a**; **b)** *s.* ~**schwergewichtler**; ~**schwergewichtler** [-ɡəvɪçtlə] der; ~s, ~ (*Schwerathletik*) light-heavyweight; ~**schwester** die half-sister; ~**seide** die fifty-per-cent silk [mixture]; ~**seiden** *Adj.* **a)** fifty-per-cent silk; **b)** (*ugs. abwertend: unmännlich*) poofy (*coll.*); pansyish (*coll.*); **c)** (*ugs. abwertend: anrüchig*) dubious ⟨*business practice etc.*⟩; fast ⟨*woman*⟩; ~**seitig 1.** *Adv.* **a)** (*Med.*) ~**seitig gelähmt sein** be hemiplegic; be paralysed down one side; **b)** **ein Blatt** ~**seitig beschreiben** write on the left-hand/right-hand side of a sheet only; **2.** *adj.* half-page ⟨*article etc.*⟩; ~**staatlich** *Adj.* (*präd. getrennt geschrieben*) (*DDR*) partially state-controlled *or* state-run; ~**stark** *Adj.*; *nicht präd.* (*ugs. abwertend*) rowdy; ~**starke der**; *adj. Dekl.* (*ugs. abwertend*) young rowdy; [young] hooligan; ~**stiefel der** half-boot; ankle boot; ~**stündig** *Adj.*; *nicht präd.* half-hour; lasting half an hour *postpos., not pred.*; **eine** ~**stündige Fahrt** a half-hour journey; half an hour's journey; ~**stündlich 1.** *Adj.*; *nicht präd.* half-hourly; **2.** *adv.* half-hourly; every half an hour; ~**stürmer der** (*bes. Fußball*) midfield player; ~**tägig 1.** *Adj.*; *nicht präd.* half-day ⟨*excursion etc.*⟩; part-time ⟨*work, worker, etc.*⟩; (*morgens/nachmittags*) morning/afternoon ⟨*work etc.*⟩; **2.** *adv.* (*work*) part-time; (*morgens/nachmittags*) ⟨*work*⟩ [in the] mornings/afternoons; ~**täglich 1.** *Adj.* twice daily; **2.** *adv.* twice a day; twice daily

halb·tags *Adv.* ⟨*work*⟩ part-time; (*morgens/nachmittags*) ⟨*work*⟩ [in the] mornings/afternoons

Halbtags-: ~**arbeit** die; *o. Pl.,* ~**beschäftigung** die; *o. Pl.* part-time job; (*morgens/nachmittags*) morning/afternoon job; ~**kraft** die part-time worker; part-timer; ~**schule** die half-day school

halb-, Halb-: ~**ton** der; *Pl.* ~**töne a)** (*Musik*) semitone; halftone (*Amer.*); **b)** (*Malerei*) half-tone; ~**tot** *Adj.* (*präd. getrennt geschrieben*) half-dead; ~**totale** die (*Film*) medium shot; ~**trauer** die half mourning; **trauer tragen** be in half mourning; ~**verdaut** *Adj.* (*präd. getrennt geschrieben*) (*auch fig.*) half-digested; ~**verhungert** *Adj.* (*präd. getrennt geschrieben*) half-starved; ~**verwest** *Adj.* (*präd. getrennt geschrieben*) partially decomposed; ~**vokal der** (*Phon.*) semivowel; ~**voll** *Adj.* (*präd. getrennt geschrieben*) half-full; half-filled; *s. auch* **voll 1 a**; ~**wach** *Adj.* (*präd. getrennt geschrieben*) half-awake; **in** ~**wachem Zustand** half awake; ~**wahrheit** die half-truth; ~**waise** die fatherless/motherless child; **er/sie ist** ~**waise** he/she has lost one of his/her parents; ~**wegs** *Adv.* [~'ve:ks] *Adv.* **a)** to some extent; reasonably ⟨*good, clear, comprehensible, etc.*⟩; **es geht mir** ~**wegs besser** I'm feeling a bit better; **kannst du dich nicht wenigstens** ~**wegs ordentlich benehmen?** can't you behave at all properly?; **ich kann** ~**wegs von meinem Einkommen leben** I can live fairly well on my income; **b)** (*veralt.: auf halbem Weg*) half-way; ~**welt** die; *o. Pl.* demi-monde; ~**welt·dame die** demi-mondaine; ~**welter·gewicht das a)** *o. Pl.* (*Klasse*) light-welterweight; **b)** (*Sportler*) light-welterweight; ~**wertszeit** die (*Physik*) half-life; ~**wild** *Adj.* (*präd. getrennt geschrieben*) half-wild ⟨*animal, country*⟩; half-savage ⟨*person*⟩; **wie die** ~**wilden** like [a bunch of] savages; ~**wissen das** (*abwertend*) superficial knowledge; smattering of knowledge; **sein medizinisches** ~**wissen** his smattering of medical knowledge; ~**wüchsig** [~vy:ksɪç] *Adj.* adolescent; teenage; ~**wüchsige der/die;** *adj. Dekl.* adolescent; teenager; ~**zeit** die (*bes. Fußball*) **a)** half; **die erste/zweite** ~**zeit** the first/second half; **während der ersten** ~**zeit seiner Amtsperiode** (*fig.*) during the first half of his period of office; **b)** (*Pause*) half-time; **zur** ~**zeit seiner Regierungszeit** (*fig.*) half-way through his period of office; ~**zeit·pause die** (*Sport*) half-time; ~**zeit·pfiff der** (*Sport*) half-time whistle; ~**zeug das** (*Wirtsch.*) semi-finished product

Halde ['haldə] die; ~, ~n **a)** (*Bergbau*) slag-heap; (*von Vorräten*) pile; (*fig.*) mountain; pile; **neue Wagen liegen massenhaft auf** ~: there are piles of unsold new cars; **Kartoffeln werden jetzt für die** ~ **produziert** the potatoes now being produced will simply go to swell existing stocks; **b)** (*geh.: Hang*) slope

half [half] *1. u. 3. Pers. Sg. Prät. v.* **helfen**

Hälfte ['hɛlftə] die; ~, ~n **a)** half; **die** ~ **einer Sache** (*Gen.*) *od.* **von etw.** half [of] sth.; **Studenten bezahlen die** ~ **des Preises** students pay *or* (*coll.*) are half-price; **etw. in zwei gleiche** ~**n teilen** divide sth. in half *or* into two equal parts; **er füllte sein Glas nur bis zur** ~: he only half-filled his glass; **über die** ~: more than *or* over half; **um die** ~ **größer/kleiner** half as big/small again; **um die** ~ **zuviel/mehr** too much by half/half as much again; **etw. um die** ~ **steigern** increase sth. by half; **etw. zur** ~ **zahlen** pay half of sth.; **die gegnerische** ~ (*Sport*) the opponents' half; **ich habe die** ~ **vergessen** I've forgotten half of it; **meine bessere** ~ (*ugs. scherzh.*) my better half (*coll. joc.*); **b)** (*ugs.: Teil*) part; **die größere** ~ **ihres Gehalts/des Publikums** the greater part of her salary/the majority of the audience

¹**Halfter** ['halftɐ] der *od.* das; ~s, ~; *veralt. auch* die; ~, ~n halter

²**Hạlfter** die; ~, ~n; *auch* das; ~s, ~: holster

halftern *tr. V.* halter

Hạlfter·riemen der halter-strap

Hall [hal] der; ~[e]s, ~e **a)** (*geh.*) reverberation; **b)** (*Echo*) echo

Halle ['halə] die; ~, ~n (*Saal, Gebäude*) hall; (*Fabrik*~) shed; (*Hotel*~, *Theater*~) lobby; foyer; (*Sport*~) [sports] hall; (*Schwimm*~) pool; **Tennis in der** ~ **spielen** play tennis indoors *or* on an indoor court; **in diesen heiligen** ~**n** (*iron.*) within these sacred halls (*iron.*)

halleluja [hale'lu:ja] *Interj.* hallelujah!; (*scherzh.: hurra*) hurrah!

Halleluja das; ~s, ~s hallelujah; **das** ~ **aus Händels „Messias"** the Hallelujah Chorus from Handel's 'Messiah'

hạllen *itr. V.* **a)** reverberate; ring; ⟨*shot, bell, cry*⟩ ring out; **b)** (*widerhallen*) echo; **von etw.** ~: reverberate *or* echo with sth.

Hạllen- indoor ⟨*swimming-pool, handball, football, hockey, tennis, championship, record, sport, etc.*⟩

Hallig ['halɪç] die; ~, ~en small low island (*particularly one of those off Schleswig-Holstein*)

Hallimasch ['halimaʃ] der; ~[e]s, ~e (*Bot.*) honey agaric; honey mushroom

hallo *Interj.* **a)** *meist* ['halo] (*am Telefon*) hello; ~, **warte doch mal auf mich!** hey! wait for me!; ~, **gehört Ihnen diese Tasche?** excuse me! is this your bag?; **b)** *meist* [ha'lo:] (*überrascht*) hello; **c)** (*ugs., bes. Jugendspr. als Gruß*) hi (*coll.*); hello

Hallo [ha'lo:] das; ~s, ~s **a)** cheering; cheers *pl.*; **mit großem** ~: with loud cheering *or* cheers; **b)** (*Aufsehen*) hullabaloo

Hallodri [ha'lo:dri] der; ~s, ~[s] (*bayr., österr. ugs. abwertend*) rogue

Hạllstatt·zeit die; ~ (*Archäol.*) Hallstatt period

Halluzination [halutsina'tsjo:n] die; ~, ~en hallucination; **du hast wohl** ~**en** you must be seeing things

halluzinatorisch [halutsina'to:rɪʃ] *Adj.* (*Med., Psych.*) hallucinatory

halluzinieren *itr. V.* (*Med., Psych.*) hallucinate; have hallucinations

halluzinogen [halutsino'ge:n] *Adj.* (*Med., Psych.*) hallucinogenic

Halluzinogen das; ~s, ~e (*Med., Psych.*) hallucinogen

Halm [halm] der; ~[e]s, ~e stalk; stem; **das Getreide/die Ernte auf dem** ~: the standing corn

Halma ['halma] das; ~s halma

Hälmchen ['hɛlmçən] das; ~s, ~: [small] stalk *or* stem

Hạlm·frucht die; *meist Pl.* cereal

Halo ['ha:lo] der; ~[s], ~s *od.* ~nen [-'--] (*Physik*) halo

Halogen [halo'ge:n] das; ~s, ~e (*Chemie*) halogen

Halogen- halogen ⟨*lamp, headlamp*⟩

Hals [hals] der; ~es, **Hälse** ['hɛlzə] **a)** neck; **sich** (*Dat.*) **den** ~ **brechen** break one's neck; **jmdm. um den** ~ **fallen** throw *or* fling one's arms around sb.['s neck]; ~ **über Kopf** (*ugs.*) in a rush *or* hurry: **sich** ~ **über Kopf verlieben** fall head over heels in love; **sich** (*Dat.*) **nach jmdm./etw. den** ~ **verrenken** crane one's neck to see sb./sth.; **einen langen** ~/**lange Hälse machen** (*ugs.*) crane one's neck/their necks; **jmdm. den** ~ **abschneiden** *od.* **umdrehen** *od.* **brechen** (*ugs.*) drive sb. to the wall; **das kostete ihn** *od.* **ihm den** ~ (*ugs.*) that did for him (*coll.*); **jmdm./etw. auf dem** ~ **am** ~ **haben** (*ugs.*) be saddled with sb./sth. (*coll.*); **zuviel am** ~ **haben** (*ugs.*) have too much on one's plate (*coll.*); **sich jmdm. an den** ~ **werfen** (*ugs.*) throw oneself at sb.; **jmdm. jmdn. auf den** ~ **schicken** *od.* **hetzen** (*ugs.*) get *or* put sb. on [to] sb.; **sich** (*Dat.*) **jmdn./etw. auf den** ~ **laden** (*ugs.*) lumber *or* saddle oneself with sb./sth. (*coll.*); **bis über den** ~ **In etw.** (*Dat.*) **stecken** (*ugs.*) be up to one's ears in sth.; **jmdm. steht** *od.* **geht das Wasser bis zum** *od.* **an den** ~ (*ugs.: jmd. hat Schulden*) sb. is up to his/her eyes in debt; (*ugs.: hat Schwierigkeiten*) sb. is up to his/her neck in it; **jmdm. mit etw. vom** ~[**e**] **bleiben** (*ugs.*) not bother sb. with sth.; **sich** (*Dat.*) **jmdn. vom** ~[**e**] **halten** (*ugs.*) keep sb. away from; **dem Chef alle Besucher vom** ~**e halten** (*ugs.*) keep all visitors away from the boss; **b)** (*Kehle*) throat; **aus vollem** ~[**e**] at the top of one's voice; **er hat es ihm in den falschen** *od.* **verkehrten** ~ **bekommen** (*ugs.: falsch verstanden*) he took it the wrong way; (*ugs.: sich verschluckt*) it went down [his throat] the wrong way; **er kann den** ~ **nicht voll [genug] kriegen** (*ugs.*) he can't get enough; he's insatiable; **das hängt/wächst mir zum** ~[**e**] **heraus** (*ugs.*) I'm sick and tired of it (*coll.*); **c)** (*einer Flasche*) neck; **einer Flasche** (*Dat.*) **den** ~ **brechen** (*ugs.*) crack [open] a bottle; **d)** (*Musik*) (*einer Note*) stem; (*eines Saiteninstruments*) neck; **e)** (*Anat.*) neck; collum

1165

(Anat.); *(Gebärmutter~)* neck; cervix *(Anat.)*.

hals-, Hals-: **~abschneider der** *(ugs. abwertend)* shark; **~abschneiderisch** *Adj.* cutthroat ⟨*practice etc.*⟩; extortionate ⟨*interest etc.*⟩; **~ausschnitt der** neckline; **~band das**; *Pl.* **~bänder a)** *(für Tiere)* collar; **b)** *(Samtband)* choker; neck-band; **c)** *(veralt.: Halskette)* necklace; **~brecherisch** [~brɛçərɪʃ] *Adj.* dangerous, risky ⟨*climb, action, etc.*⟩; hazardous ⟨*road*⟩; breakneck *attrib.* ⟨*speed*⟩; **~bruch der s. ~- und Beinbruch**

Hälschen ['hɛlsçən] *das*; ~s, ~: [little] neck

¹halsen *tr. V.* *(veralt.)* embrace

²halsen *itr. V.* *(Seemannsspr.)* wear

hals-, Hals-: **~entzündung** *die* inflammation of the throat; **~kette** *die* necklace; *(für Hunde)* chain; **~kragen der** collar; **~krause die** ruff; **~länge die** *(Pferdesport)* neck; **um eine ~länge** by a neck; **~-Nasen-Ohren-Arzt der** ear, nose, and throat specialist; **~-Nasen-Ohren-Krankheiten** *Pl.* *(Med.)* diseases of the ear, nose, and throat; **Facharzt für ~-Nasen-Ohren-Krankheiten** ear, nose, and throat specialist; **~schlagader die** carotid [artery]; **~schmerzen** *Pl.* sore throat *sing.*; [**starke**] **~schmerzen haben** have a[n extremely] sore throat; **~starrig** [~ʃtarɪç] **1.** *Adj.* *(abwertend)* stubborn; obstinate; **2.** *adv.* stubbornly; obstinately; **~starrigkeit die** *(abwertend)* stubbornness; obstinacy; **~stück das** *(Kochk.)* neck; **~tuch das** cravat; *(des Cowboys)* neckerchief; **~- und Beinbruch** *Interj.* *(scherzh.)* good luck!; best of luck!; **~weh das**; *o. Pl.* *(ugs.)* s. **~schmerzen**; **~wickel der** *(Med.)* compress (applied to the throat); **~wirbel der** *(Anat.)* cervical vertebra

¹halt [halt] *Partikel* *(südd., österr., schweiz.) s. eben 3 b*

²halt *Interj.* stop; *(Milit.)* halt; ~, **ich habe etwas vergessen** wait a minute *or (coll.)* hold on, I've forgotten something

Halt der; ~[e]s, ~e **a)** *o. Pl.* *(Stütze)* hold; **seine Füße/Hände fanden keinen ~**: he couldn't find *or* get a foothold/handhold; **in diesen Schuhen haben meine Füße keinen ~**: these shoes don't give my feet any support; **den ~ verlieren** lose one's hold; **inneren ~ haben** be secure; **ohne jeden ~**: totally insecure; **er hat einen festen ~ an seinem Glauben** his faith gives him *or* provides him with a great sense of security; **b)** *(Anhalten)* stop; **einen ~ machen** make a stop; **zum ~ kommen** come to a stop *or* halt; **ohne ~**: non-stop; without stopping

haltbar *Adj.* **a)** *(nicht verderblich)* **~ sein** ⟨*food*⟩ keep [well]; **etw. ~ machen** preserve sth.; **~ bis 5. 3.** use by 5 March; **b)** *(nicht verschleißend)* hard-wearing, durable ⟨*material, clothes*⟩; **c)** *(aufrechterhalten)* tenable ⟨*hypothesis etc.*⟩; **d)** *(Ballspiele)* stoppable, savable ⟨*shot*⟩; **der Ball war nicht ~**: the shot was unstoppable; **e)** *(beizubehalten)* maintainable ⟨*position etc.*⟩; **die Position war nicht ~**: the position could not be maintained

Haltbarkeit die; ~ **a) Lebensmittel von beschränkter ~**: perishable foods; **eine längere ~ haben** keep longer; **b)** *(Strapazierfähigkeit)* durability; **ein Teppich von größter ~**: an extremely hard-wearing carpet; **c)** *(Glaubhaftigkeit)* tenability

Haltbarkeits·dauer die: **Sahne, die eine ~ von 3 Monaten hat** cream which keeps for three months; **die ~ von verpackten Lebensmitteln muß auf der Packung angegeben werden** the date by which packed foodstuffs should be eaten must be shown on the pack

Halte-: **~bogen der** *(Musik)* tie; **~bucht die** *(Verkehrsw.)* lay-by *(Brit.)*; turn-out *(Amer.)*; **~griff der a)** [grab] handle; *(Riemen)* [grab] strap; **b)** *(Budo, Ringen)* pinning hold; **~gurt der** seat belt; **~linie die** *(Verkehrsw.)* stop line

halten 1. *unr. tr. V.* **a)** *(auch Milit.)* hold; **etw. an einem Ende/am Griff ~**: hold one end of sth./hold sth. by the handle; **jmdm. den Mantel ~**: hold sb.'s coat [for him/her]; **sich** *(Dat.)* **den Kopf/den Bauch ~**: hold one's head/stomach; **jmdn. an** *od.* **bei der Hand ~**: hold sb.'s hand; hold sb. by the hand; **jmdn./etw. im Arm ~**: hold sb./sth. in one's arms; **die Hand vor den Mund ~**: put one's hand in front of one's mouth; **etw. ins Licht/gegen das Licht ~**: hold sth. to/up to the light; **b)** *(Ballspiele)* save ⟨*shot, penalty, etc.*⟩; **c)** *(bewahren)* keep; *(beibehalten, aufrechterhalten)* keep up ⟨*speed etc.*⟩; maintain ⟨*temperature, equilibrium*⟩; **einen Ton ~**: stay in tune; *(lange an~)* sustain a note; **den Takt ~**: keep time; **Diät ~**: keep to a diet; **den Kurs ~**: stay on course; **diese Forderungen lassen sich nicht ~** *od.* **sind nicht zu ~**: these demands cannot be kept up *or* maintained; **diese Behauptung läßt sich nicht ~**: this statement does not hold up; **mit jmdm. Kontakt** *od.* **Verbindung ~**: keep in touch *or* contact with sb.; **Ordnung/Frieden ~**: keep order/the peace; **Ruhe in der Klasse ~** ⟨*pupils*⟩ ⟨*teacher*⟩ keep the class quiet; ⟨*pupils*⟩ keep quiet in class; **d)** *(erfüllen)* keep; **sein Wort/ein Versprechen ~**: keep one's word/a promise; **das Buch hielt nicht, was das Titelbild versprach** *(fig.)* the book didn't live up to the promise of the picture on its cover; **e)** *(besitzen, beschäftigen, beziehen)* keep ⟨*chickens etc.*⟩; take ⟨*newspaper, magazine, etc.*⟩; **ein Auto ~**: run a car; **sich** *(Dat.)* **eine Putzfrau ~**: have a woman to come in and clean; **f)** *(einschätzen)* **jmdn. für reich/ehrlich ~**: think sb. is *or* consider sb. to be rich/honest; **jmdn. für tot ~**: think sb. is dead; **ich halte es für das beste/möglich/meine Pflicht** I think it best/ possible/my duty; **viel/nichts/wenig von jmdm./etw. ~**: think a lot/nothing/not think much of sb./sth.; **g)** *(ab~, veranstalten)* give, make ⟨*speech*⟩; give, hold *(lecture)*; **Unterricht ~**: give lessons; teach; **seinen Winterschlaf ~**: hibernate; **seinen Mittagsschlaf ~**: have an afternoon nap; **eine Mahlzeit ~** *(veralt.)* have a meal; **h)** *(Halt geben)* hold up, support ⟨*bridge etc.*⟩; hold back ⟨*curtain, hair*⟩; fasten ⟨*dress*⟩; **i)** *(zurück~)* keep; **ihn hält hier nichts** there's nothing to keep him here; **es hält ihn niemand** nobody's stopping you; **j)** *(bei sich be~)* **das Wasser ~**: hold one's water; **k)** *(nicht aufgeben)* **ein Geschäft** *usw.* **~**: keep a business etc. going; **l)** *(behandeln)* treat; **jmdn. streng ~**: be strict with sb.; **m)** *(vorziehen)* **es mit jmdm./etw. ~**: like sb./sth.; **es mehr** *od.* **lieber mit jmdm./etw. ~**: prefer sb./sth.; **n)** *(verfahren)* **nicht mit einer Sache so/anders ~**: deal with *or* handle sth. like this/differently; **wie haltet ihr es in diesem Jahr mit eurem Urlaub?** what are you doing about holidays this year? **o)** *(lassen, be~)* keep; **für jmdn. das Essen warm ~**: keep sb.'s meal hot; **jmdn. jung/fit ~**: keep sb. young/fit; **jmdn. bei Laune/in Bewegung/in Atem ~**: keep sb. happy/on the go/in suspense; **p)** *(gestalten)* **das Badezimmer ist in Grün ge~**: the bathroom is decorated in green; **sie wollten das Eßzimmer ganz in Eiche ~**: they wanted all oak furniture in the dining room; **die Rede war sehr allgemein ge~**: the speech was very general. **2.** *unr. itr. V.* **a)** *(stehenbleiben)* stop; **etw. zum Halten bringen** stop sth.; bring sth. to a stop; **halt [mal]** *(fig. ugs.)* hang *or* hold on for [a minute] *(coll.)*; **b)** *(unverändert, an seinem Platz bleiben)* last; **der Nagel/das Seil hält nicht mehr länger**: the nail/rope won't hold much longer; **die Tapete hält nicht** the wallpaper won't stay on; **diese Freundschaft hält nicht [lange]** *(fig.)* this friendship won't last [long]; **c)** *(Sport)* save; **er hat mit ge~**: he made some good saves; **d)** *(beistehen)* **zu jmdm. ~**: stand *or* stick by sb.; **e)** *(zielen)* aim (auf + *Akk.* at); **f)** *(Seemannsspr.)* head; **auf etw.** *(Akk.)* **~**: head for *or* towards sth.; **g)** *(sich beherrschen)* **an sich** *(Akk.)* **~**: control oneself; **h)** *(achten) auf Ordnung ~*: attach importance to tidiness; **auf sich** *(Akk.)* **~**: take a pride in oneself. **3.** *unr. refl. V.* **a)** *(sich durchsetzen, behaupten)* **wir werden uns/die Stadt wird sich nicht länger ~ können** we/the town won't be able to hold out much longer; **das Geschäft wird sich nicht ~ können** the shop won't keep going [for long]; **der neue Regisseur konnte sich nicht ~**: the new director didn't last; **b)** *(sich bewähren)* **sich gut ~**: do well; make a good showing; **halte dich tapfer** be brave; **c)** *(unverändert bleiben)* ⟨*weather, flowers, etc.*⟩ last; ⟨*milk, meat, etc.*⟩ keep; **d)** *(Körperhaltung haben)* **sich schlecht/gerade/aufrecht ~**: hold *or* carry oneself badly/straight/erect; **e)** *(bleiben)* **sich auf den Beinen/im Sattel ~** stay on one's feet/in the saddle; **f)** *(gehen, bleiben)* **sich links/rechts ~**: keep [to the] left/ right; **sich südwärts/in Richtung Bahnhof ~**: keep going south/towards the station; **sich an jmds. Seite** *(Dat.)*/**hinter jmdm. ~**: stay *or* keep next to/behind sb.; **g)** *(befolgen)* **sich an etw.** *(Akk.)* **~**: keep to *or* follow sth.; **der Film hat sich nicht eng an den Roman ge~**: the film didn't keep *or* stick closely to the book; **h)** *(sich wenden)* **sich an jmdn. ~**: ask sb.; **halte dich an Peter, der ist immer hilfsbereit** stay *or* stick with Peter – he's always helpful; **i)** *(ugs.: jung, gesund bleiben)* **sie hat sich gut ge~**: she is well preserved for her age *(coll.)*

Halte-: **~platz der** [taxi-]rank *(Brit.)*; [cab-]stand *(Amer.)*; **~punkt der** stop

Halter der; ~s, ~ **a)** *(Fahrzeug~)* keeper; **b)** *(Tier~)* owner; **c)** *(Vorrichtung)* holder; *(Handtuch~)* towel-rail; **d)** *(ugs.: Feder~)* pen; **e)** *(österr.) s.* **Viehhirt**

Halterin die; ~, ~nen *s.* **Halter a, b**

Halterung die; ~, ~en support

Halte-: **~seil das** supporting cable; *(eines Ballons)* mooring cable; **~signal das** stop signal; **~stelle die** stop; **~verbot das a)** „**~verbot**" 'no stopping'; **auf dieser Straße besteht ~verbot** stopping is prohibited in this street; „**absolutes/eingeschränktes ~verbot**" 'no stopping/no waiting'; **b)** *(Stelle)* no-stopping zone; **hier ist ~verbot** this is a no-stopping zone; **~verbots·schild das** no-stopping sign; **~vorrichtung die** *s.* **Halterung**

-haltig [-haltɪç], *(österr.)* **-hältig** [-hɛltɪç] **vitamin~/silber~** *usw.* containing vitamins/ silver etc. *postpos., not pred.*; **vitamin~ sein** contain vitamins

halt-, Halt-: **~los** *Adj.* **a)** *(labil)* **~los sein** be a weak character; **ein ~loser Mensch** a weak character; **b)** *(unbegründet)* unfounded; **~losigkeit die**; ~ **a)** *(Labilität)* weakness of character; **b)** *(mangelnde Begründung)* unfoundedness; **~|machen** *itr. V.* stop; **vor jmdm./etw. nicht ~machen** not spare sb./sth.; **vor nichts [und niemandem] ~machen** stop at nothing

Haltung die; ~, ~en **a)** *(Körper~)* posture; *(Sport)* stance; *(in der Bewegung)* style; **~ annehmen** *(Milit.)* stand to attention; **b)** *(Pose)* manner; **c)** *(Einstellung)* attitude; **d)** *o. Pl.* *(Fassung)* composure; **~ zeigen/bewahren** keep one's composure; **e)** *(Tier~)* keeping

Haltungs-: **~fehler der a)** *(Med.)* bad posture; **b)** *(Sport)* style fault; **~schaden der** *(Med.)* bad posture

Halt·verbot das *s.* **Halteverbot**

Halunke [ha'lʊŋkə] *der*; ~n, ~n **a)** *(Schurke)* scoundrel; villain; **b)** *(scherzh.: Lausbub)* rascal; scamp

Hämatit [hɛma'tiːt] *der;* ~s, ~e *(Geol.)* haematite
Hämatologe [hɛmato'loːgə] *der;* ~n, ~n *(Med.)* haematologist
Hämatologie *die;* ~ *(Med.)* haematology *no art.*
Hämatom [hɛma'toːm] *das;* ~s, ~e *(Med.)* haematoma
Hamburg ['hambʊrk] *(das);* ~s Hamburg
¹**Hamburger** 1. *der;* ~s, ~: native of Hamburg; *(Einwohner)* inhabitant of Hamburg; Schmidt ist ~: Schmidt comes from Hamburg. 2. *indekl. Adj.* Hamburg; der ~ Hafen the harbour at Hamburg; Hamburg harbour; *s. auch* **Kölner**
²**Hamburger** *der;* ~s, ~ *od.* ~s *(Frikadelle)* hamburger
hamburgern *itr. V.* speak Hamburg dialect
hamburgisch *Adj.* Hamburg *attrib.;* of Hamburg *postpos.*
Häme ['hɛːmə] *die;* ~: malice
Hameln ['haːm|n] *(das);* ~s Hamelin; der Rattenfänger von ~: the Pied Piper of Hamelin
hämisch ['hɛːmɪʃ] 1. *Adj.* malicious. 2. *adv.* maliciously
Hammel ['haml] *der;* ~s, ~ a) wether; b) *(Fleisch)* mutton; c) *(salopp abwertend)* oaf; dolt
Hammel-: ~**bein** *das in* jmdm. die ~**beine langziehen** *(ugs.)* give sb. a good telling-off; ~**fleisch** *das* mutton; ~**herde** *die (salopp abwertend)* flock of sheep; ~**keule** *die* leg of mutton; ~**sprung** *der (Parl.)* division
Hammer ['hamɐ] *der;* ~s, **Hämmer** ['hɛmɐ] a) hammer; *(Holz~)* mallet; *(Eis~)* hammer axe; *(eines Auktionators)* hammer; gavel; ~ **und Sichel** hammer and sickle; ~ **und Zirkel** hammer and compasses *(on the GDR national flag);* **unter den** ~ **kommen** come under the hammer; **etw. unter den** ~ **bringen** auction sth.; b) *(Technik)* tup; ram; c) *(Musik)* hammer; d) *(Leichtathletik)* hammer; e) *(ugs.: Fehler)* bad mistake; *(in einer Aufgabe)* howler *(coll.);* **ein dicker** ~: an awful blunder; **er hat einen** ~: he must be round the bend *(coll.) or (sl.)* twist; f) *(ugs.: Überraschung, Clou)* real surprise; **das ist ein** ~! *(großartig)* that's fantastic! *(coll.); (unerhört)* that's quite outrageous!; g) *(Anat.)* hammer; malleus
Hämmerchen ['hɛmɐçən] *das;* ~s, ~: [small] hammer
hammer-, Hammer-: ~**förmig** *Adj.* hammer-shaped; ~**hai** *der* hammer-head [shark]; ~**klavier** *das (veralt.)* pianoforte; ~**kopf** *der (auch Leichtathletik, Musik)* hammerhead
hämmern ['hɛmɐn] 1. *itr. V.* a) hammer; **es hämmert** sb. is hammering; b) *(schlagen)* hammer; *(mit der Faust)* pound; **gegen die Wand/die Tür** ~: hammer/pound on the wall/door; c) *(klopfen)* pound; ⟨*pulse*⟩ race. 2. *tr. V.* a) hammer; beat, hammer ⟨*tin, silver, etc.*⟩; beat ⟨*jewellery*⟩; b) *(ugs.)* hammer *or* pound out ⟨*melody etc.*⟩; c) *(ugs.: einprägen)* jmdm. etw. in den Schädel ~: hammer *or* knock sth. into sb.'s head *(coll.);* d) *(Fußballjargon)* hammer, slam ⟨*ball*⟩
Hammer-: ~**schlag** *der* a) hammer-blow; blow from a/the hammer; b) *(Boxen)* rabbit punch; c) *(Faustball)* smash; d) *(Technik)* hammer scale; ~**stiel** *der* handle *or* shaft of a/the hammer; ~**werfen** *das (Leichtathletik)* throwing the hammer; **er ist Weltmeister im** ~**werfen** he's world champion in the hammer; ~**werfer** *der;* ~s, ~ *(Leichtathletik)* hammer-thrower; ~**werk** *das* a) *(veralt.)* hammer-mill; b) *(Musik)* striking mechanism; ~**wurf** *der (Leichtathletik)* a) *s.* ~**werfen**; b) *(einzelner Wurf)* hammer throw; ~**zehe** *die* hammer-toe
Hammond·orgel ['hæmənd-] *die* Hammond organ

Hämoglobin [hɛmoglo'biːn] *das;* ~s *(Physiol.)* haemoglobin
Hämorrhoiden [hɛmɔrɔ'iːdn̩] *Pl. (Med.)* haemorrhoids; piles
Hämozyt [hɛmo'tsyːt] *der;* ~en, ~en *(Physiol.)* haemocyte
Hampelei *die;* ~ *(ugs. abwertend)* fidgeting
Hampel·mann [hampl-] *der;* ~[e]s, **Hampelmänner** a) jumping jack; b) *(ugs. abwertend)* puppet; **jmdn. zu einem/seinem** ~ **machen** make sb. one's puppet; c) *(Gymnastik)* side-straddle hop; jumping jack
hampeln *itr. V. (ugs.)* jump about
Hamster ['hamstɐ] *der;* ~s, ~: hamster
Hamster·backen *Pl.* chubby cheeks
Hamsterer *der;* ~s, ~, **Hamsterin** *die;* ~, ~nen *(ugs.)* hoarder
Hamster-: ~**fahrt** *die* foraging trip; **auf** ~**fahrt gehen** go foraging; ~**kauf** *der* panic-buying *no pl.;* ~**käufe machen** panic-buy
hamstern *tr., itr. V.* a) *(horten)* hoard; *(Hamsterkäufe machen)* panic-buy; b) *(Lebensmittel tauschen)* barter goods for [food]
Hand [hant] *die;* ~, **Hände** ['hɛndə] a) hand; **mit der rechten/linken** ~: with one's right/left hand; **jmdm. die** ~ **geben** *od. (geh.)* **reichen** shake sb.'s hand; shake sb. by the hand; **jmdm. die** ~ **drücken/schütteln** press/shake sb.'s hand; **eine** ~ **frei haben** have a free hand; **ich habe keine** ~ **frei** my hands are full; **Hände hoch!** hands up!; **jmdm. die** ~ **küssen** kiss sb.'s hand; **jmdn. an die** *od. (geh.)* **bei der** ~ **nehmen** take sb. by the hand; **jmdm. etw. aus der** ~ **nehmen** take sth. out of sb.'s hand/hands; **etw. aus der** ~ **legen** put sth. down; **jmdm. aus der** ~ **lesen** read sb.'s hand *or* palm; **etw. in die/zur** ~ **nehmen** pick sth. up; **etw. in der** ~/**den Händen haben** *od. (geh.)* **halten** have *or* hold sth. in one's hand/hands; **in die Hände klatschen** clap one's hands; **mit Händen und Füßen** use gestures to make oneself understood; **etw. mit der** ~ **schreiben/nähen** write/sew sth. by hand; **von** ~: by hand; ~ **in** ~ **gehen** *od. or* walk hand-in-hand; **eine Sonate für vier Hände** *od.* **zu vier Händen** a four-handed sonata; **jmdm. etw. in die** ~ **versprechen** promise sb. sth. faithfully; b) *o. Pl. (Fußball)* handball; c) *(Boxen)* punch; d) *(veralt., geh.: ~schrift)* hand; e) *(österr. ugs.: Arm)* f) *(in Wendungen)* **was hältst du davon – – aufs Herz!** what do you think? – be honest; ~ **aufs Herz, ich habe ihn nicht gesehen** I haven't seen him, word of honour *or (coll.)* cross my heart; **eine** ~ **wäscht die andere** you scratch my back and I'll scratch yours; **Zuschüsse von öffentlicher** ~: subsidies from government funds *or* from the government; **die öffentlichen Hände** the local/regional authorities; **jmds. rechte** ~: sb.'s right-hand man; **ihm rutschte die** ~ **aus** *(ugs.)* he couldn't stop himself [hitting her/him *etc.*]; **jmdm. sind die Hände gebunden** sb.'s hands are tied; ~ **und Fuß/weder** ~ **noch Fuß haben** *(ugs.)* make sense/no sense; **[bei etw. selbst mit]** ~ **anlegen** lend a hand [with sth.]; **die** *od.* **seine** ~ **aufhalten** *od.* **hinhalten** *(ugs.)* hold out one's hand; **jmds.** ~ **ausschlagen** *(veralt. geh.)* reject sb.; **keine** ~ **rühren** *(ugs.)* not lift a finger; ~ **an sich legen** *(geh.)* take one's own life; **letzte** ~ **an etw.** *(Akk.)* **legen** put the finishing touches *pl.* to sth.; **jmdm. die** ~ **[zum Bund] fürs Leben reichen** *(geh.)* marry sb.; **sich** *(Dat.) od. (geh.)* **einander die** ~ **reichen können** we could go hand in hand with the same brush; **dann können wir uns die** ~ **reichen** snap!; shake!; **alle** *od.* **beide Hände damit voll haben, etw. zu tun** *(ugs.)* have one's hands full doing sth.; **er hat alle Hände voll zu tun** he's got his hands full; **sich** *(Dat.)* **die** ~ **für jmdn./etw. abhacken** *od.* **abschlagen lassen** *(ugs.)* do anything for sb./stake one's life on sth.; **jmdm. auf etw.** *(Akk.)* **die** ~ **geben** promise sb. sth.; **die Hände in den Schoß legen** sit back and do nothing; **bei etw. die** *od.* **seine Hände [mit] im Spiel haben** have a hand in sth.; **überall seine** ~ *od.* **Hände im Spiel haben** have a finger in every pie; **die Hände über dem Kopf zusammenschlagen** *(ugs.)* throw up one's hands in horror; **die** *od.* **seine** ~ **über jmdn. halten** *(geh.)* protect sb.; **zwei linke Hände haben** *(ugs.)* have two left hands *(coll.);* **eine lockere** *od.* **lose** ~ **haben** *(ugs.)* hit out at the slightest provocation; **eine offene** ~ **haben** be open-handed; **eine glückliche** ~ **bei etw. haben** have a feel for the right choice in sth.; **dabei hat er eine glückliche** ~ **gehabt** he intuitively made the right choice; **eine glückliche** ~ **in etw.** *(Dat.)* **haben** have the right knack for sth.; **im Umgang mit Kindern hat er eine glückliche** ~: he's very good *or* has a way with children; **sie hat in solchen Dingen eine glückliche** ~: she has a [natural] flair for such things; **eine grüne** ~ **haben** *(ugs.)* have green fingers; **linker/rechter** ~: on *or* to the left/right; **an** ~ (+ *Gen.*) with the help of; **an** ~ **dieses Berichts** from this report; **jmdm. etw. an die** ~ **geben** make sth. available to sb.; **jmdn. an der** ~ **haben** *(ugs.)* know [of] sb.; **[klar] auf der** ~ **liegen** *(ugs.)* be obvious; **jmdn. auf Händen tragen** lavish every kind of care and attention on sb.; **ein Auto/Möbel aus erster** ~: a car/furniture which has/had had one [previous] owner; **etw. aus erster** ~ **wissen** know sth. at first hand; have first-hand knowledge of sth.; **Kleidung aus zweiter** ~: second-hand clothes *pl.;* **das Auto ist aus zweiter** ~: the car has had two [previous] owners; **Leihgaben aus** *od.* **von privater** ~: loans from private collections; **jmdm. aus der** ~ **fressen** eat out of sb.'s hand *(fig.);* **etw. aus der** ~ **geben** *(weggeben)* let sth. out of one's hands; *(aufgeben)* give sth. up; **[aus der]** ~ **spielen** *(Skat)* play without using the widow *or* skat; **jmdm. etw. aus der** ~ **nehmen** relieve sb. of sth.; **etw. bei der** ~ **haben** *(greifbar haben)* have sth. handy; *(parat haben)* have sth. ready; **mit etw. schnell** *od.* **rasch bei der** ~ **sein** *(ugs.)* be ready [with sth.]; **[schon** *od.* **bereits] durch viele Hände gegangen sein** have been *or* have [been] passed through many hands; **die Vera ist schon durch viele Hände gegangen** *(ugs.)* she's been around a bit, has Vera *(coll.);* ~ **in** ~ **arbeiten** work hand in hand; **Regierung und Rauschgifthändler arbeiteten** ~ **in** ~: the government and the drug-dealers were working hand in glove; **mit etw.** ~ **in** ~ **gehen** go hand in hand with it; **hinter vorgehaltener** ~: off the record; **in die Hände spucken** spit on one's hands; *(fig. ugs.)* roll up one's sleeves *(fig.);* **jmdm./einer Sache in die Hände arbeiten** play into sb.'s hands/help bring sth. about; **jmdn./etw. in die** ~ *od.* **Hände bekommen** *od.* **kriegen** lay *or* get one's hands on sb./get one's hands on sth.; **jmdm. in die Hände fallen** fall into sb.'s hands; **etw. in der** ~ *od.* **haben** have *or* hold sb. in the palm of one's hand; **etw. in Händen halten** hold sth.; **etw. in jmds.** ~ *od.* **Hände legen** *(geh.)* put sth. in sb.'s hands; **etw. in die** ~ **nehmen** take sth. in hand; **in jmds.** ~ *(Dat.)* **sein** *od. (geh.)* **liegen be in sb.'s hands; in festen Händen sein** *(ugs.)* be spoken for *or* attached; **in sicheren** *od.* **guten Händen sein, sich in guten Händen befinden** be in safe *or* good hands; **jmdm. Informationen** *usw.* **in die** ~ *od.* **Hände spielen** pass information *etc.* to sb.; **in jmds.** ~ *od.* **Hände übergehen** pass into sb.'s hands; **mit Händen zu greifen sein** be as plain as a pikestaff; be perfectly obvious; **mit beiden Händen zugreifen** grab *or* seize the opportunity with both hands; **sich mit Händen und Füßen gegen etw. sträuben** *od.* **wehren** *(ugs.)* fight tooth and nail against sth.; **mit leeren Händen** empty-

1167

handed; **das mache ich mit der linken ~** *(ugs.)* I could do that with my eyes closed; **mit starker** *od.* **fester ~:** with a firm hand; **das Geld mit vollen Händen ausgeben** spend money like water; **um jmds. ~ anhalten** *od.* **bitten** *(geh. veralt.)* ask for sb.'s hand [in marriage]; **etw. unter den Händen haben** be working on sth.; **von jmds. ~** [**sterben**] *(geh.)* [die] at sb.'s hand; **das geht ihm gut/leicht von der ~:** he finds that no trouble; **etw. von langer ~ vorbereiten** plan sth. well in advance; **die Nachteile/seine Argumente lassen sich nicht von der ~ weisen** *od.* **sind nicht von der ~ zu weisen** the disadvantages cannot be denied/his arguments cannot [simply] be dismissed; **von der ~ in den Mund leben** live from hand to mouth; **von ~ zu ~ gehen** be passed from hand to hand; **etw. zu treuen Händen nehmen** take sth. into one's care; **jmdm. etw. zu treuen Händen geben** give sth. to sb. for safe keeping; **zur linken/rechten ~:** on *or* to the left/right[-hand side]; **etw. zur ~ haben** have sth. handy; **ich habe kein Kleingeld zur ~:** I haven't got any change on me; **jmdm. zur ~ gehen** lend sb. a hand; **zu Händen [von] Herrn Müller** for the attention of Herr Müller; attention Herr Müller; *s. auch* **öffentlich 1**
hạnd-, Hạnd-: ~ab·zug der a) *(Druckw.)* proof pulled by hand; **b)** *(Fot.)* print made by hand; **~akte die** file; **~apparat der a)** *(Fernspr.)* handset; **b)** *(Bücher)* set of reference books; reference collection; **~arbeit die a)** *o. Pl.* handicraft; craft work; **etw. in ~arbeit herstellen** make sth. by hand; **b)** *(Gegenstand)* handmade article; **das ist eine ~arbeit** that is handmade *or* made by hand; **c)** *(Arbeit aus Stoff, Wolle usw.)* [piece of] needlework; *(gestrickt)* [piece of] knitting; *(gehäkelt)* [of] crocheting; **sie macht gerne ~arbeiten** she likes doing needlework/knitting/crocheting; **d)** *o. Pl.* (*ugs.:* **~arbeitsunterricht)** needlework; **~arbeiten** *itr. V.* do needlework; **ich kann nicht gut ~arbeiten** I am not very good at needlework; **~arbeiter der** manual worker
Hạndarbeits-: ~geschäft das wool and needlework shop; **~korb der** workbasket; **~lehrerin die** needlework teacher
Hạnd-: ~aufheben das; ~s *(bei einer Wahl)* show of hands; **sich durch ~aufheben melden** put one's hand up to speak/answer; **~auflegen das; ~s** *(bes. Rel.)* laying on *or* imposition of hands
Hạnd·ball der a) *o. Pl. (Spiel)* handball; **b)** *(Ball)* handball
Hạnd·ballen der ball of the thumb
Hạnd·baller der; ~s, ~ *(ugs.)* handball player
Hạndball-: ~mannschaft die handball team; **~spiel das a)** handball match; **b)** *o. Pl. (Sportart)* das **~spiel** the game of handball; **~spieler der** handball player
hạnd-, Hạnd-: ~bedienung die; *o. Pl.* manual operation; **eine Maschine mit ~bedienung** a manually operated *or* hand-operated machine; **~besen der** brush; **~betrieb der;** *o. Pl.* manual operation; **mit ~betrieb** manually operated *or* hand-operated; **~betrieben** *Adj.* manually operated; hand-operated; **~bewegung die a)** movement of the hand; **b)** *(Geste)* gesture; **~bibliothek die a)** reference library; **b)** *(~apparat)* set of reference books; reference collection; **~bohrer der** *(mit Kurbel)* hand-drill; *(zum Vorbohren)* gimlet; **~bohr·maschine die** hand-drill; *(elektrisch)* drill; **~brause die** shower handset; **~breit 1.** *Adj.* ⟨*seam etc.*⟩ a few inches wide; **ein ~breiter Abstand** a gap of a few inches; **2.** *adv.* a few inches; **~breit die; ~, ~: eine/zwei ~ breit** a few/several inches; **keine ~ breit** barely an inch; **~breite die: ein Abstand/Streifen von einer ~breite** a gap of a few inches/a strip a few inches wide; **~bremse die** handbrake; **~buch das** handbook; *(technisches ~buch)* manual
Händchen ['hɛntçən] **das; ~s, ~:** [little] hand; **~ halten** *(ugs. scherzh.)* hold hands; **für etw. ein ~ haben** *(fig. ugs.)* have a knack for sth.; be good at sth.
Händchen·halten das; ~s *(ugs. scherzh.)* holding hands *no art.*
hạ̈ndchen·haltend 1. *Adj.; nicht präd.* *(ugs. scherzh.)* **ein ~es junges Paar** a young couple holding hands. **2.** *adv.* holding hands
Hạnd·creme die hand cream
Hä̈nde *s.* **Hand**
Hä̈nde-: ~druck der; *Pl.* **~drücke** handshake; **~klatschen das; ~s** clapping; applause
¹**Hạndel** ['hand]] **der; ~s a)** *(Wirtschaft)* trade; commerce; **~ und Industrie/~ und Gewerbe** trade and industry; **b)** *(Handeln)* trade; **der ~ mit Waffen/Drogen** the traffic in arms/drugs; **c)** *(Geschäftsverkehr)* trade; **der internationale/überseeische ~:** international/overseas trade; **ein Produkt aus dem ~ ziehen** take a product off the market; **in den ~ kommen** come on [to] the market; **das ist** [**nicht mehr**] **im ~:** it is [no longer] on the market; **~ und Wandel** *(veralt.)* commercial and social life; **d)** *(veralt.: Geschäft)* business; **e)** *(Vereinbarung)* deal
²**Hạndel der; ~s, Händel** ['hɛndl]; *meist Pl.* *(geh.)* quarrel; **einen ~ [mit jmdm.] austragen** settle a quarrel *with sb.*; **Hạ̈ndel anfangen/suchen** start/ [try to] pick a quarrel
Hạnd·elfmeter der *(Fußball)* penalty for handball
hạndeln 1. *itr. V.* **a)** trade; deal; **mit** *od.* **in Gemüse/Gebrauchtwagen ~:** deal in vegetables/second-hand cars; **mit Waffen/Drogen ~:** traffic in arms/drugs; **mit jmdm. ~:** trade *or* deal with sb.; **in gros/en detail ~:** be in the wholesale/retail trade; **wir ~ en gros mit Spielwaren** we are toy-wholesalers; **b)** *(feilschen)* haggle; bargain; **um den Preis ~:** haggle over the price; **mit ihm läßt sich** [**nicht**] **~:** he is [not] open to negotiation; **er läßt nicht mit sich ~:** it's impossible to bargain with him; **c)** *(eingreifen)* act; **auf Befehl/aus Überzeugung ~:** act on orders/out of conviction; **im Affekt/in Notwehr ~:** act in the heat of the moment/in self-defence; **d)** *(verfahren)* act; **eigenmächtig/richtig/falhrlässig ~:** act on one's own authority/correctly/carelessly; **e)** *(sich verhalten)* behave; **gut/schlecht an jmdm.** *od.* **gegen jmdm. ~:** behave well/badly towards sb.; **f) von etw.** *od.* **über etw.** *(Akk.)* **~** ⟨*book, film, etc.*⟩ be about *or* deal with sth. **2.** *refl. V.* *(unpers.)* **bei dem Besucher handelte es sich um einen entfernten Verwandten** the visitor was a distant relative; **es handelt sich um ...:** it is a matter of ...; *(es dreht sich um)* it's about *or* it concerns ...; **es handelt sich darum, daß die Presse nichts davon erfährt** the important thing is that the press should not get wind of it. **3.** *tr. V.* sell *(für* at, for); **diese Papiere werden nicht an der Börse gehandelt** these securities are not traded on the stock exchange; **der US-Dollar wird jetzt zu 2 DM gehandelt** the US dollar is now valued at 2 marks
Hạndeln das; ~s a) *(das Feilschen)* haggling; bargaining; **b)** *(das Eingreifen)* action; **c)** *(Verhalten)* action[s *pl.*]
hạndels-, Hạndels-: ~abkommen das trade agreement; **~agent der** *(österr.)* s. **~vertreter; ~akademie die** *(österr.)* commercial college; **~artikel der** commodity; **~attaché der** commercial attaché; **~bank die** merchant bank; **~beschränkung die** trade restriction; **~beziehungen** *Pl.* trade relations; **~bilanz die a)** *(eines Betriebes)* balance-sheet; **b)** *(eines Staates)* balance of trade; **eine aktive/passive ~bilanz** a balance of trade surplus/deficit; **~boykott der** trade boycott; **~delegation die** trade delegation; **~einig, ~eins in mit jmdm. ~einig** *od.* **~eins werden/sein** agree/have agreed terms *or* come/have come to an agreement with sb.; **~firma die** [business *or* commercial] firm; business concern; **~flagge die** merchant flag; **~flotte die** merchant fleet; **~geist der;** *o. Pl.* business acumen *or* sense; **~gericht das** commercial court; **~gesellschaft die** company; **offene ~gesellschaft** general partnership; **~gesetz das** commercial law; **~gesetz·buch das;** *o. Pl.* commercial code; **~größe die** *(Kaufmannsspr.)* commercial size; **~hafen der** commercial *or* trading port; **~haus das** *(veralt.)* business-house; firm; **~kammer die** *s.* **Industrie- und ~kammer; ~kette die** *(Kaufmannsspr.)* **a)** *(Weg der Ware)* channel of distribution; **b)** *(Zusammenschluß von Händlern)* voluntary chain; **~klasse die** grade; **~kontor das** *(hist.)* branch; **~korrespondenz die** business correspondence; **~lehrer der** teacher of commercial subjects; **~macht die** trading power; **~marine die** merchant navy; **~marke die** trade mark; **~messe die** trade fair; **~metropole die** commercial metropolis *or* centre; **~minister der** minister of trade; *(in UK)* Secretary of State for Trade; Trade Secretary *(coll.)*; **~ministerium das** ministry of trade; *(in UK)* Department of Trade; **~mission die** trade mission; **~monopol das** trading monopoly; **~name der** trade *or* business name; **~nation die** trading nation; **~niederlassung die** branch; **~organ das** *(DDR)* branch; **~organisation die a)** trading organization; **b)** *(DDR)* [state-owned] commercial concern running shops, hotels, etc.; **~partner der** trading partner; **~politik die** trade *or* commercial policy; **~politisch 1.** *Adj.; nicht präd.* relating to trade *or* commercial policy *postpos.*; **vom ~politischen Standpunkt** from the point of view of trade *or* commercial policy; **2.** *adv.* as far as trade *or* commercial policy is concerned; **~recht das;** *o. Pl.* commercial law; **~rechtlich 1.** *Adj.; nicht präd.* relating to commercial law *postpos.*; ⟨*offence*⟩ against commercial law; **2.** *adv.* from the point of view of commercial law; **es ist ~rechtlich nicht erlaubt** it is not allowed under commercial law; **~register das** register of companies; **~reisende der/die;** *adj. Dekl. s.* **~vertreter; ~schiff das** merchant ship; trading vessel; **~schiffahrt die** merchant shipping; *(Schiffsverkehr)* movement of merchant shipping; **~schranke die;** *meist Pl.* trade barrier; **~schule die** commercial college; **~schüler der** student at a commercial college; **~schul·lehrer der** teacher at a commercial college; **~spanne die** *(Kaufmannsspr.)* margin; **~sperre die** trade embargo; **~sprache die** trade language; language of commerce; **~stadt die** trading town; *(Großstadt)* trading city; **~straße die** *(hist.)* trade route; **~üblich** *Adj.* übliche Praktiken/Größen normal *or* standard business practices/standard [commercial] sizes; **~üblich sein** be normal *or* standard business practice
Hạ̈ndel·sucht die *(geh. veralt.)* quarrelsomeness
hạ̈ndel·süchtig *Adj. (geh. veralt.)* quarrelsome
Hạndels-: ~unternehmen das trading concern; **~verbindung die;** *meist Pl.* trade link; **~vertrag der** trade agreement; **~vertreter der** [sales] representative; travelling salesmann/saleswoman; commercial traveller; **~vertretung die a)** *s.* **~mission; ~volumen das** *(Wirtsch.)* volume of trade; **~ware die** commodity;

„keine ~ware" *(Postw.)* 'no commercial value'; ~**weg** der a) commercial artery; b) *(Weg der Ware)* channel of distribution; ~**wert** der *(Kaufmannsspr.)* commercial value; ~**zentrum** das trading *or* commercial centre
hạndel·treibend *Adj.; nicht präd.* trading ⟨*nation*⟩; ⟨*tribe*⟩ engaged primarily in trade
hände-, Hände-: ~**ringend** *Adv.* a) wringing one's hands; b) *(ugs.: dringend)* ~ringend suchen need urgently; ~ringend nach jmdm./etw. suchen search desperately for sb./sth.; ~**schütteln** das; ~s handshaking *no pl.;* **die ersten zehn Minuten vergingen mit ~schütteln** the first ten minutes were spent shaking hands; ~**trockner** der hand-drier; ~**waschen** das; ~s washing *no art.* one's hands; **sie ging zum ~waschen ins Bad** she went to the bathroom to wash her hands

hạnd-, Hạnd-: ~**feger** der brush; **herumlaufen wie ein wild gewordener ~feger** *(salopp) (zerzaust)* go round looking like a scarecrow; *(aufgeregt)* run around madly; ~**fertigkeit** die; *o. Pl.* [manual] dexterity; ~**fest 1.** *Adj.* a) *(kräftig)* robust; sturdy; b) *(deftig)* substantial ⟨*meal etc.*⟩; **etwas Handfestes** something substantial; c) *(gewichtig)* solid, tangible ⟨*proof*⟩; concrete ⟨*suggestion*⟩; full-blooded, violent ⟨*row*⟩; complete ⟨*lie*⟩; well-founded ⟨*argument*⟩; real, thorough ⟨*beating*⟩. **2.** *adv. (deutlich)* ⟨*criticize*⟩ severely; **er hat mich ~fest belogen/betrogen** he told me a complete lie/it was an out-and-out deception; ~**feuerlöscher** der hand fire-extinguisher; ~**feuer·waffe** die hand-gun; ~**feuerwaffen** small arms; ~**fläche** die palm [of one's/the hand]; flat of one's/the hand; ~**galopp** der *(Reiten)* canter; hand gallop; ~**gas** das *(Kfz-W.)* hand throttle; **mit ~gas fahren** drive using the hand throttle; ~**gearbeitet** *Adj.* handmade ⟨*furniture, jewellery, etc.*⟩; ~**gefertigt** *Adj.* hand-made; ~**geknüpft** *Adj.* hand-woven; ~**geld** das lump sum [payment]; ~**gelenk** das wrist; **ein loses** *od.* **lockeres ~gelenk haben** *(ugs.)* lash out at the slightest provocation; **aus dem ~gelenk** [heraus] *(ugs.) (unvermittelt)* offhand; *(ohne Mühe)* effortlessly; as easily as anything *(coll.);* **etw. aus dem ~gelenk schütteln** *(ugs.)* do sth. just like that *(coll.);* ~**gemacht** *Adj.* handmade; ~**gemalt** *Adj.* hand-painted; ~**gemenge** das a) fight; b) *(Milit.)* hand-to-hand fighting *no indef. art.;* ~**gepäck** das hand-baggage; ~**geschliffen** *Adj.* hand-cut; ~**geschmiedet** *Adj.* hand-wrought; ~**geschöpft** *Adj.* handmade; ~**geschrieben** *Adj.* handwritten; ~**gesponnen** *Adj.* hand-spun; ~**gesteuert** *Adj.* manually operated; manually controlled ⟨*vehicle*⟩; ~**gestrickt** *Adj.* hand-knitted; *(fig. abwertend)* halfbaked ⟨*idea, theory, etc.*⟩; ~**gewebt** *Adj.* hand-woven; ~**granate** die hand-grenade; ~**greifliche Auseinandersetzung** a scuffle; ~**greiflich werden** start using one's fists; b) tangible ⟨*success, advantage, proof, etc.*⟩; palpable ⟨*contradiction, error*⟩; obvious ⟨*fact*⟩. **2.** *adv. (tätlich)* **sich ~greiflich auseinandersetzen** come to blows; b) *(konkret faßbar)* clearly; ~**greiflichkeit** die; ~, ~en a) *(eines Beweises)* tangibility; *(eines Widerspruchs, Fehlers)* palpability; b) *(Tätlichkeit)* scuffle; fight; **es kam zu/nicht zu ~greiflichkeiten** a fight broke out/there was no violence; ~**griff** der a) **ein falscher ~griff** a false move; **ein geschickter ~griff, und ...**: one deft action and ...; **mit einem ~griff/wenigen ~griffen** in one movement/without much trouble; *(schnell)* in no time at all/next to no time; **jeder ~griff muß sitzen** every movement must be exactly right; **keinen ~griff [für jmdn.] tun** *(fig.)* not do anything to help sb.; b) *(am Koffer, an einem Werkzeug)* handle; c) *(Haltegriff)* grab handle; ~**groß** *Adj.* ⟨*hole, wound, etc.*⟩ the size of a hand; ~**habbar** [~ha:pba:ɐ̯] *Adj.* handy; **kaum ~habbar** very difficult or awkward to manage; very unwieldy; ~**habe** die; ~, ~**n**: **eine [rechtliche] ~habe [gegen jmdn.]** a legal handle [against sb.]; ~**haben** *tr. V.* a) handle; operate ⟨*device, machine*⟩; b) *(praktizieren)* implement ⟨*law etc.*⟩; ~**habung** die; ~, ~**en** a) handling; *(eines Gerätes, einer Maschine)* operation; b) *(Durchführung)* implementation; ~**harmonika** die accordion

Handikap ['hɛndikɛp] das; ~s, ~s *(auch Sport)* handicap
handikapen ['hɛndikɛpn̩] *tr. V.* handicap
händisch ['hɛndɪʃ] *(österr. ugs.)* **1.** *Adj.* manual. **2.** *adv.* manually; by hand

Hạnd-: ~**kamera** die hand camera; ~**kante** die edge of the/one's hand
Hạndkanten·schlag der chop
hạnd-, Hạnd-: ~**karre** die, ~**karren** der handcart; ~**käse** der *(landsch.)* small, hand-formed curd cheese; ~**käse mit Musik** *(landsch.)* marinaded hand-formed curd cheese; ~**koffer** der [small] suitcase; ~**koloriert** *Adj.* hand-coloured; ~**kurbel** die [hand-]crank; ~**kuß** der kiss on sb.'s hand; **etw. mit ~kuß [an]nehmen/tun** accept/do sth. with [the greatest of] pleasure; ~**lampe** die hand-lamp; inspection-lamp
Hạnd·langer der; ~s, ~ a) *(ungelernter Arbeiter)* labourer; *(abwertend)* lackey; general dogsbody; c) *(abwertend)* Büttel henchman
Hạndlanger·dienst der; meist Pl. *(abwertend)* **für jmdn. ~e leisten** do sb.'s dirty work for him/her
Hạnd·lauf der handrail
Händler ['hɛndlɐ] der; ~s, ~: trader; tradesman/tradeswoman; **ein fliegender ~**: a hawker or street-trader
-händler der *(cattle-, furniture-, scrap-, stamp-)dealer;* ⟨*coal-, corn-, scrap-, timber-, wine-*⟩merchant
Händlerin die; ~, ~**nen** *s.* Händler
Hạnd-: ~**lese·kunst** die palmistry *no art.;* ~**lexikon** das concise encyclopaedia
hạndlich ['hantlɪç] **1.** *Adj.* handy; easily carried ⟨*parcel, suitcase*⟩; easily portable ⟨*television, camera*⟩; manoeuvrable ⟨*car*⟩. **2.** *adv.* ~ **verpackt** wrapped as a manageable parcel
Hạndlichkeit die; ~: handiness; *(eines Buches)* handy size; *(eines Autos)* manoeuvrability
Hạnd-: ~**linie** die line of the hand; ~**linien·deutung** die; *o. Pl.* palmistry
Hạndlung die; ~, ~**en** a) *(Vorgehen)* action; *(Tat)* act; **eine symbolische/feierliche ~**: a symbolic/ceremonial act, b) *(Fabel)* plot; **Einheit der ~**: unity of action; c) *(veralt.: Geschäft)* business
hạndlungs-, Hạndlungs-: ~**ablauf** der action; ~**arm** *Adj.* short on action *pred.;* ~**bevollmächtigte** der/die authorized representative; ~**fähig** *Adj.* a) able to act *pred.;* working *attrib. (majority);* b) *(Rechtsw.)* able to act on one's own account *pred.;* ~**fähigkeit** die *o. Pl.* a) ability to act; b) *(Rechtsw.)* ability to act on one's own account; ~**freiheit** die; *o. Pl.* freedom of action or to act; ~**gehilfe** der *(Kaufmannsspr.)* employee *(on the business side of a firm);* ~**reich** *Adj.* action-packed; ~**reisende** der/die *s.* Handelsvertreter; ~**schema** das plot structure; ~**spiel·raum** der scope for action; ~**unfähig** *Adj.* a) unable to act *pred.;* b) *(Rechtsw.)* unable to act on one's own account *pred.;* ~**unfähigkeit** die a) inability to act; b) *(Rechtsw.)* inability to act on one's own account; ~**vollmacht** die authority to act; ~**weise** die behaviour; conduct

Hạnd-: ~**mixer** der hand-mixer; ~**mühle** die hand-mill
Handout ['hɛndaʊt] das; ~s, ~s hand-out
Hạnd-: ~**presse** die hand-press; ~**pumpe** die hand-pump; ~**puppe** die glove *or* hand puppet; ~**puppen·spiel** das glove puppet *or* hand puppet show; *(Technik)* glove *or* hand puppetry; ~**rad** das handwheel; ~**reichung** die: **eine ~reichung/~reichungen machen** lend a hand; **sie konnte nur einige ~reichungen machen** she couldn't help very much; ~**rücken** der the back of the/one's hand; **auf beiden ~rücken tätowiert** with tattoos on the back of both hands; ~**säge** die hand-saw; ~**satz** der; *o. Pl. (Druckw.)* hand-setting; **etw. im ~satz herstellen** hand-set sth.; ~**schelle** die handcuff; **jmdm. ~schellen anlegen** handcuff sb.; **put handcuffs on sb.;** ~**schlag** der a) handshake; **jmdn. mit ~schlag begrüßen** greet sb. by shaking hands; **etw. durch einen ~schlag besiegeln** shake hands on sth.; b) **in er tat keinen ~schlag** *(ugs.)* he did not lift a finger
Hạnd·schrift die a) handwriting; **eine deutliche/unleserliche ~schrift** clear/illegible handwriting; b) *(Ausdrucksweise)* personal style; c) *(Text)* manuscript
Hạndschriften-: ~**deutung** die graphology *no art.;* analysis of handwriting; ~**kunde** die palaeography; ~**probe** die sample of handwriting
Hạndschrift·leser der *(DV)* optical character reader for reading handwritten block letters and numerals
hạnd·schriftlich **1.** *Adj.* hand-written; ~**schriftliche Quellen/Urkunden** manuscript sources/texts. **2.** *adv.* by hand
Hạnd·schuh der glove
Hạndschuh-: ~**fach** das glove compartment *or* box; ~**größe** die glove size; **welche ~größe haben Sie?** what size glove do you take?; ~**macher** der glove-maker
hạnd-, Hạnd-: ~**schutz** der hand guard; ~**setzer** der *(Druckw.)* hand compositor; ~**signiert** *Adj.* signed; ~**skizze** die freehand sketch; ~**spiegel** der hand-mirror; ~**spiel** das *(Fußball)* handball
Hạnd·stand der *(Turnen)* handstand; **einen ~ machen** do a handstand
Hạndstand·überschlag der *(Turnen)* handspring
Hạnd-: ~**steuerung** die a) *o. Pl.* manual operation *or* control; b) *(Apparatur)* manual control; ~**streich** der *(bes. Milit.)* lightning *or* surprise attack; **in einem** *od.* **im ~streich** in a surprise *or* lightning attack; ~**tasche** die handbag; ~**teller** der the palm [of the/one's hand]; ~**trommel** die hand-drum
Hạnd·tuch das; *Pl.* -tücher towel; *(Geschirrtuch)* tea-towel; tea cloth; **dieser Raum ist nicht mehr als ein ~** *(ugs.)* this room is nowhere near wide enough; **das ~ werfen** *od. (ugs.)* **schmeißen** *(Boxen, fig.)* throw in the towel
Hạndtuch·halter der towel-rail
hạnd-, Hạnd-: ~**umdrehen** *in* **im ~umdrehen** in no time at all; ~**verlesen** *Adj.* hand-picked; ~**vermittlung** die *(Fernspr.)* connection by the operator; **über ~vermittlung laufen** be connected by the operator; ~**voll** die; ~ *(auch fig.)* handful; **ein paar ~voll** a couple of handfuls; ~**waffe** die hand weapon; ~**wagen** der handcart; ~**warm 1.** *Adj.* hand-hot; **2.** *adv.* **etw. ~warm waschen** wash sth. in hand-hot water; ~**wäsche** die washing by hand; **diese Pullover kommen in die ~wäsche** these pullovers will have to be washed by hand
Hạndwerk das a) craft; *(als Beruf)* trade; **ein ~ ausüben/betreiben** carry on/ply a trade; b) *(Beruf)* **sein ~ kennen** *od.* **verstehen/beherrschen** know one's job; ⟨*tradesman*⟩ know/be master of one's trade;

jmdm. das ~ legen put a stop to sb.'s activities; **jmdm. ins ~ pfuschen** try to do sb.'s job for him/her; **c)** *o. Pl. (Berufsstand)* craft professions *pl.*
-handwerk das: **Töpfer~/Bäcker~**: potter's/baker's trade
Handwerker der; ~s, ~: tradesman; craftsman; **die ~ im Haus haben** have the workmen in
Handwerkerschaft die; ~: skilled tradesmen *pl. or* craftsmen *pl.*
Handwerker·stand der artisan class
handwerklich *Adj.; nicht präd.* **a)** ⟨*training, skill, ability*⟩ as a craftsman; **~er Beruf** a [skilled] trade; **b)** *(fig.)* technical
Handwerks-: **~beruf** der [skilled] trade; **~betrieb** der workshop; **~bursche** der *(veralt.)* travelling journeyman *(arch.)*; **~kammer** die Chamber of Crafts; **~meister** der master craftsman; **~rolle** die register of qualified craftsmen; **~zeug** das tools *pl.; (fig.)* tools *pl.* of the trade
Hand·wörter·buch das concise dictionary
Hand·wurzel die wrist; carpus *(Anat.)*
Handwurzel·knochen der *(Anat.)* wristbone; carpal bone *(Anat.)*
Handy ['hɛndi] das; ~s, ~s mobile phone; mobile
Hand-: **~zeichen** das **a)** sign [with one's hand]; *(eines Autofahrers)* hand signal; **darf ich die Betroffenen um Ihr ~zeichen bitten?** will those concerned please raise their hands; **b)** *(Abstimmung)* show of hands; **durch ~zeichen** by a show of hands; **~zeichnung** die drawing; *(Skizze)* sketch; **~zettel** der handbill; leaflet
hanebüchen ['haːnəbyːçn̩] **1.** *Adj.* outrageous. **2.** *adv.* outrageously; **~ lügen** tell the most outrageous lies
Hanf [hanf] der; ~[e]s **a)** *(Pflanze, Faser)* hemp; **b)** *(Samen)* hempseed
Hanf·anbau der growing *or* cultivation of hemp
hanfen, hänfen ['hɛnfn̩] *Adj.; nicht präd.* hempen; hemp
Hänfling ['hɛnflɪŋ] der; ~s, ~e **a)** *(Vogel)* linnet; **b)** *(abwertend)* weakling
Hanf-: **~seil** das, **~strick** der hempen *or* hemp rope
Hang [haŋ] der; ~[e]s, Hänge ['hɛŋə] **a)** *(Berg~)* slope; hillside/mountainside; *(Ski~)* slope; **das Haus am ~**: the house on the hillside; **das Haus ist an einen ~ gebaut** the house is built on a slope; **b)** *(Neigung)* tendency; **einen ~ zum Träumen/Lügen usw. haben** have a tendency to dream/lie *etc.;* **einen ~ haben, etw. zu tun** tend to do sth.; **c)** *(Turnen)* hang
Hangar ['haŋaːɐ̯] der; ~s, ~s hangar
Hänge-: **~arsch** der *(derb)* sagging backside *(coll.);* **~backe** die flabby cheek; **~bauch** der paunch; **~bauch·schwein** das pot-bellied pig; **~boden** der false *or* drop ceiling; **~brücke** die suspension bridge; **~brust** die, **~busen** der sagging breasts *pl.;* **~dach** das suspended roof; **~gleiter** der hang-glider; **~kleid** das tent dress; **~lampe** die pendant-light; droplight
hangeln ['haŋl̩n] **1.** *itr. V.; meist mit sein* make one's way hand over hand; **an einem Seil über die Schlucht ~**: make one's way hand over hand along a rope over the ravine. **2.** *refl. V.* **sich aufwärts/abwärts ~**: climb up/down hand over hand
Hänge·matte die hammock
hangen ['haŋən] *(schweiz., landsch.)* s. **¹hängen**
Hangen das; ~s *in* **mit ~ und Bangen** *(geh.)* in fear and trepidation
¹hängen ['hɛŋən] *unr. itr. V.; südd., österr., schweiz. mit sein* **a)** hang; **die Bilder ~ [schon]** the pictures are [already] up; **der Schrank hängt voller Kleider** the wardrobe is full of clothes; **der Weihnachtsbaum hängt voller Süßigkeiten** the Christmas tree is laden with sweets; **sein Zimmer hängt voller Plakate** the walls of his room are covered with posters; **an einem Faden ~**: be hanging by a thread; **die Nachbarn hingen aus den Fenstern** *(fig.)* the neighbours were hanging out of the windows; **b)** *(sich festhalten)* hang, dangle **(an + Dat.** from); **jmdm. am Hals ~**: hang round sb.'s neck; **der Junge hing an ihrem Arm** the boy hung on to her arm; *s. auch* **Rockzipfel; c)** *(erhängt werden)* hang; be hanged; **d)** *(an einem Fahrzeug)* be hitched *or* attached **(an + Dat.** to); **e)** *(herab~)* hang down; **bis auf den Boden ~**: hang down to the ground; **die Pflanzen ließen ihre Blätter ~**: the leaves of the plants drooped; **die Beine ins Wasser ~ lassen** let one's legs dangle in the water; **der Anzug hängt ihm am Leib** the suit hangs loosely on him; **f)** *(unordentlich sitzen)* **im Sessel ~** *(erschöpft, betrunken)* be *or* sit slumped in one's/the chair; *(flegelhaft)* lounge in one's/the chair; **g)** *(geh.: schweben, auch fig.)* hang **(über + Dat.** over); **h)** *(haften)* cling, stick **(an + Dat.** to); **ihre Augen hingen an seinen Lippen** *(fig.)* her eyes were fixed on his lips; **i)** *(fest~)* **sie hing mit dem Rock am Zaun/in der Fahrradkette** her skirt was caught on the fence/in the bicycle chain; **j)** *(ugs.: sich aufhalten, sein)* hang around *(coll.);* **[schon wieder] am Radio/Telefon/vorm Fernseher ~**: have got the radio on [again]/be on the telephone [again]/be in front of the television [again]; **k)** *(sich nicht trennen wollen)* **an jmdm./etw. ~**: be very attached to sb./sth.; **an Geld/Leben ~**: love money/life; **l)** *(sich neigen)* lean; ⟨*road*⟩ slope to one side; **m)** *(ugs.: angeschlossen sein)* **an etw.** *(Dat.)* **~**: be on sth.; **n)** *(ugs.: nicht weiterkommen)* be stuck; **die Verhandlungen ~**: the talks are deadlocked; **o)** *(ugs.: zurück sein)* be behind; **p)** *(verschuldet sein)* **bei ihr hänge ich mit 2 000 DM** I owe her 2,000 marks; **q)** *(entschieden werden)* **an/bei jmdm./etw. ~**: depend on sb./sth.; **r)** *(Schach)* ⟨*man*⟩ be *en prise*; *(nicht beendet sein)* ⟨*game*⟩ be adjourned; **s)** *(ugs.: verbunden sein)* **etw. hängt an etw.** *(Dat.)* sth. involves sth.
²hängen 1. *tr. V.* **a)** **etw. in/über etw.** *(Akk.)* **~**: hang sth. in/over sth.; **etw. an/auf etw.** *(Akk.)* **~**: hang sth. on sth.; **den Hörer in die Gabel ~**: replace the receiver; **b)** *(befestigen)* hitch up **(an + Akk.** to); couple an ⟨*railway carriage, trailer, etc.*⟩ **(an + Akk.** to); **c)** *(~ lassen)* hang; **einen Arm aus dem Fenster ~**: put one's arm out of the window; **die Beine ins Wasser ~**: let one's legs dangle in the water; **d)** *(er~)* hang; **Tod durch Hängen** death by hanging; **mit Hängen und Würgen** by the skin of one's teeth; **e)** *(ugs.: aufwenden)* **an etw.** *(Akk.)* **~**: put ⟨*work, time, money*⟩ into sth.; spend ⟨*time, money*⟩ on sth.; **f)** *(ugs.: anschließen)* **jmdn./etw. an etw.** *(Akk.)* **~**: put sb./sth. on sth.; *s. auch* **Glocke a; Nagel b. 2.** *refl. V.* **a)** *(ergreifen)* **sich an etw.** *(Akk.)* **~**: hang on to sth.; **sich jmdm. an den Hals ~**: cling to sb.'s neck; **sich ans Telefon ~** *(fig. ugs.)* get on the telephone; **sich an den Wasserhahn ~** *(ugs. fig.)* turn the tap on and drink thirstily from it; **b)** *(sich festsetzen)* ⟨*smell*⟩ cling **(an + Akk.** to); ⟨*burr, hairs, etc.*⟩ cling, stick **(an + Akk.** to); **c)** *(anschließen)* **sich an jmdn. ~**: attach oneself to sb.; latch on to sb. *(coll.);* **sie hängt sich zu sehr an mich** she clings to me too much; **d)** *(verfolgen)* **sich an jmdn./ein Auto ~**: follow *or (coll.)* tail sb./a car; **e)** *(binden)* **sich an jmdn./etw. ~**: get *or* become attached to sb./sth.; **sie hängt sich zu sehr an materielle Werte** she's too attached to material values
hängen|bleiben *unr. itr. V.; mit sein (ugs.)* **a)** *(festgehalten werden)* [mit dem Ärmel *usw.*] **an/in etw.** *(Dat.)* **~**: get one's sleeve *etc.* caught on/in sth.; **der Angriff blieb im Mittelfeld hängen** *(fig.)* the attack broke down in mid-field; **sein Blick blieb an der Uhr hängen** *(fig.)* his gaze rested on the clock; **b)** *(verweilen)* get stuck *(coll.);* **ich bin bei Freunden hängengeblieben** I got stuck talking to friends *(coll.);* **c)** *(haften)* **an/auf etw.** *(Dat.)* **~**: stick to sth.; **das bleibt an mir hängen** *(fig.)* I've been stuck *or* landed with it *(coll.);* **von dem Vortrag blieb [bei ihm] nicht viel hängen** *(fig.)* not much of the lecture stuck *(coll.);* **ein Verdacht bleibt an ihr hängen** suspicion rests on her; **d)** *(ugs.: sitzenbleiben)* stay down; have to repeat a year
hängend *Adj.* hanging; **die Hängenden Gärten der Semiramis** the Hanging Gardens of Babylon; **mit ~em Kopf** with head hanging; **mit ~er Zunge** gasping for breath
hängen|lassen *unr. tr. V.* **a)** *(vergessen)* **etw. ~**: leave sth. behind; **b)** *(ugs.: nicht helfen)* **jmdn. ~**: let sb. down. **2.** *unr. refl. V.* let oneself go; **laß dich nicht so hängen!** [you must] pull yourself together!
Hänge-: **~ohr** das lop ear; **~partie** die *(Schach)* adjourned game; **~pflanze** die trailing plant
Hänger der; ~s, ~ **a)** *s.* **Anhänger b; b)** *s.* **Hängekleid; c)** *(weiter Mantel)* loose[-fitting] coat; tent coat
Hänge-: **~schrank** der wall-cupboard; **~schultern** *Pl.* round shoulders
hängig *Adj.* **a)** *(schweiz. Rechtsspr.)* **~ sein** be in progress; continue; **ein ~er Prozeß** a trial that is in progress; **b)** *(fachspr.)* sloping; **in ~er Lage** on a slope *or* an incline
Hang·lage die hillside location; **in ~**: in a hillside location
Hängolin [hɛŋoˈliːn] das; ~s *(salopp scherzh.)* substance allegedly used in order to diminish sb.'s sex drive
Hang-: **~täter** der *(Rechtsspr.)* compulsive criminal; **~wind** der slope wind
Hannover [haˈnoːfɐ] **(das);** ~s Hanover
Hannoveraner 1. der; ~s, ~ *(Einwohner, Pferd)* Hanoverian. **2.** *indekl. Adj.* Hanover; *s. auch* **Kölner**
hannoversch [haˈnoːfɐʃ] *Adj.* Hanoverian; **im Hannoverschen** in the Hanover area
Hans [hans] der; ~, Hänse ['hɛnzə] **~ im Glück** lucky devil; *(Märchenfigur)* Hans in Luck; **~ Guckindieluft** der; *(Märchenfigur)* Johnny-Head-in-Air; **jeder ~ findet seine Grete** every Jack shall have his Jill
Hansaplast ⓦ [hanzaˈplast] das; ~[e]s sticking plaster; Elastoplast (P)
Hänschen ['hɛnsçən] das; ~s, ~: **was ~ nicht lernt, lernt Hans nimmermehr** what you don't learn as a child, you'll never learn as an adult
Hans·dampf der; ~[e]s, ~e: **~ in allen Gassen** Jack of all trades
Hanse ['hanzə] die; ~ *(hist.)* Hanse; Hanseatic league
Hanseat [hanzeˈaːt] der; ~en, ~en **a)** citizen of a Hanseatic city; **ein typischer ~**: someone with the dignified bearing regarded as typical of upper-class citizens of the Hanseatic cities; **b)** *(hist.)* member of the Hanseatic League
hanseatisch *Adj.* Hanseatic
Hanse-: **~bund** der *s.* **Hanse; ~kogge** die *(hist.)* Hansa cog
Hänselei die; ~, ~en **a)** *o. Pl.* teasing; **b)** *(Bemerkung)* teasing remark
hänseln ['hɛnzl̩n] *tr. V.* tease
Hanse·stadt die Hanseatic city
Hans·wurst der; ~[e]s, ~e **a)** *(dummer Mensch)* clown; **b)** *(Theater)* fool; hanswurst
Hans·wurstiade [hansvʊrsˈtiaːdə] die; ~, ~ n **a)** *(Scherz)* clowning; buffoonery; **b)** *(Theater)* harlequinade

Hantel ['hantl] die; ~, ~n (Sport) (kurz) dumb-bell; (lang) barbell
hanteln itr. V. exercise with dumb-bells/barbells
hantieren [han'ti:rən] itr. V. be busy; **sie hantierte mit einem Schraubenschlüssel an ihrem Auto** she was busy doing something to her car with a spanner
hapern ['ha:pɐn] itr. V. (unpers.) a) (fehlen) **es hapert an etw.** (Dat.) there's a shortage of sth.; **es hapert bei jmdm. an etw.** sb. is short of sth.; **ich wäre gerne mitgefahren, aber es hapert an der Zeit** I'd like to have gone, but I haven't got the time; b) (nicht klappen) **es hapert mit etw.** there's a problem with sth.; **bei ihr hapert es in Latein** she's poor at or weak in Latin
haploid [haplo'i:t] Adj. (Biol.) haploid
Häppchen ['hɛpçən] das; ~s, ~ a) [small] morsel; b) (Appetithappen) canapé
Happen ['hapn] der; ~s, ~: morsel; **einen ~ essen** have a bite to eat; **ein fetter ~** (fig.) a real plum
Happening ['hɛpənɪŋ] das; ~s, ~s happening
happig ['hapɪç] Adj. (ugs.) steep (coll.); ~e **Preise** fancy prices (coll.); **das ist aber [ein bißchen] ~:** that's a bit much (coll.)
happy ['hɛpi] (ugs.) 1. Adj.; nicht attr. happy. 2. adv. happily
Happy-End ['hɛpi'|ɛnt] das; ~[s], ~s happy ending
Harakiri [hara'ki:ri] das; ~[s], ~s hara-kiri no art.; **politisches ~ begehen** (fig.) commit political suicide; **gesellschaftliches ~ begehen** (fig.) ruin one's reputation
Härchen ['hɛ:ɐçən] das; ~s, ~: little or tiny hair; **die feinen ~ in ihrem Nacken** the fine down on her neck
Hard cover ['ha:d'kʌvɐ] das; ~ ~s, ~ ~s (Buchw.) hardback
Hardtop ['ha:dtɔp] das od. der; ~s, ~s hardtop
Hardware ['ha:dwɛɐ] die; ~, ~s (DV) hardware
Harem ['ha:rɛm] der; ~s, ~s (auch ugs. scherzh.) harem
Harems-: ~**dame** die lady of the harem; ~**wächter** der eunuch
hären ['hɛ:rən] Adj.; nicht präd. (geh.) [made] of hair postpos.; hair
Häresie [hɛrɛ'zi:] die; ~, ~n [-i:ən] heresy
Häretiker [hɛ're:tikɐ] der; ~s, ~: heretic
häretisch Adj. heretical
Harfe ['harfə] die; ~, ~n harp
harfen 1. itr. V. play the harp; harp. 2. tr. V. **ein Lied** usw. ~: play a song etc. on the harp
Harfenist der; ~en, ~en, **Harfenistin** die; ~, ~nen harpist; harp-player
Harfen·spiel das harp-playing; (Musik) harp music
Harke ['harkə] die; ~, ~n rake; **jmdm. zeigen, was eine ~ ist** (fig. salopp) give sb. what for (coll.)
harken itr. V. rake
Harlekin ['harleki:n] der; ~s, ~e harlequin
Harlekinade [harleki'na:də] die; ~, ~n s. Hanswurstiade
Harm [harm] der; ~[e]s (geh. veralt.) distress; (über Verlorenes) grief
härmen ['hɛrmən] refl. V. (geh.) grieve (um over)
harm·los 1. Adj. a) (ungefährlich) harmless; slight (injury, cold, etc.); mild (illness); safe (medicine, bend, road, etc.); **eine ~e Grippe** a mild bout of flu; b) (arglos) innocent; harmless (fun, pastime, etc.). 2. adv. a) (ungefährlich) harmlessly; b) (arglos) innocently; **ich bin ganz ~ hingegangen** I went there quite innocently; **er hatte nur ~ gefragt** he only asked an innocent or inoffensive question; **ganz ~ tun** act innocent
Harmlosigkeit die; ~ a) (Ungefährlichkeit) harmlessness; (einer Krankheit) mildness;

(eines Medikamentes) safety; b) (Arglosigkeit, harmloses Verhalten) innocence; **in aller ~:** in all innocence
Harmonie [harmo'ni:] die; ~, ~n (auch fig.) harmony
Harmonie-: ~**lehre** die; o. Pl. theory of harmony; ~**musik** die music for wind instruments
harmonieren itr. V. a) (zusammenpassen) harmonize; go together; match; **mit etw. ~:** harmonize or go together with sth.; b) (miteinander auskommen) get on well
Harmonik [har'mo:nɪk] die; ~: harmony
Harmonika [har'mo:nika] die; ~, ~s od. **Harmoniken** harmonica
Harmonika-: ~**spieler** der harmonica player; ~**tür** die folding door; accordion door
harmonisch 1. Adj. a) (Musik) harmonic (tone, minor); b) (wohlklingend, zusammenpassend, übereinstimmend) harmonious; c) (Math.) ~**e Teilung** harmonic division. 2. adv. a) (Musik) harmonically; b) (wohlklingend, zusammenpassend, übereinstimmend) harmoniously; **~ zusammenleben** live together in harmony
harmonisieren tr. V. a) (Musik) harmonize; b) (in Einklang bringen) coordinate; **etw. mit etw. ~** (Wirtsch.) bring sth. into line with sth.
Harmonisierung die; ~, ~en (Wirtsch.) harmonization
Harmonium [har'mo:niʊm] das; ~s, **Harmonien** harmonium
Harn [harn] der; ~[e]s, ~e (Med.) urine; ~ **lassen** (ugs.) pass water; urinate
Harn-: ~**blase** die bladder; ~**drang** der desire to urinate or pass water
Harnisch ['harnɪʃ] der; ~[e]s, ~e a) armour; b) **in ~ sein** be in a furious temper; **jmdn. in ~ bringen** get sb.'s hackles up; make sb. see red; **in ~ geraten** get up in arms (über + Akk. about)
harn-, Harn-: ~**lassen** das urination no pl., no art.; **Schmerzen beim ~lassen haben** find it painful to urinate or pass water; ~**leiter** der (Med.) ureter; ~**röhre** die (Anat.) urethra; ~**säure** die (Med., Chemie) uric acid; ~**stein** der (Med.) calculus; ~**stoff** der (Med., Chemie) urea; ~**treibend** 1. Adj. diuretic; 2. adv. ~**treibend wirken** have a diuretic effect; ~**vergiftung** die (Med.) uraemia; ~**wege** Pl. (Med.) urinary tract sing.
Harpune [har'pu:nə] die; ~, ~n harpoon
Harpunier [harpu'ni:ɐ] der; ~s, ~e harpooner
harpunieren 1. tr. V. harpoon. 2. itr. V. throw/fire the harpoon
Harpyie [har'py:jə] die; ~, ~n (Myth.) harpy
harren ['harən] itr. V. (geh.) **jmds./einer Sache ~ od. auf jmdn./etw. ~:** wait for or await sb./sth.; (fig.) await sth./sth.; **der Dinge, die da kommen sollen** wait and see what happens
harsch [harʃ] 1. Adj. a) (vereist) crusted (snow); b) (barsch) harsh. 2. adv. harshly (criticize); ~e **Reaktion** or hard snow
harschen itr. V. (snow) freeze [over]
harschig Adj. (snow) frozen hard [on top]
Harsch·schnee der s. Harsch
hart [hart], **härter** ['hɛrtɐ], **härtest...** ['hɛrtəst...] 1. Adj. a) hard (wood, bread, cheese, etc.); b) **Eier hart·gekocht** hard-boiled eggs; **Eier ~ kochen** hard-boil eggs; **~ gefroren** frozen solid; **~ werden** go hard; harden; (cheese etc.) go hard; s. auch Brocken b; Nuß a; Schädel a; b) (abgehärtet) tough; **~ im Nehmen sein** (Schläge ertragen können) be able to take a punch; (Enttäuschungen ertragen können) be able to take the rough with the smooth; c) (schwer erträglich) hard (work, life, fate, lot, times); tough (childhood, situation, job); harsh (reality, truth); bitter

(disappointment); heavy, severe (loss); severe (hardship); **jmds. Geduld** usw. **auf eine ~e Probe stellen** sorely try sb.'s patience etc.; **ein ~er Schlag für jmdn. sein** be a heavy or severe blow for sb.; **es war ~ für ihn, darauf zu verzichten** it was hard for him to go without; **es ist sehr ~ für ihn, daß er nicht mitkommen darf** it's very hard on him that he can't come too; d) (streng) severe, harsh (penalty, punishment, judgement); tough (measure, law, course); hard, harsh (words); harsh (treatment); severe, hard (features); **durch eine ~e Schule gegangen sein** have been through a hard school; ~ **gegen jmdn. sein** be hard on sb.; e) (heftig) hard, violent (impact, jolt); heavy (fall); violent (argument); f) (grau) rough (game, opponent); g) (stabil) hard (currency); h) (kalkig) hard (water); i) hard, severe (winter, frost); harsh (accent, light, colour, contrast); hard (consonant, drink, drug, pornography); j) (Physik) hard (rays etc.). 2. adv. a) ~ **schlafen/sitzen** sleep on a hard bed/sit on a hard chair; b) (mühevoll) (work) hard; **es kommt mich ~ an** it is hard for me; c) (streng) severely; harshly; ~ **durchgreifen** take tough measures; **jmdn. ~ anfassen** be tough with sb.; d) (heftig) ~ **aneinandergeraten** have a violent argument; have a real set-to (coll.); **jmdm. ~ zusetzen, jmdm. ~ bedrängen** press sb. hard; **jmdn. ~ treffen** hit sb. hard; **es geht ~ auf ~:** the chips are down; e) (nahe) close (an + Dat. to); **die Kugel ging ~ an seinem Kopf vorbei** the bullet just missed his head; **das ist ~ an der Grenze der Legalität/des Machbaren** that is very close to being illegal/that's nearing the limits of what's possible; ~ **am Wind segeln** (Seemannsspr.) sail near or close to the wind; ~ **auf ein Ziel zuhalten** (Seemannsspr.) hold steady on course for sth.
hart·bedrängt Adj. (präd. getrennt geschrieben) hard-pressed
Hart·beton der granolithic concrete
Härte ['hɛrtə] die; ~, ~n a) (auch Physik) hardness; b) o. Pl. (Widerstandsfähigkeit) toughness; c) (schwere Belastung) hardship; **eine soziale ~:** a case of social hardship; d) o. Pl. (Strenge) severity; e) o. Pl. (Heftigkeit) (eines Aufpralls usw.) force; (eines Streits) violence; f) (Rauheit) roughness; g) (Stabilität) hardness; h) (von Wasser) hardness; i) (von Licht, Farbe) harshness; (von Frost) hardness
Härte-: ~**ausgleich** der (Sozialw.) hardship payment; ~**fall** der a) case of hardship; b) (ugs.: Person) hardship case; ~**fonds** der hardship fund; ~**grad** der degree of hardness; ~**mittel** das hardener
härten 1. tr. V. harden, temper (steel); cure (plastic). 2. itr. V. harden
härter s. hart
Härter der; ~s, ~ (Chemie) hardener
Härte·skala die (Mineral.) scale of hardness; hardness scale
härtest... s. hart
Hart·faser·platte die hardboard
hart-, Hart-: ~**gefroren** Adj. (präd. getrennt geschrieben), frozen hard pred.; ~**gekocht** Adj. a) hard-boiled (egg); b) s. ~**gesotten;** ~**geld** das coins pl.; small change; ~**gesotten** Adj. a) (gefühllos) hard-bitten; hard-boiled; b) (unbelehrbar) hardened; ~**gummi** das hard rubber; ~**herzig** 1. Adj. hard-hearted. 2. adv. hard-heartedly; ~**herzigkeit** die; ~; hard-heartedness; ~**holz** das hardwood; ~**käse** der hard cheese; ~**laub** der (Bot.) sclerophyll [plant]; sclerophyllous plant; ~**löten** tr., itr. V. hard-solder; ~**metall** das hard metal; ~**näckig** [~nɛkɪç] 1. Adj. a) (eigensinnig) obstinate; stubborn; b) (ausdauernd) persistent; dogged; inveterate (liar); stubborn, dogged (resistance); persistent (questioning, ques-

Hartnäckigkeit | **Häufchen**

tioner); c) *(langwierig)* stubborn ‹illness, stain›; 2. *adv.* a) *(eigensinnig)* obstinately; stubbornly; b) *(ausdauernd)* persistently; doggedly; ~**näckigkeit** die; ~ a) *(Eigensinn)* obstinacy; stubbornness; b) *(Ausdauer)* persistence; doggedness; c) *(Langwierigkeit)* stubbornness; ~**packung** die cardboard packet; ~**papier** das *(Technik)* laminated paper; ~**pappe** die fibreboard; ~**platz** der *(Sport) (Tennis)* hard court; *(Fußball)* asphalt pitch; ~**schalig** [~ʃaːlɪç] *Adj.* hardshell; hard-shelled; thick-skinned ‹apple, pear, etc.›; ~**umkämpft** *Adj. (präd. getrennt geschrieben)* bitterly contested
Härtung die; ~, ~en hardening; *(von Stahl auch)* tempering; *(von Kunststoffen)* curing
Hart-: ~**ware** die *(fachspr.)* household article; ~**waren** household goods; ~**weizengrieß** der semolina; ~**wurst** die dry sausage
Harz [haːɐ̯ts] das; ~es, ~e resin
harzen 1. *itr. V.* exude resin. 2. *tr. V.* resin; resinate ‹wine›
Harzer der; ~s, ~, **Harzer Käse** der; ~ ~s, ~ ~ : Harz [Mountain] cheese
Harzer Roller der; ~ ~s, ~ ~ a) *s.* Harzer Käse; b) *(Kanarienvogel)* Harz mountain roller
Harz·geruch der smell of resin
harzig *Adj.* a) resinous; b) *(schweiz.: zähflüssig)* slow-moving ‹traffic, queue›
Harz·säure die resin acid
Hasard [haˈzart] das; ~s: ~ **spielen** *(auch fig.)* gamble
Hasardeur [hazarˈdøːɐ̯] der; ~s, ~e *(abwertend)* gambler
Hasard·spiel das a) *(Glücksspiel)* game of chance; b) *(Wagnis)* gamble
Hasch [haʃ] das; ~s *(ugs.)* hash *(coll.)*
Haschee [haˈʃeː] *(Kochk.)* das; ~s, ~s hash
¹**haschen** *(veralt.)* 1. *tr. V.* catch. 2. *itr. V.* **nach etw.** ~: make a grab for sth.; **nach Komplimenten/Beifall** ~ *(fig.)* fish *or* angle for compliments/applause
²**haschen** *itr. V. (ugs.)* smoke [hash] *(coll.)*
Haschen das; ~s tag
Häschen [ˈhɛːsçən] das; ~, ~: bunny
Hascher der; ~s, ~ *(ugs.)* hash-smoker *(coll.)*
Häscher [ˈhɛʃɐ] der; ~s, ~ *(geh. veralt.)* pursuer
Hascherl [ˈhaʃɐl] das; ~s, ~n *(südd., österr. ugs.)* **armes** ~! poor thing *or* soul!; *(Kind)* poor little thing *or* soul!
Haschisch [ˈhaʃɪʃ] das *od.* der; ~[s] hashish
Haschmich [ˈhaʃmɪç] in **einen** ~ **haben** *(salopp)* have a screw loose *(coll.)*
Hase [ˈhaːzə] der; ~n, ~n a) hare; *(männlicher* ~*)* hare; buck; **ängstlich wie ein** ~: timid as a mouse; **ein alter** ~ *sein (ugs.)* be an old hand; **falscher** ~ *(Kochk.)* meat loaf; **da liegt der** ~ **im Pfeffer** *(ugs.)* that's the real trouble; **sehen/wissen wie der** ~ **läuft** *(ugs.)* see/know which way the wind blows; **mein Name ist** ~ *(ugs. scherzh.)* I'm not saying anything; b) *s.* Kaninchen
Hasel-: ~**busch** der hazel [tree]; ~**huhn** das hazel grouse *or* hen; ~**kätzchen** das hazel catkin; ~**nuß** die a) hazel-nut; b) hazel [tree]; ~**[nuß]·strauch** der hazel [tree]
hasen-, Hasen-: ~**braten** der roast hare; ~**fuß** der *(spöttisch abwertend)* coward; chicken *(sl.)*; ~**füßig** *Adj. (spöttisch abwertend)* cowardly; ~**herz** das *s.* ~fuß; ~**jagd** die hare shoot; **auf** ~**jagd gehen** go on a hare-shoot; go hare-shooting; ~**klein** das, ~**s trimmings** *pl.* of hare; ~**panier** *in das* ~**panier ergreifen** take to one's heels; ~**pfeffer** der *(Kochk.)* marinaded and stewed trimmings *pl.* of hare; ~**rein** *Adj. (Jagdw.)* steady from hare; **er/das ist nicht ganz** ~**rein** *(fig.)* there's something fishy *(coll.)* about him/it; ~**scharte** die *(Med.)*

Häsin [ˈhɛːzɪn] die; ~, ~nen doe [hare]
Haspel [ˈhaspl̩] die; ~, ~n *(Technik)* a) *(für Garn)* reel; bobbin; *(für ein Seil, Kabel)* drum; b) *(Seilwinde)* windlass
haspeln 1. *tr. V.* wind. 2. *itr. V. (ugs.: hastig reden)* gabble
Haß [has] der; **Hasses** hate, hatred **(auf +** *Akk.,* **gegen** *(für)*); ~ **auf** *od.* **gegen jmdn. empfinden** feel hatred *or* for sb.; **sich** *(Dat.)* **jmds.** ~ **zuziehen** incur sb.'s hatred
hassen *tr., itr. V.* hate; *s. auch* Pest
hassens·wert *Adj.* hateful; odious
haß·erfüllt 1. *Adj.* filled with hatred *or* hate postpos. 2. *adv.* **jmdn.** ~ **ansehen** look at sb. with [one's] eyes full of hatred *or* hate
Haß·gefühl das feeling of hatred
häßlich [ˈhɛslɪç] 1. *Adj.* a) ugly; ~ **wie die Nacht** as ugly as sin *(coll.)*; b) *(gemein)* nasty; hateful; ~ **zu jmdm. sein** be mean *or* hateful to sb.; **das war** ~ **von dir** that was mean *or* nasty of you; c) *(unangenehm)* terrible *(coll.)*, awful ‹weather, cold, situation, etc.›. 2. *adv.* a) *(dress)* unattractively; b) *(gemein)* nastily; hatefully; ~ **von jmdm. sprechen** be mean *or* nasty about sb.; c) *(unangenehm)* terribly *(coll.)*; awfully
Häßlichkeit die; ~, ~en a) *o. Pl. (Aussehen)* ugliness; b) *o. Pl. (Gesinnung)* meanness; nastiness; hatefulness; c) *(Äußerung)* mean remark
haß-, Haß-: ~**liebe** die love-hate relationship; ~**tirade** die *(abwertend)* tirade of hatred *or* hate; ~**verzerrt** *Adj.* twisted with hatred *or* hate postpos.
hast [hast] 2. *Pers. Sg. Präsens v.* haben
Hast die; ~: haste; **etw. in** *od.* **mit größter** ~ **tun** do sth. in great haste; **ohne** ~: unhurriedly; without hurrying *or* haste
haste [ˈhastə] *(ugs.)* — **hast du**; **[was]** ~ **was kannste** as fast as he/you/they *etc.* can/ could; ~ **was, biste was** money talks
hasten *itr. V.; mit sein* hurry; hasten
hastig 1. *Adj.* hasty; hurried. 2. *adv.* hastily; hurriedly; **sein Essen** ~ **herunterschlingen** gobble [down] one's food; **nur nicht so** ~! not so fast!
hat [hat] 3. *Pers. Sg. Präsens v.* haben
Hätschelei die; ~, ~en *(abwertend)* a) ~**[en]** fondling; caressing; b) *o. Pl. (das Verwöhnen)* pampering
Hätschel·kind das pampered child; *(fig.)* darling
hätscheln [ˈhɛtʃl̩n] *tr. V.* a) *(liebkosen)* fondle; caress; b) *(verwöhnen)* pamper; *(fig.)* lionize; *(sich widmen)* cherish ‹idea, hope, etc.›; nurse ‹pain etc.›
hatschen [ˈhaːtʃn̩] *V.; mit sein (bayr., österr. ugs.)* a) *(schlendern)* stroll; saunter; b) *(hinken)* hobble; limp; c) *(mühselig gehen)* trudge
hatschi [haˈtʃiː] *Interj.* atishoo; atchoo; ~ **machen** *(Kinderspr.)* sneeze
hatte [ˈhatə] *1. u. 3. Pers. Sg. Prät. v.* haben
hätte [ˈhɛtə] *1. u. 3. Pers. Sg. Konjunktiv II v.* haben
Hat-Trick, Hattrick [ˈhɛtrɪk] der; ~s, ~s a) *(Fußball, Handball)* three successive goals by the same player in the same half; b) *(Sport)* hat trick
Hatz [hats] die; ~, ~en a) *(Hetzjagd, auch fig. ugs.)* hunt; b) *(ugs., bes. bayr.)* Eile, Streß) mad rush
hatzi [haˈtsiː] *s.* hatschi
Hau [hau̯] in **einen** ~ **haben** *(salopp)* have a screw loose *(coll.)*
Häubchen [ˈhɔʏpçən] das; ~s, ~: *s.* Haube a, e
Haube [ˈhaʊbə] die; ~, ~n a) bonnet; *(einer Krankenschwester)* cap; **unter die** ~ **kommen** *(ugs. scherzh.)* get hitched *(coll.)*; **unter der** ~ **sein** *(ugs. scherzh.)* be married; **jmdn. unter die** ~ **bringen** *(ugs. scherzh.)* marry sb. off; b) *(Kfz-W.)* bonnet *(Brit.)*; hood *(Amer.)*; c) *s.* Trocken-; d) *(südd., österr.: Mütze)* [woollen] cap; e) *(Zool.)* crest; f)

(Bedeckung) cover; *(über Teekanne, Kaffeekanne, Ei)* cosy
Hauben-: ~**lerche** die crested lark; ~**taucher** der great crested grebe
Haubitze [haʊˈbɪtsə] die; ~, ~n *(Milit.)* howitzer; **voll wie eine** ~ **sein** *(derb)* be as pissed as a newt *(coarse)*
Hauch [haʊ̯x] der; ~[e]s, ~e *(geh.)* a) *(Atem, auch fig.)* breath; b) *(Luftzug)* breath of wind; breeze; c) *(leichter Duft)* delicate smell; waft; d) *(dünne Schicht)* [gossamer-]thin layer; **ein** ~ **von Reif** a [thin] film of hoar-frost; e) *(Atmosphäre)* air; feeling; f) *(Anflug)* hint; trace; **der** ~ **eines Lächelns** a ghost *or* hint of a smile
hauch·dünn 1. *Adj.* gossamer-thin ‹material, dress›; wafer-thin, paper-thin ‹layer, slice, majority›; **ein** ~**er Sieg** *(fig.)* the narrowest of victories. 2. *adv.* **etw.** ~ **auftragen** apply sth. very sparingly; **etw.** ~ **schneiden** cut sth. wafer-thin *or* into wafer-thin slices
hauchen 1. *itr. V.* breathe ‹gegen, auf + Akk.* on). 2. *tr. V. (auch fig.: flüstern)* breathe; **jmdm. etw. ins Ohr** ~: breathe sth. in sb.'s ear
hauch-, Hauch-: ~**fein** *Adj.* extremely fine; ~**laut** der *(Phon.)* aspirate; ~**zart** *Adj.* extremely delicate; gossamer-thin
Hau·degen der *[alter]* ~: old soldier *or* warhorse
Haue [ˈhaʊ̯ə] die; ~, ~n a) *(südd., österr.: Hacke)* hoe; b) *o. Pl. (ugs.: Prügel)* a hiding *(coll.)*; **sonst gibt's** ~: or you'll get a hiding *(coll.)*
hauen 1. *unr. tr. V.* a) *(ugs.: schlagen)* belt; clobber *(coll.)*; beat; **jmdn. windelweich/ grün und blau** ~: beat sb. black and blue; **jmdn. zu Brei** ~ *(salopp)* beat sb.'s brains in *(sl.)*; b) *(ugs.: auf einen Körperteil)* belt *(coll.)*; hit; *(mit der Faust auch)* smash *(sl.)*; punch; *(mit offener Hand auch)* slap; smack; **jmdm. ins Gesicht** ~: hit/belt/slap sb. in the face; **jmdm. das Heft um die Ohren** ~: clout *(coll.)*; hit sb. round the ears with the exercise-book; c) *(ugs.: hineinschlagen)* knock; **einen Nagel in die Wand** ~: knock a nail into the wall; d) *(herstellen)* carve ‹figure, statue, etc.› (in + *Akk.* in); cut, chop ‹hole›; *(mit einem Hammer)* knock ‹hole›; **Stufen in den Fels** ~: cut steps in the rock; e) *(mit einer Waffe schlagen)* **jmdn. aus dem Sattel/vom Pferd** ~: knock sb. out of the saddle/off his horse; **das haut mich vom Stuhl** *od.* **aus dem Anzug** *(salopp)* I'm [absolutely] staggered *(coll.)*; f) *(salopp: schleudern)* sling *(coll.)*; *(nachlässig schreiben)* stick *(coll.)*, scrawl ‹comments, signature› (in + *Akk.* in, unter + *Akk.* underneath); **jmdm. eine 6 ins Zeugnis** ~ *(fig.)* stick a 6 on sb.'s report *(coll.)*; *(ugs. Schul.: fällen)* fell; cut down; h) *(Bergbau)* cut ‹coal, ore›. 2. *unr. itr. V.* a) *(ugs.: prügeln)* **hau doch nicht schon wieder!** don't belt me again!; **er haut immer gleich** he's quick to hit out; b) *auch unr. (ugs.: auf einen Körperteil)* belt; hit; *(mit der Faust auch)* punch; *(mit offener Hand auch)* slap; smack; **jmdm. auf die Schulter** ~: slap *or* clap sb. on the shoulder; **jmdm. ins Gesicht** ~: belt/slap sb. in the face; c) *(ugs.: auf/gegen etw. schlagen)* thump; **mit der Faust auf den Tisch** ~: thump the table [with one's fist]; **auf die Tasten** ~: thump on the keys; **auf den Putz** *od.* **Pudding** ~ *(fig. salopp)* run riot; d) *mit sein (ugs.: stoßen)* bump; **mit dem Bein gegen etw.** ~: bang *or* hit *or* bump one's leg against sth.; e) *mit sein (ugs.: auftreffen)* **auf etw.** *(Akk.)* ~: hit sth. 3. *unr. refl. V.* a) *(ugs.: sich prügeln)* have a punch-up *(coll.)* or a fight; fight; b) *(salopp: sich setzen, legen)* fling *or* throw oneself; **sich ins Bett** ~: hit the sack *(sl.)*
Hauer der; ~s, ~ a) *(Bergmannsspr.)* face-worker; b) *(Jägerspr.)* tusk; *(fig.)* fang; c) *(südd., österr.: Winzer)* wine-grower
Häufchen [ˈhɔʏfçən] das; ~s, ~: [small *or*

little) pile *or* heap; **wie ein ~ Unglück** *od.* **Elend aussehen/dasitzen** *(ugs.)* look a/sit there looking a picture of misery; **nur noch ein ~ Unglück** *od.* **Elend sein** *(ugs.)* be nothing but a small bundle of misery

Haufe ['haufə] *der*; **~ns, ~n** *(veralt.)* s. **Haufen**

häufeln ['hɔyfln̩] *tr. V.* **a)** *(Gartenbau)* earth *or* hill up; **b)** *(zu Häufchen schichten)* pile *or* heap up

Haufen ['haufn̩] *der*; **~s, ~** **a)** heap; pile; **ein ~ Erde/trockenes Stroh** *od.* **trockenen Strohs** a heap *or* pile of earth/dry straw; **etw. zu ~ aufschichten** stack sth. up in piles; **alles auf einen ~ werfen** throw everything in a heap; **der Hund hat da einen ~ gemacht** *(ugs.)* the dog has done his business there *(coll.)*; **etw. über den ~ werfen** *(ugs.) (aufgeben)* chuck sth. in *(coll.)*; *(zunichte machen)* mess sth. up; **jmdn. über den ~ fahren/rennen** *(ugs.)* knock sb. down; run sb. over; **jmdn. über den ~ schießen** *od.* **knallen** *(ugs.)* gun *or* shoot sb. down *(coll.)*; **b)** *(ugs.: große Menge)* heap *(coll.)*; pile *(coll.)*; load *(coll.)*; **ein ~ Arbeit/Bücher** a load *or* heap *or* pile of work/books *(coll.)*; loads *or* heaps *or* piles of work/books *(coll.)*; **ein ~ Unsinn** a load of rubbish *or* nonsense *(coll.)*; **ein ~ Geld machen** make a packet *(coll.)*; **c)** *(Ansammlung von Menschen)* crowd; **so viele Idioten auf einem ~** *(ugs.)* so many idiots in one place; **d)** *(Gruppe)* crowd *(coll.)*; bunch *(coll.)*; **e)** *(Soldatenspr.)* troop

häufen ['hɔyfn̩] **1.** *tr. V.* heap, pile **(auf +** **Akk.** on to); *(aufheben)* hoard ⟨*money, supplies*⟩. **2.** *refl. V.* *(sich mehren)* pile up; *s. auch* **gehäuft**

haufen-, Haufen-: **~dorf** *das* Haufendorf *(irregular conglomerate village)*; **~weise** *Adv.* *(ugs.)* **~weise Geld ausgeben/Eis essen** spend loads of money/eat heaps *or* loads of ice-cream *(coll.)*; **~wolke** *die* *(Met.)* cumulus [cloud]

häufig ['hɔyfɪç] **1.** *Adj.* frequent. **2.** *adv.* frequently; often

Häufigkeit *die*; **~, ~en** frequency

Häufigkeits·zahl *die*, **Häufigkeits·ziffer** *die* frequency

Häuflein ['hɔyflaɪn] *das*; **~s, ~** **a)** *(kleine Menge)* s. **Häufchen**; **b)** *(kleine Gruppe)* handful

Häufung *die*; **~, ~en** increasing frequency; **in dieser ~**: in these large numbers; *(so oft)* with this high frequency

Haupt [haupt] *das*; **~[e]s, Häupter** ['hɔyptɐ] **a)** *(geh.: Kopf)* head; **bloßen** *od.* **entblößten ~es** with one's head bared; **erhobenen ~es** with one's head [held] high; **gesenkten ~es** with head bowed; **gekrönte Häupter** crowned heads; **an ~ und Gliedern** completely; **zu jmds. Häupten** *(in Kopfhöhe)* at head height; *(bei einem Liegenden)* at sb.'s head; **jmdn. aufs ~ schlagen** vanquish sb.; **b)** *(geh. wichtigste Person)* head

haupt-, Haupt-: **~abnehmer** *der* main *or* principal *or* chief customer; **der ~abnehmer eines Produktes** the main buyer of a product; **~achse** *die* **a)** *(beim Fahrzeug)* main axle; **b)** *(Geom.)* principal axis; **~aktion** *die* s. **~ und Staatsaktion**; **~aktionär** *der* principal shareholder; **~akzent** *der* *(Phon.)* main *or* primary stress; *(fig.)* main emphasis; **~altar** *der* high altar; **~amtlich 1.** *Adj.* full-time. **2.** *adv.* **~amtlich tätig sein** work full-time *or* on a full-time basis; **~angeklagte** *der/die* *(Rechtsw.)* main *or* principal defendant; **~anschluß** *der* *(Fernspr.)* main exchange line; **~arbeit** *die* main part of the work; **~argument** *das* main *or* principal argument; **~augenmerk** *das* closest attention; **sein ~augenmerk galt ...** *(+ Dat.)* he paid closest attention to ...; **~bahnhof** *der* main station; **Amsterdam ~bahnhof** Amsterdam Central;

~belastungs·zeuge *der* *(Rechtsw.)* principal *or* main *or* chief prosecution witness; **~beruf** *der* main occupation *or* job; **er ist im ~beruf Schreiner** his main occupation *or* job is that of carpenter; **~beruflich 1.** *Adj.* **seine ~berufliche Tätigkeit** his main occupation; **2.** *adv.* **er ist ~beruflich als Elektriker tätig** his main occupation is that of electrician; **~beschäftigung** *die* main occupation; **~buch** *das* *(Kaufmannsspr.)* ledger; **~darsteller** *der* *(Theater, Film)* leading man; male lead; **~darstellerin** *die* *(Theater, Film)* leading lady; female lead; **~deck** *das* main deck; **~eingang** *der* main entrance; **~einnahme·quelle** *die* main *or* principal source of income; *(eines Staates)* main *or* principal source of revenue

Häuptel ['hɔyptl̩] *das*; **~s, ~[n]** *(südd., österr.)* head *(of cabbage/lettuce)*; **ein ~ Salat/Kohl** a [head of] lettuce/cabbage

Haupt·erbe *der* principal heir

Hauptes·länge *die* **in jmdn. um ~ überragen** *(geh.)* be a head taller than sb.

Haupt-: **~fach** *das* **a)** *(Universität)* main subject; major; **etw. im ~fach studieren** study sth. as one's main subject; **b)** *(Schule)* main subject; **~farbe** *die* main *or* principal *or* chief colour; **~fehler** *der* main *or* principal *or* chief mistake/*(im Charakter)* fault/*(in einer Theorie, einem Argument)* flaw; **~feind** *der* main *or* principal *or* chief enemy; **~feld** *das* *(Sport)* [main] bunch; **~feldwebel** *der* *(Milit.)* **a)** ≈ staff sergeant *(Brit.)*; ≈ sergeant first class *(Amer.)*; **b)** *(hist.)* ≈ company sergeant-major; **~figur** *die* main *or* principal character in a book/story *or* film; **~film** *der* main feature *or* film; **~forderung** *die* main *or* principal *or* chief demand; **~frage** *die* main question; *(Angelegenheit)* main question *or* issue; **~gang** *der* **a)** main corridor; **b)** s. **~gericht**; **~gas·leitung** *die* gas main; **~gebäude** *das* main building; **~gegenstand** *der* main *or* principal *or* chief subject; **~gericht** *das* main course; **~geschäft** *das* **a)** *(Laden)* main branch; **b)** *(größter Umsatz)* peak sales *pl.*; *(wichtigster Geschäftszweig)* main line; **~geschäfts·stelle** *die* head office; **~geschäfts·straße** *die* main shopping street; **~geschäfts·zeit** *die* peak shopping hours *pl.*; **~gewicht** *das* main emphasis; **~gewinn** *der* first *or* top prize; **~grund** *der* main *or* principal *or* chief reason; **~hahn** *der* mains stopcock; **~interesse** *das* main interest; **~kampf·linie** *die* *(Milit.)* front [line]; **~kasse** *die* main cash desk; **~katalog** *der* main catalogue; **~last** *die* main burden; **~lehrer** *der* *(veralt.)* head teacher; **~leitung** *die* *(Gas-, Wasserleitung)* main; *(Stromleitung)* main[s *pl.*]; **~leute** *s.* **~mann**

Häuptling ['hɔyptlɪŋ] *der*; **~s, ~e** chief[tain]; *(iron. abwertend)* bigwig *(coll.)*

haupt-, Haupt-: **~macht** *die* *(veralt.)* main body [of the army]; **~mahlzeit** *die* main meal; **~mangel** *der* main *or* principal defect; **~mann** *der*; *Pl.* **~leute a)** *(Milit.)* captain; **b)** *(hist.)* leader; **~masse** *die* main *or* principal *or* chief bulk; **~merkmal** *das* main *or* principal *or* chief characteristic; **~mieter** *der* [main] tenant; **~motiv** *das* **a)** *(Gegenstand)* main *or* principal motif; **b)** *(Beweggrund)* main *or* principal *or* chief motive; **~nahrung** *die* staple *or* main food; **~nenner** *der* *(Math.)* common denominator; **~person** *die* central figure; **sie will immer und überall die ~person sein** *(fig.)* she always wants to be the centre of everything *or* of attention; **~portal** *das* main portal; **~post** *die*, **~post·amt** *das* main post office; **~probe** *die* s. **Generalprobe a**; **~problem** *das* main *or* chief problem; **~produkt** *das* main *or* chief product; **~punkt** *der* main point; **~quartier** *das* *(Milit., auch fig.)* headquar-

ters *sing. or pl.*; **~quelle** *die* main *or* principal *or* primary source; **~redner** *der* main *or* principal speaker; **~reise·zeit** *die* high season; peak [holiday] season; **~rolle** *die* leading *or* main role; lead; **die ~rolle spielen** play the leading role *or* the lead **(in +** **Dat.** in); **die ~rolle [in** *od.* **bei etw.] spielen** *(fig.)* play the leading role [in sth.]; **~runde** *die* *(Fußball)* main round; **~sache** *die* main *or* most important thing; **~sache, du bist gesund** *(ugs.)* in the main thing is, you're in good health; **in der ~sache** mainly; in the main; **~sächlich 1.** *Adv.* mainly; principally; chiefly; **2.** *Adj.* nicht *präd.* main; principal; chief; **~saison** *die* high season; **~satz** *der* **a)** *(Sprachw.)* main clause; *(alleinstehend)* sentence; **b)** *(Musik)* first subject; **c)** *(grundlegender Satz)* first *or* basic principle; **~schalter** *der* **a)** *(Elektrot.)* mains switch; **b)** *(in der Bank, Post)* main counter; **~schiff** *das* *(Archit.)* nave; **~schlag·ader** *die* aorta; **~schlüssel** *der* master key; pass key; **~schrift·leiter** *der* *(veralt.)* s. **Chefredakteur**; **~schul·abschluß** *der* ≈ secondary school leaving certificate; **~schuld** *die* main share of the blame; **die ~schuld an etw.** *(Dat.)* **haben** bear the main part of the blame for sth.; **~schuldige** *der/die* person mainly to blame; *(an einem Verbrechen)* main *or* chief offender; **~schule** *die* ≈ secondary modern school; **~schüler** *der* ≈ secondary modern school pupil; **~schul·lehrer** *der* ≈ secondary modern school teacher; **~schwierigkeit** *die* main *or* chief difficulty; **~segel** *das* *(Seemannsspr.)* mainsail; **~seminar** *das* *(Hochschulw.)* advanced seminar; **~sicherung** *die* *(Elektrot.)* mains fuse; **~sitz** *der* head office; headquarters *pl.*; **~sorge** *die* main worry; **~stadt** *die* capital [city]; **~städter** *der*, **~städterin** *die* citizen *or* inhabitant of the capital; **~städtisch** *Adj.* metropolitan; **~straße** *die* **a)** *(wichtigste Geschäftsstraße)* high *or* main street; **b)** *(Durchgangsstraße)* main road; **~strecke** *die* *(Eisenb.)* main line; **~stütze** *die* main support; *(fig.)* mainstay; **~sünde** *die* *(kath. Rel.)* cardinal sin; **~tätigkeit** *die* main *or* principal activity; **~teil** *der* major part; **~thema** *das* main topic *or* theme; *(Musik)* main theme; **~ton** *der* **a)** *(Musik)* principal note; **b)** *s.* **~akzent**; **~treffer** *der* *s.* **~gewinn**; **~tribüne** *die* *(Sport)* main stand; **~übel** *das* main *or* chief evil; **~ und Staatsaktion** *die* **in eine ~ und Staatsaktion aus etw. machen** make a big thing *or* a meal of sth. *(coll.)*; **~unterschied** *der* main *or* principal *or* chief difference; **~ursache** *die* main *or* principal *or* chief cause; **~verantwortliche** *der/die* person mainly responsible; **~verdiener** *der* principal *or* main wage-earner; bread-winner; **~verhandlung** *die* *(Rechtsw.)* main hearing

Haupt·verkehr *der* bulk of the traffic

Hauptverkehrs-: **~straße** *die* main road; **~zeit** *die* rush hour

Haupt-: **~versammlung** *die* *(Wirtsch.)* shareholders' meeting; **~verwaltung** *die* head office; **~wache** *die* main police station; **~wacht·meister** *der* **a)** *(Polizist)* s. **Polizeihauptwachtmeister**; **b)** *(hist.)* s. **~feldwebel b**; **~werk** *das* **a)** *(eines Künstlers)* major *or* most important work; **b)** *(zentrales Werk mit mehreren Teilbetrieben)* main works *sing. or pl.*; **c)** *(an der Orgel)* great organ; **~wohn·sitz** *der* main place of residence; **~wort** *das* *(Sprachw.)* noun; **~zeuge** *der* principal *or* main *or* chief witness; **~zug** *der* **a)** *(Eisenbahnw.)* scheduled train; **b)** *(wichtigste Eigenschaft)* main *or* principal feature; **~zweck** *der* main *or* chief purpose *or* aim

hau ruck ['hau'rʊk] *Interj.* heave[-ho]

Haus [haus] *das*; **~es, Häuser** ['hɔyzɐ] **a)**

Hausaltar — Hauskapelle

house; *(Firmengebäude)* building; **~ an ~ wohnen** be next-door neighbours; **~ an ~ mit jmdm. wohnen** live next door to sb.; **er ist gerade aus dem ~ gegangen** he has just gone out; **im ~ spielen** play indoors; **kommt ins ~, es regnet** come inside, it's raining; **Herrn X, im ~e** *(auf Briefen)* to Mr X *(living in the same block of flats, working in the same firm, etc.)*; **das ~ Gottes** *(geh.)* the house of God; **das Weiße ~**: the White House; **~ und Hof** house and home; **jmdm. ins ~ stehen** *(ugs.)* be in store for sb.; *s. auch* **öffentlich 1**; **b)** *(Heim)* home; **jmdm. das ~ verbieten** not allow sb. in one's *or* the house; **etw. ins ~/frei ~ liefern** deliver sth. to sb.'s door/free of charge; **das ~ auf den Kopf stellen** *(ugs.)* turn the place upside down; **außer ~[e] sein/essen** be/eat out; **ist Ihre Frau im ~[e]?** is your wife at home?; **nach ~e kommen**; **zu ~e at home**; **fühlt euch wie zu ~e** make yourselves at home; **sich zu ~e fühlen** *(fig.)* feel at home; **schon dreißig, und er wohnt noch zu ~e** he's already thirty and he's still living with his parents; **bei ihnen zu ~e** in their house/flat; *(in ihrer Heimat)* where they come from; **dieser Brauch ist in Holstein zu ~e** this custom comes from Holstein; **zu ~e spielen** *(Sport)* play at home; *s. auch* **daheim a**; **das ~ hüten** stay at home *or* indoors; **jmdm. das ~ einrennen** *(ugs.)* be constantly on sb.'s doorstep; **jmdm. ins ~ schneien** *(ugs.)* descend on sb.; **auf einem Gebiet/in etw.** *(Dat.)* **zu ~e sein** *(ugs.)* be at home in a field/in sth.; **c)** *(Theater)* theatre; *(Publikum)* house; **das große/kleine ~**: the large/small theatre; **vor vollen/ausverkauften Häusern spielen** play to full *or* packed houses; **d)** *(Gasthof, Geschäft)* **das erste ~ am Platze** the best shop of its kind/hotel in the town/village *etc.*; **eine Spezialität des ~es** a speciality of the house; **e)** *(Firma)* firm; business house; **das ~ Meyer** the firm of Meyer; **f)** *(geh.: Parlament)* **das Hohe ~**: the House; **beide Häuser [im Parlament]** both Houses [of Parliament]; **Hohes ~!** ≈ Mr Speaker, Sir; **g)** *(geh.: Familie)* household; **der Herr/die Dame des ~es** the master/lady of the house; **aus gutem ~e kommen** come from a *or* be of good family; **der Herr im eigenen ~ sein** be master in one's own house; **Grüße von ~ zu ~**: regards from all of us to all of you; **von ~[e] aus** *(von der Familie her)* by birth; *(eigentlich)* really; actually; **h)** *(~ halt)* household; **jmdm. das ~ führen** keep house for sb.; **jmdn. ins ~ nehmen** take sb. in and look after him/her; **i)** *(Dynastie)* house; **das ~ Tudor/[der] Hohenzollern** the House of Tudor/Hohenzollern; **j)** *(ugs.: die ~bewohner)* occupants *pl.* [of the house]; **das ganze ~**: the whole house; **k)** *(ugs. scherzh.: Mensch)* **ein gelehrtes/lustiges usw. ~**: a scholarly/amusing *etc.* sort *(coll.)*; **l)** *(Schnecken-)* shell; **m)** *(Astrol.)* house.
haus-, Haus-: **~altar** der domestic altar; **~angestellte der/die** domestic servant; **~antenne die** external aerial *(Brit.)* or *(Amer.)* antenna; **~anzug der** *(für Männer)* leisure suit; *(für Frauen)* pyjama suit; **~apotheke die** medicine cabinet; **~arbeit die a)** housework; **b)** *(Schulw.)* item of homework; **arbeiten aufhaben** *(ugs.)* have homework *sing.*; **~arrest der a)** house arrest; **b)** *(in der Familie)* **er bestraft seinen Sohn mit ~arrest** he punishes his son by keeping him in; **mein Bruder hat ~arrest** my brother is being kept in; **~arzt der a)** family doctor; *(in Hotels, Heims)* resident doctor; **~aufgabe die** piece of homework; **~aufgaben aufhaben** *(ugs.)* have homework *sing.*; **~aufsatz der** domestic essay; **~backen 1.** *Adj.* plain; unadventurous, boring ⟨*clothes*⟩; **2.** *adv.* ⟨*dress*⟩ unadventurously; **~ball der** [private] dance *(held at sb.'s house)*; **~bar die a)** *(Möbelstück)* cocktail cabinet; **b)** *(kleine Bar)* [home] bar; **~bau der** house-building; **beim ~bau when building a/one's house**; **mit dem ~bau beginnen** start building a/one's house; **~besetzer der** squatter; **~besetzung die** *(Vorgang)* squatting; *(Ergebnis)* squat; **~besitzer der** house-owner; *(Vermieter)* landlord; **~besitzerin die** house-owner; *(Vermieterin)* landlady; **~besorger der, ~besorgerin die** *(österr.)* s. **~meister[in]**; **~besuch der** house-call; **~boot das** houseboat; **~brand der**; *o. Pl.* **a)** *(Material)* domestic fuel; **b)** *(Prozeß)* domestic heating; **~bursche der** page-boy
Häuschen ['hɔysçən] **das**; **~s, ~:** **a)** little *or* small house; **b)** [ganz *od.* rein] aus dem **~ sein** be [completely] over the moon *(coll.)*; [ganz *od.* rein] aus dem **~ geraten** *od.* **fahren** *(ugs.)* go wild with excitement; **jmdn. aus dem ~ bringen** *(ugs.)* get sb. wildly excited; **c)** *(ugs.: Toilette)* privy
haus-, Haus-: **~dame die** the housekeeper; **~detektiv der** house detective; **~diener der** domestic servant; **~drachen der** *(ugs. abwertend)* dragon *(coll.)*; **~durchsuchung die** *(österr.)* s. **~suchung**; **~ecke die** corner of the house; **~eigen** *Adj.* **der ~eigene Kindergarten** the company's/hotel's *etc.* own kindergarten; **das Hotel hat einen ~eigenen Swimming-pool/Strand** the hotel has its own swimming-pool/[private] beach; **~eigentümer der** s. **~besitzer**; **~einfahrt die a)** drive[way] [of the house]; **b)** *(österr.)* s. **~eingang**; **~eingang der** entrance [to the house]
hausen *itr. V.* **a)** *(ugs. abwertend: wohnen)* live; **b)** *(ugs. abwertend: Verwüstungen anrichten)* [furchtbar] **~:** cause or wreak havoc; **wie die Wandalen ~** behave like vandals; **c)** *(schweiz.: sparen)* be economical
Häuser-: **~block der** block [of houses]; **~makler der** estate agent; **~meer das** mass of houses; **~reihe die** row of houses; *(aneinandergebaut)* terrace [of houses]
Haus-: **~fassade die** house-front; **~flagge die** *(Seew.)* house-flag; **~flur der** hall[way]; entrance-hall; *(im Obergeschoß)* landing
Haus·frau die a) housewife; **b)** *(südd., österr.)* s. **~besitzerin**
Hausfrauen-: **~art die** *in* **nach** *od.* **auf ~art** home-made-style *attrib.*; **~pflicht die**; *meist Pl.* housewifely duty
hausfraulich *Adj.* housewifely; **ihre ~en Fähigkeiten** her abilities as a housewife
Haus·freund der a) friend of the family; family friend; **b)** *(verhüll.: Liebhaber)* man friend *(euphem.)*
Haus·friede[n] der *(in der Familie)* domestic peace; *(zwischen Hausbewohnern)* good relationships *pl.* between the tenants
Hausfriedens·bruch der *(Rechtsw.)* trespass
haus-, Haus-: **~gans die** domestic goose; **~gast der** the resident; guest; **~gebrauch der** domestic use; **das reicht für den ~gebrauch** *(ugs.)* be good enough to get by *(coll.)*; **Spielst du Klavier? – Ja, aber nur für den ~gebrauch** Do you play the piano? – Yes, but only well enough to get by *(coll.)*; **~gehilfin die** [home] help; **~geist der a)** *(Gespenst)* [resident] ghost; **b)** *(scherzh.: ~angestellte)* **unser guter ~geist** our faithful housekeeper; **~gemacht** *Adj.* home-made; **~gemeinschaft die a)** *(gemeinsamer ~halt)* household; **in einer ~gemeinschaft mit jmdm. leben** live together with sb.; **b)** *(Bewohner eines Hauses)* occupants *pl.* of the block; **~genosse der** *(veralt.)* member of the household; **~gerät das a)** *s. Pl. (veralt.)* household articles *pl.*; **b)** s. **Haushalts·gerät**
Haus·halt der a) household; **einen ~ grün-** den/auflösen set up home/break up a household; **b)** *(Arbeit im ~)* housekeeping; **jmdm. den ~ führen** keep house for sb.; **im ~ helfen** help with the housework; **c)** *(Politik)* budget
-haushalt der *(bes. Biol., Med.)* balance
haus|halten *unr. itr. V.* **a)** *(sparsam wirtschaften)* be economical (**mit** with); **mit seinen Kräften ~:** conserve one's strength; **b)** *(veralt.: den Haushalt führen)* keep house
Haushälterin die; ~, ~nen housekeeper
haushälterisch 1. *Adj.* economical. **2.** *adv.* **~ mit etw. umgehen** be economical with sth.; use sth. economically
haushalts-, Haushalts-: **~artikel der** household article; **billige ~artikel** cheap household articles *or* goods; **~auflösung die** house clearance; **bei einer ~auflösung** when a house/flat is cleared; **~ausgleich der** *(Politik)* **den ~ausgleich garantieren** guarantee a balanced budget; **einen ~ausgleich herbeiführen** balance the budget; **~buch das** housekeeping book; **~debatte die** *(Politik)* budget debate; **~defizit das** budgetary deficit; **~frage die** budgetary question *or* issue; **~führung die** housekeeping; **~geld das**; *o. Pl.* housekeeping money; **~gerät das** household appliance; **~gesetz das** *(Amtsspr.)* budget legislation; **~hilfe die** home help; **~jahr das a)** *(Rechnungsjahr)* financial year; **b)** *(Lehrzeit in einem Haushalt)* **sie machte ein ~jahr** she spent a year with a family, learning how to keep house; **~kasse die** housekeeping money; **die ~kasse war leer** there was no housekeeping money left; **diese alte Schachtel dient uns als ~kasse** we use this old box to keep the housekeeping money in; **~mittel** *Pl.* budgetary funds; **~packung die** family pack; **~plan der** budget; **~politik die** budgetary policy; **~politisch 1.** *Adj.*: *nicht präd.* related to budgetary policy *postpos.*; **~politische Erwägungen** considerations of budgetary policy; **2.** *adv.* **~politisch gesehen** from the point of view of the budget; **~volumen das** total budget; **~waage die** kitchen scales *pl.*; **~waren** *Pl.* household goods
Haushaltung die a) s. **Haushalt a**; **b)** *(Haushaltsführung)* housekeeping
Haushaltungs-: **~kosten** *Pl.* housekeeping costs; **~vorstand der** the head of the household
haus-, Haus-: **~herr der a)** *(Familienoberhaupt)* head of the household; **b)** *(als Gastgeber)* host; **c)** *(Rechtsspr.)* *(Eigentümer)* owner; *(Mieter)* occupier; **d)** *(südd., österr.)* s. **~besitzer**; **e)** *(Sportjargon)* **die ~herren** the hosts; the home team *sing.*; **~herrin die a)** *(Familienoberhaupt)* lady of the house; **b)** *(als Gastgeberin)* hostess; **c)** *(südd., österr.)* s. **~besitzerin**; **~hoch 1.** *Adj.* ⟨*flames/waves etc.*⟩ as high as a house; *(fig.)* overwhelming ⟨*superiority etc.*⟩; **die ~hohe Favoritin** the hot favourite; **2.** *adv.* **~hoch türmten sich die Wellen** the waves were mountainous; *(fig.)* **~hoch gewinnen/jmdn. ~hoch schlagen** win hands down/beat sb. hands down; **jmdm. ~hoch überlegen sein** be vastly superior to sb.; **~huhn das** domestic chicken; **~hund der** domestic dog
hausieren *itr. V.* [mit etw.] **~:** hawk [sth.]; peddle [sth.]; **mit einer Idee ~ [gehen]** *(ugs. abwertend)* hawk an idea around; „Hausieren verboten" 'no hawkers'
Hausierer der; ~s, ~: [old *use*]: pedlar; hawker
haus-, Haus-: **~intern 1.** *Adj.* internal ⟨*regulations, purposes, information*⟩; ⟨*agreement, custom*⟩ within the company; **2.** *adv.* internally; within the company; **~jacke die** casual [wrapover] jacket *(worn at home)*; **~jurist der** firm's lawyer; company lawyer; **¹~kapelle die** private chapel; **²~ka-**

pelle die resident band; **~katze** die domestic cat; **~kleid** das house dress; **~konzert** das concert given at home; **~lehrer** der private tutor

häuslich ['hɔyslɪç] 1. *Adj.* a) *nicht präd.* domestic ⟨*bliss, peace, affairs, duties, etc.*⟩; **am ~en Kaminfeuer** at one's own fireside; *s. auch* Herd a; b) *(das Zuhause liebend)* home-loving. 2. *adv.* **sich [bei jmdm./irgendwo]** ~ **niederlassen** *od.* **einrichten** *(ugs.)* make oneself at home [in sb.'s house/somewhere]

Häuslichkeit die; ~: domesticity

Hausmacher-: **~art** die in **nach ~art** home-made-style *attrib.*; **~wurst** die home-made sausage

Haus-: ~macht die *(hist.)* allodium; *(fig.)* power base; **~mädchen** das [home] help

Haus·mann der man who stays at home and does the housework; *(Ehemann)* house-husband

Hausmanns·kost die plain cooking

Haus-: **~mantel** der housecoat; **~märchen** das folk tale; **die ~märchen der Brüder Grimm** Grimms' Fairy Tales; **~marke** die a) *(Wein, Sekt)* house wine; b) *(ugs.: bevorzugtes Getränk)* usual *or* favourite tipple *(coll.)*; c) *(Markenfabrikat einer Firma)* own brand; **~maus** die house mouse; **~meier** der *(hist.)* mayor of the palace; **~meister der, ~meisterin** die a) caretaker; b) *(schweiz.) s.* **besitzer[in];** **~mitteilung** die a) *(im Büro)* internal memo; b) *(für Kunden)* company newsletter; **~mittel** das household remedy; **~musik** die music at home; **~musik machen** play music at home; **~mutter** die house-mother; **~mütterchen** das *(ugs. scherzh.)* little housewife; **~nummer** die house number; **ihre ~nummer** the number of her house; **~ordnung** die house rules *pl.*; **~partei** die *(österr.)* tenant; **~postille** die *(hist.)* collection of religious and devotional sayings and stories for the family; *(fig. ugs.)* organ; **~putz** der spring-clean; *(regelmäßig)* clean-out; **beim ~putz helfen** help with the regular cleaning-out; **~putz halten** *od.* **machen** spring-clean the house

Haus·rat der household goods *pl.*

Hausrat·versicherung die [household *or* home] contents insurance

Haus-: **~recht** das *(Rechtsw.)* right of a householder *or* owner of a property to forbid sb. entrance *or* order sb. to leave; **von seinem ~recht Gebrauch machen** forbid sb. entrance/order sb. to leave; **~rind** das domestic ox; **~sammlung** die house-to-house *or* door-to-door collection; **~schaf** das domestic sheep; **~schlachtung** die home slaughtering; **aus eigener ~schlachtung stammen** be home-slaughtered; **~schlüssel** der front-door key; house-key; **~schneiderin** die visiting seamstress; **~schuh** der slipper; **~schwamm** der *(Pilz)* dry rot; **~schwein** das domestic pig

Hausse ['ho:s(ə)] die; ~, ~n *(Börsenw.)* rise [in prices]; *(fig.)* boom; ~ **haben** rise [on the Stock Exchange]; **auf** ~ **spekulieren** bull; speculate for a rise

Haus·segen der house blessing *(devotional inscription placed in a house)*; **bei ihnen hängt der ~ schief** *(ugs. scherzh.)* they've been having a row

Haussier [(h)o'sie:] der; ~s, ~s *(Börsenw.)* bull

Haus·stand der household; **einen [eigenen] ~stand gründen** set up home [on their own]; **sie führt einen eigenen ~stand** she lives independently

Haussuchung die; ~, ~en house search

Haussuchungs·befehl der search warrant

Haus-: **~telefon** das internal telephone; **~tier** das a) pet; b) *(Nutztier)* domestic animal; **~tochter** die young girl living with a family in order to learn how to keep house; **~tor** das front entrance; **~tür** die front door; **etw. direkt vor der ~tür haben** *(ugs. fig.)* have sth. on one's doorstep; **~tyrann** *(ugs.)* tyrant [in one's own home]; **~vater** a) *(in einem Heim)* house-father; *(in einer Jugendherberge)* warden; b) *(veralt.: Familienvater)* paterfamilias; **~verbot** das ban on entering the house/pub/restaurant etc.; **~verbot haben/bekommen** be banned [from the house/pub/restaurant etc.]; **jmdm. ~verbot erteilen** ban sb. [from the house/pub/restaurant etc.]; **~versammlung** die *(DDR)* tenants' meeting; **~verwalter** der manager [of the block]; **~verwaltung** die management [of the block]; **~wand** die [house] wall; **~wart** der *(landsch.)* caretaker; **~wesen** das; *o. Pl. (veralt.)* household; **~wirt** der landlord; **~wirtin** die landlady

Haus·wirtschaft die; *o. Pl.* a) domestic science and home economics; b) *(DDR Landw.)* **individuelle** *od.* **persönliche ~:** co-operative farmer's personal holding of land, buildings, livestock, and equipment

hauswirtschaftlich 1. *Adj.*; *nicht präd.* domestic; **~e Kenntnisse** knowledge of domestic matters. 2. *adv.* ~ **interessiert/begabt** interested/talented in domestic matters

Hauswirtschafts-: **~lehrerin** die home economics and domestic science teacher; **~leiterin** die housekeeper; **~schule** die college of domestic science and home economics

Haus-: ~ **zelt** das ridge tent; **~zins** der *(südd., schweiz.) s.* ¹**Miete a**

Haut [haut] die; ~, **Häute** ['hɔytə] a) skin; **sich** *(Dat.)* **die** ~ **abschürfen** graze oneself; **viel** ~ **zeigen** *(ugs.)* show a lot of bare flesh *(coll.)*; **naß bis auf die** ~: soaked to the skin; wet through; **nur noch** ~ **und Knochen sein** *(ugs.)*, **nur noch aus** ~ **und Knochen bestehen** *(ugs.)* be nothing but skin and bone; **seine eigene** ~ **retten** save one's own skin; **seine** ~ **zu Markte tragen** *(ugs.)* risk one's neck *(coll.)*; **seine** ~ **so teuer wie möglich verkaufen** *(ugs.)* sell oneself as dearly as possible; **seine** ~ ~ *(Gen.)* **wehren** *(ugs.)* stand up for oneself; **aus der** ~ **fahren** *(ugs.)* go up the wall *(coll.)*; **es ist zum Aus-der-~-Fahren** it's enough to drive *or* send you up the wall *(coll.)*; **er/sie kann nicht aus seiner/ihrer** ~ **heraus** *(ugs.)* a leopard can't change its spots *(prov.)*; **sich in seiner** ~ **nicht wohl fühlen** *(ugs.)* feel uneasy; *(unzufrieden sein)* feel discontented [with one's lot]; **sich in seiner** ~ **wohl fühlen** *(ugs.)* feel contented [with one's lot]; **ich möchte nicht in deiner** ~ **stecken** *(ugs.)* I shouldn't like to be in your shoes *(coll.)*; **mit heiler** ~ **davonkommen** *(ugs.)* get away with it; **jmdm. mit** ~ **und Haar[en] verfallen sein** *(ugs.)* be head over heels in love with sb.; **sich einer Aufgabe** *(Dat.)* **mit** ~ **und Haar[en] verschreiben** *(ugs.)* devote oneself completely *or* wholeheartedly to a task; **jmdm. unter die** ~ **gehen** *(ugs.)* get under sb.'s skin *(coll.)*; b) *(Fell)* skin; *(von größerem Tier auch)* hide; **auf der faulen** ~ **liegen** *(ugs.)* sit around and do nothing; **sich auf die faule** ~ **legen** *(ugs.)* sit back and do nothing; c) *(Schale)* skin; d) *(dünne Schicht, Bespannung)* skin; e) *(Mensch)* **eine gute/ehrliche** ~: a good/honest sort *(coll.)*

Haut-: **~abschürfung** die graze; **~arzt** der skin specialist; dermatologist; **~atmung** die *(Med., Zool.)* cutaneous respiration; **~ausschlag** der [skin-]rash

Häutchen ['hɔytçən] das; ~s, ~ a) *s.* **Haut c:** piece of skin; b) *s.* **Haut d:** thin skin

Haut·creme die skin cream

Haute Couture [(h)o:tku'ty:ɐ̯] die; ~ ~: haute couture

häuten ['hɔytn̩] 1. *tr. V.* skin, flay ⟨*animal*⟩; skin ⟨*tomato, almond, etc.*⟩. 2. *refl. V.* shed its skin/their skins; ⟨*snake*⟩ shed *or* slough its skin

haut·eng *Adj.* skin-tight

Hautevolee [(h)o:tvo'le:] die; ~ *(abwertend)* upper crust *(coll.)*

haut-, Haut-: **~falte** die fold [of skin]; **~farbe** die [skin] colour; **wegen seiner ~farbe** because of the colour of his skin; **~farben** *Adj.* skin-coloured; flesh-coloured; **~freundlich** *Adj.* kind to the/one's skin *pred.*

-häutig [-'hɔytɪç] *Adj.* -skinned

haut-, Haut-: **~jucken** das itching *no indef. art.*; **~krankheit** die skin disease; **~nah** 1. *Adj.* a) *(unmittelbar)* immediate ⟨*contact*⟩; eyeball-to-eyeball ⟨*confrontation*⟩; b) *(ugs.: packend, anschaulich)* realistic and gripping ⟨*description*⟩; c) *(Anat.)* close to *or* immediately below the skin *postpos.*; 2. *adv.* a) *(unmittelbar)* **mit etw. ~nah in Berührung/Kontakt kommen** come into very close contact with sth.; **jmdm. ~nah decken** *od.* **bewachen** *(Sport Jargon)* mark sb. very tightly *or* closely; *(sehr eng)* **~nah tanzen** dance very close together; b) *(ugs.: packend, anschaulich)* **etw. ~nah beschreiben** describe sth. in a realistic and gripping way; **~öl** das body oil; **~pflege** die skin care; **~pilz** der fungus parasitic on the skin; cutaneous fungus *(Med.)*; **~reizung** die skin irritation; **~schere** die cuticle scissors *pl.*; **~schicht** die layer of skin; **~schonend** *Adj.* kind to the/one's skin *pred.*; **~transplantation** die *(Med.)* skin graft; **~typ** der skin type

Häutung die; ~, ~en a) *s.* **häuten 1:** skinning; flaying; b) *(das Sichhäuten)* Schlangen machen viele **~en** durch snakes shed *or* slough their skin many times; **eine Eidechse bei der ~:** a lizard shedding its skin

haut·verträglich *Adj.* kind to the/one's skin *pred.*

¹**Havanna** [ha'vana] *(das)*; ~s Havana

²**Havanna** die; ~, ~[s], **Havanna·zigarre** die Havana [cigar]

Havarie [hava'ri:] die; ~, ~n *(Seew., Flugw., österr. auch:* ~ *eines Autos)* accident; *(Schaden)* damage *no indef. art.*; average *(Ins.)*; *(fig.)* breakdown

havarieren *itr. V. (Seew., Flugw.)* ⟨*aircraft*⟩ crash; ⟨*ship*⟩ have an accident; **zwei Militärmaschinen/***(österr.)* **Autos havarierten** two military planes/cars collided; **ein havariertes Schiff** a damaged ship

Havarist der; ~en, ~en *(Seew.)* a) *(Schiff)* damaged ship; b) *(Eigentümer)* owner of a/the damaged ship

Hawaii [ha'vai] *(das)*; ~s Hawaii

Hawaii-: **~gitarre** die Hawaiian guitar; **~-Inseln** *Pl.* Hawaiian Islands

hawaiisch *Adj.* Hawaiian

Haxe die; ~, ~n *s.* **Hachse**

H-Bombe ['ha:-] die H-bomb

H-Dur ['ha:-] das; ~ *(Musik)* B major; *s. auch* **A-Dur**

he [he:] *Interj. (ugs.)* a) *(Zuruf, Ausruf)* hey; ~ **[du], komm mal her!** hey [you], come here!; b) *(zur Verstärkung einer Frage)* eh

Hearing ['hɪərɪŋ] das; ~[s], ~s *(bes. Politik)* hearing

Heb·amme die midwife

Hebe-: **~balken** der, **~baum** der lever; **~bühne** die hydraulic lift; **~figur** die *(Eis-, Rollkunstlauf)* lift

Hebel ['he:bl̩] der; ~s, ~ *(auch Griff, Physik)* lever; **den ~ ansetzen** position the lever; **da müssen wir den ~ ansetzen** that's where we've got to start *(coll.)*; **alle ~ in Bewegung setzen** *(ugs.)* move heaven and earth; **am längeren ~ sitzen** *(ugs.)* have the whip hand

Hebel-: **~arm** der *(Physik)* lever arm; **~gesetz** das *(Physik)* principle of the lever; **~griff** der *(Ringen)* lever [hold]; **~kraft** die leverage; **~wirkung** die leverage

heben ['he:bn̩] **1.** *unr. tr. V.* **a)** *(nach oben bewegen)* lift; raise; raise ⟨baton, camera, glass⟩; **eine Last ~:** lift a load; **die Hand/den Arm ~:** raise one's hand/arm; **schlurft nicht, hebt die Füße!** pick your feet up!; **100 kg/einen Rekord ~** *(Sport)* lift 100 kg./a record weight; **die Stimme ~** *(geh.)* raise one's voice; **einen ~** *(ugs.)* have a drink; **b)** *(an eine andere Stelle bringen)* lift; **jmdn. auf die Schulter/von der Mauer ~:** lift sb. [up] on to one's shoulders/[down] from the wall; **c)** *(heraufholen)* dig up ⟨treasure etc.⟩; raise ⟨wreck⟩; **d)** *(verbessern)* raise, improve ⟨standard, level⟩; increase ⟨turnover, self-confidence⟩; improve ⟨mood⟩; enhance ⟨standing⟩; boost ⟨morale⟩; **e)** *(unpers.)* **es hebt jmdn. den Magen** sb.'s stomach heaves; **es hebt mich, wenn ich das sehe** it turns me over to see it *(coll.)*. **2.** *unr. refl. V.* **a)** *(geh.: sich recken, sich er~)* rise; **sich auf die Zehenspitzen ~:** stand on tiptoe; **b)** *(hochgehen, hochsteigen)* rise; ⟨curtain⟩ rise, go up; ⟨mist, fog⟩ lift; **sich ~ und senken** rise and fall; ⟨sea, chest⟩ rise and fall, heave; **d)** *(sich verbessern)* ⟨mood⟩ improve; ⟨trade⟩ pick up; ⟨standard, level⟩ rise, improve, go up; **e)** *(geh.: emporragen)* rise [up]
Heber *der;* ~s, ~ **a)** *(Technik)* jack; **b)** *(Chemie)* pipette; **c)** *(Sport: Gewicht~)* weightlifter
-hebig [-hebɪç] *(Verslehre)* ~-footed
Hebräer [he'brɛːɐ] *der;* ~s, ~, **Hebräerin** *die;* ~, ~**nen** Hebrew
Hebraicum [he'braːikʊm] *das;* ~s qualifying examination in Hebrew *(taken by theology students);* **das ~ haben** have passed the Hebrew examination
hebräisch *Adj.:* Hebrew
Hebung *die;* ~, ~**en a)** *(Bergung)* **die ~ eines Schiffes** the raising of a ship; **bei der ~ des Schatzes ...:** when the treasure is/was dug up ...; **b)** *o. Pl. (Verbesserung)* raising; improvement; **zur ~ des Selbstvertrauens/der Moral** to improve sb.'s self-confidence/morale; **c)** *(Geol.)* uplift; **d)** *(Verslehre)* stressed syllable
Hechel ['hɛçl] *die;* ~, ~**n** *(Landw.)* card; hackle; heckle
Hechelei *die;* ~, ~**en** *(ugs. abwertend)* backbiting *no pl.; (Klatsch)* gossip *no pl.*
¹hecheln 1. *itr. V.* *(ugs. abwertend)* gossip. **2.** *tr. V.* *(Landw.)* card; hackle; heckle
²hecheln *itr. V.* pant [for breath]
Hecht [hɛçt] *der;* ~[e]s, ~e **a)** *pike;* **der ~ im Karpfenteich sein** *(ugs.)* be a new broom; be a live wire full of new ideas; *(die erste Rolle spielen)* be the kingpin; **b)** *(ugs.: Bursche)* **ein toller ~:** an incredible fellow; **c)** *(Tabaksqualm)* fug *(coll.)*
hechten *itr. V.; mit sein* dive headlong; make a headlong dive; *(schräg nach oben)* throw oneself sideways; *(Schwimmen)* perform *or* do a racing dive; *(vom Sprungturm)* perform *or* do a pike-dive; *(Turnen)* do a long-fly
Hecht-: ~**rolle** *die (Turnen)* piked roll; ~**sprung** *der* **a)** *(Turnen)* Hecht vault; **b)** *(Schwimmen)* racing dive; *(vom Sprungturm)* pike-dive; ~**suppe die in es zieht wie ~suppe** *(ugs.)* there's a terrible draught *(coll.)*
¹Heck [hɛk] *das;* ~[e]s, ~e *od.* ~s **a)** *(Schiffs~)* stern; **b)** *(Flugzeug~)* tail; **im ~ der Maschine** at the rear of the plane; **c)** *(Auto~)* rear; back
²Heck *das;* ~[e]s, ~e *(nordd.)* gate
Heck·antrieb *der (Kfz-W.)* rear-wheel drive
Hecke *die;* ~, ~**n a)** hedge; **b)** *(wildwachsend)* thicket
Hecken-: ~**landschaft** *die* landscape of fields and hedgerows; ~**rose** *die* dogrose; ~**schere** *die* hedge shears *pl.; (elektrisch)* hedge trimmer; ~**schütze** *der* sniper
heck-, Heck-: ~**fenster** *das* rear *or* back window; ~**flosse** *die* tail-fin; ~**lastig** [~lastɪç] **1.** *Adj.* tail-heavy; **2.** *adv.* **das Auto reagiert ~lastig** the car tends to be tail-heavy
Heckmeck ['hɛkmɛk] *der;* ~s *(ugs. abwertend)* **a)** *(Getue)* fuss; **b)** *(Unsinn)* rubbish
Heck-: ~**motor** *der* rear engine; ~**scheibe** *die* rear *or* back window; ~**tür** *die* back
heda ['heːda] *Interj. (veralt.)* I say
Hederich ['heːdərɪç] *der;* ~s, ~e *(Bot.)* jointed charlock
Hedonismus [hedo'nɪsmʊs] *der;* ~ *(Philos.)* hedonism *no art.*
Hedonist *der;* ~en, ~en *(Philos.)* hedonist
hedonistisch *Adj.* hedonistic
Hedschra ['hɛdʒra] *die;* ~: Hegira
Heer [heːɐ] *das;* ~[e]s, ~e **a)** *(Gesamtheit der Streitkräfte)* armed forces *pl.;* **das stehende ~:** the standing army; **in das ~ eintreten** join the services; **b)** *(für den Landkrieg)* army; **c)** *(fig.: große Anzahl)* army
Heeres-: ~**bericht** *der (Milit.)* military communiqué; ~**bestände** *Pl.* army supplies *or* stores; ~**dienst** *der* military service; ~**leitung** *die (Milit.)* army command staff; **die oberste ~leitung** the high command; ~**reform** *die* army reform
Heer-: ~**führer** *der* army commander; ~**lager** *das* army camp; ~**schar** *die (veralt., noch fig.)* host *(arch.); s. auch himmlisch 1a;* ~**straße** *die (veralt.)* military road; ~**wesen** *das* armed forces *pl.*
Hefe ['heːfa] *die;* ~, ~**n a)** yeast; *(fig.)* driving force; **b)** *(geh. abwertend: Abschaum)* scum
Hefe-: ~**gebäck** *das* pastry *(made with yeast dough);* ~**kloß** *der* dumpling made with yeast dough; **aufgehen** *od.* **auseinandergehen wie ein ~kloß** *(ugs. scherzh.)* blow up like a balloon; ~**kuchen** *der* yeast cake; ~**pilz** *der* yeast fungus; ~**teig** *der* yeast dough; ~**zopf** *der* plaited bun
¹Heft [hɛft] *das;* ~[e]s, ~e *(am Dolch, Messer)* haft; handle; *(am Schwert)* hilt; **das ~ ergreifen** *od.* **in die Hand nehmen** *(geh.)* take control; **das ~ in der Hand haben/behalten** *(geh.)* be in/keep control; **jmdm. das ~ aus der Hand nehmen** *(geh.)* take control from sb.
²Heft *das;* ~[e]s, ~e **a)** *(bes. Schule)* exercise-book; **b)** *(Nummer einer Zeitschrift)* issue; **Jahrgang 10, Heft 12** Volume 10, No. 12; **c)** *(kleines Buch)* (small stapled) book
Heftchen *das;* ~s, ~ **a)** *(Comic)* comic; *(Groschenroman)* novelette; **b)** *(Block)* book [of tickets/stamps *etc.*]
heften 1. *tr. V.* **a)** *(mit einer Nadel)* pin; fix; *(mit einer Klammer)* clip; fix; *(mit Klebstoff)* stick; **etw. an/in etw.** *(Akk.)* **~:** pin/stick/clip sth. to/into sth.; **etw. in einen Ordner ~:** put *or* insert sth. in[to] a file; **b)** *(richten)* **die Augen/den Blick auf jmdn./etw. ~:** fasten one's eyes/gaze on sb./sth.; **c)** *(Schneiderei)* tack; baste; **d)** *(Buchbinderei)* stitch; *(mit Klammern)* staple. **2.** *refl. V.* **a)** *(verfolgen)* **sich an jmds. Fersen** *(Akk.)* **~:** stick hard on sb.'s heels; **sich an jmds. Spur** *(Akk.)* **~:** get on the track of sb.; **b)** *(geh.: knüpfen)* be linked with sth.; **c)** *(richten)* ⟨eyes, look⟩ be fixed (**auf** + *Akk.* on)
Hefter *der;* ~s, ~: [loose-leaf] file
Heft·garn *das* tacking-thread; basting-thread
heftig 1. *Adj.* **a)** violent ⟨storm, explosion, struggle, collision, argument, movement, passion⟩; heavy ⟨rain, shower, blow⟩; intense, burning ⟨hatred, desire⟩; fierce ⟨controversy, criticism, competition⟩; severe ⟨pain, cold⟩; loud ⟨bang⟩; rapid ⟨breathing⟩; bitter ⟨weeping⟩; **b)** *(unbeherrscht)* violent ⟨reaction, manner⟩; ⟨person⟩ with a violent temper; heated, vehement ⟨tone, words⟩; **~ werden/gleich ~ sein** fly into a temper/flare up. **2.** *adv.* **a)** ⟨rain, snow, breathe⟩ heavily; ⟨hit⟩ hard; ⟨hurt⟩ a great deal; ⟨quarrel, shiver⟩ violently; **~ weinen** bawl; cry loudly; **sich ~ verlieben** fall passionately *or (coll.)* madly in love; **b)** *(unbeherrscht)* ⟨answer⟩ angrily, heatedly; ⟨react⟩ angrily, violently
Heftigkeit *die;* ~ **a)** *s. heftig a:* violence; heaviness; intensity; fierceness; severity; loudness; rapidity; bitterness; **b)** *(Unbeherrschtheit)* vehemence
Heft-: ~**klammer** **a)** staple; **b)** *s.* **Büroklammer;** ~**maschine** *die* stapler; *(Buchbinderei)* stitcher; ~**pflaster** *das* sticking plaster; ~**zwecke** *die s.* **Reißzwecke**
Hege ['heːgə] *die;* ~ *(Forstw., Jagdw.)* care and protection; *(fig.)* care
Hegelianer [heːgə'liːanɐ] *der;* ~s, ~: Hegelian
hegelianisch *Adj.* Hegelian
Hegelianismus *der;* ~: Hegelianism *no art.*
Hegelsch ['heːgl̩ʃ] *Adj.* Hegelian; **die ~e Staatsphilosophie** Hegel's political philosophy
hegemonial [hegemo'niaːl] *Adj.* hegemonic
Hegemonie [hegemo'niː] *die;* ~, ~**n** [-ən] hegemony
hegen *tr. V.* **a)** *(bes. Forstw., Jagdw.)* look after, tend ⟨plants, animals⟩; **b)** *(geh.: umsorgen)* look after; take care of; preserve ⟨old customs⟩; **jmdn./etw. ~ und pflegen** lavish care and attention on sb./sth.; **c)** *(in sich tragen)* feel ⟨contempt, hatred, mistrust⟩; cherish ⟨hope, wish, desire⟩; harbour, nurse ⟨grudge, suspicion⟩; **eine Abneigung gegen/eine gewisse Achtung für jmdn. ~:** have a dislike/a certain respect for sb.; **ich hege den Verdacht, daß ...:** I have a suspicion that ...; **große Zweifel [an etw.** *(Dat.)*] **~:** have *or* entertain grave doubts [about sth.]
Hehl [heːl] **in kein[en] ~ aus etw. machen** make no secret of sth.; **er macht kein[en] ~ daraus, daß ...:** he makes no secret of the fact that ...
Hehler *der;* ~s, ~: fence; receiver [of stolen goods]
Hehlerei *die;* ~, ~**en** *(Rechtsw.)* receiving [stolen goods] *no art.*
hehr [heːɐ] *Adj. (geh.)* majestic ⟨sight⟩; glorious ⟨moment⟩; noble ⟨ideal⟩
hei [hai] *Interj.* **~, was für eine Fahrt!** wow, what a trip!; **~, ist das ein Spaß!** oh *or* hey, what fun!
heia ['haia] *(Kinderspr.)* **in ~ machen** go bye-byes *or* beddy-byes *(child lang.)*
Heia *die;* ~ [-s], **Heia·bett** *das (Kinderspr.)* bye-byes, beddy-byes *(child lang.);* **ab in die ~:** off to bye-byes *or* beddy-byes
heiapopeia *Interj. s.* **eiapopeia**
¹Heide ['haidə] *der;* ~n, ~n heathen; pagan; **das Kind ist ein kleiner ~:** the child is a little heathen
²Heide *die;* ~, ~**n a)** moor; heath; *(~landschaft)* moorland; heathland; **die Lüneburger ~** (or **die Lüneburg Heath**); **b)** *s.* **¹Kraut**
Heide-: ~**kraut** *das; o. Pl.* heather; ling; ~**land** *das* moorland; heathland
Heidel·beere *die;* ['haidl̩-] **die** bilberry; blueberry; whortleberry; **in die ~n gehen** *(ugs.)* go picking bilberries *etc.*
Heiden-: ~**angst** *die; o. Pl. (ugs.)* **~angst vor etw.** *(Dat.)* **haben** be scared stiff of sth. *(coll.);* **er hatte eine ~angst vor der Fahrprüfung** he was in a blue funk about the driving test *(sl.);* ~**arbeit** *die; o. Pl. (ugs.)* a heck of a lot of work *(coll.);* ~**geld** *das; o. Pl. (ugs.)* a packet *(coll.);* a heck of a lot of money *(coll.);* ~**krach** *der; o. Pl. (ugs.)* **a)** *s.* **~lärm; b)** *(Streit)* flaming row *(coll.);* ~**lärm** *der (ugs.)* unholy *or* dreadful din *or* row *(coll.);* dreadful racket *(coll.);* ~**mission** *die* missionary work; ~**respekt** *der (ugs.)* healthy respect (**vor** + *Dat.* for); ~**röschen** *das s.* **Heidenröschen**

Heidenschreck

b; ~**schreck** der; *o. Pl. (ugs.)* terrible fright *(coll.)*; **ihr habt mir einen ~schreck eingejagt** you frightened the life out of me *(coll.)*; ~**spaß** der; *o. Pl. (ugs.)* terrific fun *(coll.)*; **es macht einen ~spaß** it's terrific fun *(coll.)*; ~**spektakel** der *(ugs.) (Lärm)* unholy *or* dreadful din *or* row *(coll.); (Aufregung)* great *or (coll.)* dreadful commotion; ~**tempel** der heathen *or* pagan temple
Heidentum das; ~s **a)** *(Zustand)* heathenism; paganism; **b)** *(die Heiden)* the heathen *pl. or* pagans *pl.*; **das westliche ~:** the infidels *pl.* in the West
Heide·röschen das **a)** rock-rose *(of genus Fumana);* **b)** *(veralt.: Hundsrose)* dogrose
heidi [ˈhaiˈdiː] *Interj.* [und] ~ **begann die wilde Fahrt** away he/they *etc.* went; ~ **gings den Berg hinunter** away he/they *etc.* went down the hill
Heidin die; ~, ~**nen** heathen; pagan
heidnisch 1. *Adj.* heathen; pagan. 2. *adv.* ~ **leben** live a heathen *or* pagan life
Heid·schnucke die; ~, ~n German Heath [sheep]
heikel [ˈhaikl] *Adj.* **a)** *(schwierig)* delicate, ticklish *(matter, subject);* ticklish, awkward, tricky *(problem, question, situation);* **b)** *(wählerisch, empfindlich)* finicky, fussy, fastidious (**in bezug auf** + *Akk.* about); **in allen Dingen der Hygiene ist sie sehr ~:** she is very particular in all matters of hygiene
heil [hail] *Adj.* **a)** *(unverletzt)* unhurt, unharmed *(person);* **ein Wunder, daß seine Knochen ~ geblieben sind** it's a wonder he didn't break any bones; ~ **ankommen** arrive safely *or* safe and sound; **etw. ~ überstehen** survive sth. unscathed; **sollte ich diese Angelegenheit ~ überstehen** *(fig.)* if I come out of this affair without getting my fingers burned; **aus etw. ~ herauskommen** come through sth. safely *or* unscathed; *(fig.)* survive sth.; *s. auch* **Haut a; b)** *nicht attr. (wieder gesund)* **werden/wieder ~ sein** *(injured part)* heal [up]/have healed [up]; **c)** *(nicht entzwei)* intact; in one piece; **er hat nicht ein einziges ~es Hemd** he hasn't got a single shirt that doesn't need mending; **es gab nur noch wenige ~e Häuser** only a few houses were undamaged; **eine ~e Welt** *(fig.)* an ideal *or* a perfect world
Heil das; ~s **a)** *(Wohlergehen)* benefit; **sein ~ in etw.** *(Dat.)* **suchen** seek one's salvation in sth.; **bei jmdm./irgendwo sein ~ versuchen** try one's luck with sb./somewhere; ~ **Hitler!** *(ns.)* heil Hitler!; **sein ~ in der Flucht suchen** seek refuge in flight; *s. auch* **Berg a; Petri Heil; Ski; b)** *(Rel.)* salvation
Heiland [ˈhailant] der; ~[e]s, ~e **a)** *o. Pl. (Christus)* Saviour; Redeemer; **b)** *(geh.: Retter)* saviour
Heil·anstalt die **a)** *(Anstalt für Kranke od. Süchtige)* sanatorium; **b)** *(psychiatrische Klinik)* mental hospital *or* home; ~**bad** das **a)** *(Kurort)* spa; watering-place; **b)** *(medizinisches Bad)* medicinal bath
heilbar *Adj.* curable
Heilbarkeit die; ~: curability
heil·bringend *Adj.* saving; redeeming; **die ~e Botschaft** the message of salvation *or* redemption
Heil·butt der halibut
heilen 1. *tr. V.* **a)** cure *(disease);* heal *(wound);* **jmdn. ~:** cure sb.; restore sb. to health; **b)** *(befreien)* **jmdn. von etw. ~:** cure sb. of sth.; **davon/von ihm bin ich geheilt** *(ugs.)* I've been cured of it/my attachment to him. 2. *itr. V.*; *mit sein (wound)* heal [up]; *(infection)* clear up; *(fracture)* mend
heil-, Heil-: ~**erde** die pulverized earth with therapeutic properties, used in treating skin diseases and intestinal complaints; ~**erfolg** der success *(of cure etc.);* **zum ~erfolg führen** lead to a successful cure; ~**froh** *Adj.*; *nicht attr.* very *or (Brit. coll.)* jolly glad; ~**gymnastik** die *s.* **Krankengymnastik**

heilig *Adj.* **a)** holy; **der Heilige Vater** the Holy Father; **der Heilige Stuhl** the Holy See; **die Heilige Jungfrau** the Blessed Virgin; **die ~e Barbara/der ~e Augustinus** Saint Barbara/Saint Augustine; **die Heilige Familie/Dreifaltigkeit** the Holy Family/Trinity; **der Heilige Geist** the Holy Spirit; **die Heiligen Drei Könige** the Three Kings *or* Wise Men; the Magi; **die ~e Taufe/Messe** Holy Baptism/Mass; **der ~e Sonntag** the Sabbath; **die Heilige Schrift** the Holy Scriptures *pl.*; **die Heilige Allianz** *(hist.)* the Holy Alliance; **das Heilige Römische Reich** *(hist.)* the Holy Roman Empire; **b)** *(besonders geweiht)* holy; sacred; **~e Stätten** holy *or* sacred places; **der Heilige Abend/die Heilige Nacht** Christmas Eve/ Night; **das Heilige Land** the Holy Land; **c)** *(geh.: unantastbar)* sacred *(right, tradition, cause, etc.);* sacred, solemn *(duty);* gospel *(truth);* solemn *(conviction, oath);* righteous *(anger, zeal);* awed *(silence);* **etw. ist jmdm. ~:** sth. is sacred to sb.; **bei allem, was mir ~ ist** by all that I hold sacred; *s. auch* **hoch 2 d; d)** *(ugs.: groß)* incredible *(coll.);* healthy *(respect);* **seine ~e Not mit jmdm. haben** have a lot of trouble *or* a hard time with sb.; **e)** *(veralt.: fromm)* [extremely] devout *or* pious
Heilig·abend der Christmas Eve
Heilige der/die; *adj. Dekl.* saint; **ein sonderbarer** *od.* **komischer ~r** *(ugs. iron.)* a queer fish *(coll.)*
heiligen *tr. V.* **a)** keep, observe *(tradition, Sabbath, etc.);* **die geheiligten Räume** *(auch iron.)* the inner sanctum; the holy of holies; **der Zweck heiligt die Mittel** the end justifies the means; **b)** *(geh.: weihen)* consecrate *(church);* bless *(house, field, etc.)*
Heiligen-: ~**bild** das picture of a saint; ~**figur** die figure of a saint; ~**legende** die life of a saint; ~**schein** der gloriole; aureole; *(um den Kopf)* halo; **jmdn. mit einem ~schein umgeben** *(fig.)* be unable to see sb.'s faults; ~**verehrung** die veneration of the saints
heilig|halten *unr. tr. V.* keep; observe
Heiligkeit die; ~ **a)** holiness; **Seine/Euere ~** *(Anrede)* His/Your Holiness; **b)** *(der Ehe, Taufe usw.)* sanctity; sacredness; *(geh.: des Zornes)* righteousness; **die ~ des Eigentums** *(geh.)* the sanctity *or* inviolability of property
heilig-, Heilig-: ~**mäßig** 1. *Adj.* saintly; 2. *adv.* ~**mäßig leben** lead a saintly life; ~**|sprechen** *unr. tr. V. (kath. Kirche)* canonize; ~**sprechung** die; ~, ~**en** *(kath. Kirche)* canonization
Heiligtum das; ~s, **Heiligtümer** shrine; **ein ~ für jmdn. sein** *(fig.)* be a sacred object to sb.; **sein Arbeitszimmer ist sein ~** *(fig.)* his study is his sanctuary *or* sanctum
Heiligung die; ~, ~**en** *(geh.)* **a)** *(das Heilighalten)* observance; **b)** *(Rechtfertigung)* justification
heil-, Heil-: ~**klima** das healthy climate; **ein gutes ~klima** a healthy climate; ~**kraft** die healing *or* curative power; ~**kräftig** *Adj.* medicinal *(herb, plant, etc.);* curative *(effect);* ~**kraut** das medicinal *or* officinal herb; ~**kunde** die medicine; ~**kundig** *Adj.* skilled in medicine *or* the art of healing *postpos.*; ~**los** 1. *Adj.* hopeless, awful *(mess, muddle);* utter, *(coll.)* terrible *(confusion);* ~**lose Angst haben** be terrified *or (coll.)* terribly frightened; 2. *adv.* hopelessly; ~**massage** die curative massage; ~**massagen** massage treatment *sing., no indef. art.*; ~**methode** die curative treatment; method of treatment; ~**mittel** das *(auch fig.)* remedy (**gegen** for); *(Medikament)* medicament; ~**pädagoge** der teacher of children with special needs; ~**pädagogik** die special education *no art.*; ~**pflanze** die medicinal *or* officinal

plant *or* herb; ~**praktiker** der non-medical practitioner; ~**quelle** die mineral spring
heilsam *Adj.* salutary *(lesson, effect, experience, etc.)*
Heils-: ~**armee** die Salvation Army; ~**botschaft** die message of salvation
Heil-: ~**schlaf** der *(Med.)* healing sleep; ~**serum** das *(Med.)* [antitoxic] serum
Heils-: ~**geschichte** die *(Theol.)* Heilsgeschichte; salvation-history; ~**lehre** die *(auch fig.)* doctrine of salvation
Heil·stätte die sanatorium; clinic
Heilung die; ~, ~**en a)** *(einer Wunde)* healing; *(von Krankheit, Kranken)* curing; **wenig Hoffnung auf ~ haben** have little hope of being cured; ~ **suchen** seek a cure; **b)** *(das Gesundwerden)* die ~: **dieser Fraktur dauert mehrere Wochen** this fracture will take several weeks to mend; **diese Salbe wird die ~ der Wunde beschleunigen** this ointment will help the wound to heal faster
Heilungs-: ~**prozeß** der, ~**verlauf** der healing process; *(Rekonvaleszenz)* process of recovery
Heil-: ~**verfahren** das [course of] treatment; ~**wirkung** die therapeutic *or* curative effect; ~**zweck** der **in zu ~zwecken** for therapeutic *or* medicinal purposes
heim [haim] *Adv.* home
Heim das; ~[e]s, ~**e a)** *(Zuhause)* home; **ein eigenes ~:** a home of his/their *etc.* own; **b)** *(Anstalt, Alters~)* home; *(für Obdachlose)* hostel; *(für Studenten)* hall of residence; hostel; **c)** *s.* **Erholungs-**
Heim-: ~**abend** der social evening; ~**arbeit** die outwork; **eine ~arbeit suchen/bekommen** look for/get outwork; **etw. in ~arbeit herstellen lassen** have sth. produced by home-workers; ~**arbeiter** der, ~**arbeiterin** die home-worker; out-worker
Heimat [ˈhaimaːt] die; ~, ~**en a)** *(~ort)* home; home town/village; *(~land)* home; homeland; **ihr ist Frankreich zur zweiten ~ geworden** France has become her second home; **b)** *(Ursprungsland)* natural habitat; **Frankreich ist die ~ des Champagners** France is the home of champagne
Heimat-: ~**an·schrift** die home address; ~**dichter** der regional writer; ~**dichtung** die regional literature; ~**erde** die native soil; ~**film** der [sentimental] film in a[n idealized] regional setting; ~**forschung** die research into local history; ~**front** die *(bes. ns.)* home front; ~**hafen** der home port; ~**kunde** die local history, geography, and natural history; ~**land** das homeland; native land; *(fig.)*
heimatlich *Adj.* **a)** *(zur Heimat gehörend)* native *(dialect);* **die ~en Berge** the mountains of [one's] home; **die ~e Landschaft/die ~en Bräuche** the landscape/customs of one's native land/district; *s. auch* **Gefilde; b)** *(an die Heimat erinnernd)* nostalgic *(emotions);* ~**e Klänge** sounds which evoke memories of home
heimat-, Heimat-: ~**lied** das song of one's homeland; ~**los** *Adj.* homeless; **durch den Krieg ~los werden** be displaced by the war; ~**lose** der/die; *adj. Dekl.* homeless person; **die ~losen** the homeless; ~**museum** das museum of local history; ~**ort** der **a)** home town/village; **b)** *s.* ~**hafen**; ~**recht** das right of domicile; ~**sprache** die native language; *(Mundart)* native dialect; ~**stadt** die home town; ~**verein** der local history society; ~**vertrieben** *Adj.* expelled from his/her homeland *postpos.*; ~**vertriebene** der/die; *adj. Dekl.* expellee [from his/her homeland]
heim-: ~**|begeben** *unr. refl. V. (geh.)* make one's way home; go home; ~**|begleiten** *tr. V.* **jmdn. ~begleiten** take *or* see sb. home; ~**|bringen** *unr. tr. V.* **a)** *s.* ~**begleiten; b)** bring home

1177

Heimchen — heißen

Heimchen das; ~s, ~ **a)** (ugs. abwertend: Frau) ~ [am Herd] little hausfrau or housewife; **b)** (Grille) house cricket

Heim·computer der home computer

heim|dürfen unr. itr. V. be allowed [to go] home; **darf ich heim?** may I go home?

heimelig ['haɪməlɪç] Adj. cosy

heim-, Heim-: ~**erzieher** der counsellor in a home for children or young people; ~**fahren 1.** unr. itr. V.; mit sein drive home; **2.** unr. tr. V. drive home; s. auch **fahren 1 a, 2 c**; ~**fahrt** die journey home; (mit dem Auto) drive home; ~**finden** unr. itr. V. find one's way home; ~**führen** tr. V. **a)** (geleiten) take home; **b)** (geh. veralt.: heiraten) eine Frau ~**führen** take a wife; **er führte sie ~:** he took her to wife (arch.); **er führte sie als seine Braut ~:** he took her for his bride; ~**gang** der (geh. verhüll.) passing away; **nach dem ~gang ihres Mannes** after her husband passed away; ~**gegangene** der/die; adj. Dekl. (geh. verhüll.) departed; **unser lieber ~gegangener** our dear departed friend/brother etc.; ~**gehen** unr. itr. V.; mit sein **a)** go home; **b)** (geh. verhüll.: sterben) pass away; **c)** (unpers.) **es geht heim** I/we etc. are going home; ~**geschädigt** Adj. institutionalized; ~**holen** tr. V. **a)** fetch home; **b)** (geh. verhüll.) **Gott hat ihn [zu sich] ~geholt** he has been called to his Maker; ~**industrie** die cottage industry

heimisch Adj. **a)** (einheimisch) indigenous, native ⟨plants, animals, etc.⟩ (**in** + Dat. to); domestic, home ⟨industry⟩; **die ~en Flüsse und Seen** the rivers and lakes of his/her etc. native land; **vor ~em Publikum** (Sport) in front of a home crowd; **b)** nicht präd. (zum Heim gehörend) **an den ~en Herd zurückkehren** go back home; **vom ~en Herd flüchten** get away from the house; **c)** **sein/sich ~ fühlen** be/feel at home; **~ werden** settle in; **~ werden in** (+ Dat.) settle into

heim-, Heim-: ~**kehr** die; ~ return home; homecoming; ~**kehren** itr. V.; mit sein return home (aus from); ~**kehrer** der home-comer; **die ~kehrer aus dem Krieg/Urlaub** the soldiers returning from the war/the holidaymakers returning home; ~**kind** das child brought up in a home; **ein ~kind adoptieren** adopt a child from a home; ~**kino** das **a)** home movies pl.; **eine Vorführung im ~kino** a home-movie show; **b)** (ugs. scherzh.: Fernsehen) box (coll.); goggle-box (Brit. sl.); ~**kommen** unr. itr. V.; mit sein come or return home; ~**laufen** unr. itr. V.; mit sein run [back] home; **schnell ~laufen** dash home; ~**leiter** der warden; (eines Kinder-/Jugendheims) superintendent; (eines Pflegeheims) director; ~**leiterin** die warden; (eines Kinder-/Jugendheims) superintendent; (eines Pflegeheims) matron; ~**leitung** die **a)** warden's office; (eines Kinder-/Jugendheims) superintendent's office; (eines Pflegeheims) director's/matron's office; **b)** (Person) s. **~leiter, ~leiterin;** ~**leuchten** itr. V. (salopp) **jmdm. ~leuchten** give sb. a piece of one's mind (coll.)

heimlich 1. Adj. **a)** secret; secret, clandestine ⟨agreement, meeting⟩; **b)** (österr.) s. **heimelig. 2.** adv. secretly; ⟨meet⟩ secretly, in secret; **sie schaute ~ auf die Uhr** she looked furtively at her watch; **er ist ~ weggelaufen** he slipped or stole away; **~, still und leise** (ugs.) on the quiet; quietly

Heimlichkeit die; ~, ~en; meist Pl. secret; **in aller ~:** in secret; secretly

Heimlichtuer [-tuːɐ] der; ~s, ~ (abwertend) secretive person

heim-, Heim-: ~**mannschaft** die (Sport) home team or side; ~**müssen** unr. itr. V. have to go home; ~**niederlage** die (Sport) home defeat; ~**ordnung** die rules of the/a home/hostel etc.; ~**orgel** die home organ; ~**platz** der place in a home/hostel etc.;

~**recht** das (Sport) ~**recht haben** be playing at home; **die Mannschaft mit ~recht** the home team or side; ~**reise** die journey home; ~|**schicken** tr. V. send home; ~**schwach** Adj. (Sport) ~**schwach sein** have a poor home record; ~**sieg** der (Sport) home win; ~**spiel** das (Sport) home match or game; ~**stark** Adj. (Sport) ~**stark sein** have a very good home record; ~**statt** die (geh.) home; ~**stätte** die **a)** s. **Heimstatt; b)** (Grundbesitz für Vertriebene) homestead (for refugees etc.); ~|**suchen** tr. V. **a)** (überfallen) ⟨storm, earthquake, epidemic⟩ strike; ⟨disease⟩ afflict; ⟨nightmares, doubts⟩ plague; ⟨catastrophe, fate⟩ overtake; **von Streiks/Dürre ~gesucht** strike-torn/drought-ridden; **b)** (aufsuchen) ⟨visitor, salesman, etc.⟩ descend [up]on; ~**suchung** die; ~, ~en affliction; visitation; ~|**trauen** refl. V. dare to go home

Heim·tücke die; ~ (Bösartigkeit) [concealed] malice; (Hinterlistigkeit, fig.: einer Krankheit) insidiousness

heim·tückisch 1. Adj. (bösartig) malicious; ⟨fig.⟩ insidious ⟨disease⟩; (hinterlistig) insidious. **2.** adv. maliciously

heim-, Heim-: ~**vorteil** der (Sport) advantage of playing at home; home advantage; ~**wärts** [-vɛrts] Adv. (nach Hause zu) home; (in Richtung Heimat) homeward[s]; ~**weg** der way home; **sich auf den ~weg machen** set off [for] home; **haben Sie einen weiten ~weg?** have you got a long way to go to get home?

Heim·weh das homesickness; **nach jmdm./einem Ort ~ haben** pine for sb./be homesick for a place; ~ **bekommen** get homesick

heimweh·krank Adj. homesick

heim-, Heim-: ~**werker** der handyman; do-it-yourselfer; ~|**wollen** unr. itr. V. want to go home; ~|**zahlen** tr. V. **jmdm. etw. ~zahlen** pay sb. back or get even with sb. for sth.; **jmdm. in gleicher Münze ~zahlen** pay sb. back in the same coin; ~|**ziehen 1.** unr. itr. V.; mit sein return home; **2.** unr. tr. V. (unpers.) **es zog ihn ~:** he wanted to go home; ~**zögling** der s. **~kind**

Hein [haɪn] in **Freund ~** (verhüll.) [Angel of] Death

Heini ['haɪni] der; ~s, ~s (ugs. Schimpfwort) idiot; half-wit; clot (sl.)

Heinzel·männchen ['haɪntsl̩-] das; ~s, ~: brownie

Heirat ['haɪraːt] die; ~, ~en marriage

heiraten 1. itr. V. marry; **get married; ~ müssen** (verhüll.) have to get married; **das Heiraten** marriage no art.; getting married no art.; **sie hat nach Amerika geheiratet** she got married and settled in America. **2.** tr. V. marry

heirats-, Heirats-: ~**absichten** Pl. marriage plans; **ernsthafte ~absichten haben** seriously intend to marry or get married; ~**alter** das marrying age; **im ~alter sein** be of an age to marry; ~**annonce** die advertisement for a marriage partner; ~**antrag** der proposal or offer of marriage; **jmdm. einen ~antrag machen** propose to sb.; ~**anzeige** die **a)** (Anzeige, daß jemand heiratet) announcement of a/the forthcoming marriage; **b)** s. **~annonce;** ~**fähig** Adj. ⟨person⟩ of marriageable age; **im ~fähigen Alter** of marriageable age; ~**institut** das marriage bureau; ~**kandidat** der (scherzh.) **a)** (jmd., der heiraten will) husband-to-be; **b)** (unverheirateter Mann) eligible bachelor; ~**lustig** Adj. (scherzh.) eager or keen to get married postnom.; ~**markt** der (scherzh.) **a)** (Zeitungsrubrik) matrimonial advertisements pl.; **b)** (Veranstaltung) marriage market; ~**schwindel** der fraud involving a spurious offer of marriage; ~**schwindler** der person who makes a spurious offer of marriage for purposes of fraud; ~**urkunde** die marriage certificate; ~**vermittler** der

marriage broker; ~**versprechen** das promise of marriage; **Bruch eines ~versprechens** (Rechtsw.) breach of promise

heisa ['haɪza od. 'haɪsa] Interj. (veralt.) hooray

heischen ['haɪʃn] tr. V. (geh.) **a)** (fordern) demand; **b)** (veralt.: bitten um) ask for; (inständig) beg

heiser ['haɪzɐ] **1.** Adj. hoarse; (rauchig) husky; **sich ~ schreien/reden** shout/talk oneself hoarse. **2.** adv. hoarsely; in a hoarse voice

Heiserkeit die; ~: s. **heiser:** hoarseness; huskiness

heiß [haɪs] **1.** Adj. **a)** hot; hot, torrid ⟨zone⟩; brennend/glühend ~: burning/scorching hot; **jmdm. ist ~:** sb. feels hot; **etw. ~ machen** heat sth. up; **ein Paar Heiße** (ugs.) a couple of hot sausages; **es überläuft mich ~ und kalt, es läuft mir ~ und kalt den Rücken hinunter** I feel hot and cold all over; **sie haben sich die Köpfe ~ geredet** the conversation/debate became heated; **dort haben sie wohl zu ~ gebadet?** (salopp) you must be off your rocker (sl.); **b)** (heftig) heated ⟨debate, argument⟩; impassioned ⟨anger⟩; burning, fervent ⟨desire⟩; fierce ⟨fight, battle⟩; **c)** (innig) ardent, passionate ⟨wish, love⟩; ~**e Tränen weinen** weep bitterly; cry one's heart out; ~**en Dank** (ugs.) thanks a lot! (coll.); **d)** (aufreizend) hot ⟨rhythm etc.⟩; sexy ⟨blouse, dress, etc.⟩; **eine ~e Nummer** (ugs.) a [red-]hot number (coll.); **was für'n ~er Typ!** (salopp) what a guy! (coll.); s. auch **Sohle a;** **e)** (ugs.: gefährlich) hot (coll.) ⟨goods, money⟩; **das wird ein ~es Jahr** things are going to get pretty hot this year (coll.); **ein ~es Thema** a controversial subject; **ein ~es Geschäft** a risky business; **eine ~e Gegend** a rough district; s. auch **Eisen b; f)** nicht präd. (ugs.: Aussichten habend) hot ⟨favourite, tip, contender, etc.⟩; **auf einer ~en Spur sein** be on the scent; **g)** nicht präd. (ugs.: schnell) hot; s. auch **Ofen e; h)** (ugs.: brünstig) on heat; **i)** (salopp: aufgeregt) **jmdn. ~ machen** turn sb. on (coll.); **j)** (Physik) hot (sl.). **2.** adv. (heftig) ⟨fight⟩ fiercely; **die Stadt wurde ~ umkämpft** the town was the object of fierce fighting; **es ging ~ her** things got heated; sparks flew (coll.); (auf einer Party usw.) things got wild; **b)** (innig) **jmdn. ~ und innig lieben** love sb. dearly or with all one's heart; **etw. ~ ersehnen** long fervently for sth.

heißa ['haɪsa] s. **heisa**

heiß·blütig Adj. (leidenschaftlich) hot-blooded; ardent, passionate ⟨lover⟩; (leicht erregbar) hot-tempered

¹**heißen 1.** unr. itr. V. **a)** (den Namen tragen) be called; **ich heiße Hans** I am called Hans; my name is Hans; **er heißt mit Nachnamen Müller** his surname is Müller; **früher hat sie anders geheißen** she used to have a different name; **nach jmdm. ~:** be named or called after sb.; **und wie sie alle ~:** and the rest [of them]; **wie kann man nur Traugott ~?** how can anyone have a name like Traugott?; **so wahr ich ... heiße** (ugs.) as sure as I'm standing here; **dann will ich Emil ~** (ugs.) then I'm a Dutchman (coll.); **b)** (bedeuten) mean; **was heißt „danke" auf französisch?** what's the French for 'thanks'?; **das will viel/nicht viel ~:** that means a lot/doesn't mean much; **was soll das denn ~?** what's that supposed to mean?; **was heißt hier: morgen?** what do you mean, tomorrow?; **das heißt** that is [to say]; **c)** (lauten) ⟨saying⟩ go; **wie heißt das Buch?** what's [the title or name of] the book?; **der Titel/sein Motto heißt ...:** the title/his motto is ...; **d)** (unpers.) (man sagt) **es heißt, daß ...:** they say or it is said that ...; **es heißt, daß sie unheilbar krank ist** she is said to be incurably ill; **wie es hieß, war sie unheilbar krank** they said or

1178

it was said [that] she was incurably ill; **es hieß allgemein, daß ...:** everybody said that ...; **es soll nicht ~, daß ...:** never let it be said that ...; **e)** *(unpers.) (ist zu lesen)* **in dem Gedicht/Roman/Artikel heißt es ...:** in the poem/novel/article it says that ...; **wie heißt es doch gleich bei Goethe?** what was it Goethe said?; **f)** *(unpers.) (geh.: es gilt)* **jetzt heißt es aufgepaßt!** you'd better watch out now!; **jetzt heißt es handeln!** now it's time to act *or* for action! **2.** *unr. tr. V.* **a)** *(geh.: auffordern)* tell; bid; **jmdn. etw. tun ~:** tell sb. to do sth.; bid sb. do sth.; **b)** *(geh.: bezeichnen)* call; **jmdn. einen Lügner ~:** call sb. a liar; **jmdn. willkommen ~:** bid sb. welcome; **c)** *(veralt.: einen Namen geben)* name; call

²**heißen** *tr. V. s.* **hissen**
heiß-, Heiß-: **~ersehnt** *Adj.; präd. getrennt geschrieben* **das ~ersehnte Fahrrad** the bicycle he/she has/had longed for so fervently; **~geliebt** *Adj.; präd. getrennt geschrieben* dearly beloved ⟨husband, son, etc.⟩; beloved ⟨doll, car, etc.⟩; **~getränk das** hot drink; **~getränke** *(auf Speisekarten)* hot beverages; **~hunger der: einen ~hunger auf etw. (Akk.)** *od.* **nach etw. [haben]** [have] a craving for sth.; **etw. mit [wahrem] ~hunger verschlingen** devour sth. ravenously; [absolutely *(coll.)*] wolf sth. down; **sich mit [wahrem] ~hunger auf etw. (Akk.) stürzen** *(fig.)* [absolutely *(coll.)*] devour sth.; **~hungrig 1.** *Adj.* ravenous; **2.** *adv.* ravenously; voraciously; **laufen 1.** *itr. V.*; *mit sein* run hot; ⟨engine⟩ run hot, overheat; **sie hat soviel telefoniert, daß die Drähte heißliefen** she made so many telephone calls that the wires were buzzing; **2.** *unr. refl. V.* run hot; ⟨engine⟩ run hot, overheat
Heiß·luft die hot air
Heißluft-: **~bad das** hot-air bath; **~ballon der** hot-air balloon; **~gerät das** *(Trockner)* hot-air dryer; *(Herd)* hot-air oven
heiß-, Heiß-: **~mangel die** rotary ironer; **~sporn der** hothead; **~umkämpft** *Adj. (präd. getrennt geschrieben)* fiercely contested *or* disputed; **~umstritten** *Adj. (präd. getrennt geschrieben)* hotly debated ⟨matter, subject, etc.⟩; highly controversial ⟨figure, director, etc⟩
Heiß·wasser-: **~bereiter der** water heater; **~speicher der** hot-water tank with an immersion heater
heiter ['haitɐ] *Adj.* **a)** *(fröhlich)* cheerful, happy ⟨person, nature⟩; happy, merry ⟨laughter⟩; **~ und zufrieden** happy and contented; **b)** *(froh stimmend)* cheerful ⟨music etc.⟩; cheerful, bright ⟨colour, wallpaper, room, etc.⟩; *(story etc.)*; **einer Sache** *(Dat.)* **die ~e Seite abgewinnen** look on the bright side of sth.; **das ist ja ~!** *(ugs. iron.)* that's just great *or* wonderful *(iron.)*; **das kann ja ~ werden!** *(ugs. iron.)* that'll be fun *(iron.)*; **c)** *(sonnig)* fine ⟨weather⟩; bright, fine ⟨day⟩; **~ bis wolkig** generally fine, though cloudy in places
Heiterkeit die; **~ a)** *(Frohsinn)* cheerfulness; **b)** *(Belustigung)* merriment; **allgemeine ~ erregen** provoke *or* cause general merriment; **c)** *(sonniges Wetter)* brightness
Heiterkeits·ausbruch der burst of merriment
heizbar *Adj.* heated ⟨windscreen, room, etc.⟩; **das Zimmer ist nicht/schwer ~:** the room has no heating/is difficult to heat
Heiz·decke die electric blanket
heizen ['haitsn̩] **1.** *itr. V.* have the heating on; **der Ofen heizt gut** the stove gives off *or* throws out a good heat; **mit Kohle usw. ~:** use coal *etc.* for heating. **2.** *tr. V.* **a)** *(warm machen)* heat ⟨room etc.⟩; **b)** *(anheizen)* stoke ⟨furnace, boiler, etc.⟩; **den Badeofen ~:** heat the bath-water; **sie ~ ihre Öfen mit Öl** their boilers are oil-fired; **c)** *(als Brenn-*

stoff verwenden) burn. **3.** *refl. V.* **sich gut/ schlecht ~:** be easy/difficult to heat
Heizer der; **~s, ~** *(einer Lokomotive)* fireman; stoker; *(eines Schiffes)* stoker
Heiz-: **~fläche die** heating surface; **~gerät das** heater; **~kessel der** boiler; **~kissen das** heating pad; **~körper der** radiator; **~kosten** *Pl.* heating costs; **~lüfter der** fan heater; **~material das** fuel [for heating]; **~ofen der** stove; heater; **ein elektrischer ~ofen** an electric heater; **~öl das** heating oil; fuel oil; **~periode die** heating period; **~platte die** hotplate; **~rohr das** heating pipe; **~sonne die** word fire; parabolic heater; **~strahler der** radiant heater
Heizung die; **~, ~en a)** [central] heating *no pl., no indef. art.*; **b)** *(ugs.: Heizkörper)* radiator
Heizungs-: **~anlage die** heating system; **~keller der** boiler-room *(in the basement)*; **~monteur der** heating engineer; **~technik die** heating engineering
Heiz·wert der calorific value
Hektar ['hɛktaːɐ] *das od. der*; **~s, ~e** hectare
Hektar·ertrag der *(Landw.)* yield per hectare
Hektik ['hɛktɪk] **die**; **~:** hectic rush; *(des Lebens)* hectic pace; **wozu die ~?** *(ugs.)* what's the rush?; **nur keine ~!** *(ugs.)* take it easy!
hektisch 1. *Adj.* **a)** *(fieberhaft)* hectic; **sie ist immer furchtbar ~:** she is always in a hectic rush; **nun mal nicht so ~!** take it easy!; **b)** *(Med. veralt.)* hectic; **~e Flecken** *(fig.)* red blotches. **2.** *adv.* ⟨work, run to and fro⟩ frantically; **~ zugehen** be hectic; **~ leben** lead a hectic life
Hektographie [hɛktograˈfiː] **die**; **~, ~n a)** *o. Pl. (veralt.: Verfahren)* hectography *no art.*; **b)** *(Kopie)* hectographed *or* hectographic copy
hektographieren *tr. V.* **a)** *(veralt.)* hectograph; **b)** *(vervielfältigen)* duplicate; copy
Hekto-: **~liter der** *od.* **das hectolitre; **~watt das** hundred watts
Helanca ⓦ [heˈlaŋka] *das*; **~:** nylon stretch fabric
helau [heˈlau] *Interj.:* cheer or greeting used at Carnival time
Held [hɛlt] *der*; **~en, ~en** hero; **du bist mir ein schöner** *od.* **netter ~** *(scherzh.)* a fine one you are!; **den ~en spielen** *(abwertend)* play the hero; **kein ~ in etw. (Dat.) sein** *(ugs. scherzh. od. spött.)* be no great shakes at sth. *(coll.)*; **du bist nicht gerade ein ~ in der Schule** *(ugs.)* you're not exactly doing brilliantly at school; **der ~ des Tages/des Abends** the hero of the hour; **~ der Arbeit** *(DDR)* Hero of Labour
Helden-: **~brust die** *(scherzh./iron.)* manly chest; **~darsteller der** *(Theater)* actor of heroic roles; **~dichtung die** *(Literaturw.)* epic *or* heroic poetry; **~epos das** *(Literaturw.)* heroic epic; **~friedhof der** military *or* war cemetery; **~gedenktag der** *(veralt.)* ≈ Remembrance Day *(Brit.)*; Memorial Day *(Amer.)*; **~gestalt die** hero
heldenhaft 1. *Adj.* heroic. **2.** *adv.* heroically
helden-, Helden-: **~lied das** *(Literaturw.)* heroic song *or* lay; **~mut der** heroism; **~mütig 1.** *Adj.* heroic. **2.** *adv.* heroically; **~pose die** *(abwertend)* heroic pose; **~rolle die** *(Theater)* part *or* role of the hero; **~sage die** *(Literaturw.)* heroic legend; *(aus Norwegen, Island)* heroic saga; **~stück das** *(iron.)* **das war kein ~stück** that was nothing to be proud of; **das war keine ~tat** *(spött.)* that was nothing to be proud of; **~tenor der a)** *(Sänger)* heroic *or* dramatic tenor; Heldentenor; **b)** *(Stimmlage)* Heldentenor; **~tod der** *(geh. verhüll.)* death in action; **den ~tod sterben/finden** be killed in action
Heldentum das; **~s** heroism
Heldin die; **~, ~nen** heroine

helfen ['hɛlfn̩] *unr. itr. V.* **a)** *(behilflich sein)* **jmdm. ~ [etw. zu tun]** help *or* assist sb. [to do sth.]; lend *or* give sb. a hand [in doing sth.]; **jmdm. bei etw. ~:** help *or* assist sb. with sth.; **jmdm. in den/aus dem Mantel ~** help sb. into *or* on with/out of *or* off with his/her coat; **jmdm. über die Straße/in den Bus ~:** help sb. across the road/on to the bus; **dem Kranken war nicht mehr zu ~:** the patient was beyond [all] help; **dir ist nicht zu ~** *(ugs.)* you're a hopeless case; **sich** *(Dat.)* **nicht mehr zu ~ wissen** be at one's wits' end; **sich immer zu ~ wissen** be able to take care of oneself; **dem werde ich ~, die Schule zu schwänzen!** *(ugs.)* I'll teach him to play truant; **ich kann mir nicht ~, aber ...:** I'm sorry, but [I have to say that] ...; **b)** *(nützlich sein)* help; **ein paar Tage Ruhe werden Ihnen sicher ~:** a couple of days' rest will certainly do you good; **das hilft gegen** *od.* **bei Kopfschmerzen** it is good for *or* helps to relieve headaches; **das hilft mir auch nichts** that's no help *or* good to me either; **hilf dir selbst, so hilft dir Gott** *(Spr.)* God helps those who help themselves; **da hilft alles nichts** there's nothing *or* no help for it; **da hilft kein Jammern und kein Klagen** it's no good *or* use moaning and groaning; **c)** *(unpers.)* **es hilft nichts** it's no use *or* good; **was hilft's?** what's the use *or* good?; **damit ist uns nicht geholfen** that is no help to us; that doesn't help us; **es hilft dir wenig zu jammern** it's not much good *or* use moaning
Helfer der; **~s, ~:** helper; *(Mitarbeiter)* assistant; *(eines Verbrechens)* accomplice; **ein ~ in der Not** a friend in need
Helferin die; **~, ~nen** *s.* **Helfer**
Helfers·helfer der; **~s, ~** *(abwertend)* accomplice
Helikopter [heliˈkɔptɐ] *der*; **~s, ~:** helicopter
helio-, Helio- [ˈheli̯o-] helio-
Heliograph [-ˈgraːf] *der*; **~en, ~en** *(Astron., Nachrichtenw.)* heliograph
Heliographie [-graˈfiː] **die**; **~** *(Druckw., Nachrichtenw.)* heliography *no art.*
Helioskop [-ˈskoːp] *das*; **~s, ~e** *(Astron.)* helioscope
Heliostat [-ˈstaːt] *der*; **~[e]s** *od.* **~en, ~en** *(Astron.)* heliostat
¹**Heliotrop das**; **~s, ~e** *(Pflanze, Farbe, Farbstoff)* heliotrope
²**Heliotrop der**; **~s, ~e** *(Schmuckstein)* bloodstone; heliotrope
Helium [ˈheːli̯ʊm] *das*; **~s** helium
Helix [ˈheːlɪks] **die**; **~, Helices** [ˈheːlitseːs] *(Chemie)* helix

hell [hɛl] **1.** *Adj.* **a)** *(von Licht erfüllt)* light ⟨room etc.⟩; well-lit ⟨stairs⟩; **es wird ~:** it's getting light; **es war schon ~er Morgen/Tag** it was already broad daylight; **am ~en Tag** *(ugs.)* in broad daylight; **in ~en Flammen stehen** be in flames *or* ablaze; **b)** *(klar)* bright ⟨day, sky, etc.⟩; **eine ~ere Zukunft** *(fig. ugs.)* a brighter *or* more promising future; **c)** *(viel Licht spendend)* bright ⟨light, lamp, star, etc.⟩; **d)** *(blaß)* light ⟨colour⟩; fair ⟨skin, hair⟩; light-coloured ⟨clothes⟩; **~es Bier** ≈ lager; **e)** *(akustisch)* **ein ~er Ton/ Klang** a high, clear sound; **eine ~e Stimme** a high, clear voice; **ein ~es Lachen** a ringing laugh; **f)** *(klug)* bright; intelligent; **ein ~er Kopf sein** be bright; **dort fehlt ein ~er Kopf** what is needed there is somebody with brains; **g)** *(voll bewußt)* lucid ⟨moment, interval⟩; **h)** *nicht präd. (ugs.: absolut)* sheer, utter ⟨madness, foolishness, despair, nonsense⟩; unbounded, boundless ⟨enthusiasm⟩; unrestrained ⟨jubilation⟩; **in ~e Wut geraten** fly into a blind rage; **er hat seine ~e Freude an ihr/daran** she/it is his great joy; **daran wirst du deine ~e Freude haben** *(iron.)* you'll soon find out what you've let yourself in for; *s. auch* **Schar. 2.** *adv.* **a)** brightly

1179

⟨*lit*⟩; ⟨*shine, blaze*⟩ brightly; **b)** (*in hoher Tonlage*) ~ läuteten die Glocken the bells rang out high and clear; ~ lachen give a ringing laugh; **c)** (*sehr*) highly ⟨*enthusiastic, delighted, indignant, etc.*⟩; (*laut*) **über diesen Unsinn mußte er ~ lachen** he had to laugh heartily at this nonsense

hell-, Hell-: ~auf *Adv.* highly ⟨*enthusiastic, indignant, etc.*⟩; **~auf lachen** laugh out loud; **~äugig** *Adj.* ⟨*person*⟩ with light-coloured eyes; **~blau** *Adj.* light blue; **~blond** *Adj.* very fair; light blonde; **~braun** *Adj.* light brown; **~-Dunkel-Adap[ta]tion** die adaptation to light and dark; **~-dunkel-malerei** die chiaroscuro

helle *Adj.; nicht attr. (landsch.)* bright; intelligent; **sei ~!** use your head!

¹Helle die; ~ (*geh.*) *s.* **Helligkeit**

²Helle das; *adj. Dekl.* ≈ lager

Hellebarde [hɛlə'bardə] *die*; ~, ~n (*hist.*) halberd

hellenisieren [hɛleni'ziːrən] *tr. V.* Hellenize *no art.*

Hellenismus der; ~: Hellenism *no art.*

Hellenist der; ~en, ~en Hellenist

Hellenistik die; ~: classical Greek studies *pl., no art.*

hellenistisch *Adj.* Hellenistic; **die ~en Staaten** the states of Ancient Greece

Heller der; ~s, ~: heller; **bis auf den letzten ~/bis auf ~ und Pfennig** (*ugs.*) down to the last penny *or* (*Amer.*) cent; **das ist keinen [roten od. lumpigen] ~ wert** (*ugs.*) it's not worth a penny *or* (*Amer.*) one red cent; **sie hat keinen [roten od. lumpigen] ~** (*ugs.*) she doesn't have a penny to her name *or* (*Amer.*) have one [red] cent; **keinen [roten] ~ für jmdn./etw. geben** (*ugs.*) not care tuppence about sb./sth.

hell·erleuchtet *Adj. (präd. getrennt geschrieben)* brightly-lit

helleuchtend ['hɛlɔyçtn̩t] *Adj. (präd. getrennt geschrieben:* **hell leuchtend**) bright

hell-: ~farben, ~farbig *Adj.* light-coloured; **~gekleidet** *Adj. (präd. getrennt geschrieben)* [dressed] in light-coloured clothes *postpos.*]; **~gelb** *Adj.* light yellow; **~gestreift** *Adj. (präd. getrennt geschrieben)* with light-coloured stripes *postpos.*; **~grau** *Adj.* light grey; **~grün** *Adj.* light green; **~haarig** *Adj.* fair[-haired]; **~häutig** *Adj.* fair[-skinned]; fair-skinned, pale-skinned ⟨*race*⟩; **~hörig** *Adj.* **a)** (*aufmerksam*) **~hörig werden** sit up and take notice (*coll.*); **jmdn. ~hörig machen** make sb. sit up and take notice (*coll.*); **b)** (*schalldurchlässig*) badly *or* poorly sound-proofed; **c)** (*veralt.: gut hörend*) **~hörig sein** have keen hearing *or* sharp ears

hellicht ['hɛl'lɪçt] *Adj.* **in es ist ~er Tag** it's broad daylight; **am ~en Tag** in broad daylight

Helligkeit die; ~, ~en (*auch Physik*) brightness; **eine Lampe von größerer ~:** a brighter lamp

Helligkeits·regler der (*Elektrot.*) dimming control; dimmer; (*beim Fernsehgerät*) brightness-control; **Lichtschalter mit ~:** dimmer-switch

hellodernd ['hɛloːdɐnt] *Adj.; nicht präd.* blazing; **~e Flammen** raging flames

hell-: ~lila, ~rot *Adj.* light red; **~sehen** *unr. itr. V.; nur im Inf.* **~sehen können** have second sight; be clairvoyant; **~seher** der, **~seherin** die clairvoyant; **~seherisch** *Adj.* clairvoyant; **~seherische Begabung haben** have the gift of second sight; **~sichtig** *Adj.* **a)** (*durchschauend*) perceptive; **b)** (*weitblickend*) far-sighted; **~sichtigkeit** die; ~: perceptiveness; **~wach** *Adj.* **a)** (*ganz wach*) wide awake; **b)** (*ugs.: klug*) bright; **~werden** das; **~s** daybreak *no art.*

¹Helm [hɛlm] der; ~[e]s, ~e **a)** (*Kopfschutz*) helmet; **~ ab zum Gebet!** (*Milit.*) helmets off for prayers!; **b)** (*Archit.*) (*pyramidenförmig*) helm *or* pyramidal roof; (*kegelförmig*) conical roof

²Helm der; ~[e]s, ~e (*einer Axt, eines Hammers usw.*) helve; (*eines Messers*) haft; handle

Helm-: ~busch der plume; crest; **~dach** das *s.* **¹Helm b;** **~zier** die crest

Helot [he'loːt] der; ~en, ~en (*hist.*) Helot

Helotentum das; ~s (*hist.*) helotism; helotry

hem [hɛm] *Interj.* hem

Hemd [hɛmt] das; ~[e]s, ~en **a)** (*Oberhemd*) shirt; **b)** (*Unterhemd*) [under]vest; undershirt; **c)** **in etw. wechseln wie das od. ein ~** (*ugs. abwertend*) change sth. as often as one changes one's clothes; **naß bis aufs ~ sein** be soaked to the skin; be wet through; **das ~ ist mir näher als der Rock** for me charity begins at home; **mach dir nichts ins ~** (*salopp*) don't get [all] uptight (*coll.*); **das zieht einem [ja] das ~ aus** (*ugs.*) that's terrible!; **für sie gibt er sein letztes od. das letzte ~ her** (*ugs.*) he'd sell the shirt off his back to help her; **jmdn. bis aufs ~ ausziehen** (*ugs.*) have the shirt off sb.'s back (*coll.*); **alles bis aufs ~ verlieren** (*ugs.*) lose almost everything

Hemd-: ~ärmel der (*österr.*) *s.* **Hemdsärmel**; **~bluse** die shirt; **~blusen·kleid** das shirt-waist dress; **~brust** die shirt-front; dicky (*coll.*)

Hemden·matz der (*ugs. scherzh.*) small child wearing only a shirt or vest; little barebum (*coll.*)

Hemd-: ~knopf der shirt-button; **~kragen** der shirt-collar

Hemds·ärmel der shirt-sleeve; **in ~n** in [one's] shirt-sleeves

hemdsärmelig [~ɛrməlɪç] *Adj.* **a)** (*im Hemd*) shirt-sleeved *attrib.*; in [one's] shirtsleeves *postpos.*; **b)** (*ugs.: leger*) casual ⟨*manner*⟩; informal ⟨*style*⟩; **sich ~ geben** behave in a casual manner; **er ist mir zu ~:** he's too pally for my liking (*coll.*)

Hemd·zipfel der shirt-tail

Hemisphäre [hemi'sfɛːrə] die; ~, ~n hemisphere

hemmen ['hɛmən] *tr. V.* **a)** (*verlangsamen*) slow [down]; retard; **seinen Schritt ~:** slow one's pace; slow down; **b)** (*aufhalten*) check; stem ⟨*flow*⟩; **c)** (*beeinträchtigen*) hinder; hamper; **jmdn. in seiner Entwicklung ~:** inhibit sb.'s development; **d)** (*behindern*) impede, hamper ⟨*person*⟩; **die Verletzung hemmte sie beim Laufen** her injury made walking difficult

Hemmnis das; ~ses, ~se obstacle, hindrance (**für** to)

Hemm·schuh der **a)** (*Hemmnis*) obstacle, hindrance (**für** to); **b)** (*Eisenb.*) slipper [brake]; **c)** (*Bremsklotz*) chock; **d)** (*Bremse*) skid; drag

Hemmung die; ~, ~en **a)** (*Gehemmtheit*) inhibition; **~en haben have inhibitions; be inhibited; ich hatte ~en, sie darum zu bitten** I felt awkward about asking her for it; **b)** (*Bedenken*) scruple; **keine ~en haben, etw. zu tun** have no scruples about doing sth.; **c)** (*Hemmen*) (*des Wachstums, einer Entwicklung*) inhibition

hemmungs·los 1. *Adj.* unrestrained; unrestrained, unbridled ⟨*passion*⟩; (*skrupellos*) unscrupulous; **ein ~er Mensch** a person lacking in all restraint/an unscrupulous person. **2.** *adv.* unrestrainedly; without restraint; ⟨*cry, laugh, scream*⟩ uncontrollably; (*skrupellos*) unscrupulously

Hemmungslosigkeit die; ~: lack of restraint; (*Skrupellosigkeit*) unscrupulousness

Hendl ['hɛndl] das; ~s, ~[n] (*bayr., österr.*) chicken; (*Brathähnchen*) [roast] chicken

Hengst [hɛŋst] der; ~[e]s, ~e (*Pferd*) stallion; (*Kamel*) male; (*Esel*) male; jackass

Hengst-: ~fohlen das, **~füllen** das colt; [male] foal

Henkel ['hɛŋkl̩] der; ~s, ~: handle; (*einer Kanne*) handle; ear

Henkel-: ~kanne die jug; (*größer*) pitcher; **~kreuz** das ansate cross; ankh; **~mann** der (*ugs.*) portable set of stacked containers for taking a hot meal to one's work

henken ['hɛŋkn̩] *tr. V. (veralt.)* hang

Henker der; ~s, ~ **a)** hangman; (*Scharfrichter, auch fig.*) executioner; **b)** (*salopp*) **sich den ~ um etw. scheren** not give a damn about sth. (*coll.*); **scher dich od. geh zum ~!** go to blazes *or* to the devil! (*coll.*); **hol's der ~!** damn [it]! (*coll.*); **the devil take it!** (*coll.*); **weiß der ~!** the devil only knows (*coll.*); **beim od. zum ~!** damn it! (*coll.*); **hang it all!** (*coll.*)

Henker[s]-: ~beil das executioner's axe; **~hand** die: **durch od. von ~hand** (*geh.*) at the hand of the executioner

Henkers-: ~knecht der hangman's assistant; (*eines Scharfrichters*) executioner's assistant; (*fig.*) henchman; **~mahlzeit** die last meal (*before execution*); (*scherzh.*) last slap-up meal (*before examination, operation, departure, etc.*)

Henna ['hɛna] die; ~ *od.* das; ~[s] henna

Henne ['hɛnə] die; ~, ~n hen

Hepatitis [hepa'tiːtɪs] die; ~, **Hepatitiden** (*Med.*) hepatitis

her [heːɐ] *Adv.* **a)** ~ **damit!** give it to me; give it here (*coll.*); ~ **mit dem Geld** hand over *or* give me the money; **Bier ~!** bring me/us some beer!; **vom Fenster ~:** from the window; **von weit ~:** from far away *or* a long way off; **b)** (*zeitlich*) **von ihrer Kindheit ~:** since childhood; **jmdn. von früher/von der Schulzeit ~ kennen** know sb. from earlier times/from one's school-days; *s. auch* **früher 2; hersein; c)** von der Konzeption ~: as far as the basic design is concerned; **das ist von der Sache ~ nicht vertretbar** it is unjustifiable in the nature of the matter

herab [hɛ'rap] *Adv.* **vom Gipfel ~ bis ins Tal** from the summit down to the valley; **bis ~ auf etw.** (*Akk.*) **down to sth.**; **die Treppe/den Berg ~:** down the stairs/the mountain; **von oben ~** (*fig.*) condescendingly; **er ist immer so von oben ~:** he's always so superior

herab-, Herab- (*s. auch* **herunter-**): **~|blicken** *itr. V. (geh.) s.* **~sehen; ~|flehen** *tr. V. (geh.)* **Gottes Hilfe ~flehen** beseech God's help; **Gottes Segen auf jmdn. ~flehen** call down God's blessing on sb.; **~|fließen** *unr. itr. V.; mit sein (geh.)* flow down; **~|hängen** *unr. itr. V.* **a)** (*nach unten hängen*) hang [down] (**von** from); (*fig.*) ⟨*clouds*⟩ hang low [in the sky]; **b)** (*schlaff hängen*) ⟨*hair, arms, etc.*⟩ hang down; **~hängende Schultern** drooping shoulders; **~|klettern** *itr. V.; mit sein (geh.)* climb down; descend; **~|kommen** *unr. itr. V.; mit sein (geh.)* come down; descend; **~|lassen 1.** *unr. tr. V.* let down; lower; **2.** *unr. refl. V.* **a)** (*iron.: bereit sein*) **sich ~lassen,** (*iron. veralt.: leutselig sein*) **sich zu jmdm. ~lassen** come down to sb.'s level; **~lassend 1.** *Adj.* condescending; patronizing (**zu** towards); **2.** *adv.* condescendingly; patronizingly; **in a condescending or patronizing manner**; **~lassung** die; ~: condescension; **~|mindern** *tr. V.* **a)** reduce; **b)** (*schlechtmachen*) belittle, disparage ⟨*achievement, qualities, etc.*⟩; **~minderung** die belittlement; disparagement; **~|regnen** *itr. V.; mit sein* ⟨*drops of rain*⟩ rain down; (*fig.*) rain down; **~|rieseln** *itr. V.; mit sein (geh.)* trickle down; ⟨*snow*⟩ fall gently; ⟨*snowflakes*⟩ float down; **~|sehen** *unr. itr. V.* **a)** (*nach unten sehen*) look down (**auf** + *Akk.* on); **b)** (*geringschätzig betrachten*) **auf jmdn. ~sehen** look down on sb.; **~|senken** *refl. V. (geh.)* ⟨*night, evening*⟩ fall; ⟨*mist, fog*⟩ settle, descend (**auf** + *Akk.* on, over);

herabsetzen / **herausdrücken**

~|**setzen** *tr. V.* a) *(reduzieren)* reduce, cut ⟨*cost, price, working hours, etc.*⟩; reduce ⟨*speed*⟩; **zu ~gesetzten Preisen** at reduced prices; **~gesetzte Waren** *(ugs.)* cut-price goods; b) *(abwerten)* belittle; disparage; **~setzung die;** ~: s. **~setzen: a)** reduction, cut (*Gen.* in); b) belittling; disparagement; ~|**sinken** *unr. itr. V.; mit sein* a) *(nach unten sinken)* sink [down]; *(fig.)* fall; descend; ⟨*mist, fog*⟩ settle, descend (**auf** + *Akk.* on, over); b) *(moralisch absinken)* sink; ~|**steigen** *unr. itr. V.; mit sein (geh.)* descend; climb down; *(vom Pferd)* dismount; ~|**stoßen** *tr. V.* push down; **er hat ihn von der Klippe ~gestoßen** he pushed him off the cliff; 2. *unr. itr. V.; mit sein* swoop down; ~|**stürzen** 1. *itr. V.; mit sein* plummet down; **er stürzte vom Gerüst ~**: he fell from *or* off the scaffolding; **~stürzende Felsbrocken** falling rocks; 2. *refl. V.* throw oneself (**von** from *or* off); ~|**würdigen** *tr. V.* belittle; disparage; **~würdigung die;** *o. Pl.* belittling; disparagement; ~|**ziehen** *tr. V. (geh.)* a) pull down; b) *(moralisch)* **jmdn. zu sich/auf sein eigenes Niveau ~ziehen** drag sb. down to one's own level
Heraklit [heraˈkliːt] (*der*) Heraclitus
Heraldik [heˈraldɪk] *die;* ~: heraldry *no art.*
Heraldiker der; ~**s,** ~: heraldist; expert in heraldry
heraldisch *Adj.* heraldic
heran [hɛˈran] *Adv.* **an etw.** *(Akk.)* ~: close to *or* right up to sth.; **nur ~ zu mir!**, **immer ~! come closer!**
heran-, Heran-: ~|**arbeiten** *refl. V.* **sich an etw.** *(Akk.)* **~arbeiten** work one's way towards sth.; ~|**bilden** 1. *tr. V.* train [up]; *(auf der Schule, Universität)* educate; 2. *refl. V. (sich entwickeln)* develop; ~|**bringen** *unr. tr. V.* a) *(zu jmdm. bringen)* bring [up] (**an** + *Akk.*, **zu** to); b) *(vertraut machen)* **jmdn. an etw.** *(Akk.)* ~: s. **~führen** a; **~fahren** *unr. itr. V.; mit sein* drive up (**an** + *Akk.* to); ~|**führen** 1. *tr. V.* a) *(in die Nähe führen)* lead up; bring up ⟨*troops*⟩; **aus dem Osten wird Kaltluft ~geführt** there is/will be a cold easterly air-stream; b) *(nahe bringen)* bring up (**an** + *Akk.* to); c) *(vertraut machen)* **jmdn. an etw.** *(Akk.)* ~**führen** introduce sb. to sth.; 2. *itr. V.* **an etw.** *(Akk.)* **~führen** lead to sth.; ~|**gehen** *unr. itr. V.; mit sein* a) go up (**an** + *Akk.* to); **näher ~gehen** go [up] closer; b) *(anpacken)* **an ein Problem/eine Aufgabe/die Arbeit** ~**gehen** tackle a problem/a task/the work *etc.*; **an die Lösung eines Problems ~gehen** set about solving a problem; ~|**holen** *tr. V.* fetch; ~|**kommen** *unr. itr. V.; mit sein* **an etw.** *(Akk.)* **~kommen** come *or* draw near to sth.; approach sth.; **laß es erst an dich ~kommen** *(ugs.)* cross that bridge when you get to it; **wir waren fast an den Fluß ~gekommen** we had almost reached the river; **ganz nahe an etw.** *(Akk.)* **~kommen** come right up to sth.; b) *(zeitlich)* **der große Tag kam näher ~/war ~gekommen** the big day drew nearer/had arrived; c) **an etw.** *(Akk.)* **~kommen** *(erreichen)* reach sth.; *(erwerben)* obtain sth.; get hold of sth.; **an den Motor** *usw.* **~kommen** get at the engine *etc.*; **an jmdn. ~kommen** *(fig.)* get hold of sb.; **er ist so verschlossen, man kommt nur schwer an ihn** ~: he's so reserved, it's very hard to get to know him; **an diesen Wissenschaftler kommt keiner** ~ *(fig.)* there is no one who can compare with this scientist; **an jmds. Erfolg/Rekord ~kommen** *(fig.)* equal sb.'s success/record; ~|**machen** *refl. V. (ugs.)* a) *(beginnen)* **sich an etw.** *(Akk.)* **~machen** get down to *or* (*coll.*) get going on sth.; b) **sich an jmdn. ~machen** chat sb. up (*coll.*); ~|**nahen** *itr. V.; mit sein (geh.)* approach; draw near; ~|**nehmen** *unr. tr. V.* **die Lehrlinge werden ganz schön ~genommen** the apprentices are really made to work [hard]; **der Lehrer nahm den Schüler tüchtig** ~: the teacher took the boy firmly in hand; ~|**reichen** *itr. V.* a) *(erreichen)* reach; **an die oberen Schrankfächer ~reichen** reach [up to] the top shelves; b) *(von gleicher Qualität sein)* **an jmdn./etw. ~reichen** come *or* measure up to the standard of sb./sth.; ~|**reifen** *itr. V.; mit sein* ⟨*fruit, crops*⟩ ripen; *(fig.)* ⟨*plan*⟩ mature; **zur Frau/zum Mann/zu einer großen Malerin ~reifen** mature into a woman/man/great painter; **in ihm reifte der Entschluß ~, ins Ausland zu gehen** *(fig.)* he became increasingly resolved to go abroad; ~|**rücken** 1. *tr. V.* pull up ⟨*table*⟩; draw *or* pull *or* bring up ⟨*chair*⟩; 2. *itr. V.; mit sein* move *or* come closer *or* nearer; ⟨*troops*⟩ advance (**an** + *Akk.* towards); **dicht** *od.* **nah ~rücken** move up close (**an** + *Akk.* to); **mit seinem Stuhl ~rücken** draw *or* pull *or* bring one's chair up closer; ~|**schaffen** *tr. V.* bring; *(liefern)* supply; ~|**schleichen** *unr. itr. V.; mit sein; refl. V.* **[sich an etw./jmdn.] ~schleichen** creep *or* sneak up [to sth./on sb.]; ~|**tasten** *refl. V.* **sich [an etw.** *Akk.* **] ~tasten** grope *or* feel one's way (**zu** towards *or* to sth.]; *(fig.)* feel one's way [towards sth.]; ~|**tragen** *unr. tr. V.* a) bring [over]; b) *(vorbringen)* **eine Bitte/Beschwerde an jmdn. ~tragen** go/come to sb. with a request/complaint; ~|**treten** *unr. itr. V.; mit sein* a) *(an eine Stelle treten)* come/go up (**an** + *Akk.* to); **treten Sie nur näher** ~! come along [just] step this way!; b) *(sich ergeben)* **Probleme/Fragen/Anfechtungen treten an jmdn.** ~: sb. is faced with problems/questions/accusations; **Zweifel treten an ihn** ~: he is assailed by doubts; c) *(sich wenden)* **an jmdn. ~treten** approach sb.; ~|**wachsen** *unr. itr. V.; mit sein* grow up; *(fig.)* develop; **zum Mann/zur Frau ~wachsen** grow up into *or* to be a man/woman; **die ~wachsende Generation** the rising *or* up-and-coming generation; ~**wachsende der/die;** *adj. Dekl.* a) young person; **viele ~wachsende** many young people; b) *(Rechtsspr.)* adolescent; ~|**wagen** *refl. V.* venture near; dare to go near; **sich an etw.** *(Akk.)* **~wagen** venture near sth.; dare to go near sth.; *(fig.)* venture *or* dare to tackle *or* attempt sth.; **er wagte sich nicht an das Mädchen** ~: he did not dare to approach the girl; ~|**ziehen** 1. *unr. tr. V.* a) *(an eine Stelle ziehen)* pull *or* draw over; pull *or* draw up ⟨*chair*⟩; **etw. zu sich ~ziehen** pull *or* draw sth. towards one; **etw. näher ~ziehen** pull *or* draw sth. closer *or* near (**an** + *Akk.* to); b) *(beauftragen)* call *or* bring in; **weitere Arbeitskräfte ~ziehen** bring in more labour; c) *(in Betracht ziehen)* refer to; *(geltend machen)* invoke; quote; d) *(großzüchten)* rear ⟨*animal*⟩; grow ⟨*plant*⟩; *(ugs.)* rear, raise ⟨*child*⟩; e) *(ausbilden)* **jmdn. zu etw. ~ziehen** make *or* turn sb. into sth.; 2. *unr. itr. V.; mit sein (auch fig.)* approach; *(Milit.)*

herauf [hɛˈraʊf] *Adv.* up; ~ **ist es beschwerlich** it's hard work coming up; **vom Tal** ~: up from the valley
herauf-: ~|**arbeiten** *refl. V.* a) work one's/its way up; b) *(hocharbeiten)* work one's way up; ~|**bemühen** 1. *tr. V.* **jmdn. ~bemühen** trouble sb. to come up; 2. *refl. V.* take the trouble to come up; **würden Sie sich bitte ~bemühen?** *(geh.)* would you mind coming up?; ~|**beschwören** *tr. V.* a) *(verursachen)* cause, bring about ⟨*disaster, war, crisis*⟩; cause, provoke ⟨*dispute, argument*⟩; give rise to ⟨*criticism*⟩; b) *(erinnern)* evoke ⟨*memories etc.*⟩; ~|**bitten** *unr. tr. V.* **jmdn. ~bitten** ask sb. [to come] up; ~|**bringen** *unr. tr. V.* bring up; ~|**dämmern** *itr. V.; mit sein* ⟨*day, morning*⟩ dawn, break; *(fig.)* dawn; ~|**dringen** *unr. itr. V.; mit sein* rise up [from below]; ⟨*smell*⟩ drift up [from below]; **von/aus etw. ~dringen** rise/drift up from sth.; **Lachen drang zu uns** ~: [the sound of] laughter reached our ears from below; ~|**fahren** 1. *unr. itr. V.; mit sein* drive up; *(mit einem Motorrad, Rad)* ride up; 2. *unr. tr. V.* **jmdn. ~fahren** drive sb. up; ~|**führen** 1. *itr. V.* **es führen zwei Wege** ~: there are two paths up; 2. *tr. V.* show ⟨*person*⟩ up; ~|**kommen** *unr. itr. V.; mit sein* a) *(nach oben kommen)* come up; **auf den Baum/die Mauer ~kommen** climb *or* get up the tree/up on the wall; **in das obere Stockwerk ~kommen** come up to the top floor; b) *(aufsteigen)* rise; come up; c) *(bevorstehen)* ⟨*storm*⟩ be approaching *or* gathering *or* brewing; ~|**lassen** *unr. tr. V. (ugs.)* **jmdn. ~lassen** allow sb. [to come] up; let sb. [come] up; ~|**reichen** 1. *tr. V.* hand *or* pass up; 2. *tr. V. (ugs.: erreichen)* **bis zu etw. ~reichen** reach up to sth.; ~|**sehen** *unr. itr. V.; mit sein* look up; ~|**setzen** *tr. V.* increase, raise, put up ⟨*prices, rents, interest rates, etc.*⟩; ~|**steigen** *unr. itr. V.; mit sein* a) *(nach [hier] oben kommen)* climb [up]; b) *(aufsteigen)* rise; come up; ⟨*mist, smoke*⟩ rise; c) *(geh.: beginnen)* ⟨*day, morning*⟩ dawn, break; ⟨*night*⟩ come on, fall; ⟨*dawn*⟩ break; ⟨*new age*⟩ dawn; ~|**ziehen** 1. *unr. tr. V.* pull up; 2. *unr. itr. V.; mit sein* a) *(nach oben kommen)* ⟨*storm*⟩ be approaching *or* gathering *or* brewing; *(fig.)* ⟨*disaster*⟩ be approaching; b) *s.* **~steigen c**

heraus [hɛˈraʊs] *Adv.* ~ **aus den Federn!/dem Bett!** rise and shine!/out of bed!; ~ **mit dir!** get out of here!; ~ **damit!** *(gib her!)* hand it over!; *(weg damit!)* get rid of it!; ~ **mit der Sprache!** out with it!; **nach vorn ~ wohnen** live at the front; **aus einem Gefühl der Einsamkeit** ~: out of a feeling of loneliness
heraus-, Heraus-: ~|**arbeiten** 1. *tr. V.* a) *(aus Stein, Holz)* fashion, carve (**aus** out of); b) *(hervorheben)* bring out ⟨*difference, aspect, point of view, etc.*⟩; develop ⟨*observation, remark*⟩; 2. *refl. V.* work one's way out (**aus** of); ~|**bekommen** 1. *unr. tr. V.* a) *(entfernen)* get out (**aus** of); b) *(ugs.: lösen)* work out ⟨*problem, answer, etc.*⟩; solve ⟨*puzzle*⟩; c) *(ermitteln)* find out; **etw. aus jmdm. ~bekommen** get sth. out of sb.; d) *(als Wechselgeld bekommen)* **5 DM ~bekommen** get back 5 marks change; **ich bekomme noch 5 DM** ~! I still have 5 marks [change] to come; e) *(von sich geben) s.* **~bringen h**; 2. *unr. tr. V. (Wechselgeld bekommen)* **richtig/falsch ~bekommen** *(ugs.)* get the right/wrong change; ~|**bilden** *refl. V.* develop; ~|**bitten** *unr. tr. V.* **jmdn. ~bitten** ask sb. to come out[side]; **darf ich Sie einen Moment ~bitten?** would you mind coming outside for a moment?; ~|**boxen** *tr. V.* a) *(Fußball, Handball)* punch out; b) *(befreien)* bail out; ~|**brechen** 1. *unr. tr. V.* knock out; *(mit brutaler Gewalt)* wrench out; *(auf paving-stone)* **eine Tür/ein paar Fliesen aus der Wand ~brechen** knock out a hole [in the wall] for a doorway/knock a few tiles off the wall; 2. *unr. itr. V.; mit sein* ⟨*anger, hatred*⟩ burst forth, erupt; **aus dem Glas ist ein großer Splitter ~gebrochen** there's a large chip out of the glass; ~|**bringen** *unr. tr. V.* a) *(nach außen bringen)* bring out (**aus** of); b) *(nach draußen begleiten)* show out; c) *(veröffentlichen)* bring out; publish; *(aufführen)* put on, stage ⟨*play*⟩; screen ⟨*film*⟩; d) *(auf den Markt bringen)* bring out; launch; e) *(populär machen)* make widely known; **jmdn./etw. ganz groß ~bringen** launch sb./sth. in a big way; f) *(ugs.: ermitteln) s.* **~bekommen 1 c**; g) *(ugs.: lösen) s.* **~bekommen 1 b**; h) *(von sich geben)* utter; say; ~|**drehen** *tr. V.* unscrew; ~|**drücken** *tr. V.* a) **etw. ~drücken** squeeze sth. out (**aus** of); squeeze *or* press ⟨*juice, oil*⟩ out (**aus** of); b) *(vorwölben)* stick out ⟨*chest etc.*⟩;

1181

herausdürfen — herausrücken

~|**dürfen** *unr. itr. V.* be allowed [to come/go] out; ~|**fahren 1.** *unr. itr. V.; mit sein* **a)** *(nach außen fahren)* aus etw. ~fahren drive out of sth.; *(mit dem Rad, Motorrad)* ride out of sth.; **der Zug fuhr aus dem Bahnhof ~:** the train pulled out of the station; **b)** *(fahrend ~kommen)* come out; **c)** *(ugs.: schnell ~kommen)* **aus dem Bett ~fahren** shoot *or* leap out of bed; **eilig fuhr sie aus dem Mantel ~:** she whipped off her coat; **d)** *(ugs.: entschlüpfen) ⟨word, remark, etc.⟩* slip out; **2.** *unr. tr. V.* **a) den Wagen/das Fahrrad [aus dem Hof] ~fahren** drive the car/ride the bicycle out [of the yard]; **b)** *(Sport)* **eine gute Zeit/einen Sieg ~fahren** record a good *or* fast time/a victory; **den zweiten Platz ~fahren** take second place; ~|**finden 1.** *unr. tr. V.* **a)** *(entdecken)* find out; trace ⟨fault⟩; **man fand ~, daß ...:** it was found *or* discovered that ...; **b)** *(aus einer Menge)* pick out ⟨sb.⟩ from [among]; find ⟨aus among⟩; **2.** *unr. itr. V.* find one's way out (aus of); **3.** *unr. refl. V.* find one's way out (aus of); ~|**fischen** *tr. V.* *(ugs.)* fish out *(coll.)* (aus of); **sie hat sich** *(Dat.)* **einige hübsche Sachen ~gefischt** she picked out some nice things [for herself]; ~|**fliegen 1.** *unr. itr. V.; mit sein* **a)** fly out (aus of); **b)** *(aus etw. fallen)* be thrown out (aus of); **c)** *(ugs.: entlassen werden)* be fired *or* *(coll.)* sacked (bei from); **2.** *unr. tr. V.* fly out (aus of); ~|**forderer** *der;* ~s, ~ *(auch Sport)* challenger; ~|**fordern 1.** *tr. V.* **a)** *(auch Sport)* challenge; **b)** *(heraufbeschwören)* provoke ⟨person, resistance, etc.⟩; invite ⟨criticism⟩; court ⟨danger⟩; **sein Schicksal ~fordern** tempt fate *or* providence; **2.** *itr. V. (provozieren)* **zu etw. ~fordern** provoke sth.; ~|**fordernd 1.** *Adj.* provocative; *(verlockend)* provocative, inviting ⟨glance, smile, etc.⟩; *(Streit suchend)* challenging, defiant ⟨words, speech, look⟩; **2.** *adv.: s. Adj.:* provocatively; invitingly; challengingly; defiantly **Heraus·forderung** *die (auch Sport)* challenge; *(Provokation)* provocation **heraus-, Heraus-:** ~|**fühlen** *tr. V.* sense; feel; ~|**führen 1.** *tr. V.* **a)** *(nach außen führen)* lead out; **b)** *(nach draußen führen)* bring out; **was führt dich denn zu uns ~?** what brings you to see us, then?; **2.** *itr. V.* lead out (aus of); ~**gabe** *die; o. Pl.* **a)** *(von Eigentum, Personen, Geiseln usw.)* handing over; *(Rückgabe)* return; **b)** *(das Veröffentlichen)* publication; *(Redaktion)* editing; ~|**geben 1.** *unr. tr. V.* **a)** *(nach außen geben)* hand *or* pass out; **b)** *(aushändigen)* hand over ⟨property, person, hostage, etc.⟩; *(zurückgeben)* return; give back; **c)** *(als Wechselgeld zurückgeben)* **5 DM/zuviel ~geben** give 5 marks/too much change; **d)** *(veröffentlichen)* publish; *(für die Veröffentlichung bearbeiten)* edit [for publication]; **e)** issue ⟨stamp, coin, etc.⟩; **f)** *(erlassen)* issue; **2.** *itr. V.* give change; **können Sie [auf 100 DM] ~geben?** do you have *or* can you give me change [for 100 marks]?; **jmdm. falsch/richtig ~geben** give sb. the wrong/right change; ~**geber** *der,* ~**geberin** *die* publisher; *(Redakteur)* editor; ~|**gehen** *unr. itr. V.; mit sein* **a)** *(nach außen gehen)* go out; leave; **aus dem Saal ~gehen** go out of the hall; **aus sich ~gehen** come out of one's shell; **b)** *(sich entfernen lassen)* ⟨stain, cork, nail, etc.⟩ come out; ~|**greifen** *unr. tr. V.* pick out; select; **sich** *(Dat.)* **jmdn. ~greifen** pick *or* single sb. out (aus from); *(fig.)* take ⟨example, aspect, etc.⟩ (aus from); ~|**haben** *unr. tr. V.* *(ugs.)* **a)** *(entfernt haben)* have out of; **ich will ihn aus dem Verein ~haben** I want him out of the club; **b)** *(verstanden haben)* have found out; **den Bogen *od.* Dreh ~haben[, wie man es macht]** have got the knack [of doing it]; **c)** *(gelöst haben)* have worked out *or* solved ⟨problem⟩; have solved ⟨puzzle⟩; **er hat etwas anderes ~ als ich** we arrived at *or* got different answers; **ich hab's ~!** I've done it!; **d)** *(ermittelt haben)* know; have found out; ~|**halten 1.** *unr. tr. V.* **a)** *(nach außen halten)* put *or* stick out (aus of); **b)** *(ugs.: fernhalten, nicht verwickeln)* keep out (aus of); **2.** *unr. refl. V.* keep *or* stay out; **halte du dich da ~!** you keep *or* stay out of this *or* it!; ¹~|**hängen** *unr. itr. V.* hang out (aus of); ²~|**hängen** *tr. V.* hang out (aus of); ~|**hauen** *unr. tr. V.* **a)** chop *or* cut down and clear ⟨tree⟩; **b)** *(durch Hauen fertigen)* carve ⟨figure, letters, relief, etc.⟩ (aus from, out of); **c)** *(ugs.: befreien)* get out; *(aus Schwierigkeiten)* bail out; ~|**heben 1.** *unr. tr. V.* **a)** *(nach außen heben)* lift out (aus of); **b)** *(hervorheben)* bring out; **es ist diese Eigenschaft, die ihn aus der Masse ~hebt** it is this quality that raises him above *or* sets him apart from the rest; **etw. durch Fettdruck aus dem übrigen Text ~heben** make sth. stand out from the rest of the text with bold type; **2.** *unr. refl. V.* stand out (aus from); ~|**helfen** *unr. tr. V.* **jmdm. ~helfen** *(auch fig.)* help sb. out (aus of); **er half ihr aus dem Zug ~:** he helped her off the train; ~|**holen** *tr. V.* **a)** *(nach außen holen)* bring out; **etw. aus einem brennenden Haus ~holen** get sth. out of a burning house; **b)** *(ugs.: abgewinnen)* get out; gain, win ⟨victory, points⟩; gain, take ⟨place⟩; **er holte das Letzte aus sich ~:** he made an all-out *or* supreme effort; **c)** *(ugs.: erwirken)* gain, win ⟨wage increase, advantage, etc.⟩; get, achieve ⟨result⟩; **d)** *(ugs.: durch Fragen)* get out; **etw. aus jmdm. ~holen** get sth. out of sb.; **e)** *(ugs.: ~arbeiten)* bring out ⟨difference, aspect, point of view⟩; **f)** *(ausgleichen)* make up ⟨time, points deficit, etc.⟩; **g)** *(ugs.)* **Geld aus jmdm. ~holen** get money out of *or* extract money from sb.; ~|**hören** *tr. V.* **a)** hear; **b)** *(erkennen)* detect, sense (aus in); ~|**kehren** *tr. V.* parade; **den Vorgesetzten ~kehren** parade the fact that one is in charge; **die Dame der Gesellschaft ~kehren** act the society lady; ~**kehren, daß ...:** parade the fact that ...; ~|**kommen** *unr. itr. V.; mit sein* **a)** *(nach außen kommen)* come out (aus of); **nach/in zwei Jahren wieder ~kommen** *(ugs.)* be let out after/in two years; **b)** *(ein Gebiet verlassen)* **er ist nie aus seiner Heimatstadt ~gekommen** he's never been out of *or* never left his home town; **du kommst viel zu wenig ~:** you don't get out nearly enough; **wir kamen aus dem Staunen/Lachen nicht ~** *(fig.)* we couldn't get over our surprise/stop laughing; **c)** *(ugs.: einen Ausweg finden)* get out (aus of); **aus einer Situation/den Sorgen ~kommen** get out of a situation/get over one's worries; **aus den Schulden ~kommen** get out of debt; **d)** *(ugs.: auf den Markt kommen)* come out; **mit einem Produkt ~kommen** bring out *or* launch a product; **e)** *(erscheinen)* ⟨book, timetable, etc.⟩ come out, be published, appear; ⟨coin, postage stamp⟩ be issued; ⟨play⟩ be staged; **f)** *(ugs.: bekannt werden)* come out; **g)** *(ugs.: zur Sprache kommen)* **mit etw. ~kommen** come out with sth.; **h)** *(ugs.: sich erfolgreich produzieren)* **ganz groß ~kommen** make a big splash; **i)** *(deutlich werden)* come out; ⟨colour⟩ show up; **j)** *(ugs.: ausgedrückt werden)* sound; **k)** *(ugs.: sich als Resultat ergeben)* **bei etw. auf dasselbe ~kommen** amount to the same thing; **was kommt bei der Aufgabe ~?** what is the answer to the question?; **dabei kommt nichts ~:** nothing will come of it; **was soll dabei ~kommen?** what's that supposed to achieve?; **l)** *(ugs.: aus der Übung kommen)* get out of practice; **m)** *(ugs.: ausspielen)* lead; **wer kommt ~?** whose lead is it?; **mit etw. ~kommen** lead sth.; **n)** *(ugs.: gewinnen)* ⟨number, person⟩ come up; **o)** *(schweiz.: ausgehen, enden)* turn out; ~|**kriegen** *tr. V. (ugs.) s.* ~**bekommen;** ~|**kristallisieren 1.** *tr. V.* **a)** *(Chemie)* crystallize [out]; **b)** *(zusammenfassen)* extract; **2.** *refl. V.* **a)** *(Chemie)* crystallize [out]; ⟨crystal⟩ form; **b)** *(entwickeln)* crystallize (aus out of); ~|**lassen** *unr. tr. V. (ugs.)* **a)** *(nach außen kommen lassen)* let out (aus of); release (aus from); **abends lassen sie den Wachhund ~:** they let the guard-dog loose in the evenings; **b)** *(weglassen)* leave out (aus of); ~|**laufen 1.** *unr. tr. V.; mit sein* **a)** run out (aus of); *(Fußball)* ⟨goalkeeper⟩ come out; **b)** *(nach außen fließen)* run out (aus of); **2.** *unr. tr. V. (Sport)* win ⟨victory⟩; build up ⟨lead⟩; take ⟨first place etc.⟩; **eine gute Zeit ~laufen** run *or* record a good time; ~|**lesen** *unr. tr. V.* **a)** *(entnehmen)* tell (aus from); **b)** *(interpretieren)* **etw. aus etw. ~lesen** read sth. into sth.; **c)** *(auswählen)* pick out (aus from); ~|**locken** *tr. V.* **a)** *(nach außen locken)* entice out (aus of); lure ⟨enemy, victim, etc.⟩ out (aus of); **b)** *(durch List)* **Geld/ein Geheimnis aus jmdm. ~locken** wheedle money/worm a secret out of sb.; **jmdn. aus seiner Reserve ~locken** draw sb. out of his/her shell; ~|**lügen** *unr. refl. V.* **sich aus etw. ~lügen** lie one's way out of sth.; ~|**machen** *(ugs.)* **1.** *tr. V.* take out; get out ⟨stain⟩; **2.** *refl. V.* come on well; *(nach einer Krankheit)* pick up; *(finanziell)* do well; ~|**müssen** *unr. itr. V. (ugs.)* **a) aus etw. ~müssen** have to leave sth.; **dieser Zahn muß ~:** this tooth has to come out; **b)** *(aufstehen müssen)* have to get up; **c)** *(gesagt werden müssen)* have to come out; **das mußte einfach ~!** I simply had to get that off my chest *(coll.)*; ~**nehmbar** *Adj.* removable, detachable ⟨lining⟩; ~|**nehmen** *unr. tr. V.* **a)** take out (aus of); **b)** *(ugs.: entfernen)* take out, remove ⟨appendix, tonsils, tooth, etc.⟩; **jmdm. den Blinddarm ~nehmen** take out *or* remove sb.'s appendix; **sich** *(Dat.)* **die Mandeln ~nehmen lassen** have one's tonsils out; **den Gang ~nehmen** *(fig.)* put the car into neutral; **ein Kind aus einer Schule ~nehmen** take a child away *or* remove a child from a school; *(Ballspiele)* take off ⟨player⟩; **c)** *(ugs.: erlauben)* **sich** *(Dat.)* **Freiheiten ~nehmen** take liberties; **was nimmst du dir ~, mich so zu kritisieren!** how dare you criticize me like that!; **sich** *(Dat.)* **zuviel ~nehmen** go too far; ~|**picken** *tr. V. (fig.)* pick out (aus of); ~|**platzen** *itr. V.; mit sein (ugs.)* **a)** *(lachen)* burst out laughing; **b)** *(spontan äußern)* **mit etw. ~platzen** blurt sth. out; ~|**pressen** *tr. V.* **a)** *(aus etw. pressen) s.* ~**drücken a; b)** *(erpressen)* squeeze out ⟨money⟩ (aus from); wring out ⟨confession, concession⟩ (aus from); ~|**putzen** *tr. V.* **a)** *(festlich kleiden)* dress up; **sich ~putzen** get dressed up; **b)** *(festlich schmücken)* deck out; **sich ~putzen** be decked out; ~|**ragen** *itr. V.* **a)** jut out, project (aus from); *(sich erheben über)* **aus etw. ~ragen** rise above sth.; **b)** *(hervortreten)* stand out (aus from); ~**ragend** *Adj.* outstanding; ~|**reden** *refl. V.* talk one's way out (aus of); ~|**reißen** *unr. tr. V.* **a)** tear *or* rip out (aus of); pull up *or* out ⟨plant⟩; pull out ⟨hair⟩; pull up ⟨floor⟩; rip out ⟨tiles⟩; **b)** *(aus der Umgebung, aus etw. ~reißen)* tear away (aus from); **die Krankheit hat ihn aus der Arbeit ~gerissen** the illness had interrupted his work; **jmdn. aus einem Gespräch/seiner Lethargie ~reißen** drag sb. away from a conversation/jolt *or* shake sb. out of his/her lethargy; **jmdn. aus seiner Traurigkeit ~reißen** take sb. out of himself/herself; **c)** *(ugs.: befreien)* save; ~|**rücken 1.** *tr. V.* **a)** *(nach außen rücken)* move out (aus of); **b)** *(ugs.: hergeben)* hand over; cough up *(coll.)* ⟨money⟩; **2.** *itr. V.; mit sein* **mit etw./der**

herausrufen / **hereinbrechen**

Sprache ~rücken come out with sth./it; ~|**rufen** 1. *unr. itr. V.* call *or* shout out (**aus** of); 2. *unr. tr. V.* call out; jmdn. aus einer Sitzung ~rufen call sb. out of a meeting; das Publikum rief den Sänger mehrmals ~: the audience called the singer back several times; ~|**rutschen** *unr. itr. V.; mit sein* **a)** slip out (**aus** of); ihm rutscht immer das Hemd aus der Hose ~: his shirt is always coming out of his trousers; **b)** *(ugs.: entschlüpfen)* ⟨*remark etc.*⟩ slip out; **die Bemerkung war ihr nur so ~gerutscht** the remark just slipped out somehow; ~|**saugen** *unr. (auch regelm.) tr. V.* suck out (**aus** of); ~|**schälen** *refl. V.* **a)** *(erkennbar werden)* emerge (**aus** from); **b)** *(sich erweisen)* **sich als etw. ~schälen** turn out *or* prove to be sth.; ~|**schauen** *itr. V. (landsch.)* **a)** look out (**aus/zu** of); **b)** *(hervorschauen)*⟨*petticoat etc.*⟩ be showing; ⟨*shirt*⟩ be hanging out; **es schaut nichts dabei ~** *(ugs.: zu erwarten sein)* **dabei schaut etwas/nicht viel für ihn ~:** there's something/not much in it for him; **es schaut nichts heraus**: there's nothing to be gained by it; ~|**schießen** *unr. itr. V.* **a)** aus einem Fenster/Auto ~schießen shoot *or* fire from a window/car; **b)** *mit sein (sich schnell bewegen)* shoot out (**aus** of); **ein Blutstrahl schoß aus der Wunde ~**: blood spurted from the wound; **~geschossen kommen** *(ugs.)* shoot out (**aus** of); ~|**schlagen** 1. *unr. tr. V.* **a)** knock out; **b)** *(ugs.: gewinnen)* get ⟨*discount, advantage, etc.*⟩; make ⟨*money, profit*⟩; 2. *unr. itr. V.; mit sein* ⟨*flames*⟩ leap out (**aus** of); ~|**schleichen** 1. *unr. itr. V.; mit sein* sneak *or* steal out (**aus** of); 2. *unr. refl. V.* sneak *or* steal out (**aus** of); ~|**schleudern** *tr. V.* hurl *or* fling out (**aus** of); hurl ⟨*accusations etc.*⟩; **die Straßenbahn wurde aus den Schienen ~geschleudert** the tram *(Brit.)* *or (Amer.)* streetcar was flung *or* thrown off the rails; ~|**schlüpfen** *itr. V.; mit sein* slip out (**aus** of); **eine Bemerkung schlüpfte ihm ~**: a remark slipped out; ~|**schmecken** 1. *tr. V.* **etw. ~schmecken** [können] be able to taste sth.; 2. *itr. V.* taste; ~|**schmeißen** *unr. tr. V. rausschmeißen*; ~|**schmuggeln** *tr. V.* smuggle out (**aus** of); ~|**schneiden** *unr. tr. V.* cut out (**aus** of); ~|**schrauben** *tr. V.* unscrew ⟨*light bulb, screw*⟩; unscrew, screw off ⟨*door handle, table leg, etc.*⟩; ~|**schreiben** *unr. tr. V.* copy out ⟨*words*⟩; ~|**schreien** *unr. tr. V.* **seine Wut/seinen Zorn/seinen Haß ~schreien** vent *or* give vent to one's anger/rage/hate in a loud outburst; ~|**sein** *unr. itr. V. mit sein (nur im Inf. u. Part. zusammengeschrieben) (ugs.)* **a)** *(draußen sein)* be out; **b)** *(entfernt sein)* ⟨*appendix, nail, etc.*⟩ be out; **c)** *(hervorgekommen sein)* ⟨*flowers, stars, etc.*⟩ be out; **d)** *(hinter sich gelassen haben)* **aus etw. ~sein** be out of sth.; **aus der Schule ~sein** have left school; **e)** *(überstanden haben)* **aus den Schulden/einem Dilemma** *usw.* **~sein** have got *or* be out of debt/a dilemma *etc.*; **aus dem Größten ~sein** be over the worst; **f)** *(veröffentlicht sein)* ⟨*book, banknote, timetable, etc.*⟩ be out; **g)** *(bekannt sein)* be known; **h)** *(ausgesprochen sein)* ⟨*truth*⟩ be out, have come out; ⟨*words*⟩ have been said; **i)** *(ugs.)* **fein ~sein** be sitting pretty *(coll.)*

heraußen [hɛ'raʊsn̩] *Adv. (südd., österr.)* out here

heraus-: ~|**springen** *unr. itr. V.; mit sein* **a)** jump *or* leap out (**aus** of); **b)** *(sich lösen)* come out; **c)** *s.* ~**schauen c**; ~|**sprudeln** 1. *itr. V; mit sein* **sie sprudelte die Worte heraus** the words tumbled from her lips; ~|**stehen** *unr. itr. V.* protrude; stick out; ~|**stellen** 1. *tr. V.* put out[side]; **sie stellte das Geschirr zum Abendessen ~**: she got the china out ready for dinner; **einen Spieler ~stellen** *(Sport)* send a player off; **b)** *(hervorheben)* emphas-

ize; bring out; present, set out ⟨*principles etc.*⟩; **eine Nebenfigur ~stellen** give prominence to a minor character; 2. *refl. V.* **es stellte sich ~, daß ...**: it turned out *or* emerged that ...; **wie sich später ~stellte, hatte er ...**: it turned out later that he had ...; **wer recht hat, wird sich erst noch ~stellen müssen** it remains to be seen who is right; **es wird sich bald ~stellen, ob ...**: we shall soon know *or* find out whether ...; **sich als falsch/wahr** *usw.* **~stellen** turn out *or* prove to be wrong/true *etc.*; ~|**strecken** *tr. V.* stick out (**aus** of); **jmdm. die Zunge ~strecken** stick *or* put one's tongue out at sb.; **seinen Arm/Kopf zum Fenster ~strecken** stick *or* put one's arm/head out of the window; ~|**streichen** *unr. tr. V.* **a)** *(ausstreichen)* cross out; delete (**aus** from); **b)** *(hervorheben)* point out; **er streicht gerne ~, daß ...**: he likes everyone to know that ...; ~|**strömen** *itr. V.; mit sein* **a)** *(ausströmen)* ⟨*water etc.*⟩ pour out (**aus** of); ⟨*gas*⟩ escape (**aus** from); **b)** *(~kommen)* ⟨*Menschenmenge*⟩ pour out (**aus** of); ~|**stürzen** *itr. V.; mit sein* **a)** *(~fallen)* fall out (**aus** of); **b)** *(eilen)* rush *or* hurry out (**aus** of); ~|**suchen** *tr. V.* pick out; look out ⟨*file*⟩; ~|**tragen** *unr. tr. V.* carry outside; **die Kisten aus dem Haus ~tragen** carry the boxes out of the house; ~|**treten** *unr. itr. V.; mit sein* **a)** come out (**aus** of); **auf den Balkon ~treten** come *or* step out onto the balcony; **b)** *(sich abzeichnen)* ⟨*veins etc.*⟩ stand out; ~|**trommeln** *tr. V. (ugs.)* get out; ~|**wachsen** *unr. itr. V.* ~|**werfen** *unr. tr. V.* **a)** throw out (**aus** of); **b)** *s.* **hinauswerfen**; ~|**winden** *unr. refl. V.* wriggle out (**aus** of); ~|**wirtschaften** *tr. V.* make ⟨*profit etc.*⟩ (**aus** of); ~|**wollen** *unr. itr. V.* want to come/go out; **er wollte nicht mit der Sprache ~**: he did not want to come out with it; ~|**ziehen** 1. *unr. tr. V.* **a)** pull out (**aus** of); **b)** *(wegbringen)* pull out, withdraw ⟨*troops etc.*⟩; **c)** *(exzerpieren, extrahieren)* extract (**aus** from); 2. *unr. itr. V.; mit sein* move out (**aus** of).

herb [hɛrp] *Adj.* **a)** [slightly] sharp *or* astringent ⟨*taste*⟩; dry ⟨*wine*⟩; [slightly] sharp *or* tangy ⟨*smell, perfume*⟩; **b)** bitter ⟨*disappointment, loss*⟩; severe ⟨*face, features*⟩; austere ⟨*beauty*⟩; **c)** *(unfreundlich)* harsh ⟨*words, criticism*⟩; curt ⟨*greeting*⟩. 2. *adv.* bitterly ⟨*disappointed*⟩

Herbarium [hɛr'baːri̯ʊm] *das;* ~s, Herbarien [-'-i̯ən] herbarium

herbei [hɛɐ̯'baɪ̯] *Adv.* ~ [**zu mir**]! come [over] here!; **alle Mann** *od. (ugs.)* **alles ~!** come [over] here, everybody!

herbei-: ~|**bringen** *unr. tr. V.* bring [over]; ~|**eilen** *itr. V.; mit sein* hurry over; come hurrying up; ~|**führen** *tr. V.* produce, bring about ⟨*decision*⟩; bring about, cause ⟨*downfall*⟩; cause ⟨*accident*⟩; **wenn nicht bald eine Entscheidung ~geführt wird** if no decision is reached soon; **den Tod ~führen** cause death; ~|**holen** *tr. V.* fetch; **b)** *(Dat.)* **etw. ~holen lassen** have sth. brought to one; **einen Arzt ~holen/~holen lassen** fetch/send for a doctor; ~|**kommen** *unr. itr. V.; mit sein* come up *or* along; **die Menschen kamen aus allen Richtungen ~**: people came from all directions; ~|**lassen** *unr. refl. V. (iron.)* ~**lassen, etw. zu tun** condescend *or* deign to do sth.; ~|**laufen** *unr. itr. V.; mit sein* come running up; ~|**rufen** *unr. tr. V.* call over; **Hilfe/einen Arzt ~rufen** summon help/call a doctor; ~|**schaffen** *tr. V.* bring *(besorgen)* get; ~|**sehnen** *tr. V.* long for; **sie hatte den Urlaub sehr ~gesehnt** she had been longing for the holiday to arrive; ~|**strömen** *itr. V.; mit sein* come in crowds; come flocking ~|**winken** *tr. V.* jmdn. ~winken beckon sb. over; ~|**wünschen** *tr. V.* long for; jmdn. ~wünschen long for sb. to come; ~|**ziehen**

unr. tr. V. **etw. ~ziehen** pull *or* draw sth. up; draw ⟨*crowd etc.*⟩; **jmdn. ~ziehen** draw sb. to one; **sich** *(Dat.)* **etw. ~ziehen** pull *or* draw sth. to one; *s. auch* **Haar b**; ~|**zitieren** *tr. V.* **jmdn. ~zitieren** send for *or* summon sb.

her-: ~|**bekommen** *unr. tr. V.* get; ~|**bemühen** *(geh.)* 1. *tr. V.* **jmdn. ~bemühen** trouble sb. to come; 2. *refl. V.* take the trouble to come; ~|**beordern** *tr. V.* summon; send for

Herberge ['hɛrbɛrɡə] *die;* ~, ~n **a)** *(veralt.: Gasthaus)* inn; **b)** *(Jugend~)* [youth] hostel; **c)** *(veralt.: Unterkunft)* accommodation *no indef. art.*

Herbergs-: ~**mutter die,** ~**vater der** warden [of the/a youth hostel]

her-: ~|**bestellen** *unr. tr. V.* **jmdn. ~bestellen** ask sb. to come; *(~beordern)* summon sb.; ~|**beten** *s.* **herunterbeten**

Herbe *die;* ~: *s.* **herb 1 a, b**: [slight] sharpness *or* astringency; dryness; [slight] sharpness *or* tanginess; bitterness; severity; austerity

her|bitten *unr. tr. V.* **jmdn. ~**: ask sb. to come

Herbizid [hɛrbi'tsiːt] *das;* ~s, ~e herbicide

her|bringen *unr. tr. V.* **etw. ~**: bring sth. [here]

Herbst [hɛrpst] *der;* ~[e]s, ~e autumn; fall *(Amer.); s. auch* **Frühling**

Herbst-: ~**anfang der** beginning of autumn; ~**blume die** autumn flower

herbsten *itr. V. (unpers.) (geh.)* **es herbstet** autumn is coming *or* approaching

Herbst·ferien *Pl.* autumn half-term holiday *sing.*

herbstlich 1. *Adj.* autumn *attrib.*; autumnal; *(wie im Herbst)* autumnal; **es wird ~**: autumn is coming. 2. *adv.* **sich ~ färben** take on the colours of autumn; ~ **kühle Tage** cool autumn days; **es ist schon ~ kühl** there's already an autumn chill in the air

Herbst-: ~**monat der** *a)* autumn month; *b) (veralt.)* **der ~monat** September; ~**tag der** autumn day; ~**wetter das** autumnal weather; ~**zeit·lose die;** ~, ~n *(Bot.)* meadow saffron

Herd [heːɐ̯t] *der;* ~[e]s, ~e **a)** *(Kochstelle)* cooker; stove; **das Essen auf dem ~ haben** *(ugs.)* be cooking something; **den ganzen Tag am ~ stehen** *(ugs.)* slave over a hot stove all day; **am heimischen** *od.* **häuslichen ~**: by one's own fireside; **eigener ~ ist Goldes wert** there's no place like home *(prov.);* **b)** *(Ausgangspunkt) (Geol.)* focus; **c)** *(Med.)* focus; seat; **d)** *(Technik)* hearth

Herd·buch *das (Landw.)* herd-book

Herde ['heːɐ̯də] *die;* ~, ~n **a)** *(von Tieren)* herd; **eine ~ Rinder** a herd of cattle; **eine ~ Schafe** a flock of sheep; **b)** *(abwertend: Menschenmenge)* crowd; **mit der ~ laufen, der ~ folgen** follow the herd *or* crowd; **c)** *(fig.: kirchliche Gemeinde)* flock

Herden-: ~**mensch der** *(abwertend) s.* ~**tier b;** ~**tier das a)** gregarious animal; **b)** *(abwertend: Mensch)* sheep; ~**trieb der** *(auch fig. abwertend)* herd instinct

Herd·platte die *(eines Elektroherdes)* hotplate; *(eines Kohlenherds)* top

herein [hɛ'raɪ̯n] *Adv.* ~! come in!; [**immer**] **nur ~ mit dir!** come on in!

herein-: ~|**bekommen** *unr. tr. V. (ugs.)* get in ⟨*fresh stocks*⟩; pick up ⟨*radio station*⟩; recover ⟨*investment*⟩; ~|**bemühen** *(geh.)* 1. *tr. V.* **jmdn. ~bemühen** trouble sb. to come in; 2. *refl. V.* take the trouble to come in; ~|**bitten** *unr. tr. V.* **jmdn. ~bitten** ask *or* invite sb. in; ~|**brechen** *unr. itr. V.; mit sein* **a)** *(geh.: hart treffen)* **über jmdn./etw. ~brechen** ⟨*fate, disaster, misfortune, etc.*⟩ befall *or* overtake sb./sth.; **b)** *(geh.: beginnen)* ⟨*night, evening, dusk*⟩ fall; ⟨*winter*⟩ set in; ⟨*storm*⟩ strike, break; **c)** *(überfluten)* **über etw.** *(Akk.)* **~brechen** break over sth.;

1183

hereinbringen / **Herr**

eine Flut von Beschimpfungen brach über ihn ~ *(fig.)* he was engulfed in a flood of abuse; ~|**bringen** *unr. tr. V.* a) bring in; **etw. in etw.** *(Akk.)* **~bringen** bring sth. into sth.; b) *(wettmachen)* make up ⟨*loss*⟩; make up for ⟨*delay*⟩; recoup ⟨*costs*⟩; ~|**drängen** *itr. V.*; **mit sein** push one's way in; **in etw.** *(Akk.)* **~drängen** push one's way into sth.; ~|**dürfen** *unr. itr. V.* *(ugs.)* be allowed in; **in etw.** *(Akk.)* **~dürfen** be allowed into sth.; **darf er ~?** may *or* can he come in?; ~|**fallen** *unr. itr. V.*; **mit sein** a) ⟨*light*⟩ shine in; b) *(ugs.: betrogen werden)* be taken for a ride *(coll.)*; be done *(coll.)*; **bei/mit etw. ~fallen** be taken for a ride with sth.; **auf jmdn./etw. ~fallen** be taken in by sb./sth.; ~|**führen** *unr. tr. V.*; **jmdn. ~führen** show sb. in; ~|**holen** *tr. V.* a) bring in; b) *(ugs.: verdienen)* make *(coll.)*; ~|**kommen** *unr. itr. V.*; **mit sein** come in; **in das Haus/zur Tür ~kommen** come into the house/in through the door; **wie sind sie ~gekommen?** how did they get in?; ~|**kriegen** *tr. V.* *(ugs.)* s. ~**bekommen**; ~|**lassen** *unr. tr. V.* let *or* allow in; **jmdn. ins Zimmer ~lassen** let *or* allow sb. into the room; ~|**legen** *tr. V.* *(ugs.)* **jmdn. ~legen** take sb. for a ride *(coll.)* (**mit, bei** with); ~|**nehmen** *unr. tr. V.* a) bring in; **etw. ins Haus ~nehmen** bring sth. into the house; b) *(in eine Liste)* include; **etw. in sein Sortiment ~nehmen** start selling sth. as well; ~|**platzen** *itr. V.*; *mit sein* burst in; come bursting in; **in den Saal ~platzen** burst *or* come bursting into the hall; ~|**rasseln** *itr. V.*; *mit sein (salopp)* a) *(betrogen werden)* **mit/bei etw. ~rasseln** be taken for a ride *(coll.)*; b) *(in Schwierigkeiten geraten)* get into deep water *(coll.)*; ~|**regnen** *itr. V. (unpers.)* **es regnet ~**: the rain's coming in; ~|**reichen** 1. *tr. V.* hand *or* pass in; 2. *itr. V.* **etw. reicht in das Zimmer ~**: sth. comes [right] in to the room; ~|**reißen** *unr. tr. V.* *(ugs.)* s. **reinreißen**; ~|**reiten** 1. *unr. itr. V.*; *mit sein* ride in; **in den Hof ~reiten** ride into the yard; 2. s. **reinreiten**; ~|**rufen** *unr. tr. V.* **jmdn. ~rufen** call sb. in; ~|**schauen** *itr. V. (landsch.)* s. ~**sehen**; ~|**schleichen** *unr. itr. V. mit sein*; *refl. V.* creep *or* steal in; [**sich**] **ins Haus ~schleichen** creep *or* steal into the house; ~|**schneien** *itr. V.*; *mit sein (ugs.)* turn up out of the blue *(coll.)*; b) *(unpers.)* **es schneit ~**: the snow's coming in; ~|**sehen** *unr. tr. V.* a) see in; *(hereinblicken)* look in; **in etw.** *(Akk.)* **~sehen** see/look into sth.; b) *(kurz besuchen)* look *or* drop in *(bei* on); ~|**spazieren** *itr. V.*; *mit sein (ugs.)* walk in; stroll in; **er ist einfach in das Zimmer ~spaziert** he simply walked straight into the room; **nur ~spaziert!** come right in!; ~|**stecken** *tr. V.* **den Kopf zur Tür ~stecken** s. **Tür;** ~|**strömen** *itr. V.*; *mit sein* ⟨*water etc.*⟩ pour in; ⟨*people*⟩ pour *or* stream in; **in etw.** *(Akk.)* **~strömen** pour *or* stream into sth.; ~|**stürmen** *itr. V.*; *mit sein* rush *or* dash in; come rushing *or* dashing in; *(wütend)* storm in; come storming in; **ins Zimmer ~stürmen** rush/storm into the room; ~|**stürzen** *itr. V.*; *mit sein* rush in; burst in; **ins Zimmer ~stürzen** rush *or* burst into the room; ~|**tragen** *unr. tr. V.* carry in; **etw. ins Haus ~tragen** carry sth. into the house; ~|**wagen** *refl. V.* venture to come in; ~|**wollen** *unr. tr. V.* *(ugs.)* want to come in; **ins Haus ~wollen** want to come into the house

her-, Her-: ~|**fahren** 1. *unr. itr. V.; mit sein* come here; *(mit einem Auto)* drive *or* come here; *(mit einem [Motor]rad)* ride here; **hinter/vor jmdm./etw. ~fahren** drive/ride along behind/in front of sb./sth.; 2. *unr. tr. V.* **jmdn. ~fahren** drive sb. here; ~**fahrt** die journey here; ~|**fallen** *unr. itr. V.; mit sein* a) **über jmdn.** *or* **etw. ~fallen** set upon *or* attack sb.; ⟨*animal*⟩ attack sb.; **mit Fragen/Vorwürfen über jmdn. ~fallen** *(fig.)* besiege sb. with questions/hurl reproaches at sb.; b) *(gierig zu essen beginnen)* **über etw.** *(Akk.)* **~fallen** fall upon sth.; ~|**finden** *unr. itr. V.* find one's way here; ~|**führen** *tr. V.* a) *(geleiten)* **jmdn. ~führen** bring sb. here; **ein Tier hinter/vor jmdm. ~führen** lead an animal along in front of/behind sb.; b) *(an einen Ort gelangen lassen)* **was führt dich ~?** what brings you here?; ~**gang der**: **der ~gang der Ereignisse** the sequence of events; **jmdn. über den ~gang befragen** question sb. about what happened; **schildern Sie den ~gang des Überfalls** describe what happened during the attack; ~|**geben** *unr. tr. V.* a) hand over; *(weggeben)* give away; **sein Geld für etw. ~geben** put one's money into sth.; **seinen Namen für etw. ~geben** lend one's name to sth.; allow one's name to be associated with sth.; **er hat sein letztes ~gegeben** he gave everything he had; **sich für etw. ~geben** get involved in sth.; **dazu gebe ich mich nicht ~**: I won't have anything to do with it; *(reichen)* **gib es ~!** hand it over!; c) *(erbringen)* **der Boden gibt wenig ~**: the soil is poor; **das Thema wird viel ~geben** there's a lot to this topic; **was seine Beine ~gaben** as fast as his legs could carry him; **~gebracht** 1. 2. *Part. v.* ~**bringen**; 2. *Adj.; nicht präd.* time-honoured; ~|**gehen** *unr. itr. V.; mit sein* a) *(begleiten)* **neben/vor/hinter jmdm. ~gehen** walk along beside/in front of/behind sb.; b) *(ugs.)* **~gehen und etw. tun** just [go and] do sth.; c) *(südd., österr.: herkommen)* come [here]; d) *(unpers.) (ugs.)* **auf der Party ging es hoch/lustig ~**: everyone had a whale of a time *(coll.)*/great fun at the party; **bei der Debatte ging es heiß ~**: the sparks really flew in the debate; ~|**gehören** s. **hierhergehören**; ~|**gelaufen** 1. 2. *Part. v.* ~**laufen**; 2. *Adj.; nicht präd.* **dieser ~gelaufene Strolch** this good-for-nothing rascal from Heaven knows where; ~|**haben** *unr. tr. V.* *(ugs.)* **wo hat er/sie das ~?** where did he/she get that from?; ~|**halten** 1. *unr. tr. V.* **~halten müssen für jmdn./etw.|** be the one to suffer [for sb./sth.]; **als Beweis für die Theorie ~halten** serve as proof of the theory; **der Mantel wird diesen Winter noch einmal ~halten müssen** the coat will have to do for one more winter; 2. *unr. tr. V.* hold out; ~|**holen** *tr. V.* fetch. **von weit ~holen** get sth. from a long way away; **weit ~geholt** far-fetched; ~|**hören** *itr. V.* listen; **alle mal ~hören!** listen everybody

Hering ['heːrɪŋ] *der;* ~**s,** ~**e** a) herring; **wie die ~e** *(fig.)* packed together like sardines; b) *(Zeltpflock)* peg; c) *(ugs.: sehr dünne Person)* **ein [richtiger]** ~ **sein** be as thin as a rake

Herings-: ~**fänger** *der (Schiff)* herring-boat; ~**filet** *das* herring fillet; ~**fischerei** *die* herring fishing; ~**salat** *der* herring salad

herinnen [hɛˈrɪnən] *Adv. (südd., österr.)* in here

her-, Her-: ~|**jagen** 1. *tr. V.* **ein Tier ~jagen** drive *or* chase an animal here; **jmdn./ein Tier vor sich** *(Dat.)* **~jagen** drive *or* chase sb./an animal along ahead of one; 2. *itr. V.; mit sein* **hinter jmdm. ~jagen** chase *or* pursue sb.; **hinter etw.** ~**jagen** *(fig.)* pursue sth.; ~|**kommen** *unr. itr. V.; mit sein* a) come here; **komm [mal] ~!** come here!; **sie wird mit Sicherheit ~kommen** she'll definitely come; b) *(abstammen)* come; **wer weiß, wo das ~kommt** *(ugs.: warum das so ist)* who can tell the reason?; c) *(ugs.: irgendwoher werden)* **wo soll das Geld ~kommen?** where is the money coming from?; ~**kommen das;** ~**s a)** *(Brauch, Sitte)* tradition; b) ~**kunft;** ~|**kömmlich** [~kœmlɪç] *Adj.* conventional; traditional ⟨*custom*⟩

Herkules ['hɛrkulɛs] *der;* ~, ~**se** Hercules

Herkules·arbeit *die* Herculean task

herkulisch [hɛrˈkuːlɪʃ] *Adj. (geh.)* Herculean

Herkunft ['heːɐkʊnft] *die;* ~, **Herkünfte** ['heːɐkʏnftə] a) *(soziale Abstammung)* origin[s *pl.*]; einfacher *(Gen.) od.* von einfacher ~ **sein** be of humble origin *or* birth; **sie ist ihrer ~ nach Amerikanerin** she is of American descent *or* extraction; b) *(Ursprung)* origin

Herkunfts-: ~**bezeichnung** die indication of country of origin; ~**land** das country of origin

her-: ~|**laufen** *unr. itr. V.; mit sein* a) **vor/hinter/neben jmdm. ~laufen** run [along] in front of/behind/alongside sb.; b) *(nachlaufen)* **hinter jmdm. ~laufen** run after sb.; *(fig.)* chase sb. up; c) *(zum Sprechenden laufen)* come on foot; *(schneller)* come running up; **ich bin ~gelaufen** I walked here; *(schneller)* I ran here; ~|**leiten** 1. *tr. V.* derive (**aus, von** from); **etw. von jmdm. ~leiten** derive sth. from sb.; 2. *refl. V.* **sich von/aus etw. ~leiten** derive *or* be derived from sth.; ~|**locken** *tr. V.* **jmdn./ein Tier ~locken** live *or* entice sb./an animal here; **ein Tier hinter sich** *(Dat.)* **~locken** entice an animal to follow one along; ~|**machen** *(ugs.)* 1. *refl. V.* a) **sich über etw.** *(Akk.)* **~machen** get stuck into sth. *(coll.)*; **sich über das Essen/die Geschenke ~machen** fall upon the food/presents; b) *(~fallen)* **sich über jmdn. ~machen** set on *or* attack sb.; 2. *tr. V.* **wenig ~machen** not look much *(coll.)*; **viel ~machen** look great *(coll.)*; **nichts ~machen** not look much at all *(coll.)*; **viel von jmdm./etw. ~machen** make a lot of fuss about sb./sth.; **wenig/nichts von jmdm./etw. ~machen** not make a lot of/any fuss about sth.

Hermaphrodit [hɛrmaˈfroːdiːt] *der;* ~**en,** ~**en** *(Biol., Med.)* hermaphrodite

¹**Hermelin** [hɛrməˈliːn] *das;* ~**s,** ~**e** *(Tier)* ermine; *(im Sommerfell)* stoat

²**Hermelin** *der;* ~**s,** ~**e** *(Pelz)* ermine

Hermeneutik [hɛrmeˈnɔytɪk] *die;* ~: hermeneutics *sing., no art.*

hermeneutisch *Adj.* hermeneutic

hermetisch [hɛrˈmeːtɪʃ] 1. *Adj.* hermetic. 2. *adv.* hermetically; **ein Dorf** *usw.* ~ **abriegeln** seal a village *etc.* off completely

her|müssen *unr. itr. V.* *(ugs.)* **das muß her** I/we have to *or* must have it

her nach *Adv. (veralt.)* after that

her|nehmen *unr. tr. V.* a) *(beschaffen)* **wo soll ich das Geld ~?** where am I supposed to get the money from *or* find the money?; b) *(bes. österr.: stark beanspruchen)* **die Arbeit/Krankheit/der Schicksalsschlag hat sie hergenommen** the work/illness/blow of fate took it out of her; c) *(ugs.: scharf tadeln)* **jmdn. ~**: give sb. a good talking-to

her·nieder- *in Zus. (geh.)* down

heroben [hɛˈroːbn̩] *Adv. (südd., österr.)* up here

Heroe [heˈroːə] *der;* ~**n,** ~**n** *(geh.)* hero

Heroen·kult *der (geh.)* hero-worship

Heroin [heroˈiːn] *das;* ~**s** heroin

Heroine [heroˈiːnə] *die;* ~, ~**n** *(Theater)* actress who plays heroine roles

heroin·süchtig *Adj.* addicted to heroin *postpos.*

heroisch *Adj.* heroic

heroisieren *tr. V.* make a hero of, heroize ⟨*person*⟩; glorify ⟨*deed*⟩

Heroismus *der;* ~: heroism

Herold ['heːrɔlt] *der;* ~[**e**]**s,** ~**e** herald

Herr [hɛr] *der;* ~**n** *(selten:* ~**en),** ~**en a)** *(Mann)* gentleman; **ein feiner/sauberer** ~ *(iron.)* a refined gentleman; **ein feiner** ~ *(iron.)* a fine one!; **das Kugelstoßen/Finale der ~en** *(Sport)* the men's shot-put/singles final; **mein Alter** ~ *(ugs. scherzh.: Vater)* my old man *(coll.)*; **Alter** ~ *(Studenterspr.)* former member; *(Sport)* veteran; b) *(Titel, Anrede)* ~ **Schulze** Mr Schulze; ~ **Professor/Dr.**

Schulze Professor/Dr Schulze; ~ **Minister/Direktor/Studienrat Schulze** Mr Schulze; ~ **Minister/Professor/Doktor** Minister/Professor/doctor; ~ **Vorsitzender/Präsident** Mr Chairman/President; **Sehr geehrter ~ Schulze!** Dear Sir; *(bei persönlicher Bekanntschaft)* Dear Mr Schulze; **Sehr geehrte ~en!** Dear Sirs; ~ **Ober!** waiter!; **mein ~:** sir; **meine ~en** gentlemen; **meine ~!** *(salopp)* my God!; **bitte sehr, der ~!** there you are, sir; **womit kann ich dem ~n dienen?** *(veralt.)* can I help you, sir?; **Ihr ~ Vater/Sohn/Gemahl** *(geh.)* your father/son/husband; c) *(Gebieter)* master; ~! **Gebt uns die Freiheit** Sire, give us our freedom; **er ist ~ über alle Menschen auf der Insel** he rules over the whole population of the island; **mein ~ und Gebieter** *(scherzh.)* my lord and master *(joc.)*; **die ~en der Schöpfung** *(ugs. scherzh.)* their lordships *(coll. joc.)*; **in diesem Land ist der König ~ über Leben und Tod** in this country the king has the power of life and death; **wie der ~, so's Gescherr** like master, like man; **sein eigener ~ sein** be one's own master; ~ **der Lage sein/bleiben** be/remain master of the situation; **einer Sache** *(Gen.)* ~ **werden** get sth. under control; **nicht mehr ~ seiner Sinne sein** be no longer in control of oneself; **aus aller ~en Länder[n]** *(geh.)* from the four corners of the earth; from all over the world; d) *(Besitzer)* master **(über +** *Akk.* of); e) *(christl. Rel.: Gott)* Lord; **Gott der ~:** Lord God; **Brüder und Schwestern im ~n** brothers and sisters in the Lord; **der ~ der Heerscharen** the Lord of Hosts; **er ist ein großer Jäger/Angler vor dem ~n** *(scherzh.)* he loves his hunting/angling

Herrchen das; ~s, ~: master

her|reichen 1. *tr. V.* pass; hand. 2. *itr. V.* *(bes. südd.)* reach; be long enough

Her·reise die journey here

herren-, Herren-: ~**abend** der stag evening; ~**artikel** der *Pl. (Kleidung)* menswear *sing.*; b) *(kleinere Bedarfsartikel)* accessories for men; ~**ausstatter** der [gentle]men's outfitter; ~**begleitung** die: **in/ohne ~begleitung** in the company of a gentleman/unaccompanied; with/without a male companion = **bekanntschaft die** gentleman acquaintance; **eine ~bekanntschaft machen** make the acquaintance of a gentleman; ~**besuch** der gentleman visitor/visitors; ~**besuch haben** have a gentleman visitor/gentlemen visitors; ~**besuch ist ab 20⁰⁰ untersagt** no male visitors after 8 p.m.; ~**doppel** das *(Sport)* men's doubles *pl.*; ~**einzel** das *(Sport)* men's singles *pl.*; ~**fahrrad** das gent's *or* man's bicycle; ~**friseur** der men's hairdresser; ~**haus das a)** *(großes Wohnhaus)* manor house; **b)** *(hist.)* upper chamber; ~**hemd** das *s.* Oberhemd; ~**konfektion die** menswear *no pl., no indef. art.*; ~**leben** das life of luxury and ease; ~**los** *Adj.* abandoned ⟨car, luggage⟩; stray ⟨dog, cat⟩; ~**magazin** das men's magazine; magazine for men; ~**mensch** der masterful person; *(ns.)* member of the master race; ~**mode** die men's fashion; ~**partie** die stag outing; ~**rasse** die *(ns.)* master race; ~**reiter** der *(Reiten)* amateur rider; ~**salon** der men's hairdressing salon; ~**schnitt** der Eton crop; ~**schuh** der man's shoe; ~**schuhe** men's shoes; ~**toilette** die [gentle]men's toilet; ~**unter·wäsche** die men's underwear; ~**volk** das *(bes. ns.)* master race; ~**zimmer** das smoking-room

Herr·gott der; ~s a) *(ugs.: Gott)* der [liebe]/unser ~: the Lord [God] God; ~ **noch mal!** for Heaven's sake!; *(für Gott's sake!)*; b) *(südd., österr.: Kruzifix)* crucifix

Herrgotts-: ~**frühe** die *in* in aller ~frühe at the crack of dawn; ~**schnitzer** der *(südd., österr.)* carver of crucifixes *(and figures of Christ and saints)*

her·richten 1. *tr. V.* a) *(bereitmachen)* get ⟨room, refreshments, etc.⟩ ready; dress ⟨shop-window⟩; arrange ⟨table⟩; b) *(in Ordnung bringen)* renovate; do up *(coll.)*. 2. *refl. V.* get ready

Herrin die; ~, ~en mistress; *(als Anrede)* my lady

herrisch 1. *Adj.* overbearing; peremptory; imperious. 2. *adv.* peremptorily; imperiously; ~ **auftreten** have a peremptory *or* imperious manner

herr·je, herrjemine [hɛrˈjeːmine] *Interj.* *(ugs.)* goodness gracious [me]; heavens [above]

herrlich 1. *Adj.* marvellous; marvellous, glorious ⟨weather⟩; magnificent, splendid ⟨view⟩; magnificent, gorgeous ⟨clothes⟩; marvellous, wonderful, splendid ⟨meal⟩; ⟨sth. tastes, looks, sounds⟩ wonderful, marvellous. 2. *adv.* marvellously; ~ **und in Freuden leben** live in clover

Herrlichkeit die; ~, ~en a) *o. Pl. (Schönheit)* magnificence; splendour; **die ~ Gottes** the glory of God; **ist das die ganze ~?** *(iron.)* is that all [there is]?; b) *meist Pl.* *(herrliche Sache)* marvellous *or* wonderful thing; *(einer Sammlung)* treasure

Herrschaft die; ~, ~en a) *o. Pl.* rule; *(Macht)* power; **unter jmds. ~** *(Dat.)* **stehen** be under sb.'s rule; **die ~ an sich reißen/erringen** seize/gain power; **die ~ über jmdn./etw. ausüben/innehaben** rule over *or* hold sway over sb./sth.; **die ~ über sich/das Auto verlieren** *(fig.)* lose control of oneself/the car; b) *Pl. (Damen u. Herren)* ladies and gentlemen; **die älteren/jüngeren ~en** the older/younger people; **meine ~en!** ladies and gentlemen!; **darf ich die ~en bitten, Platz zu nehmen** ladies and gentlemen/ladies/gentlemen, would you please take your seats; *(Mann und Frau)* would sir and madam care to take their seats, please; **Ruhe bitte, ~!** *(ugs.)* quiet please, all of you!; **meine Alten ~en** *(ugs. scherzh.)* my old man and old woman *(coll.)*; c) *(veralt.: Dienstherr[in])* master/mistress; d) ~ **[noch mal]!** *(ugs.)* for Heaven's sake!

herrschaftlich *Adj.* a) *(zu einer Herrschaft gehörend)* master's/mistress's ⟨coach etc.⟩; b) *(einer Herrschaft gemäß)* grand

Herrschafts-: ~**an·spruch** der claim to power; ~**form** die system of government; ~**system** das system of rule

herrschen [ˈhɛrʃn̩] *itr. V.* a) *(regieren)* rule; ⟨monarch⟩ reign, rule; **allein über jmdn./etw. ~:** have absolute power over sb./sth.; b) *(vorhanden sein)* **draußen ~ 30° Kälte** it's 30° below outside; **überall herrschte große Freude/Trauer** there was great joy/sorrow everywhere; **in der Stadt herrschte reges Leben** the town was bustling with life; **jetzt herrscht hier wieder Ordnung** order has been restored here; c) *(unpers.)* prevail; **es herrscht jetzt Einigkeit** there is now agreement; **es herrscht die Meinung, daß ...:** the prevailing opinion is that ...

herrschend *Adj., nicht präd.* a) ruling ⟨power, party, etc.⟩; reigning ⟨monarch⟩; **die Herrschenden** the rulers; those in power. b) *(vorhanden)* prevailing ⟨opinion, view, conditions, etc.⟩

Herrscher der; ~s, ~: ruler; ~ **über ein Volk sein** be [the] ruler of a people

Herrscher-: ~**geschlecht** das ruling dynasty; ~**haus** das ruling house

Herrscherin die; ~, ~nen *s.* Herrscher

Herrscher·paar das ruler and his/her consort

Herrsch·sucht die thirst for power; *(herrisches Wesen)* domineering nature

herrsch·süchtig *Adj.* domineering

her-: ~|**rufen** *unr. tr. V.* call ⟨dog⟩; **jmdn. ~rufen** call sb. [over]; **etw. hinter sich** *(Dat.)* ~**rufen** call sth. after sb.; ~|**rühren** *itr. V.* **von jmdm./etw. ~rühren** come from sb./
stem from sth.; ~|**sagen** *tr. V.* etw. ~**sagen** recite sth. mechanically; ~|**schaffen** *tr. V.* **jmdn./etw. ~schaffen** bring sb./sth. here; **das Geld ~schaffen** get the money; ~|**schenken** *tr. V. (landsch.)* give away; ~|**schicken** *tr. V.* **jmdn./etw. ~schicken** send sb./sth. here; **jmdn./etw. hinter jmdm. ~schicken** send sb./sth. after sb.; ~|**schieben** *unr. tr. V.* etw. ~**schieben** push sth. here; **etw. vor sich** *(Dat.)* ~**schieben** push sth. along in front of one; *(fig.)* put sth. off; ~|**schleichen** 1. *unr. itr. V.*; *mit sein* creep [over] here; 2. *unr. refl. V.* **sich hinter jmdm. ~schleichen** creep along behind sb. ~; ~|**sehen** *unr. tr. V.* look [over] here *or* this way; **seht mal alle ~!** look here *or* this way, everyone!; **hinter jmdm. ~sehen** follow sb. with one's eyes; ~|**sein** *unr. itr. V.*; *mit sein* a) **einen Monat/einige Zeit/lange ~sein** be a month/some time/a long time ago; **es ist lange ~, daß wir ...:** it is a long time since we ...; **es ist schon einen Monat her** it was a month ago; **es muß 5 Jahre ~sein, daß wir ...:** it must be five years since we ...; b) *(stammen)* **von Köln ~sein** be from Cologne; c) **es ist nicht weit ~ mit jmdm./etw.** *(ugs.)* sb./sth. isn't all that hot *(coll.)*; **hinter jmdm. ~sein** be after sb./sth.; ~|**stellen** *tr. V.* a) *(anfertigen)* produce; manufacture; make; **ein Auto von Hand ~stellen** build a car by hand; **in Deutschland ~gestellt** made in Germany; **etw. serienmäßig ~stellen** mass-produce sth.; b) *(zustande bringen)* establish ⟨contact, relationship, etc.⟩; bring about ⟨peace, order, etc.⟩; **eine Verbindung zwischen der Insel und dem Festland ~stellen** connect the island to the mainland; c) *(gesund machen)* **sie** *od.* **ihre Gesundheit ist [ganz] ~gestellt** she has [quite] recovered; d) *(zum Sprechenden stellen)* etw. ~**stellen** put sth. [over] here; **stell dich ~ [zu mir]** [come and] stand over here [next to *or* by me]

Her·steller der; ~s, ~ a) *(Produzent)* producer; manufacturer; b) *(Buchw.: Berufsbez.)* production department worker

Hersteller·firma die manufacturer

Her·stellung die a) *(Anfertigung)* production; manufacture; b) *s.* herstellen b: establishment; bringing about

Herstellungs-: ~**kosten** *Pl.* production *or* manufacturing costs; ~**land** das country of manufacture; ~**verfahren** das production *or* manufacturing process

her-: ~|**stürzen** *itr. V.*; *mit sein* a) *(nachlaufen)* **hinter jmdm. ~stürzen** rush after sb.; b) *(zum Sprecher)* rush *or* come rushing here; ~|**tragen** *unr. tr. V.* a) *(zum Sprecher)* **etw. ~tragen** carry sth. here; b) *(begleiten und tragen)* **etw. hinter/vor jmdm. ~tragen** carry sth. along behind/in front of sb.; ~|**treiben** *unr. tr. V.* a) *(zum Sprecher)* drive ⟨animal⟩ here; b) **jmdn. ~treiben** *(zwingen, hunger, worry, etc.)* drive sb. here; b) *(antreiben)* **etw. vor sich** *(Dat.)* ~**treiben** drive sth. along in front of one; **der Spieler trieb den Ball vor sich** *(Dat.)* ~: the player dribbled the ball; **der Wind trieb die Wolken vor sich** *(Dat.)* ~: the wind drove *or* blew the clouds along

Hertz [hɛrts] das; ~, ~ *(Physik)* hertz

herüben [hɛˈryːbn̩] *Adv. (südd., österr.)* over here

her·über [hɛˈryːbɐ] *Adv.* over; **die Fahrt von Amerika ~:** the journey over from America; ~ **und hinüber** back and forth

herüber-: ~|**bitten** *unr. tr. V.* **jmdn. ~bitten** ask sb. [to come] over; ~|**bringen** *unr. tr. V.* **jmdn./etw. ~bringen** bring sb./sth. over; ~|**fahren** 1. *unr. itr. V.*; *mit sein* drive *or* come over; *(mit dem Motorrad, Rad)* come *or* ride over; 2. *unr. tr. V.* **jmdn./etw. ~fahren** drive sb./sth. over; ~|**fliegen** 1. *unr. itr. V.*; *mit sein* fly over; 2. *unr. tr. V.* **jmdn./etw. ~fliegen** fly sb./sth. over; ~|**ge-**

herübergrüßen

ben *unr. tr. V.* pass *or* hand over; ~**|grüßen** *itr. V.* [zu jmdm.] ~grüßen call across to sb. in greeting; ~**|holen** *tr. V.* jmdn./etw. ~holen bring sb./sth. over; ~**|kommen** *unr. itr. V.; mit sein* come over; über den Zaun/Fluß ~kommen get over the fence/ across the river; kommt doch ~! come over!; ~**|lassen** *unr. tr. V.* jmdn. ~lassen let sb. come over; allow sb. to come over; ~**|laufen** *unr. itr. V.; mit sein* run *or* come running over; ~**|reichen** 1. *tr. V.* s. ~geben; 2. *itr. V.* |über etw. *(Akk.)*] ~reichen reach across [sth.]; ~**|retten** 1. *tr. V.* retain; etw. in die Gegenwart ~retten preserve sth. [until the present day]; 2. *refl. V.* ⟨customs, hopes, etc.⟩ survive; ~**|schicken** *tr. V.* jmdn./etw. ~schicken send sb./sth. over; ~**|schwimmen** *unr. itr. V.; mit sein* swim over *or* across; ⟨boat⟩ float over *or* across; ~**|sehen** *unr. itr. V.* [zu jmdm.] ~sehen look across [at sb.]; ~**|wechseln** *itr. V.; mit sein od. haben* cross over; er ist in unsere Partei ~gewechselt he has swapped parties and joined ours; ~**|wehen** 1. *itr. V.* a) *(zum Sprecher)* von Osten/Westen ~wehen blow across from the East/West; zu uns ~wehen blow in our direction *or* towards us; b) *mit sein* ⟨scent⟩ waft across; ⟨sound⟩ be blown across; 2. *tr. V.* Blätter/den Duft ~wehen blow leaves/waft the scent across here; ~**|wollen** *unr. V.* want to come over; über den Zaun ~wollen want to get over the fence; ~**|ziehen** 1. *unr. tr. V.* etw. ~ziehen pull sth. over; jmdn. ~ziehen *(fig.)* win sb. over; 2. *unr. itr. V.; mit sein* ⟨clouds, troops⟩ move across; *(umziehen)* move here

herum [hɛ'rʊm] *Adv.* a) *(Richtung)* round; im Kreis ~: round in a circle; verkehrt/richtig ~: the wrong/right way round; *(mit Ober- und Unterseite)* upside down/the right way up; etw. falsch *od.* verkehrt ~ anziehen put sth. on back-to-front/*(Innenseite nach außen)* inside-out; b) *(Anordnung)* um jmdn./etw. ~: around sb./sth.; um die Stadt ~ zog sich ein Grüngürtel the town was surrounded by a green belt; c) *(in enger Umgebung)* um jmdn. ~: around sb.; um München/Berlin ~: around Munich/Berlin; d) *(ugs.: ungefähr)* um Weihnachten/Ostern ~: around Christmas/Easter; um 100 DM/das Jahr 1050 ~: around *or* about 100 marks/ the year 1050

herum-, Herum-: ~**|albern** *itr. V. (ugs.)* fool around *or* about; ~**|ärgern** *refl. V. (ugs.)* sich mit jmdm./etw. ~ärgern keep getting annoyed with sb./sth.; sich mit einem Problem ~ärgern müssen be plagued by a problem; ~**|balgen** *refl. V.* sich [mit jmdm.] ~balgen keep scrapping *(coll.)* [with sb.]; ~**|basteln** *itr. V. (ugs.)* an etw. *(Dat.)* ~basteln mess about with sth.; ~**|bekommen** *unr. tr. V. (ugs.)* a) *(überreden)* jmdn. ~bekommen talk sb. into it; jmdn. ~bekommen, etw. zu tun talk sb. into doing sth.; b) *(hinter sich bringen)* [manage to] pass *or* spend ⟨time⟩; ~**|blättern** *itr. V.* in etw. *(Dat.)* ~blättern keep leafing through sth.; ~**|bohren** *itr. V. (ugs.)* [in etw. *(Dat.)*] ~bohren keep poking [in sth.]; ~**|brüllen** *itr. V. (ugs.)* go on shouting one's head off *(coll.)*; ~**|bummeln** *itr. V. (ugs.) mit sein (spazieren)* stroll *or* wander around; in der Stadt ~bummeln stroll *or* wander around the town; b) *(trödeln)* [mit etw.] ~bummeln dawdle [over sth.]; ~**|doktern** *itr. V. (ugs.)* an jmdm./etw. ~doktern have a go at treating sb./sth.; an etw. *(Dat.)* ~doktern *(fig.)* fiddle *or* tinker around *or* about with sth.; ~**|drehen** 1. *tr. V. (ugs.)* turn ⟨key⟩; turn over ⟨coin, mattress, hand, etc.⟩; den Kopf ~drehen turn one's head; 2. *refl. V.* turn [a]round; sich im Kreis ~drehen turn right round; sich [auf die andere Seite] ~drehen turn over [on to one's other side]; 3. *itr. V. (ugs.)* **an etw.** *(Dat.)* ~drehen fiddle [around

or about] with sth.; ~**|drücken** *refl. V.* a) *(ugs.: vermeiden)* sich um etw. ~drücken get out of *(or coll.)* dodge sth.; b) *(ugs.: sich aufhalten)* hang around; wo hast du dich ~gedrückt? where have you been?; ~**|drucksen** *itr. V. (ugs.)* hum and haw *(coll.)*; ~**|erzählen** *tr. V. (ugs.)* etw. ~erzählen spread sth. around; er erzählte überall ~, daß ...: he went around telling everyone that ...; ~**|experimentieren** *itr. V.* [an jmdm./ etw.] ~experimentieren carry out experiments [on sb./sth.]; ~**|fahren** *(ugs.)* 1. *unr. itr. V.; mit sein* um etw. ~fahren drive *or* go round sth.; *(mit einem Motorrad, Rad)* ride *or* go round sth.; *(mit einem Schiff)* sail round sth.; b) *(irgendwohin fahren)* drive/ ride/sail around; c) *(sich plötzlich herumdrehen)* spin round; d) *(hin und her bewegen)* mit den Armen/dem Schirm usw. ~fahren wave one's arms/umbrella etc. about; 2. *unr. tr. V.* jmdn. [in der Stadt] ~fahren drive sb. around the town; ~**|flattern** *itr. V.; mit sein (ugs.)* [um jmdn./etw.] ~flattern flutter around [sb./sth.]; ~**|fliegen** *(ugs.)* 1. *unr. itr. V.; mit sein* um etw. ~fliegen fly around [sth.]; b) *(salopp: herumliegen)* s. rumfliegen 1 b; 2. *unr. tr. V.* jmdn. ~fliegen fly sb. around; ~**|fragen** *itr. V. (ugs.)* ask around (bei among); ~**|fuchteln** *itr. V. (ugs.)* mit den Armen/einem Messer usw. ~fuchteln wave one's arms/a knife etc. around *or* about; ~**|führen** 1. *tr. V.* a) jmdn. [in der Stadt] ~führen show sb. around the town; s. auch Nase; b) *(rund um etw. führen)* um etw. ~führen lead *or* take sb. round sth.; c) *(um etw. bauen)* die Straße um die Stadt ~führen take the road round the town; 2. *itr. V.* um etw. ~führen ⟨road etc.⟩ go round sth.; ~**|fuhr|werken** *itr. V. (ugs.)* mess about; mit einem Schraubenzieher an der Uhr ~fuhrwerken fiddle around with the clock with the aid of a screwdriver; ~**|fummeln** *itr. V. (ugs.)* a) an etw. *(Dat.)* ~fummeln fiddle about with sth.; b) *(sich handwerklich beschäftigen)* fiddle *or* mess around with sth.; c) *(betasten)* an jmdm. ~fummeln touch sb. up *(sl.)*; ~**|geben** *unr. tr. V.*: s. ~geben; ~**|gehen** *unr. itr. V. (ugs.)* a) um etw. ~gehen go *or* walk round sth.; b) *(ziellos gehen)* walk around; im Garten ~gehen walk around the garden; c) *(die Runde machen)* go around; ⟨~ gereicht werden⟩ be passed *or* handed around; etw. ~gehen lassen circulate sth.; d) *(vergehen)* pass; go by; ~**|geistern** *itr. V.; mit sein (ugs.)* wander around *or* about; *(fig.)* ⟨idea, rumour, etc.⟩ go round; im Haus ~geistern wander around the house [like a ghost]; jmdm. im Kopf ~geistern go round in sb.'s mind; ~**|gondeln** *itr. V.; mit sein (salopp)* travel around; in der Weltgeschichte ~gondeln travel around all over the place; ~**|hacken** *itr. V. (ugs.)* a) *(kritisieren)* auf jmdm. ~hacken keep getting at sb. *(coll.)*; b) *(mit einer Hacke bearbeiten)* auf *(Dat.)* ~hacken hack away at sth.; ~**|hängen** *unr. itr. V. (ugs.)* a) *(aufgehängt sein)* überall ~hängen be hung up all over the place; b) s. rumhängen a; ~**|hantieren** *itr. V. (ugs.)* mess about; an etw. *(Dat.)* ~hantieren mess about with sth.; ~**|hetzen** 1. *itr. V.* jmdn. ~hetzen rush sb. off his/her feet; 2. *itr. V.; mit sein* rush *or* chase around *or* about; ~**|horchen** *itr. V. (ugs.)* keep one's ears open; horch mal ~, ob ...: keep your ears open and try and find out whether ...; ~**|irren** *itr. V.; mit sein* wander around *or* about; im Wald ~irren wander about the wood; ~**|kommandieren** *(ugs.) tr. V.* jmdn. ~kommandieren boss *(coll.)* *or* order sb. around *or* about; 2. *itr. V.* boss *(coll.)* *or* order people around *or* about; ~**|kommen** *unr. itr. V.; mit sein (ugs.)* a) *(vorbeikommen können)* get round; [mit etw.

herumscharwenzeln

(Dat.)] um die Ecke usw. ~kommen get [sth.] round the corner *etc.*; b) *(sich herumbewegen)* come round; um die Ecke ~kommen come round the corner; c) *(vermeiden können)* um etw. [nicht] ~kommen [not] be able to get out of sth.; um eine Operation/Entscheidung ~kommen avoid having an operation/coming to a decision; wir können nicht um die Tatsache ~, daß ...: we cannot get away *or* there is no getting away from the fact that ...; d) *(viel reisen)* get around *or* about; in der Welt ~kommen see a lot of the world; viel ~kommen get around *or* about a lot *or* a great deal; e) *(umschließen können)* mit den Armen/der Hand/dem Seil um etw. ~kommen get one's arms/hand/the rope [a]round sth.; ~**|kramen** *itr. V. (ugs.)* keep rummaging around *or* about; ~**|krebsen** *itr. V. (ugs.)* struggle; ~**|kriechen** *unr. itr. V.; mit sein (ugs.)* crawl around *or* about; um etw. ~kriechen crawl round sth.; ~**|kriegen** *tr. V. (ugs.)* jmdn. ~kriegen talk sb. into it; *(verführen)* get sb. into bed *(coll.)*; b) *(ugs.)* s. ~bekommen b; ~**|kritisieren** *itr. V. (ugs.)* an jmdm./etw. ~kritisieren pick holes in sb.'s sth.; run sth. down; ~**|kutschieren** *(ugs.)* 1. *itr. V.; mit sein* drive around [aimlessly]; 2. *tr. V.* drive ⟨person⟩ about [with no particular destination]; ~**|laborieren** *itr. V. (ugs.)* an etw. *(Dat.)* ~laborieren try to get over sth.; ~**|laufen** *unr. itr. V.; mit sein (ugs.)* a) walk/*(schneller)* run around *or* about; in der Stadt ~laufen walk/*(schneller)* run around the town; b) *(umrunden)* um etw. ~laufen walk *or* go round sth.; c) *(gekleidet sein)* wie ein Hippie ~laufen go around dressed like a hippie; wie läufst du wieder ~! what do you look like!; ~**|liegen** *unr. itr. V. (ugs.)* lie around *or* about; ~**|lümmeln** *refl. V. (ugs.)* lounge around; ~**|lungern** *itr. V. (salopp)* loaf around; ~**|machen** *tr. V. (ugs.)* be busy; *(abwertend)* mess about *or* around; er fing an, an mir/meiner Bluse ~zumachen he started trying to fondle me/undo my blouse; ~**|mäkeln** *itr. V. (ugs.)* [an jmdm./ etw.] ~mäkeln pick holes [in sb./sth.]; am Essen ~mäkeln moan *(coll.)* *or* grumble about the food; ~**|nörgeln** *itr. V. (ugs. abwertend)* moan *or* grumble about sth.; an jmdm./etw. ~nörgeln moan *or* grumble about sb./sth.; ~**|pfuschen** *itr. V. (ugs. abwertend)* an jmdm./etw.] ~pfuschen mess about [with sth.]; ~**|posaunen** *itr. V. (ugs.)* broadcast; sie posaunte im ganzen Dorf ~, daß ...: she broadcast to the whole village the fact that ...; ~**|quälen** *(ugs.) refl. V.* sich [mit einem Problem] ~quälen struggle [with a problem]; sich mit Rheuma/finanziellen Sorgen ~quälen be plagued by rheumatism/ financial worries; ~**|rätseln** *itr. V.* an etw. *(Dat.)* ~rätseln try to figure *or* puzzle sth. out; ~**|reden** *itr. V. (ugs.)* um etw. ~reden talk round sth.; red nicht lange um die Sache ~! don't beat about the bush!; ~**|reichen** *itr. V. (ugs.)* etw. ~reichen pass sth. round; jmdn. überall ~reichen *(fig.)* introduce sb. everywhere; 2. *itr. V.* [um etw.] ~reichen reach round [sth.]; ~**|reisen** *itr. V.; mit sein (ugs.)* travel around *or* about; ~**|reißen** *unr. itr. V.* den Wagen/das Pferd ~reißen swing the car/horse round; s. auch ¹Steuer; ~**|reiten** *unr. itr. V.; mit sein* a) *(ziellos reiten)* ride around *or* about; in der Gegend ~reiten ride around the area; b) *(salopp: auf dasselbe zurückkommen)* auf etw. *(Dat.)* ~reiten go on about sth.; harp on at sth.; c) *(salopp: kritisieren)* auf jmdm. ~reiten keep getting at sb. *(coll.)*; ~**|rennen** *unr. itr. V.; mit sein (ugs.)* a) *(ziellos rennen)* run around *or* about; b) *(im Bogen rennen)* um etw. ~rennen run round sth.; im Kreis ~rennen run round in a circle; ~**|rutschen** *unr. V.; mit sein (ugs.)* slide around *or* about; ~**|scharwenzeln** *itr. V.;*

1186

herumschlagen — herunternehmen

mit sein (ugs. abwertend) um jmdn. ~**scharwenzeln** dance attendance on sb.; ~|**schlagen 1.** *unr. tr. V.* Papier/eine Decke *usw.* um etw. ~schlagen wrap paper/a blanket *etc.* round sth.; **2.** *unr. refl. V.* **a)** *(sich schlagen)* sich mit jmdm. ~schlagen keep fighting *or* getting into fights with sb.; **b)** *(sich auseinandersetzen)* sich mit Problemen/Einwänden ~schlagen grapple with problems/battle against objections; sich mit jmdm. [wegen etw.] ~schlagen conduct a running battle with sb. [about sth.]; ~|**schleichen** *unr. itr. V.; mit sein (ugs.)* creep around *or* about; um etw. ~schleichen creep round sth.; ~|**schlendern** *itr. V.; mit sein (ugs.)* stroll around *or* about; in der Stadt ~schlendern stroll around *or* about the town; ~|**schleppen** *tr. V. (ugs.)* etw. um etw. ~schleppen lug sth. round sth.; eine Erkältung/ein Problem mit sich *(Dat.)* ~schleppen *(fig.)* go around with a cold/be worried by a problem; die Probleme mit sich *(Dat.)* ~schleppen *(fig.)* worry about other people's problems; ~|**schnüffeln** *itr. V. (ugs. abwertend)* nose *or* snoop around *or* about *(coll.)*; in jmds. Schreibtisch ~schnüffeln poke around *or* about in sb.'s desk *(coll.)*; in anderer Leute Angelegenheiten ~schnüffeln poke one's nose into other people's affairs; ~|**schubsen** *tr. V. (ugs.)* jmdn. ~schubsen push sb. around; ~|**sein** *unr. itr. V.; mit sein; Zusammenschreibung nur im Inf. und Part. (ugs.)* **a)** *(vergangen sein)* have passed; have gone by; seine Probezeit ist noch nicht ~: his probationary period is not yet over; **b)** *(bekannt geworden sein)* have got around; **c)** *(sich in der Nähe aufhalten)* immer um jmdn. ~sein be always around sb; ~|**sitzen** *unr. itr. V. (ugs.)* sit around *or* about; um etw. ~sitzen sit round sth.; tatenlos ~sitzen sit around *or* about doing nothing; ~|**spielen** *itr. V. (ugs.)* an/mit etw. ~spielen keep playing [around *or* about] with sth.; an seinen Knöpfen ~spielen fiddle with one's buttons; ~|**spionieren** *itr. V. (ugs.)* snoop *or* nose around *or* about *(coll.)*; ~|**sprechen** *unr. refl. V.* get around *or* about; schnell hatte sich ~gesprochen, daß ...: it had quickly got around that ...; ~|**spuken** *itr. V. (ugs.)* in/auf etw. *(Dat.)* ~spuken haunt sth.; ich möchte wissen, was in seinem Kopf ~spukt *(fig.)* I'd like to know what's going on in his mind; ~|**stänkern** *itr. V. (ugs.)* keep complaining; ~|**stehen** *unr. itr. V. (ugs.)* stand around *or* about; um etw. ~stehen stand round sth.; ~|**stöbern** *itr. V. (ugs.) (in einem Schreibtisch usw.)* keep rummaging around *or* about (in + *Dat.* in); die Jagdhunde stöberten im Dickicht ~: the hounds were hunting around in the thicket; ich habe in der ganzen Wohnung ~gestöbert I've hunted all over the house; ~|**stochern** *itr. V. (ugs.)* poke around *or* about; im Essen ~stochern pick at one's food; ~|**stoßen** *unr. tr. V. (ugs.)* jmdn. ~stoßen push sb. around; ~|**streichen** *unr. itr. V.; mit sein (abwertend)* **a)** *(umherstreifen)* roam around *or* about; **b)** *(lauernd umkreisen)* um jmdn./etw. ~streichen prowl round sb./sth.; ~|**streifen** *itr. V.; mit sein (ugs.)* roam around *or* about; auf den Straßen ~streifen roam the streets; ~|**streiten** *unr. refl. V. (ugs.)* sich [mit jmdm.] ~streiten keep quarrelling *or* wrangling [with sb.]; ~|**streunen** *itr. V.; mit sein (abwertend)* roam around *or* about; auf den Feldern ~streunen roam the fields; ~|**stromern** *itr. V.; mit sein (salopp abwertend)* roam around *or* about; ~|**tanzen** *itr. V.; mit sein (ugs.)* **a)** dance around *or* about; im Zimmer ~tanzen dance around *or* about the room; **b)** *(im Bogen um etw. tanzen)* um jmdn./etw. ~tanzen dance round sb./sth.; um jmdn. ~tanzen *(fig.)* dance attendance on sb.; *s. auch* Kopf a;

Nase b; ~|**tollen** *itr. V.; mit sein* romp around *or* about; auf dem Hof ~tollen romp around the yard; ~|**tragen** *unr. tr. V. (ugs.)* **a)** *(überallhin tragen)* jmdn./etw. ~tragen carry sb./sth. around *or* about; jmdn./etw. mit sich ~tragen carry sb./sth. around with one; **b)** eine Idee/einen Plan mit sich ~tragen nurse an idea/a plan; **c)** *(abwertend: weitererzählen)* etw. ~tragen spread sth. around; ~|**trampeln** *itr. V.; mit haben od. sein auf etw. (Dat.)* ~trampeln trample [around] on sth.; trample all over sth.; auf jmdn. ~trampeln *(fig.)* walk all over sb.; auf jmds. Nerven/Gefühlen ~trampeln *(fig.)* really get on sb.'s nerves/trample on sb.'s feelings; ~|**treiben** *unr. refl. V. (ugs. abwertend)* **a)** *(kein geordnetes Leben führen)* sich auf den Straßen/in Spelunken ~treiben hang around the streets/*(coll.)* in dives; sich mit Männern ~treiben hang around with men; **b)** *(sich irgendwo aufhalten)* sich in der Welt ~treiben roam *or* move about the world; wo hast du dich nur ~getrieben? where have you been?; ich möchte wissen, wo er sich ~treibt I'd like to know where he's got to; ~**treiber** der, ~**treiberin** die *(ugs.)* layabout; *(Streuner)* vagabond; ~|**trödeln** *itr. V. (ugs.)* dawdle around *or* about (mit over); ~|**wälzen** *(ugs.)* **1.** *tr. V.* etw. ~wälzen roll sth. over; **2.** *refl. V.* roll around *or* about; sich im Bett ~wälzen toss and turn in bed; sich im Schlamm ~wälzen wallow in the mud; ~|**wandern** *itr. V.; mit sein* **a)** *(ugs.: umhergehen)* wander around *or* about; im Garten ~wandern wander around *or* about the garden; **b)** *(im Bogen um etw. wandern)* um den Berg/See *usw.* ~wandern hike around the mountain/the lake *etc.;* ~|**werfen 1.** *unr. tr. V.* **a)** *(ugs.: umherwerfen)* etw. ~werfen chuck *(coll.)* or throw sth. around *or* about; etw. im Zimmer ~werfen chuck *(coll.)* or throw sth. around *or* about the room; **b)** *(in eine andere Richtung drehen)* throw ⟨helm, steering-wheel, *etc.*⟩ [hard] over; den Kopf ~werfen turn one's head quickly; **2.** *unr. refl. V.* sich im Bett ~werfen toss and turn in bed; ~|**wickeln** *tr. V.* etw. um etw. ~wickeln wrap sth. round sth.; ~|**wirbeln 1.** *tr. V.* jmdn./etw. ~wirbeln whirl *or* spin sb./sth. [a]round; der Wind wirbelte die Blätter ~: the wind whirled the leaves around *or* about; **2.** *itr. V.; mit sein* spin *or* whirl [a]round; ~|**wühlen** *itr. V.* in etw. *(Dat.)* ~wühlen rummage *or* root around *or* about in sth.; in jmds. Vergangenheit ~wühlen *(fig.)* dig into sb.'s past; ~|**wurschteln, ~|wursteln** *itr. V. (salopp)* mit etw. ~wurschteln *od.* ~wursteln mess *or* fiddle around *or* about with sth.; ~|**zanken** *refl. V. (ugs.) s.* ~streiten; ~|**zeigen** *tr. V. (ugs.)* etw. ~zeigen show sth. round; ~|**ziehen 1.** *unr. tr. V.* **a)** move around *or* about; im Land ~ziehen move around *or* about the country; um etw. ~ziehen go round sth.; **2.** *unr. refl. V.* sich mit jmdm. sich ziehen/ jmdn./etw. ~ziehen drag sb./sth. round *(coll.);* **3.** *unr. refl. V.* sich um etw. ~ziehen ⟨fence, wall, river, *etc.*⟩ go *or* run round sth.; ⟨wood *etc.*⟩ surround sth.

herunten [hɛˈrʊntn̩] *Adv. (südd., österr.)* down here

herunter [hɛˈrʊntɐ] *Adv.* **a)** *(nach unten)* down; von Kiel nach München ~ *(fig.)* from Kiel down to Munich; **b)** *(fort)* off; ~ vom Sofa! [get] off the sofa!; ~ vom Baum/von der Mauer! get *or* come down from that tree/wall!

herụnter-: ~|**bekommen** *unr. tr. V. (ugs.)* **a)** *(essen können)* be able to eat; *(~schlucken)* swallow; **b)** *(entfernen können)* etw. [von etw.] ~bekommen be able to get sth. off [sth.]; ~|**bemühen 1.** *tr. V.* jmdn. ~bemühen trouble sb. to come down; **2.** *refl. V.* take the trouble to come down;

würden Sie sich bitte ~bemühen? would you mind coming down?; ~|**beten** *tr. V. (abwertend)* etw. ~beten recite sth. mechanically; ~|**bitten** *unr. tr. V.* ask sb. [to come] down; ~|**brennen** *unr. tr. V.* **a)** *mit sein (vollkommen abbrennen)* ⟨house, fire, *etc.*⟩ burn down; **b)** ⟨sun⟩ burn *or* beat down; ~|**bringen** *unr. tr. V.* **a)** *(nach unten bringen)* bring down; **b)** *(zugrunde richten)* ruin; **c)** *(ugs.: herunterschlucken) s.* ~**bekommen a**; ~|**drücken** *tr. V.* **a)** *(nach unten drücken)* etw. ~drücken press sth. down; **b)** *(auf ein niedriges Niveau bringen, verringern)* force down ⟨prices, wages, *etc.*⟩; bring down ⟨temperature⟩; reduce ⟨marks⟩; ~|**fahren 1.** *unr. tr. V.; mit sein* drive *or* come down; ⟨skier⟩ ski down; *(mit einem Motorrad, Rad)* ride down; **2.** *unr. tr. V.* jmdn./etw. ~fahren drive *or* bring sb. down/bring sth. down; ~|**fallen** *unr. tr. V.; mit sein* fall down; vom Tisch/Stuhl ~fallen fall off the table/chair; die Treppe ~fallen fall down the stairs; jmdm. fällt etw. herunter sb. drops sth.; ~|**fliegen** *unr. itr. V.* **a)** *mit sein* **a)** *(nach unten fliegen)* fly down; **b)** *(ugs.) s.* ~**fallen**; ~|**geben** *unr. tr. V. (ugs.)* pass *or* hand down; ~|**gehen** *unr. itr. V.* **a)** *mit sein* **a)** *(nach unten gehen)* come down; **b)** *(niedriger werden)* ⟨temperature⟩ go down, drop, fall; ⟨prices⟩ come down, fall; im Preis ~gehen come down in price; **c)** *(die Höhe senken)* auf eine Flughöhe von 2 000 m ~gehen descend to 6,000 ft.; auf eine geringere Geschwindigkeit ~gehen slow down; reduce speed; mit den Preisen ~gehen reduce one's/its prices; **d)** von etw. ~gehen *(ugs.: räumen)* get off sth.; **e)** *(ugs.: sich lösen)* come off; ~**gekommen 1. 2.** *Part. v.* ~**kommen**; **2.** *Adj.* poor ⟨health⟩; dilapidated, run-down ⟨building⟩; run-down ⟨area⟩; down and out ⟨person⟩; ein [völlig] ~gekommenes Subjekt a down-and-out; ~|**handeln** *tr. V. (ugs.)* einen Preis ~handeln beat down a price; 100 DM vom Kaufpreis ~handeln get 100 marks knocked off the price *(coll.);* ~|**hängen** *unr. tr. V.* hang down; ~|**hauen** *unr. tr. V. (ugs.)* **a)** *(ohrfeigen)* jmdm. eine ~hauen give sb. a clout round the ear *(coll.);* **b)** *(schlecht ausführen)* dash off; ~|**heben** *unr. tr. V.* lift sth. down [from sth.]; ~|**helfen** *unr. itr. V. (ugs.)* jmdm. ~helfen help sb. down; ~|**holen** *unr. tr. V.; mit sein* **a)** *(nach unten holen)* jmdn./etw. ~holen have sb. fetch sb./sth. down; **b)** *(ugs.: abschießen)* bring down; ~|**klappen** *tr. V.* pull or put down ⟨seat⟩; close ⟨lid⟩; seinen Kragen ~klappen turn down one's collar; ~|**klettern** *itr. V.; mit sein* climb down; ~|**kommen** *unr. itr. V.; mit sein* **a)** *(kommen)* come down; *(nach unten kommen können)* manage to come down; **b)** *(ugs.: verfallen)* go to the dogs *(coll.);* er ist so weit ~gekommen, daß ...: he has sunk so low that ...; er ist gesundheitlich ~gekommen his health has deteriorated; **c)** *(ugs.: wegkommen)* von Drogen/vom Alkohol ~kommen come off drugs/alcohol; kick the habit *(sl.);* von einer [schlechten] Note ~kommen improve on a [bad] mark; ~|**können** *unr. itr. V. (ugs.)* be able to get down; ~|**kriegen** *tr. V. (ugs.) s.* runterkriegen; ~|**lassen** *unr. tr. V. (ugs.)* let down, lower ⟨blind, shutter⟩; lower ⟨barrier⟩; shut ⟨window⟩; *(nach unten gleiten lassen)* wind down ⟨car window⟩; jmdn./etw. an etw. *(Dat.)* ~lassen lower sb./sth. by sth.; die Hose ~lassen take one's trousers down; ~|**leiern** *tr. V. (salopp)* **a)** *(abwertend)* drone out *(coll.);* **b)** wind down ⟨car window⟩; ~|**machen** *tr. V. (ugs.)* **a)** *(zurechtweisen)* jmdn. ~machen give sb. a rocket *(sl.);* tear sb. off a strip *(coll.);* **b)** *(herabsetzen)* run down *(coll.);* ~|**nehmen** *unr. tr. V.* take down; die Arme ~nehmen put one's arms down; etw. von etw.

1187

herunterpurzeln ~nehmen take sth. off sth.; ~|**purzeln** itr. V.; mit sein (ugs.) die Treppe ~purzeln tumble down the stairs; vom Stuhl ~purzeln topple off the chair; ~|**putzen** tr. V. (salopp) s. ~machen a; ~|**rasseln** (ugs.) 1. tr. V. rattle off; 2. itr. V.; mit sein rattle down; come rattling down; ~|**reißen** unr. tr. V. (ugs.) a) (nach unten reißen) pull down; b) (abreißen) pull off ⟨plaster, wallpaper⟩; tear down ⟨poster⟩; c) (salopp: ableisten) get through; ~|**rutschen** itr. V.; mit sein (ugs.) slide down; ⟨trousers, socks⟩ slip down; ~|**schalten** itr. V. (Kfz-Jargon) change down; ~|**schießen** 1. unr. tr. V. shoot down ⟨bird, aircraft, etc.⟩; 2. unr. itr. V. a) von einem Fenster aus ~schießen shoot or fire down from a window; b) mit sein (~stürzen) hurtle down; come hurtling down; ~|**schlagen** unr. tr. V. a) knock off; den Stuck von der Wand ~schlagen knock the stucco off the wall; b) (nach unten wenden) turn ⟨collar etc.⟩ down; ~|**schlucken** tr. V. swallow; ~|**schrauben** tr. V. turn down ⟨wick etc.⟩; seine Ansprüche/Erwartungen ~schrauben (fig.) reduce one's requirements/lower one's expectations; ~|**sehen** unr. itr. V. a) (nach unten sehen) look down; b) (geringschätzig betrachten) auf jmdn. ~sehen look down [up]on sb.; ~|**sein** unr. itr. V.; mit sein; Zusammenschreibung nur im Inf. und Part. (ugs.) a) (unten sein) be down; b) (am Ende der Kräfte sein) [körperlich] ~sein be in poor health; er ist mit seiner Gesundheit/seinen Nerven ~: he's in poor health/his nerves are in a bad state; ~|**setzen** tr. V. (ugs.) s. herabsetzen; ~|**spielen** tr. V. (ugs.) a) (als unbedeutend darstellen) play down (coll.); b) (ausdruckslos spielen) etw. ~spielen play sth. through mechanically; ~|**steigen** unr. itr. V.; mit sein climb down; ~|**stürzen** 1. itr. V.; mit sein fall down; (steil herabfallen) ⟨aircraft, person, etc.⟩ plunge down; (~eilen) rush down; vom Dach ~stürzen fall off the roof; 2. unr. tr. V. a) (schnell trinken) gulp down; b) jmdn. ~stürzen throw sb. down; ~|**tragen** unr. tr. V. etw. ~tragen carry sth. down; ~|**werfen** unr. tr. V. a) (nach unten werfen) etw. ~werfen throw sth. down; b) (ugs.: herunterfallen lassen) drop; ~|**wirtschaften** itr. V. (ugs.) etw. ~wirtschaften ruin sth./bring sth. to the brink or edge of ruin [by mismanagement]; ~|**ziehen** 1. unr. tr. V. pull down; [auf seine Ebene] ~ziehen (fig.) drag sb. down [to one's own level]; 2. unr. itr. V.; mit sein go or move down; (umziehen) move down

her·vor Adv. aus etw. ~: out of sth.; aus der Ecke ~ kam …: from out of the corner came …

hervor-, Hervor-: ~|**brechen** unr. itr. V.; mit sein (geh.) a) (zum Vorschein kommen) ⟨animal etc.⟩ burst out; ⟨sun⟩ break through; ⟨plant⟩ come up or through; b) (sich äußern) ⟨feelings⟩ burst forth or out; ~|**bringen** unr. tr. V. a) (zum Vorschein bringen) bring out (aus of); produce (aus from); b) (wachsen, entstehen lassen; auch fig.) produce; c) (von sich geben) say; produce ⟨sound⟩; er brachte kein Wort/keinen Ton ~: he could not utter a word/sound; ~|**dringen** unr. itr. V.; mit sein (geh.) ⟨plant⟩ come up or through; ~|**gehen** unr. itr. V.; mit sein (geh.) a) (seinen Ursprung haben) viele große Musiker gingen aus dieser Stadt ~: this city produced many great musicians; drei Kinder gingen aus der Ehe ~: the marriage produced three children; there were three children of the marriage; eines geht aus dem andern ~: one thing evolves from another; b) (herauskommen, sich ergeben) emerge (aus from); aus etw. siegreich/als Sieger ~gehen emerge victorious from sth.; aus seinem Brief geht klar ~, daß …: it is clear from his letter that …; d) (zu folgern sein) follow; daraus geht ~, daß …: from this it follows that …; ~|**gucken** itr. V. (ugs.) look out; unter etw. (Dat.) ~gucken peep out from under sth.; ~|**heben** unr. tr. V. emphasize; stress; etw. durch Kursivdruck ~heben make sth. stand out by using italics; ~|**holen** tr. V. take out (aus of); ich muß meine alten Schulbücher ~holen I must get out my old school-books; ~|**kehren** tr. V. s. herauskehren; ~|**kommen** unr. itr. V.; mit sein come out (aus of, unter + Dat. from under); ~|**locken** tr. V. lure or entice ⟨person, animal⟩ out (aus of); ~|**quellen** unr. itr. V.; mit sein (of ⟨smoke⟩) pour out; aus etw. ~quellen stream from sth.; unter dem Hut quoll ihr Haar ~: her hair spilled out from under her hat; ~quellende Augen bulging eyes; ~|**ragen** itr. V. a) (aus etw. ragen) project; jut out; ⟨cheekbones⟩ stand out; aus dem Häusermeer ragte der Kirchturm ~: the church spire stood out above the sea of houses; b) (sich auszeichnen) stand out; ~ragend 1. Adj. outstanding[ly good]; 2. adv. ~ragend geschult outstandingly well trained; ~ragend spielen/arbeiten play/work outstandingly well or excellently; ~**ruf** der curtain-call; ~|**rufen** unr. tr. V. a) (nach vorn rufen) jmdn. ~rufen call for sb. to come out; (Theater usw.) call sb. back; sie wurde sechsmal ~gerufen she had to take six curtain-calls; b) (verursachen) elicit, provoke ⟨response⟩; arouse ⟨admiration⟩; cause ⟨unease, disquiet, confusion, merriment, disease⟩; provoke ⟨protest, displeasure⟩; ~|**sehen** unr. itr. V. be visible; (unerwünscht) show; ~|**springen** unr. itr. V. a) (springend hervorkommen) leap or jump out (hinter + Dat. from behind); b) (vorspringen) project; jut out; ⟨nose⟩ stick out; ~|**stechen** unr. V. a) (herausstehen) stick out (aus of); b) (sich abheben) stand out; ~**stechend** Adj. outstanding; striking; ~|**stehen** unr. itr. V. protrude; stick out; ⟨cheekbones⟩ stand out; ~|**stürzen** itr. V.; mit sein rush or burst out (hinter + Dat. from behind); ~|**suchen** tr. V. look out; ~|**treten** unr. V.; mit sein a) emerge, step out (hinter + Dat. from behind); ⟨veins, ribs, etc.⟩ stand out; ⟨similarity etc.⟩ become apparent or evident; ⟨eyes⟩ bulge, protrude; die Sonne trat aus den Wolken ~ (fig. geh.) the sun emerged or came out from behind the clouds; b) (bekannt werden) make one's mark; make a name for oneself; ~|**tun** unr. refl. V. a) (Besonderes leisten) distinguish oneself; sie hat sich nicht sonderlich ~getan she did not exactly distinguish herself; sich mit/als etw. ~tun make one's mark with/as sth.; b) (wichtig tun) show off; ~|**wagen** refl. V. dare to come out (aus of); du kannst dich wieder ~wagen you can come out again; ~|**zaubern** tr. V. conjure up; er zauberte ein Päckchen Zigaretten ~: as if by magic he produced a packet of cigarettes; ~|**ziehen** unr. tr. V. pull out (hinter + Dat. from behind, unter + Dat. from under)

her|wagen refl. V. (ugs.) dare to come here

Her·weg der: auf dem ~weg on the way here

Herz [hɛrts] das; ~ens, ~en a) (auch: herzförmiger Gegenstand, zentraler Teil) heart; sie hat es am ~en (ugs.) she has a bad heart; (fig.) komm an mein ~, Geliebter come into my arms, my darling; jmdm. das ~ zerreißen break sb.'s heart; dabei dreht sich mir das ~ im Leib[e] um it makes my heart bleed; mir blutet das ~ (auch iron.) my heart bleeds; mir lacht das ~ im Leibe my heart laughs; ihm rutschte od. fiel das ~ in die Hose[n] (ugs., oft scherzh.) his heart sank into his boots; jmdm. ~ höher schlagen lassen make sb.'s heart beat faster; jmdm. das ~ brechen (geh.) break sb.'s heart; das ~ auf dem rechten Fleck haben have one's heart in the right place; das ~ in die Hand od. in beide Hände nehmen take one's courage in both hands; jmdn./etw. auf ~ und Nieren prüfen (ugs.) grill sb./go over sth. with a fine toothcomb; ein Kind unter dem Herzen tragen (dichter.) be with child; be great with child (arch.); s. auch drücken a; klopfen 1 b; b) (meist geh.: Gemüt) heart; ein treues ~ haben be true-hearted; ein warmes/gutes ~ haben have a warm/good or kind heart; die ~en bewegen/rühren touch people's hearts; von ~en kommen come from the heart; im Grunde seines Herzens in his heart of hearts; man kann einem Menschen nicht ins ~ sehen one cannot see or look into another man's heart; wes das ~ voll ist, des geht der Mund über (prov.) when you're excited about something, it's difficult to stop talking about it; ein ~ und eine Seele sein be bosom friends; jmds. ~ hängt an etw. (Dat.) (jmd. möchte etw. sehr gerne behalten) sb. is attached to sth.; (jmd. möchte etw. sehr gerne haben) sb.'s heart is set on sth.; sein ~ gehört der Musik/Literatur usw. (geh.) music/literature etc. is his first love; ihm war/wurde das ~ schwer his heart was/grew heavy; alles, was das ~ begehrt everything one's heart desires; nicht das ~ haben, etw. zu tun not have the heart to do sth.; sich (Dat.) ein ~ fassen pluck up one's courage; take one's courage in both hands; sein ~ an jmdn./etw. hängen (geh.) give one's heart to sb./devote oneself to sth.; sein ~ für etw. entdecken (geh.) discover a passion for sth.; ein ~ für die Armen und Kranken haben feel for the sick and the poor; ein ~ für Kinder/die Kunst haben have a love of children/art; jmdm. sein ~ ausschütten pour out one's heart to sb.; jmdm. das ~ schwermachen sadden sb.'s heart; das ~ auf der Zunge haben wear one's heart on one's sleeve; die od. alle ~en im Sturm erobern (geh.) capture everybody's heart; seinem ~en einen Stoß geben (suddenly) pluck up courage; seinem ~en Luft machen (ugs.) give vent to one's feelings; leichten ~ens easily; happily; schweren ~ens with a heavy heart; jmd./etw. liegt jmdm. am ~en sb. has the interests of sb./sth. at heart; jmdm. etw. ans ~ legen entrust sb. with sth.; jmd./etw. ist jmdm. ans ~ gewachsen sb. has grown very fond of sb./sth.; etw. auf dem ~en haben have sth. on one's mind; aus seinem ~en keine Mördergrube machen speak freely or frankly; aus tiefstem ~en (geh.) from the bottom of one's heart; jmdn. ins od. in sein ~ schließen take to sb.; jmdn. ins ~ treffen cut sb. to the quick; mit halbem ~en (geh.) half-heartedly; es nicht übers ~ bringen, etw. zu tun not have the heart to do sth.; von ~en gern [most] gladly; von ganzem ~en (aufrichtig) with all one's heart; (aus voller Überzeugung) whole-heartedly; sich (Dat.) etw. zu ~en nehmen take sth. to heart; habt ein ~ [mit dem armen Kerl]! have pity [on the poor fellow]!; mit ganzem ~en whole-heartedly; ein Mann usw. nach jmds. ~en a man etc. after sb.'s own heart; jmdm. aus dem ~en sprechen express just what sb. is/was thinking; sein ~ schenken (geh.) give sb. one's heart; die Dame seines ~ens (geh., oft scherzh.) the woman of his heart; von ~en kommen ⟨present⟩ come with cordial feeling; ⟨congratulations, thanks, etc.⟩ come from the heart; jmdm. zu ~en gehen upset sb. deeply; s. auch golden 1 c; Luft c; Stein b; Stich e; Zentnerlast; c) o. Art., o. Pl. (Kartenspiel) hearts pl.; s. auch ²**Pik**; d) (Speise) heart; ein Pfund ~ vom Schwein a pound of pig's heart[s]; e) (Kosewort) mein ~!: my dear

herz-, Herz-: ~**allerliebste** der/die; adj. Dekl. (veralt.) beloved; ~**allerliebster** mein my beloved; my darling; ~**an·fall** der

heart attack; ~**as** das ace of hearts; ~**asthma** das (Med.) cardiac asthma; cardiasthma; ~**beklemmend** Adj. oppressive; ~**beklemmung** die angina; ~**beschwerden** Pl. heart trouble sing.; ~**beutel** der (Anat.) pericardium; ~**binkerl** [~bɪŋkɐl] das; ~s, ~ (bayr., österr. ugs.) pet (coll.); darling; **b)** (Gartenbau) new, inner leaf; **b)** (Kosewort) darling; ~**blut** das in sein ~**blut für jmdn./ etw.** hingeben (geh. veralt.) sacrifice everything for sb./sth.; ~**bube** der jack of hearts
Herzchen das; ~s, ~ **a)** (abwertend: naive/ unzuverlässige Person) simpleton/unreliable person; **b)** (Kosewort) darling; sweetheart; **c)** (kleines Herz) little heart
Herz-: ~**chirurgie** die heart or cardiac surgery; ~**dame** die queen of hearts
herzeigen tr. V. (ugs.) show; zeig [es] mal her! let me see [it]!
Herze·leid das (veralt.) heartbreak
herzen tr. V. (veralt.) hug
herzens-, **Herzens**-: ~**angelegenheit** die (Liebesangelegenheit) affair of the heart; (Leidenschaft) passion; ~**angst** die (geh.) deep anxiety; (bei unmittelbarer Bedrohung) [mortal] fear; ~**bedürfnis** das in jmdm. ein ~**bedürfnis** sein (geh.) be very important to sb.; ~**bildung** die (geh.) sensitivity; ~**brecher** der lady-killer; ~**grund** der in aus ~**grund** from the bottom of one's heart; ~**gut** ['--'] Adj. kindhearted; good-hearted; ~**güte** die (geh.) kindness of heart; kind-heartedness; goodness of heart; ~**lust** die in nach ~**lust** to one's heart's content; ~**wunsch** der dearest or fondest wish
herz-, **Herz**-: ~**entzündung** die (Med.) s. Karditis; ~**erfreuend** Adj. heartwarming; ~**erfrischend** 1. Adj. refreshing; 2. adv. refreshingly; ~**ergreifend** 1. Adj. heart-rending; 2. adv. heart-rendingly; ~**erquickend** Adj. s. ~**erfrischend**; ~**fehler** der heart defect; ~**flimmern** das (Med.) (Kammerflimmern) ventricular fibrillation; (Vorhofflimmern) auricular fibrillation; ~**förmig** Adj. heart-shaped; heart-shaped, cordate ⟨leaf⟩; ~**gegend** die area or region of the heart; ~**geräusch** das (Med.) heart murmur
herzhaft 1. Adj. **a)** (kräftig) hearty; **b)** (nahrhaft) hearty, substantial ⟨meal⟩; (von kräftigem Geschmack) tasty; **ein ~er Eintopf** a substantial/tasty stew; **c)** (veralt.: mutig) bold. 2. adv. **a)** (kräftig) hearty; **b)** ~**gähnen** give a wide yawn; **b)** (nahrhaft) **er ißt gern** ~ he likes to have a hearty meal; **c)** (veralt.: mutig) boldly
herziehen 1. unr. itr. V. **a)** mit sein od. haben (ugs.: abfällig reden) über jmdn./etw. ~: run sb./sth. down; pull sb./sth. to pieces; **b)** mit sein (mitgehen) vor/hinter/neben jmdm./ etw. ~: walk along in front of/behind/ beside sb./sth.; (marschieren) march along in front of/behind/beside sb./sth.; **c)** (umziehen) mit sein move here. 2. unr. tr. V. **a)** (ugs.: zum Sprechenden bewegen) etw. ~: pull sth. over [here]; **b)** (mit sich führen) jmdn./etw. hinter sich (Dat.) ~: pull sb./sth. along behind one
herzig 1. Adj. sweet; dear; delightful. 2. adv. sweetly; delightfully
herz-, **Herz**-: ~**infarkt** der heart attack; cardiac infarction (Med.); ~**innig** (veralt.), ~**inniglich** 1. Adj. heartfelt; 2. adv. with heartfelt emotion; jmdn. ~**innig lieben** love sb. with all one's heart; ~**insuffizienz** die (Med.) cardiac insufficiency; ~**kammer** die (Anat.) ventricle; ~**kirsche** die heart cherry; sweet cherry; ~**klappe** die (Anat.) heart-valve; ~**klappen·fehler** der (Med.) valvular defect of or insufficiency; ~**klopfen** das; ~s: jmd. hat ~**klopfen** sb.'s heart is pounding; jmd. bekommt ~**klopfen** sb.'s heart starts to pound;

mit ~**klopfen** with a pounding heart; ~**kollaps** der s. ~**versagen**; ~**könig** der king of hearts; ~**krampf** der heart spasm; ~**krank** Adj. ⟨person⟩ with or suffering from a heart condition; [sehr] ~**krank sein/ werden** have/get a [serious] heart condition; ~**kranke Patienten** cardiac patients; ~**kranke der/die** person with or suffering from a heart condition; (Patient) cardiac patient; ~**kranz·gefäß** das; meist Pl. coronary vessel; ~**leiden** das heart condition
herzlich 1. Adj. **a)** (warmherzig) warm ⟨smile, reception⟩; kind ⟨words⟩; ~ **zu jmdm. sein** be cordial towards sb.; **b)** (ehrlich gemeint) sincere; ~**e Grüße/~en Dank** kind regards/many thanks; **sein ~es Beileid zum Ausdruck bringen** express one's sincere condolences pl.; ~**[st] Dein/Euer Julius** (als Briefschluß) kind[est] regards, Julius; s. auch Glückwunsch. 2. adv. **a)** (warmherzig) warmly; **der Empfang fiel sehr ~ aus** the reception was very cordial; **b)** (ehrlich gemeint) sincerely; ~ **grüßt euch Eure Viktoria** (als Briefschluß) kind regards, Victoria; **c)** (sehr) ~ **wenig** very or (coll.) precious little; ~ **schlecht** dreadful; ~ **gern**! gladly; etw. ~ **satt haben** be heartily sick of sth.
Herzlichkeit die **a)** s. **herzlich a:** warmth; kindness; **b)** (Aufrichtigkeit) sincerity
herz-, **Herz**-: ~**liebste der/die** s. ~**allerliebste**; ~**los** 1. Adj. heartless; callous; 2. adv. heartlessly; callously; ~**losigkeit** die; ~, ~**en** **a)** o. Pl. heartlessness; callousness; **b)** (herzlose Tat/Bemerkung) heartless act/remark; ~-**Lungen-Maschine** die heart-lung machine; ~**massage** die cardiac massage; heart massage; ~**mittel** das (ugs.) heart pills pl.; ~**muskel** der (Anat.) heart muscle; cardiac muscle
Herzog ['hɛrtsoːk] der; ~s, **Herzöge** ['hɛrtsøːɡə] duke; [**Herr**] **Friedrich ~ von Meiningen** Frederick, Duke of Meiningen
Herzogin die; ~, ~**nen** duchess
herzoglich Adj.; nicht präd. ducal; of the duke postpos., not pred.; **die ~e Familie** the family of the duke
Herzogtum das; ~s, **Herzogtümer** duchy
Herz·rhythmus der (Med.) heart rhythm; cardiac rhythm
Herzrhythmus·störung die (Med.) disturbance of the heart or cardiac rhythm
herz-, **Herz**-: ~**schlag** der **a)** heartbeat; **einen ~schlag lang** (geh.) for a short or fleeting moment; **b)** o. Pl. (Abfolge der Herzschläge, auch fig. geh.) pulse; **c)** (Herzversagen) heart failure; **an einem ~schlag sterben** die of heart failure; ~**schmerz** der; meist Pl. pain in the region of the heart; ~**schrittmacher** der (Anat., Med.) [cardiac] pacemaker; ~**schwäche** die cardiac insufficiency; ~**spender** der heart donor; ~**spezialist** der heart specialist; ~**stärkend** Adj. ein ~**stärkendes Mittel** a cardiac tonic; ~**stärkend sein/wirken** act as a cardiac tonic; ~**still·stand** der (Med.) cardiac arrest; ~**stück** das (geh.) ~; ~**tätigkeit** die action of the heart; ~**ton** der; meist Pl. (Med.) heart sound; cardiac sound; ~**transplantation** die (Med.) heart transplantation
herzu [hɛɐ'tsuː] Adv. (geh.) s. **herbei**
herz-, **Herz**-: ~**verfettung** die fatty degeneration of the heart; ~**verpflanzung** die. s. ~**transplantation**; ~**versagen** das; ~s heart failure; ~**zerreißend** 1. Adj. heart-rending; 2. adv. heart-rendingly
Hesse ['hɛsə] der; ~n, ~n Hessian
Hessen (das) Hesse
hessisch Adj. Hessian
Hetäre [he'tɛːrə] die; ~, ~**n** hetaera
hetero-, **Hetero**- [hetero-] in Zus. hetero-
heterodox [-'dɔks] Adj. (Rel.) heterodox
Heterodoxie [-dɔ'ksiː] die; ~, ~**n** (Rel.) heterodoxy

heterogen [-'ɡeːn] Adj. heterogeneous
Heterogenität [-ɡeniˈtɛːt] die; ~: heterogeneity
heteronom [-'noːm] Adj. (geh.; Zool.) heteronomous
Hetero·sexualität die; ~: heterosexuality no art.
hetero·sexuell Adj. heterosexual
Hethiter [he'tiːtɐ] der; ~s, ~: Hittite
Hetz [hɛts] die; ~, ~**en** (österr. ugs.) das war eine ~! that was a [good] laugh; **seine ~ haben** have some fun; **aus ~:** for fun
Hetz·blatt das (abwertend) political smearsheet
Hetze ['hɛtsə] die; ~ **a)** (große Hast) [mad] rush; **in großer ~:** in a mad rush or hurry; **heute war eine fürchterliche ~:** today was one mad rush; **b)** o. Pl. (abwertend: Aufhetzung) smear campaign; (gegen eine Minderheit) hate campaign; **eine ~ betreiben** mount or run a smear/hate campaign; **c)** (Jägerspr.) s. **Hetzjagd**
hetzen 1. tr. V. **a)** hunt; **ein Tier zu Tode ~:** hunt an animal to death; **die Hunde/die Polizei auf jmdn. ~:** set the dogs on [to] sb./get the police on to sb.; **b)** (antreiben) rush; hurry. 2. itr. V. **a)** (in großer Eile sein) rush; **den ganzen Tag ~:** be in a rush all day long; **b)** mit sein (hasten) rush; hurry; (rennen) dash; race; **c)** (abwertend: Haß entfachen) stir up hatred; (schmähen) say malicious things; **gegen jmdn./etw. ~:** smear sb./agitate against sth.; **gegen eine Minderheit ~:** stir up hatred against minorities; **zum Krieg ~:** engage in warmongering; **bei jmdm. gegen jmdn. ~:** try to turn sb. against sb.
Hetzer der; ~s, ~: malicious agitator
Hetzerei die; ~, ~**en a)** o. Pl. (Hast) [mad] rush; **b)** o. Pl. (ugs. abwertend: Aufwiegelei) malicious agitation; **c)** (ugs. abwertend: hetzerische Handlung/hetzerisches Wort) inflammatory act/word
hetzerisch Adj. inflammatory
Hetz-: ~**hund** der hound; hunting dog; ~**jagd** die **a)** (Jagdw.) hunting (with hounds); (einzelne Jagd) hunt (with hounds); **b)** (Hast) [mad] rush; ~**kampagne** die (abwertend) smear campaign; (gegen eine Minderheit) hate campaign; ~**rede** die (abwertend) inflammatory speech
Heu [hɔy] das; ~s **a)** hay; ~ **machen** make hay; **b)** (ugs.: Geld) dough (sl.); **der hat vielleicht ~:** he's rolling in money or it (coll.); s. auch **Geld a**
Heu-: ~**blume** die; meist Pl.; ~**blume[n** Pl.] mixture of seeds, flowers, and grasses sieved from hay and used for medical purposes; ~**boden** der hayloft
Heuchelei die; ~, ~**en** (abwertend) **a)** o. Pl. (Verstellung) hypocrisy; **b)** (Äußerung) piece of hypocrisy; hypocritical remark
heucheln ['hɔyçl̩n] 1. itr. V. be a hypocrite. 2. tr. V. feign ⟨joy, sympathy, etc.⟩
Heuchler der; ~s, ~, **Heuchlerin** die; ~, ~**nen** hypocrite
heuchlerisch 1. Adj. **a)** (unaufrichtig) hypocritical; **b)** (geheuchelt) feigned ⟨interest, sympathy, etc.⟩. 2. adv. hypocritically
heuen itr. V. (landsch.) make hay
heuer ['hɔyɐ] Adv. (südd., österr., schweiz.) this year
Heuer die; ~, ~**n** (Seemannsspr.) **a)** (Lohn) pay; wages pl.; **b)** (Anstellung) **auf einem Schiff [als Funker] ~ nehmen** join a ship [as wireless operator]; **auf einem Frachter ~ nehmen** ship on board a freighter; **eine ~ bekommen** get hired
Heu-: ~**ernte** die **a)** hay harvest; haymaking; **b)** (Ertrag) hay crop
Heuer·vertrag der (Seemannsspr.) contract of employment
Heu-: ~**fieber** das s. ~**schnupfen**; ~**forke** die (nordd.), ~**gabel** die hay-fork; ~**haufen** der haystack; hayrick; s. auch **Stecknadel**

Heul·boje die a) *(Seew.)* whistling-buoy; b) *(ugs. abwertend: Sänger)* caterwauler
heulen ['hɔylən] *itr. V.* a) ⟨*wolf, dog, jackal, etc.*⟩ howl; *(fig.)* ⟨*wind, gale*⟩ howl; ⟨*storm*⟩ roar; b) ⟨*siren, buoy, etc.*⟩ wail; c) *(ugs.: weinen)* howl; bawl; **vor Wut/Schmerz/Freude ~:** howl and weep with rage/pain/howl with delight; **das ist zum Heulen** *(ugs.)* it's enough to make you weep; **Heulen und Zähneklappern** *od.* **Zähneknirschen** wailing and gnashing of teeth
Heuler der; ~s, ~ a) *(ugs.: Heulton)* whine; b) *(Feuerwerkskörper)* wailing banshee; c) *(salopp: tolle Sache)* **das ist wirklich ein ~:** it's really great *or* fantastic *(coll.)*; **das ist [ja] der letzte ~!** *(iron.)* it's bloody awful! *(Brit. sl.)*; d) *(ugs.: Seehund)* seal
Heulerei die; ~, ~en; *Pl. selten (abwertend)* a) *(einer Sirene, Boje)* wailing; b) *(ugs.: heftiges Weinen)* howling; bawling
Heulsuse ['hɔylzu:zə] die; ~, ~n *(ugs. abwertend)* cry-baby
Heu-: **~monat** der, **~mond** der *(veralt.)* July; **~pferd** das grasshopper; **~reiter** *(österr.)*, **~reuter** *(südd.)* der drying-rack for hay
heureka ['hɔyreka] *Interj. (geh.)* eureka
heurig ['hɔyrɪç] *Adj.; nicht präd. (südd., österr., schweiz.)* this year's ⟨*harvest, crop, etc.*⟩; new ⟨*potatoes, wine*⟩; **der ~e Sommer** this summer
Heurige der; *adj. Dekl. (bes. österr.)* a) *(Wein)* new wine; **sie saßen beim ~n** they sat drinking the new wine; b) *(Weinlokal)* inn with new wine on tap
Heuristik [hɔy'rɪstɪk] die; ~: heuristics *sing.*
heuristisch *Adj.* heuristic
Heu-: **~schnupfen** der hay fever; **~schober** der *(südd., österr.)* haystack; hayrick; **~schrecke** die grasshopper; *(in Afrika, Asien)* locust; grasshopper; **~stadel** der *(südd., österr., schweiz.)* [hay] barn
heut [hɔyt] *(ugs.)*, **heute** ['hɔytə] *Adv.* today; **~ früh** early this morning; **~ morgen/abend** this morning/evening; **~ mittag** [at] midday today; **~ nacht** tonight; *(letzte Nacht)* last night; **~ in einer Woche** a week [from] today; today week; **vor einer Woche ~** a week ago today; **seit ~** from today; **ab ~, von ~ an** from today [on]; **bis ~:** until today; **bis ~ nicht** *(erst ~)* not until today; *(überhaupt noch nicht)* not to this day; *(bis jetzt noch nicht)* not as yet; **für ~:** for today; **die Zeitung von ~:** today's paper; **das Brot ist von ~:** it is today's bread; **das kann sich ~ oder morgen schon ändern** *(ugs.)* that can change at any time; **lieber ~ als morgen sterben** die suddenly; **das geht nicht von ~ auf morgen** it can't be done at such short notice; **das Heute** the present; today; **der Bauernhof/die Frau von ~:** the farm/woman of today
heutig *Adj.; nicht präd.* a) *(von diesem Tag)* today's; **die ~e Post/Zeitung/Vorstellung** today's post/newspaper/performance; **der ~e Tag/am ~en Tage** today; **am ~en Abend** this evening; **bis zum ~en Tag** until the present day *or* today; b) *(gegenwärtig)* today's; of today *postpos.*; **die ~e Jugend/Generation** today's youth/generation; the youth/generation of today; **der ~e Stand der Forschung** the present state of research; **in der ~en Zeit** today; nowadays
heut zu·tage *Adv.* nowadays
Heu-: **~wagen** der hay-cart; **~wender** der *(Landw.)* tedder; tedding machine
Hexagon [hɛksa'go:n] das; ~s, ~e *(Math.)* hexagon
Hexa·gramm [hɛksa-] das hexagram
Hexameter [hɛ'ksa:metɐ] der; ~s, ~ *(Verslehre)* hexameter
Hexe ['hɛksə] die; ~, ~n a) witch; b) *(abwertend)* **diese kleine ~:** this little minx

hexen 1. *itr. V.* work magic; **ich kann doch nicht ~** *(ugs.)* I'm not a magician *(coll.)*. 2. *tr. V.* conjure up
Hexen-: **~einmaleins** das magic formula; **~haus** das witch's cottage; **~jagd** die *(auch fig.)* witch-hunt; **~kessel** der: **ein [wahrer] ~kessel sein** be [absolute] bedlam; **das Fußballstadion glich einem ~kessel** there was pandemonium *or* bedlam in the football-ground; **~meister** der sorcerer; **~prozeß** der *(hist.)* witch trial; **~ring** der a) *(von Pilzen)* fairy ring; b) *(Jägerspr.)* circular run trodden by roedeer in the mating season; **~sabbat** der a) *(Hexen)* witches' sabbath; b) *(wüstes Treiben)* orgy; **~schuß** der; *o. Pl.* lumbago no *indef. art.*; **~verbrennung** die *(hist.)* burning of a witch/of witches; **~verfolgung** die *(hist.)* witch-hunt
Hexer der; ~s, ~: sorcerer
Hexerei die; ~, ~en sorcery; witchcraft; *(von Kunststücken usw.)* magic; **das ist doch keine ~:** there's no magic about it
Hexode [hɛ'kso:də] die; ~, ~n *(Elektrot.)* hexode
HGB *Abk.* Handelsgesetzbuch
hick [hɪk] *Interj. (ugs.)* hic
Hickhack ['hɪkhak] das *od.* der; ~s, ~s *(ugs.)* squabbling; bickering
hie [hi:] *Adv.* **in ~ und da** *(stellenweise)* here and there; *(von Zeit zu Zeit)* now and then; from time to time; **~ ..., da ...:** on the one hand ..., on the other [hand] ...
hieb [hi:p] *1. u. 3. Pers. Sg. Prät. v.* hauen
Hieb der; ~[e]s, ~e a) *(Schlag)* blow; *(mit der Peitsche)* lash; *(im Fechten)* cut; *(fig.)* dig *(gegen at)*; **jmdm. einen ~ mit der Faust/einem Beil versetzen** punch sb./strike sb. with an axe; b) *Pl. (ugs.: Prügel)* hiding *sing.*; beating *sing.*; walloping *sing. (sl.)*; **~e bekommen/kriegen** get a hiding *or* beating *or (sl.)* walloping; **es gibt/setzt ~e!** you'll get a hiding *or* beating *or (sl.)* walloping
hieb·fest *Adj.* **in hieb- und stichfest** watertight; cast-iron
Hieb·waffe die cutting weapon
hielt [hi:lt] *1. u. 3. Pers. Sg. Prät. v.* halten
hienieden [hi:'ni:dn] *Adv. (bes. österr., sonst veralt.)* here below; here in this world [below]
hier [hi:ɐ] *Adv.* a) *(an diesem Ort)* here; **[von] ~ oben/unten** [from] up/down here; **~ vorn** in front; **~ draußen/drinnen** out/in here; **~ entlang** along here; **von ~ [aus]** from here; **wo ist ~ die nächste Tankstelle?** where is the nearest petrol station *(Brit.)* or *(Amer.)* gas station around here?; **er ist nicht von ~:** he's not from this area *or* around here; **das Buch ~:** this book [here]; **~ spricht Hans Schulze** this is Hans Schulze [speaking]; **~ und da** *od.* **dort** *(an manchen Stellen)* here and there; *(manchmal)* [every] now and then; **~ und jetzt od. heute** *(geh.)* here and now; **das Hier und Jetzt** *od.* **Heute** *(geh.)* the here and now; b) *(zu diesem Zeitpunkt)* now; **von ~ an** from now on; c) *(in diesem Zusammenhang, Punkt)* here; **was gibt es ~ zu lachen?** what's funny [about this]?
hier-: *Bei den aus* **hier** *und einer Präposition gebildeten Adverbien* (**hieran, hierauf, hierbei** *usw.*), *werden im folgenden this, these oder here zur Übersetzung verwendet* (hold on to this; on here; among these; about this). *Dies ist im allgemeinen die angemessene Form der Übersetzung. Wenn der Bestandteil* **hier-** *weniger stark betont ist, kann man* this *oder* here *durch* it *ersetzen* (hold on to it; about it). *Beispiele:* **er suchte einen starken Ast und lehnte die Leiter hieran** he looked for a strong branch and leaned the ladder against it; **sie ging ins Schuppen, um ihr Fahrrad hierhinter zu stellen** she went to the shed to put her bicycle

behind it. *Ähnlich:* **hierunter befanden sich auch einige Deutsche** there were some Germans among them.
hieran ['hi:'ran] *Adv.* a) *(an dieser/diese Stelle)* here; **sich ~ festhalten** hold on to this; b) *(fig.)* **im Anschluß ~:** immediately after this; **~ wird deutlich, daß ...:** this shows clearly that ...; *s. auch* **hier-**
Hierarchie [hjerar'çi:] die; ~, ~n hierarchy
hierarchisch 1. *Adj.* hierarchical. 2. *adv.* hierarchically
hierauf ['hi:'rauf] *Adv.* a) *(auf dieser/diese Stelle)* on here; b) *(darauf)* on this; **wir werden ~ zurückkommen** we'll come back to this; c) *(danach)* after that; then; d) *(infolgedessen)* whereupon; *s. auch* **hier-**
hierauf·hin *Adv.* hereupon
hieraus ['hi:'raus] *Adv.* a) *(aus dem eben Erwähnten)* out of *or* from here; b) *(aus dieser Tatsache, Quelle)* from this; c) *(aus diesem Material)* from this; *s. auch* **hier-**
hier|behalten *unr. tr. V.* **jmdn./etw. ~:** keep sb./sth. here
hier·bei *Adv.* a) *(bei dieser Gelegenheit)* **Diese Übung ist sehr schwierig. Man kann sich ~ leicht verletzen.** This exercise is very difficult. You can easily injure yourself doing it; **Ich habe ihn gestern kennengelernt. Hierbei habe ich gleich ...:** I met him yesterday, and straightaway I ...; b) *(bei der erwähnten Sache)* here; *s. auch* **hier-**
hier|bleiben *unr. itr. V.; mit sein* stay here
hier·durch *Adv.* a) *(hier hindurch)* through here; b) *(auf Grund dieser Sache)* because of this; as a result of this; c) *s. auch* **hier-**
hierein ['hi:'rain] *Adv.* in here; *s. auch* **hier-**
hier·für *Adv.* for this; **ich habe kein Interesse ~:** I have no interest in this; *s. auch* **hier-**
hier·gegen *Adv.* a) *(gegen die erwähnte Sache)* against this; b) *(gegen diese Stelle)* against here; c) *(im Gegensatz hierzu)* in *or* by comparison with this; compared with this; *s. auch* **hier-**
hier·her *Adv.* here; **ich gehe bis ~ und nicht weiter** I'm going this far and no further; **bis ~ und nicht weiter** *(als Warnung)* so far and no further
hierher-: **~bemühen** 1. *tr. V.* **jmdn. ~bemühen** trouble sb. to come here; 2. *refl. V.* take the trouble to come here; **~|bitten** *unr. tr. V.* **jmdn. ~bitten** ask sb. [to come] here; **darf ich Sie ~bitten?** would you come here, please?; **~|bringen** *unr. tr. V.* **jmdn./etw. ~bringen** bring sb./sth. here; **~|fahren** 1. *unr. itr. V.; mit sein* drive here; *(mit einem Motorrad, Rad)* ride here; 2. *unr. tr. V.* **jmdn. ~fahren** drive sb. here; **~|führen** *tr. V.* **jmdn. ~führen** bring sb. here; **~|gehören** *itr. V.* a) *(an diesen Ort gehören)* belong [here]; b) *(hierfür wichtig sein)* be relevant [here]; **~|kommen** *unr. itr. V.; mit sein* come here; **wie bist du ~gekommen?** how did you get here?; **~|laufen** *unr. itr. V.; mit sein* walk/*(schneller)* run here; **~|schicken** *tr. V.* **jmdn./etw. ~schicken** send sb./sth. here; **~|stellen** *tr. V.* **etw. ~stellen** put sth. here
hier·herum *Adv.* a) *(an dieser Stelle herum)* round here; *(in diese Richtung)* round this way; b) *(ugs.: hier irgendwo)* around here
hierher-: **~|wagen** *refl. V.* dare to come here; **~|ziehen** 1. *unr. tr. V.* **etw. ~ziehen** pull sth. here; 2. *unr. tr. V.; mit sein (umziehen)* move here
hier·hin *Adv.* here; **sie blickte bald ~, bald dorthin** she looked this way and that; **bis ~:** up to here *or* this point
hier·hinab *Adv.* down here
hier·hinauf *Adv.* up here
hier·hinaus *Adv.* a) *(an dieser Stelle)* out here; b) *(aus diesem Raum)* out of here
hier·hinein *Adv.* in here
hier·hinter *Adv.* behind here; *s. auch* **hier-**
hier·hinunter *Adv.* a) *(unter diesen Gegen-*

hierin

stand) under here; b) *(an dieser Stelle)* down here
hierin [hiːˈrɪn] *Adv.* a) *(in diesem Gegenstand)* in here; b) *(in dieser Angelegenheit)* in this; *s. auch* hier-
hier|lassen *unr. tr. V.* etw. ~: leave sth. here
hier·mit *Adv.* with this/these; ~ **ist der Fall erledigt** that puts an end to the matter; ~ **erkläre ich, daß ...** *(Amtsspr.)* I hereby declare that ...; ~ **wird bestätigt/bescheinigt, daß ...** *(Amtsspr.)* this is to confirm/certify that ...; *s. auch* hier-
hier·nach *Adv.* a) *(einer Sache entsprechend)* in accordance with this/these; b) *(demnach)* according to this/these; c) *(anschließend)* after that; *s. auch* hier-
hier·neben *Adv.* beside this; next to this; *s. auch* hier-
Hieroglyphe [hie̯roˈɡlyːfə] *die*; ~, ~n hieroglyph; ~n hieroglyphics
hier·orts *Adv.* here
hier|sein *unr. itr. V.; mit sein; Zusammenschreibung nur im Inf. und Part.* be here
hierüber [hiːˈryːbɐ] *Adv.* a) *(über dem Erwähnten)* above here; b) *(über das Erwähnte)* over here; c) *(das Erwähnte betreffend)* about this/these; d) *(geh.: währenddessen)* **er war ~ eingeschlafen** he had fallen asleep while doing so; *s. auch* hier-
hierum [hiːˈrʊm] *Adv.* about this; *(um ... herum)* round here; ~ **geht es gar nicht** that's not the point; it's not a question of that; *s. auch* hier-
hierunter [hiːˈrʊntɐ] *Adv.* a) *(unter diese[r] Stelle)* under here; b) *(unter der erwähnten Sache)* ~ **leiden** suffer from this; etw. ~ **verstehen** *od.* **sich** *(Dat.)* ~ **vorstellen** understand sth. by this; c) *(unter die genannte/der genannten Gruppe)* among these; *s. auch* hier-
hier·von *Adv.* a) *(von dieser Stelle)* from here; b) *(von dieser Sache)* of this; ~ **zeugen** bear witness to this; c) *(dadurch)* because of this; d) *(aus dieser Menge)* of this/these; e) *(aus diesem Material)* out of this; *s. auch* hier-
hier·vor *Adv.* a) *(vor dieser/diese Stelle)* in front of this *or* here; b) *(vor der erwähnten Sache)* **Respekt ~ haben** have respect for this; **Angst ~ haben** be afraid of this; *s. auch* hier-
hier·zu *Adv.* a) *(zu dieser Sache)* with this; vgl. ~: cf.; b) *(zu dieser Gruppe)* ~ **gehört/gehören ...:** this includes/these include ...; c) *(zu diesem Zweck)* **ich kann dir ~ nur raten** I can only recommend you to do this/buy this/go etc.; **ich wünsche dir ~ viel Erfolg** I wish you every success with this; ~ **reicht mein Geld nicht** I haven't got enough money for that; d) *(hinsichtlich dieser Sache)* about this; *s. auch* hier-
hierzu·lande *Adv. (in diesem Land)* [here] in this country; [here] in these parts; *(in dieser Gegend)* [here] in these parts
hiesig [ˈhiːzɪç] *Adj.; nicht präd.* local; **die ~e Gegend** this locality; **meine ~en Verwandten** my relatives here
hieß [hiːs] *1. u. 3. Pers. Sg. Prät. v.* heißen
hieven [ˈhiːvn̩] *tr. V.* heave
Hi-Fi-Anlage [ˈhaifi-] *die (Rundf.)* hi-fi system
high [hai] *Adj.; nur präd. (ugs.)* high *(coll.)*
Highlife [ˈhailaif] *das*; ~[s] *(ugs.)* high life; **bei uns ist heute ~:** we're living it up today; ~ **machen** live it up
High-Society [-səˈsaiəti] *die*; ~: high society; **zur ~ gehören** be a member of high society
High-Tech- [ˈhaitɛk-] *in Zus.* high-tech
hihi [hiˈhiː], **hihihi** [hihiˈhiː] *Interj.* he-he[-he]
Hilfe [ˈhɪlfə] *die*; ~, ~n a) *help; (für Notleidende)* aid; relief; **wirtschaftliche/finanzielle ~:** economic aid/financial assistance;

jmdm. ~ **leisten** help sb.; **mit ~** (+ Gen.) with the help *or* aid of; **ohne fremde ~:** unaided; without help *or* assistance; **jmdm. um ~ bitten/(geh.) ersuchen** ask sb. for help *or* assistance/request sb.'s help *or* assistance; **um ~ rufen** shout for help; **jmdn. zu ~ rufen** call on sb. for help; **jmdm. zu ~ kommen/eilen** come/hurry to sb.'s aid *or* assistance; **zu ~!** help!; **jmds. Gedächtnis zu ~ kommen** *(fig.)* refresh sb.'s memory [for him/her]; **etw. zu ~ nehmen** use sth.; make use of sth.; **jmdm. eine große ~ sein** be a great help to sb.; **jmdm. ~n geben** give sb. some help; **einem Pferd ~n geben** give a horse aids; **Erste ~:** first aid; b) *(Hilfskraft)* help; *(im Geschäft)* assistant
hilfe-, Hilfe-: ~leistung *die* help; assistance; **finanzielle ~leistung** financial aid *or* assistance; **unterlassene ~leistung** *(Rechtsspr.)* failure to render assistance in an emergency; **~ruf** *der* cry for help; *(Notsignal)* distress signal; **~stellung** *die (Turnen)* a) **jmdm. ~stellung geben** act as spotter for sb.; b) *(fig.)* spotter; **~suchend 1.** *Adj.* **sein ~suchender Blick ging zum Fenster** he looked towards the window, seeking help; **2.** *adv.* **sich ~suchend umschauen** look round for help; **sich ~suchend an jmdn. wenden** turn to sb. for help
hilf-, Hilf-: ~los 1. *Adj.* a) helpless; b) *(unbeholfen)* awkward; **2.** *adv.* a) helplessly; b) *(unbeholfen)* awkwardly; **~losigkeit** *die*; ~, a) helplessness; b) *(Unbeholfenheit)* awkwardness; **~reich** *(geh.)* **1.** *Adj.* helpful; **2.** *adv.* **jmdm. ~reich zur Seite stehen** lend support to sb.; stand by sb.
hilfs-, Hilfs-: ~aktion *die* relief programme; **~arbeiter** *der* labourer; *(in einer Fabrik)* unskilled worker; **~bedürftig** *Adj.* a) *(schwach)* in need of help *postpos.;* b) *(notleidend)* in need; needy; **~bedürftigkeit** *die* need; neediness; **~bereit** *Adj.* helpful; **~bereitschaft** *die* helpfulness; readiness *or* willingness to help; **~dienst** *der* a) *(Dienst zu Hilfszwecken)* community work; b) *(Organisation)* emergency service; *(bei Katastrophen)* [emergency] relief service; *(für Autofahrer)* [emergency] breakdown service; **~fonds** *der* aid *or* relief fund; **~geistliche(r)** *der (ev. u. kath. Kirche)* curate; **~gelder** *Pl.* aid money *sing.;* **~konstruktion** *die (Geom.)* auxiliary construction; **~kraft** *die* assistant; **~lehrer** *der*, **~lehrerin** *die* assistant teacher; **~maßnahme** *die* aid *or* relief measure; **~mittel** *das* a) *(Mittel zur Erleichterung)* aid; b) *Pl. (finanzielle Mittel)* [financial] aid *sing.;* *(materielle Mittel)* aid *sing.;* supplies; **~motor** *der* auxiliary engine; **ein Fahrrad mit ~motor** a motor-assisted bicycle; **~organisation** *die* aid *or* relief organization; **~personal** *das* auxiliary staff; **~polizist** *der* reserve policeman; **~programm** *das* aid *or* relief programme; **~quelle** *die*; *meist Pl.* a) *(Material)* source; b) *(finanziell)* source [of financial] aid; **~schule** *die (veralt., noch ugs.)* special school; **~schüler** *der (veralt., noch ugs.)* pupil at a special school; **~schul·lehrer** *der (veralt., noch ugs.)* teacher at a special school; **~schwester** *die* nursing auxiliary; auxiliary nurse; **~sheriff** *der* deputy sheriff; **~truppe** *die*; *meist Pl. (Milit.)* reserve unit; **~verb** *das (Sprachw.)* auxiliary [verb]; **~willig** *Adj.* helpful; willing to help *postpos.;* **~willige** *der/die*; *adj. Dekl.* a) person willing to help; **die ~willigen** the people willing to help; b) *(hist.)* volunteer from German occupied territory serving in German army in Second World War; **~wissenschaft** *die* ancillary science; **~zeit·wort** *das s.* **~verb**
Himalaja [hiˈmaːlaja] *der*; ~[s]: der/im ~: the/in the Himalayas *pl.*
Him·beere [ˈhɪm-] *die* raspberry
Himbeer-: ~eis *das* raspberry ice [cream];

himmelschreiend

~marmelade *die* raspberry jam; **~saft** *der* raspberry juice; **~strauch** *der* raspberry bush
Himmel [ˈhɪml] *der*; ~s, ~) sky; **hoch am ~ stehen** be high in the sky; **eher stürzt der ~ ein, als daß er dir Geld leiht** *(ugs.)* never in a million years will he lend you any money *(coll.);* **unter freiem ~:** in the open [air]; outdoors; **~ und Erde** *(Kochk.)* dish of puréed potato and apple with fried blood sausage and liver sausage; **aus heiterem ~** *(ugs.)* out of the blue; **jmdn./etw. in den ~ heben** *(ugs.)* praise sb./sth. to the skies; **Fortschritte fallen nicht vom Himmel** advances don't come overnight; b) *(Aufenthalt Gottes)* heaven; **in den ~ kommen** go to heaven; **im ~ sein** *(verhüll.)* be in heaven; **zum** *od.* **in den ~ auffahren,** *(geh.)* **gen ~ fahren** ascend into heaven; **Sohn des ~s** *(hist.: Titel des chinesischen Kaisers)* Son of Heaven; **~ und Hölle** *(Kinderspiel)* ≈ hopscotch; **der ~ hängt der ~ voller Geigen** *(geh.)* sb. is walking on air; **~ und Hölle** *od.* **Erde in Bewegung setzen** move heaven and earth; **sie hat den ~ auf Erden** *(geh.)* life is heaven on earth for her; **jmdm. den ~ auf Erden versprechen** promise sb. the earth; **im ~ sein/ sich [wie] im sieb[en]ten ~ fühlen** *(ugs.)* be in the seventh heaven; **etw. schreit zum ~:** sth. is scandalous *or* a scandal; **etw. stinkt zum ~** *(salopp)* sth. stinks to high heaven; c) *(verhüll.: Schicksal)* Heaven; **gerechter/gütiger/[ach] du lieber ~!** good Heavens!; Heavens above!; **dem ~ sei Dank** thank Heaven[s]; **das weiß der [liebe] ~** *od.* **das mag der liebe ~ wissen** Heaven [only] knows; **weiß der ~!** *(ugs.)* Heaven knows; **weiß der ~, wer ...** /wie .../wo .../wann ... *(ugs.)* Heaven [only] knows who .../how .../ where .../when ...; **um [des] ~s willen!** *(Ausruf des Schreckens)* good Heavens!; good God!; *(inständige Bitte)* for Heaven's sake; **~ noch [ein]mal!** for Heaven's *or* goodness' sake!; **~, Herrgott, Sakrament!** for Heaven's sake!; **~, Kreuz, Donnerwetter!** *(salopp)* damn and blast! *(sl.);* **~, Arsch und Zwirn!** *(derb)* bloody hell! *(Brit. sl.);* d) *(Baldachin)* canopy
himmel-, Himmel-: ~an *Adv. (dichter.)* heavenwards *(poet.);* up towards the sky; **~angst** *Adj.* **in mir ist/wird ~angst** I am scared to death; **~bett** *das* four-poster bed; **~blau** *Adj.* sky-blue; *(eyes)* clear blue *(eyes);* **~donner·wetter** *Interj.* in **~donnerwetter noch [ein]mal!** *(salopp)* hell's bells! *(sl.)*
Himmel·fahrt *die (Rel.)* a) *(Auffahrt in den Himmel)* ascent to heaven; **Christi/Mariä ~:** the Ascension of Christ/the Assumption of the Virgin Mary; b) *(Festtag)* [Christi] ~: Ascension Day *no art.*
Himmelfahrts-: ~kommando *das* a) *(Unternehmen)* suicide mission *or* operation; b) *(Personen)* suicide squad; **~nase** *die (ugs. scherzh.)* turned-up nose; **~tag** *der* Ascension Day *no art.*
himmel-, Himmel-: ~herr·gott *Interj.* in **~herrgott noch [ein]mal!** *(salopp)* hell's bells! *(sl.);* **~herr·gott·sakra** *Interj. (österr., südd. salopp)* bloody hell! *(Brit. sl.);* **~hoch 1.** *Adj.* soaring; towering; **2.** *adv. (rise up etc.)* high into the sky; **~hoch jauchzend, zu Tode betrübt** up one minute, down the next; on top of the world one minute, down in the dumps the next; **~hund** *der (derb)* unscrupulous bastard *(coll.); (Draufgänger)* daredevil; **~reich** *das (christl. Rel.)* kingdom of heaven; **ein ~reich für ...:** I'd give anything for ...; *s. auch* **¹Mensch** b
Himmels-: ~achse *die*; *o. Pl. (Astron.)* celestial axis; **~äquator** *der (Astron.)* celestial equator; **~bahn** *die (dichter.)* path across the heavens
himmel·schreiend *Adj.* scandalous; out-

1191

rageous; scandalous, appalling ⟨conditions, disgrace⟩; arrant attrib. ⟨nonsense⟩; **ihre Dummheit ist ~**: she is appallingly stupid; **eine ~e Ungerechtigkeit** an injustice that cries out to heaven
Himmels-: ~erscheinung die celestial phenomenon; **~fürst der** (christl. Rel.) King of heaven; **~gabe die** (geh.) gift from heaven; **~gegend die** s. **~richtung; ~gewölbe das a)** (dichter.) firmament; vault of heaven or the heavens; **b)** (Astron.) sky; **~globus der** celestial globe; **~karte die** (Astron.) star map; **~königin die** (kath. Rel.) Queen of heaven; **~körper der** celestial body; **~kugel die** celestial sphere; **~kunde die** astronomy; **~kuppel die** s. **~gewölbe a; ~labor das** (Raumf., bes. DDR) space lab[oratory]; **~macht die** (geh.) heavenly power; **~pforte die** (dichter.) gates pl. of heaven, Pearly Gates (also joc.); **~pol der** (Astron.) celestial pole; **~richtung die** point of the compass; cardinal point; **die vier ~richtungen** the four points of the compass; **aus allen ~richtungen** from all directions; **in alle ~richtungen verstreut sein** be scattered to all four corners of the earth; **von hier aus führen Wege in alle ~richtungen** from this point paths radiate in all directions; **~schlüssel der, ~schlüsselchen das** cowslip; (Waldschlüsselblume) oxlip; **~sphäre die** celestial sphere; **~spion der** (ugs.) spy-in-the-sky satellite (coll.); **~stürmer der** (geh.) unshakeable idealist; **~tor das, ~tür die** (dichter.) gates pl. of heaven

himmel·stürmend Adj.; nicht präd. (geh.) boundless ⟨enthusiasm⟩; unbridled ⟨feelings⟩; wildly ambitious ⟨plan⟩
Himmels·zelt das (dichter.) firmament
himmel-: ~wärts Adv. (geh.) heavenwards; **~weit 1.** Adj. enormous, vast ⟨difference⟩ zwischen uns besteht ein **~weiter** Unterschied there's a world of difference between us; **2.** adv. **~weit voneinander entfernt sein** be poles apart; **~weit von etw. entfernt sein** be nowhere near sth.
himmlisch 1. Adj. **a)** nicht präd. (den Himmel betreffend) heavenly; **der ~e Vater** our Heavenly Father; **die ~en Heerscharen** the heavenly host[s]; **b)** nicht präd. (göttlich) divine; **eine ~e Fügung** divine providence; **c)** (herrlich) heavenly, divine; wonderful ⟨weather, day, view⟩. **2.** adv. divinely; wonderfully, gloriously ⟨comfortable, warm⟩
hin [hɪn] Adv. **a)** (räumlich) **zur Straße ~ liegen** face the road; **nach rechts ~ verlaufen** ⟨road⟩ go off to the right; **nach Frankfurt ~**: in the direction of Frankfurt; **bis zu dieser Stelle ~**: [up] to this point; as far as here; **sich zu etw. ~ erstrecken** stretch as far as sth.; **zur Straße ~ sind es 500 m** (landsch.) it's 500 m to the road; **über die ganze Welt ~** (veralt.) all over the world; throughout the world; **b)** (zeitlich) **gegen Mittag ~**: towards midday; **zum Herbst ~**: towards the autumn; as autumn approaches/approached; **über einen Monat ~**: for a whole month; **durch viele Jahre ~**: for many years; **c)** (in Verbindungen) **nach außen ~**: outwardly; **auf meine Anweisung/meinen Rat ~**: on or in response to my instructions/advice; **auf seine Bitte/seinen Anruf/eine Annonce ~**: at his request/in response to his [telephone] call/an advertisement; **selbst/auch auf die Gefahr ~, einen Fehler zu begehen** even at the risk of making a mistake; **etw. auf eine spätere Erweiterung ~ planen** plan sth. with a future expansion; s. auch **vor 2; d)** (in Wortpaaren) **~ und zurück** there and back; **einmal Köln ~ und zurück** a return [ticket] to Cologne; **Hin und zurück? – Nein, nur ~**: Return? – No, just a single; **~ und her** to and fro; back and forth; **~ und her beraten/reden** go backwards and forwards over the same old

ground; **das Hin und Her** the toing and froing; **nach langem Hin und Her** after a great deal of argument; **das reicht/langt nicht ~ und nicht her** (ugs.) it's nowhere near enough; **Regen ~, Regen her** rain or no rain; **~ und wieder** [every] now and then; **e)** (elliptisch) **nichts wie ~!** what are we waiting for?; **~ zu ihm!** [hurry up,] to him!; s. auch **hinsein**
hinab [hɪˈnap] Adv. down; **den Hang ~**: down the slope; **ins Tal ~**: down into the valley; **den Fluß ~**: downstream; down the river; **bis ~ zu** down to
hingb- (s. auch **hinunter-**): **~|blicken** itr. V. look down; **~|senken 1.** tr. V. lower; sink ⟨foundations⟩; **2.** refl. V. slope down; **~|steigen** unr. itr. V.; mit sein climb down; (hinuntergehen) go down; **~|ziehen 1.** unr. tr. V. (auch fig.) **jmdn. ~ziehen** drag sb. down; **2.** unr. itr. V.; mit sein (geh.) move down
hinan [hɪˈnan] Adv. (geh.) s. **hinauf**
hin|arbeiten itr. V. mit sein (Akk.) ~: work towards sth.; **auf eine Prüfung ~**: work for an examination; **auf einen Krieg ~**: work to bring about war
hinauf [hɪˈnaʊf] Adv. up; **den Hügel ~**: up the hill; **die Treppe ~**: up the stairs; upstairs; **bis ~ zu** up to
hinauf-: ~|arbeiten refl. V. s. **hocharbeiten; ~|begeben** unr. refl. V. (geh.) go up [stairs]; **~|begleiten** tr. V. jmdn. **~begleiten** accompany sb. up[stairs]; **~|bemühen 1.** tr. V. jmdn. **~bemühen** trouble sb. to go up; **2.** refl. V. take the trouble to go up; **~|bitten** unr. tr. V. jmdn. **~bitten** ask sb. to go up; **~|blicken** itr. V. look up; **~|bringen** unr. tr. V. jmdn./etw. **~bringen** take sb./sth. up[stairs]; **~|fahren 1.** unr. itr. V.; mit sein go up; (im Auto) drive up; (mit einem Motorrad) ride up; **2.** unr. tr. V. jmdn. **~fahren** drive or take sb. up; **~|fallen** unr. itr. V.; mit sein s. **Treppe a; ~|führen 1.** unr. tr. V. jmdn. **~führen** lead up; **2.** unr. itr. V. jmdn. **~führen** show sb. up; **~|gehen** unr. itr. V.; mit sein **a)** (nach oben gehen) go up; **die Treppe ~gehen** go up the stairs or upstairs; **auf 1000 Meter ~gehen** ⟨aircraft, pilot⟩ climb to 1,000 metres; **b)** (nach oben führen) lead up; **es geht steil ~**: the road/path climbs steeply; **c)** (ugs.: steigen) ⟨prices, taxes, etc.⟩ go up; rise; **d)** mit dem Preis/der Miete **~gehen** (ugs.) put the price/rent up; **~|gelangen** tr. V.; mit sein [manage to] get up; **auf etw.** (Akk.) **~gelangen** [manage to] get up sth.; **~|helfen** unr. itr. V. jmdn. [die Treppe] **~helfen** help sb. up [the stairs]; **~|klettern** itr. V.; mit sein climb up; **[auf] den Baum ~klettern** climb up the tree; **~|kommen** unr. itr. V.; mit sein **a)** (nach oben kommen) come up; **b)** (nach oben kommen können) [manage to] get up; **~|lassen** unr. tr. V. jmdn. **~lassen** allow sb. to go up; let sb. go up; **~|laufen** unr. itr. V.; mit sein run up; **die Treppe ~laufen** run up the stairs; **~|reichen 1.** tr. V. hand or pass up; jmdm. etw. **~reichen** hand or pass sth. up to sb.; **2.** unr. itr. V. **bis zu etw. ~reichen** reach up to sth.; **~|schauen** itr. V. (südd.) look up; **~|schicken** tr. V. send up; **~|schnellen** itr. V.; mit sein shoot up; **~|sehen** unr. itr. V. look up; **~|setzen** tr. V. **a)** (erhöhen) raise; increase; put up; **die Preise ~setzen** increase or raise prices; **b)** (nach oben setzen) etw. auf etw. (Dat.) **~setzen** put sth. up on sth.; **~|steigen** unr. itr. V.; mit sein climb up; (hinaufgehen) go up; **~|tragen** unr. tr. V. carry or take up; **~|werfen** unr. tr. V. etw. **~werfen** throw sth. up (**auf +** Akk. on to); **~|winden** unr. refl. V. **a)** sich [an etw. (Dat.)] **~winden** ⟨plant⟩ creep or climb up [sth.]; **b)** (nach oben gelangen) wind up; **~|ziehen 1.** unr. tr. V. pull up; **2.** unr. itr. V.; mit sein move up; **3.** unr. refl. V. (sich erstrecken) stretch up; ⟨pain⟩ spread up

hinaus [hɪˈnaʊs] Adv. **a)** (räumlich) out; **~ [mit dir]!** out you go!; out with you!; **zum Fenster ~**: out of the window; **hier/dort ~**: this/that way out; **nach hinten/vorne ~ wohnen/liegen** live/be situated at the back/front; **durch die Tür ~**: out through the door; **über die Grenze ~**: beyond the frontier; **b)** (zeitlich) **auf Jahre ~**: for years to come; **bis über die Achtzig ~**: well past or over eighty; well into one's eighties; **c)** (etw. überschreitend) **über etw.** (Akk.) ~: over and above or in addition to sth.; **über das Grab ~**: beyond the grave; s. auch **darüber**
hinaus-, Hinaus-: ~|befördern tr. V. jmdn. **~befördern** throw or (coll.) chuck sb. out; **~|begeben** unr. refl. V. go out; **~|begleiten** tr. V. jmdn. **~begleiten** accompany sb. out; **~|beugen** refl. V. lean out; **sich zum Fenster ~beugen** lean out of the window; **~|bitten** unr. tr. V. jmdn. **~bitten** ask sb. to go or step outside; **~|blicken** itr. V. look out (**aus** of); **~|bringen** unr. tr. V. **a)** jmdn./etw. **~bringen** take or see sb. out/take sth. out (**aus** of); **b)** (weiterbringen) **es nie über den untersten Dienstgrad ~bringen** never make it or get beyond the lowest grade; **~|bugsieren** tr. V. (ugs.) jmdn. **~bugsieren** (mit Geschick) steer sb. out (**aus** of); **~|drängen 1.** itr. V.; mit sein push one's way out (**aus** of); ⟨crowd⟩ push its way out (**aus** of); **2.** tr. V. jmdn. **~drängen** push sb. out (**aus** of); (fig.) push sb. out (**aus** of); oust sb. (**aus** from); **~|dürfen** unr. itr. V. be allowed out (**aus** of); **darf ich bitte ~?** may I go out?; **~|eilen** itr. V.; mit sein hurry out (**aus** of); **~|ekeln** tr. V. (ugs.) jmdn. **~ekeln** drive sb. out; **~|fahren 1.** unr. itr. V.; mit sein **a)** aus etw. **~fahren** (mit dem Auto) drive out of sth.; (mit dem Zweirad) ride out of sth.; ⟨car, bus⟩ go out of sth.; ⟨train⟩ pull out of sth.; **zum Flugplatz ~fahren** drive out to the airport; **aufs Meer ~fahren** head for the sea; **b)** (herauskommen) shoot out (**aus** of); **c)** (weiterfahren) über etw. (Akk.) **~fahren** go past sth.; **2.** unr. tr. V. jmdn./etw. **~fahren** drive or take sb./take sth. out; **~|fallen** unr. itr. V. ⟨light⟩ come out (**aus** of); **~|finden** unr. itr. V. find one's way out (**aus** of); **er wird alleine ~finden** he'll find his own way out; **~|fliegen 1.** itr. V.; mit sein **a)** fly out (**aus** of); **b)** (geworfen werden) be thrown out (**aus** of); fly out; **c)** (ugs.: ~fallen) fall out (**aus** of); **d)** (ugs.: hinausgeworfen werden) be chucked out (coll.); (als Arbeitnehmer) get the sack (coll.); be fired (coll.); (als Mieter) be thrown out (coll.); **2.** tr. V. fly out (**aus** of); **~|führen 1.** tr. V. **a)** jmdn. **~führen** show sb. out; **b)** (retten) **die Partei aus der Krise ~führen** lead the party out of the crisis; **den Betrieb aus den roten Zahlen ~führen** get the business out of the red; **c)** (weiterführen) jmdn. über etw. (Akk.) **~führen** take sb. beyond sth.; **2.** itr. V. **a)** (verlaufen) **~führen** lead out (**aus** of); **b)** (nach draußen gerichtet sein) lead out; **c)** (weiter verlaufen, überschreiten) über etw. (Akk.) **~führen** go beyond sth.; **~|gehen** unr. itr. V.; mit sein **a)** go out; **aus dem Zimmer ~gehen** go or walk out of or leave the room; **b)** (gerichtet sein) **das Zimmer geht zum Garten/nach Westen ~**: the room looks out on to or faces the garden/faces west; **die Tür geht auf den Hof ~**: the door leads or opens into the yard; **die Schlafzimmer gehen nach hinten ~**: the bedrooms are at the back; s. ⟨Fenster⟩ lead; **d)** (überschreiten) über etw. (Akk.) **~gehen** go beyond sth.; **e)** (gesendet werden) be sent out; **f)** (unpers.) **wo geht es ~?** which is the way out?; **hier/da geht es ~**: this/that is the way out; **~|gelangen** itr. V.; mit sein **a)** (nach draußen gelangen, auch fig.) [manage to] get out (**aus** of); **b)**

(weiter gelangen) über etw. *(Akk.)* ~**gelangen** progress *or* get beyond sth.; ~|**greifen** *unr. itr. V.* über etw. *(Akk.)* ~greifen go beyond sth.; ~|**gucken** *itr. V. (ugs.) s.* ~blicken; ~|**halten** *unr. tr. V.* hold ⟨*lamp, flag, etc.*⟩ out; **den Kopf/die Hand [zum Fenster] ~halten** put *or* stick one's head/hand out [of the window]; ¹~|**hängen** *unr. itr. V.* hang out *(aus of);* ²~|**hängen** *tr. V.* hang out *(aus of);* ~|**heben** *unr. tr. V.* **a)** jmdn./etw. ~heben lift sb./sth. out *(aus of);* etw. **aus dem Bus ~heben** lift sth. down from the bus; **b)** *(geh.: erheben)* **jmdn. über die anderen ~heben** raise sb. above the others; ~|**jagen 1.** *tr. V.* drive *or* chase out; **jmdn. ~jagen** *(fig.: aus dem Haus)* drive *or* turn sb. out; **2.** *itr. V.; mit sein* rush *or* race out *(aus of);* ~|**katapultieren** *tr. V.* **a)** *(mit dem Schleudersitz)* eject; **b)** *(salopp: verdrängen)* **jmdn. ~katapultieren** push sb. out *(aus of);* ~|**kommen** *unr. itr. V.; mit sein* **a)** come out *(aus of);* **ich bin schon seit zwei Tagen nicht mehr ~gekommen** I haven't been out of the house for two days; **b)** *(ein Gebiet verlassen)* **er ist nie aus dem Dorf/aus Europa ~gekommen** he has never been out of *or* outside his village/Europe; **c)** *(ugs.: einen Ausweg finden)* get out *(aus of);* **d)** über etw. *(Akk.)* ~**kommen** *(auch fig.)* get beyond sth.; **e)** s. ~laufen b; ~|**komplimentieren** *tr. V.* **jmdn. ~komplimentieren** show sb. the door; *(verabschieden)* usher sb. out [with a great show of courtesy]; ~|**lassen** *unr. V.* **jmdn. ~lassen** let sb. out; ~|**laufen** *unr. itr. V.; mit sein* **a)** run out *(aus of);* **zur Tür ~laufen** run out of the door; **b)** *(als Ergebnis haben)* **auf etw.** *(Akk.)* **~laufen** lead to sth.; **das läuft auf dasselbe ~:** it comes to the same thing; ~|**lehnen** *refl. V.* lean out; **sich zum Fenster ~lehnen** lean out of the window; ~|**manövrieren** *tr. V.* **sich/jmdn./etw. aus etw. ~manövrieren** manoeuvre oneself/sb./sth. out of sth.; ~|**müssen** *unr. itr. V. (ugs.)* have to get out *(aus of);* ~|**nehmen** *unr. tr. V.* **jmdn./etw. ~nehmen** take sb./sth. out *(aus of);* **nimm den Mülleimer mit ~:** put *or* take the dustbin out when you go; ~|**posaunen** *tr. V. (ugs.)* broadcast; ~**posaunen, daß ...:** broadcast the fact that ...; ~|**ragen** *itr. V.* **a)** *(vertikal)* rise up (über + Akk. above); *(horizontal)* jut out; project; **b)** *(übertreffen)* **über seine Kollegen/die anderen Werke ~ragen** stand out from one's colleagues/the other works; ~|**reden** *refl. V. (südd., österr., schweiz.)* talk one's way out *(aus of);* ~|**reichen 1.** *tr. V.* **etw. ~reichen** hand *or* pass sth. out *(aus of);* **etw. zum** *od.* **aus dem Fenster ~reichen** hand *or* pass sth. out through the window; **2.** *itr. V.* **a)** *(bis nach draußen reichen)* reach *or* stretch (bis as far as); **b)** *(weiter reichen)* über etw. *(Akk.)* ~**reichen** go beyond sth.; ~|**rennen** *unr. itr. V.; mit sein* run out *(aus of);* **aus etw. ~rennen** run out of sth.; ~|**rücken** *tr. V.* **a)** move out; **b)** *(verschieben)* put off; postpone; ~|**schaffen** *tr. V.* **jmdn./etw. ~schaffen** get sb./sth. out *(aus of);* ~|**schauen** *itr. V. (südd.) s.* ~blicken; ~|**scheren** *refl. V.* **scher dich ~!** get out of here!; ~|**scheuchen** *tr. V.* chase out; ~|**schicken** *tr. V.* **a)** **jmdn. ~schicken** send sb. out; **b)** *(senden)* send out; ~|**schieben 1.** *unr. tr. V.* **a)** *(nach draußen schieben)* **jmdn./etw. ~schieben** push sb./sth. out *(aus of);* **b)** *(aufschieben)* put off; postpone; **eine Entscheidung [um einen Tag] ~schieben** put off *or* postpone *or* defer a decision [by one day]; **2.** *refl. V.* **sich nach draußen schieben** push one's/its way out *(aus of);* **b)** *(sich verschieben)* be put off *or* postponed; ~|**schießen** *unr. V.* **a)** **aus dem Auto/zum Fenster ~schießen** fire out of the car/the window; **b)** *mit sein (sich schnell hinausbewegen)* shoot out of sth.; ⟨*water*⟩ rush out *(aus of);* **c)** *(weiter bewegen)* über etw. *(Akk.)* ~**schießen** shoot past sth.; **über das Ziel ~schießen** *(fig.)* go too far; ~|**schleichen** *unr. itr. V.; mit sein; unr. refl. V.* creep *or* steal out *(aus of);* ~|**schmeißen** *unr. tr. V. (ugs.) s.* rausschmeißen; ~|**schmuggeln** *tr. V.* smuggle out *(aus of);* ~|**schreien 1.** *unr. tr. V.* shout out; **2.** *unr. tr. V. (geh.)* **seinen Haß/Zorn ~schreien** vent *or* give vent to one's hate/rage in a loud outburst; ~|**schwimmen** *unr. itr. V.; mit sein* ⟨*person*⟩ swim out; ⟨*object*⟩ float out; ~|**sehen** *unr. itr. V.* look out; **zum Fenster ~sehen** look out of the window; ~|**sein** *unr. V.; mit sein; nur im Inf. u. Part. zusammengeschrieben* **a)** über etw. *(Akk.)* ~**sein** be past *or* beyond sth.; **b)** *(ugs.: fortsein)* have gone out; ~|**setzen 1.** *tr. V.* **etw. ~setzen** put sth. out[side]; **2.** *refl. V.* go and sit outside; ~|**stehlen** *unr. refl. V.* sneak *or* steal out *(aus of);* ~|**steigen** *unr. itr. V.; mit sein* climb out *(aus of);* **zum Fenster ~steigen** climb out of the window; ~|**stellen** *tr. V.* **a)** put out[side]; **b)** *(Sport)* **einen Spieler ~stellen** send a player off; **2.** *refl. V.* go and stand outside; ~**stellung die** *(Sport)* sending-off; ~|**strecken** *tr. V.* stick *or* put out *(aus of);* **den Arm/Kopf zum Fenster ~strecken** put *or* stick one's arm/head out of the window; ~|**strömen** *itr. V.; mit sein* pour out *(aus of);* ~|**stürzen 1.** *itr. V.; mit sein* **a)** *(hinausfallen)* fall out *(aus of);* **zum Fenster ~stürzen** fall out of the window; **b)** *(hinauseilen)* rush *or* dash out *(aus of);* **zur Tür ~stürzen** rush *or* dash out of the door; **2.** *refl. V.* throw oneself out *(aus of);* ~|**tragen** *unr. tr. V.* **a)** *(nach draußen tragen)* **jmdn./etw. ~tragen** carry sb./sth. out; **b)** *(verbreiten)* **etw. in alle Welt ~tragen** spread sth. throughout the world; **c)** *(weiter tragen)* über etw. *(Akk.)* ~**getragen werden** be carried across sth.; **aufs Meer ~getragen werden** be carried out to sea; ~|**trauen** *refl. V.* venture out; dare to go out; ~|**treiben 1.** *unr. tr. V.* drive out *(aus of);* **es treibt jmdn. in fremde Länder/die Welt ~:** sb. has an urge to travel to *or* see other countries/see the world; **2.** *unr. itr. V.; mit sein* drift out; ~|**treten** *unr. itr. V.; mit sein* step out *(aus of);* **ins Leben ~treten** go out into the world; ~|**trompeten** *tr. V. s.* ~posaunen; ~|**wachsen** *unr. itr. V.* **a)** *(größer werden)* über etw. *(Akk.)* ~**wachsen** grow taller than *or* up above sth.; **b)** *(hinauskommen)* über etw. *(Akk.)* ~**wachsen** outgrow sth.; **über jmdn./sich ~wachsen** surpass sb./rise above oneself; ~|**wagen** *refl. V.* **a)** venture out *(aus of);* **sich in die Dunkelheit ~wagen** dare [to] go out into the dark; **b)** *(sich weiter wagen)* **sich über etw.** *(Akk.)* **~wagen** venture beyond *or* dare to go beyond sth.; ~|**weisen 1.** *unr. V.* **jmdn. ~weisen** order sb. out *(aus of);* **2.** *unr. itr. V.* **ein Symbol weist über sich ~** *(fig.)* a symbol implies something more than itself; ~|**werfen** *unr. tr. V.* **a)** *(nach draußen werfen)* throw out *(aus of);* **etw. zur Tür ~werfen** throw sth. out of the door; **b)** *(nach draußen richten)* **einen Blick ~werfen** take *or* have a look *or* glance outside; **c)** *(ugs.: entfernen)* throw out; **d)** *(ugs.: ausschließen, die Wohnung kündigen)* **jmdn. ~werfen** throw sb. out *(aus of);* *(ugs.: entlassen)* sack sb. *(coll.);* ~|**wollen** *unr. V. (ugs.)* want to get *or* go out *(aus of);* [zu] hoch ~wollen *(fig.)* aim [too] high; **set one's sights [too] high; worauf willst du ~?** *(fig.)* what are you getting *or* driving at?; **auf etwas Bestimmtes ~wollen** *(fig.)* have something particular in mind; ~**wurf der** *(ugs.)* throwing out; *(eines Angestellten)* sacking *(coll.);* ~|**ziehen 1.** *unr. tr. V.* **a)** *(nach draußen ziehen)* **jmdn./etw. ~ziehen** pull *or* drag sb./sth. out *(aus of);* tow ⟨*ship*⟩ out; **b)** *(in die Ferne ziehen)* **das Fernweh zog ihn in die Welt ~:** his wanderlust drove him out into the world; **c)** *(hinziehen)* draw *or* drag out; prolong; protract; **d)** *(verzögern)* put off; delay; **e)** *(unpers.)* **es zog sie in die Natur ~:** she felt the urge to get out into the countryside; **2.** *unr. itr. V.;* **a)** *(umziehen)* move out; **b)** *(in die Ferne ziehen)* go out *(aus of);* ⟨*group, troops*⟩ move out *(aus of);* **c)** *(nach draußen dringen)* get out; **3.** *unr. refl. V.* **a)** *(sich erstrecken)* extend; **b)** *(sich hinziehen)* drag on; **c)** *(sich verzögern)* be delayed; ~|**zögern 1.** *tr. V.* delay; put off; **2.** *refl. V.* be delayed; be put off

hin-, Hin-: ~|**bauen** *tr. V.* build; put up; ~|**begeben** *unr. refl. V.* **sich irgendwo ~begeben** go *or* proceed somewhere; **sich zu jmdm. ~begeben** go to see sb.; ~|**begleiten** *tr. V.* ~**begleiten** accompany sb. [there]; ~|**bekommen** *unr. tr. V. (ugs.)* **a)** *(fertigbringen)* **das hast du gut ~bekommen** you made a good job of that; **b)** *(in Ordnung bringen)* **etw. ~bekommen** straighten sth. out; get sth. straightened out; put sth. right; ~|**bemühen 1.** *tr. V.* **jmdn. ~bemühen** trouble sb. to go; **2.** *refl. V.* take the trouble to go; ~|**beordern** *tr. V.* **jmdn. ~beordern** order sb. [to go] there; ~|**bestellen** *tr. V.* **jmdn. ~bestellen** tell sb. to be there; ~|**biegen** *unr. tr. V. (ugs.)* **etw. ~biegen** sort sth. out; **wie hat er das bloß ~gebogen?** how did he manage *or* *(sl.)* wangle that?; **den werden wir schon ~biegen** we'll lick *or* knock him into shape *(coll.);* ~|**blättern** *tr. V. (ugs.)* fork *or* shell out *(sl.),* pay out *(sum of money);* ~**blick der im** *od.* **in ~blick auf etw.** *(Akk.)* *(wegen)* in view of; *(hinsichtlich)* with regard to; ~|**blicken** *itr. V.* look; **zu jmdm. ~blicken** look [across] at sb.; ~|**bringen** *unr. tr. V.* **jmdn./etw. ~bringen** take sb./sth. [there]; **b)** *(verbringen)* while away; *(müßig)* spend; **c)** *(ugs.: fertigbringen)* manage

Hinde ['hɪndə] **die;** ~, ~n *(veralt.)* hind

hin|denken *unr. itr. V.* **wo denkst du hin?** *(ugs.)* whatever are you thinking of?; what an idea!

hinderlich *Adj.* ~ **sein** get in the *or* sb.'s way; **ein ~er Verband/Mantel** a bandage a coat that gets in the way *or* is restricting; **jmds. Karriere** *(Dat.)* **/für jmds. Karriere ~ sein** be an obstacle to sb.'s career; **jmdm.** *od.* **für jmdn. ~ sein** be a nuisance to sb.; **sich als ~ erweisen** prove to be a hindrance

hindern ['hɪndɐn] *tr. V.* **a)** *(abhalten)* **jmdn. ~:** stop *or* prevent sb.; **jmdn. [daran] ~, etw. zu tun** prevent *or* stop sb. [from] doing sth.; **jmdn. am Sprechen ~:** prevent *or* stop sb. [from] speaking; **ich werde dich nicht ~** *(iron.)* I'm not stopping you; **b)** *(behindern)* hinder, hamper ⟨*person*⟩; impede, hamper, hinder ⟨*growth, progress, etc.*⟩

Hindernis das; ~**ses,** ~**se a)** obstacle; **jmdm. ~se in den Weg legen** *(fig.)* put obstacles in sb.'s way; **b)** *(Leichtathletik, Geländeritt)* obstacle; *(Springreiten)* jump; *(Pferderennen)* fence; *(Golf)* hazard

Hindernis-: ~**lauf der,** ~**laufen das** *(Leichtathletik)* steeplechase; ~**rennen das** *(Pferdesport)* steeplechase

Hinderung die; ~, ~**en** hindrance

Hinderungs·grund der: das ist kein ~ für mich it does not prevent *or* stop me; **darin sehe ich keinen ~ für den Weiterbau** I do not see it as any reason why we should not continue with the construction

hin|deuten *itr. V.* **a)** **auf jmdn./etw.** *od.* **zu jmdm./etw. ~:** point to sb./sth.; **b)** *(aufmerksam machen)* **auf etw.** *(Akk.)* **~:** draw *or* call attention to sth.; point sth. out; **darauf ~, daß ...:** draw *or* call attention to the fact that ...; point out that ...; *(anzeigen)* suggest; point to; **alles deutet darauf hin, daß ...:** everything suggests that ...

Hindi ['hɪndi] **das;** ~**:** Hindi

Hindin die; ~, ~**nen** *(veralt.)* hind

1193

hindrängen

hin|drängen 1. *tr. V.* jmdn. zu etw. ~: force sb. towards sth. 2. *itr. V.; mit sein* zu jmdm. ~: push one's way towards sb. 3. *refl. V.* sich zu jmdm./etw. ~: push [one's way] towards sb./sth.
Hindu ['hɪndu] *der;* ~[s], ~[s] Hindu
Hinduismus *der;* ~: Hinduism *no art.*
hinduistisch *Adj.* Hindu
hin·durch *Adv.* a) *(räumlich)* durch den Wald ~: through the wood; **mitten/quer durch etw.** ~: straight through sth.; b) *(zeitlich)* **das ganze Jahr** ~: throughout the year; **den ganzen Tag/die ganze Nacht** ~: all day/night [long]; throughout the day/night; **die ganze Zeit** ~: all the time; **durch all die Schwierigkeiten** ~ *(fig.)* through all the difficulties
hindurch-: ~|**finden** *unr. itr., refl. V.* [sich] durch etw. ~finden find one's way through sth.; ~|**gehen** *unr. itr. V.; mit sein* a) walk *or* go through; **durch etw.** ~gehen walk *or* go through sth.; *(fig.)* go through sth.; **unter der Brücke** ~gehen walk *or* go under the bridge; b) **durch etw.** ~gehen *(dringen)* go through sth.; *(verlaufen, auch fig.)* run through sth.; *(passen)*⟨person, vehicle⟩ go *or* get through sth.; ⟨object⟩ go through sth.; ~|**müssen** *unr. itr. V.* durch etw. ~müssen have to go through sth.; ~|**sehen** *unr. itr. V.* a) [durch etw.] ~sehen see through [sth.]; b) *(sichtbar sein)* peep through; ~|**ziehen** 1. *unr. tr. V.* etw. [durch etw.] ~ziehen pull *or* draw sth. through [sth.]; 2. *unr. itr. V.; mit sein* move through, 3. *refl. V.* sich durch etw. ~ziehen run through sth.
hin-: ~|**dürfen** *unr. itr. V.* *(ugs.)* be allowed to go (zu to); **dort dürft ihr nicht mehr** ~: you're not to go there any more ~; ~|**eilen** *itr. V.; mit sein* hurry (zu to); **alle eilten** ~: everyone hurried there; b) *(sich schnell bewegen)* ⟨train etc.⟩ speed (über + *Akk.* across); ⟨person⟩ rush (über + *Akk.* across)
hinein [hɪ'naɪn] *Adv.* a) *(räumlich)* in; ~ **mit euch!** in you go!; in with you!; **in etw.** *(Akk.)* ~: into sth.; **nur** ~! go *or* walk right in!; b) *(zeitlich)* **bis in den Morgen/tief in die Nacht** ~: till morning/far into the night
hinein-: ~|**begeben** *unr. refl. V.* sich in etw. *(Akk.)* ~begeben enter sth.; ~|**bekommen** *unr. tr. V.* *(ugs.)* etw. [in etw. *(Akk.)*] ~bekommen get sth. in [to sth.]; ~|**bemühen** 1. *tr. V.* jmdn. ~bemühen trouble sb. to go in; 2. *refl. V.* take the trouble to go in; ~|**bitten** *unr. tr. V.* jmdn. ~bitten ask *or* invite sb. in; ~|**blicken** *itr. V.* look in; **in etw.** *(Akk.)* ~blicken look into sth.; ~|**bohren** 1. *tr. V.* **Löcher in die Wand** ~bohren drill holes in the wall; **den Finger in den Kuchen** ~bohren stick *or* poke one's finger into the cake; 2. *refl. V.* **sich in etw.** *(Akk.)* ~bohren bore one's/its way into sth.; ~|**bringen** *unr. tr. V.* a) take in; **bringen Sie mir die Unterlagen** ~: bring me in the documents; **Ordnung in etw.** ~bringen *(fig.)* bring [some] order into sth.; **etw. in die Diskussion** ~bringen *(fig.)* introduce sth. into the discussion; **Schwung in etw.** *(Akk.)* ~bringen put [some] life into sth.; liven sth. up; b) *(ugs.)* *s.* ~bekommen; ~|**denken** *unr. refl. V.* sich in jmdn./in jmds. Lage ~denken put oneself in sb.'s position; **sich in ein Problem** ~denken think one's way into a problem; ~|**drängen** 1. *itr. V. mit sein; refl. V.* [sich] in etw. *(Akk.)* ~drängen push one's way into sth.; **[sich] in den Bus** ~drängen push one's way onto the bus; 2. *tr. V.* jmdn. in etw. *(Akk.)* ~drängen push sb. into sth.; **jmdn. in eine Rolle** ~drängen *(fig.)* force sb. into a role; ~|**dürfen** *unr. itr. V.* be allowed in; **wir** *(ugs.)* **dürfen da alle nicht** ~: we're not allowed in there; ~|**fahren** 1. *unr. tr. V.; mit sein* a) *(mit dem Auto)* drive in; *(mit dem Zweirad)* ride in; **in etw.** *(Akk.)* ~fahren drive/ride into sth.; **der Zug fuhr [in den Bahnhof]** ~: the train pulled in[to the station]; b) *(ugs.)* **in ein anderes Auto** ~fahren run into another car; c) **in seine Kleider** ~fahren slip into one's clothes; 2. *unr. tr. V.* a) **den Wagen in etw.** *(Akk.)* ~fahren drive one's car into sth.; b) **jmdn. in die Stadt** ~fahren drive sb. into town; ~|**fallen** *unr. itr. V.; mit sein* fall in; **in etw.** *(Akk.)* ~**fallen** fall into sth.; **sich in einen Sessel** ~**fallen lassen** drop into a chair; ~|**finden** *unr. refl. V.* sich in etw. *(Akk.)* ~finden *(sich vertraut machen)* get used to sth.; *(sich abfinden)* come to terms with sth.; ~|**fliegen** 1. *unr. itr. V.; mit sein* a) fly in; **in etw.** *(Akk.)* ~fliegen fly into sth.; b) jmdn. **in etw.** ~fliegen fly in through the window; b) *(geworfen werden)* **in etw.** *(Akk.)* ~fliegen be thrown into sth.; 2. *unr. tr. V.* fly in; **etw. in etw.** *(Akk.)* ~fliegen fly sth. into sth.; ~|**fressen** 1. *unr. tr. V.* etw. in sich ~fressen ⟨animal, *(derb)* person⟩ gobble sth. down *or* up, wolf sth. down; **seine Sorgen/seinen Ärger in sich** ~fressen *(fig.)* bottle up one's worries/anger; 2. *unr. refl. V.* **sich in etw.** *(Akk.)* ~fressen eat sth. into sth.; ~|**geboren** *Adj.* **in eine Zeit/Umwelt** ~geboren born into an age/environment; ~|**geheimnissen** *tr. V.* etw. in etw. *(Akk.)* ~geheimnissen read sth. into sth.; ~|**gehen** *unr. itr. V.; mit sein* go in; **in etw.** *(Akk.)* ~gehen go into sth.; **in den Eimer gehen 31** ~: the bucket holds three litres; ~|**geraten** *unr. itr. V.; mit sein* **in eine Schlägerei** ~geraten get into a fight; ~|**gießen** *unr. tr. V.* pour in; **etw. in etw.** *(Akk.)* ~gießen pour sth. into sth.; ~|**grätschen** *itr. V.; mit sein (bes. Fußball)* [in jmdn.] ~grätschen make a sliding tackle [on sb.]; ~|**gucken** *itr. V.* *(ugs.)* look in; **in etw.** *(Akk.)* ~gucken look in[to] sth.; take a look in sth.; ~|**halten** 1. *unr. tr. V.* etw. in etw. *(Akk.)* ~halten put sth. into sth.; 2. *unr. tr. V. (schießen)* **in die Menge** ~halten fire into the crowd; ~|**helfen** *unr. tr. V.* jmdn. in den Mantel ~helfen help sb. on with his/her coat; **jmdm. in den Bus** ~helfen help sb. on to the bus; ~|**interpretieren** *tr. V.* **etw. in etw.** *(Akk.)* ~interpretieren read sth. into sth.; ~|**jagen** *tr. V.* drive *or* chase in; jmdn./**ein Tier in etw.** ~jagen drive *or* chase sb./an animal into sth.; ~|**knien** *refl. V. (ugs.)* sich in etw. *(Akk.)* ~knien get one's teeth into sth.; ~|**kommen** *unr. itr. V.; mit sein* a) come in; **in etw.** *(Akk.)* ~kommen come into sth.; b) *(gelangen, auch fig.)* get in; **in etw.** *(Akk.)* ~kommen get into sth.; *(sich hineinfinden)* [wieder] **in eine Sprache/ein Fach** ~kommen get [back] into a language/subject; d) *(ugs.: hinzugefügt werden)* **in etw.** *(Akk.)* ~kommen go into sth.; ~|**kriechen** *unr. itr. V.; mit sein* crawl in; **in etw.** *(Akk.)* ~kriechen crawl into sth.; *s. auch* reinkriechen; ~|**kriegen** *tr. V. (ugs.)* *s.* ~bekommen; ~|**lachen** *itr. V.* in sich ~lachen laugh to oneself; ~|**lassen** *unr. tr. V.* let *or* allow sb. into the room; **jmdn. ins Zimmer** ~lassen let *or* allow sb. into the room; ~|**laufen** *unr. itr. V.; mit sein* a) run in; *(zu Fuß gehen)* walk in; **in etw.** *(Akk.)* ~laufen run/walk into sth.; **in sein Verderben** ~laufen *(fig.)* be heading [straight] for disaster; **in ein Fahrzeug** ~laufen run under a vehicle; b) *(fließen)* **in etw.** *(Akk.)* ~laufen run into sth.; ~|**legen** *tr. V.* etw. in etw. *(Akk.)* ~legen put sth. in[to sth.]; **seine ganze Liebe/ein ganzes Gefühl in etw.** *(Akk.)* ~legen put all one's love/feeling into sth.; b) *s.* ~interpretieren; c) *(ugs.)* *s.* hereinlegen; ~|**lesen** 1. *unr. refl. V.* sich in etw. *(Akk.)* 1; 2. *unr. tr. V. s.* ~interpretieren; ~|**leuchten** *itr. V.* a) shine in; **in etw.** *(Akk.)* ~leuchten shine into sth.; b) *(Licht hineinwerfen)* **mit einer Lampe in den Keller** ~leuchten shine a light into the cellar; c) *(fig.)* **in etw.** *(Akk.)* ~leuchten throw light on sth.; ~|**manövrieren** *tr. V.* a) etw. in etw. *(Akk.)* ~manövrieren manoeuvre sth. into sth.; b) *(in etw. bringen)* jmdn./sich in eine verzwickte Lage ~manövrieren get *or* put sb./oneself into a tricky situation; ~|**passen** *itr. V.* fit in; **in etw.** *(Akk.)* ~passen fit into sth.; *(fig.)* fit in with sth.; ~|**pfuschen** *itr. V.* jmdm. **in seine Arbeit** ~pfuschen meddle *or* interfere in sb.'s work; ~|**platzen** *itr. V.; mit sein* *(ugs.)* burst in; **in etw.** *(Akk.)* ~platzen burst into sth.; ~|**pressen** *tr. V.* a) *(durch Pressen erzeugen)* etw. in etw. *(Akk.)* ~pressen stamp sth. into sth.; b) *(in etw. pressen)* etw. in etw. *(Akk.)* ~pressen press sth. into sth.; **etw. in ein Schema** ~pressen *(fig.)* force sth. into a pattern; ~|**projizieren** *tr. V.* etw. in etw. *(Akk.)* ~projizieren project sth. into sth.; ~|**pumpen** *tr. V.* a) pump in; etw. in etw. *(Akk.)* ~pumpen pump sth. into sth.; b) *(fig. ugs.)* **Geld in etw./Drogen in jmdn.** ~pumpen pump money into sth./drugs into sb.; ~|**ragen** *itr. V.* **in den Himmel** ~ragen rise up into the sky; ~|**reden** *tr. V.* a) **ins Leere** ~reden talk to an empty hall/lecture theatre *etc.*; **in die Stille** ~reden break the silence with a remark/exclamation *etc.*; b) *(abwertend: sich einmischen)* jmdm. **in seine Angelegenheiten/Entscheidungen** *usw.* ~reden meddle *or* interfere in sb.'s affairs/decisions *etc.*; ~|**regnen** *itr. V. (unpers.)* **es regnet [ins Zimmer]** ~: the rain is coming in[to the room]; **es regnet bei uns** ~: the rain is coming in through our roof; ~|**reichen** 1. *tr. V.* etw. [zum Fenster] ~reichen hand *or* pass sth. in [through the window]; 2. *itr. V.* a) *(lang genug sein)* **in etw.** *(Akk.)* ~reichen reach into sth.; b) *(sich erstrecken)* **in etw.** *(Akk.)* ~reichen extend into sth.; ~|**reißen** *unr. tr. V.* jmdn. **in etw.** *(Akk.)* ~reißen *(auch fig.)* drag sb. into sth.; ~|**reiten** 1. *unr. itr. V.; mit sein* ride in; **in etw.** *(Akk.)* ~reiten ride into sth.; 2. *unr. tr. V. (ugs.) s.* reinreiten; ~|**rennen** *unr. itr. V.; mit sein* run in; race in; **in etw.** *(Akk.)* ~rennen run *or* race into sth.; **in sein Verderben** ~rennen *(fig.)* be heading [straight] for disaster; ~|**riechen** *unr. tr. V.* *(ugs.)* **in eine Arbeit/eine Firma** ~riechen get a taste of a job/a firm; ~|**rufen** 1. *tr. V.* jmdn./etw. ~rufen call sb./sth. in; 2. *unr. itr. V.* **in etw.** *(Akk.)* ~rufen call into sth.; ~|**schaffen** *tr. V.* jmdn./etw. [in etw. *(Akk.)*] ~schaffen get sb./sth. in[to sth.]; ~|**schauen** *itr. V.* a) *(bes. südd., österr.)* *s.* ~sehen; b) *(bes. südd., österr.: kurz besuchen)* **bei jmdm.** ~schauen look in on sb.; **in etw.** *(Akk.)* ~schauen look in on sb.; ~|**schießen** *unr. itr. V.* a) **in etw.** *(Akk.)* ~schießen fire into sth.; **in die Menge** ~schießen fire into the crowd; b) *mit sein (sich schnell hineinbewegen)* ⟨person, car⟩ shoot in; ⟨water⟩ rush in; **in etw.** *(Akk.)* ~schießen shoot/rush into sth.; ~|**schlagen** *unr. tr. V.* **einen Nagel/Pfahl in etw.** *(Akk.)* ~schlagen knock *or* drive a nail/stake in[to sth.]; **ein Loch in etw.** *(Akk.)* ~schlagen knock *or* cut a hole in sth.; ~|**schleichen** 1. *unr. itr. V.; mit sein* [in etw. *(Akk.)*] ~schleichen creep *or* steal in[to sth.]; 2. *unr. refl. V.* **sich [in etw.** *(Akk.)*] ~schleichen creep *or* steal in[to sth.]; *(fig.)* ⟨error⟩ creep in[to sth.]; ~|**schlingen** *unr. tr. V.* etw. in sich ~schlingen devour sth.; ~|**schlittern** *itr. V.; mit sein* *(ugs.)* **in eine Situation** *usw.* ~schlittern stumble into a situation *etc.*; ~|**schlüpfen** *itr. V.; mit sein* slip in; **ins Zimmer/in seinen Mantel** ~schlüpfen slip into the room/one's coat; ~|**schmuggeln** *tr. V.* smuggle in; jmdn./etw. [in etw. *(Akk.)*] ~schmuggeln smuggle sb./sth. in[to sth.]; ~|**schneien** *itr. V.* a) *(unpers.)* **es schneit [in die Hütte]** ~: the snow is coming in[to the hut]; b) *mit sein s.* hereinschneien; ~|**schreiben** *unr. tr. V.* write in; **etw. in etw.** *(Akk.)* ~schreiben write sth. in sth.; ~|**schütten** *tr. V.* pour in; etw. in etw. *(Akk.)* ~schütten pour sth. into sth.; **etw. in sich** ~schütten *(fig.)* knock sth. back *(sl.)*; pour sth. down one's throat; ~|**sehen**

hineinsetzen   hinlangen

unr. itr. V. look in; **in etw.** *(Akk.)* ~**sehen** look into sth.; **in jmds. Zeitung ~sehen** have a look at sb.'s paper; ~|**setzen 1.** *tr. V. (auch ugs.: zuweisen)* **jmdn./etw.** [**in etw.** *(Akk.)*] ~**setzen** put sb./sth. in[to sth.]; **2.** *refl. V.* **a) sich in etw.** *(Akk.)* ~**setzen** sit down in sth.; **b)** *(festsetzen)* **sich in die Ecken/die Teppiche ~setzen** ⟨dust, dirt⟩ get right into the corners/the carpet; ~|**spazieren** *itr. V.; mit sein* walk or stroll in; **nur ~spaziert!** walk right [on] in!; ~|**spielen 1.** *itr. V.* **da spielen viele Dinge/Faktoren ~:** there are a lot of contributory factors; **2.** *tr. V. (Sport)* **den Ball [in den Strafraum** *usw.*] ~**spielen** play the ball in[to the penalty area *etc.*]; ~|**sprechen** *unr. itr. V.* **in etw.** *(Akk.)* ~**sprechen** speak into sth.; ~|**stecken** *tr. V.* **a) etw.** [**in etw.** *(Akk.)*] ~**stecken** put sth. in[to sth.]; **b)** *(ugs.: in etw. bringen)* **etw.** [**in etw.** *(Akk.)*] ~**stecken** stick *(coll.)* or put sth. in sth.; **c) viel Geld in etw.** *(Akk.)* ~**stecken** *(ugs.)* put or sink a lot of money into sth.; **viel Arbeit in etw.** *(Akk.)* ~**stecken** put a lot of work into sth.; ~|**steigern** *refl. V.* **sich in große Erregung/seine Ängste/seine Wut ~steigern** work oneself up into a state of great excitement/anxiety/into a rage; ~|**stoßen 1.** *unr. tr. V.* **a)** thrust in; **etw. in etw.** *(Akk.)* ~**stoßen** thrust sth. into sth.; *(hineinbringen)* **jmdn. in etw.** *(Akk.)* ~**stoßen** push sb. into sth.; *(fig.)* plunge sb. into sth.; **2.** *unr. itr. V.; mit sein* **in etw.** *(Akk.)* ~**stoßen** *(vordringen)* push or thrust into sth.; *(hineinsteuern)* drive or turn into sth.; ~|**stürzen 1.** *itr. V.; mit sein* **a)** *(hineinfallen)* **in etw.** *(Akk.)* ~**stürzen** fall or plunge into sth.; **b)** *(nach innen eilen)* rush or burst in; **ins Zimmer ~stürzen** rush or burst into the room; **2.** *tr. V.* **jmdn. in etw.** *(Akk.)* ~**stürzen** hurl sb. into sth.; **3.** *refl. V.* **sich in etw.** *(Akk.)* ~**stürzen** throw oneself or plunge into sth.; **sich in die Arbeit ~stürzen** *(fig.)* throw oneself into one's work; ~|**tappen** *itr. V.; mit sein (ugs.)* **in etw.** *(Akk.)* ~**tappen** grope one's way into sth.; *(hineingeraten)* walk [right] into sth.; ~|**tragen** *unr. tr. V.* **a)** carry in; **etw. in etw.** *(Akk.)* ~**tragen** carry sth. into sth.; **Schmutz ins Haus ~tragen** bring dirt into the house; **b)** *(verbreiten)* **etw. in etw.** *(Akk.)* ~**tragen** bring sth. into sth.; **Unruhe in einen Betrieb ~tragen** spread unrest in a firm; ~|**treiben** *unr. tr. V.* **a) jmdn./etw. in etw.** *(Akk.)* ~**treiben** drive sb./sth. into sth.; **b)** *(verwickeln)* **jmdn. in etw.** *(Akk.)* ~**treiben** force sb. into sth.; **c)** *(in etw. schlagen)* **etw.** [**in etw.** *(Akk.)*] ~**treiben** drive sth. in[to sth.]; ~|**tun** *unr. tr. V.* **a)** *(ugs.: in etw. tun)* **etw.** [**in etw.** *(Akk.)*] ~**tun** put sth. in[to sth.]; **b)** *(vollführen)* **einen Blick** [**in etw.** *(Akk.)*] ~**tun** take a look in[to sth.]; ~|**versetzen** *refl. V.* **sich in jmdn.** *od.* **jmds. Lage ~versetzen** put oneself in sb.'s position; ~|**wachsen** *unr. itr. V.; mit sein* **a) in das Haus/das Fleisch ~wachsen** grow into the house/the or one's flesh; **b)** *(ugs.: hineinpassen)* **in ein Kleid** *usw.* ~**wachsen** grow into a dress *etc.*; **in die Uniform ~wachsen** *(fig.)* come to identify with the or one's uniform; **c)** *(vertraut werden)* **in eine Aufgabe/Rolle ~wachsen** get to know a job/get into or inside a part; ~|**wagen** *refl. V.* venture in; dare to go in; **sich in etw.** *(Akk.)* ~**wagen** venture into sth.; dare to go into sth.; ~|**werfen** *unr. tr. V.* **a) etw. in etw.** *(Akk.)* ~**werfen** throw sth. in[to sth.]; **b)** *(fallen lassen)* **einen Blick** [**in etw.** *(Akk.)*] ~**werfen** glance at sth.; ~|**wollen** *unr. itr. V. (ugs.)* **~gelangen wollen** want to get or go in; **in etw.** *(Akk.)* ~**wollen** want to go/get into sth.; **das will mir nicht in den Kopf ~** I simply can't understand him; ~|**ziehen 1.** *unr. tr. V.* **a)** *(nach drinnen ziehen)* pull or draw in; **etw./jmdn. in etw.** *(Akk.)* ~**ziehen** pull or draw sth./sb. into sth.; **b)** *(ver-*

wickeln) **jmdn. in eine Angelegenheit/einen Streit/Skandal ~ziehen** drag sb. into an affair/a dispute/scandal; **2.** *unr. itr. V.; mit sein* **a)** march in; **in etw.** *(Akk.)* ~**ziehen** march into sth.; **b)** *(nach innen ziehen)* ⟨smoke, fumes, *etc.*⟩ drift in; **in etw.** *(Akk.)* ~**ziehen** drift into sth.; ~|**zwängen 1.** *tr. V.* **etw.** [**in etw.** *(Akk.)*] ~**zwängen** squeeze or force sth. in[to sth.]; **2.** *refl. V.* **sich in die Hose ~zwängen** squeeze [oneself] into one's trousers; ~|**zwingen** *unr. tr. V.* **jmdn.** [**in etw.** *(Akk.)*] ~**zwingen** force sb. to go in[to sth.]; **jmdn. in ein Schema/eine Rolle ~zwingen** force sb. into rigid pattern/a role

hịn-, Hịn-: ~|**fahren 1.** *unr. itr. V.; mit sein* **a)** *(an einen Ort fahren)* go there; *(mit einem Auto)* drive or go there; *(mit einem Fahrrad, Motorrad)* ride or go there; **wo ist er ~gefahren?** where has he gone?; **b)** *(streichen)* **mit der Hand/den Fingern über etw.** *(Akk.)* ~**fahren** run one's hand/fingers over sth.; **2.** *unr. tr. V.* **jmdn. zum Bahnhof ~fahren** drive or take sb. to the station; ~**fahrt** *die* journey there; ⟨Seereise⟩ voyage out; **auf der ~fahrt** on the way or journey there/the voyage out; ~|**fallen** *unr. itr. V.; mit sein* **a)** *(stürzen)* fall down or over; **lang ~fallen** fall flat [on one's face/back]; **b)** *(herunterfallen)* **jmdm. fällt etw. ~:** sb. drops sth.; **etw. ~fallen lassen** drop sth.; ~**fällig** *Adj.* **a)** *(schwächlich)* infirm; frail; **b)** *(ungültig)* invalid; ~**fälligkeit** *die*; ~ **a)** *(Schwäche)* infirmity; frailty; **b)** *(Ungültigkeit)* invalidity; ~|**finden** *unr. itr. V.* find one's way there; **zu etw./zu einem Ort ~finden** find one's way to sth./a place; ~|**fläzen, ~|flegeln** *refl. V. (ugs. abwertend)* loll around or about; ~|**fliegen 1.** *unr. itr. V.; mit sein* **a)** fly there; **er fliegt heute ~:** he's flying [out] there today; **wo fliegt sie ~?** where is she flying to?; **b)** *(ugs.: fallen)* come a cropper *(coll.)*; fall over; **mit dem Fahrrad ~fliegen** come a cropper on one's bicycle *(coll.)*; fall off one's bicycle; **2.** *unr. tr. V.* **jmdn./etw. ~fliegen** fly sth./sb. [out] there; ~**flug** *der* outward flight

hin·fọrt *Adv. (geh.)* henceforth; henceforward

hịn|führen 1. *tr. V.* **a) jmdn. ~:** lead or take sb. there; **b)** *(zu etw. bringen)* **jmdn. zu etw. ~:** lead sb. to sth. **2.** *itr. V.* **zu etw. ~:** lead to sth.; **wo soll das ~?** what will it lead to?

hịng [hɪŋ] *1. u. 3. Pers. Sg. Prät. v.* **hängen**

Hịn·gabe *die*; ~ **a)** devotion; *(Eifer)* dedication; **etw. mit ~ tun** do sth. with dedication; **mit ~ tanzen** put one's whole soul into one's dancing; **b)** *(geh.: das Opfern)* **unter ~ des Lebens** at the cost of one's life

hịn-, Hịn-: ~|**geben 1.** *unr. tr. V. (geh.)* give; sacrifice; **sein Leben ~geben** lay down or sacrifice one's life; **2.** *unr. refl. V.* **a) sich einer Illusion/einem Genuß ~geben** entertain an illusion/abandon oneself to a pleasure; **b)** *(verhüll.)* **sich einem Mann ~geben** give oneself to a man; ~**gebend** *Adj.* devoted

Hịngebung *die*; ~: devotion

hịngebungs·voll 1. *Adj.* devoted. **2.** *adv.* devotedly; with devotion; ⟨listen⟩ raptly, with rapt attention; ⟨dance, play⟩ with abandon

hịn·gegen *Konj., Adv. (jedoch)* however; *(andererseits)* on the other hand

hịn-: ~**gegossen** *Adj. (ugs. scherzh.)* **wie ~gegossen auf der Couch liegen/sitzen** have draped oneself over the couch; ~|**gehen** *unr. itr. V.; mit sein* **a)** go [there]; **zu jmdm./etw. ~gehen** go to sb./sth.; **wo gehst du ~?** where are you going?; **b)** *(verstreichen)* ⟨years, time⟩ pass, go by; **darüber gingen Jahre ~:** it took years; **c)** *(hingleiten)* **sein Blick ging über die Landschaft ~:** he or his eyes scanned the landscape; **d)** *(tragbar*

sein) pass; **diesmal mag das noch ~gehen** I'll/we'll *etc.* let it pass this time; ~|**gehören** *itr. V. (ugs.)* go; belong; ⟨person⟩ belong; **wo gehört das ~?** where does this go or belong or *(coll.)* live?; ~|**gelangen** *itr. V.; mit sein* get there; **zu jmdm./etw. ~gelangen** get to sb./sth.; ~|**geraten** *unr. itr. V.; mit sein* get there; **wie sind wir dort ~geraten?** how did we get there?; **wo ist er/der Brief ~geraten?** where has he/the letter got to?; ~**gerissen 1.** *2. Part. v.* **hinreißen**; **2.** *Adj.; nicht attr.* carried away; spellbound; ~**gerissen der Musik lauschen** listen spellbound to the music; ~|**gleiten** *unr. itr. V.; mit sein* **a)** glide along; **die Hand über etw.** *(Akk.)* ~**gleiten lassen** run one's hand over sth.; **den Blick über etw. ~gleiten lassen** *(fig.)* let one's gaze sweep over sth.; **b)** *(geh.: vergehen)* slip away; ~|**halten** *unr. tr. V.* **a)** hold out; **jmdm. etw. ~halten** hold sth. out to sb.; **b)** *(warten lassen)* **jmdn. ~halten** put sb. off; keep sb. waiting; **c)** *(Milit.: aufhalten)* hold off

Hịn·halte-: ~**politik** *die* policy of procrastination; ~**taktik** *die* delaying tactics *pl.*

hịn-: ~|**hängen** *(ugs.)* hang up; ~|**hauen 1.** *unr. tr. V.* **a)** *(salopp: aufgeben)* chuck *in (sl.)*; **den ganzen Kram ~hauen** chuck the whole thing in *(sl.)*; **b)** *(salopp abwertend: flüchtig anfertigen)* knock off *(coll.)*; dash off; **c)** *(unpers. salopp)* **es hat mich ~gehauen** I came a cropper *(coll.)*; **d)** *(salopp: hinwerfen)* chuck down *(coll.)*. **2.** *unr. itr. V.* **a)** *(ugs.: schlagen)* [**mit etw.**] ~**hauen** take a swipe [with sth.] *(coll.)*; **b)** *mit sein (hinfallen)* fall [down] heavily; **c)** *(salopp: gutgehen)* ⟨plan⟩ work [all right]; **es wird schon ~hauen** it'll work out or be all right or *(coll.)* OK; **d)** *(salopp: richtig sein)* ⟨calculation⟩ be right; **so haut das nicht ~:** it's wrong as it stands; **3.** *unr. refl. V. (salopp)* lie down and have a kip *(coll.)*; ~|**hören** *itr. V.* listen

Hịnke·bein [ˈhɪŋkə-] *das (ugs.)* **a)** stiff or *(sl.)* gammy leg; **b)** *(jmd., der hinkt)* person with a limp or *(sl.)* a gammy leg

Hịnkel·stein *der* menhir; standing stone

hịnken [ˈhɪŋkn̩] *itr. V.* **a)** limp; walk with a limp; **auf** *od.* **mit dem rechten Bein ~:** have a limp in one's right leg; **b)** *mit sein (hinkend gehen)* limp; hobble; **c)** *(fig.)* ⟨line⟩ be clumsy or halting; ⟨rhyme⟩ be clumsy; ⟨comparison⟩ be poor or feeble

hịn-, Hịn-: ~|**knallen** *(ugs.)* **1.** *tr. V.* slam down; **2.** *itr. V.; mit sein (hinfallen)* fall [down] heavily; come a cropper *(coll.)*; ~|**knien** *refl. V.* kneel [down]; ~|**kommen** *unr. itr. V.; mit sein* **a)** get there; **nach Madrid ~kommen** get to Madrid; **wie kommt man zu ihm ~?** how do you get to his place?; **b)** *(an einen Ort gehören)* go; belong; **wo kommen die Gläser ~?** where do the glasses go or be long?; **wo ist meine Uhr ~gekommen?** where has my watch got to or gone?; **wo kommen** *od.* **kämen wir ~, wenn ...** *(fig.)* where would we be if ...; **c)** *(ugs.: auskommen)* **mit etw. ~kommen** manage with sth.; **d)** *(ugs.: in Ordnung kommen)* work out or turn out all right or *(coll.)* OK; **e)** *(ugs.: stimmen)* be right; ~|**kriegen** *tr. V. (ugs.)* **a)** *(fertigbringen)* **das hat sie toll ~gekriegt** she made a great job of that *(coll.)*; **so genau wie auf der Vorlage kriege ich das nicht ~:** I won't be able to get it as accurate as it is on the pattern; **das wird er schon ~kriegen** he'll manage it all right or *(coll.)* OK; **b)** *(in Ordnung bringen)* fix ⟨radio *etc.*⟩; **jmdn. wieder ~kriegen** put sb. right; ~**kunft** *die in* ~**kunft** *(österr.)* in future; ~|**langen** *itr. V.* **a)** *(ugs.: fassen)* **er langte ~ und steckte einige Uhren in seine Tasche** he reached over and stuck some watches in his pocket *(coll.)*; **b)** *(salopp: zuschlagen)* [**kräftig**] ~**langen** take a [hefty] swipe *(coll.)*; **c)** *(salopp: sich bedienen)* help oneself; **schön/**

1195

hinlänglich / **hinten**

ordentlich ~langen help oneself in a big way (coll.); d) (ugs.: ausreichen) be enough; e) (ugs.: auskommen) manage; ~länglich 1. Adj. sufficient; (angemessen) adequate; 2. adv. sufficiently; (angemessen) adequately; etw. ist ~länglich bekannt sth. is sufficiently well known; ~|lassen unr. tr. V. (ugs.) jmdn. ~lassen allow sb. to go there; let sb. go there; jmdn. zu etw. ~lassen allow sb. to go to sth.; let sb. go to sth.; ~|laufen unr. itr. V.; mit sein a) (an einen Ort laufen) run there; zu jmdm./zu einer Stelle ~laufen run to sb./a place; b) (zu Fuß gehen) walk [there]; c) (zu Bett bringen) jmdn. ~laufen lassen sth. is. gehen) zum Anwalt/Arzt/Chef ~laufen run to or rush off to the lawyer/doctor/boss; ~|legen 1. tr. V. a) (an eine Stelle legen) put; sie legte den Kindern frische Wäsche ~: she put out clean underwear for the children; b) (weglegen) put down; c) (zu Bett bringen) jmdn. ~legen lay sb. down; d) (ugs.: bezahlen) pay or (sl.) shell out; e) (salopp: ausführen) eine hervorragende Rede ~legen do a brilliant speech; eine gekonnte Übung auf dem Trampolin ~legen turn in a splendid performance on the trampoline; 2. refl. V. a) lie down; da legst du dich [lang] ~ (ugs.) you won't believe your ears; b) (sich schlafen legen) lie down; lets zeitig ~legen have an early night; sich zum Sterben ~legen (geh.) lie down to die; c) (ugs.: hinfallen) come a cropper (coll.); fall [down over (coll.); ~|leiten tr. V. lead there; etw. zu etw. ~leiten lead sth. to sth.; ~|lenken tr. V. a) etw. [zu etw.] ~lenken steer sth. [to sth.]; seine Schritte zum Bahnhof ~lenken direct one's steps towards the station; b) (fig.) direct ⟨conversation⟩ (auf + Akk. round to); direct ⟨attention⟩ (auf + Akk. towards); turn ⟨gaze⟩ (auf + Akk. towards); ~|machen (salopp) 1. tr. V. a) put up ⟨curtain, picture, fence, etc.⟩; put on ⟨paint, oil, cream⟩; put in ⟨comma etc.⟩; put ⟨cross, ring, etc.⟩; make ⟨dirty mark etc.⟩; b) (töten) do in (sl.); rub out (sl.); bump off (sl.); 2. itr. V. a) (seine Notdurft verrichten) do sb.'s/its business (coll.); b) (landsch.: sich beeilen) hurry up; get a move on (coll.); ~|marschieren itr. V.; mit sein march there; ~|metzeln, ~|morden tr. V. (geh.) massacre; slaughter; butcher; ~nahme die; ~: acceptance; ~|nehmen unr. tr. V. a) (annehmen) accept; take; put up with, swallow, accept ⟨insult⟩; etw. als gegeben ~nehmen take sth. for granted; accept sth. as a fact; b) (ugs.: mitnehmen) kannst du das Buch mit ~nehmen? can you take the book with you?; ~|neigen 1. tr. V. incline; den Kopf zu jmdm. ~neigen incline or bend one's head towards sb.; 2. refl. V. lean [over]; 3. itr. V. zu einer Auffassung usw. ~neigen incline to a point of view etc.

hinnen ['hɪnən] in von ~ (veralt. geh.) [from] hence; von ~ scheiden (verhüll.) depart this life; pass away or on

hin-, Hin-: ~|passen tr. V. (ugs.) a) (an eine Stelle passen) fit or go in; b) (in die Umgebung passen) fit in; go; ~|pfeffern tr. V. (ugs.) a) (hinwerfen) fling or slam down; b) (äußern) rap out; ~|pflanzen tr. V. plant; 2. refl. V. (ugs.) sich vor jmdn. ~pflanzen plant oneself in front of sb.; ~|reichen 1. tr. V. hand; pass; jmdm. etw. ~reichen hand or pass sth. to sb.; 2. itr. V. a) (erstrecken) reach; bis zu etw. ~reichen reach to or as far as sth.; b) (ausreichen) be enough or sufficient; c) (ugs.: auskommen) manage; mit etw. ~reichen manage on sth.; ~reichend 1. Adj. sufficient; (angemessen) adequate; 2. adv. sufficiently; (angemessen) adequately; ~reise die journey there; outward journey; (mit dem Schiff) voyage out; outward voyage; die ~reise nach Rom the journey to Rome; [die] Hin- und Rückreise the journey there and back;

~|reisen itr. V.; mit sein travel there; ~|reißen unr. tr. V. a) jmdn. zu sich ~reißen pull sb. to one; b) (begeistern) enrapture; das Publikum zu Beifallsstürmen ~reißen elicit thunderous or rapturous applause from the audience; c) (verleiten) jmdn. zu etw. ~reißen drive sb. to sth.; sich ~reißen lassen let oneself get or be carried away; ~reißend 1. Adj. enchanting ⟨person, picture, view⟩; captivating ⟨speaker, play⟩; 2. adv. enchantingly; ~|richten tr. V. execute; ~richtung die place of execution **Hinrichtungs-:** ~kommando das firing-squad; ~stätte die place of execution

hin-, Hin-: ~|rücken 1. tr. V. etw. ~rücken move or push sth. over; 2. itr. V.; mit sein move over; ~|sagen itr. V. say without thinking; (nur beiläufig sagen) say casually; das hat er nur so ~gesagt he just said it without thinking; ~|schaffen tr. V. get sth. there; etw. zum Bahnhof ~schaffen get sth. to the station; ~|schauen itr. V. (bes. südd., österr.) s. ~sehen; ~|scheiden unr. itr. V.; mit sein (geh. verhüll.) pass away or over; der Hingeschiedene the deceased or departed; ~|scheiden das; ~s (geh. verhüll.) decease; demise; ~|scheißen unr. itr. V. (derb) crap (vulg.); ~|schicken tr. V. send; ~|schieben unr. tr. V. jmdm. etw. ~schieben push sth. over to sb.; ~schied der; ~[e]s, ~e (schweiz.) s. ~scheiden; ~|schielen itr. V. steal a glance/glances (zu at); ~|schlachten tr. V. (geh.) massacre; slaughter; butcher; ~|schlagen unr. itr. V. a) (auf eine Stelle schlagen) strike; hit; b) mit sein (ugs.: fallen) [der Länge nach od. lang] ~schlagen fall flat on one's face/back; das schlag einer lang ~! (ugs.) well I never (coll.); would you believe it! (coll.); ~|schleichen unr. itr. V.; mit sein; auch refl. V. creep or steal over; ~|schleppen 1. refl. V. a) (mühsam gehen) drag oneself along; sich zu etw. ~schleppen drag oneself to sth.; b) (sich hinziehen) drag on; 2. tr. V. a) (an einen Ort schleppen) etw. ~schleppen drag sth. there; etw. zu etw. ~schleppen drag sth. to sth.; b) (verzögern) drag out; ~|schmeißen unr. tr. V. (salopp) a) (werfen) chuck down (coll.); b) (aufgeben) chuck in (coll.); ~|schmelzen unr. itr. V.; mit sein a) s. zerschmelzen; b) (ugs. scherzh.: vergehen) swoon; vor Rührung ~schmelzen be overcome with emotion; ~|schmieren tr. V. (ugs.) (~schreiben) scrawl; scribble; (~malen) daub; ~|schreiben 1. unr. tr. V. write down; 2. unr. itr. V. (an eine Firma o. ä. schreiben) write; ~|schwinden unr. itr. V. s. dahinschwinden; ~|sehen unr. itr. V. look; ich kann nicht ~sehen I can't [bear to] look; bei genauerem Hinsehen on closer inspection; ~|sein unr. itr. V.; mit sein (nur im Inf. u. Part. zusammengeschrieben) (ugs.) a) (verloren sein) be or have gone; was ~ ist, ist ~: what's done is done; b) (nicht mehr brauchbar sein) have had it (coll.); ⟨car⟩ be a write-off; c) (salopp: tot sein) have snuffed it (sl.); have pegged out (sl.); wenn er richtig zuschlägt, bist du ~: if he really hits you you've had it (coll.); d) (ugs.: hingerissen sein) von jmdm./etw. ganz ~sein be mad about sb./bowled over by sth.; e) (zugrunde gerichtet sein) be ruined or in ruins; f) (~gegangen/~gefahren sein) have gone; g) (in Verbindung mit bis) bis zu dem Termin ist es noch einige Zeit ~: there's some time to go before the deadline; ~|setzen 1. tr. V. a) (an eine Stelle setzen) put; seat, put ⟨person⟩; das Kind ~setzen sit the child/baby down; b) (absetzen) put or set down; 2. refl. V. a) sit down; setzen Sie sich doch ~! do sit down!; wo soll ich mich ~setzen? where should I sit?; sich gerade ~setzen sit up straight; sich ~setzen und etw. tun (fig.) sit down and do sth.; get down to doing sth.;

b) (ugs.: fallen) land on one's backside; c) (salopp: überrascht sein) er wird sich ~setzen he won't believe his ears; ~sicht die; o. Pl. in gewisser ~sicht in a way/in some respect or ways; in mancher ~sicht in some respects or ways; in jeder ~sicht in every respect; in finanzieller ~sicht financially; in ~sicht auf (+ Akk.) with regard to; ~sichtlich Präp. mit Gen. (Amtsspr.) with regard to; (in Anbetracht) in view of; ~|sinken unr. itr. V.; mit sein (geh.) sink down; sink to the ground; ~|sollen unr. itr. V. (ugs.) wo sollen die Sachen ~? where do these things go?; where do you want these things [to go]?; wo soll ich mit den Büchern ~? where should I put the books?; what should I do with the books?; sie weiß nicht, wo sie ~soll she doesn't know where to go; ~spiel das (Sport) first leg; ~|starren itr. V. stare (zu, nach at); ~|stellen 1. tr. V. a) (an eine Stelle stellen) put; put up ⟨building⟩; put, park ⟨car⟩; b) (absetzen) put down; c) (bezeichnen) etw. als falsch ~stellen make sth. out to be or represent sth. as false; jmdn. als Lügner ~stellen make sb. out to be or represent sb. as a liar; jmdn. als Vorbild ~stellen hold sb. up as an example; er hat die Sache so ~gestellt, als seien wir die Schuldigen he made it look as though it was our fault; 2. refl. V. a) (sich an eine Stelle stellen) stand; ⟨driver⟩ park; sich gerade ~stellen stand up straight; sich vor jmdn. ~stellen stand in front of sb.; b) (sich bezeichnen) sich als unschuldig ~stellen make out that one is innocent; ~|steuern 1. tr. V. a) das Boot zum Ufer ~steuern steer the boat towards the bank; 2. itr. V.; mit sein a) zu etw. ~steuern make or head for sth.; b) (eine Absicht verfolgen) auf etw. (Akk.) ~steuern aim at sth.; ~|strecken 1. tr. V. a) stretch out; hold out; jmdm. die Hand ~strecken hold out one's hand to sb.; b) (geh. veralt.: töten) fell; slay (liter.); 2. refl. V. a) sich ~ausgestreckt hinlegen) stretch [oneself] out; lie down full length; b) (sich erstrecken) extend, stretch (bis an + Akk. as far as); ~|strömen 1. itr. V.; mit sein a) ⟨river⟩ flow; b) ⟨people⟩ flock there; zu etw. ~strömen flock to sth.; ~|stürzen 1. itr. V.; mit sein a) (hinfallen) fall down [heavily]; b) (hineilen) rush or dash there; zum Ausgang ~stürzen rush or dash towards the exit

hintan-, Hintan- [hɪnt'ʔan-]: ~|setzen tr. V. etw. ~setzen put sth. last; Differenzen ~setzen put or set aside differences; ~setzung die; ~: nur unter ~setzung persönlicher Interessen only by putting personal interests last; ~|stellen tr. V. s. ~setzen

hinten ['hɪntn] Adv. a) (am rückwärtigen Ende) at the back; in or at the rear; ~ im Bus sitzen sit in the back of the bus; ~ in die Straßenbahn einsteigen get on at the back of the tram (Brit.) or (Amer.) streetcar; ganz ~ im Garten/in der Garage/im Schrank right at the back of the garden/the garage/the cupboard; ~ ~anstellen join the back of the queue (Brit.) or (Amer.) line; nach ~ gehen move [off] towards the back; exit upstage (Theatre); ~ im Buch at the back or end of the book; weiter ~: further back; (in einem Buch) further on; von ~ anfangen start from the end; von ~ nach vorne backwards; (in einem Buch) from back to front; (Bewegung) towards the front; nach ~ gehen or walk to the back/room behind; b) (an/auf/von der Rückseite) die Adresse steht ~ auf dem Brief the address is on the back of the envelope; ~ auf der Münze on the back or reverse of the coin; ~ am Haus at the back or rear of the house; nach ~ hinaus liegen/gehen be at the back or rear; von ~ kommen/jmdn. von ~ erstechen come from behind/stab sb. from behind; von ~ sah sie jünger aus she looked younger from the back; jmdn. von ~ erken-

hintendran

nen recognize sb. from the back; **jmdm. ~ drauffahren** *(ugs.)* run into the back of sb.; **~ und vorn[e] nichts sein** *(salopp)* be as flat as an ironing-board *(coll.)*; **c)** *(entfernt)* **die anderen sind ganz weit ~**: the others are a long way back or behind; **~ in Sibirien** far away in Siberia; **~ im Wald** in the depths of the forest; deep in the forest; **ganz weit ~ konnte man die Bergspitzen erkennen** far away in the distance you could make out the mountain peaks; **d)** *(in Wendungen)* **jetzt heißt es Herr Meier ~, Herr Meier vorn** now it's Herr Meier this, and Herr Meier that; **und vorn[e] bedient werden** be waited on hand and foot; **das kann ~ und vorn[e] nicht stimmen** that cannot possibly be true; there is no way that can be true; **~ und vorn[e] betrogen werden** be cheated right, left and centre; **nicht [mehr] wissen, wo ~ und vorn[e] ist** *(ugs.)* not know whether one is coming or going; **~ nicht mehr hochkönnen** *(ugs.)* be in desperate straits; **jmdn. am liebsten von ~ sehen** *(ugs.)* be glad to see the back of sb.; **von ~ durch die Brust ins Auge** *(salopp scherzh.)* in a roundabout fashion or way

hinten-: **~dran** *Adv. (ugs.)* at the back; **~dran einen Anhänger hängen** hitch a trailer on behind; **~drauf** *(ugs.)* on the back; **jmdm. eins od. ein paar ~drauf geben** *(ugs.)* smack sb.'s bottom; **~drein** *Adv. s.* **hinterher**; **~heraus** ['----] *Adv.* **~heraus liegen/ wohnen** be/live at the back; **~herum** ['----] *Adv. (ugs.)* **a)** *(um die hintere Seite herum)* round the back; **b)** *(am Rücken)* **mir ist ~herum kalt** my back's cold; **c)** *(ugs.: heimlich)* **etw. ~herum erfahren** hear sth. indirectly; **Waren ~herum besorgen** get goods under the counter; **~nach** *Adv. (südd., österr.) s.* **hinterher**

hinten·über *Adv.* backwards

hintenüber-: **~fallen** *unr. itr. V.; mit sein* fall [over] backwards; **~kippen** *itr. V.; mit sein* tip [over] backwards; **~stürzen** *itr. V.; mit sein s.* **~fallen**

hinter ['hɪntɐ] **1.** *Präp. mit Dat.* **a)** behind; **~ dem Haus sein** be behind or at the back of the house; **~ jmdm. zurückbleiben** lag behind sb.; **eine große Strecke ~ sich haben** have put a good distance behind one; **~ der Mauer hervortreten** step out from behind the wall; **~ jmdm. stehen** *(fig.)* be behind sb.; back or support sb.; **~ etw. (Dat.) stehen** *(fig.)* support sth.; **jmdn. ~ sich haben** *(fig.)* have sb.'s backing; **sich ~ etw. verbergen** *(fig.)*⟨*person*⟩ hide behind sth. ⟨*danger*⟩ lie concealed behind sth. ⟨*purpose*⟩ lie behind sth.; **b)** *(nach)* behind; **3 km ~ der Grenze** 3 km beyond the frontier; **die nächste Station ~ Mannheim** the next stop after Mannheim; **c)** *(in der Rangfolge)* **~ jmdm. zurückstehen** lag behind sb.; **~ der Entwicklung/ der Zeit zurückbleiben** lag behind in development/be behind in times; **er ist ~ unseren Erwartungen zurückgeblieben** he has fallen short of our expectations; **d)** *(bewältigt)* **eine Prüfung/Aufgabe ~ sich haben** *(fig.)* have got an examination/a job over [and done] with; **viele Enttäuschungen/eine Krankheit ~ sich haben** have experienced many disappointments/have got over an illness; **wenn er das Studium ~ sich hat** when he's finished his studies. **2.** *Präp. mit Akk.* **a)** behind; **~ das Haus gehen** go behind the house; **sich ~ jmdn./etw. stellen** *(fig.)* stand or get behind sb./support sth.; **b)** **~ jmdn. zurückfallen** fall behind sb.; **c)** **etw. ~ sich bringen** get sth. over [and done] with; **d)** *(zeitlich)* **~ etw. gehen/reichen** go back to before sth.; **e)** *(fig.)* **~ ein Geheimnis/die Wahrheit/seine Geschichte kommen** find out a secret/get to the truth/get to the bottom of his story

hinter... *Adj.; nicht präd.* back; **das ~e Ende des Ganges/des Zimmers** the far end of the corridor/the far end or the back of the room; **das ~e Ende des Zuges** the back or rear [end] of the train; **die ~ste Reihe** the back row; **die Hinter[st]en** those [right] at the back

Hinter-: **~achse** die rear or back axle; **~an·sicht** die rear or back view; **~ausgang** der rear or back exit; **~backe** die *(ugs.)* buttock; **auf seine ~backen fallen** fall over on one's backside; **~bänkler** [-bɛŋklɐ] der; ~s, ~ *(ugs.)* inconspicuous back-bencher; **~bein** das hind leg; **sich auf die ~beine stellen** *(ugs.)* put up a fight; **sich auf die ~beine setzen** *(ugs.)* get or knuckle down and do some work

Hinterbliebene [-'bli:bənə] der/die; *adj. Dekl.* **a)** *(Familienangehörige)* **die ~n** the bereaved [family]; **b)** *(jur.)* surviving dependant

Hinterbliebenen·rente die [surviving] dependant's pension

hinter-, Hinter-: ¹**~bringen** [--'--] *unr. tr. V.* **jmdm. etw. ~bringen** inform sb. [confidentially] of sth.; ²**~bringen** *unr. tr. V. (landsch.)* bring to the back; **~deck** das *(Seew.)* after-deck

hinter·einander *Adv.* **a)** *(räumlich)* one behind the other; **sie liefen dicht ~:** they were running close behind one another; **b)** *(zeitlich)* one after another or the other; **an drei Tagen ~:** for three days running or in succession

hintereinander-: **~fahren** *unr. itr. V.; mit sein (mit dem Auto/Fahrrad)* drive/ride one behind the other; **~gehen** *unr. itr. V.; mit sein* walk in single file; walk one behind the other; **~schalten** *tr. V. (Elektrot.)* **Widerstände usw. ~schalten** connect resistances etc. in series; **~weg** *Adv. (ugs.)* one after the other

hinter-, Hinter-: **~ein·gang** der rear or back entrance; **~fotzig** [-fɔtsɪç] *Adj. (bayr.; sonst derb)* underhand[ed]; **~fragen** [--'--] *tr. V.* examine; analyse; **~fuß** der hind foot; **~gebäude** das *s.* **~haus**; **~gedanke** der ulterior motive; **einen ~gedanken bei etw. haben** have an ulterior motive for sth.; ¹**~gehen** [--'--] *unr. tr. V.* deceive; **sie hat ihren Mann mit seinem besten Freund ~gangen** she deceived her husband by having an affair with his best friend; ²**~gehen** *unr. itr. V.; mit sein (landsch.)* go to the back; **ins Lager ~gehen** go to the back of the store room

Hinterglas·malerei die *(Kunst)* **a)** *o. Pl. (Herstellung)* verre églomisé; **b)** *(Bild)* verre églomisé picture

Hinter·grund der background; *(der Bühne)* back; *(Theater: Kulisse)* backcloth, backdrop; **der akustische/musikalische ~:** the background sounds/music; **im ~ der Bühne** at the back of the stage; **die Hintergründe dieser Verhaltensweise** *(fig.)* the background *sing.* to this behaviour; **jmdn./ etw. in den ~ drängen** push sb./sth. into the background; **in den ~ treten/geraten** recede or fade into the background; **sich im ~ halten** keep in the background; **etw. im ~ haben** have sth. up one's sleeve

hinter·gründig 1. *Adj.* enigmatic; cryptic. **2.** *adv.* enigmatically; cryptically

Hintergründigkeit die; ~, ~en **a)** *o. Pl. (Eigenschaft)* enigmaticness; crypticness; **b)** *(Äußerung)* enigmatic or cryptic remark

Hintergrund-: **~information** die item or piece of background information; **~informationen** [items or pieces of] background information *sing.*; **~musik** die background music

hinter-, Hinter-: **~halt** der ambush; **in einen ~halt geraten** be ambushed; **jmdn. aus dem ~halt überfallen** lie in ambush; **jmdn. aus dem ~halt angreifen** *(fig.)* attack sb. without warning; make a surprise attack on sb.; **etw. im ~halt**

Hintern

haben have sth. up one's sleeve or in reserve; **~hältig 1.** *Adj.* underhand; **2.** *adv.* in an underhand fashion or manner; **~hältigkeit** die; ~, ~en **a)** *o. Pl. (Eigenschaft)* underhandedness; **b)** *(Handlung)* underhand act; **~hand** die **a)** *(bei Tieren)* hindquarters *pl.*; **b)** **etw. in der ~hand haben** have sth. up one's sleeve or in reserve; **in der ~hand sein** *od.* **sitzen** *(Kartenspiel)* play last; **~haus** das dwelling situated at or forming the rear of a house [and accessible only from a courtyard]

hinter·her *Adv.* **a)** *(räumlich)* behind; **nichts wie ihm ~**! quick, after him!; *s. auch* **nichts**; **b)** *(nachher)* afterwards; **es ~ besser wissen** be wise after the event

hinterher-: **~|blicken** *itr. V.* **jmdm. ~blicken** follow sb. with one's eyes; gaze after sb.; **~|fahren** *unr. itr. V.; mit sein (mit dem Auto/Fahrrad)* drive/ride [along] behind ⟨jmdm. sb.⟩; *(folgen)* follow ⟨jmdm. sb.⟩; **~|gehen** *unr. itr. V.; mit sein* walk [along] behind ⟨jmdm. sb.⟩; *(folgen)* follow ⟨jmdm. sb.⟩; **~|hinken** *unr. itr. V.; mit sein* **a)** limp or hobble [along] behind ⟨jmdm. sb.⟩; **b)** *(fig.)* **einer Sache** *(Dat.)* **~hinken** lag behind sth.; **mit etw. ~hinken** be behind with sth.; **~|kommen** *unr. itr. V.; mit sein* **a)** *(dahinter ankommen)* follow behind; **b)** *(danach kommen)* follow; come after; **~|laufen** *unr. itr. V.; mit sein* **a)** run [along] behind ⟨jmdm. sb.⟩; **b)** **~gehen**; **c)** *(ugs.: für sich zu gewinnen suchen)* **jmdm./etw. ~laufen** run after sb./sth.; **~|schicken** *tr. V.* **jmdm. jmdn./etw. ~schicken** send sb. after sb./send sth. on to sb.; **~|sein** *unr. itr. V.; mit sein (nur im Inf. u. Part. zusammengeschrieben)* **a)** *(zurückgeblieben sein)* be behind ⟨mit with⟩; **b)** *(verfolgen)* **jmdm. ~sein** be after sb.; **~|spionieren** *itr. V.* **jmdm. ~spionieren** spy on sb.

hinter-, Hinter-: **~hof** der courtyard; **~kopf** der back of the/one's head; **etw. im ~kopf haben/behalten** *(ugs.)* have/keep sth. at the back of one's mind; **~lader** der *(Waffenkunde)* breech-loader; **~land** das hinterland; *(Milit.)* back area; **~lassen** [--'--] *unr. tr. V.* **a)** leave; *(testamentarisch)* leave; bequeath; **die ~lassenen Schriften** the posthumous works; **b)** *(zurücklassen)* leave ⟨*message, telephone number, etc.*⟩; **ein Zimmer in Unordnung ~lassen** leave a room in a muddle; **c)** *(verursachen)* leave ⟨*fingerprints, impression, etc.*⟩; **keine Spuren ~lassen** leave no trace[s] [behind]; **~lassen** [--'---] der/die; *adj. Dekl. (schweiz.) s.* **~bliebene**; **~lassenschaft** [--'---] die; ~, ~en estate; *jmds.* **~lassenschaft antreten** inherit sb.'s estate; **jmds. literarische ~lassenschaft** the writings that has he left to posterity; **~lastig** *Adj.* tail-heavy ⟨aircraft⟩; stern-heavy ⟨ship⟩; **~lauf** der *(Jägerspr.)* hind leg; **~legen** [--'--] *tr. V.* deposit ⟨bei with⟩; *(als Pfand)* deposit, leave ⟨bei with⟩

Hinterlegung die; ~, ~en *s.* **hinterlegen:** depositing; leaving; **jmdn. gegen ~ einer Kaution freilassen** release sb. on bail

Hinterlegungs·schein der deposit receipt

hinter-, Hinter-: **~list** die guile; deceit; *(Verrat)* treachery; **eine ~list** an underhand trick; a piece of deceit; **~listig** *Adj.* deceitful; *(verräterisch)* treacherous

hinterm ['hɪntɐm] *(ugs.) Präp.* + *Art.* = **hinter dem**

Hinter-: **~mann** der; *Pl.* **~männer a)** person behind; **sein ~mann** the person behind [him]; **b)** *(Gewährsmann)* [secret] informant; **c)** *(jmd., der aus dem Hintergrund lenkt)* **der ~mann/die ~männer** the brains behind the operation; **~mannschaft** die *(Sport)* defence

hintern *(ugs.) Präp.* + *Art.* = **hinter den**

Hintern ['hɪntɐn] der; ~s, ~ *(ugs.)* behind;

1197

Hinterpfote — hinunterstürzen

backside; bottom; jmdm. den ~ verhauen *od.* versohlen tan sb.'s hide; jmdm. *od.* jmdm. in den ~ treten kick sb. in the pants *(coll.)* or up the backside; *(fig.)* kick sb. in the teeth *(fig.)*; sich [vor Wut *od.* Ärger] in den ~ beißen *(salopp)* kick oneself; jmdm. in den ~ kriechen *(derb)* lick sb.'s arse *(coarse)*; suck up to sb. *(sl.)*; sich auf den ~ setzen *(salopp)* (sich anstrengen) get or knuckle down to it; *(aufs Gesäß fallen)* fall on one's behind; *(überrascht sein)* be flabbergasted; Hummeln *od.* Pfeffer im ~ haben *(salopp)* have ants in one's pants *(sl.)*; *s. auch* abwischen b

hinter-: ~**pfote** die hind paw; ~**rad** das back *or* rear wheel; ~**rad·antrieb** der rear-wheel drive; ~**reifen** der back *or* rear tyre

hinter·rücks ['hɪntɐryks] *Adv.* a) *(von hinten)* from behind; b) *(veralt.: hinter jmds. Rücken)* behind sb.'s back

hinters ['hɪntɐs] *(ugs.) Präp. + Art.* = hinter das

hinter-, Hinter-: ~**schiff** das stern; ~**seite** die *s.* Rückseite; ~**sinn** der deeper meaning; ~**sinnig** *Adj.* ⟨remark, story, etc.⟩ with a deeper meaning; subtle ⟨sense of humour⟩

hinterst... ['hɪntɐst...] *s.* hinter...

hinter-, Hinter-: ~**steven** der a) *(Seemannsspr.)* stern-post; b) *(ugs. scherzh.: Gesäß)* backside; behind; ~**teil** das *(ugs.: Gesäß)* backside; behind; *(eines Tieres)* rump; ~**treffen** das *(ugs.)* in ins ~**treffen** geraten *od.* kommen fall behind; jmdn./etw. ins ~**treffen** bringen put sb./sth. behind; ~**treiben** [-'--] *unr. tr. V.* foil, thwart, frustrate ⟨plan⟩; prevent ⟨marriage, promotion⟩; block ⟨law, investigation, reform⟩; ~**treibung** die; ~, ~**en** *s.* ~**treiben:** foiling; thwarting; frustration; prevention; blocking; ~**treppe** die back stairs *pl.;* ~**treppenroman** der *(abwertend)* trashy novel; ~**tupfingen** [~'tʊpfɪŋən] *(das)*; ~**s** *(ugs. spött.)* the back of beyond; ~**tür** die back door; durch die *od.* durch eine ~**tür** *(auch fig.)* by the back door; sich *(Dat.)* eine ~**tür** offenhalten *(fig.)* leave oneself a way out *(fig.)*; ~**wäldler** [~vɛltlɐ] der; ~**s**, ~ *(spött.)* backwoodsman; ~**wäldlerisch** *Adj. (spött.)* backwoods *attrib.* ⟨views, attitudes, manners, etc.⟩; ~**ziehen** [-'--] *unr. tr. V.* misappropriate ⟨materials, goods⟩; Steuern ~**ziehen** evade [payment of] tax; ~**ziehung** die *s.* ~**ziehen:** misappropriation; evasion; ~**zimmer** das back room

hintnach [hɪnt'na:x] *Adv. (österr. ugs.) s.* hinterher

hin-: ~**tragen** *unr. tr. V.* jmdn./etw. ~**tragen** carry sb./take *or* carry sth. there; etw. zu jmdm. *od.* jmdm. etw. ~**tragen** take sth. to sb.; ~**treiben 1.** *unr. tr. V.* a) *(an eine Stelle treiben)* die Schafe ~**treiben**/zur Weide ~**treiben** drive the sheep there/to the pasture; die Strömung/der Wind trieb das Boot zum Ufer ~: the current carried/the wind blew the boat to the shore; b) *(unpers.)* es trieb ihn immer wieder zu ihr ~: something always drove him back to her; **2.** *unr. itr. V.; mit sein* drift or float there; ~**treten** *unr. itr. V.* a) *mit sein* zu jmdm./etw. ~**treten** step over to sb./sth.; vor jmdn. ~**treten** go up to sb.; b) *(gegen jmdn./etw. treten)* kick him/her/it *etc.*

hintüber [hɪnt'ly:bɐ] *Adv. s.* hintenüber

hin|tun *unr. tr. V. (ugs.)* put; wo soll ich ihn bloß ~? *(fig.)* I can't place him

hinüber [hɪ'ny:bɐ] *Adv.* over; bis zur anderen Seite ~: over *or* across to the other side; ~ und herüber back and forth

hinüber- *(s. auch* hin-)**:** ~**blicken** *itr. V.* look across; zu *od.* nach jmdm. ~**blicken** look across at sb.; ~**bringen** *unr. tr. V.* jmdn./etw. ~**bringen** take sb./sth. across *or* over *(auf + Akk., zu)*; ~**dämmern** *itr.*

V.; mit sein a) *(einschlafen)* drift off; b) *(geh. verhüll.: sterben)* pass away in one's sleep; ~**fahren 1.** *unr. itr. V.; mit sein (mit dem Auto/Fahrrad)* drive/ride *or* go over *or* across; über den Fluß ~**fahren** cross the river; **2.** *unr. tr. V.* jmdn./ein Auto ~**fahren** drive *or* take sb./drive a car over *or* across; ~**führen 1.** *tr. V.* jmdn. über die Straße/die Grenze/in den Saal ~**führen** take sb. across the road/guide sb. over *or* across the frontier/take *or* show sb. across to the hall; **2.** *itr. V.* ⟨street, path, etc.⟩ lead *or* go over *or* across *(an + Akk., nach* to); über etw. *(Akk.)* ~**führen** lead *or* go over sth.; ~**gehen** *unr. itr. V.; mit sein* a) walk *or* go over *or* across; zu jmdm. ~**gehen** go across *or* over to sb.; ins Nebenzimmer ~**gehen** go across into the next room; b) *(geh. verhüll.: sterben)* pass away; ~**helfen** *unr. itr. V.* jmdm. über etw. *(Akk.)* ~**helfen** help sb. over sth.; jmdm. auf die andere Seite ~**helfen** help sb. over *or* across to the other side; ~**kommen** *unr. itr. V.; mit sein* a) *(nach drüben kommen)* come over *or* across; *(~kommen können)* get across; über etw. *(Akk.)* ~**kommen** get across sth.; b) *(ugs.: Besuch machen)* come over; pop over *(coll.)*; ~**lassen** *unr. tr. V.* jmdn. ~**lassen** allow *or* let sb. over *or* across; ~**reichen 1.** *tr. V.* [jmdm.] etw. ~**reichen** pass *or* hand sth. across [to sb.]; **2.** *itr. V.* a) *(sich erstrecken)* extend [over *or* across]; b) *(lang genug sein)* reach over *or* across; über die Mauer ~**reichen** reach over the wall; ~**retten 1.** *tr. V.* a) *(in Sicherheit bringen)* sein Vermögen in die Schweiz ~**retten** save one's fortune by getting it over *or* across the border into Switzerland; b) *(bewahren)* keep alive, preserve ⟨tradition etc.⟩; **2.** *refl. V.* a) *(sich in Sicherheit bringen)* sich ins Ausland ~**retten** reach safety abroad; b) *(sich erhalten)* ⟨customs, hopes, etc.⟩ survive; ~**rufen 1.** *unr. tr. V.* jmdn. ~**rufen** call sb. over; **2.** *unr. itr. V.* call over; ~**schauen** *itr. V. (landsch.) s.* ~**blicken;** b) *(ugs.: besuchen)* zu jmdm. ~**schauen** look over to sb.; ~**schicken** jmdn./etw. ~**schicken** send sb./sth. over; ~**schwimmen** *unr. itr. V.; mit sein* swim over *or* across; ~**sehen** *unr. itr. V. s.* ~**blicken;** ~**sein** *unr. V.; mit sein (nur im Inf. u. 2. Part. zusammengeschrieben) (ugs.)* a) *(tot, untergegangen)* have had it *(coll.)*; er ist ~: he's had it *(coll.)*; b) *(verdorben sein)* be off; have gone off; c) *(eingeschlafen sein)* have dropped off; *(bewußtlos sein)* be out for the count *(coll.)*; d) *(betrunken sein)* be well away *(coll.)* or plastered *(sl.)*; ~**spielen 1.** *tr. V. (Sport)* cross ⟨ball⟩; **2.** *itr. V.* das Weiß spielt ins Gelbliche ~: the white is tinged with yellow *or* has a yellow tinge; ~**springen** *unr. itr. V.; mit sein* über etw. *(Akk.)*/ein Hindernis ~**springen** jump over sth./clear an obstacle; ~**steigen** *itr. V.; mit sein* [über etw. *(Akk.)*] ~**steigen** climb over [sth.]; ~**wechseln** *itr. V.; mit sein* cross over; zu einer anderen Partei ~**wechseln** go over *or* switch to another party; ~**werfen** *unr. tr. V.* etw. ~**werfen** throw sth. over *or* across; einen Blick ~**werfen** *(fig.)* glance over *or* across; ~**ziehen 1.** *tr. V.* jmdn./etw. ~**ziehen** draw sb. over/pull *or* draw sth. over; **2.** *itr. V.; mit sein* a) *(wandern)* über etw. ~**ziehen** go over *or* across sth.; cross sth.; b) *(umziehen)* move across

hin- und her-: ~**bewegen** *tr. V.* etw. hin- und herbewegen move sth. to and fro *or* back and forth; ~**fahren 1.** *unr. tr. V.; mit sein* travel *or* go to and fro *or* back and forth; *(mit dem Auto)* drive to and fro *or* back and forth; *(mit dem Fahrrad)* ride to and fro *or* back and forth; **2.** *unr. tr. V.* jmdn. ~**fahren** drive sb. to and fro *or* back and forth; ~**gehen** *unr. itr. V.; mit sein*

walk up and down *or* to and fro; *(aufgeregt)* pace up and down *or* to and fro; im Zimmer ~**gehen** walk/pace up and down the room

Hinundher·gerede das: bei diesem ~ kommt doch nichts heraus we're going backwards and forwards over the same old ground and getting nowhere

hin- und her|pendeln *itr. V.;* ⟨person⟩ commute; ⟨bus⟩ shuttle to and fro

Hin- und Rück-: ~**fahrt** die journey there and back; round trip *(Amer.);* ~**flug** der outward and return flight; ~**reise** die, ~**weg** der journey there and back

hinunter [hɪ'nʊntɐ] *Adv.* down; den Berg ~: down the mountain; ~ mit der Medizin! *(ugs.)* get the medicine down!

hinunter-: ~**begeben** *unr. refl. V.* sich ~**begeben** go down; sich die Treppe ~**begeben** go downstairs; ~**blicken** *itr. V.* look down; auf jmdn. ~**blicken** *(fig.)* look down on sb.; ~**bringen** *unr. tr. V.* jmdn./etw. ~**bringen** take sb./sth. down; ~**fahren 1.** *unr. itr. V.; mit sein* go down; *(mit dem Auto)* drive down; *(mit dem Fahrrad)* ride down; **2.** *unr. tr. V.* jmdn./ein Auto/eine Ladung ~**fahren** drive *or* take sb. down/drive a car down/take a load down; ~**fallen** *unr. itr. V.; mit sein* fall down; die Treppe ~**fallen** fall down the stairs; mir ist die Vase ~**gefallen** I dropped the vase; ~**führen 1.** *tr. V.* jmdn. ~**führen** lead *or* guide sb. down; **2.** *itr. V.* ⟨path, road, etc.⟩ lead *or* run down; den Berg ~**führen** lead *or* run down the mountain; ~**gehen** *unr. itr. V.; mit sein* a) go down; *(zu Fuß)* go *or* walk down; ⟨aircraft⟩ descend; b) ⟨path, road, etc.⟩ go *or* run down; ~**jagen 1.** *tr. V.* jmdn. ~**jagen** chase sb. down; **2.** *itr. V.; mit sein* die Treppe/Straße ~**jagen** race down the stairs/street; ~**kippen 1.** *tr. V.* a) etw. ~**kippen** tip sth. down; b) *(ugs.: trinken)* knock back *(sl.);* ~**klettern** *itr. V.; mit sein* climb down; ~**kommen** *unr. itr. V.; mit sein* come down; die Treppe ~**kommen** come downstairs; ~**lassen** *unr. tr. V.* jmdn. ~**lassen** let sb. [go] down; *(mit einem Seil usw.)* jmdn./etw. ~**lassen** lower sb./sth.; let sb./sth. down; b) *(erlauben)* jmdn. ~**lassen** let sb. go down; ~**laufen** *unr. itr. V.; mit sein* a) run down; *(zu Fuß ~gehen)* walk down; die Treppe ~**laufen** run/walk down the stairs; b) *(nach unten fließen)* run down; an der Wand ~**laufen** run down the wall; c) *(fig.)* ein Schauer lief ihm den Rücken ~: a shiver ran down his spine; ~**reichen 1.** *tr. V.* pass *or* hand down; **2.** *itr. V.* a) *(sich bis hinunter erstrecken)* reach down *(bis auf + Akk.* to); b) *(bis zu einer Stufe reichen)* bis zu jmdm. ~**reichen** reach *or* extend down to sb.; ~**rutschen** *itr. V.; mit sein* slide down; ~**schauen** *itr. V. (landsch.) s.* ~**blicken;** ~**schlingen** *unr. tr. V.* a) gulp *or* gobble down; ~**schlucken** *unr. tr. V.* a) swallow; b) *(hinnehmen)* swallow ⟨insult etc.⟩; c) *(unterdrücken)* choke back ⟨tears, anger⟩; ~**sehen** *unr. itr. V. s.* ~**blicken;** ~**springen** *unr. itr. V.; mit sein* a) jump down; b) *(ugs.: schnell ~laufen)* run down; die Treppe ~**springen** run down the stairs *or* downstairs; ~**spülen** *tr. V.* a) *(den Ausguß)* ~**spülen** swill sth. down [the sink]; etw. [die Toilette] ~**spülen** flush sth. down [the toilet]; b) *(ugs.: hinunterschlucken)* wash down ⟨tablets etc.⟩; seinen Kummer [mit Alkohol] ~**spülen** *(fig.)* drown one's sorrows [in drink]; ~**stürzen 1.** *tr. V.* a) fall *or* plunge down; die Treppe ~**stürzen** fall down the stairs *or* downstairs; b) *(ugs.: eilen)* rush *or* race down; **2.** *refl. V.* a) throw oneself down; sich von etw. ~**stürzen** throw *or* fling oneself off sth.; **3.** *tr. V.* a) jmdn. ~**stürzen** throw *or* hurl sb. down; jmdn. von den Klippen/in den Abgrund ~**stürzen** push sb. off

the cliff/over the precipice; **b)** *(ugs.: schnell trinken)* gulp down; knock back *(sl.)*; ~|**tragen** *unr. tr. V.* etw. ~**tragen** carry sth. down; ~|**werfen** *unr. tr. V.* throw down; einen Blick ~**werfen** *(fig.)* glance down; ~|**ziehen** **1.** *unr. itr. V.; mit sein* **a)** *(umziehen)* move down; **b)** *(sich nach unten bewegen)* move or go down; **2.** *unr. tr. V.* jmdn./etw. ~**ziehen** pull sb./sth. down; **3.** *unr. refl. V.* stretch or extend down
hin-, Hin-: ~|**wagen** *refl. V.* dare [to] go there; venture there; ~**wärts** *Adv.* on the way there; ~**weg** der way there; auf dem ~**weg** on the way there; für den ~**weg** for the journey there
hin·weg *Adv.* **a)** *(geh.)* ~ mit diesem Unrat! away with this rubbish!; ~ mit dir! away with you!; **b)** **über etw.** ~: over sth.; **über den Brillenrand** ~: over [the top of] his/her spectacles; **über alle Schwierigkeiten** usw. ~ *(fig.)* in spite of or despite all the difficulties etc.; **über jmdn.** ~ *(fig.)* over sb.'s head; **über Jahre/lange Zeit** ~: for many years/a long time
hinweg-: ~|**brausen** *itr. V.; mit sein über etw.* *(Akk.)* ~**brausen** roar over sth.; ~|**gehen** *unr. itr. V.; mit sein (nicht beachten)* **über etw.** *(Akk.)* ~**gehen** pass over sth.; *(sich über etw. fortbewegen, auch fig.)* pass or sweep over sth.; ~|**helfen** *unr. itr. V.* jmdm. über etw. *(Akk.)* ~**helfen** help sb. [to] get over sth.; ~|**kommen** *unr. itr. V.; mit sein über etw.* *(Akk.)* ~**kommen** get over sth.; ~|**lesen** *unr. itr. V.* über etw. *(Akk.)* ~**lesen** read past sth. without noticing it; ~|**raffen** *tr. V.* *(geh.)* carry off; ~|**sehen** *unr. itr. V.* **a)** über jmdn./etw. ~**sehen** see over sb. or sb.'s head/sth.; **b)** *(ungewollt)* über jmdn. ~**sehen** look past sb.; **c)** *(unbeachtet lassen)* über etw. *(Akk.)* ~**sehen** overlook sth.; ~|**setzen 1.** *unr. itr. V.; auch mit sein* über etw. *(Akk.)* ~**setzen** leap or jump over sth.; **2.** *refl. V.* sich über etw. *(Akk.)* ~**setzen** ignore or disregard sth.; ~|**täuschen** *unr. tr. V.* jmdn. über etw. *(Akk.)* ~**täuschen** blind sb. to sth.; deceive or mislead sb. about sth.; **darüber** ~**täuschen, daß** ...: hide or obscure the fact that ...; ~|**trösten** *tr. V.* jmdn. über etw. ~**trösten** console sb. for sth.
Hinweis ['hɪnvais] *der;* ~**es,** ~**e a)** *(Wink)* hint; tip; jmdm. einen ~ geben give sb. a hint; **wenn ich mir den** ~ **erlauben darf** if I may [just] point something out or draw your attention to something; ~**e für den Benutzer** notes for the user; ~**e aus der Bevölkerung** leads provided by the public; **b)** **unter** ~ **auf** (+ *Akk.*) with reference to; **c)** *(Anzeichen)* hint; indication
hin-: ~|**weisen 1.** *unr. itr. V.* **a)** *(zeigen)* **auf** jmdn./etw. ~**weisen** point to or indicate sb./sth.; **b)** **auf etw.** *(Akk.)* ~**weisen** *(anzeigen)* point to or indicate sth.; *(verweisen)* point sth. out; refer to sth.; **darauf** ~**weisen, daß** ...: point to the fact that or indicate that/point out that; **2.** *unr. tr. V.* jmdn. auf etw. *(Akk.)* ~**weisen** point sth. out to sb.; draw sb.'s attention to sth.; ~**weisend** *Adj. (Grammatik)* demonstrative *(pronoun, adjective, etc.)*
Hinweis-: ~**schild** das sign; *(Straßenschild)* [road] sign; ~**tafel** die information board
hin-, Hin-: ~|**wenden 1.** *unr. tr. V.* turn (zu towards); **2.** *unr. refl. V.* turn (zu to, towards); **wo soll ich mich jetzt noch** ~**wenden?** *(ugs. fig.)* where shall I turn now?; ~**wendung** die; *o. Pl.* change of direction (zu towards); ~|**werfen 1.** *unr. tr. V.* **a)** *(an eine Stelle werfen)* throw down; **b)** *(von sich werfen)* throw or fling down; **c)** *(ugs.: aufgeben)* chuck in *(coll.)*; **d)** *(flüchtig schreiben)* jot down; *(flüchtig zeichnen)* dash off; **e)** *(beiläufig äußern)* drop [casually] ⟨*remark*⟩; ask casually ⟨*question*⟩; make casually ⟨*accusation*⟩; say casually ⟨*words*⟩; eine [beiläufig] ~**geworfene Bemerkung** a casual remark; **f)** *(ugs.: fallen lassen)* drop; **2.** *unr. refl. V.* sich [vor jmdm.] ~**werfen** throw oneself down [before sb.]
hin·wieder, hin·wiederum *Adv. (veralt.)* on the other hand
hin|wirken *itr. V.* auf etw. *(Akk.)* ~: work towards sth.; **bei jmdm. darauf** ~, **daß er seine Meinung ändert** try to persuade sb. to change his opinion
Hinz [hɪnts] *in* ~ **und Kunz** *(ugs. abwertend)* every Tom, Dick and Harry
hin-: ~|**zählen** *tr. V.* count out; ~|**zaubern** *tr. V. (ugs.)* etw. ~**zaubern** produce sth. as if by magic; ~|**zeigen** *itr. V.* point (zu to, towards); ~|**ziehen 1.** *unr. tr. V.* **a)** pull, draw (zu to, towards); **b)** *(zu etw., jmdm. treiben)* draw, attract (zu to); **sich [zu] etw.** ~**gezogen fühlen** be or feel attracted to sb./sth.; **c)** *(in die Länge ziehen)* draw out; protract; **d)** *(verzögern)* delay; put off; **2.** *unr. itr. V.; mit sein* **a)** *(umziehen)* move there; **wo ist sie** ~**gezogen?** where did she move to?; **b)** *(an einen Ort ziehen)* move (zu towards); **am Himmel** ~**ziehen** *(dichter.)* sail across the sky; **3.** *unr. refl. V.* **a)** *(sich erstrecken)* drag on (über + *Akk.* for); **b)** *(sich verzögern)* be delayed; ~|**zielen** *itr. V.* **auf etw.** *(Akk.)* ~**zielen** aim at sth.; ⟨*policies, efforts, etc.*⟩ be aimed at sth.
hin·zu *Adv.* in addition; besides; **dieses Gehalt und noch das Doppelte** ~, **dann wäre ich zufrieden** I'd be content with this salary and twice as much again or on top
hinzu-, Hinzu-: ~|**bekommen** *unr. tr. V.* get in addition; ~|**denken** *unr. refl. V.* sich *(Dat.)* etw. ~**denken** add sth. in one's imagination; ~|**dichten** *tr. V.* etw. ~**dichten** make sth. up and add it; add sth. out of one's head; ~|**fügen** *tr. V.* add; ~**fügung** die addition; **unter** ~**fügung** *(Dat.)* einer Sache *(Gen.)* od. von etw. with the addition of sth.; ~|**geben** *unr. tr. V.* **a)** *(dazugeben)* jmdm. etw. ~**geben** give sth. to sb. in addition; **b)** *(hineingeben)* add; ~|**gesellen** *refl. V.* sich [zu] jmdm./etw. ~**gesellen** join sb./sth.; ~|**gewinnen** *unr. tr. V.* gain in addition; ~|**kommen** *unr. itr. V.; mit sein* **a)** *(zufällig kommen)* arrive or appear [on the scene]; come along; **er kam gerade** *od.* **genau in dem Moment** ~, **als** ...: he arrived or happened to arrive at the very moment when or just as ...; **b)** *(hinkommen)* come along or up; **c)** *(sich anschließen)* join; **zu etw.** ~**kommen** join sth.; **d)** *(hinzugefügt werden)* zu etw. ~**kommen** be added to sth.; **zu der Grippe kam noch eine Lungenentzündung** ~: in addition to the flu he/she also contracted a lung infection; **es kommt noch** ~, **daß** ...: there is also the fact that ...; ~|**nehmen** *unr. tr. V.* add; ~|**setzen 1.** *refl. V.* sich zu jmdm./einer Gruppe usw. ~**setzen** join sb./a group etc.; **2.** *tr. V.* add; ~|**treten** *unr. itr. V.; mit sein* **a)** come up; **zu jmdm./den anderen** ~**treten** come up to sb./join the others; **b)** *s.* ~**kommen d**; ~|**tun** *unr. tr. V. (ugs.)* add; *s. auch* **dazutun;** ~|**verdienen** *tr. V.* etwas ~**verdienen** earn a bit extra; ~|**zählen** *tr. V.* add [on]; ~|**ziehen** *unr. tr. V.* consult; call in; ~**ziehung** die; ~: consultation; **unter** ~**ziehung einschlägiger Literatur** by consulting the relevant literature
Hiob ['hi:ɔp] *(der)* Job
Hiobs·botschaft die bad news
¹**Hippe** ['hɪpə] die; ~, ~n pruning-knife; *(des Todes)* scythe
²**Hippe** die; ~, ~n *(ugs. abwertend)* bitch *(derog.)*
hipp, hipp, hurra ['hɪp'hɪphʊ'ra:] *Interj.* hip, hip, hooray or hurrah
Hipphipphurra [hɪphɪphʊ'ra:] *das;* ~s, ~s cheer; **dem Sieger ein dreifaches** ~: three cheers for the winner
Hippie ['hɪpi] *der;* ~s, ~s hippie *(coll.)*
Hippodrom [hɪpo'dro:m] *der od.* das; ~s, ~e hippodrome
hippokratisch [hɪpo'kra:tɪʃ] *Adj.; nicht präd.* der ~**e Eid** the Hippocratic oath
Hirn [hɪrn] *das;* ~[e]s, ~e **a)** brain; **b)** *(Speise; ugs.: Verstand)* brains *pl.;* **sein** ~ **anstrengen** exercise one's mental faculties; **sich** *(Dat.)* **das** ~ **zermartern** rack one's brains; **welchem** ~ **ist das entsprungen?** whose brainchild is that?
hirn-, Hirn-: ~**anhangs·drüse** die *(Anat.)* pituitary gland or body; ~**gespinst** das *(abwertend)* fantasy; ~**hautentzündung** die *(Med.)* meningitis; ~**kasten** der *(salopp scherzh.)* s. **Gehirnkasten;** ~**los** *(abwertend)* **1.** *Adj.* brainless; **2.** *adv.* brainlessly; ~**rinde** die *(Anat.)* cerebral cortex; ~**rissig** *Adj. (abwertend)* crazy; crack-brained *(coll.);* ~**stamm** der *(Anat.)* brain-stem; ~**tumor** der *(Med.)* brain tumour; ~**tod** der *(Med.)* brain death; ~**verbrannt** *Adj. (abwertend)* crazy; crack-brained *(coll.);* ~**windung** die *(Anat.)* convolution or *(Med.)* gyrus of the brain
Hirsch [hɪrʃ] *der;* ~[e]s, ~e **a)** deer; **b)** *(Rothirsch)* red deer; **c)** *(männlicher Rothirsch)* stag; hart; **d)** *(Speise)* venison; **e)** *(Schimpfwort)* bastard *(coll.)*
Hirsch-: ~**brunft,** ~**brunst** die rut [of the stags]; **während der** ~**brunft** *od.* ~**brunst** while the stags are in rut; ~**fänger** der *(Jägerspr.)* [double-edged] hunting knife; ~**geweih** das [stag's] antlers *pl.;* **ein** ~**geweih** a set of antlers; ~**horn** das stag-horn; ~**horn·salz** das salt of hartshorn; ammonium carbonate; ~**käfer** der stag-beetle; ~**kalb** das [male] deer calf; [male] fawn; ~**kuh** die hind; ~**leder** das buckskin; ~**ragout** das *(Kochk.)* ragout of venison; ~**steak** das *(Kochk.)* venison steak
Hirse ['hɪrzə] die; ~, ~n millet
Hirse·brei der millet gruel
Hirt [hɪrt] *der;* ~en, ~en herdsman; *(Schaf~)* shepherd
Hirte *der;* ~n, ~n *(geh.) s.* **Hirt; der Gute** ~: the Good Shepherd
Hirten-: ~**amt** das *(kath. Rel.)* pastorate; pastoral office; ~**brief** der *(kath. Rel.)* pastoral letter; ~**dichtung** die *(Literaturw.)* pastoral or bucolic poetry; ~**hund** der sheep-dog; ~**junge** der, ~**knabe** der *(dicht.)* shepherd boy; ~**mädchen** das shepherd girl; ~**spiel** das pastoral [play]; ~**stab** der **a)** *(geh.)* shepherd's crook; **b)** *(kath. Rel.)* pastoral staff; crosier; ~**täschel[kraut]** das; ~s *(Bot.)* shepherd's purse; ~**volk** das pastoral people
Hirtin die; ~, ~nen *(veralt. selten)* shepherdess
his, His [hɪs] *das;* ~, ~ *(Musik)* B sharp; *s. auch* **a, A**
hispanisieren [hɪs'pani'zɪ:rən] *tr. V.* Hispanicize
Hispanist *der;* ~en, ~en Hispanicist
Hispanistik die; ~: study of Hispanic languages and literature; ≈ Hispanic studies
hissen ['hɪsn] *tr. V.* hoist ⟨*sail*⟩; hoist, run up ⟨*flag*⟩
Histamin [hɪsta'mi:n] *das;* ~s *(Chemie)* histamine
Histologie [hɪstolo'gi:] die; ~ *(Med.)* histology *no art.*
histologisch *Adj. (Med.)* histological
Histörchen [hɪs'tø:ɐ̯çən] *das;* ~s, ~ *(scherzh.)* anecdote
Historie [hɪs'to:rjə] die; ~, ~n *(veralt.)* **a)** *o. Pl.* history; **b)** *(Erzählung)* story; tale
Historien-: ~**maler** der painter of historical scenes; historical painter; ~**malerei** die painting of historical scenes; historical painting
Historiker [hɪs'to:rikɐ] *der;* ~s, ~: historian
historisch 1. *Adj.* **a)** historical; **b)** *(geschichtlich bedeutungsvoll)* historic. **2.** *adv.*

historisieren

a) **das ist ~ belegt** this is historically attested; there is historical evidence for this; **etw. ~ erklären** explain sth. in historical terms; **~ erwiesen sein** be historically proven; **etw. ~ betrachten** see sth. in the light of history *or* in historical terms; **b) ~ höchst bedeutsam** of historic importance
historisieren *itr. V. (geh.)* historicize
Historismus *der;* **~:** historicism
Hit [hɪt] *der;* **~[s], ~s** *(ugs.)* hit
Hitler- ['hɪtlɐ-]: **~bärtchen das** *(ugs.)* Hitler moustache; **~faschismus** *der* Hitlerite fascism; **~gruß** *der* Nazi salute; **~jugend** *die* Hitler Youth; **~junge** *der* member of the Hitler Youth; **~zeit** *die* Hitler era
Hit-: **~liste** *die* top ten/twenty/thirty *etc.*; **~parade** *die* hit parade
Hitze ['hɪtsə] *die;* **~,** *(fachspr.:)* **~n** heat; **bei dieser ~**: in this heat; **etw. bei mittlerer/mäßiger ~ backen** bake sth. in a medium/moderate oven; **die fliegende ~ haben** *(fig.)* have [got] the hot flushes; **sich in ~** *(Akk.)* **reden** *(fig.)* get more and more excited as one talks; **in der ~ des Gefechts** in the heat of the moment
hitze-, Hitze-: **~abweisend** *Adj.* heat-reflecting; **~beständig** *Adj.* heat-resistant, heat-resisting *(metal etc.)*; heat-proof, heat-resistant *(glass etc.)*; **~bläschen** *das* heat spot; **~empfindlich** *Adj.* sensitive to heat *postpos.*; heat-sensitive *(material)*; **~frei** *Adj.* **~frei haben/bekommen** have/be given the rest of the day off [school/work] because of excessively hot weather; **~periode** *die* hot spell; spell *or* period of hot weather; *(~ welle)* heat wave; **~schild** *der (Raumf.)* heat shield; **~wallung** *die* hot flush; **~welle** *die* heat wave
hitzig *Adj.* **a)** *(heftig)* hot-tempered; quick-tempered; **~ werden** flare up; fly into a temper; **b)** *(leidenschaftlich)* hot-blooded *(person, race, etc.)*; hot *(blood)*; passionate *(supporter, advocate, etc.)*; **c)** *(erregt)* heated *(discussion, argument, words, etc.)*; **d)** *nicht präd. (veralt.: fiebrig)* fevered *(brow, cheeks, etc.)*; feverish *(red)*; **e)** *(läufig)* in *or* on heat *pred.*
Hitzigkeit *die;* **~ a)** *(Heftigkeit)* hot *or* quick temper; **b)** *(Leidenschaftlichkeit)* hot-bloodedness
hitz-, Hitz-: **~kopf** *der* hothead; **~köpfig** *Adj.* hot-headed; **~pocke** *die* s. Hitzebläschen; **~schlag** *der* heat-stroke
HIV *Abk.* humanes Immundefizienzvirus HIV
Hiwi ['hi:vi] *der;* **~s, ~s** laboratory *or (coll.)* lab/departmental/library assistant
HJ *die;* **~** *Abk. (ns.)* Hitlerjugend
hl *Abk.* Hektoliter hl
hl. *Abk.* heilig St.
hm [hm̩] *Interj.* h'm; hem
H-Milch ['ha:-] *die;* **~:** long-life *or* UHT milk
h-Moll ['ha:mɔl] *das;* **~** *(Musik)* B minor; *s. auch* A-Moll
HNO-Arzt [ha:|ɛn|lo:-] *der* ENT specialist
HO [ha:|'o:] *die;* **~** *(DDR)* **a)** s. Handelsorganisation **b)** s. HO-Geschäft
hob [ho:p] *1. u. 3. Pers. Sg. Prät. v.* heben
Hobby ['hɔbi] *das;* **~s, ~s** hobby
Hobby- amateur *(gardener, archaeologist, astronomer, etc.)*
Hobby·raum *der* hobby room
Hobel [ho:bl̩] *der;* **~s, ~** **a)** plane; **b)** *(Küchengerät)* [vegetable] slicer
Hobel-: **~bank** *die* carpenter's *or* woodworker's bench; **~eisen das, ~messer das** plane iron
hobeln *tr., itr. V.* **a)** plane; **an etw.** *(Dat.)* **~**: plane sth.; **b)** *(schneiden)* slice
Hobel·span *der* shaving
hoch [ho:x], **höher** ['hø:ɐ], **höchst...** ['hø:çst...] *1. Adj.* **a)** *(von beträchtlicher Höhe)* high; high, tall *(building)*; tall *(tree,*

mast); long *(grass)*; deep *(snow, water)*; long, tall *(ladder)*; high-ceilinged *(room)*; **10 m ~**: 10 m high; **eine hohe Stirn** a high forehead; **er bekommt eine hohe Stirn** he's receding; **von hoher Gestalt** *(geh.)* tall in stature; of tall stature; **hohe Absätze** high heels; **hohe Schuhe** *(mit hohem Schaft)* high boots; *(mit hohen Absätzen)* high-heeled shoes; **b)** *(mengenmäßig groß)* high *(price, wage, rent, speed, pressure, temperature, sensitivity)*; heavy *(fine)*; great *(weight)*; large *(sum, amount)*; high, large, big *(profit)*; severe, extensive *(damage)*; **einen hohen Blutdruck haben** have high blood pressure; **c)** *(zeitlich fortgeschritten)* great *(age)*; **ein hohes Alter erreichen** live to *or* reach a ripe old age; **es ist höchste Zeit, daß ...**: it is high time that ...; **d)** *(oben in einer Rangordnung)* high *(birth, office)*; high-ranking *(officer, civil servant)*; senior *(official, officer, post)*; high-level *(diplomacy, politics)*; important *(guest, festival)*; **Verhandlungen auf höchster Ebene** top-level negotiations; **der hohe Adel** the higher ranks of the nobility; **eine hohe Ehre** a great honour; **mit höchster Diskretion/Eile** with the greatest discretion/urgency; **das Höchste Wesen** the Supreme Being; **sich zu Höherem berufen fühlen** feel called to higher things; **höchste Gefahr** extreme danger; **im höchsten Fall[e]** at the most; *s. auch* Blödsinn; Gefühl b; Gewalt d; Haus f; Jagd a; Tier; Tochter a; **e)** *(qualitativ ~stehend)* high *(standard, opinion)*; great *(responsibility, concentration, talent, happiness, good, importance)*; **die Hohe Schule** *(Reiten)* haute école; **f)** *(Musik)* high *(voice, note)*; **das hohe C** top C; **g)** *(Math.)* **vier ~ zwei** four to the power [of] two; four squared; **h)** *(in großer Höhe)* high *(cloud, branch, etc.)*; **der hohe Norden** *(fig.)* the far North; **i)** *(auf dem Höhepunkt)* **das hohe Mittelalter** the High Middle Ages; **j)** **in das ist mir zu ~** *(ugs.)* that's beyond me; that went over my head. *2. adv.* **a)** *(in großer Höhe)* high; **~ oben am Himmel** high up in the sky; **~ über uns** high above us; **die Sonne steht ~**: the sun is high in the sky; **wenn die Sonne am höchsten steht** when the sun is [at its] highest; **zu Roß** *(geh.)* on horseback; **er wohnt drei Treppen ~**: he lives on the third *(Brit.) or (Amer.)* fourth floor; **~ auf etw.** *(Dat.)* **sitzen** sit high up on sth.; **b)** *(nach oben)* up; **Kopf ~!** chin up! **die Flammen loderten ~**: the flames leapt up high; **zu ~ zielen** aim too high; **ein ~ aufgeschossener Junge** a very tall lad; **einen Ball ~ in die Luft werfen** throw a ball high in the air; **die Nase ~ tragen** walk around with one's nose in the air; **c)** *(zahlenmäßig viel)* highly *(taxed, paid)*; heavily *(taxed)*; **~ verschuldet/versichert** heavily in debt/insured for a large sum [of money]; **~ gewinnen/verlieren** *(Sport)* win/lose by a large margin; **wenn es ~ kommt** at [the] most; **d)** *(dem Rang nach oben)* **etw. ~ und heilig versprechen** promise sth. faithfully; **~ hinauswollen** *(ugs.)* aim high; have great ambitions; **zu ~ hinauswollen** *(ugs.)* aim too high; be too ambitious; **e)** *(sehr)* highly *(gifted, delighted, satisfied)*; most *(welcome)*; highly, greatly *(esteemed)*; **jmdm. etw. ~ anrechnen** consider sth. [to be] greatly to sb.'s credit; **jmdn. ~ verehren** esteem sb. highly *or* greatly; **f)** *(zeitlich fortgeschritten)* **~ in den Siebzigern sein** in his/her seventies; **g)** *(Musik)* high; **h)** *(in Wendungen)* **das Herz höher schlagen lassen** make sb.'s heart beat faster; **es ging ~ her** things were pretty lively; **sie kamen drei Mann ~**: three of them came; there were three of them; *s. auch* höchst
Hoch *das;* **~s, ~s a)** *(Hochruf)* **ein [dreifaches] ~ auf jmdn. ausbringen** give three cheers for sb.; **ein ~ dem Gastgeber!** three cheers for the host!; **b)** *(Met.)* high

hoch-: **~achtbar** *Adj.* highly respectable; **~|achten** *tr. V. (geh.)* **jmdn./etw. ~achten** respect sb./sth. greatly; have a high regard for sb./sth.
Hoch·achtung *die* great respect; high esteem; **~ vor jmdm. haben** have a great respect for sb.; hold sb. in high esteem; **meine ~!** may I congratulate you; **mit vorzüglicher ~** *(veralt.: Briefschluß)* most respectfully yours *(dated)*; yours faithfully
hochachtungs·voll *Adv. (Briefschluß)* yours faithfully
hoch-, Hoch-: **~adel** *der* higher ranks *pl.* of the nobility; **~aktuell** *Adj.* highly topical; **~alpin** *Adj.* high alpine *attrib. (landscape, flora, fauna, etc.)*; **~altar** *der* high altar; **~amt** *das (kath. Rel.)* high mass; **~angesehen** *Adj. (präd. getrennt geschrieben)* highly respected *or* regarded; **~anständig** *1. Adj.* very decent; *2. adv.* very *or* most decently; **~antenne** *die* roof aerial *(Brit.) or (Amer.)* antenna; **~|arbeiten** *refl. V.* work one's way up; **~bahn die** overhead railway; elevated railroad *(Amer.)*; **~barren** *der (Sport)* parallel bars *pl. (set at international height of 180 cm.)*; **~bau** *der; o. Pl.* [building] construction *no art.*; **~ und Tiefbau** [building] construction and civil engineering *no art.*; **~befriedigt** *Adj. (präd. getrennt geschrieben)* highly satisfied; **~begabt** *Adj. (präd. getrennt geschrieben)* highly gifted *or* talented; **~beglückt** *Adj. (präd. getrennt geschrieben)* blissfully happy; **~beinig** *Adj.* long-legged *(person, animal)*; *(table, sofa, etc.)* with long legs; **~bejahrt** *Adj. (geh.) s. ~betagt*; **~|bekommen** *unr. tr. V.* [manage to] lift; [manage to] do up *(zip)*; **~beladen** *Adj. (präd. getrennt geschrieben)* heavily laden; **~berühmt** *Adj.* very famous; **~betagt** *Adj.* aged *(person)* advanced in years *postpos.*; **~betrieb** *der; o. Pl. (ugs.)* **es herrschte ~betrieb im Geschäft** the shop was at its busiest; **heute herrschte ~betrieb im Büro** the office was very busy today; **~bezahlt** *Adj. (präd. getrennt geschrieben)* highly paid; **~|biegen** *1. unr. tr. V. etw.* **~biegen** bend sth. up[wards]; *2. unr. refl. V.* bend up; **~|binden** *unr. tr. V.* tie up *(plant)*; put up *(hair)*; **~|blicken** *itr. V.* look up; **~blüte** *die* golden age; **~|bringen** *unr. tr. V.* **a)** *(nach oben bringen)* bring up; **b)** *(ugs.: in die Wohnung bringen)* bring in[to the flat *(Brit.) or (Amer.)* apartment]; **c)** *(gesund machen)* **jmdn. ~bringen** put sb. on his/her feet; **d)** *(ugs.: ärgern)* **jmdn. ~bringen** put sb.'s back up; **~burg die** stronghold; **~busig** *Adj.* high-bosomed; **~dekoriert** *Adj. (präd. getrennt geschrieben)* much decorated; **~deutsch** *Adj.* standard *or* High German; **die ~deutsche Lautverschiebung** the High German *or* second sound shift; **mit jmdm. ~deutsch sprechen** *or* **~ reden** *(ugs.)* give sb. a piece of one's mind; **~deutsch das, ~deutsche das** standard *or* High German; **~|dienen** *refl. V.* work one's way up; **~dotiert** *Adj. (präd. getrennt geschrieben)* highly paid; **~|drehen** *tr. V.* **a)** *(in die Höhe drehen)* wind up *(window, barrier, etc.)*; **b)** *(Technik)* rev [up] *(coll.) (engine)*
¹**Hoch·druck** *der (Physik, Met.)* high pressure; **b)** *(Geschäftigkeit)* **mit od. unter ~ arbeiten** *(ugs.)* work flat out *or* at full stretch; **in allen Abteilungen herrschte ~** all departments were at full stretch; **c)** *(Med.)* high blood pressure; hypertension *(Med.)*
²**Hoch·druck** *der (Druckw.)* **a)** *(Verfahren)* relief *or* letterpress printing; **etw. im ~ herstellen/drucken** produce/print sth. by letterpress; **b)** *(Erzeugnis)* piece of letterpress work; **~e** letterpress work
Hochdruck·gebiet *das* high-pressure area
hoch-, Hoch-: **~ebene** *die* plateau; table-

hochempfindlich / **hochspringen**

land; **~empfindlich** *Adj.* highly sensitive ⟨*instrument, device, material, etc.*⟩; highspeed, fast ⟨*film*⟩ extremely delicate ⟨*fabric*⟩; **~entwickelt** *Adj. (präd. getrennt geschrieben)* highly developed ⟨*country etc.*⟩; [highly] sophisticated ⟨*method, device, etc.*⟩; **~erhoben** *Adj. (präd. getrennt geschrieben)* mit **~erhobenen** Armen with arms raised *or* held high; **~erhobenen Hauptes** with head held high; **~explosiv** *Adj. (auch fig.)* highly explosive; **~|fahren 1.** *unr. itr. V.;* mit sein **a)** *(ugs.: nach oben fahren)* go up; *(mit dem Auto)* drive up; *(mit dem Fahrrad, Motorrad)* ride up; **b)** *(ugs.: nach Norden fahren)* drive up; **c)** *(auffahren)* start up; **aus dem Sessel ~fahren** start [up] from one's chair; **aus dem Schlaf ~fahren** wake up with a start; **d)** *(aufbrausen)* flare up; **2.** *unr. tr. V. (ugs.)* jmdn./etw. **~fahren** take sb./sth. up; **das Auto ~fahren** drive the car up; **~fahrend** *Adj.* arrogant; supercilious; **~fein** *Adj.* of the finest quality *postpos.;* **aus ~feiner Schokolade/~feinem Batist** of the finest chocolate/batiste; **~finanz** *die* high finance; **~fläche** *die* plateau; tableland; **~|fliegen** *unr. itr. V.;* mit sein fly up [into the air]; **~fliegend** *Adj.* ambitious ⟨*plan, idea, etc.*⟩; **~flut** *die* high water *or* tide; *(fig.)* flood; **~form** *die* peak *or* top form; **~format** *das* upright format; **ein Bild/Blatt in ~format** a picture/sheet with an upright format; **~frequenz** *die (Physik)* high frequency; **~frequenz·technik** *die* radio-frequency engineering *no art.;* **~frisur** *die* upswept hair-style; **~garage** *die* multi-storey car park; **~geachtet** *Adj. (präd. getrennt geschrieben)* highly respected *or* regarded; **~gebildet** *Adj. (präd. getrennt geschrieben)* highly cultured ⟨*country etc.*⟩; **~gebirge** *das* [high] mountains *pl.;* **~gebirgs·landschaft** *die* high-mountain region; **~geboren** *Adj. (veralt.)* highborn; **~geehrt** *Adj.; nicht präd.* highly honoured; **~gefühl** *das* [feeling of] elation; **im ~gefühl des Erfolges/Sieges** in his/her *etc.* elation at success/victory; **~|gehen** *unr. itr. V.;* mit sein **a)** *(steigen)* go up; rise; **b)** *(ugs.: hinaufgehen)* go up; **die Treppe ~gehen** go up the stairs *or* upstairs; **c)** *(ugs.: zornig werden)* blow one's top *(coll.)*; explode; **d)** *(ugs.: explodieren)* ⟨*bomb, mine*⟩ go off; ⟨*bridge, building, etc.*⟩ go up; **etw. ~gehen lassen** *(salopp)* blow sth. up; **e)** *(ugs.: aufgedeckt werden)* get caught *or (sl.)* nabbed; jmdn. **~gehen lassen** ⟨*informer*⟩ grass *or* squeal on sb. *(sl.);* **die Polizei ließ den Rauschgiftring ~gehen** the police smashed the drug ring; **~geistig** *Adj.* highly intellectual; **~gelegen** *Adj. (präd. getrennt geschrieben)* high-lying; **~gelehrt** *Adj.* extremely *or* very learned *or* erudite; **~gemut** [~gəmu:t] *(geh.)* **1.** *Adj.* cheerful; **2.** *adv.* cheerfully; in good spirits; **~genuß** *der* in ein **~genuß sein** be a real delight; ⟨*meal, concert, etc.*⟩ be a real treat; **ihm zuzuhören ist ein ~genuß** he is a real delight to listen to; **~geschätzt** *Adj. (präd. getrennt geschrieben)* highly esteemed *or* respected; **~geschlossen** *Adj.* high-necked ⟨*dress*⟩; **~gesinnt** *Adj. (geh.)* highminded; noble-minded; **~gescheit** *Adj. s.* **~intelligent;** **~gespannt** *Adj.* great, high ⟨*expectations*⟩; **~gesteckt** *Adj.* ambitious ⟨*goal, plan*⟩; **~gestellt** *Adj.; nicht präd.* ⟨*person*⟩ in a high position; important ⟨*person*⟩; *s. auch* **~stellen;** **~gestimmt** *Adj. (geh.)* elated; **~gestochen** *(ugs. abwertend)* **1.** *Adj.* **a)** *(anspruchsvoll)* highbrow *(coll.);* *(geschraubt)* stilted ⟨*style*⟩; **b)** *(eingebildet)* conceited; stuck-up; **2.** *adv.* in a highbrow way *(coll.);* **~gewachsen** *Adj.* tall; **~gezüchtet** *Adj.* highly-bred ⟨*animal*⟩; **ein ~gezüchteter Motor** a very finely tuned engine

Hoch·glanz *der:* **ein Foto in ~** *(Dat.)* a high-gloss print; **etw. auf ~** *(Akk.)* **polieren** polish sth. until it shines *or* gleams; **etw. auf ~** *(Akk.)* **bringen** give sth. a high polish; *(fig.)* make sth. spick and span

Hochglanz·folie *die* glazing sheet

hoch-, Hoch-: **~gradig 1.** *Adj.; nicht präd.* extreme; **2.** *adv.* extremely; **~hackig** *Adj.* high-heeled ⟨*shoe*⟩; **~|halten** *unr. tr. V.* **a)** hold up ⟨*arms*⟩; **b)** *(geh.: schützen)* uphold ⟨*truth, tradition, etc.*⟩; jmds. Andenken **~halten** honour sb.'s memory; **~haus** *das* high-rise building; **~|heben** *unr. tr. V.* lift up; raise ⟨*arm, leg, etc.*⟩; raise, hold up ⟨*hand*⟩; **~herrschaftlich** *Adj.* palatial ⟨*house, apartment*⟩; **~herzig** *Adj. (geh.)* magnanimous; generous; **~herzigkeit** *die;* **~:** magnanimity; generosity; **~intelligent** *Adj.* highly intelligent; **~interessant** *Adj.* extremely *or* most interesting; fascinating; **~|jagen** *tr. V.* **a)** scare up ⟨*birds*⟩; forcibly rouse ⟨*sleeper*⟩; **b)** *(Jargon)* race, *(coll.)* rev up ⟨*engine*⟩; **c)** *(ugs.: sprengen)* blow up; **~|jubeln** *tr. V. (ugs.)* jmdn./etw. **~jubeln** build sb. up as a star/sth. up as a hit; **~kant** *Adv.* **a)** on end; **b)** *(ugs.)* in jmdn. **~kant hinauswerfen** *od. (salopp)* **rausschmeißen** chuck sb. out *(sl.);* throw sb. out on his/her ear *(coll.);* **~kant hinausfliegen** *od. (salopp)* **rausfliegen** be chucked out *(sl.);* be thrown out on one's ear *(coll.);* **~kantig** *Adv. s.* **~kant; ~karätig** [~ka-ˈrɛːtɪç] *Adj.* **a)** high-carat ⟨*gold, diamond*⟩; **b)** *(fig.)* top-flight *(coll.);* **~kirche** *die* High Church; **~|klappen 1.** *tr. V.* fold up ⟨*chair, table*⟩; raise, lift up ⟨*lid, car-bonnet*⟩; turn up ⟨*collar*⟩; **2.** *itr. V.;* mit sein fold up; **~|klettern** *itr. V.;* mit sein *(ugs.)* climb up; **den Baum ~klettern** climb [up] the tree; **~|kommen** *unr. itr. V.;* mit sein *(ugs.)* **a)** come up; **b)** *(vorwärtskommen)* get up; *(aus dem Magen)* **ihr kam das Essen ~:** she threw up *(coll.)* *or* brought up her meal; **es kommt einem ~, wenn ...** *(fig.)* it makes you sick when ...; **d)** *(sich erheben)* get up; *(sich erheben können)* be able to get up; **e)** *(fig.)* in jmdm. **~kommen** rise up in sb.; **~konjunktur** *die (Wirtsch.)* boom; **auf dem Automarkt herrscht ~konjunktur** the car market is booming; there's a boom in car sales; **~|können** *unr. V. (ugs.)* be able to get up; **~konzentriert** *Adj.* highly concentrated; **~|krempeln** *tr. V.* roll up ⟨*sleeve, trouserleg*⟩; **~|kriegen** *tr. V. (ugs.)* **s. ~bekommen; einen ~kriegen** *(salopp)* get it up *(sl.);* **~kultur** *die* advanced civilization *or* culture; **~lage** *die; meist Pl.* higher region; **~land** *das; Pl.* **~länder** highlands *pl.;* **~|leben** *itr. V.* in jmdn./etw. **~leben lassen** cheer sb./sth.; **er/unser Verein lebe ~!** three cheers for him/our club!; **der König lebe ~!** long live the king!; **~|legen** *tr. V.* **ein gebrochenes Bein ~legen** support a broken leg in a raised position; **die Beine ~legen** put one's feet up

Hoch·leistung *die* outstanding performance

Hochleistungs·sport *der* top-level sport

höchlich[st] [ˈhøːçlɪç(st)] *Adv. (veralt.)* highly; greatly; most

hoch-, Hoch-: **~mittel·alter** *das* High Middle Ages; **~modern 1.** *Adj.* ultra-modern; **2.** *adv.* **~modern gekleidet/eingerichtet sein** be extremely fashionably dressed *or* dressed in the very latest fashions/be furnished in the very latest style; **~moor** *das (Geogr.)* high-moor bog; **~motiviert** *Adj.* highly motivated; **~mut** *der* arrogance; **~mut kommt vor dem Fall** *(Spr.)* pride goes before a fall *(prov.);* **~mütig** *Adj.* arrogant; **~näsig** [~nɛːzɪç] *Adj. (abwertend)* stuck-up; **~näsigkeit** *die;* **~** *(abwertend)* conceitedness; **~nebel** *der* low stratus [cloud]; **~|nehmen** *unr. tr. V.* **a)** lift *or* pick up; **b)** *(ugs.: verspotten)* jmdn. **~nehmen** pull sb.'s leg; **c)** *(ugs.: nach oben nehmen)* jmdn./etw. mit **~nehmen** take sb./sth. up with one; **d)** *(salopp: verhaften)* run in; **~not peinlich** *Adj. (veralt.)* ⟨*interrogation*⟩ under torture; **ein ~notpeinliches Verhör** *(fig.: scherzh.)* an inquisition; **~ofen** *der* blast furnace; **~offiziell** *Adj.* extremely formal; **~|päppeln** *tr. V. (salopp)* feed up; **~parterre** *das* upper ground floor; **~plateau** *das* high plateau; **~politisch** *Adj.* highly political; **~prozentig** *Adj.* high-proof ⟨*spirits*⟩; **~punkt** *der (Math.)* maximum; **~qualifiziert** *Adj. (präd. getrennt geschrieben)* highly qualified; **~rädrig** *Adj.* large-wheeled; **~|ragen** *itr. V.* rise *or* tower up; **~|rappeln** *refl. V. s.* aufrappeln; **~rechnung** *die (Statistik)* projection; **~reck** *das (Turnen)* high *or* horizontal bar; **~|reißen** *unr. tr. V.* whip up; pull up ⟨*aircraft*⟩; **die Arme ~reißen** throw one's arms up; **~relief** *das* high relief; **~rot** *Adj.* bright red; **~rot im Gesicht werden** *(aus Verlegenheit)* go as red as a beetroot; **~ruf** *der* cheer; **~|rutschen** *itr. V.;* mit sein *(ugs.)* ⟨*dress, shirt, etc.*⟩ ride up; **~saison** *die* high season; **~|schaukeln** *tr. V. (ugs.)* blow up ⟨*problem, incident, etc.*⟩; sich [gegenseitig] **~schaukeln** goad each other; **~|scheuchen** *tr. V. s.* aufscheuchen; **~|schieben** *unr. tr. V. (ugs.)* push up; **~|schießen 1.** *unr. tr. V.* send up, launch ⟨*rocket, space probe, etc.*⟩; **2.** *unr. itr. V.;* mit sein *(auch fig.)* shoot up; **~|schlagen 1.** *unr. tr. V.* turn up ⟨*collar, brim*⟩; **2.** *unr. itr. V.;* mit sein ⟨*water, waves*⟩ surge up; ⟨*flames*⟩ leap up; **Wellen der Begeisterung schlugen ~** *(fig.)* there was a great surge of enthusiasm; **~|schnellen** *itr. V.;* mit sein leap up; **~schrank** *der* wardrobe; **~|schrauben 1.** *tr. V.* **a)** raise ⟨*seat*⟩ *(by screwing);* **b)** *(fig.)* force up ⟨*prices*⟩; step up, increase ⟨*demands*⟩; raise ⟨*expectations*⟩; **2.** *refl. V.* circle up[wards]; **~|schrecken** *s.* aufschrecken

Hochschul·bildung *die* college/university education

Hoch-: ~schule *die* college; *(Universität)* university; **~schüler** *der* college/university student

Hochschul-: ~lehrer *der* college/university lecturer *or* teacher; **~studium** *das* college/university studies *pl., no art.;* **~wesen** *das* university and college system; *(Bereich)* higher education

hoch·schwanger *Adj.* in an advanced stage of pregnancy *postpos.;* very pregnant *(coll.)*

Hoch·see *die; o. Pl.* open sea

hochsee-, Hochsee-: ~fischerei *die* deep-sea fishing *no art.;* **~flotte** *die* deep sea fleet; **~jacht** *die* ocean-going yacht; **~tüchtig** *Adj.* seaworthy

Hoch·seil *das* high wire

Hochseil-: ~akrobat, ~artist *der* performer on the high wire

hoch-, Hoch-: ~sicherheits·trakt *der* high-security wing; **~sitz** *der (Jagdw.)* raised hide; **~sommer** *der* high summer; midsummer; **~sommerlich** *Adj.* very summery ⟨*weather etc.*⟩

Hoch·spannung *die* **a)** *(Elektrot.)* high voltage *or* tension; **Vorsicht, ~spannung!** danger – high voltage; **b)** *o. Pl. (gespannte Stimmung)* high tension; **es herrscht ~spannung** there's a great deal of tension

Hochspannungs-: ~leitung *die* high voltage *or* high tension [transmission] line; power line; **~mast** *der* electricity pylon

hoch-, Hoch-: ~spielen *tr. V.* blow up ⟨*incident, affair, etc.*⟩; **~sprache** *die* standard language; **~sprachlich 1.** *Adj.* standard; **2.** *adv.* sich **~sprachlich ausdrücken** speak the standard language; **~|springen** *unr. itr. V.;* mit sein **a)** jump *or* leap up; **an** jmdm. **~springen** ⟨*dog etc.*⟩ jump up at sb.;

1201

Hochspringer — **-höffig**

b) *nur im Inf. u. Part. gebr. (Sport)* do the high jump; **~springer** *der (Sport)* high jumper; **~sprung** *der (Sport)* high jump; *(einzelner Sprung)* jump; **~sprung·anlage** *die (Sport)* high jump apparatus
höchst [hø:çst] *Adv.* extremely; most
höchst... *s.* **hoch**
Höchstädt ['hø:çʃtɛt] *(das);* **~s:** *die Schlacht bei* **~:** the Battle of Blenheim
hoch-, Hoch-: ~stämmig *Adj.* standard *(rose);* **~stand** *der (Jagdw.)* raised stand; **~stapelei** [~ʃtaˑpəˈlai] *die;* **~, ~en** a) fraud; *eine* **~stapelei** a confidence trick; b) *(Aufschneiderei)* empty boasting; **~stapeln** *itr. V.* a) perpetrate a fraud/frauds; b) *(aufschneiden)* make empty boasts; **~stapler** [~ʃtaːplɐ] *der;* **~s, ~** a) confidence trickster; con-man *(coll.);* b) *(Aufschneider)* fraud
Höchst-: ~belastung *die* extreme strain *or* stress *no indef. art.; (Technik)* maximum [safe] load; **~betrag** *der* maximum amount; **~bietende** *der/die; adj. Dekl.* highest bidder
hoch-: ~stehend *Adj.* ⟨*person*⟩ of high standing; *geistig* **~stehend** intellectually distinguished; ⟨*person*⟩ of high intellect; *sittlich* **~stehend** high-minded; **~|steigen** *unr. itr. V.; mit sein* a) climb; *die Treppe/ Stufen* **~steigen** climb the stairs/steps; b) ⟨*bubbles, smoke, etc.*⟩ rise; ⟨*rocket*⟩ go up; c) *(langsam entstehen)* rise up; ⟨*tears*⟩ well up; *Freude/Wut stieg in ihr* **~:** joy rose in her heart/rage rose [up] inside her
höchst·eigen *Adj.; nicht präd. (veralt.; noch scherzh.) in* **~er Person** in person
hoch-: ~|stellen *tr. V.* a) put up; b) *(hochklappen)* turn up ⟨*collar*⟩; c) *(Math.) eine* **~gestellte Zahl** a superior number; *s. auch* **~gestellt;** **~|stemmen** *tr. V.* a) lift; b) *(aufrichten) sich/seinen Oberkörper* **~stemmen** raise oneself [up]
höchstens·falls ['hø:çstn̩-] *Adv.* at [the] most *or* at the outside; at the very most
höchstens *Adv.* a) *(nicht mehr als)* at most; *(bestenfalls)* at best; *in* **~** *od.* **~ in drei Fällen** in three cases at most; b) *(außer) sie verreist nicht,* **~** *daß sie einmal zu ihren Verwandten fährt* she never goes away anywhere, apart from *or* except for visiting her relations once in a while
Höchst-: ~fall *der in im* **~fall** at [the] most *or* the outside; at the very most; **~form** *die (bes. Sport)* peak *or* top form; **~gebot** *das* highest bid *or* offer; **etw. gegen** **~gebot verkaufen** sell sth. to the highest bidder; „*große Briefmarkensammlung gegen* **~gebot zu verkaufen**" "offers invited for large stamp collection"; **~geschwindigkeit** *die* top *or* maximum speed; *(Geschwindigkeitsbegrenzung)* speed limit; **~grenze** *die* maximum
hoch|stilisieren *tr. V. (abwertend)* build up *(zu* into)
Hoch·stimmung *die* festive mood; high spirits *pl.; in* **~ sein** be in a festive mood
höchst-, Höchst-: ~leistung *die* supreme performance; *(Ergebnis)* supreme achievement; *(Technik)* maximum performance; **~maß** *das: ein* **~maß an etw.** *(Dat.)* a very high degree of sth.; *ein* **~maß von etw.** *Dat.* a maximum [amount] of sth.; **~möglich** *Adj.; nicht präd.* highest possible; **~persönlich** 1. *Adj.; nicht präd.* personal; 2. *adv.* in person; **~preis** *der (höchstmöglicher Preis)* highest price; *(höchstzulässiger Preis)* maximum price
Hoch·straße *die* overpass; flyover *(Brit.)*
hoch|streifen *tr. V.* pull up
höchst-, Höchst-: ~richterlich *Adj.; nicht präd. eine* **~richterliche Entscheidung** a ruling of the supreme court; **~satz** *der* maximum *or* top rate; **~stand** *der* highest level; **~strafe** *die* maximum penalty; **~wahrscheinlich** *Adv.* very probably;

~wert *der* maximum value; **~zulässig** [auch: '-'---] *Adj.; nicht präd.* maximum [permissible] ⟨*weight, speed, etc.*⟩
hoch-, Hoch-: ~tal *das* high[-lying] valley; **~tour die in auf ~touren laufen** run at top *or* full speed; *(intensiv betrieben werden)* be in full swing; *einen Motor auf* **~touren bringen** rev an engine up to full speed *(coll.);* **~tourig** [~tu:rɪç] *(Technik)* 1. *Adj.* fast-revving *(coll.)* ⟨*engine*⟩; 2. *adv.* **~tourig fahren** drive at high revs *(coll.);* **~trabend** *(abwertend)* 1. *Adj.* pretentious; high-flown; 2. *adv.* pretentiously; in a high-flown manner; **~|treiben** *unr. tr. V.* a) *(ugs.: hinauftreiben)* drive up; *die Schafe den Berg* **~treiben** drive the sheep up the mountain; b) *(fig.)* force *or* push up ⟨*prices etc.*⟩; **~verdient** *Adj. (präd. getrennt geschrieben)* ⟨*scientist etc.*⟩ of outstanding merit; richly deserved ⟨*victory, success, etc.*⟩; **~verehrt** *Adj.; nicht präd.* highly respected *or* esteemed; *(als Anrede) meine* **~verehrten Damen und Herren!** ladies and gentlemen!; **~verehrte Frau Schmidt** my dear Mrs Schmidt; **~verrat** *der* high treason; **~verräter** *der* traitor; person guilty of high treason; **~verräterisch** *Adj.* traitorous; treasonable; **~verschuldet** *Adj. (präd. getrennt geschrieben)* heavily *or* deep in debt *postpos.;* **~verzinslich** *Adj. (Finanzw.)* ⟨*security etc.*⟩ yielding a high rate of interest; **~wald** *der (Forstw.)* high forest
Hoch·wasser *das (Flut)* high tide *or* water; *(Überschwemmung)* flood; *der Fluß hat od. führt* **~:** the river is in flood; *er hat* **~:** *(ugs. scherzh.)* his trousers are at half-mast *(coll.)*
Hochwasser-: ~gefahr *die* flood danger; danger of flooding; **~hose[n]** *die (scherzh.)* trousers *pl.* at half-mast *(coll.);* **~schaden** *der* flood damage
hoch-, Hoch-: ~|werfen *unr. tr. V. etw.* **~werfen** throw sth. up; *eine Münze* **~werfen** toss a coin; **~wertig** *Adj.* high-quality ⟨*goods*⟩; highly nutritious ⟨*food*⟩; **~wild** *das (Jägerspr.)* larger game animals, *e.g.* deer, boar, chamois; **~willkommen** *Adj. (präd. getrennt geschrieben)* very *or* most welcome; **~|winden** 1. *unr. tr. V.* wind up; weigh ⟨*anchor*⟩; 2. *unr. refl. V.* wind one's/its way up; **~wirksam** *Adj. (präd. getrennt geschrieben)* highly *or* extremely effective; **~wohlgeboren** *Adj. (veralt.) Euer Hochwohlgeboren* Your Honour; **~|wollen** *unr. itr. V. (ugs.)* want to get up; **~|wuchten** *tr. V. (ugs.)* heave up; **~würden** *o. Art.;* **~|s|** *(veralt.)* Reverend Father; **~zahl** *die (Math.)* exponent
¹**Hoch·zeit** *die (geh.)* Golden Age
²**Hochzeit** ['hɔxtsait] *die;* **~, ~en** wedding; **~ halten** *od.* **machen** *(veralt.)* get married; *grüne* **~:** wedding day; *silberne/goldene* **~:** silver/golden wedding [anniversary]; *man kann nicht auf zwei* **~en tanzen** *(fig. ugs.)* you can't be in two places at once
Hochzeiter *der;* **~s, ~** *(landsch.)* [bride] groom; *die* **~:** the bride and groom
Hochzeiterin *die;* **~, ~nen** *(landsch.)* bride
Hochzeits-: ~anzeige *die* wedding announcement; **~bitter** *der (veralt.)* person who invites guests to a wedding; **~feier** *die* wedding; **~flug** *der (Zool.)* nuptial flight; **~geschenk** *das* wedding gift *or* present; **~kleid** *das* a) *(Brautkleid)* wedding dress; b) *(Zool.) (von Vögeln)* nuptial plumage; *(von Tieren)* nuptial coloration; **~kuchen** *der* wedding cake; **~nacht** *die* wedding night; **~reise** *die* honeymoon [trip]; *wir haben unsere* **~reise nach Berlin gemacht** we went to Berlin for our honeymoon; **~tag** *der* a) wedding day; b) *(Jahrestag)* wedding anniversary; **~zug** *der* wedding procession
hoch-, Hoch-: ~|ziehen 1. *unr. tr. V.* a) *(nach oben ziehen)* pull up; pull up, raise

⟨*shutters, blind*⟩; hoist, raise, run up ⟨*flag*⟩; hoist ⟨*sail*⟩; *die Schultern/Brauen* **~ziehen** hunch one's shoulders/raise one's eyebrows; *die Nase* **~ziehen** sniff [loudly]; b) *ein Flugzeug* **~ziehen** put an aircraft into a steep climb; c) *(mauern)* put up, build ⟨*wall, building*⟩; 2. *unr. refl. V. sich [an etw.* *(Dat.)]* **~ziehen** pull oneself up [by hanging on to sth.]; *sich an etw. (Dat.)* **~ziehen** *(fig.)* latch on to sth.; **~zins·politik** *die* policy of keeping interest rates high
Hocke ['hɔkə] *die;* **~, ~n** a) *(Körperhaltung)* squat; crouch; *in der* **~ sitzen** squat; crouch; *in die* **~ gehen** squat [down]; crouch down; b) *(Turnen)* squat vault
hocken 1. *itr. V.* a) *mit haben od. (südd.) sein* squat; crouch; b) *mit haben od. (südd.) sein (ugs.: sich aufhalten)* sit around; *hinter einem Schreibtisch* **~:** sit behind a desk; c) *mit sein (südd.: sitzen)* sit; d) *mit sein (Turnen)* perform *or* do a squat vault *(über +* *Akk.* over). 2. *refl. V.* a) crouch down; squat [down]; b) *(südd.: sich setzen)* sit down
Hocker *der;* **~s, ~:** stool
Höcker ['hœkɐ] *der;* **~s, ~** a) hump; *(auf der Nase)* bump; *(am Schnabel)* knob; *er hat einen* **~:** he's humpbacked; b) *(Hügel)* hillock; hump
Hocker·grab *das (Archäol.)* crouched burial
höckerig *Adj.* bumpy
Höcker·schwan *der* mute swan
Hockey ['hɔki] *das;* **~s** hockey
Hockey-: ~schläger *der* hockey stick; **~spieler** *der* hockey player
Hock-: ~sitz *der (Turnen)* squat; **~stand** *der (Turnen)* crouch
Hoden ['hoːdn̩] *der;* **~s, ~:** testicle
Hoden-: ~bruch *der (Med.)* scrotal hernia; **~sack** *der* scrotum
Hoek van Holland ['hʊk ˈfan ˈhɔlant] *(das);* **Hoeks van Holland** Hook of Holland
Hof [hoːf] *der;* **~|e|s, Höfe** ['høːfə] a) courtyard; *(Schul~)* playground; *(Gefängnis~)* [prison] yard; b) *(Bauern~)* farm; *in einen* **~ einheiraten** marry into a farming family; c) *(Herrscher, Hofstaat)* court; *am* **~ leben/verkehren** live at court/move in court circles; *die europäischen Höfe* the European royal courts; *jmdn. bei* **~ einführen/vorstellen** present sb. at court; d) *jmdm. den* **~ machen** *(veralt.)* pay court to sb.; f) *(Aureole)* corona; aureole; g) *(in Namen von Hotels, z. B. „Bayerischer Hof")* (implying or suggesting a particular, e.g. Bavarian, style and a superior standard of accommodation)
hof-, Hof-: ~amt *das (hist.)* [hereditary] office at court; **~ball** *der* court ball; **~dame** *die* lady of the court; *(Begleiterin der Königin)* lady-in-waiting; **~dichter** *der (hist.)* court poet; **~etikette** *die* court etiquette; **~fähig** *Adj.* presentable at court *pred.; (fig.)* [socially] acceptable
Hoffart ['hɔfart] *die;* **~** *(veralt. abwertend)* overweening pride; haughtiness
hoffärtig ['hɔfɛrtɪç] *(veralt. abwertend)* 1. *Adj.* haughty. 2. *adv.* haughtily
hoffen ['hɔfn̩] 1. *tr. V.* hope; *ich hoffe es/ will es* **~:** I hope so/can only hope so; *ich will es [doch wohl]* **~:** I should hope so; *ich will nicht* **~, daß sie das macht** I hope she doesn't do that; *ich will es nicht* **~:** I hope not; *es bleibt zu* **~, daß ...:** let us hope that ...; *das wollen wir* **~:** let's hope so; **~ wir das Beste** let's hope for the best. 2. *itr. V.* a) *(vertrauen) auf etw. (Akk.)* **~:** hope for sth.; *(Vertrauen setzen auf) auf jmdn./etw.* **~:** put one's trust or faith in sb./sth.; b) *(Hoffnung haben)* hope
hoffentlich ['hɔfn̩tlɪç] *Adv.* hopefully; **~:** let's hope so; **~ ist ihr nichts passiert** I do hope nothing's happened to her; *es ist doch* **~ recht** I hope it's all right with you
-höffig [-hœfɪç] *adj.* promising to be rich in ⟨*oil, gas, uranium, etc.*⟩

Hoffnung ['hɔfnʊŋ] die; ~, ~en hope; seine ~ auf jmdn./etw. setzen pin one's hopes pl. on sb./sth.; keine ~ mehr haben, die ~ aufgegeben haben have given up [all] hope; sich (Dat.) [falsche] ~en machen have [false] hopes; jmdm. ~en machen raise sb.'s hopes; jmdm. auf etw. (Akk.) ~en machen lead sb. to expect sth.; guter ~ sein (veralt.) be expecting [a baby]; be with child (dated); in der ~ auf etw. (Akk.) in the hope of sth.
hoffnungs-, Hoffnungs-: ~froh (geh.) 1. Adj. hopeful; 2. adv. hopefully; ⟨smile etc.⟩ in happy anticipation; ~funke[n] der; o. Pl. (geh.) spark or glimmer of hope; ~lauf der (Sport) repêchage; ~los 1. Adj. hopeless; despairing ⟨person⟩; 2. adv. hopelessly; ~losigkeit die; ~: despair; (der Lage) hopelessness; ~schimmer der (geh.) glimmer of hope; ~strahl der (geh.) ray of hope; ~voll 1. Adj. a) hopeful; full of hope pred.; jmdm. ~voll stimmen give sb. cause to hope or make sb. hopeful; b) (erfolgversprechend) promising; 2. adv. a) full of hope; b) (erfolgversprechend) promisingly
Hof·gang der exercise; während des ~es during the exercise period
hof-, Hof-: ~gesellschaft die court; ~|halten unr. itr. V. hold court; ~haltung die running of the court; (Haushalt) court; ~hund der watchdog
hofieren [ho'fi:rən] tr. V. (geh.) pay court to
höfisch ['hø:fɪʃ] Adj. courtly
Hof-: ~knicks der curtsy; ~kreise Pl. in in/aus ~kreisen in/from court circles; ~leben das life at court; court life
höflich ['hø:flɪç] 1. Adj. polite; courteous; etw. in ~em Ton fragen/sagen ask/say sth. politely. 2. adv. politely; courteously
Höflichkeit die; ~, ~en a) o. Pl. politeness; courteousness; etw. [nur] aus ~ tun/sagen do/say sth. [only] to be polite or out of politeness; b) meist Pl. (höfliche Redensart) civility; courtesy
höflichkeits-, Höflichkeits-: ~besuch der courtesy visit; ~floskel, ~formel die polite phrase; ~halber Adv. to be polite; out of politeness
Hof·lieferant der (veralt.) supplier to the court; königlicher ~: supplier to the royal court; (von Lebensmitteln) purveyor to the royal court
Höfling ['hø:flɪŋ] der; ~s, ~e courtier
Hof-: ~marschall der major-domo; ~meister der (veralt.) court tutor and master of ceremonies; ~narr der (hist.) court jester; ~prediger der court chaplain; ~rat der (veralt.. noch österr.) honorary title conferred on senior civil servant; ~sänger der a) (hist.) court minstrel; b) (ugs.) courtyard busker; ~schranze die od. der (veralt. abwertend) fawning courtier; ~staat der; o. Pl. court; ~theater das court theatre; ~tor das courtyard gate; ~tür die courtyard door
HO-Geschäft [ha:'|o:-] das (DDR) shop owned by the Handelsorganisation
hoh... ['ho:a...] s. hoch
Höhe ['hø:ə] die; ~, ~n a) (Ausdehnung nach oben) height; das ist ja die ~! (ugs.) that's the limit!; b) (Entfernung nach oben) height; altitude; in einer ~ von 4000 m fliegen/eine ~ von 4000 m erreichen fly at/reach a height or altitude of 4,000 m.; an ~ gewinnen/verlieren gain/lose height or altitude; in großen ~n at great heights or high altitudes; auf halber ~: at mid-altitude; c) (Richtung) ~ in die ~ heben lift sth. up; in die ~ [auf]steigen rise up[wards]; d) (Gipfelpunkt) height; auf der ~ seines Ruhmes/Könnens/Erfolges sein be at the height of one's fame/ability/success; auf der ~ sein (fig. ugs.) (gesund sein) be fit; (sich wohlfühlen) feel fine; nicht [ganz] auf der ~ sein (fig. ugs.) be/feel a bit under the weather (coll.);

not be/feel quite oneself; e) (meßbare Größe) level; (von Einkommen) size; level; die ~ der Geschwindigkeit/Temperatur the speed/temperature level; Unkosten/ein Stipendium in ~ von 5000 DM expenses/a grant of 5,000 DM; f) (Linie) auf gleicher ~ sein/fahren be in line abreast or be level/travel in line abreast; die Pferde waren auf gleicher ~: the horses were neck and neck; auf ~ des Leuchtturms/von Hull sein (Seemannsspr.) be level with or abreast of the lighthouse etc./be off Hull; g) (hoher Grad) high level; h) (Anhöhe) hill; die ~n und Tiefen des Lebens (fig.) the ups and downs of life; i) (Math., Astron.) altitude; j) Pl. (Akustik) treble sing.
Hoheit ['ho:hait] die; ~, ~en a) o. Pl. (Souveränität) sovereignty (über + Akk. over); unter der ~ eines Staates stehen be under the sovereignty of a state; b) Seine/Ihre ~: His/Your Highness; c) o. Pl. (geh.: Würde) majestic dignity; majesty
hoheitlich Adj. a) sovereign; b) (selten) s. hoheitsvoll
hoheits-, Hoheits-: ~ab·zeichen das national emblem; ~gebiet das (sovereign) territory; ~gewässer das; meist Pl. territorial waters; ~recht das; meist Pl. right of the state; ~voll Adj. majestic; stately ⟨gesture⟩; ~zeichen das national emblem
Hohe·lied das; Hohenlied[e]s a) (bibl.) das ~: The Song of Songs; b) (fig. geh.) song of praise; ein ~ der Liebe a song in praise of love
höhen-, Höhen-: ~an·gabe die altitude reading; (auf Karten) altitude marking; ~angst der; o. Pl. fear of heights; ~flug der (Flugw.) high-altitude flight; (fig.) flight; im ~flug at high altitude; ~gleich (Verkehrsw.) 1. Adj. level ⟨crossing⟩; 2. adv. at the same level; ~klima das mountain climate; ~krankheit die altitude sickness; ~lage die altitude; in ~lage at high altitude; in ~lagen über 1500 m at altitudes over 1,500 m.; ~leitwerk das (Flugw.) tailplane; ~linie die (Geogr.) contour [line]; ~luft die; o. Pl. mountain air; air at high altitude; ~marke die (Vermessungsw.) bench-mark; ~messer der altimeter; ~messung die measurement of height; ~rekord der altitude record; ~ruder das (Flugw.) elevator; ~sonne die a) (Med.: Quarzlampe) ultra-violet lamp; sun lamp; b) (Med.: Bestrahlung) ultra-violet radiation treatment; sun lamp treatment; c) (Met.) high-altitude solar radiation; ~steuer das (Flugw.) elevator control; ~strahlung die (Physik) cosmic radiation; ~training das (Sport) [high-]altitude training; ~unterschied der altitude difference; difference in altitude; ~weg der ridge path; ~winkel der (Geom.) angle of elevation; ~zug der (Geogr.) range of hills; (Bergkette) range of mountains; mountain range
Hohe·priester der; Hohenpriesters, Hohenpriester (bibl.) high priest
Höhepunkt der high point; (einer Veranstaltung) high spot; highlight; (einer Laufbahn, des Ruhms) peak; pinnacle; (einer Krankheit) crisis; critical point; (einer Krise) turning-point; (der Macht) summit; (des Glücks) height; (Orgasmus; eines Stückes) climax; auf dem ~ seiner Laufbahn stehen be at the peak of one's career
höher ['hø:ɐ] s. hoch
höher-, Höher-: ~gestellt Adj. (präd. getrennt geschrieben) senior ⟨official, civil servant⟩; die ~gestellten Persönlichkeiten the more prominent public figures; ~|schrauben tr. V. force or push up ⟨prices⟩; ~stu·fung die upgrading
hohl [ho:l] 1. Adj. a) (leer) hollow; sich innerlich ~ fühlen (fig.) feel empty inside; b) (nach innen gewölbt) cupped ⟨hand⟩; sun-

ken, hollow ⟨cheeks, eyes⟩; concave ⟨lens, mirror⟩; ein ~es Kreuz a hollow back; c) (dumpf) hollow ⟨sound, voice, etc.⟩; d) (abwertend: geistlos) hollow, empty ⟨phrases, slogans⟩; empty ⟨talk, chatter⟩; shallow ⟨person⟩. 2. adv. a) (dumpf) hollowly; b) (abwertend: geistlos) inanely
hohl·äugig Adj. hollow-eyed; sunken-eyed
Hohl·block·stein der (Bauw.) hollow block
Höhle ['hø:lə] die; ~, ~n a) cave; (größer) cavern; b) (Tierbau) den; lair; (von Höhlenbrütern) nest; sich in die ~ des Löwen begeben (scherzh.) enter the lion's den; c) (abwertend: Wohnung) hole; d) meist Pl. (Augen~) socket
Hohl·eisen das (Handw.) gouge; hollow chisel
höhlen ['hø:lən] tr. V. hollow out; steter Tropfen höhlt den Stein (Spr.) these things take their toll eventually
Höhlen-: ~bär der cave-bear; ~brüter der (Zool.) bird that nests in holes; hole-nester; ~forscher der speleologist; (Sportler) caver; ~forschung die speleology; (als Sport) caving; ~malerei die cave-painting; ~mensch der cave-dweller; cave-man; ~zeichnung die cave-painting
Hohlheit die; ~ a) hollowness; b) (innere Leere, auch fig. abwertend) emptiness
hohl-, Hohl-: ~kopf der (abwertend) idiot (coll.); dimwit; ~köpfig Adj. (abwertend) idiotic (coll.); blockheaded; ~körper der hollow body; ~kreuz das hollow back; lordosis (Med.); ~kugel die hollow sphere; ~maß das (Maßeinheit) measure of capacity; b) (Gefäß) dry/liquid measure; ~nadel die (Med.) cannula; (für Einspritzungen) hypodermic needle; ~raum der cavity; [hollow] space; ~raum·versiegelung die (Kfz-W.) body-cavity sealing; ~saum der (Handarb.) hem-stitch; ~schliff der hollow grinding; eine Klinge mit ~schliff a hollow-ground blade; ~spiegel der concave mirror; ~tier das coelenterate
Höhlung die; ~, ~en a) (das Aushöhlen) excavation; b) (Vertiefung) hollow
hohl-, Hohl-: ~wangig Adj. hollow-cheeked; sunken-cheeked; ~weg der defile; (Durchstich) cutting; ~ziegel der perforated tile; (Dachziegel) concave tile
Hohn [ho:n] der; ~[e]s scorn; derision; jmdn. mit ~ und Spott überschütten pour or heap scorn on sb.; das ist der reine od. der blanke ~ (fig.) it is just grotesque
höhnen ['hø:nən] (geh.) itr. V. jeer; sneer
Hohn·gelächter das derisive or scornful laughter
höhnisch ['hø:nɪʃ] 1. Adj. scornful; derisive. 2. adv. scornfully; derisively
hohn-: ~lächeln, ~|lächeln itr. V. er ~lächelte od. lächelte ~: he smiled scornfully or derisively; ein Hohnlächeln a scornful or derisive smile; ~lachen, ~|lachen itr. V. a) laugh scornfully or derisively; ein Hohnlachen a scornful or derisive laugh; b) (geh.: zuwiderlaufen) einer Sache (Dat.) ~lachen fly in the face of sth.; ~|sprechen unr. itr. V. einer Sache (Dat.) ~sprechen fly in the face of sth.
Höker ['hø:kɐ] der; ~s, ~, Hökerin die; ~, ~nen (veralt.) (auf dem Markt) stallholder; (auf der Straße) street trader; street pedlar (Amer.)
hökern itr. V. (auf dem Markt) run a market-stall; (auf der Straße) run a street-stall
Hokuspokus [ho:kʊs'po:kʊs] der; ~: hocus-pocus; (abwertend: Drum und Dran) fuss
hold [hɔlt] 1. Adj. a) (dichter. veralt.: anmutig) fair; lovely; lovely ⟨sight⟩; sweet, lovely ⟨smile⟩; die ~e Weiblichkeit (scherzh.) the fair sex; mein ~er Gatte/mei-

ne ~e Gattin *(scherzh.)* my beloved spouse *(joc.)*; **b)** in jmdm./einer Sache ~ sein *(geh.)* be well-disposed towards sb./sth.; *(jmdn./ etw. gern haben)* be fond of sb./sth.; **das Glück war uns** *(Dat.)* ~: fortune smiled upon us. **2.** *adv.* sweetly
Holder der; ~s, ~ *(bes. südd.)* s. **Holunder**
Holding·gesellschaft ['hɔːldɪŋ-] die *(Wirtsch.)* holding company
Holdrio ['hɔldrio] das; ~s, ~s halloo
hold·selig *(dichter. veralt.)* **1.** *Adj.* sweet; lovely; lovely ⟨sight, appearance⟩. **2.** *adv.* sweetly
holen ['hoːlən] **1.** *tr. V.* **a)** fetch; get; **jmdn. aus dem Bett ~:** get *or (coll.)* drag sb. out of bed; **da/bei ihr ist nichts/nichts mehr zu ~** *(fig.)* you won't get anything/any more there/out of her; **b)** *(ab~)* fetch; pick up; collect; take away ⟨suspect, prisoner, etc.⟩; **c)** *(ugs.: erlangen)* get, win ⟨prize⟩; get, carry off, win ⟨medal, trophy, etc.⟩; get, score ⟨points⟩; **den Sieg ~:** win; **d)** *(landsch.: kaufen)* buy; get; **e)** *(Seemannsspr.: herabziehen)* take in ⟨sail⟩; haul ⟨boat⟩ alongside. **2.** *refl. V.* **a)** *(sich verschaffen)* get; **sich** *(Dat.)* **Hilfe/Rat** *usw.* ~: get [some] help/advice *etc.*; **b)** *(erlangen)* win, take ⟨championship, prize, etc.⟩; **sich** *(Dat.)* **eine Niederlage ~:** be beaten; lose; **c)** *(ugs.: sich zuziehen)* catch; **sich** *(Dat.)* **[beim Baden** *usw.***] einen Schnupfen/die Grippe ~:** catch a cold/the flu [swimming *etc.*]; **sich** *(Dat.)* **den Tod ~** *(fig.)* catch one's death [of cold]
holla ['hɔla] *Interj.* hallo; hello; hey
Holland ['hɔlant] *(das)*; ~s Holland
Holländer ['hɔlɛndɐ] **1.** der; ~s, ~ **a)** Dutchman; **er ist ~:** he is Dutch *or* a Dutchman; **die ~:** the Dutch; **b)** *(Käse)* Dutch cheese; **c)** *(Papierherstellung)* Hollander. **2.** *indekl. Adj.; nicht präd.* ~ **Käse** Dutch cheese
Holländerin die; ~, ~nen Dutchwoman/Dutch girl
holländisch *Adj.* Dutch; *s. auch* **deutsch; Deutsch**
Holle in **Frau Holle schüttelt die Betten [aus]** *(veralt.)* it is snowing; the old woman is plucking her geese *(dated)*
Hölle ['hœlə] die; ~, ~n **a)** hell *no art.*; **in die ~ kommen** *(geh.)* descend into hell; **zur ~ fahren** *(geh.)* wish sb. to hell; **zur ~ mit ihm/damit!** to hell with him/it *(coll.)*; **b)** *(fig.)* **die ~ ist los** *(ugs.)* all hell has broken loose *(coll.)*; **es war die reinste ~:** it was pure hell *(coll.)*; **die ~ auf Erden haben** suffer hell on earth; **jmdm. das Leben zur ~ machen** make sb.'s life hell *(coll.)*; **jmdm. die ~ heiß machen** give sb. hell *(coll.)*; **die grüne ~:** the jungle; *s. auch* **Vorsatz**
Höllen-: ~**angst** die *(salopp)* terror; **eine ~angst vor etw.** *(Dat.)* **haben** be scared to death of sth. *(coll.)*; **b) be** terrified of sth.; ~**fahrt** die *(Myth., Rel.)* descent into hell; ~**feuer** das hellfire; **das ~feuer** the fires *pl.* of hell; ~**fürst** der; *o. Pl.* Prince of Darkness; ~**hund** der *(Myth.)* hell-hound; hound of hell; ~**lärm** der *(ugs.)* diabolical noise *or* row *(coll.)*; ~**maschine** die infernal machine *(arch.)*; time bomb; ~**pein,** ~**qual** die agony; ~**qualen erleiden** suffer the torments of hell *(fig.)*; ~**spektakel** das *(ugs.) s.* ~**lärm;** ~**stein** das lunar caustic; ~**tempo** das *(ugs.)* breakneck speed; **in einem ~tempo** at breakneck speed
Holler ['hɔlɐ] der; ~s, ~ *(bes. südd., österr.) s.* **Holunder**
höllisch ['hœlɪʃ] **1.** *Adj.* **a)** *nicht präd.* infernal; ⟨spirits, torments⟩ of hell; **b)** *(schrecklich)* terrible ⟨war, situation⟩; fiendish, diabolical ⟨invention, laughter⟩; ~**e Schmerzen** terrible agony *sing.*; **c)** *(ugs.: sehr groß)* tremendous *(coll.)* ⟨noise, shock, respect⟩ *(coll.)*; enormous *(coll.)* ⟨pleasure⟩;

~**e Angst vor etw.** *(Dat.)* **haben** be scared stiff of sth. *(coll.)*. **2.** *adv. (ugs.: sehr)* terribly, hellishly *(coll.)* ⟨cold, difficult⟩; **sich ~ zusammennehmen** make a tremendous effort to control oneself *(coll.)*; ~ **[genau] aufpassen** be tremendously careful *(coll.)*; **es tut ~ weh** it hurts like hell *(coll.)*
Hollywood·schaukel ['hɔlɪwʊd-] die swinging garden hammock
Holm [hɔlm] der; ~[e]s, ~e **a)** *(Turnen)* bar; **b)** *(Leiter~)* upright; side-piece; *(Geländer~)* [banister] rail; **d)** *(Flugw.)* spar
Holocaust [holoˈkaʊst] der; ~[s], ~s Holocaust
Hologramm [holoˈgram] das *(Physik)* hologram
Holographie [holograˈfiː] die; ~ *(Physik)* holography *no art.*
Holozän [holoˈtsɛːn] das; ~s *(Geol.)* Holocene
holperig *s.* **holprig**
holpern ['hɔlpɐn] *itr. V.* **a)** *mit sein (fahren)* jolt; bump; **b)** *(schütteln)* jolt; **c)** *(stockend lesen)* stumble [over one's words]
holprig ['hɔlprɪç] **1.** *Adj.* **a)** *(uneben)* bumpy; uneven; rough; **b)** *(stockend)* stumbling, halting ⟨speech⟩; clumsy ⟨verses⟩; broken, halting ⟨English etc.⟩. **2.** *adv.* haltingly; ~ **lesen** stumble over one's words when reading
Hol·schuld ['hoːl-] die *(Rechtsw.)* debt to be collected at the debtor's residence
Holster ['hɔlstɐ] das; ~s, ~: holster
holterdiepolter [hɔltɐdiˈpɔltɐ] *Adv. (ugs.)* helter-skelter; **alles ging ~:** there was a mad rush
holüber [hoːlˈyːbɐ] *Interj.* **[Fährmann]** ~! ferry[man]!
Holunder [hoˈlʊndɐ] der; ~s, ~ **a)** *(Strauch)* elder; **b)** *o. Pl. (Früchte)* elderberries *pl.*
Holunder-: ~**beere** die elderberry; ~**strauch** der elder[berry] bush; ~**tee** der elder tea
Holz [hɔlts] das; ~es, Hölzer ['hœltsɐ] **a)** *o. Pl.* wood; *(Bau~, Tischler~)* timber; wood; **bearbeitetes ~:** timber *(Brit.)*; lumber *(Amer.)*; **ein Stück/Festmeter ~:** a piece of wood *or* timber/cubic metre of timber; **viel ~** *(fig. ugs.)* a hell of a lot *(coll.)*; **[viel] ~ vor der Hütte** *od.* **Tür haben** *(fig. ugs. scherzh.)* be well stacked *(coll.)* *or* well endowed; **ich bin nicht aus ~:** I've got feelings, you know; **b)** *(~art)* wood; **aus dem ~ sein, aus dem man Minister/Helden macht** be cut out to be a minister/be of the stuff heroes are made of; **aus dem gleichen [geschnitzt] sein** *(fig.)* be cast in the same mould; **aus anderem ~ [geschnitzt] sein** *(fig.)* be cast in a different mould; **c)** *(Forstw.)* felled trunk; **d)** *(Golf)* wood; **den Ball mit dem ~ schlagen/treffen** *(Tennis, Badminton)* hit the ball with the wood; **f)** *Pl. ~* *(Kegeln)* skittles; ninepins; **gut ~ !** have a good game! *(skittle-players' greeting)*; **g)** *o. Pl. (Musik)* woodwind; **h)** *(Streich~)* match; **i)** *o. Pl. (veralt., Jägerspr.: Wald)* wood
holz-, Holz-: ~**apfel** der **a)** crab-apple; **b)** *(Baum)* crab-apple tree; ~**arbeiter** der *s.* ~**fäller;** ~**arm** *Adj. (country)* with little timber of its own; ~**arm sein** have little timber of its own; ~**art** die kind of wood *or* timber; ~**auge das in ~auge sei wachsam!** *(scherzh.)* better be careful; ~**bearbeitung** die processing of timber; timber processing; *(in der Tischlerei)* woodworking; ~**bein** das wooden leg; ~**bläser** der woodwind player; ~**blas·instrument** das woodwind instrument; ~**block** der; *Pl.* ~**blöcke** block of wood; ~**bock** der **a)** *(Gestell)* wooden stand *or* trestle; **b)** *(Zecke)* castor-bean tick; **c)** *(Käfer)* poplar longhorn; ~**bohrer** der **a)** wood drill; **b)** *(Schmetterling)* goat moth; carpenter moth; ~**bündel** das bundle of wood

Hölzchen ['hœltsçən] das; ~s, ~ **a)** small piece of wood; *(Stöckchen)* stick; **b)** *(Streichholz)* match
Holz-: ~**diele** die plank; *(für Fußböden)* [floor]board; ~**dübel** der wooden dowel; *(in der Wand)* wooden plug
holzen *itr. V. (Fußballjargon)* play dirty *(coll.)*
Holzerei die; ~, ~en **a)** *(Fußballjargon)* dirty play; **eine ~:** a dirty game *or* match; **b)** *(Prügelei)* brawl; free-for-all
hölzern ['hœltsɐn] *Adj.; nicht präd. (auch fig.)* wooden
holz-, Holz-: ~**essig** der wood vinegar; ~**fäller** der woodcutter; lumberjack *(Amer.)*; ~**feuer** das wood fire; ~**frei** *Adj.* wood-free ⟨paper⟩; ~**gas** das wood-gas; ~**geist** der wood spirit; ~**geschnitzt** *Adj.* carved wooden *attrib.*; carved in wood *pred.*; ~**hacker der a)** *(bes. österr.) s.* ~**fäller; b)** *(Fußballjargon)* dirty player; ~**haltig** *Adj.* woody ⟨paper⟩; ⟨paper⟩ containing mechanical wood pulp
Holz·hammer der [wooden] mallet
Holzhammer·methode die *(ugs.)* sledgehammer method
Holz-: ~**handel** der timber trade; ~**haus** das timber *or* wooden house
holzig *Adj.* woody
holz-, Holz-: ~**industrie** die timber industry; ~**kitt** der plastic wood; ~**klotz** der block of wood; *(als Spielzeug)* wooden block; **dasitzen wie ein ~klotz** *(fig.)* sit there like a stuffed dummy; ~**kohle** die charcoal; ~**kohlen·grill** der charcoal grill; ~**kopf** der **a)** wooden head; **b)** *(salopp abwertend)* blockhead; numskull; ~**kreuz** das wooden cross; ~**lager** das timber yard; ~**leim** der wood-glue; ~**leiste** die batten; ~**malerei** die painting on wood; wood painting; ~**nagel** der wooden nail; ~**pantine** die *(landsch.)*, ~**pantoffel** der clog; ~**pflock** der wooden peg; ~**sandale** die wooden sandal; ~**schädling** der wood pest; ~**schale** die wooden bowl; ~**scheit** das piece of wood; *(Brenn~)* piece of firewood; ~**schläger** der *(Golf)* wood; ~**schneider** der wood-engraver; ~**schnitt** der **a)** *o. Pl.* woodcutting *no art.*; **b)** *(Blatt)* woodcut; ~**schnitt·artig** *Adj. (fig.)* simplistic; ~**schnitzer** der woodcarver; ~**schnitzerei** die wood-carving; ~**schraube** die wood screw; ~**schuh** der clog; ~**schuh·tanz** der clog-dance; ~**schuppen** der **a)** *(aus Holz)* wooden shed; **b)** *(für Holz)* wood-shed; ~**span** der **a)** *(zum Feueranzünden)* small stick [of wood]; *(zum Rühren usw.)* small stick [of wood]; **b)** *meist Pl. (Hobelspan)* [wood] shaving; ~**spielzeug** das wooden toy; ~**spiritus** der wood alcohol; ~**splitter** der splinter of wood; ~**stab** der wooden rod; ~**stich** der wood-engraving; ~**stift** der *s.* ~**nagel;** ~**stock** der **a)** [wooden] stick; **b)** *(Graphik)* wood-block; ~**stoß** der pile of wood; ~**täfelung** die wood[en] panelling; ~**teer** der wood tar; ~**treppe** die wooden steps *pl.*; ~**verarbeitend** *Adj.; nicht präd.* timber processing ⟨industry etc.⟩; ~**verschlag** der **a)** area divided off by a wooden partition; **b)** *(Schuppen)* wooden shed; ~**waren** *Pl.* wooden articles; ~**weg** der *(fig.)* **in auf dem ~weg sein** *od.* **sich auf dem ~weg befinden** be on the wrong track *(fig.)*; **be barking up the wrong tree** *(fig.)*; **wenn du glaubst, du kannst das verhindern, so bist du auf dem ~weg** if you think you can prevent it, you're very much mistaken *or (coll.)* you've got another think coming; ~**wirtschaft** die timber industry; ~**wolle** *o. Pl.* wood-wool; ~**wurm** der woodworm
Homburg ['hɔmbʊrk] der; ~s, ~s Homburg
homerisch [hoˈmeːrɪʃ] *Adj.* Homeric; **ein ~es Gelächter** Homeric laughter

Home·trainer ['hoʊm-] der exerciser
Hommage [ɔ'ma:ʒ] die; ~, ~n (geh.) tribute (für to)
homo Adj.; nur präd. (ugs.) queer (coll.)
Homo ['ho:mo] der; ~s, ~s (ugs.) queer (coll.), homo (coll.)
homo-, Homo-: ~**erotisch** Adj. (geh.) homo-erotic (Psych.); homosexual; ~**gen** [~'ge:n] Adj. homogeneous; ~**genisieren** tr. V. a) (Chemie, Metallbearb.) homogenize; b) (geh.) homogenize; integrate ⟨groups⟩; ~**genität** [~geni'tɛ:t] die; ~ (geh.) homogeneity; ~**log** [~'lo:k] Adj. (Biol., Math., Chemie) homologous; ~**logieren** tr. V. (Motorsport) homologate; ~**nym** [~'ny:m] Adj. (Sprachw.) homonymous; ~**nym** das; ~s, ~e (Sprachw.) homonym; ~**nymie** [homony'mi:] die; ~ (Sprachw.) homonymy

homöo-, Homöo- [homøo-]: ~**path** [~'pa:t] der; ~en, ~en homoeopath; ~**pathie** die; ~: homoeopathy no art.; ~**pathisch** Adj. homoeopathic

homo-, Homo-: ~**phil** [~'fi:l] Adj. (geh.) homophile; ~**phon** das; ~s, ~e (Sprachw.) homophone; ~**sexualität** die; ~: homosexuality; ~**sexuell 1.** Adj. homosexual; **2.** adv. ~sexuell veranlagt sein have homosexual tendencies; ~**sexuelle der/die**; adj. Dekl. homosexual

Homunkulus [ho'mʊŋkulʊs] der; ~, ~se od. **Homunkuli** homunculus
Honduras [hɔn'du:ras] (das); Honduras' Honduras
honen ['ho:nən] tr. V. (Technik) hone
honett [ho'nɛt] Adj. (geh.) (rechtschaffen) honest, upright; (anständig) decent; (ehrenhaft) honourable
Hongkong ['hɔŋkɔŋ] (das); ~s Hong Kong
Honig ['ho:nɪç] der; ~s, ~e honey; **jmdm.** ~ **um den Bart** (ugs.) od. (salopp) **ums Maul schmieren** (fig.) butter sb. up
honig-, Honig-: ~**biene** die honey-bee; ~**brot** das bread and honey; **ein** ~**brot** a slice of bread and honey; ~**farben** Adj. honey-coloured; ~**gelb** Adj. honey-yellow; ~**kuchen** der honey cake; ~**kuchen·pferd** das in **lachen** od. **grinsen** od. **strahlen wie ein** ~**kuchenpferd** (ugs. scherzh.) grin like a Cheshire cat; ~**lecken** das in **das ist kein** ~**lecken** (ugs.) it is not a bed of roses; ~**melone** die honeydew melon; ~**schlecken** das s. ~**lecken**; ~**süß 1.** Adj. ⟨grapes, taste, etc.⟩ as sweet as honey; (fig.) honey-sweet ⟨voice⟩; **ein** ~**süßes Lächeln** (fig.) the sweetest of smiles; **mit** ~**süßer Stimme** (fig.) in honeyed tones; **2.** adv. (fig.) ~**süß lächeln/antworten** smile a honey-sweet smile/answer in honeyed tones; ~**tau** der honeydew; ~**wabe** die honeycomb; ~**wein** der mead; ~**zelle** die honey[comb] cell

Honneur [(h)ɔ'nø:ɐ̯] in **die** ~**s machen** (veralt.) do the honours
Honorar [hono'ra:ɐ̯] das; ~s, ~e fee; (Autoren~) royalty
Honorar·professor der professor who is not primarily an academic and has no voice in faculty matters
Honoratioren [honora'tsio:rən] Pl. notabilities
honorieren tr. V. a) jmdn. ~: pay sb. [a/his/her fee]; **jmds. Leistung/Buch** ~: pay sb. [a/his/her fee] for his/her work/book; b) (würdigen) (belohnen) reward; c) (Finanzw.) honour ⟨cheque⟩
Honorierung die; ~, ~en a) payment; b) (Würdigung) appreciation; (Belohnung) rewarding; c) (Finanzw.) honouring
honorig Adj. honourable, respectable
honoris causa [ho'no:rɪs 'kaʊza] Adj. ho-noris causa; **Doktor** ~ ~: honorary doctor
hopfen ['hɔpfn̩] tr. V. hop ⟨beer⟩
Hopfen der; ~s, ~: hop; **bei ihm ist** ~ **und Malz verloren** (ugs.) he's a hopeless case

Hopfen-: ~**garten** der hop-garden; ~**stange** die hop-pole
hopp [hɔp] **1.** Interj. quick; look sharp. **2.** Adv. in double-quick time; **bei ihm muß alles** ~ **gehen** he likes everything done in double-quick time
hoppe ['hɔpə] Interj. in ~, ~, **Reiter machen** (Kinderspr.) play gee-gees (on sb.'s knee)
hoppeln ['hɔpl̩n] itr. V.; mit sein hop (über + Akk. across, over); (fig.) bump, jolt (über + Akk. across, over)
Hoppelpoppel ['hɔpl̩'pɔpl̩] das; ~s, ~ a) (bes. berlin.) s. **Bauernfrühstück**; b) (Getränk) ≈ egg-nog
hoppla ['hɔpla] Interj. oops; whoops
hoppnehmen unr. tr. V. (salopp) nab (sl.); nick (sl.)
hops [hɔps] **1.** Interj. up; jump. **2.** Adj.; nicht attr. (salopp) ~ **sein** be gone; ⟨money⟩ have gone down the drain (coll.); (entzweigegangen sein) be broken
Hops der; ~es, ~e [little] jump
hopsala ['hɔpsala], **hopsasa** ['hɔpsasa] Interj. (Kinderspr.) oops-a-daisy (coll.); whoops-a-daisy (coll.)
hopsen itr. V.; mit sein (ugs.) (springen) jump; ⟨hüpfen⟩ ⟨animal⟩ hop; ⟨child⟩ skip; ⟨ball⟩ bounce
Hopser der; ~s, ~ (ugs.) a) (kleiner Sprung) [little] jump; b) (Tanz) écossaise
Hopserei die; ~, ~en (ugs. abwertend) jumping about or around; (Tanzen) leaping about or around
hops-: ~**gehen** unr. itr. V.; mit sein (salopp) a) (umkommen) buy it (sl.); b) (entzweigehen) get broken; (abhanden kommen) go missing; (unbrauchbar werden) ⟨car, machine, etc.⟩ pack up (coll.); ~**nehmen** unr. tr. V. s. **hoppnehmen**
Hör·apparat der hearing-aid
hörbar 1. Adj. audible. **2.** adv. audibly; (geräuschvoll) noisily
Hör-: ~**bereich** der audible range; range of hearing; ~**bild** das radio feature (combining documentary and dramatic techniques); ~**brille** die hearing-aid spectacles pl.
horchen ['hɔrçn̩] itr. V. listen (**auf** + Akk. to); (heimlich zuhören) eavesdrop; listen; **an der Tür/Wand** ~: listen at the door/through the wall
Horcher der; ~s, ~: s. **Lauscher a**
Horch-: ~**gerät** das sound locator; (Marine) hydrophone; ~**posten** der (Milit., auch fig. scherzh.) listening-post
¹**Horde** ['hɔrdə] die; ~, ~n (auch Völkerk.) horde; (von Halbstarken) mob; crowd; **eine** ~ **Kinder** od. **von Kindern** a horde of children
²**Horde** die; ~, ~n (Gestell) rack
hören ['hø:rən] **1.** tr. V. **a)** hear; **jmdn. kommen/sprechen** ~: hear sb. coming/speaking; **ich habe sagen** ~, **daß** ...: I have heard it said that ...; **ich höre nicht,** I can't hear anything; s. auch **Gras**; **b)** ⟨anhören⟩ listen to, hear ⟨programme, broadcast, performance, etc.⟩; hear ⟨singer, musician⟩; **Rundfunk** od. **Radio** ~: listen to the radio; **den Angeklagten/Zeugen** ~: hear the accused/witness; **eine Vorlesung bei jmdm.** ~: go to or attend a lecture by sb.; **das läßt sich** ~: that's good news; **c)** (erfahren) hear; **etw. von jmdm.** ~: hear sth. from sb.; **er höre nichts von sich** ~/I/we etc. haven't heard from him; **laß mal etwas von dir** ~! keep in touch; **etw. von jmdm. zu** ~ **bekommen** od. (ugs.) **kriegen** get a good talking-to from sb. (coll.); **d)** (erkennen) **an etw.** (Dat.) ~, **daß** ...: hear or tell by sth. that ... **2.** itr. V. a) hear; **gut** ~: have good hearing; **schlecht** ~: have bad hearing; be hard of hearing; **nur auf einem Ohr** ~: be deaf in one ear; **höre ich recht?** I hearing things?; **ich geb' dir gleich eine, daß dir Hören und Sehen vergeht** (ugs.) I'll give you such a clout in a minute that you'll be seeing stars for a week (coll.);

er raste über die Autobahn, daß uns Hören und Sehen verging (ugs.) he tore along the motorway so fast that we were scared out of our wits (coll.); **b)** (aufmerksam verfolgen) **auf etw.** (Akk.) ~: listen to sth.; **c)** (zuhören) listen; **ich höre** I'm listening; **hörst du!** listen [here]!; **hörst du?** are you listening?; **man höre und staune** would you believe it!; **wonders will never cease** (iron.); **hör mal!/** ~ **Sie mal!** listen [here]!; **hört, hört!** aha, listen to this!; **d)** (befolgen) **auf jmdn./jmds. Rat** ~: listen to or heed sb./sb.'s advice; **alles hört auf mein Kommando!** (Milit.) I'm taking command; (scherzh.) everyone do as I say; **auf den Namen Monika** ~: answer to the name [of] Monika; **e)** (Kenntnis erhalten) **von jmdm./etw.** ~: hear of sth.; **davon** ~, **daß** ...: hear that ...; **von jmdm.** ~ (Nachricht bekommen) hear from sb.; **Sie hören noch von mir** you'll be hearing from me again; you haven't heard the last of this; **ich lasse wieder von mir** ~: I'll be in touch; **f)** (ugs.: gehorchen) do as one is told; **nicht** ~ **wollen** not do as one's told; **wer nicht** ~ **will, muß fühlen** (Spr.) if you don't do as you're told, you'll suffer for it
Hören·sagen das; ~s **in vom** ~: by or from hearsay
Hörer der; ~s, ~ **a)** listener; **b)** (Telefon~) receiver
Hörer·brief der listener's letter; ~**e** listeners' letters
Hörerin die; ~, ~nen listener
Hörer·kreis der audience
Hörerschaft die; ~, ~en audience
Hör-: ~**fehler** der **a)** das war ein ~fehler he/she etc. misheard; ~**fehler ausschließen** exclude the possibility of mishearing [sth.]; **b)** (Schwerhörigkeit) hearing defect; ~**folge** die radio series; (in Fortsetzungen) radio serial; ~**funk** der radio; **im** ~**funk** on the radio; ~**gerät** das hearing-aid
hörig Adj. **a)** **jmdm.** ~ **sein** be submissively dependent on sb.; (sexuell) be sexually dependent on or enslaved to sb.; be sb.'s sexual slave; **b)** (hist.) **die** ~**en Bauern** the serfs; ~ **sein** be in bondage
Hörige der/die; adj. Dekl. (hist.) serf; bondsman/bondswoman
Hörigkeit die; ~ **a)** enslavement; (sexuell) sexual dependence; **b)** (hist.) bondage; serfdom
Horizont [hori'tsɔnt] der; ~[e]s, ~e (auch Geol., fig.) horizon; **am** ~: on the horizon; **einen engen od. kleinen** ~ **haben** (fig.) have narrow horizons pl.; **seinen** ~ **erweitern** (fig.) widen or expand one's horizons pl.; **hinter dem** ~: below the horizon; **über jmds.** ~ (Akk.) **gehen** (fig.) be beyond sb.; go over sb.'s head
horizontal [horitsɔnta'l] **1.** Adj. horizontal; s. auch **Gewerbe a**. **2.** adv. horizontally
Horizontale die; ~, ~n **a)** (Linie) horizontal line; **b)** o. Pl. (Lage) **die** ~ the horizontal; **etw. in die** ~ **bringen** lay sth. flat; **sich in die** ~ **begeben** (fig.) lie down
Hormon [hɔr'mo:n] das; ~s, ~e hormone
hormonal [hɔrmo'na:l] **1.** Adj. hormonal. **2.** adv. hormonally
Hormon·behandlung die hormone treatment; **eine** ~: a course of hormone treatment
hormonell [hɔrmo'nɛl] Adj., adv. s. **hormonal**
Hormon-: ~**haushalt** der hormone balance; ~**präparat** das hormone preparation; ~**spiegel** der hormone level
Hör·muschel die ear-piece
Horn [hɔrn] das; ~[e]s, **Hörner** ['hœrnɐ] **a)** horn; **jmdm. Hörner aufsetzen** (fig. ugs.) cuckold sb.; **sich** (Dat.) **die Hörner ablaufen** od. **abstoßen** (fig.) sow one's wild oats; **b)** (Blasinstrument) horn; (Milit.) bugle; **ins gleiche** ~ **stoßen** (fig.) take the same line; **c)** Pl. ~**e** (Substanz) horn; **d)** (Signal~) (eines

1205

hornartig / **Hudelei**

Autos usw.) horn; hooter *(Brit.)*; *(eines Zuges)* horn
horn·artig *Adj.* hornlike
Hornberger ['hɔrnbɛrɡɐ] *in* **wie das ~ Schießen ausgehen** all come to nothing
Horn-: **~blende** die *(Mineral.)* hornblende; **~brille** die horn-rimmed spectacles *pl. or* glasses *pl.*
Hörnchen ['hœrnçən] *das;* ~s, ~ a) small *or* little horn; b) *(Gebäck)* croissant; c) *(Nagetier)* squirrel
Hörner·klang der sound of horns
hörnern *Adj.; nicht präd.* horn ⟨*handle etc.*⟩; ⟨*handle etc.*⟩ [made] of horn
Horn·haut die a) callus; hard *or* callused skin *no indef. art.;* b) *(am Auge)* cornea
Hornhaut-: **~entzündung** die inflammation of the cornea; corneitis *no indef. art. (Med.);* keratitis *no indef. art. (Med.);* **~trübung** die corneal opacity; opacity of the cornea; **~übertragung** die corneal grafting
hornig *Adj.* horny
Hornisse [hɔrˈnɪsə] *die;* ~, ~n hornet
Hornist *der;* ~en, ~en a) horn player; b) *(Milit.)* bugler
Horn-: **~kamm** der horn comb; **~ochse** der *(ugs.)* stupid ass; **~signal** das blast on a/the horn; **~tier** das horned animal; die **~tiere** the Bovidae
Hornung; *~, ~e (veralt.)* February
Hör·organ das *s.* Gehörorgan
Horoskop [horoˈskoːp] *das;* ~s, ~e horoscope; **jmdm. das ~ stellen** cast sb.'s horoscope
horrend [hɔˈrɛnt] *Adj.* shocking *(coll.),* horrendous *(coll.)* ⟨*price*⟩; colossal *(coll.)* ⟨*sum, amount, rent*⟩; shocking *(coll.)* ⟨*blunder, mistake, lack of discipline*⟩
horrido [hɔˈriːdoː] *Interj. (Jägerspr.)* hurrah
Hör·rohr *das* a) *(Stethoskop)* stethoscope; b) *(Hörgerät)* ear-trumpet
Horror ['hɔrɔr] *der;* ~s horror; **einen ~ vor jmdm./etw. haben** loathe and fear sb./have a horror of sth.
Horror-: **~film** der horror film; **~trip** der *(ugs.)* bad trip; **der reinste ~trip sein** *(fig.)* be a nightmare
Hör-: **~saal** der a) lecture theatre *or* hall *or* room; b) *o. Pl. (Zuhörerschaft)* audience; **~schwelle** die *(Akustik)* threshold of audibility *or* hearing
Hors d'oeuvre [ɔrˈdœːvr] *das;* ~s, ~s *(Gastr.)* hors-d'oeuvre
Hör·spiel *das* a) radio play; b) *(Gattung)* radio drama *no art.*
Horst [hɔrst] *der;* ~[e]s, ~e a) *(Nest)* eyrie; b) *(Forstw.) (Bäume)* group of trees; *(Gebüsch)* group of bushes; c) *(Geol.)* horst; d) *s.* Fliegerhorst
horsten *itr. V.* nest
Hör·sturz der *(Med.)* acute hearing loss
Hort [hɔrt] *der;* ~[e]s, ~e a) *(dichter.: Goldschatz)* hoard [of gold]; b) *(geh.: Schutz)* refuge; sanctuary; **ein ~ der Freiheit** a stronghold *or* bulwark of liberty; c) *(geh.: Stätte)* **ein ~ des Lasters/des Geistes** a hotbed of vice/a centre of intellectual activity; d) *s.* Kinderhort
horten *tr. V.* hoard; stockpile ⟨*raw materials*⟩
Hortensie [hɔrˈtɛnzi̯ə] *die;* ~, ~n hydrangea
Hör·test der hearing test
Hortnerin ['hɔrtnərɪn] *die;* ~, ~nen supervisor in a day-home for schoolchildren
Hortung die; *~:* hoarding; *(von Rohstoffen)* stockpiling
ho ruck ['hoːˈrʊk] *s.* hau ruck
Hör-: **~vermögen** *das; o. Pl.* hearing; **~weite** die *(Akustik)* ~, ~nen super- in/out of hearing range *or* of earshot
hosanna [hoˈzana] *s.* hosianna
Höschen ['høːsçən] *das;* ~s, ~ a) trousers *pl.;* pair of trousers; *(kurzes ~)* short

trousers *pl.;* shorts *pl.;* pair of shorts; **heiße ~** *(ugs. scherzh.)* hot pants; b) *(Slip)* panties *pl.;* pair of panties
Hose ['hoːzə] *die;* ~, ~n a) trousers *pl.;* pants *pl. (Amer.);* *(Unter~)* pants *pl.; (Freizeit~)* slacks *pl.; (Bund~)* breeches *pl.; (Reit~)* jodhpurs *pl.;* riding breeches *pl.;* **eine ~:** a pair of trousers/pants/slacks *etc.;* **eine kurze/lange ~:** [a pair of] short trousers *or* long trousers; **ein/zwei Paar ~n** one/two pairs of trousers; **in die ~ schlüpfen/steigen** slip/get one's trousers on; slip/get into one's trousers; **das Kind hat in die ~[n] gemacht/die ~ vollgemacht** the child has made a mess in its pants; b) *(fig.)* **[zu Hause od. daheim] die ~n anhaben** *(ugs.)* wear the trousers [at home]; **die ~[n] gestrichen voll haben** *(salopp)* be shitting oneself *or* (*coarse*); **die ~[n] (gestrichen) voll haben** *(salopp)* be in a blue funk *(sl.);* **die ~n voll kriegen** *(ugs.)* get a good hiding *(coll.);* **jmdm. die ~n strammziehen** *(ugs.)* give sb. a good hiding *(coll.);* **in die ~[n] gehen** *(salopp)* be a [complete] flop *(coll.);* **sich [vor Angst] in die ~[n] machen** *(salopp)* shit oneself *(coarse);* get into a blue funk *(sl.);* **es ist tote ~** *(Jugendspr.)* there's nothing doing *(coll.)*
Hosen-: **~an·zug** der trouser suit *(Brit.);* pant suit; **~aufschlag** der [trouser *or* Amer.) pants] turn-up; **~band·orden** des Order of the Garter; **~bein** das trouserleg; pants leg *(Amer.);* **~boden** der seat of the/one's/sb.'s trousers *or (Amer.)* pants; **ein paar auf den ~boden bekommen** get a smacked bottom; **sich auf den ~boden setzen** *(fig.)* knuckle down to it; **jmdm. den ~boden strammziehen** *(fig. ugs.)* give sb. a good hiding *(coll.);* **~boje** die *(Seew.)* breeches-buoy; **~bügel** der trouserhanger; **~bund** der waistband; **~klammer** die bicycle-clip; **~knopf** der trouserbutton; pants button *(Amer.);* **~latz der** *(an Lederhosen)* flap; *(an Trachten-, Matrosen~)* bib; b) *(landsch.) s.* **~schlitz;** **~matz** der *(ugs. scherzh.)* toddler; [tiny] tot; **~naht** die trouser-seam; pants seam *(Amer.);* **Hände an die ~naht!** *(Milit.)* thumbs on your trouser-seams!; **~rock** der culottes *pl.;* divided skirt; **~rolle** die *(Theater)* breeches part; **~scheißer der a)** *(derb: Feigling)* chicken *(coll.);* b) *(ugs. scherzh.) s.* **~matz;** **~schlitz** der fly; flies *pl.;* **~spanner** der *s.* **~bügel;** **~stall** der *(ugs. scherzh.) s.* **~schlitz;** **~tasche** die trouser-pocket; pants pocket *(Amer.);* **etw. wie seine ~tasche kennen** *(fig. ugs.)* know sth. like the back of one's hand; **~träger** *Pl.* braces; suspenders *(Amer.);* pair of braces/suspenders
hosianna [hoˈzi̯ana] *Interj. (christl. Rel.)* hosanna
Hospital [hɔspiˈtaːl] *das;* ~s, ~e *od.* Hospitäler [hɔspiˈtɛːlɐ] a) hospital; b) *(veralt.: Pflegeheim)* nursing home *(Brit.)*
Hospitalismus der; *~ (Psych., Päd., Med.)* hospitalism *no art.*
Hospitant [hɔspiˈtant] *der;* ~en, ~en, **Hospitantin** *die;* ~, ~nen a) *person sitting in on a class/lecture;* b) *s.* Gasthörer
hospitieren *itr. V.* **bei jmdm. ~:** sit in on sb.'s lectures/seminars; **in einem Seminar/einer Vorlesung ~:** sit in on a seminar/lecture
Hospiz [hɔsˈpiːts] *das;* ~es, ~e a) hospice; b) *(Hotel)* [christliches] *~: private hotel run in accordance with Protestant principles*
Hostess, Hosteß [hɔsˈtɛs] *die;* ~, Hostessen hostess
Hostie ['hɔsti̯ə] *die;* ~, ~n *(christl. Rel.)* host
Hostien-: *(christl. Religion)* **~schrein** der tabernacle; **~teller** der paten
Hotel [hoˈtɛl] *das;* ~s, ~s hotel
Hotel-: **~bar** die hotel bar; **~boy** der page[-boy]; bellboy *(Amer.);* **~direktor**

der hotel manager; **~fach** das; *o. Pl.* hotel trade; **~fach·schule** die school of hotel management; **~führer** der hotel guide
Hotel garni [~ garˈniː] *das;* ~ ~, ~s ~s bed-and-breakfast hotel
Hotel-: **~gast** der hotel guest; **~halle** die hotel lobby
Hotelier [hoteˈli̯eː] *der;* ~s, ~s hotelier
Hotel-: **~page** der *s.* **~boy;** **~portier** der [hotel] commissionaire; **~zimmer** das hotel room
hott [hɔt] *Interj.* gee[-up]; *s. auch* hü
HQ *Abk.* Hauptquartier HQ.
HR *Abk.* Hessischer Rundfunk Hesse Radio
hrsg. *Abk.* herausgegeben ed.
Hrsg. *Abk.* Herausgeber ed.
Hs. *Abk.* Handschrift MS.
hu [hu] *Interj.* a) ugh; b) *(bei Kälte)* brrr; c) *(zum Erschrecken)* boo
hü [hy] *Interj.* a) *(vorwärts)* giddap; gee[-up]; b) *(halt)* whoa; **einmal sagt sie ~ und einmal hott** *(fig. ugs.)* first she says one thing, then another
Hub [huːp] *der;* ~[e]s, **Hübe** ['hyːbə] *(Technik)* a) *(das Heben)* lifting; **in einem ~:** in one lift; *(bei einem Bagger)* in one load; b) *(Weg des Kolbens)* stroke
Hubbel ['hʊbl] *der;* ~s, ~ *(bes. südd.)* bump
hubbelig *(bes. südd.)* bumpy
Hub·brücke die *(Technik)* lift bridge
hüben ['hyːbn] *Adv.* on this side; over here; **~ und drüben** on both sides
Hubertus·jagd [huˈbɛrtʊs-] *die;* ~, ~en *(Jagdw.)* St. Hubert's Day hunt
Hub-: **~höhe** die *(Technik) (eines Krans)* lifting height; *(einer Schleuse)* lift; *(eines Kolbens)* length of stroke; **~raum** der *(Technik)* piston displacement; swept volume; *(Meßgröße für die Leistungsfähigkeit eines Motors)* cubic capacity
hübsch [hʏpʃ] **1.** *Adj.* a) pretty; nice-looking ⟨*boy, person*⟩; *(reizvoll)* nice, pleasant ⟨*area, flat, voice, tune, etc.*⟩; nice ⟨*phrase, idea, present*⟩; **ihr Hübschen** *(ugs.)* my pretty ones; **sich ~ machen** make oneself look nice; b) *nicht präd. (ugs.: ziemlich groß)* **eine ~e Stange Geld kosten** cost a pretty penny; **ein ~es Sümmchen** a tidy sum *(coll.);* **eine nette Summe;** **ein ~es Stück Arbeit** a fair amount *or* quite a lot of work; c) *(ugs. iron.: unangenehm)* **das ist eine ~e Geschichte/hier herrschen ~e Zustände** this is a fine *or* pretty kettle of fish *(coll.)* *or* a fine state of affairs. **2.** *adv.* a) prettily; **sich ~ anziehen** dress nicely; wear nice clothes; **~ eingerichtet/gekleidet** nicely *or* attractively furnished/dressed; **~ singen/spielen** sing/play nicely; b) *(ugs.: sehr)* **~ kalt** perishing cold; c) *(ugs.: ordentlich)* **immer ~ der Reihe nach** everybody must take his turn; **sei ~ brav** be a good boy/girl; **immer ~ langsam** take it nice and slowly
Hub·schrauber der; ~s, ~ helicopter
Hubschrauber·lande·platz der heliport; *(kleiner)* helicopter pad; landing pad
Hub-: **~stapler** der *s.* Gabelstapler; **~volumen** das *s.* **~raum**
huch [hʊx] *Interj.* ugh; *(bei Kälte)* brrr
Hucke ['hʊkə] *die;* ~, ~n *panier;* **jmdm. die ~ voll hauen** *(fig. ugs.)* give sb. a good hiding *(coll.);* *(bei einer Prügelei)* beat hell out of sb. *(coll.);* **jmdm. die ~ voll lügen** *(fig. ugs.)* tell sb. a pack of lies; **die ~ voll kriegen** *(fig. ugs.)* get a good hiding *(coll.);* *(bei einer Prügelei)* get a proper beating *(coll.);* *s. auch* saufen 3
huckepack ['hʊkəpak] *Adv. (ugs.)* **in jmdn. ~ tragen** carry sb. piggyback; give sb. a piggyback; **etw. ~ tragen** carry sth. piggyback; **jmdn./etw. ~ nehmen** take sth. up on one's back
Hudelei die; ~, ~en *(bes. südd., österr.)* a) *(Arbeitsweise)* sloppiness; b) *(Pfuscharbeit)* sloppy *or* slipshod *or* slapdash work *no indef. art.*

hudelig (*bes. südd., österr.*) **1.** *Adj.* sloppy; slapdash; slipshod ‹*work*›. **2.** *adv.* sloppily; in a sloppy *or* slipshod *or* slapdash manner
hudeln ['huːdl̩n] *itr. V.* (*bes. südd., österr.*) work sloppily; be sloppy *or* slapdash (**bei** in); **nur nicht ~!** I don't be in such a hurry!; take it easy!
hudlig *s.* hudelig
Huf [huːf] *der;* ~[e]s, ~e hoof; **einem Pferd die ~e beschlagen** shoe a horse
huf-, Huf-: ~**eisen** das horseshoe; ~**eisen·form** die: **in** ~**eisenform** in [the shape of] a horseshoe; ~**eisenförmig 1.** *Adj.* horseshoe-shaped; **2.** *adv.* in [the shape of] a horseshoe
Hufen·dorf *das* linear village in which each house has its own fields behind it
Huf-: ~**lattich** *der* coltsfoot; ~**nagel** *der* horseshoe nail; ~**schlag** *der* **a)** (*Klang*) hoofbeats *pl.;* **b)** (*Stoß*) kick [from a/the horse]; ~**schmied** *der* farrier; blacksmith; ~**schmiede** *die* farrier's *or* blacksmith's workshop
Hüft·bein *das* (*Anat.*) hip bone; innominate bone (*Anat.*)
Hüfte ['hʏftə] *die;* ~, ~n hip; **sie stand da, die Arme in die ~n gestemmt ...:** she stood there, hands on hips *or* with arms akimbo; **sich in den ~n wiegen** swing one's hips; **aus der ~ schießen/feuern** shoot/fire from the hip
hüft-, Hüft-: ~**gelenk** *das* (*Anat.*) hip-joint; ~**gelenk·entzündung** *die* coxitis; ~**gürtel** *der*, ~**halter** *der* girdle; ~**hoch 1.** *Adj.* **~hoch sein** ‹*grass, wall*› be almost waist-high; ‹*water, snow, mud*› be almost waist-deep; **2.** *adv.* **~hoch im Schlamm stehen** stand waist-deep in mud
Huf·tier *das* hoofed animal; ungulate (*Zool.*)
Hüft-: ~**knochen** *der s.* Hüftbein; ~**nerv** *der* sciatic nerve; ~**schwung** *der* (*Ringen*) cross-buttock; ~**speck** *der*, ~**weite** *die* (*Schneiderei*) hip size
Hügel ['hyːgl̩] *der;* ~s, ~ **a)** hill; (*fig.*) heap; pile; **b)** (*dichter.*) grave mound
hügel-, Hügel-: ~**ab** *Adv.* (*geh.*) downhill; ~**an**, ~**auf** *Adv.* (*geh.*) uphill; ~**grab** *das* (*Archäol.*) barrow; tumulus
hügelig *Adj.* hilly
Hügel-: ~**kette** *die* chain *or* range of hills; ~**land** *das; Pl.* ~**länder** hill country
Hugenotte [hugə'nɔtə] *der;* ~n, ~n Hugenot
hüglig *s.* hügelig
huh *s.* hu
hüh *s.* hü
Huhn [huːn] *das;* ~[e]s, **Hühner** ['hyːnɐ] **a)** chicken; [domestic] fowl *or* (*Henne*) chicken; hen; **gebratenes** ~ roast chicken; **herumlaufen wie ein aufgescheuchtes** ~ (*ugs.*) run about in a great panic (*coll.*); **da lachen [ja] die Hühner** (*ugs.*) you/he/she *etc.* must be joking (*coll.*); **ein blindes** ~ **findet auch mal ein Korn** (*Spr.*) anyone can have a stroke of luck once in a while; **mit den Hühnern aufstehen/zu Bett gehen** (*scherzh.*) get up with the lark/go to bed early; **b)** (*ugs.: Mensch*) **ein verrücktes/dummes/fideles** ~: a nutcase (*sl.*) *or* idiot/stupid twit (*Brit. sl.*) *or* idiot/cheerful sort (*coll.*); **c)** (*Jägerspr.*) *s.* Rebhuhn
Hühnchen ['hyːnçən] *das;* ~s, ~: little *or* small chicken; **mit jmdm. [noch] ein** ~ **zu rupfen haben** (*ugs.*) [still] have a bone to pick with sb.
Hühner-: ~**auge** *das* (*am Fuß*) corn; **jmdm. auf die** ~**augen treten** (*fig. ugs.*) tread on sb.'s corns *or* toes; ~**augen·pflaster** *das* corn plaster; ~**brühe** *die* chicken broth; ~**brust** *die* **a)** (*Med.*) classics breast; pigeon-breast; **b)** (*ugs.: flacher Brustkorb*) scrawny chest; ~**dieb** *der* chicken-thief; ~**dreck** *der* (*ugs.*) chicken dirt; ~**ei** *das* hen's egg; ~**farm** *die* chicken farm; ~**fri-**

kassee *das* chicken fricassee; fricassee of chicken; ~**futter** *das* chicken-feed; ~**habicht** *der* [northern] goshawk; ~**hof** *der* chicken-run; ~**hund** *der s.* Vorstehhund; ~**klein** *das* trimmings *pl.* of chicken (*in stew etc.);* ~**leiter** *die* chicken-ladder; ~**mist** *der* chicken droppings *pl.;* ~**pest** *die* (*Tiermed.*) fowl pest; ~**stall** *der* chicken-coop; hen-coop; ~**suppe** *die* chicken soup; ~**vogel** *der; meist Pl.* (*Zool.*) gallinaceous bird; ~**zucht** *die* **a)** *o. Pl.* chicken-rearing *no art.;* chicken-farming *no art.;* **b)** (*Betrieb*) chicken farm
hui [huj] *Interj.* whoosh; **außen** ~, **innen pfui** (*von Geräten usw.*) the outside's fine but inside it's a different story; (*von Personen*) he/she seems very nice on the surface, but underneath it's a different story
Huld [hʊlt] *die;* ~ (*geh., veralt., noch iron.*) (*Gunst*) favour; (*Güte*) graciousness; **jmdm. seine** ~ **schenken** bestow one's favour on sb.
huldigen ['hʊldɪgn̩] *itr. V.* **a)** **jmdm.** ~: pay tribute to *or* honour sb.; **b)** (*geh.: anhängen*) **einem Grundsatz/einer Ansicht/Mode** ~: hold [devotedly] to a principle/a point of view/follow a fashion; **dem Kartenspiel/Alkohol** ~: be addicted to cards/enjoy a few drinks; **c)** (*hist.: Treue geloben*) **jmdm.** ~: pay *or* render homage to sb.
Huldigung *die;* ~, ~**en a)** (*Ehrung*) tribute; homage; **einer Dame seine** ~ **darbringen** pay one's addresses *pl.* to a lady; **b)** (*hist.: Treuegelöbnis*) homage
Huldigungs·gedicht *das* panegyric
huld·reich, huld·voll (*geh. veralt.*) **1.** *Adj.* gracious. **2.** *adv.* graciously
Hülle ['hʏlə] *die;* ~, ~**n a)** (*Umhüllung*) cover; (*für Ausweis, Zeitkarte*) cover; holder; (*für Füllhalter*) case; (*Schallplatten~*) cover; sleeve; (*fig.: eines Menschen*) **die leibliche** ~ (*dicht.*) this mortal frame (*literary*); **die sterbliche** ~ (*geh. verhüll.*) the mortal remains *pl.;* **b)** (*ugs. scherzh.: Kleidung*) **seine** *od.* **die** ~ **fallen lassen** strip off [one's clothes]; **c)** **in** ~ **und Fülle**, (*geh.*) **die** ~ **und Fülle** in abundance; in plenty; **d)** (*Bot.*) involucre
hüllen *tr. V.* (*geh.*) wrap; **jmdn./sich in etw.** (*Akk.*) ~ wrap sb./oneself in sth.; **in Dunkel** (*Akk.*) **gehüllt** (*fig.*) shrouded *or* veiled in obscurity; **in Wolken** (*Akk.*) **gehüllt** (*fig.*) enveloped in clouds
hüllenlos *Adj.* **a)** *nicht präd.* (*unverhüllt*) plain; clear; **b)** (*scherzh.: nackt*) naked; in one's birthday suit *pred.* (*joc.*)
Hülse ['hʏlzə] *die;* ~, ~**n a)** (*Hülle*) (*für Füllhalter, Thermometer, Patrone*) case; (*für Film*) [cassette] container; (*für Impfstoff*) capsule; **b)** (*Bot.*) pod; hull
Hülsen·frucht *die; meist Pl.* **a)** (*Frucht*) fruit of a leguminous plant; **Hülsenfrüchte** pulse *sing.;* **b)** (*Pflanze*) legume; leguminous plant
human [huˈmaːn] **1.** *Adj.* **a)** (*menschenwürdig*) humane; **die modernen Großstädte müssen** ~**er werden** modern cities must provide a more humane environment for people to live in; **b)** (*nachsichtig*) considerate; **c)** (*Med.*) human. **2.** *adv.* **a)** (*menschenwürdig*) humanly; **b)** (*nachsichtig*) considerately
Human-: ~**biologie** *die* human biology *no art.;* ~**genetik** *die* human genetics *sing., no art.*
humanisieren *tr. V.* humanize
Humanisierung *die;* ~: humanization
Humanismus *der;* ~: humanism; (*Epoche*) Humanism *no art.*
Humanist *der;* ~**en**, ~**en a)** humanist; (*hist.*) Humanist; **b)** (*Altsprachler*) classical scholar; (*Student*) classics student
humanistisch *Adj.* **a)** humanist[ic]; (*hist.*) Humanist; **b)** (*altsprachlich*) classical; **ein** ~**es Gymnasium** secondary school emphasizing classical languages

humanitär [humaniˈtɛːɐ̯] *Adj.* humanitarian
Humanität [humaniˈtɛːt] *die;* ~: respect for humanity
Humanitäts·duselei [-duːzəlaɪ] *die;* ~, ~**en** (*abwertend*) [eine] ~/~**en** *Pl.* sentimental humanitarianism *sing.*
Human-: ~**medizin** *die* human medicine *no art.;* ~**mediziner** *der* practitioner of human medicine; ~**versuch** *der* (*Med.*) test on a human being/on human beings
Humbug ['hʊmbʊk] *der;* ~**s** (*ugs. abwertend*) humbug
Hummel ['hʊml̩] *die;* ~, ~**n** bumble-bee; humble-bee; **eine wilde** ~ (*scherzh.*) a proper tomboy; *s. auch* Hintern
Hummer ['hʊmɐ] *der;* ~**s**, ~: lobster
Hummer-: ~**cocktail** *der* (*Kochk.*) lobster cocktail; ~**krabbe** *die* king prawn; ~**mayonnaise** *die* (*Kochk.*) lobster mayonnaise
Humor [huˈmoːɐ̯] *der;* ~**s**, ~**e a)** humour; (*Sinn für* ~) sense of humour; **etw. mit** ~ **tragen/nehmen** bear/take sth. with a sense of humour *or* cheerfully; **keinen [Sinn für]** ~ **haben** have no sense of humour; **er hat** ~: **läßt mich mit der ganzen Arbeit allein hier sitzen** he's got a strange sense of humour, leaving me sitting here on my own with all the work; ~ **ist, wenn man trotzdem lacht** it's not the end of the world; **der rheinische/englische** ~: Rhenish/English humour; the Rhinelander's/Englishman's sense of humour; **schwarzer** ~: black humour; **b)** *o. Pl.* (*gute Laune*) **den** ~ **nicht verlieren** remain good-humoured
Humoreske [humoˈrɛskə] *die;* ~, ~**n a)** (*Literaturwiss.*) humorous sketch; **b)** (*Musik*) humoresque
humorig *Adj.* humorous
Humorist *der;* ~**en**, ~**en a)** (*Autor*) humorist; **b)** (*Vortragskünstler*) comedian
humoristisch 1. *Adj.* humorous; **er ist ein großes** ~**es Talent** he has great talent to amuse. **2.** *adv.* with humour
humor-, Humor-: ~**los 1.** *Adj.* humourless; **2.** *adv.* without humour; ~**losigkeit** *die;* ~: humourlessness; lack of humour; ~**voll 1.** *Adj.* humorous; **2.** *adv.* humorously; in a humorous way
Humpelei *die;* ~ (*ugs.*) hobbling; **er übertreibt ein bißchen mit seiner** ~: he's overdoing the limp a bit
humpeln ['hʊmpl̩n] *itr. V.* **a)** *auch mit sein* walk with *or* have a limp; **b)** *mit sein* (*sich* ~**d fortbewegen**) hobble; limp
Humpen ['hʊmpn̩] *der;* ~**s**, ~: tankard; [beer-]mug; (*aus Ton auch*) stein
Humus ['huːmʊs] *der;* ~: humus
humus-, Humus-: ~**boden** *der*, ~**erde** *die* humus soil; ~**reich** *Adj.* ‹*soil*› rich in humus; **rich** ‹*soil*›
Hund [hʊnt] *der;* ~**es**, ~**e a)** dog; (*Jagd~*) hound; dog; **ein junger** ~: a puppy *or* pup; **bei diesem Wetter würde man keinen** ~ **vor die Tür schicken** you wouldn't turn a dog out in weather like this; **da liegt der** ~ **begraben** (*fig. ugs.*) (*Ursache*) that's what's causing it; (*Grund*) that's the real reason; **da wird der** ~ **in der Pfanne verrückt** (*salopp*) it's quite incredible; **das ist zum Junge-Hunde-Kriegen** (*ugs.*) it's enough to drive you to despair; it's enough to drive you spare (*Brit. sl.*); **viele** ~**e sind des Hasen Tod** (*Spr.*) it's one against many; ~**e, die bellen, beißen nicht** (*Spr.*) barking dogs seldom bite; **den letzten beißen die** ~**e** (*fig.*) late-comers must expect to be unlucky; **ein dicker** ~: (*ugs.: grober Fehler*) a real bloomer (*Brit. sl.*) *or* (*sl.*) goof; **das ist ein dicker** ~ (*ugs.: Frechheit*) that's a bit thick (*coll.*); **kalter** ~: gateau consisting of layers of biscuit and chocolate-flavoured filling; **der Große** ~/**der Kleine** ~ (*Astron.*) the Great[er] Dog/the Little *or* Lesser Dog; **bekannt sein wie ein**

1207

bunter *od.* scheckiger ~: be a well-known figure; wie ~ und Katze leben *(ugs.)* lead a cat-and-dog life; **damit kannst du keinen ~ hinter dem Ofen hervorlocken** that won't tempt anybody; **auf den ~ kommen** *(ugs.)* go to the dogs *(coll.)*; **mit allen ~en gehetzt sein** *(ugs.)* be up to *(coll.)* or know all the tricks; **vor die ~e gehen** *(ugs.)* go to the dogs *(coll.)*; *(sterben)* die; kick the bucket *(sl.)*; **b)** *(salopp: Mann)* bloke *(Brit. coll.)*; *(abwertend)* bastard *(coll.)*; **so ein blöder ~!** [what a] stupid bastard!; **c)** *(Bergmannsspr.)* [mine-]car; tub

Hụndchen, Hündchen ['hʏntçən] *das;* ~s, ~ *(kleiner Hund)* little dog; *(Koseform)* doggie *(coll.)*; *(junger Hund)* puppy; pup

hụnde-, Hụnde-: ~**art** *die s.* ~**rasse;** ~**artige** *Pl.; adj. Dekl. (Zool.)* canines; **die ~artigen** the Canidae; ~**ausˌstellung** *die* dog show; ~**blick der** *(fig. ugs.)* doglike look; *(ergeben)* look of doglike devotion; ~**blume** *die* dandelion; ~**deckchen** *das* **a)** dog-coat; **b)** *(scherzh.: Gamasche)* gaiter; ~**dreck** *der* dog's mess *or* muck; ~**elend** *Adj.; nicht attr.* [really] wretched *or* awful; ~**fänger** *der* dog-catcher; ~**futter** *das* dog food; ~**gespann** *das* dog-team; ~**halsband** *das* dog-collar; ~**halter** *der (Amtsspr.)* dog-owner; ~**hütte** *die (auch fig. abwertend)* [dog-]kennel; ~**kạlt** *Adj.; nicht attr. (ugs.)* freezing cold; ~**klo[sett]** *das* dogs' toilet *or* lavatory; ~**kot** *der (geh.)* dog-dirt; ~**kuchen** *der* dog-biscuit; ~**leben** *das (ugs.)* dog's life; ~**marke** *die* **a)** dog-licence disc; dog-tag; **b)** *(salopp scherzh.: Erkennungsmarke (bei Soldaten))* identity disc; dog-tag *(Amer. sl.)*; *(bei der Polizei) s.* Kennmarke; ~**müde** *Adj.; nicht attr. (ugs.)* dog-tired; ~**narr** *der* fanatical dog-lover; ~**rasse** *die* breed of dog; ~**rennen** *das* dog-racing; greyhound-racing; **ein Vermögen beim ~rennen verlieren** lose a fortune at the dog-track *or (coll.)* on the dogs *pl.*

hụndert ['hʊndɐt] *Kardinalz.* **a)** *a or* one hundred; **mehrere/einige ~ Menschen** several/a few hundred people; **auf ~ kommen/sein** *(ugs.)* blow one's top *(coll.)*/be in a raging *or (coll.)* flaming temper; *s. auch* **acht; b)** *(ugs.: viele)* hundreds of; **Neuigkeiten** lots of news

¹**Hụndert** *das;* ~s, ~e *od. (nach unbest. Zahlwörtern)* ~ **a)** hundred; **ein halbes ~:** fifty; **fünf vom ~:** five per cent; **b)** *Pl. (große Anzahl)* ~e **von Menschen** hundreds of people; **von solchen Menschen gibt es unter ~en nur einen** people like that are few and far between; **in die ~e gehen** *(ugs.)* run into hundreds

²**Hụndert** *die;* ~, ~en hundred

hundertˌein[s] *Kardinalz.* a *or* one hundred and one

Hụnderter *der;* ~s, ~ **a)** *(ugs.)* hundred-mark/-dollar *etc.* note; **das wird mich einige ~ kosten** that will cost me a few hundred [marks/dollars *etc.*]; **b)** *(Math.)* hundred

hunderterlei *Gattungsz.; indekl. (ugs.)* **a)** *(von verschiedener Art)* a hundred and one different ⟨answers, kinds, *etc.*⟩; **b)** *(viele)* a hundred and one; **ich muß noch ~ besorgen** I still have a hundred and one things to see to

hundert ˌfach *Vervielfältigungsz.* hundredfold; **die ~e Menge/der ~e Preis** a hundred times the amount/price; *s. auch* **achtfach**

Hundert ˌfünf und ˌsiebziger *der;* ~s, ~ *(ugs. veraltet)* homo *(coll.)*; queer *(sl.)*

hundertˌfünfzig prozentig *Adj. (ugs. iron.)* over-zealous ⟨official⟩; fanatical ⟨nationalist, communist, *etc.*⟩

Hundert ˌjahr ˌfeier *die* centenary; centennial; **die ~ unserer Organisation** the centenary *or* centennial of our organization

hundertˌjährig *Adj.* **a)** *(100 Jahre alt)* [one-]hundred-year-old; **ein ~er Greis** a centenarian; **b)** *(100 Jahre dauernd)* **nach ~em Kampf** after a hundred years of war; **ihr/sein ~es Bestehen feiern** celebrate its centenary; **der Hundertjährige Krieg** *(hist.)* the Hundred Years' War; **der Hundertjährige Kalender** the Century Almanac

hundert · mal *Adv.* a hundred times; **auch wenn du dich ~ beschwerst** *(ugs.)* however much *or* no matter how much you complain; *s. auch* **achtmal**

Hundert-: ~**mark ˌschein** *der* hundred-mark note; ~**meter ˌhürden ˌlauf** *der (Leichtathletik)* hundred-metres hurdles *sing.*; ~**meter ˌlauf** *der (Leichtathletik)* hundred metres *sing.*; **sie gehört zu den Weltbesten im ~meterlauf** she is among the world's best at a *or* the hundred metres

hundertˌprozentig 1. *Adj.* **a)** *(von 100%)* [one-]hundred per cent *attrib.*; ~**er Alkohol** pure alcohol; **b)** *(ugs.: völlig)* a hundred per cent, complete, absolute ⟨certainty, agreement, *etc.*⟩; **c)** *(ugs.: ganz sicher)* completely *or* absolutely reliable; **d)** *(ugs.: typisch)* in ~**er Konservativer/eine ~e Amerikanerin** a conservative/an American through and through. **2.** *adv. (ugs.)* **ich bin nicht ~ sicher** I'm not a hundred per cent sure; **du kannst dich ~ auf ihn/darauf verlassen** you can rely on him/it absolutely *or* one hundred per cent; **~ recht haben** be absolutely right; *etw.* **~ wissen** know sth. for sure; **er wird das tun, ~:** he will do it, you can be a hundred per cent sure of that

Hụndertschaft *die;* ~, ~en group of a hundred; **einige ~en der Polizei** several hundred police

hundertst... ['hʊndɐtst...] *Ordinalz.* hundredth; **zum ~en Mal fragen** *(ugs.)* ask for the hundredth time; **vom Hundertsten ins Tausendste kommen** get carried away so that one subject just leads another

hundertstel ['hʊndɐtstl̩] *Bruchz.* hundredth; *s. auch* **achtel**

Hụndertstel *das (schweiz. meist der),* ~s, ~: hundredth

Hụndertstel · sekunde *die* hundredth of a second

hundert · tausend *Kardinalz.* a *or* one hundred thousand; **mehrere/viele ~ Menschen** several hundred thousand people/many hundreds of thousands of people

hundert · und · ein[s] *Kardinalz.* a *or* one hundred and one

hundert · zehn *Kardinalz.* a *or* one hundred and ten

Hundert · zehn · meter · hürden · lauf *der (Leichtathletik)* 110 metres hurdles *sing.*

Hụnde-: ~**salon** *der* poodle *or* dog parlour; ~**scheiße** *die (derb)* dog-shit *(coarse)*; ~**schlitten** *der* dog-sledge; (dog-)sled *(Amer.)*; ~**schnauze** *die* dog's muzzle *or* snout; **kalt wie eine ~schnauze sein** *(fig. ugs.)* be as cold as ice *(fig.)*; ~**sohn** *der (abwertend)* cur; ~**steuer** *die* dog-licence fee; ~**streife** *die* dog-patrol; ~**wetter** *das (ugs.)* filthy *or (sl.)* lousy weather; ~**zucht** *die* **a)** *o. Pl.* dog-breeding *no art.*; **b)** *(Betrieb)* [breeding] kennels *pl.*; ~**zwinger** *der* dog run

Hündin ['hʏndɪn] *die;* ~, ~nen bitch

hündisch ['hʏndɪʃ] **1.** *Adj.* **a)** ⟨würdelos⟩ doglike, servile ⟨obedience⟩; doglike ⟨devotion⟩; fawning, abject ⟨submissiveness⟩; **b)** *(gemein)* mean; nasty. **2.** *adv.* **jmdm. ~ ergeben sein** have a doglike devotion to sb.; **sich einer Sache** *(Dat.)* **~ unterwerfen** submit abjectly to sth.

hụnds-, Hụnds-: ~**erbärmlich** *(ugs.)* **1.** *Adj.* **a)** [really] dreadful *(coll.)*; **b)** *(verabscheuenswürdig)* dirty *attrib.* ⟨lie, coward⟩; **eine ~erbärmliche Gemeinheit** a dirty lowdown thing to do/say; **2.** *adv.* **a)** *(sehr)* terribly *(coll.)*, dreadfully *(coll.)*⟨coll.⟩; **b)** *(sehr schlecht)* [really] abysmally *(coll.)* *or* dreadfully *(coll.)*; ~**fott** [~fɔt] *die;* ~[e]s, ~e *od.*

~**fötter** [fœtɐ] *(derb abwertend)* low-down bastard *(coll.)*; ~**föttisch** [~fœtɪʃ] *Adj. (derb abwertend)* low-down *attrib.*; dirty *attrib.* ⟨coward⟩; ~**gemein** *(ugs.)* **1.** *Adj.* **a)** *(abwertend: überaus gemein)* really mean *or* shabby; dirty ⟨liar⟩; **es war ~gemein, uns so hereinzulegen** it was a really mean *or* shabby trick to take us for a ride *(sl.)* like that; **b)** *(sehr stark)* terrible *(coll.)*, dreadful *(coll.)* ⟨cold, weather, pain, *etc.*⟩; **2.** *adv.* **a)** *(gemein)* ⟨deceive, behave⟩ really meanly *or* shabbily; **b)** *(sehr stark)* **das tut ~gemein weh** it hurts like hell *(coll.)* *or* terribly *(coll.)*; ~**gemeinheit** *die (abwertend)* really mean *or* shabby trick; ~**miserabel** *(salopp abwertend)* **1.** *Adj.* [really] lousy *(sl.)* *or* dreadful *(coll.)*; **2.** *adv. (behave)* [really] appallingly *(coll.)* *or* dreadfully *(coll.)*; ~**rose** *die (Bot.)* dog-rose; wild briar; ~**stern** *der (Astron.)* dog-star; ~**tage** *Pl.* dog-days; ~**veilchen** *das* dog violet; ~**wut** *die (veralt.) s.* **Tollwut**

Hüne ['hyːnə] *der;* ~n, ~n giant

Hünen ˌgrab *das* megalithic tomb; *(Hügelgrab)* barrow; tumulus

hünenhaft *Adj.* gigantic ⟨build, stature⟩

Hụnger ['hʊŋɐ] *der;* ~s **a)** ~ **bekommen/haben** get/be hungry; **ich habe ~ wie ein Bär** *od.* **Wolf** I'm so hungry I could eat a horse; **sein ~ war groß** he was very hungry; **~ auf** *etw. (Akk.)* **haben** fancy sth.; feel like sth. *(coll.)*; ~ **leiden** go hungry; starve; **wissen, was ~ ist** know what it is to go hungry; **vor ~ sterben** die of starvation *or* hunger; starve to death; **seinen ~ stillen** satisfy one's hunger; **~ ist der beste Koch** *(Spr.)* hunger is the best sauce *(prov.)*; **der ~ treibt's rein** *(ugs. scherzh.)* if you're hungry enough, you'll eat anything; **b)** *(Hungersnot)* famine; **c)** *(geh.: Verlangen)* hunger; *(nach Ruhm, Macht)* craving; thirst; **~ nach Gerechtigkeit** powerful desire to see justice done

Hụnger-: ~**blockade** *die* food-blockade; ~**da ˌsein** *das* existence at starvation level *or* below subsistence level; ~**gefühl** *das* feeling of hunger; ~**jahr** *das* hungry year; ~**kur** *die* starvation diet; **eine ~kur machen** go on a starvation diet; ~**leider** *der (ugs. abwertend)* starving pauper; ~**lohn** *der (abwertend)* starvation wage[s *pl.*]

hụngern ['hʊŋɐn] **1.** *itr. V.* **a)** go hungry; starve; **~, um schlank zu werden** be on a starvation diet in order to get slim; **jmdn. ~ lassen** let sb. starve; *(als Strafe)* starve sb.; **b)** *(verlangen)* **nach etw. ~:** hunger *or* be hungry for sth.; *(nach Macht, Ruhm)* crave sth.; thirst for sth. **2.** *refl. V.* **sich ~ schlank ~:** go on a [slimming] diet; *(mit totalem Verzicht auf Nahrung)* slim by going on a starvation diet; **sich zu Tode ~:** starve oneself to death. **3.** *tr. V. (unpers.) (dichter.: verlangen)* **jmdn. hungert nach etw. ~** sb. craves [for] sth. *or* hungers for sth.

Hụnger-: ~**ödem** *das (Med.)* famine-oedema; nutritional oedema; ~**ration** *die (ugs.)* starvation rations *pl.*

Hụngers · not *die* famine

Hụnger-: ~**streik** *der* hunger-strike; **in den ~streik treten** go on hunger-strike; ~**tod** *der* death from starvation; **den ~tod sterben** die of starvation; ~**tuch** **das in am ~tuch nagen** *(ugs. scherzh.)* be on the breadline; ~**turm** *der (hist.)* dungeon in which prisoners were starved to death

hụngrig *Adj.* **a)** hungry; **das macht [einen] ~:** it makes you hungry *or* gives you an appetite; **~ nach** *etw.* **sein** fancy sth.; feel like sth. *(coll.)*; **b)** *(geh.: begierig)* hungry (**nach** for); **~ nach Anerkennung sein** crave recognition

Hụnne ['hʊnə] *der;* ~n, ~n *(hist.)* Hun

Hupe ['huːpə] *die;* ~, ~n horn; **auf die ~ drücken** sound the/one's horn

hupen *itr. V.* sound the *or* one's horn; **drei-**

Huperei | **hyperkorrekt**

mal ~: hoot three times; give three toots on the horn
Huperei die; ~: honking; hooting
Hupf·dohle die (salopp) chorus-girl
hupfen ['hʊpfn̩] itr. V.; mit sein (südd., österr.) hop; **das ist gehupft wie gesprungen** (ugs.) it doesn't make any difference; it doesn't matter either way
hüpfen ['hʏpfn̩] itr. V.; mit sein hop; ⟨ball⟩ bounce; ⟨lamb⟩ gambol; **über die Straße ~:** skip across the road; **Hüpfen spielen** play [at] hopscotch; **mein Herz hüpfte vor Freude** my heart leapt for joy; **das ist gehüpft wie gesprungen** (ugs.) s. hupfen
Hupfer der; ~s, ~ (bes. südd., österr.), **Hüpfer** der; ~s, ~: skip; (auf einem Bein) hop
Hup-: ~**konzert** das (ugs. scherzh.) chorus of hooting; ~**signal** das hoot; toot; ~**verbot** das ban on sounding one's horn
Hürde ['hʏrdə] die; ~, ~n a) (Leichtathletik, Reitsport, fig.) hurdle; **eine ~ nehmen/reißen** clear/knock over a hurdle; **eine ~ nehmen** (fig.) get over a hurdle
Hürden-: ~**lauf** der (Leichtathletik) hurdling; (Wettbewerb) hurdle race; ~**läufer** der (Leichtathletik) hurdler; ~**rennen** das (Reitsport) hurdle race; ~**rennen reiten** ride in a hurdle race
Hure ['huːrə] die; ~, ~n (abwertend) whore
huren itr. V. (abwertend) whore; fornicate; **mit jmdm. ~:** fornicate with sb.
Huren-: ~**bock** der (abwertend) whoremonger; fornicator; ~**kind** das (Druckw.) widow; ~**sohn** der (abwertend) bastard (coll.); son of a bitch (derog.)
Hurerei die; ~, ~en (abwertend) ~/~en Pl. whoring sing.; fornication sing.
Huri ['huːri] die; ~, ~s (islam. Rel.) houri
hurra [hʊˈraː] Interj. hurray; hurrah; ~ **schreien** cheer; s. auch hipp, hipp, ~
Hurra das; ~s, ~s cheer; **ein dreifaches ~:** three cheers pl.; **jmdn. mit ~ begrüßen** greet sb. with cheering or cheers pl.
hurra-, Hurra-: ~**gebrüll** das, ~**geschrei** das [loud] cheering or cheers pl.; ~**patriot** der (ugs. abwertend) flag-waving patriot; ~**patriotisch** Adj. (ugs. abwertend) flag-waving ⟨speech etc.⟩; ~**patriotismus** der (ugs. abwertend) flag-waving patriotism; ~**ruf** der cheering; cheers pl.
Hurrikan ['hʌrɪkən] der; ~s, ~s hurricane
hurtig ['hʊrtɪç] 1. Adj.; nicht präd. rapid. 2. adv. quickly; ⟨work⟩ fast, quickly
Husar [huˈzaːɐ̯] der; ~en, ~en (hist.) hussar
Husaren-: ~**streich** der, ~**stück** das daring coup
husch [hʊʃ] 1. Interj. quick; quickly; ~, ~! away with you!; be off with you!; (zu einem Tier) shoo! 2. Adv. **das geht nicht so ~, ~:** it can't be rushed; **bei ihr muß alles ~, ~ gehen** she wants everything done in a hurry
Husch der; ~[e]s, ~e in einem ~ (ugs.) in a flash; in no time at all
Husche ['hʊʃə] die; ~, ~n (ostmd.) [sudden] shower
huschen itr. V.; mit sein (lautlos u. leichtfüßig) ⟨person⟩ slip, steal; (lautlos u. schnell) flit, dart; ⟨mouse, lizard, etc.⟩ dart; ⟨smile⟩ fly; ⟨light⟩ flash; ⟨shadow⟩ slide or glide quickly
hussa ['hʊsa], **hussasa** ['hʊsasa] Interj. (bei der Jagd) tally-ho; halloo; (zum Pferd) gee-up
hüsteln ['hyːstl̩n] itr. V. cough slightly; give a slight cough; **verlegen/vornehm ~:** cough with embarrassment/politely
husten ['huːstn̩] 1. itr. V. a) cough; **auf etw. (Akk.) ~** (salopp) not give a damn for sth.; b) (Husten haben) have a cough; be coughing. 2. tr. V. cough up ⟨blood, phlegm⟩; **jmdm. etwas ~** (salopp spött.) tell sb. where he/she can get off (coll.)
Husten der; ~s, ~: cough; ~ **haben** have a cough

Husten-: ~**an·fall** der coughing-fit; fit of coughing; ~**bonbon** das cough sweet (Brit.); ~**mittel** das cough medicine or mixture; ~**reiz** der tickling in the throat; **den ~reiz nicht unterdrücken können** be unable to suppress the urge or need to cough; ~**saft** der cough-syrup; cough mixture; ~**tee** der herb-tea which soothes coughs; ~**tropfen** Pl. cough-drops
¹**Hut** [huːt] der; ~es, Hüte ['hyːtə] a) hat; **den ~ abnehmen/aufsetzen** take off/put on one's hat; **vor jmdm. den ~ ziehen** (abnehmen) take off one's hat to sb.; (zum Gruß) raise one's hat to sb.; **in ~ und Mantel** wearing one's hat and coat; with one's hat and coat on; b) (fig.) **da geht einem/mir der ~ hoch** (ugs.) it makes you/me mad or wild (coll.); ~ **ab!** (ugs.) hats off to him/her etc.; I take my hat off to him/her etc.; **ein alter ~ sein** (ugs.) be old hat; **seinen ~ nehmen [müssen]** (ugs.) [have to] pack one's bags and go; **vor jmdm./etw. den ~ ziehen** (ugs.) take off one's hat to sb./sth.; **das kann er sich** (Dat.) **an den ~ stecken** (ugs. abwertend) he can keep it (coll.) or (sl.) stick it; **mit etw. nichts am ~ haben** (ugs.) want nothing to do with sth.; **jmdm. eins auf den ~ geben** (ugs.) give sb. a dressing down or (Brit. sl.) rocket; **eins auf den ~ kriegen** (ugs.) get a dressing down or (sl.) rocket; **verschiedene Interessen/Personen unter einen ~ bringen** (ugs.) reconcile different interests/the interests of different people; c) (Bot.) cap
²**Hut** die; ~ (geh.) keeping; care; **bei jmdm. in guter ~ sein** be in good hands with sb.; **auf der ~ sein** be on one's guard
Hut-: ~**ab·lage** die hat rack; ~**band** das hat-band; ⟨eines Damenhutes⟩ hat-ribbon
Hüte·junge der shepherd boy
hüten ['hyːtn̩] 1. tr. V. look after; take care of; tend, keep watch over ⟨sheep, cattle, etc.⟩; **etw. eifersüchtig ~:** guard sth. jealously; **ein Geheimnis ~** (fig.) keep or guard a secret; s. auch Bett a. 2. refl. V. (vorsehen) be on one's guard; **sich vor jmdm./etw. ~:** be on one's guard against sb./sth.; **sich ~, etw. zu tun** take [good] care not to do sth.; **ich werde mich ~!** (ugs.) no fear! (coll.); not likely! (coll.)
Hüter der; ~s, ~: guardian; custodian; **soll ich meines Bruders ~ sein?** (bibl.) am I my brother's keeper?; **ein ~ des Gesetzes** (scherzh.) a custodian of the law (coll.)
Hüterin die; ~, ~nen guardian; custodian
Hut-: ~**feder** die hat feather; (größer) plume; ~**geschäft** das hat shop; hatter's [shop]; (für Damen) hat shop; milliner's (shop); ~**größe** die hat size; size of hat; ~**krempe** die [hat] brim; ~**macher** der hatter; hat maker; (für Damen) milliner; ~**macherin** die; ~, ~nen s. ~**macher**; ~**mode** die (der Herren) fashion in gents' or gentlemen's hats; (der Damen) fashion in ladies' hats; ~**nadel** die hat-pin; ~**schachtel** die hat-box
Hutsche ['huːtʃə] die; ~, ~n (südd., österr.) ugs.) s. Schaukel
Hut·schnur die **in das geht mir über die ~** (ugs.) that's going too far
Hutsch·pferd das (südd., österr.) s. Schaukelpferd
Hütte ['hʏtə] die; ~, ~n a) hut; ⟨Holz~⟩ cabin; hut; ⟨ärmliches Haus⟩ shack; hut; b) ⟨Eisen~⟩ iron [and steel] works sing. or pl.; ⟨Glas~⟩ glassworks sing. or pl.; ⟨Blei~⟩ lead works sing. or pl.; c) ⟨Jagd~⟩ [hunting-]lodge; d) (Seemannsspr.) poop
Hütten-: ~**abend** der evening social gathering or party in a mountain hut; ~**arbeiter** der (in der Eisenhütte) worker in a/the iron/steel works; ironworker/steelworker; (in der Glashütte) glass worker; ~**industrie** die iron and steel industry; ~**käse** der cottage cheese; ~**kombinat** das (DDR) metallurgical combine;

~**schuh** der slipper-sock; ~**werk** das s. **Hütte** b; ~**wesen** das; o. Pl. (Technik) metallurgical engineering no art.; (~industrie) iron and steel industry
Hutzel ['hʊtsl̩] die; ~, ~n (bes. südd.) dried fruit; (Birne) dried pear
Hutzel·brot das (bes. südd.) fruit bread; **ein ~:** a fruit loaf
hutzelig Adj. (ugs.) wizened ⟨person, face⟩; shrivelled, dried-up ⟨fruit⟩
Hutzel-: ~**männchen** das brownie; ~**weib[lein]** das wizened old woman
Hut·zucker der loaf sugar (in the shape of a cone)
Hyäne ['hyːɛːnə] die; ~, ~n (auch fig. ugs.) hyena
Hyazinthe [hyaˈtsɪntə] die; ~, ~n hyacinth
hybrid [hyˈbriːt] Adj. (bes. Biol.) hybrid
Hybride der; ~n, ~n (Biol.) hybrid
Hybrid-: ~**rechner** der (DV) hybrid computer; ~**züchtung** die (Biol.) cross-breeding; crossing
Hybris ['hyːbrɪs] die; ~ (geh.) hubris
Hydra ['hyːdra] die; ~, **Hydren** hydra
Hydrant [hyˈdrant] der; ~en, ~en hydrant
Hydrat [hyˈdraːt] das; ~[e]s, ~e (Chemie) hydrate
Hydra[ta]tion [hydraˈta(ˈtsi̯oːn)] die; ~ (Chemie) hydration
Hydraulik [hyˈdraʊlɪk] die; ~ (Technik) a) (Theorie) hydraulics sing., no art.; b) (Vorrichtungen) hydraulics pl.; hydraulic system
hydraulisch (Technik) 1. Adj. hydraulic. 2. adv. hydraulically
Hydrid [hyˈdriːt] das; ~[e]s, ~e (Chemie) hydride
hydrieren [hyˈdriːrən] tr. V. (Chemie) hydrogenate
Hydrierung die; ~ (Chemie) hydrogenation
hydro-, Hydro- [hydro-]: ~**biologie** die hydrobiology no art.; ~**dynamik** die (Physik) hydrodynamics sing., no art.; ~**dynamisch** Adj. (Physik) hydrodynamic; ~**kultur** die; ~, ~en (Gartenbau) hydroponics sing.; ~**lyse** [~ˈlyːzə] die; ~, ~n (Chemie) hydrolysis; ~**meter** das; ~s, ~ current meter; (Senkwaage) hydrometer; ~**phil** [~ˈfiːl] Adj. a) (Biol.) hydrophilous ⟨plant, insect⟩; water-loving ⟨animal⟩; b) (Chemie) hydrophilic; ~**phob** [~ˈfoːp] Adj. a) (Biol.) ⟨plant, animal⟩ that avoids water; b) (Chemie) hydrophobic; ~**pneumatisch** Adj. (Technik) hydropneumatic; ~**technik** die; ~: hydraulic engineering no art.; ~**therapie** die; ~, ~n (Med.) hydrotherapy
Hydroxid, Hydroxyd das; ~[e]s, ~e (Chemie) hydroxide
Hygiene [hyˈgi̯eːnə] die; ~ a) (Gesundheitspflege) health care; b) (Sauberkeit) hygiene; c) (Med.) hygiene no art.; hygienics sing., no art.
hygienisch 1. Adj. hygienic. 2. adv. hygienically
hygro-, Hygro- [hygro-]: ~**meter** das; ~s, ~ (Met.) hygrometer; ~**skop** [~ˈskoːp] das; ~s, ~e (Met.) hygroscope; ~**skopisch** Adj. (Chemie) hygroscopic
Hymen ['hyːmən] das ods. der; ~s, ~ (Anat.) hymen
Hymne ['hʏmnə] die; ~, ~n a) hymn; b) (Nationalhymne) national anthem
hymnisch Adj. hymnic; **ein ~er Gesang** a paean [of praise]
Hymnus ['hʏmnʊs] der; ~, **Hymnen** (geh.) s. **Hymne** a
Hyperbel [hyˈpɛrbl̩] die; ~, ~n a) (Geom.) hyperbola; b) (Rhet.) hyperbole
Hyperbel·funktion die (Math.) hyperbolic function
hyperbolisch [hypɛrˈboːlɪʃ] (Math., Rhet.) hyperbolic
hyper-, Hyper- [hypɛr-]: ~**korrekt** (ugs. abwertend, Sprachw.) 1. Adj. hypercorrect;

1209

2. *adv.* in a hypercorrect way; **~kritisch** *Adj.* *(abwertend)* hypercritical; **~modern 1.** *Adj.* ultra-modern; ultra-fashionable ⟨*clothes*⟩; **2.** *adv.* ultra-modernly; ⟨*dress*⟩ ultra-fashionably; **~sensibel** *Adj.* hypersensitive; **~tonie** [~to'ni:] *die*; ~, ~n *(Med.)* **a)** hypertension; **b)** *(im Auge, Muskel)* hypertonia; **~toniker** [~'to:nikɐ] *der*; ~s, ~ *(Med.)* hypertensive; **~troph** [~'tro:f] *Adj.* *(Med.)* hypertrophic; **~trophie** [~tro'fi:] *die*; ~ *(Med.)* hypertrophy
Hypnose [hʏp'no:zə] *die*; ~, ~n hypnosis; jmdn. in ~ versetzen put sb. under hypnosis; unter ~ stehen be under hypnosis
Hypno·therapie *die* hypnotherapy
Hypnotikum [hʏp'no:tikʊm] *das*; ~s, Hypnotika *(Med.)* soporific
hypnotisch *Adj.* hypnotic; hypnotic, soporific ⟨*drug*⟩
Hypnotiseur [hʏpnoti'zøːɐ̯] *der*; ~s, ~e hypnotist
hypnotisieren *tr. V.* hypnotize
Hypnotismus *der*; ~: hypnotism *no art.*
Hypochonder [hypo'xɔndɐ] *der*; ~s, ~: hypochondriac
Hypochondrie *die*; ~, ~n *(Med.)* hypochondria *no art.*
hypochondrisch *Adj.* hypochondriac
hypo-, Hypo- [hypo-]: **~nym** [~'ny:m] *das*; ~s, ~e *(Sprachw.)* hyponym; **~physe** [~'fy:zə] *die*; ~, ~n *(Anat.)* hypophysis; **~stase** [~'sta:zə] *die*; ~, ~n **a)** *(Philos.)* hypostasis; **b)** *(Sprachw.)* establishment as an independent word; **~taktisch** [~'taktɪʃ] *Adj.* *(Sprachw.)* hypotactic; **~taxe** [~'taksə] *die*; ~, ~n *(Sprachw.)* hypotaxis; **~tenuse** [~te'nu:zə] *die*; ~, ~n *(Math.)* hypotenuse; **~thalamus** *der (Anat.)* hypothalamus
Hypothek [-'teːk] *die*; ~, ~en **a)** *(Bankw.)* mortgage; eine ~ aufnehmen take out a mortgage; etw. mit einer ~ belasten encumber sth. with a mortgage; mortgage sth.; **b)** *(Bürde)* burden
hypothekarisch [-te'kaːrɪʃ] **1.** *Adj.* ~e Sicherheiten bieten offer a mortgage [on property] as security; ~e Belastungen mortgage *sing.* **2.** *adv.* etw. ~ belasten mortgage sth.
Hypotheken-: ~brief *der (Bankw.)* mortgage deed; **~gläubiger** *der (Bankw.)* mortgagee; **~pfand·brief** *der (Bankw.)* mortgage bond; **~schuldner** *der (Bankw.)* mortgagor; **~zins** *der*; *meist Pl.* mortgage interest
hypo-, Hypo-: ~these [~'te:zə] *die*; ~, ~n hypothesis; das ist eine reine ~these that's pure hypothesis; **~thetisch 1.** *Adj.* hypothetical; **2.** *adv.* hypothetically; **~tonie** [~to'ni:] *die*; ~, ~n *(Med.)* **a)** *(niedriger Blutdruck)* hypotension; **b)** *(im Auge, Muskel)* hypotonia; **~toniker** [~'to:nikɐ] *der*; ~s, ~: hypotensive; **~zykloide** *die (Math.)* hypocycloid
Hysterie [hʏste'ri:] *die*; ~, ~n [-i:ən] hysteria
Hysteriker [hʏs'te:rikɐ] *der*; ~s, ~, **Hysterikerin** *die*; ~, ~nen hysterical person; hysteric
hysterisch 1. *Adj.* hysterical; einen ~en Anfall bekommen have [a fit of] hysterics. **2.** *adv.* hysterically
Hz *Abk.* Hertz Hz

I

i, I [i:] *das*; ~, ~: i/I; das Tüpfelchen *od.* der Punkt auf dem i *(fig.)* the final touch; *s. auch* a, A
i *Interj.* ugh; **i bewahre, i wo** *(ugs.)* [good] heavens, no!
i. A. *Abk.* im Auftrag[e] p.p.
iah ['i:'a:] *Interj.* hee-haw
iahen ['i:'a:ən] *itr. V.* hee-haw; bray
IAO *Abk.* Internationale Arbeitsorganisation ILO
ibd. *Abk.* ibidem ibid.
iberisch [i'be:rɪʃ] *Adj.* Iberian; Iberische Halbinsel Iberian Peninsula
Ibero·amerika [i'be:ro-] Latin America
IBFG *Abk.* Internationaler Bund Freier Gewerkschaften ICFTU *(International Confederation of Free Trade Unions)*
ibidem [i'bi:dɛm] *Adv.* ibidem
Ibis ['i:bɪs] *der*; ~ses, ~se *(Zool.)* ibis
IC *Abk.* Intercity IC
ich [ɪç] *Personalpron.; 1. Pers. Sg. Nom.* I; Wer ist da? – Ich bin's! Who's there? – It's me!; Wer hat nun das gemacht? – Ich war's Who did that? – I did *or* It was me; Hat sie mich gerufen? – Nein, ~: Was it she who called me? – No, I did *or* me!; ~ Esel/Idiot habe es gemacht and I, silly ass/idiot that I am, did it; and, like a fool, I did it; ~ Idiot/Esel! what an idiot I am!; I 'am an idiot!; immer ~ *(ugs.)* [it's] always me; ~ selbst I myself; ~ nicht not me; Menschen wie du und ~ : people like you and I *or* me; *s. auch* *(Gen.)* meiner, *(Dat.)* mir, *(Akk.)* mich
Ich *das*; ~[s], ~[s] **a)** self; das eigene ~: one's own self; **b)** *(Psych.)* ego
ich-, Ich-: ~bewußt·sein *das* self-awareness; **~bezogen 1.** *Adj.* egocentric; *(in der Kommunikation)* egotistic; **2.** *adv.* ~bezogen denken think in an egocentric way; **~bezogenheit** *die*; ~: egocentricity; *(in der Kommunikation)* egotism; **~-Erzähler** *der* first-person narrator; **~-Form** *die*; *o. Pl.* first person; **~-Laut** *der (Sprachw.)* palatal fricative; ich-laut; **~sucht** *die*; *o. Pl.* *(geh.)* egoism; **~süchtig** *Adj. (geh.)* egoistic[al]
Ichthyo·saurier [ɪçtyo-] *der* ichthyosaurus
ideal [ide'a:l] **1.** *Adj.* ideal. **2.** *adv.* ideally; das Haus liegt ~ : the house is ideally situated
Ideal *das*; ~s, ~e ideal; er ist das ~ eines Vorgesetzten he is the ideal *or* perfect boss *(coll.)*
Ideal-: ~besetzung *die* **a)** *(Film, Theater)* ideal cast; **b)** *(Sport)* ideal line-up; **~bild** *das* ideal; **~fall** *der* ideal case; im ~fall in ideal circumstances *pl.*; **~figur** *die* ideal figure; **~gestalt** *die* ideal; **~gewicht** *das* ideal weight
idealisieren *tr. V.* idealize; ein ~des Bild von etw. an idealized picture of sth.
Idealisierung *die*; ~, ~en idealization
Idealismus *der*; ~ *(auch Philos.)* idealism
Idealist *der*; ~en, ~en *(auch Philos.)* idealist
idealistisch *(auch Philos.)* **1.** *Adj.* idealistic. **2.** *adv.* idealistically
ideal-, Ideal-: ~konkurrenz *die (Rechtsw.)* *s.* Tateinheit; **~linie** *die (Sport)* ideal line; **~typisch** *Adj. (Soziol.)* idealtypical; idealized; **~typus** *der (Soziol.)* ideal type; **~vorstellung** *die* ideal

Idee [i'de:] *die*; ~, ~n **a)** idea; du hast [vielleicht] ~n *(iron.)* you do get some ideas, don't you!; auf eine ~ kommen hit [up]on an idea; wie bist du nur auf die ~ gekommen? whatever gave you 'that idea?; jmdn. auf eine ~ bringen give sb. an idea; eine fixe ~: an obsession; an idée fixe; er ist von der fixen ~ besessen, Rennfahrer zu werden he is obsessed with the idea of becoming a racing driver; **b)** *(ein bißchen)* eine ~: a shade *or* trifle; eine ~ [Salz/Pfeffer] a touch [of salt/pepper]
ideell [ide'ɛl] **1.** *Adj.* non-material; *(geistigseelisch)* spiritual. **2.** *adv.* ~ unterstützen support sth. in non-material ways
ideen-, Ideen-: ~arm *Adj.* lacking in ideas *postpos.*; **~armut** *die* lack of ideas; **~aus·tausch** *der* exchange of ideas; **~drama** *das (Literaturw.)* drama of ideas; **~gut** *das*; *o. Pl.* ideas *pl.*; **~los** *Adj.* devoid of *or* [completely] lacking in ideas *postpos.*; **~losigkeit** *die*; ~: [complete] lack of ideas; **~reich** *Adj.* full of ideas *postpos.*; inventive; **~reichtum** *der*; *o. Pl.* inventiveness
Iden ['i:dn̩] *Pl. (hist.)* die ~ des März the ides of March
Identifikation [idɛntifika'tsi̯o:n] *die*; ~, ~en *(auch Psych.)* identification
identifizierbar *Adj.* identifiable; recognizable ⟨*handwriting*⟩
identifizieren [idɛntifi'tsi:rən] **1.** *tr. V.* identify. **2.** *refl. V. (auch Psych.)* sich mit jmdm./etw. ~ : identify with sb./sth.
Identifizierung *die*; ~, ~en *(auch Psych.)* identification
identisch [i'dɛntɪʃ] *Adj.* identical; möglicherweise sind der Einbrecher und der entsprungene Häftling ~ : it's possible that the intruder and the escaped prisoner are one and the same person
Identität [idɛnti'tɛ:t] *die*; ~: identity; jmds. ~ feststellen establish sb.'s identity; die ~ dieser beiden Begriffe the identity between these two concepts
Identitäts-: ~krise *die* identity crisis; **~nachweis** *der* proof of identity; **~verlust** *der* loss of identity
Ideogramm [ideo'gram] *das*; ~s, ~e ideogram
Ideologe [ideo'lo:gə] *der*; ~n, ~n ideologue
Ideologie *die*; ~, ~n [-i:ən] ideology
Ideologie-: ~begriff *der* conception of ideology; **~kritik** *die (Soziol.)* ideological criticism
Ideologin *die*; ~, ~nen ideologue
ideologisch 1. *Adj.* ideological. **2.** *adv.* ideologically; jmdn. ~ schulen give sb. ideological instruction
ideologisieren *tr. V.* ideologize
Ideologisierung *die*; ~, ~en ideologization
Idiom [i'di̯o:m] *das*; ~s, ~e *(Sprachw.)* idiom
Idiomatik [idi̯o'ma:tɪk] *die*; ~ *(Sprachw.)* idioms *pl.*; *(Gebiet der Lexikologie)* idiomology *no art.*
idiomatisch 1. *Adj.* idiomatic. **2.** *adv.* idiomatically
Idiosynkrasie [idi̯ozʏnkra'zi:] *die*; ~, ~n **a)** *(Med.)* idiosyncrasy; **b)** *(Psych.)* pathological aversion
Idiot [i'di̯o:t] *der*; ~en, ~en **a)** idiot; **b)** *(ugs. abwertend)* fool; *(stärker)* idiot *(coll.)*
Idioten-: ~hang *der*, **~hügel** *der (ugs. scherzh.)* nursery slope
idioten·sicher *Adj. (ugs. scherzh.)* foolproof
Idiotie [idi̯o'ti:] *die*; ~, ~n [-i:ən] **a)** idiocy; **b)** *(ugs. abwertend: Dummheit)* lunacy; madness; seine ~n his idiocies
Idiotikon [i'di̯o:tikɔn] *das*; ~s, Idiotiken *od.* Idiotika dialect dictionary
Idiotin *die*; ~, ~nen **a)** idiot; **b)** *(ugs. abwertend)* fool; *(stärker)* idiot

idiotisch 1. *Adj.* **a)** *(Psych.)* severely subnormal; idiotic *(as tech. term);* **b)** *(ugs. abwertend: unsinnig)* stupid; *(stärker)* idiotic. **2.** *adv.* **a)** *(schwachsinnig)* idiotically; **b)** *(ugs. abwertend: unsinnig)* stupidly; *(stärker)* idiotically
Idiotismus *der;* ~, **Idiotismen a)** *(Krankheit)* idiocy; **b)** *(Äußerung der Idiotie)* symptom of idiocy
Idol [i'do:l] *das;* ~s, ~e *(auch bild. Kunst)* idol; *jmdn.* **als** ~ **vergöttern** idolize sb.
Idolatrie *die;* ~, ~n [-i:ən] *(geh.)* idolatry
Idyll [i'dyl] *das;* ~s, ~e idyll; **ein** ~ **für Erholungssuchende** an idyllic place or spot for those seeking relaxation and recreation
Idylle *die;* ~, ~n *(auch Literaturw.)* idyll
idyllisch 1. *Adj. (auch Literaturw.)* idyllic. **2.** *adv.* ~ **gelegen** in an idyllic spot
i. e. *Abk.* **id est** i.e.
IG *Abk.* Industriegewerkschaft
Igel ['i:gl̩] *der;* ~s, ~: hedgehog
Igel-: ~**schnitt** *der* crew cut; ~**stellung** *die (Milit.)* hedgehog position
igitt[igitt] [i'gɪt(i'gɪt)] *Interj.* ugh
Iglu ['i:glu] *der od. das;* ~s, ~s igloo
ignorant [ɪgno'rant] *Adj. (abwertend)* ignorant
Ignorant *der;* ~en, ~en *(abwertend)* ignoramus
Ignoranz [ɪgno'rants] *die;* ~ *(abwertend)* ignorance
ignorieren *tr. V.* ignore
ihm [i:m] *Dat. der Personalpron.* **er, es: a)** *(nach Präpositionen) (bei Personen)* him; *(bei Dingen, Tieren)* it; *(bei männlichen Tieren)* him; it; **b) gib es** ~! give it to him; give him it; *(dem Tier)* give it to it/him; **ich sagte** ~, **daß ...** : I told him that ...; I said to him that ...; ~ **geht es gut** he's well; ~ **war, als habe man** ~ **ins Gesicht geschlagen** he felt as if somebody had punched him in the face; **sie sah** ~ **ins Gesicht** she looked him in the face; **sie hat** ~ **etwas zu essen gekocht** she cooked him a meal; she cooked a meal for him; **sie kämmte ihm das Haar** she combed his hair [for him]; **ich bin zu** ~ **gegangen** I went to see him; **Freunde von** ~: friends of his
ihn [i:n] *Akk. des Personalpron.* **er** *(bei Personen)* him; *(bei Dingen, Tieren)* it; *(bei männlichen Tieren)* him; it
ihnen ['i:nən] *Dat. des Personalpron.* **sie,** *Pl.* **a)** *(nach Präpositionen)* them; **b) gib es** ~: give it to them; give them it; ~ **geht es gut** they're well; **Freunde von** ~: friends of theirs; *s. auch* **ihm**
Ihnen *Dat. von* **Sie** *(Anrede)* **a)** *(nach Präpositionen)* you; **b) ich habe es** ~ **gegeben** I gave it to you; I gave you it; **geht es** ~ **gut?** are you well?; **Freunde von** ~: friends of yours; *s. auch* **ihm**
¹**ihr** [i:ɐ] *Dat. des Personalpron.* **sie,** *Sg. (nach Präpositionen) (bei Personen)* her; *(bei Dingen, Tieren)* it; *(bei weiblichen Tieren)* her; it; *s. auch* **ihm**
²**ihr,** *(in Briefen)* **Ihr** *Personalpron.;* 2. *Pers. Pl. Nom. (Anrede an vertraute Personen)* you; **Ihr Lieben** *(im Brief)* dear all; *s. auch (Gen.)* **euer/Euer,** *(Dat., Akk.)* **euch/Euch**
³**ihr** *Possessivpron.* **a)** *(einer Person)* her; **Ihre Majestät** Her Majesty; **das Buch dort, ist das** ~**[e]s?** that book there, is it hers?; is that book hers?; **das ist nicht mein Mann, sondern** ~**er** that is not my husband, but hers; **der/die/das** ~**e,** **die** ~**en** hers; **die Ihren** her family; **b)** *(eines Tieres, einer Sache)* its; *(eines weiblichen Tieres)* her; its; **die Lok fährt glatt** ~**e 200 Stundenkilometer** *(ugs.)* the locomotive does a good 200 kilometres an hour; **c)** *(mehrerer Personen, Tiere, Sachen)* their; **das Haus am Ende der Straße ist** ~**es** the house at the end of the street is theirs; **der/die/das** ~**e** theirs; **die** ~**en** theirs; **die Ihren** their family; **sie haben das Ihre getan** they did their bit; **sie haben das Ihre bekommen** they got their due or what was due to them

Ihr *Possessivpron. (Anrede)* your; ~ **Hans Meier** *(Briefschluß)* yours, Hans Meier; **welcher Mantel ist** ~**er?** which coat is yours?; **der/die/das** ~**e** yours; **die** ~**en** yours; **Sie haben das** ~**e getan** you have done your bit; *s. auch* ³**ihr**
ihrer ['i:rɐ] **a)** *Gen. des Personalpron.* **sie,** *Sg. (geh.)* **wir gedachten** ~: we remembered her; **b)** *Gen. des Personalpron.* **sie,** *Pl. (geh.)* **wir werden** ~ **gedenken** we will remember them; **es waren** ~ **zwölf** there were twelve of them
Ihrer *Gen. von* **Sie** *(Anrede) (geh.)* **wir werden** ~ **gedenken** we will remember you
ihrerseits [-zaits] *Adv.* **a)** *Sg. (von ihrer Seite)* on her part; *(auf ihrer Seite)* for her part; **b)** *Pl. (von ihrer Seite)* on their part; *(auf ihrer Seite)* for their part
Ihrerseits *Adv. (von Ihrer Seite)* on your part; *(auf Ihrer Seite)* for your part
ihres·gleichen *indekl. Pron.* **a)** *Sg.* people pl. like her; *(abwertend)* the likes of her; her sort or kind; **sie fühlt sich nur unter** ~ **wohl** she only feels at home among people like herself or her own kind; **b)** *Pl.* people like them; *(abwertend)* the likes of them; their sort or kind; **sie sollten unter** ~ **bleiben** they should stay among their own kind
Ihresgleichen *indekl. Pron.* people pl. like you; *(abwertend)* the likes of you; your sort or kind; **Sie sollten besser unter** ~ **bleiben** you should stay among your own kind
ihret·halben *(veralt.),* **ihret·wegen** *Adv.* **a)** *Sg. (wegen ihr)* because of her; on her account; *(für sie)* on her behalf; *(ihretwegen)* for her sake; **mach dir** ~ **keine Sorgen** don't worry about her; **b)** *Pl. (wegen ihnen)* because of them; on their account; *(für sie)* on their behalf; *(ihnen zuliebe)* for their sake[s]; *(um sie)* about them
Ihrethalben *(veralt.),* **Ihretwegen** *Adv. (wegen Ihnen)* because of you; on your account; *(für Sie)* on your behalf; *(Ihnen zuliebe)* for your sake; *Pl.* for your sake[s]; *(um Sie)* about you
ihret·willen *Adv.* **in um** ~ *(Sg.)* for her sake; *(Pl.)* for her sake[s]
Ihret·willen *Adv.* **in um** ~ *(Sg.)* for your sake; *(Pl.)* for your sake[s]
ihrige *Possessivpron. (geh. veralt.)* **a)** *Sg.* **der/die/das** ~: hers; **b)** *Pl.* **der/die/das** ~: theirs; *s. auch* **deinige**
Ihrige *Possessivpron. (Anrede) (geh. veralt.)* **der/die/das** ~: yours
Ihro [i:ro] *indekl. Pron. (veralt.)* your; ~ **Gnaden** Your Grace
Ikebana [ike'ba:na] *das;* ~[s] ikebana
Ikone [i'ko:nə] *die;* ~, ~n icon
Ikonoklasmus [ikono'klasmʊs] *der;* ~, **Ikonoklasmen** *(geh.)* iconoclasm
Ikosaeder [ikoza'le:dɐ] *das;* ~s, ~ *(Math.)* icosahedron
Ilex ['i:lɛks] *die od. der;* ~, ~ *(Bot.)* holly
Ilias [i'li:as] *die;* ~ *(Lit.)* Iliad
illegal ['ɪlega:l] **1.** *Adj.* illegal. **2.** *adv.* illegally
Illegalität [ɪlegali'tɛ:t] *die;* ~, ~en illegality
illegitim ['ɪlegiti:m] *Adj. (geh.)* illegitimate
Illegitimität *die;* ~ *(geh.)* illegitimacy
illiquid ['ɪlikvi:t] *Adj. (Wirtsch.)* insolvent
Illiquidität *die;* ~ *(Wirtsch.)* insolvency
illoyal ['ɪloaja:l] *Adj. (geh.)* disloyal
Illoyalität *die;* ~ *(geh.)* disloyalty
Illumination [ɪlumina'tsio:n] *die;* ~, ~en **a)** *(Beleuchtung)* illumination; **die Stadt zeigte sich in festlicher** ~: the town was festively lit; **b)** *(von Handschriften)* illumination
Illuminator [ɪlumi'na:tor] *der;* ~s, ~en [-'to:rən] illuminator
illuminieren *tr. V.* illuminate
Illuminierung *die;* ~, ~en illumination
Illusion [ɪlu'zio:n] *die;* ~, ~en illusion; **sich** *(Dat.)* ~**en machen** delude oneself; **jmdm.**

die ~**en rauben** rob sb. of his/her illusions; **gib dich doch nicht der** ~ **hin, du könntest damit irgend etwas erreichen** do not delude yourself that you could achieve anything by that
illusionär [ɪluzio'nɛ:ɐ] *Adj. (geh.)* illusory 〈conception, expectation, thing〉; fanciful 〈demand, procedure, attempt〉
Illusionist *der;* ~en, ~en **a)** *(geh.)* dreamer; **b)** *(Zauberkünstler)* illusionist
illusionistisch *(Adj.) (Kunstw.)* illusionistic
illusions·los 1. *Adj.* [sober and] realistic; ~ **sein** have no illusions. **2.** *adv.* without any illusions
illusorisch [ɪlu'zo:rɪʃ] *Adj.* **a)** *(trügerisch)* illusory; **b)** *(zwecklos)* pointless
illuster [ɪ'lʊstɐ] *Adj. (geh.)* illustrious
Illustration [ɪlʊstra'tsio:n] *die;* ~, ~en illustration; **zur** ~ **von etw. [dienen]** *(fig.)* [serve] to illustrate sth.
illustrativ [ɪlʊstra'ti:f] **1.** *Adj. (auch fig.)* illustrative; **ein sehr** ~**er Vortrag** *(fig.)* a very illuminating lecture. **2.** *adv.* **etw.** ~ **schildern** describe sth. graphically
Illustrator [ɪlʊs'tra:tor] *der;* ~s, ~en [-'to:rən] illustrator
illustrieren *tr. V. (auch fig.)* illustrate; **eine illustrierte Zeitschrift** a magazine; **jmdm. etw.** ~: illustrate sth. for sb.
Illustrierte *die; adj. Dekl.* magazine
Illustrierung *die;* ~, ~en *(auch fig.)* illustration
Iltis ['ɪltɪs] *der;* ~ses, ~se polecat; *(Pelz)* fitch
im [ɪm] *Präp. + Art.* **a)** = **in dem**; **b)** *(räumlich)* in the; **er wohnt im vierten Stock** he lives on the fourth floor; **im Theater** at the theatre; **er tritt im Zirkus auf** he is appearing in or performing with the circus; **im Fernsehen** on television; **im Bett** in bed; **im Spessart/Schwarzwald** in the Spessart/the Black Forest; **c)** *(zeitlich)* **im Mai/Januar** in May/January; **im Jahre 1648** in [the year] 1648; **im letzten Jahr** last year; **im Alter von 50 Jahren** at the age of 50; **d)** *(Verlauf)* **etw. im Sitzen tun** do sth. [while] sitting down; **noch im Laufen** while still running; **im Gehen/Kommen sein** be going/coming
i. m. *Abk. (Med.)* intramuskulär IM
Image ['ɪmɪtʃ] *das;* ~[s], ~s ['ɪmɪtʃs] image
Image·pflege *die; o. Pl.* cultivation of one's image
imaginär [imagi'nɛ:ɐ] *Adj. (geh., Math.)* imaginary
Imagination [imagina'tsio:n] *die;* ~, ~en *(geh.)* imagination
imaginativ [imagina'ti:f] *Adj. (geh.)* imaginative
Imagismus [ima'gɪsmʊs] *der;* ~ *(Literaturw.)* imagism *no art.*
Imago [i'ma:go] *die;* ~, **Imagines** [-gine:s] **a)** *(Psych., Biol.)* imago; **b)** *(Kunstwiss.)* wax death mask of an ancestor
Imam [i'ma:m] *der;* ~s, ~s od. ~e imam
imbezil [ɪmbe'tsi:l], **imbezill** [ɪmbe'tsɪl] *Adj. (Med.)* imbecile
Imbiß ['ɪmbɪs] *der;* **Imbisses,** **Imbisse a)** *(kleine Mahlzeit)* snack; **b)** *s.* **Imbißlokal**
Imbiß-: ~**bude** *die (ugs.)* ≈ hot-dog stall or stand; ~**lokal** *das* café; ~**stand der** *s.* ~**bude;** ~**stube** *die s.* ~**lokal**
~**imitat** *das;* ~s, ~e imitation 〈leather, wood, etc.〉
Imitation [imita'tsio:n] *die;* ~, ~en imitation
Imitator [imi'ta:tor] *der;* ~s, ~en [-ta'to:rən] imitator; mimic; *(im Kabarett usw.)* impressionist
imitieren *tr. V.* imitate
Imker ['ɪmkɐ] *der;* ~s, ~: bee-keeper; apiarist *(formal)*
Imkerei *die;* ~, ~en **a)** *o. Pl. (Bienenzucht)* bee-keeping *no art.; (as tech. term)* apiculture *no art.;* **b)** *(Betrieb)* apiary
imkern *itr. V.* keep bees

1211

immanent [ɪmaˈnɛnt] *Adj.* **a)** *(geh.)* inherent; **einer Sache** *(Dat.)* ~ **sein** be inherent in sth.; **b)** *(Philos.)* immanent
Immanenz [ɪmaˈnɛnts] *die;* ~ *(Philos.)* immanence
immateriell [ɪmateˈri̯ɛl] *Adj. (geh.)* non-material
Immatrikulation [ɪmatrikulaˈtsi̯oːn] *die;* ~, ~en **a)** *(Hochschulw.)* registration; **b)** *(schweiz.: eines Fahrzeugs)* registration
immatrikulieren **1.** *tr. V.* **a)** *(Hochschulw.)* register; **b)** *(schweiz.)* register ⟨vehicle⟩. **2.** *refl. V. (Hochschulw.)* register
Imme [ˈɪmə] *die;* ~, ~n *(dichter.)* bee
immens [ɪˈmɛns] **1.** *Adj.* immense. **2.** *adv.* immensely; enormously ⟨expensive⟩
immer [ˈɪmɐ] *Adv.* **a)** always; **wie** ~: as always; as usual; **mach es wie** ~! do it the way you've/we've always done it; ~ **dieser Nebel/dieser Streit** this fog never seems to lift/ you're/they're *etc.* always arguing; ~ **diese Kinder!** these wretched children!; **schon** ~: always; ~ **und ewig** for ever; *(jedesmal)* always; **auf** *od.* **für** ~ **[und ewig]** for ever [and ever]; **sie haben sich für** ~ **getrennt** they've split up for good; ~ **wieder** again and again; time and time again; ~ **wieder von vorne anfangen** keep on starting from the beginning again; ~, **wenn** every time that; whenever; **er ist** ~ **der Dumme** *(ugs.)* he's always the loser; ~ **ich!** *(ugs.)* [it's] always me; **b)** ~ + *Komp. (nach u. nach)* ~ **dunkler/häufiger** darker and darker/more and more often; ~ **mehr** more and more; ~ **mehr zunehmen** keep on increasing; **c)** *(ugs.: jeweils)* **es durften** ~ **zwei auf einmal eintreten** we/they were allowed in two at a time; ~ **drei Stufen auf einmal** three steps at a time; **d)** *(auch)* **wo/wer/wann/wie [auch]** ~ **:** wherever/whoever/whenever/however; ~ *(verstärkend)* ~ **noch, noch** ~ **:** still; **f)** *(ugs.: bei Aufforderung)* ~ **langsam!/mit der Ruhe!** take it easy!; **nur** ~ **zu!** keep it up!; ~ **geradeaus!** keep [going] straight on; ~ **der Nase nach!** keep following your nose!; **was treibst du denn** ~ **?** what are you doing these days?; **g)** *(irgend)* **so schnell er** ~ **konnte** as fast as he possibly could
immer-, Immer-: ~**dar** [~ˈdaːɐ̯] *Adv. (geh.)* forever; [for] evermore; ~**fort** *Adv.* all the time; constantly; ~**grün** *Adj.* evergreen; ~**grün** *das* periwinkle; ~**hin** *Adv.* **a)** *(wenigstens)* at any rate; anyhow; at least; **er hat es** ~ **hin versucht** he tried, anyhow or at any rate; at least he tried; **er ist zwar nicht reich, aber** ~**hin!** he's not rich, it's true, but still; **b)** *(trotz allem)* nevertheless; all the same; **c)** *(schließlich)* after all
Immersion [ɪmɛrˈzi̯oːn] *die;* ~, ~en *(Physik, Astron.)* immersion
immer-: ~**während** **1.** *Adj.; nicht präd.* perpetual; eternal, everlasting ⟨bliss, friendship, memory⟩; **der** ~**während Kalender** the perpetual calendar; **2.** *adv.* perpetually; ~**zu** *Adv. (ugs.)* the whole time; all the time; constantly
Immigrant [ɪmiˈgrant] *der;* ~en, ~en, **Immigrantin** *die;* ~, ~nen immigrant
Immigration [ɪmigraˈtsi̯oːn] *die;* ~, ~en immigration
immigrieren *itr. V.; mit sein* immigrate
imminent [ɪmiˈnɛnt] *Adj. (veralt.)* imminent
Immission [ɪmiˈsi̯oːn] *die;* ~, ~en *(fachspr.)* air pollution, noise, noxious substances, radiation, *etc.* constituting a private nuisance
Immissions·schutz *der* protection against the effects of air pollution, noise, noxious substances, radiation, *etc.*
immobil [ˈɪmobiːl] *Adj.* **a)** *(geh.)* immobile; ~**es Vermögen** immovable property; real estate *or* property; **b)** *(Milit.)* not on a war footing *postpos.*
Immobilien [ɪmoˈbiːli̯ən] *Pl.* [real] property *sing.;* real estate *sing.;* ⟨Rubrik in Zeitungen⟩ property *sing.*

Immobilien-: ~**handel** *der* dealing *no art.* in real estate or in property; ~**händler** *der* estate agent
immobilisieren *tr. V. (Med.)* immobilize
Immoralismus [ɪmoraˈlɪsmʊs] *der;* ~ *(geh.)* immoralism
Immortelle [ɪmɔrˈtɛlə] *die;* ~, ~n everlasting [flower]; immortelle
immun [ɪˈmuːn] *Adj.* **a)** *(Med., fig.)* immune (gegen to); **b)** *(Rechtsspr.)* ~ **sein** have *or* enjoy immunity
immunisieren *tr. V.* immunize (gegen against)
Immunisierung *die;* ~, ~en immunization (gegen against)
Immunität [ɪmuniˈtɛːt] *die;* ~, ~en **a)** *(Med.)* immunity (gegen to); **b)** *(Rechtsspr.)* immunity (gegen from)
Immunologie [ɪmunoloˈgiː] *die;* ~: immunology
Imp. *Abk.* **a)** *Imperfekt* imperf.; **b)** *Imperativ* imper.
Impedanz [ɪmpeˈdants] *die;* ~, ~en *(Elektrot.)* impedance
Imperativ [ˈɪmperatiːf] *der;* ~s, ~e **a)** *(Sprachw.)* imperative; **b)** *(Philos.)* [kategorischer] ~: [categorical] imperative
imperativisch *(Sprachw.)* **1.** *Adj.* imperative. **2.** *adv.* in the imperative
Imperativ·satz *der* imperative sentence
Imperator [ɪmpeˈraːtɔr] *der;* ~s, Imperatoren [-ˈtoːrən] *(hist.)* **a)** römischer Oberfeldherr/ imperator; **b)** *(Kaiser)* emperor; ~ **Rex** King Emperor
Imperfekt [ˈɪmpɛrfɛkt] *das;* ~s, ~e, **Imperfektum** [ɪmpɛrˈfɛktʊm] *das;* ~s, Imperfekta *(Sprachw.)* imperfect [tense]
Imperialismus [ɪmperi̯aˈlɪsmʊs] *der;* ~: imperialism *no art.*
Imperialist *der;* ~en, ~en imperialist
imperialistisch *Adj.* imperialistic
Imperium [ɪmˈpeːri̯ʊm] *das;* ~s, Imperien *(hist., fig.)* empire
impertinent [ɪmpɛrtiˈnɛnt] **1.** *Adj.* impertinent; impudent. **2.** *adv.* impertinently; impudently
Impertinenz [ɪmpɛrtiˈnɛnts] *die;* ~, ~en impertinence or impudence; **diese** ~**en** this impertinence or impudence
Impetus [ˈɪmpetʊs] *der;* ~ **a)** *(Antrieb)* impetus; **b)** *(Schwung)* verve; zest
Impf-: ~**aktion** *die* vaccination or inoculation programme; ~**arzt** *der* vaccinator; inoculator; ~**ausweis** *der* vaccination certificate
impfen [ˈɪmpfn̩] *tr. V.* **a)** vaccinate, inoculate; **sich** ~ **lassen** be vaccinated or inoculated; **b)** *(Biol., Landw.)* inoculate
Impfling [ˈɪmpflɪŋ] *der;* ~s, ~e person who has been vaccinated; *(zu impfende Person)* person waiting to be vaccinated
Impf-: ~**paß** *der* vaccination certificate; ~**pflicht** *die;* **die** ~**pflicht für die Pockenimpfung wurde aufgehoben** compulsory vaccination for smallpox was abolished; ~**pistole** *die* inoculation injector; ~**schaden** *der* vaccine damage *no pl., no indef. art.;* ~**schutz** *der* protection given by vaccination; ~**stoff** *der* vaccine
Impfung *die;* ~, ~en vaccination; inoculation
Impf-: ~**zeugnis** *das s.* ~**ausweis;** ~**zwang** *der s.* ~**pflicht**
Implantat [ɪmplanˈtaːt] *das;* ~[e]s, ~e *(Med.)* implant
Implantation [ɪmplantaˈtsi̯oːn] *die;* ~, ~en *(Med.)* implantation
implantieren *tr. V. (Med.)* implant; **jmdm. etw. implantieren** implant sth. in sb.
Implikation [ɪmplikaˈtsi̯oːn] *die;* ~, ~en *(geh., Logik)* implication
implizieren [ɪmpliˈtsiːrən] *tr. V. (geh.)* imply
implizit [ɪmpliˈtsiːt] *(geh.)* **1.** *Adj.* implicit. **2.** *adv.* implicitly

implizite [ɪmˈpliːtsite] *Adv. (geh.)* implicitly
implodieren [ɪmploˈdiːrən] *itr. V.; mit sein (fachspr.)* implode
Implosion [ɪmploˈzi̯oːn] *die;* ~, ~en *(fachspr.)* implosion
Imponderabilien [ɪmpɔndəraˈbiːli̯ən] *Pl. (geh.)* imponderables
imponieren [ɪmpoˈniːrən] *itr. V.* impress; **jmdm. durch etw./mit etw.** ~ **:** impress sb. by sth.; **am meisten imponiert uns an ihm seine Ruhe** what impresses us most about him is his calmness
imponierend **1.** *Adj.* impressive. **2.** *adv.* impressively
Imponier·gehabe[n] *das (Verhaltensf.)* display
Import [ɪmˈpɔrt] *der;* ~[e]s, ~e import; **den** ~ **erhöhen** increase imports; **eine Firma für** ~ **und Export** an import/export firm
Importeur [ɪmpɔrˈtøːɐ̯] *der;* ~s, ~e importer
Import·geschäft *das* **a)** import business; **b)** *(geschäftlicher Abschluß)* import deal
importieren *tr., itr. V.* import
Import-: ~**kaufmann** *der* importer; ~**über·schuß** *der* import surplus
imposant [ɪmpoˈzant] **1.** *Adj.* imposing; impressive ⟨achievement⟩. **2.** *adv.* imposingly; impressively
impotent [ˈɪmpotɛnt] *Adj.* impotent
Impotenz [ˈɪmpotɛnts] *die;* ~: impotence
imprägnieren [ɪmprɛˈgniːrən] *tr. V.* **a)** impregnate; *(wasserdicht machen)* waterproof; **b)** *(fachspr.)* carbonate ⟨wine⟩
Imprägnierung *die;* ~, ~en *s.* **imprägnieren a, b:** impregnation; waterproofing; carbonation
im·praktikabel *Adj.* impracticable
Impresario [ɪmpreˈzaːri̯o] *der;* ~s, ~s *od.* **Impresari** *(veralt.)* impresario
Impressen *s.* **Impressum**
Impression [ɪmprɛˈsi̯oːn] *die;* ~, ~en impression
Impressionismus *der;* ~: impressionism *no art.*
Impressionist *der;* ~en, ~en impressionist
impressionistisch *Adj.* impressionistic
Impressum [ɪmˈprɛsʊm] *das;* ~s, Impressen imprint
Imprimatur [ɪmpriˈmaːtʊr] *das;* ~s, *(österr.:)* [---ˈ-] *die;* ~ **a)** *(Buchw.)* das *od.* *(österr.)* die ~ **[für etw.] erteilen** pass sth. for press; **b)** *(kath. Kirche)* imprimatur
Improvisation [ɪmprovizaˈtsi̯oːn] *die;* ~, ~en improvisation
Improvisations·talent *das* gift *or* talent for improvisation
improvisieren *tr., itr. V.* improvise; **über ein Thema** ~ *(Musik)* improvise on a theme
Impuls [ɪmˈpʊls] *der;* ~es, ~e **a)** *(Anstoß)* stimulus; **von etw. gehen wichtige** ~**e aus** sth. is an important stimulus *sing.;* **einer Sache** *(Dat.)* **neue** ~**e geben** give sth. fresh stimulus *sing.* or impetus *sing.;* **b)** *(innere Regung)* **einem** ~ **folgen** act on [an] impulse; **etw. aus einem** ~ **heraus tun** do sth. on impulse; **c)** *(Elektrot.)* pulse; **d)** *(Physik)* impulse; *(Produkt aus Masse u. Geschwindigkeit)* momentum
Impuls-: ~**geber** *der,* ~**generator** *der (Elektrot.)* pulse generator
impulsiv [ɪmpʊlˈziːf] **1.** *Adj.* impulsive. **2.** *adv.* impulsively
Impulsivität [ɪmpʊlziviˈtɛːt] *die;* ~: impulsiveness
Impuls·satz *der (Physik)* principle of the conservation of momentum
imstande [ɪmˈʃtandə] *Adv.* ~ **sein, etw. zu tun** *(fähig sein)* be able to do sth.; be capable of doing sth.; *(die Möglichkeit haben)* be in a position to do sth.; **zu etw.** ~ **sein** be capable of sth.; **er ist** ~ **und schiebt mir die Schuld in die Schuhe** he's [quite] capable of putting the blame on to me
¹in [ɪn] **1.** *Präp. mit Dat.* **a)** *(auf die Frage: wo?)* in; **er hat** ~ **Tübingen studiert** he stu-

died at Tübingen; ~ **Deutschland/der Schweiz** in Germany/Switzerland; **sind Sie schon mal ~ China gewesen?** have you ever been to China?; ~ **der Schule/Kirche** at school/church; ~ **der Schule/Kirche steht noch eine alte Orgel** there's still an old organ in the school/church; ~ **einer Partei** in a party; **b)** *(auf die Frage: wann?)* in; ~ **zwei Tagen/einer Woche** in two days/a week; ~ **diesem Sommer** this summer; [geradel ~ **dem Moment, als er kam** the [very] moment he came; ~ **diesem Jahr/Monat** this/that year/month; **c)** *(auf die Frage: wie?)* in; ~ **Farbe/Schwarzweiß** in colour/ black and white; ~ **deutsch/englisch** in German/English; **d)** *(fig.)* ~ **Mathematik/Englisch** in mathematics/English; sich ~ jmdm. täuschen be wrong about sb.; **e)** *in er hat es ~ sich (ugs.)* he's got what it takes *(coll.)*; **der Schnaps/diese Übersetzung hat es ~ sich** *(ugs.)* this schnapps packs a punch *(coll.)*/this translation is a tough one; **f)** *(Kaufmannsspr.)* ~ **etw. handeln** deal in sth.; **er macht ~ Spirituosen** *(ugs.)* he deals in spirits; *s. auch* **im. 2.** *Präp. mit Akk.* **a)** *(auf die Frage: wohin?)* into; ~ **die Stadt/ das Dorf** into town/the village; ~ **die Schweiz** to Switzerland; ~ **die Kirche/Schule gehen** go to church/school; ~ **eine Partei eintreten** join a party; **b)** *(auf die Frage: [bis] wann?)* into; **bis ~ den Herbst** into the autumn; **c)** *(fig.)* ~ **die Millionen gehen** run into millions; **sich ~ jmdn. verlieben** fall in love with sb.; ~ **etw. einwilligen** agree *or* consent to sth.; *s. auch* **ins**

²**in** *Adj.* **in ~ sein** *(ugs.)* be in

-**in** *Bei der Übersetzung ins Englische wird das deutsche Suffix* -**in**, *mit dem feminine Substantive wie* **Lehrerin** *oder* **Kanadierin** *als Ableitungen vom Maskulina gebildet werden, im allgemeinen nicht übersetzt* (**Lehrerin** = teacher). *Soll jedoch betont werden, daß es sich bei weibliche Personen im Gegensatz zu männlichen handelt, bieten sich folgende Übersetzungsmöglichkeiten an:* **Lehrerinnen gehen mit 60 in den Ruhestand** women teachers retire at sixty; **sie ist die bekannteste Kanadierin** she is the best-known Canadian woman; *gelegentlich sind Formulierungen wie* lady teachers *oder* Canadian lady *angebracht, wenn eine ganz besonders höfliche Ausdrucksweise angestrebt wird. Sofern es sich um eine Nationalitätenbezeichnung handelt und die betreffende Person noch recht jung ist, findet man auch häufig die Form* Canadian girl. *In diesem Wörterbuch wurde aus Platzgründen auf die Darstellung solcher Möglichkeiten beim jeweiligen Einzelstichwort meist verzichtet*

in·adäquat 1. *Adj.* *(geh.)* inadequate. **2.** *adv.* inadequately

in·aktiv 1. *Adj.* *(geh., auch Chemie, Med.)* inactive. **2.** *adv.* **sich ~ verhalten** be inactive

In·aktivität die; ~ *(geh., auch Chemie, Med.)* inactivity

in·akzeptabel *Adj.* *(geh.)* unacceptable

In·angriffnahme [-na:mə] die; ~, ~n *(Amtsspr.)* commencement; *(eines Problems)* tackling

In·anspruchnahme die; ~, ~n **a)** *(Amtsspr.)* use; **bei häufiger ~ der Versicherung** if frequent [insurance] claims are made; **auf ~ seiner Rechte verzichten** waive one's rights; **b)** *(starke Belastung)* demands *pl.*; **die große berufliche ~:** the heavy demands made on him/her by his/her job; **c)** *(von Maschinen, Material)* use; *(von Einrichtungen)* utilization

in·artikuliert *(geh.)* **1.** *Adj.* inarticulate. **2.** *adv.* inarticulately

In·augenscheinnahme die; ~, ~n *(Amtsspr.)* inspection; **nach ~ mehrerer Wohnungen** after inspecting several flats

Inaugural·dissertation [ɪnlaugu'ra:l-] die *(doctoral)* thesis

Inauguration [ɪnlaugura'tsi̯o:n] die; ~, ~en *(geh.)* inauguration

In·begriff der quintessence; **der ~ des Gelehrten/Spießers** the epitome of the scholar/petit bourgeois; the quintessential scholar/petit bourgeois; **der ~ der Schönheit/des Schreckens** the quintessence of beauty/terror; **sie ist der ~ der Tugend/des Bösen** she is virtue personified *or* itself/the embodiment of evil

inbegriffen *Adj.* included

In·besitznahme die; ~, ~n *(Amtsspr.)* appropriation

In·betriebnahme die; ~, ~n, **In·betriebsetzung** [-zɛtsʊŋ] die; ~, ~en *(Amtsspr.)* **a)** *(von [öffentlichen] Einrichtungen)* opening; **b)** *(von Maschinen)* bringing into service; **vor ~ der Maschine** before bringing the machine into service; **c)** *(eines Kraftwerks)* commissioning

In·brunst die; ~ *(geh.)* fervour; *(der Liebe)* ardour; **mit ~:** with fervour; **jmdn. mit ~ lieben** love sb. ardently

in·brünstig *(geh.)* **1.** *Adj.* fervent; ardent ⟨*love*⟩. **2.** *adv.* fervently; ⟨*love*⟩ ardently

Inbus·schlüssel Ⓦ ['ɪnbʊs-] der *(Technik)* Allen key

Indanthren Ⓦ [ɪndan'tre:n] das; ~s, ~e *(Textilind.)* indanthrene

Indefinit·pronomen [ɪndefi'ni:t-] das *(Sprachw.)* indefinite pronoun

in·deklinabel *Adj.* *(Sprachw.)* indeclinable

in·dem *Konj.* **a)** *(während)* while; *(gerade als)* as; **b)** *(dadurch, daß)* ~ **man etw. tut** by doing sth.; **c)** *(bes. südd.)* ~ **daß** because

Indemnität [ɪndɛmni'tɛ:t] die; ~: ≈ parliamentary privilege

Inder ['ɪndɐ] der; ~s, ~, **Inderin** die; ~, ~nen Indian

in·des (selten), **in·dessen 1.** *Konj.* *(geh.)* **a)** *(während)* while; **b)** *(wohingegen)* whereas. **2.** *Adv.* **a)** *(inzwischen)* meanwhile; in the mean time; **b)** *(jedoch)* however

Index ['ɪndɛks] der; ~ *od.* ~es, ~e *od.* **Indizes** ['ɪnditse:s] **a)** *Pl.* ~e *od.* **Indizes** *(Register)* index; **b)** *Pl.* **Indizes** *(kath. Kirche)* Index; **c)** *Pl.* **Indizes** *(Math., Physik, Wirtsch.)* index

Index·zahl die *(Wirtsch.)* index [number]

in·dezent *Adj.* *(geh.)* indelicate

Indianer [ɪn'dia:nɐ] der; ~s, ~: [American] Indian

Indianer-: ~**geheul** das *(scherzh.)* mit ~geheul whooping and yelling like a Red Indian/[Red] Indians; ~**häuptling** der Indian chief

Indianerin die; ~, ~nen [American] Indian

Indianer-: ~**krapfen** der *(österr.)* s. **Mohrenkopf a**; ~**reservat** das Indian reservation

indianisch *Adj.* Indian

Indien ['ɪndi̯ən] (das) India

In·dienst·stellung die; ~, ~en *(Amtsspr.)* commissioning

in·different 1. *Adj.* *(geh., fachspr.)* indifferent. **2.** *adv.* *(geh.)* indifferently

In·differenz die; ~, ~en *(geh., auch Chemie, Med.)* indifference

Indignation [ɪndɪgna'tsi̯o:n] die; ~ *(geh.)* indignation

indigniert [ɪndɪ'gni:ɐt] *Adj.* indignant

Indigo ['ɪndigo] der *od.* das; ~s, ⟨*Arten:*⟩ ~s indigo

indigo·blau *Adj.* indigo [blue]

Indikation [ɪndika'tsi̯o:n] die; ~, ~en **a)** *(Med.: Heilanzeige)* indication; **b)** *(Rechtsw.)* **[medizinische/soziale/ethische] ~:** [medical/social/ethical] grounds *pl.* for abortion

Indikativ ['ɪndikati:f] der; ~s, ~e [-i:və] *(Sprachw.)* indicative [mood]

indikativisch *Adj.* *(Sprachw.)* indicative

Indikator [ɪndi'ka:tɔr] der; ~s, ~en [-ka'to:rən] *(auch Chemie, Technik)* indicator

Indio ['ɪndi̯o] der; ~s, ~s *(Central/South American)* Indian

in·direkt 1. *Adj.;* nicht präd. indirect; ~e Rede/eine ~e Frage *(Sprachw.)* indirect *or* reported speech/an indirect question; **ein ~er Freistoß** *(Sport)* an indirect free kick. **2.** *adv.* indirectly; **einen Freistoß ~ ausführen** *(Sport)* take an indirect free kick

indisch ['ɪndɪʃ] **1.** *Adj.* Indian. **2.** *adv.* **sie hat gestern ~ gekocht** she cooked an Indian meal yesterday

in·diskret *Adj.* indiscreet

In·diskretion die; ~, ~en indiscretion

in·diskutabel *Adj.* *(abwertend)* unworthy of discussion *pred.*

in·disponiert *Adj.* *(geh.)* indisposed

In·disposition die; ~ *(geh.)* indisposition

individualisieren *tr. V.* *(geh.)* individualize

Individualismus [ɪndividu̯a'lɪsmʊs] der; ~ *(Philos., geh.)* individualism

Individualist der; ~en, ~en *(geh.)* individualist

individualistisch *Adj.* *(geh.)* individualistic

Individualität [ɪndividu̯ali'tɛ:t] die; ~, ~en *(geh.)* **a)** *o. Pl.* individuality; **b)** *(Persönlichkeit)* personality

Individual·verkehr der private vehicle traffic; private vehicles *pl.*

Individuation [ɪndividu̯a'tsi̯o:n] die; ~, ~en *(Psych.)* individuation

individuell [ɪndivi'du̯ɛl] **1.** *Adj.* **a)** individual; **b)** nicht präd. *(einem einzelnen gehörend)* private ⟨*property, vehicle, etc.*⟩. **2.** *adv.* individually; **etw. ~ gestalten** give sth. one's own personal touch; **das ist ~ verschieden** it varies from case to case

Individuum [ɪndi'vi:duum] das; ~s, **Individuen** *(auch Chemie, Biol.)* individual; **ein fragwürdiges/verdächtiges ~** *(abwertend)* a dubious/suspicious individual *or* character

Indiz [ɪn'di:ts] das; ~es, ~ien **a)** *(Rechtsw.)* piece of circumstantial evidence; ~**ien** circumstantial evidence *sing.*; **b)** *(Anzeichen)* sign (**für** of)

Indizien·beweis der *(Rechtsw.)* piece of circumstantial evidence; ~**e** circumstantial evidence *sing.*

indizieren [ɪndi'tsi:rən] *tr. V.* **a)** *(Med.)* indicate; **b)** *(kath. Kirche)* **ein Buch ~:** place a book on the Index

indo-, Indo- [ɪndo-]: ~**china** (das) Indo-China; ~**europäer** der ~s, ~ germanen; ~**europäisch** *Adj. s.* germanisch; ~**germanen** *Pl.* Indo-Europeans; ~**germanisch** *Adj.* Indo-European; Indo-Germanic

Indoktrination [ɪndɔktrina'tsi̯o:n] die; ~, ~en indoctrination

indoktrinieren *tr. V.* indoctrinate

indolent ['ɪndolɛnt] *Adj.* *(geh., Med.)* indolent

Indonesien [ɪndo'ne:zi̯ən] (das) Indonesia

Indonesier der; ~s, ~, **Indonesierin** die; ~, ~nen Indonesian

indonesisch *Adj.* Indonesian

Indossament [ɪndɔsa'mɛnt] das; ~[e]s, ~e *(Finanzw.)* endorsement

Indossant [ɪndɔ'sant] der; ~en, ~en *(Finanzw.)* endorser

Indossat [ɪndɔ'sa:t] der; ~en, ~en, **Indossator** [ɪndɔ'sa:tɔr] der; ~s, ~e *(Finanzw.)* endorsee

indossieren *tr. V.* *(Finanzw.)* endorse

Induktanz [ɪndʊk'tants] die; ~ *(Elektrot.)* inductance

Induktion [ɪndʊk'tsi̯o:n] die; ~, ~en *(Philos., Elektrot., Biol.)* induction

Induktions-: ~**maschine** die *(Elektrot.)* induction machine; ~**ofen** der *(Technik)* induction furnace; ~**schleife** die *(Elektrot.)* induction control loop; ~**spule** die *(Elektrot.)* induction coil; ~**strom** der *(Elektrot.)* induced current

induktiv [ɪndʊk'tiːf] *Adj. (Philos., Elektrot.)* inductive
Induktivität [ɪndʊktiviˈtɛːt] *die;* ~, ~en *(Elektrot.)* self-inductance; coefficient of self-induction
industrialisieren [ɪndʊstrialiˈziːrən] *tr. V.* industrialize
Industrialisierung *die;* ~: industrialization
Industrie [ɪndʊsˈtriː] *die;* ~, ~n industry; **in die ~ gehen** *(ugs.)* go into industry; **in der ~ arbeiten** work in industry
Industrie-: ~**aktie** *die* industrial share; ~**anlage** *die* industrial plant; ~**ansiedlung** *die* setting-up of industry; ~**arbeiter** *der* industrial worker; ~**archäologie** *die* industrial archaeology *no art.;* ~**ausstellung** *die* industrial exhibition; ~**betrieb** *der* industrial company *or* firm; ~**erzeugnis** *das* industrial product; ~**gebiet** *das* industrial area; ~**gesellschaft** *die (Soziol.)* industrial society; ~**gewerkschaft** *die* industrial union; ~**kapitän** *der* captain of industry; ~**kaufmann** *der person with three years' business training employed on the business side of an industrial company;* ~**laden** *der (DDR) shop owned and operated by an enterprise or combine for the sale of its own goods direct to the customer;* ~**landschaft** *die* industrial landscape
industriell [ɪndʊstriˈɛl] **1.** *Adj.; nicht präd.* industrial; **die ~e Revolution** *(hist.)* the Industrial Revolution. **2.** *adv.* industrially; **~ überlegen/rückständig** industrially more/ less advanced
Industrielle *der/die; adj. Dekl.* industrialist
Industrie-: ~**magnat** *der* industrial magnate; ~**müll** *der* industrial waste; ~**produkt** *das* industrial product; ~**spionage** *die* industrial espionage; ~**staat** *der* industrial nation; ~**stadt** *die* industrial town; *(größer)* industrial city
Industrie- und Handelskammer *die* Chamber of Industry and Commerce
Industrie-: ~**unternehmen** *das* industrial concern *or* company; ~**zweig** *der* branch of industry
induzieren [ɪnduˈtsiːrən] *tr. V. (Philos., Elektrot.)* induce
in·effektiv *Adj.* ineffective
in·effizient *Adj. (geh.)* inefficient
In·effizienz *die (geh.)* inefficiency
in·einander *Adv.* ~ **verliebt sein** be in love with each other *or* one another; ~ **verschlungene Ornamente** intertwined decorations; **ganz** ~ **aufgehen** be totally wrapped up in each other *or* one another; ~ **übergehen** merge
ineinander-: ~|**fließen** *unr. itr. V.; mit sein* flow together; ⟨rivers etc.⟩ flow into each other *or* one another; ⟨dyes, colours⟩ run into each other *or* one another; ⟨lines⟩ run together; ~|**fügen 1.** *tr. V.* fit one into the other *or* one another; fit together; **2.** *refl. V.* fit into each other *or* one another; fit together; ~|**greifen** *unr. itr. V.* mesh *or* engage [with each other *or* one another]; mesh together *(lit. or fig.);* ~|**laufen** *unr. itr. V.; mit sein* run into each other *or* one another; run together; ~|**passen** *itr. V.* fit into each other *or* one another; fit together; ~|**schieben 1.** *unr. tr. V.* telescope ⟨vehicles⟩; **die Teile der Tischplatte lassen sich leicht ~schieben** the leaves of the table can easily be pushed in; **2.** *unr. refl. V.* ⟨vehicles⟩ telescope
in·existent *Adj. (geh.)* non-existent
infam [ɪnˈfaːm] **1.** *Adj.* disgraceful; ~**e Schmerzen** *(ugs.)* dreadful pain *sing. (coll.).* **2.** *adv.* disgracefully; ~ **weh tun** *(ugs.)* hurt like mad *or* hell *(coll.)*
Infamie [ɪnfaˈmiː] *die;* ~, ~n **a)** *o. Pl.* disgracefulness; **b)** *(Äußerung)* disgraceful remark; *(Handlung)* disgraceful action

Infant [ɪnˈfant] *der;* ~en, ~en *(hist.)* infante; *(Thronfolger)* principe
Infanterie [ˈɪnfant(ə)riː] *die;* ~, ~n *(Milit.)* infantry
Infanterie-: ~**regiment** *das (Milit.)* infantry regiment; ~**stellung** *die (Milit.)* infantry position
Infanterist [ɪnfantəˈrɪst] *der;* ~en, ~en *(Milit.)* infantryman
infantil [ɪnfanˈtiːl] *(Psych., Med., sonst abwertend)* **1.** *Adj.* infantile. **2.** *adv.* in an infantile way
Infantilismus *der;* ~, **Infantilismen** *(Psych., Med.)* infantilism
Infantilität [ɪnfantiliˈtɛːt] *die;* ~ **a)** *(abwertend)* infantility; **b)** *(Psych., Med.)* infantilism
Infantin *die;* ~, ~nen *(hist.)* infanta
Infarkt [ɪnˈfarkt] *der;* ~[e]s, ~e *(Med.)* infarct; infarction
infarkt·gefährdet *Adj. (Med.)* ⟨person⟩ with a high risk of suffering a cardiac infarction
Infekt [ɪnˈfɛkt] *der;* ~[e]s, ~e *(Med.)* infection; **ein grippaler ~**: an influenzal infection
Infektion [ɪnfɛkˈtsioːn] *die;* ~, ~en *(Med.)* **a)** *(Ansteckung)* infection; **b)** *(ugs.: Entzündung)* inflammation
Infektions-: ~**gefahr** *die (Med.)* danger *or* risk of infection; ~**herd** *der (Med.)* seat of the/an infection; ~**krankheit** *die (Med.)* infectious disease
infektiös [ɪnfɛkˈtsiøːs] *Adj. (Med.)* infectious
Inferiorität [ɪnferioriˈtɛːt] *die;* ~ *(geh.)* inferiority
Inferioritäts·komplex *der (Psych.) s.* **Minderwertigkeitskomplex**
infernalisch [ɪnfɛrˈnaːlɪʃ] *(geh.)* **1.** *Adj.* infernal; ~ **schmecken** taste dreadful. **2.** *adv.* infernally; ~ **stinken** stink dreadfully
Inferno [ɪnˈfɛrno] *das;* ~s *(geh.)* inferno
Infiltrat [ɪnfɪlˈtraːt] *das;* ~[e]s, ~e *(Med.)* infiltrate
Infiltration [ɪnfɪltraˈtsioːn] *die;* ~, ~en *(auch Med.)* infiltration
infiltrieren *tr. V. (auch Med.)* infiltrate; **jmdm. etw. ~** *(Med.)* infiltrate sth. into sb.
in·finit *Adj. (Sprachw.)* infinite
Infinitesimal·rechnung [ɪnfinitɛziˈmaːl-] *die (Math.)* infinitesimal calculus
Infinitiv [ˈɪnfinitiːf] *der;* ~s, ~e [-tiːvə] *(Sprachw.)* infinitive
Infinitiv·satz *der (Sprachw.)* infinitive clause
infizieren [ɪnfiˈtsiːrən] **1.** *tr. V. (auch fig.)* infect. **2.** *refl. V.* become *or* get infected; **sich bei jmdm. ~**: be infected by sb.; catch an infection from sb.
in flagranti [ɪn flaˈɡranti] *Adv. (geh.)* in flagrante [delicto]
Inflation [ɪnflaˈtsioːn] *die;* ~, ~en *(Wirtsch.)* inflation; *(Zeit der ~)* period of inflation; **eine schleichende ~**: creeping inflation
inflationär [ɪnflatsioˈnɛːɐ̯], **inflationistisch** *Adj.* inflationary
Inflations-: ~**ausgleich** *der* increase to allow for inflation; ~**politik** *die* policy of inflation; ~**rate** *die* inflation rate; rate of inflation
in·flexibel *Adj.* **a)** *(auch fig.)* inflexible; **b)** *(Sprachw.)* uninflected
In·flexibilität *die;* ~ *(auch fig.)* inflexibility
Influenz [ɪnfluˈɛnts] *die;* ~, ~en *(Elektrot.)* [electrostatic] induction
Influenza [ɪnfluˈɛntsa] *die;* ~ *(veralt.)* influenza
Info [ˈɪnfo] *das;* ~s, ~s *(ugs.)* hand-out
in·folge 1. *Präp. + Gen.* as a result of; owing to. **2.** *Adv.* ~ **von etw.** *(Dat.)* as a result *or* owing to sth.
infolge·dessen *Adv.* consequently; as a result of this

Informant [ɪnfɔrˈmant] *der;* ~en, ~en *(auch Sprachw.)* informant
Informatik [ɪnfɔrˈmaːtɪk] *die;* ~: computer science *no art.*
Informatiker *der;* ~s, ~: computer scientist
Information [ɪnfɔrmaˈtsioːn] *die;* ~, ~en **a)** *(auch Kybernetik)* information *no def. art.* (**über** + *Akk.* about, on); **eine ~**: [a piece of] information; **eine umfassende ~ der Öffentlichkeit zu diesen Vorfällen ist unbedingt notwendig** it is vital to inform the public fully about these incidents; **zu Ihrer ~**: for your information; **nach neuesten ~en** according to the latest information; **nähere ~en erhalten Sie ...**: you can obtain more information ...; **b)** *(Büro)* information bureau; *(Stand)* information desk
Informations-: ~**austausch** *der* exchange of information; ~**büro** *das* information bureau *or* office; ~**fluß** *der; o. Pl.* flow of information; ~**gespräch** *das* mutual briefing session; ~**material** *das* informational literature; ~**quelle** *die* source of information; ~**stand** *der* **a)** *(Stand)* information stand; **b)** *(Zustand)* **bei meinem jetzigen ~stand** with the information I have at present; ~**theorie** *die* information theory *no art.;* ~**vorsprung** *der* superior knowledge
informativ [ɪnfɔrmaˈtiːf] **1.** *Adj.* informative. **2.** *adv.* informatively
informatorisch [ɪnfɔrmaˈtoːrɪʃ] *Adj.* informatory
in·formell *Adj.* informal
informieren 1. *tr. V.* inform (**über** + *Akk.* about); **falsch/einseitig informiert sein** be misinformed/have biased information; **aus gut informierten Kreisen** from well-informed circles. **2.** *refl. V.* inform oneself, find out (**über** + *Akk.* about); **sich aus der Presse/in der Zeitung über etw.** *(Akk.)* **~**: inform oneself *or* find out about sth. from the press/the newspaper
infra·rot [ˈɪnfra-] *Adj. (Physik)* infra-red
Infra·rot *das;* ~s *(Physik)* infra-red radiation; **im ~**: in the infra-red
Infrarot-: ~**film** *der* infra-red film; ~**strahler** *der* **a)** *(Heizgerät)* infra-red heater; **b)** *(Med.)* infra-red lamp
Infra-: ~**schall** *der (Physik)* infrasound; ~**struktur** *die* infrastructure
Infusion [ɪnfuˈzioːn] *die;* ~, ~en *(Med.)* infusion; *(durch den After)* enema
Infusionstierchen *das,* **Infusorium** [ɪnfuˈzoːri̯ʊm] *das;* ~s, **Infusorien**; *meist Pl. (Biol.)* infusorian
Ing. *Abk.* **Ingenieur**
In·gebrauchnahme *die;* ~: **vor ~ des Geräts** before operating the appliance
Ingenieur [ɪnʒeˈnjøːɐ̯] *der;* ~s, ~e [qualified] engineer
Ingenieur-: ~**bau** *der;* ~[e]s, ~ten civil engineering structure; ~**büro** *das* firm of consulting engineers
Ingenieurin *die;* ~, ~nen [qualified] engineer
Ingenieur·schule *die* college of engineering
ingeniös [ɪnɡeˈnjøːs] *(geh.)* **1.** *Adj.* ingenious. **2.** *adv.* ingeniously
Ingeniosität [ɪnɡeni̯oziˈtɛːt] *die;* ~ *(geh.)* ingenuity
Ingrediens [ɪnˈɡreːdi̯ɛns] *das;* ~, ~en; *meist Pl. (bes. Pharm., Kochk.)* ingredient
In·grimm *der (geh.)* inward rage *or* wrath
in·grimmig *(geh.)* **1.** *Adj.* wrathful ⟨look, expression⟩. **2.** *adv.* wrathfully
Ingwer [ˈɪŋvɐ] *der;* ~s, ~ **a)** ginger; **b)** *(Likör)* ginger liqueur
Ingwer·bier *das* ginger beer
Inhaber [ˈɪnhaːbɐ] *der;* ~s, ~ **a)** *(einer Aktie, einer Lizenz, eines Rekords, eines Patents, eines Passes)* holder; *(eines Schecks)* bearer; *(eines Amtes)* holder; incumbent; **b)**

Inhaberin | **Innenpolitiker**

(Besitzer) owner; *(eines Hotels, Restaurants, Ladens)* owner; proprietor
Inhaberin die; ~, ~nen a) *s.* **Inhaber** a; b) *s.* **Inhaber** b: owner; proprietress
Inhaber·papier das *(Wirtsch.)* bearer security
inhaftieren [ɪnhafˈtiːrən] *tr. V.* take into custody; detain; jmdn. zwei Tage lang ~: keep sb. in custody or detain sb. for two days
Inhaftierte der/die; *adj. Dekl.* prisoner
Inhaftierung die; ~, ~en detention
Inhalation [ɪnhalaˈtsi̯oːn] die; ~, ~en *(Med.)* inhalation
inhalieren 1. *tr. V. (Med./ugs.)* inhale. 2. *itr. V. (Med.)* use an inhalant
In·halt der; ~[e]s, ~e a) contents *pl.*; b) *(das Dargestellte/geistiger Gehalt)* content; etw. zum ~ haben deal with or concern sth.; ein Buch politischen ~s a political book; der ~ eines Wortes the meaning of a word; wir erhielten eine Nachricht des ~s, daß ... *(geh.)* we received a message to the effect that ...; c) *(bes. Math.) (Flächen~)* area; *(Raum~)* volume
inhaltlich 1. *Adj.* die ~e Struktur des Dramas the plot-structure of the drama; an ~en Gesichtspunkten gemessen from the point of view of content. 2. *adv.* ~ ist der Aufsatz gut the essay is good as regards content; ~ übereinstimmen be the same in content
inhalts-, Inhalts-: ~**an·gabe** die summary [of contents]; synopsis; *(eines Films, Dramas)* [plot] summary; synopsis; ~**bezogen** *Adj. (Sprachw.)* ~bezogene Grammatik content[-oriented] grammar; ~**erklärung** die declaration of contents; ~**leer, ~los** *Adj.* lacking in content *postpos.*; meaningless ⟨word, phrase⟩; empty ⟨life⟩; ~**reich** *Adj.* full ⟨life, discussion⟩; ~**schwer** *Adj.* weighty; ~**übersicht** die summary [of contents]; ~**verzeichnis** das table of contents; *(als einem Paket)* list of contents; *(als Überschrift)* [table of] contents; ~**voll** *Adj. s.* ~**reich**
inhärent [ɪnhɛˈrɛnt] *Adj. (geh., Philos.)* inherent (+ *Dat.* in)
Inhärenz [ɪnhɛˈrɛnts] die; ~ *(Philos.)* inherence
in·homogen *Adj. (geh., fachspr.)* inhomogeneous
In·homogenität die; ~ *(geh., fachspr.)* inhomogeneity
in·human *Adj.* a) *(unmenschlich)* inhuman; b) *(rücksichtslos)* inhumane
In·humanität die; ~: inhumanity
Initial [iniˈtsi̯aːl] das; ~s, ~e *(selten),* **Initiale** die; ~, ~n initial [letter]
Initial-: ~**zünder** der detonator; ~**zündung** die detonation
Initiation [initsi̯aˈtsi̯oːn] die; ~, ~en *(Soziol., Völkerk.)* initiation
Initiations·ritus der *(Soziol., Völkerk.)* initiation rite
initiativ [initsi̯aˈtiːf] *Adj.* ~ werden take the initiative
Initiative die; ~, ~n a) *(erster Anstoß)* initiative; die ~ ergreifen take the initiative; auf jmds. ~ *(Akk.)* [hin] on sb.'s initiative; b) *o. Pl. (Entschlußkraft)* initiative; ~ entwickeln/entfalten develop initiative; nur der ~ *(Dat.)* der Opposition ist es zu verdanken, daß ...: it is only thanks to the Opposition that ...; c) *s.* Bürgerinitiative; d) *(Parl.)* right to table or introduce a bill; *(das Einbringen)* tabling or introduction of a bill; e) *(schweiz.) s.* Volksbegehren
Initiator [iniˈtsi̯aːtɔr] der; ~s, ~en, **Initiatorin** die; ~, ~nen initiator; *(einer Organisation)* founder
initiieren [initsiˈiːrən] *tr. V. (geh.)* initiate
Injektion [ɪnjɛkˈtsi̯oːn] die; ~, ~en *(Med.)* injection
Injektions-: ~**nadel** die hypodermic needle; ~**spritze** die hypodermic syringe

injizieren [ɪnjiˈtsiːrən] *tr. V. (Med.)* inject; jmdm. etw. ~: inject sb. with sth.
Injurie [ɪnˈjuːri̯ə] die; ~, ~n *(geh., Rechtsw.)* injury
Inka [ˈɪŋka] der; ~[s], ~[s] Inca
Inkarnation [ɪnkarnaˈtsi̯oːn] die; ~, ~en incarnation
Inkasso [ɪnˈkaso] das; ~s, ~s od. Inkassi *(Finanzw.)* collection
In·kaufnahme die; ~ *(Amtsspr.)* acceptance; er konnte den Vertrag nur unter ~ von Verlusten abschließen he could complete the contract only by accepting the losses involved
inkl. *Abk.* inklusive incl.
inklusive [ɪnkluˈziːvə] 1. *Präp.* + *Gen. (bes. Kaufmannsspr.)* inclusive of; *(einschl. Verpackung)* including; der Preis versteht sich ~ der Verpackung the price includes or is inclusive of packing; wir bezahlten ~ Frühstück 40 DM we paid 40 DM, breakfast included or including breakfast. 2. *Adv.* inclusive
inkognito [ɪnˈkɔgnito] *Adv. (geh.)* incognito
Inkognito das; ~s, ~s incognito
in·kommensurabel *Adj. (geh., Math.)* incommensurable
in·kommodieren [ɪnkɔmoˈdiːrən] *(geh.)* 1. *tr. V. (veralt.)* inconvenience; trouble; jmdn. mit etw. ~: trouble sb. with sth. 2. *refl. V.* trouble oneself
in·kompatibel *Adj. (fachspr.)* incompatible
In·kompatibilität die *(fachspr.)* incompatibility
in·kompetent *Adj.* a) *(unfähig)* incompetent; b) *(bes. Rechtsspr.: nicht befugt)* not competent *postpos.*; incompetent
In·kompetenz die incompetence
In·kongruenz die *(Math.)* incongruence
in·konsequent 1. *Adj.* inconsistent. 2. *adv.* inconsistently
In·konsequenz die inconsistency
in·konsistent *Adj.* inconsistent
in·konstant *Adj.* a) *(Physik)* inconstant; b) *(geh.)* inconsistent; [constantly] shifting ⟨balance of power⟩
in·konvertibel *Adj. (Wirtsch.)* inconvertible ⟨currency⟩
in·korrekt 1. *Adj.* incorrect; incorrect, improper ⟨dress, behaviour⟩. 2. *adv.* incorrectly; sich ~ kleiden/benehmen dress/behave incorrectly or improperly
Inkorrektheit die; ~, ~en a) *o. Pl. (Fehlerhaftigkeit)* incorrectness; *(des Benehmens)* incorrectness; impropriety; b) *(Fehler)* mistake; *(inkorrektes Benehmen)* breach of propriety; impropriety
In·kraftsetzung [-zɛtsʊŋ] die; ~, ~en *(Amtsspr.)* mit ~ dieses Gesetzes when this law has brought or put into force
In·kraft treten das; ~s; das ~ des Gesetzes erfolgt dann, wenn ...: the law comes into effect or force when ...
In·kreis der *(Geom.)* inscribed circle
inkriminieren [ɪnkrimiˈniːrən] *tr. V. (bes. Rechtsspr.)* incriminate
Inkubation [ɪnkubaˈtsi̯oːn] die; ~, ~en *(Med., Biol.)* incubation
Inkubations·zeit die; ~, ~en *(Med.)* incubation period
Inkubator [ɪnkuˈbaːtɔr] der; ~s, ~en *(Med.)* incubator
Inkubus [ˈɪnkubʊs] der; ~, Inkuben incubus
in·kulant *Adj. (Kaufmannsspr.)* unaccommodating; disobliging
Inkulanz [ˈɪnkulants] die; ~ *(Kaufmannsspr.)* disobligingness
Inkunabel [ɪnkuˈnaːbl] die; ~, ~n; *meist Pl. (Buchw., Literaturw.)* incunabulum
In·land das; ~[e]s a) *(das eigene Land)* im ~: at home; im ~ hergestellte Waren, Produktionen des ~es home-produced goods; für das ~ bestimmte Waren goods for the home market; wir werden unseren Urlaub diesmal im ~ verbringen we're not going

abroad for our holidays this year; im In- und Ausland at home and abroad; b) *(Binnenland)* interior; inland; im/ins ~: inland
Inland·eis das; ~es inland ice
Inländer [ˈɪnlɛndɐ] der; ~s, ~, **Inländerin** die; ~, ~nen native citizen
inländisch *Adj.* domestic; internal, domestic ⟨trade, traffic⟩; home, domestic ⟨market⟩; home-produced, domestic ⟨goods⟩
Inlands-: ~**ab·satz** der *(Wirtsch.)* domestic sales *pl.*; ~**markt** der home or domestic market; ~**porto** das inland postage; ~**presse** die domestic press; ~**verkehr** der internal or domestic traffic
In·laut der; ~[e]s, ~e *(Sprachw.)* im ~ stehen/vorkommen occur in [word-]medial position or [word-]medially
Inlett [ˈɪnlɛt] das; ~[e]s, ~e od. ~s *(Stoff)* tick; ticking; *(Hülle)* tick
in·liegend *Adj. (Amtsspr., bes. österr.) s.* einliegend
in·mitten 1. *Präp.* + *Gen. (geh.)* in the midst of; surrounded by. 2. *Adv.* ~ von in the midst of; surrounded by
inne- [ˈɪnə-]: ~**haben** *unr. tr. V.* a) *(einnehmen)* hold, occupy ⟨position⟩; hold ⟨office⟩; die Führung/Leitung ~haben be in charge; einen Lehrstuhl ~haben hold a [professorial] chair; b) *(geh.: besitzen)* own; possess; ~**halten** *unr. itr. V.* pause; in od. mit etw. ~halten stop sth. for a moment; er hielt in seiner Arbeit/im Laufen ~: he stopped work/running for a moment; er hielt mitten im Satz ~: he stopped or paused in the middle of his sentence or in mid-sentence
innen [ˈɪnən] *Adv.* inside; *(auf/an der Innenseite)* on the inside; etw. von ~ nach außen kehren turn sth. inside out; die Leitung verlief von ~ nach außen the cable ran from the inside to the outside; ~ und außen inside and out[side]; nach ~ aufgehen open inwards; etw. von ~ besichtigen/ansehen look round/at the inside of sth.; die Füße nach ~ setzen turn one's feet in[wards]; ~ laufen *(Sport)* run on the inside; von ~ heraus from within; b) *(österr.: drinnen)* inside; *(im Haus)* indoors
innen-, Innen-: ~**ansicht** die interior view; ~**antenne** die indoor aerial; ~**arbeiten** *Pl.* interior work *sing.*; ~**architekt** der interior architect; ~**aufnahme** die *(Fot.)* indoor photo[graph]; *(Film)* indoor or interior shot; ~**ausstattung** die decoration and furnishings; *(eines Autos)* [an] interior trim; ~**bahn** die *(Sport)* inside lane; ~**beleuchtung** die a) *(eines Fahrzeugs)* interior light; *(beim Türöffnen aufleuchtend)* courtesy light; b) *(im Zug, Flugzeug)* interior lighting; ~**dienst** der: ~dienst haben be working in the office; *(policeman)* be on station duty; im ~dienst sein work in the office; *(policeman)* do station duty; ~**durchmesser** der internal diameter; ~**einrichtung** die furnishings *pl.*; ~**fläche** die inner surface; *(der Hand)* palm; ~**geleitet** *Adj. (Soziol.)* self-directed; ~**hof** der inner courtyard; *(eines Klosters, Colleges)* quadrangle; ~**kurve** die inside bend; die ~kurve nehmen ⟨driver⟩ cut the corner; ~**leben** das; *o. Pl.* a) *[inner]* thoughts and feelings *pl.*; b) *(oft scherzh.: Ausstattung)* inside; *(eines Hauses)* interior; *(eines Autos, Fernsehers usw.)* inner workings *pl.*; ~**minister** der Minister of the Interior; ≈ Home Secretary *(Brit.)*; ≈ Secretary of the Interior *(Amer.)*; ~**ministerium** das Ministry of the Interior; ≈ Home Office *(Brit.)*; ≈ Department of the Interior *(Amer.)*; ~**pfosten** der *(Ballspiele)* inside of the post; der rechte ~pfosten the inside of the right-hand post; ~**politik** die *(eines Staates)* home affairs *pl.*; *(einer Regierung)* domestic policy/policies *pl.*; ~**politiker** der politician

1215

cerned with home affairs; **~politisch** s. **~politik**: 1. *Adj.* **~politische Fragen** matters of domestic policy; **der ~politische Kurs der Regierung** the government's domestic policy; **eine ~politische Debatte** a debate on home affairs/domestic policy; 2. *adv.* as regards home affairs/domestic policy; **~politisch betrachtet** from the point of view of home affairs/domestic policy; **~raum der** a) inner room; **die ~räume des Hauses** the interior of the house; b) *o. Pl. (Platz im Innern)* room inside; **ein Auto/Haus mit großem ~raum** a car/house with a spacious interior; **~rist der** *(bes. Fußball)* inside of the *or* one's foot; **~rolle die** hair curled under *no pl., no indef. art.*; **~seite die** inside; *(eines Stoffes)* wrong side; **~senator der** minister for internal affairs (in Bremen, Hamburg, West-Berlin); **~spiegel der** rear-view mirror; **~stadt die** town centre; downtown *(Amer.); (einer Großstadt)* city centre; **~stürmer der** *(Ballspiele)* inside forward; **~tasche die** inside pocket; **~temperatur die** inside temperature; **bei 22 °C ~temperatur** when the temperature inside is 22 °C; when it's 22 °C inside; **wir haben eine ~temperatur von 22 °C** the temperature inside is 22 °C; **~wand die** interior wall; **~welt die** inner world; **sie hat sich ganz in ihre ~welt zurückgezogen** she withdrew completely into her own private world; **~winkel der** interior angle

inner... ['ɪnɐ...] *Adj.; nicht präd.* a) inner; inside *(pocket, lane)*; **die ~e Seite** the inside; b) *(Med.)* internal; **die ~en Organe** the internal organs; **eine ~e Blutung/~e Blutungen** *Pl.* internal bleeding; **die ~e Medizin** internal medicine; **die Innere** *(Med. Jargon)* the medical ward; c) *(im Innern gefühlt)* inner *(calm, impatience, etc.)*; d) *(einer Sache innewohnend)* internal *(structure, stability, etc.)*; e) *(inländisch)* internal

inner-: **~betrieblich** 1. *Adj.* internal *(problem, question, regulation, agreement)*; 2. *adv.* internally; **~deutsch** *Adj.* a) *(Deutschland betreffend)* **~deutsche Angelegenheiten** the internal *or* domestic affairs of Germany; Germany's internal *or* domestic affairs; b) *(die beiden deutschen Staaten betreffend)* (trade, relations, border) between the two German states; **der Bundesminister für ~deutsche Beziehungen** the Federal Minister for Intra-German Relations

Innere ['ɪnərə] *das; adj. Dekl.; o. Pl.* a) inside; *(eines Gebäudes, Wagens, Schiffes)* interior; inside; *(eines Landes)* interior; **im ~n des Waldes** deep within the forest; **der Minister des Innern** the Minister of the Interior; *s. auch* **Innenminister**; b) *(Empfindung)* inner being; **in seinem tiefsten ~n** in his heart of hearts; deep [down] inside; **wenn wir nur wüßten, was in ihrem ~n vorgeht** if only we knew what's going on inside her; c) *(Kern)* heart

Innereien [ɪnəˈraɪən] *Pl.* entrails; *(Kochk.)* offal *sing.*

inner·halb 1. *Präp. + Gen.* a) *(im Innern)* within, inside; **~ der Familie/Partei** *(fig.)* within the family/party; b) *(binnen)* within; **~ einer Woche** within a week; **~ der Arbeitszeit** during *or* in working hours. 2. *Adv.* a) *(im Innern)* **~** within, inside; *(im Verlauf)* **~ von zwei Jahren** within two years

innerlich 1. *Adj.* a) *(geistig-seelisch)* inner; *(nicht nach außen gezeigt)* inward; b) *(geh.) (nach innen gerichtet)* introvert[ed]; *(nicht oberflächlich)* inwardly directed; c) *(im Körper)* internal *(use, effect)*. 2. *adv.* a) *(geistig-seelisch)* inwardly; **~ lachen** laugh inwardly *or* to oneself; b) *(im Körper)* **die Arznei muß ~ wirken/wird ~ angewendet** the medicine must work/is used internally

Innerlichkeit die; **~:** inwardness

inner-: **~parteilich** *Adj.* **~parteiliche Auseinandersetzungen** internal [party] disputes; disputes within the party; **~parteiliche Diskussionen** discussions within the party; **~staatlich** *Adj.* internal; domestic; **~städtisch** *Adj.* urban

innerst... *Adj.; nicht präd.* inmost; innermost; **ihre ~e Überzeugung** her deepest *or* most profound conviction

Innerste *das; adj. Dekl.; o. Pl.* innermost being; **in meinem ~n** in my heart of hearts; deep [down] inside

innert ['ɪnɐt] *Präp. + Gen. od. Dat. (schweiz., österr.)* within

inne-: **~|sein** *unr. itr. V.; mit sein (Zusammenschreibung nur im Inf. u. Part.) (geh.)* **einer Sache** *(Gen.)* **~sein** be [fully] aware of sth.; **~|werden** *unr. itr. V.; mit sein (Zusammenschreibung nur im Inf. u. Part.) (geh.)* **einer Sache** *(Gen.)* **~werden** become [fully] aware of sth.; **~|wohnen** *itr. V. (geh.)* **etw. wohnt jmdm./einer Sache ~**: sb. possesses sth.

innig ['ɪnɪç] 1. *Adj.* a) heartfelt, deep *(affection, sympathy)*; heartfelt, fervent *(wish)*; intimate *(relation, relationship, friendship)*; **mein ~ster Dank** my sincerest thanks; **unsere ~sten Wünsche begleiten euch** our warmest wishes go with you; b) *(Chemie)* intimate. 2. *adv.* *(hope)* fervently; *(love)* deeply, with all one's heart; **~ verbunden sein** *(friends, families)* be very close

Innigkeit die; **~:** depth; *(einer Beziehung, Freundschaft)* intimacy; **die ~ seiner Worte** the depth of feeling in his words

inniglich ['ɪnɪklɪç] *Adj., adv. (geh.) s.* **innig**

Innovation [ɪnovaˈtsi̯oːn] *die;* **~, ~en** *(Soziol., Wirtsch.)* innovation

Innung ['ɪnʊŋ] *die;* **~, ~en** *(trade)* guild; **die ganze ~ blamieren** *(ugs. scherzh.)* let the side down

-innung *die:* **Fleischer-/Bäcker~:** butchers'/bakers' guild

in·offiziell 1. *Adj.* unofficial. 2. *adv.* unofficially

in·operabel *Adj. (Med.)* inoperable

in·opportun *Adj. (geh.)* inopportune

in petto [ɪn ˈpɛto] **in etw. ~ ~ haben** *(ugs.)* have sth. up one's sleeve

in puncto [ɪn ˈpʊŋkto] **~ ~ Pünktlichkeit** *usw.* as regards punctuality *etc.*; where punctuality *etc.* is concerned

Input ['ɪnpʊt] *der od. das;* **~s, ~s** *(Wirtsch., Datenverarb.)* input

Inquisition [ɪnkviziˈtsi̯oːn] *die;* **~, ~en** *(hist.)* a) *o. Pl.* Inquisition; b) *(Untersuchung vor der ~)* inquisition

Inquisitions·gericht *das (hist.)* court of the Inquisition

Inquisitor [ɪnkviˈziːtɔr] *der;* **~s, ~en** [-ziˈtoːrən] *(hist.)* inquisitor

ins [ɪns] *Präp. + Art.* a) **= in das**; b) **~ Bett/Theater gehen** go to bed/the theatre; **er geriet ~ Stottern** he began to stutter; **etw. ins Englische übersetzen** translate sth. into English

Insasse ['ɪnzasə] *der;* **~n, ~n** a) *(Fahrgast)* passenger; **die ~n eines Autos/Flugzeuges** the passengers in a car/an aircraft; b) *(Bewohner)* inmate

Insassen·versicherung *die* passenger insurance

Insassin *die;* **~, ~nen** *s.* **Insasse**

ins·besond[e]re *Adv.* especially; particularly; in particular

In·schrift *die* inscription

Insekt [ɪnˈzɛkt] *das;* **~s, ~en** insect

insekten-, Insekten-: **~bekämpfung die;** *o. Pl.* insect control; **~fressend** *Adj.; nicht präd.* insectivorous; insect-eating; **~fresser** *der* insectivore; **~kunde die** entomology *no art.*; **~plage die** plague of insects; **~pulver** *das* insect-powder; **~stich** *der (einer Wespe, Biene)* insect-sting; *(einer Mücke)* insect-bite; **~vertilgungs·mittel** *das* insecticide

Insektizid [ɪnzɛktiˈtsiːt] *das;* **~s, ~e** *(fachspr.)* insecticide

Insel ['ɪnzl̩] *die;* **~, ~n** *(auch fig.)* island; **die ~ Helgoland** the island of Heligoland; **die ~ Man** the Isle of Man

Insel·bewohner *der* islander

Inselchen *das;* **~s, ~:** islet; little island

Insel-: **~gruppe die** group of islands; **~lage die** island position; position as an island; **~reich** *das* island kingdom; **~republik die** island republic; **~staat der** island state; **~volk** *das* island race *or* people; **~welt die** islands *pl.*

Inserat [ɪnzeˈraːt] *das;* **~[e]s, ~e** advertisement *(in a newspaper)*; **sich auf ein ~ melden** reply to an advertisement; **ein ~ aufgeben** put in an advertisement; **am besten gibst du ein ~ auf** the best thing you can do is to put an advertisement in the paper

Inseraten·teil *der* advertisement section

Inserent [ɪnzeˈrɛnt] *der;* **~en, ~en** advertiser

inserieren *itr., tr. V.* advertise; **[wegen etw.] in einer Zeitung ~:** advertise [sth.] in a newspaper

ins·geheim *Adv.* secretly

ins·gemein *Adv. (veralt.)* **die Naturwissenschaften ~ waren seine Leidenschaft** he had a passion for the natural sciences as a whole

ins·gesamt *Adv.* a) in all; altogether; **es waren ~ 500** there were 500 in all *or* altogether; b) *(alles in allem)* all in all; **~ gesehen** all in all

Insider ['ɪnsaɪdɐ] *der;* **~s, ~:** insider; **~ der Rock-Szene** those in on the rock scene

Insigne [ɪnˈzɪɡnə] *das;* **~s, Insignien;** *meist Pl.* insignia

in·signifikant *Adj. (geh.)* insignificant

insistieren [ɪnzɪsˈtiːrən] *itr. V. (geh.)* **auf etw.** *(Dat.)* **~:** insist on sth.

inskribieren [ɪnskriˈbiːrən] *(österr.)* 1. *itr. V.* register; **in Wien ~:** register at [the university of] Vienna. 2. *tr. V.* **Germanistik ~:** register to study German; **bei jmdm. Vorlesungen ~:** register to attend sb.'s lectures

Inskription [ɪnskrɪpˈtsi̯oːn] *(österr.)* die; ~, ~en registration

insofern 1. *Adv.* [ɪnˈzoːfɐrn] *(in dieser Hinsicht)* in this respect; to this extent; **~, als** in so far as; **die Vorstellung ist ~ irrig, als ...:** this notion is wrong in so far as ... 2. *Konj.* [ɪnzoˈfɛrn] *(falls)* provided [that]; so *or* as long as

in·solvent *Adj.* insolvent

In·solvenz *die;* **~, ~en** *(bes. Wirtsch.)* insolvency

insonderheit [ɪnˈzɔndɐhaɪt] *Adv. (geh.)* particularly; in particular

insoweit [ɪnˈzoːvaɪt/ɪnzoˈvaɪt] *Adv./Konj. s.* **insofern**

in spe [ɪn ˈspeː] future *attrib.*; **mein Schwiegersohn ~ ~:** my future son-in-law

Inspekteur [ɪnspɛkˈtøːɐ̯] *der;* **~s, ~e** *(Milit.)* Chief of Staff

Inspektion [ɪnspɛkˈtsi̯oːn] *die;* **~, ~en** a) *(Kontrolle)* inspection; b) *(Kfz-W.)* service; **das Auto zur ~ bringen** take the car in for a service; c) *(Behörde)* inspectorate

Inspektions·reise *die* tour of inspection

Inspektor [ɪnsˈpɛktor] *der;* **~s, ~en** [-ˈtoːrən], **Inspektorin** *die;* **~, ~nen** inspector; **das Gutachten des Inspektors Müller, Inspektor Müllers Gutachten** Inspector Müller's report; *s. auch* **-in**

Inspiration [ɪnspiraˈtsi̯oːn] *die;* **~, ~en** inspiration

inspirieren *tr. V.* inspire; **das inspirierte ihn zu einem Roman** it inspired him to write a novel; **sich von jmdm./etw. ~ lassen** be inspired by sb./sth.

Inspizient [ɪnspiˈtsi̯ɛnt] *der;* **~en, ~en** *(Theater)* stage-manager; *(Fernhs., Rundf.)* studio manager

inspizieren *tr. V.* inspect
Inspizierung *die;* ~, ~**en** inspection
in·stabil *Adj. (auch Physik, Technik)* unstable
In·stabilität *die;* ~, ~**en** *(auch Physik, Technik)* instability
Installateur [ɪnstalaˈtøːɐ̯] *der;* ~**s**, ~**e** a) *(Klempner)* plumber; b) *(Gas~)* [gas-]fitter; c) *(Heizungs~)* heating engineer; d) *(Elektro~)* electrician
Installation [ɪnstalaˈtsioːn] *die;* ~, ~**en** a) *o. Pl.* installation; b) *(Anlage)* installation; *(Rohre)* plumbing *no pl.;* c) *(schweiz., sonst veralt.: Amtseinführung)* installation
installieren 1. *tr. V.* a) *(einbauen)* install; b) *(geh.: in ein Amt einführen)* install; c) *(einrichten)* set up. 2. *refl. V.* settle in
in·stand *Adv.* etw. ist gut/schlecht ~: sth. is in good/poor condition; etw. ~ halten keep sth. in good condition *or* repair *or (funktionsfähig)* in working order; etw. ~ **setzen/bringen** repair sth.; *(funktionsfähig machen)* get sth. into working order; jmdn. ~ **setzen**, **etw. zu tun** enable sb. to do sth.
instand-, Instand-: ~**besetzen** *tr. V.* **ein Haus** ~**besetzen** occupy and renovate a house *(illegally, to prove that its demolition is not desirable);* ~**besetzung die** *illegal occupation and renovation;* ~**haltung die** maintenance; upkeep; ~**haltungs·kosten** *Pl.* maintenance costs
in·ständig 1. *Adj.* urgent; insistent ⟨*invitation*⟩. 2. *adv.* urgently; ~ **um etw. bitten** beg for sth.; **jmdn.** ~ **bitten, etw. zu tun** beg *or* implore *or* beseech sb. to do sth.; ~ **auf etw.** *(Akk.)* **hoffen** hope fervently for sth.
Instandsetzung *die;* ~, ~**en** *(Amtsspr.)* repair; *(Renovierung)* renovation; **eine** ~ **der Brücke hätte sich nicht gelohnt** it would not have been worth repairing the bridge
Instanz [ɪnˈstants] *die;* ~, ~**en** a) authority; **durch alle** ~**en gehen** *od.* **alle** ~**en durchlaufen** go *or* pass through all the official channels; **in letzter** ~ **ist ... entscheidend** *(fig.)* in the final analysis, ... is decisive; b) *(Rechtsspr.)* [**die**] **erste/zweite/dritte** ~: the court of first instance *or* court of original jurisdiction/the appeal court/the court of final appeal; **durch alle** ~**en gehen** go through all the courts
Instanzen·weg *der* official channels *pl.; (Rechtsspr.)* stages *pl.* of appeal; **den** ~ **nehmen** go through the official channels/the various stages of appeal
Instinkt [ɪnˈstɪŋkt] *der;* ~**[e]s**, ~**e** instinct; etw. aus ~ tun do sth. instinctively; **den richtigen** ~ **für etw. haben** have a flair for sth.; **seinem** ~ **folgen** follow one's instincts *pl.*
Instinkt·handlung *die* instinctive action
instinktiv [ɪnstɪŋkˈtiːf] 1. *Adj.* instinctive. 2. *adv.* instinctively
Instinkt·los 1. *Adj.* insensitive. 2. *adv.* insensitively; **politisch** ~ **handeln** act with political insensitivity
Instinktlosigkeit *die;* ~, ~**en** insensitivity; **eine** ~ **sein** be insensitive
Institut [ɪnstiˈtuːt] *das;* ~**[e]s**, ~**e** a) institute; **das** ~ **für Kernphysik** the Institute of Nuclear Physics; b) *(Rechtsspr.)* institution
Institution [ɪnstituˈtsioːn] *die;* ~, ~**en** *(auch fig.)* institution
institutionalisieren [ɪnstitutsionaliˈziːrən] *tr. V. (geh.)* institutionalize
institutionell [ɪnstitutsioˈnɛl] *Adj.* institutional
Instituts-: ~**bibliothek die** institute library; ~**leiter** *der* director of the/an institute
instruieren [ɪnstruˈiːrən] *tr. V.* a) *(in Kenntnis setzen)* inform; **jmdn. über etw.** *(Akk.)* ~: inform sb. about sth.; b) *(anleiten)* instruct; **jmdn. genau** ~: give sb. precise instructions
Instrukteur [ɪnstrʊkˈtøːɐ̯] *der;* ~**s**, ~**e** instructor

Instruktion [ɪnstrʊkˈtsioːn] *die;* ~, ~**en** instruction
instruktiv [ɪnstrʊkˈtiːf] 1. *Adj.* instructive; informative. 2. *adv.* instructively; informatively
Instrument [ɪnstruˈmɛnt] *das;* ~**[e]s**, ~**e** instrument
instrumental [ɪnstrumɛnˈtaːl] *(Musik)* 1. *Adj.* instrumental. 2. *adv.* instrumentally; ~ **musizieren** play instrumental music
Instrumental·begleitung *die* instrumental accompaniment
Instrumentalismus *der;* ~ *(Philos.)* instrumentalism
Instrumental·musik *die* instrumental music
Instrumentarium [ɪnstrumɛnˈtaːriʊm] *das;* ~**s**, **Instrumentarien** a) *(Technik)* equipment; instruments *pl.;* b) *(Musik)* instruments *pl.;* **diese Oper verlangt ein großes** ~: this opera calls for a large number and range of instruments; c) *(geh.: Gesamtheit der Mittel)* apparatus
instrumentell [ɪnstrumɛnˈtɛl] 1. *Adj. (mit Instrumenten)* using instruments *postpos.;* ~**e Hilfsmittel/Ausrüstung** equipment; instruments *pl.* 2. *adv.* etw. ~ **untersuchen** investigate sth. using instruments; ~ **gut/schlecht ausgerüstet** well/poorly equipped
Instrumenten-: ~**bau** *der* making of musical instruments; ~**brett** *das* instrument panel; ~**flug** *der (Flugw.)* flying on instruments; instrument-flying; ~**kasten** *der (tragbar)* instrument case
instrumentieren 1. *tr. V.* a) *(Musik: für das Orchester ausarbeiten)* instrument; *(für das Orchester umarbeiten)* orchestrate; b) *(Technik)* instrument; equip with instruments. 2. *itr. V. (Med.)* **bei jmdm.** ~: assist sb. by handing him/her the instruments
In·subordination *die;* ~, ~**en** *(geh.)* insubordination; **eine** ~: an act of insubordination
Insuffizienz [ˈɪnzufitsi̯ɛnts] *die;* ~, ~**en** *(Med.)* insufficiency
Insulaner [ɪnzuˈlaːnɐ] *der;* ~**s**, ~ *(veralt., noch scherzh.)* islander
insular [ɪnzuˈlaːɐ̯] *Adj.* insular
Insulin [ɪnzuˈliːn] *das;* ~**s** insulin
Insulin·schock *der (Med.)* insulin shock
inszenatorisch [ɪnstsenaˈtoːrɪʃ] *Adj.; nicht präd.* directorial; **eine** ~**e Meisterleistung** a masterpiece of directing
inszenieren [ɪnstseˈniːrən] *tr. V.* a) stage, put on ⟨*play, opera*⟩; *(Regie führen bei)* direct; *(Ferns.)* direct; produce; b) *(oft abwertend) (einfädeln)* engineer; *(organisieren)* stage
Inszenierung *die;* ~, ~**en** a) staging; *(Regie)* direction; b) *(Aufführung)* production; **Rigoletto in neuer ~: a new production of** 'Rigoletto'; c) *(oft abwertend) (das Einfädeln)* engineering; *(das Organisieren)* staging
intakt [ɪnˈtakt] *Adj.* a) *(unbeschädigt)* intact; undamaged; unspoiled ⟨*region*⟩; b) *(funktionsfähig)* in [proper] working order *postpos.;* healthy ⟨*economy*⟩; **einen** ~**en Organismus haben** be physically healthy
Intarsie [ɪnˈtarsi̯ə] *die;* ~, ~**n** intarsia
integer [ɪnˈteːgɐ] *Adj.* **eine integre Persönlichkeit** a person of integrity; ~ **sein** be a person of integrity
Integral [ɪnteˈgraːl] *Adj.* integral
Integral *das;* ~**s**, ~**s** *(Math.)* integral; *(Zeichen)* integral sign
Integral-: ~**helm** *der* integral helmet; ~**rechnung** *die* a) integral calculus; b) *(einzelne Rechnung)* problem in integral calculus
Integration [ɪntegraˈtsioːn] *die;* ~, ~**en** *(auch Math.)* integration
integrieren *tr. V. (auch Math.)* integrate; *s. auch* **Gesamthochschule; Gesamtschule**

integrierend *Adj.* integral ⟨*part, component, element*⟩
Integrierung *die;* ~, ~**en** *(auch Math.)* integration
Integrität [ɪntegriˈtɛːt] *die;* ~: integrity
Intellekt [ɪnteˈlɛkt] *der;* ~**[e]s** intellect
intellektuell [ɪntelɛkˈtu̯ɛl] *Adj.* intellectual
Intellektuelle *der/die; adj. Dekl.* intellectual
intelligent [ɪnteliˈgɛnt] 1. *Adj.* intelligent. 2. *adv.* intelligently
Intelligenz [ɪnteliˈgɛnts] *die;* ~, ~**en** a) *o. Pl.* intelligence; b) *o. Pl. (Gesamtheit der Intellektuellen)* intelligentsia; c) *(veralt.: intelligentes Wesen)* intelligence
Intelligenz·bestie *die (ugs.)* a) egghead *(coll.);* brain *(coll.);* b) *(abwertend)* clever-clever type
Intelligenzija [ɪnteliˈgɛntsi̯a] *die;* ~: intelligentsia
Intelligenz·leistung *die* instance of intelligent behaviour; **das war mal eine ~ von dir!** *(iron.)* that was bright of you, I must say
Intelligenzler *der;* ~**s**, ~ *(abwertend)* intellectual
Intelligenz-: ~**quotient** *der* intelligence quotient; ~**test** *der* intelligence test
intelligibel [ɪnteliˈgiːbl] *(Philos.) Adj.* intelligible
Intendant [ɪntɛnˈdant] *der;* ~**en**, ~**en** a) *(Theater)* manager and artistic director; *(Fernseh~, Rundfunk~)* director-general
Intendantur [ɪntɛndanˈtuːɐ̯] *die;* ~, ~**en** *s.* **Intendanz a**
Intendanz [ɪntɛnˈdants] *die;* ~, ~**en** a) *(Amt)* management and artistic directorship; *(Ferns., Rundf.)* director-generalship; b) *(Büro)* office of the manager and artistic director; *(Ferns., Rundf.)* director-general's office
intendieren [ɪntɛnˈdiːrən] *tr. V. (geh.)* intend
Intensität [ɪntɛnziˈtɛːt] *die;* ~ *(auch Physik)* intensity
intensiv [ɪntɛnˈziːf] 1. *Adj.* a) *(gründlich)* intensive ⟨*research, efforts, etc.*⟩; b) *(kräftig)* intense; strong ⟨*smell, taste*⟩; c) *(Landw.)* intensive ⟨*cultivation etc.*⟩. 2. *adv.* a) *(gründlich)* intensively; ⟨*think*⟩ hard; **sich ~ mit etw. beschäftigen** be closely involved with sth.; b) *(kräftig)* intensely; ⟨*smell, taste*⟩ strongly; ~ **leuchten** shine with intense brightness; c) *(Landw.)* ⟨*farm etc.*⟩ intensively
-intensiv -intensive; **geruchs~**: strong-smelling
Intensiv-: ~**anbau** *der (Landw.)* intensive cultivation; ~**haltung** *die (Landw.)* intensive rearing
intensivieren *tr. V.* intensify; increase ⟨*exports*⟩; strengthen ⟨*connections*⟩
Intensivierung *die;* ~, ~**en** intensification; **bei einer ~ des Exports** by increasing exports *pl.*
Intensiv-: ~**kurs** *der* intensive course; ~**station** *die* intensive-care unit
Intention [ɪntɛnˈtsioːn] *die;* ~, ~**en** intention; **das liegt nicht in seinen ~en** that is not his intention
intentional [ɪntɛntsi̯oˈnaːl] *(Philos.)* 1. *Adj.* intentional. 2. *adv.* intentionally
Inter- [ɪntɐ-]: ~**aktion** *die (Psych., Soziol.)* interaction; ~**brigaden** *Pl. (hist.)* International Brigades
Inter·city *der;* ~**s**, ~**s** *(ugs.)* inter-city [train]
Intercity-: ~-**Verkehr** *der* inter-city [railway] traffic; ~-**Zug** *der* inter-city train
inter-, Inter-: ~**dependent** *Adj. (geh.)* interdependent; ~**dependenz** *die;* ~, ~**en** *(geh.)* interdependence *no pl.;* ~**disziplinär** 1. *Adj.* interdisciplinary; 2. *adv.* ~**disziplinär forschen** do interdisciplinary research

1217

interessant [ɪntərɛ'sant] 1. *Adj.* interesting; **sich ~ machen** attract attention to oneself; **das ist ja ~:** that's [very] interesting; **das Angebot ist für uns nicht ~:** the offer is of no interest to us *or* doesn't interest us. 2. *adv.* **~ schreiben** write in an interesting way
interessanterweise *Adv.* interestingly enough
Interesse [ɪntə'rɛsə] *das;* ~s, ~n a) *o. Pl.* interest; **[großes] ~ an jmdm./etw. haben** be [very] interested in sb./sth.; **~ für jmdn./etw. haben/zeigen** have/show an interest in sb./sth.; b) *(Neigung)* interest; **gemeinsame ~n haben** have interests in common; **im eigenen ~ handeln** act in one's own interest; **jmds. ~ wahrnehmen** look after *or* represent sb.'s interests; **in jmds. ~** *(Dat.)* **liegen** be in sb.'s interest; **es liegt in unser aller ~:** it's in all our interests *pl.*
interesse-, Interesse-: **~halber** [~halbɐ] *Adv.* out of interest; **~los** 1. *Adj.* uninterested; 2. *adv.* without interest; uninterestedly; **~losigkeit** *die;* ~: lack of interest
Interessen-: **~ausgleich** *der* reconciliation of [conflicting] interests; **~bereich** *der,* **~gebiet** *das* field of interest; **~gegensatz** *der* s. **~konflikt;** **~gemeinschaft** *die* a) **sich in einer ~gemeinschaft zusammenfinden** join together with sb. to pursue common interests; b) *(Wirtsch.)* syndicate; **~gruppe** *die* interest group; **~kollision** *die* clash of interests; **~konflikt** *der* conflict of interests; **~konflikte** *pl.;* **~sphäre** *die* sphere of influence
Interessent [ɪntərɛ'sɛnt] *der;* ~en, ~en a) interested person; **wenn es genug ~en gibt** if enough people are interested; **auf die Anzeige haben sich zahlreiche ~en gemeldet** the advertisement attracted a large response; **~en werden gebeten ...:** those interested are asked ...; b) *(möglicher Käufer)* potential buyer
Interessenten·kreis *der* market
Interessentin *die;* ~, ~nen s. **Interessent**
Interessen-: **~verband** *der* [organized] interest group; **~vertretung** *die* a) representation; b) *(Vertreter von Interessen)* representative body
interessieren 1. *refl. V.* **sich für jmdn./etw. ~:** be interested in sb./sth. 2. *tr. V.* **interessiert dich denn nicht, was passiert ist?** aren't you interested to know what happened?; **das interessiert mich nicht** I'm not interested [in it]; it doesn't interest me; **das hat dich zu ~:** you can't just ignore it; **das hat dich nicht zu ~:** it's none of your business; it's no concern of yours
interessiert *Adj.* interested; **an jmdm./etw. ~ sein** be interested in sb./sth.; **er ist daran ~, daß sie nichts davon erfahren** he doesn't want them to find out anything about it; **vielseitig ~ sein** have a wide range of interests; **~ zuhören** listen with interest
Interessiertheit *die;* ~: **das Prinzip der materiellen ~** *(DDR)* principle that the individual can directly improve his own standard of living by working harder and more efficiently to achieve the goals of socialism
inter-, Inter-: **~ferenz** [~fe'rɛnts] *die;* **~ferenz,** **~ferenzen** *(Physik, Sprachw.)* interference *no pl.;* **~feron** [~fe-'ro:n] *das;* **~ferons,** **~ferone** *(Med.)* interferon; **~fraktionell** [~fraktsio'nɛl] 1. *Adj.* inter-party *attrib.;* 2. *adv.* **etw. ~fraktionell besprechen** discuss sth. on an inter-party basis; **hold inter-party discussions about sth.;** **~hotel** ['----] *das (DDR)* Interhotel *(hotel intended mainly for visitors to the GDR)*
Interieur [ɛ̃te'riø:ɐ̯] *das;* ~s, ~s *od.* ~e *(auch bild. Kunst)* interior
Interim ['ɪntɛrɪm] *das;* ~s, ~s *(geh.)* interim measure
interimistisch 1. *Adj. (geh.)* interim attrib.; temporary; provisional. 2. *adv.* on an interim basis
Interims-: **~lösung** *die* interim solution; **~regierung** *die* caretaker government; **~schein** *der (Wirtsch.)* scrip; **~trainer** *der (Sport)* temporary trainer
Interjektion [ɪntɛrjɛk'tsio:n] *die;* ~, ~en *(Sprachw.)* interjection
inter-, Inter-: **~kantonal** 1. *Adj.* intercantonal; 2. *adv.* on an inter-cantonal basis; **~konfessionell** *Adj. (geh.)* interdenominational; interconfessional; **~kontinental** *Adj. (geh.)* intercontinental; **~kontinental·rakete** *die (Milit.)* intercontinental ballistic missile; **~linear** *Adj. (Literatur.)* interlinear; **~linear·version** *die* interlinear version *or* translation; **~ludium** [~'lu:diʊm] *das;* **~ludiums,** **~ludien** *(Musik)* interlude; **~mezzo** [~'mɛtso] *das;* **~mezzos,** **~mezzos** *od.* **~mezzi** *(Theat., Musik)* intermezzo; *(fig.)* interlude; **~mezzo;** **~ministeriell** 1. *Adj.* inter-ministerial; 2. *adv.* on an inter-ministerial basis; **~mittierend** [~mɪ'ti:rənt] *Adj. (geh.)* intermittent; **~mittierendes Licht** intermittent lightning ⟨strike⟩
intern [ɪn'tɛrn] 1. *Adj.* a) internal; **diese Dinge müssen ~ bleiben** these matters must not become public knowledge; b) *(im Internat wohnend)* **ein ~er Schüler** a boarder. 2. *adv.* internally; **wir haben das Jubiläum nur ~ gefeiert** we only celebrated the anniversary among ourselves
-intern 1. *Adj.* **firmen~e/klub~e/abteilungs~e Dinge** internal [company/club/ departmental] matters; **eine firmen~/klub~e Regelung** an arrangement within the company/club. 2. *adv.* **firmen~/klub~/abteilungs~:** within the company/club/department; internally
Interna *s.* **Internum**
internalisieren [ɪntɛrnali'zi:rən] *tr. V. (Soziol., Psych.)* internalize
Internalisierung *die;* ~, ~en *(Soziol., Psych.)* internalization
Internat [ɪntɛr'na:t] *das;* **~[e]s, ~e** a) boarding-school; b) *(einer Schule angeschlossenes Heim)* dormitory block
inter-, Inter-: **~national** 1. *Adj.* international; 2. *adv.* internationally; **~nationale** *die;* ~, ~n a) *(Internationale Arbeiterassoziation)* International; b) *(Lied)* Internationale; **~nationalisieren** *tr. V.* internationalize; *o. Pl. (Politik)* internationalism; **sozialistischer ~nationalismus** *(DDR)* socialist internationalism; b) *(Sprachw.)* internationalism; **~nationalistisch** *Adj. (Politik)* internationalistic
Internats-: **~schule** *die* boarding-school; **~schüler** *der,* **~schülerin** *die* boarding-school pupil; boarder
Interne *der/die; adj. Dekl.* boarder
internieren *tr. V.* a) *(Milit.)* intern; b) *(Med.)* jmdn. [in einem Krankenhaus] ~: confine sb. to [a] hospital
Internierte *der/die; adj. Dekl.* a) *(Milit.)* internee; b) *(Med.)* patient confined to hospital
Internierung *die;* ~, ~en internment
Internierungs·lager *das* internment camp
Internist *der;* ~en, ~en *(Med.)* internist
Internum [ɪn'tɛrnʊm] *das;* ~s, **Interna,** *meist Pl. (geh.)* internal matter
inter-, Inter-: **~parlamentarisch** *(Politik) Adj.* inter-parliamentary; **~pellation** [~pɛla'tsio:n] *die;* ~, ~en **~pellationen** *(Politik)* interpellation; **~pellieren** *itr. V. (Politik)* interpellate; **~planetar[isch]** *Adj. (Astron.)* interplanetary; **~pol** ['----] *die;* Interpol Interpol *no art.;* **~polation** [~pola'tsio:n] *die;* ~, ~polation, **~polationen** *(Math., Sprachw.)* interpolation; **~polieren** *itr. V. (Math., Sprachw.)* interpolate

Interpret [ɪntɛr'prɛ:t] *der;* ~en, ~en interpreter *(of music, text, etc.)*
Interpretation [ɪntɛrpreta'tsio:n] *die;* ~, ~en interpretation *(of music, text, events, etc.)*
interpretieren *tr. V.* interpret ⟨music, texts, events, etc.⟩; **etw. falsch ~:** misinterpret sth.; interpret sth. wrongly
Interpretin *die;* ~, ~nen *s.* **Interpret**
interpunktieren *tr., itr. V. (Sprachw.)* punctuate
Interpunktion [ɪntɛrpʊŋk'tsio:n] *die;* ~ *(Sprachw.)* punctuation
Interpunktions-: **~regel** *die* punctuation rule; **~zeichen** *das* punctuation mark
Interrail·karte ['ɪntərɛɪl-] *die (Eisenbahnw.)* Interrail card
Interregnum [ɪntɛ'rɛgnʊm] *das;* ~s, **Interregnen** *od.* **Interregna** *(Politik)* interregnum
interrogativ [ɪntɛroga'ti:f] *Adj. (Sprachw.)* interrogative
Interrogativ-: **~pronomen** *das* interrogative pronoun; **~satz** *der* interrogative sentence
Interruptus [ɪntɛ'rʊptʊs] *der;* ~ *(ugs.)* withdrawal
Intershop ['ɪntɐʃɔp] *der;* ~s, ~s *(DDR)* Intershop *(shop where foreign goods and top-quality GDR goods are sold for freely convertible currency)*
inter-: **~stellar** [~stɛ'la:ɐ̯] *Adj. (Astron.)* interstellar; **~subjektiv** *(Psych.) Adj.* intersubjective
Intervall [ɪntɛr'val] *das;* ~s, ~e *(Musik, Math.)* interval
Intervall·training *das (Sport)* interval training
intervenieren [ɪntɛrve'ni:rən] *itr. V. (geh., Politik)* intervene; **bei jmdm. gegen etw. ~:** make representations to sb. about sth.; **für jmdn. ~:** intervene on sb.'s behalf
Intervention [ɪntɛrvɛn'tsio:n] *die;* ~, ~en *(geh., Politik)* intervention; *(Protest)* representations *pl.*
Interventions·krieg *der* war of intervention
Interview [ɪntɐ'vju:] *das;* ~s, ~s interview
interviewen [ɪntɐ'vju:ən] *tr. V.* interview
Interviewer [ɪntɐ'vju:ɐ] *der;* ~s, ~, **Interviewerin** *die;* ~, ~nen interviewer
Intervision *die;* ~ *(alliance of Eastern European television corporations for pooling of programmes)*
Inter·zonen-: **~auto·bahn** *die* interzonal autobahn; **~handel** *der* interzonal trade; **~verkehr** *der* interzonal traffic; **~zug** *der* interzonal train
Inthronisation [ɪntroniza'tsio:n] *die;* ~, ~en enthronement
inthronisieren *tr. V.* enthrone
intim [ɪn'ti:m] 1. *Adj.* a) intimate; **im ~en Kreis** among close friends; **~e Beziehungen mit jmdm. haben** *(verhüll.)* have intimate relations with sb. *(euphem.);* **mit jmdm. ~ sein/werden** *(verhüll.)* be/become intimate with sb. *(euphem.);* **~e Hygiene/Körperpflege** intimate personal hygiene; b) *(tiefinnerlich)* intimate; innermost. 2. *adv.* **~ befreundet sein** be intimate friends; **mit jmdm. ~ verkehren** *(verhüll.)* have intimate relations with sb. *(euphem.)*
Intim-: **~bereich** *der* a) *s.* **~sphäre;** b) *(Genitalbereich)* genital area; **~feind** *der* person whom one knows well and dislikes intensely; **~hygiene** *die* intimate personal hygiene
Intimität [ɪntimi'tɛ:t] *die;* ~, ~en intimacy; **es ist zu ~en gekommen** *(verhüll.)* intimacy took place *(euphem.);* **~en austauschen** *(verhüll.)* be engaged in intimacies *(euphem.)*
Intim-: **~kenner** *der:* **ein ~kenner von etw. sein** have an intimate knowledge of sth.; **von einem ~kenner der politischen Szene stammen** come from someone with an intimate knowledge of the political scene;

Intimleben

~leben das *(verhüll.)* intimate life; **~pflege die** s. **~hygiene**; **~sphäre die** private life; jmds. **~sphäre verletzen** invade sb.'s privacy; jmdn. **wegen Verletzung seiner ~sphäre verklagen** sue sb. for invasion of privacy; **~spray** der *od.* das intimate deodorant
Intimus ['ɪntimʊs] der; ~, **Intimi** intimate friend; *(Vertrauter)* confidant
Intim·verkehr der *(verhüll.)* intimate relations *pl. (euphem.)*
in·tolerant 1. *Adj.* intolerant **(gegenüber** of); **sich ~ zeigen** display *or* show intolerance. **2.** *adv.* intolerantly
In·toleranz die; ~, ~en intolerance **(gegenüber** of)
Intonation [ɪntonaˈtsi̯oːn] die; ~, ~en *(Sprachw., Musik)* intonation
intonieren 1. *tr. V.* **a)** *(Musik) (anstimmen)* etw. ~: sing/play the first few bars of sth.; start to sing/play sth.; *(Ton angeben)* play/sing; **bitte intoniere ein a** please give me/us an A; **b)** *(Musik: hervorbringen)* **die Melodie sauber/weich ~**: play/sing the melody with clean/soft intonation; **c)** *(Sprachw.)* etw. **richtig/falsch/anders ~**: say sth. with the right/wrong/a different intonation. **2.** *itr. V.* **a)** *(Musik)* **er hat sauber/weich intoniert** he played/sang with clean/soft intonation; **b)** *(Sprachw.)* **richtig/falsch ~**: use the right/wrong intonation
Intoxikation [ɪntɔksikaˈtsi̯oːn] die; ~, ~en *(Med.)* intoxication *(Med.)*
intramuskulär [ɪntramʊskuˈlɛːɐ̯] *(Med.)* **1.** *Adj.* intramuscular. **2.** *adv.* intramuscularly
intransitiv 1. *Adj.* *(Sprachw.)* intransitive. **2.** *adv.* intransitively
Intrauterin·pessar [ɪntraʔuteˈriːn-] das *(Med.)* intra-uterine device
intravenös [ɪntraveˈnøːs] *(Med.)* **1.** *Adj.* intravenous. **2.** *adv.* intravenously
intrigant [ɪntriˈɡant] *Adj.* scheming
Intrigant der; ~en, ~en, **Intrigantin** die; ~, ~nen schemer; intriguer
Intrige [ɪnˈtriːɡə] die; ~, ~n intrigue
Intrigen-: **~spiel** das intrigue; **~wirtschaft die**, *o. Pl. (abwertend)* constant scheming and intriguing
intrigieren *itr. V.* intrigue; scheme; **gegen jmdn. ~**: intrigue or scheme against sb.; **er intrigierte beim Chef gegen sie** he attempted to turn the boss against her with hints and insinuations
intro-, Intro- [ɪntro-]: **~duktion** [-dʊkˈtsi̯oːn] die; ~duktion, ~duktionen *(geh., Musik)* introduction; **~spektion** [-spɛkˈtsi̯oːn] *die*; ~, ~en *(Psych.)* introspection; **~vertiert** [-vɛrˈtiːɐ̯t] *Adj. (Psych.)* introverted; **ein Introvertierter/eine Introvertierte an introvert**; **~vertiertheit die**; ~ *(Psych.)* introversion
Intuition [ɪntuiˈtsi̯oːn] die; ~, ~en intuition
intuitiv [ɪntuiˈtiːf] **1.** *Adj.* intuitive. **2.** *adv.* intuitively
intus ['ɪntʊs] *in etw.* **~ haben** *(ugs.) (begriffen haben)* have got sth. into one's head; *(gegessen od. getrunken haben)* have put sth. away *(coll.)*; **einen ~ haben** *(ugs.)* have had a few *(coll.)*
invalid [ɪnvaˈliːt], **invalide** [ɪnvaˈliːdə] *Adj.* invalid *attrib.*; **~ sein** be an invalid
Invalide der; *adj. Dekl.* invalid
Invaliden-: **~heim** das home for the disabled and infirm; **~rente die** *(veralt./ schweiz.)* invalidity or disability pension; **~versicherung die** *(veralt., schweiz.)* invalidity or disability insurance
Invalidität [ɪnvaliditɛːt] die; ~: invalidity
in·variabel *Adj.* invariable
Invasion [ɪnvaˈzi̯oːn] die; ~, ~en *(auch fig. scherzh.)* invasion
Invasions·krieg der war of invasion
Invasor [ɪnˈvaːzɔr] der; ~s, ~en invader
Invektive [ɪnvɛkˈtiːvə] die; ~, ~n *(geh.)* invective

Inventar [ɪnvɛnˈtaːɐ̯] das; ~s, ~e **a)** *[totes]* ~ *(einer Firma)* fittings and equipment *pl.; (eines Hauses, Büros)* furnishings and fittings *pl.; (eines Hofes)* machinery and equipment; **lebendes ~**: livestock; **zum ~ gehören** *(fig.) (person)* be part of the scenery; **b)** *(Verzeichnis)* inventory
inventarisieren *tr. V.* inventory; draw up *or* make an inventory of
Inventar·stück das [inventoried] item
Inventur [ɪnvɛnˈtuːɐ̯] die; ~, ~en stock-taking; ~ **machen** carry out a stock-taking; stock-take; *(fig.)* take stock
Inventur·liste die stock list; inventory list
Inversion [ɪnvɛrˈzi̯oːn] die; ~, ~en *(fachspr.)* inversion
Invest- [ɪnˈvɛst-] *(DDR) s.* **Investitions-**
investieren *tr., itr. V. (auch fig.)* invest **(in + Akk. in)**; **Gefühle in jmdn. ~** *(fig.)* become emotionally involved with sb.
Investition [ɪnvɛstiˈtsi̯oːn] die; ~, ~en investment; **die privaten ~en sind zurückgegangen** private investment has fallen
Investitions-: **~güter** *Pl. (Wirtsch.)* capital goods; **~güter·industrie die** capital-goods industry; **~lenkung die** investment control; **~tätigkeit die** investment activity
Investitur [ɪnvɛstiˈtuːɐ̯] die; ~, ~en investiture
Investiv·lohn [ɪnvɛsˈtiːf-] *der (Wirtsch.)* portion of worker's wages set aside for investment in the company's investment savings scheme
Investment [ɪnˈvɛstmɛnt] das; ~s, ~s *(Finanzw.)* s. **Investition**
Investment-: **~fonds** *der* investment fund; **~gesellschaft die** investment trust; **~papier** das, *meist Pl.*, **~zertifikat** das investment fund certificate
Investor [ɪnˈvɛstɔr] der; ~s, ~en [-ˈtoːrən] *(Wirtsch.)* investor
involvieren [ɪnvɔlˈviːrən] *tr. V. (geh.)* involve
in·wendig 1. *Adj.* inside *(pocket)*; inner *(part)*; *(fig.)* inner, inward *(happiness, strength)*. **2.** *adv.* [on the] inside; *(fig.)* inwardly; deep down [inside]; **etw./jmdn. in- und auswendig kennen** *(ugs.)* know sb./sth. inside out
in·wie·fern *Adv. (in welcher Hinsicht)* in what way; *(bis zu welchem Grade)* to what extent; how far
in·wie·weit *Adv.* to what extent; how far
In·zahlungnahme die; ~, ~n part-exchange; trade in *(Amer.)*; **durch ~ Ihres Altgerätes ...:** by taking your old appliance in part-exchange ...; if you trade in your old appliance ...
Inzest [ɪnˈtsɛst] der; ~[e]s, ~e incest
Inzest·tabu das *(Völkerk.)* incest-taboo
inzestuös [ɪntsɛsˈtu̯øːs] *Adj.* incestuous
In·zucht die; ~: inbreeding
in·zwischen *Adv.* **a)** *(seither)* in the meantime; since [then]; **es hatte sich ~ nichts geändert** nothing had changed in the meantime *or* since [then]; **b)** *(bis zu einem Zeitpunkt) (in der Gegenwart)* by now; *(in der Vergangenheit)* by then; *(in der Zukunft)* by then; **er hat/hatte sich ~ daran gewöhnt** he has/had got used to it by now/then; **bestell ihm ~ meine schönen Gruß!** *(ugs.)* till then, give him my regards; **c)** *(währenddessen)* meanwhile; in the meantime
IOK [iːoːˈkaː] das; ~[s] *Internationales Olympisches Komitee* IOC
Ion [ioːn] das; ~s, ~en *(Physik, Chemie)* ion
Ionen-: **~austauscher** der *(Chemie)* ion exchanger; **~beschleuniger** der *(Elektronik)* ion accelerator; **~bindung die** *(Physik, Chemie)* ionic bond; **~gitter** das *(Chemie)* ionic lattice; **~strahl** der *(Physik, Chemie)* ion beam
Ionien [ˈi̯oːni̯ən] *(das)*; ~s Ionia
Ionisation [ioniza'tsi̯oːn] die; ~, ~en *(Physik, Chemie)* ionization

irgendwann

ionisch *Adj.* **a)** Ionic *(dialect, order, column)*; **das Ionische Meer** the Ionian Sea; **b)** *(Musik)* Ionian *(mode)*
ionisieren *tr. V. (Physik, Chemie)* ionize
Ionisierung die; ~, ~en *s.* Ionisation
Iono·sphäre [iono-] die ionosphere
Ionosphären- ionospheric
ionosphärisch *Adj.* ionospheric
I-Punkt ['iː-] der dot over *or* on the i; **ein i ohne ~**: a dotless i; **bis auf den ~** *(fig.)* down to the last detail
IQ [iːˈkuː *od.* aˈkjuː] der; ~[s], ~[s] IQ
i. R. [iːˈɛr] *Abk.* retd.
IRA [iːɛrˈʔaː] die; ~: IRA
Irak [iˈraːk] *(das)*; ~s *od.* der; ~[s] Iraq; **in/nach/aus** *od.* **im/in den/aus dem ~**: in/to/from Iraq
Iraker der; ~s, ~, **Irakerin** die; ~, ~nen Iraqi; *s. auch* **-in**
irakisch Iraqi
Iran [iˈraːn] *(das)*; ~s *od.* der; ~[s] Iran; *s. auch* **Irak**
Iraner der; ~s, ~, **Iranerin** die; ~, ~nen Iranian; *s. auch* **-in**
iranisch *Adj.* Iranian; **Iranisch/das Iranische** Iranian; *s. auch* **Deutsch**
Iranistik die; ~: Iranian studies *pl., no art.*
irden [ˈɪrdn̩] *Adj.* earthen[ware] *(bowl, pot, jug)*; **~es Geschirr** earthenware
Irden·ware die earthenware
irdisch *Adj.* **a)** earthly *(joys, paradise, love)*; mortal, earthly *(creature, being)*; temporal *(power, justice)*; worldly *(goods, pleasures, possessions)*; **dieses ~e Jammertal** this vale of tears; **die Irdischen** *(dichter.)* the mortals; **den Weg alles Irdischen gehen** go the way of all flesh; *(object)* go the way of all things; **alles Irdische ist vergänglich** all earthly things must fade; **b)** *(zur Erde gehörig)* terrestrial; **das ~e Leben** life on earth
Ire [ˈiːrə] der; ~n, ~n Irishman; **die ~n** the Irish; **er ist ~**: he is Irish *or* an Irishman
irgend [ˈɪrɡn̩t] *Adv.* **a)** jemand someone; somebody; somebody or other *(coll.)*; *(fragend, verneinend)* anyone; anybody; **Haben Sie an jemand Bestimmtes gedacht? – Ach wo, ~ jemand** Did you have anyone particular in mind? – Oh, anyone *or* anybody [will do]; **warum hast du nicht ~ jemanden gefragt?** why didn't you ask someone or somebody?; **~ etwas** something; *(fragend, verneinend)* anything; **~ so ein Politiker** *(ugs.)* some politician [*or* other]; **~ so etwas** something like that; something of the sort or kind; **führen Sie ~ so etwas?** do you stock anything like that?; **b)** *(irgendwie)* **wenn ~ möglich** if at all possible; **wenn ich Ihnen ~ helfen kann** if I can help you in any way
irgend-: **~ein** *Indefinitpron.* **a)** *(attr.)* some; *(fragend, verneinend)* any; **~ein Idiot** some idiot [*or* other]; **in ~einer Zeitung habe ich neulich gelesen, daß ...:** I read in one of the papers recently that ...; **Welche Zeitung soll es sein? – Irgendeine** What newspaper do you want? – Just any; **~ein anderer Redakteur/~eine andere Zeitung/~ein anderes Buch** some other editor/newspaper/book; *(fragend, verneinend)* any other editor/newspaper/book; **~ein anderer/~eine andere** someone *or* somebody else; *(fragend, verneinend)* anyone *or* anybody else; **mehr als ~ein anderer** more than anyone or anybody else; **b)** *(subst.)* **~einer/~eine** someone; somebody; *(fragend, verneinend)* anyone; anybody; **~eines** *od. (ugs.)* **~eins** any one; das muß ja mal einer *or* einer [or other] machen someone *or* somebody [*or* other] must do it; **nicht ~einer** not just anyone; **~einmal** *Adv.* sometime [or other]; **hast du schon ~einmal solchen Unsinn gehört?** have you ever heard such nonsense before?; **~wann** *Adv.* [at] some time [or other]; somewhen; *(zu jeder beliebigen Zeit)* [at] any time; **~wann einmal** [at] some time

1219

irgendwas [or other]; **~was** *Indefinitpron.* *(ugs.)* something [or other]; *(fragend, verneinend)* anything; **[nimm] ~was** [take] anything [you like]; **ist ~was?** is [there] something wrong or the matter?; **~welch** *Indefinitpron.* some; *(fragend, verneinend)* any; **er raucht nicht ~welche Zigarren** he doesn't smoke just any or *(coll.)* any old cigars; **~wer** *Indefinitpron.* *(ugs.)* somebody or other *(coll.)*; someone; somebody; *(fragend, verneinend)* anyone; anybody; **~wie** *Adv.* a) somehow; somehow or other *(coll.)*; **ich glaube nicht, daß ihr das noch ~wie schaffen könnt** I don't think there's any way you could do it; **wer ~wie kann, sollte helfen** anyone who can help in any way should do so; **kann man das ~wie anders/besser machen?** is there some other/better way of doing this?; **er tut mir ~wie leid, aber ...**: I feel sorry for him in a way, but ...; **ihr Lächeln war ~wie kalt** her smile was somehow or *(coll.)* sort of cold; **b)** *(ugs.: als Füllwort)* **sie will ~wie auch kommen** I somehow think she wants to come too; **~wo** *Adv.* a) somewhere; some place [or other] *(coll.)*; *(fragend, verneinend)* anywhere; **ist hier ~wo ein Lokal?** is there a pub anywhere around here?; **~wo anders** somewhere/anywhere else; **b)** *(ugs.: irgendwie)* **er tut mir ~wo leid, aber ...**: I feel sorry for him in a way, but ...; **~woher** *Adv.* from somewhere; from some place *(coll.)*; *(fragend, verneinend)* from anywhere; from any place; **Woher soll ich das nehmen? – [Von] ~woher** Where shall I get it from? – From anywhere or wherever you like; **~wohin** *Adv.* somewhere; somewhere or other *(coll.)*; *(fragend, verneinend)* anywhere; **wollen wir ~wohin gehen?** shall we go out somewhere?; **Wohin soll ich die Socken werfen? – Irgendwohin** Where should I throw these socks? – [Will do or you like]; **~wo·mit** *Adv.* with something; with something or other *(coll.)*; **~woran** *Adv.* **~woran erinnert mich dieses Gebäude** this building reminds me of something; **~woran werden wir es schon erkennen** we'll recognize it by something
Iridium [i'ri:diʊm] *das*; **~s** *(Chemie)* iridium
Irin *die*; **~**, **~nen** Irishwoman; **sie ist ~**: she is Irish or an Irishwoman
Iris ['i:rɪs] *die*; **~**, **~** *(Bot., Anat.)* iris
Iris·blende *die* *(Fot.)* iris [diaphragm]
irisch *Adj.* Irish; **die Irische See** the Irish Sea; **Irisch-Republikanische Armee** Irish Republican Army; **~-römisches Bad** Turkish bath; **Irisch/das Irische** Irish; *s. auch* **Deutsch**
Iris·diagnostik *die* *(Med.)* iridodiagnosis
irisieren *itr. V.* iridesce; be iridescent; **~d** iridescent
Irland ['ɪrlant] **(das)**; **~s** Ireland; *(die Republik)* Ireland; Eire
Ironie [iro'ni:] *die*; **~**, **~n** irony; **etw. mit ~ sagen** say sth. ironically; **das war ~**: that was meant ironically or meant to be ironic; **die ~ des Lebens hat es mit sich gebracht, daß ...**: it was one of life's ironies that ...; **die ~ des Schicksals wollte es, daß ...**: it was one of the ironies of fate or an irony of fate that ...
ironisch 1. *Adj.* ironic; ironical; **das Ironische in der Literatur** irony or the ironic in literature; **sie zieht alles ins Ironische** she tends to be ironic about everything. 2. *adv.* ironically
ironischer·weise *Adv.* ironically
ironisieren *tr. V.* ironize
Ironisierung *die*; **~**, **~en** ironizing
irr [ɪr] *Adj.* s. **irre 1**
irrational ['ɪratsi̯o:na:l] 1. *Adj.* irrational. 2. *adv.* irrationally
Irrationalismus *der*; **~**, **Irrationalismen** irrationalism
Irrationalität *die*; **~**: irrationality

irre ['ɪrə] 1. *Adj.* a) *(geistesgestört)* mad, insane ⟨*person*⟩; insane ⟨*laughter*⟩; demented ⟨*grin, look*⟩; insane, crazy ⟨*idea, thought, suggestion*⟩; **davon kann man ja ~ werden** it's enough to drive you mad or crazy; **sich wie ~ gebärden** act or behave like a madman/madwoman; **b)** *nicht präd.* *(salopp: stark)* terrific *(coll.)*; terrible *(coll.)*; **eine ~ Arbeit** a hell of a job *(coll.)*; **c)** *(salopp: faszinierend)* amazing *(coll.)*; **d)** *(geh.)* **an jmdm. ~ werden** lose faith in sb.; **an sich** *(Dat.)* **selbst ~ werden** doubt oneself; **am Glauben ~ werden** begin to have agonizing doubts about one's faith. 2. *adv.* *(salopp)* terrifically *(coll.)*; terribly *(coll.)*; **sich ~ freuen** be thrilled to bits *(coll.)*
¹Irre ['ɪrə] *der/die*; *adj. Dekl.* madman/madwoman; lunatic; *(fig.)* fool; idiot; lunatic; **das sind alles ~**: they're all crazy or mad; **er fährt wie ein ~r** he drives like a maniac or lunatic; **er schreit/arbeitet wie ein ~r** he shouts/works like mad
²Irre *die* *(geh.)* **in die ~ gehen** *(sich verirren)* go astray / *(fig.: sich irren)* make a mistake; **in die ~ führen** *(fig.)* be misleading; *(täuschen)* be deceptive; **jmdn. in die ~ führen** mislead sb.; *(täuschen)* deceive sb.
irreal ['ɪrea:l] *Adj.* a) *(unwirklich)* unreal; **b)** *(unrealistisch)* unrealistic
Irrealis ['ɪrea:lɪs] *der*; **~**, **Irreales** [-le:s] *(Sprachw.)* hypothetical subjunctive
Irrealität *die*; **~** a) unreality; **b)** *(Sprachw.)* **als Ausdruck der ~**: as an expression of the unreal or hypothetical
irre-, Irre-: **~führen** *tr. V.* mislead; *(täuschen)* deceive; **lassen Sie sich durch ... nicht ~führen** don't be misled or deceived by ...; **~führend** *Adj.* misleading; *(täuschend)* deceptive; **~führung** *die*: **das war eine bewußte ~führung** that was a deliberate attempt to mislead; **~führung der Öffentlichkeit** misleading the public; **~gehen** *unr. V.*; *mit sein* *(geh.)* a) *(sich irren)* be mistaken; **b)** *(sich verirren)* go astray
irregulär ['ɪregule:ɐ̯] *Adj.* a) *(regelwidrig, Milit.)* irregular; **b)** *(abnorm)* abnormal
irre|leiten *tr. V.* *(geh.)* a) *(verführen, täuschen)* lead astray; **irregeleitete Emotionen/Jugend** misguided emotions/youth; **b)** *(falsch leiten)* **ein irregeleiteter Brief** a misdirected letter
irrelevant ['ɪrelevant] *Adj.* irrelevant (**für** to)
Irrelevanz *die* irrelevance (**für** to)
irreligiös *Adj.* non-religious; unreligious ⟨*person, science, country*⟩
irre|machen *tr. V.* *(verwirren)* disconcert; put off; **laß dich durch ihn nicht ~**: don't be disconcerted or *(coll.)* put off by him; **b)** *(zweifeln lassen)* **jmdn. in seinem Glauben ~**: shake sb.'s faith; **sie ließ sich in ihrer Hoffnung/ihrem Plan nicht ~**: she would not let anything confound her hopes/her plan
irren ['ɪrən] 1. *refl. V.* be mistaken; **man kann sich auch mal ~**: everybody makes or we all make mistakes [sometimes]; **Sie ~ sich, wenn ...**: you are making a mistake if ...; **ich habe mich oft bei Namen** I often get names mixed up; **er hat sich in einigen Punkten geirrt** he got a few things wrong; **Sie haben sich in der Person/Hausnummer geirrt** you've got the wrong person/number; **sich um 1 DM ~**: be out by 1 DM; be 1 DM out; **ich habe mich in dir geirrt** I was wrong about you. 2. *itr. V.* a) *(sich irren)* **da ~ Sie** you are mistaken or wrong there; **die Zeitungsberichte ~ in diesem Punkt** alle the newspaper reports are all wrong on this point; **Irren ist menschlich** to err is human *(prov.)*; **b)** *mit sein* *(ziellos umherstreifen)* wander; **durch die Straßen/den Park ~**: wander the streets/about the park
irren-, Irren-: **~anstalt** *die* *(veralt. abwertend)* mental home; madhouse *(derog.)*;

~arzt *der* *(veralt. abwertend)* mad-doctor *(arch.)*; **~haus** *das* *(abwertend)* [lunatic] asylum; madhouse *(derog.)*; **das war das reinste ~haus** *(ugs.)* it was bedlam or an absolute madhouse; **er ist reif fürs ~haus** *(ugs.)* he'll crack up soon *(coll.)*; **~häusler** *der* *(veralt. abwertend)* lunatic *(derog.)*; **~haus·reif** *Adj.* *(ugs.)* **sie ist bald ~hausreif** she'll crack up before long *(coll.)*; **~wärter** *der* *(veralt. abwertend)* keeper *(arch.)*; mad-nurse; **~witz** *der* *(ugs.)* loony joke *(coll.)*; joke about lunatics
irreparabel [ɪrepa'ra:bl̩] *Adj.* (*nicht reparabel*) irreparable; beyond repair *(cf.: nicht zu beheben, Med.)* irreparable ⟨*loss, damage, etc.*⟩
Irre·sein *das s.* **manisch-depressiv**
irreversibel *Adj.* *(fachspr.)* irreversible
Irr-: **~fahrt** *die* wandering; **meine Reise wurde zu einer endlosen ~fahrt** my journey turned into an endless series of wanderings; **~flug** *der* aimless flight; **~garten** *der* maze; labyrinth; **~glaube[n]** *der* a) misconception; **b)** *(Rel.)* heresy; heterodoxy; **~gläubige** *der/die* heretic
irrig ['ɪrɪç] *Adj.* erroneous ⟨*impression, belief, assumption, etc.*⟩; false ⟨*premise*⟩
Irrigation [ɪriga'tsi̯o:n] *die*; **~**, **~en** irrigation; *(Med.: Spülung)* douche
Irrigator [ɪri'ga:tɔr] *der*; **~s**, **~en** [-ga'to:rən] *(Med.)* irrigator
irrigerweise *Adv.* mistakenly; erroneously
Irritation [ɪrita'tsi̯o:n] *die*; **~**, **~en** *(Med., geh.)* irritation
irritieren *tr., itr. V.* a) *(verwirren)* bother; put off; **das irritiert** it's off-putting; **laß dich nicht dadurch ~**: don't be put off by it; **b)** *(stören)* disturb; **c)** *(befremden)* annoy; irritate
irr-, Irr-: **~läufer** *der* *(Postw.)* misdirected letter/parcel; **~lehre** *die* *(Rel.)* heresy; heterodoxy; *(fig.)* false doctrine; **~licht** *das* will o' the wisp; jack o' lantern; **~lichter entstehen durch ...**: will o' the wisp or jack o' lantern is caused by ...; **~sinn** *der*; *o. Pl.* a) *(Wahnsinn)* insanity; madness; **er war dem ~sinn nahe** he was on the brink of madness; **b)** *(ugs. abwertend)* madness; lunacy; **so ein ~sinn!** what lunacy!; **~sinnig** 1. *Adj.* a) *(geistig gestört)* insane; mad; *(absurd)* idiotic; **bist du ~sinnig?** are you mad?; **wie ~sinnig schreien/rasen** scream/rush like mad; **b)** *(ugs.: extrem)* terrible *(coll.)*, horrific *(coll.)* ⟨*scenes, prices, etc.*⟩; terrific *(coll.)* ⟨*speed, heat, cold*⟩; 2. *adv.* *(ugs.)* terribly *(coll.)*; frightfully *(coll.)*; **~sinnig schuften** slog away like mad or *(coll.)* crazy; **~sinnige** *der/die*; *adj. Dekl.* madman/madwoman; lunatic; **sie schrie wie eine ~sinnige** she screamed like mad
Irrtum *der*; **~s**, **Irrtümer** ['ɪrty:mɐ] a) *(falsche Vorstellung, Fehlhandlung)* fallacy; misconception; **im ~ sein** *od.* **sich im ~ befinden** be wrong or mistaken; **b)** *(Fehler)* mistake; error; **~!** wrong!
irrtümlich ['ɪrty:mlɪç] 1. *Adj.*; *nicht präd.* incorrect; wrong. 2. *adv.* by mistake; **gemachte Angaben** inaccuracies; incorrect information *sing.*
irrtümlicherweise *Adv.* by mistake; **wie man oft ~ meint** as is often erroneously or mistakenly thought
Irrung *die*; **~**, **~en** *(geh.)* **die ~en und Wirrungen seiner verfehlten Jugend** the vagaries of his misspent youth
Irr-, Irr-: **~weg** *der* error; **diese Methode hat sich als ~weg erwiesen** this method has proved to be wrong; **auf ~wege geraten** *(gedanklich)* go off on the wrong track; *(moralisch)* depart from the straight and narrow; **~wisch** ⟨-vɪʃ⟩ *der*; **~s**, **~e** flibbertigibbet; **~witz** *der* *(geh.)* madness; lunacy; **~witzig** *Adj.* *(geh.)* mad
Ischias ['ɪʃi̯as] *der od. das od. Med. die*; **~**: sciatica

Ischias·nerv der sciatic nerve
Isegrim ['iːzəɡrɪm] der; ~s, ~e a) o. Pl. (Myth.) [Meister] ~: Isegrim; Isgrin; b) (mürrischer Mann) crusty old man
Islam [ɪs'laːm od. 'ɪslam] der; ~[s]: der ~: Islam; die Welt des ~[s] the Islamic world; the world of Islam
islamisch Adj. Islamic; Islamitic
islamisieren tr. V. Islamize
Is·land ['iːs-] (das); ~s Iceland
Isländer ['iːslɛndɐ] der; ~s, ~, **Isländerin** die; ~, ~nen Icelander
isländisch ['iːslɛndɪʃ] Adj. Icelandic; Isländisch/das Isländische Icelandic; s. auch Deutsch
Ismailit [ɪsmaiˈliːt] der; ~en, ~en Ismaili
Ismus ['ɪsmʊs] der; ~, **Ismen** (abwertend) ism
iso-, Iso-, (vor Vokalen auch:) **is-, Is-** [iz(o)-] iso-
Iso·bar das; ~s, ~e (Physik) isobar
Iso·bare die; ~, ~n (Met.) isobar
Isogamie [izoɡaˈmiː] die; ~, ~n [-iːən] (Biol.) isogamy no art.
Isolation [izolaˈtsi̯oːn] die; ~, ~en s. **Isolierung**
Isolations-: ~**folter** die torture by solitary confinement; ~**haft** die solitary confinement
Isolator [izoˈlaːtɔr] der; ~s, ~en [-ˈtoːrən] insulator
Isolier·band das; ~s, Pl. ~bänder insulating tape
Isolier·baracke die isolation ward
isolieren tr. V. a) (Absonderung, auch fig.) isolate ⟨prisoner, patient, bacterium, element⟩; von der Umwelt isoliert cut off from the outside world; etw. isoliert betrachten look at sth. out of context; b) (Technik) insulate ⟨wiring, wall, etc.⟩; lag ⟨boilers, pipes, etc.⟩; (gegen Schall) soundproof; insulate ⟨room, door, window, etc.⟩
Isolierer der; ~s, ~: insulation engineer
Isolier-: ~**kanne** die Thermos jug (P); vacuum jug; ~**schicht** die insulating layer; ~**station** die (Med.) isolation ward
Isolierung die; ~, ~en a) (Absonderung, auch fig.) isolation; in der ~: in isolation; in die ~ geraten (fig.) become isolated or detached; b) (Technik) (das Isolieren) insulation; insulating; (von Kesseln, Röhren) lagging; (gegen Schall) soundproofing; c) (Isoliermaterial) insulation; (für Kessel, Röhren) lagging
Isomer [izoˈmeːɐ̯] das; ~s, ~e, **Isomere** das; adj. Dekl. (Chemie) isomer
Isometrie [izomeˈtriː] die; ~ (Biol., Geodäsie) isometry
isometrisch 1. Adj. isometric. 2. adv. isometrically
Isotherme [izoˈtɛrmə] die; ~, ~n (Met.) isotherm
Isotop [izoˈtoːp] das; ~s, ~e isotope
Isotopen·therapie die (Med.) radiotherapy
Israel ['ɪsraeːl] (das); ~s Israel; das Volk ~ (bibl.) the Israelites; the people of Israel; die Kinder ~[s] (bibl.) the Children of Israel
Israeli der; ~[s], ~[s]/die; ~, ~[s] Israeli
israelisch Adj. Israeli
Israelit der; ~en, ~en, **Israelitin** die; ~, ~nen Israelite; s. auch **-in**
israelitisch Adj. Israelite
iß [ɪs] Imperativ Sg. v. **essen**
ißt [ɪst] 2. u. 3. Pers. Sg. Präsens v. **essen**
ist [ɪst] 3. Pers. Sg. Präsens v. **sein**
Ist-: ~-**Aufkommen** das (Steuerw.) actual or real yield; ~-**Bestand** der (Kaufmannsspr.) actual stocks pl.; ~-**Stärke** die (Milit.) actual strength
Isthmus ['ɪstmʊs] der; ~, **Isthmen** isthmus
Itaker [iˈtaːkɐ] der; ~s, ~ (saloppe abwertend) Eyetie (sl. derog.); dago (sl. derog.)
Italien [iˈtaːli̯ən] (das); ~s Italy
Italiener [itaˈli̯eːnɐ] der; ~s, ~, **Italienerin** die; ~, ~nen Italian; s. auch **-in**

italienisch Adj. Italian; **Italienisch/das Italienische** Italian; s. auch **Deutsch**
Italo·western [iˈtaːlo-] der Italian-made Western; spaghetti western (derog.)
iterativ [iteraˈtiːf] Adj. (Sprachw., Math.) iterative
I-Tüpfel[chen] das; ~s, ~, (österr.) **I-Tüpferl** ['iːtypfɐl] das; ~s, ~n final or finishing touch; bis aufs [letzte] ~: down to the last or smallest detail
I-Tüpfel-Reiter der (österr. ugs.) nit-picker (coll.)
i. v. Abk. (Med.) intravenös IV
i. V. [iːˈfau] Abk. in Vertretung
Iwan ['iːva(ː)n] der; ~s, ~s (salopp abwertend) Russki (derog.); Ivan (derog.); der ~: the Russkis pl.; Ivan
i. w. S. Abk. im weiteren Sinne

J

j, J [jɔt, österr.: jeː] das; ~, ~: j/J; s. auch **a, A**
ja [jaː] Partikel a) (zustimmend) yes; Wohnen Sie hier? – Ja Do you live here? – Yes [, I do]; Hast du ihm Bescheid gesagt? – Ja Have you told him? – Yes [, I have]; ja zu etw. sagen say yes to sth.; b) (bekräftigend) yes; ja natürlich od. sicher! [yes,] of course; [yes,] certainly; o ja! oh, yes!; aber ja doch! yes, of course [I/you etc. can/do etc.]; c) (betont, nachgestellt) won't you/doesn't it etc.?; du bleibst doch noch ein bißchen, ja? but you'll stay on a bit, won't you or surely?; das Kleid sieht doch gut aus, ja? the dress looks nice, doesn't it?; d) (unbetont) ich komme ja schon I'm [just] coming; Sie wissen ja, daß ...: you know, of course, that ...; du kennst ihn ja: you know what he's like; you know him; es schneit ja! it's [actually] snowing!; da seid ihr ja! there you are!; e) (einschränkend) er mag ja recht haben he may [well] be right; f) (betont: unbedingt) laß ja die Finger davon! [just you] leave it alone!; sag das ja nicht weiter! don't [you dare] pass it on, whatever you do!; damit er ja alles mitbekommt to make sure he knows all or everything that's going on; damit wir ja nicht zu spät kommen so that there's no risk of us being late; g) (unbetont: sogar) indeed; ich schätze, ja bewundere ihn I like him, indeed admire him or admire him even; h) (allerdings) oh; ja, das waren noch Zeiten! [yes], those were the days!; i) (fragend) (am Telefon usw.) ja [bitte]? yes?; Sie kommen. – Ja? They're coming. – Are they?; j) (unglaubig) Der König ist tot. – Ja? The King is dead. – [Is he] really?
Ja das; ~[s], ~[s] yes; mit ~ stimmen vote yes
Jacht [jaxt] die; ~, ~en yacht
Jacht-: ~**hafen** der yacht harbour; marina; ~**klub** der yacht club
Jäckchen ['jɛkçən] das; ~s, ~: jacket; (gestrickt) cardigan
Jacke ['jakə] die; ~, ~n jacket; (gestrickt) cardigan; das ist ~ wie Hose (ugs.) it makes no odds (coll.); s. auch **saufen 3**

Jacken-: ~**kleid** das dress and jacket combination; ~**tasche** die jacket pocket
Jacket·krone ['dʒɛkɪt-] die (Zahnmed.) jacket crown
Jackett [ʒaˈkɛt] das; ~s, ~s jacket
Jade ['jaːdə] der; ~[s] od. die; ~: jade
jade·grün Adj. jade-green
Jagd [jaːkt] die; ~, ~en a) o. Pl. (Weidwerk) die ~: shooting; hunting; (Hetzjagd) hunting; die ~ auf Hasen hare-hunting; (mit Hunden) hare-coursing; die ~ auf Federwild shooting game birds; ~ auf Fasanen/Wildschweine machen shoot pheasant/hunt wild boar; auf der ~ sein be hunting/shooting; auf die ~ gehen go hunting/shooting; die hohe/niedere ~ (Jägerspr.) hunting for Hochwild/Niederwild; b) (Veranstaltung) shoot; (Hetzjagd) hunt; c) (Revier) preserve; shoot; eine ~ pachten rent a hunting-preserve or shoot; d) (Verfolgung) hunt; (Verfolgungsjagd) chase; auf jmdn./etw. ~ machen hunt for sb./sth.; die ~ nach Geld/Besitz the constant pursuit of money/possessions; e) (~gesellschaft) shooting party; (bei einer Hetzjagd) hunt; field; die Wilde ~: the Wild Hunt
Jagd-: ~**aufklärer** der (Luftwaffe) fighter-reconnaissance aircraft; ~**aufseher** der game warden
jagdbar Adj. ~e Tiere animals that can be hunted/shot
Jagd-: ~**beute** die bag; kill; eine reiche/magere ~beute a good/poor bag; ~**bomber** der (Luftwaffe) fighter-bomber; ~**falke** der falcon; ~**fieber** das hunting-fever; vom ~fieber gepackt in the fever of the hunt; ~**flieger** der (Luftwaffe) fighter pilot; ~**flugzeug** das (Luftwaffe) fighter aircraft; ~**frevel** der poaching; ~**gebiet** das hunting-ground[s pl.]; ~**geschwader** das (Luftwaffe) fighter wing; ~**gesellschaft** die shooting-party; hunting-party; (bei Hetzjagden) hunting-party; ~**gewehr** das sporting gun; ~**glück** das (a) ~glück/kein ~glück haben be lucky/unlucky [in the hunt]; ~**grund** der, meist Pl. huntingground; in die ewigen Jagdgründe eingehen go to the happy hunting-grounds; ~**haus** das hunting or shooting lodge; hunting or shooting box; ~**herr** der owner of a/the preserve or shoot; ~**horn** das huntinghorn; the ~ hunting gun-dog; (bei Hetzjagden) hunting-dog; hound; ~**hütte** die hunting or shooting box; ~**messer** das hunting-knife; ~**pächter** der the game-tenant; ~**panzer** der (Milit.) anti-tank vehicle; tank destroyer; ~**rennen** das (Pferdesport) steeplechase; ~**revier** das preserve; shoot; (fig.) hunting-ground; ~**schein** der game licence; er hat den od. einen ~schein (fig. ugs.) he's certified – the courts can't do anything about him; ~**schloß** das hunting seat or lodge; ~**springen** das (Pferdesport) show-jumping; ~**staffel** die (Luftwaffe) fighter squadron; ~**stock** der shooting stick; ~**stück** das (Malerei) hunting-piece; ~**stuhl** der s. ~**stock**; ~**szene** die (bild. Kunst) hunting-scene; ~**waffe** die hunting weapon; ~**wesen** das hunting; ~**wurst** die chasseur sausage; ~**zeit** die open or hunting or shooting season
jagen ['jaːɡn] 1. tr. V. a) (verfolgen) hunt ⟨game, fugitive, criminal, etc.⟩; shoot ⟨game, game birds⟩; (hetzen) chase, pursue ⟨fugitive, criminal, etc.⟩; (wegscheuchen) chase; run after; von Todesfurcht/Gewissensbissen gejagt stricken by the fear of death/by pangs of conscience; ein Gedanke jagte den anderen thoughts raced through his/her etc. mind; b) (in eine bestimmte Richtung treiben) drive ⟨animals⟩; den Ball ins Netz ~ (Fußballjargon) drive the ball into the net; c) (weg-, vertreiben) den Feind aus dem Land ~: drive the enemy out of or from the

Jagen

country; **jmdn. aus dem Haus ~:** throw sb. out of the house; **jmdn. aus dem Bett ~:** turn sb. out of bed; **jmdn. in die Flucht ~:** put sb. to flight; **damit kannst du mich ~** *(ugs.)* I can't stand it/that/them; *s. auch* Gurgel; **d)** *(ugs.)* **sich/jmdm. eine Spritze in den Arm ~:** jab *or* stick a needle in one's/sb.'s arm; **sich/jmdm. eine Kugel durch den Kopf ~:** blow one's/sb.'s brains out. **2.** *itr. V.* **a)** *(Jägerspr.)* **auf Rebhühner ~:** shoot partridge; **auf Hasen ~:** hunt *or* shoot hare; **b)** *(die Jagd ausüben)* go shooting *or* hunting; *(auf Hetzjagd gehen)* go hunting; **c) nach Geld/Glück ~:** chase after money/happiness; **d) mit sein** *(eilen)* race; rush; **Wolken ~ am Himmel** *(fig.)* clouds race *or* scud across the sky; **mit ~dem Puls** *(fig.)* with his/her *etc.* pulse racing
Jagen das; **~s,** *(Forstw.)* compartment
Jäger ['jɛːgɐ] der; **~s, ~:** **a)** *(bei Hetzjagden)* huntsman; **~ und Sammler** *(Prähist.)* hunters and gatherers; **b)** *(Milit.)* rifleman; jaeger; **c)** *(Soldatenspr.: Jagdflugzeug)* fighter
Jäger·art die *(Kochk.)* Schnitzel nach **~:** escalope chasseur
Jägerei die; **~** **a)** *(das Jagen)* shooting; hunting; *(Hetzjagd)* hunting; **b)** *(Jagdwesen)* hunting
Jäger·hut der huntsman's hat
Jägerin die; **~, ~nen** huntress; huntswoman
Jäger-: **~latein** das *(scherzh.)* [hunter's *or* huntsman's] tall story/stories; **das ist das reinste ~latein** that's all wild exaggeration; **~rock** der hunting jacket; **~schnitzel** das *(Kochk.)* escalope chasseur
Jägers·mann der; *Pl.* **~leute** *(ugs. veralt.) s.* Jäger a
Jäger·sprache die hunting language
Jag·hund ['jaːk-] der *(schweiz.) s.* Jagdhund
Jaguar ['jaːguaːɐ̯] der; **~s, ~e** jaguar
jäh [jɛː] **1.** *Adj. (geh.)* **a)** *(plötzlich, heftig)* sudden; sudden, abrupt *(change, movement, stop)*; sudden, sharp *(pain)*; **er fand einen ~en Tod** he met his death suddenly; **ein ~es Erwachen** a sudden awakening; *(fig.)* a rude awakening; **b)** *(steil)* steep; precipitous *(slope, ravine, ridge)*. **2.** *adv.* **a)** *(plötzlich)* **die Stimmung schlug ~ um** the mood changed suddenly *or* abruptly; **b)** *(steil)* **dort ging es ~ in die Tiefe** the ground fell *or* dropped away steeply *or* abruptly at that point
jählings ['jɛːlɪŋs] *Adv. (geh.)* **a)** *(plötzlich)* *(change, end, stop)* suddenly, abruptly; *(die, understand, wake up)* suddenly; **b)** *(steil)* steeply; precipitously
Jahr [jaːɐ̯] das; **~[e]s, ~e** **a)** *(12 Monate)* year; **ein halbes ~:** six months; **anderthalb ~e** eighteen months; a year and a half; **im ~[e] 1908** in [the year] 1908; **jedes ~:** every year; **jedes zweite ~:** [once] every two years; **alle halbe[n] ~ [mal]** *(ugs.)* [once] every six months; **alle ~e** every year; **1 000 Tonnen pro ~:** 1,000 tonnes per *or* a year; **100 000 DM pro ~:** DM 100,000 per annum; **lange ~e [hindurch]** for many years; **nach langen ~en** after many years; **vor langen ~en** many years ago; **für** *od.* **um ~ und ~** year after year; **von ~ zu ~:** from one year to the next; from year to year; **ich war seit ~ und Tag nicht mehr dort** I haven't been there for many years; **zwischen den ~en** between Christmas and the New Year; **das Buch/der Sportler des ~es** the book/sportsman *or* sports personality of the year; **zu zehn ~en [Gefängnis] verurteilt werden** be sentenced to ten years' imprisonment; **er ist Lehrling im zweiten ~:** he is an apprentice in his second year; **auf ~ und Tag** to the exact day; **nach ~ und Tag** after many years; **vor ~ und Tag** *(mit Präteritum)* many years ago; *(mit Plusquamperfekt)* many years before; **b)** *(Lebens~)* year; **er ist zwanzig ~e [alt]** he is

twenty years old *or* of age; **Kinder bis zu zwölf ~en** children up to the age of twelve *or* up to twelve years of age; **Kinder über 14 ~e** children over the age of 14 *or* over 14 years of age; **Kinder ab zwei ~en** children of two years and over; **alle Männer zwischen 18 und 45 ~en** all men between the ages of 18 and 45; **mit 65 ~en** *od.* **im Alter von 65 ~en** at the age of 65; **seine ~e spüren** feel one's age; **das hat er schon in jungen ~en gelernt** he learned that at an early age *or* while he was still young; **für seine achtzig ~e ist er noch erstaunlich rüstig** he's amazingly sprightly for [a man of] eighty; **mit den ~en** as he/she *etc.* grows/grew older; **er ist um ~e gealtert** he's put on years; **in die ~e kommen** reach middle age
jahr·aus *Adv.* **~, jahrein** year in, year out
Jahr·buch das year-book
Jährchen ['jɛːɐ̯çən] das; **~s, ~** *(scherzh.)* year; **die paar ~, die ich noch zu leben habe!** the few short years I have left to live; **einige ~ auf dem Buckel haben** be knocking on a bit *(coll.)*
jahr·ein *Adv.; s.* jahraus
jahre·lang 1. *Adj.; nicht präd.* [many] years of *(practice, imprisonment, experience, etc.)*; long-standing *(feud, friendship)*; **mit ~er Verspätung** years late. **2.** *adv.* for [many] years; **sie ist schon ~ tot** she has been dead for [many] years; **man sprach noch ~ darüber** people were talking about it for years afterwards
jähren ['jɛːrən] *refl. V.* **heute jährt sich [zum fünften Male] sein Todestag** today is the [fifth] anniversary of his death; **heute jährt sich zum zehntenmal, daß ...:** it is ten years ago today that ...; it is ten years since ...
jahres-, Jahres-: **~abonnement** das annual *or* yearly subscription; **~abrechnung** die annual accounts *pl.; (Abrechnungsblatt)* annual [statement of] account; **~ab·schluß** der a) *(Wirtsch., Kaufmannsspr.)* annual accounts *pl.;* **b)** *s.* **~ende; ~anfang** der beginning *or* start of the year; **~ausgleich** der *(Steuerw.)* **den ~ausgleich beantragen** send in one's tax return; **~aus·klang** der close of the year; **Musik zum ~ausklang** music at the close of the year; **~aus·stoß** der *(Wirtsch.)* annual production; **~beginn** der beginning *or* start of the new year; **den ~beginn feiern** celebrate New Year; **~beitrag** der annual *or* yearly subscription; **~best·leistung** die *(Sport)* best performance of the season; **~best·zeit** die *(Sport)* fastest *or* best time of the season; **~bezüge** *Pl.* annual income *sing.;* **~bilanz** die *(Wirtsch., Kaufmannsspr.)* annual balance [of accounts]; *(Dokument)* annual balance sheet; **~durch·schnitt** der yearly *or* annual average; **~einkommen** das annual income; **~ende** das end of the year; **~etat** der annual budget; **~frist** die *o. Art.; o. Pl.* **in** *od.* **innerhalb** *od.* **binnen ~frist** within [a period of] a *or* one year; **vor ~frist** in less than a year; within [a period of] a *or* one year; *(vor einem Jahr)* a year ago; **nach ~frist** after [a period of] a *or* one year; **~gehalt** das annual salary; **zwei ~gehälter** two years' salary; **~hälfte** die half of *or* six months of the year; **die erste/zweite ~hälfte** the first/second half *or* six months of the year; **~haupt·versammlung** die *(Wirtsch.)* annual general meeting; **~kapazität** die *(Wirtsch.)* annual *or* yearly capacity; **~karte** die yearly season ticket; **~miete** die annual *or* yearly rent; **eine Kaution in Höhe einer ~miete** a deposit equivalent to a year's rent; **~mittel** das annual; **im ~mittel fallen 3,2 cm Niederschlag** the mean annual precipitation is 3.2 cm; **~plan** der [economic, financial] plan for the year; **~produktion** die annual *or* yearly production; **~ring** der; *meist Pl.*

jährlich

(Bot.) annual ring; **~rück·blick** der end-of-the-year review; **~schluß** der *s.* **~ende; ~schluß·bilanz** die *s.* **~abschluß a; ~schrift** die annual; **~soll** das *(DDR Wirtsch.)* production target for the year; **~tag** der anniversary; **~tagung** die annual congress *or* conference *or* convention; **~temperatur** die: **die höchste/tiefste ~temperatur** the highest/lowest temperature of the year; **die mittlere ~temperatur** the mean temperature during the year; **eine mittlere ~temperatur von 9 °C** a mean annual temperature of 9 °C; **~um·satz** der annual turnover; **~urlaub** der annual holiday *or* (formal) leave *or* (Amer.) vacation; **~versammlung** die annual [general] meeting; **~vertrag** der one-year contract; **~wechsel** der turn of the year; **zum ~wechsel** die besten Wünsche best wishes for the New Year; **~wende** die a) *s.* **~wechsel;** **b)** turn of the year; **um die ~wende 1976/1977** around the end of 1976; around the beginning of 1977; **~zahl** die date; **ohne Angabe der ~zahl** with no indication of the date *or* year; **~zeit** die season of the year; **für die ~zeit ist es kalt** it's cold for the time of the year; **trotz der vorgerückten ~zeit** although it is/was late in the year; **~zeitlich 1.** *Adj.; nicht präd.* seasonal; **2.** *adv.* **~zeitlich schwanken** vary with the seasons *or* according to the time of year; **~zeitlich bedingt sein** be governed by seasonal factors
Jahr·gang der a) *(Altersklasse)* year; **der ~ 1900** those *pl.* born in 1900; **der ~ 1900 hat viele Gelehrte hervorgebracht** the year 1900 produced many scholars; **sie ist ~ 1943** she was born in 1943; **er ist mein ~:** he was born in the same year as I was; **welcher ~ sind Sie?** which year were you born in?; **b)** *(eines Weines)* vintage; **der 81er soll ein guter ~ werden** 81 should be a vintage year; **ein Edelzwicker ~ 1978** a 1978 Edelzwicker; **c)** *(einer Zeitschrift)* set [of issues] for the year; **die beiden letzten Jahrgänge** the sets of back numbers for the past two years; **d)** *(eines Autos usw.)* year; **ein Modell ~ 1950** a 1950 model
Jahr·gänger der; **~s, ~,** **Jahr·gängerin** die; **~, ~nen** *(südd., schweiz.)* **er ist mein Jahrgänger** he was born in the same year as I was
Jahr·hundert das century; **das 18. ~:** the 18th century; **im 19. und 20. ~:** in the 19th and 20th centuries; **durch die ~e** over *or* through the centuries; **im ersten ~ vor/nach Christi Geburt** in the first century BC/AD; **die Literatur des 19. ~s** 19th-century literature; the literature of the 19th century
jahrhunderte-: ~alt *Adj.* centuries-old; **~lang 1.** *Adj.; nicht präd.* age-long. **2.** *adv.* for centuries; **das dauert noch ~lang** it will take centuries
Jahrhundert-: **~hälfte** die: **die erste/zweite ~hälfte** the first/second half of the century; **~mitte** die middle of the century; **~sommer** der summer of the century; **~wein** der exceptional vintage wine; **~wende** die turn of the century; **aus der Zeit um die ~wende** from the turn of the century
-jährig ['jɛːrɪç] **a)** *(... Jahre alt)* **ein elfjähriges/halbjähriges Kind** an eleven-year-old/a six-month-old child; **kaum acht~:** hardly eight years old; **b)** *(... Jahre dauernd)* ... year's/years'; -year; **nach vierjähriger/halbjähriger Vorbereitung** after four years'/six months' preparation; **mit dreijähriger/halbjähriger Verspätung** three years/six months late
jährlich ['jɛːrlɪç] **1.** *Adj.; nicht präd.* annual; yearly. **2.** *adv.* annually; yearly; **einmal/zweimal ~:** once/twice a *or* per year; **ein Umsatz von 5 Millionen ~:** a turnover of five million per annum

1222

Jahr·markt der fair; fun-fair; **ein ~ der Eitelkeit[en]** *(fig.)* a Vanity Fair
Jahrmarkts·bude die fair-ground booth
Jahr·millionen *Pl.* millions of years
Jahr·schießet das *(schweiz.)* s. **Schützenfest**
Jahr·tausend das thousand years; millennium; **vor ~en** thousands of years ago; **das dritte ~ nach Christi Geburt** the third millennium AD
jahrtausende-: **~alt** *Adj.* age-old; **ein ~altes Gebäude** a building dating back thousands of years; **~lang** 1. *Adj.*; *nicht präd.* age-long; **für tausends of years; das dauert ~lang** that will take thousands of years
Jahrtausend·wende die turn of the millennium
Jahr·zahl die *(schweiz.)* s. **Jahreszahl**
Jahr·zehnt das decade
jahrzehnte·lang 1. *Adj.*; *nicht präd.* **das macht die ~e Übung** that's the result of decades of practice; **mit ~er Verspätung** decades late; **nach ~er Abwesenheit** after being away for decades. 2. *adv.* for decades
Jahve, *(ökum.:)* **Jahwe** ['jaːvə] (der); ~s Jehova; Yahweh
Jäh·zorn der violent anger; **er neigt zum ~:** he tends towards violent fits *or* outbursts of temper *or* anger; **in wildem ~ zuschlagen** lash out in blind anger *or* a blind rage
jäh·zornig 1. *Adj.* violent-tempered; **ein ~er Charakter, ein ~es Temperament** a violent temper. 2. *adv.* in blind anger; in a blind rage
ja·ja *Part.* *(ugs.)* a) *(seufzend)* **~[, so ist das Leben]** o well[, that's life]; b) *(ungeduldig)* **~[, ich komme schon]!** OK, OK *or* all right, all right[, I'm coming]!
Jak [jak] der; ~s, ~s yak
Jakob ['jaːkɔp] (der) James; *(in der Bibel)* Jacob; **ich weiß ja nicht, ob das der wahre ~ ist** I don't know if that is really quite the thing; **der billige ~:** the/a cheap jack
Jakobi [jaˈkoːbi] (das); *indekl.* s. **Jakobstag**
Jakobiner [jakoˈbiːnɐ] der; ~s, ~ *(hist.)* Jacobin
Jakobiner·mütze die *(hist.)* cap of liberty; Phrygian cap
Jakobinertum das Jacobinism *no art.*
jakobinisch *Adj.* Jacobin; Jacobinic
Jakobit [jakoˈbiːt] der; ~en, ~en *(hist.)* Jacobite
Jakobi·tag der s. **Jakobstag**
Jakobs·leiter die *(Seemannsspr., Bot.)* Jacob's ladder
Jakobs·tag der St. James's Day; Feast of St. James
Jalousette [[ʒaluˈzɛtə] die; ~, ~n, **Jalousie** [ʒaluˈziː] die; ~, ~n Venetian blind
Jalta ['jalta] (das); ~s Yalta
Jamaika [jaˈmaɪka] (das), ~s Jamaica
Jamaikaner der; ~s, ~, **Jamaikanerin** die; ~, ~nen Jamaican; *s. auch* **-in**
jamaikanisch *Adj.* Jamaican
Jamaika·rum der Jamaica rum
Jambe ['jambə] die; ~, ~n s. **Jambus**
jambisch *Adj.* *(Verslehre)* iambic
Jamboree [dʒæmbəˈriː] das; ~[s], ~s jamboree
Jambus ['jambʊs] der; ~, **Jamben** *(Verslehre)* iambus; iamb; **ein Drama in Jamben** a drama in iambic verse *or* in iambics
Jammer ['jamɐ] der; ~s a) *(Wehklagen)* [mournful] wailing; b) *(Elend)* misery; **ein Bild des ~s** a picture of misery; **es ist ein ~, daß ...** *(ugs.)* it's a crying shame that ...
Jammer-: **~bild** das miserable sight; **~geschrei** das *(von Menschen)* wailing; moaning; *(von Vögeln)* squawking; squawks; **~gestalt** die a) *(elender Mensch)* pitiful creature; b) *(ugs. abwertend)* miserable wretch; **~lappen** der *(ugs. abwertend)* *(Feigling)* coward; *(Schwächling)* sniveller
jämmerlich ['jɛmɐlɪç] 1. *Adj.* a) *(Jammer ausdrückend)* pathetic; pitiful; b) *(beklagenswert)* wretched *(appearance, existence, etc.)*; c) *(ärmlich)* pathetic; pitiful *(conditions, clothing, housing)*; paltry, meagre *(quantity)*; pitiful, sorry *(state)*; d) *(abwertend: minderwertig)* contemptible *(person)*; pathetic, paltry *(wages, sum)*; pathetic, useless *(piece of work etc.)*; e) *nicht präd.* *(sehr groß, stark)* awful; terrible *(coll.)*. 2. *adv.* a) *(Jammer ausdrückend)* pathetically; pitifully; b) *(beklagenswert)* miserably; hopelessly; pitifully; **~ versagen** fail miserably *or* hopelessly; c) *(ärmlich)* pitifully; miserably; d) *(abwertend: schlecht)* pathetically; hopelessly; e) *(sehr, stark)* terribly *(coll.)*; **~ frieren** be frozen stiff
Jämmerlich·keit die; ~: a) *(Jammer)* mournfulness; b) *(Elend)* wretchedness; c) *(Ärmlichkeit)* pitifulness; wretchedness; d) *(abwertend)* *(eines Menschen)* contemptibility; *(einer Arbeit usw.)* uselessness
Jämmerling ['jɛmɐlɪŋ] der; ~s, ~e *(ugs. abwertend)* *(Feigling)* chicken *(coll.)*; *(Schwächling)* weakling
jạmmern 1. *itr. V.* a) wail; **ohne zu ~:** without so much as a groan; **Jammern und Klagen** groans and cries *pl.*; b) *(abwertend)* moan; grumble; **über sein Schicksal ~:** bemoan one's fate; c) *(verlangen)* cry [out]; **die Kinder jammerten nach einem Stück Brot** the children were crying out for *or* crying after a piece of bread. 2. *tr. V.* *(geh.: Mitleid erregen)* grieve; distress; **er/sein Elend jammert mich** his distress grieves me; my heart goes out to him in his distress
jạmmer-, Jạmmer-: **~schade** *Adj.*; *nicht attr.* *(ugs.)* **es ist ~schade, daß ...:** it's a crying shame that ...; **es ist ~schade um ihn** it's a great pity about him; **~tal** das; *o. Pl.* *(geh.)* vale of tears; **dieses irdische ~tal** this earthly vale of tears; **~voll** 1. *Adj.* a) *(Jammer ausdrückend)* pathetic; pitiful *(cry etc.)*; b) *(beklagenswert)* miserable. 2. *adv.* a) *(Jammer ausdrückend)* pathetically; pitifully; b) *(beklagenswert)* wretchedly
Jan. *Abk.* Januar
Janker ['jaŋkɐ] der; ~s, ~ *(südd., österr.)* Alpine jacket
Jänner ['jɛnɐ] der; ~s, ~ *(österr.)*, **Januar** ['janʊaːɐ̯] der; ~[s], ~e January; *s. auch* **April**
janus-, Janus- ['jaːnʊs-]: **~gesicht** das, **~kopf** der Janus face; **~köpfig** *Adj.* Janus-faced
Japan ['jaːpan] (das); ~s Japan
Japaner der; ~s, ~, **Japanerin** die; ~, ~nen Japanese; *s. auch* **-in**
japanisch *Adj.* Japanese; **das Japanische Meer** the Sea of Japan; **Japanisch/das Japanische** Japanese, *s. auch* **Deutsch**
Japan·lack der Chinese *or* Japanese lacquer
Japan·papier das rice paper
Japs [japs] der; ~es, ~e *(ugs. abwertend)* Jap *(derog.)*
japsen ['japsn̩] *itr. V.* *(ugs.)* pant; **ich kann kaum noch ~:** I'm gasping for breath
Japser der; ~s, ~ *(ugs.)* gasp of breath
Jargon [jarˈgõː] der; ~s, ~s a) *(Gruppensprache)* jargon; **der ~ der Juristen/Mediziner** legal/medical jargon; **der ~ der Journalisten** journalese; **der Berliner ~:** Berlin slang; **im „Spiegel"-~:** in the jargon of the 'Spiegel'; b) *(abwertend: ungepflegte Ausdrucksweise)* language; **er redet in einem ganz ordinären ~:** he uses very vulgar language
Ja·sager [-zaɡɐ] der; ~s, ~ *(abwertend)* yes-man
Jasmin [jasˈmiːn] der; ~s, ~e a) *(Echter ~)* jasmine; b) *(Falscher ~)* mock orange; syringa
Jasmin·tee der jasmine-tea

Jaspis ['jaspɪs] der; ~ *od.* ~ses, ~se jasper
Jaß [jas] der; Jạsses *(schweiz.)* jass
jạssen *itr. V.* *(schweiz.)* play jass
Ja·stimme die yes-vote; **die ~n** the votes in favour; the ayes *(Brit. Parl.)*
jäten ['jɛːtn̩] *tr., itr. V.* weed; **Unkraut ~:** weed; **Brennesseln ~:** pull out *or* weed out stinging nettles
Jauche ['jaʊxə] die; ~, ~n a) liquid manure; b) *(ugs. abwertend)* muck
jauchen *tr., itr. V. (Landw.)* manure
Jauche·grube die liquid-manure reservoir
jauchzen ['jaʊxtsn̩] *itr. V.* a) *(laut jubeln)* cheer; **vor Freude ~:** shout for joy; **der Säugling jauchzte laut** the baby gurgled with pleasure; **das Publikum jauchzte** the audience was in raptures; b) *(veralt.)* rejoice; **jauchzet dem Herrn** rejoice in the Lord
Jauchzer der; ~s, ~: cry of delight
jaulen ['jaʊlən] *itr. V.* *(dog, cat, etc.)* howl, yowl; *(wind)* howl; *(engine)* scream
Jause ['jaʊzə] die; ~, ~n *(österr.)* a) snack; **eine ~ machen** have a snack; b) *(Nachmittagskaffee)* [afternoon] tea
Jausen·station die *(österr.)* café
jausnen *itr. V.* *(österr.)* have a snack
Java ['jaːva] (das); ~s Java
ja·wohl *Part.* a) *(certainly)* **~, Herr Oberst!** yes, sir!; b) *(verstärkend)* **Kant, ~ Kant** Kant, no less
jawoll [jaˈvɔl] *(ugs.)* s. **jawohl**
Ja·wort das consent; **jmdm. das ~ geben** consent to marry sb.; **sich *(Dat.)* das ~ geben** accept each other in marriage
Jazz [dʒæz *od.* dʒɛs *od.* jats] der; ~: jazz
Jazz·band die jazz band
jazzen ['dʒɛsn̩ *od.* 'jatsn̩] *itr. V.* play jazz
Jazzer ['dʒɛsɐ *od.* 'jatsɐ] der; ~s, ~: jazz musician
Jazz·fan der jazz-fan
jazzig ['jatsɪç] *Adj.* *(ugs.)* jazzy
Jazz-: **~kapelle** die jazz band; **~keller** der jazz cellar; **~musik** die jazz music
¹**je** [jeː] 1. *Adv.* a) *(jemals)* ever; **mehr/besser denn je** more/better than ever; **seit *od.* von je** always; for as long as anyone can remember; *s. auch* ²**eh** b); b) *(jeweils)* **je zehn Personen** ten people at a time; **die Gruppen bestehen aus je acht Mitgliedern** the groups consist of eight members each; **die Kinder stellen sich je zwei und zwei auf** the children arrange themselves in twos *or* in pairs; **die Schränke sind je zwei Meter breit** the wardrobes are each two metres wide; **sie kosten je 30 DM** they cost 30 DM each; **er gab den Mädchen je eine Birne** he gave each of the girls a pear; **in Schachteln mit *od.* zu je 10 Stück verpackt** packed in boxes of ten; c) *(entsprechend)* **je nach Gewicht/Geschmack** according to weight/taste. 2. *Präp. mit Akk.* **per;** for each; **je angebrochene Stunde** for each *or* per hour or part of an hour. 3. *Konj.* a) **je länger, je lieber** the longer the better; **je früher du kommst, desto *od.* um so mehr Zeit haben wir** the earlier you come, the more time we'll have; b) **je nachdem** it all depends; **wir gehen hin, je nachdem [ob] wir Zeit haben oder nicht** we'll go, depending on whether we have the time or not; **Willst du mitgehen? – Je nachdem** *(ugs.)* Do you want to come too? – It all depends
²**je** 1. *Interj.* **ach je, wie schade!** oh dear *or* dear me, what a shame!; *s. auch* **oje**. 2. *Adv.* *(veralt.)* **je nun** well now
Jeans [dʒiːnz] *Pl. od.* die; ~, ~ a) *(Hose)* jeans *pl.*; denims *pl.*; b) *(Stoff)* denim; jean[s] material
Jeans-: **~hose** die [pair of] jeans; **~jacke** die denim jacket; **~stoff** der denim; jean[s] material
jeck [jɛk] *Adj.* *(rhein., meist abwertend)* *(leicht verrückt)* stupid; daft; *(wahnsinnig)* crazy
Jeck der; ~en, ~en *(rhein.)* a) *(abwertend:*

Verrückter) idiot; **b)** *(Fastnachter)* carnival clown

jede s. jeder

je̱den·falls *Adv.* **a)** *(gewiß)* certainly; definitely; **b)** *(zumindest)* at any rate; **ich ~ habe keine Lust mehr** I at any rate *or* for one have had enough; **c)** *(soviel steht fest)* in any case; at any rate; anyway; **das steht ~ fest** that much is certain, in any case *or* at any rate *or* anyway

jeder ['je:dɐ], **jede, jedes** *Indefinitpron. u. unbest. Zahlwort* **1.** *attr.* **a)** *(alle)* every; **jeder einzelne Schüler** every single pupil; **jeder zweite Bürger** one out of *or* in every two citizens; **der Zug fährt jeden Tag/viermal jeden Tag** the train runs every day/four times a day; **b)** *(verstärkend)* **das kann Ihnen jedes Kind sagen** any child could tell you that; **ohne jeden Zweifel** without any doubt; **ohne jeden Grund** without any reason whatever; for no reason whatever; **c)** *(alle einzeln)* each; **jeder Mitspieler bekommt sechs Karten** each player receives six cards; **d)** *(jeglicher)* all; **jede Hilfe kam zu spät** all help came too late; **hier wurde jedes Maß überschritten** that went beyond all bounds; **Menschen jeden** *od.* **jedes Alters** people of all ages; „**nehme jeden Arbeit an**" 'all offers of work accepted'. **2.** *alleinstehend* **a)** *(alle)* everyone; everybody; **jeder** *od. (geh.)* **ein jeder darf mitkommen** everyone *or* everybody can come; **hier kennt jeder jeden** everybody knows everybody else here; *(verstärkend)* **jeder, der Lust hat, ist willkommen** anyone who wants to come is welcome; **das kann ja jeder** anyone can do that; **b)** *(alle einzeln)* **jedes der Kinder** every one *or* each of the children; **jeder für sich hat recht** each of us/you/them *etc.* is right in his own way; **jeder von uns kann helfen** each *or* every one of us can help; **jedem nach seinem Verdienst** to each according to his merits

jeder-: **~art** *unbest. Gattungsz.; indekl.; nicht präd.* any kind *or* sort *or* type of; **er ist bereit, ~art Arbeit anzunehmen** he is prepared to take any kind of work; **~lei** *unbest. Gattungsz.; indekl.; nicht präd. (geh.)* all kinds *or* sorts of; **~mann** *Indefinitpron. u. unbest. Zahlwort;* nur alleinstehend everyone; everybody; **hier kann ~mann mitmachen** everyone *or* everybody *or* anyone *or* anybody can come along and join in; **das ist ~manns Pflicht** that is everyone's *or* everybody's duty; **Schnecken sind nicht ~manns Sache/Geschmack** snails are not to everyone's *or* everybody's taste; **~zeit** *Adv.* [at] any time; **natürlich, ~zeit!** of course, any time!

jedes s. jeder

jedes·mal *Adv.* every time; **er kommt ~ zu spät** he arrives late every time; he always arrives late; **~, wenn das Telefon klingelt, ...:** every time the telephone rings ...

je·doch *Konj., Adv.* however; **es war ~ zu spät** it was too late, however; it was, however, too late

jedweder ['je:t've:dɐ], **jedwede, jedwedes** *Indefinitpron. u. unbest. Zahlwort (nachdrücklich, veralt.)* **a)** *attr.* every; **ohne jedwede Rücksicht** without any consideration whatsoever; **b)** *alleinstehend* everyone; everybody

Jeep Ⓦ [dʒi:p] *der;* ~s, ~s jeep (P)

jeglicher ['je:klɪçɐ], **jegliche, jegliches** *Indefinitpron. u. unbest. Zahlw.* s. jeder 1c, 2b

je·her [*od.* '-'-] *Adv.* **seit** *od.* **von ~:** always; since *or* from time immemorial; **es wurde seit** *od.* **von ~ so gehandhabt, daß ...:** the procedure has always been that ...

Jehova [je'ho:va] s. Zeuge

jein [jaɪn] *Adv. (scherzh.)* yes and no

Je·länger·je·lieber das; ~s, ~ *(Bot.)* honeysuckle; woodbine

jemals ['je:ma:ls] *Adv.* ever

jemand ['je:mant] *Indefinitpron.* someone; somebody; *(fragend, verneinend)* anyone; anybody; **ich kenne ~[en], der ...:** I know someone *or* somebody who ...; **sich mit ~[em] treffen** to meet someone *or* somebody; **ist da ~?** is anybody there?; **ich glaube nicht, daß da ~ ist** I don't think there's anybody there; **~ anders/Fremdes** someone *or* somebody else/strange; **ein gewisser Jemand** *(scherzh.)* a certain somebody; **kaum ~:** hardly *or* scarcely anyone *or* anybody; *s. auch* **irgend a**

Jemen ['je:mən] (das), ~s *od.* der; ~[s] Yemen; *s. auch* **Irak**

Jemenit [jemə'ni:t] *der;* ~en, ~en, **Jemenitin** die; ~, ~nen Yemenite; Yemeni

jemenitisch *Adj.* Yemenite; Yemeni

jemine ['je:mine] *Interj. (veralt.)* **ach ~!** oh dear; dear me!

jener ['je:nɐ], **jene, jenes** *Demonstrativpron. (geh.)* **1.** *attr.* that; *(im Pl.)* those; **in jenem Haus dort** in that house [over] there; **vergleichen Sie dieses mit jenem Bild** compare this picture and that one; **zu jenem Zeitpunkt** at that time; **in jenen Tagen** in those days. **2.** *alleinstehend* that one; *(im Pl.)* those; **jene, die ...:** those who ...; **ein Roman Bölls, in dem jene schildert, wie ...:** a novel by Böll in which he describes how ...

jenseitig ['jɛn- *od.* 'jɛn-] *Adj.; nicht präd.* **a)** *(gegenüberliegend)* opposite; far, opposite *(bank, shore)*; **b)** **die ~e Welt** *od.* **das Jenseitige** the next world; the hereafter

jenseits ['jɛn-] **1.** *Präp. mit Gen.* on the other side of; *(in größerer Entfernung)* beyond; **~ des Urals** beyond the Urals; **~ des Flusses** on the other *or* far *or* opposite side of the river; **sie ist schon ~ der Vierzig** she's already over *or (coll.)* the wrong side of forty. **2.** *Adv.* beyond; on the other side; **~ vom Rhein** on the other side of *or* beyond the Rhine; **eine Welt ~ von Haß und Gewalt** a world free from hatred and violence; *s. auch* **gut 4b**

Jenseits das; ~: hereafter; beyond; **ins ~ abgerufen** *od.* **abberufen werden** *(geh. verhüll.)* pass away; **jmdn. ins ~ befördern** *(salopp)* bump sb. off *(sl.)*

Jeremia [jere'mi:a] (der); ~s Jeremiah

Jeremiade [jere'mia:də] die; ~ *(geh., veralt.)* jeremiad

¹**Jersey** ['dʒɜ:ɐzi] *der;* ~[s], ~s *(Textilind.)* jersey

²**Jersey** das; ~s, ~s *(Sport: Trikot)* jersey

Jersey·kleid das jersey dress

jerum ['je:rʊm] *Interj. s.* ojerum

Jesaja [je'za:ja] (der); ~s Isaiah

Jessas [na] ['jɛsas (na:)] *Interj. (österr.)* my goodness

Jesuit [jezu'i:t] *der;* ~en, ~en *(Rel., auch abwertend)* Jesuit

Jesuiten-: **~general** der General of the Jesuits; **~orden** der order of the Society of Jesus; **~schule** die Jesuit school

Jesuitentum das Jesuitism

Jesus ['je:zʊs] (der); Jesu ['je:zu] Jesus; **~ Christus** Jesus Christ

Jesus[, Maria und Josef] *Interj. (veralt.)* oh [my] Lord

Jesus-: **~kind** das: **das ~:** the Infant Jesus; baby Jesus *(child lang.);* **~knabe** der *s.* **~kind;** **~latschen** der *(scherzh.)* Jesus sandal *(joc.)*

Jet [dʒɛt] *der;* ~[s], ~s jet; **mit einem ~ fliegen/reisen** fly/travel by jet

Jet·flug der flight by jet

Jeton [ʒəˈtõː] *der;* ~s, ~s **a)** *(Spielmarke)* gaming chip *or* token; **b)** *(für das Telefon usw.)* token

Jet-set ['dʒɛtsɛt] *der;* ~[s], ~s jet set

jetten ['dʒɛtn] *itr. V.; mit sein (ugs.)* jet

jetzig ['jɛtsɪç] *Adj.; nicht präd.* present; current; **in der ~en Zeit** at present; in present times

jetzo ['jɛtso] *(veralt.) s.* jetzt

jetzt [jɛtst] *Adv.* **a)** *(im Augenblick)* at the moment; just now; **bis ~:** up to now; **bis ~ noch nicht** not yet; not so far; **von ~ an** *od.* **ab** from now on[wards]; **~ noch** still; **was, ~ [so spät] noch?** what, now?; **das geht nicht von ~ auf nachher** *(ugs.)* it can't be done at a moment's notice; **~ oder nie!** it's now or never; **~ ist aber Schluß!** that's [quite] enough!; **b)** *(nun, nunmehr)* now; **~ ist es aus mit uns** we've had it now; **sie ist gerade ~ weggegangen** she has just left; **~ endlich** [now,] at last; **~ erst [einmal]** just; **erst ~** *od.* **~ erst** only just; **schon ~:** already; **er ist schon drei Wochen krank** he has been ill for three weeks now; **c)** *(heutzutage)* now; these days; nowadays; **d)** *(landsch.: wohl)* **von wem wird ~ der Brief sein?** now, who will that letter be from, I wonder?

Jetzt das; ~ *(geh.)* **das ~:** the present

Jetzt·zeit die; *o. Pl.* present times *pl.;* **in der ~:** in present times; in our times

je·weilen *Adv. (schweiz.)* occasionally; once in a while

jeweilig ['je:vaɪlɪç] *Adj.; nicht präd.* **a)** *(in einem bestimmten Fall)* particular; **nach den ~en Umständen** according to the particular circumstances; **b)** *(zu einer bestimmten Zeit)* current; of the time *postpos., not pred.;* **nach der ~en Mode** in the current fashion; in the fashion of the time; **c)** *(zugehörig, zugewiesen)* respective

jeweils ['je:vaɪls] *Adv.* **a)** *(jedesmal)* **~ am ersten/letzten Mittwoch des Monats** on the first/last Wednesday of each month; **b)** *(zur Zeit)* currently; at the time; **die ~ amtierende Regierung** the government of the day

Jg. *Abk.* Jahrgang

Jh. *Abk.* Jahrhundert c.

jiddeln ['jɪdln] *s.* jüdeln

jiddisch ['jɪdɪʃ] *Adj.* Yiddish; **Jiddisch/das Jiddische** Yiddish; *s. auch* **Deutsch**

Jitterbug ['dʒɪtəbʌg] *der;* ~: jitterbug

Jiu-Jitsu [dʒi:u'dʒɪtsu] *das;* ~[s] j[iu]-jitsu

Jive [dʒaɪv] *der;* ~: jive; **~ tanzen** jive

¹**Job** [joːp] *s.* Hiob

²**Job** [dʒɔp] *der;* ~s, ~s *(ugs.; auch DV)* job

jobben *itr. V. (ugs.)* do a job/jobs; **als Taxifahrer ~:** do [some] taxi-driving

Jobber *der;* ~, ~ *(Börsenw.)* [stock] jobber; *(ugs. abwertend)* jobber *(derog.)*

Joch [jɔx] *das;* ~[e]s, ~e *(bei Maßangaben ungebeugt)* **a)** *(bei Zugtieren)* yoke; **Ochsen/Kühe ins/unters ~ spannen** yoke oxen/cows; **das ~ der Tyrannei abschütteln** *(fig. geh.)* throw *or* cast off the yoke of tyranny; **b)** *(Gespann, Feldmaß)* **zwei ~ Ochsen/Land** two yoke of oxen/land; **c)** *(Geogr.)* col; saddle; **d)** *(Archit.)* bay

Joch·bein das *(Anat.)* zygomatic bone; malar bone

Jockei, Jockey ['dʒɔke *od.* 'dʒɔki] *der;* ~s, ~s jockey

Jockey·mütze die jockey cap

Jod [joːt] *das;* ~[e]s iodine

Jodel·lied das yodelling song

jodeln ['joːdln] *itr. V.* yodel

jod·haltig *Adj.* iodiferous

Jodler *der;* ~s, ~: **a)** *(Person)* yodeller; **b)** *(kurzes Jodeln)* yodel; *s.* Jodellied

Jodlerin die; ~, ~nen yodeller

Jod-: **~tinktur** die tincture of iodine; iodine tincture; **~zahl** die *(Chemie)* iodine number; iodine value

Joga ['jo:ga] *der od.* das; ~: yoga; **~ betreiben** *od. (ugs.)* **machen** practise *or* do yoga

Joga·übung die yoga exercise

joggen ['dʒɔgŋ] *itr. V.; mit Richtungsangabe mit sein* jog; **[zwei Kilometer] ~:** go jogging [for two km]

Jogging ['dʒɔgɪŋ] *das;* ~s jogging *no art.*

Joghurt ['jo:gʊrt] *der od.* das; ~[s], ~[s] yoghurt

Joghurt·becher der yoghurt pot *(Brit.) (Amer.)* container

Jogi ['jo:gi], **Jogin** ['jo:gɪn] der; ~s, ~s yogi
Johann ['jo:han] (der) John
Johanna [jo'hana] (die): ~ von Orléans Joan of Arc
Johannes [jo'hanəs] 1. (der); Johannes' John; ~ der Täufer John the Baptist. 2. der; ~, ~se (salopp) s. Jonny
Johannes·evangelium das St John's Gospel; Gospel according to St John
Johanni [jo'hani] (das); indekl. s. Johannistag
Johannis·beere die a) (Frucht) currant; **rote/weiße/schwarze ~n** redcurrants/white currants/blackcurrants; b) (Strauch) currant [bush]; **rote/weiße/schwarze ~n** redcurrant/white currant/blackcurrant bushes
Johannisbeer-: ~**saft** der currant juice; ~**strauch** der currant bush
Johannis-: ~**brot** das (Bot.) Saint-John's-bread; carob [bean]; ~**brot·baum** der (Bot.) Saint-John's-bread; carob [tree]; ~**feuer** das Saint John's fire; ~**käfer** der (südd.) s. Leuchtkäfer; ~**kraut** das Saint John's wort; ~**tag** der Saint John the Baptist's day; ~**trieb** der (Bot.) a) (das Austreiben) Lammas growth; b) (Trieb) Lammas shoot
Johanniter [jo:ha'ni:tɐ] der; ~s, ~: Knight of St. John of Jerusalem
Johanniter·orden der Order of [the Hospital of] St. John of Jerusalem
johlen ['jo:lən] 1. itr. V. yell; (vor Wut) howl. 2. tr. V. **die Menge johlte Beifall/Pfuirufe** the crowd yelled or roared its approval/howled or roared its disapproval
Joint [dʒɔɪnt] der; ~s, ~s (ugs.) joint (sl.); **einen ~ kreisen lassen** pass a joint round
Jo-Jo [jo(:)'jo] das; ~s, ~s yo-yo
Joker ['jo:kɐ od. dʒo:kɐ] der; ~s, ~ (Kartensp.) joker
Jokus ['jo:kʊs] der; ~, ~se (veralt.) **seinen ~ mit etw./jmdm. haben** tease sth./sb.; make fun of sth./sb.
Jolle ['jɔlə] die; ~, ~n a) (Sportboot) [sailing] yacht; b) (mit Schwert) keel-centre-board yawl; c) (Beiboot) yawl; jolly[-boat]
Jollen·kreuzer der dinghy cruiser
Jongleur [ʒɔŋ'løːɐ̯] der; ~s, ~e juggler
jonglieren tr., itr. V. juggle; **Bälle od. mit Bällen ~:** juggle with balls; **mit Zahlen ~:** juggle [about] with figures; **ich werde das schon irgendwie ~** (ugs.) I'll wangle (coll.) or work it somehow
Jonny ['dʒɔni] der; ~s, ~s (salopp: Penis) John Thomas (sl.)
Joppe ['jɔpə] die; ~, ~n heavy jacket
Jordan ['jɔrdan] der; ~[s] Jordan; **über den ~ gehen** (verhüll.) go the way of all flesh
Jordanien [jɔr'da:niən] (das); ~s Jordan
Jordanier der; ~s, ~, **Jordanierin** die; ~, ~nen Jordanier; s auch -in
jordanisch Adj. Jordanian
Josef, Joseph ['jo:zɛf] (der) Joseph
Joseph[s]·ehe die unconsumated marriage
Jot [jɔt] das; ~, ~: j, J; s. auch h, A
Jota ['jo:ta] das; ~s, ~s iota; **kein/nicht ein/um kein ~** (geh.) not an iota; not one jot
Joule [dʒu:l od. dʒaul] das; ~[s], ~ (Physik) joule
Jour [ʒu:ɐ̯] der; ~s, ~s (veralt.) open house; ~ **fixe** at-home
Journaille [ʒʊr'naljə od. ʒʊr'naɪl] die; ~ (veralt. abwertend) a) (verantwortungslose Presse) yellow or gutter press; b) (Sensationsjournalisten) hacks pl. (derog.)
Journal [ʒʊr'naːl] das; ~s, ~e a) (veralt.: Tageszeitung) journal (dated); newspaper; b) (geh.: Zeitschrift) journal; periodical; **ein ~ für Mode/Kunst** a fashion/an art journal or periodical; c) (veralt.: Tagebuch) journal (dated); diary; d) (Schiffstagebuch) log[-book]; e) (Kaufmannsspr.) day-book
Journal·beamte der (österr.) official or officer [on duty]

Journalismus der; ~: journalism no art.
Journalist der; ~en, ~en journalist
Journalisten·deutsch das (oft abwertend) journalese
Journalistik die; ~: journalism no art.
Journalistin die; ~, ~nen journalist
journalistisch 1. Adj.; nicht präd. journalistic; **eine ~e Ausbildung** a training in journalism. 2. adv. journalistically; ~ **tätig sein** work as or be a journalist
jovial [jo'viaːl] Adj. jovial
Jovialität [joviali'tɛːt] die; ~: joviality
jr. Abk. junior Jr.
Jubel ['juːbl̩] der; ~s (das Jauchzen) rejoicing; jubilation; (laut) cheering; **~ brach aus** a loud cheer went up; **unter dem ~ der Zuschauer** amid the cheering or cheers of the spectators; **~, Trubel, Heiterkeit** an atmosphere of eat, drink, and be merry
Jubel-: ~**feier** die jubilee; anniversary; (Feierlichkeiten) jubilee or anniversary celebrations pl.; ~**greis** der (scherzh.) old swinger (coll. joc.); ~**jahr** das jubilee; **alle ~jahre [einmal]** once in a blue moon
jubeln 1. itr. V. cheer; **über etw.** (Akk.) ~: rejoice over sth.; celebrate sth.; ~ **de Instrumente/Klänge** (dichter.) joyful instruments/ sounds. 2. tr. V. **Beifall ~:** applaud; give applause; „**Hurra!" jubelte er** 'hurrah!' he cried delightedly
Jubel-: ~**paar** das couple celebrating their wedding anniversary; ~**perser** der (ugs. abwertend) person hired to cheer in the/a crowd; ~**ruf** der cheer; joyful shout; (religiös) exultation; shout of praise
Jubilar [jubi'laːɐ̯] der; ~s, ~e man celebrating his anniversary/birthday
Jubilarin die; ~, ~nen woman celebrating her anniversary/birthday
Jubilate [jubi'laːtə] o. Art., indekl. (ev. Kirche) Jubilate
Jubiläum [jubi'lɛːʊm] das; ~s, **Jubiläen** anniversary; (eines Monarchen) jubilee; **fünfundzwanzig-/fünfzigjähriges ~:** twenty-fifth/fiftieth anniversary/jubilee; **hundertjähriges ~:** hundredth anniversary; centenary; **500jähriges/1000jähriges ~:** quincentenary/millenary; **sein 25jähriges ~ bei der Firma begehen** celebrate 25 years with the firm
Jubiläums-: ~**aus·gabe** die jubilee edition; ~**aus·stellung** die jubilee exhibition; ~**heft** das jubilee issue
jubilieren itr. V. (geh. veralt.) jubilate (literary); rejoice; **die Lerche trällerte ~d** the lark sang joyfully
juchhe [jʊx'heː], **juchhei** [jʊx'haɪ], **juchheirassa[ssa]** [jʊxhai̯rasa(sa)] (veralt.), **juchheißa** [jʊx'haɪsa] (veralt.) Interj. hurrah
Juchten ['jʊxtn̩] der od. das; ~s a) (Leder) Russia [leather]; b) (Duftstoff) Russian leather
juchzen ['jʊxtsn̩] itr. V. (ugs.) shout with glee
Juchzer der; ~s, ~ (ugs.) shout of glee; **einen ~ ausstoßen** shout with glee
jucken ['jʊkn̩] 1. tr., itr. V. a) **mir juckt die Haut** I itch; **es juckt mir od. mich auf dem Kopf** my head itches; **es juckt mich am ganzen Körper** I itch all over; **es juckt mich, der kratze sich** (fig.) anybody who does not like it should say something; b) (Juckreiz verursachen) irritate; **die Wolle juckt ihn od. ihm auf der Haut** the wool makes him itch; the wool irritates his skin; **ein ~der Hautausschlag** an itching rash; c) (bes. nordd. salopp) **laß ~!** get a rove on! (coll.). 2. tr. V. (reizen, verlocken) **es juckt mich, da tun I** am itching or dying to do it; **ihn juckt das Geld** he is tempted by the money; **das juckt mich nicht** (ugs.) I couldn't care less (coll.). 3. refl. V. (ugs.: sich kratzen) scratch

Jucken das; ~s itching; **ein ~ verspüren** feel an itch
Juck-: ~**pulver** das itching powder; ~**reiz** der itch
Judäa [juˈdɛːa] (das); ~s Jud[a]ea
Judaika [juˈdaːika] Pl. Judaica
Judaist der; ~en, ~en, **Judaistin** die; ~, ~nen specialist in Jewish studies; (Student) student of Jewish studies
Judaistik die; ~: Jewish studies pl., no art.
Judas ['juːdas] 1. (der); Judas' Judas; ~ **Ischariot** Judas Iscariot. 2. der; ~, ~se (fig.) Judas
Jude ['juːdə] der; ~n, ~n Jew; **er ist ~:** he is a Jew; he is Jewish
jüdeln ['jyːdl̩n] itr. V. speak half Yiddish
Juden-: ~**frage** die (ns. verhüll.) Jewish question; ~**haß** der anti-Semitism; hatred of [the] Jews; ~**hetze** die Jew-baiting; ~**pogrom** der od. das pogrom against the Jews; ~**stern** der (ns.) Star of David
Judentum das; ~s a) (Volk) Jewry; Jews pl.; **das gesamte ~:** the whole of Jewry; b) (Kultur u. Religion) Judaism; c) (jüdisches Wesen) Jewishness
Juden-: ~**verfolgung** die persecution of [the] Jews; ~**viertel** das Jewish quarter; (hist.) Jewry
Judikative [judikaˈtiːvə] die; ~, ~n (Rechtsw., Politik) judiciary
Judikatur [judikaˈtuːɐ̯] die; ~, ~en (Rechtsw.) judicature
Jüdin ['jyːdɪn] die; ~, ~nen Jewess; **sie ist ~:** she is Jewish or a Jewess
jüdisch Adj. Jewish; ~ **fühlen/denken** feel/think like a Jew
judizieren [judiˈtsiːrən] itr. V. (Rechtsspr.) administer justice
Judo ['juːdo] das; ~[s] judo no art.
Judo·griff der judo throw; (Haltegriff) judo hold
Judoka [juˈdoːka] der; ~[s], ~[s] judoka; judoist
Jugend ['juːɡn̩t] die; ~ a) youth; **in ihrer ~:** in her youth; when she was young; **schon in früher ~:** at an early age; **seit früher ~, schon von ~ auf** from an early age; from his/her etc. youth; b) (Jugendliche) young people; **die ~ der Welt** the youth or the young people of the world; **die weibliche/männliche ~:** girls pl./boys pl.; **er spielt in der ~** (Sport) he plays in the youth side or team; **die reifere ~** (scherzh.) the over-forties pl.; c) (Biol., Med.) immature stage [of development]
jugend-, Jugend-: ~**alkoholismus** der alcoholism among young people; ~**alter** das adolescence; ~**amt** das youth office (agency responsible for education and welfare of young people); ~**arbeit** die o. Pl. a) (Bildung und Erziehung) youth work; b) (Erwerbstätigkeit) youth employment; employment of young people; ~**arbeitslosigkeit** die youth unemployment; ~**arbeits·schutz** der protection of young people at work; ~**arrest** der detention in a community home; **zu vier Wochen ~arrest verurteilt werden** be sentenced to four weeks in a community home; ~**bewegt** Adj. (meist scherzh.) boy-scoutish; ~**bewegung** die (hist.) [German] youth Movement; ~**bild** das: **ein ~bild seines Vaters/seiner Mutter** a picture of his father/mother as a young man/woman; ~**brigade** die (DDR) youth brigade; ~**buch** das book for young people; ~**erinnerung** die memory of one's youth; (Foto usw.) memento of one's youth; ~**film** der film for young people; ~**frei** Adj. (film, book, etc.) suitable for persons under 18; **nicht ~frei** (film) not U-certificate pred.; (scherzh.) (joke, story, etc.) not for young ears pred.; ~**freund** der a) friend of [the days of] one's youth; **er ist ein ~freund von ihr** he used to be a friend of hers when she was young; b) (DDR) FDJ

1225

Jugendfrische

member; **~frische** die youthfulness; **~funk** der programmes pl. for young people; **~gefährdend** Adj. liable to have an undesirable influence on the moral development of young people postpos.; **~gericht** das juvenile court; **~gruppe** die youth group; **~heim** das youth centre; **~herberge** die youth hostel; **~klub** der youth club; **~kriminalität** die juvenile delinquency

jugendlich ['ju:gṇtlɪç] 1. Adj. a) nicht präd. young ⟨offender, customer, etc.⟩; noch in ~em Alter sein still be a youngster; still be young; b) (für Jugendliche charakteristisch) youthful; in ~er Begeisterung fired by the spirit of youth or by youthful enthusiasm; c) (jung wirkend) youthful ⟨person, appearance⟩; sie ist/wirkt noch sehr ~: she still is/looks very young; d) (bes. Werbespr.) young ⟨fashions, dress, hairstyle, etc.⟩. 2. adv. sich ~ kleiden dress young

Jugendliche ['ju:gṇtlɪçə] der/die; adj. Dekl. a) young person; die ~n the young people; b) (Rechtsspr.) juvenile; young person; zwei ~: two juveniles; two young persons; ein 16jähriger ~r/eine 16jährige ~: a 16-year-old youth/girl

Jugendlichkeit die youth; (jugendliche Wirkung) youthfulness

Jugend-: **~liebe** die love or sweetheart of one's youth; seine/ihre [alte] ~liebe the love or sweatheart of his/her youth; **~mannschaft** die (Sport) youth team or side; **~meister** der youth champion; (Mannschaft) youth champions; **~meisterschaft** die youth championship; **~objekt** das (DDR) youth project; **~pfleger** der youth worker; **~psychologie** die psychology of adolescence; adolescent psychology no art.; **~recht** das laws pl. relating to young persons; **~schutz** der protection of young people; **~schutz·gesetz** das laws pl. protecting young people; **~sprache** die young people's language no art.; **~stil** der art nouveau; (in Deutschland) Jugendstil; Möbel im ~stil art nouveau/Jugendstil furniture; **~straf·anstalt** die detention centre; **~strafe** die youth custody sentence; sechs Monate ~strafe bekommen get six months in a detention centre; **~sünde** die, **~torheit** die youthful folly; **~traum** der youthful dream; es war sein ~traum gewesen, zu ...: when he was young, it had been his ambition to ...; **~verband** der youth organization; **~vor·stellung** die performance for young people; **~weihe** die a) (DDR) ceremony in which fourteen-year-olds are given adult social status; b) Free Church ceremony for child of primary school-leaving age, in place of confirmation; **~werk** das early or youthful work; (gesamtes) early or youthful works pl.; juvenilia pl.; **~zeit** die youth; younger days pl.; **~zeit·schrift** die magazine for young people; **~zentrum** das youth centre

Jugo·slawe [jugo-] der Yugoslav; **Jugo·slawien (das);** ~s Yugoslavia; **Jugo·slawin** die Yugoslav; s. auch -in; **jugo·slawisch** Adj. Yugoslav[ian]

juhu Interj. a) [ju'hu:] (Ausruf des Jubels) yippee; hooray; b) ['ju'hu:] (Zuruf) yoo-hoo

Juice [dʒu:s] der; ~, ~ ['dʒu:sɪs] (bes. österr., DDR: Fruchtsaft) (esp. citrus) [fruit] juice; (DDR: Gemüsesaft) vegetable juice

Julei [ju:'laɪ] der; ~[s], ~s s. Juli

Jul·fest ['ju:l-] das yule-tide festival

Juli ['ju:li] der; ~[s], ~s July; s. auch April

Jumbo-Jet ['dʒʊmbo-] der; ~[s], ~s jumbo jet

Jumelage [ʒym'la:ʒ] die; ~, ~n: zwischen Bonn und Oxford besteht eine ~: Bonn and Oxford are twinned (Brit.) or (Amer.) are sister cities

Jumper ['dʒampɐ] der; ~s, ~: jumper (Brit.); pullover

---

jun. Abk. junior Jr.

jung [jʊŋ] Adj.; jünger ['jyŋɐ], jüngst... ['jyŋst...] a) young; in ~en Jahren at an early age; er ist ~ gestorben he died young; in seinen ~en Jahren in the days of his youth; ~ an Jahren sein be young [in years]; der jüngere Bruder the younger brother; die jüngste Tochter the youngest daughter; der ~e Meier (ugs.) Meier junior; Sport erhält ~: sport keeps you young; b) (neu) young ⟨state, country, firm, foliage⟩; new ⟨project, undertaking, sport, marriage, etc.⟩; die Nacht ist noch ~: the night is young; der ~e Tag (geh.) the new day; c) (letzt...) recent; in jüngster Zeit recently; lately; ein Ereignis der jüngeren/jüngsten Geschichte an event in recent/very recent history; die jüngsten Geschehnisse the latest or [most] recent happenings; d) (ugs. scherzh.) er ist ganze 30 Jahre ~: he's 30 years young; e) der Jüngste Tag doomsday; s. auch ¹Gericht d; jünger

Jung-: **~akademiker** der newly-qualified [university] graduate; **~arbeiter** der young worker; **~bauer** der young farmer; **~brunnen** der Fountain of Youth; das ist ein wahrer ~brunnen (fig.) that's a real tonic; **~bürger** der (bes. österr.) first-time voter; new voter

Jungchen das; ~s, ~ (bes. ostd.) little boy; little lad; mein ~: my boy or lad

Jung·demokrat der Young Democrat

¹Junge ['jʊŋə] der; ~n, ~n od. (ugs.) Jungen[s] a) boy; (Lauf~, Lehr~) boy; lad; Tag, alter ~! (ugs.) hello, old pal! (coll.); jmdn. wie einen dummen ~n behandeln (ugs.) treat sb. like a child; ~, ~! (ugs.) [boy], oh boy!; s. auch schwer 1 e; b) (ugs.: beim Kartenspiel) jack; knave

²Junge das; adj. Dekl. ein ~s one of the young; ~ kriegen give birth to young; eine Löwin und ihr ~s a lioness and her cub

Jüngelchen ['jyŋ|çən] das; ~s, ~ (ugs. abwertend) young puppy or cub

jungen itr. V. give birth; produce young; ⟨cat⟩ have kittens; ⟨dog⟩ have pups

jungenhaft 1. Adj. boyish. 2. adv. seine Stimme klang ~ hell his voice was high and clear like a boy's; sie kleidet sich ~: she dresses boyishly

Jungen-: **~klasse** die boys' class; wir waren eine reine ~klasse our class was all boys; **~schule** die boy's school; school for boys; **~streich** der boyish prank

jünger ['jyŋɐ] Adj. youngish; sie ist noch ~: she is still quite young; s. auch jung

Jünger der; ~s, ~: follower; disciple; (der Kunst, Literatur) devotee; Jesus und seine ~: Jesus and his disciples

Jüngere der/die; adj. Dekl. die ~n unter Ihnen the younger ones amongst you; die ~n werden das nicht mehr wissen younger people won't remember it; Lucas Cranach der ~: Lucas Cranach the younger

Jüngerin die; ~, ~nen s. Jünger

Jungfer ['jʊŋfɐ] die; ~, ~n a) (veralt.) (Fräulein) young lady; (als Anrede) Mistress; b) (abwertend: ältere ledige Frau) spinster; eine alte ~: an old maid

Jungfern-: **~fahrt** die maiden voyage; **~flug** der maiden flight; **~häutchen** das hymen; **~kranz** se (veralt.) s. Brautkranz; **~rede** die maiden speech; **~zeugung** die (Biol.) parthenogenesis

Jung·frau die a) virgin; sie ist noch ~: she is still a virgin; die Heilige ~: the Holy Virgin; die ~ Maria the Virgin Mary; die eiserne ~: the iron maiden; c) zu etw. kommen wie die ~ zum Kind[e] get sth. by sheer chance or luck; wir sind zu den Büchern gekommen wie die ~ zum Kind[e] I don't know how the books got here; b) (Astrol.) Virgo; s. auch Fisch c; c) (veralt.: junges Mädchen) young maid or maiden (arch.)

jung·fräulich [-frɔʏlɪç] Adj. (geh.) s. auch

---

juridisch

fig.) virgin; virginal ⟨innocence, appearance⟩; ~ in die Ehe gehen be a virgin bride; ihr ~er Leib (dichter.) her chaste body

Jungfräulichkeit die (geh.) virginity; (fig.: von Wald, Erde usw.) virgin state

Jung·geselle der bachelor; ~ bleiben remain a bachelor

Jung·gesellen-: **~bude** die (ugs.) bachelor pad (coll.); **~leben** das bachelor['s] life; **~wirtschaft** die; o. Pl. (ugs., oft scherzh.) ich habe die ~wirtschaft satt I've had enough of looking after myself; **~wohnung** die bachelor flat; **~zeit** die bachelor days pl.; bachelorhood

Jung-: **~gesellin** die bachelor girl; sie ist ~gesellin geblieben she never married; **~grammatiker** der; meist Pl. (Sprachw.) neogrammarian; **~lehrer** der probationary teacher (teaching before second Staatsexamen)

Jüngling ['jyŋlɪŋ] der; ~s, ~e (geh./spött.) youth; boy; ein grüner od. unreifer ~ (spött.) a raw youth

Jünglings-: **~alter** das; o. Pl. (geh.) youth; im zarten ~alter as a tender youth; **~jahre** Pl. (geh.) years of one's youth; young years

Jung-: **~mädel** das (ns.) girl member of the Hitler Youth, aged 10–14; **~mann** der (veralt.) young man; **~sozialist** der Young Socialist

jüngst ['jyŋst] Adv. (geh.) recently

jüngst... s. jung

Jüngste der/die; adj. Dekl. youngest [one]; die ~n the youngest ones

Jung-: **~stein·zeit** die Neolithic period; New Stone Age; **~tier** das young animal; **~trieb** der new growth; **~verheiratete der/die;** adj. Dekl., **~vermählte der/die;** adj. Dekl. (geh.) young married man/woman; die ~verheirateten the newlyweds; **~volk** das; o. Pl. a) (veralt.) young folk; b) (ns.) 10–14 year-old members of the Hitler Youth; **~wähler** der first-time voter; new voter; **~wald** der (Forstw.) young forest/wood

Juni ['ju:ni] der; ~[s], ~s June; s. auch April

Juni·käfer der summer chafer

junior [ju:'nioɐ] indekl. Adj.; nach Personennamen junior

Junior der; ~s, ~en [-'nio:rən] a) (oft scherzh.) junior (joc.); mit seinem ~: with junior; b) (Kaufmannsspr.) junior partner; c) (Sport) junior

Junior·chef der owner's or (coll.) boss's son

Junioren-: **~mannschaft** die youth team; **~meister** der junior champion; (Mannschaft) junior champions; **~meisterschaft** die junior championship

Juniorin die; ~, ~nen junior partner

Junior·partner der (Kaufmannsspr.) junior partner

Junker ['jʊŋkɐ] der; ~s, ~: a) (hist.) junker; young nobleman; (als Anrede) young sir; b) (oft abwertend: Landadliger) junker; squire

Junkertum das; ~s (hist.) junkerdom; squirearchy

Junkie [dʒʌŋki] der; ~s, ~s (Drogenjargon) junkie (sl.)

Junktim das; ~s, ~s package [deal]; zwischen den beiden Abkommen besteht ein ~: the two agreements form one package

Juno [ju'no:] der; ~[s], ~ s. Juni

Junta ['xʊnta] die; ~, ~ten junta

¹Jupiter ['ju:pitɐ] der; ~s (Astron.), ²**Jupiter (der)** (Myth.) Jupiter

Jupon [ʒy'põ:] der; ~[s], ~s (schweiz.) petticoat; slip

¹Jura ['ju:ra] o. Art., o. Pl. law; ~ studieren read or study Law

²Jura der; ~s (Geol.) Jurassic [period/system]

juridisch [ju'ri:dɪʃ] Adj. (österr./veralt.) s. juristisch

Jurisdiktion

Jurisdiktion [jurɪsdɪk'tsi̯o:n] die; ~, ~en (Rechtsw., kath. Kirche) jurisdiction
Jurisprudenz [jurɪspru'dɛnts] die; ~ (geh.) jurisprudence no art.
Jurist der; ~en, ~en lawyer; jurist
Juristen·deutsch das (oft abwertend) legal jargon
Juristerei die; ~ (abwertend, oft scherzh.) law no art.
Juristin die; ~, ~nen lawyer; jurist; s. auch -in
juristisch 1. Adj. legal ⟨wrangle, term, training, career⟩; eine ~e Staatsprüfung a state law examination; die Juristische Fakultät the Law Faculty. 2. adv. ~ denken think in legal terms; ~ argumentieren use legal arguments
Juror ['ju:rɔr] der; ~s, ~en [-'ro:rən], **Jurorin** die; ~, ~nen judge
Jurte ['jʊrtə] die; ~, ~n yurt
Jury [ʒy'ri:] die; ~, ~s a) (Preisrichter) panel [of judges]; jury; b) (Sachverständige) panel [of experts]
¹**Jus** [ju:s] das; ~ (österr., schweiz.) s. ¹Jura
²**Jus** [ʒy:] die od. das od. der; ~: a) (Fleischsaft) meat juices pl.; meat stock; b) (schweiz.) (Fruchtsaft) fruit juice; (Gemüsesaft) vegetable juice
Juso ['ju:zo] der; ~s, ~s Young Socialist
just [jʊst] Adv. (veralt., noch scherzh.) just; ~ in diesem Augenblick just at that moment; ~ an jenem Tag on that very day
justieren tr. V. adjust
Justierung die; ~, ~en adjustment
Justitia [jʊs'ti:tsi̯a] die; ~: Justice no art.; (Statue) statue of Justice
justitiabel [jʊsti'tsi̯a:bl̩] (geh.) justiciable
Justitiar [jʊstitsi̯a:ɐ̯] der; ~s, ~e company lawyer
Justiz [jʊs'ti:ts] die; ~: a) justice; b) (Behörden) judiciary; ein Vertreter der ~: a representative of justice or of the law
Justiz-: ~**beamte** der court official; ~**behörde** die judicial authority; ~**irrtum** der miscarriage of justice; ~**minister** der Minister of Justice; ~**ministerium** das Ministry of Justice; ~**mord** der judicial murder; ~**vollzugs·anstalt** die (Amtsspr.) penal institution (formal); prison; ~**wacht·meister** der court usher
Jute ['ju:tə] die; ~: jute
Jute·sack der jute or gunny sack
Jüt·land ['jy:t-] (das); ~s Jutland
¹**Juwel** [ju've:l] das od. der; ~s, ~en piece or item of jewellery; (Edelstein) jewel; gem; Schmuck und ~en jewellery
²**Juwel** das; ~s, ~e (Kostbarkeit) gem; ein gotischer Baukunst a gem or jewel of Gothic architecture
Juwelen-: ~**händler** der dealer in precious stones; ~**raub** der jewel robbery or theft
Juwelier [juvə'li:ɐ̯] der; ~s jeweller; s. auch Bäcker
Juwelier·geschäft das jeweller's shop
Jux [jʊks] der; ~es, ~e (ugs.) joke; aus ~: as a joke; for fun; sie machten sich (Dat.) einen ~ daraus, das zu tun they did it as a joke or for a lark; sich (Dat.) einen ~ mit jmdm. machen play a [practical] joke on sb.; aus [lauter] ~ und Tollerei just for the fun or (coll.) hell of it
Juxta·position ['jʊksta-] die (Sprachw.) juxtaposition
jwd [jɔtve:'de:] Adv. (ugs. scherzh.) in or at the back of beyond; miles out

k, K [ka:] das; ~, ~: k/K; s. auch a, A
K Abk. (Physik) Kelvin K
Kabale [ka'ba:lə] die; ~, ~n (veralt.) cabal
Kabarett [kaba'rɛt] das; ~s, ~s od. ~e a) satirical cabaret [show]; satirical revue; ein politisches ~: a satirical political revue; b) (Ensemble) cabaret act; c) (Speiseplatte) [revolvable] partitioned dish
Kabarettist der; ~en, ~en, **Kabarettistin** die; ~, ~nen revue performer
kabarettistisch Adj. [satirical] revue attrib.; ~e Szenen scenes in the style of a [satirical] revue
Kabäuschen [ka'bɔysçən] das; ~s, ~ (ugs.) (Zimmer) cubby-hole; (Häuschen) little hut
Kabbala ['kabala] die; ~: cabbala
Kabbalistik die; ~: cabbalism no art.
Kabbelei die; ~, ~en squabble
kabbelig Adj. (Seemannsspr.) choppy
kabbeln ['kabl̩n] refl. V. (ugs.) squabble, bicker (mit with)
Kabel ['ka:bl̩] das; ~s, ~: a) (elektrische Leitung) cable; (für kleinere Geräte) flex; b) (Stahltrosse) cable; c) (veralt.: Telegramm) cable
Kabel-: ~**bericht** der (veralt.) cabled dispatch; ~**fernsehen** das cable television
Kabeljau ['ka:bljau] der; ~s, ~e od. ~s cod
Kabel-: ~**länge** die (Seew.) cable['s length]; ~**leger** der cable ship; ~**mantel** der cable-sheath
kabeln tr., itr. V. (veralt.) cable
Kabel-: ~**rolle** die cable drum; ~**schacht** der cable duct; (in der Straße) cable pit
Kabine [ka'bi:nə] die; ~, ~en a) (auf Schiffen, in Flugzeugen) cabin; b) (Umkleideraum, angemieteter Raum) cubicle; in die ~n gehen (Fußball) go back into the dressing-rooms; c) (einer Seilbahn) [cable-]car
Kabinen-: ~**bahn** die cableway; ~**roller** der bubble car
Kabinett [kabi'nɛt] das; ~s, ~e a) (Gesamtheit der Minister) Cabinet; b) (veralt.: Arbeitszimmer) cabinet (arch.); c) (österr.: kleines Zimmer) small room with one window; box-room (Brit.)
Kabinetts-: ~**beschluß** der Cabinet decision; ~**bildung** die formation of a/the Cabinet; ~**justiz** die interference by ruler or government in the process of law; ~**krise** die Cabinet crisis; ~**liste** die list of Cabinet members; ~**sitzung** die Cabinet meeting
Kabinett-: ~**stück[chen]** das tour de force; ~**wein** der Kabinett wine
Kabis ['ka:bɪs] der; ~ (südd., schweiz.) cabbage
Kabrio ['ka:brio] das; ~s, ~s, **Kabriolett** [kabrio'lɛt] das; ~s, ~s a) convertible; b) (veralt.: Kutsche) cabriolet
Kabuff [ka'bʊf] das; ~s, ~s (ugs., oft abwertend) poky little[cubby-hole
Kachel ['kaxl̩] die; ~, ~n [glazed] tile; etw. mit ~n auslegen tile sth.
Kachel·bad das tiled bathroom
kacheln tr. V. tile; eine grün gekachelte Wand a wall covered with green tiles
Kachel·ofen der tiled stove
kack·braun Adj. (derb) dirty brown; shit-coloured (coarse)
Kacke ['kakə] die; ~ (derb; auch fig.) shit (coarse); crap (coarse); so eine ~! shit!

Kaffeesahne

(coarse); dann/jetzt ist die ~ am Dampfen then/now there'll be hell to pay (coll.)
kacken ['kakn̩] itr. V. (derb) shit (coarse); crap (coarse)
Kacker der; ~s, ~ (derb) shit (coarse)
Kadaver [ka'da:vɐ] der; ~s, ~ (auch fig., abwertend) carcass
Kadaver·gehorsam der (abwertend) blind obedience
Kadenz [ka'dɛnts] die; ~, ~en a) (Musik) cadence; (solistische Paraphrasierung) cadenza; b) (Verslehre) cadence
Kader ['ka:dɐ] der od. (schweiz.) das; ~s, ~: a) cadre; b) (Sport) squad
kader-, Kader-: ~**abteilung** die (DDR) personnel department; ~**akte** die (DDR) personal file; ~**arbeit** die (DDR) cadre work; ~**armee** die cadre army; ~**leiter** der (DDR) [chief] personnel officer; ~**partei** die cadre party; ~**politisch** Adj. (DDR) ⟨matters, problems, measures, etc.⟩ relating to the political development and function of the cadres; ~**schmiede** die (ugs.) training-ground for new cadres
Kadett [ka'dɛt] der; ~en, ~en a) (hist., Milit.) cadet; b) (ugs.: Bursche) lad
Kadetten·anstalt die (hist.) cadet school
Kadi ['ka:di] der; ~s, ~s a) (islam. Richter) cadi; b) (ugs.: Gericht) jmdn. vor den ~ schleppen haul sb. up before a judge or (Brit. sl.) the beak; zum ~ laufen go to court
Kadmium ['katmiʊm] das; ~s (Chemie) cadmium
Käfer ['kɛ:fɐ] der; ~s, ~: a) (Insekt; auch ugs.: VW) beetle; b) (ugs.: junges Mädchen) lass; girl; ein flotter ~: a nice bit of fluff (coll.)
Kaff [kaf] das; ~s, ~s od. **Käffer** ['kɛfɐ] (ugs. abwertend) dump (coll.); [dead-and-alive] hole (coll.)
Kaffee ['kafe od. (österr.) ka'fe:] der; ~s, ~s a) coffee; ~ kochen make coffee; ~ mit Milch white coffee (Brit.); coffee with milk/cream; mir kam der ~ hoch (ugs.) I felt like puking (coarse); dir haben sie wohl was in den ~ getan? (ugs.) have you gone soft in the head? (coll.); das ist kalter ~ (ugs.) (ist längst bekannt) that's old hat (coll.); (ist Unsinn) that's a load of old rubbish (coll.); b) (Nachmittags~) afternoon coffee; ~ trinken have afternoon coffee; jmdn. zum ~ einladen invite sb. round for afternoon coffee
kaffee-, Kaffee-: ~**automat** der coffee-maker; ~**bohne** die coffee-bean; ~**braun** Adj. coffee-coloured; ~**durst** der: ~**durst haben** feel like a [cup of] coffee; ~**Ersatz** der coffee substitute; ~**-Extrakt** der coffee essence; ~**fahrt** die a) (Fahrt) trip [out] for afternoon coffee; b) (Werbefahrt) free trip for afternoon coffee during which goods are offered for sale to participants by sponsoring firm; ~**filter** der coffee filter; (Filtertüte) filter [paper]; ~**geschirr** das coffee-service or -set (including small plates); ~**haube** die ≈ ~**wärmer**
Kaffee·haus das (bes. österr.) coffee-house
Kaffee·haus-: ~**atmosphäre** die coffee-house atmosphere; ~**musik** die (oft abwertend) palm-court music
Kaffee-: ~**kanne** die coffee-pot; ~**kirsche** die coffee cherry; ~**klatsch** der (ugs. scherzh.) get-together and a chat over coffee; coffeeklatsch (Amer.); heute ist bei ihr ~**klatsch** she's having people round today for coffee and a chat; ~**kränzchen** das (veralt.) a) (Zusammentreffen) coffee afternoon; b) (Gruppe) coffee circle; ~**löffel** der coffee-spoon; ~**maschine** die coffee-maker; ~**mühle** die coffee-grinder; ~**pause** die coffee-break; ~**pflanze** die coffee plant; ~**plantage** die coffee plantation; ~**pulver** das coffee powder; ~**rösterei** die coffee-roasting establishment; ~**sahne**

1227

die coffee cream; **~satz der** coffee-grounds *pl.;* **sich aus dem ~satz wahrsagen lassen** have one's fortune told from the coffee-grounds; **~schale die** *(österr.)* coffeecup; **~service das** coffee-service *or* -set; **~sieb das** coffee-strainer; **~strauch der** coffee tree *or* plant; **~stube die** coffee shop; **~tante die** *(ugs. scherzh.)* coffee addict; **~tasse die** coffee-cup; **~tisch der: sie saßen gerade am ~tisch** they were [sitting] having coffee and cakes; **den ~tisch decken** lay the table for coffee and cakes; **~trinker der** coffee drinker; **~wärmer der** coffee-pot cosy *or* cover; **~wasser das** water for the coffee; **ich werde ~wasser/das ~wasser aufsetzen** I'll put on some water for coffee/the water for the coffee

Kaffer ['kafɐ] *der;* **~s, ~n a)** Xhosa; **b)** *(Schimpfwort)* blockhead; thickhead

Kaffern·büffel *der;* **~s, ~:** African *or* Cape buffalo

Käfig ['kɛːfɪç] *der;* **~s, ~e** cage; **in einem goldenen ~ sitzen** *(fig.)* be a bird in a gilded cage

Käfig-: ~haltung die battery farming *no art.;* **~vogel der** cage-bird

kafkaesk [kafka'ɛsk] *Adj. (geh.)* Kafkaesque

Kaftan ['kaftan] *der;* **~s, ~e** caftan

kahl [kaːl] *Adj.* **a)** *(ohne Haare)* bald; *(ohne Federn)* bald; featherless; **~ werden** go bald; **b)** *(ohne Grün, schmucklos)* bare

Kahl·fraß der [complete] defoliation [by insects]

kahl|fressen *unr. tr. V.* **etw. ~fressen** strip sth. bare

Kahlheit die; **~:** *s.* **kahl a, b:** baldness; bareness

kahl-, Kahl-: ~hieb der *s.* **Kahlschlag a; ~kopf der a)** bald head; **b)** *(ugs.: Person)* baldhead; **~köpfig** *Adj.* bald[-headed]; **~köpfig werden** go bald; **~köpfigkeit die** baldness; bald-headedness; **|scheren** *unr. tr. V.* **jmdn. ~scheren** shave sb.'s hair off; shave sb.'s head; **ein Schaf ~scheren** shear a sheep completely bald; **sein ~geschorener Kopf** his shaven head; **~schlag der a)** clear-felling *no indef. art.;* **b)** *(Waldfläche)* clear-felled area; **c)** *(fig.) (Beseitigung)* clearance; *(Kürzung)* massive cutbacks *pl.;* **~|schlagen** *unr. tr. V.* clear-fell; clear-cut

Kahm·haut ['kaːm-] *die (Biol.)* film of mould

Kahn [kaːn] *der;* **~[e]s, Kähne** ['kɛːnə] **a)** *(Ruder-)* rowing-boat; *(Stech-)* punt; **~ fahren** go rowing/punting; **b)** *(Lastschiff)* barge; **c)** *(ugs., oft abwertend: Schiff)* tub; **d)** *Pl. (ugs.: ausgetretene Schuhe)* old, worn-out shoes; **e)** *o. Pl. (Soldatenspr.: Gefängnis)* glasshouse *(Mil. sl.);* **f)** *(ugs. scherzh.: Bett)* bed; **in den ~ gehen** hit the hay *(coll.)*

Kahn·fahrt die; **~, ~en** trip in a rowing-boat/punt

Kai [kaɪ] *der;* **~s, ~s** quay

Kai·anlage die quays *pl.*

Kaiman ['kaɪman] *der;* **~s, ~e** *(Zool.)* cayman

Kai·mauer die quay wall

Kains·mal ['kaɪns-] *das,* **Kains·zeichen das** mark of Cain

Kairo ['kaɪro] *(das);* **~s** Cairo

Kaiser ['kaɪzɐ] *der;* **~s, ~:** emperor; **sich um des ~s Bart streiten** engage in pointless argument; **dem ~ geben, was des ~s ist** render unto Caesar the things which are Caesar's; **er ist da/da hingegangen, wo auch der ~ zu Fuß hingeht** *(ugs. scherzh. verhüll.)* he's paying/he's gone to pay a call *(coll.)*

Kaiser-: ~adler der imperial eagle; **~haus das** imperial house *or* family

Kaiserin die; **~, ~nen** empress

Kaiserin·mutter die dowager empress

Kaiser·krone die a) imperial crown; **b)** *(Zierpflanze)* crown imperial

kaiserlich 1. *Adj.* imperial; **der ~e Hof** the imperial court. **2.** *adv.* **~ gesinnt sein** be loyal to the emperor; *(monarchistisch sein)* be monarchistic *or* imperialistic

kaiserlich-königlich *Adj.; nicht präd.* imperial and royal; **die ~e Monarchie** the Austro-Hungarian monarchy

Kaiser-: ~krönung die imperial coronation; **~pinguin der** emperor penguin; **~reich das** empire; **~schmarren der** *(österr., südd.)* pancake pulled to pieces and sprinkled with powdered sugar and raisins; **~schnitt der** Caesarean section

Kaisertum das; ~s empire

Kaiser·wetter das *(scherzh.)* glorious, sunny weather *(for an event)*

Kajak ['kaːjak] *der;* **~s, ~s** kayak

Kajüt·boot das cabin cruiser

Kajüte [ka'jyːtə] *die;* **~, ~n** *(Seemannsspr.)* cabin

Kakadu ['kakadu] *der;* **~s, ~s** cockatoo

Kakao [ka'kaʊ] *der;* **~s, ~s** cocoa; **jmdn./etw. durch den ~ ziehen** *(ugs.)* make fun of sb./sth.; take the mickey out of sb./sth. *(Brit. sl.)*

Kakao-: ~baum der cacao-tree; **~bohne die** cocoa bean; **~pulver das** cocoa powder

kakeln ['kaːkl̩n] *itr. V. (nordd.)* **a)** *(gackern)* cluck; **b)** *(schwatzen)* chat; natter *(sl.)*

Kakerlak ['kaːkɐlak] *der;* **~s** *od.* **~en, ~en** cockroach; black-beetle

Kakophonie [kakofoˈniː] *die;* **~, ~n** cacophony

Kaktee [kak'teːə] *die;* **~, ~n, Kaktus** ['kaktʊs] *der;* **~, Kakteen** cactus

Kalamität [kalami'tɛːt] *die;* **~, ~en** calamity; **sich in einer ~/in ~en befinden** be in [serious] difficulties *pl.*

Kalander [ka'landɐ] *der;* **~s, ~** *(Technik)* calender

Kalauer [ka'laʊɐ] *der;* **~s, ~:** laboured *or (coll.)* corny joke; *(Wortspiel)* atrocious *or (coll.)* corny pun

kalauern *itr. V.* tell laboured *or (coll.)* corny jokes; *(mit Wortspielen)* make atrocious *or (coll.)* corny puns

Kalb [kalp] *das;* **~[e]s, Kälber** ['kɛlbɐ] **a)** calf; *(Hirsch-)* fawn; **glotzen** *od.* **Augen machen wie ein [ab]gestochenes ~** *(ugs.)* look pop-eyed; **das Goldene ~ anbeten/um das Goldene ~ tanzen** *(geh.)* worship the golden calf; **b)** *(ugs.: ~fleisch)* veal; **c)** *(dummer, alberner Mensch)* [silly] idiot

Kälbchen ['kɛlpçən] *das;* **~s, ~:** little calf; *(Hirsch-)* little fawn

kalben [kalbn̩] *itr. V.* **a)** *(ein Kalb gebären)* calve; **b)** *(Geogr.)* 〈*glacier, iceberg*〉 calve

Kalberei die; **~, ~en** *(ugs.)* messing *or* fooling about *or* around *no pl.*

kalbern ['kalbɐn] *itr. V. (ugs.)* mess *or* fool about *or* around

Kalb-: ~fell das *s.* **Kalbsfell; ~fleisch das** veal; **~leder das** *s.* **Kalbsleder**

Kalbs-: ~braten der *(Kochk.)* roast veal *no indef. art.;* *(Gericht)* roast of veal; **~brust die** breast of veal; **~fell das** calfskin; **~frikassee das** *(Kochk.)* fricassee of veal; **~hachse, ~haxe die** *(Kochk.)* knuckle of veal; **~kotelett das** veal cutlet *(with bone);* **~leder das** calfskin; calf-leather; **~nieren·braten der** *(Kochk.)* loin of veal with kidneys; **~schnitzel das** veal cutlet

Kaldaune [kal'daʊnə] *die;* **~, ~n** entrails *pl.*

Kalebasse [kale'basə] *die;* **~, ~n** calabash

Kaleidoskop [kalaɪdo'skoːp] *das;* **~s, ~e** *(auch fig.)* kaleidoscope

kalendarisch [kalɛn'daːrɪʃ] *Adj.* 〈*age etc.*〉 according to the calendar; **der ~e Beginn einer Jahreszeit** the beginning of a season according to the calendar

Kalender [ka'lɛndɐ] *der;* **~s, ~:** **a)** calendar; **sich** *(Dat.)* **etw./einen Tag im ~ [rot] anstreichen** *(oft iron.)* mark sth. in red on the calendar/mark a day as a red-letter day; **der Julianische ~:** the Julian calendar; *s. auch* **Gregorianisch; b)** *(Taschen~)* diary

Kalender-: ~blatt das calendar sheet; **~block der,** *Pl.* **~blocks** calendar pad; **~geschichte die** edifying story *or* fable published on a calendar; **~jahr das** calendar year; **~uhr die** calendar watch

Kalesche [ka'lɛʃə] *die;* **~, ~** *(hist.)* barouche

Kalfaktor [kal'faktor] *der;* **~s, ~en** *(veralt., oft abwertend)* **a)** general factotum; general dogsbody *(coll. derog.);* **b)** *(Strafgefangener)* trusty

kalfatern [kal'faːtɐn] *tr., itr. V. (Seemannsspr.)* caulk

Kali [ka'liː] *das;* **~s, ~s** potash

Kaliber [ka'liːbɐ] *das;* **~s, ~:** **a)** *(Technik, Waffentechn.)* calibre; **b)** *(ugs., oft abwertend)* sort; kind; **älteren/jüngeren ~s sein** be older/younger

Kali·dünger der potash fertilizer

Kalif [ka'liːf] *der;* **~en, ~en** *(hist.)* caliph

Kalifat [kali'faːt] *das;* **~[e]s, ~e** *(hist.)* caliphate

Kalifornien [kali'fɔrniən] *(das);* **~s** California

kalifornisch *Adj.* Californian

Kaliko ['kaliko] *der;* **~s, ~s** calico

Kali-: ~lauge die caustic potash solution; **~salpeter der** saltpetre; potassium nitrate; **~salz das;** *meist Pl.* potassium *or* potash salt

Kalium ['kaːliʊm] *(Chemie) das;* **~s** potassium

Kali·werk das potash works *sing. or. pl.*

Kalk [kalk] *der;* **~[e]s, ~e a)** *(Chemie nat)* calcium carbonate; **b)** *(Baustoff)* lime; quicklime; burnt lime; **die Wände mit ~ streichen** whitewash *or* lime-wash the walls; **bei ihm rieselt schon der ~** *(salopp)* he's going a bit senile; **c)** *(Knochensubstanz)* calcium

Kalk-: ~ablagerung die deposit of calcium carbonate; **~boden der** limy soil; lime soil; **~bruch der** *s.* **~steinbruch**

kalken ['kalkn̩] *tr. V.* **a)** *(tünchen)* whitewash; **b)** *(Kalk zuführen)* lime

kalk-, Kalk-: ~erde die a) *(gebrannter Kalk)* lime; quicklime; burnt lime; **b)** *(kalkhaltige Erde)* lime *or* limy soil; **~grube die** lime-pit; **~haltig** *Adj. (bes. Geol., Mineral.)* limy 〈*soil*〉; calcareous 〈*soil, rock*〉 *(Geol., Min.);* 〈*water*〉 containing calcium carbonate; **das Wasser ist sehr ~haltig** the water is high in calcium carbonate; **~mangel der;** *o. Pl.* **a)** *(Mangel an Kalzium)* calcium deficiency; **b)** *(Mangel an Kalk)* deficiency of lime; **~milch die** lime-wash; **~sand·stein der** sand-lime brick; **~spat der** calcite; **~stein der** limestone; **~stein·bruch der** limestone quarry

¹Kalkül [kal'kyːl] *das* **od.** *der;* **~s, ~e** *(geh.)* calculation

²Kalkül *der;* **~s, ~e** *(Math.)* calculus

Kalkulation [kalkula'tsi̯oːn] *die;* **~, ~en** *(auch Wirtsch.)* calculation; **die ~ der Herstellungskosten eines Buches** the costing of a book; **in der ~ liegt ein Fehler** there's an error in the costings *pl.;* **nach meiner ~:** according to my calculations *pl.*

Kalkulator [kalku'laːtor] *der;* **~s, ~en** [-la'toːrən] cost accountant

kalkulieren 1. *tr. V.* **a)** *(Kaufmannsspr.: veranschlagen)* calculate 〈*cost, price*〉; *(product, article)* **die Herstellungskosten eines Buches ~:** *(cost a book);* **b)** *(abschätzen)* calculate; **c)** *(ugs.: annehmen)* reckon. **2.** *itr. V.* calculate; **falsch ~:** miscalculate

Kalkutta [kal'kʊta] *(das);* **~s** Calcutta

kalk·weiß *Adj.* **a)** *(weiß wie Kalk)* chalk-white; **b)** *(sehr bleich)* deathly pale; chalky white; **~ sein** be as white as a sheet

Kalligraphie [kaligra'fiː] *die;* **~:** calligraphy *no art.*

Kalme

Kalme ['kalmə] *die;* ~, ~n *(Met.)* calm
Kalmen·gürtel *der (Met.)* calm belt
Kalorie [kalo'riː] *die;* ~, ~n calorie
kalorien-, Kalorien-: ~**arm** 1. *Adj.* low-calorie *attrib.;* ~**arm sein** be low in calories; 2. *adv.* ~**arm kochen/essen** cook low-calorie meals/eat low-calorie foods; ~**bewußt** 1. *Adj.* calorie-conscious; 2. *adv.* in a calorie-conscious way; ~**gehalt** *der* calorie content; ~**reich** 1. *Adj.* high-calorie *attrib.;* ~**reich sein** be high in calories; 2. *adv.* ~**reich kochen/essen** cook high-calorie meals/eat high-calorie foods
Kalori·meter [kalori'-] *das;* ~s, ~ *(Physik)* calorimeter
kalt [kalt] **kälter** ['kɛltɐ], **kältest...** ['kɛltəst...] 1. *Adj.* cold, chilly, frosty ⟨atmosphere, smile⟩; **ein ~es Buffet** a cold buffet; **mir ist/wird ~:** I am/am getting cold; **das Essen wird ~:** the food is getting cold; **im Kalten sitzen** sit in the cold; **~ und berechnend sein** be cold and calculating; **es packte uns das ~e Grausen/Entsetzen** our blood ran cold; **jmdm. die ~e Schulter zeigen** give sb. the cold shoulder; cold-shoulder sb. 2. *adv.* a) **~ duschen** have *or* take a cold shower; **~ schlafen** sleep in a cold room; **Getränke/Sekt ~ stellen** cool drinks/chill champagne; **~ Zigarre/Pfeife rauchen** *(ugs.)* have an unlit cigar/pipe in one's mouth; **jmdn. ~ erwischen** *(bes. Sportjargon)* catch sb. on the hop; **b)** *(nüchtern)* coldly; **c)** *(abweisend, unfreundlich)* coldly; frostily; **jmdn. ~ anblicken** look at sb. coldly; **~ lächeln** smile coldly *or* frostily; **d) mich überlief** *od.* **durchrieselte es ~:** cold shivers ran down my spine

kalt-, Kalt-: ~**bleiben** *unr. itr. V.; mit sein* remain unmoved; ~**blut** *das* heavy draught-horse; ~**blüter** [-blyːtɐ] *der (Zool.)* cold-blooded animal; ~**blütig** 1. *Adj.* a) *(beherrscht)* cool-headed; b) *(abwertend: skrupellos)* cold-blooded; c) *(Zool.)* cold-blooded; 2. *adv.* a) *(beherrscht)* coolly; calmly; **einer Gefahr ~blütig ins Auge sehen** face a danger coolly *or* calmly; b) *(abwertend: skrupellos)* cold-bloodedly; ~**blütigkeit** *die;* ~: *s.* ~**blütig a, b**: cool-headedness; cold-bloodedness
Kälte ['kɛltə] *die;* ~: a) cold; **10 Grad ~:** 10 degrees of frost; 10 degrees below freezing; **vor ~ zittern** *od. (ugs.)* **bibbern** shiver with cold; **bei dieser ~** in this cold; when it's as cold as this; b) *(Teilnahmslosigkeit, Unbehaglichkeit)* coldness
kälte-, Kälte-: ~**beständig** *Adj.* cold-resistant; ~**beständig sein** be resistant to cold; ~**ein·bruch** *der (Met.)* sudden onset of cold weather; ~**empfindlich** *Adj.* sensitive to cold *pred.;* ~**empfindliche Pflanzen** plants which are sensitive to cold; ~**gefühl** *das* sensation *or* feeling of cold; chill; ~**grad** *der* degree of frost; ~**maschine** *die (Technik)* refrigerating machine; ~**pol** *der* cold pole
kälter *s.* **kalt**
kältest... *s.* **kalt**
Kälte-: ~**sturz** *der (Met.)* sudden drop in temperature; ~**technik** *die* the refrigeration engineering *no art.;* ~**tod** *der:* **den ~tod erleiden** freeze to death; die of cold; ~**welle** *die* cold wave *or* spell
kalt-, Kalt-: ~**front** *die (Met.)* cold front; ~**haus** *das (Gartenbau)* cold house; ~**herzig** *Adj.* cold-hearted; ~**lächelnd** *Adv.* *(ugs. abwertend)* **etw. ~lächelnd tun** take callous pleasure in doing sth.; ~**lassen** *unr. tr. V. (ugs.)* ~**lassen** leave sb. unmoved; *(nicht interessieren)* leave sb. cold *(coll.);* ~**leim** *der* [cold] woodworking adhesive; ~**luft** *die;* o. Pl. *(Met.)* cold air; **polare ~luft** polar air; ~**machen** *tr. V. (salopp)* **jmdn. ~machen** do sb. in *(sl.);* ~**mamsell** *die* girl/woman who prepares and serves cold dishes in a restaurant, hotel, *etc.;* ~**miete** *die* rent exclusive of heating; ~**schale** *die* cold sweet soup made with fruit, beer, wine, *or* milk; ~**schnäuzig** [-ˈʃnɔytsɪç] *(ugs.)* 1. *Adj.* cold and insensitive; *(frech)* insolent; 2. *adv.* coldly and insensitively; *(frech)* insolently; ~**schnäuzigkeit** *die;* ~ *(ugs.)* coldness and insensitivity; *(Frechheit)* insolence; ~**start** *der (Kfz-W.)* cold start; **beim ~start** when starting from cold; ~**|stellen** *tr. V. (ugs.)* **jmdn. ~stellen** put sb. out of the way *(coll. joc.);* **den Mittelstürmer ~stellen** cut the centre-forward out of the game
Kalvarien·berg [kalˈvaːri̯ən-] *der:* [Mount] Calvary
Kalvinismus [kalviˈnɪsmʊs] *der;* ~: Calvinism *no art.*
Kalvinist *der;* ~en, ~en, **Kalvinistin** *die;* ~, ~nen Calvinist
kalvinistisch *Adj.* Calvinist
Kalzium [ˈkaltsi̯ʊm] *das;* ~s calcium
kam [kaːm] 1. u. 3. Pers. Prät. v. **kommen**
Kamarilla [kamaˈrɪlja] *die;* ~, **Kamarillen** *(geh.)* camarilla
Kambodscha [kamˈbɔdʒa] *(das);* ~s Cambodia
Kambodschaner [kambo'dʒaːnɐ] *der;* ~s, ~: Cambodian
käme ['kɛːmə] 1. u. 3. Pers. Konjunktiv II v. **kommen**
Kamel [ka'meːl] *das;* ~s, ~e a) camel; **eher geht ein ~ durch ein Nadelöhr, als daß das geschieht** that will never happen in a million years; b) *(salopp: dummer Mensch)* clot *(Brit. sl.);* twit *(Brit. sl.);* fathead
Kamel-: ~**haar** *das; o. Pl.* camel-hair; ~**haar·mantel** *der* camel-hair coat
Kamelie [ka'meːli̯ə] *die;* ~, ~n camellia
Kamellen [ka'mɛlən] *Pl. (ugs.)* **in das sind alte** *od.* **olle ~:** that's old hat *(coll.);* **es wurden nur alte** *od.* **olle ~ aufgewärmt** the same old stuff was dished up *(coll.)*
Kamel·treiber *der* a) camel-driver; b) *(salopp abwertend)* smelly Arab *(sl. derog.)*
Kamera ['kamərа] *die;* ~, ~s camera; **vor der ~ stehen** appear in front of the cameras *pl.*
Kamera·assistent *der* camera assistant; assistant cameraman
Kamerad [kamə'raːt] *der;* ~en, ~en *(Lebens~, Gefährte)* companion; *(Freund)* friend; *(Mitschüler)* mate; friend; *(Soldat)* comrade; *(Sport)* team-mate
Kameradin *die;* ~, ~nen *s.* **Kamerad**
Kameradschaft *die;* ~, ~en a) *o. Pl.* comradeship; **die ~ zwischen ihnen** the sense of comradeship between them; b) *(Gruppe)* association
kameradschaftlich 1. *Adj.* comradely. 2. *adv.* in a comradely way
Kameradschaftlichkeit *die;* ~: comradeliness
Kameradschafts-: ~**abend** *der* social evening *(of youth group, ex-servicemen's association, etc.);* ~**ehe** *die* marriage based on feelings of companionship; ~**geist** *der; o. Pl.* spirit of comradeship
Kamera-: ~**führung** *die (Film)* camerawork *no indef. art.;* ~**mann** *der Pl.* ~**männer** *od.* ~**leute** cameraman
Kamerun ['kaməruːn] *(das);* ~s Cameroon; **the Cameroons;** Cameroon
Kameruner *der;* ~s, ~: native of Cameroon *or* the Cameroons; Cameroonian
Kamille [ka'mɪlə] *die;* ~, ~n camomile
Kamillen·tee *der* camomile tea
Kamin [ka'miːn] *der, schweiz.: das;* ~s, ~e a) *(Feuerstelle)* fireplace; **sie saßen am ~:** they sat by the hearth *or* the fireside; b) *(bes. südd.: Schornstein)* chimney; **er kann/muß das in den ~ schreiben** *(ugs.)* he can/

Kampf

will have to kiss goodbye to that *(coll.);* c) *(Bergsteigen: Felsspalt)* chimney
Kamin-: ~**feger** *der (bes. südd.) s.* **Schornsteinfeger;** ~**feuer** *das* [open] fire; ~**kehrer** *der (bes. südd.) s.* **Schornsteinfeger;** ~**sims** *der* mantelpiece; mantelshelf
Kamm [kam] *der;* ~[e]s, **Kämme** ['kɛmə] a) comb; **alle/alles über einen ~ scheren** lump everyone/everything together; b) *(bei Hühnern usw.)* comb; *(bei Reptilien, Amphibien)* crest; **ihm schwillt der ~** *(ugs.)* his hackles rise; *(er wird überheblich)* he gets cocky and big-headed *(coll.);* c) *(Gebirgs-)* ridge; crest; d) *(Wellen~)* crest; e) *(Rinder~)* neck; *(Schweine~)* spare rib; f) *(beim Pferd)* crest
kämmen ['kɛmən] *tr. V.* a) comb; **jmdm./sich die Haare ~**, **jmdn./sich ~:** comb sb.'s/one's hair; **jmdm. einen Scheitel/Pony ~:** put a parting in sb.'s hair/comb sb.'s hair into a fringe; b) *(Textilind.)* comb
Kammer ['kamɐ] *die;* ~, ~n a) store-room; *(veralt.: Schlafraum)* chamber; b) *(Biol., Med., Technik, Waffenkunde)* chamber; *(Parl.)* chamber; House; **die erste/zweite ~:** the upper/lower chamber *or* House; d) *(Rechtsw.)* court *(dealing with a particular branch of judicial business);* e) *(gewerbliche Vereinigung)* professional association; f) *(Milit.)* stores *pl.*
Kammer·chor *der* chamber choir
Kämmerchen ['kɛmɐçən] *das;* ~s, ~: small room; *(Abstellkammer)* [small] store-room
Kammer·diener *der (veralt.)* valet
Kämmerer ['kɛmərɐ] *der;* ~s, ~ *(veralt.)* [town/city] treasurer
Kammer-: ~**frau** *die (veralt.)* lady's maid; **die ~frau der Fürstin** the princess's maid; ~**gericht** *das (hist.)* Supreme Court; ~**herr** *der (hist.)* chamberlain; ~**jäger** *der* pest controller; ~**konzert** *das* chamber concert
Kämmerlein ['kɛmɐlain] *das;* ~s, ~ *(oft scherzh.)* **in ich muß mal im stillen ~ darüber nachdenken** I must [go away by myself and] think about that in peace and quiet; **das hat er sich im stillen ~ ausgedacht** he thought that up all by himself without anyone realizing
Kammer-: ~**musik** *die; o. Pl.* chamber music; ~**orchester** *das* chamber orchestra; ~**sänger** *der* title awarded to singer of outstanding merit; ~**spiel** *das* a) *(kleines Theaterstück)* intimate chamber-drama; b) *Pl. (kleines Theater)* studio theatre *sing.;* ~**ton** *der (Musik)* standard pitch; ~**zofe** *die (veralt.)* lady's maid
Kamm-: ~**garn** *das* worsted; ~**griff** *der (Turnen)* undergrasp; ~**muschel** *die s.* **Kammuschel**
Kammuschel ['kammʊʃl] *die;* ~, ~n scallop
Kamm·wolle *die (Textilw.)* worsted
Kamp [kamp] *der;* ~s, **Kämpe** ['kɛmpə] *(Forstw.)* [small] tree-nursery
Kampagne [kam'panjə] *die;* ~, ~n a) *(größere Aktion)* campaign **(für** for, on behalf of; **gegen** against); b) *(bestimmte Zeitspanne)* busy season; c) *(Archäol.)* phase *(of an excavation)*
Kampanile [kampa'niːlə] *der;* ~, ~: campanile
Kämpe ['kɛmpə] *der;* ~n, ~n *(veralt.)* [brave] warrior *or* fighter; **ein alter ~** *(scherzh.)* an old campaigner; a seasoned veteran
Kampf [kampf] *der;* ~[e]s, **Kämpfe** a) *(militärisch)* battle *or* fight; **nach wochenlangen erbitterten Kämpfen** after weeks of bitter fighting; **den ~ einstellen** stop fighting; **er ist im ~ gefallen** he fell *or* was killed in action *or* combat; b) *(zwischen persönlichen Gegnern)* fight; *(fig.)* struggle; **ein ~ aller gegen alle** a free-for-all; **ein ~ Mann gegen Mann** a hand-to-hand fight; **ein ~ auf Le-**

1229

Kampfabschnitt

ben und Tod a fight to the death; den ~ aufgeben *od.* verloren geben give up the fight; aus einem ~ als Sieger/Verlierer hervorgehen emerge as victor *or* winner/loser from a fight; sich dem ~ stellen be prepared to fight; c) *(Wett~)* contest; *(Boxen)* contest; fight; bout; sich einen spannenden ~ liefern produce an exciting contest; d) *(Einsatz aller Mittel)* struggle, fight (um, für for; gegen against); der ~ ums Dasein the struggle for existence; jmdm.sb./einer Sache den ~ ansagen declare war on sb./sth.; ~ dem Faschismus/Atomtod! fight fascism/the nuclear menace!; e) *(heftig ausgetragene Kontroverse)* battle; der ~ zwischen den Geschlechtern the battle of the sexes; auf in den ~! *(scherzh.)* into the fray!; f) *(innerer Zwiespalt)* ein ~ mit sich selbst a struggle *or* battle with oneself
kạmpf-, Kạmpf-: ~**ab·schnitt** der *(Milit.)* combat *or* battle sector; ~**ab·stimmung** die *(Politik)* crucial vote; ~**an·sa·ge** die declaration of war; ~**an·zug** der combat uniform; ~**bahn** die *(für Gladiatoren)* arena; *(für Stiere)* ring; *(veralt.: Sportstadion)* stadium; ~**bereit** *Adj.* willing to fight *postpos.*; *(fertig)* ready to fight *postpos.*; *(army)* ready for battle; *(troops)* ready for battle *or* action; ~**bereitschaft** die willingness to fight; *(eines Heeres)* readiness for battle; *(einer Truppe)* readiness for battle *or* action; ~**boot** das fighting ship; warship; ~**bündnis** das alliance; ~**einheit die** *(Milit.)* combat unit
kạ̈mpfen [ˈkɛmpfn̩] 1. *itr. V.* a) fight; mit jmdm. ~: fight [with] sb.; gegen jmdn. ~: fight [against] sb.; um die Vorherrschaft/eine Stadt/Frau ~: fight for supremacy/a town/over a woman; um einen Titel ~: compete for a title; um seine Existenz ~: fight *or* struggle for one's existence; für jmdn./etw. ~: fight for sb./sth.; mit den Tränen ~ *(fig.)* fight back one's tears; mit dem Schlaf ~ *(fig.)* struggle to keep awake; mit dem Tod ~ *(fig.)* fight for one's life *or* to stay alive; mit etw. zu ~ haben *(fig.)* have to contend with sth.; [lange] mit sich *(Dat.)* ~: have a [long] struggle with oneself; b) *(Sport: sich messen)* *(team)* play; *(wrestler, boxer)* fight; gegen jmdn. ~: play/fight sb. 2. *refl. V. (auch fig.)* fight one's way. 3. *tr. V.* einen Kampf ~ *(auch fig.)* fight a battle
Kạmpfer [ˈkampfɐ] der; ~s camphor
¹Kạ̈mpfer [ˈkɛmpfɐ] der; ~s, ~: fighter
²Kạ̈mpfer der; ~s, ~: a) *(Archit.)* impost; b) *(Bauw.)* transom
Kạ̈mpferin die; ~, ~nen fighter
kạ̈mpferisch 1. *Adj.* a) fighting *(spirit, mood)*; *(person)* full of fighting spirit; **eine ~e Natur sein** be full of fighting spirit; b) *(Sport: mit großem Einsatz)* spirited. 2. *adv.* a) *(voller Kampfgeist)* in a fighting spirit; b) *(Sport: mit großem Einsatz)* spiritedly
Kạ̈mpfer·natur die fighter
kạmpf·erprobt *Adj.* battle-tried; battle-tested *(equipment)*
Kạmpfes-: ~**grüße** *Pl. (bes. DDR)* greetings; ~**lust** die eagerness for the fray; **in wilder ~lust** lusting for battle
kạmpf-, Kạmpf-: ~**fähig** *Adj. (troops)* fit for action *or* battle; *(boxer etc.)* fit to fight; ~**fahrzeug** das *(Milit.)* combat vehicle; ~**flieger** der *(Milit.)* bomber pilot; ~**flugzeug** das bomber; ~**gas** das war gas; ~**gebiet** das battle area; combat zone; ~**gefährte** der, ~**gefährtin** die *(im militärischen Kampf)* comrade in arms; *(im politischen Kampf)* comrade in the struggle; ~**geist** der; *o. Pl.* fighting spirit; ~**gemeinschaft** die action group; ~**gericht** das *(Sport)* [panel of] judges *pl.*; ~**geschehen** das fighting *no indef. art.*; ~**gruppe** die *(Milit.)* task force; ~**hahn** der a) *(Hahn für Kämpfe)* fighting cock; b) *(ugs.)* fighter; brawler; ~**handlungen** *Pl.* fighting *sing.*;

die ~**handlungen einstellen** cease hostilities *or* fighting; ~**kraft** die fighting power *or* strength; *(einer Mannschaft)* strength; ~**lied** das battle song; *(einer Bewegung)* battle anthem; ~**los** 1. *Adj.* peaceful; **an eine ~lose Übergabe der Stadt war nicht zu denken** to hand over the town without a fight was unthinkable; 2. *adv.* without a fight; ~**lustig** 1. *Adj.* belligerent; 2. *adv.* belligerently; ~**maßnahme** die; *meist Pl.* active measure; ~**maßnahmen [beschließen]** [decide to take] action *sing.*; ~**moral** die morale; ~**panzer** der [battle-]tank; ~**platz** der battlefield; ~**preis** der *(Wirtsch.)* cut price; ~**richter** der *(Sport)* judge; ~**schiff** das fighting ship; warship; ~**schrift** die polemical document; ~**spiel** das *(Sport)* contact sport; ~**stark** *Adj.* powerful *(army)*; efficient *(troops)*; strong, powerful *(team)*; ~**stärke** die *(eines Feindes, Heeres)* fighting strength *or* power; *(einer Mannschaft)* strength; ~**stier** der fighting bull; ~**stoff** der; *meist Pl.* warfare agent; ~**tag** der day of action; ~**truppe** die *(Milit.)* fighting *or* combat unit; ~**truppen** fighting *or* combat troops; ~**unfähig** *Adj.* *(troops)* unfit for action *or* battle; *(boxer etc.)* unfit to fight; jmdn./etw. ~**unfähig machen** put sb./sth. out of action; **der Boxer schlug seinen Gegner ~unfähig** the boxer put his opponent out of the fight; ~**verband** der *(Milit.)* combat unit; ~**wagen** der chariot; ~**ziel** das objective; ~**zone** die *(Milit.)* battle zone; combat zone
kampieren [kamˈpiːrən] *itr. V.* camp; *(ugs.: wohnen)* camp down *or* out; **du kannst bei uns im Wohnzimmer ~** you can bed down *or* (Brit. sl.) doss down in our living room
Kamputschea [kampʊˈtʃeːa] *(das); ~*s Kampuchea
Kamuffel [kaˈmʊfl̩] das; ~s, ~ *(Schimpfwort)* [silly] fool
Kanada [ˈkanada] *(das); ~*s Canada
Kanadier [kaˈnaːdi̯ɐ] der; ~s, ~ a) *(Einwohner Kanadas)* Canadian; b) *(Boot)* Canadian canoe
Kanadierin die; ~, ~nen Canadian; *s. auch -in*
kanadisch [kaˈnaːdɪʃ] *Adj.* Canadian
Kanaille [kaˈnaljə] die; ~, ~n *(abwertend)* a) *(gemeiner Mensch)* scoundrel; villain; b) *o. Pl. (Mob, Pöbel)* rabble; mob
Kanake [kaˈnaːkə] der; ~n, ~n a) *(Polynesier)* kanaka; b) *(derb abwertend: Südländer, Orientale)* dago *(sl. derog.)*
Kanal [kaˈnaːl] der; ~s, Kanäle [kaˈnɛːlə] a) *(künstlicher Wasserlauf)* canal; b) *(Geogr.)* **der ~:** the [English] Channel; c) *(für Abwässer)* sewer; d) *(zur Entwässerung, Bewässerung)* channel; *(Graben)* ditch; e) *(Rundf., Ferns., Weg der Information)* channel; f) *(salopp)* **den ~ voll haben** *(betrunken sein)* be canned *or* plastered *(sl.)*; *(überdrüssig sein)* have had a bellyful *or* as much as one can take
Kanal-: ~**arbeiter** der a) sewerage worker; b) *(Politik Jargon)* back-room boy; ~**bau** der canal/sewer building *or* construction; ~**deckel** der manhole cover; ~**gebühr** die canal toll; canal dues *pl.*; ~**inseln** *Pl.* Channel Islands
Kanalisation [kanaliza'tsi̯oːn] die; ~, ~en a) *(System der Abwasserkanäle)* sewerage system; sewers *pl.*; b) *(Bau der Abwasserkanäle)* installation of a/the sewerage system; c) *(Ausbau eines Flusses)* canalization
Kanalisations·system das sewerage system; [system of] sewers *pl.*
kanalisieren *tr. V.* a) *(mit Kanalisation versehen)* install a sewerage system in *(area, village, etc.)*; b) *(ableiten)* channel *(energies, goods, etc.)*; c) *(schiffbar machen)* canalize
Kanalisierung die; ~, ~en a) installation of a/the sewerage system; **die ~ des Dorfes** the installation of a/the sewerage system in

the village; b) *(Lenkung)* channelling; c) *(Schiffbarmachen)* canalization
Kanal-: ~**tunnel** der Channel Tunnel; ~**zone** die Canal Zone
Kanapee [ˈkanape] das; ~s, ~s a) *(veralt., noch scherzh.: Sofa)* sofa; settee; b) *(belegtes Weißbrotschnittchen)* canapé
Kanaren [kaˈnaːrən] *Pl.* Canaries
Kanari [kaˈnaːri] der; ~s, ~ *(südd., österr. ugs.)*, **Kanarien·vogel** [kaˈnaːri̯ən-] der canary
Kanarische Inseln *Pl.* Canary Islands
Kandare [kanˈdaːrə] die; ~, ~n curb bit; jmdn. an die ~ nehmen *(fig.)* take sb. in hand; jmdn. an der ~ haben *(fig.)* keep sb. on a tight rein
Kandelaber [kandeˈlaːbɐ] der; ~s, ~: candelabrum
Kandidat [kandiˈdaːt] der; ~en, ~en a) candidate; jmdn. als ~en aufstellen nominate sb. *or* put sb. forward as a candidate; b) *(beim Quiz usw.)* contestant; c) *(an Hochschulen)* person studying for the final examination for a doctorate; ~ der Medizin/Philosophie *usw.* 'Kandidat' in medicine/philosophy *etc.*
Kandidatenliste die list of candidates
Kandidatin die; ~, ~nen *s.* Kandidat; *auch -in*
Kandidatur [kandidaˈtuːɐ̯] die; ~, ~en candidature (auf + Akk. for)
kandidieren *itr. V.* stand [as a candidate] (für for)
kandieren [kanˈdiːrən] *tr. V.* candy; kandiert crystallized *(orange, petal)*; glacé *(cherry, pear)*; candied *(peel)*
Kandis [ˈkandɪs] der; ~, **Kandis·zucker** der rock candy
Kaneel [kaˈneːl] der; ~s, ~e cinnamon
Känguruh [ˈkɛŋguru] das; ~s, ~s kangaroo
Kanin [kaˈniːn] das; ~s, ~e *(fachspr.)* rabbit [fur]
Kaninchen [kaˈniːnçən] das; ~s, ~ rabbit
Kaninchen-: ~**bau** der; *Pl.* ~**baue** rabbitburrow; rabbit-hole; ~**fell** das rabbit fur; ~**fleisch** das rabbit [meat]; ~**stall** der rabbit-hutch
Kanister [kaˈnɪstɐ] der; ~s, ~: can; [metal/plastic] container
kann [kan] *1. u. 3. Pers. Sg. Präsens v.* können
Kạnn-Bestimmung die authorization
Kännchen [ˈkɛnçən] das; ~s, ~: [small] pot; *(für Milch)* [small] jug; **ein ~ Kaffee/Milch** a [small] pot of coffee/jug of milk
Kanne [ˈkanə] die; ~, ~n a) *(Krug)* (Tee~, Kaffee~) pot; *(Milch~, Wein~, Wasser~)* jug; b) *(Henkel~)* *(für Milch)* pail; *(beim Melken)* churn; *(für Essen)* container; *(Gieß~)* watering-can; c) *(Jazzjargon: Saxophon)* sax *(coll.)*
Kannelierung die; ~, ~en *(Archit.)* fluting
kạnne·weise *Adv.* by the jugful
Kannibale [kaniˈbaːlə] der; ~n, ~n cannibal
kannibalisch *Adj.* cannibalistic
Kannibalismus der; ~ *(auch Zool.)* cannibalism *no art.*
kannst [kanst] *2. Pers. Sg. Präsens v.* können
kannte [ˈkanstə] *(ugs.) =* kannst du; *s. auch* haste
kannte [ˈkantə] *1. u. 3. Pers. Sg. Prät. v.* kennen
Kanon [ˈkaːnɔn] der; ~s, ~s *(Musik, Lit., Theol., geh.)* canon
Kanonade [kanoˈnaːdə] die; ~, ~n *(Milit.)* cannonade; **eine ~ aufs Tor** *(fig.)* a barrage of shots [at goal]; **eine ~ von Flüchen** *usw.* *(fig. ugs.)* a barrage of curses *or* oaths *etc.*
Kanone [kaˈnoːnə] die; ~, ~n a) *(Geschütz)* cannon; big gun; **mit ~n auf Spatzen** *(Akk.)* **schießen** *(fig.)* use a sledgehammer to crack a nut; **das ist unter der ~** *(ugs.)* it's appallingly bad *or* indescribably dreadful *(coll.)*; **unter aller ~ spielen** *(ugs.)* play appallingly badly *(coll.)*; b) *(ugs.: Kön-*

Kanonenboot — **Kaprice**

ner) ace; **c)** *(salopp: Revolver)* shooting-iron *(sl.)*; rod *(Amer. sl.)*
Kanonen·boot das gunboot
Kanonenboot-: ~**diplomatie** die, ~**politik** die gunboat diplomacy
Kanonen-: ~**donner** der [rumble of] gunfire; ~**futter** das *(ugs.)* cannon-fodder; ~**kugel** die cannon-ball; ~**ofen** der cylindrical [iron] stove; ~**rohr** das gun-barrel; [ach du] heiliges ~**rohr**! *(ugs.)* good grief!; ~**schlag** der thunder-flash; cannon cracker
Kanonier [kano'niːɐ] der; ~s, ~e *(Milit.)* gunner; artilleryman
Kanoniker [ka'noːnikɐ] der; ~s, ~, **Kanonikus** [ka'noːnikʊs] der; ~, **Kanoniker** *(christl. Kirche)* canon
kanonisch 1. *Adj.* **a)** *(kath. Kirche)* canonical; ~**es Recht** canon law; **b)** *(mustergültig, klassisch)* canonical. 2. *adv.* canonically
kanonisieren *tr. V.* canonize
Kanossa [ka'nɔsa] das; ~s *(geh.)* humiliation; **nach** ~ **gehen** eat humble pie; go to Canossa *(literary)*
Kanossa·gang der *(geh.)* humiliation; **einen** ~ **antreten/machen** eat humble pie; go to Canossa *(literary)*
¹**Kantate** [kan'taːtə] die; ~, ~**n** *(Musik)* cantata
²**Kantate** *o. Art., indekl. (ev. Kirche)* fourth Sunday after Easter; Cantate Sunday
Kante ['kantə] die; ~, ~**n a)** *(Schnittlinie zweier Flächen, Rand)* edge; *(bei Stoffen)* selvedge; **etw. auf die hohe** ~ **legen** *(ugs.)* put sth. away *or* by; **etw. auf der hohen** ~ **haben** *(ugs.)* have sth. put away *or* by; *s. auch* **Ecke a; b)** *(landsch.: Gegend)* part
kanten 1. *tr. V.* **a)** tilt; *(auf die Kante stellen)* stand on edge; „**Nicht** ~!" 'do not tilt!'; **b)** *(Skisport)* edge ⟨ski⟩. 2. *itr. V. (Skisport)* edge
Kanten der; ~s, ~ *(nordd.) (Anfangs- oder Endstück von Brot)* crust
Kanter der; ~s, ~ *(Reiten)* canter
Kanter·sieg der *(Sport)* runaway *or* easy victory
Kant-: ~**haken** der **a)** jmdn. **beim** ~**haken nehmen** *od.* **kriegen** *(salopp)* give sb. what for *(sl.)*; **jetzt haben wir ihn beim** ~**haken** *(salopp)* now we've got him *(coll.)*; **b)** canthook; ~**holz** das squared timber; *(Stück)* piece of squared timber
Kantianer [kan'tiaːnɐ] der; ~s, ~ *(Philos.)* Kantian
kantig *Adj.* square-cut ⟨timber, stone⟩; rough-edged ⟨rock⟩; angular ⟨face, figure, etc.⟩; sharp ⟨nose⟩; square ⟨chin⟩; jerky, awkward ⟨movement⟩
Kantine [kan'tiːnə] die; ~, ~**n** canteen
Kantinen·essen das canteen food *no indef. art.*
kantisch *Adj.* Kantian
Kanton [kan'toːn] der; ~s, ~**e** canton
kantonal [kanto'naːl] 1. *Adj.* cantonal. 2. *adv.* on a cantonal basis
Kantonist [kanto'nɪst] der; ~**en**, ~**en** in **ein unsicherer** ~ **sein** *(ugs.)* be an unreliable type; be unreliable
Kantons-: ~**rat** der *(schweiz.)* cantonal great council; ~**regierung** die *(schweiz.)* cantonal government
Kantor ['kantɔr] der; ~s, ~**en** [-'toːrən] choirmaster and organist
Kantorei die; ~, ~**en** [church] choir
Kant·stein der kerb
Kanu ['kaːnu] das; ~s, ~s canoe
Kanu·fahrer der canoeist
Kanüle [ka'nyːlə] die; ~, ~**n** *(Med.)* cannula; *(einer Injektionsspritze)* [hypodermic] needle
Kanu·sport der canoeing *no art.*
Kanute [ka'nuːtə] der; ~**n**, ~**n** *(Sport)* canoeist
Kanzel ['kantsl] die; ~, ~**n a)** pulpit; **auf der** ~: in the pulpit; **von der** ~ **herab** from the pulpit; **b)** *(Flugw.)* cockpit; **c)** *(Bergsteigen)* spur; **d)** *(Jägerspr.)* raised hide; high seat
Kanzel-: ~**mißbrauch** der abuse *or* misuse of the pulpit [for political ends]; ~**redner** der preacher
kanzerogen [kantsero'geːn] *Adj. (Med.)* carcinogenic
kanzerös [kantse'røːs] *Adj. (Med.)* cancerous
Kanzlei [kants'lai] die; ~, ~**en a)** *(veralt.: Büro)* office; **b)** *(Anwalts~)* chambers *pl. (of barrister)*; office *(of lawyer)*; **c)** *s.* **Staatskanzlei**
Kanzlei-: ~**diener** der *(veralt.)* messenger; ~**kraft** die *(österr.)* s. **Bürokraft;** ~**sprache** die; *o. Pl.* language of officialdom; officialese; ~**stil** der *(abwertend)* officialese
Kanzler ['kantslɐ] der; ~s, ~ **a)** chancellor; **b)** *(an Hochschulen)* vice-chancellor; **c)** *(in diplomatischen Vertretungen)* chief secretary
Kanzler-: ~**amt** das **a)** *(~büro)* chancellor's office; **b)** *(Amt des Kanzlers)* chancellorship; office of chancellor; ~**kandidat** der candidate for the chancellorship
Kanzlerschaft die chancellorship
Kanzlist der; ~**en**, ~**en** *(veralt.)* clerk
Kaolin [kao'liːn] das, *(fachspr.:)* der; ~s, ~**e** kaolin
Kap [kap] das; ~s, ~s cape; ~ **der Guten Hoffnung** Cape of Good Hope; ~ **Hoorn** Cape Horn
Kapaun [ka'paun] der; ~s, ~**e** capon
Kapazität [kapatsi'tɛːt] die; ~, ~**en a)** *(Wirtsch.: Leistung)* capacity; **b)** *meist Pl. (Wirtsch.: Gesamtheit der Einrichtungen)* capacity *no pl.*; **c)** *(Fassungsvermögen)* capacity; **d)** *(Experte)* expert; **e)** *(Physik)* capacitance
Kapazitäts·auslastung die *(Wirtsch.)* use *or* utilization of capacity
Kapee [ka'peː] in **schwer von** ~ **sein** *(salopp)* be slow on the uptake
¹**Kapelle** [ka'pɛlə] die; ~, ~**n** *(Archit.)* chapel
²**Kapelle** die; ~, ~**n** *(Musik~)* band; [light] orchestra
Kapell·meister der band-leader; bandmaster; *(im Orchester)* conductor; *(im Theater usw.)* musical director
¹**Kaper** ['kaːpɐ] die; ~, ~**n** caper *usu. in pl.*
²**Kaper** der; ~s, ~ *(hist.: Schiff, Freibeuter)* privateer
Kaper·brief der *(hist.)* letter[s *pl.*] of marque
Kaperei die; ~, ~**en** *(hist.)* privateering *no art.*
kapern *tr. V.* **a)** *(hist.)* capture; seize; **b)** *(ugs.)* jmdn. [für etw.] ~: rope sb. in[to sth.]; **sich** *(Dat.)* **eine Frau/einen Mann** ~: hook [oneself] a wife/husband
Kapern·soße die caper sauce
Kaper·schiff das *(hist.)* privateer
kapieren [ka'piːrən] *(ugs.)* 1. *tr. V. (ugs.)* get *(coll.)*; understand; **kapier das endlich!** get that into your thick skull! *(coll.)*. 2. *itr. V.* **kapiert?** got it? *(coll.)*; **sie hat schnell kapiert** she was quick to catch on *(coll.)*
Kapillare [kapɪ'laːrə] die; ~, ~**n** *(Biol., Med.)* capillary
Kapillar·gefäß das *(Biol., Med.)* capillary vessel
kapital [kapi'taːl] *Adj.; nicht präd.* **a)** *(außergewöhnlich)* major ⟨error, blunder, etc.⟩; **eine** ~ **Dummheit begehen** do something exceedingly foolish; **b)** *(Jägerspr.: sehr groß und stark)* large and powerful; royal ⟨stag⟩; **c)** *(schwerwiegend)* serious, bad ⟨accident etc.⟩
Kapital das; ~s, ~**e** *od.* ~**ien a)** capital; **b)** *(fig.)* asset; **seine Hände sind sein einziges** ~: his capable hands are his only asset; ~ **aus etw. schlagen** make capital out of sth.; capitalize on sth.; **c)** *o. Pl. (Kapitalisten)* capital
Kapital-: ~**abwanderung** die *(Wirtsch.)* exodus of capital; ~**anlage** die *(Wirtsch.)* capital investment; ~**anteil** der *(Wirtsch.)* share; stake
Kapitale die; ~, ~**n** *(geh.)* capital [city]
Kapital-: ~**eigner** der *(Wirtsch.)* shareowner; ~**ertrag** der *(Wirtsch.)* return on capital; ~**ertrag[s]·steuer** die *(Steuerw.)* tax on capital income; ~**flucht** die flight of capital; ~**geber** der investor; ~**gesellschaft** die joint-stock company
kapitalisieren *tr. V. (Wirtsch.)* capitalize
Kapitalismus der; ~, Kapitalismen; *Pl. selten* capitalism *no art.*
Kapitalist der; ~**en**, ~**en** capitalist
kapitalistisch 1. *Adj.* capitalistic. 2. *adv.* capitalistically
kapital-, Kapital-: ~**konto** das *(Wirtsch.)* capital account; ~**kräftig** *Adj. (Wirtsch.)* financially strong; ~**markt** der *(Wirtsch.)* capital market; ~**verbrechen** das serious offence *or* crime; *(mit Todesstrafe bedroht)* capital offence *or* crime; ~**verbrecher** der serious/capital offender; ~**verflechtung** die interlacing of capital interests
Kapitän [kapi'tɛːn] der; ~s, ~**e** *(Seew.)* captain; *(auf einem Handelsschiff)* master; captain; *(auf einem kleineren Schiff)* skipper; captain; ~ **der Landstraße** *(ugs.)* knight of the road; [long-distance] truckdriver *or (Brit.)* lorry-driver; **b)** *(Flugw.)* captain; **c)** *(Sport)* captain; skipper
Kapitän·leutnant der *(Marine)* lieutenant-commander
Kapitäns·patent das master's certificate
Kapitel [ka'pɪtl] das; ~s, ~ **a)** *(Abschnitt, auch fig.)* chapter; **das ist ein anderes** ~ *(fig.)* that's another story; **ein dunkles** ~ **in jmds. Geschichte** *(fig.)* a black period in sb.'s history; **das ist ein** ~ **für sich** *(fig.)* that's an awkward subject; *(etwas Unklares)* that's a complicated subject; **b)** *(Geistliche einer Dom- oder Stiftskirche)* chapter
Kapitell [kapi'tɛl] das; ~s, ~**e** capital
Kapitulation [kapitula'tsioːn] die; ~, ~**en a)** surrender; capitulation; **seine** ~ **erklären** admit defeat; **b)** *(fig.: das Aufgeben)* giving up; **c)** *(Vertrag)* surrender *or* capitulation document
kapitulieren *itr. V.* **a)** surrender; capitulate; **vor dem Feind** ~: surrender to the enemy; **b)** *(fig.: aufgeben)* give up; **vor etw.** *(Dat.)* ~: give up in the face of sth.
Kaplan [ka'plaːn] der; ~s, Kapläne *(kath. Kirche)* **a)** *(Hilfsgeistlicher)* curate; **b)** *(Geistlicher mit besonderen Aufgaben)* chaplain
Kapo ['kapo] der; ~s, ~s **a)** *(Soldatenspr.)* NCO; **b)** *(Lagerjargon)* prisoner acting as an overseer
Kapok ['kapɔk] der; ~s kapok
Kapott·hut [ka'pɔt-] der capote, *(ugs. abwertend: old or old-fashioned)* hat
Kappe ['kapə] die; ~, ~**n a)** *(Kopfbedeckung)* cap; *(Flieger~)* helmet; **etw. auf seine [eigene]** ~ **nehmen** *(ugs.)* take the responsibility for sth.; *(Abdeckung)* cover; *(eines Rades)* hub-cap; **c)** *(Verschluß)* cap; top; *(eines Füllers)* cap; **d)** *(am Schuh)* *(vorn)* [toe-]cap; *(hinten)* counter
kappen *tr. V.* **a)** *(Seemannsspr.)* cut; **b)** *(beschneiden)* cut back ⟨hedge etc.⟩; *(fig.)* cut; **c)** *(abschneiden)* cut off ⟨branches, shoots, crown, etc.⟩; **d)** *(kastrieren)* caponize, castrate ⟨cockerel⟩
Kappen·abend der *(landsch.)* carnival party *(at which funny hats are worn)*
Kappes ['kapəs] der; ~ *(bes. westd.)* **a)** *(Weißkohl)* cabbage; **b)** *(ugs.: Unsinn)* rubbish; nonsense
Käppi ['kɛpi] das; ~s, ~s overseas cap; garrison cap
Kapp·naht die *(Schneiderei)* flat-fell seam
Kaprice [ka'priːsə] die; ~, ~**n** *(geh.)* caprice; whim

1231

Kapriole

Kapriole [kapri'o:lə] die; ~, ~n a) *(Luftsprung)* caper; capriole; ~n schlagen cut capers; b) *(Streich)* trick; c) *(Reiten)* capriole
Kaprize [ka'pri:tsə] die; ~, ~n *(österr.)* s. Kaprice
kaprizieren *refl. V.* sich darauf ~, etw. zu tun be intent on doing sth.; sich auf ein Land ~: be utterly committed to a country
kapriziös [kapri'tsi̯ø:s] **1.** *Adj.* capricious. **2.** *adv.* capriciously
Kapsel ['kapsl] die; ~, ~n capsule
Kapstadt ['kap-ʃtat] *(das)* Cape Town
kaputt [ka'pʊt] *Adj.* **a)** *(entzwei)* broken ⟨toy, cup, plate, arm, leg, etc.⟩; die Maschine/das Auto ist ~: the machine/car has broken down; *(ganz und gar)* the machine/car has had it *(coll.)*; irgend etwas ist am Auto ~: there's something wrong with the car; diese Jacke ist ~: this jacket needs mending; *(ist zerrissen)* this jacket's torn; die Birne ist ~: the bulb has gone; *(ist zerbrochen)* the bulb is smashed; das Telefon ist ~: the phone is not working *or* is out of order; der Fernseher ist ~: the television has gone wrong; sein Leben ist ~: his life is in ruins; eine ~e Ehe *(ugs.)* a marriage that has broken up; ein ~er Typ *(fig. ugs.)* a down-and-out; eine ~e Lunge/ein ~es Herz haben *(ugs.)* have bad lungs/a bad heart; die Ehe ist ~: the marriage has failed *or (coll.)* is on the rocks; was ist denn jetzt ~? *(ugs.)* what's wrong *or* the matter now?; bei dir ist was ~ *(salopp)* there must be something wrong with you *(coll.)*; **b)** *(ugs.: erschöpft)* shattered *(coll.);* whacked *(Brit. coll.);* pooped *(coll.);* **c)** *(salopp: krankhaft, abartig)* sick
kaputt-: ~|**arbeiten** *refl. V. (ugs.)* work oneself into the ground *(coll.);* ~|**fahren** *unr. tr. V. (ugs.)* run over ⟨animal⟩; smash up ⟨car etc.⟩; ~|**gehen** *unr. tr. V.;* mit sein *(ugs.)* **a)** *(entzweigehen)* break; ⟨machine⟩ break down, *(sl.)* pack up; ⟨clothes, shoes⟩ fall to pieces; ⟨light-bulb⟩ go; *(zerbrechen)* be smashed; ⟨eingehen⟩⟨plant⟩ die; *(verderben)* ⟨fish, fruit, etc.⟩ go off; *(fig.)*⟨marriage⟩ fail; ⟨community, relationship, etc.⟩ break up; **b)** ⟨zugrunde gehen⟩ ⟨firm⟩ go bust *(coll.);* ⟨person⟩ go to pieces; er ist an Drogen ~gegangen he was destroyed by drugs; ~|**kriegen** *unr. tr. V. (ugs.)* break; wie hast du das ~gekriegt? how did you [manage to] break it?; ~|**lachen** *refl. V. (ugs.)* kill oneself [laughing] *(coll.);* das ist ja zum Kaputtlachen! that's a laugh!; ~|**machen** *(ugs.)* **1.** *tr. V.* **a)** *(zerstören)* break ⟨watch, spectacles, plate, etc.⟩; spoil ⟨sth. made with effort⟩; ruin ⟨clothes, furniture, etc.⟩; burst ⟨balloon⟩; **b)** *(ruinieren)* drive ⟨business, company⟩ to the wall; destroy ⟨political party⟩; finish ⟨person⟩ off; **2.** *refl.* wear oneself out; ~|**schlagen** *unr. tr. V. (ugs.)* smash; ~|**schmeißen** *unr. tr. V. (ugs.)* smash
Kapuze [ka'pu:tsə] die; ~, ~n hood *(bei Mönchen)* cowl; hood
Kapuzen·mantel der coat with a hood
Kapuziner [kapu'tsi:nɐ] der; ~s, ~ **a)** *(Mönch)* Capuchin [friar]; **b)** *(österr.: Kaffee)* cappuccino
Kapuziner·kresse die nasturtium
Kar [ka:ɐ̯] *(Geol.)* das; ~[e]s, ~e cirque; corrie; kar
Karabiner [kara'bi:nɐ] der; ~s, ~ **a)** *(Gewehr)* carbine; **b)** *(österr.)* s. Karabinerhaken
Karabiner·haken der snap hook; spring hook; *(Bergsteigen)* karabiner
Karacho [ka'raxo] das; ~s in mit ~ *od.* in vollem ~ *(ugs.)* hell for leather *(coll.)*
Karaffe [ka'rafə] die; ~, ~n carafe; *(mit Glasstöpsel)* decanter
Karakul·schaf [kara'kʊl-] das caracul [sheep]
Karambolage [karambo'la:ʒə] die; ~, ~n

a) *(ugs.)* crash; collision; **b)** *(Billard)* cannon
Karambole [karam'bo:lə] die; ~, ~n *(Billard)* red [ball]
karambolieren *itr. V.* **a)** *(Billard)* cannon; **b)** mit haben *od.* sein *(zusammenstoßen)* crash; mit etw. ~: crash into sth.; collide with sth.
Karamel [kara'mɛl] der *(schweiz.:* das); ~s caramel
Karamel-: ~**bonbon** der od. das caramel [toffee]; ~**creme** die crème caramel
Karamelle [kara'mɛlə] die; ~, ~n caramel [toffee]
Karaoke [kara'o:kə] das; ~[s] karaoke
Karat [ka'ra:t] das; ~[e]s, ~e carat; ein Diamant von 5 ~: a 5-carat diamond; reines Gold hat 24 ~: pure gold is 24 carats
Karate [ka'ra:tə] das; ~[s] karate
-**karäter** [-kaːʁɛːtɐ] der Zehnkaräter/Fünfkaräter ten-carat/five-carat diamond/stone
Karate·schlag der karate chop
-**karätig** [-kaːʁɛːtɪç] zehnkarätig/fünfkarätig ten-carat/five-carat
Karavelle [kara'vɛlə] die; ~, ~n *(hist.)* caravel
Karawane [kara'va:nə] die; ~, ~n caravan; ~n von Autos *(fig.)* long lines of cars
Karawanen·straße die caravan route
Karawanserei [karavanzə'rai̯] die; ~, ~en caravanserai
Karbid [kar'bi:t] das; ~[e]s, ~e *(Chem.)* carbide
Karbid·lampe die carbide lamp
Karbol [kar'bo:l] das; ~s, **Karbol·säure** die; *o. Pl.* carbolic acid
Karbol·seife die carbolic soap
Karbonat [karbo'na:t] das; ~[e]s, ~e *(Chem.)* carbonate
Karbunkel [kar'bʊŋkl̩] der; ~s, ~ *(Med.)* carbuncle
Kardamom [karda'mo:m] der *od.* das; ~s, ~e[n] cardamom
Kardan- [kar'da:n-]: ~**an·trieb** der *(Technik)* cardan drive; ~**aufhängung** die *(Technik)* cardanic suspension; ~**gelenk** das *(Technik)* cardan joint
kardanisch *Adj.* ~e Aufhängung cardanic suspension
Kardan-: ~**tunnel** der *(Kfz-W.)* cardan tunnel; cardan-shaft housing; ~**welle** die *(Technik)* cardan shaft
Kardätsche [kar'dɛ:tʃə] die; ~, ~n dandy-brush; body brush
kardinal [kardi'na:l] *Adj.* cardinal
Kardinal [kardi'na:l] der; ~s, Kardinäle [kardi'nɛ:lə] **a)** cardinal; **b)** *(Vogel)* cardinal [bird]
Kardinal-: ~**bischof** der cardinal bishop; ~**fehler** der cardinal error
Kardinals·kollegium das college of cardinals; Sacred College
Kardinal-: ~**tugend** die; *meist Pl.* cardinal virtue; ~**zahl** die cardinal [number]
Kardiogramm das; ~s, ~e *(Med.)* **a)** Elektrokardiogramm; **b)** *(Bild der Herzstoßkurven)* cardiogram
Kardiologie die; ~ *(Med.)* cardiology *no art.*
Karditis [kar'di:tɪs] die; ~, Karditiden [kardi'ti:dn̩] *(Med.)* carditis
Karenz [ka'rɛnts] die; ~, ~en, **Karenz·zeit** die waiting period
Karfiol [kar'fi̯oːl] der; ~s *(südd., österr.)* cauliflower
Kar·freitag [ka:ɐ̯-] der Good Friday
Karfunkel [kar'fʊŋkl̩] der; ~s, ~ *(Edelstein; volkst.: Geschwür)* carbuncle
karg [karkl] **1.** *Adj.* meagre ⟨wages, pay, etc.⟩; frugal ⟨meal etc.⟩; poor ⟨light, accommodation⟩; scanty ⟨supply⟩; meagre, scant ⟨applause⟩; sketchy ⟨report⟩; sparse ⟨furnishings⟩; *(wenig fruchtbar)* barren, poor ⟨soil⟩; barren ⟨desert, land⟩; ~ mit Lob sein be grudging *or* sparing in one's praise. **2.** *adv.* ~ bemessen sein ⟨helping⟩ be mingy

(Brit. coll.); ⟨supply⟩ be scanty; ~ leben live frugally; ~ möbliert sparsely furnished; ~ ausgestattet scantily equipped
kargen *itr. V.* mit Geld ~: be mean with one's money; mit seinen Worten ~: be a person of few words
Kargheit die; ~ *(geh.)* s. karg **1:** meagreness; frugality; poorness; scantiness; sketchiness; sparseness; barrenness
kärglich ['kɛrklɪç] **1.** *Adj.* meagre, poor ⟨wages, pension, etc.⟩; poor ⟨light⟩; frugal ⟨meal⟩; scanty ⟨supply⟩; meagre ⟨existence⟩; meagre, scant ⟨applause⟩; sparse ⟨furnishing⟩. **2.** *adv.* sparsely ⟨furnished⟩; poorly ⟨lit, paid, rewarded⟩
Kargo ['kargo] der; ~s, ~s *(Seemannsspr.)* cargo
Karibik [ka'ri:bɪk] die; ~: Caribbean; in die ~: to the Caribbean
karibisch *Adj.* Caribbean; die ~en Inseln the Caribbean Islands
kariert [ka'ri:ɐ̯t] **1.** *Adj.* check, checked ⟨material, pattern⟩; check ⟨jacket etc.⟩; squared ⟨paper⟩. **2.** *adv. (ugs.)* ~ reden *od.* quatschen talk rubbish
Karies ['ka:ri̯ɛs] die; ~ *(Zahnmed.)* caries
Karikatur [karika'tu:ɐ̯] die; ~, ~en **a)** cartoon; *(Porträt)* caricature; **b)** *(abwertend: Zerrbild)* caricature
Karikaturist der; ~en, ~en cartoonist; *(Porträtist)* caricaturist
karikaturistisch 1. *Adj.* caricatural; der Film gibt eine ~e Darstellung des Familienlebens the film is a caricature of family life. **2.** *adv.* etw. ~ überzeichnen caricature sth.
karikieren [kari'ki:rən] *tr. V.* caricature
kariös [ka'ri̯ø:s] *Adj. (Zahnmed.)* carious
Karitas [ka'ri:tas] die; ~ charity
karitativ [karita'ti:f] **1.** *Adj.* charitable. **2.** *adv.* sich ~ betätigen do work for charity
Karkasse [kar'kasə] die; ~, ~n *(Technik, Kochk.)* carcass
Karl [karl] *(der)* Charles; ~ der Große Charlemagne
Karmeliter [karme'li:tɐ] der; ~s, ~: Carmelite [friar]
Karmelit[er]in die; ~, ~nen Carmelite [nun]
Karmesin [karme'zi:n] das; ~s s. Karmin
karmesin·rot *Adj. s.* karminrot
Karmin [kar'mi:n] das; ~s carmine
karmin·rot *Adj.* carmine
Karneol [karne'o:l] der; ~s, ~e cornelian
Karneval ['karnəval] der; ~s, ~e *od.* ~s carnival; im ~: at carnival time; ~ feiern join in the carnival festivities
Karnevalist der; ~en, ~en carnival reveller; *(Vortragender bei Karnevalssitzungen)* carnival performer
karnevalistisch 1. *Adj.* carnival *attrib.* ⟨time, festivities, etc.⟩. **2.** *adv.* sich ~ verkleiden dress up in a carnival costume/carnival costumes
Karnevals-: ~**kostüm** das carnival costume; ~**sitzung** die carnival convention *(variety show organized by carnival society);* ~**verein** der carnival society; ~**zug** der carnival procession
Karnickel [kar'nɪkl̩] das; ~s, ~ **a)** *(landsch.)* rabbit; **b)** *(ugs.: Sündenbock)* immer bin ich das ~! I always get the blame!
Karnickel-: ~**bock** der *(bes. nordd.)* buck rabbit; ~**stall** der *(bes. nordd.)* rabbit-hutch
karnivor [karni'vo:ɐ̯] *Adj. (Biol.)* carnivorous
Kärnten ['kɛrntn̩] *(das);* ~s Carinthia
Kärntner ['kɛrntnɐ] der; ~s, ~, **Kärntnerin** die; ~, ~nen Carinthian
Karo ['ka:ro] das; ~s, ~s **a)** *(Viereck)* square *(auf der Spitze stehend)* diamond; **b)** *o. Art.; o. Pl. (Kartenspiel: Farbe)* diamonds *pl.*; **d)** *(Kartenspiel: Karte)* diamond; *s. auch* ²Pik
Karo-: ~**as** das ace of diamonds; ~**bube**

Karodame

der jack of diamonds; ~**dame** die queen of diamonds; ~**könig** der king of diamonds; ~**muster** das check; check[ed] pattern
Karolinger ['kaːrolɪŋɐ] der; ~s, ~ (hist.) Carolingian
Karosse [ka'rɔsə] die; ~, ~n a) (Prunkwagen) [state-]coach; b) (scherzh. iron.: Auto) limousine
Karosserie [karɔsə'riː] die; ~, ~n bodywork; coachwork
Karosserie·bauer der coachbuilder
Karotin [karo'tiːn] das; ~s carotene
Karotte [ka'rɔtə] die; ~, ~n small carrot
Karpaten [kar'paːtn̩] Pl. Carpathians; Carpathian Mountains
Karpfen ['karpfn̩] der; ~s, ~: carp
Karpfen·teich der carp pond; s. auch Hecht a
Karre ['karə] die; ~, ~n (bes. nordd.) a) s. Karren; b) (abwertend: Fahrzeug) [old] heap (coll.)
Karree [ka'reː] das; ~s, ~s a) (Viereck) rectangle; (Quadrat) square; (bes. Milit.: Formation) square; b) (Häuserblock) **ums** ~ **gehen/fahren** walk/drive round the block
karren 1. tr. V. a) (mit einer Karre) cart; etw./jmdn. nach Hause ~: bring/take sth./sb. home in a cart; b) (salopp: mit einem Auto) run (coll.). 2. itr. V.; mit sein (ugs.) drive [around]
Karren der; ~s, ~ (bes. südd., österr.) cart; (zweirädrig) barrow; (Schubkarren) [wheel]barrow; (für Gepäck usw.) trolley; **ein** ~ **voll Sand** a cartload/barrowload of sand; (fig.) **den** ~ **in den Dreck fahren** (ugs.) put things into a mess; mess things up; **den** ~ **[für jmdn.] aus dem Dreck ziehen** (ugs.) sort out the mess [for sb.]; **jmdm. an den** ~ **fahren** (ugs.) tell sb. where he/she gets off (coll.)
Karrette [ka'rɛtə] die; ~, ~n (schweiz.) a) handcart; (Schubkarren) [wheel]barrow; b) (Einkaufswagen) [shopping-]trolley
Karriere [ka'rieːrə] die; ~, ~n a) career; ~ **machen** make a [successful] career for oneself; b) (Reiten) [full or extended] gallop
Karriere-: ~**frau** die career woman/girl; ~**macher** der (abwertend) careerist
Karrierist der; ~en, ~en (abwertend) careerist
karriolen itr. V.; mit sein (ugs.) ride around
Kärrner ['kɛrnɐ] der; ~s, ~ (veralt.) labourer
Kar·samstag [kaːɐ̯-] der Easter Saturday; Holy Saturday
¹**Karst** [karst] der; ~[e]s, ~e (landsch.) [two-pronged] hoe
²**Karst** der; ~[e]s, ~e (Geol.) karst
karstig Adj. karstic
Karst·landschaft die karst landscape
Kartätsche [kar'tɛːtʃə] die; ~, ~n (hist.) case-shot
Kartäuser [kar'tɔyzɐ] der; ~s, ~ a) (Mönch) Carthusian [monk]; b) (Likör) chartreuse
Karte ['kartə] die; ~, ~n a) (Kartei-, Loch- usw.) card; **die gelbe/rote** ~ (Fußball) the yellow/red card; **die grüne** ~ (Verkehrsw.) the green card; b) (Ansichts~, Post~, Glückwunsch~, Visiten~) card; (Einladungs~) invitation[-card]; c) (Speise~) menu; (Wein~) wine-list; **nach der** ~ **essen** eat à la carte; d) (Fahr~, Flug~, Eintritts~) ticket; e) (Lebensmittel~) ration-card; **auf** ~**n** on coupons; f) (Land~) map; (See~) chart; ~ **lesen** map-read; g) (Spiel~) card; **jmdm. die** ~ **legen** read sb.'s fortune from the cards; (fig.) **diese** ~ **sticht nicht [mehr]** that won't work [any more]; **die** od. **seine** ~**n aufdecken** od. **[offen] auf den Tisch legen** od. **offenlegen** put one's cards on the table; **alles auf eine** ~ **setzen** stake everything on one chance; **auf die falsche** ~ **setzen** back the wrong horse; **jmdm. in die** ~**n sehen** see (fig.) **gucken** find out or see what sb. is up to; **sich** (Dat.) **nicht in die** ~**n sehen** od. (ugs.) **gucken lassen** play one's cards close

to one's chest; not show one's hand; **mit offenen/verdeckten** ~**n spielen** put one's cards on the table/play one's cards close to one's chest; h) o. Pl. (Anzahl von Spielkarten) hand; **eine schlechte** ~ **[auf der Hand] haben** have a poor hand
Kartei [kar'tai] die; ~, ~en card file or index
Kartei-: ~**karte** die file or index card; ~**kasten** der file-card or index-card box; ~**leiche** die (scherzh.) a) dead card; b) (ugs.: passives Mitglied) inactive member
Kartell [kar'tɛl] das; ~s, ~e (Wirtsch., Politik) cartel
Kartell-: ~**amt** das, ~**behörde** die government body concerned with the control and supervision of cartels; ≈ Monopolies and Mergers Commission (Brit.); ~**gesetz** das, ~**recht** das law relating to cartels; ≈ monopolies law (Brit.)
Karten-: ~**bestellung** die [ticket] reservation; booking; ~**brief** der letter-card; ~**gruß** der greeting or short message on a [post-]card; **an jmdn. einen** ~**gruß verschicken** send sb. a card; ~**haus** das house of cards; ~**kunst·stück** das card trick; ~**legen** das; ~**s** reading the cards no art.; cartomancy; ~**leger**, ~**legerin** die fortune-teller (who tells fortunes by reading the cards); ~**lesen** das map-reading; ~**spiel das** a) (Spiel mit Karten) card-game; b) (Satz Spielkarten) pack or (Amer.) deck [of cards]; c) (das Kartenspielen) card-playing no art.; ~**spieler** der card-player; ~**ständer** der map-stand; ~**tisch** der a) (bes. Milit.) map-table; (Seew.) chart-table; b) (Spieltisch) card-table; ~**verkauf** der; o. Pl. sale of tickets; ~**vor·verkauf** der; o. Pl. advance booking; **im** ~**vorverkauf sind die Karten billiger** the tickets are cheaper if you buy them in advance
kartesianisch [karte'zjaːnɪʃ], **kartesisch** [kar'teːzɪʃ] Adj. Cartesian
Karthager [kar'taːgɐ] der; ~s, ~: Carthaginian
Karthago [kar'taːgo] (das); ~s Carthage
Kartoffel [kar'tɔfl̩] die; ~, ~n a) potato; **rin in die** ~**n, raus aus die** ~**n** (salopp scherzh.) it's 'do this' one minute and 'do that' the next; **jmdn. wie eine heiße** ~ **fallenlassen** (ugs.) drop sb. just like that (coll.); b) (ugs. scherzh.: Nase) conk (sl.); hooter (Brit. sl.); c) (ugs. scherzh.: Loch im Strumpf) large hole; potato (coll.)
Kartoffel-: ~**acker** der potato-field; ~**brei** der mashed or creamed potatoes pl.; mash (coll.); ~**chips** Pl. [potato] crisps (Brit.) or (Amer.) chips; ~**ernte** die potato harvest; ~**ferien** Pl. (ugs.) autumn [school] holiday sing.; ~**feuer** das fire to dispose of potato leaves (after the potato harvest); ~**käfer** der Colorado beetle; ~**kloß** der, ~**knödel** der (südd.) potato dumpling; ~**mehl** das; o. Pl. potato flour; ~**puffer** der potato pancake (made from grated raw potatoes); ~**püree** das; o. Pl. ~**brei**; ~**sack** der potato-sack; ~**salat** der potato salad; ~**schale** die potato skin; (abgeschält) potato peel or peelings pl.; ~**suppe** die potato soup
Kartograph [karto'graːf] der; ~en, ~en cartographer
Kartographie die; ~: cartography no art.
kartographieren tr. V. map
kartographisch Adj. cartographic
Karton [kar'tɔŋ] der; ~s, ~s a) (Pappe) card[board]; b) (Behälter) cardboard box; (kleiner und dünner) carton; **zwei** ~**[s] Seife/Batterien** two boxes or packs of soap/batteries; c) (Kunstwiss.) cartoon
Kartonage [karto'naːʒə] die; ~, ~n cardboard boxes [and cartons] pl.; cardboard packaging
kartonieren [karto'niːrən] tr. V. (Buchw.) bind in [paper] boards
Kartothek [karto'teːk] die; ~, ~en s. Kartei

kaskoversichern

Kartusche [kar'tʊʃə] die; ~, ~n a) (Metallhülse) cartridge; b) (Kunstwiss.) cartouche
Karussell [karʊ'sɛl] das; ~s, ~s od. ~e merry-go-round; carousel (Amer.); (kleineres) roundabout; ~ **fahren** have a ride on or go on the merry-go-round/roundabout; **mit jmdm.** ~ **fahren** (fig. ugs.) give sb. a good telling-off
Kar·woche ['kaːɐ̯vɔxə] die Holy Week; Passion Week
Karyatide [karya'tiːdə] die; ~, ~n (bild. Kunst) caryatid
Karzer ['kartsɐ] der; ~s, ~ (hist.) a) (Arrestraum) detention room (in university, school); b) o. Pl. (Strafe) detention (often lasting several days)
karzinogen [kartsino'geːn] Adj. (Med.) carcinogenic
Karzinologie die (Med.) oncology no art.
Karzinom [kartsi'noːm] das; ~s, ~e (Med.) carcinoma
Kasack ['kazak] der; ~s, ~s (österr.: die; ~, ~s) tunic
Kaschemme [ka'ʃɛmə] die; ~, ~n (abwertend) [low] dive (coll.)
kaschen [ka'ʃn̩] tr. V. (salopp) a) (verhaften) nab (sl.); nick (sl.); b) (sich aneignen) pinch (sl.); nick (Brit. sl.)
kaschieren [ka'ʃiːrən] tr. V. a) (verhüllen) conceal; hide; disguise ⟨fault⟩; b) (Buchw.) laminate ⟨jacket etc.⟩; line ⟨cover etc.⟩ [with paper]; c) (Textilw.) bond [together]
¹**Kaschmir** ['kaʃmiːɐ̯] (das); ~s Kashmir
²**Kaschmir** der; ~s, ~e (Textilw.) cashmere; **ein Pullover/Kleid aus** ~: a cashmere sweater/dress
Käse ['kɛːzə] der; ~s, ~ a) cheese; b) (ugs. abwertend: Unsinn) rubbish; nonsense; codswallop (Brit. sl.)
Käse-: ~**blatt** das (salopp abwertend) rag; ~**brot** das slice of bread and cheese; (zugeklappt) cheese sandwich; ~**fondue** das cheese fondue; ~**fuß** der; meist Pl. (salopp abwertend) cheesy or smelly foot; ~**gebäck** das cheese savouries pl.; ~**glocke** die cheese dome
Kasein [kaze'iːn], (Chemie:) **Casein** das; ~s casein
Käse·kuchen der cheesecake
Kasematte [kazə'matə] die; ~, ~n (Milit., Marine) casemate
Käse·platte die (Platte) cheeseboard; (Gericht) [selection of] assorted cheeses pl.
Käserei [kɛːzə'rai] die; ~, ~en a) o. Pl. (Herstellen von Käse) cheese-making no art.; b) (Betrieb) cheese-factory
Kaserne [ka'zɛrnə] die; ~, ~n barracks sing. or pl.
Kasernen-: ~**hof** der barrack square; ~**sprache** die (abwertend) army lingo
kasernieren tr. V. quarter in barracks; (fig.) keep in isolation
Kasernierung die; ~, ~en quartering in barracks no art.; (fig.) keeping in isolation no art.
käse-, Käse-: ~**stange** die cheese straw; ~**weiß** Adj. (ugs.) [as] white as a sheet; **sie war** ~ **im Gesicht** her face was as white as a sheet
käsig Adj. a) (ugs.: bleich) pastry; pale; (vor Schreck) as white as a sheet; b) (wie Käse) cheesy; cheeselike
Kasino [ka'ziːno] das; ~s, ~s a) (Spiel~) casino; b) (Offiziers~) [officers'] mess; c) (Speiseraum) canteen
Kaskade [kas'kaːdə] die; ~, ~n a) (Wasserfall, auch fig.) cascade; **in** ~**n fallen** cascade [down]; **eine** ~ **von Verwünschungen/Flüchen** (fig.) a barrage of curses; b) (Sprung) acrobatic leap (in which the acrobat pretends to fall); c) (Elektrot.) cascade
kasko·versichern tr. V.; nur im Inf. u. 2. Part. gebr. (mit Vollkasko) insure comprehensively; (mit Teilkasko) insure against theft, fire, or act of God

1233

Kasko·versicherung die *(Voll~)* comprehensive insurance; *(Teil~)* insurance against theft, fire, or act of God
Kasper ['kaspɐ] der; ~s, ~ a) ≈ Punch; b) *(ugs.: alberner Mensch)* clown; fool
Kasperl ['kaspɐl] das; ~s, ~[n] *(österr.)*, **Kasperle** ['kaspʊlə] das od. der; ~s, ~: s. **Kasper**
Kasperle-: ~**puppe** die ≈ Punch and Judy puppet; ~**theater** das ≈ Punch and Judy show; *(Puppenbühne)* ≈ Punch and Judy theatre
kaspern itr. V. *(ugs.)* clown or fool around
Kasper·theater das s. **Kasperletheater**
Kaspische Meer ['kaspɪʃə -] das Caspian Sea
Kassa ['kasa] die; ~, **Kassen** *(österr.)* s. **Kasse**
Kassa-: ~**geschäft** das a) *(Börsenw.)* spot transaction; b) *(Wirtsch.)* cash transaction; ~**kurs** der *(Börsenw.)* spot price; ~**markt** der *(Börsenw.)* spot market
Kassandra·ruf [ka'sandra-] der *(geh.)* prophecy of doom
Kassation [kasa'tsi̯oːn] die; ~, ~en a) *(von Urkunden)* annulment; b) *(von Urteilen)* quashing; setting aside; c) *(veralt.: unehrenhafte Entlassung)* cashiering
Kassations·gericht das *(schweiz. Rechtsw.)* court of appeal *(in a canton)*
Kasse ['kasə] die; ~, ~n a) *(Kassette)* cashbox; *(Registrier~)* till; cash register; in die ~ greifen od. einen Griff in die ~ tun *(ugs.; auch fig.)* help oneself from the till; **er wurde beim Griff in die ~ ertappt** *(auch fig.)* he was caught with his fingers in the till; **die ~ klingelt** *(fig.)* the tills are ringing merrily; b) *(Ort zum Bezahlen)* cash or pay desk; *(im Supermarkt)* check-out; *(in einer Bank)* counter; ~ **machen** *(Kaufmannsspr.)* cash up; **jmdn. zur ~ bitten** *(ugs.)* ask sb. to pay up; c) *(Bargeld)* cash; **gemeinsame ~ führen** od. **machen share expenses**; **getrennte ~ haben** pay separately; **gut/knapp bei ~ sein** be well-off or flush/be short of cash or money; **bei ~ sein** be in the money; **etw. reißt ein Loch in die ~** *(ugs.)* sth. makes a hole in sb.'s pocket or a dent in sb.'s finances; **die ~ führen** be in charge of the money or finances pl.; d) *(in Behörde, Unternehmen)* cashier's office; e) *(Kassenraum)* cashier's office; *(in einer Bank)* counter hall; f) *(Theater~, Kino~, Stadion~)* box-office; g) *(Spar~)* [savings] bank; h) s. **Krankenkasse**; i) *(Kaufmannsspr.: Barzahlung)* [payment in] cash; **wir liefern nur gegen ~**: we deliver only if payment is made in cash
Kasseler ['kasɐlɐ] das; ~s smoked loin of pork; s. auch **Rippenspeer**
kassen-, Kassen-: ~**arzt** der doctor who treats members of health insurance schemes; ~**ärztlich** Adj.; nicht präd. ~**ärztliche Behandlung** treatment under a health insurance scheme; ~**bericht** der *(Wirtsch.)* financial report or statement; ~**bestand** der cash [in hand]; ~**bon** der sales slip; ~**brille** die *(ugs.)* glasses provided under a health insurance scheme; ≈ National Health glasses pl. *(Brit.)*; ~**buch** das cashbook; ~**erfolg** der box-office success; ~**führer** der treasurer; ~**gestell** das *(ugs.)* spectacle frame provided under a health insurance scheme; ≈ National Health frame *(Brit.)*; ~**magnet** der *(ugs.)* box-office draw; ~**patient** der patient who is a member of a health insurance scheme; ~**raum** der counter hall; ~**schlager** der *(ugs.)* a) *(Film, Theater)* box-office hit; b) *(von Waren)* top seller; ~**schrank** der safe; ~**stunden** Pl. hours of business, business hours *(of bank, cashier's office, etc.)*; ~**sturz** der *(ugs.)* ~**sturz machen** check up on one's ready cash; ~**wart** der treasurer; ~**zettel** der a) *(Quittung)* receipt; b) *(~bon)* sales slip

Kasserolle [kasə'rɔlə] die; ~, ~n saucepan
Kassette [ka'sɛtə] die; ~, ~n a) *(für Geld u. Wertsachen)* box; case; b) *(mit Büchern, Schallplatten)* boxed set; c) *(Tonband~)* cassette; **etw. auf ~ aufnehmen** record or tape sth. on cassette; d) *(Filmrolle)* cassette; e) *(Behälter für Filmrollen)* can; f) *(Archit.)* coffer; lacunar
Kassetten-: ~**deck** das cassette deck; ~**film** der film cassette; cassette of film; ~**recorder** der cassette recorder or player
Kassiber [ka'siːbɐ] der; ~s, ~ *(Gaunerspr.)* [secret] message
Kassier [ka'siːɐ̯] der; ~s, ~e *(südd., österr., schweiz.)* s. **Kassierer**
¹**kassieren** 1. tr. V. a) *(einziehen)* collect ⟨rent etc.⟩; b) *(ugs.: einnehmen)* collect ⟨money, fee, etc.⟩; *(fig.)* receive, get ⟨recognition, praise, etc.⟩; **dafür hat er viel Geld kassiert** he got a lot of money for it or made a lot of money out of it; **bei der Transaktion hat er 100 000 DM kassiert** he made 100,000 marks on the deal; c) *(ugs.: hinnehmen müssen)* receive, get ⟨penalty points, scorn, ingratitude, etc.⟩; d) *(ugs.: wegnehmen)* confiscate; take away ⟨driving licence⟩; **er hat das Erbteil seiner Schwester kassiert** he appropriated his sister's share of the inheritance; e) *(ugs.: verhaften/gefangennehmen)* pick up; nab *(sl.)*; nick *(Brit. sl.)*. 2. itr. V. a) *(abkassieren)* **bei jmdm. ~**: give sb. his/her bill or *(Amer.)* check; *(ohne Rechnung)* settle up with sb.; **darf ich bei Ihnen ~?** would you like your bill?/can I settle up with you?; b) *(ugs.: Geld einnehmen)* collect the money; *(bezahlt werden)* make money; **[bei einem Geschäft] ganz schön ~**: make a packet *(coll.)* or *(sl.)* a bomb [on a deal]
²**kassieren** tr. V. *(Rechtsw.)* quash ⟨judgement etc.⟩
Kassierer der; ~s, ~, **Kassiererin** die; ~, ~nen a) *(in Geschäften, Banken)* cashier; teller; b) *(bei einem Verein)* treasurer
Kastagnette [kastan'jɛtə] die; ~, ~n castanet
Kastanie [kas'taːni̯ə] die; ~, ~n chestnut; **[für jmdn.] die ~n aus dem Feuer holen** *(ugs.)* pull the chestnuts out of the fire [for sb.]
kastanien-, Kastanien-: ~**baum** der chestnut-tree; ~**braun** Adj. chestnut
Kästchen ['kɛstçən] das; ~s, ~ a) small box; b) *(vorgedrucktes Quadrat)* square; *(auf Fragebögen)* box
Kaste ['kastə] die; ~, ~n caste
kasteien ['kastai̯ən] refl. V. a) *(als Bußübung)* chastise oneself; b) *(sich Entbehrungen auferlegen)* deny oneself
Kasteiung die; ~, ~en a) *(als Bußübung)* self-chastisement; b) *(Auferlegung von Entbehrungen)* self-denial
Kastell [kas'tɛl] das; ~s, ~e a) *(hist.: röm. Lager)* fort; b) *(Burg)* castle
Kastellan [kastɛ'laːn] der; ~s, ~e *(hist.)* castellan
Kasten ['kastn̩] der; ~s, **Kästen** ['kɛstn̩] a) box; b) *(für Flaschen)* crate; c) *(ugs.: Briefkasten)* post-box; letter-box; d) *(ugs. abwertend: Gebäude)* barracks sing. or pl.; **das ist ja ein furchtbarer alter ~**: that's a terrible old barracks of a place; e) *(ugs. abwertend) (Flugzeug)* crate *(sl.)*; *(Schiff)* tub; *(Auto)* heap *(sl.)*; *(Fernseher, Radio)* box *(coll.)*; f) *(ugs.: Kamera)* **ein Bild im ~ haben** have got a picture; **eine Szene im ~ haben** have a picture in the can; g) **in den ~ haben** *(ugs.)* have got it up top *(coll.)* have plenty of grey matter; h) *(Schaukasten)* show-case; display case; i) *(Soldatenspr.)* glasshouse *(Milit. sl.)*; **vier Tage ~** four days in the glasshouse or the cooler; j) *(Turnen)* box; k) *(Ballspiele Jargon)* goal; l) *(bes. nordd.: Schublade)* drawer; m) *(südd., österr., schweiz.: Schrank)* cupboard
Kasten-: ~**brot** das tin[-loaf]; ~**form** die [rectangular] tin; ~**geist** der; o. Pl. caste

spirit; ~**wagen** der cart; *(Lieferwagen)* van; ~**wesen** das; o. Pl. caste system
Kastilien [kas'tiːli̯ən] *(das)*; ~s Castile
kastilisch Adj. Castilian
Kastrat [kas'traːt] der; ~en, ~en a) *(Eunuch)* eunuch; b) *(Musik hist.)* castrato
Kastraten·stimme die a) *(Musik)* castrato voice; b) *(abwertend)* falsetto voice
Kastration [kastra'tsi̯oːn] die; ~, ~en castration
Kastrations-: ~**angst** die *(Psych.)* castration anxiety; ~**komplex** der *(Psych.)* castration complex
kastrieren tr. V. castrate; **eine Kastrierte** *(salopp scherzh.)* a filter cigarette
Kasuistik [ka'zu̯ɪstɪk] die; ~ *(Philos., geh.)* casuistry
kasuistisch Adj. *(Philos., geh.)* casuistic
Kasus ['kaːzʊs] der; ~, ~ ['kaːzuːs] *(Sprachw.)* case
Kasus-: ~**bildung** die *(Sprachw.)* case formation; ~**endung** die *(Sprachw.)* case ending
Kat [kat] der; ~s, ~s *(ugs.)* s. **Katalysator** b
Katafalk [kata'falk] der; ~s, ~e catafalque
Katakombe [kata'kɔmbə] die; ~, ~n; meist Pl. catacomb
katalanisch [kata'laːnɪʃ] Adj. Catalan
Katalog [kata'loːk] der; ~[e]s, ~e *(auch fig.)* catalogue
katalogisieren tr. V. catalogue
Katalonien [kata'loːni̯ən] *(das)*; ~s Catalonia
Katalysator [kataly'zaːtɔr] der; ~s, ~en [-zaˈtoːrən] a) *(Chemie, fig. geh.)* catalyst; b) *(Kfz-W.)* catalytic converter; s. auch **geregelt 2**
Katalyse [kataˈlyːzə] die; ~, ~n *(Chemie)* catalysis
katalytisch [kataˈlyːtɪʃ] Adj. *(Chemie)* catalytic
Katamaran [katamaˈraːn] der od. das; ~s, ~e catamaran
Katapult [kataˈpʊlt] das od. der; ~[e]s, ~e catapult
katapultieren tr. V. *(auch fig.)* catapult; eject ⟨pilot⟩
Katapult-: ~**sitz** der ejector seat; ~**start** der catapult launch
Katarakt [kata'rakt] der; ~[e]s, ~e *(Stromschnelle)* rapids pl.; *(Wasserfall)* cataract
Katarrh [ka'tar] der; ~s, ~e *(Med.)* catarrh; **einen ~ haben** have catarrh
Kataster [kaˈtastɐ] der od. das; ~s, ~: land register
Kataster·amt das land registry
katastrophal [katastro'faːl] 1. Adj. disastrous; *(stärker)* catastrophic; *(entsetzlich)* appalling; atrocious. 2. adv. *(entsetzlich)* catastrophically; **sich ~ auswirken** have a disastrous/catastrophic effect; **~ enden** end in disaster/catastrophe
Katastrophe [katas'troːfə] die; ~, ~n a) *(Unglück)* disaster; *(stärker)* catastrophe; **jmd. ist eine ~** *(ugs.)* sb. is a disaster; b) *(Literaturw.)* catastrophe
Katastrophen-: ~**alarm** der emergency or disaster alert; ~**dienst** der emergency services pl.; ~**einsatz** der den ~**einsatz** üben practise procedures in case of disaster; ~**fall** der disaster [situation]; ~**gebiet** das disaster area; ~**schutz** der a) *(Organisation)* emergency services pl.; b) *(Maßnahmen)* disaster procedures pl.; **dem ~schutz dienen** be useful in the event of a disaster
Kate ['kaːtə] die; ~, ~n *(bes. nordd.)* small cottage
Katechese [katɛˈçeːzə] die; ~, ~n *(christl. Kirche)* catechesis
Katechet [katɛˈçeːt] der; ~en, ~en *(christl. Kirche)* catechist
Katechismus [katɛˈçɪsmʊs] der; ~, **Katechismen** *(christl. Kirche)* catechism
Katechist der; ~en, ~en catechist

kategorial [katego'ri̯aːl] *Adj. (geh.)* categorial

Kategorie [katego'riː] *die;* ~, ~n [-i:ən] category; **diese ~ Mensch** that sort of person

kategorisch 1. *Adj.* categorical; *s. auch* **Imperativ b. 2.** *adv.* categorically

kategorisieren *tr. V.* categorize

Kater ['kaːtɐ] *der;* ~s, ~ **a)** tom-cat; **wie ein verliebter ~**: like an amorous tom-cat; *s. auch* **gestiefelt; b)** *(ugs.: schlechte Verfassung)* hangover; **einen ~ haben** have a hangover; be hung-over

Kater-: ~frühstück *das* breakfast, usually of pickled herrings and gherkins, supposed to cure a hangover; **~stimmung** *die* morning-after feeling; **er ist in der fürchterlichsten ~stimmung** he's got a terrible hangover

Katharina [kata'riːna] **(die)** Catherine; Katherine

Katharsis ['ka(ː)tarzɪs] *die;* ~ *(Literaturw.)* catharsis

kathartisch [ka'tartɪʃ] *(geh.)* **1.** *Adj.* cathartic. **2.** *adv.* cathartically

Katheder [ka'teːdɐ] *das od. der;* ~s, ~: lectern; *(Pult des Lehrers)* teacher's desk

Kathederweisheit *die* theoretical *or* academic knowledge *no pl., no indef. art.*

Kathedrale [kate'draːlə] *die;* ~, ~n cathedral

Kathete [ka'teːtə] *die;* ~, ~n *(Math.)* leg (of a right-angled triangle)

Katheter [ka'teːtɐ] *der;* ~s, ~ *(Med.)* catheter

Kathode [ka'toːdə] *die;* ~, ~n *(Physik)* cathode

Katholik [kato'liːk] *der;* ~en, ~en, **Katholikin** *die;* ~, ~nen *[Roman]* Catholic

katholisch *Adj.* *[Roman]* Catholic; **die Katholischen** *(ugs.)* the Catholics; *s. auch* **taufen a**

Katholizismus [katoli'tsɪsmʊs] *der;* ~: *[Roman]* Catholicism

Katholizität [katolitsi'tɛːt] *die;* ~: Catholicism

Katode [ka'toːdə] *die;* ~, ~n *s.* **Kathode**

Kattun [ka'tuːn] *der;* ~s, ~e calico

Kattun·kleid *das* calico dress

Katz [kats] *die* **in ~ und Maus [mit jmdm.] spielen** *(ugs.)* play cat and mouse [with sb.]; **für die ~ sein** *(salopp)* be a waste of time

katzbalgen *refl. V. (ugs.)* fight

katzbuckeln *itr. V. (abwertend)* bow and scrape; **vor jmdm. ~**: bow and scrape to sb.

Kätzchen ['kɛtsçən] *das;* ~s, ~ **a)** *(kleine Katze)* little cat; *(liebkosend)* pussy; *(junge Katze)* kitten; **b)** *meist Pl. (Blüte der Birke, Erle u. a.)* catkin; **c)** *(ugs.: Kuschelname)* kitten

Kätzchen·zweig *der* catkin twig

Katze ['katsə] *die;* ~, ~n **a)** cat; **die ~ läßt das Mausen nicht** *(Spr.)* a leopard cannot change its spots *(prov.)*; **bei Nacht od. nachts sind alle ~n grau** it's impossible to see any details in the dark; **wenn die ~ aus dem Haus ist, tanzen die Mäuse [auf dem Tisch]** *(Spr.)* when the cat's away the mice will play *(prov.)*; **da beißt sich die ~ in den Schwanz** *(fig.)* we've come round in a circle; **die ~ aus dem Sack lassen** *(ugs.)* let the cat out of the bag; **die ~ im Sack kaufen** *(ugs.)* buy a pig in a poke; **um etw. herumgehen wie die ~ um den heißen Brei** *(ugs.)* beat about the bush; *s. auch* **Katz**; **b)** *(Jägerspr.)* female; **c)** *(temperamentvolle Frau)* cat

Katzenmacher *der;* ~s, ~ *(südd., österr.: salopp abwertend)* wop *(sl. derog.)*

katzen-, Katzen-: ~auge *das* **a)** *(ugs.: Rückstrahler)* reflector; **b)** *(Mineral.)* cat's-eye; **~buckel** *der* hunched back; **einen ~buckel machen** hunch one's back; **~fell** *das* cat's skin; **~freundlich** *Adj.* ingratiatingly friendly; **~haft** *Adj.* catlike; **~jammer** *der* **a)** *(Kater)* hangover; **b)** *(fig.)* mood of depression; **~klo** *das* *(ugs.)* cat's [litter] tray; **~kopf** *der* *(ugs.)* cobble[-stone]; **~musik** *die* *(ugs. abwertend)* terrible row *(coll.)*; cacophony; **~sprung** *der* stone's throw; **bis zum Strand ist es nur ein ~sprung** the beach is only a stone's throw away; **~tisch** *der* *(ugs. scherzh.)* children's table; **~wäsche** *die* *(ugs.)* lick and a promise *(coll.)*; catlick *(coll.)*; **~wäsche machen** have a lick and a promise *or* a catlick; **~zunge** *die* langue de chat

Kau·bewegung *die* chewing movement

Kauderwelsch ['kaudɐvɛlʃ] *das;* ~[s] gibberish *no indef. art.*; double Dutch *no indef. art.*; **juristisches/medizinisches ~**: legal/medical jargon; **ein ~ aus Deutsch, Englisch und Französisch** an incomprehensible hotchpotch of German, English, and French

kauderwelschen *itr. V.* talk gibberish *or* double Dutch

kauen ['kauən] **1.** *tr. V.* chew; masticate *(Med., formal)*; **[die] Nägel ~**: bite *or* chew one's nails. **2.** *itr. V.* **a)** chew; **an etw.** *(Dat.)* **~**: chew [on] sth.; **an einem Problem ~** *(fig.)* wrestle *or* struggle with a problem; **an dieser Niederlage wird er noch einige Zeit zu ~ haben** *(fig.)* it will take him some time to get over this defeat; **mit vollen Backen ~** *(ugs.)* chew with one's mouth [stuffed] full; **b)** *(nagen, knabbern)* chew; bite; **an einem Bleistift/den Fingernägeln ~**: chew a pencil/bite *or* chew one's nails

kauern ['kauɐn] **1.** *itr. V.* crouch [down]; *(ängstlich)* cower. **2.** *refl. V.* crouch [down]; *(ängstlich)* cower; **sich an jmdn. ~**: huddle up to sb.

Kauf [kauf] *der;* ~[e]s, **Käufe** ['kɔyfə] **a)** *(das Kaufen)* buying; purchasing *(formal)*; **den ~ vermitteln** arrange the purchase; **einen ~ abschließen/tätigen** complete/make a purchase; **jmdn. zum ~ ermuntern/veranlassen** encourage/induce sb. to buy; **jmdm. etw. zum ~ anbieten** offer sb. sth. for sale; **etw. in ~ nehmen** *(fig.)*; **jmdn. in ~ nehmen** *(fig. ugs.)* put up with sb.; **b)** *(das käuflich Erworbene)* purchase

Kauf-: ~auftrag *der* order to buy *or* purchase; **~brief** *der* bill of sale; *(beim Hauskauf)* title deed

kaufen 1. *tr. V.* **a)** *(erwerben)* buy; purchase; **etw. billig/zu teuer ~**: buy sth. cheaply/pay too much for sth.; **sich/jmdm. etw. ~**: buy sth. for oneself/sb.; buy oneself/sb. sth.; **etw. auf Raten** *od.* **Abzahlung ~**: buy sth. on hire-purchase *(Brit.)* or *(Amer.)* the installment plan; **etw. auf Stottern** *od.* **Pump ~** *(ugs.)* buy sth. on the never-never *(Brit. coll.)* or *(Amer. coll.)* on time; **ein ~ für viel** *od.* **teures Geld ~**: pay a lot of money for sth.; **das wird viel** *od.* **gern gekauft** it sells well; **dafür kann ich mir nichts ~** *(ugs.)* a [fat] lot of use that is to me *(coll.)*; **sich** *(Dat.)* **jmdn. ~** *(ugs.)* give sb. what for *(coll.)*; let sb. have *or* give sb. a piece of one's mind; **b)** *(ugs.: bestechen)* buy. **2.** *itr. V. (einkaufen)* shop; **in diesem Laden kaufe ich nicht mehr** I'm not getting anything in that shop again

Käufer ['kɔyfɐ] *der;* ~s, ~, **Käuferin** *die;* ~, ~nen buyer; purchaser; *(Kunde/Kundin)* customer; *s. auch* **-in**

Käufer·schicht *die* class of customer *or* consumer

kauf-, Kauf-: ~fahrer *der* *(veraltet)*, **~fahrtei·schiff** [-faːɐ̯'tai-] *das* *(veraltet)* merchantman; **~frau** *die* businesswoman; *(Händlerin)* trader; merchant; **~haus** *das* department store; **~haus·detektiv** *der* store detective; **~kraft** *die* *(Wirtsch.)* **a)** *(Wert des Geldes)* purchasing power; **b)** *(Zahlungsfähigkeit)* spending power; **~kräftig** *Adj.* **ein ~kräftiger Kunde/Interessent** a customer with money to spend *or* a wealthy potential buyer; **~kräftig sein** have money to spend; **~laden** *der* **a)** *(veraltet) (kleiner Laden)* [small] shop; *(Lebensmittelladen)* [small] grocer's shop; **b)** *(Kinderspielzeug)* toy shop

käuflich ['kɔyflɪç] **1.** *Adj.* **a)** *(gegen Bezahlung erhältlich)* for sale *postpos.*; **~e Liebe** *(fig.)* prostitution; **ein ~es Mädchen** *(fig.)* a woman/girl of easy virtue; **b)** *(bestechlich)* venal; **~ sein** be easily bought. **2.** *adv.* **etw. ~ erwerben/erstehen** buy *or* purchase sth.; **~ zu erwerben sein** be for sale

kauf-, Kauf-: ~lust *die* inclination *or* desire to buy; **~lustig** *Adj.* eager to buy *pred.*; **die Kauflustigen** the eager shoppers

Kauf·mann *der; Pl.* **Kaufleute a)** *(Geschäftsmann)* businessman; *(Händler)* trader; merchant; **gelernter ~**: person who has completed a course of training in some branch of business; **b)** *(Besitzer eines Kaufladens)* shopkeeper; *(Besitzer eines Lebensmittelladens)* grocer; **zum ~ gehen** go to the shop/grocer's

kaufmännisch 1. *Adj.* commercial; business *attrib.*; commercial *⟨bookkeeping⟩*; **~er Angestellter** clerk; employee in business; **einen ~en Beruf ergreifen/erlernen** go into business/receive a business training; **~es Geschick/~e Erfahrung haben** possess business skill/experience. **2.** *adv.* **~ tätig sein** be in business; **~ denken** think along commercial lines

Kaufmanns-: ~sprache *die* business parlance; **~stand** *der* *(veralt.)* merchant class

Kauf-: ~objekt *das* article for sale; *(Haus usw.)* property for sale; **~preis** *der* purchase price; **~rausch** *der* frantic urge to spend; **~summe** *die* purchase price; **~vertrag** *der* contract of sale; *(beim Hauskauf)* title-deed; **~zwang** *der* obligation to buy *or* purchase; **ohne ~zwang** without obligation [to buy *or* purchase]

Kau·gummi *der od. das;* ~s, ~s chewing gum

Kaukasien [kau'kaːzi̯ən] **(das);** ~s Caucasia

Kaukasier *der;* ~s, ~: Caucasian

kaukasisch *Adj.* Caucasian

Kaukasus ['kaukazʊs] *der;* ~: the Caucasus

Kaulquappe ['kaulkvapə] *die;* ~, ~n tadpole

kaum [kaum] *Adv.* **a)** *(fast gar nicht)* hardly; scarcely; **~ jemand/etwas** hardly anybody *or* anyone/anything; **~ älter/größer/besser** hardly *or* scarcely any older/bigger/better; **wir haben ~ noch Zeit** we really haven't the time; **das war ~ noch zu erwarten** it was really too late to expect that; **b)** *(nur mit Mühe)* hardly; scarcely; barely; **ich kann es ~ glauben/erwarten** I can hardly believe it/wait; **ich konnte ~ rechtzeitig damit fertig werden** I could hardly *or* barely finish it in time; **diese Schrift ist ~ zu entziffern** this writing is barely decipherable; **c)** *(vermutlich nicht)* hardly; scarcely; **er wird [wohl] ~ zustimmen** he is hardly likely to agree; **ich glaube ~**: I hardly *or* scarcely think so; **es wird sich ~ lohnen** it is unlikely to be profitable; **d)** *(in dem Augenblick)* **~ hatte er Platz genommen, als ...**: no sooner had he sat down than ...; **e)** *(nicht lange nachdem)* **... daß er aus dem Gefängnis gekommen war ...**: hardly *or* scarcely had he left prison when ...; **der Regen war ~ daß er angefangen hatte, auch schon wieder vorüber** the rain had stopped almost as soon as it had started; **ich kann mich an die Landschaft erinnern** I can hardly even remember the scenery

Kau·muskel *der (Anat.)* masticatory muscle; **äußerer ~**: masseter

kausal [kau'zaːl] *Adj. (geh., Sprachw.)* causal

Kausal·gesetz *das; o. Pl. (bes. Philos., Logik)* law of causality

Kausalität [kauzali'tɛːt] *die;* ~, ~en causality

Kausalitätsgesetz

Kausalitäts·gesetz das s. Kausalgesetz
Kausal-: ~**kette** die (bes. Philos., Logik) causal chain; ~**satz** der (Sprachw.) causal clause; ~**zusammenhang** der (bes. Philos., Logik) causal connection
Kausativ ['kauzati:f] das; ~s, ~e [-i:və] (Sprachw.) causative verb
Kau·tabak der chewing tobacco
Kautel [kau'te:l] die; ~, ~en; meist Pl. (Rechtsw.) proviso
Kaution [kau'tsio:n] die; ~, ~en a) (bei Freilassung eines Gefangenen) bail; eine ~ für jmdn. stellen stand bail or surety for sb.; gegen ~: on bail; jmdn. gegen ~ freibekommen bail sb. out; b) (beim Mieten einer Wohnung) deposit
Kautschuk ['kaut∫uk] der; ~s, ~e [india] rubber
Kautschuk-: ~**milch** die rubber latex; ~**paragraph** der (ugs.) s. Gummiparagraph
Kauz [kauts] der; ~es, Käuze ['kɔytsə] a) (Wald~) tawny owl; (Stein~) little owl; b) (Sonderling) odd or strange fellow; oddball (coll.); ein komischer ~: an odd or a queer bird (coll.)
Käuzchen ['kɔytsçən] das; ~s, ~: s. Kauz a
kauzig Adj. odd; queer; funny (coll.)
Kavalier [kava'li:ɐ] der; ~s, ~e a) (höflicher Mann) gentleman; der ~ genießt und schweigt a gentleman never talks about his amours; b) (veralt., noch scherzh.: Freund) beau (dated); young man; c) (hist.: Edelmann) cavalier; nobleman
kavaliers-, Kavaliers-: ~**delikt** das trifling offence; peccadillo; ~**mäßig** 1. Adj. gentlemanly; 2. adv. like a gentleman; in a gentlemanly manner; ~**start** der racing start
Kavalkade [kaval'ka:də] die; ~, ~n (veralt.) cavalcade
Kavallerie [kavalə'ri:] die; ~, ~n (Milit. hist.) cavalry
Kavallerie·pferd das cavalry horse
Kavallerist der; ~en, ~en cavalryman; trooper
Kavents·mann [ka'vɛnts-] der (bes. nordd.) (übergroßes Exemplar) monster
Kaverne [ka'vɛrnə] die; ~, ~n a) (unterirdischer Hohlraum) [artificial] cavern; b) (Med.) cavern
Kaviar ['ka:viar] der; ~s, ~e caviare
Kaviar·brot das French bread; ein ~: a French loaf
kcal Abk. Kilo[gramm]kalorie kcal
KdF Abk. (ns.) **Kraft durch Freude** Strength through Joy [movement]
Kebse ['ke:psə] die; ~, ~n (hist.), **Kebs·weib** das (hist.) concubine
keck [kɛk] 1. Adj. a) (respektlos) impertinent; cheeky; saucy (Brit.); b) (veralt.: verwegen) bold; c) (flott) jaunty, pert ⟨hat etc.⟩. 2. adv. a) (respektlos) impertinently; cheekily; saucily (Brit.); b) (veralt.: verwegen) boldly; c) (flott) jauntily
Keckheit die; ~, ~en a) (Respektlosigkeit) impertinence; cheek; sauce (Brit.); b) (veralt.: Kühnheit) boldness
Keeper ['ki:pɐ] der; ~s, ~ (Fußball, bes. österr.) [goal]keeper
Kefir ['ke:fɪr] der; ~s kefir
Kegel ['ke:gl] der; ~s, ~ a) (geometrischer Körper) cone; b) (Spielfigur) skittle; (beim Bowling) pin; ~ **schieben** s. kegelscheiben; c) (Berg-) peak; d) (Licht~) beam; e) (Druckw.) body size; point size
kegel-, Kegel-: ~**abend** der skittles night; ~**bahn** die skittle alley; ~**bruder** der skittle-club friend; ~**förmig** Adj. conical; cone-shaped; ~**klub** det skittle club; ~**kugel** die [skittle] ball; ~**mantel** der (Geom.) lateral surface of a/the cone
kegeln 1. itr. V. a) (eine Kegelpartie machen) play skittles or ninepins; (beim Bowling) bowl b) mit sein (ugs.: hinfallen)

tumble. 2. tr. V. a) (durch Kegeln ausführen) play; b) (durch Kegeln erzielen) bowl; score
kegel-, Kegel-: ~**rad** das (Technik) bevel wheel; ~|**schieben** unr. itr. V.; Zusammenschreibung nur im Inf. play skittles or ninepins; ~**schieben** das skittles sing.; ninepins sing.; ~**schnitt** der (Geom.) conic section; ~**sport** der skittles sing.; ninepins sing.; ~**stumpf** der truncated cone; frustum of a cone
Kegler der; ~s, ~: skittle player; (bei Bowling) [ten-pin] bowler
Kehle ['ke:lə] die; ~, ~n a) throat; jmdn. an die ~ springen/fahren leap at sb.'s throat; sich (Dat.) die ~ schmieren od. ölen od. anfeuchten wet one's whistle (coll.); sich (Dat.) die ~ aus dem Hals schreien (ugs.) shout or yell one's head off; aus voller ~: at the top of one's voice; sein ganzes Geld durch die ~ jagen pour all one's money down one's throat; etw. bleibt jmdm. in der ~ stecken sth. sticks in sb.'s throat or gullet; etw. in die falsche ~ bekommen (ugs.) (fig.: etw. mißverstehen) take sth. the wrong way; (sich an etw. verschlucken) have sth. go down the wrong way; s. auch Messer a; b) (Archit.) hollow moulding; (Dach~) [roof] valley
kehlig 1. Adj. guttural ⟨language, speech, sound, etc.⟩; throaty, guttural ⟨voice, laugh, etc.⟩. 2. adv. throatily; gutturally; in a throaty or guttural voice
Kehl·kopf der (Anat.) larynx
Kehlkopf-: ~**entzündung** die laryngitis no indef. art.; ~**krebs** der (Med.) cancer of the larynx; ~**mikrophon** das throat microphone; ~**spiegel** der (Med.) laryngoscope
Kehl·laut der a) guttural sound; b) (Sprachw.) guttural
Kehr-: ~**aus** der; ~ (letzter Tanz) last dance; b) (Schluß einer Veranstaltung) den ~aus machen finish; call it a day (coll.); (zumachen) close; ~**besen** der broom; (Handfeger) brush; ~**blech** das (bes. südd.) small shovel (used as dustpan)
Kehre ['ke:rə] die; ~, ~n a) (scharfe Kurve) sharp bend or turn; (Haarnadelkurve) hairpin bend; b) (geh.: Wende) [abrupt] change of direction; c) (Turnen) back or rear vault
¹**kehren** 1. tr. V. turn; die Innenseite von etw. nach außen ~: turn sth. inside out; jmdm. den Rücken ~: turn one's back on sb.; die Augen zum Himmel ~: raise one's eyes to the sky or heavenwards; etw./alles zum Besten ~: make sure sth./everything turns out for the best. 2. refl. V. turn; sich gegen jmdn./etw. ~: turn against sb./sth.; etw./alles wird sich zum Besten ~: sth./everything will turn out all right; sich an etw. (Akk.) nicht ~: pay no attention to or not care about sth. 3. itr. V. a) (selten: umkehren) turn [round]; Abteilung kehrt! (Milit.) squad, about turn or (Amer.) face!; rechtsum/linksum kehrt! right/left turn or (Amer.) face!; b) mit sein (geh.: zurück~/ein~) return; in sich (Akk.) gekehrt lost in thought; in a brown study; ein in sich (Akk.) gekehrter Mensch an introverted person
²**kehren** 1. itr. V. (bes. südd.) sweep; am sweeping. 2. tr. V. sweep; (mit einem Handfeger) brush; den Staub von etw./auf etw. (Akk.) ~: sweep/brush the dust off sth./on to sth.
Kehricht ['ke:rɪçt] der od. das; ~s a) (geh.: Schmutz, Unrat) rubbish; das geht dich einen feuchten ~ an! (salopp) mind your own damned business!; b) (schweiz.: Müll) refuse; garbage (Amer.)
Kehricht-: ~**eimer** der dustbin; garbage can (Amer.); ~**haufen** der pile or heap of rubbish; ~**schaufel** die s. Kehrschaufel
Kehr-: ~**maschine** die [mechanical] road sweeper; ~**reim** der refrain; ~**schaufel** die dustpan; ~**seite** die a) (Rückseite)

Keimzelle

back; (einer Münze, Medaille) reverse; (eines Stoffes) back; wrong side; die ~**seite der Medaille** (fig.) the other side of the coin; b) (scherzh.) (Gesäß) backside; (Rücken) back; c) (nachteiliger Aspekt) drawback; disadvantage
kehrt|machen itr. V. (ugs.) (sich umdrehen) do an about-turn; (umkehren) turn [round and go] back; (plötzlich) turn in one's tracks; **auf dem Absatz ~**: turn on one's heel
Kehrt·wendung die (bes. Milit. od. fig.) about-turn; about-face (Amer.); **eine ~ machen** make or do an about-turn or (Amer.) about-face
Kehr·wert der (Math.) reciprocal
keifen ['kaifn] itr. V. (abwertend) nag; scold; **das Keifen der Marktfrauen** the squabbling or bickering of the market women
Keiferei [kaifə'rai] die; ~, ~en (abwertend) nagging; scolding
Keil [kail] der; ~[e]s, ~e a) (zum Spalten) wedge; **einen ~ in etw. (Akk.) treiben** drive a wedge into sth.; **einen ~ zwischen die beiden Freunde treiben** (fig.) drive a wedge between the two friends; b) (zum Festklemmen) chock; (unter einer Tür) wedge; c) (bes. Milit.: keilförmige Formation) wedge; d) (Schneiderei) [wedge-shaped] gusset
Keil·absatz der wedge [heel]
Keile ['kailə] die; ~ (nordd.) walloping (sl.); thrashing; ~ **bekommen** od. **kriegen** get a walloping (sl.) or thrashing
keilen 1. refl. V. (ugs.: sich prügeln) fight; scrap; **sich um etw. ~**: fight over sth. 2. tr. V. a) (fachspr.: mit einem Keil spalten) split with a wedge; b) (fachspr.: als Keil hineinschlagen) etw. in etw. (Akk.) ~: drive sth. into sth.; (ugs.: anwerben) rope in (coll.); recruit. 3. itr. V. (ausschlagen) kick
Keiler der; ~s, ~ (Jägerspr.) wild boar
Keilerei die; ~, ~en (ugs.) punch-up (coll.); brawl; fight; **eine allgemeine ~**: a free-for-all
keil-, Keil-: ~**förmig** Adj. wedge-shaped; cuneiform ⟨lettering, script⟩; ~**hose** die tapering trousers; (Skihose) tapering ski-pants; ~**kissen** das wedge-shaped bolster; ~**riemen** der (Technik) V-belt; ~**schrift** die cuneiform script
Keim [kaim] der; ~[e]s, ~e a) (Bot.: erster Trieb) shoot; b) (Biol.: befruchtete Eizelle) embryo; c) (Ursprung, Ausgangspunkt) seed[s pl.]; **etw. im ~ ersticken** nip sth. in the bud; **den ~ zu etw. legen** sow the seeds pl. of sth.; d) meist Pl. (Biol., Med.: Krankheitserreger) germ; e) (Physik) nucleus
Keim-: ~**blatt** das a) (Bot.) cotyledon; seed leaf; b) (Biol., Med.) germ layer; ~**drüse** die (Zool.) gonad; ~**drüsen·hormon** das sex hormone
keimen itr. V. a) (zu sprießen beginnen) germinate; sprout; b) (innerlich entstehen) ⟨hope⟩ stir; ⟨thought, belief, decision⟩ form; ⟨love, yearning⟩ awaken
keim-, Keim-: ~**fähig** Adj. viable; capable of germinating postpos.; ~**fähigkeit** die; o. Pl. viability; ability to germinate; ~**frei** Adj. germ-free; sterile; **etw. ~frei machen** sterilize sth.; ~**freie Milch** sterilized milk; ~ **fest verpackt/gelagert** packed in sterile containers/stored in sterile conditions
keimhaft 1. Adj. (geh.) incipient; (noch nicht ausgeprägt) embryonic. 2. adv. ~ **angelegt** embryonically present
Keimling ['kaimlɪŋ] der; ~s, ~e (Bot.) embryo
keim-, Keim-: ~**scheibe** die (Biol.) blastodisc; germinal disc; ~**tötend** Adj. germicidal; ~**träger** der (Med.) carrier
Keimung die; ~, ~en germination
Keim·zelle die a) (Ausgangspunkt) nucleus; b) (Bot.) germ-cell; c) s. Gamet

kein [kaın] *Indefinitpron.* **a)** no; *(bei abstrakten Begriffen)* no; not any; **er hat ~ Wort gesagt** he didn't say a word; he said not a word; **er konnte ~e Arbeit finden** he could find no work; he could not find any work; **ich habe ~ Geld/~e Zeit** I have no money/time; I don't have any money/time; **hat er ~e Kinder?** has he no children?; **kennst du ~e Deutschen/~en Deutschen, der ...?** don't you know any Germans/a German who ...?; **~ Mensch/~ einziger** nobody *or* no one/not a single one; **in ~er Weise/unter ~en Umständen** in no way/in *or* under no circumstances; **das ist ~ dummer Vorschlag** that's not a bad suggestion; **er ist ~ Dichter** he is not a poet; *(er dichtet schlecht)* he is no poet; **zwischen den beiden Vorgängen besteht ~ großer Unterschied** there's no great difference between the two processes; **~ anderer als er kann es gewesen sein** it can't have been anybody else than him; **b)** *(ugs.: nicht ganz, nicht einmal)* less than; **es ist ~e drei Tage her, daß ich zuletzt dort war** it's not *or* it's less than three days since I was last there; **sie ist noch ~ zehn Jahre alt** she's not ten years old yet; **es dauert ~ fünf Minuten** it won't take five minutes; **c)** alleinstehend *(niemand/nichts)* nobody; no one; **er von uns** not one of us; none of us; **ich kenne ~en, der dir helfen kann** I don't know anyone who can help you; **keins von beiden** neither of [them]; **ich wollte ~es von beiden** I didn't want either of them; **mir kann ~er!** *(salopp)* I can look after myself!; **Kannst du mir Geld geben? – Ich habe selbst ~[e]s mehr** Can you give me some money? – No, I haven't any left either; **d)** alleinstehend *(überhaupt nicht)* **Post kam ~** there was no *or* wasn't any post *or* mail; **Lust habe ich ~** I don't feel like it

keinerlei *indekl. unbest. Gattungsz.* no ... at all; no ... what[so]ever

keiner·seits *Adv. (selten)* **ihr Vorschlag fand ~ Zustimmung** her suggestion met with no support anywhere *or* from any side

keines·falls *Adv.* on no account; **die Aufgabe ist schwer, aber ~ unlösbar** the problem is difficult but by no means insoluble

keines·wegs *Adv.* by no means; not by any means; not at all; **sein Einfluß darf ~ unterschätzt werden** his influence must in no way be underestimated; **ich nehme euch eure Offenheit ~ übel** I'm not in any way *or* not in the least offended by your frankness

kein·mal *Adv.* not [even] once; *s. auch* **einmal a**

Keks [keːks] *der; ~, od. ~es, ~ od. ~e (österr.: ~, ~[e])* biscuit *(Brit.);* cookie *(Amer.);* **~[e] essen/backen** eat/bake biscuits/cookies; **das/er geht mir auf den ~** *(salopp)* it/he gets up my nose *(sl.)*

Kelch [kɛlç] *der; ~[e]s, ~e* **a)** *(Trinkgefäß)* goblet; **den [bitteren] ~ bis auf den Grund** *od.* **bis zur Neige leeren [müssen]** *(geh.)* [have to] drain the [bitter] cup to the dregs; **der ~ ist an uns/ihm vorübergegangen** *(geh.)* we were/he was spared that ordeal; **b)** *(Rel.)* chalice; communion cup; **c)** *(Bot.)* calyx

kelch-, Kelch-: **~blatt** *das (Bot.)* sepal; **~förmig** *Adj.* goblet-shaped; **~glas** *das* goblet

Kelim ['keːlɪm] *der; ~s, ~s* Kilim

Kelle ['kɛlə] *die; ~, ~n* **a)** *(Schöpflöffel)* ladle; **b)** *(Signalstab)* signalling disc; **c)** *(Maurer~)* trowel; **d)** *(ugs.: Tischtennisschläger)* bat; *(Tennisschläger)* racket

Keller ['kɛlɐ] *der; ~s, ~* **a)** *cellar; (einer Burg usw.)* cellars *pl.;* *(~geschoß)* basement; **der Dollar/der Kurs des Dollars ist in den ~ gefallen** *(fig.)* the dollar has gone through the floor *(fig.);* **im ~ sein** *(Skat Jargon)* have a minus score *or* minus points; **b)** *(~raum)* cellar; **c)** *(ugs.: Weinvorrat)* cellar; **d)** *(Luftschutz~)* [air-raid] shelter; **e)** *s.* **Kellerlokal**

Keller·assel *die* wood-louse
Kellerei *die; ~, ~en* **a)** *(~betrieb)* winery; wine producer's; **b)** *(Kellerräume)* [wine] cellars *pl.*
Keller-: **~fenster** *das* cellar window; *(von ~geschoß)* basement window; **~geschoß** *das* basement; **~gewölbe** *das* underground vault; **~kind** *das (ugs.)* slum child *or* kid; **~lokal** *das* cellar bar/disco *etc.; (Restaurant)* cellar restaurant; **~meister** *der* maître de chai; **~treppe** *die* cellar stairs *pl.; (zum ~geschoß)* basement stairs *pl.;* **~wohnung** *die* basement flat *(Brit.)* or *(Amer.)* apartment
Kellner ['kɛlnɐ] *der; ~s, ~:* waiter
Kellnerin *die; ~, ~nen* waitress
kellnern *itr. V. (ugs.)* work as a waiter/waitress
Kelte ['kɛltə] *der; ~n, ~n* Celt
Kelter ['kɛltɐ] *die; ~, ~n (für Weintrauben)* winepress; *(für andere Obstarten)* fruitpress
Kelterei *die; ~, ~en (für Weintrauben)* grape crushing and pressing plant; *(für andere Obstarten)* fruit crushing and pressing plant
keltern *tr. V.* press ⟨grapes etc.⟩
keltisch *Adj.* Celtic
Keltisch *das; ~[s]* Celtic; *s. auch* **Deutsch**
Kelvin ['kɛlvɪn] *das; ~s, ~ (Phys.)* kelvin
Kemenate [keme'naːtə] *die; ~, ~n* [lady's] heated apartments *pl. (in a medieval castle)*
Kenia ['keːnia] *(das); ~s* Kenya
Kenianer [ke'niaːnɐ] *der; ~s, ~,* **Kenianerin** *die; ~, ~nen* Kenyan; *s. auch* **-in**
Kenn·daten ['kɛn-] *Pl. (fachspr.)* personal data *or* details
kennen ['kɛnən] *unr. tr. V.* **a)** know; **das Leben ~:** know about life; know the ways of the world; **das ~ wir gar nicht anders** *(haben es nie anders gemacht)* we've always done it that way; *(haben es erfahren)* it's always been like that; **jmdn. als Schriftsteller/Feigling ~:** know sb. as a writer/know sb. to be a coward; **kennst du den?** *(diesen Mann)* do you know who he is?; *(bist du mit ihm bekannt)* are you acquainted with him?; *(diesen Witz)* have you heard this one?; **jmds. Bücher/Werk ~:** know *or* be acquainted with sb.'s books/work; **da kennst du mich aber schlecht** *(ugs.)* that just shows you don't know me very well; **das kennen wir [schon]** *(ugs. abwertend) (das ist nichts Neues)* we've heard all that before; *(diese Ausrede kennen wir)* we've heard that one before; **sich nicht mehr ~ [vor ...]:** be beside oneself [with ...]; **einen guten Arzt/ein gutes Restaurant ~:** know [of] a good doctor/restaurant; **da kenne ich/da kennt er nichts** *(ugs.)* and to hell with everything else *(coll.);* **b)** *(bekannt sein mit)* know; be acquainted with; **jmdn. flüchtig/persönlich ~:** know sb. slightly/personally; **die beiden ~ sich nicht mehr** the two are no longer on speaking terms; **ich glaube, wir beide ~ uns noch nicht** I don't think we have been introduced; **er will mich nicht mehr ~:** he doesn't want to know me any more; **c)** *(haben)* have; **keinen Winter/Sommer ~:** have no winter/summer; **er kennt keine Kopfschmerzen** he never gets a headache; **kein Mitleid ~:** know *or* have no pity; **d)** *(wiedererkennen)* know; recognize; **na, kennst du mich noch?** well, do you remember me?; **jmdn. am Gang/an der Stimme ~:** know *or* recognize sb. by his/her walk/voice
kennen|lernen *tr. V.* **a)** *(Kenntnis erlangen)* get to know; acquaint oneself with; **jmdn./etw. näher ~:** get to know sb./sth. better; become better acquainted with sb./sth.; **jmdn. von einer bestimmten Seite ~:** see a particular side of sb.; **jmdn. als einen bescheidenen Menschen usw. ~:** come to know sb. as a modest person *etc.;* **b)** *(bekannt werden mit)* get to know; become ac-

quainted with; *(erstmals begegnen)* meet; **freut mich, Sie kennenzulernen** pleased to meet you; pleased to make your acquaintance *(formal);* **c)** *(in Berührung gebracht werden mit)* come to know; **du wirst mich noch ~!** you'll find out I don't stand for any nonsense
Kenner *der; ~s, ~* **a)** *(Fachmann)* expert, authority (+ Gen. on); **b)** *(von Wein, Speisen)* connoisseur; **dieser Wein ist etwas für den ~:** this is a wine for the connoisseur
Kennerblick *der* expert eye; **mit ~:** with an expert eye; **er warf ~e auf die Ausstellungsstücke** he cast an expert eye over the exhibits
Kennerin *die; ~, ~nen s.* **Kenner**
Kenner·miene *die* air of an expert/connoisseur; **mit ~:** with the air of an expert/connoisseur
Kennerschaft *die; ~:* connoisseurship; *(Sachkenntnis)* expertise
Kenn-: **~karte** *die* identity card; **~marke** *die* [police] identification badge; ≈ [police] warrant card *or (Amer.)* ID card; **~melodie** *die (Rundf.)* signature tune; **~nummer** *die s.* **Kennummer**
kenntlich ['kɛntlɪç] *Adj.* **~ sein** be recognizable *or* distinguishable (**an** by); **jmdn./etw. ~ machen** make sb. [easily] identifiable *or* mark sth.; **etw. als Gift ~ machen** mark *or* label sth. as a poison
Kenntnis ['kɛntnɪs] *die; ~, ~se* **a)** *o. Pl. (das Kennen, Wissen)* knowledge; **von etw. ~ haben/erhalten** be informed on sth. *or* have knowledge of sth./learn *or* hear about sth.; **das entzieht sich meiner ~** *(geh.)* I have no knowledge of that; **von etw. ~ nehmen, etw. zur ~ nehmen** take note of sth.; **jmdn. von etw. in ~ setzen** inform *or* notify sb. of sth.; **jmdn. zur ~ nehmen** take notice of sb.; **b)** *Pl. (Sach- und Erfahrungswissen)* knowledge *sing.;* **oberflächliche/gründliche ~se von etw. haben** have a superficial/thorough knowledge of sth.; **~se in Mathematik** *od.* **auf dem Gebiet der Mathematik** a knowledge of mathematics
Kenntnisnahme *die; ~ (Papierdt.)* **jmdm. etw. zur ~ vorlegen** submit sth. to sb. for his/her attention; **wir bitten um gefällige ~ der Akten** please give these documents your kind attention; **nach ~ der Akten** after giving the documents my/his *etc.* attention
kenntnis·reich *Adj.* well-informed; knowledgeable
Kennummer *die; ~, ~n* reference number; code number; *(eines Agenten)* code number
kenn-, Kenn-: **~wort** *das; Pl. ~wörter* **a)** *(Erkennungszeichen)* code-word; reference; **b)** *(Parole)* password; code-word; **~zahl** *die* **a)** *(charakteristische Zahlenwert)* index; **b)** *(Fernspr.)* code; **~zeichen** *das* **a)** *(Merkmal)* sign; mark; **ein ~zeichen für einen Witterungsumschlag** a sign of a change in the weather; **ein ~zeichen eines Genies** a [hall]mark of a genius; **besondere ~zeichen** distinguishing marks; **b)** *(Erkennungszeichen)* badge; *(auf einem Behälter, einer Ware usw.)* label; **etw. als ~zeichen tragen** carry/wear sth. as a means of identification; *(einer Gruppe)* carry/wear sth. as an indication of membership; **c)** *(am Fahrzeug)* registration number; **~zeichnen** *tr. V.* **a)** *(mit einem Kennzeichen versehen)* mark; label ⟨container, goods, *etc.*⟩; mark, signpost ⟨way⟩; tag ⟨bird, animal, *etc.*⟩; **etw. als ... ~zeichnen** mark *or* identify sth. as ...; **b)** *(charakterisieren)* characterize; **jmdn. als ... ~zeichnen** characterize sb. as ...; **c)** *(in seiner Eigenart erkennen lassen)* typify; **jmdn. als ... ~zeichnen** mark sb. out as ...; **~zeichnend** *Adj.* typical, characteristic (**für** of); **~zeichnung** *die* **a)** marking; *(von Behältern, Waren)* labelling; *(von Vögeln, Tieren)* tagging; **b)** *(Charakterisierung)* characterization; **c)** *(Kennzeichen)*

1237

eine auffällige ~zeichnung von Fußgängerüberwegen a conspicuous means of marking pedestrian crossings; **d)** *(Logik)* definite description; **~ziffer die a)** *(Ziffer zur Unterscheidung)* reference number; *(bei einem Zeitungsinserat)* box number; **b)** *(Math.)* characteristic

Kenotaph [keno'ta:f] *das*; ~s, ~e cenotaph

Kentaur [kɛn'taʊɐ] *der*; ~en, ~en *s.* Zentaur

kentern ['kɛntɐn] *itr. V.* **a)** *mit sein* ⟨*boat, ship, etc.*⟩ capsize; **b)** *(Seemannsspr.)* ⟨*tide, wind*⟩ turn

Keramik [ke'ra:mɪk] *die*; ~, ~en **a)** *o. Pl. (gebrannter Ton)* ceramics *pl.*; pottery; **b)** *(~gegenstand)* ceramic; piece of pottery; **c)** *(Material)* fired clay; **d)** *o. Pl. (Technik)* ceramics *sing.*; pottery

keramisch *Adj.; nicht präd.* ceramic

Kerbe ['kɛrbə] *die*; ~, ~n notch; **in dieselbe** *od.* **die gleiche ~ hauen** *od.* **schlagen** *(ugs.)* take the same line

Kerbel ['kɛrbl̩] *der*; ~s chervil

kerben *tr. V.* **a)** *(mit Kerben versehen)* notch; cut a notch/notches in; **b)** carve ⟨*pattern etc.*⟩

Kerb-: **~holz** *das in* **etwas/einiges auf dem ~holz haben** *(ugs.)* have done a job/a job or two *(sl.)*; **~tier** *das* insect

Kerker ['kɛrkɐ] *der*; ~s, ~ **a)** *(hist.: Gefängnis)* dungeons *pl.*; *(einzelne Zelle)* dungeon; **b)** *(österr., hist.: Freiheitsstrafe)* imprisonment

Kerker-: **~haft** *die (hist.)* imprisonment; **~meister** *der (hist.)* jailer; **~strafe** *die (österr., hist.) s.* **Gefängnisstrafe**

Kerl [kɛrl] *der*; ~s, ~e *(nordd., md. auch:* ~s) **a)** *(ugs.: männliche Person)* fellow *(coll.)*; chap *(coll.)*; bloke *(Brit. sl.)*; **ein ganzer** *od.* **richtiger ~**: a splendid fellow *(coll.)* or chap *(coll.)*; **ein gemeiner/frecher ~** *(abwertend)* a nasty so-and-so *(coll.)*/an impudent fellow *(coll.)*; **b)** *(ugs.: sympathischer Mensch)* **er ist ein feiner ~**: he's a fine chap *(coll.)* or *(sl.)* a good bloke; **sie ist ein netter/feiner ~**: she's a nice/fine woman

Kern [kɛrn] *der*; ~[e]s, ~e **a)** *(Fruchtsamen)* pip; *(von Steinobst)* stone; *(von Nüssen, Mandeln usw.)* kernel; **der ~ eines Problems/Vorschlags** *(fig.)* the crux *or* gist of a problem/gist of a suggestion; **er hat einen guten** *od.* **ihm steckt ein guter ~** *(fig.)* he is good at heart; **das birgt einen wahren ~** *(fig.)* it contains a core of truth; **zum ~ einer Sache** *(Gen.)* **kommen** *(fig.)* get to the heart of a matter; **b)** *(wichtigster Teil einer Gruppe)* core; nucleus; **der harte ~**: the hard core; **c)** *(Physik: Atom~)* nucleus; **d)** *(einer elektrischen Spule, eines Reaktors)* core; **e)** *(Gießerei)* core; **f)** *(Biol.: Zell~)* nucleus *(Anat., Biol.: Nerven~)* centre; **g)** *(Zentrum)* city/town centre; **h)** *(Met.)* **mit seinem ~ über Schottland liegend** ⟨*depression etc.*⟩ centred over Scotland

kern-, Kern-: **~beißer** *der* hawfinch; **~brennstoff** *der* nuclear fuel; **~chemie** *die* nuclear chemistry; **~energie** *die* nuclear energy *no art.*; **~explosion** *die* **a)** *(von atomaren Sprengkörpern)* nuclear explosion; **b)** *(Physik)* [complete] fragmentation of the nucleus; **~fach** *das (Schulw.)* core subject; **~fäule** *die (Forstw.)* heart-rot; **~forschung** *die* nuclear research; **~frage** *die* central question; **~frucht** *die (Bot.)* pome; **~fusion** *die (Phys., Biol.)* nuclear fusion *no art.*; **~gedanke** *der* central idea; **~gehäuse** *das* core; **~gesund** *Adj.* fit as a fiddle *pred.*; sound as a bell *pred.*; **~haus** *das s.* **~gehäuse**; **~holz** *das (Holzverarb.)* heartwood

kernig 1. *Adj.* **a)** *(urwüchsig, markig)* robust, earthy ⟨*language*⟩; down-to-earth ⟨*remarks*⟩; *(kraftvoll)* powerful, forceful ⟨*speech*⟩; pithy ⟨*saying*⟩; **ein ~er Mann/Typ** *(ugs.)* a robust and athletic man/type; **b)**

(fest, haltbar) robust, stout, sturdy ⟨*boots, shoes*⟩; sound ⟨*wood*⟩; robust ⟨*leather*⟩; **c)** *(gehaltvoll, kräftig)* full-bodied ⟨*wine*⟩; **d)** *(ugs.: vortrefflich)* great *(coll.)*; **e)** *(voller Kerne)* full of pips *pred.* **2.** *adv.* **a)** *(urwüchsig, markig)* robustly; *(kraftvoll)* forcefully; *(knapp)* pithily ⟨*expressed*⟩; **b)** *(ugs.: vortrefflich)* **wir haben ~ gezecht und geschwoft** we had a whale of a time drinking and dancing *(coll.)*

Kern·kraft die a) *Pl. (Physik)* nuclear forces; **b)** nuclear power *no art.*

Kernkraft-: **~gegner** *der* opponent of nuclear power; **~werk** *das* nuclear power station *or* plant

Kern·ladungszahl die atomic number

kern-, Kern-: **~los** *Adj.* seedless; **~obst** *das* pomaceous fruit; pomes *pl.*; **~pflicht·fach** *das (Schulw.)* core-curriculum subject; **~physik** *die* nuclear physics *sing., no art.*; **~physiker** *der* nuclear physicist; **~punkt** *der* central point; **~reaktion** *die (Physik)* nuclear reaction; **~reaktor** *der* nuclear reactor; **~satz** *der* **a)** *(wesentlicher Satz)* key sentence *or* statement; **b)** *(Sprachw.)* basic structural form of the sentence, with the finite verb as the second idea; kernel sentence; **~schatten** *der (Optik, Astron.)* umbra; total shadow; **~seife** *die* washing soap; hard soap; **~spaltung** *die (Physik)* nuclear fission *no art.*; **~spruch** *der* wise saw *or* saying; **~stück** *das* centre-piece; *(einer Diskussion, eines Programms)* central *or* main item; *(eines Plans)* main point; **~technik** *die* nuclear engineering *no art.*; **~truppe** *die* crack unit; **~verschmelzung** *die (Physik, Biol.)* nuclear fusion *no art.*; **~waffe** *die*; *meist Pl.* nuclear weapon; **~waffen·frei** *Adj.* nuclear-free; **~waffen·versuch** *der* nuclear [weapons] test; **~zeit** *die* core time

Kerosin [kero'zi:n] *das*; ~s kerosene

Kerze ['kɛrtsə] *die*; ~, ~n **a)** candle; **elektrische ~**: candle bulb; **b)** *(Zünd~)* sparkplug; sparking-plug; **c)** *(Turnen Jargon)* shoulder stand; **d)** *(Physik veralt.)* candela

kerzen-, Kerzen-: **~beleuchtung** *die* candle-light *no indef. art.*; **~docht** *der* [candle] wick; **~gerade**, *(ugs.)* **~grade 1.** *Adj.* dead straight ⟨*tree, post, etc.*⟩; very stiff ⟨*bow*⟩; **2.** *adv.* bolt upright; ⟨*rise*⟩ straight upwards; **~halter** *der* candleholder; **~leuchter** *der* candlestick; *(für mehrere Kerzen)* candelabrum; **~licht** *das*; *o. Pl.* the light of a candle/of candles; **bei ~licht** by candle-light; **~schein** *der*; *o. Pl.* candle-light *no pl.*; **~schlüssel** *der (Kfz-W.)* plug spanner; **~stummel** *der*, **~stumpf** *der* stump of a/the candle

Kescher ['kɛʃɐ] *der*; ~s, ~ *(für Fische)* hand-net; fishing-net; *(für Schmetterlinge)* butterfly-net

keß [kɛs] **1.** *Adj.* **a)** *(hübsch, flott)* pert; pert, jaunty ⟨*hat, dress, etc.*⟩; *s. auch* **Sohle a**; **b)** *(frech, vorlaut)* cheeky; **c)** *(salopp)* **kesser Vater** bulldyke *(sl.)*; butch *(sl.)*. **2.** *adv.* **a)** *(hübsch, flott)* jauntily; **b)** *(frech, vorlaut)* cheekily

Kessel ['kɛsl̩] *der*; ~s, ~ **a)** *(Tee~)* kettle; **b)** *(zum Kochen)* pot; *(für offenes Feuer)* cauldron; *(in einer Brauerei usw.)* vat *(Wasch~)* copper; wash-boiler; **c)** *(Berg.)* basin-shaped valley; **d)** *(Milit.)* encircled area; *(kleiner)* pocket; **e)** *(Jägerspr.)* ring of hunters and beaters; **f)** *(Dampf~, Heiz~)* boiler

Kessel-: **~fleisch** *das s.* **Wellfleisch**; **~flicker** *der (veralt.)* tinker; **~haus** *das* boiler-house; **~jagd** *die s.* **~treiben a**; **~pauke** *die* kettledrum; **~raum** *der* boiler-room; **~schlacht** *die* battle of encirclement; **~schmied** *der* boilermaker; **~schmiede** *die* boiler shop; **~stein** *der*; *o. Pl.* fur; scale; **~treiben** *das* **a)** *(Jä-*

gerspr.: Treibjagd) battue *(using a circle of hunters and beaters)*; **b)** *(Hetzkampagne)* witch-hunt; **~wagen** *der (Kfz-W.)* road tanker; tanker lorry *(Brit.)*; tank truck *(Amer.)*; *(Eisenbahn)* tank-wagon; tank-car

Ketchup ['kɛtʃap] *der od. das*; ~[s], ~s ketchup

Ketsch [kɛtʃ] *die*; ~, ~en *(Segeln)* ketch

Kettchen ['kɛtçən] *das*; ~s, ~: [neck-]chain *(with cross etc. attached)*; *(Fuß~)* anklet; *(Arm~)* bracelet

Kette ['kɛtə] *die*; ~, ~n **a)** chain; *(von Kettenfahrzeugen)* track; **die ~ [an der Tür] vorlegen** put the chain across [the door]; **an der ~ liegen** ⟨*dog*⟩ be chained up; **jmdn. in ~n legen** put sb. in chains; **die ~n abwerfen/ sprengen** *od.* **zerreißen** *(fig. geh.)* cast off *or* throw off/break one's chains *or* shackles; **jmdn. an die ~ legen** *(fig.)* keep sb. on a [tight *or* short] leash; **b)** *(Halsschmuck)* necklace; *(eines Bürgermeisters usw.)* chain; **c)** *(Reihe)* chain; *(von Autos)* line; **eine ~ bilden** form a chain; **eine ~ von Beweisen** a chain of evidence; **die ~ der Berge** the chain of mountains; **~ rauchen** *(ugs.)* chain-smoke; **d)** *(von Ereignissen)* string; series; **e)** *(Weberei)* warp

Kettel·maschine ['kɛtl̩-] *die (Textilw.)* looper

ketten *tr. V.* **a)** *(mit einer Kette anbinden)* chain (**an** + *Akk.* to); **b)** *(unauflösbar binden)* **jmdn. an sich** (*Akk.*) ~: bind sb. to oneself; **sich an jmdn. ~**: tie oneself to sb.

Ketten-: **~antrieb** *der* chain drive; chain transmission; **~armband** *das (für eine Armbanduhr)* [mesh-link/open-link] bracelet; *(Schmuck)* [chain] bracelet; **~brücke** *die* chain bridge; **~fahrzeug** *das s.* **Raupenfahrzeug**; **~glied** *das* [chain-]link; **~hemd** *das (hist.)* coat of chain mail; **~hund** *der* **a)** watch-dog *or* guard-dog *(kept on a chain)*; **b)** *(Milit. Jargon)* Military Policeman; **~laden** *der* chain store; **~panzer** *der* chain mail; chain-armour; **~rauchen** *das*; ~s chain-smoking *no art.*; **~raucher** *der* chain-smoker; **~reaktion** *die* chain reaction; **eine ~reaktion auslösen** trigger a chain reaction; **~säge** *die* chain saw; **~schluß** *der (Logik)* chain syllogism; sorites; **~schutz** *der* chain guard; **~stich** *der (Handarb.)* chain stitch

Ketzer ['kɛtsɐ] *der*; ~s, ~ *(auch fig.)* heretic

Ketzerei *die*; ~, ~en *(auch fig.)* heresy

Ketzer·gericht *das (hist.)* Inquisition

Ketzerin *die*; ~, ~nen *(auch fig.)* heretic

ketzerisch *(auch fig.)* **1.** *Adj.* heretical. **2.** *adv.* heretically

keuchen ['kɔyçn̩] *itr. V.* **a)** *(schwer atmen)* pant; gasp for breath; *(fig.)* ⟨*locomotive*⟩ chug; **mit ~dem Atem** gasping *or* panting for breath; **b)** *mit sein* keuchend fortbewegen) puff *or* pant one's way; come/go puffing *or* panting along

Keuch·husten *der* whooping cough *no art.*

Keule ['kɔylə] *die*; ~, ~n **a)** *(Schlagwaffe)* club; cudgel; **chemische ~**: Chemical Mace (P); **b)** *(Gymnastik)* [Indian] club; **c)** *(Kochk.)* leg; *(Reh~, Hasen~)* haunch; *(Gänse~, Hühner~)* drumstick; leg

Keulen-: **~hieb** *der*, **~schlag** *der* blow with a club *or* cudgel; *(fig.)* terrible blow; **~schwingen** *das (Gymnastik)* club swinging; swinging [Indian] clubs

keusch [kɔyʃ] **1.** *Adj.* **a)** *(sexuell enthaltsam)* chaste; pure; *(geh. veralt.) (sittsam)* modest; demure; *(sittlich und moralisch rein)* pure. **2.** *adv.* **a)** *(sexuell enthaltsam)* **~ leben** lead a chaste life; **b)** *(sittsam)* modestly; demurely; *(sittlich und moralisch rein)* in a pure manner

Keuschheit *die*; ~ **a)** *(sexuelle Enthaltsamkeit)* chastity; **b)** *(geh. veralt.) (Sittsamkeit)* modesty; *(sittliche und moralische Reinheit)* purity

Keuschheits-: ~**gelübde** das vow of chastity; ~**gürtel** der chastity belt
Kfz [kaːɛfˈtsɛt] Abk. Kraftfahrzeug
kg Abk. Kilogramm kg
KG Abk. Kommanditgesellschaft
K-Gruppe ['kaː-] die (Politik) [anti-Soviet] Communist organization
¹**Khaki** ['kaːki] der; ~[s] (Stoff) khaki
²**Khaki** das; ~[s] (Farbe) khaki
khaki·farben Adj. khaki[-coloured]
kHz Abk. Kilohertz kHz
Kibbuz [kɪˈbuːts] der; ~, ~im [kɪbuˈtsiːm] od. ~e kibbutz
Kibbuznik [kɪˈbuːtsnɪk] der; ~s, ~s kibbutznik
Kicher·erbse die chick-pea
kichern ['kɪçɐn] itr. V. giggle; **in sich hinein/vor sich hin** ~: giggle to oneself; **daß ich nicht kichere!** (iron.) don't make me laugh!
Kick [kɪk] der; ~[s], ~s (Fußball, ugs.) kick
Kick·down [kɪkˈdaʊn] das; ~s, ~s (Kfz-W.) kick-down
kicken (ugs.) 1. itr. V. play football. 2. tr. V. kick
Kicker der; ~s, ~[s] (ugs.) footballer; [football-]player
Kick·starter der (Kfz-W.) kick-starter; kick-start
kidnappen ['kɪtnɛpn̩] tr. V. kidnap
Kidnapper der; ~s, ~: kidnapper
Kidnapping ['kɪtnɛpɪŋ] das; ~s, ~s kidnapping
kiebig ['kiːbɪç] Adj. (bes. nordd.) (frech) cheeky; impertinent; (gereizt) touchy
Kiebitz ['kiːbɪts] der; ~es, ~e a) (Vogel) lapwing; peewit; b) (ugs.: Zuschauer beim Spiel) kibitzer (coll.)
kiebitzen itr. V. (ugs. scherzh.) a) (bei einem Spiel zuschauen) kibitz (coll.); b) (neugierig beobachten) look on
¹**Kiefer** ['kiːfɐ] der; ~s, ~: jaw; (~knochen) jaw-bone
²**Kiefer** die; ~, ~n a) (Nadelbaum) pine[tree]; b) o. Pl. (Holz) pine[-wood]
Kiefer-: ~**bruch** der (Med.) fracture of the jaw; fractured jaw; ~**chirurgie** die oral surgery no art.; ~**höhle** die (Anat.) maxillary sinus; ~**höhlen·entzündung** die maxillary sinusitis no art.; ~**klemme** die (Med.) lockjaw; trismus (Med.); ~**knochen** der jaw-bone
Kiefern-: ~**holz** das pine[-wood]; ~**nadel** die pine-needle; ~**wald** der pinewood; (größer) pine forest; ~**zapfen** der pine-cone
Kiefer·orthopädie die orthodontics sing., no art.
kieken ['kiːkn̩] itr. V. (nordd.) look
Kieker ['kiːkɐ] der; ~s, ~ a) (Seemannsspr.) (Fernglas) binoculars pl.; (Fernrohr) telescope; b) in jmds. auf dem ~ haben (ugs.) have it in for sb. (coll.); (mißtrauisch beobachten) keep a careful eye or watch on sb.
kieksen ['kiːksn̩] s. gicksen
¹**Kiel** [kiːl] der; ~[e]s, ~e keel; **ein Schiff auf** ~ **legen** (Schiffsbau) lay down a ship; lay the keel of a ship
²**Kiel** der; ~[e]s, ~e a) (Teil einer Vogelfeder) quill; b) (hist.: Schreibfeder) quill[-pen]
kiel-, Kiel-: ~**feder** die quill-feather; ~**holen** tr. V. (Seemannsspr.) a) (auf die Seite legen) careen ⟨ship⟩; b) (unter dem Schiff hindurchziehen) keel-haul; ~**oben** [-ˈ--] Adv. bottom up; ~**raum** der bilge; ~**wasser** das wake; **in jmds.** ~**wasser segeln** od. **schwimmen** (fig.) follow in sb.'s wake
Kieme ['kiːmə] die; ~, ~n; meist Pl. gill
Kiemen-: ~**atmer** [-ʔaːtmɐ] der; ~s, ~ (Zool.) gill-breathing animal; gill-breather; ~**spalte** die; meist Pl. (Zool.) gill slit
Kien [kiːn] der; ~[e]s resinous wood; (Kiefernholz) resinous pine-wood
Kien-: ~**apfel** der s. Kiefernzapfen; ~**fackel** die pine[-wood] torch; ~**span** der

pine-wood chip; (zum Anzünden) pine-wood spill
Kiepe ['kiːpə] die; ~, ~n (nordd., md.) dosser; pannier
Kies [kiːs] der; ~es, ~e a) (kleine, runde Steine) gravel; (auf dem Strand) shingle; b) (Mineral.) pyrites sing.; c) (salopp: Geld) dough (sl.); bread (sl.)
Kiesel ['kiːzl̩] der; ~s, ~: pebble
Kiesel-: ~**erde** die siliceous earth; ~**säure** die (Chemie) silicic acid; ~**stein** der pebble
kiesen ['kiːzn̩] unr., auch regelm. tr. V. (dichter. veralt.) choose; select
Kies·grube die gravel pit
Kies·weg der gravel path
Kiez [kiːts] der; ~es, ~e a) (nordostd., bes. berlin.) (Stadtteil) neighbourhood; b) (Jargon: Bordellgegend) red-light district
Kif [kɪf] der; ~[s] (ugs.) pot (sl.); grass (sl.)
kiffen ['kɪfn̩] itr. V. (ugs.) smoke pot (sl.) or grass (sl.)
Kiffer der; ~s, ~ (ugs.) pot-head (sl.)
kikeriki [kikəriˈkiː] Interj. (Kinderspr.) cock-a-doodle-doo
Kikeriki das; ~s, ~s cock-a-doodle-doo
Kilbi ['kɪlbi] die; ~, **Kilbenen** [ˈkɪlbənən] (schweiz.) s. Kirchweih
killekille ['kɪləˈkɪlə] Interj. (Kinderspr.) tickle-tickle; **bei jmdm.** ~ **machen** tickle sb.
¹**killen** ['kɪlən] tr. V. (salopp) do in (sl.); bump off (sl.)
²**killen** itr. V. (Seemannsspr.) ⟨sail⟩ shiver
Killer der; ~s, ~ (salopp) killer; (gegen Bezahlung) hit man (sl.)
Killer·satellit der (ugs.) hunter-killer satellite
Kilo ['kiːlo] das; ~s, ~[s] kilo
Kilo-: ~**gramm** das kilogram; ~**hertz** das; ~, ~ (Physik) kilohertz; ~**kalorie** die (Physik veralt.) kilocalorie
Kilometer der; ~s, ~: kilometre; **75** ~ **in der Stunde** 75 kilometres per hour
kilometer-, Kilometer-: ~**fresser** der (ugs. scherzh. od. abwertend) **er ist ein** ~**fresser** he really burns up the miles (coll.); ~**geld** das mileage allowance; ~**lang** 1. Adj. miles long pred.; **eine** ~**lange Autoschlange** a traffic jam stretching [back] for miles; 2. adv. for miles [and miles]; ~**pauschale** die (Steuerw.) mileage allowance (to taxpayer driving to and from work); ~**stand** der mileage reading; ~**stein** der milestone; ~**weit** 1. Adj.; nicht präd. **in** ~**weiter Entfernung** miles away in the distance; **eine** ~**weite Aussicht** a view for miles; 2. adv. for miles [and miles]
Kilowatt·stunde die (Physik; bes. Elektrot.) kilowatt-hour
Kimbern ['kɪmbɐn] Pl. Cimbri
Kimm [kɪm] die; ~ (Seemannsspr.) a) (Horizontlinie) apparent or visible horizon; b) (von Schiffen) bilge
Kimme ['kɪmə] die; ~, ~n a) (Einschnitt im Visier) sighting notch; b) (salopp: Gesäßspalte) cleft between the buttocks
Kimmung die; ~ (Seemannsspr.) mirage
Kimono [kiˈmoːno] der; ~s, ~s kimono
Kind [kɪnt] das; ~[e]s, ~er a) child; (Kleinkind) child; infant; (Baby) child; baby; **ein** ~ **erwarten/bekommen** od. (ugs.) **kriegen be** expecting/have a baby; **ich glaube, ihre Tochter kriegt ein** ~: I think her daughter's going to have a baby; **ein** ~ **zur Welt bringen** (geh.) give birth to a child; **ein** ~/~**er in die Welt setzen** bring a child/children into the world; **von einem** ~ **entbunden werden** be delivered of a child; **das** ~ **beim [rechten] Namen nennen** (fig.) call a spade a spade; **das** ~ **muß doch einen Namen haben** (ugs.) we need a good name for it; (wir müssen einen Vorwand dafür finden) we've got to dress it up somehow; **wir werden das** ~ **schon [richtig] schaukeln** (ugs.) we'll soon sort things out or have things sorted out; **unschuldig wie ein neugeborenes** ~ **sein** be as

innocent as a new-born babe; **jmdm. ein** ~ **machen** od. **andrehen** (ugs.) put sb. in the family way (coll.) or in the club (sl.); **das** ~ **mit dem Bade ausschütten** (fig.) throw the baby out with the bath-water; **jmdn. wie ein [kleines]** ~ **behandeln** treat sb. like a [small] child; **das weiß/kann doch jedes** ~: any child or five-year old knows/can do that; **von** ~ **an** od. **auf** from childhood; **er ist ein großes** ~: he is a big baby; **sich wie ein** ~ **freuen** be [as] pleased as Punch; **über schöne Dinge kann er sich wie ein** ~ **freuen** he takes a childlike pleasure in beautiful things; **du bist als** ~ **[wohl] zu heiß gebadet worden** (ugs.) you [must] have a screw loose (coll.); **wie sag' ich's meinem** ~? I don't know the best way to put it; (bei einer unangenehmen Nachricht) how do I break the news?; **aus** ~**ern werden Leute** childhood passes [all too soon]; **dann kommt bei ihm das** ~ **im Manne durch** (scherzh.) then he shows that he is [still] a child at heart; [seine/deine usw.] ~**er und Kindeskinder** [his/your etc.] children and [his/your etc.] children's children; **bei jmdm. lieb** ~ **sein** (ugs.) be a favourite with sb.; **sich bei jmdm. lieb** ~ **machen** (ugs.) get on the right side of sb.; **einziges** ~ **sein** be an only child; **armer/reicher Leute** ~ **sein** be the child of poor/wealthy parents; **ein** ~ **seiner Zeit** (fig.) a child of one's times; ~**er Gottes** (fig.) God's children; **ein** ~ **des Todes sein** (fig. geh.) be as good as dead; **ein [echtes] Wiener/Berliner** ~: a [true] Viennese/Berliner; **ein** ~ **der Liebe** (geh. verhüll.) a love-child; **er ist/du bist** usw. **kein** ~ **von Traurigkeit** (ugs.) he knows/you know etc. how to enjoy himself/yourself etc.; **jmds. liebstes** ~ **sein** ⟨person⟩ be sb.'s pet; **das Auto/die Oberstufenreform ist sein liebstes** ~: the car is his first love/reform of the sixth form is his pet project; **jmdn. an** ~**es Statt annehmen** (veralt.) adopt sb.; s. auch totgeboren; b) (ugs.: als Anrede) **mein [liebes]** ~: my [dear] child; ~**er, hört mal alle her!** listen to this, all of you (coll.); [~**er,]** ~**er!** my goodness!
Kind·bett das (veralt.) s. Wochenbett
Kindbett·fieber das childbed or puerperal fever
Kindchen ['kɪntçən] a) (kleines Kind) [small or little] child; b) (Anrede) dear child
kinder-, Kinder-: ~**arbeit** die; o. Pl. child labour; ~**arm** Adj. with few children postpos., not pred.; ~**arzt** der paediatrician; ~**auge** das; meist Pl. **mit sehnsüchtigen** ~**augen auf etw.** (Akk.) **blicken** look at sth. with the wistful eyes of a child; ~**beihilfe** die (österr.) s. ~**geld**; ~**bekleidung** die children's wear; ~**besteck** das children's cutlery; **ein** ~**besteck** a set of children's cutlery; ~**bett** das cot; (für größeres Kind) child's bed; ~**bewahr·anstalt** die (veralt.) children's home; ~**bild** das (Foto) photograph of a child; (Malerei usw.) portrait of a child; ~**buch** das children's book; ~**chor** der children's choir; ~**dorf** das children's village; ~**ehe** die child marriage
Kinderei die; ~, ~en childishness no indef. art., no pl.; **eine** ~: a childish prank; ~**en** childishness sing.; childish behaviour sing.
kinder-, Kinder-: ~**ermäßigung** die reduction for children; ~**erziehung** die bringing up of children; ~**fahrrad** das child's bicycle; ~**feindlich** 1. Adj. hostile to children pred.; anti-children pred.; (für Kinder nicht förderlich) ⟨planning, policy⟩ which does not cater for the needs of children; 2. adv. **sich** ~**feindlich verhalten** act in a manner hostile to children; ~**feindlichkeit** die; o. Pl. hostility to children; (von Planung, Politik) failure to cater for children; ~**fest** das children's party; children's fête; ~**film** der children's film;

1239

Kinderfräulein — **Kirchengeschichte**

~**fräulein** das s. Gouvernante; ~**freund** der: ein [großer] ~freund/[große] ~freunde sein be [very] fond of children; ~**freundlich 1.** Adj. fond of children pred.; ⟨town, resort⟩ which caters for children; ⟨planning, policy⟩ which caters for the needs of children; **2.** adv. sich ~freundlich verhalten act in a manner friendly to children; ~**freundlich geplant werden** be planned with children in mind; ~**freundlichkeit** die fondness for children; ~**funk** der children's programme; ⟨Abteilung⟩ Children's Programmes sing., no art.; ~**garten** der kindergarten; nursery school; ~**gärtnerin** die kindergarten teacher; nursery-school teacher; ~**geld** das child benefit; ~**geschrei** das (oft abwertend) screaming or shouting of children; noise of children screaming or shouting; ~**gesicht** das child's face; (eines Erwachsenen) childlike face; baby-face; ~**glaube** der childlike belief or faith; (abwertend) childish belief or faith; ~**gottesdienst** der children's service; ~**heilkunde** die paediatrics sing., no art.; ~**heim** das children's home; ~**hort** der day-home for schoolchildren; ~**jahre** Pl. childhood years; ~**karussell** das children's roundabout; ~**kleidung** die children's wear; ~**krankheit die** a) (Infektionskrankheit bei Kindern) children's disease or illness; welche ~krankheiten hatten Sie? what childhood diseases have you had?; b) Pl. (Anfangsschwierigkeiten) teething troubles; ~**kreuzzug** der (hist.) Children's Crusade; ~**kriegen** das; ~s (ugs.) having children; ~**krippe** die crèche; day nursery; ~**lähmung** die poliomyelitis; infantile paralysis no art.; ~**leicht** (ugs.) **1.** (Adj.) childishly simple or easy; dead easy; das ist ~leicht it's child's play or (coll.) kid's stuff; **2.** adv. das kann ~leicht bedient werden it's childishly simple to use; ~**lieb** Adj. fond of children pred.; ~**liebe die** love of children; ~**lied** das nursery rhyme; ~**los** Adj. childless; ~**losigkeit die** childlessness; ~**mädchen** das nursemaid; nanny; ~**märchen** das [children's] fairy-tale; ~**mord** der child-murder; ~**mund der** aus dem ~**mund tut Wahrheit kund** (Prov.) it takes a child to point out the truth; ~**narr der:** er ist ein ~narr he adores children; ~**pflegerin** die children's nurse; ~**popo** der (ugs.) [baby's] bottom; glatt wie ein ~popo [as] smooth as a baby's bottom; ~**psychologie die** child psychology no art.; ~**puder** der baby powder; ~**reich** Adj. with many children postpos., not pred.; eine ~**reiche Familie** a large family; ~**reichtum** der; o. Pl. large number of children; ~**reim** der nursery rhyme; ~**schar** die crowd of children; ~**schreck** der; o. Pl. bogyman; ~**schuh** der child's shoe; ich bin/du bist den ~schuhen entwachsen (fig.) I'm/you're not a child any more; noch in den ~schuhen stecken ⟨process, technique, etc.⟩ be still in its infancy; ~**schutz** der child protection legislation; ~**schwester die** children's nurse; ~**segen der;** o. Pl. (oft scherzh.) eine Familie mit reichem ~segen a family blessed with a large number of children; ~**sitz der** child's seat; (an einem Fahrrad) childcarrier [seat]; (im Auto) child's safety seat; ~**spiel das** children's game; [für jmdn.] ein ~spiel sein be child's play [to sb.]; ~**spiel·platz der** [children's] playground; ~**spiel·zeug das** [children's] toys pl. or playthings pl.; (einzeln) [child's] toy or plaything; ~**sprache die; o. Pl.** a) (Sprache eines Kindes) child language; children's language; b) (kindliche Sprechweise Erwachsener) nursery language; ~**sterblichkeit die** child mortality; ~**stimme die** child's voice; ~**stube die;** o. Pl. eine gute/schlechte ~stube gehabt od. genossen haben have

been well/badly brought up; **hast du gar keine ~stube?** didn't you ever learn any manners?; ~**stuhl der** child's chair; (Hochstuhl) high chair; ~**tages·heim das, ~tages·stätte die** day nursery; ~**teller der** a) child's plate; b) (auf der Speisekarte) children's menu; ~**trommel die** toy drum; ~**wagen der** pram (Brit.); baby carriage (Amer.); (Sportwagen) push-chair (Brit.); stroller (Amer.); ~**wäsche die** [children's] underwear; (für Neugeborene) baby linen; ~**zahl die** number of children per family; ~**zeit die** childhood; ~**zimmer das** a) children's room; (für Kleinkinder) nursery; b) (Einrichtung) furniture for the children's room/nursery; ~**zuschlag der** child benefit

Kindes-: ~**alter das;** o. Pl. childhood; **im ~alter** at an early age; ~**annahme die** s. Adoption; ~**aussetzung die** abandonment of [new-born] children; ~**beine** Pl. **in von ~beinen an** from or since childhood; from an early age; ~**entführung die** kidnapping [of a child]; child abduction; ~**kind das** (veralt.) grandchild; s. auch **Kind a;** ~**liebe die** (geh.) filial love or affection; ~**mißhandlung die** (Rechtsw.) child abuse; ~**mord der** child murder; (Mord am eigenen Kind) infanticide; ~**mörderin die** infanticide; ~**nöte** Pl. (veralt.) labour pains; **in ~nöten liegen** od. **sein** be in labour sing.; ~**pflicht die** filial duty; ~**raub der** s. ~entführung; ~**tötung die** (Rechtsw.) infanticide

Kind·frau die a) (frühreifes Mädchen) precocious young lady; b) (kindliche Frau) childlike woman

kind·gemäß Adj. suitable for children postpos.

kindhaft Adj. childlike

Kindheit die; ~: childhood; **seit frühester ~**: from earliest childhood; from infancy

Kindheits·erinnerung die childhood memory

kindisch 1. Adj. childish, infantile ⟨behaviour, enjoyment⟩; naïve ⟨ideas⟩; ~ **werden** become childish; **werd nicht ~!** don't be sensibly. **2.** adv. childishly; **sich ~ über etw.** (Akk.) **freuen** be absurdly pleased about sth.; **sich ~ an etw.** (Dat.) **freuen** take childish pleasure in sth.

kindlich 1. Adj. childlike; **~er Gehorsam** filial obedience; **im ~en Alter** at an early age. **2.** adv. (behave) in a childlike way or manner; **sich ~ über etw.** (Akk.) **freuen** take a childlike pleasure in sth.

Kindlichkeit die; ~: childlike quality

Kinds·kopf der overgrown child; **sei doch kein ~!** don't be so childish!; act your age!

Kind·taufe die christening

Kinematographie [kinematogra'fi:] die; ~: cinematography no art.

Kinetik [ki'ne:tɪk] die; ~ a) (Physik) kinetics sing., no art.; b) (bild. Kunst) kinetic art

kinetisch Adj. (Physik, bild. Kunst) kinetic

King [kɪŋ] der; ~s, ~s (ugs.) boss (coll.); top dog (coll.)

Kinkerlitzchen ['kɪŋkɐlɪtsçən] Pl. (ugs.) trifles

Kinn [kɪn] das; ~[e]s, ~e chin

Kinn-: ~**backe die,** ~**backen der** (südd.) cheek; ~**bart der** chin-beard; chin-tuft; ~**haken der** hook to the chin; ~**lade die** jaw; ~**riemen der** chin-strap

Kino ['ki:no] das; ~s, ~s a) (Filmtheater) cinema (Brit.); movie theatre or house (Amer.); **in die [deutschen] ~s kommen** go on general release [in Germany]; **~ selten** (Filmvorstellung) film; movie (Amer.); **ins ~ gehen** go to the cinema (Brit.) or pictures (Brit.) or (Amer.) movies pl.; c) o. Pl. (Film als Medium) cinema

Kino-: ~**besuch der** visit to the cinema (Brit.) or (Amer.) movies; ~**besucher der** cinema-goer (Brit.); moviegoer (Amer.);

~**film der** cinema film (Brit.); movie film (Amer.); ~**gänger der** cinema-goer (Brit.); moviegoer (Amer.); ~**karte die** cinema ticket (Brit.); movie ticket (Amer.); ~**kasse die** cinema (Brit.) or (Amer.) movie box-office; ~**programm das** a) (Programm zu einem Film) film programme; b) (Programmvorschau) cinema guide; ~**reklame die** a) (Reklame für einen Film) publicity no indef. art. for the/a film; b) (Werbung vor einer Vorstellung) cinema advertisements pl.; screen commercials pl.; ~**vorstellung die** s. Filmvorstellung

Kintopp ['kɪntɔp] der od. das; ~s, ~s od. **Kintöppe** ['kɪntœpə] (ugs.) cinema

Kiosk [kiɔsk] der; ~[e]s, ~e kiosk

Kipf [kɪpf] der; ~[e]s, ~e (südd.) long loaf

Kipfel ['kɪpfl] das; ~s, ~n, **Kipferl** ['kɪpfɐl] das; ~s, ~n (bayr., österr.) s. Hörnchen b

¹**Kippe** ['kɪpə] die; ~, ~n (ugs.) cigarette end; fag-end (sl.); dog-end (sl.)

²**Kippe die;** ~, ~n a) (Bergmannsspr.: Abraumhalde) slag-heap; b) **in auf der ~ stehen** (ugs.) be balanced precariously; **etw. steht auf der ~** (fig.) (etw. befindet sich in einer kritischen Lage) it's touch and go with sth.; (etw. ist noch nicht entschieden) sth. hangs in the balance; c) (Turnen) upstart; **Kippe** (Müll~) tip; dump

kippelig ['kɪpəlɪç] Adj. (ugs.) wobbly; rickety, wobbly ⟨chair, table⟩

kippeln ['kɪpln] itr. V. **1.** a) (leicht wackeln) wobble; ⟨chair, table⟩ wobble; be wobbly or rickety; b) (mit dem Stuhl wackeln) [mit seinem Stuhl] ~: rock one's chair backwards and forwards

kippen 1. tr. V. a) (schräg stellen, neigen) tip [up]; tilt; b) (ausschütten) tip [out]; c) (ugs.: trinken) knock back (sl.); **einen ~:** have a quick one (coll.) or a drink; d) (ugs.: abbrechen) give ⟨project, series⟩ the chop (coll.). **2.** itr. V.; mit sein tip over; ⟨top-heavy object⟩ topple over; ⟨person⟩ fall, topple; ⟨boat⟩ overturn; ⟨car⟩ roll over; **von etw. ~:** topple or fall off sth.

Kipper der; ~s, ~: tipper lorry or truck; dump truck; (Eisenb.) tipper or tipping wagon; dump car (Amer.)

Kipp-: ~**fenster das** horizontally pivoted window; ~**lore die** tipper or tipping wagon; ~**schalter der** tumbler or toggle switch; ~**wagen der** s. Kipper

Kirche ['kɪrçə] die; ~, ~n a) (Gebäude) church; **die ~ im Dorf lassen** (fig.) keep a sense of proportion; **mit der ~ ums Dorf laufen** (einen unnötigen Umweg machen) go all round the houses; (unnötig kompliziert vorgehen) do things in a roundabout way; b) o. Pl. (Gottesdienst) church no art.; **in der ~ sein** be at church; **in die ~ gehen** go to church; c) (Institution) Church

kirchen-, Kirchen-: ~**älteste der** (ev. Kirche) [church-]elder; ~**amt das** a) (Stellung) ecclesiastical office; b) (Verwaltungsstelle) Church administrative offices pl.; ~**austritt der** secession from the Church; **die Zahl der ~austritte** the number of people seceding from or leaving the Church; ~**bank die** [church-]pew; ~**bann der** (kath. Kirche) excommunication; ~**besuch der** attendance at church; ~**besucher der** church-goer; worshipper; ~**blatt das** parish magazine; ~**buch das** parish register; ~**chor der** church choir; ~**diebstahl der** theft from a/the church; ~**diener der** sexton; ~**feindlich** Adj. hostile to the Church postpos.; ~**fenster das** church window; ~**fest das** religious festival; church festival; ~**fürst der** (geh.) high ecclesiastical dignitary; high dignitary of the Church; (kath. Kirche: Kardinal) Prince of the Church; ~**gebet das** (veralt.) collect; ~**gemeinde die** parish; (beim Gottesdienst) congregation; ~**geschichte die** ecclesiastical history no art.; Church history *no art.;* ~**gestühl** das [church-]pews *pl.;* ~**glocke** die church bell; ~**jahr** das ecclesiastical year; Church year; ~**kampf** der struggle between the Church and the State *(e.g. in the period of Nazi rule);* ~**leitung** die governing body of the Church; ~**licht** das; *Pl.* ~**lichter** *in* kein *od.* nicht gerade ein [großes] ~**licht** sein *(ugs. scherzh.)* be not too *or* not all that bright; ~**lied** das hymn; ~**maus** die *in* arm sein wie eine ~**maus** *(ugs. scherzh.)* be as poor as a church mouse; ~**musik** die church music; sacred music; ~**politik** die policy of the State towards the Church; ~**portal** das portal *or* main door of the/a church; ~**rat** der *(ev. Kirche)* a) *(Verwaltungsorgan)* ecclesiastical council; b) *o. Pl. (Titel)* member of the/an ecclesiastical council; ~**raub** der *s.* ~**diebstahl;** ~**räuber** der church-robber; ~**recht** das ecclesiastical law; ~**schändung** die sacrilege *no indef. art.;* profanation of a/the church; ~**schiff** das *(Archit.)* nave; ~**spaltung** die schism; ~**staat** der *(hist.)* Papal States *pl.;* ~**steuer** die church tax; ~**tag** der Church congress; ~**ton·art** die *(Musik)* ecclesiastical *or* church mode; ~**tür** die church door; ~**vater** der Father of the Church; ~**vor·stand** der parochial church council

Kirch-: ~**gang** der: der sonntägliche ~**gang** going to church on Sunday; ~**gänger** der church-goer; ~**hof** der *(veralt.)* churchyard; graveyard

kirchlich 1. *Adj.* a) *(die Kirche betreffend)* ecclesiastical; Church *attrib.;* ecclesiastical ⟨*law, building*⟩; religious, church ⟨*music, festival*⟩; b) *(den Riten der Kirche entsprechend)* church *attrib.* ⟨*wedding, funeral*⟩. 2. *adv.* ~ getraut/begraben werden have a church wedding *or* be married in church/ have a church funeral

Kirch·spiel das *(veralt.)* parish
Kirch·turm der *(mit Turmspitze)* [church] steeple; *(ohne Turmspitze)* church tower
Kirchturm-: ~**politik** die parish-pump politics *sing.;* ~**spitze** die church spire; ~**uhr** die church clock
Kirch-: ~**weih** die; ~, ~**en** fair *(held on the anniversary of the consecration of a church);* ~**weihe** die consecration of a/the church

Kirmes ['kɪrməs] die; ~, **Kirmessen** ['kɪrmɛsn̩] *(bes. md., niederd.) s.* **Kirchweih**

kirre ['kɪrə] *Adj.; nicht attr. (ugs.)* compliant; obedient; **jmdn.** ~ **machen/kriegen** bring sb. to heel

Kirsch [kɪrʃ] der; ~[e]s, ~: *s.* **Kirschwasser**
Kirsch-: ~**baum** der a/any cherry[-tree]; *(Holz) o. Pl.* cherry[-wood]; ~**blüte** die a *(Blüte des~baums)* cherry blossom; b) *(Zeit der ~blüte)* cherry blossom time
Kirsche ['kɪrʃə] die; ~, ~**n** a) cherry; **mit ihm ist nicht gut** ~**n essen** *(ugs.)* it's best not to tangle with him; b) *s.* **Kirschbaum**
kirsch-, Kirsch-: ~**kern** der cherry stone; ~**kuchen** der cake with cherry topping; ~**likör** der cherry liqueur; *(Weinbrand)* cherry brandy; ~**rot** *Adj.* cherry[-red]; ~**saft** der cherry juice; ~**stein** der *s.* ~**kern;** ~**torte** die cherry gateau; *(mit Tortenboden)* cherry flan; **Schwarzwälder** ~**torte** Black Forest gateau; ~**wasser** das kirsch

Kissen ['kɪsn̩] das; ~s, ~: cushion; *(Kopf~)* pillow
Kissen-: ~**bezug** der cushion cover; *(für Kopfkissen)* pillow-case; pillow-slip; ~**schlacht** die *(ugs.)* pillow-fight
Kiste ['kɪstə] die; ~, ~**n** a) *(Behälter)* box; *(Truhe)* chest; *(Latten~)* crate; *(für Obst)* case; box; **eine** ~ **Wein/ Zigarren** a case of wine/box of cigars; **in die** ~ **gehen** *(fig. ugs.)* hit the hay *(sl.);* go to bed; b) *(salopp) (Flugzeug, Auto)* bus *(coll.); (Boot)* tub; c) *(ugs. bes. berlin.: Sache, Angelegenheit)* affair; business

kisten·weise *Adv.* Wein/Obst ~ kaufen buy wine by the case/fruit by the case *or* box; Obst ~ wegwerfen throw away fruit by the caseful *or* boxful
Kitsch [kɪtʃ] der; ~[e]s kitsch
kitschig *Adj.* kitschy
Kitt [kɪt] der; ~[e]s, *(Arten:)* ~**e** *(Fenster~)* putty; *(für Porzellan, Kacheln usw.)* cement; *(Füllmasse)* filler
Kittchen das; ~s, ~ *(ugs.)* clink *(sl.);* jug *(sl.);* jail; **im** ~ **sitzen** be inside *(coll.);* be in clink *or* jug *(sl.)*
Kittel ['kɪtl] der; ~s, ~ a) overall; *(eines Arztes, Krankenpflegers, Laboranten)* white coat; b) *(hemdartige Bluse)* smock; c) *(südd.: Jackett)* jacket
Kittel-: ~**kleid** das [simple] button-through dress; ~**schürze** die sleeveless overall
kitten *tr. V.* cement [together]; stick [together] with cement; *(fig.)* mend ⟨*breach*⟩; patch up ⟨*broken marriage, friendship*⟩
Kitz [kɪts] das; ~es, ~**e** *(Reh~)* fawn; *(Ziegen~, Gemsen~)* kid
Kitzel ['kɪtsl] der; ~s, ~ a) *Pl. selten (Juckreiz)* tickle; tickling feeling *or* sensation; b) *(Reiz, Antrieb)* itch; urge; *(freudige Erregung)* thrill
kitzelig *s.* **kitzlig**
kitzeln 1. *tr. V.* a) tickle; **es kitzelt mich in der Nase** my nose tickles; b) *(einen Sinnenreiz hervorrufen)* tickle; **der Duft kitzelte sie in der Nase** the aroma tickled her nose; **jmds. Eitelkeit** ~: tickle sb.'s vanity; c) *(reizen)* prompt; *(in freudige Erregung versetzen)* thrill; **es kitzelt jmdn., etw. zu tun sb.** is itching to do sth.; sb. feels an urge to do sth. 2. *itr. V.* tickle; **auf der Haut** ~: tickle [the skin]
Kitzler der; ~s, ~ *(Anat.)* clitoris
kitzlig *Adj.* a) *(empfindlich gegen Kitzeln)* ticklish; b) *(empfindlich reagierend)* touchy (in + *Dat.* about); c) *(schwierig, heikel)* ticklish
Kiwi ['ki:vi] die; ~, ~**s** kiwi [fruit]
KKW *Abk.* Kernkraftwerk
Kl. *Abk.* Klasse
Klabauter·mann [kla'bautɐ-] der *(nordd.)* protective spirit of a/the ship
klack [klak] *Interj.* a) click; b) *(von Tropfen)* tap
klacken *itr. V. (ugs.)* click
klackern ['klakɐn] *itr. V. (landsch.)* clatter
Klacks [klaks] der; ~es, ~**e** *(ugs.) (~ Schlagsahne, Kartoffelbrei)* dollop *(coll.); (~ Senf)* blob; dab; **etw. ist nur ein** ~ **[für jmdn.]** *(fig.)* sth. is no trouble at all [for sb.]
Kladde ['kladə] die; ~, ~**n** a) *(Heft für erste Niederschrift)* rough book; **etw. in** ~ **schreiben** write sth. in rough; b) *(dickes Schreibheft)* thick notebook
kladderadatsch [kladəra'datʃ] *Interj.* crash-bang-wallop
Kladderadatsch der; ~[e]s, ~**e** *(ugs.)* a) *(Chaos, Durcheinander)* unholy mess *(coll.);* b) *(Skandal)* scandal
klaffen ['klafn̩] *itr. V.* gape; yawn; ⟨*hole, wound*⟩ gape; ⟨*gap*⟩ yawn; **in der Mauer klaffte ein großes Loch** there was a gaping hole in the wall
kläffen ['klɛfn̩] *itr. V. (abwertend)* yap
klaffend *Adj.* gaping; yawning; gaping ⟨*hole, wound*⟩; yawning ⟨*gap*⟩
Kläffer der; ~s, ~ *(ugs. abwertend)* yapping dog; yapper
Klafter ['klaftɐ] der *od.* das; ~s, ~ a) *(frühere Längeneinheit)* fathom; b) *(Raummaß für Holz)* cord
klafter·tief *Adj.* six feet deep; ⟨*water*⟩ a fathom deep; *(fig.)* very deep
klagbar *Adj. (Rechtsw.)* actionable ⟨*matter*⟩; enforceable ⟨*claim*⟩
Klage ['kla:gə] die; ~, ~**n** a) *(Äußerung der Trauer)* lamentation; lament; *(Äußerung des Schmerzes)* complaint; **die** ~**n um**

jmdn./über den Verlust von etw. the lamentations *pl.* for sb./over the loss of sth.; b) *(Beschwerde, Äußerung des Unmuts)* complaint; ~**n werden laut** complaints are being voiced; **keinen Grund zur** ~ **geben/haben** give/have no grounds *pl. or* reason for complaint; **bei jmdm. über jmdn./etw.** ~ **führen** make a complaint to sb. *or* lodge a complaint with sb. about sb./sth.; c) *(Rechtsw.) (im Zivilrecht)* action; suit; *(im Strafrecht)* charge; **eine** ~ **auf etw.** *(Akk.)* an action for sth.; **eine** ~ **auf Scheidung** a petition for divorce; **[öffentliche]** ~ **gegen jmdn. einreichen/erheben** bring an action against sb.; institute [criminal] proceedings against sb.
Klage-: ~**ab·weisung** die *(Rechtsw.)* dismissal of the action *or* suit; ~**erhebung** die *(Rechtsw.)* institution of [legal] proceedings; bringing of an action *or* a suit; ~**frau** die *s.* ~**weib;** ~**laut** der plaintive cry; *(von Schmerzen verursacht)* cry of pain; *(stöhnend)* moan; ~**lied** das lament; **ein** ~**lied [über jmdn./etw.] anstimmen/singen** start to moan/moan [about sb./sth.]; ~**mauer** die Wailing Wall
klagen 1. *itr. V.* a) *(geh.: jammern)* wail; *(stöhnend)* moan; ⟨*animal*⟩ cry plaintively; **der klagende Ruf des Käuzchens** the plaintive cry of the little owl; b) *(sich beschweren)* complain; **über etw.** *(Akk.)* ~: complain about sth.; **über Rückenschmerzen/Kopfschmerzen** ~: complain of backache *sing.*/a headache; **[ich] kann nicht** ~: [I] can't complain; [I] mustn't grumble; c) *(geh.)* **um jmdn./jmds. Tod** ~: mourn sb./sb.'s death; **über den Verlust seines Vermögens** ~: lament *or* bewail the loss of one's fortune; d) *(bei Gericht)* sue; take legal action; **auf Schadenersatz** ~: sue for damages; bring an action for damages; **auf Scheidung** ~: petition for divorce; **gegen jmdn.** ~: sue sb.; take legal action against sb. 2. *tr. V.* a) **jmdm. sein Leid/seine Not/sein Mißgeschick** ~: pour out one's sorrows *pl.*/troubles *pl.*/tale of misfortune to sb.; **Gott sei's geklagt** *(veralt.)* alas, alack *(arch.);* b) *(österr.: verklagen)* sue; take legal action against
Klage·punkt der *(Rechtsw.) (im Zivilrecht)* particular of the/a claim; *(im Strafrecht)* count of the/a charge
Kläger ['klɛ:gɐ] der; ~s, ~, **Klägerin** die; ~, ~**nen** *(im Zivilrecht)* plaintiff; *(im Strafrecht)* prosecuting party; *(bei einer Scheidung)* petitioner; **wo kein** ~ **ist, ist auch kein Richter** *(Spr.)* if there's no law against it/if nobody complains, he/we *etc.* needn't worry
Klage-: ~**ruf** der plaintive cry; *(von Schmerzen verursacht)* cry of pain; *(stöhnend)* moan; ~**schrift** die *(Rechtsw.) (im Zivilrecht)* statement of claim; *(im Strafrecht)* charge/list of charges; *(bei einer Scheidung)* petition; ~**weg** der *(Rechtsw.)* **auf dem** ~**weg** *od.* **im** ~**weg** by [taking] legal action *or* proceedings; through the courts; ~**weib** das [professional] mourner
kläglich ['klɛ:klɪç] 1. *Adj.* a) *(mitleiderregend)* pitiful ⟨*expression, voice, cry*⟩; pitiful, wretched ⟨*condition, appearance*⟩; **ein** ~**es Ende nehmen** come to a miserable end; b) *(minderwertig)* pathetic ⟨*achievement, result, etc.*⟩; **ein** ~**er Rest** a few pathetic remains *pl.;* c) *(erbärmlich)* despicable, wretched ⟨*behaviour, role, compromise*⟩; pathetic ⟨*result, defeat*⟩. 2. *adv.* a) *(weep, sob)* pitifully; b) *(erbärmlich) (behave)* wretchedly, despicably; *(fail)* miserably
Kläglichkeit die; ~ *s.* **kläglich** 1 a–c: pitifulness; wretchedness; patheticness; despicableness
klaglos 1. *Adj.* uncomplaining. 2. *adv.* uncomplainingly; without complaint
Klamauk [kla'mauk] der; ~**s** *(ugs. abwertend)* fuss; to-do; *(Lärm, Krach)* row *(coll.);*

racket; *(Reklamewirbel)* fuss; hullabaloo; *(im Theater)* slapstick

klamm [klam] *Adj.* **a)** *(feucht)* cold and damp; **b)** *(steif)* numb; ~ **vor Kälte** numb with cold; **c)** ~ **sein** *(salopp)* be hard-up

Klamm die; ~, ~**en** [deep and narrow] gorge; ravine

Klammer die; ~, ~**n a)** *(Wäsche~)* peg; **b)** *(Haar~)* [hair-]grip; **c)** *(Zahn~)* brace; **d)** *(Wund~)* clip; **e)** *(Büro~)* paper-clip; *(Heft~)* staple; **f)** *(Bau~)* cramp[-iron]; [timber-]dog; **g)** *(Schriftzeichen)* bracket; **runde ~n** round brackets; parentheses; **eckige/spitze ~n** square/angle *or* pointed brackets; **geschweifte ~n** braces; ~ **auf/zu** open/close brackets; **h)** *(Text in ~n)* bracketed material; material in [the] brackets; *(Math.)* bracket; bracketed expression; **die ~n auflösen** remove the brackets; **i)** *(Griff)* grip; **j)** *(Verbindung)* bond; link; *(Fessel)* shackle; tie

Klammer-: ~**affe** der *(Zool.)* spider-monkey; ~**aus·druck** der *(Math.)* bracket; bracketed expression; ~**beutel** der peg-bag; **dich haben sie wohl mit dem ~beutel gepudert!** *(berlin. salopp)* you must be off your rocker! *(sl.)*

klammern 1. *refl. V.* **sich an jmdn./etw. ~** *(auch fig.)* cling to sb./sth.; **sich an Worte ~:** be pedantic about the words used. 2. *tr. V.* **a) er klammerte seine Hände um das Geländer** he grasped the railing [with both hands]; **b)** *(zusammenhalten)* **eine Wunde ~:** close a wound with a clip/clips; **c)** *(befestigen)* *(mit einer Büroklammer)* clip; *(mit einer Heftmaschine)* staple; *(mit einer Wäscheklammer)* peg. 3. *itr. V.* *(Boxen)* clinch

klamm·heimlich 1. *Adj.; nicht präd. (ugs.)* on the quiet *postpos.*; ⟨meeting⟩ held on the quiet. 2. *adv.* on the quiet

Klamotte [kla'mɔtə] die; ~, ~**n a)** *Pl. (salopp: Kleidung)* clobber *sing. (sl.)*; gear *sing. (sl.)*; **b)** *Pl. (salopp: Kram)* junk *sing.*; stuff *sing.*; **c)** *(ugs. abwertend: Schwank)* rubbishy play/film *etc.*

Klamotten·kiste die *(ugs.)* **in etw. aus der ~ hervorholen** dig sth. up again; **ein Witz/eine Anekdote aus der ~:** an old chestnut

Klampfe ['klampfə] die; ~, ~**n a)** *(volkst.: Gitarre)* guitar; **b)** *(österr.) s.* **Klammer** f

Klan [klaːn] der; ~**s**, ~**e** *s.* Clan

klang [klaŋ] *1. u. 3. Pers. Sg. Prät. v.* **klingen**

Klang der; ~**[e]s**, **Klänge** ['klɛŋə] **a)** *(Ton)* sound; **b)** *(~farbe)* tone; **der Name dieser Familie/Firma hat einen guten/schlechten ~** *(fig.)* this family/firm has a good/bad name; **ihre Worte hatten einen bitteren ~** *(fig.)* there was a bitter note in *or* edge to her words; **c)** *Pl. (Melodie)* **das Orchester spielte alte, wohlbekannte Klänge** the orchestra played old familiar tunes; **nach den Klängen eines Walzers tanzen** dance to the strains of a waltz

Klang-: ~**bild** das *(fachspr.)* sound; ~**effekt** der sound effect; ~**farbe** die tone colour *or* quality; *(einer Stimme)* tone; ~**fülle** die *(eines Instruments)* richness *or* fullness of tone; *(eines Orchesters)* richness *or* fullness of sound; *(einer Stimme)* sonority

klanglich 1. *Adj.; nicht präd.* tonal ⟨beauty, quality, etc.⟩; tonal, tone *attr.* ⟨characteristics⟩. 2. *adv.* tonally

klanglos 1. *Adj.* toneless; **mit ~er Stimme** in a toneless voice; tonelessly. 2. *adv.* tonelessly; *s. auch* **sanglos**

klang-, Klang-: ~**regler** der *(Technik) s.* **Tonblende;** ~**rein** 1. *Adj.* ~**rein sein** have a pure tone *or* sound; 2. *adv.* **er spielte so ~rein, daß ...:** he played with such [a] purity of tone that ...; ~**schön** *Adj.* **ein ~schönes Instrument** an instrument with a beautiful tone *or* sound; ~**treu** *Adj.* faithful ⟨reproduction⟩; high-fidelity ⟨receiver, reception⟩; ~**voll** *Adj.* sonorous ⟨voice, language⟩; **b)** *(berühmt)* illustrious ⟨name, title⟩

klapp [klap] *Interj.* click

Klapp-: ~**bett** das folding bed; ~**brücke** die bascule bridge; ~**deckel** der hinged lid

Klappe die; ~, ~**n a)** [hinged] lid; *(am Fenster)* [hinged] vent; *(am Briefkasten)*, *(am Tisch)* leaf; ~ **zu, Affe tot** *(salopp)* there's an end to it; **b)** *(am LKW)* tailboard; tail-gate; *(seitlich)* side-gate; *(am Kombiwagen)* back; **c)** *(an Kleidertaschen)* flap; **d)** *(am Ofen)* [drop-]door; **e)** *(an Musikinstrumenten)* key; *(an einer Trompete)* valve; **f)** *(Herz~)* valve; **g)** *(Augen~)* [eye-]patch; **h)** *(Achselstück)* shoulder-strap; **i)** *(Filmjargon)* clapper-board; **das war die letzte ~:** that was the last take; **j)** *(salopp: Mund)* trap *(sl.)*; **die** *od.* **seine ~ halten** shut one's trap *(sl.)*; **eine große** *od.* **freche ~ haben** *(abwertend)* have a big mouth; **k)** *(ugs.: Bett)* **sich in die ~ hauen** hit the hay *(sl.)*; get one's head down

klappen 1. *tr. V.* **nach oben/unten ~:** turn up/down ⟨collar, hat-brim⟩; lift up/put down *or* lower ⟨lid⟩; **nach vorne/hinten ~:** tilt forward/back ⟨seat⟩. 2. *itr. V.* **a)** ⟨door, shutter⟩ bang; **mit der Tür ~:** bang the door; **b)** *(stoßen)* bang; **c)** *(ugs.: gelingen)* work out all right; *(rehearsal, performance, etc.)* go [off] all right; **die Sache wird schon ~:** it *or* things will work out all right; **hat es mit den Karten geklappt?** did you get the tickets all right?

Klappen-: ~**fehler** der *s.* **Herzklappenfehler;** ~**text** der *(Buchw.)* blurb

Klapper die; ~, ~**n** rattle

klapper-, Klapper-: ~**dürr** *(ugs.)* all skin and bone *pred.*; ~**gestell** das *(ugs.)* **a)** *(dünner Mensch)* bag of bones; **b)** *(scherzh.: Fahrzeug)* rattletrap; ~**kasten** der, ~**kiste** die *(ugs.)* rattletrap

klappern *itr. V.* **a)** rattle; ⟨heels, knitting-needles⟩ click; **vor Kälte ~ ihr die Zähne** her teeth are chattering with cold; **b)** *(ein Klappern erzeugen)* make a clatter; **vor Angst/Kälte klapperte er mit den Zähnen** his teeth were chattering with fear/cold; **auf der Schreibmaschine ~** *(ugs.)* clatter away on the typewriter; **mit den Augen ~** *(ugs.)* keep blinking; *(kokettieren)* flutter one's eyelashes; **mit sein** *(klappernd fortbewegen)* ⟨car⟩ rattle along; ⟨person⟩ clatter along

Klapper-: ~**schlange** die rattlesnake; ~**storch** der *(Kinderspr.)* stork; **glaubst du noch an den ~storch?** do you still believe that babies are brought by the stork?

Klapp-: ~**fahr·rad** das folding bicycle; ~**fenster** das top-hung window; ~**laden** der folding shutter; ~**liege** die [folding] lounger *or* sunbed; ~**messer** das clasp-knife; ~**rad** das folding bicycle

klapprig *Adj.* **a)** *(alt)* rickety; ramshackle; **b)** *(wenig stabil)* rickety; wobbly; **c)** *(ugs.: hinfällig)* decrepit; **er ist noch etwas ~:** he's still a bit shaky

Klapp-: ~**sitz** der folding seat; tip-up seat; ~**stuhl** der folding chair; ~**stulle** die *(berlin.)* sandwich; ~**tisch** der folding table; ~**tür** die hinged door; ~**verdeck** das collapsible *or* folding hood *or* top; ~**zylinder** der opera-hat; crush hat

Klaps [klaps] der; ~**es**, ~**e a)** *(ugs.: leichter Schlag)* smack; slap; **jmdm. einen ~ geben** give sb. a slap *or* smack; **b)** *(salopp)* **einen ~ haben** have a screw loose *(coll.)*; be a bit daft *(sl.)*

Klaps·mühle die *(salopp)* loony-bin *(sl.)*; nut-house *(sl.)*

Klar das; ~**s**, ~ *(österr.) s.* **Eiweiß** a

klar [klaːɐ] 1. *Adj.* **a)** clear; ~**e Brühe** clear soup; **mit ~en Augen** clear-eyed; **bei ~er Sicht** when it's clear; on a clear day; **einen ~en Moment haben** *(fig.)* have a lucid moment; **in ~er Verstand** clear judgement *no art.*; **er ist nicht bei ~em Verstand** he's not in his right mind; he's not in full possession of his faculties; ~ **[im Kopf] sein** have a clear head; be able to think clearly *or* straight; **er ist nicht ganz ~ im Kopf** *(salopp)* he's not quite right in the head *(sl.)*; **b)** *(eindeutig)* clear ⟨decision⟩; straight ⟨question, answer⟩; **ein ~es Ziel vor Augen haben** have a clear aim *or* objective; ~**e Verhältnisse schaffen** set things straight; **[ist] alles ~?** [is] everything clear?; **jetzt ist mir alles ~:** now I understand; **na ~!** *(ugs.)*, **aber ~!** *(ugs.)* of course!; ~, **daß ...:** naturally, ...; **Das werdet ihr nicht tun. Ist das ~?** You must not do that. Is that clear *or* Do I make myself clear?; ~ **wie ~, daß ...?** are you aware that ...?; **das ist ~ wie Klärchen** *od.* **Kloßbrühe** *od.* **dicke Tinte** *(ugs.)* it's as plain as a pikestaff *(Brit.)* *or* as the nose on your face; **sich** *(Dat.)* **über etw.** *(Akk.)* **im ~en sein** realize *or* be aware of sth.; **c)** *nicht attr. (fertig)* ready; ~ **zum Auslaufen** ready to sail. 2. *adv.* clearly; **sie haben die gegnerische Mannschaft ~ besiegt** they won a clear[-cut] victory over the opposing team; **nicht ~ denken können** be unable to think clearly *or* straight; ~ **auf der Hand liegen** *(ugs.)* be blindingly obvious; **etw. ~ und deutlich sagen** say sth. clearly and unambiguously

Klär·anlage die sewage treatment plant; *(einer Fabrik)* wastewater treatment plant

klar-, Klar-: ~**apfel** der *type of early dessert apple*; ≈ White/Yellow Transparent; ~**blick** der the clear-sightedness; ~**blickend** *Adj.* clear-sighted; ~**denkend** *Adj.* clear-thinking

Klare der; ~**n**, ~**n** schnapps

klären ['klɛːrən] 1. *tr. V.* **a)** *(aufklären)* settle, resolve ⟨question, issue, matter⟩; clarify ⟨situation⟩; clear up ⟨case, affair, misunderstanding⟩; **b)** *(reinigen)* purify; treat ⟨effluent, sewage⟩; clear ⟨beer, wine⟩. 2. *refl. V.* **a)** *(klar werden)* ⟨situation⟩ become clear; ⟨question, issue, matter⟩ be settled *or* resolved; **b)** *(rein werden)* ⟨liquid, sky⟩ clear; ⟨weather⟩ clear [up]. 3. *itr. V.* *(Ballspiele)* clear [the ball]; **auf der Linie ~:** clear [the ball] off the line

klar·gehen *unr. itr. V.*; **mit sein** *(ugs.)* go OK *(coll.)*; **geht das klar mit dem Antrag?** is the application going OK? *(coll.)*; **es wird schon ~:** it'll be OK *(coll.)*

Klarheit die; ~, ~**en a)** *o. Pl. (Eindeutigkeit)* clarity; *(von Ausführungen, Rede usw.)* clarity, lucidity; **c)** *o. Pl. (Gewißheit)* **sich** *(Dat.)* **über etw.** *(Akk.)* ~ **verschaffen** clarify sth.; **völlige ~ verlangen** demand full information *or* all the facts ⟨über + Akk. about⟩; **d)** *(ugs. scherzh.)* **jetzt sind alle ~en beseitigt** now M/everyone's *etc.* totally confused

klarieren *tr. V. (Seemannsspr.)* **etw. ~:** clear sth. [through customs]

Klarinette [klari'nɛtə] die; ~, ~**n** clarinet

Klarinettist der; ~**en**, ~**en**, **Klarinettistin** die; ~, ~**nen** clarinettist

Klarisse [kla'rɪsə] die; ~, ~**n**, **Klarissin** die; ~, ~**nen** nun of the order of St. Clare; **die Klarissen** *od.* **Klarissinnen** the poor Clares

klar-, Klar-: ~**|kommen** *unr. itr. V.*; **mit sein** *(ugs.)* manage; cope; **mit jmdm. ~kommen** get on with sb.; **ich komme nicht mit der neuen Waschmaschine/der Matheaufgabe nicht ~:** I can't get on with my new washing machine/sort out this maths exercise; ~**lack** der clear varnish; ~**|legen** *tr. V. (ugs.)* make clear; explain; ~**|machen** *tr. V.* **a)** *(ugs.: erklären)* make clear; **jmdm./sich etw. ~machen** make sth. clear to sb./realize sth.; **b)** *(Seemannsspr.)* get ready; prepare

Klär·schlamm der *(Technik)* sludge

Klar·schrift·leser der *(DV)* optical character reader

klar·sehen *unr. itr. V.* understand the matter

Klarsicht-: ~**folie** die transparent film;

Klarsichtpackung — **Klebeband**

~**packung** die transparent pack; ~**um·schlag** der transparent cover

klar-, Klar-: ~|**spülen** itr. V. rinse; ~|**stellen** tr. V. clear up; clarify; **ich möchte** ~**stellen, daß ...**: I should like to make it clear that ...; ~**stellung** die clarification; ~**text** der (auch DV) clear or plain text; text in clear; **im** ~**text** (fig.) in plain language

Klärung die; ~, ~**en a)** (Beseitigung von Mißverständnissen) clarification; **b)** (Reinigung) purification; (von Abwässern) treatment

klar|werden unr. V.; mit sein; nur im Inf. und Part. zusammengeschrieben **1.** refl. V. sich (Dat.) über etw. (Akk.) ~: realize or grasp sth.; **ich muß mir über meine Pläne für die Zukunft erst** ~: I must first get my plans for the future clear in my own mind. **2.** itr. V. jmdm. wird etw. klar sth. becomes clear to sb.

Klär·werk das sewage works sing. or pl.; (einer Fabrik) wastewater treatment works sing. or pl.

klaß [klas] (südd., österr.) s. **klasse**

klasse ['klasə] (ugs.) **1.** indekl. Adj. great (coll.); marvellous. **2.** adv. marvellously

Klasse die; ~, ~n **a)** (Schul~) class; form (esp. Brit.); (Raum) class-room; (Stufe) year; grade (Amer.); **die vierte** ~ **besuchen** be in the fourth year or (Amer.) grade; **b)** (Bevölkerungsgruppe) class; **die** ~ **der Werktätigen/der Besitzlosen** the working/propertyless class; **c)** (Sport) league; (Boxen) division; class; **d)** (Fahrzeug~) class; **PKWs der gehobenen** ~: up-market cars; **ein Führerschein der** ~ 1/2/3/4/5 ≈ a driving licence for a motor cycle/a heavy goods vehicle/a private car/a moped/a motor-assisted bicycle; **e)** (Boots~) class; **f)** (Qualitätsstufe) class; **ein Wagen/eine Fahrkarte erster** ~: a first-class carriage/ticket; **zweiter** ~ **liegen** occupy a second-class hospital bed; **er ist ein Künstler erster** ~ (ugs.) he is a first-class or first-rate artist; **das ist [einsame od. ganz große]** ~! (ugs.) that's [just] great (coll.) or marvellous!; **der Verdienstorden erster** ~: the Order of Merit first-class; **g)** (Biol.) class

Klasse-: ~**frau** die (ugs.) stunner (coll.); smasher (coll.); ~**mann** der **a)** (ugs.) marvellous man; fantastic guy (sl.); **b)** (Sportjargon) top-class or first-rate player; ~**mannschaft** die (Sportjargon) top-class or first-rate team

Klassement [klasə'mã:] das; ~s, ~s (Sport) [list sing. of] rankings pl.

klassen-, Klassen-: ~**arbeit** die (Schulw.) [written] class test; ~**auf·satz** der (Schulw.) essay written in the (Schulw.) class; class essay; ~**aus·flug** der (Schulw.) class outing; ~**beste** der/die; adj. Dekl. top pupil in the class; **wer ist denn bei euch der der die** ~**beste?** who is top of your class?; ~**bewußt·sein** das (Soziol.) class-consciousness; ~**buch** das (Schulw.) book recording details of pupils' attendance, behaviour, and of topics covered in each lesson ≈ [class-]register; ~**durch·schnitt** der (Schulw.) class-average; ~**erhalt** der (Sport) um den ~**erhalt kämpfen** struggle or battle to avoid relegation; ~**fahrt** die (Schulw.) class outing; ~**feind** der (marx.) class enemy; ~**gegen·satz** der class difference; ~**geist** der (marx.) class spirit; ~**gemeinschaft** die (Schulw.) ⟨~kollektiv⟩ class; ⟨~geist⟩ class spirit; ~**gesellschaft** die class society; ~**haß** der (Sozialpsych.) class hatred no art.; ~**herrschaft** die (Soziol.) class rule no art.; ~**justiz** die (Soziol.) legal system with a built-in class bias; ~**kamerad** der, ~**kameradin** die (Schulw.) class-fellow; class-mate; ~**kampf** der (marx.) class struggle; ~**kämpferisch** (marx.) Adj. ~**kämpferi**-

sche Parolen slogans supporting the class struggle; ~**keile** die (Schülerspr.) ~**keile beziehen** od. **bekommen** be punched and pushed by the rest of the class; ~**lehrer** der, ~**lehrerin** die, ~**leiter** der, ~**leiterin** die (Schulw.) class or form teacher; form master/mistress; ~**los** Adj. (Soziol.) classless; ~**lotterie** die lottery in which draws are made on a number of different days and for which tickets can be bought for each individual draw; ~**raum** der s. ~**zimmer**; ~**schranke** die (Soziol.) class barrier; ~**sprecher** der, ~**sprecherin** die (Schulw.) class spokesman; ≈ form leader or captain; ~**stärke** die (Schulw.) size of the/a class/of classes; ~**treffen** das (Schulw.) class reunion; ~**unterschied** der **a)** (Soziol.) class difference; **b)** (Sport) difference in class; ~**wahl·recht** das (hist.) class-based electoral system; class[-based] system of franchise; ~**weise** (Schulw.) Adv. class by class; ~**ziel** das (Schulw.) required standard (for pupils in a particular class); **das** ~**ziel erreichen** reach the required standard; (fig.) make the grade; come up to scratch; ~**zimmer** das (Schulw.) class-room

Klasse-: ~**spieler** der (Sport Jargon) [top-]class or first-rate player; ~**weib** das (ugs.) stunner (coll.); smasher (coll.)

Klassifikation [klasifika'tsio:n] die; ~, ~**en** classification

klassifizieren [klasifi'tsi:rən] tr. V. classify (als a)

Klassifizierung die; ~, ~**en** classification

-**klassig** Adj. -class; **mehr**~/**zwei**~: with a class

Klassik ['klasɪk] die; ~ **a)** (Antike) classical antiquity no art.; **b)** (Zeit kultureller Höchstleistung) classical period or age

Klassiker der; ~s, ~ **a)** (der antiken Klassik) classic; classical writer; **b)** (einer Epoche) classical writer/composer etc.; **c)** (Künstler, dessen Werk als mustergültig gilt) classical exponent; classic

klassisch Adj. **a)** (classical); **b)** (vollendet, zeitlos; auch iron.) classic; **c)** (herkömmlich) classical; conventional ⟨warfare⟩

Klassizismus [klasi'tsɪsmʊs] der; ~, **Klassizismen a)** o. Pl. (Stilform) classicism; **b)** (Stilmerkmal) feature of the classical style

klassizistisch Adj. classical

-**klässler** [-klɛslɐ] der; ~**s**, ~: -former; **Erst**~/**Zweit**~: first-former/second-former

klatsch [klatʃ] Interj. smack; (wenn etw. Weiches auf den Boden fällt) splosh

Klatsch [klatʃ] der; ~**[e]s**, ~**e a)** o. Pl. (ugs. abwertend: Gerede) gossip; tittle-tattle; **b)** (Geräusch) smack; **es gab einen lauten** ~, **als er mit dem Wasser aufschlug** there was a loud splash (or lauter und schärfer) smack as he hit the water

Klatsch·base die (ugs. abwertend) gossip

Klatsche die; ~, ~**n a)** (Fliegen~) flyswatter; **b)** (Schülerspr.: Übersetzung) crib

Klatschbase s. **Klatschbase**

klatschen 1. itr. V. **a)** auch mit sein ⟨Waves, wet sails⟩ slap ⟨gegen against⟩; **der Regen klatscht gegen die Scheiben** the rain beats against the windows; **sie gab ihm eine Ohrfeige, daß es nur so klatschte** she gave him a resounding smack or slap round the face; **b)** (mit den Händen; applaudieren) clap; **in die Hände** ~: clap one's hands; **lautes Klatschen** loud applause; **c)** (schlagen) **sich (Dat.) auf die Schenkel/gegen die Stirn** ~: slap one's thighs/clap one's hand to one's forehead; **d)** (ugs. abwertend: reden) gossip ⟨über + Akk. about⟩. **2.** tr. V. **a)** (ugs.: werfen) slap; chuck (coll.) ⟨book etc.⟩; **b)** (im Takt ~ ⟨teacher⟩ clap time; ⟨audience⟩ clap in time; **jmdm. Beifall** ~: clap or applaud sb.; **c)** (ugs.: schlagen) jmdm. eine ~: slap sb. across the face; give sb. a slap across the face

Klatscherei die; ~, ~**en** (ugs. abwertend) gossiping

Klatsch·geschichte die (abwertend) piece of gossip; ~**n** gossip sing.

klatschhaft Adj. gossipy; fond of gossip pred.

Klatschhaftigkeit die; ~: fondness for gossip

klatsch-, Klatsch-: ~**kolumnist** der (abwertend) gossip columnist; ~**maul** das (ugs. abwertend) gossip; ~**mohn** der cornpoppy; field poppy; ~**naß** Adj. (ugs.) soaking or sopping wet ⟨clothes⟩; dripping wet ⟨hair⟩; **wir sind** ~**naß geworden** we got soaked [to the skin] or drenched; ~**spalte** die (ugs. abwertend) gossip column; ~**sucht** die; o. Pl. (abwertend) passion for gossip or tittle-tattle; ~**süchtig** Adj. extremely gossipy; ~**süchtig sein** be a compulsive gossip/compulsive gossips; ~**tante** die (ugs. abwertend) gossip; ~**weib** das (ugs. abwertend) s. ~**base**

klauben ['klaʊbn̩] tr. V. (landsch.) **a)** (entfernen) **die Flusen vom Teppich/die Rosinen aus dem Kuchen** ~: pick the fluff sing. off the carpet/the raisins out of the cake; **b)** (auslesen) pick over; **c)** (bes. südd., österr. ugs.: sammeln) pick ⟨berries⟩; gather, collect ⟨wood⟩; dig ⟨potatoes⟩

Klaue ['klaʊə] die; ~, ~**n a)** claw; (von Raubvögeln) talon; (fig. geh.) **in den** ~**n eines Erpressers** in the clutches of a blackmailer; **jmdn. den** ~**n des Todes entreißen** snatch sb. from the jaws of death; **b)** (Huf) hoof; **c)** (salopp: Hand) mitt (sl.); paw (coll.); **d)** o. Pl. (salopp abwertend: Handschrift) handwriting; **seine** ~ **kann ich nicht entziffern** I can't decipher his scrawl

klauen (ugs.) **1.** tr. V. pinch (sl.); nick (Brit.); (fig.) pinch (sl.), nick (Brit. sl.), crib ⟨idea⟩; **jmdm. etw.** ~: pinch or (Brit.) nick/crib sth. from sb. **2.** itr. V. pinch (sl.) or nick (Brit. sl.) things

Klauen·seuche die s. **Maul- und Klauenseuche**

Klause ['klaʊzə] die; ~, ~**n a)** (Einsiedelei) hermitage; **b)** (Klosterzelle) cell; (fig.) den; **c)** s. **Klus**

Klausel ['klaʊzl̩] die; ~, ~**n** clause; (Bedingung) stipulation; condition; (Vorbehalt) proviso

Klausner ['klaʊsnɐ] der; ~**s**, ~: hermit; recluse

Klaustrophobie [klaʊstrofo'bi:] die; ~, ~**n** (Psych.) claustrophobia

Klausur [klaʊ'zu:ɐ̯] die; ~, ~**en a)** o. Pl. (Abgeschlossenheit) **in** ~ **leben/tagen** live in seclusion/meet in private; **b)** (Klausurarbeit) [examination] paper; (Examen) examination; **eine** ~ **schreiben** take a[n examination] paper/an examination; **c)** (Klosterbereich) enclosure

Klausur-: ~**arbeit** die [examination] paper; ~**tagung** die private meeting

Klaviatur [klavia'tu:ɐ̯] die; ~, ~**en a)** keyboard; **b)** (Vielfalt) [whole] gamut or range

Klavichord [klavi'kɔrt] das; ~**[e]s**, ~**e** clavichord

Klavier [kla'vi:ɐ̯] das; ~**s**, ~**e** piano

Klavier-: ~**aus·zug** der piano score; ~**bauer** der piano-maker; ~**bearbeitung** die piano arrangement; arrangement for the piano; ~**begleitung** die piano accompaniment; ~**hocker** der piano-stool; ~**konzert** das **a)** (Musikstück) piano concerto; **b)** (Veranstaltung) piano recital; ~**lehrer** der, ~**lehrerin** die piano teacher; ~**schemel** der piano-stool; ~**schule** die piano tutor; ~**sonate** die piano sonata; ~**spiel** das piano-playing; ~**spieler** der pianist; piano-player; ~**stimmer** der, ~: piano-tuner; ~**stunde** die piano-lesson; ~**unterricht** der piano-lessons pl.

Klebe ['kle:bə] die; ~ (ugs.) glue

Klebe-: ~**band** das adhesive or sticky tape;

1243

Klebebindung　　　　　　　　　　　　　　　　　　　　　　　　　　　　　　　Kleinbus

~bindung die *(Buchw.)* adhesive or perfect binding; **~folie** die adhesive film; *(für Regale)* self-adhesive plastic sheeting
kleben 1. *itr. V.* **a)** stick (**an** + *Dat.* to); **an allen Hauswänden klebten riesige Plakate** there were huge posters stuck on the walls of all the houses; **das Hemd klebte ihm am Körper** his shirt stuck or clung to his body; **an seinen Händen klebt Blut** *(fig.)* he has blood on his hands *(fig.)*; his hands are stained with blood *(fig.)*; **am Berghang ~** ⟨*hut etc.*⟩ cling to the mountainside; **jmdm. an der Stoßstange ~** *(fig. salopp)* ⟨*driver, vehicle*⟩ hang on sb.'s tail; **an jmdm. ~** *(salopp)* cling to sb.; **b)** *(ugs.: klebrig sein)* be sticky (**von, vor** + *Dat.* with); **c)** *(ugs.: an sich hängen haben)* **voller Fliegen/Kletten usw. ~**: be covered in flies/burrs; **d)** *(ugs.: sich klammern)* **an seinem Stuhl/an der Theke ~**: stay put in one's chair *(coll.)*/prop the bar up *(coll.)*; **klebt nicht so an der Textvorlage** *(fig.)* don't stick so closely to the original text; **e)** *(verbunden sein)* **daran klebt ein Makel** there's a stigma attached to it; **f)** *(ugs.: Sozialversicherungsbeiträge entrichten)* pay stamps. 2. *tr. V.* **a)** *(befestigen)* stick; *(mit Klebstoff)* stick; glue; *(mit Leim)* stick; paste; **jmdm. eine ~** *(salopp)* belt sb. one *(coll.)*; **b)** *(mit Klebstoff reparieren)* stick or glue ⟨*vase etc.*⟩ back together; **c)** *(zusammenfügen)* splice ⟨*tape, film*⟩
kleben|bleiben unr. itr. V.; mit sein **a)** *(haftenbleiben)* stick; remain stuck; **b)** *(salopp: nicht versetzt werden)* stay down; repeat a year; **er wird in diesem Jahr ~**: he will be staying down this year; **c)** *(ugs.: sich nicht trennen können; auch fig.)* get stuck; **d)** *(verbunden sein)* **diese Schande wird an ihr ~**: this disgrace will remain with her
Klebe·pflaster das adhesive plaster; sticking-plaster
Kleber der; ~s, ~: adhesive; glue
Klebe-: **~streifen** der s. Klebstreifen; **~verband** der *(Med.)* adhesive bandage
Kleb-: **~fläche** die adhesive surface; sticky side; **~kraft** die adhesive strength; **~pflaster** das s. Klebepflaster
klebrig Adj. **a)** *(klebend)* sticky; *(von Schweiß)* clammy ⟨*hands etc.*⟩; **b)** *(abwertend: schmierig)* slimy
Klebrigkeit die; ~ s. klebrig: stickiness; clamminess; sliminess
Kleb-: **~stelle** die join; *(eines Films, Tonbandes)* splice; **~stoff** der adhesive; glue; **~streifen** der adhesive or sticky tape; *(zum Befeuchten auch)* gummed tape
Kleckerei die; ~, ~en *(ugs.)* mess
Klecker·kram der *(ugs. abwertend)* peanuts *(sl.)*
kleckern ['klɛkɐn] *(ugs.)* 1. *itr. V.* **a)** *(Flecken machen)* make a mess; **oje, jetzt habe ich gekleckert** oh dear, now I've gone and spilled something *(coll.)*; **b)** *mit sein (heruntertropfen)* drip; spill; **c)** *(zögernd verlaufen)* ⟨*orders*⟩ come in dribs and drabs; **d)** *(ugs.: halbherzig investieren u.ä.)* mess about with half-measures; **nicht ~, sondern klotzen** stop messing about with half-measures, and do the thing properly, whatever the cost. 2. *tr. V.* spill; splash ⟨*paint*⟩
kleckerweise Adv. *(ugs.)* in dribs and drabs; **der Umzug ging nur ~ vonstatten** the move went ahead in fits and starts
Klecks [klɛks] der; ~es, ~e **a)** stain; *(nicht aufgelöst)* blob; *(Tintenfleck)* [ink]blot; **b)** *(ugs.: kleine Menge)* spot; *(von Senf, Mayonnaise)* dab
klecksen 1. *itr. V.* **a)** *(Klecks[e] machen)* make a stain/stains; *(mit Tinte)* make a blot/blots; ⟨*pen*⟩ blot; **er hat auf den Teppich gekleckst** he has made a stain/stains on the carpet; **b)** *(ugs. abwertend: schlecht malen)* daub. 2. *tr. V. (ugs.)* daub ⟨*paint*⟩; **Marmelade aufs Brot ~**: smear blobs of jam on the bread

Kleckser der; ~s, ~ *(ugs.)* **a)** *(abwertend)* *(Maler)* dauber; *(Schriftsteller)* scribbler; **b)** s. Klecks
Kleckserei die; ~, ~en *(ugs. abwertend)* **a)** o. Pl. *(dauerndes Klecksen)* making stains no art.; *(mit Tinte)* making blots no art.; **b)** *(Hingeschmiertes)* scribble; scrawl; *(schlecht gemaltes Bild)* daub
Kledage [kle'da:ʒə], **Kledasche** [kle'da:ʃə] die; ~ *(nordd., md. salopp)* clobber *(sl.)* no indef. art.
Klee [kle:] der; ~s clover; **jmdn./etw. über den grünen ~ loben** *(ugs.)* praise sb./sth. to the skies
Klee·blatt das **a)** *(Blatt des Klees)* cloverleaf; *(als Symbol Irlands)* shamrock; **ein vierblättriges ~**: a four-leaf or four-leaved clover; **b)** *(ugs.: drei Personen)* trio; threesome; **c)** *(Verkehrsw.: Straßenkreuz)* cloverleaf [intersection or junction]
Kleiber ['klaibɐ] der; ~s, ~: nuthatch
Kleid [klait] das; ~es, ~er **a)** dress; **ein zweiteiliges ~**: a two-piece [suit]; **die Natur trägt ein weißes ~** *(fig. geh.)* Nature is dressed or covered in a mantle of white *(literary)*; **b)** Pl. *(Kleidung)* clothes; **in den ~ern schlafen** sleep in one's clothes; **~er machen Leute** *(Spr.)* clothes make the man; the apparel oft proclaims the man *(literary)*; **c)** *(geh.)* *(Gefieder)* plumage; *(Fell)* coat; **d)** *(veralt. geh.: Uniform)* uniform; **e)** *(schweiz.: Anzug)* suit
Kleidchen das; ~s, ~ **a)** little dress; **b)** *(ugs.: leichtes Kleid)* plain little dress
kleiden 1. *refl. V.* dress. 2. *tr. V.* **a)** dress; **die Armen ~**: clothe the poor; **b)** suit; look well on; **die Farbe kleidet dich gut** the colour suits you or looks well on you; **c)** *etw. in Worte ~*: express sth. in words; put sth. into words; **etw. in schöne Worte ~**: clothe sth. in fine language
Kleider-: **~ab·lage** die **a)** *(Ablage)* coat rack; **b)** *(Raum)* cloakroom; checkroom *(Amer.)*; **~bad** das dry-cleaning process in which the article is simply dipped in the cleaning fluid and not given any finishing treatment; **~bügel** der clothes-hanger; coat-hanger; **~bürste** die clothes-brush; **~größe** die size; **~haken** der coat-hook; **~kammer** die *(bes. Milit.)* clothing-store; **~kasten** der *(südd., österr., schweiz.)* s. **~schrank**; **~macher** der *(österr./veralt.)* s. Schneider; **~ordnung** die *(hist.)* laws pl. governing dress; **~puppe** die tailor's dummy; **~rock** der pinafore dress; **~sack** der *(bes. Milit.)* kitbag; **~schrank** der wardrobe; **ein ~schrank** *(fig. ugs.)* he is a great hulk or a giant of a man; **~stän·der** der coat-stand; **~stange** die clothes-rail; **~stoff** der *(Stoff für ein Kleid)* dress-material; *(Stoff für Kleidungsstücke)* clothes-material
kleidsam Adj. becoming
Kleidung die; ~: clothes pl.; **leichte/warme ~**: light/warm clothes pl. or clothing
Kleidungs·stück das garment; article of clothing; ~e clothes
Kleie ['klaiə] die; ~: bran
klein [klain] 1. Adj. **a)** little; small; ⟨*format, letter*⟩ little ⟨*finger, toe*⟩; **das Kleid ist mir zu ~**: the dress is too small for me; **ein ~es Bier** a small beer; **ein ~es Brot** a small loaf; **ein halb[-pint];** **ein ~es Export** ≈ a half[-pint] of Export; **ei·ne ~e Terz/Sekunde** *(Musik)* a minor third/second; **~e Schritte machen** take small or short steps; **sich ~ machen** make oneself small; **auf ~stem Raum** in the minimum of space; **sie ist ~** [von Gestalt/für ihr Alter] she is small [in stature/for her age]; **er ist [einen Kopf] ~er als ich** he is [a head] shorter than me or shorter than I am [by a head]; **im ~en** in miniature; on a small scale; **Pippin der Kleine** *(hist.)* Pippin the Short; **~, aber oho** he/she may be small, but he/she certainly makes up for it; **~, aber fein** little, but

very nice; **b)** *(jung)* little; **sein ~er Bruder** his little brother; **als ich [noch] ~ war** when I was small or little; **unsere Kleine/unser Kleiner** our little girl/boy; **für die Kleinen** for the little ones; **von ~ auf** from an early age; **c)** *(von kurzer Dauer)* little, short ⟨*while*⟩; short ⟨*walk, break, holiday*⟩; short, brief ⟨*delay, introduction*⟩; brief ⟨*moment*⟩; **d)** *(von geringer Menge)* small ⟨*family, amount, audience, staff*⟩; small, low ⟨*salary*⟩; low ⟨*price*⟩; **das Gas auf ~ stellen** turn the gas down [low]; **~es Geld haben** have some [small] change; **haben Sie es ~?** *(ugs.)* do you have the right money?; **~ habe ich es nicht** I don't have anything smaller; **e)** *(von geringem Ausmaß)* light ⟨*refreshment*⟩; small ⟨*party, gift*⟩; scant, little ⟨*attention*⟩; slight ⟨*cold, indisposition*⟩; slight ⟨*mistake, irregularity*⟩; minor ⟨*event, error*⟩; **die ~en Dinge des Alltags** the little everyday things; **einen ~en Schreck bekommen** get a bit of a shock; **das ~ere Übel** the lesser evil; the lesser of the two evils; **das ist meine ~ste Sorge** that's the least of my worries; **du ~er Schwindler!** you little twister!; **ein ~es Spielchen** a little game; **ein ~[es] bißchen** a little or tiny bit; **ein ~ wenig** a little bit; **ein ~ wenig Rücksichtnahme** a little bit of consideration; **im Kleinen wie im Großen** in little things as well as in big ones; **bis ins Kleinste** down to the smallest or tiniest detail; **f)** *(unbedeutend)* lowly ⟨*employee, sales assistant*⟩; minor ⟨*official*⟩; **der ~e Mann** the ordinary citizen; the man in the street; **die ~en Leute** ordinary people; the man sing. in the street; **in ~en Verhältnissen leben** live in humble or modest circumstances; **~ anfangen** *(ugs.)* start off in a small way; **die Kleinen hängt man, die Großen läßt man laufen** it's always the small fry that get caught, while the big fish get away; **g)** ganz **~ [und häßlich] werden** become meek and subdued; **den mache ich so ~ mit Hut!** *(ugs.)* I'll bring him down a peg or two; **jetzt ist sie so ~**: she's come down a peg or two; **h)** **ein ~er Geist** *(engstirnig)* a narrow-minded person; *(beschränkt)* a person of limited intellect. 2. *adv.* **a)** die Heizung **~/~er einstellen** turn the heating down low/lower; **ein Wort ~ schreiben** write a word with a small initial letter; **~ machen** *(Kinderspr.)* do number one *(child lang.)*; **b)** *(engstirnig)* **von jmdm./etw. denken** think little or have a low opinion of sb./sth.; *s. auch* beigeben 2
Klein das; ~s *(Kochk.)* *(von Geflügel)* giblets pl.; *(von Hasen)* trimmings pl.
klein-, Klein-: **~aktie** die *(Wirtsch.)* minimum par-value (50-mark) share; **~aktio·när** der *(Wirtsch.)* small shareholder; **~anzeige** die *(Zeitungsw.)* small or classified advertisement or *(coll.)* ad; **~arbeit** die; o. Pl. painstaking and detailed work; **~asien** *(das)* Asia Minor; **~bahn** die light [narrow-gauge] railway; **~bauer** der small farmer; smallholder; **~bekommen** unr. tr. V. s. ~kriegen; **~betrieb** der **a)** *(Industrie)* small business; **ein industrieller/handwerklicher ~betrieb** a small factory/small workshop; **b)** *(Landw.)* small farm; smallholding; **~bild·kamera** die *(Fot.)* miniature camera; 35 mm camera; **~buchstabe** der small letter; lower-case letter *(Printing)*; **~bürger** der lower middle-class person; *(abwertend: Spießbürger)* petit bourgeois; **die ~bürger** lower middle-class people; **~bürgerlich** 1. Adj. **a)** *(das Kleinbürgertum betreffend)* lower middle-class; **b)** *(abwertend: spießbürgerlich)* petit bourgeois; 2. *adv.* *(abwertend: spießbürgerlich)* ~bürgerlich denken have a lower middle-class way of thinking; **~bürgerlichkeit** die *(abwertend)* petit bourgeois nature; **~bürgertum** das lower middle class; petite bourgeoisie; **~bus** der minibus; **~dar-**

Kleindarsteller ... **Klettermaxe**

steller der small-part or (coll.) bit-part actor
¹**Kleine** der; adj. Dekl. a) (kleiner Junge) little boy; b) (ugs. Anrede) little man; **na, ~r** (Prostituierte zum Passanten) hello, dearie
²**Kleine** die; adj. Dekl. a) (kleines Mädchen) little girl; b) (ugs. Anrede) love; (abwertend) little madam; c) (ugs.: Freundin) girl[friend]
³**Kleine** das; adj. Dekl. a) (ugs. scherzh.) little boy/girl (joc.); **das ~ der Familie** the baby of the family; b) (von Tieren) baby; little one
Kleine·leute·milieu das world of simple, ordinary people
Klein-: **~familie** die (Soziol.) nuclear family; **~format** das small size; (bei Büchern) small format or size
Klein·garten der ≈ allotment (cultivated primarily as a garden); **in ihrem ~** on her allotment
Kleingarten·anlage die ≈ allotments pl.
klein-, Klein-:; ~gärtner der ≈ allotment-holder; **~gebäck** das biscuits (Brit.) or (Amer.) cookies and small pastries; **~geblümt** Adj. (präd. getrennt geschrieben) ⟨dress, wallpaper, etc.⟩ with a small floral pattern; **~gedruckt** Adj. (präd. getrennt geschrieben) in small print postpos.; **die ~gedruckten Passagen in Verträgen** the [sections pl. in] small print sing. in contracts; **~gedruckte das;** adj. Dekl. small print; **~geist** der (abwertend) small-minded person; **~geistig** Adj. small-minded; petty-minded ⟨official⟩; **~geld** das; o. Pl. [small] change; **würden Sie mir für 10 DM ~geld geben?** can you change or give me change for a ten-mark note?; **über das nötige ~geld verfügen** (iron.) have the wherewithal (coll.); **~gemustert** Adj. (präd. getrennt geschrieben) small-patterned; **~gläubig** Adj. (unfähig zum festen Glauben) of little faith postpos.; sceptical; (ängstlich-zweifelnd) faint-hearted; **o ihr Kleingläubigen!** (bibl.) o ye of little faith; **die Kleingläubigen** the doubters/faint-hearts; **~gläubigkeit** die s. **~gläubig**: lack of faith; scepticism; faint-heartedness; **~|hacken** tr. V. chop up
Kleinheit die; **~** a) (geringe Größe) smallness; small size; b) (selten: Beschränktheit) limitedness
Klein-: **~hirn** das (Anat.) cerebellum; little brain; **~holz** das chopped wood; **~holz machen** chop wood; **~holz aus jmdm., etw. zu ~holz machen** (ugs.) smash sth. to pieces; **~holz aus jmdm. machen, jmdn. zu ~holz machen** (ugs.) make mincemeat of sb.
Kleinigkeit die; **~, ~en** a) (kleine Sache) small thing; (Einzelheit) [small] detail; minor point; **bis auf einige ~en habe ich alle Einkäufe gemacht** apart from a few small items or a few odds and ends I've done all the shopping; **ich habe noch eine ~ zu erledigen** I still have a small matter to attend to; **jmdm. eine ~ schenken** give sb. a small or little gift or present; **eine ~ essen** have a [small] bite to eat; **das kostet eine ~** (ugs. iron.) that costs a bob or two (Brit. coll.) or a tidy sum (coll.); **die ~ von 50 000 DM** (ugs. iron.) the small or little matter of 50,000 marks; **sich nicht mit ~en abgeben** not concern oneself with details or trifles; b) (leichte Aufgabe) **eine ~ für jmdn. sein[, ein zu tun]** be no trouble for sb. [to do sth.]; be a simple matter for sb. [to do sth.]; **es war eine ~ für sie, ihren Mann zu überreden** she had no trouble in persuading her husband; **es war keine ~ für ihn** it was no small matter for him; c) (ugs.: ein Stückchen) a little bit; (noch kleiner) a fraction; a shade
Kleinigkeits·krämer der (abwertend) pettifogger; pettifogging individual

Kleinigkeits·krämerei die (abwertend) pettifoggery; pettifogging
klein-, Klein-:; ~kaliber·gewehr das small-bore rifle; **~kalibrig** Adj. small-bore attrib.; **~kariert** 1. Adj. a) (mit kleinen Karos) ⟨skirt, shirt, etc.⟩ with a small check or with a small-checked pattern; b) (ugs. abwertend: engstirnig) narrow-minded; 2. adv. (ugs. abwertend) narrow-mindedly; in a narrow-minded way; **~kind** das; (Soziol.) infant; **~kleckers·dorf** [~'klɛkɐs-] (das) (ugs. spött.) somewhere in the back of beyond (coll.); some tiny little place way out in the sticks (sl.); **~klima** das (Met.) microclimate; **~kram** der (ugs.) a) (kleine Dinge) odds and ends pl.; b) (unbedeutende Dinge) trivial matters pl.; (Einzelheiten) trivial details; (kleinere Arbeiten) trivial little jobs; **der tägliche ~kram** the trivial concerns pl. of everyday life; **~kredit** der (Bankw.) personal loan (repayable within two years); **~krieg** der a) (Guerillakrieg) guerrilla warfare; **ein ~krieg** a guerrilla war; b) (ständiger Streit) running battle; **~|kriegen** tr. V. (ugs.) a) (zerkleinern) crush [to pieces]; get one's teeth through ⟨tough meat⟩; b) (zerstören) smash; break; **nicht ~zukriegen sein** be indestructible; **~ (aufbrauchen)** get through, (sl.) blow ⟨money⟩; get through, (joc.) demolish ⟨sweets, cakes, etc.⟩; d) (entmutigen) jmdn. **~kriegen** get sb. down (coll.); (durch Drohungen) intimidate sb.; (gefügig machen) bring sb. into line; **sich nicht ~kriegen lassen** not allow oneself to be got down/intimidated
Klein·kunst die; o. Pl. cabaret
Kleinkunst·bühne die cabaret ensemble
klein·laut 1. Adj. subdued; (verlegen) sheepish. 2. adv. in a subdued fashion; (verlegen) sheepishly
kleinlich (abwertend) 1. Adj. pernickety; (ohne Großzügigkeit) mean; (engstirnig) small-minded; petty; (in bezug auf Sauberkeit und Ordnung) pernickety; fussy; petty ⟨regulations⟩. 2. adv. meticulously; punctiliously; **~ denken** have a mean and petty cast of mind
Kleinlichkeit die; **~** (abwertend) s. **kleinlich**: pernicketiness; meanness; small-mindedness; pettiness; fussiness
klein-, Klein-:; ~|machen tr. V. a) (zerkleinern) cut up small; chop up ⟨wood⟩; b) (ugs.: aufbrauchen) get through, (sl.) blow ⟨money⟩; c) (ugs.: wechseln) change; **kann mir jemand ein 5-Mark-Stück ~machen?** can anyone give me change for a five-mark piece?; **~möbel** das smaller item of furniture; **~mut** der (geh.) faint-heartedness; timidity; **~mütig** Adj. (geh.) faint-hearted; timid
Kleinod ['klaino:t] das; **~[e]s, ~e** od. **~ien** [-'no:diən] (geh.) a) (Schmuckstück) piece of jewellery; (Edelstein) jewel; b) (Kostbarkeit) gem
klein-, Klein-:; ~rentner der person living on a small pension; **~|schneiden** unr. tr. V. cut up small; cut into small pieces; chop up ⟨onion⟩ (ugs.: wechseln); **~|schreiben** unr. tr. V. a) in **~geschrieben werden** (ugs.) count for [very] little (bei with); s. auch klein 2 a; **~schreibung** die use of small initial letters; **~sparer** der (Finanzw.) small saver; **~staat** der small state; **~stadt** die small town; **~städter** der small-town dweller; **~städtisch** Adj. small-town attrib.
Kleinst·betrag der minimum or smallest sum or amount
Kleinst·bild·kamera die subminiature camera
Kleinste der/die/das; adj. Dekl. smallest or youngest boy/girl/child
klein|stellen tr. V. turn down [low]
kleinst-, Kleinst-:; ~kind das very small child (up to two years old); **~lebe·wesen**

das micro-organism; **~möglich** Adj.; nicht präd. smallest possible
Klein·tier das pet; (Nutztier) small domestic animal
Kleintier-: **~halter** der breeder of small animals; **~haltung** die breeding of small animals; **~zucht** die [professional] breeding of small animals; (Betrieb) establishment for breeding small animals
Klein·verdiener der person on a low income
Klein·vieh das small farm or domestic animals pl.; small livestock; **~ macht auch Mist** (prov.) many a mickle makes a muckle (prov.); every little helps
Kleinvieh·zucht die breeding of small farm or domestic animals
Klein·wagen der small car
klein·wüchsig [-vy:ksɪç] Adj. ⟨person⟩ of small stature; small, short ⟨person, race⟩; small ⟨variety, species⟩
Kleister ['klaistɐ] der; **~s, ~**: paste; (ugs. abwertend: Brei) goo (coll.)
kleist[e]rig Adj. (ugs.) gooey (coll.)
kleistern tr. V. (ugs.) a) (kleben) paste, stick (an + Akk. on); b) (reparieren) stick (an + Akk. on); c) (dick auftragen) plaster (auf + Akk. on); d) **jmdm. eine ~** belt sb. one (coll.)
Klementine [klemɛn'ti:nə] die; **~, ~n** clementine
Klemm·mappe ['klɛmmapə] die; **~, ~n** spring or springback binder
Klemme ['klɛmə] die; **~, ~n** a) (Haar~) [hair-]clip; (Papier~) paper-clip; (Technik) clip; (Elektrot.) terminal; (Med.) clip; b) (ugs.: schwierige Lage) **in der ~ sein** od. **sitzen** be in a fix or jam (coll.); **jmdm. aus der ~ helfen** help sb. out of a fix or jam (coll.)
klemmen 1. tr. V. a) (befestigen) tuck or stick (coll.); **etw. unter den Arm ~** tuck or (coll.) stick sth. under one's arm; b) (quetschen) **sich** (Dat.) **den Fuß/die Hand ~**: get one's foot/hand caught or trapped; catch or trap one's foot/hand; c) (salopp: stehlen) swipe (sl.); pinch (sl.); nick (Brit. sl.). 2. refl. V. **sich hinter etw.** (Akk.) **~**: wedge oneself behind sth.; (fig. ugs.: sich einsetzen) put some hard work into sth.; **sich hinter jmdn. ~**: squeeze in behind sb.; (fig. ugs.: antreiben) get to work on sb. (coll.); **sich hinters Lenkrad ~** (ugs.) get behind the wheel. 3. itr. V. ⟨door, drawer, etc.⟩ stick
Klemm·mappe getrennte Schreibung von Klemmappe
Klempner ['klɛmpnɐ] der; **~s, ~**: tinsmith; (~ und Installateur) plumber
Klepper ['klɛpɐ] der; **~s, ~** (abwertend) broken-down nag
Kleptomane [klɛpto'ma:nə] der; **~n, ~n** (Psych.) kleptomaniac; **~ sein** be a kleptomaniac
Kleptomanie [klɛptoma'ni:] die; **~** (Psych.) kleptomania no art.
Kleptomanin die; **~, ~nen** kleptomaniac
kleptomanisch Adj. (Psych.) kleptomaniac
klerikal [kleri'ka:l] Adj. (auch abwertend) clerical; church ⟨property⟩
Klerikale der/die; adj. Dekl. (auch abwertend) cleric; **die ~n** the clergy sing.
Klerikalismus der; **~** (oft abwertend) clericalism
Kleriker ['kle:rikɐ] der; **~s, ~**: cleric
Klerus ['kle:rʊs] der; **~**: clergy
Klette ['klɛtə] die; **~, ~n** bur; (Pflanze) burdock; **sich wie eine ~ an jmdn. hängen** (ugs.) stick like a bur to sb.
Kletter·affe der: **ein ~ sein** be able to climb like a monkey
Kletterei die; **~, ~en** (ugs.) a) (Herumklettern) climbing [about]; b) (Bergsteigen) climbing
Kletterer der; **~s, ~**: climber
Kletter-: **~gerüst** das climbing-frame; **~maxe** der (ugs. scherzh.) a) (Kind, das

klettern — klopfen

gerne klettert) climbing-mad child; **b)** *(Fassadenkletterer)* cat burglar
klettern ['klɛtɐn] *itr. V.; mit sein (auch fig.)* climb; *(mit Mühe)* clamber; **auf einen Baum ~:** climb a tree; **aus dem Bett/Auto ~** *(ugs.)* climb out of bed/the car *(coll.)*
Kletter-: ~partie die a) *(Bergsteigen)* climb; **b)** *(ugs.: anstrengende Wanderung)* climbing expedition; **~pflanze die** creeper; *(Bot.)* climbing plant; climber; **~rose die** climbing *or* rambling rose; **~seil das** climbing-rope; **~stange die** *(Turnen)* climbing-pole; **~tau das** *s.* **~seil;** **~tour die** *s.* **~partie;** **~wand die** *(Turnen)* climbing-wall
Klett·verschluß der Velcro (P) fastening
Kletze ['klɛtsə] *die; ~, ~n (österr.)* dried pear
klick [klɪk] *Interj.* click; **~ machen** click; **go click; da machte es bei ihm ~** *(fig. ugs.)* and then the penny dropped *(coll.)*
klicken *itr. V.* click; **es klickte** there was a click
Klicker der; ~s, ~ *(westmd.)* marble
klickern *itr. V. (westmd.)* play marbles
Klient [kli'ɛnt] *der; ~en, ~en* client
Klientel [kliɛn'teːl] *die; ~, ~en* clientele
Klientin *die; ~, ~nen* client
klieren ['kliːrən] *tr. V. (nordd.)* scrawl
Kliff [klɪf] *das; ~[e]s, ~e* cliff
Kliff·küste die cliffed coast; cliffs *pl.*
Klima ['kliːma] *das; ~s, ~s od.* Klimate [kli-'maːtə] *(fig.)* climate; **das politische/soziale ~** *(fig.)* the political/social climate; **im Büro herrscht ein angenehmes ~** *(fig.)* there's a pleasant atmosphere in the office
Klima-: ~anlage die air-conditioning *no indef. art.;* air-conditioning system; **mit ~anlage** air-conditioned; **~kammer die** *(Med., Biol.)* climatic chamber; **~karte die** climatic map; **~kunde die** climatology *no art.;* **~technik die;** *o. Pl.* air-conditioning engineering *no art.*
Klimakterium [klimak'teːrɪʊm] *das; ~s (Med.)* menopause; change of life
klimatisch [kli'maːtɪʃ] **1.** *Adj.; nicht präd.* climatic. **2.** *adv.* climatically
klimatisieren *tr. V.* air-condition
Klimatologie [klimatolo'giː] *die; ~:* climatology *no art.*
Klima·wechsel der change of climate
Klimax ['kliːmaks] *die; ~:* climax
Klima·zone die climatic zone
Klimbim [klɪm'bɪm] *der; ~s (ugs.)* **a)** *(Kram)* junk; odds and ends *pl.;* **b)** *(Wirbel)* fuss; **~ um etw. machen** make a fuss about sth.
klimmen ['klɪmən] *unr. itr. V.; mit sein (geh.)* climb
Klimm·zug der *(Turnen)* pull-up; **geistige Klimmzüge machen** *(fig. ugs.)* do mental gymnastics
Klimperei *die; ~, ~en (ugs. abwertend)* [awful] plunking
Klimper·kasten der *(ugs. abwertend)* joanna *(sl.);* piano
klimpern ['klɪmpɐn] **1.** *itr. V.* jingle; tinkle; ⟨*coins, keys*⟩ jingle; **mit den Geldstücken/Schlüsseln ~:** jingle the coins/keys; **mit den Wimpern ~** *(scherzh.)* flutter one's eyelashes [seductively]; **auf dem Klavier/der Gitarre/dem Banjo ~** *(ugs.)* plunk away on the piano/guitar/banjo. **2.** *tr. V. (ugs. abwertend)* plunk out ⟨*tune etc.*⟩
kling [klɪŋ] *Interj. (einer Glocke)* ding; *(von Gläsern)* chink; clink; **~ machen** ding/chink *or* clink
Klinge die; ~, ~n a) blade; **b)** *(geh. veralt.: Waffe)* blade *(literary);* **die ~ kreuzen** *(geh.)* cross swords with sb.; **eine [gute] ~ schlagen** *(geh.)* be a good swordsman; **eine scharfe ~ führen** *(fig. geh.)* be hard-hitting in debate; **jmdn. über die ~ springen lassen** *(fig.) (töten)* dispose of *or* kill sb.; *(ugs.: ruinieren)* ruin sb.; *(beruflich)* put paid to sb.'s career *(coll.)*

Klingel ['klɪŋl] *die; ~, ~n* **a)** bell; **b)** *(kleine Glocke)* small bell
Klingel-: ~beutel der offertory-bag; collection-bag; **~draht der** bell-wire
klinge[linge]ling [klɪŋə(lɪŋə)'lɪŋ] *Interj.* ting-a-ling
Klingel·knopf der bell-button; bell-push
klingeln *itr. V.* **a)** ring; ⟨*alarm clock*⟩ go off; ring; **es klingelt** *(an der Tür)* somebody is ringing the doorbell; there is a ring at the door; *(Telefon)* the telephone is ringing; **es hat bei ihm/ihr** *usw.* **geklingelt** *(ugs.)* the penny's dropped *(coll.); s. auch* **Kasse a; b)** *(die Klingel betätigen)* ring [the bell]; **nach jmdm. ~:** ring for sb.; **der Radfahrer klingelte** the cyclist rang his/her bell; **es klingelte zur Pause** the bell went for the break; **jmdn. aus dem Schlaf ~:** ring [the bell] and wake sb. up; **c)** *(Kfz-W.)* ⟨*engine*⟩ pink
Klingel-: ~putzen das; ~s (ugs.) ringing doorbells [and running away]; **~schnur die** bell-pull; **~zeichen das** ring; **das ist das ~zeichen für das Ende der Pause** that is the bell for the end of break/the interval *(Brit.) or (Amer.)* intermission; **~zug der** bell-pull
klingen *unr. itr. V.* **a) die Glocken klangen** the bells were ringing; **aus dem Haus klangen fröhliche Stimmen** the sound of merry voices came from the house; **aus dem Wald klang der Ruf des Kuckucks** from the forest could be heard the call of the cuckoo; **die Gläser ~ lassen** clink glasses [in a toast]; **b)** *(einen bestimmten Klang haben)* sound; **seine Worte klangen wie ein Vorwurf** his words sounded like a reproach; **es klang, als ob geschossen wurde** it sounded as if a shot had been fired
klingend 1. *s.* **klingen. 2.** *Adj.* **ein ~er Reim** *(Verslehre)* a feminine rhyme; **~e Münze** [hard] cash; **mit ~em Spiel** with the band playing
kling, klang *Interj.* ding dong
klingling [klɪŋ'lɪŋ] *Interj.* ting-a-ling
Klinik ['kliːnɪk] *die; ~, ~en* **a)** hospital; *(spezialisiert)* clinic; **b)** *o. Pl. (Med.: klinisches Studium)* clinical training
Kliniker der; ~s, ~ *(Med.)* **a)** *(Arzt)* clinician; doctor teaching at a university hospital; **b)** *(Student)* medical student doing his/her clinical training
Klinikum [kli'niːkʊm] *das; ~s,* **Klinika** *od.* **Kliniken** *(Med.: Ausbildung)* clinical training; **b)** *(Zusammenschluß mehrerer Kliniken)* hospital complex *(usually teaching hospitals and clinics, with central administration)*
klinisch 1. *Adj.; nicht präd. (Med.)* clinical; **sie ist jetzt im 5. ~en Semester** she is now in the fifth term of her clinical training. **2.** *adv.* **~ tot** clinically dead
Klinke ['klɪŋkə] *die; ~, ~n a) (an der Tür)* door-handle; sich *(Dat.)* **die ~ in die Hand geben** *(ugs.)* come and go in a continuous stream; **~n putzen** *(ugs.) (als Vertreter)* peddle one's goods from door to door; *(betteln)* go begging from door to door; **b)** *(Technik)* catch; pawl
Klinken·putzer der *(ugs. abwertend) (Vertreter)* door-to-door salesman; *(Bettler)* beggar
Klinker der; ~s, ~: [Dutch] clinker
Klinker-: ~bau der building of clinker brick; **~stein der** *s.* **Klinker**
klipp [klɪp] *Adj.* **~ und klar** *(ugs.)* quite plainly *or* clearly
Klippe *die; ~, ~n* rock; **alle ~n umschiffen** *(fig.)* negotiate every obstacle [successfully]
Klipper der; ~s, ~ *(hist.)* clipper
Klipp·fisch der cod etc. split open, salted, and partly dried; klipfish
klipp, klapp *Interj.* click-clack
Klipp·schule die *(nordd. abwertend)* second-rate school
klirren ['klɪrən] *itr. V.* ⟨*glasses, ice-cubes*⟩

clink; ⟨*weapons in fight*⟩ clash; ⟨*window-pane*⟩ rattle; ⟨*chains, spurs*⟩ clank, rattle; ⟨*harness*⟩ jingle; **mit der Kette/den Sporen ~:** clank *or* rattle the chain/one's spurs; **~der Frost** *(fig.)* sharp frost
Klirr·faktor der *(Elektrot.)* distortion factor
Klischee [kli'ʃeː] *das; ~s, ~s* **a)** cliché; **das ~ vom braven Hausmütterchen** the conventional picture *or* stereotype of the good little housewife; **b)** *(Druckw.)* block; plate
klischeehaft 1. *Adj.* stereotyped, hackneyed ⟨*picture, description*⟩; cliché-ridden ⟨*style*⟩. **2.** *adv.* in a stereotyped *or* hackneyed way *or* manner
Klischee·vorstellung die stereotyped idea
klischieren *tr. V. (Druckw.)* stereotype
Klistier [klis'tiːɐ] *das; ~s, ~e (Med.)* enema
Klitoris ['kliːtorɪs] *die; ~, ~ od.* Klitorides [kli'toːrideːs] *(Anat.)* clitoris
Klitsch [klɪtʃ] *der; ~[e]s, ~e (landsch.)* **a)** *(Brei)* soggy mass; mush; **b)** *(Schlag)* slap; smack
Klitsche *die; ~, ~n (ugs.)* **a)** *(ärmlicher Bauernhof)* poor, run-down farm; **b)** *(armseliges Dorf)* wretched little village *or* place; **c)** *(kleiner Betrieb)* little shoestring outfit *(coll.);* **d)** *(Schmierentheater)* third-rate little theatre
klitsch, klatsch *Interj.* smack; **~, ~, schlug der Regen gegen die Scheiben** pitter-patter went the rain on the window panes
klitsch·naß *Adj. (ugs.)* soaking *or* sopping wet; *(tropfnaß)* dripping wet; **wir sind ~ geworden** we got soaked [to the skin] *or* drenched
klitze·klein ['klɪtsə-] *Adj. (ugs.)* teeny[weeny] *(coll.)*
Klivie ['kliːvi̯ə] *die; ~, ~n (Bot.)* clivia
Klo [kloː] *das; ~s, ~s (ugs.)* loo *(Brit. coll.);* john *(Amer.);* **aufs ~ müssen** have to go to the loo; **etw. ins ~ schütten** tip sth. down the loo
Kloake [klo'aːkə] *die; ~, ~n (Senkgrube, auch fig.) (Kanal)* sewer
Kloben [kloː'bn̩] *der; ~s, ~ (Holz~)* log
klobig *Adj.* **a)** *(kantig)* heavy and clumsy[-looking] ⟨*shoes, furniture*⟩; heavily-built, bulky ⟨*figure*⟩; **b)** *(plump)* clumsy; boorish; boorish ⟨*behaviour*⟩
Klo-: ~bürste die *(ugs.)* loo-brush *(Brit. coll.);* toilet-brush; **~frau die** *(ugs.)* loo-attendant *(Brit. coll.);* bathroom attendant *(Amer.)*
klomm [klɔm] *1. u. 3. Pers. Sg. Prät. v.* klimmen
Klon [kloːn] *der; ~s, ~e (Biol.)* clone
klönen ['kløːnən] *itr. V. (nordd.)* chat
Klo·papier das *(ugs.)* loo-paper *(Brit. coll.);* toilet-paper
klopfen ['klɔpfn̩] **1.** *itr. V.* **a)** *(schlagen)* knock; **an die Tür ~:** knock at the door; **es hat geklopft** there's somebody knocking at the door; **jmdm.** *od.* **jmdn. auf die Schulter ~:** slap sb. on the shoulder; **„bitte ~!" ,,bitte zweimal ~!"** 'please knock'; 'please give two knocks'; **b)** *(pulsieren)* ⟨*heart*⟩ beat; ⟨*pulse*⟩ throb; **sein Herz schien ihm bis zum Hals zu ~:** his heart was in his mouth *or* was pounding wildly; **mit ~dem Herzen** with pounding *or* beating heart; **ein ~der Schmerz** a throbbing pain; **c)** *(Kfz-W.)* ⟨*engine*⟩ knock. **2.** *tr. V.* beat ⟨*carpet*⟩; **Beifall ~:** applaud by banging *or* rapping on the desk/table with one's fist; **den Takt [zur Musik] ~:** beat time [to the music]; **Fleisch ~:** beat *or* tenderize meat; **Steine ~:** break stones; *(pflastern)* lay cobbles; **Staub vom Mantel ~:** beat dust from one's coat; **die Asche aus der Pfeife ~:** knock *or* tap the ash out of one's pipe; **einen Nagel in die Wand ~:** knock *or* hammer a nail into the wall; **jmdn. aus dem Schlaf ~:** knock sb. up *(Brit.);* awaken sb. by knocking

1246

Klopfer der; ~s, ~ a) (Teppich~) carpet-beater; b) (Tür~) [door-]knocker; c) (Fleisch~) meat mallet or tenderizer
klopf-, Klopf-: ~**fest** Adj. antiknock ⟨petrol, fuel⟩; ~**festigkeit** die antiknock properties pl.; ~**zeichen** das knock; (leiser) tap
Kloppe ['klɔpə] die; ~ (nordd., md.) [good] hiding (coll.) or thrashing; ~ **kriegen** get a [good] hiding (coll.) or thrashing
Klöppel ['klœpl] der; ~s, ~ a) (Glocken~) clapper; b) (Musik) beater; c) (Handarbeiten: Spule) bobbin
Klöppel·arbeit die a) o. Pl. bobbin-lace or pillow-lace making no art.; b) (Erzeugnis) piece of pillow-lace or bobbin-lace
klöppeln tr., itr. V. [etw.] ~: make or work [sth. in] pillow-lace or bobbin-lace
Klöppel·spitze die pillow-lace; bobbin-lace
kloppen (nordd., md.) 1. tr. V. hit. 2. refl. V. fight; scrap (coll.)
Klopperei die; ~, ~en (nordd., md.) fight; scrap (coll.)
Klöppler der; ~s, ~, **Klöpplerin** die; ~, ~nen pillow-lace or bobbin-lace maker
Klops [klɔps] der; ~es, ~e (nordostd.) meat ball
Klosett [klo'zɛt] das; ~s, ~s od. ~e lavatory; etw. ins ~ schütten tip sth. down the lavatory
Klosętt-: ~**becken** das lavatory pan; toilet bowl; ~**brille** die (ugs.) loo-seat (Brit. coll.); toilet-seat; ~**bürste** die lavatory-brush; toilet-brush; ~**deckel** der toilet-lid; ~**frau** die lavatory attendant; ~**papier** das toilet-paper; lavatory-paper; ~**sitz** der toilet-seat; lavatory-seat
Kloß [klo:s] der; ~es, Klöße ['klø:sə] dumpling; (Fleisch~) meat ball; **ihm sitzt ein ~ im Hals, er hat einen ~ im Hals** (ugs.) he has a lump in his throat
Kloster ['klo:stɐ] das; ~s, Klöster ['klø:stɐ] (Mönchs~) monastery; (Nonnen~) convent; nunnery; **ins ~ gehen** enter a monastery/convent
Kloster-: ~**bruder** der lay brother; (veralt.: Mönch) monk; ~**frau** die (geh. veralt.) nun; ~**kirche** die monastery/convent church
klösterlich 1. Adj. a) monastic; monastic/convent ⟨life⟩; b) (zum Kloster gehörend) of the monastery/convent postpos., not pred.; monastery/convent attrib. 2. adv. ~ **abgeschieden** living in monastic seclusion
Kloster-: ~**regel** die rules pl. of the monastery/convent; ~**schule** die monastery-school/convent-school; ~**schüler** der monastery-school/convent-school pupil
Klotz [klɔts] der; ~es, Klötze ['klœtsə] a) (Stück Holz) block [of wood]; (Stück eines Baumstamms) log; **schlafen wie ein ~** (fig.) sleep like a log; **ein ~ aus Beton [und Glas]** (fig.) a concrete, [and glass] monstrosity; **jmdm. ein ~ am Bein sein** (ugs.) be a millstone round sb.'s neck; **mit ihm hast du dir einen ~ ans Bein gebunden** (ugs.) you have tied a millstone round your neck by getting involved with him; **auf einen groben ~ gehört ein grober Keil** (Spr.) rudeness can only be answered with rudeness; b) (salopp abwertend) (ungehobelter Mensch) clod; oaf; (roher Mensch) lout
Klötzchen ['klœtsçən] das; ~s, ~: small block of wood
klotzen (ugs.) 1. itr. V. a) (großzügig vorgehen) lash out in a big way (coll.); s. auch **kleckern 1 d**; b) (hart arbeiten) (sal.) 2. tr. V. stick up (coll.) ⟨building, town⟩
klotzig Adj. a) (abwertend: unförmig) large and ugly[-looking] ⟨building⟩; large and clumsy[-looking] ⟨furniture⟩; b) (ugs.: gewaltig) massive great (coll.) ⟨car, villa, etc.⟩
Klub [klʊp] der; ~s, ~s a) (Vereinigung) club; b) (Gebäude) club; **im ~:** at the club; c) (Clique) crowd

klub-, Klub-: ~**eigen** Adj. club's attrib.; the club's pred.; ~**garnitur** die thickly upholstered three-piece suite; ~**haus** das club-house; ~**jacke** die blazer; ~**mitglied** das club-member; ~**sessel** der club chair; ~**zwang** der (österr.) s. **Fraktionszwang**
¹Kluft [klʊft] die; ~, ~en (ugs.) rig-out (coll.); gear (coll.); (Uniform) uniform; garb; **sich in seine beste ~ werfen** put on one's Sunday best or one's best things
²Kluft die; ~, Klüfte ['klʏftə] a) (veralt.) (Spalte) cleft; fissure; (im Gletscher) crevasse; (Abgrund) chasm; b) (Gegensatz) gulf
klug [klu:k]; **klüger** ['kly:gɐ], **klügst...** ['kly:kst...] 1. Adj. a) (intelligent) clever; intelligent; clever, bright ⟨child, pupil⟩; intelligent ⟨eyes⟩; **er ist ein ~er Kopf** he's clever or bright; he's got brains; b) (gelehrt, weise) wise; **so ~ wie vorher od. zuvor sein** be none the wiser; **so ~ waren wir auch!** we know that as well as you do; **hinterher ist man immer klüger** it's easy to be wise after the event; **daraus werde ich nicht ~, daraus soll ein Mensch ~ werden** I can't make head or tail of it; **aus jmdm. nicht ~ werden** not know what to make of sb.; c) (vernünftig) wise; wise, sound ⟨advice⟩; wise, prudent ⟨remark, course of action⟩; (geschickt) clever, shrewd ⟨politician, negotiator, question⟩; shrewd, astute ⟨businessman⟩; great ⟨foresight⟩; **es wäre das klügste, wenn wir ...:** the wisest course or thing would be for us to ...; **der Klügere gibt nach** (Spr.) discretion is the better part of valour (prov.); **der ~e Mann baut vor** (Spr.) it pays to be prepared. 2. adv. a) (intelligent) cleverly; intelligently; b) **daherreden** talk as if one knows it all; ~ **daherreden kann jeder!** anyone can talk!; b) (vernünftig) wisely; (geschickt) cleverly; shrewdly
Klügelei die; ~, ~en (abwertend) ~[en Pl.] over-subtle reasoning no pl.
klügeln [kly:gln] itr. V. **an etw.** (Dat.) ~: ponder [over] sth.
klugerweise Adv. wisely
Klugheit die; ~, ~en a) o. Pl.; s. **klug a, b, c**: cleverness; intelligence; brightness; wisdom; soundness; prudence; shrewdness; astuteness; b) Pl. (iron.: weise Sprüche) clever remarks
klüglich Adv. (geh.) wisely
klug|reden itr. V. (ugs.) talk as if one knows it all
Klug·scheißer der (salopp abwertend) know-it-all (coll.); smart aleck (coll.)
klügst... s. **klug**
Klump [klʊmp] der; ~s **in einen Wagen zu od. in ~ fahren** (salopp) smash up or write off a car; **jmdn. zu ~ schlagen** (salopp) beat the living daylights out of sb. (sal.)
Klumpatsch ['klʊmpatʃ] der; ~[e]s (salopp abwertend) junk
klumpen ['klʊmpn̩] itr. V. go lumpy
Klumpen der; ~s, ~ a) lump; **ein ~ Erde** a lump or clod of earth; **ein ~ Gold** a gold nugget; b) (rhein.: Holzschuh) clog
Klump·fuß der club foot
klumpig Adj. lumpy
Klüngel ['klʏŋl] der; ~s, ~ (abwertend) a) (Clique) clique; b) (Cliquenwesen) cliquism no indef. art.
Klüngelei die; ~, ~en (abwertend) cliquism no pl.; (Vetternwirtschaft) nepotism no pl.
klüngeln itr. V. (ugs.) s. **Klüngelei:** indulge in cliquism/nepotism
Klunker ['klʊŋkɐ] die; ~, ~n od. der; ~s, ~ (ugs.) rock (sl.)
Klus [klu:s] die; ~, ~en (schweiz.) narrow gorge; cluse (Geol.)
Klüse ['kly:zə] die; ~, ~n s. **Ankerklüse**
Klüver ['kly:vɐ] der; ~s, ~ (Seemannsspr.) jib

Klüver·baum der (Seemannsspr.) jib-boom
km Abk. Kilometer km.
knabbern ['knabɐn] 1. tr. V. nibble; **etw. zum Knabbern** sth. to nibble; **nichts mehr zu ~ haben** (ugs. verhüll.) be broke (coll.) or skint (sl.). 2. itr. V. **an etw.** (Dat.) ~: nibble or gnaw [at] sth.; **an etw.** (Dat.) **[noch lange] zu ~ haben** (ugs.) (sich anstrengen müssen) have sth. to think about or chew on; (leiden müssen) take a long time to get over sth.; **an dieser Übersetzung hatten die Schüler ganz schön zu ~:** this translation really gave the pupils something to think about or chew on
Knabe ['kna:bə] der; ~n, ~n a) (geh. veralt./südd., österr., schweiz.) boy; b) (ugs.: Bursche) chap (coll.); **Na, alter ~!** Wie geht's? well, old boy or old chap, how are you? (coll.)
Knaben-: ~**alter** das (geh.) boyhood; ~**chor** der boys' choir
knabenhaft 1. Adj. boyish. 2. adv. boyishly
Knaben-: ~**kraut** das orchis; wild orchid; ~**liebe** die (geh.) pederasty; ~**schule** die (veralt.) boys' school; ~**stimme** die boy's voice; ~**streich** der (geh.) boyish prank
knack [knak] Interj. crack
Knack der; ~[e]s, ~e crack
Knäcke·brot ['knɛkə-] das crispbread; (Scheibe) slice of crispbread
knacken 1. itr. V. a) (krachen) ⟨bed, floor, etc.⟩ creak; **es knackt im Telefon** the [telephone-]line is crackling; **es knackte im Gebälk** the beams creaked; **mit den Fingern ~:** crack one's fingers; b) **mit sein** (ugs.: zerbrechen) snap; ⟨window⟩ crack; c) **in an etw.** (Dat.) **zu ~ haben** (ugs.) take a long time to get over sth. 2. tr. V. a) (zerbrechen) crack ⟨nut, shell⟩; b) (salopp: zerquetschen) squash; c) (aufbrechen) crack ⟨safe⟩ [open]; break into ⟨car, bank, vending-machine, etc.⟩; crack, break ⟨code⟩
Knacker der; ~s, ~ a) **in alter ~** (salopp) old fogey; b) (ugs.: Geldschrankknacker) safe-cracker; c) s. **Knackwurst**
knack·frisch Adj. (ugs.) crispy fresh ⟨rolls, crisps, etc.⟩; crisp fresh ⟨fruit, vegetables⟩
Knacki ['knaki] der; ~s, ~s (salopp) con (coll.); jailbird
knackig Adj. a) (knusprig) crisp, crunchy ⟨apple⟩; b) (ugs.: attraktiv) luscious, delectable ⟨girl⟩
Knack·laut der (Phon.) glottal stop
knacks Interj. crack
Knacks der; ~es, ~e (ugs.) a) (Ton) crack; b) (Sprung) crack; c) (fig.: Defekt) **einen ~ bekommen** ⟨person⟩ have or suffer a breakdown; ⟨health⟩ suffer; **die Ehe hatte einen ~:** the marriage was in difficulties
Knack·wurst die [smoked] sausage filled with minced meat and pieces of fat, the tight skin of which makes a cracking sound when bitten; knackwurst
Knall [knal] der; ~[e]s, ~e bang; (fig.) big row; **einen ~ haben** (salopp) be barmy (sl.) or off one's rocker (sl.); **auf ~ und Fall, auf Fall** (ugs.) without warning
knall-, Knall-: ~**bonbon** der od. das cracker; ~**bunt** Adj. gaudy; ⟨car⟩ painted in gaudy colours; ~**effekt** der (ugs.) (Überraschendes) astonishing part; (Sensation) sensational part
knallen 1. itr. V. a) (einen Knall verursachen) ⟨shot⟩ ring out; ⟨firework⟩ go bang; ⟨cork⟩ pop; ⟨door⟩ bang, slam; ⟨whip, rifle⟩ crack; **die Peitsche ~ lassen** crack the whip; **mit der Tür ~:** bang or slam the door; **an der Kreuzung hat es geknallt** (ugs.) there was a crash at the crossroads; **sei ruhig, oder es knallt!** (fig. ugs.) be quiet, or you'll get a good hiding; b) (ugs.: schießen) shoot, fire ⟨auf + Akk. at⟩; (mehrere Male) blaze or (coll.) bang away ⟨auf + Akk. at⟩; **Hände hoch, oder es knallt!** hands up, or I'll

1247

knalleng shoot!; **c)** *(Ballspiele ugs.)* **aufs Tor ~:** belt the ball/puck at the goal *(coll.);* **d)** *mit sein (ugs.: prallen)* **die Tür knallte ins Schloß** the door slammed *or* banged shut; **sie knallte mit dem Fahrrad gegen einen Laternenpfahl** she crashed into a lamp-post on her bicycle; **mit dem Kopf gegen die Windschutzscheibe ~:** bang one's head against the windscreen; **der Ball knallte gegen die Latte** the ball slammed against the crossbar; **e)** *(ugs.: scheinen)* blaze *or* beat down. **2.** *tr. V.* **a)** *(ugs.) (hart aufsetzen)* slam *or* bang down; *(werfen)* sling *(coll.);* **den Hörer auf die Gabel ~:** slam *or* bang down the receiver; **b)** *(ugs.: schlagen)* **du kriegst gleich eine geknallt!** you're going to get a clout any minute *(coll.);* **jmdm. eine ~** *(salopp)* belt *or* clout sb. one *(coll.);* **c)** *(Ballspiele ugs.)* belt ⟨ball⟩
knall·eng *Adj. (ugs.)* skin-tight
Knaller *der;* ~s, ~: banger
Knall·erbse *die* ≈ cap-bomb
Knallerei *die;* ~, ~en *(ugs.) (von Korken)* popping; *(einer Peitsche)* cracking; *(von Gewehren)* banging, shooting; *(von Feuerwerk)* banging
knall-, Knall-: ~**frosch** *der* jumping jack; ~**gas** *das (Chemie)* oxy-hydrogen; ~**gelb** *Adj. (ugs.)* bright *or* vivid yellow; ~**hart** *(ugs.)* **1.** *Adj.* **a)** very tough ⟨job, demands, action, measures, etc.⟩; ⟨person⟩ as hard as nails; hard[-core] ⟨pornography⟩; very sharp ⟨criticism⟩; **ein ~harter Bursche** a thug; **b)** *(kraftvoll)* fierce ⟨serve⟩; crushing ⟨blow⟩; **2.** *adv.* **a)** *(rücksichtslos, brutal)* brutally; **gegen etw. ~hart vorgehen** take very tough action against sth.; **jmdm. etw. ~hart sagen** say sth. to sb. quite brutally; **b)** *(kraftvoll)* ⟨serve, hit⟩ really hard; ~**heiß** *Adj. (ugs.)* boiling *or* baking hot *(coll.)*
knallig *Adj. (ugs.)* loud; gaudy
knall-, Knall-: ~**kopf,** ~**kopp** *der (salopp)* [stupid] berk *(Brit. sl.)* *or (Amer. sl.)* jerk; ~**körper** *der* banger; *(bei Aufprall explodierend)* ≈ cap-bomb; ~**rot** *Adj.* bright *or* vivid red; **sie bekam einen ~roten Kopf** she *or* her face turned [bright] scarlet *or* as red as a beetroot; ~**tüte** *die (ugs.)* nitwit *(coll.);* clot *(Brit. sl.)*
knapp [knap] **1.** *Adj.* **a)** *(kaum ausreichend)* meagre, low ⟨pension, wage, salary⟩; meagre ⟨pocket-money⟩; **Kaffee war ~:** coffee was scarce *or* in short supply; **das Geld wird ~:** money is getting tight; **die Vorräte wurden ~:** supplies ran short; **sie bekam nur ein sehr ~es Haushaltsgeld** she received very little housekeeping money; ~ **mit etw. sein** be short of sth.; **..., und nicht zu ~!** ... and how!; **b)** *(gerade ausreichend)* narrow ⟨victory, lead⟩; narrow, bare ⟨majority⟩; close ⟨result⟩; **c)** *(nicht ganz)* **vor einer ~en Stunde** almost *or* just under an hour ago; **d)** *(eng)* tight-fitting ⟨garment⟩; *(zu eng)* tight ⟨garment⟩; **e)** *(kurz)* terse ⟨reply, greeting⟩; concise, succinct ⟨description, account, report⟩; **mit ~en Worten** in a few brief words. **2.** *adv.* **a)** *(kaum ausreichend)* ~ **bemessen sein** be meagre; **seine Zeit war ~ bemessen** his time was limited; ~ **gerechnet** at the lowest estimate; **b)** *(gerade ausreichend)* ~ **gewinnen/verlieren** win/lose narrowly *or* by a narrow margin; **eine Prüfung ~ bestehen** just pass an examination. **c)** *(sehr nahe)* **just;** ~ **über dem Knie enden** come to just above the knee; **d)** *(nicht ganz)* just under *or* not quite an hour ago; **er ist ~ fünfzig** he is not quite fifty *or* just this side of fifty; **e)** *(eng)* ~ **sitzen** fit tightly; *(zu eng)* be a tight fit; ~ **geschnitten/sitzend** tight-fitting; **f)** *(kurz)* ⟨reply⟩ tersely; ⟨describe, summarize⟩ concisely, succinctly
Knappe *der;* ~n, ~n **a)** *(Bergmann)* miner *(who has completed his apprenticeship);* **b)** *(hist.)* squire

knapp|halten *unr. tr. V. (ugs.)* keep ⟨goods etc.⟩ in short supply; **jmdn. [mit Geld] ~:** keep sb. short [of money]
Knappheit *die;* ~ **a)** *(Mangel)* shortage, scarcity **(an +** *Dat.* of); *(von Geld, Zeit)* shortage; **b)** *(Kürze) (einer Antwort, eines Grußes)* terseness; *(einer Beschreibung, eines Berichts)* conciseness, succinctness
Knappschaft *die;* ~, ~en *(Bergmannsspr.)* **a)** *(Gesamtheit der Knappen)* miners *pl.;* **b)** *(Organisation)* miners' guild
knapsen ['knapsn̩] *itr. V. (ugs.)* skimp; scrimp
Knarre ['knarə] *die;* ~, ~n **a)** *(Rassel)* rattle; **b)** *(salopp: Gewehr)* shooting-iron *(sl.)*
knarren *itr. V.* creak; **mit ~der Stimme** in a rasping *or* grating voice
Knast [knast] *der;* ~[e]s, **Knäste** ['knɛstə] *od.* ~**e** *(ugs.)* **a)** *o. Pl. (Strafe)* bird *(sl.);* time; **man hat ihm zwei Jahre ~ gegeben** he got two years' bird *(sl.);* ~ **schieben** *(salopp)* do bird *(sl.)* *or* time; **b)** *(Gefängnis)* clink *(sl.);* jug *(sl.);* **im ~ sitzen** be in clink *or* jug *(sl.)*
Knast·bruder *der (ugs.)* **a)** jailbird; old lag *(sl.);* **b)** *(Mitgefangener)* fellow jailbird
Knaster *der;* ~s, ~ **a)** *(veralt.: Tabak)* weed *(arch.);* **b)** *(ugs. abwertend: schlechter Tabak)* evil-smelling tobacco
Knastologe [knasto'lo:gə] *der;* ~n, ~n *(ugs. scherzh.)* jailbird
Knatsch [knatʃ] *der;* ~[e]s *(ugs.: Ärger)* trouble; **die beiden haben schon wieder ~ miteinander** the two of them are already rowing again
knatschig *Adj. (ugs.)* grumpy; *(weinerlich)* fretful
knattern ['knatɐn] *itr. V.* ⟨machine-gun⟩ rattle, clatter; ⟨sail⟩ flap; ⟨radio⟩ crackle; ⟨motor vehicle, engine⟩ clatter; **b)** **mit sein** *(~d fahren)* clatter
Knäuel ['knɔyəl] *der od. das;* ~s, ~ **a)** ball; *(wirres ~)* tangle; **er knüllte den Brief zu einem ~ zusammen** he screwed the letter into a ball; **b)** *(fig.) (von Menschen)* knot; *(größer)* milling crowd; *(von Widersprüchen, Ereignissen)* tangle
Knauf [knauf] *der;* ~[e]s, **Knäufe** ['knɔyfə] *(einer Tür, eines Gehstocks)* knob; *(eines Schwertes, Dolches)* pommel
Knauser *der;* ~s, ~ *(ugs. abwertend)* Scrooge; skinflint; miser
Knauserei *die;* ~, ~en *(ugs. abwertend)* **a)** *o. Pl. (knauseriges Wirtschaften)* stinginess; penny-pinching; miserliness; **b)** *(Fall von ~)* piece of stinginess *or* miserliness
knauserig *Adj. (ugs. abwertend)* stingy; tight-fisted; close-fisted
Knauserigkeit *die;* ~, ~en *s.* **Knauserei**
knausern ['knauzɐn] *itr. V. (ugs. abwertend)* be stingy; skimp; scrimp; **mit etw. ~:** be stingy with sth.
Knaus-Ogino-Methode ['knaus|o'gi:no-] *die* rhythm method *(with calendar-marking)*
knautschen ['knautʃn̩] *(ugs.)* **1.** *tr. V.* crumple; crumple, crease ⟨dress⟩. **2.** *itr. V.* ⟨dress, material⟩ crease, get creased
knautschig *Adj. (ugs.)* crumpled ⟨suit, dress, etc.⟩
Knautsch-: ~**lack** *der,* ~**lack·leder** *das,* ~**leder** *das* patterned patent leather; *(Imitat)* imitation patterned patent leather; ~**zone** *die (Kfz-W.)* crumple zone
Knebel ['kne:bl̩] *der;* ~s, ~ **a)** *(zum Knebeln)* gag; **b)** *(Griff)* toggle; *(am Schraubstock)* handle
Knebel-: ~**bart** *der* Vandyke beard; *(Schnurrbart)* twisted moustache; ~**knopf** *der* toggle
knebeln *tr. V.* gag; *(fig.)* gag, muzzle ⟨the press, a people⟩
Knecht [knɛçt] *der;* ~[e]s, ~**e a)** farm-labourer; farm-hand; *(fig.)* slave; vassal; **b)** ~ **Ruprecht** helper to St. Nicholas [≈ to Santa Claus]

knechten *tr. V. (geh.) (versklaven)* reduce to servitude *or* slavery; enslave; *(unterdrücken)* oppress ⟨people, nation⟩
knechtisch *(geh.)* **1.** *Adj.* servile, slavish ⟨obedience, submissiveness⟩; servile, submissive ⟨person, character⟩. **2.** *adv.* servilely; submissively
Knechtschaft *die;* ~, ~en *(geh.)* bondage; servitude; slavery
Knechtung *die;* ~, ~en *(geh.) s.* **knechten:** enslavement; oppression
kneifen ['knaifn̩] **1.** *unr. tr.,* ~ *itr. V.* pinch; **jmdn.** *od.* **jmdm. in den Arm ~:** pinch sb.'s arm. **2.** *unr. tr. V.* **a)** *(drücken)* ⟨clothes⟩ be too tight; **b)** *(ugs. abwertend: sich drücken)* chicken *(sl.)* *or* back out **(vor +** *Dat.* of); **vor einer Prüfung/Verantwortung ~:** funk an examination *(sl.)*/*(coll.)* duck [out of] a responsibility
Kneifer *der;* ~s, ~: pince-nez
Kneif·zange *die* pincers *pl.;* **eine ~:** a pair of pincers
Kneip·abend *der* [students'] drinking evening
Kneipe ['knaipə] *die;* ~, ~n **a)** *(ugs.)* pub *(Brit. coll.);* bar *(Amer.);* **b)** *(Studentenspr. veralt.)* [students'] drinking evening
Kneipen·wirt *der,* **Kneipier** [knai'pie:] *der;* ~s, ~s *(salopp)* [pub *(coll.)*] landlord *(Brit.);* bar-keeper *(Amer.)*
kneippen ['knaipn̩] *itr. V. (ugs.)* take *or* undergo a Kneipp cure
Kneipp·kur *die* Kneipp cure
knetbar *Adj.* workable; kneadable ⟨dough⟩
Knete *die;* ~ *(ugs.) s.* **Knetmasse;** **b)** *(salopp: Geld)* dough *(sl.)*
kneten ['kne:tn̩] *tr. V.* **a)** *(bearbeiten)* knead ⟨dough, muscles⟩; work ⟨clay⟩; **b)** *(formen)* model ⟨figure⟩; **eine Figur aus Ton ~:** mould *or* fashion a figure in clay
Knet-: ~**maschine** *die* kneading machine; ~**masse** *die* plastic modelling-material; Plasticine (P)
Knick [knɪk] *der;* ~[e]s, ~**e a)** *(Biegung)* sharp bend; *(in der Bahn)* kink; **du hast wohl einen ~ in der Optik!** *(ugs. scherzh.)* are you blind?; **b)** *(Falz)* crease; **c)** *Pl.* ~**s** *(nordd.: Hecke)* boundary hedge [with ditches and rampart]
Knickebein ['knɪkəbain] *der;* ~**s** egg liqueur used as a filling in sweets, Easter eggs, etc.
Knick·ei *das* cracked egg
knicken 1. *tr. V.* **a)** *(brechen)* snap; **b)** *(falten)* crease ⟨page, paper, etc.⟩; **"Bitte nicht ~!"** *(auf einem Umschlag)* 'please do not bend'; *(auf einem Formular)* 'please do not fold'. **2.** *itr. V.; mit sein* snap
Knicker *der;* ~s, ~ **a)** *(ugs. abwertend)* Scrooge; skinflint; miser; **b)** *(niederd.: Murmel)* marble
Knickerbocker [-bɔkɐ] *Pl.* knickerbockers; *(länger und breiter)* plus-fours
knick[e]rig *Adj. (ugs. abwertend)* stingy; tight-fisted
Knick[e]rigkeit *die;* ~ *(ugs. abwertend)* stinginess; tight-fistedness
Knick·fuß *der* club-foot
Knicks [knɪks] *der;* ~es, ~**e** curtsy; **einen ~ machen** make *or* drop a curtsy **(vor +** *Dat.* to)
knicksen *itr. V.* curtsy **(vor +** *Dat.* to)
Knie [kni:] *das;* ~**s,** ~ ['kni:(ə)] **a)** knee; **jmdm. auf [den] ~n danken** go down on one's knees and thank sb.; **jmdm. auf ~ bitten** beg sb. on bended knees; **vor jmdm. auf die ~ fallen** go down on one's knees before sb.; **mir zitterten/begannen die ~ weiche ~** *(ugs.)* his knees trembled/started to tremble; **vor lauter Aufregung hatte ich ganz weiche ~:** I was weak at the knees with sheer excitement; **jmdn. auf** *od.* **in die ~ zwingen** *(geh.)* force sb. to his knees; **in die ~ gehen** *(umfallen)* sink to one's knees; *(eine Kniebeuge machen)* bend one's knees; *(sich unterordnen)* submit, bow **(vor +** *Dat.* to); **jmdn. übers**

legen *(ugs.)* put sb. across one's knee; **etw. übers ~ brechen** *(ugs.)* rush sth.; **b)** *(an Hosen, Strümpfen)* knee; **c)** *(Biegung)* sharp bend; *(eines Rohres)* elbow
Knie·beuge die knee-bend
Knie·bund·hose die knee-breeches *pl.*; **eine ~:** a pair of knee-breeches
knie-, Knie-: **~fall** der: **einen ~fall tun** *od.* **machen** *(auch fig.)* go down on one's knees **(vor** + *Dat.* before); **~fällig 1.** *Adj.*; *nicht präd.* **sein ~fälliges Bitten** his pleading on bended knees; **2.** *adv.* on bended knees; on one's knees; **~frei** *Adj.* ⟨*skirt*⟩ worn above the knee; **wird die Mode wieder ~frei?** is the above-the-knee look coming back again?; **~gelenk** das knee-joint; **~hoch** *Adj.* knee-deep ⟨*water, snow*⟩; knee-high ⟨*grass*⟩; knee-length ⟨*boots*⟩; **~hose** die knee-breeches *pl.*; **~kehle** die hollow of the knee; popliteal space *(Anat.)*; **~lang** *Adj.* knee-length
knien ['kni:(ə)n] **1.** *itr. V.* kneel; **diese Arbeit muß man ~d verrichten** this work has to be done on one's knees *or* kneeling. **2.** *refl. V.* kneel [down]; get down on one's knees; **sich in die Arbeit/die Akten ~** *(fig. ugs.)* get stuck into one's work/the files *(sl.)*
Knies [kni:s] der; **~es** *(ugs.)* **a)** *(Schmutzschicht)* layer of muck *(coll.)* *or* dirt; **b)** *(Unstimmigkeit)* quarrel; **ständig ~ mit jmdm. haben** always be quarrelling with sb.
knie-, Knie-: **~scheibe** die kneecap; patella *(Anat.)*; **~schützer** der *(Sport)* kneepad; **~strumpf** der knee-length sock; knee-sock; **~tief** *Adj.* knee-deep
Kniff [knɪf] der; **~[e]s, ~e** **a)** *(das Kneifen)* pinch; **b)** *(Falte)* crease; *(in Papier)* crease, fold; **c)** *(Kunstgriff)* trick; dodge; **den ~ [bei etw.] heraushaben** have got the knack [of sth.]
Kniffelei die; **~, ~en** *(ugs.)* fiddly job *(coll.)*
kniff[e]lig *Adj.* **a)** *(schwierig)* fiddly *(coll.)*; tricky ⟨*problem, crossword-puzzle*⟩; **b)** *(heikel)* tricky
Knigge ['knɪgə] der; **~[s], ~:** book on etiquette
Knilch [knɪlç] der; **~s, ~e** *(salopp abwertend)* bastard *(coll.)*
knipsen ['knɪpsn̩] **1.** *tr. V.* **a)** *(entwerten)* clip; punch; **b)** *(fotografieren)* snap; take a snap[shot] of; **c)** *(wegschnellen)* flick. **2.** *itr. V.* **a)** *(fotografieren)* take snapshots; **b)** **mit den Fingern ~:** snap one's fingers
Knipser der; **~s, ~, Knips·schalter** der *(ugs.)* snap switch
Knirps [knɪrps] der; **~es, ~e a)** Ⓦ Taschenschirm) telescopic umbrella; **b)** *(ugs.: Junge)* nipper *(coll.)*; **c)** *(ugs. abwertend: kleiner Mann)* [little] squirt *(coll.)*
knirschen ['knɪrʃn̩] *itr. V.* **a)** crunch; **b) mit den Zähnen ~:** grind one's teeth; *(fig.)* gnash one's teeth
knistern ['knɪstɐn] *itr. V.* rustle; ⟨*wood, fire*⟩ crackle; **mit etw. ~** rustle sth.; **eine ~de Atmosphäre** *(fig.)* a tense *or* charged atmosphere; *s. auch* **Gebälk**
Knittel·vers ['knɪtl̩-] der *(Metrik)* rhyming couplets of four-stress lines
Knitter ['knɪtɐ] der; **~s, ~;** *meist Pl.* crease
knitter·frei *Adj.* non-crease; **[vollkommen] ~ sein** not crease [at all]
knitt[e]rig *Adj.* creased; crumpled; *(fig.)* wrinkled ⟨*face*⟩
knittern *tr., itr. V.* crease; crumple
Knobel·becher der *(Würfelbecher)* dice-cup; **b)** *(Soldatenspr.: Stiefel)* army boot
knobeln *itr. V.* **a)** *(mit Würfeln)* play dice; *(mit Streichhölzern)* play spoof; *(mit Handzeichen)* play scissors, paper, stone; **um etw. ~:** play dice *etc.* to decide sth.; **b)** *(ugs.: nachdenken)* puzzle **(an** + *Dat.* over)
Knob·lauch ['kno:p-] der garlic
Knoblauch-: **~butter** die *(Kochk.)* garlic butter; **~zehe** die clove of garlic; **~zwiebel** die garlic bulb

Knöchel ['knœçl̩] der; **~s, ~ a)** *(am Fuß)* ankle; **bis an/über die ~:** up to the *or* one's ankles/to above ankle level; **das Kleid reicht bis an die ~:** the dress reaches [down] to the ankles; **b)** *(am Finger)* knuckle
knöchel-, Knöchel-: **~bruch** der broken ankle; **~lang** *Adj.* ankle-length; **~tief** *Adj.* ankle-deep
Knochen ['knɔxn̩] der; **~s, ~ a)** bone; **Fleisch mit/ohne ~:** meat on/off the bone; **jmdm. alle ~ [einzeln] brechen** *(ugs.)* break every [single] bone in sb.'s body; **die Wunde geht bis auf den ~:** the wound reaches to the bone; **mir tun sämtliche ~ weh** *(ugs.)* every bone in my body aches; **der Schreck fuhr ihm in die ~** *(ugs.)* he was shaken to the core; **eine Grippe in den Haben** *(ugs.)* feel the flu coming on *(coll.)*; **keinen Mumm in den ~ haben** *(ugs.)* be a weed; **sich** *(Dat.)* **die ~ brechen** break something; **seine ~ für etw. hinhalten [müssen]** *(ugs.)* [have to] risk one's neck fighting for sth.; **die ~ zusammenreißen** *(Soldatenspr.)* stand up straight; **das geht auf die ~** *(salopp)* it's knackering *(Brit. sl.)*; it burns you out *(Amer. coll.)*; **sie hat mich bis auf die ~ blamiert** *(ugs.)* she made a complete *or* proper fool of me; **b)** *(ugs. abwertend: Kerl)* so-and-so *(coll.)*; **c)** *(ugs.: Schraubenschlüssel)* double-ended ring spanner
knochen-, Knochen-: **~arbeit** die *(ugs.)* back-breaking work; **~bau** der; *o. Pl.* bone structure; **ein sehr kräftiger ~bau** a very powerful frame; **~bruch** der fracture; **sich** *(Dat.)* **einen ~bruch zuziehen** sustain a fracture; **~erweichung** die *(Med.)* softening of the bones; osteomalacia *(Med.)*; **~gerüst** das **a)** skeleton; **b)** *(ugs. abwertend: magere Person)* bag of bones *(coll.)*; **~hart** *Adj.* rock-hard; **der Kuchen ist ja ~hart** the cake is as hard as a rock; **~haut** die *(Med.)* periosteum; **~haut·entzündung** die *(veralt.)* Death; **~mark** das bone marrow; **~mehl** das bone-meal; **~mühle** die *(ugs.)* **diese Fabrik ist die reinste ~mühle** working in this factory is worse than the chain-gang! *(joc.)*; **~schinken** der ham on the bone; **~schwund** der *(Med.)* bone atrophy; osteoporosis *(Med.)*; **~trocken** *Adj.* *(ugs.)* bone-dry; **~tuberkulose** die *(Med.)* tuberculosis of the bone
knöchern ['knœçɐn] *Adj.*; *nicht präd.* bony, *(formal)* osseous ⟨*material etc.*⟩; bone attrib. ⟨*handle, tool, etc.*⟩
knochig 1. *Adj.* bony. **2.** *adv.* **sehr ~ gebaut sein** be very bony
Knockdown [nɔk'daʊn] der; **~[s], ~** *(Boxen)* knock-down
Knockout [nɔk'aʊt] der; **~[s], ~s** *(Boxen)* knock-out
Knödel ['knø:dl̩] der; **~s, ~** *(bes. südd., österr.)* dumpling
Knöllchen ['knœlçən] das; **~s, ~ a)** *s.* **Knolle; Knollen; b)** *(ugs.: Strafzettel)* [parking-]ticket
Knolle ['knɔlə] die; **~, ~n a)** *(einer Pflanze)* tuber; **b)** *(ugs.: Auswuchs)* large round lump; *(Nase)* big fat conk *(sl.)* *or* *(Amer.)* schnozzle
Knollen der; **~s, ~ a)** *(Klumpen)* lump; clod; **b)** *(ugs.: Strafzettel)* [parking-]ticket
Knollen-: **~begonie** die tuberous begonia; **~blätter·pilz** der amanita; **~nase** die big bulbous nose
knollig *Adj.* bulbous
Knopf [knɔpf] der; **~[e]s, Knöpfe** ['knœpfə] **a)** *(an Kleidungsstücken, Geräten, Anlagen)* button; **[sich** *(Dat.)*] **etw. an den Knöpfen abzählen** *(ugs. scherzh.)* decide sth. by counting off one's buttons; **b)** *(Knauf)* knob; *(eines Schwertes, Dolches)* pommel; **c)** *(ugs. abwertend: kleiner Mann)* [little] squirt *(coll.)*; **d)** *(ugs.: Kind)* little thing *(coll.)*; **e)** *(südd., österr., schweiz.: Knoten)*

knot; f) *(südd., österr., schweiz.:* **Knospe)** bud
Knopf·auge das; *meist Pl.* [boot-]button eye
knöpfen ['knœpfn̩] *tr. V.* button [up]; **der Rock wird seitlich/vorn/hinten geknöpft** the skirt buttons up at the side/in front/at the back
Knopf-: **~leiste** die button-facing; **ein Mantel mit verdeckter ~leiste** a coat with a fly front; **~loch** das buttonhole; **aus allen** *od.* **sämtlichen ~löchern platzen** *(ugs.)* be bursting at the seams; **aus allen** *od.* **sämtlichen ~löchern stinken** *(salopp)* stink *or* smell to high heaven *(coll.)*; stink *or* smell something terrible *(sl.)*
knorke ['knɔrkə] *Adj.*; *meist präd.* *(berlin. veralt.)* super *(coll.)*; terrific *(coll.)*
Knorpel ['knɔrpl̩] der; **~s, ~ a)** *(Anat.)* cartilage; **b)** *(im Steak o. ä.)* gristle
knorpelig, knorplig *Adj.* **a)** *(Anat.)* cartilaginous; **b)** gristly ⟨*meat*⟩
Knorren ['knɔrən] der; **~s, ~ a)** *(Teil eines Astes)* gnarl; knot; **b)** *(Baumstumpf)* [tree] stump; **c)** *(im Holz)* knot
knorrig *Adj.* **a)** *(krumm gewachsen)* gnarled ⟨*tree, branch*⟩; **b)** *(wenig umgänglich)* gruff
Knospe ['knɔspə] die; **~, ~n** bud; **~n ansetzen** put forth buds; bud; **eine zarte ~** *(fig.)* a tender young bloom *(literary)*
knospen *itr. V.* bud; *(fig.)* burgeon
Knötchen ['knø:tçən] das; **~s, ~ a)** *(scherzh.: Haartracht)* [little] bun *or* knot; **b)** *(Med.)* nodule; tubercle
knoten ['kno:tn̩] *tr. V.* **a)** *(zu einem Knoten schlingen)* knot; tie a knot in; **sich** *(Dat.)* **ein Tuch um den Hals ~** tie a scarf round one's neck; **b)** *(durch einen Knoten verknüpfen)* knot together; do *or* tie up ⟨*shoelace*⟩
Knoten der; **~s, ~; sich** *(Dat.)* **einen ~ ins Taschentuch machen** tie a knot in one's handkerchief; **der ~ der Handlung schürzt sich** *(fig.)* the plot thickens; *s. auch* **gordisch; b)** *(Haartracht)* bun; knot; **c)** *(Maßeinheit)* knot; **d)** *(Bot.)* node; **e)** *(Med.)* node *(Med.)*; **f)** *(Astron., Physik, Elektrot., Anat., Math., Sprachw.)* node; **g)** *s.* **Knotenpunkt a**
Knoten-: **~punkt der** *(Verkehrs~)* junction; intersection; **b)** *s.* **Knoten f; ~stock** der knobby *or* knobbly *or* gnarled [walking-]stick
Knöterich ['knø:tərɪç] der; **~s, ~e** *(Gattung)* Polygonum; *(Vogel~)* knot-grass; *(Wiesen~)* bistort
knotig *Adj.* **a)** *(Knoten aufweisend)* knobby; knobbly; gnarled; knobbly ⟨*fabric*⟩; **b)** *(knotenförmig)* nodular
Know-how [noʊ'haʊ] das; **~[s]** know-how
Knubbel ['knʊbl̩] der; **~s, ~** *(bes. nordd.)* *(Verdickung)* small lump
knubbelig *Adj.* *(bes. nordd.)* podgy *(coll.)*
knuddeln ['knʊdl̩n] *tr. V.* *(bes. nordd.)* hug and squeeze
Knuff [knʊf] der; **~[e]s, Knüffe** ['knʏfə] *(ugs.)* poke
knuffen ['knʊfn̩] *tr. V.* poke; **jmdn. in den Arm/in die Rippen ~:** poke sb. in the arm/in the ribs
knülle ['knʏlə] *Adj.*; *nur präd.* *(ugs.)* tight *(coll.)*; pie-eyed *(sl.)*
knüllen 1. *tr. V.* crumple [up] ⟨*paper*⟩; crease, crumple ⟨*clothes, fabrics*⟩. **2.** *itr. V.* crease; crumple
Knüller der; **~s, ~** *(ugs.)* sensation; *(Film, Buch usw.)* sensation; sensational success; *(Angebot, Verkaufsartikel)* sensational offer
knüpfen ['knʏpfn̩] **1.** *tr. V.* **a)** ⟨*mit* + *Akk.* to⟩; **Bande der Freundschaft ~** *(fig.)* establish ties *or* bonds of friendship; **b)** *(durch Knoten herstellen)* knot; make ⟨*net*⟩; **c)** *(gedanklich verbinden)* **große Erwartungen/Hoffnungen an etw.** *(Akk.)* **~:** have great expectations/hopes of sth.; **Bedingungen an etw.** *(Akk.)* **~:** attach conditions to sth. **2.**

Knüppel

refl. V. **sich an etw.** *(Akk.)* ~: be connected with sth.; **an dieses Haus ~ sich nette Erinnerungen für mich** this house has pleasant memories for me
Knüppel ['knʊpl] *der;* ~s, ~ **a)** cudgel; club; *(Polizei~)* truncheon; **da möchte man doch gleich mit dem ~ dreinschlagen** *(ugs.)* sb. ought to bang or knock their heads together; *s. auch* **Bein; b)** *s.* **Steuerknüppel; c)** *s.* **Schaltknüppel**
knüppel-, Knüppel-: ~**damm** *der* log road; corduroy road; ~**dick** *Adv. (ugs.)* **es kam** ~**dick** it was one disaster after the other; ~**dick voll** full to bursting; ~**hart** *Adj.; s.* **knochenhart**
knüppeln 1. *tr. V.* cudgel; club; beat with a cudgel *or* club/*(Polizeiknüppel)* truncheon. **2.** *itr. V.* **a)** use a/one's cudgel *or* club/truncheon; **b)** *(Sport Jargon)* play rough; **c)** *(unpers.)* **heute knüppelt es wieder** things are hectic again today
Knüppelschaltung *die (Kfz-W.)* floor-[type] gear-change
knurren ['knʊrən] **1.** *itr. V.* **a)** ⟨animal⟩ growl; *(wütend)* snarl; **jmdm. knurrt der Magen** *(fig.)* sb.'s stomach is rumbling; **mit knurrendem Magen** *(fig.)* with one's stomach rumbling; **an etw.** *(Dat.)* ~: growl. **2.** *tr. V. (verärgert sagen)* growl
Knurrhahn *der (Zool.)* gurnard
knurrig 1. *Adj.* grumpy. **2.** *adv.* grumpily
Knusperhäuschen *das* gingerbread house
knusperig *s.* **knusprig**
knuspern ['knʊspɐn] *tr., itr. V.* nibble; *(geräuschvoll)* crunch; **an etw.** *(Dat.)* ~: nibble [at] sth.
knusprig 1. *Adj.* **a)** crisp; crisp, crusty ⟨roll⟩; crusty ⟨bread⟩; **etw.** ~ **braten** roast/fry sth. crisp and brown; **b)** *(ugs.: frisch u. adrett)* delightfully fresh and attractive. **2.** *adv.* ~**-frisch** crunchy fresh ⟨crisps, nuts⟩; crispy fresh ⟨rolls⟩
Knust [knuːst] *der;* ~[e]s, ~e *od.* **Knüste** ['kny:stə] *(bes. nordd.)* crust
Knute ['knuːtə] *die;* ~, ~n knout; **unter jmds.** ~ **[stehen]** *(fig.)* [be] under sb.'s heel
knutschen ['knuːtʃn̩] *(ugs.)* **1.** *tr. V.* smooch with *(coll.)*; neck with *(sl.)*; *(sexuell berühren)* pet; **sich** ~: smooch *(coll.)* or neck *(sl.)*/pet. **2.** *itr. V.* smooch *(coll.)*, neck *(sl.)* (mit with); *(sich sexuell berühren)* pet
Knutscherei ['knuːtʃəraɪ] *die;* ~, ~en *(ugs.)* ~[en] smooching *(coll.)*; necking *(sl.)*; *(sexuelle Berührung)* petting
Knutschfleck *der (ugs.)* love bite
Knüttel ['knʏtl̩] *der;* ~s, ~ *s.* **Knüppel**
Knüttelvers *der s.* **Knittelvers**
k. o. [kaː'oː] *Adj.; nicht attr.* **a)** *(Boxen)* **jmdn. k. o. schlagen** knock sb. out; **stehend k. o. sein** be counted out on one's feet; **k. o. gehen** be knocked out; **b)** *(ugs.: übermüdet)* all in *(coll.)*; whacked *(coll.)*
K. o. der; ~, ~ *(Boxen)* knock-out; **[Sieger] durch K. o.** [the winner] by a knock-out
koagulieren [koaɡu'liːrən] *(Chemie)* **1.** *itr. V.; auch mit sein* coagulate. **2.** *tr. V.* coagulate
Koala [ko'aːla] *der;* ~s, ~s koala [bear]
koalieren [koa'liːrən] *itr. V. (Politik)* form a coalition (mit with)
Koalition [koali'tsi̯oːn] *die;* ~, ~en coalition; **die große/kleine** ~: the grand/little coalition
Koalitions-: ~**freiheit** *die; o. Pl.* freedom of association *(of workers or employers)*; ~**partner** *der* coalition partner; ~**recht** *das; o. Pl.* right of freedom of association *(of workers or employers)*; ~**regierung** *die* coalition government
Koaxialkabel [koa'ksi̯aːl-] *das (Technik)* coaxial cable
Kob [kɔp] *der;* ~s, ~s *s.* **Kontaktbereichsbeamte**

1250

Kobalt ['koːbalt] *das;* ~s *(Chemie)* cobalt
Kobaltblau *Adj.* cobalt blue
Kobaltbombe *die* cobalt bomb
Koben ['koːbn̩] *der;* ~s, ~ *(Schweinestall)* pigsty; *(Verschlag)* pen
Kober ['koːbɐ] *der;* ~s, ~ *(ostmd.)* foodbasket
Kobold ['koːbɔlt] *der;* ~[e]s, ~e goblin; kobold; *(fig.)* imp
Kobolz [ko'bɔlts] *der in* ~ **schießen** *od.* **schlagen** *(bes. nordd.)* turn *or* do a somersault/somersaults
Kobra ['koːbra] *die;* ~, ~s cobra
Koch [kɔx] *der;* ~[e]s, **Köche** ['kœçə] cook; *(Küchenchef)* chef; **viele Köche verderben den Brei** *(Spr.)* too many cooks spoil the broth *(prov.)*
koch-, Koch-: ~**anleitung** *die* cooking instructions *pl.;* ~**apfel** *der* cooking apple; ~**buch** *das* cookery book; cookbook; ~**echt** *Adj.* ⟨fabric, garment⟩ that is washable in boiling water; ⟨colour, dye⟩ that is fast in boiling water
Köchelverzeichnis ['kœçl̩-] *das; o. Pl. (Musik)* Köchel Catalogue
kochen 1. *tr. V.* **a)** boil; *(zubereiten)* cook ⟨meal⟩; make ⟨purée, jam⟩; **Suppe/Kaffee/Tee/Kakao** ~: make some soup/coffee/tea/cocoa; **sich** *(Dat.)* **einen Tee** ~: make some tea; **die Eier hart/weich** ~: hard-/soft-boil the eggs; **etw. weich/gar** ~: cook sth. until it is soft/[properly] done; **gar gekocht sein** be done; *s. auch* **Flamme a; b)** *(waschen)* boil; **c)** *(verflüssigen)* heat ⟨tar, glue, etc.⟩ (till it melts). **2.** *itr. V.* **a)** *(Speisen zubereiten)* cook; *(das Kochen übernehmen)* do the cooking; **gerne/gut** ~: like cooking/be a good cook; **fett/fettarm** ~: use a lot of fat/little fat in cooking; **b)** *(sieden)* ⟨water, milk, etc./die Milch⟩ boil; *(fig.)* ⟨sea⟩ boil, seethe; **das Wasser/die Milch kocht** the water/the milk is boiling; **am Kochen sein** *(landsch.)* be on the boil; **etw. zum Kochen bringen** bring sth. to the boil; **c)** *(in* ~ **dem Wasser liegen)* be boiled; **d)** *(fig.: wütend sein)* **vor Wut/innerlich** ~: be boiling or seething with rage/inwardly
kochendheiß *Adj.; nicht präd.* boiling hot; piping hot ⟨soup etc.⟩
Kocher *der;* ~s, ~ **a)** *[small]* stove; *(Kochplatte)* hotplate; **b)** *(Technik)* boiler
Köcher ['kœçɐ] *der;* ~s, ~ **a)** *(für Pfeile)* quiver; **b)** *(für Fernglas o. Ä.)* case
Kocherei *die;* ~, ~en *(ugs.)* cookery
koch-, Koch-: ~**fertig** *Adj.* ready-to-cook attrib.; ready to cook pred.; ~**fest** *Adj.; s.* ~**echt;** ~**fleisch** *das* stewing meat; ~**gelegenheit** *die* cooking facilities *pl.;* ~**geschirr** *das (Milit.)* mess-tin; ~**herd** *der s.* **Herd a**
Köchin ['kœçɪn] *die;* ~, ~nen cook
Koch-: ~**käse** *der (type of) processed curd cheese;* ~**kunst** *die* **a)** culinary art; **b)** *Pl.* ~**künste** *(ugs.: Fertigkeit im Kochen)* culinary skill[s *pl.*]; ~**kurs[us]** *der* cookery course; ~**löffel** *der* wooden spoon; **den** ~**löffel schwingen** *(scherzh.)* do the cooking; ~**nische** *die* kitchenette; ~**platte** *die* **a)** hotplate; **b)** *(Kocher)* [small] stove; ~**rezept** *das* recipe
Koch-: ~**salz** *das* common salt; sodium chloride *(Chem.);* ~**salzlösung** *die* salt solution; sodium chloride solution *(Chem.)*
Koch-: ~**schinken** *der* boiled ham; ~**topf** *der* [cooking] pot; ~**wäsche** *die; o. Pl.* washing that is to be boiled; ~**zeit** *die* cooking time
kodderig ['kɔd(ə)rɪç] *Adj. (nordd.)* **a)** *in* **jmdm. ist** ~: sb. feels sick; **b)** *nicht präd. (frech)* impertinent; impudent
Kode [koːt] *der;* ~s, ~s code
Kodein [kode'iːn] *das;* ~s *(Pharm.)* codeine
Köder ['køːdɐ] *der;* ~s, ~: *(fig.)* bait;

Kohlenkeller

lure; **einen/mehrere** ~ **auslegen** put out bait/a number of baits
ködern *tr. V.* lure; **jmdn. für eine Show** ~ *(fig. ugs.)* entice sb. to appear on a show; **sich von jmdm./etw. nicht** ~ **lassen** *(fig. ugs.)* not be tempted by sb.'s offer/by sth.
Kodex ['koːdɛks] *der;* ~es *od.* ~, ~e *od.* **Kodizes** ['koːdɪtseːs] **a)** *(Handschrift)* codex; **b)** *(hist.: Gesetzbuch)* code; codex; **c)** *(Verhaltensregel)* code
kodieren *tr. V.* code; encode
kodifizieren [kodifi'tsiːrən] *tr. V. (bes. Rechtsspr.)* codify
Kodizes *s.* **Kodex**
Koedukation [koʔeduka'tsi̯oːn] *die;* ~: coeducation
Koeffizient [koʔɛfi'tsi̯ɛnt] *der;* ~en, ~en *(Math., Physik)* coefficient
Koexistenz *die;* ~: coexistence
Koffein [kɔfe'iːn] *das;* ~s caffeine
koffeinfrei *Adj.* decaffeinated
Koffer ['kɔfɐ] *der;* ~s, ~ **a)** [suit]case; *(Schrank~)* wardrobe trunk; **die** ~ **packen** pack one's bags [and leave]; **aus dem** ~ **leben** live out of a suitcase; **b)** *(Soldatenspr.)* heavy shell; **c)** *(Straßenbau)* road-bed
Kofferanhänger *der* luggage tag *or* label
Köfferchen ['kœfɐçən] *das;* ~s, ~: small [suit]case
Koffer-: ~**gerät** *das* portable [radio/gramophone *etc.*]; ~**kuli** *der* luggage trolley; ~**radio** *das* portable radio; ~**raum** *der* boot *(Brit.);* trunk *(Amer.);* ~**schreibmaschine** *die* portable typewriter
Kogel ['koːɡl̩] *der;* ~s, ~ *(südd., österr.)* rounded, wooded mountain top
Kogge ['kɔɡə] *die;* ~, ~n cog
Kognak ['kɔnjak] *der;* ~s, ~s brandy; *s. auch* **Cognac**
Kognak-: ~**bohne** *die* bean-shaped brandy-filled chocolate; ~**schwenker** *der* brandy glass
kognitiv [kɔɡni'tiːf] *Adj.; nicht präd. (bes. Psych., Päd.)* cognitive
kohärent [kohɛ'rɛnt] *Adj. (Phys.)* coherent
Kohäsion [kohɛ'zi̯oːn] *die;* ~ *(geh., Physik)* cohesion
Kohl [koːl] *der;* ~[e]s **a)** cabbage; **das macht den** ~ **auch nicht fett** *(ugs.)* that doesn't help a lot; **b)** *(ugs. abwertend: Unsinn)* rubbish; rot *(sl.);* **red/mach keinen** ~! I don't talk rot! *(sl.)/*stop messing around *(coll.)*
Kohldampf *der; o. Pl. (salopp)* **[einen]** ~ **haben** be ravenously hungry; ~ **schieben [müssen]** [have to] go hungry
Kohle ['koːlə] *die;* ~, ~n **a)** *(Brennstoff)* coal; **glühende** ~n live coals; **wir haben keine** ~n **mehr** we have run out of coal; **[wie] auf [glühenden]** ~n **sitzen** *(gespannt warten)* be on tenterhooks; *(ungeduldig warten)* suffer agonies of impatience; **feurige** ~n **auf jmds. Haupt** *(Akk.)* **sammeln** *(geh.)* heap coals of fire upon sb.'s head; **b)** *Pl. (salopp: Geld)* dough *sing. (sl.);* **Hauptsache, die** ~n **stimmen!** as long as the money's right; **c)** *(Elektrot.)* **Bürste** *(c); d) (Chemie)* **Aktivkohle; e)** *s.* **Zeichenkohle**
Kohle-: ~**filter** *der* charcoal filter; ~**hydrat** *s.* **Kohlenhydrat;** ~**kraftwerk** *das* coal-fired power station
¹kohlen *itr. V.* smoulder; ⟨wick⟩ smoke
²kohlen *tr. V. (fam.)* ⟨lügen⟩ tell fibs; *(übertreiben)* exaggerate; *(prahlen)* boast
kohlen-, Kohlen-: ~**bergbau** *der* coalmining *no art.;* ~**bergwerk** *das* coalmine; colliery; ~**bunker** *der* coal bunker; ~**dioxid** *(fachspr.),* ~**dioxyd** [--'---] *das (Chemie)* carbon dioxide; ~**eimer** *der* coal-scuttle; ~**grube** *die* coal-mine; [coal]pit; ~**grus** *der* breeze; slack; ~**halde** *die* coal heap; ~**händler** *der* coal merchant; ~**handlung** *die* coal merchant's; ~**heizung** *die* coal-fired central heating *no indef. art.;* ~**hydrat** *das (Chemie)* carbohydrate; ~**kasten** *der* coal-box; ~**keller**

Kohlenmonoxid

coal-cellar; ~**monoxid** *(fachspr.)*, ~**monoxyd** [-'---] das *(Chemie)* carbon monoxide; ~**monoxyd·vergiftung** [--'------] die carbon monoxide poisoning; ~**ofen** der coal-burning stove; ~**pott** der; *o. Pl. (abwertend)* Ruhr [area]; ~**sauer** *Adj. (Chemie)* carbonic; ~**saures Natron/Kalzium** sodium/calcium carbonate; ~**säure** die carbonic acid; ~**säure·haltig** *Adj.* carbonated; ~**schaufel** die coal-shovel; ~**staub** der coal-dust; ~**stoff** der; *o. Pl.* carbon; ~**trimmer** der *(Seew. hist.)* [coal-]trimmer; ~**wasserstoff** [--'----] der *(Chemie)* hydrocarbon; ~**zange** die coal tongs *pl.*
Kohle-: ~**ofen** s. Kohlenofen; ~**papier** das carbon paper
Köhler ['kø:lɐ] der; ~s, ~: charcoal burner
Köhlerei die; ~: charcoal burning *no art.*
Köhler·glaube der *(geh. abwertend)* blind faith
Kohle-: ~**stift** der a) *(Elektrot.)* carbon rod; b) *(zum Zeichnen)* charcoal stick; ~**tablette** die charcoal tablet; ~**zeichnung** die charcoal drawing
kohl-, Kohl-: ~**kopf** der [head of] cabbage; ~**meise** die great tit; ~**räbchen** [-'--] das young kohlrabi; ~**rabenschwarz** *Adj.* raven *attrib.*, raven-black, jet-black ⟨hair⟩; jet-black ⟨eyes⟩; ⟨face, hands, etc.⟩ as black as soot; ~**rabi** [~'ra:bi] der; ~[s], ~[s] kohlrabi; ~**roulade** die *(Kochk.)* stuffed cabbage; ~**rübe** die swede; ~**sprosse** die *(österr.)* [Brussels] sprout; ~**weißling** der cabbage white; cabbage butterfly
Kohorte [ko'hɔrtə] die; ~, ~n *(hist., Soziol.)* cohort
Koinzidenz [ko|ɪntsi'dɛnts] die; ~ *(geh.)* coincidence
koitieren [koi'ti:rən] *itr. V. (geh.)* engage in *or* have sexual intercourse
Koitus ['ko:itʊs] der; ~, **Koitus** *(geh.)* sexual intercourse; coitus *(formal)*
Koje ['ko:jə] die; ~, ~**n** a) *(Seemannsspr.)* bunk; b) *(Ausstellungsstand)* stand; c) *(ugs. scherzh.: Bett)* bed
Kojote [ko'jo:tə] der; ~**n**, ~**n** coyote
Kokain [koka'i:n] das; ~s cocaine
kokain·süchtig *Adj.* addicted to cocaine *postpos.*
Kokarde [ko'kardə] die; ~, ~**n** cockade
Koka·strauch ['ko:ka-] der coca
kokeln ['ko:kl̩n] *itr. V. (ugs.)* play with fire
Kokerei [ko:kə'rai] die; ~, ~**en** coking plant
kokett [ko'kɛt] 1. *Adj.* coquettish. 2. *adv.* coquettishly
Koketterie [kokɛtə'ri:] die; ~: coquetry; coquettishness
kokettieren *itr. V.* a) play the coquette; flirt; b) *(kokett erwähnen)* **mit etw.** ~: make much play with sth.; c) *(fig.)* **mit der Gefahr** ~: flirt with danger
Kokke ['kɔkə] die; ~, ~**n** *(Biol.)* coccus
Kokolores [koko'lo:rɛs] der; ~ *(ugs.)* a) *(Unsinn)* rubbish; nonsense; rot *(sl.)*; b) *(Getue)* fuss
Kokon [ko'kõ:] der; ~s, ~s cocoon
Kokos- [ko'kɔs-]: ~**fett** das coconut oil; ~**faser** die coconut fibre; ~**flocken** *Pl.* coconut ice *sing.*; *(als Füllung)* desiccated coconut *sing.*; ~**läufer** der runner made of coconut-matting; ~**milch** die coconut milk; ~**nuß** die coconut; ~**palme** die coconut palm; coconut tree
Kokotte [ko'kɔtə] die; ~, ~**n** *(geh. veralt.)* cocotte *(arch.)*
¹**Koks** [ko:ks] der; ~es a) coke; b) *(salopp scherzh.: Geld)* dough *(sl.)*
²**Koks** der; ~es *(Drogenjargon: Kokain)* coke *(sl.)*; snow *(sl.)*
³**Koks** der; ~es *(salopp: Unsinn)* rubbish; nonsense; rot *(sl.)*
koksen *itr. V. (Jargon)* take coke *(sl.)*
Kokser der; ~s, ~ *(Drogenjargon)* [cocaine-]sniffer; snow-bird *(Amer. sl.)*

Koks-: ~**heizung** die coke-fired heating; ~**ofen** der a) *(mit Koks geheizt)* coke-burning stove; b) *(für die Koksherstellung)* coke oven
Kola s. Kolon
Kola·baum ['ko:la-] der cola *or* kola [tree]
Kolben ['kɔlbn̩] der; ~s, ~ a) *(Technik)* piston; b) *(Chemie: Glasgefäß)* flask; c) *(Teil des Gewehrs)* butt; d) *(Bot.)* spadix; *(Mais~)* cob; e) *(salopp: dicke Nase)* hooter *(Brit. sl.)*; conk *(sl.)*; f) *(der Glühlampe)* glass
Kolben-: ~**fresser** der *(ugs.)* piston seize-up; **einen** ~**fresser haben** have piston seizure *or* a seized[-up] piston; ~**hub** der *(Technik)* piston stroke; ~**ring** der *(Technik)* piston ring
Kolchos·bauer ['kɔlçɔs-] der kolkhoznik; worker on a Soviet collective farm
Kolchose [kɔl'ço:zə] die; ~, ~**n** kolkhoz; Soviet collective farm
Kolibri ['ko:libri] der; ~s, ~s humming-bird
Kolik ['ko:lɪk] die; ~, ~**en** colic
Kolk·rabe ['kɔlk-] der *(Zool.)* raven
kollabieren [kɔla'bi:rən] *itr. V.*; *mit sein (Med.)* collapse
Kollaborateur [kɔlabora'tø:ɐ̯] der; ~s, ~**e** collaborator
Kollaboration [kɔlabora'tsi̯o:n] die; ~: collaboration
kollaborieren *itr. V.* collaborate (**mit** with)
Kollagen [kɔla'ge:n] das; ~s, ~**e** *(Med., Biol.)* collagen
Kollaps ['kɔlaps] der; ~**es**, ~**e** *(Med., fig.)* collapse; **einen** ~ **erleiden** collapse
kollationieren [kɔlatsi̯o'ni:rən] *tr. V.* a) *(vergleichen)* collate, compare (**mit** with); *(Druckw.)* read (**mit** against); b) *(bes. Buchbinderei)* collate
Kolleg [kɔ'le:k] das; ~s, ~**s** a) *(Vorlesung)* lecture; *(Vorlesungsreihe)* course of lectures; b) *(Institut)* college offering full-time courses to prepare qualified adults for university entrance; c) *(kath. Kirche)* theological college
Kollege [kɔ'le:gə] der; ~**n**, ~**n** a) colleague; *(Arbeiter)* workmate; **die** ~**n vom Fach** professional colleagues; ~ **kommt gleich!** *(im Restaurant)* somebody [else] will be with you in a moment; **Herr** ~**!** Mr. Smith/Jones *etc.!*; **Herr** ~ **[Müller** *usw.]* *(Abgeordneter)* ≈ the Honourable Gentleman; *(als Anrede)* **Herr** ~ **[Müller]**, **Sie müssen ...** ≈ the Honourable Gentleman must ...; b) *(Gewerkschaftsmitglied)* [union] member; c) *(DDR: Werktätiger)* worker; **der** ~ **Werkleiter/Ober** the works manager/the waiter; d) *(salopp: Freund)* mate *(coll.)*
Kollegen-: ~**kreis** der: **im** ~**kreis** among colleagues; ~**rabatt** der trade discount *(in the publishing trade)*
Kolleg-: ~**geld** das; *meist Pl. (Hochschulw.)* lecture fee; ~**heft** das lecture notebook
kollegial [kɔle'gi̯a:l] 1. *Adj.* helpful and considerate. 2. *adv.* ⟨*act etc.*⟩ like a good colleague/good colleagues
Kollegialität [kɔlegi̯ali'tɛ:t] die; ~: helpfulness and consideration
Kollegin die; ~, ~**nen** s. Kollege a, b, c; s. *auch* -in
Kollegium [kɔ'le:gi̯ʊm] das; ~s, **Kollegien** a) *(Gruppe)* group; *(unmittelbar zusammenarbeitend)* team; b) *(Lehrkörper)* [teaching] staff; c) *(Komitee)* committee
Kolleg-: ~**mappe** die document case; ~**stufe** die *(Schulw.)* sixth-form college *(offering academic and vocational courses)*
Kollekte [kɔ'lɛktə] die; ~, ~**n** collection
Kollektion [kɔlɛk'tsi̯o:n] die; ~, ~**en** a) *(Sortiment)* range; *(Mode)* collection; b) *(Sammlung, Zusammenstellung)* collection
kollektiv [kɔlɛk'ti:f] 1. *Adj.* collective; joint ⟨*collaboration*⟩. 2. *adv.* collectively
Kollektiv das; ~s, ~**e** *od.* ~**s** a) *(Gruppe)*; **als** ~

auftreten put up a united front; b) *(bes. DDR: Arbeitsgruppe)* collective; c) *(Statistik)* population
Kollektiv-: ~**arbeit** die joint work; ~**bewußt·sein** das collective consciousness; ~**geist** der; *o. Pl.* collective spirit; ~**gesellschaft** die *(schweiz. Wirtsch.)* general partnership
kollektivieren *tr. V.* collectivize
Kollektivismus der; ~: collectivism *no art.*
kollektivistisch *Adj.* collectivist
Kollektiv-: ~**schuld** die; *o. Pl.* collective guilt; ~**strafe** die collective punishment
Kollektivum [kɔlɛk'ti:vʊm] das; ~s, **Kollektiva** *(Sprachw.)* collective noun; collective
Kollektiv·wirtschaft die collective farm
Kollektor [kɔ'lɛktor] der; ~s, ~**en** [-'to:rən] *(Elektrot., Physik)* collector
¹**Koller** ['kɔlɐ] der; ~s, ~ *(ugs.)* rage; **einen** ~ **haben/bekommen** be in/fly *or* get into a rage
²**Koller** das; ~s, ~ *(hist.)* cape collar
¹**kollern** *itr. V.*; *mit sein* roll
²**kollern** *itr. V.* ⟨*turkey etc.*⟩ gobble; ⟨*stomach*⟩ rumble
kollidieren [kɔli'di:rən] *itr. V.* a) *mit sein (zusammenstoßen)* collide, be in collision (**mit** with); b) *(im Widerspruch stehen)* clash, conflict (**mit** with); **miteinander** ~: ⟨*meetings etc.*⟩ clash
Kollier [kɔ'li̯e:] das; ~s, ~s a) *(Halskette)* necklace; b) *(schmaler Pelz)* necklet
Kollision [kɔli'zi̯o:n] die; ~, ~**en** a) *(Zusammenstoß)* collision; b) *(Widerstreit)* conflict, clash (+ *Gen.* between); **mit etw. in geraten** come into conflict with sth.
Kollisions·kurs der; *o. Pl.* collision course; **gegen jmdn./etw. auf** ~ **gehen** *(fig.)* be heading for a confrontation with sb./sth.
Kolloid [kɔlo'i:t] das; ~[e]s, ~**e** *(Chemie)* colloid
Kolloquium [kɔ'lo:kvi̯ʊm] das; ~s, **Kolloquien** a) *(Hochschulw.)* seminar; b) *(Zusammenkunft)* colloquium; c) *(österr. Prüfung)* test
Köln [kœln] **(das)**; ~s Cologne
Kölner 1. *indekl. Adj.*; *nicht präd.* Cologne *attrib.*; *(in Köln)* in Cologne *postpos.*, *not pred*; ⟨*suburb, archbishop, mayor, speciality*⟩ of Cologne; ⟨*car factory, river bank*⟩ at Cologne; **der** ~ **Dom/Karneval** Cologne Cathedral/the Cologne carnival; **meine** ~ **Freunde (in Köln)** my friends in Cologne; *(aus Köln)* my friends from Cologne; **seine** ~ **Heimat** his native Cologne; **meine** ~ **Zeit** my time in Cologne; **die** ~ **Innenstadt** Central Cologne; **alle** ~ **Bahnhöfe** every station in Cologne; **die 2000jährige** ~ **Geschichte** Cologne's 2000-year history. 2. der; ~s, ~: inhabitant of Cologne; *(von Geburt)* native of Cologne; **er ist** ~: he is a native of Cologne; he comes from Cologne; **ein echter** ~: someone born and bred in Cologne; *(dem Naturell nach)* a true native of Cologne; **der** ~ *(bestimmter Mann)* the man from Cologne; that chap from Cologne *(coll.)*; *(das* ~ *Auto usw.)* the car/bus *etc.* with the Cologne number-plate; *(ugs.: die* ~*)* people *pl.* from Cologne; **wir** ~: we citizens of Cologne; **die** ~: the people of Cologne; *(die* ~ *Mannschaft usw.)* Cologne *pl.*; *(die* ~ *Fans usw.)* the Cologne supporters; *(die* ~ *Firma usw.)* the Cologne works *etc. sing.*; **die** ~ **haben einen Oberbürgermeister gewählt** Cologne has elected a mayor; ~ *Pl.* Cologne people; *(außerhalb Kölns)* people from Cologne; **das sind** ~: they are from Cologne; **er hatte als** ~ **eine tiefe Abneigung gegen Düsseldorf** coming from Cologne, he had a great dislike for Düsseldorf; **Sie als** ~ **mögen den Karneval nicht?** you come from Cologne, and you don't like the carnival?

1251

Kölnerin die; ~, ~nen s. Kölner 2; s. auch -in
kölnisch Adj. Cologne attrib.; of Cologne postpos., not pred.; **Kölnisch Wasser** eau-de-Cologne
Kolombine [kolɔm'biːnə] die; ~, ~n Columbine
Kolon ['koːlɔn] das; ~s, ~s od. **Kola** a) (antike Metrik, Rhet.) colon; b) (veralt.: Doppelpunkt) colon
Kolonel [kolo'nɛl] die; ~ (Druckw.) minion
kolonial [kolo'niaːl] Adj.; nicht präd. colonial
kolonialisieren tr. V. colonialize
Kolonialisierung die; ~, ~en colonialization
Kolonialismus der; ~: colonialism no art.
kolonialistisch Adj. colonialist
Kolonial-: ~**macht** die colonial power; ~**politik** die; o. Pl. colonial policy; ~**stil** der; o. Pl. colonial style; ~**waren** Pl. (veralt.) groceries pl.; ~**waren·händler** der (veralt.) grocer; ~**zeit** die; o. Pl. colonial era or period
Kolonie [kolo'niː] die; ~, ~n a) (auch Gruppe von Ausländern, Biol.) colony; b) (Siedlung) colony; settlement
Kolonisation [koloniza'tsioːn] die; ~, ~en colonization
kolonisieren tr. V. a) (zur Kolonie machen) colonize; b) (besiedeln, erschließen) settle and develop; (urbar machen) clear and cultivate ⟨land⟩; reclaim ⟨swampland⟩
Kolonisierung die; ~, ~en colonization
Kolonist der; ~en, ~en colonist; (früher Siedler) settler
Kolonnade [kolɔ'naːdə] die; ~, ~n colonnade
Kolonne [ko'lɔnə] die; ~, ~n a) (Truppe, Gruppe von Menschen, Zahlenreihe) column; **die fünfte ~**: the fifth column; b) (Fahrzeuge) column; (Schlange) [long] line of traffic; (Konvoi) convoy; **~ fahren** drive in a [long] line of traffic; c) (Arbeits~) gang
Kolonnen-: ~**fahren** das driving in a [long] line of traffic; ~**springer** der (ugs.) motorist who dodges in and out of a line of traffic in order to overtake
Kolophonium [kolo'foːniʊm] das; ~s colophony; rosin
Koloratur [kolora'tuːɐ̯] die; ~, ~en (Musik) coloratura
Koloratur·sängerin die (Musik) coloratura
kolorieren [kolo'riːrən] tr. V. a) (ausmalen) colour; b) (Musik) decorate; embellish
Kolorit [kolo'riːt] das; ~[e]s, ~e od. ~s a) (Farbgebung) colouring; b) (Musik: Klangfarbe) [tone] colour; c) (Atmosphäre) colour
Koloß [ko'lɔs] der; **Kolọsses, Kolọsse** a) (Standbild) colossus; **der ~ von Rhodos** the Colossus of Rhodes; b) (riesiges Gebilde, ugs. scherzh.: große Person) colossus; giant
kolossal [kolɔ'saːl] **1.** Adj. a) (riesenhaft) colossal; gigantic; enormous; b) (ugs.: sehr groß) tremendous (coll.); incredible (coll.) ⟨rubbish, nonsense⟩; **eine ~e Dummheit begehen** do something incredibly stupid; **~es Glück haben** be incredibly lucky (coll.). **2.** adv. (ugs.) tremendously (coll.); **~ viel Geld** a tremendous or vast amount of money (coll.)
Kolossal-: ~**film** der [film] epic; ~**gemälde** das huge painting; ~**schinken** der (salopp abwertend) a) (Film) massive great epic (coll.); b) (Gemälde) whacking great painting (sl.)
Kolportage [kɔlpɔr'taːʒə] die; ~, ~n a) (minderwertiger Bericht) trashy writing; trash; b) (Verbreitung von Gerüchten) rumour-mongering
Kolportage-: ~**literatur** die trashy literature; ~**roman** der trashy novel
Kolporteur [kɔlpɔr'tøːɐ̯] der; ~s, ~e (geh.) rumour-monger

kolportieren tr. V. (geh.) spread, circulate ⟨rumour, story⟩
kölsch [kœlʃ] s. kölnisch
Kölsch das; ~[s] a) strong very pale beer brewed in Cologne; b) Cologne dialect; s. auch Deutsch a
Kolumbianer [kolʊm'biaːnɐ] der; ~s, ~: Colombian
kolumbianisch Adj. Colombian
Kolumbien [ko'lʊmbiən] (das); ~s Colombia
Kolumbus [ko'lʊmbʊs] (der) Columbus; s. auch Ei a
Kolumne [ko'lʊmnə] die; ~, ~n (Druckw., Meinungsbeitrag) column
Kolumnen·titel der (Druckw.) running title or head
Kolumnist der; ~en, ~en, **Kolumnistin** die; ~, ~nen columnist
Koma ['koːma] das; ~s, ~s od. **~ta** (Med.) coma
Kombattant [kɔmba'tant] der; ~en, ~en (Völkerr.; geh. veralt.) combatant
Kombi ['kɔmbi] der; ~[s], ~s s. Kombiwagen
Kombinat [kɔmbi'naːt] das; ~[e]s, ~e (bes. DDR) combine
Kombination [kɔmbina'tsioːn] die; ~, ~en a) (Verbindung) combination; b) (gedankliche Verknüpfung) deduction; piece of reasoning; **unsere ~en** our reasoning sing. or deductions; c) (Kleidungsstücke) ensemble; suit; (Herren~) suit; (Flieger~) flying-suit; d) (Ballspiele) combined move; e) (Schach) combination; f) (Ski) s. alpin; **nordisch**
Kombinations-: ~**gabe** die; o. Pl. powers pl. of deduction or reasoning; ~**schloß** das combination lock; ~**sprung·lauf** der (Ski) jumping event (of Nordic combination)
Kombinatorik [kɔmbina'toːrɪk] die; ~: (Math.) combinatorial analysis no art.
kombinatorisch Adj. deductive; ~**e Fähigkeiten** powers of deduction or reasoning; deductive powers
kombinieren [kɔmbi'niːrən] **1.** tr. V. combine; **zwei Dinge zu etw. ~**: combine two things to sth.; **etw. mit etw. ~**: combine sth. with sth. **2.** itr. V. a) (Zusammenhänge herstellen) deduce; reason; **falsch/richtig ~**: come to the wrong/right conclusion; b) (Ballspiele) combine
Kombi-: ~**wagen** der estate [car]; station wagon (Amer.); ~**zange** die combination pliers pl.; **eine ~zange** a pair of combination pliers
Kombüse [kɔm'byːzə] die; ~, ~n (Seemannsspr.) ~**n** columnist galley
Komet [ko'meːt] der; ~en, ~en comet
kometen·haft Adj. meteoric ⟨rise, career⟩; extremely rapid ⟨upturn, development⟩
Komfort [kɔm'foːɐ̯] der; ~s comfort; **mit allem** ⟨flat, house⟩ with all modern conveniences pl.; ⟨car⟩ with all the latest luxury features pl.
komfortabel [kɔmfɔr'taːbl̩] **1.** Adj. comfortable. **2.** adv. comfortably
Komfort·wohnung die [comfortable] flat (Brit.) or (Amer.) apartment with all modern conveniences
Komik ['koːmɪk] die; ~: comic effect; (komisches Element) comic element or aspect; **die ~ der Situation** the funny side of the situation; **Sinn für ~ haben** have a sense of the comic; **etw. entbehrt nicht einer gewissen ~**: sth. is not without an element of comedy; **~ und Tragik** comedy and tragedy; the comic and the tragic
Komiker der; ~s, ~ a) (Vortragskünstler) comedian; comic (coll.); b) (Darsteller) comic actor; c) (salopp abwertend) clown
Kominform [komɪn'fɔrm] das; ~s (hist.) Cominform
Komintern [komɪn'tɛrn] die; ~ (hist.) Comintern
komisch ['koːmɪʃ] Adj. a) (lustig) comical;

funny; **ich finde das gar nicht ~** (ugs.) I don't think that's at all funny; b) (seltsam) funny; strange; odd; **~, was?** (ugs.) [it's] funny or strange or odd, isn't it?; **~ [zu jmdm.] sein** act or behave strangely [towards sb.]; **~ [ist nur], daß ...**: it's [just] funny or strange or odd that ...; **mir ist/wird so ~**: I'm feeling funny or peculiar; c) (Theater) comic ⟨part⟩
komischer·weise Adv. (ugs.) strangely enough
Komitee [komi'teː] das; ~s, ~s committee
Komma ['kɔma] das; ~s, ~s od. **~ta** a) (Satzzeichen) comma; b) (Math.) decimal point; **zwei ~ acht** two point eight; **zwei Stellen hinter dem ~**: two decimal places
Komma·fehler der mistake involving the use of the comma
Kommandant [kɔman'dant] der; ~en, ~en (einer Stadt, Festung) commandant; (eines Panzers, Raumschiffs) commander; (einer Militäreinheit) commanding officer; (eines Flugzeugs, Schiffs) captain
Kommandantur [kɔmandan'tuːɐ̯] die; ~, ~en commandant's headquarters sing. or pl.
Kommandeur [kɔman'døːɐ̯] der; ~s, ~e (Milit.) commander; commanding officer
kommandieren 1. tr. V. a) (befehligen) command; be in command of; b) (abkommandieren) jmdn. an die Front ~: order sb. to the front; c) order ⟨retreat, advance⟩; d) (ugs.: herumkommandieren) jmdn. ~: order or (sl.) boss sb. about. **2.** itr. V. a) (Milit.) command; b) (ugs.) order or (sl.) boss people about
Kommandierender General Corps commander; **Kommandit·gesellschaft** [kɔman'diːt-] die (Wirtsch.) limited partnership
Kommanditist der; ~en, ~en (Wirtsch.) limited partner
Kommando [kɔ'mando] das; ~s, ~s, österr. auch: **Kommạnden** a) (Befehl) das **~ zum Schießen geben** give the command or order to shoot; **auf ~ gehorchen** obey [immediately] on command; **wie auf ~**: as if by command; s. auch **hören 2 d**; b) o. Pl. (Befehlsgewalt) command; **das ~ haben od. führen/übernehmen** be in/assume or take command; c) (Milit.) (Einheit) detachment; (Stoßtrupp) commando; (Dienststelle) headquarters sing. or pl.
Kommando-: ~**brücke** die bridge; ~**sache** die in geheime ~**sache** (bes. Milit.) military secret; ~**stab** der (Milit.) headquarters or command staff; ~**stand** der (Milit.) command post; ~**stelle** die (Milit.) command post; ~**stimme** die commanding [tone of] voice
Kommata s. Komma
kommen ['kɔmən] unr. itr. V.; mit sein a) come; (eintreffen) come; arrive; **der Kellner kommt sofort** the waiter will be with you directly; **zu spät ~**: be late; **zu Fuß/mit dem Auto ~**: come on foot/by car; **in einer halben Stunde/zwei Monaten ~**: come in half an hour/two months' time; **durch eine Gegend ~**: pass through a region; **von der Arbeit ~**: come [back] from work; **nach Hause ~**: come or get home; **ins Zimmer ~**: come into the room; **ich komme schon!** I'm coming!; **ich komme, Sie abzuholen** I've come to fetch you; **komm' ich heut nicht, komm' ich morgen** (spött.) you'll/he'll etc. get there eventually!; b) (gelangen) **ans Ufer/ Ziel ~**: reach the bank/finishing-line; **komme ich hier zum Bahnhof?** can I get to the station this way?; **wie komme ich nach Paris?** how do I get to Paris?; **kaum noch aus dem Haus/ins Kino ~**: hardly ever get out of the house/to the cinema; **auf etw. (Akk.) zu sprechen ~** (fig.) turn to the discussion of sth.; **zum Schluß seiner Ausführungen ~** (fig.) come to the end of one's remarks; c) + Bewegungsverb im 2. Part. **angelaufen/angebraust ~**: come running/roaring

along; *(auf jmdn. zu)* come running/roaring up; **angekrochen ~** *(fig.)* come crawling up; **d)** *(teilnehmen)* **~** *(fig.)* come; attend; **zu einer Tagung ~:** come to/attend a meeting; **e)** *(besuchen)* come; **zu jmdm. ~:** come and see sb.; **er kommt zu uns zum Abendbrot** he's coming [to us] for supper; **f)** *(gebracht werden)* come; **die Post/ein Paket ist ge~:** the post/a parcel has come; **ist keine Post für mich ge~?** is/was there no post for me?; **g) ~ lassen** *(bestellen)* order ⟨*taxi*⟩; **den Arzt/die Polizei ~ lassen** send for *or* call a doctor/the police; **Getränke** *usw.* **aufs Zimmer ~ lassen** have drinks *etc.* sent up to one's room; **h)** *(aufgenommen werden)* **zur Schule/aufs Gymnasium ~:** go to *or* start school/grammar school; **ins Krankenhaus/Gefängnis ~:** go into hospital/to prison; **in die Lehre ~:** start an apprenticeship; **in den Himmel/in die Hölle ~** *(fig.)* go to heaven/hell; **i)** *(auftauchen)* ⟨*seeds, plants*⟩ come up; ⟨*buds, flowers*⟩ come out; ⟨*peas, beans*⟩ form; ⟨*teeth*⟩ come through; **zur Welt ~:** be born; **ihr ist ein Gedanke/eine Idee ge~:** she had a thought/an idea; a thought/an idea came to her; **die Tränen ~ jmdm. in die Augen** tears come to sb.'s eyes; *s. auch* **Herz b**; **j)** *(seinen festen Platz haben)* go; belong; **in die Schublade/ins Regal ~:** go *or* belong in the drawer/on the shelf; **k)** *(seinen Platz erhalten)* **in die Mannschaft ~:** get into the team; **auf den ersten Platz ~:** go into first place; **l)** *(geraten)* get; **in Gefahr/Not/Verlegenheit ~:** get into danger/serious difficulties/get *or* become embarrassed; **unter ein Auto/zu Tode ~:** be knocked down by a car/be *or* get killed; **ins Schleudern ~:** go into a skid; *s. auch* **Schwung; Stimmung**; **m)** *(Gelegenheit haben)* **dazu ~, etw. zu tun** get round to doing sth.; **zum Einkaufen/Waschen ~:** get round to doing the shopping/washing; **kaum noch zum Schlafen ~:** hardly be able to find time to sleep; **n)** *(nahen)* **ein Gewitter/die Flut kommt** a storm is approaching/the tide's coming in; **den Zeitpunkt für gekommen halten** think *or* consider the moment has come; **der Tag/die Nacht kommt** *(geh.)* day is breaking/night is falling; **dieses Unglück habe ich schon lange ~ sehen** I saw this disaster coming a long time ago; **im Kommen sein** ⟨*fashion etc.*⟩ be coming in; ⟨*person*⟩ be on the way up; **o)** *(sich ereignen)* come about; happen; **was auch immer ~ mag** come what may; **das durfte [jetzt] nicht ~** *(ugs. spött.)* that's hardly the thing to say now; **es kam, wie es ~ mußte** the inevitable happened; **es kam zum Streit/Kampf** there was a quarrel/fight; **es kam alles ganz anders** it all *or* everything turned out quite differently; **wie's kommt, so kommt's** *od.* **wie's kommt, so wird's genommen** *(ugs.)* what will be will be; **so weit kommt es noch[, daß ich euern Dreck wegräume]!** *(ugs. iron.)* that really is the limit[, expecting me to clear up your rubbish after you]!; **p)** *(ugs.: erreicht werden)* **wann kommt der nächste Bahnhof?** when do we get to the next station? *(coll.)*; **jetzt kommt gleich Mannheim** we'll be at Mannheim any moment; **da vorn kommt eine Tankstelle** there's a petrol station coming up *(coll.)*; **q) zu Geld ~:** become wealthy; **zu Erfolg/Ruhm** *usw.* **~:** gain success/fame *etc.*; **nie zu etwas ~** *(ugs.)* never get anywhere; **wieder zu Kräften ~:** regain one's strength; **[wieder] zu sich ~:** regain consciousness; come round; **zu sich ~** *(sich fassen)* become one's normal self again; **r) jmdm. auf die Spur/Schliche ~:** get on sb.'s trail/get wise to sb.'s tricks; **wie kommst du darauf?** what gives you that idea?; **hinter jmds. Geheimnis/Pläne ~:** find out sb.'s secret/plans; **s)** ⟨*an der Reihe sein; folgen*⟩ **zuerst/zuletzt kam ...:** first/last came ...; **als erster/letzter ~:** come first/last; **jetzt komme ich an die Reihe** it is my turn now; **wann ~ wir an die Reihe?** when do we get a turn?; **t)** *(sich darstellen)* **gelegen/ungelegen ~** ⟨*offer, opportunity*⟩ come/not come at the right moment; ⟨*visit*⟩ be/not be convenient; **überraschend [für jmdn.] ~:** come as a surprise [to sb.]; **u)** *(ugs.: sich verhalten)* **jmdm. frech/unverschämt/grob ~:** be cheeky/impertinent/rude to sb.; **so lasse ich mir nicht ~!** I don't stand for that sort of thing!; **so können Sie mir nicht ~!** don't take that line with me! *(coll.)*; **v)** *(ugs.: sich an jmdn. wenden)* **komm mir nicht mit ...!** don't give me ...; **da könnte ja jeder ~!** who do you think you are? what does he think he is? *etc.*; **komm mir nicht damit, du hättest keine Zeit!** don't try and tell me you don't have the time!; **mit so etw. darfst du mir nicht ~:** don't try that sort of thing on with me *(coll.)*; **w) ich lasse auf ihn** *usw.* **nichts ~:** I won't hear anything said against him *etc.*; **x) ~** *Inf. mit* **zu** *(in eine Lage geraten)* **neben jmdm. zu sitzen ~:** get to sit next to sb.; **y) über jmdn. ~** *(erfassen)* ⟨*feeling*⟩ come over sb.; **z)** *(verlieren)* **um etw. ~:** lose sth.; **ums Leben ~:** lose one's life; **wir sind um unseren Theaterbesuch gekommen** we missed out on our visit to the theatre; **aa)** *(entfallen)* **auf hundert Berufstätige ~ vier Arbeitslose** for every hundred people in employment, there are four people unemployed; **bb) woher ~ diese Sachen?** where do these things come from?; **seine Eltern ~ aus Sachsen** his parents come *or* are from Saxony; **cc) daher kommt es, daß ...:** that's [the reason] why ...; **das kommt davon, daß ...:** that's because ...; **vom vielen Rauchen/vom Vitaminmangel ~:** be due to smoking/vitamin deficiency; **wie kommt es, daß du/er** *usw.* **...:** how is it that you/he *etc.* ...; **how come that you/he** *etc.* ... *(coll.)*; **das kommt davon!** see what happens!; **das kommt davon, wenn du nicht aufpaßt!** that's what happens when you don't pay attention; that's what comes of not paying attention; **dd)** *(ugs.: kosten)* **auf 100 Mark ~:** cost 100 marks; **alles zusammen kam auf ...:** altogether it came to ...; **wie teuer kommt der Stoff?** how much *or* dear is that material?; **etw. kommt [jmdn.] teuer** sth. comes expensive [for sb.]; **ee)** *(ugs.: starten)* start; **ff)** *(salopp: Orgasmus haben)* come *(sl.)*; **es ist kommt jmdm.** sb. is coming *(sl.)*; **gg)** *(im Funkverkehr)* **[bitte] ~!** come in[, please]; **hh)** *(ugs.: als Aufforderung, Ermahnung)* **komm/kommt/kommen Sie** come on; **komm, komm** oh, come on; **ii)** *(Sportjargon: gelingen)* **[gut] ~/nicht ~** ⟨*serve, backhand, forehand, etc.*⟩ be going/not be going well; **jj)** *in festen Wendungen s.* **Ausbruch b; Einsatz c; Entfaltung a;** **¹Fall a;** **Gesicht c** *usw.*

kommend *Adj.; nicht präd.* **a)** *(folgend)* next; **das ~e Wochenende/am ~en Sonntag** next weekend/Sunday; **in der ~en Saison/Woche** next season/week; **~e Generationen** generations to come; future generations; **in den ~en Jahren** in years to come; **b)** *(mit großer Zukunft)* **der ~e Mann/Meister** the coming man/future champion

kommensurabel [kɔmɛnzu'raːbl̩] *Adj.* *(Physik, Math.)* commensurable

Komment [kɔ'mãː] *der;* **~s, ~s** *(Studenterspr.)* code of conduct *(in student fraternities)*

Kommentar [kɔmɛn'taːɐ̯] *der;* **~s, ~e a)** *(Erläuterung)* commentary; **b)** *(Stellungnahme)* commentary; comment; **kein ~!** no comment!; **c)** *(oft abwertend: Anmerkung)* comment; **~ überflüssig** no comment needed; **sich** *(Dat.)* **jedes ~s enthalten** refrain from commenting; **seinen ~ zu etw. geben** comment on sth.

kommentarlos **1.** *Adj.* without comment *postpos.* **2.** *adv.* without comment

Kommentator [kɔmɛn'taːtɔr] *der;* **~s, ~en** [-taˈtoːrən] commentator

kommentieren *tr. V.* **a)** *(erläutern)* furnish with a commentary, annotate ⟨*text, work*⟩; **eine kommentierte Ausgabe** an annotated edition; **b)** *(Stellung nehmen zu; ugs.: Anmerkungen machen zu)* comment on

Kommers [kɔˈmɛrs] *der;* **~es, ~e** *(Studenterspr.)* students' drinking evening *(to celebrate a particular occasion)*

Kommers·buch *das* book of students' drinking songs

Kommerz [kɔˈmɛrts] *der;* **~es** *(abwertend)* business interests *pl.*

kommerzialisieren [kɔmɛrtsi̯ali'ziːrən] *tr. V.* commercialize

Kommerzial·rat [kɔmɛr'tsi̯aːl-] *der* (österr.) *s.* **Kommerzienrat**

kommerziell [kɔmɛr'tsi̯ɛl] **1.** *Adj.* commercial. **2.** *adv.* commercially

Kommerzien·rat [kɔ'mɛrtsi̯ən-] *der* *(hist.)* honorary title conferred on business magnates and financiers

Kommilitone [kɔmili'toːnə] *der;* **~n, ~n, Kommilitonin** *die;* **~, ~nen** *(Studenterspr.)* [one's] fellow student; **der ~/die ~ Meyer** ≈ Mr/Ms Meyer

Kommis [kɔ'miː] *der* **~** [kɔ'miː(s)], **~** [kɔ'miːs] *(veralt.)* employee on the business side of a commercial firm; *(in einem Laden)* [shop] assistant

Kommiß [kɔ'mɪs] *der;* **Kommisses** *(Soldatenspr.)* army; **beim ~ sein** be in the army

Kommissar [kɔmɪ'saːɐ̯] *der;* **~s, ~e a)** *(Beamter der Polizei)* detective superintendent; **b)** *(staatlicher Beauftragter)* commissioner; **der Hohe ~:** the High Commissioner

Kommissariat [kɔmɪsaˈri̯aːt] *das;* **~s, ~e a)** *(Dienststelle/ der Polizei)* detective superintendent's office; *(allgemein)* commissioner's office; **b)** *(Amt) (der Polizei)* rank of detective superintendent; *(allgemein)* commissionership; **c)** *(österr.)* Polizeistation) police station

kommissarisch **1.** *Adj.;* nicht präd. acting. **2.** *adv.* in an acting capacity

Kommiß·brot *das* [coarse] wholemeal bread

Kommission [kɔmɪˈsi̯oːn] *die;* **~, ~en a)** *(Gremium)* committee; *(Prüfungs~)* commission; **b)** *(Kaufmannsspr. veralt.: Bestellung)* order; **c) etw. in ~ nehmen/haben/geben** *(Wirtsch.)* take/have sth. on commission/give sth. to a dealer for sale on commission; **d)** *(veralt.: Einkauf)* **~en machen** *od.* **tätigen** do some shopping

Kommissionär [kɔmɪsi̯oˈnɛːɐ̯] *der;* **~s, ~e a)** *(Wirtsch.)* commission agent *or* merchant; **b)** *(Buchhändler)* wholesale bookseller

Kommissions-: ~buch·handel *der (Wirtsch.)* wholesale book trade; **~geschäft** *das (Wirtsch.)* commission business

Kommiß-: ~stiefel der army boot; **~ton** *der; o. Pl. (abwertend)* peremptory tone [of voice]

kommod [kɔ'moːt] *Adj.* *(bes. österr.)* s. **bequem 1 a, 2 a**

Kommode [kɔ'moːdə] *die;* **~, ~n** chest of drawers

Kommodore [kɔmoˈdoːrə] *der;* **~s, ~n** *od.* **~s** *(Marine, Handelsmarine)* commodore; *(Luftwaffe)* wing commander

kommunal [kɔmuˈnaːl] **1.** *Adj.* local; *(bei einer städtischen Gemeinde)* municipal; local. **2.** *adv.* **etw. wird ~ verwaltet** sth. comes under local government

Kommunal-: ~abgaben *Pl.* rates [and local taxes]; **~anleihe** die municipal bond; **~politik** die local politics *sing.;* **~verwaltung** die local government; **~wahl** die [local government] elections *pl.*

Kommunarde [kɔmuˈnardə] *der;* **~n, ~n a)** *(hist.)* Communard; **b)** *(einer Wohngemeinschaft)* member of the commune

Kommune [kɔˈmuːnə] *die;* **~, ~n a)** *(politische Gemeinde)* local authority area; (städ-

Kommunikant *tische Gemeinde)* municipality; **b) die Pariser ~** *(hist.)* the Paris Commune; **c)** *(Wohngemeinschaft)* commune
Kommunikant [kɔmuniˈkant] der; ~en, ~en, **Kommunikantin** die; ~, ~nen a) *(kath. Kirche)* communicant; **b)** *(Sprachw., Soziol.)* participant in the communicative process
Kommunikation [ˈkɔmunikaˈtsi̯oːn] die; ~, ~en *(Sprachw., Soziol.)* communication
Kommunikations-: ~**mittel** das communication medium; ~**satellit** der communications satellite; ~**schwierigkeit** die; *meist Pl.* difficulty in communicating; ~**wissenschaft** die communication science *no art.;* ~**zentrum** das central meeting-place *(for social and cultural activities)*
kommunikativ [kɔmunikaˈtiːf] *Adj.* communicative
Kommunion [kɔmuˈni̯oːn] die; ~, ~en *(kath. Kirche)* [Holy] Communion
Kommunion-: ~**bank** die: **auf der ~bank knien** ≈ kneel at the Communion rail; ~**kleid** das dress worn to first Communion; ~**unterricht** der preparation for first Communion
Kommuniqué [kɔmyniˈkeː] das; ~s, ~s communiqué
Kommunismus der; ~: communism; *(Bewegung)* Communism *no art.*
Kommunist der; ~en, ~en, **Kommunistin** die; ~, ~nen communist; *(Parteimitglied)* Communist
kommunistisch **1.** *Adj.* communist; *(die ~e Partei betreffend)* Communist; **das Kommunistische Manifest** the Communist Manifesto. **2.** *adv.* Communist-*(influenced, led, ruled, etc.)*
kommunizieren [kɔmuniˈtsi̯ːrən] *itr. V.* **a)** *(geh.)* communicate; **~de Röhren** *(Physik)* communicating tubes; **b)** *(kath. Kirche)* receive [Holy] Communion
Kommutation [kɔmutaˈtsi̯oːn] die; ~, ~en *(Math., Sprachw., Astron.)* commutation
kommutativ [kɔmutaˈtiːf] *Adj.* *(Math., Sprachw.)* commutative
Komödiant [komøˈdi̯ant] der; ~en, ~en a) *(veralt.: Schauspieler)* actor; player; **b)** *(abwertend: Heuchler)* play-actor
komödiantenhaft *Adj.* theatrical
Komödiantin die; ~, ~nen a) *(veralt.: Schauspielerin)* actress; **b)** *(abwertend: Heuchlerin)* play-actor
komödiantisch *Adj.* theatrical; acting ⟨talent⟩
Komödie [koˈmøːdi̯ə] die; ~, ~n a) comedy; *(fig.)* farce; **b)** *(Theater)* comedy theatre; **c)** *(Heuchelei)* play-acting; **~ spielen** put on an act
Kompagnon [kɔmpanˈjõː] der; ~s, ~s *(Wirtsch.)* partner; associate
kompakt [kɔmˈpakt] *Adj.* a) *(massiv)* solid; **b)** *(ugs.: gedrungen)* stocky
Kompakt-: ~**an·lage** die music centre; *(bei übereinander angeordneten Geräten)* compact stereo system; ~**bau·weise** die compact design
Kompanie [kɔmpaˈniː] die; ~, ~n *(Milit., veralt.: Handelsgesellschaft)* company
Kompanie·chef der, **Kompanie·führer** der *(Milit.)* company commander
Komparation [kɔmparaˈtsi̯oːn] die; ~, ~en *(Sprachw.)* comparison
Komparatistik [kɔmparaˈtɪstɪk] die; ~: comparative literature *no art.*
Komparativ [ˈkɔmparatiːf] der; ~s, ~e *(Sprachw.)* comparative
Komparse [kɔmˈparzə] der; ~n, ~n *(Theater)* supernumerary; super *(coll.); (Film)* extra
Komparserie [kɔmparzəˈriː] die; ~, ~n *(Theater)* supernumeraries *pl.;* supers *pl. (coll.); (Film)* extras *pl.*
Kompaß [ˈkɔmpas] der; **Kompasses, Kompasse** compass; **nach dem ~ marschieren** march by the compass
Kompaß-: ~**häuschen** das *(Seew. hist.)* binnacle; ~**nadel** die compass needle; ~**rose** die compass card
kompatibel [kɔmpaˈtiːbl̩] *Adj.* *(Nachrichtenw., Sprachw.)* compatible
Kompendium [kɔmˈpɛndi̯ʊm] das; ~s, **Kompendien** *(geh.)* compendium
Kompensation [kɔmpɛnzaˈtsi̯oːn] die; ~, ~en *(Wirtsch., Physik, geh.)* compensation
kompensatorisch *Adj.* *(Päd., Psych.)* compensatory
kompensieren *tr. V.* **a)** *(ausgleichen)* etw. mit etw. *od.* durch etw. ~: compensate for *or* make up for sth. by sth.; **b)** *(Wirtsch.: gegeneinander aufrechnen)* offset; **etw. durch etw. ~:** offset sth. against sth.
kompetent [kɔmpeˈtɛnt] *Adj.* a) *(sachverständig)* competent; **ein ~er Sprecher** *(Sprachw.)* a person with native-speaker competence; **für diese Probleme/Fragen ist er nicht ~:** he's not competent to deal with these problems/answer these questions; **b)** *(bes. Rechtsw.: zuständig)* competent, responsible ⟨authority⟩; **das dafür ~e Gericht/der dafür ~e Kollege** the court which has jurisdiction in/the colleague with whom he settles these matters
Kompetenz [kɔmpeˈtɛnts] die; ~, ~en a) *(Sachverstand)* competence; **b)** *(bes. Rechtsw.: Zuständigkeit)* authority; powers *pl.; (eines Gerichts)* jurisdiction; competence; **in jmds. ~** *(Dat.)* **liegen/in jmds. ~** *(Akk.)* **fallen** be/come within sb.'s authority *or* powers; **das liegt außerhalb meiner ~:** that doesn't lie within my authority *or* powers; **seine ~ überschreiten** exceed one's authority *or* powers; **die ~ haben/erhalten, etw. zu tun** have/receive the authority to do sth.; *(Sprachw.)* competence
Kompetenz-: ~**bereich** der area of authority *or* responsibility/jurisdiction; ~**konflikt** der, ~**streitigkeit** die; *meist Pl.* dispute over respective areas of authority *or* responsibility/jurisdiction
Kompilation [kɔmpilaˈtsi̯oːn] die; ~, ~en *(geh., meist abwertend)* [mere] compilation
kompilieren *tr. V.* *(geh., meist abwertend)* [merely] compile
Komplement [kɔmpleˈmɛnt] das; ~[e]s, ~e *(Math.)* complement
komplementär [kɔmplɛmɛnˈtɛːɐ̯] **1.** *Adj.* complementary. **2.** *adv.* **sich ~ verhalten/~ zueinander stehen** complement one another; be complementary
Komplementär der; ~s, ~e *(Wirtsch.)* general partner
Komplementär·farbe die *(Optik)* complementary colour
Komplement·winkel der *(Math.)* complementary angle
Komplet [kõˈpleː] das; ~s, ~s dress and matching jacket/coat
²Komplet [kɔmˈpleːt] die; ~, ~e *(kath. Kirche)* compline
komplett [kɔmˈplɛt] **1.** *Adj.* a) *(vollständig)* complete; **das kostet ~ 1500 Mark** it costs 1,500 marks complete; **heute sind wir ~** *(ugs.)* today we are all here; **b)** *nicht präd.* *(ugs.: ganz und gar)* complete; utter; **c)** *(österr.: voll)* full *(hotel, tram, etc.).* **2.** *adv.* **a)** *(vollständig)* **~ möbliert/ausgerüstet** fully furnished/equipped; **b)** *(ugs.: ganz und gar)* completely; totally
komplettieren *tr. V.* complete
komplex [kɔmˈplɛks] *(geh.)* **1.** *Adj.* a) complex; **~e Zahl** *(Math.)* complex number; **b)** *(bes. DDR: allseitig)* full, complete ⟨automation⟩; comprehensive ⟨reconstruction, planning, provision⟩; *(analysis, treatment)* by several methods. **2.** *adv.* *(bes. DDR)* **etw. ~ vorbereiten** make comprehensive preparations for sth.
Komplex der; ~es, ~e a) *(Bereich)* complex; **Fragen im ~ lösen** *(DDR)* solve questions as parts of an integrated whole; **b)** *(Gebäudeblock)* complex; **in diesem ~ des Schlosses** in this complex of buildings in the castle; **c)** *(Psych.)* complex
Komplexität [kɔmplɛksiˈtɛːt] die; ~: complexity
Komplikation [kɔmplikaˈtsi̯oːn] die; ~, ~en *(auch Med.)* complication
Kompliment [kɔmpliˈmɛnt] das; ~[e]s, ~e a) compliment; **jmdm. ein ~ machen** pay sb. a compliment ⟨über + *Akk.* on⟩; **mein ~!** permit me to compliment you; my compliments!; **ein ~ für jmdn. sein** *(fig.)* not exactly do sb. credit; **b)** *(veralt.: Gruß)* **meine ~e an die gnädige Frau** give my respects to your good wife
komplimentieren *tr. V.* *(geh.)* **jmdn. ins Haus/in den Sessel ~:** usher *or* show sb. into the house/help sb. into his/her seat with a great show of courtesy; **jmdn. aus dem Zimmer ~** *(verhüll.)* usher sb. out of the room
Komplize [kɔmˈpliːtsə] der; ~n, ~n *(abwertend)* accomplice
komplizieren *tr. V.* complicate; **sich ~:** become more complicated
kompliziert **1.** *Adj.* complicated; complicated, intricate ⟨device, piece of apparatus⟩; complicated, involved ⟨problem, procedure⟩; **ein ~er Bruch** *(Med.)* a compound fracture. **2.** *adv.* **~ aufgebaut sein** have a complicated *or* complex structure; **sich ~ ausdrücken** express oneself in a complicated *or* an involved way *or* manner; *s. auch* **einfach 1 b**
Kompliziertheit die; ~: complexity; complicatedness
Komplizin die; ~, ~nen *s.* **Komplize**
Komplott [kɔmˈplɔt] das; ~[e]s, ~e plot; conspiracy; **ein ~ zur Ermordung des Diktators** a plot *or* conspiracy to assassinate the dictator; **ein ~ schmieden** hatch a plot
Komponente [kɔmpoˈnɛntə] die; ~, ~n a) *(Bestandteil)* component; **b)** *(Aspekt)* component; element
komponieren **1.** *tr. V.* *(auch geh.: gestalten)* compose. **2.** *itr. V.* compose
Komponist der; ~en, ~en, **Komponistin** die; ~, ~nen composer
Komposition [kɔmpoziˈtsi̯oːn] die; ~, ~en *(Musik, geh.)* composition; **eine ~ kostbarer Essenzen** *(geh.)* a fusion *or* blend of expensive essential oils
Kompositions·lehre die *(Musik)* [theory of] composition
kompositorisch [kɔmpoziˈtoːrɪʃ] *Adj.* compositional
Kompositum [kɔmˈpoːzitʊm] das; ~s, **Komposita** *(Sprachw.)* compound [word]
Kompost [kɔmˈpɔst] der; ~[e]s, ~e compost
Kompost-: ~**erde** die [well-rotted] compost; ~**haufen** der compost heap
Kompott [kɔmˈpɔt] das; ~[e]s, ~e stewed fruit; compote; **Pflaumen-/Himbeer-~:** stewed plums/raspberries *pl.*
Kompott·schale die fruit dish *or* bowl
kompreß [kɔmˈprɛs] *(Druckw.)* **1.** *Adj.* solid. **2.** *adv.* ⟨set⟩ in solid type
Kompresse [kɔmˈprɛsə] die; ~, ~n *(Med.)* a) *(Umschlag)* [wet] compress; **b)** *(Mull)* [gauze] pad
Kompression [kɔmˈprɛsi̯oːn] die; ~, ~en *(Physik, Technik, Med.)* compression
Kompressions·verband der *(Med.) s.* **Druckverband**
Kompressor [kɔmˈprɛsɔr] der; ~s, ~en [-ˈsoːrən] *(Technik)* compressor
komprimieren [kɔmpriˈmiːrən] *tr. V.* *(auch Physik, Technik)* compress; *(fig.)* condense ⟨book, text⟩
komprimiert **1.** *Adj.* condensed ⟨account etc.⟩. **2.** *adv.* **etw. ~ darstellen** present sth. in a condensed form
Kompromiß [kɔmproˈmɪs] der; **Kompro**

kompromißbereit / **königsblau**

misses, **Kompromisse** compromise; einen ~ schließen make a compromise; compromise; **zu einem/keinem ~ bereit sein** be/not be ready to compromise; **ein fauler ~** (ugs.) a poor sort of compromise (coll.)
kompromiß-, Kompromiß-: ~**bereit** Adj. ready or willing to compromise pred.; ~**bereitschaft** die; o. Pl. readiness or willingness to compromise; ~**los 1.** Adj. uncompromising; **2.** adv. uncompromisingly; ~**lösung die** compromise solution; ~**vor·schlag der** compromise proposal or suggestion
kompromittieren [kɔmprɔmɪˈtiːrən] tr. V. compromise; **sich ~:** compromise oneself
Komsomolze [kɔmzoˈmɔltsə] der; ~n, ~n Komsomol member
Komteß, Komtesse [kɔmˈtɛs(ə)] die; ~, **Komtessen** (veralt.) count's [unmarried] daughter
Komtur [kɔmˈtuːɐ̯] der; ~s, ~e (hist.) commander (of an honorary or a religious military order)
Kondensat [kɔndɛnˈzaːt] das; ~[e]s, ~e (Physik, Chemie) condensate
Kondensation [kɔndɛnzaˈtsi̯oːn] die; ~, ~en (Physik, Chemie) condensation
Kondensations·punkt der (Physik, Chemie) condensation point
Kondensator [kɔndɛnˈzaːtɔr] der; ~s, ~en [-zaˈtoːrən] **a)** (Elektrot.) capacitor; condenser; **b)** (Technik) condenser
kondensieren tr., itr. V. (itr. auch mit sein) (Physik, Chemie) condense
Kondens-: ~**milch** die condensed milk; ~**streifen der** condensation trail; vapour trail; ~**wasser das** condensation water
Kondition [kɔndiˈtsi̯oːn] die; ~, ~en **a)** meist Pl. (bes. Kaufmannsspr., Finanzw.) condition; **die ~ en** the terms or conditions; **zu günstigen ~en** on favourable terms; **b)** o. Pl. (körperlich-seelische Verfassung, Leistungsfähigkeit) condition; **eine gute/schlechte ~ haben** be/not be in good condition or shape; **keine ~ haben** be out of condition; (fig.) have no stamina
konditional [kɔndit͡si̯oˈnaːl] Adj. (bes. Sprachw.) conditional
Konditional·satz der (Sprachw.) conditional clause
konditionieren tr. V. (Technik, Psych.) condition
Konditions-: ~**mangel der**, ~**schwäche die** lack of condition or fitness; ~**training das** fitness training
Konditor [kɔnˈdiːtɔr] der; ~s, ~en [-diˈtoːrən] der confectioner; pastry-cook; **beim ~:** at the cake-shop
Konditorei die; ~, ~en **a)** cake-shop; (Lokal) café; **b)** o. Pl. (Herstellung) confectionery
Konditor·waren Pl. cakes and pastries
Kondolenz- [kɔndoˈlɛnts-]: ~**besuch der** visit of condolence; ~**buch das** book of condolence
kondolieren [kɔndoˈliːrən] itr. V. offer one's condolences; **jmdm. [zu jmds. Tod] ~:** offer one's condolences to sb. or condole with sb. [on sb.'s death]
Kondom [kɔnˈdoːm] das od. der; ~s, ~e condom; [contraceptive] sheath
Kondominium [kɔndoˈmiːni̯ʊm] das; ~s, **Kondominien** (Völkerr.) condominium
Kondor [ˈkɔndɔr] der; ~s, ~e condor
Kondukteur [kɔndʊkˈtøːɐ̯] der; ~s, ~e (schweiz.) (in der Straßenbahn) conductor; (in der Eisenbahn) ticket-collector
Kondukteurin die; ~, ~nen (schweiz.) s. Kondukteur: conductress/ticket-collector
Konen s. **Konus**
Konfekt [kɔnˈfɛkt] das; ~[e]s **a)** (Süßigkeiten) confectionery; sweets pl. (Brit.); candies pl. (Amer.); **b)** (bes. südd., österr., schweiz.: Teegebäck) [small] fancy biscuits pl. (Brit.) or (Amer.) cookies pl.

Konfektion [kɔnfɛkˈtsi̯oːn] die; ~, ~en **a)** (Anfertigung) manufacture of ready-made or off-the-peg (Brit.) or (Amer.) off-the-rack clothes or garments; **b)** (Kleidung) ready-made or off-the-peg (Brit.) or (Amer.) off-the-rack clothes or garments pl.; **c)** (Industrie) clothing industry
Konfektionär [kɔnfɛktsi̯oˈnɛːɐ̯] der; ~s, ~e manufacturer of ready-made or off-the-peg (Brit.) or (Amer.) off-the-rack clothing; clothing manufacturer; (Angestellter) employee in a clothing factory
Konfektions-: ~**an·zug der** ready-made or off-the-peg (Brit.) or (Amer.) off-the-rack suit; ~**geschäft das** [ready-made or off-the-peg (Brit.) or (Amer.) off-the-rack] clothes shop; ~**größe die** size; ~**ware die** ready-made or off-the-peg (Brit.) or (Amer.) off-the-rack clothes pl. or garments pl.
Konferenz [kɔnfeˈrɛnts] die; ~, ~en conference; (Besprechung) meeting
Konferenz-: ~**saal der** conference hall; ~**schaltung die** (Rundf., Ferns., Fernspr.) conference circuit; ~**teilnehmer der** conference participant; ~**tisch der** conference table
konferieren [kɔnfeˈriːrən] **1.** itr. V. **a)** (beraten) confer (**über** + Akk. on, about); **b)** (ansagen) act as compère. **2.** tr. V. (ansagen) compère
Konfession [kɔnfɛˈsi̯oːn] die; ~, ~en **a)** denomination; religion; **die katholische ~:** the Catholic religion; **welche ~ haben Sie?** what denomination or religion are you?; **b)** (geh.: Geständnis) confession
Konfessionalismus [kɔnfɛsi̯onaˈlɪsmʊs] der; ~ (geh.) denominationalism no art.
konfessionell [kɔnfɛsi̯oˈnɛl] **1.** Adj.; nicht präd. denominational. **2.** adv. as regards denomination; **sein/sich ~ [un]gebunden fühlen** have/feel [no] denominational ties
konfessions·los Adj. not belonging to any denomination or religion postpos., not pred.
Konfessions·schule die denominational school
Konfetti [kɔnˈfɛti] das; ~[s] confetti
Konfident [kɔnfiˈdɛnt] der; ~en, ~en (österr.: Spitzel) [police] informer
Konfiguration [kɔnfiɡuraˈtsi̯oːn] die; ~, ~en (Physik, Chemie, Sprachw.) configuration
Konfirmand [kɔnfɪrˈmant] der; ~en, ~en (ev. Rel.) confirmand
Konfirmanden·unterricht der confirmation classes pl.
Konfirmandin die; ~, ~nen s. **Konfirmand**
Konfirmation [kɔnfɪrmaˈtsi̯oːn] die; ~, ~en (ev. Rel.) confirmation
konfirmieren tr. V. (ev. Rel.) confirm
Konfiserie [kɔnfizəˈriː] die; ~, ~n (schweiz.) s. Konditorei
Konfiskation [kɔnfɪskaˈtsi̯oːn] die; ~, ~en (Rechtsw.) confiscation
konfiszieren [kɔnfɪsˈtsiːrən] tr. V. (bes. Rechtsw.) confiscate
Konfitüre [kɔnfiˈtyːrə] die; ~, ~n jam (made from whole fruit)
Konflikt [kɔnˈflɪkt] der; ~[e]s, ~e conflict; **ein offener/bewaffneter ~:** open/armed conflict; **mit etw. in ~ geraten** od. **kommen** come into conflict with sth.
konflikt-, Konflikt-: ~**fall der: im ~fall** in the event of conflict; ~**forschung die** conflict studies pl.; ~**los** Adj. conflict-free; ~**situation die** conflict situation; ~**stoff der** cause for conflict or dispute
Konföderation [kɔnføderaˈtsi̯oːn] die; ~, ~en confederation; (von kürzerer Dauer) confederacy
Konföderierte der/die; adj. Dekl. confederate; **die ~n** (hist.) the Confederates
konform [kɔnˈfɔrm] Adj. concurring attrib. ⟨views⟩; **mit jmdm./etw. ~ gehen** be in

agreement with sb./sth.; **in etw. (Dat.) ~ sein** agree or be in agreement on sth.
Konformismus der; ~: conformism
Konformist der; ~en, ~en (auch Rel.) conformist
konformistisch 1. Adj. conformist. **2.** adv. in a conformist way
Konformität [kɔnfɔrmiˈtɛːt] die; ~: conformity
Konfrater [kɔnˈfraːtɐ] der; ~s, **Konfratres** (kath. Kirche) fellow clergyman; brother-priest
Konfrontation [kɔnfrɔntaˈtsi̯oːn] die; ~, ~en confrontation
konfrontieren tr. V. confront; **sich mit etw. konfrontiert sehen** be confronted with sth.
konfus [kɔnˈfuːs] **1.** Adj. confused; muddled; **jmdn. ~ machen** confuse or muddle sb. **2.** adv. in a confused or muddled fashion; confusedly
Konfusion [kɔnfuˈzi̯oːn] die; ~, ~en confusion
konfuzianisch [kɔnfuˈtsi̯aːnɪʃ] Adj. Confucian
Konfuzianismus der; ~: Confucianism no art.
kongenial [kɔŋɡeˈni̯aːl] (geh.) Adj. congenial, kindred ⟨spirits⟩; ideally matched ⟨translation⟩
Kongenialität [kɔŋɡeni̯aliˈtɛːt] die; ~ (der Geister) congeniality; (einer Übersetzung) well-matched quality
Konglomerat [kɔŋɡloməˈraːt] das; ~[e]s, ~e **a)** conglomeration; **b)** (Geol.) conglomerate
¹**Kongo** [ˈkɔŋɡo] der; ~[s] (Fluß) Congo
²**Kongo** [ˈkɔŋɡo] (das) ~s od. der; ~[s] (Staat) the Congo
Kongolese [kɔŋɡoˈleːzə] der; ~n, ~n, **Kongolesin** die; ~, ~nen Congolese
Kongregation [kɔŋɡreɡaˈtsi̯oːn] die; ~, ~en (kath. Kirche) congregation
Kongreß [kɔnˈɡrɛs] der; **Kongresses, Kongresse a)** (Tagung) congress; conference; **b)** o. Pl. (USA) Congress
Kongreß-: ~**halle die** conference hall; ~**mit·glied das** (USA) Congressman/Congresswoman; ~**teilnehmer der** congress or conference participant; ~**zentrum das** conference centre
kongruent [kɔŋɡruˈɛnt] Adj. **a)** (geh.) identical; **b)** (Math.) congruent
Kongruenz [kɔŋɡruˈɛnts] die; ~, ~en **a)** (geh.) identity; **b)** (Math.) congruence; **c)** (Sprachw.) agreement; concord
kongruieren (tr. V.) **a)** coincide; **b)** (Math.) be congruent; **c)** (Sprachw.) agree
K.-o.-Nieder·lage die (Boxen) defeat by a knock-out; **durch eine ~:** by a knock-out
Konifere [koniˈfeːrə] die; ~, ~n (Bot.) conifer
König [ˈkøːnɪç] der; ~s, ~e (auch Schach, Kartenspiele, fig.) king; **der ~ der Wüste/Lüfte** (dicht.)/**des Jazz** the king of beasts/birds/jazz; **der Kunde ist ~:** the customer is always right
Königin die; ~, ~nen (auch Bienen~) queen; **die ~ des Festes/Balles** (geh.) the belle of the ball; **~ der Nacht** (Bot.) queen of the night
Königin·mutter die; Pl. **Königinmütter** queen mother
königlich 1. Adj. **a)** nicht präd. royal; **b)** (vornehm) regal; **c)** (reichlich) princely ⟨gift, salary, wage⟩; lavish ⟨hospitality⟩; **d)** (ugs.: außerordentlich) tremendous (coll.) ⟨fun⟩. **2.** adv. **a)** (reichlich) ⟨entertain⟩ lavishly; ⟨pay⟩ handsomely; **~ beschenkt werden** be showered with lavish presents; **b)** (ugs.: außerordentlich) ⟨enjoy oneself⟩ immensely (coll.); **sich über etw. (Akk.) ~ freuen** be as pleased as Punch about sth.
König·reich das kingdom
königs-, Königs-: ~**blau** Adj. royal blue;

1255

~haus das royal house; **~hof** der royal court; king's court; **~kerze** die *(Bot.)* mullein; **~kind** das prince/princess; king's son/daughter; **~krone** die royal crown; **~macher** der *(ugs.)* kingmaker; **~paar** das royal couple; **~sohn** der prince; king's son; **~thron** der royal throne; **~tiger** der Bengal tiger; **~tochter** die princess; king's daughter; **~treu** *Adj.* loyal to the king *postpos.*; *(der Monarchie treu)* royalist; **~wasser** das *(Chemie, Technik)* aqua regia; **~weg** der *(geh.)* ideal way

Königtum das; ~s, Königtümer **a)** *o. Pl. (Monarchie)* monarchy; **b)** *(veralt.: Reich)* kingdom

konisch ['ko:nɪʃ] **1.** *Adj.* conical. **2.** *adv.* conically; **~ zugespitzt sein** taper to a point

Konjektur [kɔnjɛk'tu:ɐ̯] die; ~, ~en *(Literaturw.)* conjecture

Konjugation [kɔnjuga'tsi̯o:n] die; ~, ~en *(Sprachw.)* conjugation

konjugieren *tr. V. (Sprachw.)* conjugate

Konjunktion [kɔnjʊŋk'tsi̯o:n] die; ~, ~en *(Sprachw.)* conjunction

Konjunktional·satz der *(Sprachw.)* conjunctional clause

Konjunktiv ['kɔnjʊŋkti:f] der; ~s, ~e *(Sprachw.)* subjunctive; **~ I/II** present/imperfect subjunctive

konjunktivisch 1. *Adj. (Sprachw.)* subjunctive. **2.** *adv.* in the subjunctive

Konjunktur [kɔnjʊŋk'tu:ɐ̯] die; ~, ~en *(Wirtsch.)* **a)** *(wirtschaftliche Lage)* [level of] economic activity; economy; *(Tendenz)* economic trend; **eine rückläufige/steigende ~:** declining/increasing economic activity; **die ~ beleben/bremsen** stimulate/slow down the economy; **b)** *(Hoch~)* boom; *(Aufschwung)* upturn [in the economy]; **~ haben** be in great demand

konjunktur-, Konjunktur-: **~abhängig** *Adj. (Wirtsch.)* dependent on economic trends *postpos.*; **~abschwächung** die *(Wirtsch.)* economic downturn; **~aufschwung** der *(Wirtsch.)* economic upturn; upturn in the economy; **~barometer** das *(Wirtsch.)* graph of leading economic indicators; *(fig.)* economic barometer; **~bedingt** *Adj. (Wirtsch.)* due to economic trends *postpos.*; cyclical; **~bericht** der *(Wirtsch.)* report on the economy

konjunkturell [kɔnjʊŋktu'rɛl] **1.** *Adj.; nicht präd.* economic; **die ~e Entwicklung** the development of the economy. **2.** *adv.* **~ bedingt** due to economic trends *postpos.*

konjunktur-, Konjunktur-: **~entwicklung** die *(Wirtsch.)* economic trends *pl.*; **~flaute** die *(Wirtsch.)* [economic] recession; **~gerecht** *Adj. (Wirtsch.)* in keeping with the needs of the economy *postpos.*; **~politik** die *(Wirtsch.)* stabilization policy; measures *pl.* aimed at avoiding violent fluctuations in the economy; **~ritter** der *(Wirtsch. abwertend)* opportunist; **~rückgang** der *(Wirtsch.)* [economic] recession; decline in economic activity; **~schwankung** die *(Wirtsch.)* fluctuation in the level of economic activity; **~spritze** die *(Wirtsch. ugs.)* boost to the economy; **~zyklus** der *(Wirtsch.)* trade cycle

konkav [kɔn'ka:f] *(Optik)* **1.** *Adj.* concave. **2.** *adv.* concavely

Konkav·spiegel der *(Optik)* concave mirror

Konklave [kɔn'kla:və] das; ~s, ~n *(kath. Kirche)* conclave

Konklusion [kɔnklu'zi̯o:n] die; ~, ~en *(bes. Philos.)* conclusion

Konkordanz [kɔnkɔr'dants] die; ~, ~en *(Wissensch.)* concordance

Konkordat [kɔnkɔr'da:t] das; ~[e]s, ~e concordat

konkret [kɔn'kre:t] **1.** *Adj.* concrete; **~e Literatur/Musik** concrete poetry/music. **2.** *adv.* **a)** *(nicht abstrakt)* in concrete terms; **kannst du mal ~ sagen, was du damit meinst?** could you tell me exactly what you mean by that?; **kannst du dich etwas ~er ausdrücken?** could you be a bit move specific [about that]?; **b)** *(in der Praxis)* in practice

konkretisieren *tr. V.* etw. ~: put sth. in concrete terms

Konkubinat [kɔnkubi'na:t] das; ~[e]s, ~e *(Rechtsw.)* concubinage; **mit jmdm. im ~ leben** live in concubinage with sb.

Konkubine [kɔnku'bi:nə] die; ~, ~n **a)** *(hist.)* concubine; **b)** *(abwertend: Geliebte)* mistress

Konkurrent [kɔnkʊ'rɛnt] der; ~en, ~en, **Konkurrentin** die; ~, ~nen rival; *(Sport, Wirtsch.)* competitor

Konkurrenz [kɔnkʊ'rɛnts] die; ~, ~en **a)** *o. Pl. (Rivalität)* rivalry *no indef. art.*; *(Sport, Wirtsch.)* competition *no indef. art.*; **jmdm.** ~ **machen** compete with sb.; **mit jmdm. in ~ treten/stehen** enter into/be in competition with sb.; **b)** *(Wettbewerb)* competition; **außer ~ starten/teilnehmen** take part as an unofficial competitor; **c)** *o. Pl. (die Konkurrenten)* competition

konkurrenz-, Konkurrenz-: **~druck** der; *o. Pl.* pressure of competition; **~fähig** *Adj.* competitive; **~kampf** der competition; *(zwischen zwei Menschen)* rivalry; **~los** *Adj. (product, firm, etc.)* that has no competition or competitors; *(unvergleichlich)* unrivalled; **~los sein** have no competition or competitors; **~unternehmen** das rival company or concern; **zwei ~unternehmen** two rival or competing companies or concerns

konkurrieren *itr. V.* compete; **mit jmdm./etw. [um etw.]** ~: compete with sb./sth. [for sth.]

Konkurs [kɔn'kʊrs] der; ~es, ~e **a)** *(Bankrott)* bankruptcy; **~ machen** *od.* **in ~ gehen** go bankrupt; **[den] ~ anmelden** file for bankruptcy; have oneself declared bankrupt; **b)** *(gerichtliches Verfahren)* bankruptcy proceedings *pl.*

Konkurs-: **~masse** die *(Wirtsch.)* bankrupt's assets *pl.*; **~verfahren** das *(Wirtsch.)* bankruptcy proceedings *pl.*; **~verwalter** der *(Wirtsch.)* receiver

können ['kœnən] **1.** *unr. Modalverb; 2. Part.* ~ **a)** *(vermögen)* **be able to/hätte es machen** ~: he was able to or he could do it/ he could have done it; **er kann es machen/nicht machen** he can do it or is able to do it/cannot or (coll.) can't do it or is unable to do it; **er kann gut reden/tanzen** he can talk/dance well; he is a good talker/dancer; **Auto fahren/Klavier spielen** ~: be able to drive [a car]/play the piano; **er kann Auto fahren** he can drive; **ich kann nicht schlafen** I cannot or (coll.) can't sleep; **er konnte das genau hören/sehen** he could hear/see everything; **er konnte nicht bleiben** he couldn't stay; **ich kann das nicht mehr hören/sehen** I can't stand or bear to hear it/can't stand or bear the sight of it any longer *(coll.)*; **ich kann dir sagen!** *(ugs.)* I can tell you; **nirgends kann man besser jagen als in ...:** nowhere is the hunting or shooting better than in ...; **b)** *(die Möglichkeit haben)* **kann das explodieren?** could it explode?; **er kann jeden Moment kommen** he could or might come at any moment; **wer kann es sein/gewesen sein?** who can it be/could it have been?; **man kann nie wissen** you never know; one never knows; **es kann sein, daß ...:** it could or might be that ...; **das könnte [gut] sein** that could [well] be the case; **das kann nicht sein** that's not possible; **kann ich Ihnen helfen?** can I help you?; **können Sie mir sagen, ...?** can you tell me ...?; **~ Sie nicht grüßen?** don't you know how to salute?; **kannst du nicht aufpassen?** can't you be more careful?; **kann sein** *(ugs.)* could be *(coll.)*; **kann sein, kann nicht sein** *(ugs.)* might be, might not be *(coll.)*; **Kommst du morgen? – Kann sein** Are you coming tomorrow? – Might do; **c)** *(Grund haben)* **du kannst ganz ruhig sein** you don't have to worry; **wir ~ uns/er kann sich freuen, daß ...:** we can/he should be glad that ...; **er kann sie/es nicht leiden** he can't stand her/it; **er kann einem leid tun** *(ugs.)* you have to feel sorry for him; **das kann man wohl sagen!** you could well say that; **d)** *(dürfen)* **kann ich gehen?** can I go?; **~ wir mit[kommen]?** can we come too? **2.** *unr. tr. V.* **a)** *(beherrschen)* know *(language)*; be able to play, know how to play *(game)*; **sie kann das [gut]** she can do that [well]; **sie kann/kann keine Mathe** she can/can't do maths; **er kann etwas auf seinem Gebiet** he has quite a lot of know-how in his field; **hast du die Hausaufgabe gekonnt?** could you do the homework?; **ein Gedicht** ~: know a poem [by heart]; **er lief, was er konnte** he ran as fast as he could; **du kannst mich [mal]!** *(salopp verhüll.)* you can get stuffed *(sl.)*; you know what you can do *(coll.)*. **3.** *unr. itr. V.* **a)** *(fähig sein)* **er kann nicht anders** there's nothing else he can do; *(es ist seine Art)* he can't help it *(coll.)*; **vor Lachen** ~: I would if I could; **b)** *(Zeit haben)* **ich kann heute nicht** I can't today *(coll.)*; **c)** *(ugs.: Kraft haben)* **kannst du noch [weiter]?** can you go on?; **der Läufer konnte nicht mehr** the runner could not go on; **d)** *(ugs.: essen)* **~ für mich keinen Nachtisch, ich kann nicht mehr** no dessert for me, I couldn't manage any more; **e)** *(ugs.: umgehen)* **mit ~ [gut] mit jmdm.** ~: get on or along [well] with sb.; **f)** *dafür kann er nichts* he can't do anything about it *(coll.)*; **was kann ich dafür?** what am I supposed to do about it?

Können das; ~s ability; *(Kunstfertigkeit)* skill

Könner der; ~s, ~, **Könnerin** die; ~, ~nen expert

Konnex [kɔ'nɛks] der; ~es, ~e *(geh.)* **a)** *(Zusammenhang)* connection; link; **b)** *(Kontakt)* contact

Konnossement [kɔnɔsə'mɛnt] das; ~[e]s, ~e *(Seew.)* bill of lading

Konnotation [kɔnota'tsi̯o:n] die; ~, ~en *(Sprachw.)* connotation

konnte ['kɔntə] *1. u. 3. Pers. Sg. Prät. v.* können

könnte ['kœntə] *1. u. 3. Pers. Sg. Konjunktiv II v.* können

Konrektor ['kɔnrɛktor] der; ~s, ~[-'to:rən] *(Schulw.)* deputy head[master]

Konsekration [kɔnzekra'tsi̯o:n] die; ~, ~en *(kath. Kirche)* consecration

konsekutiv [kɔnzeku'ti:f] *Adj. (auch Sprachw.)* consecutive; **~es Dolmetschen** consecutive interpreting

Konsekutiv·satz der *(Sprachw.)* consecutive clause

Konsens [kɔn'zɛns] der; ~es, ~e **a)** *(Übereinstimmung)* consensus; **b)** *(veralt.: Zustimmung)* consent

konsequent [kɔnze'kvɛnt] **1.** *Adj.* **a)** *(folgerichtig)* logical; logically consistent, logical *(thinking, argumentation)*; **b)** *(unbeirrbar)* consistent; **c)** *(Sport)* close, tight *(marking)*. **2.** *adv.* **a)** *(folgerichtig)* logically; **b)** *(unbeirrbar)* consistently; **ein Ziel ~ verfolgen** resolutely and single-mindedly pursue a goal; **~ durchgreifen** take rigorous action; **c)** *(Sport) (mark)* closely, tightly

konsequenter·maßen, konsequenter·weise *Adv.* to be consistent

Konsequenz [kɔnze'kvɛnts] die; ~, ~en **a)** *(Folge)* consequence; **die ~ tragen** take the consequences; **[aus etw.] die ~ ziehen** draw the obvious conclusion [from sth.]; *(gezwungenermaßen)* accept the obvious consequences [of sth.]; **b)** *o. Pl. (Unbeirrbar-*

keit) resolution; determination; **einer Sache** (Dat.) **mit ~ nachgehen** investigate sth. rigorously; **c)** *o. Pl. (Folgerichtigkeit)* logicality; *(eines Gedankenganges, einer Argumentation)* logical consistency; logicality
konservativ [kɔnzɛrva'ti:f] **1.** *Adj. (auch Med.)* conservative; *(die ~e Partei betreffend)* Conservative. **2.** *adv. (althergebracht)* conservatively
Konservative der/die; *adj. Dekl.* conservative; **die ~n** *(Politik)* the Conservatives
Konservativismus der; ~: conservativism
Konservator [kɔnzɛr'va:tɔr] *der;* ~s, ~en [-'to:rən] curator; keeper
Konservatorium [kɔnzɛrva'to:riʊm] *das;* ~s, Konservatorien conservatoire; conservatory *(Amer.)*
Konserve [kɔn'zɛrvə] *die;* ~, ~n **a)** *(Büchse)* can; tin *(Brit.);* **Musik aus der ~** *(fig. ugs.)* canned music *(coll.);* **b)** *(konservierte Lebensmittel)* preserved food; *(in Dosen)* canned *or (Brit.)* tinned food; **von ~n leben** eat out of cans *or (Brit.)* tins; **live on canned** *or (Brit.)* tinned food; **c)** *(Med.: Blut~)* stored blood
Konserven-: **~büchse** die, **~dose** die can; tin *(Brit.);* **~fabrik** die canning factory; cannery; **~nahrung** die canned *or (Brit.)* tinned food
konservierbar *Adv.* preservable
konservieren *tr. V.* preserve, conserve, preserve ⟨building, work of art⟩
Konservierung die; ~, ~en preservation; *(von Gebäuden, Kunstwerken usw.)* conservation; preservation
Konservierungs-: **~mittel** das, **~stoff** der preservative
konsistent [kɔnzɪs'tɛnt] *Adj.* **a)** *(zähflüssig)* stiff; **b)** *(beständig)* stable; **c)** *(widerspruchsfrei)* consistent
Konsistenz [kɔnzɪs'tɛnts] *die;* ~, ~en **a)** *(Beschaffenheit)* consistency; **b)** *(Stabilität)* stability
Konsistorium [kɔnzɪs'to:riʊm] *das;* ~s, Konsistorien consistory
Konsole [kɔn'zo:lə] *die;* ~, ~ **a)** *(Archit.)* console; **b)** *(Brett)* shelf; *(Tischchen)* console [table]
konsolidieren [kɔnzoli'di:rən] **1.** *tr. V.* **a)** *(festigen)* consolidate; **b)** *(Wirtsch.) (in Anleihen umwandeln)* fund ⟨debts⟩; *(vereinigen)* consolidate ⟨debts⟩. **2.** *refl. V.* become consolidated
Konsolidierung die; ~, ~en **a)** *(Festigung)* consolidation; **b)** *(Wirtsch.) (Umwandlung in Anleihen)* funding; *(Vereinigung)* consolidation
Konsonant [kɔnzo'nant] *der;* ~en, ~en consonant
konsonantisch *(Sprachw.)* **1.** *Adj.* consonantal. **2.** *adv.* ⟨pronounce⟩ as a consonant
Konsorten [kɔn'zɔrtn] *Pl. (abwertend)* **Meier und ~:** Meier and his lot or crowd *(coll.);* Meier and Co. *(coll.)*
Konsortium [kɔn'zɔrtsiʊm] *das;* ~s, Konsortien *(Wirtsch.)* consortium
Konspekt [kɔn'spɛkt] *der;* ~[e]s, ~e *(DDR)* synopsis; summary
Konspiration [kɔnspira'tsio:n] *die;* ~, ~en conspiracy
konspirativ [kɔnspira'ti:f] **1.** *Adj.* conspiratorial; **eine ~e Wohnung** a flat *(Brit.)* or *(Amer.)* an apartment used by persons engaged in subversive activities. **2.** *adv.* **sich ~ zusammenschließen** form a conspiracy
konspirieren *itr. V.* conspire, plot **(gegen** against)
konstant [kɔn'stant] **1.** *Adj.* **a)** *(gleichbleibend, ständig)* constant; **eine ~e Größe** *(Math.)* a constant quantity; **eine ~e Leistung zeigen** maintain a consistent standard; **b)** *(beharrlich)* consistent; persistent. **2.** *adv.* **a)** *(gleichbleibend)* constantly; **wir hatten ~ schlechtes Wetter** we had consistently

bad weather; **b)** *(beharrlich)* consistently; persistently
Konstante die; ~[n], ~n *(Math., Physik)* constant; *(fig.)* constant factor (+ *Gen.* in)
Konstantin ['kɔnstanti:n] (der) Constantine
Konstantinopel [kɔnstanti'no:pl̩] (das); ~s *(hist.)* Constantinople
Konstanz [kɔn'stants] die; ~: constancy
konstatieren [kɔnsta'ti:rən] *tr. V.* **a)** *(feststellen)* establish ⟨facts⟩; *(wahrnehmen)* detect ⟨changes etc.⟩; **b)** *(erklären)* state
Konstellation [kɔnstɛla'tsio:n] *die;* ~, ~en **a)** *(von Parteien usw.)* grouping; *(von Umständen)* combination; **die gesamte ~:** the whole situation; **b)** *(Astron., Astrol.)* constellation
konsternieren [kɔnstɛr'ni:rən] *tr. V.* **jmdn. ~:** fill sb. with consternation
konsterniert 1. *s.* konsternieren. **2.** *Adj.* filled with consternation *pred.* **3.** *adv.* with consternation; **sie blickte ihn ~ an** she looked at him in consternation
Konstituente [kɔnsti'tuɛntə] *die;* ~, ~n *(Sprachw.)* constituent
konstituieren [kɔnstitu'i:rən] **1.** *tr. V.* *(gründen)* constitute; set up; *(für etw. konstitutiv sein)* constitute; **die ~de Versammlung** the constituent assembly. **2.** *refl. V.* be constituted
Konstitution [kɔnstitu'tsio:n] *die;* ~, ~en *(auch Politik, Chemie)* constitution
konstitutionell [kɔnstitutsio'nɛl] *(Politik, Med.)* **1.** *Adj.* constitutional. **2.** *adv.* constitutionally
konstitutiv [kɔnstitu'ti:f] *Adj. (geh.)* constitutive; **für etw. ~ sein** be a[n essential] constitutive element of sth.
konstruieren [kɔnstru'i:rən] *tr. V.* **a)** *(entwerfen)* design; *(entwerfen und zusammenbauen)* design and construct; **b)** *(aufbauen, Geom.)* construct; **c)** *(Sprachw.)* construct; **dieses Verb wird mit dem Dativ konstruiert** this verb takes the dative *or* is construed with the dative; **d)** *(abwertend: künstlich aufbauen)* fabricate; **ein konstruierter Fall** a hypothetical *or* fictitious case; **die Handlung/seine Begründung wirkt sehr konstruiert** the plot seems/his reasons *pl.* seem very contrived
Konstrukteur [kɔnstrʊk'tø:ɐ̯] *der;* ~s, ~e, **Konstrukteurin** *die;* ~, ~nen designer; design engineer
Konstruktion [kɔnstrʊk'tsio:n] *die;* ~, ~en **a)** *(Aufbau, Geom., Sprachw.)* construction; *(das Entwerfen)* designing; *(das Entwerfen und Zusammenbauen)* designing and construction; **b)** *(Entwurf)* design; *(Bau)* construction; structure
Konstruktions-: **~büro** das drawing-office; **~fehler** der design fault
konstruktiv [kɔnstrʊk'ti:f] **1.** *Adj.* **a)** constructive; **ein ~es Mißtrauensvotum** *(Parl.)* a constructive vote of no confidence; **b)** *(Technik)* constructional. **2.** *adv.* **a)** constructively; **b)** *(Technik)* with regard to construction
Konstruktivismus der; ~ *(bild. Kunst)* constructivism *no art.*
Konsul ['kɔnzʊl] *der;* ~s, ~n *(Dipl., hist.)* consul
konsularisch *Adj. (Dipl.)* consular
Konsulat [kɔnzu'la:t] *das;* ~[e]s, ~e *(Dipl., hist.: Amt)* consulate
Konsultation [kɔnzʊlta'tsio:n] *die;* ~, ~en consultation; **sich zu ~en treffen** meet for consultations
konsultieren *tr. V. (auch fig.)* consult
¹Konsum [kɔn'zu:m] *der;* ~s consumption **(an** + *Dat.* of); **der ~ von Alkohol steigt** alcohol consumption is on the increase
²Konsum ['kɔnzʊm] *der;* ~s, ~s **a)** *o. Pl. (Genossenschaft)* co-operative society; **b)** *(Laden)* co-operative shop *or* store; co-op *(coll.)*

-konsum der; ~s ... consumption
Konsum·artikel der *(Wirtsch.)* consumer item *or* article; ~ *Pl.* consumer goods
Konsumation [kɔnzuma'tsio:n] *die;* ~, ~en *(österr., schweiz.)* consumption
Konsument [kɔnzu'mɛnt] *der;* ~en, ~en consumer
Konsum-: **~genossenschaft** die *(Wirtsch.)* co-operative society; **~gesellschaft** die consumer society; **~gewohnheiten** *Pl. (Wirtsch.)* consumer habits
Konsum·gut das; *meist Pl. (Wirtsch.) s.* Konsumartikel
Konsumgüter·industrie die *(Wirtsch.)* consumer goods industry
konsumieren *tr. V.* consume; *(fig.)* devour ⟨book⟩
Konsum-: **~terror** der *(abwertend)* pressure to buy *(generated in a consumer society);* **~verzicht** der reduction in consumption; **~zwang** der; *o. Pl.* pressure to buy *(generated in a consumer society)*
Kontakt [kɔn'takt] *der;* ~[e]s, ~e **a)** *(auch fachspr.)* contact; **mit** *od.* **zu jmdm. ~ haben/halten** be/remain in contact *or* touch with sb.; **mit jmdm. [keinen] ~ bekommen** [not] get to know sb.; **[den] ~ mit jmdm./etw. finden/suchen** establish/try to establish contact with sb./sth.; **er findet keinen ~ zu seinen Zuhörern** he cannot establish a rapport with his audience; **in** *od.* **mit jmdm. stehen** be in contact *or* touch with sb.; **den ~ zu jmdm. abbrechen/verlieren** break off contact/lose contact *or* touch with sb.; **mit jmdm. ~ aufnehmen** get into contact with sb.; contact sb.; **b)** *(Elektrot.)* contact; **die Klingel hat/die Drähte haben keinen ~:** the bell is not connected up properly/the wires are not making contact
kontakt-, Kontakt-: **~ab·zug** der *(Fot.)* contact print; **~anzeige** die contact advertisement; **~arm** *Adj.* **~arm sein** not make friends easily; find it difficult to make friends; **~aufnahme** die; **unsere erste ~aufnahme mit dieser Firma** our first approach to this firm; **~bereichs·beamte** der community policeman
kontakten 1. *tr. V.* contact. **2.** *itr. V.* make contacts
kontakt-, Kontakt-: **~fähig** *Adj.* **ein ~fähiger Mensch** a good mixer; **ein ~fähiger Mitarbeiter** a colleague who is able to communicate easily with people; **~feder** die *(Elektrot.)* contact spring; **~freudig** *Adj.* sociable; **~freudig sein** make friends easily; **~hof** der [inner] courtyard of an eros centre *etc.* where prostitutes wait for clients
kontaktieren *tr. V.* contact
kontakt-, Kontakt-: **~linse** die contact lens; **~los** *Adj.* friendless; lonely; **~mangel** der lack of social contact; **~mann** der; *Pl.:* **~männer** *od.* **~leute** *(Agent)* contact; **~nahme** die *s.* ~aufnahme; **~person** die *(Med.)* contact; **~pflege** die **~pflege betreiben** be sociable; mix socially; **~schale** die *s.* ~linse; **~schwelle** die *(Verkehrsw.)* vehicle detector pad; **~schwierigkeiten** *Pl.* problems in mixing with others; **~sperre** die *(Rechtsw.)* ban on visits and letters; **~sperre über jmdn. verhängen** ban all sb.'s visits and letters; **~studium** das *(Hochschulw.)* in-service study undertaken to keep up with the latest developments in one's field
Kontamination [kɔntamina'tsio:n] *die;* ~, ~en **a)** *(bes. Med., Biol., Milit.)* contamination; **b)** *(Sprachw.)* contamination; blending; *(Wort)* blend
kontaminieren *tr. V.* **a)** *(bes. Med., Biol., Milit.)* contaminate; **b)** *(Sprachw.)* blend
Kontemplation [kɔntɛmpla'tsio:n] *die;* ~, ~en *(geh.)* contemplation
kontemplativ [kɔntɛmpla'ti:f] *(geh.)* **1.** *Adj.* contemplative. **2.** *adv.* contemplatively

Konten

Konten s. Konto
Kontenance s. Contenance
Konten·bewegung die *(Bankw.)* change in the state of the/an account
Konter ['kɔntɐ] *der;* ~s, ~ **a)** *(Boxen)* counter; **b)** *(Ballspiele)* counter-attack
Konter-: ~**admiral der** *(Marine)* rear-admiral; ~**bande die;** *o. Pl.* **a)** *(Völkerrecht)* contraband [of war]; **b)** *(veralt.: Schmuggelware)* contraband
Konterfei ['kɔntɐfai] *das;* ~s, ~s *od.* ~e *(veralt., noch scherzh.)* likeness
konterfeien *tr. V.* *(veralt., noch scherzh.)* paint/draw a likeness of
kontern *tr., itr. V.* *(Boxen)* counter; *(Ballspiele)* counter-attack; *(fig.)* counter (**mit** with)
konter-, Konter-: ~**revolution die** counter-revolution; ~**revolutionär** *Adj.* counter-revolutionary; ~**revolutionär der** counter-revolutionary; ~**schlag der** *(Boxen)* counter; *(Ballspiele, fig.)* counter-attack
Kontext [kɔn'tɛkst] *der;* ~[e]s, ~e *(auch Sprachw.)* context
Konti s. Konto
Kontinent [kɔnti'nɛnt] *der;* ~[e]s, ~e continent
kontinental [kɔntinɛn'ta:l] *Adj.* continental
Kontinental-: ~**klima das** *(Geogr.)* continental climate; ~**sockel der** *(Geogr.)* continental shelf; ~**sperre die;** *o. Pl.* *(hist.)* Continental System; ~**verschiebung die** *(Geol.)* continental drift
Kontingent [kɔntɪŋ'gɛnt] *das;* ~[e]s, ~e **a)** *(Menge)* quota; *(fig.)* contingent; **b)** *(Truppen~)* contingent
kontingentieren *tr. V.* *(bes. Wirtsch.)* limit by quotas; impose quotas on; *(rationieren)* ration
Kontingentierung die; ~, ~en *(bes. Wirtsch.)* imposition of quotas *(Gen.* on)
kontinuierlich [kɔntinu'i:ɐ̯lɪç] **1.** *Adj.* steady; continuous; **eine ~e Außenpolitik** a consistent foreign policy. **2.** *adv.* steadily
Kontinuität [kɔntinui'tɛːt] *die;* ~: continuity
Kontinuum [kɔn'ti:nuʊm] *das;* ~s, Kontinua *od.* Kontinuen continuum
Konto ['kɔnto] *das;* ~s, Konten *od.* Konti account; **ein laufendes ~:** a current account; **die nächste Runde geht auf mein ~** *(ugs.)* the next round is on me *(coll.)*; **etw. geht auf jmds. ~** *(ugs.: jmd. ist schuld an etw.)* sb. is to blame or is responsible for sth.
Konto-: ~**aus·zug der** *(Bankw.)* [bank] statement; statement of account; ~**buch das** *(Buchf.)* account-book; ~**führungsgebühr die** *(Bankw.)* bank charges *pl.*; ~**inhaber der** *(Bankw.)* account-holder; holder of an/the account; ~**korrent** [~kɔ'rɛnt] *das;* ~s, ~e **a)** *(Wirtsch.)* open account; **b)** *o. Pl.* *(Buchf.)* open accounting *no art.*; ~**nummer die** account number
Kontor [kɔn'toːɐ̯] *das;* ~s, ~e **a)** *(Niederlassung) (eines Handelsunternehmens)* branch; *(einer Reederei)* office; **b)** *(DDR: Handelszentrale)* wholesale organization; **c)** *(veralt.: Büro)* office; *s. auch* Schlag a
Kontorist der; ~en, ~en, **Kontoristin die;** ~, ~nen [office] clerk; *s. auch* -in
Konto·stand der *(Bankw.)* balance; state of an/one's account
kontra ['kɔntra] **1.** *Präp. mit Akk.* *(Rechtsspr., auch fig.)* versus. **2.** *Adv.* against; **ich bin dazu ~ eingestellt** I am against it
Kontra das; ~s, ~s *(Kartenspiele)* double; **~ sagen** *od.* **geben** double; **jmdm. ~ geben** *(fig. ugs.)* flatly contradict sb.
Kontra·baß der *(Musik)* double-bass
kontradiktorisch [kɔntradɪk'toːrɪʃ] **1.** *Adj.* contradictory. **2.** *adv.* in a contradictory way

Kontra·fagott das *(Musik)* double bassoon; contrabassoon
Kontrahent [kɔntra'hɛnt] *der;* ~en, ~en **a)** *(Gegner)* adversary; opponent; **b)** *(Rechtsw., Kaufmannsspr.: Vertragspartner)* contracting party
kontrahieren 1. *itr., refl. V.* *(Biol., Med.)* contract. **2.** *tr. V.* **a)** *(Biol., Med.)* contract; **b)** *(Rechtsw., Kaufmannsspr.)* **Erdgaslieferungen ~:** contract to supply natural gas
Kontrakt [kɔn'trakt] *der;* ~[e]s, ~e contract
Kontraktion [kɔntrak'tsioːn] *die;* ~, ~en *(Med., Sprachw.)* contraction
kontraktlich 1. *Adj.* contractual. **2.** *adv.* contractually; by contract
Kontra·punkt der *(Musik, fig.)* counterpoint
kontrapunktisch *(Musik, fig.)* **1.** *Adj.* contrapuntal. **2.** *adv.* contrapuntally
konträr [kɔn'trɛːɐ̯] **1.** *Adj.* contrary; opposite. **2.** *adv.* **zwei so ~ gesinnte Politiker** two politicians with such opposing views; **sich ~ entwickeln** develop in contrary or opposite ways
Kontrast [kɔn'trast] *der;* ~[e]s, ~e *(auch Fot., Film, Fernsehen)* contrast; **etw. steht im/in ~ zu etw. anderem** sth. is in contrast with sth. else
Kontrast-: ~**brei der** *(Med.)* opaque *or* test meal; ~**farbe die** contrasting colour; ~**filter der** *(Fot.)* contrast filter
kontrastieren *tr., itr. V.* contrast
kontrastiv [kɔntras'tiːf] *Adj.* *(Sprachw.)* constrastive
kontrast-, Kontrast-: ~**mittel das** *(Med.)* contrast medium; ~**programm das** *(Rundf., Fernsehen)* alternative programme; ~**reich** *Adj.* rich in or full of contrasts *pred.*; richly varied
Kontrazeptivum [kɔntratsɛp'tiːvʊm] *das;* ~s, Kontrazeptiva *(Med.)* contraceptive
Kontribution [kɔntribu'tsioːn] *die;* ~, ~en *(hist.)* contribution
Kontroll·abschnitt der stub
Kontrollampe die pilot-light; indicator light; *(Warnlampen)* warning light
Kontroll-: ~**apparat der** supervisory apparatus; *(Polizei, Geheimdienst o. ä.)* surveillance and control apparatus; ~**beamte der** inspector; *(an der Paß-/Zollkontrolle)* passport/customs officer; ~**behörde die** monitoring authority
Kontrolle [kɔn'trɔlə] *die;* ~, ~n **a)** *(Überwachung)* surveillance; **unter ~ stehen** be under surveillance; **die ~ durch das Parlament unterliegen** be under the scrutiny of Parliament; **eine gegenseitige ~ ausüben** keep a check on each other; **b)** *(Überprüfung)* check; *(bei Waren)* check; inspection; *(bei Lebensmitteln)* inspection; **~n durchführen** carry out checks/inspections; **jmdn./etw. einer ~ unterziehen** check sb./sth.; **Anwärter auf eine Stelle einer ~ unterziehen** screen candidates for a post; **in eine ~ kommen** be stopped at a police check; **zur ~:** as a check; **c)** *(Herrschaft)* control; **die ~ über etw.** *(Akk.)* **verlieren** lose control of sth.; **die ~ über sich** *(Akk.)* **verlieren** lose control of oneself; **außer ~ geraten** get out of control; **etw. unter ~** *(Akk.)* **bringen/halten** get or bring/keep sth. under control; **d)** *(~punkt)* check-point; *(an der Paß~/Zoll~)* passport control/customs
Kontrolleur [kɔntrɔ'løːɐ̯] *der;* ~s, ~e inspector
Kontroll-: ~**funktion die** monitoring function; ~**gang der** tour of inspection; *(eines Nachtwächters)* round; *(eines Polizisten)* patrol; ~**gruppe die** *(Med., Psych., Soziol.)* control group
kontrollierbar *Adj.* ⟨*authority, body, decision, etc.*⟩ that is open to scrutiny; ⟨*statement, statistic, etc.*⟩ that is verifiable or checkable; demonstrable ⟨*progress*⟩
kontrollieren 1. *tr. V.* **a)** *(überwachen)*

Konvexspiegel

check; monitor; **die Regierung ~:** scrutinize the actions of the government; **die Lebensmittelproduktion wird streng kontrolliert** strict checks are kept or made on the production of food; **b)** *(überprüfen)* check; check, inspect ⟨*goods*⟩; inspect ⟨*ticket*⟩; **jmdn. auf etw.** *(Akk.)* **[hin] ~:** check sb. for sth.; **etw. auf etw.** *(Akk.)* **[hin] ~:** check/inspect sth. for sth.; **c)** *(beherrschen)* control. **2.** *itr. V.* carry out a check/checks
Kontrolliste die check-list
Kontroll-: ~**lampe die** Kontrollampe; ~**liste** s. Kontrolliste; ~**organ das** monitoring body; ~**punkt der** control [point]; *(bei einer Rallye)* control point; *o. Pl.* **Alliierter ~rat** Allied Control Commission; ~**stempel der** *(auf Waren, Lebensmitteln)* inspection stamp; *(bei einer Rallye)* control stamp; ~**turm der** control tower; ~**uhr die** time clock; *(für Wächter)* tell-tale clock
kontrovers [kɔntro'vɛrs] **1.** *Adj.* conflicting; *(strittig)* controversial. **2.** *adv.* **sich ~ zu etw. äußern** express conflicting opinions on sth.; **etw. ~ schildern** give conflicting accounts of sth.
Kontroverse die; ~, ~n controversy (**um**, **über** + *Akk.* about)
Kontur [kɔn'tuːɐ̯] *die;* ~, ~en; *meist Pl.* contour; outline; **~ gewinnen/an ~ verlieren** *(fig.)* become clearer/fade
Konturen·stift der lip pencil
konturieren *tr. V.* *(auch fig.)* outline
Konus ['koːnʊs] *der;* ~, ~se *od.* Konen *(Math., Technik)* cone
Konvektor [kɔn'vɛktor] *der;* ~s, ~en [-'toːrən] convector [heater]
konvenieren [kɔnve'niːrən] *itr. V.* *(österr.)* **jmdm. ~:** be convenient for sb.; suit sb.
Konvent [kɔn'vɛnt] *der;* ~es, ~e **a)** *(kath. Kirche) (von Nonnen)* convent; *(von Mönchen)* monastery; **b)** *(Hochschulw.)* qualified academic staff of a university
Konvention [kɔnvɛn'tsioːn] *die;* ~, ~en *(Verhaltensnorm, Völkerr.)* convention
Konventional·strafe die *(Rechtsw.)* liquidated damages *pl.*
konventionell 1. *Adj.* **a)** *(herkömmlich)* conventional; **~e Waffen** *(Milit.)* conventional weapons; **b)** *(förmlich)* formal. **2.** *adv.* **a)** *(herkömmlich, Milit.)* conventionally; in a conventional way; **b)** *(förmlich)* formally; **hier geht es sehr ~ zu** things are very formal here
konvergent [kɔnvɛr'gɛnt] *(geh., Math.)* **1.** *Adj.* convergent. **2.** *adv.* convergently
Konvergenz [kɔnvɛr'gɛnts] *die;* ~, ~en *(geh., Math.)* convergence
Konvergenz·theorie die *(Politik)* theory of convergence
konvergieren *tr. V.* *(geh., Math.)* converge
Konversation [kɔnvɛrza'tsioːn] *die;* ~, ~en conversation; **~ in Französisch treiben** hold a conversation in French; **~ machen** make conversation
Konversations·lexikon das encyclopaedia
Konversion die; ~, ~en *(Kirche, Sprachw., Psych., Kerntechnik, Börsenw.)* conversion
Konverter [kɔn'vɛrtɐ] *der;* ~s, ~ **a)** *(Hüttenw., Rundfunk)* converter; **b)** *(Fot.)* converter [lens]
konvertibel [kɔnvɛr'tiːbl̩], **konvertierbar** *Adj.* *(Wirtsch.)* convertible
Konvertierbarkeit die; ~ *(Wirtsch.)* convertibility
konvertieren 1. *itr. V.; auch mit sein (Rel.)* be converted. **2.** *tr. V.* **a)** *(Wirtsch.)* convert; **sein Geld in Franken ~:** convert one's money into francs; **b)** *(DV)* convert
Konvertit [kɔnvɛr'tiːt] *der;* ~en, ~en, **Konvertitin die;** ~, ~nen convert
konvex [kɔn'vɛks] *(Optik)* **1.** *Adj.* convex. **2.** *adv.* convexly
Konvex·spiegel der *(Optik)* convex mirror

Konvikt [kɔn'vɪkt] das; ~[e]s, ~e a) *(Stift)* seminary; *(Wohnheim)* hall of residence *(for theology students);* b) *(österr.: kath. Internat)* [Roman Catholic] boarding-school

Konvoi [kɔn'vɔy] der; ~s, ~s *(bes. Milit.)* convoy; **im ~ fahren** travel in convoy

Konvolut [kɔnvo'luːt] das; ~[e]s, ~e bundle *(of letters, papers, etc.)*

Konvulsion [kɔnvʊl'zi̯oːn] die; ~, ~en *(Med.)* convulsion

konvulsiv [kɔnvʊl'ziːf], **konvulsivisch** *(Med.)* 1. *Adj.* convulsive. 2. *adv.* convulsively

konzedieren [kɔntse'diːrən] *tr. V. (geh.)* concede; **jmdm. etw. ~**: concede sb. sth.

Konzentrat [kɔntsɛn'traːt] das; ~[e]s, ~e *(bes. Chemie)* concentrate; **ein ~ seiner früheren Werke** *(fig.)* a collection of his most important writings, chosen from his earlier works

Konzentration [kɔntsɛntra'tsi̯oːn] die; ~, ~en *(auch Chemie)* concentration

Konzentrations-: **~fähigkeit** die; *o. Pl.* ability to concentrate; powers *pl.* of concentration; **~lager** das *(bes. ns.)* concentration camp; **~mangel** der *(Med., Psych.)* lack of concentration; **~schwäche** die *(Med., Psych.)* poor powers *pl.* of concentration

konzentrieren 1. *refl. V.* a) concentrate; **sich auf etw. (Akk.) ~**: concentrate on sth.; b) *(richten)* be concentrated. 2. *tr. V.* concentrate; **seine Gedanken auf etw. (Akk.) ~**: concentrate one's thoughts on sth.

konzentriert 1. *s.* konzentrieren. 2. *Adj. (auch Chemie)* concentrated. 3. *adv.* with concentration; **sehr ~ arbeiten** work with great concentration

konzentrisch *(Math., fig.)* 1. *Adj.* concentric. 2. *adv.* concentrically

Konzept [kɔn'tsɛpt] das; ~[e]s, ~e a) *(Rohfassung)* [rough] draft; **es ist im ~ fertig** the [rough] draft is finished; **aus dem ~ kommen** od. **geraten** lose one's thread; **jmdn. aus dem ~ bringen** put sb. off his/her stroke; b) *(Programm)* programme; *(Plan)* plan; **jmdm. das ~ verderben** *(ugs.)* ruin sb.'s plans; **jmdm. nicht ins ~ passen** *(ugs.)* not suit sb.'s plans

Konzeption [kɔntsɛp'tsi̯oːn] die; ~, ~en a) central idea; *(Entwurf)* conception; b) *(Med.)* conception

konzeptionslos 1. *Adj.* haphazard. 2. *adv.* haphazardly; with no clear plan

Konzeptionslosigkeit die; ~: haphazardness; lack of any clear plan

Konzept·papier das; *o. Pl.* rough paper

Konzern [kɔn'tsɛrn] der; ~[e]s, ~e *(Wirtsch.)* group [of companies]

-konzern der; ~[e]s, ~e ... group

Konzert [kɔn'tsɛrt] das; ~[e]s, ~e a) *(Komposition)* concerto; b) *(Veranstaltung)* concert; **ins ~ gehen** go to a concert; c) *o. Pl. (geh.: Zusammenspiel)* concert

Konzert-: **~abend** der concert evening; **~agentur** die concert artists' agency

konzertant [kɔntsɛr'tant] *Adj., nicht präd. (Musik)* concert *(performance etc.)*; **~e Sinfonie** [sinfonia] concertante

Konzert-: **~direktion** die concert promotion agency; **~flügel** der concert grand; **~führer** der concert guide

konzertieren *itr. V. (geh.)* give a concert

konzertiert 1. *s.* konzertieren. 2. *Adj.; nicht präd.* concerted; **die ~e Aktion** concerted action

Konzertina [kɔntsɛr'tiːna] die; ~, ~s concertina

Konzert-: **~meister** der, **~meisterin** die leader [of an orchestra]; concert-master; **~pavillon** der bandstand; **~pianist** der concert pianist; **~reise** die concert tour; **~saal** der concert-hall; **~sänger** der, **~sängerin** die concert singer

Konzession [kɔntsɛ'si̯oːn] die; ~, ~en a) *(Amtsspr.)* licence; b) *(Zugeständnis)* concession; **~en [an jmdn./etw.] machen** make concessions [to sb./sth.]

Konzessionär [kɔntsɛsi̯o'nɛːɐ̯] der; ~s, ~e *(Amtsspr.)* licensee

konzessions·bereit *Adj.* ready *or* willing *or* prepared to make concessions *pred.*

konzessiv [kɔntsɛ'siːf] *Adj. (Sprachw.)* concessive

Konzessiv·satz der *(Sprachw.)* concessive clause

Konzil [kɔn'tsiːl] das; ~s, ~e *od.* ~ien a) *(kath. Kirche)* council; b) *(Hochschulw.)* ≈ senate

konziliant [kɔntsi'li̯ant] *(geh.)* 1. *Adj.* accommodating; obliging. 2. *adv.* accommodatingly; obligingly

Konzilianz [kɔntsi'li̯ants] die; ~ *(geh.)* obligingness

konzipieren [kɔntsi'piːrən] 1. *tr. V.* draft ‹speech, essay›; draw up, draft ‹plan, policy, etc.›; design ‹device, car, etc.›. 2. *itr. V. (Med.)* conceive

konzis [kɔn'tsiːs] 1. *Adj.* concise. 2. *adv.* concisely

Koog [koːk] der; ~[e]s, **Köge** ['køːɡə] *(niederd.)* polder

Kooperation die; ~, ~en co-operation *no indef. art.*

kooperations·bereit *Adj.* ready *or* willing *or* prepared to co-operate *pred.*

kooperativ 1. *Adj.* co-operative. 2. *adv.* co-operatively

Kooperative das; ~s, ~e, **Kooperative** die; ~, ~n co-operative

kooperieren *tr. V.* co-operate

Koordinate die; ~, ~n a) *(Geogr.)* co-ordinate; b) *(Math.)* coordinate

Koordinaten-: **~achse** die *(Math.)* coordinate axis; **~kreuz** das *(Math.)* coordinate axes *pl.*; **~system** das *(Math.)* system of coordinates

Koordination die; ~, ~en co-ordination

Koordinations·störung die *(Med.)* impaired co-ordination *no indef. art., no pl.*

Koordinator [koɔrdi'naːtoːr] der; ~s, ~en [-'toːrən], **Koordinatorin** die; ~, ~nen co-ordinator

koordinieren *tr. V.* co-ordinate

Koordinierung die; ~, ~en co-ordination

Kopeke [ko'peːka] die; ~, ~n copeck

Kopenhagen [koːpn̩'haːɡn̩] (das); ~s Copenhagen

Köpenickiade [køːpəni'ki̯aːdə] die; ~, ~n hoax *(involving impersonation of a uniformed official or military officer)*

Köper ['køːpɐ] der; ~s; ~ twill

kopernikanisch [kopɛrni'kaːnɪʃ] *Adj.; nicht präd.* Copernican

Kopernikus [ko'pɛrnikʊs] (der) Copernicus

Kopf [kɔpf] der; ~[e]s, **Köpfe** ['kœpfə] a) head; **den ~ waschen** wash sb.'s hair; *(fig. ugs.: jmdn. zurechtweisen)* give sb. a good talking-to *(coll.)*; give sb. what for *(sl.)*; **[um] einen ganzen/halben ~ größer sein** be a good head/a few inches taller; **die Köpfe zusammenstecken** go into a huddle; **sie haben sich die Köpfe heiß geredet** the conversation/debate became heated; **~ an ~** *(dicht gedrängt)* shoulder to shoulder; *(im Wettlauf)* neck and neck; **~ weg!** *(ugs.)* mind your head!; **den ~ einziehen** duck; *(fig.: sich einschüchtern lassen)* be intimidated; **und wenn du dich auf den ~ stellst** you can talk until you're blue in the face; **~ ab!** off with his head!; **ich werde/er wird nicht gleich den ~ abreißen** *(ugs.)* I'm/he's not going to bite your head off; **auf dem ~ stehen** *(Kopfstand machen)* stand on one's head; *(ugs.: umgedreht sein)* be upside down; *(fig.)* **auf seinen ~ ist eine Belohnung ausgesetzt** there is a price on his head; **jmdm. schwirrt/**(ugs.)**raucht der ~**: sb.'s head is spinning; **nicht wissen, wo einem der ~ steht** not know whether one is coming or going; **einen dicken *od.* schweren ~ haben** have a headache; *(vom Alkohol)* have a thick head *(coll.)* *or* a hangover; **jmdm. *od.* jmdn. den ~ kosten** cost sb. dearly; *(jmdn. das Leben kosten)* cost sb. his/her life; **~ hoch!** chin up!; **den ~ hängen lassen** become disheartened; **den ~ hinhalten [müssen]** *(ugs.)* [have to] face the music; [have to] take the blame *or (sl.)* rap; **sich (Dat.) [an etw. (Dat.)] den ~ einrennen** beat *or* run one's head against a brick wall [with sth.]; **den ~ aus der Schlinge ziehen** avoid any adverse consequences *or (sl.)* the rap; **den ~ in den Sand stecken** bury one's head in the sand; **den ~ hoch tragen** hold one's head high; **es gibt keinen Grund dafür, daß er den ~ so hoch trägt** *(überheblich ist)* there is no reason for him to act so superior; **jmdm. den ~ zurechtrücken** *(ugs.)* bring sb. to his/her senses; **sich [gegenseitig] *od.* einander die Köpfe einschlagen** be at each other's throats; **jmdm. [um] einen ~ kürzer *od.* kleiner machen** *(ugs.)* chop sb.'s head off; **sich (Dat.) an den ~ fassen *od.* greifen** *(ugs.)* throw up one's hands in despair; **jmdm. Beleidigungen an den ~ werfen** hurl insults at sb.; **sein Geld auf den ~ hauen** *(sl.)* blow one's money *(sl.)*; **etw. auf den ~ stellen** *(ugs.)* turn sth. upside down; **die Tatsachen/den Ablauf der Ereignisse auf den ~ stellen** get the facts/the order of events completely *or* entirely wrong; **jmdm. auf dem ~ herumtanzen** *(ugs.)* treat sb. just as one likes; do what one likes with sb.; **sich (Dat.) nicht auf den ~ spucken lassen** *(salopp)* not let people walk all over one *(coll.)*; **jmdm. auf den ~ spucken können** *(salopp scherzh.)* be head and shoulders taller than sb.; **er ist nicht auf den ~ gefallen** *(ugs.)* there are no flies on him *(coll.)*; **jmdm. etw. auf den ~ zusagen** say sth. to sb.'s face; **das hältst du im ~ nicht aus!** *(ugs.)* he/she/it really is the limit! *(coll.)*; **jmdm. in den *od.* zu ~ steigen** go to sb.'s head; **mit dem ~ durch die Wand wollen** *(ugs.)* beat *or* run one's head against a brick wall; **etw. über jmds. ~ [hin]weg entscheiden** decide sth. over sb.'s head; **über die Köpfe der Zuhörer usw. hinwegreden** talk over the heads of the audience *etc.*; **jmdm. über den ~ wachsen** *(ugs.)* outgrow sb.; *(überfordern)* become too much for sb.; **bis über den ~ in etw. stecken** *(ugs.)* be up to one's ears in sth.; **es geht um ~ und Kragen** *(ugs.)* it's a matter of life and death; **sich um ~ und Kragen reden** *(ugs.)* risk one's neck with careless talk; *(sich belasten)* incriminate oneself as soon as one opens one's mouth; **von ~ bis Fuß** from head to toe *or* foot; **jmdn. vor den ~ stoßen** *(ugs.)* offend sb.; **wie vor den ~ geschlagen sein** *(ugs.)* be stunned; *s. auch* **Hand** f; b) *(Person)* person; **ein kluger/fähiger ~ sein** be a clever/able man/woman; **eine Familie mit acht Köpfen** a family of eight; c) *(geistige Leitung)* **er ist der ~ der Firma** he's the brains of the firm; **die führenden Köpfe der Wirtschaft** the leading minds in the field of economics; d) *(Wille)* **seinen ~ durchsetzen** make sb. do what one wants; **einen dicken ~ haben** have a mind of one's own; **muß es immer nach deinem ~ gehen?** why must 'you always decide?; e) *(Verstand)* mind; head; **hast du noch im ~, wie ...?** can you still remember how ...?; **er hat die Zahlen im ~** *(ugs.)* he has the figures in his head; **er hat nur Autos im ~** *(ugs.)* all he ever thinks about is cars; **was wohl in ihrem ~ vorgeht?** what's going on in her mind?; **sie ist nicht ganz richtig im ~** *(ugs.)* she's not quite right in the head; **einen klaren/kühlen ~ bewahren *od.* behalten** keep a cool head; keep one's head; **ich habe den ~ voll mit anderen**

Kopf-an-Kopf-Rennen / **Kordjeans**

Dingen I've got a lot of other things on my mind; **den ~ verlieren** lose one's head; **jmdm. den ~ verdrehen** (ugs.) steal sb.'s heart [away]; **sich** (Dat.) **den ~ zerbrechen** (ugs.) rack one's brains (**über** + Akk. over); (sich Sorgen machen) worry (**über** + Akk. about); **aus dem ~:** off the top of one's head; **das geht ihm will ihm nicht aus dem ~:** he can't get it out of his mind; **sich** (Dat.) **etw. aus dem ~ schlagen** put sth. out of one's head; **sich** (Dat.) **etw. durch den ~ gehen lassen** think sth. over; **der Gedanke geht mir gerade durch den ~:** it just occurs to me; **jmdm. [plötzlich] durch den ~ schießen** [suddenly] occur to sb.; **jmdm. im ~ herumgehen** (ugs.) go round and round in sb.'s mind; **jmdm./sich etw. in den ~ setzen** put sth. into sb.'s head/get sth. into one's head; **etw. im ~ [aus]rechnen** work sth. out in one's head; **was man nicht im ~ hat, muß man in den Beinen haben** a short memory makes work for the legs; **jmdm. geht od. will etw. nicht in den ~ [hinein]** (ugs.) sb. can't get sth. into his/her head; **f)** (von Nadeln, Nägeln, Blumen) head; (von Pfeifen) bowl; **g) ein ~ Salat/Blumenkohl/Rotkohl** a lettuce/cauliflower/red cabbage; **h)** (oberer Teil) (eines Briefes, einer Tafel) head; (einer Zeitung) heading; head; **i)** (auf Münzen) **~ [oder Zahl?]** heads [or tails?].

kopf-, Kopf-: **~-an-Kopf-Rennen** das (Sport, auch fig.) neck-and-neck race (+ Gen. between); **~arbeit** die brainwork; intellectual work; **~arbeiter** der brain-worker; **~bahnhof** der terminal station; **~ball** der (Fußball) header; **durch ~ball** with a header; **~ball·spiel** das; o. Pl. (Fußball) heading; **~ballstark** Adj. (Fußball) good at heading pred.; **der einzige ~ballstarke Spieler** the only good header of the ball; **~ball·tor** das (Fußball) headed goal; **ein ~balltor von Fischer** a goal headed by Fischer; **~bedeckung** die headgear; **ohne ~bedeckung** without anything on one's head; without a hat

Köpfchen ['kœpfçən] das; ~s, ~ **a)** little head; **b)** (Findigkeit) brains pl.; **~ muß man haben** you've got to have it up here (coll.); **~ haben** have brains pl.; **~, ~!** clever, eh? (coll.)

köpfeln ['kœpfln] (südd., österr., schweiz.) **1.** tr. V.: s. **köpfen b. 2.** itr. V. dive head first

köpfen ['kœpfn] tr. V. **a)** decapitate; (hinrichten) behead; (fig.) break or crack open ⟨bottle⟩; slice the top off ⟨egg⟩; **b)** (Fußball) head; **das 2:0 ~:** head [in] the goal to make it 2-0

Kopf-: **~ende** das head end; **~form** die head shape; shape of the head; **~freiheit** die headroom; **~füßer** der (Zool.) cephalopod; **~geld** das reward; bounty; **~grippe** die (volkst.) headachy cold; **~haar** das hair on the head; **~haltung** die: die/eine **~haltung** the way one holds one's head; **~haut** die [skin of the] scalp; **~höhe** die in ~höhe at head height; **~hörer** der headphones pl.

-köpfig Adj. -headed; **drei-/fünf-~:** threeheaded/five-headed ⟨monster⟩; **eine dreiköpfige/fünfköpfige Familie** a family of three/five

kopf-, Kopf-: **~jäger** der head-hunter; **~kissen** das pillow; **~kissen·bezug** der pillow-case; **~lage** die (Med.) cephalic or head presentation; **~länge** die head; **mit einer ~länge Vorsprung** by a head; **~lastig** Adj. down by the head pred.; nose-heavy ⟨aircraft⟩; (fig.) top-heavy; **~laus** die head louse; **~los 1.** Adj. **a)** rash; (in Panik) panic-stricken; **seine ~lose Flucht** his headlong or panic-stricken flight; **b)** (ohne Kopf) headless. **2.** adv. rashly; **~los davonrennen/umherrennen** flee in panic/run round in a panic; **~losigkeit** die; ~: rashness; (Panik) panic; **~nicken** das; ~s nod [of the

head]; **durch ~nicken** by nodding [one's head]; **~nuß** die (ugs.) rap on the head with one's or the knuckles; **~rechnen** itr. V.; nur im Inf. gebr. do mental arithmetic; **gut ~rechnen können** be good at mental arithmetic; **~rechnen** das mental arithmetic; **~salat** der cabbage or head lettuce; **~scheu** Adj. in jmdn. **~scheu machen** (ugs.) unnerve sb.; **~scheu werden** lose one's nerve; **~schmerz** der; meist Pl. headache; **sich** (Dat.) **über etw.** (Akk.) od. **wegen etw. keine ~schmerzen machen** (ugs.) not worry about or concern oneself about sth.; **etw. bereitet** od. **macht jmdm. ~schmerzen** (ugs.) sth. weighs on sb.'s mind; **~schmuck** der the head-dress; **~schuppe** die; meist Pl. flake of dandruff; **~schuppen** dandruff; **~schuß** der: **durch einen ~schuß getötet** he was killed by a bullet in the head; **ein ~schuß tötete ihn** he was killed by a bullet in the head; **~schütteln** das; ~s shake of one's head; **ein allgemeines ~schütteln auslösen** cause everyone to shake their heads; **durch ~schütteln** by shaking one's head; **nicht ohne ~schütteln** not without some head-shaking; **~schüttelnd** Adj. sich **~schüttelnd abwenden** turn away, shaking one's head; **~schutz** der (Sport) protective headgear; **~sprung** der header; **einen ~sprung machen** dive head first; **~stand** der headstand; **~|stehen** unr. itr. V. **a)** stand on one's head; **b)** (ugs.: überrascht sein) be bowled over; **~stein·pflaster** das cobblestones pl.; **~steuer** die (hist.) poll tax; **~stimme** die head voice; (Falsett) falsetto [voice]; **~stoß** der **a)** (Fußball) header; **b)** (Boxen) butt; **~stück** das (Kochk.) head end; **~stütze** die head-rest; **~tuch** das headscarf; **~über** ['-'--] Adv. head first; (fig.) (voller Tatendrang) with a will; (ohne Zögern) headlong; **~verband** der head bandage; **~verletzung** die head injury; **~wäsche** die **a)** hair-wash; shampoo; **b)** (fig. ugs.) dressing down; **~weh** das; o. Pl. (ugs.) headache; **~weh haben** have a headache; **~zerbrechen** das; ~s: **etw. bereitet** od. **macht jmdm. ~zerbrechen** sb. has to rack his/her brains about sth. (etw. macht jmdm. Sorgen) sth. is a worry to sb.; **sich** (Dat.) **über etw.** (Akk.) **[kein] ~zerbrechen machen** [not] worry about sth.

Kopie [ko'pi:] die; ~, ~n **a)** copy; (Durchschrift) carbon copy; (Fotokopie) photocopy; **b)** (Fot., Film) print; **c)** (Nachbildung) copy; **d)** (Abklatsch (Werk)) pastiche; (Person) likeness

Kopier·anstalt die (Fot.) [photographic] processing laboratory

kopieren tr. V. **a)** copy; (fotokopieren) photocopy; **etw. mit Blaupapier ~:** take a carbon copy of sth.; **b)** (Fot., Film) print; **c)** (nachbilden) copy; (imitieren) imitate

Kopierer der; ~s, ~ (ugs.) [photo]copier

Kopier-: **~gerät** das photocopier; photocopying machine; **~papier** das **a)** (Fot.) printing paper; **b)** (zum Fotokopieren) photocopying paper; **~stift** der indelible pencil

Kopilot der; ~en, ~en, **Kopilotin** die; ~, ~nen (Flugw.) co-pilot; (Motorsport) codriver

Kopist der; ~en, ~en **a)** (Kunst) copier; copyist; **b)** (Vervielfältiger) photocopying-machine operator; photocopier; (Fot.) [darkroom] printer

¹Koppel [kɔpl] das; ~s, ~, österr. die; ~, ~n (Gürtel) [leather] belt (as part of a uniform)

²Koppel die; ~, ~n **a)** (Weide) paddock **auf** od. **in der ~:** in the paddock; **b)** (Hunde-) pack; (Pferde-) string; **c)** (Musik) coupler

koppeln tr. V. **a)** (aneinanderbinden) string together ⟨horses⟩; leash together ⟨dogs⟩; couple ⟨hounds⟩; **b)** (aneinanderhängen)

dock ⟨spacecraft⟩; couple [up] ⟨railway carriage, trailers, etc.⟩ (**an** + Akk. to); **c)** (verbinden) link; couple ⟨circuits, systems, etc.⟩; **etw. an etw.** (Dat.) **~:** link sth. to sth.; **mit etw. gekoppelt sein** be associated with sth.; **d)** (Sprachw.) link

Koppel-: **~rick** das **a)** (Zaun) paddock fence; **b)** (Hindernis) post and rails; **~schloß** das belt buckle (as part of a uniform)

Kopp(e)lung s. Kopplung

Köpper ['kœpɐ] der; ~s, ~ (ugs.) header

koppheister [kɔp'haɪstɐ] Adv. (nordd.) s. kopfüber

Kopplung die; ~, ~en **a)** (Raumf.) docking; (von Eisenbahnwagen, Anhängern usw.) coupling [up]; **b)** (Verbindung) linking; (von Schaltungen, Systemen) coupling; **c)** (Sprachw.) linking

Kopplungs-: **~geschäft** das (Wirtsch.) package deal; tie-in deal (Amer.); **~manöver** das (Raumf.) docking manoeuvre

Kopra [ko:pra] der; ~: copra

Koproduktion die; ~, ~en co-production; joint production

Koproduzent der; ~en, ~en co-producer

Kopte ['kɔptə] der; ~n, ~n Copt

koptisch Adj. Coptic

Kopula ['ko:pula] die; ~, ~s od. **Kopulae** ['ko:pulɛ] (Sprachw.) copula

Kopulation [kopula'tsjo:n] die; ~, ~en **a)** (Biol.) copulation; **b)** (Gartenbau) splice graft

kopulativ [kopula'ti:f] Adj. (Sprachw.) copulative

Kopulativum [kopula'ti:vʊm] das; ~s, **Kopulativa** (Sprachw.) copulative conjunction; copulative

kopulieren 1. itr. V. copulate. **2.** tr. V. (Gartenbau) splice-graft

kor [koːɐ] s. küren; kiesen

Koralle [ko'ralə] die; ~, ~n coral

korallen-, Korallen-: **~bank** die; Pl. **~bänke** coral reef; **~bäumchen** das (Bot.) Jerusalem cherry; **~fischer** der coral fisherman; **~insel** die coral island; **~riff** das coral reef; **~rot** Adj. coral-red; **~schmuck** der coral jewellery

Koran [koˈraːn] der; ~s, ~e Koran

Korb [kɔrp] der; ~es, **Körbe** ['kœrbə] **a)** basket; (für ein Baby) wicker cradle; (Lastauf einem Tier) pannier; (Bienen-) hive; (Förder-) cage; **ein ~ Kartoffeln** a basket[ful] of potatoes; **b)** (Gondel) basket; (~ball, netz) (Basketball) basket; (Treffer) goal; **d)** o. Pl. (Flechtwerk) wicker[work]; **e)** (Ablehnung) jmdm. **einen ~ geben** turn sb. down; **einen ~ bekommen, sich** (Dat.) **einen ~ holen** be turned down

Korb-: **~ball** der; o. Pl. netball; **~blütler** der (Bot.) composite flower; composite

Körbchen ['kœrpçən] das; ~s, ~ **a)** [little] basket; **husch, husch ins ~!** (fam.) time for bye-bye[s] or beddy-byes (child lang.); **b)** (des Büstenhalters) cup

körbeweise ['kœrbə-] Adv. by the basketful

Korb-: **~flasche** die wicker bottle; **~geflecht** das wicker[work]; **~macher** der basket-maker; **~möbel** das piece of wicker[work] furniture; **~möbel** Pl. wickerwork furniture sing.; **~wagen** der basket pram; **~ware** die; meist Pl. wickerwork article; **~waren** wickerwork articles; basketry sing.; wickerwork articles; **~weide** die osier; basket willow; **~wurf** der (Basketball) throw or shot at goal or at the basket

Kord [kɔrt] der; ~[e]s, ~e corduroy; cord; **b)** s. Kordsamt

Kord·anzug der corduroy suit

Kordel ['kɔrdl] die; ~, ~n **a)** cord; **b)** (landsch.: Bindfaden) string

Kord-: **~hose** die corduroy or cord trousers pl.; **~jeans** Pl. corduroy or cord jeans

Kordon [kɔr'dõ, österr.: -'doːn] der; ~s, ~s od. österr.: ~e a) (Absperrung) cordon; b) (Ordensband) cordon; ribbon
Kord·samt der cord velvet
Korea [ko're:a] (das); ~s Korea
Korea·krieg der Korean War
Koreaner [kore'aːnɐ] der; ~s, ~, **Koreanerin** die; ~, ~nen Korean; s. auch -in
koreanisch Adj. Korean; s. auch deutsch; Deutsch; ²Deutsche
Koreferat s. Korreferat
kören ['køːrən] tr. V. (Landw.) rank or classify ⟨males⟩ for breeding
Korfu ['kɔrfu] (das); ~s Corfu
Koriander [ko'riandɐ] der; ~s, ~: coriander
Korinth [ko'rɪnt] (das); ~s Corinth
Korinthe [ko'rɪntə] die; ~, ~n currant
Korinthen-: ~**brot** das currant bread; ~**kacker** der (derb abwertend) stupid rule-bound bastard (sl.); (Pfennigfuchser) pettifogger (coll.)
Korinther der; ~s, ~: Corinthian
korinthisch Adj. (Kunstwiss.) Corinthian ⟨column, order, etc.⟩
Kork der; ~[e]s, ~e cork
Kork·eiche die cork-oak
Korken der; ~s, ~: cork
Korken·zieher der corkscrew
Korkenzieher·locke die corkscrew or spiral curl
korkig Adj. corked, corky ⟨wine⟩
Kork·sohle die cork sole
Kormoran [kɔrmoˈraːn] der; ~s, ~e cormorant
¹Korn [kɔrn] das; ~[e]s, **Körner** ['kœrnɐ] a) (Frucht) seed; grain; (Getreide~) grain [of corn]; (Pfeffer~) corn; b) o. Pl. (Getreide) corn; grain; **das ~ steht gut** the grain harvest looks promising; c) (Salz~, Sand~) grain; (Hagel~) stone; d) Pl. ~e (an Handfeuerwaffen) front sight; foresight; **etw. aufs ~ nehmen** take aim at or draw a bead on sth.; (fig. ugs.) attack sth.; **jmdn. aufs ~ nehmen** take aim at or draw a bead on sb.; (fig. ugs.) start to keep close tabs on sb. (coll.); e) (Fot.; von Papier, Stoff) grain
²Korn der; ~[e]s, ~ (ugs.) corn schnapps; corn liquor (Amer.)
korn-, Korn-: ~**ähre** die ear of corn; ~**blume** die cornflower; ~**blumen·blau** Adj. cornflower [blue]; (fig. salopp) paralytic (sl.); ~**brannt·wein** der corn schnapps; corn liquor (Amer.)
Körnchen ['kœrnçən] das; ~s, ~ (Frucht) tiny seed or grain; (von Sand usw.) [tiny] grain; granule; **an etw.** (Dat.) **ist ein ~ Wahrheit** (fig.) there's a grain of truth in sth.
körnen ['kœrnən] tr. V. a) (zerkleinern, körnig machen) granulate; **gekörnte Brühe** stock granules pl. (for soup); b) (Handw.: markieren) punch
Körner s. Korn
Körner-: ~**fresser** der (Ornith.) seed-eater; granivore; ~**futter** das grain [feed]; (für Vögel) seed
Kornett [kɔrˈnɛt] das; ~[e]s, ~e od. ~s (Musik) cornet
Korn·feld das cornfield
körnig ['kœrnɪç] Adj. granular; (Fot.) grainy
-körnig Adj. -grained
Korn-: ~**kammer** die granary; ~**rade** die corn cockle; corn campion; ~**silo** der od. das grain silo
Körnung die; ~, ~en a) (Korngröße) grain size; (von Papier) grain; b) (Jägerspr.) s. Körnerfutter
Korona [koˈroːna] die; ~, **Koronen** a) (Astron.) corona; b) (fig.) crowd (coll.)
Koronar·insuffizienz [koroˈnaːɐ̯-] die (Med.) coronary insufficiency
Körper ['kœrpɐ] der; ~s, ~ a) body; **~ und Geist** body and mind; **am ganzen ~ frieren/zittern** be [freezing] cold/shake all over; b) (Rumpf) trunk; body; c) (Gegenstand) object; d) (Physik, Chemie) body; e) (Geom.) solid body; solid; f) (von Wein, Farbe) body; g) s. Körperschaft
körper-, Körper-: ~**bau** der; o. Pl. physique; ~**behaarung** die body hair no indef. art.; ~**beherrschung** die body control; ~**behindert** Adj. physically handicapped or disabled; ~**behinderte der/die** physically handicapped or disabled person; ~**behinderte** Pl. physically handicapped or disabled people; **die ~behinderten (als Kategorie)** the physically handicapped or disabled; ~**behinderung** die physical handicap or disability; ~**beschädigte der/die** (Amtsspr.) disabled person; ~**betont** 1. Adj. figure-hugging ⟨clothes⟩; ⟨clothes⟩ that emphasize the figure; 2. adv. ~**betont geschnitten** cut to emphasize the figure; ~**eigen** Adj. endogenous; ~**erzieher** der (bes. DDR) physical education teacher; ~**fremd** Adj. (Biol.) foreign; ~**fülle** die corpulence; ~**funktion** die bodily function; ~**gerecht** Adj. shaped to fit the contours of the body postpos.; ~**geruch** der body odour; BO (coll.); ~**gewicht** das body weight; ~**größe** die height; ~**hälfte** die side of the body; ~**haltung** die posture; ~**hygiene** die s. ~pflege; ~**kontakt** der (Psych.) physical contact; ~**kraft** die physical strength; ~**kultur** die (bes. DDR) physical education no art.; ~**länge** die (bei Menschen) height; (bei Tieren) length
körperlich 1. Adj. physical; ~**e Ertüchtigung** physical training; ~**e Züchtigung** corporal punishment; ~**e Liebe** carnal love. 2. adv. physically; **~ [hart] arbeiten** do [hard] physical work
körper-, Körper-: ~**los** Adj. incorporeal; ~**maße** Pl. measurements; ~**öffnung** die orifice of the body; ~**pflege** die body care no art.; (Reinigung) personal hygiene; ~**saft** der; meist Pl. body fluid
Körperschaft die; ~, ~en a (Rechtsw.) corporation; corporate body; **~ des öffentlichen Rechts** public corporation; b) (Politik) body
Körperschaft[s]·steuer die (Steuerw.) corporation tax
Körper-: ~**schwäche** die; o. Pl. physical weakness; ~**sprache** die body language; ~**spray** der od. das aerosol deodorant; deodorant spray; ~**stärke** die; o. Pl. physical strength; ~**teil** der part of the/one's body; ~**temperatur** die body temperature; ~**verletzung** die (Rechtsw.) bodily harm no indef. art.; **schwere/leichte ~verletzung** grievous/actual bodily harm; **~verletzung mit Todesfolge** bodily harm resulting in death; **~verletzung im Amt** bodily harm caused by a public servant when executing his/her duty; ~**wärme** die body heat
Korpora s. ²Korpus
Korporal [kɔrpoˈraːl] der; ~s, ~e od. **Korporäle** [kɔrpoˈrɛːlə] (Milit. veralt.) corporal
Korporation [kɔrporaˈtsi̯oːn] die; ~, ~en a) (veralt.: Körperschaft) corporation; b) (Studentenverbindung) student society
korporiert [kɔrpoˈriːɐ̯t] Adj. ⟨student⟩ belonging to a student society
Korporierte der; adj. Dekl. member of a student society
Korps [koːɐ̯] das; ~ [koːɐ̯(s)], ~ [koːɐ̯s] a) (Milit.) corps; b) (Studentenverbindung) student duelling society
Korps-: ~**bruder** der (Studentenspr.) fellow member of a student duelling society; ~**geist** der (geh.) esprit de corps; ~**student** der student belonging to a duelling society
korpulent [kɔrpuˈlɛnt] Adj. corpulent
Korpulenz [kɔrpuˈlɛnts] die; ~: corpulence
¹Korpus ['kɔrpʊs] der; ~, ~se (scherzh.) body; b) (bild. Kunst) figure of Christ (on crucifix); c) (fachspr.) carcass

²Korpus das; ~, **Korpora** ['kɔrpora] a) (Sprachw.) corpus; b) o. Pl. (Musik) body
³Korpus die; ~ (Druckw.) long primer
Korpuskel [kɔr'pʊskl] das; ~s, ~n od. die; ~, ~n (Physik) corpuscle; particle
Korreferat das; ~s, ~e scholarly paper which supplements the main paper; supplementary paper (to a paper read at a seminar etc.)
Korreferent [kɔrefe'rɛnt] der; ~en, ~en, **Korreferentin** die; ~, ~nen a) (Redner) reader of a/the supplementary paper; b) (Prüfer) second examiner
korrekt [kɔ'rɛkt] Adj. correct; **es wäre ~ gewesen, ...:** the correct thing would have been to ...; **ein ~er Beamter** a very correct civil servant. 2. adv. correctly
korrekter·weise Adv. to be [strictly] correct
Korrektheit die; ~: correctness
Korrektiv [kɔrɛk'tiːf] das; ~s, ~e corrective (gegen to)
Korrektor [kɔ'rɛktor] der; ~s, ~en [-'toːrən] proof-reader
Korrektur [kɔrɛk'tuːɐ̯] die; ~, ~en a) correction; (von Ansichten usw.) revision; b) (Druckw.) proof-reading; (Verbesserung) proof-correction; **~ lesen** read/correct the proofs
Korrektur-: ~**ab·zug** der, ~**fahne** die galley [proof]; ~**zeichen** das proof-correction mark
Korrelat [kɔre'laːt] das; ~[e]s, ~e correlate
Korrelation [kɔrela'tsi̯oːn] die; ~, ~en (auch Math.) correlation
korrelieren itr. V. correlate (mit with, to)
Korrepetitor [kɔrepe'tiːtɔr] der; ~s, ~en [-ti'toːrən] (Musik) répétiteur
Korrespondent [kɔrɛspɔn'dɛnt] der; ~en, ~en, **Korrespondentin** die; ~, ~nen a) (Zeitungsw., veralt.: Briefpartner) correspondent; b) (Wirtsch.) correspondence clerk
Korrespondenz [kɔrɛspɔn'dɛnts] die; ~, ~en a) correspondence; **die ~ erledigen** deal with the correspondence; **in ~ mit jmdm. stehen** correspond with sb.; b) (Brief) letter; ~**en** correspondence sing.
Korrespondenz-: ~**büro** das press agency; ~**karte** die (österr., schweiz.) pre-stamped postcard
korrespondieren itr. V. a) (schreiben) correspond (mit with); b) (geh.: übereinstimmen) **mit etw. ~:** correspond to or with sth.; ⟨colour⟩ match sth.
Korridor ['kɔridoːɐ̯] der; ~s, ~e corridor; **der Polnische ~:** the Polish Corridor
korrigierbar Adj. correctable
korrigieren [kɔri'giːrən] tr. V. correct; revise ⟨opinion, view⟩
korrodieren [kɔro'diːrən] (bes. Chemie, Geol.) tr., itr. V. (itr. mit sein) corrode
Korrosion [kɔro'zi̯oːn] die; ~, ~en (auch Geol., Med.) corrosion
korrosions-, Korrosions-: ~**beständig** Adj., ~**fest** Adj. corrosion-resistant; ~**schutz** der protection against corrosion
korrosiv [kɔro'ziːf] Adj. a) corrosive; b) (korrosionsbedingt) ⟨damage etc.⟩ caused by corrosion
korrumpieren [kɔrʊm'piːrən] tr. V. corrupt
Korrumpierung die; ~, ~en corruption
korrupt [kɔ'rʊpt] Adj. corrupt
Korruption [kɔrʊp'tsi̯oːn] die; ~, ~en corruption
Korsage [kɔr'zaːʒə] die; ~, ~n strapless, tight-fitting corsage or bodice
Korsar [kɔr'zaːɐ̯] der; ~s, ~en a) (hist.) corsair; b) (Segeln) Korsar
Korse ['kɔrzə] der; ~n, ~n Corsican
Korselett [kɔrzə'lɛt] das; ~s, ~s od. ~e corselette
Korsett [kɔr'zɛt] das; ~s od. ~e corset; (fig.) strait-jacket
Korsett·stange die corset bone

1261

Korsika ['kɔrzika] (das); ~s Corsica
korsisch Adj. Corsican
Korso ['kɔrzo] der; ~s, ~s procession
Kortison [kɔrti'zoːn] das; ~s (Med.) cortisone
Korund [ko'rʊnt] der; ~[e]s, ~e corundum
Körung die; ~, ~en (Landw.) ranking or classification for breeding
Korvette [kɔr'vɛtə] die; ~, ~n (auch hist.) corvette
Korvetten·kapitän der lieutenant-commander
Koryphäe [kory'fɛːə] die; ~, ~n eminent authority; distinguished expert
Kosak [ko'zak] der; ~en, ~en (hist.) Cossack
Kosaken·mütze die Cossack hat
Koschenille [kɔʃə'nɪljə] die; ~: cochineal
koscher ['kɔːʃɐ] Adj. a) kosher; b) (ugs.: einwandfrei) kosher (coll.)
K.-o.-Schlag der (Boxen) knock-out punch
Kose·form die familiar form
Kosekans ['koːzekans] der; ~, ~ (Math.) cosecant
kosen ['koːzn̩] (dichter. veralt.) 1. tr. V. caress. 2. itr. V. mit jmdm. ~: caress sb.
Kose·name der pet name
Kose·wort das; Pl. -wörter term of endearment; jmdm. Kosewörter ins Ohr flüstern whisper endearments in sb.'s ear
K.-o.-Sieg der (Boxen) knock-out victory; victory by a knock-out
Kosinus ['koːzinʊs] der; ~, ~ od. ~se (Math.) cosine
Kosmetik [kɔs'meːtɪk] die; ~ a) beauty culture no art.; b) (fig.) cosmetic procedures pl.
Kosmetik·abteilung die cosmetics department
Kosmetiker der; ~s, ~, **Kosmetikerin** die; ~, ~nen a) cosmetician; beautician; b) (Chemiker/Chemikerin) cosmetics chemist
Kosmetik-: ~**salon** der beauty salon; ~**tasche** die make-up bag; (groß) vanity case
Kosmetikum [kɔs'meːtɪkʊm] das; ~s, Kosmetika; meist Pl. cosmetic
kosmetisch 1. Adj. (auch fig.) cosmetic. 2. adv. jmdn. ~ beraten give sb. advice on beauty care; **sich ~ behandeln lassen** have beauty treatment
kosmisch ['kɔsmɪʃ] Adj. cosmic ⟨ray, dust, etc.⟩; space ⟨age, station, research, etc.⟩; meteoric ⟨iron⟩
Kosmodrom [kɔsmo'droːm] das; ~s, ~e cosmodrome
Kosmologie [kɔsmolo'giː] die; ~, ~n cosmology
Kosmonaut [kɔsmo'naʊt] der; ~en, ~en, **Kosmonautin** die; ~, ~nen cosmonaut
Kosmopolit [kɔsmopo'liːt] der; ~en, ~en (geh.) cosmopolitan
kosmopolitisch Adj. cosmopolitan
Kosmos ['kɔsmɔs] der; ~ a) (Weltall) cosmos; b) (geh.: Welt) world
Kost [kɔst] die; ~ a) (Nahrung) food; **vegetarische ~**: vegetarian food; a vegetarian diet; **geistige ~** (fig.) intellectual nourishment; **leichte/schwere ~** (fig.) easy/heavy going; b) (Verpflegung) ~ **und Logis** board and lodging
kostbar 1. Adj. a) (erlesen) valuable; b) (wichtig) precious; **die Zeit ist ~**: time is precious. 2. adv. expensively ⟨dressed⟩; luxuriously ⟨decorated⟩
Kostbarkeit die; ~, ~en a) (Sache) treasure; precious object; b) o. Pl. (Eigenschaft) value
¹**kosten** 1. tr. V. a) (probieren) taste; try; sample; **jmdm. etw. zum Kosten geben** give sb. sth. to taste or try or sample; b) (geh.: empfinden) taste; (fig. iron.) have a taste of. 2. itr. V. (probieren) have a taste; **von etw. ~**: have a taste of or taste sth.

²**kosten** 1. tr. V. a) cost; **wieviel kostet .../was kostet ...?** how much/what does ... cost?; how much is ...?; **koste es od. es koste, was es wolle** whatever the cost; **sich (Akk. od. Dat.) eine Sache etw. ~ lassen** (ugs.) spend a fair bit of money on sth.; b) (erfordern) take; ⟨cost ⟨lives⟩; **es kostet mich nur ein Wort** it would only take a word from me; **viel Arbeit ~**: take a great deal of work; c) (Verlust nach sich ziehen) jmdm. od. jmdm. etw. ~: cost sb. sth.; **jmdm. den Sieg ~**: cost sb. victory. 2. itr. V. (Geld ~) **das kostet!** that will cost a bit!
Kosten Pl. cost sing.; costs; (Auslagen) expenses; (Rechtsw.) costs; **die ~ tragen, für die ~ aufkommen** bear the cost[s]; **keine ~ scheuen** spare no expense; **laufende ~**: running costs; **auf seine ~ kommen** cover one's costs; (fig.) get one's money's worth; **auf jmds. ~**: at sb.'s expense; **auf ~ von jmdm./etw.** at the expense of sb./sth.
kosten-, Kosten-: ~**aufwand** der expense; cost; **mit einem ~aufwand von ...**: at a cost of ...; ~**berechnung** die costing; ~**beteiligung** die sharing of expenses; ~**deckend** 1. Adj. that covers/cover [one's] costs postpos., not pred.; 2. adv. ~**deckend kalkulieren** ensure that the estimates cover the true costs; ~**druck** der; o. Pl. (Wirtsch.) pressure of costs; ~**ersparnis** die cost saving; ~**erstattung** die reimbursement of costs; ~**explosion** die cost explosion; ~**frage** die question of cost; ~**intensiv** Adj. (Wirtsch.) cost-intensive; ~**los** 1. Adj. free; 2. adv. free of charge; ~**pflichtig** (Rechtsw.) 1. Adj. **eine ~pflichtige Verwarnung** a fine and a caution; 2. adv. **eine Klage ~pflichtig abweisen** dismiss a case with costs; **ein Auto ~pflichtig abschleppen** tow a car away at the owner's expense; ~**punkt** der (ugs.) ~**punkt?** how much is it/are they?; ~**punkt 25 DM** it costs/they cost 25 marks; ~**rechnung** die (Wirtsch.) cost accounting; ~**sparend** Adj. (Wirtsch.) cost-saving; ~**stelle** die (Wirtsch.) cost centre; ~**träger** der (Wirtsch.) cost unit; ~**voranschlag** der estimate
Kost-: ~**gänger** der (veraltet) boarder; ~**geld** das payment for [one's] board; **er gab seinen Eltern ~geld** he paid his parents for his board
köstlich ['kœstlɪç] 1. Adj. a) delicious; b) (unterhaltsam) delightful; **der Witz war einfach zu ~**: the joke was simply priceless (coll.). 2. adv. ⟨taste⟩ delicious; b) **sich ~ amüsieren/unterhalten** enjoy oneself enormously (coll.)
Köstlichkeit die; ~, ~en a) (Sache) delicacy; **eine literarische ~**: a literary gem; b) o. Pl. (geh.: Eigenschaft) deliciousness
Kost·probe die ~ taste; (fig.) sample
kost·spielig [-ʃpiːlɪç] 1. Adj. expensive; costly. 2. adv. expensively
Kostüm [kɔs'tyːm] das; ~s, ~e a) suit; b) (historisches ~, Theater~, Verkleidung) costume
Kostüm-: ~**ball** der fancy-dress ball; ~**bildner** der (Theater, Film) costume-designer; ~**film** der period picture or film
kostümieren tr. V. (verkleiden) jmdn./sich ~: dress sb. up/dress [oneself] up; **wie hatte er sich kostümiert?** what was he dressed [up] as?; **alle erschienen kostümiert** they all came in fancy dress; b) (ugs. abwertend: unpassend anziehen) jmdn./sich ~: get sb./oneself up
Kostüm-: ~**jacke** die jacket; ~**probe** die (Theater) dress rehearsal; ~**rock** der skirt; ~**verleih** der [theatrical] costume agency
Kost·verächter der **in kein ~ sein** (scherzh.) be fond of one's food; ⟨die Frauen lieben⟩ be one for the ladies
K.-o.-System das (Sport) knock-out system

Kot [koːt] der; ~[e]s, ~e a) (Exkrement) excrement; b) (veralt.: Schmutz) mud; dirt
Kotangens ['koːtaŋɛns] der; ~, ~ (Math.) cotangent
Kotau [ko'taʊ] der; ~s, ~s kowtow; [vor jmdm.] **einen od. seinen ~ machen** kowtow [to sb.]
Kotelett [kɔt'lɛt] das; ~s, ~s a) chop; (vom Nacken) cutlet; b) (Teil des Tieres) (eines Schweins) loin; (eines Kalbs) loin and rib
Koteletten Pl. side-whiskers
koten ['koːtn̩] itr. V. (Zool.) defecate
Köter ['køːtɐ] der; ~s, ~ (abwertend) cur; tyke
Kot·flügel der (Kfz-W.) wing
Kothurn [ko'tʊrn] der; ~s, ~e cothurnus
kotig ['koːtɪç] Adj. a) dirty ⟨nappy, underpants⟩; b) (schmutzig) muddy; filthy
Kotz·brocken der (derb) shit (coarse); turd (coarse)
¹**Kotze** ['kɔtsə] die; ~ (derb) vomit; puke (coarse)
²**Kotze** die; ~, ~n (südd., österr.) a) coarse woollen blanket; b) (Umhang) cape
kotzen itr. V. (derb) puke (coarse); throw up (coll.); **das ist/ich finde ihn zum Kotzen** it/he makes me sick; it/he makes me want to puke (coarse); **da kann man das [große] ~ kriegen** od. **bekommen** it makes you want to puke (coarse)
kotz-: ~**langweilig** Adj. (derb abwertend) bleeding boring (coarse); ~**übel** Adj. (derb) **mir ist ~übel** I feel as if I'm going to throw up (coll.) or (coarse) puke
KP Abk. Kommunistische Partei CP
KPdSU Abk. Kommunistische Partei der Sowjetunion
Krabbe ['krabə] die; ~, ~n a) (Zool.) crab; b) (ugs.: Garnele) shrimp; (größer) prawn; c) (ugs. scherzh.: Kind) [little] mite; (älter) kid (coll.); d) (bild. Kunst) crochet
Krabbel·alter das (ugs.) crawling stage
krabbeln ['krabln̩] 1. itr. V.; mit sein crawl. 2. tr. V. (ugs.: kraulen) tickle
krach Interj. crash; bang; ⟨wenn etw. zerbricht, einstürzt⟩ crash
Krach [krax] der; ~[e]s, **Kräche** ['krɛçə] a) o. Pl. (Lärm) noise; row; ~ **machen** make a noise or (coll.) ~ sein; be noisy; b) ⟨lautes Geräusch⟩ crash; bang; ⟨wenn etw. zerbricht, einstürzt⟩ crash; **mit od. unter lautem ~**: with a loud crash or bang (coll.); (ugs.: Streit) row; **mit jmdm. ~ anfangen/kriegen** start/have a row with sb. (coll.); ~ **machen** od. **schlagen** (ugs.) kick up or make a fuss; **es gibt oft ~**: there are frequent rows; d) (ugs. Börsen~) crash
krachen 1. itr. V. a) (Krach auslösen) ⟨thunder⟩ crash; ⟨shot⟩ ring out; ⟨floorboard⟩ creak; **in allen Fugen ~**: creak at the joints; ~**de Kälte/~der Frost** (coll.) bitter cold/ heavy frost; b) mit sein (ugs.: bersten) ⟨ice⟩ crack; ⟨bed⟩ collapse; ⟨trousers, dress, etc.⟩ split; c) mit sein (ugs. ein Krach auftreffen) crash; **die Tür krachte ins Schloß** the door banged or slammed shut; d) (ugs. Bankrott machen) crash; e) (unpers.) **an der Kreuzung kracht es dauernd** there are frequent crashes at that junction; **sonst kracht's!** (fig. ugs.) or there'll be trouble; **es gibt Schläge** or you'll get a beating; **etw. tun, daß es nur so kracht** (ugs.) do sth. with a vengeance. 2. refl. V. (ugs.) row (coll.); have a row (coll.)
Kracher der; ~s, ~ (ugs.: Knallkörper) banger
Kracherl ['kraxɐl] das; ~s, ~n (südd., österr.) fizzy lemonade; pop (coll.)
krach·ledern Adj. rustic
Krach·lederne die; ~n, ~n (südd.) Lederhosen pl.; leather shorts pl.
Krach·macher der (ugs.) (Person) noisy so-and-so (coll.); (Gerät) noise-maker
krächzen ['krɛçtsn̩] itr. V. ⟨raven, crow⟩ caw; ⟨parrot⟩ squawk; ⟨person⟩ croak; (fig.) ⟨loudspeaker etc.⟩ crackle and splutter

kracken ['krakn̩] *tr. V. (Chemie)* crack
Kräcker ['krɛkɐ] *der;* ~s, ~: *s.* Cracker
Krad [kra:t] *das;* ~[e]s, Kräder ['krɛ:dɐ] *(bes. Milit.) s.* Kraftrad
Krad-: ~**fahrer** *der (bes. Milit.)* motorcyclist; motor-cycle rider; ~**melder** *der (Milit.)* [motor-cycle] despatch rider
kraft [kraft] *Präp. + Gen. (Amtsspr.)* [meines] Amtes by virtue of my office; ~ Gesetzes by law; ~ [des] Gesetzes hat der Richter ihn zum Tode verurteilt as empowered by the law, the judge sentenced him to death
Kraft *die;* ~, Kräfte ['krɛftə] **a)** strength; geistige/schöpferische Kräfte mental/creative powers; unter Aufbietung aller Kräfte applying all one's energies; jmds. Kräfte übersteigen be too much for sb.; wieder bei Kräften sein have [got] one's strength back; bei Kräften bleiben keep one's strength up; mit letzter ~: with one's last ounce of strength; mit frischer ~: with renewed energy; aus eigener ~: by oneself or one's own efforts; ich werde tun, was in meinen Kräften steht I shall do everything [with]in my power; mit vereinten Kräften sollte es gelingen if we join forces or combine our efforts we should succeed; nach [besten] Kräften to the best of one's ability; die militärische/wirtschaftliche ~ eines Landes *(fig.)* the military/economic strength of a country; **b)** *(Wirksamkeit)* die treibende ~: the driving force; **c)** *(Arbeits-)* employee; *(in einer Fabrik)* employee/worker; Kräfte employees/workers; personnel *pl.*; *(Angestellte auch)* staff *pl.*; **d)** *Pl. (Gruppe)* forces; **e)** *(Physik)* force; **f)** *(Seemannsspr.)* mit voller/halber ~: at full/half speed; volle/halbe ~ voraus! full/half speed ahead!; **g)** *in* außer ~ setzen repeal *(law)*; countermand *(order)*; außer ~ sein/treten no longer be/cease to be in force; in ~ treten/sein/bleiben come into/be in/remain in force
Kraft-: ~**akt** *der* feat of strength; *(im Zirkus usw.)* strong-man act; *(fig.)* show of strength; ~**arm** *der (Physik)* [lever] arm to which force is applied; ~**aufwand** *der* effort; ~**aus·druck** *der* swear-word; ~**brühe** *die* strong meat broth; ~**droschke** *die (veralt.)* hackney carriage; taxi
Kräfte-: ~**parallelogramm** *das (Physik)* parallelogram of forces; ~**verhältnis** *das (bes. Politik)* balance of power; ~**verschleiß** *der* loss of strength
Kraft·fahrer *der (bes. Amtsspr.)* driver; motorist; *(Beruf)* driver
Kraftfahrer·gruß *der s.* Autofahrergruß
Kraft·fahrzeug *das;* ~[e]s, ~e *(bes. Amtsspr.)* motor vehicle
Kraftfahrzeug-: ~**bau** *der; o. Pl.* automobile construction; ~**brief** *der* vehicle registration document; log-book *(Brit.)*; ~**industrie** *die* motor industry; ~**mechaniker** *der* motor mechanic; ~**schein** *der* vehicle registration document *(containing detailed technical description of the vehicle and details of the owner)*; ~**steuer** *die* vehicle or road tax; ~**zulassungs·stelle** *die* vehicle registration office
Kraft-: ~**feld** *das (Physik)* force field; ~**futter** *das* concentrated feed
kräftig ['krɛftɪç] **1.** *Adj.* **a)** *(stark)* strong ⟨person⟩; strong, powerful ⟨arms, voice⟩; vigorous ⟨plant, shoot⟩; **b)** *(fest)* powerful, hefty, hard ⟨blow, kick, etc.⟩; firm ⟨handshake⟩; **c)** *(ausgeprägt)* strong ⟨breeze, high-pressure area⟩; deep ⟨depression⟩; considerable ⟨increase⟩; einen ~en Schluck nehmen take a deep drink or *(coll.)* good swig; eine ~e Tracht [Prügel] a good hiding *(coll.)*; a sound beating; **d)** *(intensiv)* strong, powerful ⟨smell, taste, etc.⟩; bold ⟨pattern⟩; strong ⟨colour⟩; **e)** *(kräftigend)* nourishing ⟨soup, bread, meal, etc.⟩; etw. Kräftiges essen eat a good nourishing meal; **f)** *(grob)* strong ⟨language⟩; coarse ⟨expression, oath, etc.⟩.

2. *adv.* **a)** strongly, powerfully ⟨built⟩; ⟨hit, kick, press, push⟩ hard; ⟨sneeze⟩ loudly; ~ entwickelt sein strong, vigorous ⟨plant⟩; sturdy ⟨child⟩; **b)** *(tüchtig)* ⟨rain, snow⟩ heavily; ⟨eat⟩ heartily; ⟨sing⟩ lustily; etw. ~ schütteln shake sth. vigorously; give sth. a good shake; die Preise sind ~ gestiegen prices have risen sharply; der Flasche/dem Alkohol ~ zusprechen hit the bottle in a big way *(coll.)*; **c)** *(mit Nachdruck)* jmdm. ~ *od.* seine Meinung sagen give sb. a piece of one's mind
kräftigen *tr. V.* ⟨holiday, air, etc.⟩ invigorate; ⟨food etc.⟩ fortify; sich ~: build up one's strength; ~de Nahrung/Luft nourishing food/bracing air
Kräftigung *die;* ~, ~en strengthening
Kräftigungs·mittel *das* tonic
kraft-, Kraft-: ~**linien** *Pl. (Physik)* lines of force; ~**los** *Adj.* weak; feeble; *(fig.)* weak ⟨sun⟩; ~**losigkeit** *die;* ~: weakness; feebleness; ~**maschine** *die (Technik)* engine; prime mover; ~**meier** *der;* ~s, ~ *(ugs.: abwertend)* muscleman; ~**meierei** *die;* ~ *(ugs. abwertend)* playing the muscleman; ~**mensch** *der* strong man; muscleman; ~**messer** *der* **a)** *(Physik)* dynamometer; **b)** *(auf dem Jahrmarkt)* try-your-strength machine; ~**paket** *das (Spieler)* powerhouse; *(Pferd)* powerful animal; *(Auto)* powerful machine; ein ~paket von Spieler a powerhouse of a player; ~**post** die post-bus service; ~**probe** die trial of strength; ~**protz** *der (abwertend)* muscleman; ~**rad** *das (Amtsspr.)* motorcycle; ~**reserven** *Pl.* reserves of strength; ~**sport** *der s.* Schwerathletik; ~**stoff** *der (Kfz-W.)* fuel; ~**stoff·anzeiger** *der (Kfz-W.)* fuel gauge; ~**stoff-Luft-Gemisch** *das (Kfz-W.)* air-fuel mixture; ~**stoff·verbrauch** *der* fuel consumption; ~**strotzend** *Adj.* vigorous; bursting with vigour postpos.; ~**vergeudung** die waste of energy; ~**verkehr** *der (Amtsspr.)* [motor] traffic; ~**verschwendung** die *s.* ~vergeudung; ~**voll 1.** *Adj.* powerful; **2.** *adv.* powerfully; ~**wagen** *der* motor vehicle; ~**werk** *das* power station; ~**wort** *das s.* ~ausdruck
Kragen ['kra:ɡn̩] *der;* ~s, ~, südd., österr. u. schweiz. auch: Krägen ['krɛ:ɡn̩] **a)** collar; **b)** in ihm platzte der ~ *(salopp)* he blew his top *(coll.)*; jetzt platzt mir aber der ~! *(salopp)* that's the last straw!; es geht ihm an den ~ *(ugs.)* he's in for it now; jmdm. am *od.* beim ~ packen *od.* nehmen *(ugs.)* collar sb.; jmdm. an den ~ wollen *(ugs.)* be or be after sb.; *(jmdn. verantwortlich machen)* try to hang sth. on sb. *(coll.)*; *s. auch* Kopf a; **c)** collar
Kragen-: ~**bär** *der* [Himalayan] black bear; ~**knopf** *der* collar-stud *(Brit.)*; *(oberster Knopf am Hemd)* top button; ~**weite** die collar size; [nicht] jmds. ~weite sein *(salopp)* [not] be sb.'s cup of tea *(coll.)*
Krag·stein *der (Archit.)* bracket; *(Konsole)* console
Krähe ['krɛ:ə] *die;* ~, ~n crow; eine ~ hackt der anderen kein Auge aus *(Spr.)* dog does not eat dog *(prov.)*
krähen *itr. V. (auch fig.)* crow; *s. auch* Hahn
Krähen-: ~**füße** *Pl. (ugs.)* **a)** *(Hautfalten)* crow's feet; **b)** *(aus Eisen)* devices with many sharp points scattered on the road to burst the tyres of a vehicle; ≈ [tin] tacks; ~**nest** *das (auch Seemannsspr.)* crow's nest
Kräh·winkel *o. Art.; o. Pl. (spött.)* provincial backwater
Krakau ['kra:kau] *(das);* ~s Cracow; Krakow
¹**Krakauer** *der;* ~s, ~: Cracovian
²**Krakauer** *die;* ~, ~ *(Wurst)* highly spiced, smoked beef and pork sausage
Krake ['kra:kə] *der;* ~n, ~n **a)** *(Tintenfisch)* octopus; **b)** *(Meeresungeheuer)* kraken

Krakeel [kra'ke:l] *der;* ~s *(ugs. abwertend)* row *(coll.)*
krakeelen 1. *itr. V. (ugs. abwertend)* kick up a row *(coll.)*. **2.** *tr. V.* scream
Krakeeler *der;* ~s, ~ *(ugs. abwertend)* rowdy
Krakel ['kra:kl] *der;* ~s, ~ *(ugs. abwertend)* scrawl; scribble
krakelig *s.* kraklig
krakeln *tr., itr. V. (ugs. abwertend)* scrawl; scribble
kraklig *Adj. (ugs. abwertend)* scrawly
Kral [kra:l] *der;* ~s, ~e *od.* ~s kraal
Kralle ['kralə] *die;* ~, ~n claw; *(von Raubvögeln)* claw; talon; die ~n des Todes *(fig.)* the jaws of death; jmdm. die ~n zeigen *(ugs.)* show sb. one's claws; etw. in die ~n bekommen *od.* kriegen *(ugs.)* get sth. in one's clutches
krallen 1. *refl. V.* sich an etw. *(Akk.)* ~ ⟨cat⟩ dig its claws into sth.; ⟨bird⟩ dig its claws or talons into sth.; ⟨person⟩ clutch sth. [tightly]; sich in/um etw. *(Akk.)* ~: dig into/clutch sth. **2.** *tr. V.* **a)** *(fest greifen)* die Finger in/um etw. *(Akk.)* ~: dig one's fingers into sth./clutch sth. [tightly] with one's fingers; **b)** *(krümmen)* er krallte seine Finger/seine Hand he bent his fingers into [the shape of] a claw; **c)** *(salopp: stehlen)* pinch *(sl.)*; nick *(Brit. sl.)*; **d)** *(salopp: ergreifen)* collar; *(verhaften)* nab *(sl.)*
Kram [kra:m] *der;* ~[e]s *(ugs.)* **a)** stuff; *(Gerümpel)* junk; den ganzen ~ hinschmeißen *(fig. ugs.)* chuck the whole thing in *(coll.)*; **b)** *(Angelegenheit)* business; affair; mach deinen ~ alleine! do it yourself!; jmdm. [genau] in den ~ passen suit sb. [down to the ground *(coll.)*]
kramen 1. *itr. V.* **a)** *(ugs.: herumwühlen)* in etw. *(Dat.)* ~: rummage about in or rummage through sth.; nach etw. ~: rummage about looking for sth.; **b)** *(schweiz.: einkaufen)* do some or a bit of shopping. **2.** *tr. V. (ugs.)* etw. aus etw. ~: fish *(coll.)* or get sth. out of sth.
Krämer ['krɛ:mɐ] *der;* ~s, ~ **a)** *(veralt.: Lebensmittelhändler)* grocer; **b)** *(abwertend)* *(geiziger Mensch)* skinflint; stingy person; *(engstirniger Mensch)* petty-minded or small-minded person
Krämer·seele *die (abwertend)* **a)** *(Geiz)* stingy nature; *(Engstirnigkeit)* pettymindedness; small-mindedness; **b)** *(geiziger Mensch)* skinflint; stingy person; *(engstirniger Mensch)* petty-minded or small-minded person
Kram·laden *der (ugs. abwertend)* junk shop
Krampe ['krampə] *die;* ~, ~n staple
Krampen *der;* ~s, ~ **a)** *s.* Krampe; **b)** *(bayr., österr.: Spitzhacke)* pick[-axe]
Krampf [krampf] *der;* ~[e]s, Krämpfe ['krɛmpfə] **a)** *(Zuckung)* spasm; *(bei Anfällen)* convulsion; sich in Krämpfen winden curl up in convulsions; einen ~ bekommen *od. (ugs.)* kriegen get cramp; einen ~ *od.* Krämpfe kriegen *(fig. ugs.)* have a fit; **b)** *o. Pl. (gequältes Tun)* painful strain; *(sinnloses Tun)* senseless waste of effort; das ist doch alles ~! it's all a senseless waste of effort
Krampf·ader *die* varicose vein
krampf·artig 1. *Adj.* convulsive. **2.** *adv.* convulsively
krampfen 1. *itr. V.* **a)** be affected with cramp; *(bei Anfällen)* be convulsed; sein Magen krampfte he got stomach cramp; **b)** *(schweiz.: sich anstrengen)* slave away. **2.** *refl. V.* **a)** be affected with cramp; *(bei Anfällen)* be convulsed; **b)** *(umklammern)* sich um/in etw. *(Akk.)* ~: clench sth./dig into sth. **3.** *tr. V.* **a)** *(schließen)* die Fäuste/Finger um/in etw. *(Akk.)* ~: clench sb.'s hands/fingers into sth.; **b)** *(ugs.: an sich bringen)* sich *(Dat.)* etw. ~: grab sth.

krampfhaft 1. *Adj.* **a)** convulsive; **b)** *(verbissen)* desperate; forced ⟨*cheerfulness*⟩. **2.** *adv.* **a)** convulsively; **b)** *(verbissen)* desperately

krampf-, Krampf-: ~**husten** der *(Med.)* whooping cough; ~**lösend** *Adj.*, ~**stillend** *Adj.* antispasmodic

Kran [kra:n] *der;* ~[e]s, **Kräne** ['krɛ:nə] **a)** crane; **b)** *Pl.:* **Kräne** *od.* ~**en** *(südwestd.: Wasserhahn)* tap; faucet *(Amer.)*

Kran-: ~**brücke** die *(Technik)* gantry; ~**führer** der crane-operator; *(~fahrer)* crane-driver

Kranich ['kra:nɪç] *der;* ~s, ~e crane

krank [kraŋk]; **kränker** ['krɛŋkɐ], **kränkst...** ['krɛŋkst...] *Adj.* **a)** ill *usu. pred.;* sick; bad ⟨*leg, tooth*⟩; diseased ⟨*plant, organ*⟩; *(fig.)* sick, ailing ⟨*economy, business*⟩; **ein ~es Herz/eine ~e Leber haben** have a bad heart/a liver complaint; **[schwer] ~ werden** be taken *or* fall [seriously *or* very] ill; **er wurde immer kränker** he got steadily worse; **du siehst ~ aus** you don't look well; **sie liegt ~ zu/im Bett** she is ill in bed; **auf den Tod ~ sein** be critically *or* dangerously ill; **jmdn. ~ machen** make sb. ill; *(fig.)* get on sb.'s nerves; **vor Heimweh/Liebe ~ sein** be homesick/lovesick; **sich ~ melden** let the office/boss *etc.* know that one is off sick; **jmdn. ~ schreiben** give sb. a medical certificate; **b)** *(Jägerspr.: angeschossen)* wounded

Kranke ['kraŋkə] *der/die; adj. Dekl.* sick man/woman; *(Patient)* patient; **die ~n** the sick *pl.;* the patients

kränkeln ['krɛŋkln̩] *itr. V.* be in poor health; not be well; *(fig.)* be in poor shape; **er kränkelt leicht** he is always ailing

kranken *itr. V. (leiden)* **an etw.** *(Dat.)* **~** ⟨*firm, project, etc.*⟩ suffer from sth.

kränken ['krɛŋkn̩] **1.** *tr. V.* **jmdn. ~:** hurt *or* wound sb. *or* sb.'s feelings; **jmdn. in seiner Ehre/seinem Stolz/seiner Eitelkeit ~:** wound sb.'s honour/injure *or* wound sb.'s pride/vanity; **~d sein** be hurtful; **tief/ schwer gekränkt sein** be deeply hurt. **2.** *refl. V. (geh. veralt.)* **sich über jmdn./etw.** *~:* be *or* feel hurt by sb./sth.

kranken-, Kranken-: ~**anstalten** *Pl. (Amtsspr.)* hospital complex *sing.;* ~**auto** das *s.* ~**wagen;** ~**bericht** der case report; ~**besuch** der visit to a sick person; ~**blatt** das medical report [card]; ~**fahrstuhl** der *(Amtsspr.)* wheelchair; ~**geld** das sickness benefit; ~**geschichte** die case history; ~**gymnastik** die remedial *or* medical gymnastics *sing.;* physiotherapy; ~**gymnastin** die remedial gymnast; medical gymnast; physiotherapist; ~**haus** das hospital; **jmdn. ins ~haus einliefern/aus dem ~haus entlassen** take sb. to hospital/discharge sb. from hospital; **im ~haus liegen** be in hospital; **ins ~haus [gehen] müssen** have to go [in]to hospital; ~**haus·arzt** der hospital doctor; ~**haus·aufenthalt** der stay in hospital; ~**haus·reif** *Adj. (salopp)* ~**hausreif aussehen** look like a hospital case; **jmdn. ~hausreif schlagen** make a real mess of sb. *(coll.);* ~**kassa** die *(österr.),* ~**kasse** die health insurance scheme; *(Körperschaft)* health insurance institution; *(privat)* health insurance company; ~**kassen·beitrag** der health insurance contribution; ~**lager** das *(geh.)* **a)** *(Zeit des Krankseins)* illness; **b)** *(Krankenbett)* sickbed; ~**pflege** die nursing; **in der ~pflege tätig sein** be a nurse; ~**pfleger** der male nurse; ~**saal** der ward; ~**salbung** die *(kath. Kirche)* extreme unction *no art.;* ~**schein** der health insurance certificate; ~**schwester** die nurse; ~**stand** der number of staff away sick; **im ~stand sein** *(österr.)* be away sick; ~**stuhl** der *s.* ~**fahrstuhl;** ~**transport** der transportation of sick/injured persons; ~**versicherung** die **a)** *(Versicherung)* health insurance; **b)** *(Unternehmen)* health insurance company; ~**versicherungs·pflichtig** *Adj.* ⟨*person*⟩ who is required to join a health insurance scheme; ~**wagen** der ambulance; ~**zimmer** das sick-room; *(im Krankenhaus)* patients' room

krank|feiern *itr. V. (ugs.)* skive off work *(sl.)* [pretending to be ill]; **ich glaube, ich feiere mal krank** I think I might just [have to] go sick *(joc.)*

kränker *s.* **krank**

krankhaft 1. *Adj.* **a)** *(pathologisch)* pathological ⟨*change etc.*⟩; morbid ⟨*growth, state, swelling, etc.*⟩; **b)** *(abnorm gesteigert)* pathological; pathological, morbid ⟨*fear, obsession*⟩. **2.** *adv.* **a)** *(pathologisch)* pathologically; morbidly ⟨*swollen*⟩; **b)** *(abnorm gesteigert)* pathologically; pathological, morbidly ⟨*obsessed, sensitive*⟩

Krankheit die; ~, ~**en a)** illness; *(bestimmte Art, von Pflanzen, Organen)* disease; **von einer ~ befallen werden** contract *or* catch an illness/a disease; **an einer ~ leiden/sterben** suffer from/die of an illness/a disease; **eine ~ heilen/einer ~ vorbeugen** cure/prevent an illness/a disease; **das ist doch kein Auto, das ist eine ~** *(fig. ugs. scherzh.)* that's just an apology for a car; **b)** *o. Pl. (Zeit des Krankseins)* illness; **nach langer/schwerer ~:** after a long/serious illness

krankheits-, Krankheits-: ~**bild** das clinical picture; ~**erreger** der pathogen; disease-causing agent; ~**fall** der case of illness; **im ~fall in** the event of illness; ~**halber** *Adv.* due to illness; ~**keim** der germ [causing the/a disease]

krank|lachen *refl. V. (ugs.)* laugh one's head off; laugh oneself silly

kränklich ['krɛŋklɪç] *Adj.* sickly; ailing

krank-, Krank-: ~**machen** *itr. V. (ugs.) s.* ~**feiern;** *s. auch* **krank** *a;* ~**meldung** die notification of absence through illness

kränkste *s.* **krank**

Kränkung die; ~, ~**en: eine ~:** an injury to one's/sb.'s feelings; **etw. als ~ empfinden** be hurt by sth.; take offence at sth.

Kranz [kran̩ts] *der;* ~es, **Kränze** ['krɛn̩tsə] **a)** wreath; garland; *(auf einem Grab, Sarg, an einem Denkmal)* wreath; **einen ~ niederlegen** lay a wreath; **b)** *(Haar~)* chaplet *(of plaited hair);* **c)** *(Kuchen)* ring cake; **d)** *(geh.: Kreis)* circle; **ein ~ von Sagen** a cycle of legends

Kränzchen ['krɛn̩tsçən] *das;* ~s, ~ **a)** *(zum Kaffeetrinken)* coffee circle; coffee klatch *(Amer.); (zum Handarbeiten)* sewing circle; **b)** *(kleiner Kranz)* small wreath *or* garland

Kranz-: ~**gefäß** das *s.* **Herzkranzgefäß;** ~**geld** das *(Rechtsw.)* damages for loss of virginity awarded against a woman's fiancé if he breaks off the engagement without good cause; ~**kuchen** der *s.* **Kranz** c; ~**niederlegung** die laying of a wreath; ~**spende** die wreath; „**von ~spenden bitten wir abzusehen**" 'no flowers please'

Krapfen ['krapfn̩] *der;* ~s, ~ **a)** *(Berliner)* doughnut; **b)** *(Kochkunst)* fritter

kraß [kras] **1.** *Adj.* blatant ⟨*case*⟩; gross, flagrant ⟨*injustice*⟩; rank, complete ⟨*outsider*⟩; glaring, stark ⟨*contrast*⟩; complete ⟨*contradiction*⟩; stark ⟨*difference*⟩; gross ⟨*discrepancy, imbalance*⟩; out-and-out ⟨*egoist*⟩. **2.** *adv.* **sich ~ ausdrücken** put sth. bluntly; **sich von etw. ~ unterscheiden** be in stark contrast to sth.

Krater ['kra:tɐ] *der;* ~s, ~: crater

Krater-: ~**landschaft** die cratered landscape; ~**see** der crater lake

Kratz·bürste die *(ugs. scherzh.)* stroppy *(Brit. sl.)* or prickly so-and-so

kratzbürstig *Adj. (ugs. scherzh.)* stroppy *(Brit. sl.);* prickly

Krätze die; ~, ~**n** scraper

Krätze ['krɛtsə] die; ~: scabies *sing.*

kratzen ['kratsn̩] **1.** *tr. V.* **a)** scratch; **jmdm./ sich den Arm blutig ~:** scratch sb.'s/one's arm and make it bleed; **b)** *(scharren)* scratch; **seinen Namen in die Wand ~:** scratch one's name on the wall; **c)** *(entfernen)* scrape; **etw. aus/von etw. ~** scrape sth. out of/off sth.; **d)** *(ugs.: stören)* bother; **jmdn. wenig ~:** not bother sb. all that much; **wen kratzt das schon?** who cares *or* who's bothered [about that]?. **2.** *itr. V.* **a)** scratch; *(aus~)* scrape; **das Kratzen** scratching; **an jmds. Ehre/Vormachtstellung ~** *(fig.)* chip away at sb.'s honour/supremacy; **b)** *(jucken)* itch; be scratchy *or* itchy; **c)** *(brennen)* **im Hals ~** ⟨*wine*⟩ taste rough; ⟨*tobacco*⟩ be rough on the throat; ⟨*smoke*⟩ irritate the throat. **3.** *refl. V.* scratch [oneself]; **sich hinter dem Ohr/am Kopf ~:** scratch oneself behind the ear/scratch one's head

Kratzer *der;* ~s, ~ **a)** *(ugs.)* scratch; **b)** *(Schaber)* scraper

Krätzer ['krɛtsɐ] *der;* ~s, ~ *(abwertend)* rough wine; plonk *(Brit. sl.)*

kratz·fest *Adj.* scratch-proof; non-scratch

Kratz·fuß der *(veralt.)* leg *(arch.);* **einen ~ machen** make a leg *(arch.)*

kratzig *Adj.* scratchy, itchy ⟨*material, pullover, etc.*⟩; scratchy, rough ⟨*voice*⟩

krätzig ['krɛtsɪç] *Adj.* scabious ⟨*skin*⟩; mangy ⟨*dog*⟩

Krätz·milbe die *(Zool.)* itch-mite

Kratz-: ~**putz** der sgraffito; ~**spur** die scratch[-mark]; ~**wunde** die scratch

krauchen ['krauxn̩] *itr. V.; mit sein (md.) s.* **kriechen**

krauen ['krauən] *tr. V. s.* ²**kraulen**

Kraul [kraul] *das;* ~s *(Sport)* crawl

¹**kraulen 1.** *itr. V.* **a)** *o.* **sein** *or* swim the crawl; **b)** *mit sein* **über den See/ans Ufer ~:** swim across the lake/to the bank using the crawl. **2.** *tr. V.;* **auch mit sein eine Strecke ~:** cover a distance using the crawl

²**kraulen** *tr. V.* **jmdn. das Kinn ~** tickle sb. under the chin; **jmdn. in den Haaren ~** run one's fingers through sb.'s hair; **seinen Bart ~:** finger one's beard

Kraul·schwimmen das crawl; **beim ~:** when doing the crawl

kraus [kraus] *Adj.* **a)** frizzy ⟨*hair, beard*⟩; creased ⟨*skirt etc.*⟩; wavy ⟨*sea*⟩; wrinkled ⟨*brow*⟩; **die Stirn ~ ziehen** wrinkle one's brow; *(unmutig)* frown; **die Nase ~ ziehen** wrinkle one's nose; **b)** *(abwertend: verworren)* muddled; confused

Krause die; ~, ~**n a)** *(Kragen)* ruff; *(am Ärmel)* ruffle; frill; **b)** *(im Haar)* frizziness; **eine [starke] ~ haben/bekommen** ⟨*hair*⟩ be/go [very] frizzy; ⟨*person*⟩ be/go [very] frizzy-haired

Kräusel-: ~**band** das Rufflette [tape] (P); ~**krepp** der crêpe

kräuseln ['krɔyzln̩] **1.** *tr. V.* ruffle ⟨*water, surface*⟩; gather ⟨*material etc.*⟩; frizz ⟨*hair*⟩; pucker [up] ⟨*lips*⟩. **2.** *refl. V.* ⟨*hair*⟩ go frizzy; ⟨*water*⟩ ripple; ⟨*smoke*⟩ curl up; ⟨*material*⟩ pucker up

krausen 1. *tr. V.* gather ⟨*material etc.*⟩; frizz ⟨*hair*⟩; wrinkle [up] ⟨*forehead, nose*⟩. **2.** *itr. V.* ⟨*material, clothes*⟩ crease

kraus·haarig *Adj.* frizzy-haired ⟨*person*⟩; curly-coated ⟨*dog etc.*⟩

Kraus·kopf der for frizzy hair; **einen ~ haben** have frizzy hair; be frizzy-haired; *s. auch* **Wuschelkopf**

Kraut [kraut] *das;* ~[e]s, **Kräuter** ['krɔytɐ] **a)** herb; **dagegen ist kein ~ gewachsen** *(ugs.)* there's nothing anyone can do about it; **b)** *o. Pl. (Blätter)* foliage; stems and leaves *pl.;* *(von Kartoffeln, Bohnen usw.)* haulm; *(von Möhren, Rüben)* tops *pl.;* **ins ~ schießen** put on too much foliage; bolt; *(fig.)* run wild; **wie ~ und Rüben** *(ugs.)* all over the place; in a complete muddle; **c)** *o. Pl. (bes. südd., österr.: Sauer~) (Kohl)* cabbage; **d)** *o. Pl. (Tabak)* tobacco; **er raucht ein ganz elendes ~:** he is smoking some really foul stuff

Kräutchen ['krɔytçən] *das;* ~s, ~: [small] herb; ein ~ **Rührmichnichtan sein** *(veralt.)* be over-sensitive and easily upset

Kräuter-: ~**buch** *das* herbal; ~**butter** *die* herb butter; ~**essig** *der* herb vinegar; ~**frau** *die* herbwoman; ~**käse** *der* cheese flavoured with herbs; ~**kissen** *das* herb pillow; ~**likör** *der* herb liqueur; ~**sammler** *der* herbalist; ~**tee** *der* herb tea; ~**weib** *das (veralt.) s.* ~**frau**

krautig *Adj.* herbaceous

Kraut-: ~**junker** *der (hist. abwertend)* large landowner; ~**kopf** *der s.* Kohlkopf

Kräutlein *das;* ~s, ~ *s.* Kräutchen

Kraut-: ~**salat** *der* coleslaw; ~**wickel** *der (südd., österr.) s.* Kohlroulade

Krawall [kra'val] *der;* ~s, ~e **a)** *(Tumult)* riot; **b)** *o. Pl. (ugs.: Lärm)* row *(coll.)*; racket; **es gab ~:** there was a row *(coll.)* or racket; ~ **machen** kick up *or* make a row *(coll.)* or racket; ~ **schlagen** kick up *or* make a fuss

Krawall·macher *der* rowdy

Krawatte [kra'vatə] *die;* ~, ~n **a)** tie; **b)** *(Catchen)* headlock; chancery

Krawatten-: ~**halter** *der* tie-clip; ~**knoten** *der* knot [of the/a/one's tie]; ~**muffel** *der (ugs.)* stick-in-the-mud where ties are concerned; ~**nadel** *die* tie-pin; ~**zwang** *der*: **hier herrscht [kein] ~zwang** you [do not] have to wear a tie here

kraxeln ['kraksl̩n] *itr. V.;* mit sein *(bes. südd., österr. ugs.)* climb; *(mit Mühe)* clamber; **auf etw.** *(Akk.)* ~: climb [up] sth.; *(mit Mühe)* clamber up sth.

Kreation [krea'tsi̯oːn] *die;* ~, ~en *(bes. Mode)* creation

kreativ [krea'tiːf] **1.** *Adj.* creative. **2.** *adv.* ~ **veranlagt sein** have a creative bent

Kreativität [kreativi'tɛːt] *die;* ~: creativity

Kreativ·urlaub *der* [arts and crafts] activity holiday

Kreatur [krea'tuːɐ] *die;* ~, ~en **a)** *(Geschöpf)* creature; **b)** *o. Pl. (alle Lebewesen)* creation; **alle ~:** all creation; **Gott schuf alle ~:** God made all creatures *pl.;* **c)** *(Mensch)* creature; wretch; **d)** *(abwertend: willenloser Mensch)* minion; creature

kreatürlich [krea'tyːɐ̯lɪç] *Adj. (geh.)* creaturely, natural ⟨*feeling, love, etc.*⟩; animal attrib. ⟨*fear*⟩

Krebs [kreːps] *der;* ~es, ~e **a)** crustacean; *(Fluß~)* crayfish; *(Krabbe)* crab; **rot wie ein ~:** as red as a lobster; **einen ~ fangen** *(Ruderjargon)* catch a crab; **b)** *(Krankheit)* cancer; **c)** *(Astrol.)* Cancer; the Crab; *s. auch* Fisch

krebs·artig 1. *Adj.* cancerous. **2.** *adv.* cancerously; in the manner of a cancer

krebsen *itr. V.* **a)** *(Flußkrebse fangen)* catch crayfish; *(Krabben fangen)* catch crabs; **b)** *(ugs.: sich abmühen)* **mit etw. zu ~ haben** find sth. a real *or* uphill struggle

krebs-, Krebs-: ~**erregend,** ~**erzeugend** *Adj.* carcinogenic; cancer-producing *usu. attrib.;* **das Rauchen kann ~erzeugend sein** smoking can cause cancer; ~**forschung** *die* cancer research; ~**gang** *der* **a)** *o. Pl. (rückläufige Entwicklung)* retrogression; **den ~gang gehen** *(business)* go downhill; **im ~gang gehen** go backwards; **b)** *(Musik)* retrograde movement; ~**geschwulst** *die* cancerous growth *or* tumour; ~**geschwür** *das (volkst.)* cancerous ulcer; *(fig. geh.)* cancer; ~**krank** *Adj.* cancer attrib. ⟨*patient etc.*⟩; ~**krank sein** suffer from *or* have cancer; ~**kranke der/die** person suffering from cancer; *(Patient)* cancer patient; ~**leiden** *das* cancer no def. art.; ~**rot** *Adj.* as red as a lobster *postpos.; (aus Verlegenheit)* as red as a beetroot *postpos.;* ~**rot werden** *od.* **anlaufen** go *or* turn as red as a beetroot; ~**suppe** *die* crab soup; *(aus Flußkrebsen)* crayfish soup; ~**tier** *das;* meist Pl. *(Zool.)* crusta-

cean; ~**vorsorge** *die (bes. Amtsspr.)* [Maßnahmen zur] ~**vorsorge** precautions *pl.* against cancer; ~**zelle** *die* cancer cell

Kredenz [kre'dɛnts] *die;* ~, ~en *(veralt.)* sideboard

kredenzen *tr. V. (geh.)* **[jmdm.] etw.** ~: serve [sb. with] sth.

¹**Kredit** [kre'diːt] *der;* ~[e]s, ~e **a)** *(Darlehen)* loan; credit; **jmdm. einen ~ gewähren** *od.* **einräumen** *od.* **geben** give *or* grant sb. a loan *or* a credit; **einen ~ kündigen** call in a loan; **b)** *o. Pl. (Zahlungsaufschub)* credit; **er hat bei uns ~:** his credit is good with us; **jmdm.** ~ **geben** *or* **grant sb. credit;** **auf ~:** on credit; **c)** *o. Pl. (Kaufmannsspr.: Vertrauenswürdigkeit)* good reputation *or* name; **jmdm. erhebliches politischen ~ verschaffen** give sb. considerable political standing

²**Kredit** ['kreːdɪt] *das;* ~s, ~s *(Finanzw.)* credit side

kredit-, Kredit-: ~**abteilung** *die* credit department; ~**anstalt** *die* credit institution; ~**aufnahme** *die*: durch ~**aufnahme** by means of a loan/loans; ~**brief** *der (Finanzw.)* letter of credit; ~**fähig** *Adj. (Finanzw.)* credit-worthy; ~**geber** *der, Finanzw.)* ~**geschäft** *das* credit transaction; ~**hai** *der (ugs. abwertend)* loan shark *(coll.)*

kreditieren *tr. V. (Kaufmannsspr.)* **jmdm. einen Betrag ~/jmdm. für einen Betrag ~:** advance sb. an amount *or* give sb. an amount on credit/credit sb. with an amount

kredit-, Kredit-: ~**institut** *das* credit institution; ~**karte** *die* credit card; **mit ~karte bezahlen** pay by credit card; ~**kauf** *der* credit purchase; ~**linie** *die (Finanzw.)* credit limit; ~**nehmer** *der* borrower; ~**schutz** *der (Finanzw.)* credit protection; ~**würdig** *Adj. (Finanzw.)* credit-worthy

Kredo ['kreːdo] *das;* ~s, ~s **a)** *(kath. Kirche)* creed; credo; **b)** *(fig. geh.)* credo

kregel ['kreːgl̩] *Adj. (bes. nordd., md.)* lively

Kreide ['kraidə] *die;* ~, ~n **a)** *(Kalkstein)* chalk; **b)** *(zum Schreiben)* chalk; **mit ~ zeichnen/schreiben** draw/write in *or* with chalk; **ein Stück ~:** a piece of chalk; **bei jmdm. [tief] in der ~ stehen** *od.* **sitzen** *od.* **sein** be [deep] in debt to sb.; owe sb. [a lot of] money; **c)** *o. Pl. (Geol.)* Cretaceous [period]

kreide-, Kreide-: ~**bleich** *Adj.* as white as a sheet *postpos.;* ~**felsen** *der* chalk cliff; ~**haltig** *Adj.* chalky, cretaceous *(Geol.);* ~**stift** *der* [piece of] chalk; *(bild. Kunst)* chalk; crayon; ~**weiß** *Adj.: s.* ~**bleich;** ~**zeichnung** *die* chalk drawing; ~**zeit** *die s.* Kreide c.

kreidig *Adj.* **a)** *(voller Kreide)* chalky; **b)** *(kreidehaltig)* chalky; cretaceous *(Geol.);* **c)** *(geh.: bleich)* deathly pale *(face)*

kreieren [kre'iːrən] *tr. V. (auch Theater)* create

Kreis [krais] *der;* ~es, ~e **a)** circle; **einen ~ schlagen** *od.* **beschreiben** describe a circle; **jmds. ~e stören** *(geh.)* disturb sb.; **b)** *(Handball: Wurfkreis)* goal area; **c)** *(Ring)* circle; **einen ~ bilden** *od.* **schließen** form *or* make a circle; **in einem** *od.* **im ~ stehen/sitzen** stand/sit in a circle; **sich im ~ drehen** *od.* **bewegen** go *or* turn round in a circle; *(fig.)* go round in circles; **mir dreht sich alles im ~:** everything's going round and round; **der ~ hat sich geschlossen** the last piece has fallen into place; ~**e ziehen** ⟨*court case*⟩ have [wide] repercussions; ⟨*movement*⟩ grow in size and influence; **d)** *(Gruppe)* circle; **der ~ meiner Freunde** my circle of friends; **im ~e der Freunde/Familie** among *or* with friends/within the family; **im kleinen** *od.* **engsten ~:** with a few close friends [and relatives]; **der ~ seiner Leser/Anhänger** his readers *pl.*/followers *pl.;* **e)** *(Teil der Gesellschaft)* circle; **in seinen ~en in the circles in which he moves/moved;** **in weiten** *od.* **breiten ~en der Bevölkerung** amongst wide sec-

tions of the population; **die besseren/besten ~e** the best circles; **f)** *(von Problemen, Lösungen usw.)* range; **g)** *(Verwaltungsbezirk)* district; *(Wahl~)* ward; **der ~ Heidelberg** the Heidelberg district *or* district of Heidelberg; **h)** *(Elektrot.)* circuit

Kreis-: ~**ab·schnitt** *der (Geom.)* segment [of a/the circle]; ~**arzt** *der* district medical officer; ~**aus·schnitt** *der (Geom.)* sector [of a/the circle]; ~**bahn** *die* orbit; ~**bewegung** *die* circular movement; ~**bogen** *der (Geom.)* arc [of a/the circle]

kreischen ['kraɪʃn] regelm. *(veralt. auch unr.) itr. V.* ⟨*person*⟩ screech, shriek; ⟨*bird*⟩ screech; ⟨*brakes*⟩ squeal, screech; ⟨*door*⟩ creak; ⟨*saw*⟩ screech; **mit ~den Bremsen** with a squeal *or* screech of brakes

Kreisel ['kraɪzl̩] *der;* ~s, ~ **a)** *(Technik)* gyroscope; **b)** *(Kinderspielzeug)* top; **den ~ schlagen** spin *or* whip the top; **c)** *(ugs.: Kreisverkehr)* roundabout

Kreisel-: ~**bewegung** *die* gyration; spinning movement; ~**kompaß** *der (Schiffahrt)* gyro-compass

kreiseln *itr. V.* **a)** *auch mit sein (sich drehen)* spin [round]; gyrate; **b)** *(mit einem Kreisel spielen)* play with a top; spin a top

Kreisel·pumpe *die (Technik)* centrifugal pump

kreisen *itr. V.* **a)** *auch mit sein* ⟨*planet*⟩ revolve (um around); ⟨*satellite etc.*⟩ orbit ⟨*aircraft, bird*⟩ circle; **der Satellit kreist um die Erde** the satellite orbits the Earth; **das Blut kreiste schneller in seinen Adern** *(fig.)* the blood coursed faster in his veins; **die Flasche [in der Runde] ~ lassen** *(fig.)* pass the bottle round; **seine Gedanken kreisten immer um dasselbe Thema** *(fig.)* his thoughts always revolved around the same subject; **b)** *(Sport)* **die Arme ~ lassen** swing one's arms round [in a circle]

kreis-, Kreis-: ~**fläche** *die (Geom.)* area of a/the circle; ~**förmig 1.** *Adj.* circular. **2.** *adv.* **ein ~förmig gebogenes Stück Draht** a piece of wire bent into a circle; ~**frei** *Adj. (Amtsspr.)* **eine ~freie Stadt** a town that is administered as a district in its own right; ~**klasse** *die (Sport)* district league; ~**kolben·motor** *der s.* Wankelmotor; ~**lauf** *der* **a)** *(der Natur, der Wirtschaft, des Lebens usw.)* cycle; *(des Geldes; Technik)* circulation; **b)** *(Physiol.)* circulation; ~**läufer** *der (Hallenhandball) s.* ~**spieler;** ~**lauf·kollaps** *der (Med.)* circulatory collapse; ~**lauf·mittel** *das* **a)** remedy to prevent faintness; **b)** *(Med.)* circulatory preparation; *(den ~lauf anregend)* circulatory stimulant; ~**lauf·störung** *die* **a)** *bes. im Pl.* faintness; **b)** *(Med.)* cardio-vascular disorder; circulatory disturbance; ~**lauf·störungen** *Pl.* circulatory trouble sing.; ~**leitung** *die (DDR)* district committee; ~**linie** *die (Geom.)* circumference [of a circle]; ~**ring** *der (Geom.)* annulus; ~**rund 1.** *Adj.* [perfectly] circular *or* round. **2.** *adv.* ⟨*bent etc.*⟩ in[to] a [perfect] circle; ~**säge die** *or* **a)** *(Werkzeug)* circular saw; **b)** *(ugs. scherzh.: Strohhut)* boater

kreißen ['kraɪsn̩] *itr. V. (veralt.)* be in labour

Kreis·spieler *der (Hallenhandball)* pivot player

Kreiß·saal *der (Med.)* delivery room

Kreis-: ~**stadt** *die* chief town of a/the district; ~**tag** *der* district assembly; ~**verkehr** *der* traffic on *or* going round a/the roundabout; *(Platz)* roundabout; ~**verwaltung** *die* the administration of a/the district; *(Behörde)* district authority; ~**wehrersatz·amt** *das* district recruiting office; ~**zahl** *die (Math.)* pi no art.

Krem [kreːm] *die;* ~, ~s *s.* Creme

Krematorium [krema'toːri̯ʊm] *das;* ~s, **Krematorien** crematorium

kremig *s.* cremig

1265

Kreml ['krɛml] der; ~s Kremlin

Krempe ['krɛmpə] die; ~, ~n brim

¹**Krempel** ['krɛmpl] der; ~s (ugs. abwertend) stuff; (Gerümpel) junk; **den ganzen ~ hinwerfen** (fig.) chuck the whole thing in (coll.)

²**Krempel** die; ~, ~n (Textilind.) carding machine

¹**krempeln** tr. V. roll

²**krempeln** tr. V. (Textilind.) card

Kremser ['krɛmzɐ] der; ~s, ~ (veralt.) [covered] charabanc (Brit. dated)

Kren [kre:n] der; ~[e]s (südd., bes. österr.) s. Meerrettich

Kreole [kre'o:lə] der; ~n, ~n, **Kreolin** die; ~, ~nen Creole

kreolisch Adj. Creole

krepieren [kre'pi:rən] itr. V.; mit sein **a)** (zerplatzen) explode; go off; **b)** (salopp: sterben) ⟨animal⟩ die; ⟨person⟩ snuff it (sl.)

Krepp [krɛp] der; ~s, ~s od. ~e crêpe

Kreppapier das crêpe paper

Krepp-: **~papier** s. Kreppapier; **~sohle** die crêpe sole

Kresse ['krɛsə] die; ~, ~n (Bot.) cress

Kreta ['kre:ta] (das); ~s Crete

Kreter ['kre:tɐ] der; ~s, ~, **Kreterin** die; ~, ~nen Cretan

Krethi und Plethi o. Art., o. Gen.; Pl., auch Sg. (abwertend) every Tom, Dick and Harry sing.

Kretin [kre'tɛ̃:] der; ~s, ~s **a)** (Med.) cretin; **b)** (fig. abwertend) imbecile

Kretinismus [kreti'nɪsmʊs] der; ~ (Med.) cretinism no or.

kreucht [krɔy̯çt] in **alles, was da ~ und fleucht** all living creatures or things

kreuz: **~ und quer durch die Stadt fahren** drive all over/round the town; **in die Kreuz und [in die] Quere fahren** drive all over the place

Kreuz [krɔy̯ts] das; ~es, ~e **a)** cross; (Symbol) cross; crucifix; **etw. über ~ legen/falten** lay sth. down/fold sth. crosswise; **das ~ des Südens** (Astron.) the Southern Cross; **zu ~e kriechen** humble oneself; s. auch **eisern 1 a**; **rot 1**; **b)** (hist.) cross; **jmdn. ans ~ schlagen** od. **nageln** nail sb. to the cross; **c)** (Kreuzzeichen) sign of the cross; **das/ein ~ schlagen** make the sign of the cross; (sich bekreuzigen) cross oneself; **drei ~e machen** (ugs.) heave a sigh of relief; **d)** o. Pl. (Leid) cross; **sein ~ auf sich nehmen/tragen** take up/bear one's cross; **es ist ein ~ mit jmdm./etw.** (ugs.) sth. is a real strain or is really trying/sth. is a real problem; **e)** (Teil des Rückens) small of the back; **ein steifes ~ haben** have a stiff back; **Schmerzen im ~: pain in the small of the back**; **ich hab's im ~** (ugs.) I've got back trouble or a bad back; **jmdn. aufs ~ legen** (salopp) take sb. for a ride (coll.); **eine Frau aufs ~ legen** (salopp: mit ihr schlafen) lay a woman (sl.); **fast** od. **beinahe aufs ~ fallen** (fig.) almost fall through the floor; **jmdm. etw. aus dem ~ leiern** (salopp) talk sb. into handing sth. over; **f)** o. Art., o. Pl. (Kartenspiel) clubs pl.; (Karte) club; s. auch ²**Pik**; **h)** (Autobahn) interchange; **i)** (Musik) sharp

kreuz-, Kreuz-: **~abnahme** die (bild. Kunst) Descent or Deposition from the Cross; **~as** das ace of clubs; **~band** das (Anat.) cruciate ligament; **~bein** das (Anat.) sacrum; **~blume** die **a)** (Bot.) milkwort; **b)** (Archit.) finial; **~blütler** der (Bot.) cruciferous plant; crucifer; **~brav** Adj. thoroughly good and honest ⟨person⟩; very good or well-behaved ⟨child⟩; **~bube** der jack of clubs; **~dame** die queen of clubs

kreuzen 1. tr. V. (auch Biol.) cross; **die Arme/Beine [übereinander] ~** cross or fold one's arms/cross one's legs; s. auch **Klinge b. 2.** refl. V. **a)** (überschneiden) cross; intersect; **ihre Wege ~ sich** (fig.) their paths cross; **ihre Blicke ~ sich** (fig.) their eyes meet; **b)** (zuwiderlaufen) clash (mit with). **3.** itr. V. **a)** mit haben od. sein (hin und her fahren) cruise; **b)** (Seemannsspr.) tack

Kreuzer der; ~s, ~ **a)** (Milit.: Kriegsschiff) cruiser; **b)** (Segelsport) cruising yacht; cruiser; **c)** (hist.: Münze) kreuzer

Kreuzes·tod der [death by] crucifixion; **den ~ sterben** die on the cross

kreuz-, Kreuz-: **~fahrer** der (hist.) crusader; **~fahrt** die **a)** (Seereise) cruise; **eine ~fahrt machen** go on a cruise; **b)** (hist.) s. **~zug**; **~feuer** das (Milit., auch fig.) crossfire; **etw. unter ~feuer nehmen** direct crossfire at sth.; **im ~feuer stehen** be under fire from all sides; **ins ~feuer geraten** come under fire from all sides; **~fidel** Adj. (ugs.) (sehr gut gelaunt) very cheerful; (sehr lustig) very jolly; **~förmig 1.** Adj. cross-shaped; cruciform; **2.** adv. (built, arranged, etc.) in the shape of a cross; **~gang** der cloister; **~gelenk** das s. **Kardangelenk**; **~gewölbe** das (Archit.) cross vault; **~griff** der (Turnen) cross grip; **~hacke** die pickaxe

kreuzigen ['krɔy̯tsɪɡn̩] tr. V. crucify; **der Gekreuzigte** Christ crucified

Kreuzigung die; ~, ~en **a)** (das Kreuzigen) crucifixion; **b)** (bild. Kunst) Crucifixion

kreuz-, Kreuz-: **~knoten** der (Seemannsspr.) reef-knot; **~könig** der king of clubs; **~lahm** Adj. broken-backed ⟨horse etc.⟩; **ich bin ganz ~lahm** (ugs.) my back is killing me (coll.); **~mast** der (Seemannsspr.) mizen-mast; **~otter** die adder; [common] viper; **~reim** der (Verslehre) alternate rhyme; **~rippen·gewölbe** das (Archit.) ribbed vault; **~ritter** der (hist.) **a)** crusader; **b)** (vom deutschen Ritterorden) Teutonic Knight; knight of the Teutonic Order; **~schlitz·schraube** die Phillips screw (P); **~schlitz·schrauben·dreher** der Phillips screwdriver (P); **~schlüssel** der four-way wheel-brace; **~schmerzen** Pl. pain sing. in the small of the back; **~schnabel** der (Zool.) crossbill; **~spinne** die cross spider; garden spider; **~stich** der (Handarb.) cross-stitch

Kreuzung die; ~, ~en **a)** junction; crossroads sing.; **b)** (Biol.) crossing; cross-breeding; (Ergebnis) cross-breed; **eine ~ aus ... und ...: a cross between ... and ...**

kreuz·unglücklich Adj. (ugs.) terribly miserable (coll.)

kreuzungs·frei Adj. (Verkehrsw.) without [any] junctions postpos.

Kreuzungs·punkt der junction; (von Autobahnen) intersection

kreuz-, Kreuz-: **~verband** der (Bauw.) English cross bond; **~verhör** das crossexamination; **jmdn. ins ~verhör nehmen** (fig.) cross-examine sb.; **~weg** der **a)** (Wegkreuzung) crossroads sing.; **am ~weg stehen** or **be at/have reached a crossroads**; **b)** (kath. Kirche: Darstellung, Gebete) stations of the Cross, way of the Cross; **~weise** Adv. crosswise; crossways; **du kannst mich mal ~weise!** (derb) [you can] get stuffed! (sl.); **~wort·rätsel** das crossword [puzzle]; **~zeichen** das (bes. kath. Kirche) sign of the cross; **das ~zeichen machen** make the sign of the cross; (sich bekreuzigen) cross oneself; **~zug** der **a)** (hist.) crusade; **b)** (Kampagne) crusade

Krevette [kre'vɛtə] die; ~, ~n palaemon prawn; leander

kribbelig Adj. (ugs.) **a)** (vor Ungeduld) fidgety; (ne.vös) edgy; **b)** (kribbelnd) ein **~es Gefühl in der Hand** pins and needles in one's hand

kribbeln ['krɪbl̩n] itr. V. **a)** (jucken) tickle; (prickeln) tingle; **es kribbelt mir** od. **mich in der Nase/in den Füßen/unter der Haut** I've got a tickle in my nose/my feet are tingling or I've got pins and needles in my feet/my skin is itching or prickling; **es kribbelt mir in den Fingern, es zu tun** (fig.) I'm just itching to do it; **b)** (wimmeln) swarm [about]; **in dem Ameisenhaufen kribbelte und krabbelte es** the ants were swarming about in the anthill

kribblig s. kribbelig

Krickelkrakel ['krɪk|krakl] das; ~s (ugs.) scribble; scrawl

Kricket ['krɪkət] das; ~s cricket

Krida ['kri:da] die; ~ (österr. Rechtsw.) fraudulent bankruptcy; (fahrlässig) bankruptcy through negligence

kriechen ['kri:çn̩] unr. itr. V. **a)** mit sein ⟨insect, thing⟩ crawl; ⟨plant⟩ creep; ⟨person, animal⟩ creep, crawl; ⟨car, train, etc.⟩ crawl or creep [along]; **aus dem Ei/der Puppe ~:** hatch [out]/emerge from the chrysalis; **~de Pflanzen** creepers; **erschöpft ins Bett ~:** crawl exhausted into bed; **auf allen vieren/auf den Bauch ~:** crawl on all fours/crawl [along] on one's stomach; **die Zeit/der Zeiger kriecht** (fig.) time creeps by/the hand creeps [around the dial]; s. auch **Kreuz a**; **b)** mit sein (ugs.: sich fortbewegen) walk; get about; **kaum noch ~ können** hardly be able to get about or walk; (alt und gebrechlich sein) be old and decrepit; **c)** auch mit sein (abwertend: sich unterwürfig verhalten) crawl, grovel (vor + Dat. to)

Kriecher der; ~s, ~ (abwertend) crawler; groveller

kriecherisch Adj. (abwertend) crawling; grovelling

Kriech-: **~spur** die (Verkehrsw.) crawler lane; **~strom** der (Elektrot.) leakage current; **~tempo** das (abwertend) im **~tempo** at a snail's pace; **~tier** das (Zool.) reptile

Krieg [kri:k] der; ~[e]s, ~e war; (~führung) warfare; [gegen jmdn.] **~ führen** wage war [on sb.]; **einem Land den ~ erklären** declare war on a country; **sich im ~ befinden** od. **im ~ stehen [mit ...]** be at war [with ...]; **in den ~ ziehen** go to war; **im ~ bleiben** be killed in the war; **der kalte ~:** the cold war

kriegen tr. V. (ugs.) **a)** (bekommen) get; **noch Geld von jmdm. ~:** be owed money by sb.; **Bescheid ~:** be told; **Schläge** od. **die. ~:** get a good hiding (coll.) or beating; **du kriegst gleich eine/ein paar!** I'll clout you in a moment!; **ein Jahr [Gefängnis] ~:** get a or one year [in prison]; **einen Schnupfen ~:** catch [a] cold; **Besuch ~:** have a visitor/visitors; **seinen Willen ~:** get one's own way; **ich kriege keine Verbindung** od. **keinen Anschluß** I can't get through; **am Ende des Films ~ sie sich** at the end of the film boy gets girl; **was ~ Sie?** what can I get you?; **ein Baby/Kind ~:** have a baby/child; **Junge ~:** have puppies/kittens etc.; **jmdn. dazu ~, etw. zu tun** get sb. to do sth.; **nichts aus dem Haus** od. **vor die Tür zu ~:** nothing will get him out of the house or front door; **jmdn. satt/frei ~:** feed sb./get sb. free; **wir werden das** od. **es schon ~:** we'll soon sort it out; s. auch **genug**; **Motte a**; **zuviel 1 a**; **b)** (befallen werden) get; **die Wut/Angst/einen Schrecken ~:** get angry/scared/have or get a shock; **Hunger/Durst ~:** get hungry/thirsty; **Heimweh/Fernweh ~:** get homesick/start suffering from wanderlust; **einen roten Kopf ~:** go red; blush; **Falten/eine Glatze ~:** get wrinkles/go bald; **c)** (erreichen) catch ⟨train, bus, etc.⟩; **d)** (fangen) catch; **e)** + Inf. mit „zu" (die Möglichkeit haben) etw. zu essen ~: get sth. to eat; **er kriegte den Ast zu fassen** he was able to or he managed to grab hold of the branch; **f)** + Inf. mit „zu" (ertragen müssen) etw. zu spüren/hören ~: feel the force of sth./get a good talking-to; **etw. zu tun ~:** have sb. to reckon with; **g)** + 2. Part. etw. geschenkt ~: get sth. as a present; **ein gutes Essen vorgesetzt ~:** get served with a good meal; **h)** in **es nicht über sich ~, etw. zu tun** (ugs.) not be able to bring oneself to do sth.

Krieger der; ~s, ~: warrior; (nordamerikanischer Indianer) brave; **die alten ~**: the veterans; **ein müder ~** (fig.) a tired old thing
Krieger·denkmal das (veralt.) war memorial
kriegerisch Adj. a) (kampflustig) warlike; b) nicht präd. (militärisch) military; **eine ~e Auseinandersetzung** an armed conflict
Krieger·witwe die war widow
krieg·führend Adj.; nicht präd. warring; belligerent
Krieg·führung die warfare no art.; (Leitung) conduct of the war
kriegs-, Kriegs-: ~anleihe die war loan; **~aus·bruch** der outbreak of war; **bei/vor ~ausbruch** at/before the outbreak of war; **~bedingt** Adj. caused by the war postpos.; **~beginn** der; o. Pl. beginning or start of the war; **~beil** das tomahawk; **das ~beil ausgraben/begraben** (scherzh.) start fighting/bury the hatchet; **~bemalung** die (Völkerk.) war-paint; **in voller ~bemalung** (scherzh.) in full war-paint; **~berichterstatter** der war correspondent; **~bericht·erstattung** die war reporting no art.; **~beschädigt** Adj. war-disabled; **~beschädigte** der/die war-disabled person; war invalid; **~beute** die spoils pl. of war; **~blinde** der/die person blinded in the war; **~dienst** der a) (im Krieg) active service; b) (Wehrdienst) military service; **den ~dienst verweigern** be a conscientious objector; **~dienst·verweigerer** der conscientious objector; **~dienst·verweigerung** die conscientious objection; **~einwirkung** die; **infolge von ~einwirkungen** as a result of the war; **~ende** das end of the war; **bei/vor ~ende** at/before the end of the war; **~entschädigung** die reparations pl.; **~entscheidend** Adj. decisive for the outcome of the war postpos.; **~erklärung** die declaration of war; **~erlebnis** das wartime experience; **~fall** der: **im ~fall[e]** in the event of war; **~film** der war film; **~flagge** die naval ensign; **~flotte** die navy; fleet; **~freiwillige** der [war] volunteer; **~führung** die s. Kriegführung; **~fuß** der in **mit jmdm. auf [dem] ~fuß stehen** od. **leben** (scherzh.) be at loggerheads with sb.; **mit etw. auf [dem] ~fuß stehen** (scherzh.) be totally lost when it comes to sth.; **~gebiet** das war zone; **~gefahr** die; o. Pl. danger of war; **~gefangen** Adj. captured; **~gefangene** der prisoner of war; POW; **~gefangenschaft** die captivity; **in ~gefangenschaft sein/geraten** be a prisoner of war/ be taken prisoner; **aus der ~gefangenschaft entlassen werden** be released from captivity; **~gegner** der a) (Gegner im Krieg) enemy; b) (Gegner des Krieges) opponent of the/a war; (Pazifist) opponent of war; **~gericht** das court martial; **jmdn. vor ein ~gericht stellen** court-martial sb.; **~geschrei** das war cries pl.; **~gewinnler** [~gəvɪnlɐ] der; ~s, ~ (abwertend) war profiteer; **~glück** das (geh.) fortune or luck in war; **~gott** der (Myth.) god of war; **~gräber·fürsorge** die a) care of war graves; b) (Institution) war graves commission; **~greuel** der wartime atrocity; **~hafen** der naval port; **~handwerk** das (geh. veralt.) art of warfare; **~held** der (geh.) war hero; **~herr** der (geh. veralt.) commander; **oberster ~herr** supreme commander; commander-in-chief; **~hetze** die; o. Pl. (abwertend) warmongering; **~hetze betreiben** stir up war; **~hinterbliebene** der/die war widows and orphans; **~industrie** die armaments industry; **~invalide** der war-disabled person; war invalid; **~jahr** das: **im ersten/dritten ~jahr** in the first/third year of the war; **während der ~jahre/der letzten ~jahre** during the war years/the last years of the war; **~kamerad** der wartime comrade; **~knecht** der (veralt.) soldier; (Söldner) mercenary; **~kunst** die (geh., veralt.) art of war or warfare; **~list** die military stratagem; (fig. scherzh.) ruse; **~lüstern** Adj. bellicose; warlike; **~marine** die navy; **~maschine** die (hist.) engine [of war]; **~maschinerie** die (abwertend) machinery of war; **~minister** der (hist.) minister of or for war; **~ministerium** das (hist.) war ministry; (in Großbritannien) War Office (Hist.); **~müde** Adj. war-weary; **~opfer** das war victim; **~pfad** der in **auf dem ~pfad** (auch fig.) on the war-path; **~propaganda** die wartime propaganda; **~rat** der in **~rat [ab]halten** (scherzh.) have a pow-wow; **~recht** das; o. Pl. a) laws pl. of war; b) **das ~recht verhängen** impose martial law; **~schaden** der (bes. Amtsspr.) war damage no art.; **~schäden** Pl. war damage sing., no art.; **~schau·platz** der theatre of war; **~schiff** das warship; **~schuld** die war guilt; **~schulden** Pl. war debts; war reparations; **~spiel** das a) (Milit.) war game; b) (Kinderspiel) [game of] soldiers sing.; **~spiel·zeug** das war toys pl.; (einzelnes) war toy; **~stärke** die; o. Pl. wartime strength; **~tanz** der (Völkerk.) war-dance; **~tauglich** Adj. fit for active service postpos.; **~teilnehmer** der combatant; (ehemaliger Soldat) ex-serviceman; war veteran (Amer.); **~trauung** die war-marriage; **~treiber** der (abwertend) war-monger; **~untauglich** Adj. unfit for active service postpos.; **~verbrechen** das (Rechtsw.) war crime; **~verbrecher** der war criminal; **~verbrecherprozeß** der war crimes trial; **~verbündet** Adj. co-belligerent; **~verbündete** der co-belligerent; **~verletzung** die war wound or injury; **~versehrt** Adj.: s. ~beschädigt; **~beschädigte; ~verwendungs·fähig** Adj. (Amtsspr.) fit for active service postpos.; **~waise** die war orphan; **~wichtig** Adj. essential to the war effort postpos.; **~wirren** Pl. chaos sing. of war; **~wirtschaft** die war[time] economy; **~zeit** die wartime; **in ~zeiten** Pl. in wartime; **~ziel** das war aim; aim of a/the war; **~zu·stand** der state of war; **sich im ~zustand befinden** be at war

Krill [krɪl] der; ~[e]s krill
Krim [krɪm] die; o. Pl. **die ~**: the Crimea
Krimi ['kriːmi] der; ~[s], ~[s] (ugs.) a) (Film, Stück) crime thriller; whodunit (coll.); (fig.: Fußballspiel, Quizsendung usw.) thriller; cliff-hanger; b) (Roman) crime thriller; whodunit (coll.); (mit Detektiv als Held) detective story
Kriminal·beamte [krimi'naːl-] der [plain-clothes] detective
Kriminale der; adj. Dekl., **Kriminaler** der; ~s, ~ (ugs.) detective
Kriminal-: ~fall der criminal case; crime; **~film** der crime film or thriller; **~gericht** das (veralt.) s. **Strafgericht; ~hör·spiel** das radio crime thriller
kriminalisieren tr. V. a) (kriminell machen) jmdn. ~: make sb. turn to crime; b) (als kriminell hinstellen) jmdn./etw. ~: present sb. as a criminal/sth. as [being] criminal or a criminal act
Kriminalist der; ~en, ~en detective
Kriminalistik die; ~: criminalistics sing., no art.
kriminalistisch 1. Adj. ⟨methods, practice⟩ of criminalistics; ⟨abilities⟩ in the field of criminalistics. 2. adv. ⟨proceed etc.⟩ using the methods of criminalistics
Kriminalität [kriminali'tɛːt] die; ~ a) crime no art.; **ein Absinken der ~**: a drop in the level of crime or in the crime rate; b) (Straffälligkeit) criminality
Kriminal-: ~kommissar der ≈ detective superintendent; **~komödie** die comedy thriller; **~polizei** die criminal investigation department; **~roman** der crime novel or thriller; (mit Detektiv als Held) detective novel
kriminell [krimi'nɛl] 1. Adj. (auch ugs.: rücksichtslos) criminal; **~ werden/sein** become a criminal or turn to crime/be a criminal. 2. adv. a) **~ veranlagt sein** have criminal tendencies; **~ handeln** act illegally; break the law; b) (ugs.: rücksichtslos) criminally; ⟨drive⟩ with criminal recklessness
Kriminelle der/die; adj. Dekl. criminal
Kriminologie [kriminoloˈgiː] die criminology no art.
Krim·krieg ['krɪm-] der; ~[e]s Crimean War
Krimskrams ['krɪmskrams] der; ~[es] (ugs.) stuff; **einigen ~ kaufen** buy a few bits and pieces
Kringel ['krɪŋl] der; ~s, ~ a) (Kreis) [small] ring; (Kritzelei) round squiggle; b) (Gebäck) [ring-shaped] biscuit; ring
kringelig Adj. crinkly ⟨hair⟩; squiggly ⟨shape, line, etc.⟩; **sich ~ lachen** (ugs.) laugh one's head off; kill oneself laughing (coll.)
kringeln 1. tr. V. curl [up] ⟨tail⟩; **jmds. Haar ~**: curl sb.'s hair ⟨wind, rain⟩ make sb.'s hair go curly. 2. refl. V. curl [up]; ⟨hair⟩ go curly; **sich [vor Lachen] ~** (ugs.) laugh one's head off; kill oneself laughing (coll.)
Krinoline [krino'liːnə] die; ~, ~n (hist.) crinoline
Kripo ['kriːpo] die; ~ (ugs.) **die ~**: ≈ the CID
Krippe ['krɪpə] die; ~, ~n a) (Futtertrog) manger; crib; s. auch **Futterkrippe**; b) (Weihnachten) model of a nativity scene; crib; c) (Kinder~) crèche; day nursery
Krippen·spiel das nativity play
Kris [kriːs] der; ~es, ~e kris
Krise ['kriːzə] die; ~, ~n (auch Med.) crisis; **eine ~ durchmachen/überwinden** go through/overcome a crisis; **in eine ~ geraten** enter a state of crisis
kriseln ['kriːzln] itr. V. (unpers.) **es kriselt in ihrer Ehe/in der Partei** (eine Krise droht) their marriage is running into trouble/there is a crisis looming in the party; (eine Krise ist vorhanden) their marriage is in trouble/the party is in a state of crisis
krisen-, Krisen-: ~anfällig Adj. crisis-prone; **~fest** Adj. that is/are unaffected by crises postpos., not préd.; **~fest sein** be unaffected by crises; **~gebiet** das crisis area; **~herd** der trouble spot; **~management** das crisis management; **~stab** der crisis team
Krisis ['kriːzɪs] die; ~, **Krisen** (veralt., Med.) s. **Krise**
¹**Kristall** [krɪs'tal] der; ~s, ~e crystal
²**Kristall** das; ~s a) (Material) crystal no indef. art.; **Gläser aus ~**: crystal glasses; b) (Gegenstände) crystal no indef. art.
Kristall·bildung die s. **Kristallisation**
kristallen Adj.; nicht präd. crystal
Kristallleuchter der crystal chandelier
Kristall-: ~gitter das (Chemie) crystal lattice; **~glas** das a) crystal glass; b) (Bleikristall) crystal
kristallin [krɪsta'liːn] Adj. (bes. Mineral.) crystalline
Kristallisation [krɪstaliza'tsi̯oːn] die; ~, ~en (bes. Chemie) crystallization
kristallisieren (bes. Chemie) 1. itr. V. crystallize. 2. refl. V. (auch fig.) crystallize
kristall-, Kristall-: ~klar Adj. (auch fig.) crystal-clear; **~leuchter** s. **Kristallleuchter; ~lüster** s. **Kristallüster; ~nacht** die (ns.) crystal night; kristallnacht; **National Socialist pogrom against Jews in November 1938**; **~schale** die crystal bowl
Kristallüster der (veralt.) crystal chandelier
Kristall-: ~waren Pl. crystal [glass] sing.; **~zucker** der (bes. fachspr.) refined sugar in crystals

Kriterium [kri'te:rĭʊm] das; ~s, **Kriterien a)** criterion; **b)** (bes. Skisport) race; **c)** (Radsport) criterium
Kritik [kri'ti:k] die; ~, ~en **a)** criticism no indef. art. (an + Dat. of); an jmdm./etw. ~ üben criticize sb./sth.; auf ~ stoßen meet with or come in for criticism; unter aller od. jeder ~ sein (ugs.) be absolutely hopeless; **b)** (Besprechung) review; notice; eine gute/schlechte ~ od. gute/schlechte ~en bekommen get good/bad reviews or notices; **c)** o. Pl. (die Kritiker) critics pl.; reviewers pl.; **d)** (Philos., Analyse) critique
Kritikaster [kriti'kastɐ] der; ~s, ~ (geh. abwertend) criticaster; caviller
Kritiker ['kri:tikɐ] der; ~s, ~, **Kritikerin** die; ~, ~nen critic
Kritik·fähigkeit die critical faculties pl.
kritik·los **1.** Adj. uncritical; **2.** adv. uncritically; etw. ~ hinnehmen accept sth. without criticism
kritisch ['kri:tɪʃ] **1.** Adj. **a)** (auch Kernphysik) critical; ein ~er Apparat (Wissensch.) critical apparatus; eine ~e Ausgabe (Wissensch.) a critical edition; **b)** (entscheidend) critical; ~er Punkt (Skisport) critical point; ~e Temperatur (Physik, Chemie) critical temperature. **2.** adv. critically; sich mit etw. ~ auseinandersetzen make a critical study of sth.; jmdm./etw. ~ gegenüberstehen be critical of sb./sth.
kritisieren [kriti'zi:rən] tr. V. criticize; review ⟨book, play, etc.⟩; immer etw. zu ~ haben always find sth. to criticize
Kritizismus [kriti'tsɪsmʊs] der; ~ (Philos.) critical philosophy
Krittelei [krɪtə'laɪ] die; ~, ~en (abwertend) faultfinding; carping
kritteln ['krɪt(ə)ln] itr. V. (abwertend) find fault (an + Dat., über + Akk. with); carp (an + Dat., über + Akk. at)
Kritzelei die; ~, ~en o. Pl. (das Schreiben) scribbling; (das Zeichnen) doodling; **b)** (Schrift) scribble; (Zeichnung) doodle; (an Wänden) graffiti sing. or pl.
kritzeln ['krɪts(ə)ln] **1.** tr. V. (schreiben) scribble; (zeichnen) doodle. **2.** tr. V. scribble; etw. auf/in etw. (Akk.) ~: scribble sth. on/in sth.
Kroate [kro'a:tə] der; ~n, ~n Croat; Croatian
Kroatien [kro'a:tsiən] (das) Croatia
Kroatin die; ~, ~nen s. Kroate; s. auch -in
kroatisch Adj. Croatian
Kroatz·beere [kro'ats-] die; ~, ~n (ostmd.) s. Brombeere
kroch 1. u. 3. Pers. Sg. Prät. v. kriechen
Krocket ['krɔkət] das; ~s croquet
Krokant [kro'kant] der; ~s praline
Krokette [kro'kɛtə] die; ~, ~n (Kochk.) croquette
Kroki [kro'ki:] das; ~s, ~s sketch-map; (künstlerische Skizze) sketch
Kroko [kro'ko] das; ~[s] crocodile [leather]
Krokodil [kroko'di:l] das; ~s, ~e crocodile
Krokodil·leder das crocodile skin or leather
Krokodils·tränen Pl. (ugs.) crocodile tears
Kroko·tasche die crocodile[-skin] [hand]bag
Krokus ['kro:kʊs] der; ~, ~ od. ~se crocus
Krönchen ['krø:nçən] das; ~s, ~: small crown; (einer Welle) small crest
Krone ['kro:nə] die; ~, ~n crown; (kleinere, eines Herzogs, eines Grafen) coronet; einer Sache (Dat.)/allem die ~ aufsetzen cap sth./cap it all; das setzt doch allem die ~ auf that beats everything; jmdm. in die ~ steigen (ugs.) go to sb.'s head; einen in der ~ haben (ugs.) have had a drop too much (coll.); die ~ (fig.: Herrscherhaus) the Crown; dir wird keine Perle od. kein Stein aus der ~ fallen, wenn du uns mal hilfst (ugs.) it won't hurt you to help us occasionally; **b)** (Spitze) (eines Baumes) top; crown; (einer Welle) crest; **c)** o. Pl. (das Beste) die ~ der Schöpfung/meiner Sammlung the pride of creation/my collection; die ~ der Literatur the highest form of literature; **d)** (Zahnmed.) crown; **e)** (Jägerspr.) (beim Hirsch) surroyals pl.; surroyal antlers pl.; (beim Rehbock) antlers pl.; **f)** (Rad an Uhren) winder; [winding] crown; **g)** (Währungseinheit) crown; (in Schweden, Island) krona; (in Dänemark, Norwegen) krone; (in der Tschechoslowakei) koruna
krönen ['krø:nən] tr. V. **a)** crown; jmdn. zum König/Kaiser ~: crown sb. king/emperor; gekrönte Häupter crowned heads; **b)** (den Höhepunkt bilden) crown; von Erfolg gekrönt sein od. werden be crowned with success; der ~de Abschluß the culmination; **c)** (oben abschließen) crown
Kronen-: ~korken der crown cap or cork; ~mutter die castle nut; castellated nut
Kron-: ~erbe der s. Thronfolger; ~gut das royal demesne; ~juwel das od. der; meist Pl. **a)** die ~juwelen the crown jewels; **b)** (fig.) gem; ~kolonie die crown colony; ~land das (österr. hist.) crownland; ~leuchter der chandelier; ~prinz der crown prince; ~prinzessin die crown princess
Krönung die; ~, ~en **a)** coronation; **b)** (Höhepunkt) culmination
Kron·zeuge der (Rechtsw.) person who turns Queen's/King's evidence; als ~ auftreten turn Queen's/King's evidence
Kropf [krɔpf] der; ~[e]s, **Kröpfe** ['krœpfə] **a)** (Med.) goitre; **b)** (von Vögeln) crop
Kropf·taube die pouter
Kroppzeug ['krɔp-] das; ~s (ugs. abwertend) **a)** (Gesindel) rabble; riff-raff; **b)** (unnützes Zeug) junk
kroß [krɔs] (nordd.) Adj.: s. knusprig
Krösus ['krø:zʊs] der; ~ od. ~ses, ~se (oft scherzh.) Croesus; ich bin doch kein ~: I'm not made of money
Kröte ['krø:tə] die; ~, ~n **a)** toad; **b)** Pl. (salopp: Geld) ein paar/eine ganze Menge ~n verdienen earn a few bob (Brit. sl.)/a fair old whack (sl.); meine letzten paar ~n my last few bob (Brit. sl.)/bucks (Amer. sl.); **c)** (ugs. scherzh.: Kind) du kleine ~: you little rascal; eine süße kleine ~: a sweet little thing; **d)** (abwertend: Mensch) creature
Kröten·test der (Med.) s. Froschtest
Krücke ['krʏkə] die; ~, ~n **a)** (Stock) crutch; an od. auf ~n (Dat.) gehen walk on crutches; **b)** (Griff) crook; handle; **c)** (ugs. abwertend) (Versager) dead loss (coll.); wash-out (sl.); **d)** (Gegenstand) dead loss (coll.); meine ~ von Auto my old junk-heap of a car (sl.)
Krück·stock der walking-stick; s. auch Blinde
krude ['kru:də] **1.** Adj. rude. **2.** adv. rudely
Krug [kru:k] der; ~[e]s, **Krüge** ['kry:gə] **a)** (Gefäß für Flüssigkeiten) jug; (größer) pitcher; (Bier~) mug; (aus Ton) mug; stein; (Honig~) jar; pot; der ~ geht so lange zum Brunnen, bis er bricht (Spr.) one day you'll come unstuck; you'll try it once too often; **b)** (bes. nordd.: Wirtshaus) inn
Kruke ['kru:kə] die; ~, ~n (bes. nordd.) **a)** (Krug) earthenware jug; (zum Einlegen usw.) [earthenware] jar; (größer) [earthenware] pitcher; **b)** (kauziger Mensch) eine seltsame od. schrullige ~: a queer fish
Krüll·schnitt ['krʏl-] der shag
Krümchen ['krʏmçən] das; ~s, ~: [tiny]
Krume ['kru:mə] die; ~, ~n **a)** crumb; s. Ackerkrume
Krümel ['kry:m(ə)l] der; ~s, ~ **a)** crumb; ein ~ Zucker a grain of sugar; **b)** (scherzh.: kleines Kind) little one
krümelig Adj. **a)** crumbly; **b)** (voller Krümel) covered in crumbs postpos.

krümeln itr. V. **a)** (zerfallen) crumble; be crumbly; **b)** (Krümel machen) make crumbs
krumm [krʊm] **1.** Adj. **a)** bent ⟨nail etc.⟩; crooked ⟨stick, branch, etc.⟩; bandy ⟨legs⟩; bent ⟨back⟩; eine ~e Nase a crooked nose; ⟨Hakennase⟩ a hooked nose; ~ sein/angehen stoop/develop a stoop; etw. ~ biegen bend sth.; ~ machen sich so einen ~en Buckel od. Rücken don't sit/stand with such a bent back; ~e Beine haben have bandy legs; be bow-legged; jmdn. ~ und lahm schlagen beat sb. black and blue; sich ~ und schief lachen fall about laughing; laugh one's head off; **b)** nicht gerad. (ugs.: unrechtmäßig) crooked; ein ~es Ding drehen get up to sth. crooked; auf die ~e Tour versuchen, etw. zu tun try to do sth. by crooked means. **2.** adv. crookedly; ~ gewachsen crooked ⟨tree etc.⟩; ~ dasitzen/gehen slouch/walk with a stoop; sitz nicht so ~ da! sit up straight!; s. auch Finger b
krumm·beinig Adj. bandy[-legged]; bow-legged
Krumm·darm der (Anat.) ileum
krümmen ['krʏmən] **1.** tr. V. bend; in gekrümmter Haltung stooping. **2.** refl. V. **a)** (sich winden) writhe; sich vor Schmerzen/in Krämpfen ~: double up with pain/cramp; sich vor Lachen ~: double up with laughter; sich ~ wie ein Wurm wriggle like a worm; das Blech krümmte sich in der Hitze the metal warped or buckled in the heat; **b)** (krumm verlaufen) ⟨road, path, river⟩ bend, curve; eine gekrümmte Fläche a curved surface
krumm-, Krumm-: ~horn das (Musik) krummhorn; ~lachen refl. V. (ugs.) fall about laughing (Brit.) or laugh one's head off over sth.; ~legen refl. V. (ugs.) scrimp and scrape; ~nasig Adj. crooked-nosed; ⟨mit Hakennase⟩ hook-nosed; ~nehmen unr. tr. V. (ugs.) etw. ~nehmen take offence at sth.; take sth. the wrong way; ~säbel der scimitar; ~stab der s. Bischofsstab
Krümmung die; ~, ~en **a)** (Biegung) (der Wirbelsäule) curvature; (der Nase usw.) curve; (eines Weges, Flusses usw.) bend; turn; **b)** (Geom.) curvature
krumpelig ['krʊmpəlɪç] Adj. (westmd.) creased
krumpfen ['krʊmpf(ə)n] tr. V. (Textilind.) preshrink
Kruppe ['krʊpə] die; ~, ~n croup
Krüppel ['krʏp(ə)l] der; ~s, ~: cripple; zum ~ werden be crippled; jmdn. zum ~ schlagen beat sb. and leave him/her a cripple
krüppelig Adj. crippled ⟨person⟩; stunted ⟨tree, growth, etc.⟩
Kruste ['krʊstə] die; ~, ~n **a)** crust; (vom Braten) crisp; (vom Schweinebraten) crackling; **b)** (Überzug) coating; mit ~: with a coating; eine ~ aus od. von Blut und Dreck/Blut a crust of blood and dirt/a scab
Krux s. Crux
Kruzifix [kru'tsifɪks] das; ~es, ~e crucifix
Krypta ['krʏpta] die; ~, **Krypten** (Archit.) crypt
krypto-, Krypto- [krʏpto-] crypto-
Krypton ['krʏptɔn] das; ~s (Chemie) krypton
KSZE Abk. Konferenz für Sicherheit und Zusammenarbeit in Europa CSCE
Kuba ['ku:ba] (das); ~s Cuba
Kubaner [ku'ba:nɐ] der; ~s, ~, **Kubanerin** die; ~, ~nen Cuban; s. auch -in
kubanisch Adj. Cuban
Kübel ['ky:b(ə)l] der; ~s, ~ **a)** pail; ⟨Wasser~, Abfall~⟩ pail; bucket; ⟨Pflanzen~⟩ tub; Palmen in ~n potted palms; ~ voll od. von Bosheit über jmdn. ausgießen (fig.) pour torrents of abuse over sb.; es gießt wie aus ~n (ugs.) it's bucketing down; **b)** (Toiletteneimer) [latrine] bucket

kübeln *itr. V. (salopp: trinken)* booze *(coll.)*
Kuben *s.* **Kubus**
Kubik- [ku'bi:k-] cubic ⟨*metre, foot, etc.*⟩
Kubik-: **~wurzel** *die (Math.)* cube root; **~zahl** *die (Math.)* cube number
kubisch ['ku:bɪʃ] *Adj.* **a)** *(würfelförmig)* cubical; cube-shaped; **b)** *(Math.)* cubic ⟨*equation etc.*⟩
Kubismus *der;* ~ *(Kunstw.)* cubism *no art.*
Kubist *der;* **~en**, **~en** *(Kunstw.)* cubist
kubistisch *Adj. (Kunstw.)* cubist
Kubus ['ku:bʊs] *der;* ~, **Kuben** cube
Küche ['kʏçə] *die;* ~, **~n a)** *(Raum)* kitchen; *(klein)* kitchenette; **was ~ und Keller zu bieten haben** the best food and drink in the house; **b)** *(Einrichtung)* kitchen furniture *no indef. art.;* ~ **n** kitchen furniture *sing.;* **c)** *(Kochk.)* cooking; cuisine; **die chinesische/ französische usw.** ~: Chinese/French *etc.* cooking; **kalte/warme** ~: cold/hot meals *pl.* or food; *s. auch* **gutbürgerlich**
Kuchen ['ku:xn̩] *der;* **~s**, ~: cake; *(Obst~)* flan; *(Torte)* gateau; cake
Küchen-: **~abfälle** *Pl.* kitchen scraps; **~bank** *die; Pl.* **~bänke** kitchen bench-seat; **~benutzung die: Zimmer mit ~benutzung** room and shared kitchen *or* use of kitchen
Kuchen blech *das* baking-sheet *or* -tray; *(mit höherem Rand)* baking-tin
Küchen-: **~bulle** *der (Soldatenspr. salopp)* cookhouse wallah *(Mil. sl.);* **~chef** *der* chef; **~dienst** *der* kitchen duty; **~dienst haben** be on kitchen duty; **~fee** *die (ugs. scherzh.)* cook
Kuchen-: **~form** cake-tin; **~gabel** *die* pastry-fork
Küchen-: **~gerät** *das* kitchen utensil; *(als Kollektivum)* kitchen utensils *pl.;* **~geschirr** *das* kitchen crockery; **~hand·tuch** *das* kitchen towel; **~herd** *der* cooker; *(mit Holz- od. Kohlefeuer)* kitchen-range; **~hilfe** *die* kitchen help; **~junge** *der (veralt.)* apprentice cook; **~latein** *das (iron.)* dog Latin; **~maschine** *die* food-processor; **~meister** *der* chef; *s. auch* **Schmalhans;** **~messer** *das* kitchen knife; **~möbel** *Pl.* kitchen furniture *sing.;* **~personal** *das* kitchen staff; **~schabe** *die* cockroach; **~schrank** *der* kitchen cupboard; **~schürze** *die* kitchen apron
Kuchen-: **~teig** *der* cake mixture; **~teller** *der* **a)** *(mit Kuchen)* plate of cakes; **b)** *(für Kuchen)* cake-plate
Küchen-: **~tisch** *der* kitchen table; **~uhr** *die* kitchen clock; **~waage** *die* kitchen scales *pl.;* **~zeile** *die* kitchen fittings along one wall of a room; **~zettel** *der* menu
¹**Küchlein** *das;* **~s**, ~ *(veralt.) (Küken)* chick
²**Küchlein** *das;* **~s**, ~ *(kleiner Kuchen)* small cake
kucken ['kʊkn̩] *(nordd.) s.* **gucken**
Kücken ['kʏkn̩] *(österr.) s.* **Küken**
kuckuck ['kʊkʊk] *Interj.* cuckoo; *(beim Versteckspiel mit Kindern)* yoo-hoo
Kuckuck *der;* **~s**, **~e a)** cuckoo; [**das**] **weiß der** ~ *(salopp)* heaven [only] knows; it's anybody's guess; **hol dich der** ~ **!**, **der** ~ **soll dich holen!** *(salopp)* go to blazes! *(sl.);* **zum** ~ [**noch mal**]**!** *(salopp)* for crying out loud! *(coll.);* **wo, zum** ~, **hast du nur die Zeitung hingelegt?** *(salopp)* where the hell did you put the newspaper? *(coll.);* **das Geld ist zum** ~ *(salopp)* the money's all gone; **b)** *(scherzh.: Siegel des Gerichtsvollziehers)* bailiff's seal *(placed on distrained goods)*
Kuckucks-: **~ei** *das* **a)** cuckoo's egg; **b)** *(ugs.: zweifelhafte Gabe)* **sich als ~ei erweisen** turn out to be a liability than an asset; **jmdm./sich ein ~ei ins Nest legen** do sb./oneself a dubious service; **c)** *(salopp: Kind eines anderen Vaters)* **ein** ~ **ei** somebody else's *or* another man's child; **~uhr** *die* cuckoo clock
Kuddelmuddel ['kʊdlmʊdl] *der od. das;* **~s** *(ugs.)* muddle; confusion

¹**Kufe** ['ku:fə] *die;* ~, **~n a)** *(von Schlitten, Schlittschuhen)* runner; **b)** *(von Flugzeugen, Hubschraubern)* skid
²**Kufe** *(landsch.) die;* ~, **~n** tub; *(zum Keltern, Brauen)* tun; vat
Küfer ['ky:fɐ] *der;* **~s**, ~ **a)** *(südwestd., schweiz. Böttcher)* cooper; **b)** *(Wein~)* cellarman
Kugel ['ku:gl̩] *die;* ~, **~n a)** ball; *(Geom.)* sphere; *(Kegeln)* bowl; *(beim Kugelstoßen)* shot; *(veraltes lagers)* ball[-bearing]; **die Erde ist eine** ~: the Earth is a sphere; **der Croupier ließ die** ~ **rollen** the croupier spun the wheel; **eine ruhige** ~ **schieben** *(ugs.)* take it *or* things easy; *(keine anstrengende Stellung haben)* have a cushy number *(coll.);* **b)** *(ugs.: Geschoß)* bullet; *(Kanonen-)* [cannon-]ball; *(Luftgewehr-)* pellet; **sich [Dat.] eine** ~ **durch** *od.* **in den Kopf schießen** *od. (ugs.)* **jagen** blow one's brains out
Kugel-: **~ab·schnitt** *der (Geom.)* spherical segment [of one base]; **~aus·schnitt** *der (Geom.)* spherical sector; **~blitz** *der* ball lightning
Kügelchen ['ky:glçən] *das;* **~s**, ~: small ball; *(aus Papier)* pellet
kugel-, Kugel-: **~fang** *der* butt; **ein Kind/ eine Frau als ~fang benutzen** *(fig.)* use a child/woman as a shield; **~fest** *Adj.* bullet-proof; **~förmig** *Adj.* spherical; **~gelenk** *das (Anat., Technik)* ball-and-socket joint; **~hagel** *der* hail of bullets
kugelig *Adj.* spherical; ⟨*head*⟩ as round as a football; *(fig. scherzh.: dick)* rotund; plump; tubby; **sich** ~ **lachen** *(ugs.)* double *or* roll up [laughing *or* with laughter]; **ich hätte mich** ~ **lachen können** *(ugs.)* I could have died laughing
Kugel-: **~kopf** *der* golf ball; **~kopf·maschine** *die* golf-ball typewriter; **~lager** *das (Technik)* ball-bearing
kugeln 1. *tr. V.* roll. **2.** *refl. V.* roll [about]; **sich [vor Lachen]** ~ *(ugs.)* double *or* roll up [laughing *or* with laughter]. **3.** *itr. V.;* **mit sein** roll
kugel-, Kugel-: **~ober·fläche** *die (Geom.)* surface of a sphere; *(Flächeninhalt)* surface area of a sphere; **~regen** *der s.* **hagel;** **~rund** *[- -']* *Adj.* **a)** round as a ball *postpos.;* **b)** *(scherzh.: dick)* rotund; plump; tubby; **~schreiber** *der* ball-point [pen]; ball-pen; Biro **(P);** **~schreibermine** *die* refill for the ball-point [pen]; **~sicher** *Adj.* bullet-proof; **~stoßen** *das;* **~s** shot[-put]; *(Disziplin)* shot-putting *no art.;* putting the shot *no art.;* **~stoßer**, *(schweiz.)* **~stößer** [~ʃtœ:sɐ] *der;* **~s**, ~, **~stoßerin**, *(schweiz.)* **~stößerin** *die;* ~, **~nen** shot-putter; **~wechsel** *der;* o. Pl. exchange of shots
Kuh [ku:] *die;* ~, **Kühe** ['ky:ə] *die* cow; **heilige** ~ *(ugs.)* sacred cow; **ich bin doch keine** ~, **die man melken kann** *(ugs.)* I am not made of money; *s. auch* **dastehen a; b)** *(Elefanten~, Giraffen~, Flußpferd~)* cow; *(Hirsch~)* hind; **c)** *(salopp abwertend: Frau)* cow *(sl. derog.)*
kuh-, Kuh-: **~augen** *Pl. (salopp)* cow-eyes; **~dorf** *das (salopp abwertend)* one-horse town *(sl.);* **~fladen** *der* cow-pat; **~fuß** *der (Technik)* crowbar; **~glocke** *die* cow-bell; **~handel** *der (ugs. abwertend)* shady horse-trading *no indef. art.;* **ein ~handel** a bit of shady horse-trading; **~haut** *(fig. salopp)* it's absolutely staggering *or* beyond belief; **~herde** *die* herd of cows; **~hirt** *der* cowherd
kühl [ky:l] **1.** *Adj.* **a)** cool; **mir ist/wird** ~: I feel/I'm getting chilly; **etw.** ~ **lagern** *od.* **aufbewahren** keep sth. in a cool place; *(abweisend, nüchtern)* cool; **ein ~er Rechner** a cool, calculating person; **aus diesem ~en Grunde** *(scherzh.)* for this simple reason. **2.** *adv. (abweisend, nüchtern)* coolly

Kühl-: **~aggregat** *das* refrigeration unit; **~an·lage** *die* refrigeration plant; cold-storage plant; **~box** *die* cool box
Kuhle ['ku:lə] *die;* ~, **~n** *(ugs.)* hollow
Kühle ['ky:lə] *die;* ~ **a)** *(Frische)* coolness; **die** ~ **des Morgens/Abends** the cool of the morning/evening; **b)** *(Nüchternheit)* coolness
kühlen 1. *tr. V.* cool; chill, cool ⟨*wine*⟩; **seinen Zorn/seine Rache [an jmdm.]** ~: vent one's rage/revenge oneself [on sb.]. **2.** *itr. V.* ⟨*cold compress, ointment, breeze, etc.*⟩ have a cooling effect
Kühler *der;* **~s**, ~ **a)** *(am Auto)* radiator; *(~haube)* bonnet *(Brit.);* hood *(Amer.);* **jmdm. auf den** ~ **nehmen** *(ugs.)* drive *or* run into *or* hit sb.; **b)** *(Sekt~)* ice-bucket; **c)** *(Chem.)* condenser
Kühler-: **~figur** *die* radiator mascot; **~haube** *die* bonnet *(Brit.);* hood *(Amer.)*
Kühl-: **~fach** *das* frozen food compartment; **~haus** *das* cold store; **~kette** *die (Wirtsch.)* cold chain; **~mittel** *das (Technik)* coolant; **~raum** *der* cold store; cold-storage room; **~rippe** *die* cooling fin *or* rib; **~schiff** *das* refrigeration ship; refrigerated ship; **~schlange** *die (Technik)* cooling coil; **~schrank** *der* refrigerator; fridge *(Brit. coll.);* icebox *(Amer.);* **~tasche** *die* cool bag; **~theke** *die* cold shelves *pl.;* **~truhe** *die* [chest] freezer; deep-freeze; *(im Lebensmittelgeschäft)* freezer [cabinet]; **~turm** *der (Technik)* cooling tower
Kühlung *die;* ~, **~en a)** cooling; **zur** ~ **der entzündeten Stellen** to cool the inflamed areas; **auch bei** ~ **sind die Waren nur begrenzt haltbar** even when refrigerated, the goods will keep only for a limited time; **b)** *(Vorrichtung)* cooling system; *(für Lebensmittel)* refrigeration system; **c)** *o. Pl. (Frische)* coolness; **sich [Dat.]** ~ **verschaffen** cool down *or* off
Kühl-: **~wagen** *der* **a)** *(Eisenb.)* refrigerated *or* refrigerator car *or (Brit.)* wagon; **b)** *(Lastwagen)* refrigerated *or* refrigerator truck *or (Brit.)* lorry; **~wasser** *das* cooling water
Kuh-: **~milch** *die* cow's milk; **~mist** *der* cow dung
kühn [ky:n] **1.** *Adj.* **a)** *(mutig, eigenwillig)* bold; *(gewagt)* daring; brave, fearless ⟨*warrior*⟩; **das übertraf meine ~sten Träume** that exceeded my wildest dreams; **b)** *(dreist)* audacious; impudent. **2.** *adv.* **a)** *(mutig, eigenwillig)* boldly; *(gewagt)* daringly; **eine ~geschwungene Nase** an aquiline nose; **b)** *(dreist)* audaciously; impudently
Kühnheit *die;* ~ **a)** *(Mut, Eigenwilligkeit)* boldness; *(Gewagtheit)* daringness; **b)** *(Dreistigkeit)* audacity; impudence
kuh-, Kuh-: **~pocken** *Pl.* cowpox *sing., no art.;* **~schelle** *die (Bot.)* pasque-flower; **~stall** *der* cowshed; **~warm** *Adj.* ⟨*milk*⟩ warm *or* fresh from the cow
Kujon [ku'jo:n] *der;* **~s**, **~e** *(veralt. abwertend)* scoundrel; rogue
kujonieren *tr. V. (veralt. abwertend)* bully; harass
k. u. k. ['ka:|ʊnt'ka:] *Abk. (österr. hist.)* kaiserlich und königlich imperial and royal
Küken ['ky:kn̩] *das;* **~s**, ~ **a)** *(von Hühnern)* chick; **b)** *(ugs.) (kleines Kind)* kiddie *(sl.);* *(junges Mädchen)* young girl
Ku-Klux-Klan [kukluks'kla:n] *der;* **~[s]** Ku-Klux-Klan
kulant [ku'lant] **1.** *Adj.* obliging; accommodating; fair ⟨*terms*⟩. **2.** *adv.* **sich** ~ **verhalten** be obliging *or* accommodating
Kulanz [ku'lants] *die;* ~ **1.** *(Entgegenkommen)* readiness *or* willingness to oblige; **aus** ~: out of good will; **eine Reparatur auf** ~: repair done free of charge out of good will
Kuli ['ku:li] *der;* **~s**, **~s a)** coolie; *(fig.)* slave; **b)** *(ugs.: Kugelschreiber)* ball-point; Biro **(P)**

kulinarisch [kuli'naːrɪʃ] *Adj.* culinary; **ein rein ~es Interesse an der Musik haben** *(fig.)* be interested in music purely as entertainment
Kulisse [ku'lɪsə] *die;* ~, ~n piece of scenery; flat; wing; *(Hintergrund)* backdrop; **die ~n** the scenery *sing.;* **~n schieben** be a scene-shifter; **aus der ~ treten** step out from the wings *pl.;* **die ~ für etw. bilden** *(fig.)* form the backdrop to sth.; **hinter den ~n** *(fig.)* behind the scenes
kulissenhaft *Adj.* like a stage-setting *pred.*
Kulissen-: **~schieber** *der (ugs. scherzh.)* scene-shifter; **~wechsel** *der* scene-change
Kuller *die;* ~, ~n *(ostmd.: Murmel)* marble
Kuller·augen *Pl. (ugs. scherzh.)* big, round eyes; **er machte ~:** his eyes nearly popped out of his head
kullern ['kʊlɐn] *(ugs.)* 1. *itr. V.* **a)** mit sein roll; **b) mit den Augen ~:** roll one's eyes. 2. *tr. V.* roll
Kuller·pfirsich *der (ugs.)* peach served in a glass of champagne
Kulmination [kʊlmina'tsi̯oːn] *die;* ~, ~en *(auch Astron.)* culmination
Kulminations·punkt *der* **a)** culmination; culminating point; **b)** *(Astron.)* point of culmination
kulminieren [kʊlmi'niːrən] *itr. V. (auch Astron.)* culminate (**in** + *Dat.* in)
Kult [kʊlt] *der;* ~[e]s, ~e **a)** cult; **der ~ der Ahnen** ancestor-worship; **b)** *(fig.)* cult (**mit** of); **mit jmdm./etw. einen ~ treiben** make a cult [figure] out of sb./make a cult out of sth.
-kult *der:* Motorrad~/Star~/Wagner~ *usw.* motor cycle/star/Wagner *etc.* cult
Kult-: **~bild** *das* devotional image; **~figur** *die* cult figure; **~film** *der* cult film; **~handlung** *die* ritual; ritualistic act
kultisch 1. *Adj.* cultic; ritual, cultic ⟨*object*⟩. 2. *adv.* ⟨*worship*⟩ cultically
Kultivator [kʊlti'vaːtɔr] *der;* ~s, ~en [-va'toːrən] *(Landw.)* cultivator
kultivierbar *Adj.* **a)** cultivable; cultivatable; **leicht/schwer ~:** easy/hard to cultivate
kultivieren [kʊlti'viːrən] *tr. V. (auch fig.)* cultivate
kultiviert 1. *s.* kultivieren. 2. *Adj.* **a)** *(gepflegt)* cultivated; cultured; **b)** *(vornehm)* refined. 3. *adv.* in a cultivated *or* cultured manner; *(vornehm)* in a refined manner; with refinement; **~ essen** get a civilized meal
Kultiviertheit *die;* ~: refinement
Kultivierung *die;* ~, ~en *(auch fig.)* cultivation; improvement
Kult·stätte *die* centre of cult worship
Kultur [kʊl'tuːɐ̯] *die;* ~, ~en **a)** *o. Pl. (geistiger und moralischer Überbau)* culture; **b)** *(Zivilisation, Lebensform)* civilization; **c)** *o. Pl. (Kultiviertheit, geistiges Niveau)* **ein Mensch von ~:** a cultured person; **sie hat [keine] ~:** she is [un]cultured; **d)** *o. Pl. (kultivierte Lebensart, Verfeinerung)* refinement; **~ haben** be refined; **e)** *(Landw., Gartenbau)* young crop; *(Forstw.)* young plantation; **f)** *(Biol., Med.)* culture; **g)** *o. Pl. (Landw., Gartenbau: Kultivierung)* cultivation
Kultur-: **~ab·gabe** *die (DDR)* culture tax; **~abkommen** *das* cultural agreement; **~anthropologie** *die* cultural anthropology *no art.;* **~arbeit** *die; o. Pl.* cultural activity *or* activities; **~attaché** *der* cultural attaché; **~aus·tausch** *der* cultural exchange; **~banause** *der (abwertend, oft scherzh.)* philistine; **~bei·lage** *die* arts supplement; **~betrieb** *der; o. Pl.* culture industry; **~beutel** *der* sponge-bag *(Brit.);* toilet-bag; **~boden** *der* **a)** cultivated land; **b)** *(Gebiet mit bedeutender ~)* [ur]alter **~boden** the site of an ancient civilization; **~denkmal** *das* cultural monument

kulturell [kʊltuˈrɛl] 1. *Adj.* cultural. 2. *adv.* culturally; **die ehemals ~ führende Metropole** the metropolis, once cultural centre
kultur-, Kultur-: **~epoche** *die* cultural epoch; **~erbe** *das* cultural heritage; **~feindlich** *Adj.* ⟨*atmosphere, policy, etc.*⟩ that is hostile to culture; **~feindlich sein** be hostile to culture; **~film** *der* documentary film; **~flüchter** *der;* ~s, ~ *(Biol.)* plant/animal that does not survive in areas developed by man; **~föderalismus** *der* system of separate ministries for education and cultural affairs; **~folger** *der;* ~s, ~ *(Biol.)* plant/animal that survives in areas developed by man; **~geschichte** *die* **a)** *o. Pl.* history of civilization; *(einer bestimmten Kultur)* cultural history; **die ~geschichte des Menschen** the history of human civilization; **b)** *(Buch)* cultural history; **~geschichtlich** 1. *Adj.* ⟨*importance*⟩ for *or* in the history of civilization/cultural history; ⟨*question, factor*⟩ connected with the history of civilization/cultural history; ⟨*essay, reflections*⟩ on the history of civilization/cultural history; *(die ~geschichte eines bestimmten Landes betreffend)* historico-cultural ⟨*law, phenomenon, standpoint, study, etc.*⟩; 2. *adv.* from the standpoint of the history of civilization/of cultural history; **~gut** *das* cultural possessions *pl.;* **~haus** *das* arts and leisure centre; **~historisch** *Adj., adv.: s.* **~geschichtlich**; **~hoheit** *die* autonomy *or* independence in cultural and educational matters; **~industrie** *die (meist abwertend)* culture industry; **~kampf** *der (hist.)* kulturkampf *(struggle between the Prussian state and the Church 1872–87);* **~kreis** *der* **a)** *(~raum)* cultural area; **b)** *(Verein)* arts society; **~kritik** *die;* *o. Pl.* critique of contemporary civilization *or* culture; **~kritiker** *der* critic of contemporary civilization *or* culture; **~landschaft** *die* **a)** *(Agrargebiet)* area cultivated by man; *(Industrie-, Bergbaugebiet)* area developed by man; **b)** *(kulturelles Leben)* cultural scene; **~leben** *das;* *o. Pl.* cultural life; **~los** *Adj.* uncultured; lacking in culture *postpos.;* **~magazin** *das (Ferns.)* arts magazine; **~minister** *der (bes. DDR)* minister for the arts; **~ministerium** *das (bes. DDR)* ministry for the arts; **~palast** *der (bes. DDR)* palace of culture; **~pessimismus** *der* cultural pessimism; **~pessimist** *der* cultural pessimist; **~pflanze** *die* cultivated plant; **~politik** *die* cultural and educational policy; **~politisch** 1. *Adj.* ⟨*area, questions, aims, principles*⟩ of cultural and educational policy; *(programme)* of cultural and educational policies; *(periodical)* devoted to matters of cultural and educational policy; 2. *adv.* in regard to cultural and educational policy; **~preis** *der* arts prize; **~psychologie** *die* psychology of culture; **~raum** *der* cultural area; **~revolution** *die* cultural revolution; **~schaffende** *der/die; adj. Dekl. (DDR)* creative artist; *(Intellektueller)* intellectual; **~schande** *die (abwertend)* disgrace in a civilized society; **~schock** *der (Soziol.)* culture shock; **~soziologie** *die* cultural sociology; **~sprache** *die* language of a civilized people; **in fast alle ~sprachen übersetzt** translated into nearly every civilized language; **~stätte** *die (geh.)* site of archaeological and cultural interest; **~steppe** *die (Geogr.)* cultivated steppe land; steppe [land] created by excessive cultivation of the soil; **~stufe** *die* level of civilization; **~szene** *die; o. Pl. (ugs.)* cultural scene; **~träger** *der* vehicle of culture; **~volk** *das* civilized people *sing.;* **~voll** *Adj. (DDR)* rich in culture *postpos.; (niveauvoll)* sophisticated; **~wissenschaften** *Pl.: s.* Geisteswissenschaften; **~zentrum** *das* **a)** cultural centre;

centre of cultural life; **b)** *(Anlage)* arts centre
Kultus ['kʊltʊs] *der;* ~ a) *(geh.) s.* Kult a; **b)** *(Amtsspr.)* Ministerium für Unterricht und ~: *s.* Kultusministerium
Kultus-: **~minister** *der* minister for education and cultural affairs; **~ministerium** *das* ministry of education and cultural affairs; **~senator** *der* minister for education and cultural affairs *(in Bremen, Hamburg, and West Berlin)*
Kumarin [kuma'riːn] *das;* ~s coumarin
Kumaron [kuma'roːn] *das;* ~s *(Chemie)* coumarone
Kumme ['kʊmə] *die;* ~, ~n *(nordd.)* bowl
Kümmel ['kʏml] *der;* ~s, ~ a) *(Pflanze)* caraway; **b)** *(Gewürz)* caraway [seed]; **c)** *(Branntwein)* kümmel
Kümmel-: **~brannt·wein** *der* caraway brandy; **~brötchen** *das* caraway[-seed] roll; **~käse** *der* caraway-seed[-flavoured] cheese; **~öl** *das* caraway oil; **~schnaps** *der. s.* **~branntwein**; **~türke** *der* a) *(salopp abwertend) (Türke)* Turkish bastard *(derog.);* **b)** schuften wie ein **~türke/die ~türken** *(ugs.)* work like a slave/like slaves
Kummer ['kʊmɐ] *der;* ~s sorrow; grief; *(Ärger, Sorgen)* trouble; **~ um** *od.* **über jmdn.** grief for *or* over sb.; **hast du ~?** is there a problem?; **viel** *od.* **großen ~ haben** have a lot of trouble; **was hast du denn für ~?** what's bothering *or* troubling you?; **jmdm. ~ machen** give sb. trouble *or* bother; **ich bin ~ gewohnt** *(ugs.)* it happens all the time; I'm used to it
Kummer·falte *die* wrinkle [caused by worry]; **~n** lines of worry
Kümmer·form *die (Biol.)* degenerate form
Kummer-: **~kasten** *der (scherzh.)* complaints-box; **~kasten·tante** *die (scherzh.)* agony columnist *or* aunt *(coll.)*
kümmerlich 1. *Adj.* a) *(schwächlich)* puny; stunted ⟨*vegetation, plants*⟩; **b)** *(ärmlich)* wretched; miserable; **c)** *(abwertend: gering)* miserable, meagre, scanty ⟨*knowledge, leftovers*⟩; very poor ⟨*effort*⟩. 2. *adv.* **sich ~ ernähren** live on a poor *or* meagre diet; **sich ~ durchschlagen** eke out a bare/miserable existence
Kümmerling *der;* ~s, ~e stunted plant/animal
kümmern ['kʏmɐn] 1. *refl. V.* a) **sich um jmdn./etw. ~:** take care of *or* look after sb./sth.; **du solltest dich mal darum ~, daß ...:** you should see to it that ...; **du kümmerst dich aber auch um gar nichts!** you don't bother to do anything!; **b)** *(sich befassen mit)* **sich nicht um das Geschwätz ~:** not worry *or* mind about the gossip *etc.;* **sich nicht um Politik ~:** not care about *or* be interested in politics; **kümmere dich um deine eigenen Angelegenheiten** mind your own business. 2. *tr. V.* concern; **was kümmert dich das?** what concern *or* business is it of yours?; what's it to you?; **Mach doch, was du willst! Was kümmert's mich?** Do what you like! What do I care? 3. *itr. V. (verkümmern)* become stunted
Kümmernis *die;* ~, ~se *(geh.)* trouble; worry
Kummer·speck *der (ugs.)* over-weight caused by overeating as a result of emotional stress; **sie hat ~ angesetzt** all the worrying has made her eat too much, and she's [really] put on weight
kummer·voll 1. *Adj.* sorrowful; sad ⟨*face*⟩. 2. *adv.* sorrowfully; sadly
Kummet ['kʊmət] *das, schweiz. auch der;* ~s, ~e [horse-]collar
Kümo ['kyːmo] *das;* ~s, ~s [motor-]coaster
Kumpan [kʊm'paːn] *der;* ~s, ~e a) *(ugs.)* pal *(coll.);* mate; buddy *(coll.);* **b)** *(abwertend: Mittäter)* accomplice
Kumpanei *die;* ~ *(ugs.)* chumminess *(coll.)*
Kumpel ['kʊmpl] *der;* ~s, ~, *ugs. auch:* ~s

kumpelhaft

a) *(Bergmannsspr.)* miner; collier; **b)** *(salopp: Kamerad)* pal; mate; buddy *(coll.)*
kumpelhaft 1. *Adj.* matey; chummy *(coll.).* **2.** *adv.* matily; chummily *(coll.)*
Kumpen ['kʊmpn̩] *der;* ~s, ~ *(nordd.)* bowl; basin
Kumt [kʊmt] *das;* ~[e]s, ~e *s.* **Kummet**
Kumulation [kumula'tsi̯oːn] *die;* ~, ~en cumulation; *(von Ämtern)* plurality
kumulativ [kumula'tiːf] *Adj.* cumulative
kumulieren [kumu'liːrən] *tr. V.* cumulate; **eine ~de Bibliographie** a cumulative bibliography
Kumulierung *die;* ~, ~en cumulation
Kumulus ['kuːmulʊs] *der;* ~, **Kumuli** *(Met.)* cumulus [cloud]
Kumulus·wolke die *(Met.)* cumulus cloud
kund [kʊnt] *Adj. in* **jmdm. etw. ~ und zu wissen tun** *(veralt.)* make sth. known to sb.
kündbar *Adj.* terminable ⟨*contract*⟩; redeemable ⟨*loan, mortgage*⟩; **er hat eine nicht ~e Stellung** his employment cannot be terminated; **Beamte sind nicht ~:** established civil servants cannot be dismissed *or* given their notice
Kündbarkeit die; ~ *(von Verträgen)* terminability; *(von Anleihen, Hypotheken)* redeemability
¹**Kunde** ['kʊndə] *der;* ~n, ~n **a)** customer; *(eines Architekten-, Anwaltsbüros, einer Versicherung usw.)* client; **Dienst am ~n sein** be a service to the customer; *s. auch* **König; b)** *(ugs.: Kerl)* customer *(coll.)*
²**Kunde die;** ~ **a)** *(geh.)* tidings *pl. (literary);* **jmdm. von etw. ~ geben** *(veralt.)* bring sb. tidings of sth.; **b)** *(Lehre)* science
³**Kunde die;** ~ *(österr.) s.* **Kundschaft a**
-kunde die science of ...; **Metall~/Vogel~:** metallurgy/ornithology
künden ['kʏndn̩] **1.** *tr. V. (geh.: ver~)* proclaim; **diese Zeichen ~ Unglück** these omens herald misfortune. **2.** *itr. V. (geh.)* **von etw. ~** bear witness to *or* tell of sth.
Kunden-: ~beratung die a) customer advisory service; **~beratungen durchführen** advise customers; **b)** *(Stelle)* customer advisory department; **~besuch der** call on a/the customer/client; **~dienst der a)** *o. Pl.* service to customers; *(Wartung)* after-sales service; **b)** *(Abteilung)* service department; **~fang der** *(abwertend)* touting for custom *or* customers; **auf ~fang gehen** go touting for custom *or* customers; **~kredit der** *(Wirtsch.)* credit terms *pl.;* **einen ~kredit in Anspruch nehmen** use the credit facilities which are available; **~kreis der** customers *pl.; (eines Architekten-, Anwaltsbüros, einer Versicherung usw.)* clientele; **~stamm der** regular clientele *or* trade; **~werbung die** advertising aimed at attracting customers; **zu Zwecken der ~werbung** to attract custom *or* customers
Künder der; ~s, ~ *(geh.)* herald
Kund·gabe die; *o. Pl. (geh.)* announcement; *(von Gefühlen, Erfahrungen)* expression
kund|geben *(geh.) unr. tr. V.* declare; announce; express, make known ⟨*opinion, feelings*⟩
Kundgebung die; ~, ~en **a)** rally; **b)** *(geh.: Äußerung)* expression
kundig 1. *Adj. (kenntnisreich)* knowledgeable; well-informed; *(sachverständig)* expert; **mit ~er Hand** with an expert hand; **sich über etw.** *(Akk.)* **~ machen** *(Amtsdt.)* inform oneself about sth.; **einer Sache** *(Gen.)* **~/nicht ~ sein** *(geh.)* know about sth./have no knowledge of sth. **2.** *adv.* expertly
kündigen ['kʏndɪɡn̩] **1.** *tr. V.* call in, cancel ⟨*loan*⟩; foreclose ⟨*mortgage*⟩; cancel, discontinue ⟨*magazine subscription, membership*⟩; terminate ⟨*contract, agreement*⟩; denounce ⟨*treaty*⟩; **seine Stellung ~:** give in *or* hand in one's notice **(bei)** *to;* **jmdm. die Stellung** *od.* **jmds. Arbeitsverhältnis ~:** give

sb. his/her notice; **ich bin gekündigt worden** *(ugs.)* I've been given my notice; **der Vermieter hat ihm die Wohnung gekündigt** the landlord gave him notice to quit the flat *(Brit.)* or *(Amer.)* apartment; **er hat seine Wohnung gekündigt** he's given notice that he's leaving his flat *(Brit.)* or *(Amer.)* apartment; **jmdm. die Freundschaft ~** *(fig.)* break off a friendship with sb. **2.** *unr. itr. V.* **a)** *(ein Mietverhältnis beenden)* ⟨*tenant*⟩ give notice [that one is leaving]; **jmdm. ~:** ⟨*landlord*⟩ give sb. notice to quit; **zum 1. Juli ~:** give notice for 1 July; **b)** *(ein Arbeitsverhältnis beenden)* ⟨*employee*⟩ give in *or* hand in one's notice **(bei)** *to;* **jmdm. ~:** ⟨*employer*⟩ give sb. his/her notice
Kündigung die; ~, ~en **a)** *(eines Kredits)* calling-in; cancellation; *(einer Hypothek)* foreclosure; *(der Mitgliedschaft, eines Abonnements)* cancellation; discontinuation; *(eines Vertrags)* termination; **die Bank droht mit der ~ der Kredite** the bank is threatening to call in *or* cancel the loans; **b)** *(eines Arbeitsverhältnisses)* **jmdm. die ~ aussprechen** give sb. his/her notice; dismiss sb.; **mit ~ drohen** ⟨*employee*⟩ threaten to give in *or* hand in one's notice *or* to quit; ⟨*employer*⟩ threaten dismissal; **ihm droht die ~:** he is threatened with dismissal; **eine fristlose ~:** dismissal without notice; **c)** *(eines Mietverhältnisses)* **sie mußte mit ~ rechnen** she had to reckon on being given notice to quit; **ich sah mich zur ~ gezwungen** I felt compelled to give notice; **d)** *s.* **Kündigungsschreiben; e)** *(Kündigungsfrist)* [period *or* term of] notice; **bei jährlicher ~ betragen die Zinsen 9,5 %** with one year's notice of withdrawal, interest is at 9.5 %
Kündigungs-: ~frist die period of notice; **~grund der** *(Arbeitsrecht)* grounds *pl.* for dismissal; grounds *pl.* for giving sb. his/her notice, *(Mietrecht)* grounds *pl.* for giving sb. notice to quit; **~schreiben das** written notice; notice in writing; **~schutz der** protection against wrongful dismissal
Kundin die; ~, ~nen customer/client; *s. auch* ¹**Kunde a**
kund|machen *tr. V. (österr. Amtsspr.)* announce; make known; *(feierlich)* proclaim; promulgate ⟨*law*⟩
Kundschaft die; ~, ~en *o. Pl.; s.* ¹**Kunde a:** customers *pl.;* clientele; **~! service!;** **ich habe gerade ~:** I've got a customer/customers at the moment; **b)** *(veralt.: Erkundung)* **auf ~ ausgehen/jmdn. auf ~ ausschicken** go out on/send sb. out on reconnaissance *or* to reconnoitre; **c)** *(veralt.: Nachricht)* news *sing.;* tidings *pl. (literary)*
Kundschafter der; ~s, ~: scout
kund|tun *(geh.)* **1.** *unr. tr. V.* announce; make known. **2.** *unr. refl. V.* be revealed; show itself
kund|werden *unr. itr. V.; mit sein (veralt.)* become known; **ihm wurde der Verrat kund** he learned of the betrayal
künftig 1. *Adj.* future; **ihr ~er Mann** her future husband; her husband-to-be; **am 15. ~en Monats** *(geh.)* on the 15th of next month. **2.** *adv.* in future
künftig·hin *Adv. (geh.)* henceforth; henceforward; in future
Kungelei die; ~, ~en *(abwertend)* wheeling and dealing; **eine ~ um etw.** bargaining over sth.; **große ~en** a great deal *sing.* of wheeling and dealing
kungeln ['kʊŋl̩n] *itr. V.* **[mit jmdm.] um etw. ~:** bargain [with sb.] over sth.; **dort wird viel gekungelt** there is a lot of wheeling and dealing there
Kunst [kʊnst] *die;* ~, **Künste** ['kʏnstə] **a)** art; **die Schwarze ~** *(Magie)* the black art; *(Buchdruck)* [the art of] printing; **die schönen Künste** [the] fine arts; fine art *sing.;* **was macht die ~?** *(ugs.)* how are things?; how's tricks? *(sl.); s. auch* **bilden a; darstellen 1 a;**

²**sieben; b)** *(das Können)* skill; **die ärztliche ~:** medical skill; **die ~ des Reitens/der Selbstverteidigung** the art of riding/self-defence; **nach einer Vorlage zu stricken ist keine ~:** it's easy enough *or* it doesn't take anything to knit from a pattern; **~ kommt von können** *(meist iron.)* either you've got it or you haven't; **das ist keine/die ganze ~!** *(ugs.)* there's nothing 'to it/nothing more to it than that; **mit seiner ~ am Ende sein** be at a complete loss; *s. auch* **brotlos; Regel a**
Kunst-: ~akademie die *s.* **~hochschule; ~ausstellung die** art exhibition; **~banause der** *(abwertend)* philistine; **~band der** *(high-quality)* art book; **~besitz der** art collection; **~blatt das** art print; **~buch das** art book; **~darm der** artificial or synthetic sausage-skin; **~denkmal das** artistic and cultural monument; **~denkmäler der Kelten/Griechen** *usw.* monuments of Celtic/Greek *etc.* art; **~diebstahl der** art theft; **~druck der a)** [fine] art print; **b)** *o. Pl. (Druckw.)* fine-art printing; **etw. im ~druck herstellen** produce sth. by fine-art printing methods; **~druck·papier das** art paper; **~dünger der** chemical *or* artificial fertilizer; **~eis·bahn die** artificial ice-rink
Künstelei die; ~, ~en *(abwertend)* affectation
künsteln *s.* **gekünstelt**
kunst-, Kunst-: ~erzieher der, **~erzieherin die** art teacher; **~erziehung die** *(Schulfach)* art; **~fälschung die** art forgery; **~faser die** man-made *or* synthetic fibre; **~fehler der** professional error; *(fig. scherzh.: Versehen)* mistake; **ein ärztlicher ~fehler** a professional error on the part of a doctor; **~fertig 1.** *Adj.* skilful; **2.** *adv.* skilfully; **~fertigkeit die** skill; skilfulness; **~flieger der** aerobatic pilot; stunt pilot *(coll.);* **~flug der** aerobatics *sing.;* stunt-flying *(coll.);* **ein ~flug** a piece of aerobatic flying *or (coll.)* stunt-flying; **~form die** art form; **~freund der** art lover; lover of the arts; **~führer der** guide to cultural and artistic monuments [of an/ the area]; **~galerie die** art gallery; **~gegenstand der** work of art; **~genuß der** enjoyment of art; *(Ereignis)* artistic treat; **~gerecht 1.** *Adj.* expert; skilful; **2.** *adv.* expertly; skilfully; **~geschichte die a)** *o. Pl.* art history; history of art; **b)** *(Buch)* art history book; book on the history of art; **~geschichtlich 1.** *Adj.* art historical ⟨*studies, evidence, expertise, etc.*⟩; ⟨*work*⟩ on art history *or* the history of art; ⟨*interest*⟩ in art history *or* the history of art; **~geschichtliches Museum** art-history museum; museum of art history; **2.** *adv.* **~geschichtlich interessiert/versiert** interested/well versed in art history *or* the history of art; **~geschichtlich bedeutsam** significant from an art-historical point of view; **~gewerbe das** arts and crafts *pl.;* **~gewerblich 1.** *Adj.* craft *attrib.* ⟨*objects, skills, etc.*⟩; **~gewerbliche Arbeiten** craftwork *sing.;* **2.** *adv.* **~gewerblich hergestellte Produkte** craft products; **~glied das** artificial limb; **~griff der** move; *(fig.)* trick; dodge; **~halle die** art gallery; **~handel der** [fine-]art trade; **~händler der** [fine-]art dealer; **~handwerk das** craftwork; **Erzeugnisse des ~handwerks** craft products; craftwork *sing.;* **~harz das** *(Chemie)* synthetic resin; **~historiker der** art historian; **~historisch** *s.* **~geschichtlich; ~hoch·schule die** art college; college of art; **~honig der** artifical honey; honey substitute; **~kalender der** art calendar; **~kenner der** art connoisseur *or* expert; **~kopf der** *(Tontechnik)* dummy head; **~kraft·sport der** sports acrobatics *sing.;* **~kritik die** art criticism; *(die Kritiker)* art critics *pl.;* **~kritiker der** art critic; **~lauf der** *(Sport)* figure-skating; **~leder das** artificial *or* imitation leather

Künstler ['kynstlɐ] *der;* ~s, ~, **Künstlerin** *die;* ~, ~nen **a)** artist; *(Zirkus~, Varieté~)* artiste; **ein bildender** ~: a visual artist; **b)** *(Könner)* genius (**in** + *Dat.* at); **ein** ~ **in seinem Fach** a genius in one's field/at one's trade
Künstler-: ~**atelier** *das* studio; ~**beruf** *der* artistic career; ~**hand** *die* **in von** ~**hand** by the artist's hand
künstlerisch 1. *Adj.* artistic. **2.** *adv.* artistically; **etw.** ~ **darstellen** express sth. in artistic form; **ein** ~ **wertvoller Film** a film of great artistic worth
Künstler-: ~**kneipe** *die* pub *(Brit. coll.)* or *(Amer.)* bar frequented by artists; ~**kolonie** *die* artists' colony; colony of artists; ~**mähne** *die (ugs. veralt. scherzh.)* mane of hair; ~**name** *der* stage-name; ~**pech** *das (ugs. scherzh.)* hard luck
Künstlertum *das;* ~s artistic genius
künstlich ['kynstlɪç] **1.** *Adj.* **a)** artificial; artificial, glass ⟨*eye*⟩; false ⟨*teeth, eyelashes, hair*⟩; synthetic, man-made ⟨*fibre*⟩; imitation, synthetic ⟨*diamond*⟩; **b)** *(gezwungen)* forced ⟨*laugh, cheerfulness, etc.*⟩; contrived ⟨*rest*⟩. **2.** *adv.* **a)** artificially; **jmdn.** ~ **ernähren** feed sb. artificially; **b)** *(gezwungen)* **sich** ~ **aufregen** *(ugs.)* get worked up *or* excited about nothing
Künstlichkeit *die;* ~: artificiality
Kunst-, Künst-: ~**licht** *das; o. Pl.* artificial light; **bei** ~**licht** in artificial light; ~**liebhaber** *der* art lover; lover of the arts; ~**lied** *das* art song; Kunstlied; ~**los 1.** *Adj.* plain; **2.** *adv.* plainly; ~**maler** *der* artist; painter; ~**märchen** *das (Literaturw.)* literary fairy-tale; ~**pause** *die* pause for effect; *(iron.: Stockung)* awkward pause; **eine** ~**pause machen** pause for effect/pause awkwardly; ~**post·karte** *die* art postcard; ~**rasen** *der* artificial turf; ~**reich 1.** *Adj.* ~**voll;** ~**reiter** *der* circus rider; bareback rider; ~**richtung** *die* trend in art; **neue** ~**richtungen** new directions in art; ~**sammler** *der* art collector; ~**sammlung** *die* art collection; ~**schaffende** *der/die; adj. Dekl.* artist; ~**schatz** *der* art treasure; ~**schmied** *der* wrought-iron craftsman; ~**schwimmen** *das (Sport)* synchronized swimming *no art.*; ~**seide** *die* artificial silk; rayon; ~**sinn** *der* artistic sense; feeling for art; ~**sprache** *die* artificial language; ~**springen** *das (Sport)* springboard diving; ~**stein** *der* artificial stone
Kunst·stoff *der* synthetic material; plastic
Kunst·stoffaser *die* synthetic fibre
Kunst·stoff-: ~**bahn** *die (Sport)* synthetic track; ~**faser** *s.* Kunststoffaser; ~**karosserie** *die* plastic body
kunst-, Künst-: ~**stopfen** *tr. V. (nur im Inf. u. 2. Part. gebr.)* repair by invisible mending; invisibly mend; ~**stück** *das* trick; **das ist kein** ~**stück** *(ugs.)* it's no great feat *or* achievement; ~**stück!** *(ugs. iron.)* that's no great achievement; *(ist nicht verwunderlich)* it's hardly surprising; ~**turnen** *das* gymnastics *sing.*; ~**verstand** *der* artistic sense; feeling for art; ~**voll 1.** *Adj.* ornate *or* elaborate and artistic; *(kompliziert)* elaborate; **2.** *adv.* **a)** ornately *or* elaborately and artistically; **b)** *(geschickt)* skilfully; ~**werk** *das (auch fig.)* work of art; ~**wissenschaft** *die* aesthetics and art history; ~**wort** *das; Pl.* ~**wörter** *(Sprachw.)* made-up *or* invented word; ~**szene** *die* art world
kunter·bunt ['kʊntɐ-] **1.** *Adj.* **a)** *(vielfarbig)* multi-coloured; **b)** *(abwechslungsreich)* varied; **wir laden Sie zu unserem** ~**en Abend mit ...** you are invited to our evening of varied entertainment with ...; **c)** *(ungeordnet)* jumbled ⟨*confusion, muddle, rows, etc.*⟩. **2.** *adv.* **a)** *(painted, printed)* in many colours; **b)** *(abwechslungsreich)* **ein** ~ **gestalteter Abend** an evening of varied entertainment; **sein Leben verlief recht** ~: he had a very varied life; **c)** *(ungeordnet)* ~ **durcheinander sein** be higgledy-piggledy *or* all jumbled up; **es ging** ~ **durcheinander** it was completely chaotic
Kunterbunt *das;* ~s **a)** *(von Farben)* riotous profusion of colour; **b)** *(Gemisch)* potpourri; **c)** *(Durcheinander)* muddle
Kunz [kʊnts] *s.* Hinz
Kupfer ['kʊpfɐ] *das;* ~s **a)** copper; **etw. in** ~ *(Akk.)* **stechen** engrave *or* etch sth. on copper; **b)** *(~geschirr)* copperware; *(~geld)* coppers *pl.*; **c)** *s.* Kupferstich b
kupfer-, Kupfer-: ~**blech** *das* copper sheeting; **ein** ~**blech** a copper sheet; ~**draht** *der* copper wire; ~**druck** *der* **a)** *o. Pl.* copperplate printing *no art.*; **etw. in** ~**druck herstellen** produce sth. by copperplate printing; **b)** *(Abbildung)* copperplate [print]; ~**erz** *das* copper ore; ~**geld** *das* coppers *pl.*; ~**haltig** *Adj.* containing copper *postpos., not pred.*; cupriferous; ~**kessel** *der* copper kettle; *(zum Bierbrauen)* copper vat; ~**legierung** *die* copper alloy; ~**münze** *die* copper coin; copper
kupfern *Adj.* **(geh.) a)** nicht präd. copper; **die** ~**e Hochzeit** the seventh wedding anniversary; **b)** *(wie Kupfer)* coppery
kupfer-, Kupfer-: ~**rot** *Adj.* copper-red; copper-coloured; ~**schmied** *der* coppersmith; ~**stecher** *der* copper[plate] engraver; **mein lieber Freund und** ~**stecher** *(ugs. scherzh.)* now then, my friend; ~**stich** *der* **a)** *o. Pl.* copperplate engraving *no art.*; **b)** *(Blatt)* copperplate print *or* engraving; ~**sulfat** *das (Chemie)* copper sulphate; ~**vitriol** *das (Chemie)* blue vitriol
kupieren [ku'piːrən] *tr. V.* **a)** crop, dock ⟨*tail*⟩; crop ⟨*ears, hedge*⟩; clip ⟨*wings*⟩; prune ⟨*bush etc.*⟩; **b)** *(Med.)* arrest; check
Kupon *s.* Coupon
Kuppe ['kʊpə] *die;* ~, ~n **a)** *(rounded)* hilltop; **b)** *(Finger~)* tip; end
Kuppel ['kʊpl] *die;* ~, ~n **a)** dome; *(kleiner)* cupola; **die** ~ **der Bäume** the domed canopy of trees
Kuppel-: ~**bau** *der; Pl.* ~**bauten** domed building; ~**dach** *das* domed *or* dome-shaped roof
Kuppelei *die;* ~, ~en **a)** *(veralt. abwertend)* match-making; **b)** *o. Pl. (Rechtsspr.)* procuring; procuration
Kuppel·mutter *die (abwertend)* procuress
kuppeln 1. *itr. V.* **a)** *(bei einem Kfz)* operate the clutch; **hier mußt man viel** ~: you have to use the clutch a great deal here; **b)** *(veralt.: Kuppelei betreiben)* match-make; play the match-maker. **2.** *tr. V.* **a)** *(koppeln)* couple (**an** + *Akk.,* **zu** [on] to); **b)** *(Technik)* couple; **gekuppelt** **couple** ⟨*exposure meter, range-finder*⟩; **mit etw. gekuppelt sein** *(fig.)* be linked with sth.
Kuppel·pelz *der* **in sich** *(Dat.)* **den** ~ **verdienen** *(abwertend)* arrange a/the match; play the match-maker
Kuppelung *s.* Kupplung
Kuppler *der;* ~s, ~ *(abwertend)* procurer
Kupplerin *die;* ~, ~nen *(abwertend)* procuress
Kupplung *die;* ~, ~en **a)** *(Kfz-W.)* clutch; **b)** *(Technik: Vorrichtung zum Verbinden)* coupling; **c)** *o. Pl. (das Verbinden)* coupling; *(fig.)* linking
Kupplungs-: ~**pedal** *das (Kfz-W.)* clutch-pedal; ~**scheibe** *die (Kfz-W.)* clutch-plate; ~**seil** *das (Kfz-W.)* clutch-cable
Kur [kuːɐ] *die;* ~, ~en [health] cure; *(ohne Aufenthalt im Badeort)* course of treatment; **eine** ~ **machen** take a cure/a course of treatment; **in** ~ **gehen** go to a health resort *or* spa [to take a cure]
Kür [kyːɐ] *die;* ~, ~en **a)** *(Eiskunstlauf)* free programme; *(Turnen)* optional exercises *pl.*; **eine** ~ **laufen/tanzen** skate/dance one's free programme; **eine** ~ **turnen** perform one's optional exercises; **die beste** ~ **laufen** skate the best free programme; **b)** *(veralt.: Wahl)* choosing
Kurant [ku'rant] *das;* ~[e]s, ~e *(veralt.)* coin whose face value is equal to the value of its constituent metals
Küraß ['kyːras] *der;* **Kürasses, Kürasse** *(hist.)* cuirass
Kürassier [kyra'siːɐ] *der;* ~s, ~e *(Milit. hist.)* cuirassier
Kurat [ku'raːt] *der;* ~en, ~en *(kath. Kirche)* curate
Kuratel [kura'teːl] *die;* ~, ~en *(Rechtsspr. veralt.)* guardianship; **unter** ~ **stehen** be under the care of a guardian; **jmdn. unter** ~ **stellen** place sb. under the care of a guardian; *(jmdn. stärker kontrollieren)* place sb. under closer supervision
Kurator [ku'raːtor] *der;* ~s, ~en [-ra'toːrən] **a)** *(einer Stiftung)* trustee; **b)** *(einer Universität)* university officer dealing with financial and legal matters; **c)** *(veralt.: Vormund)* guardian
Kuratorium [kura'toːriʊm] *das;* ~s, **Kuratorien** board of trustees
Kur-: ~**aufenthalt** *der* stay at a health resort *or* spa; **ein** ~**aufenthalt am Meer** a stay at a seaside health resort; spa; ~**bad** *das* health resort; spa
Kurbel ['kʊrbl] *die;* ~, ~n *(bei Autos, Maschinen)* crank [handle]; *(an Fenstern, Spieldosen, Grammophonen)* winder; *(an einem Brunnen)* [winding-]handle
kurbeln 1. *itr. V.* **a)** *etw.* **nach oben/unten** ~: wind sth. up/down; **den Eimer aus dem Brunnen** ~: wind the bucket up out of the well; **sie kurbelte den Tisch so tief es ging** she wound the table down as far as it would go; **b)** *(ugs.: filmen)* film; shoot ⟨*film*⟩. **2.** *itr. V.* turn *or* wind a/the handle; *(bei Autos)* turn a/the crank [handle]; crank; **er mußte ziemlich** ~, **um aus der Parklücke herauszukommen** *(fig. ugs.)* he had to use a lot of lock *(Brit.)* to get out of the parking space
Kurbel·welle *die (Technik)* crankshaft
Kürbis ['kyrbɪs] *der;* ~ses, ~se **a)** pumpkin; **b)** *(salopp: Kopf)* nut *(sl.);* bonce *(Brit. sl.)*
Kürbis-: ~**flasche** *die* gourd; ~**kern** *der* pumpkin seed
Kurde ['kʊrdə] *der;* ~n, ~n, **Kurdin** *die;* ~, ~nen Kurd
kurdisch *Adj.* Kurdish; **das Kurdische** Kurdish; *s. auch* deutsch; Deutsch
Kurdistan ['kʊrdɪstaːn] *(das);* ~s Kurdistan
kuren *itr. V. (ugs.)* take a cure
küren *regelm. (veralt. auch unr.) tr. V.* choose (**zu** as)
Kürettage [kyrɛ'taːʒə] *die;* ~, ~n *(Med.)* curettage
Kürette [ky'rɛtə] *die;* ~, ~n *(Med.)* curette
kur-, Kur-: ~**fürst** *der (hist.)* Elector; ~**fürstentum** *das (hist.)* electorate; ~**fürstlich** *Adj. (hist.)* electoral; ~**gast** *der* visitor to a/the health resort *or* spa; *(Patient)* patient at a/the health resort *or* spa; ~**haus** *das* assembly rooms [at a health resort *or* spa]; ~**heim** *das* sanatorium
Kurie ['kuːriə] *die;* ~, ~n *(kath. Kirche)* Curia
Kurien·kardinal *der (kath. Kirche)* cardinal of the Roman Curia
Kurier [ku'riːɐ] *der;* ~s, ~e courier; messenger
Kurier·dienst *der* courier *or* messenger service; ~**e leisten** act as a courier/as couriers
kurieren *tr. V. (auch fig.)* cure (**von** of)
Kurier·gepäck *das* diplomatic bags *pl.*
kurios [ku'rioːs] **1.** *Adj.* curious; strange; odd. **2.** *adv.* curiously; strangely; oddly
Kuriosa *s.* Kuriosum
kurioser·weise *Adv.* curiously *or* strangely *or* oddly enough
Kuriosität [kuriozi'tɛːt] *die;* ~, ~en **a)** *o. Pl.*

Kuriositätenkabinett — **kurzfristig**

strangeness; oddity; peculiarity; b) *(Gegenstand)* curiosity; curio; *(Ereignis)* curious occurrence
Kuriositäten·kabinett das gallery of curios
Kuriosum [ku'ri̯oːzʊm] *das*; ~s, Kuriosa *(Gegenstand)* curiosity; curio; oddity; *(Situation)* curious or odd or strange situation
Kur-: ~**kapelle** die spa orchestra; ~**karte** die [visitor's] pass or season ticket *(allowing use of the facilities of a health resort or spa)*; ~**klinik** die health clinic; ~**konzert** das concert [at a health resort or spa]; spa concert
Kurkuma ['kʊrkuma] *das*; ~[s] turmeric
Kurlaub ['kuːɐ̯laup] *der*; ~[e]s, ~e holiday [combined with cure] at a health resort or spa
Kür·lauf der *(Eiskunstlauf)* free programme; **er zeigte einen hervorragenden ~:** he gave an excellent display of free skating
kur-, Kur-: ~**mittel** das spa-treatment; ~**mittel·haus** das spa-house; ~**ort** der health resort; spa; ~**park** der gardens *pl.* [of a/the health resort or spa]; ~**pfalz** die *(hist.)* Electoral Palatinate; ~**pfälzisch** *Adj.* *(hist.)* of the Electoral Palatinate *postpos., not pred.*; ~**pfuscher** der *(ugs. abwertend)* quack; doctor; ~**pfuscherei** die *(ugs. abwertend)* quackery; ~**promenade** die [spa] promenade
Kurrende [kʊˈrɛndə] *die*; ~, ~n *(ev. Kirche)* young people's choir
Kurrent·schrift [kʊˈrɛnt-] die a) *(österr.)* Gothic handwriting or script; b) *(veralt.: Schreibschrift)* cursive writing or script; running hand
Kurrikulum s. Curriculum
Kurs [kʊrs] *der*; ~es, ~e a) *(Richtung)* course; **auf [nördlichen] ~ gehen** set [a northerly] course; **ein harter/weicher ~** *(fig.)* a hard/soft line; **den ~ ändern** *(auch fig.)* change or alter course; **seinen ~ beibehalten** *(auch fig.)* maintain course; **vom ~ abkommen** deviate from one's/its course; **den ~ halten** hold or maintain course; **~ auf Hamburg** *(Akk.)* **nehmen** set course for or head for Hamburg; **~ haben auf** (+ *Akk.*) be heading for; *s. auch* **einschlagen 1 d**; b) *(von Wertpapieren)* price; *(von Devisen)* rate of exchange; exchange rate; **zum ~ von ...:** at a rate of ...; **die ~e steigen/fallen** prices/rates are rising/falling; **der ~ des Dollars** the dollar rate; **hoch im ~ stehen** *(securities)* be high; *(fig.)* be very popular [bei with]; **er steht hoch im ~ bei seinem Chef** his boss thinks very highly of him; **etw. außer ~ setzen** withdraw sth. from circulation; c) *(Lehrgang)* course; **ein ~ in Spanisch** *(Dat.)* a course in Spanish; a Spanish course; d) *(die Teilnehmer eines Kurses)* class; e) *(Sport: Rennstrecke)* course
Kurs-: ~**änderung** die *(auch fig.)* change of course; ~**anstieg** der *(Börsenw.)* rise in prices/price; price rise; *(an Devisenbörsen)* rise in exchange rates/the exchange rate
Kursant [kʊrˈzant] *der*; ~en, ~en *(DDR)* s. Kursteilnehmer
Kurs-: ~**bericht** der *(Börsenw.)* s. ~zettel; ~**buch** das *(Eisenb.)* timetable
Kur·schatten der *(ugs. scherzh.)* ladyfriend/boy-friend at/from the spa
Kürschner ['kʏrʃnɐ] *der*; ~s, ~: furrier
Kürschnerei die; ~, ~en a) *o. Pl.* furriery; b) *(Werkstatt)* furrier's workroom
Kürschnerin die; ~, ~nen furrier
Kurs-: ~**ein·buße** die *(Börsenw.)* fall in prices/price; price fall; ~**gewinn** der *(Börsenw.)* a) market profit; *(bei Devisen)* profit on the foreign exchange market; b) *(Wertzuwachs)* market gain
kursieren *itr. V.; auch mit sein* circulate
Kursist *der*; ~en, ~en *(DDR)* s. Kursteilnehmer

kursiv [kʊrˈziːf] *(Druckw.)* 1. *Adj.* italic. 2. *adv.* **etw. ~ drucken** print sth. in italics; *(zur Hervorhebung)* italicize sth.
Kursive die; ~, ~n, **Kursiv·schrift** die *(Druckw.)* italics *pl.*; **in ~:** in italics
Kurs-: ~**korrektur** die *(auch fig.)* course correction; ~**leiter** der course-leader
kursorisch [kʊrˈzoːrɪʃ] 1. *Adj.* cursory. 2. *adv.* cursorily
Kurs-: ~**rück·gang** der *(Börsenw.)* fall in prices/price; price fall; *(bei Devisen)* fall in exchange rates/the exchange rate; ~**schwankung** die *(Börsenw.)* fluctuation in prices/price; *(bei Devisen)* fluctuation in exchange rates/the exchange rate; ~**system** das *(Schulw.)* course system; ~**teilnehmer** der course participant
Kursus ['kʊrzʊs] *der*; ~, **Kurse** s. Kurs c, d
Kurs-: ~**verlust** der *(Börsenw.)* market loss; *(bei Devisen)* loss on the foreign exchange market; ~**wagen** der *(Eisenb.)* through carriage or coach; ~**wechsel** der *(auch fig.)* change of course; ~**wert** der *(Börsenw.)* market value or price; ~**zettel** der *(Börsenw.)* stock exchange list; list of [market] quotations; *(bei Devisen)* list of foreign exchange rates
Kur·taxe die visitors' tax *(at a health resort)*
Kurtisane [kʊrtiˈzaːnə] *die*; ~, ~n *(hist.)* courtesan
Kurve ['kʊrvə] *die*; ~, ~n a) *(einer Straße)* bend; curve; *(sehr scharf)* corner; **in dieser ~:** on this bend or curve; **die Straße macht eine [scharfe] ~:** the road bends or curves [sharply]; **die ~ kratzen** *(ugs.)* quickly make oneself scarce *(coll.)*; **die ~ kriegen** *(ugs.)* manage to do it; *(etw. überwinden)* manage to do something decisive about it; *s. auch* **schneiden**; b) *(Geom.)* curve; c) *(in der Statistik, Temperatur- usw.)* graph; curve; d) *(Bogenlinie)* curve; **eine ~ fliegen** do a banking turn; e) *Pl.* *(ugs.: Körperformen)* curves
kurven *itr. V.; mit sein* a) *(aircraft)* circle; *(tanks etc.)* circle [round]; **um die Ecke ~:** turn the corner; b) *(ugs.: fahren)* drive around; *(mit dem Motorrad, Fahrrad)* ride around; **durch ganz Frankreich ~:** drive/ride all round France
kurven-, Kurven-: ~**diskussion** die *(Math.)* curve-tracing; ~**lineal** das French curve; ~**reich** *Adj.* a) winding; twisting; „~**reiche Strecke**" 'series of bends'; b) *(ugs. scherzh.)* curvaceous; ~**schreiber** der *(Technik)* graphic recording instrument; *(DV)* plotter; ~**verhalten** das *(Kfz-W.)* cornering characteristics *pl.*; ~**vor·gabe** die *(Leichtathletik)* stagger
Kur·verwaltung die administrative office/offices of a/the health resort or spa
kurvig *Adj.* curved; winding, twisting *(path, road, etc.)*
kurz [kʊrts], **kürzer** ['kʏrtsɐ], **kürzest...** ['kʏrtsəst...] 1. *Adj.* a) *(räumlich)* short; ~**e Hosen** short trousers; shorts; **etw. kürzer machen** make sth. shorter; shorten sth.; **ein kürzerer Weg** a shorter or quicker way; **ein Hundeleine ~ halten** keep the dog on a short lead; **etw./alles ~ und klein schlagen** *od.* **hauen** *(ugs.)* smash sth./everything to bits or pieces; **den kürzeren ziehen** come off worst or second-best; get the worst of it; **nicht zu ~/zu ~ kommen** get one's/less than one's fair share; b) *(zeitlich)* short, brief *(trip, journey, visit, reply)*; short *(life, break, time)*; quick *(look)*; **nach einer ~en Weile** after a short or little while; **es ~ machen** make or keep it short; be brief; c) *(knapp)* short, brief *(outline, note, report, summary, introduction)*; **etw. in ~en Worten sagen** say sth. in a few brief words; ~ **und bündig** *od.* **knapp** brief and succinct. 2. *adv.* a) *(zeitlich)* briefly; for a short time or while; **die Freude währte nur ~** *(geh.)* his/her *etc.* joy was short-lived; **binnen ~em** shortly; soon;

er hatte binnen ~**em das ganze Vermögen verjubelt** before long he had frittered away the entire fortune; **über ~ oder lang** sooner or later; **vor ~em** a short time or while ago; recently; **sie lebt erst seit ~em in Bonn** she's only been living in Bonn [for] a short time or while; b) *(knapp)* ~ **gesagt** in a word; ~ **angebunden sein** be curt or brusque (**mit** with); **sich ~ fassen** be brief; ~ **und bündig** *od.* **knapp** briefly and succinctly; ~ **und gut** in a word; c) *(rasch)* **ich muß mal ~ weg** I must leave you for a few minutes; **er schaute ~ herein** he looked or dropped in for a short while; **kann ich Sie ~ sprechen?** can I speak to you or have a word with you for a moment?; **ich muß ~ etwas in der Stadt erledigen** I've just got something to do in town. I won't be long; ~ **und schmerzlos** *(ugs.)* quickly and smoothly or without any hitches; *s. auch* **entschlossen 3**; d) *(in geringer Entfernung)* ~ **vor/hinter der Kreuzung** just before/past the crossroads; ~ **vor Bremen hatten wir eine Panne** just before we reached Bremen, we broke down; e) *(mit geringem zeitlichen Abstand)* ~ **vor/nach Pfingsten** just or shortly before/after Whitsun; ~ **bevor .../nachdem ...:** just or shortly before .../after ...; *s. auch* **Atem**; **Kopf a**; **Prozeß c**
kurz-, Kurz-: ~**arbeit** die short time; short-time working; ~**arbeiten** *itr. V.* work short time; ~**arbeiter** der short-time worker; worker on short time; ~**ärm[e]lig** [~|ɛrm(ə)lɪç] *Adj.* short-sleeved; ~**atmig** [~aːtmɪç] 1. *Adj.* *(auch fig.)* short-winded; ~**atmig sein** be short of breath; be short-winded; 2. *adv.* ⟨speak⟩ breathlessly; ~**atmigkeit** die; ~: short-windedness; ~**beinig** *Adj.* short-legged ⟨breed, dog, etc.⟩ ⟨person⟩ with short legs; ~**bericht** der brief or short report; ~**biographie** die short or potted biography
Kurze *der*; *adj. Dekl.* *(ugs.)* a) *(Kurzschluß)* short *(coll.)*; b) *(Schnaps)* schnapps
Kürze ['kʏrtsə] *die*; ~, ~ a) *o. Pl.* shortness; b) *o. Pl.* *(geringe Dauer)* shortness; short duration; brevity; **in ~:** shortly; soon; c) *o. Pl. (Knappheit)* brevity; **in aller/gebotener ~:** very briefly/with due brevity; **in der ~ liegt die Würze** *(Spr.)* brevity is the soul of wit *(prov.)*; d) *(Verslehre)* short syllable; short
Kürzel ['kʏrtsl̩] *das*; ~s, ~ a) shorthand symbol; b) *(Abkürzung)* abbreviation
kürzen *tr. V.* a) shorten; take up ⟨garment⟩; **ein Kleid um 5 cm ~:** shorten a dress by 5 cm; take a dress up 5 cm; b) *(verringern)* shorten ⟨speech⟩; shorten, abridge ⟨article, book⟩; reduce, cut ⟨pension, budget, etc.⟩; **jmdm. das Gehalt ~:** reduce or cut sb.'s salary; **eine gekürzte Fassung** a shortened or an abridged version; c) *(Math.)* cancel
kürzer s. **kurz**
kurzer·hand *Adv.* without more ado; **jmdn. ~ vor die Tür setzen** *(ugs.)* unceremoniously throw sb. out; **etw. ~ ablehnen** flatly reject sth.; reject sth. out of hand; **sich ~ entschließen, etw. zu tun** decide there and then to do sth.
kürzer|treten *unr. itr. V.* *(sich mehr schonen)* take things or it easier; *(sparsamer sein)* cut back; spend less
kürzest... s. **kurz**
kurz-, Kurz-: ~**fassung** die shortened or abridged version; ~**film** der short; short film; ~**form** die *(Sprachw.)* shortened or abbreviated form; ~**fristig** 1. *Adj.* a) *(plötzlich)* ⟨refusal, resignation, etc.⟩ at short notice; b) *(für kurze Zeit)* short-term; **eine ~fristige Freiheitsstrafe** a short period of imprisonment; c) *(rasch)* quick ⟨solution⟩. 2. *adv.* a) *(plötzlich)* at short notice; **sich ~fristig entschließen, etw. zu tun** make up one's mind within a short time to do sth.; b)

1273

kurzgebraten ... Labskaus

(für kurze Zeit) for a short time *or* period; *(auf kurze Sicht)* in the short term; **~fristig gesehen** looked at *or* viewed in the short term; c) *(in kurzer Zeit)* without delay; **~gebraten** *Adj.* ⟨meat⟩ fried on high heat for a very short time; **~gefaßt** *Adj.* terse; succinct; briefly-worded; **~geschichte die** *(Literaturw.)* short story; **~geschnitten** *Adj.* cropped short *postpos.*; **~haarfrisur die** bob; bobbed hair-style; **~haardackel der** short-haired dachshund; **~haarig** *Adj.* short-haired ⟨dog, breed, etc.⟩; ⟨person⟩ with short hair; **~|halten** *unr. tr. V.* **jmdn. ~halten** *(wenig Geld geben)* keep sb. short of money; *(wenig erlauben)* keep sb. on a tight rein; **~lebig** [~le:bɪç] *Adj.* *(auch fig.)* short-lived; *(wenig haltbar)* non-durable ⟨goods, materials⟩; with a short life *postpos.*; **~lebigkeit die** short-livedness; *(von Gebrauchsgütern)* lack of durability; **~lehrgang der** short course
kürzlich *Adv.* recently; not long ago; **erst ~**: just *or* only recently; only a short time ago
kurz-, Kurz-: **~meldung die** brief report; *(während einer anderen Sendung)* news flash; **~nachrichten** *Pl.* news *sing.* in brief; news summary *sing.*; **~parker der** short-stay *(Brit.) or* short-term parker; „nur für ~parker" 'short-stay *(Brit.)* or short-term parking only'; **~referat das** short paper; **~|schließen 1.** *unr. tr. V.* short-circuit; **ein Auto ~schließen** short-circuit a car's ignition; **2.** *unr. refl. V.* **sich mit jmdm./etw. ~schließen** contact sb./sth. directly; **~schluß der** a) *(Elektrot.)* short-circuit; b) *(fig. ugs.)* brainstorm; *(falscher Schluß)* fallacy; **~schluß·handlung die** sudden irrational act; **~schrift die** shorthand; **~sichtig** *Adj.* (*auch fig.*) **1.** *Adj.* short-sighted; **2.** *adv.* short-sightedly; **~sichtigkeit die**; ~ *(auch fig.)* short-sightedness; **~stielig** *Adj.* short-stemmed ⟨glass, flower⟩; short-handled ⟨axe, hammer, *etc.*⟩; **~strecke die** a) short haul *or* distance; **auf ~strecken** over short distances; b) *(Sport)* sprint distance; sprint; **auf [den] ~strecken** over sprint distances; in sprinting
Kurzstrecken-: **~flug der** short-haul flight; **~lauf der** *(Sport)* short-distance race; sprint; *(Disziplin)* sprinting *no art.*; **~läufer der** *(Sport)* sprinter; **~rakete die** short-range missile
kurz-: **~|treten** *unr. itr. V.* **a)** take things or it easy; *(sparsam sein)* retrench; cut back; **b)** *(Milit.)* march with shortened steps; **~um** [-'-] *Adv.* in short; in a word
Kürzung die; ~, ~en **1.** cut; reduction; **eine ~ des Gehaltes** a cut *or* reduction in salary; a salary cut; **b)** *(Streichung)* cut; *(das Streichen)* abridgement
kurz-, Kurz-: **~urlaub der** short holiday; *(Milit.)* short leave; **~waren** *Pl.* haberdashery *sing.* *(Brit.)*; notions *(Amer.)*; **~waren·abteilung die** haberdashery department *(Brit.)*; notions department *(Amer.)*; **~weg** [-'-] *Adv.* s. **kurzerhand**; **~weil die**; ~ *(veralt.)* amusement; **allerlei ~weil treiben** have fun; amuse oneself; **~weilig** *Adj.* entertaining; **~welle die** *(Physik, Rundf.)* short wave; **auf** *od.* **über ~welle on short wave; ~wellen·empfänger der** *(Funkt., Rundf.)* short-wave receiver; **~wellen·sender der** *(Funkt., Rundf.)* short-wave transmitter; **~wort das** *(Sprachw.)* abbreviation; **~zeit·gedächtnis das**; *o. Pl.* *(Psych.)* short-term memory; **~zeitig 1.** *Adj.* brief; **2.** *adv.* briefly; for a short time
kusch *Interj.* [lie] down; *(sei still)* quiet
kuschelig *Adj.* cosy
kuscheln ['kʊʃln] *refl. V.* **sich an jmdn. ~**: snuggle up *or* cuddle up to sb.; ⟨cat etc.⟩ snuggle up to sb.; **sich in etw.** *(Akk.)* **~**: snuggle up in sth.

Kuschel·tier das cuddly toy
kuschel·weich *Adj.* beautifully soft
kuschen ['kʊʃn] *itr. V.* **a)** knuckle under (**vor +** *Dat.* **to**); **b)** ⟨dog⟩ lie down
Kusine [ku'zi:nə] die; ~, ~n s. **Cousine**
Kuß [kʊs] der; **Kusses, Küsse** ['kʏsə] kiss; **Gruß und ~** [Dein ...] love and kisses [from ...]
Küßchen ['kʏsçən] das; ~s, ~: little kiss; **ein ~ in Ehren kann niemand verwehren** *(Spr.)* a friendly kiss can do no harm
kuß·echt *Adj.* kissproof
küssen ['kʏsn] *tr., itr. V.* kiss; **jmdm. die Hand ~**: kiss sb.'s hand; **küß' die Hand** *(südd., österr.)* *(beim Kommen)* how do you do?; good day; *(beim Gehen)* goodbye; **sich** *od.* *(geh.)* **einander ~**: kiss [each other]
kuß·fest *Adj.*: *s.* **~echt**
Kuß·hand die: jmdm. eine ~ zuwerfen blow sb. a kiss; **mit ~** *(ugs.)* gladly; with [the greatest] pleasure; **jmdn./etw. mit ~ nehmen** *(ugs.)* be only too glad *or* pleased to take sb./sth.
Küste ['kʏstə] die; ~, ~n coast
Küsten-: **~bewohner** *Pl.* coastal inhabitants; **die deutschen ~bewohner** those living on the German coast; **~fischerei die** inshore fishing; **~gewässer das, ~meer das** coastal waters *pl.*; **~schiffahrt die** coastal shipping *no art.*; **~strich der** stretch of coast; coastal strip; **~wache die** coastguard [service]
Küster ['kʏstɐ] der; ~s, ~: sexton
Kustos ['kʊstɔs] der; ~, **Kustoden** [kʊs-'to:dn] curator
Kutsch·bock der coach-box
Kutsche ['kʊtʃə] die; ~, ~n **a)** coach; carriage; **b)** *(salopp: Auto)* jalopy *(coll.)*
kutschen *s.* **kutschieren**
Kutschen·schlag der coach-door; carriage-door
Kutscher der; ~s, ~: coachman; coach-driver
kutschieren 1. *itr. V.*; **mit sein a)** drive, ride [in a coach *or* carriage]; **b)** *(ugs.)* **durch die Gegend/durch Europa ~**: drive around/drive around Europe. **2.** *tr. V.* **a) jmdn. ~**: drive sb. [in a coach *or* carriage]; **b)** *(ugs.)* **jmdn. nach Hause ~**: run sb. home; **c)** *(ugs.: lenken)* drive ⟨car, lorry⟩
Kutsch·pferd das coach-horse; carriage-horse
Kutte ['kʊtə] die; ~, ~n **a)** [monk's/nun's] habit; **b)** *(Jugendspr.) (Jacke)* jacket; *(Mantel)* coat
Kutteln ['kʊtln] *Pl.* *(südd., österr., schweiz.)* tripe *sing.*
Kutter ['kʊtɐ] der; ~s, ~: cutter
Kuvert [ku've:ɐ̯] das; ~s, ~s **a)** *(landsch., veralt.: Umschlag)* envelope; **b)** *(geh.: Gedeck)* cover
kuvertieren [kuvɛr'ti:rən] *tr. V.* **etw. ~**: put sth. into an envelope
Kuvertüre [kuvɛr'ty:rə] die; ~, ~n chocolate coating
Kuwait [ku'vait] *(das)*; ~s **Kuwait**
Kuwaiter der; ~s, ~, **Kuwaiterin die**; ~, ~nen **Kuwaiti**
kuwaitisch *Adj.* **Kuwaiti**
kV [ka:'faʊ] *(Physik) Abk.* **Kilovolt kV**
kW [ka:'ve:] *(Physik) Abk.* **Kilowatt kW**
KW *Abk.* **Kurzwelle SW**
Kwaß [kvas] der; ~ *od.* **Kwasses kvass**
kWh *(Physik) Abk.* **Kilowattstunde kWh**
Kybernetik [kybɛr'ne:tɪk] die; ~: cybernetics *sing.*
Kybernetiker der; ~s, ~, **Kybernetikerin die**; ~, ~nen cybernetician; cyberneticist
kybernetisch *Adj.* cybernetic
Kyrie ['ky:riə] das; ~s, ~s kyrie; **~ eleison!** [e'laizɔn] kyrie eleison
kyrillisch [ky'rɪlɪʃ] *Adj.* Cyrillic
KZ [ka:'tsɛt] das; ~[s], ~[s] *Abk.* **Konzentrationslager**

KZ-Häftling der, KZler der; ~s, ~, **KZlerin die;** ~, ~nen concentration-camp prisoner

L

l, L [ɛl] das; ~, ~: l/L; *s. auch* **a, A**
l *Abk.* **Liter l**.
la [la:] **la, etw. auf la la singen** la-la sth.
Lab [la:p] das; ~[e]s, ~e **a)** *(Enzym)* rennin; **b)** *(zur Käseherstellung)* rennet
labberig ['labərɪç] *Adj.* *(ugs. abwertend)* **a)** *(fade)* wishy-washy; **~ schmecken** taste of nothing; **b)** *(weich)* floppy, limp ⟨material⟩; floppy ⟨trousers, dress, *etc.*⟩; slack ⟨elastic⟩; **c)** *(flau)* queasy
labbern ['labɐn] *(nordd. abwertend)* **1.** *tr. V.* slurp. **2.** *itr. V.* ⟨sail⟩ flap [about]
labbrig *s.* **labberig**
Labe die; ~ *(dichter. veralt.)* refreshment *no indef. art.*; *(~trunk)* refreshing draught
Label ['le:bl] das; ~s, ~s label
laben ['la:bn] *(geh.)* **1.** *tr. V.* **jmdn. ~**: give sb. refreshment; **sich im** *od.* **der Trunk** a refreshing drink; **das Auge ~** *(fig.)* delight the eye. **2.** *refl. V.* refresh oneself **(an** + *Dat.*, mit with)
labern ['la:bɐn] *(ugs. abwertend)* **1.** *tr. V.* talk; **was laberst du da?** what are you rabbiting *(Brit. coll.)* or babbling on about? **2.** *itr. V.* rabbit *(Brit. coll.)* or babble on
labial [la'bia:l] *(Phon.)* **1.** *Adj.* labial. **2.** *adv.* labially
Labial der; ~s, ~e, **Labial·laut der** *(Sprachw.)* labial [sound]
labil [la'bi:l] *Adj.* **a)** *(Med.)* delicate, frail ⟨constitution, health⟩; poor ⟨circulation⟩; **b)** *(auch Psych.)* unstable ⟨person, character, situation, equilibrium, *etc.*⟩
Labilität [labili'tɛ:t] die; ~, ~en s. **labil a, b**: delicateness; frailness; poorness; instability
Labiodental [labio-] der *(Sprachw.)* labiodental
Lab-: **~kraut das** *(Bot.)* bedstraw; **~magen der** *(Zool.)* abomasum; rennet stomach
Labor [la'bo:ɐ̯] das; ~s, ~s, *auch:* ~e laboratory
Laborant [labo'rant] der; ~en, ~en, **Laborantin die;** ~, ~nen laboratory *or (coll.)* lab assistant *or* technician
Laboratorium [labora'to:riʊm] das; ~s, **Laboratorien** laboratory
laborieren *itr. V.* *(ugs.)* **a)** *(leiden)* suffer **(an** + *Dat.* from); **er laboriert schon seit Wochen an einer Grippe** he's been trying to shake off the flu for weeks *(coll.)*; **b)** *(sich abmühen)* **an etw.** *(Dat.)* **~**: labour *or* toil away at sth.
Labor-: **~platz der** place in a/the laboratory; **~versuch der** laboratory experiment
Labsal ['la:pza:l] das; ~[e]s, ~e *od. (südd., österr.)* die; ~, ~e *(geh.)* refreshment; **ein ~ für jmdn. sein** refresh sb.
Labskaus ['lapskaʊs] das; ~ *(Kochk.)* ≈

lobscouse; *stew made with beef, potatoes, onions, gherkins, and beetroot, eaten with a fried egg*

Labung die; ~, ~en *(geh.)* refreshment

Labyrinth [laby'rɪnt] das; ~[e]s, ~e **a)** maze; labyrinth; **b)** *(Anat.)* labyrinth

labyrinthisch 1. *Adj.* labyrinthine. **2.** *adv.* ~ **verschlungene Wege** a maze of winding paths

Lach·anfall der laughing-fit; fit of laughing

¹**Lache** ['laxə] die; ~, ~n *(ugs.)* laugh

²**Lache** ['la(ː)xə] die; ~, ~n puddle; *(von Blut, Öl)* pool

lächeln ['lɛçln̩] *itr. V.* smile **(über** + *Akk.* at); **freundlich/verlegen ~:** give a friendly/an embarrassed smile

Lächeln das; ~s smile

lachen 1. *itr. V.* **a)** laugh; **da kann man** *od.* **ich doch nur ~:** that's a laugh; **jmdn. zum Lachen bringen** make sb. laugh; **die Clowns waren zum Lachen** the clowns were very amusing; **platzen/sterben vor Lachen** *(fig.)* split one's sides laughing/die laughing; **die Sonne** *od.* **der Himmel lacht** *(fig.)* the sun is shining brightly; **ihm lacht das Glück** *(dichter.)* Fortune smiled upon *or* favoured him; **wer zuletzt lacht, lacht am besten** *(Spr.)* he who laughs last, laughs longest; **zum Lachen sein** *(ugs. abwertend)* be laughable *or* ridiculous; **daß ich nicht lache!** *(ugs.)* don't make me laugh *(coll.)*; *s.* **lustig machen**) laugh, make *or* poke fun **(über** + *Akk.* at); *s. auch* **dritt...**; ²**Erbe. 2.** *tr. V.* **was gibt es denn zu ~ ?** what's so funny?; **es od. das wäre ja** *od.* **doch gelacht, wenn ...** *(ugs.)* it would be ridiculous if ...; **wenn dein Vater das erfährt, hast du nichts zu ~:** you won't think it funny if your father finds out about it; **da gibt es gar nichts zu ~:** it's no laughing matter; **nichts zu ~ haben** *(ugs.)* have a hard time of it **(bei** with); *s. auch* **scheckig**

Lachen das; ~s laughter; **ein lautes ~:** a loud laugh; **sie konnte sich das ~ kaum verbeißen** she could hardly stop herself laughing; **ihm wird das ~ noch vergehen** he'll be laughing on the other side of his face

Lacher der; ~s, ~ **a)** laugher; **die ~ auf seiner Seite haben** score by making everybody laugh; **b)** *(kurzes Lachen)* laugh

Lach·erfolg der: **einen ~ haben, ein ~ sein** make everybody laugh; **einen großen ~ haben, ein großer ~ sein** bring the house down

lächerlich ['lɛçɐlɪç] **1.** *Adj. (komisch)* ridiculous; **jmdn./sich [vor jmdm.] ~ machen** make a fool of sb./oneself *or* make sb./oneself look silly [in front of sb.]; **sich** *(Dat.)* **~ vorkommen** feel ridiculous; **etw. ins Lächerliche ziehen** make a joke out of sth.; **b)** *(töricht)* ridiculous; ludicrous ⟨*argument, statement*⟩; **c)** *(gering)* derisory, ridiculously *or* ludicrously small ⟨*sum, amount*⟩; ridiculously low ⟨*price, payment*⟩; **d)** *(geringfügig)* ridiculously trivial *or* trifling; **~e Kleinigkeiten** ridiculous trivialities. **2.** *adv.* ridiculously; **~ wenig** ridiculously *or* ludicrously little

lächerlicher·weise *Adv. (abwertend)* ridiculously enough

Lächerlichkeit die; ~, ~en **a)** *o. Pl.* ridiculousness; *(von Argumenten, Behauptungen usw.)* ridiculousness; ludicrousness; **jmdn. der ~ preisgeben** make a laughing-stock of sb.; make sb. look ridiculous; **b)** *meist Pl.* ridiculous triviality

Lach-: **~fältchen** das; *meist Pl.* laughter-line; **~gas** das laughing-gas

lachhaft *(abwertend)* **1.** *Adj.* ridiculous; laughable. **2.** *adv.* ridiculously

Lach·krampf der paroxysm of laughter; violent fit of laughter; **einen ~ bekommen** go [off] into fits of laughter; **einen ~ haben** be in fits of laughter; be convulsed with laughter

Lach-: **~möwe** die laughing gull; peewit gull; **~nummer** die *(ugs.)* **eine ~ sein** be just a joke

Lachs der; ~es, ~e salmon

Lach·salve die roar *or* peal of laughter

lachs-, Lachs-: **~ersatz** der rock salmon; **~farben** *Adj.* salmon-pink; salmon-coloured; **~schinken** der lachsschinken *(rolled, smoked, and cured loin of pork)*

Lack [lak] der; ~[e]s, ~e **a)** varnish; *(für Metall, Lackarbeiten)* lacquer; *(Auto~)* paint; *(transparent)* lacquer; *(Nagel~)* varnish; **der ~ ist ab** *(salopp: etw. hat seinen Reiz verloren)* the novelty has worn off; *(salopp: jmd. ist nicht mehr ganz jung)* he/she's no spring chicken any more; *s. auch* **fertig**

Lack-: **~affe** der *(ugs. abwertend)* dandy; **~arbeit** die piece of lacquerwork

Lackel ['lakl̩] der; ~s, ~ *(bes. südd., österr. abwertend)* oaf; **so ein ~!** stupid oaf!

lacken *tr. V.: s.* **lackieren a**

Lack·farbe die lacquer paint; *(für Autos)* paint; *(Emaillelack)* enamel paint

lackieren *tr. V.* **a)** varnish ⟨*wood*⟩; varnish, paint ⟨*finger-nails*⟩; spray ⟨*car*⟩; *(mit Emaillelack)* paint ⟨*metal*⟩; **einen Wagen neu ~:** respray a car; **b)** *(ugs.: täuschen)* **jmdn. ~:** take sb. for a ride *(sl.)*; dupe sb.; **der Lackierte sein** have to carry the can *(sl.)*

Lackierer der; ~s, ~ *(Möbel~)* varnisher; *(Metall~)* painter; *(Auto~)* [paint-]sprayer

Lackiererei die; ~, ~en varnisher's; *(für Autos)* paint shop

Lackiererin die; ~, ~nen *s.* **Lackierer**

Lackierung die; ~, ~en **a)** *(von Holz)* varnishing; *(von Autos)* [paint-]spraying; **b)** *(Lackschicht)* *(auf Holz)* varnish; *(auf Metall, Autos)* paintwork; *(auf Lackarbeiten)* lacquer; **die zweite ~:** the second coat [of varnish/paint/lacquer]

Lack·leder das patent leather

lackmeiern *s.* **gelackmeiert**

Lackmus ['lakmʊs] das *od.* der; ~ *(Chemie)* litmus

Lackmus·papier das *(Chemie)* litmus paper

Lack-: **~reiniger** der original-colour restorer; **~schaden** der damage to the paintwork; **~schuh** der patent-leather shoe

Lade ['laːdə] die; ~, ~n *(landsch.)* **a)** *(Schub~)* drawer; **b)** *(veralt.: Truhe)* chest

Lade-: **~baum** der derrick boom; cargo boom; **~bühne** die *s.* **~rampe**; **~fläche** die payload area; *(bei Lastern u. Ä.)* charger; **~gewicht** das carrying capacity; maximum [permitted] load; **~hemmung** die jam; stoppage; **[eine] ~hemmung haben** *(fig. scherzh.)* have a mental block; **~klappe** die *(an einem LKW)* tail-board; tail-gate; *(an einem Flugzeug)* tail-door; **~kran** der loading crane; **~luke** die cargo hatch; **~mast** der derrick mast

¹**laden** *unr. tr. V.* **a)** *(ver~, be~)* load; **b)** *(aufnehmen)* **die Schiffe ~ Getreide** the ships are taking on *or* are being loaded with grain; **der LKW hat Sand ge~:** the truck is loaded up with sand; **der Tanker hat Flüssiggas ge~:** the tanker has a cargo of *or* is carrying liquid gas; **c)** *(legen)* load; **sich** *(Dat.)* **einen Sack auf die Schultern ~:** load a sack on one's shoulders; **schwere Schuld auf sich ~** *(fig.)* incur a heavy burden of guilt; **eine ziemliche Verantwortung auf sich ~:** shoulder quite a bit of responsibility; **d)** *(Munition einlegen)* load ⟨*gun, pistol, etc.*⟩; **e)** *(Physik)* charge; **er ist ge~** *(ugs.)* he's livid *(coll.)*; he's hopping mad *(coll.)*; **f)** *(aus~)* unload **(aus** from). **2.** *unr. itr. V.* load [up]; **der LKW hat schwer ge~:** the truck is heavily loaded; **schwer** *od.* **ganz schön ge~ haben** *(ugs. scherzh.)* be well tanked up *(sl.)*; have had a skinful

²**laden** *unr. tr. V.* **a)** *(Rechtsspr.)* summon; **b)** *(geh.: ein~)* invite

Laden der; ~s, Läden ['lɛːdn̩] **a)** shop; store *(Amer.)*; **b)** *(ugs.: Unternehmung)* **der ~ läuft** business is good; **wie ich den ~ kenne** *(fig.)* if I know how things go in this outfit *(coll.)*; **den ~ dichtmachen** shut up shop; **den ~ schmeißen** manage *or* handle everything with no problem; **c)** *Pl. auch* ~ *(Fenster~)* shutter

Laden-: **~besitzer** der shopkeeper; storekeeper *(Amer.)*; **~dieb** der shop-lifter; **~diebstahl** der shop-lifting; [die] **~diebstähle** shop-lifting offences; **~front** die shop-front; **~glocke** die shop-bell; **~hüter** der *(abwertend)* *(sich schlecht verkaufend)* slow seller; slow-moving article/line; *(sich nicht verkaufend)* non-seller; article/line which isn't/wasn't selling; **~inhaber** der *s.* **~besitzer**; **~kasse** die till; **~preis** der shop price; **~schild** das shop sign

Laden·schluß der *(o. Pl.)* store closing-time; **kurz vor/nach ~:** shortly before/after the shops close *or (Amer.)* stores close; **samstags um 14 Uhr ist ~:** the shops *or (Amer.)* stores close at two o'clock on Saturdays

Ladenschluß-: **~gesetz** das law regulating shop *or (Amer.)* store closing-times; **~zeit** die shop *or (Amer.)* store closing-time

Laden-: **~schwengel** der *(ugs. abwertend)* shop-boy; **~straße** die shopping-street; **~tisch** der [shop-]counter; **unterm ~tisch** *(ugs.)* under the counter; **~tochter** die *(schweiz.)* salesgirl; shop *or* sales assistant

Lade-: **~platz** der loading area; **~rampe** die loading ramp; **~raum** der **a)** *(beim Auto)* luggage-space; **b)** *(beim Flugzeug, Schiff)* hold; **c)** *(bei LKWs)* payload space; **~stock** der; *Pl.* **~stöcke** *(hist.)* ramrod

lädieren [lɛˈdiːrən] *tr. V. (fig.)* damage, harm ⟨*reputation etc.*⟩; **lädiert aussehen** *(ugs., scherzh.)* look battered

lädst [lɛːtst] **2.** *Pers. Sg. Präsens v.* **laden**

lädt [lɛːt] **3.** *Pers. Sg. Präsens v.* **laden**

Ladung die; ~, ~en **a)** *(Schiffs~, Flugzeug~)* cargo; *(LKW~)* load; **eine ~ Kohle** a cargo/load of coal; **b)** *(beim Sprengen, Schießen)* charge; **eine ~ Dynamit/Schrot** a charge of dynamite/shot; **c)** *(ugs.: Menge)* load *(coll.)*; **eine ganze ~ Sand** a whole load of sand; **d)** *(Physik)* charge; **e)** *(Rechtsspr.: Vor~)* summons *sing.*

Lady ['leːdɪ] die; ~, ~s *od.* **Ladies a)** *(Adlige)* Lady; **b)** *(Dame)* lady

Lafette [laˈfɛtə] die; ~, ~n gun-carriage

Laffe ['lafə] der; ~n, ~n *(veralt. abwertend)* fop; dandy

lag [laːk] **1.** *u.* **3.** *Pers. Sg. Prät. v.* **liegen**

Lage ['laːɡə] die; ~, ~n **a)** situation; location; **in ruhiger ~:** in a quiet location; **eine gute ~ haben** be peacefully/well situated; be in a good/peaceful location; **in höheren/tieferen ~n** *(Met.)* on high/low ground; **b)** *(Art des Liegens)* position; **jetzt habe ich eine bequeme ~:** now I'm lying comfortably; now I'm [lying] in a comfortable position; **c)** *(Situation)* situation; **jmdn./sich in eine dumme ~ bringen** get sb./get [oneself] into a stupid situation; **er war nicht in der ~, das zu tun** he was not in a position to do that; **versetzen Sie sich in meine ~:** put yourself in my position *or* place; **jmdn. in die ~ versetzen, etw. zu tun** put somebody in a position to do sth.; **nach ~ der Dinge** as matters stand/stood; **die ~ der Dinge erfordert es, daß ...:** the situation requires that ...; **die ~ peilen** *od.* **spannen** *(ugs.)* see how the land lies; find out the lie of the land; *s. auch* **Herr**; **d)** *meist Pl. (Schwimmen)* **die 400 m ~n** the 400 m. individual medley; **die 4 × 100 m ~n** the 4 × 100 m. medley relay; **e)** *(Schicht)* layer; **f)** *(Stimm~)* register; **g)** *(Musik: Stellung der Hand)* position; **h)** *(ugs.: Runde)* round; **eine ~ ausgeben** *(ugs.)* *od.* **schmeißen** *(salopp)* get *or* stand a round

1275

Lagebericht   **lancieren**

Lage-: ~**bericht** der report; *(Milit.)* situation report; ~**besprechung** die discussion of the situation; **eine** ~**besprechung abhalten** discuss the situation
Lagen-: ~**schwimmen** das *(Schwimmen)* individual medley; ~**staffel** die *(Schwimmen)* **a)** *(Wettbewerb)* medley relay; **b)** *(Mannschaft)* medley relay team
Lage·plan der map of the area
Lager ['la:gɐ] das; ~s, ~ **a)** camp; **ein** ~ **aufschlagen** set up *or* pitch camp; **b)** *(Gruppe, politischer Block)* camp; **ins andere** ~ **überwechseln** change camps *or* sides; join the other side; **c)** *(Raum)* store-room; *(in Geschäften, Betrieben)* stock-room; **etw. auf** *od.* **am** ~ **haben** have sth. in stock; **am** ~ **sein** be in stock; **etw. auf** ~ **haben** *(fig. ugs.)* be ready with sth.; **d)** *(Warenbestand)* stock; **wir müssen das** ~ **auffüllen** we must replenish our stocks; **e)** *(geh.)* bed; **jmdn. aufs** ~ **werfen** force sb. to take to his/her bed; put sb. in bed; **an jmds.** ~ **treten** step up to sb.'s bedside; **f)** *(Geol.)* bed; **g)** *(Technik)* bearing
lager-, Lager-: ~**bestand** der *(Wirtsch.)* stock; **den** ~**bestand aufnehmen** do a stock-taking; **die** ~**bestände räumen** clear stocks; ~**bier** das lager [beer]; ~**fähig** *Adj.* suitable for storage *or* storing postpos.; ~**feuer** das camp-fire; ~**feuer·romantik** die romance of the great outdoors; ~**gebühr** die *(Wirtsch.)* storage charge; ~**halle** die warehouse; ~**haltung** die **a)** storage; **b)** *(Wirtsch.)* holding stocks no art.; ~**haus** das warehouse
Lagerist der; ~en, ~en storeman; storekeeper
Lageristin die storekeeper
Lager-: ~**koller** der **einen** ~**koller bekommen** *od.* **kriegen** be driven to a frenzy by life in the camp; ~**leben** das camp-life no art.; *(im Straf~, KZ usw.)* life in the camp; ~**leiter** der *(im Jugend~, Ferien~)* camp leader; *(im Straf~, KZ usw.)* camp director
lagern 1. *tr. V.* **a)** store; **etw. kühl/trocken** ~: keep *or* store sth. in a cool/dry place; **b)** *(hinlegen)* lay down; **jmdn. flach/bequem** ~: lay sb. flat/in a comfortable position; **die Beine hoch** ~: rest one's legs in a raised position; **c)** *(Technik)* support; mount ⟨*machine-part, workpiece*⟩; **drehbar gelagert sein** be mounted on a pivot. **2.** *itr. V.* **a)** camp; be encamped; **auf Luftmatratzen** ~: use air-mattresses; *(liegen)* lie; ⟨*foodstuffs, medicines, etc.*⟩ be stored *or* kept; *(sich ab~)* have settled; *(fig.)* ⟨*mist, fog, stillness, heat, etc.*⟩ lie, hang; **ein guter Wein muß mehrere Jahre** ~: a good wine must be kept for several years; **c)** *(Geol.)* **hier** ~ **Eisenerze/Ölvorräte** there are deposits of iron ore/oil here; **d)** *(Technik)* be supported; ⟨*machine-part, workpiece*⟩ be mounted; **e)** *(beschaffen sein, sich verhalten)* **ganz ähnlich/anders gelagert sein** be quite similar/different [in nature]. **3.** *refl. V.* settle oneself/itself down; *(fig.)* ⟨*mist, fog*⟩ lie, hang
Lager-: ~**obst** das fruit for storing; **gutes** ~**obst sein** be good [fruit] for storing; [be fruit that] keep well; ~**platz der** campsite; ~**raum der** store-room; *(im Geschäft, Betrieb)* stock-room; **b)** *o. Pl. (Fläche)* storage space; *(in Lagerhallen)* warehouse space; ~**schein** der *(Wirtsch.)* warehouse receipt; ~**statt** die *(geh.)* bed; couch *(literary)*; ~**stätte** die **a)** *(Geol.)* deposit; **b)** s. ~**statt**
Lagerung die; ~, ~en **a)** storage; **bei** ~ **im Tiefkühlfach** if *or* when stored in a deep-freeze; **b)** *(von Kranken)* **bei richtiger/falscher** ~ **des Verletzten** if the injured person is placed in the correct/wrong position
Lager·verwalter der storekeeper; stores supervisor
Lagune [la'gu:nə] die; ~, ~n lagoon
Lagunen·stadt die; **die** ~ **Venedig** Venice with its lagoons and islands

lahm [la:m] **1.** *Adj.* **a)** *(gelähmt)* lame; crippled, useless ⟨*wing*⟩; **ein** ~**es Bein haben** be lame in one leg; **auf dem linken Bein** ~ **sein** be lame in the *or* one's left leg; **b)** *(ugs.: unbeweglich)* stiff; **ihm wurde der Arm** ~ his arm became *or* got stiff; **c)** *(ugs. abwertend: unzureichend)* lame, feeble ⟨*excuse, explanation, etc.*⟩; **d)** *(ugs. abwertend: matt)* dreary; dull; feeble ⟨*protest*⟩; dull, dreary, lifeless ⟨*discussion*⟩; **ein** ~**er Typ** a dull, lethargic [sort of] bloke *(Brit. coll.) or (sl.)* guy; *s. auch* **Ente a. 2.** *adv.* **a)** *(kraftlos)* feebly; **b)** *(ugs. abwertend)* lethargically
lahm-, Lahm-: ~**arsch** der *(derb)* boring, lethargic old sod *(Brit. coarse) or (coll.)* bastard; ~**arschig** *(derb)* **1.** *Adj.* bloody *(Brit. sl.) or* damned lethargic; **2.** *adv.* bloody *(Brit. sl.) or* damned lethargically; ~**arschigkeit** die; ~: bloody *(Brit. sl.) or* damned lethargy
Lahme der/die; *adj. Dekl.* cripple
lahmen *itr. V.* be lame; **auf der rechten Hinterhand** ~: be lame in the right hind leg
lähmen ['lɛ:mən] *tr. V.* **a)** paralyse; **an beiden Beinen gelähmt sein** be paralysed in both legs; **er ist durch einen Unfall gelähmt** he was paralysed in an accident; **einseitig gelähmt sein** be paralysed down one side of one's body; **vor Angst wie gelähmt sein** be paralysed with fear; **b)** *(fig.)* cripple, paralyse ⟨*economy, industry*⟩; bring ⟨*traffic*⟩ to a standstill; deaden ⟨*enthusiasm*⟩; numb ⟨*will*⟩; **die Angst lähmte seine Schritte** *(geh.)* he was rooted to the spot with fear; **von** ~**der Müdigkeit**/**dem Entsetzen befallen werden** be completely numbed with fatigue/paralysed with horror
lahm|legen *tr. V.* bring ⟨*traffic, production, industry*⟩ to a standstill; paralyse ⟨*industry*⟩
Lahmlegung die; ~: **eine** ~ **des Verkehrs/der Wirtschaft zur Folge haben** bring traffic to a standstill/paralyse the economy
Lähmung die; ~, ~en **a)** paralysis; **eine halbseitige** ~: paralysis down one side of the body; **b)** *(fig.) (der Wirtschaft, Industrie)* paralysis; *(der Begeisterung)* deadening; *(des Willens)* numbing; **zu einer** ~ **des Verkehrs führen** bring traffic to a standstill
Lähmungs·erscheinung die; *meist Pl.* symptom *or* sign of paralysis
Lahn [la:n] die; ~, ~en *(bayr., österr.) s.* **Lawine**
Laib [laip] der; ~[e]s, ~e loaf; **ein [halber]** ~ **Brot** [half] a loaf of bread; **ein** ~ **Käse** a whole cheese
Laibung die; ~, ~en *(Archit., Bauw.)* reveal; *(eines Bogens)* intrados; soffit
Laich [laiç] der; ~[e]s, ~e spawn
laichen *itr. V.* spawn
Laich-: ~**platz** der spawning-ground; ~**zeit** die spawning-time
Laie ['laiə] der; ~n, ~n **a)** *(Mann)* layman; *(Frau)* laywoman; **da staunt der** ~ **[und der Fachmann wundert sich]** it's incredible; **b)** *(Kirche) (Mann)* layman; *(Frau)* laywoman; **die** ~ **in** *Pl.*
Laien-: ~**apostolat** das, *fachspr. auch:* der *(kath. Theol.)* lay apostolate; ~**bruder** der *(kath. Kirche)* lay brother; ~**bühne** die amateur theatre group
laienhaft 1. *Adj.* amateurish; unprofessional; inexpert. **2.** *adv.* amateurishly; unprofessionally; inexpertly
Laien-: ~**investitur** die *(MA.)* lay investiture; ~**prediger** der *(Rel.)* lay preacher; ~**richter** der lay judge; ~**schau·spieler** der amateur actor; ~**schwester** die *(kath. Kirche)* lay sister; ~**spiel** das *o. Pl.* amateur performance; ~**stand** der *(Rel.)* laity *pl.*; ~**theater** das **a)** amateur theatre group; **b)** s. ~**spiel**
laisieren [lai'zi:rən] *tr. V. (kath. Kirche)* unfrock; defrock
Laisierung die; ~, ~en unfrocking; defrocking

Laisser-faire [lɛse'fɛ:r] das; ~: laisser-faire no art.
Laizismus [lai'tsɪsmʊs] der; ~ *(Politik, Geschichte)* laicism no art.
Lakai [la'kai] der; ~en, ~en **a)** lackey; liveried footman; **b)** *(abwertend)* lackey
lakaienhaft *(abwertend)* **1.** *Adj.* servile. **2.** *adv.* servilely
Lake ['la:kə] die; ~, ~n brine
Laken ['la:kn̩] das; ~s, ~ *(bes. nordd.)* sheet
lakonisch [la'ko:nɪʃ] **1.** *Adj.* laconic. **2.** *adv.* laconically
Lakritz [la'krɪts] der *od.* das; ~es, ~e, **Lakritze** die; ~, ~n liquorice
Laktation [lakta'tsio:n] die; ~, ~en *(Biol.)* lactation
Laktose [lak'to:zə] die; ~ *(Biochemie)* lactose
la la [la'la] **in so** ~ ~ *(ugs.)* so-so; **es geht ihm so** ~ ~: he's so-so or not too bad
lallen ['lalən] *tr., itr. V.* ⟨*baby*⟩ babble; ⟨*drunk/drowsy person*⟩ mumble
¹**Lama** ['la:ma] das; ~s, ~s *(Zool.)* llama
²**Lama** der; ~[s], ~s *(Rel.)* lama
Lamaismus der; ~: lamaism
Lama·kloster das lamasery
Lamäng [la'mɛŋ] die *in* **aus der Lamäng** *(ugs.)* just like that; off the top of one's head *(sl.); (ohne Besteck)* with one's fingers
Lama·wolle die llama [wool]
Lambda·sonde ['lambda-] die *(Technik)* lambda probe
Lambris [lã'bri:] der; ~, ~: wainscoting
Lamé [la'me:] der; ~[s], ~s lamé
Lamelle [la'mɛlə] die; ~, ~n **a)** *(einer Jalousie)* slat; **b)** *(eines Heizkörpers)* rib; **c)** *(eines Pilzes)* lamella *(Bot.)*: gill
Lamellen·kupplung die *(Technik)* multiplate clutch; multiple-disc clutch
lamentieren [lamɛn'ti:rən] *itr. V. (ugs.)* moan, complain **(über** + *Akk.* about)
Lamento [la'mɛnto] das; ~s, ~s *(ugs. abwertend)* loud regrets *pl.;* **ein [lautes od. großes]** ~ **[über etw.** *(Akk.)* oder **um etw.** oder **wegen etw.] anstimmen** kick up or make a [great] fuss [about sth.]
Lametta [la'mɛta] das; ~s **a)** lametta; **b)** *(ugs. iron.: Orden)* gongs *pl.* (coll.)
laminieren [lami'ni:rən] *tr. V.* **a)** *(Buchw.)* laminate ⟨*material, book-cover*⟩; **b)** *(Textilw.)* draw ⟨*fibres*⟩
Lamm [lam] das; ~[e]s, **Lämmer** ['lɛmɐ] lamb; **das** ~ **Gottes** the Lamb of God; **b)** *o. Pl.* ~**fell)** lambskin
Lamm·braten der roast lamb no indef. art.; *(Gericht)* roast of lamb
Lämmchen ['lɛmçən] das; ~s, ~: little lamb
lämmen *itr. V.* lamb
Lämmer-: ~**geier** der bearded vulture; ~**wolke** die *meist Pl.* [light] fleecy cloud; cotton-wool cloud
lamm-, Lamm-: ~**fell** das lambskin; ~**fleisch** das lamb; ~**fromm 1.** *Adj.* ⟨*horse*⟩ as gentle as a [little] lamb; ⟨*person*⟩ as meek as a [little] lamb; **2.** *adv.* ~**fromm antworten** answer like a lamb; ~**kotelett** das lamb chop
Lämpchen ['lɛmpçən] das; ~s, ~: small *or* little light; **ein rotes** ~: a little red light
Lampe ['lampə] die; ~, ~n **a)** light; *(Tisch~, Öl~, Signal~)* lamp; *(Straßen~)* lamp; light; **[sich** *(Dat.)]* **einen auf die** ~ **gießen** *(fig. ugs.)* wet one's whistle *(coll.);* **b)** *(bes. fachspr.: Glüh~)* bulb; *s. auch* **Meister**
Lampen-: ~**fieber** das stage fright; ~**licht** das; *o. Pl.* lamplight; **bei** ~**licht** by lamplight; by the light of a lamp/lamps; ~**schirm** der [lamp]shade
Lampion [lam'piɔŋ] der; ~s, ~s Chinese lantern
Lampion·blume die Chinese-lantern plant; winter cherry
lancieren [lã'si:rən] *tr. V.* **a)** [deliberately] spread ⟨*report, rumour, etc.*⟩; **eine Nachricht in die Presse** ~: get a report into the papers;

Land

b) jmdn. in eine Stellung ~: get sb. into a position by pulling strings; c) *(bes. Wirtsch., Werbung)* launch
Land [lant] *das;* ~es, Länder ['lɛndɐ] *od. (veralt.)* ~e a) *o. Pl. (Festland)* land *no indef. art.;* an ~: ashore; ~ in Sicht! *(Seemannsspr.)* land [ahead]!; „~ unter!" melden report that the land is flooded *or* under water; auf dem ~ leben live on [dry] land; festes ~ unter den Füßen haben be on dry land *or* terra firma; [wieder] ~ sehen *(fig.)* be able to see light at the end of the tunnel *(fig.);* kein ~ mehr sehen *(fig.)* be getting deeper and deeper into the mire *(fig.);* [sich *(Dat.)*] eine Millionärin/antike Truhe/einen fetten Auftrag an ~ ziehen *(ugs., oft scherzh.)* hook a millionairess/get one's hands on an antique chest/land a fat contract; b) *o. Pl. (Ackerboden, Gelände)* land; ein Stück/5 Hektar ~: a plot *or* piece of land *or* ground/five hectares of land; das ~ bebauen/bestellen farm/till the land; c) *Pl.* ~e *(veralt.) (Gegend)* country; land; dies ist das ~ van Goghs this is van Gogh country; in deutschen ~en *(veralt.)* in Germany; Wochen/Jahre waren ins ~ gegangen *od.* gezogen weeks/years had passed *or* gone by; d) *o. Pl. (dörfliche Gegend)* country *no indef. art.;* auf dem ~ wohnen live in the country; aufs ~ ziehen move into the country; über ~ fahren *(veralt.)* travel from village to village; e) *Pl.* Länder *(Staat)* country; andere Länder, andere Sitten *(Spr.)* every nation has its own ways of behaving; ~ und Leute kennenlernen get to know the country and its people *or* inhabitants; außer ~es gehen/sich außer ~es befinden leave the country/be out of the country; das ~ der unbegrenzten Möglichkeiten the land of opportunity; das ~ der aufgehenden Sonne the land of the rising sun; das ~ der tausend Seen the land of a thousand lakes; wieder im ~e sein *(ugs.)* be back again; das ~ meiner/seiner Väter *(geh.)* the land of my/his fathers *(literary);* f) *(Bundesland)* Land; state; *(österr.)* province; das ~ Bayern/Kärnten the Land *or* state of Bavaria/the province of Carinthia
-land *das (geh.)* [das] Bayern~: Bavaria's fair land; das große Sowjet~: the mighty Soviet nation; das schöne Schweizer~: the lovely country of Switzerland
land-, Land-: ~ab [-'-] *s.* ~auf; ~adel der *(hist.)* landed aristocracy; ~arbeit die agricultural work; farm work; ~arbeiter der agricultural worker; farm worker; ~arzt der country doctor
Landauer ['landaʊɐ] *der;* ~s, ~ *(hist.)* landau
land-, Land-: ~auf [-'-] *Adv.* in ~auf, ~ab *(geh.)* throughout the land; far and wide; ~aus [-'-] *Adv.* in ~aus, ~ein throughout the [length and breadth of the] country; ~bau der *s.* Ackerbau; ~besitz der *s.* Grundbesitz; ~bevölkerung die rural population; ~brot das farm-baked bread; *(Laib)* round loaf of farm-baked type; ~brücke die *(Geogr.)* land bridge; ~butter die farm butter
Lande-: ~an·flug der *(Flugw.)* [landing] approach; ~bahn die *(Flugw.)* [landing] runway; ~erlaubnis die *(Flugw.)* permission to land *no art.*
land-, Land-: ~ei das farm egg; ~ein [-'-] *s.* ~aus; ~einwärts [-'--] *Adv.* inland
Lande·klappe die *(Flugw.)* landing flap
landen 1. *itr. V.; mit sein* a) land; *(Schiff im Hafen)* arrive; weich ~: make a soft landing; bei jmdm. nicht ~ [können] *(fig. ugs.)* not get anywhere *or* very far with sb.; b) *(ugs.: ankommen)* zu Hause/in Paris ~: get home/to Paris; c) *(ugs.: gelangen)* land *or* end up; im Krankenhaus/Zuchthaus/Papierkorb ~: land up in hospital/end up in prison/the waste-paper basket. 2. *tr. V.* a) land *⟨aircraft, troops, passengers, fish, etc.⟩;* b) *(ugs.: zustande bringen)* pull off *⟨victory, coup⟩;* have *⟨smash hit⟩;* c) *(Boxen)* land *⟨punch⟩*
länden ['lɛndn̩] *tr. V.* recover *⟨corpse, wreck, etc.⟩*
Land·enge die *(Geogr.)* isthmus
Lande-: ~piste die landing-strip; ~platz der a) *(Flugw.)* landing-strip; airstrip; *(für Hubschrauber)* landing-pad; *(nicht ausgebaut)* place to land; b) *s.* Landungsplatz
Ländereien [lɛndəˈraɪən] *Pl.* estates
Länder-: ~kammer die second *or* upper chamber *(composed of representatives of the member states of a federation);* ~kampf der *(Sport)* international match; ~kunde; *o. Pl.* regional geography *no art.;* ~spiel das *(Sport)* international [match]
landes-, Landes-: ~bank die; *Pl.* ~banken regional bank; ~behörde die regional authority; ~brauch der custom of the country; national custom; ~ebene die: auf [hessischer] ~ebene at regional level [in Hessen]; at the level of the Land [of Hessen]; ~farben *Pl.* national colours; *(eines Bundeslandes)* colours of a Land/province; ~fürst der *(hist.) s.* ~herr; ~gericht das *(österr.)* district court *(at a provincial capital);* ~grenze die national border *or* frontier; die ~grenzen the borders of the country; ~haupt·mann der; *Pl.* ~hauptleute *od.* ~hauptmänner *(österr.)* prime minister of a province; ~haupt·stadt die capital; ~herr der *(hist.)* sovereign prince; *(scherzh.)* the leading figure in his Land; ~innere das interior [of the country]; ~kind das *(veralt., noch scherzh.)* citizen [of the country]; ~kirche die Land church; ~kunde; *o. Pl.* regional studies *pl., no art.;* study of the geography, history, and civilization of a/the country/region; ~kundig *Adj.* knowledgeable about country *postpos.;* ~kundlich *Adj.; nicht präd.* ~kundliche Forschungen research into the geography, history, and civilization of a/the country/region; ~liste die *(Politik)* regional list; ~mutter die *(geh. veralt.)* sovereign lady; ~recht das *(Rechtsw.)* law of a/the Land/province; ~regierung die government of a/the Land/province; ~rekord der *(Sport)* national record; ~sprache die the language of the country; die drei belgischen ~sprachen the three national languages of Belgium
Lande·steg der landing stage; jetty
landes-, Landes-: ~tracht die national costume *or* dress; ~üblich *Adj.* usual *or* customary in a/the country; die ~übliche Kleidung the costume of the country; ~vater der *(veralt.)* sovereign lord; ~verrat der *(Rechtsw.)* treason; ~verteidigung die; *o. Pl.* national defence; ~verweisung die *(bes. österr.) s.* Ausweisung; ~währung die currency of a/the country; ~wappen das national coat of arms
land-, Land-: ~fahrer der *(veralt.)* vagrant; ~fahrzeug das land vehicle; ~fein in sich ~fein machen *(Seemannsspr.)* get spruced up *or* dressed up to go ashore; ~flucht die migration from the land *or* countryside [to the towns]; ~frau die countrywoman
Land·friede[n] der *(hist.)* general peace
Landfriedens·bruch der *(Rechtsw.)* breach of the peace
land-, Land-: ~funk der farming programme [on the radio]; *(Sendefolge)* farming programmes *pl.* [on the radio]; ~gang der *(Seemannsspr.)* shore leave; ~gericht das regional court; Land court; ~gestützt *Adj. (Milit.)* land-based; ~gewinnung die reclamation of land; ~graf der *(hist.)* landgrave; ~gut das country estate; ~haus das country house; ~jäger der *(veralt.: Polizist)* country policeman; b) *(Wurst)* small,

Landstrich

highly seasoned, smoked, hard, flat sausage; ~karte die map; ~klima das continental climate; ~kreis der district; ~krieg der land warfare; ~läufig *Adj.* widely held *or* accepted; *(nicht fachlich)* popular; ~leben das; *o. Pl.* country life
Ländler ['lɛntlɐ] *der;* ~s, ~: ländler
Land·leute *Pl.* a) *(veralt.)* country folk *or* people; b) *s.* Landmann
ländlich ['lɛntlɪç] *Adj.* rural; country *attrib.* *⟨life⟩;* die ~e Ruhe the quiet of the countryside
ländlich-sittlich *(scherzh.) Adj.* countrified; rustic; hier herrschen noch ~e Zustände people are still very countrified in their ways around here
Land-: ~luft die country air; ~macht die land power; ~mann der; *Pl.* ~leute *(geh. veralt.)* husbandman *(arch.);* farmer; ~maschine die agricultural machine; farm machine; ~maschinen agricultural machinery; farm machinery; ~messer der [land] surveyor; ~nahme *f* [~naːmə] die; *o. Pl.* occupation and settlement of land; ~partie die *(veralt.)* outing into the country; ~pfarrer der country parson; ~pfleger der *(bibl.)* governor; ~plage die plague [on the country]; *(fig.)* pest; nuisance; dieses Jahr sind die Wespen eine wahre ~plage there is an absolute plague of wasps all over the country this year; ~pomeranze die *(ugs. abwertend)* country cousin *(derog.);* ~rat der a) chief administrative officer of a/the district; b) *(schweiz.)* parliament of a/the canton; ~ratte die *(ugs., oft scherzh.)* landlubber; ~recht das *(hist.)* common law; ~regen der steady rain; ~rücken der *(Geogr.)* ridge of land
Landschaft die; ~, ~en a) landscape; *(ländliche Gegend)* countryside; in die politische ~ passen *(fig.)* fit in with the political mood; in der ~ herumstehen *(ugs.)* stand around; die politische ~ *(fig.)* the political scene; b) *(Gemälde)* landscape; c) *(Gegend)* region
-landschaft die *(fig.)* scene; in der Banken~: on the banking scene
landschaftlich 1. *Adj.* regional *⟨accent, speech, expression, custom, usage, etc.⟩;* die ~en Gegebenheiten the nature *sing.* of the landscape; the topography *sing.* 2. *adv.* ~ herrlich gelegen sein be in a glorious natural setting; die Umgebung der Stadt ist ~ sehr schön the town is in *or* has a beautiful natural setting; eine ~ gefärbte Aussprache an accent with a regional tinge; ~ verschieden sein differ from one part of the country to another
Landschafts-: ~bild das a) *(Gemälde)* landscape [painting]; b) *(Aussehen)* landscape; ~gärtner der landscape gardener; ~maler der landscape painter; ~malerei die; *o. Pl.* landscape painting; ~pflege die; *o. Pl.* landscape conservation *no art.;* ~schutz·gebiet das conservation area
Land·schild·kröte die land tortoise
Landser ['lantsɐ] *der;* ~s, ~ *(veralt.)* [ordinary] soldier
Land·sitz der country seat
Lands-: ~knecht der *(hist.)* lansquenet; ~mann der; *Pl.* ~leute fellow-countryman; compatriot; ~männin die; ~, ~nen fellow-countrywoman; compatriot; ~mannschaft die a) *(studentische Verbindung)* association of students from the same country *or* region; b) *(von Heimatvertriebenen)* association of refugees and displaced persons from a particular region
Land-: ~straße die country road; *(im Gegensatz zur Autobahn)* ordinary road; ~streicher der tramp; vagrant; ~streicherei die; *o. Pl.* vagrancy *no art.;* ~streicherin die tramp; vagrant; ~streitkräfte *Pl.* land forces; ~strich der area; ein bewaldeter ~strich a wooded tract of land; a

1277

Landsturm | **langstielig**

wooded area; **~sturm der a)** *(hist.)* landsturm; territorial reserve; **b)** *(schweiz.)* territorial reserve consisting of men between the ages of 49 and 60; **~tag der** Landtag; state parliament; *(österr.)* provincial parliament; **~technik die** *(DDR)* agricultural engineering *no art.*

Landung die; ~, ~**en** landing; **zur ~ ansetzen** begin one's/its landing approach; **den Piloten/das Flugzeug zur ~ zwingen** force the pilot/aircraft to land

Landungs-: **~boot das** landing-craft; **~brücke die** [floating] landing-stage; **~platz der** landing-place; **~steg der** landing-stage

land-, Land-: **~urlaub der** shore leave; **~vermesser der** *s.* **~messer;** **~vermessung die** [land] surveying; **~vogt der** governor *(of an imperial province);* landvogt; **~wärts** *Adv.* landward; towards the land; **~weg der a)** *(über das Festland)* overland route; **auf dem ~weg** overland; by the overland route; **b)** *(Feldweg)* track across the fields; **~wehr die** *(hist.: Reserveeinheit)* territorial reserve; **~wein der** ordinary local wine; vin du pays; **~wind der** land or offshore breeze; **~wirt der** farmer

Land·wirtschaft die a) *o. Pl.* agriculture *no art.;* farming *no art.;* **b)** *(Betrieb)* [small] farm

land·wirtschaftlich 1. *Adj.; nicht präd.* agricultural; agricultural, farm *attrib.* ⟨*machinery*⟩. **2.** *adv.* **~ genutzt werden** be used for agricultural or farming purposes

Landwirtschafts-: **~ministerium das** ministry of agriculture; **~schule die** agricultural college

Land·zunge die *(Geogr.)* tongue of land

¹lang [laŋ]; **länger** ['lɛŋɐ], **längst...** ['lɛŋst...] **1.** *Adj.* **a)** *(räumlich)* long; **eine Bluse mit ~en Ärmeln** a long-sleeved blouse; **etw. länger machen** make sth. longer; lengthen sth.; **b)** *(von bestimmter Länge)* **ein fünf Meter ~es Seil** a rope five metres long *or* in length; **c)** *(ugs.: groß)* tall; **komm mal her, Langer** come here, lofty *(coll.);* s. *auch* **Latte a;** **Lulatsch; d)** *(ausführlich)* long; **des ~en und breiten** *(geh.)* at great length; in great detail; **e)** *(zeitlich)* long; long, lengthy ⟨*speech, lecture, etc.*⟩; prolonged ⟨*thought*⟩; **seit ~er Zeit, seit ~em** for a long time; **f)** *nicht präd.* **ein vier Wochen ~es Seminar** a four-week seminar; **sein sechs Jahre ~es Studium** his six years of study. **2.** *adv.* **a)** *(zeitlich)* [for] a long time; **der ~ anhaltende Beifall** the lengthy *or* prolonged applause; **etw. nicht länger ertragen können** be unable to bear *or* stand sth. any longer; **~ und breit** at great length; in great detail; **b)** *(von bestimmter Dauer)* **eine Sekunde/einen Augenblick/mehrere Stunden ~:** for a second/a moment/several hours; **den ganzen Winter ~:** all through the winter; **sein Leben ~:** all one's life; **ich werde das mein Leben ~ nicht vergessen** I won't forget it as long as I live; *s. auch* **länger 2, 3**

²lang *(bes. nordd.)* **1.** *Präp.; s.* **entlang. 2.** *Adv.* **[nicht] wissen, wo es ~ geht** *(fig.)* [not] know what it's all about; *s. auch* **entlang**

lang-, Lang-: **~ärm[e]lig** [~ɛrm(ə)lɪç] *Adj.* long-sleeved; **~atmig** [~la:tmɪç] **1.** *Adj.* long-winded. **2.** *adv.* long-windedly; **etw. ~atmig erzählen** relate sth. at great length; **~atmigkeit die;** ~: long-windedness; **~beinig** *Adj.* long-legged

lange; länger, am längsten *Adv.* **a)** a long time; **er ist schon ~ fertig** he finished long ago; **~ schlafen/arbeiten** sleep/work late; **bist du schon ~ hier?** have you been here long?; **es ist schon ~/länger her, daß...:** it's a long time/some time since ...; **es ist noch gar nicht ~ her, daß ich ihn gesehen habe** it's not long since I saw him; I saw him not long ago; **[es dauert] nicht mehr ~, und es gibt Ärger** it won't be long before there's trouble; **da kannst du ~ warten** you can wait for ever; **sie wird es nicht mehr ~ machen** *(ugs.)* she won't last much longer; **was fragst du noch ~?** why do you keep asking questions?; *s. auch* **länger 3; b)** *(bei weitem)* **das ist [noch] ~ nicht alles** that's not all by any means; that's not all, not by a long chalk *or* shot *(coll.);* **er spielt ~ nicht so gut Tennis wie du** he doesn't play tennis nearly *or* anything like as well as you; **er ist noch ~ nicht soweit** he's got a long time to go till then

Länge ['lɛŋə] **die;** ~, ~**n a)** *(räumliche Ausdehnung)* length; **eine ~ von zwei Metern haben** be two metres in length; **auf einer ~ von zwei Kilometern** for two kilometres; **etw. der ~ nach falten** fold sth. lengthways; **der ~ nach hinschlagen** fall flat on one's face; **measure one's length on the ground/floor;** **sich der ~ nach hinwerfen** throw oneself flat on the ground/floor; **b)** *(hoher Wuchs)* tallness; **sich zu seiner ganzen ~ aufrichten** draw oneself up to one's full height; **c)** *(Ausführlichkeit)* length; **d)** *(Geogr.)* longitude; **die Insel liegt auf od. unter] 15° östlicher ~:** the longitude of the island is 15° east; **e)** *(zeitliche Ausdehnung)* length; **ein Film von einer Stunde ~:** a film one hour in length; an hour-long film; **etw. in die ~ ziehen** drag sth. out; **sich in die ~ ziehen** drag on; go on and on; **f)** *(Sport)* length; **mit einer ~ [Vorsprung] siegen** win by a length; **um ~n gewinnen** *(ugs.)* win easily; **g)** *Pl. (in einem Film, Theaterstück usw.)* long drawn-out *or* tedious scene; *(in einem Buch)* long drawn-out *or* tedious passage; **h)** *(Verslehre)* long syllable; long

länge·lang *Adv.* at full length

langen *(ugs.)* **1.** *itr. V.* **a)** *(ausreichen)* be enough; **das Geld langt nicht I/we etc. haven't got enough money;** **das langt mir** that's enough for me; that'll do for me; **jetzt langt's mir aber!** now I've had enough!; that's enough of that!; **b)** *(greifen)* reach (**in** + *Akk.* into; **auf** + *Akk.* on to; **nach** for); **c)** *(sich erstrecken)* **bis zu etw. ~:** reach sth.. **2.** *tr. V.* **jmdm. etw. ~:** pass *or* hand sb. sth.; **jmdm. eine ~:** give sb. a clout [around the ear] *(coll.)*

längen *tr. V.* **a)** lengthen ⟨*garment*⟩; **b)** *(strecken)* thin ⟨*soup, sauce*⟩

Längen-: **~grad der** *(Geogr.)* degree of longitude; **dieser Ort liegt auf dem 20. ~grad der östlichen Halbkugel** the longitude of this place is 20° east; **~kreis der** *s.* **Meridian;** **~maß das** linear measure

länger ['lɛŋɐ] **1.** *s.* **¹lang, lange. 2.** *Adj.* **eine ~e Abwesenheit/Behandlung** a fairly long *or* prolonged absence/period of treatment; **seit ~er Zeit** for quite some time; **es ist doch eine ~e Strecke** it's quite a long way; it's a longish way. **3.** *adv.* for some time; **es hat etwas ~ gedauert** it took/has taken some time

länge·fristig [-frɪstɪç] **1.** *Adj.* fairly long-term. **2.** *adv.* on a fairly long-term basis

lang·ersehnt *Adj.; nicht präd.* long-awaited; longed-for

Lange·weile die; ~ *od.* **Langenweile** boredom; ~ **haben** be bored; **aus ~ od.** **Langerweile out of boredom**

lang-, Lang-: **~fädig** [~fɛːdɪç] *Adj.* *(schweiz.)* long-winded; **~finger der** *(oft scherzh.)* *(Dieb)* thief; *(Taschendieb)* pickpocket; **~fristig** [~frɪstɪç] **1.** *Adj.* long-term; long-dated ⟨*loan*⟩; **2.** *adv.* on a long-term basis; **~fristig gesehen** in the long term; **~gehegt** *Adj.; nicht präd.* long-cherished; ~**gehegter Wunsch** long-cherished wish; **~gehen** ⟨*auf* etw. *(Dat.)* ~⟩ **gehen** go along sth.; *s. auch* **²lang, ~gestreckt** *Adj.* long; **~gezogen** *Adj.* long drawn-out; **~haardackel der** long-haired dachshund; **~haarig** *Adj.* long-haired; **~haus das** nave; *(mit Seitenschiffen)* nave and side aisles; **~holz das;** *o. Pl.* *(Forstw.)* long timber; **~jährig** *Adj.; nicht präd.* ⟨*customer, friend*⟩ of many years' standing; long-standing ⟨*friendship*⟩; **~jährige Erfahrung** many years of experience; many years' experience; **eine ~jährige Strafe** a long sentence; **einer unserer ~jährigen Mitarbeiter** a colleague who has been with us for many years; **~lauf der** *(Skisport)* cross-country; **~läufer der** cross-country skier

Langlauf·ski der cross-country ski

lang-, Lang-: **~lebig** [~le:bɪç] *Adj.* long-lived ⟨*animals, organisms*⟩; durable ⟨*goods, materials*⟩; **~lebige Gebrauchsgüter** consumer durables; **~lebigkeit die;** ~ *(von Tieren, Organismen)* longevity; long-livedness; *(von Gebrauchsgütern)* durability; **~legen** *refl. V.* *(ugs.)* **a) sich eine Stunde/etwas ~legen** lie down *or* have a lie down for an hour/a bit; **b)** *(salopp: hinfallen)* fall flat [on one's face/back]

länglich ['lɛŋlɪç] *Adj.* oblong; long narrow ⟨*opening*⟩; long [narrow] ⟨*envelope*⟩; long ⟨*box*⟩; oval ⟨*roll*⟩

länglich·rund *Adj.; s.* **oval**

lang-, Lang-: **~mähnig** [~mɛːnɪç] *Adj.* long-maned ⟨*animal*⟩; long-haired ⟨*person*⟩; **~mut die;** ~: forbearance; **~mütig** [~myːtɪç] *Adj.* forbearing; **~mütigkeit die;** ~: forbearance

Langobarde [laŋoˈbardə] **der;** ~**n,** ~**n** Lombard

langobardisch *Adj.* Lombardic

Lang-: **~ohr das** *(scherzh.)* **a)** *(Hase)* hare; *(Kaninchen)* rabbit; bunny *(child lang.);* **b)** *(Esel)* donkey; **~pferd das** *(Turnen)* long horse

längs [lɛŋs] **1.** *Präp. + Gen. od. (selten) Dat.* along; ~ **des Flusses** *od.* **dem Fluß** along the river [bank]; ~ **der Straße standen Apfelbäume** the road was lined with apple-trees. **2.** *Adv.* **a)** lengthways; **stellt das Sofa hier ~ an die Wand** put the sofa along here against the wall; **b)** *(nordd.) s.* **entlang**

Längs·achse die longitudinal axis

langsam 1. *Adj.* **a)** slow; low ⟨*speed*⟩; **b)** *(allmählich)* gradual. **2.** *adv.* **a)** slowly; **geh [etwas] ~er!** go [a bit] more slowly; slow down [a bit]!; ~**, aber sicher** *(ugs.)* slowly but surely; **b)** *(allmählich)* gradually; **es wird ~ Zeit, daß du gehst** it's about time you left *or* went

Langsamkeit die; ~: slowness

Lang-: **~schäfter** [~ʃɛftɐ] **der;** ~**s,** ~: high boot; **~schläfer der** late riser; **~seite die** long side

längs·gestreift *Adj.* with vertical stripes; vertically striped; ⟨*material*⟩ with lengthwise stripes

Langspiel·platte die long-playing record; LP

längs-, Längs-: **~richtung die** longitudinal direction; **in der ~richtung** lengthways; **~schnitt der** longitudinal section; **~seite die** long side; **~seits** *(Seemannsspr.)* **1.** *Präp. + Gen.* alongside; **2.** *Adv.* alongside; ~**seits am Kai** alongside the quay

längst [lɛŋst] *Adv.* **a)** *(schon lange)* a long time ago; long since; **ich wußte das ~:** I've known that for a long time; I knew that long ago; **er ist ~ gestorben** he's been dead for a long time; he is long since dead; **seine ~fälligen Schulden** his long overdue debts; **b)** *(bei weitem)* **hier ist es ~ nicht so schön** it isn't nearly as nice here; **sie singt ~ nicht so gut wie du** she doesn't sing anything like as well as you; **ich bin ~ noch nicht fertig** I'm nowhere near finished

längst... *s.* **¹lang**

längstens ['lɛŋstn̩s] *Adv.* *(ugs.)* **a)** *(höchstens)* at [the] most; ~ **eine Woche** a week at the most; **b)** *(spätestens)* at the latest

lang·stielig *Adj.* long-stemmed ⟨*glass, flower*⟩; long-handled ⟨*axe, hammer, etc.*⟩

Langstrecke / **Lastenausgleich**

Lang·strecke die a) long haul or distance; **auf ~n** over long distances; b) (Sport) long distance; **auf [den]** ~n over long distances; in long-distance running
Langstrecken-: ~**flug** der long-haul flight; ~**lauf** der (Sport) long-distance race; (Disziplin) long-distance running no art.; ~**läufer** der (Sport) long-distance runner; ~**rakete** die long-range missile
Languste [laŋˈɡʊstə] die; ~, ~n spiny lobster; langouste
lang-, Lang-: ~**weile** die: s. Langeweile; ~**weilen** 1. tr. V. bore; **er sah gelangweilt aus dem Fenster** he gazed out of the window, feeling bored. 2. refl. V. be bored; **sich tödlich** od. **zu Tode ~weilen** be bored to death; ~**weiler** der (ugs. abwertend) a) bore; b) (schwerfälliger Mensch) slowcoach; ~**weilig** 1. Adj. a) boring; dull ⟨place⟩; b) (ugs.: schleppend) slow ⟨person⟩; tedious ⟨business⟩; **ein ~weiliger Kerl** a slowcoach; 2. adv. boringly; ~**weiligkeit** die; ~ a) boringness; b) (Langsamkeit) slowness; ~**welle** die (Physik, Rundf.) long wave; **auf** od. **über ~welle** on long wave; ~**wierig** [~viːrɪç] Adj. lengthy; prolonged ⟨search⟩; protracted, lengthy, long ⟨negotiations, treatment⟩; ~**wierigkeit** die; ~: lengthiness; ~**zeile** die (Verslehre) long line; ~**zeit·gedächtnis** das long-term memory; ~**zeit·programm** das long-term programme
Lanolin [lanoˈliːn] das; ~s lanolin
Lanze [ˈlantsə] die; ~, ~n lance; (zum Werfen) spear; **für jmdn. eine ~ brechen** (fig.) take up the cudgels on sb.'s behalf
Lanzen-: ~**spitze** die lance-head; (der Wurflanze) spearhead; ~**stoß** der lance thrust; (mit der Wurflanze) spear thrust
Lanzette [lanˈtsɛtə] die; ~, ~n (Med.) lancet
Lanzett·fischchen das (Zool.) lancelet
Laos [ˈlaːɔs] (das) Laos
Laote [laˈoːtə] der; ~n, ~n Laotian
laotisch Adj. Laotian
lapidar [lapiˈdaːɐ̯] 1. Adj. (kurz, aber wirkungsvoll) succinct; (knapp) terse; **in ~er Kürze** succinctly/tersely. 2. adv. succinctly/tersely
Lapislazuli [lapɪsˈlaːtsuli] der; ~, ~: lapis lazuli
Lappalie [laˈpaːli̯ə] die; ~, ~n trifle
Lappe [ˈlapə] der; ~n, ~n Lapp; Laplander
Lappen der; ~s, ~ a) cloth; (Fetzen) rag; (Wasch~) flannel; b) (salopp: Geldschein) [large] note; **ein blauer ~** a hundred-mark note; c) (Zool.) flap of skin; (eines Hahns) wattle; d) **in jmdm. durch die ~ gehen** (ugs.) slip through sb.'s fingers; e) (Anat.) lobe
läppen [ˈlɛpn̩] tr. V. (Technik) lap
läppern [ˈlɛpɐn] tr. V. (ugs.) **in es läppert jmdn. nach etw.** (landsch.) sb. has a sudden craving for sth.; **es läppert sich** it's mounting up
läppig Adj. (ugs.) limp; loosely sagging ⟨skin⟩
läppisch [ˈlɛpɪʃ] Adj. silly
Lapp·land (das) Lapland
lappländisch Adj. lapp
Läpp·maschine die (Technik) lapping machine
Lapsus [ˈlapsʊs] der; ~, ~ (geh.) slip; (gesellschaftlich) faux pas; **mir ist ein ~ unterlaufen** I made a slip/committed a faux pas
Laptop [ˈlɛptɔp] der; ~s, ~s (DV) lap-top
Lärche [ˈlɛrçə] die; ~, ~n larch
Largo [ˈlargo] das; ~[s], ~s od. Larghi [ˈlargi] (Musik) largo
larifari [lariˈfaːri] (ugs.) 1. Interj. nonsense; rubbish; fiddlesticks. 2. Adj.; nicht attr. slipshod. 3. adv. sloppily
Larifari das; ~s (ugs.) nonsense; rubbish
Lärm [lɛrm] der; ~[e]s noise; (Krach) din; row (coll.); (fig.) fuss; to-do; **um jmdn./etw. ~ machen** (fig.) make a fuss about sb./sth.; „**Viel ~ um Nichts**" 'Much Ado about Nothing'; **viel ~ um nichts machen** (fig.) make a big fuss or to-do about nothing; ~ **schlagen** kick up or make a fuss
lärm-, Lärm-: ~**bekämpfung** die; o. Pl. noise abatement; ~**belästigung** die disturbance caused by noise; ~**belastung** die noise pollution; ~**empfindlich** Adj. sensitive to noise postpos.
lärmen itr. V. make a noise or (coll.) row; ⟨radio⟩ blare; **die ~de Menge** the noisy crowd; ~**d vorbeigehen** go noisily past
larmoyant [larmo̯aˈjant] (geh.) 1. Adj. maudlin; tearfully sentimental. 2. adv. in a maudlin way; in a tearful and sentimental manner
Larmoyanz [larmo̯aˈjants] die; ~ (geh.) maudlin or tearful sentimentality
Lärm-: ~**pegel** der noise level; ~**quelle** die source of noise; ~**schutz** der a) protection against noise; b) (Vorrichtung) noise barrier; noise or sound insulation no indef. art.; ~**schutz·wand** die sound-insulating wall
Larve [ˈlarfə] die; ~, ~n a) grub; larva; b) (veralt.: Maske) mask; c) (abwertend veralt.: Gesicht) mask
las [laːs] 1. u. 3. Pers. Sg. Prät. v. lesen
lasch [laʃ] 1. Adj. limp ⟨handshake⟩; feeble ⟨action, measure⟩; listless ⟨movement, gait⟩; lax ⟨upbringing⟩. 2. adv. ~ Adj. limply; feebly; listlessly; laxly; ~ **gewürzt sein** be insipid or tasteless
Lasche die; ~, ~n a) (Gürtel~) loop; (eines Briefumschlags) flap; (Schuh~) tongue; b) (Technik) (von Eisenbahnschienen) fishplate; (Stoßplatte) butt strap
Laschheit die; ~ s. lasch 1: limpness; feebleness; listlessness; laxness
Laser [ˈleːzɐ] der; ~s, ~ (Physik) laser
Laser-: ~**strahl** der (Physik) laser beam; ~**ziel·gerät** das laser sight
lasieren [laˈziːrən] tr. V. varnish
laß [las] Imperativ Sg. v. lassen
lassen [ˈlasn̩] 1. unr. tr. V. a) mit Inf. + Akk. (2. Part. ~) (veranlassen) etw. tun/machen/bauen/waschen ~: have or get sth. done/made/built/washed; **von welcher Baufirma haben Sir Ihr Haus bauen ~?** which builder did you get to build your house?; **Essen kommen ~:** have some food sent in; **Wasser in die Wanne laufen ~:** run water into the bath; **das Licht über Nacht brennen ~:** keep the light on overnight; **sie ließ mir eine Nachricht zukommen** she sent me a message; **jmdn. warten/erschießen ~:** keep sb. waiting/have sb. shot; **jmdn. grüßen ~:** send one's regards to sb.; **jmdn. kommen/rufen ~:** send for sb.; **jmdn. etw. mitteilen/jmdn. etw. wissen ~:** let sb. know sth.; b) **mit Inf. + Akk. (2. Part. ~) (erlauben)** jmdn. etw. tun ~: allow sb. to do sth.; **jmdn. ausreden ~:** let sb. finish speaking; allow sb. to finish speaking; **er läßt sich (Dat.) nichts sagen** you can't tell him anything; **ich lasse mich nicht beleidigen/einschüchtern** I won't be insulted/intimidated; **das lasse ich mir nicht gefallen** I'm not standing for that; **alles mit sich geschehen ~:** put up with anything and everything; (zugestehen, belassen) **laß den Kindern den Spaß** let the children enjoy themselves; **jmdn. in Frieden ~:** leave sb. in peace; **laß ihn in seinem Glauben** don't disillusion him; **nichts unversucht ~:** try everything; **etw. ungesagt ~:** leave sth. unsaid; **jmdn. kalt/unbeeindruckt ~:** leave sb. cold/unimpressed; **das muß man ihm/ihr ~:** one must grant or give him/her that; d) (hinein~/heraus~) let or allow (in + Akk. into, aus out of); **jmdn. in die Wohnung ~:** let or allow sb. into the flat (Brit.) or (Amer.) apartment; e) (unterlassen) stop; (Begonnenes) put aside; **laß das!** stop that or it!; **etw. nicht ~ können** be unable to stop doing sth.; **es nicht ~ können, etw. zu tun** be unable to stop doing sth.; **tu, was du nicht ~ kannst** go ahead and do what you want to do; **die Arbeit Arbeit sein ~** (ugs.) forget about work (coll.); **laß das Grübeln!** stop brooding!; f) (zurück~; bleiben ~) leave; **jmdn. allein ~:** leave sb. alone or on his/her own; g) (überlassen) **jmdm. etw. ~:** let sb. have sth.; **jmdm. etw. als** od. **zum Pfand ~:** leave sb. sth. as security; **jmdm. etw. billig/für 10 Mark ~:** let sb. have sth. cheaply/for ten marks; h) (als Aufforderung) (verlieren) lose; (ausgeben) spend; **sein Leben für eine Idee ~:** lay down one's life for an idea; **er hat zwei Söhne im Krieg ~ müssen** he lost two sons in the war; **er hat im Kasino viel Geld gelassen** he lost/(langfristig) has lost a lot of money at the casino; j) (abwarten, bis ...) **laß sie nur erst einmal erwachsen sein** wait till she's grown up. 2. unr. refl. V. **die Tür läßt sich leicht öffnen** the door opens easily; **dieses Material läßt sich gut verarbeiten** this material is easy to work with; **das läßt sich nicht beweisen** it can't be proved; **das läßt sich machen** that can be done; s. auch **hören 1 b, c**; b) (unpers.) **es läßt sich nicht leugnen/verschweigen, daß ...:** it cannot be denied or there's no denying that .../so wu etc. cannot hide the fact that ...; **hier läßt es sich leben/wohl sein** it's a good life here. 3. unr. itr. V. a) (ugs.) **Laß mal. Ich mache das schon** Leave it. I'll do it; **Laß doch! Du kannst mir das Geld später zurückgeben** That's all right. You can pay me back later; b) (veranlassen) **ich lasse bitten** would you ask him/her/them to come in; **einspannen ~:** have the horses harnessed; **ich habe mir sagen ~, daß ...:** I've been told or informed that ...; c) (veralt.: aufgeben) **von jmdm./etw. ~:** part from sb./sth.; **vom Alkohol nicht ~ können** be unable to give up alcohol
lässig [ˈlɛsɪç] 1. Adj. casual. 2. adv. a) (ungezwungen) casually; b) (ugs.: leicht) easily; effortlessly
Lässigkeit die; ~ a) casualness; b) (ugs.: Leichtigkeit) effortlessness
läßlich [ˈlɛslɪç] Adj. (kath. Kirche, auch fig.) venial, pardonable ⟨sin⟩
Lasso [ˈlaso] das od. der; ~s, ~s lasso
läßt [lɛst] 3. Pers. Sg. Präsens v. lassen
Last [last] die; ~, ~en a) load; (Trag~) load; burden; b) (belastendes Gewicht) weight; c) (Bürde) burden; **die ~ des Amtes/der Verantwortung** the burden of office/responsibility; **die ~ auf andere abwälzen** shift the burden on to others; **jmdm. zur ~ fallen/werden** be/become a burden on sb.; **jmdm. etw. zur ~ legen** charge sb. with sth.; accuse sb. of sth.; d) Pl. (Abgaben) charges; (Kosten) costs; **die steuerlichen ~en** the tax burden sing.; **die Verpackungskosten gehen zu ~en der Kunden** the cost of packaging will be charged to the customer; **die Einsparungsmaßnahmen gehen vor allem zu ~en der Minderheiten** the burden of the economy measures falls heaviest on the minorities
Last-: ~**arm** der (Physik) load arm; weight arm; ~**auto** das ~: **kraftwagen**
lasten itr. V. a) be a burden; **auf jmdm./etw. ~:** weigh heavily [up]on sb./sth.; **das Amt lastet auf seinen Schultern** the burden of office rests on his shoulders; **auf seinen Schultern lastet die ganze Arbeit** (fig.) all the work falls on his shoulders; **eine ~de Stille/Hitze** (fig.) an oppressive silence/heat; b) (belastet sein mit) **auf dem Haus ~ zwei Hypotheken** the house is encumbered with two mortgages
Lasten-: ~**auf·zug** der goods lift (Brit.); freight elevator (Amer.); ~**ausgleich** der (Bundesrepublik Deutschland): compensation paid to individuals for damage and losses during and immediately after the Second World War

1279

¹Laster der; ~s, ~ *(ugs.: Lkw)* truck; lorry *(Brit.)*
²Laster das; ~s, ~: vice; **ein langes ~** *(fig. ugs.)* a beanpole
Lästerer der; ~s, ~ **a)** ein ~ sein have a malicious tongue; be constantly making malicious remarks; **b)** *(veralt.: Gottes~)* blasphemer
lasterhaft *Adj. (abwertend)* depraved
Lasterhaftigkeit die; ~: depravity
Laster-: ~**höhle** die *(ugs. abwertend)* den of vice *or* iniquity; ~**leben** das; *o. Pl. (oft scherzh.)* life of depravity
lästerlich 1. *Adj.* malicious ⟨remark⟩; malevolent ⟨curse, oath⟩. **2.** *adv.* ⟨curse⟩ malevolently; ⟨speak⟩ maliciously
Läster·maul das *(abwertend salopp)* **ein ~ sein/haben** have a malicious tongue; be constantly making malicious remarks; **halt dein ~!** keep your malicious remarks to yourself!
lästern ['lɛstɐn] **1.** *itr. V. (abwertend)* **über jmdn./etw. ~:** make malicious remarks about sb./sth. **2.** *tr. V. (veralt.: schmähen)* blaspheme against ⟨God, God's law, etc.⟩
Lästerung die; ~, ~en malicious remark; *(gegen Gott)* blasphemy
Last·esel der pack-donkey
Lastex Ⓦ ['lastɛks] das; ~: Lastex **(P)**; stretch fabric
Lastex·hose die stretch trousers *or (coll.)* pants *pl.*
lästig ['lɛstɪç] *Adj.* tiresome ⟨person⟩; tiresome, irksome ⟨task, duty, etc.⟩; troublesome ⟨illness, cough, etc.⟩; **jmdm. ~ sein** *od.* **fallen/werden** be/become a nuisance to sb.
Last-: ~**kahn** der [cargo] barge; ~**kraftwagen** der heavy goods *(Brit.) or (Amer.)* freight vehicle; ~**pferd** das pack-horse; ~**schiff** das cargo ship; freighter; ~**schrift** die **a)** *(Betrag)* debit; **b)** *(Bescheinigung)* debit advice; **c)** *(Vorgang)* debiting; **d)** *(Verkehr)* direct debit; ~**tier** das pack-animal; ~**träger** der porter; bearer; ~**wagen** der truck; lorry *(Brit.)*; ~**wagen·fahrer** der truck driver; lorry driver *(Brit.)*; ~**zug** der truck *or (Brit.)* lorry and trailer/trailers
Lasur [la'zu:ɐ] die; ~, ~en varnish; *(farbig)* glaze
lasziv [las'tsi:f] *Adj.* lascivious
Laszivität [lastsivi'tɛ:t] die; ~: lasciviousness
Latein [la'taɪn] das; ~s Latin; **mit seinem ~ am Ende sein** be at one's wit's end; *s. auch* **Deutsch**
Latein-: ~**amerika** (das) Latin America; ~**amerikaner** der Latin American; ~**amerikanisch** *Adj.* Latin-American
Lateiner [la'taɪnɐ] der; ~s, ~: Latin scholar; *(Schüler)* Latin pupil
lateinisch *Adj.* Latin; *s. auch* **deutsch;** **²Deutsche**
Latein-: ~**schule** die *(hist.)* grammar school; ~**unterricht** der latin teaching; *s. auch* **Englischunterricht**
latent [la'tɛnt] **1.** *Adj.* latent. **2.** *adv.* ~ **vorhanden sein** be latent
Latenz [la'tɛnts] die *(geh.)* latency
Latenz·periode die *(Psych.)* latency period
Laterna magica [la'tɛrna 'ma:gika] die; ~ ~, **Laternae magicae** [-nɛ -tsɛ] magic lantern
Laterne [la'tɛrnə] die; ~, ~n **a)** *(Leuchte)* lamp; lantern *(Naut.)*; **gute Handwerker/so ein Auto kann man mit der ~ suchen** *(fig.)* good craftsmen/cars like that are few and far between; **b)** *(Straßen~)* street light; street lamp; **c) die rote ~ übernehmen/an eine andere Elf abgeben** *(Sport Jargon)* drop to/move off the bottom of the table; **d)** *(Bauw.)* lantern
Laternen-: ~**licht** das light of the street lamp/lamps; ~**parker** der *(scherzh.)* driver who regularly parks in the road; ~**pfahl** der lamppost
Latex ['la:tɛks] der; ~, **Latizes** ['la:titsɛs] latex
Latifundium [lati'fʊndiʊm] das; ~s, **Latifundien** *(hist.)* latifundium
latinisieren [latini'zi:rən] *tr. V.* latinize
Latinismus der; ~, **Latinismen** *(Sprachw.)* Latinism
Latinist der; ~en, ~en Latinist; Latin scholar
Latinum [la'ti:nʊm] das; ~s: das kleine/große ~: ≈ GCSE/'A' level Latin [examination]
Latizes *s.* **Latex**
Latrine [la'tri:nə] die; ~, ~n latrine
Latrinen·parole die *(ugs. abwertend)* empty rumour
¹Latsche ['latʃə] die; ~, ~n (variety of) [Swiss] mountain pine
²Latsche [la:tʃə] die; ~, ~n: *s.* **Latschen**
latschen [la:tʃn] *itr. V.; mit sein (salopp)* trudge; *(schlurfend)* slouch
Latschen der; ~s, ~ *(ugs.)* old worn-out shoe; *(Hausschuh)* old worn-out slipper; **wenn ich nicht bald etwas zu essen kriege, kippe ich noch aus den ~** *(salopp)* if I don't get something to eat soon, I shall keel over; **er ist bald aus den ~ gekippt, als er hörte, daß ich im Lotto gewonnen hatte** *(salopp)* he was flabbergasted when he heard I'd got a prize in the lottery
Latschen·kiefer die: *s.* **¹Latsche**
Latte ['latə] die; ~, ~n **a)** lath; slat; *(Zaun~)* pale; **eine lange ~** *(ugs.)* a beanpole; **b)** *(Sport: Quer~ des Tores)* [cross]bar; **c)** *(Leichtathletik)* bar; **d) in eine [lange] ~ von Schulden/Vorstrafen** *(ugs.)* a [large] pile of debts/a [long] list *or* string of previous convictions
Latten-: ~**kiste** die crate; ~**kreuz** das *(Fuß-, Handball)* angle of the [cross]bar and the post; **im ~kreuz in the top corner of the net;** ~**rost** der *(auf dem Boden)* duckboards *pl.; (eines Bettes)* slatted frame; ~**schuß** der *(Ballspiele)* **es war nur ein ~schuß** the shot only hit the [cross]bar; ~**zaun** der paling fence
Lattich ['latɪç] der; ~s, ~e lettuce
Latüchte [la'tʏçtə] die; ~, ~n *(ugs. scherzh.)* lamp; **geh mir aus der ~!** *(salopp)* get out of the light!
Latwerge [lat'vɛrgə] die; ~, ~n **a)** *(Med. veralt.)* confection; **b)** *(bes. südwestd.: Mus)* [fruit] purée
Latz [lats] der; ~es, **Lätze** ['lɛtsə] **a)** bib; **jmdm. eine[n] vor den ~ knallen** *od.* **ballern** *(salopp)* sock *(sl.)* or thump sb.; **b)** *s.* **Hosenlatz**
Lätzchen ['lɛtsçən] das; ~s, ~: bib
Latz-: ~**hose** die bib and brace; *(für Kinder)* dungarees *pl.;* ~**rock** der bib-top pinafore dress
lau [lau] *Adj.* **a)** *(mäßig warm)* tepid, lukewarm ⟨water etc.⟩; *(nicht mehr kalt)* warm ⟨beer etc.⟩; **b)** *(mild)* mild ⟨wind, air, evening, etc.⟩; mild and gentle ⟨rain⟩; **c)** *(unentschlossen)* lukewarm; half-hearted
Laub [laup] das; ~[e]s **Laube** leaves *pl.;* **dichtes/neues ~:** thick/new foliage
Laub-: ~**baum** der broad-leaved tree; ~**blatt** das [broad] leaf; ~**dach** das *(dicht.)* leafy canopy *(poet.)*; canopy of leaves
Laube die; ~, ~n **a)** summer-house; *(überdeckter Sitzplatz)* bower; arbour; *s. auch* **fertig; b)** *(Archit.)* porch
Lauben-: ~**kolonie** die group of allotment gardens; ~**pieper** der *(berlin. scherzh.)* allotment gardener
Laub-: ~**frosch** der tree frog; ~**hölzer** *Pl.* broad-leaved trees and shrubs; ~**hütten·fest** das *(jüd. Rel.)* Feast of Tabernacles; Succoth; ~**krone** die **a)** *(geh.: Wipfel)* tree-top; **b)** *(Krone)* crest coronet
Laub·säge die fretsaw
Laubsäge·arbeit die fretsaw work; **eine ~:** a piece of fretsaw work
laub-, Laub-: ~**sänger** der *(Zool.)* leaf warbler; ~**tragend** *Adj.;* nicht präd. bearing [broad] leaves postpos., not pred.; ~**wald** der deciduous wood/forest; ~**werk** das **a)** *(Archit., Kunst)* foliage; **b)** *(geh.) s.* **Belaubung b**
Lauch [laux] der; ~[e]s, ~e *(Bot.)* allium; *(Porree)* leek
Laudatio [lau'da:tsio] die; ~, ~nes [-'tsio:ne:s] *od.* ~nen [-'tsio:nən] eulogy; encomium
Laue[ne] ['laʊə(nə)] die; ~, ~n *(schweiz.) s.* **Lawine**
Lauer ['lauɐ] die; ~ **in auf der ~ liegen** *od.* **sein,** *(...)* *(jmdm. auflauern)* lie in wait; *(etw. erfahren wollen)* be on the look-out; *(um zu hören)* be listening out; **sich auf die ~ legen** settle down to lie in wait
lauern *itr. V.* **a)** *(auch fig.)* lurk; **auf jmdn./etw. ~:** lie in wait for sb./sth.; **er wartete ~d auf unsere Antwort** he sat waiting for our reply; **ein ~der Blick** a sly look; **b)** *(ugs.: ungeduldig warten)* **auf jmdn./etw. ~:** wait [impatiently] for sb./sth.
Lauf [lauf] der; ~[e]s, **Läufe** ['lɔyfə] **a)** *o. Pl.* running; **b)** *(Sport: Wettrennen)* heat; **c)** *o. Pl. (Ver~, Entwicklung)* course; **im ~[e] der Zeit** in the course of time; **im ~[e] der Jahre** over the years; as the years go/went by; **im ~[e] des Tages** during the day; **irgendwann im ~[e] des Sommers** [some time] during the summer; **im ~[e] seines Lebens** in the course of *or* during his life; **einer Sache** *(Dat.)* **ihren** *od.* **freien ~ lassen** give free rein to sth.; **seinem Zorn freien ~ lassen** give vent to one's anger; **seiner Phantasie freien ~ lassen** give free rein to one's imagination; *(zu sehr)* indulge in flights of fantasy; **laß doch den Dingen ihren ~!** let matters *or* things take their course; **der ~ der Geschichte/Welt** the course of history/the way of the world; **seinen ~ nehmen** take its course; **d)** *(von Schußwaffen)* barrel; **etw. vor den ~ bekommen** get a shot at it; **e)** *o. Pl. (eines Flusses, einer Straße)* course; **der obere/untere ~ eines Flusses** the upper/lower reaches *pl.* of a river; **der ~ der Straße** the route followed by the road; **dem ~ der Straße/Bahnschienen folgen** follow the road/railway lines; **f)** *(Musik)* run; **g)** *(Jägerspr.)* leg; **h)** *o. Pl. (von Maschinen)* running
Lauf-: ~**bahn** die **a)** *(Werdegang)* career; **eine wissenschaftliche/künstlerische ~bahn einschlagen** take up a career in the sciences/ as an artist; **b)** *(Leichtathletik)* running-track; ~**buchse** die *(Technik)* cylinder liner; ~**bursche** der errand boy; messenger boy
laufen 1. *unr. itr. V.; mit sein* **a)** run; **gekommen come running up; er lief, was er konnte** *(ugs.)* he ran as fast as he could; **b)** *(gehen) go; (zu Fuß gehen)* walk; **auf und ab/hin und her ~:** walk up and down/back and forth; **wir sind im Urlaub viel ge~** we did a lot of walking while on holiday; **es sind noch/nur fünf Minuten zu ~:** it's another/only five minutes' walk; **das Kind lernt ~:** the child is learning to walk; **c)** *(stoßen)* **in** *(Akk.)***/gegen etw. ~:** walk into sth.; **d)** *(ugs.: ständig hingehen)* **dauernd zum Arzt/ins Kino/in die Kirche ~:** keep running to the doctor/be always going to the cinema *(Brit.) or (Amer.)* the movies/to church; **in jede Veranstaltung der Partei ~:** go to every event organized by the party; **e)** *(in einem Wettkampf)* run; *(beim Eislauf)* skate; *(beim Ski~)* ski; **ein Pferd ~ lassen** run a horse; **f)** *(im Gang sein)* ⟨machine⟩ be running; ⟨radio, television, etc.⟩ be on; *(funktionieren)* ⟨machine⟩ run; ⟨radio, television, etc.⟩ work; **ruhig/auf Hochtouren ~:** be running quietly/at full speed; **g)** *(sich bewegen, [aus]fließen; auch fig.)* **auf Schienen/**

laufend

über Rollen ~: run on rails/over pulleys; von den Fließbändern ~: come off the conveyor belts; es lief mir eiskalt über den Rücken a chill ran down my spine; ihm lief der Schweiß über das Gesicht the sweat ran down his face; Wasser in die Wanne ~ lassen run the bathwater; deine Nase läuft your nose is running; you've got a runny nose; der Käse läuft the cheese has gone runny (coll.); h) (gelten) ⟨contract, agreement, engagement, etc.⟩ run; der Vertrag läuft noch bis ...: the contract runs until ...; i) (gespielt werden) ⟨programme, play⟩ be on; ⟨film⟩ be on or showing; ⟨show⟩ be on or playing; im dritten Programm ~: be on the regional programme; der Hauptfilm läuft schon the main film has already started; j) (fahren) run; auf Grund ~: run aground; k) (vonstatten gehen) parallel mit etw. ~: run in parallel with sth.; ich möchte wissen, wie der Prozeß ge~ ist I'd like to know the outcome of the trial; der Laden läuft/die Geschäfte ~ gut/schlecht (ugs.) the shop is doing well/badly/business is good/bad; wie geplant/nach Wunsch ~: go as planned or according to plan; die Sache ist ge~ (ugs.: daran ist nichts mehr zu ändern) it's too late now; l) (eingeleitet sein) ⟨negotiations, investigations⟩ be in progress or under way; ⟨application⟩ be under consideration; m) (registriert sein) auf jmds. Namen (Akk.) ~: be in sb.'s name; n) (ugs.: gut verkäuflich sein) go or sell well; o) (verlaufen) run. 2. unr. tr. u. itr. V. a) mit sein (zurücklegen) ⟨zu Fuß gehen⟩ walk; (rennen) run; die 800 m/einige Runden/sechs Rennen ~ (Sport) run the 800 m./a few laps/[in] six races; b) mit sein (erzielen) einen Rekord ~: set up a record; über die 100 m 9,9 Sekunden ~: run the 100 m. in 9.9 seconds; c) mit haben od. sein Ski/Schlittschuh/Rollschuh ~: ski/skate/roller-skate; d) sich (Dat.) die Füße wund ~: get sore feet from running/walking; sich (Dat.) ein Loch in die Schuhsohle ~: wear a hole in one's shoe or sole. 3. unr. refl. V. a) sich warm ~: warm up; s. auch müde; b) (unpers.) in diesen Schuhen läuft es sich sehr bequem these shoes are very comfortable for running/walking in or to run/walk in; auf dem steinigen Weg lief es sich nicht gut the stony path was not good for walking/running on

laufend 1. Adj.; nicht präd. a) (ständig) regular ⟨interest, income⟩; recurring ⟨costs⟩; die ~en Arbeiten/Geschäfte the day-to-day or routine work sing. /business sing.; b) (gegenwärtig) current ⟨issue, year, month, etc.⟩; c) (aufeinanderfolgend) ihrem Mark der ~e Meter ten marks a or per metre; d) auf dem ~en sein/bleiben be/keep or stay up-to-date or fully informed; jmdn. auf dem ~en halten keep sb. up-to-date or informed; mit etw. auf dem ~en sein be up-to-date with sth. 2. adv. constantly; continually; ⟨increase⟩ steadily

laufen|lassen unr. tr. V. (ugs.) jmdn. ~: let sb. go

Läufer ['lɔyfɐ] der; ~s, ~ a) (Sport) runner; (Handball) half-back; b) (Fußball veralt.) half-back; c) (Teppich) (long narrow) carpet; d) (Schach) bishop; e) (Landw.: junges Schwein) young pig; f) (Bauw.: Mauerstein) stretcher

Lauferei die; ~, ~en (ugs.) running around no pl.; die ~ zu den Ärzten kostet viel Zeit it takes a lot of time to go the rounds of all the doctors

Läuferin die; ~, ~nen runner

läuferisch 1. Adj. athletic; (beim Eislaufen) skating attrib. 2. adv. as regards the skating

Läufer·reihe die (Fußball veralt.) half-back line

Lauf-: ~feuer das brush fire; **wie ein ~feuer** like wildfire; **~fläche** die (am Reifen) tread; (am Ski) sole (of the ski); **~gewicht** das sliding weight; **~graben** der (Milit.) communications trench

läufig ['lɔyfɪç] Adj. on heat postpos.; in season postpos.

Lauf-: ~junge der: s. ~bursche; **~katze** die (Technik) crab; **~kran** der (Technik) travelling crane; **~kundschaft** die passing trade; **~kundschaft** haben have a passing trade; **~masche** die ladder; **~paß** der: der Präsident gab seinem Berater den ~paß (ugs.) the president gave his adviser his marching orders (coll.); er hat seiner Freundin den ~paß gegeben (ugs.) he finished with his girl-friend (coll.); **~pensum** das (Sport) der Verteidiger bewältigte od. absolvierte ein ungeheures ~pensum the defender never stopped running; **~planke** die gangplank; gangway; **~rad** das (Technik) a) running wheel; non-driven wheel; b) (an Turbinen) runner; **~rolle** die (Technik) (von Toren, Türen) roller; (von Panzern) road wheel; (von Möbeln) castor; **~schiene** die (Technik) track; rail; **~schrift** die newscaster; **~schritt** das a) wir haben die ganze Strecke im ~schritt zurückgelegt we ran all the way; im ~schritt, marsch, marsch! at the double, quick march!; b) (Leichtathletik) running step

Lauf-: ~stall der playpen; **~steg** der catwalk

läuft [lɔyft] 3. Pers. Sg. Präsens v. laufen

Lauf-: ~vogel der (Zool.) ratite (Zool.); flightless bird; **~werk** das (Technik) a) mechanism; b) (Uhrwerk) clockwork mechanism; c) (Eisenb.) running gear; d) (DV) drive; **~zeit** die a) term; der Vertrag hatte eine ~zeit von zwei Jahren the agreement ran for two years; ein Kredit mit befristeter ~zeit a limited-term loan; b) (Film, Theater) run; c) (Sport) time; **~zettel** der (Bürow., Verwaltung) a) (Rundschreiben) circular; b) (Empfangsbestätigung) distribution slip; circulation slip; c) (Passierschein) pass; permit; d) (an Werkstücken) work progress slip; control tag

Lauge ['laugə] die; ~, a) soapy water; soapsuds; b) (Chemie) alkaline solution

Laugen·brezel die (südd.) pretzel

Lauheit die; ~: half-heartedness

Lau·mann der; ~[e]s, Pl. -männer (ugs. abwertend) shilly-shallyer

Laune ['launə] die; ~, ~n a) (momentane Stimmung) mood; schlechte/gute ~ haben be in a bad/good mood or temper; [nicht] in od. bei ~ sein [not] be in a good mood; jmdn. bei guter ~ halten keep sb. in a good mood; keep sb. happy (coll.); bringt gute ~ mit! come ready to enjoy yourselves; b) meist Pl. (wechselnde Stimmung) mood; sie hat nur selten ~n she is rarely moody; die ~n des Wetters/Zufalls (fig.) the vagaries of the weather/of chance; c) (spontane Idee) whim; aus einer ~ heraus on a whim; on the spur of the moment

launenhaft Adj. temperamental; (unberechenbar) capricious

Launenhaftigkeit die; ~: moodiness; (Unberechenbarkeit) capriciousness

launig 1. Adj. witty. 2. adv. wittily

launisch Adj.: s. launenhaft

Laus [laus] die; ~, Läuse ['lɔyzə] louse; ihm ist eine ~ über die Leber gelaufen (ugs.) he has got out of bed on the wrong side; was ist ihm für eine ~ über die Leber gelaufen? (ugs.) what's eating him? (coll.); jmdm./sich eine ~ in den Pelz setzen (ugs.) let sb./oneself in for something

Laus·bub der little rascal or devil; scamp

Lausbuben·streich der prank

laus·bübisch 1. Adj. impish. 2. adv. impishly

Lausch·aktion die bugging operation (coll.)

lauschen ['lauʃn] itr. V. a) (horchen) listen

lauter

(so as to overhear sth.); an der Tür ~: eavesdrop at the door; (zuhören) listen [attentively]; jmds. Worten usw. ~: listen [attentively] to sb.'s words etc.

Lauscher der; ~s, ~ a) eavesdropper; der ~ an der Wand hört seine eigene Schand (Spr.) eavesdroppers never hear any good of themselves; b) (Jägerspr.: Ohr) ear

lauschig Adj. cosy, snug ⟨corner⟩; ein ~es Plätzchen im Grünen a quiet or secluded spot in the country

Lause-: ~bengel, ~junge, ~lümmel der (salopp) little rascal or devil; scamp

lausen tr. V. delouse; ich denk', mich laust der Affe! (salopp) well, I'll be damned or blowed!

Lauser der; ~s, ~ (landsch. ugs.) little rascal or devil; scamp

lausig 1. Adj. (ugs.) a) (abwertend: unangenehm, eklig) lousy (sl.); rotten (coll.); ~e Zeiten hard times; b) (sehr groß) perishing (Brit. sl.), freezing ⟨cold⟩; terrible (coll.), awful ⟨heat⟩. 2. adv. terribly (coll.); awfully; draußen ist es ~ kalt it's perishing cold outside (Brit. sl.)

¹laut [laut] 1. Adj. a) loud; (fig.) loud, garish ⟨colour⟩; garish ⟨advertisement⟩; der Motor ist zu ~ the engine is too noisy; spreche ich jetzt ~ genug? can you hear me now?; er wußte sich ohne ein ~es Wort Respekt zu verschaffen he was able to gain respect without raising his voice; werden Sie bitte nicht ~! there's no need to shout; ~ werden (fig.: bekannt werden) be made known; es sind Zweifel an der Gültigkeit dieser Aussage ~ geworden doubts have been raised or expressed or voiced as to the validity of this statement; b) (geräuschvoll) noisy. 2. adv. a) loudly; ~er sprechen speak louder; speak up; ~ lachen laugh out loud; etw. nicht ~ sagen dürfen not be allowed to say sth. out loud; ~ denken think aloud; das kannst du aber ~ sagen (ugs.) you can say 'that again; b) (geräuschvoll) noisily; geht es hier immer so ~ zu? is it always this noisy here?

²laut Präp. + Gen. od. Dat. (Amtsspr.) according to; (gemäß) in accordance with; ~ Vertrag according to/in accordance with the contract

Laut der; ~[e]s, ~e a) (Geräusch) sound; keinen ~ von sich geben not make a sound; ~ geben ⟨dog, hound⟩ give tongue; b) (sprachliche Einheit) sound; fremde/heimatliche ~e sounds of a foreign/familiar tongue

Laut·bildung die (Sprachw.) articulation; formation of sounds

Laute die; ~, ~n lute

lauten 1. itr. V. ⟨answer, instruction, slogan⟩ be, run; ⟨letter, passage, etc.⟩ read, go; ⟨law⟩ state; der Anklage/das Urteil lautet auf ...: the charge/sentence is on ...; auf jmds. Namen (Akk.) ~: be in sb.'s name. 2. tr. V. (Sprachw.: aussprechen) pronounce

läuten ['lɔytn] 1. tr., itr. V. ring; ⟨alarm clock⟩ go off; 12 Uhr/Mittag ~: strike 12 o'clock/midday; Feuer/Sturm ~ (hist.) ring the fire-bell/storm-bell; ich habe davon ~ gehört od. hören, daß ...: I have heard rumours that ... 2. itr. V. (bes. südd.: klingeln) ring; nach jmdm. ~: ring for sb.; es läutete the bell rang or went (zu for)

Lautenist [lautə'nɪst] der; ~en, ~en lutenist

Lauten·spieler der lute-player

¹lauter Adj. (geh.) a) honourable ⟨person, intentions, etc.⟩; honest ⟨truth⟩; b) (rein) pure ⟨gold, silver, etc.⟩; clear ⟨water⟩

²lauter indekl. Adj. nothing but; sheer, pure ⟨nonsense, joy, etc.⟩; das sind ~ Lügen that's nothing but lies; that's a pack of lies; das sind ~ Kunden unserer Firma they are all customers of our firm; aus ~ kleinen Quadraten zusammengesetzt made up entirely of little squares; vor ~ Arbeit komme ich nicht ins Theater I can't go to the theatre because of all the work I've got

Lauterkeit die; ~: honourableness
läutern ['lɔytɐn] *tr. V. (geh.)* **a)** reform ⟨character⟩; purify ⟨soul⟩; **b)** *(reinigen)* purify *(von of)*
Läuterung die; ~, ~en *(geh.)* **a)** *(des Charakters)* reformation; *(der Seele)* purification; **b)** *(Reinigung)* purification
laut-, Laut-: ~**gesetz das** *(Sprachw.)* phonetic law; ~**getreu 1.** *Adj.* phonetically accurate; **2.** *adv.* with phonetic accuracy; ~**hals** *Adv.* ⟨*sing, shout, etc.*⟩ at the top of one's voice; ~**hals lachen** roar with laughter
Laut·lehre die *(Sprachw.)* phonetics and phonology *no art.*
lautlich 1. *Adj.* phonetic. **2.** *adv.* phonetically
laut-, Laut-: ~**los 1.** *Adj.* silent; soundless; *(wortlos)* silent; ~**lose Stille** utter *or* complete silence; **2.** *adv.* silently; soundlessly; ~**losigkeit die;** ~: silence; soundlessness; *(Wortlosigkeit)* silence; ~**malend** *Adj. (Sprachw.)* onomatopoeic; ~**schrift die** *(Phon.)* phonetic alphabet; *(Umschrift)* phonetic transcription
Laut·sprecher der loudspeaker; loud hailer *(esp. Naut.)*; *(einer Stereoanlage usw.)* speaker; **über** ~: over the loudspeaker[s]
Lautsprecher-: ~**an·lage die** public address *or* PA system; loudspeaker system; ~**box die** speaker cabinet; ~**wagen der** loudspeaker car/van
laut-, Laut-: ~**stark 1.** *Adj.* loud; vociferous, loud ⟨*protest*⟩; **2.** *adv.* loudly; ⟨*protest*⟩ vociferously, loudly; ~**stärke die a)** volume; **in/bei voller** ~**stärke** at full volume; **das Radio auf volle** ~**stärke drehen** turn the radio right up; **b)** *(Lärm)* **die** ~**stärke in diesem Raum** the volume of noise in this room; ~**stärke·regler der** volume control
Lautung die; ~, ~en *(Sprachw.)* pronunciation
Laut-: ~**verschiebung die** *(Sprachw.)* sound shift; **die erste** *od.* **germanische/zweite** *od.* **hochdeutsche** ~**verschiebung** the first *or* Germanic/second *or* High German sound shift; ~**wandel der** *(Sprachw.)* sound change
Läut·werk das a) *(Eisenb.)* bell; **b)** *(des Weckers)* alarm
lau·warm *Adj.* lukewarm ⟨*food*⟩; lukewarm, tepid ⟨*drink*⟩; *(nicht mehr kalt)* warm ⟨*beer etc.*⟩
Lava ['la:va] **die;** ~, **Laven** *(Geol.)* lava
Lavabo [la'va:bo] **das;** ~[s], ~s *(schweiz.)* s. **Waschbecken**
Lava·strom der lava stream; *(ausströmende Lava)* lava flow
Lavendel [la'vɛndl] **der;** ~s, ~: lavender
Lavendel·öl das lavender oil
¹**lavieren** [la'vi:rən] *tr. V., itr. V.* manœuvre
²**lavieren** *tr. V. (bild. Kunst)* wash; **eine lavierte Zeichnung** a wash drawing
Lavoir [la'voa:ɐ̯] **das;** ~s, ~s *(österr.)* s. **Waschbecken**
Lawine [la'vi:nə] **die;** ~, ~n *(auch fig.)* avalanche; **eine** ~ **von Protesten** *(fig.)* a storm of protest
lawinen-, Lawinen-: ~**artig** *Adv.* like an avalanche; ~**artig anschwellen** ⟨*political etc.*⟩ movement, number of accidents etc.⟩ snowball; ~**gefahr die** danger of avalanches; ~**[such]hund der** avalanche dog
lax [laks] **1.** *Adj.* lax. **2.** *adv.* laxly
Laxativ [laksa'ti:f] **das;** ~s, ~e *(Med.)* laxative
Laxheit die; ~: laxness; laxity
Layout ['lɛɪ'aʊt] **das;** ~s, ~s *(Druckw., Elektronik)* layout
Layouter ['lɛɪˈaʊtɐ] **der;** ~s, ~: layout man
Lazarett [latsa'rɛt] **das;** ~[e]s, ~e military hospital
Lazarett·schiff das hospital ship
leasen ['li:zn] *tr. V.* rent; *(für längere Zeit mieten)* lease ⟨*car etc.*⟩

Leasing ['li:zɪŋ] **das;** ~s, ~s *(Wirtsch.)* leasing
Lebe-: ~**dame die** *(abwertend)* good-time girl; ~**hoch** [--'-] **das;** ~s, ~s cheer; **ein dreifaches** ~**hoch** three cheers *pl.*; ~**mann der;** *Pl.* ~**männer** playboy
leben ['le:bn̩] **1.** *itr. V.* live; *(lebendig sein)* be alive; **anständig/sorgenfrei** ~: live a respectable/carefree life; **auf dem Land/im Wasser** ~**de Tiere** animals which live on land/in water; **für jmdn./etw.** ~ *od. (geh.)* **jmdn./einer Sache** ~: live for sb./sth.; **leb[e] wohl!** farewell!; **so [et]was lebt, und Schiller mußte sterben!** *(scherzh.)* why do we have to put up with people like that?; **nicht mehr** ~ **wollen** not want to go on living; have lost the will to live; **er wird nicht mehr lange zu** ~ **haben** he will not live much longer; **lebst du noch?** *(ugs. scherzh.)* are you still in the land of the living? *(joc.)*; **lang lebe der König!** long live the king!; **von seiner Rente/seinem Gehalt** ~: live on one's pension/salary; **von seiner Hände Arbeit** ~: live by the work of one's hands; **Wie geht es dir?** – **Man lebt!** *(ugs.)* How are you? – Oh, surviving *(coll.)*; ~ **und** ~ **lassen** live and let live; **davon kann ich/sie/er** *usw.* **nicht** ~ **und nicht sterben** it's hardly enough to keep body and soul together; **fleischlos** ~: not eat meat; **von Kartoffeln** ~: live on potatoes; **er lebt in seinen Werken** he lives on in his works; **s. auch Brot; diät. 2.** *tr. V.* **ein glückliches Leben** ~: live a happy life
Leben das; ~s, ~; **ein** ~: a life; **das** ~: life; **jmdm. das** ~ **retten** save sb.'s life; **sein** ~ **für etw. wagen/***(geh.)* **hingeben** risk/give one's life for sth.; **sich** *(Dat.)* **das** ~ **nehmen,** *(geh.)* [**freiwillig**] **aus dem** ~ **scheiden** take one's [own] life; **am** ~ **sein/bleiben** be/stay alive; **seines** ~**s nicht [mehr] sicher sein** not be safe [any more]; **um** ~ **sein** run for one's life; **ums** ~ **kommen** lose one's life; **das nackte** ~ **retten** barely escape with one's life; **sein** ~ **teuer verkaufen** sell one's life dearly; **seinem** ~ **ein Ende setzen,** *(geh.)* **machen** *(verhüll.)* take one's [own] life; **auf Tod und** ~ **kämpfen** be engaged in a life-and-death struggle; **für sein** ~ **gern** love doing sth.; **etw. für sein** ~ **gern essen** love sth.; **etw. ins** ~ **rufen** bring sth. into being; **mit dem** ~ **davonkommen** escape with one's life; **jmdm. nach dem** ~ **trachten** try to kill sb.; **wie das blühende** ~ **aussehen** *(ugs.)* look the picture of health; **ein/sein [ganzes]** ~ **lang** one's whole life long; **zeit seines** ~**s** all his life; **noch nie im** ~/**zum erstenmal im** ~: never in/for the first time in one's life; **jmdm. das** ~ **sauer machen** make sb.'s life a misery; **sich durchs** ~ **schlagen** struggle through life; **mit beiden Beinen** *od.* **Füßen im** ~ **stehen** have one's feet firmly on the ground; **nie im** ~, **im** ~ **nicht!** *(ugs.)* not on your life! *(coll.)*; **never in your life!** *(coll.)*; **ein** ~ **in Wohlstand/Armut** a life of affluence/poverty; **das süße** ~: la dolce vita; **wie das** ~ **so spielt** it's funny the way things turn out; **im öffentlichen** ~ **stehen** be in public life; **so ist das** ~: such is life; that's the way things go; **die Musik ist ihr** ~: music is her [whole] life; **b)** *(Betriebsamkeit)* **auf dem Markt herrschte ein reges** ~: the market was bustling with activity; **das** ~ **auf der Straße** the comings and goings in the street; ~ **ins Haus bringen** bring some life into the house
lebend *Adj.* living; live ⟨*animal*⟩; ~**e Sprachen** living languages; **tot** *od.* **lebend** dead or alive; **nicht mehr unter den Lebenden weilen** *(geh.)* have passed away
lebend·gebärend *Adj. (Zool.)* viviparous
Lebend·gewicht das a) live weight; **b)** *(scherzh.: Gewicht eines Menschen)* **100 kg** ~ **auf die Waage bringen** turn the scales at 100 kg
lebendig [le'bɛndɪç] **1.** *Adj.* **a)** *(lebend)* living;

jmdm. ~ *od.* bei ~em Leibe verbrennen burn sb. alive; man fühlt sich hier wie ~ begraben being stuck here is like being buried alive *(coll.)*; ich kann ihn nicht wieder ~ machen I can't bring him back to life [again]; mehr tot als ~: more dead than alive; es von den Lebendigen nehmen be unduly grasping; **b)** *(wirksam)* living ⟨*tradition etc.*⟩; die Erinnerung daran wurde in ihm wieder ~: the memory of it came back to him vividly; **c)** *(lebhaft)* lively ⟨*account, imagination, child, etc.*⟩; gay, bright ⟨*colours*⟩; auf der Straße wurde es allmählich ~: the street began to fill with life. **2.** *adv. (lebhaft)* in a lively fashion *or* way; etw. ~ schildern give a lively description of sth.
Lebendigkeit die; ~: liveliness
lebens-, Lebens-: ~**abend der** *(geh.)* evening *or* autumn of one's life *(literary)*; ~**ab·schnitt der** stage of *or* chapter in one's life; ~**ader die** vital line of communication; ~**alter das** age; **ein hohes** ~**alter erreichen** live to a considerable age *or (coll.)* a ripe old age; ~**angst die** unwillingness to face life's problems; *(Angst um die Existenz)* worry about one's ability to survive; ~**art die a)** way of life; **b)** *o. Pl. (Umgangsformen)* manners *pl.*; **keine** ~**art haben** have no manners; be ill-mannered; **auf·gabe die** life's work; **sich** *(Dat.)* **etw. zur** ~**aufgabe machen** make sth. one's life's work; ~**baum der a)** arbor vitae; **b)** *(Rel., Kunstwiss.)* tree of life; ~**bedingungen** *Pl.* conditions of life; ~**bejahend** *Adj.* ⟨*person*⟩ with a positive attitude *or* approach to life; ~**bejahung die** positive attitude *or* approach to life; affirmation of life; ~**bereich der** area of life; ~**beschreibung die** biography; *(Buch)* biography; life; ~**dauer die a)** life-span; **b)** *(von Maschinen)* [useful] life; ~**echt 1.** *Adj.* true-to-life; **2.** *adv.* in a true-to-life way; ~**elixier das** *(Volksk.; auch fig.)* elixir of life; ~**ende das** end [of one's life]; **bis an sein** *od.* **bis ans** ~**ende** to the end of one's life *or* days; ~**er·fahrung die** experience of life *no indef. art.* of life; ~**erinnerungen** *Pl.* memories of one's life; *(aufgezeichnet)* memoirs; ~**erwartung die** life expectancy; ~**fähig** *Adj. (auch fig.)* viable; ~**fähigkeit die** viability; ~**form die a)** *(Biol.)* life-form; **b)** *o. (weise)* way of life; ~**frage die** vital matter *or* question; ~**fremd** *Adj.* out of touch with *or* remote from everyday life *postpos.*; ~**freude die;** *o. Pl.* zest for life; joie de vivre; ~**froh** *Adj.* full of zest for life *or* joie de vivre *postpos.*; ~**führung die** life-style; **eine moralisch einwandfreie** ~**führung** a completely blameless life; ~**gefahr die** mortal danger; **für jmdn. besteht [keine]** ~**gefahr** sb.'s life is [not] in danger; „**Achtung,** ~**gefahr!**" 'danger'; **sie schwebt in** ~**gefahr** she is in danger of dying; *(von einer Kranken)* her condition is critical; **außer** ~**gefahr sein** be out of danger; **etw. unter** ~**gefahr** *(Dat.)* **tun** risk one's life to do sth.; ~**gefährlich 1.** *Adj.* highly *or* extremely dangerous; critical ⟨*injury*⟩; **2.** *adv.* critically ⟨*injured, ill*⟩; **jmdn.** ~**gefährlich verletzen** cause sb. critical injuries; ~**gefährte der,** ~**gefährtin die** *(geh.)* companion through life *(literary)*; ~**gefühl das** awareness of life; ~**geister** *Pl.* jmds. ~**geister [wieder] wecken** put new life into sb.; ~**gemeinschaft die a)** *(von Menschen)* long-term relationship; **b)** *(Biol.: von Tieren, Pflanzen)* biocoenosis; ~**geschichte die** life-story; ~**groß** *Adj.* life-size; ~**größe die: eine Statue in** ~**größe** a life-size statue; **ein Porträt von jmdm. in** ~**größe malen** paint a life-size portrait of sb.
Lebens·haltung die a) *(~skosten)* cost of living; **die** ~ **ist teurer geworden** the cost of living has risen; **b)** *(Lebensführung)* lifestyle

Lebenshaltungs-: ~**index** der (Wirtsch.) cost-of-living index; ~**kosten** Pl. cost of living sing.

lebens-, Lebens-: ~**hilfe** die counselling; ~**hunger** der desire to live life to the full; ~**hungrig** Adj. ⟨person⟩ who is eager to live life to the full; ~**inhalt** der purpose in life; **die Musik/ihre Familie ist ihr** ~**inhalt** music/her family is her whole life; ~**jahr** das year of [one's] life; **die letzten** ~**jahre** the last years of sb.'s life; one's last years; **in seinem 12.** ~**jahr** in his twelfth year; **mit dem vollendeten 18.** ~**jahr** on reaching the age of eighteen; ~**kampf** der struggle for existence or life; ~**kraft** die vitality; vital energy; ~**kreis** der: **in jmds.** ~**kreis** (Akk.) **treten** come into or enter sb.'s life; ~**künstler** der: **ein** [echter/wahrer] ~**künstler** a person who always knows how to make the best of things; ~**lage** die situation [in life]; **in allen** ~**lagen** in any situation; ~**lang** 1. Adj. lifelong; 2. adv. all one's life; ~**länglich** 1. Adj. ~**längliche Freiheitsentzug** life imprisonment; „~**länglich" bekommen** od. (ugs.) **kriegen** get life imprisonment or (coll.) life; 2. adv. **jmdn.** ~**länglich gefangenhalten** keep sb. imprisoned for life; ~**länglich Dekl.** (saloop) lifer ⟨sl.⟩; ~**lauf** der a) curriculum vitae; c.v.; b) (Verlauf eines Lebens) life; ~**licht** das a) (geh.) flame of life (literary); **jmdm. das** ~**licht ausblasen** od. **auspusten** (ugs.) send sb. to kingdom-come ⟨coll.⟩; ~**linie** die line of life; ~**lüge** die lifelong illusion; ~**lust** die; o. Pl.: s. ~**freude**; ~**lustig** Adj. ⟨person⟩ full of the joys of life; ~**mitte** die middle years of life; **die Krise in der** ~**mitte** mid-life crisis

Lebens·mittel das; meist Pl. food[stuff]; ~ Pl. food sing.; foods (formal); foodstuffs (formal); (als Ware) food sing.

Lebensmittel-: ~**abteilung** die food department; ~**chemie** die food chemistry no art.; ~**geschäft** das food shop; ~**karte** die food ration card; ~**vergiftung** die (Med.) food poisoning

lebens-, Lebens-: ~**müde** Adj. weary of life pred.; **du bist wohl** ~**müde?** (scherzh.) you must be tired of living; ~**müdigkeit** die weariness of life; ~**mut** der courage to go on living; ~**nah** 1. Adj. true-to-life ⟨film, description, etc.⟩; ~**naher Unterricht** teaching that is closely related to life; 2. adv. **etw.** ~**nah schildern** describe sth. in a true-to-life way; ~**nerv** die eine Industrie/Firma in ihrem ~**nerv treffen** hit a vital nerve of an industry/a firm; ~**notwendig** Adj. essential; vital; ⟨organ⟩ essential ⟨food-stuff⟩

leben·spendend Adj. (geh.) life-giving

lebens-, Lebens-: ~**philosophie** die philosophy of life; (Lehre) life philosophy no art.; Lebensphilosophie no art.; ~**qualität** die; o. Pl. quality of life; ~**raum** der a) (Umkreis) lebensraum; b) (Biol.) s. Biotop; ~**regel** die rule [of life]; maxim; **sich** (Dat.) **etw. zur** ~**regel machen** make sth. a rule [in life] or a maxim; ~**retter** der rescuer; **sein** ~**retter** the person who saved his life; **du bist mein** ~**retter** you saved my life; ~**rhythmus** der rhythm of life; **sein** ~**rhythmus** the rhythm of his life; ~**standard** der standard of living; ~**stellung** die permanent position or job; job for life; ~**stil** der life-style; ~**stellung** die able to cope with life postpos.; ~**überdruß** der weariness of life; world-weariness; ~**umstände** Pl. circumstances; ~**unfähig** Adj. non-viable; ~**unterhalt** der: **seinen** ~**unterhalt verdienen/bestreiten** earn one's living/support oneself; **für jmds.** ~**unterhalt sorgen** support sb.; ~**untüchtig** Adj. unable to cope with life postpos.; ~**versicherung** die life insurance; life assurance; **eine** ~**versicherung abschließen** take out a life in-surance or assurance policy; ~**wandel** der way of life; **einen zweifelhaften/einwandfreien** ~**wandel führen** lead a dubious/an irreproachable life; ~**weg** der [journey through] life; **jmdm. etw. mit auf den** ~**weg geben** give sb. sth. to take with him/her on his/her journey through life; **alles Gute für den weiteren** ~**weg** all the best for the future; ~**weise** die way of life; **die sitzende** ~**weise** the sedentary life; ~**weisheit** die a) (Erfahrung) wisdom; b) (weiser Ausspruch) wise saying or maxim; ~**werk** das life's work; ~**wert** Adj. **ein** ~**wertes Leben das Leben ist** ~**wert** life is worth living; **das Leben ist** ~**wert mehr** that's no kind of life any more; ~**wert** der basic human value; ~**wichtig** s. ~**notwendig**; ~**wille** der will to live; ~**zeichen** das sign of life; **kein** ~**zeichen** [von sich] geben show no sign of life; **kein** ~**zeichen von jmdm. bekommen** (fig.) have no sign of life from sb.; ~**zeit** die life[-span]; **auf** ~**zeit** for life; **ein Beamter auf** ~**zeit** an established civil servant; ~**ziel** das aim in life; ~**zweck** der purpose in life

Leber ['le:bɐ] die; ~, -n liver; **es an der** ~ **haben** (ugs.) have [got] liver trouble; **frisch** od. **frei von der** ~ **weg sprechen** od. **reden** (ugs.) speak one's mind; **sich** (Dat.) **etw. von der Leber reden** (ugs.) get sth. off one's chest ⟨coll.⟩; s. auch **Laus**

leber-, Leber-: ~**blümchen** das liverwort; ~**entzündung** die inflammation of the liver; hepatitis (Med.); ~**fleck** der liver spot; ~**haken** der (Boxen) hook to the liver; ~**käse** der; o. Pl. meat loaf made with mincemeat, [minced liver,] eggs, and spices; ~**knödel** der (südd., österr.) meat ball made from minced liver, onions, eggs, and flour; ~**krank** Adj. ⟨patient etc.⟩ suffering from a liver complaint or disorder; ~**krank sein** have a liver complaint or disorder; ~**krebs** der (Med.) cancer of the liver; ~**leiden** das (Med.) liver complaint or disorder; ~**pastete** die (Kochk.) liver pâté; ~**schaden** der (Med.) liver damage; **damage to the liver**; ~**schrumpfung** die s. ~**zirrhose**; ~**tran** der fish-liver oil; (des Kabeljaus) cod-liver oil; ~**wurst** die liver sausage; **die gekränkte** od. **beleidigte** ~**wurst spielen** (ugs.) get all huffy ⟨coll.⟩; ~**zirrhose** die (Med.) cirrhosis of the liver

Lebe-: ~**welt** die playboy set; ~**wesen** das living being or thing or creature; **einzellige** ~**wesen** single-celled creatures; unicellular organisms (Biol.); ~**wohl** [-'-] das; [e]s, ~ od. ~e (geh.) farewell; **jmdm. wohl sagen bid** sb. farewell

lebhaft 1. Adj. a) (lebendig) lively ⟨person, gesture, imagination, bustle, etc.⟩; lively, animated ⟨conversation, discussion⟩; lively, brisk ⟨activity⟩; busy ⟨traffic⟩; brisk ⟨business⟩; b) (deutlich) vivid ⟨idea, picture, etc.⟩; **etw. in** ~**er Erinnerung haben** remember sth. vividly; c) (kräftig) lively ⟨interest⟩; lively, gay ⟨applause⟩; bright, gay ⟨colour⟩; vigorous ⟨applause, opposition⟩. 2. adv. a) (lebendig) in a lively way or fashion; **sich** ~ **unterhalten/** ~ **diskutieren** have a lively or animated conversation/discussion; b) (deutlich) vividly; **sich an etw.** (Akk.) **erinnern können** be able to remember sth. vividly; **sich** (Dat.) **etw.** ~ **vorstellen können** have a vivid picture of sth.; c) (kräftig) brightly, gaily ⟨coloured⟩; gaily ⟨patterned⟩; **etw.** ~ **bedauern** deeply regret sth.; **sich** ~ **für etw. interessieren** take a lively or keen interest in sth.

Lebhaftigkeit die; ~ a) (reges Wesen) liveliness; (einer Unterhaltung, Diskussion) liveliness; animation; b) (Intensität) liveliness; (eines Musters) liveliness; gaiety; (von Farben) brightness; gaiety

Leb·kuchen der ≈ gingerbread

leb-, Leb-: ~**los** Adj. lifeless ⟨body, eyes⟩; [wie] ~**los daliegen** lie there as if dead; ~**lo-sigkeit** die; ~: lifelessness; ~**tag** der in [all] mein/dein usw. ~**tag** (ugs.) all my/your etc. life; **so was habe ich mein** ~**tag nicht erlebt** (ugs.) I've never seen anything like it in all my life or in all my born days; ~**zeiten** Pl. **in bei** od. **zu** ~**zeiten** while still alive; **bei** od. **zu jmds.** ~**zeiten** while sb. is/was still alive; during sb.'s lifetime

lechzen ['lɛçtsn̩] itr. V. (geh.) **nach einem Trunk/nach Kühlung** ~: long for a drink/to be able to cool off; **nach Rache/Macht** usw. ~: thirst for revenge/power etc.

Lecithin [letsi'ti:n] s. **Lezithin**

leck [lɛk] Adj. ~ **sein** sein leak

Leck das; ~[e]s, ~s leak

Lecke ['lɛkə] s. **Salzlecke**

¹**lecken** 1. tr. V. **sich** (Dat.) **die Wunden/Lippen** usw. ~: lick one's wounds/lips etc.; **jmdm. die Hand** usw. ~: lick sb.'s hand etc.; **sich** (Dat.) **etw. von etw.** ~: lick sth. off sth.; **leck mich** [doch]! (derb) [why don't you] piss off! (coarse); s. auch **Arsch** a; **Finger** b. 2. itr. V. **an etw.** (Dat.) ~: lick sth.

²**lecken** itr. V. (leck sein) leak

lecker Adj. tasty ⟨meal⟩; delicious ⟨cake etc.⟩; good ⟨smell, taste⟩; (fig.: ansprechend) lovely ⟨girl⟩; **hier riecht es aber** ~: there's a delicious smell around here

Lecker·bissen der delicacy; **ein musikalischer** ~ (fig.) a musical treat

Leckerei die; ~, ~en (ugs.) dainty; (Süßigkeit) sweet [meat]

Lecker-: ~**maul,** ~**mäulchen** das: **ein** ~**maul** od. ~**mäulchen sein** have a sweet tooth

leck|schlagen unr. itr V.; mit sein (Seemannsspr.) be holed

led. Abk. **ledig**

Leder ['le:dɐ] das; ~s, ~ a) leather; **in** ~ [gebunden] leather-bound; **ein Gürtel aus** ~: a leather belt; **zäh wie** ~ **sein** be as tough as leather; ⟨person⟩ be as hard as nails; **jmdm. ans** ~ **gehen/wollen** (ugs.) go for sb./be out to get sb.; **gegen jmdn./etw. vom** ~ **ziehen** (ugs.) speak one's mind about sb./sth.; b) (Fenster~) leather, chamois or chammy [leather]; c) (Fußballjargon: Ball) ball; leather ⟨dated sl.⟩

leder-, Leder-: ~**artig** Adj. leathery; leather-like ⟨material⟩; ~**band** der; Pl. ~**bände** leather-bound volume; ~**fetischist** der leather fetishist; ~**garnitur** die leather-upholstered suite; ~**handschuh** der leather glove; ~**haut** die (Anat., Zool.) dermis; ~**hose** die leather shorts pl.; lederhosen pl.; (lang) leather trousers pl.; ~**jacke** die leather jacket; ~**mantel** der leather [over]coat

¹**ledern** tr. V. leather

²**ledern** Adj. a) nicht präd. (aus Leder) leather; b) (wie Leder) leathery

Leder-: ~**nacken** der leather-neck (sl.); ~**riemen** der [leather] strap; ~**schuh** der leather shoe; ~**schurz** der leather apron; ~**sessel** der leather[-upholstered] armchair; ~**sohle** die leather sole; ~**waren** Pl. leather goods

ledig ['le:dɪç] Adj. a) (nicht verheiratet) unmarried; single; **eine** ~**e Mutter** an unmarried mother; b) **in einer Sache** (Gen.) ~ **sein** (geh.) be free of sth.

Ledige der/die; adj. Dekl. single person

lediglich Adv. only; merely; simply

Lee [le:] die od. das; ~ (Seemannsspr.) **nach** ~ **drehen** turn to leeward; **in** ~ **liegen** lie to leeward

leer [le:ɐ̯] Adj. a) empty; blank, clean ⟨sheet of paper⟩; **die Kasse ist** ~ (ugs.) there's no money left; **sein Glas** ~ **trinken** empty or drain one's glass; **seinen Teller** ~ **essen** clean one's plate; **die Schachtel** ~ **machen** (ugs.) finish the box; **den Laden/die Regale** ~ **kaufen** strip every shelf in the shop/strip the shelves bare; **die Warnungen gingen ins Leere** the warnings fell on deaf ears; ~**ausge-**

hen come away empty-handed; ~ **laufen** ⟨*machine*⟩ idle; ⟨*business*⟩ be at a standstill; *s. auch* **leerlaufen**; **b)** *(menschenleer)* empty; empty, deserted ⟨*streets*⟩; **vor ~en Bänken spielen** play to an empty house/ empty houses; **die Wohnung steht ~**: the house is standing empty *or* is unoccupied; **c)** *(abwertend: oberflächlich)* empty ⟨*words, promise, talk, display*⟩; vacant ⟨*expression*⟩; **mit ~en Augen/~em Blick starren** stare vacantly

Leere die; ~ *(auch fig.)* emptiness; **eine gähnende ~**: a gaping void; **im Restaurant/ Theatersaal herrschte ~**: the restaurant/ theatre was completely empty; **eine innere ~** *(fig.)* a feeling of emptiness inside

leeren 1. *tr. V.* **a)** empty; empty, clear ⟨*postbox*⟩; **b)** *(österr.: gießen)* pour ⟨*water, milk, etc.*⟩; empty ⟨*bucket*⟩. **2.** *refl. V.* ⟨*hall, theatre, etc.*⟩ empty

leer-, Leer-: **~formel die** *(geh.)* empty formula; **~gefegt** *Adj.* deserted ⟨*street, town*⟩; **wie ~gefegt** deserted; **~gewicht das** unladen weight; **~gut das** empties *pl.*; **~lauf der**; *o. Pl.* **a) im ~lauf den Berg hinunterfahren** ⟨*driver*⟩ coast down the hill in neutral; ⟨*cyclist*⟩ freewheel *or* coast down the hill; **eine Maschine auf ~lauf stellen** let a machine idle; **b)** *(fig.)* **es gab [viel] ~lauf im Büro** there were [long] slack periods in the office; **zwischen den Hauptarbeitungen gab es viel ~lauf** between the main acts there were long periods when nothing happened; ~||**laufen** *unr. itr. V.*; *mit sein* **a)** *(auslaufen)* **die Badewanne läuft ~**: the bathwater is running out; **der Tank lief ~**: the oil/wine *etc.* was running or draining out of the tank; **das Faß ist ~gelaufen** the barrel has run dry; **b)** *in* **jmdn. ~laufen lassen** *(Ballspiele)* send sb. the wrong way; sell sb. a dummy *(coll.)*; *s. auch* **leer a**; **~packung die** dummy; display package; **~stehend** *Adj.* empty, unoccupied ⟨*house, flat*⟩; **~taste die** space-bar

Leerung die; ~, ~en emptying; **die ~ der Mülltonnen erfolgt einmal wöchentlich** the dustbins are emptied once a week; **nächste ~ um 12 Uhr** *(auf Briefkästen)* next collection at 12.00

Lefze ['lɛftsə] die; ~, ~n lip; **die ~n eines Jagdhundes** the flews of a hound

legal [le'ga:l] **1.** *Adj.* legal; **auf ~em Wege** by legal means; legally. **2.** *adv.* legally

legalisieren *tr. V.* legalize

Legalität [legali'tɛ:t] die; ~, ~: legality; **außerhalb der ~**: outside the law; **am Rande der ~**: just within the bounds of legality

Legalitäts·prinzip das *(Rechtsw.)* principle that all complaints must be investigated and that, where an offence appears to have been committed, a charge must be brought

Legasthenie [legaste'ni:] die; ~, ~n *(Psych., Med.)* difficulty in learning to read and write

Legastheniker [legas'te:nikɐ] der; ~s, ~ *(Psych., Med.)* one who has difficulty with reading and writing

¹**Legat** [le'ga:t] der; ~en, ~en *(kath. Kirche)* legate

²**Legat** das; ~[e]s, ~e *(Rechtsw.)* legacy

Legations·rat [lega'tsio:ns-] der counsellor

legato [le'ga:to] *Adv. (Musik)* legato

Lege-: **~batterie die** laying battery; **~henne die** laying hen

Legel ['le:gl] der *od.* das; ~s, ~ *(Seemannsspr.)* **a)** *(aus Tauwerk)* cringle; **b)** *(aus Holz)* mast hoop

legen ['le:gn] **1.** *tr. V.* **a)** lay [down]; **jmdn. auf den Rücken ~**: lay sb. on his/her back; **einen Gegenspieler ~** *(Sportjargon)* bring down an opposing player; **etw. auf den Tisch/Boden ~**: lay sth. on the table/floor; **etw. aus der Hand ~**: put sth. down; **etw. in Spiritus ~**: preserve sth. in alcohol; **etw.** **beiseite ~**: put sth. aside *or* down; **das Fleisch in den Kühlschrank ~**: put the meat in the refrigerator; **die Hand an die Mütze ~**: raise one's hand to one's cap; **die Füße auf den Tisch ~**: put one's feet on the table; **etw. auf den Abend ~**: arrange sth. for the evening; **b)** *(verlegen)* lay ⟨*pipe, cable, railway track, carpet, tiles, etc.*⟩; plant ⟨*potatoes*⟩; *s. auch* **Fundament a**; **Grundstein**; **Karte c)** *(in eine bestimmte Form bringen)* **etw. in Falten ~**: fold sth.; *s. auch* **Falte c**; **d)** *(schräg hinstellen)* lean; **etw. an etw.** *(Akk.)* **~**: lean sth. on sth. **2.** *tr., itr. V.* ⟨*hen*⟩ lay; **die Hühner ~ fleißig/ schlecht** the hens are laying/not laying well. **3.** *refl. V.* **a)** lie down; **sich auf etw.** *(Akk.)* **~**: lie down on sth.; **sich in die Sonne ~**: lie in the sun; **das Schiff/Flugzeug legte sich auf die Seite** the ship keeled over/the aircraft banked steeply; **sich in die Kurve ~**: lean into the bend; *s. auch* **Bett a**; **Ohr b**; **b)** *(nachlassen)* ⟨*wind, storm*⟩ die down, abate, subside; ⟨*noise*⟩ die down, abate; ⟨*enthusiasm*⟩ wear off, subside, fade; ⟨*anger*⟩ abate, subside; ⟨*excitement*⟩ die down, subside; **c)** *(sich herabsenken)* **sich auf** *od.* **über etw.** *(Akk.)* **~**: ⟨*mist, fog*⟩ descend *or* settle on sth., [come down and] blanket sth.

legendär [legɛn'dɛːɐ] *Adj.* legendary

Legende [le'gɛndə] die; ~, ~n **a)** legend; **zur ~ werden** *(fig.)* ⟨*event, incident, etc.*⟩ become legendary; **[schon zu Lebzeiten] zur ~ werden** *(fig.)* ⟨*person*⟩ become a legend [in one's own lifetime]; **b)** *(Zeichenerklärung)* legend; key

legenden·umwoben *Adj.* ⟨*person, figure, etc.*⟩ surrounded by legends

leger [le'ʒɛːɐ] **1.** *Adj.* **a)** *(ungezwungen)* casual; relaxed; *(bequem: oberflächlich)* casual; **b)** *(bequem)* casual ⟨*jacket etc.*⟩. **2.** *adv.* **a)** *(ungezwungen)* casually; in a casual *or* relaxed manner; *(bequem: oberflächlich)* casually; **b)** *(bequem)* ⟨*dress*⟩ casually

Leg·henne ['leːk-] die *s.* **Legehenne**

legieren [le'giːrən] *tr. V.* **a)** alloy; **Kupfer und** *od.* **mit Zinn ~**: alloy copper and tin; **b)** *(Kochk.)* thicken

Legierung die; ~, ~en alloy

Legion [le'gio:n] die; ~, ~en **a)** *(Milit.)* legion; **(Fremden~)** Legion; **b)** *(Menge)* horde (von of); **~ sein** *(geh.)* be legion

Legionär [legio'nɛːɐ] der; ~s, ~e legionary

Legionärs·krankheit die *(Med.)* legionnaire's disease

legislativ [legisla'tiːf] **1.** *Adj. (Politik)* legislative. **2.** *adv.* by legislation

Legislative [legisla'tiːvə] die; ~, ~n *(Politik)* legislature

Legislatur [legisla'tuːɐ] die; ~, ~en a) *o. Pl.* legislature; *b) s.* **Legislaturperiode**

Legislatur·periode die *(Politik)* parliamentary term; legislative period; *(Amtsdauer einer Regierung)* term of office

legitim [legi'tiːm] **1.** *Adj.* legitimate. **2.** *adv.* legitimately

Legitimation [legitima'tsio:n] die; ~, ~en **a)** *(auch Rechtsw.: Ehelicherklärung)* legitimation; **b)** *(Ausweis)* proof of identity; *(Bevollmächtigung)* authorization

legitimieren 1. *tr. V.* **a)** *(rechtfertigen)* justify; **b)** *(bevollmächtigen)* authorize; **c)** *(für legitim erklären)* legitimize ⟨*child, relationship*⟩. **2.** *refl. V.* show proof of one's identity

Legitimität [legitimi'tɛːt] die; ~: legitimacy; *(Rechtfertigung)* justification

Leguan [le'gua:n] der; ~s, ~e *(Zool.)* iguana

Lehen ['leːən] das; ~s, ~ *(hist.)* fief; **jmdm. etw. zu ~ geben** grant sb. sth. in fee

Lehm [leːm] der; ~[e]s, ~e *(Ton)* clay

lehm-, Lehm-: **~bau** der; *Pl.* **~bauten** clay *or* mud building; **~bau·weise die** building with clay; *(~flechtwerk)* wattle and daub construction; **~boden der** loamy soil; *(Tonerde)* clay soil; **~farben, ~farbig** *Adj.* clay-coloured; **~grube die** clay-pit; **~haltig** *Adj.* loamy; *(tonartig)* clayey; **~hütte die** mud hut

lehmig *Adj.* loamy ⟨*soil, earth*⟩; *(tonartig)* clayey ⟨*soil, shoes, etc.*⟩

Lehm·ziegel der clay brick

Lehn [leːn] *s.* **Lehen**

Lehn- *(Sprachw.)*: **~bedeutung die** loan-meaning; **~bildung die** loan-formation

Lehne ['leːnə] die; ~, ~n **a)** *(Rücken~)* back; *(Arm~)* arm; **b)** *(südd., österr., schweiz.: Abhang)* slope

lehnen 1. *tr. V.* lean (**an** + *Akk.*, **gegen** against); **den Kopf/Arm an etw.** *(Akk.)* **~**: lean one's head/arm on sth. **2.** *refl. V.* lean (**an** + *Akk.*, **gegen** against; **über** + *Akk.* over); **sich aus dem Fenster ~**: lean out of the window; **sich zu weit aus dem Fenster ~** *(fig.)* stick one's neck out *(coll.)*; go too far. **3.** *itr. V.* be leaning (**an** + *Dat.* against)

Lehns·dienst der *(hist.)* feudal service *no pl., no art.*

Lehn·sessel der armchair

Lehns- *(hist.)*: **~herr der** feudal lord; **~mann der**; *Pl.* **~männer** *od.* **~leute** vassal; **~pflicht die** feudal duty

Lehn·stuhl der armchair

Lehns·wesen das *(hist.)* system of feudal tenure; feudal system

Lehn- *(Sprachw.)*: **~übersetzung die** loan-translation; **~wort das** loan-word

Lehr-: **~amt das** *(Schulw.)* teaching post; *(Beruf)* **das ~amt** the teaching profession; **das höhere ~amt** teaching at Gymnasien or vocational schools; **~amts·anwärter der** *(Schulw.)* trainee primary-school teacher; **~amts·kandidat der** trainee grammar-school teacher/vocational school teacher; **~anstalt die** *(Amtsspr.)* educational establishment; **höhere ~anstalt** *(veralt.)* secondary education establishment; **~auftrag der** lectureship *(not giving full status as member of a department or as a permanent civil servant)*; **~beauftragte der/die** lecturer *(not having full status as member of a department or as a permanent civil servant)*; **~befähigung die** *(Amtsspr.)* teaching qualification; **~behelf der** *(österr.) s.* **~mittel**; **~berechtigung die** teaching qualification; **~beruf a)** *s.* **Ausbildungsberuf**; **b)** *(Lehrerberuf)* **der ~beruf** the teaching profession; **den ~beruf ergreifen** teach; be a teacher/teachers; **~betrieb der** teaching programme; **~bub der** *(südd., österr., schweiz.) s.* **~junge**; **~buch das** textbook; **~dichtung die** *(Literaturw.)* **a)** *o. Pl.* didactic poetry; **b)** *(Gedicht)* didactic poem

¹**Lehre** [le:rə] die; ~, ~n **a)** *(Berufsausbildung)* apprenticeship; **eine ~ machen** serve an apprenticeship (**als** as); **bei einem Handwerker in die ~ gehen** be apprenticed to a craftsman; **bei jmdm. in die ~ gegangen sein** *(fig.)* have learnt a lot from sb.; **b)** *(Weltanschauung)* doctrine; **die christliche ~**: Christian doctrine; **die ~ Kants/Hegels/ Buddhas** the teachings *pl.* of Kant/Hegel/ Buddha; **c)** *(Theorie, Wissenschaft)* theory; **die ~ vom Schall** the science of sound *or* acoustics; **d)** *(Erfahrung)* lesson; **laß dir das eine ~ sein!** let that be a lesson to you; **jmdm. eine [heilsame] ~ erteilen** teach sb. a [salutary] lesson; **aus etw. seine ~ ziehen** learn one's lesson from sth.; **e)** *(Verhaltensregel)* precept

²**Lehre** die; ~, ~n *(Bauw., Technik)* gauge

lehren *tr., itr. V.* teach; **jmdn. lesen/schreiben ~**: teach sb. to read/write; **ich bin das gelehrt worden** I was taught that; **ich werde dich ~, so bockig zu sein!** *(ugs.)* I'll teach you to be so contrary *(coll.)*; **die Geschichte lehrt, daß …**: history teaches *or* shows us that …; **erst die Zukunft wird uns ~, …**: time alone will tell …

Lehrende der/die; *adj. Dekl. (Hochschulw.)* ~ und Lernende teaching staff and students
Lehrer der; ~s, ~ a) *(auch fig.)* teacher; er ist ~ für Geschichte he teaches history; he is a history teacher; b) *(Ausbilder)* instructor
-lehrer der: **Türkisch~/Ski~:** teacher of Turkish/skiing instructor; **unser Französischlehrer** our French teacher
lehrer-, Lehrer-: ~**ausbildung die** teacher training *no art.*; ~**haft** *Adj. (abwertend)* schoolmasterly; *(von Frauen)* schoolmarmish *(coll.)*
Lehrerin die; ~, ~**nen** teacher; *s. auch* **-in;** Lehrer; -lehrer
Lehrer-: ~**kollegium das** teaching staff; faculty *(Amer.);* ~**mangel** der shortage of teachers
Lehrerschaft die; ~, ~**en** teachers *pl.*; *(einer Schule)* teaching staff; faculty *(Amer.)*
Lehrer-: ~**schwemme** die *(ugs.)* glut of teachers; ~**zimmer** das staff-room
Lehr-: ~**fach** das a) subject; b) *(Beruf des Lehrens)* teaching profession; **im** ~**fach tätig sein** to be a teacher; be in teaching; ~**film** der educational film; ~**freiheit** die academic freedom *no art.*; ~**gang** der course (**für, in** + *Dat.* in); **einen** ~**gang machen, an einem** ~**gang teilnehmen** take a course; ~**gebäude** das *(geh.)* **das Hegelsche** ~**gebäude** the edifice of Hegelian teachings; ~**gegenstand** der *(österr.) s.* ~**fach** a; ~**geld** das a) *(hist.)* apprenticeship premium; b) *(fig.)* **du kannst dir dein** ~**geld zurückgeben lassen!** your education was wasted on you; ~**geld geben** *od.* **[be]zahlen [müssen]** learn the hard way
lehrhaft *Adj. (belehrend)* instructive; didactic *(intention)*
Lehr-: ~**herr** der *(geh. veralt.)* master *(of an apprentice)*; ~**jahr** das year as an apprentice; **sie ist im zweiten** ~**jahr** she is in the second year of her apprenticeship; ~**jahre sind keine Herrenjahre** *(Spr.)* we all have to start at the bottom of the ladder; ~**junge** der apprentice; ~**kanzel** die *(österr.) s.* ~**stuhl;** ~**körper** der *(Amtsspr.)* teaching staff; faculty *(Amer.);* ~**kraft** die teacher
Lehrling ['le:ɐlɪŋ] der; ~s, ~e apprentice; *(in kaufmännischen Berufen)* trainee
Lehrlings-: ~**ausbildung** die training of apprentices; ~**heim** das apprentices' hostel
lehr-, Lehr-: ~**mädchen** das [girl] apprentice; *(in kaufmännischen Berufen)* [girl] trainee; ~**meinung** die *(geh.)* [expert] opinion; ~**meister** der teacher; *(Vorbild)* mentor; ~**methode** die teaching method; ~**mittel** das *(Schulw.)* teaching aid; ~**mittel** *Pl.* teaching materials; ~**mittelfreiheit** die; *o. Pl. (Schulw.)* free provision of teaching materials; ~**pfad** der trail; *(Naturpfad)* nature trail; ~**plan** der *(Schulw.)* syllabus; *(Gesamtlehrgang)* curriculum; ~**probe** die *(Schulw.)* teaching practice; **eine** ~**probe geben** *od.* **machen** do a teaching practice; ~**reich** *Adj.* instructive, informative *(book, film, etc.);* **es war eine** ~**reiche Erfahrung für ihn** the experience taught him a lot; ~**satz** der proposition; *(in der Geometrie, Logik)* theorem; **die Euklidischen** ~**sätze** the propositions of Euclid; ~**schwimmbecken** das the learners' [swimming-]pool; ~**stelle** die apprenticeship; *(in kaufmännischen Berufen)* trainee post; ~**stoff** der *(Schulw.)* syllabus; ~**stück** das *(Literatur.)* didactic play; ~**stuhl** der *(Hochschulw.)* chair **(für** of); ~**stuhlinhaber** der holder of a/the chair; ~**veranstaltung** die *(Hochschulw.)* class; *(Vorlesung)* lecture; ~**vertrag** der indentures *pl.*; ~**werk** das course; *(Buch)* textbook; ~**werkstatt** die apprentices' *or* training workshop; ~**zeit** die [period of] apprenticeship
Leib [laip] der; ~[e]s, ~er *(geh.)* a) body; **ich hatte keinen trockenen Faden mehr am** ~**[e]** I was wet through *or* soaked to the skin; **am ganzen** ~ zittern shiver all over; **bleib mir vom** ~**[e]!** keep away from me!; keep your distance!; **der** ~ **Christi/des Herrn** *(christl. Rel.)* the Body of Christ; **etw. am eigenen** ~ **erfahren** *od.* **erleben** experience sth. for oneself; **er hat sich mit** ~ **und Seele der Musik verschrieben** he dedicated himself heart and soul to music; **mit** ~ **und Seele Arzt/Krankenschwester** *usw.* **sein** be a dedicated doctor/nurse *etc.*; **mit** ~ **und Seele dabeisein** put one's whole heart into it; **jmdm. auf den** ~ *od.* **zu** ~**e rücken** *(ugs.)* /**chivvy** sb.; *(mit Kritik)* get at sb. *(coll.)*; **jmdm. so zu** ~**e rücken, daß ...:** go on at sb. until ...*(coll.)*; **sich** *(Dat.)* **jmdn. vom** ~**e halten** *(ugs.)* keep sb. at arm's length; **jmdm. mit einer Sache vom** ~**e bleiben** *(ugs.)* not pester sb. with sth.; **einer Sache** *(Dat.)* **zu** ~**e gehen** *od.* **rücken** tackle sth.; set about sth.; **jmdm. auf den** ~ **geschnitten sein** be tailor-made for sb.; suit sb. down to the ground; **die Rolle ist ihm [wie] auf den** ~ **geschrieben** the part could have been written for him; *(fig.)* the role fits him like a glove; **was hast du für einen Ton am** ~**?** *(salopp)* what a way to talk!; *s. auch* lebendig 1 a; b) *(geh., fachspr.: Bauch)* belly; *(Magen)* stomach; **gesegneten** ~**es sein** *(veralt.)* be with child *(dated);* c) *(veralt.)* ~ **und Gut wagen/hingeben** risk/give one's all; **eine Gefahr für** ~ **und Leben** a danger to life and limb; ~ **und Leben opfern** sacrifice one's life
Leib-: ~**arzt** der personal physician; ~**binde** die [warm] body belt
Leibchen ['laipçən] das; ~**s,** ~ a) *(Trachten~)* bodice; b) *(landsch.: Unterhemd)* vest *(Brit.)*; undershirt *(Amer.)*
leib-, Leib-: ~**diener** der valet; ~**eigen** *Adj. (hist.)* in serfdom *postpos.*; ~**eigene** der/die; *adj. Dekl. (hist.)* serf; *(fig.)* slave; ~**eigenschaft** die; *o. Pl. (hist.)* serfdom *no def. art.*
leiben *itr. V. in* **wie er/sie** *usw.* **leibt und lebt** to a T
Leibes-: ~**ertüchtigung** die *(veralt.)* keeping fit *or* in trim *no art.*; physical training *no art.*; ~**erziehung** die *(Schulw.)* physical education; PE; ~**frucht** die *(Med.)* embryo; *(nach 8 Wochen)* foetus *(Rechtsspr.)* unborn child; ~**fülle** die *(geh.) (Umfang)* girth; ~**kräfte** *Pl.* **in aus** *od.* **nach** ~**kräften** with all one's might; **aus** ~**kräften schreien** shout for all one is worth; ~**übungen** *Pl. (Schulw.)* physical education *sing.*; PE; ~**visitation** [~vizitatsio:n] die; ~, ~**en** body search
Leib-: ~**garde** die bodyguard; **die** ~**garde der Königin** *(in Großbritannien)* the Queen's Life Guards *pl.*; ~**gardist** der [member of the/a] bodyguard; *(der britischen Monarchen)* Life Guard; ~**gericht** das favourite dish
leibhaftig [laip'haftɪç] 1. *Adj.* a) *(persönlich)* in person *postpos.*; **da stand er** ~ **vor uns** there he was, as large as life; **der** ~ **Beweis dafür, daß ...:** the living proof that ...; b) *(echt)* real; **ein** ~**er Herzog** a real live duke; **der** ~**e Teufel,** *(scherzh.)* **der Leibhaftige** the devil incarnate. 2. *adv. (ugs.)* actually; believe it or not
leiblich *Adj.* a) physical ⟨*well-being*⟩; b) *(blutsverwandt)* real ⟨*mother, parents, etc.*⟩; **er liebte ihn wie seinen** ~**en Sohn** he loved him like his own son
Leib-: ~**rente** die life annuity; ~**riemen** der *(veralt.)* belt; ~**schmerzen** *Pl.* abdominal pain *sing.*; ~**speise** die *s.* ~**gericht;** ~**wache** die bodyguard; ~**wächter** der bodyguard; ~**wäsche** die underwear; underclothes *pl.*
Leiche ['laiçə] die; ~, ~**n** a) [dead] body; *(bes. eines Unbekannten)* corpse; **er sieht aus wie eine lebende** *od.* **wandelnde** ~ *(salopp)* he looks like death warmed up *(sl.);* **nur über meine** ~**!** over my dead body!; **über** ~**n gehen** *(abwertend)* be utterly ruthless *or* unscrupulous; **um seine Interessen durchzusetzen, geht er über** ~**n** he will stick at nothing to attain his own ends; **eine** ~ **im Keller haben** *(fig. ugs.)* have a skeleton in the cupboard; b) *(landsch. veralt.: Begräbnis)* funeral; c) *(Druckw.)* out *(Printing);* omission
leichen-, Leichen-: ~**begängnis** das *(geh.)* funeral; ~**beschauer** der *doctor who performs a post-mortem;* autopsist *(Amer.);* ~**bestatter** der undertaker; mortician *(Amer.);* ~**bittermiene** die *(iron.)* doleful expression; ~**blaß** *Adj.* deathly pale; white as a sheet *postpos.*; ~**fledderei** die *(Rechtsw.)* robbery of a dead or unconscious person; ~**fledderer** der *(Rechtsw.)* one who robs a dead or unconscious person; ~**frau** die layer-out; ~**halle** die mortuary; ~**hemd** das burial garment; ~**öffnung** die post-mortem or autopsy *(with dissection);* ~**rede** die *(geh.)* funeral oration; ~**schänder** der desecrator of a/the corpse; *(sexuell)* necrophiliac; ~**schändung** die desecration of a corpse; *(sexuell)* necrophilia *no art.*; **der zweite Schlag ist** ~**schändung** *(salopp, scherzh.)* these fists are lethal weapons *(joc.);* ~**schau** die post-mortem; autopsy; ~**schauhaus** das morgue; ~**schmaus** der *(scherzh.)* funeral meal; ~**starre** die rigor mortis; ~**tuch** das *(veralt.)* winding-sheet; shroud; ~**verbrennung** die cremation; ~**wagen** der hearse; ~**wäscher** der *person who washes corpses for burial;* ~**zug** der *(geh.)* cortège; funeral procession
Leichnam ['laiçnam] der; ~[e]s, ~**e** *(geh.)* body; **jmds.** ~**:** sb.'s body *or* mortal remains *pl.*
leicht [laiçt] 1. *Adj.* a) light; lightweight ⟨*suit, material*⟩; ~**e Waffen** small-calibre arms; ~**e Kleidung** thin clothes; *(luftig)* light *or* cool clothes; **gewogen und zu** ~ **befunden** tried and found wanting; **jmdm. um etw.** ~**er machen** *(ugs.)* relieve sb. of sth.; **mit** ~**er Hand** with ease; **etw. auf die** ~**e Schulter** *od.* **Achsel nehmen** *(ugs.)* take sth. casually; **make light of sth.;** b) *(einfach)* easy ⟨*task, question, job, etc.*⟩; *(nicht anstrengend)* light ⟨*work, duties, etc.*⟩; **ein** ~**es Leben haben** have an easy life; **es** ~ **haben/nicht** ~ **haben** have/not have it easy *or* an easy time of it; **nichts** ~**er als das** nothing could be simpler *or* easier; **du machst dir die Sache zu** ~**:** you're making it too easy for yourself *or* not taking it seriously enough; **es wäre ihm ein** ~**es zu helfen** it would be an easy *or* simple matter for him to help; **keinen** ~**en Stand haben** not have an easy time of it; **mit jmdm. [kein]** ~**es Spiel haben** find sb. is [not] easy meat; **man hat's nicht** ~**, aber** ~ **hat's einen** *(salopp)* it's a hard *or* tough life; c) *(schwach)* slight ⟨*current, illness, wound, doubt, etc.*⟩; light ⟨*wind, rain, sleep, perfume*⟩; **ein** ~**er Stoß [in die Rippen]** a gentle nudge [in the ribs]; **eine** ~**e Grippe** a mild attack of flu *(coll.);* d) *(bekömmlich)* light ⟨*food, wine*⟩; mild ⟨*cigar, cigarette*⟩; e) *(heiter)* light-hearted; **ihr wurde** ~ **ums Herz** *(geh.)* a weight was lifted from her heart; **ihr wurde es etwas/viel** ~**er** she felt somewhat/much easier *or* relieved; f) *(unterhaltend)* light ⟨*music, reading, etc.*⟩; g) *(veralt. abwertend)* **ein** ~**es Mädchen** a loose-living girl. 2. *adv.* a) lightly ⟨*built*⟩; ~ **bekleidet sein** be lightly *or* thinly dressed; *(fast nackt)* be scantily clad; b) *(einfach, schnell, spielend)* easily; ~ **verständlich** *od.* **zu verstehen sein** be easy to understand; be easily understood; ~ **zerbrechlich sein** be very fragile; ~ **entzündlich sein** be highly inflammable; **sie hat** ~ **reden** it's easy *or* all very well for her to talk; **das ist** ~**er gesagt als getan** that's easier said than done; **jemanden wie ihn wer-**

den Sie nicht so ~ wiederfinden you won't find someone like him again in a hurry *(coll.)*; sie wird ~ böse she has a quick temper; das ist ~ möglich that is perfectly possible; ihr wird ~ schlecht the slightest thing makes her sick; c) *(geringfügig)* slightly; ~ gewürzt sein be lightly seasoned; es regnete ~: there was a light rain falling; es hat ~ gefroren there was a slight frost; d) *(bekömmlich)* ~ essen eat light food

leicht-, Leicht-: **~athlet** der [track/field] athlete; **~athletik** die [track and field] athletics *sing.*; **~bau·platte** die *(Bauw.)* lightweight building board; **~bau·weise** die lightweight construction; etw. in ~bauweise herstellen *od.* produzieren make sth. with lightweight materials; **~bekleidet** *Adj.; präd. getrennt geschrieben* lightly dressed; *(fast nackt)* scantily clad; **~benzin** das benzine; *präd. getrennt geschrieben* carefree; ⟨music⟩ with a gay lilt; **~bewaffnet** *Adj.; präd. getrennt geschrieben* lightly armed; **~blütig** *Adj.* *(geh.)* happy-go-lucky; *(leichtsinnig)* frivolous; **~entzündlich** *Adj.; präd. getrennt geschrieben* highly inflammable

Leichter der; ~s, ~ *(Seew.)* lighter

leicht-, Leicht-: **~|fallen** *unr. itr. V.;* mit sein be easy; es fällt mir ~: I find it easy for me; I find it easy; **~fertig** 1. *Adj.* a) careless ⟨behaviour, person⟩; rash ⟨promise⟩; ill-considered, slapdash ⟨plan⟩; b) *(veralt.: moralisch bedenkenlos)* promiscuous; loose ⟨woman⟩; 2. *adv.* carelessly; **~fertigkeit** die; *o. Pl.* carelessness; **~fuß** der *(abwertend)* Casanova; lady-killer; **~füßig** *(geh.)* 1. *Adj.* nimble; 2. *adv.* with light *or* nimble steps; **~füßigkeit** die; *o. Pl.* lightness *or* nimbleness of foot; **~geschürzt** [~ɡəˈʃyrtst] *Adj.; präd. getrennt geschrieben (scherzh.)* scantily clad; **~gewicht** das *(Schwerathletik)* a) *o. Pl.* lightweight; *s. auch* Fliegengewicht; b) *s.* **~gewichtler**; **~gewichtler** [~ɡəvɪçtlɐ] der; ~s, ~ *(Schwerathletik)* lightweight; **~gläubig** *Adj.* gullible; credulous; **~gläubigkeit** die gullibility; credulity; **~hin** *Adv.* a) *(ohne Überlegung)* without [really] thinking; *(lässig)* casually; etw. ~hin sagen say sth. casually *or* unthinkingly; b) *(nebenbei)* in an offhand *or* casual manner

Leichtigkeit ['laɪçtɪçkaɪt] die; ~ a) *(geringes Gewicht, Schwerelosigkeit)* lightness; b) *(Mühelosigkeit)* ease; es ist eine ~ [für ihn], das zu tun it is a simple matter [for him] to do it; mit ~: with ease; easily

leicht-, Leicht-: **~industrie** die light industry; **~lebig** *Adj.* happy-go-lucky; **~lebigkeit** die; *o. Pl.* happy-go-lucky attitude; **~lohn·gruppe** die *(verhüll.)* low-wage group; **~|machen** *tr. V.* jmdm./sich etw. ~machen make sth. easy for sb./oneself; es sich *(Dat.)* od. sich *(Dat.)* die Sache ~machen make it easy for oneself; take the easy way out; **~matrose** der ordinary seaman; **~metall** das light metal; *(Legierung)* [light] alloy; **~|nehmen** *unr. tr. V.* etw. ~nehmen make light of th.; seine Aufgabe nicht ~nehmen take one's task seriously; nimm's ~: don't worry about it; **~öl** das light oil; **~schwer·gewicht** das *(Schwerathletik)* light heavyweight; Weltmeister im ~schwergewicht light heavyweight champion; **~sinn** der; *o. Pl.* carelessness *no indef. art.;* *(mit Gefahr verbunden)* recklessness *no indef. art.;* **das sagst du so in deinem jugendlichen ~sinn** *(ugs.)* that's easier said than done; **~sinnig** 1. *Adj.* careless; *(sich, andere gefährdend)* reckless; *(fahrlässig)* negligent; 2. *adv.* carelessly; *(gefährlich)* recklessly; ⟨promise⟩ rashly; **~sinnig mit seinem Geld umgehen** be careless with one's money; **~sinnigerweise** *Adv.* carelessly; *(gefährlicherweise)* recklessly; ⟨promise⟩ rashly; **~sinnigkeit** die; *o. Pl.: s.* Leichtsinn; **~|tun** *unr. refl. V. (ugs.)* sich *(Dat., auch Akk.)* mit etw. ~tun/nicht ~tun manage sth. easily/have a hard time with sth.; **~verdaulich** *Adj.; präd. getrennt geschrieben* [easily] digestible; **~verkäuflich** *Adj.; präd. getrennt geschrieben* fast-selling; **~verletzt** *Adj.; präd. getrennt geschrieben* slightly injured; **~verletzte** der/die slightly injured man/woman/person; 200 ~verletzte two hundred slightly injured; **~verwundet** *Adj.; präd. getrennt geschrieben* slightly wounded; **~verwundete** der/die slightly wounded man/woman/person; die ~verwundeten those with slight wounds

Leid [laɪt] *Adj.; nicht attr.* a) es tut mir ~[, daß ...] I'm sorry [that ...]; das braucht dir nicht ~ zu tun you needn't feel sorry *or (coll.)* bad about that; so ~ es mir tut, aber ...: I'm very sorry, but...; er tut mir ~: I feel sorry for him; es tut mir ~ darum/um ihn I feel sorry *or (coll.)* bad about it/sorry for him; b) *(überdrüssig)* etw./jmdn. ~ sein/werden *(ugs.)* be/get fed up with *(coll.)* or tired of sth./sb.; wird sie es nie ~, das zu tun? will she never tire of doing this?; jmdm. ~ sein/werden *(veralt.)* be/become wearisome to sb.; die Arbeit ist ihm längst ~: he wearied of the work long ago

Leid das; ~[e]s a) *(Schmerz)* suffering; *(Kummer)* grief; sorrow; großes *od.* schweres ~ erfahren suffer greatly; *(Kummer)* suffer great sorrow; geteiltes ~ ist halbes ~ *(Spr.)* a sorrow shared is a sorrow halved; jmdm. sein ~ klagen tell sb. all one's woes; b) *(Unrecht)* wrong; *(Böses)* harm; jmdm. ein ~ zufügen wrong/harm sb. *or* do sb. wrong/harm; ihm soll kein ~ *od. (veralt.)* ~s geschehen he shall come to no harm; sich *(Dat.)* ein ~s antun *(ugs. veralt.)* take one's own life

Leide·form die *(Sprachw.) s.* Passiv

leiden 1. *unr. itr. V.* a) suffer (an, unter + *Dat.* from); unter jmdm. ~: suffer because of sb.; b) *(Schaden nehmen)* suffer (durch, unter + *Dat.* from); durch den Frost ~: suffer from *or* be harmed by the frost. 2. *unr. tr. V.* a) jmdn. [gut] ~ können *od.* mögen like sb.; ich kann sie/das nicht ~: I can't stand her/it; b) *(geh.: ertragen müssen)* suffer ⟨hunger, thirst, want, torment, etc.⟩; c) *(dulden)* tolerate; sie ist überall/bei ihren Vorgesetzten wohl gelitten *(geh.)* she is liked by everybody/by her superiors; d) *(veralt.: aushalten)* sie litt es nicht mehr zu Hause she could endure it no longer at home

Leiden das; ~s, ~ a) *(Krankheit)* illness; *(Gebrechen)* complaint; nach langem, schwerem ~ sterben die after a long and painful illness; [es ist] immer das alte ~: [it's] the same old story; b) *(Qual)* suffering; Freud[en] und ~[en] joy[s] and sorrow[s]; das *od.* die ~ Christi Christ's Passion; c) ein langes ~ [von Sohn] *(ugs. scherzh.)* a beanpole [of a son]

-leiden das: ein Asthma-/Herz~ haben have an asthmatic condition/a heart condition

leidend *Adj.* a) *(krank)* ailing; in poor health *postpos.*; ~ aussehen look sickly *or* poorly; b) *(schmerzvoll)* strained ⟨voice⟩; martyred ⟨expression⟩ ⟨look⟩ full of suffering

Leidenschaft die; ~, ~en passion (zu, für for); mit ~: fervently; passionately; Reiten ist seine [ganze] ~: riding is his great love; seine ~ für etw. entdecken realize one's great love for sth.; er ist Sammler aus ~: he is a dedicated collector; ein Thema frei von jeder ~ diskutieren discuss a subject dispassionately

leidenschaftlich 1. *Adj.* passionate; ardent, passionate ⟨lover⟩; passionate[ly keen] ⟨skier, collector, etc.⟩; passionate ⟨hatred, quarrel⟩; vehement ⟨protest⟩. 2. *adv.* a) passionately; *(eifrig)* dedicatedly; ~ diskutiert werden be discussed heatedly; etw. ~ ablehnen/verneinen reject/deny sth. vehemently; er treibt ~ Sport/sammelt ~ Briefmarken he is a passionately keen sportsman/stamp-collector; b) *(intensivierend)* sie ißt ~ gerne Schokolade she adores *or* has a passion for chocolate

Leidenschaftlichkeit die; ~ a) passion; *(in der Liebe)* ardour; *(bei einer Diskussion)* heat; *(bei der Darlegung eines Standpunkts)* vehemence; b) *(Begeisterung)* passionate dedication; mit ungeheurer ~: with tremendous enthusiasm

leidenschaftslos 1. *Adj.* dispassionate; detached. 2. *adv.* dispassionately; in a detached way

Leidenschaftslosigkeit die; ~: detachment; mit völliger ~: in an entirely detached manner; *(ohne Nachdruck)* without any expression

leidens-, Leidens-: **~druck** der *(Psych.)* strain imposed by suffering; psychological strain (+ *Gen.* on); **~fähig** *Adj.* with a great capacity for suffering *postpos.*, *not pred.*; **~fähigkeit** die; *o. Pl.* capacity for suffering; **~gefährte** der, **~gefährtin** die; **~genosse** der, **~genossin** die fellow-sufferer; **~geschichte** die; *o. Pl.* *(christl. Rel.)* die ~geschichte Christi Christ's Passion; seine ~geschichte *(fig.)* his tale of woe; **~miene** die woeful *or* martyred expression; **~weg** der *(geh.)* life of suffering *or* hardship

leider *Adv.* unfortunately; ich habe ~ keine Zeit unfortunately *or* I'm afraid I haven't any time; ~ ja/nein I'm afraid so/afraid not; ~ Gottes ist es nun einmal so *(ugs.)* that's how it is, I'm afraid *or* worse luck; *(in förmlichen Briefen)* wir müssen Ihnen ~ mitteilen ...: we regret to inform you ...

leid-: **~erfüllt** *Adj.* full of suffering *postpos.*; wretched; ⟨look⟩ of suffering; **~geprüft** *Adj.* sorely tried; long-suffering

leidig *Adj.* tiresome; wretched; das ist ein ~er Trost that's not much comfort

leidlich 1. *Adj.* reasonable; passable. 2. *adv.* reasonably; fairly; es geht mir [ganz] ~ *(ugs.)* I'm quite well *or* not too bad; sie kann ~ Klavier spielen she can play the piano reasonably well

leid-, Leid-: **~tragende** der/die; *adj. Dekl.* tiresome; b) die ~tragende/die ~tragenden [dabei] sein be the one/ones to suffer [in this]; **~voll** *Adj.* *(geh.)* ⟨life, youth, look⟩ full of suffering; painful ⟨experience⟩; in der langen, ~vollen Geschichte Afrikas in the long history of Africa with all its suffering; **~wesen** das in zu jmds. ~wesen to sb.'s regret; ja, sehr zu meinem ~wesen yes, much to my regret

Leier ['laɪɐ] die; ~, ~n lyre; [es ist] immer die alte/dieselbe ~ *(ugs. abwertend)* [it's] always the same old story

Leier·kasten der *(ugs.)* barrel-organ; hurdy-gurdy *(coll.)*

Leierkasten·mann der organ-grinder; hurdy-gurdy man *(coll.)*

leiern *(ugs.)* 1. *tr. V.* a) *(kurbeln)* [nach oben/unten] ~ wind [up/down]; s. Kreuz e; b) *(auf der Drehorgel spielen)* grind out ⟨tune⟩; c) *(monoton aufsagen)* drone through; *(schnell)* reel *or* rattle off. 2. *itr. V.* a) an etw. *(Dat.)* ~: wind away at sth.; b) *(monoton sprechen)* drone [on]

Leih-: **~arbeit** die; *o. Pl.* *(Wirtsch.)* subcontracted labour; **~arbeiter** der subcontracted worker; **~bibliothek** die, **~bücherei** die lending library

leihen ['laɪən] *unr. tr. V.* a) jmdm. etw. ~:

Leihfrist — **Leistungsverweigerung**

lend sb. sth.; lend sth. to sb.; **leihst du es mir?** will you lend it to me?; **b)** *(entleihen)* borrow; **[sich** *(Dat.)***][von** *od.* **bei jmdm.] etw. ~:** borrow sth. [from sb.]; **ein geliehener Wagen** a borrowed car; **c)** *(geh.: gewähren)* lend, give ⟨*support*⟩; give ⟨*attention*⟩
Leih-: ~frist die loan period; *(bei Wagen, Frack usw.)* hire period; rental period *(Amer.);* ~ **gabe** die loan *(Gen.* from); **~gebühr** die hire *or (Amer.)* rental charge; *(bei Büchern)* lending charge; borrowing fee; **im ~haus sein** ⟨*possession*⟩ be at the pawnbroker's; be pawned; **~mutter** die surrogate mother; **~schein der a)** *(im Leihhaus)* pawn-ticket; **b)** *(in der Bibliothek)* borrowing slip; **~verkehr der** [inter-library] loan service; **~wagen der** hire *or (Amer.)* rental car; **[sich** *(Dat.)***] einen ~wagen nehmen** hire *or (Amer.)* rent a car; **~weise 1.** *Adv.* on loan; **das hat er mir ~weise überlassen** he has lent it to me; **hier hast du das Buch, aber nur ~weise** I'll give you the book, but only to borrow; **2.** *adj.* „**~weise Überlassung durch die Nationalgalerie**" 'on loan from the National Gallery'
Leim [laim] der; ~[e]s glue; **aus dem ~ gehen** *(ugs.) (entzweigehen)* come apart; ⟨*marriage, friendship*⟩ break up; *(dick werden)* put on a lot of weight; ⟨*woman*⟩ lose one's figure; **jmdm. auf den ~ gehen** *od.* **kriechen** *(ugs.)* be taken in by sb.; fall for sb.'s trick/tricks; **jmdm. auf den ~ führen** *(ugs.)* take sb. in
leimen *tr. V.* **a)** glue (**an** + *Akk.* to); *(zusammen~)* glue [together]; **b)** *(ugs.: hereinlegen)* **jmdn. ~:** take sb. in
Leim·farbe die distemper
Leim·rute die [bird]lime-twig
Lein [lain] der; ~[e]s, ~e *(Bot.)* flax
-lein das; ~s, ~: little ...; **sein schwarzes Büchlein** his little black book
Leine ['lainə] die; ~, ~n **a)** rope; ⟨*Zelt~*⟩ guy-rope; **die ~n losmachen** *(Seemannsspr.)* cast off; **~ ziehen** *(ugs.)* clear off; **b)** ⟨*Wäsche~, Angel~*⟩ line; **einen Fisch an die ~ kriegen** hook a fish; **c)** ⟨*Hunde~*⟩ lead *(esp. Brit.);* leash; **den Hund an die ~ nehmen** put the dog on the lead/leash; „**Hunde sind an der ~ zu führen**" 'dogs must be kept on a lead/leash'; **jmdm. ~/mehr ~ lassen** *(ugs.)* give sb. plenty of/more leeway; **jmdn. an der [kurzen] ~ haben** *od.* **halten** *(ugs.)* keep sb. on a tight rein; **jmdn. an die ~ legen** *(ugs.)* get sb. under one's thumb
leinen *Adj.* linen ⟨*tablecloth, sheet, etc.*⟩; cloth[-covered] ⟨*cushion etc.*⟩; **~es Verdeck** canvas [car-]hood
Leinen das; ~s **a)** *(Gewebe)* linen; **b)** *(Buchw.)* cloth; **Ausgabe in ~:** cloth edition
Leinen-: ~band der; *Pl.* **~bände** cloth-bound volume; **~ein·band der** cloth binding; **~kleid** das linen dress; **~tuch** das linen sheet; *(Tischtuch)* linen [table]cloth; **~zeug** das; *o. Pl.* linen
Leine·weber der linen-weaver
Lein-: ~kraut das toadflax; **~öl** das linseed oil; **~pfad** der tow-path; **~samen** der linseed
Lein·wand die **a)** *o. Pl.* linen; *(grob)* canvas; **b)** *(des Malers)* canvas; **c)** *(für Filme und Dias)* screen; **einen Roman** *usw.* **auf die ~ bringen** *(fig.)* film a novel *etc.*; **jmdn. von der ~ kennen** *(fig.)* know sb. from films
Leinwand-: ~bindung die *(Textilind.)* plain weave; **~größe** die *(scherzh.)* famous film star; film great; **~held** der *(iron.)* hero of the silver screen
Lein·zeug das *s.* Leinenzeug
leis *s.* leise
leise ['laizə] **1.** *Adj.* **a)** quiet; soft ⟨*steps, music, etc.*⟩; faint ⟨*noise*⟩; **sei ~!** be quiet!; **könnt ihr nicht ~r sein?** can't you make less noise?; **das Radio/die Musik ~[r] stellen**

turn the radio/music down; **b)** *nicht präd. (leicht; kaum merklich)* faint; slight; slight, gentle ⟨*touch*⟩; light ⟨*rain*⟩; **ich habe ~ Bedenken** I have my doubts; **eine ~ Andeutung machen** give a gentle hint; **nicht die ~ste Ahnung haben, daß/ob/wie** *usw.* not have the faintest *or* slightest idea; **ich zweifle nicht im ~sten daran, daß ...:** I haven't the slightest doubt that .... **2.** *adv.* **a)** quietly; **sprich doch etwas ~r** lower your voice; **~ weinend** crying softly; **b)** *(leicht; kaum merklich)* slightly; ⟨*touch, rain*⟩ gently; **~ kochen** simmer gently; **~ zweifeln/hoffen/ahnen** have a slight doubt/hope/suspicion
Leise-: ~treter der *(abwertend)* pussyfooter; **~treterei die** *(abwertend)* pussyfooting
Leiste ['laistə] die; ~, ~n **a)** strip; ⟨*Holz~*⟩ batten; *(profiliert)* moulding; *(halbrund)* beading; *(am Auto)* trim; ⟨*Tapeten~*⟩ [picture-]rail; picture moulding *(Amer.);* *(eines Bilderrahmens)* frame wood; **eine ~:** a piece *or* strip of moulding/beading/trim/frame wood; ⟨*Holz~*⟩ a batten; **b)** ⟨*Knopf~*⟩ facing; **c)** *(Anat.)* groin; **d)** *(Weberei)* selvage
leisten 1. *tr. V.* **a)** do ⟨*work*⟩; *(schaffen)* achieve ⟨*a lot, nothing*⟩; **gute** *od.* **ganze Arbeit ~:** do good work *or* a good job; *(gründlich arbeiten)* do a thorough job; **der Motor leistet 80 PS** the engine develops *or* produces 80 b.h.p.; **der Wagen leistet 220 km/h** the car will do 220 k.p.h.; **die Produktionsstraße leistet 30 Einheiten pro Stunde** the production line has an output of 30 units per hour; **b)** *(verblaßt od. als Funktionsverb)* **jmdm. Hilfe ~:** help sb.; **einen Eid ~:** swear *or* take an oath; *s. auch* **Abbitte; Beistand a; Beitrag a; Folge c; Gehorsam; Gewähr; Widerstand a** *usw.* **2.** *refl. V. (ugs.)* **a)** sich *(Dat.)* **etw. ~:** treat oneself to sth.; **wer leistet sich** *(Dat.)* **denn heute noch diesen Luxus?** who nowadays is prepared to spend the money on such a luxury?; **b)** *(mit „können")* sich *(Dat.)* **etw. [nicht] ~ können** [not] be able to afford sth.; **er kann es sich** *(Dat.)* **~, das zu tun** he can afford to do it; *(etw. Riskantes)* he can get away with doing it; **c)** *(wagen)* sich *(Dat.)* **etw. ~:** get up to sth.; **was der sich** *(Dat.)* **leistet!** the things he gets away with!; **sich** *(Dat.)* **einen groben Schnitzer ~:** make a bad blunder; **wer hat sich** *(Dat.)* **diese Frechheit geleistet?** who was it who had the cheek to do/say *etc.* that?; **ich habe mir heute vielleicht was [Schönes] geleistet** *(ugs.)* I really excelled myself today *(iron.);* I did something really brilliant today *(iron.)*
Leisten der; ~s, ~: last; **alles/alle über einen ~ schlagen** *(ugs.)* lump everybody/ everything together
Leisten-: ~bruch der rupture; **~gegend die** *(Anat.)* [area of the] groin
Leistung die; ~, ~en **a)** *o. Pl. (Qualität bzw. Quantität der Arbeit)* performance; **Bezahlung nach ~:** payment according to performance *or* results; *(in der Industrie)* payment according to productivity; **b)** *(Errungenschaft)* achievement; *(im Sport)* performance; **reife ~!** *(Jugendspr.)* not bad!; **gute/hervorragende/außergewöhnliche ~en vollbringen** achieve good/outstanding/exceptional results; **eine große sportliche/technische ~:** a great sporting/technical feat; **die schulischen ~en** results at school; **c)** *o. Pl. (Leistungsvermögen, Physik: Arbeits~)* power; *(Ausstoß)* output; **die ~ einer Fabrik** the output *or* [production] capacity of a factory; **d)** *(Zahlung, Zuwendung)* payment; *(Versicherungsw.)* benefit; **die sozialen ~en der Firma** the firm's fringe benefits; **e)** *(Dienst~)* service; **f)** *o. Pl. (das Leisten)* carrying out; ⟨*Eides~*⟩ swearing; **jmdn. auf ~ verklagen** *(Rechtsspr.)* sue sb. for specific performance

leistungs-, Leistungs-: ~berechtigt *Adj. (Amtsspr.)* entitled to benefits postpos.; **~bilanz die** *(Wirtsch.)* balance of trade; **~druck der** *(bei Arbeitnehmern)* pressure to work harder; *(bei Sportlern, Schülern)* pressure to achieve *or* to do well; **~fähig** *Adj.* **a)** capable ⟨*person*⟩; *(körperlich)* able-bodied; *(gute Arbeit leistend)* efficient ⟨*worker, factory, industry, etc.*⟩; *(konkurrenzfähig)* competitive ⟨*firm, industry*⟩; **b)** *(zahlungsfähig)* capable of paying debts; solvent; **~fähigkeit die** *(eines Menschen)* capability; *(bei guter Arbeitsleistung)* efficiency; *(eines Betriebs, einer Industrie)* productivity; *(Wirtschaftlichkeit)* efficiency; *(eines Motors, eines Computers usw.)* power; performance; **die Grenze seiner ~fähigkeit erreicht haben** have reached the limit of what one can do; **~gerecht 1.** *Adj.* ⟨*salary, income*⟩ based on performance *or* results; *(in der Industrie)* based on productivity; **2.** *adv.* **~gerecht bezahlt werden** receive a performance-related salary; **~gesellschaft die** [highly] competitive society; performance-oriented society; **~grenze die;** *o. Pl.* maximum potential; *(eines Sportlers)* performance limit; *(von Maschinen, Fabriken)* maximum output; **seine ~grenze erreichen** reach the limit of one's/its capacity; **~klage die** *(Rechtsw.)* action for specific performance; **~kontrolle die** *(Schulw.)* **a)** *o. Pl.* **der ~kontrolle dienen** be used as a check on the standard reached; **b)** *(Test)* [performance] test; **~kraft die *s*. ~fähigkeit; ~kurs der** *(Schulw.)* extension course *(going beyond the basic course, based on a university form of study);* **~kurve die** performance curve; *(eines Motors)* power curve; **~lohn der** pay based on productivity; **~motivation die** *(Psych.)* achievement motivation; **~nachweis der** evidence of [academic] achievement; **~niveau das** *(Schulw.)* level of achievement; *(Sport)* standard of performance; **~orientiert** *Adj.* **a)** achievement-oriented; **b)** [highly] competitive ⟨*society*⟩; **c)** *s.* **~gerecht; ~prämie die** *(Arbeitswelt)* productivity bonus; **~prinzip das;** *o. Pl.* achievement principle; competitive principle; **~prüfung die a)** *(Schulw.)* achievement test; **b)** *(Sport)* trial; test [of performance]; **~schau die** *(Wirtsch., Landw.)* [product] exhibition; **~schwach** *Adj.* not performing well *pred.*; low-achieving *attrib.* ⟨*worker, pupil*⟩; *(minderbegabt)* less able, lower-ability *attrib.* ⟨*pupil*⟩; weak ⟨*team*⟩; low-powered ⟨*engine*⟩; **~schwächer** lower-achieving *attrib.* ⟨*worker, pupil*⟩; lower-ability *attrib.* ⟨*pupil*⟩; less powerful ⟨*engine*⟩; **~schwäche die** poor performance; *(Schulw.)* low achievement; *(eines Motors)* low power; **~sport der** competitive sport *no art.*; **~sportler der** competitive sportsman; **~stand der** level of performance; *(Schulw.)* standard of work; *(Ausstoß)* level of output; **~stark** *Adj.* high-performing *attrib.* ⟨*athlete*⟩; able ⟨*pupil, athlete, etc.*⟩; high-performance *attrib.*, powerful ⟨*engine, car*⟩; highly efficient ⟨*business, powerstation*⟩; *(sehr konkurrenzfähig)* highly competitive ⟨*business, athlete*⟩; **~stärke die** level of performance; *(Schulw.)* standard of work; *(Ausstoß)* level of output; **~steigerung die** improvement in performance; *(eines Schülers)* improvement [in his/her work]; *(eines Unternehmens)* improvement in efficiency; *(in der Produktion)* improvement in output; **~test der** *(bei Motoren, Maschinen)* performance test; *(bei Schülern)* achievement test; **~träger der** *(Sport)* key player; **~vergleich der** level of the competition; **~vermögen das** *s.* **~fähigkeit; ~verweigerung die** *(bes. Soziol., Päd.)* refusal to work; *(allgemein)* refusal to

1287

Leistungswettbewerb

be part of competitive society; ~**wettbewerb der** (*Wirtsch.*) competition [for high output and efficiency]; ~**zentrum das** (*Sport*) intensive training centre; ~**zu·lage die,** ~**zu·schlag der** bonus *(for additional work, responsibility, etc.)*; ~**zwang der** (*Soziol.*) *(bei Arbeitnehmern)* compulsion to work hard; *(bei Sportlern/Schülern)* compulsion to achieve *or* to do well

Leit-: ~**antrag der** (*Politik*) motion put forward by the party leadership; ~**artikel der** (*Zeitungsw.*) leading article; leader; ~**artikler der** (*Zeitungsw.*) leader-writer; ~**bild das** model; ~**bilder der Mode** leaders of fashion

leiten ['laɪtn̩] *tr. V.* **a)** *(anführen)* lead, head ⟨*expedition, team, discussion, etc.*⟩; be head of ⟨*school*⟩; *(verantwortlich sein für)* be in charge of ⟨*project, expedition, etc.*⟩; manage ⟨*factory, enterprise*⟩; *(den Vorsitz führen bei)* chair ⟨*meeting, discussion, etc.*⟩; *(Musik: dirigieren)* conduct ⟨*orchestra, choir*⟩; direct ⟨*small orchestra etc.*⟩; *(Sport:* als Schiedsrichter*)* referee ⟨*game, match*⟩; ~**der Angestellter** executive; manager; ~**de Angestellte** senior *or* managerial staff; ~**der Beamte** senior civil servant; **eine** ~**de Position** a position in [senior] management; a managerial position; **b)** *(begleiten, führen)* lead; **jmdn. auf die richtige Spur** ~: put sb. on the right track; **sich von etw.** ~ **lassen** [let oneself] be guided by sth.; **er läßt sich nur von seinen Gefühlen** ~: he is governed solely by his feelings; **sich schwer/leicht** ~ **lassen** be hard/easy to manage; **die** ~**de Hand/der** ~**de Gedanke** the guiding hand/principle; **c)** *(lenken)* direct; route ⟨*traffic*⟩; *(um–)* divert ⟨*traffic, stream*⟩; **Erdöl durch Rohre** ~: pipe oil; **den Verkehr über eine Umgehungsstraße** ~: route/divert traffic along a bypass; **etw. an die zuständige Stelle** ~: pass on *or* forward sth. to the competent authority; **d)** *auch itr.* (*Physik*) conduct ⟨*heat, current, sound*⟩; **etw. leitet gut/schlecht** sth. is a good/bad conductor

¹**Leiter der;** ~**s,** ~ **a)** *(einer Delegation, Gruppe)* leader; head; *(einer Abteilung)* head; manager; *(eines Instituts)* director; *(einer Schule)* head teacher; headmaster (Brit.); principal (esp. Amer.); *(einer Diskussion)* leader; *(Vorsitz)* chair[man]; *(eines Chors)* choirmaster; *(Dirigent)* conductor; **kaufmännischer** ~: marketing manager; *(Verkaufs–)* sales manager; **technischer/künstlerischer** ~: technical/artistic director; **b)** *(Physik)* conductor

²**Leiter die;** ~, ~**n** ladder; *(Steh–)* stepladder; **die** ~ **des Erfolgs** *(fig.)* the ladder of success

Leiterin die; ~, ~**nen** s. ¹**Leiter;** *(einer Schule)* head teacher; headmistress (Brit.); principal (esp. Amer.); *(eines Chors)* choirmistress

Leiter-: ~**sprosse die** rung [of a/the ladder]; ~**wagen der** open-frame wooden handcart

leit-, Leit-: ~**faden der a)** [basic] textbook; ~**faden der Physik** basic course in physics; introduction to physics; **b)** *(Leitgedanke)* main idea *or* theme; **das durchzieht sein Werk wie ein** ~**faden** it runs through his works like a connecting thread; ~**fähig** *Adj.* (*Physik*) conductive; ~**fähigkeit die** (*Physik*) conductivity; ~**feuer das** (*Schiffahrt*) leading light; ~**fossil das** (*Geol.*) index fossil; ~**gedanke der** dominant *or* central theme; ~**hammel der a)** bellwether; **b)** *(abwertend: Führer)* leader [of the herd]; boss-figure; ~**linie die a)** *(Richtlinie)* guideline; **b)** *(Verkehrsw.)* lane marking; **c)** *(Geom.)* directrix; ~**motiv das** (*Musik, Literaturw., fig.*) **a)** leitmotiv; **b)** *(Leitgedanke)* dominant *or* central theme; ~**planke die** crash barrier; guardrail (Amer.); ~**satz der** guiding principle;

~**spruch der** motto; ~**stelle die** control room; *(Büro)* central office; ~**stern der** *(auch fig. geh.)* lodestar; ~**strahl der a)** *(Flugw., Milit.)* radio guidance beam; **b)** *(Geom.)* radius vector; ~**tier das** *(Zool.)* leader [of the herd]; ~**ton der** *(Musik)* leading note

Leitung die; ~, ~**en a)** *o. Pl. s.* **leiten a:** leading; heading; being in charge; management; chairing; *(Schulw.)* working as a/the head; *(Musik)* conducting; directing; *(Sport)* refereeing; **b)** *o. Pl. (einer Expedition usw.)* leadership; *(Verantwortung)* responsibility (*Gen.* for); *(eines Betriebes, Unternehmens)* management; *(einer Sitzung, Diskussion)* chairmanship; *(Schulw.)* headship; *(Musik)* conductorship; *(Sport)* [task of] refereeing; **unter der** ~ **eines Managers stehen** be headed by a manager; **unter jmds.** ~ *(Dat.)* **arbeiten** work under sb. *or* under sb.'s direction; *(Musik)* **unter der** ~ **von X/des Komponisten** conducted by X/the composer; **die** ~ **hatte Otto Klemperer** the conductor was Otto Klemperer; **die** ~ **der Sendung/Diskussion hat X** the programme is presented/the discussion is chaired by X; **bei einem Spiel die** ~ **haben** referee a match; **c)** *(leitende Personen)* management; *(einer Schule)* head and senior staff; **d)** *(Rohr–)* pipe; *(Haupt–)* main; **Wasser aus der** ~ **trinken** drink tap-water; **e)** *(Draht, Kabel)* cable; *(für ein Gerät)* lead; *(einzelne od. ohne Isolierung)* wire; **die** ~**en [im Haus/Auto usw.]** the wiring *sing.* [of the house/car etc.]; **f)** *(Telefon–)* line; **es ist jemand in der** ~ *(ugs.)* there's somebody on the line; **gehen Sie aus der** ~! get off the line!; **auf einer anderen** ~ **sprechen** be [talking] on another line; **eine lange** ~ **haben** *(ugs.)* be slow on the uptake; **er steht** *od.* **sitzt auf der** ~ *(salopp)* he's not really with it *(coll.)*

Leitungs-: ~**draht der** [electrical] wire; *(größer)* [electrical] cable; ~**gremium das** [executive] committee; ~**mast der** *(für Strom)* pylon; *(Telefonmast)* telegraph-pole; ~**netz das a)** *(für Wasser, Gas)* mains network; mains *pl.*; *(für Elektrizität)* mains network *or* grid; **b)** *(Telefonnetz)* telephone network; ~**rohr das** [water/gas] pipe; *(Haupt–)* main; ~**wasser das** tap-water

Leit-: ~**währung die** (*Wirtsch.*) base *or* key currency; ~**werk das a)** *(Flugw., Waffent.)* control surfaces *pl.*; *(am Heck)* tail unit; **b)** *(Seew.)* approach pier; **c)** *(DV)* control unit; ~**wert das** *(Physik, Elektrot.)* conductance; ~**wort das a)** *Pl.* ~**wörter** catchword; motto; **b)** *Pl.* ~**worte** s. Leitspruch; ~**zahl die** *(Fot.)* guide number; ~**zins[satz] der** *(Finanzw.)* **a)** *(Diskontsatz)* discount rate; ≈ base rate; **b)** *s.* Eckzins

Lektion [lɛkˈtsi̯oːn] **die;** ~, ~**en** lesson; **jmdm. eine** ~ **erteilen** *(fig.)* teach sb. a lesson

Lektor [ˈlɛktɔr] **der;** ~**s,** ~**en** [lɛkˈtoːrən] **a)** *(Hochschulw.)* junior university teacher in charge of practical *or* supplementary classes etc.; **b)** *(Verlags–)* [publisher's] editor

Lektorat [lɛktoˈraːt] **das;** ~**[e]s,** ~**e a)** *(Hochschulw.)* post of 'Lektor'; **b)** *(im Verlag)* editorial department

Lektorin die; ~, ~**nen** *s.* Lektor

Lektüre [lɛkˈtyːrə] **die;** ~, ~**n a)** *o. Pl.* reading; **bei der** ~ **des Romans** when reading the novel; **b)** *(Lesestoff)* reading [matter]; **etw. als** ~**/als leichte** ~ **empfehlen** recommend sth. as a good read/as light reading; **nicht die richtige** ~ **für den Urlaub sein** not the right thing to read while on holiday; **das ist keine passende** ~ **für dich** that is not suitable reading for you

Lemma [ˈlɛma] **das;** ~**s,** ~**ta** *(Sprachw.)* lemma; headword

Lemming [ˈlɛmɪŋ] **der;** ~**s,** ~**e** *(Zool.)* lemming

Lernbegierde

Lemure [leˈmuːrə] **der;** ~**n,** ~**n a)** *(Myth.)* die ~**n** the lemures; **b)** *(Zool.)* lemur

Lende [ˈlɛndə] **die;** ~, ~**n** loin

lenden-, Lenden-: ~**braten der** *(Kochk.)* roast loin; *(vom Rind)* sirloin steak; ~**gegend die** loins *pl.*; lumbar region *(Anat.)*; ~**lahm** *Adj.* **a)** *(kreuzlahm)* [furchtbar] ~**lahm sein** be bent double with backache; **b)** *(fig.)* crippled; feeble, lame *(excuse)*; ~**schurz der** loincloth; ~**stück das** *(Kochk.)* piece of loin; ~**wirbel der** *(Anat.)* lumbar vertebra

Leninismus [leniˈnɪsmʊs] **der;** ~: Leninism *no art.*

Leninist der; ~**en,** ~**en** Leninist

leninistisch *Adj.* Leninist

Lenk·achse die *(Eisenb.)* pivot axle

lenkbar *Adj.* **a)** *(Technik)* **leicht/schwer** ~ **sein** be easy/difficult to steer; *(kontrollierbar)* be easy/difficult to control; **b)** *(von Menschen)* acquiescent; obedient; manageable, controllable ⟨*child*⟩

lenken [ˈlɛŋkŋ̍] *tr. V.* **a)** *auch itr.* steer ⟨*car, bicycle, etc.*⟩; be at the controls of ⟨*aircraft*⟩; guide ⟨*missile*⟩; *(fahren)* drive ⟨*car etc.*⟩; **wenn du geschickt lenkst** if you do some crafty steering; **b)** direct, guide ⟨*thoughts etc.*⟩ (**auf** + *Akk.* to); turn ⟨*attention*⟩ (**auf** + *Akk.* to); steer ⟨*conversation*⟩; **die Diskussion auf etw./jmdn.** ~: steer *or* bring the discussion round to sth./sb.; **den Verdacht auf jmdn.** ~: throw suspicion on sb.; **seine Blicke auf jmdn.** ~: turn one's gaze on sb.; **seine Schritte gen Bahnhof/heimwärts** ~ *(geh., scherzh.)* direct one's steps towards the station/wend one's way homewards; **c)** *(kontrollieren)* control ⟨*person, press, economy*⟩; rule, govern ⟨*state*⟩; **die** ~**de Hand** the guiding hand; **eine gelenkte Wirtschaft** a planned economy

Lenker der; ~**s,** ~ **a)** *(Lenkstange)* handlebars *pl.*; *(Lenkrad)* steering wheel; **sich** *(Dat.)* **den goldenen** ~ **verdienen** *(ugs. spött.)* win the prize for bootlicking; **b)** *(Fahrer)* driver; **c)** *(fig. geh.)* director; controller; *(eines Staates)* captain

Lenkerin die; ~, ~**nen** *s.* Lenker b, c

Lenk-: ~**flug·körper der** *(Waffent.)* guided missile; ~**rad das** steering-wheel; **jmdm. ins** ~**rad greifen** grab the steering-wheel from sb.; ~**rad·schaltung die** *(Kfz-W.)* steering-column gear-change (Brit.) *or* (Amer.) gearshift; ~**rad·schloß das** *(Kfz-W.)* steering[-wheel] lock; ~**säule die** *(Kfz-W.)* steering-column; ~**stange die** handlebars *pl.*

Lenkung die; ~, ~**en a)** *o. Pl. (Leitung)* control; *(eines Staates)* ruling *no indef. art.*; governing *no indef. art.*; **b)** *(Kfz-W.)* steering

Lenz [lɛnts] **der;** ~**es,** ~**e** *(dichter. veralt.)* spring; **der** ~ **ist da!** spring is here!; **der** ~ **des Lebens** *(fig.)* the springtime of life; **einen sonnigen** *od.* **ruhigen** *od.* **faulen** ~ **haben** *od.* **schieben** *(salopp)* have an easy time of it; *(eine leichte Arbeit haben)* have a cushy job *(coll.)*; **sich** *(Dat.)* **einen schönen** ~ **machen** *(salopp)* take it easy; **sie zählt erst 15** ~**e** she is a girl of only 15 summers *(literary)*

lenzen *(Seemannsspr.)* **1.** *tr. V.* bail out ⟨*boat, water*⟩; *(mit Pumpe)* pump out ⟨*water, bilge*⟩. **2.** *itr. V.* scud under [bare sail]

Lenz·pumpe die *(Seemannsspr.)* bilge-pump

Leopard [leoˈpart] **der;** ~**en,** ~**en** leopard

Lepra [ˈleːpra] **die;** ~: leprosy *no art.*

Lepra·kranke der/die leper

leprös [leˈprøːs] *Adj.* leprous

leptosom [lɛptoˈzoːm] *Adj. (Med., Anthrop.)* leptosome; leptosomatic

Lerche [ˈlɛrçə] **die;** ~, ~**n** lark

lernbar *Adj.* learnable; **das ist [für jeden]** ~: that can be learnt [by anybody]; **leicht** ~: easy to learn *pred.*

lern-, Lern-: ~**begier die,** ~**begierde die**

lernbegierig / **Leugnung**

eagerness to learn; ~**begierig** *Adj.* eager to learn *postpos.*; ~**behindert** *Adj. (Päd.)* educationally subnormal; with learning difficulties *postpos.*, *not pred.*; ~**behinderte** *der/die* slow learner; child with learning difficulties; ~**eifer** *der* eagerness to learn

lernen ['lɛrnən] 1. *itr. V.* study; *(als Berufsausbildung)* train; **gut/schlecht** ~: be a good/poor learner *or* pupil; *(fleißig/nicht fleißig sein)* work hard/not work hard [at school]; **leicht** ~: find it easy to learn; find school-work easy; **mit jmdm.** ~ *(ugs.)* help sb. with his/her [school-]work; **auf etw.** *(Akk.)* ~ *(ugs.)* train to be sth.. 2. *tr. V.* a) learn (**aus** from); **schwimmen/sprechen** ~: learn to swim/talk; **Trompete/Klavier** ~: learn to play the trumpet/piano; **er/mancher lernt es nie** *(ugs.)* he/some people [will] never learn; **von ihm kann man noch was** ~: you can learn a thing or two from him; **das will gelernt sein** that is something one has to learn; **gelernt ist gelernt** once learnt, never forgotten; **das Fürchten** ~: find out what it is to be afraid; b) **einen Beruf** ~: learn a trade; **Maurer/Bäcker** *usw.* ~: train to be *or* as a bricklayer/baker *etc.*; **sie hat Friseuse gelernt** she trained as a hairdresser

Lernende *der/die; adj. Dekl. s.* **Lehrende**

Lerner *der;* ~**s,** ~ *(Sprachw.)* learner

lern-, Lern-: ~**fabrik** *die (abwertend)* swotting factory *(Brit.)*; cramming mill *(Amer.)*; ~**fähig** *Adj.* able to learn *pred.*; capable of learning *pred.*; ~**hilfe** *die* aid to learning; ~**mittel** *das* learning aid; *(Lehrmittel)* teaching aid; ~**mittel** *Pl.* teaching materials; ~**mittelfreiheit** *die; o. Pl.* free provision of teaching materials; ~**prozeß** *der* learning process; ~**psychologie** *die* psychology of learning; ~**schwester** *die* student nurse; ~**ziel** *das* [educational] aim

Lesart ['le:s-] *die* a) *(Fassung)* variant; b) *(Deutung)* interpretation; reading

lesbar *Adj.* a) *(legible;* b) *(klar)* lucid *(style)*; *(verständlich)* comprehensible; **gut** ~: easy to read; very readable

Lesbe ['lɛsbə] *die;* ~, ~**n** *(ugs.)* Lesbian; dike *(sl.)*

Lesbenbewegung *die* gay women's movement

Lesbierin ['lɛsbiərɪn] *die;* ~, ~**nen** Lesbian

lesbisch *Adj.* Lesbian; ~ **sein** be a Lesbian/Lesbians

Lese ['le:zə] *die;* ~, ~**n** a) *(Weinernte)* grape-harvest; b) *(geh.: Auswahl)* selection

Lese-: reading ...

Lese-: ~**abend** *der* [evening] reading; **einen** ~**abend geben** read from one's works; ~**automat** *der s.* ~**gerät;** ~**brille** *die* reading-glasses *pl.;* ~**buch** *das* reader; ~**exemplar** *das* reading copy; *(noch ungebunden)* proof copy; ~**gerät** *das (DV)* reader; ~**hunger** *der* appetite for reading matter; ~**lampe** *die* reading-lamp; ~**maschine** *die s.* **Lesegerät**

¹**lesen** 1. *unr. tr. V., itr. V.* a) read; **sie las in der Zeitung/in einem Buch** she was reading the paper/a book; **er hat wochenlang an dem Buch gelesen** he has been reading the book for weeks; **er liest aus seinem neuesten Werk** he is reading from his latest work; **ein Gesetz [zum ersten Mal]** ~ *(Parl.)* give a bill a [first] reading; **die/eine Messe** ~: say Mass/a Mass; **hier ist zu** ~ *(in + Dat.,* as from): **in seiner Miene war Verbitterung zu** ~: there were signs of bitterness in his expression; **aus den Zeilen konnte man gewisse Zweifel** ~: reading between the lines, one could make out certain doubts; **Gedanken** ~ **können** be a mind-reader; **jmds. Gedanken** ~: read sb.'s mind *or* thoughts; **aus der**

Hand ~: read palms; **sich** *(Dat.)* **aus der Hand** ~ **lassen** have one's palm read; c) *(Hochschulw.)* lecture (**über** + *Akk.* on); **er liest neue Geschichte/Völkerrecht** he lectures on modern history/international law. 2. *unr. refl. V.* read; **es liest sich leicht/schnell** it is easy/quick to read; **es liest sich sehr unterhaltsam** it's a very entertaining read

²**lesen** *unr. tr. V.* a) *(sammeln, pflücken)* pick ⟨*grapes, berries, fruit*⟩; gather ⟨*firewood*⟩; **Ähren** ~: glean [ears of corn]; b) *(aussondern)* pick over

lesenswert *Adj.* worth reading *postpos.*

Leser *der;* ~**s,** ~: reader

Leseranalyse *die* readership survey

Leseratte *die (ugs. scherzh.)* bookworm; voracious reader

Leserbrief *der* reader's letter; ~**e** readers' letters; „~**e**" *(Zeitungsrubrik)* 'Letters to the editor'

Leserin *die;* ~, ~**nen** *s.* **Leser**

Leserkreis *der* readership

leserlich 1. *Adj.* legible. 2. *adv.* legibly

Leserschaft *die;* ~: readership

Leser-: ~**wunsch** *der* reader's request; ~**wünsche** readers' requests; ~**zahl** *die* circulation; (~**kreis**) readership; ~**zuschrift** *die* reader's letter; ~**zuschriften** readers' letters (**zu** in response to)

Lese-: ~**saal** *der* reading-room; ~**stoff** *der* reading matter; ~**wut** *die* craving to read; ~**zeichen** *das* bookmark; ~**zirkel** *der* commercial enterprise which supplies a selection of magazines on a regular loan basis to subscribers

Lesung *die;* ~, ~**en** a) *(auch Parl.)* reading; b) *(christl. Kirche)* lesson

Lethargie [letar'gi:] *die;* ~: lethargy

lethargisch 1. *Adj.* lethargic. 2. *adv.* lethargically

Lette ['lɛtə] *der;* ~**n,** ~**n** Latvian; Lett

Letter *die;* ~, ~**n** a) *(Buchst.)* b) *(Druckw.)* character; sort *(as tech. term)*

lettisch *Adj.* Latvian; Lettish ⟨*language*⟩

Lettland (das); ~**s** Latvia

Lettner ['lɛtnɐ] *der;* ~**s,** ~ *(Archit.)* choir-screen

Letzt ['lɛtst] *in* **zu guter** ~: in the end; *(endlich)* at long last

letzt... *Adj.* a) last; **die** ~**e Reihe** the back row; **auf den** ~**en Platz sein** be [placed] last; *(während des Rennens)* be in last place; *(in einer Tabelle)* be in bottom place; **er war** *od.* **wurde** ~**er, er ging als** ~**er durchs Ziel** he came last; ~**er Mann** *(bes. Fußball)* back; **der/die** ~**e sein** be the last; **als** ~**er aussteigen** be the last [one] to get off; **er ist der** ~**e, dem ich das sagen würde** he's the last person I would tell [about it]; **am Letzten [des Monats]** on the last day of the month; **im** ~**en Moment** at the last moment; **die Letzten werden die Ersten sein** *(Spr.)* the last shall be first; **das ist mein** ~**es Wort/Angebot** that is my last word [on the subject]/my final offer; **mein** ~**es Geld** the last of my money; **ist das dein** ~**es Geld?** is that all the money you have left?; **mit** ~**er Kraft** gathering all his/her remaining strength; ~**en Endes** in the end; when all is said and done; **jmds./die** ~**e Rettung sein** *(fig.)* be sb.'s/the last hope; *s. auch* **Ölung; Wille;** b) *(äußerst...)* ultimate; **jmdm. das Letzte an...** *(Dat.)* **abverlangen** demand of sb. the utmost *or* maximum ...; **das Letzte hergeben** give one's all; **bis aufs** ~**e** totally; *(finanziell)* down to the last penny; **bis ins** ~**e** down to the last detail; **bis zum** ~**en** to the utmost; c) *(gerade vergangen)* last; *(neuest...)* latest ⟨*news*⟩; **in den** ~**en Wochen/Jahren** in the last few weeks/in recent years; **in der** ~**en Zeit** recently; *s. auch* **Schrei;** c) *(ugs. abwertend) (schlechtest...)* worst; *(entsetzlichst...)* most dreadful; **er ist der** ~**e Mensch** he is the lowest of the low;

die Show war das Letzte *(ugs.)* the show was the end *(coll.)* or the pits *(coll.)*; **das ist doch das Letzte!** *(ugs.)* that really is the limit!; *s. auch* **Dreck** b

letzte·mal *in das* ~: [the] last time

letztendlich *Adv.* in the end; *(schließlich doch)* ultimately

letztenmal *in* **beim** ~: last time; **zum** ~: for the last time

letztens ['lɛtstns] *Adv.* a) *(kürzlich)* recently; b) **drittens/viertens und letztens** thirdly/fourthly and lastly

letzter... *Adj.* latter; ~**es** *od.* **das** ~**e trifft hier zu** the latter is the case here

letztgenannt *Adj.; nicht präd.* last-mentioned; last-named ⟨*person*⟩

letzthin *Adv.* a) *(kürzlich)* recently; b) *(schließlich doch)* ultimately

letztlich *Adv.* ultimately; in the end

letzt-: ~**mals** *Adv.* the last time; **er hat** ~**mals vor fünf Jahren teilgenommen** the last time he took part was five years ago; ~**möglich** *Adj.* latest possible; ~**willig** 1. *Adj.; nicht präd.* in his/her/the will *postpos.*; ~**willige Verfügung** last will and testament; 2. *adv.* in his/her/the will

Leu [lɔy] *der;* ~**en,** ~**en** *(dichter. veralt.)* lion

Leucht-: ~**boje** *die (Seew.)* light-buoy; ~**bombe** *die* parachute flare; ~**buchstabe** *der* neon-sign letter

Leuchte ['lɔyçtə] *die;* ~, ~**n** a) light; **hast du eine** ~**?** have you got a torch?; b) *(fig. ugs.)* [**in Mathe** *usw.*] **eine** ~ **sein** be brilliant *or* shine [at maths *etc.*]; **er ist eine** ~ **auf diesem Gebiet** he is a leading light in this field

leuchten *itr. V.* a) ⟨*moon, sun, star, etc.*⟩ be shining; ⟨*fire, face*⟩ glow; **grell** ~: give a glaring light; glare; **in der Sonne** ~ ⟨*hair, sea, snow*⟩ gleam in the sun; ⟨*mountains etc.*⟩ shine in the sun; **golden** ~: have a golden glow; **seine Augen leuchteten vor Freude** *(fig.)* his eyes were shining *or* sparkling with joy; b) shine a/the light; **jmdm.** ~: light the way for sb.; **mit etw. in etw.** *(Akk.)* ~: shine sth. into sth.; **jmdm. mit etw. ins Gesicht** ~: shine sth. into sb.'s face

leuchtend *Adj.; nicht präd.* a) shining ⟨*eyes*⟩; brilliant, luminous ⟨*colours*⟩; bright ⟨*blue, red, etc.*⟩; **grell** ~: glaring; **sanft** ~: softly glowing; **etw. in den** ~**sten Farben schildern** *(fig.)* paint sth. in glowing colours; b) *(großartig)* shining ⟨*example*⟩

Leuchter *der;* ~**s,** ~ candelabrum; *(für eine Kerze)* candlestick; *(Kron*~*)* chandelier

Leucht-: ~**farbe** *die* luminous paint; ~**feuer** *das (Seew.)* beacon; light; *(Flugw.)* runway light; ~**gas** *das s.* **Stadtgas;** ~**geschoß** *das s.* ~**kugel;** ~**käfer** *der* firefly; *(Glühwürmchen)* glow-worm; ~**kraft** *die* a) brilliance; b) *(Astron.)* luminosity; ~**kugel** *die* flare; ~**pistole** *die* flare pistol; ~**rakete** *die* rocket flare; ~**reklame** *die* neon [advertising] sign; ~**röhre** *die* neon tube; ~**schrift** *die* neon letters *pl.; (Schild)* neon sign; ~**spurgeschoß** *das* tracer bullet; ~**stoff** *der (Physik)* fluorescent substance; *(nachleuchtend)* luminous substance; ~**stofflampe** *die* fluorescent light *or* lamp; ~**stoffröhre** *die* fluorescent tube; *(für* ~**reklame)** neon tube; ~**tonne** *die* light-buoy; ~**turm** *der* lighthouse; ~**turmwärter** *der* lighthouse-keeper; ~**zeiger** *der* luminous hand; ~**ziffer** *die* luminous numeral; ~**zifferblatt** *das* luminous dial

leugnen ['lɔygnən] 1. *tr. V.* deny; **er leugnete die Tat/das Verbrechen** he denied doing the deed/committing the crime; **er leugnet, daran beteiligt zu sein** *od.* **daß er daran beteiligt ist** he denies being involved *or* that he is involved in it; **es ist nicht zu** ~: it is undeniable. 2. *itr. V.* deny it; *(alles* ~*)* deny everything; **er leugnet noch** he still denies doing it *or* that he did it

Leugnung *die;* ~, ~**en** denial

1289

Leukämie

Leukämie [lɔykɛˈmiː] die; ~, ~n (Med.) leukaemia
leukämisch Adj. (Med.) leukaemic; ⟨symptoms⟩ of leukaemia
Leukoplast ⓦ [ˈlɔykoˈplast] das sticking-plaster (containing zinc oxide)
Leukozyt [lɔykoˈtsyːt] der; ~en, ~en (Anat.) leucocyte
Leumund [ˈlɔymʊnt] der; ~[e]s (geh.) reputation; **den guten ~ verlieren** lose one's good name; **jmdm. einen guten ~ bescheinigen** vouch for sb.'s good character
Leumunds·zeugnis das a) (geh.) character reference (**über** + Akk. for); b) (schweiz. Rechtsspr.) s. **Führungszeugnis**
Leutchen [ˈlɔytçn̩] Pl. (ugs.) people
Leute [ˈlɔytə] Pl. a) (ugs.) **die reichen/alten ~**: the rich/the old; **wir sind hier bei feinen ~n** we are in a respectable household; **die kleinen ~**: the ordinary people; the man sing. in the street; **was werden die ~ sagen?** (ugs.) what will people say?; **wir sind geschiedene ~**: our ways have parted us; we have parted company; (in Zukunft) I will have no more to do with you/him etc.; **unter ~ gehen** mix with people; **vor allen ~n** in front of everybody; **hier ist es ja nicht wie bei armen ~n** (scherzh.) we're not in the poor-house or (Amer.) on the breadline yet; **unter die ~ bringen** (ugs.) spread ⟨rumour⟩; tell everybody about ⟨suspicions etc.⟩; s. auch **Kind**; b) (ugs.: als Anrede) **auf, [ihr] ~!** come on, everybody! (coll.); c'mon, folks! (Amer.); ~, ~! oh dear!; c) (ugs.: Arbeiter) people; (Milit.: Soldaten) men; **die Hälfte der ~**: half the staff; d) (landsch. ugs.: Familie) **meine ~**: my family sing. or (coll.) folks; e) (veralt.: Gesinde) servants
Leute·schinder der (abwertend) slave-driver
Leutnant [ˈlɔytnant] der; ~s, ~s od. selten: ~e second lieutenant (Milit.); **~ zur See** sub-lieutenant (Brit.); lieutenant junior grade (Amer.)
leut·selig 1. Adj. affable. 2. adv. affably
Leut·seligkeit die; ~, o. Pl. affability
Levante [leˈvantə] die; ~ (geh.) the Levant
Leviat[h]an [leˈviaːtan] der; ~s, ~e (Myth.) leviathan
Leviten [leˈviːtn̩] Pl. in **jmdm. die ~ lesen** (ugs.) read sb. the Riot Act (coll.)
Levkoje [lɛfˈkoːjə] die; ~, ~n (Bot.) stock
Lex [lɛks] die; ~, **Leges** [ˈleːgeːs] (Parl.) **die ~ Heinze** the Heinze Act
Lexem [lɛˈkseːm] das; ~s, ~e (Sprachw.) lexeme
Lexik [ˈlɛksɪk] die; ~ (Sprachw.) lexicon
lexikalisch [lɛksiˈkaːlɪʃ] (auch Sprachw.) 1. Adj. lexical. 2. adv. lexically
lexikalisieren tr. V. (Sprachw.) lexicalize
Lexikograph [lɛksikoˈgraːf] der; ~en, ~en lexicographer
Lexikographie [lɛksikograˈfiː] die; ~: lexicography no art.
Lexikographin die; ~, ~nen lexicographer; s. auch **-in**
lexikographisch 1. Adj. lexicographical. 2. adv. lexicographically; **~ gesehen** looked at from a lexicographical point of view; **~ arbeiten** work as a lexicographer
Lexikologie [lɛksikoloˈgiː] die; ~: lexicology no art.
Lexikon [ˈlɛksikɔn] das; ~s, **Lexika** od. **Lexiken** a) encyclopaedia (+ Gen., **für** of); **ein wandelndes ~ sein** (ugs. scherz.) be a walking encyclopaedia; b) (veralt.: Wörterbuch) dictionary; c) (Sprachw.) lexicon
Lezithin, (fachspr.:) **Lecithin** [letsiˈtiːn] das; ~s, ~e (Chemie, Biol.) lecithin
lfd. Abk.: **laufend**
Lfg. Abk.: **Lieferung**
Liaison [liɛˈzõː] die; ~, ~s (geh.) liaison; (fig.: zwischen Staaten, Firmen) link; tie-up; **eine ~ eingehen** enter into a liaison
Liane [ˈli̯aːnə] die; ~, ~n (Bot.) liana

Libanese [libaˈneːzə] der; ~n, ~n Lebanese; **roter ~** (Drogenjargon) Lebanese red
Libanesin die; ~, ~nen Lebanese; s. auch **-in**
libanesisch Adj. Lebanese
¹**Libanon** [ˈliːbanɔn] (das) od. der; ~s Lebanon
²**Libanon** der; ~s (Gebirge) Lebanon Mountains pl.
Libelle [liˈbɛlə] die; ~, ~n a) dragon-fly; b) (Haarspange) winged hair-slide; c) (an Meßinstrumenten) bubble tube; (Wasserwaage) spirit-level
liberal [libəˈraːl] 1. Adj. liberal; **~ wählen** vote liberal. 2. adv. liberally; **jmdn. ~ erziehen** give sb. a liberal education; **~ ausgerichtet** following liberal principles postpos., not pred.
Liberale der/die; adj. Dekl. liberal
liberalisieren tr. V. liberalize; relax ⟨import controls⟩
Liberalisierung die; ~, ~en liberalization; (von Kontrollen) relaxation
Liberalismus [libəraˈlɪsmʊs] der; ~: liberalism
Liberalität [libəraliˈtɛːt] die; ~ a) liberalism; liberality; b) (Großzügigkeit) liberality
Liberia [liˈbeːria] (das); ~s Liberia
Liberianer der; ~s, ~, **Liberianerin** die; ~, ~nen Liberian; s. auch **-in**
liberianisch Adj. Liberian
Libero [ˈliːbəro] der; ~s, ~s (Fußball) sweeper
libidinös [libidiˈnøːs] Adj. (Psych.) libidinal
Libido [ˈliːbido] die; ~ (Psych.) libido
Librettist [librɛˈtɪst] der; ~en, ~en, **Librettistin** die; ~, ~nen librettist; s. auch **-in**
Libretto [liˈbrɛto] das; ~s, ~s od. **Libretti** libretto
Libyen [ˈliːby̆ən] (das); ~s Libya
libysch [ˈliːbyʃ] Adj. Libyan
licht [lɪçt] Adj. a) (geh.) light; light, pale ⟨colour⟩; **es war ~er Tag** it was broad daylight; **einen ~en Moment** od. **Augenblick/~e Momente haben** (fig.) have a lucid moment/lucid moments; (scherzh.) have a bright moment/bright moments; b) (dünn bewachsen) sparse; thin; **~es Haar haben** be thin on top; **die Reihen der alten Kameraden/der Zuschauer werden ~er** (fig.) the ranks of old comrades are dwindling/the rows of spectators are emptying; c) (bes. Technik) **die ~e Höhe/Weite** the [overall] internal height/width; **die ~e Höhe/Weite einer Brücke** the headroom/span of a bridge
Licht das; ~[e]s, ~er a) o. Pl. light; **das ~ des Tages** the light of day; **etw. gegen das ~ halten** hold sth. up to the light; **etw. bei ~ sehen** see sth. in daylight; **bei ~ besehen** (fig.) seen in the light of day; **jmdm. das [ganze] ~ [weg]nehmen** take [all] sb.'s light; **jmdm. im ~ stehen** stand in sb.'s light; **das ~ der Welt erblicken** (geh.) see the light of day; **ein zweifelhaftes/ungünstiges ~ auf jmdn. werfen** (fig.) throw a dubious/unfavourable light on sb.; **in etw.** (Akk.) **bringen** (fig.) shed some light on sth.; **jmdn. hinters ~ führen** (fig.) fool sb.; pull the wool over sb.'s eyes; **jmdm./etw./sich ins rechte ~ rücken** od. **setzen** od. **stellen** (fig.) show sb./sth. in the correct light/appear in the correct light; **in einem guten/ günstigen/ schlechten ~ erscheinen** (fig.) appear in a good or a favourable/a bad or an unfavourable light; **etw. in einem besseren ~ erscheinen lassen** (fig.) put a better complexion on sth.; **etw. in einem milderen ~ sehen** (fig.) take a more lenient view of sth.; **in ein falsches ~ geraten** (fig.) give the wrong impression; **das ~ scheuen** (fig.) shun the light; **ans ~ kommen** (fig.) come to light; be revealed; b) (elektrisches ~) light; **das ~ anmachen/ausmachen** switch or turn the light on/off; **mach doch ~!** turn the light on[, will

Lichtseite

you]!; c) Pl. auch ~e (Kerze) candle; **kein od. nicht gerade ein großes ~ sein** (ugs.) be no genius; be not exactly brilliant; **mir ging ein ~ auf** (ugs.) it dawned on me; I realized what was going on; **sein ~ [nicht] unter den Scheffel stellen** [not] hide one's light under a bushel; **jmdm. ein ~ aufstecken** (ugs.) enlighten sb.; put sb. wise; d) o. Pl. (ugs.: Strom) electricity; e) (Jägerspr.) eye
licht-, Licht-: **~behandlung** die (Med.) phototherapy; (mit Sonnenlicht) sunlight treatment; **~beständig** Adj. light-fast; **~bild** das a) [small] photograph (for passport etc.); b) (veralt.) (Diapositiv) slide; (Fotografie) photograph; **~bilder·vortrag** der slide lecture; **~blick** der bright spot; **~bogen** der (Elektrot.) arc; **~brechung** die (Optik) refraction of light; **~bündel** das beam [of light]; **~druck** der a) o. Pl. (Physik) light pressure; b) o. Pl. (Druckw.) collotype; c) Pl. **~drucke** (Druckw.: Bild) collotype [print]; **~durchflutet** Adj. (geh.) flooded with light postpos.; **~durchlässig** Adj. translucent; **~echt** Adj. light-fast; **~echtheit** die light-fastness; **~effekt** der light effect; **~einwirkung** die effects pl. of light; **~elektrisch** Adj. (Physik) photoelectric; **~empfindlich** Adj. sensitive to light; (Chemie) photosensitive (film, solution, etc.); **~empfindlichkeit** die sensitivity to light; (Chemie) photosensitivity
¹**lichten** 1. tr. V. thin out ⟨trees etc.⟩; reduce ⟨number⟩. 2. refl. V. a) ⟨trees⟩ thin out; ⟨hair⟩ grow thin; ⟨fog, mist⟩ clear, lift; **die Reihen ~ sich** (fig.) the numbers are dwindling; (im Theater usw.) the rows are emptying; b) (geh.: heller werden) become lighter; lighten; (fig.) ⟨mystery etc.⟩ be cleared up
²**lichten** tr. V. (Seemannsspr.) **den/die Anker ~**: weigh anchor
Lichter-: **~baum** der Christmas tree; **~fest** das (jüd. Rel.) Hanukkah; Festival of Lights; **~glanz** der the blaze of lights; s. auch **erstrahlen**; **~kette** die a) chain of lights; b) (Demonstration) ≈ candlelight vigil
lichterloh [ˈlɪçtɐˈloː] 1. Adj.; nicht präd. blazing ⟨fire⟩; fierce, leaping ⟨flames⟩. 2. adv. **~ brennen** be blazing fiercely; (fig.) ⟨heart⟩ be aflame
Lichter-: **~meer** das sea of lights; **das ~meer der Stadt** the sea of lights formed by the city; **~stadt** die city of light
licht-, Licht-: **~filter** der light-filter; **~geschwindigkeit** die speed of light; **~hof** der a) (Bauw.) light-well; b) (Fot.) halation; **~hupe** die headlight flasher; **die ~hupe betätigen** flash [one's lights]; **~jahr** das (Astron.) light-year; **~kegel** der beam; (Physik) cone of light; **~leitung** die (Elektr.) lighting wire; **die ~leitungen** the wiring for the lights; **~los** Adj. dark; poorly lit; **~mangel** der lack of light; **~maschine** die (Kfz-W.) (mit Gleichstrom) dynamo; (mit Wechselstrom) alternator; generator (esp. Amer.); **~mast** der lamp-standard; **~meß** (das), ~ (kath. Kirche) Candlemas; **[das Fest] Mariä ~meß** the Feast of the] Purification of the Virgin Mary; **~nelke** die campion; **~orgel** die colour organ; clavilux; **~pause** die photostat (Brit. P) (of transparent original); **~punkt** der spot of light; **~quant** (Physik) light quantum; **~quelle** die light-source; **~reklame** die neon [advertising] sign; **~satz** der; o. Pl. (Druckw.) filmsetting; **~schacht** der light-shaft; **~schalter** der light-switch; **~schein** der gleam [of light]; **~strahl** beam of light; **~scheu** Adj. a) shade-loving ⟨plant⟩; ⟨animal⟩ that shuns the light; b) (fig.) shady ⟨riff-raff⟩; **~schranke** die photoelectric beam; **~schutz·faktor** der protection factor (against sunburn); **~seite** die bright or good side; **alles hat seine**

Licht- und Schattenseiten everything has its good and bad sides; **~setz·maschine** die *(Druckw.)* filmsetting machine; **~spielhaus** das, **~spiel·theater** das *(geh.)* cinema; picture-theatre *(dated)*; movie house *(Amer.)*; **~stark** *Adj. (Fot.)* fast ⟨lens⟩; **~stärke** die a) *(Physik)* luminous intensity; b) *(Fot.)* speed *(of a lens)*; **~strahl** der beam [of light]; **~undurchlässig** *Adj.* light-proof

Lichtung die; ~, ~en clearing; **auf dieser ~:** in this clearing

Licht-: **~verhältnisse** *Pl.* light conditions; **~wechsel** der *(Astron.)* light-variation; **~zeichen** das light signal

Lid [li:t] das; ~[e]s, ~er eyelid

Lid-: **~schatten** der eye-shadow; **~strich** der line drawn with eyeliner pencil; eyelining *no indef. art.*

lieb [li:p] 1. *Adj.* a) *(liebevoll)* kind ⟨words, gesture⟩; **viele ~e Grüße [an ...** *(Akk.)*] much love [to ...] *(coll.)*; **sei so ~ und hilf mir beim Aufräumen** be a dear and help me clear up; **das ist ~ von dir** it's sweet of you; b) *(liebenswert)* likeable; nice; *(stärker)* lovable, sweet ⟨child, girl, pet⟩; **seine Frau/ihr Mann ist sehr ~:** his wife/her husband is a dear; **sie hat ein ~es Gesicht** she has a sweet *or* charming face; **~ aussehen** look sweet *or* *(Amer.)* cute; c) *(artig)* good, nice ⟨child, dog⟩; **die Kinder könnten etwas ~er sein** the children could be a little better behaved; **sei schön ~!** be a good girl/boy!; **sich bei jmdm. ~ Kind machen** *(ugs. abwertend)* get on the right side of sb.; **bei jmdm. ~ Kind sein** *(ugs. abwertend)* be sb.'s pet *or* favourite; d) *(geschätzt)* dear; **sein liebstes Spielzeug** his favourite toy; **~er Hans/~e Else/~e Oma!** *(am Briefanfang)* dear Hans/Else/Grandma; **~e Karola, ~er Ernst!** *(am Briefanfang)* dear Karola and Ernst; **~er Gott** dear God; **der ~e Gott** the Good Lord; **die ~e Verwandtschaft** *(iron.)* my/our/your/their *etc.* dear relations *(iron.)*; **sie ist mir ~ und teuer** *od.* **wert** she is very dear to me; **wenn dir dein Leben ~ ist, ... :** if you value your life ...; **das ~e Geld** *(iron.)* the wretched money; **den ~en langen Tag** *(ugs.)* all the livelong day; **so manches ~e Mal, so manch ~es Mal** *(veralt.)* many a time; **meine Lieben** *(Familie)* my people; my nearest and dearest *(joc.)*; *(als Anrede)* [you] good people; *(an Familie usw.)* my dears; **meine Liebe** my dear; *(herablassend)* my dear woman/girl; **mein Lieber** *(Mann an Mann)* my dear fellow; *(Frau/Mann an Jungen)* my dear boy; *(Frau an Mann)* my dear man; *(als Publikumsanrede)* **~e Mitbürgerinnen und Mitbürger** fellow citizens; **~e Kinder/Freunde/Genossen!** children/friends/comrades; **~e Hörerinnen und Hörer/~e Zuschauer!** Anreden dieser Art sind im Englischen ungebräuchlich und werden deshalb nicht übersetzt; **~ Gemeinde, ~e Schwestern und Brüder!** *(christl. Kirche)* dearly beloved; **[ach] du ~e Güte** *od.* **~e Zeit** *od.* **~er Himmel** *od.* **~es Lieschen** *od.* **~es bißchen** *(ugs.)* *(erstaunt)* good grief!; good heavens!; [good] gracious!; *(entsetzt)* good grief!; heavens above!; **mit jmdm./etw. seine ~e Not haben** have no end of trouble with sb./sth.; e) *(angenehm)* welcome; **er ist uns** *(Dat.)* **ein ~er Gast** he is a welcome visitor [with us]; **unser Besuch war ihr nicht ~:** our visit was unwelcome [to her]; **es wäre mir ~/~er, wenn ... :** I should be glad *or* should like it/should prefer it if ...; **am ~sten wäre mir, ich könnte heute noch abreisen** I should like it best if I could leave today; **wir hatten mehr Schnee, als mir ~ war** we had too much snow for my liking; **das wirst du noch früher erfahren, als dir ~ ist** you'll hear about it sooner than you've bargained for. 2. *adv.* a) *(liebevoll)* kindly; **das hast du aber ~ gesagt** you 'did put that nicely; **sie hat sich sehr ~ um die alten Leute gekümmert** it was very sweet the way she looked after the old people; b) *(artig)* nicely; **er ist ganz ~ ins Bett gegangen** he went off to bed as good as gold

lieb·äugeln *itr. V.* a) **mit etw. ~:** have one's eye on sth.; fancy sth.; **er liebäugelt mit dem Gedanken, das zu tun** he's toying *or* flirting with the idea of doing it; b) *(geh.: flirten)* **mit jmdm. ~ :** make eyes at sb.

lieb|behalten *unr. tr. V.* **jmdn. ~:** [continue to] be fond of sb.; *(lieben)* go on loving sb.

Liebchen ['li:pçən] das; ~s, ~ *(veralt.)* a) [mein] ~: my darling; my sweet[heart]; b) *(abwertend)* lady-love

Liebe ['li:bə] die; ~, ~n a) *o. Pl.* love *(zu* for); **~ zu Gott** love of God; **aus ~ zu jmdm.** for love of sb.; **aus ~ heiraten** marry for love; **was macht die ~?** how's your love-life?; **bei aller ~, aber das geht mir zu weit** much as I sympathize, that's going too far; **bei aller ~, aber ich kann das nicht** much as I'd like to, I can't do it; *(Briefschluß)* **in ~ Dein Egon** [with] all my love, yours, Egon; **~ geht durch den Magen** *(scherzh.)* the way to a man's heart is through his stomach; **~ macht blind** *(Spr.)* love is blind *(prov.)*; **wo die ~ hinfällt!** *(ugs.)* the ways of love are strange indeed; **~ auf den ersten Blick** love at first sight; b) *o. Pl.* **~ zu etw.** love of sth.; **seine ganze ~ gehört dem Meer** he adores the sea; **mit ~:** lovingly; with loving care; c) *(ugs.: geliebter Mensch)* love; **seine große ~ :** his great love; the [great] love of his life; d) *(Gefälligkeit)* favour; **tu mir die ~ und warte noch** do me a favour and wait a while

liebe-, Liebe-: **~bedürftig** *Adj.* in need of love *or* affection *postpos.*; **~dienerei** [-di:nə'raI] die; *o. Pl. (abwertend)* toadying; sycophancy; **~dienern** *itr. V.* toady *(bei, vor + Dat.* to)

Liebelei [li:bə'laI] die; ~, ~en *(abwertend)* flirtation

liebeln *itr. V. (veralt.)* flirt

lieben 1. *tr. V.* a) **jmdn. ~:** love sb.; *(verliebt sein)* be in love with *or* love sb.; *(koitieren)* make love to sb.; **sich ~:** a) *Pl.* *(sexuell)* make love; **was sich liebt, das neckt sich** *(Spr.)* lovers always tease each other; b) **etw. ~ :** be fond of sth.; like sth.; *(stärker)* love sth.; **es ~, etw. zu tun** like *or* enjoy doing sth.; *(stärker)* love doing sth.; **diese Pflanzen ~ Schatten** these plants like shade. 2. *itr. V.* be in love; *(sexuell)* make love; **er ist unfähig zu ~:** he is incapable of love

liebend 1. *Adj.*; *nicht präd.* loving; **der/die Liebende** the lover; **eine Liebende** a woman in love; **Liebende** *pl.* lovers. 2. *adv.* **etw. ~ gerne tun** [simply] love doing sth.

lieben|lernen *tr. V.* learn to love

liebens-; Liebens-: **~wert** *Adj.* likeable ⟨person⟩; *(stärker)* loveable ⟨person⟩; attractive, endearing ⟨trait⟩; **~würdig** *Adj.* kind; charming ⟨smile⟩; **seien Sie doch so ~würdig od. öffnen Sie das Fenster** would you be so kind as to open the window?; **~würdigerweise** *Adv.* kindly; **~würdigkeit** die; ~, ~en a) *Pl.* kindness; **würden Sie die ~würdigkeit haben, das Fenster zu schließen?** would you be so kind as to shut the window?; b) *(Handlung, Äußerung)* kindness; **jmdm. einige ~würdigkeiten sagen** *(iron.)* say a few choice words to sb. *(iron.)*

lieber 1. *Adj.*: *s.* **lieb.** 2. *Adv.*: *s.* **gern**

liebes-, Liebes~: **~abenteuer** das amorous adventure; **~affäre** die love affair; amour; **~akt** der *(geh.)* act of love; **ein Paar beim ~akt** a couple engaged in sexual intercourse; **~bande** *Pl. (dichter. veralt.)* bonds of love; **~bedürfnis** das need for love; **~beweis** der proof *or* token of love; **~beziehung** die [love] affair *(zu, mit* with); **~brief** der love-letter; **~dichtung** die love-poetry; **~dienerin** die *(verhüll. scherzh.)* lady of pleasure; **~dienst** der [act of] kindness; favour; **jmdm. einen ~dienst erweisen** do sb. a kindness *or* favour; **~entzug** der *(Psych.)* withdrawal of love; **~erklärung** die declaration of love; **~fähig** *Adj.* capable of love *postpos.*; **~fähigkeit** die capacity for love; **~film** der romantic film; **~gabe** die charitable gift; *(Spende)* donation; **~gedicht** das love-poem; **~geschichte** die love-story; b) *(~affäre)* [love] affair; **~gott** der god of love; **~göttin** die goddess of love; **~heirat** die love-match; **~knochen** der *(landsch.)* eclair; **~kummer** der lovesickness; **~kummer haben** be lovesick; be unhappily in love; **sich aus ~kummer umbringen** kill oneself for love; **~kunst** die art of love; **~laube** die *(scherzh.)* love-nest; **~leben** das; *o. Pl.* love-life; **~lied** das love-song; **mühe die in das ist vergebliche** *od.* **verlorene ~müh[e]** that is a waste of effort; **~nacht** die night of love; **~nest** das love-nest; **~paar** das courting couple; [pair of] lovers; **~perlen** *Pl.* hundreds and thousands; **~roman** der romantic novel; **~spiel** das love-play; **~szene** die love-scene; **~toll** *Adj.* love-crazed; **~töter** *Pl. (ugs. scherzh.)* passion-killers *(sl. joc.)*; **~trank** der love-potion; **~trunken** *Adj. (dichter.)* intoxicated with love *postpos.*; **~verhältnis** das [love] affair; **~verlust** der *(Psych.)* loss of love

liebe·voll 1. *Adj.* loving *attrib.* ⟨care⟩; affectionate ⟨embrace, gesture, person⟩. 2. *adv.* a) lovingly; affectionately; b) *(mit Sorgfalt)* lovingly; with loving care; **sehr ~ dekoriert** decorated with much loving care

lieb|gewinnen *unr. tr. V.* grow fond of

lieb·geworden *Adj.; nicht präd.* ⟨habit, object⟩ of which one has grown very fond; much loved ⟨object⟩

lieb|haben *unr. tr. V.* love; *(gern haben)* be fond of

Liebhaber ['li:pha:bɐ] der; ~s, ~ a) lover; b) *(Interessierter, Anhänger)* enthusiast *(+ Gen.* for); *(Sammler)* collector; **ein ~ von schönen Teppichen/Oldtimern** a lover of beautiful carpets/a vintage-car enthusiast; **ein Stück für ~ :** a collector's item

Liebhaber·ausgabe die collector's edition; bibliophile edition

Liebhaberei die; ~, ~en hobby

Liebhaberin die; ~, ~nen *s.* **Liebhaber**

Liebhaber-: **~preis** der collector's price; **~stück** das collector's item; **~wert** der **~wert haben** be valuable as a collector's item/collectors' item

lieb·kosen *tr. V. (geh.)* caress

Liebkosung die; ~, ~en *(geh.)* caress

lieblich 1. *Adj.* charming; appealing; *(friedlich)* peaceful; gentle ⟨landscape⟩; b) *(angenehm)* sweet ⟨scent, sound⟩; fragrant ⟨flower⟩; melodious ⟨sound⟩; mellow ⟨red wine⟩; [medium] sweet ⟨white wine⟩; c) *(ugs. iron.: unangenehm)* **das kann ja ~ werden** this is going to be just great *(coll. iron.)*. 2. *adv.* a) charmingly; sweetly; b) *(angenehm)* pleasingly; **eine ~ klingende Stimme** a sweet and melodious voice

Lieblichkeit die; ~ a) charm; sweetness; *(einer Landschaft)* gentleness; b) *(angenehme Wirkung)* sweetness; *(des Klangs)* melodiousness; *(des Dufts)* fragrance; *(des Rotweins)* mellowness; c) *(Karnevalsprinzessin)* **Ihre ~** title given to carnival queen

Liebling der; ~s, ~e a) *(geliebte Person; bes. als Anrede)* darling; b) *(bevorzugte Person)* favourite; *(des Publikums)* darling; **der ~ des Lehrers** teacher's pet; **ein ~ der Götter** *(fig.)* a darling of the gods

Lieblings- favourite

lieb·los 1. *Adj.* loveless; *(grausam)* heartless, unfeeling ⟨treatment, behaviour⟩. 2. *adv.* a) without affection; **~ von jmdm. spre-**

Lieblosigkeit　　**liieren**

chen speak unkindly of sb.; **b)** *(ohne Sorgfalt)* carelessly; without proper care
Lieblosigkeit die; ~, ~en **a)** *(Handlung/Äußerung)* unkind *or* unfeeling act/word; **b)** *o. Pl. (lieblose Art)* unkindness; lack of feeling; *(Mangel an Sorgfalt)* lack of care
Lieb·reiz der; *o. Pl. (geh.)* beguiling charm
Liebschaft die; ~, ~en [casual] affair; *(Flirt)* flirtation
liebst... [li:pst...] **1.** *Adj.: s.* **lieb. 2.** *Adv.* am ~en *s.* **gern**
Liebste der/die; *adj. Dekl. (veralt.)* loved one; sweetheart; **meine ~:** my dearest
Liebstöckel ['li:p-ʃtœkl] das *od.* der; ~s, ~ *(Bot.)* lovage
Liechtenstein (das); ~s Liechtenstein; *s. auch* **Fürstentum**
Lied [li:t] das; ~[e]s, ~er song; *(Kirchen~)* hymn; *(deutsches Kunst~)* lied; **und das Ende vom ~ ist dann, daß** ... *(ugs.)* and the upshot *or* net result is that; **es ist immer das alte** *od.* **gleiche** *od.* **dasselbe ~** *(ugs.)* it's always the same old story; **davon kann ich ein ~ singen** I can tell you a thing or two about that; **das ~ der ~er** *(bibl.)* the Song of Songs
Lieder-: ~abend der *(evening)* song recital; *(mit deutschen Kunstliedern)* [evening] lieder recital; **~buch** das song-book; **~hand·schrift** die [medieval] song-manuscript
Liederjan ['li:dəja:n] der; ~[e]s, ~e *(ugs.)* messy devil
liederlich ['li:dɐlɪç] **1.** *Adj.* **a)** *(schlampig)* slovenly; messy *(hair-style, person);* slipshod, slovenly *(work);* **b)** *(verwerflich)* dissolute; **ein ~es Weibsstück** *(salopp abwertend)* a floozie *(coll.)*. **2.** *adv.* sloppily; messily; **~ angezogen sein** be slovenly dressed; **~ geschrieben** written in a slipshod manner
Liederlichkeit die; ~ **a)** *(Schlampigkeit)* slovenliness; **b)** *(Verwerflichkeit)* dissoluteness
Lieder-: ~macher der, **~macherin** die singer-song-writer *(writing satirical songs mainly on topical/political subjects);* **~zyklus** der song-cycle
lief [li:f] *1. u. 3. Pers. Sg. Prät. v.* **laufen**
Lieferant [lifəˈrant] der; ~en, ~en *(Firma)* supplier; *(Auslieferer)* delivery man; **~en werden gebeten, den Eingang im Hof zu benutzen** all deliveries via the entrance in the yard
Lieferanten·eingang der goods entrance; *(bei Wohnhäusern)* tradesmen's entrance
lieferbar *Adj.* available; *(vorrätig)* in stock; **sofort ~:** available for immediate delivery; **~ zum 1. 10. 89** for delivery by 1. 10. 89
Liefer-: ~bedingungen *Pl.* terms of delivery; **~betrieb** die, **~firma** die supplier; **~frist** die delivery time; **bei Möbeln besteht eine ~frist von 6-8 Wochen** there is 6-8 weeks delivery on furniture
liefern ['li:fɐn] *tr. V.* **a)** *(bringen)* deliver (**an** + *Akk.* to); *(zur Verfügung stellen)* supply; **wir ~ auch ins Ausland** we also supply our goods abroad *or* deliver to foreign destinations; **wir ~ nicht an Privat** we do not supply private individuals; **jmdm. etw. ~:** supply sb. with sth.; deliver sth. to sb.; **b)** *(hervorbringen)* produce; *(geben)* provide *(eggs, honey, examples, raw material, etc.);* **den Nachweis** *od.* **Beweis für etw. ~:** provide proof of sth.; **c)** *(austragen)* fight; **eine Schlacht ~:** fight a battle [with each other]; **jmdm. ein gutes Spiel ~:** give sb. a good game *or* match; **d)** *(ugs.)* **geliefert sein** be sunk *(coll.)*; have had it *(coll.)*
Liefer-: ~schein der acknowledgement of delivery; delivery note; **~termin** der delivery date
Lieferung die; ~, ~en **a)** *o. Pl. (das Liefern)* delivery; **Zahlung bei ~:** payment on delivery; **b)** *(Ware)* consignment [of goods];

delivery; **c)** *(Buchw.)* instalment; *(eines Wörterbuchs usw.)* fascicle
Liefer-: ~vertrag der supply contract; **~wagen** der [delivery] van; *(offen)* pick-up; **~zeit** die delivery time
Liege ['li:gə] die; ~, ~n day-bed; *(zum Ausklappen)* bed-settee; sofa bed; *(als Gartenmöbel)* sun-lounger
Liege·geld das *(Schiffahrt)* demurrage
liegen *unr. itr. V.; (südd., österr., schweiz. mit sein)* **a)** lie; *(person)* be lying down; *(sich hinlegen)* lie down; **während der Krankheit mußte er ~:** while he was ill he had to lie down at times; **Weinflaschen sollen ~:** wine-bottles should lie flat *or* on their sides; **die Beine sollen höher ~ als der Kopf** your legs should be [placed] higher than your head; **auf dem Boden ~:** lie on the floor; *(carpet)* be on the floor; **im Bett ~:** lie in bed; *(das Bett hüten)* be *or* stay in bed; **auf den Knien ~:** be prostrate on one's knees; **im Krankenhaus/auf Station 6 ~:** be in hospital/in ward 6; **krank im Bett ~:** be ill in bed; **der Wagen liegt gut auf der Straße** the car holds the road well; **richtig ~:** be in the right position; *(hair)* stay in place; **die Säge liegt gut/fest in der Hand** the saw rests comfortably/firmly in the hand; **b)** *(vorhanden sein)* lie; **es liegt Schnee auf den Bergen** there is snow [lying] on the hills; **der Schnee liegt meterhoch** the snow is more than a metre deep; **der Stoff liegt 80 cm breit** the material is 80 cm wide; **c)** *(sich befinden)* be; *(object)* be [lying]; *(town, house, etc.)* be [situated]; **etw. im Keller usw. ~ haben** have sth. [lying] in the cellar *etc.;* **die Preise ~ höher** prices are higher; **die Verhältnisse ~/die Sache liegt anders** circumstances are/the situation is different; **wie die Dinge ~:** as things are *or* stand [at the moment]; **die Stadt liegt an der Küste** the town is *or* lies on the coast; **das Dorf liegt sehr hoch** the village is very high up; **das liegt an meinem Weg** it is on my way; **schön ~:** be beautifully situated; **ein einsam liegender Hof** an isolated farm; **verkehrsgünstig ~:** be well placed for transport; *(town, city)* have good communications; **etw. rechts/links ~ lassen** leave sth. on one's right/left; **das Fenster liegt nach vorn/nach Süden/zum Garten** the window is at the front/faces south/faces the garden; **es liegt nicht in meiner Absicht, das zu tun** it is not my intention to do that; **nichts liegt uns ferner, als ...:** nothing could be further from our intentions than ...; **die Betonung liegt auf der ersten Silbe** the stress is on the first syllable; **das Essen lag mir schwer im Magen** the food/meal lay heavy on my stomach; **auf ihm liegt eine große Verantwortung** a heavy responsibility rests on his shoulders; **d)** *(zeitlich)* be; **das liegt noch vor mir/schon hinter mir** I still have that to come/that's all behind me now; **die Stunden, die zwischen den Prüfungen lagen** the hours between the examinations; **das ist so lange od. lange zurück** it is so long ago; **e)** **das liegt an ihm** *od.* **bei ihm** it is up to him; *(ist seine Schuld)* it is his fault; **die Verantwortung/Schuld liegt bei ihm** it is his responsibility/fault; **an mir soll es nicht ~:** don't let me stop you; I won't stand in your way; *(ich werde mich beteiligen)* I'm easy *(coll.)*; **es liegt daran, daß ...:** it is because ...; **ich weiß nicht, woran es liegt** I don't know what the reason is; **woran mag es nur ~, daß ...?** why ever is it that ...?; **f)** *(gemäß sein)* **es liegt mir nicht** it doesn't suit me; it isn't right for me; *(es spricht mich nicht an)* it doesn't appeal to me; *(ich mag es nicht)* I don't like it *or* care for it; **Physik liegt ihr sehr** physics is right up her street *(coll.)*; **solche Tätigkeiten ~ ihm [sehr]** this kind of activity suits him [down to the ground]; **es liegt ihm nicht, das zu tun** he does not like doing that; *(so etwas*

tut er nicht) it is not his way to do that; **mit Kindern umzugehen scheint ihr nicht zu ~:** handling children doesn't seem to be her cup of tea *(coll.);* **g)** **daran liegt ihm viel/wenig/nichts** he sets great/little/no store by that; it means a lot/little/nothing to him; **ihr liegt [einiges] daran, anerkannt zu werden** it is of [some] importance to her to be recognized; **an ihm liegt mir schon etwas** I do care about him [a bit]; **h)** *(bedeckt sein)* **der Tisch liegt voller Bücher** the desk is covered with books; **i)** *(bes. Milit.: verweilen)* be; *(troops)* be stationed; *(ship)* lie; **vor Verdun ~:** be stationed *or* positioned outside Verdun; **irgendwo [in Quartier] ~:** be quartered *or* billeted somewhere; *s. auch* **Straße**
liegen|bleiben *unr. itr. V.; mit sein* **a)** stay [lying]; **[im Bett] ~:** stay in bed; **bewußtlos/bewegungslos ~:** lie unconscious/motionless; **verletzt ~:** end up lying on the ground injured; **b)** *(nicht tauen)* *(snow)* lie; **c)** *(bleiben)* *(things)* stay, be left; *(vergessen werden)* be left behind; *(nicht verkauft werden)* remain unsold; **d)** *(nicht erledigt werden)* be left undone; **diese Briefe können bis morgen ~:** these letters can wait until tomorrow; **e)** *(mit dem Auto)* break down
liegend reclining, recumbent *(figure, posture);* prone *(position);* horizontal *(position, engine);* **etw. ~ aufbewahren** store sth. flat/on its side
liegen|lassen *unr. tr. V.* leave; *(vergessen)* leave [behind]; **er ließ die Papiere auf dem Tisch liegen** he left the papers [lying] on the desk; **alles liegen- und stehenlassen** drop everything; **b)** *(unerledigt lassen)* leave *(work)* undone; leave *(letters)* unposted/unopened; *s. auch* **links 1 a**
Liegenschaft die; ~, ~en; *meist Pl. (bes. Rechtsspr.)* land holding; *(Gebäude)* property
Liege-: ~platz der mooring; **~sitz** der reclining seat; **~statt** die *(geh.)* resting-place; *(Bett)* bed; **~stuhl** der *(einfach, mit Holzgestell)* deck-chair; *(Luxusausstattung, mit Metallgestell)* lounger; **~stütz** der press-up; **~stütz machen** do press-ups; **in den ~stütz gehen** get into a press-up position; **~wagen** der couchette car; **wollen Sie Schlafwagen oder ~wagen?** do you want a sleeper or a couchette?; **der ~wagen ist hinten** the couchettes are at the back of the train; **~wiese** die sunbathing lawn
lieh [li:] *1. u. 3. Pers. Sg. Prät. v.* **leihen**
lies [li:s] *Imperativ Sg. v.* **lesen**
Lieschen ['li:sçən] ~ **Müller** *(ugs.)* the average girl/woman *(coll.);* **Fleißiges ~** *(Bot.)* busy Lizzie; *s. auch* **lieb d**
Liese die; ~, ~n *(ugs. abwertend)* **eine dumme ~:** a stupid cow *(coll.);* **eine liederliche ~:** a slovenly Sue; a messy Jessie
ließ [li:s] *1. u. 3. Pers. Sg. Prät. v.* **lassen**
liest [li:st] *3. Pers. Sg. Präsens v.* **lesen**
Lift [lɪft] der; ~[e]s, ~e *od.* ~s **a)** lift *(Brit.);* elevator *(Amer.);* **b)** *Pl.:* ~e *(Ski~, Sessel~)* lift
Lift·boy der lift-boy *(Brit.);* elevator boy *(Amer.)*
¹**liften** ['lɪftn̩] *itr. V.; mit sein* take the [ski-] lift
²**liften** *tr. V.* **die Gesichtshaut ~:** tighten the skin of the face; **sich ~ lassen** *(ugs.)* have a face-lift
Liga ['li:ga] die; ~, **Ligen** league; *(Sport)* division; ~ **für Menschenrechte** League of Human Rights
Ligament [liɡaˈmɛnt] das; ~[e]s, ~e *(Anat.)* ligament
Ligatur [liɡaˈtuːɐ̯] die; ~, ~en *(Druckw., Musik, Med.)* ligature; *(Musik: in der modernen Notenschrift)* ligature; tie
Liguster [liˈɡʊstɐ] der; ~s, ~ *(Bot.)* privet
liieren [liˈiːrən] **1.** *refl. V.* **a)** **sich mit jmdm. ~:** start an affair with sb.; **mit jmdm. liiert sein** be having an affair with sb.; **b)** *(bes.*

Likör

Likör [li'kø:ɐ̯] *der;* ~s, ~e liqueur
lila ['li:la] *indekl. Adj.* mauve; *(dunkel~)* purple
Lila *das;* ~s *od. (ugs.)* ~s mauve; *(Dunkel~)* purple
Lilie ['li:liə] *die;* ~, ~n a) lily; b) *(Her.)* fleur-de-lis
Liliput- ['li:lipʊt-] miniature ⟨*railway, format*⟩; tiny ⟨*house, country*⟩
Liliputaner [lilipu'ta:nɐ] *der;* ~s, ~: dwarf; midget
Limburger ['lɪmbʊrgɐ] *der;* ~s, ~, **Limburger Käse** *der* Limburger [cheese]
Limerick ['lɪmərɪk] *der;* ~[s], ~s limerick
Limes ['li:mɛs] *der;* ~, ~ a) *(hist.)* limes; b) *(Math.)* limit
Limit ['lɪmɪt] *das;* ~s, ~s limit; **das äußerste ~:** the top limit; *(Termin)* the latest possible date; **das ~ überschreiten** exceed the limit; *(fig.)* go too far; **dieses ~ kann nicht unterschritten werden** one cannot go below this minimum; **jmdm. ein ~ [bis Ende der Woche** *usw.*] **setzen** set sb. a limit [of the end of the week *etc.*]
limitieren *tr. V.* limit; restrict
Limo ['lɪmo] *die, auch: das;* ~, ~[s] *(ugs.)* fizzy drink; **die Kinder kriegen ~:** the children can have pop *(coll.)*
Limonade [limo'na:də] *die;* ~, ~n fizzy drink; mineral; *(Zitronen~)* lemonade
Limone [li'mo:nə] *die;* ~, ~n lime
Limousine [limu'zi:nə] *die;* ~, ~n [large] saloon *(Brit.)* or *(Amer.)* sedan; *(mit Trennwand)* limousine
lind [lɪnt] *Adj. (dichter.)* a) *(mild)* balmy ⟨*night, air*⟩; b) *(sanft)* gentle ⟨*wind, voice*⟩
Linde ['lɪndə] *die;* ~, ~ n a) *(Baum)* lime[-tree]; b) o. *Pl. (Holz)* limewood
Linden-: ~**baum** *der* lime-tree; ~**blüten·honig** *der* lime-blossom honey; ~**blüten·tee** *der* lime-blossom tea
lindern ['lɪndɐn] *tr. V.* alleviate, relieve ⟨*suffering*⟩; ease, relieve ⟨*pain*⟩; quench, slake ⟨*thirst*⟩
Linderung *die;* ~ *(der Not)* relief; alleviation; *(des Schmerzes)* relief; **jmdm. [vorübergehend/sofort] ~ bringen** bring sb. [temporary/immediate] relief
lind·grün *Adj.* lime-green
Lind·wurm ['lɪnt-] *der (Myth.)* lindworm
Lineal [line'a:l] *das;* ~s, ~e ruler; **Striche mit einem ~ ziehen** rule lines; **er ging, als ob er ein ~ verschluckt hätte** he walked as stiff as a poker
linear [line'a:ɐ̯] 1. *Adj.* a) *(Math., Physik; auch geh.: geradlinig)* linear; b) *(Arbeitswelt)* ~**e Lohnerhöhung** phased pay rise in a series of equal steps; ~**e Abschreibung** straight-line depreciation. 2. *adv.* a) *(Phys., geh.)* linearly; in a linear manner; b) *(Arbeitswelt)* **die Gehälter ~ erhöhen/eine Lohnerhöhung ~ vornehmen** increase salaries/implement a pay increase in a series of equal steps
Linguist ['lɪŋ'gʊɪst] *der;* ~en, ~en linguist
Linguistik *die;* ~: linguistics *sing., no art.*
Linguistin *die;* ~, ~nen linguist
linguistisch 1. *Adj.* linguistic. 2. *adv.* linguistically
Linie ['li:niə] *die;* ~, ~n a) line; **ein Kleid in modischer/strenger ~:** a dress in a fashionable/severe style *or* with fashionable/severe lines; **auf die [schlanke] ~ achten** *(ugs. scherzh.)* watch one's figure; **in einer ~ stehen/sich in einer ~ aufstellen** stand in line/line up; **die feindliche[n] ~[n]** *(Milit.)* [the] enemy lines *pl.;* **in der vordersten** *od.* **in vorderster ~ kämpfen** *(Milit.)* fight in the front line; **in vorderster ~ stehen** *(fig.)* be in

the front line; **in ~ antreten** *(Milit.)* fall in; *(Sport)* line up; b) *(Verkehrsstrecke)* route; *(Eisenbahn~, Straßenbahn~)* line; route; **die ~ Frankfurt-London** the Frankfurt-London route; **eine ~ stillegen** stop a service; c) *(Verkehrsmittel)* **fahren Sie mit der ~ 4** take a *or* the number 4; **die ~ 12** the number 12; d) *(allgemeine Richtung)* line; policy; **eine ~ vertreten** take a line; **die große ~ wahren** stick to the broad principle; **eine/keine klare ~ erkennen lassen** reveal a/no clear policy; **sich auf der gleichen ~ bewegen** be on *or* along the same lines *pl.;* e) *(Verwandtschaftszweig)* line; **in direkter ~ von jmdm. abstammen** be directly descended from *or* a direct descendant of sb.; f) **in erster ~ geht es darum, daß das Projekt beschleunigt wird** the first priority is to speed up the project; **in erster ~ kommt sein Stellvertreter in Frage** his deputy is first in line; **wir müssen in erster ~ darauf bedacht sein, daß ...:** our prime concern must be that ...; **Geld spielt in dieser Sache erst in zweiter ~ eine Rolle** money is only of secondary importance *or* plays only a secondary role in this matter; **auf der ganzen ~:** all along the line; g) *(Seemannsspr.: Äquator) o. Pl.* **die ~ passieren** *od.* **kreuzen** cross the line
linien-, Linien-: ~**blatt** *das* line guide; guide sheet; ~**bus** *der* regular bus; ~**dienst** *der* regular service; *(Flugw.)* scheduled *or* regular service; **im ~dienst fahren/fliegen** ⟨*bus, coach/aircraft*⟩ be used on regular routes; ~**flug** *der* scheduled flight; ~**flugzeug** *das* scheduled plane *or* aircraft; ~**führung** *die* a) *(Art des Zeichnens)* line-work; b) *(Gestaltung der Umrißlinien)* lines *pl.;* ~**maschine** *die* s. ~flugzeug; ~**netz** *das* route network; ~**papier** *das* ruled *or* lined paper; ~**richter** *der (Fußball usw.)* linesman; *(Tennis)* line judge; *(Rugby)* touch judge; ~**schiff** *das* a) liner; b) *(hist.)* ship of the line; ~**treu** *(abwertend)* 1. *Adj.* loyal to the party line *postpos.;* 2. *adv.* ⟨*act*⟩ in accordance with the party line; ~**verkehr** *der* regular services *pl.; (Flugw.)* scheduled *or* regular services *pl.;* **im ~verkehr fahren/fliegen** ⟨*aircraft*⟩ be used on regular *or* scheduled routes
linieren [li'ni:rən], **liniieren** [lini'i:rən] *tr. V.* rule; rule lines on; **lini[i]ertes Papier** ruled *or* lined paper
Linierung, Liniierung *die;* ~, ~en a) *(Vorgang)* ruling; b) *(Linien)* [ruled] lines *pl.*
link [lɪŋk] *(salopp)* 1. *Adj.* underhand; shady, underhand ⟨*deal*⟩; **ein ~er Vogel** a shady customer *(coll.)* or character; **komm mir bloß nicht auf die ~e Tour!** just don't try and pull a fast one on me *(sl.).* 2. *adv.* in an underhand way
link... *Adj.* a) left; left[-hand] ⟨*edge*⟩; **die ~e Spur** the left-hand lane; **~er Hand, zur ~en Hand** on the left-hand side; on the left; **auf der ~en Seite** on the left-hand side; **auf der ~en Seite gehen** walk on the left; **der ~e Außenstürmer/Verteidiger** *(Ballspiele)* the outside left/the left back; **mit dem ~en Fuß** *od.* **Bein zuerst aufgestanden sein** *(fig. ugs.)* have got out of bed on the wrong side; *s. auch* **Ehe;** b) *(außen, sichtbar)* wrong, reverse ⟨*side*⟩; ~**e Maschen** *(Handarb.)* purl stitches; **eine ~e Masche stricken** purl one; c) *(in der Politik)* left-wing; leftist *(derog.);* **der ~e Flügel einer Partei** the left wing of a party
¹**Linke** *der/die adj. Dekl.* left-winger; leftist *(derog.);* **von den ~n organisiert sein** be organized by the left
²**Linke** *die;* ~n, ~n a) *(Hand)* left hand; **seine ~ einsetzen** *(Boxen)* use one's left; **zur ~n des Königs** on *or* to the left of the king; on the king's left; **jmdm. zur ~n sein** on sb.'s left; to the left of sb.; **zur ~n** on the right; b) *(Politik)* left
linker·seits *Adv.* on the left[-hand side]

linksradikal

linkisch 1. *Adj.* awkward. 2. *adv.* awkwardly
links [lɪŋks] 1. *Adv.* a) *(auf der linken Seite)* on the left; *(Theater)* stage right; **die zweite Straße ~:** the second street *or* turning on the left; **~ von jmdm./etw.** on sb.'s left *or* to the left of sb./on *or* to the left of sth.; **von ~ kommen** come from the left; **nach ~ gehen/sich nach ~ wenden** go/turn to the left; **er wandte sich nach ~:** he turned to his *or* the left; **sich ~ halten** keep to the left; **weder nach ~ noch nach rechts schauend verließ sie den Saal** looking neither [to the] left nor [to the] right she walked out of the room; **er blickte weder nach ~ noch nach rechts, sondern rannte einfach über die Straße** he didn't look left or right, but just ran straight across the road; **sich ~ einordnen** move *or* get into the left-hand lane; **jmdn./etw. ~ liegenlassen** *(fig.)* ignore sb./sth.; **ich weiß/sie wissen** *usw.* **nicht [mehr], was ~ und [was] rechts ist** *(fig.)* I don't know 'where I am/ they don't know 'where they are *etc.;* b) *(Politik)* on the left wing; ~ **stehen** *od.* **sein** be left-wing *or* on the left; ~ **eingestellt sein** have left-wing leanings; **weit ~ stehen** be on the far left; c) *(ugs.: ~händig)* left-handed; **mit ~** *(fig.)* easily; with no trouble; d) *(Handarb.)* **zwei ~, zwei rechts** two purl, two plain; purl two, knit two; **ein ~ gestrickter Pullover** a purl[-knit] pullover; e) *(~seitig)* **etw. von ~ bügeln** iron sth. on the wrong side *or* reverse side; **nach ~ wenden** turn ⟨*dress, skirt, etc.*⟩ inside out. 2. *Präp. mit Gen.* ~ **des Rheins/der Straße** on the left side *or* bank of the Rhine/on the left-hand side of the road *or* to the left of the road
links-, Links-: ~**abbieger** *der (Verkehrsw.)* motorist/cyclist/car *etc.* turning left; **die ~abbieger** the traffic *sing.* turning left; **als ~abbieger mußte er ...:** since he was turning left he had to ...; ~**abbieger·spur** *die (Verkehrsw.)* left-hand turn lane; ~**abweichler** *der (Politik)* left deviationist; ~**ausleger** *der (Boxen)* orthodox boxer; ~**außen** *Adv.* a) *(Ballspiele)* ⟨*run, break through*⟩ down the left wing; **nach ~außen spielen** play the ball out to the left wing; b) *(Politik)* ⟨*move, drift*⟩ to the extreme left; **ganz ~außen stehen** be on the extreme left [wing]; be an extreme left-winger; ~**außen** *der;* ~, ~ *(Ballspiele)* left wing; outside left; b) *(Politik ugs.)* extreme left-winger; ~**drall** *der* a) pull to the left; **der Tennisspieler gab dem Ball einen ~drall** the tennis player swerved the ball to the left; b) *(Waffent.)* left-handed twist; c) *(Politik ugs.)* tendency to the left; left-wing tendency; ~**drehend** *Adj.* a) *(bes. Technik)* left-hand ⟨*thread*⟩; b) *(Chemie, Physik)* laevorotatory; ~**drehung** *die (Chemie, Physik)* laevorotation; ~**extremismus** *der (Politik)* left-wing extremism; ~**extremist** *der (Politik)* left-wing extremist; ~**gängig** *Adj. s.* ~drehend a; ~**gerichtet** *Adj. (Politik)* left-wing orientated; ~**gewinde** *das (Technik)* left-hand thread; ~**händer** [~hɛndɐ] *der;* ~s, ~, ~**händerin** *die;* ~, ~nen left-hander; ~**händer[in] sein** be left-handed; ~**händig** 1. *Adj.* left-handed; 2. *adv.* with one's left hand; ~**händigkeit** *die;* ~: left-handedness; ~**herum** *Adv.* round to the left; **etw. ~herum drehen** turn sth. anticlockwise *or* [round] to the left; ~**intellektuelle** *der/die* left-wing intellectual; ~**kurve** *die* left-hand bend; ~**lastig** *Adj.* a) ⟨*ship*⟩ listing to the left; ⟨*car*⟩ down at the left, leaning to the left; ~**lastig sein** ⟨*ship*⟩ list to the left, have a list to the left; ⟨*car*⟩ be down at the left, lean to the left; b) *(Politik ugs.)* leftist; ~**läufig** *Adj.* running from right to left *postpos., not pred.;* ~**liberal** *Adj.* left-wing liberal; ~**liberale** *der/die* left-wing liberal; ~**partei** *die (Politik)* left-wing party; ~**ra-**

1293

Linksradikale | **lochen**

dikal *(Politik)* **1.** *Adj.* radical left-wing; **2.** *adv.* eine ~radikal orientierte Gruppe a group with a radical left-wing orientation; ~radikale der/die left-wing radical; ~radikalismus der left-wing radicalism; ~rheinisch **1.** *Adj.; nicht präd.* on *or* to the left of the Rhine *postpos.*; auf der ~rheinischen Seite on the left side of the Rhine; **2.** *adv.* on *or* to the left of the Rhine; ~ruck der *(Politik ugs.)* shift to the left; ~rum *Adv. (ugs.) s.* ~herum; ~seitig **1.** *Adj.* ⟨paralysis⟩ of the left side; **2.** *adv.* on the left [side]; ~seitig gelähmt sein be paralysed on *or* down the *or* one's left side; ~stehend *Adj. (Politik)* left-wing; ~steuerung die left-hand drive; ~um [*auch:* -'-] *Adv. (bes. Milit.)* to the left; ~um kehrt! to the left about turn!; ~um machen do a left turn; ~verkehr der driving *no art.* on the left
linnen ['lɪnən] *Adj.; nicht präd. (veralt.)* linen
Linnen das; ~s, ~ *(veralt.)* linen
Linoleum [li'no:leʊm] das; ~s linoleum; lino
Linol·schnitt der linocut
Linse ['lɪnzə] die; ~, ~n a) *(Bot., Kochk.)* lentil; b) *(Med., Optik)* lens; c) *(ugs.: Objektiv)* lens; jmdm. vor die ~ bekommen get sb. in front of the camera
linsen *itr. V. (ugs.)* peep; peek
Linsen-: ~gericht das lentil dish; für ein ~gericht *(geh.)* for a mess of pottage; ~suppe die lentil soup
Lippe ['lɪpə] die; ~, ~n lip; jmdm. nicht über die ~n kommen, nicht über jmds. ~n *(Akk.)* kommen not pass sb.'s lips; sie brachte es nicht über die ~n she couldn't bring herself to say it; jmdm. glatt von den ~n gehen come easily to sb.'s lips; ein fröhliches Lied auf den ~n singing merrily; an jmds. Lippen *(Dat.)* hängen hang on sb.'s every word; eine [dicke *od.* große] ~ riskieren *(salopp)* shoot one's mouth off *(sl.)*
Lippen-: ~bekenntnis das *(abwertend)* empty talk *no pl.*; ~bekenntnisse für etw. ablegen pay lip-service to sth.; ~blütler der *(Bot.)* labiate; ~laut der *(Phon.)* labial; ~stift der lipstick
liquid [li'kvi:t] *Adj. (Wirtsch.)* liquid ⟨funds, resources⟩; solvent ⟨business⟩; ich bin zur Zeit nicht ~: I'm out of funds at the moment
Liquida ['li:kvida] die; ~, Liquidä *od.* Liquiden *(Phon.)* liquid
Liquidation [likvida'tsi̯o:n] die; ~, ~en a) *(verhüll.: Tötung)* liquidation; b) *(Wirtsch.)* liquidation *no indef. art.*; c) *(Rechnung)* account; d) *(geh.: Tilgung)* elimination ⟨eines Systems⟩ abolition
liquide *s.* liquid
liquidieren [likvi'di:rən] **1.** *tr. V.* a) *(verhüll.: töten)* liquidate; b) *(Wirtsch.)* liquidate; c) *(Rechnung ausstellen)* charge; d) *(geh.: tilgen)* eliminate; abolish ⟨system of government⟩. **2.** *itr. V. (Wirtsch.)* go into liquidation
Liquidierung die; ~, ~en *s.* Liquidation
Liquidität [likvidi'tɛ:t] die; ~ *(Wirtsch.)* liquidity; solvency; *(flüssige Mittel)* liquid assets *pl.*
Liquiditäts·schwierigkeiten *Pl.* in ~ sein *(Wirtsch.)* have liquidity problems
lispeln ['lɪspļn] *itr. V.* a) lisp; er hat schon immer gelispelt he's always had a lisp; b) *auch tr. (flüstern)* whisper
Lissabon ['lɪsabɔn] *(das);* ~s Lisbon
Lissabonner ['lɪsabɔnɐ] **1.** *Adj.; nicht präd.* Lisbon: *s. auch* **Kölner 1. 2.** der; ~s, ~: inhabitant/native of Lisbon; *s. auch* **Kölner 2**
List [lɪst] die; ~, ~en a) [cunning] trick *or* ruse; zu einer ~ greifen resort to a [cunning] trick *or* ruse; use a little cunning; b) *(listige Art) o. Pl.* cunning; mit ~ und Tücke *(ugs.)* by cunning and trickery

Liste die; ~, ~n list; eine ~ über etw. *(Akk.)* anlegen/führen draw up/keep a list of sth.; jmdn./etw. auf eine ~ setzen put sb./sth. on a list; jmdn./etw. von einer ~ streichen take *or* cross sb./sth. off a list; eine schwarze ~: a blacklist
Listen-: ~platz der *(Politik)* place on the [party] list; ~preis der list price; ~wahl die *(Parl.)* list system
listig 1. *Adj.* cunning; crafty. **2.** *adv.* cunningly; craftily; jmdn. ~ ansehen/angrinsen look/grin at sb. slyly.
Litanei [lita'naɪ̯] die; ~, ~en *(Rel., auch fig. abwertend)* litany; eine ~ beten/*(abwertend)* herbeten recite a litany
Litauen ['li:tau̯ən] *(das);* ~s Lithuania
Litauer der; ~s, ~: Lithuanian
litauisch *Adj.* Lithuanian
Liter ['li:tɐ] der, *auch:* das; ~s, ~: litre
literar·historisch *s.* literaturgeschichtlich
literarisch [lɪtə'ra:rɪʃ] **1.** *Adj.* literary. **2.** *adv.* ~ hervortreten emerge as a writer; sich ~ betätigen write; do some writing; ~ interessiert/gebildet sein be interested in literature/be well-read
Literat [lɪtə'ra:t] der; ~en, ~en, **Literatin** die; ~, ~en writer; literary figure
Literatur [lɪtəra'tu:ɐ̯] die; ~, ~en literature; belletristische ~: belles-lettres *pl.*; in die ~ eingehen find one's place in literature
literatur-, Literatur-: ~an·gabe die [bibliographical] reference; ~denkmal das literary monument; ~gattung die literary genre; ~geschichte die history of literature; ~geschichtlich **1.** *Adj.; nicht präd.* literary-historical; **2.** *adv.* ~geschichtlich interessiert/beschlagen sein interested/versed in literary history; ~geschichtlich gesehen from the point of view of literary history; ~hinweis der reference to further reading; ~historiker der literary historian; ~kritik die literary criticism; ~kritiker der literary critic; ~papst der *(iron.)* leading literary pundit; ~preis der prize for literature; literary prize; ~verzeichnis das list of references; ~wissenschaft die literary studies *pl., no art.;* study of literature; vergleichende ~wissenschaft comparative literature; ~zeitschrift die literary magazine; *(Fachzeitschrift)* literary journal
Liter·flasche die litre bottle
liter·weise *Adv.* by the litre; in litres
Litfaß·säule ['lɪtfas-] die advertising column *or* pillar
Lithograph [lito'gra:f] der; ~en, ~en lithographer
Lithographie [litogra'fi:] die; ~, ~n a) *o. Pl. (Verfahren)* lithography *no art.*; b) *(Druck)* lithograph
lithographisch *Adj.* lithographic
Litotes [li'to:tɛs] die; ~, ~ *(Rhet.)* litotes
litt [lɪt] *1. u. 3. Pers. Sg. Prät. v.* leiden
Liturgie [lɪtʊr'gi:] die; ~, ~n *(christl. Kirche)* liturgy
liturgisch 1. *Adj.* liturgical. **2.** *adv.* liturgically
Litze ['lɪtsə] die; ~, ~n a) braid; b) *(Elektrot.)* flex *(Brit.);* cord *(Amer.)*
live [laɪ̯f] *(Rundf., Ferns.)* **1.** *Adj.* live. **2.** *adv.* live; in dieser Sendung wird nur ~ gesungen in this programme all the singing is live
Live-: ~~**Sendung** die *(Rundf., Ferns.)* live programme; *(Übertragung)* live broadcast; ~-**Show** die live show
Livius ['li:vi̯ʊs] *(der)* Livy
Livree [li'vre:] die; ~, ~n livery; ein Diener in ~: a liveried servant
livriert *Adj.* liveried
¹**Lizentiat** [lɪtsɛn'tsi̯a:t] der; ~en, ~en *(schweiz.)* licentiate
²**Lizentiat** das; ~s, ~e *(schweiz.)* licentiate
Lizenz [li'tsɛnts] die; ~, ~en licence; etw. in ~ herstellen manufacture sth. under licence
Lizenz-: ~aus·gabe die *(Buchw.)* licensed edition; ~gebühr die licence fee; *(Verlagsw.)* royalty
lizenzieren [lɪtsɛn'tsi:rən] *tr. V.* license
Lizenz-: ~spieler der *(Sport)* licensed professional; ~träger der licensee; ~vertrag der licence agreement
Lkw, LKW [ɛlka:'ve:] der; ~[s], ~[s] *Abk.* Lastkraftwagen
Lkw-Fahrer der truck *or (Brit.)* lorry driver; trucker *(Amer.)*
¹**Lob** [lo:p] das; ~[e]s, ~e praise *no indef. art.;* ein ~ bekommen receive praise; come in for praise; [ein] ~ für etw. verdienen deserve praise for sth.; jmdm. ~ spenden *(geh.)* bestow praise on sb.; über jedes ~ erhaben sein be beyond praise; voll des ~es *od.* des ~es voll über jmdn./etw. sein *(geh.)* be full of praise for sb./sth.; Gott sei ~ und Dank! *(geh.)* praise and thanks be to God; ein ~ dem Küchenchef/der Hausfrau my compliments to the chef/the hostess
²**Lob** [lɔp] der; ~s, ~s *(Tennis)* lob
Lobby ['lɔbi] die; ~, ~s *od.* Lobbies lobby
Lobbyismus der; ~: lobbyism *no art.*
Lobbyist der; ~en, ~en, **Lobbyistin** die; ~, ~nen lobbyist
loben *tr., auch itr. V.* praise; jmdn. für *od.* wegen etw. ~: praise sb. for sth.; jmdn./etw. ~d erwähnen commend sb./sth.; da lob' ich mir ...: give me ... any day; what I like is ...; das lob' ich mir good for you/him *etc.* *(coll.);* „Bravo", lobte er [seinen Sohn] 'Bravo', he said approvingly [to his son]; er lobt gern he is generous with his praise
lobens·wert 1. *Adj.* praiseworthy; laudable; commendable. **2.** *adv.* laudably; commendably
lobesam *Adj. (veralt.)* Kaiser Rotbart ~: the good Emperor Redbeard *or* Barbarossa
Lobes·hymne die *(oft iron.)* hymn of praise; ~n auf jmdn./etw. singen *od.* anstimmen *(fig.)* sing sb.'s praises/the praises of sth.; praise sb./sth. to the skies
Lob-: ~gesang der song *or* hymn of praise; ~hudelei die *(abwertend)* extravagant praise *no pl. (auf* + *Akk.* of)
löblich ['lø:plɪç] *Adj. (oft iron.)* laudable; commendable
lob-, Lob-: ~lied das song of praise; ein ~lied auf jmdn./etw. anstimmen *(fig.)* sing sb.'s praises/the praises of sth.; ~preisen *unr. od. regelm. tr. V. (dichter.)* praise; ~preisung die *(dichter.)* praise; zur ~preisung Gottes in praise of God; ~rede die eulogy; panegyric; eine ~rede auf jmdn. halten make a speech in praise of sb.; eulogize sb.
Loch [lɔx] das; ~[e]s, Löcher ['lœçɐ] a) hole; ein ~ im Zahn/Kopf haben have a hole *or* cavity in one's tooth/gash on one's *or* the head; sich *(Dat.)* ein ~ in den Kopf *usw.* stoßen gash one's head *etc.;* das ~ in etw. *(Dat.)* stopfen *(fig.)* plug the gap in it; ein großes ~ in jmds. Geldbeutel reißen *(fig.)* make a big hole in sb.'s pocket; jmdm. ein ~ *od.* Löcher in den Bauch fragen *(salopp)* drive sb. up the wall with [all] one's questions *(coll.);* Löcher in die Luft gucken *od.* starren *(ugs.)* gaze into space; ein ~ *od.* Löcher in die Luft schießen *(ugs.)* shoot wide; miss completely; auf *od.* aus dem letzten ~ pfeifen be on one's/its last legs; *s. auch* saufen **1 b**; b) *(salopp abwertend: Wohnraum)* hole; c) *(salopp: Gefängnis)* nick *(sl.);* clink *(sl.);* ins ~ kommen/im ~ sitzen be put in/be in the nick *or* clink; d) *(derb: Vagina)* cunt *(vulg.);* hole *(coarse);* e) *(ugs.: im Billardtisch)* pocket
Loch-: ~beitel der mortise chisel; ~billard das pocket billiards; pool; ~eisen das punch
lochen *tr. V.* a) punch holes/a hole in; punch, clip ⟨ticket⟩; punch [holes in] ⟨invoice, copy, bill⟩ *(for filing); (perforieren)* perforate; b) *(DV)* punch

Locher der; ~s, ~ a) *(auch DV)* punch; b) *(Beruf)* keypunch operator
löcherig *Adj.* holey; full of holes *pred.*; **die Abwehr war ~** *(fig.)* the defence was full of gaps *or* was wide open; **sein Alibi/seine Argumentation war recht ~** *(fig.)* his alibi/argument was full of holes
Locherin die; ~, ~nen keypunch operator
löchern *tr. V. (ugs.)* jmdn. ~: pester sb. to death; jmdn. ~, etw. zu tun pester sb. to do sth.
Loch-: ~kamera die pinhole camera; ~karte die *(Technik, DV)* punch[ed] card
Loch·karten·verfahren das; *o. Pl.* punch[ed]-card system
löchrig *Adj. s.* löcherig
Loch-: ~säge die compass saw; keyhole saw; ~stickerei die broderie anglaise; ~streifen der *(Technik, DV)* punch[ed] tape; ~zange die [ticket] punch; ~ziegel der *(Bauw.)* perforated brick
Locke ['lɔkə] die; ~, ~n curl; ~n haben have curly hair
¹**locken** *tr. V.* a) lure; *(fig.)* entice (aus out of, in + Akk. into); **die Henne lockte die Küken** the hen called her chicks; **ein Tier aus dem Bau/in den Käfig ~:** lure an animal out of its hole/into its cage; **jmdn. in einen Hinterhalt/auf eine falsche Fährte ~:** lure sb. into an ambush/put sb. on the wrong track; b) *(reizen)* tempt; **es lockt mich sehr** I am very tempted; **ein ~des Angebot/Abenteuer** a tempting offer/alluring adventure
²**locken** 1. *tr. V.* curl; jmdm. das Haar ~: curl sb.'s hair; **gelocktes Haar** curly hair. 2. *refl. V.* ⟨hair⟩ curl
löcken ['lœkn] *itr. V.* wider *od.* gegen den Stachel ~: kick against the pricks
Locken-: ~haar das curly hair; ~kopf der a) curly hair; b) *(Mensch)* curly head; ~köpfig *Adj.* curly haired; ~pracht die *(scherzh.)* magnificent head of curls; ~wickler der [hair] curler *or* roller; sich *(Dat.)* ~wickler ins Haar drehen put one's hair in curlers
locker 1. *Adj.* a) loose ⟨tooth, nail, chair-leg, etc.⟩; **etw. ~ machen** loosen sth.; *s. auch* Schraube; b) *(durchlässig, leicht)* loose ⟨soil, snow, fabric⟩; light ⟨mixture, cake⟩; c) *(entspannt)* relaxed ⟨position, muscles⟩; slack ⟨rope, rein⟩; *(fig.: unverbindlich)* loose ⟨relationship, connection, etc.⟩; **das Seil/die Zügel ~ lassen** slacken the rope [off]/slacken the reins; ~ **werden** ⟨person⟩ loosen up; d) *(leichtfertig)* loose ⟨morals, life⟩; frivolous ⟨jokes, remarks⟩; **sein ~es Mundwerk** *(salopp)* his big mouth *(coll.)*; **ein ~er Vogel** *(ugs.)* a bit of a lad *(coll.)*; *s. auch* Hand f. 2. *adv.* a) sitzen ⟨tooth, screw, nail⟩ be loose; **ein ~ sitzender Zahn** a loose tooth; **bei ihm sitzt das Geld ~ [in der Tasche]** *(fig.)* money burns a hole in his pocket; b) *(durchlässig)* loosely; ⟨bake⟩ lightly; c) *(entspannt, ungezwungen)* loosely; **etw. ganz ~ machen** *(ugs.)* do sth. without any trouble; **sich ~ geben** be relaxed; ~ **vom Hocker** *(ugs.)* coolly; **dieses Gesetz wird ~ gehandhabt** this law is not strictly enforced
locker-: ~|lassen *unr. itr. V. (ugs.)* nicht ~lassen not give *or* let up; ~|machen *tr. V. (ugs.)* fork up *or* out *(sl.)*; shell out *(sl.)*; **bei jmdm. etw. ~machen** get sb. to fork up *or* fork out sth.
lockern 1. *tr. V.* a) loosen ⟨screw, tie, collar, etc.⟩; slacken [off] ⟨rope, dog-leash, etc.⟩; *(fig.)* relax ⟨regulation, law, etc.⟩; **seinen Griff ~:** loosen *or* relax one's grip; b) *(entspannen)* loosen up, relax ⟨muscles, limbs⟩; *(fig.)* relax ⟨attitude⟩; c) *(auf~)* loosen, break up ⟨soil⟩. 2. *refl. V.* ⟨brick, tooth, etc.⟩ work itself loose; **bei mir hat sich ein Zahn gelockert** one of my teeth has worked itself loose; **sein Griff lockerte sich** his grip loosened; b) *(entspannen)* ⟨person⟩ loosen up; *(vor Spielbeginn)* loosen *or* limber up;

(fig.) ⟨tenseness, tension⟩ ease; **die Sitten haben sich gelockert** *(fig.)* morals have become *or* grown lax
Lockerung die; ~, ~en a) loosening; *(fig.: von Bestimmung, Gesetz usw.)* relaxation; b) *(Entspannung)* loosening up; relaxation
Lockerungs·übung die loosening-up *or* limbering-up exercise
lockig *Adj.* curly
Lock-: ~mittel das enticement; ~ruf der call; ~speise die *(geh.)* bait; ~spitzel der *(abwertend)* agent provocateur
Lockung die; ~, ~en *(geh.)* temptation; **die ~ der Ferne** the lure of distant lands; **jmds. ~en** *(Dat.)* widerstehen resist sb.'s enticements
Lock·vogel der decoy; *(fig.)* lure; decoy
Loden ['lo:dn] der; ~s, ~: loden
Loden·mantel der loden coat
lodern *itr. V. (geh., auch fig.)* blaze; **die Flammen loderten zum Himmel** the flames leapt up to the sky; **ihre Augen loderten vor Zorn** *(fig.)* her eyes blazed with anger
Löffel ['lœfl] der; ~s, ~ a) spoon; *(als Maßangabe)* spoonful; **ein ~ Zucker** a spoonful of sugar; **den ~ abgeben** *(fig. salopp)* kick the bucket *(sl.)*; **mit einem goldenen** *od.* **silbernen ~ im Mund geboren sein** *(fig. ugs.)* be born with a silver spoon in one's mouth; **jmdn. über den ~ barbieren** *od.* **balbieren** *(fig. ugs.)* do *(sl.)* *or* swindle sb.; b) *(Jägerspr.)* ear; *(fig.)* **sperr doch die ~ auf!** *(ugs.)* pin your lugholes *(Brit.)* *or* ears back! *(coll.)*; **jmdm. eins** *od.* **ein paar hinter die ~ geben** *(ugs.)* give sb. a clout round the ear; **sich** *(Dat.)* **etw. hinter die ~ schreiben** *(ugs.)* get sth. into one's head
Löffel·bagger der mechanical shovel; excavator
löffeln *tr. V.* spoon [up]; **sie löffelte Suppe aus der Terrine** she ladled soup from the tureen
Löffel·stiel der [spoon] handle
löffel·weise *Adv.* by the spoonful
log [lo:k] 1. u. 3. Pers. Sg. Prät. v. **lügen**
Log [lɔk] das; ~s, ~e *(Seew.)* log
Logarithmen·tafel die *(Math.)* log[arithmic] table
logarithmieren *(Math.)* 1. *tr. V.* find the log[arithm] of. 2. *itr. V.* do logs *or* logarithms
logarithmisch *Adj. (Math.)* logarithmic
Logarithmus [loga'rɪtmʊs] der; ~, Logarithmen *(Math.)* logarithm; log
Log·buch das *(Seew.)* log [book]
Loge ['lo:ʒə] die; ~, ~n a) *(Theater)* box; b) *(Freimaurer~, Pförtner~)* lodge
Logen-: ~bruder der brother mason; ~platz der *(Theater)* seat in a box; ~schließer der box attendant
Logger ['lɔgɐ] der; ~s, ~ *(Seew.)* lugger
Loggia ['lɔdʒia] die; ~, Loggien a) *(Balkon)* balcony; b) *(Archit.)* loggia
Logier·besuch der *(veralt.)* house-guest/-guests
logieren *(veralt.)* 1. *itr. V.* stay. 2. *tr. V. (schweiz.)* **jmdn. bei sich ~:** put sb. up [at one's house/flat *(Brit.)* *or* *(Amer.)* apartment etc.]
Logier·gast der *(veralt.)* house-guest
Logik ['lo:gɪk] die; ~: logic; **in der ~:** in logic
Logiker ['lo:gikɐ] der; ~s, ~, **Logikerin** die; ~, ~nen a) *(Philos.)* logician; b) *(logisch Denkender/Denkende)* logical thinker
Logis [lo'ʒi:] der; ~ [lo'ʒi:(s)], ~ [lo'ʒi:s] a) lodgings *pl.*; room/rooms *pl.*; *s. auch* Kost; b) [*auch:* 'lo:gɪs] *(Seemannsspr.)* **das ~ [der Matrosen]** the crew's quarters *pl.*
logisch ['lo:gɪʃ] 1. *Adj.* logical; **in keinem ~en Zusammenhang stehen** have no logical connection; **[ist doch] ~** *(ugs.)* yes, of course. 2. *adv.* logically
logischerweise *Adv.* logically; *(selbstverständlich)* naturally

Logistik die; ~ a) *(Math.)* mathematical *or* symbolic logic *no art.*; b) *(Milit.)* logistics *sing., no art.*; *(fig.)* logistics *pl.*
Log·leine die *(Seew.)* log line
logo ['lo:go] *Adj. (salopp)* **[ist doch] ~!** you bet! *(coll.)*; of course!
Logopäde [logo'pɛ:də] der; ~n, ~n speech therapist
Logopädie [logopɛ'di:] die; ~: speech therapy *no art.*
Logopädin die; ~, ~nen speech therapist
¹**Lohe** ['lo:ə] die; ~ *(dichter.: Flamme)* blaze; **die ~n** the raging flames
²**Lohe** die; ~, ~n tan [bark]
¹**lohen** *itr. V. (dichter.)* blaze
²**lohen** *tr. V.* tan ⟨hides etc.⟩ [with tanbark]
Loh-: ~gerber der [vegetable] tanner; ~gerberei die a) *(Betrieb)* [vegetable] tannery; b) *(~gerbung)* [vegetable] tanning
Lohn [lo:n] der; ~[e]s, Löhne ['lø:nə] a) wage[s *pl.*]; pay *no indef. art., no pl.*; **die Löhne drücken/einfrieren** *(ugs.)* lower/freeze wages; **bei jmdm./einer Firma in ~ und Brot stehen** be employed by sb./a firm; work for sb./a firm; **jmdn. um ~ und Brot bringen** deprive sb. of his/her livelihood; b) *o. Pl. (Belohnung, auch fig.)* reward; **als** *od.* **zum ~ für ...:** as a reward for ...; **der Verbrecher hat seinen ~ bekommen** *(fig.)* the criminal got his deserts *pl.*
Lohn-, Löhn-: ~abbau der reduction in wages; ~abhängig *Adj.* wage-earning *attrib.*; ~abhängige der/die wage-earner; ~abrechnung die wage-slip; pay-slip; ~arbeit die *(Soziol.)* wage-labour; ~aus·fall der loss of earnings; ~ausgleich der making-up of wages; **[eine] kürzere Arbeitszeit bei vollem ~ausgleich** shorter working hours with no loss of pay; ~buch·halter der payroll clerk; ~buch·haltung die a) *o. Pl.* payroll accounting; b) *(Abteilung)* payroll office; ~büro das payroll office; ~empfänger der wage-earner
lohnen 1. *refl., itr. V.* be worth it; be worthwhile; **die Anstrengung hat sich gelohnt** it was worth the effort; **das lohnt [sich] nicht** it's not worth it; **es lohnt [sich], den Versuch zu machen** it's worth making the attempt; **das lohnt sich nicht für mich** it's not worth my while; **die Mühe hat [sich] gelohnt** it was worth the trouble *or* effort; **lohnt [sich] das?** is it worth it?; **der Film lohnt sich sehr** the film is well worth seeing. 2. *tr. V.* a) *(rechtfertigen)* be worth; **die Ausstellung lohnt einen Besuch** the exhibition is worth a visit *or* is worth visiting; **das lohnt die Mühe nicht** it is not worth the trouble; b) **jmdm. etw. ~:** reward sb. for sth.; *(vergelten)* repay sb. for sth.; **Gott wird dir deine Hilfe ~** *(geh.)* God will reward you for your help
löhnen *tr., itr. V.* a) *(Lohn auszahlen)* pay; b) *(salopp: bezahlen)* pay; fork out *or* up *(sl.)*
lohnend *Adj.* rewarding ⟨task⟩; worthwhile, rewarding ⟨occupation⟩; worthwhile ⟨aim⟩; *(einträglich)* financially rewarding; lucrative; **das Studium dieses Buches ist wirklich ~:** this book is really worth studying; it is really worth studying this book; **die Ausstellung ist wirklich ~:** the exhibition is really worth seeing
lohnens·wert *Adj.* worthwhile *attrib.*; worth while *pred.*
Lohn-, Löhn-: ~erhöhung die wage *or* pay increase *or (Brit.)* rise; ~forderung die wage demand *or* claim; ~fort·zahlung die continued payment of wages; ~gruppe die wage group; ~intensiv *Adj. (Wirtsch.)* wage-intensive; ~kampf der wage dispute; ~kosten *Pl.* wage costs; ~kürzung die wage cut *or* reduction; ~liste die payroll; ~pause die pay pause; ~pfändung die garnishment [of wages]; ~politik die *(Politik, Wirtsch.)* pay policy;

policy on wages; **~-Preis-Spirale** die wage-price spiral; **~raub** der *(abwertend)* wage exploitation; **~runde** die wage *or* pay round; **~skala** die wage *or* pay scale
Lohn·steuer die income tax
Lohnsteuer-: **~jahres·ausgleich** der annual adjustment of income tax; **~karte** die income-tax card
Lohn-: **~stopp** der wage *or* pay freeze; **~streifen** der pay-slip; **~tarif** der wage rate; **~tüte** die pay-packet *(Brit.)*; wage packet
Löhnung die; ~, ~en a) *(Auszahlung)* payment of wages; b) *(Lohn)* pay
Lohn-: **~zettel** der pay-slip; **~zuwachs** der pay increase
Loipe ['lɔypə] die; ~, ~n *(Skisport)* [cross-country] course
Lok [lɔk] die; ~, ~s engine; locomotive
lokal [lo'ka:l] **1.** *Adj.* **a)** *(örtlich)* local; **Lokales** *(Zeitungsw.)* local news *sing.*; **b)** *(Gram.)* of place *postpos.* **2.** *adv.* jmdn. ~ betäuben give sb. a local anaesthetic
Lokal das; ~s, ~e pub *(Brit. coll.)*; bar *(Amer.)*; *(Speise~)* restaurant
Lokal-: **~anästhesie** die *(Med.)* local anaesthesia; **~augen·schein** der *(österr.)* s. **Lokaltermin**; **~blatt** das *(Zeitungsw.)* local paper
lokalisieren *tr. V.* locate; *(eingrenzen, Med.)* localize; limit, contain ⟨fire⟩
Lokalisierung die; ~, ~en location; *(Eingrenzung, Med.)* localization
Lokalität [lokali'tɛ:t] die; ~, ~en locality; **die ~en kennen** know the locality or district *or* area; **wo sind hier die ~en?** *(verhüll.)* where's the cloakroom? *(Brit. euphem.)*; where's the rest-room? *(esp. Amer. euphem.)*
Lokal-: **~kolorit** das local colour; **~matador** der *(bes. Sport)* local hero *or* favourite; **~patriotismus** der local patriotism; **~politik** die local politics *sing.*, *no art.*; **~politiker** der local politician; **~presse** die local press; **~redakteur** der *(Zeitungsw.)* local-news editor; editor of the local[-news] section; **~redaktion** die *(Rundf., Ferns., Zeitungsw.)* local-news section; **~runde** die round for everyone [in the pub *(Brit. coll.)* *or* *(Amer.)* bar]; **eine ~runde ausgeben** *od.* *(salopp)* schmeißen buy a round *or* drink for everyone in the pub *(Brit. coll.)* *or* *(Amer.)* bar; **~seite** die *(Zeitungsw.)* local page; **~teil** der *(Zeitungsw.)* local section; **~termin** der *(Rechtsspr.)* visit to the scene [of the crime]; **~verbot** das: [in einer Gaststätte] **~verbot haben/bekommen** be/get banned [from a pub *(Brit. coll.)* *or* *(Amer.)* bar]; jmdm. **~verbot erteilen** ban sb. [from the/a pub *(Brit. coll.)* *or* *(Amer.)* bar]; **~zeitung** die local [news]paper
Lok·führer der s. **Lokomotivführer**
Lokomotive [lokomo'ti:və] die; ~, ~n locomotive; *(railway)* engine
Lokomotiv·führer der engine-driver *(Brit.)*; engineer *(Amer.)*
Lokus ['lo:kʊs] der; ~ *od.* ~ses, ~ *od.* ~se *(salopp)* loo *(Brit. coll.)*; john *(Amer. coll.)*
Lokus·papier das *(salopp)* loo paper *(Brit. coll.)*; toilet paper
Lombardei [lɔmbar'daɪ] die; ~: Lombardy
lombardisch *Adj.* Lombardic
Lombard·satz der *(Bankw.)* Lombard rate
London ['lɔndɔn] *(das)*; ~: London
Londoner 1. *indekl. Adj.*; *nicht präd.* London. **2.** der; ~s, ~: Londoner; s. *auch* **Kölner**
Long·drink ['lɔŋdrɪŋk] der long drink
Longe ['lɔ̃:ʒə] die; ~, ~n **a)** *(Reiten)* lunge; **b)** *(Turnen, Schwimmen)* harness
Look [lʊk] der; ~s, ~s look
Looping ['lu:pɪŋ] der; ~s, ~s *(Fliegerspr.)* loop; **einen ~ drehen** loop the loop
Lorbeer ['lɔrbeːɐ] der; ~s, ~en **a)** *(Baum)* laurel; **b)** *(Gewürz)* bay-leaf; **c)** *(~kranz)* laurel wreath; **mit etw. keine ~en ernten können** *(fig. ugs.)* get no credit for sth.; **[sich] auf seinen ~en ausruhen** *(fig. ugs.)* rest on one's laurels
Lorbeer-: **~baum** der laurel[-tree]; **~blatt** das bay-leaf; **~kranz** der laurel wreath
Lord [lɔrt] der; ~s, ~s lord
Lord·kanzler der Lord Chancellor
Lordschaft die: **Eure ~:** Your Lordship
Lord·siegel·bewahrer der; ~s, ~: Lord Privy Seal
Lore ['loːrə] die; ~, ~n car; *(kleiner)* tub
Lorenz ['loːrɛnts] *(der)* Lawrence; Laurence
Lorgnette [lɔrn'jɛta] die; ~, ~n lorgnette
Lorgnon [lɔrn'jõː] das; ~s, ~s lorgnon
los [loːs] **1.** *Adj.*; *nicht attr.* **a)** *(abgetrennt)* **der Knopf ist ~:** the button has come off; **der Hund ist [von der Leine] ~:** the dog is off the leash; **jmdn./etw. ~ sein** *(befreit sein von)* be rid *or* *(coll.)* shot of sb./sth., *(verloren haben)* have lost sth.; **einer Sache** *(Gen.)* ~ **und ledig sein** *(geh.)* be totally free *or* well and truly rid of sth.; **b)** **es ist etwas ~:** something is *or* there is something going on; **hier ist viel/wenig/immer etw. ~:** there is a lot/not much/always sth. going on here; **was ist hier ~?** *(was geschieht?)* what's going on here?; *(was ist nicht in Ordnung?)* what's the matter here?; what's up here? *(coll.)*; **mit jmdm./etw. ist nichts/nicht viel ~** *(ugs.)* sb./sth. isn't up to much *(coll.)*; **was ist denn mit dir ~?** what's up *or* wrong *or* the matter with you? **2.** *Adv.* **a)** come on!; *(geh schon!)* go on!; **auf die Plätze, fertig, ~!** on your marks, get set, go; ~ **doch!** go on!; **nun aber** ~ **!** let's get moving *or* going!; **nichts wie ~!** *(ugs.)* let's scarper *(Brit. sl.)*; let's beat it *(sl.)*; **b)** *(ugs.: ~gehen, ~fahren usw.)*; **er ist mit dem Wagen ~:** he's gone off in the car; s. *auch* **losmüssen**; **lossollen**; **loswollen**; **c)** *(ugs.: gelöst)* ich habe die Schraube/das Brett/das Rad ~ ! I've got the screw out/the board/wheel off; s. *auch* **loshaben**; **loskriegen** usw.
Los das; ~es, ~e **a)** *(wörtl. durch [das] ~ entscheiden)* decide sth. by drawing lots; **das ~ soll entscheiden** it shall be decided by drawing lots; **das ~ hat mich getroffen** it has fallen to my lot; **b)** *(Lotterie~)* ticket; **ein halbes/ganzes ~:** a half ticket/full ticket; **das Große ~:** [the] first prize; **mit jmdm./etw. das Große ~ ziehen** *(fig.)* hit the jackpot with sb./sth.; **c)** *(geh.: Schicksal)* lot; **ihm war ein schweres ~ beschieden** his was a hard lot; **d)** *(Wirtsch.: Maßeinheit)* batch; lot; *(bei Versteigerungen)* lot; **e)** *(Bau~)* section
-los *Adj.* -less
los|ballern *itr. V.* *(salopp)* start blazing away
lösbar *Adj.* **a)** soluble, solvable ⟨problem, equation, etc.⟩; **b)** *(löslich)* soluble ⟨substance, gas⟩
los-: **~|bekommen** *unr. tr. V.* get ⟨string, tape, ribbon, etc.⟩ off; get ⟨screw, nail, etc.⟩ out; **die Hände ~bekommen** get one's hands free; **~|binden** *unr. tr. V.* untie; **~|brechen 1.** *unr. itr. V.*; *mit sein* **a)** *(beginnen)* ⟨storm⟩ break; ⟨cheering, laughter, etc.⟩ break out; **b)** *(abbrechen)* break off. **2.** *unr. tr. V.* break off
Lösch-: **~arbeit** die fire-fighting operations *pl.*; **wir halfen bei den ~arbeiten** we helped to fight *or* to put out the fire; **~blatt** das piece of blotting-paper; **~boot** das fire-boat; **~eimer** der fire-bucket
¹löschen ['lœʃn] *tr. V.* **a)** *(aus ~)* put out, extinguish ⟨fire, candle, flames, etc.⟩; **seinen Durst ~** *(fig.)* quench one's thirst; **b)** *(tilgen)* close ⟨bank account⟩; delete, strike out ⟨entry⟩; extinguish, wipe out, pay off ⟨debt⟩; erase, wipe out ⟨recording, memory, etc.⟩; **die Schrift auf der Tafel ~:** clean *or* *(Amer.)* erase the blackboard; **im Register gelöscht werden** ⟨firm, name, etc.⟩ be removed from the register; **c)** *(geh.: ausschalten)* switch off, turn off *or* out ⟨light, lamp⟩; **d)** *(trocknen)* blot ⟨ink etc.⟩; **e)** *(vermischen)* slake ⟨lime⟩
²löschen *(Seemannsspr.)* unload
Löscher der; ~s, ~ **a)** *(Tinten~)* blotter; **b)** *(Feuer~)* [fire] extinguisher
Lösch-: **~fahrzeug** das fire-engine; **~kalk** der slaked lime; **~kopf** der *(Elektronik)* erase head; **~mannschaft** die fire-fighting team; **~papier** das blotting paper; **~taste** die erase button; **~trupp** der s. **~mannschaft**
¹Löschung die; ~, ~en *(eines Kontos)* closing; *(einer Eintragung)* deletion; striking out; *(einer Schuld)* extinguishing; wiping out; paying off
²Löschung *(Seemannsspr.)* die; ~: unloading
Lösch·zug der set of fire-fighting appliances
los|donnern *(ugs.)* **1.** *itr. V.*; *mit sein* roar off. **2.** *tr. V.*; „..."**, donnerte er los** „...", he bellowed
lose 1. *Adj.* **a)** *(nicht fest, auch fig.)* loose; **zwischen ihnen besteht nur eine ~ Bekanntschaft** *(fig.)* they are not closely acquainted; **b)** *(nicht verpackt)* loose ⟨sugar, cigarettes, sweets, sheets of paper, nails, etc.⟩; unbottled ⟨drink⟩; **etw. ~ verkaufen** sell sth. loose/unbottled; **c)** *(locker)* loose[-fitting] ⟨clothes⟩; **d)** *(ugs.: leichtfertig)* **ein ~s Mädchen** *(veralt.)* a loose woman; **er ist ein ~er Vogel** he is a bit of a lad; **e)** *(ugs.: vorlaut, frech)* cheeky; impudent; **einen ~n Mund haben** be cheeky *or* impudent so-and-so *(coll.)*; **~e Reden führen** be cheeky; **f)** *(geh.: aufgelockert)* loose ⟨group, line, etc.⟩. **2.** *adv.* **a)** *(nicht fest, auch fig.)* loosely; **~ herunterhängen** hang down loosely *or* loose; **b)** *(locker)* ⟨hang, drape, etc.⟩ loosely
Lose·blatt·sammlung die: **als ~** *od.* **in Form einer ~ herauskommen** be published in loose-leaf form
Löse·geld das ransom; **1 Million Pfund ~:** a ransom of one million pounds; **das ~ wurde in einer Telefonzelle hinterlegt** the ransom money was left in a telephone kiosk
los|eisen *tr. V.* *(ugs.)* jmdn./etw. von jmdm./etw. ~: prise *or* get sb./sth. away from sb./sth.; **sich von jmdm./etw. ~:** get away from sb./sth.; **etw. bei jmdm. ~:** get sth. out of sb.
losen *itr. V.* draws lots (**um** for); ~, **wer anfangen soll** draw lots to decide who will start
lösen ['løːzn] **1.** *tr. V.* **a)** remove, take *or* get off ⟨stamp, wallpaper⟩; **etw. von etw. ~:** remove sth. from sth.; **das Fleisch von den Knochen ~:** take the meat off the bones; **den Blick von etw. nicht ~ können** *(fig.)* not be able to take one's eyes off sth.; **b)** *(lockern)* take *or* let ⟨handbrake⟩ off; release ⟨handbrake⟩; undo ⟨screw, belt, tie⟩; let ⟨hair⟩ down; remove, untie ⟨string, rope, knot, bonds⟩; loosen ⟨phlegm⟩; ease ⟨cramp⟩; *(fig.)* ease, relieve ⟨mental pain, tension, etc.⟩; remove ⟨inhibitions⟩; **jmds. Zunge ~** *(fig.)* loosen sb.'s tongue; **c)** *(klären)* solve ⟨problem, puzzle, equation, etc.⟩; resolve ⟨contradiction, conflict⟩; solve, resolve ⟨difficulty⟩; **d)** *(annullieren)* break off ⟨engagement⟩; cancel ⟨contract⟩; sever ⟨connection, relationship⟩; **sein Arbeitsverhältnis ~:** terminate one's employment [formal]; **e)** *(zergehen lassen)* **etw. in etw.** *(Dat.)* ~: dissolve sth. in sth.; **f)** *(kaufen)* obtain ⟨ticket⟩. **2.** *refl. V.* **a)** *(lose werden)* come off ⟨avalanche⟩ start; **sich von etw. ~:** come off sth.; **(sich trennen)** break away; **sich von etw. ~:** free oneself from sth.; **das Flugzeug löste sich vom Boden** the plane left the ground; **ein Läufer hat sich vom Feld gelöst** a runner broke away from the field; **sich von seinem**

Elternhaus ~ *(fig.)* break away from one's parental home; **sich aus einer Verpflichtung ~:** free *or* rid oneself of an obligation; **s)** *(sich lockern)* ⟨*wallpaper, plaster*⟩ come off *or* away; ⟨*packing, screw*⟩ come loose *or* undone; ⟨*paint, book-cover*⟩ come off; ⟨*phlegm, cough*⟩ get looser; ⟨*cramp*⟩ ease; ⟨*muscle*⟩ loosen up; **d)** *(sich klären, verwirren)* ⟨*puzzle, problem*⟩ be solved; **sich von selbst ~** ⟨*problem*⟩ solve *or* resolve itself; **e)** *(zergehen)* **sich in etw.** *(Dat.)* **~:** dissolve in sth.; **f) aus seiner Pistole löste sich ein Schuß** *(geh.)* his pistol went off
Los·entscheid der; **durch ~:** by drawing lots; *(bei einem Preisausschreiben)* by [making *or* having] a draw
los-: **~|fahren** *unr. itr. V.; mit sein* **a)** *(starten)* set off; *(wegfahren)* move off; **b)** *(zufahren)* **auf jmdn./etw. ~fahren** drive/ride towards sb./sth.; **direkt auf jmdn./etw. ~fahren** drive/ride straight at sb./sth.; **~|gehen** *unr. itr. V.; mit sein* **a)** *(aufbrechen)* set off; **auf ein Ziel ~gehen** *(fig.)* go straight for a goal; **geht's!** let's be off; **b)** *(ugs.: beginnen)* start; **es geht ~:** it's starting; *(fangen wir an)* let's go; **~ geht's!** let's get started; **gleich geht es wieder ~ mit dem Lärm** the noise will soon start up again; **ich glaube, es geht ~!** *(salopp)* you/he, *etc.* must be kidding *(coll.)*; **c)** *(ugs.: abgehen)* ⟨*button, handle, etc.*⟩ come off; **d)** *(angreifen)* **auf jmdn. ~gehen** go for sb.; **e)** *(abgefeuert werden)* ⟨*gun, mine, firework, etc.*⟩ go off; **~|haben** *unr. tr. V. (ugs.)* **in seinem Beruf hat er was ~:** he's very good at his job; **~|heulen** *itr. V. (ugs.)* burst out crying; burst into tears; **~|kaufen** *tr. V.* **jmdn. ~kaufen** buy sb.'s freedom *or* release; **~|kommen** *unr. itr. V.; mit sein (ugs.)* **a)** *(fortkommen)* get away; **b)** *(freikommen)* get free; free oneself; *(freigelassen werden)* be freed; **von jmdm./etw. ~kommen** *(fig.)* get away from sb./get rid of sth.; **vom Alkohol ~kommen** *(fig.)* get off *or* give up alcohol; **er kam von dem Gedanken nicht ~:** he couldn't get the thought out of his mind; **~|kriegen** *tr. V. (ugs.)* **a)** *(lösen können)* get ⟨*screw, nail, etc.*⟩ out; get ⟨*lid*⟩ off; **b)** *(loswerden)* get rid of ⟨*sl.*⟩ shot of; **c)** *(verkaufen können)* get rid of; **~|lachen** *itr. V.* burst out laughing; **~|lassen** *unr. tr. V.* **a)** *(nicht festhalten)* let go of; **der Gedanke/das Bild ließ sie nicht mehr ~** *(fig.)* she could not get the thought/image out of her mind; **b)** *(freilassen)* let ⟨*person, animal*⟩ go; **c)** *(ugs. abwertend: hetzen)* **jmdn. auf jmdn./etw. ~lassen** let sb. loose on sb./sth.; **d)** *(ugs.: äußern)* come out with ⟨*remark, joke, etc.*⟩; let out ⟨*curse*⟩; **e)** *(abschicken)* send off ⟨*letter, telegram, etc.*⟩; **~|laufen** *unr. itr. V.; mit sein (weglaufen)* run off; *(anfangen zu laufen)* start running; **lauf schnell los und hol Brot** run out and get some bread; **~|legen** *itr. V. (ugs.)* **a)** *(sich stürmisch äußern)* let rip; **mit Fragen ~legen** start firing questions; **wenn er ~legt** *(zu reden anfängt)* when *or* once he gets going *or* started; **b)** *(anfangen)* get going *or* started; **mit der Arbeit ~legen** get down to work
löslich *Adj.* soluble; **leicht/schwer ~:** readily/not readily *or* only slightly soluble
Löslichkeit die; ~: solubility
los-: **~|lösen** **1.** *tr. V.* remove; take off; **2.** *refl. V.* ⟨*wallpaper*⟩ come off; ⟨*trailer*⟩ become uncoupled *or* detached; **~|machen** **1.** *tr. V. (ugs.)* let ⟨*animal*⟩ loose, untie, undo ⟨*string, line, rope*⟩; take out ⟨*plank*⟩; unhitch ⟨*trailer*⟩; **das Boot ~machen** cast off; **2.** *refl. V. (ugs.: sich befreien, auch fig.)* free oneself ⟨*von* from⟩; **3.** *itr. V.* **a)** *(Seemannsspr.: ablegen)* cast off; **b)** *(ugs.: sich beeilen)* get a move on *(coll.)*; **nun mach ~, daß du fertig wirst** hurry up and get ready; **~|müssen** *unr. itr. V. (ugs.)* have to be off; have to go; **ich muß ~:** I must be off

Los·nummer die [lottery] ticket number
los-: **~|platzen** *itr. V.; mit sein (ugs.)* **a)** burst out; **sofort platzte sie damit ~:** she blurted it out immediately; **b)** *(plötzlich lachen)* burst out laughing; **~|rasen** *itr. V.; mit sein* race *or* tear off; **auf etw.** *(Akk.)* **~rasen** race towards sth.; **~|reißen 1.** *unr. tr. V.* tear off; *(schneller, gewaltsamer)* rip off; pull ⟨*plank*⟩ off; ⟨*wind*⟩ rip ⟨*tile*⟩ off; **er konnte seine Augen nicht von der Statue ~reißen** *(fig.)* he couldn't take his eyes off the statue; **2.** *unr. refl. V.* break free *or* loose; **sich von etw.** *(Dat.)* **~reißen** break free *or* loose from sth.; *(fig.)* tear oneself away from sth.
Löß [lœs] *der;* **Lösses, Lösse** *(Geol.)* loess
los-, Los-: **~|sagen** *refl. V.* **sich von jmdm./etw. ~sagen** renounce sb./sth.; break with sb./sth.; **~sagung die;** ~, ~**en** renunciation ⟨*von* of⟩; break ⟨*von* with⟩
Löß·boden *der* loess soil; loessial soil
los-: **~|schicken** *tr. V. (ugs.)* send off ⟨*letter, telegram, etc.*⟩; **jmdn. ~schicken, um etw. zu holen** send sb. out to get sth.; **~|schießen** *unr. itr. V. (ugs.)* **a)** start shooting; **b)** *mit sein (sich schnell bewegen)* shoot *or* race off; **auf jmdn./etw. ~schießen** race towards sb./sth.; *(direkt)* race up to sb./sth.; **~schieß 1.** *unr. tr. V.* **a)** *(abschlagen)* knock off; knock ⟨*board, plank*⟩ out; **den Verputz von der Wand ~schlagen** knock the rendering off the wall; **b)** *(ugs.: verkaufen)* get rid of; flog *(Brit. sl.)*; **2.** *unr. itr. V.* **a)** *(einschlagen)* **auf jmdn. ~schlagen** let fly at sb.; **b)** *(bes. Milit.)* attack; launch one's attack; **~|schnallen** *tr. V.* unfasten; **~|sollen** *unr. itr. V.* **wann sollen wir ~?** what time should we be off?; **~|sprechen** *unr. tr. V. (bes. Rel.)* absolve ⟨*von* from⟩; **jmdn. von aller Schuld ~sprechen** absolve sb. of all guilt; **~|steuern** *itr. V.; mit sein* **auf etw.** *(Akk.)* **~steuern** head *or* make for sth.; **auf ein Ziel ~steuern** *(fig.)* aim for a goal; **~|tigern** *itr. V.; mit sein (ugs.)* march off; **~|trennen** *tr. V.* undo; unpick ⟨*seam, hem*⟩
Los·trommel die [lottery] drum
¹**Losung die;** ~, ~**en a)** *(Wahlspruch)* slogan; **b)** *(Milit.: Kennwort)* password; **die ~ nennen** give the password
²**Losung die;** ~, ~**en** *(Jägerspr.)* droppings *pl.*
Lösung die; ~, ~**en a)** *(Bewältigung)* solution *(Gen.* to*)*; *(eines Konflikts, Widerspruchs)* resolution; *(einer Aufgabe, eines Problems, usw.)* solution *(Gen., für* to*)*; **des Rätsels ~:** the answer to the mystery; **das also ist des Rätsels ~:** so 'that's it *or* the answer; **b)** *(Annullierung)* *(einer Verlobung)* breaking off; *(eines Vertrags)* cancellation; *(einer Verbindung, eines Verhältnisses)* severing; *(eines Arbeitsverhältnisses)* termination; **c)** *(Physik, Chemie)* *(Flüssigkeit)* solution; *(das Auflösen)* dissolution; dissolving
Lösungs-: **~mittel das** *(Physik, Chemie)* solvent; **~vorschlag der** proposed solution *(für* to*)*; **ich hätte einen ~vorschlag für euer Problem** I think I might have a solution to your problem; I've got a suggestion as to how you might solve your problem
Losungs·wort das password
Los·verkäufer *der* [lottery-]ticket seller
los-: **~|werden** *unr. tr. V.; mit sein* **a)** *(sich befreien können)* get rid of; **den Gedanken/Verdacht nicht ~, daß ...:** I can't get the thought/suspicion/impression out of my mind that ...; **b)** *(ugs.: aussprechen, mitteilen)* tell; **er wollte etwas ~werden** he wanted to tell me/us *etc.* something; **... konnte ich endlich meine Frage ~werden** ... I finally got the chance to put my question; **c)** *(ugs.: verkaufen)* get rid of; flog *(Brit. sl.)*; **d)** *(ugs.: verlieren)* lose; **~|wollen** *unr. tr. V. (ugs.)* want to be off; **~|zie-**

hen *unr. itr. V.; mit sein (ugs.)* **a)** *(losgehen)* set off; **b)** *(abwertend: herziehen)* **über jmdn. ~ziehen** pull sb. to pieces
Los·ziehung die draw
Lot [lo:t] *das;* ~**[e]s-bob];** **b)** *(Bauw.: Senkrechte) o. Pl.* **im ~ stehen** be plumb; **nicht im ~ sein, außer ~ sein** be out of plumb; **nicht im ~ sein** *(fig.)* not be straightened *or* sorted out; **[wieder] ins ~ kommen** *(fig.)* be all right [again]; **c)** *(Seew.)* sounding-line; lead-line; **d)** *(Geom.)* perpendicular; **das ~ fällen** drop a perpendicular; **e)** *(veralt.: Maßeinheit)* measure varying between 15.5 g and 16.6 g
loten *tr. V.* **a)** *(Bauw.)* plumb; **b)** *(Seew.)* sound; take soundings of; plumb
löten ['lø:tn] *tr. V. (Technik)* solder
Lothringen ['lo:trɪŋən] *(das);* ~**s** Lorraine
¹**Lothringer** *indekl. Adj.; nicht präd.* Lorraine *attrib.;* **das ~ Kreuz** the Cross of Lorraine
²**Lothringer** *der;* ~**s,** ~, **~Lothringerin** *die;* ~, ~**nen** Lorrainer
lothringisch *Adj.* Lorraine *attrib.;* Lorrainese
Lotion [lo'tsio:n] *die;* ~, ~**en** *od.* ~**s** lotion
Löt-: **~kolben** *der* soldering-iron; **~lampe die** blowlamp
Lot·leine die *(Seew.)* sounding-line; lead-line
Löt·mittel das [soldering] flux
Lotos ['lo:tɔs] *der;* ~, ~: lotus
Lotos-: **~blume die** lotus-flower; **~sitz der** *o. Pl. (Joga)* lotus position
lot·recht 1. *Adj.* perpendicular; vertical. **2.** *adv.* perpendicularly; vertically
Lot·rechte die perpendicular; vertical; **in der ~ stehen** be perpendicular *or* vertical
Lotse ['lo:tsə] *der;* ~**n,** ~ *n (Seew.)* pilot; *(fig.)* guide; **ich mache den ~** *(fig.)* I'll guide you; I'll show you the way
lotsen *tr. V.* **a)** *(Seew.)* pilot; *(Flugw.)* guide; **b)** *(leiten)* guide; **c)** *(ugs.: führen, leiten)* drag
Lotsen-: **~boot das** pilot boat; **~dienst der a)** pilot service; **b)** *(Verkehrsw.)* driver-guide service; **~zwang der** *o. Pl.* compulsory pilotage *no ar.*
Löt·stelle die soldered joint
Lotterie [lɔtə'ri:] *die;* ~, ~**n** lottery; **[in der] ~ spielen** take part in *or* do the lottery
Lotterie-: **~einnehmer der;** ~**s,** ~: lottery-ticket seller; **~gewinn der** win in the lottery; *(gewonnenes Geld)* lottery winnings *pl.;* **~los das** lottery-ticket; **~spiel das** *(auch fig.)* lottery
lotterig ['lɔtərɪç] *Adj. (ugs. abwertend)* slovenly, sloppy ⟨*work*⟩; scruffy ⟨*appearance, house, clothes, etc.*⟩
Lotter·leben das *o. Pl. (abwertend)* dissolute life
Lotter·wirtschaft die *o. Pl. (abwertend)* [slovenly] mess *or* muddle; shambles *(coll.)*
Lotto ['lɔto] *das;* ~**s,** ~**s a)** national lottery; **4 Richtige im ~ haben** have four correct numbers in the national lottery; **~ spielen** do the [national] lottery; **b)** *(Gesellschaftsspiel)* lotto
Lotto-: **~annahme·stelle die** acceptance point for national-lottery coupons; *(Stand)* national-lottery kiosk; **~gewinn der** win in the national lottery; *(gewonnenes Geld)* winnings *pl.* in the national lottery; **~schein der** national-lottery coupon; **~zahlen** *Pl.* winning national-lottery numbers
Lotung die; ~, ~**en a)** *(Bauw.)* plumbing; **b)** *(Seew.)* sounding; plumbing; **die ~ der Wassertiefe** sounding *or* plumbing the depth of the water
Lotus ['lo:tʊs] *der;* ~, ~ lotus
Löt·zinn der [tin-lead] solder
Louis ['lu:i] *der;* ~ ['lu:i(:s)], ~ ['lu:i:s] *(ugs.)* pimp

Louisdor [luiˈdoːɐ̯] der; ~s, ~e louis-d'or
Löwe [ˈløːvə] der; ~n, ~n a) lion; b) (Astrol.) Leo; the Lion; s. auch Fisch
Löwen-: ~**anteil** der lion's share; **sich den** ~**anteil** (von etw. (Dat.)) **sichern** get the lion's share [of sth.]; ~**bändiger** der; ~s, ~: (veralt.) lion-tamer; ~**jagd** die lion-hunting; (Veranstaltung) lion-hunt; ~**mähne** die a) lion's mane; b) (ugs.: fülliges Haar) [flowing] mane; ~**maul**, ~**mäulchen** das o. Pl. (Bot.) snapdragon; antirrhinum; ~**mut** der courage of a lion; ~**zahn** der; o. Pl. (Bot.) dandelion; (Herbstlöwenzahn) hawkbit
Löwin [ˈløːvɪn] die; ~, ~nen lioness
loyal [loaˈjaːl] 1. Adj. loyal (gegenüber to). 2. adv. loyally; **einen Vertrag** ~ **erfüllen/einhalten** faithfully fulfil/keep to an agreement
Loyalität [loaliˈtɛːt] die; ~: loyalty (gegenüber to)
LP [ɛlˈpeː] die; ~, ~[s] Abk. Langspielplatte LP
LPG [ɛlpeːˈgeː] die; ~, ~[s] Abk. (DDR) Landwirtschaftliche Produktionsgenossenschaft; s. Produktionsgenossenschaft
LSD [ɛlɛsˈdeː] das; ~[s] LSD
lt. Abk. ²laut
Luchs [lʊks] der; ~es, ~e (auch ~fell) lynx; **wie ein** ~ **aufpassen** watch like a hawk
Luchs·auge das (fig.) eagle eye; **den ~augen meiner Wirtin entgeht nichts** my lynx-eyed landlady misses nothing
Lücke [ˈlʏkə] die; ~, ~n a) gap; (Park~, auf einem Formular, in einem Text) space; **eine** ~ **füllen/schließen** fill/close a gap; b) (Mangel) gap; (in der Versorgung) break; (im Gesetz) loophole
Lücken·büßer der (ugs.) stopgap; **den ~ spielen** act as a stopgap
lückenhaft 1. Adj. ⟨teeth⟩ full of gaps; gappy ⟨teeth⟩; sketchy ⟨knowledge⟩; sketchy, vague ⟨memory⟩; incomplete, sketchy ⟨report, account, etc.⟩; incomplete ⟨statement⟩; ⟨alibi⟩ full of holes; **sein Wissen/seine Erinnerung ist** ~: there are gaps in his knowledge/memory. 2. adv. ⟨remember⟩ vaguely, sketchily; **einen Fragebogen [sehr]** ~ **ausfüllen** fill in a questionnaire leaving [many] gaps
Lückenhaftigkeit die; ~ (von Wissen, Kenntnissen) sketchiness; (eines Berichts) incompleteness; sketchiness
lücken-, Lücken-: ~los 1. Adj. unbroken ⟨line, row, etc.⟩; complete ⟨account, report, curriculum vitae⟩; solid, cast-iron ⟨alibi⟩; comprehensive, perfect ⟨knowledge⟩; **sie hat ein strahlend weißes, ~loses Gebiß** she has gleaming white teeth without any gaps; **eine ~lose Beweiskette** a solid chain of evidence. 2. adv. without any gaps; **ein ~los nachgewiesenes Alibi** a cast-iron alibi; ~**losigkeit** die (einer Darstellung) completeness; (eines Alibis) solidness
lud [luːt] 1. u. 3. Pers. Sg. Prät. v. laden
Lude [ˈluːdə] der; ~n, ~n (salopp) pimp; ponce
Luder das; ~s, ~ (salopp) so-and-so (coll.); **ein armes/freches** ~: a poor/cheeky so-and-so (coll.)
Luft [lʊft] die; ~, Lüfte [ˈlʏftə] a) o. Pl. air; **an die frische** ~ **gehen/in der frischen** ~ **sein** get out in[to]/be out in the fresh air; **jmdn. an die [frische]** ~ **setzen** od. **befördern** (ugs.) (hinauswerfen) show sb. the door; (entlassen) give sb. the sack (coll.) or (sl.) push; **etw. mit** ~ **kühlen** air-cool sth.; **die** ~ **anhalten** hold one's breath; **halt die** ~ **an!** (hör auf zu reden!) pipe down (coll.); (übertreib nicht so!) come off it! (Brit. sl.); put a sock in it (Brit. sl.); (übertreib nicht so!) come off it! (Brit. sl.); **tief** ~ **holen** take a deep breath; ~ **schnappen** (ugs.) get some fresh air; **nach** ~ **schnappen** (fig. ugs.) struggle to keep one's head above water (fig.); **er kriegte keine/kaum** ~: he couldn't breathe/

could hardly breathe; **die** ~ **ist rein** (fig.) the coast is clear; **hier/im Büro ist dicke** ~ (fig. ugs.) there's a bad atmosphere here/in the office (fig.); **aus der Sache ist die** ~ **raus** (fig. ugs.) it's/the whole thing has gone flat; **sich in** ~ **auflösen** (ugs.) vanish into thin air; ⟨plans⟩ go up in smoke (fig.); **er ist** ~ **für mich** (ugs.) I ignore him completely; **jmdn. wie** ~ **behandeln** (ugs.) treat sb. as if he/she didn't exist; **die** ~ **aus jmds. Glas lassen** (ugs. scherzh.) fill sb. up; **da bleibt einem die** ~ **weg** (ugs.) it takes your breath away; **ihm/der Firma geht die** ~ **aus** (fig. ugs.) he's/the firm's going broke (coll.); **von** ~ **und Liebe kann man nicht leben** (ugs.) you can't live on nothing at all; b) (Himmelsraum) air; **Aufnahmen aus der** ~ **machen** take pictures from the air; **in die** ~ **ragen** soar or rise up into the sky; **sich in die Lüfte schwingen** (geh.) soar into the air; **etw. in die** ~ **sprengen** od. **jagen** (ugs.) blow sth. up; **aus der** ~ **gegriffen sein** (fig.) ⟨story, accusation, etc.⟩ be pure invention; **in der** ~ **liegen** (fig.) ⟨crisis, ideas, etc.⟩ be in the air; **in der** ~ **hängen** od. **schweben** (fig. ugs.) ⟨plans, etc.⟩ be left hanging in the air; ⟨person⟩ be left dangling (fig.); **in die** ~ **gehen** (fig. ugs.) blow one's top (coll.); **etw. in der** ~ **zerreißen** (fig. ugs.) tear sth. to pieces; **ich könnte ihn in der** ~ **zerreißen** (ugs.) I could murder him (coll.); c) o. Pl. (fig.: Spielraum) space; room; ~ **schaffen** od. **machen** create or make space or room; **sich** (Dat.) ~ **verschaffen** take the pressure off oneself; **deine 300 Mark haben mir erst mal** ~ **verschafft** your 300 marks have given me a breathing space; **in den Preisen ist noch** ~ **[drin]** (ugs.) there's some leeway in the prices; **sich** (Dat.) od. **seinem Herzen** ~ **machen** give vent to one's feelings (coll.); **ich hatte eine solche Wut, ich mußte mir einmal** ~ **machen** I was so angry I had to give vent to my feelings; **seinem Zorn/Ärger usw.** ~ **machen** (ugs.) give vent to one's anger; d) (Brise) breeze; **sich** (Dat.) ~ **zufächeln** fan oneself
Luft-: ~abwehr die (Milit.) air defence; anti-aircraft defence; ~**akrobat** der trapeze artist; ~**angriff** der (Milit.) air raid; ~**armee** die (DDR) air force unit; ~**aufklärung** die (Milit.) air reconnaissance; aerial reconnaissance; ~**aufnahme** die aerial photograph; ~**ballon** der balloon; ~**befeuchter** der humidifier; ~**betankung** die in-flight refuelling; ~**bild** das aerial photograph; ~**blase** die air bubble; ~**-Boden-Rakete** die air-to-ground missile; ~**brücke** die airlift
Lüftchen [ˈlʏftçən] das; ~s, ~ breeze; **kein** ~ **regte sich** there was not the slightest breath of wind
luft-, Luft-: ~dicht Adj. airtight; **etw.** ~ **abpacken/abschließen** pack sth. in an airtight container/put an airtight seal around sth.; ~**dichte** die (Physik., Met.) air density; ~**druck** der a) (Physik) air pressure; atmospheric pressure; b) (Druckwelle) blast; ~**druck·messer** der barometer; ~**durchlässig** Adj. pervious or permeable to air or postpos.; well-ventilated ⟨shoes⟩; ~**durchlässigkeit** die perviousness or permeability to air
lüften 1. tr. V. a) air; (ständig; mit Klimaanlage usw.) ventilate; **das Lüften** airing/ventilation; b) (aus~) air ⟨clothes, bed. etc.⟩; c) (hochheben) raise, lift ⟨hat, lid, veil, cover⟩; d) (enthüllen) reveal; disclose ⟨secret⟩; **jmds. Inkognito** ~: reveal sb.'s identity. 2. itr. V. air the room/house/flat (Brit.) or (Amer.) apartment etc.; **wir müssen hier mal** ~: we must let some [fresh] air in here
Lüfter der; ~s, ~: fan
Luft·fahrt die; o. Pl. aeronautics sing., no art.; (mit Flugzeugen) aviation no art.
Luft-und-Raumfahrt- aerospace
Luftfahrt·gesellschaft die airline

luft-, Luft-: ~fahrzeug das aircraft; ~**feuchte**, ~**feuchtigkeit** die [atmospheric] humidity; ~**filter** der od. das (Technik) air filter; ~**flotte** die (Milit.) air fleet; ~**fracht** die air freight; ~**geist** der (Myth.) spirit of the air; ~**gekühlt** Adj. air-cooled; ~**getrocknet** Adj. air-dried; ~**gewehr** das air rifle; airgun; ~**hauch** der (geh.) breath of air; ~**herrschaft** die o. Pl. (Milit.) air supremacy; ~**hoheit** die air sovereignty; ~**hülle** die atmosphere
luftig 1. Adj. airy ⟨room, building, etc.⟩; well ventilated ⟨cellar, store⟩; light, cool ⟨clothes⟩; **auf der Terrasse ist es etwas** ~ **er** there's more air out on the terrace. 2. adv. ~**/zu** ~ **angezogen sein** be lightly/not warmly enough dressed
Luftikus [ˈlʊftikʊs] der; ~[ses], ~se (ugs. abwertend) careless and unreliable sort (coll.)
Luft-: ~kampf der air battle; aerial battle; ~**kissen** das (Technik) air-cushion
Luftkissen-: ~boot das hovercraft; ~**fahrzeug** das hovercraft; air-cushion vehicle
luft-, Luft-: ~klappe die ventilation flap; ~**korridor** der (Flugw.) air corridor; ~**krieg** der air warfare no art.; aerial warfare no art.; ~**kühlung** die (Technik) air cooling; **ein Motor mit** ~**kühlung** an air-cooled engine; ~**kur·ort** der climatic health resort; ~**lande·truppe** die (Milit.) airborne troops pl.; ~**leer** Adj. **ein ~leerer Raum** a vacuum; **im ~leeren Raum** (fig.) in a vacuum; ~**linie** die o. Pl. **1 000 km** ~**linie** 1,000 km. as the crow flies; ~**loch** das a) (Öffnung) air-hole; b) (ugs.: Windbö) air pocket; ~**-Luft-Rakete** die (Milit.) air-to-air missile; ~**mangel** der; o. Pl. a) lack of air; b) (Atembeschwerden) shortness of breath; ~**masche** die (Handarb.) chain-stitch; ~**massen** Pl. (Met.) air masses; ~**matratze** die air-bed; air mattress; Lilo (P); ~**mine** die aerial mine; air mine; ~**pirat** der [aircraft] hijacker
Luft·post die airmail; **etw. per** od. **mit** ~ **schicken** send sth. [by] airmail
Luftpost-: ~brief der airmail letter; ~**leicht·brief** der aerogramme; ~**papier** das o. Pl. airmail paper
Luft-: ~pumpe die air pump; (für Fahrrad) [bicycle-]pump; ~**raum** der airspace; ~**röhre** die (Anat.) windpipe; trachea (Anat.); ~**sack** der a) (Kfz-W.) airbag; b) (Zool.) air sac; ~**schacht** der ventilation shaft; (einer Klimaanlage) ventilation duct; ~**schaukel** die swing-boat; ~**schiff** das airship; ~**schiffahrt** die o. Pl. airship travel; ~**schlacht** die air battle; aerial battle; **die** ~**schlacht um England** the Battle of Britain; ~**schlange** die meist Pl. [paper] streamer; ~**schleuse** die (Technik) air-lock; ~**schloß** das; meist Pl. castle in the air; **Luftschlösser bauen** build castles in the air; ~**schraube** die (Technik) airscrew; propeller
Luft·schutz der air-raid protection no art.
Luftschutz-: ~bunker, ~**keller**, ~**raum** der air-raid shelter; ~**sirene** die air-raid siren; ~**übung** die air-raid drill; ~**wart** der (hist.) air-raid warden
luft-, Luft-: ~sieg der air victory; ~**spiegelung** die mirage; ~**sprung** der jump in the air; **vor Freude** ~**sprünge/einen ~sprung machen** od. **vollführen** jump for joy; ~**streitkräfte** Pl. (Milit.) air force sing.; ~**strom** der stream of air; ~**strömung** die (Met.) airstream; air current; ~**stützpunkt** der (Milit.) air base; ~**taxe die, ~taxi** das air taxi; ~**temperatur** die (Met.) air temperature; ~**überlegenheit** die (Milit.) air superiority
Lüftung die; ~, ~en a) (das Lüften) ventilation; b) (Anlage) ventilation system
Lüftungs-: ~anlage die ventilation system; ~**klappe** die ventilation flap

Luft-: ~**veränderung** die change of air; ~**verflüssigung** die (Physik) liquefaction of air; ~**verkehr** der air traffic; ~**verpestung** die (abwertend), ~**verschmutzung** die air pollution; ~**verteidigung** die (Milit.) air defence; ~**waffe** die air force; **bei der** ~**waffe** in the air force; ~**waffen·helfer** der (hist.) air-force auxiliary; ~**weg** der a) etw. **auf dem** ~**weg verschicken/befördern** send/transport sth. by air; **auf dem** ~**weg reisen** travel by air; b) Pl. (Anat.: Atemwege) airways; air passages; respiratory tract sing.; ~**wider·stand** der (Physik) air resistance; ~**wurzel** die (Bot.) aerial root; ~**zufuhr** die air supply; ~**zug** der o. Pl. [gentle] breeze; (in Zimmern, Gebäuden) draught
Lug [luːk] in ~ **und Trug** lies pl. and deception
Luganer See, (schweiz.) **Luganer·see** der Lake Lugano
Lüge ['lyːgə] die; ~, ~n lie; **eine barmherzige** ~: a compassionate falsehood; **jmdn. der** ~ **bezichtigen** accuse sb. of lying; call sb. a liar; **jmdm.** ~**n auftischen** (ugs.) serve sb. up a lot or load of lies (coll.); ~ **hat kurze Beine** (Spr.) [the] truth will out; **jmdn./etw.** ~**n strafen** prove sb. a liar/give the lie to sth.; s. auch **fromm 1 c**
lugen itr. V. (südwestd.) (auch fig.) peep; (hervorgucken) **aus etw.** ~: poke out of sth.
lügen 1. itr. V. lie; **hier wird nur gelogen und betrogen** there's nothing but lies and deception here; ~ **wie gedruckt** lie like mad; be a terrible liar (coll.); **ich müßte** ~, **wenn …**: I should be lying if …; **das Lügen** lying; **die Sterne** ~ **nicht** (fig.) the stars never lie; **wer einmal lügt, dem glaubt man nicht, wenn er auch die Wahrheit spricht** (Spr.) a liar is never believed, even when he's telling the truth; s. auch **Tasche. 2.** tr. V. **er hat das alles gelogen** that was all a lie or all lies; **das ist gelogen!** (ugs.) that's a lie!
Lügen-: ~**bold** [~bolt] der; ~[e]s, ~e liar; ~**detektor** der lie-detector; ~**gebäude** das tissue of lies; ~**gespinst** das (geh.) web or tissue of lies
lügenhaft (abwertend) 1. Adj. untruthful, mendacious ⟨statement, account, report, etc.⟩ 2. adv. untruthfully; mendaciously
Lügen-: ~**kampagne** die campaign of lies; ~**märchen** das tall story; cock-and-bull story; ~**maul** das (derb) filthy liar
Lügner der; ~s, ~, **Lügnerin** die; ~, ~nen liar
lügnerisch Adj. untruthful; mendacious; lying attrib. ⟨scoundrel⟩
¹**Lukas** ['luːkas] (der) (Evangelist) Luke
²**Lukas** der; ~, ~ (Maschine) try-your-strength machine; **hau den** ~! try your strength!
Lukas·evangelium das St Luke's Gospel; Gospel according to St Luke
Luke ['luːkə] die; ~, ~n a) (Dach~) skylight; b) (bei Schiffen) hatch; (Keller~) trap-door
lukrativ [lukra'tiːf] 1. Adj. lucrative. 2. adv. lucratively
lukullisch [luˈkʊlɪʃ] (geh.) 1. Adj. Lucullan; epicurean. 2. adv. ~ **speisen** eat or have a Lucullan or an epicurean meal/meals
Lulatsch ['luːla(ː)tʃ] der; ~[e]s, ~e (ugs.) [long] lanky fellow; **ein langer** ~: a beanpole
Lulle ['lʊlə] die; ~, ~n (ugs.) cig (coll.); fag (Brit. sl.)
lullen tr. V. lull; **ein Kind in den Schlaf** ~: lull a child to sleep
Lumme ['lʊmə] die; ~, ~n (Zool.) guillemot
Lümmel ['lʏml] der; ~s, ~ a) (abwertend: Flegel) lout; b) (ugs., fam.: Bengel) rascal; c) (salopp: Penis) willy (sl.)
Lümmelei die; ~, ~en (abwertend) s. Flegelei
lümmelhaft (abwertend) s. flegelhaft
lümmeln refl. V. (ugs. abwertend) s. flegeln

Lump [lʊmp] der; ~en, ~en scoundrel; rogue
lumpen (ugs.) 1. tr. V. **in sich nicht** ~ **lassen** splash out (coll.). 2. itr. V. be out on the tiles (sl.)
Lumpen der; ~s, ~ a) rag; b) meist Pl. (abwertend: Kleidung) rags pl.
Lumpen-: ~**gesindel** das (abwertend) rabble; riff-raff; ~**händler** der rag-and-bone man; ~**hund**, ~**kerl** der (abwertend) scoundrel; bastard (coll.); ~**pack** das (abwertend) s. ~**gesindel**; ~**proletariat** das (Soziol.) lumpenproletariat; ~**sammler** der a) rag-and-bone man; b) (scherzh.: letztes Verkehrsmittel) last bus/tram (Brit.) or (Amer.) streetcar/train
Lumperei die; ~, ~en (abwertend) dirty or mean trick; **eine große** ~: a very dirty or mean trick
lumpig (abwertend) 1. Adj. a) nicht präd. (kümmerlich) paltry, miserable ⟨pay, wages, etc.⟩; b) (niederträchtig) mean, shabby ⟨behaviour, attitude⟩; mean ⟨person⟩. 2. adv. ⟨act, behave⟩ shabbily
lunar [luˈnaːɐ̯] Adj.; nicht präd. lunar
Lunch [lanʃ] der; ~[e]s od. ~, ~[e]s od. ~e lunch; luncheon (formal)
lunchen ['lanʃn] itr. V. have lunch or (formal) luncheon; lunch
Lüneburger Heide ['lyːnəbʊrgɐ -] die; ~: Lüneburg Heath
Lunge ['lʊŋə] die; ~, ~n lungs pl.; (Lungenflügel) lung; **er hat es auf der** ~ (ugs.) he has got lung trouble (coll.); **auf** ~ od. **über die** ~ **rauchen** inhale; **die grüne** ~ **einer Großstadt** (fig.) the lungs of a city; **sich** (Dat.) **die** ~ **aus dem Hals** od. **Leib schreien** (ugs.) yell one's head off (coll.)
lungen-, **Lungen-:** ~**bläschen** das (Anat.) pulmonary alveolus; ~**braten** der (österr.) s. **Lendenbraten**; ~**embolie** die (Med.) pulmonary embolism; ~**entzündung** die pneumonia no indef. art.; ~**flügel** der lung; ~**haschee** das (Kochk.) chopped lights pl. in sauce; ~**krank** Adj. suffering from a lung disease postpos.; (an Tuberkulose leidend) suffering from tuberculosis postpos.; ~**kranke** der/die person with or suffering from a lung disease; (an Tuberkulose leidend) tuberculosis sufferer; ~**krebs** der lung cancer; ~**tuberkulose** die tuberculosis [of the lung]; pulmonary tuberculosis; ~**zug** der inhalation; **einen tiefen** ~**zug machen** inhale deeply
lungern itr. V. s. **herumlungern**
Lunte ['lʊntə] die; ~, ~n a) (veralt.: Zündschnur) fuse; match; ~ **riechen** (ugs.) smell a rat; b) (Jägerspr.: Schwanz) brush
Lupe ['luːpə] die; ~, ~n magnifying glass; **jmdn./etw. unter die** ~ **nehmen** (ugs.) examine sb./sth. closely; take a close look at sb./sth.; **so etwas/solche Leute kann man mit der** ~ **suchen** (ugs.) things/people like that are very hard to find or are few and far between
lupenrein Adj. a) flawless ⟨diamond, stone, etc.⟩; ⟨diamond⟩ of the first water; b) (musterhaft) genuine ⟨amateur⟩; unimpeachable ⟨record, reputation⟩; perfect ⟨forgery, gentleman⟩
lupfen ['lʊpfn] (südd., schweiz., österr.), **lüpfen** ['lʏpfn] tr. V. raise; lift
Lupine [luˈpiːnə] die; ~, ~n (Bot.) lupin
Lurch [lʊrç] der; ~[e]s, ~e amphibian
Lure ['luːra] die; ~, ~n (hist.) lur
Lusche ['lʊʃə] die; ~, ~n (ugs.) low card
Lust [lʊst] die; ~, **Lüste** ['lʏstə] o. Pl. (Bedürfnis) ~ **haben** od. **verspüren, etw. zu tun** feel like doing sth.; **große/keine** ~ **haben, etw. zu tun** really/not feel like doing sth.; **wir hatten nicht die geringste** ~, **das zu tun** we didn't feel in the least or slightest like doing it; **plötzlich** ~ **bekommen, etw. zu tun** suddenly feel like doing sth.; **auf etw.** (Akk.) ~ **haben** fancy sth.; **ich hätte große** ~ **auf …**

(Akk.) I could really fancy …; **ich habe jetzt keine** ~: I'm not in the mood at the moment; **das kannst du machen, wie du** ~ **hast** you can do it however you like or whatever way you like; **mir ist die** ~ **dazu vergangen** I've lost [all] enthusiasm for it; **ich mache das nach** ~ **und Laune** I do it when I feel like it; **ich hätte** ~ **dazu** I'd like to; b) o. Pl. (Vergnügen) pleasure; joy; ~ **an etw.** (Dat.) **haben** take great pleasure in or really enjoy sth.; **die** ~ **an etw.** (Dat.) **verlieren** lose interest in or stop enjoying sth.; **aus purer** ~ **am Töten** out of sheer pleasure in killing; **er hat an allem die** ~ **verloren** he no longer takes pleasure in anything; **etw. mit** ~ **und Liebe tun** love doing sth.; c) (Begierde) desire; (geschlechtlich) desire; lust (usu. derog.); **die** ~ **des Fleisches** (geh.) the desires pl. or lusts pl. of the flesh
Lustbarkeit die; ~, ~en (geh. veralt.) entertainment; festivity
lust·betont Adj. pleasure-orientated ⟨behaviour⟩; fun-loving, pleasure-loving ⟨person⟩; ~**es Spielen** fun-orientated play
Luster ['lʊstɐ] der; ~s, ~ (österr.) s. **Lüster** a
Lüster ['lʏstɐ] der; ~s, ~ a) (nicht präd.: Kronleuchter) chandelier; b) (Überzug) lustre
lüstern 1. Adj. a) lecherous; lascivious; **nach jmdm.** ~ **sein** lust after sb.; b) (begierig) **mit** ~**en Augen/Blicken** with greedy eyes. 2. adv. a) lecherously; lasciviously; b) (begierig) greedily
Lust-: ~**fahrt** die (veralt.) excursion; ~**garten** der (hist.) pleasance (arch.); ~**gefühl** das feeling of pleasure; ~**gewinn** der o. Pl. pleasure; ~**greis** der (abwertend) [old] lecher; ~**haus** das (hist.) summer-house
lustig 1. Adj. a) (vergnügt) merry; jolly; merry, jolly, jovial ⟨person⟩; happy, enjoyable ⟨time⟩; **dort war es immer sehr** ~: it was always a lot of fun there; **das kann ja** ~ **werden!** (ugs. iron.) this/that is going to be fun!; **sich über jmdn./etw.** ~ **machen** make fun of sb./sth.; b) (komisch) funny; amusing; **etw. Lustiges** sth. funny; c) (ugs.) **wie du** ~ **bist** (ugs.) however you fancy; whatever way you fancy; **solange du** ~ **bist** (ugs.) for as long as you like. 2. adv. a) (vergnügt) ⟨laugh, play⟩ merrily, happily; **bei euch scheint es sehr** ~ **zuzugehen** you seem to be really enjoying yourselves or having a lot of fun; ~ **brennen/flattern** (fig.) burn/flutter merrily; b) (komisch) funnily; amusingly; **sie kann so** ~ **erzählen** she can tell such funny or amusing stories; c) (unbekümmert) gaily
-**lustig** ['lʊstɪç] adj. [sehr] tanz~/sanges~/lese~ sein be very fond of or keen on dancing/singing/reading; **der wanderlustige Urlauber** the holidaymaker keen on hiking
Lustigkeit die; ~, ~en a) (Fröhlichkeit) merriness; jolliness; (Frohsinn auch) joviality; b) (Komik) funniness
Lust·knabe der (veralt., scherzh.) catamite
Lüstling ['lʏstlɪŋ] der; ~s, ~e (veralt. abwertend, scherzh.) lecher
lust-, **Lust-:** ~**los** 1. Adj. a) (unlustig) listless; (ohne Begeisterung) unenthusiastic [and uninterested]; b) (Börsenw.) slack; dull; 2. adv. listlessly; (ohne Begeisterung) without enthusiasm [or interest]; **sie stocherte** ~**los in ihrem Essen herum** she picked at her food with no real [interest or] enthusiasm; ~**losigkeit** die; o. Pl. a) (Unlust) listlessness; (mangelnde Begeisterung) lack of [interest and] enthusiasm; b) (Börsenw.) slackness; dullness; ~**molch** der (ugs. scherzh.) sex maniac; **ein alter** ~**molch** an old lecher; ~**mord** der sex murder; ~**mörder** der sex killer; ~**objekt** das sex object; ~**prinzip** das (Psych.) pleasure principle; ~**schloß** das summer residence; ~**schrei** der cry of pleasure;

1299

~seuche die a) *(veralt.: Syphilis)* syphilis *no art.;* b) *(geh.: Geschlechtskrankheit)* sexual scourge; **~spiel** das comedy; **~spiel·dichter** der comic dramatist; **~wandeln** *itr. V.; mit sein od. haben (geh. veralt.)* stroll; take a stroll
Lutheraner [lʊtəˈraːnɐ] der; ~s, ~; **Lutheranerin** die; ~, ~nen Lutheran
Luther·bibel die Luther's Bible; Lutheran Bible
lutherisch 1. *Adj.* Lutheran. 2. *adv.* ⟨*think etc.*⟩ as a Lutheran; *jmdn.* ~ erziehen bring sb. up in the Lutheran religion
Lutherisch *Adj.* Luther's; **das berühmte ~e Wort** Luther's famous words *pl.*
Luthersch [ˈlʊtɐʃ] *Adj. s.* **Lutherisch**
Luthertum das; ~s Lutheranism *no art.*
lutschen [ˈlʊtʃn̩] 1. *tr. V.* suck. 2. *itr. V.* suck **an etw.** *(Dat.)* ~: suck sth.; **am Daumen** ~: suck one's thumb
Lutscher der; ~s, ~ a) lollipop; b) *(Schnuller)* dummy *(Brit.);* pacifier *(Amer.)*
Lüttich [ˈlʏtɪç] **(das)** ~s Liège
Luv [luːf] die, *auch* das; ~ *(Seemannsspr.)* **in in/nach** ~: to windward
luven [ˈluːvn̩] *itr. V. (Seemannsspr.)* luff
Lux [lʊks] das; ~, ~: *(Physik)* lux
Luxation [lʊksaˈtsi̯oːn] die; ~, ~en *(Med.)* luxation *(Med.);* dislocation
Luxemburg [ˈlʊksm̩bʊrk] **(das);** ~s Luxembourg; *s. auch* **Großherzogtum**
Luxemburger 1. *Adj.; nicht präd.* Luxembourg; **die ~ EG-Behörden** the EEC authorities in Luxembourg. 2. *der;* ~s, ~: Luxembourger; *s. auch* **Kölner**
Luxemburgerin die; ~, ~nen Luxembourger; *s. auch* **ä**
luxemburgisch *Adj.* Luxembourgian
luxuriös [lʊksuˈri̯øːs] 1. *Adj.* luxurious; **ein ~es Leben führen** lead a life of luxury. 2. *adv.* luxuriously; **[sehr] ~ leben/wohnen** live in [great] luxury
Luxus [ˈlʊksʊs] der; ~ *(auch fig.)* luxury; **etw. ist reiner** ~: sth. is sheer extravagance; **den** ~ **lieben** love luxury; **im** ~ **leben** live in [the lap of] luxury; **sich** *(Dat.)* **den** ~ **leisten, etw. zu tun** *(fig.)* allow oneself the luxury of doing sth.
Luxus-: ~**artikel** der luxury article; **dieses Geschäft führt nur ~artikel** this shop sells only luxury goods; **~ausführung** die de luxe version; **~ausgabe** die de luxe edition; **~dampfer** der luxury cruiser; **~hotel** das luxury hotel; **~jacht** die luxury yacht; **~kabine** die luxury cabin; **~klasse** die luxury class; **Automobile der ~klasse** luxury cars; **~limousine** die luxury limousine; **~schlitten** der *(ugs.)* classy car or job *(sl.);* **~weibchen** das *(abwertend)* woman who expects to live in luxury
Luzern [luˈtsɛrn] **(das);** ~s Lucerne
Luzerne [luˈtsɛrnə] die; ~, ~n *(Bot.)* alfalfa; lucerne *(Brit.)*
luzid [luˈtsiːt] *Adj.* lucid
Luzidität [lutsidiˈtɛːt] die; ~: lucidity
Luzifer [ˈluːtsifɐ] **(der)** Lucifer
luziferisch *(geh.) Adj.* diabolical; vicious ⟨*sarcasm*⟩
LW *Abk.* Langwelle LW
Lymph·drüse die *(veralt.) s.* Lymphknoten
Lymphe [ˈlʏmfə] die; ~, ~n lymph
Lymph·knoten der lymph node or gland
lynchen [ˈlʏnçn̩] *tr. V.* lynch; *(scherzh.)* lynch; kill
Lynch-: ~**justiz** die lynch-law; **~mord** der lynching
Lyoner [Wurst] [ˈli̯oːnɐ] die; ~ [~], ~ [Würste] bologna [sausage]
Lyra [ˈlyːra] die; ~, **Lyren** a) *(Mus.)* lyre; b) *(Astron.)* Lyra; the lyre
Lyrik [ˈlyːrɪk] die; ~: lyric poetry
Lyriker der; ~s, ~, **Lyrikerin** die; ~, ~nen lyric poet; lyricist
lyrisch 1. *Adj.* a) lyric ⟨*poem, poetry, epic, drama*⟩; lyrical ⟨*passage, style, description,*

etc.⟩; b) *(gefühlvoll)* lyrical; c) *nicht präd.* *(Mus.)* lyric. 2. *adv.* lyrically
Lyzeum [lyˈtseːʊm] das; ~s, **Lyzeen** [lyˈtseːən] girls' high school

M

m, M [ɛm] das; ~, ~: m/M; *s. auch* **a, A**
m *Abk.* Meter m
M *(DDR) Abk.* ¹Mark
MA *Abk.* Mittelalter
Mäander [mɛˈandɐ] der; ~s, ~ *(Geogr., Kunstwiss.)* meander
Maar [maːɐ̯] das; ~[e]s ~e *(Geogr.)* maar; *(See)* crater lake
Maas [maːs] die; ~: Meuse
Maat [maːt] der; ~[e]s, ~e[n] a) *(Seemannsspr.)* [ship's] mate; b) *(Dienstgrad)* petty officer
Mach [max] das; ~[s], ~ *(Physik)* Mach
Machandel [maˈxandl̩] der; ~s, ~ *(nordd.) s.* Wacholder
Mach·art die style; *(Schnitt)* cut
machbar *Adj.* feasible
Mache die; ~ *(ugs.)* a) *(abwertend)* sham; **das ist reine** *od.* **nichts als ~**: it's pure sham; it's all put on; b) **etw. in der ~ haben** have sth. on the stocks; be working on sth.; **jmdn. in der ~ haben/in die ~ nehmen** *(salopp) (jmdm. zusetzen)* be working/work on sb.; *(jmdn. verprügeln)* be working/work sb. over *(coll.)*
machen [ˈmaxn̩] 1. *tr. V.* a) *(herstellen)* make; **aus Plastik/Holz** *usw.* **gemacht** made of plastic/wood *etc.;* **aus diesen Äpfeln ~ wir Saft** we will make juice from these apples; **aus diesem Zimmer ~ wir gerade ein Büro** we are making or turning this room into an office; **sich** *(Dat.)* **etw. ~ lassen** have sth. made; **Geld/ein Vermögen/einen Gewinn ~**: make money/a fortune/a profit; **dafür ist er wie gemacht/nicht gemacht** *(fig.)* that's just his line/that's not his line; **etw. aus jmdm. ~**: make sb. into sth.; **jmdn. zum Präsidenten** *usw.* **~**: make sb. president *etc.;* **er machte sie zu seiner Frau** *(geh. veralt.)* he made her his wife; b) *(geben)* **jmdm. einen Kostenvoranschlag ~**: let sb. have or give sb. an estimate; **jmdm. einen guten Preis ~** *(ugs.) (beim Kauf)* make sb. a good offer; *(beim Verkauf)* name a good price; c) *(zubereiten)* get, prepare ⟨*meal*⟩; **den Salat ~** *(ugs.)* do the salad *(coll.);* **was machst du heute zum Abendessen?** what are you getting/doing for supper tonight?; **jmdm./sich [einen] Kaffee ~**: make [some] coffee for sb./oneself; **jmdm. einen Cocktail ~**: get or mix sb. a cocktail; d) *(verursachen)* **jmdm. Arbeit ~**: cause or make [extra] work for sb.; **jmdm. Sorgen ~**: cause sb. anxiety; worry sb.; **jmdm. Mut/Hoffnung ~** *(ugs.)* give sb. courage/hope; **das macht Durst/Hunger** *od.* **Appetit** this makes one thirsty/hungry; this gives one a thirst/an appetite; **das macht das Wetter** that's [because of] the

weather; **das macht das viele Rauchen** that comes from smoking a lot; **mach, daß er gesund wird!** make him get well!; **mach, daß du nach Hause kommst!** *(ugs.)* off home with you!; **ich muß ~, daß ich zum Bahnhof komme** *(ugs.)* I must see that I get to the station; e) *(ausführen)* do ⟨*job, repair, etc.*⟩; **seine Hausaufgaben ~**: do one's homework; **ein Foto** *od.* **eine Aufnahme ~**: take a photograph; **ein Examen ~**: take an exam; **einen Spaziergang ~**: go for or take a walk; **eine Reise ~**: go on a journey or trip; **einen Besuch [bei jmdm.] ~**: pay [sb.] a visit; **wie man's macht, macht man's falsch** *od.* **verkehrt** *(ugs.)* [however you do it,] there's always something wrong; *(jmdm. ist nichts recht)* there's no pleasing some people; **er macht es nicht unter 100 DM** he won't do it for under or less than 100 marks; f) (+ *Adj. od. V.: Zustand verändern*) **jmdn. glücklich/eifersüchtig** *usw.* **~**: make sb. happy/jealous *etc.;* **etw. größer/länger/kürzer ~**: make sth. bigger/longer/shorter; **mach es dir gemütlich** *od.* **bequem!** make yourself comfortable or at home; **das Kleid macht sie älter** the dress makes her look older; **jmdn. lachen/weinen/leiden ~** *(geh.)* make sb. laugh/cry/suffer; g) *(tun)* do; **was machst du da?** what are you doing?; **mußt du immer wieder ~?** do you still have a lot to do?; **mach doch etwas!** 'do something!'; **mach' ich, wird gemacht!** *(ugs.)* will do!; **was ~ Sie [beruflich]?** what do you do [for a living]?; **da ist nichts zu machen, dagegen kann man nichts ~**: there's nothing one can do [about it]; **was soll ich nur ~?** what am I to do?; **was macht der Fußball in der Küche?** what is the football doing in the kitchen?; **was hat er nur wieder gemacht [, daß alle so wütend sind]?** what has he been up to this time [to make everyone so angry]?; **so etwas macht man nicht** that [just] isn't done; **mach was dran!** *(ugs.)* what can you do?; **mit mir könnt ihr es ja ~** *(ugs.)* you can get away with it with me; **sie läßt alles mit sich ~**: she is very long-suffering; h) **was macht ...?** *(wie ist um ... bestellt?)* how is ...?; **was macht die Arbeit?** how is the job [getting on]?; how are things at work?; **was macht die Gesundheit?** how are you keeping?; i) *(ergeben)* *(beim Rechnen)* be; *(bei Geldbeträgen)* come to; **zwei mal zwei macht vier** two times two is four; **was** *od.* **wieviel macht das [alles zusammen]?** how much does that come to?; **das macht 12 DM** that is or costs 12 marks; *(Endsumme)* that comes to 12 marks; j) *(schaden)* **was macht das schon?** what does it matter?; **macht das was?** does it matter?; do you mind?; **macht nichts!** *(ugs.)* never mind!; it doesn't matter; k) *(teilnehmen an)* **einen Kursus** *od.* **Lehrgang ~**: take a course; **ein Seminar ~** *(ugs.)* take part in a seminar; l) *(ugs.: veranstalten)* organize, *(coll.)* do ⟨*trips, meals, bookings, etc.*⟩; **ein Fest ~**: give a party; m) **mach's gut!** *(ugs.)* look after yourself!; *(auf Wiedersehen)* so long!; **er macht es nicht mehr lange** *(ugs.)* he won't last much longer; n) *(ugs.: ordnen, saubermachen, renovieren)* do ⟨*room, stairs, washing, etc.*⟩; **das Bett ~**: make the bed; **die Haare/Fingernägel ~**: do one's hair/nails; **den Garten ~**: do the garden *(coll.);* o) *(ugs. verhüll.: seine Notdurft verrichten)* **sein Geschäft ~**: relieve oneself; **groß/klein ~**: do big jobs/small jobs ⟨*child language*⟩; p) *(ugs.: spielen, sein)* play, act ⟨*part, the clown, etc.*⟩; **wer macht hier den Vorarbeiter?** who is the foreman here?; q) **es [mit jmdm.] ~** *(ugs. verhüll.)* have it off [with sb.] *(sl.);* **es jmdm. ~** *(derb)* give it to sb. *(sl.).* 2. *refl. V.* a) **mit** *Adj.* **sich ... ~**: make oneself ...; **sich hübsch ~**: smarten [oneself] up; **sich schmutzig ~**: get [oneself] dirty; **sich verständlich ~**: make oneself clear; **das macht sich bezahlt!** it's worth it!;

Machenschaften

sie macht sich besser, als sie ist she pretends to be better than she is; **b)** *(beginnen)* **sich an etw.** *(Akk.)* ~: get down to sth.; **mach dich ans Werk/an die Arbeit** get down to work; get on with it; **c)** *(ugs.: sich entwickeln)* do well; get on; **du hast dich aber gemacht!** you've made great strides!; **d)** *(passen)* **das macht sich gut hier** this fits in well; this looks good here; **e) mach dir nichts daraus!** *(ugs.)* don't let it bother you; **ich mache mir nichts daraus** it doesn't bother me; **sich** *(Dat.)* **nichts/wenig aus jmdm./etw. ~** *(ugs.)* not care at all/much for sb./sth.; **f)** *(gestalten)* **wir wollen uns** *(Dat.)* **einen schönen Abend ~:** we want to have an enjoyable evening; **macht euch ein paar schöne Stunden** have fun for a few hours; **g) sich** *(Dat.)* **Feinde ~:** make enemies; **sich** *(Dat.)* **jmdn. zum Freund/Feind ~** make a friend/an enemy of sb.; **sich** *(Dat.)* **etw. zum Grundsatz/zur Aufgabe ~:** make sth. a principle/one's task; **h) das macht sich von selbst** it takes care of itself; **wenn es sich [irgendwie] ~ läßt** if it can [somehow] be done; if it is [at all] possible. **3.** *itr. V.* **a)** *(ugs.: sich beeilen)* **mach schon!** get a move on! *(coll.);* look snappy! *(coll.);* **mach schneller!** hurry up!; **b) das macht müde** it makes you tired; it is tiring; **das macht hungrig** it makes you hungry; **das macht durstig** it makes you thirsty; **das Kleid macht dick** the dress makes one look fat; **c)** *(tun)* laß mich nur ~ *(ugs.)* leave it to me; **d)** *(ugs. verhüll.)* *(child, pet)* perform *(coll.);* **ins Bett/in die Hose ~:** wet one's bed/pants; **e)** *(salopp: tätig sein)* **er macht in Lederwaren** he is in leather goods; **der Konzern macht auch in Versicherungen** the group also does insurance; **f)** *(salopp abwertend: mimen)* **auf naiv** *usw.* **~:** pretend to be naïve *etc.;* act naïve *etc.;* **auf feine Dame/großen Geschäftsmann ~:** act the fine lady/big business man; **auf vornehm ~:** give oneself airs; **g)** *mit sinn (landsch. ugs.: sich begeben)* go; **in den Westen ~:** go to the west

Machenschaften *Pl. (abwertend)* machinations; wheeling and dealing *sing.*

Macher *der;* ~s, ~ *(ugs.)* doer; **der Typ des ~s** the dynamic type who just gets on with things

-macher *der,* **-macherin** *die;* ~, ~nen *...-maker;* **Filme-/Besen-/Bücher~** film-maker/broom-maker/maker of books

Macher·lohn *der (Schneiderei)* making-up charge

Machete [ma'xe:tə] *die;* ~, ~n machete

Machiavellismus [makjave'lɪsmʊs] *der;* ~ *(Philos., Politik)* machiavellianism *no art.*

machiavellistisch *(Philos., Politik) Adj.* machiavellian

Machismo [ma'tʃɪsmo] *der;* ~[s] *(abwertend)* machismo

Macho ['matʃo] *der;* ~s, ~s *(abwertend)* macho

Macht [maxt] *die;* ~, **Mächte** ['mɛçtə] **a)** *o. Pl. (Kraft, Einfluß)* power; *(Stärke)* strength; *(Befugnis)* authority; power; **mit aller ~:** with all one's might; **alles, was in seiner ~ steht,** tun do everything in one's power; **seine ~ ausspielen** use one's authority *or* power; **das liegt nicht in ihrer ~:** that is not within her power; that is outside her authority; **~ über jmdn. haben** have a hold over sb.; **eine unwiderstehliche ~ auf** *od.* **über jmdn. ausüben** exert an irresistible influence over sb.; **die ~ der Gewohnheit/der Verhältnisse** the force of habit/circumstances; **der Frühling kommt mit ~:** spring is coming with a vengeance; **b)** *o. Pl. (Herrschaft)* power *no art.;* **die ~ ergreifen** *od.* **an sich reißen** seize power; **an die ~ kommen** come to power; **c)** *(Staat)* power; **d)** *(~gruppe; geheimnisvolle Kraft)* power; force; **die Mächte der Reaktion** the forces of reaction; **die Mächte der Finsternis** the

powers of darkness; **böse Mächte** evil forces; **e)** *(geh., veralt.: Heer)* forces *pl.;* **mit großer ~:** with a large force *or* army

Macht-: **~anspruch** *der* claim *or* pretension to power; **~apparat** *der* power structure; **~ausübung** *die* exercise of power *(Gen. by);* **~befugnis** *die* authority *no pl., no art.;* power *no art.;* **~bereich** *der* sphere of influence; **~block** *der* power bloc

Mächte·gruppierung *die (Politik)* power grouping

macht-, Macht-: **~entfaltung** *die* expansion of power; **~ergreifung** *die (Politik)* seizure of power *(Gen. by);* **~gier** *die (abwertend)* craving for power; **~gierig** *Adj.* with a craving for power *postpos., not pred.;* **~gierig sein** crave power; **~haber** [-ha:bɐ] *der;* ~s, ~: ruler; **die gegenwärtigen ~haber** those at present in power; **~hunger** *der* hunger for power; **~hungrig** *Adj.* power-hungry

mächtig ['mɛçtɪç] **1.** *Adj.* **a)** powerful; **die Mächtigen dieser Welt** the high and mighty; the wielders of power; **b) seiner Sinne** *od.* **seiner selbst** [nicht] **~ sein** [not] be in control of oneself; **einer Sprache** *(Gen.)* **/des Lesens und Schreibens ~ sein** *(geh.)* have a command of a language/be capable of reading and writing; **c)** *(beeindruckend groß)* mighty; powerful, mighty *(voice, blow);* **~** tremendous, powerful *(effect);* *(ugs.)* terrific *(coll.)* *(luck);* terrible *(coll.)* *(fright);* **~en Hunger/~e Angst haben** be terribly hungry/afraid; **b)** *(landsch.: schwer)* heavy *(food); (sättigend)* filling *(food).* **2.** *adv. (ugs.)* terribly *(coll.);* extremely; **~ viel** an awful lot *(coll.);* **~ groß** tremendously large *(coll.);* **er ist ~ gewachsen** he has grown a lot; **ihr müßt euch ~ beeilen** you'll really have to step on it *(coll.)*

Mächtigkeit *die;* **~ a)** *(Einfluß)* power; **b)** *(Größe)* size; *(Gewalt)* force

macht-, Macht-: **~instrument** *das (Politik)* instrument of power; **~kampf** *der (bes. Politik)* power struggle; **~los** *Adj.* powerless; impotent; **gegen etw. ~los sein,** einer Sache *(Dat.)* **~los gegenüberstehen** be powerless in the face of sth.; **gegen jmdn. ~los sein** be powerless against sb.; **gegen so viel Frechheit/Dummheit bin ich/ist man einfach ~los** there is nothing one can do in the face of such impudence/stupidity; **~losigkeit** *die* impotence **(gegen, gegenüber** in the face of); **~miß·brauch** *der* abuse of power; **~mittel** *das* instrument of power; **~politik** *die* power politics *sing., no art.;* **~position** *die (bes. Politik)* position of power; **~probe** *die* trial of strength; **~stellung** *die* s. **~position;** **~streben** *das* ambition for power; **~übernahme** *die (Politik)* take-over [of power] *(Gen. by);* **~verhältnisse** *Pl.* balance of power *sing.; (innerhalb einer Organisation)* power structure *sing.;* **~voll 1.** *Adj.* powerful; *(imponierend)* impressive *(demonstration, appearance);* **2.** *adv.* powerfully; *(imponierend)* impressively; **~vollkommenheit** *die* absolute power; **aus eigener ~vollkommenheit** on one's own authority *or* initiative; **~wechsel** *der (Politik)* change of government; **~wort** *das* word of command; decree; **ein ~wort sprechen** put one's foot down; lay down the law

Mach·werk *das (abwertend)* shoddy effort

Macke ['makə] *die;* ~, ~n **a)** *(salopp: Tick)* fad; **'ne ~ haben** have a fad; *(verrückt sein)* be off one's rocker *(sl.);* **b)** *(Defekt)* defect; *(optisch)* mark; blemish

Macker *der;* ~s, ~ **a)** *(Jugendspr.: Freund, Kerl)* guy *(sl.);* bloke *(Brit. sl.);* **b)** *(abwertend)* macho

MAD [ɛm/a:'de:] *der;* ~s *Abk.* Militärischer Abschirmdienst Military Counter Intelligence [Service]

Mägdlein

Madagaskar [mada'gaskar] *(das);* ~s Madagascar

Madagasse [mada'gasə] *der;* ~n, ~n, **Madagassin** *die;* ~, ~nen Madagascan; Madagasy

madagassisch *Adj.* Madagascan; Madagasy

Madam [ma'dam] *die;* ~, ~s **a)** *(ugs. scherzh.)* [portly] matron; **b)** *(landsch. scherzh.: Ehefrau)* better half *(joc.)*

Mädchen ['mɛ:tçən] *das;* ~s, ~ **a)** girl; *(ugs. veralt.: Freundin)* girl[-friend]; **für kleine ~ müssen** *(fam. scherzh. verhüll.)* need to spend a penny *(Brit. coll.);* **b)** *(Haus~)* maid; **~ für alles** *(ugs.)* maid of all work; *(im Büro usw.)* girl Friday; *(Mann)* man Friday

Mädchen·alter *das* girlhood years *pl.;* **im [zarten] ~alter** when still a [young] girl

mädchenhaft 1. *Adj.* girlish; **~ aussehen** *(boy)* have a girlish look; look like a girl; *(girl)* look childlike. **2.** *adv.* **sich ~ kleiden** dress in a girlish manner; *(older woman)* wear young clothes, dress like a young girl

Mädchen-: **~handel** *der; o. Pl.* white-slave traffic; **~händler** *der* white-slave trader; **~klasse** *die* girls' class; **~kleidung** *die* girls' clothes *pl.;* **~name** *der* **a)** *(Vorname)* girl's name; **b)** *(Name vor der Ehe)* maiden name; **~pensionat** *das* girls' boarding-school; **~schule** *die* girls' school; school for girls; **~zimmer** *das* **a)** *(für ein ~)* girl's room; *(für mehrere)* girls' room; **b)** *(für Hausmädchen)* maid's room

Made ['ma:də] *die;* ~, ~n maggot; *(Larve)* larva; **leben wie die ~ im Speck** be living in the lap of luxury *or* off the fat of the land

Madeira [ma'de:ra] *der;* ~s, ~s, **Madeira·wein** *der* Madeira

Madel [ma:dl] *das;* ~s, ~n, *(südd., österr. mundartl.,* **Mädel** ['mɛ:dl] *das;* ~s, ~, *nordd.:* ~s s. **Mädchen a**

Maderl, Mäderl ['mɛ:dɐl] *das;* ~s, ~n *(österr. ugs.)* s. **Mädchen a**

madig *Adj.* maggoty; **jmdm. etw./ein Vergnügen ~ machen** *(ugs.)* spoil sb.'s pleasure in sth./spoil a pleasure for sb.; **jmdn./etw. ~ machen** *(ugs.)* run sb./sth. down

Madonna [ma'dɔna] *die;* ~, **Madonnen a)** *(christl. Rel.) o. Pl.* **die ~:** Our Lady; the Virgin Mary; **b)** *(Kunst)* madonna

madonnen-, Madonnen-: **~gesicht** *das* madonna-like features *pl.;* **~haft 1.** *Adj.* madonna-like; **2.** *adv.* in a madonna-like manner; **~scheitel** *der* centre parting

Madrigal [madri'ga:l] *das;* ~s, ~e *(Literaturw., Musik)* madrigal

Maestro [ma'ɛstro] *der;* ~s, ~s *od.* **Maestri** maestro

Maf[f]ia ['mafja] *die;* ~, ~s **a)** *o. Pl.* Mafia; **b)** *(fig.)* mafia

Mafioso [ma'fjo:zo] *der;* ~s, **Mafiosi** mafioso

mag [ma:k] *1. u. 3. Pers. Sg. Präsens v.* **mögen**

Magazin [maga'tsi:n] *das;* ~s, ~e **a)** *(Lager)* store; *(für Waren)* stock-room; *(für Waffen u. Munition)* magazine; *(in der Bibliothek)* stack[-room]; stacks *pl.;* **b)** *(für Patronen, Dias, Film usw.)* magazine; *(an Werkzeug-maschinen)* feeder; **c)** *(Zeitschrift)* magazine; *(Rundf., Ferns.)* magazine programme

Magazineur [magatsi'nø:ɐ] *der;* ~s, ~e *(österr.)* storekeeper; stores supervisor

magazinieren *tr. V.* [put in] store; put *(explosives, weapons)* in a/the magazine

Magd [ma:kt] *die;* ~, **Mägde** ['mɛ:kdə] **a)** *(veralt.) (Landarbeiterin)* [female] farm-hand; *(Vieh~)* milkmaid; *(Dienst~)* maid-servant; **b)** *(dichter. veralt.: Jungfrau)* maid; damsel; **Maria, die reine ~** *(christl. Rel.)* Mary, the pure Virgin

Mägdelein ['mɛ:kdəlain], **Mägdlein** ['mɛ:ktlain] *das;* ~s, ~ *(dichter. veralt.)* maiden

1301

Magellan·straße [magɛˈlaːn-] die Straits pl. of Magellan

Magen [ˈmaːgn̩] der; ~s, Mägen [ˈmɛːgn̩] od. ~: stomach; mir knurrt der ~ (ugs.) my tummy is rumbling (coll.); sich (Dat.) den ~ verderben get an upset stomach; etw. auf nüchternen od. leeren ~ essen/trinken eat/drink sth. on an empty stomach; etwas/nichts im ~ haben have had something/nothing to eat; jmdm. auf den ~ schlagen upset sb.'s stomach; jmdm. schwer im ~ liegen lie heavy on sb.'s stomach; diese Sache liegt mir schwer auf dem od. im ~ (fig. ugs.) this business is preying on my mind; mit leerem ~: with an empty stomach; da dreht sich einem/mir der ~ um (ugs.) it's enough to make or it makes one's/my stomach turn; (fig.) it makes you/me sick; s. auch Liebe a
magen-, Magen-: ~**aushebung** die; ~, ~en (Med.) pumping-out of the stomach; ~**beschwerden** Pl. stomach trouble sing.; ~**bitter** der; ~s, ~: bitters pl.; ~**blutung** die gastric haemorrhage; ~**Darm-Kanal** der (Anat.) gastro-intestinal tract; ~**-Darm-Katarrh** der (Med.) gastroenteritis; ~**drücken** das feeling of pressure in the stomach; (~schmerzen) stomach-ache; ~**durch·bruch** der (Med.) s. ~**perforation**; ~**fahr·plan** der (ugs. scherzh.) menu; eating schedule; ~**freundlich** adj. kind to the stomach pred.; ~**gegend** die region of the stomach; ein unangenehmes Gefühl in der ~gegend an unpleasant feeling in the [pit of the] stomach; ~**geschwür** das stomach ulcer; ~**grube** die pit of the stomach; ~**inhalt** der contents pl. of the stomach; ~**katarrh** der (Med.) gastritis; ~**knurren** das (ugs.) tummy rumbles pl. (coll.); ~**krampf** der stomach cramp; ~**krämpfe** stomach spasms; ~**krank** Adj. (person) suffering from a stomach disorder or complaint; ~**krank sein/werden** have/get a stomach disorder or complaint; ~**krankheit** die stomach complaint; ~**krebs** der cancer of the stomach; ~**leiden** das s. ~**krankheit**; ~**leidend** Adj. s. ~**krank**; ~**mittel** das medicine for the stomach; stomachic (Pharm.); ~**perforation** die (Med.) perforation of the stomach; ~**saft** der gastric juice; ~**säure** die gastric acid; ~**schleim·haut** die lining of the stomach; ~**schleimhaut·entzündung** die gastritis; ~**schmerzen** Pl. stomach-ache sing.; ~**spiegelung** die (Med.) gastroscopy; ~**spülung** die (Med.) gastric irrigation; ~**verstimmung** die stomach upset

mager [ˈmaːɡɐ] 1. Adj. a) (dünn) thin; b) (fettarm) low-fat; low in fat pred.; lean ⟨meat⟩; ein ~es Benzingemisch (Kfz-W.) a lean mixture; c) (nicht ertragreich) poor ⟨soil, harvest⟩; infertile ⟨field⟩; lean ⟨years⟩; (fig.: dürftig) meagre ⟨profit, increase, success, report, etc.⟩; thin ⟨programme⟩; d) (Druckw.) light-face ⟨type, characters⟩. 2. adv. ~ **essen** follow a low-fat diet; eat low-fat foods

Mager·käse der low-fat cheese

Magerkeit die; ~ a) thinness; b) (Ertragsarmut) poorness; (fig.: Dürftigkeit) meagreness

Mager-: ~**milch** die skim[med] milk; ~**quark** der low-fat curd cheese; ~**sucht** die o. Pl. (Med.) wasting disease; (Anorexie) anorexia

Magie [maˈɡiː] die; ~: magic; **Schwarze/Weiße ~:** black/white magic

Magier [ˈmaːɡiɐ] der; ~s, ~ a) (auch fig.) magician; **die drei ~** (bibl.): the Three Magi

magisch 1. Adj. a) magic ⟨powers⟩; ~es Quadrat magic square; b) (geheimnisvoll) magical ⟨attraction, light, force, etc.⟩; (unwirklich) eerie ⟨light, half-light⟩. 2. adv. (durch Zauber) by magic; (wie durch Zauber) as if by magic; magically; (unwirklich)

eerily; ~ **beleuchtet** with magical/eerie lighting postpos., not pred.

Magister [maˈɡɪstɐ] der; ~s, ~ a) Master's degree; **den ~ haben/machen** ≈ have/work for an MA or (Amer.) a Master's; ~ **Artium** [~ ˈartsi̯ʊm] Master of Arts; b) (Inhaber des Titels) person holding a Master's degree; ~ **sein** have a Master's degree

¹**Magistrat** [maɡɪsˈtraːt] der; ~[e]s, ~e City Council

²**Magistrat** der; ~en, ~en (schweiz.) Federal Councillor

Magma [ˈmaɡma] das; ~s, **Magmen** (Geol.) magma

Magna Charta [ˈmaɡna ˈkarta] die; ~ ~ (hist.) Magna Carta

magna cum laude [ˈmaɡna kʊm ˈlaʊdə] (Hochschulw.) with great distinction; second of four grades of succesful doctoral examination

Magnat [maˈɡnaːt] der; ~en, ~en a) magnate; b) (hist.) great nobleman

Magnesia [maˈɡneːzi̯a] die; ~ a) (Chemie, Med.) magnesia; b) (Turnen) chalk

Magnesium [maˈɡneːzi̯ʊm] das; ~s (Chemie) magnesium

Magnet [maˈɡneːt] der; ~en od. ~[e]s, ~en (auch fig.) magnet

Magnet-: ~**auf·zeichnung** die [magnetic] tape recording; ~**band** das Pl.: ~**bänder** magnetic tape; ~**berg** der Magnetic Mountain; ~**bild·verfahren** das o. Pl. (Technik) videotape technique; ~**eisen·stein** der (Mineral.) magnetite; ~**feld** das (Physik) magnetic field

magnetisch 1. Adj. (auch fig.) magnetic. 2. adv. magnetically; ~ **gespeichert/aufgezeichnet** stored/recorded on magnetic tape; **jmdn. ~ anziehen** (fig.) have a magnetic attraction for sb.

Magnetiseur [maɡnetiˈsøːɐ̯] der; ~s, ~e mesmerist

magnetisieren tr. V. a) (Physik) magnetize; b) (Psych. veralt.) treat ⟨patient⟩ by mesmerism

Magnetisierung die; ~, ~en (Physik) magnetization

Magnetismus der; ~ a) (Physik) magnetism; b) (Psych. veralt.) mesmerism no def. art.

Magnet-: ~**kern** der (Physik) core [of a/the magnet]; ~**kompaß** der magnetic compass; ~**nadel** die [compass] needle

Magneton [ˈmaɡnetɔn] das; ~s, ~[s] (Kernphysik) magneton

Magnetophon Ⓦ [maɡnetoˈfoːn] das; ~s, ~e tape recorder

Magnetosphäre die; o. Pl.: magnetosphere

Magnetron [ˈmaɡnetrɔn] das; ~s, ~e [-ˈtroːnə] (Physik) magnetron

Magnet-: ~**schalter** der (Kfz-W.) solenoid switch; (im Spannungsregler) [magnetic] cut-out; ~**spule** die a) coil [of an/the electromagnet]; b) (Solenoid) solenoid; ~**zündung** die (Kfz-W.) magneto ignition

Magnifikat [maˈɡniːfikat] das; ~s (kath. Kirche) magnificat

Magnifizenz [maɡnifiˈtsɛnts] die; ~, ~en (Hochschulw.) **Seine/Eure ~:** His/Your Magnificence (mode of address or title of German university rector); **die ~en** the rectors

Magnolie [maˈɡnoːli̯ə] die; ~, ~n magnolia

mäh [mɛː] Interj. baa

Mahagoni [mahaˈɡoːni] das; ~s mahogany

Maharadscha [mahaˈratʃa] der; ~s, ~s maharaja

Maharani [mahaˈraːni] die; ~, ~s maharanee

Mäh·binder der harvester[-binder]

¹**Mahd** [maːt] die; ~, ~en (landsch.) a) (Mähen) mowing; b) (das Gemähte) mown grass; (Heu) [new-mown] hay

²**Mahd** das; ~[e]s, **Mähder** [ˈmɛːdɐ] (österr., schweiz.) high pasture

Mäh·drescher der combine harvester

mähen [ˈmɛːən] 1. tr. V. mow ⟨grass, lawn, meadow⟩; cut, reap ⟨corn⟩. 2. itr. V. mow; ⟨Getreide ~⟩ reap

²**mähen** itr. V. ⟨sheep⟩ bleat

Mäher der; ~s, ~ a) (von Getreide) reaper; b) (ugs.) s. **Mähmaschine**

Mahl [maːl] das; ~[e]s, **Mähler** [ˈmɛːlɐ] (geh.) meal; repast (formal); **beim ~ sitzen** sit at table

mahlen unr. tr., itr. V. grind; **etw. fein/grob ~:** grind sth. fine/coarsely; **wer zuerst kommt, mahlt zuerst** (Spr.) the early bird catches the worm (prov.)

Mahl-: ~**gang** der (Technik) grinding-machine; (~steine) set of millstones; ~**gut** das grist

mählich [ˈmɛːlɪç] (geh. veralt.) 1. Adj. gradual. 2. adv. gradually

Mahl-: ~**stein** der a) grinding-stone; b) (Mühlstein) millstone; ~**strom** der (geh.) maelstrom; ~**zahn** der molar; ~**zeit** meal; **sich an die ~en halten** eat meals at regular times; ~**!** (ugs.) have a good lunch; bon appetit; **[na dann] prost ~!** (ugs.) what a delightful prospect! (iron.); (an einen anderen) [in that case] the best of British! (Brit. coll.)

Mäh-maschine die [power] mower; (für Getreide) reaper

Mahn-: ~**bescheid** der writ for payment; ~**brief** der s. ~**schreiben**

Mähne [ˈmɛːnə] die; ~, ~n mane; (scherzh.: Haarschopf) mane [of hair]

mahnen [ˈmaːnən] 1. tr., itr. V. a) (auffordern) urge; **zur Eile/Vorsicht ~:** urge haste/caution; **jmdn. zur Eile/Vorsicht ~:** urge sb. to hurry/to be careful; **jmdn. eindringlich ~:** give sb. an urgent warning; **jmdn. ~d ansehen** look admonishingly at sb.; b) (erinnern) remind (an + Akk. of); **einen Schuldner [schriftlich] ~:** send a debtor a [written] demand for payment or a reminder. 2. itr. V. (geh.) **an etw. (Akk.) ~:** be reminiscent of sth.

Mahner der; ~s, ~ (geh.) admonisher; (Unheilsprophet) Cassandra

Mahn-: ~**gebühr** die reminder fee; ~**mal** das memorial (erected as a warning to future generations); ~**ruf** der (geh.) warning cry; admonition; ~**schreiben** des reminder (+ Gen. from); (an einen Schuldner) demand [for payment]; reminder

Mahnung die; ~, ~en a) (Aufforderung) exhortation; (Warnung) admonition; b) (Erinnerung) reminder; c) s. **Mahnschreiben**

Mahn·verfahren das summary proceedings pl. [for the payment of a debt]

Mähre [ˈmɛːrə] die; ~, ~n (veralt. abwertend) jade (dated)

Mähren (das); ~s Moravia

mährisch Adj. Moravian

Mai [maɪ] der; ~, dichter.: ~en, ~e May; **der Erste ~:** the first of May; May Day; **Kundgebungen zum Ersten ~:** May Day rallies; **im ~ des Lebens** (geh.) in the springtime of life; **wie einst im ~:** as in the days of my/their etc. youth

Mai-: ~**andacht** die (kath. Kirche) May devotion; ~**baum** der a) maypole; b) (Birkenbäumchen) small birch-tree traditionally tied to doorpost for May festival; ~**blume** die a) mayflower; b) (~glöckchen) lily of the valley; ~**bowle** die cup made of white wine and champagne with fresh woodruff

Maid [maɪt] die; ~, ~en (veralt.) maiden

Mai·demonstration die May Day demonstration

Maie die; ~, ~n (veralt.) young birch-tree or birch leaves traditionally tied to doorpost for May celebrations

Maien·nacht die (dichter. veralt.) May night

Mai-: ~**feier** die May Day celebration; ~**feier·tag** der May Day no def. art.; ~**glöckchen** das lily of the valley; ~**käfer** der May-bug; ~**königin** die (Volksk.)

Queen of the May; **~kundgebung** die May Day rally
Mailand (das); **~s** Milan
Mailänder ['mailɛndɐ] **1.** indekl. Adj.; nicht präd. Milan; Mailanese ⟨climate, spring, etc.⟩ **die ~ Scala** La Scala, Milan. **2.** der; ~s, ~: Milanese; s. auch **Kölner**
Mailänderin die; ~, ~**nen** Milanese
mailändisch Adj. Milanese
Mai·parade die May Day parade
Mais [mais] der; ~**es** maize; corn (esp. Amer.); (als Gericht) sweet corn
Mais-: ~**birne** die (Sport) [suspended] punch-ball (Brit.); (als Gericht) punching-bag; ~**brei** der maize or (Amer.) corn [meal] porridge; ~**brot** das corn bread
Maische ['maiʃə] die; ~, ~**n** (bei Bier, Spiritus) mash; (bei Wein) must
maischen tr. V. mash ⟨malt⟩; crush ⟨grapes⟩
Mais-: ~**kolben** der corn-cob; (als Gericht) corn on the cob; ~**korn** das grain of maize or (Amer.) corn; ~**mehl** das maize or (Amer.) corn flour
Maison[n]ette [mɛzɔ'nɛt] die; ~, ~s, **Maison[n]ette·wohnung** die maisonette
Mais·stärke die cornflour (Brit.); cornstarch (esp. Amer.)
Maître de plaisir [mɛtrəplɛ'ziːr] der; ~ ~, ~s [mɛtrə-] ~ ~ (veralt., noch scherzh.) Master of Ceremonies
Majestät [majɛs'tɛːt] die; ~, ~**en** a) (Titel) Majesty; **Seine/Ihre/Eure** od. **Euer ~**: His/Her/Your Majesty; **b)** o. Pl. (geh. Erhabenheit) majesty
majestätisch 1. Adj. majestic. **2.** adv. majestically
Majestäts·beleidigung die lèse-majesté
Majolika [ma'joːlika] die; ~, **Majoliken** majolica; **Majoliken** pieces of majolica
Major [ma'joːɐ̯] der; ~s, ~**e** (Milit.) major; (der Luftwaffe) squadron leader (Brit.); major (Amer.)
Majoran ['maːjoran] der; ~s, ~**e** marjoram
Majorette [majo'rɛt] die; ~, ~s od. ~**n** majorette
Majorin die; ~, ~**nen a)** (in der Heilsarmee) major; **b)** (veralt.) major's wife
majorisieren tr. V. (geh.) outvote
Majorität [majori'tɛːt] die; ~, ~**en** majority; **die ~ haben** have a majority
Majoritäts-: ~**beschluß** der majority decision; ~**prinzip** das principle of a majority vote; majority principle
Majuskel [ma'jʊskl̩] die; ~, ~**n** (Druckw.) capital [letter]
makaber [ma'kaːbɐ] Adj. macabre
Makedonien [make'doːni̯ən] (das); ~s Macedonia
Makedonier der; ~s, ~: Macedonian
makedonisch Adj. Macedonian
Makel ['maːkl̩] der; ~s, ~ (geh.) **a)** (Schmach) stigma; taint; **an ihm haftet ein ~**: a stain or taint clings to him; **b)** (Fehler) blemish; flaw; **ohne ~**: without a [single] flaw
Mäkelei die; ~ (abwertend) carping
mäkelig Adj. (abwertend) carping; (beim Essen) fussy; particular
makel·los 1. Adj. flawless, perfect ⟨skin, teeth, figure, stone⟩; spotless, immaculate ⟨white, cleanness, clothes⟩; impeccable ⟨accent⟩; (fig.) spotless, unblemished ⟨reputation, character⟩. **2.** adv. immaculately; spotlessly ⟨clean⟩; (fehlerfrei) flawlessly
Makellosigkeit die; ~ s. **makellos**: flawlessness; perfection; spotlessness; immaculateness, impeccability (fig.) spotlessness
makeln (ugs.) tr. V. be a broker for ⟨stocks, shares⟩; be an agent for ⟨houses, building-sites, etc.⟩
mäkeln ['mɛːkl̩n] itr. V. (abwertend) carp; **an etw.** (Dat.) od. **über etw.** (Akk.) ~: carp at or find fault with sth.

Make-up [meːk'lap] das; ~s, ~s **a)** make-up; **b)** (Präparate) make-up; **die ~s** the make-up products; **c)** (Tönungscreme) liquid make-up; foundation
Makkaroni [maka'roːni] Pl. macaroni sing.
Makkaroni·fresser der (derb abwertend) Eyetie (sl. derog.); wop (sl. derog.)
Makler ['maːklɐ] der; ~s, ~ **a)** (Häuser~) estate agent (Brit.); realtor (Amer.) **b)** (Börsen~) broker
Makler-: ~**firma** die estate agents pl. (Brit.); (Amer.) realtors pl.; ~**gebühr** die, ~**provision** die agent's fee or commission; (eines Börsenmaklers) brokerage charges pl.
Mako ['mako] die; ~, ~s od. der od. das; ~[s], ~s Egyptian cotton
Makramee [makra'meː] das; ~[s] macramé
Makrele [ma'kreːlə] die; ~, ~**n** mackerel
makro-, Makro- [makro-]: ~**biotik** [~'bi̯oːtɪk] die; ~: macrobiotics sing., no art.; ~**biotisch 1.** Adj. macrobiotic; **2.** adv. on macrobiotic principles; ~**klima** das (Met.) macroclimate; ~**kosmos** der macrocosm; ~**molekül** das macromolecule
Makrone [ma'kroːnə] die; ~, ~**n** macaroon
Makulatur [makula'tuːɐ̯] die; ~, ~**en a)** (Druckw.) spoilt sheets pl.; spoilage no pl.; **b)** (Altpapier) waste paper; **~ reden** (ugs. abwertend) talk rubbish
mal [maːl] **1.** Adv. **a)** (Math.) times; (bei Flächen) by; **zwei ~ zwei** twice two; two times two; **der Raum ist 5 ~ 6 Meter groß** the room is five metres by six. **2.** Partikel (ugs.) **komm ~ her!** come here!; **hör ~ zu!** listen!; s. auch **einmal 2**
¹Mal das; ~[e]s, ~**e** time; **ein anderes ~**: another time; **nur dies eine ~**: just this once; **kein einziges ~**: not once; not a single time; **beim ersten/letzten ~**: the first/last time; **zum zweiten/x-ten ~**: for the second/n-th time; **mit einem** [~**e**] all at once; all of a sudden; **von ~ zu ~ heftiger werden/nachlassen** become more and more violent/decrease more and more ⟨and more⟩
²Mal das; ~[e]s, ~**e** od. **Mäler** ['mɛːlɐ] **a)** mark; (Muttermal) birthmark; (braun) mole; **b)** (geh.: Denk~, Mahn~) memorial; **c)** (Baseball) base; **d)** (Rugby) goal; (~**feld**) in-goal
Malachit [mala'xiːt] der; ~s, ~**e** malachite
malad[e] [ma'laːd(ə)] Adj. (veralt., landsch.) ill; sick (esp. Amer.)
Malaga ['malaga] der; ~s, ~s, **Malaga·wein** der Malaga [wine]
Malaie [ma'lai̯ə] der; ~n, ~n, **Malaiin** die; ~, ~**nen** Malay
malaiisch Adj. Malayan
Malaise [ma'lɛːzə] die; ~, ~n, schweiz.: das; ~s, ~s **a)** malaise; sense of unease; **b)** (Misere) unhappy situation
Malaria [ma'laːri̯a] die; ~: malaria
malaria·krank Adj. suffering from malaria postpos.
Malaria·mücke die malaria mosquito
Malawi [ma'laːvi] (das); ~s Malawi
Malawier der; ~s, ~, **Malawierin** die; ~, ~**nen** Malawian
malawisch Adj. Malawian
Malaysia [ma'laizi̯a] (das); ~s Malaysia
malaysisch Adj. Malaysian
Mal·buch das colouring-book
malen 1. tr., itr. V. **a)** paint ⟨picture, portrait, person, etc.⟩; (mit Farbstiften) draw with crayons; (ausmalen) colour; **sich ~ lassen** have one's portrait painted; **etw. in düsteren Farben ~** (fig.) paint or portray sth. in gloomy colours; **etw. allzu rosig/schwarz ~** (fig.) paint far too rosy/black a picture of sth.; **b)** (sauber schreiben) write carefully; **c)** (anstreichen) paint ⟨door, window, etc.⟩; decorate ⟨flat, room, walls⟩. **2.** refl. V. **a)** paint one's self-portrait; **b)** (geh.) **auf seinem Gesicht malte sich Erstaunen/Entsetzen**

astonishment/horror was mirrored in his face
Maler ['maːlɐ] der; ~s, ~ painter
Maler·arbeit die; meist Pl. painting and decorating no pl.
Malerei die; ~, ~**en a)** o. Pl. painting no art.; **b)** (Gemälde) painting
Malerin die; ~, ~**nen** [woman] painter
malerisch 1. Adj. **a)** picturesque ⟨village, house, etc.⟩; **einen ~en Anblick bieten** look as pretty as a picture; **b)** (zur Malerei gehörend) artistic ⟨skill, talent⟩; ⟨skill, talent⟩ as a painter; ⟨motif, subject⟩ for painters; **sein ~es Werk** his paintings pl. **2.** adv. **a)** picturesquely ⟨situated⟩; **b)** ⟨train⟩ as a painter; **ihr ~ geschultes Auge** her trained artist's eye
Maler-: ~**lein·wand** die [artist's] canvas; ~**meister** der master painter [and decorator]
Malesche [ma'lɛʃə] die; ~, ~**n** (nordd. ugs.) mess; **in der ~ sitzen/in ~n kommen** be/land in the soup (sl.)
Mal·feld das (Rugby) in-goal
Malheur [ma'løːɐ̯] das; ~s, ~**e** od. ~s mishap; **das ist doch kein ~!** it's not the end of the world!
Mali ['maːli] (das); ~s Mali
maligne [ma'lɪɡnə] Adj. (Med.) malignant
maliziös [mali'tsi̯øːs] (geh.) **1.** Adj. malicious. **2.** adv. maliciously
Mal·kasten der paintbox
mall [mal] Adj. (ugs., bes. nordd.) barmy (Brit. sl.); crazy
Mallorca [ma'lɔrka] (das); ~s Majorca
mallorquinisch [malɔr'kiːnɪʃ] Adj. Majorcan
mal|nehmen unr. tr., itr. V. multiply ⟨mit by⟩; **das Malnehmen** multiplication
Maloche [ma'loːxə] die; ~ (salopp) drudgery no indef. art.; slog; **auf ~ sein** be at work; (schwer arbeiten) slog away
malochen itr. V. (salopp) slog or slave [away]
Mal-: ~**pinsel** der paintbrush; ~**stift** der crayon; ~**strom** der s. **Mahlstrom**
Malta [malta] (das); ~s Malta
Mal·technik die painting technique
Malteser [mal'teːzɐ] **1.** indekl. Adj.; nicht präd. Maltese. **2.** der; ~s, ~ **a)** Maltese; s. auch **Kölner 2**; **b)** s. ~**ritter**
Malteser-: ~**hilfs·dienst** der ≈ St John Ambulance Brigade; ~**kreuz** das (auch Technik) Maltese cross; ~**orden** der o. Pl. Order of the Knights of St John; ~**ritter** der Knight of St John
maltesisch Adj. Maltese
Maltesisch das; ~ (Sprachw.) Maltese
Maltose [mal'toːzə] die; ~ (Biochemie) maltose
malträtieren [maltrɛ'tiːrən] tr. V. maltreat; ill-treat
Malus ['maːlʊs] der; ~ od. ~ses, ~ od. ~se **a)** (Versicherungsw.) supplementary premium (imposed after a number of claims); **b)** (Schulw.) negative weighting; handicap; **einen ~ von ... bekommen** be marked down by ...
Mal·utensilien Pl. painting equipment sing. or (coll.) things
Malve ['malvə] die; ~, ~**n** mallow
malven-: ~**farben**, ~**farbig** Adj. [pale] mauve
Malwinen [mal'viːnən] Pl. **die ~**: the Falkland Islands
Malz [malts] das; ~**es** malt
Malz-: ~**bier** das malt beer; ~**bonbon** das malted cough lozenge
Mal·zeichen das multiplication sign
mälzen ['mɛltsn̩] tr., itr. V. (Brauereiwesen) malt
Mälzerei die; ~, ~**en** (Brauereiwesen) **a)** (Gebäude) malt-house; malting; **b)** (Malzbereitung) malting
Malz-: ~**extrakt** der malt extract; ~**kaf-**

Malzzucker ... **Maniok**

fee der *coffee substitute made from germinated, dried, and roasted barley;* **~zucker** der *(Biochemie)* maltose

Mama ['mama, *geh. veralt.*: ma'ma:] die; ~, ~s *(fam.)* mamma

Mama-: **~puppe** die talking doll *(saying 'Mama')*; **~söhnchen** das *(abwertend)* mummy's boy *(coll.)*

Mameluck [mamə'lʊk] der; ~en, ~en *(hist.)* Mameluke

Mami ['mami] die; ~, ~s *(fam.)* mummy *(Brit. coll.)*; mommy *(Amer. coll.)*

Mammographie [mamogra'fi:] die; ~, ~n *(Med.)* mammography *no art.*

Mammon ['mamɔn] der; ~s *(abwertend)* Mammon; **dem ~ nachjagen** devote oneself to the pursuit of Mammon *or* of riches; **der schnöde ~**: filthy lucre

Mammut ['mamʊt] das; ~s, ~e *od.* ~s mammoth

Mammut- mammoth; *(sehr lange dauernd)* marathon

Mammut-: **~baum** der mammoth tree; sequoia; **~film** der mammoth [screen] epic; blockbuster; **~konzern** der mammoth concern; **~prozeß** der marathon trial; **~sitzung** die marathon session

mampfen ['mampfn̩] *tr., itr. V. (salopp)* munch; nosh *(sl.)*

Mamsell [mam'zɛl] die; ~, ~en *od.* ~s *(veralt.: Hauswirtschafterin)* housekeeper

¹man [man] *Indefinitpron. im Nom.* a) one; you; **~ hat von dort eine herrliche Aussicht** one has *or* there is a magnificent view from there; **~ kann nie wissen** one *or* you never can tell; **dagegen muß ~ etwas unternehmen** something has to be done about it; **~ nehme 250 g Butter** take 250 grams of butter; **für weitere Auskünfte wende ~ sich an ...**: for further information apply to ...; b) *(irgend jemand)* somebody; *(die Behörden; die Leute dort)* they; **~ hat mir gesagt ...**: I was told ...; they told me ...; **hat ~ dir das nicht mitgeteilt?** didn't anybody/they tell you that?; **~ vermutet/hat herausgefunden, daß ...**: it is thought/has been discovered that ...; they think/have discovered that ...; c) *(die Menschen im allgemeinen)* people *pl.*; **das trägt ~ heute** that's what people wear *or* what is worn nowadays; **so etwas tut ~ [einfach] nicht** that's [just] not done; d) *(ich)* one; **~ versteht sein eigenes Wort nicht** you can't hear yourself speak

²man *Adv. (bes. nordd.)* **laß ~ gut sein!** forget it!; **na, denn ~ los** let's be off then

Management ['mænɪdʒmənt] das; ~s, ~s management

managen ['mɛnɪdʒn̩] *tr. V.* a) *(ugs.)* fix; organize; **ich manage das schon** I'll fix it; *(durch Tricks)* I'll fiddle it *(sl.)*; b) *(betreuen)* manage, act as manager for ⟨*singer, artist, player*⟩; **von seiner Frau gemanagt werden** have one's wife as one's manager

Manager ['mɛnɪdʒɐ] der; ~s, ~, **Managerin** die; ~, ~nen manager; *(eines Fußballvereins)* club secretary

Manager·krankheit die *(volkst.)* stress disease *no def. art.*

manch [manç] *Indefinitpron.* a) many a; [so] **~er Beamte**, **~ ein Beamter** many an official; **in** [so] **~er Beziehung** in many respects; [so] **~ schöne[n] Stunden** many a happy hour; **~ einer** *od.* **~er** many a person/man; **~ eine** *od.* **~e** many a woman; b) *substantivisch* **~e** some; *(viele)* many; [so] **~er mußte das erleben** many people had to go through this; [so] **~es** a number of things; *(allerhand Verschiedenes)* all kinds of things; [so] **~es von dem, was wir lernten** much of what we learnt

mancherorts *s.* mancherorts

mancherlei *unbest. Gattungsz.; indekl.* a) various; a number of; **~ Käse** various kinds of cheese; b) *(Verschiedenes)* various things; a number of things

mancherorten, mancherorts *Adv. (geh.)* in some places; *(an verschiedenen Orten)* in various places

Manchester ['mɛntʃɛstɐ] der; ~s [heavy] corduroy

manch·mal *Adv.* sometimes

Mandant [man'dant] der; ~en, ~en, **Mandantin** die; ~, ~nen *(Rechtsw.)* client

Mandarin [manda'ri:n] der; ~s, ~e *(hist.)* mandarin

Mandarine [manda'ri:nə] die; ~, ~n mandarin [orange]; tangerine

Mandat [man'da:t] das; ~[e]s, ~e a) *(Parlamentssitz)* [parliamentary] seat; **sein ~ niederlegen** resign one's seat; b) *(Auftrag) (eines Abgeordneten)* mandate; *(eines Anwalts)* brief; **das politische ~ der Studentenausschüsse** the right of student committees to make political statements on behalf of members; c) *(Treuhandgebiet)* mandate; mandated territory

Mandatar [manda'ta:ɐ̯] der; ~s, ~e a) mandatary; b) *(österr.: Abgeordneter)* member [of parliament]; deputy

Mandats-: **~gebiet** das mandated territory; mandate; **~träger** der *(Politik)* member of parliament; deputy

Mandel ['mandl̩] die; ~, ~n a) almond; b) *(Anat.)* tonsil

mandel-, Mandel-: **~augen** *Pl. (geh.)* almond eyes; **~äugig** *Adj. (geh.)* almond-eyed; **~baum** der almond[-tree]; **~entzündung** die tonsillitis *no indef. art.*; **~förmig** *Adj.* almond-shaped; **~operation** die tonsillectomy

Mandoline [mando'li:nə] die; ~, ~n mandolin

Mandrill [man'drɪl] der; ~s, ~e *(Zool.)* mandrill

Mandschure [man'dʒu:rə] der; ~n, ~n Manchu; Manchurian

Mandschurei die; ~: Manchuria *no art.*

mandschurisch *Adj.* Manchurian

Manege [ma'ne:ʒə] die; ~, ~n *(im Zirkus)* ring; *(in der Reitschule)* arena

mang [maŋ(k)] *Präp. mit Dat. od. Akk. (nordd., berlin.)* among

Mangan [maŋ'ga:n] das; ~s *(Chemie)* manganese

Mangan-: **~erz** das manganese ore; **~säure** die manganic acid

¹Mangel [maŋl̩] der; ~s, **Mängel** ['mɛŋl̩] a) *o. Pl. (Fehlen)* lack (**an** + *Dat.* of); *(Knappheit)* shortage, lack (**an** + *Dat.* of); **es herrscht od. besteht ~ an etw.** *(Dat.)* there is a lack *or* shortage of sth.; sth. is in short supply; **~ an Vitaminen** vitamin deficiency; **aus ~** *od.* **wegen ~s an Beweisen** for lack of evidence; **aus ~ an Erfahrung** from *or* owing to lack of experience; **keinen ~ leiden** not go short [of anything]; not want for anything; b) *(Fehler)* defect; **geringfügige Mängel** minor flaws *or* imperfections; **die Mängel eines Nachschlagewerkes/Drehbuchs** the shortcomings *or* deficiencies of a reference work/film script

²Mangel die; ~, ~n *(Wäsche~)* [large] mangle; **jmdn. durch die ~ drehen** *od.* **in die ~ nehmen** *od.* **in der ~ haben** *(fig. salopp)* put sb. through the hoop

Mängel·bericht der *(Technik)* defect report (+ *Gen.* on); list of faults

Mängel-: **~beruf** der understaffed profession; **~erscheinung** die *(Med.)* deficiency symptom

mangelhaft 1. *Adj. (fehlerhaft)* defective ⟨*goods, memory*⟩; faulty ⟨*goods, German, English, etc.*⟩; *(schlecht)* poor ⟨*memory, lighting*⟩; bad ⟨*road conditions, German*⟩; *(unzulänglich)* inadequate ⟨*knowledge, lighting*⟩; incomplete ⟨*reports*⟩; *(Schulw.)* **die Note „~"** the mark 'unsatisfactory'; *(bei Prüfungen)* the fail mark. 2. *adv. (fehlerhaft)* defectively; faultily; *(schlecht)* poorly; *(unzulänglich)* inadequately; **~ befestigte Straßen** badly made roads; **Französisch beherrsche ich nur ~**: I have only an imperfect command of French

Mängel·haftung die *(Rechtsw.)* liability for defects

Mängel·krankheit die *(Med.)* deficiency disease

¹mangeln *itr. V.* **es mangelt an etw.** *(Dat.) (ist nicht vorhanden)* there is a lack of sth.; *(ist unzureichend vorhanden)* there is a shortage of sth.; sth. is in short supply; **jmdm./einer Sache mangelt etw.** *od.* **es an etw.** *(Dat.)* sb./sth. lacks sth.; **es mangelt mir an Platz** I am short of space; **seine ~de Menschenkenntnis** his inadequate understanding of people; **die ~de Kompromißbereitschaft** the unwillingness to compromise

²mangeln 1. *tr. V.* mangle. 2. *itr. V.* do the mangling

Mängel·rüge die *(Rechtsw.)* complaint *(about quality, service, etc.)*

mangels ['maŋls] *Präp. mit Gen.* in the absence of; **~ eines eigenen Büros** having no office of his *etc.* own; **~ Beweisen** *(Dat.)* owing to lack of evidence

Mängel·ware die; **~ sein** be scarce *or* in short supply; ⟨*article*⟩ be a scarce commodity; **erfahrene Fachkräfte sind ~** *(fig. ugs.)* experienced skilled workers are thin on the ground *(coll.)*

Mängel·wäsche die [laundry for] mangling

Mango ['maŋgo] die; ~, ~s mango

Mangold ['maŋgɔlt] der; ~[e]s [Swiss] chard

Mangrove [maŋ'gro:və] die; ~, ~n mangrove forest

Mangrove[n]-: **~baum** der mangrove [tree]; **~küste** die mangrove coastline

Manichäismus [maniçe'ɪsmʊs] der; ~: Manichaeism *no art.*

Manie [ma'ni:] die; ~, ~n mania; **bei jmdm. zur ~ werden** become an obsession with sb.

Manier [ma'ni:ɐ̯] die; ~, ~en a) manner; **in gewohnter ~**: in his/her usual way or manner; **auf eine bravouröse ~**: brilliantly; in a masterly fashion; **in der ~ Dalis** in Dali's manner *or* style; in the manner of Dali; b) *Pl. (Umgangsformen)* manners; **keine ~en haben** have no manners; **ich werde dir ~en beibringen!** I'll teach you some manners!; c) *(veralt.)* **das ist doch keine ~!** that's no way to behave

manieriert [mani'ri:ɐ̯t] *(geh.)* 1. *Adj.* mannered. 2. *adv.* in a mannered fashion

Manieriertheit die; ~, ~en *(geh.)* mannerism

Manierismus der; ~ *(Kunstwiss., Literaturw.)* mannerism

manierlich 1. *Adj.* a) *(fam.)* well-mannered; well-behaved ⟨*child*⟩; b) *(ugs.: einigermaßen gut)* reasonable; decent. 2. *adv.* a) *(fam.)* properly; nicely; b) *(ugs.: einigermaßen gut)* **ganz/recht ~**: quite/really nicely or decently

manifest [mani'fɛst] *Adj. (geh.)* manifest; **es wird an diesem Beispiel ~**: it is made manifest by this example

Manifest das; ~[e]s, ~e manifesto

Manifestant [manifɛs'tant] der; ~en, ~en *(schweiz.)* demonstrator

Manifestation [manifɛsta'tsi̯o:n] die; ~, ~en a) *(Med., Psych. usw.)* manifestation; b) *(schweiz.: Kundgebung)* demonstration

manifestieren *(geh.)* 1. *refl. V.* be manifested; manifest itself. 2. *tr. V.* demonstrate. 3. *itr. V. (veralt.)* demonstrate

Maniküre [mani'ky:rə] die; ~, ~n a) *o. Pl.* manicure; **~ machen** manicure oneself; b) *(Person)* manicurist

Maniküre·etui das manicure set

Manila·faser [ma'ni:la-] die, **Manila·hanf** der Manila [hemp]

Maniok [ma'ni̯ɔk] der; ~s, ~s manioc; cassava

Manipulant [manipu'lant] *der;* ~en, ~en *(geh.)* manipulator
Manipulation [manipula'tsi̯o:n] *die;* ~, ~en *(geh.)* manipulation
manipulativ [manipula'ti:f] *(geh.)* 1. *Adj.* manipulative. 2. *adv.* by manipulation
Manipulator [manipu'la:tɔr] *der;* ~s, ~en [-to:rən] a) *(Technik, geh. fig.)* manipulator; b) *(Zauberkünstler)* sleight-of-hand performer; *(Jongleur)* conjuror
manipulierbar *Adj. (geh.)* manipulable; susceptible to manipulation *postpos.;* **leicht ~:** easy to manipulate
Manipulierbarkeit *die;* ~ *(geh.)* manipulability; susceptibility to manipulation; **die ~ der öffentlichen Meinung** the extent to which public opinion can be manipulated
manipulieren [manipu'li:rən] *tr. V.* manipulate; rig ⟨*election result, composition of a committee*⟩
Manipulierung *die;* ~, ~en manipulation
manisch ['ma:nɪʃ] *(geh., Psych.)* 1. *Adj.* manic. 2. *adv.* maniacally
manisch-depressiv *Adj. (Psych.; Med.)* manic-depressive; **~es Irresein** *(veralt.)* manic depression
Manitu ['ma:nitu] *der;* ~s manitou
Manko ['maŋko] *das;* ~s, ~s a) *(Mangel)* shortcoming; deficiency; *(Nachteil)* handicap; b) *(Fehlbetrag)* deficit; **ein ~ von 1 200 DM haben** be 1,200 marks short
Mann [man] *der;* ~[e]s, **Männer** ['mɛnɐ]; *s. auch* **Mannen** a) man; **alle erwachsenen Männer wurden festgenommen** all adult males were arrested; **ein ~, ein Wort** a man's word is his bond; **ein ~ der Tat** a man of action; **ein ~ des Todes** *(geh.)* a doomed man; **ein ~ der Feder/der Wissenschaft** *(geh.)* a man of letters/of science; **ein ~ aus dem Volk** a man of humble origins; **ein ~ des Volkes** a man of the people; **der ~ am Klavier** the pianist; the man at the piano; **der geeignete** *od.* **richtige ~ sein** be the right man; **der böse** *od.* **schwarze ~:** the bogy man; **der ~ des Tages/Jahres** the man of the moment/year; **der ~ auf der Straße** the man in the street; **auf den ~ dressiert sein** ⟨*dog*⟩ be trained to attack people; **der ~ im Mond** the man in the moon; ; |**mein lieber| ~!** *(ugs.)* (überrascht, bewundernd) my goodness!; *(verärgert)* for goodness sake!; ~ |**Gottes**|! *(ugs.)* my God!; **wie ein ~ :** to a man; with one voice; **die Geschäftsleitung wie ein ~ entgegentreten** approach the management like one man or with a united front; |**nicht**| **~s genug sein, etw. zu tun** [not] be man enough to do sth.; |**nicht**| **der ~ sein, etw. zu tun** [not] be the right man to do sth.; **er ist nicht der ~, der kurz entschlossen eine Entscheidung treffen kann** he is not the sort who can make a decision at the drop of a hat; **seinen ~ stehen** *(seine Pflicht tun)* do one's duty; *(selbständig sein)* stand on one's own two feet; *(sich durchsetzen)* stand up for oneself; **seinen ~ gefunden haben** have met one's match; **dieser Beruf ernährt seinen ~ :** you can make a good living in that job; **du hast wohl einen kleinen ~ im Ohr** *(salopp)* you must be out of your tiny mind *(sl.);* **etw. an den ~ bringen** *(ugs.) (verkaufen)* flog sth. *(Brit. sl.);* push sth. *(Amer.);* find a taker/takers for sth.; **seine Ansicht/seine Witze an den ~ bringen** *(ugs.)* find an audience for one's view/one's jokes; **seine Tochter an den ~ bringen** *(ugs. scherzh.)* find a taker for or marry off one's daughter; **für ~ :** one by one; **Kämpfe** *od.* **der Kampf ~ gegen ~ :** hand-to-hand fighting; **von ~ zu ~ :** [from] man to man; **laß dir mal von ~ zu ~ sagen, ...:** let me tell you straight, ...; *s. auch* **Welt a;** b) *(Besatzungsmitglied)* man; **mit 1 000 ~ Besatzung** with a crew of 1,000 [men]; **an Bord des Düsenjägers waren 4 ~ :** there were four men on board the jet fighter; **bis zum letzten ~ :** to the last man; **alle ~ an Deck!** *(Seemannsspr.)* all hands on deck!; **~ über Bord!** *(Seemannsspr.)* man overboard!; **mit ~ und Maus untergehen** *(Seemannsspr.)* go down with all on board; c) *(Teilnehmer)* **pro ~** *(ugs.)* per person; per head; **alle ~** |**hoch**| *(ugs.)* all together; **wir gingen noch alle ~** |**hoch**| **in eine Kneipe** *(ugs.)* afterwards the whole lot of us went into a pub *(Brit. coll.)* or *(Amer.)* bar; **uns fehlt der dritte/vierte ~ zum Skatspielen** we need a third/fourth person or player for a game of skat; **decken** mark [an/one's opponent]; **an** *od.* **in den ~ gehen** *(bes. Fußball)* go in hard; *s. auch* **frei 1 o;** **Gott z. letzt... a;** **Not f;** d) *(Ehemann)* husband; **als** *od.* **wie ~ und Frau leben** *(geh.)* live as man and wife; **~ und Frau werden** *(geh.)* become man and wife
Manna ['mana] *das;* ~[s], *auch:* *die;* ~ *(bibl.)* manna
mannbar *Adj. (geh. veralt.)* a) marriageable ⟨*daughter, girl*⟩; **~ werden** become of marriageable age; b) *(geschlechtsreif)* sexually mature ⟨*youth*⟩; **das ~e Alter** sexual maturity
Männchen ['mɛnçən] *das;* ~s, ~ a) little man; **ein altes, verhutzeltes ~ :** a little wizened old man; **~ malen** draw matchstick men; b) *(Tier~)* |**hdl**| *(ugs.)* male ⟨*cock*⟩; **~ machen** ⟨*animal*⟩ sit up and beg; *(fig. ugs.: salutieren)* ⟨*soldier*⟩ salute smartly
Mann·deckung *die (Ballspiele)* man-to-man marking
Männe ['mɛnə] *der;* ~, ~s *(ugs.)* hubby *(coll.)*
Männeken ['mɛnəkŋ] *das;* ~s, ~s *(niederd., bes. berlin.)* little chap; **kleines ~ :** tiny fellow
Mannen *Pl. (dichter. veralt.)* vassals; **der Trainer und seine ~** *(scherzh.)* the manager and his troops
Mannequin ['manəkɛ̃] *das;* ~s, ~s mannequin; [fashion] model
männer-, Männer-: **~arbeit** *die* a man's work; work for a man; **~bekanntschaft** *die* male or gentleman friend; **von ~bekanntschaften leben** earn one's living from prostitution; **~beruf** *der* all-male profession; *(überwiegend von Männern ausgeübt)* male-dominated profession; **~bund** *der; Pl.* **~bünde** male society; **~chor** *der* male voice choir; **~fang** *der* **in auf ~fang gehen/aussein** *(ugs.)* go/be after the men; **~feindlich** 1. *Adj.* anti-male; 2. *adv.* in an anti-male way; **~freundschaft** *die* friendship between men; **~gesang·verein** *der* male choral society; **~gesellschaft** *die* male-dominated society; **~geschichten** *Pl. (ugs.)* affairs with men; **~haus** *das (Völkerk.)* men's house; **~herz** *das* man's heart; **~herzen** **mit ~herzen;** **~kleider** *Pl.* men's clothes; **~mordend** *Adj. (ugs. scherzh.)* man-eating *(fig.);* **~sache** *die* **in das ist ~sache** that's men's business; **~station** *die* men's ward; **~stimme** *die* man's voice; male voice; **~treu** *die;* ~, ~ *(Bot.) (Veronica)* speedwell; *(Eryngium)* erygno; sea holly; **~über·schuß** *der* surplus of men; **~welt** *die o. Pl. (scherzh.)* men *pl.;* **~wirtschaft** *die (scherzh.)* male housekeeping *no art.;* **~wohn·heim** *das* men's hostel
Mannes-: **~alter** *das* manhood *no art.;* **im besten ~alter sein** be in the prime of life or in one's prime; **~jahre** *Pl.* [years of] manhood *sing.;* **~kraft** *die (geh.)* virility; **~tugend** *die (geh. veralt.)* manly virtue; **~wort** *das; Pl.* **~e** *(geh.)* word as a gentleman; **~würde** *die; o. Pl. (geh.)* honour as a gentleman; **~zucht** *die (geh. veralt.)* manly self-control or discipline
mannhaft 1. *Adj.* manful; *(tapfer)* courageous ⟨*decision etc.*⟩; *(entschlossen)* resolute ⟨*behaviour*⟩; stout ⟨*resistance*⟩. 2. *adv.* manfully; *(tapfer)* courageously; *(entschlossen)* resolutely; **~ Widerstand leisten** offer stout resistance
Mannhaftigkeit *die;* ~: manfulness; *(Mut)* [manly] courage
mannig·fach 1. *Adj.; nicht präd.* multifarious; manifold *(literary).* 2. *adv.* in a whole variety of ways; **etw. ~ gestalten** give sth. many different forms
mannig·faltig *(geh.)* 1. *Adj.* multifarious; manifold *(literary); (verschiedener Art)* diverse. 2. *adv.* in a large variety of different ways; **das ~ gestaltete Programm** the programme with its diversity of different items
Mannig·faltigkeit *die;* ~: [great] diversity
Männin ['mɛnɪn] *die;* ~ *(bibl., dichter.)* woman; *(Gefährtin)* spouse
Männlein ['mɛnlaɪn] *das;* ~s, ~ a) |**kleines**| **~ :** little man; b) *(ugs. scherzh.)* **~ und/oder Weiblein** men and/or women; *(bei jüngeren)* boys and/or girls
männlich 1. *Adj.* a) male ⟨*sex, line, descendant, flower, etc.*⟩; **~er Vorname** boy's or man's name; **das ~e Tier** the male [animal]; b) *(für den Mann typisch)* masculine ⟨*behaviour, characteristic, etc.*⟩; male ⟨*vanity*⟩; **ausgesprochen ~ wirken** have a decidedly masculine appearance; **eine ~e Haltung** a manly attitude; **~e Stärke/Energie** the strength/energy of a man; c) *(Sprachw.)* masculine; *(Verslehre)* male ⟨*rhyme*⟩. 2. *adv.* in a masculine way
Männlichkeit *die;* ~ a) masculinity; manliness; b) *(Potenz)* virility; c) *(scherzh.: Geschlechtsteile)* privates *pl.;* private parts *pl.*
Männlichkeits·wahn *der* obsession with masculinity
Mann·loch *das (Technik)* manhole
Mannomann ['mano'man] *Interj. (salopp)* boy, oh boy!
Manns·bild *das (ugs., bes. südd., österr.)* man
Mannschaft *die;* ~, ~en a) *(Sport, auch fig.)* team; **die erste/zweite ~** *(Fußball)* the first/second eleven; b) *(Schiffs-, Flugzeugbesatzung)* crew; c) *(Milit.: Einheit)* unit; **vor versammelter ~ :** in front of all the men; *(fig.)* in front of everybody; d) *Pl. (Milit.: einfache Soldaten)* other ranks
mannschaftlich *(Sport)* 1. *Adj.; nicht präd.* as a team *postpos.;* **das ~e Zusammenwirken** the teamwork. 2. *adv.* as a team
Mannschafts-: **~auf·stellung** *die (Sport)* a) [composition of the] team; team line-up; b) *(das Aufstellen)* selection of the team; **~dienst·grad** *der (Milit.)* [lower] non-commissioned rank; **~führer** *der (Sport)* team captain; *geist der; o. Pl. (Sport)* team spirit; **~kampf** *der (Sport)* team contest or event; **~kapitän** *der (Sport)* team captain; **~meisterschaft** *die (Sport)* team championship; **~raum** *der (Seew.)* crew's quarters *pl.;* **~spiel** *das (Sport)* a) team game; b) *(Zusammenspiel)* team play; teamwork; **~sport** *der* team sport; **~stärke** *die* a) *(Sport)* team strength; b) *(Milit.)* personnel; **~wagen** *der* personnel carrier; **~wertung** *die (Sport)* team placings *pl.* or classification
manns-, Manns-: **~hoch** *Adj.* as tall as a man *postpos.;* six-foot-high; **~leute** *Pl. (veralt.)* menfolk; **~person** *die (veralt.)* male personage; **~toll** *Adj. (ugs. abwertend)* man-mad *(coll.);* nymphomaniac; **~tollheit** *die (ugs. abwertend)* nymphomania *no art.;* **~volk** *das (veralt.)* menfolk *pl.*
Mann·weib *das (abwertend)* amazon
Manometer [mano'me:tɐ] *das;* ~s, ~ a) *(Physik)* manometer; pressure-gauge; b) *Interj. (salopp)* ~! boy, oh boy!
Manöver [ma'nø:vɐ] *das;* ~s, ~ a) *(Milit.)* exercise; **~** *Pl.* manœuvres; **ins ~ gehen** *od.* **ziehen** go on manœuvres; b) *(Bewegung; fig. abwertend: Trick)* manœuvre

Manöver-: ~gelände das manœuvre area; ~gelände der amerikanischen Truppen area used for manœuvres by the American troops; ~kritik die (Milit.) exercise evaluation; (fig.) post-mortem (coll.); ~kritik üben (fig.) hold a post-mortem; ~schaden der damage no pl. caused by manœuvres/an exercise

manövrieren 1. itr. V. manœuvre; **politisch klug/unklug ~** (fig.) perform clever/imprudent political manœuvres. 2. tr. V. manœuvre ⟨vehicle⟩; **jmdn. in eine einflußreiche Position ~** (fig.) wangle sb. into an influential position (sl.)

manövrier-, Manövrier-: ~fähig Adj. manœuvrable; ~fähigkeit die; o. Pl. manœuvrability; ~un·fähig Adj. unmanœuvrable

Mansarde [man'zardə] die; ~, ~n attic; (Zimmer) attic room

Mansarden-: ~dach das mansard roof; ~fenster das mansard dormer window; ~wohnung die attic flat (Brit.) or (Amer.) apartment

Mansch [manʃ] der; ~[e]s (ugs.) sloshy mess (coll.); (Schneematsch) slush

manschen itr. V. (ugs.) slosh about (coll.)

Manschette [man'ʃɛtə] die; ~, ~n a) cuff; [vor etw. (Dat.)] ~n haben (fig. ugs.) have got the willies (sl.) or have got the wind up (Brit. sl.) [about sth.]; **jetzt, wo es ernst wird, hat sie ~n** (fig. ugs.) now it's serious she's got cold feet; **sag bloß, du hast ~n vor ihm!** (fig. ugs.) don't say you're scared of him!; b) (Umhüllung) paper frill; c) (Ringen: Würgegriff) stranglehold; d) (Technik: Dichtungsring) sealing ring; ring seal

Manschetten·knopf der cuff-link

Mantel ['mantl] der; ~s, Mäntel ['mɛntl] a) coat; (schwerer) overcoat; **der ~ des Schweigens/Vergessens** (fig.) the cloak or mantle of silence/oblivion; **den ~ des Schweigens über etw.** (Akk.) **breiten** od. **decken** (fig.) observe a strict silence about sth.; b) (Technik: Isolier~, Kühl~) jacket; (Ofen~) casing; (Rohr~) sleeve; (Kabel~) sheath; (Geschoß~) (bullet-]casing; (einer Granate) shell-]case; (Glocken~) cope; (Reifen~) [outer] cover; casing; c) (Geom.: Zylinder~, Kegel~) curved surface; d) (Finanzw.) share or (Amer.) stock certificate; e) (Arbeitswelt ugs.) s. ~tarifvertrag

Mäntelchen [ˈmɛntlçən] das; ~s, ~: little coat; (für Kinder) [child's] coat; **einer Sache** (Dat.) **ein ~ umhängen** cover up sth. (euphem. beschönigen) gloss over sth.; s. auch Wind

Mantel-: ~futter das [over]coat-lining; ~kleid das coat dress; ~pavian der hamadryas baboon; ~sack der (veralt.) saddlebag; ~tarif der (Arbeitswelt) terms of the Manteltarifvertrag; ~tarif·vertrag der (Wirtsch.) framework collective agreement [on working conditions]; ~tiere Pl. (Zool.) tunicates

Mantisse [man'tɪsə] die; ~, ~n (Math.) mantissa

Mantsch [mantʃ] der; ~[e]s s. Mansch

mantschen itr. V. s. manschen

Manual [ma'nuːal] das; ~s, ~e, **Manuale** das; ~[s], ~[n] (Musik) keyboard; manual

manuell [ma'nuɛl] 1. Adj. manual. 2. adv. manually; by hand

Manufaktur [manufak'tuːɐ] die; ~, ~en a) [small] factory ⟨where goods are produced largely by hand⟩; b) (veralt.: handgearbeitete Ware) hand-made or handcrafted article

Manus ['maːnʊs] das; ~, ~ (österr., schweiz.), **Manuskript** [manu'skrɪpt] das; ~[e]s, ~e a) (auch hist.) manuscript; (Typoskript) typescript; (zu einem Film/Fernsehspiel/Hörspiel) script; **als ~ gedruckt** printed for private circulation; b) (Notizen eines Redners usw.) notes pl.

Maoismus [mao'ɪsmʊs] der; ~: Maoism no art.

Maoist der; ~en, ~en Maoist

maoistisch 1. Adj. Maoist. 2. adv. on Maoist lines

Mäppchen [ˈmɛpçən] das; ~s, ~: pencil-case

Mappe ['mapə] die; ~, ~n a) folder; (größer, für Zeichnungen usw.) portfolio; b) (Aktentasche) briefcase; (Schul~) school-bag

Mär [mɛːɐ] die; ~, ~en (dichter.) fable; (fig.) myth

Marabu ['maːrabu] der; ~s, ~s (Zool.) marabou

Marathon- ['ma(ː)ratɔn]: ~lauf der marathon; ~läufer der marathon runner; ~sitzung die marathon session

-marathon das; ~s, ~s (ugs.) Verhandlungs~/Sitzungs~: marathon negotiations pl. /session

Märchen [ˈmɛːɐçən] das; ~s, ~ a) fairy story; fairy-tale; b) (ugs.: Lüge) [tall] story (coll.); **erzähl doch keine ~!** don't give me that story! (coll.)

Märchen-: ~buch das book of fairy stories; ~dichtung die fairy-tale literature; ~erzähler der teller of fairy stories; ~figur die fairy-tale figure; ~film der film of a fairy story

märchenhaft 1. Adj. a) fairy-story attrib.; (wie ein Märchen) fairy-story-like; as in a fairy story postpos.; b) (zauberhaft) magical; (feenhaft) fairy-like; **~ sein** be sheer magic; be like a dream; c) (ugs.) (großartig) fabulous; (sehr groß) fantastic (coll.), incredible (coll.) ⟨speed, wealth⟩. 2. adv. s. Adj.: a) as in a fairy story; ~ **gestaltet** in the form of a fairy story; b) magically; ~ **schön** bewitchingly beautiful; c) (ugs.) fantastically (coll.); incredibly (coll.); ~ **spielen** play like a dream or fabulously

Märchen-: ~land das: das ~land the world of fairy-tale; fairyland; ~onkel der (fam.) story-hour presenter; ~prinz der fairy-tale prince; (fig.) Prince Charming; ~schloß das fairy-tale castle; ~stunde die [children's] story hour; ~tante die (fam.) [female] story-hour presenter

Marder [ˈmardɐ] der; ~s, ~: marten

Mare ['maːrə] das; ~, ~ od. **Maria** (Astron.) mare

Margarete [marga'reːtə] (die) Margaret

Margarine [marga'riːnə] die; ~: margarine

Marge ['marʒə] die; ~, ~n (Wirtsch.) margin; (Preisdifferenz) difference in price; (bei Aktien) increase in price (over issue price)

Margerite [margə'riːtə] die; ~, ~n ox-eye daisy; (als Zierpflanze) marguerite

marginal [margi'naːl] (geh.) 1. Adj. marginal. 2. adv. marginally

Marginalie [margi'naːli̯ə] die; ~, ~n marginal note; ~n marginalia

Maria [ma'riːa] die; ~ s od. **Mariens** od. (Rel.) **Mariä** Mary; **Mariä Empfängnis/Geburt** Conception/Nativity of the Blessed Virgin Mary; **Mariä Himmelfahrt** Assumption

marianisch [ma'ri̯aːnɪʃ] Adj. (kath. Kirche) Marian

Marianne [ma'ri̯anə] (die) Marianne; (fig.: Frankreich) France; the French pl.

Marie [ma'riː] die; ~ (salopp: Geld) dough (sl.); lolly (Brit. sl.)

Marien-: ~altar das Lady-altar; ~bild das madonna; ~dichtung die (Literaturw.) Marian literature; ~käfer der ladybird; ~kult der Marian cult; Mariolatry; ~leben das (Literaturw., Kunstw.) life of our Lady; ~legende die legend of the Virgin Mary; Marian legend; ~verehrung die worship of the Virgin Mary; Mariolatry

Marihuana [mari'hu̯aːna] das; ~s marijuana

Marille [ma'rɪlə] die; ~, ~n (bes. österr.) apricot

marin [ma'riːn] Adj. marine

Marinade [mari'naːdə] die; ~, ~n a) (Beize) marinade; b) (Salatsauce) [marinade] dressing; c) (Fischkonserve) marinaded fish

Marine [ma'riːnə] die; ~, ~n a) (Flotte) fleet; b) (Kriegs~) navy

marine-, Marine-: ~blau Adj. navy [blue]; ~flieger der naval airman; ~infanterie die marines pl.; ~infanterist der marine; ~luft·waffe die Fleet Air Arm (Brit.); Navy Air Force (Amer.); ~maler der (Kunst) marine painter

Mariner der; ~s, ~ (ugs.) sailor

Marine-: ~schule die naval academy; ~soldat der marine; ~stütz·punkt der naval base; ~truppen Pl. marines; ~uniform die naval uniform

marinieren tr. V. marinade; **marinierte Heringe** soused herrings

Marionette [mari̯o'nɛtə] die; ~, ~n puppet; marionette; (fig. abwertend) puppet

Marionetten-: ~regierung die (abwertend) puppet government; ~spieler der puppet-master; puppeteer; ~theater das puppet theatre

maritim [mari'tiːm] Adj. maritime

¹**Mark** [mark] die; ~, ~ od. (ugs. scherzh.:) **Märker** [ˈmɛrkɐ] mark; **Deutsche ~:** Deutschmark; West German mark; **~ der DDR** GDR or East German mark; **zwei ~ fünfzig** two marks fifty; **die paar Märker** (ugs.) those few measly marks (sl.); **keine müde ~** (ugs.) not a penny; not a cent (Amer.); s. auch **umdrehen 1**

²**Mark** das; ~[e]s a) (Knochen~) marrow; medulla (Anat.); **jmdm. das ~ aus den Knochen saugen** (fig. ugs.) (finanziell) bleed sb. white; (arbeitsmäßig) work sb. to death; **das ging mir durch ~ und Bein** od. (scherzh.) **durch ~ und Pfennig** (fig.) it put my teeth on edge; it went right through me; **jmdn. bis ins ~ treffen** (fig.) cut or sting sb. to the quick; b) (Bot.) (Frucht~) pulp; (inneres Gewebe) medulla (as techn. term); pith

³**Mark** die; ~, ~en (hist.) **der ~ Brandenburg** the Mark [of] Brandenburg

markant [mar'kant] Adj. striking; distinctive; prominent ⟨figure, nose, chin⟩; clear-cut, distinctive ⟨features, profile⟩; **ein ~er Punkt in der Stadt** a landmark in the town

mark·durch·dringend 1. Adj. spine-chilling; blood-curdling. 2. adv. **schreien** utter a spine-chilling scream

Marke die; ~, ~n a) (Waren~) brand; (Fabrikat) make; **Tabak der ~ Erinmore** the Erinmore brand of tobacco; b) (Brief~, Rabatt~, Beitrags~) stamp; **zehn ~n zu 60 Pfennig** ten 60-pfennig stamps; c) (Garderoben~) [cloakroom or (Amer.) checkroom] counter or tag; (Zettel) [cloakroom or (Amer.) checkroom] ticket; (Essen~) mealticket; d) (Erkennungs~) [identification] disc; (Dienst~) [police] identification badge; ≈ warrant card (Brit.) or (Amer.) ID card; e) (Lebensmittel~) coupon; **auf ~n verkauft werden** be on coupons; f) (Markierung) mark; (Sport: Rekord) record [height/distance]; g) (salopp) **du bist mir vielleicht eine ~!** you are a fine one! (iron.)

Märke [ˈmɛrkə] die; ~, ~n (österr.) monogram

Marken-: ~artikel der proprietary or (Brit.) branded article; ~artikel Pl. proprietary or (Brit.) branded goods; ~butter die best butter ⟨legally defined first grade of butter⟩; ~erzeugnis das, ~fabrikat das proprietary or (Brit.) branded product; ~name der brand name; ~schutz der protection of trade marks; ~zeichen das trade mark

mark·erschütternd 1. Adj. heart-rending. 2. adv. heart-rendingly

Marketender [markə'tɛndɐ] der; ~s, ~, **Marketenderin** die; ~, ~nen (hist.) sutler

Marketender·ware die troops' personal supplies pl.; ≈ NAAFI (Brit.) or (Amer.) PX goods pl.

Marketing ['markətıŋ] **das;** ~s *(Wirtsch.)* marketing

mark-, Mark-: ~**graf der** margrave; ~**gräfin die** margravine; ~**gräflich** *Adj. nicht präd.* margrave's; of the margrave *postpos.*

markieren 1. *tr. V.* a) *(auch fig.)* mark; *(Sport)* mark out ⟨*course*⟩; b) *(ugs.)* sham ⟨*illness, breakdown, etc.*⟩; **den Dummen** ~: act stupid; c) *(Sport)* mark ⟨*player*⟩. 2. *itr. V.* *(ugs.)* sham; put it on *(coll.)*

Markierung die; ~, ~**en** a) *(Zeichen)* marking; **ein Flugzeug mit fremder** ~: an aircraft with foreign markings *pl.*; b) *o. Pl.* marking [out]

Markierungs-: ~**fähnchen das** coursemarker; marker flag; ~**linie die** line

mạrkig 1. *Adj.* *(kernig)* pithy ⟨*saying, style*⟩; *(kraftvoll)* vigorous, breezy ⟨*commands, manner*⟩; powerful ⟨*voice*⟩; ~**e Worte** strong words; *(iron.: große Reden)* big words. 2. *adv.* pithily

märkisch *Adj.* of the Mark [of] Brandenburg *postpos.*; ⟨*food, produce, etc.*⟩ from the Mark [of] Brandenburg; *s. auch* **badisch**

Markise [mar'ki:zə] **die;** ~, ~**n** awning

mark-, Mark-: ~**klößchen das** *(Kochk.)* bone-marrow dumpling; ~**knochen der** marrowbone; ~**scheide die** *(Bergmannsspr.)* boundary *(of a mining area)*; ~**stein der** *(fig.)* milestone; ~**stück das** one-mark piece; ~**stück-groß** *Adj.* the size of a one-mark piece *postpos.*

Markt [markt] **der;** ~[e]s, **Märkte** ['mɛrktə] a) *nur Sg.* **heute/freitags ist** ~: today/Friday is market-day; **zum** *od.* **auf den** ~ **gehen** go to the market; **auf dem** ~ **sein**: be in the market; *s.* ~**platz**; c) *(Super~)* supermarket; d) *(Warenverkehr, Absatzgebiet)* market; **der** ~ **für Gebrauchtwagen** the used-car market; **eine Ware auf den** ~ **bringen** *od.* **werfen** market a product; *(mit viel Werbung)* launch a product; **auf den** ~ **am** ~ **sein** ⟨*firm*⟩ be in the market; ⟨*article*⟩ be on the market; *s. auch* **gemeinsam** 1 a; **grau** c; **schwarz** 1 c

mạrkt-, Mạrkt-: ~**ab-sprache die** *(Wirtsch.)* marketing agreement; ~**analyse die** *(Wirtsch.)* market analysis; ~**an-teil der** share of the market; ~**anteile zurückgewinnen** regain parts of the market; ~**beherrschend** *Adj.* market-dominating *attrib.*; ~**beherrschend sein** have a dominant position in the market; ~**bewußt** 1. *Adj.* aware of products and prices *postpos.*; 2. *adv.* with a knowledge of products and prices; ~**fähig** *Adj. (Wirtsch.)* marketable; ~**fähig werden** become a marketable proposition; ~**flecken der** *(veralt.)* small market town; ~**forschung die** market research *no def. art.*; ~**frau die** marketwoman; ~**gängig** *Adj. (Wirtsch.)* with a ready sale *postpos., not pred.*; *(fig.: üblich)* customary; usual; ~**gerecht** 1. *Adj.* ⟨*product*⟩ geared to market requirements; ⟨*price*⟩ in line with market conditions; 2. *adv.* in accordance with market conditions; ~**hal-le die** covered market; ~**lage die** market situation; state of the market; ~**leiter der** supermarket manager; ~**lücke die** gap in the market; **in eine** ~**lücke** [vor]**stoßen** fill a gap in the market; ~**ordnung die** a) *(Wirtsch.)* [Common] Market regulations *pl.*; b) *(bei Wochenmärkten)* market regulations *pl.*; ~**platz der** market-place *or* -square; ~**recht das** *(hist.)* right to hold a market; market right; ~**schreier der** barker; stall-holder who cries his wares; *(fig. abwertend)* vociferous propagandist; ~**schreierisch** *(abwertend, auch fig.)* 1. *Adj.* vociferous; 2. *adv.* vociferously; ~**stand der** market stall; ~**tag der** the market-day; ~**üblich** *Adj.* customary [in the market] *postpos.*; ~**übliche Zinsen** customary market rates; ~**weib das** *(salopp)* market-woman; **wie ein** ~**weib** like a fishwife;

~**wert der** market value; ~**wirtschaft die:** [**freie**] ~**wirtschaft** [free] market economy; **die soziale** ~**wirtschaft** the social market economy *(with State intervention safeguarding social justice and free competition)*; ~**wirtschaftlich** 1. *Adj.; nicht präd.* market-economy; free-market; 2. *adv.* on market-economy lines

Markus-evangelium ['markʊs-] **das** St Mark's Gospel; Gospel according to St Mark

Marmara-meer ['marmara-] **das** Sea of Marmara

Marmelade [marmə'la:də] **die;** ~, ~**n** jam; *(Orangen~)* marmalade

Marmelade[n]-: ~**brot** [piece of] bread and jam; *(zugeklappt)* jam sandwich; ~**glas das** jam-jar

Marmor ['marmɔr] **der;** ~s marble

Marmor-: ~**bild das** *(veralt.)* marble statue; ~**block der;** *Pl.* ~**blöcke** block of marble; marble block; ~**bruch der** marblequarry; ~**büste die** marble bust

marmorieren *tr. V.* **etw.** ~: give sth. a marbled effect; marble sth.; **eine marmorierte Platte** a marbled slab

Marmorierung die; ~, ~**en** marbling; marbled effect

Marmor-kuchen der marble cake

marmorn *Adj.* marble; *(fig.)* pale as marble *postpos.*; ashen ⟨*pallor*⟩

marode *Adj.* *(ugs. abwertend)* clapped-out *(Brit. sl.)*

Marodeur [maro'dø:ɐ̯] **der;** ~s, ~**e** *(Soldatenspr.)* looter

Marokkaner [marɔ'ka:nɐ] **der;** ~s, ~, **Marokkanerin die;** ~, ~**nen** Moroccan

marokkanisch *Adj.* Moroccan

Marokko [ma'rɔko] *(das);* ~s Morocco

Marone [ma'ro:nə] **die;** ~, ~**n** a) [sweet] chestnut; b) *s.* **Maronenpilz**

Maronen-pilz der chestnut boletus

Maronit [maro'ni:t] **der;** ~**en**, ~**en** *(Rel.)* Maronite

Marotte [ma'rɔtə] **die;** ~, ~**n** fad

Marquis [mar'ki:] **der;** ~ [mar'ki:(s)], ~ [mar'ki:s] marquis

Marquise [mar'ki:zə] **die;** ~, ~**n** marquise

¹**Mars** [mars] **der;** *(Astron.),* ²**Mars (der)** *(Myth.)* Mars *no def. art.*

³**Mars der;** ~, ~**e** *od.* **die;** ~, ~**en** *(Seemannsspr.)* crow's nest

Marsala [mar'za:la] **der;** ~s, ~s, **Marsalawein der** Marsala

Mars-bewohner der Martian

marsch [marʃ] *Interj.* a) *(Milit.)* [forward] march; **kehrt** – ~! about turn *or (Amer.)* face! forward march!; b) *s. auch* **Gleichschritt**; b) *(ugs.)* ~ ~! off with you!; *(beeil dich!)* move it! *(coll.);* look snappy! *(coll.);* ~ **ins Bett!** off to bed [with you]!; ~ **an die Arbeit!** get down to work!

¹**Marsch der;** ~[e]s, **Märsche** ['mɛrʃə] a) *(Milit.)* march; *(Wanderung)* [long] walk; hike; **ein** ~ **von einer Stunde** an hour's march/walk; **einen** ~ [**von einer Stunde**] **machen** go for *or* take a long walk [lasting an hour]; **jmdn. in** ~ **setzen** *(Milit.)* march sb. off; *(fig.)* mobilize sb.; **sich in** ~ **setzen** make a move; get moving; *(Milit.)* march off; b) *(Musikstück)* march; **jmdm.** [**gehörig**] **den** ~ **blasen** *(fig. salopp)* give sb. a real rocket *(Brit. sl.)* *or (coll.)* bawling out

²**Marsch die;** ~, ~**en** fertile marshland

Marschall ['marʃal] **der;** ~s, **Marschälle** ['marʃɛlə] *(hist.)* marshal

Marschall[s]-stab der marshal's baton; **den** ~ **im Tornister tragen** *(fig.)* have what it takes to achieve high rank

marsch-, Marsch-: ~**befehl der** *(Milit.)* marching orders *pl.*; ~**bereit** *Adj. (Milit.)* ready to march *or* move *pred.*; *(ugs.)* ready to go *pred.*; ~**boden der** [fertile] marshy soil; ~**flug-körper der** cruise missile;

~**gepäck das** *(Milit.)* marching pack; **unser** ~**gepäck** our marching packs *pl.*

marschieren *itr. V.; mit sein* a) *(Milit.)* march; b) *(ugs.: mit großen Schritten gehen)* march; stalk; *(wandern)* walk; hike; c) *(ugs.: vorankommen)* [**richtig**] ~: progress smoothly; **der Fortschritt marschiert** the march of progress is inexorable

Marsch-: ~**kolonne die** *(Milit.)* marching column; ~**land das** [fertile] marshland; ~**lied das** marching song; ~**musik die** march music; ~**ordnung die** *(Milit.)* marching order; ~**pause die** halt [on the march]; **eine** ~**pause einlegen** make a halt; ~**richtung die** *(Milit.)* direction of march; ~**route die** *(Milit.)* route; *(fig.)* line [of approach]; **die** ~**route für die Verhandlungen** *(fig.)* the line to be taken in the negotiations; ~**säule die** column of marchers; ~**tempo das** marching pace; *(Musik)* march tempo; **im** ~**tempo** at a quick march; *(Musik)* in march tempo; ~**verpflegung die** *(Milit.)* marching rations *pl.*; *(fig. ugs.)* rations *pl.* [for the journey]

Marseillaise [marzɛ'jɛ:zə] **die;** ~: Marseillaise

Marseille [mar'zɛj] *(das);* ~s Marseilles

Marshall-plan ['marʃal-] **der** *(hist.)* Marshall Plan

Mars-: ~**mensch der** Martian; ~**segel das** *(Seemannsspr.)* main topsail; ~**sonde die** *(Raumfahrt)* Mars probe

Mar-stall ['mar-] **der** *(hist.)* [royal *or* princely] stables *pl.*

Marter ['martɐ] **die;** ~, ~**n** *(geh.) (Folter)* torture; *(fig.: seelisch)* torment; **jmdm.** ~**n bereiten** *od.* **zufügen** *(körperlich)* subject sb. to torture; *(seelisch)* inflict torment on sb.

Marter-instrument das instrument of torture

Marterl ['martɐl] **das;** ~s, ~**n** *(bayr., österr.)* wayside shrine

martern *tr. V. (geh.)* torture; *(fig.: seelisch)* torment; **jmdn. zu Tode** ~: torture sb. to death

Marter-: ~**pfahl der** stake; ~**tod der** *(geh.)* death by torture; *(Märtyrertod)* death of a martyr

Marterung die; ~, ~**en** *(geh.)* torture; *(seelisch)* torment

martialisch [mar'tsia:lıʃ] *(geh.)* 1. *Adj.* warlike ⟨*appearance, figure, etc.*⟩; martial ⟨*music*⟩. 2. *adv.* in a warlike manner; *(drohend)* threateningly; aggressively

Martin-Horn Ⓦ **das** ~ **Martinshorn**

Martini [mar'ti:ni] *(das);* *indekl.* **zu** ~: on St Martin's Day; at Martinmas

Martins-: ~**gans die** Martinmas goose; ~**horn das** *(volkstümlich)* siren *(of emergency vehicle)*; **mit** ~**horn** sounding its siren; ~**tag der** St Martin's Day

Märtyrer ['mɛrtyrɐ] **der;** ~s, ~, **Märtyrerin die;** ~, ~**nen** martyr

Märtyrer-: ~**krone die** martyr's crown; **die** ~**krone tragen** be a martyr/martyrs; ~**tod der** death of a martyr; **den** ~**tod sterben** die a martyr's death

Märtyrin ['mɛrtyrın] **die;** ~, ~**nen** *s.* **Märtyrerin**

Martyrium [mar'ty:riʊm] **das;** ~s, **Martyrien** martyrdom; **das war ein** ~ *(fig.)* it was sheer martyrdom

Marxismus [mar'ksısmʊs] **der;** ~: Marxism *no art.*

Marxismus-Leninismus der Marxism-Leninism *no art.*

Marxist der; ~**en**, ~**en**, **Marxistin die;** ~, ~**nen** Marxist

marxistisch 1. *Adj.* Marxist. 2. *adv.* ⟨*view, interpret*⟩ from a Marxist point of view; ⟨*think, act*⟩ in line with Marxism

marxistisch-leninistisch 1. *Adj.* Marxist-Leninist. 2. *adv.* ⟨*view, interpret*⟩ from a Marxist-Leninist point of view; ⟨*think, act*⟩ in line with Marxism-Leninism

März [mɛrts] *der;* ~[es], *dichter.:* ~en March; *s. auch* **April**
März[en]-: ~**becher** *der* a) Spring Snowflake; b) *(volkstümlich: Narzisse)* daffodil; ~**bier** *das kind of dark bock beer*
Marzipan [martsi'paːn, *österr.* '---] *das;* ~s, *österr. der;* ~s marzipan
Marzipan-: ~**kartoffel** *die* marzipan ball; ~**schwein** *das* marzipan pig
Mascara [mas'kaːra] *der;* ~, ~s mascara brush/pencil
Masche ['maʃə] *die;* ~, ~n a) stitch; *(Lauf~)* run; ladder *(Brit.);* (*beim Netz*) mesh; **die ~ eines Netzes** the mesh *sing.* of a net; **durch die ~n des Gesetzes schlüpfen** *(fig.)* slip through a loophole in the law; b) *(ugs.: Trick)* trick; **das ist die ~**: that's the way *or* trick; c) *(ugs.: Mode, Gag)* **die neueste ~**: the latest fad *or* craze; d) *(österr.: Schleife)* bow
Maschen-: ~**draht** *der* wire netting; ~**draht·zaun** *der* wire-netting fence; ~**probe** *die (Handarb.)* tension check
Maschine [ma'ʃiːnə] *die;* ~, ~n a) machine; *(Näh~/Wasch~)* [sewing-/washing-]machine; **ich bin doch keine ~!** I'm not a machine; b) *(ugs.: Automotor)* engine; c) *(Flugzeug)* [aero]plane; **die erste ~ nach Zürich** the first plane *or* flight to Zurich; d) *(ugs.: Motorrad)* machine; e) *(Schreib~)* typewriter; **einen Brief in die ~ diktieren** dictate a letter straight on to the typewriter; **~ schreiben** type; f) *(ugs. abwertend: dicke Frau)* great hulk of a woman
maschine·geschrieben 1. 2. *Part. v.* **maschineschreiben.** 2. *Adj.* typed; typewritten
maschinell [maʃi'nɛl] 1. *Adj.* a) *nicht präd.* machine *attrib.;* by machine *postpos.;* **Herstellung** machine production; b) *(wie eine Maschine)* mechanical. 2. *adv.* a) by machine; **~ hergestellt** machine-made; b) *(wie eine Maschine)* mechanically
maschinen-, Maschinen-: ~**bau** *der;* o. *Pl.* a) machine construction *no art.;* mechanical engineering *no art.;* b) *(Lehrfach)* mechanical engineering *no art.;* ~**bauer** *der* machine-builder; ~**bau·ingenieur** *der* mechanical engineer; ~**fabrik** *die* engineering works *sing. or pl.;* ~**geschrieben** *Adj. s.* **maschinegeschrieben** 2; ~**gewehr** *das* machine-gun; ~**halle** *die* machine-shop; ~**haus** *das* power house; *(auf Schiffen)* engine-room; ~**kraft** *die* mechanical power; engine power; **mit ~kraft** by mechanical *or* engine power; ~**lesbar** 1. *Adj.* machine-readable; 2. *adv.* in machine-readable form; ~**park** *der* plant; ~**pistole** *die* sub-machine-gun; ~**raum** *der* engine-room; ~**satz** *der (Druckw.)* machine composition; ~**schaden** *der* engine trouble *no indef. art.;* ~**schlosser** *der* fitter; ~**schreiben** *das* typing; **das ~schreiben lernen** learn to type; ~**schreiber** *der,* ~**schreiberin** *die* typist; ~**schrift** *die* typing; *(Schriftart)* typeface; type; **in ~schrift** typed; ~**schriftlich** *Adj.* typewritten; ~**stürmer** *Pl. (hist.)* machine-breakers; machine-wreckers; ~**stürmerei** *die;* ~: machine-breaking; machine-wrecking; ~**zeit·alter** *das* machine age
Maschinerie [maʃinə'riː] *die;* ~, ~n machinery; **die gnadenlose ~ der Justiz** *(fig. geh.)* the merciless wheels *pl.* of justice
maschine·schreiben *unr. itr. V.; Zusschr. nur im Inf. u. Part.* type
Maschinist *der;* ~en, ~en, **Maschinistin** *die;* ~, ~nen a) machinist; b) *(Schiffs~)* engineer
Maser ['maːzɐ] *die;* ~, ~n figure
maserig *Adj.* figured
masern *tr. V.* grain ⟨*wood*⟩
Masern *Pl.* measles *sing. or pl.*
Maserung *die;* ~, ~en *(in Holz, Leder)* [wavy] grain; *(in Marmor)* vein; *(in Fell)* patterning

Maske ['maskə] *die;* ~, ~n a) *(auch fig.)* mask; **ihr Gesicht erstarrte zur ~**: her features froze into a mask; **die ~ fallen lassen** *od.* **abwerfen** *(fig.)* drop one's mask; **jmdm. die ~ vom Gesicht reißen** *(fig.)* unmask sb.; b) *(Theater)* make-up; **~ machen** make up; d) *(Mensch)* masker
Masken-: ~**ball** *der* masked ball; masquerade; ~**bildner** *der* make-up artist
maskenhaft 1. *Adj.* mask-like. 2. *adv.* like a mask; **ein ~ starres Gesicht** a face frozen into a mask
Maskerade [maskə'raːdə] *die;* ~, ~n a) [fancy-dress] costume; ~ **sein** *(fig.)* be a masquerade; b) *(veralt.: Maskenball)* masquerade; *(Kostümfest)* fancy-dress ball
maskieren 1. *tr. V.* a) mask; b) *(verkleiden)* dress up. 2. *refl. V.* a) put on a mask/masks; b) *(sich verkleiden)* dress up
Maskierung *die;* ~, ~en a) *(das Verkleiden)* dressing up; b) *(Verkleidung)* disguise; *(beim Kostümball)* [fancy-dress] costume; c) *(Tarnung)* masking; disguising
Maskottchen [mas'kɔtçən] *das;* ~s, ~: [lucky] mascot
maskulin [masku'liːn, *auch* '---] 1. *Adj. (auch Sprachw.)* masculine. 2. *adv.* in a masculine way
Maskulinum ['maskuliːnʊm] *das;* ~s, **Maskulina** *(Sprachw.)* masculine noun
Masochismus [mazo'xɪsmʊs] *der;* ~ *(Psych.)* masochism *no art.*
Masochist [mazo'xɪst] *der;* ~en, ~en, **Masochistin** *die;* ~, ~nen *(Psych.)* masochist
masochistisch *(Psych.)* 1. *Adj.* masochistic. 2. *adv.* masochistically; **~ veranlagt sein** have masochistic tendencies
maß 1. u. 3. *Pers. Sg. Prät. v.* **messen**
¹**Maß** [maːs] *das;* ~es, ~e a) measure (**für** of); ~**e und Gewichte** weights and measures; b) *(fig.)* **ein gerüttelt ~** [an *(Dat.)* od. von etw.] *(geh.)* a good measure [of sth.]; **das ~ ist voll** enough is enough; **das ~ vollmachen** go too far; **mit zweierlei ~ messen** apply different [sets of] standards; c) *(Größe)* measurement; *(von Räumen, Möbeln)* dimension; measurement; **ihre ~e sind ...**: her measurements *or* vital statistics are ...; **[bei] jmdm. ~ nehmen** take sb.'s measurements; measure sb. [up]; d) *(Grad)* measure, degree (**an** + *Dat.* of); **in solchem ~e** *od.* **in einem ~e, daß ...**: to such an extent that ...; **in großem/gewissem ~e** to a great/certain extent; **im höchsten ~[e]** extremely; exceedingly; **in vollem ~e** fully; **im gleichen ~[e]** to the same extent; e) *(Mäßigung)* **weder ~ noch Ziel kennen** know no restraint; **ohne ~ und Ziel** immoderately; **in** *od.* **mit ~en** in moderation; **über die** *od.* **alle ~en** *(geh.)* beyond [all] measure
²**Maß** *die;* ~, ~[e] *(bayr., österr.)* litre [of beer]; **zwei ~ Bier** two litres of beer
Massage [ma'saːʒə] *die;* ~, ~n massage; **zur ~ gehen** go for a massage
Massage-: ~**gerät** *das* massager; ~**institut** *das (auch verhüll.)* massage parlour; ~**öl** *das* massage oil; ~**salon** *der (verhüll.)* massage parlour *(euphem.);* ~**stab** *der* vibrator
Massaker [ma'saːkɐ] *das;* ~s, ~: massacre
massakrieren *tr. V.* massacre
Maß-: ~**analyse** *die (Chemie)* volumetric analysis; ~**an·gabe** *die* stated dimensions *pl. or* measurements *pl.;* *(bei Hohlmaßen)* stated capacity; ~**an·zug** *der* made-to-measure suit; tailor-made suit; ~**arbeit** *die* a) custom-made item; *(Kleidungsstück)* made-to-measure item; [eine] ~arbeit sein be custom-made/made-to-measure; b) *(genaue Arbeit)* neat work
Masse ['masə] *die;* ~, ~n a) mass; *(Kochk.)* mixture; b) *(Menge)* mass; ~**n an** *(Dat.)* od. **von Autos** masses of cars; **riesige ~n Papier** huge piles *or* heaps of paper; **die ~ der Befragten** the bulk of those questioned; **die ~**

macht's *(ugs.)* it's quantity that's important; **sie kamen in ~n** they came in their masses *or* in droves; **das ist eine ganze ~**: that's a lot *(coll.) or* a great deal; c) *(Menschen~)* **eine große ~ [an] Menschen** *(Dat.)* a great mass of people; **die namenlose ~**: the anonymous masses *pl.;* **die breite ~**: the bulk *or* broad mass of the population; **die [werktätigen] ~n** the [working] masses; d) *(Physik)* mass; e) *(Wirtsch.)* assets *pl.;* *(Erb~)* estate; **mangels ~**: for lack of assets
Maß-: ~**einheit** *die* unit of measurement; ~**ein·teilung** *die* calibrations *pl.*
Massel ['masl] *der;* ~s *(ugs.)* ~ **haben** be dead lucky *(coll.)*
Massen-: ~**ab·fertigung** *die (oft abwertend)* mass processing *no indef. art.;* ~**ab·satz** *der* mass sale; **für den ~absatz gefertigt** produced for mass sale; ~**an·drang** *der* crush; ~**an·ziehung** *die (Physik)* gravitation; ~**arbeitslosigkeit** *die* mass unemployment; ~**artikel** *der* mass-produced article; ~**auf·gebot** *das* large body *or* contingent; ~**bedarf** *der* mass demand; ~**bedarfs·artikel** *der* mass consumer commodity; ~**bewegung** *die* mass movement; ~**blatt** *das* mass-circulation paper; ~**demonstration** *die* mass demonstration; ~**entlassungen** *Pl.* mass redundancies *pl.;* ~**fabrikation** *die* mass production; ~**gesellschaft** *die (Soziol.)* mass society; ~**grab** *das* mass grave; ~**güter** *Pl.* a) mass-produced goods; b) *(Frachtgut)* bulk goods
massenhaft 1. *Adj.;* nicht *präd.* in huge numbers *postpos.;* **das ~e Auftreten dieser Schädlinge** the appearance of huge numbers of these pests. 2. *adv.* on a huge *or* massive scale; ~ **kommen** come in vast *or* huge numbers; ~ **Geld haben** *(ugs.)* have pots of money *(coll.);* ~ **Schulden haben** have a pile of debts *(coll.)*
massen-, Massen-: ~**her·stellung** *die s.* ~**produktion;** ~**hin·richtung** *die* mass execution; ~**hysterie** *die* mass hysteria; ~**initiative** *die (DDR)* mass initiative; ~**karambolage** *die* multiple crash; [multiple] pile-up; ~**kommunikationsmittel** *das* medium of mass communication; mass medium; ~**kundgebung** *die* mass rally; ~**medium** *das* mass medium; ~**mord** *der* mass murder; ~**mörder** *der* mass murderer; ~**organisation** *die (bes. DDR)* mass organisation; ~**produktion** *die* mass production; **etw. in ~produktion herstellen** mass-produce sth.; ~**psychologie** *die* mass psychology *no art.;* ~**psychose** *die* mass psychosis *no indef. art.;* ~**quartier** *das (abwertend)* mass accommodation *no indef. art.;* ~**schlägerei** *die* [grand] free-for-all; pitched battle *(fig.);* ~**sport** *der* mass sport; ~**sterben** *das:* **das ~sterben von ...**: the death of huge numbers of ...; **ein ~sterben begann** people/animals *etc.* began to die in huge numbers; ~**szene** *die* crowd scene; ~**tourismus** *der* mass tourism *no art.;* ~**verhaftung** *die* mass arrest; ~**verkehrsmittel** *das* means *sing.* of mass transportation; ~**vernichtung** *die* mass extermination; ~**vernichtungswaffen** *Pl.* weapons of mass destruction; ~**wahn** *der* mass hysteria; ~**ware** *die* mass-produced article; ~**waren** mass-produced goods; ~**weise** *Adv.* in huge numbers *or* quantities; ~**wirksam** *Adj.* with mass impact *postpos., not pred.;* **~wirksam sein** have mass impact; ~**wirkung** *die* mass impact
Masseur [ma'søːɐ] *der;* ~s, ~e masseur
Masseurin *die;* ~, ~nen masseuse
Masseuse [ma'søːzə] *die;* ~, ~n *(auch verhüll.)* masseuse
Maß·gabe *die in* **nach ~** (+ *Gen.*) *(geh.)* in accordance with; **mit der ~, etw. zu tun** with instructions to do sth.

maß·gearbeitet *Adj.* custom-made; made-to-measure ⟨*clothes*⟩

maß·gebend, maß·geblich 1. *Adj.* authoritative ⟨*book, expert, opinion*⟩; definitive ⟨*text*⟩; important, influential ⟨*person, circles, etc.*⟩; decisive ⟨*factor, influence, etc.*⟩; *(zuständig)* competent ⟨*authority, person, etc.*⟩; **sein Urteil ist nicht ~**: his opinion carries no weight. **2.** *adv.* ⟨*influence*⟩ considerably, to a considerable extent; *(entscheidend)* decisively; **~ an etw.** *(Dat.)* **beteiligt sein** play a leading role in sth.

maß-, Maß-: ~gerecht 1. accurate; genau **~gerecht für etw. sein** be just the right size for sth.; **2.** *adv.* accurately; **~gerecht zugeschnittene Regalbretter** shelves cut to size; **~geschneidert** *Adj.* made-to-measure; *(fig.)* tailor-made; **~halte·appell** der call *or* appeal for moderation; **~|halten** *unr. itr. V.* exercise moderation

¹**massieren 1.** *tr. V.* massage. **2.** *itr. V.* **gut ~ können** be a good masseur/masseuse

²**massieren 1.** *tr. V.* mass ⟨*troops etc.*⟩. **2.** *refl. V.* ⟨*troops etc.*⟩ mass

massig 1. *Adj.* massive; bulky, massive ⟨*figure*⟩. **2.** *adv.* *(ugs.)* **~ Geld verdienen** earn pots of money *(coll.)*; **~ zu tun haben** have loads *or* tons to do *(coll.)*

mäßig ['mɛːsɪç] **1.** *Adj.* **a)** moderate; **im Essen ~ sein** eat in moderation; be a moderate eater; **b)** *(gering)* moderate, modest ⟨*interest, income, talent, attendance*⟩; **c)** *(mittel~)* mediocre; indifferent; indifferent ⟨*health*⟩; **seine Leistungen sind mehr als ~**: his performance is worse than mediocre. **2.** *adv.* **a)** in moderation; **~, aber regelmäßig** *(scherzh.)* in moderation but regularly; **b)** *(gering)* moderately ⟨*gifted, talented*⟩; **nur ~ verkauft worden sein** have had only a modest sale; **c)** *(mittel~)* indifferent

mäßigen *(geh.)* **1.** *tr. V.* moderate ⟨*language, demands*⟩; curb, check ⟨*anger, impatience*⟩; slacken, reduce ⟨*speed*⟩. **2.** *refl. V.* **a)** practise *or* exercise moderation (**bei** in); *(sich beherrschen)* control *or* restrain oneself; **b)** *(nachlassen)* ⟨*storm*⟩ abate; ⟨*heat*⟩ grow less intense

Mäßigkeit die; ~ **a)** moderation; **jmdm. ~ empfehlen** advise sb. to exercise moderation; **b)** *(Mittel~)* mediocrity

Mäßigung die; ~: moderation; restraint; **jmdn. zur ~ mahnen** urge sb. to control *or* restrain himself/herself

massiv [ma'siːf] **1.** *Adj.* **a)** solid; **~ bauen** build solidly; **b)** *(heftig)* massive ⟨*demand*⟩; crude ⟨*accusation, threat*⟩; heavy, strong ⟨*attack, criticism, pressure*⟩; **~ werden** *(ugs.)* get tough. **2.** *adv.* ⟨*attack*⟩ heavily, strongly; ⟨*accuse, threaten*⟩ crudely

Massiv das; ~s, ~e massif

Massiv-: ~bau der, **~bau·weise** die massive construction; **in ~bauweise errichtet sein** be of massive construction

Massivität [masivi'tɛːt] die; ~: *s.* **massiv b**: massiveness; crudeness; heaviness; strength

Maß·krug der *(südd., österr.)* litre tankard *or* beer-mug; *(aus Steingut)* stein

Maß·liebchen das; ~s, ~

maß·los 1. *Adj.* *(äußerst)* extreme; *(übermäßig)* inordinate; gross ⟨*exaggeration, insult*⟩; excessive ⟨*demand, claim*⟩; *(grenzenlos)* boundless ⟨*ambition, greed, sorrow, joy*⟩; extravagant ⟨*spendthrift*⟩; **~ im Essen/Trinken sein** eat/drink to excess; **~ in seinen Ansprüchen sein** be excessive in one's demands. **2.** *adv.* *(äußerst)* extremely; *(übermäßig)* ⟨*exaggerate*⟩ grossly; **sie ist ~ ehrgeizig** her ambition knows no bounds

Maßlosigkeit die; ~ *s.* **maßlos**: extremeness; inordinateness; grossness; excessiveness; boundlessness

Maßnahme die; ~, ~n measure; **~n gegen etw. einleiten/treffen** introduce/take measures against sth.; **~n zur Verhütung von Unfällen treffen** take measures *or* steps to prevent accidents; **eine abschreckende ~**: a deterrent

Maß·regel die regulation; *(Maßnahme)* measure

maßregeln *tr. V. (zurechtweisen)* reprimand; *(bestrafen)* discipline

Maß·reg[e]lung die *(Zurechtweisung)* reprimand; *(Bestrafung)* disciplinary measure

Maß·schneider der bespoke tailor *(Brit.)*; custom tailor *(Amer.)*

Maß·stab der **a)** standard; **einen hohen ~ anlegen/setzen** apply/set a high standard; **sich** *(Dat.)* **jmdn./etw. zum ~ nehmen** take sb./sth. as one's model; **b)** *(Geogr.)* scale: **diese Karte hat einen großen/kleinen ~**: this is a large-/small-scale map; **den ~ 1:150 000 haben** be drawn to a scale of 1:150,000; **im ~ 1:100** to a scale of 1:100; **c)** *(Zollstock)* rule; *(Lineal)* ruler

maßstäblich [ˈmɛːʃtɛːplɪç], **maßstab[s]·gerecht, maßstab[s]·getreu 1.** *Adj.* scale *attrib.* ⟨*model, drawing, etc.*⟩; [true] to scale *pred.*; **2.** *adv.* to scale

maß-, Maß-: ~system das system of measuring units; **~voll 1.** *Adj.* moderate; **2.** *adv.* in moderation; **~voll urteilen** be moderate in one's judgements; **~vor·lage** die *(Fußballjargon)* accurate pass; **~werk** das, *o. Pl. (Archit.)* tracery

¹**Mast** [mast] der; ~[e]s, ~en, *auch:* ~e *(Schiffs~, Antennen~)* mast; *(Stange, Fahnen~)* pole; *(Hochspannungs~)* pylon

²**Mast** die; ~, ~en *(Landw.)* fattening; **für die ~ geeignet** suitable for fattening

Mast-: ~baum der mast; **~bulle** der *(gemästet)* fattened bull; *(für die Mast vorgesehen)* fattening bull; **~darm** der *(Anat.)* rectum

mästen ['mɛstn̩] *tr. V.* fatten; *(fig. ugs.)* overfeed; **sich ~** *(ugs.)* fatten oneself up

Mast·futter das fattening feed[stuff]

Mastiff ['mastɪf] der; ~s, ~s *(Zool.)* mastiff

Mast-: ~korb der crow's-nest; **~schwein** das *(gemästet)* fattened pig; *(für die Mast vorgesehen)* fattening pig

Mästung die; ~: fattening

Masturbation [masturba'tsɪ̯oːn] die; ~, ~en masturbation

masturbieren [mastʊr'biːrən] *itr., tr. V.* masturbate

Matador [mata'doːɐ̯] der; ~s, ~e **a)** matador; **b)** *(fig.)* star

Match [mɛt͡ʃ] das *od.* der; ~[e]s, ~s *od.* ~e match

Match-: ~ball der *([Tisch]tennis)* match point; **~beutel** der, **~sack** der duffle bag

Mate ['maːtə] der; ~, **Mate·tee** der maté

Mater ['maːtɐ] die; ~, ~n *(Druckw.) s.* **Matrize**

material *Adj. (Philos.)* material

Material [mate'rɪ̯aːl] das; ~s, ~ien **a)** material; *(Bau~)* materials *pl.*; **b)** *(Hilfsmittel, Utensilien)* materials *pl.*; *(für den Bau)* equipment; **das rollende ~** *(Eisenb.)* the rolling stock; **c)** *(Beweis~)* evidence

Material-: ~aus·gabe die **a)** issue of materials; **b)** *(Raum)* stores *pl.*; store-room; **~beschaffung** die obtaining of materials; *(Kauf)* purchasing of materials; **~fehler** der material defect

Materialisation [materializa'tsɪ̯oːn] die; ~, ~en *(Parapsych., Physik)* materialization

materialisieren *tr., refl. V. (Parapsych., Physik)* materialize

Materialismus der; ~ *(auch abwertend)* materialism

Materialist der; ~en, ~en, **Materialistin** die; ~, ~nen *(auch abwertend)* materialist

materialistisch *(auch abwertend)* **1.** *Adj.* materialistic. **2.** *adv.* materialistically

Materialität [materɪ̯ali'tɛːt] die; ~ *(Philos.)* materiality

Material-: ~kosten *Pl.* cost *sing.* of materials; **~ökonomie** die *(DDR)* economical use of materials; economy in the use of materials; **~prüfung** die materials testing; **~prüfungen** tests on materials; **~sammlung** die collection *or* gathering of material; **~schlacht** die *(Milit.)* battle of matériel

Materie [ma'teːrɪ̯ə] die; ~, ~n **a)** *(geh.)* subject; **b)** *(Physik, Philos.)* matter

materiell [mate'rɪ̯ɛl] **1.** *Adj.* **a)** *(stofflich)* material; physical; **b)** *(wirtschaftlich)* material ⟨*value, damage*⟩; *(finanziell)* financial; **c)** *(abwertend: materialistisch)* materialistic. **2.** *adv.* **a)** *(wirtschaftlich)* materially; *(finanziell)* financially; **b)** *(abwertend)* materialistically; **~ eingestellt sein** be materialistic

Mate·tee der *s.* **Mate**

Mathe ['matə] die; ~ *(ugs.)* maths *sing.* *(Brit. coll.)*; math *(Amer. coll.)*

Mathe·arbeit die *(ugs.)* maths test *(coll.)*

Mathematik [matema'tiːk] die; ~: mathematics *sing., no art.*

Mathematiker der; ~s, ~, **Mathematikerin** die; ~, ~nen mathematician

Mathematik·unterricht der mathematics teaching/lesson; *s. auch* **Englischunterricht**

mathematisch 1. *Adj.* mathematical. **2.** *adv.* mathematically

Matinee [mati'neː] die; ~, ~n matinée

Matjes ['matjəs] der; ~, ~: matie [herring]

Matjes-: ~filet das filleted matie [herring]; **~hering** der salted matie [herring]

Matratze [ma'trat͡sə] die; ~, ~n mattress; **er horcht an der ~** *(fig. Rätsel)* he's [in bed] having a kip *(Brit. sl.)* or *(coll.)* snooze

Matratzen·lager das mattress/mattresses on the floor

Mätresse [mɛ'trɛsə] die; ~, ~n *(geh. veralt.)* mistress

matriarchalisch [matriar'çaːlɪʃ] *Adj.* matriarchal

Matriarchat [matriar'çaːt] das; ~[e]s, ~e matriarchy

Matrikel [ma'triːkl̩] die; ~, ~n **a)** *(Hochschulw.)* student register; **b)** *(österr.: Personenstandsregister)* register of births, deaths, and marriages

Matrix ['maːtrɪks] die; ~, **Matrizes** [ma'triːt͡seːs] *(Biol., Math., Sprachw.)* matrix

Matrize [ma'triːt͡sə] die; ~, ~n *(Druckw.)* **a)** matrix; **b)** *(Folie)* stencil; **einen Text auf ~** *(Akk.)* **schreiben** make a stencil of a text

Matrone [ma'troːnə] die; ~, ~n matron

matronenhaft *(abwertend)* **1.** *Adj.* matronly. **2.** *adv.* in a matronly manner *or* fashion

Matrose [ma'troːzə] der; ~n, ~n **a)** sailor; seaman; **b)** *(Dienstgrad)* ordinary seaman

Matrosen-: ~an·zug der sailor suit; **~mütze** die sailor's cap

Matsch der; ~[e]s *(ugs.)*, **Matsche** ['mat͡ʃə] die; ~ *(nordd.)* **a)** *(aufgeweichter Boden)* mud; *(breiiger Schmutz)* sludge; *(Schnee~)* slush; **b)** *(Brei)* mush

matschen *itr. V. (ugs.)* **in etw.** *(Dat.)* **~**: splash about in sth.; **im Essen ~**: mess about with one's food

matschig *Adj. (ugs.)* **a)** muddy; slushy ⟨*snow*⟩; **b)** *(weich)* mushy; squashy ⟨*fruit*⟩

Matsch·wetter das *(ugs.)* **bei diesem ~**: when it's muddy like this; *(bei Schneematsch)* when it's slushy like this; **dieses widerliche ~**: this revolting weather, when there's mud/slush everywhere

matt [mat] **1.** *Adj.* **a)** weary; weary ⟨*limbs, spirit, etc.*⟩; weak, faint ⟨*voice, smile, pulse*⟩; feeble ⟨*applause, reaction*⟩; limp, feeble ⟨*handshake*⟩; faint ⟨*echo*⟩; **vor Hunger/Durst ~ sein** be faint *or* weak with hunger/thirst; **sich ~ fühlen** feel weak and listless; **ein ~es Echo finden** find a lukewarm response; **b)** *(glanzlos)* matt ⟨*paper, polish,*

1309

etc.⟩; dull ⟨*metal, mirror, etc.*⟩; dull, lustreless ⟨*eyes, look*⟩; **c)** *(undurchsichtig)* frosted ⟨*glass*⟩; pearl ⟨*light-bulb*⟩; **d)** *(gedämpft)* soft, subdued ⟨*light*⟩; soft, pale ⟨*colour*⟩; **e)** *(unbeherzt, nicht überzeugend)* feeble; weak; feeble, lame ⟨*excuse, joke*⟩; **f)** *(beim Schachspiel)* [**Schach und**] ~! checkmate!; ~ **sein** be checkmated; **jmdn.** ~ **setzen** *(auch fig.)* checkmate sb. **2.** *adv.* **a)** *(kraftlos)* weakly; ⟨*smile*⟩ weakly, faintly; ⟨*applaud, react*⟩ feebly; **b)** *(gedämpft)* softly ⟨*lit*⟩; **der Mond schien ~ durch die Bäume** the moon shone wanly through the trees; **c)** *(mäßig)* ⟨*protest, contradict*⟩ feebly, weakly
Matt *das;* ~s *(Schach)* [check]mate
matt·blau *Adj.* pale blue
¹Matte ['matə] *die;* ~, ~n *(auch Sport)* mat; **um 7 Uhr hier/dort auf der** ~ **stehen** *(fig. ugs.)* be here/there at 7 o'clock; **bei jmdn. auf der** ~ **stehen** *(fig. ugs.)* turn up on sb.'s doorstep
²Matte *die;* ~, ~n *(schweiz., dichter. veralt.)* meadow
Matt-: ~**glass** *das* frosted glass; *(Fot.)* ground glass; ~**gold** *das* dull gold
Matthäi [ma'tɛ:i] *in* **bei ihm ist** ~ **am letzten** *(ugs.)* it's all up with him; *(finanziell)* he hasn't got a penny to his name
Matthäus [ma'tɛ:ʊs] **(der);** **Matthäus'** Matthew
Matthäus·evangelium *das* St Matthew's Gospel; the Gospel according to St Matthew
mattieren *tr. V.* give a matt finish to; matt; frost ⟨*glass*⟩
Mattigkeit *die;* ~ *(Schwäche)* weakness; *(Erschöpfung)* weariness
Matt-: ~**lack** *der* matt varnish; ~**scheibe die a)** *(ugs.)* telly *(Brit. coll.);* box *(coll.);* **b)** *(Fot.)* matt screen; ground-glass screen; **ich habe** ~**scheibe** *(fig. ugs.)* I'm not with it *(coll.)*
Matur [ma'tu:ɐ̯] *(schweiz.),* **Matura** *die;* ~ *(österr., schweiz.) s.* Abitur
Maturand [matu'rant] *der;* ~en, ~en, **Maturandin** *die;* ~, ~nen *(schweiz.)* s. Abiturient, Abiturientin
Maturant [matu'rant] *der;* ~en, ~en, **Maturantin** *die;* ~, ~nen *(österr.) s.* Abiturient, Abiturientin
Maturität [maturi'tɛ:t] *die;* ~ **a)** *(veralt.: Reife)* maturity; **b)** *(schweiz.) s.* Abitur
Matz [mats] *der;* ~es, ~e *od.* **Mätze** ['mɛtsə] *(fam.)* **kleiner** ~: little man
Mätzchen ['mɛtsçən] *das;* ~s, ~ *(ugs.) (Posse)* antic; *(Kniff)* trick; **laßt die** ~! stop fooling about *or* around; stop your antics; ~ **machen** fool about *or* around; **Hände hoch, und keine** ~! *(salopp)* stick 'em up, and no tricks! *(sl.)*
Matze ['matsə] *die;* ~, ~n, **Matzen** ['matsn̩] *der;* ~s, ~: matzo
mau [maʊ] *(ugs.)* **1.** *Adj.; nicht attr. (flau)* queasy; *(unwohl)* poorly. **2.** *adv.* badly; **die Geschäfte gehen** ~: business is bad
mauen *itr. V. (südwestd., schweiz.)* miaow
Mauer ['maʊɐ̯] *die;* ~, ~n *(auch Sport)* wall; **in den** ~**n einer Stadt** *(geh.)* in a town/city; **die [Berliner]** ~ *(hist.)* the [Berlin] Wall; **die Chinesische** ~: the Great Wall of China; **eine** ~ **des Schweigens** *(fig.)* a wall of silence
Mauer-: ~**ab·satz** *der* offset; ~**arbeit** *die s.* Maurerarbeit; ~**bau** *der; o. Pl.* construction *or* building of the wall/walls; *(Bau der Berliner)* ~ building of the Wall; ~**blümchen** *das (ugs.) (beim Tanz)* wallflower *(coll.);* *(unscheinbares Mädchen, auch fig.)* Cinderella; ~**brecher** *der s.* Mauerbrecher / batteringram; ~**kelle** *die s.* Maurerkelle; ~**krone** *die* coping [of a/the wall]
mauern **1.** *tr. V.* build; **ein gemauerter Schornstein** a brick chimney. **2.** *itr. V.* **a)** lay bricks; **b)** *(Sportjargon) (Ballspiele)* play defensively; *(Kricket, fig.)* stonewall; **c)** *(Kartenspiele)* hold back one's good cards

Mauer-: ~**schwalbe** *die,* ~**segler** *der* swift; ~**stein** *der* building brick; ~**verband** *der (Bauw.)* masonry bond; ~**vorsprung** *der* projecting section of a/the wall; ~**werk das a)** stonework; masonry; *(aus Ziegeln)* brickwork; **b)** *(Mauern)* walls *pl.;* ~**ziegel** *der* [building] brick
Mauke ['maʊkə] *die;* ~, ~n *(Tiermed.)* mallenders *pl.*
Mauken *Pl. (berlin. salopp)* hooves *(coll.);* feet
Maul [maʊl] *das;* ~[e]s, **Mäuler** ['mɔylɐ] **a)** *(von Tieren)* mouth; **b)** *(derb: Mund)* gob *(sl.);* **ein freches** ~ **haben** have a cheeky tongue; **ein gottloses** ~ **haben** have an insolent tongue; **jmdn. aufs** ~ **hauen** smack sb. in the gob *(sl.);* **er hat fünf hungrige Mäuler zu stopfen** *(fig.)* he's got five hungry mouths to feed; **das** *od.* **sein** ~ **aufmachen** *(fig.)* say something; **dein/sein usw. ungewaschenes** ~ *(fig.)* your/his *etc.* filthy trap *or* mouth; **das** ~ **aufreißen** *od.* **voll nehmen, ein großes** ~ **haben** *(fig.)* shoot one's mouth off *(fig. sl.);* **sich** *(Dat.)* **das** ~ **über jmdn.] zerreißen** *(fig.)* gossip maliciously [about sb.]; **ein schiefes** ~ **ziehen** *(fig.)* pull a long face; **das** ~ **halten** keep one's trap shut *(sl.);* **halt's** *od.* **halt dein** ~: shut your trap *(sl.);* **shut up** *(coll.);* **das** ~ **nicht aufkriegen** *(fig.)* not dare [to] open one's mouth; **jmdn. übers** ~ **fahren** *(fig.)* cut sb. short; *s. auch* stopfen 1 d; verbrennen 2 b
Maul-: ~**affe** *der* **a)** *in* ~**affen feilhalten** *(abwertend)* stand gaping *or (fig.)* gawping; **b)** *(veralt.)* gaping fool; ~**beer·baum** *der* mulberry tree; ~**beere** *die* mulberry
maulen *itr. V. (salopp)* grouse *(coll.);* moan; grumble
maul-, Maul-: ~**esel** *der* mule; *(Zool.)* hinny; ~**faul** *Adj. (ugs. abwertend)* uncommunicative; taciturn; **sei doch nicht so** ~**faul!** come on, haven't you got any more to say for yourself than that?; ~**held** *der (ugs. abwertend)* loudmouth; braggart
Maul·korb *der (auch fig.)* muzzle; **einem Hund/[fig.] jmdn. einen** ~ **anlegen** muzzle a dog/sb.; **einen** ~ **tragen** *(auch fig.)* be muzzled
Maulkorb·erlaß *der (ugs.)* decree muzzling freedom of speech
Maul-: ~**schelle** *die (ugs. veralt.)* slap round the face; ~**schlüssel** *der* open-ended spanner; ~**sperre** *die (ugs.)* ~**sperre kriegen** *od.* **bekommen** *(fig.)* gape in surprise; ~**tasche** *die (Kochk.)* filled pasta case served in soup; ~**tier** *das* mule; ~**trommel** *die* Jew's harp; ~**und Klauenseuche** *die (Tiermed.)* foot-and-mouth disease
Maul·wurf *der* mole
Maulwurfs-: ~**haufen** *der,* ~**hügel** *der* molehill
Mau-Mau [maʊ'maʊ] *das;* ~[s] *(Kartenspiele)* Mau-Mau
maunzen ['maʊntsn̩] *itr. V. (ugs.)* ⟨*cat*⟩ miaow plaintively; ⟨*baby*⟩ mewl
Maure ['maʊrə] *der;* ~n, ~n, **Maurin** *die;* ~, ~nen Moor
Maurer ['maʊrɐ] *der;* ~s, ~: bricklayer; **pünktlich wie die** ~ *(ugs. scherzh.)* bang on time *(coll.)*
Maurer-: ~**arbeit** *die* bricklaying [work] *no pl.;* ~**geselle** *der* journeyman bricklayer; ~**handwerk** *das; o. Pl.* bricklaying [trade]; ~**kelle** *die* brick[layer's] trowel; ~**kolonne** *die* bricklaying gang; ~**meister** *der* master bricklayer; ~**polier** *der* foreman bricklayer
Mauretanien [maʊre'ta:niən] **(das);** ~s Mauritania
Mauretanier [maʊre'ta:niɐ] *der;* ~s, ~, **Mauretanierin** *die;* ~, ~nen Mauritanian
Mauritius [maʊ'ri:tsiʊs] **(das);** **Mauritius'** Mauritius
Maus [maʊs] *die;* ~, **Mäuse** ['mɔyzə] **a)**

mouse; **da beißt die** ~ **keinen Faden ab** *(ugs.)* there's nothing to be done about it; **die weißen Mäuse** *(fig. ugs. scherzh.)* the traffic police; **weiße Mäuse sehen** *(fig. ugs.)* see pink elephants; **eine graue** ~ *(fig. ugs. abwertend)* a colourless nondescript sort of [a] person; *s. auch* Katze; **b)** *Pl. (salopp: Geld)* bread *sing. (sl.);* dough *sing. (sl.);* **ein paar Mäuse** a few marks/quid *(Brit. sl.)/*bucks *(Amer. sl.) etc.;* **c)** *(DV)* mouse
Mauschelei *die;* ~, ~en *(ugs. abwertend)* shady wheeling and dealing *no indef. art.*
mauscheln ['maʊʃl̩n] *itr. V. (ugs. abwertend)* engage in shady wheeling and dealing; **da wird viel gemauschelt** a lot of shady wheeling and dealing goes on there
Mauscheln *das;* ~s card-game similar to four-card loo
Mäuschen ['mɔysçən] *das;* ~s, ~ **a)** little mouse; ~ **sein** *od.* **spielen** *(fig. ugs.)* be a fly on the wall *(coll.);* **b)** *(fig. ugs.)* **mein** ~: my sweet
mäuschen·still 1. *Adj.* ~ **sein** ⟨*person*⟩ be as quiet as a mouse; **es war** ~: it was so quiet you could have heard a pin drop. **2.** *adv.* ~ **dort sitzen bleiben/sich** ~ **verhalten** sit there/keep as quiet as a mouse
Mäuse·bussard *der (Zool.)* [common] buzzard
Mause-: ~**falle** *die* mousetrap; *(fig.)* trap; ~**loch** *das* mouse-hole; **ich hätte mich am liebsten in ein** ~**loch verkrochen** *(ugs.)* I wished the ground would open and swallow me up
Mäuse·melken *das in* **es ist zum** ~ *(ugs.)* it's enough to send *or* drive you up the wall *(coll.)*
mausen 1. *tr. V. (ugs. veralt.)* pinch *(sl.).* **2.** *itr. V. (veralt.:* Mäuse fangen*)* catch mice; mouse
Mauser *die;* ~: moult; **in der** ~ **sein** be moulting
Mäuserich ['mɔyzərɪç] *der;* ~s, ~e *(ugs.)* [male] mouse
mausern *refl. V.* moult; **sich zur Dame** ~ *(fig. ugs.)* blossom into a lady
Mauser·pistole *die* Mauser [pistol]
mause·tot *Adj. (ugs.)* [as] dead as a doornail *post.;* stone-dead
Mause·zähnchen *Pl. (Handarb.)* picot edging *sing.*
maus·grau *Adj.* mouse-grey
mausig *Adj. in* **sich** ~ **machen** *(salopp)* be cheeky and make a nuisance of oneself
Mäuslein ['mɔyslaɪn] *das;* ~s, ~ *s.* Mäuschen
Mausoleum [maʊzo'le:ʊm] *das;* ~s, **Mausoleen** mausoleum
Maus·taste *die (DV)* mouse button
maus·tot *Adj. (österr.) s.* mausetot
Maut [maʊt] *die;* ~, ~en toll; ~ **bezahlen/erheben** pay/levy a toll
Maut-: ~**gebühr** *die* toll; ~**straße** *die* toll road
m.a.W. *Abk.* mit anderen Worten in other words
Max [maks] *in* **strammer Max** *(Kochk.)* fried egg on ham and bread
maxi ['maksi] *Adj.; nicht attr. (Mode)* ~ **tragen/gehen** wear a maxi *(coll.)*
Maxi *das;* ~s, ~s *(Mode)* maxi *(coll.);* **im** ~: in a maxi *(coll.);* **ein Rock in** ~: a maxi-length skirt
maximal [maksi'ma:l] **1.** *Adj.; nicht präd.* maximum. **2.** *adv.* ~ **zulässige Geschwindigkeit** maximum permitted speed; **bis zu** ~ **85°C/20 t** up to a maximum of 85°C/20 t; **dieses Boot ist für** ~ **vier Personen zugelassen** this boat is licensed to carry a maximum of four people
Maximal-: ~**forderung** *die* maximum demand; ~**wert** *der* maximum value
Maxime [ma'ksi:mə] *die;* ~, ~n maxim
maximieren *tr. V.* maximize
Maximierung *die;* ~, ~en maximization

Maximum ['maksimʊm] *das*; ~s, Maxima maximum (an + *Dat.* of)

Maxi·single *die* maxi-single

Mayonnaise [majoˈnɛːzə] *die*; ~, ~n mayonnaise

MAZ [mats] *die*; ~ (*Ferns.*) VTR

Mazedonien [matseˈdoːniən] *s.* Makedonien

Mäzen [mɛˈtseːn] *der*; ~s, ~e (*geh.*) patron of the Nationalrat

Mäzenatentum [mɛtseˈnaːtn̩tuːm] *das*; ~s (*geh.*) patronage

Mäzenin *die*; ~, ~nen (*geh.*) patron[ess]

Mazurka [maˈzʊrka] *die*; ~, Mazurken *u.* ~s mazurka

MdB, M.d.B. *Abk.* Mitglied des Bundestages Member of the Bundestag

MdL, M.d.L. *Abk.* Mitglied des Landtages Member of the Landtag

MdNR *Abk.* Mitglied des Nationalrates (*Österr.*) Member of the Nationalrat

MdV, M.d.V. *Abk.* Mitglied der Volkskammer (*DDR*) Member of the Volkskammer

m.E. *Abk.* meines Erachtens in my opinion *or* view

Mechanik [meˈçaːnɪk] *die*; ~ **a)** (*Physik*) mechanics *sing., no art.*; **b)** (*Bauelement*) mechanism; (*eines Klaviers*) action; **c)** (*Funktion*) mechanics *sing. or pl.*

Mechaniker *der*; ~s, ~, **Mechanikerin** *die*; ~, ~nen mechanic

mechanisch 1. *Adj.* mechanical; power *attrib.* ⟨*loom, press*⟩. 2. *adv.* mechanically

mechanisieren *tr. V.* mechanize

Mechanisierung *die*; ~, ~en mechanization

Mechanismus *der*; ~, **Mechanismen** (*auch fig.*) mechanism; (*fig.: einer Organisation, Bürokratie*) machinery

meck [mɛk] (*Interj.*) me-e-eh (*of goat*)

Mecker·ecke *die* (*ugs.*) grumbles section (*Brit. coll.*); complaints column

Meckerei *die*; ~, ~en (*ugs. abwertend*) moaning; grousing (*sl.*); grumbling

Meckerer *der*; ~s, ~ (*ugs. abwertend*) moaner; grouser (*sl.*); grumbler

Mecker-: ~**fritze** *der* (*salopp abwertend*) grouser (*sl.*); moaner; grumbler; ~**liese** *die* (*salopp abwertend*) moaning Minnie (*Brit. coll.*); grouser (*sl.*); grouch (*coll.*)

meckern ['mɛkɐn] *itr. V.* **a)** (*auch fig.*) bleat; **b)** (*ugs. abwertend: nörgeln*) grumble; moan; grouse (*sl.*); etw. zu ~ haben have sth. to grumble *etc.* about

Mecklenburg ['meːklənbʊrk] (*das*); ~s Mecklenburg

mecklenburgisch *Adj.* Mecklenburg *attrib.*; *s. auch* badisch

med. *Abk.* medizinisch med.

Medaille [meˈdaljə] *die*; ~, ~n medal; *s. auch* Kehrseite a

Medaillen-: ~**gewinner** *der* medallist; medal winner; ~**spiegel** *der* medal table

Medaillon [medalˈjõː] *das*; ~s, ~s **a)** locket; **b)** (*Kochk., bild. Kunst*) medallion

Media-: ['mɛːdia-]; (*Werbespr.*) *s.* **Medien-**

medial [meˈdiaːl] *Adj.* (*Parapsych.*) mediumistic

Mediävist [mediɛˈvɪst] *der*; ~en, ~en medievalist

Mediävistik *die*; ~: medieval studies *pl., no art.*

Mediävistin *die*; ~, ~nen medievalist

medien-, Medien-: ~**fach·mann** *der* media expert; ~**forschung** *die* media research; ~**konzern** *der* media concern; ~**landschaft** *die* media scene; ~**politik** *die* media policy; ~**politisch** *Adj.* media-policy *attrib.* ⟨*spokesman, measure, etc.*⟩; ~**verbund** *der* **a)** (*für den Unterricht*) multi-media system; im ~**verbund** using the multi-media system; **b)** (*kommerziell*) media syndicate; (*Ergebnis einer Fusion*) media group

Medikament [medikaˈmɛnt] *das*; ~[e]s, ~e medicine; (*Droge*) drug; ein ~ gegen Kopfschmerzen a remedy for headaches

Medikamenten·schrank *der* medicine cabinet

medikamentös [medikamɛnˈtøːs] 1. *Adj.* ⟨*treatment*⟩ with drugs. 2. *adv.* ⟨*treat, cure*⟩ with drugs

Medikus ['meːdikʊs] *der*; ~, **Medizi** ['meːditsiː] (*scherzh.*) doctor; doc (*coll.*)

medioker [meˈdioːkɐ] *Adj.* (*geh.*) mediocre

Mediothek [medioˈteːk] *die*; ~, ~en audio-visual library

Meditation [meditaˈtsi̯oːn] *die*; ~, ~en meditation

Meditations·übung *die* meditation exercise

meditativ [meditaˈtiːf] (*geh.*) 1. *Adj.* meditative. 2. *adv.* through meditation

mediterran [meditɛˈraːn] *Adj.* Mediterranean

meditieren [mediˈtiːrən] *itr. V.* meditate (über + *Akk.* [up]on)

Medium ['meːdiʊm] *das*; ~s, **Medien** medium; das ~ Presse the medium of the press

Medizin [mediˈtsiːn] *die*; ~, ~en **a)** *o. Pl.* medicine *no art.*; **b)** (*Heilmittel*) medicine (gegen for); eine bittere ~ für jmdn. sein (*fig.*) be a bitter pill for sb. to swallow

Medizinal- [meditsiˈnaːl-]: ~**assistent** *der* houseman (*Brit.*); intern (*Amer.*); ~**rat** *der* ≈ medical officer

Medizin·ball *der* (*Sport*) medicine ball

Mediziner [mediˈtsiːnɐ] *der*; ~s, ~, **Medizinerin** *die*; ~, ~nen doctor; (*Student*) medical student; seine Brüder sind alle Mediziner his brothers are all medical men

medizinisch 1. *Adj.* **a)** medical ⟨*journal, problem, etc.*⟩; ~e **Fakultät** faculty of medicine; **b)** (*heilend*) medicinal ⟨*bath etc.*⟩; medicated ⟨*toothpaste, soap, etc.*⟩. 2. *adv.* medically

medizinisch-technisch *Adj.* ~e Assistentin medical laboratory assistant

Medizin-: ~**mann** *der*; *Pl.* ~**männer** medicine man; ~**schränkchen** *das* medicine cabinet; ~**student** *der*, ~**studentin** *die* medical student

Meduse [meˈduːzə] *die*; ~, ~n **a)** (*Myth.*) Medusa; **b)** (*Zool.*) medusa (*Zool.*); jellyfish

Medusen·haupt *das* **a)** (*geh.*) head of Medusa; **b)** (*Med.*) caput medusae; cirsomphalos

Meer [meːɐ] *das*; ~[e]s, ~e **a)** (*auch fig.*) sea; (*Welt*~) ocean; die sieben Meere the seven seas; ans ~ fahren go to the seaside; am ~: by the sea; im ~: in the sea; aufs ~ hinausfahren go out to sea; übers ~ fahren cross the sea; 1 000 m über dem ~: 1 000 m above sea-level

Meer-: ~**busen** *der* gulf; der Finnische/Bottnische ~**busen** the Gulf of Finland/Bothnia; ~**enge** *die* straits *pl.*; strait

Meeres-: ~**algen** *Pl.* marine algae; ~**biologie** *die* marine biology *no art.*; ~**boden** *der* sea bed *or* bottom *or* floor; ~**bucht** *die* bay; ~**fauna** *die* marine fauna; ~**flora** *die* marine flora; ~**forschung** *die* marine research; ~**früchte** *Pl.* (*Kochk.*) seafood *sing.*; ein Salat mit ~**früchten** a seafood salad; ~**grund** *der s.* ~**boden**; ~**klima** *das* maritime climate; ~**kunde** *die* oceanography *no art.*; ~**luft** *die* (*Met.*) maritime air; ~**ober·fläche** *die* surface of the sea; ~**rauschen** *das* sound of the sea; ~**spiegel** *der* sea-level; 200 m über/unter dem ~**spiegel** 200 m above/below sea-level; ~**strand** *der* (*geh., dichter.*) sea-shore; strand (*poet.*); ~**straße** *die* straits *pl.*; strait; ~**strömung** *die* (*im Weltmeer*) ocean current; ~**tiefe** *die* depth of the sea; (*im Weltmeer*) depth of the ocean; ~**ufer** *das* shore

meer-, Meer-: ~**forelle** *die* salmon *or* sea trout; ~**gott** *der* sea-god; ~**göttin** *die* sea-goddess; ~**grün** *Adj.* sea-green; ~**jungfrau** *die* mermaid; ~**katze** *die* guenon;

~**rettich** *der* horse-radish; ~**salz** *das* sea-salt; ~**schaum** *der* meerschaum; ~**schaum·pfeife** *die* meerschaum [pipe]; ~**schweinchen** *das* guinea-pig; ~**ungeheuer** *das* (*Myth.*) sea monster; ~**wasser** *das* sea water

Meeting ['miːtɪŋ] *das*; ~s, ~s (*bes. DDR*) meeting

mega-, Mega- [mɛga-] mega-

Mega·hertz *das* (*Phys.*) megahertz

Megalith [mɛgaˈliːt] *der*; ~s *od.* ~en, ~e[n] megalith

Megalith·grab *das* megalithic tomb

megaloman [megaloˈmaːn] *Adj.* (*Psych.*) megalomaniac[al]; ~ sein be a megalomaniac

Megalomanie *die* (*Psych.*) megalomania *no art.*

Megaphon *das*; ~s, ~e megaphone; loud hailer

Megäre [meˈgɛːrə] *die*; ~, ~n (*geh.*) fury

Mega-: ~**tonne** *die* megaton[ne]; ~**tote** *der* (*milit. Jargon*) mega death; ~**watt** *das* (*Physik*) megawatt

Mehl [meːl] *das*; ~[e]s **a)** flour; (*gröber*) meal; **b)** (*Pulver*) powder; (*Knochen*~, *Fisch*~) meal

Mehl-: ~**beere** *die* whitebeam; ~**brei** *der* flour [and water/milk] paste

mehlig *Adj.* **a)** floury; **b)** (*wie Mehl*) powdery ⟨*sand etc.*⟩; **c)** (*nicht saftig*) mealy ⟨*potato, apple, etc.*⟩

Mehl-: ~**sack** *der* (*Sack für Mehl*) flour sack; (*Sack voll Mehl*) sack of flour; wie ein ~**sack** hinfallen fall like a sack of potatoes; ~**schwalbe** *die* house martin; ~**schwitze** *die* (*Kochk.*) roux; ~**speise** *die* **a)** dish with flour as the main ingredient; **b)** (*österr.*) sweet; dessert; (*Kuchen*) cake; ~**tau** *der* mildew; ~**wurm** *der* meal-worm

mehr [meːɐ] 1. *Indefinitpron.* more; ~ als genug more than enough; ~ als die Hälfte more than half; ein Grund ~, es zu tun one more *or* an additional reason for doing it; das war ~ als unverschämt that was impertinent, to say the very least; das schmeckt nach ~ (*ugs.*) it's very moreish (*coll.*); ~ nicht? is that all?; ~ und ~: more and more; ~ oder minder *od.* weniger more or less. 2. *adv.* **a)** (*in größerem Maße*) more; das sagt ihr ~ zu it appeals to her more; she likes it better; **b)** (*eher*) ~ tot als lebendig more dead than alive; ~ schlecht als recht after a fashion; er ist ~ Künstler als Gelehrter he is more of an artist than a scholar; **c)** (+ *Negation*) es war niemand ~ da there was no one left; es hat sich keiner ~ gemeldet there was not another word from anyone; ich erinnere mich nicht ~: I no longer remember; nicht ~ über etw. (*Akk.*) sprechen not discuss sth. any more or further; das wird nie ~ vorkommen it will never happen again; davon will ich nichts ~ hören I don't want to hear any more about it; da ist nichts ~ zu machen there is nothing more to be done; ich habe keine Lust/kein Interesse ~: I have lost all desire/interest; du bist doch kein Kind ~: you're no longer a child; you're not a child any more; er mußte nicht ~ an die Front he never had to go to the front; sie hat ihren Großvater nicht ~ gekannt she never had the chance to know her grandfather; **d)** (*südd.*) nur ~ 5 Mark only 5 marks

Mehr *das*; ~s increase (an + *Dat.* in); mit einem ~ an Zeit with more time

mehr-, Mehr-: ~**arbeit** *die*; *o. Pl.* extra *or* additional work; (*Überstunden*) overtime; das bedeutet ~**arbeit** für mich that means more *or* extra work for me; ~**aufwand** *der* additional expenditure *no pl.*; ~**aus·gabe** *die* additional expenditure *no pl.*; ~**bändig** *Adj.* in several volumes *postpos.*; ~**bedarf** *der* (*Wirtsch.*) increased demand (an + *Dat.* for); ~**belastung** *die* extra *or* additional burden (*Gen.* on); ~**bereichs·öl**

1311

Mehrbetrag — **Meinungsmonopol**

das *(Technik)* multi-purpose oil; **~betrag der** extra *or* additional amount; *(Überschuß)* surplus; **~deutig 1.** *Adj.* ambiguous; **2.** *adv.* ambiguously; **~deutigkeit die;** **~,** **~en** ambiguity; **~dimensional** *Adj.* multidimensional; **~einnahme die** additional revenue

mehren *(geh.) 1. tr. V.* increase. *2. refl. V.* **a)** increase; **diese Vorfälle ~ sich** these incidents are increasing in number; **b)** *(veralt.)* **seid fruchtbar und mehret euch** *(bibl.)* be fruitful and multiply

mehrer... *Indefinitpron.* **a)** *attr.* several; a number of; *(verschieden)* various; several; **~e hundert Bücher** several hundred[s of] books; **b)** *alleinstehend* **~e** several people; **~es** several things *pl.;* **sie kamen zu ~en** several of them came

Mehrer ['me:rɐ] **der;** **~s,** **~** *(geh. veralt.)* increaser *(arch.)*

mehrerlei *indekl. unbest. Gattungsz.* *(ugs.)* several [different]; various; *alleinstehend* several *or* various things

Mehr-: **~erlös der** extra *or* additional proceeds *pl.;* **~ertrag der** additional profit

mehr·fach 1. *Adj.;* **nicht präd.** multiple; *(wiederholt)* repeated; **ein Bericht in ~er Ausfertigung** several copies *pl.* of a report; **der ~e deutsche Meister** the player/sprinter *etc.* who has been German champion several times; **er ist ein Millionär** a multimillionaire; **er verdient ein Mehrfaches von dem, was ich bekomme** he earns several times as much as I do. **2.** *adv.* several times; *(wiederholt)* repeatedly; **~ vorbestraft sein** have several previous convictions

Mehrfach-: **~impf·stoff der** polyvalent *or* mixed vaccine; **~spreng·kopf der** multiple warhead

mehr-, Mehr-: **~familien·haus das** multiple dwelling *(formal);* large house with several flats *(Brit.)* or *(Amer.)* apartments; **~farben·druck der** [multi-]colour printing; **~farbig** *Adj.* multi-coloured; [multi-colour *attrib.;* **~gebot das** higher bid; **~geschossig** *Adj. s.* **~stöckig;** **~gewicht das** additional weight; *(Übergewicht)* excess weight

Mehrheit die; **~,** **~en** majority; **in der ~ sein** be in the majority; **die ~ haben/erringen** have/win a majority; **die ~ verlieren** lose one's majority; **er wurde mit großer ~ gewählt** he was elected by a large majority; **die ~ der Stimmen auf sich vereinigen** secure a majority of votes; **die/eine absolute ~** *(Politik)* an absolute majority; **die einfache/relative ~** *(Politik)* a simple/relative majority; **eine qualifizierte ~** *(Politik)* a qualified majority

mehrheitlich 1. *Adj.;* **nicht präd.** majority; of the majority *postpos.* **2.** *adv.* by a majority

mehrheits-, Mehrheits-: **~beschluß der,** **~entscheidung die** majority decision; **~fähig** *Adj.* **~fähig sein** *(law)* be capable of securing a majority; *(party)* be capable of forming a majority; **~partei die** majority party; **~prinzip das** principle of majority rule; **~wahl·recht das** first-past-the-post electoral system

mehr-, Mehr-: **~jährig** *Adj.;nicht präd.* **a)** lasting several years *postpos.;* **eine ~jährige Erfahrung** several years' experience; **eine ~jährige Freundschaft** a friendship of several years' standing; **b)** *(Bot.)* perennial; **~kampf der** *(Sport)* multi-discipline event; **~klassig** *Adj. (Schulw.)* ⟨*school*⟩ with several classes; **~kosten** *Pl.* additional or extra costs; **~malig** *Adj.; nicht präd.* repeated; **~mals** *Adv.* several times; *(wiederholt)* repeatedly; **~parteien·system das** multi-party system; **~produktion die** increased production; *(Überproduktion)* surplus *or* excess production; **~seitig** *Adj.* consisting of several pages *postpos., not pred.;* several pages long *postpos.;* **~silbig** *Adj.* polysyllabic; **~sprachig** *Adj.* multilingual; **~sprachig aufwachsen** grow up speaking several languages; **~sprachigkeit die** multilingualism; **~stimmig** *(Musik)* **1.** *Adj.* for several voices *postpos.;* **ein ~stimmiges Lied** a part-song; **2.** *adv.* **~stimmig singen** sing in harmony; **etwas ~stimmig singen** sing sth. as a part-song; **~stöckig 1.** *Adj.* several storeys high *postpos.;* *(vielstöckig)* multi-storey; **2.** *adv.* **~stöckig bauen** erect multi-storey buildings/a multi-storey building; **~stufig** *Adj.* consisting of several steps *postpos., not pred.;* multi-stage ⟨*rocket*⟩; **~stündig** *Adj.; nicht präd.* lasting several hours *postpos., not pred.; (delay)* of several hours; **~stündige Verhandlungen** several hours of negotiations; **~tägig** *Adj.; nicht präd.* lasting several days *postpos., not pred.;* **~teiler der** serial; *(Dokumentarfilm etc.)* series; **~teilig** *Adj.* in several parts *postpos.*

Mehrung die; **~** *(geh.)* increase

mehr-, Mehr-: **~wert der** *(Wirtsch.)* surplus value; **~wert·steuer die** *(Wirtsch.)* value added tax *(Brit.);* VAT *(Brit.);* sales tax *(Amer.);* **~wöchig** *Adj.; nicht präd.* lasting several weeks *postpos., not pred.;* ⟨*absence*⟩ of several weeks; **~zahl die;** *o. Pl.* **a)** *(Sprachw.)* plural; **b)** *(Mehrheit)* majority; **~zeilig** *Adj.* of several lines *postpos.*

Mehr·zweck-: multi-purpose ...

meiden ['maɪdn] *unr. tr. V. (geh.)* avoid

Meier [ˈmaɪɐ] **der; ~s, ~** *(hist.)* bailiff; steward

Meierei die; **~,** **~en a)** *(hist.)* feudal estate; **b)** *(Molkerei)* dairy

Meile [ˈmaɪlə] **die; ~, ~n** mile; **das riecht man drei ~n gegen den Wind** *(abwertend)* you can smell it a mile off; *(fig.)* you can tell that a mile off; it stands out a mile

Meilen·stein der; ~[e]s, ~e milestone

meilen·weit 1. *Adj.* ⟨*distance*⟩ of many miles. **2.** *adv.* for miles; **~ entfernt** *(auch fig.)* miles away *(from)*

Meiler der; ~s, ~ a) *(Kohlen~)* charcoal kiln; **b)** *(Atom~)* [atomic] pile

¹**mein** *Possessivpron.* my; **ich trinke so ~e acht Tassen Kaffee am Tag** I drink my eight cups of coffee a day; **~e Damen und Herren** ladies and gentlemen; **das Buch dort, ist das ~[e]s?** that book over there, is it mine?; **das ist nicht ihr Vater, sondern ~er** that's not her father but mine; **was ~ ist, ist auch dein** what's mine is yours; **das ist nicht sein Auto, sondern das ~e** that's not his car but mine; **die Meine** *(geh.)* my wife; **die Meinen** *(geh.)* my family *sing.;* **das Meine** *(geh.: Eigentum)* my possessions *pl. or* property; **ich habe das Meine getan** *(was ich konnte)* I have done what I could; *(meinen Teil)* I have done my share; **sie kann ~ und dein nicht unterscheiden** *(scherzh.)* she doesn't understand that some things don't belong to her

²**mein** *Gen. des Personalpronomens* **ich** *(dichter. veralt.) s.* **meiner**

Mein·eid der perjury *no indef. art.;* **einen ~ schwören** perjure oneself; commit perjury

meineidig *Adj.* perjured; **~ werden** perjure oneself; commit perjury

Meineidige der/die; *adj. Dekl.* perjurer

meinen 1. *itr. V.* think; **[ganz] wie Sie ~!** whatever you think; *(wie Sie möchten)* [just] as you wish; **~ Sie?** do you think so?; **wie ~ Sie?** I beg your pardon?; **wie ~?** *(scherzh.)* beg your pardon?; **ich meine ja nur** [so] *(ugs.)* it was just an idea *or* a thought. **2.** *tr. V.* **a)** *(denken, glauben)* think; **meinst du, das weiß ich nicht?** do you think I don't know that?; **man könnte ~, ...:** one might [almost] think ...; **man sollte ~, ...:** one would think *or* would have thought ...; **das meine ich auch** I think so too; **b)** *(sagen wollen, im Sinn haben)* mean; **was meint er damit?** what does he mean by that?; **das habe ich nicht gemeint** that's not what I meant; **was ~ Sie?** what do you mean?; **c)** *(beabsichtigen)* mean; intend; **er meint es gut/ehrlich** he means well *or* his intentions are good/his intentions are honest; **es gut mit jmdm. ~:** mean well by sb.; **etw. wörtlich/ironisch ~:** mean sth. literally/ironically; **es war nicht böse gemeint** no harm was meant *or* intended; **er hat es nicht so gemeint** *(ugs.)* he didn't mean it like that; **das Wetter/die Sonne meint es gut mit uns** *(fig. ugs.)* the weather is [being] kind to us *or* is certainly doing its best for us; **d)** *(sagen)* say; **e)** *(geh.)* **sie meinte zu träumen** she thought she was dreaming

meiner *Gen. des Personalpronomens* **ich** *(geh.)* **gedenke ~:** remember me; **erbarme dich ~:** have mercy upon me

meinerseits *Adv.* for my part; **ganz ~:** the pleasure is [all] mine

meinesgleichen *indekl. Pron.* people *pl.* like me *or* myself; *(abwertend)* the likes *pl.* of me; my sort *or* kind

meinesteils *Adv.* for my part

meinethalben *Adv. (veralt.),* **meinetwegen** *Adv.* **a)** because of me; *(für mich)* on my behalf; *(mir zuliebe)* for my sake; *(um mich)* about me; **b)** [*auch* --ˈ--] *(ugs.)* as far as I'm concerned; **~!** if you like; **~ soll er sich den Hals brechen** he can break his neck for all I care; *also* **gut, ~!** fair enough!; **Darf ich heute abend ausgehen? – Meinetwegen!** May I go out tonight? – It's all right with me; **c)** *(zum Beispiel)* for instance

meinetwillen *Adv.* **in um ~** for my sake

meinige [ˈmaɪnɪɡə] *Possessivpron., adj. Dekl. (geh. veralt.)* **der/die/das ~:** mine; **ich habe das Meinige getan** *(was ich konnte)* I have done what I could; *(meinen Teil getan)* I have done my share; **die Meinigen** my family *sing.*

Meinung die; **~, ~en** opinion; *(Ansicht, Auffassung)* opinion; view; **eine vorgefaßte/gegenteilige ~ haben** have preconceived ideas *pl.*/hold an opposite opinion; **eine ~ zu etw./über jmdn./etw. haben** have an opinion on/about sb./sth.; **was ist deine od. was hast du für eine ~?** what is your opinion?; **die ~en sind geteilt** od. **gehen auseinander** opinions are divided; **anderer/geteilter ~ sein** be of a different opinion/differing opinions *pl.;* hold a different view/differing views *pl.;* **seine ~ ändern** change one's opinion *or* mind; **er ist der ~, daß ...:** he is of the opinion *or* takes the view that ...; **nach meiner ~, meiner ~ nach** in my opinion *or* view; **ganz meine ~!** I agree entirely; **einer ~ sein** be of *or* share the same opinion; **eine hohe ~ von jmdm. haben** have a high opinion of sb.; think highly of sb.; **die öffentliche ~:** public opinion; **jmdm. [gehörig] die ~ sagen** give sb. a [good] piece of one's mind

meinungs-, Meinungs-: **~äußerung die** [expression of] opinion; **das Recht auf freie ~äußerung** the right of free speech; **~aus·tausch der** exchange of views; **in einem ~austausch mit jmdm. stehen** exchange views with sb.; **~bildend** *Adj.* opinion-forming; **~bildung die: die öffentliche ~bildung** the shaping of public opinion; **der Prozeß der ~bildung ist bei uns noch im Gange** the process has not yet formed an opinion; **~forscher der** opinion pollster *or* researcher; **~forschung die** opinion research; **~forschungs·institut das** opinion research institute; **~freiheit die** freedom to form and express one's own opinions; *(Redefreiheit)* freedom of speech; **~mache die** *(abwertend)* attempted manipulation of people's opinions; **~macher der** opinion-maker; **~monopol das** *(abwertend)* monopolizing influence over pub-

Meinungsumfrage … **Memento**

lic opinion; ~**um·frage** die [public] opinion poll; ~**um·schwung** der swing of opinion; ~**verschiedenheit** die *(auch verhüll.: Streit)* difference of opinion
Meise ['maizə] die; ~, ~n tit[mouse]; **eine ~ haben** *(salopp)* be nuts *(sl.)*; be off one's head *(coll.)*
Meißel ['maisl] der; ~s, ~: chisel
meißeln 1. *tr. V.* chisel; carve ⟨*statue, sculpture*⟩ with a chisel. 2. *itr. V.* chisel; work with a chisel; carve; **an einer Statue ~**: be working on *or* carving a statue with a chisel
Meiß[e]ner ['maisənɐ] *Adj.* ~ **Porzellan** Meissen china *or* porcelain
meist [maist] *Adv.* mostly; usually; *(zum größten Teil)* mostly; for the most part; **er hat ~ keine Zeit** he doesn't usually have any time; **er ist ~ betrunken** he's drunk most of the time
meist... *Indefinitpron. u. unbest. Zahlw.* most; **das ~e Geld haben** have [the] most money; **die ~e Angst haben** be [the] most afraid; **seine ~e Zeit** most of his time; **am ~en arbeiten** work [the] most; **die ~en Leute haben** ...: most people have ...; **die ~en Leute, die da waren** most of the people who were there; **darüber habe ich mich am ~en gefreut** that pleased me [the] most; **die ~e Zeit des Jahres** most of the year; **die ~en meiner Kollegen** most of my colleagues; **er hat das ~e vergessen** he has forgotten most of it; **die am ~en befahrene Straße** the most used road; **das am ~en verkaufte Buch** the best-selling book
meist·bietend 1. *Adj.*; *nicht präd.* highest-bidding; **der ~bietende Käufer** the highest bidder. 2. *adv.* **etw. ~bietend versteigern/verkaufen** *usw.* auction sth. off/sell sth. *etc.* to the highest bidder
Meist·bietende der/die; *adj. Dekl.* highest bidder
meistens ['maistns] *Adv. s.* meist
meistenteils *Adv.* for the most part
Meister ['maistɐ] der; ~s, ~ **a)** master craftsman; ~ **im Kürschnerhandwerk sein** be a master furrier; **seinen ~ machen** *(ugs.)* get one's master craftsman's diploma *or* certificate; **b)** *(Vorgesetzter)* *(in der Fabrik, auf der Baustelle)* foreman; *(in einem Betrieben)* boss *(coll.)*; **in Ordnung, ~!** OK, chief *or* boss *(coll.)*; **c)** *(geh.: Könner)* master; **es ist noch kein ~ vom Himmel gefallen** *(Spr.)* you can't always expect to get it right first time; **früh übt sich, was ein ~ werden will** *(Spr.)* there's nothing like starting young; **[in jmdm.] seinen ~ gefunden haben** have met one's match [in sb.]; **d)** *(Künstler, geh.: Lehrer)* master; **die alten ~**: the old masters; **e)** *(Sport)* champion; *(Mannschaft)* champions *pl.*; **f)** *(salopp: Anrede)* chief *(coll.)*; guv *(Brit. sl.)*; **g)** *(in Märchen)* **Lampe** Master Hare; ~ **Petz** Bruin the Bear; *(Anrede)* Master Bruin; ~ **Grimbart** Brock the Badger; *(Anrede)* Master Brock; ~ **Urian** Old Nick
Meister-: ~**brief** der master craftsman's diploma *or* certificate; ~**dieb** der master thief; ~**elf** die *(Fußball)* **die ~elf aus München/die Münchner** ~**elf** the champions Munich; ~**gesang** der; *o. Pl.* Meistergesang; art and music of the Meistersingers
meisterhaft 1. *Adj.* masterly. 2. *adv.* **in a masterly manner; es ~ verstehen, etw. zu tun** be a [past-]master *or* an expert at doing sth.; **die Gitarre ~ beherrschen** be a masterly guitar-player
Meister·hand die master-hand; **von ~:** by a master-hand
Meisterin die; ~, ~**nen a)** master craftswoman; **b)** *(geh. Könnerin)* master; **im Erfinden von Ausreden ist sie eine ~:** she is a [past] master *or* an expert at inventing excuses; **c)** *(Sport)* [women's] champion
Meister-: ~**klasse** die **a)** *(Sport)* championship class; **b)** *(Musik, Kunst)* master

class; ~**leistung** die masterly performance; *(Meisterstück)* masterpiece; *(geniale Tat)* master-stroke
meisterlich *(geh. veralt.) s.* meisterhaft
Meister-: ~**macher** der *(Sportjargon)* champion-maker; ~**mannschaft** die champions *pl.*; title-holders *pl.*
meistern *tr. V.* master; overcome ⟨*problem, difficulty*⟩; control ⟨*anger, excitement, etc.*⟩; **sein Schicksal/Leben ~:** cope with one's fate/with life
Meister·prüfung die examination for the/one's master craftsman's diploma *or* certificate
Meisterschaft die; ~, ~**en a)** *o. Pl.* mastery; **b)** *(Sport)* championship; *(Veranstaltung)* championships *pl.*; **die ~ erringen** take the championship
Meisterschafts-: ~**kampf** der *(Sport)* championship; ~**spiel** das *(Sport)* championship match *or* game
Meister-: ~**schüler** der *(Musik, Kunst)* master-class student; ~**singer** der Meistersinger; mastersinger; ~**stück** das **a)** piece of work executed to qualify as a master craftsman; **b)** *(Meisterleistung)* masterpiece **(an +** *Dat.* of); *(geniale Tat)* master-stroke; ~**titel** der **a)** *(Sport)* championship [title]; **b)** *(im Handwerksberuf)* title of master craftsman
Meisterung die; ~: mastering
Meister-: ~**werk** das masterpiece **(an +** *Dat.* of); ~**würde** die title of master craftsman
Meist·gebot das highest bid
Mekka ['mɛka] *(das)*; ~s Mecca; *(fig.)* Mecca **(+** *Gen.* for)
Melamin·harz [mela'mi:n-] *das* melamine resin
Melancholie [melaŋko'li:] die; ~, *(Psych.:)* ~**n** *(Gemütszustand)* melancholy; *(Psych.)* melancholia
Melancholiker [melaŋˈkoːlikɐ] der; ~s, ~, **Melancholikerin** die; ~, ~**nen** melancholic
melancholisch 1. *Adj.* melancholy; melancholy, melancholic ⟨*person, temperament*⟩. 2. *adv.* melancholically
Melanesien [melaˈneːzi̯ən] *(das)*; ~s Melanesia
Melange [meˈlãːʒ(ə)] die; ~, ~**n a)** *(österr.) s.* Milchkaffee; **b)** *(Gemisch)* blend
Melanom [melaˈnoːm] *das*; ~s, ~**e** *(Med.)* melanoma
Melasse [meˈlasə] die; ~: molasses *sing.*
Melde-: ~**amt** das registration office *(for registering with the authorities on changing one's place of residence)*; ~**fahrer** der *(Milit.)* dispatch-rider; ~**frist** die *(bei der Anmeldung, Abmeldung)* registration period; *(Versicherungsw.)* notification period; ~**gänger** der *(Milit.)* runner; messenger
melden [ˈmɛldn] 1. *tr. V.* **a)** report; *(registrieren lassen)* register ⟨*birth, death, etc.*⟩ *(Dat.* with); **wie soeben gemeldet wird** *(Fernseh., Rundf.)* according to reports just coming in; **etw. den Behörden ~:** report sth. to the authorities; **jmdn. als vermißt ~:** report sb. missing; **melde gehorsamst, ...** *(Milit. veralt.)* beg to report ...; **nichts/nicht viel zu ~ haben** *(ugs.)* have no/little say; **b)** *(ankündigen)* announce; **wen darf ich ~?** what name shall I say?; who shall I say is here?; **c)** *(Schülerspr.)* **jmdn. ~:** tell on sb; **das wird gemeldet!** I'll tell! 2. *refl. V.* **a)** report; **sich polizeilich ~:** register with the police; **sich auf dem Polizeipräsidium ~:** report to police headquarters; **sich zum Militär ~:** enlist [in the armed forces]; **sich freiwillig ~:** volunteer **(zu** to); **sich auf eine Anzeige ~:** reply to an advertisement; **sich zu einem Lehrgang ~:** sign on *or* enrol for a course; **sich zu einer Prüfung ~:** enter for an examination; **sich zum Dienst ~:** report for duty; *s. auch* krank; **b)** *(am Telefon)* answer; **der Teilnehmer meldet sich nicht/es meldet sich niemand** there is no answer *or* reply; **c)** *(ums Wort bitten)* put one's hand up; **d)** *(von sich hören lassen)* get in touch (**bei** with); **wenn du etwas brauchst, melde dich** if you need anything let me/us know; **Otto 2, bitte ~!** Otto 2, come in please!; **e)** *(sich ankündigen)* ⟨*old age, rheumatism, etc.*⟩ make itself *or* its presence felt. 3. *itr. V.* ⟨*dog*⟩ start barking
Melde·pflicht die **a)** *(Gesundheitsw.)* obligation *(on doctor)* to notify the authorities; **Thypus unterliegt der ~** cases of typhoid must be notified to the authorities; **b)** *(Verwaltung)* obligation to register with the authorities; **polizeiliche ~** obligation to register with the police
melde·pflichtig *Adj.* **a)** *(Gesundheitsw.)* notifiable ⟨*disease*⟩; **b)** *(Verwaltung)* ⟨*accident*⟩ which must be reported
Melder der; ~s, ~ *(Milit.)* runner; messenger
Melde-: ~**schluß** der; *o. Pl.* closing date; ~**wesen** das; *o. Pl.* system of registration; ~**zettel** der registration form
Meldung die; ~, ~**en a)** report; *(Nachricht)* piece of news; *(Ankündigung)* announcement; ~**en aus dem Ausland** news from abroad; ~**en vom Sport** sports news *sing.*; ~**en in Kürze** news headlines; **b)** ~ **machen** *od.* **erstatten** *(Milit.)* report; make a report; **c)** *(Anzeige)* report; **über etw.** *(Akk.)* ~ **machen** report sth.; **d)** *(Anmeldung)* *(bei einem Wettbewerb, Examen)* entry; *(bei einem Kurs)* enrolment; **wir bitten um freiwillige ~en** we are asking *or* calling for volunteers; **seine ~ [zu etw.] zurückziehen** withdraw [from sth.]; **e)** *(Wort~)* request to speak; **gibt es noch weitere ~en?** does anyone else wish to speak?
meliert [meˈliːɐt] *Adj.* mottled; **grün/braun ~:** mottled green/brown; **[grau]~es Haar** hair streaked with grey
Melioration [melioraˈtsi̯oːn] die; ~, ~**en** *(Landw.)* melioration; land improvement
Melisse [meˈlɪsə] die; ~, ~**n** melissa; balm
Melk-: ~**an·lage** die *(Landw.)* milking equipment *no indef. art.*; ~**eimer** der *(Landw.)* milking-pail
melken [ˈmɛlkn] 1. *regelm. (auch unr.) tr. V. (auch fig. salopp)* milk. 2. *regelm. (auch unr.) itr. V. (veralt.: Milch geben)* give milk; **eine ~de Kuh** a cow in milk; a milch cow
Melker der; ~s, ~: milker
Melkerin die; ~, ~**nen** milkmaid
Melk-: ~**maschine** die milking machine; ~**schemel** der milking-stool
Melodei [meloˈdai] die; ~, ~**en** *(dichter. veralt.) s.* Melodie a
Melodie [meloˈdiː] die; ~, ~**n a)** melody; *(Weise)* tune; **nach einer ~:** to a melody/tune; **b)** *(Satz~)* intonation
Melodien-: ~**folge** die, ~**reigen** der medley [of tunes]; musical medley
Melodik [meˈloːdɪk] die; ~ *(Musik)* **a)** *(Lehre)* theory of melody; **b)** *(melodische Merkmale)* melodic characteristics *pl.*
melodiös [meloˈdi̯øːs] 1. *Adj.* melodious. 2. *adv.* melodiously
melodisch 1. *Adj.* melodic; melodious. 2. *adv.* melodically; melodiously; ~ **sprechen** speak in a melodic *or* melodious voice
Melodram [meloˈdraːm] *das*; ~s, **Melodramen**, **Melodrama** *das*; ~s, **Melodramen** melodrama
melodramatisch 1. *Adj.* melodramatic. 2. *adv.* melodramatically
Melone [meˈloːnə] die; ~, ~**n a)** melon; **b)** *(ugs. scherzh.)* bowler [hat]
Membran [mɛmˈbraːn] die; ~, ~**en**, **Membrane** die; ~, ~**n a)** *(Technik)* diaphragm; **b)** *(Biol., Chemie)* membrane
Memento [meˈmɛnto] *das*; ~s, ~s **a)** *(kath. Rel.)* Memento; **b)** *(geh.: Mahnung)* warning reminder

1313

Memme ['mɛmə] die; ~, ~n *(veralt. abwertend)* [craven] coward

Memoiren [me'moa:rən] *Pl.* memoirs

Memorandum [memo'randʊm] *das;* ~s, Memoranden *od.* Memoranda memorandum

Memorial [memo'ria:l] *das;* ~s, ~s *(geh.)* memorial event; *(Rennen)* memorial race

memorieren [memo'ri:rən] *tr. V. (geh. veralt.)* memorize

Menage [me'na:ʒə] die; ~, ~n cruet[-stand]

Menagerie [menaʒə'ri:] die; ~, ~n *(veralt.)* menagerie

menagieren [mena'ʒi:rən] *itr. V. (österr. Milit.)* draw rations

mendeln ['mɛndl̩n] *itr. V. (Biol.)* Mendelize

Mendelsche Gesetze ['mɛndl̩ʃə-] *Pl. (Biol.)* Mendel's laws

Menetekel [mene'te:kl̩] *das;* ~s, ~ *(geh.)* warning sign *or* portent

Menge ['mɛŋə] die; ~, ~n a) *(Quantum)* quantity; amount; **die dreifache ~:** three times *or* triple the amount; **three times as much; in ausreichender ~:** in sufficient quantities *pl.;* **in ~n zu ...:** in quantities of ...; b) *(große Anzahl)* large number; lot *(coll.);* **eine ~ Leute** a lot *or* lots *pl.* of people *(coll.);* **eine ~** *(ugs.)* a lot of [it/them] *(coll.);* **eine ~ Zeit** *(ugs.)* a lot *or* lots of time; plenty of time; **Kuchen/Blumen in ~n** cakes/flowers in abundance; lots of cakes/flowers *(coll.);* **er weiß eine [ganze] ~** *(ugs.)* he knows [quite] a lot *(coll.)* or a great deal; **sie bildet sich eine ~ ein** *(ugs.)* she is very conceited **(auf + Akk.** about); **eine ~ trinken/essen** *(ugs.)* drink/eat a hell of a lot *(coll.);* **jede ~ Arbeit/Alkohol usw.** *(ugs.)* masses *pl.* or loads *pl.* of work/alcohol *etc. (coll.); s. auch rauh 1h;* c) *(Menschen~)* crowd; throng; d) *(Math.)* set

mengen *(veralt.)* 1. *tr. V.* mix; **Rosinen unter den Teig ~:** mix raisins into the dough. 2. *refl. V. (ugs.)* mingle **(unter + Akk.** with)

mengen-, Mengen-: ~**angabe** die indication of quantity/quantities; ~**lehre** die; *o. Pl. (Math., Logik)* set theory *no art.;* ~**mäßig 1.** *Adj.* quantitative; 2. *adv.* quantitatively; as far as quantity is/was concerned; ~**rabatt** der *(Wirtsch.)* bulk discount

Menhir ['mɛnhiːr] *der;* ~s, ~e menhir

Meningitis [menɪŋ'giːtɪs] die; ~, Meningitiden *(Med.)* meningitis

Meniskus [me'nɪskʊs] der; ~, Menisken *(Anat., Optik)* meniscus

Meniskus·riß der *(Med.)* torn meniscus

Menkenke [mɛŋ'kɛŋkə] die; ~ *(md. ugs.)* fuss; **mach keine ~:** don't make a fuss

Mennige ['mɛnɪɡə] die; ~: red lead

Menopause [meno'pau̯zə] die; ~, ~n *(Physiol.)* menopause

Menora [meno'ra:] die; ~, ~: menorah

Mensa ['mɛnza] die; ~, ~s *od.* Mensen *Pl.* refectory, canteen *(of university, college)*

Mensa·essen das refectory *or* canteen food

¹**Mensch** [mɛnʃ] der; ~en, ~en a) *(Gattung)* **der ~:** man; **die ~en** man *sing.;* human beings; **das Gute im ~en** the good in man; **das sind starrköpfige ~en** they are stubborn people; **alle ~en müssen sterben** we are all mortal; **der ~ lebt nicht vom Brot allein** *(Spr.)* man does not live by bread alone *(prov.);* **ich bin auch nur ein ~:** I'm only human; **der ~ denkt, Gott lenkt** *(Spr.)* man proposes, God disposes *(prov.);* **das sind doch keine ~en mehr!** they are a pack of animals; **nur noch ein halber ~ sein** be just about all in; **wieder ein ~ sein** *(ugs.)* feel like a human being again; b) *(Person)* person; man/woman; **~en people;** **kein ~:** no one; **es war kein ~ da** there was no one *or* not a soul there; **unter die ~en gehen** mix with people; **des ~en Wille ist sein Himmelreich** you/he *etc.* must do whatever makes you/him *etc.* happy; **wie der erste ~/die ersten ~en:** extremely awkwardly; **ein neuer ~ werden** become a new man/woman; **von ~ zu ~:** man to man/woman to woman; **~, ärgere dich nicht** *(Gesellschaftsspiel)* ludo; c) *Pl. (Menschheit)* mankind *sing., no art.;* man *sing., no art.;* d) *(salopp: Anrede) (bewundernd)* wow; *(erstaunt)* wow; good grief; *(vorwurfsvoll)* for heaven's sake; **~, war das ein Glück!** boy, that was a piece of luck!; **~, hast du dich verändert!** good Lord, haven't you changed!; **~, das habe ich ganz vergessen!** damn *or (Brit.)* blast, I completely forgot!; **~ Meier!** good grief!

²**Mensch** *das;* ~[e]s, ~er *(abwertend: Frau)* slut; trollop

menschen-, Menschen-: ~**affe** der anthropoid [ape]; ~**ähnlich** *Adj.* manlike; like a human being/human beings *postpos.;* ~**alter** das lifetime; ~**an·sammlung** die gathering [of people]; (~**menge**) crowd [of people]; ~**arm** *Adj.* sparsely populated; ~**auf·lauf** der crowd [of people]; ~**bild** das conception of man; ~**feind** der misanthropist; ~**feindlich 1.** *Adj.* a) misanthropic; b) *(unmenschlich)* inhuman *(system, policy etc.);* *(environment)* hostile to man; 2. *adv.* a) misanthropically; b) *(unmenschlich)* inhumanly; ~**feindlich konzipierte Trabantenstädte** satellite towns designed in a way that creates an environment hostile to man; ~**feindlichkeit** die *s.* menschenfeindlich 1: misanthropy; inhumanity; hostility to man; ~**fleisch** das human flesh; ~**fressend** *Adj., nicht präd.* man-eating; ~**fresser** der *(ugs.)* cannibal; *(Mythol.)* man-eater; **er ist doch kein ~fresser** *(scherzh.)* he won't eat *or* bite you; ~**freund** der philanthropist; ~**freundlich 1.** *Adj.* a) philanthropic; b) *(human) (environment)* catering for human needs; *(architecture)* designed with [the needs of] people in mind; 2. *adv.* a) philanthropically; b) ~**freundlich gestaltet/konstruiert** designed with [the needs of] people in mind; ~**freundlichkeit** die; *o. Pl.* philanthropy; **aus reiner ~freundlichkeit** out of the sheer goodness of one's heart; ~**führung** die leadership; ~**gedenken** das: **das wird seit ~gedenken so gemacht** it has been done that way for as long as anyone can remember; **der heißeste Sommer seit ~gedenken** the hottest summer in living memory; ~**geschlecht** das *(geh.)* human race; ~**gestalt** die human form; **ein Engel/Teufel** *od.* **Satan in ~gestalt sein** be an angel in human form/the devil incarnate; ~**gewühl** das milling crowd; ~**haar** das human hair; ~**hand** die *(geh.)* hand of man; human hand; **von ~hand geschaffen** created by the hand of man *or* by human hand; ~**handel** der a) trade *or* traffic in human beings; *(Sklavenhandel)* slave-trade; b) *(DDR)* illegal smuggling of GDR citizens out of the country; ~**händler** der a) trafficker [in human beings]; *(Sklavenhändler)* slave-trader; b) *(DDR)* person who engages in illegal smuggling of GDR citizens out of the country; ~**hasser** der *s.* ~feind; ~**jagd** die *(abwertend)* manhunting; man-hunts *pl.; (Verfolgung)* persecution; **eine ~jagd a man-hunt;** ~**jäger** der *(abwertend)* man-hunter; ~**kenner** der judge of character *or* human nature; ~**kenntnis** die; *o. Pl.* ability to judge character *or* human nature; ~**kette** die human chain; ~**kind** das creature; soul; ~**leben** das life; **ein ~leben lang währen** *(geh.)* last a whole lifetime; **der Unfall forderte vier ~leben** *(geh.)* the accident claimed four lives; ~**leben waren nicht zu beklagen** *(geh.)* there was no loss of life; ~**leer** *Adj.* deserted; ~**liebe** die philanthropy; love of humanity *or* mankind; ~**masse** die crowd [of people]; ~**material** das; *o. Pl. (Militärjar-*gon) [human] material; ~**menge** die crowd [of people]; ~**möglich** *Adj.; nicht attr.* humanly possible; **das ist doch nicht ~möglich!** but that's impossible!; **alles ~mögliche tun** do all that is/was humanly possible; ~**opfer** das a) human sacrifice; b) *(~leben)* **es waren Hunderte von ~opfern zu beklagen** hundreds of lives were lost; ~**raub** der kidnapping; abduction; ~**recht** das human right; ~**rechts·konvention** die Human Rights Convention; ~**scheu** *Adj.* afraid of people; *(ungesellig)* unsociable; ~**scheu** die fear of people; ~**schinder** der *(abwertend)* cruel and ruthless slave-driver; ~**schlag** der race *or* breed [of people]; ~**seele** die human soul; **keine ~seele** not a [living] soul

Menschens·kind *Interj. (salopp) (erstaunt)* good heavens; good grief; *(vorwurfsvoll)* for heaven's sake

Menschen·sohn der; *o. Pl. (christl. Rel.)* Son of Man

menschen-, Menschen-: ~**unwürdig 1.** *Adj.* degrading and inhumane *(treatment);* *(accommodation)* unfit for human habitation; *(conditions)* unfit for human beings; *(behaviour)* unworthy of a human being; 2. *adv.* *(treat)* in a degrading and inhumane way; *(live, be housed)* in conditions unfit for human beings; ~**verächter** der despiser of humanity *or* mankind; ~**verachtung** die contempt for humanity *or* mankind; ~**verstand** der human intelligence *or* intellect; *s. auch* gesund; ~**werk** das *(geh.)* work of man; **alles ~werk ist vergänglich** the works *pl.* of men are ephemeral; ~**würde** die human dignity *no art.;* ~**würdig 1.** *Adj.* humane *(treatment); (accommodation)* fit for human habitation; *(conditions)* fit for human beings; *(behaviour)* worthy of a human being; 2. *adv.* *(treat)* humanely; *(live, be housed)* in conditions fit for human beings

Menschewik [mɛnʃe'vɪk] der; ~en, ~en u. ~i *(hist.)* Menshevik

Menschheit die; ~ mankind *no art.;* humanity *no art.;* human race

Menschheits-: ~**entwicklung** die evolution of man; ~**geschichte** die history of mankind *or* of the human race; ~**traum** der dream of mankind

menschlich 1. *Adj.* a) human; ~**es Versagen** human error; **das ~e Leben** human life; *s. auch* irren *a);* b) *(annehmbar)* civilized; **wieder ganz ~ aussehen** *(ugs.)* look quite presentable again; c) *(human)* humane *(person, treatment, etc.);* human *(trait, emotion, etc.);* **sich von der ~en Seite zeigen** show one's human side. 2. *adv.* a) **er ist ~ sympathisch** I like him as a person; **sich ~ näherkommen** get on closer [personal] terms [with one another]; b) *(human)* humanely; in a humane manner

Menschliche das; ~n: **nichts ~s war ihr fremd** she was familiar with every aspect of human experience; **er hat nichts ~s an sich** he shows no human traits; there's nothing human about him

Menschlichkeit die humanity *no art.;* **etw. aus reiner ~ tun** do sth. for purely humanitarian reasons

Mensch·werdung [-veːɐ̯dʊŋ] die; ~ *(christl. Rel.)* incarnation

Mensen *s.* Mensa

Menstruation [mɛnstrua'tsi̯oːn] die; ~, ~en *(Physiol.)* menstruation; *(Periode)* [menstrual] period

menstruieren *itr. V. (Physiol.)* menstruate

Mensur [mɛn'zuːɐ̯] die; ~, ~en a) students' duel; **eine ~ schlagen** fight a duel; b) *(Fechten)* [fencing] measure *or* distance

mental [mɛn'taːl] *(geh.)* 1. *Adj.* mental. 2. *adv.* mentally

Mentalität [mɛntali'tɛːt] die; ~, ~en mentality

Menthol [mɛn'toːl] das; ~s menthol
Mentor ['mɛntɔr] der; ~s, ~en [-'toːrən] a) (geh.) mentor; b) (veralt.: Lehrer) tutor; c) (Schulw.) supervisor
Menu [me'nyː] (schweiz.), **Menü** [me'nyː] das; ~s, ~s (auch DV) menu; (im Restaurant) set meal or menu
Menuett [me'nʊɛt] das; ~s, ~e od. ~s minuet
mephistophelisch [mefɪsto'feːlɪʃ] (geh.) Mephistophelian
Mercator·projektion [mɛr'kaːtɔr-] die (Geogr.) Mercator's projection
Mergel ['mɛrgl] der; ~s (Geol.) marl
Meridian [meri'diaːn] der; ~s, ~e (Geogr., Astron.) meridian
Meridian·kreis der (Astron.) meridian circle
Meringe [me'rɪŋə] die; ~, ~n meringue
Merino [me'riːno] der; ~s, ~s a) (Schaf) merino [sheep]; b) (Stoff) merino
Merino-: ~**schaf** das merino [sheep]; ~**wolle** die merino wool
Meriten [me'riːtn̩] Pl. (geh. veralt.) merits
merkantil [mɛrkan'tiːl] Adj. (geh.) mercantile
Merkantilismus der; ~ (hist.) mercantilism no art.
merkantilistisch Adj. (hist.) mercantilist
merkbar 1. Adj. a) perceptible; noticeable; (deutlich) noticeable; b) (leicht zu behalten) eine gut od. leicht ~e Nummer an easily remembered number; leicht/schwer ~sein be easy/difficult to remember. **2.** adv. perceptibly; noticeably; (deutlich) noticeably
Merk-: ~**blatt** leaflet; (mit Anweisungen) instruction leaflet; ~**buch** das notebook
merken ['mɛrkn̩] **1.** tr. V. notice; **deutlich zu ~ sein** be plain to see; be obvious; **er hat [davon] nichts gemerkt** he didn't notice anything [of that]; **davon merkt man nicht viel** it's hardly noticeable; **an seinem Benehmen merkt man, daß ...** you can tell by his behaviour that ...; **das merkt doch jeder/keiner** everybody/nobody will notice; **jmdn. etw. ~ lassen** let sb. see sth.; **du merkst aber auch alles!** (ugs. iron.) how very observant of you!; **merkst du was?** (ugs.) have you noticed something? **2.** refl. V. **sich** (Dat.) **etw. ~**: remember sth.; **hast du dir die Adresse gemerkt?** have you made a mental note of the address?; **diesen Mann muß man sich** (Dat.) **~**: this is a man to take note of; **ich werd' mir's od. werd's mir ~** (ugs.) I won't forget that; I'll remember that; **merk dir das** just remember that
Merk-: ~**heft** das notebook; ~**hilfe** die mnemonic; memory aid
merklich 1. Adj. perceptible; noticeable; (deutlich) noticeable. **2.** adv. perceptibly; noticeably; (deutlich) noticeably
Merkmal das; ~s, ~e feature; characteristic; **besondere ~e** distinguishing features or marks
Merk-: ~**satz** der mnemonic sentence/phrase; mnemonic; ~**spruch der** a) pithy maxim or saying; b) (~hilfe) mnemonic verse/sentence/phrase
¹**Merkur** [mɛr'kuːɐ] der; ~s (Astron.), ²**Merkur (der)** (Myth.) Mercury
merkwürdig 1. Adj. strange; odd; peculiar. **2.** adv. strangely; oddly; peculiarly
merkwürdiger·weise Adv. strangely or oddly or curiously enough
Merkwürdigkeit die; ~, ~en a) o. Pl. strangeness; oddness; peculiarity; b) Pl. (Erscheinungen) curiosities pl.
Merk-: ~**zeichen** das mark; marker; ~**zettel** der note; (Liste) list
Merowinger der; ~s, ~ (hist.) Merovingian
merzerisieren [mɛrtseri'ziːrən] tr. V. (Textilind.) mercerize
Mesalliance [meza'liãːs] die; ~, ~n (geh.) mésalliance

meschugge [me'ʃʊɡə] Adj.; nicht attrib. (salopp) barmy (Brit. sl.); nuts pred. (sl.); off one's rocker pred. (sl.)
Meskalin [mɛska'liːn] das; ~s mescaline
Mesmerismus [mɛsmə'rɪsmʊs] der; ~: Mesmer's theory of biomagnetic effects
Mesner ['mɛsnɐ] der; ~s, ~ (kath. Kirche) sexton
Mesolithikum [mezo'liːtikʊm] das; ~s (Geol.) mesolithic era
mesolithisch Adj. (Geol.) mesolithic
Mesopotamien [mezopo'taːmiən] (das); ~s Mesopotamia
Mesozoikum [mezo'tsoːikʊm] das; ~s (Geol.) Mesozoic era
mesozoisch Adj. (Geol.) Mesozoic
Meß·band das; Pl. **Meßbänder** measuring tape
meßbar ['mɛsbaːɐ] Adj. measurable; **schwer ~**: difficult to measure
Meß-: ~**becher** der measuring jug; ~**bild** das (Kartographie) photogrammetric photograph; ~**buch** das missal; mass book; ~**diener** der (kath. Kirche) server
¹**Messe** ['mɛsə] die; ~, ~n (Gottesdienst, Musik) mass; **die ~ halten** od. (geh.) **zelebrieren** say or celebrate mass; **für jmdn. eine ~ lesen** say a mass for sb.
²**Messe** die; ~, ~n a) (Ausstellung) [trade] fair; **auf der ~**: at the [trade] fair; b) (landsch.: Jahrmarkt, Volksfest) fair
³**Messe** die; ~, ~n (Seew., Milit.) mess; (Raum) mess-room
Messe-: ~**besucher** der visitor to a/the [trade] fair; ~**gelände** das site of a/the [trade] fair; (mit festen ~hallen) exhibition centre; ~**halle** die exhibition hall
messen 1. unr. tr. V. a) measure; **[jmdm.] den** od. **jmds. Blutdruck/Puls ~**: take sb.'s blood pressure/pulse; **jmds. Temperatur ~**: take sb.'s temperature; **die Zeit eines Sprinters ~**: time a sprinter; **am Morgen wurden schon 20° gemessen** the temperature was already 20° in the morning; **etw. nach Litern/Metern ~**: measure sth. in litres/metres; s. auch **Fieber**; b) (beurteilen) judge (nach by); **etw. an etw.** (Dat.) **~**: judge sth. by sth.; **jmdn. an jmdm. ~**: judge sb. by comparison with sb.; compare sb. with sb.; **ge~ an** (+ Dat.) having regard to; c) (geh.) **jmdn. mit den Augen od. Blicken ~**: look sb. up and down. **2.** unr. itr. V. measure; **er mißt 1,85 m** he's 1.85 m [tall]; **genau ~**: make an exact measurement/exact measurements. **3.** unr. refl. V. (geh.) compete (mit with); **sich mit jmdm./etw. [in etw.** (Dat.)**] [nicht] ~ können** [not] be as good as sb./sth. [in sth.]
Messer das; ~s, ~ a) knife; (Hack~) chopper; (Rasier~) [cut-throat] razor; **mit ~ und Gabel essen** eat with a knife and fork; **jmdm. das ~ an die Kehle setzen** (fig. ugs.) hold sb. at gunpoint; **auf des ~s Schneide stehen** (fig.) hang in the balance; be balanced on a knife-edge; **es steht auf des ~s Schneide, ob ...**: it's touch and go whether ...; **jmdn. ans ~ liefern** (fig. ugs.) inform on sb.; **bis aufs ~** (fig. ugs.) ⟨fight etc.⟩ to the bitter end; **jmdm. ins [offene] ~ laufen** (fig. ugs.) play right into sb.'s hands; **das geht mir das ~ in der Tasche auf** (fig. ugs.) I see red; b) (ugs.: Skalpell) **unter dem ~ haben** have sb. under the knife (coll.); **unters ~ müssen** have to go under the knife (coll.); ~**träger** (fig.) cutter; (Klinge) blade
messer-, Messer-: ~**bänkchen** das (individual eater's) knife-rest; ~**griff der**, ~**heft** das knife-handle; handle of a/the knife; ~**held der** (abwertend) thug with a knife; ~**klinge** die knife-blade; blade of a/the knife; ~**scharf 1.** Adj. razor-sharp (fig.) trenchant ⟨criticism⟩; incisive ⟨logic⟩; razor-sharp ⟨wit, intellect⟩; **2.** adv. (fig. ugs.) ⟨think⟩ with penetrating insight; ⟨argue⟩ incisively; ~**schmied der** maker of saws,

knives, and other cutting tools; ~**spitze die** a) point of a/the knife; b) (Mengenangabe) **eine ~spitze** just a trace; **eine ~spitze Salz** a large pinch of salt; ~**stecher der** knifeman; ~**stecherei** [-ʃtɛçə'raɪ] **die**; ~, ~en knife-fight; fight with knives; ~**stich der** knife-thrust; (Wunde) knife-wound; stab wound; ~**werfer der**; ~s, ~ knife-thrower
Messe-: ~**stadt die** town well known for its trade fairs; **die ~stadt Leipzig** Leipzig with its trade fairs; ~**stand der** stand [at a/the trade fair]
Meß-: ~**fühler der** (Technik) sensor; ~**gerät das** measuring device or instrument; (Zähler) meter; ~**glas das** measuring glass; graduated measure; ~**gewand das** chasuble
messianisch [mɛ'siaːnɪʃ] Adj. Messianic
Messianismus der; ~: Messianism no art.
Messias [mɛ'siːas] der; ~: Messiah
Messing ['mɛsɪŋ] das; ~s, ~ brass; **mit ~ beschlagen sein** have brass fittings pl.
messingen Adj.; nicht präd. brass
Messing·waren Pl. brassware sing.
Meß-: ~**instrument das** measuring instrument; ~**latte die** surveyor's wooden rod or staff; ~**opfer das** (kath. Kirche) sacrifice of the mass; ~**stab der** measuring-rod; ~**technik die** technology of measurement; ~**tisch der** plane table; ~**tisch·blatt das** large-scale map (1:25,000); ~**uhr die** dial flow-meter
Messung die; ~, ~en (das Messen, Meßergebnis) measurement; (das Ablesen, Ableseergebnis) reading
Meß-: ~**wein der** (kath. Kirche) Communion wine; altar wine; ~**wert der** measured value; (Ableseergebnis) reading; ~**zylinder der** measuring cylinder
Mestize [mɛs'tiːtsə] der; ~n, ~n mestizo
Met [meːt] der; -[e]s mead
Metabolismus [metabo'lɪsmʊs] der (Physiol.) metabolism
Metall [me'tal] das; ~s, ~e metal
Metall-: ~**arbeiter der** metalworker; ~**bearbeitung die**; o. Pl. metalworking
metallen 1. Adj. a) nicht präd. (aus Metall) metal; b) (geh.: metallisch) metallic. **2.** adv. (geh.) **ihr Haar glänzte/die Becken klirrten ~**: her hair gleamed/the cymbals sounded metallically
Metaller der; ~s, ~, **Metallerin** die; ~, ~nen (ugs.) metalworker
Metall·geld das; o. Pl. metal money; specie (as tech. term)
metall·haltig Adj. metalliferous
metallic [me'talɪk] indekl. Adj. metallic ⟨grey/blue/etc.⟩
Metallic·lackierung die metallic finish
Metall·industrie die metal-processing and metal-working industries pl.
metallisch 1. Adj. metallic; metal attrib., metallic ⟨conductor, coating⟩. **2.** adv. metallically
metallisieren tr. V. (Technik) metallize
Metall-: ~**kunde die**; o. Pl. [physical] metallurgy no art.; ~**säge die** hack-saw; ~**über·zug der** metal or metallic coating
Metallurg [meta'lʊrk] der; ~en, ~en, **Metallurge** der; ~n, ~n, **Metallurgin die**; ~, ~nen metallurgist
Metallurgie [metalʊr'giː] die; ~: [extractive] metallurgy no art.
metallurgisch Adj. metallurgical
metall·verarbeitend Adj. ~e Industrie metalworking industry
Metall·waren Pl. metalware sing.
Metamorphose [metamɔr'foːzə] die; ~, ~n metamorphosis
Metapher [me'tafɐ] die; ~, ~n (Stilk.) metaphor; **Gebrauch von ~n** use of metaphor
Metaphorik [meta'foːrɪk] die; ~ (Stilk.) a) (Gebrauch von Metaphern) use of meta-

1315

metaphorisch

phor; **b)** *(Metaphern)* imagery; metaphors *pl.*
metaphorisch *(Stilk.)* **1.** *Adj.* metaphorical. **2.** *adv.* metaphorically
meta-, Meta-: ~**physik die;** ~; ~**en a)** *o. Pl.* metaphysics *sing., no art.;* **b)** *(darstellendes Werk)* metaphysical work; ~**physiker der** metaphysicist; ~**physisch 1.** *Adj.* metaphysical; **2.** *adv.* metaphysically; ~**physisch denken** think in metaphysical terms; ~**sprache die** *(Sprachw., Math.)* metalanguage; ~**stase** [~'staːzə] **die;** ~, ~**n** *(Med.)* metastasis
Meteor [meteˈoːɐ̯] **der;** ~**s,** ~**e** *(Astron.)* meteor
Meteorit [meteoˈriːt] **der;** ~**en** *od.* ~**s,** ~**e[n]** *(Astron.)* meteorite
Meteorologe [meteoroˈloːgə] **der;** ~**n,** ~**n** meteorologist; *(im Fernsehen)* weatherman
Meteorologie die; ~: meteorology *no art.*
Meteorologin die; ~, ~**nen** meteorologist; *(im Fernsehen)* weather lady
meteorologisch 1. *Adj.* meteorological. **2.** *adv.* meteorologically
Meter [ˈmeːtɐ] **der** *od.* **das;** ~**s,** ~: metre; **drei** ~ **hoch/breit/tief/lang** three metres high/wide/deep/long; **[ungefähr] in 100** ~ **Höhe/Entfernung** at a height/distance of [about] 100 metres; **nach** ~ by the metre; **auf den letzten** ~**n** in the last few metres; *s. auch* **laufend 1 c**
meter-, Meter-: ~**dick** *Adj.* a metre thick *postpos.; (sehr dick)* metres thick *postpos.;* ~**hoch** *Adj.* a metre high *postpos.; (sehr hoch)* metres high *postpos.;* ⟨snow⟩ a metre/metres deep; **der Schnee lag** ~**hoch** the snow was a metre/metres deep; ~**lang** *Adj.* a metre long *postpos.; (sehr lang)* metres long *postpos.;* ~**maß das** tape-measure; *(Stab)* [metre] rule; ~**ware die** fabric/material *etc.* sold by the metre; **etw. als** ~**ware kaufen/verkaufen** buy/sell sth. by the metre; ~**weise** *Adv.* by the metre; **ich habe den Stoff gleich** ~**weise gekauft** I bought yards of the material straight away; ~**weit 1.** *Adj. (in der Länge)* a metre long *postpos.; (sehr lang)* metres long *postpos.; (in der Breite)* a metre wide *postpos.; (sehr breit)* metres wide *postpos.;* **2.** *adv.* **das Ziel** ~**weit verfehlen** be yards off [the] target; **einen Baumstamm** ~**weit schleudern** hurl a tree-trunk several yards
Methan [meˈtaːn] **das;** ~**s** methane
Methan-gas das methane gas
Methanol [metaˈnoːl] **das;** ~**s** *(Chemie)* methanol
Methode [meˈtoːdə] **die;** ~, ~**n** method; ~ **haben** be quite deliberate
Methoden-lehre die *s.* **Methodologie**
Methodik [meˈtoːdɪk] **die;** ~, ~**en** methodology; ~ **zeigen** be methodical
methodisch 1. *Adj.* methodological; *(nach einer Methode vorgehend)* methodical. **2.** *adv.* methodologically; *(nach einer Methode)* methodically; ~ **vorgehen** proceed methodically
Methodist [metoˈdɪst] **der;** ~**en,** ~**en** Methodist
Methodisten-kirche die Methodist church
Methodistin die; ~, ~**en** Methodist
methodistisch *Adj.* Methodist
Methodologie [metodoloˈgiː] **die;** ~, ~**n** methodology
methodologisch *Adj.* methodological
Methusalem [meˈtuːzalɛm] **der;** ~**s,** ~**s** Methusalah; **so alt wie** ~ **sein** be as old as Methusalah; **als** ~: when a very old man
Methyl-alkohol der methyl alcohol
Methylen [metyˈleːn] **das;** ~**s** *(Chemie)* methylene
Metier [meˈti̯eː] **das;** ~**s,** ~**s** profession; **sein** ~ **beherrschen, sich auf sein** ~ **verstehen** know one's job; **Langstreckenlauf war sein** ~: long-distance running was his métier

Metonymie [metonyˈmiː] **die;** ~, ~**n** *(Rhet., Stilk.)* metonymy
Metren *s.* **Metrum**
Metrik [ˈmeːtrɪk] **die;** ~, ~**en a)** *(Verslehre)* metrics; **b)** *(Musik)* study of rhythm and tempo *or of* metre
metrisch 1. *Adj.* **a)** *(Verslehre, Musik)* metrical; **b)** *(auf den Meter bezogen)* metric. **2.** *adv.* metrically
Metro [ˈmeːtro] **die;** ~, ~**s** Metro
Metronom [metroˈnoːm] **das;** ~**s,** ~**e** *(Musik)* metronome
Metropole [metroˈpoːlə] **die;** ~, ~**n** *(größte Stadt)* metropolis; *(Zentrum für etw.)* capital; metropolis
-metropole die capital; metropolis; **die deutsche Bier-**~: the German beer capital; **die Schwarzwald-**~: the chief city of the Black Forest
Metropolit [metropoˈliːt] **der;** ~**en,** ~**en** *(kath. u. orthodoxe Kirche)* metropolitan
Metrum [ˈmeːtrʊm] **das;** ~**s, Metren** *(Verslehre, Musik)* metre
Mett [mɛt] **das;** ~**[e]s** *(landsch.)* minced meat, mince *(pork)*
Mettage [mɛˈtaːʒə] **die;** ~, ~**n** *(Zeitungsw.)* page make-up
Mette [ˈmɛta] **die;** ~, ~**n** *(kath. u. ev. Kirche)* midnight mass; *(am frühen Morgen)* early [morning] mass
Metteur [mɛˈtøːɐ̯] **der;** ~**s,** ~**e, Metteurin die;** ~, ~**nen** *(Zeitungsw.)* make-up arranger
Mett-wurst die soft smoked sausage made of minced pork and beef
Metze [ˈmɛtsə] **die;** ~, ~**n** *(veralt.)* strumpet *(arch.)*; whore
Metzelei [mɛtsəˈlai̯] **die;** ~, ~**en** *(abwertend)* slaughter; butchery
metzeln *tr. V. s.* **niedermetzeln**
Metzger [ˈmɛtsɡɐ] **der;** ~**s,** ~ *(bes. westmd., südd., schweiz.)* butcher; *(im Schlachthof)* slaughterman; *s. auch* **Bäcker**
Metzger- *s.* **Fleischer-**
Metzgerei die; ~, ~**en** *(bes. westmd., südd., schweiz.)* butcher's [shop]
Meuchel- [ˈmɔy̯çl̩-]**:** ~**mord der** *(abwertend)* [cowardly/treacherous] murder; ~**mörder der** *(abwertend)* [cowardly/treacherous] murderer
meucheln *(geh. abwertend) tr. V.* murder [in a cowardly/treacherous manner]; assassinate ⟨king, ruler, etc.⟩
meuchlerisch *(abwertend)* **1.** *Adj.* cowardly; *(heimtückisch)* treacherous. **2.** *adv.* in a cowardly/treacherous manner
meuchlings [ˈmɔy̯çlɪŋs] *Adv. (geh. abwertend)* treacherously
Meute [ˈmɔy̯tə] **die;** ~, ~**n a)** *(Jägerspr.)* pack; **b)** *(ugs. abwertend: Menschengruppe)* mob
Meuterei [mɔy̯təˈrai̯] **die;** ~, ~**en** mutiny; *(fig.)* revolt; mutiny
Meuterer [ˈmɔy̯tərɐ] **der;** ~**s,** ~: mutineer; *(fig.)* rebel
meutern *itr. V.* **a)** mutiny **(gegen** against); ⟨prisoners⟩ riot; **b)** *(ugs.: Unwillen äußern)* moan **(gegen** about)
Mexikaner [mɛksiˈkaːnɐ] **der;** ~**s,** ~, **Mexikanerin die;** ~, ~**nen** Mexican
mexikanisch *Adj.* Mexican
Mexiko [ˈmɛksiko] **(das);** ~**s** Mexico
MEZ *Abk.* **mitteleuropäische Zeit** CET
Mezzo-sopran [ˈmɛtso-] *(Musik)* mezzo-soprano
Mfg. *Abk.* **Mitfahrgelegenheit**
MfS *das;* ~ *Abk. (DDR)* **Ministerium für Staatssicherheit**
mg *Abk.* **Milligramm** mg
MG [ɛmˈgeː] **das;** ~**s,** ~**s** *Abk.* **Maschinengewehr**
mhd. *Abk.* **mittelhochdeutsch** MHG
MHz *Abk. (Physik)* **Megahertz** MHz
Mi. *Abk.* **Mittwoch** Wed.
Mia. *Abk.* **Milliarde[n]** bn.

mieten

miau [miˈau̯] *Interj.* miaow
miauen *itr. V.* miaow
mich [mɪç] **1.** *Akk.* des *Personalpron.* ich me. **2.** *Akk.* des *Reflexivpron.* der 1. *Pers.* myself; **Was tust du im Badezimmer? – Ich wasche** ~: What are you doing in the bathroom? – I'm washing [myself]; **ich möchte** ~ **entschuldigen** I'd like to apologize
Michael [ˈmɪçaeːl] **(der)** Michael
Michaeli[s] (das); ~, **Michael[i]stag der** Michaelmas
Michel [ˈmɪçl̩] **der;** ~**s,** ~ *in* **der deutsche** ~: proverbial figure representing the blinkered, simple-minded German, uninterested in politics and the world at large
Michigan-see [ˈmɪʃɪɡən-] **der** Lake Michigan
mick[e]rig [ˈmɪk(ə)rɪç] *Adj. (ugs.)* miserable; measly *(sl.)*; miserable, paltry, *(sl.)* measly ⟨amount⟩; puny ⟨person⟩; puny, stunted ⟨plant, tree⟩
Mickymaus [ˈmɪki-] **die;** ~: Mickey Mouse *no art.*
midi [ˈmiːdi] *Adj.; nicht attr. (Mode)* ~ **tragen/gehen** wear a midi[-skirt/dress/coat]
Midlife-krise [ˈmɪtlai̯f-] **die** midlife crisis
mied [miːt] **1. u. 3. Pers. Sg. Prät. v. meiden**
Mieder [ˈmiːdɐ] **das;** ~**s,** ~ **a)** *(Korsage)* girdle; **b)** *(Leibchen)* bodice
Mieder-: ~**hose die** pantie-girdle; ~**waren** *Pl.* corsetry wear
Mief [miːf] **der;** ~**[e]s** *(salopp abwertend)* fug *(coll.);* **der** ~ **der Kleinstadt** *(fig.)* the claustrophobic small-town atmosphere
miefen *itr. V. (ugs. abwertend)* pong *(coll.)*; stink
Miene [ˈmiːnə] **die;** ~, ~**n** expression; face; **mit unbewegter** ~: with an impassive expression; impassively; **keine** ~ **verziehen** not turn a hair; **er schluckte die Medizin, ohne eine** ~ **zu verziehen** he swallowed the medicine without turning a hair; ~ **machen, etw. zu tun** make as if to do sth.; **gute** ~ **zum bösen Spiel machen** grin and bear it
Mienen-spiel das facial expressions *pl.*
mies [miːs] *(ugs.)* **1.** *Adj. (abwertend)* terrible *(coll.)*; lousy *(sl.)*; rotten *(sl.)*; lousy *(sl.)*, foul ⟨mood⟩. **2.** *adv. (abwertend)*: **schlecht**: terribly badly *(coll.)*; lousily *(sl.)*; rottenly *(sl.)*; **das ist aber** ~ **gearbeitet** the workmanship on this is terrible *(coll.)* or lousy *(sl.)* or rotten *(sl.)*; **b)** *(unwohl)* **ihm geht es** ~: he's in a terrible state *(coll.)*
Miese [ˈmiːzə] *Pl. Adj. Dekl. (salopp)* **2 000** ~ **auf dem Konto haben** be 2,000 marks in the red at the bank; **in den** ~**n sein** be in the red; *(beim Kartenspiel)* be down on points
Miese-peter der; ~**s,** ~ *(ugs. abwertend)* misery-guts *(coll.)*
miesepet[e]rig *Adj. (ugs. abwertend)* grumpy
mies-, Mies-: ~**machen** *tr. V. (ugs. abwertend) a) (schlechtmachen)* jmdn./etw. ~**machen** run sb./sth. down; **b)** *(die Freude nehmen an)* jmdm. den Urlaub ~**machen** spoil sb.'s holiday; jmdm. **die Wohnung/Arbeit** ~**machen** spoil sb.'s enjoyment of his/her flat/job; ~**macher der** *(ugs. abwertend)* carping critic; *(Spielverderber)* killjoy; ~**muschel die** [common] mussel
Miet-ausfall der loss of rent
¹Miete [ˈmiːtə] **die;** ~, ~**n a)** rent; *(für ein Auto, Boot)* hire charge; *(für Fernsehgeräte usw.)* rental; **das ist schon die halbe** ~ *(fig. ugs.)* I'm/you're etc. half-way there; **b)** *o. Pl. (das Mieten)* renting; **zur** ~ **wohnen** live in rented accommodation; rent a house/flat *(Brit.)* or *(Amer.)* apartment/room/rooms; **bei jmdm. zur** ~ **wohnen** lodge with sb.
²Miete die; ~, ~**n** *(Landw.)* pit
Miet-einnahmen *Pl.* income *sing.* from rents
mieten *tr. V.* **a)** rent; *(für kürzere Zeit)* hire; **b)** *(veralt.: in Dienst nehmen)* hire ⟨servant⟩

1316

Mieter ['miːtɐ] der; ~s, ~: tenant
Miet·erhöhung die rent increase
Mieterin die; ~, ~nen tenant
Mieter·schutz der protection of tenants; tenants' protection
miet·frei Adj., adv. rent-free
Miet·kauf der (Wirtsch.) ≈ hire purchase (Brit.) or (Amer.) installment plan (with option to buy outright or terminate the agreement at a specified date)
Mietling ['miːtlɪŋ] der; ~s, ~e (veralt. abwertend) hireling
Miet-: ~**partei** die tenant; ~**preis** der rent; (für ein Auto, Boot) hire charge; (für Fernsehgeräte usw.) rental; ~**recht** das; o. Pl. law of landlord and tenant
Miets-: ~**haus** das block of rented flats (Brit.) or (Amer.) apartments; ~**kaserne** die (abwertend) tenement block
Miet-: ~**verhältnis** das (Amtsspr.) tenancy; ~**vertrag** der tenancy agreement; ~**wagen** der hire-car; ~**wohnung** die rented flat (Brit.) or (Amer.) apartment; ~**wucher** der charging of exorbitant rents; ~**zahlung** die: mit seiner ~zahlung im Rückstand sein be behind with the rent; ~**zins** der; Pl. ~e (südd., österr., schweiz., Amtsspr.) rent; ~**zu·schuß** der assistance with the rent
Mieze ['miːtsə] die; ~, ~n a) (fam.: Katze) puss; pussy (child lang.); b) (salopp: Mädchen) chick (sl.); (als Anrede) sweetie
Mieze·katze die (fam.) puss; pussy-cat (child lang.)
Migräne [miˈgrɛːnə] die; ~, ~n migraine
Migräne·anfall der attack of migraine
Mikado [miˈkaːdo] das; ~s spillikins sing.; jack-straws sing.
Mikro ['miːkro] das; ~s, ~s (ugs.) mike (coll.)
mikro-, Mikro- micro-
Mikrobe [miˈkroːbə] die; ~, ~n microbe
Mikro-: ~**elektronik** die micro-electronics sing., no art.; ~**fiche** [~fiːʃ] das od. der; ~s, ~s microfiche; ~**film** der microfilm; ~**klima** das microclimate; ~**kosmos** der (Philos.) microcosm; ~**meter** der od. das micron
Mikronesien [mikroˈneːzi̯ən] (das); ~s Micronesia
mikro-, Mikro-: ~**organismus** der (Biol.) micro-organism; ~**phon** [--'-] das; ~s, ~e microphone; ~**prozessor** [~proˈtsɛsɔʁ] der; ~s, ~en [...soːrən] microprocessor; ~**skop** [~'skoːp] das; ~s, ~e microscope; ~**skopie** [~skoˈpiː] die; ~ microscopy no art.; ~**skopisch** 1. Adj. microscopic; 2. adv. microscopically; etw. ~skopisch untersuchen examine sth. under the microscope; ~**wellen** Pl. microwaves; ~**wellen·herd** der microwave oven
Milan ['miːlan] der; ~s, ~e (Zool.) kite
Milbe ['mɪlbə] die; ~, ~n mite; (Zecke) tick
Milch [mɪlç] die; ~ a) milk ~ geben give or yield milk; aussehen wie ~ und Blut have a lilies-and-roses complexion; das Land, wo ~ und Honig fließt (bibl.) the land flowing with milk and honey; b) (Fischsamen) milt; soft roe
Milch-: ~**bar** die milk bar; ~**bart** der (abwertend) callow youth; ~**becher** der milk mug; ~**brötchen** das milk roll; ~**drüse** die mammary gland; ~**eiweiß** das (Biol.) milk protein; ~**flasche** die a) (für Säuglinge) feeding-bottle; baby's bottle; b) (Flasche für Milch) milk-bottle; ~**frau** die (ugs.) dairywoman; ~**gebiß** das milk-teeth pl.; ~**geschäft** das dairy; ~**gesicht** das (abwertend) callow youth; ~**glas** das a) o. Pl. milk glass; (aufgerauht) frosted glass; b) (Trinkglas) milk glass; ~**händler** der dairyman
milchig 1. Adj. milky. 2. adv. ~ weiß milky-white; die ~**trübe Färbung des Wassers** the milky cloudiness of the water

Milch-: ~**kaffee** der coffee with plenty of milk; ~**kännchen** das milk-jug; ~**kanne** die milk-can; (zum Transportieren von ~) [milk-]churn; ~**kuh** die dairy or milk or milch cow; ~**mädchen** das dairymaid; ~**mädchen·rechnung** die (ugs.) naive miscalculation; ~**mann** der (ugs.) milkman; ~**mix·getränk** das milk shake
Milchner ['mɪlçnɐ] der; ~s, ~ (Zool.) milter
Milch-: ~**pumpe** die breast-pump; ~**reis** der rice pudding; ~**säure** die (Chemie) lactic acid; ~**schokolade** die milk chocolate; ~**schorf** der milk crust; crusta lactea (Med.); ~**straße** die Milky Way; Galaxy; (System) Galaxy; ~**straßen·system** das (Astron.) galaxy; ~**suppe** die milk soup; ~**vieh** das dairy cattle; ~**wirtschaft** die dairying no art.; ~**zahn** der milk-tooth; ~**zucker** der (Chemie) lactose
mild [mɪlt], **milde** 1. Adj. a) (gütig) lenient ⟨judge, judgement⟩; benevolent ⟨ruler⟩; mild, lenient, light ⟨punishment⟩; mild ⟨words, accusation⟩; mild, gentle ⟨reproach⟩; gentle ⟨smile, voice⟩; jmdn. ~ stimmen induce sb. to take a lenient attitude; b) (nicht rauh) mild ⟨climate, air, winter, etc.⟩; c) (gedämpft) soft ⟨light, glow⟩; d) (nicht scharf) mild ⟨spice, coffee, tobacco, cheese, etc.⟩; smooth ⟨brandy⟩; ~ schmecken be mild/smooth; e) (schonend) mild ⟨soap, shampoo, detergent⟩; f) nicht präd. (veralt.: mildtätig) charitable; eine ~e Gabe alms pl. 2. adv. a) (gütig) leniently ⟨smile, say⟩ gently; b) (nicht rauh) der Wind wehte/die Sonne schien ~ the wind blew gently/a gentle sun shone down; c) (sanft) ~ schimmern/leuchten shimmer softly/shine gently; d) (gelinde) mildly; ~ ausgedrückt to put it mildly; putting it mildly
Milde die; ~ a) (Gnade, Güte) leniency; [jmdm. gegenüber] ~ walten lassen be lenient [with sb.]; väterliche/christliche ~: fatherly/Christian kindness; b) (des Klimas usw.) mildness; (milder Geschmack) (von Tabak, Gewürzen usw.) mildness; (von Weinbrand) smoothness; d) (Gedämpftheit) softness; e) (veralt.: Wohltätigkeit) charity
mildern 1. tr. V. a) (herabmindern) moderate ⟨criticism, judgement⟩; mitigate ⟨punishment⟩; b) (dämpfen) moderate ⟨language⟩; soothe ⟨anger⟩; lessen ⟨agitation⟩; c) (abschwächen) reduce ⟨intensity, strength, effect⟩; modify ⟨impression⟩; ease, soothe, relieve ⟨pain⟩; alleviate ⟨poverty, need⟩; ease ⟨sorrow⟩. 2. refl. V. a) (geringer werden) ⟨anger, rage, agitation⟩ abate; b) (abschwächen) ⟨effect⟩ be reduced; ⟨impression⟩ be modified; c) (wärmer werden) ⟨weather⟩ become milder
Milderung die; ~ a) (eines Tadels, Urteils) moderation; (einer Strafe) mitigation; b) (Linderung) (von Schmerz) easing; soothing; (von Armut, Not) alleviation
Milderungs·grund der mitigating circumstance
mild·tätig 1. Adj. charitable; für ~tätige Zwecke sammeln collect for charity. 2. adv. ~ wirken perform charitable acts
Mild·tätigkeit die; ~, o. Pl. charity
Milieu [miˈli̯øː] das; ~s, ~s a) (soziales Umfeld) milieu; environment; (fig.: Prostitution usw.) world of pimps and prostitutes; das ~ der Berliner Kneipen the world of Berlin pubs (Brit.) or (Amer.) bars; ~ stammt aus kleinbürgerlichem ~: his background is petit bourgeois; b) (Biol.: Lebensraum) environment
milieu-, Milieu-: ~**geschädigt** Adj. (Psych.) maladjusted (as a result of adverse environmental influences); ~**schilderung** die description of the physical and social environment; ~**studie** die study of an environment; ~**theorie** die (Psych.) environmentalism no art.

militant [miliˈtant] Adj. militant
Militanz die; ~: militancy
¹**Militär** [miliˈtɛːɐ] das; ~s a) armed forces pl.; military; beim ~ sein/vom ~ entlassen werden be in/be discharged from the forces; zum ~ müssen have to join the forces; zum ~ einberufen werden be called up; b) (Soldaten) soldiers pl.; army; ~ gegen jmdn. einsetzen use the army against sb.
²**Militär** der; ~s, ~s [high-ranking military] officer
Militär-: ~**akademie** die military academy; ~**arzt** der medical officer; ~**attaché** der military attaché; ~**basis** die military base; ~**block** der military [alliance-]bloc; ~**dienst** der military service; seinen ~dienst ableisten do one's military or national service; ~**diktatur** die military dictatorship; ~**fahrzeug** das military vehicle; ~**flug·platz** der military airfield; ~**flugzeug** das military aircraft; ~**geistliche** der army chaplain; ~**gericht** das military court; court martial; vor ein ~gericht gestellt werden be brought before or tried by a military court; be court-martialled; ~**gerichtsbarkeit** die military jurisdiction no art.; ~**hilfe** die military aid no art.; ~**hubschrauber** der military helicopter
Militaria [miliˈtaːri̯a] Pl. military objects; militaria
militärisch 1. Adj. military; jmdm. ~e Ehren erweisen award or give sb. military honours; mit allen ~en Ehren with full military honours. 2. adv. gegen jmdn. ~ vorgehen take military action against sb.; jmdn. ~ grüßen salute sb.; ~ strammstehen stand to attention
militarisieren [militariˈziːrən] tr. V. militarize
Militarisierung die; ~: militarization
Militarismus der; ~ (abwertend) militarism
Militarist der; ~en, ~en (abwertend) militarist
militaristisch Adj. (abwertend) militarist; militaristic
Militär-: ~**junta** die military junta; ~**kapelle** die (Musik) military band; ~**marsch** der military march; ~**musik** die military music; ~**parade** die military parade; ~**polizei** die military police; ~**putsch** der military putsch; ~**regierung** die military government; ~**seelsorge** die pastoral care of military personnel; in der ~seelsorge tätig sein look after the spiritual welfare of military personnel; ~**streife** die military patrol; ~**stütz·punkt** der military base; ~**wesen** das; o. Pl. military affairs pl., no art.; ~**wissenschaft** die military science
Military ['mɪlɪtəri] die; ~, ~s (Reiten) three-day event
Militär·zeit die time in the forces or services
Miliz [miˈliːts] die; ~, ~en militia; (Polizei) police
Milizionär [militsi̯oˈnɛːɐ] der; ~s, ~e a) militiaman; b) (Polizist) policeman
milk [mɪlk], **milkst, milkt** (veralt.) Imperativ Sg., 2. u. 3. Pers. Sg. Präsens v. melken
Mill. Abk. Million m.
Mille ['mɪlə] die; ~, ~ (salopp) grand (sl.); thousand marks/pounds etc.; zwei ~: two grand (sl.)
Millennium [mɪˈlɛni̯ʊm] das; ~s, Millennien millennium
milli- ['mɪli-], **Milli-** milli-
Milliardär [mɪli̯arˈdɛːɐ] der; ~s, ~e, **Milliardärin** die; ~, ~nen multi-millionaire (possessing at least a thousand million marks etc.); billionaire (Amer.); s. auch Millionär
Milliarde [mɪˈli̯ardə] die; ~, ~n thousand million; billion; mehrere ~n Mark/Einwohner several thousand million or several billion marks/inhabitants; s. auch Million

Milliarden-: ~**höhe** die in in ~höhe of the order of a thousand million or a billion; ~**kredit der** credit of the order of a thousand million or a billion; s. auch **millionen-, Millionen-**
milliardst... Ordinalz. thousand millionth; billionth; s. auch **hundertst...**
milliardstel Bruchz. thousand millionth; billionth; s. auch **hundertstel**
Milliardstel das, schweiz. der; ~s, ~: part in a billion or thousand million; s. auch **Hundertstel**
Milli-: ~**bar** das (Met.) millibar; ~**gramm** das milligram; ~**liter der** od. das millilitre
Milli·meter der od. das millimetre
Millimeter-: ~**arbeit die**; o. Pl. (ugs.) (am Steuer) delicate piece of manœuvring; (bei Ballspielen) [neat] piece of precision play; ~**papier** das [graph] paper ruled in millimetre squares
Million [mɪ'lǐo:n] die; ~, ~en a) million; eine ~ Menschen war od. waren ...: a million people were ...; zwei ~en [Einwohner] two million [inhabitants]; b) Pl. (unbestimmte Anzahl od. Summe) millions; ~en von Menschen millions of people; in die ~en gehen run into millions
Millionär [mɪljo'nɛːɐ̯] der; ~s, ~e, **Millionärin** die; ~, ~nen millionaire
millionen-, Millionen-: ~**auf·lage die** (Buchw.) dieses Buch erschien in ~auflage od. erlebte eine ~auflage [over] a million copies of this book were printed; ~**auftrag der** contract worth a million/worth millions; ~**fach 1.** Adj. millionfold ⟨increase etc.⟩; in ~**fachen** Tests in a million tests; ~**fache** Zustimmung finden meet with the approval of millions of people; es kam zu ~**fachen** Protesten there were millions of protests; **2.** adv. a million times; ~**geschäft das** deal worth a million/worth millions; ~**gewinn der** a) (Ertrag) profit of a million/of millions; ~**gewinne** profits running into millions; b) (Lotteriegewinn) prize of a million/of millions; ~**heer das** millions pl.; ~**höhe die** in in ~höhe of the order of a million; ~**kredit der** credit of the order of a million; ~**mal** Adv. a million times; ~**schaden der** damage no pl., no indef. art. running into millions; ~**schwer** Adj. (ugs.) worth millions pred.; ~**stadt die** town with over a million inhabitants; ~**vermögen das** fortune of millions
millionst... Ordinalz. millionth; s. auch **hundertst...**
million[s]tel Bruchz. millionth; s. auch **hundertstel**
Million[s]tel das od. (schweiz.) der; ~s, ~: millionth; (Teilmenge) part in a million; ppm
Milz [mɪlts] die; ~ (Anat.) spleen
Milz·brand der (Tiermed.) anthrax
Mime ['miːmə] der; ~n, ~n (geh.) Thespian
mimen 1. tr. V. a) (ugs. abwertend) put on a show of ⟨admiration, efficiency⟩; **Trauer/Besorgnis** ~: act sad/concerned (coll.); **den Kranken/Unschuldigen** ~: pretend to be ill/act the innocent; **den starken Mann** ~: act tough; b) (darstellen) play; act; **den Tell** ~: play Tell. **2.** itr. V. (ugs. abwertend) auf Millionär/krank usw. ~: pretend to be a millionaire/to be ill etc.
Mimesis ['miːmezɪs] die; ~, Mim**esen** (Liter., Philos.) mimesis; imitation
Mimik ['miːmɪk] die; ~: gestures and facial expressions pl.
Mimikry ['mɪmɪkri] die; ~ (Zool.) mimicry; (fig.) camouflage
mimisch 1. Adj.; nicht präd. mimic; **seine ~e Ausdruckskraft** the expressive power of his gestures and facial movements; **eine ~e Begabung** a gift for mimic expression. **2.** adv. ⟨show⟩ by means of gestures and facial expressions; ~ **begabt sein** have a gift for mimic expression

Mimose [mi'moːzə] die; ~, ~n a) mimosa; (volkst.: Akazie) silver wattle; b) (empfindsamer Mensch) over-sensitive person; **die reinste** ~ **sein** be extraordinarily sensitive
mimosenhaft 1. Adj. over-sensitive. **2.** adv. over-sensitively
Min. Abk. Minute[n] min.
Minarett [mina'rɛt] das; ~s, ~e od. ~s minaret
mind. Abk. mindestens
minder Adv. (geh.) less; [nicht] ~ **angenehm sein** be [no] less pleasant; s. auch **mehr**
minder... Adj.; nicht präd. inferior ⟨goods, brand⟩; **von** ~**er Bedeutung/Qualität sein** be of less importance/inferior or lower quality
minder-: ~**begabt** Adj. less gifted or able; ~**begütert** Adj. less well-off; ~**bemittelt** Adj. without much money postpos., not pred.; ~**bemittelt sein** not have much money; **er ist doch geistig** ~**bemittelt** (fig. salopp abwertend) he isn't all that bright (coll.); ~**bemittelte** Pl. needy persons; ~**einnahme die** decrease in revenue; (geringere Einnahme, als kalkuliert) shortfall in revenue
Minderheit die; ~, ~en minority
Minderheiten·recht das right of a/the minority
Minderheits·regierung die minority government
minder-, Minder-: ~**jährig** Adj. (Rechtsw.) ⟨child etc.⟩ who is/was a minor or under age; ~**jährig sein** be a minor or under age; ~**jährige der/die**; adj. Dekl. (Rechtsw.) minor; person under age; ~**jährigkeit die**; ~ (Rechtsw.) minority; **bis zum Ende der** ~**jährigkeit** until he/she comes/came of age
mindern (geh.) **1.** tr. V. reduce ⟨income, price, number of staff, tension, etc.⟩; impair ⟨performance, abilities⟩; diminish, reduce ⟨value, quality, dignity, pleasure, influence⟩; detract from ⟨reputation⟩. **2.** refl. V. diminish; ⟨vehemence⟩ lessen
Minderung die; ~, ~en s. mindern 1: reduction (Gen. in); impairment (Gen. of); diminution (Gen. of); detraction (Gen. from)
minder·wertig Adj. (abwertend) inferior, low-quality ⟨goods, material⟩; low-quality, low-grade ⟨meat⟩; (fig.) inferior; **ein moralisch** ~**wertiger Mensch** (abwertend) a person of questionable character
Minder·wertigkeit die; o. Pl. s. **minderwertig**: inferiority; low quality; low grade; (fig.) inferiority
Minderwertigkeits-: ~**gefühl das** (Psych.) feeling of inferiority; ~**komplex der** (Psych.) inferiority complex
Minder·zahl die; o. Pl. minority
mindest... ['mɪndəst...] Adj.; nicht präd. slightest; least; **ohne die** ~**e Angst** without the slightest or least trace of fear; **ich habe nicht die** ~**e Ahnung** I haven't the slightest idea; **das ist das** ~**e, was du tun kannst** it is the least you can do; **sie versteht nicht das** ~**e vom Kochen** she doesn't know the slightest or first thing about cooking; **nicht im** ~**en** not in the least; **zum** ~**en** at least
Mindest-: ~**alter das** minimum age; ~**anforderung die** minimum requirement; ~**betrag der** minimum amount
mindestens ['mɪndəstn̩s] Adv. at least
Mindest-: ~**gebot das** minimum reserve price; ~**geschwindigkeit die** minimum speed; ~**größe die** minimum size; ~**haltbarkeits·datum das** best-before date; ~**lohn der** minimum wage; ~**maß das** minimum (an + Dat., von of); ~**preis der** (Rechtsw.) minimum [legal] price; ~**strafe die** (Rechtsw.) minimum penalty; ~**urlaub der** minimum holiday entitlement; ~**zahl die** minimum
Mine ['miːnə] die; ~, ~n a) (Erzbergwerk) mine; b) (Sprengkörper) mine; **auf eine** ~ **laufen** strike a mine; c) (Bleistift~) lead; (Kugelschreiber~, Filzschreiber~) refill
Minen-: ~**feld das** minefield; ~**leger der** (Milit.) minelayer; ~**such·boot das** (Milit.) minesweeper; ~**such·gerät das** (Milit.) mine-detector; ~**werfer der** (Milit. Hist.) trench-mortar
Mineral [mineˈraːl] das; ~s, ~e od. **Mineralien** mineral
Mineral-: ~**bad das** spa; ~**brunnen der** s. ~**quelle**; ~**dünger der** inorganic fertilizer
Mineraloge [mɪneraˈloːɡə] der; ~n, ~n mineralogist
Mineralogie die; ~: mineralogy no art.
mineralogisch Adj.; nicht präd. mineralogical
Mineral·öl das mineral oil
Mineralöl-: ~**gesellschaft die** oil company; ~**industrie die** oil industry; ~**steuer die** tax on oil
Mineral-: ~**quelle die** mineral spring; ~**salz das**, ~**stoff der** mineral salt; ~**wasser das** mineral water
mini ['mɪni] Adj.; nicht attr. (Mode) ~ **tragen/gehen** wear a mini (coll.)
Mini das; ~s, ~s (Mode) mini (coll.); **im** ~: in a mini (coll.); **diese Kleider sind alle in** ~: all these dresses are mini-length or (coll.) minis pl.
mini-, Mini- mini-
Miniatur [minja'tuːɐ̯] die; ~, ~en miniature
Miniatur-: ~**aus·gabe die** (Buchw.) abridged edition; ~**maler der** miniaturist; ~**malerei die** miniature painting
Mini·golf das minigolf; crazy golf
minimal [miniˈmaːl] **1.** Adj. minimal; marginal ⟨advantage, lead⟩; very slight ⟨benefit, profit⟩. **2.** adv. minimally; **sie unterscheiden sich nur** ~: the differences between them are minimal
Minimal-: ~**forderung die** minimum demand; ~**gewicht das** minimum weight; ~**wert der** minimum value
minimieren tr. V. (bes. Math.) minimize
Minimierung die; ~, ~en (bes. Math.) minimization
Minimum ['miːnimʊm] das; ~s, **Minima** minimum (an + Dat. of); **ein** ~ **an Vertrauen** a certain minimum degree of trust; **etw. unter dem** ~ **verkaufen** sell sth. below the minimum [legal] price
Mini-: ~**rock der** miniskirt; ~**spion der** miniaturized listening or (coll.) bugging device
Minister [mi'nɪstɐ] der; ~s, ~: minister (**für** for); (eines britischen Hauptministeriums) Secretary of State (**für** for); (eines amerikanischen Hauptministeriums) Secretary (**für** of)
Minister-: ~**amt das** ministerial office; ~**ebene die** in **auf** ~**ebene** at ministerial level
Ministerial-: ~**beamte der** ministry official; ~**direktor der** head of a ministry department; ~**dirigent der** head of a section within a ministry department
Ministeriale [mɪnɪsteˈrǐaːlə] der/die; adj. Dekl. s. **Ministerialbeamte**
Ministerial·rat der s. **Ministerialdirigent**
ministeriell [mɪnɪsteˈrǐɛl] **1.** Adj. ministerial. **2.** adv. by the minister
Ministerin die; ~, ~nen s. **Minister**
Ministerium [mɪnɪsˈteːrǐʊm] das; ~s, **Ministerien** Ministry; Department (Amer.)
Minister-: ~**präsident der** a) (eines deutschen Bundeslandes) minister-president; prime minister (Brit.); governor (Amer.); b) (Premierminister) Prime Minister; ~**rat der** Council of Ministers; ~**sessel der** (ugs.) ministerial post
ministrabel [mɪnɪs'traːbl̩] Adj. capable of holding ministerial office pred.
Ministrant [mɪnɪs'trant] der; ~en, ~en (kath. Kirche) server

ministrieren itr. V. (kath. Kirche) serve [at the altar]; act as server

Minna ['mɪna] die; ~, ~s (ugs. veralt.) maid; jmdn. zur ~ machen (ugs.) tear sb. off a strip (Brit. sl.); bawl out (coll.); **eine grüne ~** (ugs.) a Black Maria; a patrol wagon (Amer.)

Minne ['mɪnə] die; ~ (MA.) courtly love

Minne- : dienst der (MA.) knight's homage to his lady; **~sang der** (Literaturw.) Minnesong; **~sänger, ~singer der** (MA.) Minnesinger

Minorität [minori'tɛːt] die; ~, ~en s. Minderheit

Minuend [mi'nuɛnt] der; ~en, ~en minuend

minus ['miːnʊs] 1. Konj. (Math.) minus. 2. Adv. a) (bes. Math.) minus; ~ **fünf Grad, fünf Grad ~**: minus five degrees; five degrees below [zero]; b) (Elektrot.) negative. 3. Präp. mit Gen. (Kaufmannsspr.) less; minus

Minus das; ~ a) (Fehlbetrag) deficit; (auf einem Konto) overdraft; **machen** make a loss; **im ~ sein** be in debit; be in the red; b) (Nachteil) minus; drawback; (im Beruf) disadvantage

Minus·betrag der deficit

Minuskel [mi'nʊskl] die; ~, ~n (Druckw.) minuscule

Minus- : ~pol der (Physik) negative pole; (einer Batterie) negative terminal; **~punkt der** a) minus or penalty point; b) (Nachteil) disadvantage; **~zeichen** das minus sign

Minute [mi'nuːtə] die; ~, ~n a) minute; **6 ~n nach/vor zwei** six minutes to/past two; **es ist neun Uhr [und] sieben ~n** it is seven minutes past nine or nine seven; **~ um ~ verging** od. **verstrich** minutes went by or passed; b) (Moment) minute; moment; **hast du ein paar ~n Zeit für mich?** can you spare me a few minutes or moments?; **in letzter ~**: at the last minute or moment; **auf die ~ pünktlich sein** od. **kommen** be punctual to the minute

minuten·lang 1. Adj.; nicht präd. (applause, silence, etc.) lasting [for] several minutes; **sein ~langes Schweigen** his silence, which lasted for several minutes. 2. adv. for several minutes

Minuten·zeiger der minute-hand

-minütig Adj. **ein fünf~er Heulton** a wail lasting five minutes; **eine fünfzehn~e Verspätung** a fifteen-minute delay; a delay of fifteen minutes

minütlich [mi'nyːtlɪç] 1. Adj. **in ~en Abständen** at intervals of a minute. 2. adv. every minute

minuziös [minu'tsi̯øːs] (geh.) 1. Adj. minutely or meticulously precise or detailed ⟨account, description⟩; minute ⟨detail⟩; ⟨manœuvre⟩ requiring minute precision. 2. adv. meticulously

Minze ['mɪntsə] die; ~, ~n mint

Mio. Abk. Million[en] m.

mir [miːɐ̯] 1. a) Dat. Sg. des Personalpron. ich to me; (nach Präpositionen) me; **gib es ~**: give it to me; give me it; **gib ~ das Buch** give me the book; **Freunde von ~**: friends of mine; **gehen wir zu ~**: let's got to my place; **~ nichts, dir nichts** (ugs.) just like that; without so much as a 'by your leave'; **von ~ aus** as far as I'm concerned; **Kann ich das Radio abstellen? – Von ~ aus** Can I turn the radio off? – As far as I'm concerned you can; b) (Dativus ethicus) **geht ~ nicht an meinen Schreibtisch!** keep away from my desk!; **und grüß ~ alle Verwandten!** and give my regards to all the relatives; **du bist ~ vielleicht einer!** (ugs.) a fine one you are!; **wie du ~, so ich dir** tit for tat; (drohend) I'll get my own back. 2. Dat. des Reflexivpron. der 1. Pers. Sg. myself; **ich habe ~ deine Vorschläge genau überlegt** I have given careful thought to your suggestions; **ich habe ~ gedacht, daß ...**: I thought that ...; **ich will ~ ein neues Kleid kaufen** I want to buy myself a new dress; **ich nehme ~ noch von dem Braten** I'll help myself to some more roast

Mirabelle [mira'bɛlə] die; ~, ~n mirabelle

Mirakel [mi'raːkl] das; ~s, ~ (geh. veralt.) miracle

Misanthrop [mizan'troːp] der; ~en, ~en (geh.) misanthrope

Misch- : ~batterie die mixer tap; mixing faucet (Amer.); **~blut** das (geh.) s. Mischling a; **~brot** das bread made from wheat and rye flour; **~ehe** die mixed marriage

mischen ['mɪʃn] 1. tr. V. mix; **etw. in etw.** (Akk.) ~: put sth. into sth.; **Wasser und Wein ~**: mix water with wine; [sich (Dat.)] **Tees/Tabake ~**: blend [one's own] teas/tobaccos; **die Karten ~**: shuffle the cards. 2. refl. V. a) (sich ver~) mix (mit with); (smell, scent) blend (mit with); **in meine Freude mischte sich Angst** my joy was mingled with fear; b) (sich ein~) **sich in etw.** (Akk.) ~: interfere or meddle in sth.; **sich in das Gespräch ~**: butt into the conversation; (sich begeben) **sich unters Publikum usw. ~**: mingle with the audience etc. 3. itr. V. a) (Kartenspiel) shuffle; **wer muß ~?** whose shuffle it is?; b) (Film, Rundf., Ferns.) mix; s. auch abmischen

Mischer der; ~s, ~ (Bauw.) [cement-]mixer

Misch- : ~farbe die non-primary colour; **~form** die mixture; (Kunstform) fusion; **~futter** das mixed feed; **~gewebe** das mixture; **~kultur** die a) (Landw.) mixed cultivation; b) (Soziol.) mixed culture

Mischling ['mɪʃlɪŋ] der; ~s, ~e a) half-caste; half-breed; b) (Biol.) hybrid

Mischmasch ['mɪʃmaʃ] der; ~[e]s, ~e (ugs., meist abwertend) hotchpotch; mishmash; (Essen) concoction

Misch·maschine die (Bauw.) cement-mixer

Mischpoke [mɪʃ'poːkə] die; ~ (salopp abwertend) a) (Verwandtschaft) tribe (derog.); b) (Gesellschaft) mob (sl.); shower (Brit. sl.)

Misch- : ~pult das (Film, Rundf., Ferns.) mixing desk or console; **~sprache** die hybrid language; **~trommel** die mixing drum

Mischung die; ~, ~en a) (Gemisch, auch fig.) mixture; (Tee~, Kaffee~, Tabak~) blend; (Pralinen~) assortment; b) (das Mischen) mixing; (von Tee, Kaffee, Tabak) blending

Mischungs·verhältnis das proportion in the mixture

Misch·wald der mixed [deciduous and coniferous] forest

miserabel [mizə'raːbl] (ugs.) 1. Adj. (schlecht) dreadful (coll.), atrocious ⟨film, wine, food⟩; pathetic, miserable ⟨achievement⟩; miserable, dreadful (coll.) atrocious ⟨weather⟩; b) ⟨elend⟩ miserable; wretched; **mir ist ~ zumute, ich fühle mich ~**: I feel dreadful; c) (niederträchtig) abominable ⟨behaviour⟩. 2. adv. a) (schlecht) dreadfully (coll.); atrociously; (sleep) dreadfully badly (coll.); **~ bezahlt werden** be very badly or poorly paid; b) (elend) **ihm geht es gesundheitlich ~**: he's in a bad way; c) (niederträchtig) **sich ~ benehmen** od. **verhalten** behave abominably

Misere [mi'zeːrə] die; ~, ~n (geh.) wretched or dreadful state; (Elend) misery; (Not) distress; **seine finanzielle ~**: his wretched or dreadful financial state

Miserere [mize're:rə] das; ~s (bibl.) miserere

Mispel ['mɪspl] die; ~, ~n medlar

miß [mɪs] Imperativ Sg. v. messen

Miß, Miss [mɪs] die; ~, Misses ['mɪsɪz] Miss

miß·achten, miß·achten tr. V. a) (ignorieren) disregard; ignore; b) (geringschätzen) disdain; be contemptuous of; **sich mißachtet fühlen** feel scorned

Miß·achtung die a) (Nichtbeachtung) disregard (+ Gen. of, for); **die ~ der Vorschriften/meines Rates** disregarding or ignoring the regulations/my advice; b) (Verachtung) disdain, contempt (+ Gen. for)

miß·behagen[1] itr. V. (geh.) **das mißbehagt ihr** she is not happy about it

Miß·behagen das [feeling of] unease; uncomfortable feeling; **bei dem Gedanken daran befiel sie ein tiefes ~**: she did not at all like the thought of it

Miß·bildung die deformity

miß·billigen tr. V. disapprove of

Miß·billigung die disapproval

Miß·brauch der a) (das Mißbrauchen) abuse; misuse; (falsche Anwendung) misuse; (von Feuerlöscher, Notbremse) improper use; **mit seiner Stellung/Macht ~ treiben** abuse or misuse one's position/power; **unter ~ seines Amtes** by misusing his position; b) (übermäßiger Gebrauch) misuse; c) (geh.: Vergewaltigung) rape

miß·brauchen tr. V. a) abuse; misuse; abuse ⟨trust⟩; **jmdn. für od. zu etw. ~**: use sb. for sth.; b) (übermäßig gebrauchen) misuse ⟨drugs, medicines⟩; c) (geh.: vergewaltigen) rape

mißbräuchlich [-brɔʏ̯çlɪç] 1. Adj. ~e Verwendung/Anwendung misuse. 2. adv. **etw. ~ verwenden/handhaben** misuse sth.

miß·deuten tr. V. misinterpret

Miß·deutung die misinterpretation

missen tr. V. a) (entbehren) do or go without; do without ⟨person⟩; **jmdn./etw. nicht ~ können/mögen** be unable to do without/not want to be without sb./sth.; b) (selten) s. **vermissen 1**

Miß·erfolg der failure

Miß·ernte die crop failure

Misse·tat ['mɪsə-] die (geh. veralt.) misdeed

Misse·täter der, **Misse·täterin** die (geh. veralt.) malefactor

miß·fallen unr. itr. V. **etw. mißfällt jmdm.** sb. dislikes or does not like a thing; **es mißfiel mir, wie unfreundlich sie ...**: I disliked or did not like the unkind way she ...

Mißfallen das; ~s displeasure (über + Akk. at); (Mißbilligung) disapproval (über + Akk. of); **~ erregen** arouse displeasure/disapproval; **jmds. ~ erregen** incur sb.'s displeasure/disapproval

Mißfallens·äußerung die expression of displeasure/disapproval

miß·fällig (veralt.) 1. Adj. disapproving. 2. adv. disapprovingly

Miß·gebildet Adj. deformed

Miß·geburt die (Med.) monster; monstrosity; **diese ~ von [einem] Krämer!** (fig. abwertend) that misbegotten scoundrel of a shopkeeper

miß·gelaunt (geh.) 1. Adj. ill-humoured. 2. adv. ill-humouredly

Miß·geschick das (ärgerlicher Vorfall) mishap; (Pech) bad luck; (Unglück) misfortune; **jmdm. passiert** od. **widerfährt ein ~**: sb. has a mishap/a piece or stroke of bad luck/a misfortune; **vom ~ verfolgt sein** be dogged by bad luck/misfortune

Miß·gestalt die (geh.) misshapen figure

miß·gestaltet Adj. misshapen; deformed ⟨person, child⟩

miß·gestimmt 1. Adj. (geh.) ill-humoured; **~ sein** be in a bad mood. 2. adv. ill-humouredly

miß·glücken itr. V.; mit sein fail; be unsuccessful; **der Kuchen/Plan ist mir mißglückt** the cake I made turned out a failure/my plan failed or was a failure; **ein mißglückter Versuch** a failed or unsuccessful attempt

miß·gönnen tr. V. **jmdm. etw. ~**: begrudge sb. sth.; **er mißgönnte ihr, daß sie ...**: he begrudged the fact that she ...

[1] mißbehagt, mißzubehagen

1319

Miß·griff der error of judgement; **einen ~ tun** od. **machen** make an error of judgement
Miß·gunst die [envy and] resentment (**gegenüber** of); (fig.: **des Schicksals**) malevolence
miß·günstig 1. Adj. resentful; (fig.) malevolent ⟨fate⟩. **2.** adv. resentfully; (fig.) malevolently
miß·handeln tr. V. maltreat; ill-treat; **mißhandelte Frauen/Kinder** battered wives/children
Miß·handlung die maltreatment; ill-treatment; **~en** maltreatment sing.; ill-treatment sing.
Miß·helligkeiten Pl. (geh.) differences
missingsch ['mɪsɪŋʃ] Adv. **~ sprechen** speak Missingsch
Missingsch das; **~**: Missingsch (Hamburg dialect made up of High German and some Low German elements)
Mission [mɪˈsi̯oːn] die; **~, ~en a)** (geh.: Auftrag) mission; **in geheimer ~**: on a secret mission; **b)** (geh.: Personengruppe) mission; (Delegation) delegation; **c)** o. Pl. (Rel.) mission; **in der [äußeren/inneren] ~ tätig sein** do missionary work [abroad/in one's own country]; **d)** (geh.: diplomatische Vertretung) mission
Missionar [mɪsi̯oˈnaːɐ̯], (österr.) **Missionär** [mɪsi̯oˈnɛːɐ̯] der; **~s, ~e, Missionarin** die; **~, ~nen** missionary
missionarisch 1. Adj. missionary. **2.** adv. **~ tätig sein** do missionary work
Missionar·stellung die (ugs.) missionary position
missionieren 1. itr. V. do missionary work. **2.** tr. V. convert by missionary work; (fig.) convert to one's own ideas
Missionierung die; **~**: **die ~ eines Landes/eines Volkes** missionary work in a country/among a people; (als Ergebnis) the conversion of a country/people [by missionary work]
Missions-: **~chef** der (Politik) head of a/the mission; **~gesellschaft** die missionary society; **~station** die mission station; **~wissenschaft** die; o. Pl. missiology no art.; study of the Christian mission
Miß·klang der discord; dissonance; (fig.) discord; **mit einem ~ enden** (fig.) end on a note of discord; **es gab einige Mißklänge** (fig.) there was a certain amount of discord
Miß·kredit der **in jmdn./etw. in ~ bringen** bring sb./sth. into discredit; bring discredit on sb./sth.; **bei jmdm. in ~ geraten** get a bad name with sb.
mißlang 1. u. 3. Pers. Sg. Prät. v. **mißlingen**
miß·launig Adj. (geh.) s. **mißgelaunt**
mißlich Adj. (geh.) awkward; difficult ⟨situation⟩; difficult ⟨conditions⟩; unfortunate ⟨consequences, incident⟩; **es steht ~ um die [Finanzkraft der] Firma** the firm is not doing very well [financially]
Mißlichkeit die; **~, ~en** (geh.) (mißliche Situation) awkward or difficult situation; (mißlicher Vorfall) unfortunate incident
mißliebig ['mɪsliːbɪç] Adj. unpopular; **~e Ausländer** unwanted foreigners; **sich ~ machen** make oneself persona non grata (**bei** with)
mißlingen [mɪsˈlɪŋən] unr. itr. V.; mit sein fail; be unsuccessful; **be a failure**; **ein mißlungener Kuchen** an unsuccessful attempt at a cake; **ein mißlungener Versuch** a failed or unsuccessful attempt
Mißlingen das; **~s** failure
mißlungen [mɪsˈlʊŋən] 2. Part. v. **mißlingen**
Miß·mut der ill humour no indef. art.; **mit leichtem ~**: somewhat in a bad temper; **jmds. ~ (Akk.) erregen** put sb. in a bad mood
miß·mutig 1. Adj. bad-tempered; sullen ⟨face⟩; **warum bist du heute so ~?** why are you in such a bad mood today?. **2.** adv. bad-temperedly

miß·raten unr. itr. V.; mit sein ⟨cake, photo, etc.⟩ turn out badly; **gänzlich ~**: be a complete failure; **das Bild/der Kuchen ist ihr ~/nicht ~**: her picture/cake turned out badly/well; **ein ~es Kind** a child who has turned out badly
Miß·stand der; **die vorhandenen Mißstände** the serious shortcomings that exist; **das ist ein ~**: it is deplorable; **Mißstände in der Verwaltung** serious irregularities in the administration; **soziale Mißstände** social evils; **einen ~ beseitigen** put an end to a deplorable state of affairs
Miß·stimmung die (gedrückte Stimmung) ill humour no indef. art.; (gereizte Stimmung) discord no indef. art.
mißt 2. u. 3. Pers. Sg. Präsens v. **messen**
Miß·ton der discordant note; (fig.) note of discord; discordant note; **mit einem ~ enden** (fig.) end on a note of discord
mißtönend, mißtönig 1. Adj. discordant. **2.** adv. discordantly
miß·trauen itr. V. **jmdm./einer Sache ~**: mistrust or distrust sb./sth.; **sich (Dat.) selbst ~**: have no confidence in oneself
Mißtrauen das; **~s** mistrust, distrust (**gegen** of); **voll[er] ~**: extremely mistrustful or distrustful (**gegen** of); **~ gegen jmdn./etw. haben, jmdm./einer Sache ~ entgegenbringen** mistrust or distrust sb./sth.
Mißtrauens-: **~antrag** der motion of no confidence; **~votum** das vote of no confidence (**gegenüber** in)
mißtrauisch [ˈmɪstraʊɪʃ] **1.** Adj. mistrustful; distrustful; (argwöhnisch) suspicious. **2.** adv. mistrustfully; distrustfully; (argwöhnisch) suspiciously
Miß·vergnügen das (geh.) (Ärger) annoyance; (Unzufriedenheit) discontentment; **jmdm. ~ bereiten** make sb. annoyed/discontented
miß·vergnügt (geh.) **1.** Adj. (verärgert) annoyed; (unzufrieden) discontented; (verdrießlich) ill-humoured. **2.** adv. s. Adj.; in an annoyed way; discontentedly; ill-humouredly
Miß·verhältnis das disparity; (an Größe) disproportion
miß·verständlich 1. Adj. unclear; ⟨formulation, concept, etc.⟩ that could be misunderstood; **~ sein** be liable to be misunderstood. **2.** adv. ⟨express oneself, describe⟩ in a way that could be misunderstood
Miß·verständnis das **a)** (misunderstanding); **b)** (Meinungsverschiedenheit) misunderstanding; disagreement
miß·verstehen¹ unr. tr. V. misunderstand
Miß·wahl die contest for the title of 'Miss Europe', 'Miss World' etc.
Miß·weisung die (Physik) declination
Miß·wirtschaft die mismanagement
Mist [mɪst] der; **~[e]s a)** (Dung) dung; (Dünger) manure; (mit Stroh usw. gemischt) muck; **das ist nicht auf ihrem ~ gewachsen** (fig. ugs.) that didn't come out of her own head; **b)** (~haufen) dung/manure/muck heap; **c)** (ugs. abwertend) (Schund) rubbish, junk, trash all no indef. art.; (Unsinn) rubbish, nonsense, (sl.) rot all no indef. art.; (lästige, dumme Angelegenheit) nonsense; **mach deinen ~ doch alleine!** bloody (Brit. sl.) or damn well do it yourself!; **~ bauen** make a mess of things; mess things up; **mach bloß keinen ~!** just don't do anything stupid; **so ein ~!** what a damned or blasted nuisance!; damn or blast it!
Mist·beet das hotbed; forcing-bed
Mistel ['mɪstl̩] die; **~, ~n** mistletoe
Mistel·zweig der piece of mistletoe
misten 1. tr. V. ⟨Brit.⟩ s. **ausmisten. 2.** itr. V. (Landw.) dung

¹ ich mißverstehe, mißverstanden, mißzuverstehen

Mist-: **~fink** der (derb) dirty or (coll.) mucky so-and-so; **~forke** die (nordd.), **~gabel** die dung-fork; **~haufen** der dung/manure/muck heap
mistig (salopp) **1.** Adj. rotten (sl.). **2.** adv. in a rotten way (sl.)
Mist·käfer der dung-beetle
Mistral [mɪsˈtraːl] der; **~s** mistral
Mist-: **~stück** das (derb) lousy good-for-nothing bastard (sl.); (Frau) lousy good-for-nothing bitch (sl.); **~vieh** das (derb) **a)** (Tier) bloody (Brit. sl.) or damn animal; **dieses ~vieh von Katze** that bloody (Brit. sl.) or damn cat; **b)** s. **~stück**; **~wagen** der dung-cart; **~wetter** das (salopp) lousy weather (sl.); **bei so einem ~wetter** in lousy weather like this ;
Miszellen [mɪsˈtsɛlən] Pl. (geh.) miscellany sing.
mit [mɪt] **1.** Präp. mit Dat. **a)** (Gemeinsamkeit, Beteiligung) with; **~ jdm. spielen/essen/streiten** play/eat/quarrel with sb.; **ein Fest ~ Damen** a celebration at which ladies are/were present; **Verkehrsunfälle ~ Kindern** traffic accidents involving children; **b)** (Zugehörigkeit) with; **ein Haus ~ Garten** a house with a garden; **Herr Müller ~ Frau** Herr Müller and his wife; **c)** (einschließlich) with; including; **ein Zimmer ~ Frühstück** a room with breakfast included; **~ mir waren ...**: including me or myself there were ...; **~ mir nicht!** (ugs.) count me out! (coll.); **d)** (Inhalt) **ein Sack ~ Kartoffeln/Glas ~ Marmelade** a sack of potatoes/pot of jam; **e)** (Begleitumstände) with; **etw. ~ Absicht tun/~ Nachdruck fordern** do sth. deliberately/demand sth. forcefully; **~ 50 [km/h] fahren** drive at 50 [k.p.h.]; **~ dem Auftrag, etw. zu tun** with the task of doing sth.; **f)** (Hilfsmittel) with; **~ Maschine geschrieben sein** be typed; **~ der Bahn/dem Auto fahren** go by train/car; **~ der Fähre/„Hamburg"** on the ferry/the 'Hamburg'; **g)** (allgemeiner Bezug) with; **~ der Arbeit ging es recht langsam voran** the work went very slowly; **~ Zustimmung seiner Eltern** with the consent of his parents; **~ einer Tätigkeit beginnen/aufhören** take up/give up an occupation; **was ist ~ ihm?** (ugs.) what's up with him? (coll.); **raus/fort ~ dir!** out/off you go!; **h)** (zeitlich) **~ Einbruch der Dunkelheit/Nacht** at [the age of] twenty; **~ dem Einsetzen des Nachtfrostes** when we/they etc. start/started to get frosts at night; **~ 20 [Jahren]** at [the age of] twenty; **~ dem heutigen Tag bist du volljährig** today you have reached your majority; **~ der Zeit/den Jahren** in time/as the years go/went by; **i)** (gleichlaufende Bewegung) with; **~ dem Strom/Wind** with the tide/wind. **2.** Adv. **a)** (auch) too; as well; **~ dabeisein** be there too; s. auch **Partie f; b)** (neben anderen) also; too; as well; **es lag ~ an ihm** it was partly his doing; **das mußt du ~ berücksichtigen** you must also take that into account; you must take that into account too or as well; **c)** (mit Sup.) (ugs.) **dieses ist ~ das wichtigste der Bücher** this is one of the most important of the books; **seine Arbeit war ~ am besten** his work was among the best; **~ der Beste/beste** one of the best; **d)** (vorübergehende Beteiligung) **er ist bereit, heute ~ zu helfen** he's willing to help [just for] today; **ihr könntet ruhig einmal ~ anfassen** it wouldn't hurt you to lend a hand just for once; **e)** s. auch **damit 1c; womit b**
Mit·angeklagte der/die co-defendant; (mit geringerer Strafandrohung) defendant to a lesser charge
Mit·arbeit die; o. Pl. **a)** (das Tätigsein) collaboration (**bei, an** + Dat. on); **die ~ in der Praxis ihres Mannes** working in her husband's practice; **unter ~ (Dat.) von** in collaboration with; **b)** (Mithilfe) assistance (**bei, in** + Dat. in); **seine zwanzigjährige ~**

mitarbeiten | **Mitleid**

in der Organisation his twenty years of service to the organization; **unter ~ von** with the assistance of; **c)** *(Beteiligung)* participation **(in + *Dat.*)**
mit|arbeiten *itr. V.* **a)** *(mithelfen)* **bei einem Projekt/an einem Buch ~:** collaborate on a project/book; **im elterlichen Geschäft ~:** work in one's parents' shop; **ich arbeite bei einem Projekt mit, das ...:** I'm working [with others] on a project that ...; **b)** *(sich beteiligen)* participate **(in + *Dat.* in); im Unterricht besser ~:** take a more active part in lessons; **c)** *(ugs.: auch arbeiten)* **seine Frau arbeitet mit** his wife works too
Mit·arbeiter der **a)** *(Betriebsangehörige[r])* employee; **b)** *(bei einem Projekt, an einem Buch)* collaborator; **ein freier ~:** a free lance; a free-lance worker; **ein freier/ständiger ~ bei einer Zeitung** a free-lance contributor to a newspaper/a writer on the permanent staff of a newspaper
Mitarbeiter·stab der staff; **zu jmds. engstem ~ gehören** be one of sb.'s closest assistants
Mit·begründer der co-founder
mit|bekommen *unr. tr. V.* **a) etw. ~:** be given *or* get sth. to take with one; *(fig.)* inherit sth.; **etw. bei der Heirat ~:** be given sth. on marriage; **b)** *(wahrnehmen)* be aware of; *(durch Hören, Sehen)* hear/see; **es war so laut, daß ich nur die Hälfte mitbekam** it was so noisy that I only caught half of it; **hast du das ~?** *(ugs.)* did you know?; **c)** *(miterleben)* **etw. ~:** manage to hear/see sth.; **etwas von etw. ~:** hear/see something of sth.; **nicht viel/nichts von etw. ~:** not be able to hear/see much/anything of sth.; **d)** *(verstehen)* **ich war so müde, daß ich nicht viel ~ habe** I was so tired that I did not grasp very much; **ich habe gar nicht ~, wie er das meinte** I did not realize at all how he meant it
mit|benutzen, *(bes. südd.)* **mit|benützen** *tr. V.* share; have the use of
Mit·benutzung, *(südd.)* **Mit·benützung** die use
Mit·besitz der share [of the ownership]; **an etw.** *(Dat.)* **[einen] ~ haben** have a share in sth.
Mit·besitzer der joint owner; co-owner
mit|bestimmen 1. *itr. V.* have a say **(in + *Dat.* in); mehr ~ können** *od* **dürfen** have a greater say. **2.** *tr. V.* have an influence on; **etw. maßgeblich ~:** have a determining influence on
Mit·bestimmung die; *o. Pl.* participation **(bei** in); *(der Arbeitnehmer)* co-determination; **betriebliche ~, ~ am Arbeitsplatz** involvement of employees in management decisions
Mit·bestimmungs-: **~gesetz** das law of co-determination; **~recht** das right of co-determination
Mit·bewerber der competitor; **ich hatte nur einen ~ für** *od.* **um diese Stelle** there was only one other applicant for the job [besides me]; **alle ~ hatten bessere Qualifikationen** all the other applicants had better qualifications; **seine ~:** the other competitors/applicants
Mit·bewohner der other occupant; **seine ~:** his fellow occupants; the other occupants
mit|bringen *unr. tr. V.* **a) etw. ~:** bring sth. with one; **etw. aus der Stadt/dem Urlaub/von dem Markt/der Reise ~:** bring sth. back from town/holiday/the market/one's trip; **jmdm./sich etw. ~:** bring sth. with one for sb./bring sth. back for oneself; **Gäste ~:** bring guests home; **eine Grippe/großen Hunger ~** *(fig.)* come back with influenza/feeling very hungry; **b)** *(einbringen)* have, possess *(ability, gift, etc.)* **(für** for); **genügend Zeit ~:** come with enough time at one's disposal

Mitbringsel [-brɪŋzl] das; **~s, ~:** [small] present; *(Andenken)* [small] souvenir
Mit·bürger der fellow citizen; **ältere ~** *(Amtsspr.)* senior citizens
mit|denken *unr. itr. V.* follow [the argument/explanation/what is being said *etc.*]; **ein Schüler, der mitdenkt** a pupil who follows the lesson; **die Fähigkeit zum Mitdenken** the ability to think for oneself
mit|dürfen *unr. itr. V. (ugs.)* *(mitkommen dürfen)* be allowed to come along *or* too; *(mitgehen, mitfahren dürfen)* be allowed to go along *or* too
Mit·eigentum das s. **Mitbesitz**
Mit·eigentümer der s. **Mitbesitzer**
mit·einander *Adv.* **a)** with each other *or* one another; **~ sprechen/kämpfen** talk to each other *or* one another/fight with each other *or* one another; **b)** *(gemeinsam)* together; **~ gegen jmdn. kämpfen** fight together against sb.; **alle ~:** all together; **ihr seid Gauner, alle ~!** you are all a pack of rogues!; you're all rogues, the lot of you!
Mit·einander das; **~[s]** living and working together *no art.*; **im ~:** by mutual co-operation
mit|empfinden 1. *unr. tr. V.* **jmds. Schmerz/Leid ~:** know the pain/sorrow sb. is/was feeling. **2.** *unr. itr. V.* **mit jmdm. ~:** sympathize with sb.
Mit·empfinden das sympathy
Mit·erbe der, **Mit·erbin** die *(Rechtsw.)* joint heir; co-heir
mit|erleben *tr. V.* **a)** *(dabeisein bei)* witness *(events etc.)*; **sie hat das Unglück miterlebt** she was involved in the accident; **eine Premiere ~:** be present at a première; **b)** *(mitmachen)* be alive during
mit|essen 1. *unr. tr. V.* eat *(skin etc.)* as well; **bei dem Apfel habe ich einen Wurm mitgegessen** I've swallowed a grub along with the apple. **2.** *unr. itr. V.* **jmdn. einladen mitzuessen** invite sb. to eat with one *or* have a meal; **bei jmdm. ~:** eat *or* have a meal with sb.
Mit·esser der **a)** blackhead; **b)** *(ugs. scherzh.: zusätzlicher Esser)* **einen [zusätzlichen] ~ haben** have one more to dinner/lunch/*etc.*
mit|fahren *unr. itr. V.; mit sein* **bei jmdm. [im Auto] ~** go with sb. [in his/her car]; *(auf einer Reise)* travel with sb. [in his/her car]; *(mitgenommen werden)* get *or* have a lift with sb. [in his/her car]; **jmdn. ~ lassen** let sb. go; *(jmdn. mitnehmen)* give sb. a lift
Mit·fahrer der fellow passenger; *(vom Fahrer aus gesehen)* passenger
Mitfahrer·zentrale die *office for putting those wanting lifts in touch with those who can offer them*
Mitfahr·gelegenheit die lift
mit|fühlen *tr., itr. V. s.* **mitempfinden**
mit·fühlend 1. *Adj.* sympathetic. **2.** *adv.* sympathetically
mit|führen *tr. V.* **a)** *(Amtsspr.: bei sich tragen)* **etw. ~:** carry sth. [with one]; **führen Sie zollpflichtige Waren mit?** have you anything to declare?; **b)** *(transportieren)* *(river, stream)* carry along
mit|geben *unr. tr. V.* **jmdm. etw. ~:** give sb. sth. to take with him/her; **er gab mir einen Brief an seine Eltern mit** he gave me a letter for *or* to give to his parents; **ich werde Ihnen eine Begleitung ~:** I'll get somebody to accompany you; **jmdm. eine gute Erziehung/Ausbildung ~geben** *(fig.)* provide sb. with a good training/education
Mit·gefangene der/die fellow prisoner
Mit·gefühl das; *o. Pl.* sympathy
mit|gehen *unr. itr. V.; mit sein* **a)** *(mitkommen)* go too; **mit jmdm. ~** go with sb.; **sie ist bis zur Bushaltestelle mitgegangen** she went with him/her *etc.* to the bus-stop; **etw. ~ lassen** *(fig. ugs.)* walk off with sth. *(coll.)*; pinch sth. *(sl.)*; **b)** *(sich mitreißen lassen)* be-

geistert/enthusiastisch **~:** respond enthusiastically **(bei,** mit); **c)** *(weggerissen werden)* be carried away
mit·genommen *Adj.* **1.** *s.* **mitnehmen. 2.** *(beschädigt)* worn-out *(furniture, carpet)*; **~ sein/aussehen** *(book etc.)* be/look to be in a sorry state; *(fig.)* *(person)* be/look worn out
Mit·gift die; **~, ~en** *(veralt.)* dowry
Mitgift·jäger der *(veralt. abwertend)* dowry-hunter
Mit·glied das member **(+ *Gen.*, in + *Dat.* of); ~ im Finanzausschuß sein** be a member of *or* sit on the finance committee; **„Zutritt nur für ~er"** 'members only'
Mitglieder-: **~liste** die list of members; **~versammlung** die general meeting; **~zahl** die number of members; membership
Mitglieds-: **~ausweis** der membership card; **~beitrag** der membership subscription
Mitgliedschaft die; **~:** membership **(+ *Gen.*, in + *Dat.*) of**
Mitglied[s]·staat der member state *or* country
mit|haben *unr. tr. V. (ugs.)* **etw./jmdn. ~:** have got sth./sb. with one
mit|halten *unr. itr. V.* **a)** *(Schritt halten)* keep up **(bei** in, **mit** with); **keiner konnte [mit ihm] ~** *(in einer Diskussion, auf einem Fachgebiet usw.)* nobody could touch him; **b)** *(beim Essen, Trinken)* eat/drink one's share
mit|helfen *unr. itr. V.* help **(bei, in + *Dat.* with); ein bißchen ~:** lend a hand for a bit; **bei dem Bau der Garage ~:** help to build the garage
Mit·helfer der *(abwertend)* accomplice
Mit·herausgeber der joint editor; co-editor; *(Verlag)* co-publisher
Mit·hilfe die; *o. Pl.* help; assistance
mit·hin *Adv.* therefore
mit|hören 1. *tr. V.* listen to; *(zufällig)* overhear *(conversation, argument, etc.)*; *(abhören)* listen in on. **2.** *itr. V.* listen; *(zufällig)* overhear; **fürchten, daß mitgehört wird** be afraid that somebody is listening in; *s. auch* **Feind**
Mit·inhaber der joint owner; co-owner; *(einer Firma, eines Restaurants auch)* joint proprietor
mit|kämpfen *itr. V.* take part in the fighting
Mit·kämpfer der comrade-in-arms; *(Sport)* team-mate
mit|klingen *unr. itr. V.: s.* **mitschwingen**
mit|kommen *unr. itr. V.; mit sein* **a)** come too; **kommst du mit?** are you coming [with me/us]?; **ich kann nicht ~:** I can't come; **bis zur Tür ~:** come with sb. to the door; **b)** *(Schritt halten)* keep up; **in der Schule/im Unterricht gut/schlecht ~:** get on well/badly at school/with one's lessons; **da komme ich nicht mehr mit!** *(fig. ugs.)* I can't understand it at all
mit|können *unr. itr. V. (ugs.)* **er kann ~:** he can come too; *(darf mitgehen, mitfahren)* he can go too
mit|kriegen *tr. V. (ugs.) s.* **mitbekommen**
mit|laufen 1. *unr. itr. V.; mit sein* **a) mit jmdm. ~:** run with sb.; **b)** *(Sport)* **beim 100-m-Lauf ~:** run in the 100 m. etc.; **c) ein Tonband ~ lassen** have a tape recorder running; **d)** *(ugs.: nebenbei erledigt werden)* **die Reparaturen müssen nebenher ~:** the repairs have to be fitted in along with everything else *or* as we go along. **2.** *unr. tr. V.; mit sein* **ein Rennen ~:** run in a race
Mit·läufer der *(abwertend)* [mere] supporter; *(Schmarotzer)* hanger-on
Mit·laut der consonant
Mit·leid das pity, compassion **(mit** for); *(Mitgefühl)* sympathy **(mit** for); **mit jmdm. ~ haben** *od.* **empfinden** feel pity *or* compassion/have *or* feel sympathy for sb.

1321

Mit·leidenschaft die in jmdn./etw. in ~ ziehen affect sb./sth.
mịtleid·erregend Adj. pitiful
mịt·leidig 1. Adj. compassionate; (mitfühlend) sympathetic. **2.** adv. compassionately; (mitfühlend) sympathetically; (iron.) pityingly
mịtleid[s]-: **~los 1.** Adj. pitiless; (herzlos) unfeeling; **2.** adv. without pity; (herzlos) unfeelingly; **~voll 1.** Adj. compassionate; **2.** adv. compassionately
mịt|lesen unr. tr. V. **a)** (zur Kenntnis nehmen) etw. ~: read sth. (as well as sth. else); **b)** (zugleich lesen) etw. mit.] ~: read sth. at the same time as sb.; mein Gegenüber las meine Zeitung mit the person opposite me was also reading my newspaper
mịt|machen 1. tr. V. **a)** (teilnehmen an) go on ⟨trip⟩; join in ⟨joke⟩; follow ⟨fashion⟩; fight in ⟨war⟩; do ⟨course, seminar⟩; **b)** (ugs.: billigen) das mache ich nicht mit I can't go along with it; ich mache das nicht länger mit! I'm not standing for it any longer; **c)** (ugs.: zusätzlich erledigen) jmds. Arbeit ~: do sb.'s work as well as one's own; **d)** (ugs.: erleiden) zwei Weltkriege/viele Bombenangriffe mitgemacht haben have been through two world wars/many bomb attacks; er hat viel mitgemacht he has been through a great deal. **2.** itr. V. **a)** (sich beteiligen) join in; bei einem Wettbewerb/einer Aktion ~: take part in a competition/take part in or join in a campaign; willst du ~? do you want to join in?; da[bei] mache ich nicht mit I'm not joining in; you can count me out (coll.); **b)** (ugs.: funktionieren) meine Beine machen nicht mehr mit my legs are giving up on me (coll.); mein Herz/Kreislauf macht nicht mit my heart/circulation can't take it
Mịt·mensch der fellow man; fellow human being; urteile nicht so hart über deine ~en don't be so harsh in your judgements of other people
mịt·menschlich Adj.; nicht präd. human, interpersonal ⟨relations, relationsships⟩; interpersonal ⟨contacts, communication⟩
mịt|mischen itr. V. (ugs.) **a)** (sich einmischen) interfere (bei in); (sich beteiligen) get involved (bei in); **b)** (Sportjargon) (mit vollem Einsatz kämpfen) give everything one's got; (dem Gegner Paroli bieten) give as good as one gets
mịt|müssen unr. itr. V. (mitkommen müssen) have [got] to come with sb.; (mitgehen, -fahren müssen) have [got] to go with sb.
Mịtnahme die; ~ (Amtsspr.) die ~ von Taschen in das Museum ist nicht erlaubt it is forbidden or visitors are not allowed to take bags into the museum; die Diebe verschwanden unter ~ des gesamten Schmucks the thieves vanished with all the jewelry or vanished, taking all the jewelry with them
Mịtnahme·preis der (Kaufmannsspr.) take-away price
mịt|nehmen unr. tr. V. **a)** jmdn. ~: take sb. with one; etw. ~: take sth. with one; (verhüll.: stehlen) walk off with sth. (coll.); (kaufen) take sth.; etw. wieder ~: take sth. away [with one] again; das Frachtschiff nimmt auch Passagiere mit the cargo ship also carries passengers; Essen/Getränke zum Mitnehmen food/drinks to take away or (Amer.) to go; könntest du einen Brief für mich ~? could you take a letter for me?; jmdn. im Auto ~: give sb. a lift [in one's car]; (ugs.: streifen) der LKW hat die Hecke mitgenommen the truck or (Brit.) lorry took the hedge with it; **c)** (ugs.: wahrnehmen) do ⟨sights etc.⟩; auch Soho ~: take in Soho as well; sie nimmt alles mit, was sich ihr bietet she makes the most of everything life has to offer her; **d)** (in Mitleidenschaft ziehen) jmdn. ~: take it out of sb.; von etw. mitgenommen sein be worn out by sth.; (traurig gemacht) be grieved by sth.; **e)** (lernen) etw. aus einem Vortrag/einer Predigt ~: get sth. out of or from a lecture/sermon

Mịtnehm·preis der s. Mitnahmepreis
mitnịchten Adv. (veralt.) in no way; not at all; by no means; er gehorchte ~: he wouldn't obey at all
Mitra ['mi:tra] die; ~, Mịtren (kath. Kirche) mitre
mịt|rauchen 1. tr. V. eine [Zigarette] ~: have a cigarette with sb. **2.** itr. V. inhale other people's tobacco-smoke
mịt|rechnen 1. tr. V. work the sum out at the same time; ich habe bei deiner Addition mitgerechnet I did the calculation at the same time as you. **2.** tr. V. etw. ~: include sth. [in the calculation]
mịt|reden itr. V. **a)** (Sinnvolles beisteuern) join in the conversation; die einzige Kunstart, bei der sie ~ kann the only art form she knows enough about to hold a conversation; **b)** (mitbestimmen) have a say
mịt|reisen itr. V. [mit jmdm.] ~: travel with sb.
Mịt·reisende der/die fellow passenger; einer der ~n one of the other passengers
mịt|reißen unr. tr. V. **a)** (wegreißen) (avalanche, flood) sweep away; der Abstürzende hat die ganze Seilschaft mitgerissen the falling climber dragged the whole of the roped party down with him; **b)** (begeistern) die Begeisterung/seine Rede hat alle Zuhörer mitgerissen the audience was carried away with enthusiasm/by his speech; nicht gerade ~d not exactly thrilling; sein ~des Spiel his exciting playing; die ~de Musik the rousing music
mitsammen [mɪt'zamən] Adv. (österr.) together
mit·samt Präp. mit Dat. together with; die ganze Familie ~ Hund und Katze the whole family, complete with cat and dog
mịt|schicken tr. V. ich schicke dir [im Brief] sein Foto mit I'll send you his photo [with the letter]; jmdm. einen Führer ~: send a guide [along] with sb.
mịt|schleifen tr. V. (auch fig. ugs.) jmdn./etw. ~: drag sb./sth. along
mịt|schleppen tr. V. (ugs.) **a)** (tragen) etw. ~: lug or (sl.) cart sth. with one; **b)** s. mitschleifen
mịt|schneiden unr. tr. V. (Rundf., Ferns.) record [live]
Mịt·schnitt der (Rundf., Ferns.) [live] recording
mịt|schreiben 1. unr. tr. V. etw. ~: take sth. down. **2.** unr. itr. V. write or take down what is/was said; (in Vorlesungen usw.) take notes
Mịt·schuld die share of the blame or responsibility (an + Dat. for); (an Verbrechen) complicity (an + Dat. in)
mịt·schuldig Adj. an etw. (Dat.) ~ sein/werden be/become partly to blame or partly responsible for sth.; (an Verbrechen) be/become guilty of complicity in sth.; sich ~ machen put oneself in the position of being partly to blame or partly responsible for sth.; (an Verbrechen) become guilty of complicity as a result of one's own actions
Mịt·schuldige der/die one who is/was partly to blame or partly responsible (an + Dat. for); (an Verbrechen) accomplice (an + Dat. in)
Mịt·schüler der, **Mịt·schülerin** die schoolfellow
mịt|schwingen unr. itr. V. in seinen Worten/seiner Stimme schwang Triumph/Freude mit there was a note of triumph/joy in his words/voice
mịt|sein unr. itr. V.; mit sein; Zusammenschreibung nur im Inf. und Part. (ugs.) er ist beim letzten Ausflug nicht mitgewesen he didn't come [with us] on our last trip; waren eure Kinder im Urlaub mit? did your children go on holiday with you?; warst du auch mit im Konzert? were you at the concert too?
mịt|singen 1. unr. tr. V. join in ⟨song etc.⟩. **2.** unr. itr. V. join in [the singing]; sing along; im Chor mitsingen be a member of the choir
mịt|sollen itr. V. (ugs.) soll der Koffer auch mit? is this case to go too?; wenn ich mitsoll, mußt du es nur sagen just say if you want me to go with you
mịt|spielen itr. V. **a)** (sich beteiligen) join in the game; wenn das Wetter mitspielt (fig.) if the weather is kind; **b)** (mitwirken) in einem Film/bei einem Theaterstück ~: be or act in a film/play; in einem Orchester/in od. bei einem Fußballverein ~: play in an orchestra/for a football club; **c)** (sich auswirken) viele Gründe haben bei der Entscheidung mitgespielt there were many reasons for this decision; **d)** (zusetzen) jmdm. übel od. böse ~ ⟨authorities⟩ treat sb. badly; ⟨opponent⟩ give sb. a rough time
Mịt·spieler der, **Mịt·spielerin** die player; (in derselben Mannschaft) teammate; seine ~ (Sport) his team-mates; (bei Kartenspielen usw.) the other players
Mịt·sprache die say; ein Recht auf ~: the right to a share in decisions
Mịtsprache·recht das; o. Pl. ein/kein ~ bei etw. haben have a say/no say in sth.; ein ~ bekommen gain the right to a share in decisions
mịt|sprechen 1. unr. tr. V. (gemeinsam sprechen) join in [saying]. **2.** unr. itr. V.: s. mitreden
Mịt·streiter der (geh.) comrade-in-arms; er fand viele ~ (fig.) he found many people who were willing to join his campaign
Mịtt·achtziger der man in his mid-eighties
mittag ['mɪta:k] Adv. heute/morgen/gestern ~: at midday or lunch-time today/tomorrow/yesterday; Montag ~: at midday on Monday; Monday at midday; Monday lunch-time; seit Montag ~: since Monday midday; was gibt es heute ~ zu essen? what's for lunch today?
¹Mịttag der; ~s, ~e **a)** midday no art.; gegen ~: around midday or noon; jeden/diesen ~: every day at lunch-time/at lunch-time today; über ~: at midday or lunchtime; zu ~ essen have lunch; was essen wir zu ~? what is there for lunch?; was gibt's zu ~? what's for lunch?; **b)** o. Pl. (ugs.: Mittagspause) lunch-hour; lunch-break; ~ machen (ugs.) take one's lunch-hour or lunch-break; **c)** (dichter. veralt.: Süden) south
²Mịttag das; ~s (ugs.) lunch; ~ essen have lunch
Mịttag-: **~brot** das (landsch.), **~essen** das lunch; midday meal; beim ~essen sitzen be having [one's] lunch or one's midday meal; nach dem ~essen after lunch
mịttäglich ['mɪtɛ:klɪç] **1.** Adj.; nicht präd. midday; lunch-time ⟨invitation⟩. **2.** adv. at midday or lunch-time; es war ~ heiß auf der Straße the street was baking in the noonday heat
mittags ['mɪta:ks] Adv. at midday or lunch-time; bis ~: until midday or lunch-time; 12 Uhr ~: 12 o'clock midday; Dienstag ~ od. dienstags ~: Tuesday lunch-time; von morgens bis ~: in the morning until midday
Mịttags-: **~glut** die, **~hitze** die midday or noonday heat; heat of midday; **~linie** die (Astron.) meridian; **~mahl** das (geh.) luncheon; **~pause** die lunch-hour; lunch-break; **~pause haben** have one's lunch-hour or lunch-break; nach der ~pause after lunch; in der ~pause sein (ugs.) have gone to lunch; **~ruhe** die period of quiet after

Mittagsschlaf

lunch; ~**ruhe halten** have one's after-lunch rest; ~**schlaf** der after-lunch sleep; [seinen] ~**schlaf halten** have an after-lunch sleep; ~**schläfchen** das *(ugs.)* after-lunch nap; [s]ein ~**schläfchen halten** have an after-lunch nap; ~**sonne die** midday *or* noonday sun; ~**sonne haben** get the midday sun; ~**stunde die** midday; **um die** ~**stunde** at midday; ~**tisch der a)** lunch-table; **der** ~**tisch ist gedeckt** the table is laid for lunch; **am** ~**tisch sitzen** be sitting at the table having lunch; **b)** *(veralt.: im Restaurant)* lunch; midday meal; **einen** ~**tisch für Studenten anbieten** do student lunches; ~**zeit die** *a) o. Pl. (Zeit gegen 12 Uhr)* lunch-time *no art.*; midday *no art.*; **in der** ~**zeit** at lunch-time; **um die** ~**zeit** at lunch-time; around midday; *b) (~pause)* lunch-hour; lunch-break
Mit·täter der accomplice
Mit·täterschaft die complicity; **jmdn. der** ~ *(Gen.)* **bei etw. anklagen** accuse sb. of complicity in sth.
Mitt·dreißiger der man in his mid-thirties
Mitte ['mɪtə] **die**; ~, ~**n** *a) (Teil)* middle; *(Punkt)* middle; centre; *(eines Kreises, einer Kugel, Stadt)* centre; **bis zur** ~ **gekommen sein** *(beim Lesen)* be half-way through; **wir nahmen sie in die** ~: we had her between us; **eine Politik der** ~ *(fig.)* a middle-of-the-road policy; **die goldene** ~ *(fig.)* the golden mean; **ab durch die** ~! *(fig. ugs.)* off you go; *b) (Zeitpunkt)* middle; ~ **des Monats/Jahres** in the middle of the month/year; ~ **Februar** in mid-February; in the middle of February; **er ist** ~ [**der**] **Dreißig** he's in his mid-thirties; *c) (Politik/Gruppierung)* centre; **eine Partei der** ~: a centrist party; *d) (Kreis von Menschen)* **wir haben sie wieder in unserer** ~ **begrüßt** we welcomed her back into our midst *or* amongst us; **der Tod hat ihn aus unserer** ~ **gerissen** *(geh.)* death has taken him from our midst; *e) (veralt.: Taille)* middle; waist
mit|teilen 1. *tr. V.* **jmdm. etw.** ~: tell sb. sth.; *(informieren)* inform sb. of *or* about sth.; communicate sth. to sb. *(formal)*; *(amtlich)* notify *or* inform sb. of sth.; **er teilte mit, daß ...**: he announced that ...; **teile ihr die schlechte Nachricht schonend mit** break the news to her gently. 2. *refl. V. (geh.) a) (sich anvertrauen)* **sich jmdm.** ~: confide in sb.; *b) (sich übertragen auf)* **sich jmdm.** ~: communicate itself to sb.
mitteilsam *Adj.* communicative; *(gesprächig)* talkative
Mitteilsamkeit die; ~: communicativeness; *(Gesprächigkeit)* talkativeness
Mit·teilung die communication; *(Bekanntgabe)* announcement; **jmdm. eine vertrauliche** ~ **machen** give sb. confidential information; **ich muß dir eine traurige** ~ **machen** I have some sad news for you; **zweckdienliche** ~ useful information *sing.*
Mitteilungs·bedürfnis das need to talk [to others]
Mittel ['mɪtl] **das**; ~**s**, ~ *a) means sing.; (Methode)* way; method; *(Werbe~, Propaganda~, zur Verkehrskontrolle)* device (+ *Gen.* for); **mit allen** ~**n versuchen, etw. zu tun** try by every means to do sth.; **kein** ~ **unversucht lassen** try every means; **zum letzten** *od.* **äußersten** ~ **greifen und das Kind in ein Erziehungsheim bringen** as a last resort put the child in a community home; [**nur**] ~ **zum Zweck sein** be [just] a means to an end; ~ **und Wege suchen/finden** look for/find ways and means; *b) (Arznei)* **ein** ~ **gegen Grippe/Husten/Schuppen** *usw.* a remedy *or* cure for influenza/coughs *pl.*/dandruff *sing. etc.*; **ein** ~ **gegen Schmerzen** a pain-reliever; **eine Einreibe**~, **eine Creme/ointment** *etc.* to be rubbed in; *s. auch schmerzstillend; c) (Substanz)* **ein** ~ **gegen Ungeziefer/Insekten** a pesticide/an insect repellent; **ein** ~ **zur Reinigung von Teppichböden/zum Entfernen**

von Flecken a cleaning agent for carpets/a stain-remover; *d) Pl. (Geld~)* funds; [financial] resources; *(Privat~)* means; resources; **mit** *od.* **aus öffentlichen** ~**n** from public funds; **von seinen bescheidenen** ~**n** with his modest means; **meine** ~ **sind erschöpft** my funds are exhausted; **etw. aus eigenen** ~**n bezahlen** pay for sth. out of one's own resources; *e) (Durchschnittswert)* average; **im** ~: on [the] average; **das arithmetische/geometrische** ~ *(Math.)* the arithmetic/geometric mean
mittel-, Mittel-: ~**achse die** central axis; ~**alter das**; *o. Pl.* Middle Ages *pl.*; **das finstere** ~**alter** the Dark Ages *pl.*; **das sind Zustände wie im** ~**alter** *(ugs.)* it's positively medieval; ~**alterlich** *Adj.* medieval; ~**amerika (das)** Central America [and the West Indies]
mittelbar 1. *Adj.* indirect. 2. *adv.* indirectly
mittel-, Mittel-: ~**bau der** *a) (Gebäudeteil)* central *or* main part [of a/the building]; *b) Pl. (Hochschulw.)* non-professorial teaching staff; ~**deck das** *(Schiffbau)* middle deck; ~**deutsch** *Adj. a) (Geogr.)* of central Germany *postpos.*, *not pred.*; *b) (Sprachw.)* middle German; *c) (Politik veralt.)* East German; ~**deutschland (das)** *a) (Geogr.)* central Germany; *b) (Politik veralt.)* East Germany; ~**ding das**; *o. Pl.* **ein** ~**ding sein** be something in between; **ein** ~**ding zwischen Moped und Fahrrad** something between a moped and a bicycle; ~**europa (das)** Central Europe; ~**europäer der** Central European; ~**europäisch** *Adj.* Central European; ~**fein** 1. *Adj.* medium-fine ⟨*thread*⟩; medium-grade ⟨*peas, sandpaper*⟩; medium-ground ⟨*coffee*⟩; ⟨*paper*⟩ containing 40–50% mechanical wood; 2. *adv.* ~**fein gemahlen** medium ground; ~**feld das** *a) (Fußball: Spielfeldteil, Spieler)* midfield; *b) (Sport: im Wettbewerb)* **im** ~**feld sein** be in the pack; *(in der Tabelle)* be in mid-table; ~**feld·spieler der** *(Fußball)* midfield player; ~**finger der** middle finger; ~**fristig** [-frɪstɪç] 1. *Adj. (Finanzw.)* 1. *Adj.* medium-term ⟨*solution, financial planning*⟩; 2. *adv.* [**etw.**] ~**fristig planen** plan [sth.] on a medium-term basis; ~**fuß der** *(Anat., Zool.)* metatarsus; ~**gang der** *(eines Eisenbahnwagens, Schiffes)* central gangway; *(einer Kirche, eines Flugzeugs)* central *or* centre aisle; ~**gebirge das** low-mountain region; low mountains *pl.*; ~**gewicht das** *(Schwerathletik) a) o. Pl.* middleweight; *s. auch Fliegengewicht; b) (Sportler) s.* ~**gewichtler**; ~**gewichtler** [-gəvɪçtlɐ] **der**; ~**s**, ~: middleweight; ~**groß** *Adj.* middle-sized; ⟨*person*⟩ of medium height; ~**hand die** *(Anat.)* metacarpus; ~**hand·knochen der** *(Anat.)* metacarpal [bone]; ~**hoch·deutsch** *Adj.* Middle High German; ~**hoch·deutsch das** Middle High German; ~**klasse die** *a) (Güteklasse)* middle range; *(Größenklasse)* middle [size-]range; **ein Wagen der** ~**klasse** a car in the middle range/a medium-sized car; *b) (~schicht)* middle class; ~**klasse·wagen der** car in the middle range; *(hinsichtlich der Größe)* medium-sized car; ~**kreis der** *(Ballspiele)* centre circle; ~**latein das** medieval Latin; ~**lateinisch** *Adj.* medieval Latin; ~**linie die** centre line; *(Fußball)* half-way line; ~**los** *Adj.* without means *postpos.*; penniless; *(arm)* poor; *(verarmt)* impoverished; ~**los dastehen** be left without means; ~**losigkeit die** lack of means; *(Armut)* poverty; ~**maß das**: **gutes** ~**maß sein** be a good average; **das gesunde** ~**maß** the happy medium; ~**mäßig** *(oft abwertend)* 1. *Adj.* mediocre; indifferent; indifferent ⟨*weather*⟩; 2. *adv.* indifferently; ~**mäßigkeit die** *(oft abwertend)* mediocrity; ~**meer das** Mediterranean [Sea]; ~**meerisch** *Adj.* Mediterranean

mittendurch

Mittelmeer-: ~**länder** *Pl.* Mediterranean countries; ~**raum der** Mediterranean [area]
mittel-, Mittel-: ~**ohr das** *(Anat.)* middle ear; ~**ohr·entzündung die** *(Med.)* inflammation of the middle ear; ~**prächtig** *(ugs. scherzh.)* 1. *Adj.* [**nur**] ~**prächtig** not particularly marvellous; 2. *adv.* **Wie geht's?** – ~**prächtig** How are you? – Fair to middling *(coll.)*; ~**punkt der** *a) (Geom.)* centre; *(einer Strecke)* midpoint; *b) (Mensch/Sache im Zentrum)* centre *or* focus of attention; **ein kultureller** ~**punkt** a cultural centre; **im** ~**punkt stehen** be the centre *or* focus of attention; **im** ~**punkt der Diskussion stehen** be the main topic of the discussion; **etw. in den** ~**punkt [seiner Rede] stellen** focus on sth. [in one's speech]; ~**punkt·schule die** school centrally situated in a wide rural catchment area
mittels *Präp. mit Gen. (Papierdt.)* by means of
mittel-, Mittel-: ~**scheitel der** centre parting; ~**schicht die** *(Soziol.) s.* ~**klasse b**; ~**schiff das** *(Archit.)* nave; ~**schule die** *a) s.* Realschule; *(österr. veralt., schweiz.)* secondary school; high school *(Amer.)*; ~**schul·lehrer der** *a) s.* Realschullehrer; *b) (österr. veralt., schweiz.)* secondary school *or (Amer.)* high school teacher; ~**schwer** *Adj.* ⟨*climb, problem, etc.*⟩ of medium *or* moderate difficulty; moderately difficult ⟨*climb, problem, etc.*⟩; moderately heavy ⟨*suitcase etc.*⟩
Mittels-: ~**mann der** *Pl.* ~**männer** *od.* ~**leute**; ~**person die** intermediary; go-between
mittel-, Mittel-: ~**stadt die** medium-sized town; ~**stand der**; *o. Pl.* middle class; ~**ständisch** *Adj.* middle-class; medium-sized ⟨*firm*⟩ (*in private ownership*); ~**ständler** [-ʃtɛntlɐ] **der**; ~**s**, ~: *(ugs.)* middle-class person; member of the middle class; ~**stein·zeit die** the mesolithic period; ~**stellung die** intermediate *or* midway position; **etw. nimmt eine** ~**stellung zwischen A und B ein** sth. is intermediate between A and B; ~**stimme die** *(Musik)* middle part *or* voice
Mittel·strecke die *a)* medium haul *or* distance; **auf** ~**n** over medium distances; *b) (Sport)* middle distance; **auf** [**den**] ~**n** in middle-distance running
Mittelstrecken-: ~**flug der** medium-haul flight; ~**lauf der** *(Sport)* middle-distance race; *(Disziplin)* middle-distance running *no art.*; ~**läufer der** *(Sport)* middle-distance runner; ~**rakete die** medium-range missile
Mittel-: ~**streifen der** central reservation; median strip *(Amer.)*; ~**stufe die** *(Schulw.)* middle school; ~**stürmer der** *(Sport)* centre-forward; ~**teil der od. das** middle [part]; *(eines Buches)* middle [part]; ~**weg der** middle course; **der goldene** ~**weg** the happy medium; ~**welle die** *(Physik, Rundf.)* medium wave; **auf** *od.* **über** ~**welle** on [the] medium wave; ~**wert der** mean [value]; ~**wort das** participle
mitten *Adv.* ~ **an/auf etw.** *(Akk. od. Dat.)* in the middle of sth.; **der Teller brach** ~ **durch** the plate broke in half; ~ **in etw.** *(Akk./Dat.)* into/in the middle of sth.; ~ **durch die Stadt** right through the town; ~ **durch die Menge** through the middle of the crowd; ~ **aus etw.** from the middle of sth.; ~ **darin** *s.* **mittendrin**; ~ **unter uns** *(Dat.)* in our midst; **der Schuß traf ihn** ~ **ins Herz** the shot hit him right in the heart; ~ **in der Luft/im Pazifik** in mid-air/mid-Pacific; ~ **in der Aufregung** in the midst of the excitement
mitten-: ~**drin** *Adv. a) (zwischen anderen)* [right] in the middle; *b) (gerade dabei)* ~**drin sein, etw. zu tun** be [right] in the middle of doing sth.; ~**durch** *Adv.* [right]

1323

mittenmang   **modellieren**

through the middle; **sie schnitt den Kuchen ~durch** she cut the cake in half *or* into two equal pieces; **~mang** *Adv. (nordd., berlin.)* [right] in/into the middle of it/them

Mitter·nacht ['mɪtɐ-] *die; o. Pl.* midnight *no art.*

mitter·nächtlich *Adj.; nicht präd.* midnight; **zu ~er Stunde** at midnight; at the midnight hour *(literary)*

Mitternachts-: **~sonne** *die* midnight sun; **~stunde** *die* midnight hour; **zur/bis zur ~stunde** at/by around midnight

Mitt·fünfziger *der* man in his mid-fifties

mittig *(Technik.)* **1.** *Adj.* aligned. **2.** *adv.* ⟨arranged⟩ in line; ⟨divided⟩ centrally

mittler... ['mɪtlɐ...] *Adj.; nicht präd.* **a)** *(zwischen anderen befindlich)* middle; **der/die/das ~e** the middle one; **die ~e Reife** *(Schulw.)* standard of achievement for school-leaving certificate at a Realschule or for entry to the sixth form in a Gymnasium; *s. auch* **Osten c**; **b)** *(einen Mittelwert darstellend)* average ⟨*temperature*⟩; moderate ⟨*speed*⟩; medium-sized ⟨*company, town*⟩; medium ⟨*quality, size*⟩; **ein Mann ~en Alters** a middle-aged man

Mittler ['mɪtlɐ] *der; ~s, ~:* mediator

Mittler·amt *das* role of mediator

Mittlerin *die; ~, ~nen* mediator

Mittler·rolle *die* mediating role

mittler·weile ['mɪtlɐˈvaɪlə] *Adv.* **a)** *(seitdem, allmählich)* since then; *(bis jetzt)* by now; **b)** *(unterdessen)* in the mean time

mit|tragen *unr. tr. V.* bear part of, share ⟨*responsibility, cost*⟩; take part of, share ⟨*blame*⟩; give one's support to ⟨*aims, proposal*⟩

mit|trinken 1. *unr. tr. V.* **etw. ~:** drink sth. with me/us *etc.;* **trinkst du einen mit?** are you going to have a drink with me/us *etc.?* **2.** *unr. itr. V.* **mit jmdm. ~:** have a drink with sb.

mitt-, Mitt-: **~schiffs** *Adv. (Seemannsspr.)* amidships; **~sechziger** *der* man in his mid-sixties; **~siebziger** *der* man in his mid-seventies; **~sommer** *der* midsummer; **~sommernacht** *die* midsummer's night; *(Nacht der Sommersonnenwende)* Midsummer Night

mit|tun *unr. itr. V. (landsch.)* join in

Mitt·vierziger *der* man in his mid-forties

Mittwoch ['mɪtvɔx] *der; ~[e]s, ~e* Wednesday; *s. auch* **Dienstag; Dienstagmittwochs** *Adv.* on Wednesday[s]; *s. auch* **dienstags**

mit·unter *Adv.* now and then; from time to time; sometimes

mit·verantwortlich *Adj.* partly responsible *pred.; (beide/alle zusammen)* jointly responsible *pred.*

Mit·verantwortung *die* share of the responsibility; **die ~ übernehmen** take one's share of the responsibility

mit|verdienen *itr. V.* go out to work as well; **der ältere Sohn verdient jetzt mit** the eldest son is earning now too

Mit·verfasser *der* co-author; joint author

Mit·verschulden *das:* **ihn trifft ein ~ an seinem Unfall** he was partly to blame for his accident

mit|versichern *tr. V.* include in one's insurance

Mit·welt *die* fellow men *pl.;* **die ~:** sb.'s fellow men

mit·wirken *itr. V.* **a)** *(tätig sein)* **an etw.** *(Dat.)***/bei etw. ~:** collaborate on/be involved in sth.; **bei der Aufklärung eines Verbrechens ~:** help to solve a crime; **ohne jmds. Mitwirken** without sb.'s help *or* assistance; **b)** *(mitspielen)* **in einem Orchester/ Theaterstück ~wirken** play in an orchestra/act *or* appear in a play; **c)** *(eine Bedeutung haben)* **[E.] ~:** play a role in/for sth.

Mitwirkende *der/die adj. Dekl. (an einer Sendung)* participant; *(in einer Show)* per-

former; *(in einem Theaterstück)* actor; **die ~n** *(in einem Theaterstück)* the cast *sing.*

Mit·wirkung *die; o. Pl.* jmds. **~ an etw.** *(Dat.)***/bei etw. sb.'s** collaboration on/involvement in sth.; **unter ~ vieler Fachwissenschaftler** in collaboration with many experts; **die Veranstaltung findet unter ~ bekannter Künstler statt** some famous artists are taking part in the event

Mit·wisser *der; ~s ~,* **Mit·wisserin** *die; ~, ~nen:* **~ einer Sache** *(Gen.)* **sein** know about sth.; *(einer Straftat)* be an accessory to sth.; **er hatte zu viele ~:** there were too many people who knew about what he'd done; **zum ~ gemacht werden** be told about it; *(bei einer Straftat)* be made an accessory

Mitwisserschaft *die; ~:* knowledge of the matter/crime; **seine ~ leugnen** deny all knowledge [of the matter]

mit|wollen *unr. itr. V. (ugs.) (mitkommen wollen)* want to come with sb.; *(mitgehen, mitfahren wollen)* want to go with sb.

mit|zählen 1. *itr. V.* **a)** count; **die Sonntage zählen bei den Urlaubstagen nicht mit** Sundays don't count as holidays; **b)** *(gelten)* ⟨*objection*⟩ be valid; ⟨*factor*⟩ be relevant. **2.** *tr. V.* count in; include

mit|ziehen *unr. itr. V.; mit sein* **a)** *(mitgehen)* go with him/them *etc.;* **mit der Kapelle ~:** march along with the band; **mit dem Zirkus ~:** travel round with the circus; **b)** *(ugs.: mitmachen)* go along with it; *(bei einer Klage, Initiative)* give one's backing; **c)** *(Sport)* go with him/her *etc.*

Mix·becher ['mɪks-] *der* [cocktail-]shaker

Mixed [mɪkst] *das; ~[s], ~[s] (Sport)* mixed doubles

Mixed Pickles [- 'pɪk[s] *Pl.* mixed pickles

mixen ['mɪksn] *tr. V. (auch Rundf., Ferns., Film)* mix; **sich** *(Dat.)* **einen Drink ~:** fix oneself a drink; **etw. unter etw.** *(Akk.)* **~** *(Kochk.)* mix sth. into sth.

Mixer *der; ~s, ~* **a)** *(Bar~)* barman; bartender *(Amer.);* **b)** *(Gerät)* blender and liquidizer

Mix·getränk *das* mixed drink; cocktail

Mixtur [mɪks'tuːɐ] *die; ~, ~en* **a)** *(Pharm., fig.)* mixture; **b)** *(Musik)* mixture [stop]

mm *Abk.* Millimeter mm.

Mnemo·technik [mnemo-] *die (Psych.)* mnemonics *sing., no art.*

Mo. *Abk.* Montag Mon.

Mob [mɔp] *der; ~s (abwertend)* mob

Möbel ['møːbl] *das; ~s, ~* **a)** *Pl.* furniture *sing., no indef. art.;* **b)** piece of furniture

Möbel-: **~geschäft** *das* furniture shop; **~haus** *das* furniture store; **~industrie** *die* furniture industry; **~lager** *das* furniture warehouse; *(zur Einlagerung)* furniture repository; **~packer** *der* removal man; **~politur** *die* furniture polish; **~schreiner** *der s.* **Möbeltischler;** **~spedition** *die* furniture-removal firm; **~stück** *das* piece of furniture; **~tischler** *der* cabinet-maker; **~wagen** *der* furniture van; removal van

mobil [mo'biːl] *Adj.* **a)** *(auch Milit.)* mobile; *(einsatzbereit)* mobilized; **~ machen** mobilize; rope in *(coll.)* ⟨*person*⟩; **b)** *(ugs.) (lebendig)* lively; *(rüstig)* sprightly; **c)** *(Rechtsw., Wirtsch.)* movable ⟨*property*⟩; floating ⟨*capital*⟩

Mobile ['moːbilə] *das; ~s, ~s* mobile

Mobiliar [mobi'liːɐ] *das; ~s* furnishings *pl.*

Mobilisation [mobiliza'tsi̯oːn] *die; ~, ~en (Milit., Politik)* mobilization

mobilisieren *tr. V.* **a)** *(Milit., fig.)* mobilize; **die Massen ~** *(fig.)* stir the masses into action; **b)** *(aktivieren)* activate ⟨*circulation etc.*⟩; summon up ⟨*energy etc.*⟩; **c)** *(Wirtsch.)* make ⟨*capital*⟩ available; realize ⟨*capital*⟩

Mobilisierung *die; ~, ~en* **a)** *(Milit., fig.)* mobilization; **b)** *(Aktivierung) (des Kreislaufs)* activation; *(von Energie)* summoning up; **c)** *(Wirtsch.: von Kapital)* realization

Mobilität [mobili'tɛːt] *die; ~ (Soziol.)* mobility; **geistige ~** *(fig.)* mental agility

Mobilmachung *die; ~, ~en* mobilization; **die allgemeine ~ ausrufen** order a general mobilization

Mobil·telefon *das* cellular phone

möbl. *Abk.* möbliert furn.

möblieren *tr. V.* furnish; **ein möbliertes Zimmer** a furnished room; **möbliert wohnen** live in furnished accommodation; **ein möblierter Herr** *(ugs. veralt.)* a lodger

Möblierung *die; ~, ~en* **a)** *o. Pl. (das Möblieren)* furnishing; **b)** *(Einrichtung)* furnishings and furniture *(+ Gen.* in*)*

Moçambique [mosam'biːk] *(das); ~s s.* Mosambik

Mocca ['mɔka] *s.* Mokka

mochte ['mɔxtə] *1. u. 3. Pers. Sg. Prät. v.* mögen

möchte ['mϔçtə] *1. u. 3. Pers. Sg. Konjunktiv II v.* mögen

Möchte·gern-: **~dichter/~casanova/~politiker** would-be poet/Casanova/politician

modal [mo'daːl] *Adj. (Sprachw.)* modal

Modalität [modali'tɛːt] *die; ~, ~en* **a)** *(geh.) (Bedingung)* provision; condition; *(Umstand)* circumstance; **b)** *(Sprachw., Philos.)* modality

Modal-: **~satz** *der (Sprachw.)* modal sentence/phrase; **~verb** *das (Sprachw.)* modal verb

Modder ['mɔdɐ] *der; ~s (nordd. ugs.)* mud

modd[e]rig ['mɔd(ə)rɪç] *Adj. (nordd. ugs.)* muddy

Mode ['moːdə] *die; ~, ~n* **a)** fashion; **die ~ verlangt, daß ...:** fashion dictates that ...; **jede ~ mitmachen** follow fashion's every whim; **mit der ~ gehen** follow the fashion; **etw. ist [in] ~:** sth. is in *or* the fashion; **[ganz] groß in ~** *od.* **große ~ sein** be all the rage *or* very fashionable; **nach der neuesten ~:** in the latest style; **in ~/aus der ~ kommen** come into/go out of fashion; **neue ~n** *(abwertend)* new-fangled ideas; **was sind denn das für neue ~n?** *(ugs.)* what do you think you're/does he think he's *etc.* doing?; **b)** *Pl. (~kleidung)* fashions

mode-, Mode-: **~artikel** *der* **a)** *(modisches Zubehör)* [fashion] accessory; **b)** *(vielgekaufter Artikel)* fashionable novelty; in thing; **~arzt** *der (ugs.)* fashionable doctor; **~ausdruck** *der* vogue word; 'in' expression *(coll.);* **~beruf** *der* fashionable occupation; **~bewußt 1.** *Adj.* fashion-conscious; **2.** *adv.* fashionably; **~branche** *die* fashion *or* *(Brit. coll.)* rag trade; **~designer** *der,* **~designerin** *die* fashion designer; **~farbe** *die* fashionable colour; **~geschäft** *das* fashion store; *(kleiner)* boutique; **~haus** *das* **a)** fashion house; **b)** *(Geschäft)* fashion store; **~journal** *das* fashion magazine; **~krankheit** *die* fashionable disease *or* complaint

Modell [mo'dɛl] *das; ~s, ~e (auch fig.)* model; *(Technik: Entwurf)* [design] model; pattern; *(in Originalgröße)* mock-up; **jmdm. ~ sitzen** *od.* **stehen** model *or* sit for sb.

Modell-: **~bauer** *der* model-maker; **~charakter** *der:* **etw. hat ~charakter** sth. can act as a model; **etw. hat ~character für etw.** sth. acts as *or* provides a model for sth.; **~eisen·bahn** *die* model railway

Modelleur [mɔdɛ'løːɐ̯] *der; ~s, ~e* modeller

Modell-: **~fall** *der* **a)** model; perfect example; **b)** *(klassisches Beispiel)* textbook case; **~flugzeug** *das* model aircraft

modellhaft *Adj.* exemplary; model *attrib.;* **pilot** ⟨*scheme*⟩; **etw. hat ~en Charakter** sth. can act as a model

modellieren 1. *tr. V.* **a)** model, mould ⟨*figures, objects*⟩; mould ⟨*clay, wax*⟩; **jmdn./ etw. in Ton ~:** model sb./sth. in clay; **etw. nach etw. ~** *(fig.)* model sth. on sth.; **b)** *(gestalten)* design ⟨*clothes*⟩; **c)** *(Wissensch.)*

Modelliermasse | **Mohr**

model ⟨*processes*⟩. **2.** *itr. V.* model (*esp. in clay or wax*)
Modellier·masse die modelling material (*esp. clay or wax*)
Modell-: ~**kleid** das model dress; ~**pflege die** (*Kfz-W.*) improving the specification; ~**projekt** das pilot scheme; ~**reihe die** (*Wirtsch.*) range [of models]; ~**versuch der** pilot scheme; ~**zeichnung die** drawing [of a model/mock-up]
modeln ['moːdl̩n] *tr. V.* etw. nach dem Vorbild von etw. ~: model sth. on sth.
Moden-: ~**schau die** fashion show *or* parade; ~**zeit die** Modezeitschrift
Mode-: ~**püppchen** das, ~**puppe die** fashion-crazy bird (*Brit. sl.*) *or* (*Amer. coll.*) dame
Moder ['moːdɐ] *der;* ~s **a)** mould; (*Geruch*) mustiness; (*Verwesung, auch fig.*) decay; **es riecht nach ~**: there is a musty smell; **b)** *s.* **Modder**
moderat [modeˈraːt] *Adj.* moderate
Moderation [moderaˈtsi̯oːn] die; ~, ~en (*Rundf., Ferns.*) presentation; **die ~ haben** be the presenter
Moderator [modeˈraːtɔr] *der;* ~s, ~en [-ˈtoːrən], **Moderatorin** die; ~, ~nen (*Rundf., Ferns.*) presenter
moderieren [modeˈriːrən] **1.** *tr. V.* (*Rundf., Ferns.*) present ⟨*programme*⟩. **2.** *itr. V.* be the presenter
moderig *Adj.* musty
¹**modern** ['moːdɐn] *itr. V.; auch mit* sein go mouldy; (*verwesen*) decay; ~**de Gebeine** mouldering skeletons
²**modern** [moˈdɛrn] **1.** *Adj.* modern; (*modisch*) fashionable. **2.** *adv.* in a modern manner *or* style; (*modisch*) fashionably; (*aufgeschlossen*) progressively; ~ **denken** have modern/progressive ideas; ~ **eingestellt** *od.* **denkend** with modern/progressive ideas *postpos., not pred.*
Moderne die; ~ **a) die** ~, **das Zeitalter der** ~: the modern age; modern times; **b)** (*Kunstrichtung*) **die** ~: modern arts *pl.;* **typisch für die** ~: typical of modern writing/painting/music *etc.*
modernisieren 1. *tr. V.* modernize; (*modisch gestalten*) bring ⟨*clothes*⟩ in line with the current fashion. **2.** *itr. V.* introduce modern methods
Modernisierung die; ~, ~en modernization
Modernismus der; ~, **Modernismen a)** *o. Pl.* modernism; **b)** (*Stilelement*) modernism; modernistic element
modernistisch (*abwertend*) **1.** *Adj.* modernistic. **2.** *adv.* in a modernistic style *or* manner
Modernität die; ~: modernity
Mode-: ~**sache die** in [*eine*] ~**sache sein** be a [passing] fashion; ~**salon der** [smart] fashion boutique; ~**schau** die *s.* **Modenschau**; ~**schmuck der** costume jewellery; ~**schöpfer der** couturier; ~**schöpferin die** couturière; ~**schriftsteller der** fashionable author; ~**tanz der** dance [briefly] in vogue; ~**torheit die** crazy fashion; ~**trend der** fashion trend; ~**wort das;** *Pl.* ~**wörter** vogue-word; 'in' expression (*coll.*); ~**zar der** (*ugs.*) fashion mogul; ~**zeichner der** (*veralt.*), ~**zeichnerin die** (*veralt.*) dress-designer; ~**zeit·schrift die** fashion magazine
Modi *Pl.* Modus
Modifikation [modifikaˈtsi̯oːn] die; ~, ~en modification
modifizierbar *Adj.* modifiable
modifizieren [modifiˈtsiːrən] *tr. V.* (*geh.*) modify
Modifizierung die; ~, ~en (*geh.*) modification
modisch ['moːdɪʃ] **1.** *Adj.* fashionable; trendy (*coll. derog.*). **2.** *adv.* fashionably; trendily (*coll. derog.*)

Modistin [moˈdɪstɪn] die; ~, ~nen milliner
¹**Modul** ['moːdʊl] *der;* ~s, ~n (*Math.*) modulus
²**Modul** [moˈduːl] das; ~s, ~e (*DV, Elektronik*) module
Modulation [modulaˈtsi̯oːn] (*auch Musik, Technik*) die; ~, ~en modulation
modulieren *tr., itr. V.* (*auch Musik, Technik*) modulate
Modus ['moːdʊs] *der;* ~, **Modi a)** (*geh.*) procedure (+ *Gen.* for); method; **nach diesem ~**: by this method; **b)** (*Sprachw.*) mood
Modus vivendi [- viˈvɛndi] *der;* ~ ~, **Modi** ~ (*geh.*) modus vivendi
Mofa [ˈmoːfa] das; ~s, ~s [low-powered] moped
Mofa·fahrer der moped rider
Mogelei die; ~, ~en (*ugs.*) cheating *no pl.*
mogeln (*ugs.*) **1.** *itr. V.* cheat; (*lügen*) fib; **beim Kartenspiel/bei der Klassenarbeit ~:** cheat at cards/in the class test. **2.** *tr. V.* **etw. in etw.** (*Akk.*) ~: slip sth. into sth. **3.** *refl. V.* **sich in/zwischen etw.** (*Akk.*) ~ ⟨*error*⟩ slip into/in among sth.
Mogel·packung die (*abwertend*) deceptive packaging
mögen ['møːɡn̩] **1.** *unr. Modalverb;* **2.** *Part.* ~: **a)** (*wollen*) want to; **das hätte ich sehen ~**: I would have liked to see that; **sie mochte nicht länger bleiben** she didn't want to stay any longer; **b)** (*geh.: sollen*) **das mag genügen** that should be *or* ought to be enough; **bitte ihn** *od.* **sag ihm, er möge kommen** (*veralt.*) ask/tell him to come; **c)** (*geh.: Wunschform*) **möge er bald kommen!** I do hope he'll come soon!; **möge es so bleiben!** may it stay like that; **das möge ihn Himmel verhüten!** Heaven forbid!; **d)** (*Vermutung, Möglichkeit*) **sie mag/mochte vierzig sein** she must be/must have been [about] forty; **wie alt sie wohl sein mag?** I wonder how old she is; **Meier, Müller, Koch – und wie sie alle heißen ~** [Meier, Müller, Koch and [the rest,] whatever they're called; **wie viele Personen ~ das sein?** how many people would you say there are?; **was mag sie damit gemeint haben?** what can she have meant by that?; [*das*] **mag sein** maybe; **es mag sein, daß** ...: it may be possible that ...; **e)** (*geh.: Einräumung*) **er mag tun, was er will** no matter what he does; **es mag kommen, was will** come what may; **mag er nur warten** let him wait; **he can wait; wer er auch sein mag** whoever he may be; **wie dem auch sein mag** be that as it may; **mag das Wetter auch noch so schlecht sein, ...:** however bad the weather may be, ...; *s. auch* **hingehen d; f)** *Konjunktiv II + Inf.* (*Wunsch haben*) **ich/sie möchte gern wissen ...**: I would *or* should/she would like to know ...; **ich möchte ihn** [*gerne*] **sprechen** I would like to speak to him; **möchten Sie etwas essen/trinken?** would you like something to eat/drink?; **ich möchte nicht stören, aber ...**: I don't want to interrupt, but ...; **ich möchte zu gerne wissen** I'd love to know ...; **ich möchte sagen, ...** (*in zögernder Aussage*) I'd say ...; **man möchte meinen, er sei der Chef** one would [really] think he was the boss. **2.** *unr. tr. V.* [*gern*] ~: like; **sie mag keine Rosen** she does not like roses; **er mag mich nicht** he does not like me; **sie mag ihn sehr** [*gern*] she likes him very much; (*hat ihn sehr gern*) she is very fond of him; **sie ~ sich** they're fond of one another; **möchten Sie ein Glas Wein?** would you like a glass of wine?; **ich mag lieber/am liebsten Bier** I like beer better/best [of all]; **ich möchte lieber Tee** I would prefer tea *or* rather have tea; **ich möchte nicht, daß er heute kommt** I would not like him to come today. **3.** *unr. itr. V.* (*es wollen*) like to; **ich mag nicht** I don't want to; **magst du?** do you want to?; (*bei einem Angebot*) would you like one/some?; **magst du noch?** do you want any more?; **ich**

möchte schon, aber ...: I should like to, but ...; **b)** (*fahren, gehen usw. wollen*) **ich möchte nach Hause/in die Stadt/auf die Schaukel** I want *or* I'd like to go home/into town/on the swing; **er möchte zu Herrn A** he would like to see Mr A
Mogler ['moːɡlɐ] *der;* ~s, ~, **Moglerin** die; ~, ~nen (*ugs.*) cheat
möglich [ˈmøːklɪç] *Adj.* possible; **es war ihm nicht ~** [**zu kommen**] he was unable [to come]; it was not possible for him [to come]; **sobald/so gut es mir ~ ist** as soon/as well as I can; **das ist schon eher ~**: that is more likely [to be possible]; [**jmdm.**] **etw. ~ machen** ⟨*thing*⟩ make sth. possible [for sb.]; ⟨*person*⟩ arrange sth. [for sb.]; **das** *od.* **alles Mögliche tun** do one's utmost; **dort kann man alles ~e kaufen** (*ugs.*) you can get all sorts of things there; **sie hatte alles ~e zu kritisieren** she criticized everything; **alle ~en Entschuldigungen** (*ugs.*) every excuse you can think of; **alle ~en Leute** (*ugs.*) all sorts of people; **das ist gut/leicht/durchaus ~**: that is very/wholly/entirely possible; **bei ihm ist alles ~**: he is capable of anything; **man sollte es nicht für ~ halten** one would not believe it possible; [**das ist doch**] **nicht ~!** impossible!; I don't believe it!; **das ist ~!** [that's] incredible!; whatever next!
möglicherweise *Adv.* possibly; ~ **hat er Glück/Glück gehabt** he may be/may have been lucky; **wir werden ~ versetzt** we may [possibly] be transferred; ~ **hast du es nur geträumt** it's possible that you just dreamt it
Möglichkeit die; ~, ~en **a)** (*möglicher Weg*) possibility; (*Methode*) way; **nach ~**: if possible; **b)** *o. Pl.* (*Möglichsein*) possibility; **es besteht die ~, daß ...**: there is a chance *or* possibility that ...; **es besteht die ~, eine Zusatzversicherung abzuschließen** it is possible to arrange additional insurance; **ist es die** *od.* **ist** [**denn**] **das die ~!** (*ugs.*) well, I'll be damned! (*coll.*); whatever next!; **c)** (*Gelegenheit*) opportunity; chance; **die ~ haben, etw. zu tun** have an opportunity of doing sth. *or* to do sth.; **d)** *Pl.* (*Mittel*) [*esp.* financial] means *or* resources; **künstlerische ~en** artistic resources *or* potential *sing.*
Möglichkeits·form die (*Sprachw.*) subjunctive
möglichst 1. *Adv.* **a)** (*so weit wie möglich*) as much *or* far as possible; **sich ~ zurückhalten** restrain oneself as far as possible; **b)** (*wenn möglich*) if [at all] possible; **macht keinen Lärm** don't make any noise if you can possibly help it; **c)** (*so ... wie möglich*) **groß/schnell/oft** as big/fast/often as possible; **mit ~ großer Sorgfalt** with the greatest possible care. **2.** *adj. in* **sein ~es tun** do one's utmost; do everything possible
Mogul ['moːɡʊl] *der;* ~s, ~n (*hist.*) Mogul
Mohair [moˈhɛːɐ̯] *der;* ~s ~e mohair
Mohammed ['moːhamɛt] (*der*) Muhammad
Mohammedaner der; ~s, ~, **Mohammedanerin, die;** ~, ~nen Muslim; Muhammadan
mohammedanisch 1. *Adj.* Muslim, Muhammadan. **2.** *adv.* ~ **geprägt** imbued with Muslim *or* Muhammadan characteristics *postpos.*
Mohikaner [mohiˈkaːnɐ] *der;* ~s, ~: Mohican; **der letzte ~, der Letzte der ~** (*ugs. scherzh.*) the last one; the last survivor (*joc.*)
Mohn [moːn] *der;* ~s **a)** (*Pflanze*) poppy; **b)** (*Samen*) poppy seed; (*auf Brot, Kuchen*) poppy seeds *pl.*
Mohn-: ~**blume die** poppy; ~**brötchen das** poppy-seed roll; ~**feld das** field of poppies; ~**kuchen der** poppy-seed cake
Mohr [moːɐ̯] *der;* ~en, ~en (*veralt.*) Moor; **schwarz wie ein ~**: as black as the ace of spades; **der ~ hat seine Schuldigkeit getan,**

der ~ kann gehen *(fig.)* when one has served one's purpose one is simply discarded
Möhre ['møːrə] *die*; ~, ~n carrot
Mohren-kopf *der* a) chocolate marshmallow; b) *(Gebäck)* small cream-filled spherical sponge cake covered with chocolate
Möhren-saft *der* carrot juice
Mohren-wäsche *die* [attempt at] whitewashing *(fig.)*
Mohr-rübe *die* carrot
Moiré [moaˈreː] *der*; ~s, ~s moiré
mokant [moˈkant] *(geh.)* 1. *Adj.* mocking. 2. *adv.* mockingly
Mokassin [mokaˈsiːn] *der*; ~s, ~s moccasin
Mokick ['moːkɪk] *das*; ~s, ~s light motor cycle (with kick-starter)
mokieren [moˈkiːrən] *refl. V. (geh.)* sich über etw. *(Akk.)* ~: mock or scoff at sth.; sich über jmdn. ~: mock sb.
Mokka ['mɔka] *der*; ~s a) *(Bohnen)* mocha [coffee]; b) *(Getränk)* strong black coffee
Mokka-: ~**löffel** *der* [small] coffee-spoon; ~**tasse** *die* small coffee-cup
Mol [moːl] *das*; ~s, ~e *(Chemie)* mole
Molar [moˈlaːɐ̯] *der*; ~s, ~en, **Molar-zahn** *der* molar
Molch [mɔlç] *der*; ~[e]s, ~e newt
¹**Moldau** ['mɔldau] *die*; ~: [river] Vltava
²**Moldau** *die*; ~ *(Sowjetrepublik)* Moldavia
Mole ['moːlə] *die*; ~, ~n (harbour) mole
Molekül [moleˈkyːl] *das*; ~s, ~e *(Chemie)* molecule
molekular [molekuˈlaːɐ̯] *Adj.* molecular
Molekular-: molecular
Molesten [moˈlɛstn̩] *Pl. (veralt.)* minor ailments
molk [mɔlk] *1. u. 3. Pers. Sg. Prät. v.* melken
Molke *die*; ~: whey
Molkerei *die*; ~, ~en dairy
Molkerei-: ~**butter** *die* dairy butter; ~**genossenschaft** *die* co-operative dairy; ~**produkt** *das* dairy product
Moll [mɔl] *das*; ~: *(Musik)* minor [key]; in ~ endend finish in a minor key
Moll-: ~**akkord** *der (Musik)* minor chord; ~**drei-klang** *der (Musik)* minor triad
Molle *die*; ~, ~n *(berlin.)* [glass of] beer; eine ~ zischen have a jar *(coll.)*
Mollen-friedhof *der (berlin. scherzh.)* beer-belly *(coll.)*
Molli ['mɔli] *der*; ~s, ~s *(salopp)* Molotov cocktail
mollig ['mɔlɪç] *1. Adj.* a) *(rundlich)* plump; b) *(warm)* cosy; snug; ein ~er Wintermantel a warm and cosy winter coat. 2. *adv.* cosily; snugly; ~ warm warm and cosy
Moll-: ~**ton-art** *die (Musik)* minor key; ~**ton-leiter** *die (Musik)* minor scale
Molluske [mɔˈlʊskə] *die*; ~, ~n *(Biol.)* mollusc
Moloch ['moːlɔx] *der*; ~s, ~e *(geh.)* Moloch; voracious giant
Molotow-cocktail ['mɔlɔtɔf-] *der* Molotov cocktail
Molybdän [molʏpˈdɛːn] *das*; ~s *(Chemie)* molybdenum
¹**Moment** [moˈmɛnt] *der*; ~[e]s, ~e moment; einen ~ zögern hesitate [for] a moment; einen ~ bitte! just a moment, please!; ~ [mal]! [hey!] just a moment!; wait a mo! *(coll.)*; im nächsten/gleichen ~: the next/at the same moment; jeden ~ *(ugs.)* [at] any moment; im ~: at the moment; s. auch **licht a**
²**Moment** *das*; ~[e]s, ~e a) *(Umstand)* factor, element **(für** in); das auslösende ~ für etw. sein be the trigger for sth.; b) *(Physik)* moment
momentan [momɛnˈtaːn] *1. Adj.* a) *nicht präd.* present; current; b) *(vorübergehend)* temporary; *(flüchtig)* momentary; eine ~e Besserung a short-lived improvement. 2. *adv.* a) at the moment; at present; b) *(vorübergehend)* temporarily; *(flüchtig)* momentarily; for a moment
Moment-aufnahme *die (Fot.)* snapshot

Monaco ['moːnako] *(das)*; ~s Monaco
Monade [moˈnaːdə] *die*; ~, ~n *(Philos.)* monad
Monarch [moˈnarç] *der*; ~en, ~en monarch
Monarchie *die*; ~, ~n monarchy
Monarchin *die*; ~, ~nen monarch
monarchisch *1. Adj.* monarchical. 2. *adv.* monarchically; ~ regiert ruled by a monarch/monarchs
Monarchismus *der*; ~: monarchism *no art.*
Monarchist *der*; ~en, ~en, **Monarchistin** *die*; ~, ~nen monarchist
monarchistisch *1. Adj.* monarchist ⟨*party, group*⟩; monarchistic ⟨*tendency, views*⟩. 2. *adv.* monarchistically
Monat ['moːnat] *der*; ~s, ~e month; letzten ~: last month; im ~ April in the month of April; am 10. dieses ~s on the tenth [of this month]; Ihr Schreiben vom 22. dieses ~s your letter of the 22nd [inst.]; sie ist im vierten ~ [schwanger] she is four months pregnant; er war drei ~e [lang] hier he was here for three months; er ist seit drei ~en hier he has been here for three months; was verdienst du im ~? how much do you earn per month?; ich bezahle 250 DM im ~: I pay 250 marks a month *or* per month; s. auch **hinaus**
monatelang *1. Adj.*; *nicht präd.* lasting for months *postpos., not pred.*; die ~en Verhandlungen the negotiations, which lasted for several months; nach ~er Krankheit after months of illness; mit ~er Verspätung months late. 2. *adv.* for months [on end]
-monatig a) *(… Monate alt)* …-month-old; ein achtmonatiges Kind an eight-month-old baby; b) *(… Monate dauernd)* … month's/months'; …-month; eine viermonatige Kur a four-month course of treatment; mit dreimonatiger Verspätung three months late
monatlich *1. Adj.* monthly. 2. *adv.* monthly; every month; *(im Monat)* per month; etw. ~ überweisen pay sth. monthly; sich ~ treffen meet every month
-monatlich *1. Adj.* …-monthly; acht~/drei~: eight-monthly/three-monthly. 2. *adv.* every … months
Monats-: ~**ab-rechnung** *die* monthly accounts *pl.*; *(Abrechnungsblatt)* monthly [statement of] account; ~**anfang** *der*, ~**beginn** *der* beginning of the month; **zu/am** ~**anfang** *od.* ~**beginn** at the beginning of the month; ~**beitrag** *der* monthly subscription; ~**binde** *die* sanitary towel *(Brit.)*; sanitary napkin *(Amer.)*; ~**blutung** *die* [monthly] period; ~**einkommen** *das* monthly income; ~**ende** *das* end of the month; ~**erste** *der* first [day] of the month; ~**frist** *o. Art.*; *o. Pl.* in *od.* innerhalb *od.* binnen ~**frist** within [a period of] a *or* one month; nach ~**frist** after [a period of] a *or* one month; vor ~**frist** in less than a month; within [a period of] a *or* one month; *(vor einem Monat)* a month ago; ~**gehalt** *das* month's salary; ~**gehälter** four months' salary *sing.*; ein dreizehntes ~**gehalt** an extra month's salary; ein ~**gehalt von 3 000 DM** a monthly salary of 3,000 marks; ~**hälfte** *die* half of the month; ~**karte** *die* monthly season-ticket; ~**letzte** *der* last day of the month; ~**lohn** *der* month's wages; **vier** ~**löhne** four months' wages *pl.*; ein ~**lohn von 2 000 DM** a monthly wage of 2,000 marks; ~**miete** *die* month's rent; **zwei** ~**mieten** two months' rent; eine ~**miete von 1 000 DM** a monthly rent of 1,000 marks; ~**mitte** *die* middle of the month; ~**rate** *die* monthly instalment; ~**wechsel** *der (veralt.)* monthly allowance *(esp. for a student)*
monat[s]weise *Adv.* by the month
Mönch [mœnç] *der*; ~[e]s, ~e monk
mönchisch *Adj.* monkish; of a monk *postpos., not pred.*

Mönchs-: ~**kloster** *das* monastery; ~**kutte** *die* monk's habit *or* cowl; ~**latein** *das* monkish Latin; dog-Latin *(derog.)*; ~**leben** *das* monastic life; life of a monk; ~**orden** *der* monastic order
Mönch[s]tum *das*; ~s a) monasticism; b) *(das Mönchsein)* monkhood
Mönchs-zelle *die* monk's cell
Mond [moːnt] *der*; ~[e]s, ~e a) moon; den ~ anbellen *(fig. ugs.)* talk to a brick wall; ich könnte *od.* möchte ihn auf den *od.* zum ~ schießen *(salopp)* I wish he'd get lost *(sl.)*; auf *od.* hinter dem ~ leben *(fig. ugs.)* be a bit behind the times *or* not quite with it *(coll.)*; lebst du auf dem ~? *(ugs.)* where have you been?; wir leben auch nicht hinter dem ~ *(ugs.)* we're not fuddy-duddies *(sl.)*; we do have some idea of what's going on; in den ~ gucken *(fig. ugs.)* be left empty-handed *or* *(coll.)* out in the cold; etw. in den ~ schreiben *(ugs.)* write sth. off; nach dem ~ gehen *(ugs.)* ⟨*clock, watch*⟩ be hopelessly wrong; b) *(dichter. veralt.)* month; viele ~e waren ins Land gegangen many moons had passed
Mondamin ⓦ [mɔndaˈmiːn] *das*; ~s *(a proprietary brand of)* cornflour
mondän [mɔnˈdɛːn] *1. Adj.* [highly] fashionable; smart; die ~e Welt the smart set. 2. *adv.* fashionably; in a fashionable style
mond-, Mond-: ~**auf-gang** *der* moonrise; ~**auto** *das (Raumf.)* moon buggy; ~**bahn** *die* orbit of a satellite; *(die Erdmondes)* lunar orbit; ~**beschienen** *Adj.* moonlit
Monden-schein *der*; *o. Pl. (dichter.)* moonlight
Mondes-finsternis *die (österr.)* s. **Mondfinsternis**
mond-, Mond-: ~**fähre** *die (Raumf.)* lunar module; ~**finsternis** *die (Astron.)* eclipse; eclipse of the moon; ~**flug** *der* lunar expedition; ~**gebirge** *das* lunar mountain range *or* mountains *pl.*; ~**gesicht** *das* moon-face; ~**gestein** *das* moon rock; ~**hell** *Adj. (geh.)* moonlit; ~**jahr** *das* lunar year; ~**kalb** *das (salopp)* dim-wit *(coll.)*; dope *(coll.)*; ~**krater** *der* lunar crater; ~**lande-fähre** *die (Raumf.)* lunar module; ~**landschaft** *die (auch fig.)* lunar landscape; ~**landung** *die* moon landing; ~**licht** *das*; *o. Pl.* moonlight; ~**los** *Adj.* moonless; ~**ober-fläche** *die* lunar surface; ~**phase** *die* moon's phase; ~**preis** *der (Wirtsch. Jargon)* artificially high price *(from which the actual asking price is 'reduced')*; *(Wucherpreis)* exorbitant price; ~**rakete** *die* moon rocket; ~**schein** *der*; *o. Pl.* moonlight; **der kann mir mal im** ~**schein begegnen** *(salopp)* he can get lost *(sl.)*; ~**sichel** *die* crescent moon; ~**sonde** *die* lunar probe; ~**stein** *der* moonstone; ~**süchtig** *Adj.* sleep-walking *attrib. (esp. by moonlight)*; ~**süchtig sein** be a sleep-walker; ~**süchtigkeit** *die* sleep-walking *(esp. by moonlight)*; ~**umkreisung** *die* orbiting of the moon; ~**umlauf-bahn** *die* lunar orbit; ~**untergang** *der* moonset; ~**wech-sel** *der* change of the moon
Monegasse [moneˈɡasə] *der*; ~n, ~n Monégasque
monegassisch *Adj.* Monégasque
monetär [moneˈtɛːɐ̯] *1. Adj.*; *nicht präd.* monetary. 2. *adv.* on a monetary basis
Monetarismus [monetaˈrɪsmʊs] *der*; ~ *(Wirtsch.)* monetarism *no art.*
Moneten [moˈneːtn̩] *Pl. (ugs.)* cash *sing.*; dough *sing. (sl.)*
Mongole [mɔŋˈɡoːlə] *der*; ~n, ~n a) Mongol; b) *(Bewohner der Mongolei)* Mongolian
Mongolei [mɔŋɡoˈlai] *die*; ~: Mongolia; in der Inneren/Äußeren ~: in Inner/Outer Mongolia
Mongolen-: ~**falte** *die (Anthrop.)* Mongolian fold; ~**fleck** *der (Anthrop.)* Mongolian spot

mongolid [mɔŋgo'li:t] *Adj. (Anthrop.)* Mongoloid
Mongolide der/die; *adj. Dekl. (Anthrop.)* Mongoloid
mongolisch *Adj.* Mongolian
Mongolismus der; ~ *(Med.)* mongolism *no art.*
mongoloid *Adj. (Med.)* mongoloid
Mongoloide der/die; *adj. Dekl. (Med.)* Mongoloid
monieren [mo'ni:rən] *tr. V.* criticize; *(beanstanden)* find fault with
Monismus [mo'nɪsmʊs] der; ~ *(Philos.)* monism *no art.*
Monitor ['mo:nitɔr] der; ~s, ~en [-'to:rən] *(Ferns., Technik, Physik)* monitor
mono ['mo:no] *Adv. (ugs.)* ⟨hear, play, etc.⟩ in mono *(coll.)*
mono-, Mono-: mono-
monochrom [mono'kro:m] *Adj. (Malerei, Fot.)* monochrome; monochromatic ⟨light⟩
monocolor [monoko'lo:ɐ̯] *Adj. (österr. Politik)* one-party
monogam [mono'ga:m] **1.** *Adj.* monogamous. **2.** *adv.* monogamously
Monogamie die; ~: monogamy
Mono·gramm das; ~s, ~e monogram
Monographie [monogra'fi:] die; ~, ~n monograph
Monokel [mo'nɔkl] das; ~s, ~: monocle
Mono·kultur die *(Landw.)* monoculture
Monolith [mono'li:t] der; ~s *od.* ~en, ~en monolith
Monolog [mono'lo:k] der; ~s, ~e monologue; **einen ~ halten** hold a monologue
monologisch 1. *Adj.* monologic[al]; ⟨form⟩ of a monologue; ⟨statement⟩ in the form of a monologue. **2.** *adv.* in monologue
monologisieren *itr. V.* talk in monologue
monoman [mono'ma:n] *(Psych.)* **1.** *Adj.* monomaniacal. **2.** *adv.* monomaniacally
Monomanie [monoma'ni:] die; ~, ~n *(Psych.)* monomania
Monophthong [mono'ftɔŋ] der; ~s, ~e *(Sprachw.)* monophthong
Monopol [mono'po:l] das; ~s, ~e monopoly **(auf** + *Akk.*, **für** in, of)
monopolisieren *tr. V.* monopolize
Monopolisierung die; ~, ~en monopolization
Monopolist der; ~en, ~en, **Monopolistin** die; ~, ~nen monopolist
monopol-, Monopol-: ~**kapital** das; *o. Pl.* monopoly capital; ~**kapitalismus** der; *o. Pl.* monopoly capitalism; ~**kapitalistisch 1.** *Adj.* monopoly-capitalist; **2.** *adv.* ⟨structured, organized⟩ on the principles of monopoly capitalism; ~**stellung die** [position of] monopoly
Monopoly ⓦ [mo'no:poli] das; ~: Monopoly (P) ⟨game⟩
Monotheismus [monote'ɪsmʊs] der; ~ *(Rel.)* monotheism
monotheistisch *(Rel.)* **1.** *Adj.* monotheistic. **2.** *adv.* monotheistically
monoton [mono'to:n] **1.** *Adj.* monotonous. **2.** *adv.* monotonously
Monotonie die; ~, ~n monotony
Monotype ⓦ ['mɔnotaɪp] die; ~, ~s *(Druckw.)* Monotype (P) [composing-machine]
Mon·oxid *(fachspr.)*, **Mon·oxyd** das *(Chemie)* monoxide
Mono·zelle die *(Elektrot.)* [single-cell] battery
Monster ['mɔnstɐ] das; ~s, ~: monster; *(häßlich)* [hideous] brute
Monster- mammoth; *(sehr lange dauernd)* marathon
Monster-: ~**film der a)** *(ugs.)* mammoth [screen] epic; block-buster *(sl.)*; **b)** *(Film mit Monstern)* horror film [with a monster/monsters]; ~**prozeß der** marathon trial; ~**veranstaltung die** giant spectacular; *(sehr lange dauernd)* marathon [event]

Monstranz [mɔn'strants] die; ~, ~en *(kath. Kirche)* monstrance
Monstren *s.* **Monstrum**
monströs [mɔn'strø:s] *(geh.)* **1.** *Adj.* **a)** *(auch fig.)* monstrous; [huge and] hideous; **b)** *(gigantisch)* massive, overpowering ⟨building, monument⟩. **2.** *adv.* monstrously
Monstrosität [mɔnstrozi'tɛ:t] die; ~, ~en monstrosity; *(fig.: monströse Tat)* monstrous action; atrocity
Monstrum ['mɔnstrʊm] das; ~s, Monstren **a)** *(auch fig.: Mensch)* monster; **b)** *(Ungetüm)* hulking great thing *(coll.)*; **das/ein ~ von ...:** the/a giant [of a] ...
Monsun [mɔn'zu:n] der; ~s, ~e *(Geogr.)* monsoon
Monsun-: ~**regen der** *(Geog.)* monsoon rains *pl.;* ~**wald der** *(Geog.)* monsoon forest
Montag ['mo:nta:k] der Monday; *s. auch* **blau; Dienstag; Dienstag-**
Montag- Monday; *s. auch* **Dienstag-**
Montage [mɔn'ta:ʒə] die; ~, ~n **a)** *(Bauw., Technik) (Zusammenbau)* assembly; *(Einbau)* installation; *(Aufstellen)* erection; *(Anbringen)* fitting **(an** + *Akk. od. Dat.* to); mounting **(auf** + *Akk. od. Dat.* on); **auf ~:** *(ugs.)* away on a job; **b)** *(Film, bild. Kunst, Literaturw.)* montage; **c)** *(Druckw.)* make-up
Montage-: ~**band das** assembly line; ~**halle die** assembly shop
montags *Adv.* on Monday[s]; *s. auch* **dienstags**
Montags·wagen der *(ugs.)* Friday car
Montan-: ~**industrie die** coal and steel industry; ~**union die** European Coal and Steel Community
Monteur [mɔn'tø:ɐ̯] der; ~s, ~e mechanic; *(Installateur)* fitter; *(Elektro-)* electrician
Monteur·anzug der [mechanic's] overalls *pl.*
montieren [mɔn'ti:rən] *tr. V.* **a)** *(zusammenbauen)* assemble **(aus** from); erect ⟨building⟩; **b)** *(anbringen)* fit **(an** + *Akk. od. Dat.* to; **auf** + *Akk. od. Dat.* on); *(einbauen)* install **(in** + *Akk.* in); *(befestigen)* fix **(an** + *Akk. od. Dat.* to); **eine Lampe an die od. der Decke ~:** put up or fix a light on the ceiling; **eine Antenne auf das od. dem Dach ~:** put up or mount an aerial on the roof; **c)** *(Film, bild. Kunst)* put together; *(Druckw.)* make up
Montierer der; ~s, ~e, **Montiererin die;** ~, ~**nen** assembly worker
Montur [mɔn'tu:ɐ̯] die; ~, ~en **a)** *(ugs.)* outfit *(coll.); gear no pl. (coll.);* **b)** *(veralt.: Uniform)* uniform
Monument [monu'mɛnt] das; ~[e]s, ~e *(auch fig.)* monument
monumental 1. *Adj. (auch fig.)* monumental; *(massiv)* massive. **2.** *adv.* in a monumental style; *(überdimensional)* on a monumental scale
Monumental-: monumental
Moor [mo:ɐ̯] das; ~[e]s, ~e bog; *(Bruch)* marsh; *(Flach~)* fen; *(Hoch~)* high moor
Moor-: ~**bad das** mud-bath; ~**boden der** bog soil; *(Torfboden)* peaty soil
moorig *Adj.* boggy
Moor-: ~**kultur die** bogland/fenland [reclamation and] cultivation; ~**leiche die** [well-preserved] body found in a bog
Moos [mo:s] das; ~es, ~e **a)** moss; ~ **ansetzen** gather moss; *(fig. ugs.)* become old hat *(coll.);* **b)** *o. Pl. (salopp)* cash; dough *(sl.);* **c)** *Pl. auch:* **Möser** *(südd., österr., schweiz.: Bruch)* marsh
moos-: ~**bedeckt**, ~**bewachsen** *Adj.* moss-covered; ~**grün** *Adj.* moss-green
moosig *Adj.* **a)** mossy; *(moosbedeckt)* moss-covered; **b)** *(südd., österr., schweiz.: sumpfig)* marshy
Moos-: ~**rose die,** ~**röschen das** moss-rose

Mop der; ~s, ~s mop
Moped ['mo:pɛt] das; ~s, ~s moped
Moped·fahrer der moped-rider
Moppel ['mɔpl] der; ~s, ~ *(fam. scherzh.)* podge *(coll.)*
moppen ['mɔpn̩] *tr., itr. V.* mop; mop the floor in ⟨room⟩
Mops [mɔps] der; ~es, Möpse ['mœpsə] **a)** *(Hund)* pug [dog]; **b)** *(salopp: dicke Person)* podge *(coll.);* fatty *(derog.);* **c)** *Pl. (salopp: Geld)* bread *(sl.);* lolly *(Brit. sl.);* **die Augen/Möpse** such a piffling sum *(coll.);* such peanuts *(sl.)*
mopsen 1. *tr. V. (fam.)* pinch *(sl.).* **2.** *refl. V. (ugs.)* be bored
mops·fidel *Adj. (ugs.)* very jolly *or* cheerful
mopsig *Adj. (ugs.)* **a)** podgy; tubby; **b) sich ~ machen, ~ werden** get fresh
Moral [mo'ra:l] die; ~ **a)** *(Norm)* morality; **gegen die ~ verstoßen** offend against morality *or* the code of conduct; **die herrschende ~:** [currently] accepted standards *pl.;* **b)** *(Sittlichkeit)* morals *pl.;* **keine ~ haben** have no sense of morals; **[eine] doppelte ~:** double standards *pl.;* **[jmdm.] ~ predigen** *(abwertend)* moralize [to sb.]; **c)** *(Selbstvertrauen)* morale; **die ~ ist gut/schlecht** morale is high/low; **d)** *(Lehre)* moral; **e)** *(Philos.)* ethics *sing.*
Moral-: ~**apostel der** *(abwertend)* upholder of moral standards; ~**begriff der** [personal] moral code; sense of morals
Moralin das; ~s *(abwertend, scherzh.)* [hypocritical] moral indignation; *(rechthaberisch)* [priggish] self-righteousness
moralin·sauer *(abwertend, scherzh.)* **1.** *Adj.* [priggishly] indignant; *(rechthaberisch)* [priggishly] self-righteous; holier-than-thou *(coll.).* **2.** *adv.* with [priggish] indignation
moralisch [mo'ra:lɪʃ] **1.** *Adj.* **a)** *nicht präd.* moral; **das war [für ihn] eine ~e Ohrfeige** that was a slap in the face [for him]; **[s]einen Moralischen haben** *(ugs.) (Gewissensbisse haben)* have a fit of remorse; *(niedergeschlagen sein)* be down in the dumps *(coll.) (as the result of a failure);* **b)** *(sittlich einwandfrei)* moral; morally upright; *(tugendhaft)* virtuous; **c)** *(diszipliniert)* **eine gute ~e Verfassung** good morale; ~ **Zusammenbruch** breakdown of *or* in morale. **2.** *adv.* morally; **ein ~ hochstehender Mensch** a person of unimpeachable morals *or* high moral standing; **b)** *(tugendhaft)* morally; virtuously; **jmdm. ~ kommen** *(ugs.)* adopt a high moral tone with sb.
moralisieren *itr. V. (geh.)* moralize
Moralismus der; ~ **a)** *(Moralität)* sense of morality; **b)** *(abwertend: das Moralisieren)* moralizing
Moralist der; ~en, ~en, **Moralistin** die; ~, ~**nen** moralist
moralistisch 1. *Adj.* moralistic. **2.** *adv.* moralistically; from a moralistic viewpoint
Moralität die; ~ **a)** *o. Pl. (geh.)* morality; **b)** *(Literaturw.)* morality [play]
Moral-: ~**kodex der** moral code; ~**philosophie die** moral philosophy; ~**prediger der** *(abwertend)* moralizing prig; ~**predigt die** *(abwertend)* [moralizing] lecture; homily; **[jmdm.] eine ~predigt halten** deliver a homily [to sb.]; ~**theologie die** moral theology *no art.;* ~**vor·stellung die** ideas *pl.* on *or* attitude to morality
Moräne [mo'rɛ:nə] die; ~, ~n *(Geol.)* moraine
Morast [mo'rast] der; ~[e]s, ~e *od.* **Moräste** [mo'rɛstə] **a)** bog; swamp; **b)** *o. Pl. (Schlamm) (auch fig.)* mire; **im ~ versinken** sink into the mire
morastig *Adj.* muddy
Moratorium [mora'to:rjʊm] das; ~s, **Moratorien** *(Wirtsch., Politik)* moratorium **(für** on)

1327

morbid [mɔr'biːt] *Adj. (geh.) (kränklich)* sickly; *(todgeweiht)* deathly pale; *(fig.)* moribund, degenerate ⟨*society, institution, etc.*⟩

Morbidität [mɔrbidiˈtɛːt] *die;* ~ a) *(geh.)* sickliness; *(fig.)* moribund *or* degenerate state; b) *(Med.)* morbidity

Morchel ['mɔrçl] *die;* ~, ~n morel

Mord [mɔrt] *der;* ~[e]s, ~e murder (**an** + *Dat.* of); *(durch ein Attentat)* assassination; **einen ~ begehen** commit murder; **einen ~ an jmdm. begehen** murder sb.; **ein versuchter ~:** an attempted murder; **wegen ~es angeklagt/verurteilt** accused of *or* charged with murder/condemned for murder; *(in Schlagzeilen)* ~ **aus Eifersucht** jealousy killing; ~ **an einem Außenminister** foreign minister murdered/assassinated; **dann gibt es ~ und Totschlag** *(fig. ugs.)* all hell is/will be let loose; **das ist [glatter od. der reinste] ~** *(fig. ugs.)* it's sheer murder; *(unverantwortlich)* it's sheer lunacy

Mord-: ~**anklage** *die* charge of murder; **unter ~anklage stehen** be charged with murder; ~**anschlag** *der* attempted murder (**auf** + *Akk.* of); *(Attentat)* assassination attempt (**auf** + *Akk.* on); **einen ~anschlag auf jmdn. verüben** make an attempt on sb.'s life; **einem ~anschlag zum Opfer fallen** be murdered/assassinated; ~**brenner** *der (veralt.)* murdering fire-raiser; ~**bube** *der (veralt.)* murdering thug; ~**drohung** *die* murder threat

morden *tr., itr. V.* murder; **das sinnlose Morden** the senseless killing

Mörder ['mœrdɐ] *der;* ~s, ~: murderer *(esp. Law)*; killer; *(politischer ~)* assassin; **vierfacher ~ sein** have committed four murders

Mörder-: ~**bande** *die* gang of murderers *or* killers; ~**grube** *die s.* Herz b; ~**hand** *in* **durch od. von ~hand sterben** *(geh.)* die at the hand of a murderer

Mörderin *die;* ~, ~nen murderer; murderess; *(politische ~)* assassin

mörderisch 1. *Adj.* a) *(ugs.: furchtbar, mächtig)* murderous; fiendish ⟨*cold*⟩; dreadful *(coll.)* ⟨*crowd, clamour, weather, storm*⟩; cutthroat ⟨*competition*⟩; b) *(todbringend)* murderous. 2. *adv.* a) *(ugs.)* dreadfully *(coll.)*; frightfully *(coll.)*; ~ **fluchen/toben** curse/rage like blazes *(sl.)*; b) *(todbringend)* murderously

mord-, Mord-: ~**fall** *der* murder case; **der ~fall Dr. Crippen** [the case of] the Dr Crippen murders; ~**gierig** *Adj.* intent on murder *postpos.*; *(blutgierig)* bloodthirsty; ~**instrument das** a) murder weapon; b) *(fig. scherzh.)* murderous-looking weapon *or* device

Mordio ['mɔrdjo] *s.* Zeter

Mord-: ~**kommission** *die* murder *or (Amer.)* homicide squad; ~**prozeß** *der* murder trial; ~**sache** *die* murder case; **die ~sache Müller** the Müller murder [case]

mords-, Mords- *(ugs.)* terrific *(coll.)*; tremendous *(coll.)*

mords-, Mords-: ~**arbeit** *die; o. Pl. (ugs.)* **eine ~arbeit** a hell of a job *(coll.)*; **sich** *(Dat.)* **eine ~arbeit machen** take a tremendous amount of trouble *(coll.)* (**mit** over); ~**ding das** *(ugs.)* whopper *(coll.)*; ~**dusel** *der (ugs.) s.* **glück**; ~**gaudi** *die (bayr., österr. ugs.) s.* spaß; ~**geschrei** *das (ugs.)* terrific hubbub *(coll.)*; *(Lärm)* frightful racket *(coll.)*; *(furchtbares Theater)* terrible fuss *(coll.)* (**um** over); ~**glück** *das (ugs.)* **ein ~glück** incredible luck *(coll.)*; **~glück haben** be incredibly lucky *(coll.)*; ~**hunger** *der (ugs.)* terrific hunger *(coll.)*; **einen ~hunger haben** be ravenous *or* famished; ~**kerl** *der (ugs.)* a) *(Riese)* enormous chap *(coll.)*; huge guy *(sl.)*; b) *(tüchtiger Kerl)* really good sort *(coll.)*; great guy *(Amer.)*; *(Kamerad)* real pal *(coll.)*; ~**krach** *der (ugs.)* a) *(Streit)* terrific row *(coll.)*; b) *(Lärm)* terrific din *or* racket *(coll.)*

mords-, Mords-: ~**lärm** *der (ugs.)* terrific noise *(coll.)*; ~**mäßig** *(ugs.)* 1. *Adj.; nicht präd.* terrific *(coll.)*; tremendous *(coll.)*; *(entsetzlich)* terrible *(coll.)*; infernal *(coll.)* ⟨*din, racket*⟩; ~**mäßiges Glück** incredible luck *(coll.)*; 2. *adv.* tremendously *(coll.)*; incredibly *(coll.)*; *(entsetzlich)* terribly *(coll.)*; ~**schreck, ~schrecken** *der (ugs.)* hell of a fright *(coll.)*; terrible fright *(coll.)*; ~**spaß** *der (ugs.)* **ein ~spaß** tremendous fun *(coll.)*; **einen ~spaß haben** have a whale of a time *(coll.)*; ~**stimmung** *die (ugs.)* terrific atmosphere *(coll.)*; ~**wut** *die (ugs.)* towering rage; **eine ~wut [im Bauch] haben** be fuming with rage

Mord-: ~**tat** *die (geh.)* murder; ~**verdacht** *der* suspicion of murder; ~**versuch** *der* attempted murder; *(Attentat)* assassination attempt; ~**waffe** *die* murder weapon

Mores ['moːreːs] *Pl. in* **jmdn.** ~ **lehren** *(ugs.)* tell sb. what's what *or* where he/she gets off *(coll.)*; **dich werde ich ~ lehren!** I'll give you a piece of my mind!

morganatisch [mɔrga'naːtɪʃ] *Adj. in* ~**e Ehe** *(hist.)* morganatic marriage

morgen ['mɔrgn̩] *Adv.* a) tomorrow; ~ **früh/mittag/abend** tomorrow morning/lunchtime/evening; ~ **in einer Woche/in vierzehn Tagen** tomorrow week/fortnight; a week/fortnight tomorrow; ~ **um diese** *od.* **die gleiche Zeit** this time tomorrow; **bis** ~**! until tomorrow!; see you tomorrow!;** ~ **ist auch [noch] ein Tag** tomorrow is another day; ~, ~, **nur nicht heute, sagen alle faulen Leute** *(Spr.)* ≈ never put off till tomorrow what you can do today; **die Mode/Technik von** ~ *(fig.)* tomorrow's fashions *pl.*/technology; b) *(am Morgen)* **heute/gestern** ~: this/yesterday morning; **[am] Sonntag** ~: on Sunday morning

¹**Morgen** *das;* ~: **das** ~: the future

²**Morgen** *der;* ~s, ~ a) morning; **am** ~, *(geh.)* **des** ~**s** in the morning; **am folgenden** *od.* **nächsten** ~: next *or* the following morning; **früh am** ~, **am frühen** ~: early in the morning; **am** ~ **seiner Abreise** on the morning of his departure; **eines [schönen]** ~**s** one [fine] morning; **bis in den [frühen]** ~ **feiern/arbeiten** celebrate/work until the early hours; **gegen** ~: towards morning; **für** ~: every single morning; morning after morning; **es wird** ~: day *or* dawn is breaking; **sie gingen erst, als es bereits** ~ **wurde** they didn't go until it was already becoming daylight; **den ganzen** ~: all morning; **guten** ~**! good morning!;** ~**!** *(ugs.)* morning! *(coll.)*; **[jmdm.] guten** ~ **sagen/wünschen** say good morning [to sb.]; wish [sb.] good morning; *(grüßen)* say hello [to sb.]; **schön** *od.* **frisch wie der junge** ~ *(scherzh.)* fresh as a daisy; b) *(fig. geh.)* **der** ~ **des Lebens** the springtime of life *(literary)*; **der** ~ **der Freiheit/eines neuen Zeitalters** the dawn of liberty/of a new age; c) *o. Pl. (geh. veralt.)* east; **gen** ~: towards the east; d) *(veralt.: Feldmaß)* ≈ acre; **fünf ~ Land** five acres of land

Morgen-: ~**andacht** *die* morning service; ~**ausgabe** *die* morning edition; ~**dämmerung** *die* dawn; daybreak; **in der ~dämmerung** at daybreak

morgendlich *Adj.; nicht präd.* morning; **die ~e Kühle/Stille** the cool/peace of [early] morning; **der ~e Sturm aufs Badezimmer** *(scherzh.)* the fight for the bathroom every morning

morgen-, Morgen-: ~**frühe** *die* early morning; ~**gabe** *die (hist.)* husband's present to wife on morning after wedding night; ~**gebet** *das* morning prayer; ~**grauen** *das* daybreak; **im** *od.* **beim ~grauen** in the first light of day; ~**gymnastik** *die* morning exercises *pl.*; daily dozen *(coll.)*; ~**kaffee** *der* a) *(Mahlzeit)* light breakfast with coffee; b) *(Kaffee)* breakfast coffee; ~**land** *das (veralt.)* **das ~land** the East; the Orient; ~**ländisch** *(veralt.)* 1. *Adj.* oriental; eastern; 2. *adv.* in an oriental style *or* fashion; ~**licht** *das; o. Pl.* morning light; **beim ersten ~licht** in the first light of day; ~**luft** *die* morning air; ~**luft wittern** *(fig. scherzh.)* see one's chance; ~**mantel** *der* dressing-gown; ~**muffel** *der (ugs.)* **ein ~muffel sein** be grumpy in the mornings; ~**nebel** *der* morning fog; *(weniger dicht)* morning mist; ~**post** *die* morning post; ~**rock** *der* dressing-gown; ~**rot** *das,* ~**röte** *die (geh.)* rosy dawn; *(tiefer)* red dawn; *(fig.)* dawn

morgens *Adv.* in the morning; *(jeden Morgen)* every morning; ~ **um 7 Uhr, um 7 Uhr** ~: at 7 in the morning/every morning; **Dienstag** *od.* **dienstags** ~: on Tuesday morning[s]; **von** ~ **bis abends** all day long; from morning to evening

Morgen-: ~**sonne** *die* morning sun; ~**sonne haben** get the morning sun; ~**spaziergang** *der (esp. early)* morning walk; ~**stern** *der* a) morning star; b) *(hist.)* spiked mace; *(mit Kette)* nail-studed flail; ~**stunde** *die* hour of the morning; **die frühen ~stunden** the early *or* small hours [of the morning]; ~**stunde hat Gold im Munde** *(Spr.)* the early bird catches the worm *(prov.)*; ~**zeitung** *die* morning paper

morgig *Adj.; nicht präd.* tomorrow's; **der** ~**e Tag** tomorrow

moribund [moriˈbʊnt] *Adj. (Med., auch fig.)* moribund

Moritat ['moːritaːt] *die;* ~, ~en *(usually gruesome)* street ballad

Moritz ['moːrɪts] *in* **wie sich der kleine ~ das vorstellt** *(ugs. scherzh.)* as some Simple Simon might imagine it

Mormone [mɔrˈmoːnə] *der;* ~n, ~n, **Mormonin** *die;* ~, ~nen Mormon

Morph [mɔrf] *das;* ~s, ~e *(Sprachw.)* morph

Morphem [mɔrˈfeːm] *das;* ~s, ~e *(Sprachw.)* morpheme

Morpheus ['mɔrfɔys] *(der) (Myth.)* Morpheus

Morphin [mɔrˈfiːn] *das;* ~s *(Chemie, Med.) s.* Morphium

Morphinismus *der;* ~ *(Med.)* morphinism *no art.;* morphine addiction *no art.*

Morphinist *der;* ~en, ~en, **Morphinistin** *die;* ~, ~nen morphine addict

Morphium ['mɔrfjʊm] *das;* ~s morphine

Morphium · sucht *die; o. Pl.: s.* Morphinismus

morphium · süchtig *Adj.* addicted to morphine *pred.*

Morphologie [mɔrfoloˈgiː] *die;* ~ *(Biol., Sprachw.)* morphology

morphologisch *(Biol., Sprachw.)* 1. *Adj.* morphological. 2. *adv.* morphologically

morsch [mɔrʃ] *Adj. (auch fig.)* rotten; brittle ⟨*bones*⟩; crumbling ⟨*rock, masonry*⟩

Morse-: ~**alphabet** *das* Morse code *or* alphabet; ~**apparat** *der* Morse telegraph

morsen ['mɔrzn̩] 1. *itr. V.* send a message/messages in Morse. 2. *tr. V.* send ⟨*signal, message*⟩ in Morse

Mörser ['mœrzɐ] *der;* ~s, ~ *(auch Milit.)* mortar

Morse · zeichen *das* Morse symbol

Mortadella [mɔrtaˈdɛla] *die;* ~, ~s mortadella

Mortalität [mɔrtaliˈtɛːt] *die;* ~: mortality [rate]

Mörtel ['mœrtl̩] *der;* ~s mortar

Mosaik [mozaˈiːk] *das;* ~s, ~en *od.* ~e *(auch fig.)* mosaic; **mit ~en ausgelegt** covered in mosaics

Mosaik-: ~**[fuß]boden** *der* mosaic floor; ~**stein** *der* tessera; *(fig.)* piece of a jigsaw

mosaisch [moˈzaːɪʃ] *(Rel.)* 1. *Adj.* Mosaic ⟨*Law*⟩; Jewish ⟨*faith*⟩. 2. *adv.* in the Jewish faith

Mosambik [mozamˈbiːk] **(das);** ~s Mozambique

Moschee [mɔˈʃeː] die; ~, ~n mosque
Moschus [ˈmɔʃʊs] der; ~: musk
Moschus·ochse der musk-ox
Mose [ˈmoːzə] (der); ~[s] (Rel.) Moses; **die fünf Bücher** ~: the Pentateuch
Möse [ˈmøːzə] die; ~, ~n (vulg.) cunt (coarse)
Mosel [ˈmoːuzl] die; ~: Moselle
Mosel der; ~s, ~, **Mosel·wein** der Moselle [wine]
Möser [ˈmøːzɐ] s. Moos c
mosern [ˈmoːzɐn] itr. V. (ugs.) gripe (coll.) (über + Akk. about); **du findest aber auch an allem etwas zu** ~: you always manage to find something to complain about (coll.)
¹**Moses** der; ~, ~ (Seemannsspr.) ship's boy
²**Moses** (der) Moses; **die fünf Bücher Mosis** (Rel.) the Pentateuch
Moskau [ˈmɔskau] (das); ~s Moscow
Moskauer 1. indekl. Adj. Moscow attrib. 2. der; ~s, ~: Muscovite; s. auch **Kölner**
Moskauerin die; ~, ~en Muscovite
Moskito [mɔsˈkiːto] der; ~s, ~s mosquito
Moskito·netz das mosquito-net
Moskowiter [mɔskoˈviːtɐ] der; ~s, ~ (veralt.) Muscovite
moskowitisch [mɔskoˈviːtɪʃ] Adj. (veralt.) Muscovite
Moslem [ˈmɔslɛm] der; ~s, ~s Muslim
moslemisch 1. Adj. Muslim; Islamic ⟨Republic⟩. 2. adv. on Muslim principles; ~ **erzogen** brought up in the Muslim faith
Moslime [mɔsˈliːmə] die; ~, ~n Muslim woman/girl
Most [mɔst] der; ~[e]s, ~e a) (südd.: junger Wein) new wine; b) (Weinbasis) must; c) (südd.: Obstsaft) [cloudy fermented] fruit-juice; d) (südd., schweiz., österr.: Obstwein) fruit-wine; (Apfel~) [rough] cider
Most·apfel der [sour] cider apple
Mostert [ˈmɔstɐt] der; ~s (nordwestd.), **Mostrich** [ˈmɔstrɪç] der; ~s (nordostd.) mustard
Motel [ˈmoːtl] das; ~s, ~s motel
Motette [moˈtɛtə] die; ~, ~n (Musik) motet
Motion [moˈtsi̯oːn] die; ~, ~en a) (schweiz.: Antrag) motion (Gen. by); b) (Sprachw.) change of form determined by gender
Motiv [moˈtiːf] der; ~s, ~e a) motive; **das ~ einer Tat** the motive for an action; b) (Literaturw., Musik usw.: Thema) motif; theme; ⟨bild. Kunst: Gegenstand⟩ subject
Motivation [motivaˈtsi̯oːn] die; ~, ~en ⟨Psych., Päd.⟩ motivation
Motiv·forschung die motivation research
motivieren tr. V. (geh.) a) (begründen) give a [sufficient] reason for; **eine Entscheidung/sein Verhalten** ~: account for a decision/one's behaviour; b) (anregen) motivate
Motivierung die; ~, ~en motivation
Moto-Cross [motoˈkrɔs] das; ~, ~e a) o. Pl. (Sport) [das] ~: moto-cross no pl.; b) (Veranstaltung) moto-cross event or meeting
Motodrom [motoˈdroːm] das; ~s, ~e auto-drome; speedway (Amer.)
Motor [ˈmoːtor] der; ~s, ~en (Verbrennungs~) engine; (Elektro~) motor; (fig.) driving force (Gen. behind)
Motor-: ~**block** der (Kfz-W.) engine block; cylinder block; ~**boot** das motor boat; (im Gegensatz zum Segelboot) power boat
Motoren-: ~**geräusch** das sound of the engine/engines; ~**lärm** der engine noise
Motor-: ~**fahrzeug** das motor vehicle; ~**flug** der [powered] flying (as a sport); ~**haube** die (Kfz-W.) bonnet (Brit.); hood (Amer.)
-motorig adj. -engined; **ein~/zwei~:** single-engined/twin-engined
Motorik [moˈtoːrɪk] die; ~ a) (bes. Med.) motor functions pl.; b) (Lehre) study of motor functions
Motoriker der; ~s, ~ (Psych.) motor-minded [psychological] type

motorisch Adj. a) (Psych.) motor attrib.; b) (Kfz-W.) with regard to the engine postpos., not pred.
motorisieren 1. tr. V. motorize; (mit Maschinen ausrüsten) mechanize; **ein Boot** ~: fit a boat with an engine; **motorisierte Besucher** visitors with cars; **sind Sie motorisiert?** (ugs.) have you got any wheels? (coll.). 2. refl. V. get a car/motor cycle; get oneself wheels (coll.)
Motorisierung die; ~: s. motorisieren 1: motorization; mechanization
Motor-: ~**jacht** die motor yacht; ~**leistung** die (Kfz-W.) engine performance; (PS) power output; ~**öl** das (Kfz-W.) engine oil; ~**rad** das motor cycle
Motorrad-: ~**brille** die motor-cycling goggles; ~**fahrer** der motor-cyclist; ~**rennen** das motor-cycle race; (Sport) motor-cycle racing; ~**sport** der motor-cycling
Motor-: ~**raum** der (Kfz-W.) engine compartment; ~**roller** der motor scooter; ~**säge** die power saw; ~**schaden** der engine trouble no indef. art.; (Panne) mechanical breakdown; ~**schiff** das motor ship or vessel; ~**schlitten** der motorized sledge; ~**sport** der motor sport no art.; ~**wäsche** die engine wash-down
Motte [ˈmɔtə] die; ~, ~n a) moth; **von etw. angezogen werden wie die ~en vom Licht** be attracted by sth. as moths to the light; [ach,] **du kriegst die ~n!** (ugs.) my godfathers!; **die ~n haben** (salopp veralt.) have TB; b) (salopp veralt.: Mädchen) chick (sl.); **flotte od. tolle ~:** smasher (sl.); **kesse ~:** saucy or pert little miss (coll.)
motten-, Motten-: ~**echt**, ~**fest** Adj. moth-proof; ~**fraß** der moth [damage]; ~**kiste** a) (veralt.) moth-proof chest; b) (fig.) Filme/Geschichten/Gags aus der ~**kiste** ancient films/stories/gags; ~**kugel** die moth-ball; ~**pulver** das moth-powder; ~**zerfressen** Adj. moth-eaten
Motto [ˈmɔto] das; ~s, ~s motto; (Schlagwort) slogan; **der Kirchentag stand unter dem** ~: ... the motto of the church assembly was ...; **nach dem** ~: ... **leben** live according to the maxim: ...
motzen [ˈmɔtsn] itr. V. (ugs.) grouch (coll.); bellyache (sl.) (über + Akk. about); **was hast du schon wieder zu** ~? what are you bellyaching about now? (sl.)
motzig (ugs.) 1. Adj. grouchy (coll.); grumpy. 2. adv. grouchily (coll.); grumpily
Mousse [mʊs] die; ~ (Kochk.) mousse
moussieren [mʊˈsiːrən] itr. V. sparkle; (als Eigenschaft) be sparkling; ~**der Wein** sparkling wine
Möwe [ˈmøːvə] die; ~, ~n gull
Mozart·zopf [ˈmoːtsart-] der bag wig
MP [ɛmˈpiː] die; ~, ~[s] Abk. a) Maschinenpistole sub-machine-gun; b) Militärpolizei MPs pl.; military police pl.
Mrd. Abk. Milliarde bn.
m.s., MS Abk. multiple Sklerose MS
Ms., MS Abk. Manuskript MS
MS Abk. Motorschiff MV; MS (Amer.)
MTA [ɛmteːˈʔaː] die; ~, ~[s] Abk. medizinisch-technische Assistentin medical-laboratory assistant
mtl. Abk. monatlich mthly.
Mücke [ˈmʏkə] die; ~, ~n a) midge; gnat; (größer) mosquito; **aus einer** ~ **einen Elefanten machen** (ugs.) make a mountain out of a molehill; **die** ~ **machen** (salopp) push off (sl.); b) Pl. (salopp: Geld) bread (sl.); lolly (Brit. sl.)
Muckefuck [ˈmʊkəfʊk] der; ~s (ugs.) coffee substitute
mucken [ˈmʊkŋ̩] itr. V. (ugs.) grumble; mutter; **ohne zu** ~: without a murmur
Mucken Pl. (ugs.) whims; (Eigenarten) little ways or peculiarities; (Launen) moods; [seine] ~ **haben** ⟨person⟩ have one's little ways/one's moods; ⟨car, machine⟩ be

a little unpredictable or temperamental; **jmdm. seine** ~ **austreiben** sort sb. out (coll.)
Mücken·stich der midge/mosquito bite
Mucker der; ~s, ~ (ugs. abwertend) yes-man
Muckertum das (ugs. abwertend) being no art. a yes-man (coll.)
Mucks [mʊks] der; ~es, ~e (ugs.) murmur [of protest]; slight[est] sound; **keinen** ~ **sagen od. von sich geben** not utter a [single] word or sound; **die Kinder gaben keinen** ~ **von sich** there was not the slightest sound/murmur out of the children
mucksen refl. V. (ugs.) a) (meist negativ) make a sound; (sich rühren) stir; budge; **sie wagten nicht, sich zu** ~: they didn't dare to budge [an inch]/make a sound; b) (aufbegehren) object; make noises (coll.)
Muckser der; ~s, ~ (ugs.) s. Mucks
mucks·mäuschen·still (ugs.) 1. Adj.; nicht attr. utterly silent; ⟨person⟩ as quiet as a mouse postpos.; **es wurde** ~: you could have heard a pin drop. 2. adv. in total silence; without making a sound
Mud[d] [mʊt] der; ~s (nordd.) mud
müde [ˈmyːdə] 1. Adj. tired; (ermattet) weary; (schläfrig) sleepy; **mit** ~**n Schritten** with weary steps; **ich war zum Umfallen** ~: I was out on my feet; **Bier macht** ~: beer makes you feel sleepy; **sich** ~ **laufen/weinen** tire oneself out with walking/crying; **ein** ~**s Lächeln** (auch fig.) a weary smile; **jmdn./etw. od. jmds./einer Sache** ~ **sein** (geh.) be tired of sb./sth.; **jmds./einer Sache** (Gen.) ~ **werden** (geh.) tire or grow tired of sb./sth.; **nicht** ~ **werden, etw. zu tun** never tire of doing sth.; (bei unangenehmen Tätigkeit) never stop doing sth.; s. auch ¹**Mark**. 2. adv. wearily; (schläfrig) sleepily
-müde adj. tired of ...; **amts~/kino~/stadt~:** tired of [holding] office/[going to] the cinema/city life postpos.
Müdigkeit die; ~: tiredness; ~/**eine tiefe** ~ **kam über ihn** he began to feel tired/a great weariness come over him; **von** ~ **übermannt werden** be overcome by fatigue; **ich könnte vor** ~ **umfallen** I'm so tired I can hardly stand; **[nur] keine** ~ **vorschützen!** (ugs.) it's no use saying you're tired!
-müdigkeit die weariness of ...; **Zivilisations~:** weariness of civilized living; culture fatigue; **Kriegs~:** war-weariness
Müesli [ˈmyːɛsli] das; ~s (schweiz.) s. Müsli
¹**Muff** [mʊf] der; ~[e]s (nordd.) musty smell; (Gestank) fug
²**Muff** der; ~[e]s, ~e muff
Muffe die; ~, ~ a (Technik) sleeve; (Verbindungsstück) sleeve [coupling]; b) (fig.) **jmdm. geht die** ~ (salopp) sb. is shaking in his shoes; ~ **haben** (salopp) be in a funk (sl.) (vor + Dat. about)
Muffel [ˈmʊfl] der; ~s, ~ (ugs.) a) sourpuss (coll.); grouch (coll.); b) (desinteressierter Mensch) **was** ... **betrifft, ist er ein [richtiger]** ~: as far as ... is concerned he's just not interested
-muffel der; ~s, ~ (ugs.) person indifferent to ...
muffelig (ugs.) 1. Adj. grumpy; surly; **du bist aber** ~ **heute!** you 'are in a bad mood today! 2. adv. grumpily
¹**muffeln** (ugs.) 1. itr. V. be grumpy or in a huff. 2. tr., itr. V. mutter [grumpily]; grunt
²**muffeln** itr. V. (südd., österr.: muffig riechen) smell musty
Muffen·sausen das (salopp) ~ **haben/kriegen** be/get in a funk (sl.) (vor + Dat. about)
¹**muffig** Adj. (modrig riechend) musty; (stickig; auch fig.) stuffy
²**muffig** (ugs.) s. muffelig
Muffigkeit die; ~ (ugs.) grumpiness; surliness
Mufflon [ˈmʊflɔn] der; ~s, ~s (Zool.) mouflon

1329

Mufti ['mʊfti] der; ~s, ~s mufti
Mugel ['muːgl] der; ~s, ~[n] (österr.) hillock; (auf der Skipiste) mogul
muh [muː] Interj. (Kinderspr.) moo
Müh [myː] s. Mühe
Mühe ['myːə] die; ~, ~n trouble; **alle ~ haben, etw. zu tun** be hard put to do sth.; **mit jmdm./etw. seine ~ haben** have a lot of trouble or a hard time with sb./sth.; **die ~ hat sich gelohnt** it was worth the trouble or effort; **keine ~ scheuen** spare no pains or effort; **sich (Dat.) viel ~ machen** go to or take a lot of trouble (mit over); **machen Sie sich [bitte] keine ~!** (tun Sie es nicht) [please] don't put yourself out!; [please] don't bother!; **wenn es dir keine ~ macht, ...**: if it's no trouble or bother, ...; **es hat viel ~ gekostet** it took much time and effort; **die ~ kannst du dir sparen** you can save yourself the trouble; **sich (Dat.) ~ geben[, etw. zu tun]** make an effort or take pains [to do sth.]; **sich (Dat.) mit jmdm./etw. ~ geben** take [great] pains or trouble over sb./sth.; **wenn du dir mehr ~ geben würdest** if you would take more trouble/try harder; **gib dir doch etwas ~!** do make some sort of an effort!; **gib dir keine ~!** you needn't bother; **mit Müh und Not** with great difficulty; only just; **der (Gen.) od. die ~ wert sein** be worth the trouble or worth it; **wäre es der ~ wert, nach X zu fahren?** would it be worth [while] going to X?
mühelos 1. Adj. effortless. 2. adv. effortlessly; without the slightest difficulty
Mühelosigkeit die; ~: effortlessness
mühen itr. V. moo
mühen refl. V. (geh.) strive; **sich mit etw. ~**: take pains over sth.; **sosehr er sich auch mühte** hard though he tried
mühe·voll Adj. laborious; painstaking ⟨work⟩; **ein ~er Weg** an arduous path
Mühewaltung [-valtʊŋ] die; ~ (Papierdt.) efforts pl.; (im Brief) **für Ihre ~ dankend** thanking you for your trouble
Muh·kuh die (Kinderspr.) moo-cow (child lang.)
Mühl·bach der mill-stream
Mühle ['myːlə] die; ~, ~n a) mill; **in die ~ der Justiz geraten** (fig.) become enmeshed in the wheels or machinery of justice; **das ist Wasser auf seine ~** (ugs.) it's [all] grist to his mill; it just confirms what he has always thought; s. auch **Gott**; b) (Kaffee~) [coffee-]grinder; (Pfeffer) o. Art., o. Pl. mine men's morris; d) (Figur beim ~spiel) mill; e) (ugs. abwertend) (Auto, Motorrad) heap (coll.); (Auto, Flugzeug) crate (coll.); (Fahrrad) rattletrap; boneshaker
Mühle·spiel das nine men's morris
Mühl-: ~**rad** das mill-wheel; ~**stein** der millstone
Muhme ['muːmə] die; ~, ~n (veralt.) aunt
Mühsal ['myːzaːl] die; ~, ~e (geh.) tribulation; (Strapaze) hardship; (Arbeit) toil no pl.
mühsam 1. Adj. laborious; **ein ~es Lächeln** a forced smile. 2. adv. laboriously; (schwierig) with difficulty; **~ verdientes Geld** hard-earned money
müh·selig (geh.) 1. Adj. laborious; arduous ⟨journey, life⟩; **... alle, die ihr ~ und beladen seid** (bibl.) ... all ye that labour and are heavy laden. 2. adv. with [great] difficulty
Müh·seligkeit die (geh.) laboriousness; (einer Reise, des Lebens) arduousness
Mulatte [mu'latə] der; ~n, ~n, **Mulattin** die; ~, ~nen mulatto
Mulde ['mʊldə] die; ~, ~n a) hollow; b) (Trog) trough
Muli ['muːli] der; ~s, ~s mule
¹**Mull** [mʊl] der; ~[e]s (Stoff) mull; (Verband~) gauze
²**Mull** [mʊl] der; ~[e]s, ~e (nordd.: Humus) mull
Müll [mʏl] der; ~s a) refuse; rubbish; garbage (Amer.); trash (Amer.); (Industrie~) [industrial] waste; **etw. in den ~ werfen** throw sth. in the dustbin (Brit.) or (Amer.) garbage can; **"~ abladen verboten"** 'no dumping'; 'no tipping' (Brit.); b) (alte Sachen) rubbish; junk
Müll-: ~**abfuhr** die a) refuse or (Amer.) garbage collection; b) (Unternehmen) refuse or (Amer.) garbage collection [service]; ~**ablade·platz** der [refuse] dump or (Brit.) tip; ~**auto** das s. ~**wagen**; ~**beutel** der dustbin (Brit.) or (Amer.) garbage can liner
Müll·binde die gauze bandage
Müll-: ~**deponie** die (Amtsspr.) refuse disposal site; ~**eimer** der rubbish or waste bin; ~**entsorgung** die refuse disposal
Müller ['mʏlɐ] der; ~s, ~: miller
Müller·bursche der (veralt.) miller's lad
Müllerin die; ~, ~nen (veralt.) miller's wife
Müll-: ~**fahrer** der dust-cart (Brit.) or (Amer.) garbage truck driver; ~**halde** die refuse dump; ~**haufen** der heap of rubbish or (Amer.) garbage; ~**kippe** die s. **Müllabladeplatz**; ~**mann** der; Pl. ~männer (ugs.) dustman (Brit.); garbage man (Amer.); ~**sack** der refuse bag; ~**schippe** die dustpan; ~**schlucker** der rubbish or (Amer.) garbage chute; ~**tonne** die dustbin (Brit.) or garbage or trash can (Amer.); ~**tüte** die bin bag; ~**verbrennung** die refuse or (Amer.) garbage incineration; ~**verbrennungs·anlage** die refuse or (Amer.) garbage incinerator; ~**verwertung** die refuse or (Amer.) garbage recycling; ~**wagen** der dust-cart (Brit.); garbage truck (Amer.); ~**werker** der (Berufsbez.) refuse or (Amer.) garbage operative
Müll·windel die muslin nappy (Brit.) or (Amer.) diaper
mulmig ['mʊlmɪç] Adj. a) (ugs.: bedenklich) ticklish; tricky; (unbehaglich) uncomfortable; **als es ~ wurde** when things began to look nasty; b) (ugs.: übel) (im Magen) queasy; (unbehaglich) uneasy; **ein ~es Gefühl haben** feel queasy/uneasy; **mir war ganz ~ zumute** I felt quite weak at the knees; c) (faulig) rotten
Multi ['mʊlti] der; ~s, ~s (ugs.) multinational
multi-, Multi-: multi⟨lateral, -lingual, -millionaire, -national⟩
Multi·halle die multi-purpose hall
multi·medial 1. Adj. multi-media attrib.; ~**medialer Unterricht** teaching with multi-media material. 2. adv. on a multi-media basis
Multimedia- [-'meːdi̯a]: ~-**Show** die multi-media presentation; ~**system** das (Päd.) multi-media method
multipel [mʊl'tiːpl̩] Adj.; nicht präd. (bes. Fachspr.) multiple; **multiple Sklerose** (Med.) multiple sclerosis
Multiple-choice-Verfahren ['mʌltɪpl̩-'tʃɔɪs-] das (Psych., Päd.) multiple-choice method; **Prüfungen nach dem ~**: examinations using multiple-choice tests
Multiplikand [mʊltipli'kant] der; ~en, ~en (Math.) multiplicand
Multiplikation [mʊltiplika'tsi̯oːn] die; ~, ~en (Math.) multiplication
Multiplikator [mʊltipli'kaːtɔr] der; ~s, ~en [-'toːrən] a) (Math.) muliplier; b) (fig.) disseminator ⟨of information, opinions⟩
multiplizieren [mʊltipli'tsiːrən] 1. tr. V. (Math., fig.) multiply (mit by). 2. refl. V. (fig.) multiply [several times]
Mumie ['muːmi̯ə] die; ~, ~n mummy
mumienhaft Adj. mummy-like. 2. adv. like a mummy; as though mummified
Mumifikation [mumifika'tsi̯oːn] die; ~, ~en mummification
mumifizieren [mumifi'tsiːrən] tr. V. mummify
Mumifizierung die; ~, ~en mummification

Mumm [mʊm] der; ~s (ugs.) (Mut) guts pl. (coll.); spunk (coll.); (Tatkraft) drive; zap (sl.); (Kraft) muscle-power; s. auch **Knochen a**
Mummel·greis ['mʊml-] der; (ugs. abwertend) old dodderer; doddery old man
Mümmel·mann ['mʏml-] der; Pl. ~männer (fam. scherzh.) hare
¹**mummeln** tr., refl. V. (fam.) jmdn./sich in eine Decke ~: wrap sb./oneself [up] snugly in a blanket
²**mummeln** (nordd.), **mümmeln** tr., itr. V. (fam.) (kauen) chew; (knabbern) nibble
Mummenschanz ['mʊmənʃants] der; ~es (veralt.) a) (Fest) fancy-dress party or ball; b) (Verkleidung) fancy dress
Mumpf [mʊmpf] der; ~s (schweiz.) mumps sing.
Mumpitz ['mʊmpɪts] der; ~es (ugs. abwertend) rubbish; tripe (sl.)
Mumps [mʊmps] der od. die; ~: mumps sing.
München ['mʏnçn] (das); ~s Munich
Münch[e]ner ['mʏnçnɐ] 1. indekl. Adj. Munich attrib. 2. der; ~s, ~: inhabitant/native of Munich; s. auch **Kölner**
Münch[e]nerin die; ~, ~nen inhabitant/native of Munich
Mund [mʊnt] der; ~[e]s, Münder ['mʏndɐ] mouth; **seinen/den ~ verziehen** make a face; **seinen/den ~ spitzen** purse one's lips; **vor Staunen blieb ihm der ~ offenstehen** he gaped in astonishment; **er küßte ihren ~ od. küßte sie auf den ~**: he kissed her on the lips; **den Finger auf den ~ legen** put one's finger to one's lips; **von ~ zu ~ beatmet werden** be given mouth-to-mouth resuscitation or the kiss of life; **aus dem ~ riechen** have bad breath; **mit vollem ~ sprechen** speak with one's mouth full; **etw. aus jmds. [own] lips; **sein ~ steht nicht od. nie still** (ugs.) he never stops talking; **den ~ nicht aufbekommen** (ugs.) not open one's mouth; have nothing to say for oneself; **den ~ aufmachen/nicht aufmachen** (fig. ugs.) say something/not say anything; **den ~ voll nehmen** (fig. ugs.) talk big (coll.); **nimm doch den ~ nicht so voll!** don't be such a big-head!; **~ und Augen od. Nase aufreißen od. aufsperren** (ugs.) gape in astonishment; **einen großen ~ haben** (fig. ugs.) talk big (coll.); **den ~ seinen ~ halten** (ugs.) (schweigen) shut up (coll.); (nichts sagen) not say anything; (nichts verraten) keep quiet (über + Akk. about); **jmdm. den ~ verbieten** silence sb.; **jmdm. den ~ [ganz] wäßrig machen** (ugs.) [really] make sb.'s mouth water; **er/sie ist nicht auf den ~ gefallen** (fig. ugs.) he's/she's never at a loss for words; **~ ist in aller ~e** everybody's talking about ...; **etw./ein Wort in den ~ nehmen** utter sth. use a word; **jmdm. nach dem ~ reden** echo what sb. says; (schmeichelnd) butter sb. up; tell sb. what he/she wants to hear; **jmdm. über den ~ fahren** (ugs.) cut sb. short; **von ~ zu ~ gehen** be passed on from mouth to mouth; **sich (Dat.) etw. vom ~e absparen** scrimp and save for sth.; s. auch ²**berufen a**; **fusselig**; **Hand f**; **stopfen 1 b**; **verbrennen 2 b**
Mund·art die dialect
Mundart-: ~**dichter** der dialect author; (Lyriker) dialect poet; ~**dichtung** die a) o. Pl. dialect literature; b) (Werk) work [written] in dialect; ~**forschung** die o. Pl. dialectology; dialect research
mundartlich 1. Adj. dialectal ⟨forms, expressions, words⟩; ⟨texts, poems, etc.⟩ in dialect. 2. adv. in dialect; **stark ~ gefärbt** strongly coloured by dialect
Mundart-: ~**sprecher** der dialect speaker; ~**wörter·buch** das dialect dictionary
Mund·dusche die water pick

Mündel ['myndl] *das*; ~s, ~: ward
mündel·sicher *(Bankw.)* 1. *Adj.* gilt-edged; *(Effekten) attrib. (Amer.).* 2. *adv.* in gilt-edged *or (Amer.)* trustee securities
munden *itr. V. (geh.)* taste good; **es mundete ihm nicht** he did not enjoy it; he did not like the taste of it; **das wird dir ~**: this will tickle your palate
münden ['myndn] *itr. V.; mit sein ⟨river⟩* flow (**in** + *Akk.* into); *⟨corridor, street, road⟩* lead (**in** + *Akk. od. Dat., auf* + *Akk. od. Dat.* into); **in eine/einer Frage usw. ~** *(fig.) ⟨discussion⟩* lead to a question *etc.*
mund-, Mund-: **~falte** die line at the corner of the mouth; **~faul** *(ugs.)* 1. *Adj.* uncommunicative; 2. *adv.* uncommunicatively; **~fäule** die *(Med.)* ulcerative stomatitis; **~gerecht** 1. *Adj.* bite-sized; *(fig.)* easily digestible *⟨information⟩*; 2. *adv. ⟨serve⟩* in bite-sized pieces; *⟨divided⟩* into small mouthfuls; *(fig.)* in an easily digestible form; **~geruch** der bad breath *no indef. art.*; **~harmonika** die mouth-organ; **~höhle** die oral cavity
mündig *Adj.* a) of age *pred.*; **drei ~e Töchter** three daughters who are of age; **~ werden** come of age; **jmdn. für ~ erklären** declare sb. of age; b) *(urteilsfähig)* responsible adult *attrib.*; **~ werden** become capable of mature judgement
mündig·sprechen *unr. tr. V.* declare of age
Mündig·sprechung *die; ~, ~en; jmds. ~:* the declaration that sb. is/was of age
mündlich 1. *Adj.* oral; **~e Zusage** verbal agreement; **~e Verhandlung** *(Rechtsw.)* hearing. 2. *adv.* orally; *⟨agree⟩* verbally; **alles weitere ~!** *(im Brief)* I'll tell you the rest when we meet
Mund-: ~öffnung die *(Zool.)* oral aperture; **~partie** die lower part of one's face; **~pflege** die oral hygiene; **~raub** der petty theft [of food/consumables]; **~schenk** [~ʃɛŋk] *der*; ~en, ~en *(hist.)* cupbearer; **~schutz** der a) *(Med.)* face-mask; b) *(Boxen)* gum-shield
M-und-S-Reifen ['ɛm ʊnt 'ɛs-] *der* snow tyre
mund-, Mund-: ~stellung die position of the mouth; **~stück das** a) *(bei Instrumenten, Pfeifen usw.)* mouthpiece; b) *(bei Zigaretten)* tip; c) *(beim Zaumzeug)* bit; **~tot** *Adj.* **in jmdn./eine Organisation ~ machen** silence sb./an organization; **~tuch das**; *Pl.* **~tücher** *(geh. veralt.)* [table-]napkin
Mündung *die*; ~, ~en a) mouth; *(größer)* estuary; b) *(bei Straßen)* end; c) *(bei Feuerwaffen)* muzzle
Mündungs·feuer das muzzle flash
Mund-: ~verkehr der oral sex; **~voll** *der*; ~, ~: mouthful; **~vorrat** der *(veralt.)* victuals *pl.*; **~wasser** das; *Pl.* **~wässer** mouthwash; **~werk das**; *o. Pl. (ugs.)* **ein flinkes ~werk haben** talk nineteen to the dozen *(Brit.)*; **ein loses ~werk [haben]** a loose tongue; **~winkel** der corner of one's mouth; **~-zu-~-Beatmung** die mouth-to-mouth resuscitation; kiss of life; **~-zu-Nase-Beatmung** die mouth-to-nose resuscitation
Munition [muni'tsio:n] *die*; ~ *(auch fig.)* ammunition; **seine ~ verschossen haben** *(auch fig.)* have run out of ammunition
Munitions-: ~depot das ammunition dump; **~fabrik** die munitions factory; **~lager** das ammunition dump
Munkelei *die*; ~, ~en *(ugs.)* a) rumourmongering; b) *(Gerücht[e])* rumour[s]
munkeln ['mʊŋkln] *tr., itr. V. (ugs.)* **man munkelt so allerlei**, **es wird so allerlei gemunkelt** there are all kinds of rumours [flying around]; **es wird gemunkelt** *od.* **man munkelt, daß ...**: there is a rumour that ...
Münster ['mynstɐ] *das*; ~s, ~: minster; *(Dom)* cathedral; **das Straßburger ~:** Strasbourg Cathedral

munter ['mʊntɐ] 1. *Adj.* a) cheerful; merry; *(lebhaft)* lively *⟨eyes, game⟩*; **~ werden** cheer up; liven up; **[gesund sein] ~ sein** be as fit as a fiddle; *⟨elderly person⟩* be hale and hearty; b) *(wach)* awake; **~ werden** wake up; come round *(joc.)*; **jmdn. ~ machen** wake sb. up. 2. *adv.* a) merrily; cheerfully; b) *(unbekümmert)* gaily; cheerfully
Munterkeit *die*; ~: cheerfulness; gaiety
Münz-: ~anstalt die mint; **~automat** der slot-machine; *(Telefon)* payphone; pay station *(Amer.)*
Münze ['myntsə] *die*; ~, ~n a) coin; **klingende** *od.* **bare ~** *(geh.)* cash; **etw. für bare ~ nehmen** *(fig.)* take sth. literally; **jmdm. [etw.] in** *od.* **mit gleicher ~ heimzahlen** pay sb. back in the same coin [for sth.]; b) *(Münzanstalt)* mint
Münz·einwurf der [coin] slot
münzen *tr. V.* coin; **auf jmdn./etw. gemünzt sein** *(fig.) ⟨remark etc.⟩* be aimed at sb./sth.
Münzen·sammlung die coin collection
Münz-: ~fälscher der counterfeiter [of coins]; **~fälschung** die counterfeiting [of coins]; **~fern·sprecher** der coin-box telephone; payphone; pay station *(Amer.)*; **~fuß** der standard [for content] of coinage; **~gewicht** das standard weight *(of a coin)*; **~hoheit** die coining prerogative *(of the State)*; **~kunde** die numismatics *sing.*; **~recht** das; *o. Pl.* a) *s.* **~hoheit**; b) *(~gesetze)* coinage laws *pl.*; **~sammlung** die coin collection; **~tank·stelle** die coin-in-the-slot petrol *(Brit.) or (Amer.)* gas station; **~wechsler** der change machine; **~wesen das**; *o. Pl.* coinage [system]; **~zähler** der [slot-]meter
Muräne [mu'rɛ:nə] die moray eel
mürb [myrp] *(südd., österr.), **mürbe*** ['myrbə] *Adj.* a) crumbly *⟨biscuit, cake, etc.⟩*; tender *⟨meat⟩*; soft *⟨fruit⟩*; mealy *⟨apple⟩*; **das Fleisch ~ machen** tenderize the meat; b) *(brüchig)* crumbling; *(morsch)* rotten; *⟨leather⟩* worn soft; **werden/sein** *(fig.: zermürbt)* get/be worn out; **jmdn. ~ machen** *(fig.)* wear sb. down
Mürbe·teig *(südd., österr.) **Mürb·teig*** der short pastry
Murks [mʊrks] *der*; ~es *(salopp abwertend)* botch; mess; **das ist doch ~!** this is a right botch-up!; **~ machen** make a botch *or* mess [of it]
murksen *itr. V. (salopp abwertend)* mess about (**an** + *Dat.* with); **bei einer Arbeit ~:** make a botch *or* mess of a job
Murmel ['mʊrml] *die*; ~, ~n marble; **~n spielen** play [with] marbles
¹murmeln *tr., itr. V. (ugs.)* mumble; mutter; *(sehr leise)* murmur; **etw. vor sich hin ~:** mutter *or* mumble/murmur sth. to oneself; b) *(dichter.) ⟨stream, fountain⟩* murmur
²murmeln *itr. V. (Murmeln spielen)* play [with] marbles
Murmel·tier das marmot; *s. auch* **schlafen 1 a**
murren ['mʊrən] *itr. V.* grumble (**über** + *Akk.* about); **was hast du nun schon wieder zu ~?** what are you grumbling about now?; **ohne zu ~:** without a murmur
mürrisch ['myrɪʃ] 1. *Adj.* grumpy; *(wortkarg)* surly; surly, sullen *⟨expression⟩*. 2. *adv.* grumpily; *(wortkarg)* surlily
Mus [mu:s] *das od. der*; ~es, ~e purée; **zu ~ kochen** cook to a pulp; **jmdn./etw. zu ~ machen** *od.* **schlagen** *(salopp)* beat sb./sth. to a pulp
Muschel ['mʊʃl] *die*; ~, ~n a) mussel; b) *(Schale)* [mussel-]shell; c) *(am Telefon) (Hör~)* ear-piece; *(Sprech~)* mouthpiece; d) *(Ohr~)* [outer] ear
Muschel-: ~bank die mussel-bed; **~kalk** der *(Geol.)* Muschelkalk
Muschi ['mʊʃi] *die*; ~, ~s a) *(Kinderspr.: Katze)* pussy[-cat]; b) *(salopp: Vulva)* pussy *(coarse)*

Muschkote [mʊʃ'ko:tə] *der*; ~n, ~n *(Soldatenspr. veralt., abwertend)* common soldier; squaddy *(Brit. sl.)*
Muse ['mu:zə] *die*; ~, ~n muse; **die leichte ~:** light [musical] entertainment; **von der ~ geküßt werden** *(scherzh.)* get some inspiration
museal [muze'a:l] *(geh.)* 1. *Adj.* a) museum *attrib.*; of the museum *postpos.*; b) *(wie ein Museum, wie im Museum)* museum-like *⟨building, appearance⟩*. 2. *adv.* like a museum, in the style of a museum
Museen *s.* **Museum**
Muselman ['mu:zlman] *der*; ~en, ~en, **Muselmanin** *die*; ~, ~nen, **Musel·mann** der; *Pl.* ~männer *(veralt., noch scherzh.)* Muslim
Musen-: ~almanach der *(hist.)* 18th/19th century annual anthology of mainly unpublished poetry; **~sohn** der *(veralt., noch scherzh.)* son of the Muses; **~tempel** der *(veralt., noch scherzh.)* temple of the Muses
Museum [mu'ze:ʊm] *das*; ~s, **Museen** museum; **ins ~ gehen** go to a/the museum
museums-, Museums-: ~aufseher der museum attendant; **~führer** der museum guide; **~reif** *Adj. (ugs. iron.)* fit for a museum *postpos.*; **das ist wirklich ~reif** it's a real museum piece *or* positively antiquated; **~stück** das *(auch fig. ugs. iron.)* museum piece; **~wärter** der museum attendant; **~wert** der **im ~wert haben** *(ugs.)* be a valuable museum piece; *(abwertend)* be positively antiquated *or* a museum piece
Musical ['mju:zɪkl] *das*; ~s, ~s musical
Music·box ['mju:zɪk-] *die*; ~, ~en *s.* **Musikbox**
Musik [mu'zi:k] *die*; ~, ~en a) *o. Pl.* music; **einen Text in ~ setzen** set a text to music; **die ~ lieben** like music; **~ im Blut haben** have music in one's blood; **in jmds. Ohren** *(Dat.)* **sein** *(fig. ugs.)* be music to sb.'s ears; **dahinter** *od.* **darin steckt** *od.* **ist ~** *(fig. ugs.)* there is real power in it; b) *(Werk) Pl.*: **~en** piece [of music]; *(Partitur)* score **(zu** for); **die ~ zu diesem Stück** the [incidental] music for this play; c) *(ugs.: Kapelle)* band; d) *(Gastr.) s.* **Handkäse**
Musikalien [muzi'ka:liən] *Pl.* sheet music *sing.*
Musikalien·handlung die music shop
musikalisch [muzi'ka:lɪʃ] 1. *Adj.* musical; **die ~e Leitung haben** be the musical director; *(als Dirigent)* be the conductor; **~e Leitung: ...**: conducted by ... 2. *adv.* musically; **er ist ~ veranlagt** he is musical
Musikalität [muzikali'tɛ:t] *die*; ~: musicality
Musikant [muzi'kant] *der*; ~en, ~en musician
Musikanten·knochen der funny-bone
musikantisch *(ugs.)* 1. *Adj.* full of brio *postpos.*; with a swing to it *postpos.* 2. *adv.* with brio
Musik-: ~automat der a) *(Spieluhr o. ä.)* mechanical instrument; b) *s.* **~box**; **~box** die juke-box; **~direktor** der musical director; **~drama** das music drama
Musiker *der*; ~s, ~, **Musikerin** *die*; ~, ~nen musician; **die Musiker stimmten ihre Instrumente** the players were tuning their instruments
musik-, Musik-: ~erziehung die *o. Pl.* musical education; **~fest·spiele** *Pl.* music festival *sing.*; **~freund** der music-lover; **~geschichte** die history of music; **in die ~geschichte eingehen** find a place in musical history; **~geschichtlich, ~historisch** 1. *Adj.* musico-historical; 2. *adv.* in terms of the history of music; from the point of view of musical history; **~hoch·schule** die academy *or* college of music; **~instrument** das musical instrument; **~kapelle** die band; **~korps** das military band *(forming a separate unit)*; **~kritik** die

1331

a) *o. Pl.* music criticism; b) *(Artikel)* music review; ~**kritiker der** music critic; ~**leben das** *o. Pl.* musical life; ~**lehre die** a) *o. Pl.* musical theory *no art.;* b) *(Buch)* manual of musical theory; music textbook; ~**lehrer der,** ~**lehrerin die** music-teacher; ~**lexikon das** musical encyclopaedia; encyclopaedia of music; ~**pädagogik die** [theory of] music-teaching; ~**saal der** a) *(in der Schule)* music-room; b) *(Konzertsaal)* concert-hall; ~**schule die** school of music; ~**stück das** piece of music; **ein** ~**stück Chopins/von Chopin** a piece by Chopin; ~**stunde die** music-lesson; ~**theater das** *o. Pl.* music theatre *(where text and production are as important as the music);* ~**theorie die** *o. Pl.* a) *(theoretische Erfassung)* theory of music; b) *(Lehrfach)* musical theory *no art.;* ~**therapie die** music therapy; ~**truhe die** radiogram *(in a large cabinet);* ~**unterricht der** a) *o. Pl. (das Unterrichten)* music-teaching; b) *(Stunde)* music-lesson; *(Stunden)* music-lessons *pl.;* c) *(als Schulfach)* music; *s. auch* **Englischunterricht**

Musikus ['mu:zikʊs] **der;** ~, **Musizi** ['mu:zitsi] *od.* **Musikusse** *(scherzh.)* musician

Musik-: ~**verlag der** music-publishers *pl.;* music-publishing house; ~**werk das** musical work; composition; ~**wissenschaft die** *o. Pl.* musicology; ~**wissenschaftler der** musicologist

musisch 1. *Adj.* artistic ⟨talent, person, family, etc.⟩; ⟨talent⟩ for the arts; ⟨education⟩ in the arts; **die** ~**en Fächer** art and music; **ein** ~**es Gymnasium:** *a* Gymnasium *specializing in teaching art and music.* 2. *adv.* artistically; ~ **veranlagt sein** have an artistic disposition

musizieren [muzi'tsi:rən] *itr. V.* play music; *(bes. unter Laien)* make music; **früher wurde viel mehr musiziert** there used to be a lot more music-making

Muskat [mʊs'ka:t] **der;** ~[**e**]**s,** ~**e** nutmeg

Muskateller [mʊska'tɛlɐ] **der;** ~**s,** ~: muscatel *[wine]*

Muskat·nuß die nutmeg

Muskel ['mʊskl] **der;** ~**s,** ~**n** muscle; **der hat vielleicht** ~**n!** *(ugs.)* he has quite some muscles *(coll.);* he's really muscular; ~**n bekommen** develop muscles; **seine** ~**n spielen lassen** flex one's muscles

Muskel-: ~**atrophie die** *(Med.)* muscular atrophy; ~**faser die** muscle fibre; ~**kater der** stiff muscles *pl.;* ~**kater haben** be stiff and aching; ~**kater in den Waden haben** have stiff calves; be stiff in one's calves; ~**kraft die** muscle-power; ~**krampf der** cramp; ~**krämpfe bekommen** ~ **krampf bekommen** get cramp; ~**mann der;** *Pl.* **männer** *(ugs.)* muscleman; ~**paket das** *(ugs.)* a) *(Muskeln)* bulging muscles *pl.* b) *s.* ~**mann;** ~**protz der** *(ugs.)* muscleman; Tarzan *(joc.);* ~**riß der** torn muscle; ~**schwund der** *(Med.)* muscular atrophy; ~**zerrung die** *(Med.)* pulled muscle; **sich** *(Dat.)* **eine** ~**zerrung zuziehen** pull a muscle

Muskete [mʊs'ke:tə] **die;** ~, ~**n** *(hist.)* musket

Musketier [mʊske'ti:ɐ] **der;** ~**s,** ~**e** *(hist.)* musketeer

Muskulatur [mʊskula'tu:ɐ] **die;** ~, ~**en** musculature; muscular system

muskulös [mʊsku'lø:s] *Adj.* muscular

Müsli ['my:sli] **das;** ~**s,** ~**s** muesli

Muslim ['mʊslɪm] *s.* **Moslem**

muß [mʊs] *1. u. 3. Pers. Sg. Präsens v.* **müssen**

Muß das; ~: necessity; must *(coll.);* **es ist kein** ~: it's not essential

Muß-Bestimmung die absolute *or* fixed rule

Muße ['mu:sə] **die;** ~: leisure; **dazu fehlt mir die** ~: I have no time to spare for it;

etw. in *od.* **mit** ~ **tun** do sth. at one's leisure; take one's time over sth.

Muß·ehe die *(ugs.)* shotgun marriage

Musselin [mʊsə'li:n] **der;** ~**s,** ~**e** muslin

müssen ['mʏsn̩] 1. *unr. Modalverb;* 2. *Part.* ~ a) *(gezwungen, verpflichtet, notwendig sein)* have to; **er muß es tun** he must do it; he has to *or (coll.)* has got to do it; **er muß es nicht tun** he does not have to do it; he has not got to do it *(coll.);* **er mußte es tun** *od.* **hat es tun** ~: he had to do it; **du mußtest nicht kommen** you did not have to come; **muß er es tun?** must he do it?; does he have to *or (coll.)* has he got to do it?; **irgendwann muß es ja doch mal gemacht werden** after all, it's got to be done some time; **wir werden zurückkommen** ~: we shall have to come back; **heiraten** ~: *(ugs.)* have to get married; **muß das jetzt sein?** does it have to be now?; **muß das sein?** is it really necessary?; *(Ärger über jmds. Verhalten ausdrückend)* do you have to?; **es muß nicht sein** it is not essential; **es muß ja nicht stimmen** it is not necessarily true; **so mußte es ja kommen** it was inevitable that it should come to this; it had to happen; **warum muß das ausgerechnet mir passieren?** why does it have to happen to me, of all people? **das muß man gesehen haben!** you mustn't miss ist!; it's not to be missed!; *(iron.)* it's a sight not to be missed!; **wir** – **Ihnen leider mitteilen, daß ...:** we regret to have to inform you that ...; **das muß man sich** *(Dat.)* **mal vorstellen!** just imagine!; **das muß 1968 gewesen sein** it must have been in 1968; **er muß gleich hier sein** he will be here *or* is bound to be here at any moment; b) 2. *Konjunktiv.* + *Inf.* **es müßte doch möglich sein** it ought to be possible; **das müßtest du eigentlich schon wissen** you really ought to *or* should know that by now; **so müßte es immer sein** it ought to be like this all the time; **dies ist ja, wie es immer sein should always be; **reich müßte man sein!** how nice it would be to be rich!; all one needs is [plenty of] money!; **man müßte nochmals zwanzig sein** oh to be twenty again!; c) *verneint (nordd.: dürfen)* **du mußt nicht alles glauben, was er sagt** you must not believe everything he says. 2. *unr. itr. V.* a) *(irgendwohin gehen müssen)* have to go; **ich muß zur Arbeit/nach Hause I** have to *or* must go to work/go home; **der Brief muß zur Post** the letter needs posting *or* taking to the post; **muß der Antrag heute zum Amt?** does the application have to be taken to the office today?; **ich muß mal** *(fam.)* I've got to *or* need to spend a penny *(Brit. coll.) or (Amer. coll.)* go to the john; b) *(gezwungen, verpflichtet sein)* **muß er?** does he have to?; has he got to? *(coll.);* **er muß nicht** he doesn't have to *or (coll.)* hasn't got to; **kein Mensch muß** ~: nobody 'has to do 'anything; c) *(an der Reihe sein)* **heute muß Peter** it's Peter's turn today

Muße·stunde die free hour; hour of leisure

müßig ['my:sɪç] 1. *Adj.* a) idle ⟨person⟩; ⟨hours, weeks, life⟩ of leisure; b) *(zwecklos)* pointless. 2. *adv.* idly

Müßig-: ~**gang der** *o. Pl.* leisure; *(Untätigkeit)* idleness; ~**gang ist aller Laster Anfang** *(Spr.)* the devil finds work for idle hands; ~**gänger der** idler; ~**gänger** *Pl.* people with time on their hands

Müßigkeit die; ~: a) *(geh.)* idleness; b) *(Zwecklosigkeit)* pointlessness

mußte ['mʊstə] *1. u. 3. Pers. Sg. Prät. v.* **müssen**

Mustang ['mʊstaŋ] **der;** ~**s,** ~**s** mustang

Muster ['mʊstɐ] **das;** ~**s,** ~ a) *(Vorlage)* pattern; **nach einem** ~ **stricken** knit from a pattern; **das ausgefüllte Formular dient als für den Antragsteller** the form that is filled in is intended as a specimen for the applicant to follow; **nach diesem** ~ **arbeiten** *(fig.)*

operate on these lines *or* on this model; b) *(Vorbild)* model **(an** + *Dat.* of); **er ist ein** ~ **an Fleiß** he is a model of industry; **er ist ein** ~ **von einem Ehemann** *(ugs.)* he is a model husband; c) *(Verzierung)* pattern; ~ **entwerfen** produce designs; **in welchem** ~ **strickst du die Jacke?** which stitch are you using to knit the jacket?; d) *(Warenprobe)* sample; **unverkäufliches** ~: sample not for sale; *(veralt.: auf einer Warensendung)* ~ **ohne Wert** sample with no commercial value

muster-, Muster-: ~**beispiel das** perfect example; *(Vorbild)* model; **ein** ~**beispiel dafür sein, wie ...:** be a perfect example of how ...; ~**betrieb der** model enterprise; *(Fabrik)* model factory; ~**buch das** a) *(Kunstwiss.: Motivsammlung)* pattern-book; b) *(mit Proben)* book of samples; pattern-book; ~**ehe die** perfect *or* ideal marriage; ~**exemplar das** a) *(oft iron.: Vorbild)* perfect specimen; **ein** ~ **von [einem] Sohn** a model son; b) *(Probeexemplar)* specimen copy; ~**gültig 1.** *Adj.* exemplary; perfect, impeccable ⟨order⟩; 2. *adv.* in an exemplary fashion

musterhaft 1. *Adj.* exemplary; perfect, impeccable ⟨order, condition⟩; model ⟨pupil⟩. 2. *adv.* in an exemplary fashion; ~ **geführt** perfectly *or* impeccably run

Muster-: ~**haus das** show house; ~**knabe der** *(oft abwertend)* model child; ~**koffer der** case of samples; ~**ländle** [-lɛndlə] **das,** ~**s** *(scherzh.)* Baden-Württemberg, the 'model state' of the FRG

mustern *tr. V.* a) *(betrachten)* eye; *(gründlich)* scrutinize; *(Milit.: inspizieren)* inspect ⟨troops⟩; **jmdn. von Kopf bis Fuß** *od.* **von oben bis unten** ~: look sb. up and down; b) *(Milit.: ärztlich untersuchen)* **einen Wehrpflichtigen/den Jahrgang 1962** ~: give somebody liable for military service his medical/give those born in 1962 their medicals

Muster-: ~**prozeß der** test case; ~**schüler der,** ~**schülerin die** model pupil; ~**sendung die** consignment of samples

Musterung die; ~, ~**en** a) *(das Betrachten)* scrutiny; *(Milit.: Inspektion)* inspection; b) *(Milit.: von Wehrpflichtigen)* medical examination; medical; c) *(Verzierung)* pattern

Musterungs·bescheid der summons to attend one's medical examination

Mut [mu:t] **der;** ~[**e**]**s** a) courage; **es gehört viel** ~ **dazu** it takes a lot of courage [to do it]; **alle** ~ **all seinen** ~ **zusammennehmen** take one's courage in both hands; screw up one's courage; **sich** *(Dat.)* ~ **antrinken** give oneself Dutch courage; **mit dem** ~ **der Verzweiflung** with courage born of desperation; **jmdm.** ~ **zusprechen** [try to] bolster up sb.'s courage; **sich gegenseitig** ~ **machen** keep each other's spirits up; **das gab** *od.* **machte ihr neuen** ~: that gave her new heart; **den** ~ **[nicht] sinken lassen** *od.* **verlieren [not]** lose heart; **[neuen]** ~ **fassen** take [new] heart; **nur** ~**!** don't lose heart!; *(trau dich)* be brave!; *(veralt.)* **in guten** *od.* **frohen** ~**es sein** be in good spirits; **mit frischem** ~: full of cheer *(dated);* with a cheerful countenance

Mutation [muta'tsi̯o:n] **die;** ~, ~**en** *(Biol.)* mutation

Mütchen ['my:tçən] *in* **sein** ~ [**an jmdm.**] **kühlen** *(ugs. [scherzh.])* vent one's wrath [on sb.]

mutieren *itr. V. (Biol.)* mutate

mutig 1. *Adj.* brave; courageous, brave ⟨words, decision, speech⟩; **dem Mutigen gehört die Welt** fortune favours the brave. 2. *adv.* bravely; courageously

mut·los *Adj. (niedergeschlagen)* dejected; despondent; *(entmutigt)* disheartened; dispirited

Mut·losigkeit die; ~: dejection; despondency

mutmaßen ['mu:tma:sn̩] *tr., itr. V.* conjecture; ~, **daß** ...: suppose *or* surmise that ...; **darüber ist schon viel gemutmaßt worden** there has been much conjecture *or* speculation about that

mutmaßlich 1. *Adj.; nicht präd.* supposed; presumed; suspected ⟨*terrorist etc.*⟩. 2. *adv. (geh.)* **es wird sich ~ noch verschlechtern** it is presumed it will get worse; **sie sind ~ ertrunken** they are presumed drowned

Mutmaßung *die;* ~, ~**en** conjecture

Mut·probe *die* test of courage

Muttchen ['mʊtçən] *das;* ~**s**, ~: *(ugs.)* a) *(Koseform)* mama; b) **[altes]** ~: little old lady; c) *(abwertend: biedere Frau)* good little housewife; *(mütterlicher Typ)* matronly sort ⟨*coll.*⟩; motherly soul

¹**Mutter** ['mʊtɐ] *die;* ~, **Mütter** ['mʏtɐ] a) mother; **sie wird ~ (ist schwanger)** she is expecting a baby; **eine werdende ~:** an expectant mother; **eine ~ von drei Kindern** a mother of three; **~ sein** be a mother; **grüßen Sie Ihre Frau ~!** remember me to your mother; **wie bei ~n** just like at home; ⟨*food*⟩ **like mother makes/used to make; die ~ Gottes** *(kath. Rel.)* the Mother of God; **~ Erde/Natur** *(dichter.)* Mother Earth/Nature; **bei ~ Grün schlafen** *(ugs.)* sleep out in the open; **die ~ der Kompanie** *(Soldatenspr.)* the company sergeant-major; b) *(Wirtsch.: ~gesellschaft)* parent company

²**Mutter** *die;* ~, ~**n** *(Schrauben~)* nut

Mutter·beratungs·stelle *die* advisory centre for [pregnant or nursing] mothers

Mutter-: ~**bindung** *die (Psych.)* attachment to the/one's mother; ~**boden** *der* topsoil; ~**brust** *die* mother's breast

Mütterchen ['mʏtɐçən] *das;* ~**s**, ~ a) *(Koseform)* mummy *(Brit. coll.);* mommy *(Amer. coll.);* b) **[altes]** ~: little old lady; c) **in ~ Rußland** Mother Russia

Mutter-: ~**erde** *die s.* ~**boden;** ~**freuden** *Pl.* **in ~ entgegensehen** *(geh.)* be expecting a child

Mütter·genesungs·heim *das* convalescent home for mothers

Mutter-: ~**gesellschaft** *die (Wirtsch.)* parent company; ~**glück** *das* joys *pl.* of motherhood; ~**gottes** [-'--] *die (kath. Rel.)* mother of God; *(Bild)* Madonna

Mütter·heim *das* [residential] home for [unmarried] mothers and their children

Mutter-: ~**herz** *das* mother's heart; *(scherzh. Anrede)* mother [dear]; ~**instinkt** *der* maternal instinct; ~**komplex** *der (Psych.)* a) *(~bindung)* mother fixation; b) *(~instinkt)* [excessive] maternal instinct; mothering instinct; ~**korn** *das (Bot.)* ergot; ~**kreuz** *das* (*ns.*) medal awarded to prolific mothers (in the Nazi period); ~**kuchen** *der (Med.)* placenta; ~**land** *das Pl.* ~**länder** a) *(Kolonialstaat)* mother country; b) *(Heimat)* original home; motherland; ~**leib** *der* womb; *(Zool.)* uterus

mütterlich 1. *Adj.* a) *nicht präd. (von der Mutter)* his/her etc. mother's; *(verallgemeinernd)* the mother's; *(einer Mutter)* maternal ⟨*line, love, instincts, etc.*⟩; **die ~en Pflichten** the duties of a mother; b) *(fürsorglich)* motherly ⟨*woman, care*⟩. 2. *adv.* in a motherly way

mütterlicher·seits *Adv.* on the/his/her etc. mother's side; **sein Großvater ~:** his maternal grandfather; his grandfather on his mother's side

Mütterlichkeit *die;* ~: motherliness; *(mütterliche Gefühle)* motherly feeling

mutter-, Mutter-: ~**liebe** *die* motherly love *no art.;* ~**los** *Adj.* motherless; ~**mal** *das; Pl.* ~**male** birthmark; ~**milch** *die* mother's milk; **etw. mit der ~milch einsaugen** *(fig.)* imbibe sth. with one's mother's milk; ~**mord** *der* matricide; ~**mund** *der* neck of the womb; cervix

Mütter·paß *der* document carried by pregnant woman which gives details of her medical history, blood group, etc.

Mutter-: ~**pflicht** *die* duty as a mother; maternal duty; ~**schaf** *das* mother ewe

Mutterschaft *die;* ~: motherhood

Mutterschafts-: ~**geld** *das* maternity benefit; ~**urlaub** *der* maternity leave

mutter-, Mutter-: ~**schiff** *das* mother ship; *(im Weltraum)* parent ship; ~**schutz** *der* a) *(Rechtsw.)* laws *pl.* protecting working pregnant women and mothers of new-born babies; b) *(ugs.: Urlaub)* maternity leave; ~**schwein** *das* mother sow; ~**seelen·allein** *Adj.; nicht attr.* all alone; all on my etc. own; ~**söhnchen** *das (abwertend)* mummy's *or (Amer.)* mama's boy; ~**sprache** *die* native language; mother tongue; ~**sprachler** [-ʃpra:xlɐ] *der;* ~**s**, ~ *(Sprachw.)* native speaker; ~**stelle** *die;* ~: **bei/an jmdm. ~stelle vertreten** take the place of a mother to sb.

Mütter·sterblichkeit *die* childbirth mortality

Mutter-: ~**stute** *die* dam; ~**tag** *der; o. Pl.* Mother's Day *no def. art.;* ~**tier** *das* a) *(Tier, das Junge hat)* mother [animal]; dam; b) *(Zuchttier)* brood animal; ~**witz** *der o. Pl.* a) *(Humor)* natural wit; b) *(Schläue)* native cunning

Mutti ['mʊti] *die;* ~, ~**s** mummy *(Brit. coll.);* mum *(Brit. coll.);* mommy *(Amer. coll.);* mom *(Amer. coll.)*

mut-, Mut-: ~**wille** *der; o. Pl.* wilfulness; *(Übermut)* devilment; **aus [bloßem] ~n** from [sheer] devilment; ~**willig** 1. *Adj.* wilful; wanton ⟨*destruction*⟩; *(übermütig)* high-spirited; 2. *adv.* wilfully; wantonly; *(aus Übermut)* from devilment; ~**willigkeit** *die;* ~: *s.* Mutwille

Mützchen *das;* ~**s**, ~**s** little cap

Mütze ['mʏtsə] *die;* ~, ~**n** cap; etwas *od.* eins auf die ~ **kriegen** *(fig. ugs.)* get told off; get a telling off; **eine ~ voll Schlaf** *(ugs.)* a nap; forty winks *pl.*

Mützen·schirm *der* peak of the/one's cap

MW *Abk.* a) *(Rundf.)* Mittelwelle MW; b) *(Physik)* Megawatt MW

Mw.-St., MwSt. *Abk.* Mehrwertsteuer VAT

mykenisch [my'ke:nɪʃ] *Adj.* Mycenaean

Mykologie [mykolo'gi:] *die;* ~: mycology *no art.*

Mykose [my'ko:zə] *die;* ~, ~**n** mycosis

Myom [my'o:m] *das;* ~**s**, ~**e** *(Med.)* myoma

Myriade [my'ri̯a:də] *die;* ~, ~**n** *(geh.)* myriad

Myrrhe ['mʏrə] *die;* ~, ~**n** myrrh

Myrte ['mʏrtə] *die;* ~, ~**n** myrtle

Myrten·kranz *der* myrtle wreath

Mysterien·spiel *das* miracle play

mysteriös [mʏste'ri̯ø:s] 1. *Adj.* mysterious. 2. *adv.* mysteriously

Mysterium [mʏs'te:ri̯ʊm] *das;* ~**s**, **Mysterien** mystery

Mystifikation [mʏstifika'tsi̯o:n] *die;* ~, ~**en** shrouding *no indef. art.* in mystery

mystifizieren [mʏstifi'tsi:rən] *tr. V.* shroud in mystery; *(unklar machen)* obfuscate

Mystifizierung *die;* ~, ~**en** *s.* Mystifikation

Mystik ['mʏstɪk] *die;* ~: mysticism

Mystiker *der;* ~**s**, ~, **Mystikerin** *die;* ~, ~**nen** mystic

mystisch 1. *Adj.* mystical. 2. *adv.* mystically

Mystizismus [mʏsti'tsɪsmʊs] *der;* ~: mysticism

mythisch ['my:tɪʃ] *Adj.* a) mythical; ⟨*heroes, traditions*⟩ of myth [and legend], of mythology; b) *(legendär)* legendary

Mythologie [mytolo'gi:] *die;* ~, ~**n** mythology

mythologisch *Adj.* mythological

mythologisieren *tr. V.* mythologize

Mythos ['my:tɔs] *der;* ~, **Mythen** a) *(Sage, auch fig.: Unwahrheit)* myth; b) *(glorifizierte Person od. Sache)* legend

N

n, N [ɛn] *das;* ~, ~: n/N; *s. auch* a, A

N *Abk.* Nord[en] N

'n *s.* ein; einen

na [na] *Interj. (ugs.)* a) *(als Frage, Anrede, Aufforderung)* well; **na, wie geht's?** well, how are you?; **na, du?** oh, it's you?; **na los!** come on then!; **na, wird's bald?/wo bleibst du denn?** come on, aren't you ready yet?/what's happened to you?; **na und?** *(wennschon)* so what?; b) *(beschwichtigend)* **na, na, na!** now, now, come along; c) *([zögernd] zustimmend)* **na schön!, na gut!** oh, OK *(coll.);* well, all right; **na ja, wenn du meinst** well [all right], if you think so; **na, dann bis später** right, see you later then; d) *(bekräftigend)* **na und ob!** and how! *(coll.);* I'll say! *(coll.);* **na, der wird schauen!** gosh, he'll get a surprise!; **na und wie!** and how! *(coll.);* **na eben!** exactly!; **na dann!** oh, in 'that case!; **na endlich!** at last!; e) *(triumphierend)* **Na also! Ich hatte doch recht!** There you are! I was right!; f) *(zweifelnd, besorgt)* **na, wenn das mal gutgeht** *od.* **klappt** well, let's hope it'll be OK *(coll.);* **na, wenn das dein Vater merkt!** oh dear, what if your father notices?; g) *(ablehnend)* **na, ich danke** you can keep it; h) *(unsicher)* **na, ich weiß nicht** hmm, I'm not sure; *(staunend)* **na so [et]was!** well I never!; i) *(konsterniert)* **na, was soll das denn?** now what's all this about?; j) *(drohend)* **na warte!** just [you] wait!; *(auf einen nicht Anwesenden bezogen)* just let him wait!

Nabe ['na:bə] *die;* ~, ~**n** hub

Nabel ['na:bl̩] *der;* ~**s**, ~: navel; **der ~ der Welt** *(geh.)* the hub of the universe

Nabel-: ~**binde** *die* umbilical bandage; ~**bruch** *der (Med.)* umbilical hernia; ~**schau** *die (salopp)* ~**schau halten** bare one's soul; **das Buch ist nichts als eine egozentrische ~schau** the book is nothing but a self-indulgent ego-trip *(coll.);* ~**schnur** *die Pl.* ~**schnüre** umbilical cord

nach [na:x] 1. *Präp. mit Dat.* a) *(räumlich)* to; ~ **Rom fahren** travel to Rome; **ist das der Zug ~ Köln?** is that the train for Cologne *or* the Cologne train?; **ja, der Zug fährt ~ Köln** yes, this train goes to Cologne; ~ **Hause gehen** go home; ~ ... **abreisen** leave for ...; **sich ~ vorn/hinten beugen** bend forwards/backwards; **stell den Schrank weiter ~ hinten** put the cupboard further back; **komm ganz ~ vorn** come right to the front; ~ **links/rechts** to the left/right; ~ **der Seite** to the side; ~ **allen Richtungen** in all directions; ~ **Osten [zu]** eastwards; [towards the] east; ~ ... **zu** towards ...; ~ **außen/innen** outwards/inwards; **ich bringe den Abfall ~ draußen** I am taking the rubbish outside; **ein Zimmer ~ der Straße** a room looking

1333

out on to *or* facing the street; **b)** *(zeitlich)* after; ~ **fünf Minuten** after five minutes; five minutes later; **zehn [Minuten]** ~ **zwei** ten [minutes] past two; **wird man noch** ~ **100 Jahren daran denken?** will anyone remember it in a hundred years' time?; **1500 Jahre** ~ **Christi Geburt** *od. (bes. DDR)* ~ **unserer Zeitrechnung** in AD 1500; **vier Wochen** ~ **Erhalt der Rechnung** four weeks after receipt of *or* after receiving the invoice; **gleich** ~ **Erhalt der Rechnung** immediately upon *or* after receiving the invoice; **c)** *(mit bestimmten Verben, bezeichnet das Ziel der Handlung)* for; **greifen/streben/schicken** ~: grasp/strive/send for; **d)** *(bezeichnet [räumliche und zeitliche] Reihenfolge)* after; ~ **Ihnen/dir!** after you; **die Post kommt** ~ **dem Rathaus** the post office is after *or* past the town hall; ~ **„für" steht der Akkusativ** after 'für' one has the accusative; **'für' takes the accusative; der Bundestagspräsident kommt** ~ **dem Bundespräsidenten** *(im gesellschaftlichen Rang)* the president of the Federal Parliament is lower in rank than the Federal President; *s. auch* **ander...** **b; e)** *(gemäß)* according to; *(in Übereinstimmung mit)* in accordance with; ~ **meiner Ansicht** *od.* **Meinung, meiner Ansicht** *od.* **Meinung** ~: in my view *or* opinion; ~ **menschlichem Ermessen** as far as anyone can judge; **aller Wahrscheinlichkeit** ~: in all probability; ~ **Lage der Dinge wird es kaum möglich sein** as matters stand it will hardly be possible; **je** *od.* **ganz** ~ **Wunsch** just as you/they *etc.* wish; however you/they *etc.* like; **Variationen** ~ **einem Thema von Händel** variations on a theme of Handel; **[frei]** ~ **Goethe** [freely] adapted from Goethe; ~ **einer Vorlage zeichnen** draw from an original; **eine Suppe** ~ **Art des Hauses** *(Kochk.)* a soup à la maison; ~ **rheinischer Art** *(Kochk.)* in the Rhenish style; ~ **altem Brauch** in accordance with *or* by ancient custom; ~ **der neuesten Mode gekleidet** dressed in [accordance with] the latest fashion; ~ **etw. schmecken/riechen** taste/smell of sth.; **seinem Wesen** ~: by nature; **sie kommt eher** ~ **dem Vater** *(ugs.)* she takes more after her father; ~ **dem [zu urteilen], was er gesagt hat** going *or* judging by what he said; from what he said; **jmdn. nur dem Namen** ~ **kennen** know sb. by name only; ~ **jmdm. genannt werden** be named after sb.; **Dienst** ~ **Vorschrift** work to rule; **dem Gesetz** ~: in accordance with the law; by law; ~ **Paragraph 5, Artikel 4** in accordance with *or* under paragraph 5, clause 4; **der Größe** ~/~ **dem Gewicht** according to *or* by size/weight; ~ **Stunden/Umsatz bezahlt werden** be paid by the hour/according to turnover; **15 Schillinge sind etwa 2 DM** ~ **unserem Geld** 15 schillings are about 2 marks in our money. **2.** *Adv.* **a)** *(räumlich)* **[alle] mir** ~! [everybody] follow me!; **b)** *(zeitlich)* ~ **und** ~: little by little; gradually; ~ **wie vor** still; as always

nach|äffen [-ɛfn̩] *tr. V.* *(abwertend)* mimic
Nachäfferei *die;* ~ *(abwertend)* mimicry; mimicking
nach|ahmen [-aːmən] *tr. V.* **a)** *(kopieren)* imitate; **b)** *(nacheifern)* emulate
nachahmens·wert *Adj.* worthy of imitation *postpos.*; exemplary; **nicht** ~: not to be imitated *postpos.*
Nachahmer *der;* ~**s**, ~, **Nachahmerin** *die;* ~, ~**nen** imitator
Nachahmung *die;* ~, ~**en a)** imitation; **b)** *(das Nacheifern)* emulation
Nachahmungs·trieb *der* *(Verhaltensf., Psych.)* imitative instinct
nach|arbeiten 1. *tr. V.* **a)** *(nachholen)* **eine Stunde** ~: work an extra hour to make up; **sie muß die versäumten Stunden** ~: she has to make up for the hours she missed; **b)** *(überarbeiten)* go over, finish off ⟨work-

piece⟩; *(retuschieren)* retouch ⟨picture⟩; **c)** *(nachbilden)* copy (+ *Dat.* from). **2.** *itr. V.* do extra work to make up
Nachbar ['naxbaːɐ̯] *der;* ~**n** *od. selten* ~**s,** ~**n** neighbour; **Herr** ~: neighbour; **die lieben** ~ *(iron.)* the nice people next door *(iron.);* ~**s Hund** the neighbours'/neighbour's dog; **mein** ~ **im Kino** the man [sitting] next to me in the cinema
Nachbar-: ~**dorf** *das* neighbouring village; ~**haus** *das* house next door; **unser** ~**haus** the house next door to us
Nachbarin *die;* ~, ~**nen** neighbour; **meine** ~ **im Kino** the woman [sitting] next to me in the cinema
Nachbar·land *das;* *Pl.* ...**länder** neighbouring country; **unser westliches** ~: our western neighbour
nachbarlich 1. *Adj.* **a)** *nicht präd.* *(dem Nachbarn/den Nachbarn gehörend)* neighbour's/neighbours'; *(benachbart)* neighbouring; next-door; **b)** *(unter Nachbarn üblich)* neighbourly; **in gutem** ~**em Einvernehmen leben** be good neighbours. **2.** *adv.* *(freundschaftlich)* in a neighbourly way
Nachbarschaft *die;* ~ **a)** *(die Nachbarn)* **die [ganze]** ~: all the neighbours *pl.*; the whole neighbourhood; **es hat sich in der ganzen** ~ **herumgesprochen** everybody in the neighbourhood has heard about it; **b)** *(Beziehungen)* **gute** ~: good neighbourliness; **wir halten** *od.* **pflegen eine gute** ~: we try to be good neighbours; **c)** *(Gegend)* *(Nähe)* vicinity
nachbarschaftlich 1. *Adj.* neighbourly. **2.** *adv. s.* **nachbarlich 2**
Nachbarschafts-: ~**haus** *das (Sozialwesen)* neighbourhood [social] centre; ~**hilfe** *die* **a)** *(gegenseitige Hilfe)* neighbourly help; **mit** ~**hilfe gebaut** built with the assistance of the neighbours; **b)** *(Sozialwesen)* neighbourhood social welfare organization *(run by independent welfare organizations)*
Nachbars-: ~**familie** *die* family next door; ~**frau** *die* woman next door
Nachbar-: ~**tisch** *der* next *or* neighbouring table; ~**wissenschaft** *die* allied *or* related science
Nach·beben *das* aftershock
nach|behandeln *tr. V.* **a)** *(nochmals behandeln)* treat again; **b)** *(nach ärztlicher Behandlung)* **jmdn./etw.** ~: give sb./sth. follow-up treatment
Nach·behandlung *die* follow-up treatment; after-care
nach|bekommen *unr. tr. V.* **a)** *(mehr bekommen)* **[noch] etw.** ~: have some more of sth.; *(bei Tisch)* have seconds of sth.; **b)** *(mehr kaufen können)* get more of
nach|bereiten *tr. V.* *(bes. Päd.)* **a)** *(analysieren)* assess the effectiveness of ⟨lesson⟩; **b)** *(vertiefen)* go over [again] *(in order to internalize the material)*
Nachbereitung *die;* ~, ~**en** *(bes. Päd.)* **a)** *(Analyse)* assessment; **b)** *(Vertiefung)* further study *(for internalization)*
nach|bessern *tr. V.* repair; make good, put right ⟨defects⟩
nach|bestellen *tr. V.* **[noch] etw.** ~: order more of sth.; ⟨shop⟩ order further stock of sth., reorder sth.; **die Teile des Geschirrs** ~: order more [parts] of the service
Nach·bestellung *die;* ~, ~**en** further order (+ *Gen.* for); *(vom Händler aufgegeben)* repeat order (+ *Gen.* for).
nach|beten *tr. V.* *(ugs. abwertend)* repeat parrot-fashion; regurgitate
nach|bezahlen *s.* **nachzahlen**
nach|bilden *tr. V.* reproduce, copy (+ *Dat.* from); **einem ägyptischen Original nachgebildet sein** be a reproduction *or* copy of an Egyptian original
Nach·bildung *die* **a)** *o. Pl. (das Nachbilden)* copying; **b)** *(Gegenstand)* copy; replica

nach|bleiben *unr. tr. V.;* **mit sein** *(landsch.)* be left *(from an injury etc.);* **wenn da bloß nichts nachbleibt!** let's hope there's no lasting damage *or* after-effects
nach|blicken *tr. V.* *(geh.)* **jmdm./einer Sache** ~: look *or* gaze after sb./sth.
Nach·blutung *die* secondary haemorrhage
nach|bringen *unr. tr. V.* bring along ⟨sth. left behind⟩; **sie hat ihm den Schirm nachgebracht** she brought the umbrella he left behind
nach·christlich *Adj.; nicht präd.* **im ersten** ~**en Jahrhundert** in the first century AD
nach|datieren *tr. V.* backdate
nach·dem *Konj.* **a)** *(zeitlich)* after; **ich ging erst,** ~ **ich mich vergewissert hatte** I only left when I had made sure; I did not leave until I had made sure; ~ **ich das Buch gelesen hatte** after *or* when I had read the book; **b)** *(südd.: kausal)* since; **e)** *s.* **¹je 3 b**
nach|denken *unr. itr. V.* think (**über** + *Akk.* about); *(lange u. erwägend)* reflect (**über** + *Akk.* on); **darüber darf man gar nicht** ~! it doesn't bear thinking about; **denk mal [gut** *od.* **scharf] nach** have a [good] think; think carefully; **er dachte darüber nach, wie er sich entscheiden sollte** he considered how he should decide; **ohne nachzudenken** without stopping to think
Nach·denken *das* thought; **Zeit zum** ~: time to think; **nach langem** ~: after thinking about it for a long time; **after mature consideration** *(formal);* **in tiefes** ~ **versunken** sunk in thought
nachdenklich 1. *Adj.* thoughtful; pensive; **jmdn. [sehr]** ~ **machen** *od.* **stimmen** [really] make sb. think; give sb. [much] cause for thought. **2.** *adv.* thoughtfully; pensively
Nach·dichtung *die* adaptation/recreation *(in another language)*
nach|drängen *itr. V.;* **mit sein** *(nach vorn schieben)* push forwards; *(von hinten)* push from behind; **einige liefen auf das Spielfeld, andere drängten nach** some ran on to the pitch and others crowded after them
Nach·druck *der;* *Pl.* ~**e a)** *Pl.* **nicht** ~: emphatically; **etw. mit** ~**/mit größtem** ~ **fordern** demand sth. vigorously *or* forcefully/with the utmost vigour; **seinen Worten** ~ **verleihen** give one's words emphasis; **auf etw.** *(Akk.)* **[besonderen]** ~ **legen** place [particular] emphasis on sth.; stress sth. [particularly]; **b)** *(Druckw.)* reprint; *(beim Copyrightvermerk)* ~ **[, auch auszugsweise,] verboten** not to be reproduced [in part or in whole]
nach|drucken *tr. V.* reprint ⟨book⟩; print more ⟨invoices, letterheads, etc.⟩
nachdrücklich 1. *Adj.; nicht präd.* emphatic ⟨warning, confirmation, advice⟩; insistent ⟨demand⟩; urgent ⟨request, appeal⟩. **2.** *adv.* emphatically; **ich muß Sie** ~ **bitten, zu ...** I must urgently request you to ...; **etw.** ~ **verlangen** demand sth. vigorously; ~ **darauf hinweisen, daß ...**: emphasize that ...:
Nachdrücklichkeit *die;* ~ *s.* **nachdrücklich:** emphatic nature; insistent nature; urgency
nach|dunkeln *itr. V.;* **mit sein** get darker
Nach·durst *der* morning-after thirst
nach|eifern *itr. V.* **jmdm.** ~: emulate sb.
nach|eilen *itr. V.;* **mit sein** **jmdm.** ~: hurry after sb.
nach·einander *Adv.* **a)** *(räumlich, zeitlich)* one after the other; **kurz/unmittelbar** ~: one shortly/immediately after the other; **fünfmal/drei Tage** ~: five times/three days in a row; **b)** *in Verbindung mit Verben.* ~ **sehen** keep an eye on each other; **sich** ~ **richten** coordinate with one another; **sich** ~ **sehnen** long for one another
nach|empfinden *unr. tr. V.* **a)** *(nachfühlen)* empathize with ⟨feeling⟩; share ⟨delight, sorrow⟩; **ich kann [dir] deinen Ärger gut** ~: I can well understand *or* appreciate your

feeling of anger; b) *(nachmachen)* re-create ⟨expression, atmosphere, event⟩; take ⟨work of art⟩ as a model; **einer Sache** *(Dat.)* **nachempfunden sein** take its inspiration from sth.; be modelled on sth.
Nachen ['naxn̩] *der;* ~s, ~: *(dichter.)* shallop
nach|erzählen *tr. V.* retell
Nach·erzählung *die* retelling [of a story]; *(Schulw.)* reproduction
Nachfahr [-faːɐ̯] *der;* ~en *od.* selten ~s, ~en, **Nachfahre** *der;* ~n, ~n *(geh.)* descendant; *(fig.:* Nachfolger) successor
nach|fahren *unr. itr. V.; mit sein* follow [on]; **jmdm.** ~: follow sb.
nach|fassen 1. *itr. V.* **a)** *(noch einmal zufassen)* change one's grip (**an** + *Dat.* on); *(beim Fangen des Balls)* make a second attempt to gather the ball; **b)** *(ugs.: nachfragen)* ask a supplementary question; **c)** *(bes. Soldatenspr.)* [noch einmal od. noch mal] ~! have seconds. **2.** *tr. V. (bes. Soldatenspr.)* have seconds of *(soup etc.)*
Nach·feier *die* belated celebration
nach|feiern 1. *tr. V.* celebrate ⟨birthday, Christmas⟩ at a later date. **2.** *itr. V.* have a belated celebration
Nach·folge *die* succession; **die** ~ **B.s regeln** settle who is to be B.'s successor; **jmds.** ~ **antreten** succeed sb.; **die** ~ **Christi** the discipleship of Christ
nach|folgen *itr. V.; mit sein* follow; **jmdm./einer Sache** ~: follow sb./sth.; **jmdm. im Amt** ~: succeed sb. in office
nach·folgend *Adj.; nicht präd.* following; subsequent ⟨chapter, issue⟩; **im** ~**en** below; in the text that follows
Nachfolge·organisation *die* successor organization *(Gen.* to)
Nachfolger *der;* ~s, ~, **Nachfolgerin** *die;* ~, ~**nen** successor
Nachfolge·staat *der* succession *or* successor state
nach|fordern *tr. V.* [noch] **500 DM** ~: demand an additional 500 marks
Nach·forderung *die* additional demand *(Gen.,* **von** for)
nach|forschen *itr. V.* make inquiries; investigate [the matter]; ~, **ob …/wer …/welcher …:** try to find out *or* investigate whether …/who …/which …; **einer Sache** *(Dat.)* ~ *(geh.)* investigate a matter
Nach·forschung *die* investigation; inquiry; ~**en** [nach etw.] **anstellen** make inquiries [into sth.]; **die** ~**en, wohin …:** the inquiries as to where …
Nach·frage *die (Kaufmannsspr.)* demand (**nach** for); **es herrscht keine** ~ **mehr danach** there is no longer any demand for it; *s. auch* Angebot; **b)** *(veralt.:* Frage*)* inquiry; question; **danke für [gütigen]** ~**/für die [gütige]** ~ *(meist scherzh.)* how kind of you to inquire
nach|fragen *itr. V.* ask; inquire; **bei jmdm.** ~: ask sb.; **ob ich mal** ~ **soll?** should I ask about it *or* make inquiries?; **um etw.** ~: ask for *or* request sth.
Nach·frist *die (Rechtsw.)* additional time given for performance of a contract
nach|fühlen *tr. V.* empathize with; **jmdm. seine Wut** ~: understand sb.'s anger; **das kann ich dir** ~! I know how you feel!
nach|füllen *tr. V.* refill ⟨glass, vessel, etc.⟩; *(wenn nicht leer)* fill up; top up; **jmdm. das Glas** *od.* **jmds. Glas** ~: refill/fill up sb.'s glass; **Salz/Wein** ~: put [some] more salt/wine in
Nach·gang in **im** ~ *(Amtsspr.)* subsequently
nach|geben 1. *unr. itr. V.* **a)** give way; *(aus Schwäche)* give in; **jmdm. zuviel** ~: let sb. *or* let sb. have his/her way too often; **seiner Verzweiflung/Müdigkeit** ~! give in to one's despair/tiredness; **b)** *(sich dehnen)* stretch; **das Material gibt ein wenig nach**

there is some give in the material; **c)** *(Bankw., Wirtsch.: sinken)* ⟨prices, currency⟩ weaken. **2.** *unr. tr. V.* **a)** *(mehr geben)* **jmdm. [etwas] Fleisch/Suppe** usw. ~: give sb. [some] more meat/soup *etc.;* **b)** in **jmdm. nichts/nicht viel** *od.* **wenig** ~: be sb.'s equal/almost sb.'s equal (**an** + *Dat.* in)
nach·geboren *Adj.* **a)** posthumous ⟨son, daughter⟩; **b)** *(viel jünger)* much younger; born much later postpos.
Nach·gebühr *die* excess postage
Nach·geburt *die* **a)** *(Vorgang)* expulsion of the afterbirth; **b)** *(Gewebe)* afterbirth
nach|gehen *unr. itr. V.* **a)** *(folgen)* **jmdm./einer Sache** ~: follow sb./sth.; **gehen Sie der Musik nach** follow the sound of the music; **einer Idee/einer Frage/einem Problem** usw. ~ *(fig.)* look into a matter/question/problem *etc.;* **b)** *(nicht aus dem Kopf gehen)* **jmdm.** ~: remain on sb.'s mind; occupy sb.'s thoughts; **c) seinen Geschäften** *od.* **Beschäftigungen/seinem Tagewerk** ~: go about one's business/daily work; **seinen Interessen/seinem Studium** ~: pursue one's interests/one's studies; **einem Beruf** ~: practise a profession; **d)** ⟨clock, watch⟩ be slow; [**um**] **eine Stunde** ~: be an hour slow; **eine Stunde am Tag** ~: lose an hour a day
nach·gelassen 1. 2. *Part. v.* nachlassen. **2.** *Adj.; nicht präd.* unpublished *(at the author's/composer's death);* **die** ~**en Schriften des Autors** the unpublished writings left by the author
nach·gemacht 1. 2. *Part. v.* nachmachen. **2.** *Adj.* imitation ⟨leather, gold⟩; ~ **aussehen** look like an imitation
nach·geordnet *Adj. (Amtsspr.)* inferior ⟨authority⟩; ⟨person⟩ subordinate
nach·gerade *Adv.* **a)** *(allmählich)* in time; by and by; **b)** *(geradezu)* positively; **das ist** ~ **eine Unverschämtheit** it's an absolute cheek
nach|geraten *unr. itr. V.; mit sein* **jmdm.** ~: take after sb.
Nach·geschmack *der* after-taste; **einen üblen** *od.* **unguten** ~ **hinterlassen** *(fig.)* leave a nasty taste in the mouth
nach·gewiesener·maßen *Adv.* as has been proved
nach·giebig [-giːbɪç] *Adj.* **a)** *(nicht streng)* indulgent; yielding; **seinen Kindern gegenüber zu** ~ **sein** be too indulgent to *or (coll.)* soft with one's children; **b)** *(weich)* soft; yielding
Nachgiebigkeit *die;* ~: **a)** *(gütige Art)* indulgence; **b)** *(Weichheit)* softness
nach|gießen 1. *tr. V.* pour [in] some more; **darf ich Ihnen [noch] Wein** ~? may I top up your wine? **2.** *unr. itr. V. (die Gläser nachfüllen)* top up the drinks; **jmdm.** ~: pour sb. some more; top sb. up *(coll.)*
nach|grübeln *itr. V.* ponder (**über** + *Akk.* over)
nach|gucken *(ugs.) s.* nachsehen 1 a, b, c, 2 a, b
nach|haken *itr. V. (ugs.: noch einmal fragen)* raise another question; **an einem Punkt muß ich** ~: I must come back on one point; **b)** *(ugs.: nachgehen)* make further inquiries; **c)** *(Fußball)* tackle from behind
Nach·hall *der;* ~[e]s, ~e reverberation; *(fig. geh.:* Nachwirkung*)* reverberations *pl.;* (**in der Literatur** *o. ä.)* lingering echo
nach|hallen *itr. V.* reverberate; **seine Schritte hallten in dem leeren Haus nach** his footsteps echoed in the empty house
Nachhall·zeit *die (Physik)* reverberation period
nach·haltig 1. *Adj.* lasting; **jmdm. einen** ~ **Schreck versetzen** give sb. a fright that he/she will not forget [for a long time]. **2.** *adv. (auf längere Zeit)* for a long time; *(nachdrücklich)* persistently; **jmdm.** ~ **prägen** have a lasting effect on sb.; ~ **geschädigt werden** sustain lasting damage

nach|hängen *unr. itr. V.* **a)** *(in Gedanken)* dwell on; **seinen Gedanken** ~: lose oneself in one's thoughts; give oneself up to one's thoughts; **b)** *(anhaften)* **jmdm.** ~: stick to sb.; **c)** *(ugs.: in der Schule zurück sein)* lag behind
Nach·hause·weg *der* way home
nach|helfen *unr. itr. V.* help; **jmdm.** ~: help sb. along; lend sb. a hand; **der Schönheit** ~: improve on Mother Nature; **dem Glück** ~: assist one's chances
nach·her *[auch:* '--] *Adv.* **a)** afterwards; *(später)* later [on]; **bis** ~! see you later!; **ich kann mich erst** ~ **darum kümmern** I can't deal with it until after that *or* later; **b)** *(ugs.: womöglich)* then perhaps; *(sonst)* otherwise; **erzählen Sie die Geschichte nicht weiter,** ~ **ist sie nicht wahr** don't tell this story to anyone – it might turn out to be untrue
Nach·hilfe *die* coaching
Nachhilfe-: ~**lehrer** *der* coach; ~**schüler** *der:* **mein** ~**schüler** the boy I am coaching; **sie hat drei** ~**schüler** she is coaching three boys; ~**stunde** *die* private lesson; ~**unterricht** *der* coaching
nach·hinein in ~ *(nachträglich)* afterwards; later; *(zurückblickend)* with hindsight; **im** ~ **ist man immer klüger** one is always wiser after the event
Nach·hol·bedarf *der* need to catch up; **ein** ~ **an etw.** *(Dat.)* a need to make up for the shortage of sth.
nach|holen *unr. tr. V.* **a)** *(nachträglich erledigen)* catch up on ⟨work, sleep⟩; make up for ⟨working hours missed⟩; **er hat viel/einiges nachzuholen** he has a lot of/some catching up to do; **den Schulabschluß** ~: take one's final school examination as a mature student; **ich habe ihr nicht gratuliert – ich muß es morgen** ~: I didn't congratulate her – I shall have to do it tomorrow instead; **b)** *(zu sich holen)* fetch; **seine Familie** ~: bring one's family to join one
Nach·hut *die;* ~, ~**en** *(Milit.; auch fig.)* rearguard
Nach·impfung *die* booster injection
nach|jagen *itr. V.; mit sein* **jmdm./einer Sache** ~: chase after sb./sth.; **dem Erfolg/Geld** ~ *(fig.)* devote oneself to the pursuit of success/money
Nach·klang *der* reverberation
nach|klingen *unr. itr. V.; mit sein* go on sounding; **in jmdm.** ~ *(fig. geh.)* linger on in sb.'s mind; stay with sb.
Nachkomme *der;* ~n, ~n descendant; *(eines Tieres)* offspring; **ohne** ~**n sterben** die without issue
nach|kommen *unr. itr. V.; mit sein* **a)** follow [later]; come [on] later; **seine Familie wird [später]** ~: his family will join him later; **da kann noch etwas** ~ *(ugs.)* something could still turn up; **die** ~**den Autos/Truppen** the cars/troops following behind; **b) seinen Pflichten** ~: fulfil one's duties; **seinen Verpflichtungen** ~: meet one's commitments; **einem Wunsch/Befehl/einer Bitte** ~: comply with a wish/an order/grant a request; **c)** *(Schritt halten können)* be able to keep up; **ich komme mit dem Abtrocknen nicht nach** I can't dry [the dishes] fast enough
Nachkommenschaft *die;* ~: descendants *pl.; (eines Tieres)* offspring
Nachkömmling [-kœmlɪŋ] *der;* ~s, ~e much younger child *(than the rest);* afterthought *(joc.);* **Christoph, unser** ~: Christoph, much the youngest child in our family
Nach·kriegs-: ~**generation** *die* post-war generation; ~**zeit** *die* post-war period; **in der [ersten]** ~**zeit** [immediately] after the war
Nach·kur *die* [period of] convalescence *(after a health cure)*
nach|laden *unr. tr. V.* reload
Nach·laß *der;* **Nachlasses, Nachlasse** *od.*

Nachlässe a) estate; *(hinterlassene Gegenstände)* personal effects *pl. (left by the deceased);* **literarischer/künstlerischer ~:** unpublished/unexhibited works *pl. (left by a writer/an artist);* **aus dem ~ veröffentlichen** publish posthumously; **b)** *(Kaufmannsspr.:Rabatt)* discount; reduction; **ein hoher ~:** a high discount *or* big reduction
nach|lassen 1. *unr. itr. V.* **a)** *(schwächer/weniger werden)* let up; ⟨*rain, wind*⟩ ease, let up; ⟨*storm, heat*⟩ abate, die down; ⟨*anger*⟩ subside, die down; ⟨*pain, stress, pressure*⟩ ease, lessen; ⟨*noise*⟩ lessen; ⟨*fever*⟩ go down; ⟨*speed, demand*⟩ decrease, drop; ⟨*effect*⟩ wear off; ⟨*interest, enthusiasm, strength, courage*⟩ flag, wane; ⟨*resistance*⟩ weaken; *(schlechter werden)* ⟨*health, hearing, memory*⟩ get worse, deteriorate; ⟨*reactions*⟩ become slower; ⟨*performance*⟩ deteriorate, fall off; ⟨*business*⟩ drop off, fall off; **meine Augen haben stark nachgelassen** my eyesight has deteriorated considerably; **b)** *(landsch.: aufhören)* **mit etw. nicht ~:** keep on with sth.; **du sollst damit jetzt ~!** stop that at once!; *s. auch* **Schreck. 2.** *unr. tr. V.* **a)** *(Kaufmannsspr.)* give *or* allow a discount of; **man hat mir 30 % des Preises nachgelassen** they gave me 30 % off [the price] *or* a discount of 30 %; **b)** *(erlassen)* **jmdm. seine Schulden ~:** let sb. off his/her debts; **c)** *(lockern)* slacken ⟨*rope*⟩
Nachlaß·gericht das *(Rechtsw.)* ≈ probate court
nach·lässig 1. *Adj.* **a)** *(unordentlich)* careless; untidy ⟨*dress*⟩; negligent ⟨*staff*⟩; lax, casual ⟨*behaviour, way of talking*⟩; **b)** *(unbeteiligt)* indifferent; apathetic. **2.** *adv.* **a)** *(unordentlich)* carelessly; untidily ⟨*dressed*⟩; **b)** *(unbeteiligt)* indifferently; apathetically
nachlässigerwe̲i̲se *Adv.* carelessly
Nach·lässigkeit die; ~, ~en a) *s.* **nachlässig 1 a:** carelessness; untidiness; negligence; laxness; casualness; **b)** *(Fehler)* careless mistake; **die kleinste ~:** the slightest mistake
Nachlaß-: **~pfleger der** *(Rechtsw.)* administrator [of an/the estate] *(appointed by the court until the estate is settled);* **~verwalter der** *(Rechtsw.)* executor
Nach·lauf der *(Kfz-W.)* castor angle
nach|laufen *unr. itr. V.; mit sein* **jmdm./einer Sache ~:** run *or* chase after sb./sth.; **einem Mädchen ~** *(ugs.)* chase a girl; **einer Illusion** *(Dat.)* **~** *(fig.)* chase after *or* pursue an illusion; **diese Kleider laufen sich nach** *(fig. ugs.)* these dresses are everywhere
nach|legen *tr., itr. V.* [Holz/Kohlen] **~:** put some more wood/coal on
Nach·lese die a) gleaning; *(Ertrag)* gleanings *pl.;* **b)** *(geh.: Auswahl)* further selection
nach|lesen *unr. tr. V.* look up; *(überprüfen)* check; **in den Statistiken ist nachzulesen, daß ...:** the statistics show that ...
nach|liefern *tr. V.* *(später liefern)* supply later; *(zusätzlich liefern)* supply additionally; **der Rest wird nächste Woche nachgeliefert** the rest of the delivery will follow next week
Nach·lieferung die a) *o. Pl. (das Nachliefern)* [subsequent] delivery; **b)** *(Ware)* further consignment
nach|lösen 1. *tr. V.* **eine Fahrkarte ~:** buy a ticket [on the train/tram *(Brit.)* *or (Amer.)* streetcar]. **2.** *itr. V.* pay the excess [fare]; *(für die 1. Klasse)* pay the extra [fare]
nachm. *Abk.* nachmittags p.m.
nach|machen *tr. V.* **a)** *(auch tun)* copy; *(imitieren)* imitate; do an impersonation of ⟨*politician etc.*⟩; *(genauso herstellen)* reproduce ⟨*period furniture etc.*⟩; *(signature)* forge, counterfeit ⟨*money*⟩; **jmdm. alles ~:** copy everything sb. does; **das soll mir einer ~!** follow that!; **das macht ihm so schnell keiner nach** nobody is going to equal that in a hurry; *s. auch* **nachgemacht;**

b) *(ugs.: später machen)* do later; take ⟨*exam*⟩ later; **Hausaufgaben ~:** catch up on one's homework
nach|malen *tr. V.* go over [with fresh paint]
nach·malig *Adj.; nicht präd. (veralt.)* future; **X, der ~e US-Präsident** X, who was to become President of the USA
nach|messen 1. *unr. tr. V.* check the measurements of; check ⟨*distance, length, etc.*⟩. **2.** *itr. V.* check the measurements
Nach·mieter der next tenant; **einen ~ stellen** find a tenant to take over the lease
nach·mittag *Adv.* **heute/morgen/gestern ~:** this/tomorrow/yesterday afternoon; [am] **Sonntag ~:** on Sunday afternoon
Nach·mittag der afternoon; **zwei ~e in der Woche arbeiten** work two afternoons a week; **den ganzen ~:** all afternoon; **am ~,** *(geh.)* **des ~s in the afternoon;** *(heute)* this afternoon; **am frühen/späten ~:** early/late in the afternoon; **am selben ~:** the same afternoon; **am ~ des 8. März,** on the afternoon of 8 March; **an einem sonnigen ~ im Juli** one sunny afternoon in July; **b)** *(Veranstaltung)* social afternoon
nachmittäglich [-mɪtːklɪç] *Adj.; nicht präd.* afternoon ⟨*walk, nap*⟩
nach·mittags *Adv.* in the afternoon; *(heute)* this afternoon; **dienstags** *od.* **Dienstag ~:** on Tuesday afternoons; **um vier Uhr ~:** at four in the afternoon; at 4 p.m.
Nach·mittags-: **~kaffee der** afternoon coffee [and cakes]; **~vor·stellung die** afternoon performance; [afternoon] matinée
Nachnahme die; ~, ~n a) per ~: cash on delivery; COD; **b)** *(Sendung)* COD parcel
Nachnahme-: **~gebühr die** *(Postw.)* cash on delivery fee; **~sendung die** *(Postw.)* COD parcel
Nach·name der surname; **wie heißt du mit ~n?** what is your surname?
nach|nutzen *tr. V. (DDR)* take over ⟨*sb. else's innovation/method*⟩; make use of ⟨*sb. else's experience*⟩
nach|plappern *tr. V. (oft abwertend)* repeat parrot-fashion; **jmdm. alles ~:** repeat everything sb. says
Nach·porto das excess postage
nach|prägen *tr. V.* **a)** mint more, re-mint ⟨*coins, medals*⟩; [noch] **100 Stück wurden nachgeprägt** another 100 copies were minted; **b)** *(fälschen)* forge; counterfeit
Nach·prägung die a) *o. Pl. (Vorgang)* re-minting; **b)** *(Münze)* copy; *(Fälschung)* forgery; counterfeit [coin]
nachprüfbar *Adj.* verifiable
Nachprüfbarkeit die; ~: verifiability
nach|prüfen 1. *tr. V.* **a)** check ⟨*document, statement, weight, alibi*⟩; verify ⟨*correctness*⟩; **b)** *(später prüfen)* examine ⟨*candidate*⟩ later; *(bei der Fahrprüfung)* test ⟨*learner driver*⟩ later. **2.** *itr. V.* check
Nach·prüfung die **a)** checking; **b)** *(spätere Prüfung)* postponed examination
nach|rechnen *tr. V.* check ⟨*figures*⟩. **2.** *itr. V.* **a)** *(zur Kontrolle)* check [the figures]; **b)** *(zurückverfolgen)* [think back and] work it out
Nach·rede die: üble ~: malicious gossip; *(Rechtsw.)* defamation [of character]
nach|reden *tr. V.* **a)** *(wiederholen)* repeat; **b)** *s.* **nachsagen b**
nach|reichen *tr. V.* hand in subsequently
nach|reifen *itr. V.; mit sein* ripen further *(after picking)*
nach|reisen *itr. V.; mit sein* **jmdm. ~:** travel after sb.; *(losfahren)* set off after sb.
nach|rennen *unr. itr. V.; s.* **nachlaufen**
Nachricht die; ~, ~en [ˈnaːxrɪçt] *(Mitteilung)* news *no pl.;* **das ist eine gute ~:** that is [a piece of] good news; **gute/schlechte ~en** good/bad news; **eine ~ hinterlassen** leave a message; **ich habe keine ~ von ihm** *(Brief usw.)* I haven't heard *or* had any word from

him; **wir warten auf ~** *od.* **sind noch ohne ~** *(Bestätigung)* we are waiting to hear *or* have not heard yet; **jmdm. ~ geben** inform sb.; **b)** *Pl. (Ferns., Rundf.)* news *sing.;* **~en hören** listen to the news; **Sie hören ~en** here is the news; **das kam in den ~en** it was on the news
Nachrichten-: **~agentur die** news agency; **~dienst der a)** *(Geheimdienst)* intelligence service; **b)** *s.* **~agentur;** **~magazin das** news magazine; **~satellit der** communications satellite; **~sendung die** news broadcast; **~sperre die** news embargo *or* blackout; **~sprecher der, ~sprecherin die** news-reader; **~technik die** telecommunications [technology] *no art.;* **~übermittlung die** news transmission *no art.*
nach|rücken *itr. V.; mit sein (aufrücken)* move up; **[auf den Posten] ~:** be promoted [to the post]; take over [the post]; **dem Feind ~** *(Mil.)* move up behind the enemy
Nach·ruf der; ~[e]s, ~e obituary **(auf +** Akk. of)
nach|rufen *unr. tr., itr. V.* **jmdm. [etw.] ~:** call [sth.] after sb.
Nach·ruhm der; ~[e]s posthumous reputation
nach|rühmen *tr. V.* **jmdm. etw. ~:** credit sb. with sth.; **ihm rühmt man nach, daß er ...:** he is famous for the fact that he ...
nach|rüsten 1. *itr. V.* counter-arm. **2.** *tr. V. (Technik: zusätzlich ausstatten)* **mit etw. ~:** equip additionally with sth.; upgrade ⟨*television, hi-fi, etc.*⟩ with sth.
Nach·rüstung die; ~: **a)** *(Waffen)* counter-arming; **b)** *(Technik)* [additional] equipment; *(von Stereoanlagen usw.)* upgrading
Nachrüstungs·beschluß der *(Politik)* decision to counter-arm
nach|sagen *tr. V. (wiederholen)* repeat; **sag mir folgendes nach** repeat the following after me; **b)** *(über jmdn. sagen)* **jmdm. Schlechtes ~:** speak ill of sb.; **man sagt ihm nach, er verstehe etwas davon** he is said to know something about it; **du darfst dir nicht ~ lassen, daß ...:** you mustn't let it be said of you that ...; **wir wollen uns doch nichts ~ lassen!** we don't want anything said against us; we don't want to get a bad reputation
Nach·saison die late season
nach|salzen *unr. (auch regelm.) tr., itr. V.* [etw.] **~:** put more salt in/on [sth.]
Nach·satz der **a)** *(letzte Bemerkung)* postscript; *(gesprochen)* final remark; **b)** *(Sprachw.)* postponed clause
Nach·schau *in:* **~ halten** *(geh.)* investigate; look into it
nach|schauen *itr. V. (bes. südd., österr., schweiz.) s.* **nachsehen 1 a, b, c, 2 a, b**
nach|schenken *tr., itr. V.* top up one's/sb.'s glass; **jmdm. [Wein] ~:** top up sb.'s glass [with wine]
nach|schicken *tr. V.* **a)** *(durch die Post o. ä.)* forward; send on; **b)** *(folgen lassen)* **jmdm. jmdn. ~:** send sb. after sb.
Nach·schlag der a) *(ugs.: zusätzliche Portion)* second helping; seconds *pl.;* **b)** *(Musik: verzierender Ton)* grace note *(after another note);* *(Abschluß eines Trillers)* two-note termination [of a trill]
nach|schlagen 1. *unr. tr. V.* look up ⟨*word, reference, text*⟩; *(ugs.)* consult, look at ⟨*dictionary, book*⟩; **schlag mal nach, was X heißt** look up to see what X means. **2.** *unr. itr. V.* **a)** **im Lexikon/Wörterbuch ~:** consult the encyclopaedia/dictionary; **b)** *mit sein* (*ähnlich werden*) **jmdm. ~:** take after sb.
Nachschlage·werk das work of reference
nach|schleichen *unr. itr. V.; mit sein* **jmdm. ~:** creep *or* steal after sb.
¹**nach|schleifen** *unr. tr. V.* resharpen ⟨*knife, blade*⟩; repolish ⟨*lens*⟩

²**nach|schleifen** *tr. V. (ugs.)* drag [along] behind one/it

Nach·schlüssel *der* duplicate key

nach|schmeißen *unr. tr. V. (ugs.)* **a)** *(billig o. ä. geben)* give away; **man bekommt sie nachgeschmissen** you get them for next to nothing; **sie haben ihm das Abitur nachgeschmissen** his school-leaving exam was handed to him on a plate *(coll.)*; **b)** *s.* **nachwerfen a**

Nach·schrift *die* **a)** notes *pl.* (+ *Gen.* on); **b)** *(Postskriptum)* postscript (+ *Gen.* to)

Nach·schub *der (Milit.)* **a)** supply (**an** + *Dat.* of); *(fig.)* [provision of] further or fresh supplies *pl.* (**an** + *Dat.* of); **der ~ ist schlecht organisiert** the supply services or supplies are badly organized; **b)** *(~material)* supplies *pl.* (**an** + *Dat.* of); *(fig.)* further supplies *pl.*

Nachschub·weg *der (Milit.)* supply line

Nach·schuß *der* **a)** *(Wirtsch.)* contribution in excess of one's original share; further call; **b)** *(Ballspiele)* shot on the rebound

nach|schütten *tr. V.* put on more ⟨*coal, coke, etc.*⟩; pour in more ⟨*water*⟩

nach|schwatzen, *(bes. südd., österr.)* **nach|schwätzen** *tr. V. (abwertend)* repeat [parrot-fashion]

nach|sehen **1.** *unr. itr. V.* **a)** *(hintersehen)* jmdm./einer Sache ~: look or gaze after sb./sth.; **b)** *(kontrollieren)* check or have a look [to see]; ~, **wer da ist** go and see or have a look who's there; **c)** *(nachschlagen)* look it up; have a look. **2.** *unr. tr. V.* **a)** *(nachlesen)* look up ⟨*word, passage*⟩; **b)** *(überprüfen)* check [over]; look over; **c)** *(nicht verübeln)* overlook, let pass ⟨*remark*⟩; jmdm. etw./zuviel ~: let sb. get away with sth./too much

Nach·sehen **das das ~ haben** not get a look-in; *(nichts abbekommen)* be left with nothing; **jmdm. bleibt das ~:** sb. does not get a look-in; *(bekommt nichts ab)* sb. is left with nothing

nach|senden *unr. od. regelm. tr. V.; s.* **nachschicken**

Nach·sendung *die (Postw.)* forwarding

nach|setzen *itr. V.* jmdm./einem Tier ~: pursue sb./an animal

Nach·sicht *die* leniency; forbearance; **mit jmdm. ~ haben** od. **üben** be lenient with sb.; make allowances for sb.; **ich muß um ~ bitten, daß ich so spät komme** please forgive me or I must apologize for coming so late; **keine ~ kennen** make no allowances; *(bei Strafen)* show no mercy

nachsichtig **1.** *Adj.* lenient, forbearing (**gegen**, mit towards); *(verständnisvoll)* understanding. **2.** *adv.* leniently; *(verständnisvoll)* understandingly

Nachsichtigkeit *die; ~:* leniency; forbearance

nachsichts·voll *s.* **nachsichtig**

Nach·silbe *die (Sprachw.)* suffix

nach|sinnen *unr. itr. V. (geh.)* ponder; **einer Sache** *(Dat.)* ~: think back to sth.

nach|sitzen *unr. itr. V.* be in detention; [eine Stunde] ~ müssen have [an hour's] detention

Nach·sommer *der* Indian summer

Nach·sorge *die; o. Pl. (Med.)* aftercare *no indef. art.*

Nach·spann *der (Film, Fernx.)* [final] credits *pl.*

Nach·speise *die* dessert; sweet

Nach·spiel *das* **a) die Sache wird noch ein ~ haben!** this affair will have repercussions; **ein gerichtliches ~** result in court proceedings; **b)** *(Theater o. ä.)* epilogue; *(Musik)* postlude; **c)** *(beim Geschlechtsverkehr)* afterplay

nach|spielen **1.** *tr. V.* **a)** *(Kartenspiel)* **den Buben** *usw.* ~: follow up with the jack *etc.*; **b)** *(auch spielen)* **er hat es mir vorgespielt, ich mußte es ~:** he played it over to me, and I then had to play it myself; **c)** *(nachahmen)* imitate, mimic ⟨*person*⟩; re-enact ⟨*scene*⟩; **d)** *(anders/mehr aufführen)* take up, put on ⟨*new play etc.*⟩. **2.** *itr. V. (Ballspiele, bes. Fußball)* **[einige Minuten] ~:** play [a few minutes of] time added on; **der Schiedsrichter läßt ~:** the referee has added on time [for stoppages]

nach|spionieren *itr. V.* jmdm. ~: spy on sb.

nach|sprechen *unr. tr. V.* [jmdm.] etw. ~: repeat sth. [after sb.]

nach|spülen **1.** *tr. V.* re-wash; wash again; *(mit klarem Wasser)* rinse. **2.** *itr. V.* **a)** *(ausspülen)* give it/them a rinse; **mit viel Wasser ~:** rinse out with plenty of water; **b)** *(ugs.: trinken)* **mit einem Bierchen ~:** have a beer as a chaser *(coll.)* or to wash it down

nach|spüren *itr. V.* jmdm./einer Bande ~: track down sb./a gang; einer Sache *(Dat.)* ~: *(fig.)* follow up or investigate sth.

nächst [nɛːçst] *Präp. mit Dat. (geh.)* next to

nächst... **1.** *Sup.* zu **nahe**. **2.** *Adj.* **a) der ~e Weg zum Bahnhof** the shortest way to the station; **in ~er Nähe** very near; **b)** *nicht präd. (unmittelbar danach)* next; **die ~e Straße links** the next street on the left; **beim ~en Bäcker** at the next baker's we come to; *s. auch* **best... b); c)** *nicht präd. (zeitlich)* next; **am ~en Tag** the next day; **am ~en ersten** on the first of next month; **bei ~er Gelegenheit** at the next opportunity; **in der ~en Zukunft** in the very near future; **in den ~en Tagen/Jahren** in the next few days/years; **beim ~en Mal, das ~e Mal** the next time; **der ~e bitte!** next [one], please; **wer kommt als ~er dran?** whose turn is it next?; **als ~es räume ich den Speicher auf** the next thing I do or my next job will be to tidy the loft

nächst·beste *Adj. s.* **erstbeste**

Nächst·beste *der/die/das; adj. Dekl.* the first one [to turn up]; **das ~, was ich finde** the first thing I find

Nächste *der; ~n, ~n (geh.)* neighbour; **jeder ist sich selbst der ~:** one has to look after one's own interests

nach|stehen *unr. itr. V.* jmdm. an etw. *(Dat.)* nicht ~: be sb.'s match in sth.; jmdm./einer Sache in nichts ~: be in no way inferior to sb./sth.

nach·stehend **1.** *Adj.* following. **2.** *adv.* below

nach|steigen *unr. itr. V.; mit sein (ugs.)* **einem Mädchen ~:** try to get off with *(Brit. coll.)* or *(Amer. coll.)* make it with a girl

nach|stellen **1.** *tr. V.* **a)** *(Sprachw.)* **A wird B** *(Dat.)* **nachgestellt** A is placed after B; **nachgestellte Präposition** postpositive preposition; **nachgestellter Satz** postponed clause; **b)** *(zurückstellen)* put back ⟨*clock, watch*⟩; **c)** *(neu/genauer einstellen)* [re]adjust; take up the adjustment on ⟨*brakes, clutch*⟩; **d)** *(darstellen)* portray; represent. **2.** *itr. V. (geh.)* **einem Tier/einem Flüchtling ~:** hunt an animal/hunt or pursue a fugitive; **Hühnern ~** ⟨*dog*⟩ chase chickens *etc.*; **einem Mädchen ~** *(ugs.)* chase a girl

Nach·stellung *die* **a)** *(Sprachw.)* postposition; **b)** *Pl. (Verfolgung)* pursuit *sing.*; *(ugs.: Umwerbung)* advances

Nächsten·liebe *die* charity [to one's neighbour]; brotherly love

nächstens ['nɛːçstn̩s] *Adv.* **a)** *(demnächst)* shortly; in the near future; **passen Sie ~ besser auf!** be more careful next time; **b)** *(ugs.: wenn es so weitergeht)* if it goes on like this

nächst-: **~folgend** *Adj.; nicht präd.* next; **~gelegen** *Adj.; nicht präd.* nearest; **~höher** *Adj.; nicht präd.* next higher; **die ~höhere Klasse** the next class [up]; **~jährig** *Adj.; nicht präd.* next year's; **~liegend** *Adj.; nicht präd.* first, immediate ⟨*problem*⟩; [most] obvious ⟨*explanation etc.*⟩; **das Nächstliegende** [most] obvious thing;

~möglich *Adj.; nicht präd.* earliest possible

nach|stoßen *unr. itr. V.* **a)** *mit sein (Milit.: vordringen)* move up or advance [behind them]; **b)** *(im Gespräch)* follow up [with another thrust]

nach|suchen *itr. V.* **a)** *(geh.: bitten)* **um etw. ~:** request sth.; **b)** *(bes. schriftlich)* apply for sth.; **c)** *(intensiv suchen)* search

nacht [naxt] *Adv.* **gestern/morgen/Dienstag ~:** last night/tomorrow night/on Tuesday night; **heute ~:** tonight; *(letzte Nacht)* last night

Nacht *die; ~,* **Nächte** ['nɛçtə] night; **es wird/ist ~:** it is getting dark/it is dark; night is falling/has fallen; **die ~ brach herein** night fell; **bei ~, in der ~,** *(geh.)* **des ~s** at night[-time]; **eines ~s** one night; **für ~:** night after night; **letzte ~:** last night; **die halbe ~:** half the night; **die ganze ~ [hindurch]** all night long; **diese ~:** tonight; **mitten in der ~:** in the middle of the night; **bis tief in die ~ hinein, bis spät in die ~:** until late at night; *(bis in die Morgenstunden)* into the small hours; **in der ~ vom 12. auf den 13. Mai** in the night of 12 May; **in der ~ auf Montag** on Sunday night; **über ~ bleiben** stay overnight; **über ~ berühmt werden** *(fig.)* become famous overnight; **zu[r] ~ essen** *(südd., österr.)* have one's evening meal; **gute ~!** good night!; **[na,] dann gute ~!** *(iron.)* [well,] that's that; **die ~ zum Tage machen, sich** *(Dat.)* **die ~ um die Ohren schlagen** *(ugs.)* stay up all night; **bei ~ und Nebel** under cover of darkness; *(heimlich)* furtively; like a thief in the night; **~ der langen Messer** *(salopp)* night of the long knives; **die ~ des Wahnsinns/Krieges/der Tyrannei** *(dichter.)* the dark night of madness/war/tyranny; *s. auch* **häßlich 1 a; heilig b; schwarz 1 a**

nacht·aktiv *Adj. (Zool.)* nocturnal

nach|tanken *tr., itr. V.* fill up; *(aircraft)* refuel; **20 Liter ~:** put in another 20 litres

nacht-, Nacht-: **~arbeit** *die; o. Pl.* night work *no art.*; **~aufnahme** *die* night photograph or shot; **~bar** *die* night-spot *(coll.)*; **~blau** *Adj. (geh., dichter.)* midnight blue; **~blind** *Adj.* night-blind; **~blindheit** *die* night-blindness; **~creme** *die* night cream; **~dienst** *der* night duty; **~dienst haben** be on night duty; *(chemist's shop)* be open late

Nach·teil *der* disadvantage; **der ~, allein zu reisen** the disadvantage or drawback of travelling alone; **aus etw. entsteht** *od.* **erwächst jmdm. ein ~:** sth. puts sb. at a disadvantage; **im ~ sein, sich im ~ befinden** be at a disadvantage; **ich hatte nur ~e davon** I had nothing but disadvantages as a result; **der Prozeß ging zu seinem ~ aus** the trial went against him; **sich zu seinem ~ verändern** change for the worse; **jmdm. zum ~ gereichen, zu jmds. ~ gereichen** *(geh.)* be to sb.'s detriment

nachteilig **1.** *Adj.* detrimental; harmful; **über sie ist nichts Nachteiliges bekannt** nothing to her disadvantage is known about her. **2.** *adv.* detrimentally; harmfully; **sich ~ auswirken** have a detrimental or harmful effect

nächte·lang **1.** *Adj.; nicht präd.* lasting several nights *postpos.*; *(ganze Nächte dauernd)* all-night. **2.** *adv.* night after night

nachten ['naxtn̩] *itr. V. (unpers.) (schweiz., sonst dichter.)* **es nachtet** night or darkness is falling

Nacht-: **~essen** *das (bes. südd., schweiz.)* evening meal; supper; *(formell)* dinner; **~eule** *die (ugs. scherzh.)* night-owl *(coll.)*; **~falter** *der* moth; **~flug** *der* night flight; **~frost** *der* night frost; **~gebet** *das* bedtime prayer; **~geschirr** *das* chamber-pot; **~gespenst** *das* *(nocturnal)* ghost; **~gewand** *das (geh.)* night-dress; **~hemd** *das* night-shirt; **~himmel** *der; o. Pl.* night sky

1337

Nachtigall ['naxtɪgal] die; ~, ~en nightingale; ~, ich hör' dir trapsen *(salopp)* I can see which way the wind blows *or* what he/she's after

Nachtigallen·schlag der song of the nightingale

nächtigen ['nɛçtɪɡn̩] *(österr., sonst geh.)* spend the night

Nach·tisch der; *o. Pl.* dessert; sweet; **zum** *od.* **als ~**: as a *or* for dessert; **was gibt's zum ~?** what's for pudding *or (coll.)* afters?

Nacht-: **~kästchen** das *(südd., österr.)* bedside table; **~klub** der night-club; **~lager das a)** *(geh.:* Schlafstätte*)* resting-place for the night; **b)** *(Biwak)* bivouac; **~leben das** night-life

nächtlich ['nɛçtlɪç] *Adj.; nicht präd.* nocturnal; night ⟨sky⟩; ⟨darkness, stillness⟩ of the night; **durch den ~en Wald gehen** go through the dark woods [at night-time]; **~e Ruhestörung** *(Rechtsspr.)* causing a disturbance at night

Nacht-: **~lokal** das night-spot *(coll.)*; **~luft** die night air; **~mahl** das *(österr., auch schweiz.)* evening meal; supper; *(formell)* dinner; **~mahr** [~maːɐ̯] der **a)** *(Gespenst)* [nocturnal] ghost *or* spectre; **b)** *(Alptraum)* nightmare; **~mensch** der night-owl *(coll.)*; **~mütze** die nightcap; **~portier** der night porter; **~quartier** das accommodation *no indef. art.* for the night

Nachtrag [-traːk] der; ~[e]s, Nachträge [-trɛːɡə] appendix; *(als weiteres Buch/Heft)* supplement

nach|tragen *unr. tr. V.* **a)** *(hinterhertragen)* **jmdm. etw. ~**: follow sb. carrying sth.; **b)** *(schriftlich ergänzen)* insert, add; *(noch sagen)* add; **nachzutragen wäre noch, daß ...**: I should add that ...; it should be added that ...; **c)** *(übelnehmen)* **jmdm. etw. ~**: hold sth. against sb.

nach·tragend *Adj.* unforgiving; *(rachsüchtig)* vindictive; **ich bin nicht ~**: I don't bear grudges

nachträglich [-trɛːklɪç] **1.** *Adj.; nicht präd.* later; subsequent ⟨apology⟩; *(verspätet)* belated ⟨greetings, apology⟩; *(zusätzlich)* additional; **eine ~e Gratifikation** a retrospective bonus. **2.** *adv.* afterwards; subsequently; *(verspätet)* belatedly; **~ feiern** have a belated celebration

Nachtrags·haushalt der supplementary budget

nach|trauern *itr. V.* **jmdm./einer Sache ~**: bemoan *or* lament the passing of sb./sth.; *(sich sehnen nach)* pine for sb./sth.

Nacht·ruhe die night's sleep; **angenehme ~!** sleep well!; **er wünschte ihnen eine angenehme ~**: he [said he] hoped they would sleep well

nachts *Adv.* at night; **Montag** *od.* **montags ~**: on Monday nights; **um 3 Uhr ~, um 3 [Uhr]** at 3 o'clock in the morning

nacht-, Nacht-: **~schatten·gewächs** das *(Bot.)* plant of the Solanaceae family; **~schattengewächse** Solanaceae; **~schicht** die night-shift; **~schicht haben** be on night-shift; work nights; **~schlafend** *Adj.* **in bei/zu ~schlafender Zeit** *od.* **Stunde** *(ugs.)* at a time when all good people are in their beds; **~schwärmer** der *(scherzh.)* nocturnal reveller; **~schwarz** *Adj.* jet-black; **~schwester** die night nurse; **~speicher·ofen** der night storage heater; **~strom** der off-peak electricity; **~stuhl** der commode

nachts·über *Adv.* overnight; during the night

Nacht-: **~tarif** der night rate; *(für Strom)* off-peak rate; **~tisch** der bedside table; **~tisch·lampe** die bedside light; **~topf** der chamber-pot; **auf den ~topf gehen** use the chamber-pot; **~tresor** der night safe

nach|tun *unr. V. (ugs.)* copy; **es jmdm. ~**: copy sb.

Nacht-und-Nebel-Aktion die hush-hush [*esp.* night-time] operation

nacht-, Nacht-: **~vorstellung** die late-night show; **~wache** die **a)** *(Wachdienst)* night-watch; *(im Krankenhaus)* night-duty; *(eines Soldaten)* night guard-duty; **bei einem Kranken ~wache halten** sit up [at night] with a sick person; **b)** *(Person)* night-guard; *(für Fabrik, Büro o. ä.)* night-watchman; **~wächter** der **a)** night-watchman; **b)** *(salopp:* Dummkopf*)* dim-wit *(coll.)*; **~wächter·staat** der laissez-faire state providing for security only; **~wandeln** *itr. V.*; *auch mit sein* sleepwalk; **~wanderung** die nocturnal ramble; **~wandler** [-vandlɐ] der; ~s, ~, **~wandlerin** die; ~, ~nen sleep-walker; somnambulist *(formal)*; **~wandlerisch** *Adj.* **in mit ~wandlerischer Sicherheit** with the sureness of a sleepwalker; with instinctive sureness; **~zeit** die **in zu später** *od.* **vorgerückter ~zeit**: at a late hour [of the night]; **~zeug** das *(ugs.)* overnight things *pl. (coll.)*; **~zug** der night train; **~zu·schlag** der nightwork supplement

nach|untersuchen *tr. V.* **jmdn./etw. ~**: give sb. a follow-up examination/check sth.

Nach·untersuchung die follow-up examination; check-up

Nach·versicherung die **a)** *(Rentenversicherung)* retrospective state pension contributions *pl. (for previously uninsured employee)*; **b)** *(von Sachwerten o. ä.)* additional insurance cover

nachvollziehbar *Adj.* comprehensible; **leicht/schwer ~**: easy/difficult to comprehend; **das ist für mich nicht ~**: I find this impossible to understand *or* comprehend

nach|vollziehen *unr. tr. V.* reconstruct ⟨train of thought⟩; *(begreifen)* comprehend

nach|wachsen *unr. itr. V.; mit sein* [wieder] **~**: grow again

Nach·wahl die *(Politik)* postponed election; *(nach dem Tod o. ä. eines Abgeordneten)* by-election

Nach·wehen *Pl. (Med.)* afterpains; *(fig. geh.)* unpleasant after-effects

nach|weinen *itr. V.* **jmdm./einer Sache ~**: bemoan the loss of sb./sth.; **einer Sache** *(Dat.)* **nicht ~**: have no regrets about sth.; *s. auch* Träne

Nachweis [-vais] der; ~es, ~e proof *no indef. art. (Gen.,* über *+ Akk.* of); *(Zeugnis)* certificate (über *+ Akk.* of); **den ~ für etw. erbringen** *od.* **führen** produce *or* furnish proof of sth.; **als** *od.* **zum ~**: as proof; **es gelang ihm der ~, daß ...**: he managed to prove that ...

nachweisbar 1. *Adj.* demonstrable ⟨fact, truth, error, defect, guilt⟩; provable ⟨fact, guilt⟩; detectable ⟨substance, chemical⟩; **die Siedlung ist bis ins 7. Jahrhundert ~**: the settlement can be shown to have existed up to the 7th century. **2.** *adv.* demonstrably

nach|weisen *unr. tr. V.* **a)** prove; **jmdm. einen Fehler/Diebstahl ~** prove sb. made a mistake/committed a theft; **man konnte ihm nichts ~**: they could not prove anything against him; **im Körper wurden Spuren des Giftes nachgewiesen** traces of the poison were detected in the body; **b)** *(Amtsspr.) (vermitteln)* arrange ⟨hotel room⟩; *(informieren über)* provide information on ⟨hotel room, job⟩

nachweislich 1. *Adj.; nicht präd.* demonstrable; **eine ~e Falschmeldung** a demonstrably wrong report. **2.** *adv.* demonstrably; as can be proved

Nach·welt die; *o. Pl.* posterity *no art.*; future generations *pl., no art.*

nach|werfen *unr. tr. V.* **a)** **jmdm. etw. ~**: throw sth. after sb.; **jmdm. einen wütenden Blick ~** *(fig.)* cast a furious glance in sb.'s direction; **eine Münze ~**: put in another coin; **b)** *s.* nachschmeißen a

nach|winken *itr. V.* **jmdm./einer Sache ~**: wave after sb./sth.

nach|wirken *itr. V.* have a lasting effect (**bei** on); *(medicine)* continue to have an effect; *⟨literary work⟩* continue to have an influence

Nach·wirkung die after-effect; *(fig.:* Einfluß*)* influence

nach|wollen *itr. V. (ugs.)* **jmdm. ~**: want to follow sb.

Nach·wort das; *Pl.* ~worte afterword, postface (**zu** to)

Nach·wuchs der; *o. Pl* **a)** *(fam.:* Kind[er]*)* offspring; **sie erwartet ~**: she's expecting [a baby]; **b)** *(junge Kräfte)* new blood; *(für eine Branche usw.)* new recruits *pl.*; *(in der Ausbildung)* trainees *pl.*; **der musikalische ~**: the rising generation of musicians

Nachwuchs-: **~autor** der up-and-coming author; **~kraft** die new recruit; *(in der Ausbildung)* trainee; **~kräfte** junior staff; **~mangel** der lack of new blood *or* new recruits; **~sorgen** *Pl.* recruitment problems; **~spieler** der *(Sport)* up-and-coming player

nach|zahlen *tr., itr. V.* **a)** pay later; pay ⟨salary⟩ in arrears; **1 000 DM Steuern ~**: pay 1,000 marks back tax; **b)** *(zusätzlich zahlen)* **25 DM ~**: pay another 25 marks

nach|zählen *tr., itr. V.* [re]count

Nach·zahlung die additional payment; *(spätere Zahlung)* deferred payment; *(Steuerzahlung)* back tax

nach|zeichnen *tr. V.* copy ⟨picture⟩; draw ⟨tree, horse⟩; *(mit Pauspapier o. ä.)* trace ⟨picture, tree, horse⟩; *(fig.:* schildern*)* portray

Nach·zeitigkeit die; ~: *(Sprachw.)* future sense of the subordinate clause

nach|ziehen 1. *unr. itr. V.* **a)** *(ugs.:* ebenso handeln*)* do likewise; follow suit; **b)** *mit sein (hinterhergehen)* **jmdm./einer Sache ~**: follow sb./sth.; **c)** *mit sein (nachträglich übersiedeln)* **jmdm. ~**: [go to] join sb. **2.** *unr. tr. V.* **a)** *(hinter sich herziehen)* drag ⟨foot, leg⟩; **b)** *(verstärkend)* retrace, go over ⟨line⟩; pencil ⟨eyebrows⟩; **die Lippen ~**: put on more lipstick; **c)** *(festziehen)* tighten [up] ⟨nut, bolt⟩

Nach·zug der *(Eisenb.)* relief train

Nachzügler [-tsyːklɐ] der straggler; *(spät Ankommender)* latecomer

Nackedei ['nakədai] der; ~s, ~s a) *(fam. scherzh.:* Kind*)* [kleiner] **~**: naked little thing *or* monkey; little bare-bum (*Brit. coll.*); **b)** *(ugs.:* Person*)* person in the buff; *(im Bild, Film usw.)* nude

Nacken ['nakn̩] der; ~s, ~: back *or* nape of the neck; *(Hals)* neck; **den Hut in den ~ schieben** push one's hat right back; **den Kopf in den ~ werfen** throw one's head right back; **das Haar fiel ihm bis in den ~**: his hair hung down the back of his neck; **die Arme im ~ verschränken** fold one's arms behind one's neck; **den ~ steifhalten** *(fig. ugs.)* keep one's chin up; **jmdm. im ~ sitzen** *(fig.)* be breathing down sb.'s neck; **die Furcht/Angst sitzt ihm im ~**: he is gripped by fear

nackend *(veralt., noch landsch.) s.* nackt a

Nacken-: **~haar** das hair on the back of one's neck; neck hair; **~rolle** die bolster; **~schutz** der neck-guard

nackt [nakt] *(südd., österr. ugs.)*, **nackig** *(fam. bes. md.) s.* nackt a

nackt [nakt] *Adj.* **a)** *(unbekleidet)* naked; bare ⟨feet, legs, arms, skin, fists⟩; **mit ~em Oberkörper** stripped to the waist; **und bloß** completely naked; **sich ~ ausziehen** strip naked; strip off completely; **~ baden** bathe in the nude; **b)** *(kahl)* bald ⟨head⟩; hairless ⟨chin⟩; featherless ⟨bird⟩; bare ⟨rocks, island, tree, branch, walls, bulb⟩; **auf dem ~en Boden schlafen** sleep on the bare floor; **c)** *(unverhüllt)* stark ⟨poverty, misery, horror⟩; naked ⟨greed⟩; plain ⟨fact, words⟩; plain, unvarnished ⟨truth⟩; **~e Angst** sheer

Nacktarsch

or stark terror; **d)** bare ⟨*existence*⟩; **das ~e Leben retten** barely manage to escape with one's life; save one's skin [and nothing more]

Nackt-: **~arsch** der *(salopp scherzh.)* barebum *(Brit. coll.);* bare-bottom; **~baden** das; ~s nude bathing; **~bade·strand** der nudist beach

Nackte der/die; *adj. Dekl.* naked man/woman; *(im Bild, Film usw.)* nude; **die ~n am Strand** the naked people *or* people in the nude on the beach

Nackt-: **~foto** das nude photo; **~frosch** der *(fam. scherzh.)* [kleiner] ~frosch naked little thing *or* monkey; litte bare-bum *(Brit. coll.)*

Nacktheit die; ~: nakedness; nudity; *(fig.: der Landschaft usw.)* bareness

Nackt-: **~kultur** die; *o. Pl. (ugs.)* nudism *no art.;* **~samer** [-za:mɐ] der; ~s, ~: *(Bot.)* gymnosperm; **~tänzerin** die nude dancer

Nadel ['na:dl] die; ~, ~n needle; *(Steck~, Hut~, Haar~)* pin; *(Häkel~)* hook; *(für Tonabnehmer)* stylus; **etw. mit heißer/mit der heißen ~ nähen** *(fig. ugs.)* sew sth. in a great hurry; **an der ~ hängen** *(fig. ugs.)* be on the needle *(sl.);* **man konnte eine ~ fallen hören** you could have heard a pin drop

nadel-, Nadel-: **~baum** der conifer; coniferous tree; **~drucker** der *(DV)* dot matrix printer; **~förmig** *Adj.* needle-shaped; needle-like *⟨point etc.⟩;* **~geld** das *(veralt.)* pin money *no indef. art.;* **~holz** das; *Pl.* ~hölzer **a)** softwood; pine-wood; **b)** *(Baum)* conifer; **~kissen** das pincushion

nadeln *itr. V. ⟨tree⟩* shed its needles

Nadel-: **~öhr** das eye of a/the needle; **~spitze** die point of a/the needle; **~stärke** die needle size; size of needle; **~stich** der **a)** *(Stich)* needle-prick; *(einer Stecknadel usw.)* pinprick; *(fig.: Bosheit)* barbed *or (coll.)* snide remark; **jmdm. ~stiche versetzen** aim barbed *or (coll.)* snide remarks at sb.; **b)** *(Nähstich)* stitch; **~streifen** der pin-stripe; **~streifen·anzug** der pinstripe suit; **~wald** der coniferous forest

Nadir [na'di:ɐ] der; ~s *(Astron.)* nadir

Nagel ['na:gl] der; ~s, Nägel ['nɛ:gl̩] **a)** nail; *(Med.: für Bruchstellen)* pin; **b)** *(fig.)* ein ~ zu jmds. Sarg sein *(salopp)* be a nail in sb.'s coffin; **den ~ auf den Kopf treffen** *(ugs.)* hit the nail on the head *(coll.);* **Nägel mit Köpfen machen** *(ugs.)* do things properly; make a real job of it; **den Sport usw. / den Beruf an den ~ hängen** *(ugs.)* give up sport *etc./(coll.)* chuck in one's job; **seine Boxhandschuhe an den ~ hängen** *(ugs.)* hang up one's boxing-gloves; **c)** *(Finger~, Zehen~)* nail; **das brennt mir auf** *od.* **unter den Nägeln** *(fig. ugs.)* it's so urgent I just have to get on with it *or* it just won't wait; **sich** *(Dat.)* **etw. unter den ~ reißen** *(fig. salopp)* make off with sth.; *s. auch* ³Schwarze b

nagel-, Nagel-: **~bett** das nail-bed; **~brett** das bed of nails; **~bürste** die nailbrush; **~feile** die nail-file; **~fest** *s.* niet- und nagelfest; **~haut** die cuticle; **~hautentferner** der; ~s, ~: cuticle-remover

Nägel·kauen das; ~s nail-biting *no art.*

Nagel-: **~kopf** der nail-head; **~lack** der nail varnish *(Brit.);* nail polish; **~lackentferner** der; ~s, ~: nail-varnish *(Brit.) or* nail polish remover

nageln *tr. V.* nail (an + *Akk.* to, auf + *Akk.* on); *(Med.)* pin *⟨bone, leg, etc.⟩;* **aus Brettern Kisten ~:** nail planks together to make crates

nagel-, Nagel-: **~neu** *Adj. (ugs.)* brandnew; **~pflege** die care of the nails; nailcare; **~probe** die *(fig.)* acid test *(auf + Akk.* of); **die ~probe machen** try the acid test; **~reiniger** der nail-cleaner; **~schere** die nail-scissors *pl.;* **~schuh** der hobnailed boot; **~zange** die nail-clippers *pl.*

nagen ['na:gn̩] **1.** *itr. V.* gnaw **an etw.** *(Dat.)* ~: gnaw [at] sth.; **an der Unterlippe ~:** chew one's lower lip; **an jmdm. ~** *(fig.)* prey on sb.; **an jmds. Gesundheit ~** *(fig.)* undermine sb.'s health. **2.** *tr. V.* gnaw off; **ein Loch ins Holz ~:** gnaw a hole in the wood. **3.** *refl. V.* **sich durch etw. ~:** gnaw through sth.

nagend *Adj.* gnawing *⟨pain, hunger, fear⟩;* nagging *⟨pain, doubts, uncertainty, etc.⟩*

Nage·tier das rodent

nah [na:] *s.* nahe

Näh·arbeit die [piece of] sewing; **~en** sewing jobs; sewing *sing.*

Näh-: **~aufnahme** die *(Fot.)* close-up [photograph]; **~bereich** der *(Fot.)* foreground; **b)** *(nähere Umgebung)* [immediate] surrounding area; locality; *(Fernspr.)* local area

nahe ['na:ə] **1.** *Adj.* näher ['nɛ:ɐ], nächst... [nɛ:çst...] **a)** *(räumlich)* near *pred.;* close *pred.;* **~ gelegen** *attrib.;* **es ist ganz ~ bis zum Bahnhof** it's not far to the station; **ich bin dir in Gedanken ~** *(geh.)* I am close to you *or* with you in my thoughts; **in der näheren Umgebung** in the neighbourhood; around here/there; **in der nächsten Umgebung von Köln** in the immediate neighbourhood of Cologne; *s. auch* Osten c; **b)** *(zeitlich)* imminent; near *pred.;* **in ~r Zukunft** in the near future; **Weihnachten ist/die Ferien sind ~:** Christmas is/the holidays are nearly here; **die Rettung ist ~** help is imminent *or* at hand; **das ~ Wochenende** the fast approaching weekend; **c)** *(eng)* close *⟨relationship, relative, friend⟩;* **seine nähere/nächste Verwandtschaft** his close/closest relatives *pl.* **2.** *adv.* näher, am nächsten **a)** *(räumlich)* ~ **an** (+ *Dat./Akk.*), ~ **bei** *od.* ~: **gelegen** nearby; **komm mir nicht zu ~!** don't come too close!; keep your distance!; ~ **beieinander** close together; **von ~ m from close up;** at close quarters; **aus** *od.* **von nah und fern** *(geh.)* from near and far; **jmdm. zu ~ treten** *(fig.)* offend sb.; **b)** *(zeitlich)* ~ **an Mittag** nearly midday; ~ **an die achtzig** *(ugs.)* pushing eighty *(coll.);* ~ **bevorstehen** be in the offing; be fast approaching; ~ **daran sein, etw. zu tun** be on the point of doing sth.; **c)** *(eng)* closely; ~ **befreundet sein** be close friends; *s. auch* näher. **3.** *Präp. mit Dat. (geh.)* near; close to; **den Tränen/dem Wahnsinn ~ sein** be on the brink of tears/on the verge of madness; **dem Tode ~ sein** be close to death

Nähe ['nɛ:ə] die; ~: **a)** closeness; proximity; *(Nachbarschaft)* vicinity; **in der ~ der Stadt** near the town; **in nächster** *od.* **unmittelbarer ~ des Sees** right next to the lake; **in meiner ~:** near me; *(um mich herum)* around me; *(in der Nachbarschaft)* in my neighbourhood; near where I live; **ich traue mich nicht in seine ~:** I dare not go anywhere near him; **seine ~ stört mich** having him around puts me off; **jmds. ~ suchen** seek sb.'s company; **menschliche Wärme und ~ spüren** feel the warmth of human friendship around one; **er wohnt in der ~/ganz in der ~:** he lives in the vicinity *or* nearby/very near; **irgendwo hier/dort [ganz] in der ~:** somewhere [very] near here/there; **bleibt in der ~!** stay nearby; don't go too far away; **etw. aus der ~ betrachten** take a closer look at sth.; **aus der ~ betrachtet** *(auch fig.)* viewed more closely; **in unmittelbare ~ rücken** *⟨events⟩* become imminent; **die zeitliche ~ zu den Ereignissen erlaubt noch keine distanzierte Analyse** the closeness or recentness of the events does not yet permit a detached analysis; *s. auch* greifbar 1 a

nahe-: ~bei *Adv.* nearby; close by; **~|bringen** *unr. tr. V.* **jmdm. die moderne Kunst usw. ~bringen** make modern art *etc.* accessible to sb.; *(lebendig machen)* bring modern art *etc.* to life for sb.; **das brachte sie einander ~:** that brought them closer together; *s. auch* **näher 3 a**; **~|gehen** *unr. itr. V.; mit sein* **jmdm. ~gehen** affect sb. deeply

Nah·einstellung die *(Fot.)* close focusing

nahe-: ~|kommen *unr. itr. V.; mit sein* **einer Sache** *(Dat.)* **~kommen** come close to sth.; *⟨amount⟩* approximate to sth.; **jmdm./sich [menschlich] ~kommen** get to know sb./one another well; **~|legen** *tr. V.* suggest; give rise to *⟨suspicion, supposition, thought⟩;* **jmdm. etw. ~legen** suggest sth. to sb.; **jmdm. den Rücktritt ~legen, jmdm. ~legen, zurückzutreten** suggest to sb. that he/she should resign; **~|liegen** *unr. itr. V.* *⟨thought⟩* suggest itself; *⟨suspicion, question⟩* arise; **~liegend** *Adj.* **⟨**question, idea⟩ which [immediately] suggests itself; natural *⟨suspicion⟩;* obvious *⟨reason, solution⟩;* **das Naheliegende** the obvious thing [to do]

nahen *(geh.)* **1.** *refl. V.; mit sein (veralt.:* sich nähern*)* approach; draw near *or (arch.)* nigh; sich ~ approach sb. **2.** *itr. V.; mit sein* draw near; **sein/ihr Ende nahte** the end was near; **eine ~de Katastrophe** imminent disaster

nähen 1. *itr. V.* sew; *(Kleider machen)* make clothes; **an einem Mantel ~:** work on [the sewing of] a coat. **2.** *tr. V.* **a)** sew *⟨seam, hem⟩;* *(mit der Maschine)* machine *⟨seam, hem⟩;* *(herstellen)* make *⟨dress, coat, curtains, etc.⟩;* **etw. an** *od.* **auf etw.** *(Akk.)* ~: sew sth. on to sth.; **b)** *(Med.)* stitch *⟨wound etc.⟩;* **der Patient mußte genäht werden** *(ugs.)* the patient had to have stitches; *s. auch* **doppelt 2 a**

näher 1. *Komp. zu* nahe. **2.** *Adj.; nicht präd.* **a)** *(kürzer)* shorter *⟨way, road⟩;* **b)** *(genauer)* further, more precise *⟨information⟩;* closer *⟨investigation, inspection⟩;* **die ~n Umstände** the precise circumstances; **bei ~m Hinsehen** *(fig.)* on closer examination; **wissen Sie Näheres [darüber]?** do you know any more [about it]?; do you know any details?; **Näheres hierzu siehe unten** for further information on this see below; **des ~n** *(geh.)* in detail. **3.** *adv.* **a)** **bitte treten Sie ~!** please come in/nearer/this way; **es bringt uns unserem Ziel ~:** it does not bring us any closer to our goal; **b)** *(genauer)* more closely; *(im einzelnen)* in [more] detail; **etw. ~ ansehen** have a closer look at sth.; **examine sth. more closely;** ~ **auf etw.** *(Akk.)* **eingehen, sich ~ mit etw. befassen** go into sth. in [more] detail; **jmdn./etw. ~ kennenlernen** get to know sb./sth. better; **ich kenne ihn nicht ~:** I don't know him well; **allmählich kommen wir der Sache ~:** we're gradually getting to the point

näher|bringen *unr. tr. V.* **jmdm. etw. ~:** make sth. more real *or* more accessible to sb.

Nah·erholungs·gebiet das nearby recreational area

Näherin die; ~, ~nen needlewoman; *(hist.)* seamstress

näher-: ~|kommen *unr. itr. V.; mit sein* **jmdm. [menschlich] ~kommen** get on closer terms with sb.; **sich** *(Dat.)/(geh.)* **einander ~kommen** become closer; **~|liegen** *unr. itr. V.* be more obvious; **was liegt da näher, als ...:** what can be more obvious *or* natural than ...

nähern 1. *refl. V.* **a)** *(herankommen)* approach; **die Tiere näherten sich bis auf wenige Meter** the animals came up to within a few metres; **sich jmdm./einer Sache** *(Dat.)* **~:** approach sb./sth.; **draw nearer to sb./sth.; sich dem Ende ~** *(stay, summer)* near its end, draw to an end; **sich dem Ziel der Reise ~:** near one's destination; **b)** *(Kontakt aufnehmen)* **sich jmdm. ~:** approach sb.; **c)** *(sich angleichen)* **sich einem Ideal ~:** come close to an ideal; approximate to an ideal. **2.** *tr. V. (heranbringen)* **etw. einer Sache** *(Dat.)* **~:** bring sth. closer to sth.

1339

näher|stehen *unr. itr. V. jmdm./sich od. (geh.) einander ~*: be closer to sb./one another
Näherung *die; ~, ~en* approximation
Näherungs·wert *der (Math.)* approximate value
nahe-: **~|stehen** *unr. itr. V. jmdm.* **~stehen** be on close *or* intimate terms with sb.; **einer Partei ~stehen** sympathize with a party; **~stehend** *Adj.* die ihm Nahestehenden those close to him; **eine der Witwe ~stehende Cousine** a cousin who is/was on close terms with the widow; **~zu** *Adv. (mit Adjektiven)* almost; nearly; wellnigh ⟨impossible, superhuman⟩; all but ⟨exhausted, impossible⟩; *(mit Zahlenangabe)* close on
Näh-: **~faden** *der* sewing thread; **~garn** *das* [sewing] cotton
Nah·kampf *der* a) *(Milit.)* close combat; b) *(Boxen)* infighting
Näh-: **~kästchen** *das a) s.* **~kasten**; b) aus dem **~kästchen plaudern** *(ugs. scherzh.)* tell all; *(als Kenner, Fachmann)* tell the inside story; **~kasten** *der* sewing-box; work-box; **~korb** *der* sewing-basket
nahm [na:m] *1. u. 3. Pers. Sg. Prät. v.* **nehmen**
Näh-: **~maschine** *die* sewing-machine; **~nadel** *die* sewing-needle
Nah·ost *o. Art.* the Middle East
nah·östlich *Adj.* Middle Eastern
Nähr-: **~boden** *der* culture medium; *(fig.)* breeding-ground; **~creme** *die* skin food
nähren [ˈnɛːrən] *1. tr. V.* a) *(ernähren)* feed ⟨animal, child⟩ (mit on); **gut/schlecht genährt** well-fed/underfed; b) *(geh.: entstehen lassen)* nurture ⟨hope, suspicion, hatred⟩; cherish ⟨desire, hope⟩; foster ⟨plan, hatred⟩; c) *(geh.: Lebensunterhalt geben)* provide a [good] living for; **dieser Beruf nährt seinen Mann** you can make a good living in this job. *2. itr. V. (nahrhaft sein)* be nourishing. *3. refl. V. (geh.) sich von etw. ~*: live on sth.; ⟨animal⟩ feed on sth.
nahrhaft *Adj.* nourishing; nutritious; **ein ~es Essen** *od. (geh.)* **Mahl** a square meal
Nähr-: **~lösung** *die* a) fluid culture medium; b) *(für Hydrokultur, künstliche Ernährung)* nutrient solution; **~salze** *Pl.* nutrient salts; **~stoffe** *Pl.* nutrients
Nahrung [ˈnaːrʊŋ] *die; ~* a) *Pl.* flüssige/feste ~: liquids *pl.*/solids *pl.*; **die ~ verweigern** refuse food; **geistige ~** *(fig.)* intellectual nourishment; **dem Verdacht/den Gerüchten usw. ~ geben** *od.* **bieten** *(fig.)* help to nurture *or* foster the suspicion/the rumours *etc.*; **es gab seinem Zorn neue ~** *(fig.)* it gave fresh fuel to his anger; it rekindled his anger
Nahrungs-: **~aufnahme** *die* intake of food; **die ~aufnahme verweigern** refuse food; **~mittel** *das* food [item]; **~mittel** *Pl.* foodstuffs; **~mittel·chemie** *die* food chemistry *no art.*; **~mittel·industrie** *die* food *or* foodstuffs industry; **~quelle** *die* source of food; **~suche** *die* search for food; **auf ~suche gehen** search for food; *(jagen)* hunt for food
Nähr·wert *der.* nutritional value; **keinen [sittlichen** *od.]* **geistigen] ~ haben** *(fig. salopp)* be completely and utterly pointless
Näh·seide *die* sewing silk
Naht [naːt] *die; ~, Nähte* [ˈnɛːtə] a) seam; **aus den** *od.* **allen Nähten platzen** *(fig. ugs.)* ⟨person, fig.: institution etc.⟩, be bursting at the seams; b) *(Med., Anat.)* suture
Näh·tisch *der* the sewing-table
naht·los *1. Adj.* seamless; *(fig.)* perfectly smooth ⟨transition⟩. *2. adv.* **Studium und Beruf gehen nicht ~ ineinander über** there is not a perfectly smooth transition from study to work
Naht·stelle die a) *(Schweißnaht)* seam; b) *(Berührungsstelle)* point of contact, interface ⟨von between⟩; *(Grenzlinie)* borderline

Nah-: **~verkehr** *der* local traffic; **nur im ~verkehr eingesetzt werden** be used only for local services; **~verkehrs·mittel** *das* form of local transport; **~verkehrs·zug** *der* local train
Näh·zeug *das* sewing things *pl.*
Nah·ziel *das* short-term *or* immediate aim
naiv [naˈiːf] *1. Adj.* naïve; ingenuous ⟨look; child⟩; unaffected ⟨pleasure⟩; **ein ~er Zugang zur Musik** an unsophisticated approach to music; **die Naive/den Naiven spielen** act naïve. *2. adv.* naïvely; **sich ~ an etw.** *(Dat.)* **freuen** take an unaffected pleasure in sth.
Naive *die; adj. Dekl. (Theater)* ingénue
Naivität [naiviˈtɛːt] *die; ~*: naïvety; *(eines Blickes, Kindes)* ingenuousness; *(von Vergnügen)* unaffectedness
Naivling *der; ~s, ~e (ugs. abwertend)* [naïve] simpleton
Name [ˈnaːmə] *der; ~ns, ~n, (seltener)* **Namen** [ˈnaːmən] *der; ~s, ~*: name; **wie ist der ~ dieser Tiere/Leute?** what are these animals/people called?; **die Dinge/das Unrecht beim ~n nennen** call a spade a spade/ acknowledge injustice as such; [gestatten,] **mein ~ ist Maier** [allow me to introduce myself,] my name is Maier; **wie war gleich Ihr ~?** what was your name again?; **ich kenne ihn/es nur dem ~n nach** I know him/it only by name; **der Hund hört auf den ~ Fifi** the dog answers to the name of Fifi; **unter jmds. ~n** *(Dat.)* under sb.'s name; **das Konto läuft auf meinen ~n/das Auto ist auf meinen ~n gemeldet** the account is in/the car is registered in my name; **ein Mann mit ~n Emil** a man by the name of Emil; **er rief mich bei** *od.* **mit meinem ~n** he called me by my name; **in jmds./einer Sache ~n, im ~n von jmdm./etw.** on behalf of sb./sth.; **im eigenen ~n handeln** act on one's own account; **im ~n des Volkes/Gesetzes** *(Rechtsspr.)* in the name of the people/the law; **in Gottes ~n!** *(ugs.)* for God's sake; **sich** *(Dat.)* **einen ~n machen** make a name for oneself; *s. auch daher b;* **Hase a;** **hergeben a;** **Kind a**
namen-, Namen-: **~forschung** *die; o. Pl.: s.* **~kunde;** **~gebung** *die; ~, ~en (allgemein)* giving of names; *(in einem bes. Fall)* choice of name; **~gedächtnis** *das* memory for names; **~kunde** *die; o. Pl.* onomastics *sing., no art.*; **~liste** *die* list of names; **~los** *1. Adj.* a) nameless; *(unbekannt)* unknown; anonymous ⟨author, poet⟩; b) *(geh.: unbeschreiblich)* unspeakable, indescribable ⟨misery⟩; inexpressible ⟨joy⟩. *2. adv. (geh.)* unspeakably; unutterably; **~register** *das s.* **~liste**
namens *1. Adv.* by the name of; called. *2. Präp. mit Gen. (Amtsspr.)* on behalf of
Namens-: **~änderung** *die* change of name; **~gebung** *die; ~, ~en s.* **Namengebung;** **~nennung** *die* mention of a name/of names; *(Nennung des eigenen Namens)* giving of one's name; **~patron** *der* patron saint; **~schild** *das* a) *(an Türen usw.)* name-plate; b) *(zum Anstecken)* name-badge; **~tag** *der* name-day; **sie hat am ~tag** it is her name-day on the ...; **~vetter** *der* namesake; **~zug** *der* a) *(Unterschrift)* signature; b) *(veralt.: Monogramm)* monogram
namentlich [ˈnaːməntlɪç] *1. Adj.* by name ⟨postpos.⟩; **eine ~e Liste** a list of names; **~e Abstimmung** a roll-call vote. *2. Adv.* a) *(mit Namen)* by name; **jmdn. ~ nennen** mention sb. by name; b) *(besonders)* particularly; especially
namhaft *1. Adj.* a) *nicht präd. (berühmt)* noted; of note ⟨postpos.⟩; b) *(beachtlich)* noteworthy ⟨sum, difference⟩; notable ⟨contribution, opportunity⟩; c) in **jmdn./etw. ~ machen** *(Papierdt.)* name sb./sth. *2. adv. (beträchtlich)* considerably

Namibia [naˈmiːbi̯a] *(das); ~s* Namibia
Namibier *der; ~s, ~,* **Namibierin** *die; ~, ~nen* Namibian
nämlich [ˈnɛːmlɪç] *1. Adv.* a) **er kann nicht kommen, er ist ~ krank** he cannot come, as he is ill; he can't come – he's ill[, you see] *(coll.);* b) *(und zwar)* namely; *(als Füllwort)* **das war ~ ganz anders** it was quite different in fact *or* actually. *2. Adj. nicht präd. (geh. veralt.)* same; *(steigernd)* selfsame
nannte [ˈnantə] *1. u. 3. Pers. Sg. Prät. v.* **nennen**
nanu [naˈnuː] *Interj.* ~, **was machst du denn hier?** hello, what are you doing here?; ~, **wo ist denn der ganze Käse geblieben?** that's funny, what's happened to all that cheese?; ~, **Sie gehen schon?** what, you're going already?
Napalm [ˈnaːpalm] *das; ~s* napalm
Napalm·bombe *die* napalm bomb
Napf [napf] *der; ~[e]s,* **Näpfe** [ˈnɛpfə] bowl *(esp. for animal's food)*
Napf·kuchen *der* gugelhupf; ring cake
Naphthalin [nafta'liːn] *das; ~s* naphthalene
Nappa [ˈnapa] *das; ~[s] ~s,* **Nappa·leder** *das* nappa [leather]
Narbe [ˈnarbə] *die; ~, ~n* a) scar; **von dieser Verletzung werden ~n zurückbleiben** this wound will leave scars; **tiefe ~n bei jmdm. hinterlassen** *(fig.)* leave sb. deeply scarred; b) *(Bot.)* stigma
Narben-: **~bildung** *die* scar formation; **~leder** *das (Gerberei)* grained leather; **~seite** *die (Gerberei)* hair *or* grain side
narbig *Adj.* scarred; *(von Pocken o. ä.)* pitted; pock-marked
Narbung *die; ~, ~en (Gerberei)* grain[ing]
Narkose [narˈkoːzə] *die; ~, ~n (Med.)* narcosis; **mit** *od.* **in/ohne ~**: under anaesthesia/without an anaesthetic; **dem Patienten eine ~ geben** give the patient a general anaesthetic; **aus der ~ aufwachen** come round from the anaesthetic; **jmdn. aus der ~ holen** awaken sb. from the anaesthetic
Narkose-: **~arzt** *der* anaesthetist; **~gewehr** *das* tranquillizer gun; **~mittel** *das* anaesthetic
Narkotikum [narˈkoːtikʊm] *das; ~s,* **Narkotika** *(Med.)* narcotic
narkotisch *1. Adj. (Med., auch fig.)* narcotic; overpowering ⟨scent⟩. *2. adv.* **auf jmdn. ~ wirken** have a narcotic effect on sb.
narkotisieren *tr. V. (Med.)* anaesthetize ⟨patient⟩; put ⟨patient⟩ under a general anaesthetic
Narr [nar] *der; ~en, ~en* fool; *(Hof~)* jester; fool; *(Fastnachts~)* carnival jester *or* reveller; **sich zum ~en machen** let oneself be fooled; **jmdn. zum ~en haben** *od.* **halten** play tricks on sb.; *(täuschen)* pull the wool over sb.'s eyes; **einen ~en an jmdm. gefressen haben** *(ugs.)* be dotty about sb. *(coll.)*
narren [ˈnarən] *tr. V. (geh.) jmdn. ~*: make a fool of sb.; *(täuschen)* deceive sb.
narren-, Narren-: **~freiheit** *die* freedom to do as one pleases; **jmdm. ~freiheit gewähren** let sb. do as he/she pleases; **~hände** *Pl.* **in ~hände beschmieren Tisch und Wände** *(Spr.)* little vandals scribble on everything; **~kappe** *die (hist.)* jester's cap and bells; **~possen** *Pl. (geh. veralt.)* tomfoolery *sing.;* **~sicher** *(ugs.) 1. Adj.* foolproof; *2. adv.* in a foolproof way; **~zepter** *das* jester's sceptre *or* bauble
Narretei [narəˈtai̯] *die; ~, ~en (geh.)* a) *(Scherz)* prank; **~en fooling about** *sing.*; b) *(Torheit)* folly; stupidity
Narrheit *die; ~, ~en o. Pl. (Art)* foolishness; b) *(Handlung)* foolish prank
Närrin [ˈnɛrɪn] *die; ~, ~nen* fool; **liebe ~nen und Narren!** my dear she-asses and jackasses! *(form of address used by speakers at carnival time)*
narrisch *(südd.) s.* **närrisch 1 a, b, 2 a, b**

närrisch ['nɛrɪʃ] 1. *Adj.* a) *(verrückt)* crazy; *(wirr im Kopf)* scatter-brained; dotty *(coll.);* [ein] ~es Zeug reden talk gibberish; **halb/ganz** ~ [vor Glück] be almost/quite beside oneself [with joy]; **auf etw.** *(Akk.) od.* **nach etw. ganz** ~ **sein** be mad keen on sth. *(sl.);* b) *(ugs.: sehr viel, groß)* terrific *(coll.);* **ein** ~**es Geld** a fantastic amount of money *(coll.);* c) *nicht präd. (karnevalistisch)* carnival-crazy ⟨*season*⟩; **das** ~**e Treiben** [beim Karneval *od.* Fasching] the mad *or* crazy carnival antics *pl.* 2. *adv.* a) *(verrückt)* crazily; **sich** ~ **benehmen** carry on like a madman/madwoman; act crazy; b) *(ugs. sehr)* terrifically *(coll.);* ~ **verliebt sein** be madly in love *(coll.)*.
Narziß [nar'tsɪs] **der;** ~ *od.* **Narzisses, Narzisse** Narcissus
Narzisse [nar'tsɪsə] **die;** ~, ~**n** narcissus; **gelbe** ~: daffodil
Narzißmus der; ~: *(Psych.)* narcissism
narzißtisch *Adj. (Psych.)* narcissistic
nasal [na'za:l] 1. *Adj.* nasal. 2. *adv.* nasally
Nasal der; ~**s,** ~**e** *(Sprachw.)* nasal
nasalieren *tr. V. (Sprachw.)* nasalize
Nasal·laut der *(Sprachw.)* nasal
naschen ['naʃn] 1. *itr. V.* a) *(Süßes essen)* eat sweet things; *(Bonbons essen)* eat sweets *(Brit.)* or *(Amer.)* [so] **gern** ~: have [such] a sweet tooth; b) *(heimlich essen)* have a nibble; **er hat vom Pudding genascht** he's been at the pudding. 2. *tr. V.* a) *(essen)* eat ⟨*sweets, chocolate, etc.*⟩; b) *(heimlich essen)* **er/sie hat Milch genascht** he/she has been at the milk
Näschen ['nɛ:sçən] **das;** ~**s,** ~: little nose
Nascherei die; ~, ~**en** a) *o. Pl.* [continually] eating sweet things; **hör auf mit der** ~ **!** don't keep eating sweet things all the time!; b) *(Süßigkeit)* ~**en** sweets
naschhaft *Adj.* fond of sweet things *postpos.;* sweet-toothed; [so] ~ **sein** have [such] a sweet tooth
Naschhaftigkeit die; ~: fondness for sweet things; **ihre** ~ **kostet viel Geld** her sweet tooth comes expensive
Nasch-: ~**katze die** *(fam.)* compulsive nibbler; *(Süßigkeiten naschend)* compulsive sweet- *(Brit.)* or *(Amer.)* candy-eater; ~**sucht die** *o. Pl.* addiction to sweet things; ~**werk das;** *o. Pl. (veralt.)* sweet titbits
Nase ['na:zə] **die;** ~, ~**n** a) nose; **mir blutet die** ~: my nose is bleeding; I've got a nosebleed; **mir läuft die** ~, **meine** ~ **läuft** I've got a runny nose; b) *(fig.)* **direkt vor deiner** ~ *(ugs.)* right under your nose; **der Bus ist mir vor der** ~ **weggefahren** *(ugs.)* I missed the bus by a whisker; **jmdm. die Tür vor der** ~ **zuschlagen** *(ugs.)* shut the door in sb.'s face; **jmdm. etw. vor der** ~ **wegschnappen** *(ugs.)* snatch sth. from under sb.'s nose; **man hat ihm einen jungen Manager vor die** ~ **gesetzt** *(ugs.)* they have appointed a young manager over his head; **die** ~ **voll haben** *(ugs.)* have had enough; **von jmdm./etw. die** ~ [gestrichen] **voll haben** *(ugs.)* be sick [to death] of sb./sth.; **seine** ~ **in etw./alles stecken** *(ugs.)* stick one's nose into sth./everything *(coll.);* **nicht weiter sehen als seine** ~ *(ugs.)* see no further than the end of one's nose; **ihm paßt** *od.* **gefällt deine** ~ **nicht** *(ugs.)* he doesn't like your face; sich *(Dat.)* **die** ~ **begießen** *(ugs.)* have a drink or two; **die** *od.* **seine** ~ **in die Bücher stecken** *(ugs.)* get down to one's studies; **jmdm. eine lange** ~ **machen** *od.* **eine** ~ **drehen** *(ugs.)* cock a snook at sb.; **immer der** ~ **nach** *(ugs.)* just follow your nose; **faß dich an die eigene** ~ **!** *(ugs.)* you're a fine one to talk!; **jmdm. an der** ~ **herumführen** *(ugs.)* pull the wool over sb.'s eyes; **auf der** ~ **liegen** *(ugs.)* be laid up; **auf die** ~ **fallen** *(ugs.)* come a cropper *(sl.);* **jmdm. etw. auf die** ~ **binden** *(ugs.)* let sb. in on sth.; **jmdm. auf der** ~ **herumtanzen** *(ugs.)* play sb. up; **jmdm. eins** *od.* **was auf die** ~ **geben** *(ugs.)* put sb. in his/her place; **jmdm. etw. aus der** ~ **ziehen** *(ugs.)* worm sth. out of sb.; **das sticht mir schon lange in die** ~ *(ugs.)* I've had my eye on that for a long time; **jmdm. mit der** ~ **auf etw.** *(Akk.)* **stoßen** *(ugs.)* spell sth. out to sb.; **pro** ~ *(ugs.)* per head; **jmdm. unter die** ~ **reiben, daß ...** *(ugs.)* rub it in that ...; **das brauchst du mir nicht unter die** ~ **zu reiben** *(ugs.)* you don't have to rub my nose in it; *s. auch* **Mund; rümpfen;** c) *(Geruchssinn, Gespür)* nose; **eine gute** ~ **für etw. haben** have a good nose for sth.; *(etw. intuitiv wissen)* have a sixth sense for sth.; d) *(geh.: Bug)* bow; *(eines Flugzeugs)* nose; e) *(ugs.: Farbtropfen)* run
nase·lang *s.* **nasenlang**
näseln ['nɛ:zln] *itr. V.* talk through one's nose
näselnd 1. *Adj.* nasal. 2. *adv.* nasally; ~ **sprechen** speak in a nasal tone
nasen-, Nasen-: ~**bär der** coati; ~**bein das** nasal bone; ~**bluten das;** ~**s** bleeding from the nose; ~**bluten haben/bekommen** have/get a nosebleed; ~**flügel der** side of the nose; *(einschl.* ~**loch)** nostril; ~**höhle die** *(Anat.)* nasal cavity; ~**lang** *in alle* ~**lang** constantly; all the time; ~**länge die: mit einer** ~**länge** *(Pferdesport),* **um eine** ~**länge** *(fig.)* by a head; **er war mir um eine** ~**länge voraus** he was fractionally ahead of me; ~**loch das** nostril; ~**ring der** nosering; ~**rücken der** ridge of the/one's nose; ~**scheide·wand die** nasal septum; ~**schleim der** nasal mucus; ~**schleim·haut die** nasal mucous membrane; ~**spitze die** tip of the/one's nose; **nicht weiter sehen, als die** ~**spitze reicht** *(fig. ugs.)* not be able to see further than the end of one's nose; **jmdm. etw. an der** ~**spitze ansehen** *(fig. ugs.)* tell sth. by sb.'s face; ~**spray der** *od.* **das** nasal spray; ~**stüber der** swat on the nose; ~**tropfen** *Pl.* nosedrops; ~**wurzel die** root of the nose
nase-, Nase-: ~**rümpfen das: mit** ~**rümpfen** with a look of disgust or disdain; **dafür hat sie nur ein** ~**rümpfen übrig** she only turns up her nose at that; ~**rümpfend** 1. *Adj.* disapproving; 2. *adv.* disdainfully; ~**weis** 1. *Adj.* precocious; pert ⟨*remark, reply*⟩; **sei nicht so** ~**weis!** don't be such a little know-all!; 2. *adv.* precociously; ~**weis der;** ~**es,** ~**e** *(fam.)* [little] know-all; [little] clever Dick *(coll.)*
nas-, Nas-: ~**führen** *tr. V.* lead up the garden path; **sich genasführt fühlen** feel one has been led up the garden path; ~**horn das** rhinoceros; ~**lang** *s.* **nasenlang**
-nasig *adj.* -nosed
naß [nas] **nasser** *od.* **nässer** ['nɛsɐ], **nassest...** *od.* **nässest...** ['nɛsəst...] 1. *Adj.* a) wet; ~ **machen** make wet; sprinkle ⟨*washing*⟩; **sich/das Bett** ~ **machen** wet oneself/one's bed; **mit nassen Augen** with tears in one's eyes; **durch und durch** *od.* **bis auf die Haut** ~: wet through; soaked to the skin; **wie ein nasser Sack** *(ugs.)* as limp as a wet sack; **ein nasses Grab** *(dichter.)* a watery grave; **mach dich bloß nicht** ~ **!** *(fig. salopp)* don't overdo it! *(iron.);* **jmdn.** ~ **machen** *(Sportjargon)* trounce sb.; beat sb. hollow *(coll.);* b) **für** ~ *(bes. berlin. u. ostmd.)* for free; for nothing. 2. *adv.* **sich** ~ **rasieren** have a wet shave; *(immer)* use a razor and shaving cream
Naß das; Nasses *(dichter. od. scherzh.)* a) *(Wasser)* water; *(Regen)* wetness *(esp. joc.);* **hinein ins kühle** ~ **!** in[to the water] we go!; b) *(Getränk)* **das edle** *od.* **kostbare** ~: the precious liquid
Nassauer ['nasauɐ] **der;** ~**s,** ~ *(ugs., abwertend)* sponger; *(Schnorrer)* scrounger *(coll.)*
nassauern *(ugs. abwertend)* 1. *tr. V.* **etw. bei jmdm.** ~: scrounge sth. from sb. *(coll.).* 2. *itr. V.* scrounge *(coll.)*
Nässe ['nɛsə] **die;** ~: wetness; *(an Wänden usw.)* dampness; **bei** ~: in the wet; in wet weather; **„vor** ~ **schützen"** 'protect from damp'
nässen 1. *itr. V.* ⟨*wound, eczema*⟩ suppurate. 2. *tr. V. (geh.)* make wet; wet ⟨*bed, feet, etc.*⟩
naß-, Naß-: ~**forsch** 1. *Adj.* brash. 2. *adv.* brashly; ~**geschwitzt** *Adj.* soaked in sweat *postpos.;* ~**kalt** *Adj.* cold and wet; raw; ~**rasur die** wet shaving *no art.;* **zur** ~**rasur braucht man ...:** for a wet shave one needs ...; ~**wäsche die** *washing not dried by the laundry;* wet washing
Nas·tuch das *(schweiz.)* handkerchief
Nation [na'tsi̯o:n] **die;** ~, ~**en** nation; **die Vereinten** ~**en** the United Nations *sing.;* **der Liebling der** ~ **sein** *(ugs.)* be a national hero
national [natsi̯o'na:l] 1. *Adj.* a) national; ~**e und internationale Märkte** domestic and international markets; **Nationale Front** *(DDR)* National Front; b) *(patriotisch)* nationalist. 2. *adv.* a) *(innerstaatlich)* at a national level; nationally; b) *(patriotisch)* ⟨*think, feel*⟩ nationalistically
national-, National-: ~**bewußt** *Adj.* nationally conscious; ~**bewußt sein** be conscious of one's nationality; have a sense of national identity; ~**bewußt·sein das** [sense of] national consciousness; sense of national identity; ~**charakter der** national character; ~**china (das)** *(veralt.)* Nationalist China
Nationale das; ~**s,** ~ *(österr.)* a) personal details *or* particulars *pl.;* b) *(Fragebogen)* form *or* questionnaire asking for personal details
National-: ~**elf die** *(Fußball)* national team *or* side; ~**epos das** national epic; ~**farben** *Pl.* national colours; ~**feier·tag der** national holiday; ~**flagge die** national flag; ~**gefühl das** national feeling; feeling for one's country; ~**gericht das** national dish; ~**getränk das** national drink; ~**held der** national hero; ~**hymne die** national anthem
nationalisieren *tr. V.* nationalize
Nationalisierung die; ~, ~**en** nationalization
Nationalismus der; ~: nationalism *usu. no art.*
Nationalist der; ~**en,** ~**en, Nationalistin die;** ~, ~**nen** nationalist
nationalistisch 1. *Adj.* nationalist; nationalistic. 2. *adv.* nationalistically *(coll.)*
Nationalität [natsi̯onali'tɛ:t] **die;** ~, ~**en** nationality; **welcher** ~ **sind Sie?** what nationality are you?
Nationalitäten-: ~**frage die** problem of different nationalities within one state; ~**staat der** multinational state
national-, National-: ~**literatur die** national literature; ~**mannschaft die** national team; ~**ökonomie die** political economy *no art.;* ~**park der** national park; ~**preis der** *(DDR)* annual award for achievement in science, technology, and the arts; ~**rat der** a) *(österr., schweiz.)* National Council; b) *(Mitglied)* member of the National Council; c) *(DDR)* highest governing body of the 'Nationale Front'; ~**sozialismus der** National Socialism; ~**sozialist der** National Socialist; ~**sozialistisch** 1. *Adj.* National Socialist. 2. *adv.* **eindeutig** ~**sozialistisch geprägt sein** bear all the marks of National Socialism; ~**spieler der** *(Sport)* national player; international; ~**sprache die** national language; ~**staat der** nation-state; ~**staatlich** *Adj.* ~**staatliche Bestrebungen** efforts towards the creation of a nation-state; ~**staatliches Denken** thinking in nationalistic terms; ~**stolz der** national pride; ~**straße die** *(schweiz.)* national highway; ~**tracht die** national costume; ~**versammlung die** National Assembly

NATO, Nato ['naːto] die; ~: NATO; Nato no art.
nato·grün Adj. dark olive green
NATO-Staat der NATO state or country
Natrium ['naːtriʊm] das; ~s (Chemie) sodium
Natron ['naːtrɔn] das; ~s [doppeltkohlensaures] ~: sodium bicarbonate; bicarbonate of soda; bicarb (coll.); [kohlensaures] ~: sodium carbonate; soda
Natron·lauge die caustic soda [solution]
Natter ['natɐ] die; ~, ~n colubrid; eine ~ am Busen nähren (fig. geh.) nurture a viper in one's bosom (literary)
Nattern·gezücht das (veralt. abwertend) nest of vipers
Natur [naˈtuːɐ] die; ~, ~en a) o. Pl. nature no art.; die Wunder der Natur the wonders of nature; wider die ~: unnatural; zurück zur ~: back to nature; die unberührte ~: unspoilt nature; die freie ~: [the] open countryside; Tiere in freier ~ sehen see animals in the wild; nach der ~ zeichnen/malen draw/paint from nature; b) (Art, Eigentümlichkeit) nature; eine gesunde/eiserne/labile ~ haben (ugs.) have a healthy/cast-iron/delicate constitution; das widerspricht ihrer ~: it is not in her nature; jmdm. gegen od. wider die ~ gehen go against sb.'s nature; jmdm. zur zweiten ~ werden become second nature to sb.; die Verletzung war nur leichter ~: the injury was only slight; in der ~ der Sache/der Dinge liegen be in the nature of things; c) (Mensch) sort or type of person; sort (coll.); type (coll.); d) o. Pl. (natürlicher Zustand) Möbel in Kiefer ~: natural pine furniture; sie ist von ~ aus blond/ein gutmütiger Mensch she is naturally fair/good-natured; Hat sie eine Dauerwelle? - Nein, das ist alles ~: Is her hair permed? - No, it's naturally curly
Natural·abgaben Pl. taxes [paid] in kind
Naturalien [natuˈraːli̯ən] Pl. natural produce sing. (used as payment); in ~ (Dat.) bezahlen pay in kind
Naturalien·kabinett das (veralt.) natural-history collection
naturalisieren tr. V. (auch Biol.) naturalize; sich ~: become naturalized
Naturalisierung die; ~, ~en (auch Biol.) naturalization
Naturalismus der; ~: naturalism
Naturalist der; ~en, ~en, **Naturalistin** die; ~, ~nen naturalist
naturalistisch 1. Adj. a) naturalistic; b) (den Naturalismus betreffend) naturalist. 2. adv. a) (paint, describe) naturalistically; b) (den Naturalismus betreffend) naturalistically; (influenced) by naturalism
Natural-: ~**lohn** der wages pl. [paid] in kind; ~**wirtschaft** die barter economy
natur-, Natur-: ~**apostel** der (iron.) back-to-nature freak (sl.); ~**belassen** Adj. natural (oils, foods, etc.); ~**beobachtung** die observation of nature; ~**beschreibung** die description of nature; ~**blond** Adj. naturally fair or blond; ~**bursche** der child of nature; ~**darm** der natural [animal] intestine (used as sausage-casing); ~**denkmal** das natural monument; ~**dünger** der natural fertilizer
nature [naˈtyːɐ] indekl. Adj. (Gastr.) (steak, escalope, etc.) au naturel
Naturell das; ~s, ~e disposition; temperament; das widerspricht seinem ~: it's not in his nature
natur-, Natur-: ~**ereignis** das natural phenomenon; (Versicherungsw.) act of God; ~**erscheinung** die natural phenomenon; ~**erzeugnis** das natural product; ~**farbe** die a) natural colour; b) (Farbstoff) natural dye; ~**farben** Adj. natural-coloured (leather, wool, wood, etc.); ~**faser** die natural fibre; ~**film** der nature film; ~**forscher** der naturalist; ~**forschung** die natural-history research; ~**freund** der nature-lover; ~**gegeben** Adj. natural and inevitable (state of affairs); etw. als ~gegeben ansehen regard sth. as part of the natural order [of things]; ~**gemäß** 1. Adv. naturally; 2. adj. a) natural; (forest management) in keeping with the natural environment; ~**geschichte** die; o. Pl. a) natural history; b) (veralt.) s. ~kunde; ~**geschichtlich** 1. Adj.; nicht präd. natural-history; (teaching) of natural history; die ~geschichtliche Entwicklung des Menschen the natural history of mankind; 2. adv. from the point of view of natural history; ~**gesetz** das law of nature; ~**getreu** 1. Adj.; lifelike (portrait, imitation); (reproduction); 2. adv. (draw) true to life; (reproduce) faithfully; etw. ~getreu darstellen portray sth. in a true-to-life way; ~**gewalt** die force of nature; ~**gottheit** die (Rel.) nature-deity; ~**haft** Adj. (geh.) natural; ~**heil·kunde** die naturopathy no art.; ~**heil·verfahren** das naturopathic treatment; ~**katastrophe** die natural disaster; ~**kind** das child of nature; ~**kraft** die force of nature; ~**krause** die naturally frizzy hair no indef. art.; ~**kunde** die; o. Pl. (veralt.) nature study no art.; ~**kundlich** Adj.; nicht präd. natural-history (museum, field trip, etc.); ~**landschaft** die natural or unspoilt landscape; ~**lehr·pfad** der nature trail
natürlich [naˈtyːɐ̯lɪç] 1. Adj. natural; eines ~en Todes sterben die a natural death; die of natural causes; ein Bild in ~er Größe a life-size portrait; das ist die ~ste Sache der Welt it is the most natural thing in the world; s. auch Person. 2. adv. (laugh, behave) naturally. 3. Adv. a) (selbstverständlich, wie erwartet) naturally; of course; b) (zwar) of course; er wird natürlich zustimmen, aber ...: of course he is bound to agree, but ...
natürlicher·weise Adv. naturally; of course
Natürlichkeit die; ~: naturalness
natur-, Natur-: ~**locken** Pl. natural curls; ~**nah[e]** Adj. (life, existence) close to nature; ~**notwendigkeit** die objective necessity; ~**park** der ≈ national park; ~**philosophie** die philosophy of nature; ~**produkt** das natural product; ~**produkte** natural produce sing.; ~**recht** das; o. Pl. ~**rein** Adj. pure (honey, jam, fruit, juice, etc.); (wine) free of additives; ~**religion** die nature religion; ~**schau·spiel** das natural spectacle; ~**schönheit** die site of natural beauty; ~**schutz** der [natur]conservation; unter ~schutz (Dat.) stehen be protected by law; be a protected species/variety/area etc.; etw. unter ~schutz (Akk.) stellen protect sth. by law; ~**schutz·gebiet** das nature reserve; ~**seide** die real or natural silk; ~**stein** der natural stone; ~**stoff** der natural substance; ~**talent** das [great] natural talent or gift; (begabter Mensch) naturally talented or gifted person; ein ~talent sein have a [great] natural gift or talent; ~**ton** der (Musik) natural note; ~**trieb** der (veralt.) [natural] instinct; ~**trüb** Adj. unfiltered, naturally cloudy (fruit juice); ~**verbunden** Adj. (person) in tune with nature; ~**volk** das primitive people; ~**widrig** Adj. unnatural; against nature postpos.; ~**wissenschaft** die natural science no art.; die ~wissenschaften the [natural] sciences; ~**wissenschaftler** der [natural] scientist; ~**wissenschaftlich** 1. Adj. scientific; 2. adv. scientifically; ~**wüchsig** (Philos.) 1. Adj. organic; 2. adv. organically; ~**wunder** das miracle or wonder of nature
'nauf [naʊf] (südd.) s. hinauf
'naus [naʊs] (südd.) s. hinaus

Nautik ['naʊtɪk] die; ~ a) nautical science no art.; b) (Navigation) navigation no art.
nautisch ['naʊtɪʃ] Adj. (Seew.) naval (officer); navigational (instrument, calculation)
Navel·orange ['naːvl-] die navel orange
Navigation [navigaˈtsi̯oːn] die; ~ (Seew., Flugw.) navigation no art.
Navigations-: ~**fehler** der (Seew., Flugw.) navigational error; ~**instrument** das (Seew., Flugw.) navigational instrument; ~**karte** die (Seew., Flugw.) navigational chart; ~**offizier** der (Seew., Flugw.) navigating officer
Navigator [naviˈgaːtɔr] der; ~s, ~en (Seew., Flugw.) navigator
navigieren tr., itr. V. navigate
Nazarener [natsaˈreːnɐ] der; ~s, ~: Nazarene
Nazareth ['naːtsarɛt] (das); ~s Nazareth
Nazi ['naːtsi] der; ~s, ~s Nazi
Nazi·deutschland das Nazi Germany
Nazismus der; ~: Nazi[i]sm no art.
nazistisch Adj. Nazi
Nazi-: ~**vergangenheit** die Nazi past; ~**zeit** die Nazi period
NB, N. B. Abk. notabene NB
n. Br. Abk. nördliche[r] Breite; 60° n. Br. lat. 60° N
n. Chr. Abk. nach Christus AD
NDR der; ~: Abk. Norddeutscher Rundfunk North German Radio
ne [nə] (ugs.) s. nicht c
'ne [nə] (ugs.) s. eine
Neandertaler [neˈandɐtaːlɐ] der; ~s, ~ (Anthrop.) Neanderthal man; [die] Neandertaler lebten in ...: Neanderthal man sing. lived in ...
Neapel [neˈaːpl̩] (das); ~s Naples
Neapolitaner [neapoliˈtaːnɐ] der; ~s, ~ a) Neapolitan; b) (österr.: Gebäck) wafer biscuit with chocolate cream filling
nebbich ['nɛbɪç] Interj. (salopp) so what?
Nebel ['neːbl̩] der; ~s, ~ a) fog; (weniger dicht) mist; bei ~ in fog/mist; when it is foggy/misty; im ~ in der Vergessenheit versinken (fig.) sink into the mists pl. of oblivion; ein ~ von Tabakrauch a thick haze of tobacco smoke; ausfallen wegen ~[s] (ugs. scherzh.) be cancelled; s. auch Nacht; b) (Astron.) nebula
Nebel-: ~**bank** die; Pl.: ~**bänke** (über dem Meer) fog-bank; (über dem Land) large patch of fog; ~**bildung** die formation of fog; stellenweise ~bildung local mist or fog patches; ~**feld** das mist/fog patch; patch of mist/fog
nebelhaft Adj. hazy (idea, recollection, etc.); das liegt in ~er Ferne that's in the distant future
Nebel·horn das Pl.: ~**hörner** fog-horn
nebelig s. neblig
Nebel-: ~**kammer** die (Atomphysik) cloud chamber; ~**krähe** die hooded crow
nebeln 1. itr. V. (unpers.) (geh.) es nebelt it is foggy; (weniger dicht) it is misty; es begann zu ~: it began to grow foggy/misty. 2. tr. V. spray (pesticide, insecticide)
nebel-, Nebel-: ~**schein·werfer** der fog-lamp; ~**schleier** der (geh. dichter.) veil of mist; ~**schluß·leuchte** die rear fog lamp; ~**schwaden** Pl. swathes of mist; ~**verhangen** Adj. (geh.) shrouded in mist postpos.; ~**wand** die wall of fog; ~**werfer** der (Milit.) six-barrelled rocket mortar; nebelwerfer
neben [neːbn̩] 1. Präp. mit Dat. a) (Lage) next to; beside; sie fuhren ~ dem Zug her they kept pace with the train; dicht ~ jmdm./etw. sitzen sit close or right beside sb./sth.; er duldet keinen Konkurrenten ~ sich (fig.) he brooks no competition; ihr sollt keine anderen Götter ~ mir haben! (bibl.) thou shalt have no other gods before me; b) (außer) apart from; aside from

(Amer.); **wir brauchen ~ Schere und Papier auch Leim** as well as scissors and paper we need glue. 2. *Präp. mit Akk.* a) *(Richtung)* next to; beside; **sich dicht ~ jmdn./etw. setzen** sit down close *or* right beside sb./sth.; b) *(verglichen mit)* beside; compared to *or* with

neben-, Neben-: **~absicht** die secondary aim; **~akzent** der *(Phon.)* secondary accent *or* stress; **~amtlich 1.** *Adj.* ⟨activity⟩ relating to a secondary office/occupation; **2.** *adv.* **etw. ~ amtlich machen** do sth. as a secondary office/occupation

neben·an *Adv.* next door; **die Kinder von ~** *(ugs.)* the children from next door; **nach ~ gehen** go next door

Neben-: **~an·schluß** der extension; **~arbeit** die a) second job; b) *(unwichtige Arbeit)* less important job; **~arbeiten** less important *hum. sing. or* jobs; **~arm** der branch; **~aus·gabe** die additional expense; **|eventuelle|/~ausgaben** incidental expenses; **~aus·gang** der side exit; **~bedeutung** die secondary meaning

neben·bei *Adv.* a) *(work)* on the side, as a sideline; *(zusätzlich)* as well; in addition; **sie versorgt ihren Haushalt und hilft ~ im Geschäft** she looks after the house and helps in the shop as well; **für Geologie interessiert er sich nur ~:** his interest in geology is only secondary; b) *(beiläufig)* ⟨remark⟩ incidentally, by the way; ⟨ask⟩ by the way; ⟨inform⟩ by the by; ⟨mention⟩ in passing; **~ gesagt** *od.* **bemerkt** incidentally, by the way; **dies nur ~:** that is only by the way

neben-, Neben-: **~bemerkung** die incidental remark; **~beruf** der second job; sideline; **er ist im ~beruf Fotograf** he has a second job *or* sideline as a photographer; **~beruflich 1.** *Adj.* **~berufliche Tätigkeit** a second job; **er mußte ~berufliche Tätigkeiten annehmen** he had to take on extra work *sing. or* jobs; **2.** *adv.* on the side; **er arbeitet ~beruflich als Übersetzer** he translates as a sideline; **~beschäftigung** die second job; sideline; **seine zahlreichen ~beschäftigungen** his many sidelines; **~buhler** der; **~buhlerin** die rival; **~effekt** der side-effect

neben·ein·ander *Adv.* a) next to one another *or* each other; ⟨be sitting, standing⟩ next to one another, side by side; *(fig.: zusammen)* ⟨live, exist⟩ side by side; **~ wohnen** live next door to one another *or* each other; **sich zu zweit ~ aufstellen** line up two abreast; b) *(gleichzeitig)* together

Nebeneinander das; **~s** juxtaposition

nebeneinander·her *Adv.* alongside each other *or* one another; ⟨walk⟩ side by side

nebeneinander-: **~|legen** *tr. V.* lay *or* place ⟨objects⟩ next to each other *or* side by side; **~|schalten** *tr. V.* connect *or* wire ⟨devices, lamps, etc.⟩ in parallel; **~|setzen** *tr. V.* put *or* place ⟨persons, objects⟩ next to each other *or* one another; **~|sitzen** *unr. itr. V.* sit next to each other *or* one another; **~|stellen** *tr. V.* put *or* place ⟨tables, chairs, etc.⟩ next to each other

Neben-: **~ein·gang** der side entrance; **~einkünfte** *Pl.* additional *or* supplementary income *sing.*; **~einnahme** die: **~einnahme[n]** additional *or* supplementary income; **~erwerb** der second job; secondary occupation; **~erwerbs·betrieb** der *(Landw.)* smallholding, market stall, *etc.* run to supplement a person's main income; **~fach** das its. subsidiary subject; minor *(Amer.)*; **etw. im ~fach studieren** study sth. as a subsidiary subject; minor in sth. *(Amer.)*; **~fluß** der tributary; **~form** die variant; **~frage** die side issue; secondary issue; **~frau** die concubine; **~gebäude** das a) annexe; outbuilding; b) *(Nachbargebäude)* adjacent *or* neighbouring building; **~geordnet** *Adj. (Sprachw.)* co-ordinate

⟨clause⟩; **~geräusch** das background noise; ⟨Funkw., Fernspr.⟩ interference *sing.*; noise *sing.*; *(bei Tonband, Plattenspieler)* [background] noise *sing.*; **~gleis** das *(Eisenb.)* siding; **jmdn. aufs ~gleis [ab|schieben** *(fig.)* put sb. out of harm's way; **~handlung** die sub-plot; **~haus** das house next door; neighbouring house

neben·her *Adv.* s. nebenbei

nebenher-: **~|fahren** *unr. itr. V.*; *mit sein* drive alongside; *(mit dem Rad, Motorrad)* ride alongside; **~|gehen** *unr. itr. V.; mit sein* walk alongside; **~|laufen** *unr. itr. V.; mit sein* a) run alongside; b) *(zugleich ablaufen)* proceed at the same time

neben·hin *Adv.* ⟨ask⟩ by the way; ⟨mention, say⟩ in passing

neben-, Neben-: **~höhle** die *(Anat.)* paranasal sinus; **~kläger** der, **~klägerin** die *(Rechtsw.)* accessory prosecutor; **~kosten** *Pl.* a) additional costs; b) *(bei Mieten)* heating, lighting, and services; **~kriegs·schau·platz** der secondary theatre of war; *(fig.)* secondary area of conflict; **~li·nie** die a) *(Eisenb.)* s. **~strecke** b) *(Genealogie)* collateral branch; **~mann** der; *Pl.:* **~männer** *od.* **~leute** neighbour; **sein ~mann** the person sitting/standing/walking next to him; his neighbour; **~niere** die *(Anat.)* adrenal *or* suprarenal gland; **~nie·ren·rinde** die *(Anat.)* adrenal *or* suprarenal cortex; **~ordnend** *Adj.; nicht präd. (Sprachw.)* co-ordinating ⟨conjunction⟩; **~produkt** das *(auch fig.)* by-product; **~raum** der next *or* adjoining room; room next door; *(kleiner, unwichtiger)* side room; **~rolle** die supporting role; **eine ~rolle [in etw. (Dat.)] spielen** *(fig.)* play a secondary *or* minor role [in sth.]; **~sache** die minor *or* inessential matter; **~sachen** inessentials; minor *or* inessential matters; **das ist ~sache** *(ugs.)* that's beside the point; **~sächlich** *Adj.* of minor importance *postpos.*; unimportant; minor, trivial ⟨detail⟩; **etw. als ~sächlich abtun** reject sth. as irrelevant *or* beside the point; **sich über ~sächliche Dinge aufregen** get worked up about trivial things *or* matters; **~sächlichkeit** die; **~, ~en** a) *o. Pl.* unimportance; *(fehlender Bezug zur Sache)* irrelevance; b) *(Unwichtiges)* matter of minor importance; *(nicht zur Sache Gehörendes)* irrelevancy; **~satz** der *(Sprachw.)* s. Gliedsatz; **~stehend** *Adj.; nicht präd.* accompanying ⟨text, illustration, table, etc.⟩; *(auf der Seite gegenüber)* ⟨text, illustration, table, etc.⟩ opposite; **~stelle** die a) extension; b) *(Filiale)* branch; **~straße** die side street; *(außerhalb der Stadt)* minor road; **~strecke** die a) *(Eisenb.)* branch *or* local line; b) *(Entlastungsstraße)* minor road running parallel to the main road; **~tätigkeit** die second job; sideline; **~tisch** der next *or* neighbouring table; **~tür** die a) side door; b) *(benachbarte Tür)* next *or* neighbouring door; **~verdienst** der additional earnings *pl. or* income; **~winkel** der *(Geom.)* adjacent angle; **~wirkung** die side-effect; **~zimmer** das next room; **sie gingen in ein ~zimmer** they went into an adjoining room; **~zweck** der secondary aim

neblig *Adj.* foggy; *(weniger dicht)* misty

nebst [ne:pst] *Präp. mit Dat.* *(veralt.)* together with; plus; *(zusätzlich zu)* in addition to

nebst·bei *(österr.)* s. nebenbei

nebst·dem *(schweiz.)* s. außerdem

nebulos [nebu'lo:s], **nebulös** [nebu'lø:s] *(geh.)* **1.** *Adj.* nebulous ⟨idea, concept⟩; obscure, vague ⟨hint⟩. **2.** *adv.* ⟨talk, hint⟩ vaguely

Necessaire [nesɛ'sɛːɐ̯] das; **~s, ~s** a) sponge-bag *(Brit.)*; toilet bag *(Amer.)* b) *(Behälter für Nähzeug)* sewing-bag

necken ['nɛkn] *tr. V.* tease; **jmdn. mit jmdm./etw. ~:** tease sb. about sb./sth.; **sich ~:** tease each other *or* one another; *s. auch* **lieben**

Neckerei die; **~:** teasing

neckisch 1. *Adj.* a) teasing; *(verspielt)* playful; *(schelmisch)* mischievous; b) *(keß)* jaunty, saucy ⟨cap⟩, saucy, provocative ⟨dress, blouse, etc.⟩. **2.** *adv.* ⟨smile, say⟩ saucily, cheekily

nee [ne:] *(ugs.)* no; nope *(Amer. coll.)*

Neer [ne:ɐ̯] die; **~, ~en** *(nordd.)* eddy

Neffe ['nɛfə] der; **~n, ~n** nephew

neg. *Abk.:* negativ neg.

Negation [nega'tsi̯o:n] die; **~, ~en** negation

negativ ['ne:gati:f] **1.** *Adj.* negative; **~e Zahlen** *(Math.)* negative *or* minus numbers. **2.** *adv.* ⟨answer⟩ in the negative; **einen Antrag ~ bescheiden** reject an application; **einer Sache (Dat.) ~ gegenüberstehen** take a negative view of a matter; **etw. ~ beeinflussen** have a negative influence on sth.; **etw. ~ bewerten** judge sth. unfavourably; **sich ~ äußern** comment negatively (**zu** on); **der Test/die Testbohrung verlief ~:** the test proved unsuccessful/the test well yielded nothing; **~ geladen** *(Physik)* negatively charged

Negativ das; **~s, ~e** *(Fot.)* negative

Negativ-: **~beispiel** das negative example; **das ~beispiel Stalin** the negative example of Stalin; **~bilanz** die generally negative picture; *(Ergebnis)* generally negative outcome; **~bild** das *(Fot.)* negative image; **~film** der negative film

Negativität [negativi'tɛ:t] die; **~:** negativity; negativeness

Negativum [ne'ga:tivʊm] das; **~s, Negativa** *(Faktor)* negative factor; *(Eigenschaft)* negative characteristic

neger *(österr. ugs.) in:* **~ sein** be broke *(coll.)*

Neger ['ne:gɐ] der; **~s, ~** a) Negro; b) *(Fernsehen: schwarzer Tafel)* gobo; nigger; *(Texttafel)* cue card

Negerin die; **~, ~nen** Negress

Neger-: **~krause** die *(ugs. veralt.)* frizzy hair *no art.*; **~kuß** der s. Mohrenkopf a

Negerlein das; **~s, ~:** little Negro

Neger·sklave der Negro slave

negieren *tr. V.* a) deny ⟨fact, assertion, guilt, etc.⟩; b) *(ablehnen)* reject ⟨opinion, suggestion⟩; c) *(Sprachw.)* negate

Negligé, *(schweiz.:)* **Négligé** [negli'ʒeː] das; **~s, ~s** negligé; negligee

negrid [ne'gri:t] *Adj. (Anthrop.)* Negrid

negroid [negro'i:t] *Adj. (Anthrop.)* Negroid

nehmen ['neːmən] *unr. tr. V.* a) *(ergreifen, an sich bringen, an~, als Beispiel ~)* take; **etw. in die Hand/unter den Arm ~:** take sth. in one's hand/take *or* put sth. under one's arm; **etw. an sich (Akk.) ~:** pick sth. up; *(und aufbewahren)* take charge of sth.; **sich (Dat.) etw. ~:** take sth.; *(sich bedienen)* help oneself to sth.; **sich (Dat.) einen Mann/eine Frau ~:** take a husband/wife; **woher ~ und nicht stehlen?** *(scherzh.)* where on earth am I going to get hold of that/them *etc.?;* **zu sich ~:** take in ⟨orphan⟩; **sie nahm ihren Vater zu sich** she had her father come and live with her; **Gott hat ihn zu sich genommen** *(geh.)* God has taken him unto Himself ; **auf sich (Akk.) ~:** take on ⟨responsibility, burden⟩; take ⟨blame⟩; **es auf sich (Akk.) ~, etw. zu tun** take on the responsibility of doing sth.; **die Dinge ~, wie sie kommen** take things as they come; **jmdn. ~, wie er ist** take sb. as he is; **nimm doch mal den Fall, daß man dir einen Vertrag anböte** let's assume [that] they offered you a contract; b) *(wegnehmen)* **jmdm./einer Sache etw. ~:** deprive sb./sth. of sth.; **jmdm. die Sicht/den Ausblick ~:** block sb.'s view; **jmdm. den Glauben/alle Illusionen ~** *(fig.)* deprive *or* rob sb. of his/her belief/all his/her illusions; **die Angst/die Sorgen von jmdm. ~:**

1343

relieve sb. of his/her fear/worries; **es sich** *(Dat.)* **nicht ~ lassen, etw. zu tun** not let anything stop one from doing sth.; **das nimmt der Sache den ganzen Reiz** it takes all the fun out of it ; **c)** *(benutzen)* use ⟨*ingredients, washing-powder, wool, brush, knitting-needles, etc.*⟩; **man nehme ...** *(in Rezepten)* take ...; **den Zug/das Auto/ein Taxi** *usw.* **~:** take the train/the car/a taxi *etc.*; [**sich** *(Dat.)*] **einen Anwalt/Privatlehrer** *usw.* **~:** get a lawyer/private tutor *etc.*; **d)** *(aussuchen)* take; **ich nehme die Pastete/die broschierte Ausgabe** I'll have the pâté/the paperback; **e)** *(in Anspruch nehmen)* take ⟨*lessons, holiday, etc.*⟩; **einen Tag frei ~:** take a day off; **f)** *(verlangen)* charge; **was ~ Sie dafür?** what or how much do you charge for it?; **g)** *(einnehmen, essen)* take ⟨*medicines, tablets, etc.*⟩; **etwas [Richtiges] zu sich ~:** have something [decent] to eat; **sie nimmt die Pille** she's taking or she's on the pill *(coll.)*; **das Frühstück/einen Imbiß ~** *(geh.)* take breakfast/a snack; **den Kaffee ~** *(geh.)* have [one's] coffee; **h)** *(auffassen)* take **(als** as); *etw.* **ernst/leicht ~:** take sth. seriously/lightly; **jmdn. ernst ~:** take sb. seriously; **gleichgültig/je nachdem, wie man's nimmt** *(ugs.)* however you look at it/ depending on how you look at it; **jmdn. nicht für voll ~** *(ugs.)* not take sb. seriously; **i)** *(behandeln)* treat ⟨*person*⟩; **wissen, wie man jmdn. zu ~ hat** know how to treat sb.; **j)** *(überwinden, militärisch einnehmen)* take ⟨*obstacle, bend, incline, village, bridgehead, etc.*⟩; *(fig.)* take ⟨*woman*⟩; **k)** *(aufnehmen)* **etw. auf Videokassette/Band ~:** record sth. on video cassette/record or tape sth.; **l)** *(Sport)* take ⟨*ball, punch*⟩; **einen Spieler hart ~:** foul a player blatantly

Nehrung ['ne:rʊŋ] *die;* **~, ~en** sand-bar

Neid [naɪt] *der;* **~[e]s** envy; jealousy; **aus ~:** out of envy; **von ~ erfüllt [sein]** [be] filled with envy; **vor ~ platzen** *(coll.)* die of envy *(coll.);* **gelb** od. **grün vor ~ werden, vor ~ erblassen** turn or go green with envy; **das muß der ~ ihr lassen** *(ugs.)* you've got to give her that; you've got to say that much for her; **das ist der ~ der Besitzlosen** *(ugs.)* that's just sour grapes; **nur kein ~!** don't be envious **neiden** *tr. V. (geh.)* **jmdm.** *etw.* **~:** envy sb. [for] sth.

Neider *der;* **~s, ~:** envious person; **seine ~:** those who are/were envious of him; **erfolgreiche Leute haben immer viele ~:** successful people are always much or greatly envied

neid·erfüllt *Adj.* filled with or full of envy postpos.

Neid·hammel *der (salopp abwertend)* envious sod *(sl.)*

neidisch 1. *Adj.* envious; **auf jmdn./**etw.** ~ sein** be envious of sb./sth. **2.** *adv.* enviously **neid-:** **~los 1.** *Adj.* ungrudging ⟨*admiration*⟩ ⟨*joy*⟩ without envy; **2.** *adv.* ⟨*acknowledge, admire*⟩ without envy; **~voll 1.** *Adj.* envious ⟨*glance*⟩, ⟨*person*⟩ filled with or full of envy; ⟨*admiration*⟩ mixed with envy; **2.** *adv.* ⟨*watch*⟩ full of envy

Neige ['naɪɡə] *die;* **~** *(geh.)* dregs *pl.;* lees *pl.;* **ein Glas bis zur ~ leeren** drain a glass to the dregs; *etw.* **bis zur ~ auskosten** *(fig.)* enjoy sth. to the full; **etw. bis zur bitteren ~ durchstehen** *(fig.)* see sth. through to the bitter end; **zur ~ gehen** *(aufgebraucht sein)* ⟨*money, supplies, etc.*⟩ run low; *(zu Ende gehen)* ⟨*year, day, holiday*⟩ draw to its close

neigen 1. *tr. V.* tip, tilt ⟨*bottle, glass, barrel, etc.*⟩; incline ⟨*head, upper part of body*⟩; **den Kopf zum Gruß ~:** incline one's head in greeting. **2.** *refl. V.* **a)** ⟨*person*⟩ lean, bend; ⟨*ship*⟩ heel over, list; ⟨*scales*⟩ tip; ⟨*sun*⟩ sink; ⟨*branches*⟩ bow down; **sich nach vorne/zur Seite ~:** bend or lean over or forward/lean to one side; **b)** *(schräg abfallen)* ⟨*meadows*⟩ slope down; **eine geneigte Fläche** a sloping surface; **c)** *(geh.: zu Ende gehen)* ⟨*day, year, holiday*⟩ draw to its close. **3.** *itr. V.* **a) zu Erkältungen/Krankheiten ~:** be susceptible or prone to colds/illnesses; **zur** od. **zu Korpulenz/Schwermut ~:** have a tendency to put on weight/tend to be melancholy; **ein zum** od. **zu Jähzorn ~der Mensch** a person who is prone to violent outbursts of temper; **b)** *(tendieren)* tend; **zu der Ansicht** od. **der Auffassung ~, daß ...:** tend towards the view or opinion that ...; *s. auch* **geneigt 2**

Neigung *die;* **~, ~en a)** *o. Pl. (des Kopfes)* nod; **b)** *o. Pl. (Geneigtsein)* inclination; *(eines Geländes)* slope; **die Straße weist eine leichte ~ auf** the street has a slight incline or gradient; **c)** *(Vorliebe)* inclination; **seine politischen/künstlerischen ~en** his political/ artistic leanings; **eine ~ für** *etw.* a penchant or fondness for sth. **d)** *o. Pl. (Anfälligkeit)* tendency; **eine ~ zur Korpulenz/zum Faulsein haben** have a tendency to put on weight/to be lazy; **e)** *o. Pl. (Lust)* inclination; **f)** *(Liebe)* affection; fondness; liking; **jmds. ~ gewinnen/erwidern** win/return sb.'s affection

Neigungs-: ~ehe *die* love-match; **~messer** *der* clinometer; inclinometer; **~winkel** *der* angle of inclination

nein [naɪn] *Partikel* no; **~ danke** no, thank you; **sie kann nicht ~ sagen** she can't say no; **da sage ich nicht ~:** I wouldn't say no; **man muß auch ~ sagen können** one must be able to say no; **~, nicht!** no, don't!; **~, so was!** well I never!; **~ und abermals ~!** no, and that's final!; **aber ~!** good heavens no!; **du gehst doch jetzt noch nicht, ~?** you're not going now, are you?; **das wird dir doch nicht zu viel, ~?** that's not too much for you, is it?; **~, daß ich das noch erleben durfte!** simply wonderful, that I should live to see this!; **~, wie schön Sie das gesagt haben!** gosh, you really put that beautifully! *(coll.)*

Nein das; ~[s], ~[s] no; **bei seinem ~ bleiben** stick by one's refusal; **mit ~ stimmen** vote no

'nein *(südd.) s.* **hinein**

Nein-: ~sager *der;* **~s, ~** *(abwertend)* person who always says no or who says no to everything; **~stimme** *die* no-vote; vote against

Nekrolog [nekro'lo:k] *der;* **~[e]s, ~e** *(geh.)* obituary; necrology *(rare)*

Nekrophilie [nekrofi'li:] *die;* **~:** necrophilia *no art.*

Nektar ['nɛktar] *der;* **~s, ~e a)** *(Bot., Myth.)* nectar; **b)** *(Getränk)* drink made from crushed fruit, sugar, and water

Nektarine [nɛkta'ri:nə] *die;* **~, ~n** nectarine **Nelke** ['nɛlkə] *die;* **~, ~n a)** pink; *(Dianthus caryophyllus)* carnation; **b)** *(Gewürz)* clove

Nelken·öl *das* oil of cloves

Nelson ['nɛlzɔn] *der;* **~[s], ~s** *(Ringen)* nelson

Nemesis ['ne:mezɪs] *die;* **~:** nemesis

'nen [nən] *s.* **einen**

nennbar *Adj.* specifiable ⟨*change, problem*⟩; nameable ⟨*feeling*⟩; **nicht ~:** unspecifiable/unnameable

Nenn·betrag *der s.* **Nennwert**

nennen ['nɛnən] **1.** *unr. tr. V.* **a)** call; **jmdn. nach jmdm. ~:** call or name sb. after sb.; **sie nannten das Kind Günther** they called or named the child Günther; **jmdn. beim Vornamen ~:** call sb. by his/her first or Christian name; **jmdn. einen Lügner ~:** call sb. a liar; **wenn du es so ~ willst** if you want to call it that; **das nenne ich Mut/eine Überraschung** that's what I call courage/well, that 'is a surprise; **Max Müller, genannt „der weiße Würger"** Max Müller, known as the 'White Strangler'; **b)** *(mitteilen)* give ⟨*name, date of birth address, reason, price, etc.*⟩; **jmdm. ein gutes Hotel/einen Arzt ~:** give sb. the name of a good hotel/a doctor; **c)** *(anführen)* give, cite ⟨*example*⟩; *(erwähnen)* mention ⟨*person, name*⟩; **das oben Genannte** the item[s] mentioned above; **die im folgenden genannten Punkte** the points mentioned below. **2.** *unr. refl. V.* ⟨*person, thing*⟩ be called; **er nennt sich Maler/Dichter** *usw.* *(behauptet Maler/Dichter* usw. *zu sein)* he calls himself a painter/poet *etc.*; **und so was nennt sich nun ein Freund/tolerant** *(ugs.)* and he/she has the nerve to call himself/ herself a friend/tolerant; **und das nennt sich ein gutes Hotel** and that's supposed to be a good hotel

nennens·wert *Adj.* considerable ⟨*influence, changes, delays, damage*⟩; **kaum ~e Veränderungen** changes scarcely worth mentioning; **es ist nichts Nennenswertes passiert** nothing worth mentioning or nothing of note has happened

Nenner *der;* **~s, ~** *(Math.)* denominator; **der gemeinsame ~:** the common denominator; *etw.* **auf einen [gemeinsamen] ~ bringen** *(fig.)* reduce sth. to a common denominator

Nenn-: ~fall *der s.* **Nominativ; ~form** *die s.* **Infinitiv; ~leistung** *die (Technik)* rated output; *(Elektrot.)* rated power; *(eines Motors)* rated horsepower; **~onkel** *der* uncle only in name; **er ist nicht mein richtiger Onkel, sondern nur ein ~:** he's not my real uncle, I just call him that; **~tante** *der* aunt only in name; *s. auch* **~onkel**

Nennung *die;* **~, ~en a)** *s.* **nennen 1 b, c:** giving; citing; mentioning; **b)** *(Sport)* entry **(zu, für** for)

Nenn-: ~wert *der (Wirtsch.)* nominal or face value; *(von Aktien)* par or nominal or face value; **~wort** *das s.* **Substantiv**

neo-, Neo-: neo-

Neolithikum [neo'li:tikʊm] *das;* **~s** *(Archäol.)* neolithic period

Neologismus [neolo'gɪsmʊs] *der;* **~, Neologismen** *(Sprachw.)* neologism

Neon ['ne:ɔn] *das;* **~s** *(Chemie)* neon

Neon-: ~licht *das* neon light; **~reklame** *die* neon sign; **~röhre** *die* neon tube; [neon] strip light

Nepal ['ne:pal] *(das);* **~s** Nepal

Nepalese [nepa'le:zə] *der;* **~n, ~n** Nepali; Nepalese

Nepotismus [nepo'tɪsmʊs] *der;* **~:** nepotism *no art.*

Nepp [nɛp] *der;* **~s** *(ugs. abwertend)* daylight robbery *no art.;* rip-off *(sl.)*

neppen *tr. V. (ugs. abwertend)* rook; rip ⟨*tourist, customer, etc.*⟩ off *(sl.)*

Nepper *der;* **~s, ~** *(ugs. abwertend)* shark; rip-off merchant *(sl.)*

Nepp·lokal *das (ugs. abwertend)* clip-joint *(sl.)*

¹Neptun [nɛp'tu:n] *der;* **~s** *(Astron.),* **²Neptun** *(der);* **~s** *(Myth.)* Neptune

Nerv [nɛrf] *der;* **~s, ~en a)** nerve; **an den ~ der Sache rühren** *(fig.)* get to the heart of the matter; **das Buch trifft den ~ der Zeit** *(fig.)* the book taps the pulse of the age; **den ~ haben,** *etw.* **zu tun** *(fig. ugs.)* have the nerve to do sth.; **jmdm. den ~ töten** *(fig. ugs.)* drive sb. up the wall *(coll.);* **b)** *Pl. (nervliche Konstitution)* nerves; **gute/schwache ~en haben** have strong/bad nerves; **meine ~en halten das nicht aus** my nerves won't stand it; **die ~en [dazu] haben,** *etw.* **zu tun** have the nerve to do sth.; **die ~en bewahren** od. **behalten** keep calm; **die ~en verlieren** lose control [of oneself]; lose one's cool *(sl.);* **ich bin mit den ~en am fertig** od. **am Ende** my nerves cannot take any more; **du hast vielleicht ~en!** *(ugs.)* you've got a nerve!; **~en haben wie Drahtseile** od. **Stricke** *(ugs.)* have nerves of steel; **jmdm. auf die ~en gehen** od. **fallen** get on sb.'s nerves; **c)** *(in Blättern, Insektenflügeln)* vein

nerven *(salopp)* **1.** *tr. V.* **jmdn. ~:** get on sb.'s nerves. **2.** *itr. V.* be wearing on the nerves

nerven-, Nerven-: ~an·spannung *die*

nervous strain; nervous tension *no indef. art.*; ~**arzt** *der* neurologist; ~**aufreibend** *Adj.* nerve-racking; ~**belastung** *die* strain on the nerves; ~**beruhigend** *Adj.* sedative ⟨*effect, drug*⟩; ~**beruhigend wirken** have a calming effect on the nerves; ⟨*drug*⟩ act as a sedative/tranquillizer; ~**beruhigungsmittel** *das* sedative; ⟨*gegen Depressionen, Angstzustände*⟩ tranquillizer; ~**bündel** *das* a) (*ugs.*) bundle of nerves (*coll.*); b) (*Anat.*) bundle of nerve fibres; (*Med.*) neuritis; ~**faser** *die* (*Anat.*) nervefibre; ~**gas** *das* nerve gas; ~**gift** *das* neurotoxin; ~**heil·anstalt** *die* (*veralt.*) mental *or* psychiatric hospital; ~**kitzel** *der* (*ugs.*) kick (*coll.*); ~**klinik** *die* a) clinic for nervous diseases; b) (*ugs.*) mental *or* psychiatric hospital; ~**kostüm** *das* (*ugs. scherzh.*) nerves *pl.*; **ein schwaches** ~**kostüm haben** have bad nerves; ~**kraft** *die* nervous strength; ~**krank** *Adj.* a) ⟨*person*⟩ suffering from a nervous disease *or* disorder; b) (*psychisch krank*) mentally ill; ~**kranke** *der/ die* a) person suffering from a nervous disease *or* disorder; b) (*psychisch Kranke*) mentally ill person; ~**kranke sind ...**: the mentally ill are ...; ~**krankheit** *die* a) nervous disease *or* disorder; b) (*psychische Krankheit*) mental illness; ~**krieg** *der* (*ugs.*) war of nerves; ~**leiden** *das* nervous complaint *or* disorder; ~**nahrung** *die*: ~**nahrung sein** be good for the *or* one's nerves; ~**probe** *die* mental trial; ~**sache die**: **in das ist reine** ~**sache** (*coll.*) it's a matter *or* question of nerves; ~**säge** *die* (*salopp*) pain in the neck (*coll.*); ~**schmerz** *der* (*Med.*) neuralgia; ~**schock** *der* nervous *or* psychic shock; ~**schwach** *Adj.* ⟨*person*⟩ with bad nerves *not pred.*; neurasthenic ⟨*person*⟩ (*Med.*); ~**schwäche die** a) neurasthenia (*Med.*); b) (*psychische Schwäche*) bad nerves *pl.*; ~**stärkend** *Adj.* nerve-strengthening; **ein** ~**stärkendes Mittel** a nerve-tonic; ~**strang** *der* s. ~**bündel** b; ~**system** *das* (*Anat.*) nervous system; ~**zelle** *die* (*Anat.*) nerve cell; ~**zusammen·bruch** *der* nervous breakdown
nervig *Adj.* (*auch fig.*) sinewy
nervlich 1. *Adj.* nervous ⟨*strain*⟩; **eine** ~**e Belastung für jmdn. sein** be a strain on sb.'s nerves. 2. *adv.* **dieser ständigen Spannung war er** ~ **nicht gewachsen** his nerves were not up to this constant tension
nervös [nɛr'vøːs] 1. *Adj.* a) nervy, jittery ⟨*person*⟩; nervous ⟨*haste, movement*⟩; ~ **sein** be jittery (*coll.*) *or* on edge; **das macht mich ganz** ~ it really gets on my nerves; ⟨*das beunruhigt mich*⟩ it makes me really nervous; b) (*Med.*) nervous ⟨*twitch, gastric disorder, etc.*⟩. 2. *adv.* a) nervously; b) (*Med.*) ~ **bedingt sein** be caused by nerves
Nervosität [nɛrvoziˈtɛːt] *die*; ~ nervousness; **voller** ~ nervously
nerv·tötend *Adj.* nerve-racking ⟨*wait*⟩; nerve-shattering ⟨*sound, noise*⟩; soul-destroying ⟨*activity, work*⟩
Nerz [nɛrts] *der*; ~**es**, ~**e** mink
Nerz·mantel *der* mink coat
¹Nessel ['nɛsl] *die*; ~, ~**n** nettle; **sich in die** ~**n setzen** (*fig. ugs.*) get [oneself] into hot water (*coll.*)
²Nessel *der*; ~**s**, ~ (*Stoff*) coarse, untreated cotton cloth
Nessel-: ~**fieber** *das* nettle-rash accompanied by fever; ~**sucht** *die*; *o. Pl.* nettle-rash; hives
Nest [nɛst] *das*; ~[**e**]**s**, ~**er** a) nest; **sich** (*Dat.*) **gemeinsam ein** ~ **einrichten** (*fig.*) set up home together; **das eigene** *od.* **sein eigenes** ~ **beschmutzen** (*fig.*) foul one's own nest; **er hat sich ins warme** *od.* **gemachte** ~ **gesetzt** (*fig. ugs.*) he had his future made for him; b) (*fam.: Bett*) bed; **raus aus dem** ~! show a ~ *auf.* (*sl.*) c) (*ugs. abwertend: kleiner Ort*) little place; **ein winziges** ~: a tiny little place; **ein gottverlassenes/armseliges** ~: a God-forsaken/miserable hole; d) (*Schlupfwinkel*) hide-out; den; e) (*Haartracht*) plaited bun

Nest-: ~**bau** *der*; *o. Pl.* nest-building *no art.*; ~**beschmutzer** *der*; ~**s**, ~ (*abwertend*) person who is/was guilty of fouling his/her own nest

nesteln ['nɛstln] *itr. V.* fiddle, (*ungeschickt*) fumble (**an** + *Dat.* with)

nest-, Nest-: ~**flüchter** *der*; ~**s**, ~ (*Zool.*) (*bird*) precocial *or* nidifugous bird; ⟨*animal*⟩ precocial animal; ~**häkchen** *das* (*fam.*) [spoilt] baby of the family; ~**hocker** *der* (*Zool.*) nidicolous bird/animal; ~**warm** *Adj.* ⟨*eggs*⟩ warm from the nest; ~**wärme** *die* warmth of a [happy] family upbringing *or* of [happy] family life

nett [nɛt] 1. *Adj.* a) nice; (*freundlich*) nice; kind; **sei so** ~ **und hilf mir!** would you be so good *or* kind as to help me?; **sie war so nett, uns einen Kaffee anzubieten** she very kindly offered us a coffee; **das war [nicht]** ~ **von dir** that was[n't very] nice of you; ~, **daß du anrufst** it's nice *or* kind of you to ring; **etwas Nettes erleben/sagen** have a pleasant experience/say something nice; b) (*hübsch*) pretty ⟨*girl, town, dress, etc.*⟩; nice, pleasant ⟨*pub, house, town, etc.*⟩; c) *nicht präd.* (*ugs.: beträchtlich*) nice little (*coll.*) ⟨*profit, extra earnings, income*⟩; **sie hat eine ganz** ~**e Oberweite** she's very well endowed (*coll.*); **eine** ~**e Summe/eine** ~**e Stange Geld** a tidy sum (*coll.*); d) (*ugs. iron.: unerfreulich*) nice (*coll.*) ⟨*affair*⟩; nice (*coll.*), fine ⟨*state of affairs, mess*⟩; **das sind ja** ~**e Aussichten** that's a nice *or* charming prospect (*coll.*); **das kann ja** ~ **werden!** that'll be fun (*coll.*). 2. *adv.* (*angenehm*) nicely; (*freundlich*) nicely; kindly; **sich** ~ **mit jmdm. unterhalten** have a pleasant conversation with sb.; **hier sitzt man sehr** ~: it's very nice *or* pleasant sitting here

netter·weise *Adv.* (*ugs.*) kindly; **würden Sie mir** ~ **diesen Platz überlassen?** would you be so kind as to let me have your seat?

Nettigkeit *die*; ~, ~**en** a) *o. Pl.* kindness; goodness; b) (*Äußerung*) **jmdm. ein paar** ~**en sagen** say a few nice *or* kind things to sb.; (*iron.*) say a few choice words to sb.

netto ['nɛto] *Adv.* ⟨*weigh, earn, etc.*⟩ net

Netto-: ~**einkommen** *das* net income; ~**ertrag** *der* net return; ~**gehalt** *das* net salary; ~**gewicht** *das* net weight; ~**preis** *der* net price; ~**raum·zahl** *die* net register tonnage; ~**register·tonne** *die* (*Seew.*) net register ton; ~**sozial·produkt** *das* (*Wirtsch.*) net national product

Netz [nɛts] *das*; ~**es**, ~**e** a) (*auch Fischer-~, Tennis~, Ballspiele*) net; (*Haar-~*) [hair-] net; (*Einkaufs~*) string bag; (*Gepäck~*) [luggage-]rack; (*Sicherheits~*) safety net; **sich in einem** ~ **von Lügen verstricken** (*fig.*) become entangled in a web of lies; **jmdm. ins** ~ **gehen** (*fig.*) fall into sb.'s trap; **jmdm. durchs** ~ **gehen** (*fig.*) slip through sb.'s net; **seine** ~**e überall auswerfen** (*fig.*) put out feelers in all directions; **ans** ~ **gehen** (*Tennis*) go to the net; b) (*Spinnen~*) web; (*Verteiler~, Verkehrs~, System von Einrichtungen*) network; (*für Strom, Wasser, Gas*) mains *pl.*; **ans** ~ **gehen** ⟨*power station*⟩ go on stream; **das soziale** ~: the social security system; d) (*Math.*) net

netz-, Netz-: ~**an·schluß** *der* mains connection; ~**artig** *Adj.* netlike ⟨*material, pattern, etc.*⟩; ~**auge** *das* (*Zool.*) compound eye; ~**ball** *der* (*Tennis, Volleyball*) net ball

netzen *tr. V.* (*geh.*) moisten ⟨*soil, plant, one's lips*⟩; wet ⟨*hair, cheeks*⟩

Netz-: ~**frequenz** *die* (*Elektrot.*) mains frequency; ~**gerät** *das* (*Elektrot.*) power pack; ~**gewölbe** *das* (*Kunstwiss.*) net vault; ~**haut** *die* (*Anat.*) retina

Netzhaut-: ~**ab·lösung** *die* (*Med.*) detachment of the retina; retinal detachment; ~**entzündung** *die* (*Med.*) retinitis

Netz-: ~**hemd** *das* string vest; ~**karte** *die* area season ticket; (*Eisenb.*) unlimited travel ticket; ~**magen** *der* (*Zool.*) reticulum; honeycomb stomach; ~**roller** *der* (*Tennis*) net-cord [stroke]; ~**spannung** *die* (*Elektrot.*) mains voltage; ~**stecker** *der* mains plug; ~**strumpf** *der* net stocking; ~**werk** *das* (*auch Elektrot.*) network

neu [nɔy] 1. *Adj.* a) new; **ein ganz** ~**es Fahrrad** a brand new bicycle; **die Neue Welt** the New World; **das Neue Testament** the New Testament; **die** ~**e Mode/die** ~**esten Schlager/der** ~**este Witz** the latest fashion/hits/joke; **die** ~**e Literatur/Physik** modern literature/physics; **die** ~**esten Nachrichten/ Ereignisse** the latest news/most recent events; **viel Glück im** ~**en Jahr** best wishes for the New Year; Happy New Year; **er brachte eine** ~**e Flasche** he fetched another bottle; **das sieht aus wie** ~: that looks like new *or* as good as new; **das ist mir** ~: that is news to me; **ich bin** ~ **in dieser Gegend/in diesem Beruf** I am new to this area/job; **das Neue daran ist ...**: what's new about it is ...; **den Reiz des Neuen haben** have novelty value; **das Neueste auf dem Markt** the latest thing on the market; **der/die Neue** the new man/woman/boy/girl; **etw./nichts Neues wissen/berichten** know/report something/ nothing new; **was gibt es Neues?** what's new?; **weißt du schon das Neueste?** (*ugs.*) have you heard the latest?; **etw. Neues unternehmen/anfangen** do/start something new *or* different; **eine** ~**e Flasche aufmachen** open another bottle; **eine** ~**e Seite/ Zeile beginnen** start a new *or* fresh page/ line; **aufs** ~**e** anew; afresh; again; **auf ein** ~**es!** let's try again!; **von** ~**em** all over again; (*noch einmal*) [once] again; **von** ~**em beginnen** start *or* begin all over again; make a fresh start; **seit** ~**estem werden dort keine Kreditkarten mehr akzeptiert** just recently they've started refusing to accept credit cards; **in** ~**erer/**~**ester Zeit** quite/just *or* very recently; **das ist** ~**eren Datums** it is of a more recent date; **die** ~**en** *od.* ~**eren Sprachen** modern languages; b) *nicht präd.* (*kürzlich geerntet*) new ⟨*wine, potatoes*⟩; c) (*sauber*) clean ⟨*shirt, socks, underwear, etc.*⟩. 2. *Adv.* a) tapeziert/gespritzt/gestrichen/möbliert repapered/resprayed/repainted/refurnished; **einen Sessel** ~ **beziehen** re-cover an armchair; **ein Geschäft** ~ **eröffnen** reopen a shop; **sich** ~ **einkleiden/einrichten** provide oneself with a new set of clothes/refurnish one's home; **noch einmal** ~ **beginnen** start again from scratch; **sich** ~ **formieren** ⟨*party, organization, etc.*⟩ reform; b) (*gerade erst*) **diese Ware ist** ~ **eingetroffen** this item has just come in *or* arrived; **das Geschäft ist** ~ **eröffnet** the shop has only just been opened; ~ **erschienene Bücher** newly published books; books that have just come out *or* appeared; **3 000 Wörter sind** ~ **hinzugekommen** 3,000 new words have been added

neu-, Neu-: ~**an·fertigung** *die* a) making; (*serienweise*) manufacture; b) (*Angefertigtes*) **eine** ~**anfertigung sein** be new; ~**an·kömmling** *der* new arrival; ~**an·schaffung** *die* a) **die** ~**anschaffung von Produktionsanlagen** the acquisition of new production plant; b) ~**anschaffungen machen** buy new items; b) (*Artikel, Gegenstand*) new acquisition; ~**apostolisch** *Adj.* (*christl. Rel.*) New Apostolic; **die Neuapostolische Gemeinde** the New Apostolic Church

neu·artig *Adj.* new; **ein** ~**er Staubsauger** a new type of vacuum cleaner; **das Neuartige an diesem Gerät** the novel feature of this device

Neuartigkeit *die*; ~: novelty

Neu-: ~**auf·lage** *die* reprint [with altera-

tions)]; (mit umfangreichen Veränderungen) new edition; eine ~auflage des vorjährigen Endspiels (fig.) a repeat of last years's final; ~aus·gabe die new edition
Neu·bau der; Pl. **Neubauten a)** new house/building; **b)** (Wiedererrichtung) rebuilding
Neubau-: ~**viertel** das new district; ~**wohnung** die flat (Brit.) or (Amer.) apartment in a new block/house; new flat (Brit.) or (Amer.) apartment
neu-, Neu-: ~**bearbeitet** Adj. [newly] revised ⟨edition⟩; newly adapted ⟨version⟩; ~**bearbeitung** die a) (eines Buches, Textes) revision; (eines Theaterstücks) adaptation; b) (neue Fassung) new version; ~**bedeutung** die (Sprachw.) new meaning; ~**beginn** der new beginning; ~**besetzung die: die ~besetzung einer Stelle** the refilling of a post; **eine ~besetzung ihrer Rolle wurde notwendig** it became necessary to cast someone else in her part; ~**bildung die a) die ~bildung der Regierung/des Kabinetts** the formation of a new government/cabinet; b) (von Gewebe) regeneration; (neu Gebildetes) new growth; **die ~bildung von Geschwülsten** the growth of new tumours; (wiederholt) the regrowth of tumours; c) (eines Wortes) coining; (neues Wort) neologism; ~**bürger** der new citizen
Neu-Delhi [nɔy'deːli] (das); ~s New Delhi
neu-, Neu-: ~**deutsch** Adj. (meist abwertend) modern West German ⟨society⟩; typical West German ⟨arrogance, smugness, customs⟩; ~**druck** der the reprint [with corrections]; ~**einstellung** die: eine ~einstellung vornehmen take on a new employee; (von Angestellten) make a new appointment; ~**einstellungen notwendig machen** make it necessary to take on new staff; ~**einstudierung** die (Theater) new production
Neu·england (das) New England
neu·englisch Adj. modern English
Neu-: ~**entdeckung** die a) (auch fig.) new discovery; b) (Wiederentdeckung) rediscovery; ~**entwicklung** die a) die ~**entwicklung von Heilmitteln/Maschinen** the development of new medicines/machines; b) (neu Entwickeltes) new development
neuerdings ['nɔyɐ'dɪŋs] Adv. a) recently; **Fahrkarten gibt es ~ nur noch am Automaten** as of a short while ago one can only get tickets from a machine; **~ kann man direkt dorthin fliegen** it has recently become possible to fly there direct; **er trägt ~ eine Perücke** he has recently started wearing a wig; b) (südd., österr., schweiz.: erneut) again
Neuerer der; ~s, ~ **a)** innovator; **b)** (DDR) research worker contributing to technical and scientific advance
neuerlich 1. Adj.; nicht präd. further. 2. adv. again
neu-, Neu-: ~**eröffnet** Adj.; präd. getrennt geschrieben a) newly-opened; b) (wiedereröffnet) reopened; ~**eröffnung** die a) opening; b) (Wiedereröffnung) reopening; ~**erscheinung** die new publication; (Schallplatte) new release
Neuerung die; ~, ~**en** innovation
Neu·erwerbung die a) die ~ **von Büchern/Möbeln** usw. the acquisition of new books/furniture etc.; b) (Gegenstand) new acquisition; c) (Sport) new signing
neuestens ['nɔyəstn̩s] Adv. s. neuerdings a
Neu·fassung die revised version; (eines Films) remake
Neu·fund·land (das); ~**s** Newfoundland
Neufundländer der; ~**s,** ~ (Hunderasse) Newfoundland [dog]
neu-, Neu-: ~**geboren** Adj. newborn; **sich wie ~geboren fühlen** feel a new man/woman; ~**geborene das;** adj. Dekl. newborn child; ~**geburt** die (geh.) rebirth; ~**gestaltung** die (einer Gemeinschaft, Gesellschaft) reorganization; reshaping; (der Politik, eines Programms) reshaping; (einer Titelseite, einer Einrichtung) redesigning; (eines Stadtviertels, einer Parkanlage) replanning; ~**gewürz** das; o. Pl. (österr.) allspice; pimento
Neu·gier, Neugierde [-giːɐ̯də] die; ~: curiosity; (Wißbegierde) inquisitiveness; **aus [reiner] ~:** out of [sheer] curiosity; **vor ~ platzen** be bursting with curiosity
neu·gierig 1. Adj. curious; inquisitive; prying (derog.), nosy (coll. derog.) ⟨person⟩; **sei nicht so ~!** don't be so inquisitive or (coll. derog.) nosy!; **da bin ich aber ~!** (iron.) I'll believe it when I see it; I can hardly wait! **auf etw.** (Akk.) **~ sein** be curious about sth.; **viele Neugierige** many inquisitive people or spectators; **ich bin ~, was er dazu sagt** I'm curious to know what he'll say about it; **ich bin ~, ob er kommt** I wonder whether he'll come; **er war ~** [zu hören], **was passiert war** he was curious to know what had happened. 2. adv. ⟨ask⟩ inquisitively; ⟨peer⟩ nosily (coll. derog.); **jmdn. ~ mustern** eye sb. curiously; ~ **lehnten die Nachbarn aus dem Fenster** the neighbours leaned out of the window full of curiosity
neu-, Neu-: ~**gliederung** die reorganization; restructuring; ~**gotik** die Gothic Revival; ~**gotisch** Adj. neo-Gothic; ~**gründung** die **a) die ~gründung eines Vereins/einer Partei/Universität** usw. the founding or establishment of a new club/party/university etc.; b) (neu Gegründetes) eine ~**gründung sein** have recently been founded or established; c) (erneute Gründung) refoundation; re-establishment
Neu·guinea (das) New Guinea
Neuheit die; ~, ~**en a)** o. Pl. novelty; **den Reiz der ~ haben** have novelty value; **b)** (Neues) new product/gadget/article etc.
neu·hoch·deutsch Adj. New High German
Neu·hoch·deutsch das New High German
Neuigkeit die; ~, ~**en** piece of news; ~**en** news sing.
Neu·inszenierung die (Theater) new production
Neu·jahr das New Year's Day; ~ **feiern** celebrate New Year; s. auch prosit
Neujahrs-: ~**abend** der New Year's Eve; ~**an·sprache** die New Year address; ~**fest** das New Year's Day; (Feier) New Year celebration; **das jüdische/chinesische ~fest** the Jewish/Chinese New Year; **das ~fest begehen** celebrate New Year; ~**gruß** der New Year greetings pl.; ~**karte** die New Year card; ~**konzert** das New Year concert; ~**nacht** die New Year's night; ~**tag** der New Year's Day
neu, Neu-: ~**land** das; o. Pl. a) newly reclaimed or new land; b) (unerforschtes Land) new or virgin territory; **wissenschaftliches/medizinisches ~land betreten** (fig.) break new ground in science/medicine; ~**latein** das New Latin; Neo-Latin; ~**lateinisch** Adj. Neo-Latin
neulich Adv. recently; the other day; ~ **morgens/abends** the other morning/evening; **der Mann von ~, der in unserem Zugabteil saß** (ugs.) the man who was sitting in our compartment on the train the other day
Neuling ['nɔylɪŋ] der; ~**s,** ~**e** newcomer (in + Dat. to); new man/woman/girl/boy; (auf einem Gebiet) novice
neu·modisch (abwertend) 1. Adj. newfangled (derog.). 2. adv. ⟨dress⟩ in a new-fangled way
Neu·mond der new moon; **heute ist/haben wir ~:** there's a new moon today; **zwei Tage nach ~:** two days after the new moon
neun [nɔyn] Kardinalz. nine; **alle ~[e]** (Kegeln) a floorer; s. auch acht
Neun die; ~, ~**en** nine; **ach, du grüne ~e** (ugs.) oh, my goodness!; good grief!; s. auch ¹Acht a, b, d, e, g
neun-, Neun- (s. auch acht-, Acht-): ~**eck** das nonagon; ~**eckig** Adj. nonagonal; s. auch achteckig; ~**einhalb** Bruchz. nine and a half
Neuner der; ~**s,** ~ (ugs.) nine s. auch ¹Acht a, b, e; Achter d
neunerlei Gattungsz.; indekl. a) attr. nine kinds or sorts of; nine different ⟨sorts, kinds, sizes, possibilities⟩; b) subst. nine [different] things
Neuner·probe die (Math.) casting out nines [check]
neun-, Neun- (s. auch acht-, Acht-): ~**fach** Vervielfältigungsz. ninefold; s. auch achtfach; ~**fache** das; ~**n: das ~fache von 4 ist 36** nine fours are or nine times four makes thirty-six; s. auch Achtfache; ~**hundert** Kardinalz. nine hundred; ~**jährig** Adj. (9 Jahre alt) nine-year-old attrib.; (9 Jahre dauernd) nine-year attrib.; s. auch achtjährig; ~**köpfig** Adj. nine-headed ⟨monster⟩; ⟨family, committee⟩ of nine; ~**mal** Adv. nine times; s. auch achtmal; ~**mal·gescheit,** ~**mal·klug** (spöttisch) 1. Adj. smart-aleck attrib.; **er ist immer so ~malgescheit** od. ~**malklug** you're such a smart aleck (coll.); **ein Neunmalgescheiter** od. **Neunmalkluger** a smart aleck (coll.); 2. adv. in a smart-aleck way (coll.); ~**schwänzig** [-ʃvɛntsɪç] Adj. in ~**schwänzige Katze** (Seemannsspr.) cat-o'-nine-tails; ~**stellig** Adj. nine-figure attrib.; s. auch achtstellig; ~**stöckig** Adj. nine-storey attrib.; s. auch achtstöckig; ~**stündig** Adj. nine-hour attrib.; lasting nine hours postpos., not pred.; s. auch achtstündig
neunt [nɔynt] in **wir waren zu ~:** there were nine of us; s. auch ²acht
neunt... Ordinalz. ninth; s. auch acht...
neun- (s. auch acht-, Acht-): ~**tägig** Adj. (9 Tage alt) nine-day-old attrib.; (9 Tage dauernd) nine-day attrib.; s. auch achttägig; ~**tausend** Kardinalz. nine thousand
Neuntel das (schweiz. meist der); ~**s,** ~: ninth
neuntens Adv. ninthly
Neun·töter der (Zool.) red-backed shrike
neun·zehn Kardinalz. nineteen; s. auch achtzehn
neunzehnt... Ordinalz. nineteenth; s. auch acht...
neunzig ['nɔyntsɪç] Kardinalz. ninety; s. auch achtzig
Neunzig die; ~, ~**en** ninety; s. auch Achtzig
neunzig-, Neunzig-: s. auch achtzig-; Achtzig-
neunziger indekl. Adj.; nicht präd. **die ~ Jahre** the nineties; s. auch achtziger
neunzigst... ['nɔyntsɪçst...] Ordinalz. ninetieth; s. auch acht..., achtzigst...
Neu-: ~**ordnung** die reorganization; ~**orientierung** die reorientation; ~**philologe** der modern linguist; ~**philologie** die modern languages [and literature] sing.; no art.; ~**prägung** die **a)** (Münzk.) new minting; **die ~prägung von Münzen** the minting of new coins; **b)** (Sprachw.) new coinage; neologism; **die ~prägung von Wörtern/Wendungen** usw. the coining of new words/expressions etc.
Neuralgie [nɔyral'giː] die; ~, ~**n** (Med.) neuralgia
neuralgisch 1. Adj. a) (Med.) neuralgic; b) (empfindlich) **das ist mein ~er Punkt** it's a sore or touchy point with me. 2. adv. (empfindlich) ⟨react⟩ touchily
neu-, Neu-: ~**reg[e]lung die a);** o. Pl. **die ~regelung der Arbeitszeit/der Zulassung zu den Universitäten** usw. the revision of regulations governing working hours/admission to university etc.; **b)** (Bestimmung) new regulation; ~**reich** (abwertend) Adj.

Neureiche nouveau riche; **Familie Neureich** (ugs.) the typical nouveau riche family; **~reiche der/die** nouveau riche; **die ~reichen** the nouveaux riches; the new rich

Neuritis [nɔy'riːtɪs] die; ~, **Neuritiden** (Med.) neuritis

Neuro·chirurgie die; ~ (Med.) neurosurgery

Neurologe der; ~n, ~n neurologist

Neurologie die; ~ a) neurology; b) (Abteilung) neurology department; (Station) neurology ward; (ugs.: Klinik) neurology clinic

Neurologin die; ~, ~nen neurologist

neurologisch Adj. neurological

Neuron ['nɔyrɔn] das; ~s, ~e od. ~en (Anat.) neuron

Neurose [nɔy'roːzə] die; ~, ~n (Med., Psych.) neurosis

Neurotiker [nɔy'roːtikɐ] der; ~s, ~, **Neurotikerin** die; ~, ~nen (Med., Psych., auch ugs.) neurotic

neurotisch Adj. (Med., Psych., auch ugs.) neurotic

Neu-: ~satz der (Druckw.) new setting; **~schnee** der fresh snow

Neu·see·land (das); ~s New Zealand

Neuseeländer der; ~s, ~: New Zealander

Neuseeländerin die; ~, ~nen New Zealander; New Zealand lady/woman/girl; s. auch **-in**

neuseeländisch Adj. New Zealand

neu-, Neu-: ~silber das German silver; nickel silver; **~sprachler** [~ʃpraːxlɐ] der; ~s, ~: modern linguist; **~sprachlich** Adj. modern languages attrib. 〈teaching〉; **der ~sprachliche Zweig** (Schulw.) the modern languages side; **ein ~sprachliches Gymnasium** a grammar school with emphasis on modern languages

neustens ['nɔystn̩s] s. neuerdings a

Neutestamentler [-tɛstamɛntlɐ] der; ~s, ~: New Testament scholar

neutestamentlich Adj. New Testament attrib.

neutral [nɔy'traːl] 1. Adj. a) (auch Völkerr., Phys., Chem.) neutral; b) (Sprachw.) neuter. 2. adv. sich ~ **verhalten** remain neutral; **ich kann das nicht ~ entscheiden/beurteilen** I cannot give an impartial decision/judgement

-neutral adj. kosten~/erfolgs~: not affecting costs/profits postpos., not pred.; **geschmacks~/geruchs~**: neutral-tasting/neutral-smelling

Neutralisation [nɔytralizaˈtsi̯oːn] die; ~, ~en (auch Chemie) neutralization

neutralisieren tr. V. (auch Völkerr., Chem., Elektrot.) neutralize; (Rennsport) stop 〈race〉

Neutralisierung die; ~, ~en (auch Völkerr., Chem., Elektrot.) neutralization; (Rennsport) stopping

Neutralität [nɔytraliˈtɛːt] die; ~, ~en (auch Völkerr., Chem., Elektrot.) neutrality

Neutralitäts-: ~abkommen das (Völkerr.) treaty of neutrality; **~verletzung die** (Völkerr.) violation of neutrality

Neutron ['nɔytrɔn] das; ~s, ~en [-ˈtroːnən] (Kernphysik) neutron

Neutronen-: ~bombe die neutron bomb; **~waffe** die neutron weapon; **~zahl** die (Kernphysik) neutron number

Neutrum ['nɔytrʊm] das; ~s, **Neutra** (österr. nur so) od. **Neutren** a) (Sprachw.) neuter; b) (abwertend: Mensch ohne erotische Ausstrahlung) sexless individual

neu-, Neu-: ~vermählt Adj. (geh.) newly wed or married; **die Neuvermählten** the newly-weds; **~wagen** der new car; **~wahl** new election; **die ~wahl des Bundespräsidenten** the election of a new Federal President; **~wahlen ansetzen/ausschreiben** call new elections; **~wert** der a) value when new; original value; (Versicherungsw.) replacement value; b) (marx.: neu geschaffener Wert) new value; **~wertig** Adj. as new; **~wertiger Kühlschrank für 150 DM zu verkaufen** for sale, refrigerator, as new – 150 DM; **~wort** das; Pl. **~wörter** (Sprachw.) new word; neologism; **~zeit** die; o, Pl. (Zeit nach 1500) modern era or age; (Gegenwart) modern times pl.; modern age; **~zeitlich 1.** Adj. modern; since the Middle Ages postpos., not pred.; (modern) modern 〈device, equipment, methods, etc.〉; **2.** adv. (modern) 〈equip, fit〉 with all modern conveniences; **~zu·gang** der (im Krankenhaus) new admission; (im Gefängnis) new inmate; (bei Militär, bei einer Firma, einem Verein) new recruit; (Buch für eine Bibliothek) new accession; **~zulassung die** (Amtsspr.) a) **die ~zulassung von Kraftfahrzeugen** the registration of new vehicles; b) (Fahrzeug) new registration

Nexus ['nɛksʊs] der; ~, ~: nexus

Niagara·fall [ni̯aˈgaːra-] der, **Niagarafälle** Pl. Niagara Falls

Nibelungen·treue ['niːbəlʊŋən-] die; ~ (oft abwertend) unquestioning loyalty [unto death]

Nicaragua [nikaˈraːgu̯a] (das); ~s Nicaragua

Nicaraguaner der; ~s, ~, **Nicaraguanerin** die; ~, ~nen Nicaraguan; s. auch **-in**

nicaraguanisch Adj. Nicaraguan

nicht [nɪçt] Adv. a) not; **sie raucht ~** (im Moment) she is not smoking; (gewöhnlich) she does not or doesn't smoke; **alle klatschten, nur sie ~**: they all applauded except for her; **Wer hat das getan? – Sie ~!** Who did that? – It wasn't her; **Gehst du nicht? – Nein, ich gehe ~!** Are you going? – No, I'm not; **Ich mag ihn ~. – Ich auch ~**: I don't like him. – Neither do I; **ich kann das ~ mehr** od. **länger sehen** I can't stand the sight of it any more or longer; **~ einmal** od. (ugs.) **mal not even**; **~ mehr als no more than**; **~ ihn kenne ich, sondern sie** I don't know him, but I know her; **~ einer not one**; **~ daß ich nicht wollte, ich habe bloß keine Zeit** [it's] not that I don't want to, I just don't have the time; **das ist wirklich/absolut/gewiß/gar ~ schlimm!** it's not as bad as all that!; b) (Bitte, Verbot o. ä. ausdrückend) **~!** [no,] don't!; **„~ hinauslehnen!"** (im Zug) 'do not lean out of the window'; **bitte ~!** please don't!; **~ doch!** not at all!; (bitte aufhören) stop that!; **~ doch, ärgere dich doch ~!** come, come or come on, there's no need to get so worked up! **nur das ~!** anything but that!; **ärgere dich doch so ~, das ist die Sache gar ~ wert** don't get so angry, it just isn't worth it; c) (Zustimmung erwartend) **er ist dein Bruder, ~?** he's your brother, isn't he?; **du magst das, ~ [wahr]?** you like that, don't you?; **kommst du [etwa] ~?** aren't you coming[, then]?; **willst du ~ mitkommen?** won't you come too?; **ist es ~ herrlich hier?** isn't it glorious here?; d) (verwundert) **was du ~ sagst!** you don't say!; **was ich mir ~ alles bieten lassen muß!** the things I have to put up with!; e) ([bedingte] Anerkennung ausdrückend) **~ übel!** not bad!; **sie ist ~ dumm!** she's not stupid

nicht-, Nicht-: ~non-; **~beteiligung/~demokratisch/~akademiker** non-participation/non-democratic/non-graduate

~achtung die a) (in jmdn. mit ~achtung strafen punish sb. by ignoring him/her; send sb. to Coventry) b) (Geringschätzung) lack of regard or respect; **~achtung des Gerichts** contempt of court; **~amtlich** Adj.; nicht präd. unofficial; **~anerkennung die** non-recognition; **~angriffs·pakt** der non-aggression pact; **~beachtung die** non-observance; **~beachtung einer roten Ampel** failure to observe a red light; **~befolgung die: ~befolgung der Anweisungen/eines Befehls** failure to follow the instructions/to obey an order; **~befolgung der Bestimmungen/Vorschriften** non-compliance or failure to comply with the instructions/regulations; **~berufstätig** Adj.; nicht präd. non-employed 〈house­wives〉

Nichte die; ~, ~n niece

nicht-, Nicht-: ~ehelich (bes. Rechtsspr.) **1.** Adj. illegitimate 〈child, birth〉; **aus ~ehelichen Beziehungen geborene Kinder** children born out of wedlock; **2.** adv. (born) out of wedlock; **~einhaltung die** non-compliance, failure to comply (Gen. with); non-observance; **~ein·mischung die** (Politik) non-intervention; non-interference; **~eisen·metall das** non-ferrous metal; **~erfüllung die** non-fulfilment; **~erscheinen das; ~s** non-appearance; failure to appear; **~fach·mann** der non-expert; layman; **~flektierbar** Adj.; nicht präd. (Sprachw.) non-inflected; **~gefallen das in bei ~gefallen** (Kaufmannsspr.) if not satisfied

nichtig Adj. a) (geh.: wertlos, belanglos) vain 〈things, pleasures, etc.〉; paltry 〈desire〉; trivial 〈reason〉; petty 〈quarrel〉; idle 〈chat­ter, thoughts〉; empty 〈pretext〉; b) (Rechtsspr.: ungültig) invalid, void 〈con­tract, will, marriage, etc.〉; **für ~ erklären** (Rechtsspr.) declare 〈contract, will, etc.〉 invalid or void; annul 〈marriage〉; s. auch **null**

Nichtigkeit die; ~, ~en a) o. Pl. (geh.) s. **nichtig a**: vanity; paltriness, pettiness, triviality; idleness; emptiness; b) (geh.: belanglose Sache) trifle; c) o. Pl. (Rechtsspr.) invalidity; voidness; (einer Ehe) nullity

Nichtigkeits·klage die (Rechtsw.) nullity suit

nicht-, Nicht-: ~in·anspruch·nahme die (Amtsspr.) failure to take advantage; **~kapitalistisch** Adj. non-capitalist 〈country, state〉; **~leitend** Adj. (Physik) non-conducting; **~leiter** der (Physik) non-conductor; **~metall das** non-metal; **~mitglied das** non-member; **~öffentlich** Adj. not open to the public pred.; closed, private 〈meeting〉; **die ~öffentliche Beweisaufnahme** the hearing of the evidence in camera; **~organisiert** Adj.; nicht präd. non-unionized 〈employee, colleague, etc.〉; **~raucher** der non-smoker; **ich bin ~raucher** I don't smoke; I'm a non-smoker; **„~raucher"** 'no smoking'; **~raucher·abteil das** non-smoking or no-smoking compartment; **~rostend** Adj. non-rusting 〈blade〉; stainless 〈steel〉

nichts [nɪçts] Indefinitpron. nothing; **er sieht ~**: he sees nothing; he doesn't see anything; **hast du ~ gegessen?** haven't you eaten anything? **ich möchte ~**: I don't want anything; **das ist ~ für mich** it's not for me; it isn't my cup of tea (coll.); **für ~ und wieder ~** (ugs.) for nothing at all; **sich in ~ von jmdm./etw. unterscheiden** be no different from sb./sth.; **~ zu machen!** (ugs.) nothing doing (coll.); **er ist durch ~ zu überzeugen** nothing will convince him; **von mir bekommst du ~ mehr** you'll get nothing more from me; you won't get anything more from me; **ich will ~ mehr davon hören** I don't want to hear any more about it; **die Ärzte konnten ~ mehr für ihn tun** the doctors could do nothing more or could not do any more for him; **~ anderes** nothing else; **jetzt interessiert er sich für ~ anderes mehr** he's now no longer interested in anything else; **haben Sie ~ anderes als Hamburger?** haven't you got anything else besides hamburgers?; **~ als** nothing but; **das/er ist ~ zu gebrauchen** it's/he's no use; it's/he's useless; **das war wohl ~** (salopp) that wasn't exactly brilliant; **wir wissen ~ Näheres/Genaues** we don't know any more/any details; **~ wie ins Bett/weg!** quick into bed/let's go!;

1347

Nichts   **niederschreiben**

~ wie hinterher! put your skates on, after him/her/them! *(sl.)*; ~ weiter nothing else; von ~ kommt ~: you don't get anything without effort; ~ da! *(ugs.)* nothing doing! *(coll.);* wie ~: in a trice *or* flash; die Angelegenheit ist ~ weniger als schön it's not at all a nice business; *s. auch* danken 2 a

Nichts das; ~, ~e a) *o. Pl. (Philos.: das Nicht-Sein)* nothingness *no art.;* **b)** *o. Pl. (leerer Raum)* void; er war wie aus dem ~ aufgetaucht he appeared from nowhere; **c)** *o. Pl. (wenig von etw.)* er hat die Fabrik aus dem ~ aufgebaut he built the factory up from nothing; vor dem ~ stehen be left with nothing; be faced with ruin; ein ~ von einem Bikini *usw.* [sein] [be] a scrap of a bikini *etc.;* **d)** *(abwertend: Mensch)* nobody; nonentity

nichts·ahnend *Adj.* unsuspecting

Nicht-: ~**schwimmer** die non-swimmer; er war ~schwimmer he could not swim; ~**schwimmer·becken** das non-swimmers' *or* learners' pool

nichts-: ~**desto·minder**, ~**desto·trotz** *(ugs. scherzh.),* ~**desto·weniger** *Adv.* nevertheless; none the less

Nicht-: ~**sein** das *(Philos.)* non-existence *no art.;* non-being *no art.;* ~**seßhafte der/die;** *adj. Dekl. (Amtsspr.)* person of no fixed abode *(Admin. Lang.)*

nichts-, Nichts-: ~**könner** der *(abwertend)* incompetent; bungler; ~**nutz** der; ~es, ~e *(veralt. abwertend)* good-for-nothing; mein ~nutz von Bruder my good-for-nothing [of a] brother; ~**nutzig** *Adj. (veralt. abwertend)* good-for-nothing *attrib.;* worthless *⟨existence⟩;* ~**sagend 1.** *Adj.* meaningless, empty *⟨talk, phrases, etc.⟩;* *⟨fig.: ausdruckslos⟩* vacant *⟨smile⟩;* expressionless *⟨face⟩;* ein ~sagender Typ a non-entity; **2.** *adv.* meaninglessly *⟨formulated⟩;* *⟨smile⟩* vacantly; ~**tuer** [~tuːɐ] der; ~s, ~ *(abwertend)* layabout; loafer; die reichen ~tuer the idle rich; ~**tuerei** [---'-] die; ~ *(abwertend)* idle loafing; ~**tun** das a) *(Untätigkeit)* inactivity; doing nothing *no art.;* **b)** *(Müßiggang)* idleness *no art.;* lazing about *no art.;* das süße ~tun being gloriously idle; ~**würdig** *(geh. abwertend)* **1.** *Adj.* worthless, despicable *⟨person⟩;* base, unworthy, despicable *⟨deed⟩;* Nichtswürdiger! worthless *or* despicable wretch!; **2.** *adv.* *⟨betray, deceive⟩* basely; *⟨act⟩* unworthily; ~**würdigkeit** die; *o. Pl. (geh. veralt.)* *s.* ~**würdig:** worthlessness; despicableness; baseness; unworthiness

nicht-, Nicht-: ~**tänzer** der; ~**tänzerin** die non-dancer; ich bin ~tänzer[in] I don't dance; ~**zielend** *Adj. (Sprachw.)* intransitive; ~**zustande·kommen** das *(eines Vertrags)* non-conclusion; das ~zustandekommen der Konferenz the failure of the conference to take place; ~**zutreffende das:** ~zutreffendes streichen delete as applicable

¹Nickel ['nɪkl] das; ~s nickel

²Nickel der; ~s, ~ *(ugs. veralt.: Münze)* 10-pfennig piece

Nickel-: ~**brille** die metal-rimmed glasses *or* spectacles; ~**legierung** die nickel alloy

nicken ['nɪkn̩] **1.** *itr. V.* a) befriedigt/zustimmend ~: nod one's satisfaction/agreement; mit dem Kopf ~: nod one's head; **b)** *(fam.: schlafen)* doze; snooze *(coll.).* **2.** *tr. V. (geh.: nickend ausdrücken)* nod; Zustimmung/Beifall ~: nod one's agreement/approval

Nickerchen das; ~s, ~ *(fam.)* nap; snooze *(coll.).* ein ~ halten *or* machen take *or* have forty winks *or* a nap

Nicki ['nɪki] der; ~[s], ~s velour pullover *or* sweater

Nicotin *s.* Nikotin

nie [niː] *Adv.* never; mich besucht ~ jemand nobody ever visits me; **fast** ~: hardly ever; ~ **mehr!** never again!; [einmal und] ~ wieder [only once and] never again; ~ und nimmer! never!; ~ im Leben! not on your life!; das werde ich ~ im Leben vergessen I shall never forget it as long as I live

nieder ['niːdɐ] **1.** *Adj.; nicht präd.* **a)** *(von minderem Rang)* lower *⟨class, intelligence⟩;* petty, minor *⟨official⟩;* lowly *⟨family, origins, birth⟩;* menial *⟨task⟩;* das ~e Volk the common people; der ~e Klerus/Adel the lower clergy/aristocracy; **b)** *(bes. südd.) s.* **niedrig** a; **c)** *(Biol.: nicht hoch entwickelt)* lower *⟨plant, animal, organism⟩; s. auch* **Jagd** a. **2.** *Adv. (hinunter)* down; die Waffen ~! lay down your arms!; ~ mit dem Militarismus! down with militarism!

nieder-, Nieder-: ~|**beugen** *(geh.)* **1.** *tr. V.* bend *⟨knee⟩* downwards; bow *⟨head⟩;* **2.** *refl. V.* bend down; ~|**brennen 1.** *unr. itr. V.; mit sein (herunterbrennen) ⟨fire⟩* burn low; *⟨building⟩* burn down; **2.** *unr. tr. V.* burn down *⟨building, village, etc.⟩;* ~|**brüllen** *tr. V. (ugs.)* jmdn. ~brüllen shout sb. down; ~**deutsch** *Adj.* Low German *⟨dialect⟩;* North German *⟨custom, farmhouse, landscape⟩;* ~|**donnern** *itr. V.; mit sein ⟨avalanche⟩* thunder down; *⟨roof⟩* come crashing down; ~**druck** der; *Pl.* ~drücke *(Technik)* low pressure; ~|**drücken** *tr. V.* **a)** *(herunterdrücken)* press down; press *or* push down, *(formal)* depress *⟨handle, lever⟩;* **b)** *(bedrücken)* depress *⟨memory⟩* weigh on, oppress *⟨person⟩; s. auch* ~**gedrückt;** ~|**fallen** *unr. itr. V.; mit sein ⟨snow⟩* fall; **vor jmdm. ~fallen** fall down [on one's knees] before sb.; ~**frequenz** die *(Physik)* low frequency; ~**gang** der **a)** *o. Pl. (Verfall)* fall; decline; **b)** *(Seemannsspr.: Treppe)* companion-way; companion-ladder; ~**gedrückt 1. 2.** *Part. v.* ~**drücken; 2.** *Adj.* depressed; dejected; ~|**gehen** *unr. itr. V.; mit sein* **a)** *(landen) ⟨plane, spacecraft, balloonist⟩* come down *⟨parachutist⟩* drop; *⟨birds, flock⟩* land; **b)** *(fallen) ⟨rain, satellite, avalanche⟩* come down; *⟨meteor⟩* come to earth; **c)** *(Boxen: zu Boden fallen)* go down; **d)** *(sich senken) ⟨theatre curtain⟩* fall; **e)** *(untergehen) ⟨sun, moon⟩* go down; *⟨epoch⟩* decline; ~**geschlagen 1. 2.** *Part. v.* ~**schlagen; 2.** *Adj.* despondent; dejected; ~**geschlagenheit** die; ~: despondency; dejection; ~|**halten** *unr. tr. V.* **a)** *(unterdrücken)* oppress *⟨nation, people, class⟩;* keep *⟨nation, people, class⟩* in subjection; keep *⟨person⟩* down; **b)** *(kontrollieren)* hold down *⟨resistance⟩;* **c)** *(unten halten)* hold down; ~|**holen** *tr. V.* haul down, lower *⟨sail, flag⟩;* ~|**kämpfen** *tr. V.* **a)** *(besiegen)* overcome *⟨enemy, opponent⟩;* **b)** *(zurückhalten)* suppress *⟨rage, excitement⟩;* fight back *⟨tears⟩;* fight *⟨tiredness⟩;* ~|**knien** *itr. V. (auch mit sein), refl. V.* kneel down; *(unterwürfig, demütig)* go down on one's knees; ~|**knüppeln** *tr. V.* jmdn. ~knüppeln beat *or* club sb. to the ground with a truncheon; ~|**kommen** *unr. itr. V.; mit sein (geh. veralt.)* be delivered *(mit of);* give birth *(mit to);* ~**kunft** [~kʊnft] die; ~, ~**künfte** [~kʏnftə] *(geh. veralt.)* confinement; ~**lage** die **a)** *(das Besiegtwerden)* defeat; eine ~lage einstecken müssen suffer a defeat; jmdm. eine ~lage beibringen inflict a defeat on sb.; **b)** *(Zweiggeschäft)* branch, *(Lager)* warehouse; depot

Nieder·lande *Pl.:* die ~: the Netherlands

Niederländer der; ~s, ~: Dutchman; Netherlander

Niederländerin die; ~, ~nen Dutchwoman; Netherlander

niederländisch *Adj.* Dutch; Netherlands *attrib. ⟨government, embassy, etc.⟩;* das **Niederländische** Dutch

nieder-, Nieder-: ~|**lassen 1.** *unr. refl. V.* **a)** *(ein Geschäft, eine Praxis eröffnen)* set up *or* establish oneself in business; *⟨doctor, lawyer⟩* set up a practice *or* in practice; sich als Fotograf ~lassen set up as a photographer; ~**gelassene Ärzte** registered doctors/specialists having their own independent practices; **b)** *(seinen Wohnsitz nehmen)* settle; **c)** *(geh.: sich setzen)* sit down; seat oneself; *⟨bird⟩* settle, alight; **2.** *unr. tr. V.* lower *⟨theatre curtain, blind, etc.⟩;* ~**lassung** die; ~, ~en *o. Pl. s.* ~**lassen a:** setting up in business; setting up of a practice *or* in practice; **b)** *(Ort)* settlement; **c)** *(Wirtsch.: Zweigstelle)* branch; ~|**legen** *tr. V.* **a)** *(geh.: hinlegen)* lay *or* put *or* set down; lay *⟨wreath⟩;* die Waffen ~legen lay down one's arms; **b)** *(nicht weitermachen)* lay down, resign [from] *⟨office⟩;* relinquish *⟨command⟩;* discontinue *⟨course of treatment⟩;* das Mandat ~legen *(member of parliament)* resign one's seat; *⟨lawyer⟩* give up the brief; *s. auch* **Arbeit** a; **c)** *(geh.: aufschreiben)* set down; ~**legung** die; ~, ~en **a)** *⟨bird⟩* laying; **b)** *⟨eines Amtes⟩* resignation (+ *Gen.* from); *⟨eines Kommandos⟩* relinquishing; **der ~legung der Arbeit** stopping work; **c)** *(geh.: Niederschrift)* setting down; ~|**machen** *tr. V. (ugs.)* butcher; ~|**metzeln** *tr. V.* butcher

Nieder·österreich (das) Lower Austria

nieder-: ~|**prasseln** *itr. V.; mit sein ⟨rain, hail⟩* beat down; *⟨blows, rebukes, questions, etc.⟩* rain down; ~|**reißen** *tr. V.* **a)** *(abreißen)* pull down *⟨building, wall⟩;* **b)** *(zu Boden reißen)* jmdn. ~reißen knock sb. over; ~**rheinisch** *Adj.* in the Lower Rhine valley *postpos.*

Nieder·sachse der; ~n, ~n inhabitant of Lower Saxony; *(von Geburt)* native of Lower Saxony; *s. auch* **Kölner 2**

Nieder·sachsen (das) Lower Saxony

nieder-, Nieder-: ~|**schießen 1.** *unr. tr. V.* gun down; **der Niedergeschossene** the victim of the shooting; **2.** *unr. itr. V.; mit sein (herabfliegen) ⟨bird⟩* stoop, swoop down; *⟨aircraft⟩* hurtle down; ~**schlag der** *(Met.)* precipitation; es sind zeitweise ~**schläge, teils Regen, teils Schnee, zu erwarten** occasional showers can be expected, some falling as snow; **b)** *(Boxen)* knockdown; **c)** *(Ausdruck)* expression; [seinen] ~**schlag in etw.** *(Dat.)* **finden** find expression in sth.; **d)** *(Chemie)* precipitate; **e)** **radioaktiver** ~**schlag** [radioactive] fall-out; ~|**schlagen 1.** *unr. tr. V.* **a)** *(zu Boden schlagen)* jmdn. ~**schlagen** knock sb. down; **b)** *(umschlagen)* turn down *⟨hat-brim, collar⟩;* **c)** *(beenden)* suppress, put down *⟨revolt, uprising, etc.⟩;* put an end to *⟨strike⟩;* **d)** *(senken)* lower *⟨eyes, eyelids⟩;* **den Blick** ~**schlagen** lower one's eyes; **e)** *(Rechtsspr.: einstellen)* abandon *⟨proceedings⟩;* dismiss *⟨claim⟩;* **ein Verfahren** ~**schlagen** dismiss a case; **f)** *(Rechtsspr.: erlassen)* waive *⟨costs⟩;* remit *⟨punishment⟩;* s. auch **niedergeschlagen; 2.** *unr. refl. V.* **a) sich in etw.** *(Dat.)* ~**schlagen** *⟨experience, emotion⟩* find expression in sth.; *⟨performance, hard work⟩* be reflected in sth.; **b)** *⟨steam⟩* condense; ~**schlags·arm** *Adj. ⟨climate, area, period⟩* with low precipitation *not pred.;* ~**schlags·frei** *Adj. ⟨period⟩* without [any] precipitation *not pred.;* **die Aussichten: heiter bis wolkig und ~schlagsfrei** the outlook: dry with variable amounts of cloud; ~**schlagung** die *(einer Revolte, eines Aufstands)* suppression; putting down; **b)** *(Rechtsspr.) s.* ~**schlagen 1 e, f:** abandonment; dismissal; waiving; remission; ~|**schmettern** *tr. V. (~schlagen)* jmdn. ~**schmettern** send sb. crashing to the ground/floor; **b)** *(erschüttern) ⟨bad news⟩* shatter; *⟨rejection, result⟩* devastate; ~**schmetternd** *Adj.* shattering *⟨experience, news⟩;* devastating *⟨result, review⟩;* ~|**schreiben** *unr. tr. V.* write down; write

niederschreiben

⟨*essay, novel*⟩; ~|**schreien** *unr. tr. V.* jmdn. ~schreien shout sb. down; ~**schrift die a)** *(das Schreiben)* writing down; **etw. zur ~schrift erklären** *(Rechtsspr.)* dictate a statement on sth.; **b)** *(Schriftstück)* document; *(Protokoll)* minutes *pl.*; ~|**setzen 1.** *refl. V.* sit down; **2.** *tr. V.* put *or* set down; ~|**sinken** *unr. itr. V.; mit sein* sink down; **ohnmächtig ~sinken** sink unconscious to the ground/floor; ~**spannung die** *(Elektrot.)* low voltage *or* tension; ~|**stechen** *unr. tr. V.* stab; *(erstechen)* stab to death; ~|**stimmen** *tr. V.* vote ⟨*proposal, person, etc.*⟩ down; ~|**stoßen 1.** *unr. tr. V.* ⟨*geh.: zu Boden stoßen*⟩ jmdn. ~stoßen knock sb. down; **2.** *unr. itr. V.; mit sein* ⟨*hawk, etc.*⟩ stoop, swoop down; ⟨*aircraft*⟩ hurtle down; ~|**strecken** ⟨*geh.*⟩ **1.** *tr. V.* jmdn. ~**strecken** knock sb. down; *(mit einem Schuß)* shoot sb. down; **einen Tiger/Hirsch ~strecken** bring down a tiger/stag; **2.** *refl. V.* ⟨*sich hinlegen*⟩ lie down; **auf das od. dem Sofa ~gestreckt** stretched out on the sofa; ~|**stürzen** *itr. V.; mit sein* ⟨*geh.*⟩ **a)** *(zu Boden fallen)* fall down; **ohnmächtig ~stürzen** fall unconscious to the ground/floor; **b)** *(herabfallen)* ⟨*rocks*⟩ fall; ⟨*avalanche*⟩ sweep down; ~**tourig** [~tu:rɪç] *(Technik)* **1.** *Adj.* **im ~tourigen Bereich** at low revs *(coll.);* **2.** *adv.* at low revs *(coll.);* ~**tracht die;** ~ ⟨*geh.*⟩ malice; *(als Charaktereigenschaft)* vileness; despicableness; **etw. aus ~tracht tun** do sth. out of malice; ~**trächtig 1.** *Adj.* malicious ⟨*person, slander, lie, etc.*⟩; *(verachtenswert)* vile, despicable ⟨*person*⟩; base, vile ⟨*misrepresentation, slander, lie*⟩; **2.** *adv.* ⟨*betray, lie, treat*⟩ in a vile *or* despicable way; ⟨*smile*⟩ maliciously; ~**trächtigkeit die;** ~, ~**en a)** *o. Pl. s.* ~trächtig **1**: maliciousness; vileness; despicableness; baseness; **b)** *(gemeine Handlung)* vile *or* despicable act; ~|**trampeln** *tr. V.* ⟨*ugs.*⟩, ~|**treten** *unr. tr. V.* tread ⟨*grass, flowers, carpet-pile, etc.*⟩; *(fig.)* trample ⟨*person*⟩ underfoot

Niederung die; ~, ~**en** low-lying area; *(an Flußläufen, Küsten)* flats *pl.*; *(Tal)* valley; **sumpfige ~en** marshes; **die ~en des [alltäglichen] Lebens** *(fig.)* the lowly spheres of everyday life

nieder-, Nieder-: ~|**walzen** *tr. V.* flatten; **jmdn. mit Argumenten ~walzen** *(fig.)* overwhelm sb. with arguments; ~|**werfen 1.** *unr. tr. V.* **a)** ⟨*geh.: besiegen*⟩ overcome, defeat ⟨*enemy, rebels, etc.*⟩; **b)** *(geh.: beenden) s.* ~**schlagen 1c**; **c)** ⟨*geh.: schwächen*⟩ ⟨*illness, fever*⟩ lay ⟨*person*⟩ low; **d)** *(geh.: erschüttern)* ⟨*bad news*⟩ shake ⟨*person*⟩ profoundly; **der Tod seiner Frau hat ihn ~geworfen** he took the death of his wife very badly; **2.** *unr. refl. V.* throw oneself down; **sich vor jmdm. ~werfen** prostrate oneself before sb.; ~**werfung die;** ~, ~**en** *(geh.)* ⟨*von Feinden, Aufständischen*⟩ overthrow; defeat; *(einer Revolte, eines Aufstands)* suppression; putting down; ~**wild das** *(Jägerspr.)* smaller game animals, e.g. roe-deer, hare, fox, badger; ~|**zwingen** *unr. tr. V.* ⟨*geh.*⟩ force ⟨*opponent*⟩ to the ground *or* down; *(fig.)* suppress ⟨*anger, excitement*⟩

niedlich 1. *Adj.* **a)** *(Amer. coll.)* sweet; cute; **2.** *adv.* ⟨*dance, nibble*⟩ sweetly, prettily; ⟨*babble, play*⟩ sweetly, cutely *(Amer. coll.)*; **auf dem Foto guckt die Kleine so ~**: in the photo the little girl has such a sweet expression

niedrig 1. *Adj.* **a)** *(von geringer Höhe)* low; short ⟨*grass*⟩; **b)** *(von geringem Rang)* lowly ⟨*origins, birth*⟩; low ⟨*rank, status, intellectual level*⟩; **c)** *(sittlich tiefstehend)* vile ⟨*motive, desire, emotion, person*⟩; vile ⟨*motive*⟩; **von ~er Gesinnung** low-minded. **2.** *adv.* ⟨*hang, fly*⟩ low

Niedrigkeit die; ~, ~**en** *o. Pl. (geringe Höhe)* lowness; **b)** *o. Pl. (niedrige Gesinnung)* baseness; **c)** *(gemeine Tat)* base deed

Niedrig-: ~**lohn der** low wages *pl.*; ~**lohnland das** country with a low-wage economy; **etw. im ~lohnland Taiwan produzieren** produce sth. in Taiwan, with its low wages *or* low-wage economy; ~**preis der** low price; ~**wasser das;** *o. Pl.* **a)** *(von Seen/Flüssen)* **bei ~wasser** when the [level of the] lake/river is low; **b)** *(bei Ebbe)* low tide; low water; **bei ~wasser** at low tide *or* low water

niemals ['ni:ma:ls] *Adv.* never

niemand ['ni:mant] *Indefinitpron.* nobody; no one; **~ war im Büro** there was nobody *or* no one in the office; there wasn't anybody *or* any one in the office; **wir haben ~[en] gesehen** we saw nobody *or* no one; we didn't see anybody *or* any one; **~ anders** *od.* **anderer** nobody *or* no one else; **es kann ~ anders** *od.* **anderer als du gewesen sein** it can't have been anybody *or* any one [else] but you; **das war ~ anders als der Kaiser** it was none other than the emperor himself; **er hat mit ~[em] von uns reden wollen** he didn't want to talk to any of us; **das darfst du ~[em] sagen!** you mustn't tell anybody that!; **~ Bekanntes** nobody I know/he knows *etc.*; *(keine prominenten Leute)* nobody famous; **laß ~ Fremdes herein** don't let anybody *or* anyone in you don't know; don't let any strangers in; **er ist ~[e]s Feind** he has no enemies; **ein Niemand sein** be a nobody

Niemands-land das; *o. Pl.* **a)** *(auch fig.)* no man's land; **b)** *(unerforschtes Gebiet, auch fig.)* unknown *or* unexplored territory

Niere ['ni:rə] *die;* ~, ~**n** kidney; **künstliche ~**: kidney machine; artificial kidney; **jmdm. an die ~n gehen** *(fig. ugs.)* get to sb. *(coll.)*

nieren, Nieren-: ~**becken·entzündung die** pyelitis; ~**entzündung die** nephritis; ~**förmig** *Adj.* kidney-shaped; ~**kolik die** renal colic; ~**leiden das** kidney disease; ~**stein der** kidney stone; renal calculus *(Med.);* ~**tisch der** kidney-shaped table

nieseln ['ni:zl̩n] *unpers. V.* drizzle

Niesel-: ~**priem der** *(veralt. scherzh.)* misery[-guts] *(coll.);* ~**regen der** drizzle

niesen ['ni:zn̩] *itr. V.* sneeze

Nies-: ~**pulver das** sneezing-powder; ~**reiz der** the urge to sneeze

Nieß·brauch ['ni:sbraux] *der; o. Pl. (Rechtsw.)* usufruct

Nies·wurz die *(Bot.)* hellebore

Niet [ni:t] *der, (auch:) das;* ~[*e*]s, ~*e (fachspr.) s.* ²**Niete**

¹**Niete** ['ni:tə] *die;* ~, ~**n a)** *(Los)* blank; **eine ~ ziehen** draw a blank; **b)** *(ugs.: Mensch)* dead loss *(coll.)* (in + *Dat.* at)

²**Niete die;** ~, ~**n** rivet

nieten ['ni:tn̩] *tr. V.* rivet

Nieten·hose die [pair of] studded jeans

niet- und nagelfest *in* [alles] was nicht ~ ~ ist *(ugs.)* [everything] that's not nailed *or* screwed down

nigel·nagel·neu *Adj. (schweiz. ugs.)* brand-new

¹**Niger** ['ni:gɐ] **(das);** ~s *(Staat)* Niger

²**Niger der;** ~[s] *(Fluß)* Niger

Nigeria [ni'ge:ria] **(das);** ~s Nigeria

Nigerianer der; ~s, ~, **Nigerianerin die;** ~, ~**nen** Nigerian; *s. auch* -**in**

nigerianisch *Adj.* Nigerian

Nigger ['nɪgɐ] *der;* ~s, ~ *(abwertend, oft als Schimpfwort)* nigger *(derog.)*

Nihilismus [nihi'lɪsmʊs] *der;* ~: nihilism

Nihilist der; ~**en,** ~**en** nihilist

nihilistisch *Adj.* nihilistic

¹**Nikolaus** ['nɪkolaʊs] *der;* ~, ~*e o. Art.* St Nicholas; **b)** *(Tag)* St Nicholas' Day

²**Nikolaus (der)** *(hist. Name)* Nicholas

Nikolaus·tag der St Nicholas' Day

Nikotin [niko'ti:n] *das;* ~s nicotine

nikotin-, Nikotin-: ~**arm** *Adj.* low-nicotine *attrib.*; low in nicotine *pred.*; ~**frei** *Adj.* nicotine-free; ~**gehalt der** nicotine content; ~**haltig** *Adj.* containing nicotine *postpos., not. pred.*; ~**haltig sein** contain nicotine; ~**vergiftung die** nicotine poisoning

Nil [ni:l] *der;* ~[s] Nile

Nil·pferd das hippopotamus; hippo *(coll.)*

Nimbus ['nɪmbʊs] *der;* ~, ~**se a)** *o. Pl. (geh.: Ruhm)* aura; **sein ~ als großer Dichter** his reputation as a great poet; **b)** *(Kunstwiss.)* nimbus

nimm [nɪm] *Imperativ Sg. v.* nehmen

nimmer ['nɪmɐ] *Adv.* **a)** *(geh. veralt.: niemals)* never; **b)** *(südd., österr.)* never again; **das kann ich ~ aushalten** I can't endure it any longer; *s. auch* **nie**

Nimmerleinstag ['nɪmɐlaɪnstaːk] *in* **am ~** *(ugs. scherzh.)* never; **etw. auf den od. bis zum ~ verschieben** *(ugs. scherzh.)* put sth. off indefinitely

nimmer-, Nimmer-: ~**mehr** *Adv.* **a)** *(veralt.: nie)* never; **b)** *(südd., österr.: nie wieder)* never again; ~**müde** *(geh.)* **1.** *Adj.* tireless, untiring ⟨*helper, worker, etc.*⟩; **in ~müder Arbeit** working tirelessly *or* untiringly; **2.** *adv.* tirelessly; untiringly; ~**satt** *Adj.; nicht präd. (fam.)* insatiable; ~**satt der;** ~ *od.* ~**[e]s,** ~**e** *(fam.)* gannet *(sl.);* ~**wieder·sehen** *in* **auf ~wiedersehen verschwinden** *(ugs., oft scherzh.)* vanish never to be seen again

Nimrod ['nɪmrɔt] *der;* ~s, ~e *(geh., oft scherzh.)* Nimrod

Nippel ['nɪpl̩] *der;* ~s, ~ **a)** *(Technik; ugs.: Brustwarze)* nipple; **b)** *(am Wasserball)* valve

nippen ['nɪpn̩] *itr. V.* ⟨*trinken*⟩ sip; take a sip/sips; *(essen)* nibble **(von** at); **vom Wein ~**: sip [at] the wine; take a sip/sips of the wine; **am Glas ~**: sip from *or* take a sip/sips from the glass

Nippes ['nɪpəs], **Nipp·sachen** *Pl.* [porcelain] knick-knacks; small [porcelain] ornaments

Nipp·tide die neap tide

nirgend-: ~**her** *Adv. s.* **nirgendwoher;** ~**hin** *Adv. s.* **nirgendwohin**

nirgends ['nɪrgn̩ts] *Adv.* nowhere; **er war ~ zu finden** he was nowhere *or* wasn't anywhere to be found; **ich fühle mich ~ so wohl wie hier** there is nowhere *or* isn't anywhere I feel as happy as here; **sonst ~**: nowhere else; **er hält es ~ lange aus** he doesn't stay anywhere for long

nirgend-: ~**wo** *Adv. s.* **nirgends;** ~**woher** *Adv.* from nowhere; **sie konnten die Medikamente ~woher bekommen** they couldn't get the medicines from anywhere; ~**wohin** *Adv.* **der Weg führt ~wohin** the path doesn't go anywhere; **wir gehen ~wohin** we're not going anywhere

Nirwana [nɪr'va:na] *das;* ~[s] nirvana

Nische ['ni:ʃə] *die;* ~, ~**n a)** *(Einbuchtung)* niche; **b)** *(Erweiterung eines Raumes)* recess

Niß [nɪs] *die;* ~, **Nisse** *(veralt.),* **Nisse** ['nɪsə] *die;* ~, ~**n** nit

nisten ['nɪstn̩] *itr. V.* nest; **eine tiefe Traurigkeit nistete in ihrem Herzen** *(fig. geh.)* a deep sadness dwelt in her heart

Nist-: ~**kasten der** nest-box; nesting-box; ~**platz der** nesting place; ~**zeit die** nesting time *or* season

Nitrat [ni'tra:t] *das;* ~[e]s, ~e *(Chemie)* nitrate

Nitrid [ni'tri:t] *das;* ~s, ~e *(Chemie)* nitride

nitrieren *tr. V.* **a)** *(Chemie)* nitrate; **b)** *(Technik)* nitride ⟨*steel*⟩

Nitrit [ni'tri:t] *das;* ~s, ~e *(Chemie)* nitrite

Nitro·glyzerin [ni:tro-] *das; o. Pl.* nitroglycerine

Niveau [ni'vo:] *das;* ~s, ~s **a)** level; **auf dem geistigen ~ eines Fünfjährigen stehen** have the mental age of a five-year-old; **über-**

haupt kein ~ haben ⟨programme, article, etc.⟩ be totally undistinguished, lack any distinction whatever; **eine Zeitung mit ~:** a quality newspaper; **er hat wenig ~:** he is not very cultured or knowledgeable; **der Unterricht dieses Lehrers hat ein sehr hohes ~:** this teacher's lessons are intellectually very demanding; **b)** ⟨Qualitäts~⟩ standard
niveau-, Niveau-: ~los Adj. intellectually undemanding ⟨lesson⟩; mediocre ⟨performance, programme, exhibition⟩; [intellectually] dull ⟨person⟩; **~unterschied** der s. Niveau a, b: difference in level/standard; **~voll** Adj. (bes. DDR) intellectually demanding ⟨lecture⟩; cultured and intelligent ⟨person⟩; ⟨entertainment, programme⟩ of quality postpos., not pred.; [high-]quality ⟨goods⟩
nivellieren [nivɛˈliːrən] tr. V. **a)** (ausgleichen) level or even out ⟨difference⟩; (nach unten) level down; **b)** (Vermessungsw.) level
Nivellier·instrument das; ~[e]s, ~en [surveyor's] level
Nivellierung die; ~, ~en levelling out; evening out; (nach unten) levelling down
nix [nɪks] Indefinitpron. (ugs.) s. nichts
Nix der; ~es, ~e (germ. Myth.) nix; (mit Fischschwanz) merman
Nixe die; ~, ~n (germ. Myth.) nixie; (mit Fischschwanz) mermaid
Nizza [ˈnɪtsa] (das); ~s Nice
N. N. Abk. nomen nescio n. n.; (vorläufig unbekannt) A. N. Other
NN Abk. Normalnull[punkt]; unter/über NN below/above sea level
NNO Abk. Nordnordost[en] NNE
NNW Abk. Nordnordwest[en] NNW
NO Abk. Nordost[en] NE
nobel [noːbl̩] **1.** Adj. **a)** (geh.: edel) noble; noble[-minded] ⟨person⟩; **b)** (oft spött.: luxuriös) elegant, (coll.) posh ⟨boutique, house, hotel⟩; fine ⟨cigar⟩; ~, ~! very posh (coll.); ~ geht die Welt zugrunde (iron.) one has to make a splash even if it's the last one (coll.); **c)** (ugs.: freigebig) lavish, generous ⟨tip, present⟩; generous ⟨person⟩. **2.** adv. **a)** (geh.: edel) nobly; **b)** (oft spött.: luxuriös) ⟨dress, live, eat⟩ in the grand style
Nobel-: **~marke** luxury brand; **~hotel/~restaurant/~boutique** posh hotel/restaurant/boutique (coll.); **~herberge/~kutsche** (salopp) posh or swish hotel/car (coll.)
Nobel- [noˈbɛl-]: **~preis** der Nobel prize; **~preis·träger** der Nobel prize-winner
Noblesse [noˈblɛsə] die; ~ (geh.) **a)** (edle Art) nobility; noble-mindedness; **b)** (Eleganz) elegance
noch [nɔx] **1.** Adv. **a)** ([wie] bisher, derzeit) still; ~ nicht not yet; **es regnet es nicht** it's not raining yet; it hasn't started raining yet; **sie sind immer ~ nicht da** they're still not here; **ich sehe ihn kaum ~** I hardly ever see him any more; **ich habe ~ nie Pizza gegessen** I've never eaten a pizza before; **ich bleibe ~ ein Weilchen** I'll stay a little bit longer; **~ nach Jahren** even years later; **er hat [bis jetzt] ~ immer/nie gewonnen** he's won every time up until now/never won yet; **b)** (als Rest einer Menge) **ich habe [nur] ~ zehn Mark** I've [only] ten marks left; **es dauert ~ fünf Minuten** it'll be another five minutes; **Beuteltiere gibt es ~/nur ~ in Australien** marsupials still exist/now only exist in Australia; **es sind ~ 10 km bis zur Grenze** it's another 10 km. to the border; **es fehlt [mir/dir usw.] ~ eine Mark** I/you etc. need another mark; **c)** (bevor etw. anderes geschieht) just; **ich will ~ [schnell] duschen** I just want to have a [quick] shower; **ich mache das [jetzt/dann] ~ fertig** I'll just get this finished; **d)** (irgendwann einmal) some time; one day; **du wirst ihn [schon] ~ kennenlernen** you'll get to know him yet; **er wird ~ anrufen/kommen** he still will call/ come; **e)** (womöglich) if you're/he's etc. not careful; **du kommst ~ zu spät!** you'll be late if you're not careful; **er endet ~ im Gefängnis** he'll land up in prison if he doesn't watch out or isn't careful; **f)** (drückt geringe zeitliche Distanz aus) only; **gestern habe ich ihn ~ gesehen/~ mit ihm gesprochen** I saw him only yesterday/I was speaking to him only yesterday; **~ Ende des 19. Jahrhunderts** as late as the end of the 19th century; **sie war eben** od. **gerade ~ hier** she was here only a moment ago; **es ist ~ keine Woche her, daß ...:** it was less than a week ago that ...; **g)** (nicht später als) **das muß ~ diese Woche/vor Monatsende geschehen** that's got to happen this week/by the end of the month; **~ am selben Abend** the [very] same evening; **~ ehe er antworten konnte, legte sie auf** even before he could reply she hung up; **er wurde ~ am Unfallort operiert** he was operated on at the scene of the accident; **h)** (drückt aus, daß etw. unwiederholbar ist) **ich habe Großvater ~ gekannt** I'm old enough to have known grandfather; **daß er das ~ erleben durfte!** and to think that he lived long enough to experience that!; **i)** (drückt aus, daß sich etw. im Rahmen hält) **das lasse ich mir gerade ~ gefallen** I'll put up with it; **Er hat ~ Glück gehabt. Es hätte weit schlimmer kommen können** He was lucky. It could have been much worse; **das ist [im Vergleich] ~ billig** that's [still] cheap in comparison; **es ist immer ~ teuer genug** it's still expensive enough; **der Koffer geht ~ zu** the case will still close; **das geht ~:** that's [still] all right or (coll.) OK; **das ist ~ lange kein Grund** that still isn't any sort of reason; **wenn er sich [wenigstens] ~ entschuldigt hätte** if he had apologized at least; **das ist ja ~ [ein]mal gutgegangen** (ugs.) it was just about all right; **j)** (außerdem, zusätzlich) **wer war da?** who else was there?; **er hat [auch/außerdem] ~ ein Fahrrad** he has a bicycle as well; **~ etwas Kaffee?** [would you like] some more coffee?; **wenn man alt ist und [dann auch] ~ allein** when you're old and [also] on your own; **hinzu kommt ~, daß ...:** on top of that there's the fact that ...; **~ ein/zwei Bier, bitte!** another beer/two more beers, please!; **und ~ eins** od. **etwas** and another thing; **ich habe das ~ einmal/~ einige Male gemacht** I did it again/several times more; **da möchte ich ~ einmal/einige Male hin** (ugs.) I'd like to go there again; **Spanien? Und ~ dazu im Juli?** Spain, and in July too?; **er ist frech und ~ dazu dumm** od. **dumm dazu** he's cheeky and stupid with it; **und es schneite ~ dazu** od. **auch ~:** and what's more, it was snowing; **Geld/Kleider usw. ~ und ~** od. (ugs. scherzh.) **~ und nöcher** heaps and heaps of money/clothes etc. (coll.); **k)** (bei Vergleichen) **er ist ~ größer [als Karl]** he is even taller [than Karl]; **das ist ~ viel wichtiger** that's far or much more important still; **er will ~ mehr haben** he wants even or still more; **das ist ~ besser** that's even better or better still; **es war ~ anders** it was different again; **darüber hat er sich ~ mehr gefreut** he was even more pleased about that; **jeder ~ so dumme Mensch versteht das** anyone, however stupid, can understand that; **und wenn er auch ~ so bittet** however much he pleads; **du kannst ~ so bitten** you can plead as much as you like; **l)** (nach etw. Vergessenem fragend) **wie heißt/hieß sie [doch]** ~? [now] what's/what was her name again? **2.** Partikel **das ist ~ Qualität!** that's what I call quality; **auf ihn kann man sich wenigstens ~ verlassen** one can rely on 'him at least; **du wirst es ~ bereuen!** you'll regret it; **der wird sich ~ wundern** (ugs.) he's in for a surprise; **das dauert ~ keine zehn Minuten** it won't even take ten minutes; **er kann ~ nicht einmal lesen** he can't even read; **~ in** der größten Hitze trägt er seinen Pullover however hot it is he still wears his pullover. **3.** Konj. (und auch nicht) nor; **weder ... noch** neither ... nor; **weder er ~ die Mutter ~ der Vater** neither he nor his mother nor his father; **er hat keine Verwandten** od. **nicht Verwandte ~ Freunde** he has no relatives or friends
nochmalig [ˈnɔxmaːlɪç] Adj.; nicht präd. further
noch·mals Adv. again; (einige Minuten später) after another few minutes; **~: wo waren Sie zwischen ...?** once again: where were you between ...?
Nocken [ˈnɔkn̩] der; ~s, ~ (Technik) cam
Nocken·welle die (Technik) camshaft
Nockerl [ˈnɔkɐl] das; ~s, ~n (österr., bayr. Kochk.) [semolina] dumpling; **Salzburger ~n** Salzburg dumpling soufflé sing.
NOK [ɛnloːˈkaː] das; ~[s] Abk. Nationales Olympisches Komitee NOC
nölen [ˈnøːlən] itr. V. (bes. nordd. abwertend) **a)** (trödeln) dawdle; **b)** (sprechen) speak in a slow drawl
Nom. Abk. Nominativ Nom.
Nomade [noˈmaːdə] der; ~n, ~n nomad
nomadenhaft Adj. (auch fig.) nomadic
Nomadentum das; ~s (Völkerk.) nomadism
Nomadin die; ~, ~nen nomad
nomadisieren itr. V. lead a nomadic existence; **~de Stämme** nomadic tribes
Nomen [ˈnoːmən] das; ~s, Nomina **a)** (Substantiv) noun; substantive; **b)** (deklinierbares Wort) declinable word (including nouns, adjectives, and numerals)
nomen est omen [ˈnoːmən ˈɛst ˈoːmən] (geh.) true to his/its etc. name
Nomenklatur [nomɛnklaˈtuːɐ̯] die; ~, ~en (Wissensch.) nomenclature
Nomina s. Nomen
nominal [nomiˈnaːl] Adj. (Sprachw., Wirtsch.) nominal
Nominal-: **~einkommen** das (Wirtsch.) nominal income; **~lohn** der (Wirtsch.) nominal wages pl.; **~stil** der; o. Pl. (Sprachw.) style in which there is a preponderance of nominal constructions; **~wert** der (Wirtsch.) s. Nennwert
Nominativ [ˈnoːminatiːf] der; ~s, ~e (Sprachw.) nominative [case]; (Wort im ~) nominative [form]; **im ~ stehen** be in the nominative [case]
nominell [nomiˈnɛl] **1.** Adj.; nicht präd. nominal ⟨member, leader⟩; ⟨Christian⟩ in name only. **2.** adv. **er ist nur ~ Präsident** he is President in name only; **~ ist er nur Berater des Präsidenten** nominally he is just an adviser to the President
nominieren [nomiˈniːrən] tr. V. **a)** (zur Wahl vorschlagen) nominate; **b)** (Sport: aufstellen) name ⟨player, team⟩
Nominierung die; ~, ~en **a)** (für eine Wahl) nomination; **b)** (Sport: Aufstellung) selection
Nonchalance [nõʃaˈlɑ̃ːs] die; ~: nonchalance
nonchalant [nõʃaˈlɑ̃ː] **1.** Adj. nonchalant. **2.** adv. nonchalantly
None [ˈnoːnə] die; ~, ~n **a)** (kath. Kirche) nones; **b)** (Musik) ninth
Nonius [ˈnoːnius] der; ~, Nonien [...iən] (Technik) vernier
Nonkonformismus [nɔnkɔnfɔrˈmɪsmʊs] der; ~: nonconformism
nonkonformistisch 1. Adj. nonconformist; unconventional ⟨dress⟩. **2.** adv. ⟨think, behave, argue, etc.⟩ in an unconventional way
Nonne [ˈnɔnə] die; ~, ~n **a)** nun; **b)** (Zool.) nun [moth]
Nonnen-: **~kloster** das convent; nunnery; **~schule** die (ugs.) convent school
Non·plus·ultra [nɔnplʊsˈʊltra] das; ~ (geh., oft scherzh.) ultimate (**an** + Dat. in);

Nonsens

non plus-ultra; **das/ein** ~ **an Handlichkeit** usw. the ultimate in handiness *etc*.
Nonsens ['nɔnzɛns] *der*; ~[es] nonsense
nonstop [nɔn'stɔp] *adv*. non-stop
Nonstop-: ~**flug** *der* non-stop flight; ~**kino das** 24-hour cinema
Noppe ['nɔpə] *die*; ~, ~**n a)** *(in einem Faden, Gewebe)* knop; nub; **b)** *(auf einer Oberfläche)* bump; *(auf einem Tischtennisschläger)* pimple
¹**Nord** [nɔrt] *o. Art.*; *o. Pl.* **a)** *(Seemannsspr., Met.: Richtung)* north; **nach** ~: northwards; **aus** *od.* **von** ~: from the north; **b)** *(nördliches Gebiet, Politik)* North; ~ **und Süd** North and South; **aus** ~ **und Süd** from the North and [from] the South; **zwischen** ~ **und Süd** between [the] North and [the] South; **c)** *einem Subst. nachgestellt (nördlicher Teil, nördliche Lage)* **Autobahnkreuz Köln-**~: motorway intersection Cologne North; **Europa** ~ *(Milit.)* Northern Europe
²**Nord** *der*; ~[e]s, ~e *(Seemannsspr.)* northerly; *(dichter.)* North wind
nord-, Nord-: ~**afrika** (das) North Africa; ~**amerika** (das) North American; ~**amerikaner** *der* North American; ~**amerikanisch** *Adj*. North American; ~**atlantik-pakt** *der* North Atlantic alliance; ~**deutsch 1.** *Adj*. North German; **2.** *adv*. *etw*. ~**deutsch aussprechen** pronounce sth. with a North German accent; ~**deutschland** (das) North Germany
norden *tr. V. etw.* ~: orient sth. to the north
Norden *der*; ~**s a)** *(Richtung)* north; **im** ~: in the north; **aus dem** *od.* **von** ~: from the north; **nach** ~: northwards; **die Grenze nach** ~: the northern border; **gegen** *od. (geh.)* **gen** ~: northwards; **b)** *(Gegend)* northern part; **aus dem** ~: from the north; **c)** *(Geogr.)* North; **die hohe/höchste** ~: the far North
nord-, Nord-: ~**england** (das) the North of England; ~**europa** (das) Northern Europe; ~**europäisch** *Adj*. Northern European; ~**flanke** *die (Milit., Geogr.)* northern flank; *(Met.)* northern edge; ~**hang** *der* northern slope; ~**insel** *die* North Island; ~**irland** (das) Northern Ireland
nordisch *Adj*. *(auch Völkerk.)* Nordic; ~**e Kombination** *(Skisport)* Nordic combined
Nordistik [nɔr'dɪstɪk] *die*; ~: Scandinavian Studies *pl.*, *no art.*
Nord-: ~**kap** *das* North Cape; ~**korea** (das) North Korea; ~**küste** *die* north *or* northern coast; ~**länder** *der*; ~s, ~: native/inhabitant of [a country of] the North (*esp. Scandinavia*)
nördlich ['nœrtlɪç] **1.** *Adj*. **a)** *(im Norden gelegen)* northern; **15°** ~**er Breite** 15 degrees north; **das** ~**e Frankreich** northern France; **der** ~**ste Punkt** the most northerly point; *s. auch* **Eismeer; Polarkreis; Wendekreis a; b)** *(nach, aus dem Norden)* northerly; **c)** *(aus dem Norden kommend, für den Norden typisch)* Northern. **2.** *adv*. northwards; **von ...:** [to the] north of ...; **sehr [weit]** ~ **sein** be a long way north. **3.** *Präp. mit Gen.* [to the] north of
nord-, Nord-: ~**licht** ['--] *das* **a)** northern lights *pl*.; aurora borealis; **im** ~**licht**/~**lichter** the northern lights; **b)** *(scherzh.)* Northerner; ¹~**nord·ost** *o. Art.*; *o. Pl. (Seemannsspr., Met.)* north-north-east; *s. auch* ¹**Nord a;** ²~**nord·ost** *der (Seemannsspr.)* north-north-east[ly]; ~**nord·osten** *der* north-north-east; *s. auch* **Norden a;** ¹~**nord·west** *o. Art.*; *o. Pl. (Seemannsspr., Met.)* north-north-west; *s. auch* ¹**Nord a;** ²~**nord·west** *der (Seemannsspr.)* north-north-west[ly]; ~**nord·westen** *der* north-north-west; *s. auch* **Norden a;** ¹~**ost** *o. Art.*; *o. Pl. (Seemannsspr., Met.)* north-east; **nach** ~**ost** north-eastwards; **aus** *od.* **von** ~**ost** from the north-east; ²~**ost** *der (Seemannsspr.)* north-easter[ly]; *(dichter.)* north-east[erly] wind; ~**osten** *der* **a)** *(Rich-*

Not

tung, Gegend) north-east; *s. auch* **Norden a;** ~**östlich 1.** *Adj*. **a)** *(im* ~*osten gelegen)* north-eastern; *s. auch* **nördlich 1 a; b)** *(nach* ~*osten gerichtet, aus* ~*osten kommend)* north-easterly; **2.** *adv*. north-eastwards; ~**östlich von ...:** [to the] north-east of ...; *s. auch* **nördlich 2; 3.** *Präp. mit Gen.* [to the] north-east of; ~**-Ostsee-Kanal** *der* Kiel Canal; ~**ost·wind** *der* north-east[erly] wind; ~**pol** ['--] *der* **a)** North Pole; **b)** *(eines Magneten)* north pole
Nordpolar-: ~**gebiet** *das* North Polar Region; ~**meer** *das* Arctic Ocean
Nord-: ~**pol·expedition** *die* expedition to the North Pole; ~**rand** *der* northern edge
Nord·rhein-Westfalen (das) North Rhine-Westphalia
Nord·see *die*; *o. Pl.* North Sea
nord-, Nord-: ~**seite** ['---] *die* northern side; *(eines Gebäudes, Geländes)* north side; ~**stern** ['--] *der*; *o. Pl.* North Star; Polaris; ~**-Süd-Dialog** *der (Politik)* North-South dialogue; ~**-Süd-Gefälle** *das (Politik)* North-South gap; ~**südlich 1.** *Adj*. in ~*südlicher Richtung* from north to south; **2.** *adv*. ~**südlich verlaufen** run from north to south; ~**wand** ['--] *die (Felswand)* north face; ~**wärts** [--] *adv*. **a)** *(nach Norden)* northwards; **b)** *(im Norden)* to the north; ¹~**west** *o. Art.* **a)** *(Seemannsspr., Met.)* north-west; **nach** ~**west** north-westwards; **aus** *od.* **von** ~**west** from the north-west; **b)** *einem Subst. nachgestellt* **Autobahnkreuz Frankfurt-**~**west** motorway intersection Frankfurt North-West; ²~**west** *der (Seemannsspr.)* north-wester[ly]; *(dichter.)* north-west[erly] wind; ~**westen** *der* **a)** *(Richtung, Gegend)* north-west; *s. auch* **Norden a;** ~**westlich 1.** *Adj*. **a)** *(im* ~*westen gelegen)* north-western; *s. auch* **nördlich 1 a; b)** *(nach* ~*westen gerichtet, aus* ~*westen kommend)* north-westerly; **2.** *adv*. *(nach* ~*westen)* north-westwards; ~**westlich von ...:** [to the] north-west of ...; *s. auch* **nördlich 2; 3.** *Präp. mit Gen.* [to the] north-west of; ~**west·wind** *der* north-west[erly] wind; ~**wind** ['--] *der* north *or* northerly wind
Nörgelei *die*; ~, ~**en** *(abwertend)* **a)** *o. Pl. (das Nörgeln)* moaning; grumbling; *(das Kritteln)* carping; **b)** *(Äußerung)* moan; grumble; **deine ewigen** ~ your constant moaning *sing. or* grumbling *sing.*
nörgelig *(abwertend)* moaning *attrib.*; grumbling *attrib.*; grumbly *(coll.)*; **ein** ~**er Kerl** a moaner *or* grumbler; **müde und** ~: tired and niggly
nörgeln ['nœrgln] *itr. V. (abwertend)* moan, grumble **(an** + *Dat.* about); *(kritteln)* carp **(an** + *Dat.* about)
Nörgler *der*; ~s, ~, **Nörglerin** *die*; ~, ~**nen** *(abwertend)* moaner; grumbler; *(Krittler)* carper; fault-finder
nörglerisch *(abwertend) Adj*. moaning *attrib.*; grumbling *attrib.*; grumbly *(coll.)*; *(krittelig)* carping *attrib*.
nörglig *s.* **nörgelig**
Norm [nɔrm] *die*; ~, ~**en a)** norm; **zur** ~ **werden/als** ~ **gelten** become the norm/count as the norm; **b)** *(geforderte Arbeitsleistung)* quota; target; **die** ~ **erfüllen** fulfil one's/its quota; meet *or* achieve one's/its target; **c)** *(Sport)* qualifying standard; **d)** *(technische, industrielle)* standard; standard specifications *pl.*; **der** ~ **entsprechen** conform to the standard; **e)** *(DDR: Richtwert für die Produktion)* norm; **f)** *(Buchw.)* signature *(at foot of page)*
normal [nɔr'ma:l] **1.** *Adj*. **a)** normal; **du bist doch nicht** ~! *(ugs.)* there is something wrong with you!; **b)** *(ugs.: gewöhnlich)* ordinary. **2.** *adv*. **a)** normally; **b)** *(ugs.: gewöhnlich)* in the normal *or* ordinary way; **c)** *(ugs.: normalerweise)* normally; usually

Normal *das*; ~s *(ugs.)* ≈ two star *(Brit.)*; regular *(Amer.)*; **für 50 Mark** ~, **bitte!** 50 marks' worth of two-star, please!
Normal·benzin *das* ≈ two-star petrol *(Brit.)*; regular *(Amer.)*
Normale *die*; ~[n], ~**n** *(Math.)* normal
normalerweise *Adv*. normally; usually
Normal-: ~**fall** *der* normal case; **im** ~**fall** normally, usually; ~**form** *die* **a)** *(Math.)* standard *or* normal form; **b)** *(Sport)* usual form; ~**gewicht** *das* normal weight
normalisieren 1. *tr. V.* normalize. **2.** *refl. V.* return to normal
Normalisierung *die*; ~, ~**en** normalization
Normalität [nɔrmali'tɛ:t] *die*; ~: normality *no def. art*.
Normal-: ~**maß** *das* **a)** *(normales Maß)* normal size; *(normales Niveau)* normal level; ~**maße haben** be [of] a normal size; **b)** *(Meßwesen)* standard measure; ~**null** *das (Geodäsie)* national datum level; ~**spur** *die (Eisenb.)* standard gauge; ~**ton** *der* **a)** *(Akustik)* reference tone; **b)** *(Musik)* standard pitch; ~**uhr** *die* **a)** *(genau gehende Uhr)* regulator; **b)** *(öffentliche Uhr)* public clock; ~**verbraucher** *der* **a)** ordinary *or* average consumer; **b)** *(ugs.: Durchschnittsmensch)* average punter *(coll.)*; **Otto** ~**verbraucher** *(scherzh.)* the average punter *(coll.)*; ~**zeit** *die* standard time; ~**zu·stand** *der* **a)** normal state; **im** ~**zustand** in its/his normal state; **b)** *s.* **Normzustand**
Normandie [nɔrman'di:] *die*; ~: Normandy; **in/aus der** ~: in/from Normandy
Normanne [nɔr'manə] *der*; ~**n** ~**n** Norman
normannisch *Adj*. Norman
normativ [nɔrma'ti:f] *Adj*. normative
Norm·blatt *das* list of standard specifications
normen *tr. V.* standardize
Normen-: ~**aus·schuß** *der* standards committee; ~**kontroll·verfahren** *das (Rechtsw.)* suit brought before the FRG constitutional court relating to the constitutionality of a law
Norm·erhöhung *die* raising of production targets
normieren *tr. V.* standardize
Normierung *die*; ~, ~**en**, **Normung** *die*; ~, ~**en** standardization
Norm·zustand *der (Physik, Technik)* standard state
Norne ['nɔrnə] *die*; ~, ~**n** *(nord. Myth.)* Norn
Norwegen ['nɔrve:gn] (das); ~s Norway
Norweger *der*; ~s, ~, **Norwegerin** *die*; ~, ~**nen** Norwegian; *s. auch* -in
Norweger·muster *das (Handarb.)* ≈ Fair Isle design
norwegisch *Adj*. Norwegian; *s. auch* **deutsch; Deutsch;** ²**Deutsche**
Nostalgie [nɔstal'gi:] *die*; ~: nostalgia
nostalgisch 1. *Adj*. nostalgic. **2.** *adv*. nostalgically; ~ **gestimmt** in a nostalgic mood
not [no:t] *in* ~ **tun** *od.* **sein** *(geh., landsch.)* be necessary
Not *die*; ~, **Nöte** ['nø:tə] **a)** *(Bedrohung, Gefahr)* **in seiner** ~: at that perilous juncture; **jmdm. in der Stunde der** ~ **helfen** help sb. in his/her hour of need; **in höchster** *od.* **äußerster** ~: in extremis; **Rettung** *in. od.* **aus höchster** ~: rescue from extreme difficulties; **in** ~ **sein** be in desperate straits; ~ **bricht Eisen** desperation gives you strength; ~ **lehrt beten** adversity teaches you to pray; **in** ~ **und Tod** *(geh.)* through thick and thin; **b)** *o. Pl. (Mangel, Armut)* need *(pej. and hardship)*; ~ **leiden** suffer poverty *or* want [and hardship]; **etw. aus** ~ **tun** do sth. from sheer need; **in** ~ **geraten/sein** encounter hard times/be suffering want [and deprivation]; **in diesem Land herrscht große** ~: there is great poverty and hardship in this country; **er kennt keine** ~: he's doing all right for

1351

himself; ~ **macht erfinderisch** necessity is the mother of invention *(prov.)*; ~ **kennt kein Gebot** [when] needs must; **in der ~ frißt der Teufel Fliegen** beggars can't be choosers *(prov.)*; **c)** *o. Pl. (Verzweiflung)* anguish; distress; **d)** *(Sorge, Mühe)* trouble; **in Nöten sein** have many troubles; **seine [liebe] ~ haben, etw. zu tun** have great difficulty in doing sth.; **seine [liebe] ~ mit jmdm./etw. haben** have a lot of trouble *or* a lot of problems with sb./sth.; **mit knapper ~:** by the skin of one's teeth; **e)** *o. Pl. (veralt.: Notwendigkeit)* necessity; **ohne ~** *(geh.)* without pressing cause; **zur ~:** if need be; if necessary; **wenn ~ am Mann ist** when the need arises; **aus der ~ eine Tugend machen** make a virtue of necessity

Notabeln [noˈtaːbl̩n] *Pl. (hist.)* Notables
notabene [notaˈbeːnə] *Adv. (geh. veralt.)* nota bene *(arch. literary)*; please note
Not-: **~abitur** das early Abitur *taken in wartime by students about to be conscripted*; **~anker** der *(Seew., auch fig.)* sheet anchor
Notar [noˈtaːɐ̯] der; ~s, ~e notary
Notariat [notaˈri̯aːt] das; ~[e]s, ~e **a)** *(Amt)* notaryship; **b)** *(Kanzlei)* notary's office
notariell [notaˈri̯ɛl] 1. *Adj.* notarial. 2. *adv.* ~ **beglaubigt** attested by a notary
Notarin die; ~, ~nen notary
Not-: **~arzt** der doctor on [emergency] call; emergency doctor; **~arzt·wagen** der doctor's car for emergency calls
Notation [notaˈtsi̯oːn] die; ~, ~en *(Musik, Schach)* notation
Not-: **~aufnahme** die *(Gesundheitswesen)* casualty department; casualty *no art.;* **~aus·gabe** die *(Zeitungsw.)* emergency edition; **~aus·gang** der emergency exit; **~behelf** der makeshift; **~beleuchtung** die emergency lighting *no indef. art.;* **~bremse** die emergency brake; **die ~bremse ziehen** pull the emergency brake; pull the communication cord *(Brit. Railw.)*; *(Sportjargon)* bring the attacker down; **~brücke** die temporary bridge; **~dienst** der *s.* Bereitschaftsdienst
Notdurft [-dʊrft] die; ~ **a)** *(geh.)* **seine [große/kleine] ~ verrichten** relieve oneself; **b)** *(geh. veralt.: das Nötige)* need; **mehr als seine knappe ~ verdienen** earn more than one needs to buy the bare necessities of life
not·dürftig 1. *Adj.* meagre *(payment, pension)*; rough and ready, makeshift *(shelter, repair)*; scanty *(cover, clothing)*. 2. *adv.* scantily *(clothed)*; **etw. ~ reparieren** repair sth. in a rough and ready *or* makeshift way; **sich ~ verständigen** manage to communicate after a fashion
Note [ˈnoːtə] die; ~, ~n **a)** *(Zeichen)* note; **eine ganze/halbe ~:** a crotchet/quaver *(Brit.)*, a whole note/half note *(Amer.)*; **etw. in ~n setzen** *(veralt.)* set sth. to music; **b)** *Pl. (Text)* music sing.; **nach/ohne ~n spielen** play from/without music; **c)** *(Schul-)* mark; **d)** *(Eislauf, Turnen)* score; **e)** *(Dipl.)* note; **f)** *o. Pl. (Flair)* touch; **einer Sache eine persönliche ~ geben** give sth. a personal touch; **g)** *(Bank~)* note
Noten-: **~aus·tausch** der *(Dipl.)* exchange of notes; **~bank** die bank of issue; **~blatt** das sheet of music; **~druck** der; *o. Pl.* **a)** *(Druck von Fahrnoten)* printing of [bank]notes; **b)** *(Druck von Musikalien)* music-printing; printing of music; **c)** *(Leistungsdruck)* pressure to achieve high marks; **~durch·schnitt** der average mark; **~heft** das **a)** *(Publikation)* book of music; **b)** *(Heft mit ~papier)* manuscript book; **~linie** die *(Musik)* line [of the staff]; **~papier** das music-paper; **~pult** das music-rest; music-stand; **~schlüssel** der clef; **~schrift** die [musical] notation; **~ständer** der music-stand
not-, Not-: **~fall** der **a)** *(Gefahr)* emergency; **im ~fall** in an emergency; **für den ~fall** in case of emergency; **in** *od.* **bei ~fällen** in emergencies; **b)** *(Schwierigkeiten)* case of need; **im ~fall** if need be; **für den ~fall habe ich immer einen Reservekanister im Kofferraum** I always have a spare can of petrol *(Brit.)* or *(Amer.)* gasoline in the boot *(Brit.)* or *(Amer.)* trunk, just in case; **~falls** *Adv.* if need be; if necessary; **~gedrungen** *Adv.* of necessity; **ich habe ~gedrungen eine neue gekauft** I had no choice but to *or* I was forced to buy a new one; **~geld** das *(Finanzw.)* necessity money; emergency money; **~gemeinschaft** die **a)** *(Interessengemeinschaft)* emergency action organization; **b)** *(durch gemeinsame Notlage Verbundene)* union born of necessity; **~groschen** der nest-egg; **die 500 DM lege ich als ~groschen zurück** I'll put that 500 marks away for a rainy day; **~hilfe** die *(Rechtsw.)* assistance in an emergency *(as required by law)*; **in ~hilfe schießen** shoot in defence of a third person
notieren [noˈtiːrən] 1. *tr. V.* **a)** [sich *(Dat.)*] etw. ~: note sth. down; make a note of sth.; **die Polizei hat den Fahrer notiert** the police took [down] the driver's particulars; **jmdn. für etw. ~:** put sb.'s name down for sth.; **~ Sie bitte: ...:** please note that down: ...; **ein Musikstück ~:** write a piece of music down [in musical notation]; **b)** *(Börsenw., Wirtsch.)* quote (mit at). 2. *itr. V. (Börsenw., Wirtsch.)* be quoted (mit at); **die meisten Rohstoffe ~ unverändert** most commodity prices are unchanged
Notierung die; ~, ~en **a)** *s.* Notation; **b)** *(Börsenw., Wirtsch.)* quotation; *(Preis)* quoted [price] (**für** of); *(von Devisen)* rate (**für** for)
nötig [ˈnøːtɪç] 1. *Adj.* necessary; **dafür** *od.* **dazu fehlt mir die ~ Geduld/das ~e Geld** I don't have the patience/money necessary *or* needed for that; **es ist nicht ~, daß du dabei bist** there's no need for you to be there; you don't have to be there; **etw./jmdn. ~ haben** need sth./sb.; **Hilfe dringend ~ haben** be in urgent need of help; need help urgently; **es ~ haben, etw. zu tun** need to do sth.; **er hat es manchmal ~, daß man ihn zurechtweist** he sometimes needs reprimanding; **das habe ich nicht ~** *(das lasse ich mir nicht gefallen)* I won't have that; **sich zu entschuldigen, hat er natürlich nicht ~** *(iron.)* of course he does not feel the need to apologize; **du hast/er hat** *usw.* **es gerade ~** *(ugs.)* you're/he's a fine one to talk *(coll.)*; **das wäre [doch] nicht ~ gewesen!** *(ugs.)* you shouldn't have!; **das Nötige veranlassen** do all that is necessary; **das Nötigste the bare essentials** *pl.* 2. *adv.* **er braucht ~ Hilfe** he is in urgent need of *or* urgently needs help; **was er am ~sten braucht, ist ...:** what he most urgently needs is ...; **ich muß ~ aufs Klo** *(ugs.)* I'm dying to go to the loo *(Brit. coll.)* or *(Amer. coll.)* the john
nötigen 1. *tr. V.* **a)** *(zwingen)* compel; force; *(Rechtsspr.)* intimidate; coerce; **jmdn. zur Unterschrift ~:** compel *or* force sb. to sign; **sich genötigt sehen, etw. zu tun** feel compelled to do sth.; **b)** *(geh.: auffordern)* press; urge; **laß dich nicht [lange] ~:** don't wait to be asked. 2. *itr. V. (geh.)* **zur Wachsamkeit/zu einer vorsichtigen Fahrweise ~:** compel one to be vigilant/drive carefully
nötigenfalls *Adv.* if necessary; if need be
Nötigung die; ~, ~en **a)** *(bes. Rechtsspr.)* intimidation; coercion; **b)** *o. Pl. (geh.: Notwendigkeit)* necessity; **c)** *(geh.: das Nötigen)* urging
Notiz [noˈtiːts] die; ~, ~en **a)** note; **sich** *(Dat.)* **eine ~ machen** make a note of sth.; **b)** *(Zeitungs-)* **eine [kurze] ~:** a brief report; **c)** *in* **von jmdm./etw. [keine] ~ nehmen** take [no] notice of sb./sth.; **d)** *(Börsenw.) s.* Notierung **b**

Notiz-: **~block** der; *Pl.* ~blocks, *schweiz.:* ~blöcke notepad; **~buch** das notebook; **~zettel** der note; **etw. als ~zettel benutzen** use sth. to write a note/notes on
not-, Not-: **~lage** die serious difficulties *pl.*; **jmds. ~lage ausnutzen** exploit sb.'s plight; **~lager** das makeshift bed; **~landen[1]** 1. *tr. V.*; *mit sein* do an emergency landing; 2. *tr. V.* **er konnte/mußte die Maschine ~landen** he was able to do/had to do an emergency landing; **~landung** die emergency landing; **~leidend** *Adj.* needy; impoverished; *(fig.)* ailing ⟨industry⟩; *(Finanzw.)* ⟨loan⟩ in default; unsecured ⟨credit⟩; **die Notleidenden** the [poor and] needy; **~lösung** die stopgap; **~lüge** die evasive lie; *(aus Rücksichtnahme)* white lie; **um der Bestrafung zu entgehen, griff er zu einer ~lüge** he resorted to a lie to avoid punishment; **~maßnahme** die emergency measure; **~opfer** das *(Steuerw.)* emergency levy
notorisch [noˈtoːrɪʃ] 1. *Adj.* notorious. 2. *adv.* notoriously; **~ lügen** be a notorious liar
not-, Not-: **~pfennig** der *s.* Notgroschen; **~ruf** der **a)** *(Hilferuf)* emergency call; *(eines Schiffes)* Mayday call; distress call; **b)** *(Nummer)* emergency number; **c)** *(eines Tieres)* alarm call; **~ruf·nummer** die emergency number; **~ruf·säule** die emergency telephone *(mounted in a pillar)*; **~schlachten[2]** *tr., itr. V.* slaughter *(sick or injured animal)*; **~schlachtung** die slaughtering *(of sick or injured animal)*; **~schrei** der **a)** *(geh. veralt.)* cry of distress; **b)** *s.* Notruf c; **~situation** die emergency; **~sitz** der extra seat; *(ausklappbar)* tip-up seat; fold-away seat; **~stand** der **a)** *(Krise, Übelstand)* crisis; **b)** *(Staatsrecht)* state of emergency; **den ~stand erklären** *od.* **verkünden** *od.* **ausrufen** declare a state of emergency; **äußerer ~stand** threat of attack; **innerer/ziviler ~stand** internal/civil emergency; **c)** *(bes. Rechtsw.)* necessity; **rechtfertigender ~stand** *necessity which justifies a normally illegal act*; **~stands·gebiet** das **a)** *(auch fig.)* disaster area; **b)** *(Wirtsch.)* depressed area; **~stands·gesetz** das emergency law; **~stands·gesetzgebung** die emergency legislation; **~taufe** die emergency baptism *(by a layman)*; **~unterkunft** die emergency accommodation *no pl., no indef. art.;* **~unterkünfte** emergency accommodation *sing.;* **~verband** der emergency dressing; **~verordnung** die emergency decree; **~vorrat** der emergency supply; **~wassern[3]** *itr. V.; mit sein,* *itr. V.* ditch; **~wehr** die *(Rechtsw.)* self-defence; **in** *od.* **aus ~wehr** in self-defence
not·wendig 1. *Adj.* **a)** necessary; **es ist ~, daß wir etwas tun** we must do something; **das Notwendigste** the bare essentials *pl.;* **b)** *(zwangsläufig)* necessary; *(unvermeidlich)* inevitable; *s. auch* Übel. 2. *adv.* **a)** *s.* nötig 2; **b)** *(zwangsläufig, unbedingt)* necessarily
notwendiger·weise *Adv.* necessarily
Notwendigkeit die; ~, ~en necessity
not-, Not-: **~zeichen** das distress signal; **~zeit** die time of emergency; *(Zeit des Mangels)* time of need; **~zucht** die *(Rechtsw. veralt.)* rape; **~zucht [an jmdm.] begehen** *od.* **verüben** commit rape [on sb.]; **~züchtigen[4]** *tr. V. (Rechtsw. veralt.)* rape; **~zucht·verbrechen** das *(Rechtsw. veralt.)* rape
Nougat [ˈnuːgat] der; *auch* das; ~s nougat
Nov. *Abk.* November Nov.

---

[1] ich notlande, notgelandet, notzulanden
[2] ich notschlachte, notgeschlachtet, notzuschlachten
[3] ich notwassere, notgewassert, notzuwassern
[4] ich notzüchtige, genotzüchtigt, notzuzüchtigen

Nova s. Novum

Novelle [no'vɛlə] die; ~, ~n a) (Literaturw.) novella; b) (Gesetzes~) amendment

novellieren tr. V. (Politik, Rechtsw.) amend

Novellierung die; ~, ~en (Politik, Rechtsw.) amendment

novellistisch 1. Adj. die ~e Literatur literature in novella form; the novella; das ~e Werk Kellers Keller's novellas. 2. adv. etw. ~ gestalten/bearbeiten put sth. into/treat sth. in novella form

November [no'vɛmbɐ] der; ~[s], ~: November; s. auch April

novemberlich 1. Adj. Novemberish. 2. adv. ~ unfreundlich/trüb sein be as dreary/grey as in November

Novität [novi'tɛ:t] die; ~, ~en a) novelty; (neue Erfindung) innovation; (neue Schallplatte) new release; (neues Buch) new publication; b) (veralt.: Nachricht) piece of news; ~en news sing.

Novize [no'vi:tsə] der; ~n, ~n, **Novize** die; ~, ~n novice

Noviziat [novi'tsia:t] das; ~[e]s, ~e noviciate

Novizin die; ~, ~nen novice

Novum ['no:vʊm] das; ~s, **Nova** novelty; (neue Erfindung) innovation; ein ~ in der Geschichte der Partei an unprecedented event in the history of the party

NPD [ɛnpe:'de:] die; ~ Abk. Nationaldemokratische Partei Deutschlands National Democratic Party of Germany

Nr. Abk. Nummer Nr.

NRW Abk. Nordrhein-Westfalen

NSDAP [ɛnɛsde:a:'pe:] die; ~ Abk. Nationalsozialistische Deutsche Arbeiterpartei National Socialist German Workers' Party

N. T. Abk. Neues Testament NT

nu [nu:] Adv. (bes. nordd.) s. **nun**

Nu der in im Nu, in einem Nu in no time

Nuance ['nỹ:sə] die; ~, ~n a) (Unterschied, Feinheit) nuance; b) (Grad) shade; [um] eine ~ dunkler/schneller a shade darker/faster

nuancenreich 1. Adj. full of nuances postpos.; finely or subtly nuanced. 2. adv. with subtlety of nuance

nuancieren tr., itr. V. etw. ~: give sth. subtle nuances; **farblich stärker ~:** give more definite nuances of colour

nuanciert 1. Adj. finely or subtly nuanced. 2. adv. [sehr] ~: with [great] subtlety of nuance

'nüber ['ny:bɐ] Adv. (südd.) s. hinüber

nüchtern ['nʏçtɐn] 1. Adj. a) (nicht betrunken) sober; **mit ~em Kopf** with a clear head; **wieder ~ werden** sober up; b) (mit leerem Magen) der Patient muß ~ sein the patient's stomach must be empty; **auf ~en Magen rauchen** smoke on an empty stomach; **das war ein Schreck auf ~en Magen** (scherzh.) that's just what I needed at that time of the morning (iron.); c) (realistisch) sober; matter-of-fact ⟨account, assessment, question, etc.⟩; bare ⟨figures⟩; d) (schmucklos, streng) austere; bare ⟨room⟩; unadorned, bare ⟨walls⟩; (ungeschminkt) bare, plain ⟨fact⟩; e) (bes. nordostd.: ungewürzt, ungesalzen) bland; (fade) insipid. 2. adv. a) (realistisch) soberly; **wir sollten einmal ganz ~ darüber sprechen** we ought to have a down-to-earth talk about this sometime; b) (schmucklos, streng) austerely

Nüchternheit die; ~ a) sobriety; b) (Realitätsbezogenheit) sobriety; soberness; c) (Schmucklosigkeit) austerity

Nuckel ['nʊkl] der; ~s, ~ (ugs.) s. Schnuller

nuckeln (ugs.) 1. itr. V. suck ⟨an + Dat. at⟩; **am Daumen/Schnuller ~:** suck one's thumb/a or one's dummy. 2. tr. V. suck

Nuckel-pinne die (salopp) old banger (Brit. coll.) or (sl.) crate

Nudel ['nu:dl] die; ~, ~n a) piece of spaghetti/vermicelli/tortellini etc.; (als Suppeneinlage) noodle; ~n (Teigwaren) pasta sing.; (als Suppeneinlage, Reis ~n) noodles; **Spaghetti und andere ~n** spaghetti and other types of pasta; b) (ugs.) **eine dicke ~:** a fatty (coll.); **eine giftige ~:** a nasty piece of work (coll.); **eine komische ~:** a real character

Nudel-: **~brett** das board (for rolling out pasta dough); pastry board; **~holz** das rolling-pin

nudeln tr. V. cram ⟨geese⟩; (fig. ugs.) stuff

Nudel-: **~salat** der pasta salad; **~suppe** die soup with noodles; **~teig** der pasta dough

Nudismus [nu'dɪsmʊs] der; ~: nudism no art.; naturism no art.

Nudist [nu'dɪst] der; ~en, ~en, **Nudistin** die; ~, ~nen nudist; naturist

Nugat s. Nougat

nuklear [nukle'a:ɐ̯] 1. Adj. nuclear. 2. adv. ~ angetrieben nuclear-powered; ~ bewaffnet possessing nuclear weapons postpos.

Nuklear-: **~krieg** der nuclear war; **~macht** die nuclear power; **~medizin** die nuclear medicine no art.; **~physik** die nuclear physics sing., no art.; **~waffe** die nuclear weapon

Nukleus ['nu:kleʊs] der; ~, **Nuklei** [...ei] (Biol., Anat., Sprachw.) nucleus

null [nʊl] 1. Kardinalz. nought; **~ Komma sechs** [nought] point six; **sieben, ~, ~, sechs, ~, vier** (Fernspr.) seven double-O, six O four (Amer.); **~ Grad Celsius** nought or zero degrees Celsius; **bei ~ Fehlern** if there are no mistakes; **fünf zu ~ Tore** five goals to nil; **fünf zu ~:** five-nil; **das Spiel endete ~ zu ~:** the game was a goalless draw; **fünfzehn zu ~** (Tennis) fifteen-love; **gegen ~ Uhr** around twelve midnight; **es ist ~ Uhr dreißig** it is twelve-thirty a.m.; **elf Uhr, ~ Minuten und fünfzehn Sekunden** eleven, no minutes, and fifteen seconds; **etw. für ~ und nichtig erklären** declare sth. null and void. 2. indekl. Adj. (ugs.) ~ Ahnung/Interesse no idea/interest at all; **auf etw.** (Akk.) **~ Bock haben** not fancy sth. at all

¹Null die; ~, ~en a) (Ziffer) nought; zero; in ~ **Komma nichts** (ugs.) in less than no time; **gleich ~ sein** (fig.) be practically zero; s. auch **Nummer; Stunde;** b) o. Pl., o. Art. (Marke) zero; **auf ~ stehen** ⟨indicator, needle, etc.⟩ be at zero; **fünf Grad unter/über ~:** five degrees below/above zero or freezing; **die Augen auf ~ gestellt haben** (salopp) have snuffed it (sl.); **jmdn. auf ~ bringen** (salopp) destroy sb. (fig.); c) (abwertend) (Versager) failure; dead loss (coll.); (unbedeutender Mensch) nonentity

²Null der (auch: das); ~[s], ~s (Skat) null; ~ **Hand** null from hand

Null- zero

null-acht-fünfzehn, **null-acht-fuffzehn** (ugs. abwertend) 1. indekl. Adj.; nicht attr. run-of-the-mill; **das Essen war eher ~:** the meal really wasn't anything to write home about. 2. adv. ~ gekleidet/eingerichtet dressed/furnished in a run-of-the-mill way

Null-acht-fünfzehn-, **Null-acht-fuffzehn-** (ugs. abwertend) run-of-the-mill

Null-: **~-Bock-Generation** die (ugs.) switched-off generation; **~diät** die absolute diet

Nulleiter ['nʊlaitɐ] der; ~s, ~ (Elektrot.) neutral conductor

Null-: **~leiter** der s. Nulleiter; **~lösung** die s. Nullösung; **~menge** die (Math.) empty set; **~meridian** der (Geogr.) Greenwich meridian; **~nummer** die free first issue (of magazine etc.)

Nullösung ['nʊløzʊŋ] die (Politik) zero option

Null ouvert [nʊl|u've:ɐ̯] der; (auch:) das; ~[s], ~s (Skat) open null

Null-: **~punkt** der zero; **die Temperatur ist auf den ~punkt abgesunken** the temperature has dropped to zero or to freezing-point; **die Stimmung war auf dem ~punkt angelangt** od. **hatte den ~punkt erreicht** (fig.) we/they were in very low spirits; **~spiel** das (Skat) null; **beim ~spiel** when playing null or a null game; **~tarif** der: **die Rentner haben ~tarif im Nahverkehr/Schwimmbad** usw. pensioners can use local public transport/the swimming-pool etc. free of charge; **zum ~tarif** free of charge; **zum ~tarif einkaufen/fernsehen** (scherzh.) go shoplifting/watch television without a licence; **~wachstum** das zero growth

Nulpe ['nʊlpə] die; ~, ~n (ugs. abwertend) drip (coll.)

Numerale [numə'ra:lə] das; ~s, **Numeralien** od. **Numeralia** (Sprachw.) s. numeral

Numeri s. Numerus

numerieren [numə'ri:rən] tr. V. number

Numerierung die; ~, ~en numbering

numerisch [nu'me:rɪʃ] 1. Adj. numerical. 2. adv. numerically; ~ **überlegen sein** be superior in numbers

Numero ['nʊmərə] o. Art.; o. Pl.; in Verbindung mit einer Zahl (veralt.) number

Numerus ['nʊmərʊs] der; ~, **Numeri** a) (Sprachw.) number; b) (Math.) antilogarithm; antilog (coll.)

Numerus clausus [~ 'klauzʊs] der; ~ ~: fixed number of students admissible to a university to study a particular subject; numerus clausus

Numismatik [numɪs'ma:tɪk] die; ~: numismatics sing., no art.

Nummer ['nʊmɐ] die; ~, ~n a) number; **ein Wagen mit [einer] Münchner ~:** a car with a Munich registration; **ich bin unter der ~ 24 26 79 zu erreichen** I can be reached on 24 26 79; **bloß eine ~ sein** (fig.) be just a or nothing but a number; **[die] ~ eins** [the] number one; **Thema ~ eins sein** be the number-one topic of conversation; **ich muß auf ~ Null** (ugs. verhüll.) I must go to the loo (Brit. coll.) or (Amer. coll.) the john; **er sitzt auf ~ Sicher** (ugs.) he's doing time (coll.); **auf ~ Sicher gehen** (ugs.) play safe; not take any chances; **bei jmdm. eine gute** od. **dicke ~ haben** (ugs.) be well in with sb. (coll.); b) (Ausgabe) number; issue; c) (Größe) size; **diese Sache ist eine ~/ein paar ~n zu groß für dich** (ugs.) this business is in a different league from anything you could cope with; d) (Darbietung) turn; e) (ugs.: Musikstück) number; f) (ugs.: Person) character; **er ist eine ~ [für sich]** he is a real character or quite a character; **er ist eine große ~ im Verkaufen** he's quite a or (sl.) some salesman; g) (derb: Koitus) screw (coarse)

Nummern-: **~konto** das (Bankw.) numbered account; **~oper** die (Musik) number opera; **~scheibe** die dial; **~-schild** das a) (eines Fahrzeugs) number-plate; license plate (Amer.); b) (an Häusern, Straßen) number; **~schlüssel** der (DV) numerical code

nun [nu:n] 1. Adv. now; **von ~ an** from now on; **~, wo sie krank ist now** [that] she's ill; **~ erst, erst ~:** only now; **gestern ist er ~ endlich wiedergekommen** he finally came back yesterday. 2. Partikel **so wichtig ist es ~ auch wieder nicht** it's not all 'that important; **~ ist es in der Tat zutreffend, daß ...:** now it is indeed quite correct that ...; **und bei dem Lärm soll man ~ schlafen können!** and people are supposed to sleep with that noise going on; **und so was nennt sich ~ Diplomübersetzer** and he calls himself a qualified translator; **das hast du ~ davon!** it serves you right!; **hat sich das ~ wirklich gelohnt?** was it really worth it?; **~, gib schon her!** now hand it over!; **~ mach dir deswegen mal keine Sorgen!** now don't you worry; **kommst du ~ mit oder nicht?** now are you coming or

1353

not?; **er muß es tun, ob er ~ will oder nicht** he has to do it, whether he wants to or not; **so ist das ~ [einmal/mal]** that's just the way it is *or* things are; **er braucht ~ einmal viel Schlaf** he happens to need a lot of sleep; **~ gut** *od.* **schön** [well,] all right; **~, ~!** now, come on; **ja ~!** oh, well!; **~?** well?; **Das Brett ist etwas zu lang – Nun, das läßt sich ändern** The board is a bit too long – Well, that can be altered; **~ ja ...**: well, yes ...; **~ denn!** *(also gut)* well, all right!; *(also los)* well then; 3. *Konj. (veralt. geh.)* now that
nun · mehr *Adv. (geh.)* a) now; **er ist ~ seit zehn Jahren Kanzler** he has been Chancellor now for ten years; **seine ~ 80jährige Mutter** his mother, [who is] now 80 years old; b) *(von ~ an)* from now on; henceforth
'**nunter** ['nʊntɐ] *Adv. (südd.) s.* hinunter
Nuntius ['nʊntsiʊs] *der*; **~, Nuntien** nuncio; *s. auch* apostolisch
nur [nuːɐ̯] 1. *Adv.* a) *(nicht mehr als)* only; just; **ich habe ~ eine Stunde Zeit/zehn Mark** I only have an hour/ten marks; **ich habe es für ~ fünf Mark gekauft** I bought it for just five marks; **er hat ~ einen einzigen Fehler gemacht** he made just a single mistake; **um eines ~ möchte ich dich bitten** I'd ask you one thing of you; **er tat es ~ ungern** he did it only reluctantly; **das ist ~ recht und billig** it is only right and proper; **ohne auch ~ zu lächeln** without so much as smiling; **eine ~ mittelmäßige Leistung** only a mediocre performance; b) *(ausschließlich)* only; **~ er darf das** only he is allowed to do that; **alle durften mitfahren, ~ ich nicht** everyone was allowed to go, all except me; **er will dir doch ~ helfen!** he only wants to help you; **~ darauf will ich mich beschränken** I want to restrict myself to just this; **ich frage mich ~, warum** I just want to know why; **er tut das mit Absicht, ~ um dich zu provozieren** he does it deliberately, just to provoke you; **nicht ~ ..., sondern auch ...**: not only ..., but also ...; **ich tue es nicht nur wegen des Geldes, sondern auch, weil ...**: I'm not doing it just for the money, but also because ...; **nicht ~, daß ...**: it's not just that ...; **[alles,] das nicht** anything but that; **~ gut, daß ...**: it's a good thing that ...; **~ schade, daß ...**: it's just a pity that ...; **ich male ~ so zum Spaß** I paint just for fun; **Warum fragst du? – Ach, ~ so** Why do you ask? – Oh, no particular reason; **das hat er ~ so gesagt!, ohne sich dabei etwas zu denken!** he just said it without thinking; **~ daß ...**: except that ...; **das weiß ich ~ zu gut** I know that only too well; **das ist ~ zu wahr!** it's only too true! 2. *Partikel* a) *(in Wünschen)* **wenn das ~ gut geht!** let's [just] hope it goes well!; **daß ihm ~ nichts zustößt!** let's [just] hope nothing happens to him; **wenn er ~ käme/hier wäre** if only he would come/he were here; b) *(ermunternd, tadelnd)* **sag ihm ~ deine Meinung** just tell him what you think; **~ keine Hemmungen!** don't be inhibited!; **Laß ~! Ich schaffe das schon allein** Don't bother! I can do it by myself; **wehr dich ~!** stand up for yourself!; **~ her damit!** hand it over!; **~ weiter!** keep going; **~ zu!** go ahead; **sieh ~, was du gemacht hast!** just look what you've done; c) *(warnend)* **laß dich ~ nicht erwischen** just don't let me/him/her/them catch you; **er soll es ~ wagen** just let him try; **glaub ~ nicht, daß ich das nicht merke** don't think I don't notice; **~ vorsichtig/langsam** just be careful/take it easy; **~ Geduld** just be patient; **~ nicht!** don't, for goodness' sake!; d) *(fragend)* just; **wie soll ich ihm das ~ erklären?** just how am I supposed to explain it to him?; **was sollen wir ~ tun?** what on earth are we going to do?; **wie kann ich das ~ wiedergutmachen?** however can I make amends?; e) *(verallgemeinernd)* just; **er lief, so schnell er ~ konnte** he ran just as

fast as he could; **alles, was man sich ~ vorstellen kann** everything one could imagine; f) *(sogar)* only; just; **davon werden die Schmerzen ~ [noch] schlimmer** that only *or* just makes the pain [even] worse; g) **es wimmelte ~ so von Insekten** it was just teeming with insects; **er schlug auf den Tisch, daß es ~ so krachte** he crashed his fist [down] on the table. 3. *Konj.* but; **ich kann dir das Buch leihen, ~ nicht heute** I can lend you the book, but *or* not today; **das Wetter ist schön, nur noch etwas kalt** the weather is fine, though somewhat cold
Nur · haus · frau *die* full-time housewife; **sie ist ~**: she is only *or* just a housewife
Nürnberg ['nʏrnbɛrk] *(das)*; **~s** Nuremberg
Nürnberger *Adj.; nicht präd.* Nuremberg *attrib.*; **bei ihm trifft nur der ~ Trichter** you really have to drum things into him; *s. auch* Kölner
nuscheln ['nʊʃln] *tr., itr. V. (ugs.)* mumble
Nuß [nʊs] *die*; **~, Nüsse** ['nʏsə] a) nut; **eine taube ~** *(fig.)* a useless article *or* item *(coll.)*; **eine harte ~ [für jmdn.]** *(fig.)* a hard *or* tough nut [for sb. to crack]; b) *(salopp abwertend: Mensch)* so-and-so *(coll.)*; c) *(Kochk.: Fleischstück)* eye; d) *(Technik)* socket; e) *in jmdm. eins od. eine auf/vor die ~ geben (ugs.)* belt sb. [one] in the head/face *(coll.)*
Nuß · baum *der* a) walnut-tree; b) *o. Pl. (Holz)* walnut
nuß · braun *Adj.* nut-brown
Nüßchen ['nʏsçən] *das*; **~s, ~** a) little nut; b) *(Kochk.)* eye
Nuß-: **~kern** *der* [nut] kernel; **~knacker** *der* nutcrackers *pl.*; **~schale** *die* nutshell; *(fig.: Boot)* cockle-shell; **das Boot wurde wie eine ~schale umhergeworfen** the boat was tossed about like a cork; **~schokolade** *die* nut chocolate
Nüster ['nyːstɐ] *die*; **~, ~n** nostril
Nut [nuːt] *die*; **~, ~en, Nute** ['nuːtə] *die*; **~, ~n (Technik)** groove
nuten *(Technik)* 1. *tr. V.* groove. 2. *itr. V.* cut grooves
¹**Nutria** ['nuːtria] *die*; **~, ~s** *(Tier)* coypu
²**Nutria** *der*; **~s, ~s** *(Pelz)* nutria [fur]; coypu fur
Nutsche ['nuːtʃə] *die*; **~, ~n (Technik)** vacuum filter
Nutte ['nʊtə] *die*; **~, ~n** *(derb abwertend)* tart *(sl.)*; pro *(Brit. coll.)*; hooker *(Amer. sl.)*
nutz [nʊts] *(südd., österr.) s.* nütze
Nutz *in* **jmdm. zu** *od.* **zu jmds. ~ und Frommen [dienen]** *(veralt.)* [be] for the benefit of sb.
nutz-, Nutz-: **~an · wendung** *die* a) practical application; b) *(praktische Lehre)* moral; practical lesson; **~bar** *Adj.* usable; exploitable, utilizable ⟨*mineral resources, invention*⟩; cultivatable ⟨*land, soil*⟩; *etw.* **praktisch ~bar machen** turn sth. to practical use; **landwirtschaftlich ~bar machen** bring into cultivation for agriculture *postpos.*; **die Sonnenenergie ~bar machen** harness solar energy (für for)
Nutzbarkeit *die*; **~**: usability; *(von Bodenschätzen)* exploitability; utilizability
Nutzbarmachung [-maxʊŋ] *die*; **~, ~en** utilization; *(von Bodenschätzen)* exploitation; utilization; *(von Forschungsergebnissen)* application
nutz · bringend 1. *Adj. (nützlich)* useful; *(gewinnbringend)* profitable. 2. *adv.* profitably; **die Reserven so ~ wie möglich einsetzen** use the reserves to maximum advantage
nütze ['nʏtsə] *in* **zu etw. ~ sein** be good for sth.; **[jmdm.] zu nichts ~ sein** be no use *or* good [to sb.]; **du bist zu gar nichts ~** you're totally useless; **wozu ist das ~?** what's the good of that?
Nutz · effekt *der* a) useful effect; b) *(Technik) s.* Wirkungsgrad
nutzen ['nʊtsn̩] 1. *tr. V.* a) use; exploit, utilize ⟨*natural resources*⟩; cultivate ⟨*land, soil*⟩; use, harness ⟨*energy source*⟩; exploit

⟨*advantage*⟩; **eine Fläche landwirtschaftlich ~**: use an area for agriculture; **eine Erfindung industriell ~**: give an invention an industrial application; b) *(be~, aus~)* use; make use of; **wir müssen das herrliche Wetter ~**: we must take advantage of the marvellous weather; **eine Gelegenheit ~, etw. zu tun** take [advantage of] an opportunity to do sth.; **seine Chance ~**: take one's chance; **~ wir die Zeit!** let's make the most of the time. 2. *itr. V. s.* nützen 1
Nutzen *der*; **~s** a) benefit; **der ~ des Kanals für die Schiffahrt** the usefulness *or* benefits *pl.* of the canal to shipping; **die Maßnahme hat großen/wenig/keinen ~**: the measure is very useful/of little/no use; **den ~ [von etw.] haben** benefit *or* gain [from sth.]; **~ aus etw. ziehen** benefit from sth.; exploit sth.; **er hätte dem Land großen ~ gebracht** he would have been of great service to the country; **ich habe das Buch mit großem ~ gelesen** I profited greatly from reading the book; **[jmdm.] zum ~ sein** be of use [to sb.]; b) *(Profit)* profit; **etw. mit ~ verkaufen** sell sth. at a profit
nützen ['nʏtsn̩] 1. *itr. V.* be of use (+ *Dat.* to); **nichts ~**: be useless *or* no use; **seine Bitten nützten nichts** his pleas were to no avail *or* were in vain; **jmdm. sehr ~**: be very useful *or* of great use to sb.; **wem soll das ~?** who is supposed to gain from that?; **was hat ihm das genützt?** what good did it do him?; **wozu nützt das alles jetzt noch?** what's the point of all that now?; **es würde nichts/wenig ~**: it wouldn't be any/much use *or* wouldn't do any/much good; **dein Leugnen nützt jetzt auch nichts mehr** and it's no use your denying it any longer; **da nützt alles nichts** there's nothing to be done; **es nützt alles nichts, wir müssen jetzt anfangen** *(ugs.)* it's no good, we've got to start now. 2. *tr. V. s.* nutzen 1
Nutzer *der*; **~s, ~** *(Amtsspr.)* user
Nutz-: **~fahrzeug** *das (Lastwagen, Lieferwagen usw.)* commercial vehicle; goods vehicle; *(Bus, Straßenbahn usw.)* public-service vehicle; **~fläche** *die* a) *(von Gebäuden)* usable floor space; b) *(Landw.)* landwirtschaftliche **~flächen** *sing.* available for agriculture; **~garten** *der* kitchen garden; **~holz** *das* timber; **~land** *das*; *o. Pl.*; *s.* **~fläche** b; **~last** *die (Kfz-W.)* maximum permitted load; **~leistung** *die (Technik)* effective *or* useful output *or* power
nützlich ['nʏtslɪç] 1. *Adj.* useful; **jmdm. ~ sein** be useful *or* of use to sb.; **kann ich Ihnen ~ sein?** can I do anything for you?; **sich ~ machen** make oneself useful; *s. auch* angenehm 1. 2. *adv.* usefully
Nützlichkeit *die*; **~**: usefulness
Nützlichkeits · denken *das* utilitarian thinking
nutzlos 1. *Adj.* useless; *(vergeblich)* futile; vain *attrib.*; in vain *pred.*; **es wäre ~, das zu tun** it would be useless *or* pointless *or* futile doing that; **all sein Flehen war ~**: all his pleading was in vain *or* of no avail. 2. *adv.* uselessly; *(vergeblich)* futilely; in vain; **er hat das Geld ~ vergeudet** he squandered the money on useless items
Nutz · losigkeit *die*; **~**: uselessness; *(Vergeblichkeit)* futility; vainness
nutznießen [-niːsn̩] *itr. V. (geh.)* **von etw. ~**: benefit *or* profit from sth.
Nutznießer *der*; **~s, ~, Nutznießerin** *die*; **~, ~nen** a) beneficiary; b) *(Rechtsw.)* usufructuary
Nutz · pflanze *die* economically useful plant
Nutz · tier *das* economically useful animal
Nutzung *die*; **~, ~en** use; *(des Landes, des Bodens)* cultivation; *(von Bodenschätzen)* exploitation; utilization; *(einer Energiequelle)* use; harnessing; **die wirtschaftliche/**

Nutzungsrecht | **Oberflächenstruktur**

landwirtschaftliche ~ einer Fläche the use of an area for financial benefit/for agriculture; jmdm. etw. zur ~ überlassen give sb. the use of sth.
Nutzungs·recht das *(Rechtsw.)* right of use; das ~ an etw. *(Dat.)* the right to use sth.
NVA *Abk.* **Nationale Volksarmee** *(DDR)* National People's Army
NW *Abk.* **Nordwest[en]** NW
Nylon ⓦ ['nailɔn] das; ~s nylon
Nylon·strumpf der nylon stocking
Nymphe ['nʏmfə] die; ~, ~n *(Myth., Zool.)* nymph
nymphoman [nʏmfo'ma:n] *Adj. (Psych.)* nymphomaniac; ~ **sein** be a nymphomaniac
Nymphomanie die; ~: *(Psych.)* nymphomania *no art.*
Nymphomanin die; ~, ~nen *(Psych.)* nymphomaniac
nymphomanisch *Adj. (Psych.)* s. **nymphoman**

o, O [o:] das; ~, *(ugs.:)* ~s, ~, *(ugs.:)* ~s o/O; s. auch **a, A**
o [o:] *Interj.* oh; s. auch **oh**
O *Abk.* **Ost[en]** E
ö, Ö [ø:] das; ~, *(ugs.:)* ~s, ~, *(ugs.:)* ~s o/O umlaut; s. auch **a, A**
o. ä. *Abk.* **oder ähnlich[es]** or similar
ÖAMTC *Abk.* **Österreichischer Automobil-, Motorrad- und Touring Club** Austrian Automobile, Motor-cycle, and Touring Club
Oase [o'a:zə] die; ~, ~n *(auch fig.)* oasis
¹**ob** [ɔp] *Konj.* a) whether; **ob du ihn anrufst?** would you give him a ring?; **ob wir es schaffen?** will we manage it?; **ob ich doch lieber zu Hause bleibe?** hadn't I better stay at home?; **ob ... oder ...:** whether ... or ...; **ob er will oder nicht** whether he wants to or not; **ob arm, ob reich** whether rich or poor; b) *(veralt.)* in **auch od. gleich even though**; c) **in und ob!** of course!; you bet! *(coll.)*; **Hast du keinen Hunger mehr? – Und ob!** Don't you want any more? – You bet I do! *(coll.)*; s. auch **als**
²**ob** *Präp.* a) **mit Gen., selten Dativ** *(veralt. geh.:)* **wegen**) on account of; b) **mit Dativ** *(schweiz., veralt.:* **über**) above
o. B. *Abk.* **ohne Befund**
OB *Abk.* **Oberbürgermeister**
Obacht ['o:baxt] die; ~ *(bes. südd.)* caution; ~, **da kommt ein Auto!** watch out! or look out! or careful!, there's a car coming; ~ **auf jmdn./etw. geben** look after or take care of sb./sth.; ~ *(aufmerksam sein)* pay attention to sb./sth.; ~ **geben, daß ...** take care that ...
ÖBB *Abk.* **Österreichische Bundesbahnen** Austrian Federal Railways
Obdach ['ɔpdax] das; ~[e]s *(geh.)* shelter; **kein ~ haben** be without shelter
obdach·los *Adj.* homeless; ~ **werden** be made homeless

Obdachlose der/die; *adj. Dekl.* homeless person/man/woman; **die ~n** the homeless
Obdachlosen·asyl das, **Obdachlosen·heim** das hostel for the homeless
Obdachlosigkeit die; ~: homelessness
Obduktion [ɔpdʊk'tsjo:n] die; ~, ~en *(Med., Rechtsw.)* post-mortem [examination]; autopsy
Obduktions·befund der *(Med., Rechtsw.)* findings *pl.* or results *pl.* of a/the post-mortem [examination] or autopsy
obduzieren [ɔpdu'tsi:rən] 1. tr. V. **[hoch]** ~ **am Himmel** [high] up in the sky; ~ **bleiben** stay up; **weiter ~:** further up; **nach ~:** upwards; **der Weg nach ~:** the way up; **warme Luft steigt nach ~:** warm air rises; **das Auto blieb mit den Rädern nach ~ liegen** the car came to rest upside down; ~ **auf dem Dach** up on the roof; **Wo ist er? – Da ~.** Where is he? – Up there; **[im Bett] ~ schlafen** sleep in the upper bunk; **von ~:** from above; **von ~ herab** *(fig.)* condescendingly; b) *(im Gebäude)* upstairs; **du bleibst heute besser ~** *(in der Wohnung)* you had better stay at home today; **nach ~:** upstairs; **ich komme gerade von ~:** I have just come down; **der Aufzug fährt nach ~/kommt von ~:** the lift *(Brit.)* or *(Amer.)* elevator is going up/coming down; **hier ~:** up here; c) *(am oberen Ende, zum oberen Ende hin)* at the top; ~ **im Schrank** at the top of the cupboard; **ein ~ offener Zylinder** a cylinder open at the top; **nach ~ [hin]** towards the top; **weiter ~ [im Tal/am Berg]** further or higher up [the valley/mountain]; **von ~:** from the top; ~ **links/rechts** at the top on the left/right; ~ **rechts in der Ecke** in the top right-hand corner; ~ **[rechts]** *auf der Seite* on the top [right] of the page; ~ **[links/rechts]** *(in Bildunterschriften)* above [left/right]; **auf Seite 25 ~:** at the top of page 25; **die fünfte Zeile von ~:** the fifth line from the top; the fifth line down; ~ **auf dem Bücherschrank** up on top of the bookcase; **der Weisheitszahn ~ links** the upper left wisdom tooth; **nach ~ kommen** *(an die Oberfläche)* come up; **Fett schwimmt ~:** fat floats on the top or the surface; *(fig.)* there are always some people who do all right; „**~**" 'this side up'; **wo** *od.* **was ist [bei dem Bild] ~:** which is the right way up [on the picture]?; **bis ~ hin** *(ugs.)* up to the top; **bis ~ hin voll sein** *(ugs.)* be full to the top; **der Keller steht bis ~ hin unter Wasser** *(ugs.)* the cellar is full up with water; **von ~ bis unten** from top to bottom; **er musterte sie von ~ bis unten** he looked her up and down; **er ist ~ nicht ganz richtig** *(ugs.)* he's not quite right in the head *(coll.)* or up top *(coll.)*; ~ **ohne topless**; **hier wird ~ ohne bedient** there are topless waitresses here; ~ **herum** *(im Bereich der Brust)* round the top; **es steht mir bis hier ~** *(ugs.)* I'm fed up to the back teeth with it *(coll.)*; ~ **an der Tafel** at the head of the table; **er saß weiter ~ als ich** *(fig.)* he sat further up the table than me; d) *(an der Oberseite)* on top; e) *(in einer Hierarchie, Rangfolge)* at the top; **weit/ganz ~:** near the top/right at the top; **der Befehl kam von ~:** the order came from above; **etw. nach ~ weitergeben** pass sth. on up; **die da ~** *(ugs.)* the high-ups *(coll.)*; **der Weg nach ~:** the road to the top; **er wollte nach ~:** he wanted to or make it to the top; **sich ~ halten** stay at the top; **die Band ist jetzt ganz ~:** the group is now riding high

[in the charts]; f) *([weiter] vorn im Text)* above; **der ~ schon erwähnte Fall** the case [already] referred to above; g) *(im Norden)* up north; **hier/dort ~:** up here/there [in the north]; ~ **in Dänemark/im Norden** up in Denmark/up [in the] north; **weiter ~:** further up [north]
oben-: **~an** *Adv.* at the top; **diese Frage steht für mich immer ~an** this question will always have top priority for me; **~auf** *Adv.* a) *(zuoberst)* on [the] top; b) *(guter Dinge)* on top of the world; c) *(gesund)* fit and well; **~drauf** *Adv. (ugs.)* on top; **~drein** *Adv. (ugs.)* on top of that; **~drüber** *Adv. (ugs.)* above it/them; *(darauf)* on top of that; **~erwähnt, ~genannt** ['----] *Adj.; nicht präd.* above-mentioned; mentioned above *postpos.*; **von den Obengenannten ...:** of the above mentioned ...; **~hinaus in ~hinaus wollen** *(ugs.)* be aiming at big things; **~stehend** ['----] *Adj.* above-mentioned; **das Obenstehende** the above
ober... ['o:bɐ] *Adj.* a) upper *attrib.*; top *attrib.*; *(ganz oben liegend)* top *attrib.*; **die ~e rechte Ecke** the top right-hand corner; **am ~en Ende der Tafel/der Straße** at the top [end] of the table/street; **das Oberste zuunterst kehren** turn everything upside down; **das ~ste Stockwerk/die ~ste Stufe** the top[most] storey/step; b) *(der Quelle näher gelegen)* upper; c) *(in der Rangfolge o. ä.)* higher *(authority)*; upper *([social] class, storey, floor)*; **die ~en Klassen der Schule** the senior classes or forms of the school; **das ~ste Gericht des Landes** the highest court in the land; **der Oberste Sowjet** the Supreme Soviet; **das Oberste Gericht** *(DDR)* the Supreme Court; s. auch **Obere**; **zehntausend**
Ober der; ~s, ~ a) waiter; **Herr ~!** waiter!; b) *(Spielkarte)* ≈ queen
ober-, Ober-: **~arm** der upper arm; **~arzt** der *(Vertreter des Chefarztes)* assistant medical director; *(Leiter einer Spezialabteilung)* consultant; **~auf·seher** der senior supervisor; **~auf·sicht** die overall supervision; **die ~aufsicht über etw.** *(Akk.)* **haben** have overall supervisory responsibility for sth.; **~bau** der; *Pl.* **~bauten** a) *(eines Gebäudes)* superstructure; b) *(Straßenbau)* pavement; c) *(Eisenb.)* permanent way; superstructure and road-bed; **~bauch** der *(Anat.)* upper abdomen; **~bayern** *(das)* Upper Bavaria; **~befehl** der *(Milit.)* supreme command *no art.*; **den ~befehl über etw.** *(Akk.)* **haben** be in supreme command of sth.; **~befehlshaber** der *(Milit.)* supreme commander; commander-in-chief; **~begriff** der generic term; **~bekleidung** die outer clothing; **~bett** das duvet *(Brit.)*; continental quilt *(Brit.)*; stuffed quilt *(Amer.)*; **~bürger·meister** der mayor; *(von bestimmten englischen/schottischen Großstädten)* Lord Mayor/Provost; **~deck** der upper deck; *(eines Busses)* upper or top deck; **~deutsch** 1. *Adj.* Upper German; 2. *adv.* **etw. ~deutsch aussprechen** pronounce sth. with an Upper German accent
Obere der; *adj. Dekl.* a) *(geh.)* **die ~n [des Landes]** those in high places [in the country]; **seine ~n** his superiors; b) *(eines Klosters o. ä.)* superior
ober-, Ober-: **~faul** *Adj. (ugs.)* very fishy *(coll.)*; **~feldwebel** der *(beim Heer)* staff sergeant *(Brit.)*; sergeant first class *(Amer.)*; platoon sergeant *(Amer.)*; *(bei der Luftwaffe)* flight sergeant *(Brit.)*; master sergeant *(Amer.)*; **~fläche** die surface; *(Flächeninhalt)* surface area; **an die ~fläche kommen** come to the surface; surface; **wieder an die ~fläche kommen** resurface; **die Diskussion blieb zu sehr an der ~fläche** *(fig.)* the discussion remained far too superficial; **~flächen·struktur** die *(auch Sprachw.)* surface structure

1355

oberflächlich 1. *Adj.* superficial; eine ~e Düngung des Bodens kann ...: top-dressing the soil can ...; eine erste, ~ Berechnung/Schätzung a first, rough calculation/estimate. 2. *adv.* superficially; etw. nur ~ kennen have only a superficial knowledge of sth.; etw. ~ lesen read sth. cursorily; er arbeitet zu ~ he is too superficial in the way he works
Oberflächlichkeit die; ~: superficiality
ober-, Ober-: ~**förster** der *(veralt.)* senior forestry official; ~**gärig** [~gɛːrɪç] *Adj.* top-fermented ⟨beer⟩; top-fermenting ⟨yeast⟩; ~**gefreite** der *(beim Heer)* lance-corporal *(Brit.)*; private first class *(Amer.)*; *(bei der Luftwaffe)* leading aircraftman *(Brit.)*; airman first class *(Amer.)*; *(bei der Marine)* able rating *(Brit.)*; seaman *(Amer.)*; ~**geschoß** das upper storey; das Haus hat zwei ~geschosse the house has three storeys; er wohnt im fünften ~geschoß he lives on the fifth floor *(Brit.)* or *(Amer.)* the sixth floor; ~**grenze** die upper limit
ober·halb 1. *Adv.* above; weiter ~: further up; ~ von above. 2. *Präp. mit Gen.* above
Ober-: ~**hand** die in die ~hand [über jmdn./etw.] haben have the upper hand [over sb./sth.]; die ~hand [über jmdn./etw.] bekommen gain or get the upper hand [over sb./sth.]; ~**haupt** das head; *(einer Verschwörung)* leader; ~**haus** das *(Parl.)* upper house or chamber; *(in Großbritannien)* House of Lords; Upper House; ~**hemd** das shirt; ~**herrschaft** die o. Pl. sovereignty; supreme power; ~**hirte** der *(geh.)* spiritual leader or head; ~**hoheit** die; o. Pl. sovereignty; supreme power
Oberin die; ~, ~nen a) *(christliche Kirche)* Mother Superior; b) s. **Oberschwester**
ober-, Ober-: ~**inspektor** der senior inspector; *(bei der Polizei)* detective chief inspector; ~**irdisch** 1. *Adj.* surface *attrib.* ⟨pipes, cables⟩; *(pipes, cables)* laid above ground; ~**irdische Lagerung** above-ground storage; storage above ground; ~**irdische Pflanzenteile** parts of a/the plant above the ground; 2. *adv.* die U-Bahn fährt hier ~irdisch the underground [system] runs above ground here; ~**italien (das)** Northern Italy; ~**kante** die top edge; es steht mir bis ~kante Unterlippe *(salopp)* I'm sick to death of it *(coll.)*; ~**kellner** der head waiter; ~**kiefer** der upper jaw; ~**kirchen·rat** der a) *(Gremium)* highest administrative body of some evangelical Land churches; b) *(Person)* member of an ~kirchenrat a; ~**klasse** die a) *(Soziol.)* upper class; b) *(Schulw.)* senior class or form; c) *(bei Autos)* luxury class; ein Wagen der ~klasse a large luxury car; ~**kommandierende der/die;** *adj. Dekl. (Milit.)* supreme commander; commander-in-chief; ~**kommando** das supreme command (über + Akk. of); jmds. ~kommando *(Dat.)* unterstehen be under the supreme command of sb.; ~**körper** der upper part of the body; mit nacktem ~körper stripped to the waist; den ~körper frei machen strip to the waist; ~**land** das *o. Pl.* uplands *pl.*; das Berner ~land the Bernese Oberland; ~**landes·gericht** das Higher Regional Court; ≈ high court and court of appeal of a Land; ~**länge** die ascender; ~**lastig** *Adj. (Seemannsspr.)* top-heavy; ~**lauf** der upper reaches *pl.*; ~**leder** das upper; ~**lehrer** der *(DDR)* honorary title for teacher; *(fig.)* schoolmaster; ~**lehrerhaft** *Adj. (abwertend)* schoolmasterish; ~**leitung** die a) *(elektrische Leitung)* overhead cable; b) *(Kontrolle)* overall control; ~**leitungs·bus** der trolley bus *(Brit.)*; ~**leutnant** der *(beim Heer)* lieutenant *(Brit.)*; *(bei der Luftwaffe)* flying officer *(Brit.)*; first lieutenant *(Amer.)*; ~**leutnant zur See** sub-lieutenant *(Brit.)*; lieutenant junior grade *(Amer.)*; ~**licht** das a) *o.*

Pl. light from above; b) *Pl.:* ~**lichter** *(Deckenlampe)* ceiling light; overhead light; c) *Pl.:* ~**lichter** od. selten ~**lichte** high window; *(über einer Tür)* fanlight; *(Klappfenster)* transom; ~**lid** das upper [eye] lid; ~**liga** die *(Sport)* a) second division; b) *(DDR)* first division; ~**lippe** die upper lip; ~**lippen·bart** der moustache; ~**maat** der *(Marine)* petty officer; ~**material** das: „~material Leder" 'leather uppers'; ~**österreich (das)** Upper Austria; ~**post·direktion** die regional postal administration; ~**prima** die *(Schulw. veralt.)* top form *(of a Gymnasium);* ≈ upper sixth [form] *(Brit.);* ~**primaner** der *(Schulw. veralt.)* pupil in the top form *(of a Gymnasium)*; ~**regierungs·rat** der senior civil servant; ~**rheinisch** *Adj.* in the Upper Rhine valley *postpos.;* Oberrheinische Tiefebene Upper Rhine valley
Obers ['oːbɐs] das; ~ *(österr.) s.* **Sahne**
ober-, Ober-: ~**schenkel** der thigh; ~**schenkel·hals·bruch** der *(Med.)* fracture of the neck of the femur; ~**schicht** die *(Soziol.)* upper class; der ~**schicht** angehören be a member of the upper classes *pl.*; ~**schlesien (das)** Upper Silesia; ~**schule** die a) secondary school; b) *(DDR)* unified comprehensive school; [allgemeinbildende] polytechnische ~schule unified comprehensive school for children aged 7–17; erweiterte ~schule unified comprehensive school providing a further two years' preparation for university entrance qualification; ~**schul·rat** der local education officer; ~**schwester** die senior nursing officer; *(Stationsschwester)* ward sister; matron; ~**seite** die top[side]; upper side; *(eines Stoffes)* right side; ~**sekunda** die *(Schulw. veralt.)* seventh year *(of a Gymnasium);* ~**sekundaner** der *(Schulw. veralt.)* pupil in the seventh year *(of a Gymnasium);* ~**seminar** das *(Hochschulw.)* graduate class
oberst... *s.* **ober...**
Oberst der; ~en od. ~s, ~en od. ~e *(beim Heer)* colonel; *(bei der Luftwaffe)* group captain *(Brit.)*; colonel *(Amer.)*
Ober-: ~**staats·anwalt** der senior public prosecutor (at a regional court); ~**stadt** die upper part of the town; upper town; ~**stadt·direktor** der chief executive of a/the town council]; ~**steiger** der *(Bergbau)* under-manager; ~**stimme** die *(Musik)* treble; *(Sopran)* soprano; *(Diskant)* descant
Oberst·leutnant der *(beim Heer)* lieutenant-colonel; *(bei der Luftwaffe)* wing commander; lieutenant-colonel *(Amer.)*
Ober-: ~**stübchen** das *s.* richtig 1 b; ~**studien·direktor** der a/an) headmaster *(Brit.)*; principal; b) *(DDR)* highest honorary title for a teacher; ~**studien·rat** der a) senior teacher; b) *(DDR)* honorary title for a teacher; ~**stufe** die *(Schulw.)* upper school; ~**teil** das od. der top [part]; *(eines Bikinis, Anzugs, Kleids usw.)* top [half]; ~**tertia** die *(Schulw. veralt.)* fifth year *(of a Gymnasium);* ~**tertianer** der *(Schulw. veralt.)* pupil in the fifth year *(of a Gymnasium);* ~**ton** der; meist Pl. *(Musik, Physik)* overtone
Ober-: ~**wasser** das; *o. Pl.* headwater; *(fig.)* ~wasser haben feel in a strong position; ~wasser bekommen/kriegen have one's hand strengthened; ~**weite** die bust measurement; sie hat ~weite 91 she has a 36-inch bust; eine beachtliche ~weite haben *(ugs.)* be well-endowed *(joc.)*
Ob·frau die *s.* **Obmännin**
ob·gleich *Konj. s.* **obwohl**
Ob·hut die; ~: care; jmdn./etw. in seine ~ nehmen take sb./sth. into one's care; jmdn./etw. jmds. ~ *(Dat.)* anvertrauen entrust sb./sth. to sb.'s care; unter jmds. ~ *(Dat.)* stehen be in sb.'s care

obig ['oːbɪç] *Adj.; nicht präd.* above; die ~e **Tabelle** the above table; the table above
Objekt [ɔpˈjɛkt] das; ~s, ~e a) *(auch Sprachw., Kunstwiss.)* object; *(Fot., bei einem Experiment)* subject; b) *(Kaufmannsspr.: Immobilie)* property; c) *(bes. DDR Projekt)* project; d) *(österr. Amtsspr.: Gebäude)* building; e) *(DDR: staatliche Einrichtung)* *(Fabrik)* factory; *(Gaststätte, Verkaufsstelle)* establishment
objektiv 1. *Adj.* objective; real, actual ⟨cause, danger⟩. 2. *adv.* objectively; er hat uns ~ geschadet he did in fact do us harm
Objektiv das; ~s, ~e a) *(Optik)* objective; b) *(Fot.)* lens
objektivieren *tr. V.* objectify; objectivize
Objektivismus der; ~ *(Philos.)* objectivism *no def. art.*
Objektivität [ɔpjɛktiviˈtɛːt] die; ~: objectivity
Objekt-: ~**satz** der *(Sprachw.)* object clause; ~**schutz** der *(Amtsspr.)* protection of property; für etw. ~schutz beantragen apply to have sth. protected; ~**träger** der *(Optik)* [specimen-]slide
Oblate [oˈblaːtə] die; ~, ~n wafer
Ob·hut *Pl. s.* **Obmann**
Ob·liegen, ob·liegen *unr. itr. V. (geh.)* etw. liegt jmdm. ob od. obliegt jmdm. sth. is sb.'s responsibility
Obliegenheit die; ~, ~en *(geh.)* duty; seine dienstlichen ~en erfüllen carry out one's duties; zu jmds. ~en gehören be one of sb.'s duties
obligat [obliˈgaːt] *Adj.* a) *(geh.) s.* **obligatorisch** 1 a; b) *(iron.: unvermeidlich)* obligatory; c) *(Musik)* obbligato
Obligation [obligaˈtsi̯oːn] die; ~, ~en *(Wirtsch.)* bond; debenture
obligatorisch [obligaˈtoːrɪʃ] 1. *Adj.* a) obligatory; compulsory ⟨subject, lecture, etc.⟩; necessary ⟨qualification⟩; b) *s.* **obligat** b. 2. *adv.* obligatorily; compulsorily
Obligatorium [obligaˈtoːri̯ʊm] das; ~s, Obligatorien *(schweiz.) (Verpflichtung)* compulsory duty; *(Beitrag)* compulsory contribution
Obligo [ˈoːbligo] das; ~s, ~s *(Wirtsch.)* liability; ohne ~: without recourse
Ob·mann der; ~[e]s, Obmänner od. **Obleute, Obmännin** [ˈɔpmɛnɪn] die; ~, ~nen *(bes. österr.)* chairman; *(einer Delegation)* head; *(einer Gruppe)* representative
Oboe [oˈboːə] die; ~, ~n oboe
Oboist [oboˈɪst] der; ~en, ~en oboist; oboe-player
Obolus [ˈoːbolʊs] der; ~, ~ od. ~se *(geh. scherzh.)* small sum; *(Spende)* small contribution
Obrigkeit [ˈoːbrɪçkai̯t] die; ~, ~en authorities *pl.*
obrigkeitlich *Adj.; nicht präd.* a) official ⟨decree, approval, etc.⟩; b) *(autoritär)* authoritarian
Obrigkeits-: ~**denken** das *(abwertend)* attitude of obedience to authority; ~**staat** der authoritarian state
Obrist [oˈbrɪst] der; ~en, ~en *(veralt., noch abwertend)* colonel
ob·schon *Konj. (geh.)* although; though
Observanz [ɔpzɛrˈvants] die; ~, ~en a) kind; type; b) *(Rel.)* observance
Observation [ɔpzɛrvaˈtsi̯oːn] die; ~, ~en a) *(Überwachung)* surveillance *no pl.;* ~en surveillance operations; b) *(wissenschaftlich)* observation
Observatorium [ɔpzɛrvaˈtoːri̯ʊm] das; ~s, Observatorien observatory
observieren *tr. V.* a) jmdn./etw. ~: keep sb./sth. under surveillance; b) *(wissenschaftlich)* observe; einen Patienten ~: keep a patient under observation
Obsession [ɔpzɛˈsi̯oːn] die; ~, ~en *(Psych., geh.)* obsession

ob·siegen, *auch:* **ob|siegen** *itr. V. (geh. veralt.)* be victorious
obskur [ɔpsˈkuːɐ̯] *Adj. (geh.)* **a)** *(unbekannt, unklar)* obscure; **b)** *(dubios)* dubious
Obskurantismus [ɔpskuranˈtɪsmʊs] *der;* ~ *(geh.)* obscurantism
obsolet [ɔpzoˈleːt] *Adj. (geh.)* obsolete
Obst [oːpst] *das,* ~[e]s fruit
Obst-: ~**anbau,** ~**bau der;** *o. Pl.* fruit-growing; ~**anbau betreiben** grow fruit; ~**baum** der fruit-tree; ~**garten** der orchard; ~**händler** der fruiterer
obstinat [ɔpstiˈnaːt] *(geh.)* **1.** *Adj.* obstinate. **2.** *adv.* obstinately
Obst·kuchen der fruit flan
Obstler [ˈoːpstlɐ] *der;* ~s, ~ *(bes. südd.)* fruit brandy
Obst·messer das fruit-knife
Obstruktion [ɔpstrʊkˈtsi̯oːn] *die;* ~, ~en *(auch Parl., Med.)* obstruction; *(Pol.: durch Dauerreden)* filibustering
Obstruktions·politik die *(Parl.)* policy of obstruction; *(durch Dauerreden)* filibustering policy
Obst-: ~**saft** der fruit juice; ~**salat** der fruit salad; ~**tag** der day for eating only fruit; ~**torte** die fruit flan; ~**wasser** das fruit brandy; ~**wein** der fruit wine
obszön [ɔpsˈtsøːn] **1.** *Adj.* obscene. **2.** *adv.* obscenely
Obszönität [ɔpstsøniˈtɛːt] *die;* ~, ~en obscenity
O·bus der trolley bus *(Brit.)*
ob|walten, ob·walten *itr. V. (geh. veralt.)* prevail
ob·wohl 1. *Konj.* although; though. **2.** *Adv. (ugs.)* although
ob·zwar *Konj. (geh.)* ~ [daß] although
Occasion *(österr., schweiz.) s.* **Okkasion**
och [ɔx] *Interj. (ugs.)* oh
Ochs [ɔks] *der;* ~en, ~en *(südd., österr., schweiz., ugs.),* **Ochse** [ˈɔksə] *der;* ~n, ~n **a)** ox; bullock; ~ **am Spieß** roast ox; **du sollst dem ~n, der da drischt, nicht das Maul verbinden** you shouldn't be too strict with those who have to work hard; *s. auch* **dastehen a; b)** *(salopp)* numskull *(coll.);* **ich ~!** what a numskull I am!
ochsen *tr., itr. V. s.* **büffeln**
Ochsen-: ~**brust** die *(Kochk.)* brisket of beef; ~**frosch** der bullfrog; ~**gespann das** **a)** team or span of oxen; **b)** *(Wagen)* ox-cart; ~**maul·salat** der *(Kochk.)* ox-cheek salad; ~**schwanz·suppe** die *(Kochk.)* oxtail soup; ~**tour** die *(ugs. scherzh.)* **a)** long, hard climb; **b)** *(Schinderei)* hard slog; ~**ziemer** der [bull's] pizzle; ~**zunge** die *(Kochk.)* ox-tongue
Öchsle·grad der degree Öchsle
ocker [ˈɔkɐ] *Adj.; nicht attr.* ochre
Ocker *das;* ~s, ~ ochre
ocker-: ~**braun** *Adj.* ochre-brown; ~**gelb** *Adj.* ochre-yellow
öd [øːt] *(geh.) s.* **öde**
od. *Abk.* oder
Ode [ˈoːdə] *die;* ~, ~n ode (an + *Akk.* to, auf + *Akk.* on)
öde [ˈøːdə] *Adj.* **a)** *(verlassen)* deserted *(beach, village, house, street, etc.);* *(unbewohnt)* desolate *(area, landscape);* **b)** *(unfruchtbar)* barren; **c)** *(langweilig)* tedious; dreary; dreary *(life, time);* barren, tedious, dreary *(existence)*
Öde *die;* ~, ~n **a)** *o. Pl. s.* **öde a–c:** desertedness; desolateness; barrenness; **b)** *(öde Gegend)* wasteland; waste; **c)** *(Langeweile)* tediousness; dreariness
Odem [ˈoːdəm] *der;* ~s *(dichter. veralt.)* breath
Ödem [øˈdeːm] *das;* ~s, ~e *(Med.)* oedema
oder [ˈoːdɐ] *Konj.* **a)** or; ~ **auch** or; ~ **aber** or else; *s. auch* **entweder; b)** *(in Fragen)* **du kommst doch hier, ~?** you will come, won't you?; **er ist doch hier, ~?** he is here, isn't he?; *(zweifelnd)* he is here – or isn't he?; **das ist doch erlaubt, ~ [nicht** od. **etwa nicht]?** that is allowed, isn't it?; **das ist doch nicht erlaubt, ~ [doch** od. **etwa doch]?** that isn't allowed, is it?; **das hört sich gut an, ~?** it sounds good, don't you think or agree?
Odermennig [ˈoːdɐmɛnɪç] *der;* ~[e]s, ~e *(Bot.)* agrimony
Oder-Neiße-[Friedens]grenze *(DDR),* **Oder-Neiße-Linie** die Oder-Neisse Line
Ödipus·komplex [ˈøːdipʊs-] *der (Psych.)* Oedipus complex
Odium [ˈoːdi̯ʊm] *das;* ~s *(geh.)* odium
Öd·land *das;* *Pl.:* **Ödländer** uncultivated land *(and land exploited for raw materials, e.g. gravel pits);* **Ödländer** uncultivated land *sing.* or areas
Ödnis *die;* ~ *(geh.) s.* **Öde**
Odyssee [odyˈseː] *die;* ~, ~n odyssey; **Homers ~:** Homer's Odyssey
Odysseus [oˈdysɔʏs] *(der);* ~: Odysseus
Œuvre [ˈøːvrə] *das;* ~, ~s *(geh.)* œuvre
OEZ *Abk.* osteuropäische Zeit EET
Öfchen [ˈøːfçən] *das;* ~s, ~: small stove etc.; *s.* **Ofen a–d**
Ofen [ˈoːfn̩] *der;* ~s, **Öfen a)** heater; *(Kohle~)* stove; *(Öl~, Petroleum~)* stove; heater; *(elektrischer ~)* heater; fire; **wenn sie uns erwischen, ist der ~ aus** *(ugs.:)* if they catch us, it's all over; **jetzt ist bei mir der ~ aus** *(ugs.: jetzt habe ich aber genug)* that does it!; **b)** *(Back~)* oven; **c)** *(Industrie~)* furnace; *(Brenn~, Trocken~)* kiln; **d)** *(landsch.: Herd)* cooker; **e)** *in* **heißer ~** *(salopp)* fast set of wheels *(coll.)*
ofen-, Ofen-: ~**bank** die bench round a/the stove; ~**frisch** *Adj.* oven-fresh; freshly baked; ~**heizung** die; *o. Pl.* heating *no art.* by stoves; **das Haus hat ~heizung** the house is heated by stoves; ~**klappe** die **a)** damper; **b)** *(~tür)* stove door; ~**rohr** das *[stove]* flue; ~**schirm** der firescreen; ~**setzer** der *(der Öfen baut)* stove-builder; ~**warm** *Adj.* oven-hot
offen [ˈɔfn̩] **1.** *Adj.* **a)** open; **mit ~em Mund/ ~en Augen** with one's mouth/eyes open; **der Knopf/Schlitz/Schuh ist ~:** the button is/one's flies/shoe-laces are undone; **ein ~es Hemd** a shirt with the collar unfastened; **sie trägt ihr Haar ~:** she wears her hair loose; **ein ~es Haus führen** od. **haben** keep open house; **eine ~e Anstalt** an open prison; ~ **haben** od. **sein be open; ~er Brief** an open letter; **Tag der ~en Tür** open day; **~e Beine** ulcerated legs; **die Tür ist ~** *(nicht abgeschlossen)* the door is unlocked; **mit ~en Karten spielen** play with the cards face up on the table; *(fig.)* put one's cards on the table; **~es Licht/Feuer** a naked light/an open fire; **eine ~e Bauweise** an open layout; **das ~e Meer, die ~e See** the open sea; **~es Gelände** open terrain; **die ~e Jagd ist ~:** it's open season; **Beifall auf ~er Szene** spontaneous applause; **unter ~em Himmel** in the open; **~e Türen einrennen** *(fig.)* fight a battle that's/battles that are already won; **bei ihm rennst du ~e Türen ein** *(fig.)* you're preaching to the converted with him; **mit ~en Augen** od. **Sinnen durch die Welt** od. **durchs Leben gehen** go about/ go through life with one's eyes open; **mit ~en Augen in sein Verderben/Unglück rennen** be heading for disaster with one's eyes open; **ein ~es Geheimnis** an open secret; **für neue Ideen** od. **gegenüber neuen Ideen ~ sein** be receptive or open to new ideas; *s. auch* **Arm a; Handelsgesellschaft b; Ohr b; Straße a; Strecke b; Visier a; b)** *(lose)* loose *(sugar, flour, oats, etc.);* ~**er Wein** wine on tap or draught; **ein Glas von dem ~en Rotwein** a glass of the draught red wine; **c)** *(frei)* vacant *(job, post);* ~**e Stellen** vacancies; *(als Rubrik)* 'Situations Vacant'; **lassen Sie die Zeile ~:** leave the line blank; **d)** *(ungewiß, ungeklärt)* open, unsettled *(question);* uncertain *(result);* **der Ausgang des Spiels ist noch völlig ~:** the result of the match is still wide open; **wann es stattfindet, ist immer noch ~:** it's not yet been decided when it will take place; **e)** *(noch nicht bezahlt)* outstanding *(bill);* **der ~e Betrag** the amount outstanding; **f)** *(freimütig, aufrichtig)* frank [and open] *(person);* frank, candid *(look, opinion, reply);* open, frank *(confession, manner);* frank *(talk);* honest *(character, face);* ~ **zu jmdm. sein** be open or frank with sb.; **g)** *nicht präd.* *(unverhohlen)* open *(threat, mutiny, hostility, opponent, etc.);* **in ~em Kampf** in an open fight; **h)** *(Sprachw.)* open *(vowel, syllable).* **2.** *adv.* **a)** *(frei zugänglich, sichtbar, unverhohlen)* openly; *s. auch* **zutage; b)** *(freimütig, aufrichtig)* openly; frankly; ~ **gesagt** frankly; to be frank or honest; ~ **gestanden** to tell you the truth; **darf ich ~ reden?** can I be frank?; can I speak frankly?; **c)** *(Sprachw.);* **das e ~ aussprechen** pronounce 'e' as an open vowel
offen·bar 1. *Adj.* obvious; **seine Absicht war allen ~:** his intention was obvious or apparent to all. **2.** *adv.* **a)** *(offensichtlich)* obviously; clearly; **b)** *(anscheinend)* evidently
offenbaren *(geh.)* **1.** *tr. V.* reveal. **2.** *refl. V.* **a)** *(sich erweisen)* sich als etw. ~: *(person)* show or reveal oneself to be sth.; **seine Worte offenbarten sich als Lüge** his words were revealed as a lie or to be a lie; **b)** *(sich mitteilen)* sich jmdm. ~: confide in sb.
Offenbarung die; ~, ~en **a)** revelation; **b)** *(Rel.)* revelation; **die ~ [des Johannes]** [the Book of] Revelations
Offenbarungs·eid der *(Rechtsw.)* oath of disclosure
offen-: ~**|bleiben** *unr. itr. V.; mit sein* **a)** remain or stay open; **der Mund blieb ihm vor Staunen ~:** his mouth hung open in astonishment; **b)** *(ungeklärt bleiben)* remain open; *(decision)* be left open; **c)** *(unerfüllt bleiben)* *(wish)* remain unsatisfied; ~**|halten** *unr. tr. V.* etw. ~halten keep sth. open
Offen·heit die; ~: *s.* **offen f:** frankness [and openness]; candidness; candour; openness; honesty; ~ **gegenüber den Problemen anderer zeigen** be responsive to other people's problems
offen-, Offen-: ~**herzig 1.** *Adj.* **a)** frank, candid *(conversation, remark);* frank and open *(person);* **b)** *(iron.: dekolletiert)* revealing, low-cut *(dress);* **2.** *adv.* frankly; openly; ~**herzigkeit** die; ~: frankness; candidness; candour; ~**kundig 1.** *Adj.* obvious, evident *(für* to); obvious, patent, manifest *(lie, betrayal, misuse);* ~**kundig werden** become apparent; **2.** *adv.* obviously; clearly; ~**|lassen** *unr. tr. V.* etw. ~lassen leave sth. open; ~**lassen, ob ...:** leave it open whether ...; ~**|legen** *tr. V.* reveal; *(bekanntgeben)* disclose; ~**sichtlich 1.** *Adj.* obvious; evident; **2.** *adv.* **a)** *(augenfällig)* obviously; evidently; **b)** *(anscheinend)* evidently
offensiv [ɔfɛnˈziːf] **1.** *Adj.* **a)** offensive; aggressive *(marketing strategy);* **b)** *(Sport)* attacking. **2.** *adv.* **a)** offensively; *(speak, argue, behave)* aggressively; **b)** *(Sport)* ~ **spielen** play an attacking game
Offensive die; ~, ~n *(auch Sport)* offensive; **in der ~:** on the offensive; **die ~ ergreifen, in die ~ gehen** go on to the offensive
Offensiv-: ~**krieg** der offensive war; ~**spiel** das *(Sport)* attacking game
offen|stehen *unr. itr. V.* **a)** be open; **der Mund stand ihm vor Staunen offen** his mouth hung open in astonishment; **b)** *(zur Benutzung freigegeben sein)* be open (+ *Dat.* to); **c)** *s.* **freistehen a; d)** *(unbezahlt sein)* be outstanding; ~**stehende Rechnungen** outstanding bills
öffentlich [ˈœfn̩tlɪç] **1.** *Adj.* public; state *at-*

Öffentlichkeit — Ohr

trib., [state-] maintained ⟨school⟩; **alle Teilnehmer am ~en Straßenverkehr** all road-users; **etw. in ~er Sitzung beraten** debate sth. in open session; **die ~e Ordnung/Sicherheit** public order/security; **Erregung ~en Ärgernisses** *(Rechtsw.)* creating a public nuisance; **~es Ärgernis erregen** create a public nuisance; **die ~e Meinung** public opinion; **das ~e Recht** *(Rechtsw.)* public law; **Anstalt des ~en Rechts** institution incorporated under public law; **Körperschaft des ~en Rechts** public corporation; **der ~e Dienst** the civil service; **die Ausgaben der ~en Hand** public spending *sing.*; **von der ~en Hand finanziert** financed out of public funds; **die ~en Hände** local authorities and the state; **ein ~es Haus** *(veralt. verhüll.)* a house of ill-repute; **ein ~es Geheimnis** an open secret; **eine Persönlichkeit des ~en Lebens** a public figure. **2.** *adv.* **a)** publicly; ⟨*perform, appear*⟩ in public; **~ tagen** meet in open session; **~ auftreten** appear in public; **etw. ~ versteigern** sell sth. by public auction; **b)** *(vom Staat usw.)* publicly ⟨*funded etc.*⟩

Öffentlichkeit *die*; **~: a)** public; **unter Ausschluß der ~:** in private *or* secret; *(Rechtsw.)* in camera; **etw. an die ~ bringen** bring sth. to public attention; make sth. public; **mit etw. an die ~ gehen** make sth. public; **vor die ~ treten** appear in public; **in aller ~:** [quite openly] in public; *s. auch* ¹**Flucht b**; **b)** *(das Öffentlichsein)* **das Prinzip der ~ in der Rechtsprechung** the principle that justice be administered in open court; **die ~ einer Versammlung herstellen** throw a meeting open to the public

Öffentlichkeits·arbeit *die*; *o. Pl.* public relations work *no art.*

öffentlich-rechtlich *Adj.* under public law *postpos., not pred.*; **~es Fernsehen** state-owned television; **~e Körperschaften** bodies incorporated under public law

offerieren [ɔfəˈriːrən] *tr. V. (bes. Kaufmannsspr.)* offer

Offerte [ɔˈfɛrtə] *die*; **~, ~n** *(Kaufmannsspr.)* offer

Offizial·verteidiger [ɔfiˈtsi̯aːl-] *der (Rechtsw.)* s. Pflichtverteidiger

offiziell [ɔfiˈtsi̯ɛl] **1.** *Adj.* **a)** official; **b)** *(förmlich)* formal. **2.** *adv.* **a)** officially; **b)** *(förmlich)* **bei der Feier ging es furchtbar ~ zu** the celebration was terribly formal

Offizier [ɔfiˈtsiːɐ̯] *der*; **~s, ~e a)** officer; **~ werden** become an officer; gain a commission; **b)** *(Schach)* piece *(other than a pawn)*

Offiziers-: ~an·wärter *der* officer cadet; **~kasino** *das* officers' mess; **~korps** *das* officer corps; **~lauf·bahn** *die* officer's career; **~messe** *die (Seemannsspr.)* wardroom; **~rang** *der* officer's rank

Offizin [ɔfiˈtsiːn] *die*; **~, ~en a)** *(Pharm.)* dispensary; **b)** *(veralt.: Apotheke)* chemist's [shop] *(Brit.)*; drugstore *(Amer.)*; **c)** *(veralt.: Druckerei)* printing works *sing. or pl.*

offiziös [ɔfiˈtsi̯øːs] **1.** *Adj.* semi-official. **2.** *adv.* semi-officially; **wie ~ verlautet wurde** according to semi-official sources

Offizium [ɔˈfiːtsi̯ʊm] *das*; **~s, Offizien** *(kath. Kirche)* **a)** *s.* Chorgebet; **b)** *(hist.)* **das Heilige ~:** the Holy Office

öffnen [ˈœfnən] **1.** *tr. (auch itr.) V.* open; turn on ⟨*tap*⟩; undo ⟨*coat, blouse, button, zip*⟩; **die Grenzen ~:** open [up] the borders; **die Bank ist** *od.* **hat über Mittag geöffnet** the bank is open at lunch-time; **der Zoo wird um 9 Uhr geöffnet** the zoo opens at 9 a.m.; **sich** *(Dat.)* **die Pulsadern ~:** slash one's wrists; **„hier ~"** 'open here'; **jmdm. den Blick für etw. ~:** open sb.'s eyes to sth.; **mit geöffnetem Mund atmen** breathe with one's mouth open *or* through one's mouth; **eine Leiche ~:** carry out a post-mortem *or* an autopsy on a body; *s. auch* Auge.**2.** *itr. V.*

a) [jmdm.] ~: open the door [to sb.]; **wenn es klingelt, mußt du ~:** if there's a ring at the door, you must go and answer it; **b)** *(geöffnet werden)* ⟨*shop, bank, etc.*⟩ open; **c)** *(sich ~)* ⟨*door*⟩ open. **3.** *refl. V.* **a)** open; **die Erde öffnete sich** the ground opened up; **b)** *(sich erweitern)* ⟨*valley, lane, forest, etc.*⟩ open out **(auf + Akk., zu** on to); ⟨*view*⟩ open up; **c)** *(sich aufschließen)* **sich einer Sache** *(Dat.)* **~:** become receptive to sth.; **d)** *(sich ergeben)* ⟨*opportunity, etc.*⟩ open up; **e)** *(seine Verschlossenheit aufgeben)* open up **(+ Dat.** to); **f)** *(offen sein)* ⟨*plain, clearing, etc.*⟩ open up; **sich nach Süden/Norden ~:** ⟨*room etc.*⟩ be open to the south/north

Öffner *der*; **~s, ~:** opener

Öffnung *die*; **~, ~en a)** *(offene Stelle)* opening; *(Fot., Optik)* aperture; **b)** *o. Pl. (das Öffnen)* opening; **die ~ der Grenzen** the opening [up] of the borders; **eine ~ der Leiche** a post-mortem on the body; **c)** *o. Pl. (das Aufgeschlossensein)* openness **(für** to); **eine ~ nach links anstreben** *(Pol.)* strive to open the party up to left-wing ideas

Öffnungs·zeit *die* **~zeiten** *pl. (eines Geschäfts, einer Bank)* opening times; *(eines Museums, Zoos usw.)* opening times

Offsetdruck [ˈɔfsɛt-] *der* **a)** *o. Pl.* offset printing; **b)** *(Produkt)* offset print

O-förmig *Adj.* circular

oft [ɔft] *Adv.* **öfter** [ˈœftɐ]; *(selten)* **öftest** [ˈœftəst]** often; **wie ~ fährt der Bus?** how often does the bus go *or* run?; **wie oft soll ich dir noch sagen, daß ...?** how many [more] times do I have to tell you that ...?

öfter [ˈœftɐ] *Adv.* now and then; [every] once in a while; **des ~en** *(geh.)* on many occasions

öfters [ˈœftɐs] *Adv. (österr. ugs.) s.* öfter

oftmals *Adv.* often; frequently

o. g. *Abk.* oben genannt

o. G. *Abk.* ohne Gewähr

OG *Abk.* Obergeschoß

ÖGB *Abk.* Österreichischer Gewerkschaftsbund Austrian Trade Union Federation

ogottogott [ˈoːɡɔtoɡɔt] *Interj.* goodness me; oh dear, oh dear

oh [oː] *Interj.* oh

Oheim [ˈoːhaɪm] *der*; **~s, ~e** *(veralt.)* uncle

OHG *Abk.* Offene Handelsgesellschaft general partnership

oh, là, là [olaˈla] *Interj.* ooh-la-la

Ohm [oːm] *das*; **~[s], ~:** *(Physik)* ohm

ohmsch [oːmʃ] *Adj. (Physik)* **das Ohmsche Gesetz** Ohm's Law; **der ~e Widerstand** ohmic resistance

ohne [ˈoːnə] **1.** *Präp. mit Akk.* without; **~ mich!** [you can] count me out!; **der Versuch blieb ~ Erfolg** the attempt was unsuccessful; **sie ist ~ Jacke gekommen** she came without a jacket; **~ Appetit sein** have no appetite; **ein Mann ~ jeglichen Humor** a man totally lacking in humour *or* without any sense of humour; **b)** *(mit Auslassung des Akkusativs)* **ich rauche nur ~:** I only smoke untipped *or* filterless cigarettes; **wir baden am liebsten ~:** we prefer to bathe in the nude; **wenn du keinen Zucker hast, trinke ich den Tee auch ~:** if you haven't got any sugar, I can have my tea without; **du brauchst ein Visum, ~ lassen sie dich nicht einreisen** you need a visa, they won't let you in without one; **er/sie ist [gar] nicht [so] ~** *(ugs.)* he's/she's quite something; **der Vorschlag ist [gar] nicht [so] ~** *(ugs.)* it's not such a bad *or* daft suggestion; *s. auch* oben **c**; **c) ~ weiteres** *(leicht, einfach)* easily; *(ohne Einwand)* readily; **das würde ich nicht so ~ weiteres glauben** I wouldn't believe it just like that; **die Genehmigung kriegt du ~ weiteres** you won't have any problem *or* difficulty getting approval; **das traue ich ihm ~ weiteres zu** I can quite *or* easily believe he's capable of that; excluding; **~ mich sind**

es 10 Teilnehmer there are ten participants excluding *or* not counting *or* not including me. **2.** *Konj.* **er nahm Platz, ~ daß er gefragt hätte** he sat down without asking; **~ zu zögern** without hesitating; without hesitation

ohne-: ~dies *Adv. (geh.)* in any case; **die, die ~dies schon [am meisten] Geld haben** those who already have [the most] money in any case; **~einander** *Adv.* without each other; **~gleichen** *Adj.*; *attr. nachgestellt* unparalleled; **ein Skandal/eine Frechheit ~gleichen** an unprecedented scandal/impertinence; **das ist ein Unsinn ~gleichen** I've never heard such nonsense; **~hin** *Adv.* anyway; **er war ~hin schon überlastet** he was already overburdened as it was; **das hat ~hin keinen Zweck** there is really no point in it

Ohnmacht [ˈoːnmaxt] *die*; **~, ~en a)** faint; swoon *(literary)*; **in ~ fallen** *od.* *(geh.)* sinken faint *or* pass out/swoon; **sich einer ~ nahe fühlen** feel faint; **aus** *od.* **seiner ~ erwachen** come to; **von** *od.* **aus einer ~ in die andere fallen** *(ugs. scherzh.)* constantly be having fits *(coll.)*; **b)** *(Machtlosigkeit)* powerlessness; impotence

ohnmächtig 1. *Adj.* **a)** unconscious; **~ werden** faint; pass out; **~ sein** have fainted *or* passed out; be in a dead faint; **~ zusammenbrechen** collapse unconscious; **halb ~:** half fainting; **b)** *(machtlos)* powerless; impotent; impotent, helpless ⟨*fury, rage*⟩; helpless ⟨*bitterness, despair*⟩. **2.** *adv.* impotently; **~ zusehen** watch powerless *or* helplessly

Ohnmachts·anfall *der* fainting fit

oho [oˈhoː] **1.** *Interj.* oho; *(protestierend)* oh no. **2.** *s.* klein **1 a**

Ohr [oːɐ̯] *das*; **~[e]s, ~en a)** ear; **auf dem linken ~ taub** sein be deaf in one's left ear; **jmdm. etw. ins ~ flüstern** whisper sth. in sb.'s ear; **gute/schlechte ~en haben** have good/poor hearing ear; **er hört nur auf einem ~:** he only has one good ear; **ein geschultes ~:** a trained ear; **mit den ~en wackeln** wiggle one's/its ears; **das war nicht für deine/fremde ~en [bestimmt]** that wasn't for your/everbody's ears; **ich habe seine Worte/die Melodie noch im ~:** his words are still ringing in my ears/the tune is still going around my head; **die Melodie geht einem gleich/leicht ins ~:** the tune is very catchy; **b)** *(fig.)* **wo hast du bloß deine ~en?** *(ugs.)*, **du sitzt wohl auf den** *od.* **deinen ~en!** *(ugs.)* are you deaf *or* something? *(coll.)*; **wasch dir mal die ~en!** *(ugs.)* get your ears seen to! *(coll.)*; **die ~en aufmachen** *od.* **aufsperren** *(ugs.)* pin back one's ears; **tauben ~en predigen** *(geh.)* preach to deaf ears; **ich bin ganz ~:** I'm all ears; **mir klingen die ~en** my ears are burning; **die Wände haben ~en** the walls have ears; **ein offenes ~ für jmdn./etw. haben** be ready to listen to sb./be open to *or* ready to listen to sth.; **jmdm. sein ~ leihen** lend sb. one's ear[s]; **bei jmdm. ein offenes ~ finden** *(geh.)* find a sympathetic *or* ready listener in sb.; **[vor jmdm./etw.] die ~en verschließen** *(geh.)* close one's ears to sb./sth.; **die ~en spitzen** *(ugs.)* prick up one's ears; **spitz mal die ~en!** *(ugs.)* pin back your ears *(coll.)*; **jmdm. die ~en langziehen** *(ugs.)* take sb. by the ear and give him/her a good talking-to *(coll.)*; **halt die ~en steif!** *(ugs.)* keep smiling!; **die ~en hängen lassen** *(ugs.)* look down-hearted; **sich** *(Dat.)* **[fast] die ~en brechen** *(salopp scherzh.)* bite off [almost] more than one can chew; **auf dem** *od.* **diesem ~ nicht hören wollen/schlecht/nicht hören** *(ugs.)* he doesn't want to hear anything about that; **sich aufs ~ legen** *od.* *(ugs.)* **hauen** get one **ein Ohr voll** gedeckt *(coll.)*; **noch feucht/nicht [ganz] trocken hinter den ~en sein** *(ugs.)* be still wet behind the ears; **schreib dir das mal hinter die ~en!** *(ugs.)* just you remember that!; **eine** *od.* **eins/ein**

Öhr   **Omen**

paar hinter die ~en kriegen *(ugs.)* get a thick ear; jmdm. [mit etw.] in den ~en liegen *(ugs.)* pester sb. the whole time [with sth.]; mit den ~en schlackern *(ugs.)* be staggered; da kannst du/kann man nur mit den ~en schlackern it's just staggering; bis über beide ~en verliebt [in jmdn.] *(ugs.)* head over heels in love [with sb.]; bis über beide *od.* die ~en in etw. stecken *(ugs.)* be up to one's ears in sth. *(coll.)*; jmdn. übers ~ hauen *(ugs.)* take sb. for a ride *(sl.)*; put one over on sb. *(coll.)*; viel *od.* eine Menge um die ~en haben *(ugs.)* have a lot on one's plate *(coll.)*; jmdm. etw. um die ~en hauen *od.* schlagen *(ugs.)* throw sth. back at sb.; jmdm. um die ~en fliegen *(ugs.)* blow up in sb.'s face; von einem ~ zum anderen strahlen *(ugs.)* grin from ear to ear; etw. kommt jmdm. zu den ~en heraus *(ugs.)* sb. has got sth. coming out of his/her ears; zum einen ~ rein- und zum anderen wieder rausgehen *(ugs.)* go in one ear and out the other *(coll.)*; *s. auch* Durchzug a; faustdick 2; Fell a; Floh a; Mann a; Nacht

Öhr [øːɐ̯] *das,* ~[e]s, ~e eye

ohren-, Ohren-: ~arzt *der* otologist; ear specialist; ~beichte *die (kath. Rel.)* auricular confession; ~betäubend 1. *Adj.* ear-splitting; deafening ‹deafening *(applause)*›; 2. *adv.* deafeningly; ~betäubend lärmen make a deafening noise; ~klappe *die* ear-flap; ~leiden *das* ear complaint; ~sausen *das* ringing in the *or* one's ears; tinnitus *(Med.)*; ~schmalz *das* ear-wax; ~schmaus *der (ugs.)* sth. is going to be a joy to hear; ~schmerz *der* earache; ~schmerzen haben have [an] earache *sing.*; ~schützer *der* ear-muff; ~sessel *der* wing-chair; ~zeuge *der*; ich wurde ~zeuge des Gesprächs I heard the conversation myself

ohr-, Ohr-: ~feige *die* box on the ears; ~feigen bekommen *od. (ugs.)* einstecken get one's ears boxed; jmdm. eine ~feige geben *od. (ugs.)* verpassen box sb.'s ears; give sb. a box on the ears; ~feigen [-faiɡn̩] *tr. V.* jmdn. ~feigen box sb.'s ears; ich könnte mich [selbst] ~feigen! *(ugs.)* I could kick myself!; ~feigen·gesicht *das (salopp abwertend)* er hat ein richtiges ~feigengesicht he's got the sort of face you'd like to clout; ~klipp [~klɪp] *der;* ~s, ~s ear-clip; ~läppchen *das* ear-lobe; ~muschel *die* external ear; auricle; ~ring *der* ear-ring; ~stecker *der* ear-stud; ~wurm *der* a) earwig; b) *(ugs.: Melodie)* catchy tune; ein ~wurm sein be really catchy

o. J. *Abk.* ohne Jahr n. d.

oje [oˈjeː] *Interj. (veralt.),* **ojemine** [oˈjeːminə], **ojerum** [oˈjeːrʊm] *Interj. (veralt.)* oh dear; dear me

Okarina [okaˈriːna] *die;* ~; ~s *od.* **Okarinen** ocarina

okay [oˈkeː] *(ugs.) Interj., Adj., adv.* OK *(coll.)*; okay *(coll.)*; das geht ~: that's OK *or* okay

Okay *das;* ~[s], ~s *(ugs.)* OK *(coll.)*; okay *(coll.)*

Okkasion [ɔkaˈzjoːn] *die;* ~, ~en *(veralt.)* opportunity

okkult [ɔˈkʊlt] *Adj.* occult

Okkultismus *der;* ~: occultism *no art.*

Okkupation [ɔkupaˈtsjoːn] *die;* ~, ~en *(abwertend)* occupation

Okkupant [ɔkuˈpant] *der;* ~en, ~en *(abwertend)* occupier

okkupieren *tr. V.* a) *(abwertend)* occupy; b) *(sich aneignen)* jmds. Stuhl ~: occupy sb.'s chair

öko-, Öko- [øko-]: eco-

Ökologe [økoˈloːɡə] *der;* ~n, ~n ecologist

Ökologie *die;* ~: ecology

Ökologin *die;* ~, ~nen ecologist

ökologisch 1. *Adj.* ecological. 2. *adv.* ecologically

Ökonom [økoˈnoːm] *der;* ~en, ~en economist

Ökonomie *die;* ~, ~n a) economics *sing.*; politische ~: political economy; b) *(Wirtschaft, Wirtschaftlichkeit)* economy

Ökonomik *die;* ~: a) economics *pl.*; b) *(DDR)* economy

Ökonomin *die;* ~, ~nen economist

ökonomisch 1. *Adj.* a) economic; eine ~e Abhandlung a treatise on economics; b) *(sparsam)* economical. 2. *adv.* economically

Ökopax [ˈøkopaks] *o. Art.:* alliance of the ecological and peace movements

Öko·system *das* the ecosystem

Okt. *Abk.* Oktober Oct.

Ökotrophologie [økotrofoloˈɡiː] *die;* ~: home economics *sing., no art.*

Oktaeder [ɔktaˈeːdɐ] *das;* ~s, ~ *(Math.)* octahedron

Oktan·zahl [ɔkˈtaːn-] *die* octane rating *or* number

Oktav [ɔkˈtaːf] *das;* ~s octavo

Oktav-: ~band *der; Pl.* ~bände octavo volume; ~heft *das* octavo notebook

Oktett [ɔkˈtɛt] *das;* ~[e]s, ~e octet

Oktober [ɔkˈtoːbɐ] *der;* ~[s], ~: October; *s. auch* April

Oktober-: ~fest *das* Munich October festival; ~revolution *die; o. Pl. (hist.)* October Revolution; die Große Sozialistische ~revolution *(DDR)* the Great Socialist October Revolution

oktroyieren [ɔktroaˈjiːrən] *tr. V. (geh.)* impose; force; jmdm. etw. ~: impose *or* force sth. on sb.

Okular [okuˈlaːɐ̯] *das;* ~s, ~e eyepiece

okulieren *tr. V. (Gartenbau)* bud

Ökumene [økuˈmeːnə] *die;* ~ *(christl. Rel.)* a) ecumenical Christianity; b) *(Bewegung)* ecumenical movement

ökumenisch 1. *Adj. (christl. Rel.)* ecumenical; Ökumenischer Rat der Kirchen World Council of Churches. 2. *adv.* ecumenically

Okzident [ˈɔktsidɛnt] *der;* ~s *(veralt., geh.)* Occident

Öl [øːl] *das;* ~[e]s, ~e oil; auf Öl stoßen strike oil; in Öl malen paint in oils; eine Landschaft in Öl a landscape in oils; Öl auf die Wogen gießen *(fig.)* pour oil on troubled waters; Öl ins Feuer gießen *(fig.)* add fuel to the flames; das ging ihm runter wie Öl *(fig. ugs.)* he lapped it up

Öl-: ~baum *der* olive-tree; ~berg *der* Mount of Olives; ~bild *das* oil-painting; ~bohrung *die* drilling *no art.* for oil; eine ~bohrung/~bohrungen durchführen drill for oil; ~druck *der; Pl.* ~drücke *(Technik)* oil pressure; ~druck·bremse *die* hydraulic brake

Oldtimer [ˈoːldtaɪmɐ] *der;* ~s, ~: vintage car; *(vor 1905 gebaut)* veteran car

Oleander [oleˈandɐ] *der;* ~s, ~: *(Bot.)* oleander

ölen *tr. V.* oil; oil, lubricate ‹shaft, engine, etc.›; wie geölt *(fig. ugs.)* like clockwork; *s. auch* Blitz a

öl-, Öl-: ~exportierend *Adj.;* nicht präd. oil-exporting; ~farbe *die* a) oil-based paint; b) *(zum Malen)* oil-paint; mit ~farben malen paint in oils; ~feld *das* oilfield; ~film *der* film of oil

OLG *Abk.* Oberlandesgericht

öl-, Öl-: ~gemälde *das* oil-painting; ~götze *der* in wie ein ~götze/wie die ~götzen *(ugs.)* like a zombie/zombies; ~hahn *der* in den ~hahn zudrehen *(fig.)* stop the supply of oil; ~haltig *Adj.* containing oil ‹postpos., not pred.›, oil-bearing ‹rock, shale, etc.›; ~heizung *die* oil-fired heating *no indef. art.*

ölig 1. *Adj. (auch fig. abwertend)* oily. 2. *adv.* a) ~ glänzen have an oily sheen; b) *(fig. abwertend)* in an oily way

Oligarchie [oligarˈçiː] *die;* ~, ~n oligarchy

oliv [oˈliːf] *Adj.* olive[-green]

Oliv *das;* ~s, ~ *od.* ~s olive[-green]

Olive [oˈliːvə] *die;* ~, ~n olive

Oliven-: ~baum *der* olive-tree; ~öl *das* olive oil

oliv·grün *Adj.* olive-green

Öl-: ~kanister *der* oilcan; ~jacke *die* oilskin jacket; ~kanne *die* oilcan; ~krise *die* oil crisis; ~kuchen *der o. Pl. (Landw.)* oilcake

oll [ɔl] *Adj. (ugs., bes. nordd.)* old; je ~er, je doller *(ugs. scherzh.)* the older they get, the more they want to live it up

Öl·lampe *die* oil-lamp

¹**Olle** *der; adj. Dekl. (ugs., bes. nordd.)* a) *(alter Mann)* old boy *(coll.)*; b) *(Vater, Ehemann)* old man *(coll.)*; meine ~ my old man and old lady *(coll.)*; c) *(Chef)* old man *(sl.)*; boss *(coll.)*

²**Olle** *die; adj. Dekl. (ugs., bes. nordd.)* a) *(alte Frau)* old dear *(coll.)*; b) *(Mutter, Ehefrau)* old lady *(coll.)*; c) *(Chefin)* boss *(coll.)*

Öl-: ~leitung *die* oil-pipe; *(größer)* oil pipeline; ~malerei *die* oil painting *no art.*; ~meß·stab *der (bes. Kfz.-W.)* dipstick; ~mühle *die* oil-mill; ~multi *der* oil multinational; ~ofen *der* oil heater; ~papier *das* oiled paper; ~pest *die* oil pollution *no indef. art.*; ~preis *der* oil price; ~pumpe *die* oil-pump; ~quelle *die* oil-well; ~raffinerie *die* oil-refinery; ~sardine *die* sardine in oil; eine Dose ~n a tin of sardines; ~scheich *der (ugs.)* oil sheikh; ~schiefer *der* oil-shale; ~schinken *der (ugs. abwertend)* large pretentious oil-painting; ~spur *die* trail of oil; ~stand *der* oil-level; ~tank *der* oil-tank; ~tanker *der* oil-tanker; ~teppich *der* oil-slick

Ölung *die;* ~, ~en oiling; lubrication; Letzte Ölung *(kath. u. orthodoxe Kirche)* extreme unction

Öl-: ~wanne *die (bes. Kfz.-W.)* sump; ~wechsel *der (bes. Kfz.-W.)* oil-change

Olymp [oˈlʏmp] *der;* ~s a) Mount Olympus; b) *(ugs. scherzh.: im Theater)* der ~: the gods *pl.*; auf dem ~: [up] in the gods

¹**Olympia** [oˈlʏmpia] *(das);* ~s *(Geogr.)* Olympia

²**Olympia** *das;* ~[s] *s.* Olympiade a)

Olympiade [olʏmˈpiaːdə] *die;* ~, ~n a) Olympic Games *pl.*; Olympics *pl.*; die ~ 1980 the 1980 Olympic Games *or* Olympics; b) *(bes. DDR: Wettbewerb)* Olympiad; c) *(Zeitraum)* Olympiad

olympia-, Olympia-: ~dorf *das* Olympic village; ~mannschaft *die* Olympic team *or* squad; ~sieger *der,* ~siegerin *die,* ~nen Olympic champion; ~stadion *das* Olympic stadium; ~teilnehmer *der* Olympic competitor; ~verdächtig *Adj. (ugs.)* Olympic-standard; ~verdächtig sein be of Olympic standard

Olympier [oˈlʏmpiɐ] *der;* ~s, ~: *(geh. veralt.)* Olympian

Olympionike [olʏmpioˈniːkə] *der;* ~n, ~n, **Olympionikin** *die;* ~, ~nen *(geh.)* a) *(Sieger[in])* Olympic champion; b) *(Teilnehmer[in])* Olympic competitor

olympisch *Adj.* a) Olympic; die Olympischen Spiele the Olympic Games; the Olympics; b) nicht präd. *(zum Olymp gehörend, auch fig. geh.)* Olympian

Öl-: ~zeug *das* oilskins *pl.*; ~zweig *der* olive-branch

Oma [ˈoːma] *die;* ~, ~s *(fam.)* gran[ny] *(coll./child lang.)*; grandma *(coll./child lang.)*

Ombudsmann [ˈɔmbʊts-] *der;* ~[e]s, Ombudsmänner *od.* Ombudsleute ombudsman

Omega [ˈoːmeɡa] *das;* ~[s], ~s omega

Omelett [ɔm(ə)ˈlɛt] *das;* ~[e]s, ~s *(österr., schweiz.)* **Omelette** [ɔm(ə)ˈlɛt] *die;* ~, ~n *(Kochk.)* omelette

Omen [ˈoːmən] *das;* ~s, ~ *od.* Omina [ˈoːmina] omen

Omi ['oːmi] die; ~, ~s *(fam.)* granny *(coll./child lang.)*
Omikron ['oːmikrɔn] das; ~[s], ~s omicron
ominös [omiˈnøːs] 1. *Adj.* a) ominous; b) *(bedenklich, zweifelhaft)* sinister; *(berüchtigt)* unsavoury. 2. *adv.* ominously
Omnibus ['ɔmnibʊs] der; ~ses, ~se omnibus *(formal)*; *(Privat- und Reisebus auch)* coach
Omnibus- *s.* Bus-
omnipotent [ɔmnipoˈtɛnt] *Adj. (geh.)* omnipotent
Omnipotenz [ɔmnipoˈtɛnts] die; ~: *(geh.)* omnipotence
Onanie [onaˈniː] die; ~: onanism *no art.*; masturbation *no art.*
onanieren *itr. V.* masturbate
Ondit [õˈdiː] das; ~[s], ~s *(geh.)* on dit; rumour
ondulieren [ɔnduˈliːrən] *tr. V. (veralt.)* crimp; wave
¹Onkel ['ɔŋkl̩] der; ~s, ~ *od. (ugs.)* ~s a) uncle; b) *(Kinderspr.: Mann)* der ~ dort that man there; **sag dem ~ guten Tag!** say hello to the nice man; **der ~ Doktor** the nice doctor; b) *(ugs. abwertend)* bloke *(Brit. coll.)*; guy *(sl.)*
²Onkel der; ~s, ~s *in großer od. dicker ~*: big toe; **über den großen ~ gehen** walk pigeon-toed
Onkel·ehe die *(ugs.)* cohabitation of a widow with a man who *(in order to retain benefits due to her from the first marriage) is not married to her*
onkel·haft 1. *Adj.* avuncular. 2. *adv.* in an avuncular manner
ONO *Abk.* Ostnordost[en] ENE
onomato·poetisch *(Sprachw.) Adj.* onomatopoeic; onomatopoetic
ontisch ['ɔntɪʃ] *(Philos.)* 1. *Adj.* ontic. 2. *adv.* ontically
Onto·genese [ɔnto-] die *(Biol.)* ontogeny; ontogenesis
onto·genetisch *(Biol.)* 1. *Adj.* ontogenetic. 2. *adv.* ontogenetically
onto·logisch *(Philos.)* 1. *Adv.* ontological. 2. *adv.* ontologically
Onyx ['oːnyks] der; ~[e]s, ~e *(Mineral., Med.)* onyx
o. O. *Abk.* ohne Ort n. p.
OP [oːˈpeː] der; ~[s], ~[s] *Abk.* Operationssaal
Op. *Abk.* Opus op.
Opa ['oːpa] der; ~s, ~s *(fam.)* grandad *(coll./child lang.)*; grandpa *(coll./child lang.)*
opak [oˈpaːk] *Adj.* opaque
Opal [oˈpaːl] der; ~s, ~e opal
opalisieren *itr. V.* opalesce; ~**d** opalescent
Op-art ['ɔpla:ɐ̯t] die; ~: op art
OPEC ['oːpɛk] die; ~, ~en *Abk.* OPEC
Oper ['oːpɐ] die; ~, ~n opera; *(Institution, Ensemble)* Opera; *(Opernhaus)* Opera; opera-house; **in die ~ gehen** go to the opera; **an die/zur ~ gehen** *(als Sänger)* become an opera-singer; **quatsch keine ~n!** *(salopp)* don't talk rot! *(sl.)*
Opera *s.* Opus
Operateur [opəraˈtøːɐ̯] der; ~s, ~e a) *(Arzt)* [operating] surgeon; b) *(Filmvorführer)* projectionist
Operation [opəraˈtsi̯oːn] die; ~, ~en operation; ~ **gelungen, Patient tot** *(ugs.)* [it was] a brilliant idea, but it hasn't done the trick *(coll.)*
operationalisieren [opəratsi̯onaliˈziːrən] *tr. V. (Wissensch., Päd.)* operationalize
Operations-: ~**basis die** *(bes. Milit.)* base of operations; ~**gebiet das** *(Milit., auch fig.)* area of operations; ~**narbe die** operation scar; ~**saal der** operating-theatre *(Brit.)* or *-room* *(Amer.)*; ~**schwester die** theatre sister *(Brit.)*; operating-room nurse *(Amer.)*; ~**tisch der** operating-table
operativ [opəraˈtiːf] 1. *Adj.; nicht präd.* a) *(Med.)* operative; b) *(Milit.)* operational. 2. *adv.* a) *(Med.)* by operative surgery; **etw. ~ entfernen** operate to remove sth.; b) *(Milit.)* operationally
Operator [opəˈraːtɔr] der; ~s, ~[s], **Operatorin** die; ~, ~nen *(DV)* [computer] operator
Operette [opəˈrɛtə] die; ~, ~n operetta
operettenhaft 1. *Adj.* reminiscent of operetta *postpos.* 2. *adv.* in a way reminiscent of operetta
Operetten·staat der *(abwertend)* little tinpot state *(derog.)*
operieren 1. *tr. V.* operate on ⟨patient⟩; **jmdn. am Magen ~**: operate on sb.'s stomach; **sich ~ lassen** have an operation. 2. *itr. V.* operate; **vorsichtig ~ (vorgehen)** proceed carefully
Opern-: ~**arie die** [operatic] aria; ~**bühne die** opera-house; ~**führer der** opera guide; ~**glas das** opera-glass[es *pl.*]; ~**haus das** opera-house; ~**sänger der**, ~**sängerin die** opera-singer
Opfer ['ɔpfɐ] das; ~s, ~ a) *(Verzicht)* sacrifice; **ein ~ [für etw.] bringen** make a sacrifice [for sth.]; **kein ~ scheuen** consider no sacrifice too great; **unter großen ~n** by making great sacrifices; **manches ~ auf sich (Akk.) nehmen** make quite a few sacrifices; b) *(Geschädigter)* victim; **das Haus wurde ein ~ der Flammen** *(geh.)* the house fell victim to the flames; **jmdm./einer Sache zum ~ fallen** fall victim to sb./sth.; be the victim of sb./sth.; c) *(~gabe)* sacrifice; **jmdm./einer Sache etw. zum ~ bringen** sacrifice sth. to sb./sth.
opfer-, Opfer-: ~**bereit** *Adj.* ⟨person⟩ who is ready or willing to make sacrifices; ~**bereitschaft die** readiness or willingness to make sacrifices; ~**gabe die** [sacrificial] offering; ~**gang der** a) *(kath. Kirche)* offertory procession; b) *(geh.)* seinen ~gang antreten sacrifice oneself; ~**lamm das** sacrificial lamb; **wie ein ~lamm** *(fig. ugs.)* like a lamb to the slaughter; ~**mut der** *(geh.)* readiness or willingness to make sacrifices
opfern 1. *tr. V.* a) *(darbringen)* sacrifice; make a sacrifice; offer up ⟨fruit, produce, etc.⟩; b) *(fig.: hingeben)* sacrifice, give up ⟨time, holiday, money, life⟩. 2. *itr. V.* **den Göttern ~**: offer sacrifice [to the gods]. 3. *refl. V.* a) **sich für jmdn./etw. ~**: sacrifice oneself for sb./sth.; b) *(ugs. scherzh.)* be the martyr; **wer opfert sich denn und ißt den Nachtisch auf?** who's going to volunteer to finish off the dessert?
Opfer-: ~**stock der**; *Pl.* ~**stöcke** offertory box; ~**tier das** sacrificial animal; ~**tod der** *(geh.)* **den ~tod sterben** sacrifice one's life
Opferung die; ~, ~en a) sacrifice; b) *(kath. Kirche)* offertory
Opfer·wille der *s.* Opfermut
opfer·willig *Adj. s.* opferbereit
Opiat [oˈpi̯aːt] das; ~[e]s, ~e opiate
Opium ['oːpi̯ʊm] das; ~s *(auch fig.)* opium
Opium-: ~**höhle die** *(ugs.)* opium den; ~**krieg der** *(hist.)* Opium War; ~**raucher der** opium-smoker; ~**rausch der** opium dream; ~**sucht die** opium addiction
Opossum [oˈpɔsʊm] das; ~s, ~s opossum
Opponent [ɔpoˈnɛnt] der; ~en, ~en, **Opponentin** die; ~, ~nen opponent
opponieren *itr. V.* take the opposite side; **gegen jmdn./etw. ~**: oppose sb./sth.
opportun [ɔpɔrˈtuːn] *Adj. (geh.)* appropriate; *(günstig)* advantageous
Opportunismus der; ~: opportunism
Opportunist der; ~en, ~en, **Opportunistin** die; ~, ~nen opportunist
opportunistisch 1. *Adj.* opportunistic. 2. *adv.* opportunistically; ~ **handeln** be opportunistic; *(im Einzelfall)* act in an opportunistic fashion
Opportunität [ɔpɔrtuniˈtɛːt] die; ~, ~en *(geh.)* appropriateness
Opportunitäts·prinzip das *(Rechtsw.)* principle that the public prosecutor has the power to decide whether or not to institute proceedings
Opposition [ɔpoziˈtsi̯oːn] die; ~, ~en *(auch Politik, Sprachw., Astron., Schach, Fechten)* opposition; **etw. aus [reiner od. lauter] ~ tun** do sth. just to be contrary; **~ gegen jmdn./etw. machen** *(ugs.)* oppose sb./sth.; **in die ~ gehen** *(Politik)* go into opposition; **Jupiter und Mars stehen in ~**: Jupiter and Mars are in opposition
oppositionell [ɔpozitsi̯oˈnɛl] 1. *Adj.* opposition *attrib.* ⟨group, movement, circle, etc.⟩; ⟨newspaper, writer, artist, etc.⟩ opposed to the government; ⟨feelings⟩ of opposition; ⟨attempts⟩ at opposition; opposing ⟨trend, tendency⟩; **~es Verhalten** opposition; **die seit 1982 ~e SPD** the SPD, in opposition since 1982. 2. *adv.* **~ eingestellt sein** hold opposing views
Oppositionelle der/die; *adj. Dekl.* member of the opposition; *(Regimekritiker)* dissident
Oppositions-: ~**führer der** opposition leader; *(in Großbritannien)* Leader of the Opposition; ~**partei die** opposition party
Optativ ['ɔptatiːf] der; ~s, ~e *(Sprachw.)* optative
optieren [ɔpˈtiːrən] *itr. V.* a) *(Völkerr.)* opt; **für Polen ~**: opt for Polish citizenship; b) *(Rechtsw.)* **auf etw. (Akk.) ~**: take an option on sth.
Optik die; ~, ~en a) *o. Pl. (Wissenschaft)* optics *sing., no art.*; b) *(Pl. Linse)* lens; *(Linsen)* optics *pl.*; lens system; **das ist eine Frage der ~** *(fig.)* it depends on your point of view; c) *o. Pl. (Erscheinungsbild)* appearance; **der ~ wegen** for visual effect
Optiker der; ~s, ~, **Optikerin die**; ~, ~nen optician
Optima *s.* Optimum
optimal [ɔptiˈmaːl] 1. *Adj.* optimal; optimum *attrib.* 2. *adv.* **jmdn. ~ beraten** give sb. the best possible advice; **ein Problem ~ lösen** find the optimal or optimum solution to a problem
optimieren *tr. V.* optimize
Optimierung die; ~, ~en optimization
Optimismus der; ~: optimism
Optimist der; ~en, ~en, **Optimistin** die; ~, ~nen optimist; **~ sein** be an optimist
optimistisch 1. *Adj.* optimistic. 2. *adv.* optimistically
Optimum ['ɔptimʊm] das; ~s, **Optima** *(auch Biol.)*
Option [ɔpˈtsi̯oːn] die; ~, ~en a) *(Völkerr.)* opting; b) *(Rechtsw.)* option *(auf + Akk. on)*
optisch 1. *Adj.* optical; visual ⟨impression⟩; **eine ~e Täuschung** an optical illusion; **aus ~en Gründen** for [the sake of] optical or visual effect; *(fig.)* for [the sake of] effect. 2. *adv.* optically; visually ⟨impressive, successful, effective⟩; ~ **wahrnehmbar sein** be perceivable with the eye
opulent [opuˈlɛnt] 1. *Adj.* a) sumptuous ⟨meal, banquet, etc.⟩; b) *(aufwendig [gestaltet])* opulent; lavish ⟨theatrical production⟩. 2. *adv.* opulently ⟨dressed⟩; ~ **essen** eat a sumptuous meal
Opus ['oːpʊs] das; ~, **Opera** ['oːpəra] opus; *(Gesamtwerk)* œuvre
Orakel [oˈraːkl̩] das; ~s, ~ *(auch fig.)* oracle; **in ~n reden** *od.* **sprechen** *(fig.)* talk or speak in riddles
orakel·haft *Adj.* oracular
orakeln 1. *tr. V.* ~, **daß ...**: make mysterious prophecies that ... 2. *itr. V.* make mysterious prophecies
oral [oˈraːl] 1. *Adj.* oral. 2. *adv.* orally; **~ verkehren** have oral intercourse or sex
orange [oˈrã:ʒ(ə)] *indekl. Adj.* orange
¹Orange das; ~s, ~ *od. (ugs.)* ~s orange
²Orange die; ~, ~n *(bes. südd., österr., schweiz.: Apfelsine)* orange

Orangeade [orãˈʒaːdə] *die;* ~, ~n orangeade
Orangeat [orãˈʒaːt] *das;* ~s, ~e candied orange-peel
orange·farben, orange·farbig *Adj.* orange[-coloured]
orangen [oˈrãːʒn̩] *Adj.* orange
orangen-, Orangen-: ~**baum** orange-tree; ~**farben,** ~**farbig** *Adj. s.* **orangefarben;** ~**marmelade** *die* orange marmalade; ~**saft** *der* orange-juice; ~**schale** *die* orange-peel *no pl.*
Orangerie [orãʒəˈriː] *die;* ~, ~n orangery
Orang-Utan [ˈoːraŋˈluːtan] *der;* ~s, ~s orang-utan
Oranien [oˈraːni̯ən] (*das*); ~s Orange; **Wilhelm von** ~: William of Orange
Oranier *der;* ~s, ~: member of the House of Orange
Oratorium [oraˈtoːri̯ʊm] *das;* ~s, Orat*orien* oratorio
Orchester [ɔrˈkɛstɐ] *das;* ~s, ~: orchestra; (~*graben*) orchestra [pit]
Orchester-: ~**begleitung** *die* orchestral accompaniment; ~**graben** *der* orchestra pit; ~**musiker** *der* orchestral musician
orchestral [ɔrkɛsˈtraːl] 1. *Adj.* orchestral. 2. *adv.* ~ begleitet accompanied by an orchestra
orchestrieren *tr. V.* (*Musik, auch fig.*) orchestrate
Orchestrierung *die;* ~, ~en (*Musik, auch fig.*) orchestration
Orchidee [ɔrçiˈdeː(ə)] *die;* ~, ~n orchid
Orden [ˈɔrdn̩] *der;* ~s, ~ a) (*Gemeinschaft*) order; **in einen** ~ **eintreten, einem** ~ **beitreten** join an order; become a member of an order; b) (*Ehrenzeichen*) decoration; (*Milit.*) decoration; (*in runder Form*) medal; **jmdm. einen** ~ [**für etw.**] **verleihen** decorate sb. [for sth.]; **ihm wurde der** ~ **pour le Mérite verliehen** he was given the Ordre pour le Mérite; **einen** ~ **bekommen** receive a decoration/medal
orden·geschmückt *Adj.* bemedalled and beribboned
Ordens-: ~**band** *das; Pl.* ~**bänder** ribbon; ~**bruder** *der* brother [of an/the order]; monk; ~**regel** *die* rule [of an/the order]; ~**schwester** *die* sister [of an/the order]; nun; ~**tracht** *die* habit [of an/the order]; ~**verleihung** *die* awarding of a/the decoration; **die jährliche** ~**verleihung** the annual award of decorations
ordentlich [ˈɔrdn̩tlɪç] 1. *Adj.* a) (*ordnungsliebend*) [neat and] tidy; (*methodisch*) orderly; b) (*geordnet*) neat ⟨*room, house, desk, etc.*⟩; neat ⟨*handwriting, clothes*⟩; c) (*anständig*) respectable; proper ⟨*manners*⟩; d) *nicht präd.* (*planmäßig*) regular, ordinary ⟨*meeting*⟩; ~**es Mitglied** full member; ~**es Gericht** court exercising civil and criminal jurisdiction; *s. auch* **Professor a**; e) (*ugs.: richtig*) proper; real; **etwas Ordentliches** haben some proper food; **eine** ~**e Tracht Prügel** a real good hiding (*coll.*); f) (*ugs.: tüchtig*) **ein** ~**es Stück Kuchen** a nice big piece of cake; **ein** ~**es Stück Arbeit/Weg** a fair old bit of work (*coll.*) /a fair old way (*coll.*); **die haben ja** ~**e Preise** their prices are steep (*coll.*); g) (*ugs.: recht gut*) decent ⟨*wine, flat, marks, etc.*⟩; **ganz** ~: pretty good. 2. *adv.* (*geordnet*) tidily; neatly; (*write*) neatly; ~ **aufgeräumt** neatly tidied; b) (*anständig*) properly; c) (*ugs.: gehörig*) ~ **feiern** have a real good celebration (*coll.*); ~ **einen heben** (*ugs.*) have a fair few drinks (*coll.*); **greift** ~ **zu!** tuck in!; **sich** ~ **ausschlafen** have a really good sleep; **letzte Nacht hat es** ~ **geschneit** it really snowed last night; **es jmdm.** ~ **geben** give sb. a piece of one's mind; d) (*ugs.: recht gut*) ⟨*ski, speak, etc.*⟩ really well; **ganz** ~ **verdienen** earn a pretty good wage

Ordentlichkeit *die;* ~: [neatness and] tidiness; (*der Schrift, Kleidung*) neatness; (*methodische Veranlagung*) orderliness
Order [ˈɔrdɐ] *die;* ~, ~s *od.* ~n a) (*Befehl*) order; ~ **haben, etw. zu tun** have orders to do sth.; **sich an eine** ~ **halten** obey one's orders; b) *Pl.* ~s (*Kaufmannsspr.: Auftrag*) order; **einer Firma eine** ~ **erteilen** place an order with a firm
ordern *tr., itr. V.* (*Kaufmannsspr.*) order
Order·papier *das* (*Bankw.*) instrument made out to order (*and transferable by endorsement*)
Ordinal·zahl *die* ordinal [number]
ordinär [ɔrdiˈnɛːɐ̯] 1. *Adj.* a) (*abwertend*) vulgar; common; vulgar ⟨*joke, song, expression, language*⟩; cheap and obtrusive ⟨*perfume*⟩; b) *nicht präd.* (*alltäglich*) ordinary. 2. *adv.* vulgarly; in a vulgar manner
Ordinariat [ɔrdinaˈri̯aːt] *das;* ~[e]s, ~e a) (*kath. Kirche*) ordinariate; b) (*Hochschulw.*) chair
Ordinarius [ɔrdiˈnaːri̯ʊs] *der;* ~, Ordinarien a) (*Professor*) [full] professor (*holding a chair*) (*für etw.*); b) (*kath. Kirche*) ordinary
Ordinate [ɔrdiˈnaːtə] *die;* ~, ~n (*Math.*) ordinate
Ordinaten·achse *die* (*Math.*) axis of ordinates
Ordination [ɔrdinaˈtsi̯oːn] *die;* ~, ~en a) (*ev., kath. Kirche*) ordination; b) (*Med.: Verordnung*) prescription; c) (*Med. veralt.: Sprechstunde*) surgery
ordinieren *tr. V.* a) (*ev., kath. Kirche*) ordain; b) (*Med.*) prescribe
ordnen [ˈɔrdnən] 1. *tr. V.* a) arrange; (*systematisieren*) arrange, organize ⟨*ideas, thoughts, material, etc.*⟩; b) (*regeln*) regulate ⟨*traffic*⟩; **sein Leben/seine Finanzen** ~: straighten out one's life/put one's finances in order; **seine Angelegenheiten** ~: settle one's affairs; *s. auch* **geordnet**. 2. *refl. V.* **ihre Gedanken ordneten sich** (*fig.*) her thoughts became more collected
Ordner *der;* ~s, ~ a) (*Hefter*) file; b) (*Aufsichtsperson*) steward; (*bei Demonstrationen*) marshal; steward
Ordnung *die;* ~, ~en a) *o. Pl.* (*ordentlicher Zustand*) order; tidiness; ~ **halten** keep things tidy; **durch sie kam etwas mehr** ~ **ins Haus** she made the house a little tidier; ~ **in die Papiere bringen** put the papers into order; **hier herrscht** ~: everything is neat and tidy here; **hier herrscht ja eine schöne** ~! (*iron.*) a nice mess we've got here!; **der** ~ **halber** *od.* **wegen** (*weil es sich so gehört*) for the sake of form; ~ **schaffen, für** ~ **sorgen** sort things out; **sehr auf** ~ **halten** set great store by tidiness; ~ **ist das halbe Leben** (*Spr.*) muddle makes trouble; **etw. in** ~ **bringen** sort sth. out; **in** ~ **kommen** sort itself out; **in** ~ **sein** (*ugs.*) be OK (*coll.*) or all right; **ist dein Paß in** ~? is your passport in order?; **das Fleisch ist ganz in** ~: the meat has started to go bad; **hier ist etw. nicht in** ~: there's something wrong here; **mit ihr ist etwas nicht in** ~, **sie ist nicht in** ~ (*ugs.*) there's something wrong or the matter with her; **jetzt bin ich wieder in** ~: I'm better or all right now; **sie ist in** ~ (*ugs.: ist nett, verläßlich o. ä.*) she's OK (*coll.*); **alles** [**ist**] **in schönster** *od.* **bester** ~ : everything's [just] fine; [things] couldn't be better; [**das**] **geht** [**schon**] **in** ~ (*ugs.*) that'll be OK (*coll.*); **ich finde es nicht in** ~, **daß ...:** I don't think it's right that ...; **sie scheint es ganz in** [**der**] ~ **zu finden, wenn ...:** she doesn't seem to mind at all if ...; **in** ~! (*ugs.*) OK! (*coll.*); all right!; b) *o. Pl.* (*geregelter Ablauf*) routine; **hier muß alles seine** ~ **haben** we/they *etc.* like to keep to a routine here; c) *o. Pl.* (*System von Normen*) order; **die** ~ **einer Gemeinschaft** the rules of a community; *s. auch* **öffentlich**; d) *o. Pl.* (*Disziplin*) order; **hier/da herrscht** ~: we have some discipline here/they have some discipline there; **sich an** ~ **gewöhnen** get used to discipline; ~ **halten** ⟨*teacher etc.*⟩ keep order; **sehr auf** ~ **halten** be a great disciplinarian; e) *o. Pl.* (*System*) order; (*Struktur*) structure; f) (*Formation*) formation; g) (*Biol.*) order; h) *o. Pl.* (*Rang*) **eine Straße zweiter** ~: a second-class road; **ein Stern vierter** ~: a fourth-magnitude star; **ein Reinfall/Fehlschlag** *usw.* **erster** ~ (*fig. ugs.*) a disaster/failure *etc.* of the first order or water; i) *o. Pl.* (*Math.*) order; j) (*Mengenlehre*) ordered set; k) *o. Pl.* (*Gesellschafts*~) order
ordnungs-, Ordnungs-: ~**amt** *das* [offices of] municipal authority responsible for registering residents, regulating public events such as demonstrations and galas, supervising trading standards, street traders, street musicians, *etc.*; ~**gemäß** 1. *Adj.* ⟨*conduct etc.*⟩ in accordance with the regulations; **alles ging seinen** ~**gemäßen Gang** everything took its proper course; 2. *adv.* in accordance with the regulations; ~**halber** *Adv.* as a matter of form; ~**hüter** *der* (*scherzh.*) custodian of the law (*joc.*); ~**liebe** *die* liking for neatness and tidiness; ~**liebend** *Adj.* (*person*) who likes to see things neat and tidy; ~**ruf** *der* call to order; **jmdm. einen** ~**ruf erteilen** call sb. to order; ~**sinn** *der* liking for neatness and tidiness; ~**strafe** *die* (*Rechtsw.*) penalty for contempt of court; ~**widrig** (*Rechtsw.*) 1. *Adj.* ⟨*actions, behaviour, etc.*⟩ contravening the regulations; illegal ⟨*parking*⟩; ~**widriges Verhalten im Verkehr** an infringement of traffic regulations; 2. *adv.* ~**widrig parken** park illegally; ~**widrig handeln** act in contravention of the regulations; contravene or infringe the regulations; ~**widrigkeit** *die* (*Rechtsw.*) infringement of the regulations; ~**zahl** *die* ordinal [number]; (*Physik*) atomic number
Ordonnanz [ɔrdɔˈnants] *die;* ~, ~en (*Milit.*) orderly
Ordonnanz·offizier *der* (*Milit.*) aide[-de-camp]
Oregano [oˈreːgano] *der;* ~: oregano
ORF [oːˈɛrˈɛf] *der;* ~ *Abk.* Österreichischer Rundfunk Austrian Radio
Organ [ɔrˈgaːn] *das;* ~s, ~e a) (*Anat., Biol.*) organ; **ein/kein** ~ **für etw. haben** (*fig.*) have a feeling/no feeling for sth.; b) (*ugs.: Stimme*) voice; **er hat ein fürchtbar lautes** ~: his voice is awfully loud; c) (*Zeitung*) organ (*formal*); d) (*Institution*) organ; (*Mensch*) agent; **die Polizei ist nur ausführendes** ~: the police act only as an executive agency; **staatliche** ~**e** organs of state; **bewaffnete** ~**e der DDR** armed defensive forces of the GDR
Organ·bank *die; Pl.* ~**banken** (*Med.*) organ bank
Organdy [ɔrˈgandi] *der;* ~s organdy
Organ·empfänger *der* (*Med.*) organ recipient; recipient of an organ
Organisation [ɔrganizaˈtsi̯oːn] *die;* ~, ~en organization
Organisations-: ~**büro** *das* organizational headquarters *sing. or pl.*; ~**grad** *der* level of (*trade union etc.*) membership; **gewerkschaftlicher** ~**grad** degree of unionization; ~**talent** *das* a) (*Fähigkeit*) talent for organization; b) (*Mensch*) person with a talent for organization; **ein** [**ausgesprochenes**] ~**talent sein** have a [marked] talent for organization
Organisator [ɔrganiˈzaːtɔr] *der;* ~s, ~en [-ˈtoːrən] organizer
organisatorisch 1. *Adj.* organizational. 2. *adv.* organizationally; ~ **begabt sein** have a talent for organization
organisch 1. *Adj.* a) (*auch Chemie*) organic; ~**e Chemie** organic chemistry; b) (*Med.*) organic; physical. 2. *adv.* a) organ-

1361

organisierbar

ically; **sich ~ in etw.** *(Akk.)* **einfügen** form an organic part of sth.; **b)** *(Med.)* organically; physically
organisierbar *Adj.* organizable; **etw. ist ~:** sth. can be organized
organisieren 1. *tr. V.* **a)** *(vorbereiten, aufbauen)* organize; **b)** *(ugs.: beschaffen)* get [hold of]. **2.** *itr. V.* **gut ~ können** be a good organizer. **3.** *refl. V.* organize (zu into); **er will sich ~:** he wants to join the union *etc.*
organisiert *Adj.* organized ⟨*system etc.*⟩; **gewerkschaftlich ~e Arbeiter** unionized workers; **sind Sie politisch/gewerkschaftlich ~?** are you a member of a political party/trade union?
Organismus der; **Organismen** organism
Organist der; **~en, ~en, Organistin** die; **~, ~nen** organist; *s. auch* **-in**
Organ-: ~spender der organ donor; **~transplantation** die, **~verpflanzung** die organ transplantation
Organza [ɔrˈgantsa] der; **~s** organza
Orgasmus [ɔrˈgasmʊs] der; **~, Orgasmen** orgasm
orgastisch *Adj.* orgastic; orgasmic
Orgel [ˈɔrɡl̩] die; **~, ~n** organ; **~ spielen** play the organ
Orgel-: ~bauer der organ-builder; **~konzert** das organ concerto; *(Solo)* organ recital; **~musik** die organ music
orgeln *itr. V.* **a)** *(Drehorgel spielen)* grind the organ; **b)** *(ugs.: tönen)* ⟨*barrel-organ, song*⟩ grind on; **c)** *(Jägerspr.: schreien)* bell
Orgel-: ~pfeife die organ-pipe; **[dastehen] wie die ~pfeifen** *(scherzh.)* [stand in a row] from the tallest to the shortest; **~punkt** der *(Musik)* pedal *or* organ point; **~werk** das work for the organ
orgiastisch 1. *Adj.* orgiastic. **2.** *adv.* orgiastically
Orgie [ˈɔrɡi̯ə] die; **~, ~n** *(auch fig.)* orgy; **eine ~ feiern** have an orgy
Orient [ˈoːri̯ɛnt] der; **~s a)** *(Vorder- u. Mittelasien)* Middle East and south-western Asia *(including Afghanistan and Nepal)*; **der Vordere ~:** the Middle East; **b)** *(veralt.: Osten)* Orient
Orientale [ori̯ɛnˈtaːlə] der; **~n, ~n** s. **Orient a:** man from the Middle East [or south-western Asia]
Orientalin die; **~, ~nen** s. **Orient a:** woman from the Middle East [or south-western Asia]; *s. auch* **-in**
orientalisch *Adj.* oriental
Orientalist der; **~en, ~en, Orientalistin** die; **~, ~nen** orientalist; *s. auch* **-in**
Orientalistik die; **~:** [Middle Eastern and] oriental studies
orientieren 1. *refl. V.* **a)** *(sich zurechtfinden)* get one's bearings; **ich muß mich zuerst ~, wo ich eigentlich bin** first I must get my bearings [and find out where I am]; **sich an etw.** *(Dat.)* **~:** get one's bearings by sth./using a map; **b)** *(sich unterrichten)* **sich über etw.** *(Akk.)* **~:** inform oneself about sth.; **c)** *(sich ausrichten)* **sich an etw.** *(Dat.)* **~:** be oriented towards sth.; ⟨*policy, advertising*⟩ be geared towards sth.; **politisch links/rechts orientiert sein** lean towards the left/right politically; **sich an bestimmten Leitbildern ~:** follow certain models; **d)** *(DDR: hinlenken)* **sich auf jmdn./etw. ~:** concentrate [one's attention] on sb./sth.; switch *or* go over to sth. **2.** *tr. V.* **a)** *(unterrichten)* inform (**über** + *Akk.* about); **die Gespräche haben nur ~den Charakter** the talks are only for the purposes of exchanging information; **b)** *(ausrichten)* **sein Ziel nach etw. ~:** base one's aims on sth.; **gewerkschaftlich orientierte Interessen** interests centred on the trade unions; **c)** *(DDR: hinlenken, hinweisen)* **jmdn. auf etw.** *(Akk.)* **~:** sb.'s attention to sth.; **alle Kräfte auf eine Politik des Friedens ~:** concentrate every effort on a policy of promoting peace. **3.** *itr. V.* **a)** *(unterrichten)* **über etw.** *(Akk.)* **~:** report on sth.; **b)** *(DDR)* **auf etw.** *(Akk.)* **~** concentrate [one's/its attention] on sth.
-orientiert *adj.* orientated towards ...
Orientierung die; **~ a)** *(Orientierungssinn, -möglichkeit)* **hier ist die ~ schwer** it's difficult to get your bearings here; **die ~ verlieren** lose one's bearings; **b)** *(Unterrichtung)* **zu Ihrer ~:** for your information; **die ~ der Bevölkerung** informing the population (**über** + *Akk.* about); **c)** *(das Sichausrichten)* orientation (**auf** + *Akk.* towards, **an** + *Dat.* according to); **d)** *(DDR: Hinwendung)* **die ~ auf etw.** *(Akk.)* concentration on sth.; **jmdm. die ~ auf etw.** *(Akk.)* **geben** direct sb.'s attention to sth.
orientierungs-, Orientierungs-: ~hilfe die aid to orientation; **als ~hilfe legen wir Ihnen eine Karte bei** we enclose a map to help you find your way; **~los** *Adj.* *(auch fig.)* disoriented; **~los umherirren** wander around in a state of disorientation; **~punkt** der landmark by which one can/could find one's bearings; *(fig.)* point of reference; **~sinn** der sense of direction; **~stufe** die *(Schulw.) s.* **Förderstufe**
Orient-: [ˈoːri̯ɛnt-]**: ~tabak** der Oriental tobacco; **~teppich** der oriental carpet; *(Läufer)* oriental rug
orig. *Abk.* orig. orientated genuine
Origano [oˈriːɡano] der; **~:** oregano
original [origiˈnaːl] **1.** *Adj.* original; *(echt)* genuine; authentic. **2.** *adv.* **~ indische Seide** genuine Indian silk; **etw. ~ übertragen** broadcast sth. live
Original das; **~s, ~e a)** *(Urschrift o. ä.)* original; **b)** *(eigenwilliger Mensch)* character
original-, Original-: ~ausgabe die original *or* first edition; **~fassung** die original version; **in der spanischen ~fassung** in the original Spanish version; **~getreu 1.** *Adj.* faithful *or* true [to the original] *postpos.*; **2.** *adv.* in a manner faithful *or* true to the original
Originalität [originaliˈtɛːt] die; **~ a)** *(Echtheit)* genuineness; authenticity; **b)** *(Einmaligkeit)* originality
Original-: ~titel der original-language title; **~ton** der: **Reportageausschnitte im ~ton von 1936** excerpts from news reports with the original 1936 soundtrack; **„~ton DDR-Fernsehen"** 'GDR television commentary'
originär [origiˈnɛːɐ̯] *Adj.; adv.* original
originell [origiˈnɛl] **1.** *Adj.* *(ursprünglich)* original; *(neu)* novel; *(ugs.: witzig)* witty, funny, comical ⟨*story*⟩; comical, funny ⟨*costume*⟩; **ein ~er Kopf sein** have an original mind. **2.** *adv.* *(ursprünglich)* ⟨*write, argue*⟩ with originality; *(ugs.: witzig)* ⟨*write, argue*⟩ wittily
Orkan [ɔrˈkaːn] der; **~[e]s, ~e** hurricane; *(fig.)* thunderous storm; **der Sturm schwoll zum ~** an the storm rose to hurricane force
orkan·artig *Adj.* ⟨*winds, gusts*⟩ of almost hurricane force; **~er Beifall** *(fig.)* thunderous applause
Orkney·inseln [ˈɔːknɪ-] *Pl.* Orkney Islands; Orkneys
Orkus [ˈɔrkʊs] der; **~** *(geh.)* Orcus; Hades
Ornament [ɔrnaˈmɛnt] das; **~[e]s, ~e** *(Kunstw.)* ornament
ornamental [ɔrnamɛnˈtaːl] *(Kunstw.) Adj.* ornamental; decorative
Ornat [ɔrˈnaːt] der; **~[e]s, ~e** *(eines Priesters)* vestments *pl.*; *(eines Hochschullehrers)* academic dress; *(eines Richters)* official robes *pl.*; **in vollem ~** *(ugs. scherzh.)* dressed [up] to the nines
Ornithologe [ɔrniˈtoːloɡə] der; **~n, ~n** ornithologist
Ornithologie die; **~:** ornithology *no art.*
Ornithologin die; **~, ~nen** ornithologist
ornithologisch *Adj.* ornithological

ortskundig

¹**Ort** [ɔrt] der; **~[e]s, ~e a)** *(Platz)* place; **an öffentlichen ~en** in public places; **etw. an seinem ~ lassen** leave sth. where it is/was; **ein ~ des Schreckens/der Stille** a place of terror/quiet; **~ der Handlung: ...:** the scene of the action is ...; **an den ~ des Verbrechens zurückkehren** return to the scene of the crime; **an ~ und Stelle** there and then; **an ~ und Stelle sein/ankommen** *(an der gewünschten Stelle)* be/arrive there; **höheren ~[e]s** higher up; **am angegebenen ~** *(Schriftu. Druckw.)* in the same work; **der gewisse** *od.* **stille** *od.* **bewußte ~** *(ugs. verhüll.)* the smallest room *(coll. euphem.)*; *s. auch* **Örtchen**; **b)** *(~schaft) (Dorf)* village; *(Stadt)* town; **am ~ wohnen** live in the village/town; **von ~ zu ~:** from place to place; **das beste Hotel am ~:** the best hotel in the place
²**Ort** *in vor* **~:** on the spot; *(Bergmannsspr.)* at the [coal-]face
Örtchen [ˈœrtçən] das; **~s, ~** *(ugs. verhüll.)* **das ~:** the smallest room *(coll. euphem.)*; **aufs ~ müssen** have to pay a visit *(coll. euphem.)*
orten *tr. V.* *(bes. Flugw., Seew.)* find the position of
orthodox [ɔrtoˈdɔks] *Adj.* **a)** *(Rel.)* orthodox; **die ~en Kirchen** the Orthodox Churches; **b)** *(starr)* rigid; **c)** *(strenggläubig)* strict; **d)** *(fig.: traditionell)* orthodox
Orthodoxie [ɔrtodɔˈksiː] die; **~** *(Rel.)* orthodoxy
Orthographie die; **~; ~n** orthography
orthographisch 1. *Adj.* orthographic; **~e Fehler** spelling mistakes. **2.** *adv.* orthographically; **~ richtig schreiben** spell correctly
Orthopäde [ɔrtoˈpɛːdə] der; **~n, ~n** orthopaedist; orthopaedic specialist
Orthopädie [ɔrtopɛˈdiː] die; **~; ~n a)** *o. Pl.* orthopaedics *sing., no art.*; **Facharzt für ~:** *s.* **Orthopäde**; **b)** *(ugs.: Abteilung)* orthopaedic department; **auf/in der ~ liegen** be a patient in the orthopaedic department
Orthopädin die; **~, ~nen** s. **Orthopäde**
orthopädisch 1. *Adj.* orthopaedic. **2.** *adv.* orthopaedically
örtlich [ˈœrtlɪç] **1.** *Adj.* **a)** *(Med.)* local ⟨*anaesthetic etc.*⟩; **b)** *(begrenzt)* local. **2.** *adv.* **a)** *(Med.)* locally; **~ betäubt werden** be given a local anaesthetic; **b)** *(begrenzt)* **~ begrenzte Kampfhandlungen** [limited] local encounters; **~ verschieden sein** vary from place to place
Örtlichkeit die; **~, ~en a)** *(Gebiet)* locality; **sich mit den ~en vertraut machen** get to know the area; **b)** *(Stelle)* place; **c)** *s.* **Örtchen**
orts-, Orts-: ~angabe die indication of place; **~ansässig** *Adj.* local; **seine Familie ist schon lange ~ansässig** his family has lived locally for a long time; **die ~ansässigen** the local residents; **~ausgang** der end of the village/town; **~bestimmung** die *(Geogr.)* determination of the latitude and longitude of a place
Ortschaft die; **~, ~en** *(Dorf)* village; *(Stadt)* town; **geschlossene ~:** built-up area
orts-, Orts-: ~eingang der entrance to the village/town; **~fremd** *Adj.* **a)** *(nicht ~ansässig)* **~fremde Personen** visitors to the village/town; **die ~fremden Besucher** visitors from outside the village/town; **b)** *(nicht ~ kundig)* **~fremd sein** be a stranger [to the village/town]; **Ortsfremde** *Pl.* strangers to the village/town]; **~gebunden** *Adj.* tied to the locality *postpos.*; **~gespräch** das *(Fernspr.)* local call; **~gruppe** die local branch; **~kenntnis** die knowledge of the place; **[gute] ~kenntnisse haben** know the place [well]; **~kranken·kasse** die compulsory medical *or* health insurance scheme *(organized at district level)*; **~kundig** *Adj.* **ein ~kundiger Führer** a guide who knows the place well; **ein Ortskundiger**

Ortsname / **Ozonloch**

someone who knows the place well; ~**name** der place-name; ~**netz** das a) *(Fernspr.)* local exchange network; b) *(Energiewirtsch.)* local distribution network; ~**netz·kennzahl** die *(Fernspr.)* dialling code; ~**schild** das place-name sign; ~**sinn** der sense of direction; ~**tarif** der local rate; ~**teil** der area [of the village/town]; ~**üblich** *Adj.* local ⟨*customs, practices*⟩; **die ~übliche Miete** the rents *pl.* here/there; ~**verkehr** der a) *(Straßenverkehr)* local traffic; b) *(Post)* local postal service; c) *(Telefon)* local telephone service; ~**wechsel** der change of locality; **ein ~wechsel wird dir guttun** a change of environment will do you good; ~**zeit** die local time; ~**zu·lage** die, ~**zuschlag** der salary weighting allowance for employees in the public services

Ortung die; ~, -en *(bes. Flugw., Seew.)* die ~ von feindlichen Schiffen/Flugzeugen finding the position of enemy ships/aircraft

Öse [ø:zə] die; ~, ~n eye; *(an Schuh, Stiefel)* eyelet

osmanisch [ɔsˈmaːnɪʃ] *Adj. (hist.)* **das Osmanische Reich** the Ottoman Empire

Osmose [ɔsˈmoːzə] die; ~, ~n *(chem., Bot.)* osmosis

OSO *Abk.* **Ostsüdost[en]** ESE

¹**Ost** [ɔst] o. Art.; o. Pl. a) *(bes. Seemannsspr., Met.)* east; *s. auch* **Osten** a; b) *(Gebiet)* East; **in ~ und West** in the East and [in] the West; **aus ~ und West** from East and West; c) *(Politik)* East; **~ und West** the East and the West; **zwischen ~ und West** between [the] East and [the] West; d) *einem Substantiv nachgestellt* East; **Berlin (Ost)** East Berlin

²**Ost** der; ~[e]s, ~e *(Seemannsspr.)* easterly; *(dichter.)* east wind

³**Ost** o. Art.; o. Pl. *(ugs.: ~geld)* **in ~ bezahlen** pay in East German marks; **zehn Mark ~** ten East German marks

ost-, Ost-: ~**afrika** (das) East Africa; ~**asien** (das) East or Eastern Asia; ~**asiatisch** *Adj.* East Asian

Ost-Berlin, Ost·berlin (das) East Berlin

Ost·berliner 1. der East Berliner. **2.** *Adj.; nicht präd.* East Berlin

ost-, Ost-: ~**besuch** der *(ugs.)* visitor/visitors from East Germany; ~**block** der; o. Pl. Eastern bloc; ~**block·staat** der Eastern-bloc state; ~**deutsch 1.** *Adj.* a) Eastern German; b) *(politisch)* East German; **2.** *adv.* in an Eastern German manner; ~**deutsche** der/die a) *(Politik)* East German; b) *(Geogr.)* Eastern German; ~**deutschland** (das) a) *(Politik)* East Germany; b) *(Geogr.)* Eastern Germany; ~**elbisch** *Adj.* from east of the Elbe *postpos.* ⟨*usu. referring to the conservative landowners in 19th-century Prussia*⟩

Osten der; ~s a) *(Richtung)* east; **nach ~:** eastwards; **aus** *od.* **von ~:** from the east; *s. auch* **Norden** a; b) *(Gegend)* eastern part; **aus dem ~:** from the east; c) *(Geogr.)* **der ~:** the East; **der Ferne ~:** the Far East; **der Mittlere ~:** south-western Asia *(including Afghanistan and Nepal)*; **der Nahe ~:** the Middle East; d) *(Politik)* **der ~** *(der Ostblock)* the East; *(die DDR)* the East; East Germany

Ost·ende [ɔstˈɛndə] (das); ~s Ostend

ostentativ [ɔstɛntaˈtiːf] *(geh.)* **1.** *Adj.* pointed ⟨*absence, silence*⟩; overt ⟨*hostility*⟩; exaggerated ⟨*heartiness*⟩; studied ⟨*calm, casualness*⟩; ostentatious ⟨*gesture*⟩. **2.** *adv.* pointedly; ⟨*embrace*⟩ ostentatiously

Oster-: ~**ei** das Easter egg; ~**feier·tag** der **in** *über die* ~**feiertage** over Easter; on Easter Sunday and [Easter] Monday; **der erste/zweite ~feiertag** Easter Sunday/Monday; ~**fest** das Easter [holiday]; ~**glocke** die daffodil; ~**hase** der Easter hare *(said to bring children their Easter Eggs)*; ~**insel** die

Easter Island; ~**kerze** die *(kath. Rel.)* paschal or Easter candle; ~**lamm** das Paschal lamb

österlich [ˈøːstɐlɪç] **1.** *Adj.* Easter *attrib.* **2.** *adv.* ~ **geschmückt** decorated for Easter

Oster-: ~**marsch** der Easter march *(against war and nuclear weapons)*; ~**montag** der Easter Monday *no. def. art.; s. auch* **Dienstag**

Ostern [ˈoːstɐn] das; ~, ~: Easter; **Frohe** *od.* **Fröhliche ~!** Happy Easter!; **diese/letzte/nächste ~:** this/last/next Easter; **zu** *od.* *(bes. südd.)* **an ~:** at Easter; **[zu/über] ~ Besuch bekommen** have people to stay at/over Easter; **zu ~ einen Kuchen backen** bake a cake for Easter; **wenn ~ und Pfingsten** *od.* **Weihnachten zusammenfallen** *od.* **auf einen Tag fallen** *(ugs.)* not this side of doomsday *(coll.)*

Österreich [ˈøːstɐraɪç] (das); ~s Austria; ~-**Ungarn** *(hist.)* Austria-Hungary

Österreicher der; ~s, ~, **Österreicherin** die; ~, ~nen Austrian; **er/sie ist Österreicher/Österreicherin** he/she is Austrian; *s. auch* **-in**

österreichisch *Adj.* Austrian; **das Österreichische** what is Austrian; *(Sprache)* Austrian German; ~-**ungarisch** *(hist.)* Austro-Hungarian; *s. auch* **deutsch; Deutsch**

Oster-: ~**sonntag** der Easter Sunday *no def. art.; s. auch* **Dienstag**; ~**spiel** das Easter play; ~**woche** die week before Easter; ~**zeit** die **in der ~zeit** at Easter time

ost-, Ost-: ~**europa** (das) Eastern Europe; ~**europäisch** *Adj.* East[ern] European; ~**europäische Zeit** Eastern European Time; ~**flanke** die *(Milit., Geogr.)* eastern flank; *(Met.)* eastern edge

Ost·friesische Inseln *Pl.* East Frisian Islands

Ost·friesland (das); ~s East Friesland; Ostfriesland

Ost-: ~**gebiet** das a) *(Osten)* eastern part; b) *Pl. former German territories east of the Oder-Neisse line*; ~**geld** das; o. Pl. *(ugs.)* East German money; ~**germanisch** *Adj.* East Germanic; ~**gote** der Ostrogoth; ~**hang** der eastern slope; ~**jude** der East[ern] European Jew; ~**kirche** die Eastern Church; ~**kolonisation** die *(hist.)* German colonization of Eastern Europe in the Middle Ages; ~**küste** die east[ern] coast

Ostler [ˈɔstlɐ] der; ~s, ~, **Ostlerin** die; ~, ~nen *(ugs.)* East German

östlich [ˈœstlɪç] **1.** *Adj.* a) *(im Osten)* eastern; **15 Grad ~er Länge** 15 degrees east [longitude]; ~**st** easternmost; **das ~e Ufer** the east bank; **der ~ste Punkt** the most easterly point; b) *(nach, aus dem Osten)* easterly; c) *(aus dem Osten kommend, für den Osten typisch)* Eastern; d) *(politisch)* Eastern; ⟨*delegates, spies, etc.*⟩ from the East; ⟨*infiltration*⟩ by the East; ⟨*influence, policies*⟩ of the East. **2.** *adv.* eastwards; ~ **von ...:** [to the] east of ... **3.** *Präp. mit Gen.* [to the] east of

ost-, Ost-: ¹~**mark** die *(ugs.)* East German mark; ²~**mark** die; pr. n. *(hist.)* East March; ¹~**nord·ost** [-ˈ-] o. Art.; o. Pl. *(Seemannsspr., Met.)* east-north-east; *s. auch* ¹**Nord** a; ²~**nord·ost** [-ˈ-] der *(Seemannsspr.)* east-north-east[ly]; ~**nord·osten** [-ˈ--] der east-north-east; *s. auch* **Norden** a; ~**politik** die Ostpolitik *(West German policy towards Eastern Europe, and towards East Germany in particular)*; ~**preußen** (das) East Prussia; ~**preußisch** *Adj.* East Prussian

Östrogen [œstroˈgeːn] das; ~s, ~e *(Physiol.)* oestrogen

Ost·see die; o. Pl. Baltic [Sea]

Ostsee- Baltic

ost-, Ost-: ~**seite** die eastern side;

¹~**süd·ost** [-ˈ-] o. Art.; o. Pl. *(Seemannsspr., Met.)* east-south-east; *s. auch* ¹**Nord** a; ²~**süd·ost** [-ˈ-] der *(Seemannsspr.)* east-south-east[ly]; ~**süd·osten** [-ˈ--] der east-south-east; *s. auch* **Norden** a; ~**teil** der eastern part; ~**verträge** *Pl. (Politik)* treaties with the Eastern bloc; ~**wärts** *Adv.* a) *(nach Osten)* eastwards; b) *(im Osten)* to the east; ~-**West-Dialog** der *(Politik)* East-West dialogue; ~-**West-Konflikt** der *(Politik)* East-West conflict; ~**westlich 1.** *Adj.* east-west *attrib.*; from east to west *postpos.*; **2.** *adv.* east-west; [from] east to west; ~**wind** der east[erly] wind; ~**zone** die a) *(veralt.: sowjetische Besatzungszone)* Eastern zone; b) *(hist., noch abwertend: DDR)* **die ~zone** the East

Oszillation [ɔstsɪlaˈtsi̯oːn] die; ~, ~en *(Physik, auch fig.)* oscillation

oszillieren [ɔstsɪˈliːrən] *itr. V. (Physik, auch fig.)* oscillate

Oszillograph der; ~en, ~en *(Physik)* oscillograph

O-Ton der *s.* **Originalton**

¹**Otter** [ˈɔtɐ] der; ~s, ~ *(Fisch~)* otter

²**Otter** die; ~, ~n *(Viper)* adder; viper

Ottern·gezücht das *(veralt. abwertend)* brood of vipers

Otto [ˈɔto] der; ~s, ~s *(salopp)* whopper *(sl.); s. auch* **flott; Normalverbraucher**

Ottomane [ɔtoˈmaːnə] die; ~, ~n *(veralt.)* ottoman

Otto·motor der Otto engine

Ottone [ɔˈtoːnə] der; ~n, ~n *(hist.)* Ottonian *(Saxon emperor, esp. Otto I, II, or III)*

ÖTV [øːteːˈfaʊ] die; ~ *Abk.* **Gewerkschaft öffentliche Dienste, Transport und Verkehr** union of transport and public-service workers

outen [ˈaʊtn̩] *tr. V. (ugs.)* out *(coll.)*

Output [ˈaʊtpʊt] der *od.* das; ~s, ~s output

Ouvertüre [uvɛrˈtyːrə] die; ~, ~n *(auch fig.)* overture (+ *Gen.* to)

oval [oˈvaːl] *Adj.* oval

Oval das; ~s, ~e oval

Ovation [ovaˈtsi̯oːn] die; ~, ~en ovation; **jmdm. ~en darbringen** give sb. an ovation

Overall [ˈoʊvərɔːl] der; ~s, ~s overalls *pl.*

Ovid [oˈviːt] (der) Ovid

ÖVP [øːfaʊˈpeː] die; ~ *Abk.* **Österreichische Volkspartei** Austrian People's Party

Ovulation [ovulaˈtsi̯oːn] die; ~, ~en *(Zool., Physiol.)* ovulation

Ovulations·hemmer der; ~s, ~ *(Med.)* anovulant

Oxid, Oxid- *(Chemie) s.* **Oxyd, Oxyd-**

Oxyd [ɔˈksyːt] das; ~[e]s, ~e *(Chemie)* oxide

Oxydation [ɔksydaˈtsi̯oːn] die; ~, ~en *(Chemie, Physik)* oxidation

oxydieren 1. *itr. V.; auch mit sein (Chemie, Physik)* oxidize. **2.** *tr. V. (Chemie)* oxidize

Ozean [ˈoːtsea̯n] der; ~s, ~e *(auch fig.)* ocean

Ozean·dampfer der ocean-going steamer; *(für Passagiere)* ocean liner

Ozeanien [otseˈaːni̯ən] (das); ~s Oceania

ozeanisch *Adj.* oceanic; *(Ozeanien betreffend)* Oceanic

Ozeanographie [otseanograˈfiː] die; ~: oceanography *no art.*

Ozelot [ˈoːtselɔt] der; ~s, ~e *od.* ~s a) *(Tier, Fell)* ocelot; b) *(Kleidungsstück)* ocelot coat/jacket *etc.*

Ozon [oˈtsoːn] der *od.* das; ~s ozone; **lieber warmer Mief als kalter ~!** *(ugs. scherzh.)* I'd rather be breathing a warm fug than cold fresh air

Ozon-: ~**gürtel** der ozone layer; ~**loch** das *(ugs.)* hole in the ozone layer

P

p, P [pe] *das;* ~, ~: p/P; *s. auch* a, A
Pa [pa] *der;* ~s, ~s *(fam. veralt.)* dad *(coll.)*
p. A. *Abk. (österr.)* per Adresse c/o
paar [paːɐ̯] *indekl. Indefinitpron.* ein ~ ...: a few ...; *(zwei od. drei)* a couple of ...; a few ...; ein ~ hundert Bücher *usw.* a few hundred/a couple of hundred books *etc.;* ein ~ waren dagegen a few [people]/a couple [of people] were against [it]; in ein ~ Tagen in a few/a couple of days[' time]; ein ~ Male a few times/a couple of times; deine ~ Mark the few marks/couple of marks you've got; die ~ Male, die ich dort war the few times I've been there; alle ~ Minuten every few minutes/every couple of minutes; du kriegst gleich ein ~ [gelangt] *(ugs.)* I'll stick one on you *(coll.); s. auch* Zeile a
Paar *das;* ~[e]s, ~e a) pair; *(Mann und Frau, Tanz~)* couple; sich in *od.* zu ~en aufstellen line up in pairs; b) *(Tiere, Dinge)* pair; ein ~ Würstchen two sausages; a couple of sausages; ein ~ Schuhe a pair of shoes; zwei ~ Socken two pairs of socks; ein ~ Hosen *(ugs.)* a pair of trousers
paaren 1. *refl. V.* a) *(sich begatten)⟨animals⟩* mate; ⟨*people*⟩ couple, copulate; b) *(sich verbinden)* sich mit etw. ~: be combined with sth. 2. *tr. V.* a) *(kreuzen)* mate; b) *(zusammenstellen)* pair; c) *(verbinden)* combine (mit with)
Paarhufer *der;* ~s, ~ *(Zool.)* even-toed ungulate *(Zool.);* cloven-hoofed animal
paarig *(bes. Biol., Anat.)* 1. *Adj.* paired *attrib.;* ~ sein occur in pairs. 2. *adv.* ~ angeordnet arranged in pairs *postpos.*
paar-, Paar-: ~lauf *der,* ~laufen *das* pair-skating; pairs *pl.;* ~mal *Adv.* ein ~mal a few times; *(zwei- oder dreimal)* a couple of or a few times; die ~mal the few times; ~reim *der (Verslehre)* rhyming couplets *pl.*
Paarung *die;* ~, ~en a) *(Zool.)* mating; b) *(das Zusammentun)* pairing; die ~ der Mannschaften für das Endturnier deciding which teams will/would play each other in the finals; c) *(das Verbinden)* combination
Paarungs-: ~verhalten *das (Zool.)* mating behaviour; ~zeit *die (Zool.)* mating-season
paar·weise 1. *Adv.* in pairs. 2. *adj.* ⟨*arrangement etc.*⟩ in pairs
Paar·zeher *der;* ~s, ~ *(Zool.) s.* Paarhufer
Pacht [paxt] *die;* ~, ~en a) *(Nutzung)* etw. in ~ nehmen lease sth.; take sth. on lease; etw. in ~ haben have sth. on lease; etw. in ~ geben lease sth.; let sth. on lease; b) *(Vertrag)* lease; c) *(Miete)* rent
Pacht·brief *der* lease
pachten *tr. V.* lease; take a lease on; jmdn./etw. [für sich] gepachtet haben *(fig. ugs.)* have got a monopoly on sb./sth. *(coll.)*
Pächter ['pɛçtɐ] *der;* ~s, ~, **Pächterin** *die;* ~, ~nen leaseholder; lessee; *(eines Hofes)* tenant
Pacht·geld *das* rent
Pachtung *die;* ~, ~en leasing
Pacht-: ~vertrag *der* lease; ~zins *der* rent
¹Pack [pak] *der;* ~[e]s, ~e *od.* Päcke ['pɛkə] pile; *(zusammengeschnürt)* bundle; *(Packung)* pack; *(Kartenspiel)* pack *(Brit.);* deck *(Amer.)*

²Pack *das;* ~[e]s *(ugs. abwertend)* rabble; riff-raff; ~ schlägt sich, ~ verträgt sich *(ugs.)* rabble *or* riff-raff like that are at each other's throats one minute and the best of friends [again] the next
Päckchen ['pɛkçən] *das;* ~s, ~ a) *(kleines Paket)* package; small parcel; *(Bündel)* packet; bundle; *(Postw.)* small parcel *(below a specified weight);* sein ~ zu tragen haben *(fig. ugs.)* have one's troubles; b) *s.* Packung a
Pack·eis *das* pack-ice
packeln ['pakɭn] *itr. V. (österr. abwertend)* make *or* do a deal/deals
packen 1. *tr. V.* a) pack; etw. in einen Koffer/ein Paket ~: pack *or* put sth. in[to] a suitcase/put sth. in[to] a parcel; etw. aus etw. ~: unpack sth. from sth.; sich/jmdn. ins Bett ~ *(ugs.)* go to bed/put sb. to bed; der Bus war gepackt voll *(fig. ugs.)* the bus was jam-packed *(coll.);* b) *(fassen)* grab [hold of]; seize; jmdn. am *od.* beim Kragen ~: grab [hold of] *or* seize sb. by the collar; eine Windbö packte das Auto a gust of wind caught the car; *s. auch* Ehre; c) *(überkommen)* Furcht/Angst *usw.* packte ihn/er wurde von Furcht/Angst *usw.* gepackt he was seized with fear *etc.;* er hat ihn gepackt *(ugs.)* he's got it bad *(coll.);* d) *(fesseln)* enthral; ⟨thriller, crime story, etc.⟩ grip; ein ~des Rennen a thrilling race; e) *(ugs.: schaffen)* ein Examen ~: manage to get through an exam *(coll.);* es ~: make a go of it; ~ wir's noch? are we going to make it?; einen Gegner ~ *(Sportjargon: besiegen)* get the better of an opponent; f) *(ugs.: begreifen)* get *(coll.);* g) *(salopp: weggehen)* ~ wir's? shall we push off? *(sl.).* 2. *itr. V. (Koffer usw. ~)* pack. 3. *refl. V. (ugs. veralt.)* beat it *(sl.);* clear off *(coll.)*
Packen *der;* ~s, ~: pile; *(von Büchern, Zeitungen)* pile; stack; *(zusammengeschnürt)* bundle; *(von Geldscheinen)* wad
Packer *der;* ~s, ~: packer; *(Möbel~)* [packer and] removal man *(Brit.) or (Amer.)* moving man
Packerei *die;* ~, ~en a) *o. Pl. (ugs. abwertend)* packing and unpacking; b) *(eines Betriebs)* packing department
Packerin *die;* ~, ~nen packer
Pack-: ~esel *der (ugs.)* pack-donkey; *(fig.)* pack-horse; ~papier *das* [stout] wrapping-paper; ~pferd *das* pack-horse; ~tisch *der* packing-table
Packung *die;* ~, ~en a) packet; pack *(esp. Amer.);* eine ~ Zigaretten a packet *or (Amer.)* pack of cigarettes; eine ~ Pralinen a box of chocolates; b) *(Med., Kosmetik)* pack; c) *(Technik)* packing
Pack-: ~wagen *der (Eisenb.)* luggage-van *(Brit.);* baggage car *(Amer.);* b) *(hist.: Fuhrwerk)* baggage-wagon; ~zettel *der* packing-slip
Pädagoge [pɛda'goːgə] *der;* ~n, ~n a) *(Erzieher, Lehrer)* teacher; b) *(Wissenschaftler)* educationalist; educational theorist
Pädagogik *die;* ~: [theory and methodology of] education
Pädagogin *die;* ~, ~nen *s.* Pädagoge
pädagogisch 1. *Adj.* a) *(erzieherisch)* educational; seine ~en Fähigkeiten his teaching ability *sing.;* b) *(die Pädagogik betreffend)* ⟨lecture, dissertation, etc.⟩ on education; Pädagogische Hochschule College of Education; eine ~ Ausbildung a training in education. 2. *adv.* a) *(erzieherisch)* educationally ⟨sound, wrong⟩; ~ wirken have an educational effect; b) *(die Pädagogik betreffend)* ~ nicht auf dem neuesten Stand sein not be up with the latest developments in educational theory [and methodology]
pädagogisieren *tr. V. (oft abwertend)* etw. ~: look at sth. through the eyes of an educational theorist
Paddel ['padl] *das;* ~s, ~: paddle
Paddel·boot *das* canoe

paddeln *itr. V.;* mit sein; ohne Richtungsangabe auch mit haben a) *(Paddelboot fahren)* paddle; canoe; *(als Sport)* canoe; b) *(ugs.: schlecht schwimmen)* dog-paddle
Paddel·sport *der* canoeing *no art.*
Paddler *der;* ~s, ~, **Paddlerin** *die;* ~, ~nen canoeist
Päderast [pedeˈrast] *der;* ~en, ~en pederast
Päderastie [pederasˈtiː] *die;* ~: pederasty *no art.*
Pädiater [pɛˈdiaːtɐ] *der;* ~s, ~ *(Med.)* paediatrician
Pädiatrie [pedjaˈtriː] *die;* ~ *(Med.)* paediatrics *sing., no art.*
pädiatrisch *Adj. (Med.)* paediatric
paff *(ugs.) Interj.* bah; huh *(Amer.)*
paffen 1. *tr. V.* puff at ⟨pipe etc.⟩; puff out ⟨smoke⟩; vierzig Zigaretten am Tag ~: puff one's way through forty cigarettes a day. 2. *itr. V.* puff away; er pafft nur he's just puffing at it
Page ['paːʒə] *der;* ~n, ~n a) *(Hotel~)* page; bellboy; b) *(hist.)* page
Pagen·kopf *der* page-boy cut *or* style
paginieren [pagiˈniːrən] *tr. V. (Schrift- und Buchw.)* paginate
Pagode [paˈgoːdə] *die;* ~, ~n a) *(Gebäude)* pagoda; b) *(österr., sonst veralt.: Figur)* mandarin
pah [paː] *Interj.* bah; huh *(Amer.)*
Paillette [pajˈjɛtə] *die;* ~, ~n *(Mode)* paillette; sequin; spangle
Pak [pak] *die;* ~, ~ *od.* ~s *(Milit.)* a) *(Panzerabwehrkanone)* anti-tank gun; b) *o. Pl. (Artillerie)* anti-tank force
Paket [paˈkeːt] *das;* ~[e]s, ~e a) pile; *(zusammengeschnürt)* bundle; *(Eingepacktes, Post~, Schachtel)* parcel; *(Packung)* packet; pack *(esp. Amer.);* b) *(fig.: Gesamtheit)* package
Paket-: ~annahme *die* a) *o. Pl.* acceptance of parcels; b) *(Stelle)* parcels office; *(Schalter)* parcels counter; ~aus·gabe *die* a) *o. Pl.* issue of parcels; b) *s.* ~annahme b; ~boot *das (veralt.)* packet[-boat]; ~karte *die* parcel dispatch form; ~post *die* a) *(Beförderung)* parcel post; b) *(Fahrzeug)* parcel *or* post-office delivery van; ~schalter *der* parcels counter; ~sendung *die* parcel
Pakistan ['paːkɪstaːn] *(das);* ~s Pakistan
Pakistaner *der;* ~s, ~, **Pakistanerin** *die;* ~, ~nen, **Pakistani** [pakɪsˈtaːni] *der;* ~[s], ~[s]/ *die;* ~, ~[s] Pakistani
pakistanisch *Adj.* Pakistani
Pakt [pakt] *der;* ~[e]s, ~e pact; einen ~ [ab]schließen make *or* conclude a pact
paktieren *itr. V. (oft abwertend)* make *or* do a deal/deals (mit with)
Paladin [palaˈdiːn] *der;* ~s, ~e a) *(Myth.)* paladin; b) *(Gefolgsmann)* henchman
Palais [paˈlɛː] *das;* ~ [...ɛː(s)], ~ [...ɛːs] palace
Paläolithikum [palɛoˈliːtikʊm] *das;* ~s Paläolithic
Paläontologie [palɛɔntoloˈgiː] *die;* ~: palaeontology *no art.*
Paläozän [palɛoˈtsɛːn] *das;* ~s *(Geol.)* Palaeocene
Paläozoikum [palɛoˈtsoːikʊm] *das;* ~s palaeozoic era
Palast [paˈlast] *der;* ~[e]s, Paläste [paˈlɛstə] palace
palast·artig *Adj.* palatial
Palästina [palɛsˈtiːna] *(das);* ~s Palestine
Palästinenser *der;* ~s, ~, **Palästinenserin** *die;* ~, ~nen Palestinian
palästinensisch *Adj.* Palestinian
Palast·revolution *die (Politik, auch fig.)* palace revolution
Palatschinke [palaˈtʃɪŋkə] *die;* ~, ~n *(österr.)* pancake with sweet filling
Palaver [paˈlaːvɐ] *das;* ~s, ~ *(ugs. abwertend)* palaver; ein ~ abhalten palaver
palavern *itr. V. (ugs. abwertend)* palaver
Paletot [ˈpalɛto] *der;* ~s, ~s *(man's double-breasted)* overcoat *[with high velvet collar]*

Palette [pa'lɛtə] *die;* ~, ~n a) *(Malerei)* palette; b) *(bes. Werbespr.: Vielfalt)* diverse range; **die ganze** ~: the whole range; c) *(Technik, Wirtsch.: Untersatz)* pallet
paletti *Adj.* **in allem** ~ *(ugs.)* everything's OK *(coll.)* or all right
Palimpsest [palɪm'psɛst] *der od. das;* ~[e]s, ~e palimpsest
Palindrom [palɪn'dro:m] *das;* ~s, ~e palindrome
Palisade [pali'za:də] *die;* ~, ~n a) *(Pfahl)* pale; stake; b) *(Anlage)* palisade
Palisander [pali'sandɐ] *der;* ~s, ~, **Palisander·holz** *das (Dalbergia nigra)* Brazilian rosewood; *(Dalbergia latifolia)* blackwood
Palme ['palmə] *die;* ~, ~n palm[-tree]; **jmdn. auf die** ~ **bringen** *(ugs.)* ⟨person⟩ rile sb. *(coll.);* ⟨situation⟩ make sb. wild; **auf die** ~ **gehen** *(ugs.)* go off the deep end *(coll.);* **die** ~ **[des Sieges]** *(fig. geh.)* the palm [of victory]
Palmen-: *s.* **Palm-**
Palm-: ~**kätzchen** *das* [willow] catkin; ~**öl** *das* palm-oil; ~**sonntag** [auch: -'--] *der (christl. Kirche)* Palm Sunday; *s. auch* **Dienstag;** ~**wedel** *der* palm frond; ~**zweig** *der* **a)** palm branch; **b)** *(christl. Kirche)* palm; ~**wein** *der* palm wine
Pamp [pamp] *der;* ~s, *(ugs., nordd., ostd.)* mush
Pampa ['pampa] *die;* ~, ~s pampa *usu. in pl.;* |mitten| **in der** ~ *(Jugendspr.)* out in the wilds *(coll.)*
Pampe ['pampə] *die;* ~ *(bes. nordd. u. md.)* **a)** *(Matsch)* mud; mire; **b)** *(Brei)* mush
Pampelmuse ['pampl̩muːzə] *die;* ~, ~n grapefruit
Pampf [pampf] *der;* ~s *(südd.)* mush
Pamphlet [pam'fleːt] *das;* ~[e]s, ~e *(Streitschrift)* polemical pamphlet; *(Schmähschrift)* defamatory pamphlet
pampig **1.** *Adj.* **a)** *(ugs. abwertend: frech)* insolent; **b)** *(bes. nordd., ostd.: breiig)* mushy. **2.** *adv. (ugs. abwertend: frech)* insolently
Pamps *s.* **Pamp**
pan-, Pan- [pan-]: *in Zus.* pan-
Panade [pa'naːdə] *die;* ~, ~n *(Kochk.)* breadcrumb coating
¹**Panama** ['panama] **(das)** Panama
²**Panama** *der;* ~s, ~s **a)** *(Textilind.)* Panama fabric; **b)** *(Hut)* panama [hat]
Panamaer *der;* ~s, ~, **Panamaerin** *die;* ~, ~nen Panamanian
panamaisch *Adj.* Panamanian
Panama·kanal *der; o. Pl.* Panama Canal
Panda ['panda] *der;* ~s, ~s panda
Pandekten [pan'dɛktn̩] *Pl.* pandects *(fig.)* jurisprudence *sing.*
Pandschab [pan'dʒaːp] *das;* ~s Punjab
Paneel [pa'neːl] *das;* ~s, ~e **a)** *(einzelnes Feld)* panel; **b)** *(Täfelung)* panelling
paneelieren *tr. V.* panel
Pan·flöte *die* pan-pipes *pl.*
pan·germanisch *Adj.* pan-German
pan·hellenisch *Adj.* pan-Hellenic
¹**Panier** [pa'niːɐ] *das;* ~s, ~e *(veralt.)* banner; *(Motto)* motto
²**Panier** *die;* **a)** *(österr. Kochk.) s.* **Panade**
panieren *tr. V. (Kochk.)* etw. ~: bread sth.; coat sth. with breadcrumbs
Panier·mehl *das* breadcrumbs *pl.*
Panik ['paːnɪk] *die;* ~, ~en panic; [eine] ~ **brach aus** panic broke out; **jmdn. in** ~ *(Akk.)* **versetzen** throw sb. into a state of panic; **von** ~ **ergriffen** panic-stricken; **nur keine** ~! don't panic!
Panik-: ~**mache** *die; o. Pl. (abwertend)* panic-mongering; ~**macher** *der (abwertend)* panic-monger
panisch **1.** *Adj.* panic *attrib.* ⟨*fear, terror*⟩; panic-stricken ⟨*voice, gesture*⟩; ~**e Angst vor etw.** *(Dat.)* **haben** have a panic fear of sth. **2.** *adv.* **sich** ~ **vor etw.** *(Dat.)* **fürchten** have a panic fear of sth.
Panje·wagen ['panjə-] *der small wooden cart drawn by a horse (in Eastern Europe)*

Pankreas ['pankreas] *das;* ~, **Pankreaten** *(Anat.)* pancreas
Panne ['panə] *die;* ~, ~n **a)** *(Auto~)* breakdown; *(Reifen~)* puncture; flat [tyre]; **ich hatte eine** ~ *(mit dem Auto)* my car broke down/my car or I had a puncture; *(mit dem Fahrrad)* I had some trouble with my bicycle/my bicycle or I had a puncture; **b)** *(Betriebsstörung)* breakdown; **c)** *(Mißgeschick)* slip-up; mishap; **mit unserem Urlaub haben wir eine ganz schöne** ~ **erlebt** our holiday this year was a real disaster; **bei der Organisation gab es viele** ~n there were many organizational hitches
Pannen·dienst *der* breakdown service
Panoptikum [pa'nɔptikʊm] *das;* ~s, **Panoptiken** **a)** *(Kuriositätenkabinett)* collection of curios; **b)** *(Wachsfiguren)* waxworks *sing. or pl.*
Panorama [pano'raːma] *das;* ~s, **Panoramen** panorama
Panorama-: ~**aufnahme** *die* panorama; ~**bus** *der* coach with panoramic windows; ~**scheibe** *die* panoramic window; *(an Autos)* wraparound windscreen; ~**spiegel** *der (Kfz-W.)* panoramic mirror
panschen ['panʃn̩] **1.** *tr. V. (ugs. abwertend)* water down; adulterate; **Whisky mit Wasser** ~: adulterate whisky with water. **2.** *itr. V.* **a)** *(ugs. abwertend: mischen)* water down or adulterate the wine/beer *etc.;* **b)** *(ugs.: planschen)* splash about
Panscher *der;* ~s, ~ *(ugs.)* adulterator
Pansche·rei *die;* ~, ~en **a)** *(ugs. abwertend: das Mischen)* watering-down; adulteration; **b)** *(ugs.: das Planschen)* splashing [about]
Pansen [panzn̩] *der;* ~s, ~ **a)** *(Magen der Wiederkäuer)* rumen; **b)** *(nordd.: Magen)* stomach; belly
Pan·theismus *der; o. Pl.* pantheism *no art.*
pan·theistisch *Adj.* pantheistic
Panther *der;* ~s, ~: panther
Pantine [pan'tiːnə] *die;* ~, ~n *(nordd.)* clog; *s. auch* **Latschen**
Pantoffel [pan'tɔfl̩] *der;* ~s, ~n **a)** backless slipper; **b)** *(mit Absatz)* mule; **c)** *(fig.)* **unterm** ~ **stehen** *(ugs.)* be henpecked
Pantoffel-: ~**held** *der (ugs. abwertend)* henpecked husband; ~**kino** *das (ugs.)* telly *(coll.);* ~**tierchen** *das (Biol.)* slipper animalcule
Panto·graph [panto-] *der;* ~en, ~en pantograph
Pantolette [panto'lɛtə] *die;* ~, ~n backless slipper
¹**Pantomime** [panto'miːmə] *die;* ~, ~n mime
²**Pantomime** *der;* ~n, ~n mime
Panto·mimik *die* mime
panto·mimisch **1.** *Adj.* ⟨presentation, depiction⟩ in mime. **2.** *adv.* **etw.** ~ **darstellen/zeigen** present/show sth. in mime; mime sth.
pantschen *usw.* ['pantʃn̩] *s.* **panschen** *usw.*
Panzer [pantsɐ] *der;* ~s, ~ **a)** *(Milit.)* tank; **die schwedischen** ~: the Swedish tanks or armour *sing.;* **b)** *(Zool.)* armour *no indef. art.;* *(von Schildkröten, Krebsen)* shell; **c)** *(hist.: Rüstung)* armour *no indef. art.;* **ein** ~: a suit of armour; **ein** ~ **der Gleichgültigkeit** *(fig.)* a defensive barrier of indifference; **d)** *(Panzerung)* armour-plating or -plate *no indef. art.;* *(eines Reaktors)* shielding
Panzer-: ~**abwehr** *die (Milit.)* **a)** *(Verteidigung)* anti-tank defence; **b)** *(Truppe)* anti-tank force; ~**abwehr·rakete** *die (Milit.)* anti-tank rocket; ~**division** *die (Milit.)* tank division; armoured division; ~**faust** *die (Milit.)* anti-tank rocket launcher; bazooka; ~**glas** *das* bullet-proof glass; ~**grenadier** *der (Milit.)* soldier in the armoured infantry; ~**hemd** *das (hist.)* coat of [chain-]mail; ~**kette** *die* tank-track; ~**kreuzer** *der (Marine hist.)* armoured cruiser; „~**kreuzer Potemkin**" 'The Battleship Potemkin'; ~**mine** *die* anti-tank mine
panzern **1.** *tr. V.* armour[-plate]. **2.** *refl. V. (hist.)* put on one's armour
Panzer-: ~**platte** *die* armour-plate; ~**schlacht** *die (Milit.)* tank battle; ~**schrank** *der* safe; ~**späh·wagen** *der (Milit.)* armoured scout car; ~**sperre** *die (Milit.)* anti-tank obstacle; ~**truppe** *die (Milit.)* tank force
Panzer·wagen *der (Milit.)* **a)** *s.* **Panzer a;** **b)** *(Waggon)* armoured wagon
Papa ['papa, *geh., veralt.* pa'paː] *der;* ~s, ~s *(ugs.)* daddy *(coll.);* **der Herr Papa** [-'-] your/my/his *etc.* [dear] father
Papagallo [papa'galo] *der;* ~[s], ~s *od.* **Papagalli** Latin Romeo
Papagei [papa'gai] *der;* ~en *od.* ~s, ~e[n] parrot; **alles wie ein** ~ **nachplappern** repeat everything parrot-fashion
Papageien·krankheit *die; o. Pl. (Med.)* parrot-disease; psittacosis *no art.*
Paper ['peipɐ] *das;* ~s, ~s paper
Paperback ['peipɐbæk] *das;* ~s, ~s paperback
Papeterie [papetə'riː] *die;* ~, ~n *(schweiz.)* stationer's
Papi ['papi] *der;* ~s, ~s *(ugs.)* daddy *(coll.)*
Papier [pa'piːɐ] *das;* ~s, ~e **a)** paper; **ein Blatt/Fetzen/eine Rolle** ~: a sheet/scrap/roll of paper; |nur| **auf dem** ~ *(fig.)* [only] on paper; **etw. aufs** ~ **werfen** *(fig.)* jot sth. down; **etw. zu** ~ **bringen** get or put sth. down on paper; ~ **ist geduldig** *(Spr.)* what's written down in black and white is not necessarily true; **b)** *Pl. (Ausweis[e])* [identity] papers; **dann können Sie sich Ihre** ~**e holen** *(ugs.)* then you might as well collect your cards on the way out; **c)** *(Finanzw.: Wert~)* security
Papier-: ~**blume** *die* paper flower; ~**deutsch** *das (abwertend)* officialese
papieren **1.** *Adj.* **a)** *nicht präd. (aus Papier)* paper; **b)** *(fig.)* wooden ⟨*style etc.*⟩; **c)** *(wie Papier)* papery. **2.** *adv. (fig.)* ⟨speak⟩ woodenly; ⟨write⟩ in a wooden style
Papier-: ~**fabrik** *die* paper-mill; ~**fähnchen** *das* paper pennant; ~**fetzen** *der* scrap of [torn] paper; ~**format** *das* paper size; ~**geld** *das* paper money; ~**geschäft** *das* stationer's; ~**hand·tuch** *das* paper towel; ~**korb** *der* waste-paper basket; *(öffentlicher)* litter bin; ~**kram** *der (ugs. abwertend)* [tedious] paperwork; ~**krieg** *der (ugs. abwertend)* tedious form-filling; *(Korrespondenz)* tiresome exchange of letters
Papiermaché [papiema'ʃeː] *das;* ~s, ~s papier mâché
papier-, Papier-: ~**mühle** *die* **a)** *(Maschine)* [paper-pulp] beater; **b)** *(Fabrik)* paper-mill; ~**rolle** *die* roll of paper; *(in Registrierkassen)* paper roll; ~**schere** *die* paper-scissors *pl.;* ~**schlange** *die* [paper] streamer; ~**schnitzel** *der od.* **das** bit or scrap of paper; ~**serviette** *die* paper serviette or napkin; ~**taschen·tuch** *das* paper handkerchief; ~**tiger** *der* paper tiger; ~**verarbeitend** *Adj.; nicht präd.* paper-processing; ~**währung** *die* paper currency; ~**waren** *Pl.* stationery *sing.;* ~**waren·handlung** *die* stationer's
Papist [pa'pɪst] *der;* ~en, ~en *(abwertend)* papist
papistisch *Adj. (abwertend)* papist
papp [pap] *in* **ich kann nicht mehr** ~ **sagen** *(ugs.)* I'm full to bursting-point *(coll.)*
Papp *der;* ~s, ~s *(bes. südd.)* mush
Papp-: ~**band** *der; Pl.* ~**bände** book bound in boards; ~**becher** *der* paper cup; ~**deckel** *der* cardboard; **ein** ~**deckel** a piece of cardboard
Pappe ['papə] *die;* ~, ~n **a)** *(Karton)* cardboard; **eine** ~: a piece of cardboard; **b)**

Pappel — **Parkett**

(ugs.: Brei) mush; **er ist nicht von** od. **aus ~** *(ugs.)* he's not to be trifled with; **5 000 Mark sind nicht von** od. **aus ~** *(ugs.)* 5,000 marks isn't chicken-feed *(coll.)*
Pappel ['papl̩] die; ~, ~n poplar
Pappel·allee die avenue of poplars
päppeln ['pɛpl̩n] tr. V. feed up; **eine Industrie ~** *(fig. ugs.)* featherbed an industry
pappen *(ugs.)* 1. tr. V. stick (**an, auf** + *Akk.* on). 2. itr. V. *(haftenbleiben)* stick (**an** + *Dat.* to); *(klebrig sein)* be sticky
Pappen-: ~**deckel** der *(bes. südd.)* s. Pappdeckel; ~**heimer** [~haimɐ] *in* **ich kenne ihn/wir kennen unsere ~heimer** *(ugs.)* I/we know them well *(coll.);* ~**stiel** in **das ist kein ~stiel** *(ugs.)* it's not chicken-feed *(coll.);* **etw. für einen ~stiel kaufen/kriegen** *(ugs.)* buy/get sth. for a song or for next to nothing
papperlapapp [papɐla'pap] *Interj.* rubbish
pappig *Adj.* a) sticky; b) doughy ⟨bread *etc.*⟩; c) *(breiig)* mushy
Papp-: ~**kamerad** der *(ugs., auch fig.)* cardboard figure; ~**karton** der cardboard box; ~**maché** [~ma'ʃeː] das; ~s, ~s papier mâché; ~**nase** die false nose *(made of cardboard)*; ~**schnee** der sticky snow; ~**teller** der paper or cardboard plate
Paprika ['paprika] der; ~s, ~[s] a) pepper; b) o. Pl. *(Gewürz)* paprika
Paprika-: ~**schnitzel** das cutlet with paprika sauce; ~**schote** die pepper; **gefüllte ~schoten** stuffed peppers
Paps [paps] der; ~ *(ugs.)* dad *(coll.)*
Papst [paːpst] der; ~[e]s, **Päpste** ['pɛːpstə] pope; *(fig. iron.)* high priest
-papst *(fig. iron.)* der high priest of ...
päpstlich ['pɛːpstlɪç] *Adj.* papal; *(fig. abwertend)* pontifical; ~**er Gesandter** nuncio; **nicht ~er sein als der Papst** *(fig.)* not be a stickler for the regulations
Papsttum das; ~s papacy
Papua-Neu·guinea ['paːpu̯a-] *(das)*; ~s Papua New Guinea
Papyrus [pa'pyːrʊs] der; ~, **Papyri** papyrus
Papyrus·rolle die papyrus scroll
para-, Para- ['paːra] para-
Parabel [pa'raːbl̩] die; ~, ~**n** a) *(bes. Literaturw.)* parable; b) *(Math.)* parabola
parabolisch [para'boːlɪʃ] *Adj.* parabolic
Parabol·spiegel der *(Technik)* parabolic mirror
Parade [pa'raːdə] die; ~, ~**n** a) *(Milit.)* parade; **eine ~ abnehmen** take the salute at a parade; b) *(Ballspiele)* save; **jmdm. in die ~ fahren** *(fig. ugs.)* cut sb. short; c) *(Fechten)* parry; d) *(Pferdesport)* **ganze ~:** halt; **halbe ~:** half-halt; **in ~ (**Dat.**) stehen** halt
Parade-: ~**bei·spiel** das perfect example; ~**bett** das *(veralt.)* large imposing bed
Paradeiser [para'daizɐ] der; ~s, ~ *(österr.)* tomato
Parade-: ~**kissen** das *(veralt.)* decorative pillow; ~**marsch** der *(Milit.)* marching in parade-step; *(Stechschritt)* goose-stepping; ~**pferd** das a) *(Pferd)* parade-horse; b) *(ugs.: Musterexemplar)* show-piece; *(Person)* star; ~**platz** der *(hist.)* parade-ground; ~**schritt** der *(Milit.)* parade-step; *(Stechschritt)* goose-step; ~**stück** das show-piece; ~**uniform** die *(Milit.)* full-dress uniform
paradieren *itr. V. (Milit.)* parade
Paradies [para'diːs] das; ~es, ~e *(auch fig.)* paradise; **die Vertreibung aus dem ~:** the expulsion from paradise; **das ~ auf Erden** heaven on earth
paradiesisch 1. *Adj.* a) *(Rel.)* paradisical; b) *(herrlich)* heavenly; magnificent ⟨view⟩. 2. *adv. (herrlich)* ~ **ruhig gelegen** in a wonderfully peaceful situation; **dort ist es ~ schön** it's beautiful there, a real paradise
Paradies·vogel der bird of paradise; *(fig.)* strange and beautiful creature
Paradigma [para'dɪgma] das; ~s, **Paradig-**

men od. **Paradigmata** *(bes. Sprachw.)* paradigm
paradigmatisch *(bes. Sprachw.)* 1. *Adj.* paradigmatic. 2. *adv.* paradigmatically
paradox [para'dɔks] *Adj.* a) paradoxical; b) *(ugs.: merkwürdig)* odd; strange
Paradox das; ~es, ~e *(bes. Philos., Rhet.)* paradox
paradoxer·weise *Adv.* a) paradoxically; b) *(ugs.: merkwürdigerweise)* strangely or oddly enough
Paradoxie [paradɔ'ksiː] die; ~, ~n a) paradox; b) *(Eigenschaft)* paradoxicalness
Paradoxon [pa'raːdɔksɔn] das; ~s, **Paradoxa** *(Philos., Rhet.)* paradox
Paraffin [para'fiːn] das; ~s, ~e *(Chemie)* paraffin; *(für Kerzen)* paraffin wax
Paragraph [para'graːf] der; ~en, ~en section; *(im Vertrag)* clause
Paragraphen-: ~**dickicht** das, ~**gestrüpp** das *(abwertend)* jungle of regulations; ~**hengst** der *(salopp abwertend)* lawyer; ~**reiter** der *(abwertend)* a) *(Jurist)* lawyer; b) *(Pedant)* stickler for the rules
Paraguay ['paragvai] *(das)*; ~s Paraguay
Paraguayer der; ~s, ~: Paraguayan
paraguayisch *Adj.* Paraguayan
Parallaxe [para'laksə] die; ~, ~**n** *(Physik, Astron.)* parallax
parallel [para'leːl] 1. *Adj. (auch fig.)* parallel. 2. *adv.* ~ **verlaufen** *(auch fig.)* run parallel (**mit, zu** to); ~ **zu etw.** *(fig.)* in parallel with sth.
Parallele die; ~, ~**n** a) *(Math.)* parallel [line]; **eine ~ zu etw. ziehen** draw a line parallel to sth.; b) *(fig.)* parallel; **jmdn./etw. mit jmdm./etw. in ~ setzen** od. **stellen** draw a parallel between sb./sth. and sb./sth.
Parallelität [paraleli'tɛːt] die; ~, ~en *(auch Math.)* parallelism
Parallel·klasse die *(Schulw.)* parallel class
Parallelogramm [paralelo'gram] das; ~s, ~e *(Math.)* parallelogram
Parallel-: ~**schaltung** die *(Elektrot.)* parallel connection; ~**schwung** der *(Skisport)* parallel swing; ~**straße** die street running parallel (**von** to); ~**ton·art** die *(Musik)* relative key
Paralyse [para'lyːzə] die; ~, ~n *(Med., fig.)* paralysis
paralysieren tr. V. *(Med., fig.)* paralyse
Paralytiker der; ~s, ~, **Paralytikerin** die; ~, ~nen paralytic
paralytisch *Adj. (Med.)* paralytic
Parameter [pa'raːmetɐ] der; ~s, ~ a) *(Wirtsch., Technik, Math.)* parameter; *(beim Kegelsport)* principal parameter
para·militärisch 1. *Adj.* paramilitary. 2. *adv.* ⟨operate, be organized⟩ along paramilitary lines
Paranoia [para'nɔya] die; ~ *(Med.)* paranoia
paranoid [parano'iːt] *Adj. (Med.)* paranoid
Paranoiker [para'nɔikɐ] der; ~s, ~ *(Med.)* paranoiac
paranoisch *Adj. (Med.)* paranoiac
Para·nuß die Brazil-nut
Paraphe [pa'raːfə] die; ~, ~ (n) a) *(geh.: Namenszug)* signature; b) *(Dipl.)* initials pl.
paraphieren tr. V. *(Dipl.)* initial
Paraphierung die; ~, ~en initialling
Para·phrase die *(Sprachw., Musik)* paraphrase
paraphrasieren tr. V. a) *(Sprachw.)* paraphrase; b) *(Musik)* compose a paraphrase on
Para·psychologie die parapsychology no art.
Parasit [para'ziːt] der; ~en, ~en *(Biol., fig. abwertend)* parasite
parasitär [parazi'tɛːɐ̯], **parasitisch** *(Biol., fig. abwertend)* 1. *Adj.* parasitic. 2. *adv.* parasitically; ~ **leben** *(Biol.)* be parasitic; *(fig.)* be a parasite

Parasol [para'zoːl] der; ~s, ~e od. ~s, **Parasol·pilz** der parasol mushroom
Parasympathikus [parazym'paːtikʊs] der; ~ *(Anat., Physiol.)* parasympathetic nervous system
parat [pa'raːt] *Adj.* ready; **eine Ausrede/Antwort ~ haben** be ready with an excuse/answer; **ich habe kein passendes Beispiel ~:** I can't think of a suitable example
Para·typhus der *(Med.)* paratyphoid [fever]
Paravent [para'vãː] der od. das; ~s, ~s *(österr., sonst veralt.)* screen
Pärchen ['pɛːɐ̯çən] das; ~s, ~: pair; *(Liebespaar)* couple
pärchen·weise *Adv.* in pairs
Parcours [par'kuːɐ̯] der; ~ [...ɐ̯(s)], ~ [...ɐ̯s] *(Pferdesport)* course
Pardon [par'dõː] der od. das; ~s pardon; **jmdm. um ~ bitten** *(veralt.)* ask sb.'s pardon; **jmdm. ~ gewähren** *(veralt.)* pardon sb.; **kein[en] ~ kennen** be completely ruthless; **~!** I beg your pardon
Parenthese [parɛn'teːzə] die; ~, ~n *(Sprachw.)* a) *(Satzteil)* parenthesis; b) *(Klammern)* parentheses *pl.*; **in ~:** in parenthesis
par excellence [parɛksɛ'lãːs] *Adj.; nachgestellt* par exellence; **ein Gentleman ~:** an outstanding example of a gentleman
Parforce- [par'fɔrs-]: ~**jagd** die *(Jagdw. veralt.)* hunt with horses and hounds; *(Art des Jagens)* riding to hounds; ~**ritt** der *(geh.)* feat of concentrated effort
Parfüm [par'fœ̃ː], **Parfum** [par'fyːm] das; ~s, ~e perfume; scent
Parfümerie [parfymə'riː] die; ~, ~en perfumery
Parfüm-: ~**fläschchen** das, ~**flasche** die perfume- or scent-bottle
parfümieren tr. V. perfume; scent; **sich [viel zu stark] ~:** put [too much] perfume or scent on
Parfüm-: ~**wolke** die cloud of perfume or scent; ~**zerstäuber** der perfume-spray; perfume-atomizer
pari ['paːri] a) *in* **zu/über/unter ~** *(Börsenw.)* at/above/below par; b) *in* **die/ihre Chancen stehen ~:** the odds are even/they have the same or an equal chance
Paria ['paːri̯a] der; ~s, ~s *(auch fig.)* pariah
¹parieren [pa'riːrən] *itr. V. (ugs.)* do what one is told; **jmdm. ~:** do what sb. tells one; **aufs Wort ~:** jump to it *(coll.)*
²parieren *tr. V.* a) *(Fechten, Boxen, fig.)* parry; b) *(Fußball)* save ⟨shot⟩; parry ⟨attack⟩; c) *(Pferdesport)* hold ⟨horse⟩ at half-halt; *(zum Stehen bringen)* halt
Pari·kurs der *(Wirtsch.)* par value; *(bei Devisen)* par rate of exchange
Pariser [pa'riːzɐ] 1. *indekl. Adj.* Parisian; **Paris** attrib.; **die ~ Metro** the Paris Metro; 2. der; ~s, ~ a) *(Einwohner)* Parisian; b) *(ugs.: Kondom)* French letter *(coll.)*
Pariserin die; ~, ~nen Parisian
pariserisch *Adj.* Parisian
Parität [pari'tɛːt] die; ~, ~en a) *(Gleichheit)* parity; equality; b) *(Wirtsch.)* parity
paritätisch 1. *Adj.* equal; ~**e Mitbestimmung** co-determination based on equal representation. 2. *adv.* equally; **Ausschüsse müssen ~ besetzt werden** there must be equal representation on committees
Park [park] der; ~s, ~s park; *(Schloß usw.)* grounds *pl.*
Parka der; ~s, ~s parka
Park-: ~**an·lage** die park; *(bei Schlössern usw.)* grounds *pl.*; ~**bahn** die *(Raumf.)* parking orbit; ~**bank** die; *Pl.* ~**bänke** park bench
parken 1. *tr. V.* park. 2. *itr. V.* a) park; „**Parken verboten!**" 'No Parking'; b) *(stehen)* be parked; **ein ~des Auto** a parked car
Parkett [par'kɛt] das; ~[e]s, ~e a) *(Bodenbelag)* parquet floor; ~ **legen** lay parquet

Parkettfußboden

flooring; **sich auf jedem ~ bewegen können** (fig.) be able to move in any circles; **b)** (Theater) [front] stalls pl.; parquet (Amer.); **das ~ applaudierte** there was applause from the stalls; **c)** in etw. aufs ~ legen (ugs.) dance sth.; s. auch **Sohle a**
Parkętt·[fuß]boden der parquet floor; ~ **haben** have parquet flooring
parkettieren tr. V. lay parquet flooring; parquet
Parkętt·platz der seat in the [front] stalls
Park-: ~**gebühr** die parking-fee; ~**haus** das multi-storey car-park
parkieren (schweiz.) s. **parken**
Parkinsonsche Krankheit ['parkɪnzɔnʃə '--] die Parkinson's disease
Park-: ~**kralle** die wheel-clamp; ~**landschaft** die parkland; ~**leuchte** die, ~**licht** das parking-light; ~**lücke** die parking-space; **b)** (für ein einzelnes Fahrzeug) parking-space; place to park; ~**scheibe** die parking-disc; ~**schein** der car-park ticket; ~**uhr** die parking-meter; ~**verbot** das ban on parking; **hier ist ~verbot** you are not allowed to park here; **im ~verbot stehen** be parked illegally; **aus dem ~verbot wegfahren** move one's car from where it was/was parked illegally; ~**verbots·schild** das no-parking sign
Parlament [parla'mɛnt] das; ~[e]s, ~e parliament; (eines bestimmten Landes) Parliament no def. art.
Parlamentär [parlamɛn'tɛːɐ] der; ~s, ~e peace negotiator
Parlamentarier [parlamɛn'taːriɐ] der; ~s, ~, **Parlamentarierin** die; ~, ~**nen** member of parliament; (in Großbritannien) Member of Parliament; MP; (in den Vereinigten Staaten) Congressman/Congresswoman; **die Bonner ~:** the members of the Bonn Parliament; **die dem Europarat angehörenden ~:** the MPs or deputies in the Council of Europe
parlamentarisch 1. Adj.; nicht präd. parliamentary; ~**er Staatssekretär [im Bundesministerium für ...]** parliamentary secretary [to the Federal Ministry of ...]. 2. adv. etw. ~ **diskutieren** discuss sth. in parliament
Parlamentarismus der; ~: parliamentarianism no art.; parliamentary system
Parlaments-: ~**ausschuß** der parliamentary committee; ~**ferien** Pl. [parliamentary] recess sing.; ~**gebäude** das parliament building[s pl.]; **die ~gebäude** (in London) the Houses of Parliament; ~**mitglied** das member of parliament; (in Großbritannien) Member of Parliament; MP; (in den Vereinigten Staaten) member of Congress; ~**reform** die parliamentary reform; ~**sitzung** die sitting [of parliament]; ~**wahl** die parliamentary election
parlieren [par'liːrən] itr. V. (geh.; oft iron.) make conversation; (plaudern) chat (**über** + Akk. about); (reden) talk (French etc.)
Parmesan [parme'zaːn] der; ~[s] Parmesan
Parnaß [par'nas] der; ~ od. **Parnąsses** (dichter.) Parnassus no def. art. (poet.)
Parodie [paro'diː] die; ~, ~**n** parody; eine ~ **auf etw./jmdn.** a parody of sth./take-off of sb.
parodieren tr. V. parody (literary work, manner); take off (person); satirize (event)
Parodist der; ~**en**, ~**en** parodist
parodistisch Adj. parodistic; (ability) as a parodist
Parodontose [parodɔn'toːzə] die; ~, ~**n** periodontosis no art. (Dent.); receding gums pl., no art.
Parole [pa'roːlə] die; ~, ~**n** a) (Wahlspruch) motto; (Schlagwort) slogan; **b)** (bes. Milit.: Kennwort) password; **c)** (Gerücht) rumour
Paroli [pa'roːli] in: **jmdm./einer Sache ~ bieten** give sb. as good as one gets/pit oneself against sth.

Part [part] der; ~**s**, ~**s** od. ~**e a)** (Musik: Stimme, Partie) part; **b)** (Theater, Film: Rolle) part; role; **einen/den [entscheidenden] ~ in od. bei etw.** (Dat.) **spielen** (auch fig.) play a/the [crucial] part or role in sth.
Parte ['partə] die; ~, ~**n** (österr.: Todesanzeige) death announcement
Partei [par'tai] die; ~, ~**en a)** (Politik) party; **in od. bei der ~ sein** be a party member; **die ~ wechseln** change parties; **b)** (Rechtsw.) party; **c)** (Gruppe, Mannschaft) side; **es mit beiden ~en halten** run with the hare and hunt with the hounds (fig.); **~ sein** be an interested party; **jmds. od. für jmdn./etw. ~ ergreifen** od. **nehmen** side with sb./take a stand for sth.; **gegen jmdn./etw. ~ nehmen** od. **ergreifen** side against sb./take a stand against sth.; **über den ~en stehen** be impartial; **d)** (Miets-) tenant; (mehrere Personen) tenants pl.
partei-, Partei-: ~**ab·zeichen** das party badge; ~**aktiv** das (DDR) team of party members with particular tasks; ~**amtlich** Adj. official party (regulations etc.); ~**apparat** der party machine or organization; ~**bonze** der (abwertend) party bigwig (coll.); ~**buch** das party membership book; **das falsche/richtige ~buch haben** belong to the wrong/right party; ~**chef** der party leader; ~**chinesisch** das (ugs. scherzh.) party gobbledegook; ~**disziplin** die party discipline
Parteien-: ~**landschaft** die party political scene or set-up; ~**verkehr** der (österr.) „~**verkehr von 9 bis 14 Uhr**" 'open to the public from 9 till 2'
partei-, Partei-: ~**freund** der fellow party member; party colleague; ~**führer** der party leader; ~**führung** die party leadership; **der ~führung angehören** be one of the party leaders pl. or executive; ~**gänger** der (oft abwertend) [loyal] party supporter; **Mussolini und seine ~gänger** Mussolini and his party faithful; ~**genosse** der (hist.: Mitglied der NSDAP) party member; (einer Arbeiterpartei) Comrade X; ~**hoch·schule** die (DDR) college in Berlin for training SED leaders; ~**intern** 1. Adj.; nicht präd. internal [party] (conflict, matters, material, etc.); 2. adv. within the party
parteiisch 1. Adj. biased. 2. adv. in a biased manner
Partei-: ~**lehr·jahr** das (DDR) year's course of ideological training (for SED members and others); ~**leitung** die s. ~**führung**
parteilich 1. Adj. **a)** nicht präd. (eine Partei betreffend) party (matter, work, principles, etc.); **b)** (parteiisch) biased (judgement, view, etc.); **c)** (DDR: der Parteilinie folgend) in accordance with the party line postpos. 2. adv. **a)** (von der Partei) by the party; **b)** (parteiisch) in a biased manner; **c)** (der Parteilinie folgend) (think, behave, act) in accordance with the party line
Parteilichkeit die; ~: **a)** (Linientreue) adherence to the party line; **b)** (einseitige Parteinahme) bias, partiality (**für** towards)
partei-, Partei-: ~**linie** die party line; ~**los** Adj. (Politik) independent (MP); **er ist ~los** he is not attached to or aligned with any party; ~**lose der/die**; adj. Dekl. (Politik) independent; person not attached to a party; ~**losigkeit** die; ~: (Politik) independence; ~**mit·glied** das party member; ~**nahme** die; ~, ~**n** partisanship; taking sides no art., no pl.; ~**organ** das **a)** party representative; (Gruppe) group of persons representing a party; **b)** (Zeitung) party organ; ~**politik** die party politics sing.; ~**politisch** 1. Adj. party political; 2. adv. from a party political point of view; ~**programm** das party manifesto or programme; ~**tag** der party conference or (Amer.) convention
Parteiung die; ~, ~**en** (political, religious) group

Partnerwahl

Partei-: ~**verfahren** das proceedings instituted by the party against a member; ~**vorsitzende der/die** party leader; ~**vorstand** der party executive; ~**zugehörigkeit** die party membership
parterre [par'tɛr] Adv. on the ground or (Amer.) first floor
Parterre das; ~**s**, ~**s a)** (Erdgeschoß) ground floor; first floor (Amer.); **im ~:** on the ground or (Amer.) first floor; **b)** (Theater veralt.) stalls pl. (Brit.); parterre (Amer.); parquet (Amer.)
Parterre·wohnung die ground-floor flat (Brit.); first-floor apartment (Amer.)
Partie [par'tiː] die; ~, ~**n a)** (Teil) part; **b)** (Spiel, Sport: Runde) game; (Golf) round; **eine ~ Schach spielen** play a game of chess; **c)** (Musik) part; **d)** (Ehepartner) **eine gute ~ [für jmdn.] sein** be a good match [for sb.]; **sie hat eine gute/glänzende ~ gemacht** she has married well/extremely well; **e)** (veralt.: Ausflug) **eine ~ aufs Land machen** go on or for an outing or a trip into the country; **f)** **mit von der ~ sein** join in; (bei einer Reise usw.) go along too; **da bin ich mit von der ~!** count me in!; **g)** (Kaufmannsspr.) batch; **h)** (österr.: Gruppe von Arbeitern) gang
Partie·führer der (österr.: Vorarbeiter) foreman
partiell [par'tsiɛl] 1. Adj. partial. 2. adv. partially
¹**Partikel** [par'tiːkl] die; ~, ~**n** (Sprachw.) particle
²**Partikel** das; ~**s**, ~ od. die; ~, ~**n** (bes. Physik, Chemie, Technik) particle
partikular [partiku'laːɐ], **partikulär** [partiku'lɛːɐ] Adj. (geh.) minority attrib. (interest, viewpoint)
Partikularismus der; ~ (meist abwertend) particularism no art.
partikularistisch Adj. (meist abwertend) particularistic
Partisan [parti'zaːn] der; ~**s** od. ~**en**, ~**en** guerrilla; (gegen Besatzungstruppen im Krieg) partisan
Partisanen·krieg der guerilla war; (Kriegführung) guerilla warfare
Partisanin die; ~, ~**nen** s. **Partisan**
Partita [par'tiːta] die; ~, **Partiten** (Musik) partita
Partitur [parti'tuːɐ] die; ~, ~**en** (Musik) score
Partizip [parti'tsiːp] das; ~**s**, ~**ien** [-'tsiːpiən] (Sprachw.) participle; **das 1. ~** od. **~ Präsens/das 2. ~** od. **~ Perfekt** the present/past participle
Partizipation [partitsipa'tsioːn] die; ~, ~**en** participation (**an** + Dat. in)
Partizipations·geschäft das (Wirtsch.) joint venture
Partizipial- (Sprachw.) participial
partizipieren itr. V. **an etw.** (Dat.) ~: have a share in sth.
Partner ['partnɐ] der; ~**s**, ~, **Partnerin** die; ~, ~**nen** partner; (Bündnis-) ally; (im Film/Theater) co-star
Partner·look der co-ordinated fashion (in which man and woman wear matching clothes); ~ **tragen** wear matching his-and-hers outfits
Partnerschaft die; ~, ~**en** partnership
partnerschaftlich 1. Adj. (co-operation etc.) on a partnership basis; **wir haben ein ~es Verhältnis** ours is a relationship between equal partners; **sein Führungsstil ist [sehr] ~:** his style of leadership involves treating people [very much] as equal partners. 2. adv. in spirit of partnership; (als Partnerschaft) as a partnership; **sich jmdm. gegenüber** od. **zu jmdm. ~ verhalten** treat sb. as an equal [partner]
Partner-: ~**stadt** die twin town (Brit.); sister city or town (Amer.); ~**tausch** der partner-swapping (coll.); ~**wahl** die choice of mate or partner

1367

partout [par'tu:] *Adv. (ugs.)* at all costs; **er will es ~ nicht einsehen** but he absolutely refuses to see it
Party ['pa:ɐ̯ti] *die;* ~, ~s *od.* **Parties** party; **eine ~** [zu ihrem bestandenen Examen/zu seinem Geburtstag] **geben** give a party [to celebrate her passing the exam/for her birthday]; **auf ~s** at parties; **auf eine** *od.* **zu einer ~ gehen** go to a party
Party-: ~**keller** *der* basement room equipped for parties; ~**löwe** *der (iron.)* [male] party-goer *(who is the centre of attraction);* social lion
Parvenü, *(österr.:)* **Parvenu** [parve'ny:] *der;* ~s, ~s *(geh.)* parvenu
Parze ['partsə] *die;* ~, ~n *(röm. Myth.)* **die drei ~n** the Three Fates
Parzelle [par'tsɛlə] *die;* ~, ~n [small] plot [of land]
parzellieren *tr. V.* divide into [small] plots
Pasch [paʃ] *der;* ~[e]s, ~e *u.* **Päsche a)** *(beim Würfelspiel)* **einen ~ werfen** *(bei zwei Würfeln)* throw doubles *pl.; (bei drei Würfeln)* throw triplets; **b)** *(beim Domino)* double
Pascha [ˈpaʃa] *der;* ~s, ~s **a)** *(hist.)* pasha; **b)** *(fig. abwertend)* male chauvinist; **den ~ spielen** act the lord and master
Paspel ['paspl] *die;* ~, ~n *od. der;* ~s, ~: piping *no pl.*
paspelieren *tr. V.* pipe *(pocket, collar, hem, seam)*
Paß [pas] *der;* **Passes, Pässe** ['pɛsə] **a)** *(Reise~)* passport; **der diplomatischen Vertretung die Pässe zustellen** break off diplomatic relations; **b)** *(Gebirgs~)* pass; **c)** *(Ballspiele)* pass
passabel [pa'sa:bl̩] **1.** *Adj.* reasonable; tolerable; fair *(report);* presentable *(appearance).* **2.** *adv.* reasonably *or* tolerably well
Passage [pa'sa:ʒə] *die;* ~, ~n **a)** *(Ladenstraße)* [shopping] arcade; **b)** *(Abschnitt) (im Text)* passage; *(im Film)* sequence; *(beim Eistanz, bei Turnübungen)* routine; *(Musik)* [virtuoso] passage; **c)** *(Stelle zum Passieren, Schiffs~, Reiten)* passage
Passagier [pasa'ʒi:ɐ̯] *der;* ~s, ~e passenger; ~**e der Lufthansa nach London** Lufthansa passengers [bound] for London; **blinder ~** stowaway
Passagier-: ~**dampfer** *der* passenger steamer; ~**flugzeug** *das* passenger aircraft; ~**liste** *die* passenger list; ~**schiff** *das* passenger ship
Passah ['pasa] *das;* ~s *(jüd. Rel.)* Passover
Passah·fest *das (jüd. Rel.)* Feast of the Passover
Paß·amt *das* passport office
Passant [pa'sant] *der;* ~en, ~en, **Passantin** *die;* ~, ~nen **a)** *(Fußgänger[in])* passerby; **b)** *(schweiz.: Durchreisende[r])* traveller [passing through]
Passat [pa'sa:t] *der;* ~[e]s, ~e, **Passatwind** *der* trade wind
Paß·bild *das* passport photograph
Passe ['pasə] *die;* ~, ~n *(Schneiderei)* yoke
passé [pa'se:] *Adj.; nicht attr. (ugs.) (überholt)* passé; out of date; *(vorüber)* over [and done with]; **er ist als Politiker ~:** as a politician he has had his day
Pässe ['pɛsə] *s.* **Paß**
passen 1. *itr. V.* **a)** *(die richtige Größe/Form haben)* fit; **etw. paßt [jmdm.]** gut/nicht sth. fits [sb.] well/does not fit [sb.]; **etw. paßt [nicht] in/auf/unter etw.** *(Akk.)* /**zwischen zwei Sachen** sth. fits/does not fit into/on [to]/underneath sth./between two things; **der Schlüssel paßt nicht ins Schloß** the key does not fit the lock; **das Buch paßt nicht in den Karton** the book won't go in the box; **ein Kleidungsstück ~d machen** make an article of clothing fit; **b)** *(geeignet sein)* be suitable, be appropriate **(auf** + *Akk.,* **zu** for); *(harmonieren) (colour etc.)* match; **dieses Bild paßt besser in die Diele** this picture goes better in the hall; **zu etw./jmdm. ~:** go well with sth./be well suited to sb.; **zueinander ~:** *(things)* go well together; *(two people)* be suited to each other; **das** *od.* **dieses Benehmen paßt zu ihm/paßt nicht zu ihm** *(ugs.)* that's just like him *(coll.)*/that's not like him; **diese Beschreibung paßt [genau] auf sie/[absolut] nicht auf sie** this description fits her [exactly]/does not fit her [at all]; **sie paßt nicht hierher/nach X** she does not fit in here/in X; **nicht in die Welt ~:** be unsuited to this life; **sie paßt nicht zu uns** *od.* **in unseren Kreis** she is out of place in our circle; *s. auch* **Faust; Konzept; Kram; passend; c)** *(genehm sein)* **jmdm. ~** *(time)* be convenient for sb., suit sb.; **jmdm. paßt etw. nicht** sth. is inconvenient for sb.; *(jmd. mag etw. nicht)* sb. does not like sth.; **das könnte mir so ~!** *(ugs.)* you'd just love that, wouldn't you?; **d)** *(Kartenspiel)* pass; **bei dieser Frage muß ich ~** *(fig.)* I'll have to pass on that question; **e)** *(österr.: warten, lauern)* wait **(auf** + *Akk.* for). **2.** *tr.* **(auch** *itr. V.* (Ballspiele) *pass (ball);* **b)** *(paßrecht einfügen)* **etw. in etw.** *(Akk.)* **~:** fit sth. into sth. **3.** *refl. V. (ugs.: sich schicken)* be proper *or (coll.)* done; **das/es paßt sich einfach nicht** it simply isn't done *or* the done thing *(coll.).*
passend *Adj.* **a)** *(geeignet)* suitable *(dress, present, etc.);* appropriate, right *(words, expression);* right *(moment);* **bei einer ~en Gelegenheit** at an opportune moment; **haben Sie es ~?** *(ugs.)* have you got the right money?; **b)** *(harmonierend)* matching *(shoes etc.);* **die zum Kleid ~en Schuhe** the shoes to go with *or* match the dress
Passepartout [paspar'tu] *das; (schweiz.:) der;* ~s, ~s **a)** *(Umrahmung)* mount; **b)** *(bes. schweiz.) s.* **Hauptschlüssel**
paß-, Paß-: ~**form** *die* fit; **eine gute ~form haben** be a good fit; ~**foto** *das s.* ~**bild;** ~**gang** *der* amble; **im ~gang gehen** amble; ~**genau, ~gerecht** *Adj.* that fits/fit exactly *or* perfectly *postpos., not pred.;* **die Schuhe sind ~genau** *od.* **~gerecht** the shoes fit exactly *or* are a perfect fit
passierbar *Adj.* passable *(road);* navigable *(river);* negotiable *(path)*
passieren 1. *tr. V.* **a)** pass; **die Grenze ~:** cross the border; **eine Brücke/einen Tunnel ~:** pass over a bridge/through a tunnel; **die Zensur ~** *(fig.)* be passed by the censor; get past the censor; *s. auch* **Revue d; b)** *(durch~)* through a sieve; strain *(curd cheese etc.).* **2.** *itr. V.; mit sein* happen, *(auch)* take place; **es ist ein Unglück/etwas Schreckliches passiert** there has been an accident/ something dreadful has happened; **gib es ihm sofort zurück, sonst passiert was!** give it back to him straight away, *or* there'll be trouble!; **jmdm. ist etwas/nichts passiert** something/nothing happened to sb.; *(jmd. ist verletzt/nicht verletzt)* sb. was/was not hurt; **mir ist eine Panne/ein Versehen passiert** I [have] had a breakdown/made a mistake; **das kann doch jedem mal ~!** that can happen to anybody!
Passier-: ~**schein** *der* pass; permit; ~**schlag** *der* (Tennis) passing shot
Passion [pa'sio̯:n] *die;* ~, ~en **a)** passion; **b)** *o. Pl. (christl. Rel., Kunst, Musik)* Passion
passioniert *Adj.; nicht präd.* ardent, passionate *(collector, card-player, huntsman)*
Passions-: ~**spiel** *das* Passion play; ~**zeit** *die (christl. Rel.)* Passiontide
passiv [pa'si:f] **1.** *Adj.* passive; non-active *(member);* ~**e Handelsbilanz** balance of trade deficit; **das ~e Wahlrecht** eligibility [for political office]; **das ~e Wahlrecht haben** be eligible to stand as a candidate; *s. auch* **Bestechung. 2.** *adv.* passively; **sich [bei etw. in etw.** *(Dat.)*] **~ verhalten** take a passive stance [in sth.]; take no active part [in sth.]
Passiv *das;* ~s, ~e *(Sprachw.)* passive; **im ~ stehen** be in the passive

Passiva [pa'si:va] *Pl. (Wirtsch.)* liabilities
Passiv·bildung *die (Sprachw.)* formation of the passive
Passiven *s.* **Passiva**
passivisch *(Sprachw.)* **1.** *Adj.* passive. **2.** *adv.* passively; in the passive form
Passivität [pasivi'tɛ:t] *die;* ~: passivity
Passiv-: ~**posten** *der (Kaufmannsspr.)* liability; ~**saldo** *der (Kaufmannsspr.)* debit balance; ~**seite** *die (Kaufmannsspr.)* liabilities side
Paß-: ~**kontrolle** *die* **a)** *(das Kontrollieren)* passport inspection *or* check; **b)** *(Stelle)* passport control; ~**stelle** *die s.* ~**amt;** ~**straße** *die* [mountain] pass road
Passung *die;* ~, ~en *(Technik)* fit; tolerance [for mating parts]
Passus ['pasʊs] *der;* ~, ~ [pa'su:s] passage
Paß·zwang *der* obligation to carry a passport
Paste ['pastə] *die;* ~, ~n *(auch Pharm.)* paste
Pastell [pas'tɛl] *das;* ~[e]s, ~e **a)** *(Farbton)* pastel shade; **b)** *o. Pl. (Maltechnik)* pastel *no attr.;* **in ~:** in pastel; **c)** *(Bild)* pastel [drawing]
pastell-, Pastell-: ~**farbe** *die* pastel colour; ~**farben** *Adj.* pastel-coloured; ~**malerei** *die* pastel drawing; ~**ton** *der* pastel shade
Pastetchen *das;* ~s, ~: [small] vol-au-vent; *(Hülle)* [small] vol-au-vent case
Pastete [pas'te:tə] *die;* ~, ~n **a)** *(gefüllte)* vol-au-vent; *(Hülle)* vol-au-vent case; **b)** *(in einer Schüssel o. ä. gegart)* pâté; *(in einer Hülle aus Teig gebacken)* pie
pasteurisieren [pastøri'zi:rən] *tr. V.* pasteurize
Pasteurisierung *die;* ~, ~en pasteurization
Pastille [pas'tɪlə] *die;* ~, ~n pastille
Pastinake [pasti'na:kə] *die;* ~, ~n parsnip
Past·milch *die (schweiz.)* pasteurized milk
Pastor ['pastor] *der;* ~s, ~en pastor; *s. auch* **Pfarrer**
pastoral [pasto'ra:l] *Adj.* **a)** *(seelsorgerlich)* pastoral; **b)** *(salbungsvoll)* unctuous; **c)** *(idyllisch)* pastoral *(literature)*
Pastorale *das;* ~s, ~s *od. die;* ~, ~n **a)** *(Musik)* pastorale; **b)** *(Literaturw., Kunst)* pastoral
Pastorin *die;* ~, ~nen pastor
Pate ['pa:tə] *der;* ~n, ~n **a)** *(Taufzeuge)* godparent; *(Patenonkel;* in *der Mafia)* godfather; *(Patin)* godmother; *(DDR)* sponsor *(responsible for the child's socialist upbringing);* **bei jmdm. ~ stehen** act as godfather/godmother to sb.; *(DDR: bei der Namengebung)* act as sponsor to sb.; **bei etw. ~ stehen** *(fig.)* be the influence/influences behind sth.; *(als Vorbild dienen)* act as the model for sth.; **b)** *(veralt.: Patenkind)* godchild
Patene [pa'te:nə] *die;* ~, ~n *(christl. Kirche)* paten
Paten-: ~**kind** *das* godchild; *(DDR)* sponsored child; ~**onkel** *der* godfather; *(DDR)* [male] sponsor
Patenschaft *die;* ~, ~en *(christl. Rel.)* godparenthood; *(DDR, fig.)* sponsorship *(für, über* + *Akk.* of)
Paten-: ~**sohn** *der* godson; *(DDR)* sponsored boy; ~**stadt** *die* twin town *(Brit.);* sister city *or* town *(Amer.)*
patent [pa'tɛnt] *(ugs.)* **1.** *Adj.* **a)** *(tüchtig)* capable; **ein ~er Kerl** a great guy *(sl.);* **b)** *(zweckmäßig)* ingenious *(device, method, idea);* clever *(slogan etc.).* **2.** *adv.* ingeniously; cleverly; neatly *(solved)*
Patent *das;* ~[e]s, ~e **a)** *(Schutz)* patent; **ein ~ auf** *(Akk.)* **haben** have a patent for sth.; **etw. zum** *od.* **als ~ anmelden, auf** *od.* **für etw. ein ~ anmelden** apply for a patent for sth.; **„als ~ angemeldet"** 'patent pending'; 'patent applied for'; **b)** *(Erfindung)*

Patentamt pausieren

[patented] invention; *(fig.: Konstruktion/ Verfahren)* [patent] design/method; **c)** *(Ernennungsurkunde)* certificate [of appointment]; *(eines Kapitäns)* master's certificate; *(eines Offiziers)* commission
Patęnt-: ~**amt** das Patent Office; ~**an·meldung** die patent application
Patẹn·tante die s. **Patin**
patẹnt-, Patẹnt-: ~**anwalt** der patent agent or *(Amer.)* attorney; ~**fähig** *Adj.* patentable; ~**gesetz** das Patents Act
patentieren *tr. V.* patent; **jmdm. etw. ~:** grant sb. a patent for sth.; **sich** *(Dat.)* **eine Erfindung ~ lassen** have an invention patented
Patẹnt-: ~**inhaber** der patentee; ~**lösung** die patent remedy (für, zu for); **Patẹn·tochter** die god-daughter; *(DDR)* sponsored girl
Patẹnt-: ~**recht** das **a)** *(Rechtsnormen)* patent law *no art.*; **b)** *(berechtigter Anspruch)* patent rights *pl.*; ~**register** das *(österr., schweiz.)* ~**rolle:** ~**rezept** das patent remedy **(gegen, für** for); **kein ~rezept dafür haben, wie man etw. tut** have no magic recipe for doing sth.; ~**rolle** die ≈ Register of Patents *(Brit.)*; ~**schrift** die patent specification; ~**schutz** der patent protection
Pater ['paːtɐ] der; ~s, ~ od. **Patres** ['paːtreːs] *(kath. Kirche)* Father
¹**Paternoster** [patɐ'nɔstɐ] der; ~s, ~ *(Aufzug)* paternoster [lift]
²**Paternoster** das; ~s, ~ *(Gebet)* Lord's Prayer
pathetisch [pa'teːtɪʃ] **1.** *Adj.* emotional, impassioned ⟨*speech, manner*⟩; melodramatic ⟨*gesture*⟩; emotive ⟨*style*⟩; pompous ⟨*voice*⟩. **2.** *adv.* emotionally; with much emotion; *(dramatisch)* [melo]dramatically
Patholoọge [patoˈloːgə] der; ~n, ~n pathologist
Pathologie [patoloˈgiː] die; ~, ~n **a)** *o. Pl. (Gebiet)* pathology *no art.*; **b)** *(Abteilung/Institut)* pathology department/institute
Pathologin die; ~, ~nen pathologist
pathologisch 1. *(Med.; auch fig.) Adj.* pathological. **2.** *adv.* pathologically
Pathos ['paːtɔs] das; ~ emotionalism; **ein unechtes/hohles ~:** false/empty pathos; **eine Rede voller ~:** a speech full of emotion; **etw. mit ~ vortragen** recite sth. with much feeling
Patience [paˈsi̯ãːs] die; ~, ~n [game of] patience; ~**n/eine ~ legen** play patience/a game of patience
Patient [paˈtsi̯ɛnt] der; ~en, ~en, **Patientin** die; ~, ~nen patient; **~ von** od. **bei Dr. X sein** be a patient of Dr X
Patin die; ~, ~nen *(Taufzeugin)* godmother; *(DDR)* sponsor *(responsible for the child's socialist upbringing)*
Patina ['paːtina] die; ~: patina; **~ ansetzen** become covered with a patina; *(fig.)* begin to show its age; become dated
patinieren *tr. V.* patinate
Patisserie [patɪsəˈriː] die; ~, ~n *(schweiz.)* patisserie
Patres s. **Pater**
Patriarch [patriˈarç] der; ~en, ~en patriarch
patriarchalisch 1. *Adj.* patriarchal; *(fig. autoritär)* authoritarian. **2.** *adv.* in a patriarchal or *(fig.)* authoritarian manner
Patriarchat das; ~[e]s, ~e **a)** *(Gesellschaftsordnung)* patriarchy; **b)** *(kath. u. orthodoxe Kirche)* patriarchate
Patriot [patriˈoːt] der; ~en, ~en, **Patriotin** die; ~, ~nen patriot
patriotisch 1. *Adj.* patriotic. **2.** *adv.* patriotically; **~ erzogen werden** be brought up to be a patriot
Patriotịsmus der; ~: patriotism *usu. no def. art.*
Patrize [paˈtriːtsə] die; ~, ~n *(Druckw.)* steel punch *or* die

Patriziat [patriˈtsi̯aːt] das; ~[e], ~e *(hist.)* patriciate
Patrizier [paˈtriːtsi̯ɐ] der; ~s, ~ *(hist.)* patrician
Patron [paˈtroːn] der; ~s, ~e **a)** *(Schutzheiliger)* patron saint; **b)** *(Stifter einer Kirche)* patron; founder; **c)** *ugs. abwertend: Kerl* type *(coll.)*; **ein übler ~:** a nasty piece of work *(coll.)*; **d)** *(hist.: Schutzherr; veralt.: Gönner)* patron
Patronage [patroˈnaːʒə] die; ~, ~n favouritism *no art.*; *(im Staatsapparat)* patronage *no art.*
Patronat [patroˈnaːt] das; ~[e]s, ~e **a)** *(hist. Würde, Amt)* patronate; **b)** *(Schirmherrschaft; Kirchenrecht: Rechtstellung)* patronage
Patrone [paˈtroːnə] die; ~, ~n **a)** *(für das Gewehr, den Füller)* cartridge; *(für die Kleinbildkamera)* cassette; **b)** *(Textilind.)* point paper plan; draft
Patronen-: ~**gurt** der, ~**gürtel** der cartridge-belt; *(über der Schulter getragen)* bandoleer; ~**hülse** die cartridge-case; ~**tasche** die cartridge-pouch
Patronin die; ~, ~nen **a)** *(Schutzheilige)* patron saint; **b)** *(veralt.: Gönnerin)* patroness
Patrouille [paˈtrʊljə] die; ~, ~n patrol
Patrouillen-: ~**boot** das patrol boat; ~**gang** der patrol
patrouillieren [patrʊlˈjiːrən] *itr. V.*; *auch mit sein* be on patrol; **durch die Straßen ~:** patrol the streets
patsch [patʃ] *Interj.* splat; slap; *(auf Wasser usw.)* splash
Patsche die; ~, ~n **a)** *(ugs.)* s. **Klemme b; b)** *(ugs.: Hand)* paw *(coll.)*; **kleine ~n** *(eines Kindes)* little hands; **c)** *(Feuer~)* fire-beater
patschen *itr. V.* *(ugs.)* **a)** *(klatschen)* slap; **sich** *(Dat.)* **auf die Schenkel ~:** slap one's thighs; **das Kind patschte in die Hände** the child clapped its hands; **b)** *mit sein (~d gehen/fallen)* splash; **über die Fliesen ~** *(mit nassen Stiefeln usw.)* go flip-flop over the tiles; *(unbeholfen)* lollop over the tiles; **durch die Pfützen ~:** splash *or* go splashing through the puddles; **c)** *(~des Geräusch hervorbringen)* ⟨*slush, wet shoes*⟩ squelch
patsch-, Patsch-: ~**hand** die; ~**händchen** das *(fam.)* [little] hand; handy-pandy *(child lang.)*; ~**naß** *Adj. (ugs.)* sopping wet; ~**naß geschwitzt** soaked in sweat
patt [pat] *(Schach)* **~ sein** be stalemated
Patt das; ~s, ~s *(Schach; auch fig.)* stalemate; **mit einem ~ enden** *od.* **ausgehen** end in stalemate
Patte die; ~, ~n *(pocket)* flap
Patt·situation die *(position of)* stalemate
patzen ['patsn̩] *itr. V.* **a)** *(ugs.: Fehler machen)* slip up *(coll.)*; boob *(sl.)*; **der Pianist hat ziemlich/erheblich gepatzt** the pianist came rather/well and truly unstuck *(coll.)*; **b)** *(österr.: klecksen)* make a blot/blots
Pạtzer der; ~s, ~ *(ugs.)* slip *(coll.)*; boob *(sl.)*; **ein dicker ~:** a real howler *(coll.)*
pạtzig *(ugs. abwertend)* **1.** *Adj.* snotty *(coll.)*; *(frech)* cheeky. **2.** *adv.* snottily *(coll.)*; *(frech)* cheekily
Paukant [pauˈkant] der; ~en, ~en *(Studentenspr.)* duellist
Pauke ['paukə] die; ~, ~n kettledrum; ~**n** *(im Orchester)* timpani; **die ~ schlagen** beat the drum/drums; **auf die ~ hauen** *(ugs.)* *(feiern)* paint the town red *(sl.)*; *(großtun)* blow one's own trumpet; *(sich lautstark äußern)* come right out with it; **mit ~n und Trompeten durchfallen** *(ugs.)* ⟨*candidate, broadcast, film, etc.*⟩ be a resounding failure; **jmdn. mit ~n und Trompeten empfangen** *(fig.)* give sb. the red-carpet treatment
pauken 1. *tr. V. (ugs.)* swot up *(Brit. sl.)*, bone up on *(Amer. coll.)* ⟨*facts, figures, etc.*⟩; **Latein/Mathe ~:** swot up one's Latin/maths. **2.** *itr. V.* **a)** *(ugs.: lernen)* swot

(Brit. sl.); *(fürs Examen)* cram *(coll.)*; **b)** *(Musik) (in einer Band o. ä.)* play the big drum[s]; *(im Orchester)* play the timpani; **c)** *(Studentenspr.)* duel
Pauken-: ~**schlag** der **a)** drum-beat; **Haydns Sinfonie mit dem ~schlag** Haydn's Surprise Symphony; **b)** *(fig. Eklat)* sensation; bombshell; ~**schlegel** der drumstick
Pauker der; ~s, ~ **a)** *(Musik) (im Orchester)* timpanist; *(in einer Band o. ä.)* big-drum player; **b)** *(Schülerspr.: Lehrer)* teacher; teach *(school sl.)*
Paukerei die; ~: *(ugs. abwertend)* swotting *(Brit. sl.)*; boning up *(Amer. coll.)*; *(fürs Examen)* cramming
Paukist der; ~en, ~en s. **Pauker a**
Paulus ['paulʊs] (der); **Paulus'** Paul
Pauperismus [paupəˈrɪsmʊs] der; ~ *(Soziol.)* pauperism *usu. no art.*
Paus·backen *Pl. (fam.)* chubby cheeks
pausbäckig ['pausbɛkɪç] *Adj.* chubby-cheeked; chubby-faced; chubby ⟨*face*⟩
pauschal [pauˈʃaːl] **1.** *Adj.* **a)** *(rund gerechnet)* all-inclusive ⟨*price, settlement*⟩; **eine ~e Summe/Bezahlung** a lump sum/payment; **b)** *(verallgemeinernd)* sweeping ⟨*judgement, criticism, statement*⟩; indiscriminate ⟨*prejudice*⟩; wholesale ⟨*discrimination*⟩. **2.** *adv.* **a)** *(alles zusammengenommen)* ⟨*cost*⟩ overall, all in all; ⟨*pay*⟩ in a lump sum; **das Angebot gilt ~ für 10 Tage** the offer covers all costs *or* is inclusive for 10 days; **eine Frage ~ beantworten** answer a question in general terms; **b)** *(ohne zu differenzieren)* wholesale
Pauschale die; ~, ~n *od.* das; ~s, ~n **Pauschalien** [-ˈʃaːli̯ən] flat-rate payment; *(Pauschalsumme)* lump sum; **monatliche ~:** flat monthly rate
Pauschal·gebühr die flat-rate [charge]
Pauschal-: ~**preis** der *(Einheitspreis)* flat rate; *(Inklusivpreis)* inclusive *or* all-in price; ~**reise** die package holiday; *(mit mehreren Reisezielen)* package tour; ~**summe** die lump sum; ~**urteil** das *(abwertend)* sweeping judgement *or* statement
Pausch·betrag ['pauʃ-] der lump sum
¹**Pause** ['pauzə] die; ~, ~n **a)** *(Unterbrechung)* break; *(Ruhe~)* rest; *(Theater)* interval *(Brit.)*; intermission *(Amer.)*; *(Kino)* intermission; *(Sport)* half-time interval; **kleine/große ~:** *(Schule)* short/[long] break; *(Theater)* short/main interval *(Brit.)* or *(Amer.)* intermission; **in** od. **während der ~** *(Schule)* in *or* during break; *(Theater)* in *or* during the interval *(Brit.)* or *(Amer.)* intermission; *(Sport)* at half-time; **wann haben wir [große] ~?** *(Schule)* when is [the long] break?; **es klingelt zur ~** *(Schule)* the bell is ringing for break; **[eine] ~ machen** take *or* have a break; *(zum Ausruhen)* have a rest; **wir machen kurz/eine Viertelstunde ~:** we'll take a short break/a quarter of an hour's break; **eine ~ einlegen** *od.* **einschieben** have a rest; **mach mal ~!** take a break!; **b)** *(in der Unterhaltung o. ä.)* pause; *(verlegenes Schweigen)* silence; **c)** *(Musik)* rest; **eine ganze/halbe ~:** a semibreve/minim rest; a whole [note]/half [note] rest *(Amer.)*
²**Pause** die; ~, ~n **a)** *(Kopie)* tracing; *(Licht~)* Photostat *(Brit.* ®*)*
pausen *tr. V.* trace; *(eine Lichtpause machen)* Photostat *(Brit.* ®*)*
Pausen-: ~**brot** das sandwich *(eaten during break)*; ~**füller** der *(ugs.)* interval material *no art.*; ~**hof** der the school yard
pausen·los 1. *Adj.; nicht präd.* incessant ⟨*noise, moaning, questioning*⟩; continuous, uninterrupted ⟨*work, operation*⟩. **2.** *adv.* incessantly; ceaselessly; ⟨*work*⟩ non-stop
Pausen·zeichen das **a)** *(Musik)* rest; **b)** *(Rundfunk, Ferns.)* interval signal
pausieren *itr. V.* **a)** *(innehalten)* pause; **b)** *(aussetzen)* have *or* take a rest; **acht Wochen ~ müssen** *(Sport)* ⟨*player*⟩ be out of the game for eight weeks

1369

Paus·papier das *(durchsichtig)* tracing paper; *(Kohlepapier)* carbon paper
Pavian ['pa:vi̯a:n] der; ~s, ~e baboon
Pavillon ['pavɪljɔn] der; ~s, ~s *(Archit.)* pavilion; *(einer Schule o. ä.)* annexe
Pazifik [pa'tsi:fɪk] der; ~s Pacific
pazifisch *Adj.* Pacific ⟨area⟩; **der Pazifische Ozean** the Pacific Ocean
Pazifismus der; ~: pacifism *no art.*
Pazifist der; ~en, ~en, **Pazifistin** die; ~, ~nen pacifist
pazifistisch 1. *Adj.* pacifist. 2. *adv.* in a pacifist way
PDS [pe:de:'ɛs] die; ~ *Abk.* Partei des Demokratischen Sozialismus Party of Democratic Socialism
Pech [pɛç] das; ~[e]s, ~e a) pitch; **schwarz wie ~ sein** be pitch-black; ⟨hair⟩ be jet-black; **zusammenhalten wie ~ und Schwefel** *(ugs.)* be inseparable; ⟨friends⟩ be as thick as thieves *(coll.)*; b) *o. Pl. (Mißgeschick)* bad luck; **großes/unerhörtes ~**: rotten *(sl.)/(coll.)* terrible luck; **bei** *od.* **mit etw./mit jmdm. ~ haben** have bad luck with sth./sb.; **be unlucky with sth./in sth.; im Leben/in der Liebe/bei den Frauen/beim Examen ~ haben** have no luck in life/in love/with women/in the exam; **~ gehabt!** *(ugs.)* tough luck! *(coll.)*; **dein ~, wenn du nicht aufpaßt** *(ugs.)* that's your just bad luck *(coll.)* if you don't pay attention; **~! für dich** *(ugs.)* that's his look-out; **~ für dich** *(ugs.)* that's just too bad *(coll.)*; **vom ~ verfolgt sein** be dogged by bad luck
pech-, Pech-: **~blende** die *(Mineral.)* pitchblende; **~[raben]schwarz** *Adj. (ugs.)* pitch-black ⟨night, darkness, coffee⟩; jet-black ⟨eyes⟩; raven[-black] ⟨hair⟩; **~strähne** die run of bad luck; **~vogel** der unlucky devil *(ugs.)*; *(Opfer vieler Unfälle)* walking disaster area *(coll.)*
Pedal [pe'da:l] das; ~s, ~e pedal; *(bei der Orgel)* pedals *pl.*; **mit/ohne ~ spielen** *(beim Klavier)* use/not use pedal; **[kräftig] in die ~e treten** *(beim Fahrrad)* pedal [really] hard
pedant *(österr.)* s. pedantisch
Pedant [pe'dant] der; ~en, ~en, **Pedantin**, die; ~, ~nen pedant
Pedanterie [pedantə'ri:] die; ~, ~n pedantry; **seine ~n** his pedantic ways
pedantisch 1. *Adj.* pedantic. 2. *adv.* pedantically
Peddig·rohr ['pɛdɪç-] das; *o. Pl.* rattan [cane]
Pedell [pe'dɛl] der; ~s, ~e, *(österr. meist:)* ~en, ~en *(veralt.)* caretaker *(Brit.)*; janitor *(esp. Amer.)*
Pediküre [pedi'ky:rə] die; ~, ~n a) *o. Pl.; s.* Fußpflege; b) *(Berufsbez.)* chiropodist
pediküren *tr. V.* pedicure ⟨feet, nails⟩
Pegel ['pe:gl] der; ~s, ~ a) *(Gerät)* water-level indicator; *(für die Gezeiten am Meer)* tide-gauge; b) *(Wasserstand)* water-level; *(Technik, Physik; auch fig.)* level ⟨of noise, alcohol consumption, etc.⟩
Pegel·stand der water-level
Peil·antenne die *(Funkw., Seew.)* direction-finding antenna
peilen ['paɪlən] 1. *tr. V.* a) take a bearing on ⟨transmitter, fixed point⟩; *s. auch* Daumen; **Lage** c) b) *(Wassertiefe messen)* take soundings in ⟨bay etc.⟩. 2. *itr. V.* a) take one's bearings; get a fix; b) *(Wassertiefe messen)* take a sounding/soundings; c) *(ugs.: spähen)* peek
Peilung die; ~, ~en *(Seew.)* a) *(das Peilen)* taking a bearing; *(des eigenen Standorts)* plotting one's position; *(Resultat)* fix; bearing; b) *(der Wassertiefe)* sounding
Pein [paɪn] die; ~ *(geh.)* torment; **körperliche/seelische ~**: physical/mental anguish; **jmdm. [viel** *od.* **große] ~ bereiten** cause sb. [much] anguish
peinigen ['paɪnɪɡn] *tr. V. (geh.)* torment; *(foltern)* torture; **von Durst/Kälte gepeinigt**

werden suffer agonies from thirst/cold; **von Schmerzen gepeinigt werden** be tormented by *or* racked with pain; *s. auch* Blut
Peiniger der; ~s, ~: *(geh.)* tormentor; *(Folterer)* torturer
Peinigung die; ~, ~en *(geh.)* torment; *(Folterung)* torture
peinlich 1. *Adj.* a) embarrassing; awkward ⟨question, position, pause⟩; **es ist mir sehr ~:** I feel very bad *(coll.)* or embarrassed about it; **es ist mir sehr ~, Ihnen das mitteilen zu müssen** I feel terrible about having to tell you this *(coll.)*; **es ist mir sehr ~, aber ich wollte Sie fragen, ...:** I don't know quite how to put this, but I wanted to ask you ...; b) *nicht präd. (äußerst genau)* meticulous; scrupulous; **er ist sich mit ~ster Genauigkeit an diese Vorschrift** he was most punctilious in observing this regulation; c) *nicht präd. (Rechtsspr. veralt.)* **das ~e Gericht** the criminal *or* penal court; **ein ~es Verhör** an interrogation under torture. 2. *adv.* a) unpleasantly ⟨surprised⟩; **[von etw.] ~ berührt** *od.* **betroffen sein** be painfully embarrassed [by sth.]; b) *(überaus [genau])* scrupulously; meticulously; **er vermied es ~[st], dieses heikle Thema zu berühren** he took [the utmost] pains to avoid touching on this delicate subject; **~ genau registriert** listed down to the last detail
Peinlichkeit die; ~, ~en a) *o. Pl.* embarrassment; **die ~ der Situation** the awkwardness of the situation; b) *o. Pl. (Genauigkeit)* scrupulousness; meticulousness; c) *(peinliche Situation)* embarrassing situation; *(heikle Situation)* awkward situation; *(Fehler)* embarrassing blunder
peinsam *Adj. (meist scherzh.) s.* peinlich 1 a
pein·voll *Adj. (geh.)* painful; agonizing ⟨uncertainty⟩; ⟨period⟩ full of anguish
Peitsche ['paɪtʃə] die; ~, ~n whip; **er knallte mit der ~:** he cracked the whip; *s. auch* Zuckerbrot
peitschen 1. *tr. V.* whip; *(fig.)* ⟨storm, waves, rain⟩ lash. 2. *itr. V.; mit sein* ⟨rain⟩ lash (**an, gegen** + *Akk.* against, **in** + *Akk.* into); ⟨shot⟩ ring out
Peitschen-: ~hieb der lash of the whip; **wie ein ~hieb** like a whiplash; **~knall** der crack of the whip; **~lampe** die street lamp *(hanging over the street from a curved standard)*; **~stiel** der whip handle; whipstock
pejorativ [pejora'ti:f] *(Sprachw.)* 1. *Adj.* pejorative. 2. *adv.* perjoratively
Pekinese [peki'ne:zə] der; ~n, ~n Pekinese
Peking·mensch ['pe:kɪŋ-] der; *o. Pl.* Peking Man
Pektin [pɛk'ti:n] das; ~s, ~e *(Biol.)* pectin
pekuniär [peku'niɛːɐ] 1. *Adj. nicht präd.* pecuniary; financial. 2. *adv.* financially
Pelerine [pelə'ri:nə] die; ~, ~n cape
Pelikan ['pe:lika:n] der; ~s, ~e pelican
Pelle ['pɛlə] die; ~, ~n *(bes. nordd.)* skin; *(abgeschält)* peel; **Kartoffeln in der ~ kochen** boil potatoes in their skins; **sie hocken sich** *(Dat.)* **dauernd auf der ~:** *(salopp)* they never leave each other alone; **jmdm. nicht von der ~ gehen** *(salopp)* refuse to leave sb. alone *or* in peace; *s. auch* rücken 2 a; sitzen a
pellen *(bes. nordd.)* 1. *tr. V.* peel ⟨potato, egg, etc.⟩; **sie pellte sich das Kind aus dem warmen Winterzeug** *(fig.)* she peeled off her/the child's warm winter things; *s. auch* Ei a. 2. *refl. V.* ⟨person, skin⟩ peel
Pell·kartoffel die potato boiled in its skin
Pelz [pɛlts] der; ~es, ~e a) fur; coat; *(des toten Tieres)* skin; pelt; **einen weichen ~ haben** have a soft coat; have soft fur; **einem Tier den ~ abziehen** skin an animal; b) *o. Pl. (gegerbt; als Material)* fur; **aus ~ gemacht** fur; **mit ~ gefüttert** fur-lined; c) fur; *(~mantel)* fur coat; *(~jacke)* fur jacket; d) *(ugs.: Haut)* **sich** *(Dat.)* **die Sonne auf den ~ brennen lassen** soak up the

sun; **jmdm./einem Tier eins auf den ~ brennen** take a pot-shot at sb./an animal; *s. auch* Laus; rücken 2 a; sitzen a
pelz-, Pelz-: **~besatz** der fur trimming; **~besetzt** *Adj.* fur-trimmed; **~futter** das fur lining; **~gefüttert** *Adj.* fur-lined; **~händler** der furrier; **~hand·schuh** der fur glove; *(pelzgefüttert)* fur-lined glove
pelzig *Adj.* a) *(wie Pelz, mit Flaum)* furry; downy ⟨peach⟩; b) *(bes. westd.: mehlig)* mealy ⟨apple⟩; *(holzig)* woody ⟨radish⟩; c) *(belegt)* furred, coated ⟨tongue, mouth⟩
Pelz-: **~imitation** die imitation fur; **~jacke** die fur jacket; **~kragen** der fur collar; **~mantel** der fur coat; **~mütze** die fur hat; **~stiefel** der fur boot; *(pelzgefüttert)* fur-lined boot; **~tier** das animal prized for its fur; **~tier·farm** die fur-farm; **~tier·jäger** der fur-hunter; trapper; **~tier·zucht** die fur farming *no def. art.*; **~waren** *Pl.* furs; fur goods; **~werk** das *o. Pl.* fur
Pendant [pã'dã:] das; ~s, ~s *(Gegenstück)* counterpart (**zu** of); *(ein Stück von einem Paar)* companion piece (**zu** of); *(Entsprechung)* equivalent (**zu** of)
Pendel ['pɛndl] das; ~s, ~: pendulum
pendeln *itr. V.* a) *(hin u. her schwingen)* swing [to and fro] (**an** + *Dat.* by); *(mit weniger Bewegung)* dangle; b) *mit sein (hin- u. herfahren)* **zwischen X und Y ~** ⟨bus, ferry, etc.⟩ operate a shuttle service between X and Y; ⟨person⟩ commute between X and Y; c) *(Boxen)* weave
Pendel-: **~tür** die swing-door; **~uhr** die pendulum clock; **~verkehr** der a) *(Berufsverkehr)* commuter traffic; b) *(mit Pendelzug o. ä.)* shuttle service; **~zug** der shuttle[-service] train
Pendler der; ~s, ~, **Pendlerin** die; ~, ~nen commuter
Penes *s.* Penis
penetrant [pene'trant] *(abwertend)* 1. *Adj.* a) *(durchdringend)* penetrating, pungent ⟨smell, taste⟩; overpowering ⟨stink, perfume⟩; b) *(aufdringlich)* pushing, *(coll.)* pushy ⟨person⟩; overbearing ⟨tone, manner⟩; aggressive, pointed ⟨question⟩. 2. *adv.* a) *(durchdringend)* overpoweringly; **es riecht/schmeckt ~ nach ...:** there is an overpowering smell/an overpowering *or* pungent taste of ...; b) *(aufdringlich)* overbearingly; in an overbearing manner
Penetranz [pene'trants] die; ~ a) *(von Geruch, Geschmack)* overpowering nature; b) *(Aufdringlichkeit)* overbearing nature
Penetration [penetra'tsi̯o:n] die; ~, ~en a) *(Technik)* penetration; *(Wirtsch.)* penetration [of the market]; b) *(Med.)* perforation
penetrieren *tr. V. (geh.)* penetrate
peng [pɛŋ] *Interj.* bang
penibel [pe'ni:bl] 1. *Adj.* over-meticulous ⟨person⟩; *(pedantisch)* pedantic; **penible Kleinarbeit** painstakingly detailed work. 2. *adv.* painstakingly; over-meticulously ⟨dressed⟩
Penicillin *s.* Penizillin
Penis ['pe:nɪs] der; ~, ~se *od.* **Penes** ['pe:ne:s] penis
Penis·neid der *(Psych.)* penis envy
Penizillin [penɪtsɪ'li:n] das; ~s, ~e penicillin
Pennäler [pɛ'nɛ:lɐ] der; ~s, ~s *(ugs.)* [secondary] schoolboy
Pennälerin die; ~, ~nen *(ugs.)* [secondary] schoolgirl
Penn·bruder der *(ugs. abwertend)* tramp *(Brit.)*; hobo *(Amer.)*
Penne ['pɛnə] die; ~, ~n a) *(Schülerspr.: Schule)* [secondary] school; swot-shop *(Brit. sl.)*; b) *(ugs. abwertend: Nachtquartier)* doss-house *(Brit. sl.)*; flop-house *(sl.)*
pennen *itr. V. (salopp)* a) *(schlafen)* kip *(sl.)*; **auf einer Bank ~:** doss down on a bench *(sl.)*; b) *(fig.: nicht aufpassen)* be half

asleep; **du hast im Unterricht wohl mal wieder gepennt?** *(fig.)* I suppose you were dreaming again during the lesson?; **c)** *(koitieren)* **mit jmdm. ~:** sleep with sb.
Penner der; ~s, ~, **Pennerin** die; ~, ~nen *(salopp abwertend)* **a)** *(Stadtstreicher)* tramp *(Brit.)* hobo *(Amer.)*; **b)** *(jmd., der viel schläft)* sleepyhead
Pensa, Pensen s. **Pensum**
Pension [pã'zi̯oːn] die; ~, ~en **a)** *o. Pl. (Ruhestand)* [vorzeitig] **in ~ gehen** retire [early]; **in ~ sein** be retired *or* in retirement; **einen Beamten in ~** *(Akk.)* **schicken** retire a civil servant; **b)** *(Ruhegehalt)* [retirement] pension; **c)** *(Haus für [Ferien]gäste)* guesthouse; *(auf dem Kontinent)* pension; **d)** *o. Pl. (Unterkunft u. Verpflegung)* board; [die] **halbe/volle ~:** half/full board; **bei jmdm. in ~ sein** board with sb.
Pensionär [pãzi̯o'nɛːɐ̯] der; ~s, ~e, **Pensionärin** die; ~, ~nen **a)** *(Beamter in Ruhestand)* retired civil servant; *(ugs.: Rentner)* [old-age] pensioner; **~ sein** be retired *or* in retirement; **b)** *(schweiz., sonst veralt.: Bewohner einer Pension)* boarder; [paying] guest
Pensionat [pãzi̯o'naːt] das; ~[e]s, ~e *(veralt.)* boarding-school *(esp. for girls)*
pensionieren *tr. V.* pension off; retire; **sich [vorzeitig] ~ lassen** retire [early]; take [early] retirement
Pensionierung die; ~, ~en retirement; **bis zur ~:** up to [his, her, *etc.*] retirement
Pensionist, der; ~en, ~en, **Pensionistin** die; ~, ~nen *(südd., österr., schweiz.)* s. **Pensionär a**
pensions-, Pensions-: **~alter** das retirement age; **~anspruch** der pension entitlement; **~ansprüche** pension rights; **~berechtigt** *Adj.* entitled to a pension *postpos.*; **~berechtigung** die *o. Pl.* pension entitlement; **~gast** der patron [of a/the guest-house]; **~kasse** die *(Versicherungsw.)* [staff] pension fund; **~reif** *Adj. (ugs.)* ripe for retirement *pred.*; **~rückstellungen** *Pl. (Wirtsch.)* pension reserves
Pensum ['pɛnzʊm] das; ~s, **Pensen** *od.* **Pensa a)** *(Arbeit)* amount of work; work quota; **sein tägliches ~** [an Arbeit] **erledigen** do one's daily stint [of work]; **b)** *(Päd. veralt.: Lehrstoff)* syllabus
Pentagon [pɛnta'goːn] das; ~s, ~e **a)** *(Geom.)* pentagon; **b)** *o. Pl. (amerikan. Verteidigungsministerium)* Pentagon
Penta-: **~gramm** das pentagram; **~meter** [-'---] der *(Verslehre)* pentameter
Pentatonik [pɛnta'toːnɪk] die; ~: *(Musik)* pentatonic scale
Pent·haus ['pɛnt-] das, **Penthouse** ['pɛnthaʊs] das; ~, ~s penthouse
Penunse [pe'nʊnzə], **Penunze** [pe'nʊntsə] die; ~, ~n *(ugs.)* ~[n] cash; dough *(sl.)*
Pep [pɛp] der; ~[s] *(ugs.)* pep *(sl.)*; zip; **~ haben** be dynamic or full of zip
Peperoni [pepe'roːni] die; ~, ~: chilli
Pepita [pe'piːta] der *od.* das; ~s, ~s shepherd's check
Pepsin [pɛ'psiːn] das; ~s, ~e *(Med.)* pepsin
per [pɛr] *Präp. mit Akk.* **a)** *(mittels)* by; **~ Post** by post; **~ Adresse X** care of X; c/o X; *s. auch* **Anhieber; Eilbote; Einschreiben; Nachnahme; b)** *(Kaufmannsspr.: [bis] zum)* by; *(am)* on; **~ Jahresende** by the end of the year; **~ sofort** immediately; as of now; **c)** *(Kaufmannsspr.: pro)* per; **etw. ~ Kilo/Stück verkaufen** sell sth. by the kilo/by the piece *or* separately
per definitionem [- defini'tsi̯oːnɛm] *Adv. (geh.)* by definition
perennierend [pɛrɛ'niːrənt] *Adj. (Biol., Geogr., fig.)* perennial
Perf. *Abk.* **Perfekt** perf.
perfekt [pɛr'fɛkt] **1.** *Adj.* **a)** *(hervorragend)* outstanding; first-rate; *(vollkommen)* perfect ⟨*crime, host*⟩; faultless ⟨*English, French,*

etc.⟩; **eine ~e Sekretärin** a fully accomplished secretary; **b)** *nicht attr.* *(ugs.: endgültig, abgeschlossen)* finalized; concluded; **~ sein/werden** ⟨*contract, deal*⟩ be concluded *or* finalized; **~ machen** finalize ⟨*contract, date, booking, deal*⟩; complete ⟨*disaster*⟩. **2.** *adv.* **a)** *(hervorragend)* outstandingly well; *(vollkommen)* ⟨*fit, work, etc.*⟩ perfectly; **~ beherrschen** have a complete mastery of ⟨*language, material*⟩; play ⟨*game*⟩ with complete mastery; **er spricht ~ Englisch** he speaks faultless *or* perfect English; **b)** *(ugs.: vollständig)* good and proper *(coll.)*; **er hat sich ~ blamiert** he made a complete fool of himself
Perfekt ['pɛrfɛkt] das; ~s, ~e *(Sprachw.)* perfect [tense]
Perfektion [pɛrfɛk'tsi̯oːn] die; ~: perfection; **handwerkliche/technische ~:** mastery of a craft/technical mastery; **etw. mit [großer] ~ ausführen/spielen** do/play sth. to perfection; do/play sth. with great mastery; **Reitkunst in höchster** *od.* **absoluter ~:** the art of riding at its most perfect
perfektionieren *tr. V.* perfect
Perfektionismus der; ~: perfectionism
Perfektionist der; ~en, ~en, **Perfektionistin** die; ~, ~nen perfectionist
perfektionistisch 1. *Adj.* perfectionist ⟨*standards etc.*⟩. **2.** *adv.* in a perfectionist manner
perfektiv ['pɛrfɛktiːf] *Adj. (Sprachw.)* perfective
perfid [pɛr'fiːt], **perfide** *(geh.)* **1.** *Adj.* perfidious. **2.** *adv.* perfidiously
Perfidie [pɛrfi'diː] die; ~, ~n *(geh.)* perfidy
Perforation [pɛrfora'tsi̯oːn] die; ~, ~en *(Technik, Med.)* perforation
perforieren *tr. V. (Technik, Med.)* perforate
Pergament [pɛrga'mɛnt] das; ~[e]s, ~e parchment; *(bes. für Bucheinbände)* vellum
Pergament·band der vellum-bound volume
pergamenten *Adj.* **a)** parchment; vellum ⟨*binding*⟩; vellum-bound ⟨*book*⟩; **b)** *(wie aus Pergament)* ⟨*skin, face*⟩ like parchment
Pergament·papier das grease-proof paper
Pergola ['pɛrgola] die; ~, **Pergolen** pergola
Periode [pe'ri̯oːdə] die; ~, ~n **a)** *(auch Chemie, Physik, Technik, Astron., Met., Sprachw., Musik)* period; *(Geol.)* era; **sie hat ihre ~ nicht bekommen** she didn't get *or* have her period; **b)** *(Math.)* repetend; period; 3,3 ~ 3.3 recurring
Perioden·system das *(Chemie)* periodic system; *(graphische Darstellung)* periodic table
Periodikum [pe'ri̯oːdikʊm] das; ~s, **Periodika**; *meist Pl.* periodical
periodisch 1. *Adj.* **a)** *(regelmäßig)* regular; ⟨*meeting, statement of account*⟩ at regular intervals; *(Chemie)* periodic ⟨*system*⟩; **eine ~e Dezimalzahl** *(Math.)* a recurring decimal; **b)** *(zeitweilig)* sporadic ⟨*moods etc.*⟩. **2.** *adv.* **a)** *(regelmäßig)* regularly; at regular intervals; **b)** *(zeitweilig)* periodically; from time to time
peripher [peri'feːɐ̯] **1.** *Adj.* *(auch Anat., fig.)* peripheral; **~e Stadtteile** districts on the outskirts of the town. **2.** *adv. (auch Anat., fig.)* peripherally; **die Siedlung liegt ~:** the estate is on the outskirts; **ein Thema nur ~ behandeln** just touch on a subject
Peripherie [perife'riː] die; ~, ~n **a)** periphery; *(einer Stadt)* outskirts *pl.*; fringe; *(Geom.: Begrenzungslinie)* circumference; **die ~ des Körpers** the peripheral areas of the body; **b)** *(Datenverarb.: periphere Geräte)* peripherals *pl.*
Periskop [peri'skoːp] das; ~s, ~e periscope
Peristaltik [peri'ʃtaltɪk] die; ~ *(Physiol.)* peristalsis

perkutan [pɛrku'taːn] *(Med.)* *Adj.* percutaneous
Perle ['pɛrlə] die; ~, ~n **a)** *(auch fig.)* pearl; **~n vor die Säue werfen** *(fig. ugs.)* cast pearls before swine; *s. auch* **Krone a; b)** *(aus Holz, Glas o. ä.)* bead; *(Tröpfchen)* drop; *(Bläschen beim Sekt usw.)* bubble; **c)** *(ugs. scherzh.: Hausgehilfin)* [invaluable] home help
perlen *itr. V.* **a)** *auch mit sein* **auf etw.** *(Dat.)* **~:** form pearls on sth.; *(dew)* form droplets on sth.; **der Schweiß perlte ihm auf der Stirn** beads of perspiration stood out on his brow; **b)** *mit sein* **von etw. ~:** ⟨*dew, sweat*⟩ trickle *or* drip from sth.; **Tränen perlten über ihre Wangen** tears trickled *or* rolled down her cheeks; **c)** *(Bläschen bilden)* ⟨*champagne etc.*⟩ sparkle, bubble; **d)** *(melodisch ertönen)* ⟨*laughter, music*⟩ ripple
perlen-, Perlen-: **~bestickt** *Adj.* embroidered *or* decorated with pearls *postpos.*; **~fischer** der pearl-fisher; **~fischerei** die pearl-fishing; **~kette** die string of pearls; pearl necklace; *(mit Holzperlen usw.)* string of beads; bead necklace; **~kollier** das pearl necklace; **~schnur** die string of pearls; *(mit Holzperlen usw.)* string of beads; **~stickerei** die pearl embroidery; *(mit Holzperlen usw.)* bead embroidery; **~taucher** der pearl-diver
perl-, Perl-: **~garn** das pearl cotton; **~grau** *Adj.* pearl-grey; **~huhn** das guineafowl; **~muschel** die pearl-oyster; **~muster** das moss-stitch; **~mutt** [~mʊt] das; ~s, **~mutter** die; ~ *od.* das; ~s mother-of-pearl; **~muttern** *Adj.* mother-of-pearl; *(fig.: wie Perlmutter)* like mother-of-pearl *postpos.*
Perlon Ⓦ das; ~s ≈ nylon
Perlon·strumpf der ≈ nylon stocking
Perl-: **~schrift** die; *o. Pl.* elite; **~wein** der sparkling wine; **~zwiebel** die pearl *or* cocktail onion
permanent [pɛrma'nɛnt] **1.** *Adj.* permanent ⟨*institution, deficit, crisis*⟩; constant ⟨*danger, threat, squabble*⟩. **2.** *adv.* constantly
Permanenz [pɛrma'nɛnts] die; ~: permanence; **in ~:** permanently; **in ~ tagen** sit continuously; be in permanent session
permissiv [pɛrmɪ'siːf] *(Soziol., Psych.)* *Adj.* permissive
per pedes *Adv. (ugs.)* on Shank's pony
Perpendikel [pɛrpɛn'diːk(ə)l] der *od.* das; ~s, ~ **a)** *(veralt.: einer Uhr)* pendulum; **b)** *(Schiffbau)* perpendicular
perpetuieren [pɛrpetu'iːrən] *tr. V. (geh.)* perpetuate
Perpetuum mobile [pɛr'peːtuʊm 'moːbilə] das; ~ ~, ~[s] *od.* **Perpetua mobilia a)** *(utopische Maschine)* perpetual-motion machine; **b)** *(Musik)* perpetuum mobile
perplex [pɛr'plɛks] *(ugs.)* **1.** *Adj. (verblüfft)* baffled, puzzled **(über + Akk.** by); *(verwirrt)* bewildered. **2.** *adv.* **~ dreinschauen** look baffled/bewildered
per saldo [-'saldo] *(Kaufmannsspr.)* net; *(fig.: im Endeffekt)* on balance; **~ ~ rund 4 Millionen Verlust/Gewinn** a net loss/gain of about four million
Perron [pɛ'rõː] der; ~s, ~s *(österr., schweiz.)* platform
Persenning [pɛr'zɛnɪŋ] die; ~, ~e[n] *od.* ~s **a)** *(bes. Seemannsspr.: Bezug)* tarpaulin; **b)** *o. Pl. (Textilind.: Segeltuch)* [waterproof] canvas
Perser ['pɛrzɐ] der; ~s, ~ **a)** Persian; **b)** *s.* **Perserteppich**
Perserin die; ~, ~nen Persian
Perser-: **~katze** die Persian [cat]; **~teppich** der Persian carpet; *(kleiner)* Persian rug
Persianer [pɛr'zi̯aːnɐ] der; ~s, ~: Persian lamb; *(~mantel)* Persian lamb coat
Persianer·mantel der Persian lamb coat
Persien ['pɛrzi̯ən] (das); ~s Persia

1371

Persiflage [pɛrzi'flaːʒə] die; ~, ~n [gentle] mocking *no indef. art.*; **eine ~ auf jmdn./ etw.** a [gentle] satire of sb./sth.
persiflieren *tr. V.* satirize
Persil·schein [pɛr'ziːl-] der *(ugs. scherzh.)* certificate of blamelessness
persisch *Adj.* Persian; *s. auch* **deutsch; Deutsche**
Person [pɛr'zoːn] die; ~, ~en **a)** person; **eine männliche/weibliche ~**: a male/female; **~en** *(als Gruppe)* people; **die Familie besteht aus fünf ~en** it is a family of five; **~en sind bei dem Brand nicht umgekommen** there was no loss of life in the fire; **pro ~**: per person; **seine** *od.* **die eigene ~ zu wichtig nehmen** take oneself too seriously; **deine ~/die ~ des Kanzlers soll nicht erwähnt werden** you are/the Chancellor is not to be mentioned in person; **ich für meine ~ ...**: I for my part ...; **sich in der ~ irren** get the wrong person; **der Minister in [eigener] ~**: the minister in person; **sie ist die Güte/Geduld in ~**: she is kindness/patience personified *or* itself; **Politiker und Lyriker in einer ~ sein** be a politician and a lyric poet rolled into one; **Fragen zur ~**: questions to sb. on his/her identity; **Angaben zur ~ machen** give one's personal details; **jmdn. zur ~ vernehmen** *od.* **befragen** *(Rechtsw.)* examine *or* question sb. concerning his/her identity; **eine natürliche/juristische ~** a natural/juristic person; *s. auch* **Ansehen b; b)** *(in der Dichtung, im Film)* character; **die ~en der Handlung** the characters [in the action]; *(im Theater)* the dramatis personae; **komische** *od.* **lustige ~** *(Literaturw.)* [stock] comic figure; **c)** *(emotional: Frau)* female *(derog./ joc.)*; **d)** *o. Pl. (Sprachw.)* person; **in der dritten ~ Singular/Plural** in the third person singular/plural
Personal [pɛrzo'naːl] das; ~s **a)** *(in einem Betrieb o. ä.)* staff; *(hinsichtlich der Verwaltung)* personnel; **ungenügend/ausreichend mit ~ versehen** inadequately/adequately staffed; **das fliegende ~**: the flight personnel; the aircrews *pl.*; **b)** *(im Haushalt)* servants *pl.*; [domestic] staff *pl.*
Personal-: **~ab·bau** der reduction in staff; *(in mehreren Abteilungen/Betrieben)* staff cuts *pl.*; **~ab·teilung** die personnel department; **~akte** die personal file *or* dossier; **~angaben** *Pl.* personal details *or* particulars; **~ausweis** der identity card; **~bedarf** der staffing requirements *pl.*; **~bestand** der number of staff *or* employees (+ *Gen.* in); **~büro** das personnel office; **~chef** der personnel manager; **~einsparung** die saving in staff
Personalien [pɛrzo'naːliən] *Pl.* personal details *or* particulars; **die ~ angeben** give one's [personal] particulars
personalisieren *tr. V.* personalize; reduce (*quarrel, relations, etc.*) to a personal level
Personal-: ~kosten *Pl. (Wirtsch., Verwaltung)* staff costs *pl.*; **~mangel** der staff shortage; **~planung** die *(bes. Wirtsch.)* personnel planning; **~politik** die staff *or* personnel policy; **(bei der Einstellung von ~)** staffing policy; **~pronomen das** *(Sprachw.)* personal pronoun; **~rat** der **a)** *(Ausschuß)* staff council *(for civil servants)*; **b)** *(einzelnes Mitglied)* staff council representative; **~union** die **a)** *(im Staatsrecht)* personal union; **b)** *(Vereinigung von Ämtern)* combination of the functions **(zwischen** + *Dat.* of)
Persönchen [pɛr'zøːnçən] das; ~s, ~: little lady
personell [pɛrzo'nɛl] **1.** *Adj.*; **nicht präd.** staff ⟨*changes, difficulties*⟩; ⟨*savings*⟩ in staff; ⟨*questions, questions*⟩ regarding staff *or* personnel. **2.** *adv.* with regard to staff *or* personnel
Personen-: **~auf·zug** der passenger lift *(Brit.)* or *(Amer.)* elevator; **~beförderung**

die *(Verkehrsw.)* passenger transport *no art.*; **~beförderung mit der Bahn** carrying passengers by rail; **~beschreibung** die personal description; **~gedächtnis** das memory for faces; **~gesellschaft** die *(Wirtsch.)* general partnership; **~kraftwagen** der *(bes. Amtsspr.)* private car *or (Amer.)* automobile; **~kreis** der group [of people]; **~kult** der *(abwertend)* personality cult; **~name** der personal name; **~register** das index of names; **~schaden** der *(Versicherungsw.)* physical *or* personal injury; **bei dem Unfall entstand kein ~schaden** nobody was injured in the accident; **Unfälle mit ~schaden** accidents in which injuries are/were sustained; **~stands·register** das register of births, marriages, and deaths; **~verkehr** der *(Verkehrsw.)* passenger transport *no art.*; **~verzeichnis** das **a)** *(~register)* index of names; **b)** *(im Drama)* list of characters; **~waage** die scales *pl.*; **~wagen** der **a)** *(Auto)* [private] car; automobile *(Amer.)*; *(im Unterschied zum Lastwagen)* passenger car *or (Amer.)* automobile; **b)** *(bei Zügen)* passenger coach; **~zug** der slow *or* stopping train; *(im Unterschied zum Güterzug)* passenger train
Personifikation [pɛrzonifika'tsi̯oːn] die; ~, ~en personification
personifizieren [pɛrzonifi'tsiːrən] *tr. V.* personify; **das personifizierte schlechte Gewissen** the very picture *or* personification of a guilty conscience
Personifizierung die; ~, ~en personification
persönlich [pɛr'zøːnliç] **1.** *Adj.* personal; **er findet für jeden ein ~es Wort** he has a friendly word for everyone; **etw. steht jmdm. zur ~en Verfügung** sth. is available to sb. for his/her own *or* personal use; **eine ~e Bemerkung** an observation from one's personal point of view; **eine ~e Frage/Bemerkung** *(zur anderen Person)* a personal question/observation; **~ werden** get personal; **~es Fürwort** *(Sprachw.)* personal pronoun. **2.** *adv.* personally; *(auf Briefen)* 'private [and confidential]'; **sich um alles ~ kümmern** see to everything personally *or* oneself; **~ erscheinen/gehen/kommen** appear/go/come in person; **nimm doch nicht gleich alles [so] ~!** don't take everything so personally!
Persönlichkeit die; ~, ~en **a)** *o. Pl. (Wesensart)* personality; **b)** *(Mensch)* person of character; **eine/keine ~ sein** have a strong personality/lack personality; **c)** *(herausragende Person)* personality; **~en des öffentlichen Lebens** public figures
Persönlichkeits-: **~recht** das *(Rechtsw.)* right to live one's own life; **~spaltung** die *(Psych.)* split personality; **~wahl** die *(Politik)* **a)** electoral system in which votes are cast for a candidate rather than a party; **b)** *(Wahl mit starken Persönlichkeiten)* personality contest; **diese Wahl war eine reine ~wahl** this election was fought purely on the basis of personalities
Perspektiv [pɛrspɛk'tiːf] das; ~s, ~e [handheld] telescope
Perspektive [pɛrspɛk'tiːvə] die; ~, ~n *(Optik, bild. Kunst, auch fig.)* perspective; *(Blickwinkel)* angle; viewpoint; *(Zukunftsaussicht)* prospect; **aus soziologischer ~/aus der ~ des Soziologen** *(fig.)* from a sociological viewpoint/the viewpoint of a sociologist; **aus dieser ~ [gesehen]** *(fig.)* [seen] from this point of view; **eine neue ~ gewinnen** *(fig.)* gain a new perspective *or* aspect
perspektivisch 1. *Adj.* ⟨*drawing etc.*⟩ in perspective; ⟨*effect, narrowing etc.*⟩ of perspective; **~e Verkürzung** foreshortening. **2.** *adv.* in perspective; **~ verkürzen** foreshorten
Peru [pe'ruː] *(das)*; **~s** Peru

Peruaner [pe'ruaːnɐ] der; ~s, ~, **Peruanerin** die; ~, ~nen Peruvian
peruanisch *Adj.* Peruvian
Perücke [pe'rʏkə] die; ~, ~n wig
pervers [pɛr'vɛrs] *(abwertend)* **1.** *Adj. (bes. in sexueller Hinsicht)* perverted; *(fig.: gegen jede Vernunft)* perverse; **ein ~er Mensch** a pervert; **b)** *(ugs.: empörend, schändlich)* outrageous; scandalous. **2.** *adv.* in a perverted manner; **~ veranlagt sein** be of a perverted disposition
Perversion [pɛrvɛr'zi̯oːn] die; ~, ~en perversion
Perversität [pɛrvɛrzi'tɛːt] die; ~, ~en **a)** *o. Pl. (Eigenschaft)* perversity; **b)** *(Handlung)* perversity; *(sexuell)* perverted act
pervertieren [pɛrvɛr'tiːrən] **1.** *tr. V.* pervert; *(verderben)* corrupt. **2.** *itr. V.*; mit sein become perverted **(zu** into)
perzentuell [pɛrtsɛn'tu̯ɛl] *(österr.) s.* **prozentual**
Perzeption [pɛrtsɛp'tsi̯oːn] die; ~, ~en *(Philos., Psych., Physiol.)* perception
perzeptiv [pɛrtsɛp'tiːf] *(Philos., Psych., Physiol.)* *Adj.* perceptive
pesen [pe'zn̩] *itr. V.*; mit sein *(ugs.)* dash; *(mit Fahrzeug)* race
Pessar [pɛ'saːɐ̯] das; ~s, ~e pessary
Pessimismus [pɛsi'mɪsmʊs] der; ~: pessimism
Pessimist der; ~en, ~en, **Pessimistin** die; ~, ~nen pessimist
pessimistisch 1. *Adj.* pessimistic. **2.** *adv.* pessimistically; **etw. ~ sehen** *od.* **betrachten** take a pessimistic view of sth.; **sich zu etw. ~ äußern** express a pessimistic view on sth.
Pest [pɛst] die; ~: plague; *(fig.: Mensch, Ungeziefer)* pest; menace; **ich hasse ihn/es wie die ~** *(ugs.)* I hate his guts/can't stand it *(coll.)*; **wie die ~ stinken** *(salopp)* stink to high heaven *(coll.)*
Pest-: **~beule** die [pestilential] bubo; **~gestank** der *(abwertend)* foul stench; **~hauch** der *(geh.)* miasma
Pestilenz [pɛsti'lɛnts] die; ~, ~en *(veralt.)* pestilence *(arch.)*; plague *(lit. or fig.)*
Pestizid [pɛsti'tsiːt] das; ~s, ~e pesticide
Pest·kranke der/die person stricken with the plague
¹Peter ['peːtɐ] *(der)* Peter
²Peter der; ~s, ~: *(ugs.)* fellow; **ein vergeßlicher/dummer ~** a forgetful/silly old thing *(coll.)*; **Schwarzer ~** *(Kartenspiel)* ≈ old maid *(with a black cat card instead of an old maid)*; **jmdm. den Schwarzen ~ zuschieben** *od.* **zuspielen** *(fig.)* pass the buck to sb. *(coll.)*
Petersilie [petɐ'ziːli̯ə] die; ~: parsley; **ihm ist die ~ verhagelt** *(ugs.)* he's down in the dumps
Peters·kirche die; die ~: St Peter's
Peter·wagen der *(ugs.)* [police] patrol car; panda car *(Brit.)*
Petition [peti'tsi̯oːn] die; ~, ~en *(Amtsspr.)* petition
Petitions-: **~aus·schuß** der petitions committee *(in W. German parliaments)*; **~recht** das right of petition
Petrarca [pe'trarka] *(der)* Petrarch
Petri Heil ['peːtri-] *(Gruß der Angler)* good fishing!; make a good catch!
Petri·jünger der *(ugs. scherzh.)* angling buff *(coll.)*
Petro- ['peːtro-]: **~chemie** die **a)** *(Wissenschaft)* petrochemistry; **b)** *(Erdölindustrie)* petrochemicals industry; **~dollar** der; *meist Pl. (Wirtsch.)* petrodollar
Petrol [pe'troːl] das; ~s ~s *(schweiz.),* **Petroleum** [pe'troːleʊm] das; ~s **a)** paraffin *(Brit.)*; kerosene *(Amer.)*; **b)** *(veralt.)* Erdöl
Petroleum-: **~kocher** der paraffin *(Brit.)* or *(Amer.)* kerosene stove; **~lampe** die paraffin *(Brit.)* or *(Amer.)* kerosene lamp
Petrus ['peːtrʊs] *(der)* Petrus *od.* Petri **a)** *(christl. Rel.: Apostel)* St Peter; **b)** *(Patron*

Petschaft | **pfeilförmig**

des Wetters) the clerk of the weather; **wenn ~ mitspielt** if [the clerk of] the weather doesn't let us down
Petschaft ['pɛtʃaft] *das;* ~s, ~e seal; *(zur Beglaubigung od. als Unterschrift)* signet
Petticoat ['pɛtɪkoʊt] *der;* ~s, ~s [stiffened] petticoat
Petting ['pɛtɪŋ] *das;* ~[s], ~s petting; [mit jmdm.] ~ **machen** have a petting session [with sb.]
Petunie [pe'tu:niə] *die;* ~, ~n *(Bot.)* petunia
Petze *die;* ~, ~n *(Schülerspr. abwertend)* tell-tale; sneak *(Brit. school sl.)*
petzen *(Schülerspr.)* **1.** *itr. V.* tell tales; sneak *(Brit. school sl.).* **2.** *tr. V.* ~, **daß** ...: tell teacher/sb.'s parents that ...
Petzer *der;* ~s, ~ *(Schülerspr. abwertend)* tell-tale; sneak *(Brit. school sl.);* tattle-tale *(Amer. school sl.)*
Petz·liese *die (Schülerspr. abwertend)* [girl who is a] tell-tale
peu à peu [pøa'pø] *Adv.* bit by bit
Pf *Abk.* Pfennig
Pfad [pfa:t] *der;* ~[e]s, ~e path; **krumme ~e** *od.* **auf krummen ~en wandeln** *(fig. geh.)* deviate from the straight and narrow; **vom ~ der Tugend abweichen** *(fig. geh.)* stray from the path of virtue; *s. auch* austreten 1 b
Pfad-: ~**finder** *der* Scout; **er ist bei den ~n** he is in the Scouts; ~**finderin** *die;* ~, ~**nen** Guide *(Brit.);* girl scout *(Amer.);* **sie ist bei den ~nen** she is in the Guides *(Brit.)* or *(Amer.)* girl scouts
Pfaffe ['pfafə] *der;* ~n, ~n *(abwertend)* cleric; Holy Joe *(derog.)*
pfäffisch ['pfɛfɪʃ] *Adj. (abwertend)* priestly; *(frömmelnd)* sanctimonious
Pfahl [pfa:l] *der;* ~[e]s, **Pfähle** ['pfɛ:lə] post; stake; *(Bauw.: Stütze für Gebäude)* pile; [jmdm.] **ein ~ im Fleisch[e] sein** be a thorn in sb.'s flesh
Pfahl-: ~**bau** *der;* ~[e]s, ~**bauten** pile-dwelling; ~**bürger** *der* **a)** *(im Mittelalter)* person living outside the town walls but retaining citizen's rights; **b)** *(abwertend veralt.) s.* Spießbürger; ~**dorf** *das* pile-village
pfählen ['pfɛ:lən] *tr. V.* **a)** *(Landw.)* stake ⟨trees etc.⟩; **b)** *(hist.: hinrichten)* impale
Pfahl-: ~**werk** *das* pilework; piling; ~**wurzel** *die (Bot.)* tap-root
Pfalz [pfalts] *die;* ~, ~en **a)** *o. Pl. (Gebiet)* **die ~:** the Palatinate; **b)** *(hist.: Palast)* [imperial or royal] palace
Pfälzer ['pfɛltsɐ] **1.** *der;* ~s, ~: **a)** *(Person)* inhabitant/native of the Palatinate; **b)** *(Wein)* wine from the Palatinate. **2.** *indekl. attr. Adj.* ⟨wine etc.⟩ from the Palatinate
Pfalz·graf *der (hist.)* Count Palatine
Pfand [pfant] *das;* ~[e]s, **Pfänder** ['pfɛndɐ] **a)** security; pledge *(esp. fig.);* **etw. auf ~ leihen** lend sth. against a security; **etw. als** *od.* **in ~ nehmen/etw. als** *od.* **zum** *od.* **in ~ geben** take/give sth. as [a] security; **ich gebe** *od.* **setze meine Ehre/mein Leben dafür zum ~, daß ...** *(fig. geh.)* I pledge my honour/stake my life on it that ...; **als ~ seiner Liebe** *(geh.)* as a token of his love; **b)** *(für leere Flaschen usw.)* deposit **(auf + Dat.** on); [**ein] ~ für etw. bezahlen** pay a deposit on sth.; **kostet die Flasche ~?** is there a deposit on the bottle?; **c)** *(beim Pfänderspiel)* forfeit
pfandbar *Adj.* distrainable *(Law)* ⟨goods, chattels⟩; attachable *(Law)* ⟨wages etc.⟩
Pfand·brief *der (Wirtsch., Bankw.)* mortgage bond
pfänden ['pfɛndn̩] *tr. (auch itr.) V.* impound, seize [under distress] *(Law)* ⟨goods, chattels⟩; *(Law)* attach ⟨wages etc.⟩; **bei ihm wurde gepfändet, er ist gepfändet worden** the bailiffs have been on to him; execution was levied against him *(Law).*
Pfänder *s.* Pfand
Pfänder·spiel *das* [game of] forfeits
Pfand-: ~**flasche** *die* returnable bottle *(on which a deposit is payable);* ~**haus** *das (veralt.),* ~**leihe** *die* pawnshop; pawnbroker's; **etw. auf die** *od.* **in die** *od.* **zur ~leihe bringen** take sth. to the pawnbroker's; ~**leiher** *der* pawnbroker; ~**recht** *das (Rechtsw.)* [right of] lien **(an + Dat.** on, upon); ~**schein** *der* pawn ticket
Pfändung *die;* ~, ~**en** seizure; distraint *(Law); (von Geldsummen, Vermögensrechten)* attachment *(Law);* **der Gerichtsvollzieher kam zur ~:** the bailiff came to seize or impound possessions
Pfändungs·verfügung *die (Rechtsw.)* garnishee *or* attachment order *(Law)*
Pfand·verkauf *der* sale of property put up as security; distress sale *(Law)*
Pfanne ['pfanə] *die;* ~, ~n **a)** *(zum Braten, Backen)* [frying-]pan; **sich** *(Dat.)* **ein paar Eier in die ~ schlagen** fry [up] some eggs; **jmdn. in die ~ hauen** *(ugs.) (kritisieren)* take sb. to pieces; *(ruinieren)* land sb. in trouble; *(vernichtend schlagen)* beat sb. hollow *(coll.);* **b)** *(hist.: Zünd~)* [priming] pan; **etw. auf der ~ haben** *(ugs. fig.)* have sth. at the ready; **c)** *(Geogr.: Senke)* pan; *(Salz~)* saltpan; **d)** *(Hüttenw.)* [foundry] ladle; **e)** *(Bett~)* bed-pan; **f)** *(Bauw.: Dach~)* pantile; **g)** *(Anat.: Gelenk~)* socket
Pfannen·gericht *das (Kochk.)* fried dish
Pfann·kuchen *der* **a)** *(bes. südd.: Eierkuchen)* pancake; **b)** *(Berliner ~)* doughnut; **aufgehen wie ein ~** *(ugs.)* turn into a real dumpling
Pfarr-: ~**amt** *das* **a)** parish office; **b)** *(Stellung)* pastorate; ~**bezirk** *der* parish
Pfarre ['pfarə] *die;* ~, ~n *(veralt.),* **Pfarrei** [pfa'raɪ] *die;* ~, ~**en a)** *(Bezirk)* parish; **b)** *(Dienststelle)* parish office; **c)** *s.* **Pfarrhaus**
Pfarrer ['pfarɐ] *der;* ~s, ~ *(katholisch)* parish priest; *(evangelisch)* pastor; *(anglikanisch)* vicar; *(von Freikirchen)* minister; *(Militär.)* chaplain; padre; *(in der Anschrift)* **Herrn ~ Meyer** [the] Revd. Meyer; **Frau ~ Meyer** *(Pfarrersfrau)* [the] Revd. Meyer; *(Pfarrersfrau)* Mrs Meyer
Pfarrerin *die;* ~, ~**nen** [woman] pastor; *(in Freikirchen)* [woman] minister; **Frau ~ Schmidt** Pastor or [the] Revd. Schmidt
Pfarrers·frau *die* pastor's wife; *(in Freikirchen)* minister's wife; *(anglikanisch)* vicar's wife
Pfarr-: ~**haus** *das* vicarage; *(katholisch)* presbytery; *(in Schottland)* manse; ~**kirche** *die* parish church
Pfau [pfaʊ] *der;* ~[e]s, ~**en** *(österr. auch:)* ~**en,** ~**e** peacock; **er ist ein [eitler] ~** *(fig.)* he is as vain as a peacock
Pfauen-: ~**auge** *das* peacock butterfly; *(Nachtpfauenauge)* peacock moth; ~**feder** *die* peacock feather
Pfd. *Abk.* Pfund lb.
Pfeffer ['pfɛfɐ] *der;* ~s, ~ **a)** pepper; **roter ~:** cayenne [pepper]; red pepper; **spanischer ~:** paprika; **hingehen** *od.* **bleiben, wo der ~ wächst** *(ugs.)* go to hell *(coll.);* get lost *(sl.); s. auch* Hase a; Hintern; **b)** *(Textilw.)* ~ **und Salz** pepper-and-salt; **c)** *(ugs.: Schwung)* punch *(coll.);* zap *(sl.);* **dahinter steckt ~:** it's got plenty of zap *(sl.)* or *(coll.)* zing
Pfeffer-: ~**fresser** *der (Zool.)* toucan; ~**gurke** *die* pickled gherkin; ~**korn** *das* peppercorn; ~**kuchen** *der* ≈ gingerbread
Pfefferminz ['pfɛfɐmɪnts] *o. Art., indekl.* peppermint
Pfefferminz·bonbon *der* *od. das* peppermint [sweet]
Pfeffer·minze *die; o. Pl.* peppermint [plant]
Pfefferminz-: ~**likör** *der* peppermint liqueur; ~**plätzchen** *das* peppermint drop; *(weich)* peppermint cream; ~**tee** *der* peppermint tea
Pfeffer·mühle *die* pepper-mill
pfeffern *tr. V.* **a)** *(würzen)* season with pepper; **stark gepfeffert** very peppery; **b)** *(ugs.:*

werfen) chuck *(coll.); (mit Wucht)* fling; hurl; **jmdm. eine ~** *(salopp)* sock *or* biff sb. one *(sl.);* **eine gepfefferte Ohrfeige kriegen** *(salopp)* get a clout *or (sl.)* biff; *s. auch* gepfeffert
Pfeffer-: ~**nuß** *die* [small round] gingerbread biscuit; ~**steak** *das* steak au poivre; **pepper steak;** ~**strauch** *der* pepper plant; ~**streuer** *der* pepper-pot; ~**und-Salz-Muster** *das* pepper-and-salt pattern
pfeffrig ['pfɛfrɪç] *Adj.* peppery
Pfeifchen ['pfaɪfçən] *das;* ~, ~ *(fam.: Tabakpfeife)* pipe
Pfeife ['pfaɪfə] *die;* ~, ~**n a)** *(Tabak~)* pipe; ~ **rauchen** smoke a pipe; be a pipe-smoker; **eine ~ rauchen** smoke *or* have a pipe; **b)** *(Musikinstrument)* pipe; *(aus Zinn)* penny whistle; tin whistle; *(der Militärkapelle)* fife; *(Triller~,* an einer Maschine *usw.)* whistle; *(Orgel~)* [organ-]pipe; **nach jmds. ~ tanzen** *(fig.)* dance to sb.'s tune; **c)** *(salopp abwertend: Versager)* wash-out *(sl.)*
pfeifen 1. *unr. itr. V.* **a)** whistle; *(bird)* sing; pipe; ⟨mouse⟩ squeak; **dreimal kurz ~:** give three short whistles; **er pfiff vor Bewunderung** he gave a whistle of admiration; he whistled in admiration; **sie pfiff [nach] ihrem Hund/einem Taxi** she whistled her dog/for a taxi; **von den Rängen wurde laut gepfiffen und gebuht** there were loud catcalls and boos from the auditorium; **etwas** *od.* **es pfiff in der Leitung** there was a whistle *or* a whistling noise on the telephone line; **seine Lungen ~/es pfeift in seiner Brust** he wheezes in his lungs/chest; **der Atem** *wheezing* [breath]; *s. auch* Loch a; **b)** *mit sein* **die Kugeln pfiffen ihm um die Ohren** the bullets whistled around him; **c)** *(auf einer Trillerpfeife o. ä.)* ⟨policeman, referee, etc.⟩ blow one's whistle; *(Sport: als Schiedsrichter fungieren)* act as referee; **er pfeift beim Endspiel** he is refereeing the final; **d)** *(salopp)* **auf jmdn./etw. ~:** not give a damn about sb./sth.; **ich pfeife auf dein Geld** you can keep your money *(coll.);* **e)** *(salopp: geständig sein)* squeal *(sl.).* **2.** *unr. tr. V.* **a)** whistle ⟨tune etc.⟩; ⟨bird⟩ pipe, sing ⟨song⟩; *(auf einer Pfeife)* pipe, play ⟨tune etc.⟩; *(auf einer Trillerpfeife o. ä.)* blow ⟨signal etc.⟩ on one's whistle; **einen Elfmeter ~** *(Sport)* blow [the whistle] for a penalty; **sich** *(Dat.)* **eins ~** *(ugs.)* whistle [nonchalantly] to oneself; *(fig.: sich nichts daraus machen)* shrug one's shoulders; **ich pfeif' dir was** *(salopp spött.)* go and get knotted *(sl.);* **b)** *(Sport: als Schiedsrichter leiten)* referee ⟨match⟩; **c)** *(salopp: verraten)* let out ⟨secret⟩; **wer hat dir das gepfiffen?** who let on to you about that? *(sl.);* **d)** *(salopp: trinken)* **einen ~:** knock one back *(sl.)*
Pfeifen-: ~**deckel** *der* [pipe-]bowl lid; ~**deckel!** *(ugs.)* no way! *(coll.);* ~**kopf** *der* pipe-bowl; ~**raucher** *der* pipe-smoker; ~**reiniger** *der* pipe-cleaner; ~**ständer** *der* pipe-rack; ~**stopfer** *der* tobacco-stopper; ~**tabak** *der* pipe tobacco; ~**werk** *das (Musik)* [organ-]pipes *pl.;* pipework
Pfeifer *der;* ~s, ~ **a)** *(Musik; bes. hist.)* piper; *(in einer Militärkapelle)* fife-player; **b)** *(jmd., der pfeift)* whistler
Pfeiferei *die;* ~, ~**en** *(abwertend)* whistling
Pfeif-: ~**kessel** *der* whistling kettle; ~**konzert** *das* chorus of catcalls; ~**ton** *der; Pl.* ~**töne** whistling sound
Pfeil [pfaɪl] *der;* ~[e]s, ~**e** arrow; *(Wurf~)* dart; ~ **und Bogen** bow and arrow; **wie ein ~ davonschießen** be off like a shot *or* like lightning; **schnell wie ein ~:** as quick as lightning; **alle [seine] ~e verschossen haben** *(fig.)* have run out of arguments; *s. auch* Amor
Pfeiler *der;* ~s, ~: *(Bauw., Bergbau; auch fig.)* pillar; *(Brücken~)* pier
pfeil, Pfeil-: ~**flügel** *der (Flugzeugtechnik)* swept-back wing; ~**förmig 1.** *Adj.* arrow-shaped; sagittate ⟨leaf⟩; **2.** *adv.* ~ **angeord-**

1373

net arranged in the shape of an arrow *postpos.*; ~**gerade** 1. *Adj.* [as] straight as an arrow *postpos.*; dead straight; 2. *adv.* [as] straight as an arrow; ~**gift** *das* arrow-poison; ~**richtung die:** in ~richtung in the direction of the arrow; ~**schnell** 1. *Adj.* lightning-swift; 2. *adv.* like a shot; ~**spitze** *die* arrowhead

Pfennig ['pfɛnɪç] *der*; ~s, ~e pfennig; **es kostet 20** ~: it costs 20 pfennig[s]; **hast du ein paar einzelne** ~**e?** have you any single pfennig pieces?; **eine Briefmarke zu 60** ~: a 60-pfennig stamp; **er hat keinen** ~ **[Geld]** he hasn't a penny *or (Amer.)* cent; **es ist keinen** ~ **wert** *(ugs.)* it isn't worth a penny *or (Amer.)* a [red] cent; **bis auf den letzten** ~: down to the last penny *or (Amer.)* cent; **auf den** ~ **genau** correct to the last penny *or (Amer.)* cent; **auf jeden** ~ **sehen** watch *or* count every penny *or (Amer.)* cent; **nicht für fünf** ~ **Anstand/Verstand/Geschmack/Humor usw. haben** *(ugs.)* have not an ounce of respectability/common sense/have no taste/sense of humour whatsoever; **das interessiert mich nicht für fünf** ~ *(ugs.)* that doesn't interest me in the slightest; **wer den** ~ **nicht ehrt, ist des Talers nicht wert** *(Spr.)* take care of the pennies and the pounds will look after themselves *(prov.)*; *s. auch* ²**Mark a; umdrehen** 1

pfennig-, Pfennig-: ~**ab·satz** *der* stiletto heel; ~**betrag** *der* amount of less than a mark; *(kleiner Betrag)* tiny amount; ~**fuchser** [-fʊksɐ] *der*; ~s, ~ *(ugs.)* penny-pincher; ~**groß** *Adj.* ≈ the size of a 1p piece *(Brit.) or (Amer.)* a cent *postpos.*

Pferch [pfɛrç] *der*; ~[e]s, ~e pen

pferchen *tr. V.* cram; pack

Pferd [pfeːɐ̯t] *das*; ~[e]s, ~e **a)** horse; **zu** ~[**e**] on horseback; **aufs/vom** ~ **steigen** mount/dismount; **zu** ~: by horse; on horseback; **das hält ja kein** ~ **aus** *(ugs.)* that's more than flesh and blood can stand; **ich denk', mich tritt ein** ~ *(salopp)* I'm absolutely flabbergasted; **man hat schon** ~**e kotzen sehen** *(salopp)* [you never know,] anything can happen; **immer sachte mit den jungen** ~**en** *(fig. ugs.)* not so fast! *(coll. art.)*; **er ist das beste** ~ **im Stall** *(ugs.)* he is their/our number one man; **wie ein** ~ **arbeiten** *(ugs.)* work like a Trojan; **keine zehn** ~**e bringen mich dahin/dazu, es zu tun** *(ugs.)* wild horses would not drag me there/make me do it; **ihm gehen die** ~**e durch** *(ugs.)* he flies off the handle *(coll.)*; **auf das falsche** ~ **setzen** *(fig.)* back the wrong horse; **die** ~**e scheu machen** *(ugs.)* put people off; **das** ~ **am od. beim Schwanze aufzäumen** *(ugs.)* put the cart before the horse; **mit ihr kann man** ~**e stehlen** *(ugs.)* she's game for anything; *s. auch* **trojanisch; b)** *(Turngerät)* horse; **c)** *(Schachfigur)* knight

Pferdchen *das*; ~s, ~ **a)** *(kleines Pferd)* little horse; **b)** *(salopp: Prostituierte)* tart *(sl.)*; *(Amer. sl.)* *(working for a pimp)*

Pferde-: ~**anhänger** *der* s. ~**transportwagen**; ~**apfel** *der (ugs.)* piece of horse dung; ~**äpfel** horse-droppings; horse-dung; ~**bremse** *die (Zool.)* horse-fly; ~**decke** *die* horse-blanket; ~**fleisch** *das* horsemeat; ~**fuhrwerk** *das* horse and cart; ~**fuhrwerke** horse-drawn carts; ~**fuß** *der* a) *(fig.: Mangel, Nachteil)* snag; drawback; **b)** *(eines* ~*s)* horse's/the Devil's) cloven hoof; ~**gebiß** *das* **a)** *(fig. ugs.)* **er hat ein** ~gebiß he has teeth *pl.* like a horse; **b)** *(eines* ~*s)* horse's teeth *pl.*; ~**gesicht** *das (ugs.)* horsy face; **er hat ein** ~**gesicht** he has a face like a horse; ~**händler** *der* horse-dealer; ~**knecht** *der (veralt.)* groom; ~**kopf** *der* horse's head; ~**koppel** *die* paddock; ~**länge** *die*; **mit zwei** ~**längen Vorsprung siegen** win by two lengths *(vor + Dat.* from); ~**mist** *der* horse-manure; ~**pfleger** *der* groom;

~**rasse** *die* breed of horse; ~**renn·bahn** *die* racecourse; ~**rennen** *das* horse-racing; *(Sportart)* horse-racing; **beim** ~**rennen sein** be at the races *pl.*; ~**schlachter, ~schlächter** *der (bes. nordd.)* horse-butcher; ~**schlitten** *der* horse[-drawn] sleigh; ~**schwanz** *der* horse's tail; *(fig.: Frisur)* pony-tail; ~**sport** *der* equestrian sport *no art.*; *(~rennen)* horse-racing *no art.*; ~**stall** *der* stable; ~**stärke** *die* horsepower; ~**transport·wagen** *der* horsebox; ~**wagen** *der (für Güter)* cart; *(für Personen)* carriage; *(der amerikanischen Pioniere usw.)* wagon; ~**wirt** *der (Berufsbez.)* fully qualified groom *(with veterinary training)*; ~**zucht** *die* horse-breeding *no art.* Dreh a

Pfifferling ['pfɪfɐlɪŋ] *der*; ~s, ~e chanterelle; **keinen** *od.* **nicht einen** ~ **wert sein** *(ugs.)* be not worth a bean *(sl.)*.

pfiffig 1. *Adj.* smart; bright, clever ⟨idea⟩; artful, knowing ⟨smile, expression⟩. 2. *adv.* artfully; cleverly; **jmdn.** ~ **ansehen/anlächeln** look/smile knowingly *or* artfully at sb.

Pfiffikus ['pfɪfikʊs] *der*; ~[ses], ~se *(ugs.)* smart lad

Pfingsten ['pfɪŋstn̩] *das*; ~, ~: Whitsun; **zu** *od.* *(bes. südd.)* **an** ~: at Whitsun; **habt ihr schöne** ~ **gehabt?** did you have a nice Whitsun?; *s. auch* **Ostern**

Pfingst-: ~**feier·tag** *der:* **über die** ~**feiertage** over Whitsun; **an den** ~**feiertagen** on Whit Sunday and Whit Monday; **der erste/zweite** ~**feiertag** Whit Sunday/Monday; ~**fest** *das* Whitsun [holiday]; *(Rel.)* Whitsun festival

pfingstlich 1. *Adj.* Whitsuntide *attrib.*; *(Rel.)* pentecostal ⟨miracle⟩. 2. *adv.* ~ **geschmückt** decorated for Whitsun *postpos.*

Pfingst-: ~**montag** *der* Whit Monday *no def. art.*; ~**ochse** *der:* **er sah sich herausgeputzt wie ein** ~**ochse** *(coll.)* he looked like/was dressed up like a dog's dinner *(coll.)*; ~**rose** *die* peony; ~**sonntag** *der* Whit Sunday *no def. art.*; ~**woche** *die* week before Whitsun

Pfirsich ['pfɪrzɪç] *der*; ~s, ~e peach

Pfirsich-: ~**baum** *der* peach-tree; ~**blüte** *die* peach-blossom; ~**haut** *die* **a)** peach-skin; **b)** *(fig.: Gesichtshaut)* peaches-and-cream complexion

Pflänzchen ['pflɛntsçən] *das*; ~s, ~ **a)** little plant; **b)** *(fig.: Mensch)* **ein** ⟨**zartes**⟩ ~: a delicate creature

Pflanze ['pflantsə] *die*; ~, ~n **a)** plant; **b)** *(ugs.: Mensch)* **du bist mir vielleicht eine** ~! you're a right one! *(coll.)*; **eine echte Berliner** ~ *(ugs.)* a genuine Berlin type

pflanzen 1. *tr. V.* plant *(in + Akk.* in); *(fig.)* plant, stick ⟨flag⟩. 2. *refl. V. (ugs.)* plant oneself

pflanzen-, Pflanzen-: ~**farb·stoff** *der* **a)** *(pflanzlicher Farbstoff)* vegetable dye; **b)** *(Bot.: Pigment)* plant *or* vegetable pigment; ~**fett** *das* vegetable fat; ~**fressend** *Adj.* nicht *präd.* herbivorous; ~**fresser** *der* herbivore; ~**kunde** *die* botany *no def. art.*; ~**öl** *das* vegetable oil; ~**reich** *das*; *o. Pl.* plant kingdom; ~**schutz·mittel** *das* [crop] pesticide; *(für den Garten)* garden pesticide; ~**welt** *die* flora

Pflanzer *der*; ~s, ~: planter; plantation-owner

Pflanz-: ~**gut** *das*; *o. Pl.* seed stock; ~**holz** *das* dibble; ~**kartoffel** *die* seed potato

pflanzlich *Adj.* plant *attrib.* ⟨life, motif⟩; vegetable ⟨dye, fat⟩; ⟨vegetarisch⟩ vegetarian

Pflänzling ['pflɛntslɪŋ] *der*; ~s, ~e seedling

Pflanzung *die*; ~, ~en **a)** plantation; **b)** *o. Pl.* *(das Pflanzen)* planting

Pflaster ['pflastɐ] *das*; ~s, ~ **a)** *(Straßen~)* road surface; *(auf dem Gehsteig)* pavement; ~ **treten** *(ugs.)* trail through the streets; **b)** *(ugs.: Ort)* **ein teures/gefährliches** *od.* **heißes** ~: an expensive/dangerous place *or* spot to be; **mir wird das** ~ **hier zu heiß** this place is getting too hot for me; **c)** *(Wund~)* sticking-plaster

Pflaster·maler *der* pavement artist

pflastern *tr. V.* pave ⟨road, path⟩; *(mit Kopfsteinpflaster, Steinplatten)* pave ⟨street, path⟩; *s. auch* **Vorsatz**

Pflaster·stein *der* paving-stone; *(Kopfstein)* cobble-stone

Pflaume ['pflaumə] *die*; ~, ~n **a)** plum; **getrocknete** ~**n** [dried] prunes; **b)** *(ugs. abwertend: Versager)* dead loss *(coll.)*; *(Feigling)* baby; **c)** *(derb: Vulva)* pussy *(vulg.)*

pflaumen-, Pflaumen-: ~**baum** *der* plum-tree; ~**kuchen** *der* plum flan; ~**mus** *das* plum purée; ~**saft** *der* plum juice; ~**schnaps** *der* plum brandy; ~**weich** *Adj. (ugs. abwertend)* weak-kneed; spineless

Pflege ['pfleːgə] *die*; ~: care; *(Maschinen~, Fahrzeug~)* maintenance; *(fig.: von Beziehungen, Kunst, Sprache)* cultivation; fostering; **die** ~ **des Körpers** personal hygiene; **die Blumen brauchen viel/kaum** ~: the flowers have had a lot/hardly any attention; **jmdn./etw. in** ~ *(Akk.)* **nehmen** look after sb./sth.; **jmdm. etw.** *od.* **etw. bei jmdm. in** ~ *(Akk.)* **geben** give sb. sth. to look after; entrust sth. to sb.'s care; **ein Kind in** ~ *(Akk.)* **nehmen** look after a child; *(als Pflegeeltern)* foster a child; **jmdm. ein Kind** *od.* **ein Kind bei jmdm. in** ~ *(Akk.)* **geben** give sb. a child to look after; *(bei Pflegeeltern)* have a child fostered by sb.; **bei jmdm. in** ~ *(Dat.)* **sein** be looked after by sb.

pflege-, Pflege-: ~**bedürftig** *Adj.* needing care *or* attention *postpos.*; ⟨person⟩ in need of care; ~**bedürftig sein** need looking after; need attention; ~**eltern** *Pl.* foster-parents; ~**fall** *der* person in [permanent] need of nursing; **ein** ~**fall sein/zum** ~**fall werden** be/become in [permanent] need of nursing; ~**heim** *das* nursing home *(esp. Brit.)*; ~**kind** *das* foster-child; ~**leicht** *Adj.* easy-care *attrib.* ⟨textiles, flooring⟩; minimum-care *attrib.* ⟨plant, pan⟩; ~**leicht sein** require little attention *or* care; ⟨cloth, clothing⟩ be made of easy-care material; ~**mutter** *die* foster-mother

pflegen 1. *tr. V.* look after; care for; care for, nurse ⟨sick person⟩; care for, take care of ⟨skin, teeth, floor⟩; look after, maintain ⟨bicycle, car, machine⟩; look after, tend ⟨garden, plants⟩; cultivate ⟨relations, arts, interests⟩; foster ⟨contacts, co-operation⟩; keep up, pursue ⟨hobby⟩; **jmdn./ein Tier gesund** ~: nurse sb./an animal back to health; **Kontakt/den Umgang mit jmdm.** ~: keep in touch with/associate with sb. 2. *itr. V.*; **mit Inf. + zu etw. zu tun** ~: be in the habit of doing sth.; usually do sth.; **..., wie er zu sagen pflegt/pflegte** ..., as he is wont to say/as he used to say; **er pflegte jeden Morgen um sieben Uhr aufzustehen** he used to get up every morning at seven. 3. *refl. V.* take care of oneself; *(gesundheitlich)* look after oneself; **sie sollte sich mehr** ~: she should take more care of herself. 4. *regelm. (veralt. auch unr.) itr. V.* ⟨geh.⟩ **einer Sache** *(Gen.)* ~: indulge in sth.; **der Ruhe** ~: rest; take one's ease; *s. auch* **gepflegt**

Pfleger *der*; ~s, ~ **a)** *(Kranken~)* [male] nurse; **b)** *(Tier~)* keeper

Pflegerin *die*; ~, ~nen **a)** *(Kranken~)* nurse; **b)** *(Tier~)* keeper

pflegerisch *Adj.* nursing *attrib.*

Pflege-: ~**satz** *der* hospital [daily] rate;

charge for a hospital bed [per day]; **~sohn der** foster-son; **~tochter die** foster-daughter; **~vater der** foster-father; **~versicherung die** care insurance
pfleglich 1. *Adj.* careful. **2.** *adv.* carefully; with care
Pflegling ['pfleːklɪŋ] **der;** ~s, ~e charge; *(Pflegekind)* foster-child; **unsere ~e** the children/animals in our care
Pflegschaft die; ~, ~en *(Rechtsw.) (durch Pflegeeltern)* foster-care; *(eines Vermögens)* trusteeship
Pflicht [pflɪçt] **die;** ~, ~en **a)** duty; **seine alltäglichen [kleinen] ~en** his everyday chores; **die ~ ruft** duty calls; **~ sein** be obligatory; **es ist seine** [*(salopp)* **verfluchte**] **~ und Schuldigkeit** [damn it all,] it's his bounden duty; **jmdn. in die ~ nehmen** *(geh.)* make sb. discharge his/her duties; **b)** *(Sport)* compulsory exercises *pl.*
pflicht-, Pflicht-: **~bewußt 1.** *Adj.* conscientious; **~bewußt sein** have a sense of duty; **2.** *adv.* conscientiously; with a sense of duty; **~bewußt·sein das** sense of duty; **~eifer der** zeal; **~eifrig 1.** *Adj.* zealous; **2.** *adv.* zealously; full of zeal; **~erfüllung die;** *o. Pl.* performance of one's duty; **in treuer/gewissenhafter ~erfüllung** faithfully/conscientiously following the path of duty; **~exemplar das** *(Verlagsw.)* deposit copy; **~fach das** compulsory subject; **es ist ~fach** it is a compulsory subject; **~gefühl das;** *o. Pl.* sense of duty; **aus [bloßem] ~gefühl** [simply] from a sense of duty; **~gemäß 1.** *Adj.* in accordance with one's duty *postpos.*; **2.** *adv.* in accordance with one's duty; **ich teile Ihnen ~gemäß mit, daß ...**: it is my duty to inform you that ...
-pflichtig *Adj.* subject to ...; **beitrags~e Beschäftigung** occupation entailing the payment of insurance contributions
pflicht-, Pflicht-: **~lektüre die** required reading; *(Schulw.)* set books *pl.*; **zur ~lektüre gehören, ~lektüre sein** be required reading; *(in der Schule)* be a set book/be set books; **~schuldig 1.** *Adj.* dutiful; *(höflich)* polite; **2.** *adv.* dutifully; *(höflich)* politely; **~teil der** *od.* **das** *(Rechtsw.)* portion of an estate that must go to the closest relation regardless of testator's dispositions; legitimate portion; **jmdn. auf den** *od.* **das ~teil setzen** leave sb. nothing but the legal minimum; **~übung die a)** *(Sport)* compulsory exercise; **b)** *(fig.)* ritual exercise; *(Buch, Film usw.)* obligatory effort; **~um·tausch der** compulsory exchange of currency; **~vergessen 1.** *Adj.* neglectful of one's duty *postpos.*; negligent *(behaviour)*; **2.** *adv.* negligently; **~verletzung die** breach of duty; **~versichert** *Adj.* compulsorily insured; **~versicherung die** compulsory insurance; **~verteidiger der** *(Rechtsw.)* defense counsel appointed by the court; assigned counsel; **~widrig** *Adj., adv.* in breach of one's duty *postpos.*
Pflock [pflɔk] **der;** ~[e]s, **Pflöcke** ['pflœkə] peg; *(für Tiere)* stake
pflog [pfloːk] *(veralt.)* **1.** u. **3.** *Pers. Sg. Prät. v.* **pflegen**
pflücken ['pflʏkn̩] *tr. V.* pick *(flowers, fruit, hops)*; **Kirschen in einen Korb ~**: pick cherries and put them in a basket
Pflücker der; ~s, ~, **Pflückerin die;** ~, ~nen picker
Pflück·maschine die [mechanical] picker
Pflug [pfluːk] **der;** ~[e]s, **Pflüge** ['pflyːɡə] plough; **Land unter den ~ nehmen** *(geh.)* put land to the plough
pflügen ['pflyːɡn̩] *tr., itr. V.* plough; *(fig. geh.) (ship)* plough *or* carve a way through *(waves, sea)*
Pflug·schar die ploughshare
Pforte ['pfɔrtə] **die;** ~, ~n *(Tor)* gate; *(Tür)* door; *(Eingang)* entrance; **seine ~n öffnen/schließen** *(fig. geh.)* open/close its doors; **Pforzheim, die ~ zum Schwarzwald** *(fig.)* Pforzheim, the gateway to the Black Forest; **b)** *(Geogr.)* **die Westfälische ~**: the Minden Gap; the Porta Westfalica; **die Burgundische ~**: the Belfort Gap
Pförtner ['pfœrtnɐ] **der;** ~s, ~ **a)** porter; *(eines Wohnblocks, Büros)* door-keeper; *(am Tor)* gatekeeper; **b)** *(Anat.)* pylorus
Pförtner·haus das gatehouse; porter's lodge
Pförtnerin die; ~, ~nen *s.* **Pförtner a**
Pförtner·loge die porter's lodge
Pfosten ['pfɔstn̩] **der;** ~s, ~ **a)** post; *(Tür~)* jamb; **b)** *(Sport: Tor~)* [goal]post
Pfosten·schuß der *(Ballspiele)* shot hitting the [goal-]post
Pfötchen ['pfœːtçən] **das;** ~s, ~: [little] paw; **~ geben** hold out a paw; **[gib] ~!** [give us a] paw!
Pfote ['pfoːtə] **die;** ~, ~n **a)** paw; **die ~ geben** hold out a paw; **[gib die] ~!** [give us a] paw!; **b)** *(ugs.: Hand)* paw *(coll.)*; **mitt** *(sl.)*; **sich** *(Dat.)* **die ~ verbrennen** *(fig.)* burn one's fingers *(fig.)*; **seine ~n in etw.** *(Dat.)*/**überall [drin] haben** *(fig. salopp)* have a hand in sth./everything; be mixed up in sth./everything; **c)** *(salopp abwertend: Schrift) s.* **Klaue d**
Pfriem [pfriːm] **der;** ~[e]s, ~e awl
Pfropf [pfrɔpf] **der;** ~[e]s, ~e blockage; *(in der Vene)* clot; **ein ~ aus Haaren** a plug *or* *(Brit. coll.)* wodge of hair
¹**pfropfen** *tr. V.* *(ugs.)* cram; stuff; **gepfropft voll** crammed [full]; packed
²**pfropfen** *tr. V.* *(Gartenbau)* graft *(scion* *(auf* + *Akk.* on); improve *(tree, vine)* by grafting
Pfropfen der *(für Flaschen)* stopper; *(Korken)* cork; *(für Fässer)* bung
Pfröpfling [pfrœpflɪŋ] **der;** ~s, ~e scion
Pfropf-: **~messer das** grafting-knife; **~reis das** scion
Pfründe ['pfrʏndə] **die;** ~, ~n **a)** *(kath. Kirche)* living; benefice; **auf einer ~ sitzen** hold a living; **b)** *(fig.)* sinecure
Pfuhl [pfuːl] **der;** ~[e]s, **Pfühle** ['pfyːlə] muddy pool; *(fig.)* murky waters *pl.*; **ein ~ der Sünde** *od.* **Sittenlosigkeit** *(fig.)* a sink of iniquity
pfui [pfʊɪ] *Interj.* **a)** *(Ekel ausdrückend)* ugh; yuck; *(zu Kindern, Hunden)* [ugh,] you mucky pup; *(hör auf)* stop that; **~ Teufel** *od.* **Deibel** *od.* **Spinne!** *(ugs.)* ugh *or* *(sl.)* yuck, how disgusting!; **das ist ~**: that's yucky *(sl.)* *or* disgusting; **b)** *(Mißbilligung, Empörung ausdrückend)* ugh; really; *(Ruf)* boo; **~, schäm dich!** shame on you!; **~ rufen** boo
Pfui·ruf der boo
Pfund [pfʊnt] **das;** ~[e]s, ~e *(bei Maßangaben ungebeugt)* **a)** *(Gewicht)* pound (= 500 grams in German-speaking countries); **zwei ~ Kartoffeln** two pounds of potatoes; **überflüssige ~e loswerden** *(person)* get rid of unwanted pounds; **b)** *(Währungseinheit)* pound; **100 ~: £100**; one hundred pounds; **wieviel ist das in ~ [Sterling]?** how much is that in pounds [sterling]?; **mit seinem ~[e] wuchern** *(geh.)* make the most of one's capabilities
pfundig *(ugs.)* **1.** *Adj.* great *(coll.)*; fantastic *(coll.)*. **2.** *adv.* fantastically *(coll.)*
Pfunds-: **~kerl der** *(ugs.)* great bloke *(Brit. coll.)*; great guy *(sl.)*; **~stimmung die** *(ugs.)* terrific atmosphere *(coll.)*
pfund·weise *Adv.* by the pound; **die könnte ich ~ essen** I could eat pounds of them
Pfund·zeichen das pound sign
Pfusch [pfʊʃ] **der;** ~[e]s **a)** *o. Art.* *(ugs. abwertend)* a botch-up; **b)** *(österr.: Schwarzarbeit)* work done on the side *(and not declared for tax)*; *(nach Feierabend)* moonlighting *(coll.)*; **etw. im ~ machen** do sth. on the side

Pfusch·arbeit die; *o. Pl.* *(ugs. abwertend)* botch; botched-up job
pfuschen *itr. V.* **a)** *(ugs. abwertend)* botch it; do a botched-up job; **b)** *(österr.: schwarzarbeiten)* do work on the side *(not declared for tax)*; *(nach Feierabend)* moonlight *(coll.)*
Pfuscher der; ~s, ~ **a)** *(ugs. abwertend)* botcher; bungler; **b)** *(österr.: Schwarzarbeiter)* person doing work on the side; *(nach Feierabend)* moonlighter *(coll.)*
Pfuscherei [..'raɪ] **die;** ~, ~en botching *no pl.*; *(Pfuscharbeit)* botched-up job
Pfütze ['pfʏtsə] **die;** ~, ~n puddle
PH [peːˈhaː] **die;** ~, ~s *Abk.* **Pädagogische Hochschule**
Phalanx ['faːlaŋks] **die;** ~, **Phalangen** *(hist., fig.)* phalanx
phallisch ['falɪʃ] *(geh.)* **1.** *Adj.* phallic. **2.** *adv.* like a phallus
Phallus ['falʊs] **der;** ~, **Phạlli** *od.* **Phạllen**, *(auch:)* **~se** *(geh.)* phallus
Phallus-: **~kult der** phallic cult; **~symbol das** phallic symbol
Phänomen [fɛnoˈmeːn] **das;** ~s, ~e phenomenon; **er ist ein ~** *(ugs.)* he is phenomenal
phänomenal [fɛnomeˈnaːl] **1.** *Adj.* phenomenal. **2.** *adv.* phenomenally
Phänomenologie die *(Philos.)* phenomenology
Phantasie [fantaˈziː] **die;** ~, ~n **a)** *o. Pl.* imagination; **mit [viel]/ohne [jede] ~**: [very] imaginatively *or* with [a lot of] imagination/[very] unimaginatively *or* without [any] imagination; **eine schmutzige ~ haben** have a dirty mind; **b)** *meist Pl.* *(Produkt der ~)* fantasy
phantasie·los 1. *Adj.* unimaginative. **2.** *adv.* unimaginatively
Phantasielosigkeit die; ~: lack of imagination; *(Eintönigkeit)* dullness
phantasieren 1. *itr. V.* **a)** indulge in fantasies, fantasize *(von* about); **phantasierst du, oder sagst du die Wahrheit?** are you making it up or telling the truth?; **b)** *(Med.: irrereden)* talk deliriously. **2.** *tr. V.* **was phantasierst du da?** what's all that nonsense?
phantasie·voll 1. *Adj.* imaginative. **2.** *adv.* imaginatively
Phantasie·vor·stellung die figment of the imagination
Phantast [fanˈtast] **der;** ~en, ~en dreamer; starry-eyed idealist
Phantasterei die; ~, ~en fantasy; *(Wunschtraum)* pipe-dream
phantastisch 1. *Adj.* **a)** fantastic *(idea)* divorced from reality; **eine ~e Erzählung** a tale of fantasy; **b)** *(ugs.: großartig)* fantastic *(coll.)*; terrific *(coll.)*. **2.** *adv.* *(ugs.)* fantastically *(coll.)*; **~ tanzen/kochen** *(ugs.)* dance/cook fantastically *(coll.)* *or* incredibly well
Phantom [fanˈtoːm] **das;** ~s, ~e phantom; illusion; **einem ~ nachjagen** *(fig.)* chase [after] an illusion *or* a shadow
Phantom-: **~bild das a)** *(Kriminalistik)* Identikit [picture] (P); *(aus Fotos)* photofit picture; **b)** *(Fot.)* see-through *or* cut-away picture; **~schmerz der** phantom limb [pain]
Pharao ['faːrao] **der;** ~s, ~nen [faraˈoːnən] Pharaoh
Pharisäer [fariˈzɛːɐ] **der;** ~s, ~ *(auch fig.)* Pharisee
pharisäerhaft *(geh.)* *Adj.* holier-than-thou
Pharisäertum das; ~s *(geh.)* Pharisaism; hypocrisy
Pharma-: **~berater der** *s.* **~referent**; **~industrie die** pharmaceutical industry
Pharmakologe [farmakoˈloːɡə] **der;** ~n, ~n pharmacologist
Pharmakologie [farmakoloˈɡiː] **die;** ~: pharmacology *no art.*
Pharmakologin die; ~, ~nen pharmacologist

1375

pharmakologisch 1. *Adj.* pharmacological. 2. *adv.* pharmacologically; ~ **ausgebildet** trained in pharmacology *postpos.*
Pharma-referent der pharmaceutical representative
Pharmazeut [farma'tsɔyt] der; ~en, ~en pharmacist
Pharmazeutik [farma'tsɔytɪk] die; ~ *s.* Pharmazie
Pharmazeutin die; ~, ~nen pharmacist
pharmazeutisch 1. *Adj.* pharmaceutical. 2. *adv.* pharmaceutically; ~ **ausgebildet** with pharmaceutical training *postpos.*
Pharmazie [farma'tsi:] die; ~: pharmaceutics *sing.*, *no art.*; pharmaceutical chemistry *no art.*
Phase ['fa:zə] die; ~, ~n phase
Phasen-verschiebung die *(Physik)* phase difference
-phasig *Adj.* -phase
Phenacetin [fenatse'ti:n] das; ~s *(Pharm.)* phenacetin
Philanthrop [filan'tro:p] der; ~en, ~en *(geh.)* philanthropist
philanthropisch *(geh.)* 1. *Adj.* philanthropic. 2. *adv.* philanthropically
Philatelie [filate'li:] die; ~: philately *no art.*
Philatelist der; ~en, ~en philatelist
Philharmonie [fɪlharmo'ni:] die; ~, ~n a) *(Orchester)* philharmonic [orchestra]; b) *(Gebäude, Saal)* philharmonic hall
Philharmoniker [fɪlhar'mo:nikɐ] der; ~s, ~: member of a/the philharmonic orchestra; **die Wiener ~**: the Vienna Philharmonic Orchestra
philharmonisch *Adj.* philharmonic
Philipp ['fi:lɪp] *(der)* Philip
Philippika [fi'lɪpika] die; ~, Philippiken *(geh.)* philippic; diatribe
Philippinen [fili'pi:nən] *Pl.* Philippines
Philister [fi'lɪstɐ] der; ~s, ~ *(geh.)* Philistine
philister-haft, philiströs *(geh.)* 1. *Adj.* Philistine. 2. *adv.* in a Philistine manner
Philologe [filo'lo:gə] der; ~n, ~n teacher/ student of language and literature; philologist *(Amer.)*
Philologie die; ~, ~n study of language and literature; philology *no art. (Amer.)*
Philologin die; ~, ~nen *s.* Philologe
philologisch 1. *Adj.* literary and linguistic; philological *(Amer.)*. 2. *adv.* from a literary and linguistic viewpoint; philologically *(Amer.)*
Philo-semit der [keen] supporter of the Jewish/Israeli cause
Philosoph [filo'zo:f] der; ~en, ~en philosopher
Philosophie die; ~, ~n philosophy
philosophieren *itr.* *(auch tr.) V.* philosophize
Philosophin die; ~, ~nen philosopher
philosophisch 1. *Adj.* philosophical; *(dictionary, principles)* of philosophy; **~e Fakultät** *(Hochschulw.)* ≈ arts faculty. 2. *adv.* philosophically
Phiole [fi'o:lə] die; ~, ~n pear-shaped flask *(with long neck)*
Phlegma ['flɛgma] das; ~s *od. (österr. meist:)* ~: phlegmatic disposition; *(Trägheit)* lethargy; *(Apathie)* apathy
Phlegmatiker [flɛ'gma:tikɐ] der; ~s, ~: phlegmatic person; *(träger Mensch)* lethargic person
phlegmatisch 1. *Adj.* phlegmatic; *(träge)* lethargic; *(apathisch)* apathetic. 2. *adv. s.* 1: phlegmatically; lethargically; apathetically
Phobie [fo'bi:] die; ~, ~n *(Psych.)* phobia
Phon [fo:n] das; ~s, ~s phon; **50 ~:** 50 phons
Phonem [fo'ne:m] das; ~s, ~e *(Sprachw.)* phoneme
Phonetik [fo'ne:tɪk] die; ~: phonetics *sing.*
phonetisch 1. *Adj.* phonetic. 2. *adv.* phonetically
Phönix ['fø:nɪks] der; ~[es], ~e phoenix; **wie ein ~ aus der Asche** like a phoenix from the ashes
Phönizier [fø'ni:tsiɐ] der; ~s, ~ *(hist.)* Phoenician
Phono- ['fo:no-] phono ⟨*socket, input*⟩; **~geschäft/~abteilung** audio and record store/ department
Phono-gerät das record-player
Phono-graph der *(veralt.)* [cylinder] phonograph
Phono-koffer der portable record-player
Phonologie die; ~ *(Sprachw.)* phonology
phonologisch *(Sprachw.)* 1. *Adj.* phonological. 2. *adv.* phonologically
Phono-typistin [-ty'pɪstɪn] die; ~, ~nen audio typist
phon-stark *Adj.* loud; noisy; high-volume ⟨*reproduction*⟩
Phon-zahl die phon count; ≈ decibel level
Phosphat [fɔs'fa:t] das; ~[e]s, ~e *(Chemie)* phosphate
Phosphor ['fɔsfɔr] der; ~s phosphorus
Phosphor-bombe die phosphorus [incendiary] bomb
Phosphoreszenz [fɔsfɔrɛs'tsɛnts] die; ~: phosphorescence
phosphoreszieren *itr. V.* phosphoresce; **~d** phosphorescent
phosphor-haltig *Adj.* containing phosphorus *postpos.*, *not pred.*; **stark ~:** with a high phosphorus content; [**stark**] **~ sein** contain [a high level of] phophorus
Phosphor-säure die phosphoric acid
Photo ['fo:to] das; ~s, ~s *s.* Foto
photo-, Photo- *s. auch* foto-, Foto-
Photo-: **~chemie** die photochemistry *no art.*; **~element** das *(Elektrot.)* photoelement; photovoltaic cell; **~metrie** die *(Physik)* photometry *no art.*
Photon ['fo:tɔn] das; ~s, ~en [fo'to:nən] *(Physik)* photon
Photo-: **~synthese** die photosynthesis; **~zelle** die photo[-electric] cell
Phrase ['fra:zə] die; ~, ~n a) *(abwertend)* [empty] phrase; cliché; **leere ~n** empty phrases; waffle *sing.*; **~n dreschen** *(ugs.)* spout clichés; dole out catch-phrases; b) *(Musik, Sprachw.)* phrase
phrasen-, Phrasen-: **~drescher** der; ~s, ~ *(ugs. abwertend)* phrase-monger; clichémonger; **~drescherei** [~drɛʃəˈraɪ] die; ~, ~en *(ugs. abwertend)* phrase-mongering; cliché-mongering; **~haft** *(abwertend)* 1. *Adj.* empty; trite; *(voller Klischees)* cliché-ridden; 2. *adv.* in an empty or trite manner
Phraseologie [frazeolo'gi:] die; ~, ~n *(Sprachw.)* idiomatic usage *no art.*; *(Buch)* dictionary of idioms
phraseologisch *(Sprachw.)* *Adj.* idiomatic; phrasal ⟨*unit*⟩; **~es Wörterbuch** dictionary of idioms
phrasieren *itr., tr. V. (Musik)* phrase
Phrasierung die; ~, ~en *(Musik)* phrasing
pH-Wert [pe:'ha:-] der *(Chemie)* pH[-value]
Physik [fy'zi:k] die; ~: physics *sing.*, *no art.*; **~e Lehrbuch** ≈ a physics textbook
physikalisch [fyzi'ka:lɪʃ] 1. *Adj.* physics *attrib.* ⟨*experiment, formula, research, institute*⟩; physical ⟨*map, chemistry, therapy, process*⟩; **~e Gesetze** laws of physics; physical laws. 2. *adv.* in terms of physics
Physiker der; ~s, ~, **Physikerin** die; ~, ~nen physicist
Physik-saal der *(Schulw.)* physics laboratory
Physikum ['fy:zikʊm] das; ~s, Physika *(Hochschulw.)* examination ending the preclinical stage
Physiognomie [fyziɔgno'mi:] die; ~, ~n physiognomy
Physiologe [fyzio'lo:gə] der; ~n, ~n physiologist
Physiologie [fyziolo'gi:] die; ~: physiology
Physiologin die; ~, ~nen physiologist

physiologisch 1. *Adj.* physiological. 2. *adv.* physiologically
Physio-therapie [fyzio-] die physiotherapy
physisch 1. *Adj.* physical. 2. *adv.* physically
Pi [pi:] das; ~[s], ~s pi
Pianist [pia'nɪst] der; ~en, ~en, **Pianistin** die; ~, ~nen pianist
Piano ['pia:no] das; ~s, ~s piano
Pianoforte [piano'fɔrtə] das; ~, ~s *(veralt.)* pianoforte *(formal/arch.)*
picheln ['pɪçln] *(ugs.)* 1. *itr. V.* booze *(coll.)*. 2. *tr. V.* **einen ~ gehen** go out for a jar *(Brit. coll.)*
Pickel ['pɪkl] der; ~s, ~ a) *(auf der Haut)* pimple; b) *(Spitzhacke)* pickaxe; *(Eis~)* ice-axe
Pickel-haube die spiked helmet
pickelig *Adj.* pimply; **~ [im Gesicht] sein** have a spotty or pimply face
picken ['pɪkn] 1. *itr. V.* peck *(nach* at; *an +Akk.*, *gegen* on, against). 2. *tr. V.* a) ⟨*bird*⟩ peck; *(ugs.)* ⟨*person*⟩ pick; *(aufheben)* pick up; b) *(österr. ugs.: kleben)* stick
picklig *s.* pickelig
Picknick ['pɪknɪk] das; ~s, ~e *od.* ~s picnic; **~ machen** *od.* **halten** have a picnic
picknicken *itr. V.* picnic
picobello ['pi:ko'bɛlo] *(ugs.)* 1. *indekl. Adj.* super-duper *(sl.)*; *(makellos)* immaculate. 2. *adv.* immaculately; **~ in Ordnung** in immaculate order; spick and span
Piefke ['pi:fkə] der; ~s, [~s] a) *(bes. nordd. abwertend)* bumptious lout; b) *(österr. abwertend: Deutscher)* bloody *(Brit. sl.)* or damn German
pieken *s.* piken
piek-fein ['pi:k'faɪn] *(ugs.)* 1. *Adj.* posh *(coll.)*. 2. *adv.* poshly *(coll.)*; **~ angezogen** wearing posh clothes *(coll.)*; dressed to the nines
piep [pi:p] *Interj.* ~, ~! cheep, cheep!; **nicht ~ sagen** *(ugs.)* not say a word; **er kann nicht mehr ~ sagen** *(ugs.)* he's been silenced
Piep der; ~s, ~s *(ugs.)* a) *(Ton)* peep; **keinen ~ [davon] sagen** not say a thing [about it]; b) **in einen [kleinen] ~ haben** have a [bit of a] screw loose *(coll.)*
piepe ['pi:pə], **piep-egal** *Adj.* **in [jmdm.] ~ sein** it not matter at all [to sb.]; **es ist mir ~** *(ugs.)* I don't give a damn
piepen *itr. V. (ugs.)* squeak; ⟨*small bird*⟩ cheep; chirp; ⟨*paging device*⟩ bleep; **bei dir piept's wohl!** *(salopp)* you must be off your rocker *(sl.)*; **zum Piepen sein** *(ugs.)* be a hoot or a scream *(coll.)*
Piepen *Pl. (salopp: Geld)* dough *sing. (sl.)*; **50 ~:** 50 marks/francs *etc.*
Piep-: **~hahn** der *(Kinderspr.)* willy *(sl.)*; **~matz** der *(Kinderspr.)* dicky-bird *(coll.)*
pieps [pi:ps] *s.* piep
Pieps der; ~es, ~e *(ugs.) s.* Piep a
piepsen *(ugs.)* 1. *itr. V. s.* piepen. 2. *itr., tr. V. (mit hoher Stimme sprechen)* pipe; *(aufgeregt)* squeal
Piepser der; ~s, ~ *(ugs.)* a) *(Piepsen)* chirp; tweet; b) *(kleiner Empfänger)* bleeper
piepsig *Adj. (ugs.)* squeaky
Pier [pi:ɐ] der; ~s, ~e *od.* ~s *od. (Seemannsspr.)* die; ~, ~s jetty
piesacken ['pi:zakn] *tr. V. (ugs.)* pester; **hör endlich auf, mich damit zu ~!** stop pestering me about that!
pieseln ['pi:zln] *itr. V. (auch tr.) V. (salopp) s.* pinkeln
Pietät [pie'tɛ:t] die; ~, ~en a) *o. Pl.* respect; *(Ehrfurcht)* reverence; b) *(Bestattungsinstitut)* [firm of] funeral directors *or (Amer.)* morticians
pietät-, Pietät-: **~los** 1. *Adj.* irreverent; *(gefühllos)* unfeeling; *(respektlos)* disrespectful; lacking in respect *postpos.*; 2. *adv.* irreverently; **~losigkeit** die; ~, ~en irreverence; *(Gefühllosigkeit)* lack of feeling;

(Respektlosigkeit) lack of respect; *(Handlung)* act of irreverence; ~**voll** 1. *Adj.* respectful; *(ehrfurchtsvoll)* reverent; 2. *adv.* respectfully; *(ehrfurchtsvoll)* reverently
Pietismus [piɛ'tɪsmʊs] *der;* ~: pietism *no art.*
Pietist *der;* ~en, ~en, **Pietistin** *die;* ~, ~nen pietist
pietistisch 1. *Adj.* pietistic. 2. *adv.* in a pietistic manner
piff, paff ['pɪf 'paf] *Interj. (Kinderspr.)* bang, bang
Pigment [pɪ'gmɛnt] *das;* ~[e]s, ~e pigment
Pigmentation [pɪgmɛnta'tsi̯oːn] *die;* ~, ~en pigmentation
Pigment·fleck *der* pigmentation mark
¹**Pik** [piːk] *der in einen ~ auf jmdn. haben (ugs.)* have it in for sb.
²**Pik** *das;* ~[s], ~[s], *österr. auch des;* ~, ~ *o. Pl. (Farbe)* a) *o. Art., o. Pl. (Farbe)* spades *pl.;* **von ~ habe ich nur noch die Sieben** the only spade I have left is the seven; **~ ziehen/ausspielen** draw/play spades; b) *(Karte)* spade
pikant [pi'kant] 1. *Adj.* a) piquant; *(würzig)* spicy; well-seasoned; *(appetitanregend)* appetizing; **ich möchte lieber etwas Pikantes** I'd rather have something savoury; b) *(fig.: witzig)* piquant; ironical; c) *(verhüll.: schlüpfrig)* racy ⟨*joke, story*⟩; titillating ⟨*pictures*⟩. 2. *adv.* spicily; **etw.** ~ **zubereiten** season sth. well; ~ **gewürzt** piquantly *or* appetizingly seasoned
Pikanterie [pikantə'riː] *die;* ~, ~n a) *o. Pl. (fig.)* piquancy; *(Witzigkeit)* irony; b) *(verhüll.: schlüpfrige Geschichte)* racy story
pikanter·weise *Adv. (geh.)* ironically [enough]
Pik-: ~**as** *das* ace of spades; ~**bube** *der* jack of spades; ~**dame** *die* queen of spades
Pike ['piːkə] *die;* ~, ~n pike; **etw. von der ~ auf [er]lernen** learn sth. by working one's way up from the bottom
Pikee [pi'keː] *der; österr. auch das;* ~s, ~s *(Textilw.)* piqué
piken *tr., itr. V. (ugs.)* prick; **etw. in etw.** *(Akk.)* ~: poke sth. into sth.; **jmdm. eine Nadel in den Arm** ~: poke a needle into sb.'s arm
pikieren *tr. V. (Gartenbau)* prick out ⟨*seedlings*⟩
pikiert [pi'kiːɐ̯t] 1. *Adj.* piqued; nettled; **ein ~es Gesicht machen** look aggrieved. 2. *adv.* ⟨*reply, say*⟩ in an aggrieved tone *or* voice
¹**Pikkolo** ['pɪkolo] *der;* ~s, ~s [trainee] waiter
²**Pikkolo** *das;* ~s, ~s *(Flöte)* piccolo
³**Pikkolo** *die;* ~, ~[s] *(Fläschchen)* miniature bottle of champagne *(for one person)*
Pikkolo·flöte *die* piccolo
Pik·könig *der* king of spades
piksen [pɪksn̩] *tr., itr. V. (ugs.) s.* piken
Pik·sieben *die (Kartenspiel)* seven of spades; **dastehen wie ~** *(ugs.)* stand there looking stupid
Pilger ['pɪlgɐ] *der;* ~s, ~: pilgrim
-pilger *der:* **Mekka-/Rom~:** pilgrim on his/her way to Rome/Mecca
Pilger·fahrt *die* pilgrimage
Pilgerin *die;* ~, ~nen pilgrim
pilgern *itr. V. (auch fig.)* go on *or* make a pilgrimage; b) *(ugs.: gehen)* traipse *(coll.)*
Pilgerschaft *die;* ~, ~en pilgrimage
Pilger-: ~**stab** *der* pilgrim's staff; ~**väter** *Pl. (hist.)* Pilgrim Fathers
Pille ['pɪlə] *die;* ~, ~n pill; **sie nimmt schon seit Jahren die ~** *(coll.)* she's been on the pill for years *(coll.)*; **eine bittere ~ [für jmdn.] sein** *(fig.)* be a bitter pill [for sb.] to swallow; **jmdm. die bittere ~ versüßen** *od.* **verzuckern** *(fig.)* sugar the pill for sb.; *(es jmdm. erleichtern)* make it easier for sb.
Pillen-: ~**dreher** *der* a) *(Käfer)* scarab [beetle]; b) *(ugs. scherzh.: Apotheker)* pill

peddler *(coll.);* ~**knick** *der* decline in the birth rate (due to the pill)
Pilot [pi'loːt] *der;* ~en, ~en, **Pilotin** *die;* ~, ~nen a) pilot; b) *(Motorsport)* [racing] driver
Pilot-: ~**projekt** *das* pilot project; ~**studie** *die* pilot study
Pils [pɪls] *das;* ~, ~: Pils; Pils[e]ner [beer]
Pilz [pɪlts] *der;* ~es, ~e a) fungus; *(Speise~, auch fig.)* mushroom; **eßbare, giftige und ungenießbare ~e** mushrooms, poisonous and inedible fungi; **in die ~e gehen** *(ugs.)* go mushrooming; **wie ~e aus dem Boden** *od.* **der Erde schießen** be springing up like mushrooms; b) *o. Pl. (ugs.: ~infektion)* fungus [infection]
pilz-, Pilz-: ~**förmig** *Adj.* mushroom-shaped; ~**krankheit** *die* a) *(Mykose)* mycosis; b) *(bei Pflanzen)* fungus [disease]; ~**kultur** *die* fungus culture; ~**kunde** *die* mycology
Pilzling ['pɪltslɪŋ] *der;* ~s, ~e *(österr.) s.* Steinpilz
Pilz·vergiftung *die* fungus poisoning *no art.;* *(durch verdorbene Pilze)* mushroom poisoning *no art.*
Piment [pi'mɛnt] *der od. das;* ~[e]s, ~e pimento; allspice
Pimmel ['pɪml] *der;* ~s, ~ *(salopp)* willy *(sl.)*
pimpern ['pɪmpɐn] *(salopp)* 1. *itr. V.* have it off *(sl.).* 2. *tr. V.* have it off with *(sl.)*
Pimpf [pɪmpf] *der;* ~[e]s, ~e a) *(ugs.: Junge)* kid *(coll.);* b) *(ns.)* member of the **Jungvolk**
pingelig ['pɪŋəlɪç] *(ugs.)* 1. finicky; pernickety *(coll.);* *(wählerisch)* fussy; choosy *(coll.).* 2. *adv.* in a pernickety way *(coll.); (pedantisch)* pedantically
Pingpong ['pɪŋpɔŋ] *das;* ~s *(ugs.)* ping-pong
Pinguin ['pɪŋɡuiːn] *der;* ~s, ~e penguin
Pinie ['piːni̯ə] *die;* ~, ~n [stone- *or* umbrella] pine
Pinke ['pɪŋkə] *die;* ~ *(ugs. veralt.)* dough *(sl.);* lolly *(Brit. sl.)*
Pinkel ['pɪŋkl̩] *der;* ~s, ~ *(ugs. abwertend)* **ein [feiner]** ~: a stuck-up thing
pinkeln *itr. (auch tr.) V. (salopp)* a) pee *(coll.);* *(esp. child)* wee *(sl.);* ~ **[gehen]** [go and] have a pee *(coll.);* b) *(unpers.: regnen)* **es pinkelt** it's spitting
Pinkel·pause *die (ugs.)* stop for a pee *(coll.);* rest stop *(Amer.)*
Pinke·pinke *s.* Pinke
pink·farben ['pɪŋk-] *Adj.* pink
Pinne ['pɪnə] *die;* ~, ~n *(Seemannsspr.)* tiller
pinnen *tr. V. (ugs.)* pin **(auf, an** + *Akk.)*
Pinn·wand *die* pin-board
Pinscher ['pɪnʃɐ] *der;* ~s, ~ a) pinscher; b) *(ugs. abwertend: Mensch)* pip-squeak *(sl.)*
Pinsel ['pɪnzl̩] *der;* ~s, ~ a) brush; *(Mal~)* paintbrush; **mit leichtem/kühnem** ~: with light/bold brush-strokes; b) *(ugs. abwertend: Dummkopf)* nitwit *(coll.);* idiot *(coll.)*
Pinsel·führung *die* brushwork *no indef. art.*
pinseln *tr. V.* a) *(ugs.: anstreichen)* paint ⟨*room, house, etc.*⟩; b) *(malen)* paint ⟨*landscape, picture*⟩; daub ⟨*slogans*⟩; c) *(ugs.: schreiben)* write ⟨*letters, homework*⟩ in one's best writing; d) *(streichen)* brush [on] ⟨*paint*⟩, put on ⟨*paint*⟩ with a brush; apply ⟨*liquid*⟩ [with a brush] **(auf** + *Akk.* to); e) *(Med.: ein~)* paint ⟨*wound, gums, throat, etc.*⟩
Pinsel·strich *der* a) brush-stroke; b) *(Pinselführung)* brushwork *no indef. art.*
Pinte ['pɪntə] *die;* ~, ~n a) *(ugs.) s.* Kneipe a; b) *(hist.: Hohlmaß)* [former] measure of capacity for liquids
Pin-up-Girl [pɪn'lap-] *das;* ~s, ~s pin-up girl
Pinzette [pɪn'tsɛta] *die;* ~, ~n tweezers *pl.;* **chirurgische** ~: surgical forceps *pl.*
Pionier [pi̯o'niːɐ̯] *der;* ~s, ~e a) *(Milit.)* sap-

per; engineer; b) *(fig.: Wegbereiter)* pioneer; c) *(bes. DDR:* Mitglied einer Jugendorganisation) [Junger] ~: [Young] Pioneer
Pionier-: ~**arbeit** *die; o. Pl.* a) pioneering work; b) *(bes. DDR)* work with the [Young] Pioneers; ~**truppe** *die (Milit.)* corps of engineers
Pipapo [pipa'poː] *das;* ~s *(salopp)* **das ganze** ~: all the frills; **mit allem** ~: with all the frills
Pipeline ['paɪplaɪn] *die;* ~, ~s pipeline
Pipette [pi'pɛtə] *die;* ~, ~n *(Chemie)* pipette
Pipi [pi'piː] *das;* ~s *(Kinderspr.)* ~ **machen** do wee-wees *(sl.);* ~ **müssen** have to do wee-wees *or* have a wee *(sl.)*
Pipifax ['piːpifaks] *der;* ~, *(salopp)* piffling trifles *pl. (coll.)*
Piranha [pi'ranja] *der;* ~[s], ~s piranha
Pirat [pi'raːt] *der;* ~en, ~en pirate
Piraten-: ~**schiff** *das* pirate ship; ~**sender** *der* pirate radio station
Piraterie [piratə'riː] *die;* ~, ~n piracy *no art.*
Pirol [pi'roːl] *der;* ~s, ~e oriole
Pirouette [pi'rʊɛtə] *die;* ~, ~n pirouette
Pirsch [pɪrʃ] *die;* ~ *(Jägerspr.)* [deer-]stalking; **auf die ~ gehen** go [deer-]stalking
pirschen *itr. V.* a) *(Jägerspr.)* go stalking; **auf Rehwild** *(Akk.)* ~: stalk roedeer; b) *(ugs.: schleichen)* creep [silently]; steal. 2. *refl. V. (ugs.)* creep [silently]; steal
Pisse ['pɪsə] *die;* ~ *(derb)* piss *(coarse)*
pissen *itr. (auch tr.) V. (derb)* a) piss *(coarse);* **ich muß** ~ **[gehen]** I must have a piss; b) *(unpers.: regnen)* piss down *(sl.)*
Pissoir [pɪ'soaːɐ̯] *das;* ~s, ~e *od.* ~s [public] urinal
Piß·pott *der (salopp)* piss-pot *(coarse)*
Pistazie [pɪs'taːtsi̯ə] *die;* ~, ~n pistachio
Piste ['pɪstə] *die;* ~, ~n a) *(Skisport)* piste; ski-run; *(Renn~)* course; b) *(Rennstrecke)* track; c) *(Flugw.)* runway; **auf der ~ aufsetzen** touch down; d) *(Straße)* dirt road
Pistole [pɪs'toːlə] *die;* ~, ~n pistol; **wie aus der ~ geschossen** like a shot *or* a flash; **jmdm. die ~ auf die Brust setzen** *(fig.)* hold a pistol to sb.'s head
Pistolen-: ~**schuß** *der* pistol-shot; ~**tasche** *die* holster
pitsch·naß ['pɪtʃˈnas] *Adj. (ugs.)* dripping wet; wet through
pittoresk [pɪtoˈrɛsk] *(geh.)* 1. *Adj.* picturesque. 2. *adv.* picturesquely
Pizza ['pɪtsa] *die;* ~, ~s *od.* **Pizzen** pizza
Pizza·bäcker *der* pizza cook
Pizzeria [pɪtseˈriːa] *die;* ~, ~s *od.* **Pizzerien** pizzeria
Pkw, PKW ['peːkaveː] *der;* ~[s], ~[s] [private] car; automobile *(Amer.)*
placieren [plaˈtsiːrən] *s.* placieren
placken *refl. V. (ugs.)* slave away
Plackerei *die;* ~, ~en *(ugs.)* drudgery *no indef. art.;* [hard] grind
pladdern ['pladɐn] *itr. V. (unpers.)* **es pladdert** *(nordd.)* it's pouring [down]
plädieren [plɛˈdiːrən] *itr. V. (Rechtsw.)* plead **(auf** + *Akk.,* **für** for); *(das Plädoyer halten)* ⟨*counsel*⟩ make one's final speech, sum up; *(fig.)* argue **(für** for, in favour of); **auf Freispruch/auf schuldig** ~: plead for acquittal/for a verdict of guilty; **er plädiert dafür, daß ...** : he argues *or* advocates that ...
Plädoyer [plɛdoaˈjeː] *das;* ~s, ~s *(Rechtsw.)* final speech, summing up *(for the defence/ prosecution);* *(fig.)* plea; **sein** ~ **halten** make one's final speech; sum up
Plafond [plaˈfõː] *der;* ~s, ~s *(südd., österr., auch fig.)* ceiling
Plage ['plaːɡə] *die;* ~, ~n a) *(cursed or (coll.)* pestilential] nuisance; **das macht ihm das Leben zur** ~: it makes his life a misery; **die ägyptischen** ~**n** *(bibl.)* the plagues of Egypt; b) *(ugs.: Mühe)* bother; trouble; **seine** ~ **mit jmdm./etw. haben** find sb./sth. a real handful

Plage·geist der *(fam.)* pest
plagen 1. *tr. V.* **a)** torment; plague; **Zweifel ~ ihn** he is plagued *or* beset with doubts; **von Kopfschmerzen/Träumen geplagt** plagued with headaches/dreams; **er ist ein geplagter Mensch** he has a hard time of it; **b)** *(ugs.: bedrängen)* harass; *(mit Bitten, Fragen)* pester. 2. *refl. V.* **a)** *(sich abmühen)* slave away; **sie mußte sich ~, um die Arbeit zu bewältigen** she had to struggle to get through all the work; **b)** *(leiden)* **sich mit etw. ~:** be troubled *or* bothered by sth.
Plagiat [pla'gi̯aːt] *das*; ~[e]s, ~e plagiarism *no art.*; **ein [eindeutiges] ~:** a [clear] case of plagiarism
Plagiator [pla'gi̯aːtɔr] *der*; ~s, ~en *(geh.)* plagiarist
plagiieren [plagi'iːrən] *tr. (auch itr.) V. (geh.)* plagiarize
Plaid [pleːt] *das od. der*; ~s, ~s **a)** *(Decke)* tartan [travelling] rug *(Brit.) or (Amer.)* lap robe; **b)** *(Tuch)* plaid
Plakat [pla'kaːt] *das*; ~[e]s, ~e poster; *(zum Tragen)* placard; „**~e ankleben verboten**" 'post no bills'
plakatieren 1. *tr. V.* announce by poster. 2. *itr. V.* put up posters
plakativ [plaka'tiːf] 1. *Adj.* bold and simple, eye-catching 〈design, representation〉; bold 〈colours〉. 2. *adv.* eye-catchingly; in a bold and simple style
Plakat-: ~**kunst** *die*; *o. Pl.* poster art *no art.*; ~**maler** *der* poster artist; ~**wand** *die* [poster] hoarding; billboard
Plakette [pla'kɛtə] *die*; ~, ~n **a)** *(Schildchen)* badge; *(Scheibe)* disc; **b)** *(an einem Gebäude)* plaque
plan [plaːn] *(Technik) Adj.* flat; plane 〈surface〉; **~ liegen** lie flat
¹**Plan** *der*; ~[e]s, **Pläne** ['plɛːnə] **a)** plan; **nach ~ verlaufen** go according to plan; **auf dem ~ stehen be on the agenda**; be planned; **wir sind im ~** *(Zeit~)* we are on schedule; **b)** *(Karte)* map; plan; *(Stadt~)* [street] plan
²**Plan** *der in auf den* **~ treten, auf dem ~ erscheinen** *(geh.)* appear on the scene; **auf den ~ rufen** *(geh.)* bring 〈person〉 on to the scene; bring 〈opponent〉 into the arena; arouse 〈curiosity〉
Plan-: ~**auf·gabe** *die*, ~**auf·lage** *die (DDR)* planned [production] target *(laid down in the five-year plan)*
Plane *die*; ~, ~n tarpaulin
planen *tr., itr. V.* plan
Planer *der*; ~s, ~: planner
Plan·erfüllung *die (bes. DDR)* attainment of the planned [production] target
planerisch *Adj.*; *nicht präd.* planning 〈measures, genius, ability〉; **eine ~e Meisterleistung** a masterpiece of planning
Pläne·schmieden *das* planning; making plans
Planet [pla'neːt] *der*; ~en, ~en planet
Planetarium [plane'taːri̯ʊm] *das*; ~s, Planetarien planetarium
Planeten-: ~**bahn** *die* planetary orbit; ~**system** *das* planetary system
Planetoid *der*; ~en, ~en asteroid, planetoid
planieren *tr. V.* level; grade *(as tech. term)*
Planier·raupe *die* bulldozer
Plan·jahr *das (bes. DDR)* planning year
Planke ['plaŋkə] *die*; ~, ~n **a)** plank; board; **b)** *(Zaun)* [close-boarded] wooden fence
Plänkelei *die*; ~, ~en *s.* Geplänkel a
plänkeln ['plɛŋkl̩n] *itr. V.* have a rough-and-tumble; fight playfully
Plankton ['plaŋktɔn] *das*; ~s *(Biol.)* plankton
plan-, Plan-: ~**los** 1. *Adj.* aimless; *(ohne System)* unsystematic; 2. *adv. s.* 1: aimlessly; unsystematically; ~**losigkeit** *die*; ~: aimlessness; *(Mangel an System)* lack of system; ~**mäßig** 1. *Adj.* **a)** regular, scheduled 〈service, steamer〉; ~**mäßige Ankunft/ Abfahrt** scheduled time of arrival/departure; **b)** *(systematisch)* systematic; 2. *adv.* **a)** *(wie geplant)* according to plan; as planned; *(pünktlich)* on schedule; **b)** *(systematisch)* systematically; ~**mäßigkeit** *die*; ~: methodicalness; *(Vorgehen)* systematic procedure; ~**quadrat** *das* grid square
Plansch·becken ['planʃ-] *das* paddling-pool
planschen *itr. V.* splash [about]
Plan-: ~**soll** *das* planned [production] target; ~**spiel** *das* simulation; *(Kriegsspiel)* war game; ~**stelle** *die* established post
Plantage [plan'taːʒə] *die*; ~, ~n plantation
Planung *die*; ~, ~en **a)** *(das Planen)* planning; **in** *(Dat.)* ~ **sein** be planned; **bei der ~:** at the planning stage; **b)** *(Plan)* plan
Planungs·stadium *das* planning stage; **im ~:** at the planning stage
plan-, Plan-: ~**voll** 1. *Adj.* methodical; systematic; 2. methodically; systematically; ~**wagen** *der* covered wagon; ~**wirtschaft** *die* planned economy
Plapperei *die*; ~, ~en *(ugs. abwertend)* chatter
Plapper·maul *das (ugs. abwertend)* chatterbox
plappern ['plapɐn] *(ugs.)* 1. *itr. V.* **a)** *(schwätzen)* chatter; **b)** *(ausplaudern)* blab. 2. *tr. V.* babble *(nonsense)*
plärren ['plɛrən] 1. *itr. V.* **a)** bawl [out] 〈song〉; 〈radio etc.〉 blare out. 2. *itr. V.* **a)** bawl; yell; 〈radio etc.〉 blare; **b)** *(ugs.: weinen)* wail; *(sehr laut)* howl
Pläsier [plɛ'ziːɐ̯] *das*; ~s, ~e *(veralt.)* pleasure (an + *Dat.* in); **laß ihm doch sein ~:** let him have his fun
Plasma ['plasma] *das*; ~s, **Plasmen** *(Med., Physik)* plasma; *(Proto~)* protoplasm
Plast [plast] *der*; ~[e]s, ~e *(DDR)* plastic
Plaste ['plastə] *die*; ~, ~n *(DDR ugs.)* plastic
¹**Plastik** ['plastɪk] *die*; ~, ~en **a)** *(Werk, Kunst)* sculpture; **b)** *(Med.)* plastic surgery operation; **jmdm. eine ~ machen** perform plastic surgery on sb.
²**Plastik** *das*; ~s *(ugs.)* plastic
Plastik-: ~**beutel** *der* plastic bag; ~**bombe** *die* plastic bomb; ~**folie** *die* plastic film; ~**geld** *das (ugs.)* plastic money *(coll.)*; ~**tüte** *die* plastic bag
Plastilin [plasti'liːn] *das*; ~s ≈ Plasticine P
plastisch 1. *Adj.* **a)** *(knetbar)* plastic; workable; **b)** *nicht präd. (bildhauerisch)* sculptural; 〈ability〉 as a sculptor; **c)** *(dreidimensional)* three-dimensional 〈effect, formation, vision〉; sculptural 〈decoration, picture〉; **e)** *(fig.)* plastic 〈surgery, surgeon〉. 2. *adv.* **a)** *(bildhauerisch)* sculpturally; **etw. ~ ausarbeiten** *od.* **gestalten** sculpture sth.; **b)** *(dreidimensional)* three-dimensionally; **c)** *(fig.: anschaulich)* vividly; **sich** *(Dat.)* **etw. ~ vorstellen können** have a clear picture of sth. [in one's mind]
Plastizität [plastitsi'tɛːt] *die*; ~ **a)** plasticity; **b)** *(fig.:* Anschaulichkeit*)* vividness; *(von Prosa usw.)* graphic quality; *(eines Bildes)* three-dimensional quality
Platane [pla'taːnə] *die*; ~, ~n plane-tree
Plateau [pla'toː] *das*; ~s, ~s plateau
Platin·sohle *die* platform sole
Platin ['plaːtiːn] *das*; ~s platinum
platin·blond *Adj.* platinum blonde
Platitüde [plati'tyːdə] *die*; ~, ~n *(geh.)* platitude
Platon [pla'toːn] *(der)* Plato
platonisch [pla'toːnɪʃ] 1. *Adj.* **a)** Platonic 〈philosophy, state〉; **b)** *(nicht sinnlich)* platonic 〈love, relationship〉. 2. *adv.* platonically
platsch [platʃ] *Interj.* splash
platschen *itr. V.* **a)** splash; **b)** *mit sein (~d schlagen)* splash (an + *Akk.*, gegen against); **c)** *(planschen)* splash about

plätschern ['plɛtʃɐn] *itr. V.* **a)** splash; 〈rain〉 patter; 〈stream〉 burble; *(fig.)* ~**de Unterhaltung** casual *or* desultory conversation; **b)** *(planschen)* splash about; **c)** *mit sein* 〈stream〉 burble along
platsch·naß *Adj. (ugs.) s.* klatschnaß
platt [plat] 1. *Adj.* **a)** *(flach)* flat; **sich** *(Dat.)* **die Nase ~ drücken** flatten one's nose; **ein Platter** *(ugs.)* a flat *(coll.)*; a flat tyre; *(mit Loch)* a puncture; **das ~e Land** *(ugs.)* the countryside; the rural areas *pl.*; **sie ist ~ wie ein [Bügel]brett** *(salopp)* she is flat-chested; **b)** *(geistlos)* dull, vapid 〈conversation, book〉; vacuous, feeble 〈poem, joke〉; shallow, empty 〈materialism, argument, imitation〉; **c)** *nicht präd. (ausgesprochen)* downright 〈lie, swindle, slander〉; sheer 〈cynicism〉; absolute 〈matter of course〉; **d)** *nicht attr.* 〈ugs., bes. nordd.: erstaunt〉 dumbfounded; flabbergasted. 2. *adv.* **a)** *(flach)* **sich ~ legen** lie down flat; **b)** *(geistlos)* feebly. 3. *Adv.* ~ **sprechen** talk Low German dialect
Platt *das*; ~[s] **a)** [local] Low German dialect; *(allgemein: Niederdeutsch)* Low German; **b)** *(ugs.: Dialekt)* patois
Plätt·brett *das (nordd., md.) s.* Bügelbrett
Plättchen ['plɛtçən] *das*; ~s, ~: small plate *or* disc
platt·deutsch *Adj.*; *s.* niederdeutsch
Platte *die*; ~, ~n **a)** *(Stein~)* slab; *(Metall~)* plate; sheet; *(Mikroskopie usw.: Glas~)* slide; *(Elektronik)* board; *(Paneel)* panel; *(Span~, Hartfaser~ usw.)* board; *(Styropor~ usw.)* sheet; *(Tisch~)* [table-]top; *(Grab~)* [memorial] slab; *(photographische ~)* [photographic] plate; *(Druck~)* [pressure] plate; *(Kachel, Fliese)* tile; *(zum Pflastern)* flagstone; paving-stone; **etw. auf die ~ bannen** *(scherzh.)* immortalize sb./sth. [in a photograph] *(joc.)*; **b)** *(Koch~)* hotplate; **c)** *(Schall~)* [gramophone] record; **eine ~ mit Gitarrenmusik** a record of guitar music; **etw. auf ~** (*Akk.*) **aufnehmen** make a record of sth.; **die ~ kenne ich [schon]** *(fig. ugs.)* I've heard that one before; **leg [doch endlich mal] 'ne neue/andere ~ auf!** *(fig. ugs.)* can't you talk about sth. else for a change?; **immer dieselbe ~!** *(fig. ugs.)* always the same old tune; **d)** *(Teller)* plate; *(zum Servieren, aus Metall)* dish; **e)** *(Speise)* dish; **kalte ~:** selection of cold meats [and cheeses]; **f)** *(ugs.: Glatze)* bald pate; **g)** *(Gaumen~)* [dental] plate; **h)** **die ~ putzen** *(salopp)* make oneself scarce *(coll.)*; ~ **machen** *(salopp)* doss *or* kip down *(Brit. sl.)*; bed down; **i)** *(österr.: Bande)* gang
Plätte ['plɛtə] *die*; ~, ~n *(österr.)* flat-bottomed barge [with pointed prow]
Plätt·eisen ['plɛt-] *das (nordd., md.)* iron; *(hist.)* flat-iron
plätten *tr., itr. V. (nordd., md.)* iron
Platten-: ~**album** *das* record album; ~**cover** *das* record sleeve; ~**firma** *die* record company; ~**hülle** *die* record sleeve; ~**sammlung** *die* record collection
Platten·see *der*; *o. Pl. (Geogr.)* Lake Balaton
Platten-: ~**spieler** *der (als Baustein)* record deck; *(komplettes Gerät)* record-player; ~**teller** *der* the turntable; ~**wechsler** *der* record-changer
platter·dings *Adv. (ugs.)* absolutely
platt, Platt-: ~**fisch** *der* flat-fish; ~**form** *die* **a)** platform; **b)** *(fig.: Basis)* basic programme; *(Wahlplattform)* platform; [election] programme; **eine gemeinsame ~ finden** find common ground; *(bei Wahlen)* a common platform; ~**fuß** *der* **a)** flat foot; **b)** *(ugs.: Reifenpanne)* flat *(coll.)*; flat tyre; ~**füßig** *Adj.* flat-footed
Plattheit *die*; ~, ~en **a)** *o. Pl.* flatness; **b)** *o. Pl. (fig.)* dullness; **c)** *(Platitüde)* platitude
Plätt·wäsche *die (nordd., md.)* laundry to be ironed; ironing

Platz [plats] der; ~es, Plätze ['plɛtsə] a) (freie Fläche) space; area; (Bau-, Ausstellungsgelände usw.) site; (umbaute Fläche) square; **ein freier ~**: an open space; b) (Park~) car park; [parking] lot (Amer.); (Camping~) [camp]site; [camp]ground (Amer.); (Schrott~, Lager~) yard; c) (Sport~) (ganze Anlage) ground; (Spielfeld) field; (Tennis~, Volleyball~ usw.) court; (Golf~) course; **der ~ ist nicht bespielbar** the ground is not playable; **einen Spieler vom ~ stellen/tragen** send/carry a player off [the field]; **auf eigenem/gegnerischem ~ spielen** play at home/away; d) (Stelle) place; (Position) location; position; (wo jmd., etw. hingehört) place; **ein ~ an der Sonne** (fig.) a place in the sun; **auf die Plätze, fertig, los!** on your marks, get set, go!; **sich** (Dat.) **einen festen ~ in der Literatur erobern** become firmly established in literature; **am** od. **an seinem ~**: in its/his place; **nicht** od. **fehl am ~[e] sein** (fig.) be out of place; be inappropriate; **am ~[e] sein** (fig.) be appropriate; be called for; e) (Sitz~) seat; (am Tisch, Steh~ usw.; fig.: im Kurs, Krankenhaus, Kindergarten usw.) place; **der Bus/Saal hat 60 Plätze** the bus/hall will take 60 or has room for 60; **erster/zweiter ~** (im Kino usw.) seat at the front/back; **~ nehmen** sit down; **nehmen Sie ~!** take a seat; **~ behalten** (geh.) remain seated; f) (bes. Sport. Plazierung) place; **auf ~ drei** od. **dem dritten ~** in third place; **auf dem dritten ~ belegen** come third; **der Song ist auf ~ eins/neun der Hitparade** the song is number one/nine in the hit parade; g) (Ort) place; locality; **am ~**: in the town/village; **das größte Hotel am ~** the largest hotel in the place; **die Bedeutung des ~es Frankfurt** (bes. Wirtsch.) the importance of Frankfurt as a location; h) o. Pl. (Raum) space; room; **im Kofferraum ist kein ~ mehr** there is no room left in the boot (Brit.) or (Amer.) trunk; **er/es hat [noch] ~/keinen ~**: there is enough space or room [left] for him/it; no room for him/it; **es nimmt viel ~ ein** it takes up a lot of space; **drei Familien/500 Autos** (Dat.) **~ bieten** have room for three families/500 cars; **der Saal bietet ~** od. **hat ~ für 3 000 Personen** the hall takes or holds 3,000 people; **im Viktoriasee hätte ganz Irland ~**: the whole of Ireland could fit into Lake Victoria; **[jmdm./einer Sache] ~ machen** make room [for sb./sth.]; **macht doch mal ein bißchen ~**: clear a bit of space; (aufrücken) move up a bit; **einem neuen System ~ machen** give way to a new system; **~ da!** make way!; out of the way!; **~ greifen** (fig.) spread

Platz-: ~angst die a) (volkst.: Klaustrophobie) claustrophobia; b) (Med.) agoraphobia; **~anweiser** der; ~s, ~: usher; **~anweiserin** die; ~, ~nen usherette

Plätzchen ['plɛtsçən] das; ~s, ~ a) little place or spot; (kleiner Raum) little space; b) (Keks) biscuit (Brit.); cookie (Amer.); (Schokoladen~) [chocolate] pastille

platzen itr. V.; mit sein a) burst; (explodieren) explode; **dem Boxer war eine Augenbraue geplatzt** one of the boxer's eyebrows had split open; **vor Wut/Spannung** (Dat.) **~** (fig.) be bursting with rage/excitement; **er ist vor Lachen fast geplatzt** he nearly died with laughter; s. auch **Neid**; b) (ugs.: scheitern) fall through; **geplatzt sein** (concert, meeting, performance, holiday, engagement) be off; **der Wechsel ist geplatzt** the bill has bounced (coll.); **~ lassen** put the kibosh on sth. (sl.); **der Betrug platzte** (ugs.) the plot collapsed; **einen Spionagering/eine Bande ~ lassen** bust a spy ring/a gang (coll.); c) (ugs.: hinein~) **in eine Versammlung ~**: burst into a meeting

platz, Platz-: ~hirsch der a) (Jägerspr.) dominant stag; (fig. ugs. beherrschende Figur) boss-type (coll.); **er ist hier der ~hirsch**

he's the big noise around here (sl.); **~karte** die reserved-seat ticket; **sich** (Dat.) **eine ~karte bestellen** reserve a seat; **~konzert** das open-air concert (by a military or brass band); **~miete** a) (auf Märkten, Messen usw.) pitch rent; b) (Theater) [cost of a] season ticket (for a particular seat); c) (Sport) ground hire charge; (Tennis) court hire charge; court fees pl.; **~patrone** die blank [cartridge]; **~raubend** Adj. wasting space postpos., not pred.; bulky; **~raubend sein** take up a lot of space; **~regen** der downpour; cloudburst; **~sparend 1.** Adj. space-saving; **möglichst ~sparend** saving as much space as possible postpos., not pred.; **2.** adv. economically; in a space-saving manner; **~verweis** der (Sport) sending-off; **einen ~verweis gegen jmdn. aussprechen** send sb. off the field; **~vor·teil** der; o. Pl. (Sport) home advantage; **~wart** der (Sport) groundsman; **~wunde** die lacerated wound

Plauderei die; ~, ~en chat

Plauderer der; ~s, ~, **Plauderin** die; ~, ~nen talker; conversationalist

plaudern ['plaudɐn] itr. V. a) chat (über + Akk., von about); **nett ~**: have a nice chat; b) (ugs. aus~) let on (sl.); **er plaudert he** doesn't keep his mouth shut (sl.)

Plauder·ton der conversational or chatty tone; **im ~**: in a conversational tone

Plausch [plauʃ] der; ~[e]s, ~e (bes. südd., österr.) cosy chat

plauschen itr. V. (bes. südd., österr.) chat; **miteinander ~**: have a chat

plausibel [plau'zi:bl] **1.** Adj. plausible; **jmdm. etw. ~ machen** make sth. seem convincing to sb. **2.** adv. plausibly

Plauze ['plautsə] die; ~, ~n (salopp, bes. ostmd.) a) (Lunge) lung; b) (Bauch) belly; **auf der ~ liegen** (fig.) be laid up

Play·back ['pleɪbæk] das; ~s, ~s (Tontechnik) a) (Aufnahme) pre-recorded version; recording; (Begleitung) [pre-recorded] backing; b) (Verfahren) (beim Fernsehen) miming to a recording; (bei Schallplatten) double-tracking

Play·boy ['pleɪbɔɪ] der playboy

Plazenta [pla'tsɛnta] die; ~, ~s od. Plazenten (Med.) placenta

Plazet [pla'tsɛt] das; ~s, ~s (geh.) approval

plazieren [pla'tsi:rən] **1.** tr. V. a) place; position (loudspeakers); **Polizisten an den Ausgängen ~**: post policemen by the exits; b) (Sport: gezielt werfen, schlagen usw.) place (shot, ball); (Boxen, Fechten) land (blow, hit); **ein plazierter Schuß** a well-aimed shot; c) (Wirtsch.: unterbringen, anlegen) place (money). **2.** refl. V. a) (sich setzen) place or seat oneself (auf + Akk. od. Dat. on; (sich stellen) take up position (an + Akk. od. Dat. at, by); b) (Sport) be placed; **er konnte sich nicht ~**: he was unplaced

Plazierung die; ~, ~en a) (das Plazieren) placing; (auf Sitzplätze) seating; (das Aufstellen) positioning; (von Polizisten usw.) posting; b) (Sport) placing; place; **eine gute ~/gute ~en erreichen** be well placed

Plebejer [ple'be:jɐ] der; ~s, ~ (hist.) plebeian; b) (abwertend) common type

plebejisch 1. Adj. a) (hist.) plebeian; b) (abwertend) common. **2.** adv. (abwertend) in a common manner

Plebiszit [plebɪs'tsi:t] das; ~[e]s, ~e plebiscite

plebiszitär [plebɪstsi'tɛ:ɐ̯] **1.** Adj. plebiscitary; (decision, legislation, election) by plebiscite. **2.** adv. by plebiscite

¹Plebs [plɛps] die; ~ (hist.) plebs pl. (of ancient Rome)

²Plebs der; ~es od. österr. die; ~ (abwertend) der ~: common herd; the masses pl.

pleite ['plaɪtə] (ugs.) **~ sein** (person: be broke (coll.); (company) have gone bust (coll.); **~ gehen** go bust (coll.)

Pleite die; ~, ~n (ugs.) a) (Bankrott) bankruptcy no def. art.; (Firma) be faced with bankruptcy; **~ machen** go bust (coll.); b) (Mißerfolg) flop (sl.); wash-out (sl.)

Pleite·geier der (ugs.) spectre of bankruptcy; **den ~ vertreiben** chase the wolf from the door

Plejaden [ple'ja:dn] Pl. (Astron.) Pleiades

Plektron ['plɛktrɔn], **Plektrum** ['plɛktrʊm] das; ~s, Plektren plectrum

plempern ['plɛmpɐn] (ugs.) **1.** tr. V. sprinkle; spatter. **2.** itr. V. potter

plemplem [plɛm'plɛm] in **~ sein** (ugs.) be nuts (sl.) or cuckoo (sl.); **ich bin doch nicht ~**: I'm not crazy

Plenar- [ple'na:ɐ̯-]: **~saal** der plenary chamber; **~sitzung** die plenary session

Plenum ['ple:nʊm] das; ~s, ~s (Versammlung) plenary meeting; (Sitzung) plenary session

Pleonasmus [pleo'nasmʊs] der; ~, Pleonasmen (Stilk.) pleonasm

pleonastisch [pleo'nastɪʃ] (Stilk.) **1.** Adj. pleonastic. **2.** adv. pleonastically

Pleuel·stange ['plɔyəl-] die (Technik) connecting-rod

Plexi·glas Ⓦⓩ ['plɛksigla:s] das; o. Pl. ≈ Perspex (P)

plieren ['pli:rən] itr. V. (nordd.) squint

plinkern ['plɪŋkɐn] itr. V. blink

Plissee [pli'se:] das; ~s, ~s a) (Falten) accordion pleats pl.; b) (Stoff) accordion-pleated material

Plissee·rock der accordion-pleated skirt

plissieren tr. V. pleat

PLO [pe:ɛl'o:] die; ~ Abk. Palästinensische Befreiungsorganisation PLO

Plombe ['plɔmbə] die; ~, ~n a) (Siegel) [lead] seal; b) (veralt.: Zahnfüllung) filling

plombieren tr. V. a) (versiegeln) seal; b) (veralt.) fill (tooth)

Plombierung die; ~, ~en a) (Versiegelung) sealing; b) (veralt.: das Füllen) filling

Plörre ['plœrə] die; ~, ~n (nordd. abwertend) dish-water (coll.)

Plot [plɔt] der; ~s, ~s (Literaturw.) plot

plötzlich ['plœtslɪç] **1.** Adj. sudden. **2.** adv. suddenly; **~ aufregen** rise up abruptly; **..., aber etwas ~. ein bißchen ~** (salopp) ..., and jump to it; ..., and make it snappy (coll.)

Plötzlichkeit die; ~: suddenness

Pluder·hose ['plu:dɐ-] die pantaloons pl.; (orientalischer Art) Turkish trousers pl.; (hist.) slops pl.

Plumeau [ply'mo:] das; ~s, ~s duvet

plump [plʊmp] **1.** Adj. a) (dick) plump; podgy; massive (stone, lump); (unförmig) ungainly; clumsy (shape); (rundlich) bulbous; b) (schwerfällig) awkward; clumsy (movements, style); c) (abwertend: dreist) crude; blatant (lie, deception, trick); (leicht durchschaubar) blatantly obvious; (unbeholfen) clumsy (excuse, advances); crude (joke, forgery); **~ Vertraulichkeit** embarrassing over-familiarity. **2.** adv. a) (schwerfällig) clumsily; awkwardly; b) (abwertend: dreist) in a blatantly obvious manner; **~ gefälscht** crudely or clumsily forged

Plumpheit die; ~, ~en a) o. Pl. (Dicke) plumpness; podginess; (Unförmigkeit) ungainliness; clumsiness; (Rundlichkeit) bulbousness; b) o. Pl. (Schwerfälligkeit) clumsiness; awkwardness; (eines dicken Menschen) ponderousness; c) o. Pl. (abwertend: Dreistigkeit) blatant nature; (primitiver Art) crudity; clumsiness

plumps Interj. bump; thud; (ins Wasser) splash; **~ machen** go bump

Plumps der; ~es, ~e (ugs.) bump; thud; (ins Wasser) splash

plumpsen a) itr. V. fall with a bump; thud; (ins Wasser) splash; b) unpers. **es plumpste** there was a thud or bump; (ins Wasser) there was a splash

Plumps·klo[sett] das (ugs.) earth-closet
plump-vertraulich 1. Adj. over-familiar; (bei Männern) hail-fellow-well-met. 2. adv. with excessive familiarity
Plunder ['plʊndɐ] der; ~s (ugs. abwertend) junk; rubbish
Plünderei die; ~, ~en s. Plünderung
Plünderer der; ~s, ~: looter
plündern ['plʏndɐn] itr., tr. V. a) loot; plunder, pillage ⟨town⟩; b) (scherzh.: [fast] leeren) raid ⟨larder, fridge, account⟩; ⟨bird, animal⟩ strip ⟨tree, border⟩
Plünderung die; ~, ~en looting; (einer Stadt) plundering; ~en cases of looting/plundering
Plünnen Pl. (bes. nordd. ugs.: Kleider) gear sing. (coll.)
Plural ['plu:ra:l] der; ~s, ~e a) o. Pl. plural; Atlanten ist [der] ~ von od. zu Atlas 'Atlanten' is the plural of 'Atlas'; b) (Wort) word in the plural; plural form; **im ~ stehen** be [in the] plural
Pluraletantum [plurale'tantʊm] das; ~s, **Pluraliatantum** [pluralia'tantʊm] plural-only noun
pluralisch (Sprachw.) 1. Adj. plural ⟨form, ending⟩; ⟨word, clause⟩ in the plural. 2. adv. in the plural
Pluralismus der; ~: pluralism
pluralistisch 1. Adj. pluralistic. 2. adv. pluralistically; along pluralistic lines
plus [plʊs] 1. Konj. (Math.) plus. 2. Adv. a) (bes. Math.) plus; b) (Elektrot.) positive. 3. Präp. mit Dat. (Kaufmannsspr.) plus
Plus das; ~ a) (Überschuß) surplus; (auf einem Konto) credit balance; ~ machen make a profit; **im ~ sein** be in credit; b) (Vorteil) advantage; [extra] asset; **das ist ein ~ für dich** it's a point in your favour
Plüsch [ply:ʃ] der; ~[e]s, ~e plush
Plüsch-: ~**sessel** der plush chair; ~**sofa** das plush sofa; ~**tier** das cuddly toy
Plus-: ~**pol** der (Physik) positive pole; (einer Batterie) positive terminal; ~**punkt der a)** [plus] point; b) s. Plus b
Plusquam·perfekt ['plʊskvamperfɛkt] das pluperfect [tense]
plustern ['plu:stɐn] 1. tr. V. ruffle [up] ⟨feathers⟩. 2. refl. V. ⟨bird⟩ ruffle [up] its feathers
Plus·zeichen das plus sign
¹**Pluto** ['plu:to] der; ~ (Astron.), ²**Pluto** (der) (Myth.) Pluto
Plutokrat [pluto'kra:t] der; ~en, ~en (geh. abwertend) plutocrat
Plutokratie [plutokra'ti:] die; ~, ~n (geh. abwertend) plutocracy
Plutonium [plu'to:niʊm] das; ~s (Physik) plutonium
PLZ Abk. Postleitzahl
Pneu [pnɔy] der; ~s, ~s (bes. österr., schweiz.) tyre
¹**Pneumatik** [pnɔy'ma:tɪk] die; ~, ~en a) o. Pl. pneumatics sing., no art.; b) (Anlage) pneumatic system
²**Pneumatik** der; ~s, ~s, (österr.:) die; ~, ~en (österr., schweiz., veralt.) tyre
pneumatisch (Technik) 1. Adj. pneumatic. 2. adv. pneumatically
Po [po:] der; ~s, ~s (ugs.) bottom
Pöbel [pø:bl] der; ~s (abwertend) rabble
pöbelhaft (abwertend) 1. Adj. loutish; uncouth. 2. adv. in a loutish manner
Pöbel·herrschaft die mob rule
pöbeln itr. V. make rude or coarse remarks
pochen ['pɔxn̩] itr. V. a) (meist geh.: klopfen) knock ⟨gegen at, on⟩; (kräftig) rap; thump; **an die Tür ~:** knock at or on the door; **es pocht** somebody is knocking at or on the door; b) (geh.: sich berufen) **auf etw.** (Akk.) **~:** insist on sth.; c) (geh.: pulsieren) ⟨heart⟩ pound, thump; ⟨blood⟩ pound, throb
pochieren [pɔ'ʃi:rən] tr. V. (Kochk.) poach
Pocke ['pɔkə] die; ~, ~n pock

Pocken Pl. smallpox sing.
pocken-, Pocken-: ~**narbe** die pockmark; ~**narbig** Adj. pock-marked; ~**schutz·impfung** die smallpox vaccination
pockig Adj. pock-marked ⟨face, surface⟩; pimpled ⟨leather⟩
Podest [po'dɛst] das od. der; ~[e]s, ~e a) rostrum; b) (bes. nordd.: Treppenabsatz) landing
Podex der; ~[es], ~e (fam.) bottom; behind
Podium ['po:diʊm] das; ~s, **Podien a)** (Plattform) platform; (Bühne) stage; b) (trittartige Erhöhung) rostrum; podium
Podiums·diskussion die, **Podiums·gespräch** das panel discussion
Po·ebene die; o. Pl. (Geogr.) plain of the River Po
Poem [po'e:m] das; ~s, ~e (veralt.) poem
Poesie [poe'zi:] die; ~, ~n a) o. Pl. poetry; **ein Abend voller ~:** an evening full of magic; b) (Gedicht) poem
Poesie·album das autograph album (with verses or sayings contributed by friends)
Poet [po'e:t] der; ~en, ~e (veralt.) poet; bard (literary)
Poetik [po'e:tɪk] die; ~, ~en a) poetics sing.; b) (Lehrbuch) treatise on poetry
poetisch 1. Adj. poetic[al]. 2. adv. poetically
pofen ['po:fn̩] itr. V. (nordd. salopp) kip (Brit. sl.); snooze (coll.)
Pogrom [po'gro:m] das od. der; ~s, ~e pogrom
Pogrom-: ~**hetze** die hate campaign (leading up to a pogrom); ~**stimmung die** bloodthirsty mood
Pointe ['poɛ̃:tə] die; ~, ~n (eines Witzes) punch line; (einer Geschichte) point; (eines Sketches) curtain line; **die ~ verderben** spoil the effect of the story/joke; **eine überraschende ~:** a surprising twist
pointiert [poɛ̃'ti:ɐt] 1. Adj. pointed ⟨remark⟩. 2. adv. pointedly
Pokal [po'ka:l] der; ~s, ~e a) (Trinkgefäß) goblet; b) (Siegestrophäe, ~wettbewerb) cup
Pokal-: ~**sieger** der (Sport) cup-winners pl.; ~**spiel das** (Sport) cup-tie; ~**wettbewerb der** (Sport) cup competition
Pökel-: ~**fleisch** das salt meat; ~**hering** der salt herring
pökeln ['pø:kln̩] tr. V. salt
Poker ['po:kɐ] das od. der; ~s poker; (fig.) manoeuvrings pl.
Poker-: ~**gesicht** das poker-face; **ein ~gesicht machen** put on a poker-faced expression; ~**miene** die poker-faced expression
pokern itr. V. a) (Poker spielen) play poker; b) (fig.) **um etw. ~:** bid for sth.
Pol [po:l] der; ~s, ~e pole; **der ruhende ~** (fig.) the calming influence
Polack [pɔ'lak] der; ~en, ~en, **Polacke** der; ~n, ~n (ugs. abwertend) [dirty (derog.)] Pole
polar [po'la:ɐ] Adj. a) polar; b) (gegensätzlich) diametrically opposed; ~**e Gegensätze** complete or polar opposites
Polar-: ~**eis** das polar ice; ~**expedition die** polar expedition; ~**front** die (Met.) polar front; ~**fuchs** der Arctic fox
Polarisation [polariza'tsio:n] die; ~, ~en polarization
polarisieren 1. tr. V. (Chemie, Physik) polarize. 2. refl. V. (in Gegensätzen hervortreten) become polarized
Polarisierung die; ~, ~en (auch Chemie, Physik) polarization
Polarität die; ~, ~en (auch Geogr., Astron., Physik) polarity
Polar-: ~**kreis** der polar circle; **nördlicher/südlicher ~kreis** Arctic/Antarctic Circle; ~**licht** das; Pl. ~**lichter** aurora; polar lights pl.
Polaroid·kamera (W) [polaro'i:t-] **die** Polaroid camera (P)

Polar-: ~**station** die polar [research] station; ~**stern der** polar star; pole-star; ~**zone** die frigid zone; polar region
Polder der; ~s, ~: polder
Pole der; ~n, ~n Pole
Polemik [po'le:mɪk] die; ~, ~en polemic; **ein Pamphlet voller ~:** a pamphlet full of polemics
polemisch 1. Adj. polemic[al]. 2. adv. polemically
polemisieren itr. V. polemize
polen tr. V. (Physik, Elektrot.) connect; **auf diesem Sektor sind Paris und Bonn nicht gleich gepolt** (fig.) in this area Paris and Bonn hold different views
Polen (das); ~s Poland; **nicht ~ nicht verloren** (fig.) all is not [yet] lost; **da/dann ist ~ offen** (fig.) all hell is/will be let loose
Polente [po'lɛntə] die; ~ (salopp) cops pl. (coll.)
Police [po'li:sə] die; ~, ~n (Versicherungsw.) policy
Polier [po'li:ɐ] der; ~s, ~e [site] foreman
polieren tr. V. polish; (fig.) polish up; **jmdm. die Fresse ~** (derb) smash sb.'s face in
Polier-: ~**mittel** das polish; ~**tuch** das; Pl. ~**tücher** polishing-cloth
-polig ['po:lɪç] adj. **ein~/drei~/mehr~:** single-/three-/multi-pin
Poli·klinik die out-patients' department or clinic
Polin die; ~, ~nen Pole; s. auch -in
Polio ['po:lio] die; ~ polio
Polit- political; ~**blatt** politically oriented publication
Polit·büro das politburo
Politesse [poli'tɛsə] die; ~, ~n [woman] traffic warden
Politik [poli'ti:k] die; ~, ~en a) o. Pl. politics sing., no art.; **eine gemeinsame/neue ~:** a common/new policy; b) (eine spezielle ~) policy; **eine ~ der kleinen Schritte** a gradualist policy; c) (Taktik) tactics pl.
-politik die ... policy; **die unterschiedliche Schul~ der einzelnen Länder** the different education policies of the different States
Politika s. Politikum
Politiker [po'li:tikɐ] der; ~s, ~, **Politikerin** die; ~, ~nen politician
Politikum [po'li:tikʊm] das; ~s, **Politika** political issue; (Ereignis) political event
Politik·wissenschaft die political science no art.
politisch 1. Adj. a) political; b) (klug u. berechnend) politic. 2. adv. a) politically; b) (klug u. berechnend) judiciously
-politisch adj., adv. concerning ... policy
Politische der/die; adj. Dekl. (ugs.) political prisoner
politisieren 1. itr. V. talk politics; politicize; **es wurde viel politisiert** there was a great deal of political discussion. 2. tr. V. a) (politisch aktivieren) make politically active; b) (politisch behandeln) politicize
Politisierung die; ~, ~en politicization
Politologe [polito'lo:gə] der; ~n, ~n political scientist
Politologie die; ~: political science no art.
Politologin die; ~, ~nen political scientist
politologisch Adj. ⟨analysis⟩ in terms of political science; (sense) of political science; ~**es Studium** political studies pl.
Politur [poli'tu:ɐ] die; ~, ~en polish
Polizei [poli'tsai] die; ~, ~en a) police pl.; **er ist od. arbeitet bei der ~:** he is in the police force; b) (Dienststelle) police station
Polizei-: ~**apparat** der police force; ~**aufgebot** das police contingent; **trotz überdurchschnittlichen ~aufgebots** despite the larger than average police presence; ~**auto** das police car; ~**beamte der** police officer; ~**behörde die** police authority; ~**chef** der chief of police; chief constable (Brit.); ~**direktion** die police authority;

Polizeieinsatz | **Porzellanerde**

~ein·satz der police operation; ~eskorte die police escort; ~funk der police radio; ~gewahrsam der [police] custody; ~gewalt die a) (Machtbefugnis) police powers pl.; b) o. Pl. (ausgeübte Gewalt) use of force by the police; ~gewerkschaft die police trade union; ~griff der [police] arm hold or lock; er wurde im ~griff abgeführt he was frog-marched away; ~haupt·wacht·meister der ≈ [police] superintendent; ~hund der police dog; ~knüppel der (policeman's) truncheon; ~kommissar, (südd., österr., schweiz.:) ~kommissär der ≈ [police] superintendent; ~kontrolle die police check; (Kontrollpunkt) police check-point; ~kräfte Pl. police pl.
polizeilich 1. Adj., nicht präd. police; ~e Meldepflicht obligation to register with the police. 2. adv. by the police; ~ verboten prohibited by order of the police
polizei-, Polizei-: ~methoden Pl. (abwertend) das sind ja ~methoden! that is sheer brutality sing.; ~präsident der chief of police; chief constable (Brit.); ~präsidium das police headquarters sing. or pl.; ~revier das a) (~dienststelle) police station; sich auf dem ~revier melden report to the police; b) (Bezirk) police district; ~schutz der police protection; ~sirene die [police-car] siren; ~spitzel der police informer; ~staat der police state; ~streife die police patrol; ~stunde die closing time; die ~stunde verlängern extend the opening hours pl.; die ~stunde aufheben waive the restrictions on opening hours pl.; ~verordnung die police regulation; ~wache die police station; ~widrig 1. Adj. against police regulations postpos.: illegal; 2. adv. against police regulations; illegally
Polizist [poli'tsɪst] der; ~en, ~en policeman
Polizistin die; ~, ~nen policewoman
Polka ['pɔlka] die; ~, ~s polka
Pollen ['pɔlən] der; ~s, ~ (Bot.) pollen
Poller der; ~s, ~: bollard
Pollution [pɔlu'tsi̯oːn] die; ~, ~en (Med.) [nocturnal] emission
polnisch ['pɔlnɪʃ] Adj. Polish; eine ~e Wirtschaft (ugs. abwertend) a shambles; s. auch deutsch; Deutsch; ²Deutsche
Polo [po'loː] das; ~s polo
Polo·hemd das short-sleeved shirt
Polonaise, Polonäse [polo'nɛːzə] die; ~, ~n polonaise
Polster ['pɔlstɐ] das od. (österr.) der; ~s, ~ od. (österr.) **Pölster** ['pœlstɐ] **a)** (Polsterung) upholstery no pl., no indef. art.; b) (Schulter~) [shoulder-]pad; c) (Rücklage) reserves pl.; d) (Bot.) cushion; e) (österr.: Kissen) cushion; (Kopfkissen) pillow
Pölsterchen das; ~s, ~: bulge of fat
Polsterer der; ~s, ~: upholsterer
Polster-: ~garnitur die suite; ~möbel Pl. upholstered furniture sing.
polstern tr. V. a) upholster (furniture); pad (door); sie ist gut gepolstert (fig. ugs. scherzh.) she is well-upholstered (joc.); finanziell gut gepolstert sein (fig. ugs. scherzh.) be comfortably off
Polster-: ~sessel der [upholstered] armchair; easy chair; ~stuhl der upholstered chair; ~tür die padded door
Polsterung die; ~, ~en a) (Polster) upholstery no pl.; no indef. art.; b) (das Polstern) upholstering
Polter·abend der party on the eve of a wedding (at which crockery is smashed to bring good luck)
Polter·geist der poltergeist
poltern ['pɔltɐn] 1. itr. V. a) (lärmen) crash or thump about; es poltert there is a bang or crash; ein ~der Lärm a din or racket; b) mit sein (sich laut bewegen) der Karren polterte über das Pflaster the cart clattered over the cobble-stones; er kam ins Zimmer gepoltert he came clumping into the room; c) (schimpfen) rant [and rave]; d) (ugs.: Polterabend feiern) hold a Polterabend. 2. tr. V. „Ruhe!" polterte er 'Be quiet!' he bawled
poly-, Poly-: poly-] poly-
poly-, Poly-: ~eder [~'|eːdɐ] das; ~s, ~ (Geom.) polyhedron; ~ester [~'|ɛstɐ] der; ~s, ~ (Chemie) polyester; ~gam [~'gaːm] 1. Adj. polygamous; 2. adv. polygamously; ~gamie [~ga'miː] die; ~: polygamy; ~glott [~'glɔt] Adj. polyglot
Polynesien [poly'neːzi̯ən] (das); ~s Polynesia
polynesisch Adj. Polynesian
Polyp [po'lyːp] der; ~en, ~en a) (Zool., Med.) polyp; b) (sg. salopp: Polizist) cop (sl.); copper (Brit. sl.); c) (veralt.: Krake) octopus
poly-, Poly-: ~phonie [~fo'niː] die; ~ (Musik) polyphony; ~technik die; o. Pl. (DDR), ~technikum das polytechnic; ~technisch 1. Adj. polytechnic; 2. adv. er war ~technisch ausgebildet he had a polytechnic training
Pomade [po'maːdə] die; ~, ~n pomade; hair-cream
pomadig 1. Adj. a) pomaded; greased down; (fig.) over-slick; b) (bes. nordd.: blasiert) blasé; c) (ugs.: langsam) sluggish 2. adv. a) (bes. nordd.: blasiert) in a blasé way; b) (ugs.: langsam) sluggishly
Pomeranze [poma'rantsə] die; ~, ~n Seville or sour or bitter orange
Pommer der; ~n, ~n Pomeranian
Pommern (das); ~s Pomerania
Pommes frites [pɔm'frit] Pl. chips pl. (Brit.); French fries pl. (Amer.)
Pomp [pɔmp] der; ~[e]s pomp
Pompeji [pɔm'peːji] (das); ~s Pompeii
pomphaft, pompös [pɔm'pøːs] 1. Adj. grandiose; ostentatious. 2. adv. grandiosely; ostentatiously
Poncho ['pɔntʃo] der; ~s, ~s poncho
Pond [pɔnt] das; ~s, ~ (Physik) gram-force
Pontifikal- [pɔntifi'kaːl-]: ~amt das, ~messe die (kath. Kirche) Pontifical Mass
Pontifikat [pɔntifi'kaːt] das od. der; ~[e]s, ~e (kath. Kirche) pontificate
Pontius ['pɔntsi̯ʊs] in von ~ zu Pilatus laufen (ugs.) rush from pillar to post
Ponton [põ'tõː] der; ~s, ~s pontoon
¹Pony ['pɔni] das; ~s, ~s pony
²Pony der; ~s, ~s (Frisur) fringe
Pony·frisur die [hair-style with a] fringe
Pool [puːl] der; ~s, ~s (Wirtsch.) pool
Pool·billard das pool
Pop [pɔp] der; ~[s] pop
Popanz der; ~es, ~e a) (abwertend) bogey; bugbear; (willenloser Mensch) puppet; b) (veralt.: Schreckgestalt) scarecrow
Pop-art ['pɔplaːɐt] die; ~: pop art
Popcorn ['pɔpkɔrn] das; ~s popcorn
Pope der; ~n, ~n (abwertend) cleric
Popel ['pɔpl̩] der; ~s, ~ (ugs.) a) bogy (sl.); b) (abwertend: Mensch) nobody
popelig (ugs. abwertend) 1. Adj. crummy (coll.); lousy (sl.); (durchschnittlich) second-rate. 2. adv. crummily (sl.)
Popelin [popə'liːn] der; ~s, ~e, **Popeline** der; ~s, ~ od. die; ~, ~: poplin
Popeline·mantel der poplin coat
popeln itr. V. (ugs.) [in der Nase] ~: pick one's nose
Pop-: ~farbe die brilliant colour; ~festival das pop festival; ~gruppe die pop group; ~konzert das pop concert
poplig s. popelig
Pop·musik die pop music
Popo [po'poː] der; ~s, ~s (fam.) bottom
Popo·scheitel der (ugs. scherzh.) straight middle or centre parting
Popper ['pɔpɐ] der; ~s, ~: fashion-conscious, apolitical young person
poppig ['pɔpɪç] 1. Adj. trendy. 2. adv. trendily

Pop·star der pop star
populär [popu'lɛːɐ] 1. Adj. popular (bei with); in ~em Deutsch in German which is comprehensible to the layman. 2. adv. popularly; etw. ~ ausdrücken express sth. in layman's language
popularisieren tr. V. popularize
Popularisierung die; ~, ~en popularization
Popularität die; ~: popularity
populär·wissenschaftlich 1. Adj. popular science attrib.; zu ~ sein be too much on the popular-science level. 2. adv. in a popular scientific way
Population die; ~, ~en population
Populismus der; ~: populism no art.
Populist der; ~en, ~en populist
Pore ['poːrə] die; ~, ~n pore
poren·tief (Werbespr.) 1. Adj. deep-down. 2. adv. pore-deep
porig Adj. porous
Porno ['pɔrno] der; ~s, ~s (ugs.) a) (~graphie) porn[o] (coll.); b) (~film, ~heft usw.) porn[o] film/magazine etc.
porno-, Porno-: ~film der (ugs.) porn[o] film (coll.); ~graphie [~-'fiː] die; ~ pornography; ~graphisch [~'--] 1. Adj. pornographic; 2. adv. pornographically
porös [po'røːs] Adj. porous
Porosität [porozi'tɛːt] die; ~: porousness
Porphyr ['pɔrfyːɐ] der; ~, ~e [pɔr'fyːrə] (Geol.) porphyry
Porree ['pɔre] der; ~s, ~s leek; ich mag ~: I like leeks
Portal [pɔr'taːl] das; ~s, ~e portal
Portefeuille [pɔrt(ə)'fœːj] das; ~s, ~s (geh. veralt.) wallet
Portemonnaie [pɔrtmɔ'neː] das; ~s, ~s purse
Porti Pl. s. Porto
Portier [pɔr'ti̯eː] der; ~s, ~s, österr.: [pɔr'tiːɐ] der; ~s, ~e 1. (Pförtner) porter. 2. (veralt.: Hausmeister) caretaker; stiller ~ (bes. berlin.) list of tenants' names
portieren tr. V. (schweiz.) put up; nominate
Portier[s]·loge die porter's lodge
Portiers·frau die a) (woman) porter; b) (Frau des Portiers) porter's wife
Portion [pɔr'tsi̯oːn] die; ~, ~en (beim Essen) portion; helping; eine halbe ~ (fig. ugs. spött.) a feeble little titch (coll.); eine ~ Eis one ice-cream; eine zweite ~: a second helping; b) (ugs.: Anteil) amount; eine große ~ Geduld a fair amount of patience
portionieren tr. V. divide into portions
portions·weise Adv. in portions
Porto ['pɔrto] das; ~s od. **Porti** postage (für on, for); „~ zahlt Empfänger" 'postage will be paid by licensee'
porto-, Porto-: ~frei Adj. post-free; ~kasse die (Wirtsch.) cash-box (for postal expenses); ~pflichtig Adj. liable or subject to postage postpos.
Portrait, Porträt [pɔr'trɛː] das; ~s, ~s portrait; jmdm. ~ sitzen sit for sb. [for a portrait]
Porträt·aufnahme die portrait [photograph]
porträtieren [pɔrtrɛ'tiːrən] tr. V. paint a portrait of/take a portrait [photograph] of; (fig.) portray
Porträtist der; ~en, ~en portrait-painter/-photographer; portraitist
Portugal ['pɔrtugal] (das); ~s Portugal
Portugiese [pɔrtu'giːzə] der; ~n, ~n, **Portugiesin** die; ~, ~nen Portuguese; s. auch -in
portugiesisch Adj. Portuguese; s. auch deutsch; Deutsch; ²Deutsche
Portwein ['pɔrtvain] der port
Porzellan [pɔrtsɛ'laːn] das; ~s, ~e a) o. Pl. porcelain; china; ~ zerschlagen (fig. ugs.) cause a lot of harm or trouble; b) (Gegenstand aus ~) piece of porcelain or china
Porzellan-: ~erde die china clay; kaolin;

1381

~**geschirr** das china [crockery]; ~**laden** der china shop; s. auch **Elefant**
pos. *Abk.* **positiv** pos.
Posaune [po'zaunə] die; ~, ~n trombone
posaunen 1. *itr. V. (musizieren)* play the trombone. 2. *tr. V. (ugs. abwertend)* **a)** *(hinaus~)* etw. in die od. alle Welt ~: tell the whole world about sth.; **b)** *(laut sprechen)* bellow; bawl
Posaunen-: ~**chor** der brass ensemble; ~**engel** der **a)** *(Kunst)* angel with a trumpet; **b)** *(ugs. scherzh.)* chubby-cheeks *sing.*
Posaunist der; ~en, ~en trombonist
Pose ['po:zə] die; ~, ~n pose
Posemuckel [po:zə'mʊkl] o. *Art.;* ~s *(salopp abwertend)* the back of beyond
posieren *itr. V.* pose
Position [pozi'tsio:n] die; ~, ~en **a)** position; **in gesicherter ~ sein** have a secure position; **b)** *(Wirtsch.: einzelner Posten)* item
Positions-: ~**lampe** die, ~**licht** das *(Seew., Flugw.)* navigation light; ~**wechsel** der change of position or attitude
positiv ['po:ziti:f] 1. *Adj.* positive; ~**e Zahlen** *(Math.)* positive or plus numbers; **ist es schon ...?** 2. *(ugs.)* is it definite or certain that ...? 2. *adv.* positively; **einen Antrag ~ bescheiden** accept an application; **einer Sache** *(Dat.)* **~ gegenüberstehen** take a positive view of a matter; **etw. ~ beeinflussen** have a positive influence on sth.; **etw. ~ bewerten** judge sth. favourably; **der Test verlief ~:** the test proved successful; **ich weiß das ~** *(ugs.)* I know that for certain or for sure; **sich ~ verändern** change for the better
¹**Positiv** der; ~s, ~e *(Sprachw.)* positive
²**Positiv** das; ~s, ~e **a)** *(Fot.)* positive; **b)** *(kleine Orgel)* positive organ
Positiva s. **Positivum**
Positivismus der; ~: positivism *no art.*
positivistisch *Adj.* positivist[ic]
Positivum ['po:ziti:vʊm] das; ~s, **Positiva** *(geh.)* positive aspect
Positron ['po:zitrɔn] das; ~s, **-tronen** *(Physik)* positron
Positur [pozi'tu:ɐ] die; ~, ~en **a)** pose; posture; **sich in ~ setzen** od. **stellen** od. **werfen** *(ugs. leicht spött.)* strike a pose; take up a posture; **b)** *(Sport)* stance; **in ~ gehen/sein** take up/have taken up one's stance
Posse ['pɔsə] die; ~, ~n farce
Possen der; ~s, ~ *(veralt.)* **a)** *Pl.* pranks; tricks; **~ reißen** play tricks; **b)** jmdm. einen **~ spielen** play a prank or trick on sb.
Possen·reißer der clown; buffoon
possessiv ['pɔsɛsi:f] *Adj. (Sprachw.)* possessive
Possessiv das; ~s, ~e, **Possessiv·pronomen** das, **Possessivum** [pɔsɛ'si:vʊm] das; ~s, **Possessiva** *(Sprachw.)* possessive pronoun
possierlich [pɔ'si:ɐlɪç] 1. *Adj.* sweet; cute *(Amer.).* 2. *adv.* sweetly; cutely *(Amer.)*
Post [pɔst] die; ~, ~en **a)** *no pl. (Brit.);* mail; **er ist** od. **arbeitet bei der ~:** he works for the Post Office; **etw. mit der** od. **per ~ schicken** send sth. by post or mail; **ist ~ für mich da?** is there any post or mail for me?; **sonntags kommt** od. **gibt es keine ~:** there is no post or delivery on Sundays; **mit gleicher ~:** by the same post; **mit getrennter ~:** under separate cover; **auf [die] ~ warten** wait for [the] post; s. *auch* **ab 2 b; b)** *(~amt)* post office; **auf die** od. **zur ~ gehen** go to the post office; **c)** *(veralt.: ~kutsche)* mail[-coach]; **d)** *(~bus)* post[-office] bus; **e)** *(veralt.: Botschaft)* news *sing.*
Post·abholer der caller *(for mail)*
postalisch [pɔs'ta:lɪʃ] *Adj.; nicht präd.* postal; **auf ~em Wege** by post
Postament [pɔsta'mɛnt] das; ~[e]s, ~e pedestal
Post-: ~**amt** das post office; ~**anschrift** die postal address; ~**anweisung** die **a)** *(Geldsendung)* remittance paid in at a post

office and delivered to the addressee by a postman; **b)** *(Formular)* postal remittance form; ~**auto** das post-office or mail van; ~**beamte** der post-office official; ~**bote** der *(ugs.)* postman *(Brit.);* mailman *(Amer.);* ~**bus** der post[-office] bus
Pöstchen ['pœstçən] das; ~s, ~ *(abwertend)* little job or number *(coll.)*
Post·dienst der *o. Pl.* post office; **ein Beamter im ~:** a post-office official; **b)** *o. Pl. (die Post)* postal service; **c)** *(Service der Post)* postal service
Posten ['pɔstn̩] der; ~s, ~ **a)** *(bes. Milit.: Wach~)* post; **auf dem ~ sein** *(ugs.) (in guter körperlicher Verfassung sein)* be in good form; *(wachsam sein)* be on one's guard; **sich nicht [ganz] auf dem ~ fühlen** *(ugs.)* be a bit under the weather *(coll.);* **auf verlorenem ~ stehen** od. **kämpfen** be fighting a losing battle; **b)** *(bes. Milit.: Wachmann)* sentry; guard; **~ stehen** od. *(Soldatenspr.:)* **schieben** stand guard or sentry; **c)** *(Anstellung)* post; position; job; **d)** *(Funktion)* position; **e)** *(bes. Kaufmannsspr.: Rechnungs~)* item; **f)** *(bes. Kaufmannsspr.: Waren~)* quantity
Posten-: ~**dienst** der *(bes. Milit.)* guard duty; ~**jäger** der *(salopp)* careerist
Poster ['po:stɐ] das od. der; ~s, ~[s] poster
post-, Post-: ~**fach** das *(im ~amt)* post-office or PO box; **b)** *(im Büro, Hotel o. ä.)* pigeon-hole; ~**flugzeug** das mail plane; ~**frisch** *Adj. (Philat.)* in mint condition *postpos.;* ~**gebühr** die [postal] charge or rate; ~**geheimnis** das secrecy of the post; ~**gewerkschaft** die post-office workers' union; ~**giro·amt** das post-office giro office; ≈ national giro[bank] centre *(Brit.);* ~**giro·konto** das post-office giro account; ≈ national giro[bank] account *(Brit.);* ~**horn** das post-horn
posthum [pɔst'hu:m] s. **postum**
postieren *tr. V.* **a)** *(aufstellen)* post; station; **sich ~:** station or position oneself; **b)** *(stellen)* position
Postille [pɔs'tɪlə] die; ~, ~n *(spött. abwertend) (Zeitschrift)* mag *(coll.); (Zeitung)* rag *(derog.)*
Postillion [pɔstɪl'jo:n] der; ~s, ~e *(veralt.)* mail-coach driver
Postillon d'amour [pɔstijõda'mu:r] der; ~, ~ s *(scherzh.)* go-between
post-, Post-: ~**karte** die postcard; ~**karten·größe** die postcard size; **in ~kartengröße** postcard-sized; ~**kasten** der *(bes. nordd.)* post-box; mail box *(Amer.);* pillar box *(Brit.);* ~**kunde** der post-office user; ~**kutsche** die mail-coach; ~**lagernd** *Adj., adv. (Amtsspr.)* general delivery *(Amer.);* ~**leit·zahl** die postcode; postal code; Zip code *(Amer.);* ~**meister** der *(hist.)* postmaster; ~**minister** der Postmaster General; ~**paket** das parcel; **per ~paket** [by] parcel post; ~**sache** die *o. Pl. (Amtsspr.)* item of post-office mail; ~**schalter** der post-office counter; ~**scheck** der post-office giro cheque; ≈ national giro[bank] cheque *(Brit.);* ~**scheck·amt** das *(veralt.)* s. ~**giroamt;** ~**scheck·konto** das *(veralt.)* s. ~**girokonto;** ~**sendung** die postal item
Post·skriptum [-'skrɪptʊm] das; ~s, **Postskripta** postscript
Post-: ~**spar·buch** das post-office savings book *(Brit.);* ~**spar·kasse** die post-office savings bank *(Brit.);* ~**stelle** die **a)** *(kleines ~amt)* sub-post office; **b)** *(in einem Betrieb)* post-room; ~**stempel** der **a)** *(Gerät)* stamp [for cancelling mail]; **b)** *(Abdruck)* postmark
Postulat [pɔstu'la:t] das; ~[e]s, ~e *(Forderung)* demand; **b)** *(Gebot)* decree
postulieren *tr. V.* **a)** *(fordern)* postulate; demand; **b)** *(behaupten)* assert
postum [pɔs'tu:m] 1. *Adj.; nicht präd.* posthumous. 2. *adv.* posthumously

post-, Post-: ~**wagen** der *(Eisenb.)* mail van *(Brit.);* mail car *(Amer.);* ~**weg** der: **auf dem ~weg** by post or mail; ~**wendend** *Adv.* by return [of post]; *(fig.)* immediately; ~**wert·zeichen** das *(Amtsspr.)* postage stamp; ~**wesen** das; *o. Pl.* postal operations *pl.;* ~**wurf·sendung** die direct-mail item; ~**zug** der mail train; ~**zu·stellung** die postal delivery *no def. art.*
Pot [pɔt] das; ~s *(Drogenjargon)* pot *(sl.)*
potemkinsch [po'tɛmkɪnʃ] *Adj.;* in **Potemkinsche Dörfer** façade *sing.;* sham *sing.*
potent [po'tɛnt] *Adj.* **a)** *(zeugungsfähig)* potent; **b)** *(finanzstark)* [financially] strong; **c)** *(fähig)* capable; able
Potentat [potɛn'ta:t] der; ~en, ~en *(abwertend)* potentate
Potential [potɛn'tsja:l] das; ~s, ~e **a)** *(Mittel, Möglichkeit)* potential; **das ~ an Energie/Aggression** energy resources *pl./*aggressive capacity; **b)** *(Physik)* potential
potentiell [potɛn'tsjɛl] 1. *Adj.* potential. 2. *adv.* potentially
Potenz [po'tɛnts] die; ~, ~en *o. Pl.* potency; **b)** *(Stärke)* power; **c)** *(Math.)* power; **mit ~en rechnen** do calculations involving powers; **eine Zahl in die sechste ~ erheben** raise a number to the power [of] six; **das ist Blödsinn in [höchster] ~:** that is complete or utter nonsense; **d)** *(Med.: Grad der Verdünnung)* potency
Potenz·angst die impotence anxiety
potenzieren 1. *tr. V.* **a)** *(verstärken)* increase; **b)** *(Math.)* **mit 5 ~:** raise to the power [of] 5; **mit diesem Rechner kann man auch ~:** you can calculate or work out powers on this calculator. 2. *refl. V. (sich steigern)* increase
potenz·steigernd *Adj.* potency *attrib.;* to increase potency *postpos.*
Potpourri ['pɔtpori] das; ~s, ~s *od. österr.:* die; ~, ~s *(auch fig.)* pot-pourri, medley *(aus, von of)*
Pott [pɔt] der; ~[e]s, **Pötte** ['pœtə] *(ugs., bes. nordd.)* **a)** *(Topf)* pot; **b)** *(Nachttopf)* chamber-pot; po *(coll.);* potty *(coll.);* **zu ~[e] kommen** *(fig.)* get to the point; **c)** *(Schiff)* tub *(derog./joc.)*
pott-, Pott-: ~**asche** die potash; ~**häßlich** *(ugs.)* **a)** *Adj.* dead ugly *(coll.)* ⟨person, face⟩ [as] ugly as sin *(coll.);* ~**wal** der physeterid *(Zool.); (Spermwal)* sperm whale
potz·tausend *Interj. (veralt.)* **a)** *(überrascht)* upon my soul *(dated);* **b)** *(unwillig)* damn it [all]
poussieren [pu'si:rən] 1. *itr. V. (ugs. veralt.: flirten)* flirt. 2. *tr. V. (veralt.: umwerben)* curry favour with
power ['po:vɐ] *Adj. (veralt.)* miserable; **eine ~e Gegend** a poor area
Powidl ['pɔvɪdl] der; ~s *(österr.)* s. **Pflaumenmus**
PR *Abk.* Public Relations PR
Prä [prɛ:] das; ~s: **[das] ~ haben** have priority
Präambel [prɛ'ambl] die; ~, ~n preamble
Pracht [praxt] die; ~: splendour; magnificence; **eine [wahre] ~ sein** be [really] marvellous *or (coll.)* great; **in voller ~:** in all its/their splendour
Pracht-: ~**ausgabe** die de luxe edition; ~**bau** der; *Pl.* ~**bauten** splendid or magnificent building; ~**exemplar** das *(ugs.)* magnificent specimen; beauty
prächtig ['prɛçtɪç] 1. *Adj.* **a)** *(prunkvoll)* splendid; magnificent; **b)** *(großartig)* splendid; marvellous; **ein ~er Muskelriß** *(iron.)* a terrific example of a torn muscle *(coll.).* 2. *adv.* **a)** *(prunkvoll)* splendidly; magnificently; **b)** *(großartig)* splendidly; marvellously
pracht-, Pracht-: ~**kerl** der *(ugs.)* great chap *or (Brit. coll.)* bloke *or (sl.)* guy; **ein ~kerl [von einem Kind]** a great kid *(sl.);*

~straße die boulevard; **~stück** das (ugs.) magnificent specimen; beauty; **ein ~stück von [einem] Karpfen** a beautiful specimen of a carp; **sie/er ist ein ~stück** (Kind) she/he is a really splendid girl/boy; (Frau) she is a magnificent or splendid woman; (Mann) he is a great chap or (Brit. coll.) bloke or (sl.) guy; **~voll** Adj., adv. s. **prächtig**; **~weib** das (ugs.) magnificent or splendid woman; (gutaussehend) gorgeous female (coll.)
Prädestination [prɛdɛstina'tsi̯oːn] die; ~: predestination
prädestinieren tr. V. predestine
prädestiniert Adj. predestined; **etw. ist für ein Ziel ~**: sth. is just right for a purpose; **er ist für diese Rolle einfach ~**: he is just the man for this part
Prädikat [prɛdi'kaːt] das; ~[e]s, ~e a) (Auszeichnung) rating; **das ~ „gut"** the rating of 'good'; **Qualitätswein mit ~**: wine made from selected grapes of specified maturity; b) (Sprachw.) predicate
prädikativ [prɛdika'tiːf] (Sprachw.) 1. Adj. predicative. 2. adv. predicatively
Prädikativ das; ~s, ~e s. **Prädikatsnomen**
Prädikativ·satz der (Sprachw.) predicate or predicative clause
Prädikats·nomen das (Sprachw.) predicate nominative or complement
prä·disponieren tr. V. (Med.) predispose (für to)
Präferenz [prɛfe'rɛnts] die; ~, ~en preference
Präferenz-: **~liste** die priority list; **~stellung** die (Wirtsch.) privileged status
Präfix [prɛ'fɪks] das; ~es, ~e (Sprachw.) prefix
Prag [praːk] (das); ~s Prague
Präge die; ~, ~n mint
Präge-: **~druck** der; o. Pl. embossing; **~form** die (Münzwesen) coining die
prägen ['prɛːɡn̩] tr. V. a) emboss ⟨metal, paper, leather⟩; b) (herstellen) mint, strike ⟨coin⟩; c) (auf~) (vertieft) impress; (erhaben) emboss; d) (fig.: beeinflussen) shape; mould; **Tempo und Wagemut ~ seinen Stil** his style is characterized by speed and daring; **eine männlich geprägte Arbeitswelt** a male-oriented work environment; e) (fig.: erfinden) coin ⟨word, expression, concept⟩
Präge-: **~stempel** der (Druckw.) die; **~stock** der (Druckw.) punch
Pragmatik [pra'ɡmaːtɪk] die; ~ a) pragmatism; b) (Sprachw.) pragmatics sing., no art.
Pragmatiker der; ~s, ~: pragmatist
pragmatisch 1. Adj. pragmatic. 2. adv. pragmatically
Pragmatismus der; ~: pragmatism
prägnant [prɛ'ɡnant] 1. Adj. concise; succinct. 2. adv. concisely; succinctly
Prägnanz [prɛ'ɡnants] die; ~: conciseness, succinctness
Prägung die; ~, ~en a) (von Papier, Leder, Metall) embossing; (von Münzen) minting; striking; b) (auf Metall, Papier) (vertieft) impression; (erhaben) embossing; c) (Eigenart) character; d) (eines sprachlichen Ausdrucks) coinage; e) (geprägter Ausdruck) coinage
prä·historisch Adj. prehistoric
prahlen ['praːlən] itr. V. boast, brag (**mit** about)
Prahler der; ~s, ~: boaster; braggart
Prahlerei [...'rai̯] die; ~, ~en (abwertend) boasting; bragging; **~en** boasts
Prahlerin die; ~, ~nen boaster; braggart
Prahl·hans der; ~es, **Prahlhänse** [-hɛnzə] (ugs.) show-off
Prahm [praːm] der; ~[e]s, ~e od. **Prähme** ['prɛːmə] pra[ɑ]m
Präjudiz [prɛju'diːts] das; ~es, ~e (Rechtsw., Politik) precedent
präjudizieren tr. V. (Rechtsw., Politik) prejudge

Praktik ['praktɪk] die; ~, ~en practice
Praktika s. **Praktikum**
praktikabel [prakti'kaːbl̩] Adj. practicable; practical
Praktikant [prakti'kant] der; ~en, ~en, **Praktikantin** die; ~, ~nen a) (in einem Betrieb) student trainee; trainee student; b) (an der Hochschule) physics/chemistry student (doing a period of practical training)
Praktiker der; ~s, ~ a) practical person; b) (ugs.: praktischer Arzt) general practitioner; GP
Praktikum ['praktikʊm] das; ~s, **Praktika** period of practical instruction or training
praktisch ['praktɪʃ] 1. Adj. a) (auf die Praxis bezogen) practical; **~es Jahr** year of practical training; **~er Arzt** general practitioner; b) (wirklich) practical ⟨result, problem, matter, etc.⟩; concrete ⟨example⟩; c) (nützlich) practical ⟨furniture, clothes, etc.⟩; useful ⟨present⟩; d) (geschickt, realistisch) practical; **er hat einen ~en Verstand** he is practically minded. 2. adv. a) (auf die Praxis bezogen) in practice; **~ experimentieren/arbeiten** do practical experiments/work; b) (wirklich) in practice; c) (nützlich) practically; d) (geschickt, realistisch) practically; **~ veranlagt** practically minded; practical; e) (ugs.: so gut wie) practically; virtually
praktizieren [prakti'tsiːrən] 1. tr. V. a) (anwenden) practise; **~de Katholiken** practising Catholics; b) (ugs.: irgendwohin bringen) conjure; **jmdm. etw. in die Tasche/ins Essen ~**: slip sth. into sb.'s pocket/food. 2. itr. V. (als Arzt) practise
Prälat [prɛ'laːt] der; ~en, ~en (Kirche) prelate
Präliminarien [prɛlimi'naːri̯ən] Pl. preliminaries
Praline [pra'liːnə] die; ~, ~n, **Praliné**, **Pralinee** (österr., schweiz., sonst veralt.) [prali'neː] das; ~s, ~s [filled] chocolate
prall [pral] 1. Adj. a) (fest und straff) firm ⟨ball⟩; (fest und prall) firm ⟨tomato, grape⟩; bulging ⟨sack, wallet, bag⟩; big strong attrib. ⟨thighs, muscles, calves⟩; well-rounded ⟨buttocks⟩; full, well-rounded ⟨breasts⟩; full, swollen ⟨udder⟩; full, chubby ⟨cheeks⟩; taut, full ⟨sail⟩; firm ⟨pillow, bed⟩; (fig.) intense ⟨life⟩; vivid ⟨picture⟩; full, rich ⟨laughter⟩; fully inflated ⟨balloon⟩; b) (intensiv) blazing ⟨sun⟩; strong ⟨light⟩. 2. adv. a) (fest und straff) fully ⟨inflated⟩; **ein ~ gestopfter Rucksack** a rucksack filled to bursting; **eine ~ gefüllte Brieftasche** a wallet bulging with banknotes; b) (intensiv) **die Sonne scheint ~**: the sun is blazing [down]
prallen itr. V. mit sein (hart auftreffen) crash (**gegen/auf/an** + Akk. into); collide (**gegen/auf/an** + Akk. with); **der Ball prallte an den Pfosten** the ball hit the post; b) (scheinen) blaze
prall·voll Adj. (ugs.) ⟨suitcase, rucksack⟩ full to bursting; packed ⟨room⟩; bulging ⟨wallet⟩; very full ⟨diary⟩
Präludium [prɛ'luːdi̯ʊm] das; ~s, **Präludien** [...i̯ən] prelude
Prämie ['prɛːmi̯ə] die; ~, ~n a) (Leistungs~; Wirtschaft: ~ zum Grundlohn) bonus; (Belohnung) reward; (Spar~, Versicherungs~) premium; b) (einer Lotterie) [extra] prize
prämien-, **Prämien-**: **~begünstigt** 1. Adj. ≈ premium-[account] attrib.; **~begünstigtes Bausparen** ≈ saving with a building society premium account; 2. adv. **~begünstigt sparen** ≈ save with a premium account; **~los** das ≈ Premium [Savings] Bond (Brit.); **~sparen** das; ~s ≈ Premium Bond saving (Brit.)
prämieren [prɛ'miːrən], **prämiieren** [prɛmi'iːrən] tr. V. award a prize to ⟨person, film⟩; give an award for ⟨best essay etc.⟩
Prämierung, **Prämiierung** die; ~, ~en a) (Auszeichnung) **er/der Film wurde zur ~ vorgeschlagen** it was proposed that he should be given a prize/that a prize should be given for the film; b) (Preisverleihung) die **~ der besten Schüler/Filme** the presentation of prizes to the best pupils/for the best films
Prämisse [prɛ'mɪsə] die; ~, ~n a) (auch Philos.) premiss; **unter der ~, daß ...**: on the premiss that ...
pränatal [prɛna'taːl] Adj. (Med.) pre-natal
prangen ['praŋən] itr. V. a) be prominently displayed; **auf dem Sofa prangte ein großes Kissen** a large cushion was placed eye-catchingly on the sofa; b) (geh.: auffallen) be resplendent; **Sterne ~ am Himmel** stars are glittering in the sky
Pranger der; ~s, ~ (hist.) pillory; **jmdn./etw. an den ~ stellen** (fig.) pillory sb./sth.
Pranke ['praŋkə] die; ~, ~n a) (Pfote) paw; b) (salopp: große Hand) paw (coll.)
Präparat [prɛpa'raːt] das; ~[e]s, ~e a) (Mittel, Substanz) preparation; b) (Biol., Med.: präpariertes Objekt) specimen
Präparation [prɛpara'tsi̯oːn] die; ~, ~en preparation
präparieren 1. tr. V. a) (Biol., Med.: konservieren) preserve; b) (Biol., Anat.: zerlegen) dissect; c) (vorbereitend bearbeiten, geh.: vorbereiten) prepare. 2. refl. V. (geh.: sich vorbereiten) prepare oneself
Präposition [prɛpozi'tsi̯oːn] die; ~, ~en (Sprachw.) preposition
präpositional [prɛpozitsi̯o'naːl] Adj. (Sprachw.) prepositional
Präpositional- (Sprachw.) prepositional
präpotent [prɛpo'tɛnt] Adj. (österr.) officiously impertinent
Prärie [prɛ'riː] die; ~, ~n prairie
Prärie·wolf der prairie wolf; coyote
Präsens ['prɛːzɛns] das; ~, **Präsentia** [prɛ'zɛntsi̯a] od. **Präsenzien** [prɛ'zɛntsi̯ən] (Sprachw.) present [tense]
präsent [prɛ'zɛnt] Adj. present; **Forderungen/Fragen ~ haben** have one's demands/questions ready; **ich habe den Vorfall od. der Vorfall ist mir im Augenblick nicht ~**: I do not recall the incident at the moment
Präsent das; ~[e]s, ~e (geh.) present; **jmdm. ein ~ machen** give sb. a present
präsentabel [prɛzɛn'taːbl̩] (veralt.) presentable
Präsentation [prɛzɛnta'tsi̯oːn] die; ~, ~en a) (Vorstellung) presentation; b) (Wirtsch.) presentment
präsentieren 1. tr. V. a) (anbieten; überreichen) offer; b) (vorlegen) present; **jmdm. die Rechnung [für etw.] ~**: present sb. with the bill [for sth.]; c) (Milit.) **präsentiert das Gewehr!** present arms! 2. refl. V. (sich zeigen) present oneself; appear. 3. itr. V. (Milit.) present arms
Präsentier·teller der: **auf dem ~ sitzen** (ugs. abwertend) be on show or display
Präsent·korb der gift hamper
Präsenz [prɛ'zɛnts] die; ~: presence
Präsenz-: **~bibliothek** die reference library; **~liste** die [attendance] register; **~pflicht** die duty to attend
Präser ['prɛːzɐ] der; ~s, ~ (salopp), **Präservativ** [prɛzɛrva'tiːf] das; ~s, ~e condom
Präses ['prɛːzidɛs] a) (kath. Kirche) chairman; b) (ev. Kirche) president (of a synod)
Präsident [prɛzi'dɛnt] der; ~en, ~en president
Präsidenten·wahl die presidential election
Präsidentin die; ~, ~nen president
Präsidentschaft die; ~, ~en presidency
Präsidentschafts·kandidat der candidate for the presidency
präsidial [prɛzi'di̯aːl] Adj. (Politik) presidential
Präsidial·demokratie die presidential democracy
Präsidien Pl. s. **Präsidium**

1383

präsidieren 1. *itr. V.* preside. **2.** *tr. V.* *(schweiz.)* **einen Verein** usw. ~: be president of a society *etc.*
Präsidium [prɛ'ziːdi̯ʊm] *das; ~s,* Präsidien **a)** *(Führungsgruppe)* committee; **im ~ sitzen** be on the committee; **b)** *(Vorsitz)* chairmanship; **c)** *(Polizei~)* police headquarters *sing. or pl.*
prasseln ['prasl̩n] *itr. V.* ⟨rain, hail⟩ pelt down; ⟨shots⟩ clatter; ⟨fire⟩ crackle; **Kies prasselte gegen das Auto** gravel rattled against the car; **~der Beifall** thunderous applause
prassen ['prasn̩] *itr. V.* *(schlemmen)* live extravagantly; feast
Prasser *der; ~s, ~*: spendthrift; extravagant person; *(Schlemmer)* glutton
Prasserei *die; ~, ~en* **a)** extravagant living *no pl.;* **b)** *(das Schlemmen)* gluttony *no pl.;* *(Gelage)* feasting *no pl.*
präsumtiv [prɛzʊm'tiːf] *Adj.* **a)** prospective; **b)** *(Rechtsw.)* presumptive
Prätendent [prɛtɛn'dɛnt] *der; ~en, ~en* pretender
prätentiös [prɛtɛn'tsi̯øːs] *Adj.* pretentious
Präteritum [prɛ'teːritʊm] *das; ~s,* Präterita *(Sprachw.)* preterite [tense]
Pratze ['pratsə] *die; ~, ~n (bes. südd.) s.* Pranke
präventiv [prɛvɛn'tiːf] **1.** *Adj.* preventive. **2.** *adv.* preventively; **~ vorgehen** take preventive measures
Präventiv-: **~krieg** *der* preventive war; **~maßnahme** *die* preventive measure
Praxis ['praksɪs] *die; ~,* Praxen **a)** *o. Pl. (im Unterschied zur Theorie)* practice *no art.;* **in der ~:** in practice; **etw. in die ~ umsetzen** put sth. into practice; **Beispiele aus der ~:** practical examples; **er ist ein Mann der ~:** he is a practical man; **b)** *o. Pl. (Erfahrung)* [practical] experience; **c)** *(eines Arztes, Anwalts, Psychologen, Therapeuten usw.)* practice; **d)** *(~räume) (eines Arztes)* surgery *(Brit.);* office *(Amer.);* *(eines Anwalts, Psychologen, Therapeuten usw.)* office; **e)** *(Handhabung)* procedure
praxis-: **~bezogen 1.** *Adj.* practical ⟨experience, training⟩; ⟨project⟩ based on practical work; **2.** *adv.* practically; **~nah, ~orientiert 1.** *Adj.* practical; **2.** *adv.* practically
Präzedenz·fall [prɛtse'dɛnts-] *der* precedent
präzis *(österr.),* **präzise** [prɛ'tsiːzə] **1.** *Adj.* precise ⟨definition, answer⟩; specific ⟨wishes, suspicion⟩. **2.** *adv.* precisely
präzisieren *tr. V.* make more precise; state more precisely; **ein Angebot näher ~**: give more precise details of an offer; **seine Wünsche ~**: specify one's wishes
Präzision [prɛtsi'zi̯oːn] *die; ~*: precision
Präzisions-: **~arbeit** *die* precision work; *(genau nach Zeitplan)* precise timing; **~instrument** *das* precision instrument; **~uhr** *die* precision [stop-]watch/clock
predigen ['preːdɪɡn̩] **1.** *itr. V. (Predigt halten)* deliver *or* give a/the sermon; **gegen etw. ~**: preach against sth. **2.** *tr. V.* **a)** *(verkündigen)* preach; **b)** *(ugs.: auffordern zu)* preach; **c)** *(ugs.: belehrend sagen)* **wie oft habe ich dir das schon gepredigt!** how often have I told you that!
Prediger *der; ~s, ~,* **Predigerin** *die; ~, ~nen* preacher; **ein Prediger in der Wüste** *(fig.)* a voice [crying] in the wilderness
Predigt ['preːdɪçt] *die; ~, ~en* **a)** sermon; **eine ~ halten** deliver *or* give a sermon; **b)** *(ugs.: Ermahnung)* lecture; **jmdm. eine ~ halten** lecture sb.; **ich bin deine endlosen ~en leid** I am tired of your endless lecturing
Predigt·text *der* text of/for a sermon
Preis [praɪs] *der; ~es, ~e* **a)** *(Kauf~)* price **(für** of); **das hat seinen ~**: it costs money; *(fig.)* there is a price to be paid for it; **im ~ steigen** rise in price; **jeden ~ für etw. zahlen**

pay any price for sth.; **jmdm. einen guten ~ machen** give sb. a good price; **nach dem ~ fragen** ask the price; **eine Ware unter[m] ~ verkaufen** sell an article at a reduced *or* cut price; **etw. zum halben ~ erwerben** buy sth. at half-price; **hoch/gut im ~ stehen** fetch a high/good price; **diese Ausstellung möchte ich um jeden ~ besuchen** *(fig.)* I should like to go to this exhibition at all costs; **diese Einladung möchte ich um keinen ~ annehmen** *(fig.)* I wouldn't accept this invitation at any price; **b)** *(Belohnung)* prize; **einen ~ auf jmds. Kopf aussetzen** put a price on sb.'s head; **der Große ~ von Frankreich** *(Rennsport)* the French Grand Prix; **der ~ der Nationen** *(Reitsport)* Prix des Nations; **c)** *(geh.: Lob)* praise; **ein Gedicht zum ~e der Natur** a poem in praise of nature
-preis *der* price of ...
preis-, Preis-: **~ab·schlag** *der (Kaufmannsspr.) s.* **nachlaß;** **~ab·sprache** *die (Wirtsch.)* price-fixing agreement; **~änderung** *die* price change *or* variation; **~an·gabe** *die (displayed or listed)* price; **~anstieg** *der* rise *or* increase in prices; **~auf·gabe** *die* [prize] competition; **eine ~aufgabe lösen** solve a puzzle *(in a prize competition);* **~auf·schlag** *der (Kaufmannsspr.)* additional *or* extra charge; **~auf·trieb** *der (Wirtsch.)* rise *or* increase in prices; **~aus·schreiben** *das* [prize] competition; **~aus·zeichnung** *die* labelling with a price/prices; **~bewegung** *die* movement of prices; **~bewußt 1.** *Adj.* price-conscious; **2.** *adv.* price-consciously; **~bewußt tanken** be conscious of petrol *(Brit.)* *or (Amer.)* gasoline prices [when filling up]; **~bindung** *die (Wirtsch.)* price-fixing; **~bindung der zweiten Hand** resale price maintenance; **~boxer** *der (ugs. veralt.)* prize-fighter; **~brecher** *der (Wirtsch.)* cut-price operator; **~ein·bruch** *der (Wirtsch.)* [massive] drop in prices
Preisel·beere ['praɪzl̩beːrə] *die* cowberry; cranberry *(Gastr.)*
Preis·empfehlung *die (Kaufmannsspr.)* recommended price
preisen *unr. tr. V. (geh.)* praise; **man pries ihn als den besten Kenner auf diesem Gebiet** he was acclaimed as the leading authority in this field; **sich glücklich ~ [können]** [be able to] count *or* consider oneself lucky
Preis-: **~entwicklung** *die* price trend; **~erhöhung** *die* price increase *or* rise
-preis·erhöhung *die* increase in the price of ...
preis-, Preis-: **~ermäßigung** *die* price reduction; **~explosion** *die* snowballing prices *pl.;* **~frage** *die* **a)** *(bei einem ~ausschreiben)* [prize] question; *(fig.)* big question; **b)** *(Geldfrage)* question of price; **~gabe** *die (geh.)* **a)** *(Verzicht)* abandonment; **b)** *(von Geheimnissen)* revelation; giving away; **~|geben** *unr. tr. V. (geh.)* **a)** *(ausliefern)* jmdn. einer Sache *(Dat.)* **~geben** expose sb. to *or* leave sb. to be the victim of sth.; **die Bauten waren dem Verfall ~gegeben** the buildings were left to fall into ruin; **b)** *(aufgeben)* relinquish ⟨ideal, independence⟩; surrender ⟨territory⟩; **c)** *(verraten)* betray; give away; **~gebunden** *Adj. (Wirtsch.)* subject to price maintenance *postpos.;* **~gefälle** *das* difference *or* variation in prices; **~gefüge** *das (Wirtsch.)* price structure; **~gekrönt** *Adj.* prize- *or* award-winning; **er/sein Werk ist ~gekrönt** he has been given/his work has won a prize *or* an award; **~gericht** *das* jury; panel of judges; **~gestaltung** *die* pricing; **~grenze** *die* price limit; **obere/untere ~grenze** maximum/floor *or* minimum price; **~günstig 1.** *Adj.* ⟨goods⟩ available at unusually low prices; ⟨purchases⟩ at favourable ⟨holiday⟩; **das**

~günstigste Angebot the best bargain *or* value; **das ist [sehr] ~günstig** that is [very] good value; **2.** *adv.* **etw. ~günstig herstellen/verkaufen/bekommen** produce/sell/get sth. at a low price; **hier kann man ~günstig einkaufen** their prices are very reasonable here; **~index** *der (Wirtsch.)* price index; **~klasse** *die* price range; **~kontrolle** *die* price control; **~lage** *die* price range; **in jeder ~lage** at prices to suit every pocket; **~lawine** *die (ugs.)* snowballing prices *pl.*
preislich *Adj.: nicht präd.* price *postpos.;* **in ~er Hinsicht** as regards price
preis-, Preis-: **~nachlaß** *der* price reduction; discount; **mit erheblichem ~nachlaß** at a greatly reduced price; **~niveau** *das (Wirtsch.)* price level; **~politik** *die* policy on prices; **~rätsel** *das* [prize] competition; **~richter** *der* judge; **~schießen** *das* shooting competition *or* contest; **~schild** *das* price-tag; **~schlager** *der (ugs.)* bargain [offer]; **~schlager der Saison** best bargain of the season; **~schraube** *die; o. Pl. (Wirtschaftsjargon)* **an der ~schraube drehen** put [one's] prices up; **~schwankung** *die* price fluctuation; **~senkung** *die* price reduction *or* cut; **~skat** *der* skat competition; **~steigerung** *die* rise *or* increase in prices; **~steigerungs·rate** *die (Wirtsch.)* rate of increase in prices; **~stopp** *der* price freeze; **~sturz** *der* sharp drop *or* fall in prices; **~träger** *der,* **~trägerin** *die* prizewinner; **~treiber** *der (abwertend)* person who/company which forces prices up; **dieses Reiseunternehmen gilt als ~treiber** this tour operator is known for forcing prices up; **~treiberei** *die (abwertend)* forcing up of prices; **~vergleich** *der* price comparison; **~vergleiche anstellen** compare prices; **~verleihung** *die* presentation [of prizes/awards]; award ceremony; **~vor·teil** *der* price benefit; **~wert 1.** *Adj.* good value *pred.;* **einen ~werten Anzug kaufen** buy a reasonably priced suit; **einen ~werten Urlaub verbringen** have a reasonably priced holiday; **einen ~werteren Anzug kaufen** buy a cheaper suit; **eine ~wertere Reise buchen** book a cheaper trip; **ein ~wertes Angebot** a bargain [offer]; **haben Sie ~wertere Schuhe?** do you have any shoes which are less expensive?; **2.** *adv.* **sie hat ~wert eingekauft** she bought things at reasonable prices; **dort kann man ~wert einkaufen** you get good value for money there; **hier kann man ~wert essen** you can eat at a reasonable price here; **~würdig** *Adj. (geh.)* praiseworthy
prekär [preˈkɛːɐ̯] *Adj.* precarious
Prell-: **~ball** *der (Sport)* game similar to volleyball; **~bock** *der (Eisenb.)* buffer
prellen ['prɛlən] **1.** *tr. V.* **a)** *(betrügen)* cheat **(um** out of); **die Zeche ~**: avoid paying the bill; **b)** *(verletzen)* bash; bruise; **c)** *(Ballsport)* bounce. **2.** *refl. V. (sich verletzen)* bruise oneself; **ich habe mich an der Schulter geprellt** I have bruised *or* bashed my shoulder
Prellung *die; ~, ~en* bruise
Premier [prəˈmi̯eː] *der; ~s, ~s* premier
Premiere [prəˈmi̯eːrə] *die; ~, ~n* opening night; first night; *(Uraufführung)* première; *(fig.)* first appearance; **das Stück hat morgen ~**: the play has its opening night/première tomorrow
Premieren-: **~abend** *der* opening night; first night; *(eines neuen Stückes)* première; **~publikum** *das* audience at a/the première/opening *or* first night
Premier- [prəˈmi̯eː-]: **~minister** *der,* **~ministerin** *die* prime minister
Presbyter [ˈprɛsbytɐ] *der; ~s, ~ (ev. Kirche)* presbyter; elder
Presbyterianer [prɛsbyteˈri̯aːnɐ] *der; ~s, ~*: Presbyterian
presbyterianisch *Adj.* Presbyterian
preschen [ˈprɛʃn̩] *itr. V.; mit sein* tear; **sie kam ins Zimmer geprescht** she came dashing into the room
Presse [ˈprɛsə] *die; ~, ~n* **a)** *(zum Zusammenpressen)* press; **b)** *(zum Auspressen) (von Obst, Knoblauch)* press; *(von Zitronen)*

squeezer; **c)** *o. Pl. (Zeitungen, ~kritik)* press; **d)** *(Druckw. veralt.: Druckmaschine)* press; **e)** *(ugs., abwertend: Schule)* crammer
Presse-: ~agentur *die* press agency; news agency; **~amt** *das* press office; **~ausweis** *der* press card; **~ball** *der* celebrity dance held by a national or provincial journalists' association; **~bericht** *der* press report; **~chef** *der* [chief] press officer; **~dienst** *der* regular press release; **~empfang** *der* press reception; **~erklärung** *die* press statement; **~fotograf** *der* press photographer; **~freiheit** *die* freedom of the press; **~gesetz** *das* press law; **~kampagne** *die* press campaign; **~karte** *die* press ticket; **~kommentar** *der* press commentary; **~konferenz** *die* press conference; **~konzentration** *die* concentration of the press; **~meldung** *die* press report
pressen *tr. V.* **a)** *(zusammendrücken)* press; **b)** *(auspressen)* press ⟨fruit, garlic⟩; squeeze ⟨lemon⟩; **c)** *(drücken)* press; **Kleider in einen Koffer ~** : squash *or* squeeze clothes into a suitcase; **jmdm. die Hand auf den Mund ~** : press one's hand over sb.'s mouth; **mit gepreßter Stimme** *(fig.)* in a strained voice; **d)** *(herstellen)* press ⟨record⟩; mould ⟨plastic object⟩; **e)** *(zwingen)* force; **f)** *(veralt.: unterdrücken)* oppress
Presse-: ~notiz *die* news item; **etw. in einer kurzen ~notiz erwähnen** give sth. a mention in the press; **~organ** *das (Zeitung)* newspaper; *(Zeitschrift)* journal; magazine; **die ~organe** the press; **~recht** *das* press legislation; **~referent** *der* press officer; **~sprecher** *der* spokesman; press officer; **~stelle** *die* press office; **~stimmen** *Pl.* press commentaries *or* reviews; **~tribüne** *die* press-box; **auf der ~tribüne** in the press-box; **~vertreter** *der* representative of the press; **~zentrum** *das* press centre
Preß-: ~glas *das; Pl.* **~gläser** pressed glass; **~holz** *das* compressed wood
pressieren *itr. V. (bes. südd.)* ⟨matter⟩ be urgent; **er ist sehr pressiert/mir pressiert's sehr** he is/I am in a great hurry
Pression [prɛˈsi̯oːn] *die; ~, ~en* pressure
Preß-: ~kohle *die* compressed coal *no pl.*; **~kopf** *der; o. Pl.* brawn; head cheese *(Amer.)*; **~luft** *die; o. Pl.* compressed air
Preß·luft-: ~bohrer *der* pneumatic drill; **~hammer** *der (Bauw.)* pneumatic *or* air hammer
Pressung *die; ~, ~en (das Pressen)* pressure; *(das Gepreßtwerden)* compression
Preß·wehe *die (Med.)* contraction *(in second stage of labour)*
Prestige [prɛsˈtiːʒə] *das; ~s* prestige
Prestige-: ~denken *das* desire to establish one's prestige; **~frage** *die* question *or* matter of prestige; **~verlust** *der* loss of prestige
Pretiosen [preˈtsi̯oːzn̩] *Pl.* valuables
Preuße [ˈprɔʏsə] *der; ~n, ~n* Prussian; **so schnell schießen die ~n nicht** *(fig.)* these things take time
Preußen (das); ~s Prussia
Preußentum *das; ~s* **a)** *(preußische Wesensart)* Prussian character; **b)** *(Volkszugehörigkeit)* Prussianness; **c)** *(die Preußen)* Prussian people *pl.*; Prussians *Pl.*
preußisch [ˈprɔʏsɪʃ] *Adj.* Prussian; *s. auch* **deutsch; Deutsch;** ²**Deutsche**
preußisch·blau *Adj.,* **Preußisch·blau** *das* Prussian blue
preziös [preˈtsi̯øːs] *Adj. (geh.)* precious
Pricke [ˈprɪkə] *die; ~, ~n (Seew.)* perch
prickelig *Adj.* tingling
prickeln [ˈprɪkl̩n] *itr. V.* **a)** *(kribbeln, kitzeln)* tingle; **es prickelte ihm in den Fingerspitzen** his fingertips were tingling; **b)** *(perlen)* sparkle; **c)** *(reizen)* **eine ~de Spannung** a tingling atmosphere; **der ~de Reiz des Unbekannten** the thrill of the unknown

pricklig *Adj. s.* **prickelig**
Priel [priːl] *der; ~[e]s, ~e* narrow channel *(in mud-flats)*
Priem [priːm] *der; ~[e]s, ~e* **a)** *(Kautabak)* chewing-tobacco; **~ kauen** chew tobacco; **b)** *(Stück Kautabak)* quid [of tobacco]
priemen *itr. V.* chew tobacco
pries [priːs] *1. u. 3. Pers. Sg. Prät. v.* **preisen**
Priester [ˈpriːstɐ] *der; ~s, ~* : priest
Priester·amt *das* priesthood
Priesterin *die; ~, ~nen* priestess
priesterlich *Adj.* priestly ⟨function⟩; clerical ⟨robe, collar⟩; priest's ⟨blessing⟩
Priester·rock *der* cassock
Priesterschaft *die; ~* : priests *pl.*
Priester·seminar *das* seminary
Priestertum *das; ~s* priesthood
Priester·weihe *die* ordination [to the priesthood]
prima [ˈpriːma] *1. indekl. Adj.* **a)** *(ugs.)* great *(coll.)*; fantastic *(coll.)*; **b)** *nicht präd. (Kaufmannsspr. veralt.)* first-class; top-quality. *2. adv. (ugs.)* ⟨taste⟩ great *(coll.)*, fantastic *(coll.)*; ⟨sleep⟩ fantastically *(coll.)* or really well; **es geht mir ~** : I feel great *(coll.)*; **es lief alles ~** : everything went really well; **das finde ich ~** : that's fantastic *or* great *(coll.)*; **das hast du ~ gemacht** well done indeed
Prima *die; ~,* **Primen** *(Schulw.) (veralt.)* eighth and ninth years *(of a Gymnasium)*; **b)** *(österr.)* first year *(of a Gymnasium)*
Prima-: ~ballerina *die (Theater)* prima ballerina; **~donna** [~ˈdɔna] *die; ~,* **Primadonnen** prima donna
Primaner [priˈmaːnɐ] *der; ~s, ~ (Schulw.)* **a)** *(veralt.)* pupil in the eighth and ninth years *(of a Gymnasium)*; **wie ein ~** *(fig.)* like a schoolboy; **b)** *(österr.)* pupil in the first year *(of a Gymnasium)*
primanerhaft *1. Adj.* schoolboyish/schoolgirlish. *2. adv.* like a schoolboy/schoolgirl
Primanerin *die; ~, ~nen s.* **Primaner**
primär [priˈmɛːɐ̯] *1. Adj.* primary. *2. adv.* primarily
Primar·lehrer [priˈmaːɐ̯-] *der (schweiz.)* primary school teacher
Primär·literatur *die (schweiz.)* primary literature
Primar-: ~schule *die (schweiz.)* primary school; **~stufe** *die* primary stage *(of education)*
Primas [ˈpriːmas] *der; ~, ~se od.* **Primaten** **a)** *(kath. Kirche)* primate; **b)** *Pl. nur ~se (Geiger)* leading fiddle-player
¹**Primat** [priˈmaːt] *der od. das; ~[e]s, ~e* **a)** *(Vorrang)* primacy, priority *(vor + Dat., über + Akk. over)*; **b)** *(kath. Kirche)* primacy
²**Primat** *der; ~en, ~en (Zool.)* primate
Prime [ˈpriːmə] *die; ~, ~n (Musik)* **a)** *(Einklang)* unison; **b)** *(Ton)* keynote; tone
Primel [ˈpriːml̩] *die; ~, ~n* primula; primrose; *(Schlüsselblume)* cowslip; **eingehen wie eine ~** *(salopp)* go completely to pot *(coll.)*
Primi *Pl. s.* **Primus**
primitiv [primiˈtiːf] *1. Adj.* **a)** *(einfach, schlicht)* simple; crude *(derog.)*; **die ~sten Regeln des Anstands** the most basic rules of behaviour; **b)** *(oft abwertend: dürftig)* primitive; **c)** *(abwertend: niveaulos, ungebildet)* primitive ⟨person, behaviour⟩; crude ⟨expression, view, idea, speech⟩; **d)** *(urtümlich, ursprünglich, naiv)* primitive. *2. adv.* **a)** *(einfach, schlicht)* in a simple manner; crudely *(derog.)*; **b)** *(oft abwertend: dürftig)* primitively; **c)** *(abwertend: niveaulos, ungebildet)* ⟨argue⟩ primitively; ⟨talk⟩ crudely; **d)** *(urtümlich)* primitively
Primitivität [primitivi̯tɛːt] *die; ~* : *s.* **primitiv 1 b–d**: primitiveness; crudeness
Primitivling *der; ~s, ~e (abwertend)* peasant *(fig.)*
Primus [ˈpriːmʊs] *der; ~,* **Primi** *od.* **~se** *(veralt.)* top of the class

Prim·zahl *die (Math.)* prime [number]
Printe [ˈprɪntə] *die; ~, ~n* kind of oblong sweet spiced cake
Prinz [prɪnts] *der; ~en, ~en* prince
Prinzessin *die; ~, ~nen* princess
Prinz·gemahl *der* prince consort
Prinzip [prɪnˈtsiːp] *das; ~s, ~ien* [-ˈtsiːpi̯ən] principle; **aus ~** : on principle; **er hat es aus ~ getan** he did it as a matter of principle; **im ~** : in principle; **ein Mensch von** *od.* **mit ~ien sein** be a man/woman of principle
Prinzipal [prɪntsiˈpaːl] *der; ~s, ~e (veralt.)* **a)** *(eines Theaters)* [theatre] manager; *(einer Theatergruppe)* leader; **b)** *(Leiter eines Privatbetriebs)* proprietor, *(Lehrherr)* master
prinzipiell [prɪntsiˈpi̯ɛl] *1. Adj.; nicht präd.* in principle *postpos., not präd.*; ⟨rejection⟩ on principle; **eine ~e Frage/Frage von ~er Bedeutung** a question of principle/of fundamental importance. *2. adv.* **a)** *(im Prinzip)* in principle; **b)** *(aus Prinzip)* on principle; as a matter of principle
prinzipien-, Prinzipien-: ~los *Adj.* unprincipled; **~losigkeit** *die; ~* : lack of principles; **~reiter** *der (abwertend)* person who sticks rigidly to his/her principles; **~reiterei** *die (abwertend)* rigid adherence to principles
prinzlich *Adj.; nicht präd.* prince's
Prinz·regent *der* Prince Regent
Prior [ˈpriːɔr] *der; ~s, ~en* [priˈoːrən] *(kath. Kirche)* prior
Priorin *die; ~, ~nen (kath. Kirche)* prioress
Priorität [prioriˈtɛːt] *die; ~, ~en* **a)** *o. Pl. (Vorrang)* priority; precedence; **~ vor etw.** *(Dat.)* **haben** have *or* take precedence over sth.; **b)** *Pl. (Rangfolge)* priorities; **~en setzen** establish priorities; **die richtigen ~en setzen** get one's priorities right
Prise [ˈpriːzə] *die; ~, ~n* **a)** pinch; **eine ~ Salz** a pinch of salt; **eine ~ Sarkasmus/Ironie** *(fig.)* a hint or touch of sarcasm/irony; **b)** *(Seew.)* prize; **eine ~ machen** take a prize
Prisma [ˈprɪsma] *das; ~s,* **Prismen** *(Math., Optik)* prism
prismatisch [prɪsˈmaːtɪʃ] *1. Adj.* prismatic. *2. adv.* prismatically
Prismen *s.* **Prisma**
Pritsche [ˈprɪtʃə] *die; ~, ~n* **a)** *(Liegestatt)* plank bed; **b)** *(Ladefläche)* platform; **c)** *(Narren~)* slapstick
Pritschen·wagen *der* platform truck
privat [priˈvaːt] *1. Adj.* private; personal ⟨opinion, happiness, etc.⟩; **eine Feier im ~en Kreis** a celebration restricted to one's intimate circle; **an/von Privat** to/from private individuals *pl.* *2. adv.* privately; **~ ist er ganz anders** he's completely different in private; **jmdn. ~ sprechen** speak to sb. in private *or* privately; **der Patient liegt ~** : the patient is in a/the private ward
Privat-: ~adresse *die* private *or* home address; **~an·gelegenheit** *die* private affair *or* matter; **das ist seine ~angelegenheit** that's his own business *or* his own private affair; **~audienz** *die* private audience; **~besitz** *der* private property; **das Gemälde befindet sich im ~besitz** the painting is privately owned *or* in private ownership; **~detektiv** *der* private detective *or* investigator; **~dozent** *der* lecturer who is not a member of the salaried university staff; **~druck** *der; Pl.* **~drucke** privately published edition; **als ~druck erscheinen** be published privately; **~eigentum** *das* private property; **das ~eigentum an den Produktionsmitteln** private ownership of the means of production; **~fernsehen** *das* privately operated television; ≈ commercial television; **~gelehrte** *der/die (veralt.)* scholar [working] on his/her own account; **~gespräch** *das* private conversation; *(Telefongespräch)* private call
Privatier [privaˈti̯eː] *der; ~s, ~s (veralt.)* man of private *or* independent means

1385

privatim [pri'va:tɪm] *adv. (geh.)* privately
Privat-: **~initiative** *die* private initiative; **~interesse** *das* private interest
privatisieren 1. *tr. V. (Wirtsch.)* privatize; transfer into private ownership. 2. *itr. V. (geh.: als Privatier leben)* live on a private income
Privatisierung *die;* ~, ~en *(Wirtsch.)* privatization; transfer into private ownership
privat-, Privat-: **~klage** *die (Rechtsw.)* private action or prosecution; **~kläger** *der (Rechtsw.)* plaintiff [in a/the private action]; **~klinik** *die* private clinic or hospital; **~leben** *das; o. Pl.* private life; **sich ins ~leben zurückziehen** return to private life; **~lehrer** *der* private tutor; **~mann** *der; Pl.* **~leute** *s.* **~person; ~patient** *der* private patient; **~person** *die* private individual; **als ~person auftreten** appear in a private capacity; **~quartier** *das* private accommodation *no pl.;* **zahlreiche ~quartiere** plentiful private accommodation *sing.;* **~recht** *das; o. Pl. (Rechtsw.)* private or civil law; **~rechtlich** *(Rechtsw.)* 1. *Adj.* civil-law *attrib.;* under private or civil law *postpos.;* 2. *adv.* in private or civil law; **~sache** *die s.* **~angelegenheit; ~sammlung** *die* private collection; **~schule** *die* private school; *(Eliteschule in Großbritannien)* public school; **~sekretär** *der,* **~sekretärin** *die* private secretary (**von,** *Gen.* to); **~sphäre** *die* privacy; *(~leben)* private life; **~station** *die* private ward; **~stunde** *die* private lesson; **~unternehmen** *das* private concern or enterprise; **~unterricht** *der* private tuition; private lessons *pl.;* **~vergnügen** *das (ugs.)* **eine Dienstreise ist kein ~vergnügen** you don't go on business trips for your own enjoyment; **das ist doch mein ~vergnügen** that's my own business or affair; **~vermögen** *das* private fortune; **~vermögen/kein ~vermögen haben** have a/no private fortune; **~versichert** *Adj.* privately insured; covered by private insurance *postpos.;* **~versicherung** *die* private insurance; **in einer ~versicherung sein** be privately insured; be in a private insurance scheme; **~weg** *der* private way; **~wirtschaft** *die* private sector; **~wirtschaftlich** 1. *Adj.* private-sector *attrib.;* ⟨enterprise, company, firm⟩ in the private sector; **auf ~wirtschaftlicher Basis** on a private-enterprise basis; 2. *adv.* **~wirtschaftlich orientiert/gesehen** orientated towards/from the point of view of the private sector; **~wirtschaftlich geführt** run as a private enterprise; **~wohnung** *die* private flat (*Brit.*) or (*Amer.*) apartment
Privileg [privi'le:k] *das;* ~[e]s, ~ien [-'le:gi̯ən] privilege
privilegieren *tr. V.* grant privileges to
privilegiert *Adj.* privileged
pro [pro:] *Präp. mit Akk.* per; **~ Jahr/Monat** per year or annum/month; **~ Person** per person; **~ Kopf** per head; **~ Stück** each; apiece; **~ Nase** *(ugs.)* each; a head
Pro *das in* [das] **~ und** [das] **Kontra** the pros and cons *pl.*
pro-: pro-; **~westlich/~kommunistisch** pro-western/pro-communist
Proband [pro'bant] *der;* ~en, ~en a) *(Psych., Med.: Testperson)* subject; b) *(Strafentlassener)* offender on probation
probat [pro'ba:t] *Adj.* tried and tested; *(wirksam)* effective
Probe ['pro:bə] *die;* ~, ~n a) *(Prüfung)* test; **die ~ aufs Exempel machen** put it to the test; **auf ~ sein** on probation; **ein Beamter/eine Ehe auf ~:** a probationary civil servant/a trial marriage; **jmdn./etw. auf die ~ stellen** put sb./sth. to the test; **jmds. Geduld/Liebe/Freundschaft auf eine harte ~ stellen** sorely try or test sb.'s patience/sorely test sb.'s love/friendship; **jmdn. auf ~ einstellen** employ sb. on a trial basis; b) *(Muster, Test-*stück*)* sample; **eine ~ seines Könnens zeigen** *od.* **geben** *(fig.)* show what one can do; c) *(Theater~, Orchester~)* rehearsal
probe-, Probe-: **~ab·zug** *der (Druckw., Fot.)* proof; **~alarm** *der* practice alarm; *(Feueralarm)* fire-drill or -practice; **~aufnahme** *die* a) test take; b) *(bei der Auswahl von Filmschauspielern)* screen test; **mit jmdm. ~aufnahmen machen** screen-test sb.; **~bohrung** *die* test drilling *no indef. art., no pl.;* **~bohrungen/eine ~bohrung durchführen** drill test wells/a test well; **~druck** *der; Pl.* **~drucke** *(Druckw.)* proof; **~exemplar** *das* specimen copy; **~fahren** *meist nur im Inf. u. 2. Part. gebr.; unr. tr. V.* test-drive ⟨car⟩; test ⟨boat⟩ out on the water; **~fahrt** *die* trial run; *(vor dem Kauf, nach einer Reparatur)* test drive; **eine ~fahrt machen** go for a trial run/test drive or test run; **hast du mit deinem neuen Boot schon eine ~fahrt gemacht?** have you tried out your new boat yet?; **~flug** *der* test flight; **~halber** *adv.* as a test; **jmdn. ~halber beschäftigen** employ sb. on a trial basis; **~jahr** *das* probationary year; **~lauf** *der (Technik)* test run
proben *tr., itr. V.* rehearse
Proben·arbeit *die* rehearsals *pl.* (**zu** for)
probe-, Probe-: **~nummer** *die* specimen copy; **~weise** 1. *Adv.* ⟨employ⟩ on a trial basis; **den Motor ~weise laufen lassen** test[-run] the engine; 2. *adj.; nicht präd.* trial; **~zeit** *die* a) probationary or trial period; b) *(schweiz. Rechtsspr.: Bewährungsfrist)* period of probation; **eine ~zeit von drei Jahren** three years' probation
probieren 1. *tr. V.* a) *(versuchen)* try; have a go or try at; ~, **ob der Schlüssel paßt** try the key to see whether it fits; b) *(kosten)* taste; try; sample; c) *(aus~)* try out; *(an~)* try on ⟨clothes, shoes⟩; d) *(Theaterjargon: proben)* rehearse. 2. *itr. V.* a) *(versuchen)* have a go or try; **Probieren geht über Studieren** the proof of the pudding is in the eating *(prov.);* b) *(kosten)* have a taste; **willst du ~?** do you want a taste?; **probier mal!** have a taste!; try some!; c) *(Theaterjargon)* rehearse
Problem [pro'ble:m] *das;* ~s, ~e problem; **vor einem ~ stehen** be faced or confronted with a problem
Problem- problem; **ihr Kind war eine ~geburt** she had a difficult time with the birth of her child
Problematik [proble'ma:tɪk] *die;* ~ *(Schwierigkeit)* problematic nature; *(Probleme)* problems *pl.*
problematisch *Adj.* problematic[al]
problematisieren *tr. V.* **etw.** ~: expound the problems of sth.
problem-, Problem-: **~bewußtsein** *das* awareness of the problem/problems (**für** of); **~film** *der* serious film; **~kind** *das* problem child; **~los** 1. *Adj.* problem-free; 2. *adv.* without any problems; **~stellung** *die* way of looking at or posing a problem/problems; *(zu erörterndes Thema)* problem; **~stück** *das* problem play
Produkt [pro'dʊkt] *das;* ~[e]s, ~e *(auch Math., fig.)* product; *(der Landwirtschaft* agricultural produce *sing.* or products; **das ~ aus fünf mal zwei** the product of five times two
Produkten-: **~börse** *die (Wirtsch.) s.* **Warenbörse; ~handel** *der (Kaufmannsspr.)* trade in agricultural commodities
Produktion [prodʊk'tsi̯o:n] *die;* ~, ~en production; **die ~ steigern/stoppen** increase/stop production
Produktions-: **~ab·lauf** *der* production process; **~ab·teilung** *die* production department; **~an·lage** *die; meist Pl.* production unit; **~anlagen** production plant *sing.;* **~aus·fall** *der* loss of production; **~brigade** *die (DDR)* production brigade; **~genossenschaft** *die (DDR)* co-operative; **eine landwirtschaftliche ~genossenschaft** a collective farm; **~güter** *Pl. (Wirtsch.)* producer goods; **~kosten** *Pl.* production costs; **~leistung** *die* output; **~leiter** *der* production manager; **~mittel** *Pl. (marx.)* means of production; **~prozeß** *der* production process; **~verfahren** *das* production process; **~verhältnisse** *Pl. (marx.)* relations of production; **~weise** *die* production methods *pl.;* **~ziffern** *Pl.* production figures; **~zweig** *der* branch of production
produktiv [prodʊk'ti:f] 1. *Adj.* productive; prolific ⟨writer, artist, etc.⟩. 2. *adv.* ⟨work, co-operate⟩ productively
Produktivität [prodʊktivi'tɛ:t] *die;* ~: productivity
Produktiv·kraft *die (marx.)* productive force; force of production
Produzent [produ'tsɛnt] *der;* ~en, ~en, **Produzentin** *die;* ~, ~nen producer
produzieren 1. *tr. V. (auch itr. V. herstellen)* produce; b) *(ugs.: hervorbringen)* make ⟨bow, noise⟩; come up with ⟨excuse, report⟩. 2. *refl. V. (ugs.: großtun)* show off
Prof. *Abk.* **Professor** Prof.
profan [pro'fa:n] 1. *Adj.* a) *nicht präd. (weltlich)* profane; secular ⟨building⟩; b) *(alltäglich)* mundane. 2. *adv. (alltäglich)* mundanely; in a mundane way
Profan·bau *der; Pl.* **~bauten** *(Archit., Kunstwiss.)* secular building
profanieren *tr. V. (geh.)* a) *(entweihen)* profane; b) *(säkularisieren)* secularize
Profession [profɛ'si̯o:n] *die;* ~, ~en *(österr., sonst veralt.)* occupation; *(akademische, wissenschaftliche, medizinische ~)* profession; *(handwerkliche ~)* trade
Professionalismus [profɛsi̯ona'lɪsmʊs] *der;* ~: professionalism
professionell [profɛsi̯o'nɛl] 1. *Adj.* professional. 2. *adv.* professionally
Professor [pro'fɛsor] *der;* ~s, ~en [-'so:rən] a) *(Hochschul~)* professor; **ordentlicher ~:** [full] professor *(holding a chair);* **außerordentlicher ~:** extraordinary professor *(not holding a chair);* **außerplanmäßiger ~:** supernumerary professor; *s. auch* **zerstreut 1;** b) *(österr., sonst veralt.: Gymnasial~)* [grammar school] teacher; **Herr ~!** sir! **-professor** *der* professor of ⟨history, mathematics, etc.⟩; b) *(österr., sonst veralt.: -lehrer)* ⟨history, mathematics, etc.⟩ teacher *(at a Gymnasium)*
professoral [profɛso'ra:l] *(auch abwertend) Adj.* professorial
Professorenschaft *die;* ~: professoriate
Professorin [profɛ'so:rɪn] *die;* ~, ~nen *(Hochschul~)* professor; *s. auch* **-in;** b) *(österr.: Studienrätin)* mistress
Professur [profɛ'su:ɐ̯] *die;* ~, ~en professorship, chair (**für** in)
Profi *der;* ~s, ~s *(ugs.)* pro *(coll.)*
Profi·fußball *der; o. Pl.* professional football
profihaft 1. *Adj.* professional. 2. *adv.* professionally
Profil [pro'fi:l] *die;* ~s, ~e a) *(Seitenansicht)* profile; **im ~:** in profile; b) *(von Reifen, Schuhsohlen)* tread; c) *(ausgeprägte Eigenart)* image; **kein ~ haben** *od.* **besitzen** lack a distinctive image; d) *(Geol.)* profile
Profi·lager *das (Sportjargon)* **ins ~ überwechseln** turn professional
profilieren 1. *refl. V.* make one's name or mark; *(sich unterscheiden)* give oneself a clearer image. 2. *tr. V.* profile ⟨moulding, frame, etc.⟩; put a tread on ⟨tyre, shoe⟩
profiliert *Adj.* a) *(markant, bedeutend)* prominent; b) **eine grob ~e Gummisohle** a rubber sole with a heavy tread
Profilierung *die;* ~, ~en a) *s.* **Profil** a; b) *(Unterscheidung)* image; **die politische ~ einer Gruppe** the political complexion of a group

profil-, Profil-: ~**los** *Adj.* ⟨*politician, writer*⟩ lacking any distinctive image; ~**neurose** *die* neurosis about one's image; ~**sohle** *die* treaded sole; ~**stahl** *der* (*Technik*) sectional steel; ~**träger** *der* (*Technik*) sectional beam

Profi-: ~**spieler** *der* professional player; ~**sport** *der* professional sport

Profit [pro'fi:t] *der;* ~[e]s, ~e profit; etw. mit ~ verkaufen sell sth. at a profit; aus etw. ~ ziehen *od.* herausschlagen turn sth. to one's profit *or* advantage; ~ machen make a profit; mit/ohne ~ arbeiten run/not run at a profit

profitabel [profi'ta:bl] 1. *Adj.* profitable. 2. *adv.* profitably

profit-, Profit-: ~**bringend** *s.* profitabel; ~**gier** *die* (*abwertend*) greed for profit; ~**gierig** *Adj.* (*abwertend*) greedy for profit *postpos.;* profit-seeking

profitieren 1. *itr. V.* profit (**von, bei** *by*); (*fig.*) profit, gain (**von, bei, an** + *Dat.* from, by); ich kann dabei nur ~: I can't lose. 2. *tr. V.* er hat bei diesem Geschäft nichts/wenig profitiert he did not make a profit/much of a profit on the deal

Profit-: ~**jäger** *der* profiteer; ~**maximierung** *die* maximization of profits; ~**rate** *die* (*Wirtsch., marx.*) rate of profit; ~**streben** *das* (*abwertend*) profit-seeking

pro forma [pro: 'fɔrma] *Adv.* **a)** (*der Form halber*) as a matter of form; **b)** (*zum Schein*) for the sake of appearances

profund [pro'fʊnt] *Adj.* (*geh.*) profound; deep

Prognose [pro'gno:zə] *die;* ~, ~n (*auch Med.*) prognosis; (*Wetter*~, *Wirtschafts*~) forecast; eine ~ stellen make a prognosis/ give *or* make a forecast

prognostizieren [prognɔsti'tsi:rən] *tr. V.* (*geh.*) forecast; predict

Programm [pro'gram] *das;* ~s, ~e **a)** programme, program (*Amer., Computing*); (*Theater*~ *auch*) bill; (*bei Pferderennen*) card; (*Verlags*~) list; (*Ferns.: Sender*) channel; das ~ für die kommende Woche (*Ferns., Rundfunk*) the programmes *pl.* for the coming week; etw. paßt jmdm. nicht ins *od.* in sein ~: sth. doesn't fit in with sb.'s plans; nach ~ (*fig.*) according to plan; auf jmds./ dem ~ stehen (*fig.*) be on sb.'s/the programme *or* agenda; auf dem ~ stehen (*bei einer Sitzung, Versammlung*) be on the agenda; **b)** (*Kaufmannsspr.: Sortiment*) range

-programm *das* programme; program (*Amer., Computing*); **Besuchs~:** programme of visits

Programm·änderung *die* change of programme

Programmatik [progra'ma:tık] *die;* ~, ~en (*Politik*) [political] objectives *pl.*

programmatisch 1. *Adj.* programmatic ⟨*speech, statement*⟩; die ~en Ziele/Absichten der Regierung the aims of the government's programme. 2. *adv.* die ~ festgelegten Ziele der Partei the aims laid down in the party's programme

programm-, Programm-: ~**direktor** *der* (*Ferns.*) director of programmes; ~**folge** *die* (*Ferns.*) order of programmes; (*einer Show*) order of acts; running order; ~**gemäß** 1. *Adj.* die ~gemäße Abfolge der Darbietungen the order of acts as stated in the programme; 2. *adv.* according to the programme *or* plan; ~**gestaltung** *die* programme planning; ~**heft** *das* programme; ~**hinweis** *der* programme announcement

programmieren *tr. V.* **a)** (*DV*) program; **b)** (*auf etw. festlegen*) programme; condition; auf Erfolg programmiert sein be geared to achieving success; **c)** (*nach einem Programm ansetzen*) schedule

Programmierer *der;* ~s, ~, **Programmiererin** ~, ~nen (*DV*) programmer

Programmier·sprache *die* (*DV*) programming language

Programmierung *die;* ~, ~en *s.* **programmieren** a-c: programming; conditioning; scheduling

Programm·punkt *der* item on the programme; (*bei einer Sitzung*) item on the agenda

Programmusik *die* programme music

Programm-: ~**vor·schau** *die* (*im Fernsehen*) preview [of the week's/evening's *etc.* viewing]; (*im Kino*) trailers *pl.;* ~**zeitschrift** *die* radio and television magazine; ~**zettel** *der* programme

Progression [progrɛ'sio:n] *die;* ~, ~en (*Steuerw.*) progressive tax system; in die ~ kommen move into a higher tax bracket

progressiv [progrɛ'si:f] 1. *Adj.* progressive. 2. *adv.* progressively; er schreibt sehr ~: he's a very progressive writer; sie erziehen ihre Kinder sehr ~: they are giving their children a very modern upbringing

Progressiv·steuer *die* (*Steuerw.*) progressive tax

Prohibition [prohibi'tsio:n] *die;* ~: prohibition

Projekt [pro'jɛkt] *das;* ~[e]s, ~e project

Projekt·gruppe *die* project team *or* group

projektieren *tr. V.* (*entwerfen*) draw up the plans for; plan; (*planen*) project; plan

Projektil [projɛk'ti:l] *das;* ~s, ~e projectile

Projektion [projɛk'tsio:n] *die;* ~, ~en (*Optik, Math., Geogr., Psych.*) projection

Projektions-: ~**apparat** *der* projector; ~**ebene** *die* (*Math.*) plane of projection; ~**wand** *die* projection screen

Projekt·leiter *der* project leader

Projektor [pro'jɛktɔr] *der;* ~s, ~en [-'to:rən] projector

Projekt·planung *die* project planning

projizieren [proji'tsi:rən] *tr. V.* (*Optik, Math., Psych.*) project

Proklamation [proklama'tsio:n] *die;* ~, ~en proclamation

proklamieren *tr. V.* proclaim

Pro·Kopf- per head *or* capita *postpos.*

Prokrustes·bett [pro'krʊstes-] *das; o. Pl.* (*geh.*) Procrustean bed

Prokura [pro'ku:ra] *die;* ~, **Prokuren** (*Kaufmannsspr.*) [full] power of attorney; procuration (*formal*)

Prokurist [proku'rıst] *der;* ~en, ~en, **Prokuristin** *die;* ~, ~nen ≈ authorized signatory; ~ bei einer Firma sein ≈ have [full] signing powers in a firm

Prolet [pro'le:t] *der;* ~en, ~en **a)** (*abwertend: ungebildeter Mensch*) peasant; boor; **b)** (*ugs. veralt.: Proletarier*) prole (*coll.*)

Proletariat [proleta'ria:t] *das;* ~[e]s proletariat

Proletarier [prole'ta:riɐ] *der;* ~s, ~: proletarian

proletarisch 1. *Adj.* proletarian. 2. *adv.* ⟨*think, behave*⟩ like a proletarian

proletarisieren *tr. V.* proletarianize

proletenhaft (*abwertend*) 1. *Adj.* boorish. 2. *adv.* boorishly

Prolog [pro'lo:k] *der;* ~[e]s, ~e (*auch Radsport*) prologue

Prolongation [prolɔŋga'tsio:n] *die;* ~, ~en **a)** (*Wirtsch.*) renewal; **b)** (*bes. österr.*) prolonging; (*eines Vertrages*) extension

prolongieren *tr. V.* **a)** (*Wirtsch.: stunden*) renew; **b)** (*bes. österr.: verlängern*) extend ⟨*contract, engagement*⟩

Promenade [promə'na:də] *die;* ~, ~n promenade

Promenaden-: ~**deck** *das* promenade deck; ~**konzert** *das* promenade concert; ~**mischung** *die* (*scherzh.*) mongrel

promenieren *itr. V.;* *auch mit sein* (*geh.*) promenade

prometheisch [prome'te:ıʃ] (*geh.*) 1. *Adj.* Promethean. 2. *adv.* like Prometheus

Promille [pro'mılə] *das;* ~s, ~ **a)** (*Tausendstel*) ein Blutalkoholgehalt von zwei ~: a blood alcohol level of two parts per thousand; bei 0,4/unter einem ~ liegen be 0.4/less than one in a *or* per thousand; **b)** (*ugs.: Blutalkohol*) alcohol level; **Ich fahre! Du hast zuviel ~:** I'll drive. You're over the limit; er fährt nur ohne ~: he never drinks and drives

Promille·grenze *die* legal [alcohol] limit

prominent [promi'nɛnt] *Adj.* prominent

Prominente *der/die; adj. Dekl.* prominent figure

Prominenz [promi'nɛnts] *die;* ~: prominent figures *pl.;* (*das Prominentsein*) prominence; er gehört zur politischen ~ he is a prominent political figure

Promiskuität [promiskui'tɛ:t] *die;* ~: promiscuity

¹**Promotion** [promo'tsio:n] *die;* ~, ~en **a)** (*Erlangung der Doktorwürde*) gaining of a/one's doctorate; er schloß sein Studium mit der ~ ab he completed his studies by gaining *or* obtaining his doctorate; jmds. ~ [zum Doktor der Philosophie] feiern celebrate the award of a doctorate *or* Ph.D. to sb.; **b)** (*österr.: offizielle Feier*) [doctoral] degree ceremony; seine ~ zum Doktor der Philosophie his Ph.D. ceremony

²**Promotion** [prə'məʊʃən] *die;* ~ (*Wirtsch.*) promotion; für etw. ~ machen promote sth.

promovieren [promo'vi:rən] 1. *itr. V.* **a)** (*die Doktorwürde erlangen*) gain *or* obtain a/one's doctorate; **b)** (*eine Dissertation schreiben*) do a doctorate (**über** + *Akk.* on). 2. *tr. V.* confer a doctorate *or* the degree of doctor on

prompt [prɔmpt] 1. *Adj.* prompt. 2. *adv.* **a)** (*umgehend*) promptly; **b)** (*ugs., meist iron.: wie erwartet*) [and] sure enough; er ist auf den Trick ~ hereingefallen sure enough he fell for the trick; „Gleich fällt er", dachte ich, und ~ fiel er 'He's going to fall,' I thought and sure enough he did / er wird ~ in die Falle hineinlaufen as sure as fate he'll fall into the trap

Promptheit *die;* ~: promptness

Pronomen [pro'no:mən] *das;* ~s, ~ *od.* **Pronomina** [pro'no:mina] (*Sprachw.*) pronoun

pronominal [pronomi'na:l] (*Sprachw.*) 1. *Adj.* pronominal. 2. *adv.* pronominally

Pronominal- (*Sprachw.*) pronominal

prononciert [pronõ'si:ɐ̯t] (*geh.*) 1. *Adj.* pronounced, definite, decided ⟨*opinion, views*⟩; staunch, determined ⟨*supporter, advocate, etc.*⟩. 2. *adv.* (*entschieden*) clearly; sich ~ über etw. (*Akk.*) äußern express a definite opinion on sth.

Propädeutik [propɛ'dɔytık] *die;* ~, ~en (*Wissensch.*) **a)** *o. Pl.* preparatory instruction *no indef. art.;* die philosophische ~: philosophical propaedeutics *pl.;* **b)** (*Lehrbuch*) introductory textbook (**zu** on)

propädeutisch *Adj.* (*Wissensch.*) propaedeutic

Propaganda [propa'ganda] *die;* ~: **a)** (*auch fig. ugs.*) propaganda; **b)** (*Reklame*) publicity

Propaganda-: ~**apparat** *der* propaganda machine; ~**feld·zug** *der* propaganda campaign; ~**minister** *der* minister of propaganda; ~**sender** *der* (*abwertend*) (*Rundf.*) propaganda station; (*Ferns.*) propaganda channel

Propagandist *der;* ~en, ~en, **Propagandistin** *die;* ~, ~nen **a)** propagandist; **b)** (*Wirtsch.: Werbefachmann/-frau*) demonstrator; (*Vertreter*) representative

propagandistisch 1. *Adj.* propagandist; propaganda *attrib.* ⟨*purposes, measures, success, effort*⟩. 2. *adv.* ⟨*use, distort, etc.*⟩ for propaganda purposes

propagieren *tr. V.* (*geh.*) propagate ⟨*idea, view, belief, etc.*⟩; ein vereinigtes Europa ~: propagate the idea of a united Europe

1387

Propan [pro'pa:n] *das*, ~s, **Propan·gas** *das*; *o. Pl.* propane

Propeller [pro'pɛlɐ] *der*; ~s, ~ a) propeller; airscrew; prop *(coll.)*; b) *(Seew.: Schiffsschraube)* propeller; screw

Propeller-: ~**an·trieb** *der* propeller drive; **mit** ~**antrieb** propeller-driven; ~**flugzeug** *das* propeller-driven aircraft

proper ['prɔpɐ] 1. *Adj.* a) *(adrett)* smart; b) *(ordentlich und sauber)* neat and tidy; c) *(sorgfältig, genau)* meticulous. 2. *adv.* a) *(ordentlich und sauber)* neatly and tidily; b) *(sorgfältig, genau)* meticulously

Prophet [pro'fe:t] *der*; ~en, ~en prophet; **ich bin doch kein ~!** *(ugs.)* I can't see into the future!; **der ~ gilt nichts in seinem Vaterland[e]** *(Spr.)* a prophet is without honour in his own country; *s. auch* **Bart** a; **Berg** a

Prophetin *die*; ~, ~nen prophetess

prophetisch 1. *Adj.* prophetic. 2. *adv.* prophetically

prophezeien [profe'tsaiən] *tr. V.* prophesy *(Dat.* for); predict ⟨*result, weather*⟩; **das kann ich dir ~!** I can promise you that!

Prophezeiung *die*; ~, ~en *s.* prophezeien: prophecy; prediction

prophylaktisch [profy'laktɪʃ] *(Med.)* 1. *Adj.* prophylactic. 2. *adv.* prophylactically; as a prophylactic measure

Prophylaxe [profy'laksə] *die*; ~, ~n *(Med.)* prophylaxis

Proportion [propɔr'tsio:n] *die*; ~, ~en *(auch Math., Musik)* proportion

proportional [proportsio'na:l] *(auch Math.)* 1. *Adj.* proportional; **umgekehrt ~ zu ...:** in inverse proportion to ...; *(Math. auch)* inversely proportional to ... 2. *adv.* proportionally; in proportion; *[zu od. mit] einer Sache (Dat.)* in proportion to

proportioniert [proportsio'ni:ɐt] *Adj.* proportioned

Proporz [pro'pɔrts] *der*; ~es, ~e *(Politik)* proportional representation *no art.*; **Ämter im *od.* nach dem ~ besetzen** fill posts in proportion to the number of votes received

Proporz·wahl *die (bes. österr. u. schweiz.) s.* Verhältniswahl

Proppen ['prɔpn̩] *der*; ~s, ~: a) *(nordd.) s.* Pfropfen; b) *(ugs.: Kind)* podge *(coll.)*

proppen·voll *(ugs.) Adj.* jam-packed *(coll.)*

Propst [pro:pst] *der*; ~[e]s, Pröpste [prø:pstə] *(kath., ev. Kirche)* provost

Pro·rektor *der (Hochschulw.)* ≈ pro-vice-chancellor

Prosa ['pro:za] *die*; ~: prose

prosaisch 1. *Adj.* a) *(geh., oft abwertend: nüchtern)* prosaic; plain ⟨*building*⟩; b) *(veralt.: in Prosa abgefaßt)* prose *attrib.* 2. *adv.* *(geh., oft abwertend)* prosaically

Prosaist *der*; ~en, ~en, **Prosaistin** *die*; ~, ~nen prose-writer

Proselyt [proze'ly:t] *der*; ~en, ~en proselyte; ~**en machen** *(geh. abwertend)* proselytize

Pro·seminar *das (Hochschulw.)* introductory seminar course *(for students in their first and second year)*

prosit ['pro:zɪt] *Interj.* your [very good] health; **~ Neujahr!** happy New Year!

Prosit *das*; ~s, ~s toast; **ein ~ dem Geburtstagskind!** here's to the birthday boy/girl!

Prosodie [prozo'di:] *die*; ~, ~n *(Verslehre)* prosody

Prospekt [pro'spɛkt] *der od. (bes. österr.) das* ~[e]s, ~e a) *(Werbeschrift)* brochure; *(Werbezettel)* leaflet; *(Verlags~)* illustrated catalogue; *(nur mit Neuerscheinungen)* seasonal list; b) *(Theater: Bühnenbild)* backdrop; backcloth; c) *(bild. Kunst: Ansicht)* perspective view; d) *(Wirtsch.)* prospectus

prospektiv [prospɛk'ti:f] *Adj.; nicht präd.* prospective

prosperieren [prospe'ri:rən] *itr. V. (geh.)* prosper; ⟨*art, science*⟩ prosper, flourish

Prosperität [prosperi'tɛ:t] *die*; ~ *(geh.)* prosperity

prost [pro:st] *Interj. (ugs.)* cheers *(Brit. coll.)*; **na denn *od.* dann ~!** *(ugs. iron.)* that's brilliant! *(coll. iron.)*; *s. auch* **Mahlzeit**

Prost *das*; ~[e]s, ~e *(ugs.) s.* Prosit

Prostata ['prɔstata] *die*; ~, **Prostatae** ['prɔstatɛ] *(Anat.)* prostate [gland]

prosten *itr. V.* say cheers *(Brit. coll.)*

Prösterchen ['prø:stɐçən] *Interj. (fam.)* cheers *(Brit. coll.)*

prostituieren [prostitu'i:rən] 1. *tr. V. (geh.)* prostitute. 2. *refl. V. (auch fig., geh.)* prostitute oneself; **sich als Künstler ~** *(fig. geh.)* prostitute one's artistic talent

Prostituierte *die/der*; *adj. Dekl.* prostitute

Prostitution [prostitu'tsio:n] *die*; ~ *(auch fig. geh.)* prostitution *no art.*

Proszenium [pro'stse:niʊm] *das*; ~s, **Proszenien** *(Theater)* proscenium

Protagonist [protago'nɪst] *der*; ~en, ~en, **Protagonistin** *die*; ~, ~nen *(geh.)* protagonist

Protegé [prote'ʒe:] *der*; ~s, ~s *(geh.)* protégé

protegieren [prote'ʒi:rən] *tr. V. (geh.)* sponsor; patronize ⟨*artist, composer, etc.*⟩

Protein [prote'i:n] *das*; ~s, ~e *(Biochemie)* protein

Protektion [protɛk'tsio:n] *die*; ~, ~en *(geh.)* patronage *no indef. art.*

Protektionismus *der*; ~ *(Wirtsch.)* protectionism *no art.*

Protektorat [protɛkto'ra:t] *das*; ~[e]s, ~e a) *(geh.: Schirmherrschaft)* patronage; b) *(Völkerr.: Schutzherrschaft, Schutzgebiet)* protectorate

Protest [pro'tɛst] *der*; ~[e]s, ~e a) protest; **[bei jmdm.] ~ gegen jmdn./etw. erheben** *od.* **einlegen** make a protest [to sb.] against sb./sth.; **etw. aus ~ tun** *od.* tun, als *or* in protest; **unter [lautem] ~:** protesting [loudly]; b) *(Finanzw.)* protest; **der Wechsel ist zu ~ gegangen** the bill has been protested; c) *(DDR Rechtsw.)* protest

Protest·aktion *die* protest campaign

Protestant [protɛs'tant] *der*; ~en, ~en, **Protestantin** *die*; ~, ~nen Protestant

protestantisch 1. *Adj.* Protestant. 2. *adv.* **streng ~ erzogen sein** have had a [strict] Protestant upbringing

Protestantismus *der*; ~: Protestantism *no art.*

Protest-: ~**bewegung** *die* protest movement; ~**demonstration** *die* protest demonstration

protestieren 1. *itr. V.* protest, make a protest **(gegen** against, about). 2. *tr. V. (Finanzw.)* protest

Protest-: ~**kundgebung** *die* protest rally; ~**marsch** *der* protest march; ~**note** *die (Dipl.)* protest note; ~**ruf** *der* shout of protest; ~**sänger** *der* protest singer; ~**song** *der* protest song; ~**streik** *der* protest strike; ~**sturm** *der* storm of protest; ~**versammlung** *die* protest meeting; ~**welle** *die* wave of protest

Prothese [pro'te:zə] *die*; ~, ~n a) artificial limb; prosthesis *(Med.)*; b) *(Zahn~)* set of dentures; dentures *pl.*; prosthesis *(Med.)*

Protokoll [proto'kɔl] *das*; ~s, ~e a) *(wörtlich mitgeschrieben)* transcript; *(Ergebnis~)* minutes *pl.*; *(bei Gericht)* record; records *pl.*; *(einer Verhandlung auf diplomatischer Ebene)* protocol; **[das] ~ führen** make a transcript [of the proceedings]; *(bei einer Sitzung Notizen machen)* take *or* keep the minutes; **etw. zu ~ geben/zu ~ geben, daß ...:** make a statement about sth./to the effect that ...; **etw. zu ~ nehmen** take down ⟨*statement etc.*⟩; *(bei Gericht)* enter ⟨*objection, statement*⟩ in the record; b) *(diplomatisches Zeremoniell)* protocol; c) *(Strafzettel)* ticket

Protokollant [protoko'lant] *der*; ~en, ~en, **Protokollantin** *die*; ~, ~nen transcript writer; *(eines Ergebnisprotokolls)* keeper of the minutes; *(bei Gericht)* court reporter

protokollarisch [protokɔ'la:rɪʃ] 1. *Adj.* a) *nicht präd. (in Form, auf Grund eines Protokolls)* on record *postpos.*; *(bei einer Sitzung)* minuted; b) *(das diplomatische Zeremoniell betreffend)* **die ~en Vorschriften** the rules of protocol. 2. *adv.* a) *(in Form, auf Grund eines Protokolls)* **etw. ~ niederschreiben** *(bei einer Sitzung)* take *or* keep the minutes; *(bei Gericht)* take sth. down in the minutes; *(bei Polizei)* enter sth. in the *or* place sth. on record; b) *(das diplomatische Zeremoniell betreffend)* from the point of view of protocol

Protokoll-: ~**chef** *der* Chief of Protocol; ~**führer** *der s.* Protokollant

protokollieren 1. *tr. V.* take down; minute, take the minutes of ⟨*meeting*⟩; minute, record in the minutes ⟨*remark*⟩. 2. *itr. V.* *(bei einer Sitzung)* take *or* keep the minutes; *(bei Gericht)* keep the record; *(bei polizeilicher Vernehmung)* keep a record

Proton [pro:tɔn] *das*; ~s, ~en [-'to:nən] *(Physik)* proton

Proto·plasma [proto'plasma] *das*; *o. Pl. (Biol.)* protoplasm

Proto·typ ['pro:toty:p] *der* a) *(geh.: Inbegriff)* archetype; epitome; b) *(Urform, erste Ausführung, Motorsport)* prototype

Protozoon [proto'tso:ɔn] *das*; ~s, ...**zoen** *(Biol.)* protozoan

Protz [prɔts] *der*; ~en *od.* ~es, ~en *(ugs.)* a) *(Angeber)* swank[pot] *(coll.);* show-off; b) *(Prunk)* swank *(coll.);* show

-protz *der (ugs.)* Bildungs~/Sex[ual]~ *usw.* swank[pot] *(coll.)* when it comes to education/sex *etc.*; **Muskel~:** musclemen

protzen *itr. V. (ugs.)* swank *(coll.);* show off; **mit etw. ~:** show sth. off

Protzerei *die*; ~, ~en *(ugs.)* a) *o. Pl. (das Protzen)* swanking *(coll.);* showing off; b) *(protzige Äußerung)* swanky remark *(coll.)*

protzig *(ugs. abwertend)* 1. *Adj.* swanky *(coll.);* showy. 2. *adv.* swankily *(coll.)*

Provenienz [prove'niɛnts] *die*; ~, ~en *(geh.)* provenance

provenzalisch [provɛn'tsa:lɪʃ] *Adj.* Provençal

Proviant [pro'viant] *der*; ~s, ~e provisions *pl.*; **~ [für die Reise] mitnehmen** take some food for the journey

Provinz [pro'vɪnts] *die*; ~, ~en a) *(Verwaltungsbezirk)* province; b) *o. Pl. (oft abwertend: kulturell rückständige Gegend)* **aus der ~ kommen/in der ~ leben** come from/live in the provinces *pl.*; **finsterste** *od.* **hinterste ~ sein** be terribly provincial

Provinz-: ~**bewohner** *der (oft abwertend)* provincial; ~**blatt** *das (abwertend)* provincial [news]paper; local rag *(derog.)*

Provinzialismus [provɪntsia'lɪsmʊs] *der*; ~, **Provinzialismen** a) *(Sprachw.)* provincialism; b) *o. Pl. (abwertend)* provincialism

provinziell [provɪn'tsiɛl] *(meist abwertend)* 1. *Adj.* provincial; parochial ⟨*views*⟩. 2. *adv.* provincially

Provinzler [pro'vɪntslɐ] *der*; ~s, ~ *(ugs. abwertend)* [narrow-minded] provincial

Provinz-: ~**nest** *das (ugs. abwertend)* provincial backwater; ~**stadt** *die* provincial town

Provision [provi'zio:n] *die*; ~, ~en *(Kaufmannsspr.)* commission; **auf** *od.* **gegen ~ arbeiten** work on a commission basis

provisorisch [provi'zo:rɪʃ] 1. *Adj.* temporary ⟨*accommodation, filling, bridge, etc.*⟩; provisional ⟨*status, capital, etc.*⟩; provisional, caretaker *attrib.* ⟨*government*⟩; provisional, temporary ⟨*measure, regulation, etc.*⟩; **bei uns ist alles noch sehr ~:** everything's still very makeshift in our house/flat *etc.* 2. *adv.* temporarily; **etw. ~ reparieren** do *or* effect a temporary repair on sth.

Provisorium [provi'zo:riʊm] *das*; ~s, **Provisorien** *(geh.)* temporary measure

1388

provokant [provoˈkant] *(geh.) s.* provokativ
Provokateur [provokaˈtøːɐ̯] *der;* ~s, ~e agent provocateur; agitator
Provokation [provokaˈtsi̯oːn] *die;* ~, ~en provocation
provokativ [provokaˈtiːf], **provokatorisch** [provokaˈtoːrɪʃ] *(geh.)* 1. *Adj.* provocative. 2. *adv.* provocatively
provozieren [provoˈtsiːrən] 1. *tr. V.* a) *(herausfordern)* provoke; b) *(auslösen)* provoke; cause ⟨accident, fight⟩. 2. *itr. V.* be provocative; **zum Nachdenken über etw. (Akk.) ~:** provoke people into thinking [about sth.]
Prozedur [protseˈduːɐ̯] *die;* ~, ~en *(auch DV)* procedure
Prozent [proˈtsɛnt] *das;* ~[e]s, ~e a) *nach Zahlenangaben Pl.* ungebeugt *(Hundertstel)* per cent *sing.;* **fünf ~:** five per cent; **ich bin mir zu 90 ~ sicher** I'm 90 per cent certain; **der Plan wurde zu 90 ~ erfüllt** 90 per cent of the plan was fulfilled; **etw. in ~en ausdrücken** express sth. as a percentage; **60 ~ Alkohol enthalten** contain 60 per cent alcohol by volume; **be 105 per cent proof;** b) *Pl. (ugs.: Gewinnanteil)* share *sing.* of the profits; *(Rabatt)* discount *sing.;* **auf etw. (Akk.) ~e bekommen** get a discount on sth.
-prozentig *adj.* -per-cent
Prozent-: **~punkt** *der* percentage point; **~rechnung** *die* percentage calculation; **~satz** *der* percentage; **zu einem beträchtlichen ~satz** to be to a considerable extent
prozentual [protsɛnˈtu̯aːl] 1. *Adj.; nicht präd.* percentage; **der ~e Anteil der Autobesitzer an der Bevölkerung** the percentage of car-owners in the population. 2. *adv.* **~ am Gewinn beteiligt sein** have a percentage share in the profits
Prozeß [proˈtsɛs] *der; Prozęsses, Prozęsse* a) *(Fall)* [court] case; *jmdm. den ~ machen* take sb. to court; **es wurde ihm wegen der Ermordung von X der ~ gemacht** he stood trial charged with the murder of X; **der ~ Meyer gegen Schulze** the case of Meyer versus Schulze; **einen ~ gewinnen/verlieren** win/lose a case or a lawsuit; *s. auch* **anstrengen 2 c; führen 1 c;** b) *(Entwicklung, Ablauf)* process; *(fig.)* **mit jmdm./etw. kurzen ~ machen** *(ugs.)* make short work of sb./sth.; **jetzt wird kurzer ~ gemacht** *(ugs.)* we're going to sort this out once and for all
prozęß-, Prozęß-: **~bevollmächtigte** *der/die (Rechtsspr.)* person with power of attorney in legal proceedings; **~führend** *Adj. (Rechtsspr.)* **die ~führenden Parteien** the litigants; **~gegner** *der (Rechtsspr.)* opposing party
prozessieren *itr. V.* go to court; **mit jmdm. um etw.** *od.* **wegen etw. ~:** be engaged in a court action or lawsuit with sb. about sth.; **gegen jmdn. ~:** bring an action or a lawsuit against sb.; **(seit längerer Zeit)** be engaged in an action or a lawsuit against sb.
Prozession [protsɛˈsi̯oːn] *die;* ~, ~en procession
Prozęß·kosten *Pl.* legal costs
Prozessor [proˈtsɛsɔr] *der;* ~s, ~en [-ˈsoːrən] *(DV)* [central] processor
Prozęß-: **~ordnung** *die (Rechtsw.)* code of procedure; **~rechner** *der (DV)* process-control computer; **~recht** *das; o. Pl. (Rechtsw.)* procedural law; **~vollmacht** *die (Rechtsw.)* power of attorney in legal proceedings; **~wärme** *die (Kerntechnik)* process heat
prüde [ˈpryːdə] *(abwertend)* 1. *Adj.* prudish. 2. prudishly; **~ erzogen worden sein** have had a prudish upbringing
Prüderie [pryːdəˈriː] *die;* ~ *(abwertend)* prudery; prudishness
prüfen [ˈpryːfn̩] *tr. V.* a) *auch itr.* test ⟨pupil⟩ **(in** + *Dat.* in); *(beim Examen)* examine ⟨pupil, student, etc.⟩ **(in** + *Dat.* in); **ein geprüfter Elektrotechniker** a qualified electri-

cian; **mündlich/schriftlich geprüft werden** have an oral/a written test/examination; **Latein/Anatomie ~:** be the examiner for Latin/Anatomy; *jmds.* **Kenntnisse ~:** test sb.'s knowledge; b) *(untersuchen)* examine **(auf** + *Akk.* for); check, examine ⟨device, machine, calculation⟩ **(auf** + *Akk.* for); investigate, look into ⟨complaint⟩; *(testen)* test **(auf** + *Akk.* for); test, inspect ⟨goods, materials, food⟩; test, check ⟨temperature⟩; **einen Fall nochmals ~:** re-examine a case; c) *(kontrollieren)* check ⟨papers, passport, application, calculation, information, correctness, etc.⟩; audit, check, examine ⟨accounts, books⟩; d) *(vor einer Entscheidung)* check ⟨price⟩; examine ⟨offer⟩; consider ⟨application⟩; **drum prüfe, wer sich ewig bindet** *(Spr.)* marry in haste, repent at leisure *(prov.);* e) *(forschend ansehen)* scrutinize; *jmdn.* **~d** *od.* **mit ~den Blicken ansehen** scrutinize sb.; f) *(geh.: großen Belastungen aussetzen)* try; **sie ist vom Leben schwer geprüft worden** her life has been a hard trial; g) *(Sport: stark fordern)* test. 3. *refl. V.* search one's heart
Prüfer *der;* ~s, ~, **Prüferin** *die;* ~, ~nen a) tester; inspector; *(Buch~)* auditor; b) *(im Examen)* examiner
Prüf·gerät *das (Technik)* piece of test equipment; test instrument
Prüfling [ˈpryːflɪŋ] *der;* ~s, ~e examinee; [examination] candidate
Prüf-: **~stand** *der (Technik)* test bed; test stand; **auf dem ~stand** *(fig.)* under the microscope *(fig.);* **~stein** *der* touchstone **(für** for, of); measure **(für** of); **~stück** *das* test-piece; [test] specimen
Prüfung *die;* ~, ~en a) *(Examen)* examination; exam *(coll.);* **eine ~ machen** *od.* **ablegen** take or do an examination; b) *(das* [Über]*prüfen) s.* prüfen b–d: examination; investigation; inspection; *(Kontrolle)* check; *(das Kontrollieren)* checking *no indef. art.;* *(Test)* test; *(das Testen)* testing *no indef. art.;* **klinische ~en** clinical trials; **nach/bei ~ Ihrer Beschwerde** after/on examining or investigating your complaint; **nach nochmaliger ~ Ihres Antrags** on reconsidering your application; c) *(geh.: schicksalhafte Belastung)* trial
Prüfungs-: **~angst** *die* examination phobia; *(im Einzelfall)* examination nerves *pl.;* **~aufgabe** *die* examination; exam *(coll.);* **~aufgabe** *die* problem set in an/the examination; **~aus·schuß** *der* board of examiners; **~ergebnis** *das* examination result; **~kandidat** *der* [examination] candidate; **~ordnung** *die* examination regulations *pl.;* **~termin** *der* date of an/the examination; **~unterlagen** *Pl.* documents required on entering for an/the examination
Prüf·verfahren *das* test procedure
Prügel [ˈpryːgl̩] *der;* ~s, ~ a) *(Knüppel)* stick; b) *Pl. (Schläge)* beating *sing.;* *(als Strafe für Kinder)* hiding *(coll.);* **~ bekommen** *od.* **beziehen** get a hiding *(coll.)* or beating
Prügelei *die;* ~, ~en *(ugs.)* punch-up *(coll.);* fight
Prügel·knabe *der* whipping-boy
prügeln 1. *tr. (auch itr.) V.* beat; **mußt du immer gleich ~?** do you have to resort to beatings straight away? 2. *refl. V.* **sich ~:** fight; **sich mit jmdm. [um etw.] ~:** fight sb. [over or for sth.]
Prügel-: **~strafe** *die* corporal punishment *no art.;* **~szene** *die* a) *(im Film, Theaterstück)* fight scene; b) *(Prügelei)* fight
Prunk [prʊŋk] *der;* ~[e]s splendour; magnificence; *(einer Ausstattung, eines Saales usw. auch)* sumptuousness; *(eines Gebäudes, einer Architektur auch)* magnificence; *(einer Zeremonie)* splendour; pageantry; **~ entfalten** put on a display of splendour

Prunk·bau *der; Pl.* ~bauten magnificent building
prunken *itr. V.* a) be resplendent; **~d** magnificent; b) *(prahlen, sich hervortun)* show off; **mit etw. ~:** flaunt or make a great show of sth.
prunk-, Prunk-: **~stück** *das* showpiece; **~süchtig** *Adj.* ⟨person⟩ with a passion for splendour [and grandeur]; **~voll** 1. *Adj.* magnificent; splendid; 2. *adv.* magnificently; splendidly; magnificently, splendidly, sumptuously *(furnished, decorated)*
prusten [ˈpruːstn̩] *itr. V. (ugs.) (schnauben)* snort; *(keuchen)* puff and blow; **vor Lachen ~:** snort with laughter
PS [peːˈʔɛs] *das;* ~, ~: *Abk.* a) *Pferdestärke* h.p.; b) *Postskript*[*um*] PS
Psalm [psalm] *der;* ~s, ~en psalm
Psalmist *der;* ~en, ~en *(Rel.)* psalmist
Psalter [ˈpsaltɐ] *der;* ~s, ~ a) *(Musik)* psaltery; b) *(Rel.)* psalter
PSchA *Abk. Postscheckamt*
pscht [pʃt] *s.* pst
pseudo-, Pseudo- [ˈpsɔydo-] *(abwertend)* pseudo-
Pseudonym [psɔydoˈnyːm] *das;* ~s, ~e pseudonym; *(eines Schriftstellers)* pseudonym; nom de plume; pen-name
pst [pst] *Interj.* sh; hush
Psyche [ˈpsyːçə] *die;* ~, ~n a) psyche; b) *(österr.: Frisiertoilette)* dressing-table
psychedelisch [psyçeˈdeːlɪʃ] 1. *Adj.* psychedelic. 2. *adv.* psychedelically
Psychiater [psyˈçi̯aːtɐ] *der;* ~s, ~: psychiatrist
Psychiatrie [psyçi̯aˈtriː] *die;* ~, ~n a) *o. Pl.* psychiatry *no art.;* b) *(ugs.) (Abteilung)* psychiatric department; *(Klinik)* psychiatric clinic
psychiatrisch 1. *Adj.; nicht präd.* psychiatric. 2. *adv.* **jmdn. ~ untersuchen/behandeln** give sb. a psychiatric examination/psychiatric treatment
psychisch 1. *Adj.* psychological; psychological, mental ⟨strain, disturbance, process⟩; mental ⟨illness⟩. 2. *adv.* psychologically; **~ gesund/krank sein** be mentally fit/ill; **ein ~ bedingtes Leiden** an illness of psychological origin
psycho-, Psycho- [ˈpsyːço-]: **~analyse** *die* psychoanalysis *no art.;* **~analytiker** *der* psychoanalyst; **~analytisch** 1. *Adj.* psychoanalytical. 2. *adv.* psychoanalytically; **~diagnostik** *die* psychodiagnostics *sing., no art.;* **~drama** *das a) (Literaturw.)* psychological drama; b) *(Psych.)* psychodrama; **~gen** [~ˈgeːn] *(Med., Psych.) Adj.* psychogenic; **~gramm** *das (Psych.)* psychograph; **~krimi** *der* [----] *(ugs.)* psychological thriller; **~loge** [~ˈloːgə] *der;* ~n, ~n psychologist; **~login** *die* psychologist; **~logie** [~loˈgiː] *die;* ~: psychology; **~login** *die* psychologist; **~logisch** 1. *Adj.* a) psychological; b) *(ugs.: psychologisch geschickt)* **das war nicht sehr ~logisch von dir** that wasn't very good psychology on your part; 2. *adv.* psychologically; **~logisch geschickt vorgehen** psychology; **~logisieren** *itr. (auch tr.) V. (abwertend)* psychologize; **~path** [~ˈpaːt] *der;* ~en, ~en, **~pathin** *die;* ~, ~nen psychopath; **~pathie** [~paˈtiː] *die;* ~, ~n psychopathy *no art.;* **~pathisch** 1. *Adj.* psychopathic; 2. *adv.* psychopathically; **~patho·logie** *die* psychopathology *no art.;* **~pharmakon** [~ˈfarmakɔn] *das;* ~s, **~pharmaka** psychotropic drug
Psychose [psyˈçoːzə] *die;* ~, ~n psychosis
psycho-, Psycho-: **~somatisch** *(Med.)* 1. *Adj.* psychosomatic; 2. *adv.* **~somatisch bedingt sein** be of psychosomatic origin *postpos.;* **~terror** ['----] *der* psychological intimidation; **~therapeut** *der* psychotherapist; **~therapeutisch** 1. *Adj.* psychotherapeutic; 2. *adv.* **jmdn. ~therapeutisch behandeln** give sb. psychotherapeutic treatment;

Psychotherapie — **punktgleich**

~**therapie** die psychotherapy *no art.;* ~**thriller** ['----] der psychological thriller
Psychotiker [psy'ço:tike] der; ~s, ~, **Psychotikerin** die; ~, ~nen psychotic
psychotisch *Adj.* psychotic
PTA [pe:te:'la:] die; ~, ~[s] *Abk.* pharmazeutisch-technische Assistentin pharmaceutical-laboratory assistent
ptolemäisch [ptole'mɛːɪʃ] *Adj.; nicht präd.* Ptolemaic
Ptolemäus [ptole'mɛːʊs] *(der)* Ptolemy
PTT *Abk.* Schweizerische Post-, Telefon- und Telegrafenbetriebe *Swiss postal, telephone, and telegraph services*
pubertär [pubɛr'tɛːɐ] 1. *Adj.* pubertal; sein Benehmen ist typisch ~: his behaviour is typical for the age of puberty. 2. *adv.* ~ bedingt caused by puberty *postpos.*
Pubertät [pubɐr'tɛːt] die; ~: puberty; in die ~ kommen reach puberty
pubertieren *itr. V.* reach puberty; ~d pubescent
Publicity [pʌ'blɪsɪtɪ] die; ~: publicity
publicity·scheu *Adj.* publicity-shunning *attrib.;* ~ sein shun publicity
Public Relations ['pʌblɪk rɪ'leɪʃənz] *Pl.* public relations
publik [pu'bliːk] *Adj.* in ~ sein/werden be/become public knowledge; die Sache ist längst ~: that's long been common knowledge; etw. ~ machen make sth. public
Publikation [publika'tsi̯oːn] die; ~, ~en publication
Publikum ['puːblikʊm] das; ~s a) *(Zuschauer, Zuhörer)* audience; *(bei Sportveranstaltungen)* crowd; b) *(Kreis von Interessierten)* public; *(eines Schriftstellers)* readership; c) *(Besucher)* clientele
publikums-, Publikums-: ~**erfolg** der success with the public; ~**liebling** der idol of the public; ~**verkehr** der; *o. Pl.* „heute kein ~verkehr!" 'closed to the public [today]'; ~**wirksam** *Adj.* with public appeal *postpos., not pred.;* ⟨headline⟩ punchy ⟨headline⟩; *(headline)* with a strong appeal; effective, compelling ⟨broadcast⟩; ~**wirksam sein** have public appeal
publizieren [publi'tsiːrən] *tr. (auch itr.) V.* publish; in verschiedenen Fachzeitschriften ~: have articles *or* work published in various journals
Publizist der; ~en, ~en commentator on politics and current affairs; publicist
Publizistik die; ~: mass communications *pl., no art.; (Journalismus)* journalism *no art.*
Publizistin die; ~, ~nen s. Publizist
publizistisch 1. *Adj.* seine ~e Aktivität his journalistic activities *pl.;* die Reise war ein ~er Mißerfolg the trip failed to get the media's attention. 2. *adv.* etw. ~ verbreiten disseminate sth. via the media; ~ tätig sein work in mass communications/as a journalist
Publizität [publitsi'tɛːt] die; ~: publicity
Puck [pʊk] der; ~s, ~s *(Eishockey)* puck
puckern ['pʊkɐn] *itr. V. (ugs.)* throb
Pudding ['pʊdɪŋ] der; ~s, ~e *od.* ~s thick, usually flavoured, milk-based dessert; ≈ blancmange; *s. auch* hauen 2c
Pudding·pulver das ≈ blancmange powder
Pudel ['puːdl] der; ~s, ~ a) *(Hund)* poodle; das war also des ~s Kern *(fig.)* so 'that's what was behind it; wie ein begossener ~ dastehen *(ugs.)* stand there crestfallen; *(nach einer Zurechtweisung)* stand there sheepishly; b) *(ugs.: beim Kegeln)* miss; einen ~ werfen *od.* schießen miss
pudel-, Pudel-: ~**mütze** die bobble *or* pom-pom hat; ~**naß** *Adj. (ugs.)* drenched; soaked to the skin; ~**wohl** *Adv. (ugs.)* sich ~wohl fühlen feel on top of the world
Puder ['puːdɐ] der; ~s, ~: powder
Puder·dose die powder compact

pudern *tr. V.* powder; sich *(Dat.)* die Nase ~: powder one's nose
Puder-: ~**quaste** die powder-puff; ~**zucker** der icing sugar *(Brit.);* confectioners' sugar *(Amer.)*
Puertoricaner [pʊɐrtori'kaːnɐ] der; ~s, ~, **Puertoricanerin** die; ~, ~nen Puerto Rican; *s. auch* -in
puertoricanisch *Adj.* Puerto Rican
puff [pʊf] *Interj.* bang
¹**Puff** der; ~[e]s, Püffe ['pʏfə] *(ugs.)* a) *(Stoß)* thump; *(leichter/kräftiger Stoß mit dem Ellenbogen)* nudge/dig; einen ~ *od.* einige Püffe vertragen [können] *(fig.)* be able to take a few knocks; b) *(Knall)* bang
²**Puff** der *od.* das; ~s, ~s *(salopp: Bordell)* knocking-shop *(Brit. sl.);* brothel
³**Puff** der; ~[e]s, ~e *od.* ~s a) *(Wäsche~)* linen-basket; b) *(Sitzkissen)* pouffe; c) *(veralt.: Bausch)* puff
Puff·ärmel der puff *or* puffed sleeve
puffen *(ugs.)* 1. *tr. (auch itr.) V.* a) *(stoßen)* thump; *(mit dem Ellenbogen)* nudge; dig; ~ und schubsen push and shove; b) *(irgendwohin befördern)* push; shove; *(mit dem Ellenbogen)* elbow; jmdn. zur Seite ~: push *or* shove/elbow sb. aside. 2. *itr. V. ⟨locomotive⟩* puff
Puffer der; ~s, ~ a) *(Vorrichtung)* buffer; b) *s.* Kartoffel-
Puffer-: ~**staat** der buffer state; ~**zone** die buffer zone
Puff-: ~**mutter** die *(salopp)* madam; ~**reis** der puffed rice
puh [puː] *Interj.* ugh; *(erleichtert)* phew
pulen ['puːlən] *(nordd. ugs.)* 1. *itr. V.* pick (an + *Dat.* at); [sich *(Dat.)*] in der Nase ~: pick one's nose. 2. *tr. V.* pick (aus out of); etw. von etw. ~: pick sth. off sth.
Pulk [pʊlk] der; ~[e]s, ~s *od.* ~e a) *(Milit.: Verband)* group; b) *(Menge)* crowd; *(Sport: Hauptfeld)* pack; bunch
Pulle ['pʊlə] die; ~, ~n *(salopp)* bottle; volle ~ *(fig. salopp)* flat out
pullen 1. *itr. V. (Seemannsspr.)* row. 2. *itr. V. (Pferdesport)* pull
pullern ['pʊlɐn] *itr. V. (fam., bes. ostmd.)* pee *(coll.)*
Pulli ['pʊli] der; ~s, ~s *(ugs.),* **Pullover** [pʊ'loːvɐ] der; ~s, ~: pullover; sweater
Pullunder [pʊ'lʊndɐ] der; ~s, ~: slipover
Puls [pʊls] der; ~es, ~e a) pulse; jmds. ~ fühlen/messen feel/take sb.'s pulse; b) *(Elektrot., Nachrichtent.)* pulse
Puls·ader die artery; sich *(Dat.)* die ~n aufschneiden slash one's wrists
pulsen *itr. V. (auch fig.)* pulse
pulsieren *itr. V. (auch fig.)* pulsate; ⟨blood⟩ pulse
Puls-: ~**schlag** der *(auch fig.)* pulse; *(einzelner ~schlag)* beat; ~**wärmer** der wristlet; ~**zahl** die *(Med.)* pulse rate
Pult [pʊlt] das; ~[e]s, ~e a) desk; *(Lese~)* lectern; desk; b) *(Schalt~)* control desk; console
Pulver ['pʊlfɐ] das; ~s, ~ a) powder; b) *(Schieß~)* [gun]powder; das ~ hat er [auch] nicht [gerade] erfunden *(ugs.)* he'll never set the world *or (Brit.)* the Thames on fire; sein ~ verschossen haben *(fig. ugs.)* have shot one's bolt; c) *(salopp: Geld)* dough *(sl.)*
Pülverchen ['pʏlfɐçən] das; ~s, ~ *(spött.)* [medicinal] powder
Pulver-: ~**dampf** der gun-smoke; ~**faß** das barrel of gunpowder; *(kleiner)* powder-keg; auf einem ~ *od.* dem ~faß sitzen *(fig.)* be sitting on a powder-keg *or* on top of a volcano; ~**form** die in in ~form in powder form
pulverisieren *tr. V.* pulverize; powder
Pulver-: ~**kaffee** der instant coffee; ~**kammer** die a) *(Schiffbau)* powder-magazine; b) *(Milit. veralt.)* chamber
pulvern *tr. V.* zuviel Geld in die Rüstung ~: throw money away on arms

Pulver·schnee der powder snow
Puma ['puːma] der; ~s, ~s puma
Pummel ['pʊml] der; ~s, ~ *(ugs.),* **Pummelchen** das; ~s, ~ *(ugs.)* podge
pumm[e]lig ['pʊm(ə)lɪç] *Adj. (ugs.)* chubby
Pump [pʊmp] der; ~s *(salopp)* auf ~: on tick *(coll.)*
Pumpe ['pʊmpə] die; ~, ~n a) pump; b) *(salopp: Herz)* ticker *(joc.)*
pumpen *tr., itr. V.* a) *(auch fig.)* pump; b) *(salopp: verleihen)* lend; jmdm. etw. ~: lend sb. sth.; c) *(entleihen)* borrow; sich *(Dat.)* [bei *od.* von jmdm] etw. ~: borrow sth. from *or (coll.)* off sb.
Pumpen·schwengel der pump-handle
pumpern ['pʊmpɐn] *itr. V. (südd., österr. ugs.)* thump; ⟨heart⟩ thump, pound; ⟨heavy artillery⟩ thud
Pumper·nickel der pumpernickel
Pump·hose die harem trousers *pl.; (veralt.: Knickerbocker)* knickerbockers *pl.*
Pumps [pœmps] der; ~, ~: court shoe
Pump·station die pumping-station
Punier [pu'niːɐ] der; ~s, ~, **Punierin** die; ~, ~nen Phoenician
punisch *Adj.* Punic
Punk [paŋk] der; ~[s], ~s punk
Punker ['paŋkɐ] der; ~s, ~ a) *(Musiker)* punk rocker; b) *(Anhänger)* punk
Punk·rock der; *o. Pl.* punk rock
Punkt [pʊŋkt] der; ~[e]s, ~e a) *(Tupfen)* dot; *(größer)* spot; ein Stoff mit blauen ~en a fabric with blue spots; das ist [nicht] der springende ~ *(fig.)* that's [not] the point; ein dunkler ~ [in jmds. Vergangenheit] a dark chapter [in sb.'s past]; b) *(Satzzeichen)* full stop; period; drei ~e bedeuten eine Auslassung im Zitat three dots mean an omission in the quotation; einen ~ machen *od.* setzen put a full stop; nun mach [aber] mal einen ~! *(fig. ugs.)* come off it! *(coll.);* ohne ~ und Komma reden *(ugs.)* talk nineteen to the dozen *(Brit.);* rabbit *(Brit. coll.)* or talk on and on; c) *(I-Punkt)* dot; den ~ auf dem i vergessen forget to dot the i; etw. auf den ~ genau wissen know sth. quite precisely; *s. auch* i, 1; d) *(Stelle)* point; an einem ~ sein, wo ... *(fig.)* have reached the point *or* stage where ...; ein schwacher/wunder/neuralgischer ~ *(fig.)* a weak/sore/vulnerable *or* sensitive point; die Unterhaltung war/die Verhandlungen waren an einem toten ~ angelangt the conversation had come to a dead stop/the talks had reached deadlock *or* an impasse; ein starker Kaffee half ihm über den toten ~ hinweg a strong coffee helped him to get his second wind; nachmittags um zwei Uhr habe ich meinen toten ~: I'm at my lowest ebb at two o'clock in the afternoon; e) *(Gegenstand, Thema, Abschnitt)* point; *(einer Tagesordnung)* item; in diesem/über diesen ~ on this point; sich in allen ~en einig sein agree on all points; ~ für ~: point by point; etw. auf den ~ bringen sum sth. up; put sth. in a nutshell; jmdn. in allen ~en der Anklage freisprechen acquit sb. on all counts; f) *(Bewertungs~)* point; *(bei einer Prüfung)* mark; nach ~en siegen win on points; ~e sammeln *(fig.)* score points *(bei with);* g) *(Musik)* dot; h) *(Math.)* point; i) *(Zeit~)* point; ist der ~ gekommen, wo ich ...: the moment *or* time has now arrived when I ...; ~ 12 Uhr at 12 o'clock on the dot; j) nach Zahlenangaben ungebeugt *(Druckw.)* point
Pünktchen ['pʏŋktçən] das; ~s, ~: little dot *or* spot; **rote** ~: little red dots *or* spots
punkten *itr. V. (bes. Boxen)* pick up points; score [points]
punkt-, Punkt-: ~**feuer** das *(Milit.)* precision fire; ~**förmig** *Adj.* eine ~förmige Lichtquelle a point source of light; ~**gewinn** der *(Sport, bes. Ballspiele)* sie blieben im Turnier ohne ~gewinn they failed to win any points in the competition; ~**gleich**

1390

Punktgleichheit

Adj. (Sport) level on points *pred.*; ~**gleich stehen** be level on points; **die ~gleichen Teams** the teams on equal points; ~**gleichheit die** (Sport) **bei ~gleichheit** if the same number of points have been scored

punktieren *tr. V.* **a)** (mit Punkten darstellen) dot; **b)** (Med.) puncture; **c)** (Musik) **eine Rolle ~:** transpose individual notes in a vocal part; **d)** *auch itr.* (Musik: verlängern) dot ⟨note⟩

Punktion [pʊŋk'tsi̯oːn] **die;** ~, ~**en** (Med.) puncture

pünktlich ['pʏŋktlɪç] **1.** *Adj.* **a)** punctual; **er ist immer ~:** he's always punctual *or* on time; **der Zug ist ~/nicht ~:** the train is on time/is late; **b)** (veralt.: gewissenhaft genau) meticulous; **2.** *adv.* **a)** punctually; on time; **das Konzert beginnt ~ um 20 Uhr** the concert will begin at 8 o'clock sharp; **~ auf die Minute** punctually to the minute; **b)** (veralt.: gewissenhaft, genau) meticulously

Pünktlichkeit die; ~: punctuality

punkt-, Punkt-: ~**nieder·lage die** (Sport) defeat on points; points defeat; ~**richter der** (Sport) judge; ~**schweißen** *tr., itr. V.; nur Inf. u. 2. Part. gebr.* spot weld; ~**sieg der** (Sport) win on points; points win; ~**spiel das** (Mannschaftssport) league game

punktuell [pʊŋk'tu̯ɛl] **1.** *Adj.* isolated ⟨interventions, checks, approaches, initiatives, etc.⟩; **einige ~e Verbesserungen** improvements in a few matters of detail. **2.** *adv.* **sich mit einem Thema nur ~ befassen** deal only with certain *or* particular points relating to a topic; **Kontrollen wurden nur ~ durchgeführt** only spot checks were carried out

Punktum *Interj.* (veralt.) **in [und damit] ~:** and that's that; and that's final *or* flat

Punkt-: ~**wertung die** points system; ~**zahl die** the score; number of points; (beim Eiskunstlauf) score; [number of] marks

Punsch [pʊnʃ] **der;** ~[e]s, ~e *od.* **Pünsche** ['pʏnʃə] punch

Punze ['pʊntsə] **die;** ~, ~**n a)** (Werkzeug) punch; (zum Gravieren) burin; **b)** (Gütezeichen) hallmark

Pupille [pu'pɪlə] **die;** ~, ~**n** pupil

Püppchen ['pʏpçən] **das;** ~s, ~ **a)** [kleine] Puppe) little doll *or* (child lang.) dolly; **b)** (Kosewort) pet; (niedliches Mädchen) little sweetie (coll.); (hübsches, aber nichtssagendes Mädchen) dolly-bird (Brit. sl.)

Puppe ['pʊpə] **die;** ~, ~**n a) (i)** (Marionette) puppet; marionette; **(ii)** puppet; **die ~n tanzen lassen** *(fig. ugs.)* pull the strings; **(es hoch hergehen lassen)** paint the town red (sl.); **c)** (salopp: Mädchen) bird (sl.); (als Anrede) sweetie (coll.); **d)** (Zool.) pupa; **e)** (ostmd.: aus Getreidegarben) stook; shock; **f)** *in* **bis in die ~n** (ugs.) till all hours

Puppen-: ~**doktor der** (ugs.) doll-repairer; **etw. zum ~doktor bringen** take sth. to the dolls' hospital; ~**gesicht das** babydoll face; ~**haus das** doll's house; dollhouse (Amer.); ~**spiel das a)** puppet theatre; **b)** (Stück) puppet show; ~**spieler der** puppeteer; ~**stube die** doll's house; dollhouse (Amer.); ~**theater das** puppet theatre; ~**wagen der** doll's pram

puppig (ugs.) *Adj.* **a)** niedlich; **b)** (kinderleicht) dead easy

pur [puːɐ̯] *Adj.* **a)** (rein) pure; **b)** (unvermischt) neat; straight; **bitte einen Whisky ~!** a neat whisky, please; **c)** (bloß) sheer; pure; **das ist ~e Wahnsinn** that's sheer *or* pure *or* absolute madness

Püree [py'reː] **das;** ~s, ~s **a)** purée. **b)** *s.* **Kartoffelbrei**

pürieren [py'riːrən] (Kochk.) *tr. V.* purée ⟨potatoes, apples, etc.⟩; (zerstampfen) mash

Purismus der; ~ (Sprachw., Kunstw.) purism

Purist der; ~**en**, ~**en**, **Puristin die;** ~, ~**nen** purist

puristisch 1. *Adj.* purist; puristic. **2.** *adv.* puristically

Puritaner [puri'taːnɐ] **der;** ~s, ~ **a)** Puritan; **b)** (fig.) puritan

puritanisch *Adj.* **a)** Puritan; **b)** (fig.) puritanical

Puritanismus der; ~: Puritanism *no art.*

Purpur ['pʊrpʊɐ̯] **der;** ~s **a)** (Farbton) crimson; **b)** (Gewand) purple

purpur-, Purpur-: ~**farben, ~farbig** *Adj.* crimson; ~**mantel der** crimson *or* purple robe

purpurn, purpur·rot *Adj.* crimson

Purzel·baum der (ugs.) somersault; **einen ~ machen** *od.* **schlagen** do *or* turn a somersault

purzeln ['pʊrtsl̩n] *itr. V.;* **mit sein** (fam.) tumble; **auf dem Eis ~:** fall over on the ice

Puschen ['pʊʃn̩] **der;** ~s, ~ (nordd.) slipper

pushen ['pʊʃn̩] **1.** *tr. V.* **a)** (Drogenjargon) push; **b)** (Journalistenjargon) push. **2.** *itr. V.* (Drogenjargon) be a pusher

Pusher der; ~s, ~ (Drogenjargon) pusher

pusselig *Adj.* (ugs., bes. nordd.) **a)** (Geduld fordernd) fiddly ⟨work, task⟩; **b)** (übergenau) pernickety (coll.); (umständlich) fussy

pusseln ['pʊsl̩n] *itr. V.* (ugs.) potter about; mess about (an + *Dat.* with)

Pußta ['pʊsta] **die;** ~, **Pußten** puszta; steppeland in Hungary

Puste ['puːstə] **die;** ~ (salopp) puff; breath; **ganz aus der od. außer ~ sein** be out of puff; be puffed [out]; *s. auch* **ausgehen 1 b**

Puste-: ~**blume die** (ugs.) dandelion clock; ~**kuchen** *in* [ja *od.* aber] ~**kuchen** (ugs.) (es ist/war nicht der Fall) not a bit of it!; (es hat nicht geklappt) nothing doing!

Pustel ['pʊstl̩] **die;** ~, ~**n** pimple; spot; pustule (Med.)

pusten (ugs.) **1.** *itr. V.* **a)** (blasen) ⟨person, wind⟩ blow; **es pustet draußen ganz schön** (ugs.) there's a fair old wind blowing out there (coll.); **müssen** (ugs.: bei einer Verkehrskontrolle) have to blow into the bag; **b)** (keuchen) puff [and pant *or* blow]. **2.** *tr. V.* (blasen) blow; **jmdm. was od. eins ~** (salopp) tell sb. where to get off (coll.)

Puste·rohr das (ugs.) pea-shooter

putativ [puta'tiːf] *Adj.* (Rechtsspr.) putative

Putativ·notwehr die (Rechtsw.) **in ~ handeln** act in the mistaken belief that one is being attacked

Pute ['puːtə] **die;** ~, ~**n a)** (Truthenne) turkey hen; (als Braten) turkey; **b)** (salopp abwertend: Mädchen, Frau) **eine dumme/extravagante ~:** a silly goose *or* creature/an extravagant creature; **eine eingebildete ~:** a stuck-up little madam

Puter der; ~s, ~ turkeycock; (als Braten) turkey

puter·rot *Adj.* scarlet; bright red

Putsch [pʊtʃ] **der;** ~[e]s, ~e putsch; coup [d'état]

putschen *itr. V.* organize a putsch *or* coup

Putschist der; ~**en**, ~**en** putschist; rebel

Putsch·versuch der attempted putsch *or* coup

Pütt [pʏt] **der;** ~s, ~e *od.* ~s (rhein., westfäl. Bergmannsspr.) pit; mine; **auf dem ~ sein** work in the mine

Putte ['pʊtə] **die;** ~, ~**n** (Kunstwiss.) putto

Putz [pʊts] **der;** ~**es a)** (Baumaterial) plaster; (für Außenmauern) rendering; (Rauh~) roughcast; **eine Wand mit ~ bewerfen** *od.* **verkleiden** plaster/render/roughcast a wall; **die Rohre liegen über ~:** the pipes are exposed; **auf den ~ hauen** *(fig. salopp)* (angeben) boast; (Brit. sl.); **b)** (salopp: Streit) row (coll.); **wenn er spät nach Hause kommt, kriegt er ~ mit seiner Frau** when he gets home late, his wife starts rowing with him;

Pythonschlange

~ machen (salopp) cause aggro (Brit. sl.); **c)** (veralt.: Kleidung) finery

putzen *tr. V.* **a)** (blank reiben) polish; clean; **Schuhe/die Fenster ~:** polish *or* clean one's shoes/clean the windows; **den Teller blank ~** (fig.) clear one's plate; *s. auch* **Klinke a**; **b)** (säubern) clean; groom ⟨horse⟩; [sich (Dat.)] **die Zähne/die Nase ~:** clean *or* brush one's teeth/blow one's nose; **er putzte seinem Kind die Nase** he wiped his child's nose; **sich ~** ⟨cat⟩ wash itself; ⟨bird⟩ preen itself; **c)** *auch itr.* (bes. rhein., südd., schweiz.: saubermachen) clean ⟨room, shop, etc.⟩; **~ gehen** work as a cleaner *or* (Brit.) char[woman]; **d)** (zum Essen, Kochen vorbereiten) wash and prepare ⟨vegetables⟩; **e)** (Sportjargon: besiegen) beat; **f)** (beschneiden) trim ⟨wick, lamp, candle⟩; **g)** (österr.: chemisch reinigen) [dry-]clean; **etw. ~ lassen** take sth. to the [dry-]cleaners; **h)** (veralt.: schmücken) dress ⟨person⟩ up; decorate ⟨Christmas tree etc.⟩; **sich ~:** dress [oneself] up; **i)** *auch itr.* (veralt.: zieren) decorate; adorn; **deine Schleife putzt aber ungemein!** your ribbon makes you look really pretty!

Putzerei die; ~, ~**en a)** (ugs. abwertend: das Putzen) [obsessive] cleaning; **b)** (österr.: Reinigungsanstalt) dry cleaner's

Putz-: ~**fimmel der** *o. Pl.* (ugs. abwertend) mania for cleaning; ~**frau die** cleaner; char[lady] (Brit.)

putzig (ugs.) **1.** *Adj.* **a)** (entzückend) sweet; cute (Amer.); **b)** (possierlich) funny; comical; **c)** (seltsam) funny; peculiar. **2.** *adv.* **a)** (entzückend) sweetly; cutely (Amer.); (possierlich) comically; **b)** (seltsam) peculiarly

putz-, Putz-: ~**lappen der** [cleaning-]rag; cloth; ~**macherin die;** ~, ~**nen** milliner; ~**mittel das** cleaning agent; ~**munter** *(ugs.)* **1.** *Adj.* chirpy (coll.); perky; ~**munter sein** be as bright as a button; **2.** *adv.* chirpily (coll.); perkily; ~**tuch das;** *Pl.* ~**tücher** cloth; (Lappen) [cleaning-]rag; ~**wolle die** cotton waste

puzzeln ['pazl̩n] *itr. V.* do jigsaw puzzles/a jigsaw [puzzle]

Puzzle ['pazl̩] **das;** ~s, ~s, **Puzzle·spiel das** jigsaw [puzzle]

PVC [peːfauˈtseː] **das;** ~[s] *Abk.* Polyvinylchlorid PVC

Pygmäe [pʏˈgmɛːə] **der;** ~**n**, ~**n** pygmy

pygmäenhaft *Adj.* pygmy-like

Pyjama [pyˈdʒaːma] **der** (österr., schweiz. auch: **das**); ~s, ~s pyjamas *pl.*

Pyjama·hose die pyjama trousers *pl.*

Pykniker ['pʏknikɐ] **der;** ~s, ~ (Med., Anthrop.) stocky person; pyknic *as tech. term*

pyknisch *Adj.* (Med., Anthrop.) stocky; pyknic *as tech. term*

Pylon [py'loːn] **der;** ~**en**, ~**en**, **Pylone die;** ~, ~**n a)** (Tempeleingang) pylon; **b)** (bei Brücken) [suspension-bridge] tower; **c)** (Straßenmarkierung) traffic cone

Pyramide [pyra'miːdə] **die;** ~, ~**n** pyramid

pyramiden·förmig *Adj.* pyramidal; pyramid-shaped

Pyrenäen [pyreˈnɛːən] *Pl.* Pyrenees

Pyrenäen·halb·insel die Iberian Peninsula

pyro-, Pyro- [pyro-]: ~**mane** [~ˈmaːnə] **der;** ~**n**, ~**n** (Med., Psych.) pyromaniac; ~**manie die;** *o. Pl.* (Med., Psych.) pyromania; ~**manin die;** ~, ~**nen** *s.* ~**mane**; ~**techniker der** fireworks expert; pyrotechnist

Pyrrhus·sieg ['pyrʊs-] **der** (geh.) Pyrrhic victory

pythagoräisch [pytagoˈrɛːɪʃ] *s.* **pythagoreisch**

Pythagoras [pyˈtaːgoras] **(der)** Pythagoras

pythagoreisch [pytagoˈreːɪʃ] *Adj.; nicht präd.* Pythagorean; **der ~e Lehrsatz** (Geom.) Pythagoras' theorem

Python ['pyːtɔn] **der;** ~s, ~s *od.* ~**en** [pyˈtoːnən], **Python·schlange die** python

q, Q — Quartal

q, Q [kuː] das; ~, ~ q, Q; **das Gütezeichen Q** (DDR) the grade A marking; s. auch **a, A**
qm Abk. Quadratmeter sq. m.
qua [kva] (geh.) **1.** Präp., meist mit ungebeugtem Substantiv **a)** auch mit Gen. (mittels) by means of; **b)** (gemäß) in accordance with; (kraft) by virtue of; ~ **Herkunft** by virtue of its/their etc. origins. **2.** Konj. (als) ~ **Beamter** [in his function] as an official
quabbelig ['kvabəlɪç], **quabblig** Adj. (nordd.) jelly-like ⟨frog-spawn⟩; (weich und dick) flabby, podgy ⟨face⟩
quackeln ['kvakn̩] (bes. nordd. ugs.) **1.** itr. V. chatter; (dauernd) natter on (Brit. coll.). **2.** tr. V. **dummes Zeug** ~: talk drivel
Quacksalber ['kvakzalbɐ] der; ~s, ~ (abwertend) quack [doctor]
Quacksalberei die; ~, ~en (abwertend) quackery
Quaddel ['kvadl̩] die; ~, ~n [irritating] spot
Quader ['kvaːdɐ] der; ~s, ~ od. (österr.:) ~ **a)** (Steinblock) ashlar block; [rectangular] block of stone; **b)** (Geom.) rectangular parallelepiped; cuboid
Quader·stein der s. **Quader a**
Quadrant [kva'drant] der; ~en, ~en (Geom., Geogr. Astron., Math.) quadrant
¹**Quadrat** [kva'draːt] das; ~[e]s, ~e **a)** (Geom.) square; **6 cm im** ~: 6 cm. square; **b)** (Math.: zweite Potenz) square; **eine Zahl ins** ~ **erheben** square a number; **drei im** od. **zum** ~: three squared; **Pech/Glück im** ~ (ugs.) terrible [bad] luck/terrific luck (coll.); **c)** (bebaute Fläche) block [of houses]; **ums** ~ **gehen** walk round the block
²**Quadrat** das; ~[e]s, ~en (Druckw.) quadrat
quadrat-, Quadrat- square ⟨kilometre etc.⟩
quadratisch Adj. **a)** square; **b)** (Math.) quadratic
Quadrat-: ~**latschen** der (salopp) **a)** ⟨Schuh⟩ dirty great shoe (sl.); **b)** (Pl.: Füße) dirty great feet (sl.); ~**meter** der od. das square metre; **unsere Wohnung hat 92** ~**meter** our flat (Brit.) or (Amer.) apartment has 92 square metres of floor space; ~**schädel** der **a)** (ugs.: Kopf) dirty great nut (sl.); **b)** (ugs. abwertend: sturer Mensch) mule; pig-headed type
Quadratur [kvadra'tuːɐ] die; ~, ~en (Math., Astron.) quadrature; **die** ~ **des Zirkels** (geh.) the achievement of the impossible
Quadrat-: ~**wurzel** die (Math.) square root (aus of); ~**zahl** die square number
quadrieren (Math.) **1.** tr. V. square. **2.** itr. V. square numbers
Quadriga [kva'driːga] die; ~, **Quadrigen** quadriga
Quadrille [ka'drɪljə] die; ~, ~n (Tanz, Musik) quadrille
Quadrillion [kvadrɪ'li̯oːn] die; ~, ~en quadrillion (Brit.); septillion (esp. Amer.)
quadro-, Quadro- ['kva:dro-] quadraphonic ⟨system, effect, sound, etc.⟩
quadro·phon (Akustik) **1.** quadraphonic. **2.** adv. in quad[raphony]
Quadro·phonie die; ~ (Akustik) quadraphony
Quai [keː] der od. das; ~s, ~s (schweiz.) **a)** s. **Kai**; **b)** (Uferstraße) embankment [road]
quak Interj. ~! (von Enten) quack!; (von Fröschen) croak!

quaken ['kvaːkn̩] itr. V. ⟨duck⟩ quack; ⟨frog⟩ croak; (fig. abwertend) ⟨person, radio⟩ squawk
quäken ['kvɛːkn̩] **1.** tr. V. squawk; bawl out ⟨song⟩. **2.** itr. V. **a)** (unangenehm tönen) ⟨voice⟩ squawk; (kreischen) screech; ⟨radio⟩ blare; **b)** (klagen) ⟨child⟩ whine, whinge
Quäker ['kvɛːkɐ] der; ~s, ~, **Quäkerin** die; ~, ~nen Quaker
Qual [kvaːl] die; ~, ~en **a)** o. Pl. torment; agony no indef. art.; [**für jmdn.**] **eine** ~/**eine einzige** ~ **sein** be agony or torment/one long torment for sb.; **er macht uns** (Dat.) **das Leben/den Aufenthalt zur** ~: he's making our lives pl./our stay a misery; **er hat die** ~ **der Wahl** (scherzh.) he is spoilt for choice; **b)** meist Pl. (Schmerzen) agony; ~ **en pain** sing.; agony sing.; (seelisch) torment sing.; **jmds.** ~**en lindern** ease sb.'s pain or suffering; **jmdn. von seinen** ~**en erlösen** put sb. out of his/her agony; **unter [schlimmsten]** ~**en sterben** die in [the most terrible] agony; **jmdm.** [**große**] ~**en bereiten** cause sb. [great] pain; torment sb.; **er konnte sein letztes Werk nur unter** ~**en vollenden** he could only complete his last work in great pain or suffering
quälen ['kvɛːlən] **1.** tr. V. **a)** (körperlich, seelisch) torment ⟨person, animal⟩; maltreat, be cruel to ⟨animal⟩; (foltern) torture; ~**de Schmerzen** agonizing or excruciating pain sing.; **ihn quälte der Gedanke[, daß ...]** he was tormented by the thought [that ...]; ~**de Ungewißheit** agonizing uncertainty; **b)** (plagen) ⟨cough etc.⟩ plague; (belästigen) pester; s. auch **gequält**. **2.** refl. V. **a)** (leiden) suffer; **sich sehr** ~: suffer greatly; suffer agonies; **b)** (sich abmühen) struggle; **sich durch ein Buch** ~: struggle through a book
Quälerei die; ~, ~en **a)** torment; (Folter) torture; (Grausamkeit) cruelty; **Tierversuche sind [eine] reine** ~: animal experiments are simply cruel; **b)** (das Belästigen) pestering; **c)** o. Pl. (ugs.: große Anstrengung) **das Treppensteigen ist eine** ~ **für ihn** climbing stairs is a terrible struggle for him
quälerisch (geh.) Adj. agonizing
Quäl·geist der; Pl. ~**er** (fam.) pest
Qualifikation [kvalifika'tsi̯oːn] die; ~, ~**en a)** s. **Qualifizierung**; **b)** (Befähigung) capability; **c)** (Sport) qualification; (Wettkampf zur ~) qualifier; qualifying round; **sie schafften die** ~ **für die Endrunde** they managed to qualify for the final round
Qualifikations-: ~**runde** die (Sport) qualifying round; ~**spiel** das (Sport) qualifier, qualifying match ⟨zu, für for⟩
qualifizieren [kvalifi'tsiːrən] **1.** refl. V. **a)** (sich bilden) gain qualifications; **sich für einen Posten/zum Facharbeiter** ~: gain the qualifications needed for a post/to be a skilled worker; **b)** (Sport) qualify. **2.** tr. V. **a)** (bes. DDR) (ausbilden) jmdn. [**zu etw.**] ~: train sb. [to be sth.]; (weiterbilden) give sb. further training [for sth.]; **b)** (befähigen) qualify; **seine Berufserfahrung qualifiziert ihn auch als Abteilungsleiter** his experience gives him the necessary qualifications for the post of departmental manager
qualifiziert 1. 2. Part. v. **qualifizieren**. **2.** Adj. **a)** ⟨work, post⟩ requiring particular qualifications; (sachkundig) competent; skilled ⟨work⟩; ~**e Mitbestimmung** (Wirtsch.) full participation by employees in decision-making; ~**e Straftat** (Rechtsw.) aggravated offence; s. auch **Mehrheit**. **3.** adv. (sachkundig) competently
Qualifizierung die; ~, ~**en a)** (Ausbildung) training; (erworbene Qualifikation) qualifications pl.; **b)** (bes. DDR: Weiterbildung) further training
Qualität [kvali'tɛːt] die; ~, ~**en a)** quality; **Waren guter/schlechter/erster** ~: goods of high/low/prime quality; ~ **kaufen** buy quality goods; **b)** (Textilw.) material no pl.; schwere ~**en** heavy fabrics; **c)** (Schach) **die** ~ **gewinnen** win the exchange
qualitativ [kvalita'tiːf] **1.** Adj. qualitative; ⟨difference, change⟩ in quality. **2.** adv. with regard to quality; ~ **gut** good-quality; of good quality postpos.; ~ **besser werden** improve in quality
qualitäts-, Qualitäts-: ~**arbeit** die high-quality workmanship; ~**bewußt** Adj. quality-conscious; ~**erzeugnis** das quality product; ~**kontrolle** die quality control; ~**unterschied** der difference in quality; ~**ware** die ~**ware[n]** quality goods pl.; ~**wein** der [high-]quality wine (from a recognized growing area, and made with a permitted type of grape)
Qualle ['kvalə] die; ~, ~n jellyfish; ~**n** jellyfish
quallig Adj. s. **quabbelig**
Qualm [kvalm] der; ~[e]s **a)** [thick] smoke; ⟨~wolken⟩ clouds of [thick] smoke; **b)** (bes. nordd.: Dampf) steam
qualmen 1. itr. V. **a)** give off clouds of [thick] smoke; **aus dem Kamin qualmt es** clouds of [thick] smoke are coming from the fireplace; ~**de Schornsteine** chimneys belching [thick] smoke; **b)** (ugs.: rauchen) puff away. **2.** tr. V. (ugs.: rauchen) puff away at ⟨cigarette etc.⟩
qualmig Adj. (ugs.) thick with smoke postpos.; smoke-filled
qual·voll 1. Adj. agonizing; **einen** ~**en Tod sterben** die in great pain. **2.** adv. agonizingly; ~ **sterben** die in great pain
Quant [kvant] das; ~s, ~en (Physik) quantum
quanteln ['kvantl̩n] tr. V. (Physik) quantize
¹**Quanten** Pl. s. **Quant, Quantum**
²**Quanten** Pl. (salopp) dirty great feet (sl.)
Quanten-: ~**mechanik** die quantum mechanics sing., no art.; ~**sprung** der (Physik, fig.) quantum leap; ~**theorie** die (Physik) quantum theory no art.
quantifizierbar Adj. quantifiable
quantifizieren [kvantifi'tsiːrən] quantify
Quantität [kvanti'tɛːt] die; ~, ~**en** quantity; (Zahl) number
quantitativ [kvantita'tiːf] **1.** Adj. quantitative. **2.** adv. quantitatively
Quantum ['kvantʊm] das; ~s, **Quanten** quota (**an** + Dat. of); (Dosis) dose; **mein tägliches** ~ **Kaffee** my daily quota or (joc.) dose of coffee; **ein gehöriges** ~ **Glück** (fig.) a good helping or big slice of luck
Quappe ['kvapə] die; ~, ~n **a)** ⟨Fisch⟩ burbot; **b)** ⟨Kaul~⟩ tadpole
Quarantäne [karan'tɛːnə] die; ~, ~n quarantine; **über jmdn./etw.** ~ **verhängen** put sb./sth. under quarantine; **unter** ~ **stellen** put into quarantine; **unter** ~ **stehen** be in quarantine
Quarantäne·station die isolation ward
Quargel ['kvarg'l] der od. das; ~s, ~ (österr.) soft, smelly sour-milk cheese
¹**Quark** [kvark] der; ~**s a)** quark; (sour skim milk) curd cheese; **b)** (ugs. abwertend: Quatsch) twaddle; piffle (sl.); **so ein** ~! what a load of rubbish!; **sich über jeden** ~ **aufregen** make a fuss about every tiny or (sl.) piffling detail; **seine Nase in jeden** ~ **stecken** poke one's nose in everywhere
²**Quark** [kvaːk] das; ~s, ~s (Physik) quark
Quark·speise die quark dish
¹**Quart** [kvart] die; ~, ~en **a)** (Musik) quarte; **b)** (Fechten) quart
²**Quart** das; ~s, ~e **a)** (hist.: Hohlmaß) (in Preußen) quart; (in Bayern) ≈ half-pint; **b)** o. Pl. (Buchw.) quarto
Quarta ['kvarta] die; ~, **Quarten** (Schulw.) **a)** (veralt.) third year (of a Gymnasium); **b)** (österr.) fourth year (of a Gymnasium)
Quartal [kvar'taːl] das; ~s, ~e quarter [of the year]; **in diesem/im nächsten** ~: this quarter/next quarter

quartal[s]-, Quartal[s]-: ~ende das end of a/the quarter; ~säufer der *(ugs.)* periodic boozer *(coll.)*; ~weise *Adv.* quarterly
Quartaner [kvar'taːnɐ] *der*; ~s, ~, **Quartanerin** *die*; ~, ~nen *(Schulw.)* a) *(veralt.)* pupil in the third year *(of a Gymnasium)*; b) *(österr.)* pupil in the fourth year *(of a Gymnasium)*
Quartär [kvar'tɛːɐ̯] *das*; ~s *(Geol.)* Quaternary [Period]
Quart·band *der*; *Pl.* ~bände quarto volume
Quarte *die*; ~, ~n *(Musik)* fourth
Quarten *s.* ¹**Quart, Quarta, Quarte**
Quartett [kvar'tɛt] *das*; ~[e]s, ~e a) quartet; **ein kriminelles ~**: a quartet of criminals; [a gang of] four criminals; b) *o. Pl.* *(Spiel)* card-game in which one tries to get sets of four; ≈ Happy Families; c) *(Spielkarten)* pack for *Quartett*; *(Satz von vier Spielkarten)* set of four *Quartett* cards; d) *(Verslehre)* quatrain
Quart·format *das (Buchw.)* quarto
Quartier [kvar'tiːɐ̯] *das*; ~s, ~e a) *(Unterkunft)* accommodation *no indef. art.*; accommodations *pl.*; **~ für** place to stay; *(Mil.)* quarters *pl.*; **die ~e der Truppen/der Athleten** the troops'/athletes' quarters; **ein billiges ~**: somewhere cheap to stay; **bei jmdm. ~ beziehen** put up *or* move in with sb.; **in einer Schule in ~ liegen** *(Milit. veralt.)* be quartered *or* billeted in a school; b) *(bes. schweiz., österr.: Stadtviertel)* quarter; district
Quartier·macher *der (Milit. veralt.)* billeting officer
Quart·sext·akkord *der (Musik)* six-four chord
Quarz [kvaːɐ̯ts] *der*; ~es, ~e a) *(Mineral.)* quartz; b) *(~kristall)* quartz crystal
quarz·gesteuert *Adj.* quartz ⟨clock, watch⟩; crystal-controlled ⟨transmitter⟩
Quarz·glas *das*; *o. Pl.* quartz glass
Quarzit [kvar'tsiːt] *der*; ~s, ~e *(Geol., Mineral.)* quartzite
Quarz-: ~**kristall** *der* quartz crystal; ~**lampe** *die* quartz lamp; ~**steuerung** *die (Elektrot.)* [quartz-]crystal control; ~**uhr** *die* quartz clock; *(Armbanduhr)* quartz watch
Quasar [kva'zaːɐ̯] *der*; ~s, ~e *(Astron.)* quasar
quasi ['kvaːzi] *Adv.* [so] ~: more or less; *(so gut wie)* as good as; *(fast)* almost
quasi-, Quasi- *(fast)* Quasi-⟨military, religious, philosopher⟩; *(fast)* semi-⟨automatic, official⟩
Quasselei *die*; ~, ~en *(ugs.)* [constant] prattling *or* jabbering
quasseln ['kvasl̩n] *(ugs.)* **1.** *itr. V.* chatter; rabbit on *(Brit. sl.)* *(von etw.)*. **2.** *tr. V.* spout, babble ⟨*nonsense*⟩; **hör nicht auf sein Quasseln** don't listen to his blather *or* waffle
Quassel·strippe *die* a) *(ugs. scherzh.: Telefon)* blower *(Brit. coll.)*; b) *(ugs. abwertend: Schwätzer)* chatterbox
Quaste *die*; ~, ~n a) *(Troddel; auch fig.)* tassel; b) *(nordd.) s.* **Quast**
Quästur [kvɛs'tuːɐ̯] *die*; ~, ~en *(bes. Hochschulw.)* bursar's office
Quatsch [kvatʃ] *der*; ~[e]s a) *(ugs. abwertend: dumme Äußerung)* rubbish; **~ mit Soße** *(salopp)* absolute rubbish; stuff and nonsense *(coll.)*; **so ein ~!** what rubbish!; b) *(ugs. abwertend: dumme Handlung)* nonsense; *(ugs.: Unfug)* messing about; **laß den ~!** stop that nonsense; stop messing about; **mach keinen ~**: don't do anything stupid; c) *(ugs. Jux)* lark *(coll.)*; **die Kinder haben nur ~ gemacht** the children were just larking about *(coll.)* *or* fooling around; **das habe ich aus ~ gesagt** I said it for a laugh; d) *(ugs.: wertloser Gegenstand)* trashy thing; *(wertloses Zeug)* trash *no indef. art.*

quatschen 1. *itr. V.* a) *(ugs.: dumm reden)* rabbit on *(Brit. coll.)*; blather; *(viel reden)* chatter; natter *(Brit. coll.)*; **im Unterricht ~**: chatter in class; b) *(ugs.: klatschen)* gossip; **es wird so viel gequatscht** there is so much gossip; c) *(ugs.: klatschen, berichten)* blab; open one's mouth; d) *(ugs.: sich unterhalten)* [have a] chat *or (coll.)* natter *(mit with)*; *(ugs.: reden)* talk *(mit* to); **laß ihn erst mal ~**: let him say his bit *(coll.)*; e) *(landsch.: ein klatschendes Geräusch verursachen)* squelch. **2.** *tr. V.* a) *(ugs.: äußern)* spout ⟨*nonsense, rubbish*⟩; **was hast du da wieder gequatscht?** what sort of rubbish have you been talking?; b) *(salopp)* **jmdn. dämlich ~**: talk sb.'s head off
Quatsch·kopf *der (salopp)* stupid chatterbox; *(Schwätzer, Schwafler)* windbag
quatsch·naß *Adj. (ugs.)* sopping wet
Queck·silber ['kvɛk-] *das* mercury; *(fig.)* quicksilver; **~ im Leib** *od.* **im Hintern haben** *(fig. ugs.)* have ants in one's pants *(sl.)*
quecksilber-, Quecksilber-: ~**haltig** *Adj.* containing mercury *postpos., not pred.*; ~**haltig sein** contain mercury; ~**säule** *die* [column of] mercury; ~**vergiftung** *die* mercury poisoning
queck·silbrig *Adj.* a) silvery; b) *(fig.: unruhig)* fidgety
Quell [kvɛl] *der*; ~[e]s, ~e *(geh.)* spring; *(fig.: Ursprung)* source; fount *(poet.)*
Quell·bewölkung *die (Met.)* cumulus clouds *pl.*
Quelle ['kvɛlə] *die*; ~, ~n a) spring; *(eines Baches, eines Flusses)* source; b) *(fig.)* source; **die ~ der Weisheit** the fount of wisdom *(poet.)*; **eine Mitteilung aus zuverlässiger ~**: a piece of information from a reliable source; **an der ~ sitzen** *(ugs.)* *(für Informationen)* have access to inside information; *(für günstigen Erwerb)* be at the source of supply
¹**quellen** *unr. itr. V.; mit sein* a) *(hervordringen)* ⟨liquid⟩ gush, stream; *(aus der Erde)* well up; ⟨smoke⟩ billow; ⟨crowd⟩ stream, pour; *(fig.)* ⟨tears⟩ well up; b) *(sich wölben)* bulge; **die Augen quollen ihm [fast] aus dem Kopf** his eyes nearly popped out [of his head]; *(ich ausdehnen)* swell [up]
²**quellen** *tr. V.* (~ *lassen*) soak ⟨*peas, beans*⟩; steep ⟨*barley*⟩
Quellen-: ~**an·gabe** *die* reference; ~**forschung** *die* source research; ~**nachweis** *der s.* ~**angabe**; ~**sammlung** *die* collection of source materials; ~**steuer** *die (Finanzw.)* tax deducted at source; ~**studium** *das* study of [the] sources; ~**verzeichnis** *das* list of references
Quell-: ~**fluß** *der (Geogr.)* headstream; ~**gebiet** *das (Geogr.)* headwater region; ~**wasser** *das*; *Pl.* ~**wasser** spring water
Quengelei *die*; ~ *(ugs.)* nagging; pestering
quengelig *(ugs.)* **1.** *Adj.* whining; fretful; ~ **werden** start whining *or (coll.)* grizzling. **2.** *adv.* in a whining voice; fretfully
quengeln ['kvɛŋl̩n] *itr./tr. (auch tr.) V. (ugs.)* a) *(weinen)* ⟨baby⟩ whimper, *(coll.)* grizzle; b) *(drängen)* nag; c) *(nörgeln)* carp
Quentchen ['kvɛntçən] *das*; ~s, ~ *(veralt.)* scrap; **ein ~ Salz** a pinch of salt; **kein ~**: not an iota; **ein ~ Glück** *(fig. geh.)* a little bit of luck; **dieses ~ Hoffnung** *(fig. geh.)* this glimmer of hope
quer [kveːɐ̯] *Adv.* sideways; crosswise; *(schräg)* diagonally; at an angle; ~ **zu etw.** at an angle to sth.; *(rechtwinklig)* at right angles to sth.; **der Wagen steht ~ auf der** *od.* **zur Fahrbahn** the car is standing sideways across the road; **das Blatt/den Stoff ~ legen** lay the sheet/material crosswise; **die Streifen verlaufen ~** the stripes are diagonal/ *(horizontal)* horizontal; ~ **auf dem Bett liegen** lie across the bed; ~ **durch/über** (+ *Akk.*) straight through/across; ~ **über die Straße gehen** go straight across the

road; *(schräg)* cross the road at an angle; ~ **durch Amerika fahren** travel right across America; ~ **durch die Parteien** *(fig.)* across all party boundaries
quer-, Quer-: ~**achse** *die* transverse axis; ~**balken** *der* a) cross-beam; *(kleiner)* cross-piece; b) *(Musik)* stroke; ~**beet** *Adv. ugs.* (~*feldein*) across country; *(ohne Ziel)* at random; *(fig.: überall)* everywhere and anywhere; ~**denker** *der* lateral thinker; ~**durch** [-'-] *Adv.* straight through [the middle of] it/them
Quere *die* in **jmdm./sich in die ~ kommen** *od.* **geraten** *(jmdn. behindern)* bump into sb./one another *(coll.)*; **jmdm. in die ~ kommen** *od.* **geraten** *(fig.: jmdn. behindern)* get in sb.'s way *(coll.)*; **jmdm./einem Auto/einem Flugzeug in die ~ geraten** cross sb.'s path/the path of a car/an aircraft
Querele [kve're:lə] *die*; ~, ~n; *meist Pl.* *(geh.)* squabble, wrangle (**um** about, over)
queren *tr. V. (geh.)* cross
quer·feld·ein *Adv.* across country
Querfeldein-: ~**lauf** *der (Wettbewerb)* cross-country [race]; *(Sportart)* cross-country running; ~**rennen** *das (Wettbewerb)* cross-country [cycle] race; *(Sportart)* cyclo-cross *no def. art.*
quer-, Quer-: ~**flöte** *die* transverse flute; ~**format** *das* landscape format; *(Bild/ Buch)* picture/book in landscape format; ~**gestreift** *Adj.* diagonally striped; *(horizontal)* horizontally striped; ~**kopf** *der (ugs.)* awkward cuss *(coll.)*; *(komischer Kauz)* oddball *(coll.)*; ~**köpfig** *Adj.* awkward; perverse; ~**lage** *die (Med.)* transverse presentation; ~**latte** *die* horizontal slat; *(Fuß-, Handball)* crossbar; ~**legen** *refl. V. (ugs.)* make difficulties; *(hartnäckig)* dig in one's heels; ~**paß** *der (Fuß-, Handball)* crossfield pass; cross; lateral pass *(Amer.)*; ~**richtung** *die* transverse direction; **in [der] ~richtung** transversely; crosswise *(schräg)* diagonally; ~**ruder** *das (Flugw.)* aileron; ~|**schießen** *unr. itr. V. (ugs.)* put a spanner in the works *(coll.)*; ~**schiff** *das (Archit.)* transept; ~**schläger** *der (Geschoß)* deflected shot; ricochet; ~**schnitt** *der* a) cross-section; **im ~schnitt** in cross-section; b) *(Auswahl)* selection *(durch* from); **ein repräsentativer ~schnitt der Wähler** a representative cross-section of voters; ~**schnitt[s]·gelähmt** *Adj. (Med.)* paraplegic; ~**schnitt[s]·gelähmte** *der/die (Med.)* paraplegic; ~**schnitt[s]·lähmung** *die*; *o. Pl. (Med.)* paraplegia *no indef. art.*; paraplegic condition; ~**schuß** *der (ugs.)* spanner in the works *(coll.)*; ~**schüsse gegen jmds. Politik** attempts at obstructing sb.'s policies; ~**straße** *die (Abzweigung)* turning; *(Nebenstraße)* side-street; **die zweite ~straße links** the second turning on the left; ~**streifen** *der* diagonal stripe; *(horizontal)* horizontal stripe; ~**summe** *die (Math.)* sum of the digits *(von, aus of)*; **eine Zahl, deren ~summe 19 ergibt** a number the sum of whose digits is 19; ~**treiber** *der (ugs. abwertend)* trouble-maker
Querulant [kveru'lant] *der*; ~en, ~en, **Querulantin** *die*; ~, ~nen *(abwertend)* malcontent
Quer-: ~**verbindung** *die* connection, link *(zu* with); *(Verkehrsw.)* cross-country route; *(direkte Verbindung)* direct connection; ~**verweis** *der (Buchw.)* cross-reference
¹**Quetsche** ['kvɛtʃə] *die*; ~, ~n *(bes. südd., westmd.) s.* **Zwetsche**
²**Quetsche** *die*; ~, ~n a) *(bes. nordd.)* potato-crusher; b) *(ugs. abwertend: Ort, Betrieb)* miserable hole
quetschen 1. *tr. V.* a) crush ⟨*person, limb, thorax*⟩; **sich** *(Dat.)* **den Arm/die Hand ~**: get one's arm/hand caught; **sich** *(Dat.)* **den Finger/die Zehe ~**: pinch one's finger/toe;

1393

b) *(drücken, pressen)* squeeze, squash **(gegen, an** + *Akk.* against, **in** + *Akk.* into); *(bes. nordd.: auspressen)* squeeze *(juice)* (aus out of); **ein paar Zeilen an den Rand ~** *(ugs.)* squeeze a few lines into the margin; **c)** *(bes. nordd.: zerdrücken)* mash *(potatoes)*. **2.** *refl. V.* **sich in/durch etw.** *(Akk.)* **~:** squeeze [one's way] into/through sth.
Quetsch-: ~kartoffeln *Pl. (bes. berlin.)* mashed potatoes; **~kommode die** *(salopp scherzh.: Akkordeon)* squeeze-box *(sl.)*
Quetschung die; ~, ~en bruise; contusion *(Med.)*
Quetsch·wunde die *(Med.)* contusion
Queue [kø:] *das od. (österr.) der; ~s, ~s* cue
quick [kvɪk] *(bes. nordd.)* **1.** *Adj.* lively. **2.** *adv.* in a lively way; animatedly
quick·lebendig 1. *Adj.* [very] lively; active; *(bes. im Alter)* sprightly; spry; vivacious ⟨*personality*⟩; frisky ⟨*small animal*⟩; **~ sein** be full of [the joys of] life; be bright as a button; ⟨*child*⟩ be full of beans *(coll.)*. **2.** *adv.* bright as a button; ⟨*talk*⟩ animatedly
quiek[s]en ['kviːk(s)n̩] **1.** *itr. V.* squeak; ⟨*piglet, fig.: person*⟩ squeal **(vor** with); **zum Quiek[s]en sein** be a hoot *(coll.)*. **2.** *tr. V.* squawk
Quietismus [kvie'tɪsmʊs] *der; ~:* quietism no *def. art.*
quietschen ['kviːtʃn̩] *itr. V.* ⟨*thing*⟩ squeak; ⟨*brakes, tyres, crane*⟩ squeal, screech; *(ugs.)* ⟨*person*⟩ squeal, shriek **(vor** + *Dat.* with); **~vergnügt** *(ugs.)* **1.** *Adj.* [really] chirpy *(coll.) or (esp. Amer.)* chipper; **2.** *adv.* as happily *or (coll.)* chirpily as could be
quietsch-, Quietsch-: ~fidel *(ugs.)* **1.** *Adj.* [really] chirpy *(coll.) or (esp. Amer.)* chipper; *(gesund und munter)* bright-eyed and bushy-tailed *pred. (coll.);* **2.** *adv.* [really] chirpy *(coll.);* **~lebendig** *(ugs.) Adj.* bright-eyed and bushy-tailed *pred. (coll.); (sehr aktiv)* full of beans *pred. (coll.); (hellwach)* wide awake; **~ton der** *(ugs.)* screeching noise; *(bes. durch Reibung)* squeal; **~vergnügt** *(ugs.)* **1.** *Adj.* [really] chirpy *(coll.) or (esp. Amer.)* chipper; **2.** *adv.* as happily *or (coll.)* chirpily as could be
Quinta ['kvɪnta] *die; ~,* **Quinten** *(Schulw.)* **a)** *(veralt.)* second year *(of a Gymnasium);* **b)** *(österr.)* fifth year *(of a Gymnasium)*
Quintaner [kvɪn'taːnɐ] *der; ~s, ~,* **Quintanerin** *die; ~, ~nen (Schulw.)* **a)** *(veralt.)* pupil in the second year *(of a Gymnasium);* **b)** *(österr.)* pupil in the fifth year *(of a Gymnasium)*
Quintett [kvɪn'tɛt] *das; ~[e]s, ~e (Musik)* quintet
Quint·sext·akkord der *(Musik)* six-five chord
Quirl [kvɪrl] *der; ~[e]s, ~e* **a)** *(Küchengerät)* long-handled blender with a star-shaped head; **b)** *(Mensch)* live wire
quirlen 1. *tr. V.* ≈ whisk. **2.** *itr. V.* swirl [about]
quirlig *Adj.* lively; *(flink)* nimble
quitt [kvɪt] *Adj.; nicht attr. (ugs.)* quits; **mit jmdm. ~ sein** be quits with sb.; *(mit jmdm. gebrochen haben)* be finished with sb.; **damit sind wir ~:** that makes us quits
Quitte ['kvɪtə] *die; ~, ~n* quince
quitte[n]·gelb *Adj.* pale greenish-yellow
quittieren *tr. V.* **1. a)** *auch itr. (bescheinigen)* acknowledge, confirm ⟨*receipt, condition*⟩; receipt, give a receipt for ⟨*sum, invoice*⟩; **würden Sie bitte auf der Rückseite der Rechnung ~?** could you please receipt the bill on the back?; **b)** *(reagieren auf)* **etw. mit etw. ~** react *or* respond to sth. with sth.; **ein Urteil mit Pfiffen ~:** greet a decision with catcalls; **c) den Dienst ~** *(veralt.)* resign one's position; ⟨*officer*⟩ resign one's commission

Quittung die; ~, ~en **a)** receipt **(für, über** + *Akk.* for); **b)** *(fig.)* come-uppance *(coll.);* deserts *pl.;* **nun hast du die ~ für deine Faulheit** you've got what you deserve for being lazy
Quittungs·block der; *Pl.* **~s** receipt pad
Quivive [ki'viːf] *das in* **auf dem ~ sein** *(ugs.)* be on the alert *or (coll.)* watch it
Quiz [kvɪs] *das; ~, ~:* quiz
Quiz·sendung die quiz programme
quoll [kvɔl] *1. u. 3. Pers. Sg. Prät. v.* **quellen**
Quorum ['kvoːrʊm] *das; ~s (bes. Politik)* quorum
Quote ['kvoːtə] *die; ~, ~n (Anteil)* proportion; *(Zahl)* number
Quoten·regelung die requirement that women should be adequately represented
Quotient [kvo'tsi̯ɛnt] *der; ~en, ~en (Math.)* quotient **(aus** of)
quotieren *tr., itr. V. (Börsenw.)* quote

R

r, R [ɛr] *das; ~, ~:* r, R; **er rollt das R** he rolls his r's; *s. auch* **a, A**
R *Abk. (Physik)* **Reaumur** Réaum.
Rabatt [ra'bat] *der; ~[e]s, ~e* discount; **~ gewähren** give a discount
Rabatte [ra'batə] *die; ~, ~n* border
rabattieren *tr. V. (Kaufmannsspr.)* **[jmdm.] einen Auftrag mit 30 Prozent ~:** give [sb.] a discount of 30 per cent on an order
Rabatt·marke die trading stamp
Rabatz [ra'bats] *der; ~es (ugs.)* **a)** *(Lärm)* racket; din; **b)** *(Protest)* **~ machen** kick up a fuss, *(coll.)* raise a stink **(bei** with)
Rabauke [ra'bau̯kə] *der; ~n, ~n (ugs.)* roughneck *(coll.); (Rowdy)* hooligan
Rabbi ['rabi] *der; ~s, ~s od.* **Rabbinen** *od.* **~s a)** *(Titel)* Rabbi; **b)** *(Person)* rabbi
Rabbinat das rabbinate
Rabbiner [ra'biːnɐ] *der; ~s, ~:* rabbi
rabbinisch *Adj.* rabbinical
Rabe ['raːbə] *der; ~n, ~n* raven; **ein weißer ~** *(fig.)* a great rarity; **schwarz wie ein ~/wie die ~n** *(ugs.)* as black as pitch; *(schmutzig)* as black as soot; **stehlen** *od. (salopp)* **klauen wie ein ~/wie die ~n** *(ugs.)* pinch everything one can lay one's hands on *(coll.)*
raben-, Raben-: ~aas das *(salopp abwertend)* beast; wretch; **~eltern** *Pl. (abwertend)* uncaring [brutes of] parents; **~krähe die** carrion crow; **~mutter die** *(abwertend)* uncaring [brute of a] mother; **~schwarz** *Adj.* **a)** jet-black; raven-black ⟨*beard, hair*⟩; coal-black ⟨*man, woman*⟩; pitch-black ⟨*night*⟩; **b)** *(unheilvoll)* black ⟨*thoughts, soul, day*⟩; disastrous ⟨*day, year*⟩
rabiat [ra'bi̯aːt] **1.** *Adj.* **a)** *(gewalttätig)* violent; brutal; savage ⟨*kick*⟩; ruthless ⟨*methods*⟩; **b)** *(wütend)* furious; blistering, savage ⟨*attack*⟩; rabid ⟨*opponent*⟩. **2.** *adv.* **a)** *(gewalttätig)* violently; brutally; **b)** *(wütend)* furiously
Rabulist [rabu'lɪst] *der; ~en, ~en (geh.)* sophist; quibbler

Rabulistik die; ~ *(geh.)* sophistry
rabulistisch *(geh.)* **1.** *Adj.* sophistical. **2.** *adv.* sophistically
Rache ['raxə] *die; ~:* revenge; **[an jmdm.] ~ nehmen** take revenge [on sb.]; **~ üben** take revenge; wreak vengeance *(literary);* **aus ~:** in revenge; **~ ist süß** *od. (ugs. scherzh.)* **Blutwurst** revenge is sweet; **das ist die ~ des kleinen Mannes** *(ugs., oft scherzh.)* that's how ordinary mortals get their own back [on the powers that be] *(coll.);* **die ~ ist mein** *(bibl.)* vengeance is mine
Rache-: ~akt der *(geh.)* act of revenge, reprisal *(Gen.* by, on the part of); **~durst der** *(geh.)* thirst for revenge *or (literary)* vengeance; **~engel der** avenging angel; **~gefühl das** desire *no pl.* for revenge
Rachen ['raxn̩] *der; ~s, ~* **a)** *(Schlund)* pharynx *(Anat.); (fig.)* jaws *pl.;* **jmdm. den ~ pinseln** paint sb.'s throat; **b)** *(Maul)* mouth; maw *(literary); (fig.)* jaws *pl.;* **jmdm. den ~ stopfen** *(salopp)* shut sb. up *(coll.);* **jmdm. etwas in den ~ werfen** *od.* **schmeißen** *(salopp)* give sb. sth. to keep him/her happy
rächen ['rɛçn̩] **1.** *tr. V.* avenge ⟨*person, crime*⟩; take revenge for ⟨*insult, crime*⟩; **jmds. Mord an jmdm. ~:** take revenge on sb. for sb.'s murder. **2.** *refl. V.* **a)** take one's revenge; **sich an jmdm. [für etw.] ~:** take one's revenge on sb. [for sth.]; get even with sb. [for sth.]; **b)** *(sich übel auswirken)* ⟨*mistake[s], bad behaviour*⟩ take its/their toll; **dein Leichtsinn wird sich noch ~/es wird sich noch ~, daß du das tust** you will have to pay [the penalty] for your recklessness/for doing that
Rachen-: ~höhle die *(Anat.)* pharyngeal cavity; **~mandel die** *(Anat.)* [pharyngeal] tonsil
Rache·plan der plan for revenge
Rächer der; ~s, ~, **Rächerin die; ~, ~nen** *(geh.)* avenger
Rache·schwur der *(geh.)* oath of revenge
Rach·gier die lust for revenge
rach·gierig *Adj.; s.* **rachsüchtig**
Rachitis [ra'xiːtɪs] *die; ~ (Med.)* rickets *sing.*
rachitisch *Adj.* with rickets *postpos., not pred.;* rachitic *(Med.)*
**Rach·sucht die; o. Pl. (geh.)* lust for revenge
rach·süchtig *(geh.)* **1.** *Adj.* vengeful; **~ sein** ⟨*person*⟩ be out for revenge. **2.** *adv.* vengefully; seeking to exact revenge
Räcker der; ~s, ~ *(fam.)* rogue; rascal
rackern ['rakɐn] *itr. V. (ugs.)* drudge; toil
Racket ['rɛkət] *das; ~s, ~s (Tennis)* racket
Raclette [ra'klɛt] *die; ~, ~s od. das; ~s, ~s (Kochk.)* raclette
¹Rad [raːt] *das; ~es, Räder* ['rɛːdɐ] **a)** wheel; ⟨*Zahn~*⟩ gear; ⟨*kleines Zahn~*⟩ cog; ⟨*einer Uhr*⟩ [toothed] wheel; *(für Riemen)* pulley; **das ~ der Zeit/der Geschichte läßt sich nicht anhalten** *(fig.)* the march of time/of history cannot be halted; **fünftes** *od.* **das fünfte ~ am Wagen sein** *(fig. ugs.)* be superfluous; *(die Harmonie stören)* be in the way; **er kam unter die Räder des Lkws** he was run over by the lorry *(Brit.) or* truck; **unter die Räder kommen** *(fig. ugs.)* fall into bad ways; *(total verkommen)* go to the dogs *(coll.);* **nur** *od.* **bloß ein ~ im Getriebe sein** be just a small cog in the machine; **b)** *(Fahr~)* bicycle; bike *(coll.);* **mit dem ~ fahren** go by bicycle *or (coll.)* bike; *s. auch* **radfahren; ein ~ schlagen** *od.* **ausführen** do *or* perform a cart-wheel; *s. auch* **radschlagen; c)** *(hist.: Foltergerät)* wheel; **jmdn. aufs ~ flechten** break sb. on the wheel; **e)** *(bei Vögeln: Schwanzfedern)* fan; **ein ~ schlagen** ⟨*peacock*⟩ fan out its tail
²Rad das; ~[s], ~ *(Physik)* rad
Rad·achse die *(Technik)* axle
Radar [ra'daːɐ̯] *der od. das; ~s (Technik)* radar

Radar: ~**an·lage** die radar installation; ~**astronomie** die radar astronomy *no art.;* ~**falle** die *(ugs.)* [radar] speed trap; ~**gerät** das radar [system]; ~**geräte** radar [equipment] *sing.;* ~**kontrolle** die *(Verkehrsw.)* [radar] speed check; ~**schirm** der radar screen

Radau [ra'dau] der; ~s *(ugs.)* row *(coll.);* racket

Radau·bruder der *(ugs. abwertend)* rowdy

Rad·aufhängung die *(Kfz-W.)* suspension

Rädchen ['rɛːtçən] das; ~s, ~ **a)** [little] wheel; *(Zahnrad)* [small] cog; *s. auch* **Rad a; b)** *(Fahrrad)* [little] bicycle *or (coll.)* bike; **c)** *(für Schnittmuster)* tracing wheel; *(für Gebäckteig)* pastry-wheel

Rad·dampfer der paddle-steamer

radebrechen 1. *tr. V.* Französisch/Deutsch *usw.* ~: speak broken French/German *etc.* **2.** *itr. V.* speak pidgin

radeln ['raːdl̩n] *itr. V. (auch tr.) V.; mit sein (ugs., bes. südd.)* cycle; **irgendwohin ~:** go somewhere by bike *(coll.);* bike it somewhere *(coll.);* **50 km ~:** cycle 50 km

Rädels·führer ['rɛːdl̩s-] der *(abwertend)* ringleader

-räderig *s.* **-rädrig**

rädern ['rɛːdɐn] *tr. V.* jmdn. ~ *(hist.)* break sb. on the wheel; *s. auch* **gerädert**

Räder·werk das *(Mechanik)* mechanism; works *pl.; (Räder)* wheels *pl.; (Zahnräder)* gears *pl.;* cogs *pl.;* **das ~ der Justiz** *(fig.)* the wheels *pl.* or machinery of justice

rad-, Rad-: ~|**fahren** *unr. itr. V. (Zusammenschreibung nur im Inf. u. 2. Part.); mit sein* **a)** cycle; ride a bicycle *or (coll.)* bike; **er fährt gern Rad** he likes cycling; **b)** *(ugs. abwertend)* unterwürfig sein) suck up to people *(sl.);* ~**fahrer** der, ~**fahrerin** die **a)** cyclist; **b)** *(ugs. abwertend)* Schmeichler) toady; crawler *(coll.);* ~**fahr·weg** der cycle-path *or* -track

Radi ['raːdi] der; ~s, ~ *(bayr., österr. ugs.)* [large white] radish

radial [ra'di̯aːl] **1.** *Adj.* radial. **2.** *adv.* radially; ~ **verlaufend** radiating

Radiator [ra'di̯aːtɔr] der; ~s, ~en [-'toːrən] *(central-heating)* radiator

Radicchio [ra'dɪki̯o] der; ~s radicchio

Radien *s.* **Radius**

radieren [ra'diːrən] *tr. (auch itr.) V.* **a)** *(tilgen)* erase; **b)** *(Graphik)* etch

Radierer der; ~s, ~ *(ugs.) s.* **Radiergummi; b)** *(Künstler)* etcher

Radier-: ~**gummi** der rubber [eraser]; ~**kunst** die; *o. Pl.* etching; ~**nadel** die *(Graphik)* [dry-point] etching-needle

Radierung die; ~, ~en *(meist Pl. Graphik)* etching

Radieschen [ra'diːsçən] das; ~s, ~: radish; **sich** *(Dat.)* **die ~ von unten betrachten** *(salopp)* be pushing up the daisies *(sl.)*

radikal [radi'kaːl] **1.** *Adj.* radical; drastic ⟨*measure, method, cure*⟩; *(rücksichtslos)* ruthless ⟨*measure, method, hardness*⟩; **ein ~er Bruch mit der Vergangenheit** a complete break with the past. **2.** *adv.* radically; *(rücksichtslos)* ruthlessly; *(vollständig)* ⟨*abolish, eradicate*⟩ totally, completely; ~ **gegen jmdn. vorgehen** adopt drastic *or* ruthless methods against sb.; ~ **[links/rechts] denken/eingestellt sein** have radical [leftwing/right-wing] views

Radikal ⟨das⟩; ~s, ~e **a)** *(Chemie)* [free] radical; **b)** *(Math., Sprachw.)* radical

Radikale der/die; *adj. Dekl.* radical

Radikalen·erlaß der *decree excluding members of extremist organizations from civil-service employment*

radikalisieren 1. *tr. V.* make [more] radical. **2.** *refl. V.* become more radical **(durch owing to, as a result of)**

Radikalisierung die; ~, ~en radicalization; *(das Radikalwerden)* growing radicalism, trend to radicalism *(Gen.* among)

Radikalismus der; ~, **Radikalismen** radicalism; *(Haltung)* radical attitude; *(Unnachgiebigkeit)* rigid attitude

Radikalität [radikali'tɛːt] die; ~: radicalness; radical nature; *(Härte)* ruthlessness; *(Vollständigkeit)* completeness

Radikal·kur die *(auch fig.)* drastic remedy **(gegen** for)

Radio ['raːdi̯o] das *(südd., schweiz. auch:* der); ~s, ~s radio; **sie haben nicht einmal ~:** they don't even have a radio; **im ~:** on the radio; ~ **hören** listen to the radio

radio-, Radio-: ~**aktiv 1.** *Adj.* radioactive; **2.** *adv.* radioactively; ~**aktiv verseucht** contaminated by radioactivity *postpos.;* ~**aktivität** die; *o. Pl.;* ~**apparat** ['-----] der radio set; ~**astronomie** die radio astronomy *no art.;* ~**biologie** die *s.* Strahlenbiologie; ~**gerät** [----] das radio set; ~**isotop** das *(Physik)* radioisotope; ~**loge** [~'loːgə] der; ~n, ~n radiologist; ~**logie** die; ~: radiology *no art.;* ~**login** die; ~, ~**nen** radiologist; ~**musik** ['----] die music on the radio; ~**sender** ['----] der radio station; ~**therapie** die; *o. Pl. (Med.)* radiotherapy; ~**wecker** ['----] der radio alarm clock; ~**welle** ['----] die *(Technik, Physik)* radio wave

Radium ['raːdi̯ʊm] das; ~s radium

Radius ['raːdi̯ʊs] der; ~, **Radien** ['raːdi̯ən] *(Math.)* radius

Rad-: ~**kappe** die hub-cap; ~**kranz** der *(Technik)* **a)** *(beim Fahrrad)* wheel rim; **b)** *(beim Zahnrad)* toothed rim; ~**lager** das wheel bearing

Radler der; ~s, ~ **a)** cyclist; **b)** *(bes. südd.: Getränk)* shandy

Radler·hose die cycle shorts *pl.*

Radlerin die; ~, ~**nen** cyclist

Rad·nabe die [wheel] hub

Radon ['raːdɔn] das; ~s *(Chemie)* radon

Rad-: ~**renn·bahn** die cycle-racing track; *(Stadion)* velodrome; ~**rennen** das cycle race; *(Sport)* cycle-racing; ~**rennfahrer** der racing cyclist

-rädrig [-rɛːdrɪç] *Adj.* -wheeled; **drei/vier~:** three-/four-wheeled

rad-, Rad-: ~|**schlagen** *unr. itr. V. (Zusschr. nur im Inf. u. 2. Part.)* do a cartwheel; *(mehrmals)* do cart-wheels; ~**sport** der cycling *no def. art.;* ~**stand** der wheelbase; ~**tour** die bicycle ride; *(länger)* cycling tour; **eine ~tour machen** go for a bicycle ride/on a cycling tour; ~**wanderung** die cycling tour; ~**wechsel** der wheel-change; ~**weg** der cycle-path *or* -track

RAF [ɛrʔaː'ʔɛf] die; ~: *Abk.* **Rote-Armee-Fraktion** Red Army Faction

raffen ['rafn̩] *tr. V.* **a)** *(an sich reißen)* snatch; grab; rake in *(coll.)* ⟨*money*⟩; *(abwertend: in seinen Besitz bringen)* **sich** ⟨*Akk.*⟩ ~: seize sth.; *(eilig)* snatch *or* grab sth.; **b)** *(zusammenhalten)* gather ⟨*material, curtain*⟩; **c)** *(gekürzt wiedergeben)* condense ⟨*text*⟩; *(kürzen)* shorten ⟨*text, play, film*⟩

Raff·gier die rapacity; acquisitive greed

raff·gierig 1. *Adj.* greedy. **2.** *adv.* greedily

Raffinement [rafinə'mãː] das; ~s, ~s *(geh.)* **a)** *(Feinheit)* refinement; **b)** *o. Pl. s.* **Raffinesse**

Raffinerie [rafinə'riː] die; ~, ~n refinery

Raffinesse [rafi'nɛsə] die; ~, ~n **a)** *o. Pl. (Schlauheit)* guile; ingenuity; **b)** *meist Pl. (Finesse)* refinement

raffinieren [rafi'niːrən] *tr. V. (bes. Chemie, Geol.)* refine

raffiniert 1. *Adj.* **a)** ingenious ⟨*plan, design*⟩; *(verfeinert)* refined, subtle ⟨*colour, scheme, effect*⟩; sophisticated ⟨*dish, cut (of clothes)*⟩; **b)** *(gerissen)* cunning, artful ⟨*person, trick*⟩. **2.** *adv.* **a)** ingeniously; *(verfeinert)* with great refinement/sophistication; **eine ~ geschnittene Bluse** a blouse with a sophisticated cut; **b)** *(gerissen)* cunningly; artfully

Raffiniertheit die; ~ **a)** *(Klugheit)* ingenuity; *(Verfeinerung)* refinement; sophistication; *(der Kleidung)* stylishness; *(von Speisen)* subtle flavour; **b)** *(Gerissenheit)* cunning; artfulness

Raffke ['rafkə] der; ~s, ~s *(ugs. abwertend)* money-grubber

Rage ['raːʒə] die; ~ *(ugs.)* fury; rage; **in [blinder] ~:** in a [blind] fury; **in ~ sein** be livid *(Brit. coll.)* or furious; **jmdn. in ~ bringen** make sb. hopping mad *(coll.)* or absolutely furious; **in ~ kommen** *od.* **geraten** fly into a rage; **immer mehr in ~ kommen** become more and more furious

ragen ['raːgn̩] *itr. V.* **a)** *(vertikal)* rise [up]; ⟨*mountains*⟩ tower up; **aus dem Wasser ~:** stick *or* jut right out of the water; **in die Höhe** *od.* **in den Himmel ~:** tower *or* soar into the sky; **er ragte aus der Menge** he towered above the rest of the crowd; **b)** *(horizontal)* project, stick out **(in** + *Akk.* into; **über** + *Akk.* over)

Raglan·ärmel ['raglan-] der raglan sleeve

Ragout [ra'guː] das; ~s, ~s *(Kochk.)* ragout

Ragoût fin [ragu'fɛ̃] das; ~ ~, ~s ~s *(Kochk.)* gourmet ragout *(in a scallop shell, in puff pastry, or au gratin)*

Ragtime ['rægtaɪm] der; ~ *(Musik)* **a)** *(Stil, Musik)* ragtime *no art.;* **b)** *(Musikstück)* rag

Rah[e] ['raː(ə)] die; ~, **Rahen** *(Seemannsspr.)* yard

Rahm [raːm] der; ~s *|-els (bes. südd., österr., schweiz.)* cream; *s. auch* **abschöpfen**

¹**rahmen** *tr. V.* frame

²**rahmen** *(bes. südd., österr., schweiz.)* *tr. V.* skim ⟨*milk*⟩

Rahmen der; ~s, ~ **a)** frame; *(Kfz-W.: Fahrgestell)* chassis; **b)** *(fig.: Bereich, Literaturw.:* ~**erzählung)** framework; *(szenischer Hintergrund)* setting; *(Zusammenhang)* context; *(Grenzen)* bounds *pl.;* limits *pl.;* **in großem/bescheidenem ~ feiern** celebrate on a grand/modest scale; **aus dem ~ fallen** be out of place; stick out; *(behaviour)* be unsuited to the occasion; **im ~ einer Sache** *(Gen.) (in den Grenzen)* within the bounds of sth.; *(im Zusammenhang)* within the context of sth.; *(im Verlauf)* in the course of sth.; **im ~ des Möglichen** within the bounds of possibility; **im ~ der Wiener Festwochen** as part of the Vienna Festival; **im ~ bleiben** stay within reasonable bounds; ⟨*person*⟩ not overdo it, not go too far; ⟨*prices*⟩ not be too high; **den ~ sprengen** be out of proportion; **den ~ einer Sache** *(Gen.)* **sprengen** go beyond the scope of sth.

Rahmen-: ~**abkommen** das basic agreement; ~**antenne** die *(Funkw.)* frame aerial *or (Amer.)* antenna; ~**bedingung** die prevailing condition *or* circumstance; *(Soziol.)* structural condition; ~**erzählung** die *(Literaturw.)* framework story; ~**gesetz** das *(Rechtsw.)* law providing framework for more specific legislation; ~**gesetze** *Pl.* outline legislation *sing.;* ~**handlung** die *(Literaturw.)* framework plot; sub-plot *(framing the main plot);* ~**programm** das supporting programme; ~**richt·linie** die; *meist Pl.* overall guideline

rahmig *Adj. (bes. südd., österr., schweiz.)* creamy

Rahm-: ~**käse** der cream cheese; ~**soße** die *(bes. südd., österr., schweiz.)* cream sauce

Rah·segel das *(Seemannsspr.)* square sail

Rain [raɪn] der; ~|**e|s**, ~**e a)** *(geh.: Ackergrenze)* margin of a/the field; **b)** *(südd., schweiz.: Abhang)* slope

räkeln ['rɛːkl̩n] *s.* **rekeln**

Rakete [ra'keːtə] die; ~, ~n rocket; *(Milit.: gelenkte ~)* missile

raketen-, Raketen-: ~**ab·schuß·basis** die missile [launching] base; ~**an·trieb** der rocket propulsion; ~**basis** die *s.* ~**abschußbasis;** ~**flug·zeug** das rocket plane;

~getrieben *Adj.* rocket-propelled; **~schlitten der** *(Technik)* rocket sled; **~start·rampe die** *(Technik)* rocket launching pad; **~stufe die** *(Technik)* rocket stage; **~träger der** missile-carrier; **~trieb·werk das** *(Technik)* rocket engine; **~werfer der** *(Milit.)* rocket-launcher
Raki ['ra:ki] *der;* ~[s], ~s raki
Ralle ['ralə] *die;* ~, ~n *(Zool.)* rail
Rallye ['rali] *die;* ~, ~s *od. schweiz.* das; ~s, ~s *(Motorsport)* rally; **die ~ Monte Carlo** the Monte Carlo Rally; **eine ~ fahren** take part in a rally
ramm-, Ramm-: **~bär der** *(Bauw.)* [piledriver] ram; **~bock der a)** *(hist.)* battering-ram; **b)** *s.* **~bär; c)** *s.* **Ramme; ~dösig** *(salopp) Adj.* **a)** *(benommen)* dizzy; **b)** *(dumm)* dopey *(sl.)*
Ramme ['ramə] *die;* ~, ~n *(Bauw.) (Pfahl~)* pile-driver; *(für Erde, Steine)* rammer
rammeln ['ram|n] **1.** *itr. V.* **a)** *(Jägerspr.)* mate; **b)** *(derb: koitieren)* have a screw *(vulg.).* **2.** *tr. V.* **a)** *(Jägerspr.)* serve; mount; **b)** *(derb: koitieren mit)* screw *(vulg.)*
rammen 1. *tr. V.* ram; **etw. in etw.** *(Akk.)* ~: ram *or* jam sth. into sth. **2.** *itr. V. (stoßen)* ram, crash **(gegen, auf +** *Akk.* into)
Rammler der; ~s, ~ *(Jägerspr.)* buck [rabbit]
Rampe ['rampə] *die;* ~, ~n **a)** *(waagrechte Fläche)* [loading] platform; **b)** *(schiefe Fläche)* ramp; *(Auffahrt)* [sloping] drive; *(Bergsteigen)* sloping slab of rock; **c)** *s.* **Startrampe; d)** *(Theater)* apron; forestage; **an od. vor die ~ treten** come to the front of the stage; **[nicht] über die ~ kommen** *(Theaterjargon)* [not] come across
Rampen·licht das; ~[e]s, ~er *(Theater)* **a)** *o. Pl. (Licht)* [light *sing.* from the] footlights *pl.;* **im ~ [der Öffentlichkeit] stehen** be in the limelight; **b)** *(Lichtquelle)* footlight
ramponieren [rampo'ni:rən] *tr. V.* *(ugs.)* batter; **ramponiert** battered, knocked-about ⟨furniture, phone-box⟩; run-down, down-at-heel ⟨dwelling, room⟩; shabby ⟨suit⟩; dented ⟨confidence⟩
¹Ramsch [ramʃ] *der;* ~[e]s, ~e *(ugs. abwertend)* **a)** *(Ware)* trashy goods *pl.;* **b)** *(Kram)* junk
²Ramsch der; ~[e]s, ~e *(Kartenspiel)* ramsch
ramschen *tr., auch itr. V.* *(ugs.)* grab; **[Sachen] beim Schlußverkauf ~:** get masses of things cheap in a sale/the sales
Ramsch-: ~laden der *(ugs. abwertend)* shop selling trashy goods; **~ware die** *(ugs. abwertend)* trashy goods *pl.*
ran [ran] *Adv. (ugs.)* **a)** *s.* **heran; b)** *(fang an)* off you go; get going; *(fangen wir an)* let's go; los, **~ an die Arbeit!** come on, get down to work!; **c)** *(greif[t] an)* go at him/them!; *(beim Boxen)* let him/them have it!; *s. auch* **rangehen; ranhalten; rankommen** *usw.*
Ranch [rɛntʃ] *die;* ~, ~[e]s ranch
Rancher ['rɛntʃɐ] *der;* ~s, ~[s] rancher
Rand [rant] *der;* ~[e]s, **Ränder** ['rɛndɐ] **a)** *(Einfassung)* border, *(Hut~)* brim; *(Brillen~, Gefäß~, Krater~)* rim; *(eines Abgrunds)* brink; *(auf einem Schriftstück)* margin; *(Weg~)* verge; *(Stadt~)* edge; outskirts *pl.;* **voll bis zum ~:** full to the brim; **etwas an den ~ schreiben** write in the margin; *(fig.)* **etw. am ~e erwähnen** mention sth. in passing; **am ~e liegen** ⟨problem etc.⟩ be of marginal importance; **außer ~ und Band geraten/sein** *(ugs.)* go/be wild **(vor** with); *(rasen)* go/be berserk **(vor** with); **das versteht sich am ~[e]** it goes without saying; **am ~e der Pleite sein** be on the verge of bankruptcy; **jmdn. an den ~ des Wahnsinns/Ruins bringen** bring sb. to the brink of insanity/ruin; **mit etw. [nicht] zu ~e kommen** *(ugs.)* [not] be able to cope with sth.; **mit jmdm. [nicht] zu ~e kommen** *(ugs.)* [not] get on with sb.; *s. auch* **Grab; b)**
(Schmutz~) mark; *(rund)* ring; *(in der Wanne)* tide-mark *(coll.);* **dunkle Ränder unter den/um die Augen haben** have dark lines under/dark rings round one's eyes; **c)** *(salopp: Mund)* gob *(sl.);* trap *(sl.)*
Randale [ran'da:lə] *die (salopp)* riot; **~ machen/beginnen** riot/start to riot
randalieren *itr. V.* riot; rampage; *(Radau machen)* create an uproar; **~de Halbstarke** young hooligans on the rampage
Randalierer der; ~s, ~: hooligan
Rand·bemerkung die marginal note *or* comment; *(mündlich)* incidental remark; aside
Rande ['randə] *die;* ~, ~n *(schweiz.)* beetroot
Rändel ['rɛndl] *das;* ~s, ~ *(Mech.)* knurl
rändeln *tr. V. (Mech.)* knurl; mill ⟨coins⟩
Ränder *s.* **Rand**
rand-, Rand-: ~erscheinung die peripheral phenomenon; **~figur die** minor figure; *(Nebenrolle)* minor part; **~gebiet das** outlying district; *(Grenzgebiet)* frontier area or district; **die ~gebiete einer Stadt** the outskirts of a town; **ein ~gebiet der Medizin** a fringe area of medicine; **~gruppe die** *(Soziol.)* fringe *or* marginal group; **~los** *Adj.* rimless ⟨spectacles⟩; brimless ⟨hat⟩; ⟨paper⟩ with no margin; **~notiz die** marginal note; **~problem das** secondary problem; **~ständig** *Adj. (Soziol.)* marginal; **~stein der** kerb; **~streifen der** verge; *(auf Autobahnen)* hard shoulder
rand·voll 1. *Adj.* ⟨glass etc.⟩ full to the brim **(mit** with); brim-full ⟨glass, cup, bowl⟩ **(mit** of); **~ mit Notizen** crammed full of notes. **2.** *adv.* **~ gefüllt** jam-packed *(coll.);* chock-full; *(mit Flüssigkeit)* full to the brim
Rand·zone die outlying area; *(einer Stadt)* outskirts *pl.;* **b)** *(fig.)* fringe area
rang [raŋ] **1. u. 3. Pers. Sg. Prät. v. ringen**
Rang der; ~[e]s, **Ränge** ['rɛŋə] **a)** *(Stellung, Stufe)* rank; *(in der Gesellschaft)* status; *(in bezug auf Bedeutung, Qualität)* standing; **im ~ eines Generals stehen** hold the rank of general; **jmdm. den ~ streitig machen** try to step [up] into sb.'s shoes; **jmdm./einer Sache den ~ ablaufen** leave sb./sth. far behind; **alles, was ~ und Namen hat** everybody who is anybody; **ein Physiker von ~:** an eminent physicist; **einen außerordentlichen künstlerischen ~ haben** be of exceptional artistic importance; **ersten ~es von dem** greatest significance; *(qualitätsmäßig)* of the first order; **b)** *(im Theater)* circle; **erster ~:** dress circle; **zweiter ~:** upper circle; **dritter ~:** gallery; **die Zuschauer auf den Rängen** the audience in the circle [and gallery] seats; **vor überfüllten/fast leeren Rängen spielen** play to a packed/a nearly empty house; **c)** *(Sport)* **Platz f; d)** *(Gewinnklasse in Lotterien)* prize category
Rang-: ~ab·zeichen das insignia [of rank]; **~älteste der/die;** *adj. Dekl.* senior officer *(holding a particular rank)*
Range ['raŋə] *die;* ~, ~n *(ugs.)* **freche od. kesse ~n** cheeky brats
ran|gehen *unr. itr. V.* *(ugs.)* **a)** *s.* **herangehen; b)** *(erotisch)* **bei den Mädchen ~:** be a fast worker with the girls *(coll.)*
Rangelei die; ~, ~en *(ugs.) s.* **Gerangel**
rangeln ['raŋ|n] *itr. V. (ugs.)* wrestle; struggle; *(kämpfen)* ⟨children⟩ scrap; **um etw. ~:** scramble *or* tussle for sth.; *(fig.: argumentieren)* wrangle over sth.
Rang-: ~folge die order of precedence; *(finanziell)* order of merit; **~höchste der/die;** *adj. Dekl.* most senior person; *(Tier)* dominant animal
Rangier·bahn·hof der marshalling yard
rangieren [raŋ'ʒi:rən] **1.** *tr. V.* shunt ⟨trucks, coaches⟩; switch ⟨cars⟩ (Amer.). **2.** *itr. V.* be placed; **an letzter Stelle/auf Platz zwei ~:** be placed last/second; **hinter/vor jmdm. ~:** *(bei der Arbeit usw.)* be junior/senior to sb.
Rangierer der; ~s, ~: shunter *(Brit.);* switchman *(Amer.)*
Rangier-: ~lok die *(ugs.),* **~lokomotive die** shunting *or* (Amer.) switch engine
rang-, Rang-: ~liste die a) *(Sport)* ranking list; **Nummer eins der internationalen ~liste** number one in the world rankings; **b)** *(von Offizieren, Beamten)* army/navy/civil-service list; **~mäßig 1.** *Adj.* according to rank *postpos.;* ⟨equality etc.⟩ with regard to rank; **~mäßige Unterschiede** differences of rank; **2.** *adv.* according to *or* with regard to rank; **~ordnung die** order of precedence; *(Verhaltensf.)* pecking order; **der ~ordnung nach unter/über jmdm. stehen** be below/above sb. in the pecking order *or* hierarchy; **~unterschied der** difference in [social] status; *(Milit.)* difference in rank
ran|halten *unr. refl. V. (ugs.)* get a move on *(coll.);* **(bei der Arbeit)** get stuck in *(coll.)*
rank *Adj. (geh.)* lissom; **~ und schlank** lithe and lissom
Ranke ['raŋkə] *die;* ~, ~n *(Bot.)* tendril
Ränke ['rɛŋkə] *Pl. (geh. veralt.)* intrigues; **~ schmieden** *(geh.)* scheme; hatch plots
ranken 1. *refl. V.* climb, grow **(an +** *Dat.* up, **über +** *Akk.* over); **sich um etw. ~:** entwine itself around sth.; *(fig. geh.)* ⟨legends, mysteries⟩ be woven around sth. **2.** *itr. V.* **a)** *mit sein s.* **ranken 1; b)** *(Ranken treiben)* put out tendrils
Ranken-: ~gewächs das creeper; **~werk das;** *o. Pl.* **a)** *(verschlungene Ranken)* mass of entwined tendrils; **b)** *(Verzierung)* plant arabesques *pl.*
Ränke-: ~schmied der *(veralt.)* intriguer; schemer; **~spiel das** *(veralt.)* intrigues *pl.*
ran-: ~|klotzen *itr. V. (salopp)* get stuck in *(coll.);* pull one's finger out *(sl.);* *(auf Dauer)* keep hard at it; **~|kommen** *unr. itr. V.;* *mit sein (ugs.)* **a)** *s.* **herankommen a, c;** **~|können** *unr. itr. V. (ugs.)* **an etw.** *(Akk.)* **nicht ~können** be unable to get at sth.; **ich kann nicht ~:** I can't get at it/them
Ranküne [raŋ'ky:nə] *die;* ~ *(geh. veralt.)* [sense of] rancour; acrimony
ran-: ~|lassen *unr. tr. V. (ugs.: herankommen lassen)* jmdn. **~lassen** let sb. get up close; *(salopp: sexuell)* **sie läßt jeden ~:** she's anybody's; **jmdn. an etw.** *(Akk.)* **nicht ~lassen** not let sb. anywhere near sth.; **b)** *(ugs.: tätig werden lassen)* **jmdn. an etw.** *(Akk.)* **~lassen** let sb. have a go at sth.; **laß mich mal ~!** let me have a go!; **~|machen** *refl. V. (ugs.) s.* **heranmachen a, b;** **~|müssen** *unr. itr. V. (ugs.: arbeiten müssen)* have to get stuck in *(coll.)*
rann [ran] **1. u. 3. Pers. Sg. Prät. v. rinnen**
rannte ['rantə] **1. u. 3. Pers. Sg. Prät. v. rennen**
ran-: ~|schmeißen *unr. refl. V.* **sich an jmdn. ~schmeißen** *(ugs.)* throw oneself at sb.; **~|wollen** *unr. itr. V. (ugs.)* want to get down to work; **an etw.** *(Akk.)* **nicht ~wollen** not feel like getting on with sth.
Ranzen ['rantsn] *der;* ~s, ~ **a)** *(Schul~)* satchel; *(veralt.: Rucksack)* rucksack; **b)** *(salopp: Bauch)* [fat] belly
ranzig *Adj.* rancid
rapid [ra'pi:t] *(südd., österr., schweiz.),* **rapide** **1.** *Adj.* rapid. **2.** *adv.* rapidly
Rappe ['rapə] *der;* ~n, ~n black horse
Rappel ['rapl] *der;* ~s, ~ *(ugs.)* crazy turn *(coll.);* **du hast wohl einen ~?** are you crazy?
rappelig *Adj. (ugs.)* nervy; **das macht mich ganz ~:** it really irritates me
rappeln *itr. V. (ugs.)* ⟨keys, *(clapper, rütteln)*⟩ rattle **(an +** *Dat.* at); ⟨alarm, telephone⟩ jangle; **es rappelt an der Tür** there's a rattling at the door; **bei ihm rappelt's** *(coll.)* he's got one of his crazy turns *(coll.);* **b)** *mit sein (ugs.: sich fortbewegen)* clatter [along]; **c)** *(österr. ugs.: verrückt sein)* be a bit crackers *(Brit. coll.)*

Rappen der; ~s, ~: [Swiss] centime
rapplig Adj. s. rappelig
Rappen·spalter der; ~s, ~ (schweiz. ugs.) penny-pincher
Rapport [ra'pɔrt] der; ~s, ~e a) (veralt.) report; **jmdm.** ~ **erstatten** report to sb.; **sich zum** ~ **melden** report; **jmdn. zum** ~ **bestellen** ask sb. to give a report; **b)** (Psych.) rapport
Raps [raps] der; ~es (Bot., Landwirtsch.) rape
Raps·öl das rape-oil
Rapunzel [ra'pʊnts!] die; ~, ~n a) o. Pl. (Märchengestalt) Rapunzel; **b)** s. Feldsalat
rar [raːɐ̯] Adj. (knapp) scarce; (selten vorkommend; begehrt) rare ⟨case, opportunity, stamp, etc.⟩; **sich** ~ **machen** (ugs.) not be around much (coll.); (selten erscheinen) make only rare appearances; **sie machten sich** ~, **als wir ihre Hilfe brauchten** they made themselves scarce when we needed their help; **du hast dich in letzter Zeit bei uns** ~ **gemacht** we haven't seen much of you at our place recently
Rarität [rari'tɛːt] die; ~, ~en rarity
Raritäten-: ~**kabinett** das room housing a display of rare specimens; ~**sammlung** die collection of rare specimens
rasant [ra'zant] 1. Adj. **a)** (ugs.) (sehr schnell) tremendously fast (coll.)⟨car, horse, runner, etc.⟩; tremendous (coll.), lightning attrib.⟨speed, acceleration⟩; meteoric, lightning attrib.⟨development, progress, growth⟩; hairy (coll.)⟨driving⟩; (schnittig) racy ⟨car, styling⟩; **in** ~**em Tempo, in** ~**er Fahrt** at a terrific speed (coll.); **b)** (ugs.) (schwungvoll) dynamic, lively ⟨show⟩; action-packed, exciting ⟨film, story⟩; (fabelhaft) terrific (coll.) ⟨film, show, dress, song, etc.⟩; (rassig) classy (sl.)⟨woman⟩; dashing ⟨style, dress⟩; **eine** ~**e Kür laufen** skate an exciting programme; **c)** (Ballistik: flach) flat ⟨trajectory⟩. 2. adv. **a)** (ugs.)(sehr schnell) at terrific speed (coll.); (increase) by leaps and bounds; ~ **beschleunigen** ⟨car⟩ have terrific acceleration (coll.);⟨car, driver⟩ accelerate like a mad thing (coll.); ~ **gestylt** od. **geschnitten** (schnittig) racily styled; with racy lines; **b)** (ugs.) (schwungvoll) dashingly; (rassig) stylishly; **c)** (Ballistik: flach) ~ **verlaufen** ⟨trajectory⟩ be flat
Rasanz [ra'zants] die; ~ **a)** (ugs.: Schnelligkeit) terrific speed (coll.); **die** ~ **der Beschleunigung** the terrific ⟨rate of⟩ acceleration (coll.); **b)** (ugs.: Dynamik) verve; excitement
rasch [raʃ] 1. Adj. quick; quick, rapid ⟨step, progress, decision, action⟩; speedy, swift ⟨end, action, decision, progress⟩; fast, quick ⟨service, work, pace, tempo, progress⟩; **ein** ~**es Tempo** a fast pace; (eines Fahrzeugs) a high speed; **in** ~**er Folge** in rapid or swift succession. 2. adv. quickly; ⟨drive, act⟩ quickly, fast; ⟨decide, end, proceed⟩ swiftly, rapidly; **das geht mir zu** ~: that's too quick for me; **notieren Sie das** ~! make a quick note of that
rascheln ['raʃ!n] itr. V. rustle; **die Maus raschelte** the mouse made a rustling noise; **es raschelte im Stroh** there was a rustling in the straw; **mit der Zeitung** ~: rustle the newspaper
rasen ['raːzn̩] itr. V. **a)** mit sein (ugs.: eilen) dash or rush [along]; (fahren) tear or race along; (fig.)⟨pulse⟩ race; **gegen einen Baum** ~: crash [at full speed] into a tree; **ein Auto kam um die Ecke gerast** a car came tearing or racing round the corner; **die Zeit raste** (fig.) the time simply flew past; **b)** (toben) ⟨person⟩ rage; (wie wahnsinnig) rave; (fig.) ⟨storm, sea, war⟩ rage; **[vor Begeisterung]** ~: go wild [with enthusiasm]
Rasen der; ~s, ~: grass no indef. art.; **gepflegte** ~**fläche** lawn; (eines Spielfeldes usw., Grassode) turf; **in unserem Garten ist hauptsächlich** ~: our garden is mainly grass

or lawn; **ihn deckt der kühle** od. **grüne** ~ (geh. verhüll.) he has been laid to rest; **er mußte den** ~ **verlassen** (Sportjargon) he was sent off [the field or (coll.) park]
rasend 1. Adj. **a)** (sehr schnell) **in** ~**er Fahrt, mit** ~**er Geschwindigkeit** at breakneck speed; **b)** (tobend) raging; (wie wahnsinnig) raving; (verrückt) mad; **[vor Wut usw.]** ~ **werden** be beside oneself [with rage etc.]; **die Schmerzen machen mich** ~: the pain is driving me mad; **c)** (heftig) violent ⟨jealousy, rage⟩; violent, excruciating ⟨pain⟩; tumultuous ⟨applause⟩; ~**e Kopfschmerzen haben** have a splitting headache. 2. adv. (ugs.) incredibly (coll.)⟨fast, funny, expensive⟩; madly (coll.)⟨in love⟩; insanely ⟨jealous⟩; **ich täte es** ~ **gern** I'd really love to do it
Rasen-: ~**fläche** die lawn; (kleiner) patch of grass; ~**mäher** [~mɛːɐ̯] der; ~s, ~: lawn-mower; ~**platz** a) s. ~**fläche**; **b)** (Fußball usw.) pitch; (Tennis) grass court; ~**schere** die grass-shears pl.; ~**sprenger** der; ~s, ~: lawn-sprinkler; ~**stück** das area of lawn
Raser der; ~s, ~ (ugs. abwertend) speed-merchant (coll.); (rücksichtslos) road hog
Raserei die; ~, ~en a) (ugs.: schnelles Fahren) tearing along no art.; **b)** o. Pl. (das Toben) [insane] frenzy; (Wut) rage; **jmdn. zur** ~ **bringen** drive sb. mad or to distraction
Rasier-: ~**apparat** der (safety) razor; (elektrisch) electric shaver or razor; ~**creme** die shaving-cream
rasieren [ra'ziːrən] tr. V. **a)** shave; **sich** ~: shave; **sich naß/trocken/elektrisch** ~: have a wet/dry shave/use an electric shaver; **sich** (Dat.)/**jmdm. die Beine** usw. ~: shave one's/sb.'s legs; (ab~) **sich** (Dat.)/**jmdm. die Haare/den Bart** ~: shave off one's/sb.'s hair/beard; **b)** (zerstören) raze to the ground
Rasierer der; ~s, ~ (ugs.) [electric] shaver
Rasier-: ~**klinge** die razor-blade; ~**messer** das cutthroat razor; ~**pinsel** der shaving-brush; ~**schaum** der a) (in der Sprühdose) shaving-foam; **b)** (der ~**seife**) shaving-lather; ~**seife** die shaving-soap; ~**wasser** das (nach dem Rasur) aftershave; (vor der Rasur) pre-shave lotion; ~**zeug** das shaving things pl.
Räson [rɛ'zõː] die in **zur** ~ **kommen** (veralt.) ~ **annehmen** come to one's senses; **jmdn. zur** ~ **bringen** make sb. see reason
räsonieren [rɛzo'niːrən] itr. V. (veralt. abwertend) **a)** (sich wortreich äußern) reason [at length]; expatiate; **b)** (nörgeln) grumble (**über** + Akk. about)
Raspel ['rasp!] die; ~, ~n **a)** (grobe Feile) rasp; **b)** (Küchengerät) grater
raspeln tr. V. **a)** auch itr. (mit einer Feile) rasp; **an etw.** (Dat.) ~: work away at sth. with a rasp; **b)** (Kochk.) grate
raß [raːs], **räß** [rɛːs] (südd., österr., schweiz.) highly-seasoned; hot ⟨curry, goulash⟩
Rasse ['rasə] die; ~, ~n **a)** (Biol.) breed; **ein Pferd von edler** ~: a horse of noble pedigree; **b)** (Anthrop.: Menschen~) race; **c)** ~ **haben** od. **sein** od. **mit** ~ (ugs.) terrific (coll.); **von** od. **mit** ~ (temperamentvoll) [high-]spirited
Rasse·hund der pedigree dog
Rassel ['ras!] die; ~, ~n **a)** (Musikinstrument) rattle, esp. maraca; **b)** (Spielzeug) rattle
Rassel·bande die (ugs. scherzh.) [gang of] little rascals pl.
rasseln itr. V. **a)** rattle; **mit seinen Ketten/seinem Schlüsselbund** ~: rattle one's chains/jangle one's bunch of keys; **der Wecker rasselt** the alarm goes off with a jangling sound; ~**d atmen** (fig.) breathe stertorously; **seine Lunge rasselt** (fig.) he has a rattle in his lung; s. auch **Säbel**; **b)** mit

sein (sich ~d fortbewegen) clatter; **gegen einen Baum** ~ (ugs.) go smash into a tree (coll.); **c)** mit sein (salopp: durchfallen) **durch eine Prüfung** ~: come unstuck in or (Amer.) flunk an exam (coll.)
Rassen-: ~**diskriminierung** die racial discrimination no art.; ~**frage** die; o. Pl. **die** ~**frage** the race issue or question; ~**gesetze** Pl. race laws; ~**haß** der racial hatred no art.; ~**konflikt** der racial conflict; ~**krawall** der race riot; ~**problem** das racial problem; **das** ~**problem** the race problem; ~**schranke** die racial barrier; ~**trennung** die; o. Pl. racial segregation no art.; ~**unruhen** Pl. racial unrest; ~**vor·urteil** das racial prejudice
Rasse·pferd das thoroughbred [horse]
rasse·rein Adj. s. reinrassig
rassig Adj. spirited, mettlesome ⟨horse⟩; spirited, vivacious ⟨woman⟩; sporty ⟨car⟩; tangy ⟨wine, perfume⟩; (markant) striking ⟨face, features, beauty⟩
rassisch 1. Adj. racial; **aus** ~**en Gründen** for reasons of race. 2. adv. racially
Rassismus der; ~: racism; racialism
Rassist der; ~en, ~en, **Rassistin** die; ~, ~nen racist; racialist
rassistisch 1. Adj. racist; racialist. 2. adv. racialistically; ~ **begründet** for racialist reasons postpos.;⟨policy⟩ based on race; ~ **gefärbt** with a racialist slant
Rast [rast] die; ~, ~en rest; ~ **machen** stop for a break; **ohne** ~ **und Ruh** (geh.) without respite
Raste die; ~, ~n (Technik) notch
rasten itr. V. rest; take a rest or break; **eine Stunde** ~: have an hour's rest; **wer rastet, der rostet** (Spr.) if you don't keep at it, you get rusty; s. auch **ruhen** 1
Raster der; ~s, ~ **a)** (Druckw.) (Platte, Linien) screen; **b)** (fig.) [conceptual] framework; set pattern
Raster-: ~**ätzung** die (Druckw.) half-tone engraving; ~**fahndung** die (Kriminologie) pinpointing of suspects by means of computer analysis of data on many people
rastern tr. V. screen; (Ferns.) scan
Raster·punkt der (Druckw.) half-tone dot
Rasterung die; ~, ~en **a)** o. Pl. (das Rastern) screening; (Ferns.) scanning; **b)** (Struktur) screen
rast-, Rast-: ~**haus** das roadside café; (mit Hotelbetrieb) roadside hotel; motel; (an der Autobahn) motorway restaurant; ~**hof** der [motorway] motel [and service area]; ~**los** 1. Adj. restless ⟨person, spirit⟩; restless, unsettled ⟨life⟩; (ununterbrochen) unremitting, ceaseless ⟨work, search⟩; (unermüdlich) tireless, unflagging ⟨work, enthusiasm⟩; 2. adv. s. Adj. restlessly; unremittingly; ceaselessly; tirelessly; unflaggingly; ~**losigkeit** die; ~: restlessness; ~**platz** der a) place to rest; **b)** (an Autobahnen) parking place (with benches and WCs); picnic area; ~**stätte** die service area
Rasur [ra'zuːɐ̯] die; ~, ~en **a)** (das Rasieren) shave; **nach der** ~: after shaving; **b)** (ausradierte Stelle) erasure
Rat [raːt] der; ~[e]s, **Räte** ['rɛːtə] **a)** o. Pl. (Empfehlung) advice; **ein** ~ a piece or word of advice; **gib mir einen** ~, **was ich tun soll!** please tell me what I should do; **ich gab ihm den** ~ **zu ...**: I advised him to ...; **jmds.** ~ **einholen, sich** (Dat.) **bei jmdm.** ~ **holen** take advice from sb.; **bei jmdm.** ~ **suchen** seek sb.'s advice; **da ist guter** ~ **teuer** I/we etc. hardly know which way to turn; **jmdm. mit** ~ **und Tat zur Seite stehen** od. **beistehen** stand by sb. with moral and practical support; **mit sich zu** ~**[e] gehen** give the matter a lot of thought; **jmdn./etw. zu** ~**[e] ziehen** consult sb./sth.; **b)** o. Pl. (Ausweg) way out; solution; [sich (Dat.)] **keinen** ~ **wissen** not know what to do; **ich wußte [mir] keinen** ~ **mehr** I was at my wit's end or com-

1397

pletely at a loss; **weiß jemand ~?** has anybody any ideas?; **c)** *(Gremium)* council; *(Sowjet)* soviet; **der ~ der Stadt** the town council; **~ für Gegenseitige Wirtschaftshilfe** Council for Mutual Economic Aid; COMECON; **d)** *(Ratsmitglied)* councillor; council member; **e)** *o. Pl. (Titel)* Councillor
rät [rɛːt] *3. Pers. Sg. Präsens v.* **raten**
Rate ['raːtə] *die,* ~, ~n **a)** *(Teilbetrag)* instalment; **etw. auf ~n kaufen** buy sth. by instalments *or (Brit.)* on hire purchase *or (Amer.)* on the installment plan; **b)** *(Statistik: Verhältnis)* rate
Räte·demokratie *die* government by soviets *no art.;* sovietism *no art.*
raten 1. *unr. itr. V.* **a)** *(einen Rat, Ratschläge geben)* **jmdm.** ~: advise sb.; **laß dir von einem Freund ~:** take the advice of a friend; **er läßt sich von niemandem ~:** he won't listen to anybody; **wem nicht zu ~ ist, dem ist [auch] nicht zu helfen** *(Spr.)* you can't help some people – they just won't listen; ≈ you can take a horse to the water, but you can't make him drink *(prov.);* **sich** *(Dat.)* **nicht zu ~ wissen** be quite at a loss; **wozu rätst du mir?** what do you advise me to do?; **ich würde zu diesem Bewerber ~:** my advice would be to choose this applicant; **b)** *(schätzen)* guess; **richtig/falsch ~** guess right/wrong; **dreimal darfst du ~** *(ugs. iron.)* I'll give you three guesses. **2.** *tr. V.* **a)** *(an~)* guess; **~, etw. zu tun** advise sb. to do sth.; **was rätst du mir?** what do you advise [me to do]?; **laß dir das ge~ sein!** you better had [do that]!; *(tu das nicht)* don't you dare do that!; **das möchte ich dir auch ge~ haben!** I should hope so!; **b)** *(er~)* guess
Raten-: **~kauf** *der* purchase by instalments *or (Amer.)* on the installment plan; **~zahlung** *die* **a)** payment by instalments; **b)** *(das Zahlen des Teilbetrags)* hire-purchase *(Brit.) or (Amer.)* installment plan payment; **die dritte ~zahlung ist fällig** the third instalment is due
Räte·republik *die (hist.)* soviet republic
Rate·spiel *das* guessing-game
Rat-: **~geber** *der* adviser; *(Buch)* guide; **~geberin** *die;* ~, **~nen** adviser; **~haus** *das* town hall; **jmdn. ins ~haus wählen** elect sb. to the town council; **die FDP ist wieder ins ~haus eingezogen** the FDP is again represented on the town council; **~haus·saal** *der* town hall council-chamber
Ratifikation [ratifika'tsi̯oːn] *die;* ~, **~en** ratification
ratifizieren [ratifi'tsiːrən] *tr. V.* ratify
Ratifizierung *die;* ~, **~en** ratification
Rätin ['rɛːtɪn] *die;* ~, **~nen** councillor
Ratio ['raːtsi̯o] *die;* ~ *(geh.)* [pure] reason *no art.;* rational logic *no art.*
Ration [ra'tsi̯oːn] *die;* ~, **~en** ration; **jmdn. auf halbe/doppelte ~ setzen** *(ugs.)* put sb. on half/double rations; *s. auch* **eisern 1 d**
rational [ratsi̯o'naːl] **1.** *Adj.* rational; **~e Zahlen** rational numbers. **2.** *adv.* rationally
rationalisieren *tr., itr. V.* rationalize
Rationalisierung *die;* ~, **~en** rationalization; **~en rationalization** measures
Rationalisierungs·maßnahme *die* rationalization measure
Rationalismus *der;* ~: rationalism *no art.*
Rationalist *der;* **~en, ~en** rationalist
rationalistisch 1. *Adj.* rationalistic; rationalist *(principles);* **das ~e Zeitalter** the age of reason. **2.** *adv.* rationalistically
Rationalität [ratsi̯onali'tɛːt] *die;* ~: rationality
rationell [ratsi̯o'nɛl] **1.** *Adj.* efficient; *(wirtschaftlich)* economic. **2.** *adv.* efficiently; *(wirtschaftlich, kräftesparend)* economically
rationieren *tr. V.* ration
Rationierung *die;* ~, **~en** rationing *no indef. art.;* **~en vornehmen** introduce rationing [measures]
rat·los 1. *Adj.* baffled; at a loss *pred.;* help-

less ⟨look⟩; **einer Sache** *(Dat.)* **~ gegenüberstehen** not know what to do about sth. **2.** *adv.* helplessly; in a baffled way
Rat·losigkeit *die;* ~: perplexity; helplessness; **in meiner ~:** not knowing what to do
Rätoromanisch [rɛto̯roˈmaːnɪʃ] *das* Rhaeto-Romanic; Rhaeto-Romance
ratsam ['raːtsaːm] *Adj.; nicht attr.* advisable; *(weise)* prudent
ratsch [ratʃ] *Interj.* zip; *(beim Zerreißen)* rip; **es machte ~:** there was a ripping sound; *s. auch* **ritsch**
Ratsche ['ratʃə] *die (bes. südd., österr.),* **Rätsche** [ˈrɛːtʃə] *(südd.) die (Geräusch erzeugen)* [football fan's] rattle; *(Technik: Sperre)* ratchet
¹**ratschen** *(ugs.)* **1.** *itr. V.* *(Geräusch erzeugen)* rip. **2.** *refl. V.* *(landsch.: kratzen)* scratch oneself
²**ratschen** *(bes. südd., österr.),* **rätschen** *(südd.) itr. V.* **a)** *(Ratsche drehen)* swing a/one's rattle; *(fig.)* make a rasping noise; **b)** *(ugs.: schwatzen)* gossip
Rat-: **~schlag** *der* [piece of] advice; *(Hinweis)* tip; **auf meinen ~schlag hin** acting on my advice; **~schläge** advice/tips; **kluge ~schläge** *(iron.)* brilliant advice *sing. (iron.);* **~schluß** *der (geh.)* counsel *(formal);* **nach Gottes unerforschlichem ~schluß** in accordance with the unfathomable will of God
Rätsel ['rɛːtsl̩] *das;* **~s, ~** **a)** *(Denkaufgabe)* riddle; *(Bilder~, Kreuzwort~ usw.)* puzzle; **das ist des ~s Lösung** *(fig.)* [so] that is the explanation; **jmdm. ~/ein ~ aufgeben** ask or set sb. riddles/a riddle; *(fig.: vor Probleme stellen)* puzzle or baffle sb.; **b)** *(Geheimnis)* mystery; enigma; **jmdm. od. für jmdn. ein ~ sein/bleiben** be/remain a mystery to sb.; **vor einem ~ stehen** be baffled
Rätsel·ecke *die (ugs.)* puzzle corner *(in a magazine/newspaper)*
rätselhaft 1. *Adj.* mysterious; *(unergründlich)* enigmatic ⟨smile, expression, person⟩; baffling ⟨problem⟩; **es blieb/es ist [mir] ~, warum ...:** it remained/is a mystery [to me] why .... **2.** *adv.* mysteriously; *(unergründlich)* enigmatically
Rätselhaftigkeit *die;* ~: enigmatic nature; mysteriousness
Rätsel·heft *das* puzzle magazine
rätseln *itr. V.* puzzle, rack one's brains (**über** + *Akk.* over); **~, wer .../ob ...:** try to work out who .../whether ...
Rätsel·raten *das* **a)** *s.* **Rätsel a:** solving puzzles/riddles *no art.;* **b)** *(das Rätseln)* puzzling; *(Raten)* guessing; **das ~, wer sein Nachfolger werden soll** the guessing-game as to who is to be his successor
rätsel·voll 1. *Adj.* mysterious; enigmatic ⟨person⟩. **2.** *adv.* mysteriously; ⟨smile⟩ enigmatically
Rats-: **~herr** *der* [town/city] councillor; **~keller** *der* [restaurant in the] town-hall cellar; **~stube** *die (veralt.)* [town hall] council-chamber
Rattan ['ratan] *das;* **~s** rattan [cane]
Ratte ['ratə] *die;* ~, **~n** *(auch fig.)* rat; **die ~n verlassen das sinkende Schiff** the rats are leaving the sinking ship
Ratten-: **~bekämpfung** *die* rat control; **~fänger** *der* **a)** rat-catcher; **b)** *(Rattenfänger von Hameln) (Lit.)* the Pied Piper of Hamelin; **b)** *(abwertend: Volksverführer)* pied piper; **~gift** *das* rat poison; **~schwanz** *der* **a)** *(fig.: große Anzahl)* **ein ~schwanz von Änderungen/Gerüchten** a whole welter or string of changes/rumours; **b)** *(scherzh.: Zopf)* pigtail; **c)** *(Schwanz der Ratte)* rat's tail
rattern ['ratɐn] *itr. V.* **a)** *(knattern)* clatter; ⟨sewing-machine, machine-gun⟩ chatter; ⟨engine⟩ rattle; **b)** *mit sein (sich ~d fortbewegen)* clatter [along]
Ratz [rats] *der;* **~es, ~e** **a)** *(südd., österr.:*

schweiz.) rat; **b)** *(volkst.: Siebenschläfer)* [edible] dormouse; **schlafen wie ein ~:** sleep like a log
ratze·kahl *Adv. (ugs.)* totally; completely
ratzen *itr. V. (ugs.)* [have a] kip *(Brit. sl.)*
Raub [raup] *der;* **~[e]s a)** *(Handlung: Entführung)* kidnapping; **jmdn. wegen ~es anklagen/verurteilen** accuse/convict sb. of robbery *or (jur.)* larceny [from the person]; **der ~ der Sabinerinnen** *(Myth.)* the rape of the Sabine women; **b)** *(Beute)* [robber's] loot; stolen goods *pl.;* **ein ~ der Flammen werden** *(geh.)* be consumed by the flames *(literary)*
Raub-: **~bau** *der; o. Pl.* over-exploitation (**an** + *Dat.* of); *(beim Fischfang)* overfishing; *(beim Bergbau)* overworking; **~bau an etw.** *(Dat.)* **treiben** over-exploit sth.; **~bau mit seiner Gesundheit treiben** *(fig.)* ruin one's health by overdoing things; **~bau an seinen Kräften** *(fig.)* overtaxing one's strength; **~druck** *der; Pl.* **~drucke** pirated edition
rauben 1. *tr. V.* steal; kidnap ⟨person⟩; **jmdm. etw. ~:** rob sb. of sth.; *(geh.: wegnehmen)* deprive sb. of sth.; **jmdm. den Atem/die Sprache ~:** take sb.'s breath away/render sb. speechless; **er hat ihr die Unschuld geraubt** *(veralt.)* he deprived her of her virginity; he deflowered her *(dated).* **2.** *itr. V.* rob; *(plündern)* plunder
Räuber ['rɔybɐ] *der;* **~s, ~** **a)** robber; *(Entführer)* kidnapper; *(fig. scherzh.)* rascal; **~ und Gendarm** cops and robbers; **anscheinend bin ich unter die ~ gefallen** *(ugs.)* it seems I'm being fleeced *(coll.);* **b)** *(Zool.: Tier)* predator
Räuber-: **~bande** *die (veralt.)* band of robbers; **~geschichte** *die* **a)** story about robbers; **b)** *(ugs.: erlogene Geschichte)* tall story; **~haupt·mann** *der (veralt.)* robber chief; **~höhle** *die (veralt.)* robber's den; **hier sieht es aus wie in einer ~höhle** it's a frightful mess in here
räuberisch 1. *Adj.* **a)** rapacious, predatory ⟨gang, horde, etc.⟩; **~e Erpressung** *(Rechtsw.)* extortion by means of force or under threat of force; **b)** *(Zool.)* predatory ⟨animal, fish, etc.⟩. **2.** *adv. (Zool.)* **~ lebend** living as a predator/as predators; predatory
räubern *itr. V.* go robbing; *(plündern)* loot
Räuber-: **~pistole** *die (ugs. scherzh.)* tall story; **~zivil** *das (ugs. scherzh.)* scruffy clothes *pl.*
raub-, Raub-: **~fisch** *der* predatory fish; **~gier** *die* rapacity; **~gierig** *Adj.* rapacious; **~katze** *die* wild cat; **~mord** *der (Rechtsw.)* murder *(an* + *Dat.* of) in the course of a robbery *or* with robbery as motive; **~mörder** *der* robber and murderer; **~ritter** *der (hist.)* robber baron; **~tier** *das* predator; beast of prey; **~tier·käfig** *der* predators' cage; *(für Löwen und Tiger)* lions' and tigers' cage; **~über·fall** *der* robbery (**auf** + *Akk.* of); *(von einer Bande auf eine Bank o. ä.)* raid (**auf** + *Akk.* on); **~vogel** *der* bird of prey; **~wild** *das (Jägerspr.)* predators *pl.* (hunted as game); **~zug** *der* plundering raid
Rauch [raʊx] *der;* **~[e]s** smoke; **kein ~ ohne Flammen** *(Spr.)* there's no smoke without fire *(prov.);* **in ~ [und Flammen] aufgehen** go up in smoke *or* flames; **sich in ~ auflösen, in ~ aufgehen** *(fig.)* go up in smoke
Rauch-: **~ab·zug** *der* smoke outlet; *(Rohr, Schacht)* flue; **~bombe** *die* smoke-bomb
rauchen 1. *itr. V.* smoke; **es rauchte in der Küche** there was smoke in the kitchen; **sonst raucht es!** *(ugs.)* or there'll be trouble. **2.** *tr. V. (auch itr.)* smoke ⟨cigarette, pipe, etc.⟩; **~ Sie?** do you smoke?; **~ haben a** smoke; **stark** *od.* **viel ~:** be a heavy smoker; **„Rauchen verboten"** 'No smoking'
Rauch·entwicklung *die* build-up of smoke

Raucher der; ~s, ~ a) smoker; b) *o. Art.* (*~abteil*) smoker; smoking-compartment; möchten Sie ~ oder Nichtraucher [fliegen]? would you like smoking or no smoking?
Räucher·aal der smoked eel
Räucher-: ~**ab·teil** das smoking-compartment; smoker; ~**bein** das (*Med.*) narrowing of the arteries of the leg as a result of heavy smoking
Räucher·hering der smoked herring
Räucher·husten der smoker's cough
Raucherin die; ~, ~nen smoker
Räucher-: ~**kammer** die smokehouse; ~**lachs** der smoked salmon
Raucher·lunge die (*volkst.*) smoker's lung
räuchern ['rɔyçɐn] 1. *tr. V.* smoke ⟨*meat, fish*⟩. 2. *itr. V.* burn incense/joss-sticks etc.
Räucher-: ~**schinken** der smoked ham; ~**speck** der smoked [streaky] bacon; ~**stäbchen** das joss-stick
rauch-, Rauch-: ~**fahne** die plume of smoke; ~**fang** der a) (*~abzug*) chimney hood; b) (*österr.: Schornstein*) chimney; ~**fang·kehrer** der (*österr.*) chimney-sweep; ~**farben, ~farbig** *Adj.* smoke-coloured; smoke-grey; ~**faß** das (*kath. Kirche*) censer; ~**gas** das flue gas; ~**gas·entschwefelung** die flue gas desulphurization; ~**geschwängert** *Adj.* smoke-filled; die Luft war ~geschwängert the air was heavy with smoke; ~**geschwärzt** *Adj.* smoke-blackened; ~**glas** das; *o. Pl.* smoked glass
rauchig *Adj.* smoky; husky ⟨*voice*⟩
rauch-, Rauch-: ~**los** *Adj.* smokeless; ~**melder** der smoke-detector; ~**pilz** der mushroom cloud; ~**salon** der smoking-room; ~**säule** die column *or* pillar of smoke; ~**schwaden** der cloud of smoke; ~**signal** das smoke signal; ~**tisch** der smoker's table; ~**verbot** das ban on smoking; aus Sicherheitsgründen herrscht ~verbot smoking is prohibited for safety reasons; ~**vergiftung** die poisoning *no art.* by smoke inhalation; ~**verzehrer** der; ~s, ~: air cleaner [and freshener]; ~**ware** die; ~, ~n a) *Pl.* (*Tabak*) tobacco products; b) (*Kürschnerei*) fur; ~**wolke** die cloud of smoke; ~**zeichen** das smoke signal
Räude ['rɔydə] die; ~, ~n mange *no art.*
räudig *Adj.* mangy; ein ~es Schaf (*fig.*) a bad apple (*fig.*); du ~er Hund! (*derb*) you dirty rat! (*sl.*)
rauf [rauf] *Adv.* (*ugs.*) up; ~ mit euch! up you go!; *s. auch* herauf; hinauf
rauf- (*ugs.*) up; ~**brüllen**/~**klettern** shout/climb
Raufbold [-bɔlt] der; ~[e]s, ~e (*veralt.*) ruffian
rauf|bringen *unr. tr. V.* (*ugs.*) (*her*) bring up; (*hin*) take up
Raufe die; ~, ~n hay-rack
raufen 1. *tr., refl. V.* fight; [sich] wegen *o. um etw.* ~: fight [each other] over sth. 2. *tr. V.* pull up ⟨*weeds, plants, etc.*⟩; pull ⟨*flax*⟩; sich (*Dat.*) die Haare/den Bart ~: tear one's hair/at one's beard
Rauferei die; ~, ~en fight
rauf|gehen *unr. itr. V.; mit sein* (*ugs.*) go up
Rauf·handel der; ~s, Raufhändel (*veralt.*) brawl; fight
rauf-: ~**holen** *tr. V.* (*ugs.*) fetch *or* bring up; ~**kommen** *unr. itr. V.; mit sein* (*ugs.*) come up
rauf·lustig *Adj.* (*veralt.*) pugnacious; er ist ein ~er Bursche he is always spoiling for a fight
rauh [rau] 1. *Adj.* a) (*nicht glatt*) rough; in einer ~en Schale steckt oft ein weicher Kern (*Spr.*) behind a rough exterior there often beats a heart of gold; b) (*nicht mild*) harsh, raw ⟨*climate, winter*⟩; raw ⟨*wind*⟩; c) (*unwirtlich*) bleak, inhospitable ⟨*region, mountains, etc.*⟩; rough ⟨*weather*⟩; d) (*kratzig*) husky, hoarse ⟨*voice*⟩; e) (*entzündet*) sore ⟨*throat*⟩; f) (*grob, nicht feinfühlig*) rough; harsh ⟨*words, tone*⟩; er ist ~, aber herzlich he is a rough diamond; **g)** (*Ballspiele*) rough ⟨*play*⟩; h) (*ugs.*) in ~en Mengen in huge *or* vast quantities. 2. *adv.* a) (*kratzig* ⟨*speak etc.*⟩ huskily, hoarsely; b) (*grob, nicht feinfühlig*) roughly; c) (*Ballspiele*) roughly; ~ spielen play rough
rauh-, Rauh-: ~**bauz** [~bauts] der; ~es, ~e (*ugs.*) *s.* ~bein; ~**bauzig** *Adj.* (*ugs.*) *s.* ~beinig; ~**bein** das (*ugs.*) rough diamond; ~**beinig** *Adj.* (*ugs.*) gruff; rough and ready
Rauheit die; ~, ~en *s.* rauh a–d: roughness, harshness; rawness; bleakness; inhospitableness; huskiness; hoarseness
Rauh-: ~**faser·tapete** die woodchip wallpaper; ~**frost** der rime; ~**haar·dackel** der wire-haired dachshund; ~**putz** der roughcast; ~**reif** der hoar-frost
raum [raum] *Adj.* (*Seemannsspr.*) a) (*weit*) open ⟨*sea*⟩; b) (*von hinten*) quartering, following ⟨*sea, current, wind*⟩
Raum der; ~[e]s, Räume ['rɔymə] a) (*Wohn~, Nutz~*) room; im ~ stehen (*fig.*) be in the air; ⟨*threat*⟩ be hanging in the air; etw. im ~ stehen lassen (*fig.*) leave sth. hanging in the air; eine Anschuldigung im ~ stehen lassen leave an accusation unanswered; b) (*nicht fest eingegrenztes Gebiet*) expanse; ~ und Zeit (*Philos.*) space and time; c) *o. Pl.* (*Platz*) room; space; 5 m ~: a space of 5 m; auf engstem ~ leben live in a very confined space; einen zu breiten ~ einnehmen (*fig.*) be given too much attention; d) *o. Pl.* (*Welt~*) space *no art.*; e) (*Gebiet*) area; region; im ~ Hamburg in the Hamburg area *or* region; f) (*Wirkungsfeld*) sphere; g) (*Math.*) space
Raum-: ~**akustik** die (*Physik*) room acoustics *sing., no art.*; ~**an·gabe** die (*Sprachw.*) adverbial expression of place; ~**an·zug** der spacesuit; ~**ausstatter** der a) (*Beruf*) interior decorator; b) (*Geschäft*) [firm of] interior decorators *pl.*; ~**bild** das (*Optik*) stereoscopic picture; 3-D picture
räumen ['rɔymən] 1. *tr. V.* a) (*entfernen*) clear [away]; clear ⟨*snow*⟩; Minen ~: clear mines; (*auf See*) sweep *or* clear mines; etw. vom Tisch ~: clear sth. off the table; etw. aus dem Weg ~: clear sth. out [of] the way; b) (*an einen anderen Ort*) move; seine Sachen auf die Seite ~: clear *or* move one's things to one side; etw. in Schubfächer (*Akk.*) ~: put sth. away in drawers; c) (*frei machen*) clear ⟨*street, building, warehouse, stocks, etc.*⟩; d) (*verlassen*) vacate ⟨*hotel room*⟩; vacate, clear ⟨*hall, cinema, etc.*⟩; vacate, move out of ⟨*house, flat*⟩; evacuate, vacate ⟨*military position, area*⟩; e) (*durch die Polizei usw. frei machen*) clear ⟨*room, hall, street, etc.*⟩. 2. *itr. V.* clear up
Raum-: ~**ersparnis** die saving of space; ~**fähre** die space shuttle; ~**fahrer** der astronaut; (*Kosmonaut*) cosmonaut; ~**fahrt** die a) *o. Pl.* space flight; space travel; b) (*~flug*) space flight
Raumfahrt-: ~**behörde** die space agency; ~**medizin** die space medicine *no art.*; ~**technik** die space technology *no art.*
Raum·fahrzeug das spacecraft
Räum·fahrzeug das bulldozer; (*für Schnee*) snow-plough
raum-, Raum-: ~**flug** der space flight; ~**forschung** die; *o. Pl.* space research *no art.*; ~**gestalter** der interior designer; ~**gleiter** der; ~s, ~ (*Raumf.*) space shuttle; ~**greifend** *Adj.* (*Sport*) long ⟨*pass, stride, etc.*⟩; ~**in·halt** der (*Math.*) volume; ~**kapsel** die space capsule; ~**klang** der stereophonic sound
räumlich 1. *Adj.* a) (*den Raum betreffend*) spatial; aus ~en Gründen for reasons of space; wir sind ~ sehr beschränkt we are cramped for space; ~e Nähe physical proximity; b) (*dreidimensional*) three-dimensional; stereophonic ⟨*sound*⟩; stereoscopic ⟨*vision*⟩; ~ wirken have a three-dimensional effect; ~es Vorstellungsvermögen ability to visualize things in three dimensions. 2. *adv.* a) spatially; in zeitlich und ~ enger Nachbarschaft in close temporal and spatial proximity; b) (*dreidimensional*) three-dimensionally
Räumlichkeit die; ~, ~en a) *Pl.* rooms; uns (*Dat.*) fehlen die ~en we don't have enough space; die ~en des Museums the museum's premises; b) *o. Pl.* (*räumliche Wirkung*) three-dimensionality
raum-, Raum-: ~**maß** das measure of capacity; ~**meter** der *od.* das cubic metre (*of stacked wood, logs*); ~**not** die shortage *or* lack of space (*Gen.* in); ~**ordnung** die (*Amtsspr.*) regional planning; ~**ordnungs·plan** der (*Amtsspr.*) regional development plan; ~**pfleger** der cleaner; ~**pflegerin** die cleaning lady; cleaner; ~**schiff** das spaceship; ~**sonde** die space probe; ~**sparend** *Adj. s.* platzsparend; ~**station** die space station; ~**teiler** der room divider; ~**transporter** der space shuttle
Räumung die; ~, ~en a) clearing; b) (*einer Wohnung, eines Hotelzimmers*) vacation; vacating; c) (*wegen Gefahr*) evacuation; d) (*von Vorräten, eines Geschäfts*) clearance
Räumungs-: ~**klage** die (*Rechtsw.*) action for eviction; ~**klage erheben** ≈ apply for an eviction order; ~**verkauf** der (*Kaufmannsspr.*) clearance sale
raunen ['raunən] *tr., itr. V.* (*geh.*) whisper; ein Raunen ging durch die Reihen a murmur went through the ranks
raunzen ['rauntsn] *itr. V.* (*bes. südd., österr.*) grumble; grouse (*coll.*)
Raupe ['raupə] die; ~, ~n a) (*Larve*) caterpillar; b) *s.* Planier-; c) *s.* Raupenkette
Raupen-: ~**fahrzeug** das Caterpillar vehicle; Caterpillar (P); ~**kette** die Caterpillar track; ~**schlepper** der Caterpillar tractor
raus [raus] *Adv.* (*ugs.*) out; ~ mit euch! out you go!; Nazis ~! Nazis out!; *s. auch* heraus; hinaus a
Rausch [rauʃ] der; ~[e]s, Räusche ['rɔyʃə] a) (*durch Alkohol*) state of drunkenness; sich (*Dat.*) einen ~ antrinken get drunk; einen [leichten/schweren] ~ haben be [slightly/very] drunk; seinen ~ ausschlafen sleep off the effects of drink; sich (*Dat.*) etw. (*coll.*); etw. im ~ tun do sth. while drunk; b) (*durch Drogen*) drugged state; einen ~ haben be high (*coll.*) [on drugs]; etw. im ~ tun do sth. while drugged; c) (*starkes Gefühl*) transport; der ~ des Erfolgs/Sieges the exhilaration *or* intoxication of success/victory; ein wilder/blinder ~: a wild/blind frenzy; der ~ der Geschwindigkeit the exhilaration *or* thrill of speed
rausch·arm 1. *Adj.* low-noise. 2. *adv.* with a low noise-level
Rausche·bart der (*scherzh.*) a) full beard; b) (*Mann*) bearded [old] gentleman
rauschen *itr. V.* ⟨*water, wind, torrent*⟩ rush; ⟨*trees, leaves*⟩ rustle; ⟨*skirt, curtains, silk*⟩ swish; ⟨*waterfall, strong wind*⟩ roar; ⟨*rain*⟩ pour down; ich hörte das Wasser ~: I heard the sound of rushing water; es rauscht im Radio there's a hiss coming from the radio; das Rauschen der Brandung/des Meeres the roar of the surf/sea; ~der Bei·fall (*fig.*) resounding applause; ~de Feste (*fig.*) glittering parties; ⟨*sich bewegen*⟩ ⟨*water, river, etc.*⟩ rush; ⟨*bird, bullet, etc.*⟩ whoosh; der Ball rauschte ins Tor (*Sport ugs.*) the ball slammed into the back of the net; sie rauschte aus dem Zimmer she swept out of the room
Rausch·gift das drug; narcotic; ~ nehmen take drugs; be on drugs

1399

rausch·gift-, Rausch·gift-: ~**handel** der drug-trafficking; ~**händler** der drug-trafficker; ~**süchtig** Adj. drug-addicted; addicted to drugs postpos.; **sie war** ~**süchtig** she was addicted to drugs or a drug addict; ~**süchtige Jugendliche** young drug addicts; ~**süchtige der/die;** adj. Dekl. drug addict; ~**tote der/die** person who dies/died as a result of drug abuse; **im vergangenen Jahr gab es 400** ~**tote** last year 400 people died as a result of drug abuse
Rausch·gold das Dutch metal
Rauschgold·engel der angel (made of Dutch metal)
rausch·haft Adj. ecstatic
Rausch·mittel das s. Rauschgift
raus-: ~**dürfen** unr. itr. V. (ugs.) s. herauskönnen, hinausdürfen; ~|**ekeln** tr. V. (ugs.) s. hinausekeln; ~|**fahren** unr. tr. V.; mit sein (ugs.) s. heraus-, hinausfahren; ~|**feuern** tr. V. (ugs.) chuck out (coll.); ~|**fliegen** unr. itr. V.; mit sein (ugs.) s. heraus-, hinausfliegen; ~|**gehen** unr. itr. V.; mit sein (ugs.) s. heraus-, hinausgehen; ~|**kommen** unr. itr. V.; mit sein (ugs.) s. heraus-, hinauskommen; ~|**können** unr. itr. V. (ugs.) be able to go/come out; (sich befreien können) be able to get out; ~|**kriegen** tr. V. (ugs.) get out (aus of); **ich habe das Rätsel/die Aufgabe nicht** ~**gekriegt** I couldn't do the puzzle/exercise; ~|**müssen** unr. itr. V. (ugs.) have got to go/come out; **wir müssen aus unserer Wohnung** ~: we have got to get out of our flat (Brit. or Amer.) apartment; ~|**nehmen** unr. tr. V. (ugs.) s. heraus-, hinausnehmen; ~|**pauken** tr. V. (ugs.) **jmdn.** ~**pauken** get sb. off the hook (coll.)
räuspern ['rɔyspɐn] refl. V. clear one's throat
raus-, Raus-: ~|**schmeißen** unr. tr. V. (ugs.) chuck (coll.) or sling (coll.) ⟨objects⟩ out or away; give ⟨employee⟩ the push (coll.) or sack (coll.) or boot (sl.); chuck (coll.) or throw ⟨customer, drunk, tenant⟩ out (aus of); **das ist** ~**geschmissenes Geld** that's money down the drain (coll.); ~**schmeißer** der; ~**s,** ~ (ugs.) **a)** (Person) chucker-out (coll.); bouncer (coll.); **b)** (Tanz) last dance; ~**schmiß** der (ugs.) s. ~**schmeißen:** chucking out (coll.); slinging out (coll.); sacking (coll.); chucking out (coll.); throwing out; **nach dem** ~**schmiß des Angetrunkenen ...:** after the drunk had been chucked out; **nach unserem** ~**schmiß aus der Wohnung** after we were chucked (coll.) or thrown out of our flat; ~|**sollen** itr. V. (ugs.) **der Zahn/Blinddarm soll** ~: the tooth/appendix has to come out; **wir sollen zum Jahresende aus unserer Wohnung** ~: we're to be out of our flat by the end of the year; ~|**wollen** unr. itr. V. (ugs.) want to go/come out; **ich will** ~! I want to get out!
Raute ['rautə] die; ~, ~n **a)** (Pflanze) rue; **b)** (Geom.) rhombus
rauten·förmig Adj. rhombic; diamond-shaped
rautiert [rau'ti:ɐt] Adj. squared ⟨paper⟩
Ravioli [ra'vjo:li] Pl. (Kochk.) ravioli sing.
Rayon [rɛ'jõ:] der; ~s, ~s od. (österr.) ~e **a)** (Warenhausabteilung) department; **b)** (österr., schweiz.: Bezirk) district
Rayons·inspektor der (österr. schweiz.) district inspector
Razzia ['ratsia] die; ~, **Razzien** raid; **in dieser Kneipe führte die Polizei oft Razzien** the police has often raided this bar
Re das; ~s, ~s (Skat) redouble
Reagens des; ~, **Reagenzien** [rea'gɛntsiən],
Reagenz [rea'gɛnts] das; ~**es,** ~**ien** (Chemie) reagent
Reagenz-: ~**glas** das test-tube; ~**papier** das test paper
reagieren itr. V. **a)** react (**auf** + Akk. to); **b)** (Chemie) react; **miteinander** ~: react together

Reaktanz [reak'tants] die; ~, ~**en** (Elektrot.) reactance
Reaktion [reak'tsio:n] die; ~, ~**en** (auch Politik abwertend, Chemie) reaction (**auf** + Akk. to)
reaktionär [reaktsio'nɛːr] Adj. (Politik abwertend) reactionary
Reaktionär der; ~**s,** ~**e, Reaktionärin** die; ~, ~**nen** (Politik abwertend) reactionary
reaktions-, Reaktions-: ~**fähig** Adj. **a)** capable of reacting postpos.; **b)** durch den Alkoholgenuß war er nicht mehr voll ~**fähig** his alcohol intake had impaired his reactions; **b)** (Chemie) reactive; ~**fähigkeit** die; o. Pl. **a)** ability to react; **jmds.** ~**fähigkeit überprüfen** test sb.'s reactions; **b)** (Chemie) reactivity; ~**geschwindigkeit** die (Chemie) reaction rate; ~**schnell** 1. Adj. ⟨person⟩ with quick reactions; ~**schnell sein** have quick reactions; **durch sein** ~**schnelles Abbremsen** through his quick reaction in braking; 2. adv. **sie schrieb** ~**schnell die Autonummer auf** she reacted quickly and wrote down the car's number; ~**schnelligkeit** die speed of reaction; ~**vermögen** das s. ~**fähigkeit;** ~**wärme** die (Chemie) heat of reaction; ~**weg** der reaction distance; ~**zeit** die (Physiol.) reaction time
reaktiv [reak'tiːf] 1. Adj. reactive. 2. adv. reactively
reaktivieren tr. V. **a)** (wieder anstellen) recall ⟨to duty⟩; **b)** (wieder in Gebrauch nehmen) bring ⟨vehicle, machine, etc.⟩ back into service; (fig.) brush or polish up ⟨knowledge, skill, etc.⟩; **c)** (Chemie) reactivate ⟨catalyst, serum⟩
Reaktivierung die **a)** (Wiedereinstellung) recalling ⟨to duty⟩; **b)** (Wiederinbetriebnahme) **die** ~ **einer Sache** (Gen.) **beschließen** decide to bring sth. back into service; **c)** (Chemie) reactivation
Reaktor [re'aktɔr] der; ~**s,** ~**en** [-'toːrən] reactor
real [re'a:l] 1. Adj. **a)** real; **b)** (wirklichkeitsbezogen) realistic. 2. adv. **a)** actually; **b)** (wirklichkeitsbezogen) realistically; **c)** (Wirtsch.) in real terms
Real-: ~**einkommen** das real income; ~**enzyklopädie** die (veralt.) s. ~**lexikon**
Realien [re'a:liən] Pl. **a)** (Tatsachen) realities pl.; facts pl.; **b)** (veralt.: Naturwissenschaften) natural sciences
Real·injurie die (Rechtsw.) assault and battery
Realisation [realiza'tsio:n] die; ~, ~**en a)** s. **realisieren a:** realization; implementation; **b)** (Film, Ferns.) production
realisierbar Adj. s. **realisieren a, c:** realizable; implementable; sellable
Realisierbarkeit die; ~: practicability; feasibility
realisieren [reali'zi:rən] tr. V. **a)** (geh.: verwirklichen) realize ⟨plan, idea, proposals, aim, project, wish⟩; implement ⟨plan, programme, decision⟩; **b)** (geh.: verstehen) realize; **c)** (Wirtsch.) realize ⟨profit, assets, etc.⟩; sell ⟨property⟩
Realisierung die; ~, ~**en** s. **realisieren a, c:** realization; implementation; selling
Realismus der; ~, **Realismen** realism
Realist der; ~**en,** ~**en** realist
Realistik die; ~: realism
Realistin die; ~, ~**nen** realist
realistisch 1. Adj. realistic. 2. adv. realistically
Realität die; ~, ~**en a)** reality; **b)** Pl. (österr.) s. **Immobilien**
realitäten-, Realitäts-: ~**bezogen** Adj., adv. s. ~**nah;** ~**fern** 1. Adj. unrealistic. 2. adv. unrealistically; ~**nah** 1. Adj. realistic. 2. adv. realistically; ~**sinn** der; o. Pl. sense of reality

realiter [re'a:litɐ] Adv. (geh.) in reality
Real-: ~**kanzlei** die (österr.) estate agency (Brit.); real estate office (Amer.); ~**katalog** der (Bibliothekswesen) subject catalogue; ~**konkurrenz** die (Rechtsw.) accumulation of offences ⟨dealt with at the same trial⟩; ~**lexikon** das specialist encyclopaedia; ~**lohn** der (Wirtsch.) real wages pl.; ~**politik** die realpolitik; practical politics sing.; ~**politiker** der practical politician; ~**schule** die ≈ secondary modern school (Brit. Hist.); ~**schüler** der ≈ secondary modern school pupil (Brit. Hist.); ~**schul·lehrer** der ≈ secondary modern school teacher (Brit. Hist.)
Reanimation die (Med.) resuscitation
reanimieren tr. V. (Med.) resuscitate
Reaumur ['reːomyːɐ] Réaumur; s. auch **Grad c**
Rebbe ['rɛba] der; ~**[s],** ~**s** (jidd.) s. **Rabbi**
Rebe ['reːbə] die; ~, ~**n a)** (Wein~) vine shoot; **b)** (geh.: Weinstock) [grape] vine
Rebell [re'bɛl] der; ~**en,** ~**en** rebel; (Aufständischer) rebel; insurgent
rebellieren itr. V. rebel (**gegen** against)
Rebellin die; ~, ~**nen** s. **Rebell**
Rebellion [rebɛ'lioːn] die; ~, ~**en** rebellion; (Aufstand) rebellion; insurrection
rebellisch 1. Adj. rebellious. 2. adv. rebelliously
Reben·saft der; o. Pl. (geh.) juice of the grape
Reb-: ~**huhn** das partridge; ~**laus** die phylloxera; ~**sorte** die type of grape; ~**stock** der vine
Rechaud [re'ʃo:] der od. das; ~**s,** ~**s a)** (Gastr.) food/tea/coffee warmer; réchaud; **b)** (südd., österr., schweiz.) gas cooker
rechen ['rɛçn̩] tr. V. (bes. südd.) rake
Rechen der; ~**s,** ~ **a)** (bes. südd.: Harke) rake; **b)** (Gitter an Gewässern) grating
Rechen-: ~**an·lage** die computer; ~**art** die type of arithmetical operation; ~**aufgabe** die arithmetical problem; ~**automat** der calculator; ~**brett** das abacus; ~**buch** das (veralt.) arithmetic book; ~**exempel** das: **das ist doch ein ganz einfaches** ~**exempel** that's a matter of simple arithmetic; ~**fehler** der arithmetical error; ~**heft** das arithmetic book; ~**künstler** der mathematical genius or wizard; ~**lehrer** der (veralt.) arithmetic teacher; ~**maschine** die calculator; ~**operation** die arithmetical operation; ~**papier** das arithmetic paper
Rechenschaft die; ~: account; **jmdm. über etw.** (Akk.) **ablegen** account to sb. for sth.; **von jmdm.** ~ **über etw.** (Akk.) **verlangen** demand an explanation or account from sb. about sth.; **jmdm. über etw.** (Akk.) ~ **schuldig sein** od. **schulden** have to account to sb. for sth.; **ich bin Ihnen keine** ~ **schuldig** I am not answerable to you; I owe you no explanation; **jmdn. für etw. zur** ~ **ziehen** call or bring sb. to account for sth.
Rechenschafts-: ~**bericht** der report; ~**legung** die report; **zur öffentlichen** ~**legung verpflichtet sein** be obliged to render public account
Rechen-: ~**schieber** der, ~**stab** der slide-rule; ~**stunde** die arithmetic lesson; ~**unterricht** der teaching of arithmetic; (Fach) arithmetic no art.; ~**zentrum** das computer centre
Recherche [re'ʃɛrʃə] die; ~, ~**n** (geh.) investigation; enquiry; ~**n über jmdn./etw. anstellen** make investigations or enquiries about sb./into sth.
recherchieren (geh.) 1. itr. V. investigate; make investigations or enquiries. 2. tr. V. investigate
rechnen ['rɛçnən] 1. tr. V. **a) eine Aufgabe** ~: work out a problem; **b)** (veranschlagen) reckon; estimate; **wir** ~ **pro Person drei Fla-**

1400

schen Bier we are reckoning on three bottles of beer per person; **wir müssen zwei Stunden ~:** we must reckon on two hours; **alles in allem gerechnet** in all in all; altogether; **gut/rund gerechnet** at a generous/ rough estimate; **das ist zu hoch/niedrig gerechnet** that's an over-/underestimate; c) *(berücksichtigen)* take into account; **ich rechne es mir zur Ehre** *(geh.)* I consider it *or* count it an honour; d) *(einbeziehen)* count; **jmdn. zu seinen Freunden ~:** count sb. among *or* as one of one's friends; **jmdn. zu den Fachleuten ~:** rate sb. as an expert. 2. *itr. V.* a) *(addieren)* do *or* make a calculation/calculations; **an einer Aufgabe/auf der Tafel ~:** do *or* make calculations on a problem/the blackboard; **der Lehrer rechnet mit den Kindern** the teacher is doing arithmetic with the children; **gut/schlecht ~ können** be good/bad at figures *or* arithmetic; b) *(zählen)* reckon; **vom 1. April an gerechnet** reckoning from 1 April; **in Schillingen/nach Lichtjahren ~:** reckon in shillings/light years; c) *(ugs.: berechnen)* calculate; estimate; **das ist zuviel gerechnet** that's too high an estimate; **er ist ein klug ~der Kopf** he is a shrewdly calculating person; d) *(wirtschaften)* budget carefully; **mit jeder Mark** *od.* **jedem Pfennig ~ müssen** have to count *or* watch every penny; e) *(sich verlassen)* **auf jmdn./etw.** *od.* **mit jmdn./etw. ~:** reckon *or* count on sb./sth.; f) *(etw. einkalkulieren)* **mit etw. ~:** reckon with sth.; **mit einer Antwort ~:** expect an answer; **wir haben mit mehr Besuchern gerechnet** we reckoned on *or* expected more visitors; **man muß mit allem/mit dem Schlimmsten ~:** one has to be prepared for anything/for the worst. 3. *refl. V. (sich rentieren)* **das rechnet sich nicht** it doesn't pay

Rechnen das; ~s arithmetic

Rechner der; ~s, ~ a) *(Mensch)* **ein guter/ schlechter ~ sein** be good/bad at figures *or* arithmetic; **ein nüchterner ~ sein** *(fig.)* be shrewdly calculating; b) *(Gerät)* calculator; *(Computer)* computer

Rechnerei die; ~, ~en *(ugs.)* a) *o. Pl. (das Rechnen)* **das war eine komplizierte ~:** that was a complicated piece of figure-work; **dazu war eine ewige ~ nötig** it involved [some] endless calculations; b) *(Rechnung)* calculation

rechner·gesteuert *Adj. (Elektronik)* computer-controlled

rechnerisch 1. *Adj.* arithmetical; ⟨value⟩ in figures; **die ~e Ermittlung des Schadens** calculating the damage in figures. 2. *adv.* ⟨determine⟩, by calculation, mathematically; **diese Ergebnisse sind ~ falsch** the figure-work in these results is wrong

rechner·unterstützt *Adj.* computer-aided

Rechnung die; ~, ~en a) *(Aus~)* calculation; [jmdm.] **eine ~ aufmachen** work it out [for sb.]; **seine ~ geht [nicht] auf** *(fig.)* his plans [do not] work out; b) *(schriftliche Kosten~)* bill; invoice *(Commerc.)*; **eine hohe/ niedrige ~:** a large/small bill; **eine ~ über 500 Mark** a bill for 500 marks; **die ~ beträgt** *od.* **macht ...:** the bill is for ...; **die ~ ist überfällig** the account is overdue; **etw. [mit] auf die ~ setzen** put sth. on *or* add sth. to the bill; **das geht auf meine ~:** I'm paying for that; **diese Runde** *od.* **Lage geht auf meine ~:** this round's on me; **this is my round**; **etw. auf ~ bestellen/kaufen** order/buy sth. on account; **er hatte aber die ~ ohne den Wirt gemacht** *(fig.)* but he hadn't reckoned with; **[mit jmdm.] eine [alte] ~ begleichen** *(fig.)* settle a[n old] score [with sb.]; **auf seine** *od. (schweiz.)* **die ~ kommen** get one's money's worth; **auf eigene ~:** on one's own account; *(auf eigenes Risiko)* at one's own risk; **[jmdm.] etw. in ~ stellen** charge [sb.] for sth.; c) *(Be~, Überlegung)* calculation; **nach meiner ~:** according to my calculations; **einer Sache** *(Dat.)* **~ tragen, etw. in ~ ziehen** take sth. into account; *s. auch* **begleichen**

Rechnungs-: ~**art** die type of calculation; ~**betrag** der amount of a/the bill/invoice; ~**block** der receipt pad; ~**buch** das a) accounts book *or* ledger; b) *(schweiz.) s.* **Rechenbuch**; ~**einheit** die *(Geldw.)* unit of account; ~**fehler** der *(schweiz.) s.* **Rechenfehler**; ~**führung** die *s.* **Buchführung**; ~**hof** der audit office; ~**jahr** das financial *or* fiscal year; ~**prüfer** der auditor; ~**prüfung** die *(Wirtsch., Politik)* audit; ~**wesen** das; *o. Pl. (Wirtsch.)* accountancy *no art.*

recht [rɛçt] 1. *Adj.* a) *(geeignet)* right; b) *(richtig)* right; **ganz ~!** quite right!; **das ist ~, so ist es ~, so ist es** *(ugs.)* so that's fine; **bin ich hier ~?** am I in the right place?; c) *(gesetzmäßig, anständig)* right; proper; **was dem einen ~ ist, ist dem anderen billig** *(Spr.)* what's sauce for the goose is sauce for the gander *(prov.)*; **~ und billig** right and proper; **alles, was ~ ist** *(das kann man nicht leugnen)* you've got to give him/it *etc.* his/ its *etc.* due; *(das geht zu weit)* there is a limit; d) *(wunschgemäß)* **jmdm. ~ sein** be all right with sb.; **es war ihnen nicht ~, daß ...:** she was not pleased that ...; **wenn es dir ~ ist** if it's all right with you; e) *(wirklich, echt)* real; **keine ~e Lust haben, etw. zu tun** not particularly *or* really feel like doing sth.; f) *(ziemlich)* **er hat sich ~e Mühe gegeben** he made quite an effort; **er ist noch ein ~es Kind** *(veralt.)* he is still a child. 2. *adv.* a) *(geeignet)* **du kommst gerade ~, um zu ...:** you are just in time *or* you've come just at the right time to ...; **du kommst mir gerade ~** *(auch iron.)* you're just the person I needed; b) *(richtig)* correctly; **wenn ich es mir ~ überlege, dann ...:** if I really stop and think about it; **verstehen Sie mich bitte ~:** please don't misunderstand me; **habe ich ~ gehört?** did I hear right *or* correctly?; **ich denke, ich höre nicht ~** *(ugs.)* I think I must be hearing things; **gehe ich ~ in der Annahme, daß ...?** am I right in assuming that ...?; c) *(gesetzmäßig, anständig)* **~ handeln/leben** act/live properly; **tue ~ und scheue niemand** *(Spr.)* do what's right and fear no one; *s. auch* **Recht** d; **geschehen** c; d) *(wunschgemäß)* **man kann ihm nichts ~ machen** there's no pleasing him; **man kann es nicht allen ~ machen** you can't please everyone; e) *(wirklich, echt)* really; rightly; **er kann sich nicht ~ entscheiden** he cannot really *or* rightly decide; **die Wunde will nicht ~ heilen** the wound is not healing properly; *s. auch* **erst** 2; f) *(ziemlich)* quite *or* rather; „**~ herzliche Grüße, Dein Peter**" 'best wishes, Peter'

recht... *Adj.* a) right; right[-hand] ⟨edge⟩; **die ~e Spur** the right-hand lane; **~e Hand, zur ~en Hand, auf der ~en Seite** on the right-hand side; **auf der ~en Seite gehen** walk on the right; **der ~e Außenstürmer/ Verteidiger** *(Ballspiele)* the outside right/the right back; b) *(außen, sichtbar)* right ⟨side⟩; ~**e Maschen** *(Handarb.)* knit stitches; **eine ~e Masche stricken** knit one; c) *(in der Politik)* right-wing; rightist *(derog.)*; **der ~e Flügel einer Partei** the right wing of a party; d) *(Geom.)* **ein ~er Winkel** a right angle

Recht das; ~[e]s, ~e a) *(Rechtsordnung)* law; **das ~ brechen/beugen** break/bend the law; **~ sprechen** administer the law; administer justice; **von ~s wegen** by law; *(ugs.: eigentlich)* by rights; **gegen ~ und Gesetz verstoßen** infringe *or* violate the law; b) *(Rechtsanspruch)* right; **das ~ haben, etw. zu tun** have the right to do sth.; **das ist sein gutes ~:** that is his right; **alle ~e vorbehalten** all rights reserved; **mit welchem ~ hat er das getan?** by what right did he do that?; **gleiche ~e, gleiche Pflichten** *(Spr.)* equal rights mean equal obligations; **sein ~ fordern** *od.* **verlangen** demand one's rights; **der Körper verlangt sein ~:** the body demands its due; **zu seinem ~ kommen** *(fig.)* be given due attention; **auf sein ~ pochen** insist *or* stand on one's rights; c) *o. Pl. (Berechtigung)* right **(auf + Akk. to)**; **gleiches ~ für alle!** equal rights for all!; **das ~ war auf seiner Seite** he had right on his side; **etw. mit [gutem] ~ tun** be [quite] right to do sth.; **das Gericht hat für ~ erkannt, daß ...:** the court has decided *or* has reached the verdict that ...; **im ~ sein** be in the right; **zu ~:** rightly; with justification; d) **recht haben** be right; **recht behalten** be proved right; **jmdm. recht geben** concede *or* admit that sb. is right; e) *Pl. (veralt.: Jura)* jurisprudence; **Doktor beider ~e** Doctor of Laws

¹**Rechte** der/die; *adj. Dekl.* right-winger; rightist *(derog.)*; **die ~n** the right *sing.*

²**Rechte** die; *adj. Dekl.* a) *(Hand)* right hand; **seine ~ einsetzen** *(Boxen)* use one's right; **zur ~n des Königs** on *or* to the right of the king; **jmdm. zur ~n** to the right of sb.; **zur ~n** on the right; b) *(Politik)* right

Recht·eck das rectangle

recht·eckig *Adj.* rectangular

Rechte·hand·regel die *(Physik)* right-hand rule

rechten *itr. V. (geh.)* argue; dispute

rechtens *Adv. (von Rechts wegen)* legally; by law; *(zu od. mit Recht)* rightly

Rechtens *in ~ sein* be legal

rechter·seits *Adv.* on the right[-hand side]

recht·fertigen 1. *tr. V.* justify; **sein Handeln ist durch nichts zu ~** nothing can justify his behaviour; **etw. vor jmdm. ~:** justify sth. to sb.; **er hat sich bemüht, das in ihn gesetzte Vertrauen zu ~:** he tried to live up to the trust placed in him. 2. *refl. V.* justify oneself **(vor + Dat. to)**

Recht·fertigung die justification; **er konnte nichts zu seiner ~ vorbringen** he could not say anything to justify himself

Rechtfertigungs·grund der justification

recht-, Recht-: ~**gläubig** *Adj.* orthodox; ~**gläubigkeit** die orthodoxy; ~**haber** der; ~s, ~ *(abwertend)* self-opinionated person; **er ist ein ~haber** he's self-opinionated; he always thinks he's right; ~**haberei** die; *(abwertend)* self-opinionatedness; ~**haberisch** *(abwertend)* 1. *Adj.* self-opinionated; 2. *adv.* in a self-opinionated manner

rechtlich 1. *Adj.* a) legal; b) *(veralt.: rechtschaffen)* upright; honest. 2. *adv.* a) legally; ~ **nicht zulässig** not permissible in law; illegal; **etw. ~ verankern** establish sth. in law; b) *(veralt.: rechtschaffen)* uprightly; honestly; **ein ~ denkender Mensch** an honest-minded person

Rechtlichkeit die; ~: *s.* **Rechtmäßigkeit**

recht·los *Adj.* without rights *postpos.*; **jmdn. ~ machen** deprive sb. of his/her *etc.* rights; **die ~e Stellung der Sklaven** the slaves' position without rights

Rechtlosigkeit die; ~: lack of rights

rechtmäßig 1. *Adj.* lawful; rightful; legitimate ⟨claim⟩. 2. *adv.* lawfully; rightfully; **das steht ihm ~ zu** that is his by right *or* rightfully his; **etw. ~ beanspruchen** have a legal *or* rightful claim to sth.

Rechtmäßigkeit die; ~: legality; lawfulness; *(eines Anspruchs)* legitimacy

rechts 1. *Adv.* a) *(auf der rechten Seite)* on the right; *(Theater)* stage left; **die zweite Straße ~** the second street *or* turning on the right; **~ von jmdm./etw.** on sb.'s right *or* the right of sb./on *or* to the right of sth.; **von ~ kommen** come from the right; **nach ~ gehen/sich nach ~ wenden** go/turn to the right; **sich ~ halten** keep to the right; **sich ~ einordnen** move *or* get into the right-hand lane; *s. auch* **links** a; b) *(Politik)* on the right

Rechtsabbieger | **Rede**

wing; ~ **stehen** *od.* **sein** be right-wing *or* on the right; ~ **eingestellt sein** have right-wing leanings; **weit** ~ **stehen** be on the far right; **c)** *(ugs.:* ~**händig)** right-handed; **alles mit** ~ **machen** do everything right-handed *or* with the right hand; **d)** *(Handarb.)* **ein glatt** ~ **gestrickter Pullover** a pullover in stocking stitch; *s. auch* **links 1 d; e)** *(~seitig)* on the right [side]; **etw. von** ~ **bügeln** iron sth. on the right side; **nach** ~ **wenden** turn ⟨*dress, skirt, etc.*⟩ right side out. **2.** *Präp. mit Gen.* ~ **des Rheins/der Straße** on the right side *or* bank of the Rhine/on the right-hand side of the road *or* to the right of the road

Rechts-: ~**abbieger der** *(Verkehrsw.)* motorist/cyclist/car *etc.* turning right; **die** ~**abbieger** the traffic *sing.* turning right; *s. auch* **Linksabbieger;** ~**abbieger·spur die** *(Verkehrsw.)* right-turn lane; ~**ab·teilung die** legal department; ~**abweichler der** *(Politik)* right deviationist; ~**an·gelegenheit die** legal matter; ~**an·spruch der** legal right *or* entitlement; **einen** ~**anspruch auf etw.** *(Akk.)* **haben** have a legal right to *or* be legally entitled to sth.; ~**anwalt der,** ~**anwältin die** lawyer; solicitor *(Brit.);* attorney *(Amer.);* (*vor Gericht*) barrister *(Brit.);* attorney[-at-law] *(Amer.);* advocate *(Scot.);* **sich** *(Dat.)* **einen** ~**anwalt nehmen** get a lawyer *or (Amer.)* an attorney

Rechtsanwalts-: ~**büro das,** ~**kanzlei die** *s.* **Anwaltsbüro**

rechts-, Rechts-: ~**auf·fassung die** *(Rechtsw.)* conception of legality; ~**aufsicht die** state supervision of the legality of administrative acts; ~**auskunft die** piece of legal advice; ~**auskünfte** legal advice *sing.*; ~**ausleger der** (Boxen) southpaw *(coll.);* ~**außen Adv. a)** *(Ballspiele)* ⟨*run, break through*⟩ down the right wing; **nach** ~**außen spielen** play the ball out to the right wing; **b)** *(Politik ugs.)*(*move, drift*) to the extreme right; **ganz** ~**außen stehen** be on the extreme right [wing]; ~**außen der;** ~, ~ **a)** *(Ballspiele)* right wing; outside right; **b)** *(Politik ugs.)* extreme right-winger; ~**beistand der** legal adviser; ~**beratung die** legal advice; ~**beugung die** *(Rechtsw.)* perversion of justice *or* the law; ~**bewußt·sein das** sense of [what is] right and wrong; ~**brecher der;** ~**s,** ~: law-breaker

recht-, Recht-: ~**schaffen 1.** *Adj.* honest; upright; honest, decent ⟨*work*⟩; **2.** *adv.* **a)** *(ehrlich, redlich)* honestly; uprightly; ~**schaffen leben** live an honest[, decent] life; **b)** *(intensivierend)* really ⟨*tired, full, etc.*⟩; ~**schaffenheit die;** ~: honesty, uprightness; ~**schreib[e]·buch das** spelling-book; speller; *(Wörterbuch)* spelling dictionary; ~**schreiben** *itr. V.; nur im Inf. gebr.* spell; **sie ist im Rechtschreiben schwach** she's poor at spelling; ~**schreibfehler der** spelling mistake; ~**schreibung die** orthography; ~**schreib·wörter·buch das** spelling dictionary

rechts-, Rechts-: ~**drall der a)** pull to the right; **der Wagen hatte einen** ~**drall** the car was pulling to the right; **der Tennisspieler gab dem Ball einen** ~**drall** the tennis player swerved the ball to the right; **b)** *(Waffent.)* right-handed twist; **c)** *(Politik ugs.)* tendency to the right; right-wing tendency; ~**drehend** *Adj.* **a)** *(bes. Technik)* righthand ⟨*thread*⟩; **b)** *(Chemie, Physik)* dextrorotatory; ~**drehung die** *(Chemie, Physik)* dextrorotation; ~**empfinden das** sense of [what is] right and wrong; ~**extremismus der** *(Politik)* right-wing extremism; ~**extremist der** *(Politik)* right-wing extremist; ~**fähig** *Adj. (Rechtsw.)* having legal capacity *postpos., not pred.;* ~**fähigkeit die;** *o. Pl.* legal capacity; ~**fall der** *(Rechtsw.)* legal case; court case; ~**findung die;** *o. Pl. (Rechtsw.)* legal finding; ~**frage die** *(Rechtsw.)* legal question *or* issue; ~**gän-**

gig *Adj. s.* **rechtsdrehend a;** ~**gefühl das;** *o. Pl.* sense of [what is] right and wrong; ~**gelehrte der/die** *(Rechtsw.)* jurist; ~**gerichtet** *Adj. (Politik)* right-wing orientated; ~**geschäft das** legal transaction; ~**geschichte die** legal history; ~**gewinde das** *(Technik)* right-hand thread; ~**grund der** *(Rechtsw.)* cause in law; ~**grund·satz der** *(Rechtsw.)* legal principle; ~**gültig** *(Rechtsw.)* **1.** *Adj.* legally valid; **2.** *adv.* **etw.** ~**gültig abschließen** conclude sth. in legally valid form; ~**gut das** *(Rechtsw.)* object/interest protected by law; ~**handel der;** *Pl.* ~**händel** *(geh.)* lawsuit; court case; ~**händer** [~**hɛndɐ**] **der;** ~**s,** ~, ~**händerin die;** ~, ~**nen** right-hander; ~**händer[in] sein** be right-handed; ~**händig 1.** *Adj.* right-handed; **2.** *adv.* right-handed; with one's right hand; ~**händigkeit die** right-handedness; ~**handlung die** *(Rechtsw.)* legal act; ~**hängigkeit die;** ~ *(Rechtsw.)* pendency; ~**herum** *Adv.* [round] to the right; **etw.** ~**herum drehen** turn sth. clockwise *or* [round] to the right; ~**hilfe die;** *o. Pl. (Rechtsw.)* [official] assistance between courts; ~**kraft die;** *o. Pl. (Rechtsw.)* legal force; **einer Sache** *(Dat.)* ~**kraft verleihen** make sth. law; give legal effect to sth.; ~**kräfte** *Pl. (Politik)* right-wing forces; ~**kräftig** *(Rechtsw.)* **1.** *Adj.* final [and absolute] ⟨*decision, verdict, etc.*⟩; ~**kräftig sein/werden** ⟨*contract, agreement*⟩ be in/ come into force; **2.** *adv.* **jmdn.** ~**kräftig verurteilen** pass a final sentence on sb.; **die Ehe wurde** ~**kräftig geschieden** the divorce became absolute; ~**kundig** *Adj.* versed in the law *postpos.*; ~**kurve die** right-hand bend; ~**lage die** *(Rechtsw.)* legal situation; ~**lastig** *Adj.* **a)** ⟨*ship*⟩ listing to the right; ⟨*car*⟩ down at the right, leaning to the right; **b)** *(Politik ugs.)* rightist; ~**läufig** *(bes. Technik)* running from left to right; ~**lehre die** *s.* ~**wissenschaft;** ~**liberal** *Adj.* right-wing liberal; ~**liberale der/die** right-wing liberal; ~**miß·brauch der** *(Rechtsw.)* abuse of a/one's right; ~**mittel das** *(Rechtsw.)* appeal; **es ist kein** ~**mittel zulässig** there is no right of appeal; ~**mittel einlegen** lodge an appeal; appeal; ~**mittelbelehrung die** *(Rechtsw.)* information *no pl., no indef. art.* on one's right to appeal; ~**nach·folge die a)** *(Rechtsw.)* succession [to rights and obligations]; **b)** *(Staatensukzession)* succession *or (Amer.)* succession; ~**norm die** *(Rechtsw.)* legal norm; ~**ordnung die** legal system; ~**partei die** *(Politik)* right-wing party; ~**pflege die** *(Rechtsw.)* administration of justice; ~**pfleger der** official with certain administrative and judicial powers; ~**philosophie die** philosophy of law

Rechtsprechung die; ~, ~**en** administration of justice; *(eines Gerichts)* jurisdiction

rechts-, Rechts-: ~**radikal** *(Politik)* **1.** *Adj.* radical right-wing; **2.** *adv.* **eine** ~**radikal orientierte Gruppe** a group with a radical right-wing orientation; ~**radikale der/die** right-wing radical; ~**radikalismus der** right-wing radicalism; ~**rheinisch 1.** *Adj.; nicht präd.* on *or* to the right of the Rhine *postpos.;* **auf der** ~**rheinischen Seite** on the right side of the Rhine; **2.** *adv.* on *or* to the right of the Rhine; ~**ruck der** *(Politik ugs.)* shift to the right; ~**rum** *Adv. (ugs.) s.* ~**herum;** ~**sache die** *(Rechtsw.)* legal matter; *(Streitsache)* case; ~**schutz der** *(Rechtsw.)* legal protection; ~**schutzversicherung die** insurance for legal costs; ~**seitig 1.** *Adj. (paralysis)* of the right side; **2.** *adv.* ~**seitige Uferbefestigung die** reinforcement of the right bank; **2.** *adv.* on the right [side]; ~**seitig gelähmt sein** be paralysed on *or* down the *or* one's right side; ~**sicherheit die;** *o. Pl. (Rechtsw.)* certainty of the law; ~**sprache die** *(Sprachw.)* legal terminology; ~**spruch der** judge-

ment; ~**staat der** [constitutional] state founded on the rule of law; ~**staatlich 1.** *Adj.* founded on the rule of law *postpos.*; **2.** *adv.* ~**staatlich orientiert** oriented towards maintaining and promoting the rule of law *postpos.*; ~**staatlich einwandfrei** legally correct; ~**staatlichkeit die;** ~: rule of law; ~**stehend** *Adj. (Politik)* right-wing; ~**steuerung die** right-hand drive; ~**streit der** lawsuit; ~**titel der** *(Rechtsw.)* legal title; ~**um** *Adv. (bes. Milit.)* to the right; ~**um kehrt!** to the right about turn!; ~**um machen** do a right turn; ~**unsicherheit die;** *o. Pl. (Rechtsw.)* uncertainty regarding the law; ~**verbindlich** *Adj. (Rechtsw.)* legally binding; ~**verdreher der;** ~**s,** ~ **a)** *(abwertend)* person who twists the law; shyster *(Amer. sl.);* **b)** *(ugs. scherzh.:* ~**anwalt)** legal eagle *(coll.);* ~**verkehr der** driving *no art.* on the right; **in Frankreich ist** ~**verkehr** they drive on the right in France; ~**verletzung die** *(Rechtsw.)* infringement *or* violation of the law; ~**verordnung die** *(Rechtsw.)* statutory instrument; ~**vertreter der** *(Rechtsw.)* legal representative; ~**weg der** *(Rechtsw.)* recourse to legal action *or* the courts *or* the law; **den** ~**weg beschreiten** *(geh.)* take legal proceedings *or* action; go to the courts *or* to court; **unter Ausschluß des** ~**wegs** without the possibility of recourse to legal action *or* the courts *or* the law; ~**wesen das;** *o. Pl.* legal system; ~**widrig 1.** *Adj.* unlawful; illegal; **2.** *adv.* unlawfully; illegally; ~**widrigkeit die a)** *o. Pl.* unlawfulness; illegality; **b)** *(Handlung)* unlawful act; ~**wirksam** *Adj. s.* ~**gültig;** ~**wissenschaft die** jurisprudence; **Professor für** ~**wissenschaft** Professor of Law

recht-: ~**wink[e]lig** *Adj.* right-angled; ~**zeitig 1.** *Adj. (früh genug)* timely; *(pünktlich)* punctual; **wir bitten um** ~**zeitige Lieferung** please deliver in good time; **2.** *adv.* *(früh genug)* in time; *(pünktlich)* on time; ~**zeitig zu/zum/zur** in [good] time for; **sagen Sie mir bitte** ~**zeitig Bescheid** please let me know in good time; ~**zeitig zu Bett gehen** go to bed early

Reck [rɛk] **das;** ~**[e]s,** ~**e** *od.* ~**s** horizontal bar; high bar

Recke ['rɛkə] **der;** ~**n,** ~**n** *(geh.)* warrior

recken 1. *tr. V.* **a)** stretch; **den Hals/Kopf** ~: crane one's neck; **die Faust** ~: raise one's fist; **b)** *(bes. nordd.: in Form ziehen)* **etw** ~: pull sth. back into shape. **2.** *refl. V.* stretch oneself; **sich** ~ **und strecken** have a good stretch

Reck-: ~**stange die** horizontal *or* high bar; ~**turnen das** horizontal-bar exercises *pl.*

Recorder [re'kɔrdɐ] **der;** ~**s,** ~: recorder

Recycling [ri'saiklɪŋ] **das;** ~**s** recycling

Redakteur [redak'tøːɐ̯] **der;** ~**s,** ~**e, Redakteurin die;** ~, ~**nen** editor; ~ **für Politik/Wirtschaft** political/economics editor; **vom Dienst** duty editor

Redaktion [redak'tsi̯oːn] **die;** ~, ~**en a)** *(Redakteure)* editorial staff; **b)** *(Büro)* editorial department *or* office/offices *pl.;* **c)** *(Fach—)* editorial department; **d)** *o. Pl. (das Redigieren)* editing; **bei der** ~ **des Textes** when the text is/was being edited

redaktionell [redaktsi̯o'nɛl] **1.** *Adj.* editorial; **die** ~**e Verantwortung tragen** be responsible for the editing. **2.** *adv.* editorially; **etw.** ~ **bearbeiten** edit sth.

Redaktions·schluß der time of going to press; **nach** ~: after going to press

Redaktor [re'daktor] **der;** ~**s,** ~**en** [-'toːrən] *(bes. schweiz.)* editor

Rede ['reːdə] **die;** ~, ~**n a)** speech; *(Ansprache)* address; speech; **eine** ~ **halten** give *or* make a speech; **die** ~ **des Betriebsleiters** the manager's speech; *s. auch* **schwingen; b)** *o. Pl. (Vortrag)* rhetoric; **die Kunst/Gabe der**

~: the art/gift of rhetoric; **etw. in freier ~ vortragen** make a speech *or* speak about sth. without notes; **c)** *(Äußerung, Ansicht)* ~ **und Gegenrede** dialogue; **„...", das war seine stehende** *od.* **ständige ~:** '...' was one of his favourite sayings; **der langen ~ kurzer Sinn ist, daß ...:** the long and the short of it is that ...; **das war schon immer meine ~** *(ugs.)* that is what I've always said; **lockere/ kluge ~n** loose/clever talk *sing.*; **dumme ~n führen** talk nonsense; **die ~ auf ein anderes Thema bringen** turn the conversation to another subject; **von jmdm./etw. ist die ~:** there is some talk about sb./sth.; **es ist die ~ davon, daß ...:** it is being said *or* people are saying that ...; **davon kann keine ~ sein** it's out of the question; **nicht der ~ wert sein** be not worth mentioning; **jmdm. ~ und Antwort stehen** give a full explanation [of one's actions] to sb.; **jmdm. zur ~ stellen** make someone explain himself/herself; **die in ~ stehende Person/der in ~ stehende Fall** *(Papierdt.)* the person/case in question; **d)** *(Gerücht)* **es geht die ~, daß ...** *(geh.)* there is a rumour *or* it is rumoured that ...; **e)** *(Sprachw.)* **[direkte** *od.* **wörtliche/indirekte ~:** direct/indirect] speech; **gebundene/ungebundene ~:** verse/prose
rede-, Rede-: **~duell das** duel of words; **~figur die** *(Rhet., Stilk.)* figure of speech; **~fluß der** *(abwertend)* flow of words; **~freiheit die;** *o. Pl.* freedom of speech; **~gewandt** *Adj.* eloquent; **~gewandtheit die** eloquence; **~kunst die** rhetoric
reden 1. *tr. V.* **a)** *(sagen)* say; speak; **kein Wort ~:** not say *or* speak a word; **b)** *(sprechen)* talk; **Unsinn/viel ~:** talk nonsense/ *(coll.)* a lot; **es wird immer viel geredet** there is always a lot of talk *(coll.)*; **es kann dir doch egal sein, was über dich geredet wird** it should not matter to you what people say about you; **etw. zu ~ haben** have sth. to talk about; **c) jmdn. besoffen ~** *(salopp)* drive sb. round the bend with one's nattering *(Brit. coll.) or* chattering. **2.** *itr. V.* **a)** *(sprechen)* talk; speak; **viel/wenig ~:** talk a lot *(coll.)*/not talk much; **er redete vor sich hin** he was talking to himself; **darüber ließe sich ~:** that's a possibility; **b)** *(sich äußern, eine Rede halten)* speak; **er läßt mich nicht zu Ende ~:** he doesn't let me finish what I'm saying; **wer redet heute abend?** who is to speak this evening?; **gut ~ können** be a good speaker; *s. auch* **gut 2 b; c)** *(sich unterhalten)* talk; **mit jmdm./über jmdn. ~:** talk to/about sb.; **darüber wird noch zu ~ sein** we shall have to come back to that; **miteinander ~:** have a talk [with one another]; **mit ihm kann man nicht ~:** you just can't talk to him; **sie ~ nicht mehr miteinander** they are no longer on speaking terms; **so lasse ich nicht mit mir ~:** I won't be spoken to like that; **~ wir nicht mehr darüber!** let's not talk about it any more; **was gibt es da groß zu ~?** so what?; **nicht zu ~ von ...:** not to mention ...; **mit sich ~ lassen** *(bei Geschäften)* be open to offers; *(bei Meinungsverschiedenheiten)* be willing to discuss the matter; **von sich ~ machen** make a name for oneself. **3.** *refl. V.* **sich heiser/in Wut ~:** talk oneself hoarse/into a rage
Redens·art die a) expression; *(Sprichwort)* saying; **b)** *Pl. (Phrase)* empty *or* meaningless words; **allgemeine ~en** empty generalizations; **jmdn. mit ~en abspeisen** put sb. off with [fine] words
Reden·schreiber der speech-writer
Rederei die; ~, ~en **a)** *o. Pl.* talking; talk; **b)** *(Pl.: Gerücht)* **die ~en über seine Vergangenheit** the gossip *sing.* about his past
Rede-: **~schwall der** *(abwertend)* torrent of words; **~strom der** *o. Pl.* **~fluß; ~verbot das** ban on speaking; **~verbot haben/erhalten** be banned from speaking; **~weise die** manner of speaking; **~wendung die a)**

(Sprachw.) idiom; idiomatic expression; **b)** *(Floskel)* expression; phrase; **~zeit die: die ~zeit auf zehn Minuten begrenzen** restrict speakers to ten minutes; **er mußte aufhören, seine ~zeit war abgelaufen** he had to stop speaking because he had run out of time
redigieren [redi'gi:rən] *tr. V.* edit
redlich 1. *Adj.* **a)** *(rechtschaffen, aufrichtig)* honest; honest, upright *(person)*; **b)** *(intensivierend)* real *(effort)*. **2.** *adv.* **a)** *(rechtschaffen, aufrichtig)* honestly; **sich ~ durchs Leben schlagen** make an honest living; **bleibe im Lande und nähre dich ~** *(Spr.)* stay here where you can earn a decent living; **b)** *(intensivierend)* really
Redlichkeit die; ~: honesty
Redner der; ~s, ~ **a)** *(Vortragender)* speaker; **b)** *(Rhetoriker)* orator; **er ist kein ~:** he is no orator; he is not a good speaker
Redner·bühne die [speaker's] platform *or* rostrum
Rednerin die; ~, ~nen *s.* **Redner**
rednerisch 1. *Adj.* oratorical; **eine ~e Glanzleistung** a masterpiece of oratory. **2.** *adv.* oratorically
Redner-: ~liste die list of speakers; **~pult das** lectern
Redoute [re'du:tə] **die;** ~, ~n **a)** *(veralt.: Festsaal)* ballroom; **b)** *(österr.) s.* **Maskenball**
red·selig *Adj.* talkative
Red·seligkeit die talkativeness
Reduktion [redʊk'tsio:n] **die;** ~, ~en reduction
redundant [redʊn'dant] *Adj.* *(Sprachw., Kommunikationsf.)* redundant
Redundanz [redʊn'dants] **die;** ~, ~en *(Sprachw., Kommunikationsf.)* redundancy
reduzieren [redu'tsi:rən] **1.** *tr. V. (auch Chemie, Physik)* reduce **(auf** + *Akk.* to). **2.** *refl. V.* decrease; diminish
Reduzierung die; ~, ~en *s.* **Reduktion**
Reede [re:də] **die;** ~, ~n *(Seew.)* roads *pl.*; roadstead; **das Schiff liegt auf der ~:** the ship is [lying] in the roads
Reeder der; ~s, ~ shipowner
Reederei die; ~, ~en shipping firm *or* company
Reederei·flagge die house flag
Reederin die; ~, ~nen *s.* **Reeder**
reell [re'ɛl] **1.** *Adj.* **a)** *(anständig)* honest, straight *(person, deal, etc.)*; sound, solid *(business, firm, etc.)*; straight *(offer)*; **b)** *(wirklich)* real; **c)** *(ugs.: den Erwartungen entsprechend)* decent; realistic *(price)*; **ein ~es Mittagessen** a solid *or* decent lunch. **2.** *adv.* **a)** *(anständig)* honestly; **b)** *(wirklich)* actually; really; **c)** *(ugs.: den Erwartungen entsprechend)* **der Wirt hat ~ eingeschenkt** the landlord poured [out] a decent measure/decent measures
Reep [re:p] **das;** ~[e]s, ~e *(Seemannsspr.)* rope
Reet [re:t] **das;** ~s *(nordd.)* reeds *pl.*
Reet·dach das thatched roof *(with reeds)*
reet·gedeckt *adj.* thatched
REFA ['re:fa] *Abk.* **Reichsausschuß für Arbeitszeitermittlung** *(heute:* **Verband für Arbeitsstudien)** work study organization
REFA-Fachmann der work-study expert
Refektorium [refɛk'to:riʊm] **das;** ~s, **Refektorien** refectory
Referat [refe'ra:t] **das;** ~[e]s, ~e **a)** *(umfangreichere Ausführung)* paper; **ein ~ halten** give *or* present a paper; **b)** *(kurzer schriftlicher Bericht)* report *(+ Gen.* on); **c)** *(Abteilung, Fachgebiet)* department
Referendar [referɛn'da:ɐ̯] **der;** ~s, ~e, **Referendarin die;** ~, ~nen candidate for a higher civil-service post who has passed the first state examination and is undergoing in-service training
Referendum [refe'rɛndʊm] **das;** ~s, **Referenden** *od.* **Referenda** referendum
Referent [refe'rɛnt] **der;** ~en, ~en **a)** *(Vor-*

tragender) person presenting a/the paper; *(Redner)* speaker; **b)** *(Gutachter)* examiner; **c)** *(Sachbearbeiter)* expert **(für** on); *(eines Ministers)* adviser **(für** on)
Referentin die; ~, ~nen *s.* **Referent**
Referenz [refe'rɛnts] **die;** ~, ~en **a)** *(Empfehlung)* reference; **b)** *(Person, Stelle)* referee; **jmdn. als ~ angeben** give sb.'s name *or* give sb. as a reference
referieren [refe'ri:rən] **1.** *itr. V.* **über etw.** *(Akk.)* **~:** give *or* present a paper on sth.; *(zusammenfassend)* give a report on sth. **2.** *tr. V.* **etw. ~:** give *or* present a paper on sth.; *(zusammenfassend)* give a report on sth.
¹Reff [rɛf] **das;** ~s, ~s *(Seemannsspr.)* reef
²Reff das; ~[e]s, ~e *(ugs. abwertend)* old hag
reffen *tr. (auch itr.) V. (Seemannsspr.)* reef *(sail)*; **wir müssen ~:** we must reef sail
Refinanzierung die *(Geldw.)* procurement of funds to provide credit
reflektieren [reflɛk'ti:rən] **1.** *tr. V. (zurückstrahlen)* reflect. **2.** *tr. V.* **a)** *(nachdenken)* reflect, ponder **(über** + *Akk.* [up]on); **b)** *(ugs.: streben nach)* **auf etw.** *(Akk.)* **~:** have [got] one's eye on sth. **3.** *tr. V. (nachdenken über)* reflect [up]on; ponder
reflektiert 1. *Adj.* reflective. **2.** *adv.* reflectively; in a reflective manner
Reflektor [re'flɛktɔr] **der;** ~s, ~en [-'to:rən] reflector
reflektorisch *Adj.* *(Physiol.)* reflex *attrib.*
Reflex [re'flɛks] **der;** ~es, ~e **a)** *(Physiol.)* reflex; **b)** *(Licht~)* reflection
Reflex-: ~bewegung die reflex movement; **~handlung die** reflex action
Reflexion [reflɛ'ksio:n] **die;** ~, ~en reflection
Reflexions·winkel der *(Physik)* angle of reflection
reflexiv [reflɛ'ksi:f] **1.** *Adj.* **a)** *(Sprachw.)* reflexive; **b)** *(geh.: reflektiert)* reflective. **2.** *adv.* **a)** *(Sprachw.)* reflexively; **b)** *(geh.: reflektiert)* through reflection
Reflexiv das; ~s, ~e, **Reflexiv·pronomen das** *(Sprachw.)* reflexive pronoun
Reform [re'fɔrm] **die;** ~, ~en reform
Reformation die *o. Pl. (hist.)* Reformation
Reformations·fest das Reformation Day
Reformator [refɔr'ma:tɔr] **der;** ~s, ~en [-'ma:to:rən] **a)** reformer; **b)** *(hist.)* Reformer
reformatorisch *Adj.* reformational; reformatory, reformative *(zeal, attempts)*
reform-, Reform-: ~bedürftig *Adj.* in need of reform *postpos.*; **~bestrebungen** *Pl.* efforts towards reform; **~bewegung die** reform movement
Reformer der; ~s, ~, **Reformerin die;** ~, ~nen reformer
reformerisch *Adj.* reforming *attrib.* *(government)*; *(idea, policy, party, etc.)* of reform; *(efforts)* towards reform
reform·freudig *Adj. (person)* eager for reform
Reform·haus das health-food shop
reformieren *tr. V.* reform; **die reformierte Kirche** the Reformed Church
Reformierte der/die; *adj. Dekl.* member of the Reformed Church
Reformismus der; ~ *(bes. Politik)* reformism
Reformist der; ~en, ~en, **Reformistin die;** ~, ~nen *(bes. Politik)* reformist
reformistisch *Adj.* *(Politik)* reformist
Reform-: ~kost die health food; **~kurs der** policy of reform; **auf ~kurs** *(Akk.)* **gehen** embark on a policy of reform; **~politik die** policy of reform
Refrain [rə'frɛ̃:] **der;** ~s, ~s *(eines Lieds)* chorus; refrain; *(eines Gedichts)* refrain
Refraktor [re'fraktɔr] **der;** ~s, ~en [-'to:rən] *(Astron.)* refractor
Refugium [re'fu:giʊm] **das;** ~s, **Refugien** *(geh.)* refuge
¹Regal [re'ga:l] **das;** ~s, ~e [set *sing.* of]

1403

shelves *pl.;* **ein Buch aus dem ~ nehmen/ins ~ zurückstellen** take a book from/put a book back on the shelf
²**Regal** *das;* ~**s,** ~**e** *(Musik)* regal
³**Regal** *das;* ~**s,** ~**ien** *[...li̯ən] (hist.)* [*royal*] prerogative
Regal·brett *das* shelf
Regatta [re'gata] *die;* ~**, Regatten** *(Sport)* regatta
Reg.-Bez. *Abk.* Regierungsbezirk
rege ['re:gə] **1.** *Adj.* **a)** *(betriebsam)* busy ⟨*traffic*⟩; brisk ⟨*demand, trade, business, etc.*⟩; [**ein**] ~**s Treiben** bustling activity; hustle and bustle; ~ **Beteiligung** *or.* **Teilnahme** good participation *or* attendance; ~**r Briefwechsel** lively correspondence; **b)** *(lebhaft)* lively; lively, animated ⟨*discussion, conversation*⟩; keen ⟨*interest*⟩; **geistig noch sehr ~ sein** be still mentally alert *or* active; **eine ~ Phantasie** a lively *or* vivid imagination. **2.** *adv.* **a)** *(betriebsam)* actively; ~ **an etw.** *(Akk.)* **teilnehmen** take an active part in sth.; **b)** *(lebhaft)* actively; **für sein Alter bewegt er sich noch sehr ~:** he is still very active for his age; ~ **plaudern** chat animatedly
Regel ['re:gl̩] *die;* ~**,** ~**n a)** *(Vorschrift)* rule; **die ~n eines Spiels/der Rechtschreibung** the rules of a game/of spelling; **die ~n des Anstands** the rules of decency; **die ~n des Verkehrs** traffic regulations; **nach allen ~n der Kunst** *(fig.)* well and truly; **b)** *o. Pl.* *(Gewohnheit)* rule; custom; **die ~ sein** be the rule; **das ist bei ihm die ~:** that is his rule *or* custom; **sich** *(Dat.)* **etw. zur ~ machen** make a habit *or* rule of sth.; **[bei jmdm.] zur ~ werden** become a rule *or* habit [with sb.]; **in der** *od.* **aller ~:** as a rule; **c)** *(Menstruation)* period; **die** *od.* **ihre ~ haben/bekommen** have a *or* her period; **sie hat mit 13 ihre ~ bekommen** her periods started when she was 13
regelbar *Adj.* adjustable
regel-, Regel-: ~**fall** *der* rule; **im ~fall** as a rule; ~**los 1.** *Adj.* disorderly; *(ungeregelt)* irregular; **ein ~loses Durcheinander** a confused muddle; **sie stürmten in ~loser Flucht davon** they fled pell-mell; **2.** *adv.* in a disorderly manner; *(ungeregelt)* irregularly; ~**losigkeit** *die;* ~**,** ~**en** disorderliness, irregularity; ~**mäßig 1.** *Adj.* regular; **2.** *adv.* regularly; **sie schreibt ~mäßig** she has even *or* regular handwriting; ~**mäßigkeit** *die* regularity
regeln 1. *tr. V.* **a)** *(festsetzen, einrichten)* settle ⟨*matter, question, etc.*⟩; put ⟨*finances, affairs, etc.*⟩ in order; **etw. durch Gesetz ~:** regulate sth. by law; **wir haben die Sache so geregelt, daß ...:** we've arranged things so that ...; **er wird die Sache schon ~** *od. (nordd. ugs.)* **geregelt kriegen** he will see to it; **kriegst du das geregelt?** *(nordd. ugs.)* can you manage it/that?; **b)** *(einstellen, regulieren)* regulate; *(steuern)* control. **2.** *refl. V.* take care of itself; **die Sache hat sich [von selbst] geregelt** the matter has sorted itself out *or* resolved itself
regel-, Regel-: ~**recht 1.** *Adj.; nicht präd.* **a)** *(ugs.: richtiggehend)* proper *(coll.);* real ⟨*shock*⟩; real, absolute ⟨*scandal*⟩; complete, utter ⟨*flop, disaster*⟩; real, downright ⟨*impertinence, insult*⟩; **eine ~rechte Schlägerei** a regular fight *or* brawl *(coll.);* **ich hatte ~rechte Angst** I was really afraid; **b)** *(ordnungsgemäß)* proper; **2.** *adv. (ugs.: richtiggehend)* really; **ich habe mich ~recht mit ihm angefreundet** I became quite friendly with him; **jmdn. ~recht hinauswerfen** throw sb. out good and proper *(coll.);* ~**studien·zeit** *die (Hochschulw.)* period within which a course must be completed; ~**technik** *die;* o. *Pl.* control engineering
Regelung *die;* ~**,** ~**en a)** *o. Pl. s.* **regeln 1a, b:** settlement; putting in order; regulation; control; **b)** *(Vorschrift)* regulation

Regelungs·technik *die; o. Pl.* control engineering
regel·widrig 1. *Adj.* that is against the rules *postpos.;* ⟨*gegen die Vorschriften*⟩ that is against the regulations *postpos.;* ⟨*Ballspiele*⟩ improperly taken ⟨*penalty kick, throw-in, etc.*⟩; ~ **sein** be against the rules/regulations; ~**es Verhalten im Verkehr** breaking traffic regulations. **2.** *adv.* **sich [im Verkehr] ~ verhalten** break [traffic] regulations; **den Stürmer ~ attackieren** *(Ballspiele)* foul the forward
Regel·widrigkeit *die* breach of the rules/regulations
regen ['re:gn̩] **1.** *tr. V. (geh.)* move. **2.** *refl. V.* **a)** *(sich bewegen)* move; **kein Lüftchen/kein Blatt regte sich** not a breath of air/not a leaf stirred; **b)** *(geh.:* sich bemerkbar machen) ⟨*hope, doubt, desire, conscience*⟩ stir
Regen *der;* ~**s,** ~ **a)** *rain;* **bei strömendem ~:** in pouring rain; **bei ~ wird in der Halle gespielt** if it's raining the match will be played inside; **es wird ~ geben** it is going to rain; **es sieht nach ~ aus** it looks like rain; **auf ~ folgt Sonnenschein** *(Spr.)* good times always follow bad; **ein warmer ~** *(fig.)* a windfall; **vom** *od.* **aus dem ~ in die Traufe kommen** *(fig.)* jump out of the frying-pan into the fire; **jmdn. im ~ stehen lassen** *od.* **in den ~ stellen** *(fig. ugs.)* leave sb. in the lurch; **b)** *(fig.)* shower; **ein ~ von Schimpfwörtern ging auf ihn nieder** curses rained down upon him
regen·arm *Adj. (period, region, etc.)* with little rain[fall], with low rainfall; **der letzte Sommer war so ~, daß ...:** there was so little rain last summer that ...
Regen·bogen *der* rainbow
regen·bogen-, Regen·bogen-: ~**farben,** ~**farbig** *Adj.* rainbow-coloured; ~**haut** *die (Anat.)* iris; ~**presse** *die (abwertend)* gossip magazines *pl.;* ~**trikot** *das (Radsport)* rainbow jersey
regen-, Regen-: ~**cape** *das* rain cape; ~**dach** *das* rain-canopy; ~**dicht** *Adj.* rainproof
Regeneration *die* **a)** regeneration; **b)** *(Technik: Rückgewinnung)* reclamation
regenerations·fähig *Adj. (Biol., Med.)* capable of regeneration *postpos.*
Regenerator *der (Technik)* regenerator
regenerieren [regene'ri:rən] **1.** *refl. V. (Biol., Med.)* regenerate. **2.** *tr. V.* **a)** *(erneuern)* regenerate; **sich ~** ⟨*person*⟩ recuperate; ⟨*group, organization, etc.*⟩ regenerate itself; **b)** *(Technik: wiedergewinnen)* reclaim
regen-, Regen-: ~**fall** *der* fall of rain; **heftige/anhaltende ~fälle** heavy rains or heavy [falls *pl.*] of rain *sing.*/continuous rain *sing.;* ~**frei** *Adj.* without rain *postpos.,* rainless; ~**guß** *der* downpour; ~**haut** *die* [light] plastic mackintosh *or (coll.)* mac; ~**macher** *der* rain-maker; rain-doctor; ~**mantel** *der* raincoat; mackintosh, mac *(coll.);* ~**naß** *Adj.* that is/are wet from the rain *postpos., not pred.;* ~**pfeifer** *der (Zool.)* plover; ~**pfütze** *die* [rain] puddle; ~**reich** *Adj.* ⟨*period, region, etc.*⟩ with high rainfall; **der letzte Frühling war so ~reich, daß ...:** there was so much rain last spring that ...; ~**rinne** *die* gutter; ~**schauer** *der* shower [of rain]; rain-shower; ~**schirm** *der* umbrella
Regent [re'gɛnt] *der;* ~**en,** ~**en a)** *(Herrscher)* ruler; *(Monarch)* monarch; **b)** *(Stellvertreter)* regent
Regen·tag *der* rainy day
Regentin *die;* ~**,** ~**nen** *s.* **Regent**
Regen·tonne *die* water-butt
Regentschaft *die;* ~**,** ~**en** regency
Regen-: ~**um·hang** *der* rain cape; ~**wald** *der (Geogr.)* rain forest; ~**wasser** *das; o. Pl.* rainwater; ~**wetter** *das; o. Pl.* rainy *or* wet weather; **er macht ein Gesicht wie drei Tage ~wetter** *(ugs.)* he looks as miserable as

sin; ~**wolke** *die* rain cloud; ~**wurm** *der* earthworm; ~**zeit** *die* rainy season
Reggae ['rɛgɛ] *der;* ~**[s]** reggae
Regie [re'ʒi:] *die;* ~ **a)** *(Theater, Film, Ferns., Rundf.)* direction; **die ~ bei etw. haben** *od.* **führen** direct sth.; **unter der ~ von ...:** directed by ...; **b)** *(Leitung, Verwaltung)* management; **etw. in eigene ~ bekommen** *od.* **nehmen** take over control of sth.; **unter staatlicher ~:** under state control; **etw. in eigener ~ tun** *(ugs.)* do sth. oneself
Regie-: ~**an·weisung** *die* stage direction; ~**assistent** *der* assistant director; ~**fehler** *der* slip-up
regieren [re'gi:rən] **1.** *itr. V.* rule (**über** + Akk. over); ⟨*monarch*⟩ reign, rule (**über** + Akk. over); ⟨*party, administration*⟩ govern, *(fig.)* ⟨*peace, corruption, terror, etc.*⟩ reign; **der Regierende Bürgermeister von Berlin** the Governing Mayor of Berlin. **2.** *tr. V.* **a)** rule; govern; ⟨*monarch*⟩ reign over, rule; **ein demokratisch regierter Staat** a democratically governed state; **b)** *(Sprachw.)* govern, take ⟨*case*⟩
Regierung *die;* ~**,** ~**en a)** *(o. Pl.: Herrschaft)* rule; *(eines Monarchen)* reign; **die ~ übernehmen** *od.* **antreten** take over; come to power; **b)** *(eines Staates)* government
regierungs-, Regierungs-: ~**an·tritt** *der:* **bei ~antritt des Sozialisten** when the Socialists come/came to power; *(nach der Wahl auch)* when the Socialists take/took office; ~**bank** *die* government bench; ~**beamte** *der* government official; ~**bezirk** *der* largest administrative division of a Land; ~**bildung** *die* formation of a/the government; **mit der ~bildung betraut werden** be asked to form a government; ~**chef** *der* head of government; ~**erklärung** *die* government statement; *(in Großbritannien)* Queen's/King's Speech; ~**feindlich** *Adj.* anti-government; ~**form** *die* form of government; ~**freundlich** *Adj.* pro-government; ~**gebäude** *das* government building; ~**gewalt** *die* government power *no art.;* ~**kreise** *Pl.* government circles; ~**krise** *die* government crisis; ~**partei** *die* ruling *or* governing party; party in power; ~**präsident** *der* head of a Regierungsbezirk; ~**rat** *der* **a)** *(Amtstitel)* senior civil servant; **b)** *(schweiz.: Kantonsregierung)* canton government; ~**sitz** *der* seat of government; ~**sprecher** *der* government spokesman; ~**sprecherin** *die* government spokeswoman; ~**treu** *Adj.* loyal to the government *postpos.;* ~**truppe** *die* government troops *pl.;* ~**um·bildung** *die* government reshuffle; ~**vor·lage** *die* government bill; ~**wechsel** *der* change of government; *(eines Monarchen)* reign; *(einer Regierung, eines Regierungschefs)* period *or* term of office; **nach 12jähriger ~zeit** after 12 years in power *or* in office
Regie·stuhl *der* director's chair
Regime [re'ʒi:m] *das;* ~**s,** ~ [re'ʒi:mə] *(abwertend)* regime
Regime-: ~**gegner** *der* opponent of a/the regime; ~**kritiker** *der* critic of a/the regime; dissident
Regiment [regi'mɛnt] *das;* ~**[e]s,** ~**e** *od.* ~**er a) *Pl.* ~**e** *(Herrschaft)* rule; **das ~ antreten/an sich reißen** come to/seize power; **das ~ führen** *(fig.)* give the orders; **ein strenges/straffes ~ führen** *(fig.)* be strict/run a tight ship *(coll.);* **b)** *Pl.* ~**er** *(Milit.)* regiment
Regiments·kommandeur *der* regimental commander
Region [re'gi̯o:n] *die;* ~**,** ~**en a)** region; **b)** *(geh.: Bereich, Sphäre)* sphere; **in höheren ~en schweben** have one's head in the clouds
regional [regio'na:l] **1.** *Adj.* regional. **2.** *adv.* regionally; ~ **verschieden sein** differ from region to region
Regional·aus·gabe *die* regional edition

Regionalismus der; ~: regionalism *no art.*
Regional-: ~**liga** die regional league; ~**programm** das regional programme
Regisseur [reʒi'søːɐ̯] der; ~s, ~e, **Regisseurin** die; ~, ~nen *(Theater, Film)* director; *(Ferns., Rundf.)* director; producer
Register [re'gɪstɐ] das; ~s, ~ a) index; b) *(Daumen~)* thumb index; c) *(amtliche Liste)* register; d) *(Musik) (bei Instrumenten)* register; *(Orgel~)* stop; *(Tonbereich)* register; **alle ~ ziehen** *(fig.)* pull out all the stops; e) *(hist.: Urkundensammlung)* file; f) *(Druckw.)* register; **~ halten** be in register
Register·tonne die register tonne
Registrator [regɪs'traːtɔr] der; ~s, ~en [-straˈtoːrən] *(veralt.)* registrar
Registratur [regɪstra'tuːɐ̯] die; ~, ~en a) *(das Registrieren)* registration; b) *(Büro)* filing-room; c) *(Schrank, Regal)* filing cabinet; d) *(Musik: Orgel~)* registration
registrieren [regɪs'triːrən] tr. V. a) *(eintragen, verzeichnen)* register; b) *(aufzeichnen)* register; c) *(bemerken)* note; register; d) *(feststellen)* note; **alle Zeitungen registrierten den Fall** all the papers mentioned the case; **es wurde sehr wohl registriert, daß er häufig unpünktlich war** it did not pass unnoticed that he often arrived late
Registrier·kasse die cash register
Registrierung die; ~, ~en a) *(Eintragung, Aufzeichnung)* registration; b) *(Feststellung)* **sich auf die ~ der Tatsachen beschränken** restrict oneself/itself to noting the facts
Reglement [reglə'mãː, *schweiz.:* regləˈmɛnt] das; ~s, ~s *od. schweiz.:* ~e rules *pl.*
reglementieren tr. V. regulate; regiment *(people, life)*
Reglementierung die; ~, ~en regulation; *(Bevormundung)* regimentation
Regler der; ~s, ~ *(Technik)* regulator; *(Kybernetik)* control
Reglette [re'glɛtə] die; ~, ~n *(Druckw.)* lead; reglet
reg·los *Adj. s.* regungslos
Reglosigkeit die; ~ *s.* Regungslosigkeit
regnen ['reːgnən] 1. *itr. V.* **es regnet** *(unpers.)* rain; **es regnet** it is raining; **es regnet/regnete jeden Tag** it rains/rained every day; *s. auch* **Strom** a. 2. *itr. V.; mit sein a) (fig.)* rain down; **es regnete Steine** *(fig.)* stones rained down; **es regnete Briefe/Anfragen** *usw. (fig.)* there was a flood or deluge of letters/enquiries *etc.*
Regner der; ~s, ~: sprinkler
regnerisch *Adj.* rainy; ~**-trüb** dull and rainy *or* wet
regredieren [regre'diːrən] *itr. V. (Psych.)* regress
Regreß [re'grɛs] der; Regresses, Regresse a) *(Rechtsw.)* recourse; ~ **auf jmdn. nehmen** have recourse against sb.; b) *(Philos.)* regress
Regreß-: ~**an·spruch** der *(Rechtsw.)* right to compensation; ~**forderung** die *(Rechtsw.)* demand *or* claim for compensation; ~**forderungen stellen** demand *or* claim compensation
Regression [regrɛˈsi̯oːn] die; ~, ~en a) *wirtschaftliche* ~: economic recession; b) *(Psych., Geol., Statistik, Biol.)* regression
regressiv [regrɛ'siːf] *Adj. (Psych., Geol., Statistik, Biol.)* regressive
regreß·pflichtig *Adj.* liable for compensation *postpos.*
regsam *Adj. (geh.)* lively; active; **geistig ~ sein** have a lively *or* active mind
Regsamkeit die; ~ *(geh.)* liveliness, activeness
regulär [regu'lɛːɐ̯] *Adj.* a) *(vorschriftsmäßig)* in accordance with the regulations *postpos.*; *(richtig, gesetzlich)* proper; regular *(troops)*; normal, regular *(working hours)*; **die ~e Spielzeit** *(Sport)* normal time; b) *(normal, üblich)* normal; regular *(flight)*; c) *(ugs.: regelrecht)* proper *(coll.)*; regular *(coll.)*

Regularität [regulari'tɛːt] die; ~, ~en *(auch Sprachw.)* regularity
Regulation [regula'tsi̯oːn] die; ~, ~en a) *s.* Regulierung; b) *(Biol., Med.)* regulation
Regulativ [regula'tiːf] das; ~s, ~e a) *(regulierendes Element)* regulative; regulator; **Angebot und Nachfrage sind ~e des Marktes** supply and demand have a regulating effect on the market; b) *(regelnde Vorschrift)* regulation
Regulator [regu'laːtɔr] der; ~s, ~en [-laˈtoːrən] a) *(regulierende Kraft, Technik)* regulator; b) *(veralt.: Pendeluhr)* pendulum clock
regulierbar *Adj.* regulable; adjustable *(backrest)*
regulieren [regu'liːrən] 1. *tr. V.* regulate; *(einstellen)* adjust; regulate; set *(clock, watch)*; **automatisch regulierte Türen** automatically controlled doors. 2. *refl. V.* regulate itself; **sich selbst ~d** self-regulating
Regulierung die; ~, ~en *s.* regulieren: regulation; adjustment; setting
Regung die; ~, ~en *(geh.)* a) *(Bewegung)* movement; b) *(Gefühl)* stirring; **seine erste ~** war Unmut his first emotion was displeasure; **sie folgte einer ~ ihres Herzens** she followed the promptings of her heart; c) *(Bestrebung)* striving
regungs·los *Adj.* motionless
Regungslosigkeit die; ~: motionlessness; **in voller ~ verharren** stay completely motionless
Reh [reː] das; ~[e]s, ~e roe-deer
Rehabilitand der; ~en, ~en *(Med.)* person undergoing rehabilitation
Rehabilitation die; ~, ~en rehabilitation
Rehabilitations·zentrum das rehabilitation centre
rehabilitieren tr. V. rehabilitate
Rehabilitierung die rehabilitation
reh-, Reh-: ~**bock** der roebuck; ~**braten** der *(Kochk.)* roast venison; ~**braun** *Adj.* light reddish brown; ~**keule** die *(Kochk.)* haunch of venison; ~**kitz** das fawn *or* kid [of a/the roe-deer]; ~**rücken** der *(Kochk.)* saddle of venison; ~**wild** das *(Jägerspr.)* roe-deer *n.*
Reibach ['raɪbax] der; ~s *(ugs.)* profits *pl.;* **einen [kräftigen] ~ machen** make a killing *(coll.)*
Reib·ahle die *(Technik)* reamer
Reibe ['raɪbə] die; ~, ~n grater
Reib·eisen das grater; **rauh wie ein ~**: as rough as sandpaper; **eine Stimme wie ein ~**: a voice like a rasp
Reibe-: ~**kuchen** der *(Kochk.) grated raw potatoes fried into a pancake;* ~**laut** der *(Sprachw.)* fricative
reiben 1. *unr. tr. V.* a) rub; **jmdm./sich die Backen ~**: rub sb.'s/one's cheeks; **das Pferd rieb sich an der Mauer** the horse rubbed itself against the wall; **etw. sauber ~**: rub sth. clean; **etw. blank ~**: rub sth. until it shines; **einen Fleck aus einem Kleid ~**: rub a mark off a dress; *(Dat.)* **den Schlaf aus den Augen ~**: rub the sleep from one's eyes; **sich** *(Dat.)* **die Haut/die Hand wund ~**: chafe one's skin/hand; b) *(zerkleinern)* grate. 2. *unr. tr. V.* a) **mit einem Tuch über die Schuhe ~**: rub one's/sb.'s shoes with a cloth; b) *(scheuern) (collar, shoes, etc.)* rub (an + *Dat.* on). 3. *unr. refl. V.* **sich an einem Problem ~**: come up against a problem; **sich mit jmdm. ~**: be at loggerheads with sb.; **sich [aneinander] ~**: rub each other up the wrong way
Reiberei die; ~, ~en friction *no pl.;* **er hatte ständig ~en mit seinen Eltern** there was constant friction between him and his parents
Reib·fläche die striking surface *(of matchbox)*
Reibung die; ~, ~en a) *(das Reiben)* rubbing; b) *s.* Reiberei; c) *(Physik)* friction
reibungs-, Reibungs-: ~**elektrizität** die *(Physik)* frictional electricity; ~**fläche** die *(fig.)* source of friction; ~**los** 1. *Adj.* smooth; 2. *adv.* smoothly; ~**wärme** die *(Physik)* frictional heat; ~**wider·stand** der *(Physik)* frictional resistance
reich [raɪç] 1. *Adj.* a) *(vermögend)* rich; ~ **heiraten** marry [into] money; b) *(prächtig)* costly *(goods, gifts)*; rich *(décor, ornamentation, finery, furnishings)*; c) *(üppig)* rich; rich, abundant *(harvest)*; lavish, sumptuous *(meal)*; abundant *(mineral resources)*; productive *(oil-well)*; **~ an etw.** *(Dat.)* **sein** be rich in sth.; **in ~em Maße** *(geh.)* in abundance; d) *(vielfältig)* rich *(collection, possibilities, field of activity)*; wide, large, extensive *(selection, choice)*; wide *(knowledge, experience)*; full *(life)*. 2. *adv.* richly
-reich rich in ...; **variations~/kontrast~**: rich in variation/contrast; **wasser~ sein** have abundant water
Reich das; ~[e]s, ~e a) empire; *(König~)* kingdom; realm; **das [Deutsche] ~** *(hist.)* the German Reich *or* Empire; **das Russische ~** *(hist.)* the Russian Empire; **das Dritte ~** *(hist.)* the Third Reich; b) *(fig.)* realm; **ins ~ der Fabel gehören** belong to the realm[s] of fantasy; **das ~ der Pflanzen/Tiere** the plant/animal kingdom; **Dein ~ komme** *(bibl.)* thy Kingdom come
Reiche der/die; *adj. Dekl.* rich man/woman; **die ~n** the rich
reichen 1. *itr. V.* a) *(aus~)* be enough; **das Geld reicht nicht I/we** *etc.* haven't got enough money; **der Stoff reicht für ein** *od.* **zu einem Kostüm** there's enough material to make a suit; **das Brot muß noch bis Montag ~**: the bread must last till Monday; **die Farbe hat gerade gereicht** there was just enough paint; **das Seil reicht nicht** the rope's not long enough; **jetzt reicht's mir aber!** now I've had enough!; **danke, es reicht** that's enough, thank you; *s. auch* **lagen** b; *(sich erstrecken)* reach; *(forest, fields, etc.)* extend; **bis zu etw. ~**: extend as far as sth.; **er reicht mit dem Kopf bis zur Decke** his head touches the ceiling; **bis zum Horizont ~**: extend *or* stretch to the horizon; **sein Einfluß reicht sehr weit** his influence extends a long way; **soweit das Auge reicht** *(geh.)* as far as the eye can see; **jmdm. bis an die Schultern ~**: come up to sb.'s shoulder; **an die Grenze des Pathologischen ~**: verge on the pathological; c) **mit dem Geld/Brot** *usw.* **[nicht] ~**: [not] have enough money/bread *etc.;* **damit müssen wir ~**: we'll have to make it last. 2. *tr. V.* a) *(geh.: entgegenhalten)* hand; *(herüber~, hinüber~)* pass; hand; **jmdm. die Hand ~**: hold out one's hand to sb.; **das Abendmahl ~**: administer *or* give Communion; **sich** *(Dat.)* **die Hand ~**: shake hands; **jmdm. Feuer ~**: give sb. a light; b) *(servieren)* serve *(food, drink)*
reich-, Reich-: ~**geschmückt** *Adj. (präd. getrennt geschrieben)* richly decorated; richly adorned *(façade, building)*; ~**haltig** *Adj.* extensive; wide, large, extensive *(range, selection)*; varied *(programme)*; substantial *(meal)*; ~**haltigkeit** die; ~: extensiveness; *(eines Programms)* varied content; *(einer Mahlzeit)* substantialness; **die ~haltigkeit des Materials** the wealth of material
reichlich 1. *Adj.* large; substantial; ample *(space, time, reward)*; plenty of *(time, space)*; good *(hour, year)*; generous *(tip)*; **~e Niederschläge** heavy rain/hail/snow; **der Mantel ist ein bißchen ~**: the coat is a bit on the large side. 2. *adv.* amply; **~ Trinkgeld geben** tip generously; **Fleisch ist noch ~ vorhanden** there's still plenty of meat left; **~ Zeit/Platz/Gelegenheit haben** have plenty of *or* ample time/room/opportunity; **das ist ~ gerechnet** that's a generous estimate; **~ spenden** give *or* donate gener-

1405

ously; ~ **zu leben haben** live well. **3.** *Adv.* **a)** *(mehr als)* over; more than; **nach ~ einer Stunde** a good hour later; **~ vier Wochen** a good month; ~ **5 000 Mark** a good 5,000 marks; **b)** *(ugs.: ziemlich, sehr)* ~ **frech/teuer/spät** a bit too cheeky/dear/late
reichs-, Reichs-: ~**acht** die *(hist.)* imperial ban; ~**adel der** *(hist.)* nobility of the Empire; ~**adler der** *(hist.)* Imperial Eagle; ~**apfel der** *(hist.)* imperial orb; ~**arbeits·dienst der** *(ns.)* Reich Labour Service; ~**bahn die;** *o. Pl.* **a)** *(DDR)* Deutsche ~**bahn** [East German] State Railway; **b)** *(hist.)* German National Railway; **c)** *die schwedische/japanische* ~**bahn** the Swedish/Japanese National Railway; ~**bank die a)** *(hist.)* German National Bank; **b)** *die schwedische/japanische* ~**bank** the National Bank of Sweden/Japan; ~**deutsch** *Adj.* within the German Reich *postpos.;* ~**deutsche der/die** German citizen living within the German Reich; ~**grenze die** frontier of the Empire; ~**insignien** *Pl. (hist.)* imperial insignia *pl.;* ~**kanzler der a)** *(1871–1918)* Imperial Chancellor; **b)** *(Weimarer Republik)* Chancellor of the Republic; **c)** *(Drittes Reich)* Reich Chancellor; ~**mark die** *(hist.)* Reichsmark; ~**präsident der** *(hist.)* President of Germany; ~**regierung die** government of a/the nation *(under a monarch);* ~**stadt die** *(hist.)* free city or town of the [Holy Roman] Empire; ~**stände** *Pl. (hist.)* estates of the Empire; ~**tag der a)** *(in Schweden)* Riksdag; [Swedish] Diet; *(in Finnland)* Parliament; *(in Japan)* [Imperial or Japanese] Diet; **b)** *(hist.: bis 1806)* Imperial Diet; Diet of the Holy Roman Empire; **c)** *o. Pl. (1871–1945 in Deutschland)* Reichstag; ~**tags·brand der;** *o. Pl. (hist.)* Reichstag Fire; ~**unmittel·bar** *Adj. (hist.)* subordinate directly to the Kaiser or Emperor *postpos.;* ~**verweser der** *(hist.)* Regent of the Empire; ~**wehr die;** *o. Pl. (hist.)* German or Imperial Army *(1919–35);* Reichswehr
Reichtum der; ~**s,** Reichtümer ['raiçtyːmɐ] **a)** *o. Pl. (Vermögen, Besitz)* wealth (**an** + *Dat.* of); **sein seelischer/innerer ~** *(fig.)* the richness of his spirit/inner life; **~ an Vermögenswerte)** riches; **die Reichtümer der Erde** the riches of the earth; **damit kann man keine Reichtümer erwerben** one cannot get rich that way; **c)** *o. Pl. (Reichhaltigkeit)* wealth (**an** + *Dat.* of); **der ~ an Singvögeln** the abundance of song-birds; **der ~ seiner Kompositionen** the richness of his compositions
reich·verziert *Adj. (präd. getrennt geschrieben)* highly ornate
Reich·weite die a) *(eines Geschützes, Senders, Flugzeugs)* range; **sich außer ~ halten** keep out of reach/range; **in ~ sein/kommen** be within reach/range; **Geschütze mit großer ~:** long-range guns; **b)** *(Physik: Strahlungsweite)* range
reif [raɪf] *Adj.* **a)** *(voll entwickelt)* ripe ⟨*fruit, grain, cheese*⟩; mature ⟨*brandy, cheese*⟩; **das Geschwür ist ~:** the boil has come to a head; ~ **sein** *(ugs.)* be ready for sth.; **er ist ~ fürs Irrenhaus** *(ugs.)* he belongs in the loony bin *(sl.);* **er brauchte nur die ~e Frucht zu pflücken** *(fig.)* it just fell into his lap; **b)** *(erwachsen, erfahren)* mature; **in [den] ~eren Jahren, im ~eren Alter** in one's mature years; **die ~eren Jahrgänge** those of mature age; **c)** *(ausgewogen, durchdacht)* mature; **eine ~e Leistung** *(ugs.)* a solid achievement; **~ für die od. zur Veröffentlichung sein** be ready for publication; **die Zeit ist noch nicht ~:** the time is not yet ripe
-reif ready for ...; **kino-/test-/olympia~:** ready for the cinema/for testing/for the Olympics; **aufführungs~:** ready to be performed

¹**Reif der;** ~**[e]s** hoar-frost
²**Reif der;** ~**[e]s,** ~**e** *(geh.)* **Fingerring)** ring; *(Arm~)* bracelet; *(Diadem)* circlet
Reife die; **a)** *(das Reifsein)* ripeness; *(das Reifen)* ripening; **während der ~:** during ripening; **zur ~ kommen** ripen; **b)** *(von Menschen)* maturity; **Zeugnis der ~:** Abitur certificate; **c)** *(von Gedanken, Produkten)* maturity; **mittlere ~** *(Schulw.)* school-leaving certificate usually taken after the fifth year of secondary school
Reife·grad der degree of ripeness
¹**reifen 1.** *itr. V.* **a)** *mit sein (reif werden)* ⟨*fruit, cereal, cheese*⟩ ripen; ⟨*ovum, embryo, cheese*⟩ mature; **b)** *mit sein (geh.: älter, reifer werden)* mature (**zu** into); **diese Erfahrungen haben ihn [zum Manne] ~ lassen** *(geh.)* these experiences made a man of him; **ein gereifter Mann** *(geh.)* a mature man; **c)** *mit sein (idea, plan, decision)* mature; *(resistance)* develop, grow; **zur Gewißheit ~** *(geh.)* grow or harden into certainty. **2.** *tr. V. (geh.)* ripen ⟨*fruit, cereal*⟩; mature ⟨*person*⟩
²**reifen** *itr. V.* **es hat gereift** there is/was a hoar-frost
Reifen der; ~**s,** ~ **a)** *(Metallband, Sportgerät)* hoop; **b)** *(Gummi~)* tyre; **c)** *(Schmuckstück) (Fingerring)* ring; *(Arm~)* bracelet; *(Diadem)* circlet
Reifen-: ~**druck der** tyre pressure; ~**panne die** flat tyre; puncture; ~**profil das** [tyre] tread; ~**schaden der** tyre defect; faulty tyre; ~**wechsel der** tyre change
Reife-: ~**prüfung die** school-leaving examination for university entrance qualification; ~**zeugnis das** Abitur certificate
Reif·glätte die ice on the roads
reiflich 1. *Adj.* [very] careful; **bei/nach ~er Überlegung** on mature consideration/after [very] careful consideration. **2.** *adv.* [very] carefully; **über etw.** *(Akk.)* ~ **nachdenken** give [very] careful thought or consideration to sth.; consider sth. [very] carefully
Reif·rock der *(hist.)* hooped skirt
Reifung die; ~ *s.* ¹**reifen 1:** ripening; maturing; maturation
Reifungs·prozeß der *s.* ¹**reifen 1:** process of ripening or maturing; *(eines Menschen)* stage of becoming mature
Reigen ['raɪɡn] **der;** ~**s,** ~ **a)** round dance; **den ~ eröffnen/anführen** lead off [in the round dance]; **b)** *(fig.)* **den ~ eröffnen** start off; **den ~ der Gratulanten eröffnen** be the first to offer congratulations; **den ~ schließen** close; finish off; **ein bunter ~ von Melodien** a medley of tunes
Reihe ['raɪə] **die;** ~**, ~n a)** *(von Menschen)* row; **Geräte in ~ schalten** *(Elektrot.)* connect pieces of equipment in series; **in ~n** *(Dat.)* **antreten** line up; *(Milit.)* fall in; **sich in fünf ~n aufstellen** line up in five rows; form five lines; **die ~n der älteren Generation lichten sich** *(fig.)* the ranks of the older generation are thinning out; **in Reih und Glied** *(Milit.)* in rank and file; **aus der ~ tanzen** *(fig. ugs.)* be different; **nicht in der ~ sein** *(fig. ugs.)* be feeling below par; **etw. in die ~ bringen** *(fig. ugs.)* put sth. straight or in order; **[wieder] in die ~ kommen** *(fig. ugs.)* get [back] on one's feet; **b)** *o. Pl. (Reihenfolge)* series; **die ~ ist an ihm/ihr** usw., **er/sie** usw. **ist an der ~:** it's his/her etc. turn; **wer ist an der ~?** whose turn is it?; **Punkt drei der Tagesordnung ist jetzt an der ~:** we now come to the third item on the agenda; **du kommst jetzt an die ~** *(ugs.)* it's your turn now; **der ~ nach, nach der ~:** in turn; one after the other; **c)** *(größere Anzahl)* number; **eine ganze ~ Frauen** a whole lot of women *(coll.);* **d)** *(Gruppe)* ranks *pl.;* **die ~ schließen** close ranks; **aus den eigenen ~n** from one's/its own ranks; **e)** *(bes. Fußball)* **aus der zweiten ~ schießen** take a long shot/long shots [at goal]; **f)** *(Math.)* series; **g)** *(Schach)* rank; **h)** *(Musik)* series

¹**reihen** *(geh.)* **1.** *tr. V. (auf~)* string; thread; **Perlen auf eine Schnur ~:** string pearls [on a thread]; **um etw. gereiht sein** be ranged around sth.; **Zahl an Zahl ~:** string numbers together. **2.** *refl. V. (sich an~, ein~)* follow; **sich um jmdn. ~:** gather round sb.
²**reihen** *tr. V. (heften)* tack; baste
Reihen der; ~**s,** ~ *(veralt.) s.* Reigen
reihen-, Reihen-: ~**dorf das** *s.* Straßendorf; ~**folge die** order; **die ~folge einhalten** keep in order or sequence; **in kurzer ~folge** in quick succession; ~**haus das** terraced house; ~**schaltung die** *(Elektrot.)* series connection; ~**untersuchung die** *(Med.)* mass screening; ~**weise** *Adv.* **a)** *(ugs.: in großer Zahl)* by the dozen; **b)** *(in Reihen)* in rows or lines
Reiher der; ~**s,** ~**:** heron
Reiher·feder die heron feather
reihern *itr. V. (salopp)* puke *(coarse)*
Reih·garn das tacking or basting thread
reih·um *Adv.* **etw. ~ gehen lassen** pass sth. round; **die Flasche ging ~:** the bottle went or was passed round; **etw. ~ tun** do sth. in turn
Reihung die; ~**, ~en** *s.* ¹**reihen 1:** stringing; threading; ranging
Reim [raɪm] **der;** ~**[e]s,** ~**e** rhyme; **einen ~ auf ein Wort suchen** try to find something to rhyme with a word; **sich** *(Dat.)* **keinen ~ auf etw.** *(Akk.)* **machen können** *(fig.)* not [be able] to see rhyme or reason in sth.
reimen 1. *itr. V.* make up rhymes. **2.** *tr. V.* rhyme; **ein Wort auf ein anderes ~:** rhyme one word with another; **eine gereimte Fabel** a fable in rhyme. **3.** *refl. V.* rhyme (**auf** + *Akk.* with); **das reimt sich nicht** *(fig.)* that makes no sense
Reimerei die; ~**, ~en** *(abwertend)* **eine ~:** a piece of doggerel; ~**en** *bes. gesch.* sing.
Reime·schmied der *(abwertend)* rhymester
reim-, Reim-: ~**lexikon das** rhyming dictionary; ~**los** *Adj.* unrhymed; rhymeless; ~**paar das** *(Verslehre)* rhyming couplet
Reimport der *(Wirtsch.)* reimport
Reim-: ~**wort das** rhyme word; ~**wörter·buch das** rhyming dictionary
¹**rein** [raɪn] *(ugs.)* ~ **mit dir!** in you go/come!
²**rein 1.** *Adj.* **a)** *(unvermischt)* pure; ~**es Hochdeutsch sprechen** speak faultless or perfect German; **b)** *(nichts anderes als)* pure; sheer; **etw. aus ~em Trotz tun** do sth. out of sheer or pure contrariness; ~**e Theorie/Mathematik** pure theory/mathematics; **die ~e Wahrheit sagen** tell the plain or unvarnished truth; **c)** *(ohne Ausnahme)* es war ~**e Männersache** it was exclusively a men's affair; **eine ~e Arbeitergegend** a purely or entirely working-class district; **d)** *(ugs.: intensivierend)* pure; sheer; **das ist der ~ste Quatsch** that's pure or sheer or absolute nonsense; **Sie sind der ~ste Dichter** you are a real poet; **dein Zimmer ist der ~ste Saustall** *(derb)* your room is a real pigsty; **e)** *(meist geh.: frisch, sauber)* clean; fresh ⟨*clothes, sheet of paper, etc.*⟩; pure, clean ⟨*water, air*⟩; clear, fresh ⟨*complexion*⟩; **ein ~es Gewissen haben** *(fig.)* have a clear conscience; ~ **klingen** make or have a pure sound; **etw. ins ~e schreiben** make a fair copy of sth.; **etw. ins ~e bringen** clear sth. up; put sth. straight; **mit jmdm./etw. ins ~e kommen** get things straightened out with sb./get sth. sorted or straightened out; **mit sich [selbst] ins ~e kommen** sort things out in one's own mind; **mit etw. im ~en sein** have got sth. sorted out; **mit jmdm. im ~en sein** have got things straightened out with sb. **2.** *Adv.* **a)** *(ausschließlich)* purely; **vor allem, besonders)** purely; ~ **zufällig/unmöglich** purely or quite by chance/quite impossible; ~ **zeitlich** purely from the point of view of time; **c)** *(ugs.: intensivierend)* ~ **gar nichts** absolutely nothing

rein-: ~|**beißen** *unr. itr. V. (ugs.)* take a bite; **in etw.** *(Akk.)* ~**beißen** take a bite of sth.; **zum Reinbeißen sein** *od.* **aussehen** *(ugs.)* ⟨*cake etc.*⟩ look tempting; *(fig.)* ⟨*girl*⟩ look good enough to eat; ~|**dürfen** *unr. itr. V.* be allowed in

Reineclaude [rɛːnəˈkloːdə] *s.* Reneklode

Reineke [ˈraɪnəkə] *der*; ~s, ~s Reynard *no art.*; **Meister ~, ~ Fuchs** Reynard the Fox

Reine·mache·frau *die* cleaning lady; cleaner

Reine·machen *das*; ~s *(bes. nordd.)* cleaning session; **beim ~ sein** be doing the cleaning; **eine Frau kommt zum ~:** a woman comes to do the cleaning

rein-, Rein-: ~**erbig** *Adj. (Biol.)* homozygous; ~**erlös** *der*, ~**ertrag** *der* net profits *pl. or* proceeds *pl.*

Reinette [rɛˈnɛtə] *s.* Renette

reine·weg *Adv. (ugs.)* really; *(ganz u. gar)* absolutely; **das ist ~ zum Verzweifeln** it's enough to drive you to despair

Rein·fall *der (ugs.)* let-down; **das Stück war ein böser ~:** the play was a complete flop *(coll.)*; **mit unserem letzten Auto haben wir einen großen ~ erlebt** our last car was a complete disaster

rein|fallen *unr. itr. V.*; *mit sein (ugs.) s.* hereinfallen a, hineinfallen

Reinfektion *die (Med.)* reinfection

rein|gehen *unr. itr. V.*; *mit sein (ugs.) s.* hineingehen

Reingeschmeckte [-gəʃmɛktə] *der/die*; *adj. Dekl. (scherzh.)* outsider

Rein-: ~**gewicht** *das* net weight; ~**gewinn** *der* net profit

Rein·haltung *die*: **die ~ der Seen/der Luft** keeping the lakes/air clean *or* pure; **die ~ der Sprache** keeping the language pure

rein|hauen *unr. itr. V. (salopp)* a) *(schlagen)* bash; **in die Tasten ~:** pound *or* thump the keys; **Kokain haut viel mehr rein** *(fig.)* cocaine gives you much more of a kick *(coll.)*; **jmdm. eine ~:** thump sb. [one] *(coll.)*; b) *(essen)* tuck in *(coll.)*

Reinheit *die*; **~** a) *(Klarheit)* purity; b) *(Sauberkeit)* cleanness; *(des Wassers, der Luft)* purity; *(der Haut)* clearness

Reinheits-: ~**gebot** *das* beer purity regulations *pl.*; ~**grad** *der* degree of purity

reinigen [ˈraɪnɪgn̩] *tr. V.* a) clean, cleanse ⟨*wound, skin*⟩; purify ⟨*effluents, air, water, etc.*⟩; **Kleider [chemisch] ~ lassen** have clothes [dry-]cleaned; **das Gewitter hat die Luft gereinigt** the storm has cleared the air; **ein ~des Gewitter** *(fig.)* an argument that clears the air; **die Atmosphäre ~** *(fig.)* clear the air

Reinigung *die*; ~, ~en a) *s.* reinigen: cleaning; cleansing; purification; dry-cleaning; b) *(Betrieb)* [dry-]cleaner's

Reinigungs-: ~**creme** *die* cleansing cream; ~**milch** *die* cleansing milk; ~**mittel** *das* cleaning agent; *(für die Haut)* cleanser; cleansing product

Reinkarnation *die*; ~, ~en reincarnation

rein-, Rein-: ~|**knien** *refl. V. (ugs.) s.* hineinknien; ~|**kommen** *unr. itr. V.*; *mit sein (ugs.) s.* herein-, hineinkommen; ~|**können** *unr. itr. V.* be able to go/come in; ~|**kriechen** *unr. itr. V.*; *mit sein (ugs.)* crawl in; **jmdm. hinten ~kriechen** *(derb)* lick sb.'s arse *(coarse)*; ~|**kriegen** *tr. V. (ugs.) s.* hereinkommen; hineinkommen; ~**kultur** *die* a) *(Landw.)* monoculture; b) *(Biol.)* pure culture; **Kitsch/Konservatismus in ~kultur** *(fig.)* pure *or* unadulterated kitsch/pure *or* sheer Conservatism; ~|**legen** *tr. V. (ugs.) s.* hereinlegen; ~|**lassen** *unr. itr. V.* pure linen

reinlich 1. *Adj.* a) *(reinlichkeitsliebend)* cleanly; b) *(sauber)* clean; neat ⟨*dress*⟩; c) *(gründlich)* clear[-cut] ⟨*division, distinction, etc.*⟩. 2. *adv.* a) *(sauber)* cleanly; neatly ⟨*dressed, folded*⟩; b) *(gründlich)* clearly

Reinlichkeit *die*; ~ *s.* reinlich: cleanliness; neatness; clearness

rein-, Rein-: ~**mache·frau** *die s.* Reinemachefrau; ~|**müssen** *unr. itr. V.* have to go/come in; ~**rassig** *Adj.* pure-bred, thoroughbred ⟨*animal*⟩; ~**rassigkeit** *die* purity of breeding; ~|**reißen** *unr. tr. V. (ugs.)* jmdn. ~**reißen** drag sb. in *(fig.)*; ~|**reiten** *unr. tr. V. (ugs.)* jmdn. ~**reiten** drag sb. in *(fig.)*; ~|**riechen** *unr. itr. V. (ugs.)* **in die Exportabteilung ~riechen** get a taste of work in the export department; ~|**schauen** *itr. V. (ugs.)* look in; ~**schiff (das)** *(Seemannsspr.)* ~**schiff machen** clean the decks [thoroughly]; ~|**schlagen** *unr. tr. V.* a) *(ugs.)* knock in; **etw. in etw.** *(Akk.)* ~**schlagen** knock sth. into sth.; b) **jmdm. eine ~schlagen** *(salopp)* thump sb. [one] *(coll.)*; ~**schrift** *die* fair copy; ~**schriftlich** *Adj.* **eine ~schriftliche Fassung** a fair copy; ~**seiden** *Adj.* pure silk; ~|**sollen** *itr. V.* be supposed to go/come in; ~|**stecken** *itr. V.* put in; ~|**steigern** *refl. V. (ugs.)* work oneself up; ~**become** worked up; ~|**treten (ugs.)** 1. *unr. itr. V.*; *mit sein (hineintreten)* **in etw.** *(Akk.)* ~**treten** step in[to] sth.; 2. *unr. tr.*, *itr. V.* **jmdn.** *od.* **jmdm. hinten ~treten** kick sb. up the backside; ~|**waschen** *(ugs.)* 1. *unr. tr. V.* **jmdn.** *od.* **jmds. Namen ~waschen** clear sb.; clear sb.'s name; **sein Gewissen ~waschen** appease one's conscience; 2. *unr. refl. V.* clear oneself *or* one's name; ~**weg** *Adv. s.* reineweg; [1]~**wollen** *Adj.* pure wool; [2]~|**wollen** *unr. itr. V. (ugs.)* want to come/go in; **seltsam, daß so viele Leute ins Kino ~wollten** it's odd that so many people wanted to get into the cinema; ~|**würgen** *tr. V.* a) *(ugs.)* **sich** *(Dat.)* ~**würgen** force ⟨*food, medicine, etc.*⟩ down; **etw. in sich** *(Akk.)* ~**würgen** force sth. down; b) **jmdm. eine** *od.* **eins ~würgen** come down on sb. like a ton of bricks *(coll.)*; **er hat einen reingewürgt gekriegt** he/she/they *etc.* came down on him like a ton of bricks *(coll.)*

[1]**Reis** [raɪs] *der*; ~**es** rice

[2]**Reis** *das*; ~**es**, ~**er** a) *(geh.: Zweig)* twig; ~**er** *(Reisig)* brushwood *sing.*; b) *(geh.: Sproß)* scion; c) *(Propf~)* scion

Reis-: ~**auf·lauf** *der (Kochk.)* baked rice dish; *(süß)* baked pudding of rice with layers of fruit *etc.*; ~**bauer** *der* rice-grower; ~**brei** *der* rice pudding

Reise [ˈraɪzə] *die*; ~, ~**n** a) *(Fahrt)* journey; *(kürzere Fahrt, Geschäfts~)* trip; *(Ausflug)* outing; excursion; trip; *(Schiffs~)* voyage; *(ins Weltall)* voyage; flight; *(im Flugzeug)* flight; *(Kreuzfahrt)* cruise; *(Überfahrt)* crossing; **eine ~ mit dem Auto/der Eisenbahn** a journey by car/train; **eine ~ zur See** a sea voyage; *(Kreuzfahrt)* a cruise; **eine dienstliche ~:** a business trip; **eine ~ um die Welt** a journey round the world; **auf meinen ~n** on my travels; **eine ~ machen** make a journey/go on a trip/an outing; **auf ~n sein** *(tourend)*; *(nicht zu Hause sein)* be away; **viel auf ~n sein** *od.* **gehen** travel a lot; do a lot of travelling; **jeden Sommer gehen wir auf die ~** *od.* **auf ~n** we travel every summer; **auf der ~ gab's viel zu sehen** there was a lot to see during *or* on the journey/trip; **wohin soll diesmal die ~ gehen?** where will you/shall we go this time?; **glückliche** *od.* **gute ~!** have a good journey; **wenn einer eine ~ tut, dann kann er was erzählen** *(Spr.)* travelling is always eventful; **die** *od.* **seine letzte ~ antreten** *(geh. verhüll.)* go to meet one's Maker; b) *(Drogenjargon)* trip *(coll.)*

-reise *die* ... journey/trip; **Schweiz-/Afrika-:** journey/trip to Switzerland/Africa; **Bus-:** bus trip *or* journey

reise-, Reise-: ~**an·denken** *das* souvenir; ~**apotheke** *die* [traveller's] first aid kit; ~**bedarf** *der* travel requisites *pl.*; ~**begleiter** *der* *(~gefährte)* travelling companion; *(~leiter)* courier; *(für Kinder)* chaperon; ~**bekanntschaft** *die* acquaintance made on a/the journey; **ich habe eine interessante ~bekanntschaft gemacht** I met somebody interesting on the journey; ~**bericht** *der (privat)* account of one's journey; *(offiziell)* report of one's journey; *(Buch)* travel book; *(Film)* travelogue; travel film; *(Artikel)* travel story; ~**beschreibung** *die* account of a journey/one's travels; *(Buch)* travel book; ~**büro** *das* travel agent's; travel agency; ~**bus** *der* coach; ~**decke** *die* travelling rug; ~**fähig** *Adj.* **~fähig sein** be able to travel; **ein ~fähiger Patient** a patient able to travel; ~**fertig** *Adj.* **~fertig sein** be ready to leave; ~**fieber** *das (ugs.)* nervous excitement about the journey; **~fieber haben** be nervous and excited about the journey; ~**führer** *der* a) *(~leiter)* courier; b) *(Buch)* guidebook; ~**führerin** *die* courier; ~**geld** *das* a) *(Geld für die Reise)* money for the journey; b) *s.* spesen; ~**gepäck** *das* luggage *(Brit.)*; baggage *(Amer.)*; *(am Flughafen)* baggage; ~**gepäck·versicherung** *die* luggage/baggage insurance; ~**geschwindigkeit** *die* average speed for a/the journey; ~**gesellschaft** *die* a) *(~gruppe)* party of tourists; **eine deutsche ~gesellschaft** a party of German tourists; b) *(ugs.: ~veranstalter)* travel firm; tour operator; ~**gruppe** *die s.* ~gesellschaft a; ~**kasse** *die* holiday fund; ~**koffer** *der* suitcase; ~**kosten** *Pl.* travel expenses; ~**kosten·abrechnung** *die* travel expenses claim; ~**krankheit** *die* travel sickness *no pl.*; ~**land** *das*; *Pl.*: ~**länder**: **ein beliebtes/teures ~land sein** be a popular country with/an expensive country for tourists; **Spanien ist ~land Nr. 1 für die Deutschen** Spain is the most popular holiday destination for the Germans; ~**leiter** *der*, ~**leiterin** *die* courier; ~**leitung** *die* a) *(das Leiten)* **er hat die ~leitung übernommen** he has taken on the job of courier; ~**leitung durch erfahrene Mitarbeiter** only experienced couriers are used; b) *(Person)* courier/couriers; ~**lektüre** *die* reading matter for the journey; **etw. als ~lektüre kaufen** buy sth. to read on the journey; ~**lustig** *Adj.* **~lustig sein** *(häufig Reisen unternehmend)* be a keen traveller; *(zum Reisen aufgelegt sein)* be keen to travel

reisen *itr. V.*; *mit sein* a) *Vorg.*: **viel gereist sein** be well-travelled; **er reist für einige Tage nach Paris** he's going to Paris for a few days; **in Unterwäsche/Hundefutter ~** *(ugs.)* travel in underwear/dog food *etc.*; b) *(ab~)* leave; set off

Reisende *der/die*; *adj. Dekl.* a) *(traveller)*; *(Fahrgast)* passenger; b) *(Vertreter)* [travelling] sales representative; [commercial] traveller

Reise-: ~**necessaire** *das* sponge-bag *(Brit.)*; toiletries bag *(Amer.)*; ~**paß** *der* passport; ~**pläne** *Pl.* travel plans; ~**prospekt** *der* travel brochure; ~**route** *die* route; ~**ruf** *der* SOS message for travellers; ~**scheck** *der* a) traveller's cheque; b) *(DDR)* coupon of entitlement to a holiday at a specified place; ~**schreib·maschine** *die* portable typewriter; ~**spesen** *Pl.* travelling expenses; ~**tag** *der* a) *(Abreisetag)* departure day; b) **am dritten ~tag erreichten sie Athen** on the third day after setting out they reached Athens; ~**tasche** *die* hold-all; ~**verkehr** *der* holiday traffic; *(zwischen der Bundesrepublik Deutschland und der DDR)* transit traffic; ~**wecker** *der* travel alarm; ~**welle** *die* surge of holiday traffic; ~**wetter** *das* weather for travelling; **das ist ideales/kein ~wetter** that's ideal/no weather for travelling; ~**wetter·bericht** *der* holiday weather forecast; ~**zeit** *die* a) *(Zeit der An-, Abreise)* travel-

1407

Reiseziel

ling time; **b)** *(günstige Zeit)* time to travel; **c)** *(Urlaubszeit)* holiday time *or* season; **~ziel das** destination; **unser ~ziel für diesen Sommer ist Mallorca** we're going on holiday to Mallorca this summer; **Paris ist ein beliebtes ~ziel** Paris is a popular holiday destination; **~zug der** *(Eisenb.)* holiday train
Reis·feld das paddy-field
Reisig das; ~s brushwood
Reisig-: ~besen der besom; **~bündel das** bundle of brushwood
Reis-: ~korn das grain of rice; **~mehl das** rice-flour; **~papier das** rice paper
reiß-, Reiß-: ~ahle die scriber; **~aus der in ~aus nehmen** *(ugs.)* scram *(sl.);* scarper *(Brit. sl.);* **~brett das** drawing-board; **~brett·stift der** *s.* **~zwecke**
reißen ['raisn̩] **1.** *unr. tr. V.* **a)** *(zer~)* tear; *(in Stücke)* tear up; **ein Loch in die Hose ~:** tear *or* rip a hole in one's trousers; **b)** *(ab~, weg~)* tear; **eine Pflanze aus dem Boden ~:** tear a plant out of the ground; **jmdm. etw. aus den Händen/Armen ~:** snatch *or* tear sth. from sb.'s hands/arms; **der Sturm riß die Ziegel vom Dächern** the gale ripped *or* tore the tiles off the roofs; **sich** *(Dat.)* **die Kleider vom Leibe ~:** tear one's clothes off; **jmdn. aus seinen Gedanken ~** *(fig.)* awaken sb. rudely from his/her thoughts; **etw. aus dem Zusammenhang ~:** take sth. out of context; **c)** *(ziehen an)* pull; *(heftig)* yank *(coll.);* **d)** *(werfen, ziehen)* **eine Welle riß ihn zu Boden** a wave knocked him to the ground; **er riß den Wagen zur Seite** he wrenched the [steering-]wheel over; **jmdn. in die Tiefe ~:** drag sb. down into the depths; **der Fluß hat die Brücke mit sich gerissen** the river swept *or* carried the bridge away; **das Boot wurde in den Strudel gerissen** the boat was sucked into the whirlpool; **er riß sie in seine Arme** he pulled her into his arms; **[innerlich] hin und her gerissen sein** *od.* **werden** *(fig.)* be torn [two ways]; **von Zweifeln hin und her gerissen werden** *(fig.)* be torn by doubt; **e)** *(töten)* wolf, lion, etc.) kill, take ⟨*prey*⟩; **f)** *(sich einer Sache bemächtigen)* **an sich ~:** seize ⟨*object, power, control, advantage, etc.*⟩; **er will immer das Gespräch an sich ~:** he always wants to monopolize the conversation; **g)** *(ugs.: machen)* crack ⟨*joke*⟩; make ⟨*remark*⟩; **h)** *(Leichtathletik)* **die Latte/eine Hürde ~:** knock the bar down/knock a hurdle over; **i)** *unpers. (schmerzen)* **es reißt mich in den Waden** my calves are aching; **j)** *(veralt.: zeichnen)* draw; **k)** *in jmdm. eine ~* *(ugs.: salopp)* stick one on sb. *(sl.)* **2.** *unr. itr. V.* **a)** *mit sein* ⟨*paper, fabric*⟩ tear, rip, ⟨*rope, thread*⟩ break, snap ⟨*film*⟩ break; ⟨*muscle*⟩ tear; **wenn alle Stricke** *od.* **Stränge ~** *(fig.)* if all else fails; **b)** *(ziehen)* **an etw.** *(Dat.)* **~:** pull at sth.; **der Hund riß an der Leine** the dog strained at the leash; **c)** *(Leichtathletik)* bring the bar down/knock the hurdle over; **d)** *(Schwerathletik)* snatch. **3.** *unr. refl. V.* **a)** *(sich los~)* tear oneself/itself (aus, von from); **sich aus seinen Träumen ~:** jerk oneself out of one's reveries; **b)** *(sich bemühen um)* **ich reiße mich nicht um diese Arbeit** I'm not all that keen on this work *(coll.);* **sie ~ sich um die Eintrittskarten** they are scrambling to *or* fighting each other to get tickets; **sie ~ sich alle darum, mitzuspielen** they are all after the chance to play; **c)** *(sich verletzen)* scratch oneself; **d)** *(sich beibringen)* **sich eine Wunde ~:** cut oneself
Reißen das; ~s *(ugs.)* **ich habe ein ~ in allen Gliedern** all my limbs are aching; **das ~ haben** have got rheumatism
reißend *Adj.* rapacious ⟨*animal*⟩; stabbing ⟨*pain*⟩; **~en Absatz finden** sell like hot cakes; **ein ~er Fluß** a raging torrent
Reißer der; ~s, ~ **a)** *(ugs., oft abwertend)* thriller; **b)** *(ugs.: Verkaufserfolg)* big seller

reißerisch *(abwertend)* **1.** *Adj.* sensational; lurid ⟨*headline*⟩; garish, lurid ⟨*colour*⟩. **2.** *adv.* sensationally
reiß-, Reiß-: ~feder die ruling pen; **~fest** *Adj.* unbreakable; non-tear ⟨*fabric*⟩; **~festigkeit die** breaking strength; **~leine die** *(Flugw.)* rip-cord; **~nadel die** scriber; **~nagel der** *s.* **~zwecke**; **~schiene die** T-square; **~stift der** *s.* **~zwecke**
Reis·stroh das rice grass
Reiß-: ~verschluß der zip [fastener]; **den ~verschluß an etw.** *(Dat.)* **aufmachen/zumachen** undo/do up the zip on sth.; unzip/zip up sth.; **jmdm. den ~verschluß aufmachen** undo sb.'s zip; **~wolf der** shredder; *(Textilw.)* devil; **~wolle die** shoddy; **~zahn der** *(Zool.)* carnassial [tooth]; **~zeug das** drawing instruments *pl.;* **~zwecke die** drawing-pin *(Brit.);* thumbtack *(Amer.)*
Reis-: ~tafel die *(Kochk.)* rijsttafel; **~wein der** rice wine
Reit·bahn die riding arena
reiten ['raitn̩] **1.** *unr. itr. V.; meist mit sein* ride; **auf etw.** *(Dat.)* **~:** ride [on] sth.; **im Schritt/Trab/Galopp ~:** ride at a walk/trot/gallop. **2.** *unr. tr. V.; auch mit sein* **a)** ride; **im Schritt/Trab/Galopp ~:** ride at a walk/trot/gallop; **ein Pferd müde ~:** ride a horse until it is tired; **ein Turnier/einen Wettbewerb ~:** ride in a tournament/competition; **ein scharfes Tempo ~:** ride at a furious pace; **ich habe mir die Knie steif geritten** I rode until my knees were stiff; **was reitet denn den?** *(fig. ugs.)* what's eating him? *(coll.);* **b)** *(begatten)* ride; mount. **3.** *unr. refl. V.* **im Regen reitet es sich schwerer** riding is more difficult in the rain
Reiten das; ~s riding *no art.*
Reiter der; ~s, ~ **a)** rider; **ich bin kein guter ~:** I'm not a good rider *or* horseman; *s. auch* **apokalyptisch**; **b)** *(Milit.: Absperrung)* barrier; **spanischer ~:** barbed-wire barricade; **c)** *(österr.: Heu~)* [rick]cloth; **d)** *(an der Waage)* rider; **e)** *(Kartei~)* tab
Reiterei die; ~, ~en **a)** *(Kavallerie)* cavalry; **b)** *o. Pl. (ugs.: das Reiten)* riding *no art.*
Reiterin die; ~, ~nen rider; **sie ist eine gute ~:** she is a good rider *or* horsewoman
Reiter·regiment das *(Milit.)* cavalry regiment
Reiters·mann der; *Pl.* ~männer *od.* ~leute *(veralt.)* horseman
Reiter·stand·bild das equestrian statue
Reit-: ~gerte die riding whip; **~hose die** riding breeches *pl.;* **~knecht der** *(veralt.)* groom; **~kunst die** riding skills *pl.;* equestrian skills *pl.;* **~peitsche die** riding whip; **~pferd das** saddle-horse; **~schule die** riding school; **~sitz der a)** *(auf Pferd)* im **~sitz auf etw.** *(Dat.)* **sitzen** sit astride sth.; **b)** *(Turnen)* straddle seat; **~sport der** [horse-]riding; **~stall der** riding stable; **~stiefel der** riding boot; **~stunde die** riding lesson; **~tier das** mount; **das ist ein ~tier** this animal is used for riding; **~turnier das** riding event; **~weg der** bridle-path; bridleway
Reiz [raits] **der;** ~es, ~e **a)** *(Physiol.)* stimulus; **b)** *(Anziehungskraft)* attraction; appeal *no pl.;* *(des Verbotenen, Fremdartigen, der Ferne usw.)* lure; **etw. übt einen großen ~ auf jmdn. aus** sth. holds *or* has great attraction *or* appeal for sb.; **in dieser Aufgabe liegt für mich ein besonderer ~:** this task has a particular attraction *or* appeal for me; **ich kann dieser Sache** *(Dat.)* **keinen ~ abgewinnen** this has no appeal for me; **die neue Aufgabe hat gewiß ihre ~e** the new job certainly has its attractions; **an ~ verlieren** lose some of its attraction *or* appeal; **c)** *(Zauber)* charm; **weibliche ~e** female charms; **sie ließ alle ihre ~e spielen** she used all her charms
reizbar *Adj.* **a)** *(leicht zu verärgern)* irritable; **leicht ~ sein** be very irritable; **b)** *(empfindlich)* sensitive

Reklametrommel

Reizbarkeit die; ~ **a)** *(Erregbarkeit)* irritability; **b)** *(Empfindlichkeit)* sensitivity
reizen 1. *tr. V.* **a)** annoy; tease ⟨*animal*⟩; *(herausfordern, provozieren)* provoke; *(zum Zorn treiben)* anger; **jmds. Zorn ~, jmdn. zum Zorn ~:** provoke sb. to anger; **jmdn. bis aufs Blut ~:** make sb.'s blood boil; *s. auch* **gereizt**; **b)** *(anziehen)* attract; **jmds. Verlangen ~:** rouse sb.'s desire; **c)** *(Physiol.)* irritate; **seine Nerven waren zu sehr gereizt** his nerves were too much on edge; **d)** *(Interesse erregen bei)* **jmdn. ~:** attract sb.; appeal to sb.; **jmds. Haß/Widerspruch ~:** arouse sb.'s hatred/make sb. want to contradict; **es würde mich sehr ~, das zu tun** I'd love to do that; **das Angebot reizt mich** I find the offer tempting; **e)** *(Kartenspiele)* bid. **2.** *itr. V.* **a)** *(Physiol.)* irritate; **der Qualm reizt zum Husten** the smoke makes you cough; **b)** *(anregen)* **das reizt zum Lachen** it makes people laugh; **eine solche Ansicht reizt zum Widerspruch** such an opinion invites contradiction; **c)** *(Kartenspiele)* bid; **hoch ~** *(fig.)* play for high stakes
reizend 1. *Adj.* charming; delightful, lovely ⟨*child*⟩; **das ist ja ~** *(iron.)* [that's] charming! *(iron.).* **2.** *adv.* charmingly; **wir haben uns ~ unterhalten** we have had a delightful chat
Reiz-: ~gas das irritant gas; **~husten der** *(Med.)* dry cough
Reizker ['raitskɐ] **der;** ~s, ~ *(Bot.)* Lactarius; **Echter ~:** saffron milk cap
reiz-, Reiz-: ~klima das *(Med., Met.)* bracing climate; **~los 1.** *Adj.* unattractive ⟨*person, face, task, etc.*⟩; ⟨*landscape, scenery*⟩ lacking in charm; bland ⟨*food, diet*⟩; **2.** *adv.* unattractively; **~losigkeit die;** ~ *s.* **~los:** unattractiveness; lack of charm; blandness; **~mittel das** *(Med.)* stimulant; **~schwelle die** *(Med., Psych.)* stimulus threshold; absolute threshold; **~stoff der** irritant; **~thema das** emotive issue; **~über·flutung die;** ~, ~en *(Psych.)* overstimulation
Reizung die; ~, ~en **a)** *o. Pl.* annoyance; *(Herausforderung)* provocation; *(eines Tieres)* teasing; **b)** *(Physiol., Med.)* irritation
reiz-, Reiz-: ~voll 1. *Adj.* **a)** *(hübsch)* charming; delightful; **b)** *(interessant)* attractive; **das ist wenig ~voll für ihn** it doesn't appeal to him much; **es wäre ~voll, mit ihm darüber zu sprechen** it would be interesting to talk to him about it; **die Aussicht ist nicht gerade ~voll** the prospect isn't exactly enticing. **2.** *adv.* *(hübsch)* charmingly; delightfully; **~wäsche die** *(ugs.)* sexy underwear; **~wort das a)** *(Emotionen hervorrufend)* emotive word; **b)** *(Psych.)* stimulus word
Rekapitulation die *(auch Biol.)* recapitulation
rekapitulieren *tr. V.* recapitulate
rekeln [ˈreːkl̩n] *refl. V.:* **sich in der Sonne/im Liegestuhl ~:** stretch out in the sun/in the deck-chair
Reklamation [reklamaˈtsi̯oːn] **die;** ~, ~en complaint (**wegen** about); **spätere ~[en] ausgeschlossen!** money cannot be refunded after purchase
Reklame [reˈklaːmə] **die;** ~, ~n **a)** *o. Pl. (Werbung)* advertising *no indef. art.;* *(Ergebnis)* publicity *no indef. art.;* **schlechte ~:** poor advertising/publicity; **~ für jmdn./etw. machen** promote sb./advertise *or* promote sth.; **b)** *(ugs.: Werbemittel)* advert *(Brit. coll.);* ad *(coll.);* advertisement; *(im Fernsehen, Radio auch)* commercial; **nichts als ~:** nothing but adverts/commercials; **die BBC bringt keine ~:** there are no adverts *etc.*/commercials on BBC
Reklame-: ~rummel der *(ugs. abwertend)* [publicity] ballyhoo, hype *(sl.)* (**um** surrounding); **~schild das** advertising sign; **~trommel die für jmdn./etw. die ~trommel rühren** *(ugs.)* promote sb./advertise *or*

promote sth. in a big way; **~zettel** der advertising leaflet
reklamieren 1. *itr. V. (sich beschweren)* complain; make a complaint. **2.** *tr. V.* **a)** *(beanstanden)* complain about, make a complaint about (**bei** to, **wegen** on account of); **reklamierte Güter** goods about which there has been a complaint; **b)** *(beanspruchen)* claim; **jmdn. für sich ~:** monopolize sb.; **etw. für sich ~:** claim sth. for oneself
rekognoszieren [rekɔgnɔs'tsiːrən] *tr. V. (österr., schweiz., Milit.)* reconnoitre
Rekommandation [rekɔmanda'tsi̯oːn] *die; ~, ~en* **a)** *(österr. Postw.)* recommendation; **b)** *(österr. Postw.)* registered letter
rekommandieren *tr. V. (österr. Postw.)* register
rekonstruierbar *Adj.* reconstructible; **leicht/schwer ~ sein** be easy/difficult to reconstruct
rekonstruieren *tr. V.* **a)** reconstruct; **b)** *(DDR: modernisieren)* modernize; renovate *(building)*
Rekonstruktion *die* **a)** reconstruction; **b)** *(DDR: Modernisierung)* modernization/renovation
Rekonvaleszent [rekɔnvales'tsɛnt] *der; ~en, ~en*, **Rekonvaleszentin** *die; ~, ~nen* convalescent
Rekonvaleszenz [rekɔnvales'tsɛnts] *die (Med.)* convalescence *no art.*
Rekord [re'kɔrt] *der; ~[e]s, ~e* record; **einen ~ aufstellen/innehaben** set up/hold a record
Rekord- record *(harvest, temperature, fee)*
Rekord-: **~besuch** *der* record number of visitors; **~halter** *der*, **~inhaber** *der* record-holder; **~lauf** *der* record-breaking run; **~leistung** *die* record
Rekordler [re'kɔrtlɐ] *der; ~s, ~*, **Rekordlerin** *die; ~, ~nen* record-holder
Rekord-: **~marke** *die* record; **~versuch** *der* attempt at a/the record; **~zeit** *die* record time
Rekrut [re'kruːt] *der; ~en, ~en (Milit.)* recruit
rekrutieren 1. *refl. V.* **sich aus einem bestimmten Kreis ~:** be drawn from a particular sphere; **sich aus Beamten/Selbständigen ~:** consist *or* be composed of civil servants/self-employed people; **2.** *tr. V. (Milit. veralt., auch fig.)* recruit (**aus** from)
Rekrutierung *die; ~, ~en* recruitment; recruiting
Rektal *s.* **Rektum**
rektal [rɛk'taːl] *(Med.)* **1.** *Adj.* rectal. **2.** *adv.* rectally
Rektion [rɛk'tsi̯oːn] *die; ~, ~en (Grammatik)* **die ~ einer Präposition** the case governed by a preposition; **nur bei einigen Präpositionen schwankt die ~:** only a few prepositions can take more than one case
Rektor ['rɛktɔr] *der; ~s, ~en* [-'toːrən] **a)** *(Schulleiter)* head[master]; **b)** *(Universitäts~)* Rector; ≈ Vice-Chancellor *(Brit.)*; *(einer Fachhochschule)* principal
Rektorat [rɛkto'raːt] *das; ~[e]s, ~e* **a)** *(Amt, Amtszeit)* headship; *(an der Universität)* Rectorship; ≈ Vice-Chancellorship *(Brit.)*; **b)** *(Amtszimmer)* head[master]'s room *or* office; *(an der Universität)* Rector's office; ≈ Vice-Chancellor's office *(Brit.)*
Rektorin *die; ~, ~nen* **a)** *(Schulleiterin)* head[mistress]; **b)** *s.* **Rektor b**
Rektoskop [rɛkto'skoːp] *das; ~s, ~e (Med.)* proctoscope; rectoscope
Rektoskopie [rɛktosko'piː] *die; ~, ~n (Med.)* proctoscopy
Rektum ['rɛktʊm] *das; ~s,* **Rekta** ['rɛkta] *(Anat.)* rectum
rekultivieren *tr. V. (Landw.)* recultivate
rekurrieren [rekʊ'riːrən] *itr. V.* **a)** *(geh.: Bezug nehmen)* **auf etw.** *(Akk.)* **~:** refer back to sth.; **b)** *(österr. Rechtsspr.)* **gegen etw. ~:** appeal against sth.
Rekurs *der* **a)** *(geh.: Bezug)* reference (**auf** + *Akk.* to); **auf etw.** *(Akk.)* **~ nehmen** refer back to sth.; **b)** *(Rechtsspr.)* appeal; **~ einlegen** lodge an appeal
Relais [rə'lɛː] *das; ~* [rə'lɛː(s)], ~ [rə'lɛːs] *(Elektrot.)* relay
Relais-: **~schaltung** *die (Elektrot.)* relay circuit; **~station** *die (Elektrot.)* relay station
Relation [rela'tsi̯oːn] *die; ~, ~en (auch Math.)* relation; **in einer/keiner ~ zu etw. stehen** bear a/no relation to sth.
relativ [rela'tiːf] **1.** *Adj.* relative; *s. auch* **Mehrheit; Gehör. 2.** *adv.* **a)** *(ziemlich)* relatively; **b)** *(vergleichsweise)* **~ zu** relative to
relativieren *tr. V.* relativize
Relativierung *die; ~, ~en* relativization
Relativismus *der; ~,~ (Philos.)* relativism
relativistisch *Adj. (auch Philos., Physik)* relativistic
Relativität [relativi'tɛːt] *die; ~, ~en* relativity
Relativitäts-theorie *die; o. Pl. (Physik)* theory of relativity
Relativ-: **~pronomen** *das (Sprachw.)* relative pronoun; **~satz** *der (Sprachw.)* relative clause
Relaxans [re'laksans] *das; ~,* **Relaxantien** *(Med.)* relaxant
relaxed [ri'lɛkst] *(salopp) Adj.; nicht attr.* laid-back *(coll.)*
Relegation [relega'tsi̯oːn] *die; ~, ~en* expulsion
relegieren [rele'giːrən] *tr. V.* expel
relevant [rele'vant] *Adj.* relevant (**für** to)
Relevanz *die; ~:* relevance (**für** to)
Relief [re'li̯ɛf] *das; ~s, ~s od. ~e (bild. Kunst; Geogr.)* relief
relief-, Relief-: **~artig 1.** *Adj.* raised in relief *postpos.;* **2.** *adv.* **~artig erhoben** raised in relief *postpos.;* **~druck** *der* **a)** *o. Pl. (Verfahren)* relief printing; **b)** *(Erzeugnis)* relief print; **~karte** *die* relief map
Religion [reli'gi̯oːn] *die; ~, ~en* **a)** *(auch fig.)* religion; **b)** *o. Pl.; o. Art. (Unterrichtsfach)* religious instruction *or* education; RI; RE
religions-, Religions-: **~ausübung** *die* practice of religion; **freie ~ausübung** freedom to practise one's religion; **~bekenntnis** *die* religion; denomination; [religious] confession; **~freiheit** *die; o. Pl.* religious freedom; **~friede** *der* religious peace; **~gemeinschaft** *die* denomination; **~geschichte** *die* history of religion; **~krieg** *der* religious war; **~l. Pl. s. Religion b; ~lehrer** *der* religious instruction *or* education teacher; RI *or* RE teacher; **~los** *Adj.* ⟨person⟩ who has no religious beliefs; **ich bin ~los** I'm not religious; **b)** *(gottlos)* irreligious; **~philosophie** *die; o. Pl.* philosophy of religion; **~stifter** *der* founder of a/the religion; **~streit** *der* religious dispute; **~stunde** *die* religious instruction *or* education lesson; RI *or* RE lesson; **~unterricht** *der s.* **Religion b;** *s. auch* **Religionsunterricht; ~wissenschaft** *die; o. Pl.* religious studies *pl., no art.;* **vergleichende ~wissenschaft** comparative religion; **~wissenschaftler** *der* religious scholar; **~zugehörigkeit** *die* religion; religious confession; **~zwang** *der; o. Pl.* compulsion to belong to a particular denomination
religiös [reli'gi̯øːs] **1.** *Adj.* religious. **2.** *adv.* in a religious manner; **erzogen werden** have *or* receive a religious upbringing; **~ leben** live a religious life
Religiosität [religi̯ozi'tɛːt] *die; ~:* religiousness
Relikt [re'lɪkt] *das; ~[e]s, ~e* **a)** *(auch Sprachw.)* relic; **b)** *(Biol.)* relict; relic
Reling ['reːlɪŋ] *die; ~, ~s od. ~e (Seew.)* [deck-]rail
Reliquie [re'liːkvi̯ə] *die; ~, ~n (Rel., bes. kath. Kirche)* relic

Reliquien-schrein *der* reliquary
Rembours-geschäft [rã'buːɐ̯-] *das (Finanzw.)* documentary credit trading; **ein ~:** a documentary credit transaction
Remigrant [rɛmi'grant] *der; ~en, ~en*, **Remigrantin** *die; ~, ~nen* returning emigrant; *(nach der Rückkehr)* returned emigrant; **türkische ~en** returning/returned Turkish emigrants
remilitarisieren *tr. V.* remilitarize
Remilitarisierung *die* remilitarization
Reminiszenz [reminɪs'tsɛnts] *die; ~, ~en (geh.)* reminiscence (**an** + *Akk.* of)
remis [rə'miː] *(bes. Schach) indekl. Adj.; nicht attr.* drawn; **~ enden/ausgehen** end in a draw; **sie trennten sich ~:** they held each other to a draw; **~ spielen** draw
Remis *das; ~* [rə'miː(s)], ~ [rə'miːs] *od.* **~en** *(bes. Schach)* draw; **~ anbieten** offer a draw
Remise [re'miːzə] *die; ~, ~n* **a)** *(veralt.)* coach-house; *(Geräteschuppen)* shed; **b)** *(Schach) s.* **Remis**
Remission *die* **a)** *(Buchw.)* return; **b)** *(Med.)* remission
Remittende [rɛmɪ'tɛndə] *die; ~, ~n (Buchw.)* return
Remittent [rɛmɪ'tɛnt] *der; ~en, ~en (Finanzw.)* payee
remittieren [rɛmɪ'tiːrən] **1.** *tr. V. (Buchw.)* return. **2.** *itr. V. (Med.)* remit
Remmidemmi [rɛmi'dɛmi] *das; ~ (ugs.)* row *(coll.);* racket; **~ machen** make a row *(coll.)* or racket
Remoulade [remu'laːdə] *die; ~, ~n*, **Remouladen-soße** *die* remoulade
Rempelei *die; ~, ~en (ugs.)* pushing and shoving, jostling; *(Sport)* pushing; **hören Sie doch mit der ~ auf!** stop pushing and shoving!
rempeln ['rɛmpl̩n] *(ugs.)* push; shove; jostle; *(Sport)* push
Rempler *der; ~s, ~ (ugs.)* **jmdm. einen ~ geben** push against sb.
Remuneration [remunera'tsi̯oːn] *die; ~, ~en (österr., sonst veralt.)* compensation
Ren [rɛn] *das; ~s, ~s od. ~e* reindeer
Renaissance [rənɛ'sãːs] *die; ~, ~n* **a)** *o. Pl.* Renaissance; **b)** *(Wiederaufleben)* revival; **eine ~ erleben** enjoy a renaissance
Renaissance-musik *die* Renaissance music
Rendezvous [rãde'vuː] *das; ~* [...'vuː(s)], ~ ['rãde'vuːs] rendezvous
Rendezvous-manöver *das (Raumf.)* rendezvous manœuvre
Rendite [rɛn'diːtə] *die; ~, ~n (Wirtsch.)* [annual] yield *or* return
Rendite-objekt *das* investment property
Renegat [rene'gaːt] *der; ~en, ~en (abwertend)* renegade
Renegatentum *das; ~s (abwertend)* apostasy; **jmdm. ~ vorwerfen** accuse sb. of being a renegade
Reneklode [reːnə'kloːdə] *die; ~, ~n* greengage
Renette [re'nɛtə] *die; ~, ~n* rennet
renitent [reni'tɛnt] **1.** *Adj.* refractory. **2.** *adv.* refractorily
Renitenz [reni'tɛnts] *die; ~:* refractoriness
Renn-: **~auto** *das* racing car; **~bahn** *die (Sport)* race-track; *(für Pferde)* racecourse; race-track; **~boot** *das (Motorboot)* powerboat; *(Segelboot)* racing yacht; *(Ruderboot)* racing shell
rennen ['rɛnən] **1.** *unr. itr. V.; mit sein* **a)** run; **um die Wette ~:** have a race; race each other; **wütend aus dem Zimmer ~:** storm out of the room; **in sein Verderben/den Tod ~** *(fig.)* rush headlong to one's doom/hasten to one's death; **meine Uhr rennt wieder** *(fig. ugs.)* my watch is fast again; **dauernd ins Kino/zur Polizei ~:** be always going to the cinema/running to the police; **c)** *(stoßen an)* **an/gegen jmdn./etw. ~:** run *or* bang into

1409

sb./sth.; **mit dem Kopf an** od. **gegen etw.** (Akk.) ~: bang one's head against or on sth. **2.** unr. tr. V. **a)** (sich zuziehen) **sich** (Dat.) **an etw.** (Dat.) **ein Loch in den Kopf/ins Knie** ~: run or bang into sth. and hurt one's head/knee; **b)** (ugs.: stoßen) **jmdm. etw. in das Bein/die Rippen** ~: run sth. into sb.'s leg/ribs

Rennen das; ~s, ~ running; (Pferde~, Auto~) racing; (einzelner Wettbewerb) race; **zum** ~ **gehen** (Pferde~) go to the races; (Auto~) go to the racing; **gut im** ~ **liegen** be well placed; (fig.) be one of the front runners; **das** ~ **ist gelaufen** the race is over or has been run; (fig.) it's all over; **ein totes** ~: (Sport) a dead heat; **das** ~ **machen** (ugs.) win; **das** ~ **aufgeben** give up

Renner der; ~s, ~ **a)** (ugs.: Verkaufserfolg) big seller; **b)** (Pferd) racer

Rennerei die; ~, ~en (ugs.) running around; **du glaubst nicht, was das für eine** ~ **war** you wouldn't believe how much running or chasing around it involved; **die** ~ **mit den Weihnachtsgeschenken** running around getting the Christmas presents; **das Schlimmste ist die ewige** ~ **zum Klo** the worst thing is having to run to the loo (Brit. coll.) or (Amer. coll.) john all the time

Renn-: ~**fahrer** der racing driver; (Radsport) racing cyclist; (Motorradsport) racing motor-cyclist; ~**jacht** die racing yacht; ~**leitung** die **a)** o. Pl. (das Leiten) race organization; **b)** (Personen) race organizers pl.; ~**pferd** das racehorse; ~**platz** der s. ~**bahn**; ~**rad** das racing cycle; ~**sport** der racing no art.; ~**stall** der **a)** racing stable; (die Pferde allein) string; **b)** (Mannschaft) team; ~**strecke** die (~bahn) race-track; (Distanz) race distance; ~**wagen** der racing car

Renommee [rɛnɔ'me:] das; ~s, ~s (geh.) reputation

renommieren [rɛnɔ'mi:rən] itr. V. show off; **mit etw.** ~: brag about sth.; **mit seinem Titel/Wissen** ~: flaunt one's title/show off or flaunt one's knowledge

Renommier-: ~**stück** das: **das** ~**stück des Museums** the museum's showpiece [exhibit]; **ihr** ~**stück, das dreireihige Perlen** **hat** her finest piece of jewelry with its three rows of pearls; ~**sucht** die (abwertend) urge to show off

renommiert Adj. renowned (**wegen** for)

renovieren [reno'vi:rən] tr. V. renovate; redecorate ⟨room, flat⟩

Renovierung die; ~, ~en renovation; (eines Zimmers, einer Wohnung) redecoration

rentabel [rɛn'ta:bl̩] **1.** Adj. profitable; **sein** be profitable; ⟨equipment, machinery⟩ pay its way. **2.** adv. profitably

Rentabilität [rɛntabili'tɛ:t] die; ~ (bes. Wirtsch.) profitability; (von Geräten usw.) cost-effectiveness

Rentabilitäts·prüfung die (Wirtsch.) profitability analysis

Rente ['rɛntə] die; ~, ~n **a)** pension; **auf** od. **in** ~ **gehen** (ugs.) retire; **auf** od. **in** ~ **sein** (ugs.) be retired; **jmdm. auf** ~ **setzen** (ugs.) pension sb. off; **b)** (Kapitalertrag) annuity

renten-, Renten-: ~**alter** das pensionable age no art.; **im** ~**alter sein** od. **stehen** be of pensionable age; ~**anpassung** die index-linking of pensions (**to the average national wage**); ~**an·spruch** der pension entitlement; ~**berechtigt** Adj. entitled to a pension postpos.; ~**empfänger** der pensioner; ~**erhöhung** die pension increase; ~**markt** der (Börsenw.) fixed securities market; ~**papier** das (Finanzw.) fixed interest security; ~**pflichtig** Adj. responsible for providing a pension postpos.; ~**versicherung** die **a)** (Versicherung) pension scheme; **eine private** ~**versicherung abschließen** join a private pension scheme; **b)** (Behörde) state pension authority

¹**Ren·tier** das reindeer

²**Rentier** [rɛn'tje:] der; ~s, ~s **a)** (veralt.: mit Vermögen) man with a private income; **b)** (selten: Rentner) pensioner

rentieren [rɛn'ti:rən] refl. V. be profitable; ⟨equipment, machinery⟩ pay its way; ⟨effort, visit, etc.⟩ be worth while; **eine Geschirrspülmaschine rentiert sich für uns nicht** it's not worth our having or not worth our while to have a dishwasher

Rentner ['rɛntnɐ] der; ~s, ~, **Rentnerin** die; ~, ~nen pensioner

Reorganisation die reorganization

reorganisieren tr. V. reorganize

Reorganisierung die reorganization

reparabel [repa'ra:bl̩] Adj. repairable; **nicht mehr** ~ **sein** be no longer repairable; be beyond repair; **die Ehe ist nicht mehr** ~ (fig.) the marriage has failed irretrievably

Reparationen [repara'tsjo:nən] Pl. (Politik) reparations; ~ **leisten** od. **zahlen** make or pay reparations

Reparations·zahlung die reparation payment

Reparatur [repara'tu:ɐ] die; ~, ~en repair (**an** + Dat. to); **in** ~ **sein** be being repaired; **etw. in** ~ **geben** take sth. in to have it repaired

reparatur-, Reparatur-: ~**anfällig** Adj. prone to break down postpos.; ~**arbeit** die repair work; ~**en repair work** sing.; repairs; ~**bedürftig** Adj. ⟨device, appliance, vehicle, etc.⟩ [which is] in need of repair; ~**bedürftig sein** be in need of repair; need repairing; ~**kosten** Pl. repair costs; **die** ~**kosten für das Auto** the cost of repairing the car; ~**werkstatt** die repair [work]shop; (für Autos) garage

reparieren [repa'ri:rən] tr. V. repair; mend; (bei komplexeren Geräten, größeren Schäden) repair; **einen Fehler** ~ (fig.) put right an error

repatriieren [repatri'i:rən] tr. V. (Politik, Rechtsw.) **a)** (wieder einbürgern) jmdn. ~: restore sb.'s citizenship; **b)** (wieder heimführen) repatriate

Repatriierung die; ~, ~en **a)** (Wiedereinbürgerung) jmds. ~: the restoration of sb.'s citizenship; **b)** (Heimführung) repatriation

Repertoire [repɛr'toa:ɐ] das; ~s, ~s (auch fig.) repertoire

Repertoire·stück das stock play

Repertorium [repɛr'to:rjʊm] das; ~s, Repertorien reference work

repetieren [repe'ti:rən] tr. V. **a)** (einüben) learn by repetition; **b)** (veralt.: wiederholen) repeat ⟨year⟩

Repetier-: ~**gewehr** das repeating rifle; repeater; ~**uhr** die repeating watch; repeater

Repetitor [repe'ti:tɔr] der; ~s, ~en [-ti'to:rən] **a)** (für Studenten) private tutor who coaches or (esp. law) students for examinations; **b)** (Musik) répétiteur

Replik [re'pli:k] die; ~, ~en **a)** (geh.: Erwiderung) reply; rejoinder; **b)** (Rechtsw.) reply; replication; **c)** (Kunst) replica

Replikat [repli'ka:t] das; ~[e]s, ~e (Kunst) replica

Report [re'pɔrt] der; ~[e]s, ~e **a)** (Bericht) report; **b)** (Finanzw.) premium

Reportage [repɔr'ta:ʒə] die; ~, ~n report

Reporter [re'pɔrtɐ] der; ~s, ~, **Reporterin** die; ~, ~nen reporter; s. auch **-in**

repräsentabel [reprɛzɛn'ta:bl̩] **1.** Adj. imposing. **2.** adv. imposingly

Repräsentant [reprɛzɛn'tant] der; ~en, ~en representative

Repräsentanten·haus das House of Representatives

Repräsentantin die; ~, ~nen representative; s. auch **-in**

Repräsentanz [reprɛzɛn'tants] die; ~, ~en **a)** o. Pl. (Interessenvertretung) representation; **b)** (Wirtsch.) branch

Repräsentation die; ~, ~en **a)** (bes. Politik) representation; **b)** o. Pl. (das Typischsein) representativeness; **c)** (Vertretung in der Öffentlichkeit) **die Rolle des Präsidenten besteht vorwiegend in der** ~: the role of the President is primarily that of official figure-head; **die wichtigste Pflicht einer Diplomatenfrau ist die** ~: the most important duty of a diplomat's wife is attending official and social functions; **d)** (aufwendiger Lebensstil) **etw. dient nur der** ~: sth. is for prestige purposes only

repräsentativ [reprɛzɛnta'ti:f] **1.** Adj. **a)** (auch Politik) representative; **für etw.** ~ **sein** be representative of sth.; **b)** (ansehnlich) imposing; (mit hohem Prestigewert) prestigious; **eine** ~**e Erscheinung** a man/woman of distinguished or imposing appearance. **2.** adv. **a)** (bes. Politik) representatively; **ein** ~ **strukturiertes politisches System** a political system with a representative structure; **b)** (luxuriös) imposingly

Repräsentativ·umfrage die (Statistik) representative survey

repräsentieren [reprɛzɛn'ti:rən] **1.** tr. V. represent. **2.** itr. V. (Repräsentation betreiben) attend official and social functions

Repressalie [reprɛ'sa:ljə] die; ~, ~n repressive measure; (Vergeltungsmaßnahme) reprisal; ~**n anwenden** od. **ergreifen** resort to repressive measures/take reprisals

Repression [reprɛ'sjo:n] die; ~, ~en repression

repressions·frei 1. Adj. free of repression postpos. **2.** adv. ~ **erzogen werden** have an upbringing that is/was free of repression

repressiv [reprɛ'si:f] **1.** Adj. repressive. **2.** adv. repressively

Reprint [re'print] der; ~s, ~s (Buchw.) reprint

Reprise die **a)** (Theater) revival; (Film) rerun; **b)** (einer Schallplatte) re-issue; **c)** (Musik) reprise; **d)** (Börsenw.) recovery

reprivatisieren tr. V. (Wirtsch., Politik) reprivatize

Reprivatisierung die (Wirtsch., Politik) reprivatization

Repro ['re:pro] das; ~s, ~s (Druckw.) repro

Reproduktion die reproduction

Reproduktions-: ~**bedingung** die; meist Pl. (polit. Ökonomie) condition of reproduction usu. pl.; ~**kamera** die (Druckw.) process camera; ~**kosten** Pl. (Wirtsch.) reproduction costs; ~**prozeß** der (polit. Ökonomie) reproduction process; ~**verfahren** das (Druckw.) reproduction process

reproduzieren tr. V. (auch Druckw., polit. Ökonomie) reproduce

Repro-: ~**graphie** [~gra'fi:] die; ~, ~n (Druckw.) **a)** (Verfahren) reprography no art.; **b)** (Erzeugnis) reproduction; ~**technik** ['----] die reproduction technology no art.

Reps [rɛps] Pl. (ugs.) Republicans

Reptil [rɛp'ti:l] das; ~s, ~ien [rɛp'ti:ljən] reptile

Reptilien·fonds der (Politik) slush fund

Republik [repu'bli:k] die; ~, ~en republic

Republikaner [republi'ka:nɐ] der; ~s, ~ **a)** republican; **b)** (Angehöriger der republikanischen Partei) Republican

republikanisch 1. Adj. **a)** republican; **b)** (eine ~e Partei betreffend) Republican. **2.** adv. **a)** **ein** ~ **aufgebauter Staat** a state with a republican structure; **b)** ~ **wählen** vote Republican

Republik-: ~**flucht** die (DDR veralt.) illegal emigration; ~**flüchtling** der (DDR veralt.) illegal emigrant

Repulsions·motor der [repʊl'zjo:ns-] (Technik) repulsion motor

repulsiv [repʊl'zi:f] Adj. (Physik) repulsive

Repunze [re'pʊntsə] die; ~, ~n hallmark

Reputation [reputa'tsjo:n] die; ~, ~en reputation; standing

reputierlich Adj. (veralt.) upright; decent
Requiem ['reːkvi̯ɛm] das; ~, ~s requiem
requirieren [rekvi'riːrən] tr. V. (veralt.) requisition
Requisit [rekvi'ziːt] das; ~[e]s, ~en a) (Theater) prop (coll.); property; b) (fig.) requisite
Requisiten·kammer die (Theater) prop store or room (coll.); property store or room
Requisiteur [rekviziˈtøːɐ̯] der; ~s, ~e (Theater) prop-man (coll.); property man
Requisition die; ~, ~en (veralt.) requisition
resch [rɛʃ] (bayr., österr.) Adj. a) ⟨knusprig⟩ crusty ⟨rolls, bread⟩; crisp ⟨fried potatoes, batter⟩; b) (ugs.: lebhaft) vivacious
Reseda [reˈzeːda] die; ~, Reseden od. ~, ~n Reseda; ⟨Garten~⟩ mignonette
Reservat [rezɛrˈvaːt] das; ~[e]s, ~e a) (Tier~) reserve; b) (für Volksstämme) reservation
Reserve [reˈzɛrvə] die; ~, ~n a) (Vorrat) reserve (an + Dat. of); etw. in ~ haben have sth. in reserve; etw. in ~ halten keep or hold sth. in reserve; s. auch eisern 1 d; still 1 f; b) (Milit.) reserves pl.; Offizier der ~: reserve officer; c) (Sport) reserves pl.; d) o. Pl. (Zurückhaltung) reserve; jmdn. aus der ~ [heraus]locken (ugs.) bring sb. out of his/her shell; e) (Bedenken) reservation
Reserve-: ~**bank** die Pl. ~**bänke** (Sport) substitutes' bench; ~**fonds** der (Wirtsch.) reserve [fund]; ~**kanister** der spare [petrol (Brit.) or (Amer.)] gasoline] can; ~**mann** der; Pl. ~**männer** od. ~**leute** replacement; (Sport) substitute; reserve; ~**offizier** der reserve officer; ~**rad** das spare wheel; ~**reifen** der spare tyre; ~**spieler** der (Sport) substitute; reserve; ~**tank** der reserve [fuel] tank; ~**truppe** die (Milit.) reserve troops pl.; ~**übung** die (Milit.) reservists' exercise
reservieren tr. V. reserve
reserviert 1. Adj. reserved. 2. adv. in a reserved way
Reserviertheit die; ~: reserve
Reservierung die; ~, ~en reservation
Reservist der; ~en, ~en (Milit.) reservist; (Sportjargon) substitute; reserve
Reservisten·übung die (Milit.) reservists' exercise
Reservoir [rezɛrˈvo̯aːɐ̯] das; ~s, ~e (auch fig.) reservoir (an + Dat. of)
Residenz [reziˈdɛnts] die; ~, ~en a) (Wohnsitz) residence; b) (Hauptstadt) [royal] capital
Residenz-: ~**pflicht** die a) (von Beamten) obligation to live within a reasonable distance of one's place of work; b) (ev. u. kath. Kirche) obligation [on a clergyman] to live in the accommodation provided with the post; ~**stadt** die s. Residenz b
residieren [reziˈdiːrən] itr. V. reside
Resignation [rezɪɡnaˈtsi̯oːn] die; ~, ~en resignation; in ~ versinken become resigned
resignativ [rezɪɡnaˈtiːf] Adj. ⟨mood, atmosphere⟩ of resignation
resignieren [rezɪˈɡniːrən] itr. V. give up
resigniert 1. Adj. resigned. 2. adv. resignedly
Resistance [rezisˈtãːs] die; ~ (hist.) Resistance
resistent [rezisˈtɛnt] Adj. (Biol., Med.) resistant (gegen to)
Resistenz [rezisˈtɛnts] die; ~, ~en (auch Biol., Med.) resistance (gegen to)
resolut [rezoˈluːt] 1. Adj. resolute. 2. adv. resolutely
Resolutheit die; ~: resoluteness
Resolution [rezoluˈtsi̯oːn] die; ~, ~en resolution
Resonanz [rezoˈnants] die; ~, ~en a) (Physik, Musik) resonance; b) (Reaktion) response (auf + Akk. to); ~/keine ~ finden,

auf ~/auf keine ~ stoßen meet with a/no response
Resonanz-: ~**boden** der (Musik) sounding-board; sound-board; ~**körper** der (Musik) sound-box
Resopal ℗ [rezoˈpaːl] das; ~s ≈ melamine
resorbieren [rezɔrˈbiːrən] tr. V. (Biol., Med.) absorb
Resorption [rezɔrpˈtsi̯oːn] die; ~, ~en (Biol., Med.) absorption
resozialisierbar Adj. (bes. Rechtsspr.) able to be reintegrated into society postpos.
resozialisieren tr. V. (bes. Rechtsspr.) reintegrate into society
Resozialisierung die; ~, ~en (bes. Rechtsspr.) reintegration into society
Respekt [reˈspɛkt] der; ~[e]s a) (Achtung) respect; ~ vor jmdm./etw. haben have respect for sb./sth.; jmdm. ~ einflößen od. abnötigen command sb.'s respect; bei allem ~: with all due respect (vor + Dat. to); allen ~!, ~, ~! good for you!; well done!; b) (Furcht) jmdm. ~ einflößen intimidate sb.; vor jmdm./etw. [größten] ~ haben be [much] in awe of sb./sth.; sich (Dat.) den nötigen ~ verschaffen command proper respect; c) (Schrift- u. Buchw., Kunstwiss.) margin
respektabel [rɛspɛkˈtaːbl̩] 1. Adj. respectable. 2. adv. respectably
respekt·einflößend Adj. impressive; fearsome ⟨claws, teeth⟩
respektieren tr. V. a) respect; b) (Finanzw.) honour ⟨bill of exchange etc.⟩
respektierlich Adj. (veralt.) respectable
respektive [rɛspɛkˈtiːvə] Konj. (geh.) a) (oder) or; b) (oder vielmehr) or rather; (oder genauer gesagt) or more precisely; c) (und im anderen Fall) grün ~ blau green and blue respectively
respekt·los 1. Adj. disrespectful. 2. adv. disrespectfully
Respektlosigkeit die; ~, ~en a) o. Pl. (Haltung) disrespectfulness; lack of respect; b) (Äußerung) disrespectful remark; (Handlung) impertinence
Respekts·person die person who commands/commanded respect
respekt·voll 1. Adj. respectful. 2. adv. respectfully
Respiration [respiraˈtsi̯oːn] die; ~ (Med.) respiration
Respirator [rɛspiˈraːtɔr] der; ~s, ~en [-raˈtoːrən] (Med.) respirator
respirieren [rɛspiˈriːrən] itr. V. (Med.) respire
Ressentiment [rɛsãtiˈmãː] das; ~s, ~s a) (geh.: Abneigung) antipathy (gegen towards); b) (Psych.) resentment
Ressort [rɛˈsoːɐ̯] das; ~s, ~s area of responsibility; (Abteilung) department; in jmds. ~ fallen come within sb.'s area of responsibility; das Abwaschen ist mein ~ (scherzh.) the washing-up is my department
Ressort-: ~**chef** der, ~**leiter**, der head of department; ~**minister** der departmental minister
Ressource [rɛˈsʊrsə] die; ~, ~n a) resource; b) Pl. (Ersparnisse) resources
Rest [rɛst] der; ~[e]s, ~e a) rest; (~betrag) rest; balance; ~e (historische ~e, Ruinen, Leiche) remains; (einer Kultur) relics; jmdm./einer Sache den ~ geben (ugs.) finish sb./sth. off; das ist der ~ von meinem Vermögen this is all that's left of my fortune; ein ~ von Farbe/Leim/Käse/Wein ist noch da there's still a little bit of paint/glue/cheese/a little bit or a drop of wine left; bis auf einen ~ ist es alles verbraucht it's all been used up apart from a little bit; der letzte ~ the last bit; ein trauriger ~ von Käse/Kuchen a few pathetic scraps pl. of cheese/cake; morgen gibt es ~e tomorrow we're having left-overs; ~ machen (ugs.) finish up what's left; machen Sie doch ~ mit dem Fleisch (nordd.) do finish up the meat;

das ist der ~ vom Schützenfest (ugs.) that's all there is left; hast du den letzten ~ von Verstand verloren? have you lost all the sense you had left?; der ~ ist Schweigen ⟨man schweigt besser darüber⟩ the less said, the better; ⟨das Weitere ist unbekannt⟩ the rest is a mystery; b) (Endstück) remnant; c) (Math.) remainder; 20 durch 6 ist 3, ~ 2 20 divided by 6 is 3 with or and 2 left over
Rest-: ~**alkohol** der residual alcohol; ~**auf·lage** die remaindered stock
Restaurant [rɛstoˈrãː] das; ~s, ~s restaurant
Restauration [rɛstauraˈtsi̯oːn] die; ~, ~en a) (auch Politik) restoration; b) (hist.) Restoration; c) (österr., sonst veralt.) restaurant
Restaurations-: ~**arbeit** die restoration work; ~**arbeiten** restoration work sing.; ~**betrieb** der restaurant; ~**zeit** die restoration; (hist.) Restoration
restaurativ [rɛstauraˈtiːf] 1. Adj. a) (Geschichte, Politik) ⟨efforts⟩ to restore the old order; ⟨phase, time⟩ in which the old order is/was restored; ⟨policies⟩ aimed at restoring the old order; b) ⟨das Restaurieren betreffend⟩ restorative; eine ~e Meisterleistung a masterpiece of restoration. 2. adv. ⟨das Restaurieren betreffend⟩ etw. ~ aufarbeiten restore sth.; etw. ~ retten save sth. by restoration
Restaurator [rɛstauˈraːtɔr] der; ~s, ~en [-raˈtoːrən], **Restauratorin** die; ~, ~nen restorer
restaurieren [rɛstauˈriːrən] 1. tr. V. restore. 2. refl. V. (ugs. scherzh.: sein Äußeres herrichten) make oneself presentable
Restaurierung die; ~, ~en restoration
Rest-: ~**bestand** der remaining stock; (an Büchern) remaindered stock; ~**betrag** der balance; amount or sum remaining
Reste-: ~**essen** das (fam.) left-overs pl.; ~**verkauf** der remnants sale; ~**verwertung** die making use of left-overs
restituieren [rɛstitu'iːrən] tr. V. (bes. Rechtsw.) a) (aufheben) set aside ⟨judgement, decision⟩; b) (erstatten) etw. ~: make restitution for sth.
Restitution [rɛstituˈtsi̯oːn] die; ~, ~en a) (bes. Rechtsw.: Wiederherstellung) restitution; b) (Rechtsw.: Aufhebung) setting aside; c) (Biol.) regeneration
Restitutions·klage die (Rechtsw.) action for a retrial
restlich Adj.; nicht präd. remaining; die ~en the rest
rest·los 1. Adj.; nicht präd. complete; total. 2. adv. completely; totally; ~ verzweifelt sein be in complete or total despair; alles ~ aufessen eat every last morsel; ~ ausverkauft sein be completely sold out
Rest·posten der (Kaufmannsspr.) remaining stock no indef. art.
Restriktion [rɛstrɪkˈtsi̯oːn] die; ~, ~en (auch Sprachw.) restriction
restriktiv [rɛstrɪkˈtiːf] 1. Adj. (auch Sprachw.) restrictive. 2. adv. restrictively; sich ~ auf etw. (Akk.) auswirken have a restrictive effect on sth.
restringieren [rɛstrɪŋˈɡiːrən] tr. V. (Sprachw.) **restringierter Kode** restricted code
Rest-: ~**strafe** die remainder of a/the/one's sentence; ~**summe** die amount remaining; (von Geld) balance; ~**zahlung** die payment of the balance; eine ~**zahlung von 500 Mark leisten** pay off the balance of 500 marks
Resultante [rezʊlˈtantə] die; ~, ~n (Physik) resultant
Resultat [rezʊlˈtaːt] das; ~[e]s, ~e result; **zum ~ kommen, daß …:** come to the conclusion that …
resultieren [rezʊlˈtiːrən] itr. V. result (aus from); **daraus resultiert, daß …:** the result or upshot of this is that …

1411

Resultierende die; ~n, ~n *(Physik)* resultant

Resümee [rɛzyˈmeː] das; ~s, ~s résumé

resümieren [rɛzyˈmiːrən] 1. *tr. V.* etw. ~: summarize sth.; give a résumé of sth. 2. *itr. V.* sum up

retardieren [retarˈdiːrən] *tr. V.* retard; ~des Moment *(Literaturw.)* retardation

retirieren [retiˈriːrən] *itr. V. (Milit.)* retreat; *(geh.: sich zurückziehen)* retire

Retorte [reˈtɔrtə] die; ~, ~n *(Chemie)* retort; aus der ~ *(ugs., oft abwertend)* artificial; ein Baby aus der ~: a test-tube baby

Retorten·baby das *(ugs.)* test-tube baby

retour [reˈtuːɐ̯] *Adv. (bes. südd., österr., schweiz.)* back; ~ laufen walk back; Sie bekommen 1,50 DM ~: you get 1.50 marks back

Retour-: ~**fahr·karte** die *(österr.)* return ticket; ~**gang** der *(österr.)* reverse gear; ~**kutsche** die *(ugs.)* tit-for-tat response

retournieren [returˈniːrən] 1. *tr. V.* return. 2. *itr. V. (Sport, bes. Tennis)* make a return; return the ball

retrograd [retroˈgraːt] *Adj. (Med.)* ~e Amnesie retroactive *or* retrograde amnesia

Retrospektive [retrospɛkˈtiːvə] die; ~, ~n a) *(Rückblick)* retrospective view; in der ~: in retrospect; b) *(Ausstellung)* retrospective

retten [ˈrɛtn̩] 1. *tr. V. (vor Gefahr)* save; rescue; *(befreien)* rescue; jmdm. das Leben ~: save sb.'s life; jmdn. aus der Gefahr ~: save sb. from danger; jmdn. *or* jmdn./etw. ~: save sb. from sth./sth., kommt die ~de Idee sb. sees the perfect answer; das ~de Ufer erreichen reach the safety of the shore; versuchen zu ~, was zu ~ ist try to save what can be saved; ist er noch zu ~? *(ugs. fig.)* has he gone [completely] round the bend? *(coll.)*; das alte Haus/der Patient ist nicht mehr zu ~: the old house is past saving/the patient is beyond help; nicht mehr zu ~ sein *(ugs.)* be a hopeless case; seine Habe über den Krieg ~: manage to keep one's possessions through the war. 2. *refl. V. (fliehen)* escape (aus from); sich vor etw. *(Dat.)* ~: escape [from] sth.; sich ans Ufer ~: manage to reach the bank; der Pilot rettete sich mit dem Schleudersitz the pilot saved himself by using the ejector-seat; rette sich, wer kann! [it's] every man for himself!; sich vor jmdm./etw. nicht [mehr] *od.* kaum [noch] ~ können be besieged by sb./be swamped with sth.; sich ins Ziel ~ *(Sport)* just hold on to cross the line first. 3. *itr. V. (Ballspiele)* save

Retter der; ~s, ~, **Retterin** die; ~, ~nen rescuer; *(eines Landes, einer Bewegung o. Ä.)* saviour; der/ein ~ in der Not the/a helper in my/our *etc.* hour of need; Christ der ~: Christ the Saviour

Rettich [ˈrɛtɪç] der; ~s, ~e radish

Rettung die a) rescue; *(Rel., eines Landes usw.)* salvation; *(vor Zerstörung)* saving; jmdm. ~ bringen rescue *or* save sb.; die ~ kam in der letzten Minute rescue came at the last moment *or* the eleventh hour; er verdankt dem Medikament seine ~: he owes his life to the medicine; er dachte nur an seine eigene ~: he thought only of saving himself *or* saving his own skin; auf ~ warten/hoffen wait for rescue/hope to be rescued; für jmdn./etw. gibt es keine ~: sb. is beyond help/sth. is past saving; es war jmds. ~, daß...: sb. was saved by the fact that...; das war meine letzte ~: that was my last hope [of salvation]; *(es hat mich schließlich gerettet)* that was my salvation; b) *(österr.)* ~sdienst, ambulance service; c) *(österr.)* ~swagen) ambulance

rettungs-, Rettungs-: ~**aktion** die rescue operation; ~**anker** der sheet-anchor; ~**boje** die *(Seew.)* lifebuoy; ~**boot** das lifeboat; ~**dienst** der ambulance service;

(Bergwacht, Seerettungsdienst, bei Katastrophen) rescue service; ~**flugzeug** das rescue aircraft *or* plane; ~**gürtel** der lifebelt; ~**hubschrauber** der rescue helicopter; ~**insel** die *(Seew.)* [inflatable] life-raft; ~**kommando** das rescue team; ~**los** 1. *Adj.* hopeless; inevitable ⟨*disaster*⟩; 2. *adv.* hopelessly; ~**mannschaft** die rescue team; ~**medaille** die life-saving medal; ~**ring** der a) lifebelt; b) *(ugs.: Fettwulst)* spare tyre *(coll.)*; ~**schuß** der *in finaler ~schuß* fatal shot fired to save lives; ~**schwimmen** das life-saving *no art.*; ~**schwimmer** der, ~**schwimmerin** die life-saver; *(am Strand, im Schwimmbad)* life-guard; ~**trupp** der rescue team; ~**versuch** der rescue attempt; ~**wagen** der ambulance; *(der Bergwacht, bei Katastrophen)* rescue vehicle; ~**weste** die *(Seew.)* life-jacket

Retusche [reˈtʊʃə] die; ~, ~n *(bes. Fot., Druckw.)* retouching; *(Stelle)* retouch; eine ~/~n vornehmen retouch

Retuscheur [retʊˈʃøːɐ̯] der; ~s, ~e *(bes. Fot., Druckw.)* retoucher

retuschieren *tr. V. (bes. Fot., Druckw.)* retouch; *(fig.)* gloss over ⟨*statement, remark*⟩

Reue [ˈrɔɪə] die; ~: remorse (über + *Akk.* for); *(Rel.)* repentance; *s. auch* tätig

Reue·gefühl das *(geh.)* feeling of remorse; ~ überkam sie she was overcome by [feelings of] remorse

reuen *tr. V. (meist geh.)* etw. reut jmdn. sb. regrets sth.; das Geld reut mich I regret having spent the money

reue·voll *(geh.) s.* reumütig

Reu·geld das *(Rechtsw., Wirtsch., Pferderennen)* forfeit

reuig *(geh.) s.* reumütig

reu·mütig 1. *Adj.; nicht präd.* remorseful; repentant, penitent ⟨*sinner*⟩. 2. *adv.* remorsefully; ~ gestand er seine Sünden repentantly *or* penitently he confessed his sins; du wirst ~ zurückkehren you'll be back, saying you're sorry

Reuse [ˈrɔɪzə] die; ~, ~n fish-trap

reüssieren [rɛlyˈsiːrən] *itr. V.* be successful; succeed; achieve success

Revalvation [revalvaˈtsi̯oːn] die; ~, ~en *(Wirtsch.)* revaluation

Revanche [reˈvã:ʃ(ə)] die; ~, ~n revenge; *(Sport: Rückkampf, ~spiel)* return match/fight/game; jmdm. ~ geben give sb. his/her revenge; ~ nehmen *od.* üben get one's revenge; ~ fordern *(Sport, Spiel)* demand a return match/fight/game

Revanche-: ~kampf der *(Sport)* return fight; ~**partie** die *(bes. Schach)* return match; ~**politik** die revanchist policy

revanchieren *refl. V.* a) get one's revenge, *(coll.)* get one's own back (bei on); b) *(ugs.: sich erkenntlich zeigen)* sich bei jmdm. für eine Einladung/seine Gastfreundschaft ~: return sb.'s invitation/repay sb.'s hospitality; ich werde mich für eure Hilfe beim Umzug ~: I'll return your favour of helping me move

Revanchismus der; ~ *(Politik)* revanchism *usu. no art.*

Revanchist der; ~en, ~en *(Politik)* revanchist

revanchistisch *Adj. (Politik)* revanchist

Revenue [rəvəˈnyː] die; ~, ~n *(Wirtsch.)* revenue

Reverenz [reveˈrɛnts] die; ~, ~en *(Hochachtung)* esteem, respect (vor + *Dat.* for); jmdm. seine ~ erweisen pay sb. one's respects; b) *(Verbeugung)* bow; seine ~ vor jmdm. machen bow to sb.

¹**Revers** [rəˈveːɐ̯] das *od. (österr.)* der; ~ [rəˈveːɐ̯(s)], ~ [rəˈveːɐ̯s] lapel

²**Revers** [reˈvɛrs] der; ~es, ~e *(Münzk.)* reverse

³**Revers** [reˈvɛrs] der; ~es, ~e *(Rechtsw.)* [written] undertaking

reversibel [revɛrˈziːbl̩] *Adj. (Technik, Med.)* reversible

reversieren *itr. V. (österr.)* reverse

Reversion [revɛrˈzi̯oːn] die; ~, ~en *(Biol., Psych.)* reversion

revidieren [reviˈdiːrən] *tr. V.* a) *(abändern)* revise; amend ⟨*law, contract*⟩; b) *(kontrollieren)* check; *(Buchf.)* audit ⟨*accounts, books*⟩

Revier [reˈviːɐ̯] das; ~s, ~e a) *(Aufgabenbereich)* province; *(scherzh.)* the wine cellar is my province *or* preserve; b) *(Zool.)* territory; c) *(Polizei-)(Dienststelle)* [police] station; *(Bereich)* district; *(des einzelnen Polizisten)* beat; d) *(Forst~)* preserve; e) *(Jagd~)* preserve; shoot; f) *(Bergbau)* coalfield; das ~: the Ruhr/Saar coalfields *pl.*; g) *(Milit. veralt.: Unterkunft)* barracks *sing. or pl.*; h) *(Milit. veralt.: Kranken~)* sick-bay

Revier-: ~förster der forest warden; forester; ~**stube** die *(Milit. veralt.)* sick-bay

Revirement [revirəˈmɑ̃ː] das; ~s, ~s reshuffle

Revision [reviˈzi̯oːn] die; ~, ~en a) *(das Ändern)* revision; *(eines Gesetzes, Vertrags)* amendment; b) *(Rechtsw.)* appeal [on a point/points of law]; ~ einlegen, in die ~ gehen lodge an appeal on a point/points of law; c) *(Kontrolle)* inspection; *(Buchf.)* audit; d) *(Druckw.)* revision of the page proofs; ~ lesen read the page proofs

Revisionismus der; ~ *(Politik)* revisionism *usu. no art.*

Revisionist der; ~en, ~en *(Politik)* revisionist

revisionistisch *Adj. (Politik)* revisionist

Revisions-: ~bogen der *(Druckw.)* final page proof; ~**gericht** das *(Rechtsw.)* court of appeal [dealing with points of law]; ~**verfahren** das *(Rechtsw.)* appeal proceedings *pl.* [on a point/points of law]; ~**verhandlung** die *(Rechtsw.)* hearing of an/the appeal [on a point/points of law]

Revisor [reˈviːzɔr] der; ~s, ~en [reviˈzoːrən] a) *(Buchf.)* auditor; b) *(Druckw.)* reader of the page proofs

Revolte [reˈvɔltə] die; ~, ~n revolt

revoltieren *itr. V.* revolt, rebel (gegen against); *(fig.)* ⟨*stomach*⟩ rebel

Revolution [revoluˈtsi̯oːn] die; ~, ~en a) *(auch fig.)* revolution; b) *(Skat)* revolution

revolutionär [revolutsi̯oˈnɛːɐ̯] 1. *Adj.* revolutionary. 2. *adv.* in a revolutionary way

Revolutionär der; ~s, ~e, **Revolutionärin** die; ~, ~nen revolutionary

revolutionieren *tr. V.* revolutionize; eine ~de Entdeckung a revolutionary discovery

Revolutions-: ~rat der *(Politik)* revolutionary council; ~**regierung** die revolutionary government; ~**tribunal** das *(hist.)* Revolutionary Tribunal

Revoluzzer [revoˈlʊtsɐ̯] der; ~s, ~ *(abwertend)* phoney revolutionary

Revoluzzertum das; ~s *(abwertend)* phoney revolutionary fervour

Revolver [reˈvɔlvɐ̯] der; ~s, ~ a) revolver; b) *(Technik)* turret

Revolver-: ~blatt das *(abwertend)* scandal rag; ~**held** der *(abwertend)* gun-slinger; ~**kopf** der *(Technik)* turret; ~**lauf** der revolver barrel; ~**presse** die *(abwertend)* yellow press; scandal rags *pl.*; ~**schnauze** die *(ugs. abwertend)* a) *(Mundwerk)* big trap *(sl.)* or mouth; b) *(Mensch)* loud-mouth; ~**tasche** die holster

Revue [rəˈvyː] die; ~, ~n a) *(Theater)* revue; b) *(Truppe)* revue company; c) *(Zeitschrift)* review; d) *(Milit.)* review; etw. ~ passieren lassen *(fig.)* review sth.; er ließ seine Freunde ~ passieren *(fig.)* he brought back to mind *or* he recalled his friends

Revue·theater das revue theatre

Rezensent [retsɛnˈtsɛnt] der; ~en, ~en, **Rezensentin** die; ~, ~nen reviewer

rezensieren [retsɛn'ziːrən] 1. *tr. V.* review. 2. *itr. V.* write reviews
Rezension [retsɛn'zjoːn] *die;* ~, ~en review
Rezensions·exemplar *das* review copy
rezent [re'tsɛnt] *Adj.* (Geol.) Recent
Rezept [re'tsɛpt] *das;* ~[e]s, ~e a) (Med.) prescription; *(fig.)* remedy (**gegen** for); **nur auf ~**: only on prescription; b) (Anleitung) recipe; *(fig.)* formula
Rezept·block *der; Pl.* -blocks prescription pad
rezept·frei 1. *Adj.* ~e Mittel medicines obtainable without a prescription. 2. *adv.* etw. ~ verkaufen/erhalten sell/obtain sth. without a prescription or over the counter
rezeptieren *tr. (auch itr.) V.* prescribe
Rezeption [retsɛp'tsjoːn] *die;* ~, ~en a) (im Hotel) reception no art.; b) (Aufnahme) reception
rezeptiv [retsɛp'tiːf] *Adj.* receptive (**für** to)
rezept·pflichtig *Adj.* ⟨medicine, drug, etc.⟩ obtainable only on prescription; **nicht ~ sein** be obtainable without a prescription or over the counter
Rezeptur [retsɛp'tuːɐ̯] *die;* ~, ~en a) (das Rezeptieren) prescription; b) (für Nahrungsmittel) recipe (Gen. for); (für Arzneimittel, Farbe, Baustoff) formula
Rezession [retsɛ'sjoːn] *die;* ~, ~en (Wirtsch.) recession
rezessiv [retsɛ'siːf] (Biol.) 1. *Adj.* recessive. 2. *adv.* recessively
rezipieren [retsi'piːrən] *tr. V.* receive; (übernehmen) adapt
reziprok [retsi'proːk] (bes. Math., Sprachw.) *Adj.* reciprocal
Rezitation [retsita'tsjoːn] *die;* ~, ~en recitation
Rezitations·abend *der* [evening] recitation; (mit Rezitation von Gedichten) [evening] poetry-reading; poetry evening
Rezitativ [retsita'tiːf] *das;* ~s, ~e (Musik) recitative
rezitieren [retsi'tiːrən] *tr. (auch itr.) V.* recite; **er rezitierte aus seinem Roman** he gave a reading or he read from his novel; **er rezitiert gern** he enjoys giving recitations
R-Gespräch ['ɛr-] *das* (Fernspr.) reverse-charge call (Brit.); collect call (Amer.)
RGW [ɛrɡeː'veː] *der;* ~ *Abk.* Rat für Gegenseitige Wirtschaftshilfe COMECON
rh [ɛr'haː] *Abk.* (Med.) Rhesusfaktor negativ Rh negative
Rh [ɛr'haː] *Abk.* (Med.) Rhesusfaktor positiv Rh positive
¹Rhabarber [ra'barbɐ] *der;* ~s rhubarb
²Rhabarber *das;* ~s (ugs.) sie murmelten „~, ~": they mumbled 'rhubarb, rhubarb' (coll.)
Rhapsode [ra'psoːdə] *der;* ~n, ~n (Musik, Literaturw.) rhapsodist; rhapsode; *(fig.)* rhapsodic composer
Rhapsodie [rapso'diː] *die;* ~, ~n (Musik, Literaturw.) rhapsody
rhapsodisch *Adj.* rhapsodic
Rhein [rain] *der;* ~[e]s Rhine
Rhein·fall *der;* ~[e]s Rhine Falls
rheinisch *Adj.* Rhenish; **eine ~e Spezialität** a speciality of the Rhine region
Rhein·land *das;* ~[e]s Rhineland
Rhein·länder *der;* ~s, ~ (auch Tanz) Rhinelander
Rheinland-Pfalz *o. Art.* the Rhineland-Palatinate
rheinland-pfälzisch *Adj.* ⟨capital, citizen, etc.⟩ of the Rhineland-Palatinate
Rhein·wein *der* Rhine wine; Rhenish [wine]; (Weißwein auch) hock
Rhesus- ['reːzʊs]: **~affe** *der* rhesus monkey; **~faktor** *der; o. Pl.* (Med.) rhesus factor; Rh factor
Rhetorik [re'toːrɪk] *die;* ~, ~en rhetoric
Rhetoriker *der;* ~s, ~ rhetorician
rhetorisch 1. *Adj.* rhetorical; **eine ~e Frage** a rhetorical question. 2. *adv.* rhetorically

Rheuma ['rɔyma] *das;* ~s (ugs.) rheumatism; rheumatics *pl.* (coll.)
Rheuma-: **~decke** *die* thermal blanket; **~mittel** *das* (ugs.) rheumatism pills *pl.*/cream etc.; **~wäsche** *die; o. Pl.* thermal underwear
Rheumatiker [rɔy'maːtikɐ] *der;* ~s, ~ (Med.) rheumatic; rheumatism sufferer
rheumatisch (Med.) 1. *Adj.* rheumatic. 2. *adv.* rheumatically
Rheumatismus [rɔyma'tɪsmʊs] *der;* ~, Rheumatismen (Med.) rheumatism
Rhinozeros [ri'noːtserɔs] *das;* ~[ses], ~se a) (Nashorn) rhinoceros; rhino (coll.); b) (ugs.: Trottel) nitwit (coll.); fat-head (coll.)
Rhizom [ri'tsoːm] *das;* ~s, ~e (Bot.) rhizome
Rhododendron [rodo'dɛndrɔn] *der od. das;* ~s, Rhododendren rhododendron
Rhodos ['roːdɔs] (das); ~ Rhodes
Rhomben *s.* Rhombus
rhombisch *Adj.* (bes. Math.) rhombic
Rhomboid [rɔmbo'iːt] *das;* ~[e]s, ~e (Math.) rhomboid
Rhombus ['rɔmbʊs] *der;* ~, Rhomben ['rɔmbn̩] rhombus
Rhythmen *s.* Rhythmus
Rhythmik ['rytmɪk] *die;* ~ (auch Musik) rhythm; b) (Päd.) rhythmics *sing., no art.*
Rhythmiker *der;* ~s, ~ rhythmist
rhythmisch 1. *Adj.* rhythmical; rhythmic; **~e Instrumente** rhythm instruments; **~e Gymnastik** rhythmic gymnastics *sing.* 2. *adv.* rhythmically
Rhythmus ['rytmʊs] *der;* ~, Rhythmen ['rytmən] (auch fig.) rhythm; **aus dem ~ kommen** lose the rhythm
Rhythmus-: **~gitarre** *die* rhythm guitar; **~gruppe** *die* rhythm section; **~instrument** *das* rhythm instrument
RIAS, Rias ['riːas] *der;* ~ *Abk.* Rundfunk im amerikanischen Sektor [Berlin] RIAS; Radio in the American Sector [of Berlin]
ribbeln ['rɪbln̩] *tr. V.* (landsch.) rub
Ribisel ['riːbiːzl̩] *die;* ~, ~[n] (österr.) s. Johannisbeere
Richt-: **~antenne** *die* directional aerial or (Amer.) antenna; **~baum** *der* tree used for topping-out ceremony; **~beil** *das* (hist.) executioner's axe; **~blei** *das* (Bauw.) plumb[-bob]; **~block** *der* (execution) block
richten ['rɪçtn̩] 1. *tr. V.* a) (lenken) direct ⟨gaze⟩ (**auf** + *Akk.* at, towards); turn ⟨eyes, gaze⟩ (**auf** + *Akk.* towards); point ⟨torch, telescope, gun⟩ (**auf** + *Akk.* at); aim, train ⟨gun, missile, telescope, searchlight⟩ (**auf** + *Akk.* on); *(fig.)* direct ⟨activity, attention⟩ (**auf** + *Akk.* towards); **etw. nach jmdm./etw. ~**: arrange sth. to suit sb./sth.; **die Augen gen Himmel ~**: look heavenwards; **die Waffe gegen sich selbst ~**: turn the weapon on oneself; **das Schiff/den Kurs eines Schiffes nach Norden ~**: steer the ship on/steer a northerly course; b) (zukommen lassen) address ⟨letter, remarks, words⟩ (**an** + *Akk.* to); direct, level ⟨criticism⟩ (**an** + *Akk.* at); send ⟨letter of thanks, message of greeting⟩ (**an** + *Akk.* to); **eine Bitte/Frage an jmdn. ~**: put a request/question to sb.; **ein Gesuch an jmdn. ~**: petition sb.; **eine Mahnung an jmdn. ~**: give sb. a warning; **das Wort an jmdn. ~** *(geh.)* address sb.; c) (gerade~) straighten; set ⟨fracture⟩; d) (einstellen) aim ⟨cannon, missile⟩; direct ⟨aerial⟩; e) (aburteilen) judge; (verurteilen) condemn; f) (bes. südd., österr., schweiz.: instand setzen, in Ordnung bringen) fix; repair ⟨shoes⟩; (einrichten) arrange; fix; [sich (*Dat.*)] die Haare/den Schlips ~: do one's hair/adjust or straighten one's tie; **es wird sich schon alles ~**: everything will sort itself out; **das läßt sich schon ~**: it can be arranged; g) (bes. südd., österr., schweiz.: vorbereiten) get ready; prepare; make ⟨bed, nest⟩; get ⟨food, meal⟩; **den Tisch/das Zimmer ~**: lay or set

the table/get the room ready; [jmdm.] **ein Bad ~**: run a bath [for sb.]; h) (geh. veralt.: hin~) execute; **sich selbst ~**: die by one's own hand; *s. auch* zugrunde a. 2. *refl. V.* a) (sich hinwenden) sich auf jmdn./etw. ~ *(auch fig.)* be directed towards sb./sth.; **ihre Augen richteten sich auf mich** her gaze was turned towards me; b) (sich wenden) sich an jmdn./etw. ~; ⟨person⟩ turn on sb./sth.; ⟨appeal, explanation⟩ be directed at sb./sth.; c) (kritisieren, schädigen) sich gegen jmdn./etw. ~ ⟨person⟩ criticize sb./sth.; ⟨criticism, accusations, etc.⟩ be aimed or levelled or directed at sb./sth.; **diese Lehre richtet sich gegen den Staat** this doctrine is directed against the state; d) (sich orientieren) sich nach jmdm./jmds. Wünschen ~: fit in with sb./sb.'s wishes; **sich nach jmds. Anweisungen ~**: comply with sb.'s instructions; **sich nach den Vorschriften ~**: keep to or follow the rules; **sich nach den Wünschen seiner Kunden ~**: be guided by one's customers' wishes; e) (abhängen) sich nach jmdm./etw. ~: depend on sb./sth.; f) (Milit.) **richt't euch!** right dress! 3. *itr. V.* (urteilen) judge; pass judgement; **über jmdn. ~**: judge sb.; pass judgement on sb.; (zu Gericht sitzen) sit in judgement over sb.
Richter *der;* ~s, ~ judge; **die ~** (Richterschaft) the judiciary *sing.;* **sich zum ~ über jmdn./etw. aufwerfen** presume to pass judgement or sit in judgement on sb./sth.; **jmdn. vor den ~ bringen** take sb. to court; **der himmlische/höchste ~**: the Heavenly/ Supreme Judge; **vor dem höchsten ~ stehen** stand before the Judgement Seat or the Throne of Judgement
Richter·amt *das; o. Pl.* office of judge
Richterin *die;* ~, ~nen judge
richterlich 1. *Adj.;* nicht präd. judicial. 2. *adv.* (examined, approved, etc.) by a judge
Richterschaft *die;* ~, ~en judiciary
Richter-: **~spruch** *der* judge's verdict; (Verkündigung der Strafe) sentence; **~stuhl** *der; o. Pl.* bench; **der ~stuhl Gottes** the Judgement Seat; the Throne of Judgement
Richt-: **~fest** *das* topping-out ceremony; **~funk** *der* (Funkw.) directional radio; **~geschwindigkeit** *die* (Verkehrsw.) recommended maximum speed
richtig 1. *Adj.* a) right; (zutreffend) right; correct; correct (realization); accurate (prophecy, premonition); **sehr ~!** quite right!; **bin ich hier ~ bei Schulzes?** is this the Schulzes' home?; **die ~e Haltung von Katzen** the right way to keep cats; **ich halte es für das ~ste, wenn du mitkommst** I think the best thing would be for you to come [too]; **das ist genau das ~e für mich** that's just right for me; b) (ordentlich) proper; **ein ~er Mann/Fachmann** a real man/expert; **er ist ~** (ugs.) he's OK (coll.) or all right; **nicht ganz ~ [im Kopf** od. (ugs.) **im Oberstübchen] sein** be not quite right in the head (coll.) or not all there (coll.); c) (wirklich, echt) real; (regelrecht) real; proper (coll.); **du bist ein ~er Esel** you're a right or proper idiot (coll.). 2. *adv.* a) right; correctly; **sehe ich das ~?** *(fig.)* am I right?; **habe ich ~ gehört?** *(fig.)* do my ears deceive me?; ~ **sitzen** od. **passen** ⟨clothes⟩ fit properly; **meine Uhr geht ~**: my watch is right; **das Radio funktioniert nicht mehr ~**: the radio doesn't work properly anymore; **etw. ~ anpacken** tackle sth. the right way; ~ **wählen** make the right choice; **du kommst [mir] gerade ~!** you've come at just the right moment; *(ugs. iron.)* nothing doing!; b) (ordentlich) properly; ~ **ausschlafen/frühstücken** have a good sleep/ breakfast; c) (richtiggehend) really; d) (in der Tat) yes; ja! yes, that's right!; **das habe ich doch ~ wieder versäumt** sure enough, I've missed it again
¹Richtige *der/die;* adj. Dekl. right man/

woman/person; **sie sucht noch den ~n** she's still looking for Mr Right; **an die ~/den ~n geraten** *(iron.)* choose the wrong person to try it on with *(Brit. coll.)*; **du bist mir der ~!** *(ugs.)* you're a right one!
²**Richtige** *der; adj. Dekl.* **drei/sechs ~ im Lotto** three/six right in the lottery
³**Richtige** *das; adj. Dekl.* right thing; **das ~ sein** be right; **hast du was ~s gegessen?** have you eaten properly?; have you had a proper meal?; **nichts ~s gefunden haben** not have found anything suitable; **nichts ~s gelernt haben** have had no proper education
richtig·gehend 1. *Adj.; nicht präd.* **a)** accurate *(clock, watch)*; **b)** *(regelrecht)* real; proper *(coll.)*. **2.** *adv. (regelrecht)* really
Richtigkeit *die; ~:* correctness; *(einer Ahnung, Prophetie)* accuracy; **die ~ einer Abschrift bescheinigen** certify a copy as [being] accurate; **etw. hat seine ~, mit etw. hat es seine ~:** sth. is right; das wird schon seine ~ **haben** I'm sure it's all right *or (coll.)* OK
richtig-, Richtig-: ~|**liegen** *unr. itr. V. (ugs.)* **mit etw.** ~|**liegen** get it right with sth.; **ich habe ~gelegen** I was right; ~|**stellen** *tr. V.* correct; ~**stellung** *die* correction
Richt-: ~**kranz** *der* wreath used in the topping-out ceremony; ~**linie** *die* guideline; ~**mikrophon** *das* directional microphone; ~**platz** *der* place of execution; ~**preis** *der* recommended price; **unverbindlicher ~preis** manufacturer's recommended price; ~**scheit** *das (Bauw.)* straight-edge; ~**schnur** *die; Pl.* ~**schnuren a)** *(fig.)* guiding principle; **b)** *(Bauw.)* line; ~**schwert** *das (hist.)* executioner's sword; ~**spruch** *der* **a)** *(beim Richtfest)* verse address at the topping-out ceremony; **b)** *(veralt.: Urteilsspruch)* judgement; *(Verkündigung der Strafe)* sentence; ~**stätte** *die (geh.) s.* Richtplatz; ~**strahler** *der (Funkt.)* directional aerial *or (Amer.)* antenna
Richtung *die; ~, ~en* **a)** direction; **die ~ ändern** *od.* **wechseln** change direction; **in ~ Osten** in an easterly direction; eastwards; *(auf der Autobahn)* on the eastbound carriageway; **in ~ Ulm** in the direction of Ulm; **nach/aus allen ~en** in/from all directions; **der Zug/die Autobahn ~ Ulm** the train to Ulm/the motorway in the direction of Ulm; **eine ~ einschlagen** head in a direction; **eine andere ~ einschlagen** change direction; *(ship, aircraft)* change course; **auf den Wald nehmen, die ~ zum** *od.* **nach dem Wald einschlagen** head in the direction of the wood; **[in] ~** *(Akk.)* **Bad verschwinden** *(ugs.)* disappear in the direction of the bathroom *(coll.)*; **aus welcher ~ kam der Schuß?** from what direction did the shot come?; **wir gehen in diese ~:** we're going this way *or* in this direction; **ihre Gedanken nahmen eine andere ~** *(fig.)* her thoughts took a different turn; **ein erster Schritt in ~ auf die Integration** *(fig.)* a first step towards *or* in the direction of integration; **der Pullover lag nicht so ganz in meiner ~** *od.* **war nicht so ganz meine ~** *(fig.)* the pullover wasn't quite [to] my taste; **er hat Angst, sich in irgendeine ~ festzulegen** *(fig.)* he's afraid to commit himself in any way; **der erste Versuch in dieser ~** *(fig.)* the first experiment of this kind; **die ~ stimmt** *(fig. ugs.)* it's/he's *etc.* on the right lines; **ich hätte just Lust auf Fisch oder irgend etwas in dieser ~:** I could just fancy some fish or something in that line; **b)** *(fig.: Tendenz)* movement; trend; *(die Vertreter einer ~)* *(in der Kunst, Literatur)* movement; *(in einer Partei)* faction; *(Denk-, Lehrmeinung)* school of thought; **die ganze ~ seiner Äußerungen** the whole tendency *or* drift of his remarks
richtung·gebend *s.* richtungsweisend
richtungs-, Richtungs-: ~**änderung** *die* change in *or* of direction; *(eines Schiffs, Flugzeugs)* change of course; **die politische** ~**änderung XYs** *(fig.)* XY's change of political course; ~**gewerkschaft** *die* trade union linked to one party, ideology, *etc.*; ~**kämpfe** *Pl.* factional struggles; ~**los 1.** *Adj.* lacking [a sense of] direction *postpos.*; ~**los sein** lack [a sense of] direction; **2.** *adv.* aimlessly; ~**losigkeit** *die; o. Pl.* lack of [a sense of] direction
richtung·weisend 1. *Adj.* ⟨idea, resolution, paper, speech⟩ that points the way ahead; *(in der Mode)* trend-setting; **für jmdn./etw. ~ sein** point the way ahead for sb./sth. **2.** *adv.* **sie hat sich zu diesem Thema ~ geäußert** she set out ideas on this subject which point the way ahead; **Kunststoffe haben die heutige Technik ~ beeinflußt** plastics have had a determining influence on the direction in which today's technology has developed
Richt·waage *die* spirit-level
Ricke ['rɪkə] *die; ~, ~n (Jägerspr.)* doe (of roe-deer)
rieb [ri:p] *1. u. 3. Pers. Sg. Prät. v.* reiben
riechen ['ri:çn̩] **1.** *unr. tr. V.* **a)** smell; **ich rieche Tabak gern** I like the smell of tobacco; **ich rieche Gas** I [can] smell gas; **jmdn./etw. nicht ~ können** *(fig. salopp)* not be able to stand sb./sth.; **b)** *(wittern)* ⟨dog *etc.*⟩ scent, pick up the scent of ⟨animal⟩; **er roch die Gefahr sofort** *(fig.)* he scented *or* sensed danger immediately; **ich konnte ja nicht ~, daß ...** *(fig.)* [I'm not psychic,] I couldn't know that ... **2.** *unr. itr. V.* **a)** *(Gerüche wahrnehmen)* smell; **Hunde können sehr gut ~:** dogs have a very good sense of smell; **an jmdm./etw. ~:** smell sb./sth.; **laß mich mal [daran] ~:** let me have a sniff; **b)** *(einen Geruch haben)* smell [of sth.]; **gut/schlecht ~:** smell good/bad; **diese Blumen ~ nicht** these flowers have no smell *or* scent; **hier riecht es verbrannt/nach Krankenhaus** there's a burnt/hospital smell *or* smell of burning; **er roch aus dem Mund** he had bad breath; his breath smelt; **das riecht nach Betrug** *(fig.)* that smells *or* smacks of deceit
Riecher *der; ~s, ~ (salopp)* **a)** *(Nase)* conk *(sl.)*; **b)** *(fig.: Gespür)* nose; **einen guten ~ für etw. haben** have a sixth sense for sth.
Riech-: ~**fläschchen** *das* smelling-bottle; ~**kolben** *der (salopp scherzh.)* conk *(sl.)*; ~**organ** *das* olfactory organ; ~**salz** *das* smelling-salts *pl.*
¹**Ried** [ri:t] *das; ~[e]s, ~e* **a)** *o. Pl. (Schilf)* reeds *pl.*; **b)** *(Gebiet)* reedy marsh
²**Ried** *die; ~, ~en, Riede die; ~, ~n (österr.)* [patch of] vineyard
Ried·gras *das (Bot.)* sedge
rief [ri:f] *1. u. 3. Pers. Sg. Prät. v.* rufen
Riefe *die; ~, ~n* groove
Riege ['ri:gə] *die; ~, ~n (Turnen)* squad; *(fig.)* team
Riegel ['ri:gl̩] *der; ~s, ~:* **a)** *(an der Tür usw.)* bolt; **einer Sache** *(Dat.)* **einen ~ vorschieben** *(fig.)* put a stop to sth.; *(etw. verhindern)* not let sth. happen; **b) ein ~ Schokolade** a bar of chocolate; **c)** *(bes. Fußball: Abwehr)* packed defence; **d)** *(Milit.)* [defensive] wall; **e)** *(Schneiderei) (Lasche)* loop; *(an Jacke, Mantel usw.)* half-belt
Riegel·haus *das (schweiz.)* half-timbered house
Riemchen *das; ~s, ~:* [small] strap *or* belt
Riemen ['ri:mən] *der; ~s, ~* **a)** *(Gurt)* strap; *(Treib~, Gürtel)* belt; **sich am ~ reißen** *(ugs.)* pull oneself together; get a grip on oneself; **den ~ enger schnallen** *(fig. ugs.)* tighten one's belt; **b)** *(Schnürsenkel)* leather shoe-lace; **c)** *(derb: Penis)* prick *(coarse)*; **d)** *(Ruder)* [long] oar; **sich [kräftig] in die ~ legen** *(auch fig.)* put one's back into it
Riemen-: ~**an·trieb** *der* belt drive; ~**scheibe** *die* belt pulley
Ries [ri:s] *das; ~es, ~e (bei Maßangaben ungebeugt)* two reams

Riese ['ri:zə] *der; ~n, ~n* **a)** giant; **ein ~ von einem Menschen** a giant of a man/woman; *s. auch* abgebrochen 2 b; **b)** *(salopp: Tausender [Banknote])* thousand-mark/dollar *etc.* note; **das kostet drei ~n** that costs three grand [in marks *etc.*] *(sl.)*
-**riese** *der* giant; **Automobil~:** giant car manufacturer; **Chemie~:** giant chemical firm; **Branchen~:** giant of the industry
Riesel·feld *das (Landw.)* field irrigated with sewage
rieseln ['ri:zl̩n] *itr. V.; mit Richtungsangabe mit sein;* **a)** *(rinnen)* trickle; **b)** *(fallen)* ⟨sand, lime⟩ trickle [down]; ⟨snow⟩ fall gently *or* lightly; **der Kalk rieselte von den Wänden** lime was crumbling off the walls
Riesen- giant ⟨building, tree, salamander, tortoise, *etc.*⟩; enormous ⟨task, selection, profit, sum, portion⟩; tremendous *(coll.)* ⟨effort, rejoicing, success, hit⟩; *(abwertend:* schrecklich) terrific *(coll.)*, terrible *(coll.)* ⟨stupidity, mess, scandal, fuss⟩; **ich habe einen ~hunger** I am tremendously *or* terribly hungry *(coll.)*; **ein ~rindvieh** *(ugs.)* an almighty idiot *(sl.)*; **ein ~spaß** *(ugs.)* tremendous *or* terrific fun *(coll.)*
riesen-, Riesen-: ~**baby** *das (ugs.)* **a)** oversize baby *(joc.)*; **b)** *(abwertend) s.* Elefantenküken; ~**bock·wurst** *die* giant bockwurst; ~**groß** *Adj.* enormous; huge; gigantic; terrific *(coll.)* ⟨surprise⟩; **eine ~große Dummheit** something terribly stupid *(coll.)*; ~**haft** *Adj.* enormous; huge; gigantic; ~**rad** *das* big wheel; Ferris wheel; ~**rad fahren** go on the big wheel *or* Ferris wheel; ~**saurier** *der* giant dinosaur; ~**schlange** *die* boa; ~**schritt** *der* giant stride; ~**slalom** *der (Skisport)* giant slalom; ~**stern** *der (Astron.)* giant [star]; ~**wuchs** *der (Biol.)* gigantism
riesig 1. *Adj.* **a)** ⟨sehr groß⟩ enormous; huge; gigantic; vast ⟨country⟩; tremendous ⟨joy, enthusiasm, effort, progress, strength⟩; terrific *(coll.)*, terrible *(coll.)* ⟨hunger, thirst⟩; ~**e Ausmaße haben** be of enormous size; **ein ~er Spaß** terrific *or* tremendous fun *(coll.)*; **b)** *(ugs.: großartig)* fabulous *(coll.)*, tremendous *(coll.)* ⟨party, film, *etc.*⟩. **2.** *adv. (ugs.)* tremendously *(coll.)*; terribly *(coll.)*
Riesin *die; ~, ~nen* giantess
Riesling ['ri:slɪŋ] *der; ~s, ~e* Riesling
riet [ri:t] *1. u. 3. Pers. Sg. Prät. v.* raten
¹**Riff** [rɪf] *das; ~[e]s, ~e* reef
²**Riff** *das; ~s, ~s (Jazz)* riff
Riffel ['rɪfl̩] *die; ~, ~n* **a)** corrugation; *(Vertiefung)* groove; *(in einer Säule)* flute; *(Erhöhung)* rib; **b)** *(Textilw.) (Maschine)* ripple [machine]; *(Kamm)* ripple
riffeln *tr. V.* **a)** rib ⟨glass⟩; ripple ⟨lake⟩; *s. auch* geriffelt; **b)** *(Textilw.)* ripple ⟨flax⟩
Rififi ['rɪfifi] *das; ~s (ugs.)* master-crime
Rigg [rɪk] *das; ~s, ~s (Seemannsspr.)* rig
rigid [ri'gi:t], **rigide 1.** *Adj. (geh., Med.)* rigid. **2.** *adv. (geh.)* rigidly
Rigidität [rigidi'tɛ:t] *die; ~ (geh., Med.)* rigidity
Rigorismus [rigo'rɪsmʊs] *der; ~ (geh.)* rigorism
rigoros [rigo'ro:s] **1.** *Adj.* rigorous. **2.** *adv.* rigorously; **etw. ~ ablehnen** reject sth. categorically
Rigorosität *die; ~ (geh.)* rigorousness
Rigorosum [rigo'ro:zʊm] *das; ~s, Rigorosa* od. *bes. österr.* **Rigorosen** *(Hochschulw.)* oral part of the doctoral examination
Rikscha ['rɪkʃa] *die; ~, ~s* rickshaw
Rille ['rɪlə] *die; ~, ~n* groove; *(in einer Säule)* flute
Rind [rɪnt] *das; ~[e]s, ~er* **a)** cow; *(Stier)* bull; ~**er cattle** *pl.*; **20 ~er** twenty head of cattle; **ein gemästetes ~:** a fattened ox; **Hackfleisch/ein Steak vom ~:** minced *or (Amer.)* ground beef/a beef steak; **b)** *(ugs.:* ~**fleisch)** beef; **c)** *(Zool.)* bovine

Rinde die; ~, ~n a) *(Baum~)* bark; b) *(Brot~)* crust; *(Käse~)* rind; c) *(Hirn~)* cortex

Rinder-: ~**braten der** *(gebraten)* roast beef *no indef. art.*; *(roh)* roasting beef *no indef. art.*; **ein ~braten** a joint of roast beef; *(roh)* a joint of [roasting] beef; ~**bremse die** horse-fly; ~**brust die** brisket of beef; ~**filet das** fillet of beef; ~**herde die** herd of [beef] cattle; ~**leber die** ox liver; ~**lende die** loin of beef; ~**pest die** rinderpest; cattle-plague; ~**talg der** *(zum Kochen)* beef suet; *(für Salbe usw.)* beef tallow; ~**wahnsinn der** mad cow disease; ~**zucht die** cattle-breeding *or* -rearing *no art.*

Rind-: ~**fleisch das** beef; ~**fleisch·brühe die** beef broth; ~**fleisch·suppe die** beef soup

rinds-, Rinds-: ~**braten der** *(bes. südd., österr.)* s. **Rinderbraten**; ~**fett das** *(südd., österr.)* clarified butter; ~**leber die** *(bes. südd., österr.)* s. **Rinderleber**; ~**leder das** cowhide; oxhide; ~**ledern** *Adj. nicht präd.* cowhide; oxhide; ~**lende die** *(bes. südd., österr.)* s. **Rinderlende**

Rind·vieh das; *Pl.* **Rindviecher** a) *o. Pl.* cattle *pl.*; **20 Stück ~**: twenty head of cattle; b) *(ugs. abwertend)* ass; [stupid] fool; **ich ~! what an idiot I am!** *(coll.)*

Ring [rɪŋ] **der**; ~[e]s, ~e a) ring; **die ~e tauschen** *od.* **wechseln** *(geh.)* exchange rings; **an den ~en turnen** perform *or* exercise on the rings; **10 ~e schießen** shoot *or* score a ten; **einen ~ bilden** *(spectators etc.)* form a ring *or* circle; *(stones, road)* form a ring; b) *(~straße)* ring road; **den ~ fahren** take the ring road; c) *(Box~)* ring; ~ **frei zur zweiten Runde** seconds out for the second round; d) *(Vereinigung)* **ein ~ für Theaterbesuche** a theatre-going circle; **ein ~ von Händlern** a ring of dealers; e) *(Wurf~)* hoop

Ring-: ~**bahn die** the circle line; ~**buch das** ring binder

Ringel ['rɪŋl] **der**; ~s, ~: [small] ring

Ringel·blume die marigold

ringelig *Adj.* curly; *(hair)* in ringlets

Ringel·locke die ringlet

ringeln 1. *tr. V.* curl; coil *(tail)*; s. auch **geringelt**. 2. *refl. V.* curl

Ringel-: ~**natter die** ring-snake; ~**piez** [-piːts] **der**; ~[e]s, ~e *(ugs. scherzh.)* ~**piez mit Anfassen** hop *(coll.)*; ~**reigen** *(Amer.)*; ~**reihen der** hoedown *(Amer.)*; ~**reigen tanzen** *od.* **spielen** play ring-a-ring-o'-roses; ~**reigen tanzen** *od.* **spielen** play ring-a-ring-o'-roses; ~**schwanz der** curly tail; ~**söckchen das, ~socke die** [horizontally] striped sock; ~**spiel das** *(österr.)* merry-go-round; ~**taube die** wood-pigeon; ring-dove; ~**wurm der** *(Zool.)* annelid

ringen 1. *unr. tr. V. (Sport, fig.)* wrestle; *(fig.: kämpfen)* struggle, fight **(um** for); **gegen jmdn.** *od.* **mit jmdm. ~** *(Sport)* wrestle with sb.; *(fig.)* **mit den Tränen ~**: fight back one's tears; **die Ärzte ~ um sein Leben** the doctors are struggling *or* fighting to save his life; **nach Atem** *od.* **Luft ~**: struggle for breath; **nach** *od.* **um Fassung ~**: fight to maintain one's composure; **er rang nach Worten** *od.* **um Worte** he struggled to find the right words; **ich habe lange mit mir gerungen, ob ...**: I had a long struggle with my conscience to decide whether ... 2. *unr. tr. V.* a) *(bes. Sport)* **den Gegner zu Boden ~**: bring one's opponent down; b) *(gewaltsam reißen)* **jmdm. etw. aus den Händen/der Hand ~**: wrest sth. from sb.'s hands/hand; c) *in die Hände ~*: wring one's hands. 3. *unr. refl. V. (geh.)* **ein Seufzer rang sich aus ihrer Brust** a sigh forced its way out from deep within her

Ringen das; ~s *(Sport)* wrestling *no art.*

Ringer der; ~s, ~: wrestler

ring-, Ring-: ~**fahndung die** intensive man-hunt [over a wide area]; ~**finger der** ring-finger; ~**förmig** 1. *Adj.* in the shape of a ring *postpos.*; circular; annular ⟨*eclipse*⟩; ~**förmige Verbindungen** *(Chem.)* ring *or* cyclic compounds; 2. *adv.* ⟨*arrange*⟩ in a ring *or* circle; ⟨*spread out*⟩ in rings *or* circles; **die Straße verläuft ~förmig um die ganze Stadt** the road rings the whole town; ~**kampf der** a) [stand-up] fight; b) *(Sport)* *(Wettbewerb)* bout; *(Sportart)* s. **Ringen**; ~**kämpfer der** wrestler

Ringlein das; ~s, ~: [little] ring

Ringlotte [rɪŋ'glɔtə] **die**; ~, ~n *(bes. österr.)* greengage

Ring-: ~**mauer die** ring-wall; ~**muskel der** *(Anat.)* sphincter; ~**richter der** *(Boxen)* referee

rings [rɪŋs] *Adv.* all around; **sich ~ im Kreise umsehen** look all around one; **~ von Bergen umgeben** completely surrounded by mountains

Ring·schlüssel der ring spanner

rings·herum *Adv.* all around [it/them etc.]; s. auch **rings**

Ring·straße die ring road; **(um den Stadtkern)** inner ring road

rings-: ~um, ~umher *Adv.* all around; s. auch **rings**

Ring-: ~**tennis das** deck tennis; ~**wall der** *(Archäol.)* ring-wall

Rinne ['rɪnə] **die**; ~, ~n channel; *(Dach~, Rinnstein)* gutter; *(tiefer)* gully; *(Abfluß)* drainpipe; *(Rille)* groove; *(im Meeresboden)* trench

rinnen *unr. itr. V.* a) *mit sein* run; **das Geld rinnt ihm durch die Finger** money just slips through his fingers; b) *(südd.: undicht sein)* leak

Rinnsal ['rɪnzaːl] **das**; ~[e]s, ~e *(geh.)* rivulet; **ein ~ von Blut/Öl** a trickle of blood/oil

Rinn·stein der gutter; **jmdn. aus dem ~ auflesen** *(fig.)* pick sb. out of the gutter; **im ~ enden** *od.* **landen** *(fig.)* end up in the gutter

Riposte [ri'pɔstə] **die**; ~, ~n *(Fechten)* riposte

Rippchen das; ~s, ~ *(Kochk. südd.)* rib [of pork]

Rippe ['rɪpə] **die**; ~, ~n a) *(Anat., Bot., Technik, Textilw., Bautechnik, fig.)* rib; *(Technik: Kühl~)* fin; **sie hat nichts auf den ~n** *(ugs.)* she is only skin and bone; **bei ihm kann man die ~n zählen** *(ugs.)* his ribs are sticking out; **daß er was auf die ~n kriegt** *(ugs.)* to put some flesh on his bones; **ich kann es mir nicht aus den ~n schneiden** *(ugs.)* I can't just produce it out of thin air; b) *(einer Zitrusfrucht)* segment; *(einer Tafel Schokolade)* strip

Rippen-: ~**bogen der** *(Anat.)* costal arch; ~**bruch der** *(Med.)* rib fracture; ~**fell das** *(Anat.)* costal pleura; ~**fell·entzündung die** *(Med.)* pleurisy *no indef. art.*; ~**speer der** *od.* ~[e]s *o. Pl.* [Kasseler] ~**speer** cured rib of pork; *(sanfter, auch fig.)* nudge; ~**stück das** *(Kochk.)* piece of rib

Ripp·samt der corduroy

Rips [rɪps] **der**; ~es, ~e *(Textilw.)* rep[p]

Risiko ['riːziko] **das**; ~s, **Risiken** *od.* ~s *od. österr.* **Risken** risk; **das ~ eingehen, daß etw. geschieht** run the risk of sth. happening; **ein/kein ~ eingehen** take/not take any risks; **die Sache ist mit einem gewissen ~ verbunden** there is a certain amount of risk involved [in it]; **auf eigenes/dein/mein ~**: at one's/your/my own risk

risiko-, Risiko-: ~**faktor der** risk factor; **der ~faktor Alkohol** the risk factor represented by alcohol; ~**frei** 1. ~**los**; ~**freudig** 1. *Adj.* risky ⟨*driving*⟩; ⟨*player, speculator*⟩ who likes taking risks; **er ist sehr ~freudig** he likes playing with fire *or* taking [a lot of] risks; 2. *adv.* **er fährt/spielt sehr ~freudig** he likes to take [a lot of] risks when he drives/plays; ~**geburt die** *(Med.)* difficult *or* complicated birth; ~**los** 1. *Adj.* safe; without risk *postpos.*; 2. *adv.* safely; without taking risks; ~**reich** *Adj.* very risky; ~**schwangerschaft die** pregnancy involving some risk

riskant [rɪs'kant] 1. *Adj.* risky. 2. *adv.* riskily; **er fährt zu ~**: he takes too many risks [in his driving]

riskieren [rɪs'kiːrən] *tr. V.* risk; venture ⟨*smile, remark*⟩; run the risk of ⟨*accident, thrashing, etc.*⟩; *(gefährden)* put ⟨*reputation, job*⟩ at risk; risk ⟨*life, reputation*⟩; **etwas/ nichts ~**: take a risk/not take any risks; **einen verstohlenen Blick ~**: steal a furtive glance

Rispe ['rɪspə] **die**; ~, ~n *(Bot.)* panicle

riß [rɪs] *1. u. 3. Pers. Sg. Prät. v.* **reißen**

Riß [rɪs] **der**; ~**sses, Risse** a) *(im Stoff, Papier, Gewebe)* tear; *(im Tonband)* break; **die Hose hat einen ~/du hast einen ~ in der Hose** the trousers are torn *or* have a tear; **einen ~ bekommen** tear; b) *(Spalt, Sprung)* crack; *(fig.: Kluft)* rift; split; **einen ~ bekommen** become cracked; *(fig.)* ⟨*friendship*⟩ begin to break up; c) *(Zeichnung)* plan; *(Entwurf)* sketch

rissig *Adj.* cracked; chapped ⟨*lips*⟩

Rist [rɪst] **der**; ~es, ~e *(des Fußes)* instep; *(der Hand)* back [of the hand]

Rist·griff der *(Turnen)* overgrasp

rite ['riːtə] *Adv. (Hochschulw.)* **~ bestehen** get a pass *(in one's doctoral examination)*; **mit „~" bewertet werden** be given a pass

Riten s. **Ritus**

ritsch *Interj.* rip; zip; **~, ~ ratsch** rip, rip

ritt *1. u. 3. Pers. Sg. Prät. v.* **reiten**

Ritt der; ~[e]s, ~e ride; **einen weiten/scharfen ~ machen** go for a long/hard ride; **auf einen** *od.* **in einem ~** *(ugs.)* in one go *(coll.)*

Rittberger ['rɪtbɛrgɐ] **der**; ~s, ~ *(Sport)* loop jump; **einen ~ springen** do a loop jump

Ritter der; ~s, ~ a) knight; **jmdn. zum ~ schlagen** *(hist.)* knight sb.; dub sb. [a] knight; **fahrender ~** *(hist.)* knight errant; **~ ohne Furcht und Tadel** chevalier sans peur et sans reproche; *(fig. geh., oft scherzh.)* knight in shining armour; b) *(Adelstitel)* ⟨*als Teil eines Namens*⟩ Ritter; *(Ordens~)* Knight; **~ in arme** *(Kochk.)* French toast

Ritter-: ~**burg die** knight's castle; ~**dichtung die** *(Literaturwiss.)* knightly poetry; ~**gut das** *(hist.)* ≈ manor; feudal estate; ~**kreuz das** *(ns.)* Knight's Cross

ritterlich 1. *Adj.* a) chivalrous; b) *(zum Rittertum gehörend)* knightly ⟨*life, culture, virtues, ideals*⟩. 2. *adv.* chivalrously

Ritterlichkeit die; ~: chivalrousness; chivalry

Ritter-: ~**orden der** order of knights; knightly order; ~**roman der** romance of chivalry; knightly romance

Ritterschaft die; ~ *(hist.)* knighthood

Ritter-: ~**schlag der** *(hist.)* knightly accolade; **den ~schlag empfangen** be knighted; be dubbed [a] knight; ~**sporn der** *(Bot.)* larkspur; *(Garten~sporn)* delphinium; ~**stand der** *(hist.)* knighthood; **jmdn. in den ~stand aufnehmen** make sb. a knight

Rittertum das; ~s *(hist.)* knighthood

Ritterzeit die; *o. Pl.* the age of the knights; *(Zeit der Ritterlichkeit)* Age of Chivalry

rittlings ['rɪtlɪŋs] *Adv.* astride; **~ auf einem Stuhl sitzen** sit astride a chair

Ritt·meister der *(Milit. hist.)* cavalry captain

Ritual [ri'tuaːl] **das**; ~s, ~e *od.* **Ritualien** [-liən] *(Rel., fig.)* ritual

ritualisieren *tr. V. (geh.)* ritualize

Ritual·mord der ritual murder

rituell [ri'tuɛl] *(Rel., fig.)* 1. *Adj.* ritual. 2. *adv.* ritually

Ritus ['riːtʊs] **der**; ~, **Riten** *(Rel., fig.)* rite

Ritz [rɪts] **der**; ~es, ~e a) *(Kratzer)* scratch; b) s. **Ritze**

Ritze die; ~, ~n crack; [narrow] gap; **durch**

1415

Ritzel / **rollen**

eine ~ spähen peer through a crack *or* slit; **auf der ~ schlafen** *(ugs. scherzh.)* sleep on the join *(of a pair of [twin] beds)*
Ritzel ['rɪtsl̩] *das;* ~s, ~ *(Technik)* pinion
ritzen *tr. V.* **a)** scratch; *(tiefer)* cut; **sich** *(Dat.)* **das Kinn ~:** scratch/cut one's chin; **b)** *(einritzen)* carve 〈*name etc.*〉 (**in** + *Akk.* in); *(in eine Metallplatte)* engrave 〈*drawing etc.*〉
Rivale [ri'va:lə] *der;* ~n, ~n, **Rivalin** *die;* ~, ~nen rival
rivalisieren *itr. V.* **mit jmdm. um etw. ~:** compete with sb. for sth.; **~de Gruppen** rival groups
Rivalität [rivali'tɛ:t] *die;* ~, ~en rivalry *no indef. art.*
Riviera [ri'vie:ra] *die;* ~: Riviera
Rizinus ['ri:tsinʊs] *der;* ~, ~ *od.* ~se **a)** *(Pflanze)* castor-oil plant; **b)** *(~öl)* castor oil
Roastbeef ['ro:stbi:f] *das;* ~s, ~s **a)** *(roh)* sirloin *(Brit.);* **b)** *(gebraten)* roast *[sirloin (Brit.)]* of beef
Robbe ['rɔbə] *die;* ~, ~n seal
robben *itr. V.; meist, mit Richtungsangabe nur, mit sein* crawl
Robben-: **~fang** *der* sealing; seal-hunting; **~schlag** *der* seal cull
Robe ['ro:bə] *die;* ~, ~n **a)** robe; *(schwarz)* gown; **b)** *(Abendkleid)* evening gown
Robinie [ro'bi:niə] *die;* ~, ~n *(Bot.)* robinia; false acacia
Robinsonade [robɪnzo'na:də] *die;* ~, ~n *(Roman/Abenteuer)* Robinson-Crusoe style novel/adventure
roboten ['rɔbotn̩] *itr. V. (ugs.)* slave [away]
Roboter ['rɔbotɐ] *der;* ~s, ~ robot
robust [ro'bʊst] *Adj.* robust
Robustheit *die;* ~: robustness; *(Gesundheit)* robust constitution
roch [rɔx] *1. u. 3. Pers. Sg. Prät. v.* riechen
Rochade [rɔ'xa:də] *die;* ~, ~n *(Schach)* castling; **kleine/große ~:** short/long castling; **die ~ ausführen** castle
röcheln ['rœçl̩n] *itr. V.* breathe stertorously; 〈*dying person*〉 give the death-rattle
Rochen ['rɔxn̩] *der;* ~s, ~ *(Zool.)* ray
rochieren [rɔ'xi:rən] *itr. V.* **a)** *(Schach)* castle; **b)** *mit Richtungsangabe mit sein (Sport)* change over; switch positions
¹**Rock** [rɔk] *der;* ~[e]s, **Röcke** ['rœkə] **a)** skirt; *(Schotten~)* kilt; **hinter jedem ~ hersein** *od.* **herlaufen** *(sl.)* be after *or* chase every bit of skirt *(sl.);* **b)** *(landsch.: Jacke)* jacket; **der grüne ~ [des Försters]** the [forester's] green coat; **den bunten ~ anziehen/ausziehen** *(fig. veralt.)* go for a soldier *(arch.)*/leave the army; **des Königs ~ tragen** *(fig. veralt.)* be a soldier of the King; **der letzte ~ hat keine Taschen** *(fig.)* you can't take it with you
²**Rock** *der;* ~[s] *(Musik)* rock [music]
Rock and Roll ['rɔk ɛnt 'rɔl] *der;* ~ ~ ~[s], ~ ~ ~[s] rock and roll *no pl.*
Rock·auf·schlag *der* [jacket] lapel; **am ~:** in one's lapel
Röckchen ['rœkçən] *das;* ~s, ~ little skirt; *(kurz)* short skirt
rocken *itr. V.* rock
Rocker *der;* ~s, ~ rocker
rockig *Adj.* rock 〈*music*〉; rock-like 〈*jazz etc.*〉
Rock·musik *die* rock music
Rock-: **~oper** *die* rock opera; **~schoß** *der* coat-tail; *s. auch* **~zipfel;** **~zipfel** *der in an jmds. od. jmdm. am ~zipfel hängen* cling *or* hang on to sb.; *(fig.: unselbständig sein)* lean on *or* be dependent on sb.; **jmdm. [gerade noch] am ~zipfel erwischen** just [manage to] catch sb.; *s. auch* ¹**Rock a**
Rodel ['ro:dl̩] *der;* ~s, ~ *(südd.) s.* **Rodelschlitten**
Rodel·bahn *die* toboggan-run; *(bei sportlichen Veranstaltungen)* luge-run
rodeln ['ro:dl̩n] *itr. V.; meist, mit Richtungsangabe nur, mit sein* sledge; toboggan; *(als Sport)* luge

Rodeln *das;* ~s sledging *no art.;* tobogganing *no art.;* (*Sport*) luge
Rodel·schlitten *der* sledge; toboggan; *(bei sportlichen Veranstaltungen)* luge
roden ['ro:dn̩] *tr. V.* **a)** clear 〈*wood, land*〉; *(ausgraben)* grub up 〈*tree*〉; **b)** *(ernten)* lift 〈*potatoes etc.*〉. **2.** *itr. V.* clear the land
Rodeo [ro'de:o] *das od. der;* ~s, ~s rodeo
Rodler ['ro:dlɐ] *der;* ~s, ~, **Rodlerin** *die;* ~, ~nen tobogganer; *(bei sportlichen Veranstaltungen)* luger
Rodung *die;* ~, ~en **a)** *(das Roden)* clearing; clearance; *(das Ausgraben)* grubbing up; **b)** *(gerodete Fläche)* clearance
Rogen ['ro:gn̩] *der;* ~, ~: roe
Roggen ['rɔgn̩] *der;* ~s rye
Roggen-: **~brot** *das* rye bread; **ein ~brot** a loaf of rye bread; **~brötchen** *das* rye-bread roll
Rogner ['ro:gnɐ] *der;* ~s, ~: spawner
roh [ro:] **1.** *Adj.* **a)** raw 〈*food*〉; unboiled 〈*milk*〉; raw, uncooked 〈*ham*〉; **jmdn./etw. wie ein ~es Ei behandeln** handle sb./sth. with kid gloves; **b)** *(nicht bearbeitet)* rough, unfinished 〈*wood*〉; rough, uncut 〈*diamond*〉; rough-hewn, undressed 〈*stone*〉; crude 〈*ore, metal*〉; unbleached 〈*cloth*〉; untreated 〈*skin*〉; raw 〈*silk, sugar*〉; **c)** *(ungenau)* rough; **d)** *(brutal)* brutish 〈*person, treatment, etc.*〉; *(grausam)* callous 〈*person, treatment*〉; *(grob)* coarse, uncouth 〈*manners, words, joke*〉; brute *attrib.* 〈*force*〉. **2.** *adv.* **a)** *(ungenau)* roughly; **~ zusammengeschlagen** crudely knocked together; **b)** *(brutal)* brutishly; *(grausam)* callously; *(grob)* coarsely; in an uncouth manner
Roh-: **~bau** *der* shell [of a/the building]; **das Haus ist im ~bau fertig** the shell of the house is complete; **~diamant** *der* rough *or* uncut diamond; **~eisen** *das* pig-iron
Roheit ['ro:hait] *die;* ~, ~en **a)** *o. Pl.* *(Brutalität)* brutishness; *(Grausamkeit)* callousness; *(Grobheit)* coarseness; uncouthness; **b)** *(Handlung)* brutish/callous deed; *(Äußerung)* callous remark
Roh-: **~ertrag** *der* *(Wirtsch.)* gross return; **~erz** *das* crude ore; **~erzeugnis** *das s.* **~produkt; ~fassung** *die* unfinished version; **~kost** *die* raw fruit and vegetables *pl.*
Rohköstler ['ro:kœstlɐ] *der;* ~s, ~, **Rohköstlerin** *die;* ~, ~nen person who eats raw fruit and vegetables only
Rohling ['ro:lɪŋ] *der;* ~s, ~e **a)** *(abwertend: Mensch)* brute; beast; **b)** *(Technik)* blank
Roh-: **~material** *das* raw material; **~öl** *das* crude oil; **~produkt** *das* natural product [requiring further treatment]; *(Rohstoff)* raw material
Rohr [ro:ɐ] *das;* ~[e]s, ~e **a)** *(Leitungs~)* pipe; *(als Bauteil)* tube; *(Geschütz~)* barrel; **das Schiff feuerte aus allen ~en** the ship fired with all its guns; **b)** *o. Pl.* *(Röhricht)* reeds *pl.;* **c)** *o. Pl.* *(Schilf usw. als Werkstoff)* reed; *(Bambus, Zucker- usw.)* cane; **ein aus ~ geflochtener Korb/Stuhl** a reed basket/ chair; **ein Korb/Stuhl aus ~** a Peddig-rohr/ a cane basket/chair; **spanisches ~** rattan cane; **d)** *(Schilf-, Riedhalm)* reed; **e)** *(südd., österr.: Backofen)* oven
Rohr-: **~ammer** *die* *(Zool.)* reed bunting; **~blatt** *das* reed; **~bruch** *der* burst pipe
Röhrchen ['rø:ɐçən] *das;* ~s, ~ small tube; *(Reagenzglas)* test-tube; **ins ~ blasen** take the breathalyser test
Rohrdommel [-dɔml̩] *die* *(Zool.)* bittern
Röhre ['rø:rə] *die;* ~, ~n **a)** *(Rohr)* tube; *(Leitungs~)* pipe; *(Tunnel~)* bore; *(Jägerspr.: Gang eines Baus)* earth; *s. auch* **kommunizieren a; b)** *(Leuchtstoff~)* [fluorescent] tube; *(Elektronen~)* valve *(Brit.);* **c)** *(Behälter)* **eine ~ [mit] Tabletten** a tube of pills; **d)** *(eines Ofens)* oven; **in die ~ sehen** *od.* **gucken** *(fig. ugs.)* be left out [in the cold]

röhren *itr. V.* 〈*stag etc.*〉 bell; *(fig.)* roar
röhren-, Röhren-: **~förmig** *Adj.* tubular; **~hose** *die* drainpipe trousers; **~knochen** *der* long bone; **~pilz** *der* boletus
Rohr-: **~flöte** *die* reed-pipe; *(Panflöte)* pan-pipes *pl.;* **~geflecht** *das* woven cane
Röhricht ['rø:rɪçt] *das;* ~s, ~e reeds *pl.*
Rohr-: **~kolben** *der* reed-mace; cat's-tail; **~krepierer** *der;* ~s, ~: barrel burst; **~leger** *der;* ~s, ~: pipe-layer; **~leitung** *die* pipe; *(über längere Entfernung)* pipeline
Röhrling ['rø:rlɪŋ] *der;* ~s, ~e boletus
Rohr-: **~post** *die* pneumatic dispatch; **etw. mit ~post befördern** convey sth. by pneumatic tube; **~sänger** *der* *(Zool.)* reed-warbler; **~spatz** *der in* **schimpfen wie ein ~spatz** *(ugs.)* really create *(coll.);* **~stock** *der* cane [walking-stick]; **~zange** *die* footprint; **~zucker** *der* cane-sugar
Roh·seide *die* raw silk
roh·seiden *Adj.* raw-silk *attrib.*
Roh·stoff *der* raw material
Rohstoff-: **~mangel** *der;* *o. Pl.* lack of raw materials; **~preis** *der* raw material price; **~reserven** *Pl.* reserves of raw materials
Roh-: **~übersetzung** *die* rough translation; **~zucker** *der* raw *or* unrefined sugar; **~zu·stand** *der* raw state; **im ~zustand** in a raw state; *(von Gütern)* in an unfinished state; *(von einem Schriftstück usw.)* in a rough draft
Rokoko ['rɔkoko] *das;* ~[s] rococo; *(Zeit)* rococo period
Rokoko·möbel *das* rococo furniture
Rolladen ['rɔla:dn̩] *der;* ~s, **Rolläden** ['rɔlɛ:dn̩] [roller] shutter
Roll·bahn *die* *(Flugw.)* taxiway
Röllchen ['rœlçən] *das;* ~s, ~ **a)** *(Spule)* little reel *or* spool; **b)** *(etwas Zusammengerolltes)* little roll; **c)** *(Walze)* little roller; **d)** *s.* **Rolle d**
Rolle ['rɔlə] *die;* ~, ~n **a)** *(Spule)* reel; spool; **eine ~ Film** a spool of film; *(Schmalfilm)* a reel of film; **b)** *(zylindrischer [Hohl]körper; Zusammengerolltes)* roll; *(zum Verschicken von Plakaten o. ä.)* [cardboard] tube; *(von Papier zum Drucken)* reel; *(Schrift~)* scroll; **eine ~ Bindfaden/Drops/Markstücke/Kekse** a reel of string/tube of fruit drops/roll of one-mark pieces/[round] packet of biscuits; **c)** *(Walze)* roller; *(Teig~)* rolling-pin; *(Rad)* [small] wheel; *(an Möbeln usw.)* castor; *(für Gardine, Schiebetür usw.)* runner; *(mit einer Rille für ein Seil o. ä.)* pulley; **e)** *(Turnen, Kunstflug)* roll; **eine ~ [vorwärts/rückwärts] machen** do a [forward/backward] roll; **f)** *(Theater, Film usw., fig.)* role; part; *(Soziol.)* role; **sich in die ~ eines anderen versetzen** put oneself in sb. else's position; **[bei jmdm./einer Sache] eine entscheidende/überragende ~ spielen** be of crucial/overriding importance [to sb./for sth.]; **es spielt keine ~:** no importance; *(es macht nichts aus)* it doesn't matter; *(es gehört nicht zur Sache)* it is irrelevant; **Geld spielt [bei ihm] keine ~:** money is no object [for him]; **solche Erwägungen dürfen dabei keine ~ spielen** such considerations must not be allowed to enter into it *or* influence things; **aus der ~ fallen** forget oneself; **g)** *(Radsport)* roller *(on a pacing motor cycle); (fig. ugs.)* **von der ~ kommen** get left behind; lose ground
rollen 1. *tr. V.* **a)** roll; *(im Rollstuhl)* wheel; **die Augen ~:** roll one's eyes; **das R ~:** roll one's r's; **sich** *(Dat.)* **eine Zigarette ~:** roll oneself a cigarette; **b)** *(auf~, zusammen~, ein~)* roll up 〈*blanket, carpet, map, etc.*〉; **jmdn./etw./sich in eine Decke ~:** roll sb./ sth./oneself up in a blanket; **c)** *(aus~)* roll out 〈*dough*〉. **2.** *itr. V.* **a)** *mit sein* 〈*ball, wheel, etc.*〉 roll; 〈*vehicle*〉 move; 〈*aircraft*〉 taxi; **mit den Augen ~:** roll one's eyes; **ins Rollen kommen** start to move; get under

way *(lit. or fig.)*; *(unbeabsichtigt)* start to move; **es werden Köpfe ~** *(fig.)* heads will roll; **etw. ins Rollen bringen** set sth. in motion; get sth. going *(lit. or fig.)*; *(unbeabsichtigt)* set sth. moving; **b)** *(Seemannsspr.: schlingern [und stampfen])* ⟨ship⟩ roll [and pitch]; **c)** *(donnern)* **mit Richtungsangabe mit sein** ⟨thunder, guns, echo⟩ rumble. **3.** *refl. V.* **a)** *(sich ein~)* ⟨paper, carpet⟩ curl [up]; **b)** *(sich wälzen)* roll; **er rollte sich in die Rückenlage** he rolled over on to his back
rollen-, Rollen-: ~fach *das (Theater)* type of role; **das ~fach der Naiven** the ingénue type of role; **~förmig** *Adj.* cylindrical; **~konflikt** *der (Soziol.)* role conflict; **~lager** *das (Technik)* roller bearing; **~spiel** *das (Sozialpsych.)* role-playing *no pl., no art.*; role-play *no pl., no art.*; **~tausch** *der* exchange of roles; *(bei entgegengesetzten Rollen)* role reversal; **~verhalten** *das* role[-specific] behaviour; **~verteilung** *die (Sozialpsych.)* allocation of roles
Roller *der;* **~s,** **~** a) scooter; **~ fahren** ride a/one's scooter; **b)** *(Fußball)* half-hit shot along the ground; **c)** *(Deo~)* roll-on ⟨container⟩
rollern *itr. V.;* meist, mit Richtungsangabe *nur, mit sein* ride a/one's scooter
Roll-: ~feld *das* [operational] airfield; landing-field; **~film** *der* roll film; **~geld** *das (Eisenb.)* parcel freight [charge] *(for delivery to and collection from station or depot)*; **~gut** *das (Eisenb.)* freight *(delivered to and collected from station or depot)*; **~kommando** *das* party of bully-boys; **~kragen** *der* polo-neck; **~kragen·pullover** *der* polo-neck[ed] sweater; **~kur die** *(Med.)* treatment in which the patient takes medicine and then lies in different positions; **~laden** *der s.* **Rollo**; **~mops** *der* rollmops
Rollo ['rɔlo] *das;* **~s,** **~s** [roller] blind
Roll-: ~schinken *der* rolled smoked ham; **~schuh** *der* roller-skate; **~schuh laufen** roller-skate
Rollschuh-: ~bahn *die* roller-skating rink; **~laufen** *das* roller-skating *no art.*; **~läufer** *der* roller-skater
Roll-: ~splitt *der* loose chippings *pl.*; **~sprung** *der (Leichtathletik)* Western roll; **~stuhl** *der* wheelchair; **~stuhl·fahrer** *der* person in a wheelchair; **~treppe** *die* escalator
¹**Rom** [ro:m] *(das);* **~s** Rome; **viele Wege führen nach ~** *(Spr.)* there is more than one way to skin a cat *(prov.)*; **Zustände wie im alten ~** *(fig.)* everything in chaos; **ist auch nicht an einem Tag erbaut worden** *(Spr.)* Rome wasn't built in a day *(prov.)*
²**Rom** [rɔm] *der;* **~s,** **~a** European gypsy
Roman [ro'ma:n] *der;* **~s,** **~e** novel; einen ganzen/langen **~ erzählen** *(fig.)* tell a very long story *or (derog.)* a long rigmarole; **erzähl keine ~e** *(fig.)* don't tell stories; *(faß dich kürzer)* don't want any long rigmaroles
Romancier [romã'sje:] *der;* **~s,** **~s** novelist
Romane [ro'ma:nə] *der;* **~n,** **~n** speaker of a Romance language; Latin
Roman-: ~figur *die* character from *or* in a novel; **eine ~figur bei Dickens** a character from *or* in a Dickens novel; **~form** *die* novel form; **in ~form** in the form of a novel; **~heft** *das* [paper-covered] novelette
Romani ['romani] *das;* **~s** *(Sprachw.)* Romany
Romanik [ro'ma:nɪk] *die;* **~:** Romanesque; *(Zeit)* Romanesque period
Romanin *die;* **~, ~nen** *s.* **Romane**; *s. auch* **-in**
romanisch **1.** *Adj.* **a)** Romance ⟨language, literature⟩; Latin ⟨people, country, charm⟩; ⟨Department⟩ of Romance Studies; **b)** *(Kunstwiss.: der Romanik)* Romanesque. **2.** *adv.* ⟨build⟩ in a Romanesque style
romanisieren *tr. V.* **a)** *(romanisch machen)* give ⟨town etc.⟩ a Latin character; **b)** *(hist.: römisch machen)* romanize ⟨country etc.⟩
Romanist *der;* **~en, ~en** Romance scholar; Romanist; *(Student)* student of Romance languages and literature
Romanistik [roma'nɪstɪk] *die;* **~:** Romance studies *pl., no art.*; *(Sprache und Literatur)* Romance languages and literature *no art.*
Romanistin *die;* **~, ~nen** *s.* **Romanist**
romanistisch *Adj.;* nicht präd. Romance ⟨studies⟩; ⟨periodical⟩ for Romance studies
Romantik [ro'mantɪk] *die;* **~ a)** *(romantischer Charakter)* romanticism; romantic nature; **die ~ des Zigeunerlebens/der Straße** the romance of gypsy life/of the road; **b)** *(Literaturw., Musik usw.) (Bewegung)* Romanticism *no art.*; Romantic movement; *(Epoche)* Romantic period; **die jüngere/ältere ~:** the younger/older Romantics *pl.*
Romantiker *der;* **~s, ~, Romantikerin** *die;* **~, ~nen a)** *(Kunstwiss.)* Romantic; **b)** *(romantischer Mensch)* romantic
romantisch 1. *Adj.* **a)** romantic; **b)** *(Literaturw., Musik usw.)* Romantic. **2.** *adv.* romantically; **~ veranlagt sein** have a romantic disposition
romantisieren *tr. V.* romanticize
Roman·werk *das* **a)** *(Roman)* novel; **b)** *(Romane eines Autors)* novels *pl.*
Romanze [ro'mantsə] *die;* **~, ~n** *(Literaturw., Musik, fig.)* romance
Römer ['rø:mɐ] *der;* **~s, ~ a)** *(Person)* Roman; **die [alten] ~:** the [ancient] Romans; **b)** *(Weinglas)* rummer
Römer·brief *der* Epistle to the Romans
Römerin *die;* **~, ~nen** Roman; *s. auch* **-in**
Römer·topf Ⓦ *der* oval earthenware cooking pot; ≈ cooking brick
römisch 1. *Adj.* Roman. **2.** *adv.* **das ~ besetzte Gallien** the part of Gaul occupied by the Romans
römisch-katholisch 1. *Adj.* Roman Catholic. **2.** *adv.* **~ getauft** baptized into the Roman Catholic church
röm.-kath. *Abk.* römisch-katholisch RC
Rommé ['rɔme] *das;* **~s, ~s** *(Kartenspiele)* rummy *no art.*
Rondeau [rõ'do] *das;* **~s, ~s a)** *(Literaturw.)* rondeau; **b)** *(österr.: Beet, Platz) s.* **Rondell a, b**
Rondell [rɔn'dɛl] *das;* **~s, ~e a)** *(Beet)* circular flower-bed; **b)** *(Platz)* circus; **c)** *(österr.: Weg)* circular path; **d)** *(Archit.: Turm)* round tower
Rondo ['rɔndo] *das;* **~s, ~s a)** *(Literaturw.)* rondeau; **b)** *(Musik)* rondo
röntgen [ˈrœntgn̩] *tr. V.* X-ray; **sich** *(Akk.)***/sich** *(Dat.)* **den Magen ~ lassen** have an X-ray/have one's stomach X-rayed
Röntgen-: ~aufnahme die, ~bild *das* X-ray [image/photograph *or* picture]; **~gerät** *das* X-ray apparatus
röntgenisieren *tr. V. (österr.) s.* **röntgen**
Röntgenologe [rœntgeno'lo:gə] *der;* **~n, ~n** radiologist
Röntgenologie *die;* **~:** radiology *no art.*
Röntgenologin *die;* **~, ~nen** radiologist
Röntgen-: ~schirm *der* X-ray screen; **~strahlen** *Pl.* X-rays; **~therapie** *die* X-ray treatment *no indef. art.*; **eine ~therapie** a course of X-ray treatment; **~untersuchung** *die* X-ray examination
Roquefort ['rɔkfoːɐ] *der;* **~s, ~s** Roquefort
Ro-Ro-Schiff [ro'ro:-] *das* ro-ro *or* roll-on roll-off ship
rosa ['ro:za] **1.** *indekl. Adj.* pink; *s. auch* **Brille. 2.** *adv.* pink
Rosa *das;* **~, ~** pink. **~s** pink
rosa-: ~farben, ~farbig *Adj.* pink; **~rot** *Adj.* [deep] pink; *(fig.)* rosy; *s. auch* **Brille**
rösch [røːʃ] *Adj. (südd.)* crisp
Röschen [ˈrøːsçən] *das;* **~s, ~ a)** *(kleine Rose)* [little] rose; **b)** *(Blumenkohl~)* [cauliflower] floweret; *(Rosenkohl~)* [Brussels] sprout
Rose ['ro:zə] *die;* **~, ~n a)** rose; **sie sind nicht [gerade] auf ~n gebettet** their life is no bed of roses; **keine ~ ohne Dornen** *(Sprichw.)* no rose without a thorn; **b)** *(Fenster~)* rose-window; **c)** *(Jägerspr.)* burr
rosé [ro'ze:] **1.** *indekl. Adj.* pale pink. **2.** *adv.* pale pink
¹**Rosé** *das;* **~s, ~** *od.* **~s** pale pink
²**Rosé** *der;* **~s, ~s** rosé [wine]
rosen-, Rosen-: ~beet *das* rose-bed; **~blatt** *das* rose-petal; *(Laubblatt)* rose-leaf; **~blüte** *die* **a)** rose[-bloom]; **b)** *o. Pl. (das Blühen)* flowering period for roses; **die ~blüte hat begonnen** the roses have started to flower *or* bloom; **~duft** *der* scent of roses; **~garten** *der* rose-garden; **~gewächs** *das (Bot.)* rosaceous plant; **die ~gewächse** the Rosaceae; **~holz** *das* rosewood; **~kohl** *der; o. Pl.* [Brussels] sprouts *pl.;* ⟨cabbage of the Kirche⟩ rosary; **einen ~kranz beten** say a rosary; **~montag** *der* the day before Shrove Tuesday; **~montags·zug** *der* carnival procession on the day before Shrove Tuesday; **~öl** *das* attar of roses; **~quarz** *der* rose quartz; **~rot** *Adj.* deep pink; **~stock** *der* rose-tree; standard rose; **~strauß** *der* bunch *or* bouquet of roses; **~wasser** *das; o. Pl.* rose-water; **~züchter** *der* rose-grower
Rosette [ro'zɛtə] *die;* **~, ~n a)** *(Archit.)* rose-window; **b)** *(Verzierung, Bot.)* rosette
Rosé·wein *der* rosé wine
rosig 1. *Adj.* **a)** rosy ⟨face, complexion, etc.⟩; pink ⟨piglet etc.⟩; **~ und gesund aussehen** be glowing with health; **b)** *(fig.)* rosy; optimistic ⟨mood⟩; **etw. in den ~sten Farben schildern** paint sth. in the most glowing colours. **2.** *adv.* **ihm geht es nicht gerade ~:** things aren't too good with him
Rosine [ro'zi:nə] *die;* **~, ~n** raisin; *(Korinthe)* currant; **[große] ~n im Kopf haben** *(fig. ugs.)* have big ideas; **sich** *(Dat.)* **die ~n herauspicken** *od.* **aus dem Kuchen picken** *(fig. ugs.)* take the pick of the bunch [for oneself]
Rosinen-: ~brot *das* currant bread; *(Laib)* currant loaf; **~kuchen** *der* currant cake
Rosmarin ['ro:smari:n] *der;* **~s** rosemary
Roß [rɔs] *das;* **Rosses, Rosse** *od.* **Rösser** ['rœsɐ] **a)** *(geh.; südd., österr., schweiz. noch Normalspr.)* horse; steed *(poet./joc.);* **hoch zu ~** on horseback; *(scherzh.)* on one's [trusty] steed *(joc.);* **auf dem** *od.* **seinem hohen hen ~ sitzen** be on one's high horse; **von seinem** *od.* **vom hohen ~ herunterkommen** *od.* **-steigen** get down off one's high horse; **~ und Reiter nennen** name names; **b)** *Pl.* **Rösser** *(ugs.: Trottel)* fool; idiot
Roß- *s. auch* **Pferde-**
Rößlein ['rœslaɪn] *das;* **~s, ~ a)** *(landsch.)* small horse; **b)** *(Schach)* knight
Rössel·sprung *der* puzzle in which certain syllables make up a phrase *or* saying when taken in a sequence of knight's moves in a squared diagram
Roß-: ~haar *das* horsehair; **~kastanie** *die* horse-chestnut; **~kur** *die (ugs.)* drastic cure *or* remedy; **~täuscher** *der (abwertend)* con man *(coll.);* **~täuscherei** *die (abwertend)* confidence *or (coll.)* con trick
¹**Rost** [rɔst] *der;* **~[e]s, ~e a)** *(Gitter)* grating; grid; *(eines Ofens, einer Feuerstelle)* grate; *(Brat~)* grill; *(im Freien)* barbecue; **vom ~** *(Gastr.)* fresh from the grill; **auf dem ~ gegrillte Steaks** grilled steaks; *(im Freien)* barbecued steaks; **b)** *(Bett~)* base; frame
²**Rost** *der;* **-[e]s** *(auch Bot.)* rust; **~ ansetzen** begin to rust; rust
rost-, Rost-: ~beständig *Adj.* rust-resistant; *(absolut)* rust-proof; **~bildung** *die* rust-formation; rusting; **~braten** *der* grilled steak; *(österr.: Entrecote)* entrecôte; rib steak; **~brat·wurst** *die* grilled sausage; **~braun** *Adj.* reddish-brown; russet; auburn ⟨hair⟩

1417

Röst·brot ['rœst-, 'røːst-] das toast
Röste ['røːstə] die; ~, ~n *(Hüttenw.)* roasting furnace
rosten *itr. V.; auch mit sein* rust; *(auch fig.)* get rusty; **alte Liebe rostet nicht** *(scherzh.)* old habits die hard
rösten ['rœstn̩, 'røːstn̩] *tr. V.* **a)** roast ⟨coffee, malt, chestnuts, etc.⟩; toast ⟨bread⟩; **sich [in der Sonne] ~ lassen** roast oneself in the sun; **b)** *(bes. südd., österr., schweiz.: braten)* roast ⟨meat⟩; *(auf dem Grill)* grill ⟨meat⟩; *(in der Pfanne)* fry ⟨meat, fish, egg, potatoes, etc.⟩; *(in der heißen Asche/Glut)* bake ⟨potatoes⟩; **c)** *(Hüttenw.)* roast, calcine ⟨ore⟩
Röster der; ~s, ~ **a)** *(Toaster)* toaster; **b)** *(österr.) (Zwetgenmus)* plum purée; *(Holunderbeerenmus)* elderberry purée
Rösterei die; ~, ~en [coffee-/etc.] roasting establishment
rost-, Rost-: ~**farben,** ~**farbig** *Adj.* rust-coloured; russet; ~**fleck** der **a)** rust stain; **b)** *(rostige Stelle)* rust spot; *(größer)* patch of rust; ~**fraß** der rusting process; rusting *no art.;* ~**frei** *Adj.* **a)** *(nicht rostend)* stainless ⟨steel⟩; **b)** *(ohne Rost)* rust-free
Rösti ['røːsti] die; ~ *(schweiz. Kochk.)* thinly sliced fried potatoes *pl.*
rostig *adj.* rusty
Röst·kartoffeln *Pl.* fried potatoes
rost-, Rost-: ~**laube** die *(ugs.)* picturesque old rust-heap; ~**rot** *Adj.* rust-coloured; russet; ~**schutz** der **a)** protection *no art.* against rust; rust protection *no art.;* **b)** *(Mittel)* rust-proofing agent; ~**schutzfarbe** die anti-rust paint; ~**schutz·mittel** das *s.* ~schutz b; ~**stelle** die patch of rust; *(kleiner)* rust spot
rot [roːt] **1.** *Adj.* red; **ein Roter** *(ugs.: Wein)* a red [wine]; **ein Roter/eine Rote** *(ugs.) (Mensch mit roten Haaren)* a redhead; *(Sozialist)* a red *(coll.);* a leftie *(coll.);* **der Rote Platz** Red Square; **die Rote Armee** *(hist.)* the Red Army; **das Rote Meer** the Red Sea; **das Rote Kreuz** the Red Cross; **der Rote Halbmond/Löwe/Davidstern/die Rote Sonne** the Red Crescent/Lion/Star of David/Sun; ~ **werden** turn red; ⟨*person*⟩ go red; blush; ⟨*traffic-light*⟩ change to red; **er bekam einen ~en Kopf** he went red in the face; he blushed; **heute ~, morgen tot** *(Spr.)* here today, gone tomorrow; **lieber ~ als tot** *(ugs.)* better red than dead; *s. auch* **Faden a; Zahl. 2.** *adv.* red; ~ **gepunktet** with red dots *postpos., not pred.;* **etw.** ~ **schreiben/anstreichen** write/mark sth. in red; **[im Gesicht]** ~ **anlaufen** go red in the face
Rot das; ~, ~ *od.* ~**s a)** *(Schminke)* rouge; **die Ampel zeigt ~:** the traffic-lights are red; **bei ~ über die Kreuzung fahren** cross the junction on the red; *(Spielkartenfarbe)* hearts *pl.; s. auch* ²**Pik**
Rotarier [roˈtaːri̯ɐ] der; ~s, ~: Rotarian
Rotarmist [roˈtaʁmɪst] der; ~en, ~en *(hist.)* Red Army soldier
Rotation [rotaˈt͡si̯oːn] die; ~, ~en rotation
Rotations-: ~**achse** die axis [of rotation]; ~**druck** der; *o. Pl.* rotary printing *no art.;* ~**fläche** die *(Math.)* surface of revolution; ~**körper** der *(Math.)* solid of revolution; ~**maschine** die *(Druckw.)* rotary press
rot-, Rot-: ~**auge** das *(Zool.)* roach; ~**backig,** ~**bäckig** *Adj.* rosy-cheeked ⟨*child, girl*⟩; ruddy-cheeked ⟨*old man, farmer, etc.*⟩; ~**barsch** der rose-fish; ~**bart** der red-beard; red-bearded type *(coll.);* ~**blond** *Adj.* sandy ⟨*hair*⟩; sandy-haired ⟨*person*⟩; ~**braun** *Adj.* reddish-brown; russet; ~**buche** die [European] beech; ~**dorn** der [pink] hawthorn
Röte ['røːtə] die; ~, ~n **a)** *Pl.* red[ness]; **eine** ~ **stieg ihm ins Gesicht** his face reddened; he blushed; **b)** *(Bot.)* madder
Rötel ['røːtl] der; ~s, ~: red chalk
Röteln ['røːtl̩n] *Pl.* [die] ~: German measles *sing.*

röten 1. *tr. V.* redden; make red; **Scham rötete ihr Gesicht** her face went red with embarrassment. **2.** *refl. V.* go *or* turn red
rot-, Rot-: ~**fuchs** der **a)** *(Tier, Pelz)* red fox; **b)** *(Pferd)* chestnut; *(heller)* sorrel; **c)** *(ugs.: Rothaariger)* redhead; ~**gardist** der, ~**gardistin** die Red Guard; ~**gesichtig** *Adj.* red-faced; *(gesund, mit roten Backen)* ruddy-cheeked; ~**geweint** *Adj.* ⟨*eyes*⟩ red from crying; ~**glühend** *Adj.* red-hot; ~**glut** die red heat; ~**gold** das red gold; ~**grün** *Adj. (Politik)* ⟨*coalition*⟩ of Greens and Socialists; red-green ⟨*coalition*⟩; ~**grün·blindheit** [-'---] die *(Med.)* [red-green] colour-blindness; daltonism; ~**guß** der red brass; ~**haarig** *Adj.* red-haired; **eine Rothaarige/ein Rothaariger** a redhead; ~**haut** die *(ugs. scherzh.)* redskin; ~**hirsch** der red deer
rotieren [roˈtiːrən] *itr. V.* **a)** rotate; **b)** *(ugs.: hektisch sein)* flap *(coll.);* get into a flap *(coll.);* **er ist am Rotieren** he is in a flap *(coll.)*
Rot-: ~**käppchen** (das) Little Red Riding Hood; ~**kehlchen** das; ~**s,** ~: robin [red-breast]; ~**kohl** der, *(bes. südd., österr.)* ~**kraut** das red cabbage; ~**kreuz·schwester** die Red Cross nurse; ~**lauf** der *(Tiermed.)* swine erysipelas
rötlich ['røːtlɪç] *Adj.* reddish
rötlich·braun *Adj.* reddish-brown
rot-, Rot-: ~**licht** das; *o. Pl.* red light; **bei** ~**licht** under a red light; ~**liegende** das; ~**n** *(Geol.)* Rothliegende; ~**nasig** *Adj.* red-nosed
Rotor ['roːtɔʁ] der; ~s, ~en [roˈtoːrən] *(Technik)* rotor
rot-, Rot-: ~**schwanz** der, ~**schwänzchen** das redstart; ~**sehen** *unr. itr. V.* *(ugs.)* see red; ~**stichig** [~ʃtɪçɪç] *Adj. (Fot.)* with a red cast *postpos., not pred.;* ~**stichig sein** have a red cast; ~**stift** der red pencil; *(Kugelschreiber)* red ballpoint; **dem** ~**stift zum Opfer fallen** *(aufgegeben werden)* be scrapped; *(gestrichen werden)* be deleted; **den** ~**stift ansetzen** *(fig.)* make economies; ~**tanne** die common *or* Norway spruce
Rotte ['rɔtə] die; ~, ~n **a)** gang; mob; **b)** *(Milit.)* pair [operating together]; **c)** *(Jägerspr.) (von Wildschweinen)* herd; *(von Wölfen)* pack; **d)** *(Eisenb.)* gang
rotten *tr. V. (Textilw.)* ret ⟨*flax, hemp*⟩
Rotten·führer der *(Eisenb.)* foreman
Rottweiler ['rɔtvaɪlɐ] der; ~s, ~ *(Hunderasse)* Rottweiler
Rotunde [roˈtʊndə] die; ~, ~n *(Archit.)* rotunda
Rötung die; ~, ~en reddening
rot·wangig [-vaŋɪç] *Adj. (geh.) s.* rotbackig
Rot·wein der red wine
Rotwein-: ~**glas** das glass for red wine; ~**fleck** der red wine stain
Rotwelsch das; ~[s] thieves' cant *or* argot
Rot-: ~**wild** das *(Jägerspr.)* red deer; ~**wurst** die blood sausage
Rotz [rɔts] der; ~es *(salopp)* **a)** snot *(sl.);* **frech wie** ~ *(salopp)* cheeky as anything; ~ **und Wasser heulen** *(salopp)* cry one's eyes out; **der ganze** ~ *(salopp)* the whole bloody *(Brit. sl.)* *or* *(coll.)* damn lot; **b)** *(Tiermed.)* glanders *pl.*
Rotz·bengel der *(derb abwertend)* snotty brat *(sl.)*
rotzen *(derb)* **1.** *itr. V.* **a)** blow one's nose loudly; **b)** *(Schleim in den Mund ziehen)* sniff back one's snot *(sl.);* **c)** *(ausspucken)* gob *(coarse).* **2.** *tr. V.* spit
Rotz·fahne die *(derb)* snot-rag *(sl.)*
rotz·frech *(salopp)* **1.** *Adj.* insolent; snotty *(sl.);* **ein** ~**er Bengel** snotty little brat *(sl.).* **2.** *adv.* insolently; snottily *(sl.)*
rotzig 1. *Adj.* **a)** *(derb)* snotty *(sl.)* ⟨*nose, handkerchief, child*⟩; **b)** *(salopp: frech)* insolent; snotty *(sl.).* **2.** *adv. (salopp abwertend)* insolently; snottily *(sl.)*

Rotz·nase die **a)** *(derb)* snotty nose *(sl.);* **b)** *(salopp abwertend: Bengel)* snotty little brat *(sl.)*
rotznäsig [-nɛːzɪç] *(derb abwertend)* **1.** *Adj.* **a)** snotty-nosed *(sl.);* **b)** *(ungezogen)* snotty *(sl.).* **2.** *adv.* snottily *(sl.)*
Rouge [ruːʒ] das; ~s, ~s rouge
Roulade [ruˈlaːdə] die; ~, ~n *(Kochk.)* [beef/veal/pork] olive
Rouleau [ruˈloː] das; ~s, ~s [roller] blind
Roulett [ruˈlɛt] das; ~s, ~e, **Roulette** [ruˈlɛtə] das; ~s, ~s roulette
Route ['ruːtə] die; ~, ~n route
Routine [ruˈtiːnə] die; ~ **a)** *(Erfahrung)* experience; *(Übung)* practice; *(Fertigkeit)* proficiency; expertise; **b)** *(gewohnheitsmäßiger Ablauf)* routine *no def. art.;* **in** ~ **erstarrt sein** have got into a rut
routine-, Routine-: ~**angelegenheit** die routine matter; ~**mäßig 1.** *Adj.* routine; **2.** *adv.* as a matter of routine; ~**sache** die *s.* ~angelegenheit; ~**untersuchung** die routine examination
Routinier [rutiˈni̯eː] der; ~s, ~s experienced man; *(Experte)* expert
routiniert [rutiˈniːɐt] **1.** *Adj. (gewandt)* expert; skilled; *(erfahren)* experienced; **ihr Auftreten ist mir zu** ~: her manner is too slick for my taste. **2.** *adv.* expertly; skilfully
Rowdy ['raʊdi] der; ~s, ~s *(abwertend)* hooligan
Rowdytum das; ~s *(abwertend)* hooliganism
Royalist [ʁo̯aˈlɪst] der; ~en, ~en royalist
royalistisch 1. *Adj.* royalist. **2.** *adv.* along royalist lines; ~ **eingestellt sein** have royalist ideas
Ruanda ['ru̯anda] (das); ~s Rwanda
rubbeln ['rʊbl̩n] *tr., itr. V. (bes. nordd.)* rub [vigorously]
Rübe ['ryːbə] die; ~, ~n **a)** turnip; *(Zucker~)* [sugar-]beet; **rote** ~: beetroot; **gelbe** ~ *(südd.)* carrot; **b)** *(salopp: Kopf)* nut *(sl.);* **eins auf die** ~ **kriegen** get a bonk *or* bash on the nut *(sl.);* ~ **runter** *od.* **ab!** off with his/her head!
Rubel ['ruːbl̩] der; ~s, ~: rouble; **der** ~ **rollt** *(fig. ugs.)* the money keeps rolling in
Rüben-: ~**kraut** das; *o. Pl. (westd.)* [sugar-beet] syrup; ~**zucker** der beet sugar
rüber ['ryːbɐ] *Adv. (ugs.)* over
rüber-: ~|**dürfen** *unr. itr. V.* be allowed over; **über etw.** *(Akk.)* ~**dürfen** be allowed to cross sth.; ~|**gehen** *unr. itr. V.; mit sein* go over; **bei Rot** ~**gehen** cross over when the lights are red; ~|**kommen** *unr. itr. V.; mit sein* **a)** come over; **komm doch einen Moment** ~: come over here a moment; **b)** *(~können)* manage to get over/across; **über die Straße/die Mauer nicht** ~**kommen** be unable to cross the road/get over the wall; **c)** *(salopp: verstanden werden)* come across; ~|**können** *unr. itr. V.* be able to get over *or* across; **über etw.** *(Akk.)* ~**können** be able to cross sth.; ~|**müssen** *unr. itr. V.* have to get over *or* across; **über etw.** *(Akk.)* ~**müssen** have to cross sth.; **er muß wieder** ~ **nach Amerika** he has to go back to America; ~|**schicken** *tr. V.* send over; ~|**sollen** *unr. itr. V.* be supposed to go over; **soll der Schrank auch** ~**?** is the cupboard to go over there too?; ~|**steigen** *unr. itr. V.; mit sein* **[über etw.** *(Akk.)***]** ~**steigen** climb over [sth.]; ~|**wollen** *unr. itr. V.* want to get over *or* across; **über etw.** *(Akk.)* ~**wollen** want to cross sth.; **[in den Westen/Osten]** ~**wollen** want to cross over to the West/East
Rübezahl ['ryːbət͡saːl] der; ~s Rübezahl *(spirit of the Sudeten Mountains)*
Rubikon ['ruːbikɔn] der; ~s *(hist.)* in: **den** ~ **überschreiten** cross the Rubicon
Rubin [ruˈbiːn] der; ~s, ~e ruby
rubin·rot *Adj.* ruby[-red]
Rüb-: ['ryːp-]: ~**kohl** der *(schweiz.)* kohlrabi; ~**öl** das rape-oil

Rubrik [ru'bri:k] die; ~, ~en (Spalte) column; (Zeitungs~) column; section; (fig.: Kategorie) category; **unter der ~ ...**: under the heading [of] ...; (in der Zeitung usw.) in the ... section

Rüb·samen der oilseed rape

Ruch [ru:x] der; ~[e]s [bad] reputation; **im ~ der Korruption stehen** have the reputation of being corrupt

ruch·bar Adj. in ~ **werden** (geh.) become known

ruch·los (geh.) 1. Adj. dastardly; heinous ⟨crime⟩. 2. adv. in a dastardly fashion

Ruchlosigkeit die; ~: dastardliness

Ruck [rʊk] der; ~[e]s, ~e jerk; **ein ~ nach links** (Politik) a sudden swing to the left; **in einem ~** (fig. ugs.) in one go; **sich** (Dat.) **einen ~ geben** (fig.) pull oneself together

Rück·antwort die reply; **um ~ wird gebeten** please reply

ruck·artig 1. Adj. jerky. 2. adv. (mit einem Ruck) with a jerk

rück-, Rück-: ~**besinnung** die recollection (auf + Akk. of); **eine ~besinnung auf bewährte Tugenden** a return to traditional virtues; ~**bezüglich** (Sprachw.) 1. Adj. reflexive; 2. adv. reflexively; ~**bildung** die a) (Biol.) atrophy; b) (Med.) regression; c) (Sprachw.) back-formation; ~**blende** die flashback; ~**blick** der look back (auf + Akk. at); retrospective view (auf + Akk. of); **im ~blick** in retrospect; ~**blickend** 1. Adj. retrospective; 2. adv. retrospectively; in retrospect; ~**datieren** tr. V.; nur im Inf. u. 2. Part. backdate

ruckeln ['rʊkl̩n] itr. V. (bes. nordd., mitteld.) give a slight jolt

rucken 1. itr. V. jerk; give a jerk; ⟨car⟩ jolt; give a jolt; 2. tr. V. jerk

rücken [ˈrʏkn̩] 1. tr. V. move; **den Tisch an die Wand ~**: move or push the table against the wall; **es ließ sich nicht von der Stelle ~**: it was impossible to shift it; **etw. in ein völlig neues Licht ~** (fig.) show sth. in a completely new light. 2. itr. V. a) mit sein move; **der Zeiger rückte auf 12** the hand moved up to 12; **mit seinem Stuhl näher an den Tisch ~**: move one's chair closer to the table; **jmdm. auf den Balg** od. **Pelz** od. **die Pelle ~** (ugs.) squeeze right up to sb; **die Polizei ist mir auf der Pelle** od. **den Pelz gerückt** (fig.) the police are breathing down my neck; **kannst du ein bißchen ~?** could you move up/over a bit?; **mit dem König ein Feld nach vorn ~** (Schach) move the king forwards one square; **ins Feld/ins Manöver ~** (Milit.) move into the field/go on manœuvres; **in weite Ferne ~** (fig.) recede into the distance; ⟨project⟩ become an increasingly remote possibility; **b) an etw.** (Dat.) ~ (ziehen) pull at sth.; ⟨schieben⟩ push at sth.; **an seiner Krawatte/Brille ~**: adjust one's tie/glasses; **hört auf, mit den Stühlen zu ~!** stop shifting your chairs

Rücken der; ~s, ~: a) back; **ein Stück vom ~** (Rindfleisch) a piece of chine; (Hammel, Reh) a piece of saddle; **auf dem ~ liegen** lie on one's back; **legen Sie sich bitte auf den ~!** please lie [down] on your back; **jmdm. die Hände auf den ~ binden** tie sb.'s hands behind his/her back; **~ gegen** od. **an ~ stehen** stand back to back; **es lief mir [heiß und kalt] über den ~**: [hot and cold] shivers ran down my spine; **die Sonne/den Wind im ~ haben** have the sun/wind behind one; **verlängerter ~** (scherzh.) backside; posterior (joc.); **jmdm. den ~ zuwenden** turn one's back on sb.; **jmdm./einer Sache den ~ kehren** (fig.) turn one's back on sb./sth.; **give sb./sth. up**; **jmdm. den ~ stärken** od. **steifen** (fig.) give sb. moral support; **den ~ frei haben** be free of any obligations; not be tied [down]; **sich** (Dat.) **den ~ freihalten** (fig.) not commit oneself; not enter into any obligations; **jmdm. den ~ freihalten** od. decken (fig.) ensure sb. is not troubled with other problems; **hinter jmds. ~** (Dat.) (fig.) behind sb.'s back; **im ~** (fig.) behind one; **er hat die Gewerkschaft im ~** (fig.) he has the backing of the union; **jmdm. in den ~ fallen** (fig.) stab sb. in the back; **mit dem ~ an der** od. **zur Wand** (fig.) with one's back to the wall; **mit dem ~ zur Wand stehen** (fig.) have one's back to the wall; b) (Rückseite) back; (Buch~) spine; (der Nase) bridge; (des Berges) ridge; c) o. Pl. s. ~**schwimmen**

rücken-, Rücken-: ~**aus·schnitt** der back neckline; **mit tiefem ~ausschnitt** with a low[-cut] back; ~**deckung** die a) (bes. Mittel) rear cover; b) (Unterstützung) backing; **jmdm. ~deckung geben** give sb. one's backing; ~**flosse** die dorsal fin; ~**frei** Adj. backless ⟨dress⟩; ~**lage** die supine position; **in [der] ~lage** on one's back; ~**lehne** die [chair/seat] back; ~**mark** das (Anat.) spinal marrow or cord

Rücken·mark[s]-: ~**entzündung** die (Med.) myelitis no indef. art.; ~**erweichung** die (Med.) myelomalacia no indef. art.; ~**punktion** die (Med.) spinal puncture

Rücken-: ~**muskulatur** die back or (Anat.) dorsal muscles pl.; ~**schild** das (Bürow.) spine label; ~**schmerzen** Pl. backache sing.; ~**schwimmen** das backstroke; ~**stärkung** die [moral] support

Rück·entwicklung die s. Rückbildung a, b

Rücken-: ~**wind** der tail or following wind; ~**wind haben** have a tail or following wind; (fig.) be making good progress; **mit ~wind spielen** play with the wind behind one; ~**wirbel** der (Anat.) dorsal vertebra

rück-, Rück-: ~**erinnerung** die recollection; reminiscence; ~**erstatten** tr. V.; nur im Inf. u. 2. Part. repay; **jmdm. die Reisekosten ~erstatten** repay or reimburse sb. his/her travelling expenses; ~**erstattung** die repayment; reimbursement; (von Steuern) rebate; ~**fahr·karte** die; ~**fahr·schein** der return [ticket]; ~**fahr·scheinwerfer** der (Kfz-W.) reversing light; ~**fahrt** die return journey; **auf der ~fahrt** on the return journey or way back; ~**fall** der a) (Med., auch fig.) relapse; **einen ~fall bekommen** od. **erleiden** have or suffer a relapse; **ein ~ in alte Gewohnheiten/in die Barbarei** usw. (fig.) a relapse into or return to old habits/to barbarism etc.; b) (Rechtsspr.) Diebstahl/Einbruch im ~**fall** subsequent or second offence of theft/burglary; ~**fällig** Adj. a) (Med., auch fig.) relapsed ⟨patient, alcoholic, etc.⟩; **[wieder] ~fällig werden** have a relapse; ⟨alcoholic etc.⟩ go back to one's old ways; b) (Rechtsspr.); ~**fällig werden** commit a second offence; ~**fall·täter** der (Rechtsspr.) recidivist; subsequent or second offender; ~**flug** der return flight; ~**fluß** der reflux; return flow; ~**frage** die query; **nach telefonischer ~frage** after checking up on the telephone; ~/**fragen** itr. V.; nur im Inf. u. 2. Part. query it; **bei jmdm. ~fragen** raise a query with sb.; check with sb.; ~**front** die back; rear; ~**führung** die return; (in die Heimat) repatriation; ~**gabe** die a) return; **gegen ~gabe der Eintrittskarte** upon returning the [entrance] ticket; b) (Ballspiele) back pass; ~**gabe·recht** das right of return; ~**gang** der drop, fall (+ Gen. in); (qualitätsmäßig) decline (+ Gen. in); **ein ~gang an Besuchern/Geburten** usw. a decrease in the number of visitors/births etc.

-rückgang der decrease in ...; **Preis-/Produktions-~**: drop in price/fall in output

rück-, Rück-: ~**gängig** Adj. a) ⟨gängig machen⟩ cancel ⟨agreement, decision, etc.⟩; break off ⟨engagement⟩; **einen Kauf ~gängig machen** return what one has bought; **es läßt sich nicht mehr ~gängig machen** what's done cannot be undone; b) (im ~gang begriffen) on the decline postpos.; ~**gebildet** Adj. a) (Biol.) atrophied; b) (Sprachw.) produced by back-formation; ~**gewinnung** die recovery (aus from); **die ~gewinnung von Rohstoffen aus Müll** the recovery or reclaiming of raw materials from waste products; **der Partei ist die ~gewinnung des Rathauses nicht gelungen** the party did not succeed in regaining control of the town council; ~**grat** das spine; (bes. fig.) backbone; ~**grat haben/kein ~grat haben** have guts (coll.)/be spineless; ~**grat zeigen** show [real] guts (coll.) or fight; **jmdm. das ~grat brechen** (fig.) break sb.'s resistance; ~**grat[s]·verkrümmung** die (Med.) spinal curvature; ~**griff** der a) recourse; **es bleibt immer noch der ~griff auf unsere Reserven** we can always have recourse to our reserves; b) (das Wiederaufgreifen) return (auf + Akk. to); ~**halt** der a) support; backing; **er hat an seinen Freunden einen festen ~halt** he gets firm support or backing from his friends; b) **in ohne ~halt** without reservation; unreservedly; ~**halt·los** 1. Adj. unreserved, unqualified ⟨criticism, support⟩; complete, absolute ⟨frankness⟩; ⟨fight⟩ with no holds barred; 2. adv. unreservedly; without reservation; ⟨trust⟩ completely, absolutely; ⟨confess⟩ with complete frankness; ⟨fight⟩ with total commitment; ~**hand** die (Sport, bes. Tennis) backhand; **einen Ball mit [der] ~hand schlagen/annehmen** hit/take the ball on one's backhand; ~**kauf** der repurchase; (einer Versicherung) surrender; ~**verkaufs·recht** das (Rechtsw.) right of repurchase

Rückkehr ['rʏkkeːɐ̯] die; ~: return; **jmdn. zur ~ [nach Litauen] bewegen** persuade sb. to return [to Lithuania]

Rückkehrer der; ~s, ~: home-comer; **aus dem Urlaub** people returning from holiday

rückkoppeln tr. V.; nur im Inf. u. 2. Part. (Elektrot.) feed back; **A mit B ~** (fig.) [re-]create links between A and B

Rück·kopp[e]lung die (Elektrot.) feedback; (fig.) [re-]creation of links

Rückkunft [-kʊnft] die; ~ (geh.) return

rück-, Rück-: ~**lage** die a) (Spargeld) savings pl.; **eine kleine ~lage haben** have a small sum saved up; have a small nest-egg; b) (Wirtsch.: Reserve) reserves pl.; (Sozialw.) credit reserve; ~**lauf** der (~fluß) return flow; b) (~transport) return; c) (bei Maschinen) return travel; (beim Tonbandgerät) rewind; ~**läufig** 1. Adj. a) (sinkend) decreasing ⟨number⟩; declining ⟨economic growth etc.⟩; falling ⟨rate, production, etc.⟩; ~**e Entwicklung** downward trend; decline; b) (rückwärts verlaufend) reverse ⟨process, dictionary⟩; reverse, retrograde ⟨motion⟩; ~**läufiges Wachstum** reversal of growth; 2. adv. in reverse order; ~**licht** das rear- or tail-light

rücklings Adv. a) (auf dem Rücken) on one's back; b) (mit dem Rücken nach vorn) facing backwards

Rück-: ~**marsch** der march back; (~zug) retreat; **sich auf dem ~marsch befinden** ⟨troops, tanks⟩ be returning from the front/be retreating; ~**nahme** [~naːmə] die taking back; (einer Behauptung, einer Anordnung, einer Klage usw.) withdrawal; (eines Verbotes) cancellation; **die ~nahme von etw. verweigern** refuse to take sth. back; ~**paß** der (Sport) back pass; ~**porto** das return postage; ~**prall** der rebound; (eines Geschosses) ricochet; ~**reise** die return journey; ~**ruf** der a) (Fernspr.) return call; **ich erwarte deinen ~ruf** I shall wait for you to phone back; b) (das Zurückbeordern) recall

Ruck·sack der rucksack; (Touren~) backpack

1419

Rucksack·tourist der back-packer
rück-, Rück-: **~schau** die review *(auf + Akk. of)*; **~schau halten** look back; **~schau auf etw.** *(Akk.)* **halten** pass sth. in review; review sth.; **~schlag der a)** set-back; **in seinem Leben gab es immer wieder ~schläge** throughout his life he suffered repeated set-backs; **b)** *(Tennis, Tischtennis usw.)* return; **~schlag·ventil** das *(Technik)* non-return valve; check-valve; **~schluß der** conclusion *(auf + Akk.* about); **aus etw. ~schlüsse auf etw.** *(Akk.)* **ziehen** draw conclusions from sth. about sth.; **~schritt der** retrograde step; **das ist kein Fortschritt, sondern ein ~schritt** that's not a forward, but a backward step; **~schrittlich 1.** *Adj.* reactionary; retrograde ⟨*development*⟩; **2.** *adv.* **~schrittlich eingestellt sein** have reactionary ideas; **~schwung der** *(Turnen)* backward swing; **~seite die** back; rear; *(eines Gebäudes usw.)* back; rear; *(einer Münze usw.)* reverse; *(des Mondes)* far side; **siehe ~seite** see over[leaf]; **auf der ~seite eines Tiefs** *(Met.)* in the rear of *or* behind a depression; **~seitig 1.** *Adj.; nicht präd.* rear, back ⟨*entrance*⟩; *(explanation etc.)* overleaf; **2.** *adv.* **~seitig gelegen** situated at the back *or* rear; **~sendung die** return; **~sicht die a)** *o. Pl.* consideration; **mit ~sicht auf etw.** *(Akk.)* taking sth. into consideration; **~sicht auf jmdn. nehmen** show consideration for *or* towards sb.; *(Verständnis haben)* make allowances for sb.; **ohne ~sicht auf etw.** *(Akk.)* with no regard for *or* regardless of sth.; **ohne ~sicht auf Verluste** *(ugs.)* regardless; **keine ~sicht kennen** show no consideration; *(unbarmherzig sein)* be ruthless; **b)** *(Erwägung, Grund)* **~en** considerations; **aus finanziellen ~en** for financial reasons; **c)** *o. Pl. (Sicht nach hinten)* rear view; **~sicht·nahme die; ~:** consideration; **unter ~sichtnahme** *(Dat.)* **auf etw.** *(Akk.)* taking sth. into consideration/making allowances for sth.; **gegenseitige ~sichtnahme ist notwendig** it is essential that people show mutual consideration
rücksichts-, Rücksichts-: **~los 1.** *Adj.* **a)** inconsiderate; thoughtless; **ein ~loser Autofahrer** an inconsiderate driver; *(verantwortungslos)* a reckless driver; **b)** *(schonungslos)* ruthless; **ein ~loser Kampf** a bitter struggle; a fight with no holds barred; **2.** *adv.* **a)** inconsiderately; thoughtlessly; *(verantwortungslos)* recklessly; **sich ~los durch die Menge schieben** shove one's way through the crowd regardless of anyone else; **b)** *(schonungslos)* ruthlessly; **~los die Wahrheit sagen** tell sb. the truth regardless of his/her feelings; **~losigkeit die; ~, ~en a)** lack of consideration; thoughtlessness; *(Verantwortungslosigkeit)* recklessness; **so eine ~losigkeit!** how inconsiderate or thoughtless!; **b)** *(Schonungslosigkeit)* ruthlessness; **~voll** *Adj.* considerate; thoughtful; **2.** *adv.* considerately; thoughtfully
rück-, Rück-: **~sitz der** back seat; **auf dem ~sitz/den ~sitzen** in the back; in *or* on the back seat/seats; **~spiegel der** rear-view mirror; **~spiel das** *(Sport)* second *or* return leg; **~sprache die** consultation; **[mit jmdn.] ~sprache nehmen** *od.* **halten** *(Papierdt.)* consult [sb.]; **~stand der a)** *(Übriggebliebenes, Rest)* residue; **radioaktive ~stände** traces of radioactivity; **b)** *(offener Rechnungsbetrag)* **~stände/ein ~stand** arrears *pl.*; **~stände pl.**; **c)** *(Zurückbleiben hinter dem gesetzten Ziel, Soll usw.)* backlog; *(bes. Sport: hinter dem Gegner)* deficit; [mit den Zahlungen/mit der Arbeit usw.] **im ~stand sein/in ~stand** *(Auto.)* **geraten** be/get behind [with one's payments/work *etc.*]; **seinen/einen ~stand aufholen** *(bei der Arbeit)* make up for

catch up one's/a backlog; *(bei einem Spiel/Rennen)/(fig.) bei der Rüstung usw.)* make up the deficit; close the gap; **die Mannschaft lag mit 0 : 3 im ~stand** *(Sport)* the team was trailing by three to nil; **mit 38 Hundertstel Sekunden ~stand auf den zweiten Platz kommen** *(Sport)* take second place .38 of a second behind; **~ständig** *Adj.* **a)** *(unterentwickelt)* underdeveloped; backward; **b)** *(überholt)* outdated; antiquated; **~ständig sein** be behind the times; **c)** *(schon länger fällig)* outstanding ⟨*payment, amount*⟩; ⟨*wages*⟩ still owing; **~ständige Steuern** tax arrears; **~ständigkeit die; ~ a)** backwardness; **b)** *(Überholtheit)* outdated nature; *(Ansichten)* old-fashioned or antiquated ideas *pl.*; **~stau der** *(von Wasser)* backing up; backwater; *(von Fahrzeugen)* tailback; **~stellung die a)** *(das Zurückstellen)* postponement (**um** by); **eine ~stellung vom Wehrdienst** a temporary exemption from military service; **b)** *(Wirtsch.)* reserve [fund]; **~stoß der** *(Physik)* reaction; *(einer Feuerwaffe)* recoil; **~strahler der** reflector; **~stufung die** downgrading; **~taste die** backspacer; backspace key; **~tausch der: beim ~tausch [von Devisen]** when changing currency back; **~tritt der a)** *(von einem Amt)* resignation (**von** from); *(von einer Kandidatur, von einem Vertrag usw.)* withdrawal (**von** from); **b)** **~trittbremse**; **~trittbremse die** back-pedal brake
Rücktritts-: **~drohung die** threat to resign; **~erklärung die** announcement of one's intention to resign; **~gesuch das** offer of resignation; **sein ~gesuch einreichen** hand in *or* tender one's resignation; **~recht das** right to withdraw [from a contract]
rück-, Rück-: **~|übersetzen** *tr. V.; nur im Inf. u. 2. Part.* translate back; **~übersetzung die** back-translation; **~|vergüten** *tr. V.; nur im Inf. u. 2. Part.* refund; **~vergütung die** refund; **~versicherer der a)** *(ugs. abwertend)* cagey type (coll.) *(who does nothing without covering himself/herself)*; **b)** *(Versicherungsgesellschaft)* reinsurer; **~|versichern** *refl. V.; nur im Inf. u. 2. Part.* **a)** cover oneself [two ways]; hedge one's bets; **b)** *(Versicherungsw.)* reinsure; **~versicherung die a)** [double] insurance; *(Schutz)* safeguard; protection; **b)** *(Versicherungsw.)* reinsurance; **~wand die** back wall; *(eines Regals usw.)* back; **~wanderer der** repatriate
rückwärtig [-vɛrtɪç] **1.** *Adj.* **a)** back; rear; **die ~e Seite** the back *or* rear; **auf den ~en Verkehr achten** keep an eye on the traffic behind [one]; **b)** *(Milit.)* rearward *(lines of communication)*. **2.** *adv.* **die ~e gelegene Tür** the door at the back
rückwärts [-vɛrts] *Adv.* **a)** backwards; **ein Blick [nach] ~:** a look back; a backward look; **ein Salto/eine Rolle ~:** a back somersault/backward roll; **~ fahren** reverse; **~ einparken** reverse *or* back into a parking-space; **b)** *(südd., österr.: hinten)* behind; [etwa] **weiter ~:** [a little] further back; **~ einsteigen!** enter at the rear [of the vehicle]; **sich nach ~ fallen lassen/lehnen** fall/lean back
rückwärts-, Rückwärts-: **~bewegung die** backward movement; **~drehung die** turn backwards; **durch ~drehung einer Sache** *(Gen.)* by turning sth. back; **~gang der** *(Kfz-W.)* reverse [gear]; **im ~gang in reverse**; **den ~gang einlegen** *(auch fig.)* go into reverse; **~|gehen** *unr. itr. V.*; *(mit sein* go down; *(unpers.: schlechter werden)* get worse; **es ist mit dem Umsatz immer mehr rückwärtsgegangen** the turnover has gone down and down; **~gewandt** *Adj.* **a)** turned backwards *postpos.*; **b)** *(fig.: rückblickend)* backward-looking

Rückweg der return journey; **auf dem ~:** on the way back; **den ~ antreten**, **sich auf den ~ machen** set off *or* start on one's way back; **jmdm. den ~ abschneiden** cut off sb.'s line of retreat
ruck·weise 1. *Adv. (mit einem Ruck)* with a jerk; *(mit mehreren)* in a series of jerks. **2.** *adj.* jerky
rück-, Rück-: **~wendung die** reorientation; **~wirkend 1.** *Adj.* retrospective; backdated *(pay increase)*; **2.** retrospectively; **~wirkend vom** *od.* **zum 1. April in Kraft treten** take effect [retrospectively] as from 1 April; **die Gehaltserhöhung erfolgt ~wirkend vom 1. Januar** the rise (Brit.) or (Amer.) raise is *or* has been backdated to 1 January; **~wirkung die a)** *(zeitlich)* retrospective force; **mit ~wirkung vom ...:** [retrospectively] as from ...; **b)** *(Auswirkung)* repercussion (**auf +** *Akk.* on); **~zahlbar** *Adj.* repayable; **~zahlung die** repayment; **~zahlungs·bedingungen** *Pl.* repayment terms; **~zieher der; ~s, ~ a)** *(Fußball)* overhead kick; **b)** *(fig. ugs.) (von Behauptungen, Forderungen usw.)* climb-down; *(von einem Vorhaben)* backing out *no art.*; **einen ~zieher machen** climb down/back out; *(salopp: Coitus interruptus)* pull out (coll.)
ruck, zuck [rʊk 'tsʊk] *Interj.* in no time; **~, ~** gehen only take a moment *or* second
Rück·zug der retreat; **auf dem ~ sein** be retreating; **jmdn. zum ~ zwingen** force sb. to retreat
Rückzugs-: **~gebiet das** reserve *(for native inhabitants/wild animals)*; **~gefecht das** *(Milit., fig.)* rearguard action
rüde ['ry:də] **1.** *Adj.* uncouth; coarse ⟨*language*⟩. **2.** *adv.* in an uncouth manner
Rüde der; ~n, ~n a) *(Hund)* [male] dog; *(Fuchs/Wolf)* [male] fox/wolf; **unser Hund ist ein ~:** our dog is a male; **b)** *(Jägerspr.: Hetzhund)* hound; hunting dog
Rudel ['ru:dl] *das; ~s, ~* *(von Hirschen, Gemsen)* herd; *(von Wölfen, Hunden)* pack; *(fig.: von Menschen)* horde
Ruder ['ru:dɐ] *das; ~s, ~* **a)** *(Riemen)* oar; **sich in die ~ legen** *(kräftig rudern)* row strongly or vigorously; *(fig. ugs.: etw. in Angriff nehmen)* put one's back into it; **b)** *(Steuer-)* rudder; *(Steuerrad)* helm; **am ~ sein/bleiben** *(fig.)* be/stay at the helm; **das ~ fest in der Hand haben** *(fig.)* be firmly in control; **das ~ herumwerfen** *(fig.)* change course or tack; **ans ~ kommen** *(fig.)* take the helm; ⟨*party, leader*⟩ come to power; **aus dem ~ laufen** *(auch fig.)* go off course; **c)** *(eines Flugzeugs) (Höhen-)* elevator; *(Seiten-)* rudder
Ruder-: **~bank die;** *Pl.* **~bänke** *(einer Galeere)* oarsman's bench; **~blatt das a)** *(eines Steuerruders)* rudder [blade]; **b)** *(eines Riemens)* blade; **~boot das** rowboat; rowing-boat (Brit.)
Ruderer der; ~s, ~: oarsman; rower
Ruder-: **~gänger der; ~s, ~:** *(Seemannsspr.)* helmsman; **~haus das** *(Seemannsspr.)* wheel-house
-ruderig *Adj.* -oared
Ruderin die; ~, ~nen oarswoman; rower
rudern 1. *itr. V.* **a)** meist, mit Richtungsangabe *nur, mit sein* **a)** *(fig.)* **mit den Armen ~:** swing one's arms [about]; **c)** *mit sein* ⟨*water-fowl*⟩ paddle. **2.** *tr. V.* row ⟨*boat, person, object*⟩
Ruder-: **~pinne die** tiller; **~regatta die** rowing regatta; **~sport der** rowing *no art.*
Rudiment [rudiˈmɛnt] *das; ~[e]s, ~e* **a)** *(Biol., geh.)* vestige; **b)** *Pl. (veralt.: Grundbegriffe)* rudiments
rudimentär [rudimɛnˈtɛːɐ] *(Biol., geh.)* **1.** *Adj.* rudimentary. **2.** *adv.* in a rudimentary form
Ruf [ruːf] *der; ~[e]s, ~e* **a)** call; *(Schrei)* shout; cry; *(Tierlaut)* call; **b)** *o. Pl. (fig.*

Aufforderung, Forderung) call (**nach** for); **der ~ zu den Waffen** *(geh.)* the call to arms; **dem ~ des Herzens/Gewissens/der Natur folgen** *od.* **gehorchen** follow one's heart/ listen to the voice of conscience/nature; **der ~ nach der Todesstrafe** the call for the death penalty; **c)** *(Berufung)* **sie bekam einen ~ an die Universität Bremen** *od.* **nach Bremen** she was offered a chair *or* professorship at Bremen University; **d)** *o. Pl. (Papierdt.: Telefonnummer)* telephone [number]; **~ 33700** tel. [no.] 33700; **e)** *(Leumund)* reputation; **eine Firma von ~ :** a firm of repute *or* with a good reputation; **ein Mann von gutem/schlechtem ~ :** a man with a good/bad reputation; **jmdn./etw. in schlechten ~ bringen** give sb./sth. a bad name; **besser als sein ~ sein** be not as bad as one/it is made out to be; **ist der ~ erst ruiniert, lebt es sich ganz ungeniert** *(Spr.)* you needn't worry if you've no reputation to lose

Rufe ['ruːfə], **Rüfe** ['ryːfə] **die; ~, ~n** *(schweiz.)* landslide

rufen 1. *unr. itr. V.* **a)** call (**nach** for); *(schreien)* shout (**nach** for); *⟨animal⟩* call; **hast du sein Rufen nicht gehört?** didn't you hear him calling?; **jmdm. ~** *(südwestd., schweiz.)* call to sb.; **Mutter/der Gong ruft zum Essen** mother is calling [out] that lunch/dinner is ready/the gong is sounding for lunch/dinner; **die Glocke ruft zum Gottesdienst/Gebet** the bell is calling to worship/prayer; **die Pflicht/die Arbeit ruft** *(fig.)* duty calls; **b)** *(schweiz.: hervorrufen)* **einer Sache ~** cause sth.; give rise to sth. **2.** *unr. tr. V.* **a) etw. ~:** call sth.; *(schreien)* shout sth.; *(unpers.)* **aus dem Zimmer rief es: „Herein!"** from inside the room a voice called 'come in'!; **b)** *(herbei-)* **jmdn. ~ :** call sb.; **jmdn. zu Hilfe ~ :** call to sb. to help; **dringende Geschäfte riefen ihn nach München** *(fig.)* he was called to Munich on urgent business; **jmdm./sich** *(Dat.)* **etw. ins Gedächtnis** *od.* **in Erinnerung ~ :** remind sb. of sth./recall sth.; **[jmdm.] wie gerufen kommen** *(ugs.)* come at just the right moment; **du kommst/der Wind kommt mir wie gerufen** you're just the person I wanted/the wind is just what I wanted; **c)** *(telefonisch)* call; **jmdn. [unter der Nummer 347106] ~ :** call *or* ring sb. [on 347106]; **~ Sie 888666** ring 888666; *(über Funk)* **Teddybär ruft Zeppelin** Teddy Bear calling Zeppelin; **d)** *(nennen)* **jmdn./***(südwestd., schweiz.:)* **jmdm. etw. ~ :** call sb. sth.; **e)** *(geh., veralt.: anreden)* **jmdn. bei** *od.* **mit seinem Namen ~ :** address sb. by name. **3.** *refl. V.* **sich heiser ~ :** call until one is hoarse; *(schreien)* shout oneself hoarse

Rufer **der; ~s, ~ :** person calling; **ein ~ in der Wüste** *(fig. geh.)* a voice [crying] in the wilderness

Rüffel ['ryfl] **der; ~s, ~** *(ugs.)* ticking-off *(coll.)*

rüffeln *tr. V.* *(ugs.)* **jmdn. ~ :** tick sb. off *(coll.)*

Ruf-: **~mord der** character assassination; **~mord·kampagne die** smear campaign; **~name der** first name *(by which one is generally known)*; **~nummer die** telephone number; **~säule die** emergency telephone *(mounted in a pillar)*; **~weite die: in/außer ~weite sein** be within/beyond hailing distance; **~zeichen das a)** *o. Pl. (Fernspr.)* ringing tone; **b)** *(österr.: Ausrufezeichen)* exclamation mark

Rugby ['rakbi] **das; ~[s]** rugby [football]

Rüge ['ryːgə] **die; ~, ~n** reprimand; **jmdm. eine ~ wegen etw.** *(Gen.)* **erteilen** reprimand sb. for sth.; **eine ~ erhalten** be reprimanded

rügen *tr. V.* reprimand *(person)* (**wegen** for); *(mit Nachdruck kritisieren)* censure *⟨carelessness etc.⟩*; **Mängel ~ :** complain about faults *or* defects

Ruhe ['ruːə] **die; ~ a)** *(Stille)* silence; **im Saal herrschte absolute ~ :** there was dead silence *or* a complete hush in the hall; **endlich war im Klassenzimmer ~ eingetreten** at last the classroom had become quiet; **die nächtliche ~ stören** disturb the nocturnal peace; **~ [bitte]!** quiet *or* silence [please]!; **[einen Moment] um ~ bitten** ask for [a moment's] silence; **jmdn. um ~ bitten** ask sb. to be quiet; **~ geben/halten** be/keep quiet; **jmdn. zur ~ ermahnen** tell sb. to be quiet; **b)** *(Ungestörtheit)* peace; **in ~ [und Frieden]** in peace [and quiet]; **von jmdm. ~ haben** not be bothered by sb.; **ich möchte mal meine ~ haben** I should like [to have] some peace [and quiet]; **er braucht ~ bei seiner Arbeit** he needs peace and quiet *or* must not be disturbed while he is working; **die [öffentliche] ~ wiederherstellen** restore [law and] order; **für ~ und Ordnung sorgen** uphold *or* preserve law and order; **jmdn. in ~ lassen** leave sb. in peace; **laß mich in ~ !** leave me alone!; **jmdn. mit etw. in ~ lassen** stop bothering sb. with sth.; **jmdn. nicht zur ~ kommen lassen** give sb. no peace; **keine ~ geben** not stop pestering; *(nicht nachgeben)* not give up; *(weiter protestieren)* go on protesting; **hier hast du fünf Mark, aber nun gib auch ~ !** here's five marks, but now stop bothering me/us; **c)** *(Unbewegtheit)* **zur ~ kommen** come to rest; *⟨wheel⟩* stop turning; **die ~ vor dem Sturm** the calm before the storm; **d)** *(Erholung, das Sichausruhen)* rest no *def. art.*; **der ~ pflegen** *(geh.)* take it *or* things easy; seek repose *(literary)*; **angenehme ~** *(geh.)* sleep well; **sich zur ~ begeben** *(geh.)* retire [to bed]; **die ewige ~** *(geh.)* eternal rest; **jmdn. zur letzten ~ betten** *(geh.)* lay sb. to rest; **e)** *(Ruhestand)* **sich zur ~ setzen** take one's retirement; retire (**in** + *Dat.* to); **f)** *(Gelassenheit)* calm[ness]; composure; **er ist die ~ selbst** *(ugs.)* he is calmness itself; **[die] ~ bewahren/die ~ verlieren** keep calm/lose one's composure; **keep/lose one's cool** *(coll.)*; **sich aus der ~ bringen lassen** let oneself get worked up; *(ängstlich werden)* let oneself get rattled *(sl.)*; **in [aller] ~ :** [really] calmly; **lesen Sie sich die Prüfungsaufgaben in [aller] ~ durch** read through the examination questions calmly and in your own time; **ich muß mir das in [aller] ~ überlegen** I must have a quiet think about it; **jmdm. keine ~ lassen** not give sb. any peace; **der Gedanke läßt ihm keine ~ mehr** he can't stop thinking about it; **die ~ weghaben** *(ugs.)* be completely unflappable *(coll.)*; **~ ist die erste Bürgerpflicht** *(veralt.)* orderly behaviour is the first duty of the citizen; *(scherzh.)* the main thing is to keep calm; **immer mit der ~ !** *(nur keine Panik)* don't panic!; *(nichts überstürzen)* one thing at a time; no need to rush

ruhe-, Ruhe-: **~bank die;** *Pl.* **~bänke** bench; **~bedürfnis das;** *o. Pl.* need of rest; **~bedürftig** *Adj.* in need of rest *postpos.*; **~gehalt das** [retirement] pension; **~geld das** [old-age] pension; **~genuß der** *(österr. Amtsspr.)* [retirement] pension; **~kissen das** cushion; *(Kopfkissen)* pillow; *s. auch* **Gewissen; ~lage die a)** *(Körperlage)* [fully] relaxed position; **b)** *(eines beweglichen Gegenstands)* neutral position; *(unbeweglich)* immobile position; **~los 1.** *Adj.* restless; **2.** *adv.* restlessly; **~losigkeit die; ~ :** restlessness

ruhen *itr. V.* **a)** *(aus~)* rest; **hier läßt es sich gut ~ :** it's very restful here; **nach dem Essen sollst du ~ oder tausend Schritte tun** *(Spr.)* after a meal one should take either a rest *or* a good walk; **b)** *(geh.: schlafen)* sleep; **ich wünsche gut** *od.* **wohl zu ~ !** I hope you sleep well; **c) im Grabe ~ :** lie in one's grave; **in fremder Erde ~ :** be buried in foreign soil; **„Ruhe sanft** *od.* **in Frieden!"** 'Rest in Peace'; **„Hier ruht in Gott ..."** ' Here lies ...'; **d)** *(stillstehen)* *⟨work, business⟩* have stopped; *⟨production, firm⟩* be at a standstill; *⟨field⟩* rest; *⟨employment, insurance⟩* be suspended; **der Verkehr ruht fast völlig** there is hardly any traffic; **die Waffen ~ :** there is a cease-fire; **ihre Hände ~ nie** her hands are never still; **nicht ~ [und rasten]** *od.* **nicht ~ noch rasten, weder ~ noch rasten, bis ...:** not rest until ...; **e)** *(liegen)* rest; **der Braten muß zehn Minuten ~ :** the roast must be left to stand for ten minutes; **in sich** *(Dat.)* **[selbst] ~ :** be a well-balanced [and harmonious] person

ruhend *Adj.; nicht präd. (unbeweglich)* stationary; *(liegend)* reclining *⟨Venus etc.⟩*; **~er Verkehr** parked vehicles *pl.*

ruhen|lassen *unr. tr. V.; 2. Part. meist* **~ :** let *⟨matter etc.⟩* rest; leave *⟨problem etc.⟩* [on one side]; *(vorläufig)* shelve *⟨plan etc.⟩*

ruhe-, Ruhe-: **~pause die** break; **eine ~pause einlegen** take a break; **~punkt der** resting-point; *(in einer Entwicklung)* restful *or* quiet point; **~stand der;** *o. Pl.* retirement; **in den ~stand gehen/versetzt werden** go into retirement/be retired; **er ist im ~stand/Lehrer im ~stand** he is retired/a retired teacher; **seine Versetzung in den ~stand** his retirement; **~ständler der, ~ständlerin die** retired person; **~statt die; ~, ~stätten, ~stätte die** *(fig. geh.)* [last] resting-place; **~störend** *Adj.* **~störender Lärm** disturbance of the peace; **~störung die** disturbance of the peace; **jmdn. wegen ~störung anzeigen** report sb. [to the police] for disturbing the peace; **~strom der** *(Elektrot.)* closed-circuit current; **~tag der a)** *(einer Gaststätte)* closing day; **[wir haben] dienstags** *od.* **Dienstag ~tag** [we are] closed on Tuesdays; **b)** *(arbeitsfreier Tag)* day of rest; **~zeit die** rest period; time of rest; *(für Bäume usw.)* dormant period *or* season

ruhig ['ruːɪç] **1.** *Adj.* **a)** *(still, leise)* quiet; **seid doch mal ~!** do be quiet!; **um diese Angelegenheit/diesen Politiker ist es sehr ~ geworden** one does not hear much about this matter/politician any more; **b)** *(friedlich, ungestört)* peaceful *⟨times, life, scene, valley, etc.⟩*; quiet *⟨talk, reflection, life⟩*; **wir suchten uns ein ~es Plätzchen** we looked for a quiet or peaceful spot; **überleg es dir mal in einer ~en Stunde** think about it when you have a quiet moment; **er hat keine ~e Minute** he doesn't have a moment's peace; **ein ~er Job** *od.* **Posten** *(ugs.)* a cushy job *or* number *(coll.)*; **einen ~en Verlauf nehmen** go smoothly; be uneventful; **c)** *(unbewegt)* calm *⟨sea, weather⟩*; still *⟨air⟩*; *(fig.)* peaceful *⟨melody⟩*; quiet *⟨pattern⟩*; *(gleichmäßig)* steady *⟨breathing, hand, flame, steps⟩*; smooth *⟨flight, crossing⟩*; **d)** *(gelassen)* calm *⟨voice etc.⟩*; quiet, calm *⟨person⟩*; **er gab sich Mühe, ~ zu bleiben** he made an effort to keep calm *or* *(coll.)* keep his cool; **~en Gewissens** with an easy *or* a clear conscience; **sei ganz ~ :** you needn't worry; **[nur immer] ~ Blut!** *(ugs.)* keep your hair on! *(sl.)*. **2.** *adv.* **a)** *(still, leise)* quietly; **wir wohnen sehr ~ :** we live in a very quiet area; **sich ~ verhalten** keep quiet; **b)** *(friedlich, ohne Störungen)* *⟨sleep⟩* peacefully; *(zu gut)* smoothly, peacefully; *(ohne Zwischenfälle)* uneventfully; *⟨work, think⟩* in peace; **hier geht es sehr ~ zu** it is very peaceful here; **ich kann nicht ~ schlafen** I can't sleep properly; **c)** *(unbewegt)* *⟨sit, lie, stand⟩* still; *(gleichmäßig)* *⟨burn, breathe⟩* steadily; *⟨run, fly⟩* smoothly; **d)** *(gelassen)* *⟨speak, watch, sit⟩* calmly; **sie sahen ~ zu, wie das Kind geschlagen wurde** they watched unmoved as the child was beaten. **3.** *Adv.* by all means; **du kannst ~ mitkommen** by all means come along; you're welcome to come along; **streichle ihn ~ mal** go ahead and stroke him; **man kann ihm das ~ ganz direkt sagen** there's no harm in telling him to his face;

du kannst es mir ~ glauben/sagen it's OK, you can take my word for it/you can tell me; **du könntest dich ~ entschuldigen/ihm ~ etwas helfen** it wouldn't hurt you to apologize to/help him a bit; **lach mich ~ aus** all right or go ahead, laugh at me[, I don't care]; **soll er ~ meckern** *(ugs.)* let him moan[, I don't care]

ru̱hig|stellen *tr. V.* **a)** immobilize ⟨*limb etc.*⟩; **b)** *(fig. verhüll.)* calm ⟨*patient*⟩

Ruhm [ru:m] *der;* ~**[e]s** fame; **diese Erfindung begründete seinen ~**: this invention made him famous *or* made his name; **sich mit ~ bedecken** *(geh.)* cover oneself with glory; **er hat sich nicht [gerade] mit ~ bekleckert** *(ugs. iron.)* he didn't exactly cover himself with glory *or* distinguish himself; **der zweifelhafte ~ dieser Erfindung** *(fig.)* the dubious reputation of this invention

rü̱hmen ['ry:mən] **1.** *tr. V.* praise. **2.** *refl. V.* **sich einer Sache** *(Gen.)* **~**: boast about sth.; **wenige dürfen sich ~, ihn gesehen zu haben** only a few can claim to have seen him

rü̱hmens·wert *Adj.* laudable; praiseworthy

Ru̱hmes·blatt *das:* **das war kein ~ für ihn/die Bundesrepublik** it did not reflect any credit on him/the Federal Republic; it did him/the Federal Republic no credit

rü̱hmlich *Adj.* laudable, praiseworthy ⟨*behaviour, action, etc.*⟩; notable ⟨*exception*⟩; **er hat kein ~es Ende genommen** he came to a discreditable end

ru̱hm·los 1. *Adj.* inglorious. **2.** *adv.* ingloriously

ru̱hm·reich 1. *Adj.* glorious ⟨*victory, history*⟩; celebrated ⟨*general, army, victory*⟩. **2.** *adv.* **~ kämpfen** fight with great glory; **~ siegen** win a famous *or* glorious victory

Ruhr [ru:ɐ̯] *die;* ~, ~**en** dysentery *no art.*

Rü̱hr·ei *das* scrambled egg[s *pl.*]

rü̱hren ['ry:rən] **1.** *tr. V.* **a)** *(um~)* stir ⟨*sauce, dough, etc.*⟩; *(ein~)* stir ⟨*egg, powder, etc.*⟩ ⟨**an, in** + *Akk.* into⟩; **b)** *(bewegen)* move ⟨*limb, fingers, etc.*⟩; **ich konnte die Glieder nicht mehr ~**: I could no longer move; *s. auch* **Finger**; **c)** *(erweichen)* move; touch; **jmdn. zu Tränen ~**: move sb. to tears; **es rührte ihn überhaupt nicht, daß ...**: it didn't bother him at all that ...; *s. auch* **gerührt**; **rührend**; **d)** *(geh. veralt.)* **die Trommel/die Leier ~**: beat the drum/play the lyre. **2.** *itr. V.* **a)** *(um~)* stir; **im Kaffee** *od.* **in der Kaffeetasse ~**: stir one's coffee; **b)** *(Milit.)* stand at ease; *(geh.: her~)* **das rührt daher, daß ...**: that stems from the fact that ...; **d)** *(geh.: vorsichtig anfassen)* **an etw.** *(Akk.)* **~**: touch sth.; *(fig.: im Gespräch berühren)* touch on sth.; **wir wollen nicht [mehr] daran ~**: let's not go into that [any further]. **3.** *refl. V.* **a)** *(sich bewegen)* move; **er rührte sich nicht von der Stelle** he did not budge *or* stir; **niemand rührte sich** nobody moved *or* stirred; *(fig.: unternahm etwas)* nobody did anything; **kein Blatt/kein Lüftchen rührte sich** not a leaf stirred/there was not a breath of wind; **es rührte sich nichts** there was no sign of movement; *(nichts geschah)* nothing happened; **er hat sich seit zwei Monaten nicht gerührt** *(ugs.: nicht geschrieben)* he has given no sign of life for two months; **b)** *(Milit.)* **rührt euch!** at ease!

Rü̱hren *das;* ~**s a)** stirring *no art.;* **beim ~ des Teigs** when stirring the dough; **b)** **ein menschliches ~ verspüren** *(scherzh.)* feel the call of nature

rü̱hrend 1. *Adj.* touching; **er sorgt in ~er Weise für seine Eltern** it is touching how he looks after his parents; **das ist ~ von Ihnen** that is terribly sweet *or* kind of you *(coll.)*; **das ist ja ~!** *(auch iron.)* that's really charming! **2.** *adv.* touchingly; **er sorgt ~ für sie** it is touching the way he looks after her/them

Ru̱hr·gebiet *das;* o. *Pl.* Ruhr [district]

rü̱hrig 1. *Adj.* active; *(mit Unternehmungsgeist)* enterprising; go-ahead; *(emsig)* busy; industrious. **2.** *adv.* actively; *(mit Unternehmungsgeist)* enterprisingly; *(emsig)* busily; industriously

Rü̱hrigkeit *die;* ~: active nature; *(Unternehmungsgeist)* enterprise

rühr-, Rühr-: -löffel *der* mixing-spoon; **~mich·nicht·an** *das;* ~, ~ *(Bot.)* touch-me-not; *s. auch* **Kräutchen**; **~selig 1.** *Adj.* **a)** emotional ⟨*person*⟩; **b)** *(allzu gefühlvoll)* over-sentimental ⟨*manner, mood, etc.*⟩; maudlin; *(coll.)* tear-jerking ⟨*play, song, etc.*⟩; **2.** *adv.* in an over-sentimental manner; **der Film endete ~selig** the film had a tear-jerking *or* weepy ending *(coll.);* **~seligkeit** *die;* o. *Pl.* sentimentality; **~stück** *das (Literatur)* sentimental drama; melodrama; **~teig** *der* [cake-]mixture

Rü̱hrung *die;* ~: emotion; **von tiefer ~ ergriffen** deeply moved

Ruin [ru'i:n] *der;* ~**s** ruin; **jmdn. an den Rand des ~s bringen** bring sb. to the brink of ruin; **du bist noch mein ~** *(ugs.)* you'll be the ruin *or* end of me

Ruine *die;* ~, ~**n** ruin

Ruinen·feld *das* [expanse *sing.* of] ruins *pl.*

ruinieren *tr. V.* ruin; **sich finanziell ~**: ruin oneself [financially]; **du ruinierst meine Nerven** you are turning me into a nervous wreck; *s. auch* **Ruf e**

ruinös [rui'nø:s] *Adj.* ruinous

Ruländer ['ru:lɛndɐ] *der;* ~**s**, ~: Ruländer [grape/wine]

rülpsen ['rʏlpsn̩] *itr. V. (ugs.)* belch

Rülpser *der;* ~**s**, ~ *(ugs.)* belch

rum [rʊm] *Adv. (ugs.) s.* **herum**

Rum [rʊm] *der;* ~**s**, ~**s** rum

Rumäne [ru'mɛ:nə] *der;* ~**n**, ~**n** Romanian

Rumänien (das); ~**s** Romania

Rumänin *die;* ~, ~**nen** Romanian

rumänisch 1. *Adj.* Romanian. **2.** *adv.* Romanian; *s. auch* **deutsch**; **Deutsch**; **²Deutsche**

Rumba ['rʊmba] *die;* ~, ~**s** *od. der;* ~**s**, ~**s** rumba

rum-: ~|ballern *itr. V. (ugs.)* blast away; **~|brüllen** *itr. V. (ugs.) s.* **herumbrüllen**; **~|fliegen** *(ugs.)* **1.** *unr. itr. V.; mit sein* **a)** *s.* **herumfliegen 1 a; b)** *(herumliegen)* lie about *or* around; **im Zimmer ~fliegen** litter the room; **2.** *unr. tr. V. s.* **herumfliegen 2; ~|fummeln** *itr. V. (ugs.) s.* **herumfummeln**; **~|gammeln** *itr. V. (ugs.) s.* **gammeln b**; **~|hampeln** *itr. V. (ugs.)* hop *or* jig about; **~|hängen** *itr. V. (ugs.)* **a)** *(sich ziellos aufhalten/untätig od. arbeitslos sein)* hang about *or* around; **b)** *s.* **herumhängen a**; **~|kriegen** *itr. V. (ugs.) s.* **herumkriegen**; **~|labern** *itr. V. (salopp abwertend)* natter *(Brit. coll.) or* chatter away *(coll.);* **~|laufen** *unr. itr. V.; mit sein (ugs.) s.* **herumlaufen**; **~|liegen** *unr. itr. V. (ugs.) s.* **herumliegen**; **~|lungern** *itr. V. (salopp) s.* **herumlungern**; **~|machen** *itr. V. (salopp)* **a)** *s.* **herummachen b; b)** *s.* **herumfummeln a; c)** *(sich [sexuell] einlassen)* play around; *(koitieren)* go at it; *(schmusen)* neck *(sl.)*

Rummel [rʊml] *der;* ~ *(ugs.)* **a)** *(laute Betriebsamkeit)* commotion; *(Aufhebens)* fuss, to-do *(um* about*);* **der ganze ~**: the whole business; **b)** *(bes. nordd.: Jahrmarkt)* fair; **auf den ~ gehen** go to the fair

Rummel·platz *der (bes. nordd.)* fairground

Rummy ['rœmi] *das;* ~**s**, ~**s** *(österr.) s.* **Rommé**

rumoren [ru'mo:rən] *itr. V. (ugs.)* **a)** *(rumpeln)* make a noise; *(poltern)* ⟨*person*⟩ bang about; **es rumorte in seinem Bauch** *(fig.)* his stomach rumbled; **b)** *(aufbegehren)* protest; stage a protest/protests

Rumpel·kammer *die (ugs.)* box-room *(Brit.);* junk-room

rumpeln ['rʊmpl̩n] *itr. V. (ugs.)* **a)** *(poltern)* bump and bang about; **es rumpelte** *unpers.* there was banging and bumping; *(im Magen)* there was a rumble *or* rumbling; **b)** *mit sein (sich rumpelnd fortbewegen)* rumble; bump and bang

Rumpelstilzchen ['rʊmpl̩ʃtɪltsçən] *(das)* ~**s** Rumpelstiltskin *no art.*

Rumpf [rʊmpf] *der;* ~**[e]s, Rümpfe** ['rʏmpfə] **a)** *(bei Lebewesen)* trunk [of the body]; **den ~ drehen/beugen** turn one's body/bend from the hips; **b)** *(beim Schiff)* hull; **c)** *(beim Flugzeug)* fuselage

Rumpf·beuge *die (Gymnastik)* trunkbend; bend from the hips

rümpfen ['rʏmpfn̩] *tr. V.* **die Nase [bei etw.] ~**: wrinkle one's nose at sth.; **über jmdn./etw. die Nase rümpfen** *(fig.)* look down one's nose at sb./turn up one's nose at sth.

Rumpsteak ['rʊmp-ste:k] *das;* ~**s**, ~**s** rump steak

rums [rʊms] *Interj. (Geräusch)* bump; *(lauter, heller)* bang; *(beim Zusammenstoß)* crash

rumsen *itr. V. (ugs.)* **a)** *unpers.* **es rumst** there's a bump *or* bang; *(wiederholt)* there's bumping and banging; *(laut, beim Zusammenstoß)* there's a crash; **b)** *mit sein (auftreffen)* **gegen etw. ~**: bang into sth.

rum-: ~|sitzen *unr. itr. V. (ugs.) s.* **herumsitzen**; **~|stehen** *unr. itr. V. (ugs.) s.* **herumstehen**; **~|toben** *itr. V. (ugs.)* **a)** *auch mit sein* ⟨*child*⟩ charge *or* romp [noisily] about; ⟨*students etc.*⟩ rag; **b)** *(wüten)* rant and rave

Rum·topf *der* fruits preserved in rum and sugar

rum|treiben *unr. refl. V. (ugs.) s.* **herumtreiben**

Rum·verschnitt *der* rum blend *(with other spirits)*

rum|ziehen *unr. tr., itr. V. (ugs.) s.* **herumziehen**

Run [rʌn] *der;* ~**s**, ~**s** [big] rush; **ein [starker] ~ auf etw.** *(Akk.)* a big run on sth.

rund [rʊnt] **1.** *Adj.* **a)** *(kreis~)* round; ~**e Augen machen** *(ugs.)* ⟨*child*⟩ gaze wide-eyed; **ein Gespräch am ~en Tisch** *(fig.)* a round-table conference; **b)** *(dicklich)* plump ⟨*arms etc.*⟩; chubby ⟨*cheeks*⟩; fat ⟨*stomach*⟩; **er ist dick und ~ geworden** he has become rather rotund *or* stout; **c)** *(ugs.: ganz)* round ⟨*dozen, number, etc.*⟩; ~**e drei Jahre** three years *or* as near as makes no difference; **d)** *(abgerundet)* full, rounded ⟨*tone, sound, flavour*⟩; **eine ~e Sache** a nice piece of work. **2.** *adv.* **a)** **laufen** *(Kfz-W.)* ⟨*engine*⟩ run smoothly; *s. auch* **rundgehen**. **3.** *Adv.* **a)** *(ugs.: etwa)* about; approximately; **b)** **~ um jmdn./etw.** [all] around sb./sth.; **eine Sendung ~ um das Kind** a broadcast on all aspects of childhood; *s. auch* **Uhr**

Rund *das;* ~**[e]s**, ~ *(geh.)* **a)** *(runde Form)* round; *(Mond usw.)* orb *(literary);* **b)** *(runde Fläche)* circle

Rund-: ~bau *der; Pl.* ~**bauten** circular building; rotunda; **~blick** *der* panorama; view in all directions; **~bogen** *der (Kunstwiss., Archit.)* round arch; **~brief** *der* circular [letter]

Runde ['rʊndə] *die;* ~, ~**n a)** *(Sport: runde Strecke)* lap; **die schnellste ~ fahren** do the fastest lap; **seine ~n ziehen** *od.* **drehen** do one's laps; **b)** *(Sport: Durchgang, Partie; Boxen: Abschnitt)* round; **eine ~ Golf/Skat** a round of golf/skat; **über die ~n kommen** *(fig. ugs.)* get by; manage; **c)** *(Personenkreis)* circle; *(Gesellschaft)* company; **in fröhlicher ~ beisammensitzen** sit together in a happy circle *or* group; **d)** *(Umkreis)* in der ~: round about; **in die ~ blicken** look all around one; **e)** *(Rundgang)* round; *(Spaziergang)* walk; **eine ~ durch die Kneipen machen** go on a pub crawl *(Brit. coll.);* bar-hopping *(Amer.);* **die ~ machen** *(ugs.)* ⟨*drink, rumour*⟩ go the rounds *pl.;* circulate; **f) eine ~ Bier schmeißen** *(ugs.)* buy *or* stand

a round of beer; **die ~ geht auf mich/auf den Wirt** this round is on me/on the house
runden 1. *tr. V.* **a)** *(rund machen)* round; **b)** *(fig.: abrunden)* round off, fill out ⟨*picture, impression*⟩. 2. *refl. V.* become round
Runden·rekord *der (Motorsport)* lap record
rund-, Rund-: **~erneuern** *tr. V. (Kfz-W.)* remould; retread; **~erneuerte Reifen** remoulds; retreads; **~erneuerung die** *(Kfz-W.)* remoulding; retreading; **~fahrt die** *(auch Sport)* tour **(durch** of); **eine ~fahrt durch Amsterdam** a circular tour of *or* a trip round Amsterdam; **eine ~fahrt machen** go on a [circular] tour; **~flug der** [short] circular flight; circuit; **~frage die** survey *(using a questionnaire)*; questionnaire
Rund·funk *der* **a)** *(das Senden)* radio broadcasting *no art.*; **im ~:** on the radio; **~ hören** listen to the radio; **b)** *(Einrichtung, Gebäude)* radio station; **der Westdeutsche ~:** West German Radio; **sie ist** *od.* **arbeitet beim ~:** she works in radio
Rundfunk-: **~ansager der** *(veralt.) s.* **~sprecher; ~anstalt die** broadcasting corporation; *(Sender)* radio station; **~empfang der** radio reception *no indef. art.*; **~empfänger der** radio receiver; **~gebühren** *Pl.* radio licence fees; **~gerät das** radio set; **~hörer der** [radio] listener; **~programm das a)** *(Sendefolge)* schedule *sing.* of] radio programmes *pl.*; **b)** *(Programmheft)* radio programme guide; **~redakteur der** radio producer; **~reporter der** radio reporter; **~sender der** radio station; *(technische Anlage)* radio transmitter; **~sendung die** radio programme; **~sprecher der** radio announcer; **~station die** radio station; **~techniker der** radio engineer; **~teilnehmer der** radio licence holder; *(Hörer)* radio listener; **~übertragung die** radio broadcast
rund-, Rund-: **~gang der a)** *(des Wachmanns, Chefarztes usw.)* round **(durch** of); **einen ~gang durch die Stadt machen** go for a walk round the town; *(Umgang)* gallery; **~|gehen** *unr. itr. V.*; **mit sein** *unpers.* *(ugs.)* **es geht rund** *(es ist viel Betrieb)* it's all go *(coll.)*; *(es gibt flott zu)* things are going with a swing; **b)** *(herumgereicht werden)* be passed round; *(fig.)* ⟨*story, rumours*⟩ go *or* do the rounds; **er ließ die Flasche ~gehen** he passed the bottle round; **~heraus** *Adv.* straight out; ⟨*say, ask*⟩ bluntly; ⟨*refuse*⟩ flatly; **~herum** *Adv.* **a)** *(ringsum)* all around; *(darum herum)* all round it; **~herum an der Wand** all round the walls; **b)** *(völlig)* completely; *(ganz)* entirely ⟨*satisfied, practical*⟩; **~kurs der** *(bes. Motor-, Fahrradsport)* circuit
rundlich *Adj.* **a)** *(fast rund)* roundish; **b)** *(mollig)* plump; chubby
rund-, Rund-: **~reise die** [circular] tour **(durch** of); **eine ~reise [mit dem Bus/Auto] durch den Schwarzwald machen** tour the Black Forest [by coach/car]; **~schädel der** *(Anthrop.)* round *or* (as tech. term) brachycephalic skull; **~schau die a)** *(geh.) s.* **~blick; b)** *(in Zeitungstiteln)* review; **~schlag der** *(Boxen, Faustball, Eishockey)* swing; *(fig.)* [general] broadside; **~schreiben das *s.* ~brief; ~sicht die *s.* ~blick; ~spruch der;** *o. Pl.* *(schweiz.) s.* **Rundfunk; ~strecke die** circuit; **~strick·nadel die** circular-knitting needle; **~stück das** *(nordd.)* [oval] roll; **~um** *Adv. s.* **~herum**
Rundung die; **~, ~en** curve; *(hervortretend)* bulge
rund·weg *Adv.* ⟨*refuse, deny*⟩ flatly, point-blank
rund·weg der circular path *or* walk
Rune ['ru:nə] *die*; **~, ~n** rune
Runen-: **~schrift die** runic alphabet; **~stein der** rune stone; **~zeichen das** runic character

Runge ['rʊŋə] *die*; **~, ~n** [load-retaining] stanchion
Runkel·rübe ['rʊŋkl̩ry:bə] *die* mangelwurzel
runter ['rʊntɐ] *Adv.* *(ugs.)* **~ da, das ist mein Platz]!** get off [there, that's my seat]; **~ mit den Klamotten** off with your clothes; get those clothes off; **~ mit den Füßen** take your feet [down] off the table; **Kopf ~!** head/heads down; *s. auch* **herunter; hinunter**
runter-: **~|bringen** *unr. tr. V. s.* **herunterbringen;** **~|dürfen** *unr. itr. V.* *(ugs.)* be allowed to come down; *(hinausgehen dürfen)* be allowed out; **~|fallen** *unr. tr. V.*; **mit sein** *(ugs.)* fall down; *(von der Leiter usw.)* fall off; **die Leiter/von der Leiter ~fallen** fall off the ladder; **die Kreide fiel ihm ~:** he dropped the chalk; **~|gehen** *unr. itr. V.*; **mit sein** *(ugs.)* **a)** *(nach unten gehen)* go down; **b)** *(niedriger werden)* ⟨*price, temperature, pressure, etc.*⟩ go down, drop; **c)** *(die Höhe senken)* go down **(auf** + *Akk.* to); *(langsamer fahren)* slow down **(auf** + *Akk.* to); **wir müssen mit den Preisen ~gehen** we must reduce our prices; *s. auch* **hinuntergehen d, e; hinuntergehen; ~|hauen** *unr. tr. V.* **jmdm. eine/ein paar ~hauen** *(salopp)* give sb. a clip/a couple of clips round the ear; **~|holen** *tr. V. (ugs.)* **a)** fetch down; *s. auch* **herunterholen b; b) sich/jmdm. einen ~holen** *(vulg.)* jerk off ⟨*coarse*⟩ *or* (Brit. coarse) wank/jerk *(coarse)* *or* (Brit. coarse) wank sb. off; **~|kommen** *unr. itr. V.*; *mit sein (ugs.)* come down; *s. auch* **herunterkommen b, c; ~|können** *unr. itr. V. (ugs.) s.* **herunterkönnen;** **~|kriegen** *tr. V. (ugs.)* **a)** get down; **etw. ~kriegen [können]** manage to get sth. down; **b)** *(wegbekommen)* get off ⟨*dirt, sth. sticky*⟩; **~|lassen** *unr. tr. V. s.* **herunterlassen; hinunterlassen; ~|machen** *tr. V.* *(salopp) s.* **heruntermachen;** **~|müssen** *unr. itr. V. (ugs.)* have to go down now; **ich muß von der Autobahn ~** *(fig.)* I'll have to get off the motorway; **~|reißen** *unr. tr. V. (ugs.) s.* **herunterreißen;** **~|rutschen** *itr. V.*; *mit sein (ugs.) s.* **herunterrutschen;** *s. auch* **Buckel a;** **~|spülen** *tr. V. (ugs.) s.* **hinunterspülen**
Runzel ['rʊntsl̩] *die*; **~, ~n** wrinkle
runzelig *Adj.* wrinkled
runzeln 1. *tr. V.* **die Stirn/die Brauen ~:** wrinkle one's brow/knit one's brows; *(ärgerlich)* frown; **mit gerunzelter Stirn** with wrinkled brow; *(ärgerlich)* frowning. 2. *refl. V.* wrinkle
runzlig *Adj. s.* **runzelig**
Rüpel ['ry:pl̩] *der*; **~s, ~** *(abwertend)* lout
Rüpelei *die*; **~, ~en** *(abwertend)* **a)** *o. Pl. (Benehmen)* loutishness; loutish behaviour; **b)** *(Handlung)* piece of coarseness; **noch so eine ~ von dir, und wir gehen nach Hause** any more of that coarseness from you and we're going home; **~en** coarseness *sing.*
rüpelhaft *(abwertend)* 1. *Adj.* loutish. 2. *adv.* in a loutish manner
rupfen ['rʊpfn̩] *tr. V.* **a)** pluck ⟨*goose, hen, etc.*⟩; *s. auch* **Hühnchen;** **b)** *(abreißen)* pull up ⟨*weeds, grass*⟩; pull off ⟨*leaves etc.*⟩; **c)** *(ugs.: übervorteilen)* fleece ⟨*person*⟩ [of his/her money]
Rupfen *der*; **~s** hessian
Rupie ['ru:piə] *die*; **~, ~n** rupee
ruppig *Adj.* **a)** *(abwertend)* gruff ⟨*person, behaviour*⟩; sharp ⟨*tone*⟩; **er war ~ zu ihr** he was short with her; he snapped at her. 2. *adv. (abwertend)* gruffly; **~ spielen** play rough *or* a rough game
Ruppigkeit *die*; **~, ~en** *(abwertend)* **a)** *o. Pl. (Benehmen)* gruffness; **b)** *(Handlung)* piece of uncouthness; **~en** rough *or* uncouth behaviour *sing.*
Ruprecht *s.* **Knecht b**
Rüsche ['ry:ʃə] *die*; **~, ~n** ruche; frill

Ruß [ru:s] *der*; **~es** soot
Russe ['rʊsə] *der*; **~n, ~n** Russian; **der ~** *(ugs.)* Russians *pl.*; *(die russische Regierung)* the Russians *pl.*
Rüssel ['rʏsl̩] *der*; **~s, ~** **a)** *(des Elefanten)* trunk; *(des Schweins)* snout; *(bei Insekten u. ä.)* proboscis; **b)** *(salopp: Nase)* conk *(sl.)*
Rüssel·tier *das* proboscidean
rußen 1. *itr. V.* give off sooty smoke. 2. *tr. V. (schwärzen)* blacken with soot
Russen·bluse die, **Russen·kittel der** Russian blouse
Ruß·fleck der soot mark
ruß·geschwärzt *Adj.* blackened with soot *postpos.*
rußig *Adj.* sooty
Russin *die*; **~, ~nen** Russian; *s. auch* **-in**
russisch 1. *Adj.* Russian; **~es Roulett** Russian roulette; *s. auch* **Ei a**. 2. *adv.* **a)** **~ verwaltet/besetzt** administered/occupied by Russia; **b)** **(auf ~)** in Russian; *s. auch* **deutsch; ²Deutsche**
Russisch *das*; **~[s]** Russian; *s. auch* **Deutsch**
Russisch·Brot *das*; **~** *or* **~[e]s** alphabet biscuits *pl.* (Brit.) *or* (Amer.) cookies
Russisch·grün *das* Russian green
Ruß·land (das); **~s** Russia
rüsten ['rʏstn̩] 1. *itr. V. (sich bewaffnen)* arm; **zum Krieg ~:** arm for war. 2. *itr.*, *refl. V. (geh.: sich bereit machen, auch fig.)* get ready; prepare; **sich zur Reise ~:** get ready *or* prepare oneself for the journey
Rüster ['ry:stɐ] *die*; **~, ~n a)** *s.* **Ulme; b)** *s.* **Rüsternholz**
Rüstern·holz *das* elmwood
rüstig 1. *Adj.* **a)** *(leistungsfähig)* sprightly; active; **er ist noch ~:** he is still hale and hearty; **b)** *(geh.: kraftvoll)* strong. 2. *adv. (geh.: kraftvoll)* strongly; **~ ausschreiten** stride out vigorously
rustikal [rʊstiˈkaːl] 1. *Adj.* country-style ⟨*food, inn, clothes, etc.*⟩; farmhouse *attrib.* ⟨*food*⟩; rustic ⟨*pattern*⟩; rustic, farmhouse *attrib.* ⟨*furniture*⟩; *(als Nachahmung)* rustic-style ⟨*furniture etc.*⟩; **ein Schrank aus Eiche ~:** a rustic-style oak cupboard. 2. *adv.* **in [a] country style;** **~ essen** eat farmhouse *or* country-style food; ⟨*furnish*⟩ in a rustic *or* farmhouse style
Rüst-: **~kammer die** *(hist.)* armoury; **~tag der** *(jüd. Rel.)* day of preparation
Rüstung die; **~, ~en a)** *(Bewaffnung)* armament *no art.*; *(Waffen)* arms *pl.*; weapons *pl.*; **b)** *(hist.: Schutzbekleidung)* suit of armour; **in voller ~:** in full armour
Rüstungs-: **~auftrag der** arms order; **~aus·gaben** *Pl.* arms expenditure *sing.*; **~begrenzung die** arms limitation; **~betrieb der, ~fabrik die** armaments factory; **~haus·halt der** armaments *or* arms budget; **~industrie die** armaments *or* arms industry; **~kontrolle die** arms control; **~politik die** arms policy; **~produktion die** arms production *no art.*; **~stopp der** arms freeze; **~wett·lauf der** arms race
Rüst-: **~zeit die a)** *(ev. Kirche)* period of reflection; retreat; **b)** *(Arbeitswiss.)* set-up time; **~zeug das a)** *(Wissen)* requisite know-how; **b)** *(Ausrüstung)* equipment [for the job *or* task]
Rute ['ru:tə] *die*; **~, ~n** *(Stock)* switch; *(Birken-, Angel~, Wünschel~)* rod; *(zum Züchtigen)* cane; *(Bündel)* birch; **b)** *(veralt.: Längenmaß)* rod; perch; **c)** *(derb: männliches Glied)* penis; *(derb: menschlicher Penis)* prick *(vulg.);* **d)** *(Jägerspr.: Schwanz)* tail
Ruten-: **~bündel das a)** bundle of [birch] rods; **b)** *(altröm.: Faszes)* fasces *pl.*; **~gänger der;** **~s, ~** dowser; diviner
Ruthenium [ruˈteːni̯ʊm] *das*; **~s** *(Chemie)* ruthenium
Rutsch [rʊtʃ] *der*; **~[e]s, ~e a)** *(das Rutschen)* slide; **in einem** *od.* **auf einen ~** *(fig.*

ugs.) in one go; **b)** *(Erdmasse)* landslide; **c)** *(ugs.: Ausflug)* trip; jaunt; **guten ~ [ins neue Jahr]!** happy New Year!
Rutsch·bahn die slide; *(auf dem Rummelplatz)* helter-skelter
Rutsche die; ~, ~**n** chute
rutschen *itr. V.; mit sein* **a)** slide; ⟨*clutch, carpet*⟩ slip; *(aus~)* ⟨*person*⟩ slip; ⟨*car etc.*⟩ skid; *(nach unten)* slip [down]; **rutsch mal zur Seite!** *(ugs.)* move up a bit *(coll.);* **ins Rutschen kommen** ⟨*person*⟩ [start to] slip; ⟨*car etc.*⟩ go into a skid; **auf seinem Platz hin und her ~:** slide *or* shift about on one's seat; **von/aus etw. ~:** slip *or* slide off/out of sth.; **die Brille/der Rock rutscht** the glasses keep/skirt keeps slipping [down]; **das trockene Brot rutscht schlecht/will nicht ~** *(ugs.)* the dry bread doesn't go down easily/won't go down; **b)** *(ugs.: kurz verreisen)* slip off
rutsch·fest *Adj.* **a)** *(strapazierfähig)* hard-wearing; **b)** *(nicht rutschig)* anti-skid ⟨*tyre*⟩; skid-proof ⟨*road surface*⟩; non-slip ⟨*mat, material*⟩
Rutsch·gefahr die danger of skidding
rutschig *Adj.* slippery
Rutsch·partie die *(ugs.)* succession of slides; *(im Auto)* succession of skids
rütteln ['rʏtl̩n] 1. *tr. V.* **a)** shake; **jmdn. aus dem Schlaf** *od.* **wach ~:** shake sb. out of his/her sleep; **jmdn. am Arm/an der Schulter ~:** shake sb. by the arm/shoulder; **b)** *(Bauw.)* vibrate ⟨*concrete etc.*⟩. 2. *itr. V.* **a)** shake; **an der Tür/den Fenstern ~:** shake the door/windows; *(so daß es klappert)* rattle at the door/windows; ⟨*wind*⟩ make the door/windows rattle; **an den Fundamenten von etw. ~** *(fig.)* rock *or* shake the foundations of sth.; **daran ist nicht** *od.* **gibt es nichts zu ~** *(fig.)* there's nothing you can do about that; **b)** *(sich ruckartig hin u. her bewegen)* shake about; ⟨*engine*⟩ hunt; run unevenly
Rüttler ['rʏtlɐ] **der;** ~**s,** ~ *(Bauw.)* vibrator

S

s, S [ɛs] **das;** ~, ~**:** s, S; *s. auch* **a, A**
s *Abk.* Sekunde sec.; s.
S *Abk.* **a)** Süden S.; **b)** *(österr.)* Schilling Sch.
s. *Abk.* siehe
S. *Abk.* Seite p.
s. a. *Abk.* siehe auch
Sa. *Abk.* Samstag Sat.
SA [ɛs'|aː] **die;** ~ *(ns.) Abk.* Sturmabteilung SA
Saal [zaːl] **der;** ~[e]**s, Säle** ['zɛːlə] **a)** hall; *(Ball~)* ballroom; *(für Konzerte)* **der große/kleine ~:** the large/small auditorium; **b)** *(Publikum)* audience
Saal-: ~**ordner der** steward; ~**schlacht die** [violent] brawl, rough-house *(between rival political factions)*
Saar·land ['zaːɐ̯lant] **das;** ~[e]**s** Saarland; Saar *(esp. Hist.)*
Saar·länder [-lɛndɐ] **der;** ~**s,** ~, **Saarländerin die;** ~, ~**nen** Saarlander

saar·ländisch *Adj.* Saarland *attrib.* ⟨*government, population, etc.*⟩; Saar *attrib.* ⟨*industry, miners, etc.*⟩; ⟨*history*⟩ of the Saar
Saat [zaːt] **die;** ~, ~**en a)** *(Getreide usw.)* [young] crops *pl.;* *(fachspr.: Pflanzgut)* seedlings *pl.;* young plants *pl.;* **die ~ des Bösen ist aufgegangen** *(fig. geh.)* the seeds of evil have borne fruit; **b)** *o. Pl. (das Säen)* sowing; **mit der ~ beginnen** start sowing; **c)** *(Samenkörner)* seed[s *pl.*]
Saat-: ~**gut das;** *o. Pl.* seed[s *pl.*]; ~**kartoffel die** seed-potato; ~**korn das a)** *o. Pl. (zum Aussäen)* seed-corn; **b)** *(Samenkorn)* grain; ~**krähe die** rook
Sabbat ['zabat] **der;** ~**s,** ~**e** sabbath; **es ist ~:** it is the sabbath
Sabbat·jahr das *(jüd. Rel.)* sabbatical year
Sabbel ['zabl̩] **der;** ~**s,** ~ *(nordd. abwertend)* **a)** *(Mund)* gob *(sl.);* **halt den ~:** shut your trap *(sl.);* **b)** *s.* **Sabber**
sabbeln *(nordd.)* 1. *itr. V.* **a)** *(abwertend: sprechen)* natter *(Brit. coll.) or* chatter [on]; rabbit on *(Brit. sl.);* **b)** *s.* **sabbern 1 a.** 2. *tr. V. (abwertend)* jabber ⟨*nonsense, rubbish*⟩
Sabber ['zabɐ] **der;** ~**s** *(ugs.)* slobber; *(eines Kindes)* dribble
sabbern 1. *itr. V.* **a)** ⟨*dog. person*⟩ slaver, slobber; ⟨*baby*⟩ dribble; **b)** *(abwertend) s.* **sabbeln 1 a.** 2. *tr. V. (abwertend) s.* **sabbeln 2**
Säbel ['zɛːbl̩] **der;** ~**s,** ~**:** sabre; **mit dem ~ rasseln** *(fig. abwertend)* rattle the sabre
Säbel-: ~**beine** *Pl. (ugs. scherzh.)* bandy *or* bow legs; ~**fechten das** *(Fechten)* sabre fencing *no art.;* **Weltmeister im ~fechten** world champion at sabre; world sabre champion; ~**gerassel das** *(abwertend)* sabre-rattling
säbeln *tr. V. (ugs.)* hack, saw ⟨*bread etc.*⟩
Säbel·rasseln das; ~**s** *(abwertend)* sabre-rattling
säbel·rasselnd *Adj. nicht präd. (abwertend)* sabre-rattling
Sabotage [zabo'taːʒə] **die;** ~, ~**n** sabotage *no art.;* **Versuch der ~:** attempted sabotage
Sabotage·akt der act of sabotage
Saboteur [zabo'tøːɐ̯] **der;** ~**s,** ~**e, Saboteurin die;** ~, ~**nen** saboteur
sabotieren *tr. V.* sabotage; disobey ⟨*order*⟩
Saccharin [zaxa'riːn] **das;** ~**s** saccharin
sach-, ~**Sach-:** ~**bearbeiter der** person responsible (**für** for); *(Experte)* specialist, expert (**für** on); ~**bereich der** area; field; **der ~bereich Öffentlichkeitsarbeit** the field of public relations; all matters *pl.* concerning public relations; ~**beschädigung die** *(Rechtsw.)* wilful damage to property; ~**bezogen 1.** *Adj.* relevant; pertinent ⟨*remark*⟩; **2.** *adv.* to the point; ~**bezüge** *Pl.* payment *sing.* in kind; ~**buch das** [popular] non-fiction *or* informative book; ~**bücher lesen** read non-fiction *sing.;* ~**dienlich** *Adj. (Papierdt.)* useful; helpful
Sache ['zaxə] **die;** ~, ~**n a)** *Pl.* things; **scharfe ~n trinken** drink the hard stuff *(coll.);* **bewegliche/unbewegliche ~n** *(Rechtsspr., Wirtsch.)* movable/fixed assets; *(Rechtsw.: Eigentum)* movables *or* chattels/immovables *or* real estate *sing.;* **b)** *(Angelegenheit)* matter; business *(esp. derog.);* **das ist eine andere ~/eine ~ für sich** that's a different/a separate matter; **eine ernste/schlimme/heikle/faule ~:** a serious/a bad/an awkward/a shady business; **es ist beschlossene ~, daß ...]** it's [all] arranged *or* settled [that ...]; **es ist die einfachste ~ [von] der Welt** it's the simplest thing in the world; **das ist meine/seine ~:** that's my business/his own affair; **das ist so eine ~:** it's a bit tricky; **das ist nicht jedermanns ~:** it's not everyone's cup of tea; **du hast dir die ~ leicht gemacht** you made it *or* things *pl.* very easy for yourself; **so kommen wir der ~ näher** we are getting warmer *or* coming to the point; **~n gibt's|, die gibt's gar nicht|!** *(ugs.)* would you believe *or* credit it!; **mach ~n!** you

don't say!; **was sind denn das für ~n!** *(ugs.)* what's all this then!; what's going on!; **von dir hört man ja nette ~n!** *(iron.)* I've heard some things about you!; [**mit jmdm.**] **gemeinsame ~ machen** join forces [with sb.]; **sagen/jmdm. sagen, was ~ ist** *(ugs.)* come out with it/come clean with sb. *(coll.); (die Dinge beim Namen nennen)* say/tell sb. what's what; *(sagen, worum es geht)* say/tell sb. what gives *(coll.); (bestimmen)* say/tell sb. what to do *(coll.);* [**sich** *(Dat.)*] **seiner ~ sicher** *od.* **gewiß sein** be sure one is right; **bei der ~ sein/bleiben** concentrate/keep one's mind on it; *(im Gespräch usw.)* stick to the point; **nicht bei der ~ sein** let one's mind wander; **zur ~ kommen** come to the point; **das tut nichts zur ~:** that's irrelevant; that's got nothing to do with it; **c)** *(Rechts~)* case; **die Verhandlung in ~n Maier gegen Schulze** the hearing in the case of Maier versus Schulze; **Fragen/Angaben zur ~:** questions/statements about the case; **d)** *o. Pl. (Anliegen)* cause; **es dient der großen ~:** it's in a good cause; **e)** *Pl. (ugs.: Stundenkilometer)* **100 ~n** 100 kilometres per hour; **wieviel ~n hat er drauf gehabt?** how fast was he going?
Sach·ein·lage die *(Wirtsch.)* investment in kind
Sächelchen ['zɛçl̩çən] **das;** ~**s,** ~**:** [little] thing
Sachen·recht das; *o. Pl. (Rechtsw.)* law of property
Sacher·torte ['zaxɐ-] **die** rich iced chocolate cake; Sachertorte
sach-, **Sach-:** ~**frage die** question about the matter/issue *(as opposed to personalities, methods, etc.);* ~**gebiet das** subject [area]; field; **das ~gebiet Ornithologie** the field of ornithology; ~**gemäß,** ~**gerecht 1.** *Adj.* proper; correct; **2.** *adv.* properly; correctly; ~**katalog der** *(Buchw.)* subject catalogue; ~**kenner der** expert; ~**kenntnis die** expertise; knowledge of the subject; **von keiner ~kenntnis getrübt** *(scherzh.)* without having the faintest idea [what it's all about]; ~**kunde die a)** *s.* ~**kenntnis; b)** ≈ general subjects *pl.;* ~**kundig 1.** *Adj.* with a knowledge of the subject *postpos., not pred..* **sich ~kundig machen** acquaint oneself with the subject; **2.** *adv.* expertly; ~**lage die;** *o. Pl.* situation; **2.** *adv. meist Pl. (Amtsspr., Versicherungsw.)* benefit in kind
sachlich 1. *Adj.* **a)** *(objektiv)* objective; *(nüchtern)* functional ⟨*building, style, etc.*⟩; matter-of-fact, down-to-earth ⟨*letter etc.*⟩; **b)** *nicht präd. (sachbezogen)* factual ⟨*error*⟩; actual, material ⟨*difference*⟩; material ⟨*consideration*⟩; **aus ~en Gründen** for practical reasons. **2.** *adv.* **a)** objectively; ⟨*state*⟩ as a matter of fact; *(nüchtern)* ⟨*furnished*⟩ in a functional style; ⟨*written*⟩ in a matter-of-fact way; **b)** *(sachbezogen)* factually ⟨*wrong*⟩; actually ⟨*justified*⟩
sächlich *Adj. (Sprachw.)* neuter
Sachlichkeit die; ~**:** objectivity; *(Nüchternheit)* functionalism; **Neue ~** *(Kunstwiss.)* new objectivity
Sach-: ~**mangel der;** *meist Pl. (Rechtsw.)* material defect; ~**register das** [subject] index; ~**schaden der** damage [to property] *no indef. art.;* **ein ~schaden von 30 000 Mark** damage amounting to 30,000 marks
Sachse ['zaksə] **der;** ~**n,** ~**n** Saxon
sächseln ['zɛksl̩n] *itr. V.* **er sächselt** he speaks in Saxon dialect
Sachsen (das); ~**s** Saxony
Sachsen-Anhalt (das); ~**s** Saxony-Anhalt
sächsisch ['zɛksɪʃ] **1.** *Adj.* Saxon; ⟨*capital, economy, etc.*⟩ of Saxony. **2.** *adv.* ⟨*speak, write*⟩ in Saxon dialect; *s. auch* **badisch**
Sach·spende die gift *or* contribution in kind

sacht [zaxt] 1. *Adj.* a) *(behutsam)* gentle; *(langsam)* smooth ‹*take-off*›; gentle, gradual *(acceleration)*; b) *(leise)* quiet. 2. *adv.* a) gently; b) *(leise)* quietly

sachte 1. *s.* **sacht.** 2. *adv. (ugs.)* a) *(Beschwichtigung)* ~|, ~| take it easy; *(nicht so hastig)* not so fast; b) **so |ganz| ~** *(allmählich)* gradually

sach-, Sach-: **~verhalt** der; ~|e|s, ~e facts *pl.* [of the matter]; **~versicherung** die *(Versicherungsw.)* property insurance; **~verstand** der expertise; grasp of the subject; **~verständig** 1. *Adj.* expert ‹*opinion etc.*›; knowledgeable ‹*person*›; 2. *adv.* expertly; knowledgeably; **~verständige** der/die; *adj. Dekl.* expert; **~verständigen·aus·schuß** der committee of experts; **~verständigen·gutachten** das expert's report; *(von mehreren)* experts'·report; *(Rechtsw.: Interessenvertreter der Gläubiger)* trustee in bankruptcy; **~wert** der a) *o. Pl.* intrinsic or real value; b) *(Wertobjekt)* material asset; **~wissen** das specialist knowledge; **~wörter·buch** das specialist or subject dictionary; **ein ~wörterbuch der Literatur** a dictionary of literature; **~zwang** der [factual or material] constraint

Sack [zak] der; ~|e|s, **Säcke** ['zɛkə] a) *(Behältnis)* sack; *(aus Papier, Kunststoff)* bag; **ein ~ Zement** a bag of cement; **drei Säcke |voll| Kartoffeln** three sacks of potatoes; **einen ~ voll ...** *(fig.)* a [whole] load or mass of ... *(coll.)*; **den ~ schlägt man, den Esel meint man** *(Spr.)* he/she is being used as a scapegoat; **jmdn. im ~ haben** *(salopp)* have got round sb.; **etw. im ~ haben** *(salopp)* have sth. in the bag *(coll.)*; **jmdn. in den ~ stecken** *(ugs.)* put sb. in the shade; **mit ~ und Pack** with bag and baggage; *s. auch* **naß 1 a; schlafen 1 a;** b) **|Hautfalte| Säcke unter den Augen haben** have bags under one's eyes; c) *(derb: Hoden~)* balls *pl. (coarse)*; d) *(derb abwertend: Mensch)* sod *(Brit. sl.)*; e) *(bes. südd., österr., schweiz.)* *(Hosentasche)* [trouser-]pocket; *(Geldbeutel)* purse

Sack·bahn·hof der *s.* **Kopfbahnhof**
Säckchen ['zɛkçən] das; ~s, ~: small sack; bag
Säckel ['zɛkl] der; ~s, ~ *(bes. südd., österr.)* a) *(veralt.: Geldbeutel)* money-bag; purse; b) *(Hosentasche)* [trouser-]pocket; c) *s.* **Sack d**
sacken *itr. V.; mit sein* ‹*person*› slump; ‹*ship etc.*› sink; ‹*plane*› drop rapidly, plummet; **er sackte in die Knie** his knees gave way
säcke·weise *Adv. s.* **sackweise b**
sack-, Sack-: **~gasse** die cul-de-sac; *(fig.)* impasse; **~hüpfen** das; ~ sack race; **beim ~hüpfen** in the sack race; **~kleid** das sack; **~leinen** das, **~lein·wand** die sacking; **~pfeife** die bagpipes *pl.*; **~tuch** das a) *Pl.* ~tuche *s.* **~leinen;** b) *Pl.* **~tücher** *(südd., österr., schweiz.)* handkerchief; **~weise** *Adv.* a) *(in Säcken)* in sacks; b) *(massenhaft)* loads or masses of *(coll.)*

Sadismus [za'dɪsmʊs] der; ~, **Sadismen** a) *o. Pl. (Veranlagung; abwertend: Quälerei)* sadism *no art.*; b) *(Handlung)* act of sadism
Sadist der; ~en, ~en, **Sadistin** die; ~, ~nen sadist
sadistisch 1. *Adj.* sadistic. 2. *adv.* sadistically; **~ veranlagt sein** have sadistic tendencies
Sado·masochismus [zadomazo'xɪsmʊs] der *(Med.)* sado-masochism *no art.*
sado·masochistisch *(Med.)* 1. *Adj.* sado-masochistic. 2. *adv.* sado-masochistically; **~ veranlagt sein** have sado-masochistic tendencies
säen ['zɛːən] *tr. (auch itr.) V. (auch fig.)* sow; **dünn** *od.* **nicht gerade dicht gesät sein** *(fig.)* be thin on the ground

Safari [za'faːri] die; ~, ~s safari
Safe [seɪf] der *od.* das; ~s, ~s a) safe; b) *(Schließfach)* safe-deposit box
Saffian ['zafian] der; ~s, **Saffian·leder** das morocco [leather]
Safran ['zafran] der; ~s, ~e saffron
Saft [zaft] der; ~|e|s, **Säfte** ['zɛftə] a) juice; **jmdn. im eigenen ~ schmoren lassen** *(fig. ugs.)* let sb. stew in his/her own juice; b) *(in Pflanzen)* sap; **Blut ist ein ganz besonderer ~:** blood is thicker than water *(fig.)*; **ohne ~ und Kraft** *(abwertend)* weak and lifeless; *(adv.)* without any zest; c) *(salopp: Elektrizität)* juice *(sl.)*; d) *(veralt.: Körperflüssigkeit)* fluid; e) *(österr.: Soße)* gravy
saft·grün *Adj.* lush green
Saft·heini der *(ugs.)* right twit *(Brit. sl.)*; jerk *(sl.)*
saftig 1. *Adj.* a) *(voll Saft)* juicy; sappy ‹*stem*›; lush ‹*meadow, green*›; *(fig.: lebensvoll)* lusty; b) *(ugs.: stark, intensiv)* hefty ‹*slap, blow*›; good ‹*thrashing*›; steep *(coll.)* ‹*prices, bill*›; terrific, big ‹*surprise, punch-up*›; crude, coarse ‹*joke, song, etc.*›; strongly-worded ‹*letter etc.*›; strong, juicy ‹*curse*›. 2. *adv.* a) **eine ~ grüne Wiese** a lush green meadow; b) *(ugs.: kräftig)* ‹*curse, hit out*› well and truly, good and proper
Saftigkeit die; ~, ~en a) *o. Pl.* juiciness; **die ~ der Wiesen** the lushness of the meadows; b) *(Äußerung)* crude remark
saft-, Saft-: **~kur** die juice diet; **~laden** der; *Pl.* **~läden** *(salopp abwertend)* lousy outfit *(sl.)*; **~los** *Adj.* a) juiceless; **~ sein** have or contain no juice; b) *(fig.)* feeble, anodyne ‹*language*›; **~ und kraftlos** feeble; wishy-washy; *(adv.)* without any zest; **~presse** die juice extractor; **~sack** der *(derb abwertend)* bastard *(coll.)*; **~tag** der juice[-diet] day
Saga ['za(ː)ga] die; ~, ~s *(Literaturw.)* saga
Sage ['zaːgə] die; ~, ~n legend; *(bes. nordische)* saga; *(fig.: Gerücht)* rumour
Säge ['zɛːgə] die; ~, ~n a) saw; b) *(bayr., österr.:* ~werk*)* sawmill
Säge-: **~blatt** das saw-blade; **~bock** der saw-horse; **~fisch** der sawfish; **~mehl** das sawdust; **~mühle** die sawmill
sagen 1. *tr. V.* a) *(äußern, behaupten)* say; **so etwas sagt man nicht** it's not done to say things like that; **das kann man nicht |so ohne weiteres| ~:** you can't really say or that; **~ kann jeder ~** anybody can claim that; it's easy to talk; **das ist nicht zu viel gesagt** that's not overstating the case or no exaggeration; **man sagt |von ihm od. über ihn|, daß ...:** it is said [of him] that ...; **das sagst du so einfach!** that's easy to say or easily said; **da soll noch einer ~** *od.* **da sage noch einer, daß ...:** never let it be said that ...; **sag, wer sagt's denn!** *(ugs.)* there you are[, I knew it]!; **sag das nicht!** *(ugs.)* don't [just] assume that; not necessarily; **das ist nicht gesagt** it's not necessarily the case; it's by no means certain; **dann will ich nichts gesagt haben** in that case forget I said anything; **was ich noch ~ wollte** [oh] by the way; before I forget; **unter uns gesagt** between you and me; **das eben Gesagte** what has been said above; **die obigen Bemerkungen** *pl.*; *(in einem Vortrag)* the foregoing [remarks]; **das mußte einmal gesagt werden** it had to be said; **wie gesagt** as I've said *or* mentioned; **das ist leichter gesagt als getan** that's easier said than done; **das kann man wohl ~, das kann man** *od.* **kannst du laut ~** *(ugs.)* you can say 'that again; **gesagt, getan** no sooner said than done; **das kostet Tausende, |ach|, was sage ich, Millionen!** it costs thousands, what am I talking about, millions!; **~ wir einmal** *od. (ugs.)* **mal** let's say; **wir treffen uns, ~ wir, um 10 vor 8** let's meet at, say, ten to eight; **sage und schreibe** *(ugs.)* believe it or not; would you believe; **um nicht zu ~:** not to say; **sag bloß, du hast es vergessen!** *(ugs.)* don't say you've forgotten it!; b) *(meinen)* say; **was ~ Sie dazu?** what do you think about that?; **was soll man dazu noch ~?** *(ugs.)* what 'can one say; **was sagst du nun?** *(ugs.)* now what do you say?; what do you say to that?; c) *(mitteilen)* **jmdm. etw. ~:** say sth. to sb.; *(zur Information)* tell sb. sth.; **|jmdm.| seinen Namen/seine Gründe ~:** give [sb.] one's name/reasons; **|jmdm.| die Wahrheit ~:** tell [sb.] the truth; **sag mal/~ Sie |mal|, gibt es ...?** tell me, is there ...?; **ich habe mir ~ lassen, daß ...:** I've been told that ...; **das sag' ich dir** *(ugs.)* I'm telling *or* warning you; **ich hab's [dir] ja gleich gesagt!** *(ugs.)* I told you so!; **|habe dich gewarnt|** I warned you!; **ich will dir mal was ~:** let me tell you something; **laß dir das gesagt sein** *(ugs.)* make a note of *or* remember what I'm saying; **das sag' ich |deinen Eltern usw.|** *(Kinderspr.)* I'll tell on you [to your parents *etc.*]; **wem ~ Sie das!** *(ugs.)* you don't need to tell me [that]!; **das brauchst du mir nicht zu ~** *(ugs.)* you don't need to tell me that; I know that only too well; **was Sie nicht ~!** *(ugs., oft iron.)* you don't say!; **das kann ich dir ~!** *(ugs.)* you can be sure of that or bank on that; **wenn ich es [dir] sage!** *(ugs.)* I promise [you]; **jmdm. Grobheiten ~:** speak rudely to sb.; **und dann muß ich mir von ihm auch noch ~ lassen, daß ...:** and then I have to put up with him telling me that ...; **er läßt sich** *(Dat.)* **nichts ~:** he won't be told; you can't tell him anything; d) *(nennen)* **zu jmdm./etw. X ~:** you can call me 'du' or say 'du' to me; e) *(formulieren, ausdrücken)* say; **das hast du gut gesagt** you put that well; **that was well said; so kann man es auch ~:** you could put it like that; **etw. in aller Deutlichkeit ~:** make sth. perfectly clear; **das sagt er nur so** he doesn't mean it; **es ist nicht zu ~, wie ...:** no words can express *or* say *or* there is no expressing how ...; **du sagst es!** very true!; **willst du damit ~, daß ...?** are you trying to say *or* do you mean [to say] that ...?; **das wollte ich damit nicht ~:** I didn't mean that; **will ~:** *or* rather; that is to say; f) *(bedeuten)* mean; **damit ist viel/wenig/nichts gesagt** that's saying a lot/not saying much/that doesn't mean anything; **das will** *od.* **hat nichts zu ~:** that doesn't mean anything; that isn't important; **hat das etwas zu ~?** does that mean anything?; g) *(anordnen, befehlen)* tell; **du hast mir gar nichts zu ~:** you have no right to order me about; **von ihm lasse ich mir nichts ~:** I'm not taking any orders from him; **sich** *(Dat.)* **etw. nicht zweimal ~ lassen** *(ugs.)* not need to be told *or* asked twice; **das lass'/ließ ich mir nicht zweimal ~:** I'd love to/I jumped at it; **etwas/nichts zu ~ haben** ‹*person*› have a/no say; *(zuständig/nicht zuständig sein)* be in authority/have no authority. 2. *refl. V.* a) **sich** *(Dat.)* **etw. ~:** say sth. to oneself; **das hättest du dir damals schon ~ können** you should have realized [that] then; b) **das sagt sich so einfach** *(ugs.)* that's easy to say or easily said. 3. *itr. V.* **wie sagt man |da|?** what does one say?; **what's the [right] word?**; *(Aufforderung an ein Kind)* what do you say [now]?; **wenn ich so ~ darf** if I may put it this way; *(bei einem etwas gewagten Ausdruck)* if you will pardon the expression; **sag bloß!** *(ugs.)* you don't say!

sägen ['zɛːgn] 1. *tr. V.* a) saw; *(fig.: auf einer Geige usw.)* saw away; **an jmds. Stuhl ~** *(fig.)* try to undermine sb.'s position; b) *(ugs. scherzh.: schnarchen)* snore loudly. 2. *tr. V.* saw; *(zersägen)* saw up ‹*tree etc.*›

Sagen-: **~buch** das book of legends; **~gestalt** die legendary figure
sagenhaft 1. *Adj.* a) *(ugs.)* incredible *(coll.)* ‹*wealth, mess, memory, etc.*›; fabulous *(coll.)* ‹*party, wealth*›; b) *(der Sage angehörend)* legendary. 2. *adv.* incredibly *(coll.)*

1425

sagen·umwoben *Adj. (geh.)* ⟨*castle, place*⟩ steeped in legend; ⟨*historical figure*⟩ at the centre of many legends
Sagen·welt *die; o. Pl.* legendary world
Säge-: **~späne** *Pl.* wood shavings; **~werk** *das* sawmill; **~zahn** *der* sawtooth
Sago ['za:go] *der od. das;* ~s sago
sah [za:] *1. u. 3. Pers. Sg. Prät. v.* **sehen**
Sahel·zone ['za:hɛl- *od.* za'he:l-] *die; o. Pl.* Sahel
Sahne ['za:nə] *die;* ~: cream
Sahne-: **~bonbon** *der od. das* cream toffee; **~eis** *das* cream ice; **~quark** *der* creamy quark; quark with a high fat content; **~torte** *die* cream cake *or* gateau
sahnig *Adj.* creamy
Saison [zɛ'zõ:] *die;* ~, ~s season; **während/außerhalb der ~:** during the season/out of season *or* in the off-season; **~ haben** have one's busy time *or* season; *(ugs.: sehr gefragt sein)* ⟨*goods*⟩ be much in demand
saisonal [zɛzo'na:l] *1. Adj.* seasonal. *2. adv.* ⟨*fluctuate*⟩ according to the season
saison-, Saison-: **~arbeit** *die* seasonal work; **~arbeiter** *der* seasonal worker; **~ausverkauf** *der* end-of-season sale; **~bedingt** *1. Adj.* seasonal; *2. adv.* due to seasonal influences; **~zuschlag** *der* seasonal supplement
Saite ['zaitə] *die;* ~, ~n *(Musik, Sport)* string; **das/sie brachte in mir eine verwandte ~ zum Klingen** *(fig.)* it/she struck a responsive chord in me; **andere** *od.* **strengere ~n aufziehen** *(fig.)* take stronger measures; get tough *(coll.)*
Saiten-: **~halter** *der (Musik) (an der Geige)* tailpiece; *(an der Laute, Gitarre)* stringholder; **~instrument** *das* stringed instrument; **~spiel** *das (geh.)* string playing; *(Musik)* string music
-saitig [-zaitiç] -string[ed]
Sakko ['zako] *der od. das;* ~s, ~s jacket
sakral [za'kra:l] *Adj.* religious; ~e **Gewänder** priest's vestments; ~e **Gesänge** sacred songs *or* chants
Sakral·bau *der; Pl.* ~bauten *(Archit., Kunstwiss.)* religious building
Sakrament [zakra'mɛnt] *das;* ~[e]s, ~e a) *(christl., bes. kath. Kirche)* sacrament; b) ~ **[noch mal]!** for Heaven's sake
sakramental [zakramɛn'ta:l] *Adj.* sacramental
Sakramentalien [zakramɛn'ta:liən] *Pl. (kath. Rel.)* sacramentals
Sakrileg [zakri'le:k] *das;* ~s, ~e act of sacrilege; **ist es ein ~?** is it sacrilege?
Sakristan [zakrıs'ta:n] *der;* ~s, ~e sacristan
Sakristei [zakrıs'tai] *die;* ~, ~en sacristy
sakrosankt [zakro'zaŋkt] *Adj.* sacrosanct
säkular [zɛku'la:ɐ] *Adj.* a) *(geh.: weltlich; auch Astron., Geol.)* secular; b) *(geh.: herausragend)* outstanding
säkularisieren *tr. V.* secularize ⟨*property, art, etc.*⟩; deconsecrate ⟨*church*⟩
Salamander [zala'mandɐ] *der;* ~s, ~: salamander; **einen** *od.* **den ~ reiben** *(Studenspr.)* scrape one's glass three times on the table, empty it, and after brief drumming put it down with a bang (as a mark of honour)
Salami [za'la:mi] *die;* ~, ~[s] salami
Salami·taktik *die* step-by-step policy
Salär [za'lɛ:ɐ] *das;* ~s, ~e *(bes. schweiz., auch südd., österr., sonst veralt.)* salary
Salat [za'la:t] *der;* ~[e]s, ~e a) *o. Pl.* [grüner] ~: lettuce; **ein Kopf ~:** a [head of] lettuce; c) *o. Pl. (ugs.: Wirrwarr)* muddle; mess; **nun haben wir den ~!** *(ugs. iron.)* now we're in a right mess
Salat-: **~besteck** *das* salad-servers *pl.;* **~blatt** *das* lettuce-leaf; **~gurke** *die* cucumber; **~kartoffel** *die* potato suitable for potato salad; **~kopf** *der* lettuce; **~öl** *das* salad-oil; **~schüssel** *die* salad-bowl; **~soße** *die* salad-dressing

salbadern [zal'ba:dɐn] *tr. V. (ugs. abwertend)* waffle [pretentiously]
Salbe ['zalbə] *die;* ~, ~n ointment; *(gegen Muskelkater usw.)* embrocation
Salbei ['zalbai] *der od. die;* ~: sage
salben *tr. V.* a) *(einreiben)* put ointment on ⟨*part of body*⟩; b) *(kath. Kirche)* anoint ⟨*sick or dying person, (Hist.) king, emperor, etc.*⟩; *(hist.)* **jmdn. zum Kaiser ~:** anoint sb. emperor
Salbung *die;* ~, ~en *(Weihung)* anointing; *(kath. Kirche)* unction; **die letzte ~:** extreme unction
salbungs·voll *(abwertend)* 1. *Adj.* unctuous. 2. *adv.* unctuously
saldieren [zal'di:rən] *1. tr. V.* a) *(Buchf., Finanzw.)* balance ⟨*credit and debit figures*⟩; **einen Gewinn ~:** produce a profit balance; b) *(österr.: quittieren)* confirm payment of; give a receipt for. *2. itr. V.* a) *(Buchf., Finanzw.)* balance the books; b) *(österr.: quittieren)* confirm payment
Saldo ['zaldo] *der;* ~s, ~s *od.* **Saldi** *od.* **Salden** *(Buchf., Finanzw.)* balance; **im ~ sein/bleiben** be/remain in debt
Saldo-: **~übertrag** *der,* **~vortrag** *der (Buchf.)* balance brought forward
Säle *s.* **Saal**
Salicylsäure *(chem. fachspr.) s.* **Salizylsäure**
Salier ['za:liɐ] *der;* ~s, ~ *(hist.)* Salian
Saline [za'li:nə] *die;* ~, ~n salt-works *sing. or pl.*
Salizyl·säure [zali'tsy:l-] *die (Chemie)* salicylic acid
Salm [zalm] *der;* ~[e]s, ~e *(bes. rhein.)* salmon
Salmiak [zal'miak] *der od. das;* ~: sal ammoniac
Salmiak-: **~geist** *der* [liquid] ammonia; ammonia water; **~pastille** *die* sal ammoniac pastille
Salmonelle [zalmo'nɛlə] *die;* ~, ~n; *meist Pl.* salmonella *sing.*
Salomon ['za:lomɔn] *(der)* Solomon
Salomonen [zalo'mo:nən] *Pl.* Solomon Islands
salomonisch *(geh.)* 1. *Adj.* Solomon-like; **ein ~es Urteil** a judgment of Solomon. 2. *adv.* with the wisdom of Solomon
Salon [za'lõ:] *der;* ~s, ~s a) *(Raum)* drawing-room; b) *(Geschäft)* [hair- *etc.*] salon; c) *(veralt.: Zirkel)* [literary] salon; d) *(Ausstellung)* Salon
salon-, Salon-: **~fähig** 1. *Adj.* socially acceptable; *(nach einem Bad o. ä.)* **ich bin noch nicht ~fähig** I am not yet presentable; 2. *adv.* in a socially acceptable manner; properly ⟨*dressed*⟩; **~kommunist** *der (iron.)* parlour communist; **~löwe** *der (abwertend)* society man; **~musik** *die* salon music; **~wagen** *der* Pullman car *or* coach
salopp [za'lɔp] 1. *Adj.* casual ⟨*clothes*⟩; free and easy, informal ⟨*behaviour, household, etc.*⟩; very colloquial, slangly ⟨*saying, expression, etc.*⟩. 2. *adv.* ⟨*dress*⟩ casually; informally; **~ reden** use slangly *or* [very] colloquial language
Salpeter [zal'pe:tɐ] *der;* ~s saltpetre
Salpeter·säure *die* nitric acid
salpetrig *Adj.* ~e **Säure** nitrous acid
Salto ['zalto] *der;* ~s, ~s *od.* **Salti** a) somersault; *(beim Turnen auch)* salto; **ein ~ vorwärts/rückwärts** a forward/backward somersault; **einen ~ springen** *do or* turn a somersault; b) *(Fliegerspr.) s.* **Looping**
Salto mortale [~ mɔr'ta:lə] *der;* ~ ~, ~ ~ *od.* **Salti mortali** salto mortale
Salut [za'lu:t] *der;* ~[e]s, ~e *(Milit.)* salute; **~ schießen** fire a salute; **21 Schuß ~ abgeben** fire a twenty-one-gun salute
salutieren *itr. V. (bes. Milit.)* salute; **vor jmdm. ~:** salute sb.
Salut·schuß *der; meist Pl. (Milit.)* gun salute; **sieben Salutschüsse** a seven-gun salute

Salvadorianer [zalvado'rĭa:nɐ] *der;* ~s, ~: Salvadoran
Salve ['zalvə] *die;* ~, ~n *(Milit.)* salvo; *(aus Gewehren)* volley; **eine ~ des Beifalls/von Gelächter** *(fig.)* a burst of applause/laughter
Salz [zalts] *das;* ~es, ~e salt; **das ~ der Ironie** *(fig.)* the spice of irony; **~ auf die** *od.* **in die Wunde streuen** *(fig.)* rub salt into the wound; **jmdm. nicht das ~ in der Suppe gönnen** *(ugs.)* begrudge sb. everything
salz-, Salz-: **~arm 1.** *Adj.* low in salt *postpos.*; low-salt; 2. *adv.* **~arm kochen** use little salt in cooking; **~arm essen** eat food containing little salt; **~berg·werk** *das* salt-mine; **~brezel** *die* [salted] pretzel
salzen *tr. V.* salt; **die Suppe ist stark/zu wenig/kaum gesalzen** the soup has a lot of/too little/hardly any salt in it
salz-, Salz-: **~fäßchen** *das* a) salt-cellar; b) *(ugs. scherzh.: beim Menschen)* hollow between the collar-bones; **~fleisch** *das s.* **Pökelfleisch**; **~haltig** *Adj.* containing salt *postpos., not pred.*; salty; **sehr ~haltig sein** have a high salt content; **~hering** *der* salted herring
salzig *Adj.* salty
salz-, Salz-: **~kartoffel** *die; meist Pl.* boiled potato; **~korn** *das; Pl.* **~körner** grain of salt; **~lake** *die* brine; **~lecke** *die (Jägerspr.)* salt-lick; **~los 1.** *Adj.* salt-free; *(nicht gesalzen)* unsalted; 2. *adv.* ⟨*cook*⟩ without any salt; **~los essen** eat unsalted food; **~lösung** *die* saline solution; **~mandel** *die* salted almond; **~napf** *der* salt-cellar; **~säule** *die* pillar of salt; **zur ~säule erstarren** *(fig.)* be rooted to the spot *or* turned to stone; **~säure** *die. o. Pl. (Chemie)* hydrochloric acid; **~see** *der* salt lake; *(ausgetrocknet)* salt flats *pl.;* **~sieder** *der;* ~s, ~ *(veralt.)* salt-maker; **~sole** *die* brine; **~stange** *die* salt stick; **~streuer** *der;* ~s, ~: salt-sprinkler; salt-shaker *(Amer.);* **~wasser** *das; Pl.* **~wässer** a) *o. Pl. (zum Kochen)* salted water; b) *(Meerwasser)* salt water; c) *(Lake)* brine; **~werk** *das* salt-works *sing. or pl.;* **~wüste** *die* salt desert
SA-Mann [ɛs'|a:-] *der; Pl.* **SA-Männer** *od.* **SA-Leute** *(ns.)* SA man; storm-trooper
Sä·mann *der; Pl.* **Sämänner** *(dichter.)* sower
Samariter [zama'ri:tɐ] *der;* ~s, ~ a) [barmherziger] ~: good Samaritan; **bei jmdm. ~ spielen** play *or* act the good Samaritan to sb.; b) *(schweiz.) s.* **Sanitäter**
Samariter·dienst *der* selfless act [of kindness]
Sä·maschine *die* seeder, *(esp.)* seed-drill
Samba ['zamba] *der;* ~s, ~s *od. die;* ~, ~s samba
Sambesi [zam'be:zi] *der;* ~[s] Zambezi
Sambia ['zambia] *(das)* ~s Zambia
Sambier [ˈzambiɐ] *der;* ~s, ~, **Sambierin** *die;* ~, ~nen Zambian
¹**Same** ['za:mə] *der;* ~n, ~n *s.* **Lappe**
²**Same** *der;* ~ns, ~n *(geh.) s.* **Samen**
Samen ['za:mən] *der;* ~s, ~ a) *(~korn)* seed; b) *o. Pl. (~körner)* seed[s. *pl.*]; c) *o. Pl. (Sperma)* sperm; semen
Samen-: **~an·lage** *die (Bot.)* ovule; **~bank** *die; Pl.* **~banken** *(Med., Tiermed.)* sperm bank; **~erguß** *der* ejaculation; **~faden** *der s.* **Spermium**; **~flüssigkeit** *die* seminal fluid; **~handlung** *die* seed merchant's [shop *or (Amer.)* store]; **~kapsel** *die* seed capsule; **~korn** *das; Pl.* **~körner** seed; **~leiter** *der (Anat.)* sperm[atic] duct; **~strang** *der (Anat.)* spermatic cord; **~zelle** *die* sperm cell
Sämereien [zɛ:məˈraiən] *Pl.* seeds
sämig ['zɛ:mıç] *Adj.* thick ⟨*sauce, soup, etc.*⟩; viscous ⟨*liquid*⟩
Sämisch·leder *das* chamois leather
Sämling ['zɛ:mlıŋ] *der;* ~s, ~e seedling
Sammel-: **~album** *das* [collector's] album;

Sammelauftrag | **Sanktion**

~**auftrag** der (Postw.) multiple or combined transfer; ~**band** der; Pl. ~**bände** anthology (über + Akk. of); ~**becken** das collecting basin; reservoir; (fig.) gathering-point or -place; ~**bestellung** die joint order; ~**bezeichnung** die (Sprachw.) collective term; ~**büchse** die collecting-box; ~**fahr·schein** der group ticket; ~**konto** das (Buchf.) collation account; ~**lager** das assembly or transit camp; ~**mappe** die folder; file

sammeln ['zamļn] **1.** tr. (auch itr.) V. **a)** collect; gather ⟨honey, firewood, fig.: material, experiences, impressions, etc.⟩; gather, pick ⟨berries, herbs, mushrooms, etc.⟩; **Kräfte ~**: summon up one's strength; **die gesammelten Werke Tolstois** Tolstoy's collected works; **b)** (zusammenkommen lassen) gather ⟨people⟩ [together]; assemble ⟨people⟩; cause ⟨light rays⟩ to converge. **2.** refl. V. **a)** (sich versammeln) gather [together]; ⟨light rays⟩ converge; **sich um jmdn./etw. ~**: gather round sb./sth.; **b)** (sich konzentrieren) collect oneself; gather oneself together

Sammel-: ~**platz** der (für Gegenstände) collection or collecting point; (für Menschen) assembly point; ~**punkt** der **a)** (~platz) focal point; ~**stelle** die s. ~**platz**

Sammelsurium [zamļ'zu:riʊm] das; ~s, **Sammelsurien** (abwertend) hotchpotch; **ein ~ von alten Gläsern und Flaschen** a jumble of old glasses and bottles

Sammel-: ~**tasse** die [collector's] ornamental cup and saucer; ~**transport** der (von Menschen, Vieh) mass transport; (von Gütern) bulk shipment; ~**visum** das collective or group visa; ~**wut** die collecting mania

Sammet ['zamət] der; ~s, ~e (schweiz., sonst veralt.) s. **Samt**

Sammler ['zamlɐ] der; ~s, ~ **a)** collector; (von Pilzen, Kräutern, Beeren usw.) gatherer; picker; **b)** (Technik: Akkumulator) accumulator; storage battery

Sammler·fleiß der keenness or dedication to collecting; **mit ~**: with the dedication of a true collector

Sammlerin die; ~, ~nen s. **Sammler a**

Sammler-: ~**objekt** das, ~**stück** das collector's item; ~**wert** der value to collectors; ~**wert haben** be of value to collectors

Sammlung die; ~, ~en **a)** collection; **b)** [innere] ~: composure

Sammlungs·bewegung die movement combining disparate elements; all-embracing movement

Samoa·inseln [za'mo:a-] Pl. die ~ (als Ganzes) Samoa sing.; (als einzelne Inseln) the Samoan Islands

Samoaner [zamo'a:nɐ] der; ~s, ~, **Samoanerin** die; ~, ~nen Samoan

samoanisch Adj. Samoan

Samowar [zamo'va:ɐ] der; ~s, ~e samovar

Samstag ['zamsta:k] der; ~[e]s, ~e Saturday; **langer ~**: Saturday on which the shops stay open late; s. auch **Dienstag; Dienstag-**

samstägig ['zamstɛ:gɪç] Adj.; nicht präd. on Saturday postpos.

samstäglich 1. Adj.; nicht präd. [regular] Saturday. **2.** adv. on Saturdays

samstags Adv. on Saturdays

samt [zamt] **1.** Präp. mit Dat. together with. **2.** Adv. **~ und sonders** one and all; without exception

Samt der; ~[e]s, ~e velvet; **eine Haut wie ~**: a velvety skin; **in ~ und Seide** (veralt.) in all one's finery

samt·artig 1. Adj. velvety. **2.** adv.⟨soft etc.⟩ as velvet

Samt·band das; Pl. ~**bänder** velvet ribbon; (breit) velvet band

samten Adj.; nicht präd. **a)** (aus Samt) velvet; **b)** (wie Samt) velvety

Samt·hand·schuh der velvet glove; **jmdn. mit ~en anfassen** (fig.) handle sb. with kid gloves

samtig Adj. velvety

Samt·kleid das velvet dress

sämtlich ['zɛmtlɪç] Indefinitpron. u. unbest. Zahlwort **a)** attr. all the; **die Kleidung ~er Gefangener** od. **Gefangenen** all the prisoners' clothes; **Goethes ~e Werke** the complete works of Goethe; **b)** (alleinstehend) all

Samt·pfötchen das velvety paw; **wie auf ~ gehen** tread softly

samt·weich Adj. velvety[-soft]; soft as velvet postpos.

Sanatorium [zana'to:riʊm] das; ~s, **Sanatorien** sanatorium

Sand [zant] der; ~[e]s, ~e od. **Sände** ['zɛndə] **a)** o. Pl. sand; **... gibt es wie ~ am Meer** (ugs.) there are countless ...; ... are pretty thick on the ground (coll.); **da ist ~ im Getriebe** (fig. ugs.) there's something gumming up the works (coll.); **jmdm. ~ ins Getriebe streuen** (fig. ugs.) put a spanner in sb.'s works; **jmdm. ~ in die Augen streuen** (fig.) pull the wool over sb.'s eyes; **da habe ich auf ~ gebaut** (fig.) I was on shaky ground; **im ~[e] verlaufen** (fig. ugs.) come to nothing; **etw. [total] in den ~ setzen** (fig. ugs.) make a [complete] mess of sth.; **b)** Pl. ~**e** (bes. Geol.: ~art) [type of] sand; **c)** (Seemannsspr.) sands pl.; sandbank; **auf [einen] ~ geraten** od. **laufen** run aground on a sandbank

Sandale [zan'da:lə] die; ~, ~n sandal

Sandalette [zanda'lɛtə] die; ~, ~n [high-heeled] sandal

Sand-: ~**bahn·rennen** das (Motorradsport) speedway racing; ~**bank** die; Pl. ~**bänke** sandbank; ~**boden** der sandy soil; ~**burg** die sand-castle; ~**dorn** der; Pl. ~**dorne** (Bot.) hippophaë; **[Echter] ~dorn** sea buckthorn

Sandel- ['zand-]: ~**holz** das sandalwood; ~**öl** das; Pl. sandalwood oil

sand-, Sand-: ~**farben**, ~**farbig** Adj. sand-coloured; ~**förmchen** [~fœrmçən] das; ~s, ~: sand mould; ~**haufen** Pl. pile of sand; ~**hose** die sand-spout

sandig Adj. sandy

Sandinist [zandi'nɪst] der; ~en, ~en, **Sandinistin** die; ~, ~nen Sandinista

Sand-: ~**kasten** der **a)** (child's) sand-pit; sand-box (Amer.); **b)** (Milit.) sand-table; ~**kasten·spiel** das (Milit.) sand-table exercise; ~**korn** das; Pl. ~**körner** grain of sand; ~**kuchen** der Pl. Madeira cake; ~**mann** der, ~**männchen** das; o. Pl. sandman; ~**papier** das sandpaper; ~**sack** der **a)** sandbag; **b)** (Boxen) punching-bag; ~**stein** der **a)** o. Pl. sandstone; **b)** (als Baustein) sandstone block; ~**strahlen** itr. V. (Technik) sand-blast; ~**strahl·gebläse** das (Technik) sand-blaster; ~**strand** der sandy beach; ~**sturm** der sandstorm

sandte ['zantə] 1. u. 3. Pers. Sg. Prät. v. **senden**

Sand·uhr die sand-glass

Sandwich ['zɛntvɪtʃ] der od. das; ~s, ~[e]s sandwich

Sandwich·bau·weise die o. Pl. sandwich construction

Sand·wüste die [sandy] desert

sanforisieren ⓦ [zanfori'zi:rən] tr. V. Sanforize (P)

sanft [zanft] **1.** Adj. gentle; (leise, nicht intensiv) soft ⟨music, colour, light⟩; (friedlich) peaceful; **kommen Sie mir bloß nicht mit die ~e [Tour]** (ugs.) it's no use trying to soft-soap me; **es auf die ~e Tour versuchen** (ugs.) try the gentle or diplomatic approach; (bei Bitten) try wheedling or cajolery. **2.** adv. gently; (leise) ⟨speak, play⟩ softly; (friedlich) peacefully; **ruhe ~** (auf Grabsteinen) rest in peace; **es regnete ~**: a gentle rain was falling

Sänfte ['zɛnftə] die; ~, ~n litter; (geschlossen) sedan-chair

Sanftheit die; ~: gentleness; (von Klängen, Licht, Farben) softness

Sanft·mut die; ~: gentleness; **mit ~**: gently; (nachsichtig) leniently

sanftmütig [-my:tɪç] **1.** Adj. gentle; docile ⟨horse⟩. **2.** adv. gently

Sanftmütigkeit die; ~: gentleness; (Fügsamkeit) docility

sang [zaŋ] 1. u. 3. Pers. Sg. Prät. v. **singen**

Sang der; ~[e]s (veralt.) song; singing; **mit ~ und Klang** singing and playing [music]; **er ist mit ~ und Klang durchs Examen gefallen** (ugs. iron.) he failed the exam in style (iron.)

Sänger ['zɛŋɐ] der; ~s, ~ **a)** (Singender) singer; (Vogel) songbird; **darüber schweigt des ~s Höflichkeit** let's draw a veil over that; **b)** (veralt.: Dichter) bard; **ein fahrender** od. **wandernder ~** (hist.) a wandering minstrel

Sänger-: ~**bund** der choral union; ~**fest** das choral or choir festival

Sängerin die; ~, ~nen singer; s. auch -**in**

Sänger·knabe der s. ²**Wiener**

Sanges·bruder der (geh., veralt.) fellow choir-member

sang·los Adv. **in sang- und klanglos** (ugs.) (ohne viel Aufhebens) simply; without any ado or fuss; (unbemerkt) unnoticed

Sanguiniker [zaŋ'gui̯nikɐ] der; ~s, ~, **Sanguinikerin** die; ~, ~nen sanguine person

sanguinisch 1. Adj. sanguine. **2.** adv. sanguinely; **~ veranlagt sein** have a sanguine disposition

sanieren [za'ni:rən] **1.** tr. V. **a)** (umgestalten) redevelop ⟨area⟩; rehabilitate ⟨building⟩; (renovieren) renovate [and improve] ⟨flat etc.⟩; **b)** (Wirtsch.) restore ⟨firm⟩ to profitability; (rehabilitieren) put ⟨firm⟩ back on its feet; rehabilitate ⟨agriculture, coal mining, etc.⟩; **c)** (Med.: heilen) heal ⟨wound, ulcer, etc.⟩; clear up the infection in, treat ⟨tooth etc.⟩. **2.** refl. V. ⟨company etc.⟩ restore itself to profitability, get back on its feet again; ⟨person⟩ get oneself out of the red

Sanierung die; ~, ~en **a)** s. **sanieren a**: redevelopment; rehabilitation; renovation; **b)** (Wirtsch.) restoration to profitability; **c)** (Med.: Heilung) healing; (Behandlung) treatment

Sanierungs-: ~**gebiet** das redevelopment area; ~**maßnahme** die; meist Pl. **a)** (bei einem Stadtteil usw.) redevelopment measure; **b)** (Wirtsch.) [financial] rehabilitation measure

sanitär [zani'tɛ:ɐ] Adj.; nicht präd. sanitary; **~e Anlagen** sanitary installations

Sanitär-: ~**bereich** der [field of] sanitation; ~**installation** die **a)** o. Pl. (das Einbauen) fitting of sanitation no indef. art.; **b)** (Anlage) sanitary installation

Sanität [zani'tɛ:t] die; ~, ~en (schweiz., österr.) **a)** o. Pl. (Milit.) medical service; **b)** (ugs.: Sanitätswagen) ambulance

Sanitäter [zani'tɛ:tɐ] der; ~s, ~ **a)** (Krankenpfleger) first-aid man; (im Krankenwagen) ambulance man; **b)** (Soldat) medical orderly

Sanitäts-: ~**auto** das (ugs.) ambulance; ~**dienst** der **a)** first-aid duty; (im Krankenwagen) ambulance duty; **b)** (Milit.) medical service or corps; ~**kasten** der (bes. Milit.) first-aid box or kit; ~**offizier** der (Milit.) medical officer; ~**truppe** die (Milit.) medical corps; ~**wache** die first-aid post; ~**wagen** der ambulance; ~**wesen** das; o. Pl. (bes. Milit.) medical service

sank [zaŋk] 1. u. 3. Pers. Sg. Prät. v. **sinken**

Sanktion [zaŋk'tsi̯o:n] die; ~, ~en **a)** (geh., Rechtsspr.: Billigung) approval; sanction;

sanktionieren

b) *meist Pl. (Völkerr., Soziol.)* sanction; *(geh.: Bestrafung)* punitive measure *or* sanction; c) *(Rechtsw.) (Gesetzesklausel)* penalty [clause]; sanction
sanktionieren *tr. V.* sanction
Sanktionierung *die;* ~, ~en sanctioning *no indef. art.*
Sankt-Lorenz-Strom [zaŋkt'loːrɛnts-ʃtroːm] *der; o. Pl.* St Lawrence [river]
Sankt-Nimmerleins-Tag [zaŋkt'nɪmɐlaɪns-] *der; o. Pl.: s.* **Nimmerleinstag**
sann [zan] *1. u. 3. Pers. Sg. Prät. v.* **sinnen**
Sansibar ['zanzibaːɐ̯] *(das);* ~s Zanzibar
Sanskrit ['zanskrɪt] *das;* ~s Sanskrit
Saphir ['zaːfɪr] *der;* ~s, ~e sapphire
sapperlot [zapɐ'loːt] *Interj. (veralt.)* upon my soul *(dated)*
sapphisch ['zapfɪʃ] *1. Adj.* a) Sapphic; ~e Strophe sapphic verse *or* stanza; b) *(geh.: lesbisch)* sapphic; lesbian. *2. adv.* a) *(wie Sappho)* in the style of Sappho; b) *(geh.)* ~ veranlagt with sapphic *or* lesbian tendencies
Sarabande [zara'bandə] *die;* ~, ~n *(Musik)* saraband
Sarde ['zardə] *der;* ~n, ~n Sardinian
Sardelle [zar'dɛla] *die;* ~, ~n anchovy
Sardellen·paste *die* anchovy paste
Sardin *die;* ~, ~nen Sardinian
Sardine [zar'diːnə] *die;* ~, ~n sardine
Sardinen·büchse *die* tin of sardines; *(leer)* sardine-tin; *das Schiff war eine schwimmende* ~ *(fig.)* they were packed like sardines on the ship
Sardinien [zar'diːni̯ən] *(das);* ~s Sardinia
sardisch *Adj.* Sardinian
sardonisch [zar'doːnɪʃ] *(geh.) 1. Adj.* sardonic. *2. adv.* sardonically
Sarg [zark] *der;* ~[e]s, Särge ['zɛrgə] coffin; *s. auch* **Nagel** b
Sarg-: ~deckel *der* coffin lid; **~nagel** *der (Nagel, ugs. scherzh.: Zigarette)* coffin-nail *(lit., or fig. sl.);* **~träger** *der* pallbearer
Sari ['zaːri] *der;* ~[s], ~s sari
Sarkasmus [zar'kasmʊs] *der;* a) *o. Pl. (Spott)* sarcasm; b) *(Äußerung)* sarcastic remark
sarkastisch *1. Adj.* sarcastic. *2. adv.* sarcastically
Sarkophag [zarko'faːk] *der;* ~s, ~e sarcophagus
saß [zaːs] *1. u. 3. Pers. Sg. Prät. v.* **sitzen**
Satan ['zaːtan] *der;* ~s, ~e a) *o. Pl. (bibl.)* Satan *no def. art.; s. auch* **Teufel;** b) *(ugs. abwertend: Mensch)* fiend
satanisch *1. Adj.* satanic; fiendish. *2. adv.* satanically
Satans·braten *der (ugs.)* devil
Satellit [zatɛ'liːt] *der;* ~en, ~en *(Raumf., Astron., auch fig.)* satellite
Satelliten-: ~bild das *s.* **~foto; ~fernsehen das** satellite television; **~foto das** *(bes. Met.)* satellite picture; **~staat** *der (abwertend)* satellite [state]; **~übertragung** *die (Ferns.)* satellite transmission
Satin [za'tɛ̃ː] *der;* ~s, ~s satin
Satire [za'tiːrə] *die;* ~, ~n satire
Satiriker *der;* ~s, ~ a) *(Spötter)* lampooner; mocker
satirisch *1. Adj.* a) satirical; b) *(spöttisch)* mocking *(remarks). 2. adv.* a) satirically; with a satirical touch; b) *(spöttisch)* mockingly; in a satirical vein
Satisfaktion [zatɪsfak'tsi̯oːn] *die;* ~, ~en *(geh. od. Studentenspr. veralt.)* satisfaction
satisfaktions·fähig *Adj. (veralt.)* able to give/demand satisfaction [in a duel] *pred.*
satt [zat] *1. Adj.* a) full [up] *pred.;* well-fed; ~ **sein** be full [up]; have had enough [to eat]; ~ **werden** have enough [to eat]; eat one's fill; **von so einem Salat werde ich nicht** ~: a salad like that is not enough for me *or* to fill me up; **sich ~ essen/trinken** eat/drink as much as one wants; eat/drink one's fill; **etw. macht** ~: sth. is filling; **ich kann mich an ihr/der Akropolis nicht** ~ **sehen** *(fig.)* I

can't take my eyes off her/I can gaze endlessly at the Acropolis; b) *(selbstgefällig)* smug, self-satisfied ⟨person, smile, expression, etc.⟩; c) **jmdn./etw.** ~ **haben** *(ugs.)* be fed up with sb./sth. *(coll.);* **ich habe es** ~, **allein zu fahren** I'm fed up with travelling alone *(coll.);* **etw.** ~ **bekommen** *od.* **kriegen** *(ugs.)* get fed up with sth.; d) *(intensiv)* rich, deep ⟨colour⟩; rich, pure ⟨sound⟩; e) *(ugs.: beeindruckend)* tremendous *(coll.)* ⟨price⟩; **ein** ~**er Schuß** a super shot *(coll.);* ~**e 100 000 Mark** a cool 100,000 marks *(coll.);* ~**e 180 km/h** an impressive 180 k.p.h. *2. adv.* a) *(selbstgefällig)* smugly; complacently; b) *(reichlich)* **nicht** ~ **zu essen haben** not have enough to eat; **Hummer** ~: as much lobster as one can eat; **Tennis** ~ *(fig.)* as much tennis as one could possibly want; c) *(schweiz.: straff)* tightly
satt·blau *Adj.* deep blue
Sattel ['zatl] *der;* ~s, Sättel [zɛtl] a) saddle; **ohne** ~ **reiten** ride bareback; **jmdm. in den** ~ **helfen, jmdn. in den** ~ **heben** help sb. into the saddle; *(fig.: fördern)* give sb. a leg up; *(fig.: an die Macht bringen)* put sb. in the driving-seat; **jmdm. aus dem** ~ **heben** unseat sb.; *(fig.: jmdm. die Macht nehmen)* depose sb.; remove sb. from office; **fest im** ~ **sitzen** *(fig.)* be firmly in the saddle; **in allen Sätteln gerecht sein** *(fig.)* be able to turn one's hand to anything; b) *(Berg~)* saddle; col; c) *(Schneidern: Passe)* yoke; d) *(bei Saiteninstrumenten)* nut; e) *(Turnen: beim Seitpferd)* saddle
sattel-, Sattel-: ~dach *das* gable *or* saddle roof; **~decke** *die* saddle-cloth; **~fest** *Adj.* experienced; **in etw.** *(Dat.)* ~**fest sein** be au fait with sth.; be well up in sth.; **weniger ~feste Kandidaten** candidates less sure of their facts; **~gurt** *der* girth
satteln *1. tr. V.* saddle. *2. itr. V.* saddle the/one's horse
Sattel-: ~nase *die* saddle nose; **~punkt** *der (Math.)* saddle point; **~schlepper** *der* tractor [unit]; *(mit Anhänger)* articulated lorry *(Brit.);* semi[-trailer] *(Amer.);* **~tasche** *die (am Pferd, Fahrrad)* saddle-bag; **~zeug** *das* saddle equipment; saddlery; **~zug** *der* articulated vehicle
Sattheit *die;* ~ a) repleteness *no def. art.;* **die** ~ **der Konsumgesellschaft** the satiety of the consumer society; b) *(Selbstgefälligkeit)* smugness; complacency; c) *(Intensität)* richness; fullness
sättigen ['zɛtɪgn̩] *1. itr. V.* be filling. *2. tr. V.* a) *(ausfüllen)* saturate ⟨market, colour⟩; b) *(erfüllen)* **gesättigt sein von etw.** be filled with *or* full of sth.; c) *(geh.: satt machen)* fill ⟨sb.⟩; satisfy ⟨sb., fig.: curiosity, ambition, etc.⟩. *3. refl. V.* **sich mit** *od.* **an etw.** *(Dat.)* ~ *(geh.)* satisfy one's appetite with sth.
sättigend *Adj.* filling
Sättigung *die;* ~, ~en a) *(bes. Chemie, Physik)* saturation; b) *(das Sattsein)* repleteness *no def. art.; (das Sättigen)* satisfying; **die** ~ **der Hungernden** the feeding of the starving
Sättigungs-: ~grad *der (Wirtsch.)* [degree of] saturation; **~punkt** *der (Chemie)* saturation point
Sattler ['zatlɐ] *der;* ~s, ~: saddler; *(allgemein: Hersteller von Lederwaren)* leatherworker
Sattlerei *die;* ~, ~en a) *o. Pl. (Handwerk)* saddlery; b) *(Werkstatt)* saddler's workshop
sattsam *Adv.* ad nauseam; ~ **bekannt** only too well known; notorious
saturiert [zatu'riːɐ̯t] *Adj. (geh.)* a) *(zufriedengestellt)* satisfied; b) *(abwertend: selbstgefällig)* ~**e Wohlstandsbürger** sated and self-satisfied members of the affluent society
¹**Saturn** [za'tʊrn] *der;* ~s *(Astron.),* ²**Saturn** *(der) (Myth.)* Saturn *no def. art.*

Saubande

Satyr ['zaːtyr] *der;* ~s *od.* ~n, ~n satyr
Satyr·spiel *das* satyric drama
Satz [zats] *der;* ~es, Sätze ['zɛtsə] a) *(sprachliche Einheit)* sentence; *(Teil~)* clause; **in** *od.* **mit einem** ~: in one sentence; briefly; b) *(Teil eines Musikwerks)* movement; *(Periode)* period; c) *(Musik: Kompositionsweise)* [method of] composition; **der vierstimmige/kontrapunktische** ~: four-part/contrapuntal writing; d) *(Sport) (Tennis, Volleyball)* set; *(Tischtennis, Badminton)* game; e) *(Sprung)* leap; jump; **einen** ~ **über etw.** *(Akk.)* **machen** *od.* **tun** jump *or* leap across sth.; **er war mit einem** ~ **an der Tür** in one bound he was at the door; **in** *od.* **mit wenigen Sätzen** in a few strides; f) *(Amtsspr.: Tarif)* rate; g) *(Set)* set; **ein** ~ **Reifen** a set of tyres; h) *(Boden~)* sediment; *(von Kaffee)* grounds *pl.;* i) *o. Pl. (Druckw.: das Setzen)* setting; *(Gesetztes)* type matter; **mit dem** ~ **beginnen** start setting; **das Manuskript ist in** ~/**geht in [den]** ~: the manuscript is being set/is being sent for setting; j) *(DV)* record
Satz-: ~anweisung *die (Druckw.)* setting instructions *pl.;* **~aussage** *die (Sprachw.)* predicate; **~ball** *der (Tennis, Volleyball)* set point; *(Tischtennis, Badminton)* game point; **~bau** *der; o. Pl.* sentence construction; **~bauplan** *der (Sprachw.)* sentence pattern
Sätzchen ['zɛtsçən] *das;* ~s, ~ a) *(Sprung)* little jump; b) *(Äußerung)* little sentence
satz-, Satz-: ~ergänzung *die (Sprachw.)* complement; **~fehler** *der (Druckw.)* literal; printer's error; **~fertig** *Adj. (Druckw.)* ready for setting *postpos.;* **~gefüge** *das (Sprachw.)* complex sentence; **~gegenstand** *der (Sprachw.)* subject [of a/the sentence]; **~glied** *das (Sprachw.)* component part [of a/the sentence]; **~konstruktion** *die (Sprachw.)* sentence construktion; **~lehre** *die* a) *(Sprachw.)* syntax *no art.;* b) *(Musik)* composition theory *no art.;* **~rechner** *der (Druckw.)* composer; **~reif** *Adj. (Druckw.)* ready for setting *postpos.;* **~spiegel** *der (Druckw.)* type area; **~technisch** *(Druckw.) 1. Adj.* **aus ~technischen Gründen** for reasons of setting; *2. adv.* **~technisch gesehen** from the typographic point of view; **~teil** *der (Sprachw.) s.* **~glied**
Satzung ['zatsʊŋ] *die;* ~, ~en articles of association *pl.;* statutes *pl.*
satzungs-: ~gemäß *Adj., adv.* in accordance with the articles of association *or* the statutes; **~widrig** *Adj.* contrary to the articles of association *or* the statutes
satz-, Satz-: ~weise *Adv.* sentence by sentence; **~wertig** *Adj. (Sprachw.)* forming a clause *postpos.;* **~wertiger Infinitiv/~wertiges Partizip** infinitive/participial clause; **~zeichen** *das (Sprachw.)* punctuation mark; **~zusammenhang** *der (Sprachw.)* sentence correlation *or* interrelation
Sau [zau] *die;* ~, Säue ['zɔy̯ə] a) *(weibliches Schwein)* sow; b) *(bes. südd.: Schwein)* pig; **jmdn. zur** ~ **machen** *(derb)* tear a strip off sb. *(sl.);* **wie eine gesengte Sau fahren** *(derb)* drive like a madman; **unter aller** ~ *(derb abwertend)* bloody awful *(Brit. sl.);* **die Pits** *(sl.);* **keine** ~ *(derb)* not a bloody *(Brit. sl.) or (coll.)* damn soul; c) *(derb abwertend: schmutziger Mensch) (Mann)* dirty pig; *(Frau)* dirty cow *(sl.);* d) *(derb abwertend: gemeiner Mensch)* swine
-sau *die (derb) ...* pig *or* swine; pig *or* swine of a/an ...
sau-, Sau- *(salopp)* bloody ... *(Brit. sl.);* damn ... *(coll.); (sehr schlecht)* lousy ... *(sl.);* **~dreckig/~schwer** bloody *(Brit. sl. or coll.)* damn filthy/difficult
Sau-: ~arbeit *die (salopp)* bloody awful job *(Brit. sl.);* hell of a job *(coll.);* **~bande** *die (salopp)* wretched swine *(derog.) pl.;*

1428

(mehr scherzh.) bunch of good-for-nothings *(sl.)*

sauber ['zaubɐ] **1.** *Adj.* **a)** clean; ~**e Flüsse/ Wälder** unpolluted rivers/forests; **das Kind ist** ~: the child is toilet-trained; **ein Glas** ~ **ausspülen** rinse [out] a glass; **der** ~**e Bildschirm** *(fig.)* the unpolluted TV screen; **mein Tor bleibt** ~ *(fig. Fußball)* I'll keep a clean sheet; **b)** *(sorgfältig)* neat *(handwriting, division, work, etc.)*; **c)** *(fehlerlos)* perfect, faultless *(accent, technique, etc.)*; **d)** *(anständig)* upstanding *(attitude, person)*; upright *(young man)*; unsullied *(character)*; **er ist** ~ *(ugs.)* he is straight; *(hat nichts Kriminelles gemacht)* he has a clean record; ~ **bleiben** keep one's hands clean *(coll.)*; **nicht [ganz]** ~ **sein** *(ugs.)* be a bit shady or dodgy *(coll.)*; **also dann alles Gute, und bleib** ~! *(ugs. scherzh.)* all the best, and be good!; **e)** *(gerecht)* fair *(solution, description)*; equitable *(solution, plan)*; **f)** *nicht präd.* *(iron.: unanständig)* nice, fine *(iron.)*; *s. auch* **Früchtchen; g)** *(ugs., bes. südd., österr., schweiz.: beachtlich)* fantastic *(coll.)*; **ein** ~**es Sümmchen** a tidy little sum *(coll.)*; **h)** *(südd., österr., schweiz.: schmuck)* smart *(girl etc.)*. **2.** *adv.* **a)** *(sorgfältig)* neatly *(written, dressed, mended, etc.)*; **b)** *(fehlerlos)* **[sehr]** ~: [quite] perfectly or faultlessly; **c)** *(anständig)* conscientiously; **d)** *(gerecht)* *(judge etc.)* fairly; **e)** *(iron.: unanständig)* nicely *(iron.)*; **das hast du** ~ **hingekriegt** a nice or fine job you made of that

sauber|halten *unr. tr. V.* **a)** keep *(room, floor, etc.)* clean; **b)** *(freihalten)* **von bestimmten Personen** ~: keep *(room, district, etc.)* clear of certain people

Sauberkeit *die;* ~ **a)** cleanness; *(bes. der Person)* cleanliness; **ihre Wohnung blitzt vor** ~: her flat *(Brit.)* or *(Amer.)* apartment is sparkling clean; **b)** *(Sorgfältigkeit)* neatness; **c)** *(Anständigkeit)* uprightness

Sauberkeits·fimmel *der (ugs. abwertend)* mania for cleanliness; **einen** ~ **haben** have a thing about cleanliness *(coll.)*

säuberlich ['zɔybɐlɪç] **1.** *Adj.* neat. **2.** *adv.* neatly; **fein** ~ **geordnet/verpackt** *usw.* neatly arranged/packed *etc.*

sauber|machen 1. *tr. V.* clean. **2.** *itr. V.* clean; **das** ~: the cleaning; **bei jmdm.** ~: clean for sb.

Sauber·mann *der; Pl.* -**männer** *(iron.)* decent and upright fellow; nice guy *(sl.)*; *(Moralapostel)* upholder of moral standards

säubern ['zɔybɐn] *tr. V.* **a)** *(sauber machen)* clean; **die Schuhe vom Lehm** ~: clean the mud off the shoes; **eine Wunde** ~: cleanse a wound; **das Wasser von Schadstoffen** ~: cleanse the water of pollutants; purify the water; **b)** *(befreien)* clear, rid *(von of)*; purge *(party, government, etc.)* *(von of)*; **Bibliotheken von verbotenen Büchern** ~: rid libraries of banned books

Säuberung *die;* ~, ~**en a)** *(das Saubermachen)* cleaning; **b)** *(Entfernung)* purging; **einer** ~ **zum Opfer fallen** be the victim of a purge

Säuberungs·aktion *die* purge; clean-up operation

sau·blöd[e] *(salopp abwertend)* **1.** *Adj.* bloody silly or stupid. **2.** *adv.* in an bloody silly or stupid manner *(sl.)*; **frag doch nicht so** ~! don't ask such bloody silly or stupid questions *(sl.)*

Sauce *s.* **Soße a**

Saucier [zo'sje:] *der;* ~**s,** ~**s** sauce chef

Sauciere [zo'sjɛ:rə] *die;* ~, ~**n** sauce-boat

Saudi [zaudi] *der;* ~**s,** ~**s, Saudi·araber** *der* Saudi

Saudi-Arabien (das); ~**s** Saudi Arabia

saudiarabisch, saudisch *Adj.* Saudi Arabian; Saudi

sau·dumm *s.* **saublöd**

sauer ['zauɐ] **1.** *Adj.* **a)** sour; sour, tart *(fruit)*; sharp-tasting *(bread, coffee, etc.)*; pickled *(herring, gherkin, etc.)*; acid[ic] *(wine, vinegar)*; **saure Drops** acid drops *(Brit.)*; **saure Nieren** *(Kochk.)* dish of sliced kidneys with lemon-flavored sauce; **saurer Regen** acid rain; *s. auch* **Apfel a; Bier; b)** *nicht attr.* *(ugs.: verärgert)* cross, annoyed **(auf + Akk.** with); *(verdrossen)* sour; **c)** *(bes. Landw.)* acidic; **d)** *(Chemie)* acid[ic]; **e)** *(mühselig)* hard; difficult; **gib ihm Saures!** *(ugs.)* let him have it! *(coll.)*. **2.** *adv.* **a)** *(in, mit Essig)* in vinegar; **b)** *(ugs.: verärgert)* crossly; ~ **[auf jmdn./etw.] reagieren** get annoyed or cross [with sb./sth.]; **c)** *(Chemie)* ~ **reagieren** react acidically; **d)** *(mühsam)* with difficulty; ~ **ersparte/verdientes Geld** hard-saved/hard-earned money; **jmdn.** ~ **ankommen** be hard for sb. to take or accept; **e)** ~ **aufstoßen** belch *(with acid taste)*; **das wird ihm noch einmal** ~ **aufstoßen** *(fig. ugs.)* he will live to regret that

Sauer-: ~**ampfer** [~ampfɐ] *der* sorrel; ~**braten** *der* braised beef marinated in vinegar and herbs; sauerbraten *(Amer.)*; ~**brunnen** *der* **a)** *(Quelle)* mineral spring containing carbon dioxide; **b)** *(Wasser)* mineral water containing carbon dioxide

Sauerei *die;* ~, ~**en** *(salopp abwertend)* **a)** *(Unflätigkeit)* obscenity; ~**en erzählen** tell filthy stories **b)** *(Gemeinheit)* bloody *(Brit. sl.)* or *(coll.)* damn scandal *(sl.)*

Sauer-: ~**kirsche** *die* sour cherry; ~**klee** *der* wood sorrel; ~**kohl** *der o. Pl. (bes. nordd.);* ~**kraut** *das o. Pl.* sauerkraut; pickled cabbage

säuerlich 1. *Adj.* **a)** *[leicht]* ~: slightly sour; slightly sharp *(sauce)*; slightly sour or tart *(fruit)*; **ein leicht** ~**er Riesling** a Riesling with a touch of acidity; **b)** *(verdorben)* sourish; slightly sour; **c)** *(mißvergnügt)* sourish; slightly sour. **2.** *adv.* *(mißvergnügt)* somewhat sourly

Säuerling *der;* ~**s,** ~**e a)** *(Mineralwasser) s.* **Sauerbrunnen b; b)** *(ugs.: Wein)* acidy wine

Sauer·milch *die* sour milk

säuern ['zɔyɐn] **1.** *tr. V.* **a)** *(gären lassen)* leaven *(bread, dough, etc.)*; pickle *(cabbage, cucumber, etc.)*; **b)** *(Kochk.: würzen)* give zest or piquancy to. **2.** *itr. V.; auch mit sein (gären)* turn sour; **der Kohl säuert in Fässern** the cabbage is pickling in vats

Sauer-: ~**rahm** *der* sour cream; ~**rahm·butter** *die* butter made from sour cream

Sauer·stoff *der; o. Pl.* oxygen

sauerstoff-, Sauerstoff-: ~**apparat** *der* oxygen apparatus; ~**arm** *Adj.* low in oxygen *postpos.*; ~**flasche** *die* oxygen cylinder; ~**gerät** *das* oxygen apparatus; ~**haltig** *Adj.* containing oxygen *postpos., not pred.*; ~**haltig sein** contain oxygen; ~**mangel** *der; o. Pl.* lack of oxygen; ~**mangel im Blut/Zellgewebe** oxygen deficiency in the blood/cell tissue; ~**maske** *die* oxygen mask; ~**zelt** *das (Med.)* oxygen tent; ~**zufuhr** *die* oxygen supply

Sauer·teig *der* leaven

sauer·töpfisch [-tœpfɪʃ] *Adj. (ugs. abwertend)* sour *(expression, look, etc.)*; sourfaced *(person)*

Säuerung *die;* ~, ~**en** *(von Brot, Teig)* leavening; *(von Kohl, Kraut usw.)* pickling

Saufbold [-bolt] *der;* ~**[e]s,** ~**e** *(veralt. abwertend)* drunkard; boozer *(coll.)*

Sauf·bruder *der (salopp, oft abwertend)* boozing companion *(coll.)*

saufen ['zaufn̩] **1.** *unr. itr. V.* **a)** drink; **b)** *(salopp: trinken)* drink; swig *(coll.)*; **c)** *(salopp: alkoholabhängig sein)* drink. **2.** *unr. tr. V.* **a)** drink; **b)** *(salopp: trinken)* drink; **er hat so viel [Schnaps] gesoffen, daß ...** : he knocked back so much booze that ... *(coll.)*; **einen** ~ **gehen** go for a drink. **3.** *unr. refl. V. (salopp)* **sich dumm/zu Tode** ~: drink oneself stupid to death; **sich arm** ~: drink one's last penny away; **sich** *(Dat.)* **die Jacke od. Hucke voll** ~: get tanked up *(sl.)*

Säufer ['zɔyfɐ] *der;* ~**s,** ~ *(salopp, oft abwertend)* boozer *(coll.);* piss artist *(sl.)*

Sauferei *die;* ~, ~**en** *(salopp)* **a)** *(Gelage)* booze-up *(coll.);* **b)** *o. Pl. (das Saufen)* boozing *no def. art. (coll.)*

Säuferin *die;* ~, ~**nen** *(salopp, oft abwertend)* boozer *(coll.);* drunkard

Säufer-: ~**leber** *die (ugs.)* hobnail[ed] liver; ~**nase** *die (ugs.)* drinker's nose; ~**wahn** *der (Med. veralt.)* delirium tremens

Sauf-: ~**gelage** *das (salopp)* booze-up *(coll.);* ~**kumpan** *der (salopp)* boozing companion *(coll.)*

Sau·fraß *der (salopp abwertend)* pigswill *(coll.);* rubbish

säufst [zɔyfst] *2. Pers. Sg. Präsens v.* **saufen**

säuft [zɔyft] *3. Pers. Sg. Präsens v.* **saufen**

saugen ['zaugn̩] **1.** *tr. V.* **a)** *auch unr. (aufnehmen)* suck; *s. auch* **Finger b; b)** *auch itr. (mit dem Staubsauger)* vacuum; hoover *(Brit.);* **c)** *(entfernen)* suck up. **2.** *regelm.* *(auch unr.) itr. V. an etw. (Dat.)* ~ suck [at] sth.; **an einer Pfeife/Zigarette** ~: draw on a pipe/cigarette. **3.** *unr. (auch regelm.) refl. V.* **a)** *(eindringen)* soak **(in** + Akk. into); **b)** *(aufnehmen)* **sich voll etw.** ~: become soaked with sth.

säugen ['zɔygn̩] *tr. V.* suckle

Sauger *der;* ~**s,** ~ **a)** *(auf Flaschen)* teat; **b)** *(Saugheber)* siphon; **c)** *s.* **Schnuller**

Säuger ['zɔygɐ] *der;* ~**s,** ~, **Säuge·tier** *das (Zool.)* mammal

saug-, Saug-: ~**fähig** *Adj.* absorbent; ~**fähigkeit** *die o. Pl.* absorbency; ~**glocke** *die (Med.)* suction cup; *(zur Geburtshilfe)* vacuum extractor; venteuse; ~**heber** *der* siphon; ~**kraft** *die* suction [strength]

Säugling ['zɔyklɪŋ] *der;* ~**s,** ~**e** baby; infant

Säuglings-: ~**alter** *das; o. Pl.* infancy; babyhood; **im** ~**alter** in or during infancy; ~**heim** *das* home for babies; ~**pflege** *die* baby care; ~**schwester** *die* infant or baby nurse; ~**station** *die* baby ward; ~**sterblichkeit** *die* infant mortality

Saug-: ~**napf** *der (Zool.)* sucker; ~**organ** *das (Biol.)* suctorial organ; ~**reflex** *der* sucking reflex; ~**rüssel** *der (Zool.)* proboscis; ~**wurm** *der (Zool.)* trematode

Sau-: ~**hatz** *die (Jägerspr.)* [wild] boar hunt; ~**haufen** *der (salopp abwertend)* bunch of layabouts *(sl.);* ~**hund** *der (derb abwertend)* bastard *(coll.);* bloody *(Brit. sl.)* or *(coll.)* damn swine

säuisch ['zɔyɪʃ] *(salopp)* **1.** *Adj.* **a)** *(abwertend: unanständig)* obscene *(phone call)*; filthy, obscene *(book, joke, behaviour)*; **b)** *(stark, groß)* hellish *(coll.)*. **2.** *adv. (sehr)* hellishly *(coll.);* ~ **viel Glück haben** have a hell of a lot of luck *(coll.)*

sau-, Sau-: ~**kalt** *Adj. (salopp)* bloody cold *(Brit. sl.);* damn cold *(coll.);* ~**kälte** *die (salopp)* bloody cold *(Brit. sl.);* damn cold weather; **das ist eine** ~**kälte** it's bloody *(Brit. sl.) or (coll.)* damn cold or freezing; ~**kerl** *der (salopp abwertend)* bastard *(coll.);* ~**laden** *der (salopp abwertend)* dump *(coll.)*

Säule ['zɔylə] *die;* ~, ~**n a)** column; *(nur als Stütze, auch fig.)* pillar; **b)** *(Zapf~)* [petrol *(Brit.)* or *(Amer.)* gasoline] pump

Säulen-: ~**bau** *der; Pl.* ~**bauten** building with columns; ~**fuß** *der* base [of a/the column/pillar]; ~**gang** *der* colonnade; ~**halle** *die* columned hall; ~**heilige** *der* stylite; **er ist ja kein** ~**heiliger** *(fig.)* he's no plaster saint; ~**kaktus** *der* cereus; ~**ordnung** *die (Archit.)* order [of columns]; **die dorische** ~**ordnung** the Doric order; ~**portal** *das (Archit.)* columned doorway

Saum [zaum] *der;* ~**[e]s, Säume** ['zɔymə] hem; *(fig. geh.)* edge

1429

Sau·magen der *(Kochk.)* stuffed pig's stomach
sau·mäßig *(salopp)* 1. *Adj.* a) *(sehr groß)* das ist eine ~e Arbeit/Hitze that's a hell of a job/temperature *(coll.)*; ~es Glück haben be damned lucky *(coll.)*; b) *(abwertend: schlecht)* lousy *(sl.)*. 2. *adv.* a) *(sehr)* damned *(coll.)*; ~ viel verdienen earn a hell of a lot *(coll.)*; es tat ~ weh it hurt like hell; b) *(abwertend: sehr schlecht)* lousily *(sl.)*
¹**säumen** ['zɔymən] *tr. V.* hem; *(fig. geh.)* line
²**säumen** *itr. V. (geh.: zögern)* tarry *(literary)*
säumig *(geh.) Adj.* tardy; dilatory
Säumigkeit die; ~ *(geh.)* tardiness; dilatoriness
Säumnis ['zɔymnɪs] die; ~, ~se *od.* das; ~ses, ~se *(geh.)* a) delay; b) *(Unterlassung)* omission; failing
saum-, **Saum-**: **~pfad** der mule-track; **~selig** *(geh.)* 1. *Adj.* dilatory; slow; 2. *adv.* in a dilatory manner; slowly; **~seligkeit** die *(geh.)* dilatoriness; slowness
Saum·tier das pack animal
Sauna ['zauna] die; ~, ~s *od.* **Saunen** sauna
Sauna·bad das sauna
saunieren [zau'ni:rən] *itr. V.* have *or* take a sauna
Säure ['zɔyrə] die; ~, ~n a) *o. Pl. (von Früchten)* sourness; tartness; *(von Wein, Essig)* acidity; *(von Soßen)* sharpness; b) *(Chemie)* acid
säure-, **Säure-**: **~arm** *Adj.* low in acid *postposs.*; **~beständig**, *Adj.* acid-resistant; **~fest** *Adj.* acid-proof; **~frei** *Adj.* acid-free; **~gehalt** der acid content
Saure·gurken·zeit die *(ugs.)* slack *or* dead season; *(in den Medien)* silly season *(Brit.)*
säure·haltig *Adj.* acid[ic]
Saurier ['zauriɐ] der; ~s, ~: large prehistoric reptile
Saus [zaus] in in ~ und Braus leben live the high life
Sause die; ~, ~n *(ugs. veralt.)* a) *(Gelage)* booze-up *(coll.)*; b) *(Zug durch die Kneipen)* pub crawl *(Brit. coll.)*; eine ~ machen go on a pub crawl *(Brit. coll.)*; go bar-hopping *(Amer.)*
säuseln ['zɔyzl̩n] 1. *itr. V. (rascheln) ⟨leaves, branches, etc.⟩* rustle; *⟨wind⟩* murmur. 2. *tr. V. (iron.: sagen)* whisper
sausen *itr. V.* a) *(Geräusch machen) ⟨wind⟩* whistle; *⟨storm⟩* roar; *⟨head, ears⟩* buzz; *⟨propeller, engine, etc.⟩* whirr; **das Blut sauste ihm in den Ohren** blood was pounding in his ears; b) *mit sein (hinfahren, -gehen) ⟨person⟩* rush; *⟨vehicle⟩* roar; **er sauste mit dem Fahrrad um die Ecke** he sped round the corner on his bike; **durchs Examen ~** *(fig.)* fail one's exam; c) *mit sein ⟨whip, bullet, etc.⟩* whistle; d) **einen ~ lassen** *(salopp)* blow off *(sl.)*
sausen|lassen *unr. tr. V. (salopp)* a) **ein Konzert ~**: give a concert a miss; **eine Einladung ~**: not take up an invitation; **eine Stellung/ein Geschäft ~**: let a job/a business deal go; **ein Vorhaben ~**: not bother to follow up a plan; b) *(sich trennen von)* drop *⟨boy-friend, girl-friend, etc.⟩*
Sauser der; ~s, ~ *(bes. südwestd., österr., schweiz.)* new wine
Sause-: **~schritt** der *in* **im ~** *(ugs.)* at breakneck speed; **~wind** der a) *(Kinderspr.)* wind; b) *(ugs.: Mensch)* live wire
sau-, Sau-: **~stall** der a) pigsty; b) *(fig. salopp abwertend)* hole *(coll.)*; dump *(coll.)*; **~wetter** das *(salopp)* lousy weather *(sl.)*; **~wohl** *Adj.* in sich ~wohl fühlen *(salopp)* feel bloody *(Brit. sl.) or (coll.)* damn good *or* great; **~wut** die *(salopp)* eine ~wut [auf jmdn.] haben be bloody *(Brit. sl.) or (coll.)* damn mad [with sb.]
Savanne [za'vanə] die; ~, ~n savannah
Savoyen [za'vɔyən] *(das)*; ~s Savoy

Saxophon [zakso'fo:n] das; ~s, ~e saxophone
Saxophonist der; ~en, ~en saxophonist
S-Bahn ['ɛs-] die city and suburban railway; S-bahn
S-Bahn-: **~hof** der, **~-Station** die S-bahn station; **~-Surfen** das; ~s ≈ train surfing; **~-Zug** der city and suburban train; S-bahn train
SBB *Abk.* Schweizerische Bundesbahn Swiss Federal Railways
SB- [ɛs'beː-]: **~-Laden** der self-service shop; **~-Tank·stelle** die self-service petrol *(Brit.) or (Amer.)* gasoline station
SBZ [ɛsbeː'tsɛt] die; ~ *Abk.* Sowjetische Besatzungszone Soviet occupied zone
Scampi ['skampi] *Pl.* scampi
Scanner ['skɛnɐ] der; ~s, ~ *(Med., graph. Technik)* scanner
Scene [si:n] die; ~, ~s *(salopp)* scene
sch [ʃ] *Interj.* a) *(ruhig)* sh[h]; hush; b) *(weg da)* shoo
Schabe ['ʃaːbə] die; ~, ~n a) cockroach; b) *(südd., schweiz.: Motte)* moth
Schabe·fleisch das minced beef
Schab·eisen das scraper
schaben 1. *tr. V.* a) *(schälen)* scrape *⟨carrots, potatoes, etc.⟩*; *(glätten)* shave *⟨leather, hide, etc.⟩*; plane *⟨wood, surface, etc.⟩*; **sich** *(Dat.)* **den Bart ~** *(ugs. scherzh.)* have a shave; shave; b) *(scheuern)* rub; c) *(entfernen)* scrape. 2. *itr. V.* scrape; **an/auf etw.** *(Dat.)* **~**: scrape against sth./scrape sth.
Schaber der; ~s, ~ scraper
Schabernack ['ʃaːbɐnak] der; ~[e]s, ~e a) *(Streich)* prank; **mit jmdm. seinen ~ treiben** play a prank on sb.; b) *o. Pl. (Scherz, Spaß)* **aus ~ etw. tun** do sth. for a joke; c) *(scherzh.: Kind)* monkey; rascal
schäbig ['ʃɛːbɪç] 1. *Adj.* a) *(abgenutzt)* shabby; b) *(jämmerlich, gering)* pathetic; miserable; **~e Gehälter** paltry wages; c) *(gemein)* shabby; mean; d) *(geizig)* stingy. 2. *adv.* a) *(abgenutzt)* shabbily; b) *(jämmerlich)* miserably; **~ bezahlen** pay poorly; c) *(gemein)* meanly
Schäbigkeit die; ~ shabbiness; *(des Gehalts)* paltriness; *(Geiz)* stinginess
Schablone ['ʃaˈbloːnə] die; ~, ~n a) pattern; b) *(fig. meist abwertend)* in **~n denken/sprechen** *od.* reden think in stereotypes/speak in clichés; **nach ~ arbeiten** work according to a set pattern *or* routine
schablonen-, **Schablonen-**: **~denken** das stereotyped way of thinking; **~druck** der a) *(Vervielfältigungsverfahren)* stencil printing; b) *(Siebdruck)* screen-printing; **~haft** 1. *Adj.* stereotyped *⟨thinking⟩*; clichéd *⟨remark, expression, etc.⟩*; 2. *adv. ⟨speak⟩* in a clichéd manner; *⟨think, act, argue, etc.⟩* in a stereotyped manner
Schab·messer das a) *(Schabeisen)* scraper; scraping-knife; b) *(zur Holzbearbeitung)* spokeshave
Schabracke [ʃaˈbrakə] die; ~, ~n a) *(Pferdedecke)* caparison; b) *(an Fenstern)* pelmet
Schabsel ['ʃaːpsl̩] das; ~s, ~ shavings *pl.*
Schab·technik die mezzotint technique
Schach [ʃax] das; ~s, ~s a) *o. Pl. (Spiel)* chess; b) *(Schachspiel: Stellung)* check; **~ [dem König]!** check; **[dem gegnerischen König/dem Gegner] ~ bieten** check the opponent's king/the opponent; **der Turm/der Gegner bietet ~**: the rook/the opponent gives check; **ewiges ~**: perpetual check; **im ~**: in check; **jmdn./etw. in ~ halten** *(ugs. fig.)* keep sb./sth. in check; *s. auch* **matt 1 f**
schach-: **~auf·gabe** die chess problem; **~brett** das chessboard; **~brett·muster** das *(auf Stoff)* chequered pattern; **~ecke** die *(ugs.)* chess column
Schacher ['ʃaxɐ] der; ~s *(abwertend)* haggling *(um over)*; *(bes. Politik)* horse-trading *(um about)*

Schächer ['ʃɛçɐ] der; ~s, ~ *(bibl.)* thief
schächern *itr. V.* haggle *(um over)*
schach-, Schach-: **~figur** die chess piece; chessman; **~matt** *Adj.* a) *(Schachspiel)* **~matt!** checkmate; **~matt sein** be checkmated; **jmdn. ~matt setzen** *(Schachspiel)* checkmate sb.; *(fig.: ausschalten)* render sb. powerless; b) *(erschöpft)* exhausted; **~partie** die game of chess; **~spiel** das a) *o. Pl. (Spiel)* chess; b) *o. Pl. (das Spielen)* chess-playing; c) *(Partie)* game of chess; d) *(Brett und Figuren)* chess set; **~spieler** der chess-player
Schacht [ʃaxt] der; ~[e]s, **Schächte** ['ʃɛçtə] shaft
Schachtel ['ʃaxtl̩] die; ~, ~n a) box; **eine ~ Zigaretten** a packet *or (Amer.)* pack of cigarettes; **eine ~ Pralinen/Streichhölzer** a box of chocolates/matches; b) *in* **alte ~** *(salopp abwertend)* old bag *(sl.)*
Schächtelchen ['ʃɛçtl̩çən] das; ~s, ~: [little] box
Schachtel-: **~halm** der *(Bot.)* horsetail; **~satz** der *(Sprachw.)* involved sentence
schächten ['ʃɛçtn̩] *tr., itr. V.* slaughter according to Jewish rites
Schach-: **~turnier** das chess tournament; **~zug** der a) *(Schachspiel)* move [in chess]; b) *(fig.)* move
schade ['ʃaːdə] *Adj.; nicht attr.* [ach, wie] ~! [what a] pity *or* shame; **es/das ist [sehr] ~!** it's/that's a [terrible] pity *or* shame; **[es ist] zu ~!**, **daß …**: it's a [real] pity *or* shame that …; **nur ~ od. nur, daß …**: it's just a pity *or* shame that …; **[es ist] ~ um jmdn./etw.** it's a pity *or* shame about sb./sth.; **~ drum!** what a pity *or* shame; **um die Vase ist es nicht weiter ~**: it doesn't matter about the vase; the vase is no great loss; **für jmdn./für** *od.* **zu etw. zu ~ sein** be too good for sb./sth.; **sich** *(Dat.)* **zu ~ für** *od.* **zu etw./für jmdn. sein** consider oneself too good for sth./sb.
Schade *in* **es soll dein ~ nicht sein** *(veralt.)* it will not be to your disadvantage
Schädel ['ʃɛːdl̩] der; ~s, ~ a) head; *(Skelett)* skull; **jmdm. eins auf** *od.* **über den ~ geben** *(ugs.)* hit *or* knock sb. over the head; **mir brummt der ~** *(ugs.)* my head is throbbing; **einen dicken** *od.* **harten ~ haben** *(fig.)* be stubborn *or* pigheaded; **sich** *(Dat.)* **[an etw.** *(Dat.)***] den ~ einrennen** *(fig.)* beat *or* run one's head against a brick wall [with sth.]; b) *(fig.: Verstand)* **streng deinen ~ mal an!** tax your brains a bit; **es geht** *od.* **will nicht in seinen ~ [hinein], daß …** *(ugs.)* he can't get it into his head that …
Schädel-: **~basis·bruch** der *(Med.)* basal skull fracture; **~bruch** der *(Med.)* skull fracture; **~decke** die *(Anat.)* skull-cap; calvaria; **~lage** die *(Med.)* cephalic *or* head presentation; **~naht** die *(Anat.)* suture
schaden *itr. V.* **jmdm./einer Sache ~**: damage *or* harm sb./sth.; **Rauchen schadet Ihrer Gesundheit/Ihnen** smoking damages your health/is bad for you; **jmds. Ansehen [sehr] ~**: do [great] damage to sb.'s reputation; **das würde dir nichts ~** *(ugs.)* that wouldn't hurt you *or* do you any harm; **das schadet nichts** *(ugs.)* *(ist nicht schlimm)* that doesn't matter; *(ist ganz gut)* that won't do any harm; **es kann nichts ~, wenn …** *(ugs.)* it would do no harm if …
Schaden der; ~s, **Schäden** ['ʃɛːdn̩] a) *(Beschädigung)* damage *no pl., no indef. art.*; **ein kleiner/großer ~**: little/major damage; **jmdm. [einen] ~ zufügen** harm sb.; **~ leiden** *(geh.)* suffer; **wer den ~ hat, braucht für den Spott nicht zu sorgen** *(Spr.)* the laugh is always on the loser; **aus ~ wird man klug** *(Spr.)* once bitten, twice shy *(prov.)*; **er hat an seiner Gesundheit ~ genommen** *(geh.)* his health has suffered; b) *(Nachteil)* disadvantage; **es ist dein eigener** *od.* **zu deinem ei-**

Schadenersatz / **Schaltanlage**

genen ~: it is to your own disadvantage; **es soll Ihr ~ nicht sein** it will not be to your disadvantage; **zu ~ kommen** suffer; be adversely affected; **c)** *(Defekt)* damage *no pl., no indef. art.*; **das Haus weist einige Schäden auf** the house has some defects; **d)** *(Verletzung)* injury; **zu ~ kommen** be hurt *or* injured

schaden-, Schaden-: **~ersatz** der *(Rechtsw.)* damages *pl.*; *(Versicherungsw.)* ~ersatz leisten pay damages/compensation; **jmdn. auf ~ersatz verklagen** sue sb. for damages/compensation; **~ersatz·anspruch** der, **~ersatz·forderung** die *(Rechtsw.)* claim for damages; *(Versicherungsw.)* claim for compensation; **~freude** die *o. Pl.* malicious pleasure; ..., **sagte er voller ~freude** ... he said gloatingly; **~froh** 1. *Adj.* gloating; **~froh sein** gloat; 2. *adv.* with malicious pleasure

Schadens·fall der *(Rechtsw., Versicherungsw.)* case of damage; *(Verlust)* case of loss; **im ~** in the event of damage/loss

schadhaft ['ʃa:thaft] *Adj.* defective

Schadhaftigkeit die; ~: defectiveness

schädigen ['ʃɛ:dɪɡn̩] *tr. V.* damage 〈*health, reputation, interests*〉; harm, hurt 〈*person*〉; cause losses to 〈*firm, industry, etc.*〉; **er hat den Betrieb um mehrere tausend Mark geschädigt** he caused losses of several thousand marks to the firm; **jmdn. gesundheitlich ~:** damage sb.'s health

Schädigung die; ~, ~en damage *no pl., no indef. art. (Gen.* to); **materielle/gesundheitliche ~en** financial losses/damage to one's/your *etc.* health

schädlich ['ʃɛ:tlɪç] *Adj.* harmful; **~ für die Gesundheit** damaging *or* injurious to the health; **~e Folgen/Wirkungen/Einflüsse** damaging *or* detrimental consequences/effects/influences

Schädlichkeit die; ~: harmfulness

Schädling ['ʃɛ:tlɪŋ] der; ~s, ~e pest

Schädlings-: **~bekämpfung** der pest control expert; **~bekämpfung** die pest control; **~bekämpfungs·mittel** das pesticide

schadlos *Adj.* in **sich an jmdn./etw. ~ halten** take advantage of sb./sth.

Schad·stoff der harmful chemical

schadstoff·arm *Adj. (bes. Kfz-W.)* low in harmful substances *postpos.*; clean-exhaust 〈*vehicle*〉; 〈*mit Katalysator*〉〈*vehicle*〉 with exhaust emission control

Schaf [ʃa:f] das; ~[e]s, ~e a) sheep; *s. auch* **Bock a; schwarz b; b)** *(ugs.: Dummkopf)* twit *(Brit. sl.)*; idiot *(coll.)*

Schaf·bock der ram

Schäfchen ['ʃɛ:fçən] das; ~s, ~ **a)** *(little)* sheep; *(Lamm)* lamb; **sein[e] ~ ins trockene bringen** *(ugs.)* take care of number one *(coll.)*; **sein[e] ~ im trockenen haben** *(ugs.)* have taken care of number one *(coll.)*; **zählen** *(zum Einschlafen)* count sheep; **b)** *Pl. (ugs.: Schutzbefohlene)* flock *sing. or pl.*; **c)** *(fam.: einfältiger Mensch)* silly thing

Schäfchen·wolke die fleecy cloud

Schäfer der; ~s, ~: shepherd

Schäfer·dichtung die *(Literaturw.)* pastoral *or* bucolic poetry

Schäferei die; ~, ~en *o. Pl.* [die] ~: sheep-farming; sheep-rearing; **b)** *(Betrieb)* sheep-farm

Schäfer·hund der **a)** *(Rasse)* Alsatian *(Brit.)*; German shepherd; **ein deutscher ~:** an Alsatian *(Brit.)*; a German shepherd; **b)** *(Hirtenhund)* sheep-dog

Schäferin die; ~, ~nen shepherdess

Schäfer-: **~spiel** das *(Literaturw.)* pastoral [play]; **~stündchen** das lovers' tryst

Schaf·fell das sheepskin

schaffen ['ʃafn̩] 1. *unr. tr. V.* **a)** *(schöpferisch gestalten)* create; **der ~de Mensch** creative man; **für jmdn./etw.** *od.* **zu jmdn./etw. wie geschaffen sein** be made *or* perfect for sb./sth.; **b)** *auch regelm. (herstellen)* create 〈*conditions, jobs, situation, etc.*〉; make 〈*room, space, fortune*〉; **klare Verhältnisse ~:** clear things up; straighten things out; *s. auch* **Abhilfe; Ordnung a.** 2. *tr. V.* **a)** *(bewältigen)* etw. ~: manage to do sth., **viel ~:** manage to do a great deal; **eine Arbeit ~:** get a job done; **wenn wir uns beeilen, ~ wir es vielleicht noch** we might still make it if we hurry; **das schafft er nie** he'll never manage it; **das hätten wir geschafft, das wäre geschafft** there, that's done; **er hat die Prüfung nicht geschafft** *(ugs.)* he didn't pass the exam; **b)** *(ugs.: erschöpfen)* wear out; **die Hitze/Arbeit hat mich geschafft** the heat/work took it out of me; **c)** *(befördern)* etw. **aus etw./in etw.** *(Akk.)* ~: get sth. out of/into sth.; **die Kisten auf den Speicher/in den Keller ~:** take the boxes to the attic/cellar. 3. *itr. V.* **a)** *(südd.: arbeiten)* work; **b)** **sich** *(Dat.)* **zu ~ machen** *(an etw. hantieren)* busy oneself; *(Tätigkeit vortäuschen)* fiddle *or* tinker about; **was machst du dir an meinem Schreibtisch zu ~?** what are you doing at my desk?; **mit ihm will ich nichts zu ~ haben** I don't want to have anything to do with him; **was habe ich mit dieser Angelegenheit zu ~?** what does this matter have to do with me?; **jmdm. zu ~ machen** cause sb. trouble

Schaffen das; ~s work; **im Zenit seines ~s** at the peak of his creative work

Schaffens-: **~drang** der; *o. Pl.* energy; **~freude** die *o. Pl.* enthusiasm [for one's work]; *(eines Künstlers)* pleasure in creating things; **~kraft** die *o. Pl.* energy for work; *(eines Künstlers)* creativity; creative power

Schaffer der; ~s, ~ *(bes. südd.)* hard worker

Schafferei die; ~ *(bes. südd.)* hard work

Schaf·fleisch das mutton

Schaffner ['ʃafnɐ] der; ~s *(im Bus)* conductor; *(im Zug)* guard *(Brit.)*; conductor *(Amer.)*; *(der Fahrausweise verkauft/kontrolliert)* inspector

Schaffnerin die; ~, ~nen *(im Bus)* conductress *(Brit.)*; *(im Zug)* guard *(Brit.)*; conductress *(Amer.)*; *(die Fahrausweise verkauft/kontrolliert)* inspector

schaffner·los *Adj. (Verkehrsw.)* 〈*bus, tram, etc.*〉 without a conductor; 〈*train*〉 without a guard *(Brit.)* *or* *(Amer.)* conductor/an inspector *postpos.*

Schaffung die; ~: creation

Schaf-: **~garbe** die yarrow; **~herde** die flock of sheep; **~hirt** der shepherd; **~kälte** die spell of cold weather frequently occurring in mid-May; **~kopf** *s.* Schafskopf

Schäflein ['ʃɛ:flaɪn] das; ~s, ~ *s.* Schäfchen a, b

Schafott [ʃa'fɔt] das; ~[e]s, ~e scaffold

Schaf·schur die sheep-shearing

Schafs-: **~käse** der sheep's milk cheese; **~kopf** der **a)** *o. Pl. (Kartenspiel)* sheep's head; **b)** *(ugs.: Trottel)* dope *(coll.)*; idiot *(coll.)*; **~pelz** der sheepskin

Schaf·stall der sheep-fold

Schaft [ʃaft] der; ~[e]s, Schäfte ['ʃɛftə] **a)** *(Griff; auch Archit.)* shaft; *(eines Messers, Beils, Meißels)* handle; *(eines Gewehrs usw.)* stock; **b)** *(eines Baumes, einer Feder)* shaft; **c)** *(am Schuh)* upper; **d)** *(am Stiefel)* leg; **e)** *(Bot.)* stem; stalk

Schaft·stiefel der high boot

Schaf-: **~wolle** die sheep's wool; **~zucht** die **a)** *(das Züchten)* sheep-breeding *no art.*; **b)** *(Betrieb)* sheep-farm

Schah [ʃa:] der; ~s, ~s Shah

Schakal [ʃa'ka:l] der; ~s, ~e jackal

Schäker ['ʃɛ:kɐ] der; ~s, ~ *(veralt.)* **a)** *(Witzbold)* joker; **b)** *(jmd., der flirtet)* flirt

schäkern *itr. V. (veralt.)* **a)** *(spaßen)* fool about; **b)** *(flirten)* flirt

schal [ʃa:l] *Adj.* stale 〈*drink, taste, smell, joke*〉; empty 〈*words, feeling*〉

Schal der; ~s, ~s *od.* ~e **a)** *(Halstuch)* scarf; **b)** *(Vorhang~)* curtain

Schälchen ['ʃɛ:lçən] das; ~s, ~: small bowl *or* dish

Schale ['ʃa:lə] die; ~, ~n **a)** *(Obst~)* skin; *(abgeschälte ~)* peel *no pl.*; **Kartoffeln in der ~** *(Kochk.)* jacket potatoes; **b)** *(Nuß~, Eier~)* shell; **c)** *(tieferes Gefäß)* bowl; *(flacheres Gefäß)* dish; *(Waag~)* pan; scale; *(Sekt~)* champagne-glass; **d)** *in* [groß] **in ~ sein** *(ugs.)* be dressed up to the nines; **sich in ~ werfen** *od.* **schmeißen** *(ugs.)* get dressed [up] to the nines; **e)** *(Zool.)* shell; **f)** *(bes. österr.: Tasse)* [shallow] cup; **g)** *(des BH)* cup

schälen ['ʃɛ:lən] 1. *tr. V.* peel 〈*fruit, vegetable*〉; shell 〈*egg, nut, pea*〉; skin 〈*tomato, almond*〉; **einen Baumstamm ~:** remove the bark from a tree-trunk; **den Knochen aus der Verpackung ~** *(fig.)* get sth. out of its wrappings; **sich aus den Kleidern ~** *(fig.)* get oneself out of one's clothes. 2. *refl. V.* **sich ~ lassen]** peel; **Tomaten/Eier ~ sich leichter** tomatoes/eggs can be skinned/shelled more easily; **b)** *(person, skin, nose, etc.)* peel; **du schälst dich am Rücken/auf der Nase/im Gesicht** your back/nose/face is peeling

Schalen-: **~obst** das nuts *pl.*; **~sitz** der bucket seat; **~tier** das shell animal; **~wild** das *(Jägerspr.)* hoofed game

Schalheit die; ~ *s.* schal: staleness; emptiness

Schalk [ʃalk] der; ~[e]s, ~e *od.* Schälke ['ʃɛlkə] rogue; prankster; **jmdm. sitzt der ~/jmd. hat den ~ im Nacken** *(fig.)* sb. is really roguish *or* mischievous; **jmdm. schaut der ~ aus den Augen** *(fig.)* sb. has a roguish *or* mischievous look in his eye

schalkhaft *(geh.)* 1. *Adj.* roguish; mischievous. 2. *adv.* roguishly; mischievously

Schal·kragen der shawl collar

Schalks·narr der *(veralt.)* **a)** *(Hofnarr)* jester; fool; **b)** *(Schalk)* rogue; prankster; wag

Schall [ʃal] der; ~[e]s, ~e *od.* Schälle ['ʃɛlə] **a)** *(Klang)* sound; **mit lautem ~:** loudly; **leerer ~ sein** be meaningless *or* irrelevant; **~ und Rauch sein** not mean anything; **Name ist ~ und Rauch** names mean nothing; **b)** *o. Pl. (Physik)* sound

schall-, Schall-: **~dämmend** *Adj.* sound-deadening; sound-absorbing; **~dämmung** die sound insulation; **~dämpfer** der **a)** *(am Auto, für Feuerwaffen)* silencer; **b)** *(Musik)* mute; **~dicht** *Adj.* sound-proof

Schallehre die; *o. Pl.* acoustics *sing.*, *no art.*

schallen *regelm. (auch unr.) itr. V.* ring out; *(nachhallen)* resound; echo; **eine ~de Ohrfeige** a resounding slap; **~des Gelächter** ringing laughter; **~d lachen** roar with laughter

Schall-: **~geschwindigkeit** die speed *or* velocity of sound; **~lehre** *s.* Schallehre; **~loch** *s.* Schalloch; **~mauer** die sound *or* sonic barrier

Schalloch das **a)** *(Musik)* sound-hole; **b)** *(an einem Turm usw.)* belfry window

Schall·platte die record

Schallplatten-: *s.* Platten-

schall-, Schall-: **~quelle** die sound-source; **~schluckend** *Adj.* sound-absorbent; sound-deadening; **~trichter** der *(am Grammophon)* horn; *(am Blasinstrument)* bell; **~welle** die *(Physik)* sound-wave; **~wort** das *Pl.* **~wörter** *(Sprachw.)* onomatopoeic word

Schalmei [ʃal'maɪ] die; ~, ~en shawm

Schalotte [ʃa'lɔtə] die; ~, ~n shallot

schalt [ʃalt] 1. *u.* 3. *Pers. Sg. Prät. v.* schalten

Schalt·anlage die *(Elektrot.)* switch-gear

schalten ['ʃaltn̩] 1. tr. V. a) switch; **ein Gerät auf "aus" ~:** turn an appliance to 'off'; b) (Elektrot.: verbinden) connect; **in Reihe/parallel ~:** connect in series/in parallel. 2. itr. V. a) (Schalter betätigen) switch, turn **(auf + Akk. to);** du mußt zweimal ~: you have to operate the switch twice; **er schaltet immer gleich auf stur** (fig. ugs.) he immediately digs his heels in (fig.); b) ⟨machine⟩ switch **(auf + Akk. to);** ⟨traffic light⟩ change **(auf + Akk. to);** c) ⟨im Auto⟩ change [gear]; **in den 4. Gang ~:** change into fourth gear; d) (geh.: verfahren) act; **er kann mit dem Geld frei ~:** he can do as he pleases with the money; he has a free hand with the money; **sie kann ~ und walten, wie sie will** she can manage things as she pleases; e) (ugs.: begreifen) twig (coll.); catch on (coll.). 3. refl. V. (sich ~ lassen) **das Gerät schaltet sich leicht/schwer** the switch on this device is easy/difficult to operate; **der Wagen schaltet sich schlecht** it's difficult to change gear in this car

Schalter ['ʃaltɐ] der; ~s, ~ a) (Strom~) switch; b) (Post~, Bank~, Fahrkarten~ usw.) counter; (mit Fenster auch) window

Schalter-: ~**beamte der** counter clerk; (im Bahnhof) ticket clerk; ~**halle die** hall; (im Bahnhof) booking-hall (Brit.); ticket office; ~**raum der** counter-room; (im Bahnhof) ticket office; ~**schluß der** closing-time; ~**stunden** Pl. business hours; hours of business

Schalt-: ~**getriebe das** (Kfz-W.) [manual] gearbox; ~**hebel der** a) (am Schalter) switch; **an den ~hebeln der Macht sitzen** (fig.) hold the reins of power; b) (im Auto) gear-lever; gear-shift (Amer.); ~**jahr das** leap year; **alle ~jahre [ein]mal** once in a blue moon; ~**knüppel der** [floor-mounted] gear-lever; ~**kreis der** (Elektrot.) circuit; ~**pause die** (Rundfunk) pause [in transmission]; ~**plan der** (Elektrot.) wiring or circuit diagram; ~**pult das** control desk; (kleiner) control panel; ~**satz der** (Sprachw.) parenthetical clause; ~**stelle die** control centre; ~**tafel die** (Elektrot.) control panel; ~**tag der** leap-day

Schaltung die; ~, ~en a) (Rundfunk: Verbindung) link-up; b) (Gang~) manual gear change; c) (Elektrot.) circuit; wiring system; d) s. Schaltplan

Schalt·zentrale die (Technik) control centre

Schaluppe ['ʃa'lʊpə] die; ~, ~n (Frachtschiff) sloop

Scham [ʃaːm] die; ~ a) shame; **ohne/ohne jede ~:** unashamedly/without the slightest shame; **ich hätte vor ~ in den Boden versinken können** I could have sunk through the floor with embarrassment or shame; **aus/vor ~ erröten** blush with shame; **nur keine falsche ~:** no need for any false modesty; b) (geh. verhüll.: ~gegend) private parts pl.

Schamane [ʃa'maːnə] der; ~n, ~n (Völkerk.) shaman

Scham·bein das (Anat.) pubic bone

schämen ['ʃɛːmən] refl. V. be ashamed; **sich einer Sache** (Gen.) od. **für etw.** od. **wegen etw. ~:** be ashamed of sth.; **sich für jmdn. ~:** be ashamed for sb.; **du solltest dich [was (ugs.)] ~!** you [really] should be ashamed of yourself; **schäm dich** shame on you

Scham-: ~**gefühl das;** o. Pl. sense of shame; ~**haar das;** o. Pl. pubic hair

schamhaft 1. Adj. bashful ⟨person, look, etc.⟩; modest ⟨clothing⟩. 2. adv. ⟨look, smile, etc.⟩ bashfully; ⟨dress, behave⟩ modestly

Schamhaftigkeit die; ~: modesty

scham-, Scham-: ~**lippe die** (Anat.) labium; **innere/äußere ~lippen** labia minora/majora; ~**los** 1. Adj. a) (skrupellos, dreist) shameless, barefaced, shameless ⟨lie, slander⟩; b) (unanständig) indecent ⟨gesture, re-

mark, dress, etc.⟩; shameless ⟨person⟩; 2. adv. a) (skrupellos, dreist) shamelessly; b) (unanständig) indecently; ~**losigkeit die;** ~, ~en (Skrupellosigkeit, Dreistigkeit) shamelessness; (Unanständigkeit) indecency; shamelessness; **ich kann solche ~losigkeiten nicht dulden** I cannot tolerate such shameless behaviour sing.

Schamotte·stein [ʃa'mɔtə-] der fire-brick

Schampon ['ʃampɔn] s. Shampoo

schamponieren tr. V. shampoo

Schampus ['ʃampʊs] der; ~ (ugs.) bubbly (coll.); champers sing. (Brit. coll.)

scham·rot Adj. red with shame postpos.; ~ **werden** blush with shame

Scham·röte die: ihm stieg die ~ ins Gesicht he blushed with shame

schandbar s. schändlich

Schande ['ʃandə] die; ~: disgrace; shame; **es ist eine [wahre] ~:** it is a[n absolute] disgrace; **es wäre doch eine ~, das wegzuwerfen** it would be a shame to throw it away; **zu meiner ~ muß ich sagen, daß ...:** it must be said to my shame that ...; ~ **über dich!** shame on you!; **jmdm./einer Sache [keine] ~ machen** [not] disgrace sb./sth.; bring [no] disgrace or shame on sb./sth.; **etw. gereicht jmdm. zur ~** (geh.) sth. is a disgrace to sb.

schänden ['ʃɛndn̩] tr. V. a) dishonour, discredit ⟨name, reputation, etc.⟩; b) (beschädigen) defile ⟨memorial, work of art, etc.⟩; desecrate, defile ⟨holy place, grave, relic⟩; violate ⟨corpse⟩. c) (veralt.: vergewaltigen) violate; s. auch Arbeit a

Schand·fleck der der; ein ~ **in der Landschaft sein** be a blot on the landscape; **er war schon immer der ~ [in] unserer Familie** he always 'was the disgrace of our family

schändlich 1. Adj. a) (verwerflich) shameful; disgraceful; b) (ugs.: scheußlich) disgraceful; dreadful (coll.); terrible (coll.) ⟨weather⟩. 2. adv. a) (verwerflich) shamefully; disgracefully; b) (ugs.: überaus) dreadfully (coll.); terribly (coll.)

Schändlichkeit die; ~, ~en a) o. Pl. (Eigenschaft) shamefulness; disgracefulness; b) (Handlung) shameful action

Schand-: ~**mal das** a) (hist.) brand; b) (geh.: Schandfleck) blemish; ~**tat die** disgraceful or abominable deed; **zu jeder ~tat od. zu allen ~taten bereit sein** (ugs. scherzh.) be game for anything

Schändung die; ~, ~en a) s. schänden a, b: dishonouring; discrediting; desecration; defilement; b) (veralt.: Vergewaltigung) violation

Schanker ['ʃaŋkɐ] der; ~s, ~ (Med.) chancre; **harter/weicher ~:** hard/soft chancre

Schank-: ~**erlaubnis die** licence [to sell alcohol]; ~**tisch der** bar; ~**wirtschaft die** public house (Brit.); bar (Amer.)

Schanze ['ʃantsə] die; ~, ~n a) (Milit. veralt.) entrenchment; fieldwork; b) (Sprung~) [ski-]jump

Schanzen·rekord der (Skispringen) ski-jump record

Schar [ʃaːɐ̯] die; ~, ~en crowd; horde; (von Vögeln) flock; **in [großen** od. **hellen] ~en** in swarms or droves

Scharade [ʃa'raːdə] die; ~, ~n charade

Schäre ['ʃɛːrə] die; ~, ~n skerry

scharen 1. refl. V. (sich zusammenfinden) gather. 2. tr. V. **die Kinder/Klasse um sich ~:** gather the children/class around one[self]

Schären·küste die skerry coast

scharen·weise Adv. in swarms or hordes

scharf [ʃarf] **schärfer** ['ʃɛrfɐ], **schärfst...** ['ʃɛrfst...] 1. Adj. a) sharp; b) (stark gewürzt) hot; strong ⟨drink, vinegar, etc.⟩; caustic ⟨chemical⟩; pungent, acrid ⟨smell⟩; c) (durchdringend) shrill, (hell) harsh; (kalt) biting ⟨cold, wind, air, etc.⟩; sharp ⟨frost⟩; d) (deutlich wahrnehmend) keen, e) (stark) strong ⟨spec-

tacles⟩; powerful ⟨lens, microscope, telescope, etc.⟩; f) (deutlich hervortretend) sharp ⟨contours, features, nose, photograph⟩; g) (schonungslos) tough, fierce ⟨resistance, competition, etc.⟩; sharp ⟨criticism, remark, words, etc.⟩; strong, fierce ⟨opponent, protest, etc.⟩; severe, harsh ⟨sentence, law, measure, etc.⟩; strict, tough ⟨examiner, teacher⟩; tough, rigorous ⟨inquiry, interrogation⟩; bitter, fierce ⟨fighting, argument, etc.⟩; fierce ⟨dog⟩; **eine ~e Zunge haben** have a sharp tongue; **jmdn./etw. in ~er Form kritisieren** criticize sb./sth. in strong terms; h) (schnell) fast; hard ⟨ride, gallop, etc.⟩; **ein ~es Tempo fahren** drive at quite a speed; i) (explosiv) live; (Ballspiele) powerful ⟨shot⟩; ~**e Schüsse abgeben** fire live bullets; j) (Sprachw.) pronounced; clear; **das ~e S** (bes. österr.) the German letter 'ß'; k) (ugs.: großartig) great (coll.); l) (ugs. empörend) outrageous; m) (ugs.: geil) sexy ⟨girl, clothes, pictures, etc.⟩; randy ⟨fellow, thoughts, etc.⟩; **auf jmdn./etw. ~ sein** (ugs.) really fancy sb. (coll.)/be really keen on sth. 2. adv. a) **würzen/abschmecken** season/flavour highly; ~**e riechen** smell pungent or strong; b) (durchdringend) shrilly; (hell) harshly; (kalt) bitingly; c) (deutlich wahrnehmend) ⟨listen, watch, etc.⟩ closely, intently; ⟨think, consider, etc.⟩ hard; ~ **aufpassen** pay close attention; d) (deutlich hervortretend) sharply; **einen Sender ~ einstellen** tune in a radio station properly; ~ **etw. ~ umreißen** (fig.) outline sth. clearly or precisely; e) (schonungslos) ⟨attack, criticize, etc.⟩ sharply, strongly; ⟨contradict, oppose, etc.⟩ sharply, strongly; ⟨examine, investigate, etc.⟩ rigorously; ⟨watch, observe, etc.⟩ closely; ⟨fight, quarrel, etc.⟩ fiercely, bitterly; ~ **durchgreifen** take vigorous or strong action; f) (schnell) fast; ~ **bremsen** brake hard or sharply; **das Auto fuhr ~ rechts heran** the car pulled up hard over to the right; g) **das Gewehr ist ~ geladen** the rifle is loaded with live ammunition; ~ **schießen** shoot with live ammunition; **den Ball ~ ins Netz schießen** hammer the ball into the net (coll.); h) (akzentuiert) clearly; i) (ugs.: großartig) splendidly

Scharf·blick der; o. Pl. perspicacity

Schärfe ['ʃɛrfə] die; ~, ~n a) o. Pl. (von Messer usw.) sharpness; b) o. Pl. (von Geschmack) hotness; (von Chemikalien) causticity; (von Geruch) pungency; c) o. Pl. (Intensität) shrillness; (des Windes) bitterness; (des Frostes) sharpness; d) o. Pl. (Empfindlichkeit, analytische Fähigkeit) sharpness; keenness; e) o. Pl. (Klarheit) clarity; sharpness; f) o. Pl. (Härte); **scharf 1 g:** toughness; ferocity; sharpness; strength; severity; harshness; strictness; rigour; bitterness; g) (Heftigkeit) harshness; h) o. Pl. (Ballspiele) power

schärfen 1. tr. V. (auch fig.) sharpen. 2. refl. V. become sharper or keener

Schärfen·tiefe die (Fot.) depth of focus

schärfer s. scharf

scharf-, Scharf-: ~**kantig** Adj. sharp-edged; ~**lmachen** tr. V. (ugs.) stir up; **einen Hund ~machen** urge a dog on; ~**macher der** (ugs.) rabble-rouser; ~**macherei** [~maxə'raɪ] die; ~, ~en (ugs.) rabble-rousing; ~**richter der** hangman; executioner; ~**schütze der** (Milit.) marksman; (auch fig. Ballspiele) sharpshooter; ~**sichtig** [~zɪçtɪç] 1. Adj. sharp-sighted; perspicacious; 2. adv. sharp-sightedly; ~**sinn der** o. Pl. astuteness; acumen; ~**sinnig** 1. Adj. astute; 2. adv. astutely

schärfst... s. scharf

Schärfung die; ~, ~en sharpening

scharfzüngig [-tsʏŋɪç] 1. Adj. sharp-tongued. 2. adv. sharply; in a sharp-tongued manner

Scharlach ['ʃarlax] der; ~s (Med.) scarlet fever
scharlach·rot Adj. scarlet
Scharlatan ['ʃarlatan] der; ~s, ~e (abwertend) charlatan
Scharlatanerie die; ~, ~n a) o. Pl. charlatanism; b) (einzelne Handlung) charlatanry
Scharmützel [ʃar'mytsl̩] das; ~s, ~ (Milit.) skirmish
Scharnier [ʃar'niːɐ] das; ~s, ~e hinge
Schärpe ['ʃɛrpə] die; ~, ~n sash
scharren ['ʃarən] 1. itr. V. a) (schaben, schleifen) scrape; **die Pferde ~ ungeduldig** the horses are pawing at the ground impatiently; **der Hund scharrte an der Tür** the dog scratched or pawed at the door; **mit den Füßen ~**: scrape one's feet; b) (wühlen) scratch. 2. tr. V. a) scrape ‹fallen leaves, twigs, sand, dirt›; b) (herstellen) scrape, scratch out ‹hole, hollow, etc.›
Scharte ['ʃartə] die; ~, ~n a) nick; **eine ~ auswetzen** (fig.) make good a/the mistake; b) (Gebirgs~) wind gap; c) (Schieß~) crenel
Scharteke [ʃar'teːkə] die; ~, ~n (abwertend) a) (Buch) trashy old tome; b) (Frau) [old] hag; [old] bag (sl.)
schartig Adj. nicked; jagged
Schaschlik ['ʃaʃlɪk] der od. das; ~s, ~s (Kochk.) shashlik
schassen ['ʃasn̩] tr. V. (ugs.) throw or (coll.) chuck out
Schatten ['ʃatn̩] der; ~s, ~ a) shadow; **nur noch ein ~ seiner selbst sein** (fig.) be only a shadow of one's former self; **einen od. seinen ~ auf etw. (Akk.) werfen** (fig. geh.) cast a or its shadow over sth.; **das große Ereignis wirft schon seine ~ voraus** (fig.) the big event is already making itself felt; **jmd./man kann nicht über seinen [eigenen] ~ springen** a leopard cannot change its spots (prov.); b) o. Pl. (schattige Stelle) shade; **40° im ~**: 40° in the shade; **das Tal lag im ~**: the valley lay in shadow; **in jmds. ~ stehen** (fig.) be in sb.'s shadow; **jmdn./etw. in den ~ stellen** (fig.) put sb./sth. in the shade; c) (dunkle Stelle, auch fig.) shadow; **nicht der ~ eines Verdachts** not a shadow of suspicion; d) (Gestalt) shadow; **e) das Reich der ~** (Myth.) the realm of shades; f) (Beobachter) shadow
Schatten-: ~**bild** das a) (Schatten) shadow; b) (Schattenriß) silhouette; ~**boxen** das shadow-boxing; ~**dasein** das in ein ~dasein fristen lead a shadowy existence; **aus dem** od. **seinem ~dasein heraustreten** emerge from its/one's shadowy existence
schattenhaft Adj. shadowy; **etw. ist nur ~ zu erkennen** sth. is only vaguely recognizable
schatten-, Schatten-: ~**kabinett** das (Politik) shadow cabinet; ~**los** Adj. shadeless; without shade postpos.; ~**morelle** [~mɔrɛlə] die; ~, ~n morello cherry; ~**reich** das (Myth.) realm of shades; ~**riß** der silhouette; ~**seite** die a) shady side; **die ~seiten des Lebens kennenlernen** (fig.) get to know the dark side of life; b) (Kehrseite) disadvantage; negative aspect; ~**spender** der (geh.) source of shade; ~**spiel** das a) o. Pl. (Theater) shadow theatre; b) (Stück) shadow-play; shadow show; c) (Kinderspiel) ~**spiele machen** make shadow-pictures; ~**wirtschaft** die ≈ black economy [and social security scrounging]
schattieren tr. V. shade
Schattierung die; ~, ~en a) shading; b) (Variante, Nuance) shade; **aller ideologischen/religiösen ~en** of every ideological/religious shade or (Amer.) stripe
schattig Adj. shady
Schatt·seite die (österr., schweiz.) s. Schattenseite

Schatulle [ʃa'tʊlə] die; ~, ~n casket
Schatz [ʃats] der; ~es, Schätze ['ʃɛtsə] a) treasure no indef. art.; **ein ~ von Erinnerungen/Erfahrungen** (fig.) a wealth of memories/experience; b) Pl. (Bodenschätze) natural resources; c) (ugs.: Anrede) love (coll.); darling; d) (ugs.: hilfsbereiter Mensch) treasure (coll.); **sei ein ~ und räum schnell auf** be a dear and clear up quickly
Schätzchen ['ʃɛtsçən] das; ~s, ~: darling
schätzen ['ʃɛtsn̩] 1. tr. V. a) (ein~, bewerten) estimate; **wie alt schätzt du ihn?** how old do you think he is?; **sich glücklich ~**: deem oneself lucky; **grob geschätzt** at a rough estimate; **ein Haus/einen Gebrauchtwagen ~** value a house/a second-hand car; b) (ugs.: annehmen) reckon; think; c) (würdigen, hochachten) jmdn. ~: hold sb. in high regard or esteem; **ein geschätzter Künstler** a highly regarded artist; **etw. zu ~ wissen** appreciate sth.; **ich weiß es zu ~, daß ...**: I appreciate the fact that ... 2. itr. V. guess; **schätz mal** guess; have a guess
schätzen|lernen tr. V. come to appreciate or value
Schatz-: ~**kammer** die (hist.) treasure-chamber; ~**kanzler** der Chancellor of the Exchequer (Brit.); ~**meister** der treasurer
Schätzung die; ~, ~en estimate; ‹eines Gebäudes, Grundstückswerts usw.› valuation; **nach grober/vorsichtiger ~**: at a rough/cautious estimate; **nach meiner ~**: according to my reckoning
schätzungs·weise Adv. roughly; approximately
Schätz·wert der estimated value
Schau [ʃaʊ] die; ~, ~en a) (Ausstellung) exhibition; b) (Vorführung) show; **es war eine reine ~**: it was all show; **die** od. **eine ~ sein** (Jugendspr.) be really something; be something else (coll.); **eine ~ machen** od. **abziehen** (ugs.) (sich in Szene setzen) put on a show; (sich aufspielen) show off; (sich lautstark ereifern) make a scene or fuss; **jmdm. die ~ stehlen** steal the show from sb.; **etw. in zur ~ stellen** (ausstellen) exhibit; display; (offen zeigen) display; **seine Gefühle zur ~ tragen** make a show of one's emotions; d) (geh.: Betrachtung) vision; e) (geh.: Blickwinkel) perspective
Schau-: ~**bild** das a) (Diagramm) chart; b) (Nachbildung) diagram; ~**bude** die show booth; ~**bühne** die (veralt.) theatre
Schauder ['ʃaʊdɐ] der; ~s, ~ (vor Kälte, Angst) shiver; (vor Angst) shudder; **mir lief ein ~ den Rücken hinunter** a shiver/shudder ran down my spine
schauderbar (ugs. scherzh.) s. **schauderhaft**
schauder·erregend Adj. terrifying; horrifying
schauderhaft 1. Adj. a) (fürchterlich) terrible; dreadful; awful; b) (schaudererregend) ghastly; terrible; horrifying. 2. adv. a) (fürchterlich) terribly; dreadfully; b) (überaus) terribly (coll.); dreadfully (coll.)
schaudern itr. V. a) (vor Kälte) shiver; b) (vor Angst) shudder; **c) ~ unpers. es schauderte ihn [vor Kälte]** he shivered [with cold]; **bei dem Gedanken schauderte [es] ihn** he shuddered at the thought
schauen 1. itr. V. (bes. südd., österr., schweiz.) a) (sehen) look; **jmdm./einander [fest] in die Augen ~** look [straight] into sb.'s/each other's eyes; **auf jmdn./etw. ~**: look at sb./sth.; (fig.) look to sb./sth.; **um sich ~ and around [one]**; **zu tief in den Becher** od. **ins Glas geschaut haben** have had a drop too much [to drink]; have had one too many; b) (dreinblicken) look; **er hat vielleicht geschaut, als er uns sah** his eyes opened wide when he saw us; **seine Augen schauten vergnügt/spöttisch** amusement/mockery showed in his eyes; c) **schau, schau!** well, well; what do you know?; **da**

schau her! (Verwunderung ausdrückend) well, well; how about that?; (Empörung ausdrückend) well, what about 'that'?; **da schau her, was du ...**: just look what you ...; **schau [mal], ich finde, du solltest ...**: look, I think you should ...; d) (sich kümmern um) **nach jmdm./etw. ~**: have or have a look at sb./sth.; **die Nachbarn haben nach den Blumen geschaut** the neighbours looked after the flowers; e) (achtgeben) **auf etw. (Akk.) ~**: set store by sth.; **er schaut darauf, daß alle pünktlich sind** he sets store by everybody being punctual; f) (ugs.: sich bemühen) **schau, daß du ...**: see or mind that you ...; g) (nachsehen) have a look. 2. tr. V. a) (sich ansehen) **Fernsehen ~** watch television; **schauen Sie, was ich gefunden habe** look what I've found; b) (geh.: erfassen) behold
Schauer der; ~s, ~ a) (Met.) shower; b) (geh.) s. Schauder
schauer·artig (Met.) Adj. ~**e Regenfälle** showers; ~**e Schneefälle** snow showers
Schauer·geschichte die horror story
schauerlich 1. Adj. a) (schauererregend) horrifying; ghastly; b) (fürchterlich) terrible (coll.); dreadful (coll.). 2. a) (ugs.: fürchterlich) dreadfully (coll.), terribly (coll.); **ein ~ gemusterter Teppich** a hideously patterned carpet; b) (überaus) terribly (coll.); dreadfully (coll.)
Schauer·roman der Gothic novel
Schaufel ['ʃaʊfl̩] die; ~, ~n a) shovel; (für Mehl usw.) scoop; (Kehr~) dustpan; (vom Schaufelrad, Mühlrad) paddle; **zwei ~n Erde** two shovelfuls of soil; b) (Jägerspr.: vom Geweih) palm
schaufeln ['ʃaʊfl̩n] tr. V. shovel; dig ‹hole, grave, trench, etc.›
Schaufel-: ~**rad** das paddle-wheel; ~**rad·dampfer** der paddle-steamer; ~**rad·bagger** der bucket excavator
Schau·fenster das shop-window
Schaufenster~: ~**aus·lage** die window display; ~**bummel** der window-shopping expedition; **einen ~bummel machen** go window-shopping; ~**puppe** die mannequin
Schau-: ~**flug** der air display; (von einem Flugzeug) aerobatics demonstration; ~**ge·schäft** das; o. Pl. show business no art.; ~**kampf** der (Boxen) exhibition fight; ~**kasten** der display case; show-case
Schaukel ['ʃaʊkl̩] die; ~, ~n a) swing; b) (bes. südd.: Wippe) see-saw
schaukeln 1. itr. V. a) swing; (im Schaukelstuhl) rock; **auf einem Stuhl ~**: rock one's chair backwards and forwards; b) (sich hin und her bewegen) sway [to and fro]; (sich auf und ab bewegen) ‹ship, boat› pitch and toss; ‹vehicle› bump [up and down]; c) (unpers.) **auf der Überfahrt/in dem klapprigen Bus hat es ganz schön geschaukelt** the boat pitched and tossed quite a bit during the crossing/it was a pretty bumpy ride in the rickety bus. 2. tr. V. a) rock; **ein Kind auf den Knien ~**: dandle a child on one's knee; b) (ugs.: fahren) take; **jmdn. durch die Gegend ~**: drive sb. round the area; c) (ugs.: bewerkstelligen) manage; **wir werden die Sache schon ~**: we'll manage it somehow
Schaukel-: ~**pferd** das rocking-horse; ~**stuhl** der rocking-chair
schau-, Schau-: ~**laufen** das (Eislauf) exhibition skating no art.; ~**lustig** Adj. curious; ~**lustige der/die**; adj. Dekl. curious onlooker
Schaum [ʃaʊm] der; ~s, Schäume ['ʃɔʏmə] a) foam; (von Seife usw.) lather; (von Getränken, Suppen usw.) froth; **etw. zu ~ schlagen** (Kochk.) beat sth. until frothy; **den ~ von etw. abschöpfen** (Kochk.) skim sth.; ~ **schlagen** (fig. ugs.) talk big; b) (Geifer) foam; froth; **~ vor dem Mund haben** (auch fig.) foam at the mouth
Schaum·bad das a) (Badezusatz) bubble bath; b) (Wannenbad) bubble or foam bath

schäumen ['ʃɔymən] 1. *itr. V.* a) *(Schaum bilden)* foam; froth; ⟨*soap etc.*⟩ lather; ⟨*beer, fizzy drink, etc.*⟩ froth [up]; b) *(mit Wasser)* produce lather; **stark/schwach ~:** produce a large amount of/little lather; **eine stark ~de Zahnpasta** a very frothy toothpaste; c) *(wütend sein)* fume; **vor Wut ~:** fume with anger. 2. *tr. V.* (Technik) foam ⟨*plastics, concrete, etc.*⟩; **geschäumter Kunststoff** foamed plastic
Schaum-: **~gebäck** *das* meringues *pl.*; **~gummi** *der* foam rubber
schaumig *Adj.* frothy ⟨*drink, dessert, etc.*⟩; sudsy, lathery ⟨*water*⟩; **Butter und Zucker ~ rühren** beat butter and sugar until fluffy
Schaum-: **~krone** *die* a) *(auf Wellen)* white crest; b) *(auf Bier)* head [of froth]; **~schläger** *der* a) *(abwertend)* boaster; b) *s.* **Schneebesen**; **~schlägerei** *die*; *o. Pl.* (abwertend) boasting; **~stoff** *der* [plastic] foam; **~wein** *der* sparkling wine
Schau-: **~platz** *der* scene; **direkt vom ~platz berichten** give an on-the-spot report; **~prozeß** *der* show trial
schaurig ['ʃaʊrɪç] 1. *Adj.* a) *(furchtbar)* dreadful; frightful; *(unheimlich)* eerie; **eine ~e Geschichte** a blood-curdling story; b) *(ugs.: gräßlich, geschmacklos)* hideous; dreadful *(coll.)*. 2. *adv.* a) *(fürchterlich)* dreadfully; *(unheimlich)* eerily; b) *(ugs.: gräßlich, geschmacklos)* hideously; horribly *(coll.)*; c) *(ugs.: überaus)* dreadfully *(coll.)*
schau-, Schau-: **~spiel** *das* a) *o. Pl. (Drama)* drama *no art.*; b) *(ernstes Stück)* play; c) *(geh.: Anblick)* spectacle; **~spieler** *der (auch fig.)* actor; **~spielerei** *die* a) *(Beruf)* acting *no art.*; b) *(fig. ugs.: das Sichverstellen)* play-acting; **~spielerin** *die (auch fig.)* actress; **~spielerisch** 1. *Adj.*; *nicht präd.* acting ⟨*career*⟩; **eine großartige ~spielerische Leistung** a great piece of acting; **eine ~spielerische Begabung** a gift of or talent for acting. 2. *adv.* etw. **~spielerisch darstellen** act sth.; **sie ist ~spielerisch begabt** she has acting talent
schauspielern *itr. V. (ugs.)* a) *(als Schauspieler)* act; b) *(fig.)* play-act
Schauspiel-: **~führer** *der* theatre-goer's guide; **~haus** *das* theatre; playhouse; **~kunst** *die*; *o. Pl.* dramatic art
Schausteller [-ʃtɛlɐ] *der*; **~s, ~:** showman
Schau-: **~tafel** *die* illustrated chart; **~turnen** *das* gymnastic display
Scheck [ʃɛk] *der*; **~s, ~s** cheque
Scheckbuch *das (veralt.)* cheque-book
¹**Schecke** ['ʃɛkə] *d(r*; **~n, ~n** *(Pferd)* piebald; *(Rind)* mottled bull
²**Schecke** *die*; **~, ~n** *(Pferd)* piebald; *(Rind)* mottled cow
Scheckheft *das* cheque-book
scheckig *Adj.* a) *s.* **gescheckt**; b) *(voller Flecken)* blotchy ⟨*face, skin, etc.*⟩; **sich ~ lachen** *(ugs.)* laugh oneself silly
Scheckkarte *die* cheque card
scheel [ʃeːl] *(ugs.)* 1. *Adj.* disapproving; *(mißtrauisch)* suspicious; *(neidisch)* envious; jealous. 2. *adv.* disapprovingly; *(mißtrauisch)* suspiciously; *(neidisch)* enviously; jealously
Scheffel ['ʃɛfl] *der*; **~s, ~:** bushel; *s. auch* **Licht**
scheffeln *tr. V. (ugs.)* rake in *(coll.)* ⟨*money, profits, etc.*⟩; pile up, accumulate ⟨*medals, awards, etc.*⟩
scheffelweise *Adv. (ugs.)* by the sackful; in large quantities; **~ Geld haben/verdienen** have/earn stacks of money *(coll.)*
Scheibchen ['ʃaɪpçən] *das*; **~s, ~** *(von Fleisch, Brot usw.)* [small] slice; *(aus Kunststoff, Metall usw.)* [small] disc
Scheibe ['ʃaɪbə] *die*; **~, ~n** a) *(flacher, runder Gegenstand)* disc; *(Sportjargon: Puck)* puck; *(Schieß~)* target; *(Wähl~)* dial; b) *(abgeschnittene ~)* slice; **etw. in ~n schneiden** slice sth. up; cut sth. [up] into slices;

sich *(Dat.)* von jmdm./etw. eine **~ abschneiden können** *(fig.)* be able to learn a thing or two from sb./sth.; **... in ~n slices of** or sliced ...; c) *(Glas~)* pane [of glass]; *(Fenster~)* [window-] pane; *(Windschutz~)* windscreen *(Brit.)*; windshield *(Amer.)*; *(Spiegel~)* glass; **die ~n des Wagens herunterdrehen** wind down the car windows; d) *(ugs.: Schallplatte)* disc; record
Scheiben-: **~bremse** *die (Kfz-W.)* disc brake; **~gardine** *die* net curtain; **~honig** *der* a) comb honey; b) *s.* **~kleister**; **~kleister** *der (ugs. verhüll.)* **~kleister!** blast [it]! *(coll.)*; damn it! *(coll.)*; **so ein ~kleister!** what a blasted nuisance *or* mess!; **~schießen** *das (Milit., Sport)* target-shooting; **~waschanlage** *die (Kfz-W.)* windscreen washer system *or* unit; **~wischer** *der* windscreen-wiper
Scheich [ʃaɪç] *der*; **~[e]s, ~s** *od.* **~e** a) sheikh; b) *(ugs.: Freund)* guy *(sl.)*; bloke *(Brit. sl.)*
Scheichtum *das*; **~s, Scheichtümer** [-tyːmɐ] sheikhdom
Scheide ['ʃaɪdə] *die*; **~, ~n** a) *(Waffen~)* sheath; *(des Schwerts, Säbels)* scabbard; sheath; b) *(Anat.)* vagina
scheiden 1. *unr. tr. V.* a) dissolve ⟨*marriage*⟩; divorce ⟨*married couple*⟩; **eine geschiedene Frau** a divorced woman; a divorcée; **sich [von jmdm.] ~ lassen** get divorced *or* get a divorce [from sb.]; **sie läßt sich nicht [von ihm] ~:** she won't give him a divorce; **ich bin schuldig/unschuldig geschieden** I am divorced [and I was the guilty/innocent party]; b) *(geh.: trennen)* divide; separate; **von dem Moment an waren wir geschiedene Leute** from that moment on, we went our separate ways; **wir sind geschiedene Leute!** you and I must part; c) *(geh.: unterscheiden)* distinguish; d) *(bes. Chemie)* separate; extract. 2. *unr. itr. V.*; **mit sein** *(geh.)* a) *(auseinandergehen)* part; b) *(sich entfernen)* depart; leave; **von jmdm. ~:** part from sb.; **aus dem Dienst/Amt ~:** retire from service/one's post or office; **aus dem Leben ~:** depart this life. 3. *unr. refl. V. (sich unterscheiden)* diverge; differ; *s. auch* **Geist** d
Scheideweg *der* **in am od. an einem ~ stehen** face a crucial decision
Scheidung *die*; **~, ~en** a) *(Ehe~)* divorce; **die ~ einreichen** file [a petition] for divorce; **die ~ aussprechen** grant the divorce; **in ~ leben** be in the process of getting a divorce; b) *(Unterscheidung)* distinction
Scheidungs-: **~grund** *der* grounds *pl.* for divorce; **sie war der ~grund** they got divorced because of her; **~klage** *die* petition for divorce; **~urkunde** *die* divorce certificate
Schein [ʃaɪn] *der*; **~[e]s, ~e** a) *o. Pl. (Licht~)* light; **der ~ des brennenden Hauses/der sinkenden Sonne** the glow of the burning house/setting sun; b) *o. Pl. (An~)* appearances *pl., no art.; (Täuschung)* pretence; **den ~ wahren** keep up appearances; **der ~ spricht gegen ihn** appearances are against him; **der ~ trügt** appearances are deceptive; **~ und Wirklichkeit** *od.* **Sein** appearances and reality; **etw. nur zum ~ tun** [only] pretend to do sth.; **c)** *(Bescheinigung)* receipt; *(vom Arzt)* doctor's certificate; *(Hochschulw.)* certificate; d) *(Geld~)* note
Scheinargument *das* spurious argument
scheinbar 1. *Adj. (nicht wirklich)* apparent; seeming. 2. *adv.* a) *(nicht wirklich)* seemingly; b) *(ugs.) s.* **anscheinend**
Scheinblüte *die* a) *(Bot.)* composite flower; b) *(fig.)* illusory boom
scheinen *unr. itr. V.* a) *(Helligkeit ausstrahlen)* shine; b) *(den Eindruck erwecken)* seem; appear; **es scheint, daß .../als ob ...:** it appears that .../as if ...; **mir scheint, [daß] ...:** it seems *or* appears to me that ...; **wie es**

scheint ...: apparently; **er kommt scheint's nicht mehr** *(ugs.)* it doesn't look as though he's coming now; **sie schienen es zufrieden zu sein** *(veralt.)* they seemed to be satisfied *or* happy with it
schein-, Schein-: **~gefecht** *das (auch fig.)* mock fight *or* battle; **~heilig** 1. *Adj. (heuchlerisch)* hypocritical; *(Nichtwissen vortäuschend)* innocent; 2. *adv. (heuchlerisch)* hypocritically; *(Nichtwissen vortäuschend)* innocently; **~heiligkeit** *die* hypocrisy; **~schwangerschaft** *die (Med.)* false pregnancy; **~tod** *der (Med.)* apparent death; **~tot** *Adj.* a) *(Med.)* apparently *or* seemingly dead; b) *(salopp: alt)* with one foot in the grave *postpos.*; **~tot sein** have one foot in the grave; **~welt** *die* the illusory *or* unreal world; **~werfer** *der* floodlight; *(am Auto)* headlight; *(im Theater, Museum usw.)* spotlight; *(Suchscheinwerfer)* searchlight; **~werferlicht** *das* floodlight; *(des Autos)* headlights *pl.*; *(im Theater, Museum usw.)* spotlight [beam]; *(des Suchscheinwerfers)* searchlight [beam]; **im ~werferlicht [der Öffentlichkeit] stehen** be in the [public] spotlight
Scheiß [ʃaɪs] *der*; **~** *(salopp)* shit *no indef. art. (coarse)*; crap *no indef. art. (coarse)*; **so ein ~!** oh, shit! *(coarse)*; **~ machen** *(Fehler machen)* make a bloody mess *(Brit. sl.)*; *(unklug handeln)* act in a bloody silly way *(Brit. sl.)*
scheiß-, Scheiß- *(derb)* bloody *(Brit. sl.)*
Scheißdreck *der (derb)* a) *(Kot)* shit *(coarse)*; crap *(coarse)*; b) *(Blödsinn, Minderwertiges)* shit *no indef. art. (coarse)*; crap *no indef. art. (coarse)*; c) *(Angelegenheiten)* bloody *(Brit.)* or damned business *(sl.)*; red keinen **~!** don't talk crap! *(coarse)*; **das geht dich einen ~ an** that's none of your bloody business *(Brit. sl.)*; **einen ~ werde ich tun** like hell I will *(coll.)*
Scheiße ['ʃaɪsə] *die*; **~** *(derb) (auch fig.)* shit *(coarse)*; crap *(coarse)*; **[bis zum Hals] in der ~ sitzen** *od.* **stecken** *(fig.)* be in the shit *(coarse)*; be up shit creek *(coarse)*; **der Film ist große ~** *(fig.)* the film is a load of shit *or* crap *(coarse)*; **verdammte/schöne ~!** shit *(coarse)*; bloody hell *(Brit. sl.)*
scheißegal *Adj.*; *nicht attr.* **in ~ sein** not matter a damn *(sl.)*; **das ist mir ~!** I don't give a damn *(sl.)* *or (coarse)* shit; **das kann dir doch ~ sein** you needn't give a damn *(sl.)* *or (coarse)* shit about that
scheißen *unr. itr. V. (derb)* a) *(den Darm entleeren)* [have *or (Amer.)* take a] shit *(coarse)*; crap *(coarse)*; have a crap *(coarse)*; **in die Hose ~:** shit one's pants *(coarse)*; **auf jmdn./etw. ~** *(fig.)* not give a shit *(coarse)* *or (sl.)* damn about sb./sth.; **wir ~ auf ihn/drauf** *(fig.)* to hell with him/with it/that *(coll.)*; b) **[einen] ~** *(eine Blähung entweichen lassen)* fart *(coarse)*
Scheißer *der*; **~s, ~** a) *(derb)* bastard *(coll.)*; shithead *(coarse)*; b) *(salopp: unbedeutender Mensch)* arse- *(Brit.)* or *(Amer.)* ass-hole *(coarse)*; c) *(fam. Kosewort)* monkey
scheiß-, Scheiß-: **~freundlich** *Adj.*, *adv. (derb)* as nice as pie; **~haufen** *der (derb)* pile of shit *(coarse)*; **~haus** *das (derb)* bog *(sl.)*; shithouse *(coarse)*; **~kerl** *der (derb)* bastard *(coll.)*; **~vornehm** *Adj.*, *(derb)* bloody *(Brit. sl.)* or *(coll.)* damn posh
Scheit [ʃaɪt] *der*; **~[e]s, ~e** *od.* **~er** *s.* **Holzscheit**
Scheitel ['ʃaɪtl] *der*; **~s, ~** a) *(geh.: Haar)* hair; **einen ~ ziehen** make a parting; b) *(oberste Stelle)* top of one's head; **vom ~ bis zur Sohle** from head to toe; c) *(höchster Punkt)* vertex; d) *(Math.: bei Winkel)* apex; vertex; e) *(Math.: bei Kurve)* vertex
scheiteln *tr. V.* part *(hair)*
Scheitel-: **~punkt** *der* vertex; **~winkel** *der (Math.)* vertically opposite angle

Scheiter·haufen der: **auf dem ~ sterben/verbrannt werden** die/be burned at the stake; **einen ~ für die Hexe errichten** build a pile of wood on which the witch is to be burnt

scheitern ['ʃaitɐn] itr. V.; mit sein fail; ⟨talks, marriage⟩ break down; ⟨plan, project⟩ fail, fall through; **an jmdm./etw. ~**: fail through or fail because of sb./sth.; **die Partei scheiterte an der Fünfprozentklausel** the party was defeated by the five-per-cent clause; **jmds. Pläne zum Scheitern bringen** thwart or frustrate sb.'s plans; **zum Scheitern verurteilt sein** be doomed to failure; **eine gescheiterte Existenz sein** be a failure

Schekel ['ʃe:kl] der; ~s, ~: shekel
Schelde ['ʃɛldə] die; ~: Schelde [tributary]
Schelf [ʃɛlf] der od. das; ~s, ~e (Geogr.) continental shelf
Schellack ['ʃɛlak] der; ~s, ~e shellac
Schelle ['ʃɛlə] die; ~, ~n a) bell; b) Pl.; o. Art. (Spielkartenfarbe) bell; s. auch ²**Pik**
schellen itr. V. (westd.) ring; **an der Tür dreimal ~**: ring the [door] bell three times; **nach jmdm. ~**: ring for sb.; **es schellt** the bell is ringing
Schellen-: **~baum** der Turkish crescent; pavillon chinois; **~kranz** der tambourine (without drumskin); **~trommel** die tambourine
Schell·fisch der cod
Schell·kraut das: [großes] ~: [greater] celandine
Schelm [ʃɛlm] der; ~[e]s, ~e rascal; rogue
Schelmen-: **~roman** der (Literaturw.) picaresque novel; **~streich** der, **~stück** das roguish prank
Schelmerei die; ~, ~en a) o. Pl. (Eigenschaft) roguishness; roguery; b) roguish prank
schelmisch 1. Adj. roguish; mischievous. 2. adv. roguishly; mischievously
Schelte ['ʃɛltə] die; ~, ~n (geh.) scolding; **~ bekommen** be given or get a scolding; **sei pünktlich, sonst gibt es ~**: be punctual, otherwise you'll get a scolding
schelten (bes. südd., sonst geh.) 1. unr. itr. V. **auf** od. **über jmdn./etw. ~**: moan about sb./sth.; |**mit jmdm.**| **~**: scold [sb.]. 2. unr. tr. V. a) (tadeln) scold; b) (geh.: nennen) call
Schelt·wort das; Pl. ~worte (geh.) oath
Schema ['ʃe:ma] das; ~s, ~ta od. ~s a) (Muster) pattern; **sie läßt sich in kein ~ pressen** (fig.) she does not fit into any pattern or mould; s. auch **F**; b) (Skizze) diagram
schematisch 1. Adj. a) (einem Schema folgend) diagrammatic; b) (mechanisch) mechanical. 2. adv. a) (als Schema) in diagram form; b) (mechanisch) mechanically
schematisieren tr. V. a) schematize; **etw. schematisiert darstellen** describe sth. by means of a simple formula; b) (vereinfachen) simplify
Schematisierung die; ~, ~en a) schematization; b) (Vereinfachung) simplification
Schemel ['ʃe:ml] der; ~s, ~ a) (Hocker) stool; b) (südd.: Fußbank) footstool
¹**Schemen** s. Schema
²**Schemen** ['ʃe:mən] der od. das; ~s, ~ shadowy figure
schemenhaft 1. Adj. shadowy. 2. adv. **etw. ~ erkennen/sehen** make out/see only the outline or silhouette of sth.
Schenke ['ʃɛŋkə] die; ~, ~n pub (Brit. coll.); bar (Amer.); (bes. auf dem Lande) inn
Schenkel ['ʃɛŋkl] der; ~s, ~ a) (Ober~) thigh; sich (Dat.) auf die ~ schlagen slap one's thigh; **dem Pferd die ~ geben** press one's horse on; b) (Math.) side; c) (von einer Zange, Schere) shank; (von Zirkel) leg
Schenkel-: **~bruch** der (Med.) fracture of the femur; **~druck** der, **~hilfe** die (Reiten) knee pressure no indef. art.
schenken 1. tr. V. a) (geben) give; **jmdm.**

etw. [zum Geburtstag] ~: give sb. sth. or sth. to sb. [as a birthday present or for his/her birthday]; **etw. geschenkt bekommen** be given sth. [as a present]; **sich gegenseitig etw. ~**: give each other presents; exchange presents; **den Rest des Geldes schenke ich dir** you can keep the rest of the money; **ich möchte nichts geschenkt haben** I don't want any presents; (bevorzugt werden) I don't want to be given special or preferential treatment; **das möchte ich nicht geschenkt haben, das wäre mir geschenkt zu teuer** (ugs.) I wouldn't want that if it was given to me; das ist ja geschenkt! (ugs.) it's a gift!; **geschenkt ist geschenkt** a gift is a gift; **sie schenkte ihm fünf Kinder** (fig. geh.) she bore him five children; s. auch **Gaul**; b) (verleihen) give; c) (ugs.: erlassen) **jmdm./sich etw. ~**: spare sb./oneself sth.; **ihr ist im Leben nichts geschenkt worden** she has never had it easy in life; d) **jmdm./einer Sache Beachtung/Aufmerksamkeit ~**: give sb./sth. one's attention; **jmdm. das Leben ~**: spare sb.'s life; **einem Kind das Leben ~** (geh.) give birth to a child; e) (geh. veralt.: eingießen) pour. 2. refl. V. (ugs.: erlassen) **sich** (Dat.) **etw. ~**: give sth. a miss; **deine Ausreden kannst du dir ~**: you can save your excuses. 3. itr. V. give presents or gifts
Schenker der; ~s, ~, **Schenkerin** die; ~, ~nen a) giver; b) (Rechtsspr.) donator
Schenkung die; ~, ~en (Rechtsw.) gift
scheppern ['ʃɛpɐn] itr. V. (ugs.) clank; ⟨bell⟩ clang; **es hat gescheppert** there was a clatter or clanking; (beim Autounfall) there was a smash or crash; (es gab eine Ohrfeige) he/she got a box on the ears
Scherbe ['ʃɛrbə] die; ~, ~n fragment; (archäologischer Fund) [pot]sherd; **die ~n zusammenkehren** sweep up the [broken] pieces; **die ~n des Tellers/Spiegels** the fragments or [broken] pieces of the plate/mirror; **beim Spülen hat es ~n gegeben** something got broken during the washing-up; **es gab ~n** (fig.) sparks flew; **in tausend ~n zerspringen** be smashed to smithereens; **die ~n ihrer Ehe** (fig.) the shattered remains of their marriage; **~n bringen Glück** (Spr.) break a thing, mend your luck
Scherben-: **~gericht** das ostracism no art.; **ein ~gericht über jmdn. veranstalten** (fig.) judge sb. with unnecessary harshness; **~haufen** der pile of broken fragments or pieces; (fig.) shattered remains
Schere ['ʃe:rə] die; ~, ~n a) (Werkzeug) scissors pl.; **eine ~**: a pair of scissors; b) (Zool.) claw; c) (Turnen) scissors
¹**scheren** unr. tr. V. a) (reinigen) shear, clip ⟨sheep⟩; clip ⟨dog, horse, etc.⟩; **sich** (Dat.) **den Bart ~** (veralt.) trim one's beard; (abrasieren) shave one's beard; b) (Textilind.) shear; c) (kürzen) cut, mow ⟨lawn⟩; clip, trim ⟨hedge, bush, etc.⟩
²**scheren** tr., refl. V. **sich um jmdn./etw. nicht ~**: not care about sb./sth.; **es schert ihn herzlich wenig** od. **nicht im geringsten** he could not care less or in the least
³**scheren** refl. V. **scher dich in dein Zimmer** go or get [off] to your room; **~ Sie sich an die Arbeit/in Ihr Büro** get to work/[off] to your office; **sich ins Bett ~**: get [off] to bed; s. auch **Henker**; **Teufel**
Scheren-: **~gitter** das [folding] grille; **~griff** der (Turnen) scissors hold; **~schlag** der (Fußball) scissors kick; **~schleifer** der knife-grinder; **~schnitt** der silhouette
Schererei die; ~, ~en (ugs.) trouble no pl.
Scherflein ['ʃɛrflain] das; ~s, ~ (geh.) mite; [s]ein ~ [zu etw.] beitragen od. beisteuern make one's [little] contribution [to sth.]
Scherge ['ʃɛrgə] der; ~n, ~n (geh.) henchman
Scher-: **~messer** das [cutting] blade; **~sprung** der (bes. Turnen) scissors jump

Scherung die; ~, ~en a) (Math.) shearing; b) (Mechanik) shear[ing]
Scherz [ʃɛrts] der; ~es, ~e joke; **seine ~e mit jmdm. treiben** play jokes on sb.; **er versteht keinen ~**: he can't take a joke; **mach keine ~e** you must be joking; **seine ~e über jmdn./etw. machen** make or crack jokes about sb./sth.; **etw. aus** od. **zum ~ sagen** say sth. as a joke or in jest; **... und solche od. ähnliche ~e** (ugs.) ... and what have you (coll.); **~ beiseite** joking aside or apart; **[ganz] ohne ~** (ugs.) no kidding (sl.)
Scherz·artikel der joke article
scherzen itr. V. joke; **mit jmdm.** od. **über etw.** (Akk.) **~**: joke about sth.; **Sie belieben zu ~** (geh., oft iron.) you jest; **ich scherze nicht** I'm not joking; **mit jmdm./etw. ist nicht zu ~**: sb./sth. is not to be trifled with
Scherz-: **~frage** die riddle; **~gedicht** das humorous poem
scherzhaft 1. Adj. jocular; joking attrib. 2. adv. jocularly; jokingly; **etw. ~ sagen/meinen** say/mean sth. as a joke or in fun
Scherzo ['ʃkɛrtso] das; ~s, ~s od. **Scherzi** (Musik) scherzo
Scherz·wort das; Pl. ~worte joke; witticism
schesen ['ʃe:zn] itr. V.; mit sein (bes. nordd.) rush
scheu [ʃɔy] 1. Adj. (schüchtern) shy; timid ⟨animal⟩; (ehrfürchtig) awed; **~ machen** frighten ⟨animal⟩; s. auch **Pferd**. 2. adv. a) (schüchtern) shyly; b) (von Tieren) timidly
Scheu die; ~ a) (Schüchternheit) shyness; (Ehrfurcht) awe; **voller ~ sein** be very shy or timid/be full of awe; **ohne jede ~** without any inhibitions; b) (fig.) reserve
Scheuche ['ʃɔyçə] die; ~, ~n scarecrow
scheuchen tr. V. (treiben) shoo; drive; b) (fig.) force; **jmdn. zum Arzt/an die Arbeit ~**: make sb. go or urge sb. to go to the doctor/to work
scheuen 1. tr. V. (meiden) shrink from; shun ⟨people, light, company, etc.⟩; **weder Kosten noch Mühe ~**: spare neither expense nor effort; **Arbeit scheue ich nicht** I'm not afraid of work. 2. refl. V. **sich vor etw.** (Dat.) **~**: be afraid of or shrink from sth. 3. itr. V. ⟨horse⟩ shy (vor + Dat. at)
Scheuer die; ~, ~n (bes. südd.) barn
Scheuer-: **~bürste** die scrubbing-brush; **~lappen** der cleaning-cloth (for wiping surfaces); **~leiste** die a) (Fußleiste) skirting[-board] (Brit.); baseboard (Amer.); b) (Seew.) rubbing strake; **~mittel** das scouring agent
scheuern 1. tr., itr. V. a) (reinigen) scour; scrub; b) (reiben) rub, chafe. 2. tr. V. a) (reiben an) rub; b) **in jmdm. eine ~** (ugs.) give sb. a clout; clout sb.; **eine gescheuert kriegen** (ugs.) get a clout round the ears (coll.). 3. refl. V. (reiben) **sich** (Akk.) **wund ~**: rub oneself raw; chafe oneself; **sich** (Dat.) **das Knie [wund] ~**: rub one's knee raw; chafe one's knee
Scheuer-: **~pulver** das scouring powder; **~sand** der scouring sand; **~tuch** das; Pl. **~tücher** scouring cloth
Scheu·klappe die blinker; **~n haben** od. **tragen** wear blinkers; be blinkered (also fig.)
Scheune ['ʃɔynə] die; ~, ~n barn
Scheunen-: **~drescher** der in **wie ein ~drescher essen** od. **fressen** (salopp) eat like a horse (coll.); **~tor** das barn door; s. auch **dastehen a**
Scheusal ['ʃɔyzal] das; ~s, ~e od. (ugs.) **Scheusäler** ['ʃɔyzɛlɐ] (abwertend) monster
scheußlich ['ʃɔyslɪç] 1. Adj. a) dreadful; b) (ugs.: äußerst unangenehm) terrible (coll.); dreadful (coll.) dreadful (coll.), ghastly (coll.) ⟨weather, taste, smell⟩. 2. adv. a) dreadfully; b) (ugs.: sehr) terribly (coll.); dreadfully (coll.); **sich ~ erkälten** catch a dreadful cold (coll.)

1435

Scheußlichkeit die; ~, ~en a) o. Pl. dreadfulness; b) meist Pl. (etw. Scheußliches) dreadful thing; (Grausamkeit) atrocity

Schi [ʃiː] usw. s. Ski usw.

Schicht [ʃɪçt] die; ~, ~en a) (Lage) layer; (Geol.) stratum; (von Farbe) coat; (sehr dünn) film; b) (Gesellschafts~) stratum; **breite ~en** [der Bevölkerung] broad sections of the population; **in allen ~en** at all levels of society; **die besitzenden ~en** the propertied classes; c) (Abschnitt eines Arbeitstages, Arbeitsgruppe) shift; **~ haben, auf ~ sein** be working one's shift; **er geht morgens zur ~:** he's on the morning shift; **~ arbeiten** work shifts; be on shift work

Schicht-: ~arbeit die; o. Pl. shift work; **~arbeiter** der shift worker

schichten tr. V. stack; **die Bretter zu einem Stapel ~:** stack the boards [up]

Schicht-: ~gestein das (Geol.) s. Sedimentgestein; **~käse** der low-fat quark containing a layer of higher-fat quark; **~stufe** die (Geol.) cuesta

Schichtung die; ~, ~en stacking; (Geol., Met., Soziol.) stratification

schicht-, Schicht-: ~unterricht der teaching no art. in shifts; **~wechsel** der change of shifts; **~wechsel um 6** we/they etc. change shifts at 6; **~weise** Adv. a) in layers; layer by layer; (bei Farben) in coats; b) (in Gruppen) in shifts

schick [ʃɪk] 1. Adj. a) stylish; stylish, chic ⟨clothes, fashions⟩; (elegant) smart ⟨woman, girl, man⟩; b) (ugs.: großartig, toll) great (coll.); fantastic (coll.). 2. adv. a) stylishly; stylishly, smartly ⟨furnished, decorated⟩; **~ frisiert sein** have a fashionable hairstyle or (coll.) hair-do; b) (ugs.: großartig, toll) **abends sind wir ~ ausgegangen** we had a great evening out (coll.)

Schick der; ~[e]s a) style; (von Frauenmode, Frau) chic; style; b) (oberd., niederd.) **nun hat od. kriegt alles wieder seinen ~!** now everything's as it should be

schicken 1. tr. V. send; **jmdm. etw. ~, etw. an jmdn. ~:** send sth. to sb.; send sb. sth.; **jmdm. etw. ins Haus ~:** send sth. to sb.'s home; **jmdn. nach Hause/auf od. in die od. zur Schule/ins od. zu Bett/in den Krieg ~:** send sb. home/to school/to bed/to war; **jmdn. einkaufen od. zum Einkaufen ~:** send sb. to do the shopping. 2. itr. V. (rufen, holen lassen) **nach jmdm. ~:** send for sb. 3. refl. V. a) (unpers. veralt.: sich ziemen) be proper or fitting; **das schickt sich nicht für eine junge Dame** it does not befit or become a young lady; it is not proper for a young lady; b) (geduldig ertragen) **sich in etw. (Akk.) ~:** resign or reconcile oneself to sth.

Schickeria [ʃɪkaˈriːa] die; ~ (ugs.) smart set

Schicki[micki] [ˈʃɪki(ˈmɪki)] der; ~s, ~s (ugs.) a) (Mensch) trendy (coll.); b) (Modisches) trendy (coll.) goods pl./clothes pl./architecture etc.

schicklich (veralt.) 1. Adj. proper; fitting; (dezent) seemly. 2. adv. fittingly; (dezent) in a seemly way

Schicksal [ˈʃɪkzaːl] das; ~s, ~e a) (Geschick, Los) fate; destiny; ⟨schweres Los⟩ fate; **ich habe manche schwere ~ miterlebt** I've witnessed many a hard fate; **[das ist] ~:** (ugs.) it's just fate; **er hat ein schweres ~ gehabt** fate has been unkind to him; b) o. Pl. (höhere Macht) fate no art./destiny no art.; **das ~ hat es mit ihm gut gemeint** fortune smiled on him; **~ spielen** play the role of fate or destiny

-schicksal das: **ein Emigranten~/Flüchtlings~/Behinderten~:** life or experiences as an emigré/a refugee/a handicapped person

schicksalhaft 1. Adj. fateful. 2. adv. **~ bedingt/verbunden** determined/linked by fate; **sie sind ~ aufeinander angewiesen** their fates are inextricably linked

schicksals-, Schicksals-: ~drama das (Literaturw.) fate drama; **~frage** die crucial question; (Angelegenheit) fundamental issue; **~gefährte** der companion in misfortune; **die drei waren ~gefährten** the three shared the same fate; **~gemeinschaft** die: **sie bildeten od. waren eine ~gemeinschaft** they shared a common fate; **~genosse** der s. ~gefährte; **~glaube** der fatalism; **~göttin** die goddess of fate; **die ~göttinnen** the Fates; **~schlag** der stroke of fate; **~schwer** Adj. momentous ⟨day, decision⟩; **~tragödie** die (Literaturw.) s. ~drama

Schickse [ˈʃɪksə] die; ~, ~n (salopp abwertend) floozie (coll.)

Schickung die; ~, ~en (geh.) stroke of fate

Schiebe-: ~dach das sliding roof; sunroof; **~fenster** das sliding window

schieben [ˈʃiːbn̩] 1. unr. tr. V. a) push; push, wheel ⟨bicycle, pram, shopping trolley⟩; (drängen) push; shove; **die Lokomotive schob die Waggons auf ein Nebengleis** the locomotive shunted the wagons into a siding; b) (stecken) put; (gleiten lassen) slip; **den Riegel vor die Tür ~:** slip the bolt across; **den Ball ins Tor ~** (Fußballjargon) slip the ball into the net; **etw. von einem Tag auf den anderen ~** (fig.) keep putting sth. off from one day to the next; c) **etw. auf jmdn./etw. ~:** blame sb. for sth.; **jmdm. die Schuld/die Verantwortung auf jmdn. ~:** lay the blame on sb. or lay the blame at sb.'s door/lay the responsibility at sb.'s door; d) (salopp: handeln mit) traffic in; push ⟨drugs⟩. 2. unr. refl. V. a) (sich zwängen) **sich durch die Menge ~:** push one's way through the crowd; b) (sich bewegen) move; **ihr Rock schob sich nach oben** her skirt slid up; **sich an die Spitze ~** (Sportjargon) move up to the front. 3. unr. itr. V. a) push; (heftig) push; shove; b) **mit sein** (salopp: gehen) mooch (sl.); c) (ugs.: mit etw. handeln) **mit etw. ~:** traffic in sth.; d) (Skat) shove

Schieber der; ~s, ~ a) (an einer Tür) bolt; (am Ofen) damper; (an Rohrleitungen) sluice valve; b) (ugs.: Schwarzhändler) black marketeer; (Drogen~) pusher; (Waffen~) gun-runner; (Tanz) one-step

Schieber·mütze s. Schlägermütze

Schiebe-: ~tür die sliding door; **~wand** die sliding partition

Schieb-: ~lade die s. Schublade; **~lehre** die (Technik) vernier [calliper] gauge

Schiebung die; ~, ~en a) (betrügerisches Geschäft) shady deal; b) (o. Pl.: Begünstigung) pulling strings; (bei einer Wahl, einem Wettbewerb) rigging; (bei einem Wettlauf, -rennen) fixing; **„[das ist ja] ~!" riefen die Zuschauer** the spectators shouted '[it's a] fix!'

schied [ʃiːt] 1. u. 3. Pers. Sg. Prät. v. scheiden

schiedlich-friedlich Adv. amicably

Schieds-: ~gericht das a) (Rechtsw.) arbitration tribunal; b) (Sport) panel of judges; (Fechten) jury; **~kommission** die (Rechtsw.) s. ~gericht a; **~mann** der; Pl. **~leute** der **~männer** arbitrator; **~richter** der a) (Sport) referee; (Tennis, Tischtennis, Hockey, Kricket, Federball) umpire; (Eislauf, Ski, Schwimmen) judge; b) (Rechtsw.) arbitrator; **~richter·ball** der (Fußball) drop ball; (Basketball) jump ball; (Wasserball) neutral throw; **~richterlich** 1. Adj. (Sport) ⟨decision, permission, etc.⟩ of the referee/umpire; b) (Rechtsw.) **die ~richterliche Entscheidung** the decision of the arbitrator/arbitrators; **~richtern** itr., tr. V. (Sport) referee; (Tennis, Tischtennis, Hockey, Kricket, Federball) umpire; **~spruch** der (Rechtsw.) arbitration decision

schief [ʃiːf] 1. Adj. a) (schräg) leaning ⟨wall, fence, post⟩; (nicht parallel) crooked; not straight pred.; crooked ⟨nose⟩; sloping, inclined ⟨surface⟩; worn[-down] ⟨heels⟩; (fig.) wry ⟨smile, look⟩; **eine ~e Schulter haben** have one shoulder higher than the other; **er hält den Kopf ~:** he holds his head to one side; **der Schiefe Turm von Pisa** the Leaning Tower of Pisa; **eine ~e Ebene** (Math., Phys.) an inclined plane; s. auch Bahn a; **Gesicht** a; b) (fig.: verzerrt) distorted ⟨picture, presentation, view, impression⟩; false ⟨comparison⟩. 2. adv. a) (schräg) **der Baum ist ~ gewachsen** the tree has grown crooked or hasn't grown straight; **das Bild hängt/der Teppich liegt ~:** the picture/carpet is crooked; **der Tisch steht ~:** the table isn't level; **sich** (Dat.) **die Mütze ~ aufsetzen** put one's cap on at an angle; **jmdn. ~ ansehen** (ugs.) look at sb. askance; s. auch Hausgegen; b) (fig.: verzerrt) **etw. ~ darstellen** give a distorted account of sth.

Schiefer [ˈʃiːfɐ] der; ~s a) (Gestein) slate; b) (südd., österr.: Splitter) splinter

schiefer-, Schiefer-: ~dach das slate roof; **~grau** Adj. slate-grey; **~tafel** die slate

schief-: ~gehen unr. itr. V.; mit sein (ugs.) go wrong; **es wird schon ~gehen** (coll.) it'll all turn out OK (coll.); **~gewickelt** Adj. **~gewickelt sein** (ugs.) be very much mistaken; **~|lachen** refl. V. (ugs.) kill oneself laughing (coll.); laugh one's head off; **~|laufen** 1. unr. itr. V. (ablaufen) wear down ⟨heels⟩ on one side; 2. unr. itr. V.; mit sein (ugs.: ~gehen) go wrong; **~|liegen** unr. itr. V. (ugs.) be on the wrong track; **~|treten** unr. itr. V. wear down ⟨heels⟩ on one side

schielen [ˈʃiːlən] itr. V. a) squint; have a squint; **leicht/stark ~:** have a slight/pronounced squint; **auf dem rechten Auge ~:** have a squint in one's right eye; b) (ugs.: blicken) look out of the corner of one's eye; **nach etw. ~:** steal a glance at sth.; (fig.) have one's eye on sth.; c) (ugs.: spähen) peep; **nach rechts und links ~:** glance right and left

schien [ʃiːn] 1. u. 3. Pers. Sg. Prät. v. scheinen

Schien·bein das shinbone; **sich ans od. am ~ stoßen** bang one's shin; **jmdm. od. jmdn. vor das ~ treten** kick sb. on the shin

Schiene [ˈʃiːnə] die; ~, ~n a) rail; **~n legen** lay track; **aus den ~n springen** come off the rails; b) (Gleit~) runner; **in einer ~ laufen** move on a runner; c) (Med.: Stütze) splint; d) (Reiß~) T-square; e) (schmale Leiste) right-angle moulding; (in Korbwaren) rib; f) (hist.: Teil der Rüstung) splint

-schiene die: **Nord~/Süd~/Rhein~:** northern/southern/Rhine sector

schienen tr. V. (Med.) **jmdm. Arm/Bein ~:** put sb.'s arm/leg in a splint/splints; **jmdm. ~:** put splints on sb.'s arm/leg

Schienen-: ~bus der railbus; **~fahrzeug** das track vehicle; **~strang** der [railway] line or track; **~verkehr** der rail traffic

¹schier [ʃiːɐ] Adv. (veralt.: geradezu) wellnigh; almost

²schier Adj. (bes. nordd.) pure; (fig.) sheer ⟨malevolence, stupidity⟩

Schierling [ˈʃiːɐlɪŋ] der; ~s, ~e hemlock

Schierlings·becher der cup of hemlock

Schieß-: ~befehl der order to shoot; **~bude** die shooting-gallery; **~buden·figur** die target [in a shooting-gallery]; **du siehst aus wie eine ~budenfigur** (ugs.) you look a real clown; **~eisen** das (ugs.) shooting-iron (sl.)

schießen [ˈʃiːsn̩] 1. unr. itr. V. a) shoot ⟨pistol, rifle⟩; shoot, fire; **auf jmdn./etw. ~:** shoot/fire at sb./sth.; **gut/schlecht ⟨person⟩ ~:** be a good/bad shot; **es wurde aus dem Fenster geschossen** a shot/shots came from the window; **sie schoß ihm/sich ins Bein** she shot him/herself in the leg; **mit Schrot/einem Pfeil ~:** fire shot/shoot an arrow; b)

(Fußball) shoot; **der Stürmer schoß hoch über das Tor** the forward's shot went high over the goal; **c)** *mit sein (ugs.: schnellen)* shoot; **er schoß vom Stuhl in die Höhe** he shot up out of his chair; **ein Gedanke schoß ihr durch den Kopf** *(fig.)* a thought flashed through her mind; **zum Schießen sein** *(ugs.)* be a scream *(sl.);* **d)** *mit sein (fließen, heraus~)* gush; *(spritzen)* spurt; **ich spürte, wie mir das Blut in den Kopf schoß** I felt the blood rush to my head; **aus dem Dachstuhl schossen Flammen** flames were shooting from the attic; **e)** *mit sein (schnell wachsen)* shoot up; *(fig.)* *(building)* spring up; **der Junge ist sehr in die Höhe geschossen** the boy has shot up a lot; **die Preise ~ in die Höhe** *(fig.)* prices are shooting up *or* rocketing; **f)** *(Drogenjargon)* fix. **2.** *unr. tr. V.* **a)** shoot; fire ⟨*bullet, missile, rocket*⟩; **jmdn./etw. in den Weltraum ~:** launch sb./sth. into space; **an der Schießbude einen Preis ~:** win a prize at the shooting-gallery; **zum Krüppel ~:** shoot and maim sb.; **b)** *(Fußball)* score *(goal)*; **den Ball ins Netz ~:** put the ball in the net; **er schoß seine Mannschaft in Führung** he scored the goal that put his team ahead; **das 3:2 ~:** make it 3–2; **c)** *(ugs.: fotografieren)* **einige Aufnahmen ~:** take a few snaps
schießen|lassen *unr. tr. V. (salopp)* drop; ditch *(sl.),* drop ⟨*plan*⟩
Schießerei *die;* **~, ~en a)** shooting *no indef. art., no pl.;* **b)** *(Schußwechsel)* gunbattle; **die ~ am Ende des Films** the shootout at the end of the film
Schieß-: ~gewehr *das (Kinderspr.)* rifle; **~hund** *der (Jägerspr., veralt.: Jagdhund)* gun dog; **aufpassen wie ein ~hund** *(ugs.)* be on one's toes; **~platz** *der* firing range; **~pulver** *das* gunpowder; **er hat das ~pulver [auch] nicht erfunden** *(ugs.)* he's not exactly a genius; **~scharte** *die* crenel; **~scheibe** *die* target; **~sport** *der* shooting *no art.;* **~stand** *der* **a)** shooting range; **b)** *s.* **~bude**; **~übung** *die* target practice
Schiff [ʃɪf] *das;* **~[e]s, ~e a)** ship; **mit dem** *od.* **per** *od.* **zu ~:** by ship *or* sea; **voraus!** ship ahead!; **das ~ der Wüste** *(fig.)* the ship of the desert; **b)** *(Archit.: Kirchen~) (Mittel~)* nave; *(Quer~)* transept; *(Seiten~)* aisle; **c)** *(Druckw.)* galley
Schiffahrt *die; o. Pl. (Schiffsverkehr)* shipping *no indef. art.;* *(Schiffahrtskunde)* navigation; **die ~ einstellen** suspend all shipping movements
Schiffahrts-: ~gesellschaft *die* shipping company; **~linie** *die* shipping route; **~straße** *die,* **~weg** *der* [navigable] waterway
schiffbar *Adj.* navigable
Schiffbarmachung *die;* **~: seit der ~ dieses Flusses** since this river was made navigable
schiff-, Schiff-: ~bau *der; o. Pl.* shipbuilding *no art.;* **~bauer** *der* shipbuilder; **~bruch** *der (veralt.)* shipwreck; **~bruch erleiden** ⟨*ship*⟩ be wrecked; ⟨*person*⟩ be shipwrecked; **[mit etw.] ~bruch erleiden** *(fig.)* fail [in sth.]; **~brüchig** *Adj.* shipwrecked; **~brüchige** *der/die; adj. Dekl.* shipwrecked man/woman; **die ~brüchigen** those shipwrecked
Schiffchen *das;* **~s, ~ a)** *(Spielzeug)* [little] boat; **b)** *(ugs.: Kopfbedeckung)* forage cap; **c)** *(Weberei, Handarbeit, Nähen)* shuttle
schiffen *itr. V.* **a)** *mit sein (veralt.: mit dem Schiff fahren)* ship; travel by ship; **b)** *(derb: urinieren)* piss *(coarse)*; **c)** *(unpers. salopp: regnen)* **es schifft** it's pissing down *(sl.);* it's chucking it down *(sl.)*
Schiffer *der;* **~s, ~** boatman; *(eines Lastkahns)* bargee; *(Kapitän)* skipper
Schiffer-: ~klavier *das* accordion; **~knoten** *der* seaman's knot; **~mütze** *die* [peaked] sailor's cap

Schiff-fahrt *Schreibung von* **Schiffahrt** *bei Silbentrennung*
Schiffs-: ~arzt *der* ship's doctor; **~ausrüster** *der;* **~s, ~** ship's chandler; **~bauder;** *o. Pl. s.* **Schiffbau**; **~bauch** *der (ugs.)* belly of a/the ship; **~brücke** *die* pontoon bridge
Schiffs·schaukel *die* swing-boat; **~ fahren** go on a/the swing-boat
Schiffs-: ~eigner *der* shipowner; **~fahrt** *die* boat trip; *(länger)* cruise; **~führer** *der s.* **Schiffer**; **~glocke** *die* ship's bell; **~junge** *der* ship's boy; **~ladung** *die* ship's cargo; **eine ganze ~ladung** an entire shipload; **~laterne** *die (Seemannsspr.)* ship's lantern; **~makler** *der* ship-broker; **~modell** *das* model ship; **~name** *der* ship's name; **~papiere** *Pl.* ship's papers; **~passage** *die (Seereise)* voyage; *(Vergnügungsreise)* cruise; **~rumpf** *der* [ship's] hull; **~schraube** *die* ship's propeller *or* screw; **~taufe** *die* the naming of a/the ship; **~verkehr** *der* shipping traffic; **auf dem Fluß war lebhafter** *od.* **reger ~verkehr** the river was busy with traffic; **~zimmermann** *der* ship's carpenter; **~zwieback** *der* hard tack; ship's biscuit
Schiit [ʃiˈiːt] *der;* **~en, ~en** Shiite
schiitisch *Adj.* Shiite
Schikane [ʃiˈkaːnə] *die;* **~, ~n a)** *(Bosheit)* harassment *no indef. art.;* **das ist eine ~:** that amounts to *or* is harassment; **aus reiner ~:** purely in order to harass him/her *etc.;* *Beschimpfungen und ~n* abuse and harassment; **b)** *in* **mit allen ~n** *(ugs.)* ⟨*kitchen, house*⟩ with all mod cons *(Brit. coll.);* ⟨*car, bicycle, stereo*⟩ with all the extras; **c)** *(Motorsport)* chicane
schikanieren *tr. V.* jmdn. **~:** harass, mess sb. about *(coll.);* **Rekruten/seine Ehefrau ~:** bully recruits/one's wife
schikanös [ʃikaˈnøːs] **1.** *Adj.* harassing ⟨*action, measure*⟩; bullying ⟨*husband, superior officer*⟩; **~e Behandlung** harassment/bullying. **2.** *adv.* jmdn. **~ behandeln** harass sb.
¹Schild [ʃɪlt] *der;* **~[e]s, ~e a)** shield; **jmdn. auf den [er]heben** *(geh.)* ⟨*als Anführer*⟩ make sb. one's leader; ⟨*als Leitbild*⟩ make sb. one's figurehead; **etw./nichts im ~ führen** be up to something/not be up to anything; **etwas gegen jmdn./etw. im ~ führen** be plotting sth. against sb./sth.; **b)** *(Wappen~)* shield; escutcheon; **c)** *s.* **Schirm c**
²Schild *das;* **~[e]s, ~er** *(Verkehrs~)* sign; *(Nummern~)* number-plate; *(Namens~)* nameplate; *(Plakat)* placard; *(an einer Mütze)* badge; *(auf Denkmälern, Gebäuden, Gräbern)* plaque; *(Etikett)* label
Schilder-: ~brücke *die (Verkehrsw.)* sign gantry; **~haus** *das,* **~häuschen** *das* sentry-box
schildern [ˈʃɪldɐn] *tr. V.* describe; *(in einer Erzählung)* portray; describe; **die Greuel dieses Krieges sind kaum zu ~:** the atrocities committed in this war beggar description; *s. auch* **Farbe b**
Schilderung *die;* **~, ~en** description; *(von Ereignissen)* account; description; *(in einer Erzählung)* portrayal
Schilder·wald *der (Verkehrsw. abwertend)* maze of traffic-signs
Schild-: ~knappe *der (hist.)* squire; shield-bearer; **~kröte** *die* tortoise; *(Seeschildkröte)* turtle; **~kröten·suppe** *die* turtle soup; **~laus** *die* scale insect; **~patt** *das;* **~[e]s** tortoiseshell; **~wache** *die (veralt.)* sentry; **~wache stehen** stand sentry
Schilf [ʃɪlf] *das;* **~[e]s, ~e a)** *(~rohr)* reed; **b)** *o. Pl. (Röhricht)* reeds *pl.*
Schilf-: ~dach *das* roof thatched with

reeds; **~gras** *das,* **~rohr** *das s.* **Schilf a;** **~rohr·sänger** *der* sedge warbler
Schiller-: ~kragen *der* large open-necked collar; **~locke** *die* **a)** *(Gebäck)* cream horn; **b)** *(Räucherfisch)* strip of smoked fish *(esp. dogfish)*
schillern [ˈʃɪlɐn] *itr. V.* shimmer; **in allen Regenbogenfarben ~:** shimmer with all the colours of the rainbow; **ein ~der Charakter** *(fig.)* an ambivalent character; **ein ~der Begriff** *(fig.)* a shifting concept
Schilling [ˈʃɪlɪŋ] *der;* **~s, ~e** schilling; **das kostet 30 ~:** that costs 30 schillings
Schillum [ˈʃɪlʊm] *das;* **~s, ~s** chillum
schilpen [ˈʃɪlpn̩] *s.* **tschilpen**
schilt [ʃɪlt] **3.** *Pers. Sg. Präsens v.* **schelten**
Schimäre [ʃiˈmɛːrə] *die;* **~, ~n** chimera
schimärisch *Adj.* chimerical
Schimmel [ˈʃɪml̩] *der;* **~s, ~ a)** *o. Pl. (Belag)* mould; *(auf Leder, Papier)* mildew; **b)** *(Pferd)* white horse
schimmelig *Adj.* mouldy; mildewy ⟨*paper, leather*⟩; **~ werden** go mouldy/get covered with mildew
schimmeln *itr. V.;* auch *mit sein* go mouldy; ⟨*leather, paper*⟩ get covered with mildew
Schimmel·pilz *der* mould
Schimmer [ˈʃɪmɐ] *der;* **~s a)** *(Schein)* gleam; *(von Perlmutt)* lustre; shimmer; *(von Seide)* shimmer; sheen; *(von Haar)* shine; *(von Kerzen)* [soft] glow; **b)** *(Anflug, Hauch)* glimmer; **noch einen ~ [von] Anstand haben** still have a scrap of decency; **keinen [blassen]** *od.* **nicht den leisesten ~ [von etw.] haben** *(ugs.)* not have the faintest *or* foggiest idea [about sth.] *(coll.)*
schimmern *itr. V.* **a)** *(matt glänzen)* gleam; ⟨*water, sea*⟩ glisten, shimmer; ⟨*teeth*⟩ glisten; ⟨*metal*⟩ glint, gleam; ⟨*silk, mother-of-pearl*⟩ shimmer; **der Stoff/die Seide schimmert rötlich** the material has a reddish tinge/the silk has a reddish sheen; **b)** *(durch~)* show **(durch** through)
schimmlig *s.* **schimmelig**
Schimpanse [ʃɪmˈpanzə] *der;* **~n, ~n** chimpanzee
Schimpf *der;* **~[e]s** *(geh.)* affront; **jmdm. einen ~ antun/zufügen** affront sb.; **mit ~ und Schande** in disgrace
Schimpfe *die;* **~** *(ugs.)* **~ bekommen** get an earful *(coll.)*
schimpfen 1. *itr. V.* **a)** carry on *(coll.)* **(auf, über + Akk.** about); *(meckern)* grumble, moan **(auf, über + Akk.** at); **b)** *(zurechtweisen)* **mit jmdm. ~:** tell sb. off; scold sb. **2.** *tr. V.* **a)** *(bes. md.: aus~)* jmdn. **~:** tell sb. off; scold sb.; **b)** **jmdn. dumm/faul ~:** call sb. stupid/lazy. **3.** *refl. V. (spött.: vorgeben zu sein)* **sich Professor/Dichter ~:** call oneself a professor/poet
Schimpferei *die;* **~, ~en** *(abwertend)* carrying on *(coll.);* *(Meckerei)* grumbling, moaning; *(das Zurechtweisen)* telling off, scolding *(mild coll.)*
schimpflich *(geh.)* **1.** *Adj.* shameful, disgraceful ⟨*behaviour, treatment*⟩; dishonourable ⟨*occupation*⟩; *(entwürdigend)* humiliating ⟨*defeat, terms, etc.*⟩. **2.** *adv.* shamefully/disgracefully; *(entwürdigend)* humiliatingly
Schimpf-: ~name *der* [abusive] nickname; **jmdn. mit ~namen belegen** call sb. names; **~wort** *das (Beleidigung)* insult; *(derbes Wort)* swear-word
Schindel [ˈʃɪndl̩] *die;* **~, ~n** shingle
Schindel·dach *das* shingle roof
schinden [ˈʃɪndn̩] **1.** *unr. tr. V.* **a)** maltreat; ill-treat; *(ausbeuten)* slave-drive; **jmdn./ein Tier zu Tode ~:** work sb./an animal to death; **b)** *(ugs.: herausschlagen)* **Zeilen ~:** pad as much as possible; fill up space with as little as possible; **[bei jmdm.] Eindruck ~:** make an impression [on sb.]; **Applaus ~ wollen** fish for applause; **Zeit ~:** play for

1437

time. 2. *unr. refl. V. (ugs.: sich abplagen)* slave away; **sich mit einer Arbeit ~:** slave away at a job

Schinder *der;* ~s, ~ **a)** slave-driver; **b)** *(veralt.: Abdecker)* knacker (Brit.).

Schinderei *die;* ~, ~en **a)** ill-treatment *no pl.;* **b)** *(Ausbeutung)* slave-driving *no pl.;* **b)** *(Strapaze, Qual)* struggle; *(Arbeit)* toil

Schind-: ~**luder** *das in* **mit etw. ~luder treiben** *(ugs.) (ausbeuten)* take advantage of *or* abuse sth.; *(vergeuden)* squander sth.; **wir dürfen nicht länger mit der Natur ~luder treiben** we must stop this appalling waste of natural resources; ~**mähre** *die (abwertend)* nag

Schinken ['ʃɪŋkn] *der;* ~s, ~ **a)** ham; **b)** *(ugs.) (Buch)* great tome; *(Gemälde)* enormous painting; *(Film, Theaterstück)* epic

Schinken-: ~**brot** *das* slice of bread and ham; *(zugeklappt)* ham sandwich; ~**speck** *der* bacon

Schintoismus [ʃɪnto'ɪsmʊs] *der;* ~: Shintoism *no art.*

Schippe ['ʃɪpə] *die;* ~, ~n **a)** *(nordd., md.: Schaufel)* shovel; ~ **und Eimer** bucket and spade; ~ **und Handfeger** dustpan and brush; **jmdn. auf die ~ nehmen** *(fam.)* kid sb. *(sl.);* **pull sb.'s leg; dem Tod von der ~ springen** *(ugs.)* escape death by a hair's breadth; **b)** *(Kartenspiel) s.* ²**Pik; c)** *(ugs.: Flunsch)* **eine ~ ziehen** *od.* **machen** pout

schippen *tr. V. (nordd., md.)* **a)** shovel; **b)** *(ausheben)* dig ⟨*Graben, grave, etc.*⟩

Schipper *der;* ~s, ~ *(nordd.) s.* Schiffer

schippern *(ugs.)* **1.** *itr. V.; mit* sein cruise. **2.** *tr. V.* ship ⟨*goods, materials*⟩; skipper ⟨*ship*⟩

Schirm [ʃɪrm] *der;* ~[e]s, ~e **a)** umbrella; brolly *(Brit. coll.);* *(Sonnen~)* sunshade; parasol; **b)** *(Lampen~)* shade; **c)** *(Mützen~)* peak; **d)** *(gegen Licht)* eyeshade; *(Ofen~, Kamin~)* guard; *(Strahlen~)* shield; *(beim Schweißen o. ä.)* mask; visor; **e)** *(Bild~)* screen; **f)** *(Schutz)* shield

Schirm-: ~**bild** *das (Med.)* X-ray [picture]; ~**bild·gerät** *das (Med.)* X-ray machine; ~**herr** *der* patron; ~**herrin** *die* patroness; ~**herrschaft** *die* patronage; **die ~herrschaft über etw.** *(Akk.)* **übernehmen** become patron of sth.; ~**mütze** *die* peaked cap; ~**pilz** *der* parasol mushroom; ~**ständer** *der* umbrella stand

Schirokko [ʃi'rɔko] *der;* ~s, ~s sirocco

Schisma ['ʃɪsma] *das;* ~s, ~**Schismen** *od.* ~**ta** *(Kirche, Politik)* schism

schiß [ʃɪs] *1. u. 3. Pers. Sg. Prät. v.* **scheißen**

Schiß *der; der;* ~**Schisses** *(salopp: Angst)* [**vor etw.**] **~ haben** be shit-scared [of sth.] *(coarse);* **~ kriegen get the shits** *(coarse)*

schizoid [ʃɪtso'iːt] *(Med.)* **1.** *Adj.* schizoid. **2.** *adv.* ~ **veranlagt sein** have schizoid tendencies

schizophren [ʃɪtso'freːn] *(Med., auch fig.)* **1.** *Adj.* schizophrenic. **2.** *adv.* schizophrenically

Schizophrenie *die;* ~, ~n *(Med., auch fig.)* schizophrenia

schlabberig *Adj. (ugs.)* **a)** *(locker fallend)* baggy ⟨*clothes*⟩; loose, limp ⟨*material*⟩; **b)** *(abwertend: wäßrig)* watery

schlabbern ['ʃlabɐn] **1.** *tr. V. (ugs.) (schlürfen)* ⟨*person*⟩ slurp; ⟨*animal*⟩ lap up. **2.** *itr. V.* **a)** *(abwertend)* slobber; **b)** *(schlenkern)* ⟨*dress*⟩ flap; ⟨*trousers*⟩ be baggy

schlabbrig *Adj. s.* schlabberig

Schlacht [ʃlaxt] *die;* ~, ~en battle; **die ~ bei/um von/um X** the battle of/for X; **in die ~ ziehen** go into battle; **sich eine ~ liefern** do battle; **sich eine erbitterte ~ liefern** *(fig.)* fight fiercely; **jmdm. eine ~ liefern** do battle with sb.; **eine ~ schlagen** fight a battle

Schlacht·bank *die; Pl.* ~**bänke** slaughtering-block; **sich wie ein Lamm zur ~ führen lassen** *(geh.)* let oneself be led to the slaughter

schlachten *tr. (auch itr.) V.* slaughter; kill ⟨*rabbit, chicken, etc.*⟩; **sein Sparschwein ~** *(scherzh.)* raid one's piggy bank

Schlachtenbummler [-bʊmlɐ] *der (Sportjargon)* away supporter; **die englischen ~:** the visiting English supporters

Schlächter *der;* ~s, ~, **Schlächter** *der;* ~s, ~ *(nordd.)* butcher

Schlachterei *die;* ~, ~en, **Schlächterei** *die;* ~, ~en **a)** *(nordd.: Fleischerei)* butcher's [shop]; **b)** *(abwertend: Gemetzel)* slaughter; butchery *no indef. art.*

Schlacht-: ~**feld** *das* battlefield; **auf dem ~feld bleiben** *(veralt. verhüll.)* fall in battle; **das Zimmer sah wie ein ~feld aus** the room looked as if a bomb had hit it; ~**fest** *das* feast at which the meat of freshly slaughtered animals, esp. pork, is eaten; ~**haus** *das* slaughterhouse; ~**hof** *der* slaughterhouse; abattoir; ~**opfer** *das (Rel.)* animal sacrifice; ~**ordnung** *die (Milit. hist.)* battle order; ~**plan** *der (Milit.)* battle plan; *(fig.)* plan of action; ~**platte** *die* dish with assorted cooked meats, sausages, and sauerkraut; ~**reif** *Adj.* ready for slaughtering *postpos.;* ~**roß** *das (veralt.)* war-horse; charger; **ein altes ~roß** *(fig. scherzh.)* **an** old war-horse; ~**schiff** *das (Milit.)* battleship; ~**tier** *das* animal kept for meat; *(kurz vor der Schlachtung)* animal for slaughter

Schlachtung *die;* ~, ~en slaughter[ing]

Schlachtvieh *das* slaughter animals *pl.* kept for meat; *(kurz vor der Schlachtung)* animals *pl.* for slaughter

Schlacke ['ʃlakə] *die;* ~, ~n **a)** cinders *pl.;* *(größere Stücke)* clinker; **b)** *Pl. (Physiol.: Ballaststoffe)* roughage *sing.;* **c)** *(Hochofen~)* slag; **d)** *(Geol.: Lava)* slag; clinker

schlackern ['ʃlakɐn] *itr. V. (nordd., westmd.)* **a)** *(schlenkern)* ⟨*dress*⟩ flap; ⟨*bag*⟩ dangle; ⟨*trousers*⟩ be baggy; **b)** *(wackeln, zittern)* shake; tremble; **mit den Armen ~:** flap one's arms about; *s. auch* Ohr

Schlack·wurst *die s.* Zervelatwurst

Schlaf [ʃlaːf] *der;* ~[e]s sleep; **einen leichten/festen/gesunden ~ haben** be a light/heavy/good sleeper; **keinen ~ finden** *(geh.)* be unable to sleep; **jmdn. um den ~ seinen ~ bringen** ⟨*worry etc.*⟩ give sb. sleepless nights/a sleepless night; ⟨*noise*⟩ stop sb. from sleeping; **jmdn. in den ~ singen/wiegen** sing/rock sb. to sleep; **jmdn. aus dem ~ reißen/aus dem ~** wake sb. up with a start; **den ~ des Gerechten schlafen** *(scherzh.)* sleep the sleep of the just; **das kann** *od.* **mache ich im ~** *(fig.)* I can do that with my eyes closed *or* shut; **halb im ~:** half asleep

Schlaf-: ~**an·zug** *der* pyjamas *pl.;* **ein ~anzug** a pair of pyjamas; ~**bedürfnis** *das* need for sleep

Schläfchen ['ʃlɛːfçən] *das;* ~s, ~: nap; snooze *(coll.);* **ein ~ halten** have a nap *or (coll.)* snooze

Schlaf·couch *die* bed-settee; sofa-bed

Schläfe ['ʃlɛːfə] *die;* ~, ~n temple; **er hat/bekommt graue ~n** his hair has gone/is going grey at the temples

schlafen 1. *unr. itr. V.* **a)** *(auch fig.)* sleep; **tief** *od.* **fest ~** *(zur Zeit)* be sound asleep; *(gewöhnlich)* sleep soundly; **be a sound sleeper; lange ~:** sleep for a long time; *(am Morgen)* sleep in; ~ **gehen** go to bed; **sich ~ legen** lie down to sleep; *(ins Bett gehen)* go to bed; **im Hotel/bei Bekannten ~:** stay in a hotel/with friends; **schlaf gut!** sleep well!; **hast du gut ge~?** did you sleep well?; **schläft sie immer noch?** is she still asleep?; **er schläft noch halb** he's still half asleep; **darüber muß ich noch ~:** I'd like to sleep on it; **~ wie ein Murmeltier. Bär** *od.* **Sack** *od.* **Stein** *(ugs.)* sleep like a log *or* top; **bei jmdm. ~:** sleep at sb.'s house/at sb.'s home *etc.;* **mit jmdm. ~** *(verhüll.)* sleep with sb. *(euphem.);* **b)** *(ugs.: nicht aufpassen)* be asleep. **2.** *unr. refl. V. (unpers.)* **auf dem Sofa schläft es sich gut** the sofa's good to sleep on

Schläfen·bein *das (Anat.)* temporal bone

Schlafen·gehen *das;* ~s going *no def. art.* to bed

Schlafens·zeit *die* bedtime

Schläfer ['ʃlɛːfɐ] *der;* ~s, ~, **Schläferin** *die;* ~, ~nen sleeper

schlaff [ʃlaf] **1.** *Adj.* **a)** *(nicht straff, nicht fest)* slack ⟨*cable, rope, sail*⟩; flaccid, limp ⟨*penis*⟩; loose, slack ⟨*skin*⟩; sagging ⟨*breasts*⟩; flabby ⟨*stomach, muscles*⟩; **die Fahne war ~:** the flag hung limply; **b)** *(schlapp, matt)* limp ⟨*body, hand, handshake*⟩; shaky ⟨*knees*⟩; feeble ⟨*khow, ~*⟩; **~e Nachfrage** *(fig.)* weak demand. **2.** *adv.* **a)** *(locker, nicht straff)* slackly; **das Segel hing ~:** the sail hung limply; **ihre Brüste hingen ~:** her breasts sagged; **b)** *(schlapp, matt)* limply; **er saß ~ herum** *(ugs.)* he sat around listlessly

Schlaffheit *die;* ~: limpness; *(der Haut)* looseness, slackness; *(des Bauches, der Muskeln)* flabbiness

Schlaf-: ~**gast** *der* overnight guest; ~**gelegenheit** *die* place to sleep; ~**gewohnheiten** *Pl.* sleeping habits

Schlafittchen [ʃla'fɪtçən] *das in* **jmdn. am** *od.* **beim ~ kriegen** *od.* **fassen** *(ugs.)* collar *or (sl.)* nab sb.

schlaf-, Schlaf-: ~**krankheit** *die* sleeping sickness; ~**lied** *das* lullaby; ~**los** *Adj.* sleepless ⟨*night*⟩; **~los liegen** lie awake, unable to sleep; ~**losigkeit** *die;* ~: sleeplessness; insomnia; **an ~losigkeit leiden** be an insomniac; suffer from insomnia; ~**mittel** *das* sleep-inducing drug; soporific [drug]; **dieser Roman ist das reinste ~mittel** *(fig.)* this novel sends you [right off] to sleep; ~**mütze** *die* **a)** *(ugs.)* sleepyhead; *(jmd., der unaufmerksam ist)* day-dreamer; **b)** *(veralt.: Nachtmütze)* nightcap; ~**mützig** *Adj. (ugs.)* dozy *(coll.);* ~**raum** *der* bedroom; *(in Heim o. ä.)* dormitory

schläfrig ['ʃlɛːfrɪç] **1.** *Adj.* sleepy; **~ sein/werden** ⟨*person*⟩ be/become sleepy *or* drowsy. **2.** *adv.* sleepily

Schläfrigkeit *die;* ~: sleepiness; drowsiness

Schlaf-: ~**rock** *der (veralt.)* nightgown; *s. auch* Apfel; ~**saal** *der* dormitory; ~**sack** sleeping-bag

schläfst [ʃlɛːfst] *2. Pers. Sg. Präsens v.* **schlafen**

Schlaf-: ~**stadt** *die* dormitory town; ~**stelle** *die* place to sleep; *(Bett)* bed; ~**störungen** *Pl. (Med.)* insomnia *sing.*

schläft [ʃlɛːft] *3. Pers. Sg. Präsens v.* **schlafen**

schlaf-, Schlaf-: ~**tablette** *die* sleeping-pill *or* -tablet; ~**trunk** *der* nightcap; ~**trunken** **1.** *Adj. (geh.)* drowsy; **2.** *adv.* drowsily; [still] half asleep; ~**wagen** *der* sleeping-car; sleeper; ~**wandeln** *itr. V.;* *auch mit* sein sleep-walk; ~**wandler** *der;* ~s, ~, ~**wandlerin** *die;* ~, ~**nen** sleepwalker; ~**wandlerisch** *Adj.* somnambulistic; **mit ~wandlerischer Sicherheit** with the sureness of a sleepwalker; with instinctive sureness; ~**zimmer** *das* bedroom; *(Einrichtung)* bedroom suite; ~**zimmer·blick** *der; o. Pl. (scherzh.)* bedroom eyes *pl.;* seductive eyes *pl.*

Schlag [ʃlaːk] *der;* ~[e]s, **Schläge** ['ʃlɛːgə] **a)** blow; *(Faust~)* punch; blow; *(Klaps)* slap; *(leichter)* pat; *(als Strafe für ein Kind)* smack; *(Peitschenhieb)* lash; *(Tennis~, Golf~)* stroke; shot; **ein ~ auf den Kopf/ins Genick** a blow on the head/neck; **Schläge kriegen** *(ugs.)* get *or* be given a thrashing *or* beating; ~ **auf** ~ *(fig.)* in quick *or* rapid succession; **alles ging ~ auf ~** everything went quickly; **die Fragen/Nachrichten kamen ~ auf ~:** the questions/news came

Schlagabtausch … **Schlampe**

thick and fast; **ein ~ ins Gesicht sein** *(fig.)* be a slap in the face; **das war ein ~ ins Kontor** *(ugs.)* that was a real blow *(coll.)*; **ein ~ ins Wasser** a wash-out *(coll.)*; **einen ~ [weg]haben** *(salopp)* be round the bend *(coll.)*; be nuts *(sl.)*; **keinen ~ tun** *(ugs.)* not do a stroke [of work]; **jmdm. einen ~ versetzen** deal sb. a blow; *(fig.)* be a blow to sb.; **einen vernichtenden ~ gegen jmdn. führen** *(fig.)* deal sb. a crushing blow; **auf einen ~** *(ugs.)* at one go; all at once; **mit einem ~ [e]** *(ugs.)* suddenly; all at once; **mit einem ~ berühmt werden** become famous overnight; **zum entscheidenden ~ ausholen** *(fig.)* prepare to deal the decisive blow; *s. auch* **Gürtellinie**; **b)** *(Auf~, Aufprall)* bang; *(dumpf)* thud; *(Klopfen)* knock; **c)** *o. Pl. (des Herzens, Pulses, der Wellen)* beating; *(eines Pendels)* swinging; **d)** *(einzelne rhythmische Bewegung)* (*Herz~, Puls~, Takt~*) beat; *(eines Pendels)* swing; *(Ruder~, Kolben~)* stroke; **e)** *o. Pl. (Töne) (einer Uhr)* striking; *(einer Glocke)* ringing; *(einer Trommel)* beating; *(eines Gongs)* clanging; **f)** *(einzelner Ton) (Stunden~)* stroke; *(Glocken~)* ring; *(Trommel~)* beat; *(Gong~)* clang; *~ od. (österr., schweiz.)* **schlag acht Uhr** on the dot or stroke of eight; **g)** *o. Pl. (Vogelgesang)* song; **h)** *(Blitz~)* flash [of lightning]; **i)** *(Stromstoß)* shock; **j)** *(ugs.: ~anfall)* stroke; **jmdn. trifft** *od.* **rührt der ~** *(ugs.)* sb. is flabbergasted; **ich dachte, mich trifft** *od.* **rührt der ~** *(ugs.)* I was flabbergasted; you could have knocked me down with a feather; **wie vom ~ getroffen** *od.* **gerührt** *(ugs.)* as if thunderstruck; **k)** *(Schicksals~)* blow; **l)** *(Tauben~)* cote; **m)** *(ugs.: Portion)* helping; **[einen] ~ bei jmdm. haben** *(fig. ugs.)* be well in with sb. *(coll.)*; **n)** *o. Pl. (österr.: ~sahne)* whipped cream; **o)** *(Wagen~, Kutschen~)* door; **p)** *(Menschen~)* type; **ein Beamter vom alten ~:** a civil servant of the old school

schlag-, Schlag-: ~ab·tausch der exchange of blows; *(fig.)* clash; **~ader die** artery; **~anfall der** stroke; **einen ~anfall bekommen [haben]** have [had] a stroke; **~artig 1.** *Adj.; nicht präd.* very sudden; *(innerhalb kürzester Zeit geschehend)* instantaneous; **2.** *adv.* quite suddenly; *(innerhalb kürzester Zeit)* instantly; **~ball der a)** *o. Pl. (Ballspiel)* ball game similar to rounders; **b)** *(Ball)* ball used in Schlagball; **~baß der** *(Musik)* plucked bass; **~baum der** barrier; **~bohrer der, ~bohr·maschine die** percussion drill; hammer drill

schlagen 1. *unr. tr. V.* **a)** hit; beat; strike; *(mit der Faust)* punch; hit; *(mit der flachen Hand)* slap; *(mit der Peitsche)* lash; **ein Kind ~:** smack a child; *(aufs Hinterteil)* spank a child; **jmdn. bewußtlos/zu Boden ~:** beat sb. senseless/to the ground; *(mit einem Schlag)* knock sb. senseless/to the ground; **jmdn. zum Krüppel ~:** cripple sb. with a beating; **ich schlage dich zum Krüppel!** *(derb)* I'll beat you to a pulp *(coll.)*; **etw. in Stücke ~:** smash sth. to pieces; **die Hände vors Gesicht ~:** cover one's face with one's hands; **jmdm. einen Schirm auf den Kopf ~:** hit sb. over the head with an umbrella; **sie schlug ihm das Buch aus der Hand** she knocked the book out of his hand; **ein Loch ins Eis ~:** break or smash a hole in the ice; **er hat ihr ein Loch in den Kopf ge~:** he hit her and cut her head open; *s. auch* **grün a**; **b)** *(mit Richtungsangabe)* hit ⟨*ball*⟩; *(mit dem Fuß)* kick; **einen Nagel in etw.** *(Akk.)* **~:** knock a nail into sth.; **einen Pflock in den Boden ~:** knock a post into the ground; **die Eier in die Pfanne ~:** crack the eggs into the pan; **etw. durch ein Sieb ~:** press sth. through a sieve; **der Adler schlug die Fänge in seine Beute** the eagle sank its talons into its prey; **c)** *(rühren)* beat ⟨*mixture*⟩; whip ⟨*cream*⟩; *(mit einem Besen)* whisk; **die Sahne steif ~:** beat the cream till stiff; **d)** *(läuten)* ⟨*clock*⟩ strike; ⟨*bell*⟩ ring; **die Uhr schlägt acht** the clock strikes eight; **eine geschlagene Stunde** *(ugs.)* a whole hour; **die Stunde der Rache/Wahrheit hat ge~** *(fig.)* the moment of revenge/truth has come; *s. auch* **dreizehn**; **Stunde a**; **e)** *(legen)* throw; **die Decke zur Seite ~:** throw aside the blanket; **ein Bein über das andere ~:** lay or put one leg over the other; cross one's legs; **f)** *(einwickeln)* wrap **(in + Akk. in)**; **g)** *(besiegen, übertreffen)* beat; **jmdn. in etw.** *(Dat.)* **~:** beat sb. at sth.; **jmdn. um einige Meter ~:** beat sb. by a few metres; **eine Mannschaft [mit] 2:0 ~:** beat a team [by] 2–0; **sich ge~ geben** admit defeat; **h)** *auch itr. (bes. Schach)* take ⟨*chessman*⟩; **i)** *(fällen)* fell ⟨*tree*⟩; **j)** *s.* **Alarm a**; **Bogen a**; **Falte a**; **Haken a**; **Krach c**; **Kreis a**; **Kreuz c**; **Lärm**; ¹**Rad c, e**; **k)** *(spielen)* beat ⟨*drum*⟩; *(geh.)* play ⟨*lute, zither, harp*⟩; **einen Wirbel auf der Trommel ~:** play a roll on the drum; **den Takt/Rhythmus ~:** beat time; **l)** *(hinzufügen)* annex ⟨*territory*⟩; **etw. in etw./auf etw.** *(Akk.)* **~:** add sth. to sth.; **m)** *(befestigen) (mit Nägeln)* nail; *(mit Reißzwecken)* pin; *(mit Krampen)* staple; **n)** *(prägen)* mint, strike ⟨*coin*⟩; strike ⟨*medal*⟩; **o)** *(geh.)* **ein geschlagener Mann** a broken man; **das Schicksal hat ihn schwer ge~:** fate has treated him cruelly; **Gott hat ihn mit Blindheit ge~:** God struck him blind. **2.** *unr. itr. V.* **a)** *(hauen)* **er schlug mit der Faust auf den Tisch/gegen die Tür** he beat the table/beat [on] the door with his fist; **jmdm. auf die Hand/ins Gesicht ~:** slap sb.'s hand/hit sb. in the face; **er hat nach mir ge~:** he hit or lashed out at me; **sie schlug wie wild um sich** she lashed or hit out wildly all round her; **b) mit den Flügeln ~** ⟨*bird*⟩ beat or flap its wings; **c) mit sein** *(prallen)* bang; **mit dem Kopf auf etw.** *(Akk.)***/gegen etw. ~:** bang one's head on/against sth.; **auf den Boden ~:** land with a thud on the floor; **die Wellen schlugen über den Deich** the waves broke over the dike; **d)** *mit sein (schädigen)* **jmdm. auf den Magen ~:** affect sb.'s stomach; **e)** *(pulsieren)* ⟨*heart, pulse*⟩ beat; *(heftig)* ⟨*heart*⟩ pound; ⟨*pulse*⟩ throb; **ihr schlug das Gewissen** *(fig.)* her conscience pricked her; **f)** *(läuten)* ⟨*clock*⟩ strike; ⟨*bell*⟩ ring; *(funeral bell)* toll; **g)** *auch mit sein (auftreffen)* **gegen/an etw.** *(Akk.)* **~** ⟨*rain, waves*⟩ beat against sth.; **das Segel schlug gegen den Mast** the sail flapped against the mast; **h)** *meist mit sein (einschlagen)* **in etw.** *(Akk.)* **~** ⟨*lightning, bullet, etc.*⟩ strike or hit sth.; **i)** *mit sein (ähnlich werden)* **nach dem Großvater/Onkel** *usw.* **~:** take after one's grandfather/uncle *etc.*; **j)** *(sich hin und her bewegen)* bang ⟨*sail, flag*⟩ flap; **k)** *meist mit sein (sich irgendwohin bewegen)* ⟨*flames*⟩ shoot, leap; ⟨*smoke*⟩ billow; **l)** *mit sein (irgendwohin dringen)* **der Lärm schlug an mein Ohr** the noise reached my ears; **die Röte/das Blut schlug ihr ins Gesicht** the colour/blood rushed to her face; **m)** *(singen)* ⟨*nightingale, thrush, etc.*⟩ sing; **n)** *auch mit sein (gehören)* **in jmds. Fach/Gebiet/Branche ~:** be sb.'s line. **3.** *unr. refl. V.* **a)** *(sich prügeln)* fight; **sich mit jmdm. ~:** fight with sb.; **sich um etw. ~** *(auch fig.)* fight over sth.; **b)** *(ugs.: sich behaupten)* hold one's own; **sich gut** *od.* **wacker ~:** hold one's own well; put up a good showing; **c)** *(sich schädlich auswirken)* **sich/sich jmdm. auf das Gehirn/die Leber ~:** affect the sb.'s brain/liver; **d)** *(veralt.: sich duellieren)* **sich mit jmdm. ~:** fight a duel with sb.; *s. auch* **Mensur a**; **e)** *(sich begeben)* make one's way; **sich ins Gebüsch/Kornfeld ~:** slip away into the bushes/corn

schlagend 1. *Adj.* cogent, compelling ⟨*argument, reason*⟩; cogent ⟨*comparison*⟩; conclusive ⟨*proof, evidence*⟩; *s. auch* **Verbindung j**; ²**Wetter c. 2.** *adv.* ⟨*prove, disprove*⟩ conclusively; ⟨*formulate*⟩ cogently

Schlager der; ~s, ~ a) *(Lied)* pop song; *(Hit)* hit; **b)** *(Erfolg) (Buch)* best seller; *(Ware)* best-selling line; *(Film, Stück)* hit

Schläger ['ʃlɛːgɐ] **der; ~s, ~ a)** *(abwertend: Raufbold)* tough; thug; **b)** *(Tennis~, Federball~, Squash~)* racket; *(Tischtennis~, Kricket~)* bat; *([Eis]hockey~, Polo~)* stick; *(Golf~)* club; **c)** *(Baseball, Schlagball: Spieler)* batter; **d)** *(Fechten: Waffe)* straight-edged sabre

Schlägerei die; ~, ~en brawl; fight

Schlager·musik die; *o. Pl.* popular music; pop music

Schläger·mütze die large soft peaked cap

Schlager-: ~sänger der pop singer; **~spiel das** *(Sportjargon)* big match; **~text der** pop [song] lyric; **~texter der** pop [song] lyricist

Schläger·typ der *(abwertend)* tough; thug

schlag-, Schlag-: ~fertig 1. *Adj.* quick-witted ⟨*reply*⟩; ⟨*person*⟩ who is quick at repartee; **er ist ~fertig** he is quick at repartee; **2.** *adv.* **~fertig antworten/parieren** give a quick-witted reply/riposte; **~fertigkeit die;** *o. Pl.* quickness at repartee; **~fluß der** *(veralt.) s.* **~anfall**; **~instrument das** percussion instrument; **~kraft die;** *o. Pl.* **a)** *(Kraft zum Schlagen)* weight of punch; **b)** *(Milit.: Kampfkraft)* strike power; **c)** *(fig.: Wirkungskraft)* effectiveness; *(von Argumenten)* compellingness; *(von Beispielen)* convincingness; **~kräftig 1.** *Adj.* **a)** *(Milit.: über große Kampfkraft verfügend)* powerful; **b)** *(überzeugend)* compelling ⟨*argument*⟩; convincing ⟨*example*⟩; *(effektiv)* strong, effective ⟨*support, back-up, team*⟩. **2.** *adv.* ⟨*überzeugend*⟩ ⟨*argue*⟩ compellingly; **~licht das;** *Pl.* **~lichter** *(Kunst, Phot.)* shaft of light; **ein ~licht auf etw. werfen** highlight sth.; **~loch das** pothole; **~mann der;** *Pl.* **~männer** *(Rudern)* stroke; **~obers [~|o:bɐs] das; ~** *(österr.)*, **~rahm der** *(bes. südd., österr., schweiz.) s.* **~sahne**; **~ring der** knuckleduster; **~sahne die** whipping cream; *(geschlagen)* whipped cream; **~schatten der** [harsh] shadow; **~seite die;** *meist o. Art.* list; **[starke** *od.* **schwere] ~seite haben/bekommen** be listing [heavily] or have a [heavy] list/develop a [heavy] list; **~seite haben** *(ugs. scherzh.)* be rolling drunk; **~stock der** cudgel; *(für Polizei)* truncheon; **die Polizisten setzten ~stöcke ein** the police used their truncheons; **~werk das** striking mechanism; **~wetter** *Pl. (Bergbau)* firedamp *sing.*; **~wort das a)** *Pl. meist* **~worte** *(Parole)* slogan; catchphrase; **b)** *Pl. meist* **~worte** *(abwertend: Redensart)* cliché; **c)** *Pl.* **~wörter** *(Buchw.: Stichwort)* headword; **nach ~wörtern und Verfassern katalogisieren** catalogue by subject and author; **~wort·katalog der** *(Buchw.)* subject catalogue; **~zeile die** *(Zeitungsw.)* headline; **~zeilen machen** *(fig.)* make headlines; **~zeug das** drums *pl.*; *(Schlaginstrumente)* percussion instruments *pl.*; **~zeuger der; ~s, ~, ~zeugerin die** drummer; *(Perkusionist[in])* percussionist

schlaksig ['ʃlaksɪç] *(ugs.)* **1.** *Adj.* gangling; lanky. **2.** *adv.* lankily

Schlamassel [ʃlaˈmasl] **der** *od.* **das; ~s** *(ugs.)* mess; **da haben wir den ~!** a right or fine mess we're in now!

Schlamm [ʃlam] **der; ~[e]s, ~e** *od.* **Schlämme** [ˈʃlɛmə] **a)** *(aufgeweichte Erde)* mud; **b)** *(Schlick)* sludge; silt

Schlamm·bad das *(Med.)* mud-bath

schlammig *Adj.* **a)** muddy; **b)** *(schlickig)* sludgy; muddy

Schlämm·kreide [ˈʃlɛm-] **die** whiting

Schlamm·schlacht die *(fig.)* mud-slinging *no indef. art.*

Schlampe die; ~, ~n *(ugs. abwertend)* slut

schlampen *itr. V. (ugs. abwertend)* be sloppy; **bei etw. ~**: do sth. sloppily; **sie haben bei der Reparatur geschlampt** they made a sloppy job of the repair
Schlamperei *die;* ~, ~**en** *(ugs. abwertend)* **a)** *(Unordentlichkeit)* sloppiness; *(Nachlässigkeit)* slackness; **eine unerhörte ~!** an outrageous example of sloppiness/slackness; **b)** *o. Pl. (Unordnung)* mess
schlampert ['ʃlampɐt] *(österr.),* **schlampig** *(ugs. abwertend)* **1.** *Adj.* **a)** *(liederlich)* slovenly; **b)** *(nachlässig)* sloppy, slipshod ⟨work⟩. **2.** *adv.* **a)** *(liederlich)* in a slovenly way; **b)** *(nachlässig)* sloppily; in a sloppy or slipshod way
Schlampigkeit *die;* ~, ~**en** *(ugs. abwertend)* **a)** *o. Pl. (Liederlichkeit)* slovenliness; **b)** *(Nachlässigkeit)* sloppiness
schlang [ʃlaŋ] *1. u. 3. Pers. Sg. Prät. v.* **schlingen**
Schlange *die;* ~, ~**n a)** snake; *s. auch* **Busen a; b)** *(Menschen~)* queue; stand in line *(Amer.);* **c)** *(Auto~)* tailback *(Brit.);* backup *(Amer.);* **d)** *(abwertend: Frau)* viper
schlänge ['ʃlɛŋə] *1. u. 3. Pers. Sg. Konjunktiv II v.* **schlingen**
schlängeln ['ʃlɛŋln] *refl. V.* **a)** ⟨snake⟩ wind [its way]; ⟨road⟩ wind, snake [its way]; **eine geschlängelte Linie** a wavy line; **b)** *(sich irgendwo hindurch bewegen)* wind one's way
Schlangen-: **~beschwörer** *der;* ~**s,** ~, snake-charmer; **~biß** *der* snake-bite; **~brut** *die (geh. abwertend)* brood of vipers; **~fraß** *der (salopp abwertend)* muck *(coll.);* **~gift** *das* snake venom *or* poison; **~haut** *die* snake's skin; **~leder** *das* snakeskin; **~linie** *die* wavy line; **er fuhr mit seinem Moped ~linien** he weaved along on his moped; **~mensch** *der* contortionist
schlank [ʃlaŋk] *Adj.* slim ⟨person⟩; slim, slender ⟨build, figure⟩; slender ⟨column, tree, limbs⟩; **~ werden** get slimmer; slim down; **dieser Rock macht [dich] ~**: this skirt makes you look slim; **Joghurt macht ~**: yoghurt helps you slim; **sich ~ machen** *(fig.)* breathe in; *s. auch* **Linie a**
Schlankheit *die;* ~ *s. schlank:* slimness; slenderness
Schlankheits·kur *die* slimming diet; **eine ~ machen/beginnen** be/go on a slimming diet; *(in einer Klinik usw.)* have/start a course of slimming treatment
schlank·weg *Adv. (ugs.)* ⟨refuse⟩ flatly, point-blank; ⟨accept⟩ straight away; **jmdn. ~ einen Lügner nennen** come right out and call sb. a liar; **das ist alles ~ erfunden** that's all pure invention
schlankwüchsig [-vy:ksɪç] *Adj.* ⟨person⟩ of slender *or* slim build; slender ⟨tree⟩
schlapp [ʃlap] **1.** *Adj.* **a)** worn out; tired out; *(wegen Schwüle)* listless; *(wegen Krankheit)* run-down; listless; **b)** *(ugs.: ohne Schwung)* wet *(sl.);* feeble; **c)** slack ⟨rope, cable⟩; loose, slack ⟨skin⟩; flabby ⟨stomach, muscles⟩. **2.** *adv. (schlaff)* slackly; **das Segel hing ~**: the sail hung limply
Schlappe *die;* ~, ~**n** setback; **eine [schwere] ~ einstecken [müssen]** *od.* **erleiden** suffer a [severe] setback
schlappen 1. *itr. V.* **a)** *(zu weit sein)* ⟨shoe⟩ be too wide; **b)** *mit sein (schlurfend gehen)* shuffle. **2.** *tr. V. (schlabbern)* lap [up]
Schlappen *der;* ~**s,** ~ *(ugs.)* slipper
Schlappheit *die;* ~: weariness; *(wegen Krankheit, Schwüle)* listlessness; *(ugs.: Schwunglosigkeit)* feebleness
schlapp-, Schlapp-: **~hut** *der* slouch hat; **~machen** *itr. V. (ugs.)* flag; *(zusammenbrechen)* flake out *(coll.);* *(aufgeben)* give up; **~ohr** *das* lop ear; **~schwanz** *der (salopp abwertend)* weed; wet *(sl.)*
Schlaraffen·land [ʃlaˈrafn̩-] *das; o. Pl.* Cockaigne
schlau [ʃlau] **1.** *Adj.* **a)** shrewd; astute; *(gerissen)* wily; crafty; cunning; **sich** *(Dat.)* **ein ~es Leben machen** *(ugs.)* make life cushy for oneself *(coll.);* **das war besonders ~ [von dir]** *(iron.)* that was very clever *or* bright [of you] *(iron.);* **b)** *(ugs.: gescheit)* clever; bright; smart; **aus etw. nicht ~ werden** *(ugs.)* not be able to make head or tail of sth.; **aus jmdm. nicht ~ werden** *(ugs.)* not be able to make sb. out; *s. auch* **Buch a. 2.** *adv.* shrewdly; astutely; *(gerissen)* craftily; cunningly
Schlauberger ['ʃlaubɛrgɐ] *der;* ~**s,** ~ *(ugs. scherzh.)* wily *or* crafty customer *(coll.)*
Schlauch [ʃlaux] *der;* ~**[e]s, Schläuche** ['ʃlɔyçə] **a)** hose; **das war ein [ganz schöner] ~!** *(fig. ugs.)* it was a [real] slog; **b)** *(Fahrrad~, Auto~)* tube; **c)** *(für Wein usw.)* skin; **d)** *(ugs.: schmaler Raum)* tunnel
Schlauch·boot *das* rubber dinghy; inflatable [dinghy]
schlauchen *(ugs.)* *tr. V.* **a)** *auch itr. (anstrengen)* jmdn. **~**: take it out of sb.; **geschlaucht sein** be whacked *(Brit. coll.);* be worn out; **b)** *(scharf herannehmen)* jmdn. **~**: put sb. through the mill
schlauch·los *Adj.* tubeless ⟨tyre⟩
Schläue ['ʃlɔyə] *die;* ~: shrewdness; astuteness; *(Gerissenheit)* wiliness; craftiness; cunning
Schlaufe ['ʃlaufə] *die;* ~, ~**n** *(zum Festhalten)* strap; *(Gürtel~, Verschluß)* loop
Schlau-: **~kopf** *der (ugs.),* **~meier** *der (ugs. scherzh.) s.* **~berger**
Schlawiner [ʃlaˈviːnɐ] *der;* ~**s,** ~ *(ugs.)* trickster; *(scherzh.: Schlingel)* rogue; rascal
schlecht [ʃlɛçt] **1.** *Adj.* **a)** bad; poor, bad ⟨food, quality, style, harvest, health, circulation⟩; poor ⟨salary, eater, appetite⟩; poor-quality ⟨goods⟩; bad, weak ⟨eyes⟩; **nicht ~!** not bad!; **in Mathematik ~ sein** be bad at mathematics; **[ein] ~es Englisch sprechen** speak poor English; **~ für die Gesundheit sein** be bad for one's health; **das wäre ~/das ~este** that wouldn't be a bad idea/a bad idea at all; **mit jmdm.** *od.* **um jmdn./mit etw. steht es ~**: sb./sth. is in a bad way; *(jmd./etw. hat schlechte Aussichten)* things look bad for sb./sth.; **b)** *(böse)* bad; wicked; **das Schlechte im Menschen/in der Welt** the evil in man/the world; **ich hatte nur Schlechtes über ihn gehört** I had heard only bad things about him; **sie ist nicht die Schlechteste** she's not too bad; *s. auch* **Eltern; c)** *(unbrauchbar, ungenießbar)* off; **die Milch/das Fleisch ist ~ geworden** the milk/meat has gone off; **d)** *(unwohl, elend)* **jmdm. ist [es] ~**: sb. feels ill *or* unwell *or* poorly; **in ~er Verfassung sein** be in a bad way; **es kann einem ja ~ werden!** *(fig. ugs.)* it's enough to make you ill. **2.** *adv.* **a)** badly; **er verdient ziemlich ~**: he is badly *or* poorly paid; **die Vorstellung war ~ besucht** the performance was poorly attended; **sie vertragen sich ~**: they don't get on well; **sie spricht ~ Englisch** she speaks poor English; **die Farben vertragen sich ~**: the colours don't go well together; **er sieht/hört ~**: his sight is poor/he has poor hearing; **sie waren nicht ~ beeindruckt** *(ugs.)* they weren't half impressed *(sl.);* **die Geschäfte gehen im Moment ~**: business is bad at the moment; **über jmdn.** *od.* **von jmdn. ~ sprechen** speak ill of sb.; **b)** *(schwer)* **heute geht es ~**: today is difficult; **heute paßt es mir ~**: it's not very convenient for me today; **das läßt sich ~ machen** that's difficult to manage; **das kann ich ~ sagen** I can't really say; **das wird sich ~ vermeiden lassen** it can hardly be avoided; **das kann er sich** *(Dat.)* **als Pfarrer ~ leisten** *od.* **erlauben** [in his position] as a vicar he really cannot afford to do that; **c)** *in ~ und recht, mehr ~ als recht* after a fashion; **sie hat sich ~ und recht durchs Leben geschlagen** she got by in life as best she could

schlecht-: **~beraten** *Adj. (präd. getrennt geschrieben)* badly-advised; **~bezahlt** *Adj. (präd. getrennt geschrieben)* badly *or* poorly paid
schlechter·dings *Adv.* simply
schlecht-: **~|gehen** *unr. itr. V.; unpers.: mit sein* **es geht ihr/mir ~**: she is/I am doing badly; things are going badly for her/me; *(gesundheitlich)* she is/I am ill *or* unwell *or* poorly; **wenn sie das herausfindet, geht's dir ~!** if she finds out, you'll be [in] for it; **~gelaunt** [-gəlaunt] *Adj. (präd. getrennt geschrieben)* ill-tempered; bad-tempered; **~hin** *Adv.* ⟨a sth.⟩ nachgestellt **er war der Romantiker ~hin** he was the quintessential Romantic *or* the epitome of the Romantic; **das Prinzip des Privateigentums ~hin anfechten** attack the very principle of private property; **b)** *(geradezu, ganz einfach)* quite simply
Schlechtigkeit *die;* ~, ~**en a)** *o. Pl.* badness; wickedness; **b)** *(böse Tat)* bad *or* wicked deed
schlecht-, Schlecht-: **~|machen** *tr. V.* **jmdn. ~**: run sb. down; disparage sb.; **~sitzend** *Adj.; nicht präd.* ill-fitting; **~weg** *Adv. s.* **~hin b; ~wetter·geld** [-----] *das* bad-weather allowance *(paid to building workers to make up for work lost due to bad weather);* **~wetter·periode** [-----] *die (Met.)* period of bad weather
schlecken ['ʃlɛkn] *(bes. südd., österr.)* **1.** *tr. V.* lap up. **2.** *itr. V.* **a) an etw.** *(Dat.)* **~**: lick sth. **b) ~** *s.* **naschen 1 a**
Schleckerei *die;* ~, ~**en** *(bes. südd., österr.)* **a)** *o. Pl. (das Naschen) s.* **Nascherei; b)** *(Süßigkeit)* sweet
Schlegel ['ʃleːgl̩] *der;* ~**s,** ~ **a)** *(Werkzeug)* mallet; **b)** *(für Schlaginstrumente)* stick; **c)** *(südd., österr.) s.* **Keule c**
Schleh·dorn *der; Pl.* ~**e** blackthorn; sloe
Schlehe ['ʃleːə] *die;* ~, ~**n** sloe
Schleiche *die;* ~, ~**n** *(Zool.)* one of the Anguidae; **die ~n** the Anguidae
schleichen ['ʃlaiçn̩] **1.** *unr. itr. V.; mit sein* creep; *(heimlich)* creep; steal; sneak; ⟨cat⟩ slink, creep; *(langsam fahren)* crawl along; **die Zeit schlich time crept by. 2.** *unr. refl. V.* creep; steal; sneak; ⟨cat⟩ slink, creep; **Mißtrauen schlich sich in ihr Herz** *(geh.)* distrust crept into her heart; **schleich dich!** *(ugs., bes. österr.)* get lost! *(sl.);* buzz off! *(sl.)*
schleichend *Adj.* insidious ⟨disease⟩; slow[-acting], insidious ⟨poison⟩; creeping ⟨inflation⟩; gradual ⟨crisis⟩
Schleicher *der;* ~**s,** ~ *(abwertend)* toadying hypocrite
Schleich-: **~handel** *der* black marketeering (**mit in**); **im ~handel** on the black market; **~katze** *die* viverrid *(Zool.);* **~weg** *der* secret path; **auf ~wegen, auf dem ~weg** *(fig.)* clandestinely; *(unrechtmäßig)* illicitly; by illicit means; **~werbung** *die* surreptitious advertising
Schleie ['ʃlaiə] *die;* ~, ~**n** *(Zool.)* tench
Schleier ['ʃlaiɐ] *der;* ~**s,** ~ **a)** *(durchsichtiges Gewebe)* veil; **den ~ nehmen** *(fig. geh.)* take the veil; **den ~ [des Geheimnisses] lüften** *(fig. geh.)* lift the veil of secrecy; **den ~ der Vergessenheit** *od.* **des Vergessens über etw.** *(Akk.)* **breiten** *(fig. geh.)* draw a veil over sth.; **b)** *(Nebel~, Dunst~)* veil of mist/smoke; **c)** *(Fot.: Farb~)* fog; **einen ~ haben** be fogged
schleier-, Schleier-: **~eule** *die* barn owl; **~haft** *Adj.* **jmdm. [völlig** *od.* **vollkommen] ~haft sein/bleiben** be/remain a [total *or* complete] mystery to sb.; **~kraut** *das (Bot.)* baby's breath; **~schwanz** *der (Zool.)* fantail; **~tanz** *der* dance of the veils
Schleife ['ʃlaifə] *die;* ~, ~**n a)** bow; *(Fliege)* bow-tie; **b)** *(starke Biegung)* loop; *(eines Flusses)* loop; horseshoe bend; **c)** *(Kranz~)* [inscribed] ribbon *(attached to a wreath)*
¹**schleifen** *unr. tr. V.* **a)** *(schärfen)* sharpen;

schleifen

grind, sharpen ⟨axe⟩; **b)** ⟨glätten⟩ grind; cut ⟨diamond, glass⟩; **c)** (mit Sand-/Schmirgelpapier) sand; *s. auch* **geschliffen**; **c)** (bes. Soldatenspr.: drillen) jmdn. ~: drill sb. hard
²**schleifen 1.** *tr. V.* **a)** *(auch fig.)* drag; **jmdn. ins Kino** ~ *(fig.)* drag sb. along to the cinema *(Brit.)* or *(Amer.)* movie; **b)** *(niederreißen)* etw. ~: raze sth. [to the ground]. **2.** *itr. V.; auch mit sein* drag; **die Kette schleift am Schutzblech** the chain scrapes the guard; **die Kupplung** ~ **lassen** *(Kfz-W.)* slip the clutch; **etw.** ~ **lassen** *(fig.)* let sth. slide; *s. auch* **Zügel**
Schleifer *der;* ~s, ~ **a)** grinder; *(Diamanten~)* cutter; **b)** *(Soldatenspr.)* slave-driver; **c)** *(Musik)* slur
Schleiferei *die;* ~, ~en **a)** *s.* ¹**schleifen a, b:** sharpening; grinding; cutting; sanding; **b)** *(bes. Soldatenspr.: das Drillen)* hard drilling; **c)** *(Betrieb)* grinding shop
Schleif-: ~**lack·möbel** *das; meist Pl.* matt-lacquered furniture; ~**spur** *die* dragmark; ~**stein** *der* grindstone; **dasitzen wie ein Affe auf dem** ~**stein** *(ugs. scherzh.)* sit crouched there looking a proper charlie *(coll.)*
Schleifung *die;* ~, ~en razing [to the ground]
Schleim [ʃlaim] *der;* ~[e]s, ~ e **a)** mucus; *(im Hals)* phlegm; *(von Schnecken, Aalen)* slime; *(Bot.)* mucilage; **b)** *(sämiger Brei)* gruel
Schleim-: ~**beutel** *der (Anat.)* synovial bursa; mucous bursa; ~**haut** *die* mucous membrane
schleimig 1. *Adj.* **a)** slimy; *(Physiol., Zool.)* mucous; **b)** *(abwertend: heuchlerisch)* slimy. **2.** *adv. (abwertend)* slimily
schleim-, Schleim-: ~**lösend** *Adj.* expectorant; ~**pilz** *der* slime mould *or* fungus; ~**suppe** *die (Kochk.)* gruel
schleißen [ˈʃlaisn̩] *regelm. (auch unr.) tr. V.* **a)** strip ⟨feathers⟩; **b)** *(bes. südd.: spalten)* split ⟨wood⟩
Schlemihl [ʃleˈmiːl] *der;* ~s, ~e **a)** *(Pechvogel)* unlucky devil; **b)** *(ugs.: Schlitzohr)* crafty devil
schlemmen [ˈʃlɛmən] **1.** *itr. V. (prassen)* have a feast. **2.** *tr. V. (verzehren)* feast on
Schlemmer *der;* ~s, ~: gourmet
Schlemmerei *die;* ~, ~en *(oft abwertend)* **a)** *o. Pl. (das Schlemmen)* feasting; gormandizing *(derog.)*; **b)** *s.* **Schlemmermahl**
Schlemmerin *die;* ~, ~nen *s.* **Schlemmer**
Schlemmer-: ~**lokal** *das* gourmet restaurant; ~**mahl** *das* gourmet meal
schlendern [ˈʃlɛndɐn] *itr. V.; mit sein* stroll
Schlendrian [ˈʃlɛndriaːn] *der;* ~[e]s *(ugs. abwertend)* slackness
Schlenker [ˈʃlɛŋkɐ] *der;* ~s, ~ *(ugs.)* **a)** *(Bogen)* swerve; **einen** ~ **machen** swerve; *(fig.)* dodge; **b)** *(Umweg)* detour
schlenkern 1. *tr. V.* **a)** swing; dangle; **mit den Armen/mit den Beinen** ~: swing *or* dangle one's arms/legs ⟨curtain, dress⟩ flap; ⟨car⟩ swerve. **2.** *tr. V.* swing, dangle ⟨arms, legs⟩
schlenzen [ˈʃlɛntsn̩] *tr. V. (Sport, bes. Eishockey, Fußball)* flick
Schlepp [ʃlɛp] *der* in **ein Fahrzeug in** ~ **nehmen** take a vehicle in tow
Schlepp-: ~**bügel** *der (Skisport)* T-bar; ~**dampfer** *der (Seew.)* [steam-driven] tug
Schleppe *die;* ~, ~n **a)** train; **b)** *(Pferdesport, Jagdw.: künstliche Fährte)* drag
schleppen 1. *tr. V.* **a)** *(hinter sich herziehen)* tow ⟨vehicle, ship⟩; **b)** *(tragen)* carry; lug; **c)** *(ugs.: mitnehmen)* bring; **jmdn. vor den Richter** ~: haul sb. up before the judge. **2.** *refl. V.* **a)** drag *or* haul oneself; **b)** *(sich abquälen)* ⟨trial, negotiations, etc.⟩ drag on; **c)** *(bes. nordostd.: sich abmühen)* **ich mußte mich allein mit dem Kasten** ~: I had to lug the box around by myself. **3.** *itr. V. (schleifen)* drag

schleppend 1. *Adj.* **a)** *(schwerfällig)* shuffling, dragging ⟨walk, steps⟩; **b)** *(gedehnt)* dragging ⟨speech⟩; slow ⟨song, melody⟩; **c)** *(nicht zügig)* slow ⟨service⟩; **er beklagte sich über die** ~**e Bearbeitung seines Antrags** he complained about the delays in processing his application; **die Unterhaltung wurde immer** ~**er** the conversation dragged more and more. **2.** *adv. (schwerfällig)* ~ **gehen** shuffle along; **b)** *(gedehnt)* ⟨speak⟩ in a dragging voice; ⟨sing, play⟩ slowly; **c)** *(nicht zügig)* **die Unterhaltung kam nur** ~ **in Gang** conversation was slow to get going; **die Arbeiten gehen nur** ~ **voran** the work is progressing slowly
Schlepper *der;* ~s, ~ **a)** *(Schiff)* tug; **b)** *(Traktor)* tractor; **c)** *(ugs.: jmd., der Kunden zuführt)* tout; **d)** *(ugs.: Fluchthelfer)* person who aids the entry of illegal immigrants or escape of illegal emigrants
Schlepperei *die;* ~, ~en *(ugs. abwertend)* lugging around
Schlepp-: ~**kahn** *der* dumb barge; ~**lift** *der* T-bar [lift]; ~**netz** *das* trawl[-net]; ~**seil** *das s.* ~**tau**; ~**start** *der (Segelfliegen)* aero-tow; ~**tau** *das* tow-line; tow-rope; *(aus Draht)* tow-line; tow-cable; **etw. ins** ~**tau nehmen** take sth. in tow; **in jmds.** ~**tau** *(fig.)* in sb.'s wake; ~**zug** *der (Schiffahrt)* train of barges
Schlesien [ˈʃleːziən] **(das);** ~s Silesia
Schlesier [ˈʃleːziɐ] *der;* ~s, ~, **Schlesierin** *die;* ~, ~nen Silesian
schlesisch *Adj.* Silesian
Schleuder [ˈʃlɔydɐ] *die;* ~, ~n **a)** sling; *(mit Gummiband)* catapult *(Brit.)*; slingshot *(Amer.)*; **b)** *s.* **Wäsche**~; **c)** *s.* **Zentrifuge**
Schleuder-: ~**ball** *der* **a)** *o. Pl.;* team game played with a Schleuderball b; **b)** *(Ball)* leather ball with a strap attached for throwing; ~**honig** *der* extracted honey
schleudern 1. *tr. V.* **a)** *(werfen)* hurl; fling; **der Wagen wurde aus der Kurve geschleudert** the car was sent skidding off the bend; **jmdm. Beleidigungen ins Gesicht** ~ *(fig.)* hurl insults at sb.; **b)** *(rotieren lassen)* centrifuge; spin ⟨washing⟩. **2.** *itr. V.* **a)** *mit sein (rutschen)* skid; **ins Schleudern geraten** *od.* **kommen** *au. (fig. ugs.)* run into trouble; **dein Argument hat ihn ins Schleudern gebracht** *(ugs.)* your argument completely threw him *(coll.)*; **b)** *(rotieren)* spin
Schleuder-: ~**preis** *der (ugs.)* knockdown price; ~**sitz** *der* ejector seat; ~**ware** *die; Pl. selten (ugs.)* cut-price item
schleunig [ˈʃlɔynɪç] **1.** *Adj.: nicht präd.* **a)** *(unverzüglich)* speedy; rapid; **b)** *(eilig)* hurried. **2.** *adv.* **a)** *(unverzüglich)* rapidly; speedily; **b)** *(eilig)* hurriedly
schleunigst *Adv. (auf der Stelle)* at once; immediately; straight away; **b)** *(eilends)* hastily; with all haste
Schleuse [ˈʃlɔyzə] *die;* ~, ~n **a)** sluice[-gate]; **die** ~**n des Himmels öffneten sich** *(fig.)* the heavens opened; **b)** *(Schiffs*~*)* lock; *(Luft*~*)* airlock
schleusen *tr. V.* **a)** **ein Schiff** ~: pass a ship through a/the lock; **b)** *(geleiten)* shepherd; **c)** *(schmuggeln)* smuggle ⟨secrets⟩; infiltrate ⟨spy, agent, etc.⟩ (in + Akk. into)
Schleusen-: ~**kammer** *die* lock chamber; ~**tor** *das* lock gate; ~**wärter** *der* lockkeeper
schlich [ʃlɪç] *1. u. 3. Pers. Sg. Prät. v.* **schleichen**
Schlich *der;* ~[e]s, ~e trick; **alle** ~**e kennen** know all the tricks; **jmdm. auf die** ~**e** *od.* **hinter jmds.** ~**e kommen** get on to sb.
schlicht [ʃlɪçt] **1.** *Adj.* **a)** simple, plain, simple ⟨pattern, furniture⟩; plain ⟨glatt⟩; smooth ⟨hair⟩; **in** ~**en Verhältnissen leben** live in modest circumstances; **b)** *(unkompliziert)* simple, unsophisticated ⟨person, view, etc.⟩; **c)** *nicht präd. (bloß, rein)* simple; pure; **ein** ~**es Ja oder Nein** a simple yes or

no. **2.** *adv.* simply; simply, plainly ⟨dressed, furnished⟩; **wir haben ihn** ~ **Karl genannt** we gave him the plain, straightforward name Karl; ~ **und einfach** *(ugs.)* quite *or* just simply; **er hat es** ~ **und ergreifend vergessen** *(ugs. scherzh.)* he just plain forgot
schlichten 1. *tr. V.* **a)** settle ⟨argument, difference of opinion⟩; settle ⟨industrial dispute etc.⟩ by mediation; **b)** *(fachspr.)* smooth ⟨wood, metal⟩; dress ⟨stone, leather⟩; size ⟨warp threads⟩. **2.** *itr. V.* settle **a, b:** mediate (**in** + *Dat.* in, **zwischen** between); **in einem Konflikt** ~**d eingreifen** intervene as mediator in a dispute
Schlichter *der;* ~s, ~: mediator; *(durch Schiedsspruch)* arbitrator
Schlichtheit *die;* ~ *s.* **schlicht a, b:** simplicity; plainness; unsophisticatedness
Schlichtung *die;* ~, ~en settlement; *(in einem Arbeitskampf usw.)* mediation; *(durch Schiedsspruch)* arbitration
Schlichtungs-: ~**ausschuß** *der* arbitration committee; ~**verfahren** *das* arbitration process
schlicht·weg *Adv.* **er gab es** ~ **zu** he simply admitted it; **das ist** ~ **kriminell** that's just plain criminal
Schlick [ʃlɪk] *der;* ~[e]s, ~e silt
schlief [ʃliːf] *1. u. 3. Pers. Sg. Prät. v.* **schlafen**
Schliere [ˈʃliːrə] *die;* ~, ~n *(Technik, Optik, Geol.)* schliere
Schließe [ˈʃliːsə] *die;* ~, ~n clasp; *(Schnalle)* buckle
schließen 1. *unr. tr. V.* **a)** *(zumachen)* close; shut; put the top on ⟨bottle⟩; turn off ⟨tap⟩; fasten ⟨belt, bracelet⟩; do up ⟨button, zip⟩; close ⟨street, route, electrical circuit⟩; close off ⟨pipe⟩; *(fig.)* close ⟨border⟩; fill, close ⟨gap⟩; **mit geschlossenen Beinen** with one's legs together; **die Augen für immer geschlossen haben** *(geh. verhüll.)* have passed away; **b)** *(unzugänglich machen)* close, shut ⟨shop, factory⟩; *(außer Betrieb setzen)* close [down] ⟨shop, school⟩; close *or* shut [down] ⟨factory⟩; **c)** *(an* + *Dat.)* etw./jmdn./sich in etw. (Akk.) ~: lock sth./sb./oneself in sth.; **d)** *(beenden)* close ⟨meeting, proceedings, debate⟩; end, conclude ⟨letter, speech, lecture⟩; **die Rednerliste ist geschlossen** the list of speakers is closed; **e)** *(befestigen)* **etw. an etw.** (Akk.) ~: connect sth. to sth.; *(mit Schloß)* lock sth. to sth.; **f)** *(eingehen, vereinbaren)* conclude ⟨treaty, pact, cease-fire, agreement⟩; reach ⟨settlement, compromise⟩; enter into ⟨contract⟩; **wann wurde Ihre Ehe geschlossen?** when did you get married?; **Freundschaft/Bekanntschaft mit jmdm.** ~: make friends with/get to know sb.; *s. auch* **Frieden**; **g)** *(umfassen)* **jmdn. in die Arme** ~: take sb. in one's arms; embrace sb.; **etw. in seine Hand** ~: clasp sth. in one's hand; **etw. in sich** ~ *(fig.)* contain sth.; **h)** *(folgern)* **etw. aus etw.** ~: infer *or* conclude sth. from sth.; **aus etw.** ~**, daß ...**: infer *or* conclude from sth. that ... **2.** *unr. itr. V.* **a)** close; shut; **der Schlüssel/das Schloß schließt schlecht** the key won't turn properly/the lock doesn't work properly; **b)** ⟨shop⟩ close, shut; ⟨stock exchange⟩ close; *(den Betrieb einstellen)* ⟨shop⟩ close [down]; ⟨factory⟩ close *or* shut [down]; **c)** *(enden)* end; conclude; **d)** *(urteilen)* **[aus etw.] auf etw.** (Akk.) ~: infer *or* conclude sth. [from sth.]; **die Symptome lassen auf Hepatitis** ~: the symptoms indicate hepatitis; **etw. läßt darauf** ~**, daß ...** indicates *or* suggests that ...; **vom Besonderen auf das Allgemeine** ~: proceed from the particular to the general; **von sich auf andere** ~: judge others by one's own standards. **3.** *unr. refl. V.* **a)** ⟨door, window⟩ close, shut; ⟨wound, circle⟩ close; ⟨flower⟩ close [up]; **sich um etw.** ~: close around sth.; *s. auch* **geschlossen**; **b)** *(sich an*~*)* **an den Vortrag schließ sich**

eine Diskussion the lecture was followed by a discussion
Schließer der; ~s, ~ a) *(Tür~)* doorkeeper; *(Vorrichtung)* [door-]closer; b) *(im Gefängnis)* warder
Schließ-: ~**fach** das locker; *(bei der Post)* post-office box; PO box; *(bei der Bank)* safe-deposit box; ~**frucht** die *(Bot.)* indehiscent fruit; ~**korb** der hamper
schließlich Adv. a) finally; in the end; *(bei Erwünschtem auch)* at last; ~ **und endlich** *(ugs.)* in the end; finally; b) *(bei einer Aufzählung)* ..., **und** ~ ...; ... and finally ...; c) *(immerhin, doch)* after all; **er ist** ~ **mein Freund** he is my friend, after all; **er hat** ~ **nur seine Pflicht getan** after all, he was only doing his duty
Schließ·muskel der *(Anat.)* sphincter
Schließung die; ~, ~en a) *(der Geschäfte, Büros usw.)* closing; shutting; *(Stillegung, Einstellung)* closure; closing; *(fig.: einer Grenze)* closing; **zur** ~ **seiner Haushaltslücke** to fill the gap in his budget; b) *(Beendigung)* **vor/nach** ~ **der Versammlung** before/after the meeting was closed; before/after the conclusion of the meeting; **die** ~/**einstweilige** ~ **der Debatte** the closure/adjournment of the debate; c) s. **schließen 1 f**: conclusion; reaching; **die** ~ **einer Ehe** the solemnization of a marriage
schliff [ʃlɪf] *1. u. 3. Pers. Sg. Prät. v.* **schleifen**
Schliff der; ~[e]s, ~e a) *o. Pl. (das Schleifen)* cutting; *(von Messern, Sensen usw.)* sharpening; b) *(Art, wie etw. geschliffen wird)* cut; *(von Messern, Scheren, Schneiden)* edge; c) *o. Pl. (Lebensart)* refinement; polish; d) *o. Pl. (Vollkommenheit)* **einem Brief/Text usw. den letzten** ~ **geben** put the finishing touches *pl.* to a letter/text *etc.*; **der Mannschaft den letzten** ~ **geben** put the finishing touches *pl.* to the team's training
schlimm [ʃlɪm] 1. Adj. a) *(schwerwiegend)* grave, serious ⟨*error, mistake, accusation, offence*⟩; bad, nasty ⟨*error, mistake*⟩; **man hat ihm die** ~**sten Dinge nachgesagt** the most terrible things have been said about him; **das ist** ~ **für ihn** that's serious for him; b) *(übel)* bad; nasty, bad ⟨*experience*⟩; **das war eine** ~**e Geschichte für ihn** that was a nasty business for him; **im** ~**sten Fall muß ich ...:** if the worst comes to the worst I'll have to ...; **ist es** ~, **wenn wir erst morgen kommen?** does it matter if we don't come till tomorrow?; **[das ist alles] halb so** ~: it's not as bad as all that; **das** ~**ste ist, daß ...:** the worst thing is *or* the worst of it is that ...; **es wurde immer** ~**er** it got worse and worse; **es ist nichts Schlimmes** it's nothing serious; **wenn es nichts Schlimmeres ist!** if it's nothing worse than that!; **ist nicht** ~! [it] doesn't matter; **es gibt Schlimmeres** there are worse things; c) *(schlecht, böse)* wicked; *(ungezogen)* naughty ⟨*child*⟩; **er ist ein ganz Schlimmer** *(scherzh.)* he's really wicked; d) *(fam.: schmerzend, entzündet)* bad; sore; bad, nasty ⟨*wound*⟩. 2. adv. *(übel, arg)* **d[a]ran sein** *(körperlich, geistig)* be in a bad way; *(in einer* ~**en** *Situation)* be in dire straits; **es steht** ~ **um jmdn.** things look bad *or* serious for sb.; **es hätte** ~ **ausgehen können** things could have turned out worse
schlimmsten·falls Adv. if the worst comes to the worst; ~ **kriegt man eine Verwarnung** at worst you'll get a caution
Schlinge ['ʃlɪŋə] die; ~, ~n a) *(Schlaufe)* loop; *(für den gebrochenen Arm o. ä.)* sling; *(zum Aufhängen)* noose; **jmdm. die** ~ **um den Hals legen** put a noose round sb.'s neck; **die** ~ **zusammenziehen** *(fig.)* tighten the noose; *s. auch* **Kopf a**; b) *(Fanggerät)* snare; ~**n legen** lay *or* set snares; **sich in der eigenen** ~ **fangen** *(fig.)* be hoist with one's own petard; **in jmds.** ~ **geraten** *(fig.)* fall into sb.'s trap

Schlingel ['ʃlɪŋl] der; ~s, ~: rascal; rogue
schlingen 1. *unr. tr. V.* a) *(winden)* **etw. um etw.** ~: loop sth. round sth.; *(und zusammenbinden)* tie sth. round sth.; **sich** *(Dat.)* **einen Schal um den Hals** ~: wrap a scarf round one's neck; **die Arme um jmdn./etw.** ~: wrap one's arms round sb./sth.; b) *(binden)* **etw. zu einem Knoten** ~: tie sth. up in a knot; c) *(flechten)* plait. 2. *unr. refl. V. (sich winden)* **sich um etw.** ~: wind *or* coil itself round sth.; ⟨*plant*⟩ wind *or* twine itself round sth. 3. *unr. itr. V.* bolt one's food; wolf one's food [down]; **schling nicht so hastig!** don't bolt your food like that!
Schlinger·bewegung die *(Seew.)* rolling motion; **in** ~**en geraten** start to roll
schlingern ['ʃlɪŋɐn] *itr. V.*; meist, mit Richtungsangabe mit Hilfsv. sein ⟨*ship, boat*⟩ roll; ⟨*train, vehicle*⟩ lurch from side to side; **ins Schlingern geraten** *od.* **kommen** *(ugs.)* run into trouble
Schling·pflanze die creeper
Schlips [ʃlɪps] der; ~es, ~e tie; **jmdm. auf den** ~ **treten** *(fig. ugs.)* tread on sb.'s toes; **sich auf den** ~ **getreten fühlen** *(fig. ugs.)* feel *or* be put out; **mit** ~ **und Kragen** *(fig. ugs.)* wearing a collar and tie; with a collar and tie on
Schlitten ['ʃlɪtn] der; ~s, ~ a) sledge; sled; *(Pferde~)* sledge; *(Rodel~)* toboggan; ~ **fahren** go tobogganing; **die Kinder fuhren mit dem** ~ **den Hang hinunter** the children tobogganed down the slope; **mit jmdm.** ~ **fahren** *(fig. ugs.)* bawl sb. out *(coll.)*; **ich werde mit ihm** ~ **fahren** *(fig. ugs.)* I'm going to give him hell *(coll.)*; b) *(salopp: Auto)* car; motor *(Brit.)*; **ein alter** ~: an old banger *(Brit. sl.)*; a jalopy; c) *(Technik: Maschinenteil)* carriage
Schlitten-: ~**fahrt** die sleigh ride; ~**hund** der sled dog
schlittern ['ʃlɪtɐn] *itr. V.* a) auch mit sein *(rutschen)* slide; b) mit sein *(ins Rutschen kommen)* slip; slide; ⟨*vehicle*⟩ skid; ⟨*wheel*⟩ slip; c) *mit sein (fig.)* **in die Pleite** ~: slide into bankruptcy; **in ein Abenteuer** ~: stumble into an adventure
Schlitt-: ~**schuh** der [ice-]skate; ~**schuh laufen** *od.* **fahren** [ice-]skating *no art.*; ~**schuh·läufer** der [ice-]skater
Schlitz [ʃlɪts] der; ~es, ~e a) slit; *(Briefkasten~, Automaten~)* slot; **seine Augen wurden zu** ~**en** *(fig.)* his eyes narrowed to slits; b) *(Hosen~)* flies *pl.*; fly; *(Jacken~)* vent
Schlitz·auge das slit eye
schlitzäugig [-ɔyɡɪç] Adj. slit-eyed
schlitzen *tr. V.* slit; *(auf~)* slit open
Schlitz·ohr das *(ugs.)* wily *or* crafty devil
schlitzohrig *(ugs.)* 1. Adj. wily; crafty. 2. adv. craftily
schloh·weiß ['ʃloː'vaɪs] Adj. snow-white ⟨*hair, head*⟩; **er ist** ~: he has snow-white hair
schloß [ʃlɔs] *1. u. 3. Pers. Sg. Prät. v.* **schließen**
Schloß des; Schlosses, Schlösser ['ʃlœsɐ] a) *(Tür~, Gewehr~)* lock; **die Tür fiel/fiel krachend ins** ~: the door clicked/slammed to *or* shut; b) *(Vorhänge~)* padlock; **hinter** ~ **und Riegel** *(ugs.)* behind bars; c) *(Verschluß)* clasp; d) *(Wohngebäude)* castle; *(Palast)* palace; *(Herrschaftshaus)* mansion; *(in Frankreich)* château
Schloß-: ~**an·lage** die a) castle buildings *pl.*; b) *Pl.*; s. **Schloß**~**berg** der castle hill
Schlößchen ['ʃlœsçən] das; ~s, ~ s. **Schloß d**: small castle *etc.*
Schloße [ʃlɔːsə] die; ~, ~n; meist Pl. *(bes. md.)* hailstone
Schlosser der; ~s, ~: metalworker; *(Maschinen~)* fitter; *(für Schlösser)* locksmith; *(Auto~)* mechanic
Schlosserei die; ~, ~en a) *(Werkstatt)* metalworking shop; *(für Schlösser)* locksmith's workshop; b) *o. Pl.*; s. ~**handwerk**
Schlosser-: ~**handwerk** das; *o. Pl.*; s. **Schlosser:** metalworking; fitter's trade; locksmithery; mechanic's trade; **das** ~**handwerk lernen** train to be a metalworker/fitter/locksmith/mechanic; ~**werkstatt** die s. **Schlosserei a**
Schloß-: ~**garten** der castle *etc.* gardens *pl.*; ~**herr** der owner of a/the castle *etc.*; ~**hof** castle *etc.* courtyard; ~**hund** der **in heulen wie ein** ~**hund** *(ugs.)* cry one's eyes out; ~**kapelle** die castle *etc.* chapel; ~**park** der castle *etc.* grounds *pl.*; ~**ruine** die ruined castle *etc.*
Schlot [ʃloːt] der; ~[e]s, ~e *od.* Schlöte ['ʃløːtə] a) *(bes. md.: Schornstein)* chimney[-stack]; *(eines Schiffes)* funnel; **rauchen** *od.* **qualmen wie ein** ~ *(ugs.)* smoke like a chimney; b) *(Geol.: Eruptionsschacht)* chimney; vent; c) *(ugs. abwertend: Nichtsnutz)* good-for-nothing
Schlot·baron der *(abwertend)* industrial baron *or* tycoon
schlottern ['ʃlɔtɐn] *itr. V.* a) shake; tremble; **jmdm.** ~ **die Knie** sb.'s knees are shaking *or* trembling; **am ganzen Leibe** ~: shake *or* tremble all over; b) ⟨*clothes*⟩ hang loose
schlottrig Adj. a) trembling; shaking; b) baggy ⟨*clothes*⟩
Schlucht [ʃlʊxt] die; ~, ~en ravine; gorge
schluchzen ['ʃlʊxtsn] *itr. V.* sob; **unter** *od.* **mit Schluchzen** sobbing; **in heftiges Schluchzen ausbrechen** burst into heavy sobbing; **die** ~**den Klänge der Geigen** *(fig.)* the sobbing strains of the violins
Schluchzer der; ~s, ~: sob
Schluck [ʃlʊk] der; ~[e]s, ~e *od.* **Schlücke** ['ʃlʏkə] swallow; mouthful; *(großer* ~*)* gulp; *(kleiner* ~*)* sip; **einen tüchtigen** ~ **[Bier] trinken** take a good *or* long swig [of beer] *(coll.)*; **sein Glas mit** *od.* **in einem** *od.* **auf einen** ~ **leeren** empty one's glass in one go *or (coll.)* swig; **hast du einen** ~ **zu trinken für uns?** have you got a drop of something for us to drink?; *(ugs.: Getränk)* **ein guter** ~: a good drop [of stuff] *(coll.)*; *(Wein)* a pleasant little number *(coll.)*
Schluck·auf der; ~s hiccups *pl.*; hiccoughs *pl.*; **[den** *od.* **einen]** ~ **haben/bekommen** have/get [the] hiccups *or* hiccoughs
Schlückchen ['ʃlʏkçən] das; ~s, ~: sip; **du nimmst doch noch ein** ~? you'll have another drop, won't you?; **ich geh' zu Peter auf ein** ~: I'm off to Peter's for a drop
schlucken 1. *tr. V.* a) *(auch fig. ugs.)* swallow; **etw. hastig** ~: gulp sth. down; b) *(ugs.: einatmen)* swallow ⟨*dust*⟩; breathe in ⟨*gas*⟩; c) *(ugs. abwertend: in seinen Besitz bringen)* swallow [up]; d) *(ugs.: verbrauchen)* swallow up; guzzle ⟨*petrol*⟩. 2. *itr. V. (auch fig.)* swallow; **Beschwerden beim Schlucken haben** have difficulty swallowing; **an etw.** *(Dat.)* **zu** ~ **haben** *(fig. ugs.)* find sth. hard to come to terms with
Schluckauf der; ~s s. **Schluckauf**
Schlucker der; ~s, ~: **in armer** ~ *(ugs.)* poor devil *or (Brit. coll.)* blighter
Schluck·impfung die oral vaccination
schlucksen ['ʃlʊksn] *itr. V. (ugs.)* hiccup; hiccough
schluck·weise Adv. in sips
Schluderei die; ~, ~en *(ugs. abwertend)* a) *o. Pl.* sloppiness; slipshod work; b) *(Fall von Nachlässigkeit)* slipshod piece of work; botched job; ~**en** slipshod work *pl.*; botching *sing.*
schluderig s. **schludrig**
schludern ['ʃluːdɐn] *itr. V. (ugs. abwertend)* work sloppily; **bei etw.** ~: make a botched job of sth.; *(ugs. oberflächlich bearbeiten)* skimp sth.; **es wird zuviel geschludert** too much work is being botched

schludrig ... schmälern

schludrig *(ugs. abwertend)* **1.** *Adj.* **a)** *(nachlässig)* slipshod ⟨*work, examination*⟩; botched ⟨*job*⟩; slapdash ⟨*person, work*⟩; **eine ~e Schrift** a messy scrawl; **b)** *(schlampig [aussehend])* scruffy. **2.** *adv.* **a)** *(nachlässig)* in a slipshod *or* slapdash way; **b)** *(schlampig [aussehend])* scruffily

Schludrigkeit *die*; ~, ~en *(ugs. abwertend)* **a)** *o. Pl.* sloppiness; *(eines Menschen)* slapdash ways *pl.*; *(der Kleidung)* scruffiness; **b)** *(Fall von Nachlässigkeit)* sloppiness; **diese ~en im Detail** this sloppiness when it comes to detail; this slipshod treatment of detail

schlug [ʃluːk] *1. u. 3. Pers. Sg. Prät. v.* **schlagen**

Schlummer [ˈʃlʊmɐ] *der*; ~s *(geh.)* slumber *(poet./rhet.)*; *(Nickerchen)* doze; **nach langem ~:** after a long slumber *(poet./rhet.)*

Schlummer·lied *das (geh.)* lullaby; cradle-song

schlummern *itr. V.* **a)** *(geh.): schlafen)* slumber *(poet./rhet.)*; *(dösen)* doze; **tief ~d in jmdm.]** lie dormant [in sb.]; **~des Talent/~de Energie** latent talent/energy

Schlummer·rolle *die* bolster

Schlumpf [ʃlʊmpf] *der*; ~s, **Schlümpfe** [ˈʃlʏmpfə] *(Comicfigur)* smurf

Schlund [ʃlʊnt] *der*; ~[e]s, **Schlünde** [ˈʃlʏndə] **a)** *(Rachen)* [back of the] throat; pharynx *(Anat.)*; *(eines Tieres)* maw; **b)** *(geh.: gähnende Öffnung)* [gaping] mouth; *(Abgrund)* chasm; abyss

Schlunze [ˈʃlʊntsə] *die*; ~, ~n *(salopp abwertend, bes. nordd.)* slut

schlüpfen *itr. V.; mit sein* slip; **in ein/aus einem Kleid** *usw.* **~:** slip into *or* slip on/slip out of *or* slip off a dress *etc.*; **[aus dem Ei] ~** ⟨*chick*⟩ hatch out; **keiner kann aus seiner Haut ~** *(fig.)* nobody can completely change his/her identity

Schlüpfer *der*; ~s, ~ *(veralt.) (für Damen)* knickers *pl.* (Brit.); panties *pl.*; *(für Herren)* [under]pants *pl. or* trunks *pl.*; **ein ~:** a pair of knickers/underpants

Schlupf·loch [ˈʃlʊpf-] *das* **a)** *(Schlupfwinkel)* hiding-place; **b)** *(Durchschlupf)* hole; *(Lücke im Gesetz usw.)* loophole

schlüpfrig [ˈʃlʏpfrɪç] *Adj.* **a)** *(feucht u. glatt)* slippery; **b)** *(abwertend: anstößig)* lewd

Schlüpfrigkeit *die*; ~, ~en a) *o. Pl. (feuchte Glätte)* slipperiness; **b)** *(Anstößigkeit)* lewdness

Schlupf-: **~wespe** *die* ichneumon fly; **~winkel** *der* hiding-place; *(von Banditen, Flüchtlingen usw.)* hide-out

schlurfen [ˈʃlʊrfn] *itr. V.; mit sein* shuffle; *(ohne Richtungsangabe)* shuffle along

schlürfen [ˈʃlʏrfn̩] **1.** *tr. V. (geräuschvoll)* slurp [up] *(coll.)*; drink noisily; *(genußvoll)* savour; *(in kleinen Schlucken)* sip. **2.** *itr. V.* slurp *(coll.)*; drink noisily

Schluß [ʃlʊs] *der*; **Schlusses, Schlüsse** [ˈʃlʏsə] **a)** *o. Pl. (Endzeitpunkt)* end; *(eines Vortrags o. ä.)* conclusion; *(Laden~)* closing time; *(Dienst~)* knocking-off time; **nach/gegen ~ der Aufführung** at/towards the end of the performance; **mit etw. ~:** sth. is at an end *or* over; *(ugs.: etw. ist ruiniert)* sth. has had it *(coll.)*; **mit ihm ist ~** *(ugs.)* it's all up with him; *(das Verhältnis ist beendet)* it's all over with him; *(seine Karriere ist beendet)* he's past it; **mit dem Rauchen/Trinken ist jetzt ~:** there's to be no more smoking/drinking; you must stop smoking/drinking; *(auf sich bezogen)* I've given up smoking/drinking; **jetzt ist aber ~ [damit]!** that's enough of that; **~ jetzt!, ~ damit!** stop it!; that'll do!; **~ für heute!** that's it *or* that'll do for today; **am** *od.* **zum ~:** at the end; *(schließlich)* in the end; finally; **am** *od.* **zum ~ des Jahres** at the end of the year; **zum ~ möchte ich noch darauf hin-**weisen, **daß ...:** finally *or* in conclusion I should like to mention that ...; **kurz vor ~:** just before closing time; *(im Büro)* just before knocking-off time; **~ machen** *(ugs.)* stop; *(Feierabend machen)* knock off; *(seine Stellung aufgeben)* pack in one's job *(sl.)*; *(eine Freundschaft usw. lösen)* break it off; *(sich das Leben nehmen)* end it all *(coll.)*; **ich mache ~ für heute** I'm calling it a day; **ich muß jetzt ~ machen** *(am Telefon)* I'll have to go now; *(am Briefende)* I must stop now; **mit etw. ~ machen** stop sth.; **mit jmdm. ~ machen** finish with sb.; break it off with sb.; **b)** *(letzter Abschnitt)* end; *(eines Zuges)* back; *(eines Buchs, Schauspiels usw.)* ending; **c)** *(Folgerung)* conclusion **(auf +** Akk. regarding); *(Logik: Ableitung)* deduction; **Schlüsse aus etw. ziehen** draw conclusions from sth.; **ich werde meine Schlüsse daraus ziehen** I shall draw my own conclusions; **d)** *o. Pl. (Technik, Bauw.)* **einen guten ~ haben** ⟨*piston*⟩ form a good seal; ⟨*door, window*⟩ be a good fit; **e)** *(Reiten) o. Pl.* **diese Reiterin hat einen guten ~:** this rider keeps a good leg position; **mit den Knien ~ nehmen** grip with one's knees; **f)** *(Musik)* cadence

Schluß-: **~ab·stimmung** *die (Parl.)* final vote; **~akkord** *der (Musik)* final chord; *(geh. fig.: Ausklang)* conclusion; finale; **~akte** *die (Dipl.)* final communiqué; **~be·merkung** *die* concluding remark; **~bilanz** *die (Kaufmannsspr.)* annual balance sheet; *(nach Abwicklung eines Unternehmens)* final balance [sheet]; **~drittel** *das (Eishockey)* third *or* final period

Schlüssel [ˈʃlʏsl] *der*; ~, ~s) key; **der ~ zur Wohnung/Wohnungstür** the key of the flat (Brit.) or (Amer.) apartment/the front door key; **b)** *(Schrauben~)* spanner; **c)** *(Lösungsweg, Lösungsheft)* key; *(Kode)* code; cipher; **der ~ zum Erfolg** *(fig.)* the key to *or* secret of success; **d)** *(Musik)* clef; **e)** *(Aufgliederungsschema)* scheme *or* pattern [of distribution]

schlüssel-, Schlüssel-: **~bart** *der* bit [of a/the key]; **~anhänger** *der* key-fob; **~bein** *das (Anat.)* collar-bone; clavicle *(Anat.)*; **~blume** *die* cowslip; *(Primel)* primula; **~brett** *das* keyboard; **~bund** *der od. das* bunch of keys; **~erlebnis** *das (Psych.)* crucial experience; **~fertig** *Adj.* ready to move into *postpos.*; **~figur** *die* key figure; **~industrie** *die (Wirtsch.)* key industry; **~kind** *das (ugs.)* latchkey child; **~loch** *das* keyhole; **~position** *die* s. **~stellung**; **~ring** *der* key-ring; **~roman** *der (Literaturw.)* roman à clef; **~stellung** *die* key position; **~wort** *das*; *Pl.* **~wörter** keyword; *(für ein Kombinationsschloß, fig.: verschlüsseltes Wort)* code word

schluß-, Schluß-: **~endlich** *Adv. (bes. schweiz.)* finally; *(immerhin)* after all; **~folgern** *tr. V.* conclude **(aus** from); **~folgerung** *die* conclusion, inference **(aus** from); *(gezogene)* the conventional ending

schlüssig [ˈʃlʏsɪç] **1.** *Adj.* **a)** conclusive ⟨*proof, evidence*⟩; convincing, logical ⟨*argument, conclusion, statement*⟩; **b)** *sich (Dat.) [darüber] ~ sein* have made up one's mind; *sich (Dat.) [darüber] ~ werden* make up one's mind. **2.** *adv.* conclusively

Schlüssigkeit *die*; ~: conclusiveness

Schluß-: **~kapitel** *das (auch fig.)* final *or* closing chapter; **~läufer** *der (Leichtathletik)* last runner, anchor man *(in a relay team)*; **~leuchte** *die* s. **~licht**; **~licht** *das*; *Pl.* **~lichter a)** *(an Fahrzeugen)* tail- *or* rear-light; **b)** *(ugs.: letzter einer Kolonne)* **das ~licht machen** *od.* **bilden** bring up the rear; **c)** *(ugs.: Letzter, Schlechtester)* **das ~licht der Bundesliga/Klasse sein** be bottom of the [national] league table/class; **~mann** *der*; *Pl.* **~männer** *(Ballspiele)* goalie *(coll.)*; **~pfiff** *der (Ballspiele)* final whistle; **~phase** *die* final phase; final stages *pl.*; **~punkt der a)** *(Satzzeichen)* full stop; **b)** *(Abschluß)* conclusion; *(einer Feier)* finale; **einen ~punkt unter etw. (Akk.) setzen** put an end to sth. once and for all; *(etw. beendet sein lassen)* declare sth. to be over and done with; **~runde** *die (Sport: eines Rennens)* final *or* last lap; *(Boxen, Ringen, fig.: des Wahlkampfes usw.)* final *or* last round; **~satz der a)** *(abschließender Satz)* last *or* concluding sentence; **b)** *(Musik)* last movement; finale; **c)** *(bes. Philos.)* conclusion; **~sprung** *der (Turnen)* jump with legs together; **~stein** *der (Archit.)* keystone; *(im Rippengewölbe)* boss; **~strich** *der* [bottom] line; **einen ~strich ziehen/unter etw. (Akk.) ziehen** *(fig.)* make a clean break/ draw a line under sth.; **~verkauf** *der* [end-of-season] sale[s *pl.*]; **~wort** *das*; *Pl.* **~worte** final word[s]; **ein paar ~worte** a few closing remarks; **das ~wort haben** make the closing speech; *(in einer Debatte)* wind up

Schmach [ʃmaːx] *die*; ~ *(geh.)* ignominy; shame; *(Demütigung)* humiliation; **etw. als ~ empfinden** consider sth. a disgrace; regard sth. as ignominious; **jmdm. [eine] ~ antun** *od.* **bereiten** bring shame/humiliation upon sb.; **[mit] ~ und Schande [in]** deep disgrace

schmachten [ˈʃmaxtn̩] *itr. V. (geh.)* **a)** *(leiden)* languish; **in der Hitze ~:** fade away in the heat; **jmdn./einen Liebhaber ~ lassen** leave sb. to suffer *or (coll.)* stew/let a lover pine away; **b)** *(spött.: sich sehnen)* **nach jmdm./etw. ~:** pine or yearn for sb./sth.

schmachtend *(spött.)* **1.** *Adj.* soulful *(coll.)* ⟨*look, song*⟩; languishing ⟨*tones*⟩; schmaltzy *(coll.)* ⟨*song, music*⟩. **2.** *adv.* soulfully *(coll.)*

Schmacht·fetzen *der (salopp abwertend)* tear-jerker *(coll.)*

schmächtig *Adj.* slight; weedy *(coll. derog.)*; **einen ~en Körper haben** be of slight build

Schmacht·locke *die (ugs. spött.)* kiss-curl

schmach·voll *(geh.)* **1.** *Adj.* humiliating; *(erniedrigend)* ignominious. **2.** *adv.* ignominiously; *(erniedrigend)* humiliatingly; **~ untergehen** come to an ignominious end

schmackhaft [ˈʃmakhaft] **1.** *Adj.* tasty; **jmdm. etw. ~ machen** *(auch fig. ugs.)* make sth. palatable to sb. **2.** *adv.* in a tasty way; **etw. ~ zubereiten** make sth. tasty

Schmäh *der*; ~s, ~[s] *(österr. ugs.)* **a)** [tall] story; *(Trick)* con *(coll.)*; **einen ~ führen** entertain; tell jokes; **b)** *(Sarkasmus)* sarcasm; **Wiener ~:** Viennese snide humour *(coll.)*

schmähen [ˈʃmɛːən] *tr. V. (geh.)* revile

schmählich **1.** *Adj.* shameful; *(verächtlich)* despicable. **2.** *adv.* shamefully; *(in verächtlicher Weise)* despicably

Schmäh-: **~rede** *die* diatribe; **~schrift** *die* piece of invective; *(Pamphlet)* defamatory pamphlet

Schmähung *die*; ~, ~en diatribe; **~en** abuse *sing.*; invective *sing.*; **jmdn. mit ~en überschütten** heap invective *or* abuse on sb.

Schmäh·wort *das*; *Pl.* **~worte** term of abuse; **~e** abuse *sing.*

schmal [ʃmaːl]; **schmaler** *od.* **schmäler** [ˈʃmɛːlɐ]; **schmalst...** *od.* **schmälst...:** **1.** *Adj.* **a)** narrow; slim, slender ⟨*hips, hands, figure, etc.*⟩; thin ⟨*lips, face, nose, etc.*⟩; **ein ~er Band, ein ~es Büchlein** a slim volume; **~er werden** ⟨*person, face*⟩ get thinner; **b)** *(geh.: knapp, karg)* meagre ⟨*income, profit, etc.*⟩; meagre, scanty ⟨*food, selection*⟩; **mit ~em Geldbeutel** of restricted means. **2.** *adv.* **a)** **eine ~ geschnittene Hose** slim-fit trousers; **b)** *(geh.: knapp, karg)* meagrely

schmal·brüstig [-brʏstɪç] narrow-chested; *(fig.)* narrow ⟨*cupboard, views, etc.*⟩

schmäler *s.* **schmal**

schmälern *tr. V.* diminish; reduce, restrict, curtail ⟨*rights*⟩; *(herabsetzen)* belittle

Schmälerung die; ~, ~en reduction; *(Herabsetzung)* belittlement

Schmal-: **~film** der 8 mm/16 mm cine film; **~filmer** der cine photographer *(using 16 mm or 8 mm camera)*; **~film·kamera** die 8 mm/16 mm cine camera; **~hans** *in* bei ihnen ist **~hans** Küchenmeister *(ugs. veralt.)* they are on short commons; **~seite** die short side; *(eines Korridors usw.)* end; **~spur** die *(Eisenb.)* narrow gauge

Schmalspur- *(ugs.)* small-time *(coll.)* 〈politician, academic〉; *(dilettantisch)* lightweight 〈academic〉; amateur 〈engineer〉

Schmalspur·bahn die narrow-gauge railway

schmälst... s. schmal

schmal·wüchsig Adj. slender 〈person, tree, etc.〉; 〈person〉 of slender build

¹Schmalz [ʃmalts] das; ~es *(Schweine~)* lard

²Schmalz der; ~es *(ugs. abwertend)* **a)** *(Sentimentalität)* schmaltz *(coll.)*; mit viel ~: with plenty of slushy *or* soppy sentimentality *(coll.)*; **b)** *(Lied o. ä.)* schmaltz *no indef. art. (coll.)*

Schmalz·brot das slice of bread and dripping

schmalzig *(abwertend)* 1. Adj. schmaltzy *(coll.)*; slushy[-sentimental]. 2. adv. with schmaltz *(coll.)* or slushy sentimentality; ~ sprechen talk in a slushy-sentimental way; 〈lover〉 talk in a lovey-dovey tone *(coll.)*

Schmalzler [ʃmaltslɐ] der; ~s *(bayr.)* snuff *(containg a trace of animal fat)*

Schmankerl [ʃmaŋkɐl] das; ~s, ~n *(bayr., österr.)* delicacy; *(fig.)* treat

schmarotzen [ʃmaˈrɔtsn̩] itr. V. **a)** *(abwertend)* sponge; free-load *(sl.)*; bei jmdm. ~: sponge on sb.; **b)** *(Biol.)* live as a parasite (in/auf + Dat. in/on); **~d** parasitic

Schmarotzer der; ~s, ~ **a)** *(abwertend)* sponger; free-loader *(sl.)*; **b)** *(Biol.)* parasite

Schmarotzer·pflanze die parasitic plant

Schmarotzertum das; ~s **a)** *(Biol.)* parasitism; **b)** *(abwertend)* sponging; free-loading *(sl.)*

Schmarren [ʃmarən] der; ~s, ~ **a)** *(österr., auch südd.)* pancake broken up with a fork after frying; **b)** *(ugs. abwertend: Unsinn)* trash; rubbish; **das ist ein ~**: it's a load *(coll.)* of trash *or* rubbish; **c)** einen ~ *(salopp: nichts)* not a thing; damn all *(sl.)* *(adverbiell)* not at all; no way; **das geht dich einen ~ an** it's none of your damn business *(coll.)*

Schmatz [ʃmats] der; ~es, ~e *od.* Schmätze [ʃmɛtsə] *(ugs.)* loud kiss; smacker *(sl.)*

schmatzen *itr. V.* smack one's lips; *(geräuschvoll essen)* eat/drink noisily; *(fig.)* 〈mud, wet ground〉 squelch; **sie küßten sich, daß es schmatzte** they gave one another a resounding kiss *or* a *(sl.)* real smacker

schmauchen [ʃmauxn̩] 1. tr. V. puff away at 〈pipe, cigar, etc.〉. 2. itr. V. puff away

Schmaus [ʃmaus] der; ~es, Schmäuse [ʃmɔyzə] *(veralt., noch scherzh.)* [good] spread *(coll.)*; *(reichhaltig)* feast; **ein köstlicher ~**: a delicious repast *(formal/joc.)* *or (coll.)* spread

schmausen *(veralt.)* 1. itr. V. eat with relish; **vergnügt ~**: tuck in contentedly *(coll.)*. 2. tr. V. eat 〈food〉 with relish

schmecken [ʃmɛkn̩] 1. itr. V. taste (nach of); [gut] ~: taste good; **das hat geschmeckt** that was good; *(war köstlich)* that was delicious; **nach nichts ~**: not taste of anything; be tasteless; **das schmeckt nach mehr** *(ugs.)* it tastes *or* it's moreish *(coll.)*; **schmeckt es** [dir]? are you enjoying it *or* your meal?; [how] do you like it?; **wenn man krank ist, schmeckt es einem oft nicht [richtig]** when you're ill you're often off your food; **bei dir schmeckt es mir immer ausgezeichnet** your meals are always delicious; **laßt es euch ~!** enjoy your food!; **laßt es euch ~!** enjoy your food!; **laßt es euch ~!** *(coll.)!*; wie

schmeckt dir die Ehe? *(fig.)* how do you like married life?; **diese Kritik schmeckte ihm gar nicht** *(fig.)* this criticism was not at all to his liking. 2. tr. V. taste; *(kosten)* sample; **die Rute zu ~ bekommen** *(fig.)* get a taste of the rod

Schmeichelei die; ~, ~en flattering remark; blandishment; **die ~en, die er ihr sagte** the flattering things he said to her

schmeichelhaft 1. Adj. flattering; complimentary 〈words, speech〉; **wenig ~**: not very flattering. 2. adv. flatteringly

schmeicheln [ʃmaɪçln̩] itr. V. **a)** jmdm. ~: flatter sb.; **er schmeichelte ihm, daß sei ...** *od.* **daß sie ... sei** he flattered her by saying she was ...; **etw. in ~dem Ton sagen** say sth. in honeyed tones; **es schmeichelt ihm, daß ...**: he finds it flattering that ...; „Zwerg" ist noch geschmeichelt 'dwarf' is putting it mildly; **b)** *(liebkosen)* be affectionate; **die Katze strich ~d um ihre Füße** the cat rubbed affectionately against her feet

Schmeichel·wort das; Pl. **~worte**: *meist Pl.* blandishment; **~e** honeyed words; flattery *sing.*

Schmeichler [ʃmaɪçlɐ] der; ~s, ~, **Schmeichlerin** die; ~, ~nen flatterer

schmeichlerisch 1. Adj. flattering; honeyed 〈words, tone〉; *(sich anbiedernd)* cajoling 〈words, tone, glance〉. 2. adv. cajolingly; *(im ~en Ton)* in honeyed tones

schmeißen [ʃmaɪsn̩] *(ugs.)* 1. unr. tr. V. **a)** *(werfen)* chuck *(coll.)*; sling *(coll.)*; *(schleudern)* fling; hurl; **etw. nach jmdm. ~**: throw *or (coll.)* chuck sth. at sb.; **die Tür [ins Schloß] ~**: slam the door; **jmdn. aus dem Zimmer/der Schule ~**: chuck sb. out of the room/school *(coll.)*; **b)** *(abbrechen, aufgeben)* chuck in *(coll.)* 〈job, studies, etc.〉; **c)** *(spendieren)* stand 〈drink〉; **eine Lage** *or* **Runde [Bier] ~**: get *or* stand a round [of beer]; **[für jmdn.] eine Party ~**: throw a party [for sb.] *(coll.)*; **d)** *(bewältigen)* handle; deal with; **wir werden den Laden schon ~**: we'll manage OK *(coll.)*; **e)** *(Theater-, Fernsehjargon: mißlingen lassen)* fluff *(sl.)* 〈scene, number〉; make a mess of 〈performance〉. 2. unr. refl. V. **a)** *(sich werfen)* throw oneself; *(mit Wucht)* hurl oneself; **sich jmdm. an den Hals ~**: 〈woman〉 throw oneself at sb.; *s. auch* **Schale d**; **b)** *sich in seinen Smoking/in ein festliches Kleid usw.* ~: get togged up *(sl.)* in one's dinner-jacket/a party dress *etc.* 3. unr. itr. V. **mit Steinen/Tomaten** *usw.* **[nach jmdm.] ~**: chuck stones/tomatoes *etc.* [at sb.] *(coll.)*; **mit Geld um sich ~** *(fig.)* throw one's money around; lash out *(coll.)*; **mit Geschenken um sich ~** *(fig.)* lash out *(coll.)* on masses of presents

Schmeiß·fliege die blowfly; *(blaue ~)* bluebottle

Schmelz der; ~es, ~e **a)** *(Glasur)* glaze; *(Email, Zahn~)* enamel; **b)** *(geh.: Lieblichkeit)* *(der Jugend)* bloom; *(von Farben)* lustre; soft gleam; *(Wohlklang)* mellifluousness

Schmelze die; ~, ~n **a)** *(das [Zer]schmelzen)* [process of] melting; **b)** *(Technik: verflüssigtes Material)* melt

schmelzen [ʃmɛltsn̩] 1. unr. itr. V.; mit sein **a)** melt; *(fig.)* 〈doubts, apprehension, etc.〉 dissolve, fade away; **sein Vermögen war geschmolzen** *(fig.)* his fortune had melted away; **b)** *(fig.: weich werden)* soften; **ihm schmolz das Herz** his heart melted. 2. unr. tr. V. melt; smelt 〈ore〉; render 〈fat〉

schmelzend 1. Adj. mellifluous 〈glance, tones〉; mellifluous, mellow 〈voice, tones, etc.〉. 2. adv. ~ singen sing in melting tones

Schmelz-: **~hütte** die smelting works *sing. or pl.*; **~käse** der processed cheese; **~ofen** der *(Technik)* smelting furnace; **~punkt** der melting-point; **~tiegel** der crucible; melting-pot *(esp. fig.)*; **~wasser**

das; Pl. **~wasser** melted snow and ice; meltwater *(Geol.)*

Schmerbauch [ʃmeːɐ̯-] der *(ugs.)* **a)** *(dicker Bauch)* pot-belly; paunch; **b)** *(dickbäuchiger Mensch)* pot-belly

Schmerle [ʃmɛrlə] die; ~, ~n *(Zool.)* loach

Schmerz [ʃmɛrts] der; ~es, ~en **a)** *(physisch)* pain; *(dumpf u. anhaltend)* ache; **wo haben Sie ~en?** where does it hurt?; **~en im Rücken/Arm** pain in one's back/arm; *(an verschiedenen Stellen)* pains in one's back/arm; **~en haben** be in pain; **etw. mit** *od.* **unter ~en tun** do sth. in pain *or* agony; **vor ~[en] weinen/sich vor ~en winden** cry with/writhe in pain *or* agony; **~, laß nach!** *(ugs. scherzh.)* oh no! it can't be!; that's the last straw!; **b)** *(psychisch)* pain; *(Kummer)* grief; **ein seelischer ~**: mental anguish *or* suffering; **jmdm. ~en bereiten** cause sb. pain/grief; **der ~ um jmdn.** grief for sb.; **tiefen ~ über etw.** *(Akk.)* **empfinden** be deeply grieved by sth.; **etw. mit ~en erkennen** realize sth. with a sense of grief; **jmdn./etw. mit ~en erwarten** wait for sb./sth. in an agony of impatience; **hast du sonst noch ~en?** *(ugs. spött.)* is there anything else you want?

schmerz·empfindlich Adj. sensitive to pain *pred.*; **~ sein** have a low pain threshold

Schmerz·empfindlichkeit die; ~: sensitivity to pain

schmerzen 1. tr. V. **jmdn. ~**: hurt sb.; *(Kummer bereiten)* grieve sb.; cause sb. sorrow; **es schmerzt mich, daß ...**: it grieves *or* pains me that ... 2. itr. V. hurt; **seine Wunde schmerzt** his wound is hurting *or* painful; **heftig ~**: be intensely painful

Schmerzens-: **~geld** das *(Rechtsspr.)* compensation *(for pain and suffering caused)*; exemplary damages *(Law)*; **~laut** der cry of pain; *(stöhnend)* moan; **~mann** der *(Kunstwiss.)* Ecce Homo; **~mutter** die *(Kunstwiss.)* Mater Dolorosa; **~schrei** der cry of pain; *(laut)* scream [of pain]

Schmerz·frei Adj. free of pain *pred.*; painless 〈operation〉

Schmerz·grenze die *(fig.)* jetzt/dann ist die ~ erreicht this/that is the absolute limit

schmerzhaft Adj. painful; 〈wund〉 sore

schmerzlich 1. Adj. painful; distressing; **die ~e Gewißheit haben, daß ...**: to be painfully aware that ...; **es ist mir eine ~e Pflicht, Ihnen mitteilen zu müssen, daß ...**: it is my painful duty to inform you that ... 2. adv. painfully

schmerz-, Schmerz-: **~lindernd** 1. Adj. pain-relieving; **~linderndes Mittel** pain-relieving drug; palliative; 2. adv. **~lindernd wirken** relieve pain; **~los** 1. Adj. painless; 2. adv. painlessly; *s. auch* **kurz 2 c**; **~schwelle** die *(Physiol.)* pain threshold; **~stillend** 1. Adj. pain-killing; analgesic *(Med.)*; **~stillendes Mittel** pain-killer; analgesic; 2. adv. **~stillend wirken** have a pain-killing *or* analgesic effect; **~tablette** die pain-killing *or (Med.)* analgesic tablet; **~unempfindlich** Adj. insensitive to pain *pred.*; **~verzerrt** Adj. 〈face, smile〉 distorted *or* twisted with pain; **~voll** 1. Adj. **a)** *(physisch)* [very] painful; **b)** *(psychisch)* painful; distressing; 2. adv. painfully

Schmetter·ball der *(Tennis usw.)* smash

Schmetterling der; ~s, ~e **a)** butterfly; *(Nachtfalter)* moth; **~e Europas** butterflies and moths of Europe; **b)** *o. Art. u. o. Pl. (Schwimmen)* butterfly

Schmetterlingsblütler [-bly:tlɐ] der; ~s, ~: papilionaceous plant

Schmetterlings·stil der; *o. Pl. (Schwimmen)* butterfly [stroke]

schmettern [ʃmɛtɐn] 1. tr. V. **a)** *(schleudern)* hurl 〈an + Akk. at, gegen against〉; **jmdn./etw. zu Boden ~**: send sb./sth. crashing to the ground; **die Tür ins Schloß ~**:

Schmetterschlag

slam the door hard; **b)** *(laut spielen, singen usw.)* blare out ⟨*march, music*⟩; ⟨*person*⟩ sing lustily ⟨*song*⟩; bellow ⟨*order*⟩; **einen Tusch ~:** unleash a loud flourish; **c)** *(Tennis usw.)* smash ⟨*ball*⟩. **2.** *itr. V.* **a)** *mit sein (aufprallen)* crash; smash; **b)** *(schallen)* ⟨*trumpet, music, etc.*⟩ blare out; **ein ~der Klang a blare**
Schmetter·schlag der *(bes. Faustball, Volleyball)* smash
Schmied [ʃmiːt] **der;** ~[e]s, ~e blacksmith; *s. auch* **Glück b**
schmiedbar *Adj.* malleable
Schmiede die; ~, ~n smithy; forge
schmiede-, Schmiede-: **~arbeit die** piece of wrought-iron work; **~arbeiten** [pieces *pl.* of] wrought-iron work *etc.*; **~eisen das** wrought iron; *(schmiedbares Eisen)* forgeable iron; **~eisern** *Adj.* wrought-iron; **~hammer der** drop-hammer; **~kunst die** blacksmith's craft
schmieden *tr. V.* *(auch fig.)* forge ⟨*zu* into, *aus* from, out of⟩; **Pläne/ein Komplott ~** *(fig.)* hatch plans/a plot; **Verse ~ Reime ~** *(spött.)* concoct verses; **an eine Mauer usw.) geschmiedet werden** ⟨*prisoner*⟩ be fettered to a wall *etc.*
schmiegen [ˈʃmiːgn̩] **1.** *refl. V.* snuggle, nestle ⟨**in** + *Akk.* in⟩; **sich an jmdn. ~:** snuggle [close] up to sb.; **sie schmiegte sich eng an seine Seite** she pressed *or* nestled close to his side; **sich an etw.** *(Akk.)* **~** *(fig.)* ⟨*road*⟩ hug sth.; ⟨*village*⟩ cling to sth.; **sich an jmds. Körper ~** *(fig.)* ⟨*dress*⟩ hug sb.'s figure. **2.** *tr. V.* press ⟨**an** + *Akk.* against⟩
schmiegsam *Adj.* supple ⟨*leather, material*⟩
Schmierage [ʃmiːˈraːʒə] **die;** ~ *(ugs. scherzh.) s.* **Schmiererei a**
¹Schmiere **die;** ~, ~n **a)** *(Schmierfett)* grease; **b)** *(schwieriger Schmutz)* greasy *or* slimy mess; **c)** *(ugs. abwertend: Provinztheater)* flea-pit of a provincial theatre; *(veralt.: Wanderbühne)* troop of second-rate barnstormers
²Schmiere die; ~: **in [bei etw.] ~ stehen** *(ugs.)* act as look-out [while sth. takes place]; *(in der Schule)* keep cave *(Sch. sl.)* [while sth. is going on]
schmieren [ˈʃmiːrən] **1.** *tr. V.* **a)** *(mit Schmiermitteln)* lubricate; *(mit Schmierfett)* grease; **(wie geschmiert** *(ugs.)* [go] like clockwork *or* without a hitch; **b)** *(streichen, auftragen)* spread ⟨*butter, jam, etc.*⟩ ⟨**auf** + *Akk.* on⟩; **Salbe auf eine Wunde ~:** apply ointment to a wound; **sich** *(Dat.)* **Creme ins Gesicht/Pomade ins Haar ~:** rub cream into one's face/hair cream into one's hair; **c)** *(mit Aufstrich)* **Brote/Schmalzbrote ~:** spread slices of bread/bread and dripping; **d)** *(abwertend: unsauber schreiben)* scrawl ⟨*essay, school work*⟩; *(schnell und nachlässig schreiben)* scribble, dash off ⟨*article, play, etc.*⟩; **Parolen an Wände usw. ~:** scrawl *or* daub slogans on walls *etc.*; **e)** *(ugs.: bestechen)* **jmdn. ~:** grease sb.'s palm; **f) jmdm. eine** *(salopp)* give sb. a clout *(coll.)*; **eine geschmiert kriegen** *(salopp)* get a clout *(coll.)*; **g)** *(Kartenspiel, bes. Skatjargon)* play ⟨*high-counting card*⟩ to a trick won by one's partner. **2.** *itr. V.* **a)** *(oil. grease)* lubricate; **b)** *(ugs. unsauber schreiben)* ⟨*person*⟩ scrawl, scribble; ⟨*pen, ink*⟩ smudge, make smudges
Schmieren-: ~komödiant der *(abwertend)* cheapjack play-actor; **~komödie die, ~theater das** *(abwertend)* shoddy farce
Schmiererei die; ~, ~en *(ugs. abwertend)* **a)** *o. Pl. (unsauberes Schreiben)* scrawling; scribbling; **eine einzige ~** one long scrawl; *(Kleckserei)* nothing but a smudgy mess; **b)** *(unsauber Geschriebenes)* scrawl; scribble
Schmier-: ~fett das grease; **~film der a)** *(auf der Straße usw.)* greasy surface; **b)** *(Technik)* film of lubricant; **~fink der** *(ugs. abwertend)* **a)** *(im Schreiben)* messy writer; *(jmd., der Wände beschmiert)* graffiti-writer; *(jmd., der Diffamierendes schreibt)* muck-raker; **b)** *(Kind, das sich/etw. schmutzig macht)* mucky pup *(coll.)*; **~geld das** *(ugs. abwertend)* slush-money; **~heft das** rough-book
schmierig *Adj.* **a)** *(feucht-klebrig)* greasy ⟨*surface, clothes, hands, step, etc.*⟩; slimy ⟨*earth, surface*⟩; **b)** *(schmutzig)* mucky; *(dreckig)* filthy; **c)** *(abwertend: widerlich freundlich)* slimy, *(coll.)* smarmy ⟨*person*⟩; **d)** *(abwertend: zweideutig)* dirty, smutty ⟨*joke etc.*⟩
Schmier-: ~käse der *(bes. nordd.) s.* **Streichkäse; ~mittel das** lubricant; **~öl das** lubricating oil; **~papier das** scrap paper; **~seife die** soft soap
schmilzt [ʃmɪltst] **2. u. 3. Pers. Sg. Präsens v.** **schmelzen**
Schminke [ˈʃmɪŋkə] **die;** ~, ~n make-up
schminken 1. *tr. V.* make up ⟨*face, eyes*⟩; **die Lippen ~:** put lipstick on; **der Bericht ist stark geschminkt** *(fig.)* the report has been given a very favourable slant. **2.** *refl. V.* make oneself up; put on make-up; **sich leicht/stark** *od.* **kräftig ~:** put on a little/a lot of make-up
Schmink-: ~stift der stick of make-up *or* greasepaint; **~tisch der** make-up table; **~topf der** make-up jar
Schmirgel [ˈʃmɪrgl̩] **der;** ~s emery
schmirgeln [ˈʃmɪrgl̩n] *tr. V.* **a)** *(schleifen)* rub down; *(bes. mit Sandpapier)* sand; **b)** *(durch Schmirgeln entfernen)* remove ⟨*paint, rust*⟩ with emery-paper/sandpaper
Schmirgel·papier das emery-paper; *(Sandpapier)* sandpaper
schmiß [ʃmɪs] **1. u. 3. Pers. Sg. Prät. v. schmeißen**
Schmiß der; Schmisses, Schmisse a) *(Fechtwunde)* [sabre] cut; *(Narbe)* duelling scar; **b)** *o. Pl. (veralt.: Schwung, Elan)* punch; zip
schmissig *(veralt.)* **1.** *Adj.* rousing ⟨*march, song*⟩; zippy ⟨*couplets etc.*⟩. **2.** *adv.* rousingly; with a swing
Schmock [ʃmɔk] **der;** ~[e]s, Schmöcke [ˈʃmœkə] *(abwertend: Schreiberling)* hack writer
Schmöker [ˈʃmøːkɐ] **der;** ~s, ~ *(ugs.)* lightweight adventure story/romance; **ein dicker ~:** a thick tome of light reading
schmökern *(ugs.)* **1.** *itr. V.* bury oneself in a book. **2.** *tr. V.* bury oneself in ⟨*book*⟩
schmollen [ˈʃmɔlən] *itr. V.* sulk; ⟨*lips, mouth*⟩ pout; **mit jmdm. ~:** be in a huff and refuse to speak to sb.
Schmoll-: ~mund der pouting mouth; **einen ~mund machen** *od.* **ziehen** pout; **~winkel der** *in* **sich in den ~winkel zurückziehen** *(ugs.)* go off into a corner to sulk; **get a fit of the sulks; im ~winkel sitzen** *(ugs.)* have [a fit of] the sulks
schmolz [ʃmɔlts] **1. u. 3. Pers. Sg. Prät. v. schmelzen**
Schmonzes [ˈʃmɔntsəs] **der;** ~ *(ugs. abwertend)* idle chatter; silly talk
Schmonzette [ʃmɔnˈtsɛtə] **die;** ~, ~n *(ugs. abwertend)* trashy play; *(Film)* trashy film
Schmor·braten der pot roast; braised beef
schmoren [ˈʃmoːrən] **1.** *tr. V.* braise; **jmdn. [im eigenen Saft] ~ lassen** *(ugs.)* leave sb. to stew in his/her own juice. **2.** *itr. V.* **a)** ⟨*garen*⟩ braise; **b)** *(ugs.: schwitzen)* swelter; **in der Sonne ~:** roast in the sun
Schmor·fleisch das braising steak
Schmu [ʃmuː] **der;** ~s *(ugs.)* little game; **erzähl mir keinen ~!** don't tell me any stories *(coll.)*; **~ machen** cheat; work a fiddle *(sl.)*
schmuck [ʃmʊk] *(veralt.)* **1.** *Adj.* attractive, pretty *(schick)* smart ⟨*clothes, house, ship, etc.*⟩. **2.** *adv.* attractively; smartly
Schmuck der; ~[e]s **a)** ⟨*~stücke*⟩ piece of jewellery *(esp. Brit.)*; **b)** ⟨*~stück*⟩ piece of jewelry/jewellery; **c)** *(Zierde)* decoration; **ornamentaler ~:** ornamental decoration; **die Stadt zeigte sich im ~ der Fahnen** *(geh.)* the town was decked with flags
schmücken [ˈʃmʏkn̩] *tr. V.* decorate; embellish ⟨*writings, speech*⟩; **sie schmückten sich mit Blumenkränzen** they adorned themselves with garlands; **~de Beiwörter/Zusätze** embellishments
Schmuck-, Schmuck-: ~kästchen das, ~kasten der jewelry *or (esp. Brit.)* jewellery box; **ihr Haus ist das reinste ~kästchen** her house is an absolute picture; **~los** *Adj.* plain; bare ⟨*room*⟩; **~loses Grab** an undecorated grave
Schmucklosigkeit die; ~: plainness; *(eines Zimmers)* bareness
Schmuck-: ~sachen *Pl.* jewelry *sing.*; jewellery *sing. (esp. Brit.)*; **~stein der** attractive stone *(used in jewelry)*; gemstone; **~stück das** piece of jewelry *or (esp. Brit.)* jewellery; **ein ~stück/das ~stück seiner Sammlung** *(fig.)* one of the jewels/the jewel of his collection; **~waren** *Pl.* jewelry *sing.*; jewellery *sing. (esp. Brit.)*
Schmuddel der; ~s *(ugs. abwertend)* muck *(coll.)*; grime
schmuddelig *Adj. (ugs. abwertend)* grubby; mucky *(coll.)*; *(schmutzig u. unordentlich)* messy; grotty *(Brit. sl.)*
Schmuggel [ˈʃmʊgl̩] **der;** ~s smuggling *no art.*; **~ treiben** smuggle
schmuggeln *tr. V. (auch itr. V.)* smuggle ⟨**in** + *Akk.* into; **aus** out of⟩; **jmdm. einen Zettel in die Handtasche ~** *(fig.)* smuggle a note into sb.'s handbag
Schmuggel·ware die smuggled goods *pl.*; contraband *no pl.*
Schmuggler der; ~s, ~, **Schmugglerin die;** ~, ~nen smuggler
schmunzeln [ˈʃmʊntsl̩n] *itr. V.* **[vor sich** *(Akk.)* **hin] ~:** smile [quietly] to oneself; **ein Schmunzeln unterdrücken** suppress a smile
Schmus [ʃmuːs] **der;** ~es *(ugs.)* *(Angeberei)* big talk; *(Geschwafel)* waffle; *(Schmeicheleien)* soft soap; **so ein ~!** what a load of waffle/soft soap
Schmuse·katze die *(fam.)* cuddly sort *(coll.)*; *(kleines Mädchen)* cuddly little thing *(coll.)*; **eine ~ sein** be the cuddly sort *(coll.)*
schmusen [ˈʃmuːzn̩] *itr. V. (ugs.)* **a)** *(zärtlich sein)* cuddle; ⟨*couple*⟩ kiss and cuddle; *(knutschen)* neck *(sl.)*; **mit jmdm. ~:** kiss and cuddle *or (sl.)* neck with sb.; ⟨*lover*⟩ kiss and cuddle *or (sl.)* neck with sb.; **miteinander ~:** have a cuddle; ⟨*couple*⟩ have a kiss and a cuddle; ⟨*de Pärchen*⟩ snogging *(Brit. sl.)* or *(sl.)* necking couples; **b)** *(abwertend: schmeicheln)* soft-soap
Schmuser der; ~s, ~ *(ugs.)* affectionate type; cuddly sort *(coll.)*; **er ist ein kleiner ~:** he's a cuddly little thing
Schmutz [ʃmʊts] **der;** ~es **a)** dirt; *(Schlamm)* mud; **der ~ von den Malern** the mess left by the painters; **etw. macht viel/keinen ~:** sth. makes a great deal of/leaves no mess; **durch den dicksten ~ laufen** walk through the worst bit of mud; **jmdn./etw. durch den ~ ziehen** *od.* **in den ~ treten** *(fig.)* drag sb./sth. through the mud *(fig.)*; **b)** *(abwertend: minderwertige, geschmacklose Literatur, Filme usw.)* filth; **~ und Schund** trash and filth; *s. auch* **bewerfen a**
schmutz·abweisend *Adj.* dirt-resistant
schmutzen *itr. V.* get dirty
Schmutz-: ~fänger der a) *(etw., das Schmutz anzieht)* dirt-trap; **b)** *(bei Fahrzeugen)* mud-flap; **~fink der;** ~en *od.* ~s, ~en *(ugs.)* **a)** *(unsauberer Mensch)* [dirty] pig *(coll.)*; **b)** *(Kind)* dirty beast; **b)** *(unmoralischer Mensch)* depraved type *(coll.)*; **alter ~fink** dirty old man; **~fleck der** dirty mark **(in** + *Dat.* on); *(in der Landschaft usw.)* blot
schmutzig 1. *Adj.* **a)** *(unsauber)* dirty; *(un-*

gepflegt) dirty, slovenly ⟨*person, restaurant, etc.*⟩; **sich/sich** *(Dat.)* **die Finger ~ machen** get [oneself] dirty/get one's fingers dirty *or* grubby; *s. auch* **Finger a**; **b)** *(abwertend: unverschämt)* cocky ⟨*remarks*⟩; **ein ~es Lächeln** a smirk; **c)** *(abwertend: obszön)* smutty ⟨*joke, song, story*⟩; dirty ⟨*thoughts*⟩; **d)** *(abwertend: unlauter)* dirty ⟨*business, war*⟩; crooked, shady ⟨*practices, deal*⟩; **eine ~e Gesinnung** a devious cast of mind. **2.** *adv. (abwertend)* ~ **grinsen** smirk

Schmutzigkeit die; ~: dirtiness

Schmutz-: ~**titel der** *(Druckw.)* half-title; ~**wäsche die** dirty washing; ~**wasser das**; *Pl.* ~**wässer** dirty water; *(Abwasser)* sewage

Schnabel [ˈʃnaːbl̩] **der**; ~**s, Schnäbel** [ˈʃnɛːbl̩] **a)** beak; **b)** *(ugs.: Mund)* gob *(sl.)*; **reden, wie einem der ~ gewachsen ist** say just what one thinks; **c)** *(an einer Kanne)* spout; *(an einem Krug)* lip; **d)** *(hist.: an Schiffen)* prow; **e)** *(Musik: Mundstück)* mouthpiece

Schnabel·hieb der peck

schnäbeln [ˈʃnɛːbl̩n] *itr. V.* **a)** ⟨*birds*⟩ bill; **b)** *(ugs. scherzh.: sich küssen)* bill and coo

Schnabel-: ~**schuh der** *(hist.)* pointed shoe *(often with turned-up toe)*; ~**tier das** duck-billed platypus

schnabulieren [ʃnabuˈliːrən] *tr., itr. V. (fam.)* eat with great enjoyment

Schnack [ʃnak] **der**; ~**[e]s, ~s** *od.* **Schnäcke** [ˈʃnɛkə] *(nordd.)* **a)** *(Unterhaltung)* chat; **b)** *(abwertend: Gerede)* idle chatter; gossip; **c)** *(witziger Spruch)* witty saying; bon mot

schnackeln *itr. V. (ugs.)* **a)** *(bes. bayr.: schnalzen)* **mit der Zunge/den Fingern ~:** click one's tongue/snap one's fingers; **b)** *(unpers.)* **es hat geschnackelt** *(bes. südd.)* (es ist geglückt) it's come off; success [at last]!; *(jmd. hat begriffen)* it's clicked *(sl.)*; **bei den beiden hat's geschnackelt** those two have fallen for one another *(coll.)*

schnacken *itr. V. (nordd.)* chat; **platt ~:** talk in Low German dialect

Schnake [ˈʃnaːkə] **die**; ~, ~**n a)** daddy-long-legs; crane-fly; **b)** *(bes. südd.: Stechmücke)* mosquito

Schnaken·stich der *(bes. südd.)* mosquito bite

Schnalle [ˈʃnalə] **die**; ~, ~**n a)** *(Gürtel~)* buckle; **b)** *(österr.: Türklinke)* door-handle; **c)** *(salopp: weibliche Person)* cow *(sl. derog.)*; *(Prostituierte)* tart *(sl.)*

schnallen *tr. V.* **a)** *(mit einer Schnalle festziehen)* buckle ⟨*shoe, belt*⟩; fasten ⟨*strap*⟩; **den Gürtel/Riemen enger/weiter ~:** tighten/loosen one's belt/the strap; **b)** *(mit Riemen/Gurten befestigen)* strap *(auf + Akk.* on to); **c)** *(los~)* **etw. von etw. ~:** unstrap sth. from sth.; **d)** *(salopp: begreifen)* twig *(coll.)*

Schnallen·schuh der buckle-shoe

schnalzen *itr. V.* [mit der Zunge/den Fingern] ~: click one's tongue/snap one's fingers; **mit der Peitsche ~:** crack the whip

schnapp *Interj.* **a)** *click; (beim Zufallen eines Deckels o. ä.)* bang; *(beim Schneiden)* snip; ~ **machen** go click/bang/snip

Schnäppchen [ˈʃnɛpçən] **das**; ~**s, ~** *(ugs.)* bargain; **ein ~ machen** get a bargain

schnappen [ˈʃnapn̩] **1.** *itr. V.* **a)** **nach jmdm./etw. ~:** ⟨*animal*⟩ snap or take a snap at sb./sth.; **nach Luft ~** *(fig.)* gasp for breath *or* air; **b)** *mit sein (schnellen)* [in die Höhe] ~: spring up [with a snap]; **ins Schloß ~** ⟨*door*⟩ click shut; ⟨*bolt*⟩ snap home; **c)** *(leise knallen)* snap; ⟨*scissors*⟩ snip. **2.** *tr. V.* **a)** ⟨*dog, bird, etc.*⟩ snatch; [sich ⟨*Dat.*⟩] **jmdn./etw. ~:** *(ugs.)* ⟨*person*⟩ grab sb./sth.; *(mit raschem Zugriff)* snatch sb./sth.; *s. auch* **Luft a**; **b)** *(ugs.: festnehmen)* catch, *(sl.)* nab ⟨*thief etc.*⟩

Schnäpper der; ~**s, ~** *(Türfalle)* latch

Schnapp-: ~**messer das** clasp-knife; **b)** *(Stichwaffe)* flick-knife; ~**schloß das** spring lock; ~**schuß der** snapshot

Schnaps [ʃnaps] **der**; ~**es, Schnäpse** [ˈʃnɛpsə] **a)** spirit; *(Klarer)* schnapps; **zwei Schnäpse** two glasses of spirit/schnapps; **b)** *o. Pl. (Spirituosen)* spirits *pl.*

Schnaps·brennerei die distillery

Schnaps·bruder der *(ugs. abwertend)* boozer *(coll.)*

Schnäpschen [ˈʃnɛpsçən] **das**; ~**s, ~** *(fam.)* small schnapps

Schnaps·drossel die *(scherzh.)* boozer *(coll.)*

schnäpseln [ˈʃnɛpsl̩n] *itr. V. (ugs. scherzh.)* booze [the hard stuff] *(coll.)*

Schnaps-: ~**flasche die** spirits/schnapps bottle; ~**glas das** schnapps glass; ~**idee die** *(ugs.)* hare-brained idea; ~**zahl die** *(scherzh.)* number in which all the digits are the same

schnarchen [ˈʃnarçn̩] *itr. V.* snore

Schnarcher der; ~**s, ~** *(ugs.)* **a)** *(Mensch)* snorer; **b)** *(Geräusch)* snore

schnarren [ˈʃnarən] *itr. V.* **a)** ⟨*alarm clock, telephone, doorbell*⟩ buzz [shrilly]; **mit ~der Stimme** in a rasping voice

schnattern [ˈʃnatɐn] *itr. V.* **a)** ⟨*goose etc.*⟩ cackle, gaggle; **b)** *(ugs.: eifrig schwatzen)* jabber [away]; chatter; **c)** *(bes. nordd.: zittern)* **er schnatterte vor Kälte** his teeth were chattering with the cold

schnauben [ˈʃnaubn̩] *regelm. (auch unr.) itr. V.* **a)** ⟨*person, horse*⟩ snort (**vor** with); *(fig.)* ⟨*steam locomotive*⟩ puff, chuff; **heftig ~:** pant heavily; **wütend ~:** snort with fury; **b)** *(bes. südd.: atmen)* breathe

schnaufen [ˈʃnaufn̩] *itr. V.* puff, pant (**vor** with); *(fig.)* ⟨*steam locomotive*⟩ puff, chuff

Schnaufer der; ~**s, ~** *(ugs.)* breath; **einen ~ lang** for a second; **den letzten ~ tun** *(verhüll.)* breathe one's last

Schnauferl das; ~**s, ~,** *(österr.:)* ~**n** *(ugs. scherzh.)* venerable old vehicle; oldie *(coll.)*

Schnauz [ʃnauts] **der**; ~**es, Schnäuze** [ˈʃnɔytsə] *(bes. schweiz.) s.* **Schnauzbart a**

Schnauz·bart der a) *(Bartform)* large moustache; mustachio *(arch.)*; *(an den Seiten herabhängend)* walrus moustache; **b)** *(ugs.: Bartträger)* heavily mustachioed fellow *(dated/literary)*

schnauz·bärtig *adj.* mustachioed *(dated/literary)*

Schnäuzchen [ˈʃnɔytsçən] **das a)** *(von Tieren)* little nose; *(der Maus usw.)* little snout; **b)** *(von Menschen)* little mouth

Schnauze die; ~, ~**n a)** *(von Tieren)* muzzle; *(der Maus usw.)* snout; *(Maul)* mouth; **eine kalte ~:** a cold nose; **b)** *(derb: Mund, Mundwerk)* gob *(sl.)*; **jmdm. in die ~ hauen** smack sb. in the gob *(sl.)*; **die ~ voll haben** *(salopp)* be fed up to the back teeth *(coll.)*; **eine große ~ haben** shoot one's mouth off *(sl.)*; **eine freche/lose ~ haben** be a cheeky so-and-so *(coll.)*/have a loose tongue; **die ~ halten** keep one's trap shut *(sl.)*; [halt die] ~! shut your trap! *(sl.)*; **frei [nach] ~, nach ~** *(salopp)* as one thinks fit; as the mood takes one; *s. auch* **verbrennen 2 b**; **c)** *(ugs.) s.* **Schnabel c**; **d)** *(Vorderteil)* ⟨*eines Flugzeugs*⟩ nose; ⟨*eines Fahrzeugs*⟩ front

schnauzen *tr., itr. V. (ugs.)* bark; *(ärgerlich)* snarl

Schnauzer der; ~**s, ~ a)** *(Hund)* schnauzer; **b)** *(ugs.) s.* **Schnauzbart a**

Schnecke [ˈʃnɛkə] **die a)** *(Tier)* snail; *(Nackt~)* slug; **jmdn. [so] zur ~ machen** *(ugs.)* give sb. [such] a good carpeting *(coll.)*; **b)** *(ugs.: Gebäck)* Belgian bun; **c)** *meist Pl. (Frisur)* coiled plait (over the ear); earphone; **d)** *(Anat.: im Ohr)* cochlea; **e)** *(bei Streichinstrumenten)* scroll; **f)** *(Kunstwiss.) s.* **Volute**

Schnecken-: ~**frisur die** earphones *pl.*; ~**gewinde das** *(Technik)* worm; ~**haus das** snail-shell; ~**nudel die** *(bes. südd.) s.* **Schnecke b**; ~**post die** *(scherzh.)* **in mit der ~post** at a crawl; ~**tempo das** *(ugs.)* snail's pace; **im ~tempo** at a snail's pace

Schnee [ʃneː] **der**; ~**s a)** snow; **in tiefem ~ liegen** lie under deep snow; **~ von gestern** *(ugs.) /a thing of the past;* **ancient history** *(fig.)*; **anno ~, im Jahre ~** *(österr.)* in the year dot *(coll.)*; **b)** *(Eier~)* beaten egg-white; **das Eiweiß zu ~ schlagen** beat the egg-white until stiff; **c)** *(Jargon: Kokain)* snow *(sl.)*

Schnee·ball der a) snowball; **b)** *(Strauch)* snowball-tree; guelder rose

Schneeball-: ~**schlacht die** snowball fight; **eine ~schlacht machen** have a snowball fight; ~**system das a)** *(Form des Warenabsatzes)* pyramid selling *no art.*; **b)** *(Verbreitungsart)* cumulative [distribution] process; snowball; *(Fernspr.)* cascade system; *(Post)* chain-letter system

schnee-, Schnee-: ~**bedeckt** *Adj.* snow-covered; ~**besen der** whisk; ~**blind** *Adj.* snow-blind; ~**blindheit die** snow-blindness; ~**brett das** [stretch of] wind-slab; ~**brille die** snow-goggles *pl.*; ~**decke die** blanket *or* covering of snow; ~**fall der** snowfall; fall of snow; **dichter ~fall setzte ein** thick snow began to fall; ~**flocke die** snowflake; ~**fräse die** rotary [snow-]plough; ~**frei** *Adj.* free of snow *postpos.*; ~**gestöber das** snow flurry; ~**glatt** *Adj.* slippery with [packed] snow *postpos.*; ~**glätte die** [slippery surface due to] packed snow; **bei ~glätte** when the roads are slippery because of packed snow; ~**glöckchen das** snowdrop; ~**grenze die** snow-line; *(beweglich)* snow limit; ~**hase der** snow hare; ~**huhn das** snow-grouse; ptarmigan

schneeig *Adj.* snowy

schnee-, Schnee-: ~**kette die** snow-chain; ~**könig der in sich freuen wie ein ~könig** *(ugs.)* be as pleased as Punch; ~**landschaft die** snowy *or* snow-covered landscape; ~**mann der** snowman; ~**matsch der** slush; ~**pflug der** *(auch Ski)* snow-plough; ~**raupe die** snowmobile *for preparing ski-runs*; ~**regen der** sleet; ~**schauer der** snow-shower; ~**schmelze die** melting of the snow; thaw; ~**schuh der a)** *(veralt.)* ski; **b)** *(Lauffläche)* snow-shoe; ~**sturm der** snowstorm; ~**treiben das** driving snow; ~**verhältnisse** *Pl.* snow conditions; ~**verwehung die:** ~**verwehung[en]** snow-drifts *pl.*; **eine ~verwehung** a mass of snow-drifts; ~**wächte die** cornice; ~**wehe die** snow-drift; ~**weiß** *Adj.* snow-white; as white as snow *postpos.*

Schneewittchen [-ˈvɪtçən] **das**; ~**s** Snow White

Schneid der; ~**[e]s, südd., österr.: die;** *(ugs.)* guts *pl. (coll.)*; **ihm fehlt der ~:** he hasn't got the guts [to do it]; **dazu gehört ~:** that takes some nerve; **jmdm. den ~ od. ~ abkaufen** take the fight out of sb.

Schneid·brenner der *(Technik)* cutting torch; oxy-acetylene cutter

Schneide [ˈʃnaɪdə] **die**; ~, ~**n** [cutting] edge; *(Klinge)* blade; **eine doppelte ~ haben** be two-edged

schneiden 1. *unr. V.* **a)** cut (**in** + *Akk.* into); **b)** *(Medizinerjargon: operieren)* operate; **c)** *(beim Fahren)* **bei Überholmanövern ~:** cut in after overtaking; **d)** *(Schmerz verursachen)* ⟨*wind, cold*⟩ be biting; ~**de Kälte** ⟨*wind, cold, voice, sarcasm*⟩; **es schnitt ihm ins Herz** *(fig.)* it cut him to the quick. **2.** *unr. tr. V.* **a)** cut, reap ⟨*corn etc.*⟩; mow ⟨*grass*⟩; *(in Scheiben)* slice ⟨*bread, sausage, etc.*⟩; *(klein ~)* cut up, chop ⟨*wood, vegetables*⟩; *(zurecht~)* cut out ⟨*dress*⟩; *(stutzen)* prune ⟨*tree, bush*⟩; trim ⟨*beard*⟩; **Kräuter in die Suppe/Wurst unter die Kartoffeln ~:** cut up herbs/sausage and add them to the soup/potatoes; **sich** *(Dat.)* **von jmdm. die Haare ~ lassen** have one's hair cut by sb.; **hier ist ei-**

Schneider

ne Luft zum Schneiden *(fig.)* there's a terrible fug in here *(coll.);* **ein eng/weit/gut geschnittenes Kleid** a tight-fitting/loose-fitting/well-cut dress; **ein regelmäßig geschnittenes Gesicht** *(fig.)* a face with regular features; **b)** *(Medizinerjargon: auf~)* operate on ⟨*patient*⟩; cut [open] ⟨*tumour, ulcer, etc.*⟩; lance ⟨*boil, abscess*⟩; **c)** *(Film, Rundf., Ferns.: cutten)* cut, edit ⟨*film, tape*⟩; **d)** *(beim Fahren)* **eine Kurve ~:** cut a corner; **jmdm./einen anderen Wagen ~:** cut in on sb./another car; **e)** *(kreuzen)*⟨*line, railway, etc.*⟩ intersect, cross; **die Linien/Straßen ~ sich** the lines/roads intersect; **f)** *(Tennis usw.)* slice, put spin on ⟨*ball*⟩; *(Fußball)* put side on ⟨*ball, free kick*⟩; *(Billard)* put side on ⟨*ball*⟩; **g) eine Grimasse ~:** grimace; **h)** *(ignorieren)* **jmdn. ~:** cut sb. dead; send sb. to Coventry *(Brit.)*. **3.** *refl. V.* **ich habe mir** *od.* **mich in den Finger geschnitten** I've cut my finger; **wenn du das meinst, hast du dich geschnitten** *(fig.)* if you think that, you've made a big mistake

Schneider *der;* **~s, ~ a)** tailor; *(Damen~)* dressmaker; **frieren wie ein ~** *(ugs.)* be frozen stiff; **b)** *(ugs.: Schneidegerät)* cutter; *(für Scheiben)* slicer; **c)** *(Skat: 30 Punkte)* schneider; **[im] ~ sein** have less than 30 points; be schneidered; **~ ansagen** declare schneider; **aus dem ~ sein** have made schneider; *(fig. ugs.: eine schwierige Situation überwunden haben)* be in the clear; be clear of trouble; **d)** *(Tischtennis: unter 11 Punkte)* [score of] less than 11 points

Schneiderei *die;* **~, ~en a)** tailor's shop; *(Damen~)* dressmaker's shop; **b)** *o. Pl. (das Schneidern)* tailoring; *(von Damenkleidern)* dressmaking

Schneiderin *die;* **~, ~nen** tailor; *(Damen~)* dressmaker

Schneider-: **~kostüm** *das* tailor-made *or* tailored suit; **~kreide** *die* tailor's chalk; French chalk; **~meister** *der* master tailor; *(für Damenkleider)* master dressmaker

schneidern 1. *tr. V.* make ⟨*dress, clothes*⟩; make, tailor ⟨*suit*⟩; **sie schneidert ihre Sachen selbst** she makes her own clothes. **2.** *itr. V.* make clothes/dresses; *(beruflich)* work as a tailor; *(als Schneiderin)* work as a dressmaker

Schneide-: **~puppe** *die* tailor's dummy; *(eines Damenkleides)* dressmaker's dummy; **~sitz** *der* cross-legged position; **im ~sitz** cross-legged

Schneide-: **~tisch** *der (Film, Ferns.)* editing *or* cutting table; **~zahn** *der* incisor

schneidig 1. *Adj.* **a)** *(forsch, zackig)* dashing; *(waghalsig)* daring; bold; rousing, brisk ⟨*music*⟩; **b)** *(flott, sportlich)* dashing ⟨*appearance, fellow*⟩; trim ⟨*figure*⟩. **2.** *adv.* briskly; **~ spielen** play in a rousing/lively manner

schneien ['ʃnaɪən] **1.** *itr., tr. V. (unpers.)* **es schneit** it is snowing; **es schneit/schneite jeden Tag** it snows/snowed every day; **es schneit dicke Flocken** *od.* **in dicken Flocken** big flakes of snow are falling; **es schneit auf dem Bildschirm** *(fig.)* there's a snowstorm on the screen. **2.** *itr. V.; mit sein (fig.)* ⟨*blossom, confetti, etc.*⟩ rain down, fall like snow

Schneise ['ʃnaɪzə] *die;* **~, ~n a)** *(Wald~)* aisle; *(als Feuerschutz)* firebreak; **b)** *(Flug~)* [air] corridor

schnell [ʃnɛl] **1.** *Adj.* quick ⟨*journey, decision, service, etc.*⟩; fast ⟨*car, skis, road, track, etc.*⟩; quick, rapid, swift ⟨*progress*⟩; quick, swift ⟨*movement, blow, action*⟩; **ein ~es Tempo** a high speed; a fast pace; **um ~e Erledigung der Angelegenheit bitten** request that the matter be handled speedily; **sie ist sehr ~ bei der Arbeit** she is a very quick worker; **~es Geld** *(ugs.)* money for jam *(coll.);* **die** *od.* **eine ~e Mark machen** *(salopp)* make a fast buck *(sl.);* **auf die ~e** *(ugs.)* in a trice; *(übereilt)* in [too much of a]

hurry; in a rush; *(kurzfristig)* at short notice; quickly; **auf die ~e ein Bier/eins auf die ~e trinken** have a quick beer/a quick one. **2.** *adv.* quickly; ⟨*drive, move, etc.*⟩ fast, quickly; ⟨*spread*⟩ quickly, rapidly; *(bald)* soon ⟨*old, past, etc.*⟩; **nicht so ~!** not so fast!; **mach ~!** *(ugs.)* move it! *(coll.);* **so ~ macht ihm das keiner nach** nobody is going to equal that in a hurry; **wie heißt er noch ~?** *(ugs.)* what's his name again?; **es ging ~er, als man dachte** it went quicker than expected; **das geht mir zu ~:** that's too quick for me

Schnell-: **~bahn** *die (Verkehrsw.)* municipal railway; **~boot** *das (Torpedoschnellboot)* motor torpedo boat; PT boat *(Amer.);* **~dienst** *der* express service

Schnelle *die;* **~, ~n a)** *o. Pl. (Schnelligkeit)* rapidity; *(Tempo)* speed; **b)** *(Geog.: Strom~)* rapids *pl.*

schnellebig [-leːbɪç] *Adj.* **a)** *(Biol.: kurzlebig)* short-lived ⟨*animal, insect*⟩; **b)** *(hektisch, betriebsam)* fast-moving ⟨*age*⟩

schnellen 1. *itr. V.; mit sein* shoot ⟨*aus + Dat.* out of; **in +** *Akk.* into); **in die Höhe ~:** ⟨*person*⟩ leap to one's feet or up; ⟨*rocket, fig.: prices etc.*⟩ shoot up. **2.** *tr. V.* send ⟨*ball, stone, etc.*⟩ flying; hurl ⟨*ball, stone, etc.*⟩; whip ⟨*fishing-line*⟩; **sich mit dem Trampolin in die Höhe ~:** leap high into the air on a/the trampoline

Schnell-: **~feuer** *das;* *o. Pl. (Milit.)* rapid fire; **~feuergewehr** *das* semi-automatic rifle; **~gaststätte** *die* fast-food restaurant; *(~imbiß)* snack-bar; **~gericht** *das* convenience food; *(in Lokalen)* quick snack; **~hefter** *der* loose-leaf binder; quick-release file

Schnelligkeit *die;* **~, ~en a)** *(Tempo)* speed; **die ~, mit der sie arbeitet** the speed at which she works; **b)** *o. Pl. (das Schnellsein)* rapidity; speed

schnell-, Schnell-: **~imbiß** *der* snackbar; **~kochplatte** *die* high-speed ring; **~kochtopf** *der* pressure-cooker; **~kraft** *die;* *o. Pl.* springiness; **~kurs** *der* crash course; **~lebig** *s.* schnellebig; **~paket** *das (Postw.)* express parcel; **~reinigung** *die* express cleaner's

schnellstens *Adv.* as quickly as possible; *(möglichst bald)* as soon as possible

schnellstmöglich 1. *Adj.* quickest possible; **auf ~e Erledigung der Arbeit drängen** press for the earliest possible completion of the work. **2.** *adv. s.* schnellstens

Schnell-: **~straße** *die* expressway *(on which slow-moving vehicles are prohibited)*; **~verfahren** *das* **a)** *(bes. Technik.)* high-speed process; **im ~verfahren** *(fig.)* at high speed; in a crash programme; **b)** *(Rechtsw.)* summary trial; summary proceedings *pl.;* **im ~verfahren** in summary proceedings; **~verkehr** *der (Kfz-W.)* fast-moving traffic; *(~verkehrsnetz)* express services *pl.;* **~zug** *der* express [train]; **~zugzuschlag** *der* express train supplement

Schnepfe ['ʃnɛpfə] *die;* **~, ~n a)** *(Vogel)* snipe; *(Wald~)* woodcock; **b)** *(salopp abwertend: weibliche Person)* [blöde] **~:** [silly] cow *(sl. derog.);* **c)** *(salopp abwertend: Prostituierte)* tart *(sl.)*

schnetzeln ['ʃnɛtsl̩n] *(bes. südd.)* cut ⟨*meat*⟩ into thin strips

schneuzen ['ʃnɔʏtsn̩] **1.** *tr. V.* **einem Kind die Nase ~:** blow a child's nose; **sich** *(Dat.)* **die Nase ~:** blow one's nose. **2.** *refl. V. (geh.)* blow one's nose

Schnickschnack *der (ugs.; meist abwertend)* **a)** *(wertloses Zeug)* trinkets *pl.;* *(Zierat)* frills *pl. (fig.);* **überflüssiger ~:** superfluous paraphernalia *sing.;* **b)** *(Geschwätz)* waffle; *(Unsinn)* drivel; **~!** rubbish!

schniefen ['ʃniːfn̩] *itr. V.* sniffle; *(bes. beim Weinen)* snivel

schniegeln ['ʃniːɡl̩n] *refl. V.* spruce oneself up; *s. auch* geschniegelt

schnieke ['ʃniːkə] **1.** *Adj. (berlin.)* **a)** *(schick, elegant)* snazzy *(sl.)* ⟨*clothes, fashion, etc.*⟩; **b)** *(großartig)* super *(Brit. coll.).* **2.** *adv.* snazzily *(sl.)*

schnipp *Interj.* snip; **~, schnapp!** snip, snip

Schnippchen *das;* **~s** trick; **jmdm. ein ~ schlagen** *(ugs.)* outsmart sb. *(coll.);* **put** one over on sb. *(sl.);* **dem Tod/Schicksal ein ~ schlagen** *(ugs.)* cheat death/fate

Schnippel *der* *od. das;* **~s, ~** *(ugs.)* scrap; *(Papier~, Stoff~)* snippet; shred

Schnippelchen *das;* **~s, ~:** tiny scrap; *(Papier~, Stoff~)* tiny snippet or shred

schnippeln *(ugs.)* **1.** *itr. V. (mit der Schere)* snip [away] ⟨**an +** *Dat.* at); **an der Wurst ~** *(mit dem Messer)* cut little snippets of sausage. **2.** *tr. V.* **a)** *(ausschneiden)* snip [out]; **b)** *(zerkleinern)* shred ⟨*vegetables*⟩; chop ⟨*beans etc.*⟩ [finely]

schnippen ['ʃnɪpn̩] **1.** *itr. V.* **a)** *(mit der Schere)* snip; **b)** *(mit den Fingern)* snap one's fingers ⟨**nach** at); **mit Daumen und Mittelfinger ~:** snap one's thumb and middle finger together. **2.** *tr. V.* **a)** *(wegschleudern)* flick ⟨**von** off, from⟩; **die Asche von der Zigarette ~:** flick the ash off one's cigarette; **b)** *(herausschleudern)* tap ⟨*cigarette, card, etc.*⟩ ⟨**aus** out of⟩

schnippisch *(abwertend)* **1.** *Adj.* pert ⟨*reply, tone, etc.*⟩; *(anmaßend)* cocky ⟨*girl, tone, expression*⟩. **2.** *adv.* pertly; *(anmaßend)* cockily

Schnipsel ['ʃnɪps!] *der od. das;* **~s, ~:** scrap; *(Papier~, Stoff~)* snippet; shred

schnipseln *s.* schnippeln

schnitt [ʃnɪt] **1.** *u.* **3.** *Pers. Sg. Prät. v.* schneiden

Schnitt *der;* **~[e]s, ~e a)** cut; *(Operations~)* incision; cut; **etw. mit einem [schnellen] ~ durchtrennen** divide sth. by cutting it [quickly]; **sich** *(Dat.)* **einen ~ beibringen** cut oneself; **b)** *(das Mähen) (von Gras)* mowing; cut; *(von Getreide)* harvest; **das Korn ist reif für den ~:** the corn is ready for reaping *or* harvesting; **einen** *od.* **seinen ~ [bei etw.] machen** *(fig. ugs.)* make a profit [from sth.]; **c)** *(Form von Kleidung, Haar, Edelsteinen usw.)* cut; **eine Wohnung mit gutem ~** *(fig.)* a well-planned flat *(Brit.)* or *(Amer.)* apartment; **ihr Profil hat einen klassischen ~** *(fig.)* she has a classical profile; **d)** *(Film, Ferns.)* editing; cutting; **ein harter/weicher ~:** editing with straight or sudden/gradual cuts; **~:** Gisela Meyer edited by or editor Gisela Meyer; **e)** *(~muster)* [dressmaking] pattern; *(Längs~, Quer~, Schräg~)* section; **etw. im ~ darstellen** show sth. in section; **g)** *(ugs.: Durch~)* average; **er fährt einen ~ von 200 km/h** he is driving at *or* doing an average [speed] of 125 m.p.h.; **im ~:** on average; **h)** *(Math.) s.* golden 1c; **i)** *(Geom.: ~fläche)* intersection; **j)** *(Ballspiele: Drall)* spin; **den Ball mit ~ spielen** *od.* schlagen put spin on the ball

Schnitt-: **~blume** *die* cut flower; **~bohne** *die* French bean; **~brot** *das* cut *or* sliced bread

Schnittchen *das;* **~s, ~:** canapé; [small] open sandwich

Schnitte *die;* **~, ~n a)** *(bes. nordd.: Scheibe)* slice; **eine ~:** a slice of bread; **eine [belegte] ~:** an open sandwich; **b)** *meist Pl. (österr.: Waffel)* wafer

Schnitter *der;* **~s, ~** *(veralt.)* reaper

schnitt-, Schnitt-: **~fest** *Adj.* firm ⟨*tomato, sausage, etc.*⟩; **~fläche** *die* cut surface; **die ~fläche des Käses** the cut end of the cheese; **~holz** *das* cut timber

schnittig 1. *Adj.* stylish, smart ⟨*suit, appearance, etc.*⟩; *(sportlich)* racy ⟨*car, yacht, etc.*⟩; *(stromlinienförmig)* streamlined ⟨*car, bow, etc.*⟩. **2.** *adv.* stylishly; *(sportlich)* racily

schnitt-, Schnitt-: ~**käse** der cheese suitable for slicing; hard cheese; *(in Scheiben)* cheese slices *pl.;* ~**lauch** der chives *pl.;* ~**linie** die line of intersection; *(Linie, die eine andere kreuzt)* intersecting line; ~**menge** die *(Math.)* die ~menge A ∩ B the intersection of the sets A and B; ~**muster** das a) [dressmaking] pattern; b) *(ugs.) s.* ~**musterbogen;** ~**muster·bogen** der pattern chart; ~**punkt** der intersection; *(Geom.)* point of intersection; ~**reif** *Adj. ⟨corn etc.⟩* ready for reaping *or* harvesting; ~**stelle** die *(DV)* interface; ~**wunde** die cut; *(lang u. tief)* gash
Schnitz·arbeit die carving
Schnitzel ['ʃnɪtsl̩] das; ~s, ~ a) *(Fleisch)* [veal/pork] escalope; b) *(Stückchen) (von Papier)* snippet, scrap; *(von Holz)* shaving; *(von Früchten usw.)* sliver
Schnitzel·jagd die paper-chase
schnitzeln *tr. V.* chop up ⟨vegetables etc.⟩ [into small pieces]; shred ⟨cabbage⟩
schnitzen 1. *itr. V.* carve; **an etw.** *(Dat.)* ~: carve away at sth. 2. *tr. V.* carve
Schnitzer der; ~s, ~ a) *(Handwerker)* carver; b) *(ugs.: Fehler)* boob *(Brit. sl.);* goof *(sl.);* **sich** *(Dat.)* **einen groben** ~ **leisten** make an awful boob *(Brit. sl.) or (sl.)* goof; *(mit einer Bemerkung)* drop an awful clanger *(sl.)*
Schnitzerei die; ~, ~en a) *(Geschnitztes)* carving *(Gen.* by); b) *o. Pl. (das Schnitzen)* carving *no art.*
Schnitz-: ~**messer** das wood-carving knife; ~**werk** das carving; *(mehrere Stücke)* carvings *pl.*
schnob [ʃnoːp] *1. u. 3. Pers. Sg. Prät. v.* **schnauben**
schnöd [ʃnøːt] *Adj. (bes. südd., österr.) s.* **schnöde**
schnodderig ['ʃnɔdərɪç] *(ugs. abwertend)* 1. *Adj.* brash; **ein ~es Mundwerk haben** have a big mouth. 2. *adv.* brashly
Schnodderigkeit die; ~, ~en *(ugs.)* a) *o. Pl. (Art, Wesen)* brashness; b) *(Äußerung/Handlung)* brash remark/action
schnoddrig *s.* **schnodderig**
schnöde *(geh. abwertend)* 1. *Adj.* a) *(verachtenswert)* despicable; contemptible; base ⟨cowardice⟩; *s. auch* **Mammon;** b) *(gemein)* contemptuous, scornful ⟨glance, reply, etc.⟩; harsh ⟨reprimand⟩; ~**r Undank** blatant ingratitude. 2. *adv. (gemein)* contemptuously; ⟨reprimand⟩ harshly; ⟨exploit, misuse⟩ flagrantly, blatantly
Schnorchel ['ʃnɔrçl̩] der; ~s, ~: snorkel
Schnörkel ['ʃnœrkl̩] der; ~s, ~: scroll; curlicue *(der Handschrift, in der Rede)* flourish
schnorren ['ʃnɔrən] *tr., itr. V. (ugs.)* scrounge *(coll.);* **etw. bei** *od.* **von jmdm.** ~: scrounge *(coll.) or* cadge sth. off sb.
Schnorrer der; ~s, ~ *(ugs.)* scrounger *(coll.);* sponger
Schnösel ['ʃnøːzl̩] der; ~s, ~ *(ugs. abwertend)* young whippersnapper
schnöselig *(ugs. abwertend)* 1. *Adj.* cheeky; insolent. 2. *adv.* cheekily; insolently
Schnuckelchen ['ʃnʊklçən] das; ~s, ~ *(fam.)* sweetie[-pie] *(coll.);* **mein kleines** ~: my little darling *or* pet
schnuckelig *Adj. (ugs.)* sweet; cute *(Amer. coll.)*
Schnüffelei die; ~, ~en *(ugs. abwertend)* a) *o. Pl.* [constant] snooping *(coll.);* b) *(Vorfall von* ~*)* case of snooping *(coll.)*
schnüffeln ['ʃnʏfl̩n] 1. *itr. V.* a) *(riechen)* sniff; **an etw.** *(Dat.)* ~: sniff sth. b) *(ugs. abwertend: heimlich suchen; spionieren)* snoop [about] *(coll.);* **in etw.** *(Akk.)* ~: pry into sth.; stick one's nose into sth. *(coll.);* **in jmds. Papieren** ~: nose about in sb.'s papers; c) *(Drogenjargon: Dämpfe* ~*)* sniff [glue *etc.*]; d) *(ugs.: die Nase hochzie-*

hen*)* sniff. 2. *tr. V. (Drogenjargon: zum Schnüffeln benutzen)* sniff ⟨glue etc.⟩
Schnüffler der; ~s, ~ a) *(ugs. abwertend)* Nosey Parker; *(Spion)* snooper *(coll.);* b) *(Drogenjargon)* [glue-, paint-, *etc.*]sniffer
Schnuller ['ʃnʊlɐ] der; ~s, ~: dummy *(Brit.);* pacifier *(Amer.)*
Schnulze ['ʃnʊltsə] die; ~, ~n *(ugs. abwertend) (Lied/Melodie)* slushy song/tune; *(Theaterstück, Film, Fernsehspiel)* tearjerker *(coll.);* slushy play; **etw. als** ~ **singen** sing sth. in a slushy version
schnupfen ['ʃnʊpfn̩] 1. *itr. V.* a) *(Tabak* ~*)* take snuff; b) *(bei Tränen, Nasenschleim)* sniff. 2. *tr. V.* take a sniff of ⟨cocaine etc.⟩; *(gewohnheitsmäßig)* sniff ⟨cocaine etc.⟩; **Tabak** ~: take snuff
Schnupfen der; ~s, ~: [head] cold; [den *od.* einen] ~ **haben** have a [head] cold; **sich** *(Dat.)* **den** ~ **holen** catch a [head] cold
Schnupfer der; ~s, ~: snuff-taker
Schnupf-: ~**tabak** der snuff; ~**tabak[s] dose** die snuff-box
schnuppe ['ʃnʊpə] *in* ~ **sein** *(ugs.)* be neither here nor there; **das/er ist mir** ~**/mir völlig** ~ *(ugs.)* I don't care/I couldn't care less about it/him *(coll.)*
schnuppern ['ʃnʊpɐn] 1. *itr. V.* sniff; **an etw.** *(Dat.)* ~: sniff sth.. 2. *tr. V.* sniff; **Seeluft** ~ *(fig.)* get some sea air
Schnur ['ʃnuːɐ̯] die; ~, **Schnüre** ['ʃnyːrə] *od.* **Schnuren** a) *(Bindfaden)* piece of cord; *(Kordel)* piece of cord; *(Zelt*~*)* guy[-rope]; *(für Marionette, Drachen usw.)* string; **eine** ~ **um ein Paket binden** tie string round a parcel; **Perlen auf eine** ~ **aufziehen** string pearls; b) *(Zierkordel)* piece of braid; **mit vielen Schnüren** with much braid[ing] *sing.;* c) *(ugs.: Kabel)* flex *(Brit.);* lead; cord *(Amer.)*
Schnür·boden der a) *(Theater)* flies *pl.;* b) *(Schiffbau)* mould loft
Schnürchen das; ~s, ~: **in wie am** ~ [**gehen** *od.* **klappen**] *(ugs.) [go]* like clockwork *or* without a hitch; **ein Gedicht wie am** ~ **aufsagen** *(ugs.)* say a poem off pat
schnüren ['ʃnyːrən] 1. *tr. V.* a) tie ⟨bundle, string, sb.'s hands, etc.⟩; tie [up] ⟨parcel, person⟩; tie, lace up ⟨shoe, corset, etc.⟩; **etw. zu Bündeln/Paketen** ~: tie sth. up in bundles/parcels; **etw. um/auf etw.** *(Akk.)* ~: tie sth. round/[on] to sth.; b) **Angst schnürte ihm die Kehle/den Atem** *(fig.)* fear constricted his throat/almost stopped him from breathing. 2. *refl. V. (sich hineindrücken)* **sich in das Fleisch** *usw.* ~: cut into the flesh *etc.* 3. *itr. V.* a) *(zu eng sein)* be too tight; pinch; b) mit sein *(Jägerspr.)* ⟨fox, lynx, wolf⟩ trot in a straight line; ⟨fig.⟩ trot
schnur·gerade, schnur·grade *(ugs.)* 1. *Adj.* dead straight. 2. *adv.* dead straight; ~ **auf sein Ziel losgehen** *(fig.)* make straight for one's goal
Schnur·keramik die; *o. Pl. (Archäol.)* corded ware
schnur·los *Adj.* cordless
Schnürl- ['ʃnyːɐ̯l-]: ~**regen** der *(österr.)* persistent rain; ~**samt** der *(österr.)* corduroy
Schnurr·bart der moustache
schnurr·bärtig *Adj.* with a moustache *postpos.;* ~ **sein** have a moustache
Schnurre die; ~, ~n *(veralt.)* anecdote
schnurren ['ʃnʊrən] *itr. V.* ⟨cat⟩ purr; ⟨machine⟩ hum; ⟨camera, spinning-wheel, etc.⟩ whirr
Schnurr·haar das *(Zool.)* whiskers *pl.*
Schnür·riemen der a) strap; b) *s.* **Schnürsenkel**
schnurrig *Adj. (veralt.)* droll; comic; funny; comic ⟨old man etc.⟩
Schnür-: ~**schuh** der lace-up shoe, ~**senkel** [~zɛŋkl̩] der *(bes. nordd.)* [shoe-]lace; *(für Stiefel)* bootlace; **sich** *(Dat.)* **die** ~**senkel binden** tie one's shoe-laces

schnur·springen *unr. itr. V.;* nur im Inf. und 2. Partizip; mit sein *(österr.)* skip
schnur·stracks *Adv. (ugs.)* straight; **der Weg geht** ~ **geradeaus** the way goes straight ahead; ~ **auf jmdn./etw. zugehen** make a bee-line for sb./sth.
Schnürung die; ~, ~en lacing; *(Schnürsenkel)* laces *pl.*
schnurz [ʃnʊrts] *Adj. (ugs.)* **in es ist [jmdm.]** ~ *(salopp)* it doesn't matter a hoot [to sb.] *(sl.);* **ihm ist jmd./etw./alles** ~ [**und piepe**] he doesn't give a damn *or* couldn't care less about sb./sth./anything *(coll.)*
Schnute ['ʃnuːtə] die; ~, ~n *(fam., bes. nordd.: Mund)* mouth; gob *(sl.);* **eine** ~ **ziehen** *od.* **machen** make *or* pull a [sulky] face
schob [ʃoːp] *1. u. 3. Pers. Prät. v.* **schieben**
Schober ['ʃoːbɐ] der; ~s, ~ a) open-sided barn; b) *(Heuhaufen)* [hay-]stack; [hay-]rick
¹Schock [ʃɔk] das; ~[e]s, ~e *(bei Maßangaben ungebeugt)* a) *(veralt.:* 60 Stück) **ein** ~: three score; five dozen; **7 bis 8** ~ **Eier** 35–40 dozen eggs; *(ugs.: Menge)* [whole] load of *(coll.)*
²Schock der; ~[e]s, ~s *(auch Med.)* shock; **jmdm. einen** [**schweren/leichten**] ~ **versetzen** *od.* **geben** give sb. a [nasty/slight] shock *or a* [nasty/bit of a] fright; **unter** ~ **stehen** be in a state of] shock; be suffering from shock
Schock·behandlung die shock treatment
schocken *tr. V. (ugs.: schockieren)* shock
Schocker der; ~s, ~ *(ugs.) (Roman/Film)* sensational book/film; shocker *(coll.);* *(Mensch)* sensationalist
Schock·farbe die *(ugs.)* violent colour
schockieren *tr. V.* shock; **über etw.** *(Akk.)* **schockiert sein** be shocked at sth.
schock-, Schock-: ~**therapie** die *(auch fig.)* shock therapy *or* treatment; ~**weise** *Adv.* a) *(in Schocks)* by the three score; five dozen at a time; b) *(ugs.: scharenweise)* in droves; ~**wirkung** die shock effect; **unter** ~**wirkung stehen** be in a state of shock; be suffering from shock
schofel ['ʃoːfl̩], **schofelig** *(ugs. abwertend)* 1. *Adj.* horrid *(coll.);* beastly *(coll.); (schändlich)* disgusting. 2. *adv.* horridly
Schöffe ['ʃœfə] der; ~n, ~n lay judge *(acting together with another lay judge and a professional judge)*
Schöffen·gericht das court presided over by a professional judge and two lay judges
Schöffin die; ~, ~nen *s.* **Schöffe**
Schokolade [ʃokoˈlaːdə] die; ~, ~n a) *(Süßigkeit)* chocolate; b) *(Getränk)* [drinking] chocolate
Schokolade[n]-, Schokolade[n]-: ~**braun** *Adj.* chocolate[-brown]; ~**eis** das chocolate ice-cream; ~**farben** *Adj.* chocolate-coloured; chocolate ⟨brown⟩; ~**guß** der chocolate icing
Schokoladen-: ~**pudding** der chocolate blancmange; ~**raspel** *Pl.* chocolate flakes; grated chocolate *sing.;* ~**seite** die *(ugs.)* best side; ~**torte** die chocolate cake *or* gateau
Scholar [ʃoˈlaːɐ̯] der; ~en, ~en *(hist.)* [itinerant] scholar
Scholastik [ʃoˈlastɪk] die; ~ *(Philosophie)* scholasticism
Scholastiker der; ~s, ~, **Scholastikerin** die; ~, ~nen scholastic
scholastisch *Adj.* scholastic
scholl [ʃɔl] *1. u. 3. Pers. Sg. Prät. v.* **schallen**
Scholle ['ʃɔlə] die; ~, ~n a) *(Erd*~*)* clod [of earth]; b) *(Eis*~*)* [ice-]floe; c) *(Fisch) (Goldbutt)* flounder, *esp.* plaice; die ~ *(als Familie)* the Pleuronectidae; d) *o. Pl. (Erdboden, Acker)* soil; **die heimatliche** ~ *(fig.)* one's native soil; **auf eigener** ~ **sitzen** have a farm of one's own; e) *(Geol.)* massif
Scholli ['ʃɔli] *in* **mein lieber** ~! *(ugs.)* my goodness!; good heavens!

Schöll·kraut ['ʃœl-] das (Bot.) celandine
schon [ʃoːn] **1.** Adv. **a)** (bereits) (oft nicht übersetzt) already; (in Fragen) yet; **er hat das ~ vergessen** he has already forgotten that; **hat Walter ~ angerufen?** has Walter telephoned yet?; **wollt ihr wirklich ~ gehen?** do you really mean to go already or so soon?; **er kommt ~ heute/ist ~ gestern gekommen** he's coming today/he came yesterday; **er ist ~ da/[an]gekommen** he is already here/has already arrived; **~ die Römer hatten gute Heizungen** even the Romans or the Romans already had good heating systems; **er ist ~ gestern angekommen** he arrived as early as yesterday; **ich bin ~ seit Mai/~ ein Jahr in Bremen** I've been here in Bremen since May/for a year; **wie lange bist du ~ hier?** how long have you been here?; **~ damals/jetzt** even at that time or in those days/even now; **~ [im Jahre] 1926** as early as 1926; back in 1926; **er war ~ immer faul** he always was lazy; **wie ~ gesagt ...**: as I have already said, ..., as I said before, ...; **gestern kam er, wie ~ so oft, zu spät zur Arbeit** yesterday he was late for work, as so often before or as has so often been the case; **b)** (fast gleichzeitig) there and then; **er schwang sich auf das Fahrrad, und ~ war er weg** he jumped on the bicycle and was away [in a flash]; **kaum hatte er sich umgedreht, ~ ging der Krach los** he had scarcely turned his back when the row broke out; **in demselben Augenblick ~**: at that very or at the selfsame moment; s. auch **kaum e**; **c)** (jetzt) ~ [mal] now; (inzwischen) meanwhile; **wir treffen uns dann gleich, ihr könnt ja ~ mal vorgehen** we'll meet up in a minute, you can be going on ahead [meanwhile]; **d)** (selbst, sogar) even; (nur) only; **~ ein Tropfen von dem Gift kann tödlich sein** even a small amount or a mere drop of this poison can be fatal; **das weiß normalerweise ~ ein Zwölfjähriger** even a child of twelve would usually know that; **~ zwei Bier reichen aus, um ihn völlig betrunken zu machen** it only takes two beers to get him completely drunk; **das bekommt man ~ für 150 Mark** you can get it for as little as 150 marks; **für so ein Essen muß man ~ 30 Mark hinlegen** you have to pay as much as 30 marks for a meal like that; **e)** (ohne Ergänzung, ohne weiteren Zusatz) so its own; **das ist auch so ~ genug** that's [already] enough as it is; **[allein] ~ der Gedanke daran ist schrecklich** the mere thought or just the thought of it is dreadful; **~ der Name ist bezeichnend** the very name is significant; **~ darum** od. **aus diesem Grund** for this reason alone. **2.** Partikel **a)** (verstärkend) really; (gewiß) certainly; **du wirst ~ sehen!** you'll see!; **ich kann mir ~ denken, was du willst** I can well imagine what you want; **wenn wir ~ eine neue Maschine kaufen müssen, dann aber eine ordentliche** if we have to get a new machine, let's get a decent one; **wenn du ~ so früh gehen mußt** if you really have to go so early; **b)** (ugs. ungeduldig: endlich) **nun sagen Sie [doch] ~!** come on, out with it; **nun komm ~!** come on!; hurry up!; **du hast mein Zigaretten geklaut, nun gib's ~ zu!** you've pinched my cigarettes, go on, admit it (coll.); **und wenn ~!** so what; what if he/she/it does/did/was etc.; **c)** (beruhigend: wahrscheinlich) all right; **es wird ~ gehen** od. **werden** it'll work out all right [in the end]; **er wird sich ~ wieder erholen** he'll recover all right; he's sure to recover; **doch, doch, das wird ~ stimmen** yes, yes, that must be right; **d)** (zustimmend, aber etwas einschränkend) **~ gut** OK (coll.); **ich glaube dir ~**, I believe you all right; fair enough, I believe you; **Lust hätte ich ~, nur keine Zeit** I'd certainly like to, but I've no time; **das ist ~ möglich, nur ...**: that is quite possible, only ...; **er hat ~ recht, aber ...** he's right

enough, but ...; **e)** (betont: andererseits) **er ist nicht besonders intelligent, aber sein Bruder ~**: he's not particularly intelligent, but his brother is; **ob Willy kommt, weiß ich nicht, aber ich [komme] ~!** I don't know whether Willy's coming, but 'I'm coming or 'I am'; **f)** (einschränkend, abwertend) **was weiß der ~!** what does 'he know [about it]!; **was ist** od. **bedeutet ~ Geld!** what does money matter?; what's the good of money [anyway]?; **wem nützt das ~?** what's the use of that [to anybody]?; **Ist was? – Nee, was soll ~ sein?** (ugs.) Is anything the matter? – No, should anything be [wrong]?; **was soll das ~ heißen?** what's 'that supposed to mean?
schön [ʃøːn] **1.** Adj. **a)** (anziehend, reizvoll) beautiful; handsome ⟨youth, man⟩; **das ~e Geschlecht** the fair sex; **die ~en Künste** the fine arts; **sie ist ~ von Gestalt** (geh.) she has a lovely figure; **das Schöne** beauty; ⟨~e Dinge⟩ beautiful things pl.; **~e Literatur** belles-lettres pl.; **~e Frau, was wünschen Sie?** (scherzh.) what is your wish, my pretty one?; **ich finde das Buch ~**: the book appeals to me; **bring mir etwas Schönes mit** bring me back something nice; **b)** (angenehm, erfreulich) pleasant, nice ⟨day, holiday, dream, relaxation, etc.⟩; **nette** ⟨weather⟩; (nett) nice; **das war eine ~e Zeit** those were wonderful days; **einen ~en Tod haben** die peacefully; **das war alles nicht ~ für sie** it was all rather unpleasant for her; **mach dir ein paar ~e Stunden** enjoy yourself for a few hours; **das ist ~ von dir** it's nice of you; **das ist ein ~er Zug an ihm** that is one of the good or nice things about him; **das Schöne daran/an ihm** the nice thing about it/him; **das ist zu ~, um wahr zu sein** that is too good to be true; **alles war in ~ster Ordnung** everything was in perfect order; **was hier vor sich geht, das ist nicht mehr ~** (ugs.) the goings-on here are beyond a joke; (gut) good ⟨wine, beer, piece of work, etc.⟩; **~ schmecken/riechen** (nordd. ugs.) taste/smell really good or (esp. Amer. coll.) real good; **d)** (in Höflichkeitsformeln) **~e Grüße** best wishes; **[ich soll Ihnen einen] ~en Gruß von meiner Mutter [bestellen]** my mother sends you her kind regards; **recht ~en Dank für ...**: thank you very much for ...; **many thanks for ...**; **e)** (ugs.: einverstanden) OK (coll.); all right; **also ~**: right then; **~ und gut** (ugs.) all well and good; **das ist alles ~ und gut, aber ...** (ugs.) that's all very well but ...; **f)** (iron.: leer) **eine ~e Floskel** a splendid platitude; **~e Worte** fine[-sounding] words; (schmeichlerisch) honeyed words; **g)** (ugs.: beträchtlich) handsome, (coll.) tidy ⟨sum, fortune, profit⟩; considerable ⟨quantity, distance⟩; pretty good (expression); **das hat ein ganz ~es Gewicht** it's quite a weight; **ein ~es Alter erreichen** reach a fine old age; **einen ~en Schrecken davontragen** get a real or quite a fright; **eine ~e Leistung** no mean or quite an achievement; **h)** (iron.: unerfreulich) nice (coll. iron.); **das sind ja ~e Aussichten!** this is a fine look-out sing. (iron.); what a delightful prospect! sing. (iron.); **eine ~e Bescherung** a nice or fine mess (coll. iron.); **ein ~er Reinfall** a real disaster; **du machst [mir] ja ~e Geschichten!** you do get up to some fine tricks (iron.). **2.** adv. **a)** (anziehend, reizvoll) beautifully; **der Wein ist ~ klar** the wine is beautifully clear; **sie ist ~ eingerichtet** she has a lovely home; **sich ~ zurechtmachen** make oneself look nice; **b)** (angenehm, erfreulich) nicely; **~ warm/weich/langsam** nice and warm/soft/slow; **wir haben es ~ hier** we're very well off here; **c)** (gut, ausgezeichnet) well; **das habt ihr ~ gemacht** you did that well or nicely; you made a good job of that; **d)** (in Höflichkeitsformeln) **bitte ~, können Sie mir sagen, ...**: excuse me, could you tell me ...;

grüß deine Mutter ~ von mir give your mother my kind regards; **e)** (iron.) **wie es so ~ heißt, wie man so ~ sagt** as they say; **f)** (ugs.: beträchtlich) really; (vor einem Adjektiv) pretty; **ganz ~ arbeiten müssen** have to work jolly hard (Brit. coll.); **[ganz] ~ dämlich** damned stupid; **er sitzt [ganz] ~ in der Tinte** he's well and truly in the soup (sl.); **ganz ~ trinken/lügen** drink like a fish (coll.)/lie like anything (coll.). **3.** Partikel (ugs. verstärkend) **~ der Reihe nach!** one after the other in a nice orderly line; **~ ruhig bleiben/~ langsam fahren** be nice and quiet/drive nice and slowly; **bleib ~ liegen!** lie there and be good; **paßt ~ auf!** pay careful attention; **jetzt gehst du ~ nach Hause** now go home like a good boy/girl; **sei ~ brav** be a good boy/girl
Schöne die; adj. Dekl. beauty; (iron.: Frau) member of the fair sex; **die ~n der Nacht** (geh.) the ladies of the night
schonen 1. tr. V. treat ⟨clothes, books, furniture, etc.⟩ with care; (schützen) protect ⟨hands, furniture⟩; (nicht strapazieren) spare ⟨voice, eyes, etc.⟩; conserve ⟨strength⟩; (nachsichtig behandeln) go easy on, spare ⟨person⟩; **jmdm. eine Nachricht ~d beibringen** break news gently to sb.; **eine ~de Behandlung** gentle treatment. **2.** refl. V. take care of oneself; (sich nicht überanstrengen) take things easy; **sich mehr ~**: take things easier; **er schont sich nicht, wenn es um seine Patienten geht** he doesn't spare himself when it comes to his patients
schönen tr. V. brighten ⟨colour⟩; clarify ⟨wine⟩; (mit Gelatine) fine ⟨wine⟩; touch up ⟨picture⟩; enhance ⟨picture, figure⟩; **[idealistisch] geschönt** (fig.) idealized; flattering
Schoner der; ~s, ~ (Seemannsspr.) schooner
Schön·färberei die; ~, ~en embellishment; **frei von jeder** od. **ohne jede ~**: without any whitewashing
Schon-: **~frist** die period of grace; (nach einer Operation) period of convalescence; **~gang der a)** (Kfz-W.) high gear; (Overdrive) overdrive; **b)** (bei Waschmaschinen) programme for delicate fabrics
Schön·geist der aesthete
schön·geistig Adj. aesthetic; **die ~e Literatur** belletristic literature
Schönheit die; ~, ~en beauty; **die ~en der Umgebung** the attractions of the area
Schönheits-: **~chirurgie** die cosmetic surgery no art.; **~farm** die health farm; **~fehler** der blemish; (fig.) minor defect; (Nachteil) slight drawback; **~ideal** das ideal of beauty; **~königin** die beauty queen; **~konkurrenz** die beauty contest; **~pflästerchen** [~pflɛstɐçən] das (Kosmetik) beauty spot; **~pflege** die beauty care no art.; **~reparatur** die cosmetic repair; (in einem Haus/einer Wohnung) redecorating no pl.; **~sinn** der; o. Pl. sense of beauty; aesthetic sense; **~wettbewerb** der beauty contest
Schon-: **~klima** das benign climate; **~kost** die light food; **auf ~kost gesetzt werden** be put on a light diet
schön|machen (ugs.) **1.** tr. V. smarten ⟨person, thing⟩ up; make ⟨person, thing⟩ look nice; do up ⟨building⟩. **2.** refl. V. smarten oneself up; make oneself look smart. **3.** itr. V. ⟨dog⟩ [sit up and] beg
Schon·platz der (DDR) job given to someone temporarily incapacitated; light job
schön-, Schön-: **~|reden** itr. V. (abwertend) turn on the smooth talk; sweet-talk (Amer.); **das Schönreden** smooth talking; sweet talk (Amer.); **~redner** der (abwertend) smooth or (Amer.) sweet talker; **~rednerei** die; ~, ~en (abwertend) smooth or (Amer.) sweet talk no pl.; **~en** blandishments; **~|schreiben** unr. itr. (auch tr.) V. write neatly; (Schönschrift schreiben) do

Schönschreibheft

calligraphy; **Schönschreiben** *(als Unterrichtsfach)* handwriting *no art.*; **~schreibheft** das writing-book; *(mit vorgedruckten Buchstaben)* copy-book; **~schrift** die a) *(Zierschrift)* calligraphy; *(sorgfältige Schrift)* neat handwriting; **etw. in ~schrift abschreiben** copy sth. out neatly *or* in one's best handwriting; **b)** *(ugs.: Reinschrift)* neat *or* clean copy; **~|tun** *unr. itr. V. (ugs.)* jmdm. **~tun** soft-soap sb.; butter sb. up
Schonung die; ~, ~en a) *o. Pl. (Nachsicht)* consideration; *(nachsichtige Behandlung)* considerate treatment; *(nach Krankheit/Operation)* [period of] rest; *(von Gegenständen)* careful treatment; **sein Zustand/Magen verlangt ~:** his condition/his stomach needs careful treatment; **sie braucht noch ~:** she still needs to be treated considerately; *(muß sich selbst schonen)* she must still take things easy; **er kannte ihr gegenüber keine ~:** he knew no mercy towards her; he did not spare her; **b)** *(Jungwald)* [young] plantation
-schonung die *(fir, spruce, etc.)* plantation
schonungs-: **~bedürftig** *Adj.* in need of rest *postpos.*; **~bedürftig sein** need to take things carefully *or* easy; **~los 1.** *Adj.* unsparing, ruthless *(criticism etc.)*; blunt *(frankness)*; **eine ~lose Aufklärung der Affäre** a rigorous elucidation of the affair; **2.** *adv.* unsparingly; *(say)* without mincing one's words
Schonungslosigkeit die; ~: ruthlessness; *(Strenge)* rigour
Schön·wetter·periode die spell of fine weather; fine spell
Schon·zeit die a) *(Jagdw.)* close season; **b)** *(Schonung)* period of rest; *(Erholungszeit)* period of convalescence; recovery period; *(fig.: Anfangszeit, in der man nachsichtig behandelt wird)* honeymoon period
Schopf [ʃɔpf] der; ~[e]s, **Schöpfe** ['ʃœpfə] a) *(Haar~)* shock of hair; **die Gelegenheit beim ~[e] fassen** *od.* **nehmen** *od.* **packen** *od.* **ergreifen** *(ugs.)* seize *or* grasp the opportunity with both hands; **b)** *(Jägerspr.: Kopffedern)* crest
¹schöpfen ['ʃœpfn̩] **1.** *tr. V.* **a)** scoop [up] ⟨water, liquid⟩; *(mit einer Kelle)* ladle ⟨soup⟩; **Wasser aus einem Brunnen ~:** draw water from a well; **Wasser aus dem Boot ~:** bale water out of the boat; **b)** *(geh.: einatmen)* draw, take ⟨breath⟩; **frische Luft ~:** take a breath of fresh air; **c)** *(geh.: für sich gewinnen)* draw ⟨wisdom, strength, knowledge⟩ (aus from); **neuen Mut/neue Hoffnung ~:** take fresh heart/find fresh hope; **Argwohn** *od.* **Verdacht ~:** become suspicious. **2.** *itr. V.* **aus der Phantasie/jahrelanger Erfahrung** usw. **~:** draw on one's imagination/on years of experience *etc.*
²schöpfen *tr. V. (veralt.: schaffen)* create; coin ⟨word⟩
¹Schöpfer der; ~s, ~: creator; *(Gott)* Creator
²Schöpfer der; ~s, ~ *(Kelle)* ladle
Schöpferin die; ~, ~nen creator
schöpferisch 1. *Adj.* creative; constructive ⟨criticism⟩; **der ~e Augenblick** the moment of inspiration; **eine ~e Pause** a pause for inspiration. **2.** *adv.* creatively; **~ tätig sein** be creative
Schöpferkraft die creative powers *pl.*; creativity
Schöpf-: **~kelle** die, **~löffel** der ladle
Schöpfung die; ~, ~en a) *o. Pl. (geh.: Erschaffung)* *(Erfindung)* invention; **b)** *(geh.:* **~ der Welt)** the Creation; *(von Gott Erschaffenes)* Creation; **c)** *(geh.: Kunstwerk,* **~ der Mode** usw.*)* creation; *(Werk)* work
Schöpfungs-: **~geschichte** die Creation story; **~tag** der day of the Creation
Schöppchen ['ʃœpçən] das, ~s, ~: small glass of wine/beer

Schoppen ['ʃɔpn̩] der; ~s, ~ **a)** [quarter-litre/half-litre] glass of wine/beer; **b)** *(veralt.: Hohlmaß)* **ein ~:** ≈ half a litre
Schoppen·wein der wine by the glass
Schöps [ʃœps] der; ~es, ~e *(österr.)* *s.* **Hammel a, b**
Schöpserne ['ʃœpsɐnə] das; *adj. Dekl.; o. Pl. (österr.)* mutton
schor [ʃoːɐ̯] *1. u. 3. Pers. Sg. Prät. v.* **scheren**
Schorf [ʃɔrf] der; ~[e]s, ~e **a)** *(Wund~)* scab; **b)** *(Pflanzenkrankheit)* scab *no art.*
schorfig *Adj.* scabby ⟨wound⟩
Schorle [ʃɔrlə] die; ~, ~n wine with mineral water; ≈ spritzer; *(mit Apfelsaft)* apple juice with mineral water
Schorn·stein ['ʃɔrn-] der chimney; *(Schiffs-, Lokomotiv~)* funnel; **der ~ raucht** *(fig.)* things are ticking over nicely; business is good; **Geld in den ~ schreiben** *(fig. ugs.)* write off money
Schornstein·feger der; ~s, ~: chimney-sweep
schoß [ʃɔs] *1. u. 3. Pers. Sg. Prät. v.* **schießen**
Schoß [ʃoːs] der; ~es, **Schöße** ['ʃøːsə] **a)** lap; **ein Kind auf den ~ nehmen** take *or* sit a child on one's lap; **seine Frau saß bei ihm auf dem ~:** his wife sat on his knee; **die Hände in den ~ legen** *(fig.)* sit back and do nothing; **jmdm. in den ~ fallen** *(fig.)* just fall into sb.'s lap; **im ~ der Familie/der Kirche** *(fig.)* in the bosom of the family/of Mother Church; *s. auch* Abraham b; Hand f; **b)** *(geh.: Mutterleib)* womb; **im ~ der Erde** *(fig.)* in the bowels of the earth; **c)** *(geh.: Vulva)* pudenda *pl.*; **d)** *(Rock~)* *[coat-]*tail
Schoß·hund der, **Schoß·hündchen** das lap-dog
Schößling ['ʃœslɪŋ] der; ~s, ~e **a)** *(Trieb)* shoot; **b)** *(Ableger von Pflanzen)* cutting
Schot [ʃoːt] die; ~, ~en *(Seew.)* sheet
Schote ['ʃoːtə] die; ~, ~n **a)** pod; siliqua *(as tech. term)*; **fünf ~n Paprika** five peppers; **b)** *(landsch.: Erbse)* ~n peas
Schott [ʃɔt] das; ~[e]s, ~en *(Seemannsspr.)* bulkhead; **die ~en dicht machen** *(fig. ugs.)* shut all the doors and windows
Schotte [ʃɔtə] der; ~n, ~n Scot; Scotsman; **er ist ~:** he's a Scot; he's Scottish; **die ~n** the Scots; the Scottish
Schotten der; ~s, ~ *(Textilw.)* tartan [material]
Schotten-: **~muster** das tartan pattern; **~rock** der tartan skirt; *(Kilt)* kilt; **~witz** der Scottish joke *(concerning thriftiness)*
Schotter ['ʃɔtɐ] der; ~s, ~ **a)** *(für Straßen)* [road-]metal; gravel; *(für Schienen)* ballast; **b)** *(Geol.)* gravel; **c)** *o. Pl. (salopp: Geld)* dough *(sl.)*; lolly *(Brit. sl.)*
Schotter-: **~decke** die [loose] gravel surface; **~straße** die road with [loose] gravel surface
Schottin die; ~, ~nen Scot; Scotswoman
schottisch 1. *Adj.* Scottish; Scots, Scottish ⟨dialect, accent, voice, etc.⟩; **~er Whisky** Scotch whisky. **2.** *adv.* ⟨speak⟩ with a Scots *or* Scottish accent
Schottland (das); ~s Scotland
schraffieren [ʃraˈfiːrən] *tr. V.* hatch; *(feiner)* shade ⟨drawing⟩
Schraffierung die; ~, ~en, **Schraffur** [ʃraˈfuːɐ̯] die; ~, ~en **~en** hatching *no indef. art.*; *(feiner)* shading *no indef. art.*
schräg [ʃrɛːk] **1.** *Adj.* **a)** diagonal ⟨line, beam, cut, etc.⟩; sloping ⟨surface, roof, wall, side, etc.⟩; slanting, slanted ⟨writing, eyes, etc.⟩; tilted ⟨position of the head active, axis⟩; *(nicht genau diagonal)* oblique ⟨line etc.⟩; **ein ~er Blick** *(fig. ugs.)* a sideways *or* sidelong glance; **b)** *(ugs.: unseriös)* off-beat; weird ⟨ideas⟩; *(wild)* hot ⟨music⟩; **c)** *(ugs.: zweifelhaft)* shady, *(coll.)* dodgy ⟨type, firm, etc.⟩. **2.** *adv.* at an angle; *(diagonal)* diagonally; **den Kopf ~ halten** hold one's head to one side;

Schraube

tilt one's head; **~ stehende Augen** slanting eyes; **~ gegenüber** diagonally opposite; **~ links fahren/abbiegen** bear left; **die Sonnenstrahlen fallen ~ ein** the sun is slanting in; **er saß ~ vor/hinter mir** he was sitting in front of/behind me and to one side; **das Boot liegt ~:** the boat is listing *or* down at one side; **~ gedruckt** [printed] in italics *postpos.*; **jmdn. ~ angucken** *(fig. ugs.)* look askance at sb.
Schräge die; ~, ~n **a)** *(schräge Fläche)* sloping surface; *(Hang)* slope; **das Zimmer hat eine ~:** the room has a sloping wall; **b)** *(Neigung)* slope; *(Dach~)* pitch; slope; **eine ~ von 10°** a 10° slope *or* incline
Schräg-: **~heck** das *(Kfz-W.) s.* Fließheck; **~lage** die angle; *(eines Schiffes)* list; *(eines Kindes bei der Geburt)* oblique position *or* presentation; *(eines Flugzeugs)* bank; etw. **in ~lage bringen** tilt sth. to one side; **das Schiff hat ~lage** the ship is listing *or* is at an angle; **~streifen** der diagonal stripe; **~strich** der oblique stroke
schrak [ʃraːk] *1. u. 3. Pers. Sg. Prät. v.* **schrecken**
Schramme ['ʃramə] die; ~, ~n scratch
Schrammel·musik ['ʃraml-] die Viennese popular music played on violins, guitar, and accordion; Schrammeln ensemble music
Schrammeln *Pl.* quartet playing violins, guitar, and accordion; Schrammeln ensemble sing.
schrammen *tr. V.* scratch (**an** + *Dat.* on)
Schrank [ʃraŋk] der; ~[e]s, **Schränke** ['ʃrɛŋkə] **a)** cupboard; closet *(Amer.)*; *(Glas~, kleiner Wand~)* cabinet; *(Kleider~)* wardrobe; *(Bücher~)* bookcase; *(im Schwimmbad, am Arbeitsplatz usw.)* locker; **b)** *(ugs.: großer Mann)* **ein [ganz schöner] ~:** a hulking great fellow *(coll.)*
Schrank·bett das foldaway bed
Schränkchen ['ʃrɛŋkçən] das; ~s, ~: cabinet
Schranke ['ʃraŋkə] die; ~, ~n **a)** *(auch fig.)* barrier; **jmdn. in die ~ fordern** *(geh.)* throw down the gauntlet to sb.; **vor den ~n des Gerichts** before a/the court; **b)** *(fig.: Grenze)* limit; **er kennt keine ~n** he knows no limits *or* bounds; **die ~n der Konvention durchbrechen** break the bounds of convention; **jmdn. in die** *od.* **seine ~n [ver]weisen** *(geh.)* put sb. in his/her place
Schranken der; ~s, ~ *(österr.)* barrier
schrankenlos 1. *Adj.* boundless ⟨admiration, confidence, loyalty, etc.⟩; unlimited, limitless ⟨power, freedom, etc.⟩; unbridled, untrammelled ⟨individualism, despotism⟩; unrestrained, unrestricted ⟨exploitation⟩; unrestrained ⟨brutality⟩; **sein Egoismus/seine Habgier war ~:** his egoism/greed knew no bounds. **2.** *adv.* boundlessly; ⟨exploit⟩ without restraint
Schranken·wärter der level-crossing *(Brit.)* *or* *(Amer.)* grade-crossing attendant; crossing-keeper
Schränker der; ~s, ~ *(ugs.) s.* Geldschrankknacker
schrank-, Schrank-: **~fach** das [cupboard */(Amer.)* closet] shelf; **~fertig** *Adj.* laundered, washed and ironed ⟨laundry⟩; **~koffer** der wardrobe trunk; **~tür** die cupboard door; *(eines Kleiderschranks)* wardrobe door; **~wand** die shelf *or* wall unit
Schranze ['ʃrantsə] die; ~, ~n *(abwertend)* sycophantic courtier; *(fig.)* lackey
Schrapnell [ʃrapˈnɛl] das; ~s, ~e *od.* ~s *(Milit.)* shrapnel [shell]
Schrat [ʃraːt], **Schratt** [ʃrat] der; ~[e]s, ~e forest goblin
Schrat·segel das *(Seew.)* fore-and-aft sail
Schraub·deckel der screw-top
Schraube ['ʃraʊbə] die; ~, ~n **a)** *(Schlitz~)* screw; *(Sechskant~/Vierkant~)* bolt; **eine ~ ohne Ende** *(fig.)* a vicious *or* never-ending

1450

schrauben

spiral; **bei ihm ist eine ~ locker** *od.* **los** *(fig. salopp)* he has [got] a screw loose *(coll.);* **b)** *(Schiffs~)* propeller; screw; **c)** *(Turnen)* twist; *(Kunstspringen)* twist dive; **d)** *(Kunstflug)* vertical spin
schrauben 1. *tr. V.* **a)** *(befestigen)* screw **(an, auf** + *Akk.* on to); *(mit Sechskant-/Vierkantschrauben)* bolt **(an, auf** + *Akk.* [on] to); **b)** *(drehen)* screw ⟨nut, hook, lightbulb, etc.⟩ **(auf** + *Akk.* on to; **in** + *Akk.* into); *(lösen)* unscrew ⟨cap etc.⟩; **den Deckel vom Marmeladenglas ~:** twist the top off the jam-jar; **c) etw. höher/niedriger ~:** screw sth. up/down; **die Preise/Erwartungen in die Höhe ~:** push prices up *or* make prices spiral/raise expectations. 2. *refl. V.* **sich [in die Höhe] ~:** spiral upwards; *s. auch* **geschraubt**
Schrauben-: **~dreher** der; ~s, ~ *(Technik)* screwdriver; **~mutter** die nut; **~schlüssel** der spanner; **~zieher** der; ~s, ~: screwdriver
Schraub-: **~glas** das screw-top jar; **~stock** der vice; **~verschluß** der screwtop; **~zwinge** die screw-clamp
Schreber- ['ʃreːbɐ-]: **~garten** der ≈ allotment *(cultivated primarily as a garden);* **~gärtner** der ≈ allotment-holder
Schreck [ʃrɛk] der; ~[e]s, ~e fright; scare; *(Schock)* shock; **jmdm. einen ~ einjagen** give sb. a fright *or* scare/shock; **vor ~:** with fright; ⟨run away⟩ in one's fright; **ein freudiger ~:** a thrill of joy; **ein heftiger ~ packte ihn** he was seized by a sudden terror; **auf den ~ [hin] muß ich einen trinken** *(ugs. scherzh.)* I must have a drink to get over the shock; **der ~ fuhr ihm in die Knochen** *od.* **Glieder** the fright/shock went right through him; **der ~ saß ihm noch in den Knochen** *od.* **Gliedern** he still hadn't recovered from the fright/shock; **krieg keinen ~!** *(ugs.)* don't be [too] shocked; **ach du ~!** *(ugs.)* oh my God!; **[oh] ~, laß nach!** *(scherzh.)* God help us!; oh no, not that!
Schreck·bild das terrible *or* frightening sight; *(Vorstellung)* terrible vision
schrecken 1. *tr. V.* **a)** *(geh.)* frighten; scare; **b)** *(auf~)* startle *(aus* out of); make ⟨person⟩ jump; **du hast mich aus meinen Gedanken geschreckt** you startled me – I was thinking. 2. *regelm. (auch unr.) itr. V.* start [up]; **aus dem Schlaf ~:** awake with a start; start from one's sleep
Schrecken der; ~s, ~ **a)** *(Schreck)* fright; scare; *(Entsetzen)* horror; *(große Angst)* terror; **jmdm. einen ~ einjagen** give sb. a fright *or* scare; **ein jäher ~ durchfuhr ihn** *(geh.)* he was seized by a sudden terror; **jmdn. voll[er] ~ ansehen** look at sb. with fear *or* terror in one's eyes; **Angst und ~ verbreiten** spread fear and terror; **jmdn. in Angst und ~ versetzen** terrify sb.; **zu meinem [großen] ~:** to my [great] horror; **mit dem [bloßen] ~ davonkommen** escape with no more than a scare *or* fright; **lieber ein Ende mit ~ als ein ~ ohne Ende** it's better to make a painful break than draw out the agony; **b)** *(Schrecklichkeit, Schrecknis)* horror; **ein Bild des ~s** a terrible *or* terrifying picture; **c)** *(fig.: gefürchtete Sache, Person)* **der ~ des Volkes/** *(scherzh.)* **der Schule** *usw.* the terror of the nation/*(joc.)* the school *etc.*
schrecken·erregend 1. *Adj.* terrifying. 2. *adv.* terrifyingly
schreckens-, Schreckens-: **~bleich** *Adj. (geh.)* pale with terror *postpos.;* as white as a sheet *postpos.;* **~herrschaft** die reign of terror; **~nachricht die** terrible piece of news; **die ~nachricht vom ...:** the terrible news of ...; **~tat** die terrible deed *or* act; atrocity
Schreck·gespenst das **a)** spectre; *(gegenwärtig)* nightmare; **das ~ Aids** the spectre of Aids; **b)** *(ugs. abwertend: häßlicher Mensch) (Frau)* hideous hag; *(Mann)* ugly brute
schreckhaft 1. *Adj.* **a)** *(leicht zu erschrecken)* easily scared; **b)** *(erschrocken)* frightened, scared ⟨movement, reaction⟩. 2. *adv.* ⟨react⟩ in a frightened *or* scared way; ⟨start, gaze⟩ in fright
Schreckhaftigkeit die; ~: easily scared nature; tendency to take fright
schrecklich 1. *Adj.* **a)** terrible; **er war ~ in seinem Zorn** *(geh.)* he was terrible in his wrath; **es war mir ~, es zu tun** I felt terrible about doing it; **c)** *(ugs.: sehr groß)* **es hat ihm ~en Spaß gemacht** he found it terrific fun *(coll.).* 2. *adv.* **a)** terribly; horribly; **b)** *(ugs. abwertend: unerträglich)* terribly *(coll.);* dreadfully *(coll.);* **c)** *(ugs.: sehr, äußerst)* terribly *(coll.);* **ich habe es ~ eilig** I'm in a terrible *or* terrific hurry *(coll.)*
Schrecknis das; ~ses, ~se *(geh.)* horror
Schreck-: **~schraube** die *(ugs. abwertend)* battleaxe; **~schuß** der *(auch fig.)* warning shot; **~schuß·pistole** die blank [cartridge] gun *or* pistol; **~sekunde** die moment of terror/shock; *(Reaktionszeit)* reaction time; **eine ~sekunde lang** for one horrifying moment
Schrei [ʃrai] der; ~[e]s, ~e cry; *(lauter Ruf)* shout; *(durchdringend)* yell; *(gellend)* scream; *(kreischend)* shriek; *(des Hahns)* crow; **der ~ nach Gerechtigkeit** *(fig. geh.)* the cry for justice; **der letzte ~** *(fig. ugs.)* the latest thing; **nach dem letzten ~ gekleidet** *(fig. ugs.)* dressed in the latest style
Schreib-: **~arbeit** die; an einer **~arbeit sitzen** sit doing some writing; **~arbeiten** clerical work *sing.;* **~automat** der word processor; **~bedarf** der stationery; **~block** der; *Pl.* **~blocks** *od.* **~blöcke** writing-pad
Schreibe die; ~ *(ugs.: Schreibstil)* style [of writing]
schreiben ['ʃraibn] 1. *unr. itr. V.* write; ⟨typewriter⟩ type; *(orthographisch richtig ~:* spell correctly; **auf** *od.* **mit der Maschine ~:** type; **mit der Hand/mit dem Bleistift/mit Tinte ~:** write in longhand/in pencil/in ink; **hast du mal was zum Schreiben?** have you got anything to write with?; **der Bleistift schreibt weich/hart** the pencil is soft/hard *or* has a soft/hard lead; **die Feder schreibt zu breit** the nib is too broad; **er hat großes Talent zum Schreiben** he has great talent as a writer; **an einem Roman** *usw.* **~:** be writing a novel *etc.;* **jmdm.** *od.* **an jmdn. ~:** write to sb. 2. *unr. tr. V.* **a)** write; **etw. mit der Hand/Maschine ~:** write sth. by hand *or* in longhand/type sth.; **wie schreibt man dieses Wort?** how is this word spelt?; **das Wort ist falsch/richtig/mit f geschrieben** the word is spelt wrongly *or* misspelt/spelt correctly/written *or* spelt with an f; **den Titel schreibt man groß** the title is written with capitals [at the beginning of each word]; **Noten ~:** write [out] music; **200 Anschläge pro Minute ~:** have a typing speed of 200 strokes *or* 40 words a minute; **wo steht das denn geschrieben?** *(fig.)* there's no law that says that, is there?; who says? *(coll.);* **die geschriebene Sprache/das geschriebene Wort** the written language/word; **er schreibt einen guten Stil** he has a good style [of writing]; **eine Klausur/Klassenarbeit ~:** do an exam/a class test; **die Zeitungen ~ viel Unsinn** the newspapers print a lot of nonsense; **was schreibt denn die NZZ darüber?** what does the NZZ have to say about it?; **Karl hat geschrieben. – So, was schreibt er denn?** I've had a letter from Karl. – Oh, what does he say?; **ich werde es ihm sofort ~/ihm ~, daß ...:** I'll write and tell him at once/write and tell him that ...; **bitte ~ Sie mir den Betrag auf die Rechnung** please put the amount on my bill; **b)** *(veralt.)* **wir ~ heute den 21. September** today is 21 September; **man schreibt das Jahr 1925** the year is 1925; **den Wievielten ~ wir heute?** what is the date today *or* today's date?; **c)** *(erklären für)* **jmdn. gesund/krank ~:** certify sb. as fit/give sb. a doctor's certificate; **er wollte sich vom Arzt krank ~ lassen** he wanted the doctor to give him a certificate. 3. *unr. refl. V.* **a)** *(richtig geschrieben werden)* be spelt; **schreibst du dich mit ei oder mit ey?** is your name spelt with ei or ey?; **b) sich mit jmdm. ~** *(ugs.)* correspond with sb.; **c) sich** *(Dat.)* **die Finger wund ~:** write until one's fingers are weary
Schreiben das; ~s, ~ **a)** *o. Pl.* writing *no def. art.;* **b)** *(Brief)* letter; **mit ~ vom ...:** in a letter dated ...; **auf Ihr ~ vom ... teilen wir Ihnen mit, ...:** in reply to your letter of the ... we inform you ...
Schreiber der; ~s, ~ **a)** writer; *(Verfasser)* author; **er ist ein armseliger ~** *(abwertend)* he is a miserable hack [writer]; **b)** *(veralt.: Sekretär, Schriftführer)* secretary; clerk; **c)** *(ugs.: Schreibgerät)* **ich habe keinen ~ bei mir** I've got nothing to write with
Schreiberin die; ~, ~en writer; *(Verfasserin)* authoress
Schreiberling ['ʃraibɐlɪŋ] der; ~s, ~e *(abwertend)* hack [writer]; scribbler
schreib-, Schreib-: **~faul** *Adj.* lazy about [letter-]writing *postpos.;* **ich bin [sehr] ~faul** I'm a poor correspondent *or* not much of a letter-writer; **~faulheit** die laziness about [letter-]writing; **~fehler** der spelling mistake; *(Versehen)* slip [of the pen]; **~gerät** das writing implement; **~heft** das *(usu. lined)* exercise-book; *(im Gegensatz zum Rechenheft)* writing-book; **~kraft** die clerical assistant; *([Steno]typistin)* [shorthand] typist; **~krampf** der writer's cramp; **einen ~krampf haben/bekommen** have/get writer's cramp; **~kundig** *Adj.* able to write *postpos.;* **~mappe** die writing-case; **~maschine** die typewriter; **etw. mit [der]** *od.* **auf der ~maschine schreiben** type sth.; **mit [der] ~maschine geschrieben** typewritten; typed; **sie kann gut ~maschine schreiben** she is a good typist; **~maschinen·papier** das typing paper; **~papier** das writing-paper; **~pult** das [writing-]desk; **~schrift** die cursive writing; *(gedruckt)* [cursive] script; **~stil** der written style; **~stube** die **a)** *(veralt.)* office [for clerical staff]; *(hist.)* scriptorium; **b)** *(Milit.)* orderly room; **~tafel** die **a)** *(hist.)* [writing-]tablet; **b)** *(für die Schule)* slate; **~tisch** der desk; **~tisch·täter** der mastermind behind the scenes; *(Beamter)* desk-bound director of operations; **~übung** die writing exercise
Schreibung die; ~, ~en spelling; **eine falsche ~:** a misspelling; an incorrect spelling
Schreib-: **~unter·lage** die desk pad; **~verbot** das writing ban; **ihm wurde ~verbot erteilt** he was banned from writing; **~waren** *Pl.* stationery *sing.;* writing materials; **~waren·geschäft** das stationer's; stationery shop *or (Amer.)* store; **~weise** die spelling; **~zeug** das writing things *pl.*
schreien 1. *unr. itr. V.* ⟨person⟩ cry [out]; *(laut rufen/sprechen)* shout; *(durchdringend)* yell; *(gellend)* scream; ⟨baby⟩ yell, bawl; ⟨animal⟩ scream; ⟨owl, gull, *etc.*⟩ screech; ⟨cock⟩ crow; ⟨donkey⟩ bray; ⟨crow⟩ caw; ⟨cat⟩ howl; ⟨monkey⟩ shriek; **vor Lachen ~:** scream with laughter; **zum Schreien sein** *(ugs.)* be a scream *(sl.);* **nach etw. ~:** yell for sth.; *(fig.)* cry out for sth.; *(fordern)* demand sth.; **die Kinder schrien nach der Mutter** the children were yelling *or* bawling for their mother. 2. *unr. tr. V.* shout; **Hilfe ~:** shout for help. 3. *unr. refl. V.* **sich heiser/müde ~:** shout *or* yell oneself hoarse/tire onself out with shouting *or* yelling
schreiend *(fig.)* 1. *Adj.* **a)** *(grell)* garish ⟨colour, poster, *etc.*⟩; loud ⟨pattern⟩; **b)** *(empö-*

rend) glaring, flagrant ⟨*injustice, anomaly*⟩; blatant ⟨*wrong*⟩. **2.** *adv.* **a)** *(grell)* garishly; ~ **bunt** garishly coloured; **b)** *(empörend)* flagrantly; blatantly
Schreier der; ~s, ~: noisy person; bawler; **die größten** ~: the noisiest people; those who make/made the most noise
Schrei-: ~**hals** der *(ugs.)* **a)** *(Kind)* bawler; **b)** *(abwertend: Randalierer)* rowdy; ~**krampf** der screaming fit
Schrein [ʃraɪn] der; ~[e]s, ~e *(geh.)* shrine
Schreiner der; ~s, ~ *(bes. südd.)* s. Tischler
Schreinerei die; ~, ~en *(bes. südd.)* s. Tischlerei
schreinern *(bes. südd.)* **1.** *itr. V.* do joinery; **er kann gut** ~: he is good at joinery or woodworking. **2.** *tr. V.* make ⟨*furniture etc.*⟩
schreiten ['ʃraɪtn̩] *unr. itr. V.;* mit sein *(geh.)* **a)** walk; *(mit großen Schritten)* stride; *(marschieren)* march; **auf und ab** ~ : pace up and down; **von Sieg zu Sieg** ~ *(fig.)* march on from one victory to another; **b) zu etw.** ~ *(fig.)* proceed to sth.; **zur Tat** *od.* **zum Werk** ~: go into action/get down to work
schrickt [ʃrɪkt] *3. Pers. Sg. Präsens v.* **schrecken**
schrie [ʃriː] *1. u. 3. Pers. Sg. Prät. v.* **schreien**
schrieb [ʃriːp] *1. u. 3. Pers. Sg. Prät. v.* **schreiben**
Schrieb der; ~[e]s, ~e *(ugs.)* missive *(coll.)*
Schrift [ʃrɪft] die; ~, ~en **a)** *(System)* script; *(Alphabet)* alphabet; **in kyrillischer/phonetischer** ~: in Cyrillic/phonetic script; **b)** *(Hand*~*)* [hand]writing; **er hat eine gute/unleserliche** ~: he has good/illegible handwriting; his writing is good/illegible; **c)** *(Druckw.:* ~ *art)* [type-]face; **d)** *(Text)* text; *(wissenschaftliche Abhandlung)* paper; *(Werk)* work; *(Bitt*~*)* petition; **Karl Hubers [frühe/gesammelte]** ~**en** Karl Hubers [early/collected] writings; **die [Heilige]** ~: the Scriptures *pl.;* **e)** *Pl. (schweiz.: Ausweispapiere)* [identity] papers
schrift-, Schrift-: ~**art** die *(Druckw.)* [type-]face; ~**bild** das *(bei Druckschrift)* [appearance of the] type; *(bei Handschrift)* [appearance of one's] writing; ~**deutsch** *Adj.* **a)** written German; **b)** *s.* **hochdeutsch**; ~**deutsch** das **a)** written German; das schweizerische ~**deutsch** written Swiss German; **b)** *s.* **Hochdeutsch**
Schriften·verzeichnis das bibliography
Schrift-: ~**form** die; *o. Pl. (Rechtsspr.)* written form; **... bedarf der** ~**form** ... must be drawn up in writing [and signed] by the party in question; ~**führer** der secretary; ~**gelehrte** der scribe *(Bibl.); (Islam)* mullah; ~**grad** der, ~**größe** die *(Druckw.)* type-size; ~**leiter** der *(veralt.)* editor; ~**leitung** die *(veralt.)* **a)** *(Funktion)* editorship; **b)** *(Abteilung)* editorial department
schriftlich 1. *Adj.* written; **das Schriftliche** written work; *(ugs.: die* ~**e** *Prüfung)* the written exam; **ich habe [darüber] leider nichts Schriftliches** I'm afraid I haven't got anything in writing. **2.** *adv.* in writing; **soll ich es** ~ **machen?** should I put it in writing?; **jmdm.** ~ **einladen** send sb. a written invitation; **das lasse ich mir** ~ **geben** I'll get that in writing; **das kann ich dir** ~ **geben** *(fig. ugs.)* you can take that from me
schrift-, Schrift-: ~**probe** die **a)** *(einer Handschrift)* sample or specimen of [one's] handwriting; **b)** *(Druckw.)* type specimen; ~**rolle** die scroll; ~**satz** der **a)** *(Druckw.)* type matter; **b)** *(Rechtsw.: Erklärung)* written statement; ~**setzer** der typesetter; ~**sprache** die written language; **die deutsche** ~**sprache** written German; ~**sprachlich 1.** *Adj.* used in the written language *postpos.* **2.** *adv.* in the written language; **sich** ~**sprachlich ausdrücken** express oneself in language appropriate to a written style; ~**steller** der writer; **die antiken** ~**steller** the authors of classical antiquity;

~**stellerei** die; ~: writing *no def. art.;* ~**stellerin** die; ~, ~**nen** writer; ~**stellerisch 1.** *Adj.* literary ⟨*work, activity*⟩; ⟨*talent*⟩ as a writer; **die** ~**stellerische Tätigkeit** working as a writer; **2.** *adv.* ~**stellerisch begabt/tätig sein** be talented as a writer/work as a writer; ~**stellern** *itr. V.* work as a writer; do literary work; ~**stück** das [official] document
Schrifttum das; ~s literature; **das** ~ **zu diesem Thema** the literature on this subject
Schrift-: ~**verkehr** der; *o. Pl.* correspondence; **mit jmdm. in regem** ~**verkehr stehen** have an active correspondence with sb.; ~**wechsel** der correspondence; ~**zeichen** das character; ~**zug** der **a)** *Pl.* lettering *sing.; (Handschrift)* handwriting *sing.;* **b)** *(Namenszug)* lettering; *(als Firmenzeichen)* logo
schrill [ʃrɪl] **1.** *Adj.* **a)** shrill; *(fig.)* strident ⟨*propaganda, colours, etc.*⟩; **b)** *(Jugendspr.)* fab *(sl.).* **2.** *adv.* shrilly
schrillen *itr. V.* shrill; sound shrilly
Schrippe ['ʃrɪpə] die; ~, ~n *(bes. berlin.)* long [bread] roll
schritt [ʃrɪt] *1. u. 3. Pers. Sg. Prät. v.* **schreiten**
Schritt der; ~[e]s, ~e **a)** step; **mit großen/gemessenen** ~**en** with big/measured strides; **die ersten** ~**e machen** *(auch fig.)* take one's first steps; **er verlangsamte/beschleunigte seine** ~ **he** slowed/quickened his pace; **die Freude beflügelte meine** ~**e** *(geh.)* joy gave me wings; **einen** ~ **zur Seite/nach vorn machen** *od.* **tun** take a step sideways/forwards; **der Schnee knirschte unter unseren** ~**en** the snow crunched under our footsteps; ~ **für** ~**, um** ~ *(auch fig.)* step by step; **den ersten** ~ **machen** *od.* **tun** *(fig.) (den Anfang machen)* take the first step; *(als erster handeln)* make the first move; **in einem zweiten** ~ *(fig.)* as a second stage; **den zweiten** ~ **vor dem ersten machen** *od.* **tun** *(fig.)* put the cart before the horse; **der erste** ~ **zur Diktatur** *usw.* the first step on the road to dictatorship *etc.;* **auf** ~ **und Tritt** wherever one goes; at every step; **er folgte ihr auf** ~ **und Tritt** he followed her wherever she went; **b)** *Pl. (Geräusch)* footsteps; *(von ungebeugt: Entfernung)* pace; **nur ein paar** ~ **von uns entfernt** only a few yards away from us; **in etwa 100** ~**[en] Entfernung** at [a distance of] about 100 paces; **ein paar** ~**e gehen** take a little walk; **einen** ~ **weiter gehen** *(fig.)* go a step or stage further; **einen** ~ **zu weit gehen** *(fig.)* go too far; overstep the mark; **jmdn. einen großen** *od.* **guten** ~ **weiterbringen** *(fig.)* take sb. a lot further; **er ist der Konkurrenz immer ein paar** ~**e voraus** *(fig.)* he is always a few steps ahead of the competition; **sich** *(Dat.)* **jmdn. drei** ~ **vom Leibe halten** *(fig. ugs.)* keep sb. at arm's length; **d)** *(Gleich*~*)* **aus dem** ~ **kommen** walk. **geraten** get out of step; **im** ~ **gehen** walk in step; **e)** *o. Pl. (des Pferdes)* walk; **im** ~: at a walk; **f)** *(Gangart)* walk; **jmdn. am** ~ **erkennen** recognize sb. by his/her walk or gait; **seinen** ~ **verlangsamen/beschleunigen** slow/quicken one's pace; **mit jmdm./etw.** ~ **halten** *(auch fig.)* keep up or keep pace [with sb./sth.]; **g)** *(*~*geschwindigkeit)* walking pace; **[im]** ~ **fahren** go at walking pace or a crawl; „~ **fahren**" 'dead slow'; **h)** *(fig.: Maßnahme)* step; measure; ~**e unternehmen** *od.* **veranlassen** take steps; **i)** *(Teil der Hose, Genitalbereich)* crotch
Schritttempo das; ~s walking pace; **[im]** ~ **fahren** go at walking pace or a crawl
schritt-, Schritt-: ~**geschwindigkeit** die walking pace; **[mit]** ~**geschwindigkeit fahren** go at walking pace or a crawl; ~**macher** der *(Sport, Med.; auch fig.)* pacemaker; ~**tempo** s. **Schrittempo**; ~**weise 1.** *Adv.* step by step; gradually; **2.** *adj.; nicht präd.* step by step; gradual

schroff [ʃrɔf] **1.** *Adj.* **a)** precipitous, sheer ⟨*rock, etc.*⟩; **b)** *(plötzlich)* sudden, abrupt ⟨*transition, change*⟩; *(kraß)* stark ⟨*contrast*⟩; **im** ~**en Widerspruch zu etw. stehen** be totally incompatible with sth.; **c)** *(barsch)* abrupt, curt ⟨*refusal, manner, behaviour, tone*⟩. **2.** *adv.* **a)** ⟨*rise, drop*⟩ sheer; ⟨*fall away*⟩ precipitously; **b)** *(plötzlich, unvermittelt)* suddenly; abruptly; **c)** *(barsch)* curtly; ⟨*interrupt*⟩ abruptly; ⟨*treat*⟩ brusquely
Schroffheit die; ~, ~**en a)** *o. Pl.* precipitousness; **b)** *o. Pl. (Plötzlichkeit)* suddenness; abruptness; *(Kraßheit)* starkness; *o. Pl. (Barschheit)* curtness; abruptness; brusqueness; **mit** ~: curtly; **d) seine** ~**en** his curt or brusque behaviour *sing.; (Bemerkungen)* his curt remarks
schröpfen ['ʃrœpfn̩] *tr. V.* **a)** *(ugs.)* fleece; **b)** *(Med.)* cup
Schrot [ʃroːt] der *od.* das; ~[e]s, ~e **a)** coarse meal; *(aus Getreide)* whole meal *(Brit.);* whole grain; *(aus Malz)* grist; crushed malt; **b)** *(aus Blei)* shot; **einem Hasen eine Ladung** ~ **aufbrennen** pepper a hare with shot; **c)** *o. Pl.* **ein Mann von echtem/bestem** ~ **und Korn** a man of sterling qualities; **ein Offizier/Kavalier** *usw.* **von altem** ~ **und Korn** an officer/a gentleman *etc.* of the old school
Schrot-: ~flinte die shotgun; ~**kugel** die pellet; ~**ladung** die round of shot; small-shot charge
Schrott [ʃrɔt] der; ~[e]s, ~e **a)** scrap [-metal]; **das gehört auf den** ~: it belongs on the scrap-heap; **ein Auto zu** ~ **fahren** *(ugs.)* write a car off; **b)** *o. Pl. (salopp abwertend: minderwertiges Zeug)* rubbish; junk
schrott-, Schrott-: ~**händler** der scrap-dealer; scrap-merchant; ~**haufen** der scrap-heap; *(ugs. fig.)* rusty heap; *(Unfallwagen)* heap of scrap; ~**platz** der scrap-yard; ~**reif** *Adj.* ready for the scrap-heap *postpos.;* fit for scrap *postpos.;* **ein Auto** ~**reif fahren** write a car off; ~**wert** der scrap value
schrubben ['ʃrʊbn̩] *tr. (auch itr.) V.* scrub
Schrubber der; ~s, ~: [long-handled] scrubbing-brush
Schrulle ['ʃrʊlə] die; ~, ~**n a)** *(seltsame Idee)* cranky idea; *(Marotte)* quirk; **b)** *(ugs. abwertend: Frau)* **[alte]** ~: old crone
schrullen·haft, schrullig *Adj.* cranky ⟨*person, idea*⟩; zany *(coll.)* ⟨*story etc.*⟩
Schrulligkeit die; ~: crankiness; zaniness
schrumpelig *Adj. (ugs.)* wrinkly; wrinkled
schrumpeln ['ʃrʊmpl̩n] *itr. V.;* mit sein *(ugs.)* ⟨*skin*⟩ go wrinkled; ⟨*apple etc.*⟩ shrivel
schrumpfen ['ʃrʊmpfn̩] *itr. V.;* mit sein shrink; ⟨*metal, rock*⟩ contract; ⟨*apple etc.*⟩ shrivel; ⟨*skin*⟩ go wrinkled; *(abnehmen)* decrease; ⟨*supplies, capital, hopes*⟩ dwindle
Schrumpf-: ~**kopf** der *(Völkerk.)* shrunken head; ~**leber** die cirrhotic liver; **eine** ~**leber haben/kriegen** have/get cirrhosis of the liver; ~**niere** die cirrhotic kidney; **eine** ~**niere haben** have cirrhosis of the kidney
schrumplig *s.* **schrumpelig**
Schrunde ['ʃrʊndə] die; ~, ~**n** crack; *(von Kälte)* chap
schrundig *Adj.* cracked, chapped ⟨*skin, hands, etc.*⟩
Schub [ʃuːp] der; ~[e]s, **Schübe** ['ʃyːbə] **a)** *(Physik:* ~*kraft)* thrust; *(eines Kolbenmotors)* pulling power; **b)** *(Med.: Phase)* phase; stage; **c)** *(Gruppe, Anzahl)* batch; **auf** *od.* **um** ~: [in] one batch after another; **d)** *(bes. ostmd.:* ~*lade)* drawer
Schuber ['ʃuːbɐ] der; ~s, ~ **a)** slip-case; **b)** *(österr.: Riegel)* bolt
Schub·fach das *s.* **Schublade**
Schub-: ~**karre** die, ~**karren** der wheelbarrow; ~**kasten** der drawer; ~**kraft** die

thrust; ~**lade** die drawer; *(fig.: Kategorie)* pigeon-hole; **in der ~lade liegen** *(fig.)* be ready for use
schubladisieren *tr. V. (schweiz.)* pigeonhole
Schubs [ʃʊps] *der;* ~**es,** ~**e** *(ugs.)* shove; *(fig.: Ermunterung)* prod
Schub·**schiff** das push boat; pusher
schubsen *tr. (auch itr.) V. (ugs.)* push; shove
schub·**weise** 1. *Adv.* a) in batches; b) *(Med.)* in phases *or* stages. 2. *adj.; nicht präd.* a) in batches *postpos.;* b) *(Med.)* phased
schüchtern [ˈʃʏçtɐn] 1. *Adj.* a) shy ‹*person, smile, etc.*›; shy, timid ‹*voice, knock, etc.*›; b) *(fig.: zaghaft)* tentative, cautious ‹*attempt, beginnings, etc.*›; cautious ‹*hope*›. 2. *adv.* a) shyly; ‹*knock, ask, etc.*› timidly; **er schwieg ~:** he was too shy to say anything; b) *(fig.: zaghaft)* tentatively; cautiously
Schüchternheit *die;* ~: shyness
Schuft [ʃʊft] *der;* ~[e]s, ~e *(abwertend)* scoundrel; swine
schuften *(ugs.)* 1. *itr. V.* slave *or* slog away; **er schuftet für zwei** he does the work of two [people]. 2. *refl. V.* **sich müde/krank** *usw.* ~: tire oneself out/make oneself ill *etc.* with [over]work; **sich zu Tode** ~: work oneself to death
Schufterei *die;* ~ *(ugs.)* slaving away *no indef. art.;* slog
schuftig 1. *Adj.* mean; despicable. 2. *adv.* meanly; despicably
Schuftigkeit *die;* ~, ~en *a) o. Pl.* meanness; b) *(schuftige Handlung)* mean *or* despicable thing
Schuh [ʃuː] *der;* ~[e]s, ~e a) shoe; *(hoher* ~, *Stiefel)* boot; **umgekehrt wird ein ~ draus** *(fig. ugs.)* the reverse *or* opposite is true; **wo drückt der ~?** *(fig. ugs.)* what's on your mind?; what's bugging you? *(sl.);* **wissen, wo jmdn. der ~ drückt** *(fig. ugs.)* know where sb.'s problems lie; **jmdm. etw. in die ~e schieben** *(fig. ugs.)* pin the blame for sth. on sb.
Schuh-: ~**anzieher** *der;* ~s, ~: shoehorn; ~**band** das; *Pl.* ~**bänder** *(bes. südd.)* shoelace; ~**bürste** *die* shoe-brush
Schühchen, Schühchen [ˈʃyːçən] *das;* ~s, ~: [little] shoe; *(Stiefelchen)* bootee
Schuh-: ~**creme** *die* shoe-polish; ~**größe** *die* shoe size; **welche ~größe hast du?** what size shoe[s] do you take?; ~**löffel** *der* shoehorn; ~**macher** *der;* ~s, ~: shoemaker; *s. auch* **Bäcker;** ~**macherei** *die;* ~, ~en a) shoemaker's; b) *o. Pl. (Handwerk)* shoemaking *no art.;* ~**plattler** [~platlɐ] *der;* ~s, ~: folk dance in Tirol, Bavaria and Carinthia, involving the slapping of the thighs, knees, and shoe soles; ~**putzer** *der;* ~s, ~: shoeblack; shoe-cleaner; *(Gerät)* shoe-cleaning machine; ~**riemen** *der* a) sandal-strap; b) *(bes. westmd.: Schnürsenkel)* shoe-lace; ~**sohle** *die* sole [of a/one's shoe]; **sich** *(Dat.)* **etw. an den ~sohlen abgelaufen haben** *(fig. ugs.)* have found sth. out ages ago; ~**spanner** *der* shoe-tree; ~**werk** *das; o. Pl.* footwear; shoes *pl.;* ~**wichse** *die (veralt.)* shoe-polish
Schuko·**stecker** Ⓦ [ˈʃuːko-] *der* two-pin earthed *(Brit.) or (Amer.)* grounded plug
Schul-: ~**abgänger** *der;* ~s, ~: school-leaver; ~**ab**·**schluß** *der* school-leaving qualification; ~**alter** das; *o. Pl.* school age; **Kinder im ~alter** children of school age; **er kommt bald ins ~alter** he will soon be of school age; ~**amt** das education authority; ~**an**·**fang** *der* a) *(Anfang des ~besuches)* first day at school; **etw. zum ~anfang bekommen** get sth. for starting school; b) *(Anfang des ~tages)* **um 8 Uhr ist ~anfang** school starts at 8 o'clock; ~**an**·**fänger** *der* child [just] starting

school; ~**arbeit** die a) *s.* ~**aufgabe;** b) *(österr.: Klassenarbeit)* [written] class test; c) *o. Pl. (Praxis des Unterrichts)* schoolwork *no art.;* ~**atlas** *der* school atlas; ~**auf**·**gabe** *die* item of homework; ~**aufgaben** homework *sing.;* ~**auf**·**satz** *der* school essay; ~**aus**·**flug** *der* school outing; ~**bank** *die; Pl.* ~**bänke** [school] desk; **die ~bank drücken** *(ugs.)* go to *or* be at school; ~**beginn der** *s.* ~**anfang;** ~**beispiel** das textbook example (**für** of); ~**besuch** *der* school attendance; ~**bildung** *die; o. Pl.* [school] education; schooling; ~**brot** das sandwich *(eaten during break);* ~**buch** das school-book; ~**bus** *der* school bus
schuld *s.* **Schuld b**
Schuld [ʃʊlt] *die;* ~, ~en a) *o. Pl. (das Schuldigsein)* guilt; **die Schwere einer** ~: the seriousness *or* degree of guilt; **er ist ohne [jede]** ~: he is [entirely] guiltless *or* blameless; **er ist sich** *(Dat.)* **keiner** ~ **bewußt** he is not conscious of having done any wrong; ~ **und Sühne** crime and punishment; ... **und vergib uns unsere** ~ *(bibl.)* ... and forgive us our sins *or* trespasses; b) *o. Pl. (Verantwortlichkeit)* blame; **es ist [nicht] seine** ~: it is [not] his fault; **ihn trifft keine** ~: no blame attaches to him; **er sucht die** ~ **immer zuerst bei anderen** he always tries to blame others first; **der Unfallgegner hat seine** ~ **anerkannt** the other party admitted liability for the accident; **er ist durch eigene** ~ **in diese Lage geraten** it was his own fault that he got into this situation; **jetzt hat er durch deine** ~ **seinen Zug verpaßt** now he has missed his train because of you; **[an etw.** *(Dat.)***] schuld haben**·**sein** be to blame for sth.**];** **er ist nicht schuld daran** it is not his fault; he is not to blame [for this]; **sie ist an allem** ~: it's all her fault; c) *(Verpflichtung zur Rückzahlung)* debt; *(Hypothek)* mortgage; **ich habe [bei der Bank] 5 000 Mark** ~**en** I have debts of 5,000 marks [with the bank]; **I owe [the bank] 5,000 marks; das Haus ist frei von** ~**en** the house is unmortgaged *or* free of mortgage; **in** ~**en geraten/sich in** ~**en stürzen** get into debt/into serious debt; **ich mache ungern** ~**en** I don't like getting into debt *or* running up debts; **er hat mehr** ~**en als Haare auf dem Kopf** *(ugs.)* he is up to his eyes *or* ears in debt; d) *in* [**tief**] *in jmds.* ~ **stehen** *od.* **sein** *(geh.)* be [deeply] indebted to sb.
Schuld·**bekenntnis** das a) *s.* **Schuld;** *(Bekenntnis* [of guilt]; b) *(Rechtsw.)* acknowledgment of indebtedness
schuld·**bewußt** 1. *Adj.* guilty ‹*look, face, etc.*›. 2. *adv.* guiltily; **jmdn.** ~ **ansehen** give sb. a guilty look
schulden *tr. V.* owe ‹*money, respect, explanation*›; **was schulde ich Ihnen?** how much do I owe you?
schulden-, Schulden-: ~**berg** *der (ugs.)* pile of debts; ~**frei** *Adj.* debt-free ‹*person etc.*›; unmortgaged ‹*house etc.*›; **ich bin/das Haus ist ~frei** I am free of debt/the house is free of mortgage; ~**macher** *der (ugs. abwertend)* [habitual] debtor
schuld-, Schuld-: ~**frage** die question of guilt; ~**gefühl** das feeling of guilt; guilty feeling; ~**gefühle haben/bekommen** feel/ start to feel guilty; ~**haft** 1. *Adj.* culpable. 2. *adv.* culpably
Schul·**dienst** *der; o. Pl.* [school-]teaching *no art.;* **in den** ~ **gehen** go into teaching; **im** ~ **tätig sein** be in the teaching profession
schuldig *Adj.* a) *(Schuld tragend)* guilty; **jmdn.** ~ **sprechen** *od.* **für** ~ **erklären** find sb. guilty; **er hat sich des Diebstahls** ~ **gemacht** he has been guilty of *or* committed theft; **er bekennt sich** ~: he admits his guilt; **er wurde/ist** ~ **geschieden** *(veralt.)* he was the guilty party in the divorce; **auf** ~ **plädieren** ‹*public prosecutor*› ask for a verdict of guilty; **das Gericht erkannte auf** ~: the court returned a verdict of guilty; b) *(ver-*

antwortlich) **der** [**an dem Unfall**] ~**e Autofahrer** the driver to blame *or* responsible [for the accident]; c) **jmdm. etw.** ~ **sein/bleiben** owe sb. sth.; **was bin ich Ihnen** ~?what *or* how much do I owe you?; **jmdm. eine Erklärung/Dank** ~ **sein** owe sb. an explanation/a debt of gratitude *etc.;* **dafür bin ich dir keine Rechenschaft** ~: I don't have to account to you for that; **den Beweis bist du mir immer noch** ~: you have still not given *or* shown me any proof; **das bin ich ihm/der Partei** ~: I owe it to him/the party; **das ist er seiner gesellschaftlichen Stellung** ~: his social position requires it of him; **jmdm. die Antwort/Erklärung** ~ **bleiben** [still] owe sb. an answer/explanation; **er blieb ihnen die Antwort nicht** ~: he did not fail to give them an answer *or* leave them without an answer; d) *nicht präd. (gebührend)* due; proper; **jmdm. den** ~**en Respekt erweisen** show sb. due respect *or* the respect due to him/her
Schuldige *der/die; adj. Dekl.* guilty person; *(im Strafprozeß)* guilty party; **der an dem Unfall** ~: the person responsible for *or* to blame for the accident; **einer muß ja der** ~ **sein** someone must have done it
Schuldiger *der;* ~s, ~ *(bibl.)* **wie wir vergeben unsern** ~**n** as we forgive those who sin *or* trespass against us
Schuldigkeit *die;* ~, ~**en** duty; **meine** [**verdammte**] **Pflicht und** ~: my bounden duty; **seine** ~ **getan haben** *(fig.)* have served its/his purpose
Schuld·**komplex** *der* guilt complex
schuld·**los** *Adj.* innocent (**an** + *Dat.* of); **er wurde/ist** ~ **geschieden** he was the innocent party in the divorce
Schuldner *der;* ~s, ~, **Schuldnerin** *die;* ~, ~**nen** debtor
Schuld-: ~**schein** *der* IOU; promissory note *(Commerc.); (formell)* bond; ~**spruch** *der* verdict of guilty; ~**turm** *der (hist.)* debtors' prison; ~**verschreibung** *die (Wirtsch.)* debenture bond; ~**zu**·**weisung** *die* recrimination
Schule [ˈʃuːlə] *die;* ~, ~**n** a) school; **die** ~ **wechseln** change schools; **zur** *od.* **in die** ~ **gehen,** *od.* **besuchen** go to school; **zur** *od.* **in die** ~ **kommen** come to school; *(als Schulanfänger)* start school; **von der** ~ **abgehen** leave school; **auf** *od.* **in der** ~ **sein** be at school; **er ist an der** ~: he is a [school-]teacher; he teaches school *(Amer.);* **er ist durch eine harte** ~ **gegangen** *(fig.)* he has been through a hard school; **aus der** ~ **plaudern** *(fig.)* reveal [confidential] information; spill the beans *(sl.);* ~ **machen** *(fig.)* become the accepted thing; form a precedent; **ein Diplomat** *usw.* **alter** *od.* **der alten** ~: a diplomat *etc.* of the old school; b) *(Ausbildung)* training; [**keine**] ~ **haben** ‹*dog, singer, etc.*› [not] be trained; **Hohe** ~ *(Reiten)* haute école; c) *(Lehr-, Übungsbuch)* manual; handbook; **eine** ~ **des Klavierspiels** a piano tutor; **eine** ~ **der Liebe** a handbook of *or* guide to love
schulen *tr. V.* train; **jmdn. politisch** ~: give sb. a political schooling; **er hat sich/seinen Stil an Adorno geschult** he has modelled himself/his style on Adorno; **ein geschultes Auge** a practised *or* expert eye
Schul-: ~**englisch** das school English; ~**entlassene** *der/die; adj. Dekl.* school-leaver *(Brit.);* ~**entlassung** *die* school graduation *(Amer.)*
Schüler [ˈʃyːlɐ] *der;* ~s, ~ a) pupil; *(Schuljunge)* schoolboy; ~ **und Studenten** schoolchildren and students; **die** ~ **der Grundschule** the primary school children *or* pupils; **ein ehemaliger** ~ [**der Schule**] a former pupil *or* an old boy [of the school]; **er ist noch** ~: he is still at school; **als** ~ **bekomme ich** ...: as I am [still] at school, I receive ...; b) *(fig.: eines Meisters)* pupil; *(Jünger)* disciple

1453

schüler-, Schüler-: **~aus·tausch** der school exchange; **~ausweis** der schoolchild's pass; **~brigade** die *(DDR)* work team of schoolchildren *(usu. working on a farm)*; **~haft** 1. *Adj. (wie ein Schuljunge)* schoolboyish; *(wie ein Schulmädchen)* schoolgirlish; 2. *adv.* like a schoolboy/schoolgirl

Schülerin die; ~, ~nen pupil; schoolgirl; **eine ehemalige ~** [**der Schule**] a former pupil *or* an old girl [of the school]

Schüler-: **~karte** die schoolchild's season ticket; **~lotse** der *pupil trained to help other schoolchildren to cross the road;* **~mit·verwaltung** die pupil participation *no art.* in school administration

Schülerschaft die; ~, ~en pupils *pl.*

Schüler-: **~sprache** die school slang; **~zeitung** die school magazine

schul-, Schul-: **~fach** das school subject; **... ist ~fach** ... is taught in schools *or* is a school subject; **~ferien** *Pl.* school holidays *or (Amer.)* vacation *sing.;* **es sind noch ~ferien** the schools are still on holiday *or (Amer.)* vacation; **~fest** das school open day; **~frei** *Adj.* ⟨*day*⟩ off school; **morgen ist/haben wir ~frei** there is/we have no school tomorrow; **~frei bekommen** be let off school; **~freund** der school-friend; **~funk** der schools broadcasting *no art. (Sendungen)* [radio] programmes *pl.* for schools; **~gebäude** das school [building]; **~gebrauch** der: **für den ~gebrauch** for school use; for use in schools; **~gegenstand** der *(österr.) s.* **~fach**; **~gelände** das school grounds *pl. or* premises *pl.;* **~geld** das school fees *pl.;* **laß dir dein ~geld wiedergeben!** *(ugs.)* they can't have taught you a thing at school; **~grammatik** die grammar [book] for schools; **~haus** das schoolhouse; **~heft** das exercise book; **~hof** der school yard

schulisch 1. *Adj.; nicht präd.* ⟨*conflicts, problems, etc.*⟩ at school; school ⟨*work etc.*⟩; scholastic ⟨*questions etc.*⟩; **seine ~en Leistungen** [the standard of] his school work *sing.* 2. *adv.* at school

schul-, Schul-: **~jahr** das a) school year; b) *(Klasse)* year; **ein zehntes ~jahr** a tenth-year class; **~jugend** die schoolchildren *pl.;* **~junge** der schoolboy; **~kamerad** der *(veralt.)* schoolmate; **~kind** das schoolchild; **~klasse** die [school] class; **~landheim** das [school's] country hostel *(visited by school classes);* **~lehrer** der schoolteacher; **~leiter** der headmaster; head teacher; **~leiterin** die headmistress; head teacher; **~leitung** die a) [school] headship; b) *(Person)* head teacher; *(Personen)* school management; **~lektüre** die school reading [material]; *(einzelner Text)* school text; **~mädchen** das schoolgirl; **~mann** der; *Pl.* **~männer** *(veralt.)* schoolmaster; **~mappe** die school-bag; **~medizin** die; *o. Pl.* orthodox *or* traditional medicine *no art.;* **~meister** der a) *(veralt., scherzh.)* schoolmaster; b) *(abwertend: Krittler)* schoolmasterly type; pedagogue; **~meistern** *(abwertend) tr.* (auch *itr.*) *V.* lecture; **er ~meistert gern** he likes lecturing people; **~musik** die music *no art.* in schools; **~orchester** das school orchestra; **~ordnung** die school rules *pl.;* **~pflicht** die; *o. Pl.* obligation to attend school; **die Einführung der [allgemeinen] ~pflicht** the introduction of compulsory school attendance [for all children]; **~pflichtig** *Adj.* required to attend school *postpos.;* **~pflichtig sein** to have to attend school; **im ~pflichtigen Alter** of school age; **~praktikum** das teaching practice; **~ranzen** der [school] satchel; **~rat** der schools inspector; **~reif** *Adj.* ready for school *postpos.;* **~reife** die readiness for school; **~schiff** das training ship; **~schluß** der; *o. Pl.* end of school; **nach ~schluß** after school; **~schwänzer** der *(ugs.)* truant; **~speisung** die school meals *pl.;* **~sport** der sport *no art.* in schools; **~sprecher** der pupils' representative; ≈ head boy; **~sprecherin** die pupils' representative; ≈ head girl; **~stunde** die [school] period; lesson; **~system** das school system; **~tag** der; **der erste/letzte ~tag** the first/last day of school; **~tasche** die school-bag; *(Ranzen)* [school] satchel

Schulter ['ʃʊltɐ] die; ~, ~n shoulder; **hängende ~n** drooping shoulders; *(als Merkmal)* round shoulders; **seine Frau reicht ihm gerade bis an die ~:** his wife only comes up to his shoulder; **er nahm das Kind auf die ~n** he lifted the child on to his shoulder[s]; **der Ringer zwang seinen Gegner auf die ~n** the wrestler forced his opponent on to his back; **~ an ~** *(auch fig.)* shoulder to shoulder; **mit den ~n** *od.* **die ~n zucken** shrug one's shoulders; **jmdn. über die ~ ansehen** *(fig.)* look down on sb.; look down one's nose at sb.; **jmdm. auf die ~ klopfen** pat sb. on the shoulder *or (fig.)* back; **sich** *(Dat.)* **selbst auf die ~ klopfen** *(fig.)* pat oneself on the back; **auf beiden ~n Wasser tragen** *(fig.)* have a foot in both camps; *s. auch* **kalt 1; leicht 1.**

schulter-, Schulter-: **~blatt** das *(Anat.)* shoulder-blade; **~frei** *Adj.* off-the-shoulder ⟨*dress*⟩; **~halfter** der shoulder-holster; **~höhe** die shoulder height; **~klappe** die shoulder-strap; epaulette; **~lang** *Adj.* shoulder-length

schultern *tr. V.* shoulder; **das Gewehr ~:** shoulder arms; **etw. geschultert tragen** carry sth. on one's shoulder

Schulter-: **~riemen** der shoulder-strap; *(Milit.)* shoulder-belt; **~schluß** der *(Solidarität)* solidarity; *(Zusammenarbeit)* collaboration; **~stand** der *(Turnen, Kunstfahren)* shoulder stand; **~stück** das a) *(~klappe)* shoulder-strap; epaulette; b) *(Stück Fleisch)* piece of shoulder

Schultheiß ['ʃʊltaɪs] der; ~en, ~en *(hist.)* sheriff; *(im Dorf)* mayor

Schul·tüte die *cardboard cone of sweets given to a child on his first day at school*

Schulung die; ~, ~en training *(Veranstaltung)* training course; **politische ~:** political schooling

Schulungs·kurs der training course

Schul-: **~unterricht** der school lessons *pl., no art.;* **~weg** der way to school; **er hat einen ~weg von 10 km/Minuten** he lives 10 kilometres/minutes from his school; **~weisheit** die *(abwertend)* book-learning; **~wesen** das; *o. Pl.* school system

Schulze ['ʃʊltsə] der; ~n, ~n *(hist.) s.* **Schultheiß**

Schul-: **~zeit** die school-days *pl.;* **~zentrum** das school complex; **~zeugnis** das school report; **~zimmer** das schoolroom

Schummel ['ʃʊml] der; ~s *(ugs.)* cheating *no indef. art.*

Schummelei die; ~, ~en *(ugs.) s.* **Mogelei**

schummeln *itr., tr., refl. V. (ugs.) s.* **mogeln**

schummerig ['ʃʊmərɪç] 1. *Adj.* dim *(light etc.)*; dimly lit ⟨*room etc.*⟩. 2. *adv.* dimly

Schummler der; ~s, ~, **Schummlerin** die; ~, ~nen *(ugs.)* cheat

schummrig *s.* **schummerig**

Schund der; ~[e]s *(abwertend)* trash

Schund-: **~literatur** die *(abwertend)* trashy literature; **~roman** der *(abwertend)* trashy novel

schunkeln ['ʃʊŋkl̩n] *itr. V.* rock to and fro together *(in time to music, with linked arms)*

schupfen ['ʃʊpfn̩] *tr. V. (österr., schweiz., südd.)* a) *(stoßen)* give sb. a shove *or* push; b) *(werfen)* throw; chuck *(coll.)*

Schupfen der; ~s, ~ *(österr., südd.)* shed; *(Wetterdach)* [wooden] shelter

¹**Schupo** ['ʃuːpo] die; ~ *Abk.* **Schutzpolizei**

²**Schupo** der; ~s, ~s *(veralt. ugs.)* cop *(sl.)*

Schuppe ['ʃʊpə] die; ~, ~n a) scale; **es fiel ihm wie ~n von den Augen** he had a sudden, blinding realization: the scales fell from his eyes; b) *Pl. (auf dem Kopf)* dandruff *sing.; (auf der Haut)* flaking skin sing.

schuppen 1. *tr. V.* scale ⟨*fish*⟩. 2. *refl. V.* ⟨*skin*⟩ flake; ⟨*person*⟩ have flaking skin

Schuppen der; ~s, ~ a) shed b) *(ugs. abwertend) (häßliches Gebäude)* dump *(coll.); (kastenförmiger Bau)* box; c) *(ugs.: Lokal)* joint *(sl.)*

schuppen·artig 1. *Adj.* scale-like. 2. *adv.* like scales

Schuppen·flechte die *(Med.)* psoriasis

schuppig *Adj.* a) scaly; b) *(mit Haut-, Kopfschuppen bedeckt)* flaky ⟨*skin*⟩; dandruffy ⟨*hair*⟩

Schur [ʃuːɐ̯] die; ~, ~en a) *(das Scheren)* shearing; b) *(Landw.: das Mähen, Schneiden)* cut

Schür·eisen das poker

schüren ['ʃyːrən] *tr. V.* a) poke ⟨*fire*⟩; *(gründlich)* rake ⟨*fire, stove, etc.*⟩; b) *(fig.)* stir up ⟨*hatred, envy, etc.*⟩; fan the flames of ⟨*passion*⟩; **jmds. Hoffnung ~:** raise sb.'s hopes

schürfen ['ʃʏrfn̩] 1. *itr. V.* a) scrape; b) *(Bergbau)* dig ⟨experimentally⟩ (**nach** for); **nach Gold** *usw.* **~:** prospect for gold *etc.;* **tiefer ~** *(fig.)* dig deeper. 2. *tr. V.* a) graze ⟨*Dat.*⟩ **das Knie** *usw.* **wund/blutig ~:** graze one's knee *etc.* [and make it sore/bleed]; b) *(Bergbau)* mine ⟨*ore etc.*⟩ open-cast *or (Amer.)* opencut. 3. *refl. V.* graze oneself

Schürf·wunde die graze; abrasion

Schür·haken der poker *(with hooked end); (für den Ofen)* rake

schurigeln ['ʃuːrɪɡln̩] *tr. V. (ugs. abwertend)* **jmdn. ~:** make life unpleasant for sb.; *(schikanieren)* bully sb.

Schurke ['ʃʊrkə] der; ~n, ~n *(abwertend)* rogue; villain; **die Rolle des ~n** the part of the villain *or (coll.)* baddy

Schurkerei die; ~, ~en *(veralt. abwertend)* villainous deed

schurkisch *(veralt. abwertend)* 1. *Adj.* villainous. 2. *adv.* villainously

Schur·wolle die: **reine ~:** pure new wool

Schurz [ʃʊrts] der; ~es, ~e a) apron; b) *(Lenden~)* loincloth

Schürze ['ʃʏrtsə] die; ~, ~n apron; *(Frauen~, Latz~)* pinafore; **jmdm. an der ~ hängen** *(fig.)* be tied to sb.'s apron-strings; **hinter jeder ~ hersein** *od.* **herlaufen** *(ugs.)* run *or* chase after anything in a skirt

schürzen *tr. V.* a) gather up; b) *(aufwerfen)* purse ⟨*lips, mouth*⟩; c) *(geh.: binden)* tie ⟨*knot*⟩; knot ⟨*thread etc.*⟩

Schürzen-: **~band** das, *Pl.* **Schürzenbänder**; **~jäger** der *(ugs. abwertend)* skirt-chaser *(sl.);* **~zipfel** der apron-string; **jmdm. am ~zipfel hängen** *(fig. ugs.)* be tied to sb.'s apron-strings

Schuß [ʃʊs] der; Schusses, Schüsse ['ʃʏsə] *(bei Maßangaben einschließlich ~)* a) shot *(auf + Akk.* at); **21 ~ Salut** a 21-gun salute; **zum ~ kommen** get a chance of a shot; get a shot in; **weit ab vom ~** *(fig. ugs.) (in sicherer Entfernung)* well away from the action; at a safe distance; *(abseits)* far off the beaten track; **der ~ kann nach hinten losgehen** *(fig. ugs.)* it could backfire *or* turn out to be an own goal; **ein ~ ins Schwarze** *(fig.)* a bull's-eye; **ein ~ in den Ofen** *(fig.)* a complete waste of effort; **jmdm. einen ~ vor den Bug setzen** *od.* **geben** *(fig.)* fire a shot across sb.'s bows; **ein ~ weitab vom** *(fig. ugs.)* be worthless *or* not worth a thing; c) *(~wunde)* gunshot wound; d) *(mit einem Ball, Puck usw.)* shot *(auf + Akk.* at); **er ließ ihn nicht zum ~**

schußbereit — schwach

kommen he didn't let him get a shot in; **e)** *(kleine Menge)* dash; **ein ~ Whisky** a dash *or* shot of whisky; **Cola** *usw.* **mit ~:** Coke **(P)** *etc.* with something strong; brandy/ rum *etc.* and Coke **(P)** *etc.*; **eine Weiße mit ~:** *a light top-fermented beer with a dash of fruit syrup, esp. raspberry-flavoured;* **f)** *(Drogenjargon)* shot; fix *(sl.);* **jmdm./sich einen ~ setzen** give sb. /oneself a fix; **der goldene ~:** the fatal shot; **g)** *(Skisport)* schuss; **~ fahren** schuss; **im ~ abfahren** schuss down; **in ~ kommen** *(fig.)* get speed up; **h)** *(ugs.)* **in in ~ sein/kommen** be in/get into [good] shape; **etw. in ~ bringen** *od.* **kriegen/halten/ haben** get sth. into/keep sth. in/have got sth. in [good] shape; **i)** *(Weberei)* weft
schuß·bereit *Adj.* ready to shoot *postpos.*
Schussel [ˈʃʊsl̩] *der;* ~s, ~ *(ugs.)* scatterbrain; wool-gatherer
Schüssel [ˈʃʏsl̩] *die;* ~, ~n bowl; *(flacher)* dish; **vor leeren ~n sitzen** *(fig.)* go hungry; have nothing to eat
schusselig *(ugs.)* **1.** *Adj.* scatter-brained; *(fahrig)* dithery. **2.** *adv.* in a scatter-brained way
Schusseligkeit *die;* ~ *(ugs.)* wool-gathering; muddle-headedness; *(schusselige Art)* scatter-brained way
schusseln *itr. V. (ugs.)* be scatter-brained; *(bei der Arbeit)* be careless; make careless *or* silly mistakes; **er hat mal wieder geschusselt** he's been wool-gathering again
Schusser *der;* ~s, ~ *(bes. südd.) s.* **Murmel**
schuß-, Schuß-: **~faden** *der (Weberei)* weft thread; **~fahrt die a)** *(Ski)* schuss; **b)** *(fig.)* wild career; headlong rush; **~feld das** field of fire; **er hatte freies ~feld** he had a clear view of the target; *(Fußball usw.)* he had a clear shot [at goal]; **ins ~feld geraten** *(fig.)* come under fire; **~fest** *Adj.* bulletproof
schußlig [ˈʃʊslɪç] *s.* **schusselig**
Schuß-: **~linie** *die* line of fire; **in die/jmds. ~linie kommen** *(auch fig.)* come under fire/come under fire from sb.; **~verletzung** *die* gunshot wound; **~waffe** *die* firearm; *(Gewehr usw.)* firearm; **~waffen·gebrauch** *der* use of firearms; **~wechsel** *der* exchange of shots; **~wunde** *die* gunshot wound
Schuster [ˈʃuːstɐ] *der;* ~s, ~ *(ugs.)* shoemaker; *(Flick~)* shoe-repairer; cobbler *(dated);* **auf ~s Rappen** *(scherzh.)* on Shanks's pony; **~, bleib bei deinem Leisten!** *(Spr.)* the cobbler should stick to his last *(prov.);* don't meddle with things you don't understand; *s. auch* **Bäcker**
Schuster-: **~ahle** *die* [shoemaker's] awl; **~draht** *der* waxed end; **~handwerk das;** *o. Pl.* shoemaking *no art.*
schustern *tr., itr. V. (veralt.)* cobble *(dated)*
Schuster-: **~palme** *die (volkst.)* aspidistra; **~werkstatt** *die* shoemaker's workshop; *(für Schuhreparaturen)* shoe-repairer's workshop
Schute [ˈʃuːtə] *die;* ~, ~n a) *(Wasserfahrzeug)* barge; lighter; **b)** *(Hut)* poke-bonnet
Schutt [ʃʊt] *der;* ~[e]s a) rubble; „~ ablade verboten" 'no tipping'; 'no dumping'; **in ~ und Asche liegen/sinken** *(geh.)* lie in ruins/ be reduced to rubble; **b)** *(Geol.)* debris; detritus
Schutt·ablade·platz *der* rubbish dump *or (Brit.)* tip; garbage dump *(Amer.)*
Schütte [ˈʃʏtə] *die;* ~, ~n a) *(Behälter)* [kitchen] drawer-container *(for flour etc.);* **b)** *(Rutsche)* chute; **c)** *(landsch.: Bündel)* sheaf
Schüttel·frost *der* [violent] shivering fit; **~ haben** have violent shivers
schütteln [ˈʃʏtl̩n] **1.** *tr. (auch itr.) V.* a) shake; **den Kopf [über etw.** *(Akk.)* **] ~ Faust [gegen jmdn.] ~:** shake one's head [over sth.]/one's fist [at sb.]; **jmdm. die Hand ~:** shake sb.'s hand; shake sb. by the hand; **das Fieber/die Angst/das Grauen schüttelte**

ihn he was shivering *or* shaking with fever/ fear/gripped with horror; **von Angst/Ekel geschüttelt sein/werden** be gripped with fear/filled with revulsion; **das von Katastrophen und Krieg geschüttelte Land** the country [that was] torn by catastrophe and war; **b)** *(unpers.)* **es schüttelte ihn [vor Kälte]** he was shaking [with *or* from cold]. **2.** *refl. V.* shake oneself/itself; **sich im Fieber/vor Lachen ~:** be racked with fever/shake with laughter; **ich könnte mich [vor Ekel] ~:** I feel utterly revolted. **3.** *itr. V.* **mit dem Kopf ~:** shake one's head
Schüttel·reim *der* humorous rhyming couplet with two pairs of rhyming words having interchanging initial consonants
schütten [ˈʃʏtn̩] **1.** *tr. V.* a) pour *(liquid, flour, grain, etc.);* *(unabsichtlich)* spill *(liquid, flour, etc.);* tip *(rubbish, coal, etc.);* **jmdm./sich Wein über den Anzug ~:** spill wine on sb.'s/one's suit; **b) einen Eimer** *usw.* **voll Wasser** *usw.* **(Akk.) ~** *(ugs.)* fill a bucket *etc.* with water *etc.* **2.** *itr. V. (unpers.) (ugs.: regnen)* pour [down]
schütter [ˈʃʏtɐ] *Adj.* sparse; thin
Schütter *der;* ~s, ~: [coal-]hod
Schütt·gut *das* bulk goods *pl.*
Schutt-: **~halde** *die* pile *or* heap of rubble; **~haufen** *der* pile of rubble; *(Abfallhaufen)* rubbish heap; **~platz** *der* [rubbish] dump *or (Brit.)* tip; garbage dump *(Amer.)*
Schutz [ʃʊts] *der;* ~es, ~e a) *o. Pl.* protection (**vor** + *Dat.,* **gegen** against); *(Feuer~)* cover; *(Zuflucht)* refuge; **im ~ der Dunkelheit/Nacht** under cover of darkness/night; **unter einem Baum ~ [vor dem Regen** *usw.***] suchen/finden** seek/find shelter *or* take refuge [from the rain *etc.*] under a tree; **jmdm. ~ gewähren** give *or* afford sb. protection; **jmdn.** *[vor jmdm.]* **od. gegen jmdn./gegen etw.] in ~ nehmen** defend sb. *or* take sb.'s side [against sth./sb.]; *s. auch* **Trutz; b)** *(Vorrichtung)* guard
schutz-, Schutz-: **~an·strich** *der* protective coating; **~bedürftig** *Adj.* in need of protection *postpos.;* **~befohlene der/ die;** *adj. Dekl. (veralt.)* charge; **~behauptung die** *(Rechtsw.)* attempt to justify one's behaviour; **~blech das** mudguard; **~brief der** *(Kfz-W.)* travel insurance; *(Dokument)* travel insurance certificate; **~brille die** [protective] goggles *pl.;* **~dach das** shelter; *(über der Haustür usw.)* canopy
Schütze [ˈʃʏtsə] *der;* ~n, ~n a) marksman; **ein guter/schlechter ~:** a good/poor shot *or* marksman; **der ~ konnte ermittelt werden** it was possible to establish who fired the shot/shots; **b)** *(Fußball usw.: Tor~)* scorer; **c)** *(Mitglied eines Schützenvereins)* **er ist ~** *od.* **bei den ~n** he is a member of a/the shooting *or* rifle club; **d)** *(Milit.: einfacher Soldat)* private; **~ Arsch [im letzten** *od.* **dritten Glied]** *(derb)* the lowest of the low; **e)** *(DDR Milit.)* soldier in the motorized arm; **f)** *(Astrol., Astron.)* Sagittarius; **er/sie ist [ein] ~:** he/she is a Sagittarian
schützen 1. *tr. V.* protect (**vor** + *Dat.* from, **gegen** against); *(vor Regen, Wind* usw.*)* ⟨*roof, wall*⟩ shelter (**vor** + *Dat.* from); ⟨*coat*⟩ protect (**gegen** against); *(absichern)* protect (**vor** + *Dat.* from); safeguard *(interest, property, etc.)* (**vor** + *Dat.* from); **sich ~d vor jmdn./etw. stellen** stand protectively in front of sb./sth.; **ein geschützter Platz** a sheltered spot; **geschützte Arten/Tiere/ Pflanzen** protected species/animals/plants; **etw. patentrechtlich/urheberrechtlich/als Warenzeichen ~ lassen** patent sth./copyright sth./register sth. as a trade-mark; **gesetzlich geschützt** registered [as a trademark]; „**vor Wärme/Kälte/Licht ~**": 'keep away from heat/cold/light'; „**vor Nässe ~**": 'keep dry'. **2.** *itr. V.* provide *or* give protection (**vor** + *Dat.* from, **gegen** against); *(vor)*

Wind, Regen)* provide *or* give shelter (vor** + *Dat.* from)
Schützen-: **~bruder** *der* fellow-member of a/the shooting *or* rifle club; **~fest das** *shooting competition with fair*
Schutz·engel *der* guardian angel
Schützen-: **~graben** *der (Milit.)* trench; **~haus das** [shooting *or* rifle club] clubhouse; **~hilfe** *die (ugs.)* support; **~könig** *der* shooting champion; champion marksman; **~panzer** *der* armoured personnel carrier; **~platz der** fairground where the *Schützenfest* takes place; **~stand** *der (Milit.)* firing-point *(in a foxhole);* **~verein** *der* shooting *or* rifle club
Schutz-: **~film** *der* protective film; **~gebiet das a)** [nature] reserve; **b)** *(hist.: Kolonie)* protectorate; **~gebühr die a)** token *or* nominal charge; **b)** *(verhüll.: erpreßte Zahlung)* protection money *no pl., no indef. art.;* **~gitter** *das* protective grid; **~gott** *der* tutelary *or* protective god; **~hafen** *der* port of refuge; **~haft die** preventive detention; **~heilige der/die** *(kath. Rel.)* patron saint; **~helm der** helmet; *(bei Renn-, Motorradfahrern)* crash-helmet; *(bei Bauarbeitern* usw.*)* safety helmet; **~herrschaft die** *(Völkerr.)* protectorate; **~hülle die** [protective] cover; *(für Dokumente* usw.*)* folder; *(~umschlag)* dust-jacket; **~hund der** guard-dog; **~hütte die a)** *(Unterstand)* shelter; **b)** *(Berghütte)* mountain hut; **~impfung die** vaccination; inoculation; **~kleidung die** protective clothing; **~kontakt der** *(Elektrot.)* earth contact; **~leute** *s.* **~mann**
Schützling [ˈʃʏtslɪŋ] *der;* ~s, ~e protégé; *(Anvertrauter)* charge
schutz-, Schutz-: **~los** *Adj.* defenceless; unprotected; **dem Gegner/Wind ~los ausgeliefert sein** be completely at the mercy of the enemy/the wind; **~mann** *der; Pl.* **~männer** *od.* **~leute** *(ugs. veralt.)* [police] constable; copper *(Brit. coll.);* **~marke die** [eingetragene] **~marke** registered trademark; **~patron** *der* patron saint; **~polizei die** constabulary; police [force]; **~polizist der** *(veralt.)* police constable; **~raum der** shelter; **~schicht die** protective layer *(aus* of*);* *(flüssig aufgetragen)* protective coating; **~schild der** shield; *(der Polizei)* riot shield; **~suchend** *Adj.* seeking protection *postpos.;* **~truppe die a)** peace-keeping force; **b)** *(hist.: Kolonialtruppe)* colonial force *or* army; **~um·schlag der** dust-jacket; *(für Papiere)* cover; **~verband der** protective bandage *or* dressing; **~vorrichtung die** safety device; *(Geländer, Gitter* usw.*)* safety measure; **~wall der** protective wall; *(fig.)* [protective] barrier; **der antifaschistische ~wall** *(DDR Amtsspr.)* the Berlin Wall; **~weg der** *(österr.)* pedestrian crossing; **~zoll der** protective tariff
Schwa [ʃvaː] *das;* ~[s], ~[s] *(Sprachw.)* schwa
schwabbelig [ˈʃvabəlɪç] *Adj.* flabby ⟨*stomach, person, etc.*⟩; wobbly ⟨*jelly etc.*⟩
schwabbeln *itr. V.* wobble
schwabblig *s.* **schwabbelig**
Schwabe [ˈʃvaːbə] *der;* ~n, ~n Swabian
schwäbeln [ˈʃvɛːbl̩n] *itr. V.* **er schwäbelt** he speaks in Swabian dialect
Schwaben (das); ~s Swabia
Schwaben·streich *der (scherzh.)* piece of folly
Schwäbin [ˈʃvɛːbɪn] *die;* ~, ~nen Swabian
schwäbisch 1. *Adj.* Swabian; **die Schwäbische Alb** the Swabian Mountains *pl.* **2.** *adv.* in Swabian dialect; *(mit* ~*em Akzent)* with a Swabian accent; *s. auch* **badisch; deutsch; Deutsch**
schwach [ʃvax]; **schwächer** [ˈʃvɛçɐ], **schwächst...** [ˈʃvɛçst...]. **1.** *Adj.* a) *(kraftlos)* weak; weak, delicate ⟨*child, woman*⟩; frail ⟨*invalid, old person*⟩; low-powered ⟨*engine,*

1455

schwachbesiedelt | **schwappen**

car, bulb, amplifier, etc.); weak, poor ⟨*eyesight, memory, etc.*⟩; poor ⟨*hearing*⟩; delicate ⟨*health, constitution*⟩; **die Birne/die Brille ist ziemlich ~**: the light-bulb is of rather a low wattage/the glasses are not very strong; **auf ~en Beinen stehen** *(fig.)* ⟨*theory, evidence, argument, etc.*⟩ be shaky; **~ werden** grow weak; *(fig.: schwanken)* weaken; waver; *(nachgeben)* give in; **mir wird [ganz] ~**: I feel [quite] faint; **in einem ~en Moment, in einer ~en Stunde** in a weak moment; **er hat einen ~en Willen/Charakter** he is weak-willed/lacks strength of character; **b)** *(nicht gut)* poor ⟨*pupil, player, runner, performance, result, effort, etc.*⟩; weak ⟨*candidate, argument, opponent, play, film, etc.*⟩; **sein schwächstes Buch/der schwächste Schüler** his worst book/the worst pupil; **er ist in Latein sehr ~**: he is very bad at Latin; **das ist aber ein ~es Bild!** *(fig. ugs.)* that's a poor show *(coll.)*; **die Party war ~** *(ugs.)* the party wasn't up to much *(coll.)*; **c)** *(gering, niedrig, klein)* poor, low ⟨*attendance at sth.*⟩; slight ⟨*population*⟩; slight ⟨*effect, resistance, gradient, etc.*⟩; light ⟨*wind, rain, current*⟩; faint ⟨*groan, voice, pressure, hope, smile, smell*⟩; weak, faint ⟨*pulse*⟩; lukewarm ⟨*applause, praise*⟩; faint, dim ⟨*light*⟩; pale ⟨*colour*⟩; low ⟨*fire, heat*⟩; **die zahlenmäßig schwächere Gruppe** the group which is/was smaller in number; **die Nachfrage/das Geschäft ist zur Zeit ~**: demand/business is slack at the moment; **das ist nur ein ~er Trost** that is only a slight consolation; *(ugs.: hilft nur wenig)* that is little consolation or cold comfort; **das Licht wird schwächer** the light is fading; **d)** *(wenig konzentriert)* weak ⟨*solution, acid, tea, coffee, beer, poison, etc.*⟩; **Sherry ist schwächer als Whisky** sherry is not as strong as whisky; **e)** *(Sprachw.)* weak ⟨*conjugation, verb, noun, etc.*⟩. **2.** *adv.* **a)** *(kraftlos)* weakly; **b)** *(nicht gut)* poorly; **sehr ~ argumentieren** offer very weak arguments; **c)** *(in geringem Maße)* poorly ⟨*attended, developed*⟩; sparsely ⟨*populated*⟩; slightly ⟨*poisonous, acid, alcoholic, sweetened, salted, inclined, etc.*⟩; ⟨*rain*⟩ slightly; ⟨*remember, glow, smile, groan*⟩ faintly; lightly ⟨*accented*⟩ ⟨*beat*⟩ weakly; **der Saal war nur ~ besetzt** there was only a small audience in the hall; **es war ~ windig** there was a light wind; **er wehrte sich nur ~**: he offered only faint resistance; **d)** *(Sprachw.)* **~ gebeugt/konjugiert** weak
schwąch-: **~besiedelt**, **~bevölkert** *Adj.*; *präd. getrennt geschrieben* sparsely populated
Schwäche [ˈʃvɛçə] *die*; ~, ~n **a)** *(Kraftlosigkeit)* weakness; *(plötzlich auftretend)* [feeling of] faintness; **allgemeine ~** general debility *(Med.)*; **b)** *(Mangel an Können)* weakness; **seine ~ in Mathematik usw.** his lack of ability in mathematics etc.; **c)** *(Mangel)* weakness; failing; **d)** *o. Pl. (Vorliebe)* weakness; **eine ~ für jmdn./etw. haben** have a soft spot for sb./a weakness for sth.
Schwäche-: **~anfall** *der* sudden feeling of faintness; **~gefühl** *das* feeling of faintness
schwächen *tr. V.* weaken
schwächer *s.* schwach
Schwäche·zustand *der* [state of] weakness; weak condition
Schwachheit *die*; ~, ~en **a)** *o. Pl.* weakness; **die ~ des Greises/des Alters** the frailty of the old man/of old age; **b)** *(Mangel, Fehler)* weakness; failing; **bilde dir nur keine ~en ein!** *(ugs.)* don't kid yourself! *(sl.)*
Schwąch·kopf *der (salopp abwertend)* bonehead *(sl.)*; dimwit *(coll.)*
schwächlich *Adj.* weakly, delicate ⟨*person*⟩; frail ⟨*old person, constitution*⟩; delicate ⟨*nerves, stomach, constitution*⟩
Schwächlichkeit *die*; ~, ~en weakness; *(der Nerven, der Konstitution)* delicateness

Schwächling [ˈʃvɛçlɪŋ] *der*; ~s, ~e weakling
schwąch-, **Schwąch-**: **~punkt** *der* weak point; **~sichtig** *Adj. (Med.)* weak-sighted; **~sichtigkeit** *die*; ~: dimness of sight; amblyopia; **~sinn** *der*; *o. Pl.* **a)** *(Med.)* mental deficiency; **b)** *(ugs. abwertend: Unsinn)* [idiotic *(coll.)*] rubbish or nonsense; **~sinnig 1.** *Adj.* **a)** *(Med.)* mentally deficient; **b)** *(ugs. abwertend: unsinnig)* idiotic *(coll.)*, nonsensical ⟨*measure, policy, etc.*⟩; rubbishy ⟨*film etc.*⟩; **2.** *adv. (ugs. abwertend)* idiotically *(coll.)*; stupidly
**Schwąchst-... *s.* schwach
Schwąch-: **~stelle** *die* weak spot or point; **~strom** *der (Elektrot.)* current of low amperage; *(mit niedriger Spannung)* low-voltage current
Schwächung *die*; ~, ~en weakening
Schwaden [ˈʃvaːdn̩] *der*; ~s, ~: [thick] cloud
Schwadron [ʃvaˈdroːn] *die*; ~, ~en *(Milit. hist.)* squadron
Schwadroneur [ʃvadroˈnøːɐ̯] *der*; ~s, ~e *(geh. abwertend)* windbag
schwadronieren *itr. V. (abwertend)* bluster; **von etw. ~**: sound off about sth. *(coll.)*
Schwafelei *die*; ~, ~en *(ugs. abwertend)* **a)** *o. Pl.* rabbiting on *(Brit. sl.)*; **b)** *(Bemerkung)* rubbishy remark; **~en** blether *sing.*
schwafeln [ˈʃvaːfl̩n] *(ugs. abwertend)* **1.** *itr. V.* rabbit on *(Brit. sl.)*, waffle *(von about)*. **2.** *tr. V.* blether ⟨*nonsense*⟩
Schwager [ˈʃvaːgɐ] *der*; ~s, Schwäger [ˈʃvɛːgɐ] **a)** brother-in-law; **b)** *(veralt.: Postkutscher)* mail-coach driver
Schwägerin [ˈʃvɛːgərɪn] *die*; ~, ~nen sister-in-law
Schwalbe [ˈʃvalbə] *die*; ~, ~n **a)** swallow; **eine ~ macht noch keinen Sommer** *(Spr.)* one swallow does not make a summer *(prov.)*; **b)** *(ugs.: Papierflieger)* paper aeroplane
Schwąlben-: **~nest** *das* **a)** swallow's nest; **b)** *(Seemannsspr.)* cockpit locker; **~schwanz** *der* **a)** swallow's tail; **b)** *(Schmetterling)* swallow-tail; **c)** *(scherzh. veralt.: Frack)* [swallow-]tails *pl.*; **d)** *(Tischlerei)* dovetail [joint]
Schwall [ʃval] *der*; ~[e]s, ~e torrent; flood; **ein ~ Wasser/(fig.) von Lauten/Worten** a torrent of water/(fig.) sounds/words
schwallen *tr., itr. V. (salopp) s.* schwafeln
Schwamm *der*; ~[e]s, Schwämme [ˈʃvɛmə] **a)** sponge; **~ drüber!** *(ugs.)* [let's] forget it; **b)** *(südd., österr.: Pilz)* mushroom; **giftige Schwämme** poisonous fungi; **c)** *(Pilzbefall)* dry rot no art.
Schwammerl [ˈʃvaml̩] *das*; ~s, ~[n] *(bayr., österr.)* mushroom; *s. auch* Pilz a
schwąmmig 1. *Adj.* **a)** spongy; **b)** *(abwertend: aufgedunsen)* flabby, bloated ⟨*face, body, etc.*⟩; **c)** *(abwertend: unpräzise)* woolly ⟨*concept, manner of expression, etc.*⟩. **2.** *adv. (abwertend: unpräzise)* vaguely
Schwąmmigkeit *die*; ~ **a)** sponginess; **b)** *(abwertend: Aufgedunsenheit)* flabbiness; bloated appearance; **c)** *(abwertend: Vagheit)* woolliness
Schwan [ʃvan] *der*; ~[e]s, Schwäne [ˈʃvɛːnə] **a)** swan; **mein lieber ~!** *(ugs.) (staunend)* my goodness!; good heavens!; *(warnend)* for heaven's sake!; **b)** *(Sternbild)* *der* ~: Cygnus
schwand [ʃvant] *1. u. 3. Pers. Sg. Prät. v.* schwinden
schwąnen *itr. V. (ugs.)* **jmdm. schwant etw.** sb. senses sth.; **ihm schwante nichts Gutes** he had a sense of foreboding
Schwanen-: **~gesang** *der (geh.)* swansong; **~hals** *der* **a)** swan's neck; **b)** *(oft scherzh.: langer Hals)* swan-like neck; **c)** *(Technik)* swan-neck

schwang [ʃvaŋ] *1. u. 3. Pers. Sg. Prät. v.* schwingen
Schwang *der in* **im ~[e] sein** be in vogue; ⟨*rumour*⟩ be going the rounds; **in ~ kommen** come into vogue; ⟨*rumour*⟩ come into circulation
schwanger [ˈʃvaŋɐ] *Adj.* pregnant **(von** by**)**; **sie ist im vierten Monat ~**: she is in her fourth month [of pregnancy]; **mit etw. ~ gehen** *(fig.)* be big with sth. *(literary)*; *(mit etw. erfüllt sein)* be full of sth.; *(scherzh.)* be mulling over sth.
Schwangere *die*; *adj. Dekl.* expectant mother; pregnant woman
schwängern [ˈʃvɛŋɐn] *tr. V.* make ⟨*woman*⟩ pregnant; **sich von jmdm. ~ lassen** get [oneself] pregnant by sb.; **vom Duft geschwängert sein** *(fig. geh.)* ⟨*air*⟩ be heavy with scent
Schwangerschaft *die*; ~, ~en pregnancy
Schwangerschafts-: **~ab·bruch** *der* termination of pregnancy; abortion; **~streifen** *der* stretch mark
schwank *Adj.* **in wie in ~es Rohr im Wind** *(geh.)* like a swaying reed
Schwank *der*; ~[e]s, Schwänke [ˈʃvɛŋkə] **a)** *(Literaturw.: Erzählung)* comic tale; *(auf der Bühne)* farce; **b)** *(komische Episode)* comic event; **einen ~ aus seinem Leben erzählen** *(scherzh.)* tell the story of something funny that happened to one
schwąnken *itr. V. (mit Richtungsangabe mit sein)* **a)** sway; ⟨*boat*⟩ rock; *(heftiger)* roll; ⟨*compass-needle etc.*⟩ swing [to and fro]; ⟨*ground, floor*⟩ shake; **mit ~den Schritten** with wavering steps; **b)** *(fig.: unbeständig sein)* ⟨*prices, temperature, etc.*⟩ fluctuate; ⟨*number, usage, etc.*⟩ vary; **c)** *(fig.: unentschieden sein)* waver; *(zögern)* hesitate; **zwischen zwei Möglichkeiten ~**: be unable to decide between two possibilities; **er schwankt noch, ob ...**: he is still undecided [as to] whether ...; **~d werden, ins Schwanken kommen** *od.* **geraten** begin to waver or hesitate; become uncertain; **jmdn. ~[d] machen** shake sb. waver or uncertain
Schwąnkung *die*; ~, ~en variation; *(der Kurse usw.)* fluctuation
Schwanz [ʃvants] *der*; ~es, Schwänze [ˈʃvɛntsə] **a)** tail; **ein Tier am** *od.* **beim ~ fassen** catch an animal by the tail; **den ~ des Festzugs bilden** *(fig.)* bring up the rear of the procession; **kein ~** *(fig. salopp)* not a bloody *(Brit. sl.)* or *(coll.)* damn soul; **den ~ einziehen** *od.* **einklemmen** *od.* **einkneifen** *(fig. salopp)* draw in one's horns; **jmdm. auf den ~ treten** *(fig. salopp)* tread or step on sb.'s toes; **da beißt sich die Katze in den ~** *(fig.)* that is a circular argument; **b)** *(salopp: Penis)* prick *(coarse)*; cock *(coarse)*
Schwänzchen *das*; ~, ~ **a)** [little] tail; **b)** *(fam.: Penis)* willy *(sl.)*
schwänzeln [ˈʃvɛntsl̩n] *itr. V.* **a)** wag its tail/their tails; **b)** **mit sein** (~d laufen) ⟨*dog etc.*⟩ run wagging its tail; **c)** **mit Richtungsangabe mit sein** *(ugs. iron.: tänzeln)* mince; trip; *(ugs. abwertend: herumscharwenzeln)* **vor jmdm. ~**: crawl to sb.
schwänzen [ˈʃvɛntsn̩] *tr. V. (ugs.)* skip, cut ⟨*lesson etc.*⟩; **[die Schule] ~**: play truant or *(Amer.)* hookey; **den Dienst ~**: skive [off] *(Brit. sl.)*
schwąnz-, **Schwąnz-**: **~feder** *die* tail-feather; **~flosse** *die (Zool., Flugw.)* tail-fin; *(des Wals)* tail flukes *pl.*; **~lastig** *Adj.* tail-heavy; **~lurch** *der (Zool.)* caudate; **~wedelnd** *Adj.* tail-wagging *attrib.*; wagging its tail/their tails *postpos.*; **~wirbel** *der (Anat., Zool.)* caudal vertebra
schwąppen [ˈʃvapn̩] **1.** *itr. V.* **a)** [hin und her] ~: slosh [around]; **an die Bordwand ~**: splash or slap against the side of the boat; **b)** *mit Richtungsangabe mit sein* splash, slosh ⟨*über + Akk.* over, *aus* out of⟩. **2.** *tr. V.* slosh ⟨*water, beer, etc.*⟩ ⟨*auf + Akk.* on⟩

Schwäre ['ʃvɛːrə] *die;* ~, ~n *(geh.)* [festering] ulcer

schwären *itr. V. (geh.)* fester; **eine ~de Wunde** *(auch fig.)* a festering wound *or (esp. fig.)* sore

Schwarm [ʃvarm] *der;* ~[e]s, **Schwärme** ['ʃvɛrmə] **a)** swarm; **ein ~ Krähen/Heringe** a flock of crows/shoal of herrings; **b)** *(fam.: Angebetete[r])* idol; heart-throb; **sie hat einen neuen ~:** she's got a new flame; **c)** *(Vorliebe)* **mein/sein** *usw.* ~ *(Tätigkeit)* my/his *etc.* passion; *(Gegenstand)* the apple of my/his *etc.* eye

schwärmen ['ʃvɛrmən] *itr. V.* **a)** *mit Richtungsangabe mit* sein swarm; **b)** *(begeistert sein)* **für jmdn./etw.** ~: be mad about *or* really keen on sb./sth.; **sie schwärmt für ihren Skilehrer** she has a crush on her skiing instructor *(sl.);* **von etw.** ~: go into raptures about sth.; **ins Schwärmen geraten** go into raptures

Schwärmer *der;* ~s, ~ **a)** *(Phantast)* dreamer; *(Begeisterter)* [passionate] enthusiast; **b)** *(Zool.: Schmetterling)* hawkmoth; **c)** *(Feuerwerkskörper)* firework emitting sparks and hopping short distances; ≈ jumping jack

Schwärmerei *die;* ~, ~en **a)** *(Begeisterung)* [passionate *or* rapturous] enthusiasm; **eine ~ für jmdn./etw.** a passion for sb./sth.; **romantische** ~: romantic rapture *or* ecstasy; **b)** *(schwärmerische Worte)* [überschwengliche] ~[en] rapturous hyperbole; *(Beschreibung)* rapturous description (**von** of); **c)** *(Phantasterei)* fantasy

schwärmerisch **1.** *Adj.* rapturous *⟨enthusiasm, admiration, letter, etc.⟩;* effusive *⟨person, language⟩;* *(begeistert)* wildly enthusiastic. **2.** *adv.* rapturously; *⟨speak⟩* effusively

Schwarm·geist *der* woolly-headed enthusiast; **b)** *(hist.)* adventist

Schwarte ['ʃvartə] *die;* ~, ~n **a)** *(Speck~)* rind; *(Haut~)* skin; **b)** *(ugs. abwertend: dickes Buch)* [dicke] ~: thick *or* weighty tome; **c)** *(salopp: menschliche Haut)* skin; hide *(joc.);* **d) arbeiten, daß die ~ kracht** *(salopp)* work one's fingers to the bone; work until one drops; **d)** *(Jägerspr.: Tierhaut)* skin; hide; **e)** *(Brett mit Rinde)* slab

Schwarten·magen *der (Kochk.)* brawn

schwarz [ʃvarts], **schwärzer** ['ʃvɛrtsɐ], **schwärzest...** ['ʃvɛrtsəst...] **1.** *Adj.* **a)** black; Black *⟨person⟩;* filthy[-black] *⟨hands, fingernails, etc.⟩;* ~ **wie die Nacht/wie Ebenholz** as black as pitch/jet-black; **mir wurde ~ vor den Augen** everything went black; **der Kaffee/Tee ist mir zu ~:** the coffee/tea is too strong for me; **der Kuchen ist schon ganz ~:** the cake is quite burnt; **b)** *(fig.)* **der ~e Erdteil** *od.* **Kontinent** the Dark Continent; **die ~e Rasse** the Blacks *pl.;* **~e Blattern** *od.* **Pocken** smallpox *sing.;* **das ~e Schaf** sein the black sheep; **~e Liste** blacklist; **~e Messe** Black Mass; **~e Gedanken** black *or* dismal thoughts; **das habe ich ~ auf weiß** *(fig.)* I've got it in black and white *or* in writing; **das kann ich dir ~ auf weiß geben** *(fig.)* you can take that from me; **er kann warten, bis er ~ wird** *(ugs.)* he can wait till the cows come home *(coll.);* ~ **werden** *(Skat ugs.)* lose every trick; **geh' whitewashed** *(coll.);* ~ **von Menschen** *(fig.)* packed with people; **die Schwarze Kunst** *(fig.)* [the art of] printing; *(Magie)* the black art; *(Kartenspiel)* **Schwarzer Peter** ≈ old maid *(with a black cat card instead of an old maid);* **aus ~ weiß machen [wollen]** *(ugs.)* [try to] argue that black is white; **er sieht/malt alles ~ in ~:** he is deeply pessimistic about everything/paints a black picture of everything; **der Schwarze Tod** *(geh.)* the Black Death; **das Schwarze Meer** the Black Sea; *s. auch* **Mann a;** **c)** *(illegal)* illicit, shady *⟨deal, exchange, etc.⟩;* **eine ~e Kasse führen** run a separate account for underhand purposes; **der ~e Markt** the black market; **d)** *(ugs.: katholisch)* Catholic; **e)** *(ugs.: christdemokratisch)* Christian Democrat. **2.** *adv.* **a)** *⟨write, underline, etc.⟩* in black; ~ **gestreift/gemustert** with black stripes/a black pattern; **b)** *(illegal)* illegally; illicitly; **etw.** ~ **kaufen/verkaufen** buy/sell sth. illegally *or* on the black market; ~ **Straßenbahn fahren** go on the tram *(Brit.) or (Amer.)* streetcar without paying; **die Arbeiten lassen wir ~ machen** we're going to get the work done by a moonlighter *(coll.);* **c)** *(ugs.: christdemokratisch)* *⟨vote⟩* Christian Democrat ⟨ruled⟩ by the Christian Democrats

Schwarz *das;* ~[es], ~: black; **in ~ gehen, ~ tragen** wear black

schwarz-, Schwarz-: ~**afrika** (das) Black Africa; ~**arbeit** *die; o. Pl.* work done on the side *(not declared for tax);* *(abends)* moonlighting *(coll.);* ~**arbeiten** *itr. V.* do work on the side *(not declared for tax);* *(abends)* moonlight *(coll.);* ~**arbeiter** *der* person who does work on the side; *(abends)* moonlighter *(coll.);* ~**äugig** *Adj.* black-eyed; ~**bär** *der* black bear; ~**beere** *die (südd., österr.)* bilberry; ~**braun** *Adj.* blackish-brown; ~**brenner** *der* illicit distiller; moonshiner *(Amer.);* ~**brot** *das* black bread; **ein [Laib] ~brot** a loaf of black bread; ~**bunt** *Adj. (Landw.)* black pied, Frisian *⟨cattle⟩;* ~**drossel** *die* blackbird

¹Schwarze *der; adj. Dekl.* **a)** *(Neger)* Black; *(Dunkelhaariger)* dark-haired man/boy; **b)** *(österr.: Kaffee)* black coffee; **c)** *(ugs.: Konservativer)* Conservative

²Schwarze *die; adj. Dekl.* **a)** *(Negerin)* Black [woman/girl]; *(Dunkelhaarige)* dark haired woman/girl; **b)** *(ugs.: Konservative)* Conservative

³Schwarze *das; adj. Dekl.* **a)** *(der Zielscheibe)* bull's eye; **ins ~ treffen** hit the bull's eye; *(fig.)* hit the nail on the head; **b) er gönnt ihr nicht das ~ unter den Nägeln** *(ugs.)* he begrudges her everything; **c) ihr kleines ~s** her plain black dress; her little black number *(coll.)*

Schwärze [ˈʃvɛrtsə] *die;* ~, ~n **a)** *o. Pl.* *(Dunkelheit)* blackness; **b)** *(Farbstoff)* black [dye]

schwärzen *tr. V.* blacken; black out *⟨words⟩*

schwarz-, Schwarz-: ~**|fahren** *unr. itr. V.; mit* sein travel without a ticket *or* without paying; dodge paying the fare; ~**fahrer** *der* fare-dodger; **er ist ~fahrer** he's a fare-dodger; ~**gerändert** *Adj.; präd. abgetrennt geschrieben* black-edged; edged in black *postpos.;* dark-rimmed *⟨eyes⟩;* ~**haarig** *Adj.* black-haired; ~**handel** *der* black market (**mit** in); *(Tätigkeit)* black marketeering (**mit** in); ~**händler** *der* black marketeer; *(mit Eintrittskarten)* tout; ~**hören** *itr. V. (Radio)* use a radio without [having] a licence; dodge paying one's radio licence fee; ~**hörer** *der (Radio)* radio user without a licence; radio licence dodger; ~**kittel** *der* **a)** *(scherzh.: Wildschwein)* wild boar; **b)** *(abwertend: Geistlicher)* [Catholic] priest

schwärzlich *Adj.* blackish

schwarz-, Schwarz-: ~**|malen** *itr., tr. V.* **etw.** ~**malen** paint a black *or* gloomy picture of sth.; **vielleicht male ich zu ~:** perhaps I'm painting too black a picture; ~**malerei** *die* pessimism; gloominess; **hör auf mit dieser ewigen ~malerei!** stop always painting things so black!; ~**markt·preis** *der* black-market price; ~**pulver** *das* black powder; ~**rot·golden** *Adj.* black, red, and gold; ~**|schlachten** **1.** *itr. V.* slaughter animals illegally; **2.** *tr. V.* slaughter *⟨animal⟩* illegally; ~**|sehen** *unr. itr. V.* **a)** *(pessimistisch sein)* look on the black side; be pessimistic; **für jmdn./etw.** ~**sehen** be pess-

istic about sb./sth.; **b)** *(Ferns.)* watch television without a licence; ~**seher** *der* **a)** *(ugs.)* pessimist; **b)** *(Ferns.)* [television] licence dodger; ~**sender** *der* pirate [radio] station; *(beim Amateurfunk)* pirate [radio] transmitter; ~**specht** *der* black woodpecker; ~**storch** *der* black stork

Schwärzung *die;* ~, ~en blackening

Schwarz·wald *der;* ~[e]s Black Forest

Schwarzwälder [-ˈvɛldɐ] *die;* ~, ~ *(Torte)* Black Forest gateau

schwarz·weiß *Adj.* black and white

schwarzweiß-, Schwarzweiß-: ~**aufnahme** *die* black and white photograph; ~**fernseher** *der,* ~**fernseh·gerät** *das* black and white television [set]; ~**film** *der* black and white film; ~**foto** *das* black and white photo; ~**|malen** *itr. V.* paint *or* put things in [crude] black-and-white terms; ~**malerei** *die:* **der Bericht ist eine einzige ~malerei** the report paints *or* puts things in [crude] black-and-white terms; ~**rot** *Adj.* black, white, and red; ~**zeichnung** *die* black-and-white drawing

Schwarz-: ~**wild** *das (Jägerspr.)* wild boars *pl.;* ~**wurzel** *die* black salsify

Schwatz [ʃvats] *der;* ~es, ~e *(fam.)* chat; natter *(Brit.);* **einen ~ halten** have a chat *or (coll.)* natter

Schwätzchen [ˈʃvɛtsçən] *das;* ~s, ~ *(fam.)* [little] chat; [little] natter *(coll.);* *s. auch* **Schwatz**

schwatzen, *(bes. südd.)* **schwätzen** [ˈʃvɛtsn̩] **1.** *itr. V.* **a)** *(sich unterhalten)* chat; **schwatzt nicht über Politik** don't talk about politics; **b)** *(sich über belanglose Dinge auslassen)* chatter; natter *(coll.);* **c)** *(etw. ausplaudern)* talk; blab; **d)** *(in der Schule)* talk. **2.** *tr. V.* say; talk *⟨nonsense, rubbish⟩*

Schwätzer *der;* ~s, ~, **Schwätzerin** *die;* ~, ~nen *(abwertend)* chatterbox; *(geistloser Redner)* windbag; *(klatschhafter Mensch)* gossip

schwatzhaft *Adj. (abwertend)* talkative; garrulous; *(klatschhaft)* gossipy

Schwatzhaftigkeit *die;* ~: *(abwertend)* talkativeness; garrulousness; *(Klatschsucht)* gossipiness

Schwebe [ˈʃveːbə] *die* **in der ~ bleiben, sich in der ~ halten** keep one's balance; *⟨balloon⟩* float in the air, hover; **in der ~ sein/bleiben** *(fig.)* be/remain in the balance; **eine Frage in der ~ lassen** *(fig.)* leave a question open *or* undecided

Schwebe-: ~**bahn** *die (Seilbahn)* cableway; *(Hängebahn)* [overhead] monorail; *(Magnetschwebebahn)* levitation railway; ~**balken** *der (Turnen)* [balance] beam

schweben *itr. V.* **a)** *⟨bird, balloon, etc.⟩* hover; *⟨cloud, balloon, mist⟩* hang; *(im Wasser)* float; **ihr war, als ob sie schwebte** she felt as if she were standing on air; **in Gefahr ~** *(fig.)* be in danger; **zwischen Leben und Tod ~** *(fig.)* hover between life and death; **was mir vor Augen schwebt, ist ...** *(fig.)* what I have in mind is ...; **b)** *mit* sein *(durch die Luft)* float; *(herab~)* float [down]; *(mit dem Fahrstuhl)* glide; *(wie schwerelos gehen)* *⟨dancer etc.⟩* glide; **sich ~d fortbewegen** glide along; **c)** *(unentschieden sein)* be in the balance; **das Verfahren schwebt noch** the trial is still pending; **alle ~den Fragen/Probleme** all outstanding questions/problems

Schwebe·zustand *der* state of uncertainty

Schweb·stoff *der* matter in suspension; suspended matter

Schwede [ˈʃveːdə] *der;* ~n, ~n **a)** Swede; **er ist ~:** he's a Swede; he's Swedish; **b)** *in* **[du] alter ~!** *(ugs.)* old mate *(coll.)*

Schweden [ˈʃveːdn̩] *(das);* ~s Sweden

Schweden-: ~**bombe** *die* ⓦ *(österr.)* s. **Mohrenkopf a;** ~**platte** *die (Gastr.)* smorgasbord; ~**punsch** *der* Swedish punch; arrack punch; ~**stahl** *der* Swedish steel

1457

Schwedin die; ~, ~nen Swede; s. auch -in; Schwede a
schwedisch ['ʃveːdɪʃ] *Adj.* a) Swedish; s. auch deutsch; Deutsch; ²Deutsche; b) *in* hinter ~en Gardinen *(ugs.)* behind bars *(coll.)*
Schwefel ['ʃveːfl̩] *der;* ~s sulphur
schwefel-, Schwefel-: ~**blume,** ~**blüte** die *(Chemie)* flowers of sulphur *pl.;* ~**dioxyd** das *(Chemie)* sulphur dioxide; ~**gelb** *Adj.* sulphur-yellow; ~**haltig** *Adj.* containing sulphur *postpos., not pred.;* sulphurous ⟨*Quelle, Boden*⟩; schwach ~haltig sein have a low sulphur content; ~**holz** das *(veralt.)* lucifer *(arch.);* match
schwefelig s. schweflig
schwefeln *tr. V.* sulphurize
Schwefel-: ~**säure** die *(Chemie)* sulphuric acid; ~**wasserstoff** der *(Chemie)* hydrogen sulphide
schweflig *Adj.* sulphurous ⟨acid⟩
Schweif [ʃvaɪf] *der;* ~[e]s, ~e *(auch fig.: eines Kometen)* tail; *(eines Fuchses)* brush; *(fig.: von Anhängern, Fans o. ä.)* retinue
schweifen 1. *itr. V.; mit sein (geh.: umher~; auch fig.)* wander; roam. 2. *tr. V. (formen)* curve
Schweif·säge die turning saw
Schweige-: ~**geld** das hush money; **er deckte die Geschäfte des Chefs und bekam dafür** ~**geld** he covered up his boss's deals and received a bribe to keep quiet; ~**marsch** der silent [protest-]march; ~**minute** die minute's silence
schweigen *unr. itr. V.* a) *(nicht sprechen)* remain *or* stay *or* keep silent; say nothing; **kannst du** ~? can you keep a secret?; ~ **Sie!** be silent *or* quiet! hold your tongue!; **auf etw.** *(Akk.) od.* **zu etw.** ~: say nothing in reply to sth.; **ganz zu** ~ **von ...:** not to mention ...; let alone ...; **in** ~**der Andacht/Zustimmung** in silent worship/agreement; **die** ~**de Mehrheit** the silent majority; b) *(aufhören zu tönen usw.) (music, noise, etc.)* stop; **der Sender schwieg ab ein Uhr nachts** the radio station stopped broadcasting at 1 a.m.; **die Geschütze** ~ *(geh.)* the guns are silent
Schweigen das; ~s silence; **das/sein** ~ **brechen** break the/one's silence; **..., da herrschte** ~ **im Lande** *od.* **Walde** ... [then] nobody said a word; **sich in** ~ **hüllen** maintain one's silence; **jmdn. zum** ~ **bringen** *(auch verhüll.)* silence sb.
Schweige·pflicht die *(eines Priesters)* obligation of secrecy; *(eines Arztes, Anwalts)* duty to maintain confidentiality
schweigsam *Adj.* silent; quiet; *(verschlossen)* taciturn; *(verschwiegen)* discreet
Schweigsamkeit die; ~: silence; quietness; *(Verschlossenheit)* taciturnity; *(Verschwiegenheit)* discretion
Schwein [ʃvaɪn] *das;* ~[e]s, ~e a) pig; **Hackfleisch vom** ~: pork mince; **besoffen wie ein** ~ *(derb)* pissed as a newt *(coarse);* **wie ein** ~ **bluten** *(derb)* bleed like a stuck pig; **sich benehmen wie ein** ~/**die** ~**e** *(derb)* behave like a pig/like pigs; **haben wir mal zusammen** ~**e gehütet?** *(spött.)* since when have we been on such familiar terms?; b) *o. Pl. (Fleisch)* pork; c) *(salopp abwertend) (gemeiner Mensch)* swine; *(Schmutzfink)* dirty *or* mucky devil *(coll.);* mucky pig *(coll.);* d) *(salopp: Mensch)* **ein armes** ~: a poor devil; **kein** ~ **war da** there wasn't a bloody *(Brit. sl.) or (coll.)* damn soul there; **es macht kein** ~ **auf** nobody's opening the door; e) *(ugs.: Glück)* [großes] ~ **haben** have a [big] stroke of luck; *(davonkommen)* get away with it *(coll.);* **hast du ein** ~! you're a lucky beggar!; **ich habe** ~ **gehabt** I was in luck
-schwein das *(derb abwertend)* pig; **Kapitalisten-/Kommunisten-:** capitalist pig/communist swine
Schweine- *(salopp)* **eine** ~**arbeit** a hell *(coll.) or (Brit. sl.)* sod of a job; **ein** ~**glück haben** be incredibly jammy *(Brit. coll.) or (coll.)* lucky; **heute ist wieder eine** ~**kälte** it's bloody *(Brit. sl.) or (coll.)* damn cold again today
Schweine-: ~**bande** die *(derb)* pack of so-and-sos *(coll.);* *(stärker)* pack of bastards *(sl.);* ~**bauch** der *(Kochk.)* belly pork; ~**braten** der *(Kochk.)* roast pork *no indef. art.;* **ein** ~**braten** a joint of pork; ~**filet** das *(Kochk.)* fillet of pork; ~**fleisch** das pork; ~**fraß** der *(derb abwertend)* pigswill *(coll.);* ~**geld** das; *o. Pl. (salopp)* **ein** ~**geld kosten/verdienen** cost/earn a packet *(coll.) or* a fortune; ~**hund** der *(derb abwertend)* bastard *(sl.);* swine; **der innere** ~**hund** lack of willpower; ~**koben** der *(Stall)* pigsty; pigpen *(Amer.);* *(Verschlag)* pen *(in a sty);* ~**kotelett** das *(Kochk.)* pork chop; *(vom Nacken)* pork cutlet; ~**lende** die *(Kochk.)* loin of pork; ~**mast** die fattening of pigs; pig-fattening; ~**pest** die swine fever
Schweinerei die; ~, ~en *(ugs. abwertend)* a) *(Schmutz)* mess; **so eine** ~! what a mess!; b) *(Gemeinheit)* mean *or* dirty trick; **es ist eine, daß das nicht erlaubt ist** it's disgusting that that's not allowed; **Er verdient mehr Geld als du?** ~! He earns more money than you? Disgraceful!; c) *(Zote)* dirty *or* smutty joke; *(Handlung)* obscene act
schweinern *Adj.;* nicht präd. *(südd., österr.)* pork
Schweinerne das; *adj. Dekl. (südd., österr.)* pork
Schweine-: ~**schmalz** das lard; *(zum Streichen)* dripping; ~**schnitzel** das *(Kochk.)* escalope of pork; ~**stall** der *(auch fig.)* pigsty; pigpen *(Amer.);* **ich halte es nicht länger aus in diesem** ~**stall** *(fig.)* I can't stand it any longer in this lousy joint *(sl.);* ~**steak** das pork steak; ~**zucht** die pig-breeding *no art.;* ~**zucht betreiben** breed pigs
Schwein·igel der *(ugs. abwertend)* a) *(Schmutzfink)* dirty *or* mucky devil *(coll.);* mucky pig *(coll.);* b) *(unanständiger Mensch)* dirty so-and-so *(coll.)*
Schweinigelei die; ~, ~en *(ugs. abwertend)* a) *o. Pl.* making *no art.* a [filthy] mess; *(Schmutz)* [filthy] mess; b) *(Zote)* dirty *or* smutty story
schweinigeln *itr. V. (ugs. abwertend)* a) *(Schmutz machen)* make a [filthy] mess; b) *(Zoten reißen)* tell dirty *or* smutty stories
schweinisch *(ugs. abwertend)* 1. *Adj.* a) *(schmutzig)* filthy; b) *(unanständig)* dirty; smutty. 2. *adv. (unanständig)* ⟨behave⟩ obscenely, disgustingly
schweins-, Schweins-: ~**äuglein** das piggy eye; ~**braten** der *(Kochk., bes. südd., österr., schweiz.) s.* **Schweinebraten;** ~**galopp** der **im** ~**galopp** *(scherzh.)* at a gallop; **im** ~**galopp angerannt kommen** come charging up [at a gallop]; ~**hachse** die, *(bes. südd.)* ~**haxe** die *(Kochk.)* knuckle of pork; ~**kopf** der *(Kochk.)* pig's head; ~**leder** das pigskin; ~**ledern** *Adj.* pigskin; ~**stelze** die *(österr.) s.* ~hachse
Schweiß [ʃvaɪs] *der;* ~es a) sweat; *(höflicher: Transpiration)* perspiration; **in** ~ **kommen** *od.* **geraten** start to sweat; **mir brach der** ~ **aus** I broke out in a sweat; **ihm brach der kalte** ~ **aus** he came out in a cold sweat; **in** ~ **gebadet sein** be bathed in sweat; **im** ~**e seines Angesichts tun** *(geh.)* do sth. in *or* by the sweat of one's brow; **das hat viel** ~ **gekostet** that was real sweat *(coll.);* b) *(Jägerspr.: Blut)* blood
schweiß-, Schweiß-: ~**ausbruch** der sweat; **einen** ~**ausbruch bekommen** start to sweat; ~**band** das; *Pl.* ~**bänder** sweat-band; ~**bedeckt** *Adj.* covered in sweat *postpos.;* ~**brenner** der *(Technik)* welding torch; ~**draht** der *(Technik)* filler wire; welding wire; ~**drüse** die *(Anat.)* sweat gland
schweißen *tr., itr. V.* weld
Schweißer der; ~s, ~, **Schweißerin** die; ~, ~nen welder
schweiß-, Schweiß-: ~**fleck** der sweat stain; ~**fuß** der sweaty foot; ~**gebadet** *Adj.* bathed in sweat *postpos.;* ~**geruch** der smell of sweat
schweißig *Adj.* sweaty
schweiß-, Schweiß-: ~**naht** die *(Technik)* weld; ~**naß** *Adj.* sweaty; damp with sweat *pred.;* ~**perle** die bead of sweat; ~**treibend** *Adj.* sudorific; diaphoretic; **Holzhacken ist eine** ~**treibende Arbeit** chopping wood makes you work up a sweat; ~**tropfen** der drop of sweat; ~**tuch** das; *Pl.* ~**tücher** *(veralt.)* sudarium; **das** ~**tuch der Veronika** *(Bibl.)* the sudarium; the Veronica; Veronica's veil
Schweiz ['ʃvaɪts] die; ~: Switzerland *no art.;* **in die** ~ **reisen** travel to Switzerland; **aus der** ~ **stammen** come from Switzerland
Schweizer der; ~s, ~ a) *(Einwohner)* Swiss; b) *(Landw.: Melker)* dairyman; c) *(in der Schweizergarde)* Swiss Guard; d) *(~ Käse)* Swiss cheese
schweizer-, Schweizer-: ~**bürger** der Swiss citizen; ~**deutsch** *Adj.* Swiss German; *s. auch* deutsch; Deutsch; ²Deutsche; ~**garde** die Swiss Guard
Schweizerin die; ~, ~nen Swiss; *s. auch* -in
schweizerisch *Adj.* Swiss
Schweizer Käse der Swiss cheese
Schweizer-: ~**land** das; *o. Pl.* Switzerland *no art.;* ~**psalm** der; *o. Pl.* Swiss national anthem; ~**volk** das; *o. Pl.* das ~**volk** the Swiss people
Schwel·brand der smouldering fire
schwelen ['ʃveːlən] 1. *itr. V. (auch fig.)* smoulder. 2. *tr. V. (Technik)* carbonize ⟨*coal, peat, etc.*⟩ at low temperature
schwelgen ['ʃvɛlgən] *itr. V.* a) *(essen u. trinken)* feast; **in etw.** *(Dat.)* ~: feast on sth.; b) **in Erinnerungen/Gefühlen** *usw.* ~: wallow in memories/emotions *etc.;* **in Farben** ~ *(geh.)* revel in colours
schwelgerisch 1. *Adj.* epicurean ⟨person⟩; sumptuous, opulent ⟨meal, grandeur⟩; rapturous ⟨look, expression⟩; luxuriant ⟨blossom⟩. 2. *adv.* rapturously; with rapturous pleasure
Schwelle ['ʃvɛlə] die; ~, ~n a) *(auch Physiol., Psych.,* fig.) threshold; **ich werde keinen Fuß mehr über seine** ~ **setzen** *(fig. geh.)* I shall not set foot in his house/flat *etc.* again; **jmdn. von der** ~ **weisen** *(fig. geh.)* turn sb. from one's door; **sich an der** ~ **des Todes befinden** *(fig. geh.)* be at death's door; b) *(Eisenbahn-)* sleeper *(Brit.);* [cross-]tie *(Amer.);* c) *(Geogr.)* swell; d) *(Bauw.)* sill; sole plate; abutment piece *(Amer.)*
¹**schwellen** *unr. itr. V.; mit sein* swell; ⟨*limb, face, cheek, etc.*⟩ swell [up], become swollen; ⟨*river*⟩ become swollen, rise; ~ **d voll** ⟨*lips*⟩; ample ⟨*bosom*⟩; thick ⟨*cushion, carpet*⟩; bulging ⟨*wallet*⟩; **der Sturm schwoll zum Orkan** the storm rose to a hurricane force; *s. auch* Kamm
²**schwellen** *tr. V. (geh.)* belly, fill ⟨*sail, curtain*⟩; **der Stolz schwellte ihm die Brust** *(fig.)* his breast swelled with pride
Schwellen-: ~**angst** die; *o. Pl.* fear of entering a place; ~**land** das country at the stage of economic take-off
Schweller der; ~s, ~ *(Musik)* swell
Schwell·körper *(Physiol.)* der corpus cavernosum
Schwellung die; ~, ~en *(Med.)* swelling
Schwemme ['ʃvɛmə] die; ~, ~n a) *(Wirtsch.)* glut ⟨**an** + *Dat.* of⟩; b) *(Kneipe)* bar; [basic] pub *(Brit. coll.);* c) *(für Tiere)* watering-place; d) *(österr.: im Warenhaus)* bargain basement

-schwemme die glut; **Tomaten~/Milch~**: tomato/milk glut; **Lehrer~/Juristen~**: glut of teachers/lawyers
schwemmen tr. V. a) *(treiben)* wash; **an Land geschwemmt werden** be washed ashore; b) *(bes. österr.: spülen)* rinse
Schwemm-: **~land** das; *o. Pl.* alluvial land; **~sand** der alluvial sand
Schwengel ['ʃvɛŋl] der; **~s, ~** a) *(Glocken~)* clapper; b) *(Pumpen~)* handle; c) *(salopp: Penis)* tool *(sl.)*
Schwenk [ʃvɛŋk] der; **~s, ~s a)** *(Drehung)* swing; **die Kolonne machte einen ~ nach rechts** the column swung *or* wheeled to the right; **die Partei macht einen ~ nach links** *(fig.)* the party is swinging *or* shifting to the left; b) *(Film, Ferns.)* pan; **die Kamera machte einen ~ auf den Helden** the camera panned to the hero
Schwenk·arm der swivel arm; swivelling arm
schwenkbar *Adj.* swivelling; **das Periskop ist ~**: the periscope can be swivelled round
schwenken 1. *tr. V.* a) *(schwingen)* swing; wave *⟨flag, handkerchief⟩*; b) *(spülen)* rinse; c) *(drehen)* swing round; swivel; pan *⟨camera⟩*; swing, traverse *⟨gun⟩*; d) *(Kochk.)* toss. **2.** *itr. V.; mit sein (marching column)* swing, wheel *⟨camera⟩* pan; *⟨path, road, car⟩* swing; **er schwenkte in den Hof** he turned into the courtyard; **rechts schwenkt!** *(Milit.)* right wheel!
Schwenker der; **~s, ~**: balloon glass
Schwenk·kran der Schwenks-jib crane
Schwenkung die; **~, ~en** *s.* Schwenk
schwer [ʃveːɐ̯] **1.** *Adj.* a) *(schwer [-weight] ⟨fabric⟩; (massiv)* solid *⟨gold⟩*; **die Äste sind ~ von Früchten** the branches are heavy with fruit; **es Geld kosten** *(fig. ugs.)* cost a packet *(coll.)* or a fortune; **mir wurde die Beine ~**: my legs grew heavy; **ihm wurde ~ ums Herz** *(geh.)* his heart grew heavy; b) *(bestimmtes Gewicht habend)* **2 Kilo ~ sein** weigh two kilos; **ein zwei Zentner ~er Sack** a two-centner sack; **a sack weighing two centners; wie ~ bist du?** how much do you weigh?; **eine mehrere Millionen ~e Frau** *(fig. ugs.)* a woman who's worth a few millions; c) *(anstrengend, mühevoll)* heavy *⟨work⟩*; hard, tough *⟨job⟩*; hard *⟨day⟩*; difficult *⟨birth⟩*; troubled *⟨dream⟩*; d) *(schwierig)* difficult; hard; **es ~/nicht ~ haben** have it easy/hard; **sie hat es ~ mit ihrem Mann gehabt** she's had a hard time with her husband; **sich *(Dat.)* die Entscheidung ~ machen** find it hard to make a decision; find the decision a hard one; **Schweres durchmachen** go through hard times; **wir haben das Schwerste überstanden** we're over the worst; e) *(schlimm)* severe *⟨shock, disappointment, strain, storm⟩*; serious, grave *⟨wrong, injustice, error, illness, blow, reservation⟩*; serious *⟨accident, injury⟩*; heavy *⟨punishment, strain, loss, blow⟩*; grave *⟨suspicion⟩*; **ein ~er Junge** *(ugs.)* a crook with a record *(coll.)*; f) *(~ verträglich)* heavy *⟨food, wine⟩*; g) *(intensiv)* heavy *⟨fragrance, perfume, etc.⟩*; h) *(anspruchsvoll)* heavy *⟨book, music, etc.⟩*; i) *(Seemannsspr.)* heavy *⟨sea, weather⟩*; j) *(schwül)* heavy; oppressive *⟨air, atmosphere⟩*. **2.** *adv.* a) heavily *⟨built, laden, armed⟩*; **~ wiegen** be heavy; **~ tragen** be carrying sth. heavy [with difficulty]; **~ heben** lift heavy weights; **~ zu tragen haben** have a heavy load to carry; **daran hat er ~ zu tragen** *(fig.)* it is a hard cross for him to bear; **~ auf jmdm./etw. liegen** *od.* **lasten** *(auch fig.)* weigh heavily on sb./sth.; **das Essen lag mir ~ im Magen** *(fig.)* the food lay heavily on my stomach; b) *(anstrengend, mühevoll)* *⟨work⟩* hard; *⟨breathe⟩* heavily; **~ erkämpft sein** be hard won; **das habe ich mir ~ erkämpft** I gained it at great cost; **~ erkauft** dearly bought; bought at great cost

postpos.; **er lernt nur ~**: he is a slow learner; **~ hören** be hard of hearing; c) *(schwierig)* with difficulty; **ein ~ zu lesender Text** a text that is hard *or* difficult to read; d) *(sehr)* seriously *⟨injured⟩*; greatly, deeply *⟨disappointed⟩*; *(punish)* severely, heavily; **etw. ~ büßen** pay dearly for sth.; **~ aufpassen** *(ugs.)* take great care; **~ stürzen** fall heavily; have a heavy fall; **~ verunglücken** have a serious accident; **im Irrtum sein** *(ugs.)* be very much mistaken; **~ in Fahrt sein** *(ugs.)* be really worked up; **~ betroffen sein** be deeply affected; **~ beleidigt/betrunken sein** *(ugs.)* be deeply *or* very insulted/blind drunk; **sich ~ ärgern** *(ugs.)* get very annoyed; **sich ~ blamieren** *(ugs.)* make a proper fool of oneself; **das will ich ~ hoffen** *(ugs.)* I should jolly well think so *(Brit. coll.)*; **er ist ~ in Ordnung** *(ugs.)* he's a good bloke *(Brit. coll.)* *or (sl.)* guy; **wir haben ~ einen draufgemacht** *(ugs.)* we really painted the town red *(sl.)*; e) *(unverträglich)* **~ essen** eat heavy food; **sie kocht zu ~**: the food she cooks is too heavy
schwer-, Schwer-: **~arbeit** die; *o. Pl.* heavy work; **~arbeiter** der worker engaged in heavy physical work; **~athlet** der weight-lifter/wrestler/boxer/judoka/shot-putter/discus-thrower; **~athletik** die weightlifting *no art.*/combat sports *no art.*/shot-putting *no art.*/discus-throwing *no art.*; **~behindert** *Adj.* severely handicapped; *(körperlich auch)* severely disabled; **~behinderte** der/die severely handicapped person; *(körperlich auch)* severely disabled person; **die ~behinderten** the severely handicapped/disabled; **~behinderten·ausweis** der disabled person's pass; **~beladen** *Adj.; präd. getrennt geschrieben* heavily laden *or* loaded *⟨vehicle⟩*; heavily laden *⟨person, animal⟩*; **~beschädigt** *Adj.* a) *präd. getrennt geschrieben* badly damaged; b) *(veralt.: schwerbehindert)* severely disabled; **~beschädigte** der/die; *adj. Dekl.* severely disabled person; **die ~beschädigten** the severely disabled; **~bewaffnet** *Adj.; präd. getrennt geschrieben* heavily armed; **~blütig** *Adj.* stolid; phlegmatic
Schwere die; **~**: a) weight; **eine ~ in den Gliedern** a heaviness in one's limbs; b) *(Physik: Schwerkraft)* gravity; c) *s.* schwer **1 e**: severity; seriousness; gravity; heaviness; d) *(Schwierigkeitsgrad)* difficulty; e) *(von Speisen, Parfums usw.)* heaviness
Schwere·feld das *(Geophysik)* gravitational field; field of gravity
schwere·los **1.** *Adj.* weightless. **2.** *adv.* weightlessly
Schwerelosigkeit die; **~**: weightlessness
Schwerenöter ['ʃveːrənøːtɐ] der; **~s, ~** *(ugs. scherzh.)* lady-killer *(coll.)*
schwer-, Schwer-: **~erziehbar** *Adj.; präd. getrennt geschrieben* difficult *⟨child⟩*; **~fallen** *unr. itr. V.; mit sein* **jmdm. fällt etw. ~**: sb. finds sth. difficult; **auch wenn's ~schwerfällt** whether you like it or not; **~fällig 1.** *Adj.* ponderous, slow-moving *⟨animal⟩*; ponderous, heavy *⟨movement, steps⟩*; *(auch geistig)* ponderous *⟨person⟩*; *(fig.)* cumbersome *⟨bureaucracy, procedure⟩*; ponderous *⟨style, thinking⟩*; **2.** *adv.* ponderously; **~fällig denken/antworten** think/answer slowly and ponderously; **~fälligkeit** die; *o. Pl.* s. **~fällig**: ponderousness; heaviness; *(fig.)* cumbersomeness; ponderousness; **~gewicht** das a) *o. Pl.* heavyweight; **die Meisterschaften im ~gewicht** the heavyweight championships; b) *(Sportler)* heavyweight; c) *o. Pl. (Schwerpunkt)* main focus; emphasis; **sie studiert Russisch mit ~gewicht Sprachwissenschaft** she's studying Russian, specializing in linguistics; d) *(ugs. scherzh.: dicker Mensch)* heavyweight; **~gewichtig** *Adj.* heavy-

weight *attrib.*; **~gewichtler** ['ɡəvɪçtlɐ] der; **~s, ~** *(Schwerathletik)* heavyweight; **~|halten** *unr. itr. V. (unpers.)* **es wird ~halten, das zu tun** it will be difficult to do it *or* that; **~hörig** *Adj.* hard of hearing *pred.*; **auf dem Ohr ist er ~hörig** *(fig.)* when it comes to that sort of thing, he doesn't want to know; **~hörige** der/die; *adj. Dekl.* person who is hard of hearing; **die ~n** the hard of hearing; **~hörigkeit** die; **~**: hardness of hearing; **~industrie** die heavy industry; **~kraft** die; *o. Pl. (Physik, Astron.)* gravity; **~krank** *Adj.; präd. getrennt geschrieben* seriously ill; **~kranke** der/die seriously ill person; **~kranken** the seriously ill; **~kriegs·beschädigte** der/die severely war disabled person; **die ~kriegsbeschädigten** the severely war disabled
schwerlich *Adv.* hardly; **das wird dir ~ jemand glauben** it's hardly likely that anyone will believe you
schwer-, Schwer-: **~|machen** *tr. V.* **jmdm./sich etw. ~machen** make sth. difficult for sb./oneself; **~metall** das heavy metal; **~mut** die melancholy; **~mütig 1.** *Adj.* melancholic; **2.** *adv.* melancholically; **er starrte ~ vor sich hin** he stared ahead full of melancholy; **~|nehmen** *unr. tr. V.* **etw. ~nehmen** take sth. seriously; **~öl** das heavy oil; **~punkt** der *(Physik)* centre of gravity; *(fig.)* main focus; *(Hauptakzent)* main stress; **der ~punkt seiner Tätigkeit liegt in** *od.* **auf der Forschung** his activity centres on research; **den ~punkt auf etw.** *(Akk.)* **legen** *(fig.)* put the main stress on sth.; focus mainly on sth.; **~punkt·mäßig 1.** *Adj.; nicht präd.* selective *⟨strike, action⟩*; **2.** *adv.* **im Lager und in der Packerei soll ~punktmäßig gestreikt werden** there are to be selective strikes in the warehouse and the packing department; **~punkt·programm** das programme of selective measures; **~reich** *Adj.; nicht präd. (ugs.)* immensely rich *(coll.)*
Schwerst-: **~arbeiter** der worker engaged in very heavy work; **~behinderte** der/die; *adj. Dekl.* severely disabled person (with a disablement of over 80%); *s. auch* Schwerbehinderte
Schwert [ʃveːɐ̯t] das; **~[e]s, ~er a)** sword; **das ~ ziehen** *od.* **zücken** draw one's sword; **~er zu Pflugscharen** swords to ploughshares; *s. auch* zweischneidig; b) *(Schiffbau)* centreboard
schwert-, Schwert-: **~fisch** der swordfish; **~leite** ['laɪtə] die; **~, ~n** *(hist.)* accolade; dubbing ceremony; **~lilie** die iris; **~schlucker** der sword-swallower
schwer|tun *unr. refl. V. (ugs.)* **sich** *(Akk. od. Dat.)* **mit** *od.* **bei etw. ~**: have trouble with sth.; **sich** *(Akk. od. Dat.)* **mit jmdm. ~**: not get along with sb.
Schwert·wal der [großer] **~**: killer whale; [kleiner] **~**: false killer whale
schwer-, Schwer-: **~verbrecher** der serious offender; **ich lasse mich nicht wie ein ~verbrecher behandeln** I won't be treated like a common criminal; **~verdaulich** *Adj.; präd. getrennt geschrieben (auch fig.)* hard to digest *pred.*; **~verletzt** *Adj.; präd. getrennt geschrieben* seriously injured; **~verletzte** der/die seriously injured person; serious casualty; **die ~verletzten** the seriously injured; **~verständlich** *Adj.; präd. getrennt geschrieben* scarcely comprehensible; **~verwundet** *Adj.; präd. getrennt geschrieben* seriously wounded; **~verwundete** der/die seriously wounded person; **die ~verwundeten** the seriously wounded; **~wiegend** *Adj.* serious, grave *⟨reservation, consequence, objection, accusation, etc.⟩*; momentous *⟨decision⟩*; serious *⟨case, problem⟩*
Schwester ['ʃvɛstɐ] die; **~, ~n a)** sister; b) *(Nonne)* nun; *(als Anrede)* Sister; **~ Petra**

Schwesterchen / **Schwulenlokal**

Sister Petra; c) *(Kranken~)* nurse; *(als Anrede)* Nurse; *(zur Oberschwester)* Sister; d) *(ugs.: ~firma)* associate firm
Schwesterchen das, ~s, ~: little sister; ein kleines ~: a little sister
Schwester-: **~firma** die associate firm *or* company; **~herz** das *(veralt., noch scherzh.)* dear sister; hör mal, ~herz listen, sister dear
schwesterlich 1. *Adj.* sisterly. 2. *adv.* ~ handeln act in a sisterly way
Schwester-: **~liebe** die sisterly love; **~mord** der sororicide; **~mörder** der, **~mörderin** die sororicide
Schwestern·helferin die nursing auxiliary; auxiliary nurse
Schwesternschaft die; ~: nurses *pl.*; nursing staff
Schwestern-: **~schülerin** die probationer; **~wohn·heim** das nurses' home *or* hostel
Schwester-: **~partei** die sister party; **~schiff** das sister ship
Schwib·bogen ['ʃvɪp-] der *(Archit.)* flying buttress
schwieg [ʃvi:k] *1. u. 3. Pers. Prät. v.* schweigen
Schwieger-: ['ʃvi:ɡɐ-] **~eltern** *Pl.* parents-in-law; **~mutter** die mother-in-law; **~sohn** der son-in-law; **~tochter** die daughter-in-law; **~vater** der father-in-law
Schwiele ['ʃviːlə] die; ~, ~n callus; ~n an den Händen horny hands
schwielig *Adj.* callused; ~e Hände horny hands
schwierig ['ʃviːrɪç] *Adj.* difficult
Schwierigkeit die; ~, ~en difficulty; in ~en *(Akk.)* geraten get into difficulties; jmdm. ~en machen make difficulties for sb.; Latein macht ihm ~en he has difficulty *or* trouble with Latin; mach keine ~en! don't make difficulties!; don't be difficult *or* awkward!; ~en bekommen have problems *or* trouble; jmdn./sich in ~en *(Akk.)* bringen get sb./oneself into trouble; ohne ~en without difficulty
Schwierigkeits·grad der degree of difficulty; *(von Lehrmaterial usw.)* level of difficulty
Schwimm-: **~an·zug** der swim-suit; *(für Taucher)* wet suit; **~bad** das swimming-baths *pl. (Brit.)*; swimming-pool; **~bagger** der dredger; **~becken** das swimming-pool; **~blase** die swim bladder; air bladder; **~dock** das floating dock
Schwimmeister der; ~s, ~: swimming-supervisor *(and instructor)*
schwimmen 1. *unr. itr. V.* a) *meist mit* sein swim; ~ gehen go swimming; b) *meist mit sein (treiben, nicht untergehen)* float; die Kinder ließen ihre Schiffchen ~: the children sailed their boats; koreanische Schiffe ~ auf allen Meeren Korean ships sail on all the seas of the world; c) *(ugs.: unsicher sein)* be all at sea; ins Schwimmen geraten *od.* kommen start to flounder; d) *(überschwemmt sein)* be awash; f) *mit sein (triefen von)* in etw. *(Dat.)* ~: be swimming in sth.; im [eigenen] Blut ~: be bathed in [one's own] blood; in *od.* im Geld ~ *(fig.)* be rolling in money *or* in it *(coll.)*; g) *mit sein (ver~)* swim; mir schwimmt es vor den Augen everything is swimming in front of my eyes; h) *in ~des Fett (Kochk.)* deep fat; etw. in ~dem Fett braten deep-fry sth.; fry sth. in deep fat. 2. *unr. tr. V.; auch mit sein* swim; einen neuen Rekord ~: swim a new record time
Schwimmen das; ~: swimming *no art.*
Schwimmer der; ~s, ~: a) swimmer; b) *(der Angel, Technik)* float
Schwimmer·becken das swimmers' pool
Schwimmerin die; ~, ~nen swimmer
schwimm-, Schwimm-: **~fähig** *Adj.* buoyant ⟨material⟩; amphibious ⟨vehicle⟩; **~flosse** die flipper; **~fuß** der webbed foot; **~gürtel** der swimming-belt; **~halle** die indoor swimming-pool; bevor man in die ~halle kommt, muß man durch den Duschraum gehen before entering the pool area, you have to go through the showers; **~haut** die web *(of bird's webbed foot)*; **~kran** der floating crane; **~lehrer** der swimming instructor; **~meister** der s. Schwimmeister; **~sport** der [competitive] swimming *no art.*; **~stadion** das swimming stadium; **~stil** der stroke; **~vogel** der web-footed bird; **~weste** die life-jacket
Schwindel ['ʃvɪndl̩] der; ~s a) *(Gleichgewichtsstörung)* dizziness; giddiness; vertigo; b) *(Anfall)* dizzy *or* giddy spell; attack of dizziness *or* giddiness *or* vertigo; c) *(abwertend) (Betrug)* swindle; fraud; *(Lüge)* lie; das ist alles ~, was er sagt what he says is all lies; den ~ kenne ich *(ugs.)* that's an old trick; I know that trick; er fällt auf jeden ~ rein he'll fall for any trick; d) *in der ganze* ~ *(ugs. abwertend)* the whole lot *(coll.)* or *(sl.)* shoot
Schwindel·anfall der s. Schwindel 2
Schwindelei die; ~, ~en *(ugs.)* a) *o. Pl.* fibbing; b) *(Lüge)* fib
schwindel-, Schwindel-: **~erregend** vertiginous ⟨height, speed, depths⟩; *(fig.)* meteoric ⟨career, success⟩; in ~erregender Höhe at a dizzy height; die Preise kletterten in ~erregende Höhe *(fig.)* the prices rose sky high; **~frei** *Adj.* ~frei sein have a head for heights; not suffer from vertigo; **~gefühl** das feeling of dizziness *or* giddiness *or* vertigo
schwindelig s. schwindlig
schwindeln 1. *itr. V.* a) *(sich drehen)* mich *od.* mir schwindelt I feel dizzy *or* giddy; in ~der Höhe at a dizzy height; ein ~der Abgrund a vertiginous drop; b) *(lügen)* he fibs. 2. *tr. V. (lügen)* „...", schwindelte sie '...,' she said, lying; das ist alles geschwindelt that's all lies. 3. *refl. V.* sich ins Kino/durch den Zoll ~: trick *or (coll.)* wangle one's way in to the cinema/through the customs; sich durchs Examen ~: wangle one's way through the exam *(coll.)*
schwinden ['ʃvɪndn̩] *unr. itr. V.; mit sein* a) *(geh.: abnehmen)* fade, ⟨sound⟩ die away, fade; ⟨supplies, money⟩ run out, dwindle; ⟨effect⟩ wear off; ⟨interest⟩ fade, wane, fall off; ⟨fear, mistrust⟩ lessen, diminish; ⟨powers, influence⟩ wane, decline; ⟨courage, strength⟩ fail; ⟨years, time⟩ pass by; ⟨snow, illusion⟩ disappear; ihm schwand der Mut his courage failed him; im Schwinden [begriffen] sein ⟨effect⟩ be wearing off; ⟨interest, powers, influence⟩ be on the wane; b) *(fachspr.: Volumen verlieren)* shrink; ⟨metal⟩ contract, shrink
Schwindler der; ~s, ~ *(Lügner)* liar; *(Betrüger)* swindler; *(Hochstapler)* confidence trickster; con man
schwindlig *Adj.* dizzy; giddy; jmdm. wird es ~: sb. gets dizzy *or* giddy; da wird einem ja ~! *(fig.)* it fairly makes your head spin
Schwind·sucht die *(veralt.)* consumption; tuberculosis; s. auch galoppieren
schwind·süchtig *Adj. (veralt.)* consumptive; tubercular
Schwinge ['ʃvɪŋə] die; ~, ~n a) *(geh.: auch fig.)* wing; b) *(bes. österr.: Korb)* shallow oval basket
schwingen 1. *unr. itr. V.* a) *mit sein (sich hin- u. herbewegen)* swing; b) *(vibrieren)* vibrate; etw. zum Schwingen bringen cause sth. to vibrate; c) *(Physik) ⟨wave⟩* oscillate; d) *(geh.: anklingen)* in ihren Worten schwang Kritik her words had a tone of criticism; e) *(nachklingen)* linger; f) *mit sein (Skilaufen)* swing; g) *(schweiz.: ringen)* wrestle Swiss style *(with one's right hand on the belt of one's opponent's wrestling-suit and the left hand on his rolled-up right trouser-leg)*. 2. *unr. tr. V.* a) *(hin- u. herbewegen)* swing; wave ⟨flag, wand⟩; *(fuchteln mit)* brandish ⟨sword, axe, etc.⟩; eine Rede ~: *(ugs.)* hold forth; große Reden ~ *(ugs.)* talk big; *s. auch* geschwungen 2; Tanzbein; b) *(Landw.)* swingle ⟨flax, hemp⟩. 3. *unr. refl. V.* a) *(sich schnell bewegen)* sich über die Mauer ~: swing oneself *or* vault over the wall; sich aufs Pferd/Fahrrad ~: swing oneself *or* leap on to one's horse/bicycle; sich ins Auto/hinters Steuer ~ *(ugs.)* jump into one's car/get behind the wheel; der Vogel schwang sich in die Luft *(fig.)* the bird soared [up] into the air; b) *(geh.: in einem Bogen verlaufen)* arch
Schwinger der; ~s, ~ a) *(Boxen)* swing; b) *(schweiz.: Ringer)* [Swiss-style] wrestler; *see also* schwingen 1 g
Schwing-: **~kreis** der *(Elektrot.)* oscillatory circuit; **~tür** die swing-door
Schwingung die; ~, ~en a) swinging; *(Vibration)* vibration; etw. in ~ versetzen set sth. swinging/vibrating; b) *(Physik)* oscillation
Schwingungs·zahl die *(Physik)* frequency of oscillation
Schwipp-: [ʃvɪp-] **~schwager** der *(ugs.)* husband's/wife's/brother's/sister's brother-in-law; **~schwägerin** die *(ugs.)* husband's/wife's/brother's/sister's sister-in-law
Schwips [ʃvɪps] der; ~es, ~e *(ugs.)* einen [kleinen] ~ haben be [a bit] tipsy *or (coll.)* merry
schwirren ['ʃvɪrən] *itr. V.* a) *(tönen)* ⟨insect⟩ buzz; ⟨bowstring⟩ twang; b) *mit sein* ⟨arrow, bullet, etc.⟩ whiz; ⟨bird⟩ whir; ⟨insect⟩ buzz; allerlei schwirrte mir durch den Kopf *(fig.)* all sorts of things buzzed through my head; von den vielen Zahlen schwirrte mir der Kopf *(fig.)* my head was buzzing *or* spinning from all the figures; c) *(erfüllt sein von)* die Stadt schwirrt von Gerüchten the town is buzzing with rumours
Schwitz·bad das sweat bath
Schwitze die; ~, ~n *(Kochk.)* roux
schwitzen 1. *itr. V.* a) *(auch fig.)* sweat; ins Schwitzen kommen *(auch fig.)* start to sweat; b) *(beschlagen)* steam up; c) *(Harz absondern)* sweat. 2. *refl. V.* sich bei der Arbeit klatschnaß ~: get soaked with sweat from working; sich halb tot ~ *(ugs.)* sweat like anything *(coll.)*. 3. *tr. V. (Kochk.: in heißem Fett)* sweat
schwitzig *Adj. (ugs.)* sweaty
Schwitz-: **~kasten** der; *o. Pl. (Ringen)* headlock; jmdn. in den ~kasten nehmen get sb. in a headlock; **~kur** die sweat cure
schwofen ['ʃvoːfn̩] *itr. V. (ugs.)* shake a leg *(coll.)*; ~ gehen go and shake a leg
schwor [ʃvoːɐ̯] *1. u. 3. Pers. Sg. Prät. v.* schwören
schwören ['ʃvøːrən] 1. *unr. tr., itr. V.* swear ⟨fidelity, allegiance, friendship⟩; swear ⟨oath⟩; ich schwöre es[, so wahr mir Gott helfe] I swear it[, so help me God]; jmdm./sich etw. ~: swear sth. to sb./oneself. 2. *unr. itr. V.* swear an/the oath; auf die Bibel/die Verfassung ~: swear on the Bible/the Constitution; ich könnte darauf ~ *(ugs.)* I could swear to it; sie schwört auf ihren Kräutertee she swears by her herbal tea
Schwuchtel ['ʃvʊxtl̩] die; ~, ~n *(salopp)* queen *(sl.)*
schwul [ʃvuːl] *Adj. (ugs.)* gay *(coll.)*
schwül [ʃvyːl] *Adj.* a) *(feuchtwarm)* sultry; close; b) *(beklemmend)* oppressive; c) *(sinnlich)* sensuous ⟨perfume, fantasy, etc.⟩; steamy ⟨eroticism⟩; sultry ⟨look⟩; seductive ⟨lighting, music⟩
Schwule der; *adj. Dekl. (ugs.)* gay *(coll.)*
Schwüle die; ~: sultriness
Schwulen-: **~bewegung** die *(ugs.)* gay rights movement; **~lokal** das *(ugs.)* gay bar *(coll.)*

Schwulität [ʃvuli'tɛːt] die; ~, ~en (ugs.) in ~en kommen od. geraten get into a fix or jam (coll.); jmdn./sich in ~en bringen get sb./oneself into a fix or jam (coll.)

Schwulst [ʃvʊlst] der; ~[e]s (abwertend) bombast; pompousness; (im Baustil) overornateness; dieser Film ist sentimentaler ~: this film is full of sentimental affectation

schwülstig [ʃvʏlstɪç] 1. Adj. bombastic, pompous ⟨writing⟩; bombastic, pompous, grandiloquent ⟨speech⟩; over-ornate ⟨art, architecture⟩. 2. adv. bombastically; pompously; ⟨speak⟩ bombastically, pompously, grandiloquently

schwumm[e]rig [ʃvʊmərɪç] Adj. (ugs.) a) (unwohl) queasy; funny (coll.); ihr wurde ~: she started to feel queasy or (coll.) funny; b) (bang) jittery (coll.); nervous; apprehensive; mir wird schon ~: I'm already starting to get the jitters (coll.); I'm already getting butterflies [in my stomach]

Schwund [ʃvʊnt] der; ~[e]s a) decrease, drop (Gen. in); (an Interesse) waning; falling off; einen ~ an Wählerstimmen befürchten ⟨party⟩ fear a decline in its share of the vote; b) (Technik: Ausschuß) wastage; d) (Med.) atrophy; e) (Rundfunkt., Funkt.) fading

Schwung [ʃvʊŋ] der; ~[e]s, Schwünge [ʃvʏŋə] a) (Bewegung) swing; b) (Linie) sweep; der elegante ~ ihrer Brauen/ihrer Nase the elegant arch of her eyebrows/curve of her nose; mit kühnem ~ überspannt die Brücke das Tal the bridge crosses the valley in a bold arc; c) o. Pl. (Geschwindigkeit) momentum; ~ holen build or get up momentum; (auf einer Schaukel usw.) work up a swing; ~ in etw. (Akk.) bringen, etw. in ~ bringen (fig. ugs.) get sth. going; jmdn. in ~ bringen, jmdm. ~ geben (fig. ugs.) put some life into sb.; get sb. going; in ~ sein (fig. ugs.) (in guter Stimmung) have livened up; (wütend) be worked up; (gut laufen) ⟨business, practice⟩ do a lively trade; (gut vorankommen) be getting on well; be right in the swing [of it]; in ~ kommen (fig. ugs.) (in gute Stimmung kommen) get going; liven up; (wütend werden) get worked up; (gut vorankommen) get right in the swing [of it]; ⟨business⟩ pick up; jmdn./einen Betrieb in ~ haben od. halten (ugs.) keep sb. on his/her toes/keep a firm hand on a business or in good trade; in die Sache kommt ~ (ugs.) things are picking up; d) o. Pl. (Antrieb) drive; energy; e) o. Pl. (mitreißende Wirkung) sparkle; vitality; f) o. Pl. (ugs.: größere Menge) stack (coll.); (von Menschen) crowd; bunch (coll.)

schwung·haft 1. Adj. thriving; brisk, flourishing ⟨trade, business⟩. 2. adv. die Aktien werden ~ gehandelt there's a brisk or flourishing trade in the shares; das Geschäft entwickelt sich ~: business is booming

schwung-, Schwung-: ~kraft die (Physik) centrifugal force; ~los 1. Adj. a) (antriebsschwach) lacking in energy or drive postpos.; listless; b) (langweilig) lack-lustre ⟨speech, performance, etc.⟩. 2. adv. ⟨sing, dance, etc.⟩ in a lack-lustre way; ~rad das (Technik) flywheel; (an einer Nähmaschine) band wheel; ~voll a) (mitreißend) lively; spirited; spirited ⟨words⟩; lively, (coll.) snappy ⟨tune⟩; b) (kraftvoll) vigorous; ein ~er Handel a roaring trade; c) (elegant) sweeping ⟨movement, gesture⟩; bold ⟨handwriting, line, stroke⟩; 2. adv. a) (mitreißend) spiritedly; with verve; ⟨speak⟩ spiritedly; b) (kraftvoll) with great vigour

Schwur [ʃvuːɐ̯] der; ~[e]s, Schwüre [ʃvyːrə] a) (Gelöbnis) vow; b) (Eid) oath; die Hand zum ~ erheben raise one's hand to take the oath

Schwur·gericht das court with a jury; vor das ~ kommen be tried by a jury

Schwyzerdütsch [ˈʃviːtsɐdyːtʃ], **Schwyzertütsch** [ˈʃviːtseːtyːtʃ] das (schweiz.) Swiss German

Science-fiction [ˈsaɪənsˈfɪkʃən] die; ~: science fiction

Scotch·terrier [ˈskɔtʃ-] der Scotch terrier

Scylla [ˈstsyːla] s. Szylla

SDR [ɛsdeːˈɛr] der; ~: Abk. Süddeutscher Rundfunk South German Radio

SDS [ɛsdeːˈɛs] der; ~: Abk. Sozialistischer Deutscher Studentenbund Socialist German Students' Federation

Séance [zeˈãːs(ə)] die; ~, ~n seance

Seborrhö, Seborrhöe [zebɔˈrøː] die; ~, Seborrhöen (Med.) seborrhoea

sechs [zɛks] Kardinalz. six; s. auch acht

Sechs die; ~, ~en six; eine ~ schreiben/bekommen (Schulw.) get a 'fail' mark; s. auch ¹Acht a, b, d, e, g; Zwei b

sechs-, Sechs-: ~achtel·takt der six-eight time; im ~achteltakt in six-eight time; ~eck das hexagon; ~eckig Adj. hexagonal; s. auch achteckig

Sechser der; ~s, ~ a) (ugs.) (Ziffer, beim Würfeln) six; (Bahn, Bus) [number] six; (im Lotto) six winning numbers; b) (berlin.: Fünfpfennigstück) five-pfennig piece

sechserlei Gattungsz.; indekl. a) attr. six kinds or sorts of; six different ⟨sorts, kinds, sizes, possibilities⟩; b) subst. six [different] things

Sechser·pack der, **Sechser·packung** die pack of six; (bes. von Bier) six-pack

sechs-, Sechs-: ~fach Vervielfältigungsz. sixfold; s. auch achtfach; ~fache das; adj. Dekl. etw. um ein ~faches/um das ~fache erhöhen increase sth. by a factor of six; s. auch Achtfache; ~flach das; ~[e]s, ~e, ~flächner [-flɛçnɐ] der hexahedron; ~hundert Kardinalz. six hundred; ~jährig Adj. (6 Jahre alt) six-year-old attrib.; six years old postpos.; (6 Jahre dauernd) six-year attrib.; s. auch achtjährig; ~kantmutter die hexagon nut; ~köpfig Adj. six-headed ⟨monster⟩; ⟨family, committee⟩ of six

Sechsling [ˈzɛkslɪŋ] der; ~s, ~e sextuplet

sechs-: ~mal Adv. six times; s. auch achtmal; ~malig Adj.; nicht präd. nach ~maliger Wiederholung konnte er es auswendig after repeating it six times, he knew it by heart; s. auch achtmalig; ~seitig Adj. six-sided; six-page attrib. ⟨letter, article⟩; ~stellig Adj. six-figure; s. auch achtstellig; ~stöckig Adj. six-storey attrib.; s. auch achtstöckig

sechst [zɛkst] in wir waren zu ~: there were six of us; s. auch ²Acht

sechst... Ordinalz. sixth; s. auch acht...

sechs-, Sechs-: ~tage·rennen das (Radsport) six-day race; ~tage·woche die six-day week; ~tägig Adj. (6 Tage alt) six-day-old attrib.; (6 Tage dauernd) six-day[-long] attrib.; s. auch achttägig; ~tausend Kardinalz. six thousand

Sechste der/die; adj. Dekl. sixth; s. auch Achte

sechs·teilig Adj. six-piece ⟨tool-set etc.⟩; six-part ⟨serial⟩; s. auch achtteilig

sechstel Bruchz. sixth

Sechstel das, schweiz. meist der; ~s, ~: sixth; s. auch Achtel

sechstens Adv. sixthly

Sechs-: ~tonner der; ~s, ~: six-tonner; ~und·sechzig o. Art. sixty-six; ~zylinder·motor der six-cylinder engine

sechzehn [ˈzɛçtseːn] Kardinalz. sixteen; s. auch achtzehn

sechzehn-, Sechzehn-: ~jährig Adj. (16 Jahre alt) sixteen-year-old attrib.; sixteen years old pred.; (16 Jahre dauernd) sixteen-year attrib.; s. auch achtjährig; ~meter·raum der (Fußball) penalty area; ~milli·meter·film der sixteen-millimetre film; 16-mm film

sechzehnt... Ordinalz. sixteenth

Sechzehntel das; ~s, ~ sixteenth

Sechzehntel·note die sixteenth note

sechzig [ˈzɛçtsɪç] Kardinalz. sixty; s. auch achtzig

sechziger indekl. Adj.; nicht präd. die ~ Jahre the sixties; zwei ~ Briefmarken/Zigarren two sixty-pfennig stamps/cigars; eine ~ Glühbirne a 60-watt bulb

¹Sechziger der; ~s, ~ a) (60jähriger) sixty-year-old; sexagenarian; b) (Bus, Bahn) number sixty; c) (Wein von 1960) der ~: the '60 vintage

²Sechziger die; ~, ~ a) (Briefmarke) sixty-pfennig/schilling etc. stamp; b) (Zigarre) sixty-pfennig cigar; (Glühbirne) 60-watt bulb

³Sechziger Pl. sixties; in den ~n sein be in one's sixties

sechzig·jährig Adj. (60 Jahre alt) sixty-year-old attrib.; sixty years old postpos.; (60 Jahre dauernd) sixty-year attrib.

Sechzig·jährige der/die; adj. Dekl. sixty-year-old

sechzigst... [ˈzɛçtsɪçst] Ordinalz. sixtieth; s. auch achtzigst...

SED [ɛsleːˈdeː] die; ~: Abk. Sozialistische Einheitspartei Deutschlands Socialist Unity Party of Germany

Sedativum [zedaˈtiːvʊm] das; ~s, Sedativa (Med.) sedative

Sediment [zediˈmɛnt] das; ~[e]s, ~e (Geol., Chemie, Med.) sediment

Sediment·gestein das (Geol.) sedimentary rock

¹See [zeː] der; ~s, ~n lake; der Baikalsee Lake Baikal

²See die; ~, ~n a) o. Pl. (Meer) sea; an die ~ fahren go to the seaside; an der ~: by the sea[side]; auf ~: at sea; er ist auf ~: he is away at sea; auf ~ bleiben (geh. verhüll.) be lost at sea; auf hoher ~: on the high seas; in ~ gehen od. stechen put to sea; Leutnant/Kapitän zur ~ (Marine) sub-lieutenant/[naval] captain; zur ~ fahren be a seaman; zur ~ gehen (ugs.) go to sea; b) o. Pl. (Seemannsspr.: ~gang) ruhige/rauhe od. grobe od. schwere ~: calm/rough or heavy sea; c) (Seemannsspr.: Woge) sea

see-, See-: ~aal der; o. Pl. flake; ~adler der sea eagle; white-tailed [sea] eagle; ~anemone die sea anemone; ~bad das seaside health resort; ~bär der a) (Zool.) fur seal; b) (fam.: ~mann) sea dog (coll.); ~beben das seaquake; ~bestattung die burial at sea; ~blockade die naval blockade; ~bühne die lake stage; ~Elefant der elephant seal; ~fahrend Adj.; nicht präd. seafaring; ~fahrer der (veralt.) seafarer; Sindbad der ~fahrer Sindbad the Sailor; ~fahrer·volk das seafaring people; ~fahrt die a) o. Pl. seafaring no art.; sea travel no art.; (~fahrtskunde) navigation; s. auch christlich; b) (~reise) voyage; (Kreuzfahrt) cruise; ~fahrt[s]·buch das (Seew.) seaman's discharge book; ~fahrt[s]·schule die merchant navy college; ~fest Adj. a) s. ~tüchtig; b) (nicht leicht ~krank) ~fest sein not suffer from seasickness; not get seasick; c) (gesichert, fest angebracht) secured [for sea]; ~fisch der sea fish; salt-water fish; ~fracht die sea freight; ~funk der maritime radio; ~gang der; o. Pl. leichter/starker od. hoher od. schwerer ~gang light/heavy or rough sea; bei leichtem/schwerem ~gang with a calm/heavy sea; ~gefecht das naval engagement; sea battle; naval battle; ~gestützt Adj. (Milit.) sea-based; ~gras das eel grass; (als Polstermaterial) sea grass; ~hafen der a) (Hafenanlagen) harbour; b) (Stadt) seaport; ~handel der maritime trade; ~hase der (Zool.) lumpsucker; ~herrschaft die; o. Pl. maritime supremacy; ~hund der a) common seal; b)

1461

o. Pl. (Pelz) seal[skin]; **~igel** der sea-urchin; **~jung·frau** die *(Myth.)* mermaid; **~karte** die sea chart; **~klar** *Adj. (Seemannsspr.)* ready to sail *pred.*; **~klima** das *(Geogr.)* maritime climate; **~krank** *Adj.* seasick; **~krankheit** die; *o. Pl.* seasickness; **~krieg** der naval war; *(Kriegsführung)* naval warfare; **~lachs** der pollack
Seelchen ['zeːlçən] das; ~s, ~ *(spött.)* tender soul
Seele [ˈzeːlə] die; ~, ~n a) *(auch Rel., fig.)* soul; *(Psyche)* mind; **nun hat die liebe ~ Ruh** *(ugs.)* now he's *etc.* satisfied at last; **zwei ~n, ein Gedanke** two minds with but a single thought; **sich** *(Dat.)* **die ~ aus dem Leib schreien** *(ugs.)* shout/scream one's head off *(coll.)*; **jmdm. auf der ~ lasten** *od.* **liegen** *(geh.)* weigh on sb.['s mind]; **jmdm. aus der ~ sprechen** *od.* **reden** *(ugs.)* take the words out of sb.'s mouth; **aus tiefster** *od.* **ganzer ~**: with all one's heart; ⟨thank⟩ from the bottom of one's heart; ⟨sing⟩ with all one's heart and soul; **in tiefster ~ kränken/enttäuschen** cut sb. to the quick/profoundly *or* deeply disappoint sb.; **das tut mir in der ~ weh** it hurts me deeply; **mit ganzer ~**: heart and soul; **sich** *(Dat.)* **etw. von der ~ reden** unburden oneself about sth.; **die ~ einer Sache** *od.* **von etw. sein** be the heart of sth.; **eine arme ~**: a poor soul; *s. auch aushauchen;* **Herz b**; **Hals c**; **Teufel**; b) *(Mensch)* soul; **eine ~ von Mensch** *od.* **von einem Menschen sein** be a good[-hearted] soul; c) *(Waffent.)* bore; d) *(Technik: eines Kabels usw.)* core
seelen-, Seelen-: **~amt** das *(kath. Kirche)* requiem mass; **~arzt** der psychoanalyst; **~friede[n]** der peace of mind; **~heil** das *(christl. Rel.)* salvation of one's/sb.'s soul; **ich mache das, wenn dein ~heil davon abhängt** *(iron.)* I'll do it, if it's a matter of life and death *(joc.)*; **~hirt[e]** der *(veralt.)* pastor; **~leben** das; *o. Pl. (geh.)* inner life; **~los** 1. *Adj.* soulless; 2. *adv.* soullessly; **~qual** die *(geh.)* mental anguish *or* torment *no pl.*; **~ruhe** die calmness; **in aller ~ruhe** calmly; **~ruhig** 1. *Adj.* calm; unruffled; 2. *adv.* calmly; **~vergnügt** 1. *Adj.* cheerful; contented; 2. *adv.* cheerfully; contentedly; **~verkäufer** der *(Seemannsspr. abwertend)* coffin-ship; **~verwandtschaft** die unsere/ihre ~verwandtschaft they are kindred spirits; **~voll** 1. *Adj.* soulful; 2. *adv.* soulfully; **~wanderung** die *(bes. ind. Religionen)* transmigration of souls; **~zu·stand** der mental state; state of mind
seelisch 1. *Adj.* psychological ⟨cause, damage, tension⟩; mental ⟨equilibrium, breakdown, illness, health⟩; mental [and emotional] ⟨state, strain, low [point]⟩. 2. *adv.* **~ bedingt sein** have psychological causes; **~ krank** mentally ill
See·löwe der sea-lion
Seel·sorge die; *o. Pl.* pastoral care
Seelsorger der; ~s, ~: pastoral worker; *(Geistlicher)* pastor
seelsorgerisch, seelsorg[er]lich 1. *Adj.* pastoral. 2. *adv.* **eine Gemeinde ~ betreuen** provide pastoral care for a parish
See-: **~luft** die *o. Pl.* sea air; **~macht** die maritime *or* naval power; sea power; **~mann** der; *Pl.* **~leute** seaman; sailor
seemännisch ['zeːmɛnɪʃ] *Adj.* nautical
Seemanns-: **~braut** die sailor's lass; **~garn** das; *o. Pl.* seaman's yarn; **~garn spinnen** spin yarns; **~grab** das; *o. Pl.* **ein ~grab finden** go to a watery grave; **~heim** das sailors' home; **~lied** das sailors' song; **~sprache** die seaman's language; nautical language; **~tod** der; **den ~tod finden** sterben be drowned [at sea]
See-: **~meile** die nautical mile; **~mine** die naval mine

Seen-: **~gebiet** das lakeland [region]; **~kunde** die; *o. Pl.* limnology *no art.*
See·not die; *o. Pl.* distress [at sea]; **in ~ aus-** **~ retten** rescue sb. in distress; **in ~ geraten** get into difficulties *pl.*
Seen·platte ['zeːn-] die *(Geogr.)* lakeland area *(of glacial origin)*
see-, See-: **~pferd[chen]** das sea-horse; **~räuber** der pirate; **~räuberei** die; *o. Pl.* piracy *no art.*; **~recht** das; *o. Pl.* maritime law; **~reise** die voyage; *(Kreuzfahrt)* cruise; **~rose** die a) *(Pflanze)* water-lily; b) *(Tier)* sea anemone; **~sack** der kitbag; **~sand** der sea sand; **~schiff** das seagoing ship; **~schiffahrt** die maritime shipping *no art.*; sea shipping *no art.*; **~schlacht** die sea battle; naval battle; **~schwalbe** die tern; **~stern** der starfish; **~streitkräfte** *Pl.* naval forces; **~stück** das *(Kunstwiss.)* seascape; *(mit Schiffen usw.)* marine; **~tang** der seaweed; **~tüchtig** *Adj.* seaworthy; **~ufer** das lake shore; shore of a/the lake; **~vogel** der sea-bird; **~wärts** *Adv.* seawards; **~weg** der sea route; **auf dem ~weg** by sea; **~wind** der onshore wind; **~zeichen** das sea-mark; navigation mark; **~zunge** die sole
Segel ['zeːgl̩] das; ~s, ~: sail; **mit vollen ~n unter Segel** *(fig.)* full speed ahead; **unter ~** *(Seemannsspr.)* under sail; **die ~ streichen** strike sail; *(fig.)* throw in the towel (vor + *Dat.* in the face of)
segel-, Segel-: **~boot** das sailing-boat; **~fahrt** die sailing trip; sail; *(länger)* sailing voyage; **~fliegen** *itr. V.*; *nur im Inf.* **~fliegen lernen** learn to fly a glider *or* to be a glider pilot; **man kann heute nicht ~fliegen** one can't go gliding today; **~fliegen** das; *o. Pl.* gliding *no art.*; **~flieger** der glider pilot; **~flugzeug** das glider; **~jacht** die sailing-yacht; **~macher** der sail-maker
segeln 1. *itr. V.* a) *mit sein, ohne Richtungsangabe auch mit haben* ~: **gehen** go sailing; go for a sail; b) *mit sein (ugs.: fallen)* fall; go flying; **durch die Prüfung ~** *(fig.)* fail *or (Amer. coll.)* flunk the examination. c) *mit sein (schweben)* ⟨cloud, bird, leaf⟩ sail. 2. *tr. V.*; *auch mit sein* sail in ⟨regatta⟩; **die Strecke in drei Stunden ~**: sail the course in three hours
Segel-: **~regatta** die sailing regatta; **~schiff** das sailing-ship; **~sport** der sailing *no art.*; **~tuch** das sailcloth
Segen ['zeːgn̩] der; ~s, ~ a) blessing; *(Gebet in der Messe)* benediction; **jmdm. den ~ erteilen** *od.* **spenden** *(priest)* pronounce the blessing on sb.; **über jmdn./etw. den ~ sprechen** bless sb.; [**jmdm.**] **seinen ~ [zu etw.] geben** *(ugs.)* give [sb.] one's blessing [on sth.]; **meinen ~ hat er!** *(ugs.)* I have no objection [to his doing that]; *(iron.)* the best of luck to him!; b) *o. Pl. (Glück, Wohltat)* blessing; **ein wahrer ~**: a real blessing *or* boon; **darauf ruht kein ~** *(geh.)* no good will come of it; **etw. zum ~ der Menschheit nutzen** exploit sth. to the benefit of mankind; c) *o. Pl. (geh.: Ertrag)* yield; **der ganze ~** *(ugs.)* the whole lot *(coll.)*; **reichen ~ tragen** *(fig. geh.)* have rich rewards
segen·bringend 1. *Adj.* beneficent. 2. *adv.* **sich auf etw.** *(Akk.)* **~ auswirken** have a beneficent effect on sth.
segens·reich *Adj.* a) prosperous ⟨life, future⟩; b) *s.* segenbringend 1
Segens·wunsch der *(Bitte)* blessing; b) *Pl. (geh.: Glückwünsche)* good wishes
Segler der; ~s, ~ a) *(Schiff)* sailing-ship *or* -vessel; b) *(Sportler)* yachtsman; c) *(Zool.)* swift
Seglerin die; ~, ~nen yachtswoman
Segment [zɛˈɡmɛnt] das; ~[e]s, ~e segment
segmentieren *tr. V.* segment
segnen ['zeːgnən] *tr. V.* a) bless; **er hob ~d die Hände** he raised his hands in blessing; b) *(ausstatten mit)* **mit jmdm./etw. gesegnet**

sein *(auch iron.)* be blessed with sb./sth.; **im gesegneten Alter von 88 Jahren** at the venerable age of 88 years; **gesegneten Leibes sein** *(geh. veralt.)* be with child; **einen gesegneten Appetit/Schlaf haben** *(fam.)* have a healthy appetite/sleep like a log
Segnung die; ~, ~en a) *(Wirkung)* blessing; *(iron.)* dubious blessing; b) *(das Segnen)* blessing
seh·behindert *Adj.* partially sighted; visually handicapped; **stark ~ sein** have severely impaired vision
sehen ['zeːən] 1. *unr. itr. V.* a) see; **schlecht/gut ~**: have bad *or* poor/good eyesight; **sehe ich recht?** am I seeing things?; **hast du ge-~?** did you see?; **mal ~, wir wollen** *od.* **werden ~** *(ugs.)* we'll see; **siehste!** *(ugs.)*, **siehst du wohl!** there, you see!; **laß mal ~**: let me *or* let's see; let me *or* let's have a look; **siehe oben/unten/Seite 80** see above/below/page 80; **wie ich sehe, haben Sie zu tun** I see you're busy; **da kann man** *od.* *(ugs.)* **kannste mal ~, ...**: that just goes to show ...; b) *(hin-)* look; **auf etw.** *(Akk.)* **~**: look at sth.; **nach der Uhr ~**: look at one's watch; **jmdm. über die Schulter ~**: look over sb.'s shoulder; **sieh mal** *od.* **doch!** look!; **siehe da!** lo and behold!; **sieh einmal an!** just look!; **alle Welt sieht auf Washington** *(fig.)* all eyes are turned on Washington; **in die Zukunft ~** *(fig.)* look into the future; c) *(zeigen, liegen)* **nach Süden/Norden ~**: face south/north; d) *(nach-)* have a look; see; **kannst du mal ~?** can you just have a look?; **nach der Post ~**: see whether there is any post; e) **nach jmdm. ~** *(betreuen)* keep an eye on sb.; *(besuchen)* drop by to see; **nach jmdm.** *od.* **nach etw. ~**: look in on sb.; **nach etw. ~** *(betreuen)* keep an eye on sth.; *(nach-)* take a look at sth.; f) *(suchen)* **nach jmdm./etw. ~**: look for sb./sth.; g) *(achten)* **auf Sauberkeit/Ordnung ~**: be particular about cleanliness/tidiness; **er sieht nur auf seinen Vorteil/aufs Geld** he's only out for himself/he's only concerned about the money; **darauf ~, daß die Bestimmungen eingehalten werden** make sure that the regulations are adhered to; h) *(zu-, sich bemühen)* see; **wir müssen ~, daß wir pünktlich sind** we must see [to it] that we're on time; **man muß ~, wo man bleibt** *(ugs.)* you've got to take what chances you get; i) *(hervorragen)* show; **das Boot sah nur ein Stück aus dem Wasser** only a part of the boat showed above the water. 2. *unr. tr. V.* a) *(erblicken)* [not] get to see; **jmdn./etw. [nicht] zu ~ bekommen** [not] get to see sb./sth.; **sich am Fenster ~ lassen** show oneself at the window; **siehst du meine Brille?** can you see my glasses?; **von ihm/davon ist nichts zu ~**: he/it is nowhere to be seen; **hier gibt es nichts/etwas zu ~**: there's nothing/something to see here; **ich habe ihn kommen [ge]~** I saw him coming; **das sieht man** you can see that; **sieht man das?** does it show?; **den möchte ich ~, der das gern tut** I'd like to meet the person who 'does enjoy doing it; **wenn ich das schon sehe, wird mir übel** just looking at it makes me feel sick; I feel sick just looking at it; **hat man so was schon ge~!** did you ever see anything like it!; **er hat schon bessere Zeiten ge~**: he has seen better days; **ich habe ihn selten so fröhlich ge~**: I've rarely seen him so happy; [**überall**] **gern ge~ sein** be welcome [everywhere]; **jmdn. vom Sehen kennen** know sb. by sight; **etw. gern ~**: approve of sth.; **er sieht es nicht gern, wenn seine Frau raucht** he doesn't like his wife to smoke; **jmdn./etw. nicht mehr ~ können** *(fig. ugs.)* not be able to stand the sight of sb./sth. any more; **kein Blut ~ können** *(ugs.)* not be able to stand the sight of blood; **er kann sich in dieser Gegend nicht mehr ~ lassen** he can't show his face around here any more; **mit ihm kann sie sich ~ lassen** she needn't be

1462

sehenswert ashamed to be seen with him; **mit dieser Frisur kann ich mich nicht ~ lassen** I can't let people see me with my hair like this; **eine Leistung, die sich ~ läßt** an impressive *or* a considerable achievement; **du läßt dich ja überhaupt nicht mehr ~**: we never see anything of you any more; **b)** *(an~, betrachten)* watch *(television, performance)*; look at *(photograph, object)*; **hast du ihn gestern im Fernsehen ge~?** did you see him yesterday on television?; **c)** *(treffen)* see; **wann ~ wir uns?** when shall we see each other next?; **wir ~ uns morgen!** see you tomorrow!; **in letzter Zeit ~ wir Schulzes häufiger** we've seen more of the Schulzes [just] recently; **d)** *(sich vorstellen)* see; **er sah sich schon als neuen Chef** he already saw himself as the new boss *(coll.)*; **e)** *(feststellen, erkennen)* see; **ich möchte doch einmal ~, ob er es wagt** I'd just like to see whether he dares [to]; **das sieht man an der Farbe** you can tell by the colour; **er sieht nur seinen Vorteil** he's only out for himself; **ich sehe schon, ich komme zu spät** I see I've come too late; **wir sahen, daß wir nicht mehr helfen konnten** we saw that we could not help any more; **etw. in jmdm. ~**: see sth. in sb.; **das wollen wir [doch] erst mal ~!** we'll see about that; **man wird ~ [müssen]** we'll [just have to] see; **das sehe ich noch nicht** *(ugs.)* I can't see that happening; **da sieht man es [mal] wieder** it's the same old story; **f)** *(beurteilen)* see; **das sehe ich anders** I see it differently; **so sehe ich das nicht** that's not how I see it; **so darf man das nicht ~**: you mustn't look at it that way *or* like that; **das darfst du nicht so eng ~**: you mustn't take such a narrow view; **so ge~**: looked at that way *or* in that light; **dienstlich/menschlich/rechtlich ge~**: seen from a professional/human/legal point of view; **..., oder wie sehe ich das?** *(ugs.)* ..., am I right?; **ich werde ~, was ich für Sie tun kann** I'll see what I can do for you. **3.** *unr. refl. V.* **a) er kann sich nicht satt ~**: he can't see enough (**an** + *Dat.* of); **ich habe mich müde ge~**: I've seen more than enough; **b)** *(sich betrachten als)* **ich sehe mich getäuscht** I feel cheated; **sich genötigt/veranlaßt ~, ... zu ...**: feel compelled to ...; **sich in der Lage ~, ... zu ...**: feel able to ...; think one is able to ...; **ich sehe mich außerstande, Ihnen zu helfen** I do not feel able to help you
sehens-, Sehens-: **~wert, ~würdig** *Adj.* worth seeing *postpos.*; **~würdigkeit die** sight; **die ~würdigkeiten [der Stadt] besichtigen** go sightseeing [in the town]; **the sights [of the town]**
Seher der; ~s, ~: seer; prophet
Seher·blick der; *o. Pl.* prophetic *or* visionary powers *pl.*
Seherin die; ~, ~nen seer; prophetess
Seh-: **~fehler** der sight defect, defect of vision; **~kraft die** sight
Sehne ['ze:nə] die; ~, ~n **a)** *(Anat.)* tendon; sinew; **b)** *(Bogen~)* string; **c)** *(Geom.)* chord
sehnen *refl. V.* **sich nach jmdm./etw. ~**: long *or* yearn for sb./sth.; **sich [danach] ~, etw. zu tun** long *or* yearn to do sth.; **er sehnt sich nach Hause** he longs to go home; **~des Verlangen** *(geh.)* longing; yearning
Sehnen das; ~s *(geh.)* longing; yearning
Sehnen·scheiden·entzündung die *(Med.)* tendovaginitis *no indef. art.*
Seh·nerv der *(Anat.)* optic nerve
sehnig *Adj.* **a)** stringy *(meat)*; **b)** *(kräftig)* sinewy *(figure, legs, arms, etc.)*
sehnlich 1. *nicht präd.* **das ist mein ~stes Verlangen/mein ~ster Wunsch** that's what I long for most/that's my dearest wish. **2.** *adv.* **etw. ~[st] herbeiwünschen** look forward longingly to sth.; **sich** *(Dat.)* **etw. ~st wünschen** long *or* yearn for sth.; **jmdn. ~st erwarten** look forward eagerly to sb. coming

Sehn·sucht die longing; yearning; **~ nach jmdm. haben** *long or* yearn to see sb.; **die ~ nach der Ferne** the longing for far-away parts
sehn·süchtig 1. *Adj.* longing *attrib.*, yearning *attrib.* ⟨*desire, look, gaze, etc.*⟩; ⟨*letter*⟩ full of longing *or* yearning; *(wehmütig verlangend)* wistful ⟨*gaze, sigh, etc.*⟩; **~es Verlangen** longing; yearning. **2.** *adv.* longingly; *(wehmütig verlangend)* wistfully; **jmdn./etw. ~ erwarten** look forward longingly to seeing sb./to sth.; long for sb. to come/for sth.
sehnsuchts·voll *(geh.)* **1.** *Adj.* longing *attrib.*, yearning *attrib.* ⟨*desire, look, gaze, etc.*⟩; ⟨*letter, lines, song*⟩ full of longing *or* yearning; *(wehmütig)* wistful ⟨*gaze, sigh, tremolo, etc.*⟩. **2.** *adv.* longingly; yearningly; *(wehmütig)* wistfully
sehr [ze:ɐ̯] *Adv.* **a)** *mit Adj. u. Adv.* very; **~ viel** a great deal; **ich bin ~ dafür/dagegen** I'm very much in favour/against [it]; **~ zu meiner Überraschung** [very] much to my surprise; **ich bin Ihnen ~ dankbar** I'm most grateful to you; **ich bin Ihnen ~ verbunden** I'm [very] much obliged to you; **jmdn. ~ gern haben** like sb. a lot *(coll.)* *or* a great deal; **~ gern haben ~ wohl imstande gewesen, es zu tun** he would perfectly well have been able to do it; **b)** *mit Verben* very much; greatly; **er hat ~ geweint** he cried a great deal *or* *(coll.)* a lot; **er hat sich darüber ~ geärgert** he was greatly *or* very annoyed about it; **das muß ich mir ~ überlegen** I'll have to give that a great deal of thought; I'll have to consider that very carefully; **du mußt dich ~ vorsehen** you must be very careful; **es regnet ~**: it's raining hard; **danke ~!** thank you *or* thanks [very much]; **bitte ~, Ihr Schnitzel!** here's your steak, sir/madam; **Danke ~! – Bitte ~!** Thank you – You're welcome; **er hat sich so ~ geärgert/gefreut, daß ...**: he was so annoyed/delighted that ...; **du glaubst nicht, wie ~ er sich gefreut hat** you wouldn't believe how delighted he was; **ja, ~!** yes, very!; **nein, nicht ~!** no, not much!; **langweilst du dich? – Sehr sogar!** Are you bored? – Yes, very!; **zu ~**: too much; **hat er ihr gefallen? – Nicht so ~!** Did she like it? – Not all that much!
Seh-: **~rohr** das periscope; **~schärfe die** visual acuity; **~schwäche die** weak vision *or* sight *no indef. art.*; **~störung die** sight defect; visual defect; **~störungen** impaired vision *sing.*; **~test der** sight test; **~vermögen das;** *o. Pl.* sight
sei [zai] 1. u. 3. Pers. Sg. Präsens Konjunktiv u. Imperativ Sg. v. **sein**
seibern ['zaibɐn] *itr. V.* dribble
seichen ['zaiçn̩] *itr. V.* *(bes. schwäb. salopp)* **a)** pee *(coll.)*; **ins Bett ~**: wet the bed; **b)** *(dummes Zeug reden)* talk drivel
seicht [zaiçt] **1.** *Adj.* shallow; *(fig.)* shallow; superficial. **2.** *adv. (fig.)* shallowly; superficially
Seichtheit die; ~ *(auch fig.)* shallowness
seid [zait] 2. Pers. Pl. Präsens u. Imperativ Pl. v. **sein**
Seide ['zaidə] *die;* ~, ~n silk
Seidel ['zaid̩l] das; ~s, ~ (half-litre) beer-mug
Seidel·bast der daphne
seiden 1. a) *nicht präd.* *(aus Seide)* silk; **b)** *(wie Seide)* silky. **2.** *adv.* silkily
seiden-, Seiden-: **~atlas der** silk satin; **~bau der;** *o. Pl.* sericulture *no art.*; **~kleid das** silk dress; **~papier das** tissue paper; **~raupe die** silkworm; **~raupen·zucht die** sericulture *no art.*; **~spinner der** *(Zool.)* silk[worm] moth; **~straße die** *(hist.)* silk road; **~strumpf der** silk stocking; **~weich** *Adj.* silky-soft
seidig 1. *Adj.* silky. **2.** *adv.* silkily
Seiende ['zaiəndə] *das; adj. Dekl. (Philos.)* **das ~**: that which exists

Seife ['zaifə] *die;* ~, ~n **a)** soap; **b)** *(Geol.)* alluvial deposit; placer
Seifen-: **~blase die** soap bubble; *(fig.)* bubble; **~blasen machen** blow bubbles; **~kisten·rennen das** soap-box race; **~lauge die** [soap]suds *pl.*; **~oper die** *(ugs.)* soap opera; **~pulver das** soap powder; **~schale die** soap-dish; **~schaum der;** *o. Pl.* lather; **~sieder der** *(veralt.)* soap-boiler
seifig *Adj.* soapy
seihen ['zaiən] *tr. V.* strain
Seil [zail] das; ~s, ~e rope; *(Draht~)* cable; **auf dem ~ tanzen** dance on the high wire; **in den ~en hängen** *(Boxen)* be on the ropes; *(fig. ugs.: müde sein)* be knackered *(Brit. sl.)* *or* shattered *(Brit. coll.)* *or* *(Amer. coll.)* tuckered
Seil·bahn die cableway
Seiler der; ~s, ~: rope-maker
Seilerei die; ~, ~en **a)** *(Herstellung)* rope-making *no art.*; **b)** *(Betrieb)* rope-maker's
seil·hüpfen *itr. V.;* nur im Inf. u. im 2. Part.; mit sein s. **seilspringen**
Seilschaft die; ~, ~en *(Bergsteigen)* rope; *(fig.)* followers *pl.*
seil-, Seil-: **~springen** *unr. itr. V.;* nur im Inf. u. im 2. Part.; mit sein skip; **~tanz der** tightrope *or* high-wire act; **~tanzen** *itr. V.;* nur im Inf. u. im 2. Part. walk the tightrope *or* high wire; **~tänzer der, ~tänzerin die** tightrope-walker; **~winde die** cable winch
Seim [zaim] der; ~[e]s, ~e *(geh.)* glutinous *or* viscid mass; *(Honig~)* honey
seimig *Adj.* glutinous; viscid
¹**sein** [zain] **1.** *unr. itr. V.* **a)** be; **wie ist der Wein?** how is the wine?; **wie ist das Wetter?** what is the weather like?; **wie wäre es mit einem Schnaps?** how about a schnaps?; **wie war das noch mit dem Scheck?** what was that again about a cheque?; **nun, wie ist es, gehst du mit oder nicht?** well, what about it? are you going too, or not?; **wie ist es mit dir, möchtest du ein Glas Glühwein?** how about you, would you like a glass of mulled wine?; **ist das kalt heute!** it's so cold today; **wie dem auch sei, sei es, wie es wolle** *(geh.)* be that as it may; **seien Sie bitte so freundlich und geben Sie mir ...**: [would you] be so kind as to give me ...; **das Buch ist meins.** *(ugs.)* mir the book is mine; **die Sache ist die: ...**: it's like this: ...; **wenn ich du wäre ...**: if I were you ...; **das wären neun Mark** that will be nine marks; **hier wären wir** here we are; **das wär's** that's that; *(beim Einkaufen)* that's all; that's it *(coll.)*; **und das wäre?** and what might *or* would that be?; **er ist Schwede/Lehrer** he is Swedish *or* a Swede/a teacher; **was ist er [von Beruf]?** what does he do [for a living]?; **wo warst du so lange?** where have you been all this time?; **bist du es?** is that you?; **Karl war's** *(bes. verantwortlich)* it was Karl [who did/said *etc.* it]; **keiner will es gewesen ~**: no one will own up to it was him; **wer** *(ugs.)* *od.* **jemand ~**: be somebody; **nichts ~** *(ugs.)* be a nothing *or* a nonentity; **Everton ist Fußballmeister** Everton are football champions; **x sei 4 x b = 4**; **b)** *(unpers.)* **mir ist kalt/besser** I am *or* feel cold/better; **mir ist schlecht** I feel sick; **ist dir etwas?** are you all right?; is something the matter?; **jmdm. ist, als [ob] ...**: sb. feels as if ...; *(jmd. hat den Eindruck [als])* sb. has a feeling that ...; **jmdm. ist nach etw.** *(ugs.)* sb. feels like *or* fancies sth.; **mir ist nicht nach Scherzen** *(ugs.)* I'm not in a mood for joking; **c)** *(ergeben)* make; **drei und vier ist** *od.* *(ugs.)* **sind sieben** three and four is *or* makes seven; **d)** *(unpers.)* *(bei Zeitangabe)* be; **es ist drei Uhr/Mai/Winter** it is three o'clock/May/winter; **e)** *(sich befinden)* be; **sind noch Tomaten da?** are there any tomatoes left?; **morgen bin ich zu Hause** I shall be [at] home tomorrow; **bist du schon**

1463

mal bei Eva gewesen? have you ever been to Eva's?; **f)** *(stammen)* be; come; **er ist aus Berlin** he is *or* comes from Berlin; **g)** *(stattfinden)* be; *(sich ereignen)* be; happen; **es war an einem Sonntag im April** it was on a Sunday in April; **muß das ~?** is that really necessary?; **es hat nicht sollen ~** *(veralt., geh.)* it was not meant to be; **was darf es ~?** *(im Geschäft)* what can I get you?; **das kann schon ~:** that may well be; **das kann doch nicht ~!** that's just not possible!; **wenn etwas ist, ruf mich an** *(ugs.)* if anything comes up, give me a ring; **war etwas während meiner Abwesenheit?** did anything happen during my absence?; **es sei!** so be it; **was ~ muß, muß ~!** what must be, must be; **sei's drum!** all right!; **sei es ..., sei es ...** *(geh.)* whether ... or ...; **h)** *(existieren)* be; exist; **er ist nicht mehr** *(verhüll.)* he is no longer with us; **ist was?** *(ugs.)* is anything wrong *or* the matter?; **sie taten, als ob nichts wäre** they acted as if nothing had happened; **das war einmal** that's all past now; **es war einmal ein Prinz** once upon a time there was a prince; **es ist keine Hoffnung mehr** there is no hope [left]; **was nicht ist, kann noch werden** things can always change; **wenn du nicht gewesen wärest** if it hadn't been for you. **2.** *Hilfsverb* **a)** *(... werden können)* **es ist niemand zu sehen** there's no one to be seen; **das war zu erwarten** that was to be expected; **die Schmerzen sind kaum zu ertragen** the pain is hardly bearable; **mit ihm ist zu reden** he's quite approachable; **er ist zu verkaufen** it is for sale; **b)** *(... werden müssen)* **das Bemalen der Wände ist zu unterlassen** painting on the walls is prohibited; **die Richtlinien sind strengstens zu beachten** the guidelines are to be strictly followed; **c)** *(zur Perfektumschreibung)* **er ist gestorben** he has died; **sie sind gerade mit dem Wagen in die Stadt** *(ugs.)* they've just driven off into town; **gestern bin ich gleich von der Arbeit nach Hause** *(ugs.)* I went straight home from work yesterday; **die Kinder sind spielen** *(ugs.)* the children have gone off to play; **d)** *(zur Bildung des Zustandspassivs)* **wir waren gerettet** we were saved

²**sein** *Possessivpron.* **a)** *(vor Substantiven)* *(bei Männern)* his; *(bei Mädchen)* her; *(bei Dingen, Abstrakta)* its; *(bei Tieren)* its; *(bei Männchen auch)* his; *(bei Weibchen auch)* her; *(bei Ländern)* its; her; *(bei Städten)* its; *(bei Schiffen)* its; *(nach man)* one's; his *(Amer.)*; **jeder hat ~e Sorgen** everyone has his *or* *(coll.)* their troubles; **er trinkt am Tag ~e acht Tassen Kaffee** *(ugs.)* he regularly drinks eight cups of coffee a day; **das hat ~e zwei Millionen gekostet** *(ugs.)* it cost a good two million; **wenn man sich** *(Dat.)* **~er eigenen Unzulänglichkeit bewußt ist** when you're aware of your own inadequacy; when one is aware of one's own inadequacy; **dem Willi ~ Hund** *(salopp)* Willi's dog; **b)** *o. Subst.* his; **endlich war sie ~** *(geh. veralt.)* at last she was his; **der/die/das ~e** *(geh.)* his; **die Seine** *(veralt.)* his wife; **die Seinen** *(geh.)* his family; **das Seine** *(Eigentum)* what is his; **er hat das Seine getan** *(was er konnte)* he has done what *or* all he could; *(seine Pflicht)* he has done his part *or (coll.)* bit; **jedem das Seine** to each his own; *(jeder nach seinem Geschmack)* each to his own; **den Seinen gibt's der Herr im Schlaf** some people have all the luck

³**sein** *Gen. der Personalpronomen* **er, es** *(dichter. veralt.)* s. **seiner**

Sein *das;* **~s** *(Philos.)* being; *(Dasein)* existence; **~ und Schein** appearance and reality

seiner *(geh.)* **1.** *Gen. des Personalpronomens* **er: sich ~ erbarmen** have pity on him; **~ gedenken** remember him. **2.** *Gen. des Personalpronomens* **es: das Tier lag dort, bis sich jemand ~ annahm** the animal lay there until somebody came and looked after it

seiner-: ~seits *Adv.* for his part; *(von ihm)* on his part; **er ~seits wollte nichts davon wissen** he for his part wanted nothing to do with it; **er unternimmt auch ~seits nichts** he doesn't do anything himself either; **~zeit** *Adv.* **a)** *(damals)* at that time; in those days; **b)** *(österr. veralt.: später)* later; **~zeitig** *Adj.; nicht präd.* **der ~zeitige Präsident** the President at that time; the then President; **die ~zeitigen Verhältnisse** the conditions prevailing then *or* at that time

seines·gleichen *indekl. Pron.* **a)** *(nach er)* his own kind; people *pl.* like himself; **er verkehrt am liebsten mit ~:** he prefers to associate with his own kind; **der König hat mich wie ~ behandelt** the King treated me as an equal; **b)** *(nach man)* one's own kind; *(nach es)* **das Kind soll mit ~ spielen** the child should play with others its own age; **das sucht** *od.* **hat nicht ~:** it is without equal *or* is unequalled

seinet-: ~halben *(veralt.),* **~wegen** *Adv.* **a)** *(wegen seiner)* because of him; on his account; **das Kind ist schon lange weg: die Mutter macht sich ~wegen Sorgen** the child's been gone for a long time: the mother is worried for him/her; **b)** *(ihm zuliebe, für ihn)* for his sake; for him; **c)** *(von ihm aus)* **er sagte, ~wegen sollten wir ruhig gehen** he said as far as he was concerned we could go; **~willen** *Adv.* **in um ~willen** for his sake; for him

seinige ['zainigǝ] *Possessivpron. (geh. veralt.)* **der/die/das ~:** his; **er hat das Seinige getan** *(was er konnte)* he had done what *or* all he could; *(sein Teil)* he has done his part; **die Seinige** his wife; **die Seinigen** his family

sein|lassen *unr. tr. V. (ugs.)* **a)** *(aufhören mit)* stop; **laß das sein!** stop it!; **lassen wir die Idee/das Ganze lieber sein** let's drop the idea/the whole thing; **b)** *(in Ruhe lassen)* **jmdn./etw. ~:** leave sb. alone *or (coll.)* be/leave sth. alone

seismisch 1. *Adj.* seismological; *(Erdbeben betreffend)* seismic. **2.** *adv.* seismologically
Seismo- [zaismo-]: **~gramm** das seismogram; **~graph der; ~en, ~en** seismograph; **~loge der; ~n, ~n** seismologist; **~logie die; ~:** seismology *no art.;* **~login die; ~, ~nen** seismologist

seit [zait] **1.** *Präp. mit Dat. (Zeitpunkt)* since; *(Zeitspanne)* for; **~ dem zweiten Weltkrieg/1955/dem Unfall** since the Second World War/1955/the accident; **~ Wochen/Jahren/einiger Zeit** for weeks/years/some time [past]; **ich bin ~ zwei Wochen hier** I've been here [for] two weeks; **er geht ~ vier Wochen zur Schule** he has been going to school for four weeks; **~ damals,** *(bes. Zeit)* **seit je** then; **~ wann hast du ihn nicht mehr gesehen?** when was the last time you saw him?. **2.** *Konj.* since; **~ du hier wohnst** since you have been living here; **er das gehört hat** since he heard that

seit·dem 1. *Adv.* since then; **das Haus steht ~ leer** since then the house has stood empty. **2.** *Konj.* s. **seit 2**

Seite [zaitǝ] *die; ~, ~n* **a)** side; **auf** *od.* **zu beiden ~n der Straße/des Tores** on both sides of the road/gate; **die hintere/vordere ~:** the back/front; **mit der ~ nach vorne sideways** [on]; **zur** *od.* **auf die ~ gehen** *od.* **treten** move aside *or* to one side; move out of the way; **zur ~!** make way!; **die ~n wechseln** *(Fußball)* change ends; **ein Auto auf die ~ winken** wave a car [over] to the side [of the road]; **jmdn. zur ~ nehmen** take sb. aside; **etw. zur ~ legen** *od.* **räumen** move *or* put sth. to one side *or* aside; **etw. auf die ~ schaffen** *(ugs.)* help oneself to sth.; **etw. auf die ~ legen** *(ugs.: sparen)* put sth. away *or* aside; **zur ~** *(Theater)* aside; **die eine/die andere ~ der Medaille** *(fig.)* the one/the other side of the coin; **alles** *od.* **jedes Ding**

hat seine zwei ~n *(fig.)* there are two sides to everything; **ich schlafe auf der ~:** I sleep on my side; **er ist auf einer ~ gelähmt** he's paralysed down one side; **ich wünsche dir, daß du an seiner ~ glücklich wirst** *(geh.)* I hope you'll be happy with him; **halte dich an meiner ~:** stay beside me *or* by my side; **~ an ~:** side by side; **~ an ~ kämpfen** *(fig.)* stand shoulder to shoulder and fight; **jmdm. zur ~ stehen** stand by sb.; **jmdm. nicht von der ~ weichen** not move from *or* leave sb.'s side; **setz dich an meine grüne ~!** *(scherzh.)* come and sit by me *or* by my side; **jmdm. von der ~ ansehen** look at sb. from the side; *(fig.)* look at sb. askance; **eine ~ Speck** a side of bacon; **b)** *(Richtung)* side; **von allen ~n** *(auch fig.)* from all sides; **nach allen ~n** in all directions; *(fig.)* on all sides; **c)** *(Buch~, Zeitungs~)* page; **die erste/letzte ~** *(eines Buchs)* the first/last page; *(einer Zeitung)* the front/back page; **d)** *(Eigenschaft, Aspekt)* side; **auf der einen ~, ... auf der anderen ~ ...:** on the one hand ... on the other hand ...; **von der ~ kenne ich ihn noch nicht** I haven't seen that side of him yet; **etw. ist jmds. schwache ~** *(ugs.)* sth. is not exactly sb.'s forte; *(ist jmds. Schwäche)* sb. has a weakness for sth.; **jmds. starke ~ sein** *(ugs.)* be sb.'s forte *or* strong point; **sich von der besten ~ zeigen** show one's best side; **e)** *(Partei)* side; **sich auf jmds. ~** *(Akk.)* **schlagen** take sb.'s side; **die ~n wechseln** *(fig.)* change sides; **auf jmds. ~ stehen** *od.* **sein** be on sb.'s side; **jmdn. auf seine ~ bringen** *od.* **ziehen** win sb. over; **auf/von seiten der Direktion** on/from the management side; **von anderer/offizieller ~ verlautete, daß ...:** it was learned from other/official sources that ...; **ich werde von meiner ~ aus nichts unternehmen** I for my part will not do anything; **f)** *(Familie)* side; **auf der väterlichen ~ stammt sie von ...:** on her father's side she descends from ...

seiten in **auf/von ~:** s. **Seite e**
seiten-, Seiten-: **~altar** der side altar; **~ansicht die** side view; *(Aufriß)* side elevation; **~arm der** arm; branch; **~ausgang der** side exit; **~blick der** sidelong look; *(kurzer Blick)* sidelong glance; **~ein·gang der** side entrance; **~flügel der a)** *(eines Gebäudes)* wing; **b)** *(eines Flügeltars)* side panel; *(eines Bauernhofs o. ä.)* outbuilding; **~gewehr das** *(Milit.)* bayonet; **~halbierende die;** adj. Dekl. *(Math.)* median; **~hieb der a)** *(fig.)* side-swipe (**auf** + *Akk.* at); **b)** *(Fechten)* flank cut; **~lage die;** *o. Pl.* in **~lage schlafen/schwimmen** sleep/swim on one's side; **den Verletzten in ~lage bringen** put the injured man on his side; **~lang 1.** *Adj. ⟨letter⟩* that goes on for pages; **2.** *adv.* **so geht es ~lang weiter!** it goes on like that for pages; **~leit·werk das** *(Flugw.)* vertical tail; **~linie die a)** *(Geneal.)* offset; offshoot; **b)** *(Fußball, Rugby)* touch-line; *(Tennis, Hockey, Federball)* sideline; **~ruder das** *(Flugw.)* rudder

seitens *Präp. mit Gen. (Papierdt.)* on the part of; **~ der Arbeitgeber wird noch beraten** the employers are still discussing the matter
seiten-, Seiten-: ~schiff das [side] aisle; **~sprung der** infidelity; **einen ~sprung machen** have an affair; **~stechen das;** *o. Pl.* **~stechen haben/bekommen** have/get a stitch; **~straße die** side-street; **eine ~straße der Schillerstraße** a side-street off the Schillerstrasse; **~streifen der** verge; *(einer Autobahn)* hard shoulder; **„~streifen nicht befahrbar"** 'Soft Verges'; **~tal das** side valley; **~tasche die** side pocket; **~verkehrt** *Adj.* reversed; **~wand die** side wall; **~wechsel der** *(Ballspiele)* change of ends; **~wind der;** *o. Pl.* side wind; cross-wind; **~zahl die a)** page number; **b)** *(Anzahl der Seiten)* number of pages

seit·her *Adv.* since then; ~ **habe ich ihn nicht gesprochen** I haven't spoken to him since [then]
seitherig *Adj.; nicht präd.* **seine ~e Abwesenheit/Arbeit** his absence/work since then
-seitig *adj.* -page; **tausend~:** thousand-page *attrib.;* **ein mehrseitiger Brief/Bericht** a letter/report several pages long
seitlich 1. *Adj.* **der Eingang ist ~:** the entrance is at the side; **ein ~er Wind** a side wind; a cross-wind. 2. *adv. (an der Seite)* at the side; *(von der Seite)* from the side; *(nach der Seite)* to the side; **~ von jmdm. stehen** stand to the side of sb.; **~ gegen etw. prallen** crash sideways into sth. 3. *Präp. mit Gen.* beside; to the side of
seitlings ['zaɪtlɪŋs] *Adv. (veralt.)* **~ reiten** ride side-saddle; **~ schlafen/liegen/fallen** sleep/lie/fall on one's side
Seit·pferd *das (Turnen)* side horse; pommel horse
-seits *adv.* **französischer~:** from the French side; **ärztlicher~:** from the medical angle
seit·wärts 1. *Adv.* a) *(zur Seite)* sideways; b) *(an, auf der Straße)* to one side; **~ von etw.** to the side of sth. 2. *Präp. mit Gen.* beside; to the side of
sek., Sek. *Abk.* Sekunde sec.
Sekante [ze'kantə] *die;* **~, ~n** *(Math.)* secant
sekkant [zɛ'kant] *(österr., sonst veralt.)* 1. *Adj.* tiresome. 2. *adv.* tiresomely
sekkieren *tr. V. (österr., sonst veralt.)* annoy; *(bedrängen)* pester
Sekret [ze'kre:t] *das;* **~[e]s, ~e** *(Med., Biol.)* secretion
Sekretär [zekre'tɛːɐ̯] *der;* **~s, ~e** a) secretary; b) *(Beamter)* middle-ranking civil servant; c) *(Schreibschrank)* secretaire; secretary; bureau *(Brit.);* d) *(Zool.)* secretary-bird
Sekretariat [zekreta'rịa:t] *das;* **~[e]s, ~e** [secretary's/secretaries'] office
Sekretärin *die;* **~, ~nen** secretary
Sekretion [zekre'tsi̯o:n] *die;* **~, ~en** *(Med., Biol.)* secretion
Sekt [zɛkt] *der;* **~[e]s, ~e** high-quality sparkling wine; ≈ champagne
Sekte ['zɛktə] *die;* **~, ~n** sect
Sekt·flasche *die* champagne-bottle
Sektierer *der;* **~s, ~, Sektiererin** *die;* **~, ~nen** sectarian; *(Politik: Abweichler)* deviationist
sektiererisch 1. *Adj.* sectarian; *(Politik)* deviationist. 2. *adv.* in a sectarian way; *(Politik)* in a deviationist way
Sektierertum *das;* **~s** sectarianism; *(Politik)* deviationism
Sektion [zɛk'tsi̯o:n] *die;* **~, ~en** a) *(Abteilung)* section; *(im Ministerium)* department; b) *(DDR: an Hochschulen)* department; c) *(Med.)* autopsy; post mortem [examination] (+ *Gen.* on)
Sektions·chef *der (österr.)* head of a ministry department
Sekt-: **~kellerei** *die* champagne-producer's; *(Gebäude)* champagne cellars *pl.;* **~kühler** *der* champagne-cooler
Sektor ['zɛktɔr] *der;* **~s, ~en** [-'to:rən] a) *(Fachgebiet)* field; sphere; **industrieller/wirtschaftlicher ~:** industrial/economic sector; b) *(Geom.; Besatzungszone)* sector
Sektoren·grenze *die* sector boundary
Sekunda [ze'kʊnda] *die;* **~, Sekunden** *(Schulw.)* a) *(veralt.)* sixth and seventh years *(of a Gymnasium);* b) *(österr.)* second year *(of a Gymnasium)*
Sekundaner *der;* **~s, ~, Sekundanerin** *die;* **~, ~nen** *(Schulw.)* a) *(veralt.) (Ober~)* pupil in the seventh year *(of a Gymnasium); (Unter~)* pupil in the sixth year *(of a Gymnasium);* b) *(österr.)* pupil in the second year *(of a Gymnasium)*
Sekundant [zekʊn'dant] *der;* **~en, ~en** second *(in a duel or match)*

sekundär [zekʊn'dɛːɐ̯] 1. *Adj.* secondary. 2. *adv.* secondarily
Sekundar·lehrer *der (schweiz.)* secondary-school teacher
Sekundär·literatur *die* secondary literature
Sekundar-: **~schule** *die (schweiz.)* secondary school; **~stufe** *die* secondary stage *(of education)*
Sekunde [ze'kʊndə] *die;* **~, ~n** a) *(auch Math., Musik)* second; **es ist auf die ~ 12 Uhr** it is twelve o'clock precisely; **meine Uhr geht auf die ~ genau** my watch keeps perfect time; b) *(ugs.: Augenblick)* second; moment
sekundenlang 1. *Adj.* momentary. 2. *adv.* for a moment; momentarily
Sekunden-: **~schnelle** *die; o. Pl.* **in ~schnelle** in a matter of seconds; *(blitzschnell)* in a flash; **~zeiger** *der* second hand
sekundieren *itr. V. (geh.)* jmdm. [bei etw.] ~: support sb., back sb. up [in sth.]; **jmdm. [bei einem Duell] ~:** act as sb.'s second [in a duel]
Sekurit Ⓦ [zeku'ri:t] *das;* **~s** [toughened] safety glass
selb... [zɛlp...] *s. derselbe*
selber ['zɛlbɐ] *indekl. Demonstrativpron. s. selbst* 1
Selber·machen *das;* **~s** *(ugs.)* do-it-yourself *no art.;* **Möbel zum ~:** furniture to make oneself *or* for the do-it-yourselfer
selbig *Demonstrativpron. (veralt.)* [the] same; **am ~en Tag** that same *or* very day
selbst [zɛlpst] 1. *indekl. Demonstrativpron.* **ich/du/er ~:** I myself/you yourself/he himself; **wir/ihr ~:** we ourselves/you yourselves; **sie ~:** she herself; *(Pl.)* they themselves; **Sie ~:** you yourself; *(Pl.)* you yourselves; **das Haus/der König ~:** the house itself/the king himself; **du hast es ~ gesagt** you said so yourself; *(betonter)* you yourself said so; **ich habe ihn nicht ~ gesprochen** I didn't speak to him myself; **sie backt/kocht ~:** she does the baking/cooking herself; **er denkt nur an sich ~:** he only thinks of himself; **Wie geht's dir? – Gut! Und ~?** *(ugs.)* How are you? – Fine! And how about you?; **von ~:** automatically; **etw. läuft ganz von ~:** sth. runs itself *or* requires no attention; **es versteht sich von ~:** it goes without saying; **die Ruhe/Bescheidenheit ~ sein** *(ugs.)* be calmness/modesty itself; **~ ist der Mann** you have to get on and do things for yourself. 2. *adv.* even; **~ wenn er wollte** even if he wanted [to]
Selbst *das;* **~** *(geh.)* self; **das eigene ~:** one's own self
Selbst-: **~abholer** *der;* **~s, ~** a) *(Kaufmannsspr.)* buyer who collects the goods himself/herself; **ein Möbelmarkt für ~abholer** a cash-and-carry furniture store; b) *(Postw.)* person who collects his post himself; **~abholer sein** collect the post oneself; **~achtung** *die* self-respect; self-esteem
selb·ständig 1. *Adj.* independent; **an ~es Arbeiten gewöhnt sein** be used to working on one's own *or* independently; **ein ~er Unternehmer** a self-employed business man; **sich ~ machen** set up on one's own; *(fig. scherzh.) (pram, child, etc.)* take off [on its/his/her own]. 2. *adv.* independently; **~ arbeiten** work on one's own *or* independently; **~ denken** think for oneself
Selbständige *der/die; adj. Dekl.* self-employed [business] person
Selbständigkeit *die;* **~:** independence
selbst-, Selbst-: **~anzeige** *die (Rechtsw.)* self-denunciation; **~aufopferung** *die* self-sacrifice *no art.;* **in großer ~aufopferung** at the cost of considerable self-sacrifice; **~auslöser** *der (Fot.)* delayed-action shutter release; **~bedienung** *die* self-service *no art.;* **hier ist ~bedienung** it's self-service here; **~bedienungs·laden** *der* self-service shop; **~befriedigung** *die* a) masturbation *no art.;* b) *(fig.)* **er tut das aus reiner ~befriedigung** he only does it for self-gratification; **~behauptung** *die; o. Pl.* self-assertion *no art.;* **~beherrschung** *die* self-control *no art.;* **die ~beherrschung bewahren/verlieren** keep/lose one's self-control; **~beobachtung** *die* self-observation *no art.;* **~beschränkung** *die* self-restraint; **in kluger ~beschränkung** wisely exercising self-restraint; **~besinnung** *die (geh.)* [inward] contemplation *no art.;* **~bestätigung** *die (Psych.)* self-affirmation *no art.;* **eine ~bestätigung** a boost to the ego; **~bestimmung** *die; o. Pl.* self-determination *no art.;* **~bestimmungs·recht** *das; o. Pl.* right of self-determination; **~beteiligung** *die (Versicherungsw.)* [personal] excess; **~betrug** *der* self-deception *no art.;* **~beweihräucherung** *die (ugs.)* self-adulation *no art.;* **~bewußt** 1. *Adj.* a) self-confident; self-possessed; b) *(Philos.)* self-aware. 2. *adv.* self-confidently; **~bewußt·sein** *das* a) self-confidence *no art.; (einer sozialen Schicht o. ä.)* self-assurance; **nationales ~bewußtsein** sense of national identity; b) *(Philos.)* self-awareness *no art.;* **~bildnis** *das* self-portrait; **~disziplin** *die; o. Pl.* self-discipline *no art.;* **~ein·schätzung** *die* self-assessment *no art.;* self-appraisal *no art.;* **~entfaltung** *die* blossoming of one's personality; **sie hatte keine Möglichkeit zur ~entfaltung** there was no opportunity for her to develop as an individual; **~entfremdung** *die (Soziol., Philos.)* self-alienation *no art.;* **~erfahrungs·gruppe** *die (Psych.)* sensitivity group; **~erhaltung** *die; o. Pl.* self-preservation *no art.;* **~erhaltungs·trieb** *der* instinct for self-preservation; survival instinct; **~erkenntnis** *die; o. Pl.* self-knowledge *no art.;* **~erkenntnis ist der erste Schritt zur Besserung** knowing your faults is the first step towards curing them; **~fahrer** *der* a) person who drives a car himself/herself; **Autovermietung an ~fahrer** self-drive car hire; b) *(Krankenfahrstuhl)* self-propelled wheelchair; **~findung** *die;* **~:** self-discovery *no art.;* **~gebacken** *Adj.* home-made; home-baked; **~gebraut** *Adj.* home-brewed ⟨*beer*⟩; **~gedreht** *Adj.* **~gedrehte Zigaretten, Selbstgedrehte** [one's own] rolled cigarettes; **~gefällig** 1. *Adj. (abwertend)* smug; 2. *adv.* smugly; in a self-satisfied way; **~gefälligkeit** *die; o. Pl.* smugness; **~gemacht** *Adj.* home-made ⟨*jam, liqueur, sausage, basket, etc.*⟩; self-made ⟨*dress, pullover, etc.*⟩ ⟨*dress, pullover, etc.*⟩ one has made oneself; **~genügsam** 1. *Adj.* modest [in one's demands]; 2. *adv.* modestly; **~gerecht** *(abwertend)* 1. *Adj.* self-righteous; 2. *adv.* self-righteously; **~gespräch** *das* conversation with oneself; **~gespräche führen** talk to oneself; **~gestrickt** *Adj.* a) home-made; hand-knitted; b) *(fig. ugs.)* homespun ⟨*ideology etc.*⟩; **~haß** *der* self-hatred; **~herrlich** 1. *Adj.* high-handed; autocratic ⟨*ruler, decision*⟩; 2. *adv.* high-handedly; in a high-handed manner; ⟨*decide, rule*⟩ autocratically; **~hilfe** *die; o. Pl.* self-help *no art.;* **Hilfe zur ~hilfe leisten** help people to help themselves; **~hilfe·gruppe** *die* self-help group; **~ironie** *die; o. Pl.* self-mockery; **~justiz** *die* self-administered justice; **~justiz üben** take the law into one's own hands; **~klebe·folie** *die* self-adhesive plastic sheeting; **~klebend** *Adj.* self-adhesive; **~kontrolle** *die* self-restraint; *(in den Medien)* self-regulation; **~kosten** *Pl. (Wirtsch.)* prime costs; **~kosten·preis** *der (Wirtsch.)* cost price; **zum [reinen] ~kostenpreis** at [no more than] cost; **etw. unter**

Selbstkritik

dem ~kostenpreis abgeben sell sth. below cost *or* at less than cost; **~kritik die**; *o. Pl.* self-criticism; **~kritisch 1.** *Adj.* self-critical; **2.** *adv.* self-critically; **~laut** der vowel; **~los 1.** *Adj.* selfless; **2.** *adv.* selflessly; unselfishly; **~mit·leid** das self-pity; **~mord der** suicide *no art.*; **~mord begehen** *od.* verüben commit suicide; **mit ~mord drohen** threaten [to commit] suicide; **~mord mit Messer und Gabel** *(ugs. scherzh.)* suicide by unhealthy eating; eating one's way to an early grave; **~mörder der** suicide; **~mörderisch** *Adj.* suicidal

selbstmord-, Selbstmord-: ~gedanken *Pl.* thoughts of suicide; **sich mit ~gedanken tragen** contemplate suicide; **~gefährdet** *Adj.* potentially suicidal; **~kandidat der** potential suicide; **~kommando das** suicide squad; **~versuch der** suicide attempt; **einen ~versuch unternehmen** attempt suicide

selbst-, Selbst-: ~porträt das self-portrait; **~redend** *Adv.* naturally; of course; **~schuß der**; *meist Pl.* automatic firing device; **~schutz der** self-protection *no art.*; **~sicher 1.** *Adj.* self-confident; **2.** *adv.* in a self-confident manner; full of self-confidence; **~sicherheit die**; *o. Pl.* self-confidence; **~studium das**; *o. Pl.* self-study; private study; **im ~studium** through self-study; by studying on one's own; **~sucht die**; *o. Pl.* selfishness; self-interest; **~süchtig 1.** *Adj.* selfish; **2.** *adv.* selfishly; **~tätig 1.** *Adj.* automatic; **2.** *adv.* automatically; **~täuschung die** self-deception; delusion; **~tötung die** *(Amtsspr.)* suicide; **~über·schätzung die** overestimation of one's abilities; **er leidet an ~überschätzung** *(ugs.)* he has an exaggerated opinion of himself; **~über·windung die** will-power *no indef. art.*; **das kostete mich viel ~überwindung** I really had to force myself to do it; **~verachtung die** self-contempt; **~verbrennung die** self-immolation *no art.* [by burning]; **~verdient** *Adj.* **~verdientes Geld** money one has earned oneself; **mein erstes ~verdientes Geld** the first money I earned myself; **~verfaßt** *Adj.* *(poem, song)* of one's own composition; **~vergessen** *(ugs.)* **1.** *Adj.* nicht präd. oblivious of all around one postpos.; lost to the world postpos.; **2.** *adv.* obliviously; **~verlag der**; *o. Pl.* private publishing venture; **~verleugnung die** self-denial; **~vernichtung die** self-destruction; **~verschulden das** *(Amtsspr.)* **das war ~verschulden** it was his/their *etc.* own fault; **~verschuldet** *Adj.* **~verschuldete Unfälle** accidents for which people are themselves to blame; **deine Notlage ist ~verschuldet** you have brought your predicament on yourself; **~versorger der** self-sufficient person; *(im Urlaub)* self-caterer; **~verständlich 1.** *Adj.* natural; **es war für ihn ~verständlich** it was completely natural *or* a matter of course for him; **etw. für ~verständlich halten**, etw. als **~verständlich betrachten** regard sth. as a matter of course; *(für gegeben hinnehmen)* take sth. for granted; **das ist doch ~verständlich** that goes without saying; **2.** *adv.* naturally; of course; **~verständlich nicht!** of course not!; **~verständlichkeit die** matter of course; **ein Badezimmer ist heute eine ~verständlichkeit** a bathroom is no longer considered a luxury; **etw. mit der größten ~verständlichkeit tun** do sth. as if it were the most natural thing in the world; **~verständnis das**; *o. Pl.* conception of oneself; **~verstümmelung die** self-mutilation; self-inflicted injury; **~verteidigung die** self-defence *no art.*; **~vertrauen das** self-confidence; **~verwaltung die** self-government *no art.*; **~verwirklichung die** self-realization *no art.*; **~wähl·fern**-

dienst der *(Postw.)* direct dialling; STD; **~wert·gefühl das**; *o. Pl.* *(Psych.)* [sense of] self-esteem; **~zerstörerisch** *Adj.* self-destructive; **~zerstörung die** self-destruction; **~zufrieden** *(oft abwertend)* **1.** *Adj.* self-satisfied; **2.** *adv.* in a self-satisfied manner; smugly; **~zweck der**; *o. Pl.* end in itself; **~zweck sein** be an end in itself

selchen ['zɛlçn] *tr. V.* *(bayr., österr.)* smoke ⟨meat, ham, etc.⟩

selektieren [zelɛk'tiːrən] **1.** *tr. V.* select; pick out. **2.** *itr. V.* make a choice; **~de Methoden** selective methods

Selektion die; ~, ~en selection

selektiv 1. *Adj.* selective. **2.** *adv.* selectively; on a selective basis

Selen [zeˈleːn] *das*; ~s *(Chemie)* selenium

Selfmademan ['zɛlfmeːtmɛn] *der*; ~s, Selfmademen self-made man

selig ['zeːlɪç] **1.** *Adj.* **a)** *(Rel.)* blessed; **bis an sein ~es Ende** until his dying day; **Gott hab' ihn ~**: God rest his soul; *s. auch* Angedenken; **geben a**; **glauben b**; **b)** *(tot)* late [lamented]; **Schwester Modesta ~** *(veralt.)* Sister Modesta of blessed memory; **c)** *(kath. Kirche: seliggesprochen)* **die ~e Dorothea** the blessed Dorothy; **d)** *(glücklich)* blissful ⟨idleness, slumber, etc.⟩; blissfully happy ⟨person⟩; **~ [über etw.] sein** be overjoyed *or* *(coll.)* over the moon [about sth.]; **werde ~ mit deinem Geld!** *(ugs.)* you can keep *or* *(sl.)* stuff your money. **2.** *adv.* blissfully

Selige der/die; *adj. Dekl.* **a)** *o. Pl.* *(veralt., noch scherzh.)* **mein ~r/meine ~**: my late lamented *or* dear departed husband/wife; **b)** *Pl.* **die ~n** *(die Toten)* the blessed spirits [of the departed]; **die Gefilde der ~n** the Elysian fields; **c)** *(kath. Kirche: Seliggesprochene[r])* beatified person

Seligkeit die; ~, ~en **a)** *o. Pl.* *(Rel.)* [state of] blessedness; beatitude; **die ewige ~**: eternal bliss; **von dieser Reise hängt doch nicht seine ~ ab** *(fig.)* he won't be heartbroken if he doesn't go on this trip; **b)** *(Glücksgefühl)* bliss *no pl.*; [blissful] happiness *no pl.*

selig-, Selig-: ~|preisen *unr. tr. V.* **a)** *(geh.)* consider ⟨person, oneself⟩ incredibly fortunate; **b)** *(religiös)* declare blessed; **~preisung die**: **die ~preisungen** *(bibl.)* the Beatitudes; **~|sprechen** *unr. tr. V.* *(kath. Kirche)* beatify; **~sprechung die**; ~en *(kath. Kirche)* beatification

Sellerie ['zɛləri] *der*; ~s, ~[s] *od.* **die**; ~, ~ *(Stauden~)* celeriac; *(Stangen~)* celery

selten ['zɛltn] **1.** *Adj.* rare; infrequent ⟨visit, visitor⟩; **in den ~sten Fällen** very rarely; **seine Besuche sind ~ geworden** his visits have become few and far between; **ein ~er Vogel** *(fig. ugs.)* an odd character; a queer fish *(coll.)*. **2.** *adv.* **a)** rarely; **wir sehen uns nur noch ~**: we seldom *or* hardly ever see each other now; **ein Sommer wie ~ einer** a summer such as is only too rare; **so gelacht! that was a good laugh!**; *(iron.: gar nicht komisch)* very funny[, I don't think]; **b)** *(sehr)* exceptionally; uncommonly

Seltenheit die; ~, ~en rarity; **es ist eine ~, daß ...**: it is rare that ...

Seltenheits·wert der; ~[es] rarity value; **~ haben** *(fig.)* be something of a rarity

Selters·wasser ['zɛltɐs-] *das* seltzer [water]

seltsam 1. *Adj.* strange; peculiar; odd; **alt und ~ werden** become rather odd in one's old age. **2.** *adv.* strangely; peculiarly

seltsamerweise *Adv.* strangely enough

Seltsamkeit die; ~, ~en **a)** *o. Pl.* *(Art)* strangeness; oddness; **b)** *(Ereignis, Merkmal)* peculiarity; oddity

Semantik [zeˈmantɪk] *die*; ~ *(Sprachw.)* semantics *sing., no art.*

semantisch *(Sprachw.)* **1.** *Adj.* semantic. **2.** *adv.* semantically

Sendezeit

Semasiologie [zemazi̯oloˈgiː] *die*; ~ *(Sprachw.)* semasiology *no art.*

Semester [zeˈmɛstɐ] *das*; ~s, ~ **a)** semester; **er hat 14 ~ Jura studiert** he studied law for seven years; **Studenten des dritten ~s** students in their third semester; ≈ second-year students; **b)** *(ugs.: Student)* **ein höheres ~**: a senior student; **die ersten ~**: the first-year students; **ein älteres ~** *(fig. scherzh.)* a member of the older generation

Semesterferien *Pl.* [university] vacation *sing.*

semi-, Semi- [zemi-] semi-

Semi·finale das *(Sport)* semi-final

Semikolon [zemiˈkoːlɔn] *das*; ~s, ~s *od.* Semikola semicolon

Seminar [zemiˈnaːɐ̯] *das*; ~s, ~e, *österr., schweiz. auch* ~ien [...i̯ən] **a)** *(Lehrveranstaltung)* seminar (über + Akk. on); **b)** *(Institut)* department; **das juristische ~/~ für Alte Geschichte** the Law Department/Department of Ancient History; **c)** *(Priester~)* seminary; **d)** *(für Referendare)* course for student teachers prior to their second state examination

Seminar·arbeit die seminar paper

Seminarist der; ~en, ~en seminarist

Seminar·schein der certificate of attendance [at a seminar]

Semiotik [zeˈmi̯oːtɪk] *die*; ~ *(Philos., Sprachw.)* semiotics *sing., no art.*

Semit [zeˈmiːt] *der*; ~en, ~en, **Semitin die**; ~, ~nen Semite

semitisch *Adj.* Semitic

Semmel ['zɛml] *die*; ~, ~n *(bes. österr., bayr., ostmd.)* [bread] roll; **weggehen wie warme ~n** *(ugs.)* sell like hot cakes

semmel-, Semmel-: ~|blond *Adj.* flaxen ⟨hair⟩; flaxen-haired ⟨person⟩; **~brösel der** *od. österr.* **das**; *meist Pl.* breadcrumb; **~knödel der** *(bayr., österr.)* bread dumpling

sen. *Abk.* senior

Senat [zeˈnaːt] *der*; ~[e]s, ~e **a)** *(Hist., Politik, Hochschulw.)* senate; **der US-~**: the US Senate; **b)** *(an Gerichten)* panel of judges

Senator der; ~s, ~en, **Senatorin die**; ~, ~nen senator; **Herr ~ X** Senator X

Senats·ausschuß der senate committee

Sendbote der *(veralt.)* envoy; *(fig.)* ambassador

Sende- ['zɛndə-]: **~anlage die** *(Elektrot.)* transmitter; **~bereich der** *(Rundf., Ferns.)* transmitting area; **~folge die** *(Rundf., Ferns.)* **a)** *(Reihenfolge)* sequence [of programmes]; **b)** *(einer Geschichte)* episode; **~gebiet das** *(Rundf., Ferns.)* *s.* ~bereich; **~mast der** transmitter mast

¹**senden** *unr.* *(auch regelm.)* *tr. V.* *(geh.)* send; **jmdm. etw. ~**: send sb. sth.; **etw. an jmdn. ~**: send sth. to sb.; **wir ~ Ihnen die Waren ins Haus** we will despatch the goods to you at your home address

²**senden** *regelm. (schweiz. unr.) tr. V., itr. V.* broadcast ⟨programme, play, etc.⟩; transmit ⟨concert, signals, Morse, etc.⟩; **Hilferufe ~**: send out distress signals

Sende·pause die *(Rundf., Ferns.)* intermission

Sender der; ~s, ~: [broadcasting] station; *(Anlage)* transmitter

Sende-: ~raum der *(Rundf., Ferns.)* [broadcasting] studio; **~reihe die** *(Rundf., Ferns.)* series [of programmes]

Sender·such·lauf der *(Rundf., Ferns.)* [automatic] station search

Sende-: ~saal der *(Rundf., Ferns.)* [broadcasting] studio; **~schluß der** *(Rundf., Ferns.)* close-down; end of broadcasting; **zum ~schluß noch ein Krimi** now as our last programme, a thriller; **~station die** *(Funk, Rundf., Ferns.)* broadcasting station; *(Anlage)* transmitter; **~zeit die** *(Rundf., Ferns.)* broadcasting time; **die ~zeit um zehn Minuten überschreiten** overrun by ten minutes;

Sendezentrale

~zentrale die (Rundf., Ferns.) main studio; **wir geben zurück in die ~zentrale** we return you to the studio
Sendschreiben das (veralt.) circular letter; (des Papstes) encyclical
Sendung die; ~, ~en a) consignment; b) o. Pl. (geh.: Aufgabe) mission; c) (Rundf., Ferns.: Darbietung) programme; broadcast; d) (Rundfunkt., Ferns.: Ausstrahlung) transmission; broadcast[ing]; **auf ~ sein** to be on the air
Sendungs·bewußt·sein das sense of mission
Senegal ['zeːnegal] (das); ~s od. der; ~[s| |der| ~: Senegal
Senegalese [zenegaˈleːzə] der; ~n, ~n, **Senegalesin** die; ~, ~nen Senegalese
Seneschall ['zeːnəʃal] der; ~s, ~e (hist.) seneschal
Senf [zɛnf] der; ~[e]s, ~e mustard; **seinen ~ dazugeben** (fig. ugs.) get one's word in or have one's say
Senf-: ~**gas** das mustard gas; ~**gurke** die gherkin pickled with mustard seeds; ~**korn** das mustard seed; ~**soße** die mustard sauce; ~**topf** der mustard pot
Senge ['zɛŋə] Pl. (ostmd. ugs.) s. Prügel b
sengen 1. tr. V. singe. 2. itr. V. a) (brennen) singe; b) (heiß sein) be scorching; **eine ~de Hitze** a scorching heat; c) **~ und brennen** (veralt.) burn and pillage
senil [zeˈniːl] 1. Adj. (Med., auch abwertend) senile. 2. adv. in a senile manner
Senilität die; ~ (Med., auch abwertend) senility
senior ['zeːnioɐ̯] indekl. Adj.; nach Personennamen senior
Senior der; ~s, ~en [zeˈnioːrən] a) (Kaufmannsspr.) senior partner; b) (Sport) senior [player]; c) (Rentner) senior citizen; d) (Ältester) oldest member; e) (scherzh.: Vater) old man (coll.); f) (Werbesprache: älterer Mensch) older person
Senior·chef der (Kaufmannsspr.) boss (coll.) (in a family firm)
Senioren-: ~**heim** das home for the elderly; ~**mannschaft** die senior team; ~**meister** der senior champion; (Mannschaft) senior champions
Seniorin [zeˈnioːrɪn] die; ~, ~nen s. Senior a, b, d
Senk·blei das (Bauw.) plumb[-bob]
Senke ['zɛŋkə] die; ~, ~n hollow
Senkel ['zɛŋkl̩] der; ~s, ~ a) (Schnür~) shoe-lace; b) **jmdn. in den ~ stellen** (ugs.) put sb. in his/her place
senken 1. tr. V. a) lower; (Bergbau) sink ⟨shaft⟩; lower ⟨flag⟩; drop ⟨starting flag⟩; **den Kopf ~**: bow one's head; **die Augen od. den Blick/die Stimme ~**: lower one's eyes or glance/voice; **mit gesenktem Blick** with [one's] eyes cast down; b) (herabsetzen) reduce ⟨fever, pressure, prices, etc.⟩; c) (Technik) countersink ⟨hole⟩. 2. refl. V. ⟨curtain, barrier, etc.⟩ fall, come down; ⟨ground, building, road⟩ subside, sink; ⟨water-level⟩ fall, sink; ⟨lift-cage⟩ go down, descend; **sein Brustkorb hob und senkte sich** his chest rose and fell
senk-, Senk-: ~**fuß** der (Anat.) flat foot; ~**grube** die (Bauw.) cesspit; ~**kasten** der (Technik) caisson; ~**lot** das (Technik) plumb[-bob]; ~**recht** 1. Adj. vertical; ~**rechte Linie** (Geom.) perpendicular line; perpendicular; **in ~rechter Stellung** in an upright position; **bleib od. halt dich ~recht!** (ugs.) stay upright or (coll.) on your two pins; **das ist das einzige Senkrechte** (ugs.) that's the only thing worth doing/eating/reading etc.; 2. adv. vertically; ~**recht aufeinander stehen** (Geom.) be perpendicular or at right angles to each other; ~**recht von oben** (from) vertically above; ~**rechte die** a) (Geom.) perpendicular; b) vertical line; vertical; upright; ~**recht·starter** der; ~s,

~ a) (Flugzeug) vertical take-off aircraft; b) (ugs.) (Aufsteiger) whizz-kid (coll.); (Sache) instant success
Senkung die; ~, ~en a) o. Pl. lowering; b) o. Pl. (Reduzierung) reduction; lowering; **eine ~ des Preises um 5%** a reduction of the price by 5%; c) (Geol.) [case of] subsidence; d) (Verslehre) unstressed syllable
Senk·waage die hydrometer
Senne ['zɛnə] die; ~, ~n (bayr., österr.) Alpine pasture
Senner der; ~s, ~ (bayr., österr.) Alpine herdsman and dairyman
Sennerin die; ~, ~nen (bayr., österr.) Alpine herdswoman and dairywoman
Sennes·blätter ['zɛnəs-] Pl. senna leaves
Senn·hütte die (bayr., österr.) Alpine hut
Sensation [zɛnzaˈtsi̯oːn] die; ~, ~en sensation; (Darbietung) sensational performance; **eine ~ sehen wollen** want to see something sensational or spectacular
sensationell 1. Adj. sensational. 2. adv. in a sensational manner; sensationally; **eine ~ aufgemachte Story** a sensationalized story
Sensations-: ~**gier** die (abwertend) craving for sensation; ~**meldung** die sensational report or piece of news; ~**prozeß** der sensational trial
Sense ['zɛnzə] die; ~, ~n a) scythe; b) (salopp) **jetzt ist ~**: this really is [the end of] it (coll.)
Sensen·mann der; o. Pl. (verhüll.) Great Reaper
sensibel [zɛnˈziːbl̩] 1. Adj. sensitive. 2. adv. sensitively
sensibilisieren tr. V. a) (geh.) make ⟨person⟩ more sensitive (**für** to); b) (Physiol.) sensitize
Sensibilität die; ~: sensitivity
sensitiv [zɛnziˈtiːf] Adj. sensitive
Sensor ['zɛnzoɐ̯] der; ~s, ~en [-ˈzoːrən] (Technik) a) sensor; b) s. ~**taste**
sensorisch Adj. (Physiol.) sensory
Sensorium [zɛnˈzoːri̯ʊm] das; ~s, Sensorien [...ri̯ən] (Physiol.) sensorium
Sensor·taste die (Technik) touch panel; touch pad (Computing)
Sensualismus der; ~ (Philos.) sensationalism
Sentenz [zɛnˈtɛnts] die; ~, ~en aphorism; maxim
sentimental [zɛntimɛnˈtaːl] 1. Adj. sentimental. 2. adv. sentimentally
Sentimentalität die; ~, ~en sentimentality; **das sind bloße/überflüssige ~en** that is mere/unnecessary sentimentality
separat [zepaˈraːt] 1. Adj. separate; ~**e Wohnung** self-contained flat (Brit.) or (Amer.) apartment. 2. adv. separately; **er wohnt ~**: he has self-contained accommodation
Separat·friede[n] der separate peace [treaty]
Separatismus der; ~: separatism no art.
Separatist der; ~en, ~en, **Separatistin** die; ~, ~nen separatist
separatistisch Adj. separatist
Séparée [zepaˈreː] das; ~s, ~s private room
separieren tr. V. separate
Sepia ['zeːpi̯a] die; ~, **Sepien** a) (Tier) cuttlefish; b) o. Pl. (Farbstoff) sepia
Sepia·zeichnung die sepia drawing
Sepp[e]l·hose ['zɛpl̩-] die (scherzh.) lederhosen pl.
Sepsis ['zɛpsɪs] die; ~, **Sepsen** (Med.) sepsis
Sept. Abk. September Sept.
September [zɛpˈtɛmbɐ] der; ~[s], ~: September; s. auch April
Septett [zɛpˈtɛt] das; ~[e]s, ~e (Musik) septet
Septime [zɛpˈtiːmə] die; ~, ~n (Musik) seventh
septisch Adj. (Med.) septic
Septuaginta [zɛptu̯aˈɡɪnta] die; ~: Septuagint

Serviette

Sequenz [zeˈkvɛnts] die; ~, ~en sequence
sequestrieren [zekvɛsˈtriːrən] tr. V. (Rechtsw.) sequestrate; sequester
Serail [zeˈraːj] das; ~s, ~s seraglio
Seraph ['zeːraf] der; ~s, ~e od. ~im (Rel.) seraph
Serbe ['zɛrbə] der; ~n, ~n Serb; Serbian; ~ **sein** be a Serb or Serbian
Serbien ['zɛrbi̯ən] (das); ~s Serbia
Serbin die; ~, ~nen s. Serbe
serbisch Adj. Serbian; s. auch **deutsch**; **Deutsch**; [2]**Deutsche**
serbo·kroatisch [zɛrbokroˈaːtɪʃ] Adj. Serbo-Croat; s. auch **deutsch**; **Deutsch**; [2]**Deutsche**
Serenade [zereˈnaːdə] die; ~, ~n (Musik) serenade
Sergeant [zɛrˈʒant] der; ~en, ~en od. (bei engl. Ausspr.:) [ˈsɑːdʒənt] ~s, ~s (Milit.) sergeant
Serie ['zeːri̯ə] die; ~, ~n series; **eine ~ Briefmarken** a set of stamps; **etw. in ~ herstellen** od. **fertigen** produce or manufacture sth. in series; **in ~ gehen** go into [series or full-scale] production
seriell Adj. (Musik) serial
serien-, Serien-: ~**fertigung** die series production; ~**mäßig** 1. Adj. standard ⟨product, model, etc.⟩; (immer eingebaut) ⟨feature, accessory⟩ fitted as standard; 2. adv. a) ~**mäßig gefertigt** od. **gebaut** produced in series; b) (nicht als Sonderausstattung) ⟨fitted, supplied, etc.⟩ as standard; ~**mäßig mit etw. ausgerüstet sein** have sth. as a standard fitting; ~**mörder** der serial killer; ~**produktion** die series production; ~**reif** Adj. ready for [series] production; ~**produktion** postpos.; production ⟨version, model⟩; ~**weise** Adv. a) ~**weise hergestellt werden** be in series production; b) (ugs.: in großer Zahl) en masse; wholesale
Serigraphie [zerigraˈfiː] die; ~, ~n serigraphy no art.
seriös [zeˈri̯øːs] 1. Adj. a) (solide) respectable ⟨person, hotel, etc.⟩; (vertrauenswürdig) reliable, trustworthy ⟨firm, partner, etc.⟩; b) (ernstgemeint) serious ⟨offer, applicant, artist, etc.⟩. 2. adv. a) (solide) respectably; (vertrauenswürdig) in a trustworthy manner; b) (ernstgemeint) seriously
Seriosität [zeri̯oziˈtɛːt] die; ~ (geh.) a) (Solidität) respectability; (Vertrauenswürdigkeit) reliability; trustworthiness; (eines Geschäftsmanns, einer Firma) probity; b) (Ernsthaftigkeit) seriousness
Sermon [zɛrˈmoːn] der; ~s, ~e a) (veralt.: Predigt) sermon; b) (abwertend: langatmige Rede) [long] lecture
serologisch Adj. serological
Serpentine [zɛrpɛnˈtiːnə] die; ~, ~n a) (Weg) zigzag mountain road (with numerous hairpin bends); b) (Kehre) hairpin bend
Serum ['zeːrʊm] das; ~s, **Seren** od. **Sera** (Med., Physiol.) serum
[1]**Service** [zɛrˈviːs] das; ~, ~: [dinner etc.] service
[2]**Service** ['zœːɐ̯vɪs] der od. das; ~, ~s [ˈzœːɐ̯vɪsɪs] a) o. Pl. (Bedienung, Kundendienst) service; (Kundendienstabteilung) service department; (Tennis: Aufschlag) serve; service; **beim ~**: when serving
servieren [zɛrˈviːrən] 1. tr. V. a) (auftragen) serve ⟨food, drink⟩; (fig.) serve up ⟨information⟩; deliver ⟨line, punchline, etc.⟩; **jmdm. etw. ~**: serve sb. sth.; b) (Ballspiele) **jmdm. den Ball ~**: feed/(Tennis) serve the ball to sb. 2. itr. V. a) serve [at table]; **gleich wird serviert** dinner/lunch etc. is [about to be] served; b) (Fußball) pass; make a pass; (Tennis) serve
Serviererin die; ~, ~nen waitress
Servier-: ~**tochter** die (schweiz.) waitress; ~**wagen** der (serving-)trolley
Serviette [zɛrˈvi̯ɛtə] die; ~, ~n napkin; serviette (Brit.)

1467

Servietten·ring der napkin or (Brit.) serviette ring
servil [zɛr'viːl] (geh. abwertend) **1.** Adj. obsequious; servile. **2.** adv. obsequiously; in a servile manner
Servilität die; ~ (geh. abwertend) servility; obsequiousness
Servo- ['zɛrvo-]: **~bremse** die servo [-assisted] brake; **~lenkung** die power [-assisted] steering no indef. art.
Servus ['zɛrvʊs] Interj. (bes. südd., österr.) (beim Abschied) goodbye; so long (coll.); (zur Begrüßung) hello
Sesam ['zeːzam] der; ~s, ~s **a)** (Pflanze) sesame; (Samen) sesame seeds pl.; **b)** ~, öffne dich! open sesame!
Sesam·brötchen das sesame-seed roll
Sessel ['zɛsl] der; ~s, ~ **a)** easy chair; (mit Armlehne) armchair; **b)** (österr.: Stuhl) chair
Sessel-: **~lehne** die chair-back; **~lift** der chair-lift
seßhaft ['zɛshaft] Adj. settled ⟨tribe, way of life⟩; ~ werden settle [down]
Seßhaftigkeit die; ~: settled way of life
Session [zɛ'sjoːn] die; ~, ~en (bes. Parl.) [parliamentary etc.] session
Set [zɛt] das od. der; ~[s], ~s **a)** (Satz) set, combination (aus of); **b)** (Deckchen) table- or place-mat; **c)** (Sozialpsych.) set
Setter der; ~s, ~: setter
Setz·ei das (bes. nordostd.) s. **Spiegelei**
setzen ['zɛtsn] **1.** refl. V. **a)** (hin~) sit [down]; **setz dich/setzt euch/setzen Sie sich** sit down; take a seat; **sich aufs Sofa/in den Sessel/in den Schatten** usw. ~: sit on the sofa/in the chair/in the shade etc. zu jmdm. ~: [go and] sit with sb.; join sb.; **setz dich zu uns** come and sit with us; **der Vogel setzte sich auf seine Schulter** the bird landed or alighted on his shoulder; **sich an den Tisch** od. **zu Tisch ~:** sit [down] at the table; **b)** (sinken) ⟨coffee, solution, froth, etc.⟩ settle ⟨sediment⟩ sink to the bottom; **das Erdreich setzt sich** there is some settlement or subsidence; **c)** (in präp. Verbindungen) **sich mit jmdm. ins Einvernehmen ~:** come to an agreement with sb.; s. auch **Spitze d, e; Unrecht b; Verbindung h; Wehr; d)** (dringen) **der Staub/Geruch/Rauch setzt sich in die Kleider** the dust/ smell/smoke gets into one's clothes. **2.** tr. V. **a)** (plazieren) put; **ein Kind jmdm. auf den Schoß ~:** put or sit a child on sb.'s lap; **ein Schiff auf Grund ~:** run a ship aground; **eine Figur/einen Stein ~:** move a piece/man; s. auch **Fuß a; b)** (einpflanzen) plant ⟨tomatoes, potatoes, etc.⟩; **c)** (aufziehen) hoist ⟨flag etc.⟩; set ⟨sails, navigation lights⟩; **d)** (Druckw.) set ⟨manuscript etc.⟩; **e)** (schreiben) put ⟨name, address, comma, etc.⟩; **seinen Namen unter etw.** (Akk.) ~: put one's signature to sth.; sign sth.; **einen Punkt/ein Komma [falsch] ~:** put a full stop/comma [in the wrong place]; **f)** (in präp. Verbindungen) **auf schmale Kost ~:** put sb. on short rations; **in/außer Betrieb ~:** start up/ stop ⟨machine etc.⟩; put ⟨lift etc.⟩ into operation/take ⟨lift etc.⟩ out of service; (ein-/ ausschalten) switch on/off; **jmdn. in Erstaunen ~** (geh.) astonish sb.; s. auch **Fuß b; Musik a; Stelle a; Szene a; Trab; Umlauf b; Werk a; Wort b; Zeitung; g)** (aufstellen) put up, build ⟨stove⟩; stack ⟨logs, bricks⟩; s. auch **Denkmal; h) sein Geld auf etw.** (Akk.) ~: put one's money on sth.; **seine Hoffnungen auf jmdn. ~:** place one's hopes on sb.; s. auch **Vertrauen; i)** (festlegen) set ⟨limit, deadline⟩; **einer Sache** (Dat.) **Grenzen** od. **Schranken ~:** keep sth. within limits; **sich** (Dat.) **ein Ziel ~:** set oneself a goal; s. auch **Akzente; Ende; Priorität; Zeichen b; j)** (ugs.) **es setzt was** od. **Prügel** od. **Hiebe** he/ she etc. gets a hiding (coll.) or thrashing; **k)** (Jägerspr.: zur Welt bringen) give birth to. **3.**

itr. V. **a)** meist mit sein (im Sprung) leap, jump (über + Akk. over); **über einen Fluß ~** (mit einer Fähre o. ä.) cross a river; **b)** (beim Wetten) bet; **auf ein Pferd/auf Rot ~:** back a horse/put one's money on red; **c)** (Jägerspr.: Junges, Junge zur Welt bringen) give birth
Setzer der; ~s, ~ (Druckw.) [type]setter
Setzerei die; ~, ~en (Druckw.) composing-room
Setzerin die; ~, ~nen s. **Setzer**
Setz-: **~fehler** der (Druckw.) setting error; misprint; **~holz** das dibber; dibble; **~kasten** der **a)** (Gartenbau) seedling box; **b)** (Druckw.) [type-]case
Setzling ['zɛtslɪŋ] der; ~s, ~e **a)** (Pflanze) seedling; **b)** (Fisch) young fish; ~e fry pl.
Setz·maschine die (Druckw.) composing or typesetting machine
Seuche ['zɔʏçə] die; ~, ~n epidemic; (fig.) scourge
seuchen-, Seuchen-: **~artig 1.** Adj. epidemic-like; **2.** adv. ⟨spread⟩ like an epidemic; **~bekämpfung** die epidemic control no art.; **~gefahr** die; o. Pl. danger of an epidemic; **~herd** der source of the epidemic
seufzen ['zɔʏftsn] itr., tr. V. sigh; **schwer/erleichtert ~:** give or heave a deep sigh/a sigh of relief
Seufzer der; ~s, ~: sigh; **seinen letzten ~ tun** (verhüll.) breathe one's last
Seufzer·brücke die Bridge of Sighs
Sevilla [ze'vɪlja] (das); ~s Seville
Sex [zɛks] der; ~[es] sex no art.; (Anziehungskraft) sex appeal; sexiness
Sex-: **~-Appeal** [~ ə'piːl] der; ~s sex appeal; **~bombe** die (salopp) sex-bomb (coll.); sexpot (coll.); **~boutique** die sex shop; **~film** der sex film
Sexismus der; ~: sexism no art.
sexistisch 1. Adj. sexist. **2.** adv. ⟨behave, think, etc.⟩ in a sexist manner
Sex·muffel der (scherzh.) person not interested in sex; sexless wonder (joc.)
Sexologie die; ~: sexology no art.
Sex·shop der; ~s, ~s sex shop
Sexta ['zɛksta] die; ~, **Sexten** (Schulw.) **a)** (veralt.) first year (of a Gymnasium); **b)** (österr.) sixth year (of a Gymnasium)
Sextaner der; ~s, ~ (Schulw.) **a)** (veralt.) pupil in the first year (of a Gymnasium); **b)** (österr.) pupil in the sixth year (of a Gymnasium)
Sextaner·blase die (ugs. scherzh.) bladder of a five-year-old
Sextanerin die; ~, ~nen s. **Sextaner**
Sextant [zɛks'tant] der; ~en, ~en sextant
Sexte die; ~, ~n (Musik) sixth
Sextett [zɛks'tɛt] das; ~[e]s, ~e (Musik) sextet
Sexual- [zɛ'ksu̯aːl-]: **~erziehung** die sex education; **~ethik** die; o. Pl. sexual ethics pl.; **~hormon** das sex hormone
Sexualität [zɛksu̯ali'tɛːt] die; ~: sexuality no art.
Sexual-: **~kunde** die; o. Pl. (Schulw.) sex education no art.; **~leben** das; o. Pl. sex life; **~mord** der sex murder; **~mörder** der sex killer; **~objekt** das sex object; **~partner** der sexual partner; **~trieb** der sex[ual] drive or urge; **~verbrechen** das sex crime; **~verbrecher** der sex offender; **~wissenschaft** die; o. Pl. sexology no art.
sexuell 1. Adj. sexual. **2.** adv. sexually; **sich ~ befriedigen** get sexual satisfaction; (masturbieren) masturbate
Sexus ['zɛksu:s] der; ~, ~ (geh.) sexuality no art.
sexy ['zɛksi] (ugs.) **1.** indekl. Adj. sexy. **2.** adv. sexily
Seychellen [ze'ʃɛlən] Pl. Seychelles
Sezession [zetsɛ'sjoːn] die; ~, ~en secession

Sezessionist der; ~en, ~en secessionist
sezessionistisch Adj. secessionist
Sezessions·krieg der; o. Pl. [American] Civil War
sezieren [ze'tsiːrən] **1.** tr. V. ⟨corpse⟩; (fig.) analyse ⟨policy etc.⟩; dissect ⟨language etc.⟩. **2.** itr. V. perform dissections/a dissection
Sezier·messer das dissecting-knife
SFB [ɛsɛf'beː] der; ~ Abk. Sender Freies Berlin Radio Free Berlin
S-förmig ['ɛs-] Adj. S-shaped
sfr., (schweiz. nur:) sFr. Abk. Schweizer Franken
Sg. Abk. Singular sing.
SGB [ɛsɡeː'beː] der; ~ Abk. schweizerischer Gewerkschaftsbund Swiss Trades Union Federation
Shampoo [ʃamˈpuː], **Shampon** [ʃamˈpoːn] das; ~s, ~s shampoo
shampoonieren [ʃampoˈniːrən] shampoo
Sheriff ['ʃɛrɪf] der; ~s, ~s sheriff
Sheriff·stern der sheriff's star
Sherry ['ʃɛri] der; ~s, ~s sherry; s. auch **Bier**
Shetland- ['ʃɛtlənd-]: **~inseln** Pl. Shetland Islands; Shetlands; **~pony** das Shetland pony; **~wolle** die Shetland wool
Shop [ʃɔp] der; ~s, ~s shop
Shorts [ʃɔrts] Pl. shorts
Show [ʃoʊ] die; ~, ~s show; s. auch **Schau**
Show·master ['-maːstə] der; ~s, ~: compère
Siam [ziːam] (das); ~s (hist.) Siam
Siamese [zia'meːzə] der; ~n, ~n, **Siamesin** die; ~, ~nen Siamese
siamesisch Adj. Siamese
Siam·katze die Siamese cat
Sibirien [zi'biːriən] (das); ~s Siberia
sibirisch Adj. Siberian; **~e Kälte** Arctic temperatures pl.
Sibylle [zi'bʏlə] die; ~, ~n sibyl; fortune-teller
sibyllinisch (geh.) **1.** Adj. sibylline, mysterious ⟨words, expression⟩. **2.** adv. in a sibylline manner; mysteriously
sich [zɪç] Reflexivpron. der 3. Pers. Sg. und Pl. Akk. und Dat. **1.** Akk. **a)** (nach man od. Inf.) oneself; (3. Pers. Sg.) himself/herself/ itself; (3. Pers. Pl.) themselves; (Höflichkeitsform Sg./Pl.) yourself/yourselves; **er/ sie hat ~ umgebracht** he killed himself/she killed herself; **sie versteckten ~:** they hid [themselves]; **b)** (bei reflexiven Verben) ~ **freuen/wundern/schämen/täuschen** be pleased/surprised/ashamed/mistaken. **2.** Dat. **a)** (nach man od. Inf.) oneself; (3. Pers. Sg.) himself/herself/itself; (3. Pers. Pl.) themselves; (Höflichkeitsform Sg./Pl.) yourself/yourselves; **b)** (bei reflexiven Verben) ~ **etw. einbilden** imagine sth.; ~ **etw. erhoffen** hope for sth. [for oneself]; **sie hat ~ den Fuß verstaucht/verrenkt** she sprained/twisted her ankle. **3.** nach Präp. (nach man od. Inf.) oneself; (3. Pers. Sg.) himself/herself/itself; (3. Pers. Pl.) themselves; (Höflichkeitsform Sg./Pl.) yourselves; **die Schuld auf ~ nehmen** take the blame upon oneself; **das ist eine Sache für ~:** that is a separate question; **das hat nichts auf ~:** that is of no consequence; **das hat etwas/viel für ~:** there is something/a great deal in that; **das Ding an ~** (Philos.) the thing in itself; **von ~ aus** on one's own initiative; without being asked; s. auch an 2 b; für 1 a; kommen q. **4.** (in unpers. Ausdrucksweisen für man od. passivisch) **auf dieser Straße fährt es ~ gut** this is a good road to drive on; **es läßt ~ nicht schneiden/ öffnen** it cannot be cut/opened; it is impossible to cut/open it. **5.** (einander) one another; each other; **sie küßten ~:** they kissed [one another]; **sie sind ~ spinnefeind** they are at daggers drawn [with one another]; **sie sehen ~ ähnlich** they look alike

Sichel ['zɪçl̩] *die;* ~, ~n sickle
sichel·förmig 1. *Adj.* crescent- *or* sickle-shaped. 2. *adv.* in [the shape of] a crescent *postpos.*
sicher ['zɪçɐ] 1. *Adj.* a) *(ungefährdet)* safe ⟨*road, procedure, etc.*⟩; secure ⟨*job, investment, etc.*⟩; **in ~em Abstand** at a safe distance; **vor jmdm./etw. ~ sein** be safe from sb./sth.; **~ ist ~**: it's better to be on the safe side; better safe than sorry; *s. auch* **Nummer a**; b) *(zuverlässig)* reliable ⟨*evidence, source*⟩; secure ⟨*income*⟩; certain, undeniable ⟨*proof*⟩; *(vertrauenswürdig)* reliable, sure ⟨*judgment, taste, etc.*⟩; **eine ~e Hand** a sure *or* steady hand; c) *(selbstbewußt)* [self-]assured, [self-]confident ⟨*person, manner*⟩; d) *(gewiß)* certain; sure; **der ~ Sieg/Tod** certain victory/death; **er war sich** *(Dat.)* **seines Erfolges ~**: he was confident of success; **eine Strafe ist ihm ~**: he is certain *or* sure to be punished; **seiner** *(Gen.)* **selbst sehr ~ sein** be very sure of oneself. 2. *adv.* a) *(ungefährdet)* safely; **~ die Straße überqueren** cross the street in safety; **Geld ~ aufbewahren** keep money in a safe place; **um ganz ~ zu gehen** to be quite sure; b) *(zuverlässig, vertrauenswürdig)* reliably; **~ [Auto] fahren** be a safe driver; **[nicht mehr] ~ auf den Beinen stehen** be [un]steady on one's legs; c) *(selbstbewußt)* [self-]confidently; **~ auftreten** behave in a self-assured *or* self-confident manner. 3. *Adv.* certainly; *(plädierend)* surely; **Kommst du? – Aber ~**: Are you coming? – Certainly; Of course; **du hast ~ schon gehört, daß ...**: you are bound to *or* must have heard that ...; **kommt er bald** he is sure to come soon
sicher|gehen *unr. itr. V.; mit sein* play safe; **um sicherzugehen** to be on the safe side
Sicherheit *die;* ~, ~en *a*) *o. Pl.* safety; *(der Öffentlichkeit)* security; **die ~ der Arbeitsplätze** job security; **ein Gefühl der ~** a sense of security; **in ~ sein** be safe; **jmdn./etw. in ~ [vor etw.** *(Dat.)***] bringen** save *or* rescue sb./sth. [from sth.]; **sich vor etw.** *(Dat.)* **in ~ bringen** escape from sth.; **zur ~**: to be on the safe side; for safety's sake; **jmdn./sich in ~ wiegen** lull sb./[allow oneself to] be lulled into a [false] sense of security; *s. auch* **öffentlich 1**; *b*) *o. Pl. (Gewißheit)* certainty; **mit an ~** *(Akk.)* **grenzender Wahrscheinlichkeit** with almost complete certainty; almost certainly; **mit ~!** *(als Antwort)* certainly!; of course!; *c*) *(Wirtsch.: Bürgschaft)* security; *d*) *o. Pl. (Zuverlässigkeit, Vertrauenswürdigkeit)* reliability; soundness; *e*) *o. Pl. (Selbstbewußtsein)* [self-]confidence; [self-]assurance; **~ im Auftreten/Benehmen** [self-]confidence of manner
sicherheits-, Sicherheits-: **~abstand der** *(Verkehrsw.)* safe distance between vehicles; **einen zu geringen ~abstand einhalten** drive too close to the vehicle in front; **~beauftragte der/die** security officer; **~bindung die** *(Ski)* safety binding; **~glas das** safety glass; **~gurt der a)** *(im Auto, Flugzeug)* seat-belt; b) *(für Bauarbeiter, Segler)* safety harness; **~halber** *Adv.* to be on the safe side; for safety's sake; **~kette die** safety *or* door chain; **~maßnahme die** safety measure; precaution; **~nadel die** safety-pin; **~organe** *Pl.* security service *sing. or* services *pl.*; **~rat der**; *o. Pl.* Security Council; **~risiko das** security risk; **~schloß das** safety lock; **~ventil das** *(Technik.)* safety-valve; **~verschluß der** safety-catch; **~vorkehrung die** [safety] precaution; safety measure; **~vorschrift die** safety regulation
sicherlich *Adv.* certainly; **er wird es ~ tun** he is certain *or* sure to do it
sichern 1. *tr. V.* a) make ⟨*door etc.*⟩ secure; *(garantieren)* safeguard ⟨*rights, peace*⟩; *(schützen)* protect ⟨*rights etc.*⟩; **etw./sich gegen etw.** *od.* **vor etw.** *(Dat.)* **~**: protect sth./oneself against sth.; **ein gesichertes Einkommen** a secure *or* guaranteed income; **eine Schußwaffe ~**: put the safety-catch on a firearm; b) *(verschaffen; polizeilich ermitteln)* secure ⟨*ticket, clue, etc.*⟩; **[sich** *(Dat.)***] etw. ~**: secure sth. 2. *itr. V. (Jägerspr.)* scent; test the wind
sicher|stellen *tr. V.* a) *(beschlagnahmen)* impound ⟨*goods, vehicle*⟩; seize ⟨*stolen goods*⟩; confiscate ⟨*licence etc.*⟩; b) *(gewährleisten)* guarantee ⟨*supply, freedom, etc.*⟩; c) *(beweisen)* establish [beyond doubt]
Sicher·stellung *die* a) *sicherstellen* a: impounding; seizure; confiscation; b) *(Gewährleistung)* guarantee
Sicherung *die;* ~, ~en *a) o. Pl. (das Sichern)* safeguarding *(vor + Dat.,* gegen from, against); *(das Schützen)* protection *(vor + Dat.,* gegen from, against); b) *(Elektrot.)* fuse; *s. auch* **durchbrennen a**; c) *(techn. Vorrichtung)* safety-catch; d) *(Schutz)* safeguard ⟨*gegen* against⟩
Sicherungs-: **~kasten der** fuse-box; **~verwahrung die** *(Rechtsw.)* preventive detention
Sicht [zɪçt] *die;* ~, ~en *a) o. Pl. (~weite)* visibility *no art.; (Ausblick)* view (**auf +** *Akk.,* **in +** *Akk.* of); **gute** *od.* **klare/schlechte ~**: good/poor visibility; **die ~ beträgt nur fünfzig Meter** visibility is down to fifty metres; **in ~ kommen** come into sight; **außer ~ sein** be out of sight; **Land in ~!** land ahoy!; **auf ~ fliegen** fly by VFR; b) *o. Pl. (Kaufmannsspr.)* **Wechsel auf ~**: bill payable on demand *or* at sight; c) **auf lange/kurze ~**: in the long/short term; **auf lange** *od.* **weite ~ planen** plan on a long-term basis; d) *(Betrachtungsweise)* point of view; **aus meiner ~/in der ~ des Historikers**: in my/the historian's view
sichtbar 1. *Adj.* visible; *(fig.)* apparent ⟨*reason*⟩; **für jedermann ~ sein** be obvious *or* evident to everyone; **sich** *(Dat.)* **~e Mühe geben** go to obvious *or* appreciable trouble; **etw. ~ machen** clarify sth. 2. *adv.* visibly; **immer ~ zutage treten** *(fig.)* become increasingly obvious *or* apparent
Sicht·blende die screen; *(Jalousie)* blind
sichten *tr. V.* a) *(erspähen)* sight; b) *(durchsehen)* sift [through]; *(prüfen)* examine
Sicht-: **~flug der** contact *or* VFR flying; **~gerät das** VDU; **~grenze die**: **die ~grenze liegt bei 30 Metern** [maximum] visibility is 30 metres; **~karte die** pass
sichtlich 1. *Adj.* obvious; evident. 2. *adv.* obviously; evidently; visibly *(impressed)*
Sicht·linie die *(Verkehrsw.)* sight-line; **bis zur ~ vorfahren** drive up to a/the point where one can see what is coming
Sichtung *die;* ~, ~en *o. Pl.* sighting; b) *(das Durchsehen)* sifting; *(das Prüfen)* examination; inspection
Sicht-: **~verhältnisse** *Pl.* visibility *sing.*; **~vermerk der** visa; **~weite die** visibility *no art.*; **außer/in ~weite sein** be out of/in sight; **in ~weite kommen** come into sight
sickern ['zɪkɐn] *itr. V.; mit sein* seep; *(spärlich fließen)* trickle; *(fig.)* ⟨*money*⟩ leak away
Sicker·wasser das; *o. Pl.* a) *(im Boden)* gravitational *or* drainage water; b) *(aus einem Damm o. ä.)* seepage *(from a dam etc.)*
sie [zi:] 1. *Personalpron.;* 3. *Pers. Sg. Nom. Fem. (bei weiblichen Personen und Tieren)* she; *(bei Dingen, Tieren)* it; *(bei Behörden)* they *pl.;* **Wer hat es gemacht? – Sie war es/Sie** Who did it? – It was her/She did; **ich weiß mehr als ~**: I know more than she does; I know more from her *(coll.);* s. *auch* **¹ihr**; **ihrer a**. 2. *Personalpron.;* 3. *Pers. Pl. Nom. a) they; b) (ugs.); Wer hat es gemacht? – Sie waren es/Sie** Who did it? – It was them/They did; **ich weiß mehr als ~**: I know more than they do; I know more than them *(coll.);* s. *auch* **ihnen; ihrer b**; b) *(ugs.: man)* mir haben ~ mein Rad gestohlen somebody's stolen my bike; **hier wollen ~ das neue Rathaus bauen** here's where they are going to build the new town hall; **den haben ~ verhaftet** he's been arrested. 3. *Akk. des Personalpron.* **sie 1** *(bei weiblichen Personen und Tieren)* her; *(bei Dingen und Tieren)* it; *(bei Behörden)* them *pl.* 4. *Akk. des Personalpron.* **sie 2 a** them
¹Sie *Personalpron.* a) *Anrede an eine od. mehrere Personen* you; **jmdn. mit ~ anreden** address sb. as 'Sie'; use the polite form of address to sb.; **kommen ~ her!** come here!; b) *(veralt.: Anrede an eine Untergebene)* you
²Sie *die;* ~, ~s *(ugs.)* she
Sieb [zi:p] *das;* ~[e]s, ~e a) *(Kaffee ~, Tee~)* strainer; *(für Sand, Kies usw.)* riddle; *(Technik: Filter)* filter; **er hat ein Gedächtnis wie ein ~**: he's got a memory like a sieve; b) *(Druckw.)* screen
Sieb·druck der; *Pl.* ~e *a) o. Pl. (Verfahren)* [silk-]screen printing *no art.;* b) *(Erzeugnis)* [silk-]screen print
¹sieben 1. *tr. V.* a) *(durch~)* sieve ⟨*flour etc.*⟩; riddle ⟨*sand, gravel, etc.*⟩; b) *(auswählen)* screen ⟨*candidates, visitors, etc.*⟩. 2. *itr. V.* a) use a sieve/strainer/riddle; b) *(auswählen)* pick and choose; **bei der Prüfung haben sie [schwer] gesiebt** *(ugs.)* they weeded out [a lot of] people in the examination
²sieben *Kardinalz.* seven; **die ~ fetten/mageren Jahre** the seven years of plenty/lean years; **die Sieben Freien Künste** the liberal arts; *s. auch* **acht**
Sieben die; ~, ~en a) *(Ziffer)* seven; b) *(Spielkarte)* seven; c) *(ugs.: Bus-, Bahnlinie)* number seven; *s. auch* **Acht a, g; böse 1 b**
sieben·armig *Adj.* seven-armed; **~er Leuchter** *(jüd. Rel.)* seven-branched candelabrum; menorah
Sieben·bürgen (das); ~s Transylvania
Sieben·eck das heptagon
sieben·eckig *Adj.* heptagonal
Siebener der; ~s, ~ *(ugs.)* a) *(im Lotto usw.)* seven winning numbers *pl.;* b) *s.* **Sieben a, b, c**
siebenerlei *Gattungsz.;* indekl. a) *attr.* seven kinds *or* sorts of; seven different ⟨*sorts, kinds, sizes, possibilities*⟩; b) *subst.* seven [different] things
sieben-, Sieben-: **~fach** *Vervielfältigungsz.* sevenfold; *s. auch* **achtfach; ~fache das;** *adj. Dekl.* **das ~fache** seven times as much; *s. auch* **Achtfache; ~gestirn das;** *o. Pl.* Pleiades *pl.;* **~hundert** *Kardinalz.* seven hundred; **~jährig** *Adj.* a) *(7 Jahre alt)* seven-year-old *attrib.;* seven years old *pred.;* b) *(7 Jahre dauernd)* seven-year *attrib.;* **der Siebenjährige Krieg** the Seven Years War; *s. auch* **achtjährig; ~köpfig** *Adj.* seven-headed ⟨*monster*⟩; ⟨*family, committee*⟩ of seven; **~mal** *Adj.* seven times; *s. auch* **achtmal; ~malig** *Adj.; nicht präd.* **nach ~maligem Versuch** after the seventh attempt; *s. auch* **achtmalig; ~meilenstiefel** *(scherzh.)* seven-league boots; **~meilenstiefel anhaben** *(ugs. scherzh.)* have got one's seven-league boots on; **mit ~meilenstiefeln** *(ugs. scherzh.)* with giant strides; **~meter der** *(Hockey)* penalty [shot]; *(Hallenhandball)* penalty [throw]; **~monatskind das** child born two months prematurely; **~sachen** *Pl. (ugs.)* **meine/deine usw. ~sachen** my/your etc. belongings *or (coll.)* bits and pieces; **~schläfer der** a) *(Tier)* dormouse; b) *(volkst.: Tag)* 27 June *(rain on which is supposed to foretell rain for seven weeks);* St. Swithin's Day; **~seitig** *Adj.* seven-sided ⟨*figure*⟩; seven-page ⟨*letter, article, etc.*⟩; **~stöckig** *Adj.* seven-storey ⟨*building*⟩; *s. auch* **achtstöckig**
siebent *s.* **siebt**
siebent... *Ordinalz. s.* **siebt...**
sieben·tausend *Kardinalz.* seven thousand

Siebente

Siebente der/die; *adj. Dekl. s.* Siebte
sieben·teilig *Adj.* seven-piece ⟨*tool-set etc.*⟩; seven-part ⟨*serial*⟩; *s. auch* **achtteilig**
siebentel ['ziːbn̩tl] *s.* siebtel
Siebentel das; ~s, ~ *s.* Siebtel
siebentens *Adv. s.* siebtens
sieben·zehn *(veralt., zur Verdeutlichung) s.* siebzehn
siebt [ziːpt] *in* **wir waren zu ~**: there were seven of us; *s. auch* ²**acht**
siebt... [ziːpt...] *Ordinalz.* seventh; *s. auch* **acht...**
Siebte der/die; *adj. Dekl.* seventh; *s. auch* **Achte**
siebtel ['ziːptl] *Bruchz.* seventh
Siebtel das *(schweiz. meist* der); ~s, ~: seventh
siebtens *Adv.* seventhly
sieb-, Sieb-: **~zehn** *Kardinalz.* seventeen; **~zehn·jährig** *Adj. (17 Jahre alt)* seventeen-year-old *attrib.*; seventeen years old *postpos.*; *(17 Jahre dauernd)* seventeen-year *attrib.*; *s. auch* **achtjährig**; **~zehnt...** *Ordinalz.* seventeenth; **~zehntel** das seventeenth; **~zehn·und·vier** das; ~: vingt-et-un
siebzig ['ziːptsɪç] *Kardinalz.* seventy; *s. auch* **achtzig**
¹**Siebziger** der; ~s, ~ a) *(70jähriger)* seventy-year-old; b) *(ugs.: Autobus usw.)* number seventy; c) *(Wein)* '70 vintage
²**Siebziger** die; ~, ~ *(ugs.)* a) *(Briefmarke)* seventy-pfennig/centimes *etc.* stamp; b) *(Zigarre)* seventy-pfennig cigar; c) *Pl. (ugs.: 70er Jahre)* seventies
siebzig·jährig *Adj. (70 Jahre alt)* seventy-year-old *attrib.*; *(70 Jahre dauernd)* seventy-year *attrib.*; *s. auch* **achtjährig**
siebzigst... *Ordinalz.* seventieth
siech [ziːç] *Adj. (geh.)* infirm; ailing
Siechtum das; ~s *(geh.) (long)* infirmity
siedeln ['ziːdl̩n] *itr. V.* settle
sieden ['ziːdn̩] 1. *unr. od. regelm. itr. V. (bes. südd.; fachspr. nur: siedete, gesiedet)* boil. 2. *unr. od. regelm. tr. V.* a) *(meist: sott, gesotten; bes. südd.)* boil; b) *(veralt.)* obtain ⟨*salt, soap, etc.*⟩ by boiling
siedend·heiß *Adj. (präd. getrennt geschrieben)* boiling hot
Siede-: **~punkt** der *(Physik; auch fig.)* boiling-point; **auf den ~punkt steigen** *(fig.)* reach boiling point; **~wasser·reaktor** der *(Kerntechnik)* boiling-water reactor
Siedler der; ~s, ~, **Siedlerin** die; ~, ~nen settler
Siedlung die; ~, ~en a) *(Wohngebiet)* [housing] estate; b) *(Niederlassung)* settlement
Siedlungs·haus das house on an estate; estate house
Sieg [ziːk] der; ~[e]s, ~e victory, *(bes. Sport)* win (**über** + *Akk.* over); **auf ~ spielen** go for a win; **den ~ davontragen** *(geh.)* be victorious *(Sport)* be the winner/winners; **ein ~ der Vernunft** *(fig.)* a victory for common sense
Siegel ['ziːgl̩] das; ~s, ~: seal; *(von Behörden)* stamp; *(des Gerichtsvollziehers)* bailiff's seal; **unter dem ~ der Verschwiegenheit** *(fig.)* under the seal of secrecy
Siegel·lack der sealing-wax
siegeln *tr. V.* seal
Siegel·ring der signet-ring
siegen *itr. V.* win; **über jmdn. ~**: gain or win a victory over sb.; *(bes. Sport)* win against sb.; **mit 2:0 ~** *(Sport)* win 2-0 or by two goals to nil
Sieger der; ~s, ~: winner; *(Mannschaft)* winners *pl.; (einer Schlacht)* victor; **als ~ hervorgehen** emerge victorious (**aus** from); **zweiter ~ sein** *(Sportjargon)* be runner-up/runners-up
Sieger·ehrung die presentation ceremony; awards ceremony

Siegerin die; ~, ~nen *s.* Sieger
Sieger-: **~macht** die victorious power; **~podest** das winners' rostrum; **~urkunde** die winner's certificate
sieges-, Sieges-: **~bewußt** 1. *Adj.* confident of victory *postpos.; (erfolgssicher)* confident of success *postpos.*; 2. *adv.* confident of victory; confidently; **~gewiß** *(geh.) s.* **~sicher**; **~göttin** die *(Myth.)* goddess of victory; **~palme** die palm [of victory]; **die ~palme davontragen** *(fig.)* carry off the palm; **~säule** die victory column; **~sicher** 1. *Adj.* certain or confident of victory *pred.; (erfolgssicher)* certain or confident of success *pred.*; 2. *adv.* confident of victory; ⟨*say, smile*⟩ confidently; **~trunken** *(geh.)* 1. *Adj.* intoxicated or drunk with victory *pred.*; 2. *adv.* intoxicated or drunk with victory; **~zug** der *(auch fig.)* triumphant progress
sieg-, Sieg-: **~gewohnt** *Adj.* ⟨*army*⟩ accustomed to victory; ⟨*team*⟩ used to winning; **~los** *Adj.* without a victory *postpos.; (Sport)* without a win *postpos.*; **~reich** *Adj.* victorious; winning ⟨*team*⟩; successful ⟨*campaign*⟩; **nach einer ~reichen Schlacht** after winning a battle; **~treffer** der *(bes. Fußball)* winning goal
sieh [ziː], **siehe** *Imperativ Sg. v.* sehen
siehst [ziːst] 2. *Pers. Sg. Präsens v.* sehen
sieht [ziːt] 3. *Pers. Sg. Präsens v.* sehen
Siel [ziːl] der od. das; ~[e]s, ~e *(nordd.)* a) *(Deichschleuse)* dike sluice or floodgate; b) *(Abwasserkanal)* sewer
Siele die; ~, ~n *(veralt.)* breast harness; **in den ~n sterben** *(fig.)* die in harness
Siena ['ziːɛna] *indekl.* sienna
siezen ['ziːtsn̩] *tr. V.* call 'Sie' *(the polite form of address);* **sich ~**: call each other 'Sie'; **sich mit jmdm. ~**: call sb. 'Sie'
Sigel ['ziːgl̩] das; ~s, ~ *(Zeichen)* logogram; *(in der Stenographie)* grammalogue; *(Kürzel)* abbreviation
Signal [zɪ'gnaːl] das; ~s, ~e signal; **das ~ zum Angriff geben** give the signal to attack; **~e setzen** *(fig.)* set a new direction; **das ~ steht auf „Halt"** the signal is at 'stop'
Signal-: **~an·lage** die *(Verkehrsw.)* signals *pl.*; **~brücke** die *(Eisenb.)* [signal] gantry
Signalement [zɪɡnalə'mɛnt] das; ~s, ~e *(schweiz.)* personal description or details *pl.*
Signal-: **~flagge** die *(Seew.)* signal flag; **~horn** das horn; hooter *(Brit.)*
signalisieren *tr. V.* indicate ⟨*danger, change, etc.*⟩; *(fig.: übermitteln)* signal ⟨*message, warning, order*⟩ (+ *Dat.* to)
Signal-: **~lampe** die indicator light; **~mast** der *(Seew.)* signalling mast; *(Eisenb.)* signal post or mast; **~wirkung** die knock-on effect
Signatar·macht [zɪɡna'taːɐ̯-] die *(Politik)* signatory power
Signatur [zɪɡna'tuːɐ̯] die; ~, ~en a) *(Namenszeichen)* initials *pl.; (Kürzel)* abbreviated signature; *(des Künstlers)* autograph; b) *(veralt.: Unterschrift)* signature; c) *(in einer Bibliothek)* shelf-mark; d) *(auf Landkarten)* [map] symbol
Signet [zɪn'jeː] das; ~s, ~s *(Buchw.)* [publisher's] imprint
signieren 1. *tr. V.* sign; autograph ⟨*one's own work*⟩. 2. *itr. V.* sign or autograph one's work
signifikant [zɪɡnifi'kant] *(geh.)* 1. *Adj.* a) *(wesentlich)* significant; b) *(typisch)* characteristic, typical (**für** of). 2. *adv.* significantly
Signifikanz die; ~ *(geh.)* significance
Sigrist [ziː'ɡrɪst] der; ~en, ~en *(schweiz.)* sexton
Silbe ['zɪlbə] die; ~, ~n syllable; **etw. mit keiner ~ erwähnen** not say a word about sth.
Silben-: **~rätsel** das puzzle in which syllables must be combined to form words; **~trennung** die word-division *(by syllables)*
Silber ['zɪlbɐ] das; ~s a) *(Edelmetall, Farbe)* silver; b) *(silbernes Gerät)* silver[ware]; c) *o. Art. (Sport: ~medaille)* silver [medal]; **sie hat schon zweimal olympisches ~ geholt** she has already won two Olympic silver medals
silber-, Silber-: **~ader** die vein of silver; **~arbeit** die silverwork; *(Gegenstand)* piece of silverwork; **~auf·lage** die silver plating *no indef. art.*; **~barren** der silver bar or ingot; **~blech** das rolled silver; **~besteck** das silver cutlery; **~blick** der; *o. Pl. (ugs. scherzh.)* [slight] squint; **~blond** *Adj.* silver-blond; **~distel** die carline thistle; **~farben, ~farbig** *Adj.* silver; **~fischchen** das silver-fish; **~fuchs** der silver fox; **~führend** *Adj. s.* **~haltig**; **~gehalt** der silver content; **~geld** das; *o. Pl.* silver; **~geschirr** das silver plate; silverware; **~grau** *Adj.* silver-grey; **~haar** das *(geh.)* silvery hair; **~haltig** *Adj.* silver-bearing; argentiferous; **~hoch·zeit** die silver wedding; **~kette** die silver necklace; **~legierung** die silver alloy
Silberling der; ~s, ~e *(veralt.)* piece of silver
Silber-: **~medaille** die silver medal; **~mine** die silver mine; **~möwe** die herring-gull; **~münze** die silver coin
silbern 1. *Adj.* a) *nicht präd. (aus Silber)* silver; b) *(silberfarben)* silvery ⟨*moonlight, shade, gleam, etc.*⟩. 2. *adv.* a) *(mit Silber)* ⟨*ornament, coat, etc.*⟩ with silver; b) *(wohltönend)* ⟨*chime etc.*⟩ with a silvery sound
silber-, Silber-: **~papier** das silver paper; **~pappel** die white poplar; **~streif** der, **~streifen** der silver line or strip; **ein ~streifen am Horizont** *(fig.)* a ray of hope on the horizon; **~weiß** *Adj.* silvery-white; **~zwiebel** die *St.* Perlzwiebel
-silbig *Adj.* -syllable
silbrig *Adj. (geh.)* silvery
Silhouette [zi'luɛtə] die; ~, ~n a) silhouette; b) *(Mode)* line; **mit** od. **in modischer ~**: with a fashionable line or shape
Silicat *(fachspr.) s.* Silikat
Silicium [zi'liːtsi̯ʊm] das; ~s silicon
Silicon *(fachspr.) s.* Silikon
Silikat [zili'kaːt] das; ~[e]s, ~e *(Chemie)* silicate
Silikon [zili'koːn] das; ~s, ~e *(Chemie)* silicone
Silikose [zili'koːzə] die; ~, ~n *(Med.)* silicosis
Silizium *s.* Silicium
Silo ['ziːlo] der od. das; ~s, ~s silo
Silur [zi'luːɐ̯] das; ~s *(Geol.)* Siluran
Silvaner [zɪl'vaːnɐ] der; ~s, ~: silvaner [wine]
Silvester [zɪl'vɛstɐ] der od. das; ~s, ~: New Year's Eve; **~ feiern** see the New Year in
Silvester·nacht die night of New Year's Eve
Simbabwe [zɪm'baːbvə] *(das)*; ~s Zimbabwe
Simili·stein ['ziːmili-] der *(bes. Mineralogie)* imitation stone
Simmer·ring Ⓦ ['zɪmɐ-] der *(Technik)* ring-type oil seal
Simonie [zimo'niː] die; ~, ~n *(kath. Kirche)* simony
simpel ['zɪmpl̩] 1. *Adj.* a) *(einfach)* simple ⟨*question, task*⟩; b) *(abwertend: beschränkt)* simple-minded ⟨*person*⟩; simple ⟨*mind*⟩; c) *(oft abwertend: schlicht)* basic ⟨*toy, dress, etc.*⟩. 2. *adv.* a) *(einfach)* simply; b) *(abwertend: beschränkt)* in a simple-minded manner; c) *(oft abwertend: schlicht)* simply; basically
Simpel der; ~s, ~ *(bes. südd. ugs.)* simpleton; fool; **ich ~!** fool that I am/was
Simplex ['zɪmplɛks] das; ~, ~e od. Simplizia [zɪm'pliːtsi̯a] *(Sprachw.)* simplex
simplifizieren *tr., itr. V.* over-simplify
Simplizität die; ~ *(veralt.)* simplicity

Sims [zɪms] der od. das; ~es, ~e ledge; sill; (Kamin~) mantelpiece
Simse ['zɪmzə] die; ~, ~n (Bot.) bulrush
Simson ['zɪmzɔn] (der); ~s Samson
Simulant [zimuˈlant] der; ~en, ~en, **Simulantin** die; ~, ~nen malingerer
Simulator [zimuˈlaːtɔr] der; ~s, ~en [-ˈtoːrən] (Technik) simulator
simulieren 1. tr. V. feign, sham ⟨illness, emotion, etc.⟩; simulate ⟨situation, condition, etc.⟩. 2. itr. V. (Krankheit vortäuschen) feign illness; pretend to be ill; **er simuliert nur** he's just putting it on
simultan [zimʊlˈtaːn] 1. Adj. simultaneous. 2. adv. simultaneously
Simultan-: ~**dolmetschen** das simultaneous interpreting or work; ~**dolmetscher** der simultaneous interpreter
Sinai·halb·insel ['ziːnai-] die Sinai Peninsula
sind [zɪnt] 1. u. 3. Pers. Pl. Präsens v. **sein**
sine tempore ['ziːnə 'tɛmpɔrə] (Hochschulw.) at the time stated
Sinfonie [zɪnfoˈniː] die; ~, ~n (auch fig.) symphony
Sinfonie-: ~**konzert** das symphony concert; ~**orchester** das symphony orchestra
Sinfoniker Pl. (Orchester) symphony orchestra sing.
sinfonisch (Musik) 1. Adj. symphonic. 2. adv. symphonically
Singapur ['zɪŋɡapuːɐ̯] (das); ~s Singapore
Sing·drossel die song-thrush
singen ['zɪŋən] 1. unr. itr. V. **a)** sing; **einen ~den Tonfall haben** have a lilting cadence; **b)** (salopp: vor der Polizei aussagen) squeal (sl.); **jmdm. zum Singen bringen** make sb. talk; **c)** (dichter. veralt.) **von etw.** ~ ⟨poet, poem⟩ sing of sth.. 2. unr. tr. V. **a)** sing ⟨song, aria, contralto, tenor, etc.⟩; **jmds. Lob/Ruhm** ~ (fig. geh.) sing sb.'s praises; **das kannst du** ~ (fig. ugs.) you can bet your life on that; **b)** sich heiser/müde ~: sing until one is hoarse/tired; **jmdn. in den Schlaf** ~: sing sb. to sleep
¹**Single** ['zɪŋ!] die; ~, ~s ⟨Schallplatte⟩ single
²**Single** der; ~|s|, ~s single person; ~s single people no art.
³**Single** das; ~|s|, ~[s] (Badminton, Tennis) singles sing. or pl.
Sing-: ~**sang** der; ~|e|s **a)** (das Singen) singsong; **b)** (Melodie) simple tune; ~**spiel** das (Musik) Singspiel; ~**stimme** die voice
Singular ['zɪŋɡulaːɐ̯] der; ~s, ~e **a)** o. Pl. singular; **Sinto ist der** ~ **von** od. **zu Sinti** 'Sinto' is the singular of 'Sinti'; **b)** (Wort) word in the singular
singulär (geh.) 1. Adj. **a)** rare; **b)** (einzigartig) unique; singular. 2. adv. rarely
Singularetantum [zɪŋɡulaːrɛˈtantʊm] das; ~s, **Singulariatantum** singular-only noun
singularisch (Sprachw.) 1. Adj. singular ⟨form, ending⟩. 2. adv. in the singular
Sing·vogel der songbird
sinken ['zɪŋkn̩] unr. itr. V.; mit sein **a)** ⟨ship, sun⟩ sink, go down; ⟨plane, balloon⟩ descend, go down; (geh.) ⟨leaves, snowflakes⟩ fall; **die** ~ **de Sonne** the setting sun; **er ist tief gesunken** (fig.) he has sunk low; **er wäre am liebsten in den Boden gesunken** he wished the earth would [open and] swallow him up; **ins Bett/in einen Sessel** ~ (fig.) fall into bed/sink into a chair; **in Ohnmacht** ~ (geh.) swoon; fall into a faint; **in Schlaf** ~ (geh.) sink into a sleep; **b)** (nieder~) fall; **jmdm. an die Brust** ~: fall upon sb.'s breast; **der Kopf sank ihm auf die Brust** his head dropped to his chest; **auf** od. (geh.) **in die Knie** ~: sink or fall to one's knees; **die Hände in den Schoß** ~ **lassen** let one's hands drop to one's lap; **c)** (niedriger werden) ⟨temperature, level⟩ fall, drop; **das Thermometer/Barometer sinkt** the temperature is falling/the barometer is going back; **d)** (an Wert verlieren) ⟨price, value⟩ fall, go down; **in jmds. Gunst/Achtung** ~: go down in sb.'s favour/estimation; **e)** (nachlassen, abnehmen) fall; go down; ⟨excitement, interest⟩ diminish, decline; **jmds. Mut/Vertrauen sinkt** sb. loses courage/confidence; **ihre gute Laune sank** her good mood gradually disappeared
Sinn [zɪn] der; ~|e|s, ~e **a)** sense; **den** od. **einen sechsten** ~ **[für etw.] haben** have a sixth sense [for sth.]; **seine fünf** ~ **e nicht beisammenhaben** (ugs.) be not quite right in the head; **b)** Pl. (geh.: Bewußtsein) senses; mind sing.; **ihm schwanden die** ~ **e** he lost consciousness; **nicht bei** ~ **en sein** be out of one's senses or mind; **bist du noch bei** ~ **en?** have you gone out of your mind?; **have you taken leave of your senses?**; **wie von** ~ **en as if he/she had gone out of his/her mind**; **c)** o. Pl. (Gefühl, Verständnis) feeling; **einen** ~ **für Schönheit/Stil/Gerechtigkeit/Humor** usw. **haben** have a sense of beauty/style/justice/humour etc.; **er hatte wenig** ~ **für Familienfeste** he didn't care much for family parties; **d)** o. Pl. (geh.: Gedanken, Denken) mind; **er hat ganz in meinem** ~ **gehandelt** he acted correctly to my mind or my way of thinking; **das ist nach meinem** ~ : I like that; I agree with that; **mir steht der [nicht] danach/nach etw.** I [don't] feel like it/sth.; **sich** (Dat.) **etw. aus dem** ~ **schlagen** put [all thoughts of] sth. out of one's mind; **etw. im** ~ **haben** have sth. in mind; **jmdm. in den** ~ **kommen** come to sb.'s mind; **das will mir nicht in den** ~ (veralt.) I simply can't understand it; **e)** o. Pl. (geh.: Denkungsart) mind; way of thinking; **f)** o. Pl. (~gehalt, Bedeutung) meaning; **im strengen/wörtlichen** ~ : in the strict/literal sense; **jmds. Rede dem** ~ **e nach wiedergeben** convey the gist of sb.'s speech; **g)** (Ziel u. Zweck) point; **der** ~ **des Lebens** the meaning of life; **ohne** ~ **sein** be pointless or meaningless; **ohne** ~ **und Verstand** without thinking [about it/them]; **h)** Pl. (sexuelles Verlangen) desire sing.; desires
Sinn·bild das symbol
sinn·bildlich 1. Adj. symbolic. 2. adv. symbolically
sinnen (geh.) unr. itr. V. **a)** (nachdenken) think; **sie schaute** ~ **d aus dem Fenster** she looked thoughtfully out of the window; **b)** (planen) **auf etw.** (Akk.) ~ : plan or plot sth.; **auf Rache** ~ : be out for revenge
sinnen-, Sinnen-: ~**freude** die (geh.) joie de vivre; zest for life; ~**froh** (geh.) Adj. sensuous; ~**lust** die; o. Pl. sensuality; ~**rausch** der; o. Pl. (geh.) [sensual] passion
sinn·entstellend 1. Adj. which distorts/distorted the meaning postpos., not pred. 2. adv. ⟨translate, shorten⟩ so that the or its meaning is distorted
Sinnes-: ~**art** die disposition; ~**eindruck** der sense impression; sensation; ~**organ** das sense-organ; sensory organ; ~**täuschung** die trick of the senses; ~**wandel** der change of mind or heart
sinn-, Sinn-: ~**fällig** 1. Adj. obvious; visible ⟨expression⟩. 2. adv. **etw.** ~**fällig zum Ausdruck bringen** express sth. intelligibly or in an easily understood way; ~**gebung** [~ɡeːbʊŋ] die (geh.) meaning; ~**gedicht** das (Literaturw.) epigram; ~**gehalt** der s. **Sinn f**; ~**gemäß** 1. Adj. **a)** eine ~gemäße Übersetzung a translation which conveys the general sense; **b)** (folgerichtig) logical. 2. adv. **a)** (inhaltlich) **etw.** ~**gemäß übersetzen/wiedergeben** translate the general sense of sth./give the gist of sth.; **b)** (folgerichtig) logically
sinnieren itr. V. ponder (über + Akk. over); muse (über + Akk. [up]on)
sinnig Adj. (meist spött. od. iron.) clever; sensible (iron.)
sinnlich 1. Adj. **a)** sensory ⟨impression, perception, stimulus⟩; **b)** (sexuell) sensual ⟨love, mouth⟩; ~**es Verlangen** sexual desire; **c)** (sinnenfroh) sensuous ⟨pleasure, passion⟩. 2. adv. **a)** ⟨perceive, understand⟩ through the senses; **die** ~ **wahrnehmbare Welt** the world perceived by the senses; **b)** (sexuell) sensually; **jmdn.** ~ **erregen** arouse sb. sexually
Sinnlichkeit die; ~ **a)** sensuality; **b)** (sinnliche Wahrnehmbarkeit) sensuousness
sinn·los 1. Adj. **a)** (unsinnig) senseless; **b)** (zwecklos) pointless; **c)** (übermäßig) mad; wild. 2. adv. **a)** (unsinnig) senselessly; **b)** (zwecklos) pointlessly; **c)** (übermäßig) ⟨behave⟩ like mad; ~ **betrunken** blind drunk; **sich** ~ **besaufen** (salopp) get completely plastered (sl.)
Sinnlosigkeit die (Wesen, Art) senselessness; **b)** (Zwecklosigkeit) pointlessness
sinn-, Sinn-: ~**reich** Adj. **a)** (zweckmäßig) useful; **b)** (tiefsinnig) profound; ~**spruch** der saying; ~**stiftung** die: ~**stiftung durch Kunst** the endowment of life with meaning through art; ~**verwandt** Adj. (Sprachw.) synonymous ⟨words⟩; ~**verwandte Wörter** synonyms; ~**voll** 1. Adj. **a)** (vernünftig) sensible; **b)** (mit Sinn erfüllt, einen Sinn ergebend) meaningful; **dieser Satz ist nur** ~**voll, wenn** ...: this sentence only makes sense if ...; 2. adv. **a)** (vernünftig) sensibly; **b)** (mit Sinn erfüllt, einen Sinn ergebend) meaningfully; ~**widrig** Adj. (geh.) nonsensical; ~**zusammenhang** der context
Sinologe [zinoˈloːɡə] der; ~n, ~n sinologist; sinologue
Sinologie die; ~: sinology no art.
Sinologin die; ~, ~nen s. **Sinologe**
sinte·mal ['zɪntaˈmaːl] Konj. (veralt., noch scherzh.) because; since
Sinter ['zɪntɐ] der; ~s, ~: sinter
sintern (Technik) tr., itr. V. sinter
Sint·flut [zɪnt-] die Flood; Deluge; **nach mir/uns die** ~: I/we don't care what happens after I've/we've gone
sintflut·artig 1. Adj. torrential. 2. adv. in torrents
Sinto ['zɪnto] der; ~, **Sinti** Sinte
Sinus ['ziːnʊs] der; ~, ~ od. ~**se a)** (Math.) sine; **b)** (Anat.) sinus
Sinus·kurve die sine curve
Siphon ['ziːfõ] der; ~s, ~s **a)** siphon; **b)** (Geruchsverschluß) [anti-siphon] trap; **c)** (österr.: Sodawasser) soda[-water]
Sippe ['zɪpə] die; ~, ~n **a)** (Völkerk.) sib; **b)** (meist scherzh. od. abwertend: Verwandtschaft) clan; **c)** (Biol.) species
Sippen·haft die punishment of other members of a family or group for the crimes of one member
Sippschaft die; ~, ~en **a)** (meist abwertend: Sippe) clan; **b)** (abwertend: Gesindel) bunch (coll.); crowd (coll.)
Sirene [ziˈreːnə] die; ~, ~n **a)** siren; **b)** (Zool.) sirenian
Sirenen·geheul das wail of a/the siren/of sirens
sirren ['zɪrən] itr. V. buzz
Sirtaki [zɪrˈtaːki] der; ~, ~s syrtos
Sirup ['ziːrʊp] der; ~s, ~e syrup; (streichfähig auch) treacle (Brit.); molasses sing. (Amer.)
Sisal ['ziːzal] der; ~s sisal
sistieren [zɪsˈtiːrən] tr. V. (Rechtsw.) detain
Sistierung die; ~, ~en (Rechtsw.) detention
Sisyphus·arbeit ['ziːzyfʊs-] die Sisyphean task; never-ending task
Sitte ['zɪtə] die; ~, ~n **a)** (Brauch) custom; tradition; **es ist in England [nicht]** ~ ...: it is [not] the custom in England ...; **die** ~**n und Gebräuche eines Volkes** the customs and traditions of a people; **nach alter** ~: in the traditional way or manner; **b)** (moralische Norm) common decency; **gegen die guten** ~**n verstoßen** offend [against] common decency; **c)** Pl. (Benehmen) manners; **das sind**

ja feine ~n! *(iron.)* that's a nice way to behave! *(iron.);* **d)** *o. Pl. (ugs.: Sittenpolizei)* vice squad
sitten-, Sitten-: **~dezernat** *das* vice squad; **~geschichte** *die* history of life and customs; **~lehre** *die* ethics *sing.;* moral philosophy; **~los 1.** *Adj.* immoral; **2.** *adv.* immorally; **~polizei** *die (volkst.)* vice squad; **~richter** *der (oft abwertend)* moralist; moralizer; **sich zum ~richter erheben** sit in moral judgement [over sb.]; **~streng** *Adj. (veralt.)* morally strict; puritanical; **~strolch** *der (Pressejargon)* [sexual] molester; **~verfall** *der* moral decline; decline in moral standards; **~widrig 1.** *Adj.* **a)** *(Rechtssw.)* illegal ⟨methods, advertising, etc.⟩; **b)** *(unmoralisch)* immoral ⟨behaviour⟩; **2.** *adv. s.* **1**: illegally; immorally
Sittich ['zɪtɪç] *der;* ~s, ~e parakeet
sittlich 1. *Adj.* moral; **ihm fehlt die ~e Reife** he is morally immature. **2.** *adv.* morally
Sittlichkeit *die; o. Pl.* morality; morals *pl.*
Sittlichkeits-: **~verbrechen** *das* sexual crime; **~verbrecher** *der* sex offender
sittsam *(veralt.)* **1.** *Adj.* **a)** well-behaved ⟨child etc.⟩; decorous ⟨behaviour⟩; **b)** *(keusch)* demure. **2.** *adv.* **a)** in a well-behaved way; **b)** *(keusch)* demurely
Situation [zɪtua'tsi̯oːn] *die;* ~, ~en situation
Situations·komik *die* comedy deriving from a/the situation
situiert *Adj.* **gut/schlechter ~ [sein]** [be] well off/worse off
Sitz [zɪts] *der;* ~es, ~e **a)** seat; **er hat sich einen Stein als ~ ausgesucht** he picked a rock to sit on; **b)** *(mit Stimmrecht)* seat; **~ und Stimme haben** have a seat and a vote; **c)** *(Regierungs~)* seat; *(Verwaltungs~)* headquarters *sing. or pl.; (einer Firma)* head office; headquarters *sing. or pl.;* **d)** *(sitzende Haltung)* sitting position; *(beim Reiten)* seat; **e)** *(von Kleidungsstücken)* fit; **f) bei einem ~** *(ugs.)* in or at one go
Sitz-: **~bad** *das* sitz-bath; hip-bath; **~badewanne** *die* sitz-bath; hip-bath; **~bank** *die* bench; **~blockade** *die* sit-down blockade; **~ecke** *die* sitting area; *(Möbelstück)* corner seating unit
sitzen *unr. itr. V.; südd., österr., schweiz. mit sein* **a)** sit; **eine ~de Lebensweise** a sedentary life; **bleiben Sie bitte ~:** please don't get up; please remain seated; **er saß den ganzen Tag an der Schreibmaschine/in der Kneipe** he spent the whole day at the typewriter/in the pub *(Brit. coll.);* **auf der Anklagebank ~:** be in the dock; **er sitzt noch bei Tisch** *od.* **beim Essen** he is still eating *or* having his meal; **ich habe stundenlang beim Friseur ~ müssen** I had to spend hours at the hairdresser's; **im Sattel ~:** be in the saddle; **er sitzt viel über den Büchern** he spends a lot of time sitting over his books; **auf etw.** *(Dat.)* **~** *(salopp: etw. nicht hergeben)* hang on to sth.; not let go of sth.; **jmdm. auf der Pelle** *od.* **dem Pelz ~** *(salopp)* keep bothering sb.; keep on at sb. *(coll.);* **b)** *(sein)* be; **die Firma sitzt in Berlin** the firm is based in Berlin; **die Tür sitzt schief in den Angeln** the door is not hanging straight; **der Schreck sitzt ihr noch in den Gliedern** she is still suffering from the shock; **einen ~ haben** *(salopp)* have had one too many; **c)** *(gut) passen)* fit; **die Krawatte sitzt nicht** the tie isn't straight; **d)** *(ugs.: gut eingeübt sein)* **Lektionen so oft wiederholen, bis sie ~:** keep on repeating lessons till they stick *(coll.);* **wir hatten so lange geübt, bis jede Schrittkombination wie im Schlafe saß** we had practised till we could do every step in our sleep; **e)** *(ugs.: wirksam treffen)* hit home; **f)** *(Mitglied sein)* be, sit **(in + Dat. on); g)** *(ugs.: eingesperrt sein)* be in prison *or (sl.)* inside
sitzen-, Sitzen-: **~|bleiben** *unr. itr. V. (ugs.)* **a)** *(nicht aufstehen)* stay down [a year]; have to repeat a year; **b)** *(abwertend: als Frau unverheiratet bleiben)* be left on the shelf; **c)** *(keinen Käufer finden)* **auf etw.** *(Dat.)* **~bleiben** be left *or (coll.)* stuck with sth.; **~bleiber** *der;* ~s, ~ *(ugs. abwertend)* pupil repeating a year; pupil who has to repeat a year; **~|lassen** *unr. tr. V. (ugs.)* **a)** *(nicht heiraten)* jilt; **b)** *(im Stich lassen)* leave in the lurch; **er hat Frau und Kinder ~lassen** *od. (seltener:)* **~gelassen** he left his wife and children; **c) jmdn. ~lassen** *(vergeblich warten lassen)* stand sb. up *(coll.); (warten lassen)* leave sb. waiting; **d)** *(hinnehmen)* **etw. nicht auf sich** *(Dat.)* **~lassen** not take sth.; not stand for sth.
Sitz-: **~fleisch** *das (ugs. scherzh.)* **kein ~fleisch haben** not have the staying power; not be able to stick at it; *(nicht stillsitzen können)* not be able to sit still; **~gelegenheit** *die* seat; **~gruppe** *die* group of seats; **~kissen** *das (im Sessel, Sofa)* [seat] cushion; *(auf dem Fußboden)* [floor] cushion; **~ordnung** *die* seating plan or arrangement; **~platz** *der* seat; **~riese** *der (ugs. scherzh.)* person who looks tall when sitting down; **~stange** *die* perch; **~streik** *der* sit-down strike
Sitzung *die;* ~, ~en **a)** meeting; *(Parlaments~)* sitting; session; **b)** *(beim Zahnarzt)* visit; *(beim Psychotherapeuten)* session; *(ugs. scherzh.: Toilettenbesuch)* session; **c)** *(das Porträtsitzen)* sitting
Sitzungs-: **~bericht** *der* minutes *pl.;* **~periode** *die* session; **~saal** *der* conference hall; *(eines Gerichts)* court-room; **~zimmer** *das* conference room
sixtinisch [zɪts'tiːnɪʃ] *Adj.* Sistine
Sizilianer [zitsi'li̯aːnɐ] *der;* ~s, ~, **Sizilianerin** *die;* ~, ~nen Sicilian; *s. auch* **-in**
sizilianisch [zitsi'li̯aːnɪʃ] *Adj.* Sicilian
Sizilien [zi'tsiː.li̯ən] *(das),* ~s Sicily
Skagerrak·schlacht ['skaːgərak-] *die (hist.)* Battle of Jutland
Skala ['skaːla] *die;* ~, **Skalen a)** *(Maßeinteilung, Musik)* scale; **b)** *(Reihe)* range
Skalar *der;* ~s, ~s *(Math., Physik)* scalar
Skalde ['skaldə] *der;* ~n, ~n skald
Skalden·dichtung *die* the skaldic poetry
Skalp [skalp] *der;* ~s, ~e scalp
Skalpell [skal'pɛl] *das;* ~s, ~e scalpel
skalpieren *tr. V.* scalp
Skandal [skan'daːl] *der;* ~s, ~e **a)** scandal; **b)** *(bes. nordd.: Lärm)* row *(coll.)*
Skandal-: **~geschichte** *die* [piece of] scandal; **~nudel** *die (ugs.)* **sie ist eine ~nudel** she is always involved in some scandal or other
skandalös *Adj.* scandalous
skandieren [skan'diːrən] *tr. V.* **a)** chant; **b)** *(Verslehre)* scan
Skandinavien [skandi'naːvi̯ən] *(das),* ~s Scandinavia
Skandinavier [skandi'naːvi̯ɐ] *der;* ~s, ~, **Skandinavierin** *die;* ~, ~nen Scandinavian; *s. auch* **-in**
skandinavisch *Adj.* Scandinavian
Skarabäus [skara'bɛːʊs] *der;* ~, **Skarabäen** scarab
Skat [skaːt] *der;* ~[e]s, ~e *od.* ~s skat; **~ dreschen** *od.* **klopfen** *(salopp)* play skat
Skat·blatt *das* skat pack *(Brit.)* or *(Amer.)*
skaten *itr. V. (ugs.)* play skat
Skat·spieler *der* skat-player
Skeet·schießen ['skiːt-] *das;* ~s *(Sport)* skeet [shooting] *no art.*
Skelett [ske'lɛt] *das;* ~[e]s, ~e skeleton; **er ist nur noch ein ~** *od.* **das reinste ~:** he is little more than a skeleton
Skelett·bauweise *die (Bauw.)* skeleton construction
Skepsis ['skɛpsɪs] *die;* ~: scepticism
Skeptiker *der;* ~s, ~: sceptic
skeptisch 1. *Adj.* sceptical. **2.** *adv.* sceptically
Skeptizismus *der;* ~: scepticism
Sketch [skɛtʃ] *der;* ~[e]s, ~[e]s *od.* ~s sketch
Ski [ʃiː] *der;* ~s, ~er *od.* ~: ski; **~ laufen** *od.* **fahren** ski; **er läuft** *od.* **fährt gut ~:** he is a good skier; **~ Heil!** ski heil!; good skiing!
Ski-: **~bindung** *die* ski binding; **~bob** *der* ski-bob; **~fliegen** *das,* **~flug** *der* ski flying *no art.;* **~fahrerin** *die;* ~, ~nen *(südd., österr. scherzh.)* girl skier; **~lauf** *der,* **~laufen** *das* skiing *no art.;* **~läufer** *der* skier; **~lehrer** *der* ski-instructor; **~lift** *der* ski-lift; **~springen** *das;* ~s, ~: ski-jumping *no art.;* **~springer** *der* ski-jumper; **~stiefel** *der* ski boot; **~stock** *der* skistick; ski pole; **~zirkus** *der (Sportjargon)* ski circus
Skizze ['skɪtsə] *die;* ~, ~n **a)** *(Zeichnung)* sketch; **b)** *(Konzept)* outline; **c)** *(kurze Aufzeichnung)* [brief] account
Skizzen·block *der* sketch-pad; sketchblock
skizzen·haft 1. *Adj.* rough ⟨drawing, outline⟩. **2.** *adv.* roughly
skizzieren *tr. V.* **a)** *(zeichnen)* sketch; **b)** *(aufzeichnen)* outline; **c)** *(entwerfen)* draft
Sklave ['sklaːvə] *der;* ~n, ~n slave; **jmdn. zum ~n machen** make a slave of sb.; **er ist der ~ seiner Gewohnheiten** *(fig. abwertend)* he is a slave to habit
Sklaven-: **~arbeit** *die* **a)** slavery *no art.;* work as slaves *no art.;* **b)** *(abwertend: schwere Arbeit)* drudgery *no art.;* **~halter** *der* slave-owner; **~halter·gesellschaft** *die; o. Pl. (bes. marx.)* slave-owning society; **~händler** *der (auch fig. abwertend)* slave-trader
Sklaverei *die;* ~ **a)** *(auch fig. abwertend)* slavery *no art.;* **b)** *(oft abwertend: harte Arbeit)* drudgery *no art.*
Sklavin *die;* ~, ~nen *s.* **Sklave**; *s. auch* **-in**
sklavisch ['sklaːvɪʃ] *(veralt.)* **1.** *Adj.* slavish. **2.** *adv.* slavishly
Sklerose [skle'roːzə] *die;* ~, ~n *(Med.)* sclerosis *no art.*
skontieren [skɔn'tiːrən] *tr. V. (Kaufmannsspr.)* **eine Rechnung ~:** allow a [cash] discount on a bill
Skonto ['skɔnto] *der od. das;* ~s, ~s *(Kaufmannsspr.)* [cash] discount; **bei Barzahlung binnen 10 Tagen gewähren wir 3% ~ auf den Rechnungsbetrag** we allow a 3% discount if payment is made in cash within ten days
Skooter ['skuːtɐ] *der;* ~[e]s, ~: dodgem; bumper car
Skorbut [skɔr'buːt] *der;* ~[e]s *(Med.)* scurvy *no art.*
Skorpion [skɔr'pi̯oːn] *der;* ~s, ~e **a)** *(Tier)* scorpion; **b)** *(Astrol.)* Scorpio; *s. auch* **Fisch**
Skribent [skri'bɛnt] *der;* ~en, ~en *(veralt. abwertend)* scribbler
Skript [skrɪpt] *das;* ~[e]s, ~en *od.* ~s script; *(Manuskript)* manuscript
Skript·girl *das (Film)* script girl
Skriptum ['skrɪptʊm] *das;* ~s, **Skripten** *od.* **Skripta** *(österr., sonst veralt.)* manuscript
Skrotum ['skroːtʊm] *das;* ~s, **Skrota** *(Anat.)* scrotum
Skrupel ['skruːp!] *der;* ~s, ~: scruple; **~ haben** *od.* **kennen** have scruples
skrupel·los 1. *Adj. (abwertend)* **1.** unscrupulous. **2.** *adv.* unscrupulously
Skrupellosigkeit *die;* ~ *(abwertend)* unscrupulousness
skrupulös [skrupu'løːs] *(veralt.) Adj.* scrupulous
Skull [skʊl] *das;* ~s, ~s *(Seemannsspr., Rudersport)* scull
skullen *itr. V.; auch mit sein (Seemannsspr., Rudersport)* scull
Skulptur [skʊlp'tuːɐ̯] *die;* ~, ~en sculpture
skurril *Adj.* absurd, droll ⟨person⟩. **2.** *adv.* absurdly
Skurrilität *die;* ~, ~en absurdity
S-Kurve ['ɛs-] *die* S-bend; double bend
Slalom ['slaːlɔm] *der;* ~s, ~s *(Ski-, Kanusport)* slalom; **im ~ fahren** *(fig.)* zigzag

Slang [slæŋ] der; ~s a) (oft abwertend: Umgangssprache) slang; b) (Jargon) jargon
S-Laut ['ɛs-] der (stimmlos) s-sound; (stimmhaft) z-sound
Slawe ['sla:və] der; ~n, ~n, **Slawin** die; ~, ~nen Slav; s. auch -in
slawisch Adj. Slav[ic]; Slavonic
Slawist der; ~en, ~en Slavicist; Slavist
Slawistik die; ~: Slavonic studies pl., no art.
Slibowitz ['sli:bovɪts] der; ~[es], ~e slivovitz
Slip [slɪp] der; ~s, ~s briefs pl.
Slipper ['slɪpɐ] der; ~s, ~[s] slip-on [shoe]
Slogan ['slo:gn] der; ~s, ~s slogan
Slowake [slo'va:kə] der; ~n, ~n Slovak
Slowakei die; ~: Slovakia no art.
Slowakin die; ~, ~nen Slovak
slowakisch Adj. Slovak; Slovakian
Slowene [slo've:nə] der; ~n, ~n Slovene; Slovenian
Slowenien (das); ~s Slovenia
Slowenin die; ~, ~nen Slovene; Slovenian
Slowenisch das; ~en Slovene; Slovenian; s. auch Deutsch
Slow·fox ['slo:fɔks] der slow foxtrot
Slum [slam] der; ~s, ~s slum
Smaragd [sma'rakt] der; ~[e]s, ~e emerald
Smaragd·eidechse die green lizard
smaragden Adj. emerald
smaragd·grün Adj. emerald green
smart [sma:ɐ̯t] Adj. smart
Smog [smɔk] der; ~[s], ~s smog
Smog·alarm der smog warning; bei ~: if there is a smog warning
Smoking ['smo:kɪŋ] der; ~s, ~s dinner-jacket or (Amer.) tuxedo and dark trousers
Smutje ['smʊtjə] der; ~s, ~s (Seemannsspr.) ship's cook
Snob [snɔp] der; ~s, ~s (abwertend) snob
Snobismus der; ~ (abwertend) snobbery; snobbishness
snobistisch Adj. (abwertend) snobbish
so [zo:] 1. Adv. a) meist betont (auf diese Weise; in, von dieser Art) like this/that; this/that way; **schreibe den Brief so, wie ich es dir gesagt habe** write the letter as I told you; **er hat sich nicht so verhalten, wie allgemein erwartet wurde** he did not behave in the way that was generally expected; **so ist sie nun einmal** that's the way she is; **ist das [wirklich] so?** is that [really] true?; **wenn dem so ist** if that's the case; **sei doch nicht so** don't be like that; **es wird ja [mal] nicht so schlimm sein** it won't have to be awkward; **so ist das!** (resigniert) that's the way it goes!; that's how it goes!; **so ist es!** (zustimmend) that's correct or right!; **ach, so ist das!** (erfassend) oh, I 'see!'; **recht so!, gut so!** right!; that's fine!; **mir ist so, als ob ...:** I have a feeling that ...; **so kann es einem gehen, wenn ...:** that's what can happen if ...; **und das kam so** and this is what happened; and it happened like this; **du mußt dich entscheiden, so oder so** you must make up your mind one way or the other; **so oder so gerät der Minister unter Druck** either way the minister will come under pressure; **weiter so!** carry on in the same way!; b) (meist betont) (dermaßen) so; **eine so große Frau** such a big woman; **er ist nicht so dumm, das zu tun** he is not so stupid as to do that; **er schlug die Tür zu, daß es nur so knallte** he slammed the door shut; c) betont (überaus) so; d) meist betont (genauso) as; **so gut es kommen kann** as best I could; **so gut es geht** as best I/he etc. can; **er ist [nicht] so groß wie du** he is [not] as tall as you [are]; **ihr sollt es so lassen, wie es ist** you are to leave everything the way it is; **so weiß wie Schnee** as white as snow; e) meist betont (ugs.: solch[e]) such; **so ein Mann/so eine Frau/so ein Kind** such a man/woman/child; **a man/woman/child like that**; **ein so schönes Fest** such a lovely party; **so ein Pech/eine Frechheit!** what bad luck/a cheek!; **so ein**

Idiot! what an idiot!; **hast du so etwas schon mal gesehen?** have you ever seen such a thing or anything like it?; **so etwas kann passieren** such things pl. can happen; **so etwas ist mir noch nie passiert** a thing like that has never or nothing like that has ever happened to me before; **so was von fett habe ich noch nie gesehen** I've never seen anyone so fat; **die Suppe war so was von ekelhaft** the soup was absolutely disgusting; **er ist so dämlich** he is so stupid; **so was von dämlich!** talk about stupidity! (coll.); **ist sie nicht Kontoristin oder so was?** isn't she a clerk or something?; **[na od. nein od. also] so was!** (überrascht/empört) well, I never!; **so etwas Schönes** something as beautiful as that; such a beautiful thing; **und so nennt od. schimpft sich Wissenschaft/Mutter** and they call that science/she calls herself a mother; **so einer/eine/eins** one like that; one of those; **mit so einer würde ich mich nicht einlassen** I wouldn't get mixed up with that sort of woman or a woman of that sort; **so einer od. jemand wie Schmidt** somebody like Schmidt; **Ein Grahambrötchen? – Nein, so eins** A granary roll? – No, one of those or one like that; **das ist so ein od. so ein kleiner Dicker** (ugs.) he's a little fat man; **so nennt man das also** so 'that's what it's called'; **so einer bist du also!** so 'that's the sort of person you are!; f) betont (eine Zäsur ausdrückend) right; OK (coll.); **so, und nun?** right, [and] now what?; g) (ugs.: schätzungsweise) about; **so od. so um die od. so an die od. so etwa od. so ungefähr 50 Mark** about 50 marks; h) unbetont (bei Zitaten od. Quellenangaben) die Religion, **so Marx, ist ...:** religion, according to Marx is ...; **„die Ausgaben", so der Minister, „...":** 'the expenditure', said the minister or the minister said, '...'; i) unbetont (ugs.: und/ oder ähnliches) **Banker und so** bankers and people like that; **heißt sie nicht Karobowski oder so?** isn't her name Karobowski or something like that?; **ich spiele ein bißchen Tischtennis, Billard und so** I play a bit of table tennis, billiards and that sort of thing; j) betont (erstaunt, zweifelnd) so? really?; so, so (meist iron.) oh, I see; k) betont (ohne Hilfsmittel) **ich brauche keine Leiter, da komme ich auch so ran** (ugs.) I don't need a ladder, I can reach it [without one]; **geht es so, oder soll ich Ihnen eine Tüte geben?** can you manage, or shall I give you a bag?; l) betont (ohne Zutaten) just as it is; **einfach ~:** just as it is; m) betont (ugs.: umsonst) for nothing; **die können Sie so mitnehmen** you can take these – they're free. 2. Konj. a) (konsekutiv, in Verbindung mit „daß") **so daß** ... (damit) so that ...; (und deshalb) and so ...; **er war krank, so daß er die Reise verschieben mußte** he was sick, [and] so he had to postpone the trip; b) (konzessiv) however; **so sehr ich ihn auch immer unterstützt habe, dieses Mal kann ich ihm nicht helfen** however much I have always supported him, this time I can't help him; **so leid es mir tut, ich muß absagen** much as I regret it, I'll have to cry off; (geh.: falls) **so Gott will** God willing. 3. Partikel a) just; **wie ich so ging, da sah ich ...:** I was just walking along, when I saw ...; **ich weiß nicht so recht, ob ich gehen soll** I'm not really sure if I should go; **Warum fragst du? – Ach, nur so** Why do you ask? – Oh, no particular reason; **ach, das hab' ich nur so gesagt** oh, I didn't mean anything by that; **das ist mir nur so rausgerutscht** (ugs.) it just slipped out; **wie ist der neue Chef denn so?** (ugs.) what's the new boss like, then? (coll.); b) (in Aufforderungssätzen verstärkend) **so halt doch endlich deinen Mund!** just hold your tongue, will you!; **so komm doch** come on now; **so glaub mir doch** you must believe me

So. Abk. Sonntag Sun.
s. o. Abk. siehe oben
SO Abk. Südost[en] SE
sobald Konj. as soon as
Söckchen ['zœkçən] das; ~s, ~ a) [little] sock; b) (Damen-, Kinderstrumpf) [short] sock; ankle-sock
Socke ['zɔkə] die; ~, ~n sock; **sich auf die ~n machen** (ugs.) get going; **von den ~n sein** (ugs.) be flabbergasted
Sockel ['zɔkl] der; ~s, ~ a) (einer Säule, Statue) plinth; b) (unterer Teil eines Hauses, Schrankes) base; c) (Elektrot.) base
Sockelbetrag der (Wirtsch.) basic sum
Socken der; ~s, ~ (südd., österr., schweiz.) s. Socke
Socken·halter der [sock] suspender
Soda ['zo:da] die; ~ od. das; ~s soda
so·dann Adv. a) (danach) then; thereupon; b) (außerdem) and furthermore
so daß (österr. auch: sodaß) s. so 2 a
Soda·wasser das; Pl. Sodawässer soda-water
Sod·brennen das; ~s heartburn; pyrosis
Sodom ['zo:dɔm] das; ~: Sodom; ~ **und Gomorrha** Sodom and Gomorrah
Sodomie die; ~: sodomy no art.
sodomitisch Adj. sodomit[al]
so·eben Adv. just; **die Nachricht kam ~:** the news came just now
Sofa ['zo:fa] das; ~s, ~s sofa; settee
Sofa·kissen das [sofa] cushion; scatter cushion
so·fern Konj. provided [that]
soff [zɔf] 1. u. 3. Pers. Sg. Prät. v. saufen
so·fort Adv. immediately; at once; **er war ~ tot** he died instantly; **komm ~ her!** come here this instant or at once!; **diese Regelung gilt ab ~:** this ruling has immediate effect or takes effect immediately; **Ingenieure ab ~ gesucht** engineers required, should be ready to start immediately; **ich bin ~ fertig** I'll be ready in a moment; (mit einer Arbeit) I'll be finished in a moment; [ich] **komme ~:** [I'm] just coming; (Bedienung) I'll be right with you
Sofort·bild·kamera die (Fot.) instant-picture camera
Sofort·hilfe die emergency relief or aid
sofortig Adj. (unmittelbar) immediate
Sofort·maß·nahme die immediate measure
Soft-Eis ['zɔftlaɪs] das soft ice-cream
Softie ['zɔfti] der; ~s, ~s (ugs.) softy
Software ['zɔftvɛɐ̯] die; ~, ~s (DV) software
sog [zo:k] 1. u. 3. Pers. Sg. Prät. v. saugen
Sog der; ~[e]s, ~e a) (saugende Strömung) suction; (bei Schiffen) wake; (bei Fahr-, Flugzeugen) slipstream; (von Wasser, auch Flug) current; b) (Meeresk.) undertow
sog. Abk. sogenannt
so·gar Adv. even; **sie ist krank, ~ schwer krank** she is ill, in fact or indeed seriously ill
so·genannt Adj. (oft spött.) so-called
so·gleich Adv. immediately; at once
Sohle ['zo:lə] die; ~, ~n a) (Schuh~) sole; **eine kesse od. heiße ~ aufs Parkett legen** (ugs.) put up a good show on the dance-floor; **auf leisen ~n** softly; noiselessly; b) (Fuß~) sole [of the foot]; **auf od. mit nackten ~n** barefoot; with bare feet; c) (Tal~) bottom; (eines Flusses) bottom; bed; d) (Bergmannsspr.) level; (Gruben~) floor; e) (Einlege~) insole
sohlen tr. V. sole
Sohn [zo:n] der; ~es, Söhne ['zø:nə] a) (männlicher Nachkomme) son; **der ~ Gottes** the Son of God; **der verlorene ~:** the prodigal son; b) o. Pl. (fam.: Anrede an einen Jüngeren) son; boy
Söhnchen ['zø:nçən] das; ~s, ~: little son; little boy
Sohnemann der; o. Pl. (fam.) son

1473

soigniert [zoanˈjiːɐ̯t] *Adj. (geh.)* soigné ⟨*man, appearance*⟩; soignée ⟨*woman*⟩
Soiree [zoaˈreː] *die*; ~, ~n *(geh.)* soirée
Soja- [ˈzoːja-]: **~bohne** *die* soy[a] bean; **~soße** *die* soy[a] sauce
Sokrates [ˈzoːkratɛs] *(der)*; **Sokrates'** Socrates
Sokratiker [zoˈkraːtikɐ] *der*; ~s, ~: Socratic
sokratisch *Adj.* Socratic
Sol *das*; ~s, ~e *(Chemie)* sol
so·lang[e] *Konj.* so *or* as long as; ~ du nicht alles aufgegessen hast unless *or* until you have eaten everything up
solar [zoˈlaːɐ̯] *Adj.* solar
Solar-: **~batterie** *die (Elektrot.)* solar battery; **~energie** *die (Physik)* solar energy
Solarium [zoˈlaːriʊm] *das*; ~s, **Solarien** [...i̯ən] solarium
Solar-: **~kraftwerk** *das s.* Sonnenkraftwerk; **~plexus** [~plɛksʊs] *der (Anat.)* solar plexus; **~technik** *die (Energietechnik)* solar technology *no art.*; **~zelle** *die (Physik, Elektrot.)* solar cell
Sol·bad *das* **a)** *(Kurort)* salt-water spa; **b)** *(Bad)* salt-water bath; brine-bath
solch [zɔlç] *Demonstrativpron.* **a)** *attr.* such; ~e Leute such people; people like that; [ein] ~er Glaube such a belief; **ich habe ~en Hunger** I am so hungry; **ich habe ~e Kopfschmerzen** I've got such a headache; **das macht ~en Spaß!** it's so much fun!; **b)** *selbständig* ~e **wie die** people like that; **sie ist keine** ~e she is not like that; **die Sache als ~e** the thing as such; **es gibt ~e und ~e** *(ugs.)* it takes all sorts *or* kinds [to make a world]; **Ärzte gibt es ~e und ~e** there are doctors and doctors; **c)** *ungebeugt (geh.: so [ein])* such; **bei ~ einem herrlichen Wetter** when the weather is so beautiful
solcher-: **~art** 1. *indekl. Demonstrativpron.* such; 2. *Adv.* thus; **~gestalt** *Adv.* thus; in such a way
solcherlei *indekl. Adj.*; *s.* derlei
solcher·maßen *Adv.* in such a way; in this way; *(in solchem Grade)* to such an extent
Sold [zɔlt] *der*; ~[e]s, ~e **a)** *(veralt.)* pay; **in jmds. ~ stehen** be in the pay of sb. *or* sb.'s pay; **im ~e des Kaisers stehen** be in the service of the emperor; **b)** *s.* Wehrsold
Soldat [zɔlˈdaːt] *der*; ~en, ~en soldier; **~ auf Zeit** soldier serving for a fixed period
Soldaten-: **~friedhof** *der* military *or* war cemetery; **~sprache** *die* army or soldiers' slang
Soldatin *die*; ~, ~nen [female *or* woman] soldier; **sie ist ~**: she is a soldier
soldatisch 1. *Adj.* military ⟨*discipline, expression, etc.*⟩; soldierly ⟨*figure, virtue*⟩. 2. *adv.* in a military *or* soldierly manner
Sold·buch *das (hist.)* [military] pay-book
Söldner [ˈzœldnɐ] *der*; ~s, ~: mercenary
Söldner-: **~heer** *das* mercenary army; army of mercenaries; **~truppe** *die* mercenary force; force of mercenaries
Sole [ˈzoːlə] *die*; ~, ~n salt water; brine
Sol·ei *das* pickled egg
solid [zoˈliːt] *s.* solide
Solidar·gemeinschaft *die* mutually supportive group; *(die Gesellschaft)* caring society
solidarisch 1. *Adj.* **~es Verhalten zeigen** show one's solidarity; **sich mit jmdm. ~ erklären** declare one's solidarity with sb. 2. *adv.* ~ **handeln/sich ~ verhalten** act in/show solidarity
solidarisieren *refl. V.* show [one's] solidarity
Solidarität *die*; ~: solidarity
Solidaritäts·streik *der* solidarity strike
solide 1. *Adj.* **a)** *(massiv, gediegen)* solid ⟨*rock, wood, house*⟩; sturdy ⟨*shoes, shed, material, fabric*⟩; solid, sturdy ⟨*furniture*⟩; [good-]quality ⟨*goods*⟩; **b)** *(gut fundiert)* sound ⟨*work, workmanship, education, knowledge*⟩; solid ⟨*firm, business*⟩; *(anständig)* respectable ⟨*person, life, occupation, profession*⟩. 2. *adv.* **a)** *(gediegen)* solidly ⟨*built*⟩; sturdily ⟨*made*⟩; **b)** *(gut fundiert)* soundly ⟨*educated, constructed*⟩; **c)** *(anständig)* ⟨*live*⟩ respectably, steadily
Solidität *die*; ~ *s.* solide 1 a–c: solidness; sturdiness; soundness; respectability
Solipsismus [zɔliˈpsɪsmʊs] *der*; ~ *(Philos.)* solipsism *no art.*
solipsistisch *Adj.* solo
Solitär [zoliˈtɛːɐ̯] *der*; ~s, ~e solitaire
soll 1. u. 3. Pers. Sg. Präsens v. sollen
Soll [zɔl] *das*; ~[s], ~[s] **a)** *(Kaufmannsspr., Bankw.: Schulden)* debit; **~ und Haben** debit and credit; **im ~:** in debit; **b)** *(Kaufmannsspr.: Haben~seite)* debit side; **etw. im ~ verbuchen** enter sth. on the debit side; **c)** *(Wirtsch.: Arbeits~)* quota; **sein ~ erfüllen** *od.* **erreichen** achieve *or* meet one's target; **b)** *(Wirtsch.: Plan~)* quota; target
Soll-Bruch·stelle *die (Technik)* predetermined breaking-point
sollen 1. *unr. Modalverb*; 2. Part. ~ **a)** *(bei Aufforderung, Anweisung, Auftrag)* **er soll sofort kommen** he is to come immediately; **solltest du nicht bei ihm anrufen?** were you not supposed to ring him?; **was soll ich als nächstes tun?** what should I do next?; **what do you want me to do next?**; **du sollst Vater und Mutter ehren** *(bibl.)* honour thy father and thy mother; **du sollst das lassen!** stop that *or* it!; **soll ich dir mal erzählen, was mir gestern passiert ist?** shall I tell you what happened to me yesterday?; **du weißt, daß du das nicht tun sollst** you know that you shouldn't *or* are not supposed to do that; **sie sagte, daß das nicht mehr vorkommen soll** she said it wouldn't happen again; **[sagen Sie ihm,] er soll hereinkommen** tell him to come in; **der soll mir nur mal kommen** *(ugs.)* just let him come and I'll show him what for! *(sl.)*; **und da soll man nicht böse werden/nicht lachen** who is not supposed to get angry/laugh; **ich soll dir schöne Grüße von Herrn Meier bestellen** Herr Meier asked me to give you *or* sends his best wishes; **b)** *(Wunsch, Absicht, Vorhaben)* **es soll ihm nützen** may it be of use to him; **du sollst dich hier wie zu Hause fühlen** I/we should like you to feel at home here; **niemand soll sagen, daß ich meine Pflicht vernachlässigt hätte** let no one say *or* no one shall say [that] I neglected my duty; **das soll dich nicht weiter stören don't let it bother you; ~ wir heute ein wenig früher gehen?** should we leave a little earlier today?; **du sollst alles haben, was du brauchst** you shall have everything you require; **der Schal soll zum Mantel passen** the scarf is to *or* should match the coat; **er hat alles für sich behalten; soll er doch!** *(ugs. abwertend)* he has kept everything to himself; well, let him, if he wants to!; **das sollte ein Witz sein** that was meant to be a joke; **was soll denn das heißen?** what is that supposed to mean?; **wozu soll denn das gut sein?** what's the good of that?; **c)** *(bei Ratlosigkeit)* **was soll ich nur machen?** what am I to do?; **was soll nur aus ihm werden?** what is to become of him?; **er wußte nicht, wie er aus der Situation herauskommen sollte** he didn't know how to get out of the situation; **d)** *(Notwendigkeit ausdrückend)* **man soll so etwas nicht unterschätzen** it's not to be taken *or* it shouldn't be taken so lightly; **e)** *(häufig im Konjunktiv II (Erwartung, Wünschenswertes ausdrückend)* **du solltest dich schämen** you ought to be ashamed of yourself; **das hättest du besser nicht tun ~:** it would have been better if you hadn't done that; **mit deiner Erkältung solltest du besser zu Hause bleiben** with your cold you had better stay at home; **wie sollte ich das wissen?** how was I to know that?; **f)** *(jmdm. beschieden sein)* **er sollte seine Heimat nicht wiedersehen** he was never to see his homeland again; **es hat nicht sein ~** *od.* **nicht ~ sein** it was not to be; **es sollte ganz anders kommen, als man erwartet hatte** things were to turn out quite differently than expected; **g)** *im Konjunktiv II (eine Möglichkeit ausdrückend)* **sollte es regnen, [dann] bleiben wir zu Hause** if it should rain, we will stay at home; **sollte ich mich geirrt haben, tut es mir leid** if I have made *or* should I have made a mistake, I'm sorry; **wenn du ihn sehen solltest, sage ihm bitte ...:** if you should see him, please tell him ...; **ich versuche es, und sollte ich auch verlieren** *(geh.)* I'll try, even though I may lose; **h)** *im Präsens (sich für die Wahrheit nicht verbürgend)* **das Restaurant soll sehr teuer sein** the restaurant is supposed *or* said to be very expensive; **wir ~ eine Gehaltserhöhung bekommen** we are supposed to be getting a pay rise; **das soll vorkommen** things like that can happen; **i)** *im Konjunktiv II (Zweifel ausdrückend)* **sollte das sein Ernst sein?** is he really being serious?; **sollte das wirklich wahr sein?** is that really true?; **j)** *(können)* **mir soll es gleich sein** it's all the same to me; it doesn't matter to me; **man sollte glauben, daß ...:** you would think that ...; **so etwas soll es geben** it's not unheard of. 2. *tr., itr. V.* **was soll?** what's the idea?; **Was soll's? Ich kann ja doch nichts ändern** So what? I can't change anything anyway; **Soll ich? – Ja, du sollst!** Should I? – Yes, you should!; **was soll ich dort?** what would I do there?; **was soll der Unsinn?** what's all this nonsense about?; **warum soll ich das?** why am I to do that?; why should I do that?; **was man nicht alles soll/sollte!** the things one has to do!/is supposed to do!
Söller [ˈzœlɐ] *der*; ~s, ~ *(Archit.)* balcony
Soll-: **~seite** *die (Kaufmannsspr., Bankw.)* debit side; **~zinsen** *Pl.* interest *sing.* on [one's] debit balance
Solmisation [zɔlmizaˈtsi̯oːn] *die*; ~ *(Musik)* solmization
Solo [ˈzoːlo] *indekl. Adj.*; *nicht attr.* **a)** *(bes. Musik: als Solist)* solo; **b)** *(ugs., oft scherzh.: ohne Begleitung)* on one's own *postpos.*
Solo [ˈzoːlo] *das*; ~s, ~s *od.* **Soli** [ˈzoːli] **a)** *(bes. Musik)* solo; **b)** *(ugs. Fußballjargon)* solo run
Solo-: **~gesang** *der* solo, **~tänzer** *der*, **~tänzerin** *die* soloist
Sol·quelle *die* salt-water *or* brine spring
solvent [zɔlˈvɛnt] *Adj. (bes. Wirtsch.)* solvent
Solvenz [zɔlˈvɛnts] *die*; ~, ~en *(bes. Wirtsch.)* solvency
Somalia [zoˈmaːli̯a] *(das)*; ~s Somalia
Somalier *der*; ~s, ~, **Somalierin** *die*; ~, ~nen Somali
somatisch [zoˈmaːtɪʃ] *Adj. (Physiol.)* somatic
Sombrero [zɔmˈbreːro] *der*; ~s, ~s sombrero
so·mit [auch: ˈ--] *Adv.* consequently; therefore; **... und somit kommen wir zu Punkt 3** ... and so *or* thus we come to number 3
Sommer [ˈzɔmɐ] *der*; ~s, ~: summer; *s. auch* Frühling
Sommer-: **~abend** *der* summer['s] evening; **~anfang** *der* beginning of summer; **~anzug** *der* summer suit; **~fahrplan** *der* summer timetable; **~fell** *das* summer coat; **~ferien** *Pl.* summer holidays; **~frische** *die (veralt.)* **a)** *(Aufenthalt)* summer holiday; **~frische machen** be on one's summer holiday; **b)** *(Ort)* summer [holiday] resort; **~frischler** *der*; ~s, ~ *(veralt.)* summer holiday-maker; **~gast** *der* summer

visitor *or* holiday-maker; **~getreide** das *(Landw.)* summer cereal *or* corn; **~halbjahr** das summer season; **~haus** das [summer] holiday house; **~kleid** das summer dress; **~kleidung** die summer clothes *pl. or* clothing

sommerlich 1. *Adj.* summer; summery ⟨*warmth, weather*⟩; summer's *attrib.* ⟨*day, evening*⟩; **draußen ist es schon ganz ~**: it is already quite summery outside. 2. *adv.* **es war oft schon ~ warm** it was often as warm as summer; **sich ~ kleiden** wear summer clothes

Sommer-: ~loch das *(ugs.)* summer recess; **~mantel** der summer coat; **~mode** die summer fashions *pl.; (eines Modehauses)* summer collection; **~monat** der summer month; **~nacht** die summer['s] night; **~olympiade** die Summer Olympics *pl.*; **~pause** die summer break; *(im Parlament)* summer recess; **das Theater hat ~pause** the theatre is closed for the summer; **~reifen** der standard tyre; **~residenz** die summer residence

sommers *Adv.* in summer

sommer-, Sommer-: ~saison die summer season; **~schluß·verkauf** der summer sale/sales; **wann ist ~schlußverkauf?** when are the summer sales?; **~semester** das summer semester; **~sonnen·wende** die summer solstice; **~spiele** *Pl.* a) *(Theater)* summer festival *sing.*; b) *(Olympische ~spiele)* Summer Olympics *pl.*; **~sprosse** die freckle; **~sprossig** *Adj.* freckled; **~tag** der summer['s] day; **~wetter** das summer weather; **~zeit** die a) *o. Pl. (Jahreszeit)* summer-time; **zur ~zeit** in summer-time; b) *(Uhrzeit)* summer time

Somnambulismus der; **~** *(Med.)* somnambulism *no art.*

son [zoːn] *Demonstrativpron. (salopp)* **~e nette Person/~ altes Haus** such a nice person/an old house; **~ Idiot!** what an idiot!

so·nach *Adv. (veralt.)* therefore; consequently

Sonate [zoˈnaːtə] die; **~, ~n** *(Musik)* sonata

Sonatine die; **~, ~n** *(Musik)* sonatina

Sonde [ˈzɔndə] die; **~, ~n** a) *(Med.) (zur Untersuchung)* probe; *(zur Ernährung)* tube; b) *(Raum~)* [space] probe

sonder [ˈzɔndɐ] *Präp. mit Akk. (veralt.)* without; **~ Zahl** innumerable

Sonder-: ~ab·schreibung die *(Wirtsch., Steuerw.) (die Abschreiben)* special amortization; *(Betrag)* special depreciation provision; **~an·fertigung** die special design; **das Auto ist eine ~anfertigung** the car has been custom-built *or* specially made; **~angebot** das special offer; **etw. im ~angebot anbieten** have a special offer on sth.; **~aus·gabe** die a) special edition; b) *(Steuerw.: private Aufwendungen)* tax-deductible expenditure *(e. g. pensions, insurance contributions, interest payment);* c) *(Extraausgabe)* extra expense

sonderbar 1. *Adj.* strange; odd 2. *adv.* strangely *or* oddly

sonderbarer·weise *Adv.* strangely *or* oddly enough

Sonderbarkeit die; **~**: strangeness; oddness

Sonder-: ~behandlung die a) special treatment; b) *(ns. verhüll.: Liquidierung)* liquidation; **~bewacher** der *(Sport)* marker; **er hat einen ~bewacher** a player has been specially assigned to mark him; **~botschafter** der ambassador extraordinary; **~druck** der; *Pl.* **~e** offprint; **~fahrt** die special excursion; **~fall** der special case; exception; **~genehmigung** die special permit

sonder·gleichen *Adv., nachgestellt* **eine Frechheit/Unverschämtheit ~**: the height of cheek/impudence; **mit einer Hartnäckigkeit ~**: with unparalleled obstinacy

Sonder-: ~kommando das special unit; **~konto** das special account

sonderlich 1. *Adj.* a) *(besonders groß, stark)* particular; [e]special; b) *(sonderbar)* strange; peculiar; odd. 2. *adv.* a) *(besonders, sehr)* particularly; especially; **ihm geht es nicht ~**: he is not particularly *or (coll.)* all that well; b) *(sonderbar)* strangely

Sonderling der; **~s, ~e** strange *or* odd person

Sonder-: ~marke die special issue [stamp]; **~maschine** die special plane *or* aircraft; **~meldung** die *(Rundf., Ferns.)* news flash; **~müll** der hazardous waste

¹sondern *tr. V. (geh.)* separate (**von** from)

²sondern *Konj.* but; **nicht er hat es getan, ~ sie** 'he didn't do it, 'she did; **nicht nur ..., ~ [auch] ...**: not only ... but also ...; **Er ist kein Linguist. – Sondern? He is not a linguist. – What is he then?; es ist kein Original, ~ eine Reproduktion** it is not an original, but only a reproduction

Sonder-: ~nummer die special edition *or* issue; **~preis** der special *or* reduced price; **~reg[e]lung** die special ruling

sonders *s.* samt 2

Sonder-: ~schule die special school; **~stempel** der special postmark; **~urlaub** der a) *(Milit.)* special leave; b) *(zusätzlicher Urlaub)* special *or* extra holiday; **~wunsch** der special request *or* wish; **~ziehungs·rechte** *Pl. (Wirtsch.)* special drawing rights; **~zug** der special train

sondieren [zɔnˈdiːrən] *tr. V.* a) sound out; **das Terrain ~**: see *or* find out how the land lies; b) *(Med.)* probe

Sondierungs·gespräch das exploratory talks *pl.*

sone *s.* son

Sonett [zoˈnɛt] das; **~[e]s, ~e** sonnet

Song [zɔŋ] der; **~s, ~s** song

Sonn·abend [ˈzɔnǀaːbn̩t] der *(bes. nordd.)* Saturday; **~s** *en* und **Sonntagen** on Saturdays and Sundays; **der verkaufsoffene od. lange ~**: Saturday on which the shops are open all day; *s. auch* Dienstag, Dienstag-

sonn·abends *Adv.* on Saturday[s]; *s. auch* dienstags

Sonne die; **~, ~n** sun; *(Licht der ~)* sun[light]; **das Zimmer hat den ganzen Tag über ~**: the room gets sun[light] all day long

sonnen *refl. V.* sun oneself; **sich in etw.** *(Dat.)* **~** *(fig.)* bask in sth.

sonnen-, Sonnen-: ~anbeter der; **~s, ~** *(scherzh.)* sun-worshipper; **~auf·gang** der sunrise; **~bad** das sunbathing *no pl., no indef. art.;* **ein ~bad nehmen** sunbathe; **~baden** *itr. V.* sunbathe; **das Sonnenbaden** sunbathing *no art.;* **~bahn** die *(Astron.)* path of the sun; sun's path; **~bank** die sunbed; **~beschienen** *Adj. (geh.)* sunny; **~bestrahlung** die: **bestimmte Pflanzen dürfen keiner direkten ~bestrahlung ausgesetzt werden** certain plants are not supposed to be put in direct sunlight; **~blende** die a) *(Fot.)* lens-hood; b) *(im Auto)* sun visor; **~blume** die sunflower; **~blumen·kern** der sunflower seed; **~brand** der sunburn *no indef. art.;* **~bräune** die sun-tan; **~brille** die sun-glasses *pl.;* **~dach** das sun-canopy; **~deck** das sun-deck; **~durchflutet** *Adj. (geh.)* sunny; **~ein·strahlung** die *(Met.)* insolation; **~energie** die *(Physik)* solar energy; **~finsternis** die *(Astron.)* solar eclipse; eclipse of the sun; **~fleck** der *(Astron.)* sunspot; **~gebräunt** *Adj.* sun-tanned; **~geflecht** das *(Anat.)* solar plexus; **~gott** der *(Rel.)* sun-god; **~hut** der sun-hat; **~klar** *Adj. (ugs.)* crystal-clear; **die Sache ist ~klar, er ist der Dieb** he is the thief – it's as clear as daylight; **~kollektor** der *(Energietechnik)* solar collector; **~kraft·werk** das solar power station; **~licht** das sunlight; **~öl** das sun-tan oil; **~oil; ~schein** der a) *o. Pl.* sunshine; **bei ~schein** in sunshine; **bei ~schein steigen die Temperaturen bis auf 24 °C** where the sun shines temperatures will rise to 24 °C; b) *(fam.: geliebtes Kind)* [little] ray of sunshine; **~schirm** der sunshade; *(zum Tragen)* parasol; sunshade; **~schutz·creme** die sun tan lotion; **~segel** das a) *(Schutzdach)* awning; b) *(bei Raumflugkörpern)* solar sail; **~seite** die sunny side; **die ~seite des Lebens** *(fig.)* the bright side of life; **~stich** der *(Med.)* sunstroke *no indef. art.;* **du hast wohl einen ~stich** *(fig. salopp)* you must be mad; **~strahl** der ray of sun[shine]; **~system** das *(Astron.)* solar system; **~tag** der a) sunny day; day of sunshine; b) *(Astron.)* solar day; **~tau** der *(Bot.)* sundew; **~uhr** die sundial; **~unter·gang** der sunset; **~wende** die solstice; **~wind** der *(Astron.)* solar wind; **~zelle** die *(Physik, Elektrot.)* solar cell

sonnig *Adj.* a) sunny; *(fig.)* happy ⟨*youth, childhood, time*⟩; cheerful ⟨*sense of humour, ways*⟩; b) *(iron.: naiv)* naive

Sonn·tag der Sunday; *s. auch* Dienstag; Dienstag-

sonn·täglich 1. *Adj.* Sunday *attrib.* 2. *adv.* **~ gekleidet sein** be dressed in one's Sunday best

sonntags *Adv.* on Sunday[s]; *s. auch* dienstags

Sonntags-: ~arbeit die; *o. Pl.* Sunday working *no art.;* **~aus·flug** der Sunday outing; **~aus·gabe** die Sunday issue *or* edition; **~bei·lage** die Sunday supplement; **~braten** der Sunday roast; **~dienst** der Sunday duty; **~fahrer** der *(abwertend)* Sunday driver; **~kind** das a) Sunday's child; b) *(Glückskind)* lucky person; **er ist ein ~kind** he was born lucky *or* under a lucky star; **~predigt** die Sunday sermon; **~reden** *Pl. (abwertend)* soap-box oratory *no pl., no art.;* **~schule** die Sunday school; **~staat** der; *o. Pl. (scherzh.)* Sunday best; **im ~staat** in one's Sunday best; **~zeitung** die Sunday [news]paper

Sonnwend·feier die midsummer/midwinter festival *or* celebrations *pl.*

Sonny·boy [ˈsʌnɪ-] der; **~s, ~s** golden boy

sonor [zoˈnoːɐ̯] *Adj.* sonorous

sonst [zɔnst] *Adv.* a) **der ~ so freundliche Mann ...**: the man, who is/was usually so friendly, ...; **er hat es wie ~ gemacht/besser als ~ gemacht** he did it as usual/better than usual; **alles war wie ~**: everything was [the same] as usual; **war das auch ~ so?** has it always been like that?; **~ war alles unverändert** otherwise nothing had changed; **wie geht's ~?** how are things otherwise?; **haben Sie ~ noch Fragen?** have you any other questions?; **kommt ~ noch jemand** *od.* **wer?** is anybody else coming?; **es wußte ~ niemand** nobody *or* no one else knew; **hat er ~ nichts erzählt?** [apart from that,] he didn't say anything else?; **er war ganz gut in Mathematik, aber ~?** he was quite good in mathematics, but apart from that?; **~ noch was?** *(ugs., auch iron.)* anything else?; **~ nichts, sonst ~**: nothing else; **und wer weiß wer ~ noch** and goodness knows who else; **[aber] ~ geht's dir gut** *od.* **~ tut dir nichts weh?** *(salopp iron.)* anything else [you'd want]? *(iron.);* **wer/was/wie/wo [denn] ~?** who/what/how/where else?; b) *(andernfalls)* otherwise; *or*

sonstig... *Adj.; nicht präd.* other; further; **sein ~es Verhalten war ab seinem Verhalten war otherwise good; „Sonstiges"** 'miscellaneous'

sonst-: ~jemand *Indefinitpron. (ugs.)* somebody else; *(fragend, verneinend)* anybody else; **da könnte ja ~jemand kommen** anybody could *or* might come; **~was** *Indefinitpron. (ugs.)* anything else; **er hat ~was unternommen** he has tried all sorts of

1475

things; **man hätte annehmen können, die Kinder hätten ~was angestellt** you would have thought the children had done something terrible; **~wer** *Indefinitpron. (ugs.)* somebody else; *(fragend, verneinend)* anybody else; **er meint, er ist ~wer** he thinks he's really something *(coll.);* he thinks he's the bee's knees *(coll.);* **~wie** *Adv. (ugs.)* in some other way; *(fragend, verneinend)* in any other way; **~wo** *Adv. (ugs.)* somewhere else; *(fragend, verneinend)* somewhere else; **~woher** *Adv. (ugs.)* [from] somewhere else; *(fragend, verneinend)* [from] anywhere else; **~wohin** *Adv. (ugs.)* somewhere else; *(fragend, verneinend)* anywhere else
so·oft *Konj.* whenever; **ich komme, ~ du es wünschst** I'll come as often as you wish
Soor [zoːɐ̯] *der;* ~[e]s, ~e *(Med.)* thrush *no art.*
Sophismus [zoˈfɪsmʊs] *der;* ~, **Sophismen** *(Philos.)* sophism
Sophisterei *die;* ~, ~en *(abwertend)* sophistry
Sophistik *die;* ~ *(Philos.)* sophistry
sophistisch 1. *Adj.* sophistic[al]. 2. *adv.* sophistically
Sophokles [ˈzoːfoklɛs] *der;* **Sophokles'** Sophocles
Sopran [zoˈpraːn] *der;* ~s, ~e *(Musik)* a) *(Stimmlage)* soprano [voice]; b) *o. Pl. (im Chor)* sopranos *pl.;* c) *(Sängerin)* soprano
Sopranist *der;* ~en, ~en sopranist
Sopranistin *die;* ~, ~nen soprano
Sorbe [ˈzɔrbə] *der;* ~n, ~n Sorb
Sorbet [ˈzɔrbɛt] *der od. das;* ~s, ~s *(Gastr.)* sorbet
Sore [ˈzoːrə] *die;* ~, ~n *(Gaunerspr.)* loot
Sorge [ˈzɔrɡə] *die;* ~, ~n a) *o. Pl. (Unruhe, Angst)* worry; **keine ~:** don't [you] worry; **[keine] ~ haben, daß ...:** [not] be worried that ...; **in ~ um jmdn./etw. sein** be worried about sb./sth.; **etw. erfüllt jmdn. mit ~:** sth. worries sb.; b) *(sorgenvoller Gedanke)* worry; **ich mache mir ~n um dich/um deine Gesundheit** I am worried about you/about your health; **mach dir darum** *od.* **darüber** *od.* **deswegen keine ~:** don't worry about that; **der hat ~n!** *(ugs. iron.)* and he thinks 'he's got problems *(coll. iron.)*; **lassen Sie das meine ~ sein** let 'me worry about that; **er ertränkte seine ~n im Alkohol** he drowned his sorrows in alcohol; c) *o. Pl. (Mühe, Fürsorge)* care; **die ~ für die Familie** caring for the family; **die ~ um das tägliche Brot** the worry of providing one's daily bread; **für etw./**(*schweiz. auch:*) **einer Sache** *(Dat.)* **~ tragen** *(geh.)* take care of sth.; **ich werde dafür ~ tragen, daß ...:** I will see to it *or* make sure that ...; **das laß nur meine ~ sein** let that be 'my concern *or* responsibility
sorgen 1. *refl. V.* worry, be worried (**um** about); **sie sorgt sich wegen jeder Kleinigkeit** she worries about every little detail. 2. *itr. V.* a) **für jmdn./etw. ~:** take care of *or* look after sb./sth.; **für das Essen/Ruhe und Ordnung/gute Laune ~:** look after the food/make sure that law and order prevail/ make sure that people are in a good mood; **für die Zukunft der Kinder ist gesorgt** the children's future is provided for; b) *(verblaßt: bewirken)* **für etw. ~:** cause sth.
sorgen-, Sorgen-: **~frei** 1. *Adj.* carefree ⟨*person, future, existence, etc.*⟩; 2. *adv.* **~frei leben** live in a carefree manner; **~kind das** *(auch fig.)* problem child; **~voll** 1. *Adj.* worried; anxious; 2. *adv.* worriedly; anxiously
Sorge-: **~pflicht** *die; o. Pl.* **eine ~pflicht gegenüber seinen Kindern haben** have a duty to provide for one's children; **~recht das;** *o. Pl. (Rechtsw.)* custody (**für** of)
Sorg·falt [ˈzɔrkfalt] *die;* ~: care; **große ~ auf etw.** *(Akk.)* **verwenden** *od.* **legen** take great *or* a great deal of care over sth.

sorg·fältig 1. *Adj.* careful; **eine ~e Arbeit** a job/piece of work done with care. 2. *adv.* carefully
Sorgfältigkeit *die;* ~: carefulness
Sorgfalts·pflicht *die* duty of care
sorg·los 1. *Adj.* a) *(ohne Sorgfalt)* careless; b) *(unbekümmert)* carefree. 2. *adv.* ~ **mit etw. umgehen** treat sth. carelessly
Sorglosigkeit *die;* ~ a) *(Mangel an Sorgfalt)* carelessness; b) *(Unbekümmertheit)* carefreeness
sorgsam 1. *Adj.* careful. 2. *adv.* carefully
Sorte [ˈzɔrtə] *die;* ~, ~n a) *(auch: Marke)* brand; **bitte ein Pfund von der besten ~:** a pound of the best quality, please; b) *Pl. (Devisen)* foreign currency *sing.*
Sorten·kurs *der (Bankw.)* exchange rate
sortieren *tr. V.* sort [out] ⟨*pictures, letters, washing, etc.*⟩; grade ⟨*goods etc.*⟩; *(fig.)* arrange ⟨*thoughts*⟩; **die Stücke werden nach der Größe sortiert** the pieces are sorted according to size
Sortier·maschine *die* sorter; sorting-machine
sortiert *Adj.* a) **ein gut/schlecht ~es Lager** a well-stocked/badly stocked warehouse; **dieses Geschäft ist sehr gut in französischen Rotweinen ~:** this shop has a good range of French red wines; b) *(erlesen)* selected
Sortiment [zɔrtiˈmɛnt] *das;* ~[e]s, ~e a) *(range* (**an** + *Dat.* of); b) *(Buchhandel)* retail book trade
Sortimenter *der;* ~s, ~, **Sortimenterin** *die;* ~, ~nen retail bookseller; book retailer
Sortiments-: **~buch·handel** *der* retail book trade; **~buch·handlung** *die* retail bookshop
SOS [ɛsoːˈ/ɛs] *das;* ~: SOS; **~ funken** send *or* put out an SOS
so·sehr *Konj.* however much
so·so 1. *Interj.* a) *(ironisch, zweifelnd)* I see; b) *(gleichgültig)* oh yes?; really? 2. *Adv. (ugs.)* so-so
SOS-Ruf [ɛsoːˈ/ɛs-] *der* SOS [call]
Soße [ˈzoːsə] *die;* ~, ~n a) sauce; *(Braten~)* gravy; sauce; *(Salat~)* dressing; b) *(salopp abwertend: schmutzige Flüssigkeit)* muck *(coll.)*
Soßen-: **~löffel** *der* gravy- *or* sauce-ladle; **~schüssel** *die* gravy- *or* sauce-boat
sott [zɔt] 1. u. 3. Pers. Sg. Prät. v. **sieden**
Soubrette [zuˈbrɛtə] *die;* ~, ~n *(Musik, Theater)* soubrette
Soufflé [zuˈfleː] *das;* ~s, ~s *(Gastr.)* soufflé
Souffleur [zuˈfløːɐ̯] *der;* ~s, ~e *(Theater)* prompter
Soufflier·kasten *der* prompt-box
Souffleuse [zuˈfløːzə] *die;* ~, ~n *(Theater)* prompter
soufflieren [zuˈfliːrən] *tr. V.* prompt; **jmdm. etw. ~:** prompt sb. by whispering sth.
Soul·musik [ˈsoʊl-] *die* soul music
so·und·so 1. *Adv.* vorangestellt **~ groß/ breit/lang** [of] such-and-such a size/width/ length; **~ viel kosten** cost such-and-such; cost so-and-so much. 2. *adj.* nachgestellt **Paragraph ~:** paragraph such-and-such *or* so-and-so; **Fanny ~:** Fanny something-or-other; **die Soundso** what's-her-name
Souper [zuˈpeː] *das;* ~s, ~s *(geh.)* dinner[-party]
soupieren *itr. V. (geh.)* dine
Soutane [zuˈtaːnə] *die;* ~, ~n soutane
Souterrain [ˈzuːtɛrɛ̃] *das;* ~s, ~s basement
Souvenir [zuvəˈniːɐ̯] *das;* ~s, ~s souvenir
souverän [zuvəˈrɛːn] 1. *Adj.* a) *(unabhängig)* sovereign; b) *(geh.: überlegen)* superior. 2. *adv.* **die Lage ~ meistern** be in total command of the situation; **er siegte ganz ~:** he won in a very impressive way
Souverän *der;* ~s, ~e a) *(Herrscher, Fürst)* sovereign; b) *(schweiz.: die Stimmbürger)* electorate
Souveränität *die;* ~ sovereignty
so·viel 1. *Konj.* a) *(nach dem, was)* as *or* so

far as; **~ mir bekannt ist** so far as I know; **~ ich sehe** as far as I can see; b) *(in wie großem Maße auch immer)* however much. 2. *Indefinitpron.* **~ wie** *od.* **als** as much as; **das war ~ wie eine Zusage** that was tantamount to a commitment; **das ist ~ wie gar nichts** this is almost nothing; **nimm, ~ [wie] du willst** take as much as you like; **noch einmal ~:** the same again; **halb/doppelt ~:** half/twice as much; **~ für heute** *(ugs.)* that's all *or* enough for today
Sowchose [ˈzɔfçoːzə] *die;* ~, ~n sovkhoz
so·weit 1. *Konj.* a) *(nach dem, was)* as *or* so far as; **~ mir bekannt ist** so far as I know; **~ ich sehe** as far as I can see; b) *(in dem Maße, wie)* [in] so far as; **~ ich dazu in der Lage bin, will ich gerne helfen** [in] so far as I am in a position to do so *or* am able to, I should like to help. 2. *Adv.* by and large; on the whole; *(bis jetzt)* up to now; **~ wie** *od.* **als möglich** as far as possible; **~ sein** *(ugs.)* be ready; **es ist ~:** the time has come
so·wenig 1. *Konj.* however little. 2. *Indefinitpron.* **~ wie** *od.* **als möglich** as little as possible; **ich kann es ~ wie du** I can't do it any more than you can
so·wie *Konj.* a) *(und auch)* as well as; b) *(sobald)* as soon as
so·wie·so *Adv.* anyway; **das ~!** *(ugs.)* that goes without saying!; of course!; **Herr Sowieso** Mr What's-his-name
Sowjet [zɔˈvjɛt] *der;* ~s, ~s a) *(Behörde)* soviet; **der Oberste ~:** the Supreme Soviet; b) *Pl. (Führung)* Soviets; Russians
sowjetisch *Adj.* Soviet
sowjetisieren *tr. V.* sovietize
Sowjet·mensch *der* Soviet citizen
Sowjetologie *die;* ~ sovietology *no art.*
Sowjet-: **~armee** *die; o. Pl.* Soviet army; **~bürger** *der* Soviet citizen
sowjetisch *Adj.* Soviet
Sowjet-: **~republik** *die* a) *(Gliedstaat)* Soviet republic; **Union der Sozialistischen ~republiken** Union of Soviet Socialist Republics; b) *(hist.)* soviet republic; **~russe** *der* Soviet Russian; **~stern** *der* Soviet star; star of the Soviets; **~union** *die* Soviet Union; **~zone** *die (hist.)* Soviet zone
so·wohl *Konj.* **~ ... als** *od.* **wie [auch] ...:** both ... and ..., ... as well as ...
Sozi [ˈzoːtsi] *der;* ~s, ~s *(ugs., auch abwertend)* socialist
sozial [zoˈtsjaːl] 1. *Adj.* social; **die ~e Frage** *(hist.)* the social question; **~e Einrichtungen** public amenities; **ich habe heute meinen ~en Tag** *(ugs.)* I'm feeling charitable *or* generous today; **dieses Verhalten ist nicht sehr ~:** this behaviour is not very public-spirited; **~e Marktwirtschaft** social market economy. 2. *adv.* socially; **~ denken** be socially minded; **~ handeln** act in a socially conscious *or* public-spirited way
sozial-, Sozial-: **~ab·bau** *der* cutting back of the welfare state; **~ab·gaben** *Pl.* social welfare contributions; **~amt** *das* social welfare office; **~arbeit** *die; o. Pl.* social work; **~arbeiter** *der,* **~arbeiterin** *die* social worker; **~beruf** *der* social services profession; **in ~berufen arbeiten** work for *or* in the social services; **~demokrat** *der* Social Democrat; **~demokratie** *die* social democracy *no art.;* **~demokratisch** *Adj.* social democratic; **Sozialdemokratische Partei [Deutschlands]** [German] Social Democratic Party; **~ethik** *die* social ethics *sing.;* **~fall** *der* hardship case; **~gericht** *das* social welfare court; **~geschichte** *die* social history; **~gesetz·gebung** *die* social welfare legislation; **~hilfe** *die* social welfare; **~hygiene** *die* community medicine; **~imperialismus** *der* social imperialism
Sozialisation *die;* ~ *(Soziol., Psych.)* socialization
sozialisieren *tr. V.* a) *(Wirtsch.: vergesellschaften)* nationalize; b) *(Soziol., Psych.*

zum Gemeinschaftsleben befähigen) socialize
Sozialismus der; ~ socialism *no art.*
Sozialist der; ~en, ~en, **Sozialistin** die; ~, ~nen socialist
sozialistisch 1. *Adj.* socialist. 2. ~ regierte Länder countries with socialist governments
sozial-, Sozial-: ~**kritisch** *Adj.* socially critical; critical of society *postpos.*; ~**kunde** die; *o. Pl.* social studies *sing., no art.*; ~**leistungen** *Pl.* social welfare benefits; ~**liberal** *Adj.* a) *(sozial und liberal)* liberal socialist *⟨politician etc.⟩*; b) *(aus SPD und FDP)* liberal-social democrat *⟨coalition etc.⟩*; ~**pädagogik** die social education *no art.*; ~**partner** der: die ~**partner** employers and employees *or* trade unions; ~**plan** der written agreement between employer and works council which seeks to protect employees; ~**politik** die social policy; ~**prestige** das social status; ~**produkt** das *(Wirtsch.)* national product; ~**psychologie** die social psychology *no art.*; ~**rente** die state pension; ~**rentner** der old-age pensioner; ~**staat** der welfare state; ~**struktur** die social structure; ~**union** die unified social welfare system; *s. auch* Währungsunion; ~**versicherung** die social security; ~**wissenschaft** die social science *no art.*; **die** ~**wissenschaften** the social sciences; ~**wohnung** die ≈ council flat *(Brit.)*; municipal housing unit *(Amer.)*
Sozietät [zotsie'tɛːt] die; ~, ~en a) *(Soziol.)* society *no art.*; b) *(Verhaltensf.)* society; social unit; c) *(gemeinsame Praxis)* joint practice
sozio·kulturell *Adj.* sociocultural
Soziolekt [zotsio'lekt] der; ~[e]s, ~e *(Sprachw.)* sociolect; social dialect
Sozio·linguistik die sociolinguistics *sing.*
Soziologe [zotsio'loːɡə] der; ~n, ~n sociologist
Soziologie die; ~: sociology; **die** ~ **lehrt uns, daß** ...: sociology teaches us that ...
Soziologin die; ~, ~nen sociologist
soziologisch 1. *Adj.* sociological. 2. *adv.* sociologically
sozio·ökonomisch *Adj.* socio-economic
Sozius ['zoːtsius] der; ~, ~se a) *Pl. auch:* Sozii ['zoːtsiː] *(Wirtsch.: Teilhaber)* partner; b) *(beim Motorrad)* pillion
Sozius·sitz der pillion
so·zu·sagen *Adv.* so to speak; as it were; **es geschah** ~ **offiziell** it took place officially, so to speak *or* as it were
Spachtel ['ʃpaxtl] der; ~s, ~ *od.* die; ~, ~n a) *(für Kitt)* putty-knife; *(zum Abkratzen von Farbe)* paint-scraper; *(zum Malen)* palette-knife; spatula, b) *(·masse)* filler
Spachtel·masse die filler
spachteln *tr. V.* a) stop, fill *⟨hole, crack, etc.⟩*; smooth over *⟨wall, panel, surface, etc.⟩*; smooth *⟨filler, putty⟩* (in + Akk. into); apply *⟨paints⟩* with a palette-knife; b) *(ugs.: essen)* put away *(coll.) ⟨food, meal⟩*
¹**Spagat** [ʃpa'ɡaːt] der *od.* das; ~[e]s, ~e splits *pl.*; [**einen**] ~ **machen** do the splits
²**Spagat** der; ~[e]s, ~e *(südd., österr.)* string
¹**Spaghetti** [ʃpa'ɡɛti] *Pl.* spaghetti *sing.*
²**Spaghetti** der; ~[s], ~s *(salopp abwertend) s.* Spaghettifresser
Spaghetti-: ~**fresser** der *(salopp abwertend)* Eyetie *(sl. derog.)*; wop *(sl. derog.)*; ~**träger** der *(Mode)* spaghetti strap
spähen ['ʃpɛːən] *itr. V.* peer; *(durch ein Loch, eine Ritze usw.)* peep
Späher der; ~s, ~ *(Milit.)* scout; *(Posten)* look-out; *(Spitzel)* informer
Späh·trupp der *(Milit.)* reconnaissance *or* scouting patrol *or* party
Spalett [ʃpa'lɛt] das; ~[e]s, ~e *(österr.)* [wooden] shutter
Spalier [ʃpa'liːɐ̯] das; ~s, ~e a) trellis; *(für Obstbäume)* espalier; b) *(aus Menschen)*

double line; *(Ehren~)* guard of honour; ~ **stehen** line the route; *⟨soldiers⟩* form a guard of honour
Spalier·obst das a) *(Früchte)* espalier fruit; b) *(Pflanzen)* espalier
Spalt [ʃpalt] der; ~[e]s, ~e opening; *(im Fels)* fissure; crevice; *(zwischen Vorhängen)* chink; gap; *(langer Riß)* crack; **die Tür einen** ~ [**weit**] **öffnen** open the door a crack *or* slightly; **einen** ~ [**weit**] **offen sein** *⟨door⟩* be open a crack, be *or* stand slightly ajar
spalt-, Spalt-: ~**bar** *Adj. (Physik)* fissionable *⟨material, element, etc.⟩*; ~**breit** *Adj.* narrow *⟨opening⟩*; ~**breit** der crack
Spalte die; ~, ~n a) crack; *(Fels~)* crevice; cleft; *(Gletscher~)* crevasse; crack; b) *(Druckw.)* column; c) *(derb: Scham-, Gesäßspalte)* crack *(coarse)*; d) *(österr.: Scheibe)* slice
spalten 1. *unr. (auch regelm.) tr. V.* a) *(auch Physik, fig.)* split; **Holz** ~: chop wood; b) *(Chemie)* split; break down. 2. *unr. (auch regelm.) refl. V.* a) *(auch Physik, fig.)* split; b) *(Chemie)* split; break down
-spaltig *adj. (Druckw.)* -column
Spalt-: ~**pilz** der a) *(Biol.)* bacterium; b) *(fig.)* divisive tendency; ~**produkt** das *(Physik)* fission product
Spaltung die; ~, ~en a) *(auch fig.)* splitting; *(fig.: durch eine Grenze)* division; b) *(fig.: das Gespaltensein)* split *(Gen.* in; **zwischen** + *Dat.* between); *(durch eine Grenze)* division; c) *(Physik)* fission; splitting; d) *(Chemie)* splitting; breaking down
Span [ʃpaːn] der; ~[e]s, **Späne** ['ʃpɛːnə] *(Hobel~)* shaving; *(Feil~)* filing *usu. in pl.*; *(beim Bohren)* boring *usu. in pl.*; *(beim Drehen)* turning *usu. in pl.*; *(zum Feueranzünden)* splint; **feine [Metall]späne** swarf *sing.*; **wo gehobelt wird, [da] fallen Späne** *(Spr.)* you cannot make an omelette without breaking eggs *(prov.)*
spänen ['ʃpɛːnən] *tr. V. (Technik)* scour with steel wool
Span·ferkel das sucking pig
Spange ['ʃpaŋə] die; ~, ~n clasp; *(Haar~)* hair-slide *(Brit.)*; barrette *(Amer.)*; *(Arm~)* bracelet; bangle
Spangen·schuh der strap shoe
Spaniel ['ʃpaːniəl] der; ~s, ~s spaniel
Spanien ['ʃpaːniən] *(das)*; ~s Spain
Spanier [ʃpaːniɐ̯] der; ~s, ~: Spaniard; **die** ~: the Spanish *or* Spaniards; **seid ihr** ~? are you Spanish?; **stolz wie ein** ~ *(scherzh.)* as proud as a peacock
spanisch 1. *Adj.* Spanish; **das kommt mir/dir usw.** ~ **vor** *(ugs.)* that strikes me/you *etc.* as odd. 2. *adv.* ~ **unterhalten** talk Spanish; *s. auch* deutsch; Deutsch; Reiter a; Rohr c; Wand b
Span·korb der chip basket; chip
spann [ʃpan] 1. u. 3. P. Sing. Prät. v. spinnen
Spann der; ~[e]s, ~e instep
Spann·beton der *(Bauw.)* pre-stressed concrete
Spanne die; ~, ~n a) *(Zeit~)* span of time; **eine** ~ **von 12 Tagen/fünfzig Jahren** a period of twelve days/span *or* period of fifty years; b) *(veralt.: Längenmaß)* span; c) *(Handels~)* margin
spannen 1. *tr. V.* a) tighten, tauten *⟨violin string, violin bow, etc.⟩*; draw *⟨bow⟩*; tension *⟨spring, tennis net, drumhead, saw-blade⟩*; stretch *⟨fabric, shoe, etc.⟩*; draw *or* pull *⟨line⟩* or taut; tense, flex *⟨muscle⟩*; cock *⟨gun, camera shutter⟩*; **eine Kamera** ~: cock the shutter on a camera; **seine Nerven waren zum Zerreißen gespannt** *(fig.)* his nerves were stretched to breaking-point; b) *(befestigen)* put up *⟨washing-line⟩*; stretch *⟨net, wire, tarpaulin, etc.⟩* (**über** + Akk. over); **einen Bogen Papier in die Schreibmaschine** ~: insert *or* put a sheet of paper in the typewriter; **etw. in einen Schraubstock** ~: clamp sth. in a vice; c) *(schirren)* hitch

up, harness (**vor, an** + Akk. to); d) *(bes. südd., österr.: merken)* notice; *s. auch* Lage c. 2. *refl. V.* a) become *or* go taut; *⟨muscles⟩* tense; b) *(geh.: sich wölben)* sich über etw. *(Akk.)* ~ *⟨bridge, rainbow⟩* span sth. 3. *itr. V.* a) *(zu eng sein) ⟨clothing⟩* be [too] tight; *⟨skin⟩* be taut; b) **auf jmdn./etw.** ~ *(ugs.) (warten)* wait [impatiently] for sb./sth.; *(lauern)* lie in wait for sb./sth.
spannend 1. *Adj.* exciting; *(stärker)* thrilling; **mach's nicht so** ~! *(ugs.)* don't keep me/us in suspense. 2. *adv.* excitingly; *(stärker)* thrillingly
spannen·lang *Adj. (veralt.)* a span tall/in length *postpos.*
Spanner der; ~s, ~ a) *(Schuh~)* shoe-tree; *(Stiefel~)* boot-tree; *(Hosen~)* [trouser-]hanger; *(Gardinen~)* curtain-stretcher; *(für Tennisschläger)* [racket-]press; b) *(Zool.)* geometer; c) *(ugs.: Voyeur)* peeping Tom
Spann·kraft die; *o. Pl.* vigour
Spannung die; ~, ~en a) *o. Pl.* excitement; *(Neugier)* suspense; tension; **jmdn. mit** *od.* **voll** ~ **erwarten** await sb. eagerly; b) *o. Pl. (eines Romans, Films usw.)* suspense; c) *(Zwistigkeit, Nervosität)* tension; d) *(das Straffsein)* tension; tautness; e) *(elektrische* ~*)* tension; *(Voltzahl)* voltage; **unter** ~ **stehen** be live; f) *(Mechanik)* stress
spannungs-, Spannungs-: ~**gebiet** das *(Politik)* area of tension; ~**geladen** *Adj.* a) *(gespannt) ⟨atmosphere etc.⟩* charged with tension; b) *(spannend) ⟨novel, film, etc.⟩* full of suspense; ~**messer** der *(Elektrot.)* voltmeter; ~**verhältnis** das relationship of tension; ~**zu·stand** der a) *(Psych.)* state of tension; b) *(Mechanik)* condition of stress
Spann·weite die a) *(Zool.: Flügel~)* [wing-]span; wing-spread; *(eines Flugzeugs)* [wing-]span; b) *(Bauw.)* span
Span-: ~**platte** die chipboard; ~**schachtel** die small box made of thin strips of wood [for storing jewellery, letters, etc.]
Spant [ʃpant] das *od.* der; ~[e]s, ~en *(eines Schiffs)* rib; *(eines Flugzeugs)* frame; former
Spar-: ~**brief** der *(Bankw.)* savings certificate; ~**buch** das *(Bankw.)* savings book; passbook; *(bei der Bank auch)* bank book; ~**büchse** die money-box; ~**ein·lage** die *(Bankw.)* savings deposit
sparen ['ʃpaːrən] *tr. V.* save; *(zurücklegen)* save, put away *⟨money⟩*; **die Mühe/den Ärger hätten wir uns sparen können** we could have saved *or* spared ourselves the effort/trouble; **du kannst dir jedes Wort** ~: you can save your breath; **deine Ratschläge kannst du dir** ~: you can keep your advice. 2. *itr. V.* a) *(Geld zurücklegen)* save; **für** *od.* **auf etw.** *(Akk.)* ~: save up for sth.; **spare in der Zeit, so hast du in der Not** *(Spr.)* waste not, want not *(prov.)*; b) *(sparsam wirtschaften)* economize (**mit** on); **er sparte nicht mit Lob** *(fig.)* he was unstinting *or* generous in his praise; **an etw.** *(Dat.)* ~ *(weniger nehmen)* be sparing with sth.; *(Billigeres nehmen)* economize on sth.; **am falschen Ort** *od.* **Ende** ~: make a false economy/false economies
Sparer der; ~s, ~, **Sparerin** die; ~, ~nen saver
Spar·flamme die; *o. Pl.* low flame *or* heat; **auf** ~: on a low flame *or* heat
Spargel ['ʃparɡl] der; ~s, ~, schweiz. auch die; ~, ~n asparagus *no pl., no indef. art.*; **ein** ~: an asparagus stalk
Spargel-: ~**creme·suppe** die cream of asparagus soup; ~**kraut** das; *o. Pl.* asparagus fern; ~**spitze** die asparagus tip
Spar-: ~**groschen** der *(ugs.)* nest-egg; savings *pl.*; ~**gut·haben** das credit balance *(in a savings account)*; **ein** ~**guthaben von 500 Mark haben** have 500 marks in one's savings *or* deposit account; ~**kasse** die savings bank; ~**kassen·buch** das sav-

1477

Sparkonto

ings book; passbook; ~**konto** das savings *or* deposit account

spärlich ['ʃpɛːɐ̯lɪç] **1.** *Adj.* sparse ⟨*vegetation, beard, growth*⟩; thin ⟨*hair, applause*⟩; scanty ⟨*left-overs, knowledge, news, evidence*⟩; scanty, skimpy ⟨*clothing*⟩; slack ⟨*demand*⟩; scattered ⟨*remains, remnants*⟩; poor ⟨*lighting, harvest, result, source*⟩; meagre ⟨*income, salary*⟩; meagre, frugal ⟨*food, meal*⟩. **2.** *adv.* sparsely, thinly ⟨*populated, covered*⟩; poorly ⟨*lit, attended*⟩; scantily, skimpily ⟨*dressed*⟩; **die Nachrichten kamen/die Geldmittel flossen nur ~**: news/money was only coming in in dribs and drabs

Spar- **~maßnahme** die economy measure; **~pfennig** der *(ugs.)* *s.* **~groschen**; **~prämie** die savings premium; **~programm** das **a)** *(bes. Politik)* programme of economy measures; **b)** *(Technik)* economy programme

Sparren ['ʃparən] der; ~s, ~ **a)** *(Dach~)* rafter; **b)** *(Her.)* chevron; **c)** *(ugs.: Spleen)* daft idea; **er hat einen ~ [zuviel** *od.* **zuwenig im Kopf]** *(ugs.)* he has a screw loose *(coll.)*

Sparring ['ʃparɪŋ] das; ~s *(Boxen)* sparring *no art.*

Sparrings·partner der *(Boxen)* sparring partner

sparsam 1. *Adj.* **a)** thrifty ⟨*person*⟩; *(wirtschaftlich)* economical; **durch ~en Umgang mit dem Material** by being economical *or* sparing with the material; **durch ~es Wirtschaften** by economizing; **mit etw. ~ sein** be economical with sth.; **er ist mit Worten/Lob immer sehr ~** *(fig.)* he is a man of few words/he is very sparing in his praise; **b)** *(im Verbrauch)* economical; **c)** *(fig.: gering, wenig, klein)* sparse ⟨*detail, decoration, interior, etc.*⟩; economical ⟨*movement, manner of expression, etc.*⟩; **er machte von dieser Möglichkeit nur ~en Gebrauch** he made little use of this opportunity; **die Wirkung ist schon bei ~ster Dosierung groß** even the most sparing dose has a strong effect. **2.** *adv.* **a)** **~ mit der Butter/dem Papier umgehen** use butter/paper sparingly; economize on butter/paper; **~ leben** live frugally; **~ mit seinen Kräften umgehen** conserve one's energy; **~ wirtschaften** economize; budget carefully; **b)** *(wirtschaftlich)* economically; **c)** *(fig.: in geringem Maße)* ⟨*use*⟩ sparingly, sparsely ⟨*decorated, furnished*⟩; **etw. ~ dosieren** use sth. in small doses

Sparsamkeit die; ~ **a)** thrift[iness]; **das ist ~ am falschen Platze** that's a false economy; **aus ~**: for the sake of economizing; **b)** *(Wirtschaftlichkeit)* economicalness; **c)** *(fig.: geringes Maß)* economy

Spar-: **~schwein** das piggy bank; **~strumpf** der stocking for keeping one's savings in

Spartakiade [ʃparta'kiːadə] die; ~, ~n Spartakiad

Spartakist [ʃparta'kɪst] der; ~en, ~en Spartacist; Spartakist

Spartaner [ʃpar'taːnɐ] der; ~s, ~ *(hist.)* Spartan

spartanisch 1. *Adj. (auch fig.).* Spartan. **2.** *adv.* **~ leben** lead a Spartan life

Sparte ['ʃpartə] die; ~, ~n **a)** *(Teilbereich)* area; branch; *(eines Geschäfts)* line [of business]; *(des Wissens)* branch; field; speciality; *(des Sports, der Kunst)* discipline; **b)** *(Rubrik)* section, *(Spalte)* column

Spar-: **~vertrag** der savings agreement; **~zins** der; *Pl.* **~en** interest *no pl.* on a savings account

spasmisch ['ʃpasmɪʃ] *(Med.)* **1.** *Adj.* spasmodic. **2.** *adv.* spasmodically

Spasmus ['ʃpasmʊs] der; ~, **Spasmen** *(Med.)* spasm

Spaß [ʃpaːs] der; ~es, **Späße** ['ʃpɛːsə] **a)** *o. Pl. (Vergnügen)* fun; **wir hatten alle viel ~**: we all had a lot of fun *or* a really good time;

we all really enjoyed ourselves; **~ an etw.** *(Dat.)* **haben** enjoy sth.; **verdirb ihm doch nicht seinen ~**: don't spoil his fun; **laß ihn doch, wenn er ~ dran hat!** let him, if it makes him happy; **meinetwegen, wenn du ~ daran hast** all right, if you want to; **~ an etw.** *(Dat.)* **finden** find sth. fun; **[jmdm.] ~/keinen ~ machen** be fun/no fun [for sb.]; **die Schule macht ihm großen/keinen/nicht viel ~**: he likes *or* enjoys school a great deal/doesn't like school/doesn't like school very much; **du machst mir [vielleicht] ~!** *(iron.)* you must be joking *or (sl.)* kidding; **sich** *(Dat.)* **einen ~ daraus machen, etw. zu tun** take great delight in doing sth.; **ein teurer ~** *(ugs.)* an expensive business; **was kostet der ~?** *(ugs.)* how much will that little lot cost? *(coll.)*; **viel ~!** have a good time!; *(iron.)* have fun!; **das ist kein ~!** it's no fun; **b)** *(Scherz)* joke; *(Streich)* prank; antic; **er macht nur ~**: he's only joking *or (sl.)* kidding; **~ beiseite!** joking aside *or* apart; **~ muß sein!** there's no harm in a joke; **da hört [für mich] der ~ auf** that's getting beyond a joke; **~/keinen ~ verstehen** be able/not be able to take a joke; have a/have no sense of humour; **in Gelddingen versteht er keinen ~**: he won't stand for any nonsense where money is concerned; **laß diese albernen Späße!** stop fooling around!; **er ist immer zu Späßen aufgelegt** he's always ready for a laugh; **im** *od.* **zum** *od.* **aus ~**: as a joke; for fun; **aus ~ an der Freude** *(scherzh.)* for the [sheer] fun of it; **sich** *(Dat.)* **einen ~ mit jmdm. machen** *od.* **erlauben** play a joke on sb.; **macht keine Späße!** surely you don't mean it; **aus [lauter] ~ und Tollerei** *(ugs.)* [just] for a laugh; just for the hell of it *(coll.)*; **das ist kein ~ mehr!** that's gone beyond a joke; **seine Späße mit jmdm. treiben** get a laugh at sb.'s expense

Späßchen ['ʃpɛːsçən] das; ~s, ~: little joke

spaßen ['ʃpaːsn̩] *itr. V.* **a)** *(Spaß machen)* joke; kid *(coll.)*; **Sie ~ wohl!** you must be joking *or (coll.)* kidding; **b)** **er läßt nicht mit sich ~**: he won't stand for any nonsense; **mit ihm/damit ist nicht zu ~**: he/it is not to be trifled with; **mit so einer Entzündung ist nicht zu ~** an inflammation like that shouldn't be shrugged off lightly

spaßes·halber *Adv.* for the fun of it; for fun

spaßhaft *Adj.* amusing; comical; funny

spaßig 1. *Adj.* funny; comical; amusing. **2.** *adv.* in an amusing way

Spaß-: **~macher** der joker; **~verderber** der; ~s, ~: spoil-sport; killjoy; wet blanket; **~vogel** der joker; **du bist vielleicht ein ~vogel!** you must be joking *or (coll.)* kidding

spastisch *(Med.)* **1.** *Adj.* spastic. **2.** *adv.* **gelähmt sein** suffer from spastic paralysis; **ein ~ Gelähmter** a spastic

Spat [ʃpaːt] der; ~[e]s, ~e *od.* **Späte** ['ʃpɛːtə] *(Mineral.)* spar

spät [ʃpɛːt] **1.** *Adj.* late; belated ⟨*fame, repentance*⟩; **am ~en Abend** in the late evening; **bis in die ~e Nacht** until late into the night; **die Werke des ~en Goethe** Goethe's late works; **wie ~ ist es?** what time is it?; **bei der Party ist es ziemlich ~ geworden** the party went on until quite late; **er kam zu ~er Stunde** *(geh.)* he came at a late hour; **ein ~es Mädchen** *(scherzh.)* an old maid; **ein ~es Glück** happiness late in life. **2.** *adv.* late; **~ am Abend** late in the evening; **du kommst aber ~!** you're very late; **wenn ich jetzt nicht losfahre, komme ich zu ~**: if I don't leave now I'll be late; **wir sind eine Station zu ~ ausgestiegen** we got out one station too far down the line; **wir sind [schon ziemlich] ~ dran** *(ugs.)* we're late [enough already]; **so ~ am Tage** so late in the day; **er hat erst ~ angefangen zu studieren** he began studying late in life; *s. auch* **früh 2**

spazierengehen

spät-, Spät-: **~abends** *Adv.* [-'--] late in the evening; in the late evening; **~aussiedler** der *person of German origin who emigrated from countries East of the Oder-Neisse border relatively late after 1945*; **~barock** das *od.* der *(Kunstwiss.)* late Baroque; **~dienst** der late duty; *(im Betrieb)* late shift; **~dienst haben** be on late shift

Spatel ['ʃpaːtl̩] der; ~s, ~ **a)** spatula; **b)** *s.* **Spachtel** a

Spaten ['ʃpaːtn̩] der; ~s, ~: spade

Spaten·stich der cut of the spade; **das Foto zeigt den Oberbürgermeister beim ersten ~**: the photo shows the mayor digging the first turf

Spät·entwickler der late developer

später 1. *Adj.* ; *nicht präd.* **a)** *(nachfolgend, kommend)* later ⟨*years, generations, etc.*⟩; **b)** *(zukünftig)* future ⟨*owner, wife, etc.*⟩. **2.** *Adv.* later; **er soll ~ [einmal] die Leitung der Firma übernehmen** he is to take over management of the firm at some future date; **was willst du denn ~ [einmal] werden?** what do you want to do when you grow up?; **jmdn. auf ~ vertrösten** put sb. off until later; **ich hebe es mir für ~ auf** I'll save it for later [on]; **[also dann] bis ~!** see you later!

später·hin *Adv. (geh.)* later [on]

spätestens *Adv.* at the latest; **~ gestern/[am] Freitag** yesterday/[by] Friday at the latest

Spät-: **~folge** die long-term consequence; *(Med.)* late sequela; **~geburt** die postterm birth; **~gotik** die *(Kunstwiss.)* late Gothic; **~heimkehrer** der the late returnee *(from a prisoner-of-war camp)*; **~herbst** der late autumn *or* Fall; **~lese** die late vintage; **~nach·mittag** der late afternoon; **~schaden** der long-term damage *no pl., no indef. art.*; **~schalter** der *counter that is open late*; **~schicht** die late shift; **~sommer** die late summer; **~vorstellung** die *(Film)* late showing; *(Theater)* late performance; **~werk** das late work

Spatz [ʃpats] der; ~en, ~en **a)** sparrow; **er ißt wie ein ~**: he eats like a bird; **~ in der Hand als eine Taube auf dem Dach** *(Spr.)* a bird in the hand is worth two in the bush *(prov.)*; **die ~en pfeifen es von den** *od.* **allen Dächern** it's common knowledge; **b)** *(fam.: Liebling)* pet; **c)** *(fam.: kleines Kind)* mite; tot *(coll.)*

Spätzchen ['ʃpɛtsçən] das; ~s, ~ **a)** little sparrow; **b)** *s.* **Spatz b, c**

Spätzeit die only; **in der ~ der Renaissance** in the late Renaissance; **Dürers Bildnisse der ~**: Dürer's late portraits

Spatzen·[ge]hirn das *(salopp abwertend)* birdbrain *(coll.)*; **sie hat ein ~**: she's birdbrained *(coll.)*; she's a birdbrain *coll.*

Spätzle ['ʃpɛtslə] *Pl.* spaetzle; spätzle; *kind of noodles*

Spät-: **~zug** der late train; **~zünder** der *(ugs. scherzh.)* **ein ~zünder sein** be slow on the uptake; **~zündung** die *(Technik)* retarded ignition

spazieren [ʃpa'tsiːrən] *itr. V.*; *mit sein* **a)** stroll; **b)** *(veralt.: spazierengehen)* go for a walk *or* a stroll; **wir sind ~ gewesen** we went for a walk *or* a stroll

spazieren-: **~fahren 1.** *unr. itr. V.*; *mit sein (im Auto)* go for a drive *or* ride *or* spin; *(im Bus usw., mit dem Fahrrad* od. *Motorrad)* go for a ride; *(mit einem Schiff)* go for a [boat-]trip; *(mit einem Ruderboot)* go for a row; *(mit einem Segelboot)* go for a sail. **2.** *tr. V.* **jmdn. ~fahren** *(im Auto)* take sb. for a drive *or* ride *or* spin; **ein Kind [im Kinderwagen] ~fahren** take a baby for a walk [in a pram]; **die Kinder mit den Schlitten/im Boot ~fahren** take the children out on the sledge/on a boat-trip; **~gehen** *unr. itr. V.*; *mit sein* go for a walk *or* stroll; **ein Stück ~gehen** go for a little walk *or* stroll; **hier kann man schön ~gehen** you can go for pleasant walks here; **eine schöne Gegend zum Spazierengehen** a pleasant area for walks

Spazi̱er-: **~fahrt die** *(mit dem Auto)* drive; ride; spin; *(mit dem Bus usw., mit dem Fahrrad od. Motorrad)* ride; *(mit einem Schiff)* [boat-]trip; *(mit einem Ruderboot)* row; *(mit einem Segelboot)* sail; **~gang der** walk; stroll; **~gänger der;** **~s, ~, ~gängerin die;** **~, ~nen** person out for a walk *or* stroll; **~ritt der** ride; **~stock der;** *Pl.* **~stöcke** walking-stick; **~weg der** footpath

SPD [ɛspeː'deː] **die;** **~** *Abk.* Sozialdemokratische Partei Deutschlands SPD

Specht [ʃpɛçt] **der;** **~[e]s, ~e** woodpecker

Speck [ʃpɛk] **der;** **~[e]s, ~e a)** bacon fat; *(Schinken~)* bacon; **durchwachsener ~:** streaky bacon; **fetter ~:** bacon fat; **ran an den ~!** *(ugs.)* get stuck in! *(coll.);* get to it! *(coll.);* **mit ~ fängt man Mäuse** *(Spr.)* if the bait is tempting enough, the fish will bite; **b)** *(von Walen, Robben)* blubber; **c)** *(ugs. scherzh.: Fettpolster)* fat; flab *(sl.);* **er hat ganz schön ~ auf den Rippen** he's well padded

Speck·bauch der *(ugs.)* pot-belly; paunch

speckig *Adj.* greasy

Speck-: **~nacken der** *(ugs.)* fat neck; **~scheibe die** rasher *or* slice of bacon; **~schwarte die** bacon rind; **~seite die** side of bacon; **~stein der** *(Mineral)* lard stone; soapstone; steatite

Spediteur [ʃpediˈtøːɐ̯] **der;** **~s, ~e a)** *(Vermittler)* forwarding agent; *(per Schiff)* shipping agent; *(per Flugzeug)* air freight agent; **b)** *(Beförderer)* carrier; haulier; haulage contractor; *(per Schiff)* carrier; *(Möbel~)* furniture-remover

Spedition [ʃpediˈtsi̯oːn] **die;** **~, ~en a)** *(Beförderung)* carriage; transport; **b)** *s.* **Speditionsfirma**

Speditions-: **~firma die** forwarding agency; *(per Schiff)* shipping agency; *(Transportunternehmen)* haulage firm; firm of hauliers; *(per Schiff)* firm of carriers; *(Möbelspedition)* removal firm; **~kaufmann der** forwarding agent; shipping agent; *(für Möbelspedition)* furniture-remover

Speedway·rennen ['spiːdweɪ-] **das** *(Motorsport)* speedway racing; *(Veranstaltung)* speedway race

Speer [ʃpeːɐ̯] **der;** **~[e]s, ~e a)** spear; **b)** *(Sportgerät)* javelin

Speer-: **~spitze die a)** *(auch fig.)* spearhead; **b)** *(des Sportgeräts)* tip of a/the javelin; **~werfen das;** **~s** *s.* **~wurf a;** **~werfer der** *(Sport)* javelin-thrower; **~wurf der a)** *o. Pl. (Disziplin)* javelin-throwing; **b)** *(Wurf)* javelin-throw

Speiche [ˈʃpaɪçə] **die;** **~, ~n a)** spoke; **b)** *(Anat.)* radius

Speichel [ˈʃpaɪçl̩] **der;** **~s** saliva; spittle

Speichel-: **~drüse die** salivary gland; **~fluß der a)** salivation *no art.;* **b)** *(Med.: übermäßige Sekretion)* salivation *no art.;* ptyalism *no art.*

speicheln *itr. V.* salivate

Speicher [ˈʃpaɪçɐ] **der;** **~s, ~ a)** storehouse; *(Lagerhaus)* warehouse; *(~becken)* reservoir; *(fig.)* store; **b)** *(südd.: Dachboden)* loft; attic; **auf dem ~:** in the loft *or* attic; **c)** *(Elektronik)* memory; store

Speicher·kapazität die storage capacity; *(DV)* memory *or* storage capacity

speichern *tr. V.* store

Speicherung die; **~, ~en** storing; storage

speien [ˈʃpaɪən] *(geh.) unr. tr., itr. V. a)* *(spucken)* spit; spew [forth] *(lava, fire, etc.);* belch ⟨smoke⟩; spout ⟨water⟩; **der Drache spie Feuer** the dragon breathed fire; **b)** *(erbrechen)* vomit

Speise [ˈʃpaɪzə] **die;** **~, ~n a)** *(Gericht)* dish; **~n und Getränke** food and drink; **„kalte/warme ~n"** 'cold/hot dishes'; *o. Pl. (geh.:*

Nahrung) food; **c)** *(nordd.: süße Nachspeise)* dessert; sweet *(Brit.)*

Speise-: **~eis das** ice-cream; **~fett das** edible fat; **~fisch der** food fish; **~gaststätte die** restaurant; **~kammer die** larder; pantry; **~karte die** menu; **~lokal das** restaurant

speisen 1. *itr. V. (geh.)* eat; *(dinieren)* dine; **haben Sie schon gespeist?** have you eaten yet?; **zu Mittag/Abend ~:** lunch *or* have lunch/dine *or* have dinner. **2.** *tr. V. a) (geh.: verzehren)* eat; *(dinieren)* dine on; **was wünschen Sie zu ~?** what do you wish to eat?; **b)** *(geh.: ernähren, auch fig.)* feed; *(bewirten)* dine; **c)** *(Technik)* **etw. mit Strom/Wasser ~:** supply sth. with electricity/water; **ein von Batterien gespeister Elektromotor** an electric motor powered by batteries; **Strom in das öffentliche Netz ~:** feed electricity [in]to the national grid. **3.** *refl. V.* be fed **(aus, von)** by

Speisen-: **~aufzug der** dumb waiter; **~folge die** *(geh.)* menu

Speise-: **~öl das** edible oil; **~plan der** menu *(for the week etc.);* **~reste** *Pl.* leftovers; *(zwischen den Zähnen)* food particles; **~röhre die** *(Anat.)* gullet; oesophagus *(Anat.);* **~saal der** dining-hall; *(im Hotel, in einer Villa usw.)* dining-room; *(auf Schiffen)* dining-saloon; dining-room; **~schrank der** food-cupboard; **~wagen der** dining-car; restaurant car *(Brit.);* **~würze die** seasoning additive; **~zettel der** menu; **auf dem ~zettel des Eichhörnchens stehen auch Vogeleier** *(fig.)* the squirrel's diet also includes birds' eggs; **~zimmer das** dining-room

Speisung die; **~, ~en a)** *(geh.)* feeding; **b)** *(Technik)* supplying

spei·übel *Adj.; nicht attr.* **mir ist ~:** I think I'm going to be violently sick

Spektabilität [ʃpɛktabiliˈtɛːt] **die;** **~, ~en** *(Hochschulw.)* title of the dean of a university; **an seine ~ den Dekan der ... Fakultät** to the Dean of the Faculty of ...

¹Spektakel [ʃpɛkˈtaːkl̩] **der;** **~s, ~** *(ugs.)* **a)** *(Lärm)* row *(coll.);* rumpus *(coll.);* racket; **b)** *(laute Auseinandersetzung, Theater)* fuss; **einen ~ machen** kick up *or* make a fuss

²Spektakel das; **~s, ~ a)** *(veralt.)* spectacle; show; **b)** *(fig.)* spectacle

spektakulär [ʃpɛktakuˈlɛːɐ̯] **1.** *Adj.* spectacular; *(sensationell)* sensational. **2.** *adv.* spectacularly; *(sensationell)* sensationally

Spektral-: **~analyse die** *(Technik)* spectral analysis; **~farbe die** colour of the spectrum

Spektren *s.* **Spektrum**

Spektroskop [ʃpɛktroˈskoːp] **das;** **~s, ~e** *(Technik)* spectroscope

Spektrum [ˈʃpɛktrʊm] **das;** **~s, Spektren** *(auch fig.)* spectrum

Spekula *s.* **Spekulum**

Spekulant [ʃpekuˈlant] **der;** **~en, ~en** speculator

Spekulation [ʃpekulaˈtsi̯oːn] **die;** **~, ~en a)** *(Mutmaßung, Erwartung; auch Philos.)* speculation; **das sind alles nur ~en** that is all merely speculation *sing. or* conjecture *sing.;* **b)** *(Wirtsch.)* speculation (mit in); **die ~ mit Grundstücken** property speculation

Spekulations-: **~geschäft das** *(Wirtsch.)* speculative deal; **~objekt das** object of speculative investment

Spekulatius [ʃpekuˈlaːtsi̯ʊs] **der;** **~, ~:** spiced biscuit in the shape of a human or other figure, eaten at Christmas

spekulativ [ʃpekulaˈtiːf] **1.** *Adj.* speculative. **2.** *adv.* speculatively

spekulieren [ʃpekuˈliːrən] *itr. V.* **a)** *(ugs.)* **darauf ~, etw. tun zu können** count on being able to do sth.; **er spekuliert auf den Laden** he's counting on getting the shop; **b)** *(mutmaßen)* speculate; **c)** *(Wirtsch.)* speculate **(mit** in); *s. auch* **Baisse; Hausse**

Spekulum [ˈʃpeːkulʊm] **das;** **~s, Spekula** *(Med.)* speculum

Spelunke [ʃpeˈlʊŋkə] **die;** **~, ~n** *(ugs. abwertend)* dive *(coll.)*

Spelze [ˈʃpɛltsə] **die;** **~, ~n** *(des Getreidekorns)* husk; *(der Grasblüte)* glume

spelzig *Adj.* full of husks *postpos.*

spendabel [ʃpɛnˈdaːbl̩] *Adj.* generous; open-handed

Spende [ˈʃpɛndə] **die;** **~, ~n** donation; contribution; **eine kleine ~ bitte!** would you like to make a small donation?

spenden *tr., itr. V.* **a)** donate; give; contribute; **letw.l fürs Rote Kreuz ~:** contribute [sth.] to *or* for the Red Cross; **Blut/eine Niere ~:** give blood/donate a kidney; **b)** *(fig. geh.)* give ⟨light⟩; afford, give ⟨shade⟩; give off ⟨heat⟩; provide ⟨water⟩; administer ⟨communion, baptism⟩; give, bestow ⟨blessing⟩; confer ⟨holy orders⟩; **jmdm. Beifall/Trost ~:** give sb. applause/comfort; applaud/comfort sb.

Spenden-: **~aktion die** campaign for donations; **~aufruf der** appeal for donations; **~konto das** donations account

Spender der; **~s, ~ a)** donor; donator; contributor; *(Organ~, Blut~)* donor; **wer war der edle ~?** to whom am I indebted?; **b)** *(Behälter)* dispenser

Spenderin die; **~, ~nen** *s.* **Spender a**

spendieren *tr. V. (ugs.)* get, buy ⟨drink, meal, etc.⟩; stand ⟨round⟩; **jmdm. ein Bier/eine Tafel Schokolade ~:** stand *or* get sb. a beer/buy *or* get sb. a bar of chocolate

Spendier·hosen *Pl.* **in die/seine ~ anhaben** be in a generous mood; be feeling generous

Spengler [ˈʃpɛŋlɐ] **der;** **~s, ~** *(südd., österr., schweiz.)* *s.* **Klempner**

Spenzer [ˈʃpɛntsɐ] **der;** **~s, ~ a)** *(Jacke)* spencer; **b)** *(Unterhemd)* tight-fitting short-sleeved vest

Sperber [ˈʃpɛrbɐ] **der;** **~s, ~:** sparrow-hawk

Sperenzchen [ʃpeˈrɛntscən] *Pl. (ugs.)* **~ machen** give trouble; **mach keine ~!** don't be difficult!

Sperling [ˈʃpɛrlɪŋ] **der;** **~s, ~e** sparrow; **besser ein ~ in der Hand als eine Taube auf dem Dach** *(Spr.)* a bird in the hand is worth two in the bush *(prov.)*

Sperma [ˈʃpɛrma] **das;** **~s, Spermen** *od.* **Spermata** sperm; semen

Spermium [ˈʃpɛrmi̯ʊm] **das;** **~s, Spermien** *(Biol.)* spermatozoon; sperm

sperr·angel·weit *Adv. (ugs.)* **~ offen** *od.* **geöffnet** wide open

Sperr·bezirk der a) restricted *or* prohibited area; **b)** *(für Prostituierte)* area in which prostitution is prohibited; **c)** *(Gesundheitswesen)* infected area

Sperre die; **~, ~n a)** *(Barriere)* barrier; *(Straßen~)* road-block; **b)** *(Milit.)* obstacle; *(Draht~)* entanglement; **c)** *(Eisenb.)* barrier; **d)** *(fig.: Verbot, auch Sport)* ban; *(Handels~)* embargo; *(Import~, Export~)* blockade; *(Nachrichten~)* [news] blackout; **e)** *(Psych.: Blockierung, Hemmung)* block; **f)** *(Technik)* locking device

sperren 1. *tr. V.* **a)** close ⟨road, tunnel, bridge, entrance, border, etc.⟩; close off ⟨area⟩; **etw. für jmdn./etw. ~:** close sth. to sb./sth.; **b)** *(blockieren)* block ⟨entrance, access, etc.⟩; **c)** *(Technik)* lock ⟨mechanism etc.⟩; **d)** **jmdm. das Gehalt/den Urlaub ~:** stop sb.'s salary/leave; **einem Soldaten den Ausgang ~:** confine a soldier to barracks; **e)** cut off, disconnect ⟨water, gas, electricity, etc.⟩; **jmdm. den Strom/das Telefon ~:** cut off *or* disconnect sb.'s electricity/telephone; **f)** *(Bankw.)* stop ⟨cheque, overdraft facility⟩; freeze ⟨bank account⟩; **jmdm. das Konto ~:** freeze sb.'s account; **g)** *(ein~)* **ein Tier/jmdn. in etw.** *(Akk.)* **~:** shut *or* lock an animal/sb. in sth.; **jmdn. ins Gefängnis ~:**

1479

Sperrfeuer | **spielen**

put sb. in prison; lock sb. up [in prison]; **h)** *(Sport: behindern)* obstruct; **i)** *(Sport: von der Teilnahme ausschließen)* ban; **j)** *(Druckw.: spationieren)* print ⟨word, text⟩ with the letters spaced. **2.** *refl. V.* **sich [gegen etw.] ~ :** balk *or* jib [at sth.]. **3.** *itr. V. (Sport)* obstruct; **Sperren ohne Ball** obstruction off the ball

Sperr-: **~feuer** das *(Milit.)* barrage; **~frist** die *(auch Rechtsspr.)* waiting period; **~gebiet** s. **~bezirk;** **~gürtel** der cordon; **~holz** das plywood

sperrig *Adj.* unwieldy

Sperr-: **~konto** das *(Bankw.)* blocked account; **~minorität** die *(Wirtsch., Politik)* blocking minority; **~müll** der bulky refuse *(for which there is a separate collection service);* **morgen ist ~müll** *(ugs.)* they're collecting bulky refuse tomorrow; **~sitz** der *(im Kino)* seat in the back stalls; *(im Zirkus)* front seat; *(im Theater)* seat in the front stalls; **wir saßen ~sitz** we sat in the back stalls/front seats/front stalls; **~stunde** die closing time

Sperrung die; **~, ~en** s. **sperren 1a–f, i:** closing; closing off; blocking; locking; stopping; cutting off; disconnection; freezing; banning

Sperr·vermerk der restriction note *(regarding sale of property, withdrawal of investment, disclosure of information, etc.)*

Spesen ['ʃpeːzn̩] *Pl.* expenses; **auf ~ :** on expenses; **~ machen** incur expenses; **außer ~ nichts gewesen** *(scherzh.)* [it was] a waste of time and effort

Spezerei [ʃpeːtsəˈraɪ] die; **~, ~en** *(veralt.)* spice

Spezi ['ʃpeːtsi] der; **~s, ~[s] a)** *(südd., österr., schweiz. ugs.)* [bosom] pal *(coll.);* chum *(coll.);* **b)** *(ugs.: Getränk)* lemonade and cola

Spezial-: **~gebiet** das special *or* specialist field; **~geschäft** das specialist shop

spezialisieren *refl. V.* specialize **(auf + Akk.** in)

Spezialist der; **~en, ~en, Spezialistin** die; **~, ~nen** specialist

Spezialität [ʃpetsialiˈtɛːt] die; **~, ~en** speciality; specialty

Spezialitäten·restaurant das speciality restaurant

Spezial·slalom der *(Ski)* special slalom

speziell [ʃpeˈtsi̯ɛl] **1.** *Adj.* special; specific ⟨question, problem, etc.⟩; specialized ⟨book, knowledge, etc.⟩; **er ist mein ~er Freund** he's a special friend of mine; *(iron.)* we're the best of enemies *(joc.);* **auf dein Spezielles!** your very good health!. **2.** *Adv. (besonders, gerade)* especially; *(eigens)* specially; **~ du** you especially; you of all people

Spezies ['ʃpeːtsi̯ɛs] die; **~, ~:** species; **eine besondere ~ [von] Mensch** a special type of person

Spezifikation [ʃpetsifikaˈtsi̯oːn] die; **~, ~en** specification

Spezifikum [ʃpeˈtsiːfikʊm] das; **~s, Spezifika a)** *(Besonderheit)* specific characteristic; **b)** *(Pharm.)* specific

spezifisch 1. *Adj.* specific; characteristic ⟨smell, style⟩; **~es Gewicht/~e Wärme** *(Phys.)* specific gravity/heat. **2.** *adv.* specifically

spezifizieren *tr. V.* specify; *(einzeln aufführen)* itemize ⟨bill, expenses, etc.⟩

Spezifizierung die; **~, ~en** specification; *(einer Rechnung, von Kosten)* itemization

Sphäre ['sfɛːrə] die; **~, ~n** *(auch fig.)* sphere; **in höheren ~n schweben** *(scherzh.)* have one's head in the clouds

Sphären·harmonie die *(Philos.)* harmony of the spheres

sphärisch *Adj.* **a)** spherical; **b)** *(fig.: himmlisch)* heavenly

Sphäroid [sfɛroˈiːt] das; **~[e]s, ~e** *(Geom.)* spheroid

¹**Sphinx** [sfɪŋks] die *od.* der; **~, ~e** *od.* **Sphingen** ['sfɪŋən] *(Ägyptologie, Kunstwiss.)* sphinx; **die ~ von Gise** the Sphinx at Giza

²**Sphinx** die; **~, ~e** *od.* **Sphingen** *(griech. Myth., Kunstwiss.)* Sphinx

Spick·aal der *(bes. nordd.)* smoked eel

spicken ['ʃpɪkn̩] **1.** *tr. V.* **a)** *(Kochk.)* lard; **jmdm. ~** *(fig. ugs.)* grease sb.'s palm; **b)** *(fig. ugs.: reichlich versehen)* **eine Rede mit Zitaten ~ :** lard a speech with quotations; **das Diktat war mit Fehlern gespickt** the dictation was full of mistakes. **2.** *itr. V. (bes. südd. ugs.)* crib *(coll.)*

Spick-: **~nadel** die larding-needle; **~zettel** der *(bes. südd. ugs.)* crib *(coll.); (fig.: eines Redners)* notes *pl.*

spie [ʃpiː] *1. u. 3. Pers. Sg. Prät. v.* **speien**

Spiegel ['ʃpiːɡl̩] der; **~s, ~ a)** mirror; **in den ~ sehen** *od.* **schauen** look in the mirror; **im ~ der Presse** *(fig.)* as mirrored *or* reflected in the press; **dieser Roman ist ein ~ unserer Zeit** *(fig.)* this novel is a reflection of our time; **jmdm. den ~ vorhalten** *(fig.)* hold the mirror up to sb.; **das kannst du dir hinter den ~ stecken!** *(fig. ugs.)* you'll do well to remember that!; **b)** *(Wasserstand, Blutzucker~, Alkohol~ usw.)* level; *(Wasseroberfläche)* surface; **c)** *(am Frack, Smoking)* [silk] lapel; **d)** *(am Kragen)* tab; **e)** *(Jägerspr., Zool.)* *(bei Rehen, Hirschen usw.)* [white] rump patch; *(bei Vögeln)* speculum; **f)** *(fig.: Übersicht)* breakdown

spiegel-, Spiegel-: **~bild** das *(auch fig., Math.)* reflection; **~bildlich 1.** *Adj.* **eine ~bildliche Abbildung** a mirror image; **2.** *adv.* **~bildlich abgebildet** reproduced as a *or* in mirror image; **~blank** *Adj.* shining; **den Fußboden ~blank bohnern** polish the floor until it shines [like a mirror]; **~ei** das fried egg; **~fechterei** die; **~, ~en: das ist ~fechterei/sind ~fechtereien** that's all a sham; **~glas** das mirror glass; **~glatt** *Adj.* like glass *postpos.;* **die Straße war ~glatt gefroren** the road was like a sheet of glass; **~karpfen** der mirror carp

spiegeln 1. *itr. V.* **a)** *(glänzen)* shine; gleam; **b)** *(als Spiegel wirken)* reflect the light; **nicht ~des Glas** non-reflective glass. **2.** *tr. V.* **a)** *(reflektieren)* reflect; mirror; **b)** *(Med.)* examine ⟨body cavity⟩ with a speculum. **3.** *refl. V. (auch fig.)* be mirrored *or* reflected; **in ihrem Gesicht spiegelte sich Freude** *(fig.)* her face shone with delight

Spiegel-: **~reflex·kamera** die reflex camera; **~saal** der hall of mirrors; **~schrank** der wardrobe/cupboard/cabinet with mirror doors; **~schrift** die mirror writing; **~teleskop** das reflecting telescope; *(refl.)*

Spiegelung die; **~, ~en a)** *(auch fig., Math.)* reflection; **b)** *(Med.)* speculum examination

spiegel·verkehrt 1. *Adj.* back-to-front ⟨lettering⟩; **eine ~e Abbildung** a mirror image. **2.** *adv.* **~ abbilden** reproduce sth. as a *or* in mirror image

Spiel [ʃpiːl] das; **~[e]s, ~e a)** *(das Spielen, Spielerei)* play; **er treibt nur mit ihr ein ~ :** he's playing games *pl.* with her; **für ihn ist alles nur ein ~ :** everything's just a game to him; **paß auf, daß du das ~ nicht zu weit treibst** be careful that you don't push your luck too far; **das ist doch ein ~ mit dem Leben** *(fig.)* that's risking your/his etc. life; **wie im ~ :** as if it were child's play; **ein ~ mit dem Feuer** *(fig.)* playing with fire; **ein [merkwürdiges] ~ des Zufalls/Schicksals** a whim of chance/fate; **ein seltsames ~ der Natur** a freak of nature; **freies ~ haben** be able to do what one wants *or* as one pleases; **genug des grausamen ~s!** *(scherzh.)* enough is enough!; **b)** *(Glücks~; Gesellschafts~)* game; *(Wett~)* game; **~ spielen/gewinnen** play/win a game; **einen Spieler aus dem ~ nehmen/ins**

~ schicken take a player off/send a player on; **dem ~ verfallen sein** be addicted to gambling *or* gaming; **sein Geld beim ~ verlieren** gamble one's money away; **machen Sie Ihr ~ !** *(Roulette)* place your bets; **faites vos jeux;** **das ~ ist aus** the game is up; **gewonnenes ~ haben** be home and dry; **leichtes ~ [mit jmdm.] haben** have an easy job [with sb.]; **mit Frauen ihres Typs hat ein Casanova wie er leichtes ~ :** women like her are easy game for a Casanova like him; **~ verloren geben** give the game up for lost; *(fig.)* throw in the towel *or* one's hand; **auf dem ~ stehen** be at stake; **etw. aufs ~ setzen** put sth. at stake; risk sth.; **ein falsches/doppeltes/unfaires ~ spielen** *od.* **treiben** play sb. false/double-cross sb./treat sb. unfairly; **jmdn./etw. aus dem ~ lassen** leave sb./sth. out of it; **aus dem ~ bleiben** *(fig.)* ⟨person⟩ stay out of it; **jmdn./etw. ins ~ kommen** *(fig.)* bring sb./sth. into it; **ins ~ kommen** *(fig.)* ⟨factor⟩ come into play; ⟨person, authorities, etc.⟩ become involved; ⟨matter, subject, etc.⟩ come into it; **im ~ sein** *(fig.)* be involved; s. *auch* **Hand 7c)** *(Utensilien)* game; **ein ~ Karten** a pack of cards; **das ~ ist nicht mehr vollständig** there's something missing from the set; **ein ~ Stricknadeln/Saiten** *(fig.)* a set of knitting-needles/strings; **d)** *o. Pl. (eines Schauspielers)* performance; **e)** *(eines Musikers)* performance; playing; s. *auch* **klingend 2;** **f)** *(Sport: ~weise)* game; **g)** *(Schau~)* play; **h)** *(Technik: Bewegungsfreiheit)* [free] play; **i)** *o. Pl. (fig.: Bewegung)* play

Spiel-: **~alter** das playing stage; **~anzug** der play-suit; rompers *pl.;* **~art** die variety; **~automat** der gaming-machine; *(Geschicklichkeitsspiel)* amusement machine; **~ball** der **a)** *(Sport) (Tennis)* game point; *(Volleyball)* match ball; **b)** *(Billard)* cue [ball]; **c)** *(fig.)* plaything; **das Boot war ein ~ball der Wellen** the boat was at the mercy of *or* was tossed about by the waves; **sie ist der ~ball ihrer Leidenschaften** she allows herself to be torn hither and thither by her passions; **d)** *(Ball, mit dem gespielt wird)* match ball; **~bank** die casino; **~bein** das *(Sport)* free leg; *(Fußball)* striking leg; **~dose** die musical box *(Brit.);* music box *(Amer.)*

spielen 1. *itr. V.* **a)** play; **~ gehen** go off to play; **der Wind spielte mit ihrem Haar** *(fig.)* the wind played in her hair; **um die Meisterschaft ~ :** play for the championship; **sie haben 1:0/unentschieden gespielt** the match ended 1–0/in a draw; **er spielt in der Abwehr/als Libero** he plays in defence/as sweeper; **auf der Gitarre ~ :** play the guitar; **er kann vom Blatt/nach Noten ~ :** he can sight-read/play from music; **vierhändig ~ :** play a [piano] duet/[piano] duets; **sie spielt nur mit ihm/seinen Gefühlen** she's only playing a game with him/playing with his feelings; **du darfst nicht mit deinem Leben ~ :** you mustn't gamble with *or* risk your life; **b)** *(um Geld)* play; **er begann zu trinken und zu ~ :** he began to drink and to gamble; **um Geld ~ :** play for money; **mit hohem Einsatz ~ :** play for high stakes; **an einem Spielautomaten ~ :** play a fruit machine/*(Geschicklichkeitsspiel)* an amusement machine; s. *auch* **Lotto;** **c)** *(als Schauspieler)* act; perform; **d)** *(sich abspielen)* **der Roman/Film spielt im 17. Jahrhundert/in Berlin** the novel/film is set in the 17th century/in Berlin; **e)** *(fig.: sich bewegen)* ⟨wind, water, etc.⟩ play; **ein Lächeln spielte um ihre Lippen** *(fig.)* a smile played on her lips; **seine Muskeln ~ lassen** flex one's muscles; **seinen Charme/seine Beziehungen ~ lassen** *(fig.)* bring one's charm/connections to bear; **seine Phantasie ~ lassen** use one's imagination; **f)** *(fig.: übergehen)* **das Blau spielt ins Violette** the blue is tinged with purple; **ein ins Bräunliche ~des Rot** a red with a brown-

1480

spielend

ish tinge. 2. *tr. V.* **a)** play; **Räuber und Gendarm ~**: play cops and robbers; **Cowboy ~**: play at being a cowboy; **er spielt hervorragend Schach/Tennis** he's an excellent chess-/tennis-player; **Geige/Akkordeon/ Gitarre** *usw.* **~**: play the violin/accordion/ guitar *etc.*; **er spielt hervorragend Gitarre** he's an outstanding guitarist; **Trumpf/Pik/ ein As ~**: play a trump/spades/an ace; **b)** *(aufführen, vorführen)* put on ⟨play⟩; show ⟨film⟩; perform ⟨piece of music⟩; play ⟨record⟩; **spiel doch mal die Beatles** put the Beatles on; **das Radio spielte Jazz** there was jazz on the radio; **was wird hier gespielt?** *(fig. ugs.)* what's going on here?; **c)** *(schauspielerisch darstellen)* play ⟨role⟩; **den Beleidigten/Unschuldigen ~** *(fig.)* act offended/ play the innocent; **sie spielt gern die große Dame** *(fig.)* she likes playing *or* acting the grand lady; **[für jmdn.] den Chauffeur ~**: act as chauffeur for sb.; **[bei jmdm.] Babysitter ~** *(fig.)* be baby-sitter *or* do the baby-sitting [for sb.]; **sie reagierte mit gespielter Gleichgültigkeit** she reacted with feigned indifference; **sein Interesse war [nur] gespielt** he [only] pretended to be interested; **his interest was [merely] feigned**; **in gespieltem Ernst** with mock seriousness; **d)** *(Sport: werfen, treten, schlagen)* play; **einen Ball mit Rückhand/mit dem linken Fuß ~**: play a ball backhand/with the left foot; **den Ball ins Aus/vors Tor ~**: put the ball out/play the ball in towards the goal; **einen Ball mit dem Kopf ~**: head a ball. 3. *refl. V.* **sich warm ~**: warm up; **sich hungrig/müde ~**: work up an appetite/tire oneself out playing

spielend 1. *Adj.; nicht präd.* **mit ~er Leichtigkeit** with consummate *or* effortless ease. 2. *adv.* easily; **etw. ~ beherrschen** master sth. effortlessly; **~ leicht** without the slightest effort

Spieler *der;* **~s, ~ a)** *(auch Sport, Musik)* player; **b)** *(Glücks~)* gambler; **c)** *(Schau~)* actor

Spielerei *die;* **~, ~en a)** *o. Pl.* playing *no art.*; *(im Glücksspiel)* gambling *no art.*; *(das Herumspielen)* playing *or* fiddling about *or* around (an + *Dat.* with); **b)** *(müßiges Tun, Spiel)* **eine ~ mit Worten/Zahlen** playing [around] with words/numbers; **eine mathematische ~**: a mathematical game; **für ihn ist das nur eine ~**: he's just playing about; **c)** *(Kinderspiel, Leichtigkeit)* child's play *no art.*; **das ist keine ~**: it has to be taken seriously; **d)** *(Tand)* gadget; **technische ~**: technical gadgetry *sing.*

Spielerin *die;* **~, ~nen a)** *s.* **Spieler a, b; b)** *(Schau~)* actress

spielerisch 1. *Adj.* **a)** playful; **mit ~er Leichtigkeit** with consummate *or* effortless ease; **b)** *nicht präd.* *(Sport)* **sein ~es Können** his skill as a player; **~e Elemente** playing skills; **eine ausgezeichnete ~e Leistung** an outstanding [playing] performance; **c)** *nicht präd.* *(Musik)* **~es Können** playing ability. 2. *adv.* **a)** playfully; **seine Hände glitten ~ über die Tasten** his hands glided lightly and easily over the keys; **b)** *(Sport)* in playing terms; **c)** *(Musik)* in terms of performance

spiel-, Spiel-: **~feld** *das* *(Fußball, Hockey, Rugby usw.)* field; pitch *(Brit.)*; *(Tennis, Squash, Federball, Volleyball usw.)* court; **~figur** *die* piece; **~film** *der* feature film; **~frei** *Adj.* **ein ~freier Tag** *(Theater)* a day when there is no performance/are no performances; *(Sport)* a day without a match; **~führer** *der* *(Sport)* [team] captain; **~gefährte** *der,* **~gefährtin** *die (geh.)* playmate; playfellow; **~geld** *das* play *or* toy money; **~hölle** *die* *(ugs. abwertend)* gambling-den

Spieliothek [ʃpiːlioˈteːk] *die;* **~, ~en** games library

Spiel-: **~kamerad** *der* playmate; **playfel-**

low; **~karte** *die* playing-card; **~kasino** *das* casino; **~leidenschaft** *die* passion for gambling; **~leiter** *der* **a)** *(im Fernsehen)* quiz-master; *(im Roulett)* tourneur; **b)** *s.* Regisseur; **~macher** *der (Sportjargon)* key player; **~mann** *der Pl.* **~leute a)** *(hist.: fahrender Sänger)* minstrel; **b)** *(Mitglied eines ~mannszuges)* bandsman; **~manns·zug** *der* marching band; **~marke** *die* chip; jetton; **~minute** *die* *(Sport)* minute [of play]

Spielothek [ʃpiːloˈteːk] *die;* **~, ~en** games library

Spiel-: **~phase** *die* stage of the game; **~plan** *der* **a)** *(Theater)* programme; **das Stück steht noch bis nächsten Monat auf dem ~plan** the play will continue running until next month; **b)** *(eines Brettspiels)* board; **~platz** *der* playground; **~raum** *der* **a)** room to move *(fig.)*; scope; latitude; *(bei Ausgaben, Budget)* leeway; **b)** *(Technik)* clearance; **~regel** *die* *(auch fig.)* rule of the game; **gegen die ~regeln verstoßen** *(auch fig.)* break the rules; **~runde** *die* round [of the game]; **~saal** *der* gambling-room; **~sachen** *Pl.* toys; **~salon** *der* gaming-room; **~schuld** *die* gambling debt; **~stand** *der:* **beim ~stand 1:1** with the score at 1-1; **bei diesem ~stand muß Schwarz gewinnen** as the game stands, Black must win; **~stärke** *die:* **der FC Sachsenfurt demonstrierte seine ~stärke** FC Sachsenfurt demonstrated the strength of its play; **~stein** *der* piece; *(beim Damespiel, Schach)* piece; man; **~straße** *die* play street; **~tag** *der* day of play; **~teufel** *der:* **dem ~teufel verfallen** *od.* **vom ~teufel besessen sein** have been bitten by the gambling bug *(coll.)*; **~tisch** *der* **a)** games table; *(für Glücksspiele)* gaming-table; *(für Kartenspiele)* card-table; **b)** *(der Orgel)* console; **~trieb** *der* play instinct; **~uhr** *die* **a)** musical clock; **b)** musical box *(Brit.)*; music box *(Amer.)*; **~verderber** *der,* **~, ~, ~verderberin** *die,* **~, ~nen** spoil-sport; **~verlauf** *der (Sport)* **der weitere ~verlauf** the rest of the game; **~waren** *Pl.* toys; **~waren·geschäft** *das* toyshop; **~wiese** *die* grass play area; *(fig.)* playground; **~zeit** *die* **a)** *(Theater: Saison)* season; **b)** *(Aufführungsdauer)* run; **c)** *(Sport)* playing time; **die normale ~zeit** normal time; **~zeug** *das* **a)** *(fig.)* toy; plaything; **b)** *o. Pl.* **~sachen, ~waren)** toys *pl.;* **~zeug·eisen·bahn** *die* [toy] train set; **~zimmer** *das* playroom; **~zug** *der (Sport, in einem Brettspiel)* move

Spieß [ʃpiːs] *der;* **~es, ~e a)** *(Waffe)* spear; **den ~ umdrehen** *od.* **umkehren** *(ugs.)* turn the tables; **wie am ~ schreien** *od.* **brüllen** *(ugs.)* scream one's head off; scream blue murder *(sl.)*; **b)** *(Brat~)* spit; *(Schaschlik~)* skewer; *(Cocktail~)* cocktail stick; **ein am ~ gebratener Ochse** an ox roasted on the spit; **ein am ~ gebratenes Spanferkel** a spit-roasted ox; **c)** *(Fleisch~)* kebab; **d)** *(Soldatenspr.: Kompaniefeldwebel)* [company] sergeant-major; **e)** *(Jägerspr.)* spike; pricket

spieß-, Spieß-: **~bürger** *der (abwertend)* [petit] bourgeois; **~bürgerlich** *s.* **spießig; ~bürgertum** *das (abwertend)* [petit] bourgeois existence; *(spießiges Wesen)* [petit] bourgeois conformism; **b)** *(die Spießbürger)* [petite] bourgeoisie

Spießchen *das;* **~s, ~ a)** *(Cocktailspieß)* cocktail stick; **b)** *(Schaschlikspieß)* skewer; **c)** *(Fleischspieß)* kebab

spießen *tr. V.* **a) die Fleischstücke werden auf einen Schaschlikspieß gespießt** the pieces of meat are pushed on to a skewer; **ein Stück Käse/eine Olive auf einen Cocktailspieß ~**: spear a piece of cheese/an olive with a cocktail stick; **etw. in etw.** *(Akk.)* **~**: stick sth. in sth.

Spießer *der;* **~s, ~** *(abwertend)* [petit] bourgeois

Spionage

spießerhaft *s.* **spießig**

Spießertum *das;* **~s** *(abwertend) s.* **Spießbürgertum**

Spieß·geselle *der* **a)** *(abwertend: Komplize)* accomplice; **b)** *(veralt.: Kumpan)* companion

spießig *(abwertend)* 1. *Adj.* [petit] bourgeois; **~e Kleinbürgerlichkeit** [petit] bourgeois narrow-mindedness. 2. *adv.* ⟨think, behave, etc.⟩ in a [petit] bourgeois way; **eine ~ eingerichtete Wohnung** a flat *(Brit.)* or *(Amer.)* apartment furnished in a typically petit bourgeois style

Spießigkeit *die;* **~** *(abwertend)* [petit] bourgeois narrow-mindedness; *(einer Wohnungseinrichtung)* [petit] bourgeois style

Spieß·rute *die* **in ~n laufen** *(auch fig.)* run the gauntlet

Spike [ʃpaik] *der;* **~s, ~s a)** spike; **b)** *Pl. (Schuhe)* spikes; **c)** *(eines Reifens)* stud; **d)** *Pl. (Reifen)* studded tyres

Spike[s]·reifen *der* studded tyre

spillerig [ˈʃpɪlərɪç] *Adj.* *(ugs. bes. nordd.)* spindly, skinny ⟨limbs⟩; skinny ⟨person⟩

spinal [ʃpiˈnaːl] *(Anat.)* 1. *Adj.* spinal; **~e Kinderlähmung** infantile paralysis; polio [myelitis]. 2. *adv.* **~ gelähmt sein** suffer from spinal paralysis

Spinat [ʃpiˈnaːt] *der;* **~[e]s, ~e** spinach

Spinat·wachtel *die (ugs. abwertend)* skinny old bag *(sl.)*

Spind [ʃpɪnt] *der od. das;* **~[e]s, ~e** locker

Spindel [ˈʃpɪndl] *die;* **~, ~n a)** spindle; **b)** *(einer Treppe)* newel

spindel·dürr *Adj.* skinny ⟨person⟩; spindly, skinny ⟨limbs, finger⟩; **sie ist ~**: she's as thin as a rake

Spinett [ʃpiˈnɛt] *das;* **~[e]s, ~e** spinet

Spinnaker [ˈʃpɪnakɐ] *der;* **~s, ~** *(Seemannsspr.)* spinnaker

Spinne [ˈʃpɪnə] *die;* **~, ~n** spider

spinne·feind *Adj. (ugs.)* **jmdm. ~ sein** hate sb.'s guts *(coll.)*

spinnen [ˈʃpɪnən] 1. *unr. tr. V.* **a)** spin *(fig.)*; plot ⟨intrigue⟩; think up ⟨idea⟩; hatch ⟨plot⟩; **ein Lügengewebe/Netz von Intrigen ~**: weave a tissue of lies/a web of intrigue; **b)** *(ugs.: lügen)* make up; **das spinnst du!** you're making it up! 2. *unr. itr. V.* **a)** spin; **an einer Intrige ~**: plot an intrigue; **b)** *(ugs.: verrückt sein)* be crazy *or* nuts *or (sl.)* crackers; **Ich soll bezahlen? Du spinnst wohl!** [What,] me pay? You must be joking *or (sl.)* kidding; **ich glaube, ich spinne!** I don't believe it!; **du spinnst wohl [,das zu tun]** you must be crazy [to do it]; **c)** *(ugs.: Unsinn reden)* talk rubbish; **d)** *(ugs.: lügen)* make it up

Spinnen-: **~gewebe** *das s.* **Spinngewebe; ~netz** *das* spider's web

Spinner *der;* **~s, ~ a)** *(Beruf)* spinner; **b)** *(ugs. abwertend)* nut-case *(sl.);* idiot; **c)** *(Zool. veralt.)* silk-moth; **d)** *(Angeln)* spinner

Spinnerei *die;* **~, ~en a)** *o. Pl.* spinning *no art.*; **b)** *(Werkstatt)* spinning mill; **c)** *(ugs. abwertend)* crazy idea

Spinnerin *die;* **~, ~nen a)** *(Beruf)* spinner; **b)** *(ugs. abwertend)* nut-case *(sl.);* idiot

spinnert [ˈʃpɪnɐt] *Adj. ugs., bes. südd.)* slightly potty *(sl.)*

Spinn·gewebe *das* cobweb

spinnig *Adj. (ugs.)* slightly potty *(sl.)*

Spinn-: **~rad** *das* spinning-wheel; **~rocken** *der* distaff; **~webe** *die;* **~, ~n** cobweb; **~wirtel** *der* whorl; wharve

spintisieren [ʃpɪntiˈziːrən] *itr. V. (ugs.)* get weird *or* crazy ideas *(coll.)*

Spintisiererei *die;* **~, ~en** *(ugs.)* crazy fantasizing *no indef. art.*

Spion [ʃpiˈoːn] *der;* **~s, ~e a)** spy; **b)** *(Guckloch)* spyhole; **c)** *(Spiegel am Fenster)* telltale mirror

Spionage [ʃpioˈnaːʒə] *die;* **~**: spying; espionage; **~ treiben** spy; carry out espionage

1481

Spionageabwehr | **Splittingsystem**

Spionage-: ~**abwehr** die a) *(Tätigkeit)* counter-espionage; counter-intelligence; b) *(Dienst)* counter-espionage *or* counter-intelligence service; **er arbeitet in der** ~**abwehr** he works in counter-espionage *or* counter-intelligence case; ~**fall** der spy *or* espionage case; ~**netz** das spy *or* espionage network; ~**ring** der spy ring
spionieren *itr. V.* **a)** (gegen against); **b)** *(fig. abwertend)* spy; snoop [about] *(coll.)*
Spioniererei die; ~, ~en *(fig. abwertend)* snooping [about] *no pl. (coll.)*
Spionin die; ~, ~nen spy
Spiral·bohrer der twist drill *or* bit
Spirale [ʃpiˈraːlə] die; ~, ~n a) *(auch Geom., fig.)* spiral; *(Heiz~)* coil; b) *(zur Empfängnisverhütung)* coil
Spiral·feder die coil spring
spiral·förmig 1. *Adj.* spiral[-shaped]. 2. *adv.* spirally
spiralig 1. *Adj.* spiral. 2. *adv.* spirally
Spiral·nebel der *(Astron.)* spiral nebula
Spirant [spiˈrant] der; ~en, ~en *(Sprachw.)* spirant
Spiritismus [ʃpiriˈtɪsmʊs] der; ~: spiritualism; spiritism
Spiritist der; ~en, ~en spiritualist; spiritist
spiritistisch 1. *Adj.* spiritualist[ic]; spiritistic. 2. *adv.* spiritualistically; spiritistically
Spiritual [ˈspɪrɪtjʊəl] das *od.* der; ~s, ~s [negro] spiritual
spiritualisieren *tr. V.* spiritualize
Spiritualismus [spiritu̯aˈlɪsmʊs] der; ~ *(Philos.)* spiritualism
spiritualistisch 1. *Adj.* spiritualist[ic]. 2. *adv.* spiritualistically
Spiritualität [spirituaˈlɪtɛːt] die; ~: spirituality
Spirituose [spiriˈtu̯oːzə] die; ~, ~n spirit *usu. in pl.*
Spiritus [ˈʃpiːritʊs] der; ~, ~se spirit; ethyl alcohol; **ein Organ in** ~ **konservieren** preserve an organ in alcohol; **mit** ~ **kochen** cook on a spirit stove
Spiritus·kocher der spirit stove
Spital [ʃpiˈtaːl] das; ~s, Spitäler [ʃpiˈtɛːlɐ] *(bes. österr., schweiz.)* hospital; *(veralt.: Altersheim)* old people's home; *(veralt.: Armenhaus)* almshouse
Spittel [ˈʃpɪtl] das, *(schweiz.:)* der; ~s, ~ *(bes. schweiz. ugs.)* hospital
spitz [ʃpɪts] 1. *Adj.* a) *(nicht stumpf)* pointed ⟨tower, arch, shoes, nose, beard, etc.⟩; sharp ⟨pencil, needle, stone, etc.⟩; fine ⟨pen nib⟩; *(Geom.)* acute ⟨angle⟩; b) *(schrill)* shrill ⟨cry etc.⟩; c) *(ugs.: abgezehrt)* haggard; haggard, pinched ⟨face⟩; d) *(boshaft)* cutting ⟨remark, etc.⟩; ~ **werden** get spiteful; e) *(ugs.: geil)* randy; horny *(sl.)*; ~ **auf jmdn. sein** really fancy sb. 2. *adv.* a) ~ **zulaufen** taper to a point; ~ **zulaufend** pointed; b) *(boshaft)* cuttingly
Spitz der; ~es, ~e *(Hund)* spitz
spitz-, Spitz-: ~**ahorn** der Norway maple; ~**bart** der a) goatee; pointed beard; b) *(Mann)* man with a/the goatee *or* pointed beard; ~**bauch** der pot-belly; ~**|bekommen** *unr. tr. V. (ugs.)* s. ~**kriegen**; ~**bogen** der pointed arch; ~**bogen·fenster** das lancet window; ~**bube** der a) *(veralt. abwertend: Gauner)* rogue; scoundrel; b) *(scherzh.: Schlingel)* rascal; scallywag; scamp; c) *(österr.: Plätzchen)* sandwich of two or three biscuits stuck together with jam; ~**büberei** [~byːbəˈraɪ] die; ~, ~**en** a) piece of roguery; b) *o. Pl.* roguery; ~**bübisch** 1. *Adj.* a) *(verschmitzt)* roguish; mischievous; b) *(veralt. abwertend: schurkisch)* villainous. 2. *adv.* a) *(verschmitzt)* roguishly; mischievously; b) *(veralt. abwertend: schurkisch)* villainously
spitze *indekl. Adj. (ugs.)* s. **klasse**
Spitze die; ~, ~n a) *(Nadel~, Bleistift~ usw.)* point; *(Pfeil~, Horn~ usw.)* tip; **einer Sache** *(Dat.)* **die** ~ **nehmen** *od.* **abbrechen**

(fig.) take the sting out of sth. *(fig.)*; b) *(Turm~, Baum~, Mast~ usw.)* top; *(eines Dreiecks, Kegels, einer Pyramide)* top; apex; vertex *(Math.)*; *(eines Berges)* summit; top; **ein auf der** ~ **stehendes Dreieck** an inverted triangle; c) *(Zigarren~, Haar~, Zweig~)* end; *(Schuh~)* toe; *(Finger~, Nasen~, Schwanz~, Flügel~, Spargel~)* tip; *(Lungen~)* apex; **die südliche** ~ **der Insel** the southern tip of the island; d) *(vorderes Ende)* front; **an der** ~ **des Zuges/der Kolonne marschieren** march at the head of the procession/column; **an der** ~ **liegen** *(Sport)* be in the lead *or* in front; **sich an die** ~ **[des Feldes] setzen** *(Sport)* go into *or* take the lead; e) *(führende Position)* top; **an der** ~ **[der Tabelle] stehen** *od.* **liegen** *(Sport)* be [at the] top [of the table]; **sich an die** ~ **[einer Bewegung] setzen** put oneself at the head [of a movement]; **die** ~ **halten/übernehmen** stay top/go to the top; f) *(einer Firma, Organisation usw.)* head; *(einer Hierarchie)* top; *(leitende Gruppe)* management; **an der** ~ **des Unternehmens/der Partei stehen** be at the head of the company/party; **die ~n der Gesellschaft/der Partei** the leading figures of society/in the party; g) *(Höchstwert)* maximum; peak; *(ugs.: Spitzenzeit)* peak period; **das Auto fährt 160 km** ~: the car has *or* does a top speed of 160 km. per hour; **wir wollen die Sache doch nicht auf die** ~ **treiben** we don't want to carry things too far; h) **[absolute/einsame]** ~ **sein** *(ugs.)* be [absolutely] great *(coll.)*; i) *(fig.: Angriff)* dig (gegen at); ~ **n austeilen** make pointed remarks; j) *(Textilwesen)* lace; k) *(Sport: Sturm~)* striker; l) *(Zigaretten~, Zigarrenhalter)* [cigarette/cigar] holder; m) *(Wirtsch.: Überschuß)* surplus
Spitzel der; ~s, ~ *(abwertend)* informer; ein ~ **der Polizei** a police informer; a copper's nark *(Brit. sl.)*
Spitzel·dienste *geh. Pl. (abwertend)* **für jmdn.** ~ **leisten** act as an informer for sb.; **für** ~ **bin ich mir zu schade** I couldn't stoop to acting *or* being an informer
spitzeln *itr. V. (abwertend)* act as an informer
spitzen 1. *tr. V.* sharpen ⟨pencil⟩; purse ⟨lips, mouth⟩; **die Ohren** ~ ⟨dog⟩ prick up its ears; *(fig.)* ⟨person⟩ prick up one's ears. 2. *refl. V.* **sich auf etw.** *(Akk.)* ~ *(ugs.)* look forward [expectantly] to sth.; *(dringlich erhoffen)* have one's heart set on sth. 3. *(landsch.: aufmerken)* prick up one's ears
Spitzen-: ~**bluse** die lace blouse; ~**decken** das lace mat; ~**erzeugnis** das top-quality product; ~**funktionär** der top official; ~**gehalt** das top-level salary; ~**geschwindigkeit** die top speed; ~**kandidat** der leading *or* top candidate; ~**klasse** die a) top class; **ein Hotel der** ~**klasse** a top-class hotel; **zur** ~**klasse gehören** be top-class; b) ~**klasse sein** *(ugs.)* be really great *(coll.)*; ~**könner** der top-class talent; ~**kraft** die top-class *or* top-flight professional; ~**kragen** der lace collar; ~**leistung** die top-class performance; **eine** ~**leistung der Ingenieurskunst** a supreme achievement of engineering; ~**politiker** der top *or* leading politician; ~**position** die a) *(Sport)* leading position; b) *(leitende Position)* top position; ~**qualität** die top quality; **Erzeugnisse in** ~**qualität** top-quality products; ~**reiter** der top rider; *(fig.)* leader; *(Ware)* top *or* best seller; *(Mannschaft)* top team; ~**spiel** das *(Sport)* top match *or* game; ~**spieler** der top[-class] player; ~**sportler** der top sportsman; ~**stellung** die top position; ~**tanz** der dancing no art. on points *or* on [full] point; ~**technologie** die state-of-the-art technology; ~**wert** der peak; maximum [value]; ~**zeit** die a) peak time *or* period; b) *(Sport) (beste Zeit)* best time;

(sehr gute Zeit) outstanding *or* excellent time
Spitzer der; ~s, ~: [pencil-]sharpener
spitz-, Spitz-: ~**findig** 1. *Adj.*; hair-splitting, over-subtle; quibbling ⟨distinction⟩; pettifogging ⟨quibble⟩; **jetzt wirst du [zu]** ~ **findig** now you're splitting hairs *or* being too subtle; 2. *adv.* in an over-subtle way; **[zu]** ~**findig argumentieren** be over-subtle in one's arguments; split hairs; ~**findigkeit** die; ~, ~**en** *o. Pl.* oversubtlety; *(Haarspalterei)* hair-splitting; b) *(etwas Spitzfindiges)* nicety; *(Äußerung)* hair-splitting remark; ~**hacke** die pick; pickaxe
spitzig *Adj. (veralt.)* s. **spitz 1a-d, 2**
spitz-, Spitz-: ~**kehre die a)** *(Haarnadelkurve)* hairpin bend; b) *(Ski)* kick turn; ~**|kriegen** *tr. V. (ugs.)* tumble to *(coll.)*; get wise to *(sl.)*; **|es|** ~**kriegen, daß ...:** tumble to *or* get wise to the fact that ...; ~**maus die a)** shrew; b) *(ugs. abwertend)* weasel-faced female *(derog.)*; ~**name** der nickname; ~**wegerich** [~veːgərɪç] der *(Bot.)* ribwort; ~**winklig** 1. *Adj.* acute-angled ⟨triangle⟩; 2. *adv.* at an acute angle; ~**züngig** 1. *Adj.* sharp-tongued; 2. *adv.* ⟨reply⟩ sharply
Spleen [ʃpliːn] der; ~s, ~e *od.* ~s strange *or* peculiar habit; eccentricity; **du hast ja einen** ~! there must be something the matter with you!; you must be dotty *(coll.)*; **die Lexikographen haben doch alle einen kleinen** ~: lexicographers are all a bit cracked *(coll.)*
spleenig *Adj.* eccentric; dotty *(coll.)*
spleißen [ˈʃplaɪsn] *(Seemannsspr.)* 1. *unr. od. regelm. tr. V.* splice ⟨rope⟩. 2. *unr. od. regelm. itr. V.* make a splice/splices
splendid [ʃplɛnˈdiːt] *(veralt.)* 1. *Adj.* a) generous; b) *(kostbar)* sumptuous; magnificent. 2. *adv.* a) generously; b) *(kostbar)* sumptuously; magnificently
Splint [ʃplɪnt] der; ~[e]s, ~e *(Technik)* split pin
Splint·holz das sapwood; alburnum
spliß [ʃplɪs] *1. u. 3. Pers. Sg. Prät. v.* **spleißen**
Splitt [ʃplɪt] der; ~[e]s, ~e [stone] chippings *pl.*; *(zum Streuen)* grit; *(in Beton)* aggregate
splitten *tr. V. (Wirtsch.)* a) split ⟨shares⟩; b) *(Politik)* **die Stimmen** ~: give one's first vote to a particular candidate and one's second to a party other than that of the chosen candidate
Splitter der; ~s, ~: splinter; *(Granat~, Bomben~)* splinter; fragment; **du siehst den** ~ **im fremden Auge, aber nicht den Balken im eigenen** *(geh.)* you can see a mote in another's eye but not the beam that is in your own
splitter-, Splitter-: ~**bombe** die fragmentation bomb; ~**bruch** der *(Med.)* comminuted fracture; ~**faser·nackt** *Adj. (ugs.)* absolutely stark naked; completely starkers *pred. (Brit. sl.)*; ~**frei** *Adj.* shatterproof; ~**gruppe** die splinter group
splitterig *Adj.* a) *(leicht splitternd)* ⟨wood, plastic, etc.⟩ that splinters easily; ~ **sein** splinter easily; b) *(voller Splitter)* splintery
splittern *itr. V.* a) *(Splitter bilden)* splinter; b) *(in Splitter zerbrechen)* ⟨glass, windscreen, etc.⟩ shatter
splitter·nackt *Adj. (ugs.)* stark naked; starkers *pred. (Brit. sl.)*
Splitter·partei die splinter party
Splitting [ˈʃplɪtɪŋ] das; ~s, ~s a) *o. Pl. (Steuerw.)* taxation of husband and wife whereby each is taxed on half the total of their combined incomes; b) *(Wirtsch.)* splitting; c) *(Politik)* division of one's first and second votes between a particular candidate and a party other than that of the chosen candidate
Splitting·system das *(Steuerw.)* tax system in which husband and wife each pay income tax on half the total of their combined incomes

1482

splittrig s. splitterig
SPÖ [ɛspeː'øː] die; ~: Abk.: Sozialistische Partei Österreichs Austrian Socialist Party
Spoiler ['ʃpɔylɐ] der; ~s, ~ (Kfz-W.) spoiler
Spökenkieker ['ʃpøːkŋkiːkɐ] der; ~s, ~ a) (nordd.: Hellseher) clairvoyant; person who has second sight; b) (ugs.: spintisierender Mensch) crazy fantasist
Spökenkiekerei die; ~, ~en (ugs.) crazy fantasizing no indef. art.
Spondeus [ʃpɔn'deːʊs] der; ~, Spondeen (Verslehre) spondee
sponsern ['ʃpɔnzɐn] tr. V. sponsor
Sponsor ['ʃpɔnzɐ] der; ~s, ~s od. ~en [-'zoːrən] sponsor
spontan [ʃpɔn'taːn] 1. Adj. spontaneous. 2. adv. spontaneously
Spontaneität [ʃpɔntaneiˈtɛːt] die; ~ (auch Psych., Med.) spontaneity
Sponti ['ʃpɔnti] der; ~s, ~s (ugs.) member of an undogmatic leftist group
sporadisch [ʃpoˈraːdɪʃ] 1. Adj. sporadic. 2. adv. sporadically
Spore ['ʃpoːrə] die; ~, ~n (Biol.) spore
Sporen s. Spore, Sporn
sporen-, Sporen-: ~**klirrend** adv. with a clatter of spurs; ~**pflanze** die (Bot.) cryptogam; ~**tierchen** das (Zool.) sporozoan
Sporn [ʃpɔrn] der; ~[e]s, ~e Sporen ['ʃpoːrən] a) Pl. Sporen od. (Zool.) ~e spur; einem Pferd die Sporen geben spur a horse; sich die [ersten] Sporen verdienen (fig.) win one's spurs; b) Pl. ~e (hist.: am Schiff) ram; c) Pl. ~e (eines Flugzeugs) tail-skid
spornen tr. V. spur (horse)
sporn·streichs Adv. (veralt.) straight away
Sport [ʃpɔrt] der; ~[e]s a) sport; (als Unterrichtsfach) sport; physical education; PE; ~ treiben do sport; beim ~: while doing sport; und hier noch eine Meldung vom ~: and finally an item of sports news; b) (~art) sport; c) (Hobby, Zeitvertreib) hobby; pastime; sich (Dat.) einen ~ aus etw. machen get a kick (coll.) out of sth.
Sport-: ~**abzeichen** das sports badge; ~**angler** der club angler; ~**anlage** die sports complex; ~**art** die [form of] sport; ~**artikel** der piece of sports equipment; ~**artikel** Pl. sports equipment sing.; ~**arzt** der sports doctor; ~**bericht** der sports report; ~**berichterstattung** die sports reporting; ~**boot** das sports boat; ~**coupé** das sports coupé; ~**dreß** der s. Dreß a
Sport-: ~**feld** das sports ground; (Stadion) sports stadium; ~**fest** das sports festival; (einer Schule) sports day; ~**fischen** das club fishing no art. or angling no art.; ~**flieger** der sports pilot; ~**flugzeug** das sports plane; ~**freund** der a) sports fan; b) (Kamerad) sporting friend; ~**funktionär** der sports official; ~**geist** der; o. Pl. sportsmanship; sporting spirit; ~**gerät** das piece of sports apparatus; ~**geräte** (als Gesamtheit) sports apparatus sing.; ~**hemd** das sports shirt; ~**hoch·schule** die college of physical education
sportiv [ʃpɔrˈtiːf] 1. Adj. sporty. 2. adv. sportily
Sport-: ~**journalist** der sports journalist; ~**kamerad** der sporting friend; ~**kleidung** die sportswear; sports clothes pl.; ~**lehrer** der sports instructor; (in einer Schule) PE or physical education teacher; games teacher
Sportler ['ʃpɔrtlɐ] der; ~s, ~: sportsman
Sportler·herz das athletic heart
Sportlerin die; ~, ~nen sportswoman
sportlich 1. Adj. a) sporting attrib. ⟨success, performance, interests, etc.⟩; ~**e Veranstaltungen** sports events; sporting events; auf ~em Gebiet in the field of sport; b) (fair) sportsmanlike; sporting; c) (fig.: flott, rasant) sporty ⟨car, driving, etc.⟩; d) (zu sportlicher Leistung fähig) sporty, athletic ⟨per-

son⟩; e) (jugendlich wirkend) sporty, smart but casual ⟨clothes⟩; smart but practical ⟨hair-style⟩. 2. adv. a) as far as sport is concerned; ~ aktiv sein be an active sportsman/sportswoman; b) (fair) sportingly; c) (fig.: flott, rasant) in a sporty manner
sportlich-elegant 1. Adj. casually elegant. 2. adv. casually but elegantly ⟨dressed⟩
sport-, Sport-: ~**maschine** die sports plane; ~**medizin** die sports medicine no art.; ~**medizinisch** Adj. ~medizinische Betreuung/Forschung medical care of sportsmen/research into sports medicine; ~**nachrichten** Pl. sports news sing.; ~**platz** der sports field; (einer Schule) playing field/fields pl.; ~**presse** die sports press; ~**schuh** der a) sports shoe; b) (sportlicher Schuh) casual shoe; ~**sendung** die sports programme
Sports-: ~**freund** der sports enthusiast; Hallo, ~freund! Wie geht's? (ugs.) hello, mate (coll.), how are you?; ~**kanone** die (ugs.) sporting ace; ~**mann** der; Pl. ~männer od. ~leute sportsman
Sport-: ~**stadion** das [sports] stadium; ~**student** der sports student; ~**taucher** der skin-diver; ~**un·fall** der sporting or sports accident; ~**verband** der sports association; ~**verein** der sports club; ~**verletzung** die sports injury; ~**wagen** der a) (Auto) sports car; b) (Kinderwagen) pushchair (Brit.); stroller (Amer.); ~**wissenschaft** die sports science no art.
Spot [spɔt] der; ~s, ~s a) (Werbe~) commercial; advertisement; ad (coll.); b) (Leuchte) spotlight; spotlamp; c) (Theat., Film, Fernsehen) spot[light]
Spot·markt der (Wirtsch.) spot market
Spott [ʃpɔt] der; ~[e]s mockery; (höhnischer) ridicule; hatred; mit Hohn und scorn and derision; jmdn./etw. dem ~ preisgeben hold sb./sth. up to ridicule; seinen ~ mit jmdm./etw. treiben make fun of sb./sth.
spott-, Spott-: ~**bild** das travesty; mockery; (eines Menschen) caricature; ~**billig** (ugs.) 1. Adj. dirt cheap; 2. adv. da kann man ~billig einkaufen you can get or buy things dirt cheap there; ~**drossel** die a) mocking-thrush; [Eigentliche] ~drossel mocking-bird; b) (fig.) s. Spötter
Spöttelei die; ~, ~en a) o. Pl. [gentle] mocking; [gentle] mockery; b) (spöttelnde Äußerung) mocking remark
spötteln ['ʃpœtl̩n] itr. V. mock [gently]; poke or make [gentle] fun; über jmdn./etw. ~: mock sb./sth. gently; poke gentle fun at or make [gentle] fun of sb./sth.
spotten ['ʃpɔtn̩] itr. V. a) mock; poke or make fun; (höhnischer) ridicule; be derisive; über jmdn./etw. ~: mock sb./sth.; make fun of sb./sth.; (höhnischer) ridicule sb./sth.; be derisive about sb./sth.; du hast gut/leicht ~: it's easy or all very well for you to mock or laugh; jmds./einer Sache ~: (geh.) mock sb./sth.; b) (fig.) be contemptuous of; scorn; er spottete der Gefahr (Gen.) (geh.) he was contemptuous of or scorned the danger; das spottet jeder Beschreibung (ugs.) it beggars or begars description
Spötter ['ʃpœtɐ] der; ~s, ~: mocker
Spötterei die; ~, ~en a) o. Pl. mockery; mocking; making fun; b) (spottende Äußerung) mocking remark
Spott-: ~**geburt** die (geh. abwertend) monstrosity; ~**gedicht** das satirical poem, verse satire (auf + Akk. about); ~**geld** das; o. Pl. (ugs.) etw. für od. (veralt.) um ein ~geld bekommen get sth. dirt cheap
spöttisch ['ʃpœtɪʃ] 1. Adj. mocking ⟨smile, remark, speech, etc.⟩; (höhnischer) derisive, ridiculing ⟨remark, speech, etc.⟩; ein ~ Mensch a person who likes poking fun. 2. adv. mockingly; ~ lächeln give a mocking smile
Spott-: ~**lust** die; o. Pl. love of or delight

in mockery or poking fun; ~**name** der [derisive] nickname; ~**preis** der (ugs.) ridiculously low price; etw. für einen od. zu einem ~preis bekommen get sth. dirt cheap or for a song
sprach [ʃpraːx] 1. u. 3. Pers. Sg. Prät. v. sprechen
Sprach-: ~**barriere** die (Soziol.) language barrier; (zwischen Gesellschaftsklassen) linguistic barrier; ~**bau** der (Sprachw.) linguistic structure; ~**begabung** die; o. Pl. talent or gift for languages; ~**denkmal** das linguistic monument
Sprache ['ʃpraːxə] die; ~, ~n a) language; in englischer ~: in English; die ~ der Jäger/Mediziner the language of the hunt/of medicine; hunting/medical language; ihm blieb die ~ weg (ugs.) he was speechless; he was at a loss for words; es verschlug od. raubte mir die ~: it took my breath away; hast du die ~ verloren? (ugs.) haven't you got a tongue in your head?; b) (Sprechweise) way of speaking; speech; (Stil) style; eine deutliche/unmißverständliche ~ [mit jmdm.] sprechen speak bluntly [to sb.]; c) (Rede) die ~ auf jmdn./etw. bringen bring the conversation round to sb./sth.; etw. zur ~ bringen bring sth. up; raise sth.; zur ~ kommen be brought up or raised; come up; mit der ~ herausrücken/herauswollen come out/want to come out with it; heraus mit der ~! come on, out with it!
spräche ['ʃprɛːçə] 1. u. 3. Pers. Sg. Konjunktiv II v. sprechen
Sprachen-: ~**schule** die language school; ~**studium** das language studies pl., no art.
sprach-, Sprach-: ~**entwicklung** die development of a/the language; ~**erwerb** der (Sprachw.) language acquisition; ~**familie** die language family; family of languages; ~**fehler** der speech impediment or defect; ~**forscher** der linguistic researcher; ~**führer** der phrase-book; ~**gebrauch** der [linguistic] usage; im ~gebrauch der Nazis in Nazi usage or language; in the language of the Nazis; ~**gefühl** das; o. Pl. feeling for language; ~**genie** das linguistic genius; ~**geographie** die linguistic geography no art.; ~**geschichte** die a) history of a/the language; (Teilgebiet der ~wissenschaft) historical linguistics sing., no art.; b) (Buch) history of a/the language; ~**geschichtlich** 1. Adj. historical-linguistic ⟨studies, dissertation, etc.⟩; 2. adv. from the point of view of historical linguistics; ~**gewaltig** Adj. powerfully eloquent; ~**grenze** die language boundary; ~**insel** die linguistic enclave or island; ~**kenntnisse** Pl. knowledge sing. of a language/languages; seine französischen ~kenntnisse his knowledge of French; ~**kompetenz** die linguistic competence; ~**kritik** die critique of language; ~**kultur** die; o. Pl. level of compliance with linguistic norms; ~**kundig** Adj. proficient in or conversant with the language postpos.; ~**kurs** der language course; ~**labor** das language laboratory or (coll.) lab; ~**lehre** die a) grammar; b) (Buch) grammar [book]
sprachlich 1. Adj. linguistic; ~**e Feinheiten** subtleties of language. 2. adv. linguistically; ein ~ hervorragender Aufsatz an excellently written essay
sprach-, Sprach-: ~**los** Adj. a) (überrascht) speechless; dumbfounded; b) (wortlos) silent ⟨protest⟩; silent, tacit ⟨agreement⟩; ~**losigkeit** die a) (Überraschtheit) speechlessness; dumbfoundedness; b) (Wortlosigkeit) (eines Protests) silence; ~**mittler** der mediator between languages; ~**norm** die linguistic norm; ~**pflege** die language cultivation; ~**philosophie** die philosophy of language; ~**raum** der language area; ~**regelung** die instructions pl.

1483

as to the wording to be used; **nach der offiziellen** **-regelung ist er "aus gesundheitlichen Gründen" zurückgetreten** according to the official version *or* as the official version has it, he resigned 'for reasons of health'; **~rohr** das *(Repräsentant)* spokesman; *(Propagandist)* mouthpiece; **~schöpfer der** linguistic innovator; **~schöpferisch** *Adj.* linguistically innovative *or* creative; **~silbe die** word element; element of word-formation; **~spiel** das *(Sprachw.)* language game; **~spielerei die** game with words; **~störung die** *(Med., Psych.)* language disorder; *(Sprechstörung)* speech disorder; **~studium** das *s.* **Sprachenstudium**; **~übung die** language exercise; linguistic exercise; **~unterricht** der language teaching *or* instruction; **~verwirrung die** linguistic confusion; **~wissenschaft die** linguistics *sing., no art.;* **~wissenschaftler der** linguist; **~wissenschaftlich 1.** *Adj.* linguistic; **eine ~wissenschaftliche Abhandlung** a linguistics dissertation; **2.** *adv.* linguistically; **~wissenschaftlich interessierte Laien** laymen interested in linguistics
sprang [ʃpraŋ] *1. u. 3. Pers. Sg. Prät. v.* **springen**
spränge [ˈʃprɛŋə] *1. u. 3. Pers. Sg. Konjunktiv II v.* **springen**
Spray [ʃpreː] das *od.* der; ~s, ~s spray
Spray·dose die aerosol [can]
sprayen *tr., itr. V.* spray
Sprech-: **~an·lage die** intercom *(coll.);* **~blase die** balloon *(coll.);* **~bühne die** theatre staging plays only; **~chor der** chorus; **im ~chor rufen** shout in chorus; chant *(slogan)*
sprechen [ˈʃprɛçn̩] **1.** *unr. itr. V.* speak (**über** + *Akk.* about; **von** about, of); *(sich unterhalten, sich besprechen etc.)* talk (**über** + *Akk.*, **von** about); *(parrot etc.)* talk; **deutsch/flüsternd ~:** speak German/in a whisper *or* whispers; **er spricht wenig** he doesn't say *or* talk much; **Das war das Hörspiel "...". Es sprachen: ...:** That was the play for radio '...'. Taking part were: ...; **es spricht Pfarrer N.** the speaker is the Revd. N.; **für/gegen etw. ~:** speak in favour of/against sth.; **das Sprechen fiel ihr noch schwer** she still found it difficult to speak; **mit jmdm. ~:** speak *or* talk with *or* to sb.; **seit dem Streit ~ sie nicht mehr miteinander** since the quarrel they are no longer on speaking terms *or* haven't been speaking to each other; **ich muß mit dir ~:** I must talk *or* speak with you; **er spricht mit sich selbst** he talks to himself; **wie sprichst du mit mir?** who do you think you're talking to?; **so spricht man nicht mit seiner Mutter** that's no way to talk *or* speak to one's mother; **sie spricht nicht mit jedem** she doesn't speak *or* talk to just anybody; **mit wem spreche ich?** who is speaking please?; to whom am I speaking, please?; **~ Sie noch?** *(am Telefon)* are you still there?; **er spricht gerade** *(telefoniert)* he's on the phone *(coll.);* **worüber habt ihr gesprochen?** what were you talking about?; **es wurde über alles mögliche gesprochen** we/they *etc.* talked about all sorts of things; **darüber spricht er nicht gern** he doesn't like talking about that; **gut/schlecht von jmdm.** *od.* **über jmdm. ~:** speak well/ill of sb.; **für jmdn. ~:** speak for sb.; speak on *or* (*Amer.*) in behalf of sb.; **ich kann nur für mich ~:** I can only speak for myself; **vor einer Hörerschaft/der Betriebsversammlung ~:** speak in front of an audience/speak to *or* address a meeting of the work-force; **zu einem** *od.* **über ein Thema ~:** speak on *or* about a subject; **frei ~:** extemporize; speak without notes; **~ Sie!/bitte ~!** *(am Telefon)* you're through [now]; go ahead, please; **sprich!** *(geh.)* speak! *(literary); also* **sprach der Herr/Buddha/Zarathustra** *(dichter.)* thus spake the Lord/Buddha/Zarathustra

(Bibl./literary); **laß Blumen ~!** say it with flowers!; **sein Herz ~ lassen** follow the dictates of one's heart; **aus seinen Worten/seinem Blick sprach Haß/Neid/Angst** *usw.* his words/the look in his eyes expressed hatred/envy/fear *etc.;* **auf jmdn./etw. zu ~ kommen** get to talking about sb./sth.; **auf jmdn. schlecht/nicht gut zu ~ sein** be ill-disposed towards sb.; **für/gegen jmdn./etw. ~** *(in günstigem/ungünstigem Licht erscheinen lassen)* say 〈word, action〉 is in sb.'s/sth.'s favour/against sb./sth.; **es scheint alles dafür/dagegen zu ~, daß die Regierung im Amt bleiben wird** it seems there is every reason to believe that the government will/won't stay in power; **was spricht denn dafür/dagegen?** what is there to be said for/against it?; **für sich [selbst] ~** *(fig.)* speak for itself/themselves. **2.** *unr. tr. V.* **a)** speak 〈language, dialect〉; say 〈word, sentence〉; **~ Sie Französisch?** do you speak French?; **"Hier spricht man Deutsch"** 'German spoken'; 'we speak German'; **b)** *(rezitieren)* say, recite 〈poem, text〉; say 〈prayer〉; recite 〈spell〉; pronounce 〈blessing, oath〉; **ein Schlußwort ~:** give *or* make a concluding speech; *s. auch* **Recht a; Urteil;** **c) jmdn. ~:** speak to sb.; **Sie haben mich ~ wollen?** you wanted to see me *or* speak to me?; **ich bin heute für niemanden mehr zu ~:** I can't see anyone else today; **kann ich Sie mal einen Moment ~?** can I see you for a moment?; can I have a quick word?; **wir [beide] ~ uns noch!** you haven't heard the last of this; **d)** *(aus~)* pronounce 〈name, word, *etc.*〉; **spricht ...:** *(auszusprechen)* pronounced ...; *(das heißt)* that is to say ...; **e)** *(sagen)* say; **und Gott sprach: "Es werde Licht!"** and God said, 'Let there be light'; **die Wahrheit ~:** speak the truth; **was spricht denn die Uhr?** *(fig. scherzh.)* what's the time?
sprechend *Adj.* convincing 〈example, evidence〉; expressive 〈eyes, gesture〉; eloquent 〈facial expression, glance, portrayal〉; descriptive 〈name〉
Sprecher der; ~s, ~ **a)** spokesman; **b)** *(Ansager)* announcer; *(Nachrichten~)* newscaster; news-reader; **c)** *(Kommentator, Erzähler)* narrator; **d)** *(Sprachw.: Sprachteilhaber, Sprechender)* speaker
Sprecherin die; ~, ~nen a) spokeswoman; **b)** *s.* **Sprecher b, c, d**
sprech-, Sprech-: **~erziehung die** speech training; elocution; **~faul** *Adj.* uncommunicative; reluctant to talk *pred.;* **~funk der** radio-telephone system; **~funk·gerät das** radio-telephone; *(Walkie-talkie)* walkie-talkie; **~gesang der** sprechgesang; **sein Vortrag war eine Art ~gesang** he delivered his speech in a kind of singsong; **~muschel die** mouthpiece; **~platte die** spoken-word record; **~rolle die** speaking part; **~silbe die** [phonological] syllable; **~stimme die** speaking voice; *(Mus.)* sprechstimme; **~stunde die** consultation hours *pl.; (eines Arztes)* surgery; consulting hours *pl.; (eines Rechtsanwalts usw.)* office hours *pl.;* **wann haben Sie ~stunde?** when are your consultation hours/when is your surgery or what are your surgery hours?; **zum Zahnarzt/zu einem Abgeordneten in die ~stunde gehen** go to the dentist's/MP's surgery; **~stunden·hilfe die** *(eines Arztes)* receptionist; *(eines Zahnarztes)* assistant; **~tag der** *day on which authorities' offices are open to the public;* **heute ist kein ~tag** we/they are not open today; **~übung die** exercise in elocution *or* speech exercise; *(zu therapeutischen Zwecken)* speech exercise; **~weise die** manner of speaking; **~werkzeuge** *Pl.* speech-organs; organs of speech; **~zeit die** visiting time; **~zelle die** telephone booth; **~zimmer das** consulting-room
Spree-Athen (das) *(scherzh.)* Berlin

Spreißel [ˈʃpraɪsl̩] der, *(österr.)* das; ~s, ~ **a)** *(bes. südd.)* *(Splitter)* splinter; **b)** *(bes. österr.: Span)* splint
Spreiz·dübel der expanding anchor
Spreize [ˈʃpraɪtsə] die; ~, ~n **a)** *(Bauw.)* horizontal stay *or* brace; **b)** *(Turnen)* **in der ~ stehen** stand with one leg extended behind/forward to the side
spreizen 1. *tr. V.* spread 〈fingers, toes, *etc.*〉; **die Flügel/den Schwanz ~** 〈bird〉 spread its wings/tail; **die Beine ~** spread one's legs apart; open one's legs; **mit gespreizten Beinen stehen/sitzen** stand/sit with one's legs apart; **das rechte Bein nach vorwärts/seitwärts ~:** extend one's right leg in front/to the side. **2.** *refl. V. (geh.)* **a)** *(sich zieren)* **sie spreizte sich erst dagegen, dann stimmte sie zu** she made a fuss at first, [but] then agreed; **b)** *(sich aufspielen)* give oneself airs; put on airs; **sie spreizte sich vor ihren Bewunderern** she strutted about in front of her admirers
Spreiz-: **~fuß der** *(Med.)* spread foot; **~hose die** ≈ Frejka pillow *(kind of romper incorporating a padded steel splint for keeping an infant's legs in the frog position)*
Sprengel·bombe die high-explosive bomb
Sprengel [ˈʃprɛŋl̩] der; ~s, ~ **a)** *(Kirchen~)* parish; *(Diözese)* diocese; **b)** *(österr.)* administrative district
sprengen [ˈʃprɛŋn̩] **1.** *tr. V.* **a)** blow up; blast 〈rock〉; **etw. in die Luft ~:** blow sth. up; **b)** *(gewaltsam öffnen, aufbrechen)* force [open] 〈door〉; force 〈lock〉; break open 〈burial chamber etc.〉; burst, break 〈bonds, chains〉; *(fig.)* break up 〈meeting, demonstration〉; **Eis sprengt den Felsen** ice is breaking up the rock; **die Freude sprengte ihm fast die Brust** *(fig.)* his heart was bursting with joy; *s. auch* ²**Bank b; Rahmen b; c)** *(be~)* water 〈flower-bed, lawn〉; sprinkle 〈street, washing〉 with water; *(verspritzen)* sprinkle; *(mit dem Schlauch)* spray. **2.** *itr. V.* **a) im Steinbruch wird wieder gesprengt** they're blasting again in the quarry; **b) mit sein** *(geh.)* 〈rider〉 thunder
Spreng-: **~kammer die** blast *or* charge chamber; **~kapsel die** blasting cap; **~kommando das** demolition squad; **~kopf der** warhead; **~kraft die** explosive power; **~ladung die** explosive charge; **~meister der** *(im Steinbruch)* blaster; shot firer; *(bei Abbrucharbeiten)* demolition expert; **~satz der** explosive charge
Sprengsel [ˈʃprɛŋzl̩] der *od.* das; ~s, ~ *(ugs.) s.* **Sprenkel**
Spreng-: **~stoff der** explosive; **~stoff·anschlag der** bomb attack
Sprengung die; ~, ~en a) blowing-up; *(im Steinbruch)* blasting; **er drohte mit der ~ des Gebäudes** he threatened to blow up the building; **b)** *s.* **sprengen 1b;** forcing [open]; forcing; breaking open; bursting; breaking; *(fig.)* breaking up; *(das Besprengen)* sprinkling; *(mit dem Schlauch)* spraying
Spreng·wagen der watering-cart; [street-]sprinkler
Sprenkel [ˈʃprɛŋkl̩] der; ~s, ~: spot; dot; speckle
sprenkeln *tr. V.* **a)** *(mit Flecken versehen)* sprinkle spots of 〈colour〉; **b)** *(spritzen)* sprinkle 〈water〉
Spreu [ʃprɔy] die; ~: chaff; **die ~ vom Weizen trennen** *od. (geh.)* **sondern** *(fig.)* separate the wheat from the chaff
sprich [ʃprɪç] *Imperativ Sg. v.* **sprechen**
sprichst [ʃprɪçst] *2. Pers. Sg. Präsens v.* **sprechen**
spricht [ʃprɪçt] *3. Pers. Sg. Präsens v.* **sprechen**
Sprich·wort das; *Pl.* **Sprichwörter** proverb
sprich·wörtlich 1. *Adj.* **a)** proverbial; **b)** *(fig.: notorisch)* proverbial. **2.** *adv.* **a)** ..., **so heißt es ~:** ..., as the proverb has it; **b)** *(fig.: notorisch)* proverbially
sprießen [ˈʃpriːsn̩] *unr. itr. V.; mit sein* 〈leaf,

bud⟩ shoot, sprout; ⟨*seedlings*⟩ come *or* spring up; ⟨*beard*⟩ sprout; *(fig.)* ⟨*mistrust, envy, etc.*⟩ well up; ⟨*club, organization, etc.*⟩ spring up

Spriet [ʃpriːt] *das*; ~[e]s, ~e *(Seemannsspr.)* sprit

Spriet·segel *das (Seemannsspr.)* spritsail
Spring·brunnen *der* fountain
springen ['ʃprɪŋən] 1. *unr. itr. V.* **a)** *mit sein* jump; *(mit Schwung)* leap; spring; jump; ⟨*frog, flea*⟩ hop, jump; **vom Fünfmeterbrett ~:** dive from the five-metre board; **mit Anlauf/aus dem Stand ~:** take a running/standing jump; **jmdm. an die Kehle ~:** leap at sb.'s throat; **auf die Beine** *od.* **Füße ~:** jump to one's feet; **b)** *meist mit sein (Sport)* jump; *(beim Stabhochsprung, beim Kasten, Pferd)* vault; *(beim Turm-, Kunst-)* dive; **c)** *mit sein (sich in Sprüngen fortbewegen)* bound; **wenn sie einen Wunsch hat, springt die ganze Familie** when she wants something the whole family jumps to it; **d)** *(ugs.)* **in eine Runde Bier ~ lassen** stand a round of beer; **er könnte ruhig mal was ~ lassen** he could easily fork out something just once in a while *(sl.)*; **e)** *mit sein (fig.: schnellen, hüpfen, fliegen)* ⟨*pointer, milometer, etc.*⟩ jump (**auf** + *Akk.* to); ⟨*traffic-lights*⟩ change (**auf** + *Akk.* to); ⟨*spark*⟩ leap; ⟨*ball*⟩ bounce; ⟨*cork*⟩ pop out (**aus** + *Dat.* of); ⟨*spring*⟩ jump out; [**von etw.**] ~ ⟨*fan belt, bicycle-chain, button, tyre, etc.*⟩ come off [sth.]; **die Lokomotive ist aus dem Gleis gesprungen** the locomotive jumped the rails; **f)** *mit sein (zer-, zerbrechen, zerreißen)* ⟨*string, glass, porcelain, etc.*⟩ break; **g)** *mit sein (aufplatzen, bersten)* ⟨*seed-pod*⟩ burst [open]; **gesprungene Lippen** cracked *or* chapped lips; **h)** *mit sein (Risse, Sprünge bekommen)* crack; **i)** *mit sein (fig. geh.: spritzen, sprudeln)* ⟨*fountain, jet of water, blood, etc.*⟩ spurt; **j)** *mit sein (südd.: laufen)* run; *(eilen)* hurry. 2. *unr. tr. V.; auch mit sein (Sport)* perform ⟨*somersault, twist dive, etc.*⟩; **5,20 m/einen neuen Rekord ~:** jump 5.20m/make a record jump
Springer *der*; ~s, ~ **a)** *(Weit~, Hoch~, Ski~)* jumper; *(Stabhoch~)* [pole-]vaulter; *(Kunst~, Turm~)* diver; *(Fallschirm~)* parachutist; **b)** *(Schachfigur)* knight; **c)** **junger ~** *(ugs.)* greenhorn; **d)** *(Arbeiter)* worker who is moved from job to job as required
Springerin *die*; ~, ~nen *s.* Springer a, d
spring-, Spring-: ~**flut** *die* spring tide; ~**form** *die* spring form; ~**ins·feld** *der*; ~[e]s, ~e *(scherzh.) (leichtsinniger junger Mensch)* [young] madcap; *(lebhaftes Kind)* lively little nipper *(Brit. sl.)*; ~**kraut** *das* impatience; ~**lebendig** *Adj.* extremely lively; full of beans *pred. (coll.)*; **er ist trotz seines hohen Alters noch ~lebendig** he is still extremely sprightly despite his age; ~**maus** *die* jerboa; ~**messer** *das* flick-knife; ~**pferd** *das* jumper; ~**quell** *der (dichter.)* fountain; ~**reiten** *das* show-jumping *no art.*; ~**rollo** *das* roller blind; ~**seil** *das* skipping-rope *(Brit.)*; jump-rope *(Amer.)*; ~**turnier** *das (Reiten)* show-jumping competition
Sprinkler ['ʃprɪŋklɐ] *der*; ~s, ~: sprinkler
Sprint [ʃprɪnt] *der*; ~s, ~s *(auch Sport)* sprint; **die letzten 100 Meter im ~ zurücklegen** sprint the last 100 metres
sprinten *itr. (auch tr.) V.; meist, mit Richtungsangabe nur, mit sein (Sport; ugs.: schnell laufen)* sprint
Sprinter *der*; ~s, ~, **Sprinterin** *die*; ~, ~nen *(Sport)* sprinter
Sprint·strecke *die* sprint distance
Sprit [ʃprɪt] *der*; ~[e]s, ~e **a)** *(ugs.: Treibstoff)* gas *(Amer. coll.)*; juice *(sl.)*; petrol *(Brit.)*; **b)** *(ugs.: Schnaps)* shorts *pl.*; *(Äthylalkohol)* ethanol; ethyl alcohol
Spritze ['ʃprɪtsə] *die*; ~, ~n **a)** *(zum Vernichten von Ungeziefer)* spray; *(Teig~, Torten~,* *Injektions~)* syringe; **b)** *(Injektion)* injection; jab *(coll.)*; **eine ~ bekommen** have an injection *or (coll.)* jab; **an der ~ hängen** *(salopp)* be on the needle *(sl.)*; **c)** *(Feuer~)* hose; *(Löschfahrzeug)* fire engine
spritzen ['ʃprɪtsn̩] 1. *tr. V.* **a)** *(versprühen)* spray; *(ver~)* splash ⟨*water, ink, etc.*⟩; spatter ⟨*ink etc.*⟩; *(in Form eines Strahls)* spray, squirt ⟨*water, foam, etc.*⟩; pipe ⟨*cream etc.*⟩; **b)** *(be~, besprühen)* water ⟨*lawn, tennis-court*⟩; water, spray ⟨*street, yard*⟩; spray ⟨*plants, crops, etc.*⟩; pump ⟨*concrete*⟩; *(mit Lack)* spray ⟨*car etc.*⟩; **jmdn. naß ~:** splash sb.; *(mit Wasserpistole, Schlauch)* spray sb.; **den Fußboden/die Wände naß ~:** splash/spray water over the floor/walls; **jmdn. ~** *(ugs.: naß~)* squirt sb.; **c)** *(injizieren)* inject ⟨*drug etc.*⟩; **d)** *(~d herstellen)* create ⟨*ice-rink*⟩ by spraying; pipe ⟨*cake-decoration etc.*⟩; produce ⟨*plastic article*⟩ by injection moulding; **e)** *(ugs.: einer Injektion unterziehen)* **jmdn./sich ~:** give sb. an injection/inject oneself; **er hat sich mit einer Überdosis Heroin zu Tode gespritzt** he gave himself a fatal shot of heroin; **jmdm. ein Schmerzmittel ~:** give sb. a pain-killing injection; **f)** *(verdünnen)* dilute ⟨*wine etc.*⟩ with soda-water/lemonade *etc.* 2. *itr. V.* **a) die Kinder planschten und spritzten** the children splashed and threw water about; **in meinem Garten wird nicht gespritzt** chemical sprays aren't used in my garden; **b)** *mit Richtungsangabe mit sein* ⟨*hot fat*⟩ spit; ⟨*mud etc.*⟩ spatter, splash; ⟨*blood, water*⟩ spurt; **das Wasser spritzte ihm ins Gesicht** the water splashed up into his face; **c)** *mit sein (ugs.: rennen)* dash; *(diensteifrig)* dash *or* chase about; **d)** *(ugs.: sich Rauschgift injizieren)* shoot *(sl.)*; **e)** *(derb: ejakulieren)* come [off] *(coll.)*
Spritzen·haus *das (veralt.)* fire station
Spritzer *der*; ~s, ~ *(kleiner Tropfen)* splash; *(von Farbe)* spot; *(Schuß)* dash; splash; **ein paar ~ Spülmittel** a few squirts of washing-up liquid
Spritz-: ~**flasche** *die* **a)** spray-bottle; **b)** *(Chemie)* wash-bottle; ~**gebäck** *das* biscuit[s]/small cake[s] made by squeezing the dough through a piping bag; ~**guß** *der*; *o. Pl.* injection moulding *no art.*
spritzig 1. *Adj.* **a)** sparkling ⟨*wine*⟩; tangy ⟨*fragrance, perfume*⟩; **b)** *(lebendig)* lively ⟨*show, music, article*⟩; sparkling ⟨*production, performance*⟩; racy ⟨*style*⟩; **c)** *(temperamentvoll)* nippy *(coll.)*; zippy ⟨*car, engine*⟩; **d)** *(flink)* agile, nimble ⟨*person*⟩. 2. *adv.* sparklingly ⟨*produced, performed, etc.*⟩; racily ⟨*written*⟩; **die Mannschaft spielte sehr ~:** the team played with great speed and agility
Spritz-: ~**lack** *der* spray paint; ~**pistole** *die* spray-gun; ~**tour** *die (ugs.)* spin
spröd, spröde [ʃprøːt] *Adj.* **a)** brittle ⟨*glass, plastic, etc.*⟩; dry ⟨*hair, lips, etc.*⟩; *(rissig)* chapped ⟨*lips, skin*⟩; *(rauh)* rough ⟨*skin*⟩; **b)** *(fig.: rauh klingend)* harsh, rough ⟨*voice*⟩; **c)** *(fig.: schwer handhabbar)* unwieldy ⟨*subject, problem*⟩; refractory ⟨*material*⟩; **d)** *(fig.: abweisend)* ⟨*person, manner, nature*⟩ reserved; **eine Landschaft von spröder Schönheit** a landscape of forbidding beauty
Sprödheit, Sprödigkeit *die*; ~ **a)** *s.* **spröde** a; **b)** *(fig.: rauher Klang)* harshness; roughness; **c)** *s.* **spröde** c: unwieldiness; refractoriness; **d)** *(fig.: abweisendes Wesen)* aloofness
sproß [ʃprɔs] 1. *u.* 3. *Pers. Sg. Prät. v.* **sprießen**
Sproß *der; Sprosses, Sprosse od. Sprossen* **a)** *Pl.* **Sprosse** *(Bot.)* shoot; **b)** *Pl.* **Sprosse** *(geh.: Nachkomme)* scion; **c)** *Pl.* **Sprossen** *(Jägerspr.) s.* Sprosse c
Sprosse *die*; ~, ~n **a)** *(auch fig.)* rung; **b)** *(eines Fensters)* glazing bar; sash bar; **c)** *(Jägerspr.)* point; tine

sprossen *itr. V.* ⟨*plant*⟩ shoot, put forth shoots
Sprossen-: ~**fenster** *das* window with glazing bars; ~**kohl** *der (österr.) s.* Rosenkohl; ~**wand** *die* wall bars *pl.*
Sprößling ['ʃprœslɪŋ] *der*; ~s, ~e *(ugs. scherzh.)* offspring; **seine ~e** his offspring *pl.*
Sproß·vokal *der (Sprachw.)* svarabhakti
Sprotte ['ʃprɔtə] *die*; ~, ~n sprat; **Kieler ~n** smoked [Kiel] sprats
Spruch [ʃprʊx] *der*; ~[e]s, **Sprüche** ['ʃprʏçə] **a)** *(Wahl~)* motto; *(Sinn~)* maxim; adage; *(Aus~)* saying; aphorism; *(Zitat)* quotation; quote; *(Parole)* slogan; *(Bibel~)* quotation; saying; **b)** *Pl. (ugs. abwertend: Phrase)* **das sind doch alles nur Sprüche** that's just talk *or* empty words *pl.*; **Sprüche machen** *od.* **klopfen** talk big *(coll.)*; **c)** *(Gedicht, Lied)* medieval lyric poem; **das Buch der Sprüche** *od.* **die Sprüche Salomos** *(bibl.)* [the Book of] Proverbs; **d)** *(Richter~)* judgement; *(Schieds~)* ruling; *(Orakel~)* oracle
Spruch-: ~**band** *das*; *Pl.* ~**bänder a)** banner; **b)** *(auf einem Bild)* banderol[e]; ~**dichtung** *die* [medieval] didactic poetry
Sprüche·klopfer *der*; ~s, ~ *(ugs. abwertend)* big mouth *(coll.)*
Spruch·kammer *die (Rechtsw. hist.)* denazification court
Sprüchlein ['ʃprʏçlaɪn] *das*; ~s, ~ *(kleiner Spruch)* short maxim; **b)** *(vorgefertigter Text)* little piece
spruch·reif *Adj.* **das ist noch nicht ~:** that's not definite, so people mustn't start talking about it yet; **die Angelegenheit ist jetzt ~:** the matter can now be discussed/decided
Spruch·weisheit *die* wise saying
Sprudel ['ʃpruːdl̩] *der*; ~s, ~ **a)** *(Selterwasser)* sparkling mineral water; **b)** *(österr.: Erfrischungsgetränk)* fizzy drink
sprudeln 1. *itr. V.* **a)** *mit sein* ⟨*spring, champagne, etc.*⟩ bubble (**aus** *out of*); **b)** *(beim Kochen)* bubble; *(beim Entweichen von Gas)* ⟨*lemonade, champagne, etc.*⟩ fizz, effervesce; **ein ~des Getränk** a fizzy drink; *(fig.: überschäumen)* ⟨*person*⟩ bubble [over] (**vor** + *Dat.* with); **ein ~des Temperament** a bubbly *or* an effervescent temperament. 2. *tr. V. (österr.: quirlen)* whisk
Sprudel·wasser *das*; *Pl.* -wässer sparkling mineral water
Sprudler *der*; ~s, ~ *(österr.)* whisk
Sprüh·dose *die* aerosol [can]
sprühen ['ʃpryːən] 1. *tr. V.* spray; **Wasser auf die Blätter ~:** spray the leaves with water; **ich sprühte mir etwas Spray aufs Haar** I put some spray on my hair; **seine Augen sprühten Feuer** *od.* **Funken/Haß** *(fig.)* his eyes flashed fire/hatred. 2. *itr. V.* **a)** *mit Richtungsangabe mit sein* ⟨*sparks, spray*⟩ fly; ⟨*flames*⟩ spit; ⟨*waterfall*⟩ send out a fine spray; *(fig.)* ⟨*eyes*⟩ sparkle (**vor** + *Dat.* with); ⟨*intellect, wit*⟩ sparkle; **ein feiner Regen sprühte gegen die Scheibe** a fine rain drifted against the window pane; **aus seinen Augen sprühte Feuer/Zorn** *(fig.)* fire/anger flashed in his eyes; ~**der Witz** sparkling wit; **ein ~des Temperament** a bubbly *or* effervescent temperament; **von Ideen/vor Witz** *(Dat.)* **~** *(fig.)* bubble [over] with ideas/sparkle with wit; **b)** *unpers. (regnen)* **es sprüht** it is drizzling
Sprüh-: ~**flasche** *die* spray-bottle; ~**pflaster** *das* spray dressing; ~**regen** *der* drizzle; fine rain
Sprung [ʃprʊŋ] *der*; ~[e]s, **Sprünge** ['ʃprʏŋə] **a)** *(auch Sport)* jump; *(schwungvoll)* leap; *(Satz)* bound; *(Sprung über das Pferd)* vault; *(Wassersport)* dive; *(fig.)* leap; **zum ~ ansetzen** ⟨*tiger etc.*⟩ get ready to pounce; **sein Herz machte vor Freude einen ~** *(fig.)* his heart leapt for joy; **ein [großer] ~ nach vorn** *(fig.)* a [great] leap forward; **sie hat den ~ zum Film nicht geschafft** *(fig.)* she didn't

1485

manage to move into films; **ein qualitativer ~** *(Philos.)* a qualitative leap; **~ auf, marsch, marsch!** *(Milit.)* on your feet, quick march!; **ein ~ ins kalte Wasser** *(fig.)* jumping in at the deep end; **keine großen Sprünge machen können** *(ugs.)* not be able to afford many luxuries; **auf einen ~** *(fig. ugs.)* for a few minutes; **auf dem ~[e] sein** *(fig. ugs.)* be in a rush; **b)** *(ugs.: kurze Entfernung)* stone's throw; *(mit dem Auto)* short drive; **c)** *(Riß)* crack; **einen ~ haben/bekommen** be cracked/crack; **einen ~ in der Schüssel haben** *(salopp)* be cracked *(coll.)*; **d)** in jmdm. auf die Sprünge helfen *(ugs.)* help sb. on his/her way; **jmds. Gedächtnis auf die Sprünge helfen** jog sb.'s memory; **jmdm. auf od. hinter die Sprünge kommen** *(ugs.)* get on to sb.; **e)** *(Jägerspr.: Gruppe von Rehen)* herd; **f)** *(Geol.)* fault

sprụng-, Sprụng-: **~bein das a)** take-off leg; **b)** *(Anat.)* ankle bone; **~bereit** *Adj.* ready to jump *pred.*; ⟨cat⟩ ready to pounce *pred.*; **~brett das** *(auch fig.)* springboard; **~deckel der** spring lid; **~feder die** [spiral] spring; **~gelenk das** *(Anat.)* ankle joint

sprụnghaft 1. *Adj.* **a)** *(unstet)* erratic ⟨person, character, manner⟩; **b)** *(unzusammenhängend)* disjointed ⟨conversation, thoughts⟩; **c)** *(unvermittelt)* sudden; abrupt; **d)** *(ruckartig)* rapid ⟨change⟩; sharp ⟨increase⟩. **2.** *adv.; s.* **1 b**–**d:** disjointedly; suddenly; abruptly; rapidly; sharply

Sprụnghaftigkeit die; ~: *s.* **sprunghaft 1 a, b:** erraticness; disjointedness

Sprụng-: **~höhe die** height; **~lauf der** *(Ski)* ski-jumping *no art.*; **~rahmen der** spring bed-frame; **~schanze die** *(Ski)* ski-jumping hill; **~seil das** skipping-rope *(Brit.)*; jump-rope *(Amer.)*; **~tuch das**; *Pl.* **~tücher** safety blanket; **~turm der** *(Sport)* diving-platform

Spụcke die; ~: spit; **mir blieb die ~ weg** *(ugs.)* it took my breath away; I was speechless; *s. auch* **Geduld**

spụcken ['ʃpʊkn̩] **1.** *itr. V.* **a)** spit; **in die Hände ~** *(fig.: an die Arbeit gehen)* go to work with a will; **b)** *(ugs.: erbrechen)* throw up *(coll.)*; be sick *(Brit.)*; **c) auf etw.** *(Akk.)* **~** *(salopp)* not give a damn about sth. **2.** *tr. V.* spit; spit [up], cough up ⟨blood, phlegm⟩; spew out ⟨lava⟩; **Feuer ~:** breathe fire; ⟨volcano⟩ belch fire; *s. auch* ²**Ton d**

Spụck·napf der spittoon

Spuk [ʃpuːk] **der; ~[e]s, ~e a)** [ghostly *or* supernatural] manifestation; **b)** *(abwertend: schreckliches Geschehen)* horrific episode

spụken *itr. V.* **a)** *auch unpers.* **in dem Haus spukt ein Geist** this house is haunted by a ghost; **hier/in dem Haus spukt es** this place/the house is haunted; **gestern hat es wieder gespukt** there was another manifestation *or* haunting yesterday; **dieser Aberglaube spukt noch immer in den Köpfen vieler Menschen** *(fig.)* this superstition still lurks in many people's minds; **b)** *mit sein* durch die Gänge ~: walk *or* haunt the corridors

Spuk-: **~gestalt die** ghostly figure; **~schloß das** haunted castle

Spül-: **~becken das a)** sink; **b)** *(beim Zahnarzt usw.)* basin; **~bürste die** washing-up brush

Spule ['ʃpuːlə] **die; ~, ~n a)** spool; bobbin; *(für Tonband, Film)* spool; reel; **b)** *(Elektrot.)* coil

Spüle die; ~, ~n sink unit; *(Becken)* sink

spulen *tr., itr. V.* spool; *(am Tonbandgerät)* wind; **etw. auf etw.** *(Akk.)* **~:** wind sth. on to sth.

spülen ['ʃpyːlən] **1.** *tr. V.* **a)** rinse; bathe ⟨wound⟩; **b)** *(landsch.: abwaschen)* wash up ⟨dishes, glasses, etc.⟩; **c)** *(schwemmen)* wash. **2.** *itr. V.* **a)** *(beim WC)* flush [the toilet]; **b)** *(den Mund ausspülen)* rinse out [one's mouth]; **c)** *(landsch.) s.* **abwaschen 2**

Spül-: **~kasten der** cistern; **~maschine die** dishwasher; **~mittel das** washing-up liquid; **~schwamm der** washing-up sponge; **~tuch das**; *Pl.* **~tücher** dish cloth

Spülung die; ~, ~en a) *(Med.)* irrigation; *(der Vagina)* douche; **b)** *(beim WC)* flush

Spül·wasser das; *Pl.* **~wässer a)** rinse water; **b)** *(Abwaschwasser)* dish-water

Spul·wurm der ascarid

Spund [ʃpʊnt] **der; ~[e]s, ~e/Spünde** ['ʃpʏndə] **a)** *Pl.* **Spünde** *(Zapfen)* bung; **b)** *Pl.* **~e** *(ugs.)* [junger *od.* grüner] **~:** young greenhorn *or* tiro

Spund-: **~loch das** bung-hole; **~wand** *(Bauw.)* sheet-pile wall

Spur [ʃpuːɐ̯] **die; ~, ~en a)** *(Abdruck im Boden)* track; *(Folge von Abdrücken)* tracks *pl.*; *(Blut~, Schleim~ usw.)* trail; **von dem Vermißten fehlt jede ~:** there is no trace of the missing person; **eine heiße ~** *(fig.)* a hot trail; **eine heiße ~ haben** *(fig.)* have a really good lead; **jmdm./einer Sache auf die ~ kommen** get on to the track of sb./sth.; **jmdm./einer Sache auf der ~ sein** be on the track *or* trail of sb./sth.; **b)** *(Anzeichen)* trace; ⟨eines Verbrechens⟩ clue *(Gen.* to); **die ~en des Krieges/häufigen Gebrauchs** the marks of war/frequent use; **c)** *(sehr kleine Menge; auch fig.)* **da fehlt noch eine ~ Paprika** it needs just a touch of paprika; **er hat keine ~ [von] Ehrgefühl** he has not the slightest sense of honour; **von Reue/Mitgefühl keine ~/nicht die leiseste ~:** not a trace *or* sign/not the slightest trace *or* sign of penitence/sympathy; **keine** *od.* **nicht die ~** *(ugs.: als Antwort)* not in the slightest; **d)** *(Verkehrsw.: Fahr~)* lane; **die ~ wechseln** change lanes; **in** *od.* **auf der rechten/linken ~ fahren** drive in the right-hand/left-hand lane; **e)** *(Fahrlinie)* [die] **~ halten** stay on its line; **aus der ~ kommen** be thrown off its line; **f)** *(Technik) s.* **~weite**; **g)** *(Elektrot., DV)* track

Spur·breite die *s.* **~weite**

spuren 1. *itr. V.* *(ugs.)* toe the line *(coll.)*; do as one's told. **2.** *tr. V.* *(Ski)* prepare ⟨cross-country course⟩

spüren [ʃpyːrən] **1.** *tr. V.* feel; *(instinktiv)* sense; *(merken)* notice; **nach der Anstrengung spürte ich alle Knochen** I could feel every bone in my body after the exertion; **ich spüre mein Kreuz/meinen Magen** I have a pain in my back/my stomach; **die Peitsche zu ~ bekommen** get a taste of the whip; **jmds. Haß zu ~ bekommen** suffer sb.'s hatred; **von Kameradschaft war nichts zu ~:** there wasn't a sign *or* trace of comradeship; **er ließ uns seine Verärgerung nicht ~:** he gave [us] no sign of his annoyance; **sie ließ ihn ~, daß sie ihn nicht mochte** she made it plain [to him] that she didn't like him. **2.** *itr. V.* *(Jägerspr.)* [nach einem Tier] **~:** track [an animal]

Spuren-: **~element das**; *meist Pl.* *(Biochemie)* trace element; **~sicherung die** *(Polizeiw.)* **a)** *(Vorgang)* collection of evidence; **b)** *(Abteilung)* scene-of-crime *or* forensic unit

Spür·hund der tracker dog; *(fig.: Spitzel)* bloodhound; snooper *(coll.)*

spur·los 1. *Adj.; nicht präd.* total, complete ⟨disappearance⟩. **2.** *adv.* ⟨disappear⟩ completely *or* without trace; **an jmdm. ~ vorübergehen** leave sb. untouched; have no effect on sb.; **es ist nicht ~ an ihm vorübergegangen** it has not failed to leave its mark on him

Spür-: **~nase die** *(ugs.)* **a)** *(Geruchssinn, fig.)* nose; **b)** *(Person)* bloodhound; snooper *(coll.)*; **~sinn der**; *o. Pl. (feiner Instinkt)* intuition

Spurt [ʃpʊrt] **der; ~[e]s, ~s** *od.* **~e a)** spurt; **b)** *o. Pl. (Sport.: ~vermögen)* turn of speed

spurten *itr. V.* **a)** *mit Richtungsangabe mit sein* spurt; **b)** *mit sein* *(ugs.: schnell laufen)* sprint

spurt·stark *Adj.* *(bes. Sport)* capable of putting on a strong spurt *or* of sprinting strongly *postpos.*; nippy *(coll.)* ⟨car⟩

Spur-: **~wechsel der** change of lane; **~weite die** *(Kfz-W.)* track; *(Eisenb.)* gauge

sputen ['ʃpuːtn̩] *refl. V.* *(veralt.)* make haste

Sputnik ['ʃpʊtnɪk] **der; ~s, ~s** sputnik

Squash [skvɔʃ] **das; ~:** *(Sport)* squash *no art.*

Squaw [skwɔː] **die; ~, ~s** squaw

SR *Abk.* **Saarländischer Rundfunk** Saarland Radio

SRG *Abk.* **Schweizerische Radio- und Rundfunkgesellschaft** Swiss Broadcasting Company

Sri Lanka ['sriː 'laŋka] **(das); ~s** Sri Lanka

Srilạnker der; ~s, ~, Srilạnkerin die; ~, ~nen Sri Lankan

srilạnkisch *Adj.* Sri Lankan

¹**SS** [ɛs'ɛs-] *(ns.)* **die; ~** *Abk.* **Schutzstaffel** SS

²**SS** *Abk.* **Sommersemester**

SSD [ɛs/ɛs'deː] *(DDR)* **der; ~** *Abk.* **Staatssicherheitsdienst**

SS-Mann der; *Pl.* **-Männer** *od.* **-Leute** SS man

SSO *Abk.* **Südsüdost[en]** SSE

SSV *Abk.* **Sommerschlußverkauf**

SSW *Abk.* **Südsüdwest[en]** SSW

St. *Abk.* **a) Sankt** St.; **b) Stück**

s. t. *Abk.* **sine tempore**

Staat ['ʃtaːt] **der; ~[e]s, ~en a)** state; **die ~en** *(die USA)* the States; **von ~s wegen** on the part of the [state] authorities; **beim ~ [angestellt] sein** be a civil servant *or* in the civil service; **s. auch Vater**; **b)** *o. Pl. (ugs.: Festkleidung, Pracht)* finery; **in vollem ~:** in all one's finery; **damit ist kein ~ zu machen** *(fig.)* it's not up to much *(coll.)*; **mit diesem Mantel ist kein ~ mehr zu machen** *(fig. ugs.)* this coat is past it *(coll.)*; **c)** *(Zool.: Insekten~)* colony

staaten-, Staaten-: **~bildend** *Adj.*; *meist präd.* *(Zool.)* social ⟨insect⟩; **~bund der** confederation; **~los** *Adj.* stateless; **~lose der/die**; *adj. Dekl.* stateless person *or* subject

staatlich 1. *Adj.* state *attrib.* ⟨sovereignty, institutions, authorities, control, etc.⟩ ⟨power, unity, etc.⟩ of the state; state-owned ⟨factory etc.⟩; **~e Mittel** government *or* public money sing. **2.** *adv.* by the state; **~ anerkannt/geprüft/gelenkt/finanziert** state-approved/-certified/-managed/-financed; **~ subventioniert werden** receive a state subsidy

staats-, Staats-: **~affäre die: eine ~affäre aus etw. machen** *(ugs.)* make a song and dance about sth. *(coll.)*; **~akt der a)** *(Festakt)* state ceremony; **b)** *(Rechtsvorgang)* act of state; **~aktion die: eine ~aktion aus etw. machen** *(ugs.)* make a song and dance about sth. *(coll.)*; **~amateur der** *(Sport)* state-sponsored, nominally amateur, sportsman; **~amt das** public office; **~angehörige der/die** national; **~angehörigkeit die** nationality; **~anleihe die** government bond; **~anwalt der** public prosecutor; **~anwaltschaft die** public prosecutor's office; **~apparat der** state machine; **~ausgaben** *Pl.* public expenditure *sing.*; **~bank die** national bank; **~beamte der** civil servant; **~begräbnis das** state funeral; **~besuch der** state visit; **~bürger der** citizen; **er ist deutscher ~bürger** he is a German citizen *or* national; *s. auch* **Uni-**

Staatsbürgerkunde

form; **~bürger·kunde** die (DDR) school subject involving ideological education of socialist citizens; ≈ civics sing. no art.; **~bürgerlich** Adj.; nicht präd. civil ⟨rights⟩; civic ⟨duties, loyalty⟩; ⟨education, attitude⟩ as a citizen; **~bürgerschaft** die s. **~angehörigkeit**; **~chef** der head of state; **~diener** der (meist scherzh.) public servant; **~dienst** der civil service; **~eigen** Adj. state-owned; **~eigentum** das state property; **~examen** das final university examination; **~examen machen** ≈ take one's finals; **~feind** der enemy of the state; **~feindlich** Adj. anti-state; ⟨organization, attitude⟩ hostile to the state; **~finanzen** Pl. public finances; **~flagge** die state flag; (Nationalflagge) national flag; **~form** die the type of state; state system; **~gebiet** das territory [of a/the state]; **~gefährdend** Adj. subversive; anti-state; **~gefährdung** die subversion [of the state]; **~geheimnis** das (auch fig.) state secret; **~geschäft** das; meist Pl. affair of state; **~gewalt** die o. Pl. authority of the state; (Exekutive) executive power; **~grenze** die state frontier or border; **~haushalt** der national budget; **~hoheit** die sovereignty; **~hymne** die (bes. DDR) national anthem; **~kanzlei** die (BRD) Minister-President's Office; (Schweiz) Cantonal Chancellery; **~karosse** die state coach; (fig. scherzh.) prestige limo (Amer. coll.) or limousine; **~kasse** die a) public purse; b) (Fiskus) treasury; **~kirche** die state or established church; **~kosten** Pl. auf **~kosten** at public expense; **~kunst** die; o. Pl. (geh.) statemanship; statecraft; **~macht** die power [of government]; **~mann** der; Pl. -männer statesman; **~männisch** [~mεnɪʃ] 1. Adj. statesmanlike ⟨wisdom, far-sightedness, etc.⟩; ⟨abilities, skill⟩ of a statesman; 2. adv. in a statesmanlike manner; **~minister** der minister of state; (Minister ohne Ressort) minister without portfolio; (BRD: Staatssekretär) secretary of state; **~ober·haupt** das head of state; **~oper** die State Opera; **~organ** das organ or instrument of state; **~partei** die [totalitarian] government party; **~politisch** 1. Adj. ⟨aims, tasks, etc.⟩ of national policy; 2. adv. from the point of view of national policy; **~polizei** die state police; **~präsident** der [state] president; **~prüfung** die state examination; **~raison** die, **~räson** die reasons pl. of State no def. art.; aus [Gründen der] **~**: for reasons of state; **~recht** das; o. Pl. constitutional law; **~rechtler** [...rεçtlɐ] der expert in constitutional law; **~regierung** die national government; **~religion** die state religion; **~säckel** der (scherzh.) state coffers pl.; **~schatz** der national or state reserves pl.; **~schiff** das (geh.) ship of state; **~schuld** die; meist Pl. national debt; **~sekretär** der permanent secretary; **~sicherheit** die; o. Pl. a) state security; b) (DDR ugs.) s. **~sicherheitsdienst**; **~sicherheits·dienst** der (DDR) State Security Service; **~streich** der coup d'état; **~theater** das state theatre; **~trauer** die national mourning no indef. art.; **~verbrechen** das crime against the state; **~verschuldung** die national debt; **~vertrag** der international treaty; (zwischen Gliedstaaten) inter-state treaty or agreement; der Österreichische **~vertrag** the Austrian State Treaty; **~wesen** das state [system]; **~wohl** das welfare or good of the state

Stab [ʃtaːp] der; -[e]s, Stäbe [ʃtɛːbə] a) rod; (länger, für **~hochsprung** o. ä.) pole; (eines Käfigs, Gitters, Geländers) bar; (Staffel**~**, geh.: Taktstock) baton; (Bischofs**~**) crosier; (Hirten**~**) crook; **den ~ über jmdn./etw. brechen** (geh.) condemn sb./sth. out of hand; b) (Milit.) staff; c) (Team) team

Stäbchen [ˈʃtɛːpçən] das; -s, **~** a) (kleiner Stab) little rod; [small] stick; b) (Eß**~**) chopstick

Stabelle [ʃtaˈbɛlə] die; **~**, **~n** (schweiz.) stool

Stab-: ~hoch·springen das pole-vaulting no art.; **~hoch·springer** der pole-vaulter; **~hoch·sprung** der a) o. Pl. (Disziplin) pole-vaulting no art.; b) **~hochsprung** in the pole-vault; b) (Sprung) pole-vault

stabil [ʃtaˈbiːl] 1. Adj. a) (solide, kräftig) sturdy ⟨chair, cupboard⟩; solid, sturdy ⟨construction⟩; robust, sound ⟨health, constitution⟩; b) (beständig, dauerhaft) stable ⟨prices, government, economy, Chem.: solution, etc.⟩. 2. adv. **~ gebaut** solidly built

Stabilisator [ʃtabili'za:tɔr] der; -s, -en [-'to:rən] (Technik, Chemie) stabilizer; (Kfz-W.) anti-roll bar

stabilisieren 1. tr. V. stabilize. 2. refl. V. a) stabilize; become more stable; b) ⟨health, circulation, etc.⟩ become stronger

Stabilisierung die; **~**, **~en** a) stabilization; b) (Kräftigung) strengthening

Stabilität [ʃtabiliˈtɛːt] die; **~** a) (einer Konstruktion) sturdiness; (von Gesundheit, Konstitution usw.) robustness; soundness; b) (des Beständigsein) stability

Stab-: ~lampe die torch (Brit.); flashlight (Amer.); **~magnet** der bar magnet; **~reim** der (Verslehre) stave-rhyme; head rhyme

Stabs-: ~arzt der (Milit.) medical officer, MO (with the rank of captain); **~feldwebel** der (Milit.) warrant-officer 2nd class; **~offizier** der (Milit.) staff officer

Staccato [staˈka:to] s. Stakkato

stach [ʃtaːx] 1. u. 3. Pers. Sg. Prät. v. stechen

Stachel [ˈʃtaxl̩] der; -s, **~n** a) (Dorn) thorn; b) (Gift**~**) sting; c) (spitzes Metallstück) spike; (von **~draht**) barb; s. auch löcken; d) (geh.: etw. Quälendes) barb; **der ~ der Eifersucht** the torment of jealousy; **einer Sache (Dat.) den ~ nehmen** take the sting out of sth.; **ein ~ im Fleisch** a thorn in the flesh; e) (etw. Stimulierendes) **der ~ des Ehrgeizes** the spur of ambition

Stachel-: ~beere die gooseberry; **~draht** der barbed wire; **~häuter** [-hɔytɐ] der; -s, **~** (Zool.) echinoderm

stachelig Adj. prickly

stacheln intr. V. prick; ⟨beard⟩ prickle

Stachel·schwein das porcupine

stachlig s. stachelig

Stadel [ˈʃtaːdl̩] der; -s, **~** od. (schweiz.) Städel od. (österr.) **~n** (südd., österr., schweiz.) barn

Stadion [ˈʃtaːdiɔn] das; -s, Stadien stadium

Stadium [ˈʃtaːdiʊm] das; -s, Stadien stage

Stadt [ʃtat] die; **~**, Städte [ˈʃtɛː(ː)tə] a) town; (Groß**~**) city; **die ~ Basel** the city of Basel; **in die ~ gehen** go into town; go downtown (Amer.); **~ und Land** town and country; **in ~ und Land** throughout the country; b) (Verwaltung) town council; (in der Großstadt) city council; city hall no art. (Amer.); **bei der ~ [angestellt] sein/arbeiten** work for the council or (Amer.) for city hall

stadt-, Stadt-: ~auswärts Adv. out of town; **~auto·bahn** die urban motorway (Brit.) or (Amer.) freeway; **~bahn** die urban railway; **~bekannt** Adj. well known in the town/city postpos.; known all over the town/city postpos.; (berüchtigt) notorious throughout the town/city postpos.; **~bevölkerung** die urban population; (einer bestimmten Stadt) townspeople pl.; **~bewohner** der town-/city-dweller; **~bibliothek** die municipal library; **~bild** das townscape; (einer Großstadt) cityscape; **~bücherei** die municipal [lending] library; **~bummel** der (ugs.) **einen ~bummel machen** take a stroll through the town/city centre

Städtchen [ˈʃtɛː(ː)tçən] das; -s, **~**: little

Staffage

town; **andere ~, andere Mädchen** move to a new town and you find a new girl

Stadt·chronik die history of the town/city

Städte·bau der; o. Pl. urban building or development no art.; (Planung) town planning no art.

städte·baulich 1. Adj.; nicht präd. ⟨development⟩ of urban building/town planning; town-planning ⟨measure⟩. 2. adv. from the point of view of town planning

stadt·einwärts Adv. into town; downtown (Amer.)

Städte·partnerschaft die twinning (Brit.) or (Amer.) sister-city arrangement (between towns/cities)

Städter der; -s, **~**, Städterin die; **~**, **~nen** a) town-dweller; (Großstädter, -städterin) city-dweller; b) (Stadtmensch) townie (coll.)

Stadt-: ~flucht die migration from the city; **~führer** der town/city guidebook; **~gas** das town gas; **~gespräch** das a) (Telefongespräch) local call; b) **in ~gespräch sein** be the talk of the town; **~guerilla** die urban guerilla group; **²~guerilla** der urban guerrilla; **~halle** die civic or municipal hall; **~haus** das a) (Verwaltungsgebäude) council office building; b) (Wohnhaus) town house

städtisch 1. Adj. a) (kommunal) municipal; **das Altersheim ist ~**: the old people's home is owned by the town/city; b) (urban) urban ⟨life, way of life, etc.⟩; town ⟨clothes⟩; ⟨manners, clothes⟩ of a town-dweller. 2. adv. a) (kommunal) municipally; **~ verwaltet** run by the town/city council; b) (urban) **~/ausgesprochen ~ gekleidet** wearing town clothes/wearing clothes with a decidedly town style

Stadt-: ~kämmerer der town/city treasurer; **~kasse** die a) (Geldmittel) municipal funds pl., no art.; b) (Stelle) town/city treasurer's office; **~kern** der s. **~mitte**; **~kind** das a) town/city child; b) (**~mensch**) townie (coll.); **~kreis** der urban district; **~landschaft** die townscape; urban landscape; **~mauer** die town/city wall; **~mensch** der townie (coll.); **~mission** die town/city mission; **~mitte** die town centre; (einer Großstadt) city centre; downtown area (Amer.); **~park** der municipal park; **~parlament** das city council; **~plan** der [town/city] street plan or map; **~planung** die town planning no art.; **~rand** der outskirts pl. of the town/city; **am ~**: on the outskirts of the town/city; **~rat** der a) town/city council; b) (Mitglied) town/city councillor; **~recht** das town ordinances and privileges pl.; **~recht erhalten** receive its town charter; **~rund·fahrt** die sightseeing tour round a/the town/city; **~sanierung** die town/city redevelopment; **~schreiber** der a) (hist.) town clerk; b) (Schriftsteller) writer-in-residence (living in a town/city and writing about it); **~staat** der city-state; **~streicher** der town/city tramp; **~teil** der district; part [of a/the town]; **~theater** das municipal theatre; **~tor** das town/city gate; **~väter** Pl. (ugs. scherzh.) city fathers; **~verkehr** der town/city traffic; **~verordnete** der/die; adj. Dekl. town/city councillor; **~verwaltung** die municipal authority; town/city council; **~viertel** das district; **~wappen** das town/city coat-of-arms; **~werke** Pl. municipal or council services; **~wohnung** die town/city flat (Brit.) or (Amer.) apartment; **~zentrum** das town/city centre; downtown area (Amer.)

Stafette [ʃtaˈfɛtə] die; **~**, **~n** a) (hist.: reitender Bote) courier (as one of a relay); b) (Gruppe von Kurieren) relay; c) (Formation als Begleitung) formation of outriders

Staffage [ʃtaˈfaːʒə] die; **~**, **~n**, a) (Beiwerk) accessories pl.; (Dekoration) decoration; b) (bild. Kunst) staffage

1487

Staffel ['ʃtafl] die; ~, ~n a) *(Sport: Mannschaft)* team; *(für den ~lauf)* relay team; b) *(Sport: ~lauf)* relay race; c) *(Luftwaffe: Einheit)* flight; d) *(Formation von Schiffen, begleitenden Polizisten, usw.)* escort formation
Staffelei die; ~, ~en easel
Staffel-: ~**lauf** der *(Sport)* relay race; ~**läufer** der *(Sport)* relay runner/skier
staffeln tr. V. a) *(aufstellen, formieren)* arrange in a stagger *or* in an echelon; **gestaffelte Abwehr** *(Fußball)* staggered defence [line-up]; b) *(einteilen, abstufen)* grade ⟨salaries, fees, prices⟩; stagger ⟨times, arrivals, starting-places⟩
Staffelung die; ~, ~en a) *(Anordnung)* staggered arrangement; b) *(Einteilung, Abstufung) (von Gebühren, Gehältern, Preisen)* grad[u]ation; *(von Vorgängen)* staggering
Stag [ʃta:k] das; ~[e]s, ~e[n] *(Seew.)* stay
Stagflation [ʃtakfla'tsio:n] die; ~, ~en *(Wirtsch.)* stagflation
Stagnation [ʃtagna'tsio:n] die; ~, ~en stagnation
stagnieren itr. V. stagnate
Stag·segel das *(Seew.)* staysail
stahl [ʃta:l] *1. u. 3. Pers. Sg. Prät. v.* **stehlen**
Stahl der; ~[e]s, **Stähle** ['ʃtɛ:lə] *od.* ~**e** a) steel; **Nerven wie** *od.* **aus ~ haben** have nerves of steel; b) *(dichter.: Dolch, Schwert)* blade
stahl-, Stahl-: ~**arbeiter** der steelworker; ~**bau** der; *Pl.* ~**bauten** a) *o. Pl. (Bautechnik)* steel construction *no art.*; b) *(Gebäude)* steel-frame building; ~**besen** der *(Musik)* wire brush; ~**beton** der *(Bauw.)* reinforced concrete; ferroconcrete; ~**beton·bau** der; *o. Pl.* reinforced concrete construction; ~**blau** *Adj.* steel-blue; ~**blech** das sheet steel
stählen tr. V. *(geh.)* toughen; harden
stählern *Adj.* a) *nicht präd. (aus Stahl)* steel; b) *(fig. geh.)* ⟨muscles, nerves⟩ of steel; ⟨will⟩ of iron
stahl-, Stahl-: ~**grau** *Adj.* steel-grey; ~**hart** *Adj.* as hard as steel *postpos.*; ~**helm** der *(Milit.)* steel helmet; ~**kammer** die strong-room; ~**kocher** der steelworker; ~**mantel·geschoß** das *(Milit.)* steel-jacketed bullet; ~**rohr** das steel tube; ~**rohr·möbel** das; *meist Pl.* tubular steel furniture *no pl.*; ~**roß** das *(ugs. scherzh.)* bike *(coll.)*; trusty steed *(coll. joc.)*; ~**stich** der *(Graphik)* steel engraving; ~**verarbeitend** *Adj.*; *nicht präd.* steel-processing; steel ⟨industry, firm⟩; ~**waren** *Pl.* steelware *sing.*; ~**wolle** die steel wool
stak [ʃta:k] *1. u. 3. Pers. Sg. Prät. v.* **stecken**
Stake die; ~, ~n, **Staken** der; ~s, ~ *(nordd.)* pole
staken 1. tr. V. punt ⟨boat⟩. 2. itr. V.; *mit sein* punt
Staket [ʃta'ke:t] das; ~[e]s, ~e a) *(Lattenzaun)* paling [fence]; b) *(Latte)* pale
Stakete die; ~, ~n *(bes. österr.)* s. **Staket b**
Staketen·zaun der paling fence
Stakkato [ʃta'ka:to] das; ~s, ~s *od.* **Stakkati** *(Musik; auch fig.)* staccato
staksen ['ʃta:ksn̩] itr. V.; *mit sein (ugs.)* stalk; *(taumelnd)* totter
staksig *(ugs.)* 1. *Adj.* spindly, shaky-legged ⟨foal etc.⟩; teetering ⟨steps⟩; **einen ~en Gang haben** walk as though on stilts. 2. *adv.* ~ **gehen** walk as though on stilts; *(unsicher)* walk with teetering steps
Stalagmit [ʃtalak'mi:t] der; ~s *od.* ~en, ~e[n] *(Geol.)* stalagmite
Stalaktit [ʃtalak'ti:t] der; ~s *od.* ~en, ~e[n] *(Geol.)* stalactite
Stalinismus [stali'nɪsmʊs] der; ~: Stalinism *no art.*
Stalinist der; ~en, ~en Stalinist
stalinistisch 1. *Adj.* Stalinist. 2. *adv.* in a Stalinist way; along Stalinist lines
Stalin·orgel die *(Soldatenspr.)* multiple rocket launcher

Stall [ʃtal] der; ~[e]s, **Ställe** ['ʃtɛlə] a) *(Pferde-, Renn~)* stable; *(Kuh~)* cowshed; *(Hühner~)* [chicken-]coop; *(Schweine~)* [pig]sty; *(für Kaninchen, Kleintiere)* hutch; *(für Schafe)* pen; **aus einem guten/demselben ~ kommen** *(fig. ugs. scherzh.)* have a good/the same background; **ein ganzer ~ voll Kinder** *(ugs.)* a whole horde of kids *(coll.)*; *s. auch* **Pferd a**; b) *(Sportjargon: Rennfahrermannschaft)* [racing] team
Stall·laterne die stable lamp
Stall·bursche der stable lad
Ställchen ['ʃtɛlçən] das; ~s, ~ *s.* **Stall a**: little stable/cowshed/coop/sty/hutch/pen
Stall-: ~**dung** der *(von Kühen/Schweinen/Schafen)* cow/pig/sheep dung; *(von Pferden)* horse manure; ~**hase** der *(ugs.)* domestic rabbit; ~**knecht** der *(veralt.)* stable lad; *(für Kühe)* cowhand; ~**laterne** die s. **Stallaterne**; ~**meister** der head groom; ~**mist** der s. ~**dung**
Stallung die; ~, ~en; *meist Pl. (Pferdestall)* stable; *(Kuhstall)* cow-shed; *(Schweinestall)* [pig]sty; **die ~en** the stables and other animal buildings
Stallwache die *(fig.)* caretakers *pl.*; ~ **halten** keep an eye on things; hold the fort
Stamm [ʃtam] der; ~[e]s, **Stämme** a) *(Baum~)* trunk; **eine Hütte aus rohen Stämmen** a hut of rough-hewn boles; *s. auch* **Apfel a**; b) *(Volks~, Geschlecht)* tribe; **der ~ Davids** the house of David; **vom ~e Nimm sein** *(ugs. scherzh.)* be out for what one can get *(coll.)*; c) *o. Pl. (fester Bestand)* core; *(von Fachkräften, Personal)* permanent staff; **zum ~ gehören** be one of the regulars *(coll.)*; *(der Belegschaft einer Firma)* be a permanent member of staff; **ein [fester] ~ von Kunden/Gästen** a number of regular customers/patrons; d) *(Sprachw.)* stem; e) *(Biol.: Kategorie)* phylum; *(Mikrobiol.: Bakterien~; Tierzucht)* strain
Stamm-: ~**aktie** die *(Wirtsch.)* ordinary share; ~**baum** der the family tree; *(eines Tieres)* pedigree; *(Biol.)* phylogenetic tree; ~**buch** das a) jmdm. etw. ins ~**buch schreiben** *(fig.)* make sb. take sth. to heart; b) *(Familien~buch)* family album *(recording births, marriages, deaths)*
stammeln ['ʃtamln̩] tr., itr. V. stammer
stammen itr. V. come *(aus, von from)*; *(datieren)* date *(aus, von from)*; **aus einem alten Geschlecht ~:** be descended from an ancient lineage; **der Schmuck stammt von meiner Mutter** the jewellery used to belong to my mother; **der Satz/die Idee stammt nicht von ihm** the saying/idea isn't his
stammes-, Stammes-: ~**fürst** der tribal chieftain; ~**geschichte** die; *o. Pl. (Biol.)* phylogenesis *no art.*; ~**geschichtlich** 1. *Adj.*; *nicht präd.* phylogenetic; 2. *adv.* phylogenetically; ~**häuptling** der tribal chief
stamm-, Stamm-: ~**essen** das set meal; ~**form** die; *meist Pl. (Sprachw.)* principal part; ~**gast** der *(im Lokal/Hotel)* regular customer/visitor; regular *(coll.)*; ~**gericht** das set dish; ~**halter** der *(oft scherzh.)* son and heir *(esp. joc.)*; ~**haus** das original building; ~**hirn** das *(Anat.)* s. **Hirnstamm**; ~**holz** das *(Forstw.)* round timber
stämmig ['ʃtɛmɪç] *Adj.* burly; sturdy ⟨arms, legs⟩
stamm-, Stamm-: ~**kapital** das *(Wirtsch.)* authorized *or* registered capital; ~**kneipe** die *(ugs.)* favourite *or* usual pub *(Brit. coll.)* *or (Amer.)* bar; ~**kunde** der regular customer; ~**land** das; *Pl.* ~**länder** *od. (geh.)* ~**e** ancestral homeland; *(fig.)* home territory; ~**lokal** das favourite *or* usual restaurant/pub *(Brit.)* or bar *(Amer.)*/café; **dieses Café ist sein ~:** this café is his favourite haunt; ~**personal** das permanent staff; ~**platz** der *(auch fig.)*

regular place; *(Sitz)* regular or usual seat; *(für Wohnwagen, Zelt usw.)* regular site; ~**schloß** das ancestral castle; ~**silbe die** *(Sprachw.)* stem syllable; ~**sitz der** a) *(eines Adelsgeschlechts)* family seat; b) **der ~sitz der Firma ist [in] X** the firm's head office is in X; ~**tafel die** genealogical table; ~**tisch der** a) *(Tisch)* regulars' table *(coll.)*; b) *(~tischrunde)* group of regulars *(coll.)*; c) *(Treffen)* get-together with the regulars *(coll.)*; ~**tisch·politik die** *(abwertend)* bar-room politics *pl.*; ~**tisch·runde die** group of regulars *(coll.)*; ~**vater der** progenitor; ~**vokal der** *(Sprachw.)* stem vowel; ~**wähler der** committed *or* loyal voter; ~**würze die** *(Brauerei)* original wort; *(Gehalt)* original gravity
Stamperl ['ʃtampɐl] das; ~s ~n *(südd., österr. ugs.)* [small] schnaps glas; **trinken wir ein ~:** let's have a snifter *(coll.)*
stampfen ['ʃtampfn̩] 1. *itr. V.* a) *(laut auftreten)* stamp; **mit den Füßen/dem Fuß/den Hufen ~:** stamp one's feet/foot/its hoofs; b) *mit sein (sich fortbewegen)* tramp; *(mit schweren Schritten)* trudge; c) *(mit wuchtigen Stößen sich bewegen)* ⟨machine, engine, etc.⟩ pound; d) *(Seemannsspr.)* ⟨ship⟩ pitch. 2. *tr. V.* a) **mit den Füßen den Rhythmus ~:** tap the rhythm with one´s feet; **etw. aus dem Boden** *od.* **der Erde ~** *(fig.)* produce sth. out of thin air; b) *(fest~)* compress; *(rammen)* drive ⟨pile⟩ (**in** + *Akk.* into); c) *(zerkleinern)* mash ⟨potatoes⟩; pulp ⟨fruit⟩; crush ⟨sugar⟩; pound ⟨millet, flour⟩
Stampfer der; ~s, ~ a) *(für Erde usw.)* tamper; *(Stößel)* pestle; b) *(Küchengerät)* masher
Stampf·kartoffeln *Pl. (nordd.)* mashed potatoes
stand [ʃtant] *1. u. 3. Pers. Sg. Prät. v.* **stehen**
Stand der; ~[e]s, **Stände** ['ʃtɛndə] a) *o. Pl. (das Stehen)* standing position; **keinen guten/sicheren ~ haben** not have a good/secure footing; **aus dem ~** *(Sport)* from a standing position; **ein Sprung/Start aus dem ~:** a standing jump/start; **[bei jmdm.** *od.* **gegen jmdn.] einen schweren/keinen leichten ~ haben** *(fig.)* have a tough/not have an easy time [of it] [with sb.]; **etw. aus dem ~ [heraus] beantworten** *(ugs.)* answer sth. off the top of one's head *(coll.)*; **die neue Partei schaffte aus dem ~ [heraus] fast 7 %** starting from scratch, the new party managed to get almost 7 % [of the vote]; b) *(~ort)* position; c) *(Verkaufs-; Box für ein Pferd)* stall; *(Messe~, Informations~)* stand; *(Zeitungs~)* [newspaper] kiosk; *(Taxi~)* rank *(Brit.)*; d) *o. Pl. (erreichte Stufe; Zustand)* state; **jmdn. in den ~ setzen, etw. zu tun** put sb. in a position *or* enable sb. to do sth.; **der heutige ~ der Technik** the state of technological development today; **etw. auf den neu[e]sten ~ der Wissenschaft] bringen** bring sth. up to date *or* update sth. [in line with the latest scientific research]; **ich werde Sie über den ~ der Dinge informieren** I'll keep you informed about how things stand; **bei dem jetzigen ~ der Dinge** as things stand *or* are now; *(des Wassers, Flusses)* level; *(des Thermometers, Zählers, Barometers)* reading; *(der Kasse, Finanzen)* state; *(eines Himmelskörpers)* position; **den ~ des Thermometers ablesen** take the thermometer reading; f) *o. Pl. (Familien~)* status; **in den [heiligen] ~ der Ehe treten** *(geh., auch scherzh.)* enter the state of [holy] matrimony; g) *(Gesellschaftsschicht)* class; *(Berufs~)* trade; *(Ärzte, Rechtsanwälte)* [professional] group; **der geistliche ~:** the clergy; **Leute von ~:** persons of rank; *(hist.)* the third estate; **die Stände** *(hist.)* the estates; h) *(schweiz.: Kanton)* canton
Standard ['ʃtandart] der; ~s, ~s standard
Standard-: standard ⟨equipment, example,

letter, form, solution, model, work, language⟩
standardisieren tr. V. standardize
Standardisierung die; ~, ~en standardization
Standard·situation die (Sport) set piece
Standarte [ʃtan'dartə] die; ~, ~n a) (Feldzeichen, Fahne) standard; b) (ns.: Verband) [SA/SS] unit; c) s. Lunte b
Stand-: ~**bein** das (bes. Sport) support leg; (Fechten) rear leg; (Basketball) pivot leg; (Eislauf) tracing leg; ~**bild** das statue
Ständchen ['ʃtɛntçən] das; ~s, ~: serenade; jmdm. ein ~ bringen serenade sb.
Stände·ordnung die (hist.) system of estates
Stander ['ʃtandɐ] der; ~s, ~: pennant
Ständer ['ʃtɛndɐ] der; ~s, ~ a) (Gestell, Vorrichtung) stand; (Kleider~) coat-stand; (Wäsche~) clothes-horse; (Kerzen~) candle-holder; (Pfeifen~, Platten~, Geschirr~) rack; b) (Elektrot.) stator; c)(salopp: erigierter Penis) hard-on (sl.)
Stände·rat der (schweiz.) a) o. Pl. (Vertretung) upper chamber; b) (Mitglied) member of the upper chamber
Ständer·pilz der basidiomycete
standes-, Standes-: ~**amt** das registry office; ~**amtlich** 1. Adj.; nicht präd. registry office ⟨wedding, document⟩; 2. adv. sich ~amtlich trauen lassen, ~amtlich heiraten get married in a registry office; ~**beamte** der registrar; ~**bewußt** Adj. conscious of one's social standing or rank postpos.; ~**bewußtsein** das consciousness of one's social standing or rank; ~**dünkel** der (abwertend) snobbery; ~**gemäß** 1. Adj. befitting sb.'s station or social standing postpos.; 2. adv. as befits one's station or social standing; ~**organisation** die professional association; ~**person** die (veralt.) person of rank; ~**schranke** die; meist. Pl. class barrier
Stände·staat der (hist.) corporative state
Standes·unterschied der difference of rank; class difference
Stände·wesen das; o. Pl. corporative system
stand-, Stand-: ~**fest** Adj. a) (fest stehend) steady; stable; strong ⟨stalk, stem⟩; nicht mehr ganz ~fest sein (ugs. scherzh.) be a bit wonky (Brit. sl.) or shaky on one's feet; b) (standhaft) steadfast; ~**festigkeit** die a) stability; (eines Gebäudes) structural strength; b) (Standhaftigkeit) steadfastness; ~**foto** das (Film) still; ~**gas** das (Kfz-W.) idling fast speed idle ~**geld** das stall fee; ~**gericht** das drumhead court martial; ~**haft** 1. Adj. steadfast; 2. adv. steadfastly; ~**haftigkeit** die; ~: steadfastness; ~**|halten** unr. itr. V. stand firm; einer Sache (Dat.) ~halten withstand or stand up to sth.; der Kritik ~halten stand [up to] criticism; einer näheren Überprüfung nicht ~halten not stand [up to] or bear closer scrutiny
ständig 1. Adj.; nicht präd. a) (andauernd) constant ⟨noise, worry, pressure, etc.⟩; mit jmdm. in ~er Feindschaft leben live in a permanent state of enmity with sb.; b) (fest) permanent ⟨residence, correspondent, staff, member, etc.⟩; standing ⟨committee⟩; regular ⟨income⟩. 2. adv. constantly; mußt du sie ~ unterbrechen? do you have to keep [on] interrupting her?; **sie kommt ~ zu spät/ist ~ krank** she's forever coming late/[being] ill; **Macht er das oft? – Ständig** Does he do that often? – All the time
ständisch 1. Adj. corporative; eine ~e Gesellschaftsordnung a social order based on privilege. 2. adv. corporatively.
stand-, Stand-: ~**licht** das; Pl. ~lichter (Kfz-W.) (Beleuchtung) sidelights pl.; (Leuchte, Lampe) sidelight; **mit ~licht fahren** drive on sidelights; ~**ort** der; Pl. ~orte

a) position; (eines Betriebes o. ä.) location; site; **von seinem ~ort aus konnte er nichts sehen** he couldn't see anything from where he was standing; **jmds. politischer ~ort** (fig.) sb.'s political stance or position; b) (Milit.: Garnison) garrison; base; ~**ort·kommandant** der (Milit.) garrison commander; ~**pauke** die (ugs.) dressing down; **jmdm. eine [gehörige] ~pauke halten** give sb. a [good] dressing down; ~**punkt** der (fig.) point of view; viewpoint; **den ~punkt vertreten/auf dem ~punkt stehen/ sich auf den ~punkt stellen, daß ...**: take the view that ...; **das ist doch kein ~punkt!** (ugs.) that's no attitude to take!; ~**quartier** das base; ~**rechtlich** 1. Adj.; nicht präd. summary ⟨execution, shooting⟩; 2. adv. jmdn. ~**rechtlich erschießen** shoot sb. summarily; ~**spur** die (Verkehrsw.) hard shoulder; ~**uhr** die grandfather clock; ~**vogel** der (Zool.) sedentary bird
Stange ['ʃtaŋə] die; ~, ~n a) (aus Holz) pole; (aus Metall) bar; (dünner) rod; (Kleider~) rail; (Vogel~) perch; **Kleider/Anzüge von der ~** (ugs.) off-the-peg-dresses/suits; **von der ~ kaufen** (ugs.) buy off the peg clothes; **jmdm. die ~ halten** (ugs.) stick up for sb. (coll.); **jmdm. bei der ~ halten** (ugs.) keep sb. at it (coll.); **bei der ~ bleiben** (ugs.) keep at it (coll.); **eine ~ Zimt/Vanille/Lakritze** usw. a stick of cinnamon/vanilla/liquorice etc.; **eine ~ Zigaretten** a carton containing ten packets of cigarettes; **eine [schöne] ~ Geld** (ugs.) a small fortune (coll.); b) (bes. md.: zylindrisches Glas) [straight] glass; c) meist Pl. (Jägerspr.: Teil des Geweihs) beam
Stangen-: ~**bohne** die runner bean; ~**brot** das French bread; **ein französisches ~brot** a baguette; ~**spargel** der asparagus spears pl. or stalks pl.
stank [ʃtaŋk] 1. u. 3. Pers. Sg. Prät. v. stinken
Stänkerer der; ~s, ~ (ugs. abwertend) grouser (coll.); stirrer
stänkern ['ʃtɛŋkɐn] itr. V. (ugs. abwertend) stir (coll.); **gegen jmdn./etw. ~**: go on about sb./sth.
Stanniol [ʃta'njoːl] das; ~s, ~e tin foil; (Silberpapier) silver paper
Stanniol·papier das silver paper
stante pede ['ʃtantə 'peːdə] Adv. (ugs. scherzh.) post-haste; lickety-split (coll.)
¹**Stanze** ['ʃtantsə] die; ~, ~n (Verslehre) ottava rima (with eleven-syllable lines)
²**Stanze** die; ~, ~n press; (Prägestempel) die; (zum Lochen) punch
stanzen tr. V. press; (prägen) stamp; (ausstanzen) punch ⟨holes, numbers, punch-cards, discs, etc.⟩
Stapel ['ʃta:pl̩] der; ~s, ~ a) pile; **ein ~ Holz** a pile or stack of wood; b) (Schiffbau) stocks pl.; **vom ~ laufen** be launched; **vom ~ lassen launch** ⟨ship⟩; (ugs. abwertend: von sich geben) trot out (coll. derog.) ⟨sayings, jokes, aphorisms⟩
Stapel·lauf der launch[ing]
stapeln 1. tr. V. (schichten) pile up; stack; (fig.: ansammeln) accumulate. **2.** refl. V. pile up; **(gestapelt sein)** be piled up
stapel·weise Adv. **~ Briefe** piles or stacks of letters; **ich habe sie ~:** I have piles of them
Stapfe ['ʃtapfə] die; ~, ~n, **Stapfen** der; ~s, ~ footprint
stapfen itr. V.; mit sein tramp; **in jede Pfütze ~:** stamp in every puddle
¹**Star** [ʃta:ɐ̯] der; ~[e]s, ~e od. (schweiz.) ~en (Vogel) starling
²**Star** der; ~s, ~s (berühmte Persönlichkeit) star
³**Star** der; ~[e]s, ~e: **der graue ~:** cataract; **der grüne ~:** glaucoma; **er ist am ~ operiert worden** he has been operated on for cataract/glaucoma

Star-: star ⟨conductor, guest singer, etc.⟩; top ⟨lawyer, model, agent⟩
Star·allüren Pl. prima donna behaviour sing.; **~ zeigen/haben** put on the airs of a star
starb [ʃtarp] 1. u. 3. Pers. Sg. Prät. v. sterben
Star·besetzung die all-star cast
Staren·kasten der starlings' nest-box
stark [ʃtark]; **stärker** ['ʃtɛrkɐ], **stärkst...** ['ʃtɛrkst...] **1.** Adj. a) strong ⟨man, current, structure, team, drink, verb, pressure, wind, etc.⟩; potent ⟨drink, medicine, etc.⟩; powerful ⟨engine, lens, voice, etc.⟩; (ausgezeichnet) excellent ⟨runner, player, performance⟩; **den ~en Mann markieren od. mimen** (ugs.) put on a strong-man act (coll.); **sein stärkstes Werk/Theaterstück** his best work/play; **jetzt heißt es ~ bleiben** we must not yield now; **sich für jmdn./etw. ~ machen** (ugs.) throw one's weight behind sb./sth.; s. auch **Seite d; Stück c; Tobak**; b) (dick) thick; stout ⟨rope, string⟩; (verhüll.: korpulent) well-built (euphem.); **Kleidung für stärkere Damen** clothes for the fuller figure; **eine 20 cm ~e Wand** a wall 20 cm thick; c) (zahlenmäßig groß, umfangreich) sizeable, large ⟨army, police, presence, entourage⟩; big ⟨demand⟩; **wir hoffen auf ~e Beteiligung** we hope a large number of people will take part; **eine 100 Mann ~e Truppe** a 100-strong unit; **das Kontingent ist 1 400 Mann ~:** the contingent is 1,400 strong; d) (heftig, intensiv) heavy ⟨rain, snow, traffic, smoke, heat, cold, drinker, smoker, demand, pressure⟩; severe ⟨heat, cold, frost, pain⟩; strong ⟨impression, influence, current, resistance, sign, dislike⟩; grave ⟨doubt, reservations⟩; great ⟨heat, hunger, thirst, exaggeration, interest⟩; hearty ⟨eater, appetite⟩; loud ⟨applause⟩; **~es Fieber** high temperature; **unter ~er Anteilnahme der Bevölkerung** with large numbers of the population attending; ~**er Widerhall** (fig.) a considerable response; **das ist [wirklich] ~** (ugs.) that [really] is a bit much! (coll.); e) (Jugendspr.: großartig) great (coll.); fantastic (coll.). **2.** adv. a) (sehr, überaus, intensiv) (mit Adj.) very; heavily ⟨indebted, stressed⟩; greatly ⟨increased, reduced, enlarged⟩; strongly ⟨emphasized, characterized⟩; badly ⟨damaged, worn, affected⟩; thickly, densely ⟨populated⟩; (mit Verb) ⟨rain, snow, drink, smoke, bleed⟩ heavily; ⟨exaggerate, impress⟩ greatly; ⟨enlarge, reduce, increase⟩ considerably; ⟨support, oppose, suspect⟩ strongly; ⟨remind⟩ very much; **~ wirkend** with a powerful effect postpos.; **es erinnert ~ an ...:** it is very reminiscent of ...; ~ **riechen/duften** have a strong smell/scent; **~ gewürzt** strongly seasoned; **es ist ~/zu ~ gesalzen** it is very/too salty; ~ **erkältet sein** have a heavy or bad cold; **er geht ~ auf die Sechzig zu** (ugs.) he's pushing sixty (coll.); b) (Jugendspr.: großartig) fantastically (coll.); c) (Sprachw.) ~ **flektieren od. flektiert werden** be a strong noun/verb
Stark·bier das strong beer
Stärke ['ʃtɛrkə] die; ~, ~n a) o. Pl. strength; (eines Motors) power; (einer Glühbirne) wattage; **eine Politik der ~:** power politics sing.; b) (Dicke) thickness; (Technik) gauge; c) o. Pl. (zahlenmäßige Größe) strength; size; **eine Truppe von 300 Mann ~:** a 300-strong unit; d) (besondere Fähigkeit, Vorteil) strength; **jmds. ~/nicht jmds. ~ sein** be sb.'s forte/not be sb.'s strong point; e) (von Wind, Strömung, Eindruck, Einfluß, Nachfrage, Empfindung, Widerstand usw.) strength; (von Hitze, Kälte, Licht, Druck, Regenfall, Sturm, Schmerzen, Abneigung) intensity; (von Frost) severity; (von Lärm, Verkehr) volume; (von Appetit) heartiness; **f)** (organischer Stoff) starch
stärke·haltig Adj. starchy
Stärke·mehl das cornflour (Brit.); cornstarch (Amer.)

1489

stärken 1. *tr. V.* **a)** *(kräftigen, festigen; auch fig.)* strengthen; boost ⟨*power, prestige*⟩; ⟨*drink, food, etc.*⟩ fortify ⟨*person*⟩; **die** *od.* **jmds. Gesundheit** ~: fortify *or* strengthen sb.'s constitution; **jmds. Selbstbewußtsein** ~ *(fig.)* give sb.'s self-confidence a boost; **jmdn. in seinem Glauben**~: reinforce sb.'s faith; *s. auch* **Rücken a**; **b)** *(steif machen)* starch ⟨*washing etc.*⟩. **2.** *refl. V. (sich erfrischen)* fortify *or* refresh oneself; **nun stärkt euch erst mal** have something to give you strength. **3.** *itr. V.* **ein** ~**des Mittel** a tonic
stärker *s.* **stark**
Stärke·zucker *der* glucose
stärkst... *s.* **stark**
Stark-: ~**strom** *der (Elektrot.)* heavy current; *(mit hoher Spannung)* high-voltage current; ~**strom·leitung** *die (Elektrot.)* power line; ~**ton** *der (Sprachw.)* stress
Star·kult *der (abwertend)* star worship (**um** of)
Stärkung *die;* ~, ~**en a)** *o. Pl.* strengthening; **zur** ~ **trank er erst mal einen Whisky** he drank a whisky to fortify himself; **die** ~ **des Parlaments** the increase in the power *or* influence vested in parliament; **b)** *(Erfrischung)* refreshment
Stärkungs·mittel *das* tonic
Starlet[t] [ˈstaːlɛt] *das;* ~**s,** ~**s** *(spött. abwertend)* starlet
starr [ʃtar] **1.** *Adj.* **a)** rigid; *(steif)* stiff (**vor** + *Dat.* with); fixed ⟨*expression, smile, stare*⟩; ~ **vor Schreck** paralysed with terror; **b)** *(nicht abwandelbar)* inflexible, rigid ⟨*law, rule, principle*⟩; **c)** *(unnachgiebig)* inflexible, obdurate ⟨*person, attitude, etc.*⟩. **2.** *adv.* **a)** rigidly; *(steif)* stiffly; **jmdn.** ~ **ansehen/geradeaus schauen** look at sb./look straight in front of one with a fixed stare; **b)** *(unnachgiebig)* **bleibt er bei seiner Meinung** he sticks obdurately to his opinion
Starre *die;* ~: *s.* **Starrheit**
starren *itr. V.* **a)** *(starr blicken)* stare (**in** + *Akk.* into, **auf, an, gegen** + *Akk.* at); **jmdm. ins Gesicht** ~: stare sb. in the face; **b)** *(ganz bedeckt sein mit)* **vor/von Schmutz** *od.* **Dreck** ~: be filthy; be covered in filth; **vor Perlen und Diamanten/Gold und Geschmeiden** ~: be covered in *or* laden with pearls and diamonds/gold and precious stones; **vor Waffen** ~: be bristling with weapons
Starrheit *die;* ~: *s.* **starr 1: a)** rigidity; stiffness; fixity; **b)** inflexibility; rigidity; **c)** inflexibility; obduracy
starr-, Starr-: ~**kopf** *der (abwertend)* pigheaded person; **ein** ~**kopf sein** be pigheaded; ~**köpfig** *Adj. (abwertend)* pigheaded; ~**krampf** *der.* **Wundstarrkrampf;** ~**sinn** *der; o. Pl.* pig-headedness; ~**sinnig** *Adj. (abwertend)* pig-headed
Start [ʃtart] *der;* ~**[e]s,** ~**s a)** *(Sport; auch fig.)* start; **einen guten/schlechten/langsamen** ~ **haben** get off to *or* make a good/bad/slow start; **den** ~ **freigeben** give clearance to start; **das Zeichen zum** ~ **geben** give the starting signal; **b)** *(Sport: ~platz)* start; **an den** ~ **gehen/am** ~ **sein** *(fig.: teilnehmen)* start; **c)** *(Sport: Teilnahme)* participation; **sein** ~ **ist in Frage gestellt** it is uncertain whether he will start; **d)** *(eines Flugzeugs)* take-off; *(einer Rakete)* launch; **den** ~ **der Maschine freigeben** give the aircraft clearance for take-off; **zum** *od.* **an den** ~ **rollen** taxi to the runway for take-off
start-, Start-: ~**automatik** *die (Kfz-W.)* automatic choke; ~**bahn** *die* [take-off] runway; ~**bereit** *Adj.* ready to start *postpos.;* ⟨*aircraft*⟩ ready for take-off; *(zum Aufbruch bereit)* ready to set off *postpos.;* ~**block** *der;* **Pl.** ~**blöcke** *(Leichtathletik, Schwimmen)* starting-block
starten 1. *itr. V.; mit sein* **a)** start; ⟨*aircraft*⟩ take off; ⟨*rocket*⟩ blast off; be launched; **zu früh** ~ *(Sport)* jump the start; **gut/schnell** ~ *(Sport)* make a good/quick start; get away well/quickly; **b)** *(an einem Wettkampf teilnehmen)* compete; *(bei einem Rennen)* start (**bei, in** + *Dat.* in); **c)** *(den Motor anlassen)* start the engine; **d)** *(aufbrechen)* set off; set out; **in den Urlaub** ~: set off on holiday; **e)** *(beginnen)* start; begin. **2.** *tr. V.* start ⟨*race, campaign, tour, production, etc.*⟩; launch ⟨*missile, rocket, satellite, attack*⟩; start [up] ⟨*engine, machine, car*⟩
Starter *der;* ~**s,** ~ *(Sport, Kfz-W.)* starter
Starter·klappe *die (Kfz-W.)* choke flap
start-, Start-: ~**erlaubnis** *die* **a)** *(Sport)* authorization to compete; **b)** *(Flugw.)* clearance [for take-off]; ~**geld** *das (Sport)* **a)** *(vom Teilnehmer bezahlt)* entry fee; **b)** *(vom Veranstalter bezahlt)* starting money; ~**hilfe** *die* **a)** *(Unterstützung)* financial help, backing *(to get a project off the ground);* **jmdm. [finanzielle]** ~**hilfe geben** help sb. [financially] to get started; **b) ich brauche** ~**hilfe** I need help to get my car started; ~**hilfe·kabel** *das* jump leads *pl.;* ~**kapital** *das* starting capital; ~**klar** *Adj.* ready to start *postpos.;* ⟨*aircraft*⟩ clear *or* ready for take-off; **in** ~**er Order[s]**; ~**kommando** *das (Sport)* starter's order[s]; ~**linie** *die (Sport)* starting-line; ~**loch** *das; meist Pl. (Leichtathletik)* **in die** ~**löcher gehen** get on one's marks; **in den** ~**löchern kauern/hocken** *(fig.)* be waiting in the wings; ~**nummer** *die (Sport)* [start] number; ~**platz** *der (Sport)* starting position; ~**rampe** *die (Raumflug; auch fig.)* launching pad; ~**schuß** *der (Sport)* **der** ~**schuß fiel** the starter's gun went off; **den** ~**schuß zum 100-m-Lauf geben** fire the gun for the start of the 100 metres; **vor dem** ~**schuß loslaufen** jump the gun; **den** ~**schuß** *zu od.* **für etw. geben** *(fig.)* give sth. the go-ahead *or* the green light

¹**Stasi** [ˈʃtaːzi] *der;* ~ *od. der;* ~**s** *(DDR ugs.) Abk.* Staatssicherheit
²**Stasi** *der;* ~**s,** ~**s** *(DDR ugs.)* state security man
Statement [ˈsteɪtmənt] *das;* ~**s,** ~**s** statement
Statik [ˈʃtaːtɪk] *die;* ~ **a)** *(Physik)* statics *sing., no art.;* **b)** *(Bauw.)* static equilibrium; **c)** *(geh.: statischer Zustand)* stasis
Statiker *der;* ~**s,** ~: structural engineer [concerned with statics]
Station [ʃtaˈtsi̯oːn] *die;* ~, ~**en a)** *(Haltestelle)* stop; **b)** *(Bahnhof, Sender, Forschungs-, Raum-~)* station; **c)** *(Zwischen~, Aufenthalt)* stopover; **die** ~**en seiner Reise waren ...:** the places where he stopped [off] on his journey were ...; ~ **machen** stop over *or* off; make a stopover; **d)** *(Kranken-~)* ward; **auf** ~ **sein** ⟨*doctor*⟩ be on ward duty; **e)** *(einer Entwicklung, Karriere usw.)* stage
stationär [ʃtatsi̯oˈnɛːɐ̯] **1.** *Adj.* **a)** *(Med.)* ⟨*admission, examination, treatment*⟩ in hospital, as an in-patient; **ein** ~**er Patient** an in-patient; **b)** *(ortsfest)* permanently stationed ⟨*troops, units*⟩; **c)** *(Raumf.:)* fixed ⟨*orbit*⟩; **ein** ~**er Satellit** a satellite in a fixed orbit. **2.** *adv.* **a)** *(Med.)* in hospital; **jmdn.** ~ **behandeln/aufnehmen** treat/admit sb. as an in-patient; **b)** *(ortsfest)* in one place
stationieren *tr. V.* station ⟨*troops*⟩; deploy ⟨*weapons, bombers, etc.*⟩
Stationierung *die;* ~, ~**en** stationing; *(von Waffen, Raketen usw.)* deployment
Stations-: ~**arzt** *der* ward doctor; ~**schwester** *die* ward sister; ~**taste** *die (Rundf.)* preset [tuning] button; preset; ~**vorsteher** *der (Eisenb.)* station-master
statisch [ˈʃtaːtɪʃ] **1.** *Adj.* static; ⟨*laws*⟩ ~**er Auftrieb** *(Physik)* static lift; ~**e Berechnungen** *(Bauw.)* calculations relating to static equilibrium. **2.** *adv. (Bauw.)* with regard to static equilibrium
Statist [ʃtaˈtɪst] *der;* ~**en,** ~**en** *(Theater, Film)* extra; *(fig.)* bystander; supernumerary; **zum** ~**en degradiert werden** *(fig.)* be demoted to the role of a mere accessory

Statisten·rolle *die (Theater, Film)* walk-on part
Statistik [ʃtaˈtɪstɪk] *die;* ~, ~**en a)** *o. Pl. (Wissenschaft)* statistics *sing., no art.;* **b)** *(Zusammenstellung)* statistics *pl.;* **eine** ~ **über etw.** *(Akk.)* **erstellen** make a statistical study of sth.
statistisch 1. *Adj.* statistical; ~**es Amt/**~**e Behörde** office of statistics. **2.** *adv.* statistically
Stativ [ʃtaˈtiːf] *das;* ~**s,** ~**e** tripod
statt [ʃtat] **1.** *Konj. s.* **anstatt 1. 2.** *Präp. mit Gen.* instead of; ~ **dessen** instead [of this]
Statt *die;* ~ *(veralt., geh.) Abk. (arch.);* **an jmds./einer Sache** ~: in sb.'s place/in place of sth.; instead of sb./sth.; *s. auch* **Eid**; **Kind a**
Stätte [ˈʃtɛtə] *die;* ~, ~**n** *(geh.)* place; **eine heilige/historische** ~: a holy/historic site; **die** ~ **des Sieges/der Niederlage** the scene of the victory/defeat
statt-, Statt-: ~**finden** *unr. itr. V.* take place; ⟨*process, development*⟩ occur; ~**geben** *unr. itr. V. (Amtsspr.)* **einer Sache** *(Dat.)* ~**geben** accede to sth.; **einer Klage** ~**geben** uphold a complaint; ~**haben** *unr. itr. V. (veralt.) s.* ~**finden;** ~**haft** *Adj.: nicht attr.* permissible; ~**halter** *der (hist.)* governor; ~**halterschaft** *die;* ~ *(hist.)* governorship
stattlich 1. a) well-built; strapping ⟨*lad*⟩; *(beeindruckend)* imposing ⟨*figure, stature, building, etc.*⟩; fine ⟨*farm, estate*⟩; impressive ⟨*trousseau, collection*⟩; **ein** ~**er Mann/eine** ~**e Frau** a fine figure of a man/woman; **b)** *(beträchtlich)* considerable; sizeable ⟨*part*⟩; considerable, appreciable ⟨*sum, number*⟩; ~**e 8000 Mark** an impressive 8,000 marks; **all of 8,000 marks** *(coll.).* **2.** *adv.* impressively; splendidly
Stattlichkeit *die;* ~: imposing nature; *(von Statur)* fine build *or* figure; **seine** ~/**die** ~ **seiner Erscheinung** his fine build *or* imposing stature
Statue [ˈʃtaːtu̯ə] *die;* ~, ~**n** statue
statuenhaft 1. *Adj.* statuesque. **2.** *adv.* like a statue; statuesquely
Statuette [ʃtaˈtu̯ɛtə] *die;* ~, ~**n** statuette
statuieren *tr. V. (geh.)* establish ⟨*principle, purpose*⟩; lay down ⟨*right, principle*⟩; *s. auch* **Exempel**
Statur [ʃtaˈtuːɐ̯] *die;* ~, ~**en** build; **kräftig von** *od.* **von kräftiger** ~ **sein** have a powerful build; **seine große/kleine/imponierende** ~: his tall/small/imposing stature
Status [ˈʃtaːtʊs] *der;* ~, ~ [ˈʃtaːtuːs] **a)** *(geh.: Stand, Zustand)* state; **b)** *[rechtliche] Stellung)* status
Status quo [ˈstaːtʊs kvoː] *der;* ~ ~ *(geh.)* status quo
Status·symbol *das* status symbol
Statut [ʃtaˈtuːt] *das;* ~**[e]s,** ~**en** statute
Stau *der;* ~**[e]s,** ~**s** *od.* ~**e a)** *(von Wasser, Blut usw.)* build-up; **b)** *(von Fahrzeugen)* tailback *(Brit.);* backup *(Amer.);* **3 km** ~: a tailback *(Brit.)* or backup *(Amer.) or* jam stretching for three kilometres; **im** ~ **stehen** sit *or* be stuck in a jam
Staub [ʃtaʊp] *der;* ~**[e]s** dust; **[im ganzen Haus]** ~ **wischen** dust [the whole house]; **[im Wohnzimmer]** ~ **saugen** vacuum *or (Brit. coll.)* hoover [the sitting-room]; **[viel]** ~ **aufwirbeln** *(fig. ugs.)* stir things up [quite a bit] *(coll.);* cause [a lot of] aggro *(Brit. sl.);* **sich aus dem** ~**[e] machen** *(fig. ugs.)* make oneself scarce *(coll.)*
Staub-: ~**beutel** *der* **a)** *(Bot.)* anther; **b)** *(eines Staubsaugers)* dust-bag; ~**blatt** *das (Bot.)* stamen
Stäubchen [ˈʃtɔʏpçən] *das;* ~**s,** ~: speck of dust
Stau·becken *das* reservoir
stauben *itr. V.* cause dust; ⟨*person*⟩ cause *or* raise dust; **es staubt sehr/mehr** there is a lot of dust/more dust; **er galoppierte davon,**

stäuben

daß es nur so staubte he galloped off raising clouds of dust

stäuben ['ʃtɔybn̩] 1. *tr. V.* etw. auf/über etw. (*Akk.*) ~: sprinkle sth. on/over sth.; dem Baby Puder auf die Haut ~: dust the baby's skin with powder. 2. *itr. V.* a) (*zerstieben*) scatter; ⟨*water*⟩ form spray, spray out; ⟨*sparks*⟩ fly; b) s. **stauben**

Staub-: ~**faden** der (*Bot.*) filament; ~**fänger** der (*abwertend*) dust-trap; **ein ~fänger sein** catch the dust; ~**gefäß** das (*Bot.*) stamen

staubig *Adj.* dusty

staub-, Staub-: ~**korn** das; *Pl.* ~**körner** speck or particle of dust; ~**lappen** der duster; ~**lunge** die: **eine ~lunge haben** have pneumoconiosis (*Med.*); ~**saugen** 1. *tr. V.* vacuum, (*Brit. coll.*) hoover ⟨*room, carpet, etc.*⟩; 2. *itr. V.* hoover (*Brit. coll.*); ~**sauger** der vacuum cleaner; Hoover (*Brit. P*); ~**tuch** das; *Pl.* ~**tücher** duster; ~**wedel** der feather duster; ~**wolke** die cloud of dust; ~**zucker** der (*veralt., südd., österr.*) s. **Puderzucker**

stauchen ['ʃtauxn̩] *tr. V.* a) compress; (*Technik*) upset ⟨*metal*⟩; b) (*stoßen*) thrust; jab ⟨*stick, arms, etc.*⟩

Stau·damm der dam

Staude ['ʃtaudə] die; ~, ~n a) (*Bot.*) herbaceous perennial; b) (*bes. südd.: Strauch*) bush

Stauden·gewächs das (*Bot.*) herbaceous perennial

stauen ['ʃtauən] 1. *tr. V.* a) dam [up] ⟨*stream, river*⟩; stop the flow of ⟨*blood*⟩; b) (*Seemannsspr.: verladen*) stow. 2. *refl. V.* ⟨*water, blood, etc.*⟩ accumulate, build up; ⟨*people*⟩ form a crowd; ⟨*traffic*⟩ form a tailback/tailbacks (*Brit.*) or (*Amer.*) backup/backups; (*fig.*) ⟨*anger*⟩ build up

Stauer der; ~s, ~: stevedore

Staufer ['ʃtaufɐ] der; ~s, ~ (*hist.*) Hohenstaufen; **die ~:** the Hohenstaufen dynasty *sing.*

Stau·mauer die dam [wall]

staunen ['ʃtaunən] *itr. V.* be amazed or astonished (**über** + *Akk.* at); (*beeindruckt sein*) marvel (**über** + *Akk.* at); **er staunte nicht schlecht, als er das hörte/sah** (*ugs.*) he was flabbergasted when he heard it/saw it; **da staunst du, was?** (*ugs.*) quite a shock, isn't it?; shattered, eh?; **da kann man nur [noch] ~:** one can only marvel or wonder at it; ~**d** with or in amazement; **sie betrachtete ihn mit ~den Augen** she gazed at him wide-eyed with amazement; *s. auch* **Bauklotz**; **hören 2c**

Staunen das; ~s, ~ (*Erstaunen*) amazement, astonishment (**über** + *Akk.* at); (*staunende Bewunderung*) wonderment; **jmdn. in ~ [ver]setzen** astonish or amaze sb.; **er kam aus dem ~ nicht mehr heraus** he couldn't get over it

Staupe ['ʃtaupə] die; ~, ~n distemper *no art.*

Stau-: ~**see** der reservoir; ~**stufe** die barrage

Stauung die; ~, ~en a) (*eines Bachs, Flusses*) damming; (*des Blutes, Wassers*) stemming the flow; (*des Sichstauens*) build-up; b) (*Verkehrsstau*) tailback (*Brit.*); backup (*Amer.*); jam

Stau·werk das barrage

Std. *Abk.* Stunde hr.

Steak [steːk] das; ~s, ~s steak

Stearin [ʃteaˈriːn] das; ~s, ~e stearin

Stech-apfel der (*Bot.*) thorn-apple; [Gemeiner] ~: jimson weed

stechen ['ʃtɛçn̩] 1. *unr. itr. V.* a) ⟨*thorn, thistle, spine, needle*⟩ prick ⟨*wasp, bee*⟩ sting; ⟨*mosquito*⟩ bite; (*fig.*) ⟨*sun*⟩ be scorching; **das Insekt hat ihm ins Bein gestochen** the insect bit him in the leg; **sich** (*Dat.*) **in den Finger ~:** prick one's finger; b) (*hinein~*) **mit etw. in etw.** (*Akk.*) ~: stick or jab sth. into sth.; **jmdm. mit einer Nadel in den**

Hintern ~: jab a needle into sb.'s behind; **nach jmdm. ~:** stab at sb.; try to stab sb.; c) (*die Stechuhr betätigen*) (*bei Arbeitsbeginn*) clock on; (*bei Arbeitsende*) clock off; d) (*Kartenspiel*) ⟨*suit*⟩ be trumps; e) (*Sport*) jump-off; f) s. ²**See** a. 2. *unr. tr. V.* a) (*mit dem Messer, Schwert*) stab; (*mit der Nadel, mit einem Dorn usw.*) prick; ⟨*bee, wasp*⟩ sting; ⟨*mosquito*⟩ bite; (*Fischereiw.: fangen*) spear ⟨*eel, pike*⟩; (*ab~*) stick ⟨*pig, calf*⟩; **sich an etw.** (*Dat.*) ~: prick oneself on sth.; **sich in den Finger ~:** prick one's finger; b) (*hervorbringen*) make ⟨*hole, pattern*⟩; **jmdm. Löcher in die Ohren ~:** pierce sb.'s ears; (*unpers.*) **es sticht mich in der Seite** I've got a stabbing pain in my side; d) (*herauslösen*) cut ⟨*peat, turf, asparagus, etc.*⟩; pick ⟨*lettuce, mushrooms*⟩; e) (*gravieren*) engrave ⟨*design etc.*⟩; f) (*Kartenspiel*) take ⟨*card*⟩

Stechen das; ~s, ~ (*Sport*) jump-off

stechend *Adj.* penetrating, pungent ⟨*smell*⟩; penetrating ⟨*glance, eyes*⟩

Stech-: ~**fliege** die stomoxyine fly; (*Wadenstecher*) stable-fly; ~**ginster** der (*Bot.*) gorse; ~**kahn** der punt; ~**karte** die clocking-on card; ~**mücke** die mosquito; gnat; ~**palme** die holly; ~**schritt** der (*Milit.*) goose-step; **im ~schritt marschieren** goose-step; ~**uhr** die time clock; ~**zirkel** der dividers *pl.*

steck-, Steck-: ~**brief** der description [of a/the wanted person]; (*Plakat*) 'wanted' poster; (*fig.: eines Menschen*) personal details *pl.*; (*fig.: eines Geräts*) [brief] specification; ~**brieflich** *Adv.* ~**brieflich Gesuchte** the wanted man; **der Mörder wird ~brieflich gesucht** descriptions/'wanted' posters of the murderer have been circulated; ~**dose** die socket; power point

stecken ['ʃtɛkn̩] 1. *tr. V.* a) put; **etw. in die Tasche ~:** put or (*coll.*) stick sth. in one's pocket; **steck dein Hemd in die Hose** tuck your shirt in[to your trousers]; **ein Kind ins Bett ~:** put a child to bed; **sein ganzes Vermögen in etw.** (*Akk.*) ~: put or invest all one's money in sth.; **sich hinter etw.** (*Akk.*) ~: set to work on sth. with a will; b) (*mit Nadeln*) pin ⟨*hem, lining, etc.*⟩; pin [on] ⟨*badge*⟩; (*in etw.*) put in, plant ⟨*potatoes, onions, beans*⟩; d) (*ugs.: mitteilen*) **etw. der Polizei usw. ~:** tip the police *etc.* off about sth.; **es jmdm. ~** (*coll.*) give sb. a piece of one's mind (*coll.*). 2. *regelm.* (*geh. auch unr.*) *itr. V.* be; **der Schlüssel steckt [im Schloß]** the key is in the lock; **voller Ideen ~:** be full of ideas; **wo hast du denn so lange gesteckt?** (*ugs.*) where did you get to or have you been all this time?; **wo steckt meine Brille?** (*ugs.*) where have my glasses got to or gone?; **er steckt in Schwierigkeiten** (*ugs.*) he's having problems; **in den Anfängen ~:** be in the early stages; **ein Abzeichen steckte an seinem Revers** a badge was pinned to his lapel; **hinter etw.** (*Dat.*) ~ (*fig. ugs.*) be behind sth.

Stecken der; ~s, ~ (*bes. südd.*) stick

stecken-, Stecken-: ~|**bleiben** *unr. itr. V.*; *mit sein* get stuck; (*fig.*) (*negotiations etc.*) get bogged down; **die Kugel ist in der Lunge steckengeblieben** the bullet lodged in the lung; **es blieb in den Anfängen ~** (*fig.*) it never got beyond the early stages; **das Wort blieb ihm vor Angst im Halse** *od.* **in der Kehle ~:** he was speechless with fear; ~|**lassen** 1. *unr. tr. V.* **den Schlüssel [im Schloß] ~lassen** leave the key in the lock; 2. *unr. itr. V.* **lassen Sie ~!** (*ugs.: lassen Sie mich bezahlen*) put your money away!; ~**pferd** das a) (*Spielzeug*) hobby-horse; b) (*Liebhaberei*) hobby; **sein ~pferd reiten** go on about one's hobby-horse; (*sich seinem Hobby widmen*) pursue one's [favourite] hobby

Stecker der; ~s, ~: plug

Steck·kissen das papoose-carrier; carry-nest

Steckling ['ʃtɛklɪŋ] der; ~s, ~e cutting

Steck-: ~**nadel** die pin; **es ist so still, man könnte eine ~nadel fallen hören** it's so quiet you could hear a pin drop; **jmdn./etw. suchen wie eine ~nadel** (*ugs.*) search high and low for sb./sth.; **eine ~nadel im Heuhaufen suchen** (*ugs.*) look for a needle in a haystack; ~**nadel·kopf** der pinhead; ~**rübe** die (*bes. nordd.*) swede; ~**schloß** das safety lock (*inserted in main lock*); ~**schlüssel** der socket spanner; ~**schuß** der internal gunshot wound with bullet; **er hat einen ~schuß in der Lunge** he has a bullet/pellet lodged in his lung; ~**tuch** das dress handkerchief

Steg [ʃteːk] der; ~[e]s, ~e a) (*schmale Brücke*) [narrow] bridge; (*Fußgänger~*) foot-bridge; (*Laufbrett*) gangplank; (*Boots~*) landing-stage; b) (*veralt.: Pfad*) path; c) (*bei Saiteninstrumenten, Brillen*) bridge

Steg·reif der: **aus dem ~:** impromptu; **er hielt aus dem ~ eine kleine Rede** he gave a short speech extempore or off the cuff; **etw. aus dem ~ beantworten** answer sth. off the top of one's head (*coll.*); **aus dem ~ spielen** improvise; ad-lib

Stegreif·rede die impromptu or extempore speech

Steh-: ~|**auf·männchen** das tumbling figure; tumbler; **er/sie ist ein [richtiges] ~auf·männchen** (*fig. ugs.*) nothing gets him/her down (*coll.*); ~**bierhalle** die stand-up beer hall; ~**empfang** der stand-up reception

stehen ['ʃteːən] 1. *unr. itr. V.*; *südd., österr., schweiz. mit sein* a) stand; **den ganzen Tag am Herd ~:** stand over the cooker all day; **er arbeitet ~d** *od.* **im Stehen** he works standing up; **sie steht zwischen ihnen** (*fig.*) she comes between them; **mit jmdm./etw. ~ und fallen** (*fig.*) stand or fall with sb./sth.; **das Haus steht noch** the house is still standing; **er steht ihm** (*salopp*) he's got a hard-on (*sl.*); b) (*sich befinden*) be; ⟨*upright object, building*⟩ stand; **das Verb steht am Satzende** the verb comes at the end of the sentence; **wo steht dein Auto?** where is your car [parked]?; **sie haben dort einen Schrank ~:** they have a cupboard or chest [standing] there; **Schweißperlen standen auf seiner Stirn** beads of sweat stood out on his brow; **ich tue alles, was in meinen Kräften** *od.* **meiner Macht steht** I'll do everything in my power; **im Rentenalter ~:** be of pensionable age; **vor einer Entscheidung/dem Bankrott ~:** be faced with a decision/with bankruptcy; c) (*einen bestimmten Stand haben*) **auf etw.** (*Dat.*) ~: point to sth.; **das Barometer steht hoch/tief/auf Regen** the barometer is reading high/low/indicating rain; **die Uhr steht auf 12** the clock shows 12; **die Ampel steht auf Rot** the traffic lights are [on] red; **es steht mir bis zum Hals[e]** *od.* **bis oben** *od.* **bis hier[hin]** I'm fed up to the back teeth with it (*sl.*); I'm sick to death of it (*coll.*); **der Wind steht günstig/nach Norden** (*Seemannsspr.*) the wind stands fair/is from the north; **das Spiel/es steht 1:1** (*Sport*) the score is one all; **wie steht es/ das Spiel?** (*Sport*) what's the score?; **die Chancen ~ fifty-fifty** the chances are fifty-fifty; **die Sache steht gut/schlecht** things are going badly/well; [**wie geht's,**] **wie steht's?** how are things?; **wie steht es mit deinen Finanzen/mit deiner Gesundheit?** how are your finances/how is your health?; **wie steht es mit deinen Ferien?** what is happening about your holidays?; **der Weizen steht gut** the wheat is growing well; **in Blüte ~:** be in bloom; d) (*einen bestimmten Kurs, Wert haben*) **stand** (**bei** at); **wie steht das Pfund?** what is the rate for the pound?; how is the pound doing? (*coll.*); **der Schweizer Franken steht am besten** the Swiss franc is currently stron-

1491

gest; **die Aktie steht gut/schlecht** the share price is high/low; **e)** *(nicht in Bewegung sein)* be stationary; ⟨*machine etc.*⟩ be at a standstill; **meine Uhr steht** my watch has stopped; **ein ~der Zug** a stationary train; **etw./den Verkehr zum Stehen bringen** stop sth./bring traffic to a standstill; **zum Stehen kommen** come to a standstill; **auf einer Liste ~**: be *or* appear on a list; **was steht in dem Brief?** what does it say in the letter?; **in der Zeitung steht, daß ...**: it says in the paper that ...; **das Zitat steht bei Schiller** the quotation is from Schiller; **g)** *(Sprachw.: gebraucht werden)* ⟨*subjunctive etc.*⟩ occur; **mit dem Dativ ~**: be followed by *or* take the dative; **h) zu jmdm./etw. ~**: stand by sb./sth.; **wie stehst du dazu?** what's your view on this?; **hinter jmdm./etw. ~** *(jmdn. unterstützen)* be [right] behind sb./sth.; support sb./sth.; **i) jmdm. [gut] ~** ⟨*dress etc.*⟩ suit sb. [well]; **Lächeln steht dir gut** *(fig.)* it suits you *or* you look nice when you smile; **j)** *(sich verstehen)* **mit jmdm. gut/schlecht ~**: be on good/bad terms *or* get on well/badly with sb.; **k) das** *od.* **die Entscheidung steht [ganz] bei Ihnen** that's [entirely] up to you; it's for you to decide; **l) auf etw.** *(Akk.)* **steht Gefängnis** sth. is punishable by imprisonment; **m)** *(ugs.: fertig-, zusammengestellt sein)* ⟨*plan, speech, team, programme, etc.*⟩ be finalized; **n) für etw. ~ (Gewähr bieten)** be a guarantee of sth.; *(stellvertretend)* stand for sth.; **o) auf etw.** *(Akk.)* **~** *(ugs., bes. Jugendspr.: mögen)* be into sth. *(coll.);* **sie steht total auf ihn** she's nuts about him *(sl.);* s. auch **Modell, Pate a; Posten b; Spalier b; Wache a. 2.** *unr. refl. V.;* ⟨*südd., österr., schweiz. mit sein (ugs.)*⟩ **a)** *(in bestimmten Verhältnissen leben)* **sich gut/schlecht/auf 3000 Mark monatlich ~**: be comfortably/badly off/on 3,000 marks a month; **b)** *(sich verstehen)* **sich gut/schlecht mit jmdm. ~**: be on good/bad terms *or* get on well/badly with sb. **3.** *tr. V. (Skisport, Eislauf)* **einen Sprung ~**: perform a jump without falling
stehen: ~|bleiben *unr. itr. V.; mit sein* **a)** *(anhalten)* stop; ⟨*traffic*⟩ come to a standstill; *(fig.)* ⟨*time*⟩ stand still; **~bleiben!** *(Milit.)* halt!; **wo sind wir ~geblieben?** *(fig.)* where had we got to?; where were we?; **das Kind ist in der Entwicklung ~geblieben** the child is a case of arrested development; **mir blieb das Herz fast ~**: my heart nearly stopped; **b)** *(unverändert gelassen werden)* stay; be left; *(zurückgelassen werden)* be left behind; *(der Zerstörung entgehen)* ⟨*building*⟩ be left standing; **~|lassen** *unr. tr. V.* **a)** *(belassen, nicht entfernen)* leave; **du kannst es nicht so ~lassen** you can't leave it as it is; **laß die Vase ~** leave the vase where it is; **den Teig ca. eine Stunde ~lassen** leave the dough to stand for about an hour; **alles ~ und liegenlassen** drop everything; **sich** *(Dat.)* **einen Bart ~lassen** *(ugs.)* grow a beard; **b)** *(vergessen)* leave [behind]; **c)** *(sich abwenden von)* **jmdn. ~lassen** walk off and leave sb. standing there
Steher der; *~s, ~* **a)** *(Pferdesport)* stayer; **b)** *(Radsport)* motor-paced racer
Steher·rennen das *(Radsport)* motor-paced race
Steh-: ~geiger der café violinist; **~kneipe** die stand-up bar; **~konvent** der *(scherzh. fig.)* [stand-up] chat; **einen ~konvent halten** *od.* **machen** stand around chatting *or (Brit. coll.)* having a good natter; **~kragen** der stand-up collar; *(für Herrenhemden)* choker; *(mit Ecken.)* wing collar; **~lampe** die standard lamp *(Amer.);* **~leiter** die step-ladder
stehlen ['ʃteːlən] **1.** *unr. tr., itr. V.* steal; **jmdm. etw. ~**: steal sth. from sb.; **jmdm. das Portemonnaie ~**: steal sb.'s purse; **jmdm. die Zeit ~** *(fig.)* take up *or* waste sb.'s time;

s. auch **gestohlen 2**; **nehmen a. 2.** *unr. refl. V.* steal; creep
Steh-: ~platz der *(im Theater/Stadion)* standing place; *(im Bus)* space to stand; **40 ~plätze** standing-room for 40; **es gab nur noch ~plätze** there was standing-room only; **~pult** das high desk; **~vermögen** das; *o. Pl.* stamina; staying-power
Steiermark ['ʃtaɪɐmark] die; *~*: Styria *no art.*
steif [ʃtaɪf] **1. Adj. a)** stiff; *(ugs.: erigiert)* erect ⟨*penis*⟩; **~ vor Kälte** stiff with cold; **~ gefroren** frozen stiff; **die Sahne ~ schlagen** beat the cream until stiff; **der Pudding ist noch nicht ~**: the blancmange has not set yet; **~ wie ein Stock** as stiff as a ramrod; **er kam uns mit ~en Schritten entgegen** he walked towards us stiffly; **b)** *(förmlich)* stiff, formal ⟨*person, greeting, style*⟩; formal ⟨*reception*⟩; **c)** *(Seemannsspr.: stark)* stiff ⟨*wind, breeze*⟩; **d)** *(ugs.: stark)* strong ⟨*coffee*⟩; stiff, strong ⟨*alcoholic drink*⟩. **2. adv. a)** stiffly; **bei ihnen geht es sehr ~ zu** things are very formal at their house; **b)** *(Seemannsspr.: stark)* **der Wind steht ~ aus Südost** there's a stiff wind blowing from the south-east; **c) ~ und fest behaupten/glauben, daß ...** *(ugs.)* swear blind/be completely convinced that ...
steif|halten *unr. tr. V. s.* **Nacken; Ohr b**
Steifheit die; *~*: stiffness; *(Förmlichkeit)* formality; stiffness
Steif·leinen das buckram
Steig der; *~[e]s, ~e* [mountain] path
Steig-: ~bügel der *(auch Anat.)* stirrup; **~bügel·halter** der *(abwertend)* backer; **die ~bügelhalter für Xs Karriere** those who advance/advanced X's career
Steige die; *~, ~n* **a)** *(bes. südd., österr.: Steig)* [mountain] path; **b)** *(bes. nordd.: Treppe)* steps *pl.;* *(Leiter)* ladder; **c)** *(bes. südd., österr.: Lattenkiste)* open crate
Steig·eisen das *(in Schächten usw.)* stepiron; *(am Schuh anschnallbar)* climbing-iron; *(Bergsteigen)* crampon
steigen ['ʃtaɪɡn̩] **1.** *unr. itr. V.; mit sein* **a)** ⟨*person, animal, aircraft, etc.*⟩ climb; ⟨*mist, smoke, sun, object*⟩ rise; ⟨*balloon*⟩ rise, Drachen **~ lassen** fly kites; **ins Tal/in den Keller ~**: climb *or* go down into the valley/go down into the cellar; **auf einen Turm/eine Leiter ~**: climb a tower/ladder; **auf die Leiter ~**: get on to the ladder; **aus dem Wasser/Auto/Bett/aus der Wanne ~**: get out of the water/out of the car/out of bed/out of the bath; **ins Wasser/ins Auto/in die Wanne/ins Bett ~**: get into the water/car/bath/into bed; **in den/aus dem Bus/Zug ~**: board *or* get on/get off *or* out of the bus/train; **ins/aus dem Flugzeug ~**: board/leave the aircraft; **aufs/vom Fahrrad ~**: get on [to]/off one's bicycle; **aufs Pferd/aus dem Sattel** *od.* **vom Pferd ~**: mount *or* get on [to]/get off one's horse; **auf die Bremse/aufs Gas ~** *(ugs.)* step on the brakes/the gas *(coll.);* **in die Kleider ~** *(ugs.)* slip into one's clothes; **das Blut/eine Röte stieg ihm ins Gesicht** the blood rose into *or* rushed to his face/he blushed; **der Duft steigt mir in die Nase** the scent gets up my nose; *s. auch* **Kopf a; b)** *(ansteigen, zunehmen)* rise **(auf + Akk.** to, **um** by) ⟨*price, cost, salary, output*⟩ increase, rise; ⟨*debts, tension*⟩ increase, mount; ⟨*chances*⟩ improve; **~de Preise** rising prices; **~de Ansprüche** growing *or* increasing demands; **in jmds. Achtung ~** *(fig.)* go up *or* rise in sb.'s estimation; **c)** *(ugs.: stattfinden)* be on; **morgen soll ein Fest ~**: there's to be a party tomorrow; **d)** *(Reitsport: sich aufbäumen)* ⟨*horse*⟩ rear. **2.** *unr. tr. V.; mit sein* climb ⟨*stairs, steps*⟩
Steiger der; *~s, ~* *(Bergbau)* overman
steigern **1.** *tr. V.* **a)** increase ⟨*speed, value, sales, consumption, etc.*⟩ **(auf + Akk.** to); step up ⟨*demands, production, etc.*⟩; raise

⟨*standards, requirements*⟩; *(verstärken)* intensify ⟨*fear, tension*⟩; heighten, intensify ⟨*effect*⟩; exacerbate ⟨*anger*⟩; **das Tempo ~**: step up the pace; **seine Leistung ~**: improve one's performance; **b)** *(Sprachw.)* compare ⟨*adjective*⟩. **2.** *refl. V.* **a)** ⟨*confusion, speed, profit, etc.*⟩ increase; ⟨*pain, excitement, tension*⟩ become more intense; ⟨*excitement, hate, anger*⟩ grow, become more intense; ⟨*costs*⟩ escalate; ⟨*effect*⟩ be heightened *or* intensified; **der Sturm steigerte sich zum Orkan** the gale increased to hurricane strength; **sich** *od.* **seine Leistung[en] ~**: improve one's performance; **b)** *(hineinsteigern)* **sich [mehr und mehr] in Wut/Zorn/einen Erregungszustand ~**: work oneself up into [more and more of] a fury/rage/state [of excitement]
Steigerung die; *~, ~en* **a)** increase **(+ Gen.** in); *(Verstärkung)* intensification *(einer Wirkung)* heightening; *(des Zorns)* exacerbation; *(Verbesserung)* improvement **(+ Gen.** in); *(bes. Sport: Leistungs~)* improvement [in performance]; **~ der Produktion/des Absatzes** increase in production/in sales; **b)** *(Sprachw.)* comparison
Steigerungs-: ~form die *(Sprachw.)* comparative [form]; **~stufe** die *(Sprachw.)* degree of comparison
Steigung die; *~, ~en* gradient; *(ansteigende Strecke)* gradient; climb; **in sanfter ~**: climbing gently
Steigungs·winkel der [angle of] gradient
steil [ʃtaɪl] **1. Adj. a)** steep; upright, straight ⟨*handwriting, flame*⟩; meteoric ⟨*career*⟩; rapid ⟨*rise*⟩; **b)** *nicht präd. (Jugendspr. veralt.: beeindruckend)* fabulous *(coll.);* super *(coll.);* **c)** *(Ballspiele)* deep ⟨*pass, ball*⟩. **2. adv. a)** steeply; **sie saß ~ aufgerichtet** she sat bolt upright; **b)** *(Ballspiele)* **jmdn. ~ anspielen** play a deep ball to sb.; **er spielt [immer wieder] zu ~**: he's playing too many deep balls
Steil·hang der steep escarpment
Steilheit die; *~*: steepness
Steil-: ~küste die *(Geogr.)* cliffs *pl.;* **~paß** der *(Fußball)* deep [forward] pass; **~ufer** das steep bank; **~wand** die rock wall; **~wand·fahrer** der wall-of-death rider; **~wand·zelt** das frame tent
Stein [ʃtaɪn] der; *~[e]s, ~e* **a)** *o. Pl.* stone; *(Fels)* rock; **ihr Gesicht war zu ~ geworden** *(fig.)* her face had hardened; **b)** *(losgelöstes Stück, Kern, Med., Edel~, Schmuck~)* stone; *(Kiesel~)* pebble; **der ~ der Weisen** *(geh.)* the philosophers' stone; **ein ~ des Anstoßes** *(geh.)* a bone of contention; **mir fällt ein ~ vom Herzen** that's a weight off my mind; **es friert ~ und Bein** *(ugs.)* it's freezing hard; **~ und Bein schwören** *(ugs.)* swear blind; **den ~ ins Rollen bringen** *(fig.)* set the ball rolling; **jmdm. [die** *od.* **alle] ~e aus dem Weg räumen** *(fig.)* smooth sb.'s path; make things easy for sb.; **jmdm. ~e in den Weg legen** *(fig.)* create obstacles *or* make things difficult for sb.; **eine Uhr mit 12 ~en** a 12-jewel watch; *s. auch* **Krone a; (Bau~)** [stone] block; *(Ziegel~)* brick; **keinen ~ auf dem anderen lassen** not leave one stone upon another; **d)** *(Spiel~)* piece; *(rund, flach)* counter; **bei jmdm. einen ~ im Brett haben** *(fig.)* be in sb.'s good books; **e)** *(Grab~)* gravestone
stein-, Stein-: ~adler der golden eagle; **~alt** *Adj.* aged; **~alt werden** live to a great age; **~axt** die *(hist.)* stone axe; **~bau** der; *Pl.* **~bauten** stone building; **~block** der; *Pl.* **~blöcke** block of stone; **~bock** der **a)** *(Tier)* ibex; **b)** *(Astrol.)* Capricorn; the Goat; *s. auch* **Fisch c; ~boden** der stone floor; **~brech** [~brɛç] der; *~[e]s, ~e (Bot.)* saxifrage; **~bruch** der quarry; **~butt** der turbot
Steinchen das; *~s, ~*: little stone; *(Kiesel~)* pebble

Stein·druck der; Pl. ~drucke **a)** o. Pl. (Verfahren) lithography no art.; **b)** (Graphik) lithograph; ~**eiche** die holm-oak
steinern Adj. **a)** nicht präd. stone ⟨floor, bench, etc.⟩; **b)** (wie versteinert) stony ⟨face, features⟩; ein ~es Herz a heart of stone
stein-, Stein-: ~**erweichen** das: zum ~erweichen so as to make your heart bleed; heart-rendingly; ~**frucht** die (Bot.) stonefruit; ~**fuß·boden** der s. ~boden; ~**garten** der rockery; rock-garden; ~**gut** das earthenware; ~**hart** Adj. rock-hard
steinig Adj. stony
steinigen tr. V. stone ⟨person⟩
stein-, Stein-: ~**kauz** der little owl; ~**kohle** die [hard] coal; ~**krug** der earthenware jug; ~**marder** der stone marten; ~**metz** [~mɛts] der stonemason; ~**obst** das stone-fruit; ~**pilz** der cep; ~**reich** Adj. (ugs.) filthy rich; ~reich sein to be rolling [in money] (coll.); ~reich werden make pots of money (coll.); ~**salz** das rock-salt; ~**schlag** der (Fachspr.) rock fall; „Achtung ~schlag" 'beware falling rocks'; ~**schleuder** die catapult (Brit.); slingshot (Amer.); ~**topf** der earthenware pot; ~**wurf** der: jmdn. mit ~würfen wegjagen chase sb. away by throwing stones [at him/her]; [nur] einen ~wurf weit [entfernt] (fig.) [only] a stone's throw away; ~**wüste** die rocky desert; (fig.: leere Stadt) waste land of stone and concrete; ~**zeit** die Stone Age; (fig.) stone age; ~**zeitlich** Adj. Stone-Age attrib.; (fig.: völlig veraltet) antediluvian (coll.); ~**zeug** das stoneware
Steirer [ˈʃtairɐ] der; ~s, ~, **Steirerin** die; ~, ~nen Styrian
steirisch [ˈʃtairɪʃ] Adj. Styrian
Steiß [ʃtais] der; ~es, ~e **a)** (~bein) coccyx; **b)** (ugs.: Gesäß) backside; behind (coll.)
Steiß-: ~**bein** das (Anat.) coccyx; ~**lage** die (Med.) breech presentation
Stellage [ʃtɛˈlaːʒə] die; ~, ~n rack
Stell·dich·ein das; ~[s], ~[s] (veralt.) rendezvous; tryst (arch./literary); sich (Dat.) ein ~ geben (fig.) gather; assemble
Stelle [ˈʃtɛlə] die; ~, ~n **a)** place; eine schöne ~ zum Campen a nice spot for camping; an dieser ~ ereignete sich der Unfall this is the spot where the accident happened; die Truhe ließ sich nicht von der ~ rücken the chest could not be shifted or would not budge; sich nicht von der ~ rühren not budge or move; an jmds. ~ treten take sb.'s place; ich an deiner ~ würde das nicht machen I wouldn't do it if I were you; ich möchte nicht an deiner ~ sein I shouldn't like to be in your place; A an die ~ von B setzen replace B with A; an ~ + Gen. instead of; auf der ~: immediately; er war auf der ~ tot he died instantly; ich könnte auf der ~ einschlafen I could go to sleep here and now; auf der ~ treten (ugs.), nicht von der ~ kommen (fig.) make no headway; not get anywhere; zur ~ sein be there or on the spot; pünktlich zu ~ sein arrive punctually; Gefreiter Schulz meldet sich zur ~! (Milit.) Lance-Corporal Schulz reporting; **b)** (begrenzter Bereich) patch ⟨am Körper⟩ spot; eine kahle ~: a bare patch; (am Kopf) a bald patch; seine empfindliche ~ (fig.) his sensitive or sore spot; eine schwache ~ in der Argumentation (fig.) a weak point in the argument; **c)** (Passage) passage; an anderer ~: elsewhere; in another passage; **d)** (Punkt im Ablauf einer Rede usw.) point; an dieser/ früherer ~: at this point or here/earlier; **e)** (Platz in einer Rangordnung, Reihenfolge) place; an achter ~ liegen be in eighth place; er steht an führender ~: he has a leading position; etw. kommt an vorderster ~: sth. has top priority; an erster ~ geht es hier um ...: here it is primarily a question of ...; **f)** (Math.) figure; die erste ~ hinter od. nach dem Komma the first decimal place;
etw. bis auf zwei ~n hinter dem Komma ausrechnen calculate sth. to two decimal places; **g)** (Arbeits~) job; (formeller) position; (bes. als Beamter) post; eine halbe/ganze ~: a half-time/full-time job; ohne ~ sein be unemployed; eine freie ~: a vacancy; **h)** (Dienst~) office; (Behörde) authority; die zuständige ~: the competent authority
stellen 1. tr. V. **a)** put; (mit Sorgfalt, ordentlich) place; (aufrecht hin ~) stand; die Stühle um den Tisch ~: place or put the chairs round the table; wie sollen wir die Möbel ~? how should we position the furniture?; man soll die Flaschen ~, nicht legen one should stand the bottles [up], not lay them down; jmdn. wieder auf die Füße ~ (fig.) put sb. back on his/her feet; jmdn. vor eine Entscheidung ~ (fig.) confront sb. with a decision; auf sich [selbst] gestellt sein (fig.) be thrown back on one's own resources; etw. in den Mittelpunkt der Diskussion ~ (fig.) make sth. the focus of discussion; **b)** (ein~, regulieren) set ⟨points, clock, scales⟩; set ⟨clock⟩ to the right time; den Wecker auf 6 Uhr ~: set the alarm for 6 o'clock; den Schalter auf Null ~: turn the switch to zero; set the switch at zero; das Radio lauter/leiser ~: turn the radio up/down; die Heizung höher/niedriger ~: turn the heating up/down; **c)** (bereit~) provide; produce ⟨witness⟩; jmdm. etw. ~: provide sb. with sth.; s. auch Verfügung b; **d)** jmdn. besser ~: ⟨firm⟩ improve sb.'s pay; gut/schlecht/besser gestellt comfortably/badly/better off; **e)** ⟨auf~⟩ set ⟨trap⟩; lay ⟨net⟩; **f)** kalt ~: put ⟨food, drink⟩ in a cold place; leave ⟨champagne etc.⟩ to chill; warm ~: put ⟨plant⟩ in a warm place; keep ⟨food⟩ warm or hot; **g)** (fassen, festhalten) catch ⟨game⟩; apprehend ⟨criminal⟩; **h)** (aufrichten) ⟨dog, horse, etc.⟩ prick up ⟨ears⟩; stick up ⟨tail⟩; **i)** (erstellen) prepare ⟨horoscope, bill⟩; make ⟨diagnosis, prognosis⟩; **j)** verblaßt put ⟨question⟩; set ⟨task, essay, topic, condition⟩; make ⟨application, demand, request⟩; jmdm. eine Frage/Aufgabe ~: ask sb. a question/ set sb. a task; jmdn. unter Aufsicht/etw. unter Denkmalschutz ~: place sb. under supervision/sth. under a conservation order; jmdn. vor Gericht/unter Anklage ~: take sb. to court/charge sb.; **k)** (bes. Theater, Film: arrangieren) block in the moves for ⟨scene⟩; das Foto wirkt gestellt the photo looks posed. 2. refl. V. **a)** place oneself; sie stellte sich auf eine Leiter she got on a ladder; stell dich neben mich/ans Ende der Schlange/in die Reihe come and stand by me/go to the back of the queue (Brit.) or (Amer.) line/get into line; sich auf die Zehenspitzen ~: stand on tiptoe; ich stelle mich lieber (ugs.) I'd rather stand; sich gegen jmdn./etw. ~ (fig.) oppose sb./sth.; sich hinter jmdn./etw. ~ (fig.) give sb./sth. one's backing; sich vor jmdn. ~ (fig.) take sb.'s part; (verteidigen) defend sb.; s. auch Standpunkt; **b)** sich schlafend/taub usw. ~: feign sleep/deafness etc.; pretend to be asleep/deaf etc.; s. auch dumm 1 a; **c)** (sich ausliefern) sich [der Polizei] ~: give oneself up [to the police]; **d)** (nicht ausweichen) sich einem Herausforderer/der Presse ~: face a challenger/the press; sich einer Disskusion ~: consent to take part in a discussion; er stellte sich der Kamera he made himself available for photographs; **e)** (Stellung beziehen) sich positiv/negativ zu jmdm./etw. ~: take a positive/negative view of sb./sth.; sich mit jmdm. gut ~: try to get on good terms with sb.
stellen-, Stellen-: ~**angebot** das offer of a job; (Inserat) job advertisement; „~angebote" 'situations vacant'; ~**anzeige** die job advertisement; ~**gesuch** das 'situation wanted' advertisement; „~gesuche" 'situations wanted'; ~**markt** der job market; ~**suche** die job-hunting no art.; search for a job; auf ~suche sein be looking for a job; be job-hunting; ~**weise** Adv. in places; ~weise Nebel/Schauer fog patches/scattered showers; ~**wert** der **a)** (Math.) place value; **b)** (fig.: Bedeutung) standing; status
-stellig -figure ⟨number, salary⟩; -place ⟨decimal⟩
Stell-: ~**macher** der cartwright; ~**platz** der space; (auf einem Campingplatz) pitch; site; ~**probe** die (Theater) blocking rehearsal; ~**schraube** die adjusting screw
Stellung die; ~, ~en **a)** position; in gebückter/kniender ~: in a bent/kneeling posture; die ~ der Frau in der Gesellschaft the position or standing of women in society; in ~ gehen (Milit.) take up [one's] position; geh nur, ich halte in der Zwischenzeit die ~ (fig.) you can go while I hold the fort; [zu/gegen etw.] ~ beziehen (fig.) take a stand [on/ against sth.]; **b)** (Posten) job; (formeller) position; (bes. als Beamter) post; **c)** o. Pl. (Einstellung) attitude (zu to, towards); zu etw. ~ nehmen express one's opinion or state one's view on sth.; er hat zu dem Vorschlag offiziell ~ genommen he made an official statement on the proposal
Stellungnahme die; ~, ~n opinion; (kurze Äußerung) statement; eine ~ zu etw. abgeben give one's opinion or views on sth.; (sich kurz zu etw. äußern) make a statement on sth.
stellungs-, Stellungs-: ~**befehl** der (Milit.) call-up papers pl.; draft card (Amer.); ~**krieg** der positional warfare no pl., no indef. art.; ~**los** Adj. unemployed; jobless; ~**spiel** das; o. Pl. (Fußball) positioning; ~**suche** die s. Stellensuche; ~**suchende** der/die; adj. Dekl. job-hunter; ~**wechsel** der change of position; (Wechsel der Arbeitsstelle) change of job
stell-, Stell-: ~**vertretend** 1. Adj.; nicht präd. acting; (von Amts wegen) deputy ⟨minister, director, etc.⟩; 2. adv. as a deputy; ~vertretend für jmdn. deputizing for sb.; on sb.'s behalf; ~**vertreter** der deputy; jmdn. als seinen ~vertreter schicken send sb. as one's representative; der ~vertreter Christi (kath. Rel.) the Vicar of Christ; ~**vertreter·krieg** der proxy war; ~**vertretung** die deputizing no art.; acting as deputy no art.; die ~vertretung für jmdn. od. jmds. ~vertretung übernehmen stand in or deputize for sb.; ~**wand** die partition; ~**werk** das (Eisenb.) signal-box (Brit.); switch-tower (Amer.); (Anlage) control gear for signals and points (Brit.) or (Amer.) switches
Stelze die; ~, ~n **a)** meist Pl. stilt; **b)** (ugs.: Bein) leg; der hat vielleicht ~n! what long skinny legs or spindle-shanks he's got!
stelzen itr. V.; mit sein strut; stalk
Stemm-: ~**bogen** der (Skisport) stem [turn]; ~**eisen** das chisel
stemmen [ˈʃtɛmən] 1. tr. V. **a)** (hoch~) lift [above one's head]; (Gewichtheben) lift ⟨weight⟩; **b)** (drücken) brace ⟨feet, knees⟩ (gegen against); die Arme in die Hüften/Seiten ~: place one's arms akimbo; put one's hands on one's hips; die Arme in die Hüften gestemmt with arms akimbo; **c)** (meißeln) chisel ⟨hole etc.⟩. 2. refl. V. sich gegen etw. ~: brace oneself against sth.; (fig.: sich auflehnen) resist sth.; sich in die Höhe ~: haul oneself to one's feet. 3. itr. V. (Skisport) stem
Stempel [ˈʃtɛmpl̩] der; ~s, ~ **a)** stamp; (Post~) postmark; jmdm./einer Sache seinen od. den ~ aufdrücken (fig.) leave one's mark on sb./sth.; den ~ einer Person/Sache tragen (fig.) bear the stamp or imprint of sb./sth.; **b)** (Punze) hallmark; **c)** (Bot.: Teil der Blüte) pistil; **d)** (Technik) (zum Stanzen) punch; (zum Formen) die; **e)** (Bauw., Berg-

1493

Stempelfarbe / **steuerlich**

bau: Stütze) prop; **f)** *(salopp: dicke Beine)* [richtige] ~ **haben** have legs like tree-trunks
Stempel-: ~**farbe** die stamp-pad ink; ~**geld** das; *o. Pl. (ugs. veralt.)* dole [money] *(coll.)*; ~**kissen** das stamp pad; ink-pad
stempeln 1. *tr. V.* **a)** stamp *(passport, form)*; postmark *(letter)*; cancel *(postage stamp)*; **das Eingangsdatum auf die Briefe ~:** stamp the letters with the date of receipt; **b)** hallmark *(gold, silver, ring, brooch, etc.)*; **c)** *(brandmarken)* jmdn. **zum Verbrecher ~:** brand sb. [as] a criminal. 2. *itr. V. (ugs. veralt.)* be on the dole *(coll.)*; ~ **gehen** be on the dole *(coll.)*; **er muß ~ gehen** he has to go on the dole
stempelpflichtig [-pflɪçtɪç] *Adj. (österr.)* s. gebührenpflichtig
Stempel·schneider der punch-cutter
Stengel ['ʃtɛŋl] der; ~s, ~: stem; stalk
¹**Steno** ['ʃteːno] die; ~; *meist o. Art. (ugs.)* shorthand; **kannst du ~?** do you know shorthand?
²**Steno** das; ~s, ~s *(ugs.)* s. Stenogramm
steno-, Steno-: ~**block** ['---] der s. ~**grammblock**; ~**gramm** das shorthand text; **ein ~gramm aufnehmen** take a dictation in shorthand; ~**gramm·block** der; *Pl.* ~**blöcke** *od.* ~**blocks** shorthand pad; ~**graph** der; ~**en**, ~**en** stenographer; ~**graphie** die; ~, ~**n** stenography *no art.*; shorthand *no art.*; ~**graphie lernen/können** learn shorthand/be able to do shorthand; ~**graphieren** 1. *itr. V.* do shorthand; **sie kann gut ~graphieren** her shorthand is good; 2. *tr. V.* **etw. ~graphieren** take sth. down in shorthand; ~**graphisch** 1. *Adj.; nicht präd.* **a)** shorthand *attrib.;* stenographic *(symbols)*; 2. *adv.* ~**graphisch abgefaßte Notizen** shorthand notes; ~**stift** ['---] der shorthand pencil; ~**typistin** die shorthand typist
Stentor·stimme ['ʃtɛntɔr-] die stentorian voice; **mit ~:** in a stentorian voice
Stenz [ʃtɛnts] der; ~**es**, ~**e** *(ugs. abwertend)* dandy; fop
Step [ʃtɛp] der; ~**s**, ~**s** tap-dance
Stepp·decke die quilt
Steppe ['ʃtɛpə] die; ~, ~**n** steppe
¹**steppen** *tr. (auch itr.) V. (nähen)* backstitch; **eine gesteppte Jacke** a quilted jacket
²**steppen** *itr. V. (tanzen)* tap-dance
Steppen-: ~**fuchs** der corsac; ~**wolf** der s. Präriewolf
Stepperei die; ~, ~**en** backstitching *no pl.*
Stepp-: ~**futter** das quilted lining; ~**jacke** die quilted jacket
Steppke ['ʃtɛpkə] der; ~[s], ~s *(ugs., bes. berlin.)* lad; nipper *(coll.)*
Stepp-: ~**naht** die backstitched seam; ~**stich** der backstitch
Step-: ~**tanz** der tap-dance; ~**tänzer** der, ~**tänzerin** die tap-dancer
Sterbe-: ~**bett** das death-bed; **auf dem ~bett liegen** be on one's death-bed; ~**datum** das date of death; ~**fall** der s. Todesfall; ~**geläut** das death-knell; ~**glocke** die funeral bell; ~**hilfe** die Euthanasie
sterben ['ʃtɛrbn] 1. *unr. itr. V.; mit sein* die; **eines sanften Todes ~** *(geh.)* die peacefully; **er starb als Christ** he died a Christian; **im Sterben liegen** lie dying; **und wenn sie nicht gestorben sind, dann leben sie noch heute** and they lived happily ever after; **davon stirbt man/stirbst du nicht gleich** *(ugs.)* it/they won't kill you; **zum Sterben langweilig/müde** deadly boring/dead tired; **er ist für mich gestorben** *(fig.)* he's finished *or* he doesn't exist as far as I'm concerned; **gestorben!** *(Film-, Fernsehjargon) (abgeschlossen)* [OK,] in the can!; *(abgebrochen)* cut!; **vor Angst/Scham/Neugier ~** *(ugs.)* die of fright/shame/be dying of curiosity. 2. *unr. tr. V.; mit sein* **den Hungertod ~:** die of starvation; starve to death; **den Heldentod ~:** die a hero's death

sterbens-, Sterbens-: ~**angst** die terrible fear; **eine ~angst haben** be scared to death; be terribly afraid; be terrified; ~**elend** *Adj.* wretched; ~**krank** *Adj.* **a)** *s.* ~**elend**; **b)** *(sehr krank)* mortally ill; ~**langweilig** *Adj.* deadly boring; ~**wort**, ~**wörtchen** das *in* **kein od. nicht ein ~wort od. ~wörtchen** not a [single] word; **darüber haben wir kein ~wort od. ~wörtchen gesagt** we didn't breathe a word [of it]
Sterbe-: ~**sakramente** *Pl. (kath. Kirche)* last rites; ~**stunde** die s. Todesstunde; ~**urkunde** die death certificate; ~**zimmer** das: **sein ~zimmer** the room in which he died
sterblich *Adj.* mortal; *s. auch* **Hülle a**; Überrest
Sterbliche der/die; *adj. Dekl.* **a)** *(dichter.)* mortal; **b)** **ein gewöhnlicher ~r** an ordinary mortal *or* person
Sterblichkeit die; ~: mortality
stereo ['ʃteːreo] *Adv. (Akustik)* in stereo
Stereo das; ~s *(Akustik)* stereo
stereo-, Stereo-: stereo-
stereo-, Stereo-: ~**anlage** die stereo [system]; ~**aufnahme** die stereo recording; ~**empfang** der; *o. Pl.* stereo reception; ~**kamera** die stereocamera; stereoscopic camera; ~**metrie** die *(Math.)* stereometry *no art.*; ~**phon** [~'foːn] *(Akustik)* **1.** *Adj.* stereophonic; **2.** *adv.* stereophonically; ~**phonie** [~fo'niː] die; ~ *(Akustik)* stereophony *no art.*; ~**skop** [~'skoːp] das; ~s, ~e stereoscope; ~**skopie** [~sko'piː] die; ~: stereoscopy *no art.*; ~**skopisch** *Adj.* stereoscopic; ~**ton** der stereo sound; ~**typ** [---'-] **1.** *Adj.* **a)** stereotyped *(discussion, pattern, etc.)*; stereotyped, stock *(question, reply, phrase, utterance)*; mechanical *(smile)*; **b)** *(Druckw.)* stereotype; **2.** *adv.* **a)** in a stereotyped way; **b)** *(Druckw.)* in stereotype; ~**typie** [~ty'piː] die; ~, ~**n** **a)** *(Druckw.)* stereotyping *no art.*; **b)** *(Psychiatrie, Med.)* stereotypy
steril [ʃte'riːl] **1.** *Adj. (auch fig. abwertend)* sterile; **etw. ~ machen** sterilize sth. **2.** *adv.* **a)** *(keimfrei)* ~ **verpackt sein** be in a sterile pack/sterile packs; **etw. ~ auskochen** sterilize sth. by boiling; **b)** *(fig. abwertend: unschöpferisch, nüchtern)* sterilely
Sterilisation [ʃteriliza'tsi̯oːn] die; ~, ~**en** sterilization
sterilisieren *tr. V.* sterilize
Sterilität [ʃterili'tɛːt] die; ~ *(auch fig. abwertend)* sterility
Sterling ['stɛːlɪŋ] der; ~s, ~e: **2 Pfund ~:** £2 sterling; **einen Betrag in Pfund ~ tauschen** change a sum into sterling
Sterling·silber das sterling silver
Stern [ʃtɛrn] der; ~[e]s, ~e **a)** star; ~e **sehen** *(ugs.)* see stars; **unter fremden ~en** *(geh.)* in foreign parts; **nach den ~en greifen** *(geh.)* reach for the moon; **in den ~en stehen** *(fig.)* be in the lap of the gods; **unter einem guten od. günstigen/ungünstigen ~ stehen** *(geh.)* have an auspicious start/be ill-starred; **b)** *(Orden, Auszeichnung)* star; **ein Hotel mit fünf ~en** a five-star hotel; **c)** *(bei Pferden, Rindern)* blaze; **d)** *(Jägerspr.)* iris
Stern·bild das constellation
Sternchen das; ~s, ~ **a)** [little] star; **b)** *(als Verweis)* asterisk; **c)** *s.* Starlet[t]
Stern-: ~**deuter** [~dɔytɐ] der; ~s, ~: astrologer; ~**deutung** die; *o. Pl.* astrology *no art.*
sternen-, Sternen-: ~**banner** das Starspangled Banner, Stars and Stripes *pl.*; ~**himmel** der *(geh.)* starry sky; ~**klar** *Adj.* starlit, starry *(sky, night)*; ~**licht** das; *o. Pl. (geh.)* starlight; ~**zelt** das; *o. Pl. (dichter.)* starry canopy
stern-, Stern-: ~**fahrt** die rally *(in which the participants converge from various starting-points)*; **eine ~fahrt nach X** a rally

converging on X; ~**förmig** *Adj.* starshaped; stellate *(leaf) (Bot.)*; ~**globus** der *(Astron.)* celestial globe; ~**gucker** der; ~s, ~ *(ugs. scherzh.: Astronom)* star-gazer; ~**hagel·voll** *Adj. (salopp)* paralytic *(Brit. sl.)*; blotto *(sl.)*; ~**haufen** der *(Astron.)* star cluster; ~**hell** *Adj. (geh.)* starlit; starry; ~**himmel** der starry sky; ~**jahr** das sidereal year; ~**karte** die s. Himmelskarte; ~**klar** *Adj.* starlit, starry *(sky, night)*; ~**kunde** die; *o. Pl.* astronomy *no art.*; ~**kundig** *Adj.* ~**kundig sein** have a knowledge of astronomy; ~**los** *Adj.* starless; ~**marsch** der [protest] march *(with marchers converging from various starting points)*; ~**miere** [~miːrə] die *(Bot.)* starwort; ~**schnuppe** die; ~, ~**n** shooting star; ~**stunde** die *(geh.)* great moment; **seine ~stunde haben** have one's moment *or* hour of glory; ~**tag** der *(Astron.)* sidereal day; ~**warte** die observatory; ~**zeichen** das s. Tierkreiszeichen; ~**zeit** die sidereal time
¹**Sterz** [ʃtɛrts] der; ~**es**, ~**e** *(südd., österr.: Speise) (boiled or fried)* dumpling pieces *pl.*
²**Sterz** der; ~**es**, ~**e** *(Bürzel)* rump
stet [ʃteːt] *Adj. (geh.)* **a)** constant *(goodwill, devotion, companion)*; steady *(rhythm)*; **b)** *(ständig)* constant; continuous
Stethoskop [ʃteto'skoːp] das; ~s, ~e *(Med.)* stethoscope
stetig ['ʃteːtɪç] *Adj.* steady *(growth, increase, decline)*; constant, continuous *(movement, vibration)*. **2.** *adv. (grow, increase, drop)* steadily; *(move, vibrate)* constantly, continuously
Stetigkeit die; ~ *s.* **stetig**: steadiness; constancy; continuousness
stets [ʃteːts] *Adv.* always
¹**Steuer** ['ʃtɔyɐ] das; ~s, ~ *(von Fahrzeugen)* [steering-]wheel; *(von Schiffen)* helm; **ins ~ greifen** grab the [steering-]wheel; **sich ans od. hinters ~ setzen** get behind the wheel; **das ~ herumreißen** pull the [steering-]wheel over hard; **das ~ übernehmen** take over the wheel *or* the driving; *(bei Schiffen, fig.)* take over the helm; **Trunkenheit am ~:** drunken driving; being drunk at the wheel; **das ~ fest in der Hand haben** *(fig.)* have one's hand firmly on the helm
²**Steuer** die; ~, ~**n a)** tax; ~**n zahlen** *(Lohn-/Einkommensteuer)* pay tax; **etw. von der ~ absetzen** set sth. off against tax; **etw. mit einer ~ belegen** impose a tax on sth.; **b)** *o. Pl. (ugs.: Behörde)* tax authorities *pl.*
steuer-, Steuer-: ~**aufkommen** das *(Steuerw.)* tax revenue; ~**bar** *Adj.* controllable; ~**behörde** die tax authorities *pl.*; ~**berater** der *(Steuerw.)* tax consultant *or* adviser; ~**bescheid** der *(Steuerw.)* tax assessment; ~**bevollmächtigte** der/die; *adj. Dekl. (Steuerw.)* tax consultant *or* adviser; ~**bord** das *od.* österr. der; *o. Pl. (Seew., Flugw.)* starboard; **nach ~bord gehen** turn to starboard; ~**bord[s]** *Adv. (Seew., Flugw.)* to starboard; ~**erhöhung** die *(Steuerw.)* tax increase; ~**erklärung** die *(Steuerw.)* tax return; ~**ermäßigung** die *(Steuerw.)* tax relief; ~**erstattung** die *(Steuerw.)* tax refund; ~**fahnder** der tax investigator; ~**fahndung** die *(Steuerw.)* tax investigation; ~**flucht** die *(Steuerw.)* tax evasion *(by transferring capital out of the country or living abroad)*; ~**frei** *Adj. (Steuerw.)* tax-free; free of tax *pred.*; ~**frei·betrag** der *(Steuerw.)* tax allowance; ~**gelder** *Pl. (Steuerw.)* taxes; ~**gerät** das **a)** *(Rundfunkt.)* receiver; **b)** *(Elektrot.)* control device *or* unit; ~**gesetz** das; *meist Pl. (Steuerw.)* tax law; ~**hinter·ziehung** die *(Steuerw.)* tax evasion; ~**klasse** die *(Steuerw.)* tax category *(dependent on marital status [and number of children])*; ~**knüppel** der control column; joystick *(coll.)*
steuerlich 1. *Adj.; nicht präd.* tax *(advant-*

1494

steuerlos | **Stigma**

ages, benefits, etc.⟩. 2. adv. ~ **absetzbar** tax-deductible

steuer-, Steuer-: ~**los** Adj. out of control; ~**mann** der; Pl. ~**leute** od. ~**männer** a) (Seew. veralt.) helmsman; steersman; b) (Seew.) ugs. (Rudersport) cox; **Vierer mit/ohne** ~**mann** coxed/coxless fours; **Einer mit** ~**mann** coxed single; d) (Elektrot.) controller; ~**marke** die revenue stamp; (für Hunde) licence disc; ~**moral** die tax-payer honesty; attitude to paying tax

steuern 1. tr. V. a) (fahren) steer; (fliegen) pilot, fly ⟨aircraft⟩; fly ⟨course⟩; b) (Technik) control; c) (beeinflussen) control, regulate ⟨process, activity, price, etc.⟩; steer ⟨discussion etc.⟩; influence ⟨opinion etc.⟩. 2. itr. V. a) (im Fahrzeug) be at the wheel; (auf dem Schiff) be at the helm; b) mit sein (Kurs nehmen, ugs.: sich hinbewegen; auch fig.) head; c) (geh.: entgegenwirken) jmdm./einer Sache ~: curb sb./remedy sth.

steuer-, Steuer-: ~**oase** die (ugs.) tax haven; ~**pflicht** die; o. Pl. (Steuerw.) liability to [pay] tax; ~**pflichtig** Adj. (Steuerw.) ⟨person⟩ liable to [pay] tax; taxable ⟨goods, assets, income, profits, etc.⟩; ~**pflichtige** der/die; adj. Dekl. (Steuerw.) person liable to [pay] tax; ~**progression** die progressive taxation; ~**prüfer** der s. Wirtschaftsprüfer; ~**pult** das (Elektrot.) s. Schaltpult; ~**rad** das s) s. Lenkrad; b) (Seew.) [ship's] wheel; helm; ~**recht** das tax law; ~**rechtlich** Adj. (Steuerw.) under the tax laws postpos.; ~**ruder** das (Seew.) rudder; ~**satz** der (Steuerw.) tax rate; rate of tax; ~**schraube** die in die ~**schraube anziehen/überdrehen** (ugs.) squeeze the taxpayer/squeeze the taxpayer too hard (coll.); ~**schuld** die (Steuerw.) tax[es] owing no indef. art.; (Verpflichtung) tax liability; ~**senkung** die (Steuerw.) tax cut; reduction in taxation; ~**system** das (Technik) s. Steuerung a; ~**tabelle** die (Steuerw.) ≈ tax table

Steuerung die; ~, ~**en** a) (System) controls pl.; **die automatische** ~ (Flugw.) the automatic pilot; the autopilot; b) o. Pl. s. **steuern 1 a, c, d:** steering; piloting; flying; control; regulation; steering; influencing; **die** ~ **übernehmen** (Flugw.) take over the controls; c) s. **Steuergerät b**

Steuer-: ~**verkürzung** die (Steuerw.) tax evasion; ~**vorteil** der (Steuerw.) tax advantage; ~**zahler** der (Steuerw.) ~, ~: taxpayer

Steven ['ʃteːvn] der; ~s, ~ (Vorder~) stem; (Achter~) stern-post

Steward ['stjuːɐt] der; ~s, ~s steward

Stewardeß ['stjuːɐdɛs] die; ~, **Stewardessen** stewardess

StGB Abk. Strafgesetzbuch

stibitzen [ʃtiˈbɪtsn̩] tr. V. (fam.) pinch (sl.); swipe (sl.)

stich [ʃtɪç] Imper. Sg. v. **stechen**

Stich der; ~[e]s, ~**e** a) (mit einer Waffe) stab; (fig.: böse Bemerkung) dig; gibe; b) (Dornen~, Nadel~) prick; (von Wespe, Biene, Skorpion usw.) sting; (Mücken~ usw.) bite; c) (~wunde) stab wound; d) (beim Nähen) stitch; e) (Schmerz) stabbing or shooting or sharp pain; **es gab mir einen ~ [ins Herz]** (fig.) I was cut to the quick; f) (Kartenspiel) trick; g) jmdn. im ~ **lassen** leave sb. in the lurch; **mein Gedächtnis hat mich im ~ gelassen** my memory has failed me; **etw. im ~ lassen** abandon sth.; ~ **halten** ⟨argument, alibi, etc.⟩ hold water; h) (Fechten) hit; i) (bild. Kunst) engraving; j) o. Pl. (Farbschimmer) tinge; **ein ~ ins Blaue** a tinge of blue; **sie hat einen ~ ins Ordinäre** (fig.) she is a touch vulgar; k) **einen [leichten] ~ haben** (ugs.) ⟨food, drink⟩ be off, have gone off; (salopp) ⟨person⟩ be nuts (sl.); be round the bend (coll.); l) (Kochk. landsch.) **ein ~ Butter** a knob of butter

Stichel der; ~s, ~: graver; burin

Stichelei die; ~, ~**en** (ugs. abwertend) a) (Bemerkung) dig; gibe; b) o. Pl. **hör auf mit deiner** ~: stop getting at me/him etc. (coll.)

sticheln itr. V. a) (Anspielungen machen) make snide remarks (coll.) (gegen about); b) (nähen) sew; (sticken) embroider

stich-, Stich-: ~**fest** s. **hiebfest;** ~**flamme** die tongue or jet of flame; ~|**halten** (österr.) s. **Stich g;** ~**haltig,** (österr.) ~**hältig** 1. Adj. sound, valid ⟨argument, reason⟩; valid ⟨assertion, reply⟩; conclusive ⟨evidence⟩; **dieses Argument ist nicht** ~**haltig** this argument doesn't hold water; **2.** adv. etw. ~**haltig begründen** back sth. with sound or valid reasons; ~**haltigkeit,** (österr.) ~**hältigkeit** die; ~ s. ~**haltig:** soundness, validity; conclusiveness; ~**kampf** der (Sport) play-off (um for)

Stichling ['ʃtɪçlɪŋ] der; ~s, ~**e** stickleback

Stich-: ~**probe** die [random sample]; (bei Kontrollen) spot check; ~**säge** die compass saw

stichst [ʃtɪçst] 2. Pers. Sg. Präsens v. **stechen**

Stich·straße die cul-de-sac

sticht [ʃtɪçt] 3. Pers. Sg. Präsens v. **stechen**

Stich-: ~**tag** der set date; (letzter Termin) deadline; ~**waffe** die stabbing weapon; ~**wahl** die final or deciding ballot; runoff; ~**wort** das a) Pl. ~**wörter** headword (in Registern) entry; b) Pl. ~**worte** (Theater) cue; c) Pl. ~**worte** ⟨Äußerung⟩ cue (**zu** for); d) Pl. ~**worte** (Gedächtnisstütze) keyword (Notiz) note; ~**wort·verzeichnis** das [subject] index; ~**wunde** die stab wound

Stick·arbeit die (Handarb.) piece of embroidery

sticken ['ʃtɪkn̩] 1. itr. V. do embroidery. 2. tr. V. embroider

¹**Sticker** der; ~s, ~: embroiderer

²**Sticker** ['stɪkɐ] der; ~s, ~ (Aufkleber) sticker

Stickerei die; ~, ~**en** (Handarb.) a) (Verzierung) embroidery no pl.; embroidered pattern; ~**en** embroidery sing.; b) (gestickte Arbeit) piece of embroidery

Stickerin die; ~, ~**nen** embroiderer; embroideress

Stick·garn das embroidery thread

stickig Adj. stuffy; stale ⟨air⟩

stick-, Stick-: ~**luft** die stale air; ~**muster** das (Handarb.) embroidery pattern; ~**rahmen** der embroidery frame; ~**stoff** der nitrogen; ~**stoff·haltig** Adj. nitrogenous; containing nitrogen postpos.; ~**stoff·oxid** das (Chem.) nitrogen oxide

stieben ['ʃtiːbn̩] unr. (auch regelm.) itr. V. (geh., veralt.) a) auch mit sein (auseinanderwirbeln) ⟨dust, snow⟩ be thrown up in a cloud; ⟨sparks⟩ fly; ⟨water⟩ spray; **sie rannten davon, daß es nur so stiebte** you couldn't see them for dust; b) **mit sein Schnee stiebt durch die Ritzen** snow blows through the cracks; c) **mit sein** (davoneilen) dash; **nach allen Seiten** ~: scatter in all directions

Stief·bruder ['ʃtiːf-] der stepbrother; (ugs.: Halbbruder) half-brother

Stiefel ['ʃtiːfl̩] der; ~s, ~ a) boot; **das sind zwei Paar** ~ (fig.) they are totally different things; **er kann einen [tüchtigen** od. **gehörigen]** ~ **vertragen** (ugs.) he can really put away the beer (coll.); b) **einen** ~ **zusammenreden/-schreiben** (ugs. abwertend) talk/write a lot of nonsense or a load of rubbish; **seinen** od. **den [alten]** ~ **weitermachen** (ugs.) carry on in the same old way

Stiefelette [ʃtiːfəˈlɛtə] die; ~, ~**n** ankleboot

Stiefel·knecht der bootjack

stiefeln itr. V.; mit sein (ugs.) stride

Stiefel·schaft der boot-leg; leg of a/the boot

stief-, Stief-: ~**eltern** Pl. step-parents; ~**geschwister** Pl. a) stepbrother[s] and [step]sister[s]; (ugs.: Halbgeschwister) half-brother[s] and -sister[s]; ~**kind** das stepchild; (fig.) poor relation (fig.); ~**kind des Glücks** (geh.) she's always having bad luck; ~**mutter** die stepmother; ~**mütterchen** das (Bot.) pansy; ~**mütterlich** 1. Adj. poor, shabby ⟨treatment⟩; 2. adv. ~**mütterlich behandeln** treat ⟨person⟩ poorly or shabbily; neglect ⟨pet, flowers, doll, problem⟩; ~**schwester** die stepsister; (ugs.: Halbschwester) half-sister; ~**sohn** der stepson; ~**tochter** die stepdaughter; ~**vater** der stepfather

stieg [ʃtiːk] 1. u. 3. Pers. Sg. Prät. v. **steigen**

¹**Stiege** die; ~, ~**n** a) (Holztreppe) staircase; [wooden] stairs pl.; b) (südd., österr.: Treppe) stairs pl.; steps pl.; c) (Kiste für Gemüse, Obst) [wooden] box; (größer) [wooden] crate

²**Stiege** die; ~, ~**n** (nordd. veralt.) score

Stiegen·haus das (südd., österr.) s. **Treppenhaus**

Stieglitz ['ʃtiːɡlɪts] der; ~**es, ~e** goldfinch

stiehl [ʃtiːl] Imp. Sg. v. **stehlen**

stiehlst 2. Pers. Sg. Präsens v. **stehlen**

stiehlt 3. Pers. Sg. Präsens v. **stehlen**

stiekum ['ʃtiːkʊm] Adv. (ugs.) secretly; on the quiet

Stiel [ʃtiːl] der; ~[e]s, ~**e** a) (Griff) handle; (Besen~) [broom-]stick; (für Süßigkeiten) stick; **ein Eis am** ~: an ice-lolly (Brit.); a Popsicle (Amer. P); b) (bei Gläsern) stem; c) (bei Blumen) stem; stalk; (an Obst, Obstblüten usw.) stalk

Stiel-: ~**auge** das stalked eye; **er machte** od. **bekam** ~**augen** (ugs. scherzh.) (erstaunt) his eyes nearly popped out of his head; he stared goggle-eyed; (begehrlich) his eyes stood out on stalks; ~**kamm** der tail comb; ~**stich** die (Handarb.) stem stitch

stier 1. Adj. vacant. 2. adv. vacantly

Stier [ʃtiːɐ̯] der; ~[e]s, ~**e** a) bull; **brüllen wie ein** ~: bellow like a bull; **den ~ bei den Hörnern fassen** od. **packen** take the bull by the horns; b) (Astrol.) Taurus; the Bull; **er/sie ist [ein]** ~: he/she is a Taurus or Taurean

stieren itr. V. stare [vacantly] (**auf** + Akk. at); **in die Luft** od. **vor sich hin** ~: stare [vacantly] into space

Stier-: ~**kampf** der bullfight; ~**kämpfer** der bullfighter; ~**nacken** der (fig.) bullneck

Stiesel ['ʃtiːzl̩] der; ~s, ~ (ugs. abwertend) boor; churl

stieß [ʃtiːs] 1. u. 3. Pers. Sg. Prät. v. **stoßen**

¹**Stift** [ʃtɪft] der; ~[e]s, ~**e** a) (aus Metall) pin; (aus Holz) peg; b) (Blei~, Bunt~, Zeichen~) pencil; (Mal~) crayon; (Schreib~) pen; c) (ugs.: Lehrling) apprentice

²**Stift** das; ~[e]s, ~**e** a) (christl. Kirche: Institution) foundation; b) (österr.: Kloster) monastery; c) (Schule) seminary; (für Mädchen) convent [school]; d) (Altenheim) home for elderly gentlewomen

stiften tr. V. a) found, establish ⟨monastery, hospital, prize, etc.⟩; endow ⟨prize, professorship, scholarship⟩; (als Spende) donate, give (**für** to); b) (herbeiführen) cause, create ⟨unrest, confusion, strife, etc.⟩; bring about ⟨peace, order, etc.⟩; arrange ⟨marriage⟩

stiften|gehen unr. itr. V.; mit sein (ugs.) disappear; hop it (sl.); do a bunk (sl.)

Stifter der; ~s, ~: founder; (Spender) donor

Stifter·figur die (bild. Kunst) likeness of the founder/donor

Stifts-: ~**hütte** die (jüd. Rel.) tabernacle; ~**kirche** die collegiate church

Stiftung die; ~, ~**en** a) (Rechtsspr.) foundation; endowment; b) (Anstalt) foundation; c) (Spende) donation (Gen. by); d) (o. Pl.) **das Spenden** donation (Gen., **von** of)

Stift·zahn der (Zahnmed.) post crown

Stigma ['stɪɡma] das; ~**s, Stigmen** od. ~**ta** (auch fig., kath. Kirche) stigma

1495

Stigmatisation [stɪgmatizaˈtsi̯oːn] die; ~, ~en stigmatization
stigmatisieren tr. V. stigmatize
Stigmen s. Stigma
Stil [ʃtiːl] der; ~[e]s, ~e a) style; **einen flüssigen ~ schreiben** write in a flowing style; **das ist schlechter politischer ~**: that is bad form politically; **in dem ~ ging es weiter** (ugs.) it went on in that vein; **im großen od. in großem ~**: on a grand scale; b) **alten/neuen ~s** according to the old or Julian calendar/new or Gregorian calendar
-stil der style of ...; **Schreib~**: style of writing
stil-, Stil-: **~bildend** Adj. that influences or shapes style postpos., not pred.; **~bildend wirken** influence or shape style; **~blüte** die howler (coll.); **~bruch** der inconsistency of style; **~ebene** die style level; **~echt** 1. Adj. period attrib. ⟨furniture⟩; 2. adv. true to style; **~element** das stylistic element
Stilett [ʃtiˈlɛt] das; ~s, ~e stiletto
Stil·gefühl das; o. Pl. sense of or feeling for style
stilisieren tr. V. stylize
Stilisierung die; ~, ~en stylization
Stilist der; ~en, ~en stylist
Stilistik die; ~, ~en a) o. Pl. (Lehre) stylistics sing., no art.; b) (Buch) book on stylistics
Stilistin die; ~, ~nen stylist
stilistisch 1. Adj. stylistic. 2. adv. stylistically
Stil·kunde die s. Stilistik a, b
still [ʃtɪl] 1. Adj. a) (ruhig, leise) quiet; (ganz ohne Geräusche) silent; still; quiet, peaceful ⟨valley, area, etc.⟩; **sei ~!** be quiet!; **im Saal wurde es ~**: the hall went quiet; **um ihn ist es ~ geworden** (fig.) you don't hear much about him any more; **in ~em Gedenken** in loving memory; b) (reglos) still; **~es [Mineral-/Tafel-]wasser** still [mineral/table] water; c) (ohne Aufregung, Hektik) quiet ⟨day, life⟩; quiet, calm ⟨manner⟩; **in einer ~en Stunde** in a quiet moment; d) (nicht gesprächig) quiet; **s. auch Wasser** b; e) (heimlich) silent ⟨reproach, grief, etc.⟩; f) (heimlich) secret; **im ~en** in secret; **~e Reserven** (Wirtsch.) secret or hidden reserves; (ugs.) [secret] savings; g) **der Stille Ozean** the Pacific [Ocean]. 2. adv. a) (ruhig, leise) quietly; (geräuschlos) silently; b) (zurückhaltend) quietly; c) (wortlos) in silence
Still-BH der nursing bra
Stille die; ~ a) (Ruhe) quiet; (Geräuschlosigkeit) silence; stillness; **in der ~ der Nacht** in the still of the night; **tiefe ~**: deep silence; **gefräßige ~** (scherzh.) silence of people too busy eating to talk; b) (Regungslosigkeit) (des Meeres) calm[ness]; (der Luft) stillness; c) **in aller ~ heiraten** have a quiet wedding; **die Beerdigung fand in aller ~ statt** it was a quiet funeral
Stilleben das (bild. Kunst) still life
stillegen tr. V. close or shut down; close ⟨railway line⟩; lay up ⟨ship, vehicle, fleet⟩; **eine stillgelegte Bahn** a disused railway
Stillegung die; ~, ~en closure; shut-down; (von Schiff, Fahrzeug, Flotte) laying up; (einer Eisenbahnstrecke) closure
stillen 1. tr. V. a) **ein Kind ~**: breast-feed a baby; **ich muß das Baby jetzt ~**: I must feed the baby or give the baby a feed now; b) (befriedigen) satisfy ⟨hunger, desire, curiosity⟩; quench ⟨thirst⟩; still (literary) ⟨hunger, thirst, desire⟩; c) (eindämmen) stop ⟨bleeding, tears, pain⟩; stanch ⟨blood⟩. 2. itr. V. breast-feed; **~de Mütter** nursing mothers
Still·halte·abkommen das (Polit., Finanzw.) moratorium; standstill agreement
still|halten unr. tr. V. a) (sich nicht bewegen) keep or stay still; b) (nicht reagieren) keep quiet
still-, Still-: **~leben** das s. Stilleben; **~legen** s. stillegen; **~legung** s. Stillegung

stil·los 1. Adj. a) (ohne Stil) lacking or without any definite or recognizable style postpos.; b) (gegen den Stil) in bad or poor style postpos.; lacking in style postpos.; styleless; **Wein aus Biergläsern zu trinken ist ~**: drinking wine out of beer glasses shows a lack of style. 2. adv. a) (ohne Stil) without any definite or recognizable style; b) (gegen den Stil) in bad or poor style; stylelessly
Stillosigkeit die; ~, ~en a) o. Pl. lack of any definite or recognizable style; b) o. Pl. s. stillos b: bad or poor style; lack of style; stylelessness; c) (stilloses Verhalten) [piece of] styleless behaviour
still-, Still-: **~schweigen** das a) (Schweigen) silence; **mit ~schweigen in silence**; b) (Diskretion) **~schweigen bewahren** maintain silence; keep silent; **~schweigend** 1. Adj.; nicht präd. a) (wortlos) silent; b) (ohne Abmachung) tacit ⟨assumption, agreement⟩. 2. adv. a) (wortlos) in silence; b) (ohne Abmachung) tacitly; **das Projekt wurde ~schweigend eingestellt** the project was quietly shelved; **~|sitzen** unr. itr. V. sit still; **~stand** der; o. Pl. standstill; **den Motor/die Entzündung/den Zug/den Verkehr zum ~stand bringen** stop the engine/inflammation/train/bring the traffic to a standstill; **die Blutung ist zum ~stand gekommen** the bleeding has stopped; **~|stehen** unr. itr. V. a) ⟨factory, machine⟩ be or stand idle; ⟨traffic⟩ be at a standstill; ⟨heart etc.⟩ stop; **ihr Mundwerk steht nie ~** (ugs.) she never stops talking; **die Zeit schien ~zustehen** time seemed to stand still; b) (Milit.) stand at or to attention; **~gestanden!** attention!
Stillung die; ~ s. stillen 1 b, c: satisfying; quenching, stilling (literary); stopping; stanching; relieving
still·vergnügt 1. Adj. inwardly contented. 2. adv. ⟨listen, smile, etc.⟩ with inner contentment
Still·zeit die lactation period
stil-, Stil-: **~mittel** das stylistic device; **~möbel** Pl. period furniture sing.; **~richtung** die style; **~voll** 1. Adj. stylish; 2. adv. stylishly
stimm-, Stimm-: **~ab·gabe** die voting no art.; **zur ~abgabe erscheinen** come to vote or to cast one's vote; **~band** das; meist Pl. vocal cord; **~berechtigt** Adj. entitled to vote postpos.; **~bruch** der: **er ist im ~bruch** his voice is breaking; **~bürger** der (schweiz.) voter; elector
Stimmchen das; ~s, ~: little or small voice
Stimme [ˈʃtɪmə] die; ~, ~n a) voice; **die ~ des Blutes** (fig.) the call of the blood; **der ~ der Vernunft folgen** (fig. geh.) listen to the voice of reason; **der ~ des Herzens/Gewissens folgen** (fig. geh.) follow [the dictates of] one's heart/conscience; **mit stockender ~** in a faltering voice; **mit halber ~ singen** sing at half-power; **gut/nicht bei ~ sein** be in good/bad voice; b) (Meinung) voice; **die in der Presse waren kritisch** press opinion was critical; c) (bei Wahlen, auch Stimmrecht) vote
stimmen 1. itr. V. a) (zutreffen) be right or correct; **stimmt es, daß ...?** is it true that ...?; **das kann unmöglich ~**: that can't possibly be right; **stimmt's, oder hab' ich recht?** (ugs. scherzh.) am I not right?; b) (in Ordnung sein) ⟨bill, invoice, etc.⟩ be right or correct; **stimmt so** that's all right; keep the change; **hier stimmt etwas nicht** there's something wrong here; **bei ihm stimmt es od. etwas nicht** (salopp) there must be something wrong with him; c) (seine Stimme geben) vote; **mit Ja ~**: vote yes or in favour. 2. tr. V. a) (in eine Stimmung versetzen) make; **das stimmt mich traurig** that makes me [feel] sad; **sentimental gestimmt sein** be feeling sentimental; b) (Musik) tune ⟨instrument⟩;

eine Gitarre höher/tiefer ~: raise/lower the pitch of a guitar
Stimmen-: **~fang** der; o. Pl. vote-catching no art.; **er ist auf ~fang** he is out to catch votes; **~gewinn** der gain in votes; **~gewirr** das babble of voices; **~gleichheit** die tied vote; tie; **bei ~gleichheit** in the event of a tied vote or a tie; **~kauf** der vote-buying no art.; buying votes no art.; **~mehrheit** die majority [of votes]
Stimm·enthaltung die abstention; **~ üben** abstain; **bei vier ~en angenommen** accepted with four abstentions
Stimmen·verlust der loss of votes; **~e erleiden** lose votes
Stimm·gabel die (Musik) tuning-fork
stimm·gewaltig 1. Adj. ⟨singer etc.⟩ with a strong or powerful voice; strong, powerful ⟨bass, contralto, etc.⟩. 2. adv. ⟨sing, speak⟩ with or in a strong or powerful voice
stimmhaft (Sprachw.) 1. Adj. voiced. 2. adv. **~ gesprochen werden** be voiced
stimmig Adj. harmonious; **die Argumentation ist [in sich (Dat.)] ~**: the argument is consistent
Stimm·lage die a) voice; b) (Musik) voice; register
stimmlich 1. Adj. vocal. 2. adv. vocally
stimm-, Stimm-: **~los** (Sprachw.) 1. Adj. voiceless; unvoiced. 2. adv. **~los ausgesprochen werden** not be voiced; **~recht** das right to vote; **~um·fang** der vocal range
Stimmung die; ~, ~en a) mood; **er ist in gereizter ~**: he is in a very touchy mood; **in ~ sein** be in a good mood; **in ~ kommen** get in the mood; liven up; **jmdn. in ~ bringen** liven sb. up; **jmdm. die ~ verderben** spoil sb.'s [good] mood; **nicht in der [rechten] ~ sein, etw. zu tun** not be in the [right] mood to do sth.; **~en unterworfen sein** be moody; **für gute ~ sorgen** ensure a good atmosphere; b) (Atmosphäre) atmosphere; c) (öffentliche Meinung) opinion; **für/gegen jmdn./etw. machen** stir up [public] opinion in favour of/against sb./sth.; d) (Musik) pitch
stimmungs-, Stimmungs-: **~barometer** das in **das ~barometer steht auf Null** (ugs.) the mood is bleak; **~bild** das: **ein ~bild von dem Ball geben** report on the atmosphere at the ball; **~kanone** die (ugs. scherzh.) entertainer who is always the life and soul of the party; **~um·schwung** der change of mood; **~voll** 1. Adj. atmospheric; 2. adv. ⟨describe, light⟩ atmospherically; ⟨sing, recite⟩ with great feeling
Stimm-: **~vieh** das (abwertend) **für ihn sind die Wähler doch nur ~vieh** he sees voters as nothing more than a means of getting to power; **~zettel** der ballot-paper
Stimulans [ˈstiːmulans] das; ~, Stimulanzien (stimuˈlantsi̯a) (auch fig.) stimulant
Stimuli s. Stimulus
stimulieren tr. V. stimulate
Stimulus [ˈstiːmuləs] der; ~, Stimuli (Psych., fig.) stimulus (für to)
stink-, Stink- (salopp) stinking (sl.) ⟨drunk, mood⟩; terribly (coll.) ⟨bourgeois, posh⟩
Stink·bombe die stink-bomb
stinken [ˈʃtɪŋkŋ̍] unr. V. a) (abwertend) stink; pong (coll.); **nach etw. ~**: stink or reek of sth.; **es stinkt nach Chemikalien/faulen Eiern** there's a stink or reek or stench of chemicals/bad eggs; **nach Geld ~** (fig. ugs.) be stinking rich (sl.); **vor Faulheit/Selbstgerechtigkeit ~** (fig. ugs.) be bone idle (coll.)/appallingly self-righteous. b) (ugs.: Schlechtes vermuten lassen) **die Sache/es stinkt** it smells; it's fishy (coll.); (salopp: mißfallen) **die Hausarbeit stinkt mir** I'm fed up to the back teeth with housework (sl.); **mir stinkt's** I'm fed up to the back teeth (sl.)
stink·faul Adj. (salopp abwertend) bone idle (coll.).

stinkig *Adj. (salopp abwertend)* **a)** *(stinkend)* stinking; smelly; **b)** *(widerwärtig)* vile *(coll.)*, stinking *(sl.)* *(mood)*; **du bist heute so ~** *(fig.)* you're in such a vile *or* stinking mood today

stink-, Stink-: ~langweilig *(ugs.)* **1.** *Adj.* deadly boring; **2.** *adv.* in a deadly boring way; **~morchel** *die (Bot.)* stink-horn; **~normal** *(salopp)* **1.** *Adj.* dead *(coll.)* or boringly ordinary; **2.** *adv.* in a dead ordinary way *(coll.)*; **~reich** *Adj. (salopp)* stinking rich *(sl.)*; **~tier** *das* skunk; **~vornehm** *Adj. (salopp)* terribly posh *(coll.)*; **~wut** *die (salopp)* towering rage; **eine ~wut [auf jmdn.] haben** be livid *(Brit. coll.)* or furious [with sb.]

Stint [ʃtɪnt] *der;* ~[e]s, ~ **a)** *(Fisch)* smelt; **b)** *(nordd.: Junge)* boy; lad

Stipendiat [ʃtipɛnˈdi̯aːt] *der;* ~en, ~en person receiving a scholarship/grant

Stipendium [ʃtiˈpɛndi̯ʊm] *das;* ~s, Stipendien *(als Auszeichnung)* scholarship; *(als finanzielle Unterstützung)* grant

Stippe *die;* ~, ~n *(bes. nordd.)* [thick] gravy

stippen [ˈʃtɪpn̩] *tr. V. (bes. nordd.)* dunk

Stipp·visite *die (ugs.)* flying visit

stipulieren [ʃtipuˈliːrən] *tr. V.* establish; lay down; *(als Bedingung)* stipulate

stirb [ʃtɪrp] *Imp. Sg. v.* sterben

stirbst *2. Pers. Sg. Präsens v.* sterben

stirbt *3. Pers. Sg. Präsens v.* sterben

Stirn [ʃtɪrn] *die;* ~, ~en forehead; brow; **sich** *(Dat.)* **die Haare aus der ~ kämmen** comb one's hair from one's forehead; **jmdm./einer Sache die ~ bieten** *(fig.)* stand or face up to sb./sth.; **die ~ haben, etw. zu tun** *(fig.)* have the nerve or gall to do sth.; **jmdm. an od. auf der ~ geschrieben stehen** *(geh.)* be written in or all over sb.'s face

Stirn-: ~band *das; Pl.* ~bänder headband; **~bein** *das (Anat.)* frontal bone

Stirne *die;* ~, ~n *s.* Stirn

Stirn-: ~falte *die* wrinkle [on one's forehead]; **~höhle** *die (Anat.)* frontal sinus; **~höhlen·vereiterung** *die* suppurative or purulent frontal sinusitis; **~locke** *die* quiff *(Brit.)*; cow-lick; **~rad** *das (Technik)* spur wheel; spur gear; **~runzeln** *das;* ~s frown; **mit ~runzeln** with a frown; **~seite** *die* front [side]

stob [ʃtoːp] *1. u. 3. Pers. Sg. Prät. v.* stieben

stöbern [ˈʃtøːbɐn] *itr. V. (ugs.)* rummage

stochern [ˈʃtɔxɐn] *itr. V.* poke; **sich** *(Dat.)* **in den Zähnen ~:** pick one's teeth; **mit dem Feuerhaken im Feuer ~:** poke the fire; **im Essen ~:** pick at one's food

¹**Stock** [ʃtɔk] *der;* ~[e]s, Stöcke [ˈʃtœkə] **a)** *(Ast, Spazier~)* stick; *(Dirigenten~)* stick; *(Takt~)* baton; **steif wie ein ~:** as stiff as a poker; **den ~ gebrauchen/zu spüren bekommen** use/get the stick or cane; **am ~ gehen** walk with a stick; *(ugs.: erschöpft sein)* be whacked *(Brit. coll.)* or dead-beat; *(ugs.: finanzielle Schwierigkeiten haben)* be [completely] broke *(coll.)*; **b)** *(Ski~)* pole; stick; **c)** *(Pflanze)* *(Rosen~)* [rose-]bush; *(Reb~)* vine; **d)** *(Eishockey, Hockey, Rollhockey)* stick; **e)** *(veralt.: Baumstumpf)* stump [and roots]; **über ~ und Stein** over hedge and ditch

²**Stock** *der;* ~[e]s, ~ *(Etage)* floor; storey; **das Haus hat vier ~:** the house is four storeys high; **in welchem ~?** on which floor?; **im fünften ~:** on the fifth *(Brit.)* or *(Amer.)* sixth floor

stock-: ~besoffen *Adj. (derb)* pissed as a newt/as newts *pred. (coarse)*; blind drunk; **~blind** *Adj. (ugs.)* as blind as a bat *pred. (coll.)*; totally blind

Stöckchen [ˈʃtœkçən] *das;* ~s, ~: little stick

stock·dunkel *Adj. (ugs.)* pitch-dark

Stöckel·absatz *der* high *or* stiletto heel

stöckeln [ˈʃtœkl̩n] *itr. V.; mit sein (ugs.)* totter [on high heels]

Stöckel·schuh *der* high- *or* stiletto-heeled shoe; **~e** high heels; high- *or* stiletto-heeled shoes

stocken *itr. V.* **a)** *(aussetzen, stillstehen)* **ihm stockte das Herz/der Puls** his heart/pulse missed *or* skipped a beat; **ihm stockte der Atem** he caught his breath; **das Blut stockte ihm in den Adern** *(fig.)* the blood froze in his veins; **b)** *(unterbrochen sein)* ⟨*traffic*⟩ be held up, come to a halt; ⟨*conversation, production*⟩ stop; ⟨*business*⟩ slacken or drop off; ⟨*journey*⟩ be interrupted; **die Antwort kam ~d** he/she gave a hesitant reply; **ins Stocken geraten** ⟨*traffic*⟩ be held up, come to a halt; ⟨*conversation, production*⟩ stop; ⟨*talks, negotiations, etc.*⟩ grind to a halt; **c)** *(innehalten)* falter; **er sprach ein wenig ~d** he faltered a little; **d)** *auch mit sein (bes. südd., österr., schweiz.: gerinnen)* ⟨*milk*⟩ curdle

stock-, Stock-: ~ente *die* mallard; **~finster** *Adj. (ugs.)* pitch-dark; **~fisch** *der* **a)** stockfish; **b)** *(ugs. abwertend: Mensch)* boring *or* dull old stick; **~fleck** *der* mildew *or* mould spot; **~fleckig** *Adj.* mildewed; mouldy

stockig *Adj.* **a)** *(muffig)* musty ⟨*clothes, smell, etc.*⟩; **b)** *(stockfleckig)* mildewed; mouldy

-stöckig [ˈʃtœkɪç] *-storey attr.; -storeyed*

stock-, Stock-: ~konservativ *Adj. (ugs.)* arch-conservative; **~nüchtern** *Adj. (ugs.)* stone-cold sober; **~sauer** *Adj.: nicht attr. (salopp)* pissed off *(Brit. sl.)* **(auf + Akk.** with); **~schirm** *der* walking-length umbrella; **~schnupfen** *der* heavy cold; **~steif** *(ugs.)* **1.** *Adj.* extremely stiff ⟨*gait*⟩; **2.** *adv.* extremely stiffly; as stiff as a poker; **~taub** *Adj. (ugs.)* stone-deaf; as deaf as a post

Stockung *die;* ~, ~en **a)** *(Unterbrechung)* hold-up **(+ *Gen.* in**); **b)** *(des Pulses, der Atmung)* stoppage

Stockwerk *das* floor; storey; **im dritten ~:** on the third *(Brit.)* or *(Amer.)* fourth floor; **ein Haus mit fünf ~en** a five-storey[ed] house

Stoff [ʃtɔf] *der;* ~[e]s, ~e **a)** *(für Textilien)* material; fabric; **b)** *(Materie)* substance; **c)** *o. Pl. (Philos.)* matter; **d)** *(Thema)* subject[-matter]; **~ für einen Roman sammeln** collect material for a novel; **einen ~ in der Schule durchnehmen** do a subject at school; **e)** *(Gesprächsthema)* topic; **viel ~ zum Nachdenken** much food for thought; **f)** *o. Pl. (salopp: Alkohol)* booze *(coll.)*; **g)** *o. Pl. (salopp: Rauschgift)* stuff *(sl.)*; dope *(sl.)*

Stoff·druck *der; o. Pl.* textile printing

Stoffel [ˈʃtɔfl̩] *der;* ~s, ~ *(ugs. abwertend)* boor; churl

stoffelig *Adj. (ugs. abwertend)* boorish; churlish

stofflich *Adj. nicht präd.* **a)** *(materiell)* material; **b)** *(thematisch)* thematic ⟨*effect etc.*⟩; **die ~e Fülle des Buches** the richness or breadth of the book's subject-matter

Stofflichkeit *die;* ~: materiality

Stoff-: ~muster *das* **a)** *(Zeichnung)* pattern; **b)** *(kleines Stück)* swatch; sample of material; **~puppe** *die* rag doll; **~rest** *der* remnant; **~wechsel** *der; o. Pl.* metabolism; **~wechsel·krankheit** *die* metabolic disease; **~wechsel·produkt** *das* product of metabolism

stöhnen [ˈʃtøːnən] *itr. V.* moan; *(vor Schmerz)* groan

Stoiker [ˈʃtoːikɐ] *der;* ~s, ~ *(Philos.)* Stoic; *(fig.)* stoic

stoisch 1. *Adj. (Philos.)* Stoic; *(fig.)* stoic. **2.** *adv.* stoically

Stoizismus *der;* ~ *(Philos.)* Stoicism *no art.;* *(fig.)* stoicism

Stola [ˈʃtoːla] *die;* ~, Stolen **a)** shawl; *(Pelz~)* stole; **b)** *(bes. kath. Kirche)* stole

Stolle *die;* ~, ~n *(bes. nordd.)* stollen

Stollen [ˈʃtɔlən] *der;* ~s, ~ **a)** *(Kuchen)* stollen; **b)** *(unterirdischer Gang)* gallery; tunnel; **c)** *(Bergbau)* gallery; **d)** *(bei Sportschuhen)* stud; **e)** *(beim Hufeisen)* calk; **f)** *(Verslehre)* stollen *(in Meistergesang)*

stolpern [ˈʃtɔlpɐn] *itr. V.; mit sein* **a)** stumble; trip; **ins Stolpern kommen** stumble; trip; *(fig.)* lose one's thread; **über jmdn. ~** *(fig. ugs.)* bump or run into sb.; **ich bin über dieses Wort/diesen Satz gestolpert** *(fig.)* I was puzzled by that word/sentence; **b)** *(fig.: straucheln)* come to grief, *(coll.)* come unstuck **(über + *Akk.* over)**

Stolper·stein *der* stumbling-block; **jmdm. ~e in den Weg legen** put obstacles in sb.'s way

stolz [ʃtɔlts] **1.** *Adj.* **a)** proud **(auf + *Akk.* of)**; **b)** *(überheblich)* proud[-hearted]; **warum so ~?** don't you know me any more?; **c)** *(imposant)* proud ⟨*building, castle, ship, etc.*⟩; **d)** *(ugs.: beträchtlich)* steep *(coll.)*, hefty *(coll.)* ⟨*price*⟩; tidy *(coll.)* ⟨*sum*⟩; **~ wie ein Spanier** as proud as can be; **~ wie ein Pfau** as proud as a peacock. **2.** *adv.* proudly

Stolz *der;* ~es *a* pride; **sie setzte ihren ganzen ~ daran** she made it a point of pride; **b)** *(Freude über etw.)* pride **(auf + *Akk.* in)**; **die Rosen sind sein ganzer ~:** his roses are his pride and joy

stolzgeschwellt [-gəʃvɛlt] *Adj.* **mit ~er Brust** his/her breast swelling with pride

stolzieren *itr. V.; mit sein* strut

stop [ʃtɔp] *Interj.* stop; *(Verkehrsw.)* halt

Stop *der;* ~s, ~s *s.* Stoppball

Stopf·ei *das* darning-egg

stopfen [ˈʃtɔpfn̩] **1.** *tr. V.* **a)** darn ⟨*socks, coat, etc., hole*⟩; **b)** *(hineintun)* stuff; **jmdm./sich etwas in den Mund ~:** stuff sth. into sb.'s/one's mouth; **die ganze Familie ins Auto ~** *(ugs.)* cram the whole family into the car; **c)** *(füllen)* stuff ⟨*cushion, quilt, etc.*⟩; fill ⟨*pipe*⟩; **der Saal war gestopft voll** *(fig. südd.)* the hall was cram-full; **d)** *(ausfüllen, verschließen)* plug, stop [up] ⟨*hole, leak*⟩; **jmdm. das Maul ~** *(salopp)* shut sb. up; **er hat fünf hungrige Mäuler zu ~** *(fig. ugs.)* he has five hungry mouths to feed; **e)** *(mästen)* stuff, cram ⟨*poultry*⟩. **2.** *itr. V.* **a)** *(den Stuhlgang hemmen)* cause constipation; **b)** *(ugs.: sehr sättigen)* be very filling

Stopfen *der;* ~s, ~ *(bes. westmd.)* stopper; *(Korken)* cork

Stopf-: ~garn *das* darning-cotton *or* -thread; **~nadel** *die* darning-needle

Stopp *der;* ~s, ~s **a)** *(das Anhalten)* stop; **ohne ~:** without stopping; **die Fahrer mußten zum ~ an die Boxen** the drivers had to make a pit-stop; **b)** *(Einstellung)* freeze *(Gen.* on)

Stopp·ball *der (Badminton, [Tisch]tennis)* drop-shot

¹**Stoppel** [ˈʃtɔpl̩] *die;* ~, ~n; *meist Pl. (auch Bart~)* stubble *no pl.*

²**Stoppel** *der;* ~s, ~[n] *(österr.)* stopper; *(Korken)* cork

Stoppel-: ~bart *der (ugs.)* stubble; **~feld** *das* stubble-field

stoppelig *Adj.* stubbly

stoppen 1. *tr. V.* **a)** stop; **den Ball ~** *(Fußball)* trap or stop the ball; **er war nicht mehr zu ~** *(fig.)* there was no stopping him; **b)** *(time)* ⟨*athlete, run*⟩; **ich habe 11 Sekunden/103 km/h gestoppt** I made the time 11 seconds/the speed 103 k.p.h. **2.** *itr. V.* stop; **der Angriff stoppte** *(fig.)* the attack got no further or fizzled out

Stopper *der;* ~s, ~ *(Fußball)* centre-half;

Stopp·licht *das; Pl.* ~er stop-light

stopplig *Adj. s.* stoppelig

Stopp-: ~schild *das* stop sign; **~signal** *das* stop signal; signal to stop; **~straße** *die* side-road; road with a stop sign/stop signs; **~uhr** *die* stop-watch

Stöpsel [ˈʃtœpsl̩] *der;* ~s, **a)** plug; *(einer*

1497

stöpseln | **Strafgesetzbuch**

Karaffe usw.) stopper; **b)** *(Elektrot.)* [jack-]plug
stöpseln *(Fernspr.)* **1.** *tr. V.* jmdn. eine Verbindung ~: put sb. through (nach to). **2.** *itr. V.* operate the plugs
Stör [ʃtøːɐ̯] der; ~s, ~e sturgeon
stör·an·fällig *Adj.* susceptible to faults *postpos.;* liable to break down *postpos.; (fig.)* liable to break down *postpos.*
Storch [ʃtɔrç] der; ~[e]s, Störche ['ʃtœrçə] stork; **wie ein ~ im Salat gehen** walk clumsily and stiff-leggedly; **da brat' mir einer einen ~** *(ugs.)* well, I'll be damned *(coll.)*
Storchen·nest das stork's nest
Storch·schnabel der **a)** *(Pflanze)* crane's-bill; **b)** *(Zeichenhilfe)* pantograph
Store [ʃtoːɐ̯] der; ~s, ~s net curtain
stören 1. *tr. V.* **a)** *(behindern)* disturb; disrupt ⟨court proceedings, lecture, church service, etc.⟩; **bitte lassen Sie sich nicht ~:** please don't let me disturb you; **jmdn. in seiner Ordnung ~:** upset sb.'s routine; **b)** *(stark beeinträchtigen)* disturb ⟨relation, security, law and order, peaceful atmosphere, etc.⟩; interfere with ⟨transmitter, reception⟩; *(absichtlich)* jam ⟨transmitter⟩; **ein gutes Verhältnis ~:** spoil a good relationship; **hier ist der Empfang oft gestört** there is often interference [with reception] here; **c)** *(mißfallen)* bother; **das stört mich nicht** I don't mind; that doesn't bother me; **das stört mich an ihr** that's what I don't like about her; **stört es Sie, wenn ich das Fenster aufmache?** do you mind or will it bother you if I open the window? **2.** *itr. V.* **a) darf ich reinkommen, oder störe ich?** may I come in, or am I disturbing you?; **entschuldigen Sie bitte, daß** *od.* **wenn ich störe** I'm sorry to bother you; **bitte nicht ~!** [please] do not disturb; **wenn ich störe, müßt ihr es mir sagen!** if I'm in the way, you must tell me; **sein Verhalten/seine Anwesenheit empfinde ich als ~d** I find his behaviour/presence irritating or annoying; **der Lärm machte sich sehr störend bemerkbar** the noise was very intrusive; **b)** *(als Mangel empfunden werden)* spoil the effect; **c)** *(Unruhe stiften)* make or cause trouble. **3.** *refl. V.* **sich an jmdm./etw. ~:** take exception to sb./sth.
Störenfried ['ʃtøːrənfriːt] der; ~[e]s, ~e *(abwertend)* trouble-maker
Störer der; ~s, ~: trouble-maker
Stör-: **~faktor** der disruptive factor or influence; **~fall** der *(Technik)* fault
stornieren *tr. V.* **a)** *(Finanzw., Kaufmannsspr.)* reverse ⟨wrong entry⟩; **b)** *(Kaufmannsspr.)* cancel ⟨order, contract⟩
Storno [ʃtɔrno] der *od.* das; ~s, Storni *(Finanzw., Kaufmannsspr.)* reversal
störrisch ['ʃtœrɪʃ] **1.** *Adj.* stubborn; obstinate; refractory ⟨child, horse⟩; unmanageable ⟨hair⟩; **~ wie ein Esel** as stubborn as a mule. **2.** *adv.* stubbornly; obstinately
Stör·sender der jammer
Störung die; ~, ~en **a)** disturbance; *(einer Gerichtsverhandlung, Vorlesung, eines Gottesdienstes)* disruption; **bitte entschuldigen Sie die ~, aber ...:** I'm sorry to bother you, but ...; **b)** *(Beeinträchtigung)* disturbance; disruption; **eine technische ~:** a technical fault; **eine nervöse ~:** a nervous disorder; **atmosphärische ~** *(Met.)* atmospheric disturbance; *(Rundf.)* atmospherics *pl.*
Story ['stɔri] die; ~, ~s *od.* **Stories** story
Stoß [ʃtoːs] der; ~es, **Stöße** ['ʃtøːsə] **a)** *(mit der Faust)* punch; *(mit dem Fuß)* kick; *(mit dem Kopf, den Hörnern)* butt; *(mit dem Ellbogen)* **jmdm. einen kleinen ~ mit dem Ellenbogen geben** nudge sb.; give sb. a nudge; **die Fahrgäste spürten einen leichten ~:** the passengers felt a slight bump; **einen ~ versetzen** *(fig.)* give sb. a jolt; **b)** *(mit einer Waffe) (Stich)* thrust; *(Schlag)* blow; *(beim Schwimmen, Rudern)* stroke; *(Stapel)* pile; stack; **e)** *(beim Kugelstoßen)*

put; throw; **f)** *(stoßartige Bewegung)* thrust; *(Atem~)* gasp; **g)** *(Erd~)* tremor; **h)** *(Technik)* joint; **i)** *(Jägerspr.)* tail [feathers]
Stoß-: **~band** das; *Pl.* **~bänder** edging tape; **~dämpfer** der *(Kfz-W.)* shock absorber
Stößel ['ʃtøːsl̩] der; ~s, ~: pestle
stoß·empfindlich *Adj.* sensitive to shock *postpos.;* **meine Uhr ist nicht ~:** my watch is shock-proof
stoßen 1. *unr. tr. V.* **a)** *auch itr.* *(mit der Faust)* punch; *(mit dem Fuß)* kick; *(mit dem Kopf, den Hörnern)* butt; *(mit dem Ellbogen)* **jmdm.** *od.* **jmdm. in die Seite ~:** dig sb. in the ribs; *(leicht)* nudge sb. in the ribs; **b)** *(hineintreiben)* plunge, thrust ⟨dagger, knife⟩; push ⟨stick, pole⟩; **jmdm. ein Messer in die Rippen ~:** plunge or thrust a knife into sb.'s ribs; **c)** *(stoßend hervorbringen)* knock, bang ⟨hole⟩; **d)** *(schleudern)* push; **den Ball mit dem Kopf ~:** head the ball; **die Kugel ~:** *(beim Kugelstoßen)* put the shot; *(beim Billard)* strike the ball; **jmdn. von der Leiter/aus dem Zug ~:** push sb. off the ladder/out of the train; **man muß ihn immer erst darauf ~** *(fig.)* he always has to have things pointed out to him; **e)** *(zer~)* pound ⟨sugar, cinnamon, pepper⟩; **f)** *(ugs.: hinweisen)* **jmdn. etw. ~:** hammer sth. home to sb.; hammer sth. into sb.'s head. **2.** *unr. itr. V.* **a)** *mit sein (auftreffen)* bump **(gegen** into); **mit dem Kopf gegen etw. ~:** bump one's head on sth.; **b)** *mit sein (begegnen)* **auf jmdn. ~:** bump or run into sb.; **c)** *mit sein (entdecken)* **auf etw.** *(Akk.)* **~:** come upon or across sth.; **auf Erdöl ~:** strike oil; **auf Ablehnung ~** *(fig.)* meet with disapproval; **d)** *mit sein* **zu jmdm. ~:** *(jmdn. treffen)* meet up with sb.; *(sich jmdm. anschließen)* join sb.; **e)** *mit sein (angrenzen)* **an etw.** *(Akk.)* **~:** ⟨path, road⟩ lead [in]to sth.; **f)** *(grenzen)* **an etw.** *(Akk.)* **~** ⟨room, property, etc.⟩ be [right] next to sth.; **g)** *mit sein (Jägerspr.)* **auf etw.** *(Akk.)* **~** ⟨bird⟩ swoop down on sth.; **h)** *(veralt.: blasen)* **in die Trompete/ins Horn usw. ~:** blow or sound the trumpet/horn etc. **3.** *unr. refl. V.* bump or knock oneself; **ich habe mich am Kopf gestoßen** I bumped or banged my head; **sich** *(Dat.)* **den Kopf blutig ~:** bang one's head and cut it; **sich an etw.** *(Dat.)* **~** *(fig.)* object to or take exception to sth.
stoß-, Stoß-: **~fest** *Adj.* shock-proof ⟨watch, container, etc.⟩; hard-wearing ⟨fabric, wallpaper, etc.⟩; **~gebet** das quick prayer; **~kraft** die **a)** force of the impact; **b)** *o. Pl. (vorwärtsdrängende Kraft)* force and momentum; *(Milit.)* strike power; *(Sport)* striking power; **~seufzer** der heartfelt groan; **~stange** die bumper
stößt [ʃtøːst] *3. Pers. Sg. Präsens v.* **stoßen**
stoß-, Stoß-: **~trupp** der *(Milit.)* unit of shock troops; **~verkehr** der; *o. Pl.* rush-hour traffic; **~waffe** die thrust weapon; **~weise** *Adv.* **a)** *(ruckartig)* spasmodically ⟨breathe⟩ spasmodically, jerkily; **b)** *(in Stapeln)* by the pile; in piles; **~zahn** der the tusk
Stotterer der; ~s, ~: stutterer; stammerer
stottern ['ʃtɔtɐn] **1.** *itr. V.* stutter; stammer; **sie stottert stark** she has a strong or bad stutter or stammer; **ins Stottern kommen** *od.* **geraten** start stuttering or stammering; **der Motor stottert** *(fig.)* the engine is spluttering. **2.** *tr. V.* stutter [out]; stammer [out]
Stövchen ['ʃtøːfçən] das; ~s, ~: [teapot etc.] warmer
StPO *Abk.* **Strafprozeßordnung**
Str. *Abk.* **Straße St./Rd.**
StR. *Abk.* **Studienrat**
stracks [ʃtraks] *Adv.* **a)** *(direkt)* straight; **b)** *(sofort)* straight away
Stradivari [stradiˈvaːri] die; ~, ~[s] Stradivarius
straf-, Straf-: **~an·drohung** die threat of punishment; **~anstalt** die penal institu-

tion; prison; **~antrag** der **a)** *(des Klägers)* action; legal proceedings *pl.;* **~antrag stellen** bring an action; institute legal proceedings; **b)** *(des Staatsanwalts)* petition for a penalty or sentence; **~anzeige** die reporting of an offence; [eine] **~anzeige erstatten** report an offence; **~arbeit** die imposition *(Brit.);* **~auf·schub** der *(Rechtsw.)* [bedingter] **~** aufschub [conditional] deferral of sentence; **~aussetzung** die suspension of sentence; **~bank die;** *Pl.* **~bänke** *(Eishockey, Handball)* penalty bench; **~bar** *Adj.* punishable; **das ist ~bar** that is a punishable offence; **sich ~bar machen** make oneself liable to prosecution
Strafe ['ʃtraːfə] die; ~, ~n punishment; *(Rechtsspr.)* penalty; *(Freiheits~)* sentence; *(Geld~)* fine; **auf dieses Delikt steht eine hohe ~:** this offence carries a heavy penalty; **sie empfand die Arbeit als ~:** she found the work a real drag or *(coll.)* bind; **das ist bei ~ verboten/steht unter ~:** it is a punishable offence; **etw. unter ~ stellen** make sth. punishable; **die ~ folgt auf dem Fuße** punishment is swift to follow; **~ muß sein!** discipline is necessary; **you'll/he'll** *etc.* have to be punished; **das ist die ~** [da·für] that's what you get; **das ist ja eine ~ Gottes!** it's sheer hell; **es ist eine ~, mit ihm arbeiten zu müssen** it's a pain having to work with him; **zur ~:** as a punishment
strafen *tr. V.* punish; **ein ~der Blick** a reproachful look; **jmdn. ~d ansehen** give sb. a reproachful look; **jmdn. mit Verachtung ~:** treat sb. with contempt as a punishment; **er ist gestraft genug** *(fig.)* he has been punished enough; **Gott strafe mich, wenn ich lüge!** *(veralt.)* may God strike me down if I am lying; **mit ihm/dieser Arbeit sind wir gestraft** he/this work is a real pain; **das Schicksal hat ihn schwer gestraft** fate has been hard on him; *s. auch* **Lüge**
Straf-: **~entlassene der/die;** *adj. Dekl.* ex-convict; ex-prisoner; **~erlaß** der *(Rechtsw.)* remission of [a/the sentence]; **bedingter ~erlaß** conditional remission; **~expedition** die punitive expedition
straff [ʃtraf] **1.** *Adj.* **a)** *(fest, gespannt)* tight, taut ⟨rope, lines, etc.⟩; firm ⟨breasts, skin⟩; erect ⟨posture, figure⟩; tight ⟨rein[s]⟩; **b)** *(energisch)* tight ⟨organization, planning, etc.⟩; strict ⟨discipline, leadership, etc.⟩. **2.** *adv.* **a)** *(fest, gespannt)* **die Saiten sind ~ gespannt** the strings are tight; **[zu] ~ sitzen** ⟨clothes⟩ be [too] tight; **die Jacke ~ über die Schultern ziehen** pull one's jacket tightly round one's shoulders; **er zog die Zügel ~ an** he pulled the reins tight; **b) ~ zurückgekämmtes Haar** hair combed back tightly; **b)** *(energisch)* tightly, strictly ⟨organized, planned, etc.⟩
straf·fällig *Adj.* **~ werden** commit a criminal offence; **die Zahl der Straffälligen** the number of offenders; **~e Jugendliche** young offenders
straffen 1. *tr. V.* **a)** *(spannen)* tighten; **diese Creme strafft die Haut** this cream firms the skin; **sich das Gesicht ~ lassen** have a face-lift; **den Körper ~:** straighten oneself; draw oneself up; **b)** *(raffen)* tighten up ⟨text, procedure, organization, etc.⟩. **2.** *refl. V.* ⟨person⟩ straighten oneself, draw oneself up; ⟨rope etc.⟩ tighten; ⟨body, back⟩ stiffen; *(posture, bearing)* straighten
straf-, Straf-: **~frei** *Adj.* **jmdn. für ~frei erklären** declare sb. exempt from punishment; **~frei ausgehen** go unpunished; get off [scot-]free *(coll.);* **~freiheit die;** *o. Pl.* exemption from punishment; **~gefangene der/die** prisoner; **~gericht** das *(fig.)* judgement; **ein ~gericht des Himmels** divine judgement; **ein grausames ~gericht abhalten** mete out cruel judgement; **~gesetz** das criminal or penal law; **~gesetz·buch**

1498

Strafjustiz das criminal *or* penal code; ~**justiz** die criminal *or* penal justice; ~**kammer** die *(Rechtsw.)* criminal division *(of a district court)*; ~**kolonie** die penal colony; ~**kompanie** die punishment battalion; ~**lager** das penal camp
sträflich ['ʃtrɛːflɪç] **1.** *Adj.* criminal. **2.** *adv.* criminally
Sträfling ['ʃtrɛːflɪŋ] der; ~s, ~e prisoner
Sträflings·kleidung die prison clothing; prison clothes *pl.*
straf-, Straf-: ~**los** *Adj.* unpunished; ~**mandat** das [parking, speeding, etc.] ticket; ~**maß** das sentence; ~**minute** die **a)** *(bes. Eishockey, Handball)* minute of penalty time; **die drei ~minuten** the three-minute penalty *sing.*; **b)** *(Rennsport, Springreiten, Biathlon, usw.)* penalty minute; ~**mündig** *Adj. (Rechtsw.)* of the age of criminal responsibility; *postpos.*; **er ist noch nicht ~mündig** he is under the age of criminal responsibility; ~**porto** das surcharge; ~**predigt** die *(ugs.)* lecture; **jmdm. eine ~predigt halten** lecture sb.; ~**prozeß** der criminal proceedings *pl.*; ~**prozeß·ordnung** die *(Rechtsw.)* code of criminal procedure; ~**punkt** der *(Sport)* penalty point; ~**raum** der *(bes. Fußball)* penalty area; ~**recht** das criminal law; ~**rechtlich 1.** *Adj.* criminal *attrib.* 〈*case, investigation, responsibility*〉; ~**rechtliche Fragen/Probleme** questions/problems of criminal law; **im ~rechtlichen Sinne** according to criminal law; **2.** *adv.* under criminal law; **etw. ~rechtlich verfolgen** prosecute sth.; ~**register** das criminal records *pl.*; ~**richter** der *(Rechtsw.)* criminal judge; ~**sache** die criminal case; ~**stoß** der *(Fußball)* Elfmeter; ~**tat** die criminal offence; ~**täter** der offender; ~**verbüßung** die serving [of] one's sentence; ~**verfahren** das criminal proceedings *pl.*; ~**verfolgung** die *(Rechtsw.)* [criminal] prosecution; ~**versetzen** *tr. V.* nur im Inf. u. Part. gebr. transfer for disciplinary reasons; ~**versetzung** die disciplinary transfer; ~**verteidiger** der defence lawyer *or* counsel; ~**vollzug** der penal system; ~**würdig** *Adj.* *(Rechtsw.)* punishable; ~**zettel** der *(ugs.)* [parking-, speeding-, etc.] ticket
Strahl [ʃtraːl] der; ~[e]s, ~en **a)** *(Licht, fig.)* ray; *(von Scheinwerfern, Taschenlampen)* beam; **ein ~ fiel durch den Türspalt** a shaft of light came through the crack of the door; **b)** *(Flüssigkeit)* jet; **ein dünner ~ Wasser** a thin trickle of water; **c)** *(Math., Phys.)* ray
Strahl·an·trieb der *(Technik)* jet propulsion
strahlen *itr. V.* **a)** shine; **ein ~d heller Morgen** a gloriously bright morning; **bei ~dem Wetter/Sonnenschein** in glorious sunny weather/in glorious sunshine; **eine ~de Schönheit/Stimme** *(fig.)* a radiant beauty/marvellously pure voice; **~d weiß** sparkling white; **b)** *(glänzen)* sparkle; **c)** *(lächeln)* beam *(vor + Dat.* with*)*; **er strahlte über das ganze Gesicht** *od. (ugs.)* **über beide Backen** he was beaming all over his face; **d)** *(Physik)* radiate; emit rays
strahlen-, Strahlen-: ~**behandlung** die *(Med.)* radiotherapy *no art.*; ~**belastung** die radioactive contamination; ~**biologie** die radiobiology *no art.*; ~**bündel** das *(Optik, Math.)* pencil of rays; ~**förmig 1.** *Adj.* radial. **2.** *adv.* radially; ~**pilz** der *meist Pl. (Biol.)* ray fungus; ~**schutz** der radiation protection; ~**therapie** die *(Med.)* radiotherapy *no art.*; ~**tierchen** das radiolarian; ~**unfall** der radiation accident
Strahler der; ~s, ~ **a)** radiator; **b)** *(Heiz~)* radiant heater
strahlig 1. *Adj.* radial. **2.** *adv.* radially
Strahl·triebwerk das jet engine
Strahlung die; ~, ~en radiation

Strahlungs-: ~**energie** die *(Physik)* radiant energy; ~**gürtel** der *(Physik)* radiation belt; ~**intensität** die *(Physik)* intensity of radiation
Strähne ['ʃtrɛːnə] die; ~, ~n **a)** *(Haare)* strand; **eine graue ~:** a grey streak; **b)** *(fig.: Zeitspanne)* streak
strähnig 1. *Adj.* straggly 〈*hair*〉. **2.** *adv.* in strands
stramm [ʃtram] **1.** *Adj.* **a)** *(straff)* tight, taut 〈*rope, line, etc.*〉; **b)** *(kräftig)* strapping 〈*girl, boy*〉; sturdy 〈*legs, body*〉; *s. auch Max*; **c)** *(gerade)* upright, erect 〈*posture, etc.*〉; **eine ~e Haltung annehmen** stand to attention; **d)** *(energisch)* strict 〈*discipline*〉; strict, staunch 〈*Marxist, Catholic, etc.*〉; brisk 〈*step*〉. **2.** *adv.* **a)** *(straff)* tightly; **die Hose saß ziemlich ~:** the trousers were rather tight; **der Gurt soll ~ am Körper anliegen** the belt is supposed to be tight; **b)** *(kräftig)* sturdily 〈*built*〉; **c)** *(energisch)* 〈*bring up*〉 strictly; strictly, staunchly 〈*Marxist, Catholic, etc.*〉 〈*hold out*〉 resolutely; **d)** *(ugs.: zügig)* 〈*work*〉 hard; 〈*walk, march*〉 briskly; 〈*drive*〉 fast, hard
stramm|stehen *unr. itr. V.* stand to *or* at attention
Strampel·höschen das, **Strampel·hose** die rompers *pl.*; romper suit; playsuit
strampeln ['ʃtramp(ə)ln] *itr. V.* **a)** 〈*baby*〉 kick [his/her feet] [and wave his/her arms about]; **b)** *mit sein (ugs.: mit dem Rad)* pedal; **c)** *(ugs.: sich sehr anstrengen)* sweat; struggle
Strampler der; ~s, ~: *s.* **Strampelhöschen**
Strand [ʃtrant] der; ~[e]s, **Strände** ['ʃtrɛndə] **a)** beach; *(geh. veralt.: Flußufer)* bank; strand; *(geh. veralt.: Seeufer)* shore; strand; **am ~:** on the beach; **an den ~ gehen** go to the beach; **auf ~ laufen** 〈*ship*〉 run aground; **ein Schiff auf ~ setzen** beach a ship
Strand-: ~**bad** das bathing beach *(on river, lake)*; ~**burg** die sand den *(built as a windbreak)*; ~**café** das beach café; ~**distel** die sea holly
stranden *itr. V.; mit sein* **a)** *(festsitzen)* 〈*ship*〉 run aground; *(fig.)* be stranded; **b)** *(geh.: scheitern)* fail
Strand-: ~**gut** das; *o. Pl.* flotsam and jetsam; ~**haubitze** die **in voll** *od.* **blau wie eine ~haubitze sein** *(ugs.)* be dead drunk; ~**hotel** das beach hotel; ~**kleid** das beach dress; ~**korb** der basket chair; ~**leben** das beach life; ~**promenade** die promenade; ~**räuber** der wrecker; ~**segeln** das *(Sport)* sand-yachting
Strang [ʃtraŋ] der; ~[e]s, **Stränge** ['ʃtrɛŋə] **a)** *(Seil)* rope; **jmdn. zum Tod durch den ~ verurteilen** *(geh.)* sentence sb. to be hanged; **b)** *(von Wolle, Garn usw.)* hank; skein; **c)** *(Nerven~, Muskel~, Sehnen~)* cord; *(der DNS)* strand; **d)** *(Leine)* trace; **über die Stränge schlagen** *(ugs.)* kick over the traces; *s. auch* **reißen 2 a**; **ziehen 2 a**
strangulieren [ʃtraŋguˈliːrən] *tr. V.* strangle
Strapaze [ʃtraˈpaːtsə] die; ~, ~n strain *no pl.*; **sich von den ~n erholen** recover from the strain *sing.*
strapaz·fähig *Adj. (österr.) s.* **strapazierfähig**
strapazieren 1. *tr. V.* be a strain on 〈*person, nerves*〉; **die tägliche Rasur strapaziert die Haut** shaving daily is hard on the skin; **die Reise würde ihn zu sehr ~:** the journey would be too much [of a strain] for him; **jmds. Geduld ~** *(fig.)* tax sb.'s patience; **wir haben unsere Wanderschuhe/Wintermäntel stark strapaziert** we gave our walking-shoes/winter coats a great deal of hard wear; **diese Ausrede ist schon zu oft strapaziert worden** *(fig.)* this excuse has been flogged to death. **2.** *refl. V.* strain *or* tax oneself
strapazier·fähig *Adj.* hard-wearing 〈*clothes, shoes*〉; hard-wearing, durable 〈*material*〉; sturdy 〈*book*〉
Strapazier·fähigkeit die; *o. Pl. s.* **strapazierfähig**: hard-wearingness; durability; sturdiness
strapaziös [ʃtrapaˈtsiøːs] *Adj.* wearing
Straps [ʃtraps] der; ~es, ~e suspender
Straß [ʃtras] der; ~ *od.* **Strasses, Strasse a)** *o. Pl. (Glasfluß)* paste; **b)** *(Nachbildung aus ~)* paste gem
Straßburg ['ʃtraːsbʊrk] *(das)*; ~s Strasbourg
Sträßchen ['ʃtrɛːsçən] das; ~s, ~: little *or* narrow street
Straße ['ʃtraːsə] die; ~, ~n **a)** *(in Ortschaften)* street; road; *(außerhalb)* road; *(fig. abwertend: Pöbel)* mob; rabble; **auf offener ~:** in [the middle of] the street; **man traut sich abends kaum noch auf die ~:** you hardly dare go out in the evenings any more; **Verkauf über die ~:** take-away sales *pl.*; *(von alkoholischen Getränken)* off-licence sales *pl.*; **Jugendliche von der ~:** young people off the streets; **der Mann auf der ~** *(fig.)* the man in the street; **mit jugendlichen Arbeitslosen/Prostituierten kann man hier die ~n pflastern** *(ugs.)* the place is full of young unemployed people/prostitutes; **jmdn. auf die ~ setzen** *od.* **werfen** *(ugs.) (aus einer Stellung)* sack sb. *(coll.)*; give sb. the sack *(coll.)*; *(aus einer Wohnung)* turn sb. out on to the street; **auf der ~ liegen** *od.* **sitzen** *od.* **stehen** *(ugs.) (arbeitslos sein)* be out of work; *(ohne Wohnung sein)* be on the streets; **auf die ~ gehen** *(ugs.) (demonstrieren)* take to the streets; *(der Prostitution nachgehen)* go on *or* walk the streets; **jmdn. auf die ~ schicken** *(ugs.)* send sb. out on the streets; **sich [nicht] dem Druck der ~ beugen** [not] bow to mob rule; **b)** *(Meerenge)* strait[s *pl.*]; **die ~ von Gibraltar/Hormus** the Straits of Gibraltar/Strait of Hormuz
Straßen-: ~**anzug** der the lounge suit *(Brit.)*; business suit *(Amer.)*; ~**bahn** die tram *(Brit.)*; streetcar *(Amer.)*; ~**bahner** der; ~s, ~, ~**bahnerin** die; ~, ~**nen** *(ugs.)* tramway employee *(Brit.)*
Straßen·bahn-: ~**fahrer** der **a)** *(Führer)* tram driver *(Brit.)*; **b)** *(Benutzer)* tram passenger *(Brit.)*; ~**halte·stelle** die tram stop *(Brit.)*; ~**linie** die tram route *(Brit.)*; **die ~linie 24** the number 24 tram *(Brit.)*; ~**schaffner** der tram conductor *(Brit.)*; ~**schiene** die tramline *(Brit.)*; ~**wagen** der tram[car] *(Brit.)*
Straßen-: ~**bau** der; *o. Pl.* road building *no art.*; road construction *no art.*; ~**bekanntschaft** die: **sie ist nur eine ~bekanntschaft** she is just someone I talk to when I meet her in the street; ~**beleuchtung** die street lighting; ~**benutzungs·gebühr** die *s.* **Maut**; ~**bild** das street scene; **mehr und mehr gehörten Uniformen wieder zum ~bild** uniforms were increasingly seen in the streets again; ~**café** das pavement café; street café; ~**decke** die road surface; ~**dorf** das street village; ~**ecke** die street corner; ~**fahrer** der *(Rennsport)* road racer; ~**feger** der **a)** *(bes. nordd.)* road-sweeper; **b)** *(ugs. scherzh.: spannende Fernsehsendung)* programme/series which pulls a huge audience; ~**fest** das street party; ~**glätte** die slippery road surface; ~**graben** der ditch [at the side of the road]; ~**händler** der street trader; ~**junge** der *(abwertend)* street urchin; ~**kampf** der **a)** street fight; street battle; **b)** *o. Pl. (Taktik, Strategie)* streetfighting; ~**kämpfer** der streetfighter; ~**karte** die road-map; ~**kehrer** der; ~s, ~ *(bes. südd.) s.* **feger a**; ~**kreuzer** der *(ugs. veralt.)* limousine; ~**kreuzung** die crossroads *sing.*; ~**lage** die road-holding *no indef. art.*; **eine gute ~lage haben** have good road-holding; hold the road well; ~**lärm** der street noise;

1499

Straßenlaterne / **Streifen**

~**laterne** die street lamp; ~**mädchen** das (abwertend) street-walker; ~**musikant** der street musician; busker; ~**name** der street-name; name of a/the street; ~**netz** das road network; ~**rand** der roadside; side of the road; ~**raub** der street robbery; (gewalttätig) mugging; ~**räuber** der street robber; (gewalttätig) mugger; ~**reinigung** die street-cleaning; ~**rennen** das (Rennsport) road race; ~**sammlung** die street collection; ~**schild** das street-name sign; ~**schlacht** die street battle; ~**schmutz** der (auf der Straße) dirt in the street/streets; (von der Straße) dirt from the street/streets; ~**schuh** der walking-shoe; ~**seite** die side of the street/road; (eines Gebäudes) street side; **das Fenster ging zur ~seite** the window looked out on [to] the street/road; ~**sperre** die road-block; ~**sperrung** die closing [off] of a/the street/road; ~**staub** der dust of the street/road; ~**theater** das a) o. Pl. (Institution) street theatre; b) (Ensemble) street theatre group; (im Straßentunnel) road tunnel; ~**über·führung** die (für Fußgänger) footbridge; (für Fahrzeuge) road bridge; ~**unter·führung** die (für Fußgänger) subway; (für Fahrzeuge) underpass; ~**verhältnisse** Pl. road conditions; ~**verkauf** der (auf der Straße) street trading; b) (über die Straße) take-away sales pl.; (von alkoholischen Getränken) off-licence sales; ~**verkäufer** der street vendor; ~**verkehr** der traffic; **im ~verkehr** in traffic; ~**verkehrs·ordnung** die road traffic act; ~ **zoll** der s. Maut; **zug** der street; **zu·stand** der road conditions pl.
Stratege [ʃtraˈteːɡə] der; ~n, ~n strategist
Strategie [ʃtrateˈɡiː] die; ~, ~n strategy
strategisch 1. Adj. strategic. 2. adv. strategically
Strato·sphäre [ʃtrato-] die stratosphere
Stratus [ˈʃtraːtʊs] der; ~, **Strati** (Met.) stratus
Stratus·wolke die stratus cloud
sträuben [ˈʃtrɔybn̩] 1. tr. V. ruffle [up] (feathers); bristle (fur, hair). 2. refl. V. (hair, fur) bristle, stand on end; (feathers) become ruffled; **bei dieser Nachricht sträubten sich mir die Haare** the news made my hair stand on end; b) (sich widersetzen) resist; **sich ~, etw. zu tun** resist doing sth.; **sie hat sich mit Händen und Füßen gegen die Versetzung gesträubt** she resisted the transfer with all her might; **die Feder sträubt sich, das zu schildern** (fig. geh.) one hesitates or is reluctant to put it on paper
Strauch [ʃtraux] der; ~[e]s, **Sträucher** [ˈʃtrɔyçɐ] shrub
Strauch·dieb der (veralt. abwertend) footpad (hist.); **wie ein ~ aussehen** (ugs.) look like a tramp
straucheln [ˈʃtrauxl̩n] itr. V.; mit sein (geh.) a) (stolpern) stumble; **mit Fuß strauchelte** (geh.) he stumbled; b) (scheitern) fail; c) (straffällig werden) go astray
Strauch·werk das shrubbery; bushes pl.
¹**Strauß** [ʃtraus] der; ~es, **Sträuße** [ˈʃtrɔysə] bunch of flowers; (bes. als Geschenk, zu offiziellem Anlaß) bouquet [of flowers]; (von kleinen Blumen) posy
²**Strauß** der; ~es, ~e (Vogel) ostrich; **wie der Vogel ~** like an ostrich
³**Strauß** der; ~es, **Sträuße** (veralt.) a) (Kampf) battle; b) (Streit) quarrel; **ich habe einen ~ mit dir auszufechten** I have a bone to pick with you
Sträußchen [ˈʃtrɔysçən] das; ~s, ~: posy
Strauß-: ~**ei** das ostrich egg; ~**feder** die ostrich feather or plume
Strauß·wirtschaft die (bes. südd.) [temporarily opened] bar selling new wine when a bundle of twigs is displayed
Strebe [ˈʃtreːbə] die; ~, ~n brace; strut
Strebe-: ~**balken** der shore; prop; ~**bogen** der (Archit.) flying buttress

streben itr. V. a) mit sein (hinwollen) make one's way briskly; **er strebte zur Tür** he made briskly for the door; **die Pflanzen ~ zum Licht** the plants reach up towards the light; **die Partei strebt an die Macht** the party is reaching out for power; **die ~** (trachten) strive (nach for); **danach ~, etw. zu tun** strive to do sth.; **das Streben nach Vollkommenheit** [the] striving for perfection; c) (abwertend) (pupil) swot (Brit. sl.); cram
Strebe·pfeiler der (Archit.) buttress
Streber der; ~s, ~ (abwertend) over-ambitious or pushing or (coll.) pushy person; (in der Schule) swot (Brit. sl.); cram
streberhaft, streberisch (abwertend) Adj. over-ambitious; pushing; pushy (coll.); **ein ~er Schüler** a swot (Brit. sl.); grind (Amer. sl.)
Streberin die; ~, ~nen s. Streber
Strebe·werk das (Archit.) [system sing. of] buttresses pl.
strebsam Adj. ambitious and industrious
Strebsamkeit die; ~: ambition and industriousness
Streck·bett das (Med.) orthopaedic bed
Strecke [ˈʃtrɛkə] die; ~, ~n a) (Weg/) distance; **über weite ~n sah man kein einziges Dorf** for long distances there was not a single village to be seen; **das Land war über weite ~n überschwemmt** large parts of the countryside were flooded; **auf der ~ bleiben** (ugs.) fall by the wayside; b) (Abschnitt, Route) route; (Eisenbahn~) line; **er fliegt diese ~ oft** he often flies this route; **der Zug hielt auf freier ~.** offener ~: the train stopped between stations; c) (Sport) distance; **viele Zuschauer waren an der ~:** there were a lot of spectators lining the route/track; **die Läufer gehen auf die ~:** the runners are setting off; d) (Geom.) line segment; e) (Bergbau) gallery; f) (Jägerspr.) bag; kill; **ein Tier zur ~ bringen** bag or kill an animal; **jmdn. zur ~ bringen** (fig.) hunt sb. down
strecken 1. tr. V. a) (gerade machen) stretch ⟨arms, legs⟩; **ein gebrochenes Bein ~:** straighten a broken leg; b) (dehnen) stretch [out] ⟨arms, legs, etc.⟩; **den Hals ~:** crane one's neck; c) (lehnen) stick (coll.); **den Kopf aus dem Fenster ~:** stick one's head out of the window (coll.); d) (größer, länger, breiter machen) stretch; hammer/roll out ⟨metal⟩; e) (verdünnen) thin down; f) (rationieren) eke out ⟨provisions, fuel, etc.⟩. 2. refl. V. stretch out
strecken-, Strecken-: ~**ab·schnitt** der section; ~**arbeiter** der platelayer; track worker; ~**begehung** die track inspection; ~**führung** die routing; (Strecke) route; ~**netz** das route network; (Eisenbahn~) rail network; ~**warter** der track inspector; ~**weise** Adv. in places; (fig.: zeitweise) at times; **das Buch war ~weise langweilig** the book was boring in parts
Strecker der; ~s, ~ (Anat.) extensor
Streck-: ~**muskel** der (Anat.) extensor [muscle]; ~**verband** der (Med.) extension or traction bandage
Streich [ʃtraɪç] der; ~[e]s, ~e a) (geh.: Hieb) blow; **jmdm. einen ~ versetzen** strike sb.; **auf einen ~** (veralt.) at one blow; (fig.) at one fell swoop; at one go; b) (Schabernack) trick; prank; **jmdm. einen ~ spielen** play a trick on sb.; **mein Gedächtnis hat mir wieder einen ~ gespielt** my memory has been playing tricks on me again
Streichel·einheiten Pl. (ugs.) share sing. of kindness and affection; (bei Mitarbeitern) share sing. of encouragement and appreciation
streicheln [ˈʃtraɪçl̩n] tr. V. (auch itr.) V. stroke; (liebkosen) stroke; caress; **einem Hund über den Rücken ~:** stroke a dog's back; **er streichelte ihr übers Haar** he stroked her hair

streichen 1. unr. tr. V. a) stroke; **die Geige ~** (geh.) play the violin; s. auch **gestrichen** 2, 3; b) (an~) paint; **eine Wand grün/beige usw. ~:** paint a wall green/beige etc.; „**frisch gestrichen**" wet paint; c) (wegstreifen) sweep ⟨crumbs etc.⟩; **sich** (Dat.) **das Haar aus der Stirn ~:** push or smooth the hair back from one's forehead; d) (drücken) **Kitt in die Fugen ~:** press putty into the joints; **Tomaten durch ein Sieb ~:** rub or press tomatoes through a sieve; e) (auftragen) spread ⟨butter, jam, ointment, etc.⟩; f) (be~) **ein Brötchen [mit Butter/mit Honig] ~:** butter a roll/spread honey on a roll; g) (aus~, tilgen) delete; cross out; cancel ⟨train, flight⟩; **jmdn. von der Liste ~:** cross sb. off the list; **Nichtzutreffendes bitte ~!** please delete as appropriate or applicable; **etw. aus seinem Gedächtnis** od. **seiner Erinnerung ~** erase sth. from one's memory or mind; **einen Auftrag/Zuschuß ~:** cancel an order/a subsidy; h) (Rudern) **die Riemen ~:** back water; i) (Seemannsspr.) strike ⟨sail⟩; s. auch **Flagge**; **Segel**. 2. unr. itr. V. a) stroke; **jmdm. durch die Haare/über den Kopf ~:** run one's fingers through sb.'s hair/stroke sb.'s head; **er strich sich** (Dat.) **nachdenklich über den Bart** he stroked his beard thoughtfully; **mit der Hand über die Tischdecke ~:** smooth the tablecloth with one's hand; b) (an~) paint; **mit sein (umhergehen)** wander; d) (Geol.) ⟨stratum⟩ strike; (Geogr.) ⟨mountain range⟩ stretch; e) mit sein (bes. Jägerspr.) ⟨bird⟩ wing
Streicher der; ~s, ~ (Musik) string-player; **die ~:** the strings
streich·fähig Adj. easy to spread pred.
Streich·holz das match; (als Spielzeug) matchstick; **eine Schachtel Streichhölzer** a box of matches
Streichholz-: ~**briefchen** das book of matches; ~**spiel** das game with matchsticks
Streich-: ~**instrument** das string[ed] instrument; ~**käse** der cheese spread; ~**orchester** das string orchestra; ~**quartett** das string quartet; ~**trio** das string trio
Streichung die; ~, ~en a) (Tilgung) deletion; (Kürzung) cutting no indef. art.; ~en vornehmen make deletions/cuts; b) (gestrichene Stelle) deletion; (Kürzung) cut
Streich·wurst die [soft] sausage for spreading; ≈ meat spread
Streif [ʃtraɪf] der; ~[e]s, ~e (geh.) strip; (Licht~) shaft
Streif·band das; Pl. ~bänder wrapper
Streife die; ~, ~n a) (Personen) patrol; b) (Streifengang) patrol; **auf ~ gehen/sein** go or be on patrol
streifen 1. tr. V. a) (leicht berühren) touch; brush [against]; ⟨shot⟩ graze; **jmdn. am Arm/an der Schulter ~:** touch sb. on the arm or brush against sb.'s arm/touch sb. on the shoulder; **mit dem Wagen das Garagentor ~:** scrape the garage door with the car; **ein Lufthauch streifte ihre Wangen** (geh.) she felt a breath of wind on her cheeks; **jmdn. mit einem Blick ~** (fig.) glance fleetingly at sb.; b) (kurz behandeln) touch [up]on ⟨problem, subject, etc.⟩; c) **den Ring auf den/vom Finger ~:** slip the ring on/off one's finger; **die Ärmel nach oben ~:** roll/push up one's sleeves; **die Butter vom Messer ~:** wipe the butter off the knife; **sich** (Dat.) **die Kapuze/den Pullover über den Kopf ~:** pull the hood/slip the pullover over one's head; **sich die Strümpfe von den Beinen ~:** slip one's stockings off; **die Blätter von den Zweigen ~:** strip the leaves from the twigs; strip the twigs of leaves. 2. itr. V. **mit sein** roam; **durch die Wälder ~:** roam the forests
Streifen der; ~s, ~ a) (Linie) stripe; (auf der Fahrbahn) line; **ein heller ~ am Horizont** a streak of light on the horizon; **graue**

Streifenbeamte / **Strick**

~ **im Haar haben** have grey streaks in one's hair; **b)** *(Stück, Abschnitt)* strip; *(Speck~)* rasher; *(Tresse)* braid; **c)** *(ugs.: Film)* film
Streifen-: ~**beamte** der policeman on patrol duty; ~**dienst** der patrol duty; ~**gang** der patrol; ~**muster** das striped pattern; **ein Hemd mit** ~**muster** a striped shirt; ~**wagen** der patrol car
streifig *Adj.* streaky
Streif-: ~**licht** das; *Pl.* ~**er** streak of light; **ein** ~**licht auf etw.** *(Akk.)* **werfen** *(fig.)* highlight sth.; ~**schuß** der grazing shot; *(Wunde)* graze; ~**zug** der expedition; *(fig.)* expedition; journey; *(eines Tieres)* prowl
Streik [ʃtraik] der; ~[e]s, ~s strike; **in den** ~ **treten** come out *or* go on strike; **den** ~ **ausrufen** call a strike; **jmdm. zum** ~ **aufrufen** call sb. out on strike; **mit** ~ **drohen** threaten to strike; threaten strike action; *s. auch* **wild 1 b**
Streik-: ~**auf·ruf** der strike call; ~**brecher** der strike-breaker; blackleg *(derog.)*; scab *(derog.)*; ~**drohung** die strike threat; threat of strike action
streiken *itr. V.* **a)** strike; be on strike; *(in den Streik treten)* come out *or* go on strike; **b)** *(ugs.: nicht mitmachen)* go on strike; **c)** *(ugs.: nicht funktionieren)* pack up *(coll.)*; **der Kühlschrank streikt** the fridge has packed up *(coll.)*
Streikende der/die; *adj. Dekl.* striker
Streik-: ~**front** die strike; **an der** ~**front** in the strike/strikes; ~**geld** das strike pay; ~**kasse** die strike fund; ~**leitung** die strike leadership; strike leaders *pl.*; ~**posten** der picket; ~**posten beziehen** picket; stand on the picket-line; **vor einer Fabrik** ~**posten stehen** picket a factory; ~**recht** das right to strike
Streit [ʃtrait] der; ~[e]s **a)** quarrel; argument; *(Zank)* squabble; quarrel; *(Auseinandersetzung)* dispute; argument; ~ **anfangen** start a quarrel *or* an argument; **sie sind im** ~ **auseinandergegangen** they parted in disharmony; **er sucht immer** ~: he is always looking for an argument *or* a quarrel; **die beiden haben oft** ~: those two are always arguing *or* quarrelling *or* fighting; **ein** ~ **der Meinungen** a clash of opinions; **mit jmdm.** ~ **bekommen** get into an argument *or* a quarrel with sb.; **er hat ihn im** ~ **erschlagen** he beat him to death during a quarrel; **miteinander in** ~ **leben** be always at loggerheads with each other; **ein** ~ **um des Kaisers Bart** an argument over nothing; **b)** *(veralt.: Kampf)* battle
Streit·axt die battleaxe
streit·bar *Adj.* *(geh.)* **a)** pugnacious; **b)** *(veralt.: tapfer)* brave; valiant
streiten 1. *unr. itr., refl. V.* quarrel; argue; *(sich zanken)* squabble; quarrel; *(sich auseinandersetzen)* argue; have an argument; **die Erben stritten [sich] um den Nachlaß** the heirs argued *or* fought over *or* disputed the estate; **darüber läßt sich** ~: one can argue about that; that's a debatable point; **die** ~**den Parteien in einem Prozeß** the litigants in a lawsuit; **die Streitenden** the quarrellers.
2. *unr. itr. V.* *(geh.: kämpfen)* fight
Streiter der; ~s, ~ *(geh.: Kämpfer)* fighter **(für** for, **gegen** against); champion **(für** of)
Streiterei die; ~, ~en arguing *no pl., no indef. art.*; *(Gezänk)* quarrelling *no pl.*; **bei ihnen gibt es immer** ~**en** they are always quarrelling
Streiterin die; ~, ~**nen** s. **Streiter**
Streit-: ~**fall** der *(Rechtsw.)* case; *(Kontroverse)* dispute; conflict; **das ist ein** ~**fall** that is a disputed point; **im** ~**fall in [the] case of dispute** *or* **conflict**; ~**frage** die disputed question *or* issue; ~**gespräch** das debate; disputation; ~**hahn** der; *meist Pl.* *(ugs., oft scherzh.)* quarreller; squabbler; *(fig.: Kampfhahn)* fighter; brawler; ~**hammel** der *(fam.)* quarreller

streitig *Adj.* **a)** disputed ⟨question, issue⟩; **jmdm. jmdn./etw.** ~ **machen** dispute sb.'s right to sb./sth.; **b)** *(Rechtsw.)* disputed
Streitigkeit die; ~, ~en *meist Pl.* **a)** quarrel; argument; **b)** *(Streitfall)* dispute
Streit-, Streit-: ~**kräfte** *Pl.* armed forces; ~**macht** die; *o. Pl.* *(veralt.)* forces *pl.*; ~**punkt** der contentious issue; ~**roß** das *(veralt.)* s. **Schlachtroß**; ~**sache** die **a)** dispute; **b)** *(Rechtsw.)* s. **Rechtsstreit**; ~**schrift** die polemical treatise; ~**sucht** die quarrelsomeness; ~**süchtig** *Adj.* quarrelsome; ~**wagen** der chariot; ~**wert** der amount in dispute
streng [ʃtrɛŋ] 1. *Adj.* **a)** *(hart)* strict ⟨teacher, parents, upbringing, principle⟩; severe ⟨punishment⟩; stringent ⟨rule, regulation, etc.⟩; rigorous ⟨examination, check, test, etc.⟩; stern ⟨reprimand, look⟩; **b)** *nicht präd.* *(strikt)* strict ⟨order, punctuality, diet, instruction, Catholic⟩; absolute ⟨discretion⟩; complete ⟨rest⟩; ~ **gegen sich selbst sein** be strict with oneself; **im** ~**en Sinne** in the strict sense; **c)** *nicht präd.* *(schnörkellos)* austere, severe ⟨cut, collar, style, etc.⟩; severe ⟨hairstyle⟩; **der** ~**e Aufbau eines Romans** the tight structure of a novel; **d)** *(herb)* severe ⟨face, features, etc.⟩; **e)** *(durchdringend)* pungent, sharp ⟨taste, smell⟩; **er riecht etwas** ~: he smells a bit strong; **f)** *(rauh)* severe ⟨winter⟩; sharp, severe ⟨frost⟩. 2. *adv.* **a)** *(hart)* ⟨mark, judge, etc.⟩ strictly, severely; ⟨punish⟩ severely; ⟨look, reprimand⟩ sternly; ~ **durchgreifen** take rigorous action; **b)** *(strikt)* strictly; ~ **verboten** strictly prohibited; **c)** *(schnörkellos)* **sie trug ein** ~ **geschnittenes Kostüm** she wore a severe suit; **d)** *(durchdringend)* ⟨smell⟩ strongly
Strenge die; ~ **a)** *s.* **streng a:** strictness; severity; stringency; rigour; sternness; **jmdn. mit äußerster** ~ **bestrafen** punish sb. extremely severely; **b)** *(Striktheit)* strictness; **c)** *(von [Gesichts]zügen)* severity; **d)** *(von Geruch, Geschmack)* pungency; sharpness; **ein Geruch von beißender** ~: a bitingly pungent smell; **e)** *s.* **streng f.:** severity; sharpness; **f)** *(Schnörkellosigkeit)* austerity; severity
streng-, Streng-: ~**genommen** *adv.* strictly speaking; ~**gläubig** *Adj.* strict; ~**gläubigkeit** die strict beliefs *pl.*
strengstens [ˈʃtrɛŋstns] *Adv.* [most] strictly
Streptokokkus [ʃtrɛptoˈkɔkʊs] der; ~, **Streptokokken** streptococcus
Strese·mann der formal suit with dark jacket, grey waistcoat, and striped trousers
Streß [ʃtrɛs] der; **Stresses, Stresse** stress; **im** ~ **sein** be under stress
stressen *(ugs.)* 1. *tr. V.* **jmdn.** ~: put sb. under stress; **vollkommen gestreßt sein** be under an enormous amount of stress; **die gestreßten Großstädter** the stressed city-dwellers. 2. *itr. V.* be stressful
stressig *Adj.* *(ugs.)* stressful
Streß·situation die stress situation
Stretch [strɛtʃ] der; ~[e]s, ~es stretch fabric *or* material
Streu [ʃtrɔy] die; ~, ~en straw
Streu·büchse die shaker; *(für Zucker)* shaker; castor; *(für Mehl)* dredger
streuen 1. *tr. V.* **a)** spread ⟨manure, sand, grit⟩; sprinkle ⟨salt, herbs, etc.⟩; strew, scatter ⟨flowers⟩; *(fig.)* spread ⟨rumour⟩; **den Vögeln Futter** ~: scatter food for the birds; **weit gestreut** *(fig.)* scattered over a wide area; **b)** *(auch itr.)* *(mit Streugut)* **die Straßen [mit Sand/Salz]** ~: grit/salt the roads; **Salz/Sand auf den Straßen [den Weg]** ~: put grit/salt down [on the path]. 2. *itr. V.* **a)** *(beim Schießen)* scatter; **b)** *(Phys.)* ⟨particles, ions, etc.⟩ scatter; **c)** *(Med.)* spread
Streu-: ~**fahr·zeug** das gritter; gritting-lorry; ~**gut** das *o. Pl.* grit/salt *(for icy roads etc.)*

streunen *itr. V.*; *meist mit sein* *(oft abwertend)* wander *or* roam about *or* around; ~**de Katzen/Hunde** stray cats/dogs; **durch die Straßen/Felder** ~: roam *or* wander the streets/across the fields
Streuner der; ~s, ~ *(abwertend)* tramp
Streu-: ~**salz** das salt *(for icy roads etc.)*; ~**sand** der **a)** grit *(for icy roads etc.)*; **b)** *(veralt.: zum Trocknen)* sand
Streusel der *od.* das; ~s, ~ crumble [topping] made of butter, sugar, flour; streusel
Streusel·kuchen die streusel cake
Streuung die; ~, ~en **a)** *(Verbreitung)* dissemination; **b)** *(Ballistik)* scattering; **c)** *(Med.)* generalization; metastasis *(Med.)*
Streu·zucker der granulated sugar
strich [ʃtrɪç] 1. u. 3. Pers. Sg. Prät. v. **streichen**
Strich der; ~[e]s, ~e **a)** *(Linie)* line; *(in einer Zeichnung)* stroke; line; *(Gedanken~)* dash; *(Schräg~)* diagonal; slash; *(Binde~, Trennungs~)* hyphen; *(Markierung)* mark; **beim Lesen** ~**e an den Rand machen** sideline passages when reading; **etw. mit groben** *od.* **in großen** ~**en zeichnen** *od.* *(fig.)* umreißen sketch sth. in broad strokes *(lit. or fig.)*; **er ist nur noch ein** ~ **[in der Landschaft]** *(ugs.)* he's as thin as a rake; **keinen** ~ **tun** *od.* **machen** *od.* **arbeiten** not do a stroke *or* a thing; **jmdm. einen** ~ **durch die Rechnung/durch etw.** *(Akk.)* **machen** *(ugs.)* mess up *or* wreck sb.'s plans/mess up sb.'s plans for sth.; **dem werden wir einen** ~ **durch die Rechnung machen!** we'll put a stop to his little game; **einen** ~ **unter etw.** *(Akk.)* **machen** *od.* **ziehen** put sth. behind one; make a [clean] break with sth.; **unter dem** ~: at the end of the day; all things considered; **unter dem** ~ **sein** *(ugs.)* not be up to scratch; be below par; **b)** *(Winkeleinheit)* point; **c)** *o. Pl.* **der** ~ *(salopp)* *(Prostitution)* [street] prostitution; street-walking; *(Gegend)* the street-walkers' patch; the red-light district; **auf den** ~ **gehen** walk the streets; **d)** *(streichende Bewegung)* stroke; **e)** *o. Pl.* *(Pinselführung)* strokes *pl.*; **van Goghs kräftiger** ~: van Gogh's powerful brush-strokes *pl.* *or* brush; **f)** *(Streichung)* deletion; **g)** *o. Pl.* *(Bogen~)* bowing *no indef. art.*; **h)** *o. Pl.* *(Haar~, Fell~)* lie; *(eines Teppichs)* pile; *(von Samt o. ä.)* nap; **gegen den/mit dem** ~ **bürsten** brush ⟨hair, fur⟩ the wrong/right way; brush ⟨carpet⟩ against/with the pile; brush ⟨velvet⟩ against/with the nap; **jmdm. gegen den** ~ **gehen** *(ugs.)* go against the grain [with sb.]; **nach** ~ **und Faden** *(ugs.)* good and proper *(coll.)*; well and truly; **jmdn. nach** ~ **und Faden belügen** *(ugs.)* lie through one's teeth to sb.; **i)** *(bes. Jägerspr.)* *(Flug)* flight; *(Schwarm)* flock
Strich·ätzung die *(Druckw.)* line block *or* plate
Strichelchen das; ~s, ~: little line; *(dünn)* fine line
stricheln [ˈʃtrɪçln] *tr. V.* **a)** *(zeichnen)* sketch in [with short lines]; **eine gestrichelte Linie** a broken line; **b)** *(schraffieren)* hatch
Strich-: ~**junge** der *(salopp)* [young] male prostitute; ~**kode** der bar code
strichlieren *(österr.)* s. **stricheln**
strich-, Strich-: ~**mädchen** das *(salopp)* street-walker; hooker *(Amer. sl.)*; ~**männchen** das matchstick man; ~**punkt** der semicolon; ~**vogel** der *(Zool.)* flocking bird; ~**weise** *(bes. Met.)* 1. *Adv.* ⟨rain etc.⟩ in places; 2. *adj.*; *nicht präd.* in places *postpos.*; local; ~**zeichnung** die line-drawing
¹**Strick** [ʃtrɪk] der; ~[e]s, ~e **a)** *(Seil)* rope; **jmdm. aus etw. einen** ~ **drehen** use sth. against sb.; **da kann ich mir ja gleich einen** ~ **nehmen** *od.* **kaufen!** I might as well end it all now; *s. auch* **reißen 2 a; ziehen 2 a; b)** *(fam.: Schlingel)* rascal
²**Strick** das; ~[e]s *(bes. Mode)* knitted material; **in lässigem** ~: knitted in casual style

1501

Strick-: ~**arbeit** die [piece of] knitting; ~**bündchen** das knitted welt
stricken tr., itr. V. knit; **an etw.** (Dat.) ~: be knitting sth.; **eine sauber gestrickte Story** (fig.) a neatly constructed story
Strickerei die; ~, ~**en** a) o. Pl. (Tätigkeit) knitting; b) (Produkt) piece of knitting
Strickerin die; ~, ~**en** knitter
Strick-: ~**jacke** die cardigan; ~**kleid** das knitted dress; ~**leiter** die rope-ladder; ~**maschine** die knitting-machine; ~**mode** die knitwear fashion; ~**muster** das knitting-pattern; (fig.) formula; ~**nadel** die knitting-needle; ~**waren** Pl. knitwear sing.; ~**zeug** das knitting
Striegel ['ʃtriːgl̩] der; ~s, ~: curry-comb
striegeln tr. V. groom (horse); **gestriegelt und gebügelt** (fig.) all spruced up
Strieme ['ʃtriːmə] die; ~, ~n, **Striemen** der; ~s, ~: weal
Striezel ['ʃtriːtsl̩] der; ~s, ~ (bes. ostd.) long plaited bun
strikt [ʃtrɪkt] 1. Adj. strict; exact (opposite). 2. adv. strictly; **ich bin ~ dagegen** I am totally opposed to it
stringent [ʃtrɪnˈɡɛnt] (geh.) 1. Adj. compelling (conclusion, reasoning, proof, argument). 2. adv. (prove, deduce) by compelling logic (prove, argue) compellingly
Stringenz [ʃtrɪnˈɡɛnts] die; ~ (geh.) compelling nature
Strip [ʃtrɪp] der; ~s, ~s a) (Striptease) strip[tease]; b) (Pflaster) strip [of sticking-plaster]
Strippe ['ʃtrɪpə] die; ~, ~n (ugs.) string; **an der ~ hängen** (fig.) be on the phone (coll.); (dauernd) hog the phone (coll.); **jmdn. an der ~ haben** (fig.) have sb. on the phone (coll.) or line; **jmdn. an die ~ kriegen** (fig.) get sb. on the phone (coll.); **sich an die ~ hängen** (fig.) get on the phone (coll.)
strippen itr. V. (ugs.) do strip-tease; strip
Stripperin die; ~, ~**nen** (ugs.) stripper
Striptease [ˈʃtrɪptiːs] der od. das; ~: striptease
Striptease-tänzerin die strip-tease dancer
stritt [ʃtrɪt] 1. u. 3. Pers. Sg. Prät. v. streiten
strittig Adj. contentious (point, problem); disputed (territory); (question) in dispute, at issue; ~ **ist nur, ob ...**: the only point at issue is whether ...
Strizzi ['ʃtrɪtsi] der; ~s, ~s (bes. südd., österr.) a) (Zuhälter) pimp; b) (Strolch) rascal
Stroh [ʃtroː] das; ~[e]s straw; **mit ~ gedeckt** (roof, cottage) thatched with straw; **es brannte wie ~**: it went up like dry tinder; ~ **im Kopf haben** (ugs.) have sawdust between one's ears (coll.)
stroh-, Stroh-: ~**ballen** der bale of straw; straw bale; ~**blond** Adj. flaxen-haired (person); straw-coloured, flaxen (hair); ~**blume** die a) (Immortelle) immortelle; everlasting [flower]; b) (Korbblütler) strawflower; ~**dach** das roof thatched with straw; ~**dumm** Adj. (ugs.) witless (coll.); thick-headed; ~**feuer** das: **wie ein ~feuer aufflammen** flare up briefly; **das war nur ein ~feuer** (fig.) it was just a flash in the pan; ~**gedeckt** Adj. (roof, house) thatched with straw; ~**gelb** Adj. straw-coloured; flaxen (hair); ~**halm** der straw; **sich [wie ein Ertrinkender] an einen ~halm klammern** (fig.) grasp at a straw (of a drowning man); **der letzte ~halm** (fig.) the last ray of hope; **nach einem/jedem ~halm greifen** (fig.) clutch at any/every straw; ~**hut** der straw hat
strohig Adj. strawy; **eine ~e Apfelsine** a dried-up orange; **sein/werden/schmecken** be/become/taste like straw
stroh-, Stroh-: ~**kopf** der (ugs. abwertend) thickhead; ~**mann** der; Pl. ~**männer** (fig.) front man; ~**puppe** die straw doll

~**sack** der palliasse; **[ach du] heiliger ~sack!** (ugs.) jeepers creepers! (coll.); goodness gracious [me]!; ~**witwe** die (ugs. scherzh.) grass widow; ~**witwer** der (ugs. scherzh.) grass widower
Strolch [ʃtrɔlç] der; ~[e]s, ~e a) (veralt.) ruffian; b) (fam. scherzh.: Junge) rascal
strolchen itr. V.; mit sein roam or wander [aimlessly] about; **durch die Straßen ~**: roam the streets
Strom [ʃtroːm] der; ~[e]s, **Ströme** ['ʃtrøːmə] a) river; (von Blut, Schweiß, Wasser, fig.: Erinnerungen, Menschen, Autos usw.) stream; (große Menge) torrent; (fig.: von Tränen) flood; **ein reißender ~**: a raging torrent; **in Strömen regnen** od. (ugs.) **gießen** pour with rain; **in Strömen fließen** (fig.) flow freely; **das Blut floß in Strömen** (fig.) there was heavy bloodshed; b) (Strömung) current; **mit dem/gegen den ~ schwimmen** (fig.) swim with/against the tide (fig.); c) (Elektrizität) current; (~versorgung) electricity; **das Kabel führt** od. **steht unter ~**: the cable is live; **jmdm. den ~ sperren** od. **abstellen** cut off sb.'s electricity supply; **mit ~ betrieben sein** run on electricity; be electric; **der ~ ist ausgefallen** there has been a power failure
strom-, Strom-: ~**ab** Adv. downstream; ~**abnehmer** ['----] der (Technik) current-collector; ~**abwärts** Adv. downstream; ~**auf[wärts]** Adv. upstream; ~**aus·fall** ['---] der power failure
strömen ['ʃtrøːmən] itr. V.; mit sein stream; (intensiv) pour; (fließen) flow; ~**der Regen** pouring rain
Stromer der; ~s, ~ (ugs.) vagabond; roamer
stromern itr. V.; mit Richtungsangabe mit sein (ugs.) roam or wander around; **durch die Gegend/Stadt ~**: roam or wander around the place/through the town
strom-, Strom-: ~**führend** Adj. live; ~**kreis** der [electric] circuit; ~**leitung** die power line or cable; ~**linien·form** die streamlined shape; streamlining no indef. art.; ~**linien·förmig** Adj. streamlined; ~**netz** das electricity supply; mains [network]; ~**rechnung** die electricity bill; ~**schlag** der electric shock; ~**schnelle** die rapids pl.; ~**stärke** die current strength; ~**stoß** der electric shock
Strömung die; ~, ~**en** a) current; (Met.) airstream; b) (fig.) (Bewegung) movement; (Tendenz) trend
Strom-: ~**verbrauch** der electricity consumption; ~**verbraucher** der (Technik) current-consuming device; ~**versorgung** die electricity or power supply; ~**zähler** der electricity meter
Strontium [ˈʃtrɔntsi̯ʊm] das; ~s strontium
Strophe [ˈʃtroːfə] die; ~, ~n verse; (einer Ode) strophe
Strophen·form die a) verse form; b) (strophische Form) strophic form
-**strophig** adj. **drei~ sein** have three verses; **ein mehr~es/drei~es Lied** a song with several verses/a three-verse song
strophisch 1. Adj. strophic. 2. adv. ~ **gestaltet/gebaut** in strophic form
strotzen [ˈʃtrɔtsn̩] itr. V. **von** od. **vor etw.** (Dat.) ~: be full of sth.; **von** od. **vor Kraft/Gesundheit ~**: be bursting with strength/health
strubbelig [ˈʃtrʊb(ə)lɪç] Adj. tousled; **du bist ja so ~!** your hair is in such a mess
Strubbel·kopf der (ugs.) a) mop or shock of [tousled] hair; b) (Mensch) tousle-head
strubblig s. strubbelig
Strudel [ˈʃtruːdl̩] der; ~s, ~ a) (kleiner) eddy; **der ~ der Ereignisse** (fig.) the whirl of events; b) (bes. südd., österr.: Gebäck) strudel
strudeln itr. V. (water) eddy, swirl
Struktur [ʃtrʊkˈtuːɐ̯] die; ~, ~**en** a) structure; b) (von Stoffen usw.) texture

Strukturalismus [ʃtrʊkturaˈlɪsmʊs] der; ~: structuralism no art.
strukturalistisch 1. Adj. structuralist. 2. adv. structuralistically
Struktur·analyse die structural analysis
strukturell [ʃtrʊktuˈrɛl] 1. Adj. structural. 2. adv. structurally
Struktur·formel die (Chemie) structural formula
strukturieren tr. V. structure; **neu ~**: restructure
Strukturierung die; ~, ~**en** o. Pl. structuring; organization; b) (Struktur) structure
struktur-, Struktur-: ~**politik** die economic development policy; structural policy; ~**schwach** Adj. (Wirtsch.) economically underdeveloped; ~**wandel** der structural change
Strumpf [ʃtrʊmpf] der; ~[e]s, **Strümpfe** [ˈʃtrʏmpfə] stocking; (Socke, Knie~) sock; **lange Strümpfe** stockings; **auf Strümpfen** in stockinged feet/in one's socks
Strumpf·band das; Pl. ~**bänder** garter; (Straps) suspender (Brit.); garter (Amer.)
Strümpfchen [ˈʃtrʏmpfçən] das; ~s, ~: little stocking; (Socke, Kniestrumpf) little sock
Strumpf-: ~**halter** der suspender (Brit.); garter (Amer.); ~**hose** die tights pl. (Brit.); pantyhose (esp. Amer.); **eine ~hose** a pair of tights (Brit.); ~**maske** die stocking mask
Strunk [ʃtrʊŋk] der; ~[e]s, **Strünke** [ˈʃtrʏŋkə] stem; stalk; (Baum~) stump
struppig [ˈʃtrʊpɪç] Adj. shaggy (coat, dog, beard); tangled, tousled (hair)
Struwwel·peter [ˈʃtrʊvl̩-] der tousle-head
Strychnin [ʃtrʏçˈniːn] das; ~s strychnine
Stübchen [ˈʃtyːpçən] das; ~s, ~ [little] room
Stube [ˈʃtuːbə] die; ~, ~n a) (veralt.: Wohnraum) [living-]room; parlour (dated); **in der ~ hocken** (ugs.) sit around indoors; **die gute ~**: the front room or (dated) parlour; **immer rein in die gute ~!** (ugs.) come on in!; b) (Milit.) [barrack-]room
stuben-, Stuben-: ~**älteste** der/die; adj. Dekl. (Milit.) senior man/woman in a/the barrack-room; ~**arrest** der detention (in one's room); **[zwei Tage] ~arrest bekommen** be kept in [for two days]; ~**fliege** die [common] house-fly; ~**hocker** der (ugs. abwertend) stay-at-home; ~**hockerei** die; ~ (ugs. abwertend) sticking (coll.) or sitting around indoors no art.; ~**kamerad** der room-mate; ~**rein** Adj. a) housetrained; b) (scherzh.: nicht zotig) clean (joke etc.); ~**wagen** der bassinet; wicker cot
Stuck [ʃtʊk] der; ~[e]s stucco
Stück [ʃtʏk] das; ~[e]s, **Stücke** a) piece; (kleines) bit; (Teil, Abschnitt) part; **ein ~ Kuchen** a piece or slice of cake; **ein ~ Zucker/Seife** a piece or lump of sugar/ a piece or bar of soap; **ein ~** [Weg od. (geh.) Weges] **a little [way]**; a short distance; **ein ~ spazierengehen** go for a little walk; **ein [gutes] ~ weiterkommen** get a [good] bit further; **ein ~ Autobahn** a section or stretch of motorway (Brit.) or (Amer.) freeway; **jmdn. wie ein ~ Dreck/Mist behandeln** (ugs. abwertend) treat sb. like dirt; **ein ~ Heimat** a bit of home; **ein gewaltiges/hartes ~ Arbeit** a really big/tough job; **ein ~ Hoffnung/Wahrheit** a ray of hope/a grain of truth; **alles in ~e schlagen** smash everything [to pieces]; **es ist nur ein ~ Papier** it's only a scrap of paper; **sich für jmdn. in ~e reißen lassen** (ugs.) do anything for sb.; **in od. am ~**: unsliced (sausage, cheese, etc.); **aus einem ~ gemeißelt** carved from the solid; **in einem ~** (ugs.) (talk, rain) non-stop; b) (Einzel~) item; article; (Exemplar) specimen; (Möbel~) piece [of furniture]; **zwanzig ~ Vieh** twenty head of cattle; **ich nehme 5** ~/5 ~ **von den Rosen** I'll take five [of them]/five of the roses; **30 Pfennig das ~, das ~ 30**

Stückchen

Pfennig thirty pfennigs each; ~ für ~: piece by piece; *(eins nach dem andern)* one by one; **das gute** ~ *(oft iron.)* the precious thing; **große ~e auf jmdn. halten** *(ugs.)* think the world of sb.; **Vater, unser bestes ~** *(scherzh.)* father, our pride and joy; *s. auch* **frei 1 q**; **c) das ist [ja] ein starkes** *od.* **tolles ~** *(ugs.)* that's a bit much *or* a bit thick *(coll.)*; **da hast du dir aber ein [tolles]** ~ **geleistet** you've [really] gone too far there; **das ist ja ein** ~ **aus dem Tollhaus!** that's [a piece of] pure lunacy; **d)** *(salopp abwertend: Person)* **ein faules/freches ~:** a lazy/cheeky thing *or* devil; **ein dummes** ~: a stupid thing; **e)** *(Bühnen~)* play; **f)** *(Musik~)* piece
Stückchen das; ~s, ~: [little] piece; bit; **es ist bloß noch ein kleines ~:** it's only another few yards
Stuck·decke die stucco[ed] ceiling
stückeln 1. *tr. V.* put together ⟨sleeve, curtain⟩ with patches. 2. *itr. V.* sew on patches
Stücke·schreiber der playwright
stück-, Stück-: ~**gut** das [individually] packaged goods *pl.*; ~**lohn** der *(Wirtsch.)* piece-work pay; *(Akkordsatz)* piece-rate; ~**preis** der unit price; ~**weise** *Adv.* piece by piece; *(einzeln)* ⟨sell⟩ separately; ~**werk das:** ~**werk sein/bleiben** be/remain incomplete; ⟨book, work of art⟩ remain a torso; **unsere Korrekturen sind nur** ~**werk, wir müssen das ganze Buch neu bearbeiten** our corrections are only half-measures, we must revise the whole book; ~**zahl** die *(Wirtsch.)* number of units; **in hohen** ~**zahlen produzieren** manufacture in large numbers; **eine** ~**zahl von 300** an output of 300 units
Student [ʃtuˈdɛnt] der; ~en, ~en a) student; b) *(österr.: Schüler)* [secondary-school] pupil
Studenten-: ~**ausweis** der student card; ~**bewegung** die student movement; ~**bude** die *(ugs.)* student's room; ~**heim** das student hostel; students' [hall of] residence; ~**lokal** das students' [favourite] haunt; ~**parlament** das: students' assembly
Studentenschaft die; ~, ~en student body; **die verfaßte** ~ *(Hochschulw.)* the students' assembly
Studenten·verbindung die society; *(für Männer)* fraternity *(Amer.)*; *(für Frauen)* sorority *(Amer.)*
Studentin die; ~, ~nen s. Student; *s. auch* -in
studentisch *Adj.*; nicht präd. student
Studie [ˈʃtuːdi̯ə] die; ~, ~n study
studien-, Studien-: ~**assessor** der graduate teacher who has recently passed the second State Examination; ≈ probationary teacher; ~**aufenthalt** der study visit (in + Dat. to); ~**bewerber** der applicant for a place in higher education; ~**direktor** der a) *(Bundesrepublik Deutschland)* deputy headmaster; b) *(DDR)* honorary title conferred on a secondary-school teacher; ~**fach** das subject [of study]; ~**freund** der, ~**freundin** die university/college friend; ~**gang** der course of study; ~**gebühr** die tuition fee; ~**halber** *Adv.* for study purposes; ~**kolleg** das *(Hochschulw.)* preparatory course *(esp. for foreign students)*; ~**platz** der university/college place; ~**rat** der, ~**rätin die** a) *(Bundesrepublik Deutschland)* established graduate secondary-school teacher *(Brit.)*; graduate high-school teacher with tenure *(Amer.)*; b) *(DDR)* honorary title conferred on a teacher; ~**referendar** der probationary graduate teacher; ~**reise** die study trip; ~**zeit** die a) *(Zeit als Student)* time as a student; student days *pl.*; b) *(Dauer)* period of study
studieren [ʃtuˈdiːrən] 1. *itr. V.* study; **er studiert in Berlin** he is studying *or* at university

in Berlin; **er studiert noch** he is still a student. 2. *tr. V.* study
Studierende der/die/; *adj. Dekl.* student
Studier·stube die *(veralt., scherzh.)* study
studiert *Adj. (ugs.)* ⟨person⟩ who has been to university; ⟨painter etc.⟩ with an academic training
Studierte der/die/; *adj. Dekl. (ugs.)* person with a university education
Studio [ˈʃtuːdi̯o] das; ~s, ~s a) studio; b) *(Einzimmerwohnung)* [one-room] flatlet *(Brit.)*; studio flat *(Brit.)*; studio apartment *(Amer.)*
Studio·bühne die studio theatre
Studiosus [ʃtuˈdi̯oːzʊs] der; ~, Studiosi *(veralt., scherzh.)* student
Studium [ˈʃtuːdi̯ʊm] das; ~s, Studien a) *o. Pl.* study; *(Studiengang)* course of study; **zum** ~ **der Medizin zugelassen werden** get a place to study medicine; **das** ~ **mit dem Staatsexamen abschließen** complete one's studies *or* course [of study] with the State Examination; **neben dem** ~ **arbeitet sie als Kellnerin** she works as a waitress while she is studying; **während seines** ~**s** *(als er Student war)* in his student days; b) *(Erforschung)* study; **Studien über etw.** *(Akk.)* **betreiben** carry out studies into sth.; c) *o. Pl. (genaues Lesen)* study; **beim** ~ **der Akten** while studying the files
Studium generale das; ~ ~: general studies course
Stufe [ˈʃtuːfə] die; ~, ~n a) step; *(einer Treppe)* stair; *(Gelände~)* terrace; „**Achtung** *od.* **Vorsicht,** ~!" 'mind the step'; b) *(Raketen~, Geol., fig.: Stadium)* stage; *(Niveau)* level; *(Steigerungs~, Grad)* degree; *(Rang)* grade; **eine** ~ **der Entwicklung** a stage of development; **auf einer hohen** ~ **stehen** be of a high standard; **auf der gleichen** ~ **stehen [wie ...]** be of the same standard [as ...]; have the same status [as ...]; *(gleichwertig sein)* be equivalent to [...]; **jmdn./etw. mit jmdm./ etw. auf eine** *od.* **auf die gleiche** ~ **stellen** equate sb./sth. with sb./sth.; **zwei Dinge auf die gleiche** ~ **stellen** equate two things; **sich mit jmdm./etw. auf eine** *od.* **auf die gleiche** ~ **stellen** put oneself on a level with sb./ sth.; c) *(Technik) (Funktions~)* mark; position; *(Geschwindigkeits~)* speed; *(Heiz~)* heat-setting; **Gas:** ~ **III** gas mark III; d) *(Musik)* degree; **die erste** ~ **der Tonleiter** the first step on the scale
stufen *tr. V.* a) step; terrace ⟨slope⟩; b) *(ab~)* grade ⟨salaries⟩; graduate ⟨prices⟩
stufen-, Stufen-: ~**barren** der *(Turnen)* asymmetric bars *pl.*; ~**heck** das *(Kfz-W.)* booted rear; ~**leiter** die *(fig.)* hierarchy; ladder *(fig.)*; ~**los** 1. *Adj.* continuously variable; 2. *adv.* ~**los verstellbar** continuously adjustable; ~**plan** der phased plan; ~**pyramide** die *(Kunstwiss.)* step pyramid; ~**weise** 1. *Adv.* in stages or phases; 2. *adj.; nicht präd.* phased
stufig 1. *Adj.* layered ⟨hair [style]⟩; terraced ⟨terrain⟩. 2. *adv.* ~ **geschnittenes Haar** layered hair; hair cut in layers; ~ **gegliedertes Gelände** terraced terrain
-**stufig** *adj.* -step; *(fig.)* -stage ⟨development, rocket, filter, etc⟩; -phase ⟨plan⟩
Stuhl [ʃtuːl] der; ~[e]s, Stühle [ˈʃtyːlə] a) chair; b) *(fig.)* **sein** ~ **wackelt** his position is threatened *or* no longer secure; **der Minister klebt an seinem** ~ *(ugs.)* the minister is not to be shifted [from office]; **jmdm. den** ~ **vor die Tür setzen** kick sb. out; show sb. the door; **[fast] vom** ~ **fallen** *(ugs.)* [nearly] have a fit *(coll.)*; **jmdn. vom** ~ **reißen** *od.* **jagen/ hauen** *(ugs.)* get sb. excited/take sb.'s breath away; **das hat mich fast** *od.* **bald vom** ~ **gehauen** *(ugs.)* you could have knocked me down with a feather; **sich zwischen zwei Stühle setzen/zwischen zwei Stühlen sitzen** fall/have fallen between two stools; *s. auch* **elektrisch 1**; c) *(kath. Kirche)* see; **der** ~ **Pe-**

stumpfsinnig

tri the Holy See *or* See of Rome; *s. auch* **apostolisch b; heilig a; d)** *(Med.)* stool; e) *s.* **Stuhlgang a**
Stuhl·bein das chair-leg
Stühlchen [ˈʃtyːlçən] das; ~s, ~: little chair
Stuhl-: ~**gang** der; *o. Pl.* a) bowel movement[s]; b) *(Kot)* stool; ~**lehne die** a) *(Rückenlehne)* chair-back; b) *(Armlehne)* chair-arm; ~**verstopfung** die constipation
Stuka [ˈʃtuːka] der; ~s, ~s *(Milit.)* divebomber; *(Ju 87)* stuka
Stukkateur [ʃtʊkaˈtøːɐ̯] der; ~s, ~e [stucco] plasterer
Stulle [ˈʃtʊlə] die; ~, ~n *(nordostd.)* slice of bread; *(Butter~)* piece of bread and butter; *(belegt)* sandwich
Stulpe [ˈʃtʊlpə] die; ~, ~n *(am Ärmel)* turned-up cuff; *(am Stiefel)* bucket-top
stülpen [ˈʃtylpn̩] *tr. V.* **etw. auf** *od.* **über etw.** *(Akk.)* ~: pull/put sth. on to or over sth.; **die Taschen nach außen** ~: turn the/one's pockets inside out
Stulpen·stiefel der bucket-top boot
stumm [ʃtʊm] *Adj.* dumb ⟨person⟩; *(schweigsam)* silent ⟨person, reproach, greeting, prayer, etc.⟩; *(wortlos)* wordless ⟨greeting, complaint, prayer, gesture, dialogue⟩; mute ⟨glance, gesture⟩; *(Theater)* non-speaking ⟨part, character⟩; ~ **vor Schreck** speechless with fear; **sie sahen sich** ~ **an** they looked at one another without speaking *or* in silence; **ein** ~**er Konsonant/Vokal** *(Sprachw.)* a silent *or* mute consonant/ vowel; **das** ~**e h** the silent h; the h mute; ~**er Diener** ⟨Kleiderständer⟩ valet; *(Serviertisch)* dumb waiter
Stumme der/die; *adj. Dekl.* mute; **die** ~**n** the dumb
Stummel [ˈʃtʊml̩] der; ~s, ~: stump; *(Bleistift~)* stub; *(Zigaretten~/Zigarren~)* [cigarette-/cigar-]butt
Stummel·schwanz der stumpy tail
Stumm·film der silent film
Stummheit die dumbness; *(Schweigsamkeit)* silence
Stumpen [ˈʃtʊmpn̩] der; ~s, ~: stumpy cigar
Stümper [ˈʃtʏmpɐ] der; ~s, ~ *(abwertend)* botcher; bungler
Stümperei die; ~, ~en *(abwertend)* a) *o. Pl.* botching; incompetence; b) *(Ergebnis)* botched job; piece of incompetence
stümperhaft *(abwertend)* 1. *Adj.* incompetent; botched ⟨job⟩; *(laienhaft)* amateurish ⟨attempt, drawing⟩. 2. *adv.* incompetently; *(laienhaft)* amateurishly
stümpern *itr. V. (abwertend)* work incompetently; *(pfuschen)* bungle
stumpf [ʃtʊmpf] 1. *Adj.* a) blunt ⟨pin, needle, knife, etc.⟩; snub ⟨nose⟩; flat-topped ⟨tower⟩; *(Math.)* truncated ⟨cone, pyramid⟩; obtuse ⟨angle⟩; b) *(glanzlos, matt)* dull ⟨paint, hair, metal, colour, etc.⟩; *(rauh)* rough ⟨stone, wood⟩; c) *(Verslehre)* masculine ⟨rhyme⟩; d) *(abgestumpft, teilnahmslos)* impassive, lifeless ⟨person, glance⟩; impassive, apathetic ⟨indifference, resignation⟩; dulled ⟨senses⟩; blank ⟨look, despair⟩; e) *(Med.)* contused ⟨wound⟩. 2. *adv. (abgestumpft)* ⟨sit, stare⟩ impassively
Stumpf [ʃtʊmpf] der; ~[e]s, Stümpfe [ˈʃtʏmpfə] stump; **etw. mit** ~ **und Stiel ausrotten/vernichten** eradicate/destroy sth. root and branch
Stümpfchen [ˈʃtʏmpfçən] das; ~s, ~: [little] stump
Stumpfheit die; ~ a) bluntness; b) *(Abgestumpftheit)* impassiveness; apathy; *(des Blickes)* lifelessness; blankness; *(der Sinne)* dullness
stumpf-, Stumpf-: ~**sinn** der; *o. Pl.* a) apathy; b) *(Monotonie)* monotony; tedium; ~**sinnig** 1. *Adj.* a) apathetic; vacant ⟨look⟩; b) *(monoton)* tedious; dreary; soul-

1503

stumpfwinklig

destroying ⟨job, work⟩. **2.** adv. **a)** apathetically; ⟨stare⟩ vacantly; **b)** (monoton) tediously; monotonously; **~winklig** Adj. obtuse-angled ⟨triangle, intersection⟩
Stund [ʃtʊnt] s. Stunde b
Stündchen ['ʃtʏntçən] das; ~s, ~ (fam.) [für od. auf] ein ~: for an hour or so; jmds. letztes ~ ist gekommen od. hat geschlagen sb.'s last hour has come
Stunde ['ʃtʊndə] die; ~, ~n **a)** hour; eine ~ Aufenthalt/Pause an hour's stop/break; a stop/break of an hour; **drei ~n zu Fuß/mit dem Auto** three hours' walk/drive; **120 km in der ~ fahren** do 120 kilometres per hour; **20 Mark [für] die** od. **in der** od. **pro ~ bekommen** get 20 marks an hour or per hour; **jede ~:** once an hour; **nach Stunden bezahlt werden** be paid by the hour; **zur vollen ~:** on the hour; **alle halbe ~:** every half hour; **~ um ~,** ~n und ~n [for] hours; [for] hour after hour; **jmds. letzte ~ hat geschlagen** od. **ist gekommen** sb.'s last hour has come; **wissen, was die ~ geschlagen hat** (fig.) know how things [really] stand; (wissen, was einem bevorsteht) know what's in store or what one is in for; **die Männer und Frauen der ersten ~** (einer Partei o. ä.) the founder members; **b)** (geh.) (Zeitpunkt) hour; (Zeit) time; (Augenblick) moment; **in ~n der Not/Gefahr** in times of need/danger; **in einer stillen ~:** in a quiet moment; **zu früher/vorgerückter ~:** at an early/a late hour; **zur ~:** at the present time; **die Gunst der ~ nutzen** make hay while the sun shines (fig.); strike while the iron is hot (fig.); **seine [große] ~ war gekommen** his big moment had come; **die ~ der Wahrheit** the moment of truth; **die ~ Null** [the time of] the new beginning (esp. in Germany after World War II); **von Stund an** (geh. veralt.) thenceforth (arch.); s. auch blau; Gebot e; **c)** (Unterrichts~) lesson; **in der dritten ~:** in the third period; **eine freie ~:** a free period
stünde ['ʃtʏndə] 1. u. 3. Pers. Sg. Konjunktiv II v. stehen
stunden tr. V. jmdm. einen Betrag/eine Rate usw. ~: give sb. [extra] time to pay or allow sb. to defer payment of a sum/an instalment etc.; **können Sie mir den Rest bis morgen ~?** will you give me until tomorrow to pay you the rest?
stunden-, Stunden-: ~**buch** das (Hist., Kunstwiss.) book of hours; ~**gebet** das (kath. Kirche) prayer said at the canonical hours; ~**geschwindigkeit** die: **bei/mit einer ~geschwindigkeit von 60 km** at a speed of 60 k.p.h.; ~**glas** das (veralt.) hourglass; ~**hotel** das sleazy hotel (which lets rooms by the hour); ~**kilometer** der (ugs.) kilometre per hour; k.p.h.; **er fuhr 120 ~kilometer** he was driving at or doing 120 k.p.h.; ~**lang 1.** Adj.; nicht präd. lasting hours postpos.; **das ~lange Warten/Stehen** the hours of waiting/standing; **2.** adv. for hours; ~**lohn** der hourly wage; **sie bekommt 12 Mark ~lohn** she gets paid 12 marks an hour or per hour; ~**plan** der timetable; ~**schlag** der stroke [of the clock]; **mit dem ~schlag** on the stroke of the hour; ~**weise 1.** Adv. for an hour or two [at a time]; **er wird ~weise bezahlt** he is paid by the hour; **2.** adj.; nicht präd. ⟨hiring, payment⟩ by the hour; ~**zahl** die number of hours; (von Unterrichtsstunden) number of lessons; ~**zeiger** der hour-hand
-stündig adj. -hour
Stündlein das; ~s, ~ s. Stündchen
-stündlich adj. -hourly; **zwei~/halb~:** two-hourly/half-hourly; adv. every two hours/half an hour
stündlich 1. Adj. hourly. **2.** adv. **a)** hourly; once an hour; **sich ~ verändern** change from hour to hour or from one hour to the next; **b)** ⟨jeden Augenblick⟩ at any moment; **etw. ~ erwarten** expect sth. hourly

Stundung die; ~, ~en deferment of payment
Stunk [ʃtʊŋk] der; ~s (ugs.) trouble; **~ machen/anfangen** cause/start trouble
stupid[e] [ʃtu'pi:də] (abwertend) **1.** Adj. **a)** moronic, empty-headed ⟨person⟩; moronic, vacuous ⟨expression⟩; **b)** (monoton) soul-destroying. **2.** adv. moronically
Stupidität [ʃtupidi'tɛ:t] die; ~ (abwertend) **a)** moronic vacuity or vacuity; **b)** (Monotonie) deadly monotony or tedium
Stups [ʃtʊps] der; ~es, ~e (ugs.) push; shove; (leicht) nudge
stupsen tr. V. (ugs.) push; shove; (leicht) nudge
Stups·nase die snub nose
stur (ugs.) **1.** Adj. **a)** (abwertend) (eigensinnig, unnachgiebig) obstinate; pig-headed; obstinate, dogged ⟨insistence⟩; (phlegmatisch) stolid; dour; **ein ~er Bock** a pig-headed so-and-so (coll.); **du ~er Bock!** you're as obstinate as a mule!; **~ wie ein Panzer** stubborn as a mule; **auf ~ schalten** dig one's heels in; **sich ~ stellen,** ~ **bleiben** not give in; **b)** (unbeirrbar) dogged; persistent; **~es Geradeausgehen** tedious; **c)** (abwertend: stumpfsinnig) tedious; **~es Auswendiglernen** soul-destroying or mechanical learning by rote. **2.** adv. **a)** (abwertend: eigensinnig, unnachgiebig) obstinately; **b)** (unbeirrbar) doggedly; **sie las/redete ~ weiter** she carried on reading/kept on talking regardless; **c)** (abwertend: stumpfsinnig) tediously; ⟨learn, copy⟩ mechanically
stürbe ['ʃtʏrbə] 1. u. 3. Pers. Sg. Konjunktiv II v. sterben
Sturheit die; ~ (ugs. abwertend) **a)** (Eigensinnigkeit, Unnachgiebigkeit) obstinacy; pig-headedness; (phlegmatisches Wesen) stolidity; dourness; **b)** (Stumpfsinnigkeit) deadly monotony
Sturm [-] der; ~[e]s, **Stürme** ['ʃtʏrmə] **a)** storm; (heftiger Wind) gale; **bei** od. **in ~ und Regen** in the wind and rain; **ein ~ im Wasserglas** a storm in a teacup; **das Barometer steht auf ~** (fig.) there's a storm brewing; **ein ~ der Begeisterung/des Protests** tumultuous or tempestuous applause/a storm of protest; **~ und Drang** (Literaturw.) Storm and Stress; s. auch Ruhe c; **b)** (Milit.: Angriff) assault (**auf** + Akk. on); **der ~ auf die Bastille** (hist.) the storming of the Bastille; **etw. im ~ erobern** od. **nehmen** (auch fig.) take sth. by storm; **gegen etw. ~ laufen** (fig.) be up in arms against sth.; **~ klingeln** ring the [door]bell like mad; lean on the [door]bell; **c)** (Sport: die Stürmer) forward line; **im ~ spielen** play up front; **d)** o. Pl. (österr.: Most) s. Federweiße
Sturm-: ~**ab·teilung** die (ns.) armed and uniformed branch of the NSDAP; SA; ~**an·griff** der (Milit.) assault (**auf** + Akk. on); ~**bock** der (hist.) battering-ram
stürmen ['ʃtʏrmən] **1.** itr. V. **a)** unpers. **es stürmt [heftig]** it's blowing a gale; **b)** mit sein (rennen) rush; (verärgert) storm; **zum Ausgang ~:** make a rush for the exit; **c)** (Sport: als Stürmer spielen) play up front or as a striker; **d)** (Sport, Milit.: angreifen) attack. **2.** tr. V. (Milit.) storm ⟨town, position, etc.⟩; (fig.) besiege ⟨booking-office, shop, etc.⟩; **den Saal ~:** force one's way into the hall
Stürmer ['ʃtʏrmɐ] der; ~s, ~ **a)** (Sport) striker; forward; **b)** ~ **und Dränger** (Literaturw.) Storm and Stress writer; **die ~ und Dränger in der Partei** (fig.) the radical faction in the party
sturm-, Sturm-: ~**flut** die storm tide; ~**frei** Adj. (scherzh.) **eine ~freie Bude haben** have a place where one can do as one likes [without interference/objections]; ~**gepäck** das (Milit.) combat pack; ~**gepeitscht** Adj. (geh.) ⟨forest, trees⟩ bending before the storm; storm-tossed ⟨sea⟩

Sturzwelle

stürmisch ['ʃtʏrmɪʃ] **1.** Adj. **a)** stormy; (fig.) tempestuous, turbulent ⟨days, life, times, years⟩; **b)** (ungestüm) tempestuous ⟨nature, outburst, welcome⟩; tumultuous ⟨applause, welcome, reception⟩; wild ⟨enthusiasm⟩; passionate ⟨lover, embrace, temperament⟩; vehement ⟨protest⟩; ~**es Gelächter** gales of laughter; **er näherte sich mit ~en Schritten** he approached with impetuous steps; **nicht so ~!** calm down!; take it easy!; **c)** (rasant) meteoric ⟨development, growth⟩; lightning, breakneck ⟨speed⟩. **2.** adv. **a)** ⟨protest⟩ vehemently; ⟨embrace⟩ impetuously, passionately; ⟨demand⟩ clamorously; ⟨applaud⟩ wildly; **jmdn. ~ begrüßen/empfangen** give sb. a tumultuous welcome/reception; **b)** (rasant) at a tremendous rate or speed; at lightning speed
sturm-, Sturm-: ~**laterne** die storm-lantern (Brit.); hurricane-lamp; ~**lauf** der: **im ~lauf** at the double; ~**leiter** die (Milit. hist.) scaling-ladder; ~**möwe** die seamew; common gull; ~**reif** Adj. (Milit. hist.) ready to be stormed postpos.; **die Stadt ~reif schießen** soften the town up with a bombardment [preparatory to the assault]; ~**schaden** der gale or storm damage no pl., no indef. art.; ~**schritt** der: **im ~schritt** at the double; ~**segel** das storm-sail; ~**tief** das (Met.) deep low
Sturm-und-Drang-Zeit die; o. Pl. (Literaturw.) Storm and Stress period; **in meiner ~** (fig. scherzh.) [in the days] when I was sowing my wild oats
Sturm-: ~**vogel** der (Zool.) petrel; ~**warnung** die (Seew.) gale warning; ~**wind** der (dichter., geh.) tempest (literary)
Sturz [ʃtʊrts] der; ~es, **Stürze** ['ʃtʏrtsə] **a)** fall (**aus, von** from); (Unfall) accident; **ein ~ in die Tiefe** a plunge into the depths; **bei einem ~ vom Pferd** falling off a horse; **b)** (von Preis, Temperatur usw.) [sharp] fall, drop (Gen. in); **c)** (Verlust des Amtes, der Macht) fall; (Absetzung) overthrow; (Amtsenthebung) removal from office; **d)** (Kfz-W.) camber; **e)** Pl. auch **~e** ⟨Fenster~, Tür~⟩ lintel
Sturz·bach der [mountain] torrent; (fig.: von Fragen usw.) torrent
stürzen ['ʃtʏrtsn̩] **1.** itr. V.; mit sein **a)** fall (**aus, von** from); (in die Tiefe) plunge; plummet; (fig.) ⟨temperature, exchange rate, etc.⟩ drop [sharply]; ⟨prices⟩ tumble; ⟨government⟩ fall, collapse; **beim Rollschuhlaufen/auf dem Eis ~:** have a fall while roller-skating/on the ice; **mit dem Pferd/Fahrrad ~:** come off one's horse/bicycle; **b)** (laufen) rush; dash; **er stürzte ins Zimmer** he burst into the room; **jmdm. in die Arme ~:** hurl or fling oneself into sb.'s arms; **c)** ⟨fließen⟩ stream; pour; **d)** (geh.: steil abfallen) plunge. **2.** refl. V. **sich auf jmdn./etw. ~** (auch fig.) pounce on sb./sth.; **sich in etw.** (Akk.) **~:** throw oneself or plunge into sth.; **sich in die Arbeit ~:** throw oneself into one's work; **sich den Vergnügen ~** abandon oneself to pleasure. **3.** tr. V. **a)** throw; (mit Wucht) hurl; **sich aus dem Fenster/von der Brücke ~:** hurl oneself or leap out of the window/off the bridge; **sich in die Tiefe ~:** plunge into the depths; **jmdn. ins Verderben/Unglück ~:** plunge sb. into ruin/misfortune; **b)** (umdrehen) upturn, turn upside-down ⟨mould, pot, box, glass, cup⟩; turn out ⟨pudding, cake, etc.⟩; **„bitte nicht ~"** 'this way up'; **c)** (des Amtes entheben) oust ⟨person⟩ [from office]; (gewaltsam) overthrow, topple ⟨leader, government⟩
Sturz-: ~**flug** der (Flugw.) [nose-]dive; **im ~flug** in a [nose-]dive; ~**geburt** die (Med.) precipitate delivery; ~**helm** der the crash-helmet; ~**kampf·flugzeug** das dive-bomber; ~**regen** der torrential downpour; ~**see** die, ~**welle** die breaking wave; [heavy] sea; (am Strand usw.) breaker

Stuß [ʃtʊs] *der;* **Stu̱sses** *(ugs. abwertend)* rubbish; twaddle *(coll.)*
Stute [ˈʃtuːtə] *die;* ~, ~n mare; *(Esel~)* she-ass
Stuten *der;* ~s, ~ *(nordd.)* currant bread; fruit loaf
Stut[en]-: ~**fohlen** *das,* ~**füllen** *das* filly
Stütz *der;* ~es, ~e *(Geräteturnen)* support
Stütze *die;* ~, ~n **a)** *(auch fig.)* support; *(für die Wäscheleine)* prop; ~n für Kopf, Arme und Füße head-, arm-, and foot-rests; **an jmdm. eine ~ haben** *(fig.)* get support *or* help from sb.; **er ist die ~ der Familie** *(fig.)* he is he mainstay of the family; **die ~n der Gesellschaft** *(fig.)* the pillars of society; **b)** *(salopp: Arbeitslosengeld)* dole *(coll.);* **von der ~ leben** live on the dole *(Brit. coll.)*
¹**stutzen** [ˈʃtʊtsn̩] *itr. V.* stop short
²**stutzen** *tr. V.* trim; dock ⟨*tail*⟩; clip ⟨*ear, hedge, wing*⟩; prune ⟨*tree, bush*⟩
Stutzen *der;* ~s, ~ **a)** *(Gewehr)* carbine; **b)** *(Technik: Rohrstück)* pipe-end; spout; *(zum Einfüllen)* filler pipe; **c)** *(Kniestrumpf)* [knee-]sock *(without a foot);* (Fußball) [football]sock
stützen [ˈʃtʏtsn̩] **1.** *tr. V.* **a)** support; *(mit Pfosten o. ä.)* prop up; *(aufstützen)* rest ⟨*head, hands, arms, etc.*⟩ (auf + Akk. on); **die Hände in die Seiten/den Kopf in die Hände gestützt** hands on hips/head in hands; **wo sind die Beweise, auf die Sie Ihre Anschuldigungen ~?** where is the evidence to support your accusations *or* on which your accusations are based?; **b)** *(Wirtsch.)* support ⟨*currency, exchange rate, price*⟩; *(DDR: niedrig halten)* peg ⟨*prices*⟩. **2.** *refl. V.* **sich auf jmdn./etw. ~:** lean *or* support oneself on sb./sth.; **sich auf Fakten** *(Akk.)* **~** *(fig.)* ⟨*theory, statement etc.*⟩ be based on facts; **er kann sich auf keinerlei Fakten ~:** he has no facts to support his case
Stutzer *der;* ~s, ~ *(veralt. abwertend)* dandy; fop
stutzerhaft 1. *Adj.* dandyish. **2.** *adv.* like a dandy
Stutz·flügel *der (Musik)* baby grand [piano]
Stütz·gewebe *das (Anat., Biol.)* stroma
stutzig *Adj.* werden begin to wonder; get suspicious; **jmdn. ~ machen** make sb. wonder; make sb. suspicious
Stütz-: ~**korsett** *das* [support] corset; ~**mauer** *die* supporting wall; ~**pfeiler** *der* [supporting] pillar; ~**punkt** *der (bes. Milit.)* base; ~**rad** *das* stabilizer *(for bicycle);* ~**strumpf** *der* support stocking
Stützung *die;* ~, ~en **a)** support; **zur ~ seiner Behauptung sagte er...:** in support of his statement, he said ...; **b)** *(Wirtsch.) (von Währung, Kursen)* support, *(DDR: von Preisen)* pegging
Stützungs·kauf *der (Wirtsch.)* support purchase
Stütz·verband *der (Med.)* support bandage
StVO [ɛstefauˈoː] *die;* ~ *Abk.* **Straßenverkehrsordnung**
stylen [ˈstailən] *tr. V. (ugs.)* style ⟨*car etc.*⟩; do up ⟨*person*⟩; **ein hervorragend gestyltes Modell** a model with outstanding lines
Styling [ˈstailiŋ] *das;* ~s, ~s styling
Styropor ⓦ [ˌstyroˈpoːɐ] *das;* ~s polystyrene [foam]
Styx [ʃtyks] *der;* ~ *(griech. Myth.)* Styx
s. u. *Abk.* **siehe unten** see below
SU *Abk.* **Sowjetunion**
Suada [ˈzuːada] *die;* ~, **Suaden** *(geh. abwertend)* harangue; diatribe
Suaheli [zuaˈheːli] *das;* ~[s] Swahili; *s. auch* **Deutsch**
subaltern [zʊpʔalˈtɛrn] *(geh.)* **1.** *Adj.* **a)** *(untergeordnet)* subordinate; **b)** *(abwertend) (unselbständig)* unoriginal ⟨*mind, literature*⟩; *(unterwürfig)* servile. **2.** *adv. (abwertend: unterwürfig)* in a servile manner

Subbotnik [zʊˈbɔtnɪk] *der;* ~[s], ~s *(DDR)* voluntary work *(usually on a Saturday)* done without payment
Sub·dominante [ˈzʊp-] *die (Musik)* subdominant; *(Dreiklang)* subdominant chord
Subjekt [zʊpˈjɛkt] *das;* ~[e]s, ~e **a)** subject; **b)** *(abwertend: Mensch)* creature; type *(coll.)*
subjektiv [zʊpjɛkˈtiːf] **1.** *Adj.* subjective. **2.** *adv.* subjectively
subjektivieren *tr. V. (geh.)* subjectivize
Subjektivismus *der;* ~: subjectivism
Subjektivität [zʊpjɛktiviˈtɛːt] *die;* ~: subjectivity
Subjekt·satz *der (Sprachw.)* subject clause
Sub-: ~**kontinent** *der (Geogr.)* subcontinent; ~**kultur** *die (Soziol.)* subculture
subkutan [zʊpkuˈtaːn] *(Anat., Med.)* **1.** *Adj.* subcutaneous. **2.** *adv.* subcutaneously
sublim [zuˈbliːm] *(geh.)* **1.** *Adj.* subtle; *(erhaben)* sublime. **2.** *adv.* subtly
Sublimation [zublimaˈtsi̯oːn] *die;* ~, ~en *(Chemie)* sublimation
sublimieren *tr., itr. V.* sublimate
Sublimierung *die;* ~, ~en sublimation
Sublimität [zublimiˈtɛːt] *die;* ~ *(geh.)* subtlety
submarin *Adj.* submarine
Subordination *die (bes. Logik)* subordination (unter + Akk. to)
subsidiär [zʊpziˈdi̯ɛːɐ̯] *(bes. Rechtsw.)* **1.** *Adj.* **a)** *(unterstützend)* supplementary ⟨*measures*⟩; **b)** *(als Behelf dienend)* provisional ⟨*law etc.*⟩. **2.** *adv.* **a)** ~ tätig werden play a supporting role; **b)** *(behelfsmäßig)* on a provisional basis
Subsidiarität [zʊpzidi̯ariˈtɛːt] *die;* ~ *(Politik, Soziol.)* subsidiarity *no art.*
Subskribent [zʊpskriˈbɛnt] *der,* **Subskribentin** *die (Buchw.)* subscriber
subskribieren [zʊpskriˈbiːrən] *(Buchw.)* **1.** *tr. V.* subscribe to. **2.** *itr. V.* take out a subscription
Subskription [zʊpskripˈtsi̯oːn] *die;* ~, ~en *(Buchw.)* subscription
Subskriptions·preis *der (Buchw.)* subscription price
substantiell [zʊpstanˈtsi̯ɛl] *(geh.)* **1.** *Adj.* substantial. **2.** *adv.* substantially
Substantiv [ˈzʊpstantiːf] *das;* ~s, ~e *(Sprachw.)* noun
substantivieren *tr. V. (Sprachw.)* nominalize
substantivisch *(Sprachw.)* **1.** *Adj.* nominal. **2.** *adv.* ~ gebraucht used as nouns/a noun; nominalized
Substanz [zʊpˈstants] *die;* ~, ~en **a)** *(auch fig.)* substance; **b)** *(Grundbestand)* **die ~:** the reserves *pl.;* **etw. geht an die ~** *(fig. ugs.) (seelisch, nervlich)* sth. gets you down; *(körperlich)* sth. takes it out of you; **von der ~ zehren** live off one's reserves *or* capital
substituieren [zʊpstituˈiːrən] *tr. V. (geh., fachspr.)* replace
Substitut [zʊpstiˈtuːt] *der;* ~en, ~en assistant manager
Substitution [zʊpstituˈtsi̯oːn] *die;* ~, ~en *(geh., fachspr.)* replacement
Substrat [zʊpˈstraːt] *das;* ~[e]s, ~e *(geh., fachspr.)* substratum
subsumieren [zʊpzuˈmiːrən] *tr. V. (geh.)* subsume (unter + Dat. *od.* Akk. under)
subtil [zʊpˈtiːl] *(geh.)* **1.** *Adj.* subtle. **2.** *adv.* subtly
Subtilität [zʊptiliˈtɛːt] *die;* ~, ~en *(geh.)* subtlety
Subtrahend [zʊptraˈhɛnt] *der;* ~en, ~en *(Math.)* subtrahend
subtrahieren *tr., itr. V. (Math.)* subtract
Subtraktion [zʊptrakˈtsi̯oːn] *die;* ~, ~en *(Math.)* subtraction
Sub·tropen *Pl. (Geogr.)* subtropics
sub·tropisch *Adj.* subtropical
Subvention [zʊpvɛnˈtsi̯oːn] *die;* ~, ~en *(Wirtsch.)* subsidy

subventionieren *tr. V. (Wirtsch.)* subsidize
Sub·version *die (Politik)* subversion
subversiv [zʊpvɛrˈziːf] *(Politik)* **1.** *Adj.* subversive. **2.** *adv.* subversively
Such-: ~**aktion** *die* search [operation]; ~**anzeige** *die* **a)** missing-person report; **b)** *(in der Zeitung)* 'lost' advertisement; ~**bild** *das s.* **Vexierbild**
Suche [ˈzuːxa] *die;* ~, ~n search (nach for); **auf der ~ [nach jmdm./etw.] sein** be looking/ *(intensiver)* searching [for sb./sth.]; **sich [nach jmdm./etw.] auf die ~ machen, [nach jmdm./etw.] auf die ~ gehen** start searching *or* start a search [for sb./sth.]
suchen 1. *tr. V.* **a)** look for; *(intensiver)* search for; **gesucht wird der 54jährige XY** a search is going on for the 54-year-old XY; **"Kellner/Leerzimmer gesucht"** 'waiter/unfurnished room wanted'; **"Gesucht: Jesse James"** 'Wanted: Jesse James'; **die beiden haben sich gesucht und gefunden** *(ugs.)* those two were made for each other; **solche Menschen/jemanden wie ihn kann man ~** *(ugs.)* you don't come across people like that/someone like him every day; **seinesgleichen ~:** be without equal *or* unequalled; **b)** *(bedacht sein auf, sich wünschen)* seek ⟨*protection, advice, company, warmth, etc.*⟩; look for ⟨*adventure*⟩; **Kontakt** *od.* **Anschluß ~:** try to get to know people; **Streit ~:** seek a quarrel; **was sucht er denn hier?** what does he want here?; **er hat hier nichts zu ~** *(ugs.)* he has no business [to be] here; **an meinem Schreibtisch hat sie nichts zu ~** *(ugs.)* she's got no right *or* business to be at my desk; **er(*geh.: trachten*)** ~, **etw. zu tun** seek *or* endeavour to do sth. **2.** *itr. V.* search; **ich habe überall gesucht** I've looked everywhere; **nach jmdm./ etw. ~:** look/search for sb./sth.; **da kannst du lange ~!** *(ugs.)* you're wasting your time looking for that; **sich ~d umsehen** look around; **such, such!** *(an einen Hund)* seek, seek!; **wer sucht, der findet** he who seeks shall find; seek, and ye shall find *(Bibl.);* **Suchen spielen** *(landsch.)* play hide-and-seek
Sucher *der;* ~s, ~ *(Fot.)* viewfinder
Sucherei *die;* ~, ~en *(ugs., oft abwertend)* [endless] searching *no pl.*
Such-: ~**hund** *der* tracker dog; ~**meldung** *die* announcement about a missing or wanted person; ~**schein·werfer** *der* searchlight
Sucht [zʊxt] *die;* ~, **Süchte** [ˈzʏçtə] *od.* ~en **a)** addiction (nach to); **[bei jmdm.] zur ~ werden** *(auch fig.)* become addictive (in sb.'s case); **b)** *Pl.* **Süchte** *(übermäßiges Verlangen)* craving, obsessive desire (nach for); **ihre krankhafte ~, immer alles besser zu wissen** her pathological obsession with knowing better all the time
süchtig [ˈzʏçtɪç] *Adj.* **a)** addicted; ~ **machen** *(auch fig.)* be addictive; ~ **[nach etw.] sein** *(auch fig.)* be an addict *or* addicted [to sth.]; **b)** *(versessen, begierig)* obsessive; **nach etw.** ~ **sein** be obsessed with sth.
-süchtig *Adj.* **a)** ⟨*drug-, heroin-, morphine-, etc.*⟩ addicted; **alkohol~ sein** be an alcoholic; **b)** *(fig.)* addicted to ⟨*television*⟩; obsessed with ⟨*death*⟩; craving for ⟨*liberation, love, home, sex*⟩
Süchtige *der/die; adj. Dekl.* **Sucht·kranke** *der/die* addict
Sud [zuːt] *der;* ~[e]s, ~e **a)** stock; **b)** *(Extrakt)* decoction
¹**Süd** [zyːt] *o. Art.; o. Pl.* **a)** *(Seemannsspr., Met.: Richtung)* **nach ~:** southwards; to the south; **aus** *od.* **von ~:** from the south; **b)** *(südliches Gebiet, Politik)* South; *s. auch* ¹**Nord b; c)** *einem Subst. nachgestellt* **Autobahnausfahrt Frankfurt-~:** Frankfurt South motorway *(Brit.)* or *(Amer.)* freeway exit; **Europa ~** *(Milit.)* Southern Europe

²Süd der; ~[e]s, ~e *(Seemannsspr., dichter.)* southerly

süd-, Süd-: ~**afrika** (das) South Africa; ~**afrikanisch** *Adj.* South African; ~**amerika** (das) South America; ~**amerikaner** der South American; ~**amerikanisch** *Adj.* South American

Sudan [zu'da:n] (das); ~s *od.* der; ~s Sudan
Sudanese der; ~n, ~n Sudanese
süd·deutsch *Adj.* South German; *s. auch* norddeutsch
Süd·deutschland (das) South Germany
Sudelei die; ~, ~en *(ugs. abwertend)* **a)** *(das Sudeln)* making *no art.* a [disgusting] mess; **b)** *(gesudelte Arbeit)* [eine] ~ sein be a [disgusting] mess; botch it
sudeln ['zu:d|n] *itr. V.* *(ugs. abwertend)* make a [disgusting] mess; *(pfuschen)* make a mess of it; botch it
Süden der; ~s **a)** *(Richtung)* south; *s. auch* Norden **a**; **b)** *(Gegend)* southern part; **aus dem ~**: from the south; **c)** *(Geogr.)* South; **der tiefe/tiefste ~**: the far South
Süd·england (das) Southern England; the South of England
Sudeten [zu'de:tn̩] *Pl.* **die ~**: the Sudeten [Mountains]
Sudeten·deutsche der/die Sudeten German
Sudeten·land das; ~[e]s Sudetenland
süd-, Süd-: ~**europa** (das) Southern Europe; ~**europäisch** *Adj.* Southern European; ~**flanke** die *(Met., Milit.)* southern flank; *(Geogr.: eines Gebirges)* southern escarpment; ~**frucht** die tropical [or subtropical] fruit; ~**hang** der southern slope
Sud·haus das mashhouse
Süd-: ~**insel** die South Island; ~**korea** (das) South Korea; ~**küste** die south coast
Südländer ['zy:tlɛndɐ] der; ~s, ~: Southern European; Mediterranean type
südländisch *Adj.* Southern [European]; Mediterranean; Latin ⟨*temperament*⟩; ~ **aussehen** have Latin looks; look like a Southern European
südlich 1. *Adj.* **a)** *(im Süden gelegen)* southern; *s. auch* Eismeer; nördlich 1 a; Polarkreis; Wendekreis a; **b)** *(nach Süden gerichtet, von Süden kommend)* southerly; **c)** *(aus dem Süden kommend, für den Süden typisch)* Southern. 2. *adv.* southwards; *s. auch* nördlich 2. 3. *Präp. mit Gen.* [to the] south of
süd-, Süd-: ~**licht** ['--] *das*; *Pl.* ~**lichter a)** *(Polarlicht)* southern lights *pl.*; *(einzelne Erscheinung)* display of the southern lights; **b)** *(iron.: Mensch aus Süddeutschland)* South German type; ¹~**ost** *o. Art.*; *o. Pl. (Seemannsspr., Met.)* south-east; *s. auch* ¹Nord a; ¹Nordost; ²~**ost** der *(Seemannsspr.)* southeaster[ly]; south-easterly [wind]; ~**osten** der south-east; **der ~osten** [Englands] the South-East [of England]; *s. auch* Norden; ~**östlich** 1. *Adj.* south-eastern; south-easterly ⟨*direction, wind, course*⟩; 2. *adv.* ~**östlich** [von X] liegen be to the south-east [of X]; 3. *Präp. mit Gen.* [to the] south-east of; ~**ost·wind** der south-east[erly] wind; ~**pol** ['--] der a) South Pole; b) *(eines Magneten)* south pole
Süd·polar-: ~**gebiet** das Antarctic Region]; ~**meer** das; ~[e]s Antarctic Ocean
süd-, Süd-: ~**pol·expedition** ['--------] die expedition to the South Pole; ~**rand** [---] der southern edge; ~**see** ['--] die; ~: die ~: the South Seas *pl.*; ~**see·insel** ['----] die South Sea island ['---] die south side; ~**staaten** [---] *Pl.* southern States; ¹~**süd·ost** *o. Art.*; *o. Pl. (Seemannsspr., Met.)* south-south-east; ²~**süd·ost** der; *Pl.* selten *(Seemannsspr.)* south-south-easterly; ~**süd·osten** der south-south-east; *s. auch* Norden **a**; ¹~**süd·west** *o. Art.*; *o. Pl. (Seemannsspr., Met.)* south-south-west[erly]; *s. auch* ¹Nord a; ²~**süd·west** der, *Pl.* selten *(Seemannsspr.)* south-south-westerly; ~**süd·westen** der south-south-west; *s. auch* Norden **a**; ~**tirol** ['---] (das) South Tirol; ~**wand** ['--] die south face; ~**wärts** ['--] *Adv.* southwards; ~**wein** ['--] der dessert wine; ¹~**west** *o. Art.*; *o. Pl.* south-west; *s. auch* ¹Nord a; ¹Nordwest; ²~**west** der; *Pl.* selten *(Seemannsspr.)* southwester[ly] *(dichter.)* south-west[erly] wind; ~**west·afrika** (das) South-West Africa; ~**westen** der south-west; **der ~westen** [Deutschlands] the South-West [of Germany]; *s. auch* Norden **a**; ~**wester** der; ~s, ~: sou'wester; ~**west·funk** der South West German Radio; ~**westlich** 1. *Adj.* south-western; south-westerly ⟨*direction, course, wind*⟩; 2. *adv.* ~ **[von X] liegen** be to the south-west [of X]; 3. *Präp. mit Gen.* [to the] south-west of; ~**west·wind** der south-west[erly] wind; ~**wind** ['--] der south *or* southerly wind
Sues·kanal ['zu:es-] der; ~s Suez Canal
Suff [zʊf] der; ~[e]s *(salopp)* **a) im ~**: while under the influence *(coll.)*; **b)** *(Trunksucht)* boozing *(coll.)*; **dem ~ verfallen sein/sich dem ~ ergeben** be/become a victim of the demon drink; be on/take to the bottle *(coll.)*
süffeln ['zvfln] *tr. V.*, *itr. V. (ugs.)* tipple *(coll.)*
süffig *Adj. (ugs.)* [very] drinkable; **dieser Wein ist sehr ~**: this wine goes down very well
Süffisance [zyfi'zã:s] die; ~ *s.* Süffisanz
süffisant [zyfi'zant] *(geh. abwertend)* 1. *Adj.* smug. 2. *adv.* smugly
Süffisanz [zyfi'zants] die; ~ *(geh. abwertend)* smugness
Suffix [zʊ'fɪks] *das*; ~es, ~e *(Sprachw.)* suffix
Suffragette [zʊfra'gɛtə] die; ~, ~n *(hist.)* suffragette; *(veralt. abwertend: Frauenrechtlerin)* campaigner for women's rights
suggerieren [zʊgeˈriːrən] *tr. V.* a) *(geh., Psych.)* suggest; **jmdm. etw. ~**: suggest sth. to sb.; put sth. into sb.'s mind; b) *(geh.: den Eindruck erwecken)* suggest; give the *or* an impression of; **das mußte u. daß ...**: this was bound to give the impression that ...
Suggestion [zʊgɛs'tjoːn] die; ~, ~en a) *(geh., Psych.)* suggestion; b) *o. Pl.: suggestive Wirkung)* suggestive effect *or* power
suggestiv [zʊgɛs'tiːf] *(geh., Psych.)* 1. *Adj.* suggestive. 2. *adv.* suggestively
Suggestiv·frage die leading question
Suhle ['zu:lə] die; ~, ~n muddy pool
suhlen *refl. V.* wallow
Sühne ['zy:nə] die; ~, ~n *(geh.)* atonement; expiation; **[für etw.] leisten** make atonement *or* atone [for sth.]
sühnen 1. *tr., itr. V. (abbüßen)* [für] etw. ~: atone for *or* pay the penalty for sth. 2. *tr. V. (bestrafen)* punish ⟨*wrongdoing*⟩
Sühne-: ~**opfer** das *(Rel.)* expiatory sacrifice; ~**termin** der *(Rechtsw.)* conciliation hearing
Sühn·opfer das *s.* Sühneopfer
Suite ['svi:t(ə)] die; ~, ~n suite
Suizid [zui'tsi:t] der *od.* das; ~[e]s, ~e *(bes. Med., Psych.)* suicide
Sujet [zy'ʒeː] das; ~s, ~s *(bes. Literaturw., bild. Kunst)* subject
Sukkade [zʊˈkaːdə] die; ~, ~n candied peel
Sukkulente [zʊkuˈlɛntə] die; ~, ~n *(Bot.)* succulent
sukzessiv [zʊktsɛˈsiːf] 1. *Adj.* gradual. 2. *adv.* gradually
sukzessive *Adv.* gradually
Sulfat [zʊlˈfaːt] *das*; ~[e]s, ~e *(Chemie)* sulphate
Sulfid [zʊlˈfiːt] *das*; ~[e]s, ~e *(Chemie)* sulphide
Sulfit [zʊlˈfiːt] *das*; ~s, ~e *(Chemie)* sulphite
Sulfonamid [zʊlfonaˈmiːt] *das*; ~[e]s, ~e *(Pharm.)* sulphonamide
Sulky ['zʊlki] *das*; ~s, ~s *(Pferdesport)* sulky

Sultan ['zʊltaːn] der; ~s, ~e sultan
Sultanat [zʊltaˈnaːt] das; ~[e]s, ~e sultanate
Sultanine [zʊltaˈniːnə] die; ~, ~n sultana
Sülze ['zʏltsə] die; ~, ~n **a)** diced meat/fish in aspic; *(vom Schweinskopf)* brawn; **b)** *(Aspik)* aspic
sülzen ['zʏltsn̩] *tr., itr. V. (salopp)* s. quatschen 1 a, 2
Sülz·kotelett das boned pork chop in aspic
Sumerer [zuˈmeːrɐ] der; ~s, ~: Sumerian
summ [zʊm] *Interj.* buzz
summa cum laude ['zʊma kʊm ˈlaʊdə] *Adv. (Hochschulw.)* with the highest distinction; *highest of four grades of successful doctoral examination*
Summand [zʊˈmant] der; ~en, ~en *(Math.)* summand
summarisch [zʊˈmaːrɪʃ] *(geh.)* 1. *Adj.* summary; brief ⟨*summary*⟩; **ein ~es Verfahren** *(Rechtsw.)* summary proceedings *pl.* 2. *adv.* summarily; briefly
summa summarum ['zʊma zʊˈmaːrʊm] *Adv.* in all; altogether
Sümmchen ['zʏmçən] das; ~s, ~ *(ugs.)* **ein hübsches** *od.* **nettes ~**: a tidy little sum *(coll.)*
Summe ['zʊmə] die; ~, ~n sum
summen 1. *itr. V.* hum; *(lauter, heller)* buzz; **es summt** there's a hum/buzzing. 2. *tr., auch itr. V.* hum ⟨*tune, song, etc.*⟩
Summer der; ~s, ~: buzzer
summieren *refl. V.* add up (**auf** + *Akk.* to); *(anwachsen)* ⟨*number*⟩ grow, increase (**auf** + *Akk.* to)
Summ·ton der buzzing [tone]; *(leiser)* hum
Sumpf [zʊmpf] der; ~[e]s, Sümpfe ['zʏmpfə] marsh; *(bes. in den Tropen)* swamp; *(fig.)* morass; quagmire; **im ~ steckenbleiben** be stuck in the mire
Sumpf·dotter·blume die marsh marigold
sumpfen *itr. V. (salopp)* make whoopee *(coll.)* or live it up into the small hours
Sumpf-: ~**fieber** das malaria; ~**gas** das marsh gas; ~**gebiet** das marsh[land]; *(bes. in den Tropen)* swamp[land]; ~**huhn** das crake
sumpfig *Adj.* marshy
Sumpf·pflanze die marsh plant
Sums [zʊms] der; ~es *(ugs.)* **viel ~ um etw. machen** make a lot of fuss about sth.
Sund [zʊnt] der; ~[e]s, ~e *(Geogr.)* sound
Sünde ['zʏndə] die; ~, ~n sin; *(fig.)* misdeed; transgression; **in ~ leben** *(veralt.)* live in sin; **faul wie die ~**: bone idle; **eine ~ wert sein** *(ugs.)* be worth a little transgression; ⟨*food*⟩ be naughty but nice; **es ist eine ~ und Schande** it's a crying shame
Sünden-: ~**babel** das sink of iniquity; ~**bekenntnis** das confession of one's sins; ~**bock** der *(ugs.)* scapegoat; ~**fall** der *(christl. Rel.)* Fall of Man; *(fig.)* fall from grace; ~**geld** das: **ein ~geld** *(ugs.)* a small fortune; ~**pfuhl** der *(abwertend)* sink of iniquity; ~**register** das *(ugs. scherzh.)* catalogue of misdeeds
Sünder der; ~s, ~, **Sünderin** die; ~, ~nen sinner
Sünd·flut die; *o. Pl. s.* Sintflut
sündhaft 1. *Adj.* sinful; **b)** *(ugs.)* **ein ~er Preis/~es Geld** an outrageous price/amount of money. 2. *adv.* **a)** sinfully; **b)** *(ugs.: sehr)* outrageously ⟨*expensive*⟩; stunningly ⟨*beautiful*⟩; ~ **faul** bone idle
Sündhaftigkeit die; ~: sinfulness
sündig 1. *Adj.* sinful; *(lasterhaft)* wicked 2. *adv.* sinfully
sündigen *itr. V.* sin; *(scherzh.: viel essen)* indulge oneself [sinfully]; **gegen die Natur ~** *(fig.)* offend against nature
Sunnit [zʊˈniːt] der; ~en, ~en Sunnite
sunnitisch *Adj.* Sunni
super *(salopp)* 1. *indekl. Adj.* super *(coll.)*; fantastic *(coll.)*; ~ **aussehen/sich ~ fühlen**

Super

look/feel great *(coll.)*. 2. *adv.* fantastically *(coll.)*.
Super ['zu:pɐ] *das;* ~s, ~: four star *(Brit.)*; premium *(Amer.); s. auch* **Normal**
super- ultra-*(long, high, fast, modern, masculine, etc.)*; ~**geheim** top secret; ~**günstig** extra cheap
Super- super-*(hero, figure, car, group, etc.)*; terrific *(coll.)*, tremendous *(coll.)* *(success, offer, chance, idea, etc.)*
Super-8-Film *der* super 8 film
superb [zu'pɐrp], **süperb** [zy'pɐrp] *(geh.)* 1. *Adj.* superb. 2. *adv.* superbly
Super·benzin *das* four-star petrol *(Brit.)*; premium *(Amer.)*
Super·ding *das; Pl.* ~**er** *(salopp)* terrific thing *(coll.)*
Superintendent [zupɐlɪntɛn'dɛnt] *der;* ~en, ~en *(ev. Kirche)* dean
Superiorität [zuperiori'tɛ:t] *die;* ~ *(geh.)* a) superiority (**über** + *Akk.* in relation to); b) *(Vormachtstellung)* supremacy (**über** + *Akk.* over)
super·klug *(iron.)* 1. *Adj.* extra clever; smart-aleck way *(coll. derog.)*
Superlativ ['zu:pɐlati:f] *der;* ~s, ~e *(Sprachw.)* superlative
superlativisch *Adj. (Sprachw.)* superlative
super-, Super-: ~**mann** *der; Pl.* ~**männer** *(ugs.)* superman; ~**markt** *der* supermarket; ~**modern** 1. *Adj.* ultra-modern; 2. *adv.* *(furnished, dressed)* in ultra-modern style; ~**schlau** *Adj. (iron.) s.* ~**klug**; ~**schnell** *(ugs.)* 1. *Adj.* ultra-fast; 2. *adv.* at tremendous speed; ~**star** *der* superstar
Süppchen ['zʏpçən] *das;* ~s, ~: soup; **sein ~ am Feuer anderer kochen** *(ugs.)* use others for one's own ends
Suppe ['zʊpə] *die;* ~; ~**n** soup; **jmdm. die ~ versalzen** *(ugs.)* put a spoke in sb.'s wheel; put a spanner in sb.'s works; **jmdm. in die ~ spucken** *(salopp)* mess things up for sb.; *s. auch* **auslöffeln a; einbrocken**
Suppen-: ~**ein·lage** *die* rice, noodles, dumplings, *etc.* put into a clear soup; ~**fleisch** *das* beef for making soup; ~**grün** *das* green vegetables for making soup *(comprising parsley, carrots, celery, and leeks)*; ~**huhn** *das* boiling fowl; ~**kasper** *der (ugs.)* poor *or* finicky eater; ~**kelle** *die* soup-ladle; ~**knochen** *der* soup bone; ~**löffel** *der* soup-spoon; ~**nudel** *die; meist Pl.* noodle *(for use in soup)*; ~**schüssel** *die* soup-tureen; ~**tasse** *die* soup-bowl *(with handles)*; ~**teller** *der* soup-plate; ~**terrine** *die* soup-tureen; ~**würfel** *der* stock cube
suppig *Adj.* watery; thin
Supplement [zʊple'mɛnt] *das;* ~[e]s, ~e supplement
Suppositorium [zʊpozi'to:rium] *das;* ~s, **Suppositorien** *(Pharm.)* suppository
Supremat [zupre'ma:t] *der od. das;* ~[e]s, ~e supreme authority
Sure ['zu:rə] *die;* ~, ~**n** sura
Surf·brett ['sɐ:f-] *das* surf-board
surfen ['sɐ:fn] *itr. V.* surf
Surfer ['sɐ:fɐ] *der;* ~s, ~: surfer
Sur·realismus [zʊrea'lɪsmʊs] *der;* ~: surrealism *no art.*
Sur·realist *der* surrealist
surrealistisch 1. *Adj.* surrealist *(movement, painting, literature)*; surrealistic *(image, story, scene)*. 2. *adv.* surrealistically; *(paint)* in a surrealistic style; *(influenced)* by surrealism
surren ['zʊrən] *itr. V.* a) *(summen)* hum; *(camera, fan)* whirr; **es surrt** there's a hum/whirr; b) *mit sein (schwirren)* whirr
Surrogat [zʊro'ga:t] *das;* ~[e]s, ~e *(geh.)* surrogate
suspekt [zʊs'pɛkt] *(ugs.)* 1. *Adj.* suspicious; **jmdm. ~ sein** seem suspicious to sb.; arouse sb.'s suspicions. 2. *adv.* suspiciously

suspendieren [zʊspɛn'di:rən] *tr. V.* suspend; *(entlassen)* dismiss; **jmdn. vom Dienst/von seinem Amt ~:** suspend/dismiss sb. from his/her post
Suspendierung, Suspension [zʊspɛn'zi̯o:n] *die;* ~, ~**en** suspension; *(Entlassung)* dismissal
Suspensorium [zʊspɛn'zo:rium] *das;* ~s, **Suspensorien** *(Med.)* suspensory [bandage]
süß [zy:s] 1. *Adj.* sweet; *(geh.: lieblich klingend)* melodious; sweet; *(fig.: übertrieben freundlich)* sweet, sugary *(smile, words)*; **er ißt gern Süßes** he likes sweet things; **he has a sweet tooth; na, mein Süßer/meine Süße?** well, sweetheart? 2. *adv.* sweetly; **~ duften** give off a sweet scent; **den Salat ~ anmachen** sweeten the salad-dressing; **träum ~!** sweet dreams!; **das hast du ~ gemalt** *(fam.)* you've painted this enchantingly
Süße *die;* ~: sweetness
süßen 1. *tr. V.* sweeten. 2. *itr. V.* sweeten things; **mit Saccharin ~:** use saccharine as a sweetener
Süß·holz *das; o. Pl.* liquorice [plant]; **~ raspeln** *(fig. ugs.)* ooze charm
Süßholz·raspler *der;* ~s, ~ *(ugs.)* smoothie *(coll.)*
Süßigkeit *die;* ~, ~**en** a) *meist Pl. (Bonbon usw.)* sweet *(Brit.)*; candy *(Amer.)*; ~**en** sweets *(Brit.)*; candy *sing. (Amer.) (als Ware)* confectionery *sing.*; b) *o. Pl. (fig. geh.: Süße)* sweetness
Süß·kirsche *die* sweet cherry
süßlich 1. *Adj.* a) [slightly] sweet; on the sweet side *pred.*; **ein widerlich ~er Geruch/ Geschmack** an unpleasantly sickly *or* cloying smell/taste; b) *(abwertend) (sentimental)* sickly mawkish *(film)*; *(heuchlerisch freundlich)* sugary *(smile etc.)*; smarmy *(coll.)* *(expression, manners)*; honeyed *(words)*. 2. *adv. (abwertend) (write, paint)* mawkishly *or* in a sickly-sentimental style; *(smile)* smarmily *(coll.)*
süß-, Süß-: ~**most** *der* unfermented fruit juice; ~**rahm·butter** *die* sweet cream butter; ~**sauer** 1. *Adj.* sweet-and-sour; *(fig.)* wry *(smile, face)*; **etw. gern ~-sauer essen** like eating sth. with a sweet-and-sour sauce; 2. *adv.* a) **etw. ~-sauer zubereiten** give sth. a sweet-and-sour flavour; b) *(fig.)* *(smile)*, ~**speise** *die* sweet; dessert; ~**stoff** *der* sweetener; ~**waren** *Pl.* confectionery *sing.*; candy *sing. (Amer.)*; ~**wasser** *das; Pl.* ~**wasser** fresh water; ~**wasser·fisch** *der* freshwater fish; ~**wein** *der* sweet wine
Sutane *s.* **Soutane**
Sütterlin·schrift ['zʏtɐli:n-] *die; o. Pl.* Sütterlin script
SV ['ɛsfaʊ] *der;* ~ *Abk.* Sportverein SC
SVP [ɛsfaʊ'pe:] *die;* ~ *Abk.* Schweizer Volkspartei
svw. *Abk.* soviel wie
SW *Abk.* Südwest[en] SW
Swahili [sva'hi:li] *s.* Suaheli
Swastika ['svastika] *die;* ~, **Swastiken** swastika
Sweatshirt ['swɛt-ʃɐ:t] *das;* ~s, ~s sweatshirt
SWF [ɛsve:'ɛf] *der;* ~: *Abk.* Südwestfunk
Swimmingpool, Swimming-pool ['svɪmɪŋpu:l] *der;* ~s, ~s [swimming-]pool
Swing [svɪŋ] *der;* ~[s] ~s a) *(Musik)* swing *no art.*; b) *(Wirtsch.)* swing
swingen *itr. V.* a) *(Musik)* *(player)* swing [it]; *(music)* have a swing [to it]; b) *(tanzen)* swing
Syllogismus [zylo'gɪsmʊs] *der;* ~s, **Syllogismen** *(Philos.)* syllogism
Sylphe ['zʏlfə] *die;* ~, ~**n** sylph
Symbiose [zʏm'bi̯o:zə] *die;* ~, ~**n** *(Biol., fig.)* symbiosis (**zwischen** + *Dat.* of); **eine ~ eingehen** *(fig.)* form a symbiotic relationship
symbiotisch *Adj. (Biol., fig.)* symbiotic

Symbol [zʏm'bo:l] *das;* ~s, ~e symbol
symbolhaft 1. *Adj.* symbolic (**für** of). 2. *adv.* symbolically
Symbolik [zʏm'bo:lɪk] *die;* ~: symbolism
symbolisch 1. *Adj.* symbolic. 2. *adv.* symbolically
symbolisieren 1. *tr. V.* symbolize. 2. *refl. V.* be symbolized (**in** + *Dat.* by)
Symbolismus *der;* ~: symbolism; *(Kunstrichtung)* Symbolism *no art.*
Symbolist *der;* ~en, ~en Symbolist
symbolistisch *Adj.* Symbolist
Symbol·sprache *die (DV)* assembly language
Symmetrie [zʏme'tri:] *die;* ~, ~**n** symmetry
Symmetrie·achse *die* axis of symmetry
symmetrisch 1. *Adj.* symmetrical. 2. *adv.* symmetrically
Sympathie [zʏmpa'ti:] *die;* ~, ~**n** sympathy; **~ für jmdn. haben** sympathize with *or* have sympathy with sb.; **sich** *(Dat.)* **jmds./alle ~ verscherzen** forfeit sb.'s/everybody's sympathy; **bei aller ~:** with the best will in the world
Sympathie·streik *der* sympathy strike; **in ~ [mit jmdm.] treten** strike in sympathy [with sb.]
Sympathikus *der;* ~ *(Anat., Physiol.)* sympathetic nervous system
Sympathisant [zʏmpati'zant] *der;* ~en, ~en, **Sympathisantin** *die;* ~, ~**nen** sympathizer (*Gen.* with)
sympathisch 1. *Adj.* a) congenial, likeable *(person, manner)*; appealing, agreeable *(voice, appearance, material)*; **jmdm. ~ sein** be appeal to sb.; **er war mir gleich ~:** I took to him at once; I took an immediate liking to him; b) *(Anat., Physiol.)* sympathetic *(nerve, nervous system, etc.)*. 2. *adv.* in a likeable *or* appealing way; *(angenehm)* agreeably
sympathisieren *itr. V.* sympathize (**mit** with); **mit einer Partei ~:** be sympathetic towards a party
Symphonie [zʏmfo'ni:] *usw. s.* **Sinfonie** *usw.*
Symposion [zʏm'po:zi̯ɔn], **Symposium** [zʏm'po:zi̯ʊm] *das;* ~s, **Symposien** symposium (**über** + *Akk.*, **zu** on)
Symptom [zʏmp'to:m] *das;* ~s, ~e *(Med., geh.)* symptom *(Gen., für, von* of)
Symptomatik [zʏmpto'ma:tɪk] *die;* ~ *(Med., geh.)* symptoms *pl.*; symptom complex
symptomatisch *(Med., geh.)* 1. *Adj.* symptomatic (**für** of). 2. *adv.* symptomatically
Synagoge [zyna'go:gə] *die;* ~, ~**n** synagogue
Synästhesie [zynɛste'zi:] *die;* ~, ~**n** *(Med., Literaturw.)* synaesthesia
synchron [zʏn'kro:n] 1. *Adj.* a) synchronous; b) *(Sprachw.)* synchronic. 2. *adv.* a) synchronously; b) *(Sprachw.)* synchronically
Synchronisation [zʏnkroniza'tsi̯o:n] *die;* ~, ~**en** *s.* Synchronisierung
synchronisch *Adj. (Sprachw.)* synchronic
synchronisieren *tr. V.* a) *(Film)* dub *(film)*; b) *(Technik, fig.)* synchronize *(watches, operations, etc.)*; fit synchromesh to *(gearbox)*; **alle Gänge sind synchronisiert** *(Kfz-W.)* there is synchromesh on all gears; **synchronisiertes Getriebe** synchromesh gearbox
Synchronisierung *die;* ~, ~**en** a) *(Film)* dubbing; b) *(Technik, fig.)* synchronization; *(Kfz-W.)* fitting of synchromesh *(Gen.* to)
Synchron·schwimmen *das (Sport)* synchronized swimming
Synchron·sprecher *der* dubbing actor
Synchrotron ['zʏnkrotro:n] *das;* ~s, ~e *od.* ~s *(Kernphysik)* synchrotron
Syndikalismus [zyndika'lɪsmʊs] *der;* ~: syndicalism *no art.*

syndikalistisch *Adj.* syndicalist
Syndikat [zʏndiˈkaːt] *das;* ~[e]s, ~e *(bes. Wirtsch.)* syndicate
Syndikus [ˈzʏndikʊs] *der;* ~s, ~e *od.* **Syndizi** [ˈzʏnditsi] *(Rechtsspr.)* legal adviser; *(Rechtsanwalt einer Firma)* company lawyer *or (Amer.)* attorney
Syndrom [zʏnˈdroːm] *das;* ~s, ~e *(Med.)* syndrome
Synkope *die;* ~, ~n a) [zʏnˈkoːpə]; *(Musik)* syncopation; b) [ˈzʏnkope] *(Sprachw.)* syncope
synkopieren [zʏnkoˈpiːrən] *tr. V. (Musik, Sprachw.)* syncopate
synkopisch *Adj. (Musik)* syncopated
Synodale [zynoˈdaːlə] *der/die; adj. Dekl.* synod member
Synode [zyˈnoːdə] *die;* ~, ~n *(ev., kath. Kirche)* synod
synonym [zynoˈnyːm] *(Sprachw.)* 1. *Adj.* synonymous. 2. *adv.* synonymously
Synonym [zynoˈnyːm] *das;* ~s, ~e *(Sprachw.)* synonym
Synonymie [zynonyˈmiː] *die;* ~, ~n *(Sprachw.)* synonymity
Synonym·wörterbuch *das* dictionary of synonyms
Synopse [zyˈnɔpsə], **Synopsis** [ˈzyːnɔpsɪs] *die;* ~, Synopsen a) textual comparison; b) *(bibl.)* comparative parallel text of the Synoptic Gospels; c) *(geh.: Zusammenschau)* overall view; survey
Synoptiker *der;* ~s, ~ *meist Pl.* synoptist
syntaktisch [zʏnˈtaktɪʃ] *(Sprachw.)* 1. *Adj.* syntactic. 2. *adv.* syntactically
Syntax [ˈzʏntaks] *die;* ~, ~en *(Sprachw.)* syntax
Synthese [zʏnˈteːzə] *die;* ~, ~n synthesis *(Gen., von, aus of)*
Synthesizer [ˈsɪntəsaɪzɐ] *der;* ~s, ~ *(Musik)* synthesizer
Synthetik [zʏnˈteːtɪk] *das;* ~s *(ugs.)* synthetic material
synthetisch 1. *Adj.* synthetic. 2. *adv.* synthetically
Syphilis [ˈzyːfilɪs] *die;* ~ *(Med.)* syphilis
Syrakus [zyraˈkuːs] *(das);* **Syrakus'** Syracuse
Syrer [ˈzyːrɐ] *der;* ~s, ~, **Syrerin** *die;* ~, ~nen Syrian
Syrien [ˈzyːriən] *(das);* ~s Syria
syrisch [ˈzyːrɪʃ] *Adj.* Syrian
System [zʏsˈteːm] *das;* ~, ~e system; ~ in etw. *(Akk.)* **bringen** introduce some system into sth.; get sth. into some sort of order; ~ **haben** be methodical; have system; **hinter etw.** *(Dat.)* **steckt** ~: there's method in sth.
System-: ~**analyse** *die* systems analysis; ~**analytiker** *der* systems analyst
Systematik [zʏsteˈmaːtɪk] *die;* ~, ~en a) systematics *sing.;* b) *(Biol.)* taxonomy
systematisch [zʏsteˈmaːtɪʃ] 1. *Adj.* systematic. 2. *adv.* systematically
systematisieren *tr. V.* systematize
system-, System-: ~**immanent** 1. *Adj.* part of the system *pred.;* ~**immanente Faktoren** factors inherent in the system; 2. *adv.* in a manner inherent in the system; ~**kritiker** *der* critic of the system; ~**los** 1. *Adj.* unsystematic; 2. *adv.* unsystematically; ~**veränderung** *die* change in the system; ~**wette** *die* betting based on an agreed system of permutations; ~**zwang** *der* pressure imposed by the system
Systole [ˈzʏstole] *die;* ~, ~n *(Med.)* systole
Szenario [stseˈnaːrio] *das;* ~s, ~s, **Szenarium** [stseˈnaːriʊm] *das;* ~s, **Szenarien** *(Theater, Film)* scenario
Szene [ˈstseːnə] *die;* ~, ~n a) scene; **hinter der** ~: backstage; behind the scenes; **er erhielt Beifall auf offener** ~: he was applauded during the scene; **die** ~ **beherrschen** *(fig.)* dominate the scene; **ein Theaterstück in** ~ **setzen** stage a play; **sich in** ~ **setzen** *(fig.)* put oneself in the limelight; b) *(Auseinandersetzung)* scene; [**jmdm.**] **eine** ~ **machen** make a scene [in front of sb.]; c) *(ugs.: bestimmtes Milieu)* scene *(coll.)*
-**szene** *(ugs.)* scene *(coll.);* **die Terror[isten]-/Literatur-:** the terrorist/literary scene
Szenen-: ~**applaus** *der* applause during the scene; spontaneous burst of applause; ~**folge** *die* sequence of scenes; ~**wechsel** *der (Theater)* scene-change
Szenerie [stseneˈriː] *die;* ~, ~n a) *(Bühnendekoration)* set *(Gen.* for); b) *(Schauplatz)* scene; *(eines Romans)* setting
szenisch *Adj.* dramatic; ~e Gestaltung/Effekte staging/stage effects
Szepter [ˈstsɛptɐ] *das;* ~s, ~ *s.* Zepter
Szientismus [stsiɛnˈtɪsmʊs] *der;* ~: *(Fachspr.)* scientism *no art.*
Szilla [ˈstsɪla] *die;* ~, **Szillen** *(Bot.)* scilla
Szylla [ˈstsyla] *in* **zwischen** ~ **und Charybdis** *(geh.)* between Scylla and Charybdis

Tabu *das;* ~s, ~s taboo
tabuieren, tabuisieren *tr. V. (geh.) etw.* ~: taboo sth.; make sth. taboo
tabula rasa [ˈtaːbula ˈraːza] *in* ~ ~ **machen** make a clean sweep
Tabulatur [tabulaˈtuːɐ̯] *die;* ~, ~en *(Musik)* tablature
Taburett [tabuˈrɛt] *das;* ~[e]s, ~e *(schweiz., sonst veralt.)* tabouret
Tabu·wort *das (Sprachw., Psych.)* taboo word
Tacheles [ˈtaxələs] *in* [**mit jmdm.**] ~ **reden** *(ugs.)* do some straight talking [to sb.]
tachinieren [taxiˈniːrən] *itr. V. (österr. ugs.)* loaf [about]
Tachinierer *der;* ~s, ~ *(österr. ugs.)* slacker *(coll.);* loafer
Tachismus [taˈʃɪsmʊs] *der;* ~ *(Kunstwiss.)* tachism *no art.*
Tacho [ˈtaxo] *der;* ~s, ~s *(ugs.)* speedo *(coll.)*
Tacho·meter *der od. das* speedometer
Tacho·nadel *die* speedometer needle
Tacho·stand *der (ugs.: Kilometerstand)* mileometer *or* odometer reading
Tadel [ˈtaːdl] *der;* ~s, ~ a) censure; **jmdm. einen** ~ **erteilen** give sb. a rebuke; rebuke sb.; **ihn trifft kein** ~: he is not to blame; **öffentlicher** ~ *(DDR Rechtsw.)* public censure; b) *(im Klassenbuch)* black mark; c) *(geh.: Mangel, Makel)* blemish; flaw; **ohne** ~: perfect, flawless *(figure, copy, etc.);* impeccable *(dress, appearance, etc.);* irreproachable *(life, character, person, etc.)*
tadel·los 1. *Adj.* a) *(makellos)* impeccable; immaculate *(hair, clothing, suit, etc.);* perfect *(condition, teeth, pronunciation, German, etc.);* b) *(ugs.: sehr gut)* excellent; c) [ˈ--ˈ-] *(ugs.: als Ausruf der Zustimmung)* splendid *(coll.).* 2. *adv.* a) *(makellos) ⟨dress⟩* impeccably, immaculately; *⟨fit, speak, etc.⟩* perfectly; *⟨live, behave, etc.⟩* irreproachably; b) *(ugs.: sehr gut)* **hier wird man** ~ **bedient** the service is excellent here
tadeln *tr. V.* **jmdn.** [**für sein Verhalten** *od.* **wegen seines Verhaltens**] ~: rebuke sb. [for his/her behaviour]; **jmds. Arbeit** ~: criticize sb.'s work; **er hatte an ihr/ihrer Handlungsweise etw. zu** ~: he found some fault with her/the way she behaved; ~**de Worte/**~**der Blick** reproachful words/look
tadelns·wert *Adj.* reprehensible
Tadels·antrag *der (Parl.)* censure motion
Tafel [ˈtaːfl] *die;* ~, ~n a) *(Schiefer-)* slate; *(Wand-)* blackboard; b) *(plattenförmiges Stück)* slab; **eine** ~ **Schokolade** a bar of chocolate; c) *(Gedenk-)* plaque; d) *(geh.: festlicher Tisch)* table; **die** ~ **aufheben** *(fig.)* rise from the table; e) *(Druckw.)* plate
Tafel-: ~**apfel** *der (Kaufmannsspr.)* dessert apple; ~**auf·satz** *der* centre-piece; ~**berg** *der (Geol.)* mesa; ~**besteck** *das* cutlery *or (Amer.)* flatware service; ~**bild** *das (bild. Kunst)* panel painting
Täfelchen [ˈtɛːflçən] *das;* ~s, ~: *s.* Tafel b) [small] slab; [small] bar
tafel-, Tafel-: ~**fertig** *Adj. (Kochk.)* ready to serve *postpos.;* *(noch zu erwärmen)* ready to heat and serve *postpos.;* ~**fertige Gerichte** ready-to-serve/ready-to-heat-and-serve dishes; ~**freuden** *Pl. (geh.)* culinary delights; ~**lappen** *der* blackboard cloth; ~**musik** *die* musical entertainment *(provided at a banquet, festive dinner, etc.)*
tafeln *itr. V. (geh.)* feast
täfeln [ˈtɛːfln] *tr. V.* panel
Tafel-: ~**obst** *das* [dessert] fruit; ~**runde** *die (geh.)* gathering [round a table]; **die** ~**runde des Königs Artus** King Arthur's Round Table; ~**salz** *das* table salt; ~**spitz** *der (österr.)* boiled fillet of beef
Täfelung *die;* ~, ~en a) *(das Täfeln)* panelling; b) *(Paneel)* [wooden] panelling
Tafel-: ~**wasser** *das; Pl.* ~**wässer** [bottled] mineral water; ~**wein** *der* table wine

Taft [taft] der; ~[e]s, ~e taffeta

Tag [ta:k] der; ~[e]s, ~e a) day; es wird/ist ~: it's getting/it is light; solange es noch ~ ist while it's still light; der ~ bricht an od. graut od. erwacht/neigt sich (geh.) the day breaks/draws to an end or a close; die ~e nehmen ab/zu the days are getting shorter/longer; am ~[e] during the day[time]; am hellichten ~: in broad daylight; bei ~[e] reisen/ankommen travel during the day/arrive while it's light; [drei Stunden] vor ~ (geh.) [three hours] before daylight; er redet viel, wenn der ~ lang ist (ugs.) you can't put any trust in what he says; sie sind wie ~ und Nacht they are as different as chalk and cheese; man soll den ~ nicht vor dem Abend loben (Spr.) don't count your chickens before they're hatched (prov.); es ist noch nicht aller ~e Abend we haven't yet seen the end of the matter; guten ~! hello; (bei Vorstellung) how do you do?; (nachmittags auch) good afternoon; jmdm. einen guten ~ wünschen wish sb. good day; ~! (ugs.) hello; hi (Amer. coll.); (nachmittags auch) afternoon; bei jmdm. guten ~ sagen (ugs.) pop in to see sb. to say 'hello' (coll.); etw. an den ~ legen display sth.; etw. an den ~ bringen od. (geh.) ziehen bring sth. to light; reveal sth.; an den ~ kommen come to light; unter ~s (landsch.) during the day [time]; über/unter ~[e] (Bergmannsspr.) above ground/underground; b) (Zeitspann von 24 Stunden) day; ~ und Stunde des Treffens stehen fest the date and time of the meeting are fixed; welchen ~ haben wir heute? (Wochentag) what day is it today? what's today?; (Datum) what date is it today?; heute in/vor drei ~en three days from today/three days ago today; den ~ über during the day; einen ~ um den andern every other day; jmdm. den ~ stehlen waste sb.'s time; an diesem ~: on this day; dreimal am ~: three times a day; früh/spät am ~ [e] early/late in the day; am ~e vorher on the previous day; the day before; auf den ~ [genau] on the [very] day; für ~: every [single] day; von ~ zu ~: day by day; in den nächsten ~en in the next few days; der ~ X the great day; am folgenden ~: the next day; heute ist sein [großer] ~: it's his big day today; er hatte heute einen schlechten ~: today was one of his bad days; sich (Dat.) einen schönen/faulen ~ machen (ugs.) have a nice/lazy day; den lieben langen ~: all day long; der ~ des Herrn (christl. Rel.) the Lord's Day; der ~ der offenen Tür open day; der Brief muß/kann jeden ~ ankommen the letter will surely/can arrive any day now; eines ~es one day; some day; eines schönen ~es one of these days; dieser ~e welche ich ...: in the next few days, I will ...; dieser ~e kam ein Mann ...: the other day or recently, a man came ...; von einem ~ auf den anderen from one day to the next; overnight; jmdn. von einem ~ auf den anderen vertrösten put sb. off from day to day; in den ~ hinein leben live from day to day; den ~ über during the day; c) (Ehren-~, Gedenk-~) ~ der deutschen Einheit (Bundesrepublik Deutschland) Day of German Unity; ~ der Republik (DDR veralt.) Republic Day; d) Pl. ([Lebens]zeit) days; sie hat schon bessere ~e gesehen she has seen better days; seine ~e sind gezählt his days are numbered; bis in unsere ~e until our day; auf meine/deine ~e alten ~e in my/your etc. old age; e) Pl. (ugs.: verhüll.: Menstruation) period sing.; wenn sie ihre ~e hat when it's her time of the month

tag-, Tag-: ~aktiv Adj. (Zool.) diurnal; ~aus Adv. ~aus, tagein day in, day out; day after day; ~dienst der day duty; ~dienst haben be on day duty

Tage-: ~bau der; Pl. ~e (Bergbau) a) o. Pl. (Bergbau über Tage) opencast mining no art.; b) (Anlage) opencast mine; ~blatt das

a) (veralt.: Tageszeitung) daily [news]paper; b) (in Namen) das Offenburger ~blatt the Offenburg Daily News; ~buch das diary; [über etw. (Akk.)] ~buch führen keep a diary [about sth.]; ~buch·auf·zeichnung die diary entry; ~dieb der (abwertend) idler; lazy-bones sing.; ~geld das a) (Verpflegungsbetrag) daily [expense] allowance; b) Pl. (Diäten) daily [parliamentary] allowance sing.; c) (Tagesvergütung) daily compensation

tag·ein Adv. s. tagaus

tage-, Tage-: ~lang 1. Adj.; nicht präd. lasting for days postpos.; nach ~langem Regen after days of rain; 2. adv. for days [on end]; ~lohn der daily or day's wage[s]; im ~lohn arbeiten be paid by the day; ~löhner [~lo:nɐ] der; ~s, ~: day-labourer

tagen itr. V. a) (konferieren) meet; das Gericht/Parlament tagt the court/parliament is in session; über etw. (Akk.) ~: confer about or meet to discuss sth.; bis in den frühen Morgen hinein ~ (fig.) celebrate until the early hours; b) (geh.: dämmern) es tagt day is breaking or dawning

Tage·reise die day's journey; nach Passau sind es zehn ~n it's a ten-day journey to Passau

Tages-: ~ab·lauf der day; daily routine; ~an·bruch der daybreak; dawn; ~arbeit die day's work; ~aus·flug der day's outing; ~aus·zug der (Bankw.) daily statement of account transactions; ~bedarf der daily requirement; ~befehl der (Milit.) order of the day; ~creme die (Kosmetik) day cream; ~decke die bedspread; ~dessert das dessert der (Brit.) sweet of the day; ~einnahme die day's takings pl.; ~ereignis das event of the day; ~fahrt die day trip; day excursion; ~gespräch das topic of the day; ~karte die a) (Gastron.) menu of the day; b) (Fahr-, Eintrittskarte) day ticket; ~kasse die a) box-office (open during the day); b) (~einnahme) day's takings pl.; ~kilometer·zähler der trip mileage recorder; ~kurs der (Börsenw.) current rate of exchange; ~lauf der daily routine; ~licht das; o. Pl. daily ~licht in [the] daylight; das ~licht scheuen (fig.) shun the light of day; etw. ans ~licht bringen od. ziehen (fig.) bring sth. to light; ans ~licht kommen (fig.) come to light; ~losung die day's password; ~marsch der a) (Fußmarsch) day's hike; b) (Strecke eines ~marsches) day's march; drei ~märsche entfernt three days' march away; ~menü das set menu of the day; ~mutter die; Pl. ~mütter child-minder; ~ordnung die agenda; einen Punkt auf die ~ordnung setzen/von der ~ordnung absetzen place an item on the agenda/delete an item from the agenda; an der ~ordnung sein (fig.) be the order of the day; zur ~ordnung übergehen (fig.) proceed as if nothing had happened; ~ordnungs·punkt der item on the agenda; ~politik die; o. Pl. day-to-day politics sing.; ~preis der (Wirtsch.) current price; ~presse die; o. Pl. daily press; ~ration die daily ration; ~raum der day-room; ~satz der a) (Rechtsw.: Geldstrafe) unit, based on net daily income etc., used to calculate a fine; b) (Unterbringungskosten) daily rate; ~suppe die soup of the day; ~tour die ~fahrt; ~wanderung die day's hike; ~wanderungen one-day hikes; ~zeit die time of day; um diese ~zeit at this time; jmdm. die ~zeit [ent]bieten (veralt.) give sb. the time of day; zu jeder ~ und Nachtzeit at any time of the day or night; ~zeitung die daily newspaper; daily

Tagetes [ta'ge:tɛs] die; ~, ~: tagetes

tage·weise Adv. on some days

Tage·werk das; o. Pl. (veralt. geh.) day's labour

Tag·falter der (Zool.) butterfly

tag·hell 1. Adj.; nicht attr. a) (durch Tageslicht) [day]light; b) (wie am Tag) bright as daylight postpos. 2. adv. etw. ist ~ erleuchtet sth. is very brightly lit [up]

-tägig [-tɛ:gɪç] a) (... Tage alt) ein sechstägiges Küken a six-day-old chick; b) (... Tage dauernd) nach dreitägiger Vorbereitung after three days' preparation; mit dreitägiger Verspätung three days late

täglich ['tɛ:klɪç] 1. Adj.; nicht präd. daily. 2. adv. every day; zweimal ~: twice a day; ~ zwei Stunden for two hours a day; ~ drei Tabletten einnehmen take three tablets daily

Tag·pfauen·auge das (Zool.) peacock butterfly

tags Adv. a) by day; in the daytime; b) ~ zuvor/davor the day before; ~ darauf the next or following day; the day after

Tag·schicht die day shift; ~ haben be on [the] day shift; in ~ arbeiten work a day shift

tags·über Adv. during the day

tag·täglich (intensivierend) 1. Adj. day-to-day; daily. 2. adv. every single day

Tag-: ~träumer der day-dreamer; ~und·nacht·gleiche die; ~, ~n equinox

Tagung die; ~, ~en conference

Tagungs-: ~ort der; Pl. ~orte venue [for a/the conference]; ~teilnehmer der participant in a/the conference

Taifun [tai'fu:n] der; ~s, ~e typhoon

Taiga die; ~: taiga

Taille ['taljə] die; ~, ~n waist; in der ~: at the waist

Taillen·weite die waist measurement

Tailleur [ta'jø:ɐ] das; ~s, ~s (schweiz.) tailored suit/coat (fitted at the waist)

taillieren [ta'ji:rən] tr. V. fit [at the waist]; ein tailliertes Kostüm a suit with the jacket fitted at the waist

Taiwan ['taivan] (das); ~s Taiwan

Taiwaner der; ~s, ~, Taiwanerin die; ~, ~nen Taiwanese

Takelage [takə'la:ʒə] die; ~, ~n (Seew.) masts and rigging

takeln ['ta:kln] tr. V. (Seemannsspr.) rig

Takelung die; ~, ~en (Seemannsspr.) rig

Takt [takt] der; ~[e]s, ~e a) (Musik) time; (Einheit) bar; measure (Amer.); im ~ bleiben stay in time; den ~ [ein]halten keep in time; den ~ angeben/schlagen/wechseln give the beat/beat time/change the time or beat; aus dem ~ kommen lose the beat; sich nicht aus dem ~ bringen lassen not lose the beat; mit ihm muß ich mal ein paar ~e reden (fig. ugs.) I need to have a serious talk with him; b) o. Pl. (rhythmischer Bewegungsablauf) rhythm; im/gegen den ~ in/out of rhythm; im ~ bleiben keep the rhythm; aus dem ~ kommen lose the rhythm; c) o. Pl. (Feingefühl) tact; etw. aus ~ tun do sth. out of tact[fulness]; d) (Verslehre) foot

takt·fest (Musik) 1. Adj. ein nicht ganz ~er Pianist a pianist who has some difficulty keeping time; ~ sein keep good time. 2. adv. in time

Takt·gefühl das; o. Pl. sense of tact; etw. mit großem ~ tun do sth. with great delicacy

taktieren itr. V. proceed tactically; vorsichtig/klug ~: use caution/clever tactics

Taktik ['taktɪk] die; ~, ~en [eine] ~: tactics pl.; die ~ der verbrannten Erde (Milit.) scorched-earth tactics

Taktiker der; ~s, ~: tactician

taktisch 1. Adj. tactical. 2. adv. tactically; ~ klug vorgehen use clever or good tactics

takt·los 1. Adj. tactless. 2. adv. tactlessly

Taktlosigkeit die; ~, ~en a) o. Pl. (taktlose Art) tactlessness; b) (taktlose Handlung) piece of tactlessness; derartige ~en such tactlessness sing.

Takt-: ~stock der baton; den ~stock schwingen (scherzh.) wield the baton; ~strich der (Musik) bar[-line]

takt·voll 1. *Adj.* tactful. 2. *adv.* tactfully
Takt·wechsel *der (Musik)* change of time
Tal [taːl] *das;* ~[e]s, **Täler** [ˈtɛːlɐ] valley; **das Vieh zu ~ treiben** drive the cattle down into the valley
tal·abwärts *Adv.* down the valley
Talar [taˈlaːɐ̯] *der;* ~s, ~e robe
tal·aufwärts *Adv.* up the valley
Tal·brücke *die* bridge across a/the valley
Tälchen [ˈtɛːlçən] *das;* ~s, ~: [little] valley
Talent [taˈlɛnt] *das;* ~[e]s, ~e a) *(Befähigung)* talent (zu, für for); **~ für Sprachen haben** have a gift for languages; **sie hat das ~, immer das richtige Wort zu finden** she has a gift for always finding the right word; b) *(Mensch)* talented person; **junge ~e fördern** promote young talent
talentiert [talɛnˈtiːɐ̯t] *Adj.* talented
Talent·suche *die* search for talent; **zur ~ in die Provinz kommen** come in search of talent in the provinces
Taler [ˈtaːlɐ] *der;* ~s, ~ *(hist.)* thaler
Tal·fahrt *die* a) *(Schiffahrt)* passage downstream; b) *(Fahrt abwärts)* drive down into the valley; *(mit dem Lift)* descent into the valley; *(mit Skiern)* skiing down into the valley; *(fig.)* fall; plunge; **die Wirtschaft befindet sich auf einer ~** *(fig.)* the economy is on the decline
Talg [talk] *der;* ~[e]s, ~e a) *(Speisefett)* suet; *(zur Herstellung von Seife, Kerzen usw.)* tallow; b) *(Haut~)* sebum
Talg-: **~drüse** *die* sebaceous gland; **~licht** *das; Pl.* ~er tallow candle
Talisman [ˈtaːlɪsman] *der;* ~s, ~e talisman
Talk [talk] *der;* ~[e]s talc
Talk-Show [ˈtɔːkʃoʊ] *die (Ferns.)* talk show; chat show
Talmi [ˈtalmi] *das;* ~s a) *(wertloser Schmuck)* imitation or cheap jewellery; *(fig.)* tinsel; b) *(vergoldete Legierung)* pinchbeck
Talmi·glanz *der* glitter
Talmud [ˈtalmuːt] *der;* ~[e]s, ~e Talmud
Talschaft *die;* ~, ~en *(schweiz., westösterr.)* valley people *pl.* or inhabitants *pl.*
Tal-: **~sohle** *die* valley floor or bottom; *(fig.)* depression; **die Wirtschaft befindet sich auf od. in einer ~sohle** the economy is going through a depression; **~sperre** *die* dam *(with associated reservoir and power-station);* **~station** *die* valley station
Tamarinde [tamaˈrɪndə] *die;* ~, ~n tamarind
Tamariske [tamaˈrɪskə] *die;* ~, ~n tamarisk
Tambour [ˈtambuːɐ̯] *der;* ~s, ~e *od. (schweiz.)* ~en *(veralt.)* drummer
Tambour·major *der* drum major
Tamburin [tambuˈriːn] *das;* ~s, ~e tambourine
Tampon [ˈtampɔn] *der;* ~s, ~s a) *(Med. Wattebausch)* tampon; plug; b) *(Menstruations~)* tampon
tamponieren *tr. V. (Med.)* plug
Tamtam [tamˈtam] *das;* ~s, ~s a) *(Musikinstrument)* tam-tam; b) *o. Pl. (ugs. abwertend: großer Aufwand)* [großes] ~: [a big] fuss; **~ machen** make a fuss
Tand [tant] *der;* ~[e]s trumpery
Tändelei *die;* ~, ~en a) *(Spielerei)* dalliance; b) *(Liebelei)* flirtation
tändeln [ˈtɛndl̩n] *itr. V.* a) *(spielen)* dally; b) *(schäkern)* flirt
Tandem [ˈtandɛm] *das;* ~s, ~s tandem; *(fig.)* pair; **als ~ arbeiten** work in tandem
Tang [taŋ] *der;* ~[e]s, ~e seaweed
Tanga [ˈtaŋa] *der;* ~s, ~s tanga
Tangens [ˈtaŋɛns] *der;* ~, ~ *(Math.)* tangent
Tangente [taŋˈgɛntə] *die;* ~, ~n a) *(Math.)* tangent; b) *(Straße)* ring road; bypass
tangential [taŋgɛnˈtsi̯aːl] *(Math.)* 1. *Adj.* tangential. 2. *adv.* tangentially
Tanger [ˈtaŋɐ] *(das)* ~s Tangier
tangieren [taŋˈgiːrən] *tr. V.* a) affect; b) *(Math.)* be tangent to

Tango [ˈtaŋɡo] *der;* ~s, ~s tango
Tank [taŋk] *der;* ~s, ~s, *(seltener)* ~e tank
tanken *tr., itr. V.* fill up; **Benzin/Öl ~:** fill up with petrol *(Brit.)* or *(Amer.)* gasoline/oil; **er tankte dreißig Liter [Super]** he put in thirty litres [of four-star]; **hast du schon getankt?** have you already put petrol *(Brit.)* or *(Amer.)* gasoline in?; **frische Luft/Sonne ~** *(fig.)* get one's fill of fresh air/sun; **er hat aber reichlich getankt** *(fig. salopp)* he really got tanked up *(sl.)*
Tanker *der;* ~s, ~: tanker
Tanker·flotte *die* fleet of tankers
Tank-: **~fahr·zeug** *das* tanker; **~füllung** *die* a) *(das Füllen)* filling of the tank; b) **eine ~füllung reicht für ...:** one full tank is enough for ...; **~lager** *das* tank farm; **~säule** *die* petrol-pump *(Brit.);* gasoline pump *(Amer.);* **~stelle** *die* petrol station *(Brit.);* gas station *(Amer.);* **freie ~stelle** unbranded petrol/gas station; **~wagen** *der* tanker; **~wart** [~vart] *der;* ~s, ~e petrol-pump attendant *(Brit.)*
Tann [tan] *der;* ~[e]s, ~e *(dichter.)* [pine] forest
Tanne [ˈtanə] *die;* ~, ~n a) fir[-tree]; **schlank wie eine ~:** slender as a reed; b) *(Holz)* fir
Tannen-: **~baum** *der* a) *(Tanne)* fir-tree; b) *(Weihnachtsbaum)* Christmas tree; **~grün** *das; o. Pl.* fir sprigs *pl.;* **~holz** *das* fir; **~nadel** *die* fir-needle; **~wald** *der* fir forest; **~zapfen** *der* fir-cone; **~zweig** *der* fir branch
Tansania [tanˈzaːnia] *(das);* ~s Tanzania
Tansanier [tanˈzaːniɐ] *der;* ~s, ~, **Tansanierin** *die;* ~, ~nen Tanzanian
Tantalus·qualen [ˈtantaluːs-] *Pl.* ~ **leiden** suffer agonizing frustration *sing.*
Tantchen *das;* ~s, ~: auntie *(coll.)*
Tante [ˈtantə] *die;* ~, ~n a) aunt; b) *(Kinderspr.: Frau)* lady; c) *(ugs.: Frau)* woman
Tante-Emma-Laden *der* [small] corner shop
tantenhaft 1. *Adj.* old-maidish; *(belehrend)* nannyish. 2. *adv.* like an old maid; *(belehrend)* nannyishly
Tantieme [tãˈti̯ɛːmə] *die;* ~, ~n a) *(Gewinnbeteiligung)* percentage of the profits; b) *(von Künstlern)* royalty
Tanz [tants] *der;* ~es, **Tänze** [ˈtɛntsə] a) dance; **jmdn. zum ~ auffordern** ask sb. to dance or for a dance; **ein ~ auf dem Vulkan** *(fig.)* sitting on a powder-keg; **der ~ ums Goldene Kalb** *(fig.)* worship of the golden calf; b) *o. Pl. (~veranstaltung)* dance; **heute Abend ist ~:** there is dancing this evening; **zum ~ gehen** go dancing; **ein ~ in den Mai/Frühling** a dance to mark the beginning of May/Spring; c) *(Zank, Auftritt)* song and dance *(fig. ugs.)*
Tanz-: **~abend** *der* evening dance; **~bar** *die* night-spot *(coll.)* with dancing; **~bär** *der* dancing bear; **~bein** *das in den* **~bein schwingen** *(ugs. scherzh.)* shake a leg *(coll.);* **~boden** *der* dance-floor; **~café** *das* coffee-house with dancing
Tänzchen [ˈtɛntsçən] *das;* ~s, ~: [little] dance; **ein ~ wagen** take a turn around the floor
Tanz·diele *die (veralt.)* dance-hall
tänzeln [ˈtɛntsl̩n] *itr. V.* a) prance; **jmdm. mit ~den Schritten entgegenkommen** skip towards sb.; b) *mit sein* **sie tänzelte ins Zimmer** she skipped into the room
tanzen 1. *itr. V.* a) *auch mit sein* **~ gehen** go dancing; **auf dem Seil ~:** walk the tightrope; **das Schiff tanzt auf den Wellen** the ship is bobbing up and down on the waves; **sich heiß/müde ~:** dance until one is hot/tired; b) *mit sein (sich ~d fortbewegen)* dance; skip. 2. *tr. V.* **Walzer/Tango ~:** dance a waltz/tango; waltz/tango
Tänzer [ˈtɛntsɐ] *der;* ~s, ~ a) dancer; b) *(Tanzpartner)* dancing-partner; c) *(Ballett-tänzer)* ballet-dancer

Tanzerei *die;* ~, ~en a) *(ugs.)* [small] dancing-party; b) *(oft abwertend: dauerndes Tanzen)* [continual] dancing *no pl.*
Tänzerin *die;* ~, ~nen *s.* **Tänzer**
tänzerisch 1. *Adj.* dance-like ⟨*movement, rhythm, step*⟩; **~e Begabung** talent for dancing. 2. *adv.* **~ begabt sein** have a talent for dancing; **~ ausgebildet sein** be trained as a dancer; **eine ~ hervorragende Leistung** an outstanding achievement in dance
Tanz-: **~fläche** *die* dance-floor; **~gruppe** *die* dance group; **~kapelle** *die* dance band; **~kurs** *der* dancing-class; **~lehrer** *der* dancing-teacher; **~lokal** *das* café/restaurant with dancing; **~musik** *die* dance music; **~orchester** *das* dance band; **~partner** *der* dancing-partner; **~platte** *die* record of dance music; **~platz** *der* [open-air] dance-floor; **~saal** *der* dance-hall; *(in hotel, castle, etc.)* ballroom; **~schritt** *der* dance-step; **~schuh** *der* dance- or dancing-shoe; **~schule** *die* dancing-school; school of dancing; **~sport** *der* ballroom or competition dancing *no art.;* **~stunde** *die* a) *(~kurs)* dancing-class; **~stunde nehmen, in die ~stunde gehen** take dancing lessons; go to dancing-class; b) *(einzelne Stunde)* dancing lesson; **~tee** *der* tea dance; thé dansant; **~turnier** *das* dancing competition; **~veranstaltung** *die* dance; **~vergnügen** *das* dance
Taoismus [taoˈɪsmʊs] *der;* ~: Taoism *no art.*
Tapet *das in* **aufs ~ kommen** *(ugs.)* be brought up; come up [for discussion]; **etw. aufs ~ bringen** *(ugs.)* bring sth. up; broach sth.
Tapete [taˈpeːtə] *die;* ~, ~n wallpaper; **die ~n wechseln** *(ugs.)* have a change of scene
Tapeten-: **~rolle** *die* roll of wallpaper; **~tür** *die* concealed door; **~wechsel** *der (ugs.)* change of scene
tapezieren [tapeˈtsiːrən] *tr. V.* [wall]paper
Tapezierer *der;* ~s, ~: paper-hanger
Tapezier-: **~nagel** *der* tack; **~tisch** *der* pasteboard; paper-hanger's bench
tapfer [ˈtapfɐ] 1. *Adj.* brave, courageous, brave ⟨*child*⟩; **~en Widerstand leisten** resist bravely. 2. *adv.* a) bravely; courageously; *(von Kindern)* bravely; **sich ~ halten** be brave; b) *(kräftig)* ⟨*eat, drink*⟩ heartily; **~ zulangen** have or take a big helping
Tapferkeit *die;* ~: courage; bravery
Tapioka [taˈpi̯oːka] *die;* ~: tapioca
Tapir [ˈtaːpiːɐ̯] *der;* ~s, ~e *(Zool.)* tapir
Tapisserie [tapɪsəˈriː] *die;* ~, ~n tapestry
tapp [tap] *Interj.* patter; **~, ~!** pitter patter!
tappen *itr. V.* a) *mit sein* patter; **in eine Falle ~** *(fig.)* stumble into a trap; b) *(tastend greifen)* grope (**nach** for)
täppisch [ˈtɛpɪʃ] 1. *Adj.* awkward; clumsy. 2. *adv.* awkwardly; clumsily
Taps [taps] *der;* ~es, ~e *(ugs. abwertend)* clumsy oaf
tapsig *(ugs.)* 1. *Adj.* awkward; clumsy. 2. *adv.* awkwardly; clumsily
Tarantel [taˈrantl̩] *die;* ~, ~n *(Zool.)* tarantula; **er sprang wie von der ~ gestochen auf** he jumped up as if something had bitten him
Tarantella [taranˈtɛla] *die;* ~, ~s *od.* **Tarantellen** *(Musik)* tarantella
Tarif [taˈriːf] *der;* ~s, ~e a) *(Preis, Gebühr)* charge; *(Post~, Wasser~)* rate; *(Verkehrs~)* fares *pl.;* *(Zoll~)* tariff; b) *(~verzeichnis)* list of charges/rates/fares; tariff; **der Fahrpreis beträgt laut ~ 1,20 DM** the fare is fixed at DM 1.20; c) *(Lohn~)* [wage] rate; *(Gehalts~)* [salary] scale; **weit über/unter ~ verdienen** earn well above/far below the agreed rate
Tarif-: **~autonomie** *die* free collective bargaining *no art.;* **~gruppe** *die (Lohngruppe)* wage group; *(Gehaltsgruppe)* salary

Tarifkommission

group; ~**kommission** die wages commission
tariflich 1. *Adj.; nicht präd.* wage ⟨*demand, dispute, etc.*⟩. 2. *adv.* Löhne und Gehälter sind ~ festgelegt there are fixed rates for wages and salaries; **die Arbeitszeit ist ~ geregelt** the number of working hours is fixed [by collective agreement]
tarif-, Tarif-: ~**lohn** der wage under the collective agreement; ~**los** *Adj.* es herrscht ein ~loser Zustand no wage agreement is in force; ~**partner** der: die ~**partner** union and management; employers and employees; **wegen der Unnachgiebigkeit des** ~**partners** because of the inflexibility of management/the union; ~**verhandlung** die pay negotiations *pl.*; ~**vertrag** der pay agreement
tarnen ['tarnən] 1. *tr., itr. V.* camouflage; **seine Aufregung** ~ (*fig.*) disguise one's excitement. 2. *refl. V.* camouflage oneself; (*fig.*) disguise oneself
Tarn-: ~**farbe** die camouflage [colour]; **etw. mit** ~**farbe bemalen** paint sth. with camouflage paint; ~**kappe** die (*Myth.*) magic hat *(making the wearer invisible)*
Tarnung die; ~, ~en (*auch fig.*) camouflage; **zur** ~ **dienen** serve as camouflage
Tarock [ta'rɔk] das (*österr. nur so*) *od.* der taroc
Tartan·bahn ['tartan-] die Tartan track (P)
Täschchen ['tɛʃçən] das; ~s, ~: *s.* Tasche: [little] bag/pocket
Tasche ['taʃə] die; ~, ~n a) bag; b) (*in Kleidung, Koffer, Rucksack usw.*) pocket; c) (*fig.*) jmdm. die ~n leeren (*ugs.*) fleece sb.; sich (*Dat.*) die eigenen ~n füllen (*ugs.*) line one's own pockets or purse; jmdm. aus der ~ liegen (*ugs.*) live off sb.; **etw. aus eigener** *od.* **der eigenen** ~ **bezahlen** pay for sth. out of one's own pocket; **jmdm. etw. aus der** ~ **ziehen** (*ugs.*) wangle money out of sb. (*coll.*); [**für etw.**] **tief in die** ~ **greifen** [**müssen**] (*ugs.*) [have to] dig deep in or into one's pocket [for sth.]; **etw. in die eigene** ~ **stecken** (*ugs.*) pocket sth.; put sth. in one's own pocket; **in die eigene** ~ **arbeiten** *od.* **wirtschaften** (*ugs.*) line one's own pocket[s]; **jmdm. in die** ~ **stecken** (*ugs.*) put sb. in the shade; **sich** (*Dat.*) **in die eigene** ~ **lügen** (*ugs.*) fool oneself; **etw. in der** ~ **haben** (*ugs.*) have sth. in one's pocket
Taschen-: ~**buch** das paperback; ~**buch·ausgabe** die paperback edition; ~**dieb** der pickpocket; ~**fahr·plan** der pocket timetable; ~**format** das pocket size; **ein Wörterbuch im** ~**format** a pocket-size dictionary; ~**geld** das pocket-money; ~**kalender** der pocket calendar; ~**krebs** der edible crab; ~**lampe** die [pocket] torch (*Brit.*) *or* (*Amer.*) flashlight; ~**messer** das pocket-knife; penknife; ~**rechner** der pocket calculator; ~**schirm** der telescopic umbrella; ~**spiegel** der pocket mirror; ~**spieler** der (*veralt.*) conjurer; ~**spieler·trick** der (*abwertend*) trick; ~**tuch** das; *Pl.* ~**tücher** handkerchief; ~**uhr** die pocket-watch; ~**wörter·buch** das pocket dictionary
Täßchen ['tɛsçən] das; ~s, ~: [small] cup
Tasse ['tasə] die; ~, ~n a) cup; **eine** ~ **Tee** a cup of tea; **trübe** ~ (*ugs. abwertend*) drip (*coll.*); **komm, du trübe** ~! come on, don't be such a drip (*coll.*); b) (~ *mit Untertasse*) cup and saucer; **nicht alle** ~**n im Schrank haben** (*ugs.*) not be right in the head (*coll.*)
Tastatur [tasta'tuːɐ] die; ~, ~en keyboard
Taste ['tastə] die; ~, ~n a) (*eines Musikinstruments, einer Schreibmaschine*) key; [**mächtig**] **in die** ~**n greifen** start to play with great gusto; b) (*Fuß~*) pedal [key]; c) (*am Telefon, Radio, Fernsehgerät, Taschenrechner usw.*) button
Tast·empfindung die sense of touch
tasten 1. *itr. V.* (*fühlend suchen*) grope, feel

(nach for); ~**de Versuche/Fragen** (*fig.*) tentative attempts/questions. 2. *refl. V.* (*sich tastend bewegen*) grope or feel one's way. 3. *tr. V.* **a)** (*über eine Tastatur eingeben*) key in; **b)** (*tastend feststellen*) feel
Tasten-: ~**druck** der; *o. Pl.* touch of a/the button; **auf** ~**druck** at the touch of a/the button; ~**instrument** das keyboard instrument; ~**telefon** das push-button telephone
Taster der; ~s, ~ **a)** (*Technik: Maschine*) keyboard; **b)** (*Fachspr.: Mensch*) keyboard operator; **c)** (*Druck~*) button
Tast·sinn der; *o. Pl.* sense of touch
tat [taːt] *1. u. 3. Pers. Sg. Prät. v.* tun
Tat die; ~, ~en a) (*Handlung*) act; (*das Tun*) action; **ein Mann der** ~: a man of action; **jmdm. mit Wort und** ~ **beistehen** stand by sb. in word and deed; **etw. durch** ~**en beweisen** prove sth. by one's actions; **zur** ~ **schreiten** proceed to action; **die gute Absicht/den guten Willen für die** ~ **nehmen** take the will for the deed; **jmdn. auf frischer** ~ **ertappen** catch sb. red-handed *or* in the act; **etw. in die** ~ **umsetzen** put sth. into action *or* effect; **das ist die** ~ **eines Wahnsinnigen** that is the action of a madman; **eine verbrecherische** ~: a crime; a criminal act; **eine gute** ~ **vollbringen** do a good deed; **ein Buch über Leben und** ~**en des ...:** a book on the life and exploits of ...; **zu seiner** ~ **stehen** stand by one's action; **b) in der** ~ (*verstärkend*) actually; (*zustimmend*) indeed
¹**Tatar** [ta'taːɐ] der; ~en, ~en Tartar
²**Tatar** das; ~[s], **Tatar·beefsteak** das steak tartare
tatarisch *Adj.* Tartar
tatauieren [tataʊˈiːrən] (*Völkerk.*) *s.* tätowieren
Tat-: ~**bestand** der **a)** facts *pl.* [of the matter *or* case]; **einen** ~**bestand feststellen** establish the facts [of a matter *or* case]; **b)** (*Rechtsw.*) elements *pl.* of an offence; **der** ~**bestand der vorsätzlichen Tötung** the offence of premeditated murder; ~**einheit** die; *o. Pl.* (*Rechtsw.*) concomitance of offences; **Mord in** ~**einheit mit Raub** murder [in concomitance] with robbery
taten-, Taten-: ~**drang** der desire or thirst for action; **trotz seines hohen Alters war er noch voller** ~**drang** in spite of his old age he was still full of energy; ~**durst** der (*geh.*) thirst for action; **er brennt vor** ~**durst** he is thirsting for action; ~**durstig** *Adj.* (*geh.*) thirsty *or* eager for action postpos.; ~**los** 1. *Adj.* idle; 2. *adv.* idly; **einer Sache** (*Dat.*) ~**los zusehen** watch sth. without taking any action
Täter ['tɛːtɐ] der; ~s, ~: culprit; **wer ist der** ~? who did it?; **der** ~ **hat sich der Polizei gestellt** the person who committed the crime gave himself/herself up to the police; **nach dem** ~ **fahnden** search *or* look for the person responsible [for the crime]; **die Polizei hat den** ~ **noch nicht gefunden** the police have not yet found those responsible [for the crime]
Täterin die; ~, ~nen *s.* Täter
Täter·kreis der group of people involved in a/the crime; (*bei mehreren Verbrechen*) group of offenders
Täterschaft die; ~ **a)** seine ~ ist erwiesen his responsibility for the crime has been proved; **b)** (*schweiz.: Täter*) culprit/culprits
Tat-: ~**form** die (*Sprachw.*) *s.* ¹**Aktiv**; ~**her·gang** der (*course sing.* of) events *pl.*
tätig ['tɛːtɪç] *Adj.* **a)** ~ **sein** work; **der in unserer Firma** ~**e Ingenieur** the engineer who works for our firm; ~ **werden** (*bes. Amtsspr.*) take action; ~**e Reue** (*Rechtsw.*) remorse for one's crime, accompanied by action to avert its effects; **b)** (*rührig, aktiv*) active; ~**e Nächstenliebe** charity [to one's neighbour]; brotherly love; **ein** ~**er Vulkan** an active vulcano

tätigen ['tɛːtɪɡn̩] *tr. V.* (*Kaufmannsspr., Papierdt.*) transact ⟨*business, deal, etc.*⟩; **Einkäufe** ~: effect purchases; **Anrufe** ~: put through [telephone] calls
Tätigkeit die; ~, ~en **a)** activity; (*Arbeit*) job; **eine fieberhafte** ~: a frenzy of activity; **das gehört zu den** ~**en einer Hausfrau** that is part of a housewife's work *sing.*; **eine** ~ **ausüben** do work; do a job; **seine** ~ **aufnehmen** start work; **nach zweijähriger** ~: after two years' work; **b)** *o. Pl.* (*das In-Betrieb-Sein*) operation; **in** ~ **treten** come into operation
Tätigkeits-: ~**bereich** der sphere *or* field of activity; ~**bericht** der progress report; ~**form** die (*Sprachw.*) *s.* ¹**Aktiv**; ~**merkmal** das key activity; ~**wort** das (*Sprachw.*) *s.* Verb
Tat·kraft die energy; drive
tat·kräftig 1. *Adj.* energetic, active ⟨*person*⟩; active ⟨*help, support*⟩. 2. *adv.* energetically; actively
tätlich ['tɛːtlɪç] 1. *Adj.* physical ⟨*clash, attack, resistance, etc.*⟩; **gegen jmdn.** ~ **werden** become violent towards sb. 2. *adv.* physically; **jmdn.** ~ **angreifen** attack sb. physically; assault sb.
Tätlichkeit die; ~, ~en act of violence; **es kam zu** ~**en** violence occurred
Tat-: ~**mensch** der man/woman of action; ~**motiv** das motive [for a/the crime]; ~**ort** der; *Pl.* ~**e** scene of a/the crime
tätowieren [tɛtoˈviːrən] *tr. V.* tattoo; **sich** (*Dat.*) **etw.** ~ **lassen** have oneself tattooed
Tätowierung die; ~, ~en **a)** tattoo; **b)** (*das Tätowieren*) tattooing
Tat·sache die; **es ist** [**eine**] ~, **daß ...:** it's a fact that ...; ~! (*ugs.*) it's true; it's a fact; ~? (*ugs.*) really?; is that true?; **den** ~**n entsprechen** be true; **nackte** ~**n** hard facts; (*scherzh.*) naked bodies; **den** ~**n ins Auge sehen** face facts; **vollendete** ~**n schaffen** create a fait accompli; **jmdn. vor die vollendete** ~ *od.* **vollendete** ~**n stellen** present sb. with a fait accompli; *s. auch* Vorspiegelung
Tatsachen-: ~**bericht** der factual report; ~**material** das facts *pl.*
tatsächlich ['taːtzɛçlɪç] 1. *Adj.* actual; real; **der** ~**e Grund** the real reason. 2. *adv.* actually; really; **ist das** ~ **wahr?** is that really true?; ~? really?; **ich habe mich** ~ **geirrt** I was indeed mistaken; **Er hat es geschafft.** – **Tatsächlich!** He made it. – So he did!
tätscheln ['tɛːtʃln̩] *tr. V.* pat
tatschen ['taːtʃn̩] *itr. V.* (*ugs. abwertend*) **an/auf etw.** (*Akk.*) ~: paw sth.
Tattergreis ['tatɐ-] der (*ugs. abwertend*) doddery old man
Tatterich ['tatərɪç] der; ~s (*ugs.*) **einen** ~ **kriegen** get shaking hands; **er hat einen** ~: his hands are shaking
tatterig, tattrig *Adj.* (*ugs.*) shaky ⟨*hands, movements, etc.*⟩; doddery ⟨*person*⟩
tatütata [taˈtyːtaˈtaː] *Interj.* pah-paw-pah-paw; **mit „Tatütata" und Blaulicht** with siren wailing and blue light flashing
tat·verdächtig *Adj.* suspected; [**dringend**] ~ **sein** be under [strong] suspicion
Tat·waffe die weapon [used in the crime]
Tatze ['tatsə] die; ~, ~n (*auch fig. ugs.*) paw
Tat·zeit die; [**zur**] ~: [at the] time of the crime
¹**Tau** [taʊ] der; ~[**e**]**s** dew; **vor** ~ **und Tag** (*Dichter.*) before dawn of day
²**Tau** das; ~[**e**]**s**, ~**e** (*Seil*) rope
taub [taʊp] *Adj.* **a)** deaf; ~ **werden** go deaf; **er war** ~ **gegen** *od.* **für alle Bitten** (*fig.*) he was deaf to all requests; **auf diesem Ohr ist er** ~ (*ugs. scherzh.*) he's deaf to that sort of thing; **b)** (*wie abgestorben*) numb; **c)** (*leer, unbefruchtet usw.*) empty ⟨*nut*⟩; unfruitful ⟨*ear of corn*⟩; unfertilized ⟨*bird's egg*⟩; dead ⟨*rock*⟩
taub·blind *Adj.* deaf and blind

1511

Täubchen ['tɔypçən] *das*; ~s, ~: [little] pigeon; *(Turtel~)* [little] dove; **mein ~** *(fig.)* my little dove

¹Taube *die*; ~, ~n pigeon; *(Turtel~; auch Politik fig.)* dove

²Taube *die*; *adj. Dekl.* deaf person; deaf man/woman; **die ~n** the deaf

tauben·blau *Adj.* greyish-blue

Tauben·ei *das* pigeon['s] egg

taubenei·groß *Adj.* as big as *or* the size of a golf ball *postpos.*; **~e Stücke** pieces as big as *or* the size of golf balls

Tauben·schlag *der* pigeon-loft; *(für Turteltauben)* dovecot; **hier geht es zu wie in einem od. im ~** *(ugs.)* it's like Piccadilly Circus here *(Brit. coll.)*; it's like being in the middle of Times Square *(Amer.)*

Tauber *der*; ~s, ~, **Täuberich** ['tɔybərɪç] *der*; ~s, ~e cock pigeon

Taubheit *die* deafness

taub-, Taub-: **~nessel** *die* dead nettle; **~stumm** *Adj.* deaf and dumb; **~stumme** *der/die*; *adj. Dekl.* deaf mute; **~stummen·sprache** *die* deaf-and-dumb language

tauchen 1. *itr. V.* **a)** *auch mit sein* dive **(nach** for); **früher habe ich viel getaucht** I used to do a lot of skin-diving *or* underwater swimming; **er kann zwei Minuten [lang] ~**: he can stay under water for two minutes; **er ist 3 Meter tief getaucht** he dived down three metres; **die Sonne tauchte unter den Horizont** *(fig.)* the sun disappeared *or* sank below the horizon; **b)** *mit sein (ein~)* dive; *(auf~)* rise; emerge; **er tauchte ins Dunkel des Gartens** *(fig.)* he plunged into the darkness of the garden. **2.** *tr. V.* **a)** *(ein~)* dip; **der Raum war in Licht getaucht** *(geh.)* the room was bathed in light; **die Landschaft war in Dunkelheit getaucht** *(geh.)* the countryside was shrouded in darkness; **b)** *(unter~)* duck

Tauch·ente *die* scaup [duck]

Taucher *der*; ~s, ~: diver; *(mit Flossen und Atemgerät)* skin-diver

Taucher-: **~an·zug** *der* diving-suit; **~aus·rüstung** *die* diving equipment; **~brille** *die* diving-goggles *pl.*; **~glocke** *die* diving-bell

Taucherin *die*; ~, ~nen *s.* Taucher

Tauch-: **~gerät** *das* diving equipment *no pl., no indef. art.*; **~maske** *die* diving-mask; **~sieder** *der*; ~s, ~: portable immersion heater; **~sport** *der* skin-diving *no art.*; **~station** *die*: **auf ~station gehen** *(auf dem U-Boot)* go to one's diving station; *(fig. ugs.)* go to ground; **~tiefe** *die* diving depth

tauen 1. *itr. V.* **a)** *(unpers.)* **es taut** it's thawing; **b)** *mit sein (schmelzen)* melt. **2.** *tr. V.* melt; thaw

Tauf·becken *das* font

Taufe *die*; ~, ~n **a)** *o. Pl. (christl. Rel.: Sakrament)* baptism; **b)** *(christl. Rel.: Zeremonie)* christening; baptism; **jmdn. über die ~ halten** *d. (veralt.)* **aus der ~ heben** be [a] godparent to sb.; *etw.* **aus der ~ heben** *(fig. ugs.)* launch sth.

taufen *tr. V.* **a)** *(die Taufe vollziehen an)* baptize; **katholisch getauft sein** be baptized a Catholic; **b)** *(einen Namen geben) ⟨child, ship, animal, etc.⟩*; **ein Kind auf den Namen Peter ~**: christen a child Peter; **er wurde nach seinem Großvater [Hermann] getauft** he was named [Hermann] after *or (Amer.)* for his grandfather

Tauf-: **~kapelle** *die* baptistery; **~kleid** *das* christening robe *or* gown

Täufling ['tɔyflɪŋ] *der*; ~s, ~e child to be baptized; *(Erwachsener)* person to be baptized

Tauf-: **~name** *der* Christian name; **~pate** *der* godparent; *(männlicher ~pate)* godfather; **~patin** *die* godmother; **~register** *das* register of baptisms; baptismal register

tau·frisch a) *(feucht vom Tau)* dew-covered; dewy; **b)** *(ganz frisch)* fresh; **sie ist auch nicht mehr ganz ~** *(fig.)* she's not exactly a spring chicken any more

Tauf-: **~schein** *der* certificate of baptism; baptismal certificate; **~stein** *der* font

taugen ['taʊgn] *itr. V.* **nichts/wenig** *od.* **nicht viel/etwas ~**: be no/not much/some good *or* use; **zu** *od.* **für etw. ~** *⟨person⟩* be suited to sth.; *⟨thing⟩* be suitable for sth.; **zu einem** *od.* **zum Lehrer ~** *⟨person⟩* make a good teacher; **dazu ~, etw. zu tun** be good at doing sth.; **nicht wissen, was etw. wirklich taugt** not know how useful sth. really is

Taugenichts *der*; ~[es], ~e *(veralt. abwertend)* good-for-nothing

tauglich *Adj.* **a)** *(geeignet, brauchbar)* **[nicht] ~**: [un]suitable; **der Arzt hat ihn für ~ erklärt, ein Auto zu führen** the doctor has pronounced him fit to drive a car; **b)** *(für Militärdienst)* fit [for service]

Taumel *der*; ~s **a)** *(Schwindel, Benommenheit)* [feeling of] dizziness *or* giddiness; **ein ~ überkam ihn** he was overcome by a feeling of dizziness *or* giddiness; **b)** *(Begeisterung, Rausch)* frenzy; fever; **ein ~ der Begeisterung/Leidenschaft** a transport of excitement/passion; **ein ~ des Entzückens/Glücks** a transport of delight/happiness

taumelig **1.** *Adj.* dizzy; giddy; **ihm war/wurde ~ vor Glück** he was transported with happiness/went into transports of happiness. **2.** *adv.* **~ gehen** reel *or* stagger

taumeln ['taʊm|n] *itr. V.* **a)** *auch mit sein (wanken)* reel, sway **(vor + Dat.** with); **das Flugzeug begann zu ~**: the aircraft began to roll; **b)** *mit sein (sich ~d bewegen)* stagger; **in den Abgrund/ins Unglück ~**: tumble into the abyss/plunge into disaster

tau·naß *Adj.* wet with dew *postpos.*

Tau·punkt *der (Physik)* dew-point

Tausch *der*; ~[e]s, ~e exchange; swap; **ein guter/schlechter ~**: a good/bad deal; **im ~ gegen** *od.* **für etw.** in exchange for sth.; **etw. durch ~ erwerben** acquire sth. through an exchange; **etw. zum ~ anbieten** offer to exchange sth. for sth.; **etw. im ~ erhalten** receive sth. in exchange

tauschen 1. *tr. V.* exchange **(gegen** for); **Briefmarken/Münzen ~**: exchange *or* swap stamps/coins; **sie tauschten die Partner/Pferde/Plätze** they changed *or* swapped partners/horses/places; **wollen wir ~:** shall we swap *(coll.)*; **Küsse ~** *(geh.)* kiss; **einen Händedruck ~**: shake hands. **2.** *itr. V.* **mit den Rollen/Plätzen/Partnern ~**: change *or* swap roles/places/partners; **mit jmdm. ~** *(fig.)* change *or* swap places with sb.

täuschen ['tɔyʃn] **1.** *tr. V.* deceive; **ich sah mich in meinen Erwartungen getäuscht** I was disappointed in my expectations; **der Schüler versuchte zu ~**: the pupil tried to cheat; **der Schein täuscht uns oft** appearances are often deceiving; **wenn mich nicht alles täuscht** unless I'm completely mistaken. **2.** *itr. V.* **a)** *(irreführen)* be deceptive; **b)** *(bes. Sport: ablenken)* make a feint. **3.** *refl. V.* **be wrong or mistaken (in + Dat. about); ich habe mich in ihm getäuscht** I was wrong about him; he disappointed me; **da täuschst du dich aber [gewaltig]** but that's where you're [very much] mistaken

täuschend 1. *Adj.* remarkable, striking *⟨similarity, imitation⟩*. **2.** *adv.* remarkably; **jmdm. ~ ähnlich sehen** look remarkably like sb.

Täuscher *der*; ~s, ~: swindler

Tausch-: **~geschäft** *das* exchange [deal]; **ein gutes ~geschäft machen** make a good deal in an/the exchange; **~gesellschaft** *die (Soziol.)* barter society; **~handel** *der* **a)** *(Wirtsch.)* trade by barter; **~objekt** *das* object of barter[ing]

Täuschung *die*; ~, ~en **a)** *(das Täuschen)* deception; **auf eine ~ hereinfallen** be deceived; **b)** *(Selbst~)* delusion; illusion; **einer ~ unterliegen** be under an illusion; **er gibt sich der ~ hin, daß ...**: he mistakenly believes that ...; **optische ~**: optical illusion

Täuschungs-: **~absicht** *die* intent to deceive; **~manöver** *das* ploy

tausend ['taʊznt] *Kardinalz.* **a)** a *or* one thousand; **einige/mehrere ~ Zuschauer** a few/several thousand spectators; **~ und aber ~ Ameisen** thousands and thousands of ants; *s. auch* **acht**; **b)** *(ugs.: sehr viele)* thousands of; **noch ~ Sachen zu erledigen haben** still have thousands of *or* a thousand things to do; **~ Dank/Küsse** a thousand thanks/kisses

¹Tausend *das*; ~s, ~e *od.* ~ **a)** *nicht in Verbindung mit Kardinalzahlen; Pl.:* **~** *(Einheit von tausend Stück)* thousand; **ein tausend/halbes ~:** a full/half a thousand; a thousand/five hundred; **vom ~:** per thousand; **b)** *Pl. (eine unbestimmte große Zahl)* thousands; **~e Zuschauer** thousands of spectators; **die Kosten gehen in die ~e** *(ugs.)* the costs run into thousands; **die Tiere starben zu ~en** the animals died in [their] thousands

²Tausend *die*; ~, ~en a thousand

tausend·ein[s] *Kardinalz.* a *or* one thousand and one

Tausender *der*; ~s, ~ *(ugs.) (Tausendmarkschein usw.)* thousand-mark/-dollar etc. note; *(Betrag)* thousand marks/dollars etc.; **b)** *(Math.)* thousand

tausenderlei *Gattungsz.; indekl. (ugs.)* **a)** *(von verschiedener Art)* a thousand and one different *⟨answers, kinds, etc.⟩*; **b)** a thousand and one; *s. auch* **hunderterlei**

tausendfach *Vervielfältigungsz.* thousandfold; *(ugs.: sehr viele)* a thousand and one times; **die ~e Menge** a thousand times the amount; **~en Dank** a thousand thanks; *s. auch* **achtfach**

Tausendfüßer ['taʊzntfyːsɐ], **Tausendfüßler** *der*; ~s, ~: millipede

Tausend·gülden·kraut *das (Bot.)* centaury

Tausend·jahr·feier *die* millenary; millennial; *(Festlichkeit auch)* millenary *or* millennial celebrations *pl.*; *s. auch* **Hundertjahrfeier**

tausend·jährig *Adj.; nicht präd.* **a)** *(tausend Jahre alt)* [one-]thousand-year-old; **b)** *(tausend Jahre dauernd)* thousand-year[-long]; **~es Reich** a thousand-year Reich; **Tausendjähriges Reich** *(Theol.)* millennium

tausendköpfig *Adj.; nicht präd.* thousandstrong; *(fig.)* thousands strong *postpos.*

Tausend·künstler *der (ugs. scherzh.)* jack of all trades

tausend·mal *Adv.* a thousand times; **ich bitte [dich] ~ um Entschuldigung** *(ugs.)* a thousand pardons *or* apologies; *s. auch* **achtmal**

Tausend·mark·schein *der* thousand-mark note

Tausendsas[s]a ['taʊzntsasa] *der*; ~s, ~s jack of all trades

Tausendschönchen [-ʃøːnçən] *das*; ~s, ~: daisy

tausendst... *Ordinalz.* thousandth; *s. auch* **acht...**

tausendstel ['taʊzntstl] *Bruchz.* thousandth; *s. auch* **achtel**

Tausendstel *das (schweiz. meist der)*; ~s, ~: thousandth

Tausendstel·sekunde *die*; ~, ~n thousandth of a second

tausend·und·ein[s] *Kardinalz. s.* **tausendein[s]**

Tautologie [taʊtoloˈgiː] *die*; ~, ~n *(Rhet., Stilk.)* tautology

tautologisch *Adj. (Rhet., Stilk.)* tautological; tautologous

Tau-: **~tropfen** *der* dew-drop; **~wasser** *das*; *Pl.* **~**: meltwater; **~werk** *das*; *o. Pl.* **a)**

(Material) rope; **b)** *(auf einem Schiff)* rigging; ~**wetter** das *(auch fig.)* thaw; **gestern war bei uns ~wetter** yesterday we had a thaw; ~**ziehen** das; ~s *(auch fig.)* tug-of-war

Taverne [ta'vɛrnə] die; ~, ~n taverna

Taxa·meter [taxa-] der [taxi]meter

Taxator [ta'ksa:tɔr] der; ~s, ~en [taksa-'to:rən] *(Wirtsch.)* valuer

Taxe ['taksə] die; ~, ~n **a)** *(Gebühr)* charge; **c)** *(taxierter Preis)* valuation

Taxi ['taksi] das; ~s, ~s taxi; **mit dem ~:** by taxi *or* in a taxi; ~ **fahren** drive a taxi; *(als Fahrgast)* go by taxi

taxieren *tr. V.* **a)** *(ugs.: schätzen)* estimate (**auf** + *Akk.* at); **er hat falsch taxiert** his estimate is wrong; **etw. zu hoch/niedrig ~:** overestimate/underestimate sth.; **b)** *(den Wert ermitteln von)* value (**auf** + *Akk.* at); **etw. zu hoch/niedrig ~:** overvalue/undervalue sth.; **c)** *(ugs.: mustern, prüfen)* size up *(coll.)*; **d)** *(einschätzen)* assess

Taxi-: ~**fahrer** der taxi-driver; ~**fahrt** die taxi ride; ~**stand** der taxi-rank *(Brit.)*; taxi-stand

Taxus ['taksʊs] der; ~, ~: yew[-tree]

Tb, Tbc [te:'be:, te:be:'tse:] die; ~ *Abk.* Tuberkulose TB

Tb-krank [te:'be:-] *Adj.* suffering from TB *postpos.*; ~**e Patienten** patients with TB

Tb-Kranke [te:'be:-] *der die; adj. Dekl.* TB patient; patient with TB

Teak [ti:k] das; ~s, ~, **Teak·holz** das teak

Team [ti:m] das; ~s, ~s team

Team·chef der *(Sport)* team manager

Teamwork ['ti:mwəːk] das; ~s team-work

Tea-Room ['ti:ru:m] der; ~s, ~s *(schweiz.)* tea-room *(without alcoholic drinks)*

Technik ['tɛçnɪk] die; ~, ~en **a)** *o. Pl.* technology; *(Studienfach)* engineering *no art.*; **auf dem neuesten Stand der ~:** incorporating the latest technical advances; **im Zeitalter der ~ leben** live in the technological age *or* age of technology; **b)** *o. Pl. (technische Ausrüstung)* equipment; machinery; **c)** *(Arbeitsweise, Verfahren)* technique; **d)** *o. Pl. (eines Gerätes)* workings *pl.*

Techniker der; ~s, ~, **Technikerin** die; ~, ~**nen a)** technical expert; **b)** *(im Sport, in der Kunst)* technician

Technikum ['tɛçnikʊm] das; ~s, **Technika** *od.* **Techniken** technical college

technisch ['tɛçnɪʃ] **1.** *Adj.* technical; technological *⟨progress, age⟩*; **ein ~er Fehler** a technical fault. **2.** *adv.* technically; *⟨interested⟩* in technology; technologically *⟨advanced⟩*; ~ **begabt sein** have a technical flair

technisieren [tɛçni'zi:rən] *tr. V.* mechanize

Technisierung die; ~, ~**en** mechanization

Technokrat [tɛçno'kra:t] der; ~**en**, ~**en** technocrat

Technokratie [tɛçnokra'ti:] die; ~: technocracy

Technokratin die; ~, ~**nen** technocrat

technokratisch *Adj.* technocratic

Technologie [tɛçnolo'gi:] die; ~, ~**n** technology

Technologie·park der science park

technologisch 1. *Adj.* technological. **2.** *adv.* technologically

Techtelmechtel [tɛçtl'mɛçtl] das; ~s, ~: affair

Teckel ['tɛkl] der; ~s, ~ dachshund

Teddy·bär ['tɛdi-] der teddy bear

Tedeum [te'de:ʊm] das; ~s, ~s Te Deum

TEE [te:le:'le:] der; ~[s], ~[s] *Abk.* Trans-Europ-Express TEE

Tee [te:] der; ~s, *(Sorten:)* ~s tea; **der ~ muß noch ziehen** the tea must stand *or* brew a while; **einen ~ machen** make some tea; **einen ~ geben** *(geh.)* give a tea-party; **einen im ~ haben** *(fig. ugs.)* be tipsy; have had one over the eight *(sl.)*; **abwarten und ~ trinken** *(fig. ugs.)* just wait and see

Tee-: ~**beutel** der tea-bag; ~**butter** die *(österr.) s.* Markenbutter; ~-**Ei** das tea-ball; tea-egg; ~**gebäck** das [tea] biscuits *pl. (Brit.) or (Amer.)* cookies *pl.*; ~**glas** das; *Pl.* ~**gläser** tea-glass; ~**kanne** die teapot; ~**kessel** der **a)** tea-kettle; **b)** *(Spiel)* game in which homonymous words must be guessed; ~**küche** die [small] kitchen; ~**licht** das; *Pl.* ~**er** *od.* ~**e** tea-warmer; ~**löffel** der teaspoon

Teen [ti:n] der; ~s, ~s, **Teenager** ['ti:neɪdʒɐ] der; ~s, ~: teenager

Tee-: ~**pause** die tea-break; ~**pflücker** der, ~**pflückerin** die tea-picker

Teer [te:ɐ] der; ~[e]s, *(Arten:)* ~**e** tar

Teer·decke die tar surface

teeren *tr. V.* tar; **jmdn. ~ und federn** tar and feather sb.

teer-, Teer-: ~**farb·stoff** der aniline dye; ~**faß** das tar barrel; ~**haltig** *Adj.* containing tar *postpos., not pred.*

Tee·rose die tea-rose

Teer·pappe die bituminous roofing-felt

Tee-: ~**service** das tea-service; tea-set; ~**sieb** das tea-strainer; ~**strauch** der tea-plant; ~**stube** die tea-room; ~**tasse** die teacup; ~**trinker** der tea-drinker; ~**wagen** der tea-trolley; ~**wasser** das water for the tea; *s. auch* Kaffeewasser; ~**wurst** die soft German smoked sausage for spreading; ≈ meat-spread

Teich [taiç] der; ~[e]s, ~**e** pond; **der große ~** *(ugs. scherzh.: das Meer)* the [herring-]pond *(joc.)*

Teig [taik] der; ~[e]s, ~**e** dough; *(Kuchen~, Biskuit~)* pastry; *(Pfannkuchen~, Waffel~)* batter; *(in Rezepten auch)* mixture; ~ **für Fleischklößchen** meat-ball mixture; **den ~ gehen lassen** let the dough rise

teigig *Adj.* **a)** *(wie Teig)* doughy; **b)** *(blaß u. schwammig)* pasty *⟨face, skin, complexion⟩*

Teig-: ~**rolle** die **a)** *(Rolle aus Teig)* roll of dough; **b)** *(Nudelholz)* rolling-pin; ~**waren** *Pl.* pasta *sing.*

Teil [tail] der; ~[e]s, ~**e** *(etw. von einem Ganzen)* part; **weite ~e des Landes** wide areas of the country; **ein [großer** *od.* **guter] ~ der Presse/Bevölkerung** a [large] section of the press/population; **ich habe das Buch zum größten ~ gelesen** I have read most of the book; **zum ~ partly**; **es waren zum ~ schöne Exemplare** some of them were beautiful specimens; **fünfter ~:** fifth; **den größten ~ des Weges hat er zu Fuß zurückgelegt** he walked most of the way; **ein gut ~ Glück/Mut** a lot of *or* a good bit of luck/courage *(coll.)*; **er hat; sein ~; ~[e]s, ~e** *(Anteil)* share; **sein[en] ~ [schon noch] bekommen** *od.* **kriegen** get one's comeuppance *(coll.)*; **sein[en] ~ weghaben** *(ugs.)* have [already] had one's due; *(die verdiente Strafe bekommen haben)* have got what was coming to one; **sich** *(Dat.)* **sein ~ denken** have one's own thoughts on the matter; **ich für mein ~ …:** for my part, I …; **c) der** *od.* **das; ~[e]s, ~e** *(Beitrag)* share; **ich will gerne mein[en] ~ dazu beisteuern** I should like to do my share or bit; **sein[en] ~ geben** *od.* **tun** do one's share or bit [towards sth.]; **d) der; ~[e]s, ~e** *(beteiligte Person[en]; Rechtsw.: Partei)* party; **e) das; ~[e]s, ~e** *(Einzel~)* part; ~**e des Motors** [component] parts of the engine; **etw. in seine ~e zerlegen** take sth. apart *or* to pieces

Teil-: ~**ansicht** die partial view; ~**aspekt** der: **nur ein ~aspekt des Problems** only one aspect of the problem

teil·bar *Adj.* divisible (**durch** by)

Teilbarkeit die; ~: divisibility

Teil-: ~**bereich** der *(eines Fachs)* branch; *(einer Organisation)* section; ~**betrag** der instalment; *(einer Rechnung)* item

Teilchen das; ~s, ~ **a)** *(kleines Stück)* [small] part; **b)** *(Partikel)* particle; **c)** *(bes. nordd.: Gebäckstück)* tart

Teilchen·beschleuniger der; ~s, ~ *(Kerntechnik)* particle accelerator

teilen 1. *tr. V.* **a)** *(zerlegen, trennen)* divide [up]; **b)** *(dividieren)* divide (**durch** by); **c)** *(auf~)* share (**unter** + *Akk.* among); **d)** *(teilweise überlassen, gemeinsam nutzen, teilhaben an)* share; **e)** *(in zwei Teile ~)* divide; **das Schiff teilt die Wellen** *(geh.)* the ship cuts through the waves; *s. auch* Leid a. **2.** *refl. V.* **a)** *sich (Dat.)* **etw. [mit jmdm.] ~:** share sth. [with sb.]; **sich** *(Dat.)* **[mit jmdm.] in etw.** *(Akk.)* ~ *(geh.)* share sth. [with sb.]; **b)** *(auseinandergehen)* **der Vorhang teilt sich** the curtains open; **der Weg teilt sich** the road forks; **geteilter Meinung sein** have different views *or* opinions. **3.** *itr. V.* share

Teiler der; ~s, ~ *(Math.)* factor

Teil-: ~**erfolg** der partial success; ~**gebiet** das branch; ~**habe** die participation (**an** + *Dat.* in)

teil|haben *unr. itr. V.* share (**an** + *Dat.* in)

Teilhaber der; ~s, ~: partner; **stiller ~:** sleeping partner

Teilhaberschaft die; ~, ~**en** participation, *(Anteil)* share (**an** + *Dat.* in)

teilhaftig [-'haftɪç] *Adj. in einer Sache* *(Gen.)* ~ **werden/sein** *(geh. veralt.)* be blessed with sth.; **eines Anblicks ~ werden** be privy to a sight

Teil·kasko·versicherung die *insurance giving limited cover*

teil·möbliert 1. *Adj.* partially furnished. **2.** *adv.* ~ **wohnen** live in partly furnished accommodation

Teilnahme ['tailna:mə] die; ~, ~**n a)** *(das Mitmachen)* participation (**an** + *Dat.* in); ~ **an einem Kurs** attendance at a course; **b)** *(Interesse)* interest (**an** + *Dat.* in); **c)** *(geh.: Mitgefühl)* sympathy

teilnahme·berechtigt *Adj.* eligible (**bei** for)

Teilnahme·berechtigung die eligibility

teilnahms·los *Adj.* *(gleichgültig)* indifferent; *(apathisch)* apathetic

Teilnahmslosigkeit die *(Gleichgültigkeit)* indifference; *(Apathie)* apathy

teilnahms·voll 1. *Adj.* compassionate. **2.** *adv.* compassionately; **jmdn. ~ ansehen** look at sb. with compassion

teil|nehmen ['tailne:mən] *unr. itr. V.* **a)** *(dabei sein bei)* [**an etw.** *(Dat.)* ~] teilnehmen [sth.]; **b)** *(beteiligt sein)* [**an etw.** *(Dat.)*] ~: take part [in sth.]; **am Krieg ~:** fight in the war; **an einem Wettkampf ~:** take part in *or* enter a competition; **c)** *(als Lernender)* [**an einem Lehrgang**] ~: attend [a course]; **am Unterricht ~:** attend lessons; **d)** *(Teilnahme zeigen)* **an jmds. Schmerz/Glück ~:** share sb.'s pain/happiness

teilnehmend *s.* teilnahmsvoll

Teilnehmer der; ~s, ~ **a)** participant *(Gen., an + Dat. in); (bei Wettbewerb auch)* competitor, contestant (**an** + *Dat.* in); **b)** *(Fernspr.)* subscriber; **der ~ meldet sich nicht** there is no reply

Teilnehmerin die; ~, ~**nen** *s.* Teilnehmer

Teilnehmer·zahl die number of participants; *(Sport)* number of competitors

teils [tails] *Adv.* partly; ~ … ~ …: partly … partly …; **Kostüme, ~ mit Seitenschlitzen** costumes, some with side slits; **Wie hat es dir gestern gefallen? – Teils, ~** How did you like it yesterday? – So so

Teil-: ~**strecke** die *(einer Straße)* stretch; *(einer Buslinie usw.)* stage; *(Rennsport)* stage; ~**strich** der graduation line; ~**stück** das piece; part

Teilung die; ~, ~**en** division

teil·weise 1. *Adv.* partly; ~ **gut** good in parts. **2.** *adj.* partial

Teil-: ~**zahlung** die instalment; **etw. auf ~zahlung kaufen** buy sth. on hire-purchase *(Brit.) or (Amer.)* on instalment plan; ~**zeit·arbeit** die part-time work *no indef. art.*; *(Stelle)* part-time job; ~**zeit·be-**

1513

schäftigung die part-time employment or work no indef. art.; *(Stelle)* part-time job
Teint [tɛ̃ː] der; ~s, ~s complexion
Tektonik [tɛk'toːnɪk] die; ~ *(Geol.)* tectonics sing., no art.
tektonisch Adj. tectonic
tele-, Tele- ['teːle-] tele-
Tele·brief der fax message
Tele·fax das fax
Telefon ['teːlefoːn, auch tele'foːn] das; ~s, ~e telephone; phone *(coll.);* **ans ~ gehen** answer the [tele]phone; **jmdn. ans ~ rufen** call sb. to the [tele]phone; **am ~ verlangt werden** be wanted on the [tele]phone; **am ~ hängen** *(ugs.)* be on the [tele]phone; **sich ans ~ hängen** *(ugs.)* get on the phone *(coll.)*
Telefon-: ~an·ruf der [tele]phone call; **~an·schluß** der telephone; line; **~apparat** der telephone
Telefonat [telefoˈnaːt] das; ~[e]s, ~e telephone call
Telefon-: ~buch das [tele]phone book or directory; **~gebühr** die telephone charge; **~gespräch** das telephone conversation; **~häuschen** das s. **~zelle; ~hörer** der telephone receiver
telefonieren [telefoˈniːrən] itr. V. make a [tele]phone call; **mit jmdm. ~:** talk to sb. [on the telephone]; **nach einem Taxi ~:** [tele]phone a taxi; **du telefonierst zu viel** you're on the phone too much; you're making too many [tele]phone calls; **nach Hause ~:** phone home; **nach England ~:** make a [tele]phone call to England; **lange [mit jmdm.] ~:** be on the telephone [to sb.] for a long time; **er telefoniert gerade** he is on the phone at the moment; **bei jmdm. ~:** use sb.'s [tele]phone
telefonisch 1. *Adj.* telephone; **die ~e Zeitansage** the speaking clock *(Brit. coll.);* **die ~e Bestellung** telephone order; order by telephone. 2. *adv.* by telephone; **jmdm. etw. ~ mitteilen** inform sb. of sth. over the or by telephone; **ich bin ~ zu erreichen** od. **erreichbar** I can be contacted by telephone; **er hat sich ~ entschuldigt** he telephoned to apologize
Telefonist [telefoˈnɪst] der; ~en, ~en, **Telefonistin** die; ~, ~nen telephonist; *(in einer Firma)* switchboard operator
Telefon-: ~leitung die telephone line; **~nummer** die [tele]phone number; **~rechnung** die [tele]phone bill; **~seelsorge** die pastoral advice service; **die ~seelsorge** ≈ the Samaritans *(Brit.);* **~überwachung** die telephone surveillance; **~verbindung** die telephone list; **~zelle** die [tele]phone-booth or *(Brit.)* -box; call-box *(Brit.);* **~zentrale** die telephone exchange
tele·gen [teleˈɡeːn] Adj. telegenic
Telegraf [teleˈɡraːf] der; ~en, ~en telegraph
Telegrafen-: ~amt das telegraph office; **~mast** der telegraph-pole
Telegrafie die; ~: telegraphy no art.
telegrafieren [telegraˈfiːrən] itr., tr. V. telegraph; **jmdm. ~:** send a telegram to sb.; **nach Berlin ~:** send a telegram to Berlin
telegrafisch 1. *Adj.* telegraphic; **eine ~e Mitteilung** a message by telegraph or telegram. 2. *adv.* by telegraph or telegram; **~ überwiesenes Geld** money sent by telegram or cable
Telegramm das telegram
Telegrammstil der; o. Pl. telegram style; telegraphese *(coll.);* **im ~:** in telegraphese
Telegraph, Telegraphie usw. s. **Telegraf, Telegrafie** usw.
Telekinese [telekiˈneːzə] die; ~ *(Parapsych.)* telekinesis no art.
Tele·kolleg das ≈ Open University *(Brit.)*
Tele·objektiv das *(Fot.)* telephoto lens
Teleologie [teleoloˈɡiː] die; ~ *(Philos.)* teleology no art.

teleo·logisch [teleoˈloːɡɪʃ] 1. *Adj.* teleological. 2. *adv.* teleologically
Telepathie [telepaˈtiː] die; ~: telepathy no art.
telepathisch 1. *Adj.* telepathic; **auf ~em Weg** by telepathic means. 2. *adv.* telepathically
Telephon, telephonieren usw. s. **Telefon, telefonieren** usw.
tele·scheu Adj. camera-shy
Tele·skop [teleˈskoːp] das; ~s, ~e telescope
Teleskop·antenne die telescopic aerial or *(Amer.)* antenna
Tele·spiel das video game
Tele·vision [televiˈzi̯oːn] die; ~: television no art.
Telex ['teːlɛks] das; ~, ~[e] telex
telexen itr. V. telex
Teller ['tɛlɐ] der; ~s, ~ **a)** plate; **ein ~ Suppe** a plate of soup; **b)** *(beim Skistock)* basket
Teller-: ~eisen das *(Jagdw.)* steel jaw trap; **~fleisch** das *(bes. österr.)* pieces of boiled beef or pork served in soup; **~gericht** das *(Gastr.)* one-course meal; **~mine** die Teller mine; anti-tank mine; **~rand** der rim; edge of a/the plate; **über den eigenen ~rand** *(fig.)* **beyond one's own nose; ~wäscher** der dishwasher; **vom ~wäscher zum Millionär [werden]** [go] from rags to riches
Tellur [tɛˈluːɐ̯] das; ~s *(Chemie)* tellurium
Tempel ['tɛmpl̩] der; ~s, ~: temple
Tempel-: ~herr der *(hist.)* Templar; **~orden** der *(hist.)* Order of the Knights Templars; **~ritter** der *(hist.)* Templar; **~schändung** die desecration of the temple
Tempera- ['tɛmpəra-]: **~farbe** die tempera colour; distemper; **~malerei** die **a)** o. Pl. *(Maltechnik)* tempera painting no art.; *(Bild)* painting in distemper; **b)** *(Bild)* tempera painting
Temperament [tɛmpəraˈmɛnt] das; ~[e]s, ~e **a)** *(Wesensart)* temperament; **die vier ~e** the four humours; **eine Sache des ~s** a matter or question of temperament; **b)** *(Schwung, Lebhaftigkeit)* **eine Frau mit ~:** a lively or vivacious woman; a woman with spirit; **[viel] ~ haben** be [very] lively; have [plenty of] spirit; **sie hat kein/wenig ~:** she is not a lively/not a very lively person; **sein ~ reißt sie mit** her vivacity infects everyone; **c)** o. Pl. *(Erregbarkeit)* **das ~ geht oft mit mir durch** I often lose my temper; **sein ~ zügeln** control one's temper
temperament·los Adj. spiritless; lifeless
Temperaments-: ~aus·bruch der temperamental outburst; **~sache** die etw./das ist ~sache sth./that is a matter or question of temperament
temperament·voll Adj. spirited ⟨person, speech, dance, etc.⟩; lively ⟨start etc.⟩; nippy *(coll.)* ⟨car⟩
Temperatur [tɛmpəraˈtuːɐ̯] die; ~, ~en **a)** *(Wärmezustand)* temperature; **die richtige ~ haben** be [at] the right temperature; **b)** *(Körper~)* temperature; **[erhöhte] ~ haben** have or be running a temperature; **jmds. ~ messen** take sb.'s temperature
Temperatur-: ~anstieg der rise in temperature; **~regler** der thermostat; **~rück·gang** der drop or fall in temperature; **~schwankung** die fluctuation in temperature; **~sturz** der [sudden] fall or drop in temperature; **~unterschied** der difference in temperature
temperieren [tɛmpəˈriːrən] tr. V. bring to the right temperature; **das Zimmer angenehm/richtig ~:** bring the room to a pleasant/the right temperature; **das Wasser ist gut temperiert** the water is [at] the right temperature; **ein schlecht temperierter Wein** a wine at the wrong temperature
Templer ['tɛmplɐ] der; ~s, ~ *(hist.)* Templar
¹Tempo ['tɛmpo] das; ~s, ~s od. **Tempi**

Pl. ~s speed; **das ~ erhöhen** speed up; accelerate; **in od. mit hohem ~:** at high speed; **hier gilt ~ 100** there is a 100 k.p.h. speed limit here; **der hat ein ~ drauf!** *(ugs.)* he's going at quite a or *(Brit. coll.)* at a fair old speed!; **~ [~]!** *(ugs.),* **mach mal ein bißchen ~** *(ugs.)* get a move on; **b)** *(Musik)* tempo; time; **c)** *(Fechten)* period; *(Hieb)* stop cut; *(Stoß)* stop thrust or point
²Tempo Wz das; ~s, ~s *(ugs.)* tissue
Tempo·limit das *(Verkehrsw.)* speed limit
Tempora s. **Tempus**
temporal [tɛmpoˈraːl] *(Sprachw.)* temporal
Temporal·satz der *(Sprachw.)* temporal clause
temporär [tɛmpoˈrɛːɐ̯] *(geh.)* 1. *Adj.* temporary. 2. *adv.* temporarily
Tempo·taschen·tuch das *(ugs.)* paper tissue or handkerchief
Tempus ['tɛmpʊs] das; ~, **Tempora** ['tɛmpora] *(Sprachw.)* s. **Zeitform**
Tendenz [tɛnˈdɛnts] die; ~, ~en **a)** trend; **es herrscht die ~/die ~ geht dahin, ... zu ...:** there is a tendency to ...; the trend is to ...; **die Preise haben eine steigende/fallende ~:** prices are rising/falling; **b)** *(Hang, Neigung)* tendency; **die ~ haben, etw. zu tun** have a tendency to do sth.; **seine Ansichten haben eine ~ zum Dogmatismus** his attitudes tend towards dogmatism; **c)** *(oft abwertend: Darstellungsweise)* slant; **eine ~ faschistische Haltung** an attitude tending towards fascism
tendenziell [tɛndɛnˈtsi̯ɛl] 1. *Adj.* **der ~e Fall der Profitrate** the [general] trend towards a drop in profit margins. 2. *adv.* **es scheint sich eine Verschärfung dieser Krise abzuzeichnen** the trend seems to indicate a deepening of the crisis; **eine ~ faschistische Haltung** an attitude tending towards fascism
tendenziös [...ˈtsi̯øːs] Adj. tendentious
Tendenz·wende die change in a/the trend or in direction
Tender ['tɛndɐ] der; ~s, ~ *(Eisenb., Seew.)* tender
tendieren [tɛnˈdiːrən] itr. V. tend (**zu** towards); **er tendiert zu solchen Auffassungen** he tends to [hold] such opinions; **nach links/~ rechts tendieren** tend to the left/right; **der nach links ~de Flügel dieser Partei** the branch of the party with left-wing leanings
Teneriffa [teneˈrɪfa] ⟨das⟩; ~: Tenerife
Tenne ['tɛnə] die; ~, ~n threshing-floor (*in barn*)
Tennis ['tɛnɪs] das; ~: tennis no art.
Tennis-: ~arm der *(Med.)* tennis elbow; **~ball** der tennis-ball; **~platz** der tennis-court; **~schläger** der tennis-racket; **~schuh** der tennis-shoe; **~spiel** das **a)** o. Pl. (Tennis) tennis no art.; **b)** *(Einzelspiel)* game of tennis; **~spielen** das playing tennis no art.; **~spieler** der tennis-player
¹Tenor [teˈnoːɐ̯] der; ~s, **Tenöre** [teˈnøːrə], *(österr. auch:)* ~e *(Musik)* **a)** *(Stimmlage, Sänger)* tenor; **den ~ singen** sing tenor or the tenor part; **b)** o. Pl. *(im Chor)* tenors pl.; tenor voices pl.
²Tenor [ˈteːnɔr] der; ~s tenor
Tenor·schlüssel der *(Musik)* tenor clef
Tentakel [tɛnˈtaːkl̩] der od. das; ~s, ~ *(Zool., Bot.)* tentacle
Tenü, Tenue [təˈnyː] das; ~s, ~s *(schweiz.)* style of dress
Teppich ['tɛpɪç] der; ~s, ~e carpet; *(kleiner)* rug; **auf dem ~ bleiben** *(fig. ugs.)* keep one's feet on the ground; **etw. unter den ~ kehren** *(fig. ugs.)* sweep sth. under the carpet
Teppich-: ~boden der fitted carpet; **~fliese** die carpet tile; **~kehrer** der carpet-sweeper; **~klopfer** der carpet-beater; **~stange** die frame for beating carpets
Term [tɛrm] der; ~s, ~e *(Math., Logik, Physik)* term
Termin [tɛrˈmiːn] der; ~s, ~e **a)** *(festgelegter Zeitpunkt)* date; *(Anmeldung)* appointment; *(Verabredung)* engagement; **der letz-**

Terminal

te *od.* äußerste ~ für die Zahlung the deadline *or* final date for payment; sich *(Dat.)* einen ~ geben lassen make an appointment; **b)** *(Rechtsw.)* hearing; **heute ist ~ in Sachen ...**: the ... case comes on today
Terminal ['tə:ɡmɪnəl] *das*; ~s, ~s terminal
termin-, Termin-: **~gebunden** *Adj.* scheduled; **~gebunden sein** have a deadline; **~gemäß 1.** *Adj.* on time *postpos.*; **~gemäße Fertigstellung** completion on time *or* schedule; **2.** *adv.* on time; on schedule; **~gemäß beginnen** start punctually; **~geschäft** *das (Börsenw.)* forward transaction *or* operation
Termini *s.* **Terminus**
terminieren [tɛrmi'ni:rən] *tr. V.* **a)** *(befristen)* limit the duration of **(auf + Akk.** to); **b)** *(zeitlich festlegen)* **eine Veranstaltung** *usw.* ~: set *or* fix a date for an event *etc.*
Terminierung *die*; ~, ~en scheduling
Termini technici *s.* **Terminus technicus**
Termin·kalender *der* appointments book; *(für gesellschaftliche Termine)* engagements diary; **den ~ einhalten** *(fig.)* keep to the schedule
terminlich 1. *Adj.; nicht präd.* **~e Schwierigkeiten/Grenzen** difficulties/limits with regard to schedule; **~e Gründe** reasons of schedule. **2.** *adv.* **es läßt sich ~ vereinbaren** it fits in with the/our/their *etc.* schedule
Terminologie [tɛrminolo'ɡi:] *die*; ~, ~n terminology
terminologisch [tɛrmino'lo:ɡɪʃ] *Adj.; nicht präd.* terminological
Terminus ['tɛrmɪnʊs] *der*; ~, **Termini** term
Terminus technicus [- 'tɛçnikʊs] *der*; ~, **Termini technici** [...nitsi] technical term
Termite [tɛr'mi:tə] *die*; ~, ~n termite
Termiten·hügel *der* termite hill
Terpentin [tɛrpɛn'ti:n] *das, (österr. meist:) der*; ~s **a)** *(Harz)* turpentine; **b)** *(ugs.: Terpentinöl)* turps *sing. (coll.)*
Terpentin·öl *das* oil of turpentine
Terrain [tɛ'rɛ̃:] *das*; ~s, ~s **a)** *(Gelände)* terrain; **~ verlieren** lose ground; **es ist für ihn ein unbekanntes ~** *(fig.)* it is unknown territory to him; **das ~ sondieren** *(fig. geh.)* sound out the situation; **b)** *(Baugelände)* building land
Terrakotta [tɛra'kɔta] *die*; ~, **Terrakotten, Terrakotte** *die*; ~, ~n terracotta
Terrarium [tɛ'ra:riʊm] *das*; ~s, **Terrarien** terrarium
Terrasse [tɛ'rasə] *die*; ~, ~n terrace
terrassen·förmig 1. *Adj.* terraced. **2.** *adv.* in terraces
Terrassen·haus *das* block of flats *(Brit.) or (Amer.)* apartments/house built in terraces on a slope
Terrazzo [tɛ'ratso] *der*; ~|s|, **Terrazzi** terrazzo
terrestrisch [tɛ'rɛstrɪʃ] *Adj.* terrestrial
Terrier ['tɛriɐ] *der*; ~s, ~: terrier
Terrine [tɛ'ri:nə] *die*; ~, ~n tureen
territorial [tɛrito'ria:l] *Adj.* territorial
Territorial-: **~hoheit** *die; o. Pl.* territorial sovereignty; **~staat** *der (hist.)* territorial state
Territorium [tɛri'to:riʊm] *das*; ~s, **Territorien a)** *(Gebiet, Land)* land; territory; **ein unbesiedeltes ~**: uninhabited land *or* territory; **ein riesiges ~**: a huge area *or* region; **b)** *(Hoheitsgebiet)* territory
Terror ['tɛrɔr] *der*; ~s **a)** terrorism *no art.*; **blutiger ~**: terror and bloodshed; **~ ausüben** use terror tactics; **b)** *(ugs.: Zank u. Streit)* trouble; **c)** *(ugs.: großes Aufheben)* big row *(coll.)* or fuss; **~ machen** raise hell *(coll.)*
Terror-: **~akt** *der* act of terrorism; **~anschlag** *der* terrorist attack
terrorisieren *tr. V. (durch Terror unterdrücken)* terrorize; **b)** *(ugs.: belästigen)* pester
Terrorismus *der*; ~: terrorism *no art.*

Terrorist *der*; ~en, ~en, **Terroristin** *die*; ~, ~nen terrorist
terroristisch *Adj.; nicht präd.* terrorist
Terror·welle *die* wave of terror
Tertia ['tɛrtsia] *die*; ~, **Tertien** *(Schulw.)* **a)** *(veralt.)* fourth and fifth year *(of a Gymnasium)*; **b)** *(österr.)* third year *(of a Gymnasium)*
Tertianer [tɛr'tsia:nɐ] *der*; ~s, ~, **Tertianerin** *die*; ~, ~nen *(Schulw.)* **a)** *(veralt.) (Ober~)* pupil in the fifth year *(of a Gymnasium)*; *(Unter~)* pupil in the fourth year *(of a Gymnasium)*; **b)** *(österr.)* pupil in the third year *(of a Gymnasium)*
tertiär [tɛr'tsiɛ:ɐ̯] *Adj. (Geol.)* Tertiary
Tertiär *das*; ~s *(Geol.)* Tertiary [Period]
Tertium comparationis ['tɛrtsiʊm kompara'tsio:nɪs] *das*; ~ ~, **Tertia ~** *(geh.)* common element *(as a basis for comparison)*
Terz [tɛrts] *die*; ~, ~en **a)** *(Musik)* third; **b)** *(Fechten)* tierce
Terzett [tɛr'tsɛt] *das*; ~|e|s, ~e **a)** *(Musik)* trio; **|im| ~ singen** sing a trio; **b)** *(Verslehre)* triplet
Terzine [tɛr'tsi:nə] *die*; ~, ~n *(Verslehre)* terza rima
Tesa·film Ⓦ ['te:za-] *der*; ~|e|s Sellotape *(Brit.)* (P); Scotch tape *(Amer.)* (P)
Test [tɛst] *der*; ~|e|s, ~s *od.* ~e test
Testament [tɛsta'mɛnt] *das*; ~|e|s, ~e **a)** *(letzte Verfügung eines Erblassers)* will; **das ~ eröffnen** read the will; **ohne Hinterlassung eines ~s sterben** die intestate; **das politische ~** *(fig.)* the political legacy; **er kann sein ~ machen** *(fig. ugs.)* he is [in] for it *(coll.)*; **b)** *(christl. Rel.)* Testament; **das Alte/Neue ~**: the Old/New Testament
testamentarisch [tɛstamɛn'ta:rɪʃ] **1.** *Adj.; nicht präd.* testamentary. **2.** *adv.* **etw. ~ bestimmen** *od.* **festlegen** *od.* **verfügen** write sth. in one's will
Testaments-: **~eröffnung** *die* reading of a/the will; **~vollstrecker** *der* executor
Testat [tɛs'ta:t] *das*; ~|e|s, ~e **a)** certification; **b)** *(Hochschulw. veralt.: Vorlesungsnachweis)* certificate of attendance
Test·bild *das (Ferns.)* test card
testen *tr. V.* test **(auf + Akk.** for)
Test-: **~fall** *der* test case; **~frage** *die* test question
testieren *tr. V. (Hochschulw. veralt.)* certify
Testosteron [tɛstoste'ro:n] *das*; ~s *(Physiol.)* testosterone
Test-: **~pilot** *der* test pilot; **~verfahren** *das* test[ing] procedure
Tetanus ['te:tanʊs] *der*; ~ *(Med.)* tetanus *no art.*
Tetanus·schutz·impfung *die* tetanus vaccination
Tête-à-tête [tɛta'tɛ:t] *das*; ~, ~s *(veralt., scherzh.)* tête-à-tête
Tetraeder [tetra'|e:dɐ] *das*; ~s, ~ *(Geom.)* tetrahedron
Tetralogie [tetralo'ɡi:] *die*; ~, ~n tetralogy
teuer ['tɔyɐ] **1.** *Adj.* **a)** expensive; dear *usu. pred.*; **wie ~ war das?** how much did that cost?; **das ist mir zu ~**: that's too expensive *or* too much [for me]; **Kaffee soll wieder teurer werden** coffee is supposed to be going up again; **zu teuren Preisen** at high prices; **teures Geld** *(fig.)* good money; **das ist ihn ~ zu stehen gekommen** *(fig.)* that cost him dear; *s. auch* **Rat a**; **b)** *(veralt.: geschätzt)* dear; **teurer Freund!** [my] dear friend!; **|mein| Teuerster!** [my] dearest; **|von Mann zu Mann|** [my] dearest friend; *s. auch* **lieb 1 d**. **2.** *adv.* expensively; dearly; **etw. ~ kaufen/verkaufen** pay a great deal for sth./sell sth. at a high price; **~ essen gehen** eat in an expensive restaurant/expensive restaurants; **sie haben ihren Sieg ~ erkauft** the paid a high price for their victory; **ein ~ erkaufter Sieg** a victory won at a high price; **diese Gemeinheit wird er |mir| ~ bezahlen!** I'll make him pay for that dirty trick!

teutonisch

Teuerung *die*; ~, ~en rise in prices
Teuerungs-: **~rate** *die* rate of price increases; **~zu·schlag** *der* cost-of-living supplement
Teufel ['tɔyfl] *der*; ~s, ~: devil; **der ~**: the Devil; **wie der ~ fahren/reiten** drive/ride in daredevil fashion; **armer ~**: poor devil; **der ~ steckt im Detail** it's [always] the little things that cause all the problems; **der ~ ist los** all hell's let loose *(coll.)*; **dich reitet wohl der ~!** what's got into you?; **ich weiß auch nicht, was für ein ~ mich da geritten hat** I don't know what got into me; **hol'/ich/ihn** *usw.* **der ~!** *(salopp) (Brit. sl.) or (coll.)* damn you/him *etc.*; **hol's der ~!** *(salopp)* sod *(Brit. sl.) or (coll.)* damn it!; **der ~ soll dich/ihn/es** *usw.* **holen!** *(salopp)* sod *(Brit. sl.) or (coll.)* damn you/him/it *etc.*; **in ihn/dich** *usw.* **ist wohl der ~ gefahren** *(salopp) (er ist/du bist usw. frech)* what does he think he's/do you think you're *etc.* doing?; *(er ist/du bist usw. leichtsinnig)* he/you *etc.* must be mad; **~ auch!** *(salopp)* damn [it all]! *(coll.)*; **das weiß der ~!** *(salopp)* God [only] knows; **weiß der ~, was/wie/wo ...** *(salopp)* God knows what/how/where ...; **hinter etw. hersein wie der ~ hinter der armen Seele** *(ugs.)* be greedy for sth.; **etw. fürchten/scheuen wie der ~ das Weihwasser** *(ugs.)* fear nothing more than sth./avoid sth. like the plague; **den ~ werde ich |tun|!** *(salopp)* like hell [I will]! *(coll.)*; **mal bloß nicht den ~ an die Wand!** *(ugs.)* don't invite trouble/ *(stärker)* disaster by talking like that!; **des ~s sein** *(ugs.)* be mad; have taken leave of one's senses; **des ~s Gebetbuch** *od.* **Gesangbuch** *(scherzh.)* a pack *or (Amer.)* deck of cards; **in ~s Küche kommen** *(ugs.)* get into a hell of a mess *(coll.)*; **jmdn. in ~s Küche bringen** *(ugs.)* put sb. in a hell of a mess *(coll.)*; **warum mußt du denn jetzt auf ~ komm raus überholen?** *(ugs.)* why are you so hellbent on overtaking him now? *(coll.)*; **vom ~ besessen sein** *(fig.) (verrückt, wahnsinnig)* be mad; *(wild, ungestüm)* be wild; **zum ~ gehen** *(ugs.: kaputtgehen)* be ruined; **scher dich** *od.* **geh zum ~!** *(salopp)* go to hell! *(coll.)*; **er soll sich zum ~ scheren!** *(salopp)* he can go to hell *(coll.) or the Devil (coll.)*; **zum ~** *od.* **beim ~ sein** *(ugs.: kaputt sein)* have had it *(coll.)*; be ruined; **jmdn./etw. zum ~ wünschen** *(salopp)* wish sb. in hell/curse sth.; **jmdn. zum ~ jagen** *od.* **schicken** *(salopp)* send sb. packing; **zum ~!** *(salopp)* damn it! *(coll.)*; **zum ~ mit dir/damit!** *(salopp)* to hell with you/it! *(coll.)*; **wer/wo** *usw.* **zum ~ ...** *(salopp)* who/where *etc.* the hell ... *(coll.)*; **wenn man vom ~ spricht|, dann ist er nicht weit|** *(scherzh.)* speak *or* talk of the devil [and he will appear]
Teufelei *die*; ~, ~en **a)** *o. Pl.* devilry; **b)** *(Handlung)* piece of devilry; **diese ~en** this devilry *sing.*
Teufelin *die*; ~, ~nen *(abwertend)* she-devil
Teufels-: **~austreibung** *die (Rel.)* casting-out of devils; exorcism; **~braten** *der (ugs.)* devil; **~kerl** *der (ugs.)* amazing fellow; **~kreis** *der* vicious circle; **~messe** *die* Black Mass; **~rochen** *der (Zool.)* devil ray; **~weib** *das* **a)** *(bewundernd)* **sie ist ein ~weib** she's some woman *(coll.)*; **b)** *(abwertend)* she-devil; **~werk** *das* devil's work *no indef. art.*; **~zeug** *das (ugs.)* terrible stuff *(coll.)*
teuflisch [tɔyflɪʃ] **1.** *Adj.* **a)** devilish, fiendish *(plan, trick, etc.)*; fiendish, diabolical *(laughter, pleasure, etc.)*; **das Teuflische an dieser Krankheit** the devilish *or* diabolical thing about this illnes; **b)** *(ugs.: groß, intensiv)* terrible *(coll.)*; dreadful *(coll.)*. **2.** *adv.* **a)** fiendishly; diabolically; **b)** *(ugs.)* terribly *(coll.)*; dreadfully *(coll.)*
Teutone [tɔy'to:nə] *der*; ~n, ~n Teuton
teutonisch *(auch fig.)* **1.** *Adj.* Teutonic. **2.** *adv.* Teutonically; in a Teutonic way

1515

Text [tɛkst] *der;* ~[e]s, ~e a) text; *(eines Gesetzes, auf einem Plakat)* wording; *(eines Theaterstücks)* script; *(einer Oper)* libretto; **ein Telegramm mit folgendem ~:** ...: a telegram which reads/read ...; **weiter im ~!** *(ugs.)* [let's] carry on!; b) *(eines Liedes, Chansons usw.)* words *pl.;* *(eines Schlagers)* words *pl.;* lyrics *pl.;* c) *(zu einer Abbildung)* caption
Text-: ~**analyse** *die (Sprachw.)* text analysis; *(Literaturw.)* textual analysis; ~**aufgabe** *die (Schule)* problem; ~**buch** *das* libretto; ~**dichter** *der* librettist
texten 1. *tr. V.* write ⟨*song, advertisement, etc*⟩. **2.** *itr. V.* ⟨*composer*⟩ write one's own words
Texter *der;* ~s, ~: writer; *(in der Werbung)* copy-writer
Text·erfassung *die* text capture
textil *Adj.* textile
textil-, Textil-: ~**frei** *(ugs. scherzh.) Adj.* nude; ~**gewerbe** *das* textile trade *or* industry; ~**handwerk** *das* textile trade
Textilien *Pl.* a) textiles; b) *(Fertigwaren)* textile goods
Textil-: ~**industrie** *die* textile industry; ~**ingenieur** *der* textile engineer; ~**strand** *der (ugs. scherzh.)* beach where there is no nude bathing; ~**waren** *Pl.* textile goods
text-, Text-: ~**kritik** *die* textual criticism; ~**kritisch** *Adj.* textual ⟨*study, commentary*⟩; critical ⟨*edition*⟩; ~**linguistik** *die* text linguistics *sing., no art.;* ~**sorte** *die (Sprachw.)* type of text; ~**stelle** *die* passage [in a/the text]
Textur [tɛks'tʊ:ɐ̯] *die;* ~, ~en *(geh., Geol.)* texture
Text·verarbeitung *die* text processing; word processing
¹**Thai** [tai] *der;* ~[s], ~[s] Thai
²**Thai** *das;* ~s *(Sprache)* Thai
Thailand (das); ~s Thailand
Thailänder *der;* ~s, ~, **Thailänderin** *die;* ~, ~nen Thai
thailändisch *Adj.* Thai
Thalamus [ta'la:mʊs] *der;* ~, **Thalami** *(Anat.)* thalamus
Thälmann·pionier ['tɛl-] *der (DDR)* Thälmann Pioneer
Theater [te'a:tɐ] *das;* ~s, ~ a) theatre; **ins ~ gehen** got to the theatre; **im ~:** at the theatre; **zum ~ gehen** *(ugs.)* go into the theatre; tread the boards; **beim ~ am ~ sein** be *or* work in the theatre; **das englische ~:** English theatre; ~ **spielen** *act; (fig.)* play-act; pretend; put on an act; b) *o. Pl. (fig. ugs.)* fuss; **mach [mir] kein ~!** don't make a fuss; **das ist doch alles nur ~:** that's all just play-acting; **dieses ~ mache ich nicht mehr mit** I'm not having any more to do with this farce; **das war vielleicht ein ~[, bis ich mein Visum hatte]** what a performance *or (coll.)* palaver [it was, getting my visa]; **jetzt geht das ~ wieder los!** now we have to go through all 'that performance again
Theater-: ~**abonnement** *das* theatre subscription [ticket]; ~**besuch** *der* visit to the theatre; ~**besucher** *der* theatre-goer; ~**ferien** *Pl.* theatre holidays; ~**karte** *die* theatre ticket; ~**kasse** *die* theatre box-office; ~**kritiker** *der* theatre *or* drama critic; ~**stück** *das* [stage] play; ~**wissenschaft** *die* theatre studies *pl., no art.;* study of theatre arts
theatralisch [tea'tra:lɪʃ] *(auch fig.)* **1.** *Adj.* theatrical. **2.** *adv.* theatrically
Thebaner [te'ba:nɐ] *der;* ~s, ~: Theban
Theben [te:bn] *(das);* ~s Thebes
Theismus [te'ɪsmʊs] *der;* ~ *(Philos., Rel.)* theism *no art.*
Theist [te'ɪst] *der;* ~en, ~en *(Philos., Rel.)* theist
theistisch *(Philos., Rel.)* **1.** *Adj.* theistic. **2.** *adv.* theistically
Theke ['te:kə] *die;* ~, ~n a) *(Schanktisch)* bar; b) *(Ladentisch)* counter; **unter der ~** *(fig.)* under the counter
Thema ['te:ma] *das;* ~s, **Themen** *od.* ~ta a) subject; topic; *(einer Abhandlung)* subject; theme; *(Leitgedanke)* theme; **das ist für uns kein ~:** that's not a matter for discussion [as far as we are concerned]; **das ~ wechseln** change the subject; **vom ~ abkommen** *od.* **abschweifen** wander off the subject *or* point; **beim ~ bleiben** stick to the subject *or* point; **das ~ verfehlen** go completely off the subject; **damit ist das ~ [für mich] erledigt** [as far as I'm concerned] that's the end of the matter; **lassen wir das ~!** let's drop the subject; *s. auch* **Nummer a;** b) *(Musik)* theme
Thematik [te'ma:tɪk] *die;* ~, ~en a) theme; *(Themenkreis)* themes *pl.;* *(Themenkomplex)* complex of themes
thematisch 1. *Adj. (auch Musik)* thematic; **etw. nach ~en Gesichtspunkten ordnen** arrange sth. according to subject. **2.** *adv. (auch Musik)* thematically; *(was das Thema betrifft)* as regards subject matter
thematisieren *tr. V.* take as a *or* one's/its theme
Themen *s.* **Thema**
Themen-: ~**kreis** *der* group of themes; ~**stellung** *die* presentation of the subject; *(Thema)* subject; ~**wahl** *die* choice of subject
Themse ['tɛmzə] *die;* ~: Thames
Theologe [teo'lo:gə] *der;* ~n, ~n theologian
Theologie [teolo'gi:] *die;* ~, ~n theology *no art.*
Theologin *die;* ~, ~nen theologian
theologisch 1. *Adj.* theological. **2.** *adv.* theologically
Theorem [teo're:m] *das;* ~s, ~e theorem
Theoretiker [teo're:tikɐ] *der;* ~s, ~: theoretician; theorist
theoretisch [teo're:tɪʃ] **1.** *Adj.* theoretical. **2.** *adv.* theoretically
theoretisieren *itr. V. (geh.)* theorize
Theorie [teo'ri:] *die;* ~, ~n theory; **das ist graue ~:** that's just pure theory
Theosophie [teozo'fi:] *die;* ~, ~n theosophy *no art.*
theosophisch 1. *Adj.* theosophical. **2.** *adv.* theosophically
Therapeut [tera'pɔyt] *der;* ~en, ~en therapist; therapeutist
Therapeutik [tera'pɔytɪk] *die;* ~ *(Med.)* therapeutics *no art.*
Therapeutikum *das;* ~s, **Therapeutika** *(Med.)* therapeutic agent
Therapeutin *die;* ~, ~nen therapist; therapeutist
therapeutisch 1. *Adj.* therapeutic. **2.** *adv.* therapeutically
Therapie [tera'pi:] *die;* ~, ~n therapy (**gegen** for); *(fig.)* remedy (**gegen** for); **eine ~ machen** *(ugs.)* undergo *or* have therapy *or* treatment
therapieren *tr V.* treat
Thermal-: ~**bad das a)** *(Ort)* thermal spa; b) *(Bad)* thermal bath; ~**quelle** *die* thermal spring
Therme ['tɛrmə] *die;* ~, ~n a) *(Quelle)* thermal spring; b) *Pl. (Bäder)* baths; thermae
Thermik ['tɛrmɪk] *die;* ~ *(Met.)* thermal
thermisch 1. *Adj.* thermal. **2.** *adv.* thermally
thermo-, Thermo- [tɛrmo-]: ~**dynamik** *die* thermodynamics *sing., no art.;* ~**dynamisch 1.** *Adj.* thermodynamic; **2.** *adv.* thermodynamically; ~**meter** *das (österr. u. schweiz. der) Pl.* ~ thermometer
Thermos·flasche ⓦ ['tɛrmɔs-] *die* Thermos flask **(P);** vacuum flask
Thermostat [tɛrmo'sta:t] *der;* ~[e]s *od.* ~en, ~e *od.* ~en thermostat
Thesaurus [te'zaurʊs] *der;* ~, **Thesauren** *od.* **Thesauri** thesaurus
These ['te:zə] *die;* ~, ~n thesis

Thing [tɪŋ] *das;* ~[e]s, ~e *(hist.)* thing
Thing·platz *der (hist.)* thingstead
Thomas [to:mas] *der;* ~, ~se *in* **ungläubiger ~:** doubting Thomas
Thora [to'ra:] *die;* ~ *(jüd. Rel.)* Torah
Thora·rolle *die (jüd. Rel.)* Torah [scroll]
Thriller ['θrɪlɐ] *der;* ~s, ~: thriller
Thrombose [trɔm'bo:zə] *die;* ~, ~n thrombosis
Thron [tro:n] *der;* ~[e]s, ~e a) throne; **sein ~ wackelt** *(fig.)* his position is becoming very shaky; b) *(ugs. scherzh.: Nachttopf)* pot *(coll.)*
Thron-: ~**an·wärter** *der* heir apparent; ~**besteigung** *die* accession [to the throne]
thronen *itr. V.* sit enthroned; *(fig.: erhöht liegen)* tower
Thron-: ~**folge** *die; o. Pl.* succession [to the throne]; **die ~folge antreten** succeed [to the throne]; ~**folger** *der;* ~s, ~: heir to the throne; ~**rede** *die* King's/Queen's speech; ~**saal** *der* throne room
Thuja ['tu:ja], *österr. auch:* **Thuje** ['tu:jə] *die;* ~, **Thujen** *(Bot.)* thuja
Thun·fisch ['tu:n-] *der* tuna
Thüringen ['ty:rɪŋən] *das;* ~s Thuringia
Thüringer Wald *der* Thuringian Forest
thüringisch *Adj.* Thuringian; *s. auch* **badisch**
Thusnelda [tʊs'nɛlda] *die;* ~ *(salopp abwertend)* bird *(sl.)*
Thymian ['ty:mia:n] *der;* ~s, ~e thyme
Thymus·drüse ['ty:mʊs-] *die (Anat.)* thymus [gland]
Tiara [ti'a:ra] *die;* ~, **Tiaren** tiara
Tibet ['ti:bɛt] *(das);* ~s Tibet
Tibetaner [tibe'ta:nɐ] *der;* ~s, ~ *s.* **Tibeter**
tibetanisch *Adj. s.* **tibetisch**
Tibeter [ti'be:tɐ] *der;* ~s, ~, **Tibeterin** *die;* ~, ~nen Tibetan
tibetisch *Adj.* Tibetan; *s. auch* **deutsch; Deutsch;** ²**Deutsche**
Tic [tɪk] *der;* ~s, ~s *(Med.)* tic
Tick *der;* ~[e]s, ~s a) *(ugs.: Schrulle)* quirk; thing *(coll.);* **du hast wohl einen kleinen ~:** you must be round the bend *(coll.);* b) *(Med.)* tic; c) *(ugs.: Nuance)* tiny bit; shade
ticken 1. *itr. V.* tick; **du tickst wohl nicht richtig** *(salopp)* you must be off your rocker *(sl.).* **2.** *tr. V. (salopp: erkennen, merken)* catch on to *(coll.)*
Ticker *der;* ~s, ~ *(bes. Pressejargon)* teleprinter; telex
Ticket ['tɪkət] *das;* ~s, ~s ticket
tick tack ['tɪk 'tak] *Interj.* tick-tock
Tide ['ti:də] *die;* ~, ~n *(nordd., bes. Seemannsspr.)* tide
Tiden·hub *der* tidal range
tief [ti:f] **1.** *Adj.* a) *(auch fig.)* deep; low ⟨*neckline, bow*⟩; long ⟨*fall*⟩; **eine fünf Meter ~e Grube** a pit five metres deep; ~**es Einatmen** breathing in deeply; b) *(niedrig)* low ⟨*table, chair, temperature, tide, level, cloud*⟩; **den Sattel/die Heizung etwas ~er stellen** lower the saddle/turn the heating down a bit; c) *(intensiv, stark)* deep; intense ⟨*pain, suffering*⟩; utter ⟨*misery*⟩; great ⟨*need, want*⟩; d) *(weit im Innern gelegen)* **im ~en/~sten Afrika** in the depths of/in darkest Africa; **es freut mich aus ~stem Herzen/~ster Seele** I really am delighted; **in ~er/~ster Nacht** in the *or* at dead of night; **im ~en/~sten Winter** in the depths of winter; **im ~sten Mittelalter** in the depths of the middle Ages. **2.** *adv.* a) *(weit unten)* deep; **100 m ~ in/unter der Erde** 100 metres [down] under the earth; **er war ~ in Gedanken** he was deep in thought; **die Mütze saß ihm ~ in der Stirn** the cap was low over his forehead; b) *(weit nach unten)* ⟨*dig, drill*⟩ deep; ⟨*fall, sink*⟩ a long way; ⟨*stoop, bow*⟩ low; **er graben/bohren** dig/drill deeper *or* more deeply; **ein ~ ausgeschnittenes Kleid** a low-cut dress; *s. auch* ¹**Glas b;** c) *(in nur geringer Höhe)* ⟨*fly, hover, etc.*⟩ low; ~

liegen be at a lower level; **er wohnt einen Stock ~er** he lives one floor down; **d)** *(nach unten)* ⟨hang etc.⟩ low; **~er gehen** ⟨pilot⟩ go lower; **einen Stock ~er gehen** go one floor down; **~ herabhängende Äste** low-hanging branches; **e)** *(weit innen)* deep; **~ in Afrika/im Dschungel** deep in Africa/in the jungle; **f)** *(weit nach innen)* deep; ⟨breathe, inhale⟩ deeply; **er sah ihr ~ in die Augen** he looked deep into her eyes; **er ins All vorstoßen** push deeper into space; **bis ~ in die Nacht/in den Winter** *(fig.)* until deep or late into the night/well into winter; **das geht bei ihm nicht sehr ~** *(ugs.)* it doesn't go very deep with him; **g) er sprach ganz ~:** he spoke in a deep voice; **zu ~ gestimmt** tuned too low; **zu ~ singen** sing flat; **er spielt das Lied ~er/eine Terz ~er** he plays the song in a lower key *or* lower/a third lower; **h)** *(intensiv, stark)* ⟨feel etc.⟩ deeply; ⟨sleep⟩ deeply, soundly

Tief *das;* **~s,** **~s** *(Met.)* low; depression; *(fig.)* low

tief-, Tief-: **~bau** *der;* *o. Pl.* civil engineering *no art.* (at or below ground level); **~betrübt** *Adj. (präd. getrennt geschrieben)* deeply distressed *or* saddened; **~bewegt** *Adj. (präd. getrennt geschrieben)* deeply moved; **~blau** *Adj.* deep blue; **¹~druck** *der;* *o. Pl. (Met.)* low pressure; **²~druck** *der;* *Pl.* **~drucke** a) *o. Pl.* intaglio *or* gravure [printing]; b) *(Erzeugnis)* intaglio *or* gravure [print]; **~druck·gebiet** *das (Met.)* area of low pressure; depression

Tiefe *die;* **~,** **~n a)** *(Ausdehnung, Entfernung nach unten)* depth; **eine ~ von 300 m** a depth of 300 metres; **in großen ~n** at great depths; **b)** *(weit unten, im Innern gelegener Bereich; auch fig.)* depths *pl.;* **in die ~ stürzen** plunge into the depths; **in der ~ ihres Herzens** *(fig.)* deep down in her heart; *s. auch* **Höhe h; c)** *(Ausdehnung nach hinten)* depth; **der Schrank hat eine ~ von 60 cm** the cupboard is 60 cm deep; **d)** *o. Pl.* s. **tief c:** depth; *(intensity; greatness;* **e)** *(von Tönen, Klängen, Stimmen)* deepness; **f)** *o. Pl. (fig.: Tiefgründigkeit)* depth; profundity; **g)** *Pl. (Akustik)* depth; **h)** *(Geogr.: Meeres~)* bass *sing.*

Tief·ebene *die (Geogr.)* lowland plain

tief·empfunden *Adj. (präd. getrennt geschrieben)* tiefer empfunden, am tiefsten empfunden *od.* tiefstempfunden deep[ly] felt; heartfelt ⟨thanks, sympathy⟩

Tiefen-: **~gestein** *das (Geol.)* plutonic rock; **~psychologie** *die* depth psychology *no art.;* **~schärfe** *die (Fot.)* s. **Schärfentiefe;** **~wirkung** *die* a) deep action; b) *(optisch)* effect of depth

tief-, Tief-: **~ernst** 1. *Adj.* deadly serious; 2. *adv.* deadly seriously; **~flieger** *der* low-flying aircraft; **~flug** *der* low-altitude flight *no art.;* flying *no art.* at low altitude; **im ~flug** at low altitude; **~gang** *der (Schiffbau)* draught; *(fig.)* depth; **~garage** *die* underground car park; **~gefrieren** *unr. tr. V.* [deep-]freeze; **~gehend; tiefer gehend, am tiefsten gehend** *od.* tiefstgehend, **~greifend; tiefer greifend, am tiefsten greifend** *od.* tiefstgreifend 1. *Adj.* profound; far-reaching; profound, deep ⟨crisis⟩; far-reaching ⟨improvement⟩; 2. *adv.* profoundly; **~gründig** [~grʏndɪç] 1. *Adj.* profound; 2. *adv.* ⟨discuss, examine⟩ in depth; **~gründigkeit** *die;* **~:** profundity; **~kühlen** *tr. V.* [deep-]freeze

Tief·kühl-: **~fach** *das* freezer [compartment]; **~kost** *die* frozen food; **~truhe** *die* [chest] freezer *or* deep-freeze

tief-, Tief-: **~lader** *der* low-loader; **~land** *das;* *Pl.* **~länder** *od.* **~lande** lowlands *pl.;* **~liegend** *Adj.; nicht präd.;* tiefer liegend, am tiefsten liegend deep-set ⟨eyes⟩; **~punkt** *der* a) *(fig.)* low [point]; b) *(Math.: Minimum)* minimum; **~religiös** *Adj.* deeply religious; **~schlaf** *der* deep sleep; **~schlag** *der (Boxen)* low punch; punch below the belt *(lit. od. fig.);* **~schürfend; tiefer schürfend, am tiefsten schürfend** *od.* tiefstschürfend 1. *Adj.* profound; 2. *adv.* profoundly; **~schwarz** *Adj.* jet-black; *~see die (Geogr.)* deep sea; *s.* **~graben** *der* deep-sea trench; **~sinn** *der;* *o. Pl.* profundity; **~sinnig** 1. *Adj.* profound; 2. *adv.* profoundly; **~stand** *der (auch fig.) (tiefer Stand)* low level; *(tiefster Stand)* lowest level; **~stapelei** [~ʃtaːpəˈlaɪ] *die;* **~:** understatement; **~stapeln** *itr. V.* understate the case; *(aus Bescheidenheit)* be modest; **~stehend** *Adj.; nicht präd.:* tiefer stehend, am tiefsten stehend *od.* tiefststehend: **die ~stehende Sonne** the sun low down on the horizon; **ein moralisch ~stehender Mensch** a person of little moral principle; **~strahler** *der* floodlight

Tiefst-: **~temperatur** *die* minimum *or* lowest temperature; **~wert** *der* minimum *or* lowest value

tief-: **~verschneit** *Adj. (präd. getrennt geschrieben)* covered in deep snow *postpos.;* deep in snow *postpos.*

Tiegel ['tiːgl̩] *der;* **~s,** **~** *(zum Kochen)* pan; *(Schmelz~)* crucible; *(Behälter)* pot

Tier [tiːɐ̯] *das;* **~[e]s,** **~e** animal; *(in der Wohnung gehaltenes)* pet; **niedere/höhere ~e** lower/higher animals; **er ist ein ~** *(fig.)* he is an animal; **das ist das ~ im Menschen** that's the beast in man; **ein hohes** *od.* **großes ~** *(ugs.)* a big noise *(sl.) or* shot *(sl.)*

tier-, Tier-: **~art** *die* animal species; species of animal; **~arzt** *der* veterinary surgeon; vet; **~ärztlich** 1. *Adj.; nicht präd.:* veterinary; 2. *adv.* by a veterinary surgeon/veterinary surgeons; **~asyl** *das* animal home

Tierchen *das;* **~s,** **~:** [little] animal; **was für ein possierliches ~!** what a funny little creature!; **jedem ~ sein Pläsierchen** *(ugs.)* each to his own; if that's what he/she wants

Tier-: **~fabel** *die* animal fable; **~fänger** *der* animal-collector; **~freund** *der* animal-lover; **~garten** *der* zoo; zoological garden; **~geschichte** *die* animal story

tierhaft *Adj.* animal *attrib.* ⟨behaviour, warmth, etc.⟩

Tier-: **~halter** *der* animal-owner; **~halter sein** keep an animal/animals; *o. Pl.* keeping of animals; **~handlung** *die* pet shop; **~heil·kunde** *die s.* **~medizin;** **~heim** *das* animal home

tierisch 1. *Adj.* a) animal *attrib.;* bestial, savage ⟨cruelty, crime⟩; b) *(ugs.: unerträglich groß)* terrible *(coll.);* **~er Ernst** deadly seriousness; c) *(Jugendspr.: sehr gut, sehr schön)* great *(coll.).* 2. *adv.* a) ⟨roar⟩ like an animal; savagely ⟨cruel⟩; b) *(ugs.: unerträglich)* terribly *(coll.);* deadly ⟨monotonous, serious⟩; baking ⟨hot⟩; perishing *(coll.)* ⟨cold⟩; c) *(Jugendspr.: sehr)* really; **es hat ~ Spaß gemacht** it was great fun

tier-, Tier-: **~kind** *das* baby animal; **~kreis** *der;* *o. Pl. (Astron., Astrol.)* zodiac; **~kreis·zeichen** *das (Astron., Astrol.)* sign of the zodiac; **er ist im ~kreiszeichen der Jungfrau geboren** he was born under [the sign of] Virgo; **~kunde** *die* zoology *no art.;* **~lieb** *Adj.* animal-loving *attrib.;* fond of animals *postpos.;* **~liebe** *die;* *o. Pl.* love of animals; **~liebend** *Adj. s.* **~lieb; ~medizin** *die;* *o. Pl.* veterinary medicine; **~park** *der* zoo; **~pfleger** *der* animal-keeper; **~quäler** *der;* **~s,** **~:** person who is cruel to animals; **ein ~quäler sein** be cruel to animals; **~quälerei** [---'-] *die* cruelty to animals; **das ist ~quälerei** *(fig. ugs. scherzh.)* that's cruelty to dumb animals *(joc.);* **~reich** *das;* *o. Pl.* animal kingdom; **~schau** *die* menagerie; **~schützer** *der;* **~s,** **~:** animal protectionist; animalist; **~schutz·verein** *der* society for the prevention of cruelty to animals; animal protection society; **~versuch** *der* animal experiment; **~welt** *die* fauna; **~zucht** *die; o. Pl.* [animal] breeding *no art.*

Tiger ['tiːgɐ] *der;* **~s,** **~:** tiger

Tiger-: **~auge** *das* tiger['s] eye; **~hai** *der* tiger shark

Tigerin *die;* **~,** **~nen** tigress

Tiger·katze *die* tiger-cat; margay

tigern *itr. V.;* mit sein *(ugs.)* walk; go

Tilde ['tɪldə] *die;* **~,** **~n** tilde

tilgen ['tɪlgn̩] *tr. V.* a) *(geh.)* delete ⟨word, letter, error⟩; erase ⟨record, endorsement⟩; *(fig.)* wipe out ⟨shame, guilt, traces⟩; b) *(Wirtsch., Bankw.)* repay; pay off

Tilgung *die;* **~,** **~en** a) *(geh.) s.* **tilgen a:** deletion; erasure; wiping out; b) *(Wirtsch., Bankw.)* repayment

Till [tɪl] (der) **in ~ Eulenspiegel** Till Eulenspiegel; *(fig.)* practical joker

Tilsiter ['tɪlzitɐ] *der;* **~s,** **~:** Tilsit [cheese]

Timbre ['tɛ̃ːbr(ə)] *das;* **~s,** **~s** timbre

timen ['taɪmən] *tr. V.* time

Timing ['taɪmɪŋ] *das;* **~s,** **~s** timing

tingeln ['tɪŋl̩n] *itr. V.* a) play the [small] clubs/theatres/pubs *etc.;* b) **mit sein er tingelte durch die Hamburger Clubs** he played the Hamburg clubs

Tingeltangel ['tɪŋl̩taŋl̩] *das od. der;* **~s,** **~** *(veralt. abwertend)* a) *(Lokal)* cheap night-club/dance-hall; honky-tonk *(coll.);* b) *(Unterhaltung)* cheap night-club entertainment

Tinktur [tɪŋk'tuːɐ̯] *die;* **~,** **~en** tincture

Tinnef [ˈtɪnɛf] *der;* **~s,** **~** *(ugs. abwertend)* a) *(wertloses Zeug)* rubbish; junk; b) *(Unsinn)* rubbish; nonsense

Tinte ['tɪntə] *die;* **~,** **~n** ink; **das ist klar wie dicke ~** *(ugs.)* that's as clear as daylight; that's crystal-clear; **in der ~ sitzen** *(ugs.)* be in the soup *(coll.)*

tinten-, Tinten-: **~blau** *Adj.* deep blue; **~faß** *das* ink-pot; *(eingelassen)* ink-well; **~fisch** *der* cuttlefish; *(Kalmar)* squid; *(Krake)* octopus; **~fleck** *der* ink stain; **~klecks** *der* ink blot; **~kleckser** *der (ugs. abwertend)* scribbler; **~stift** *der s.* Kopierstift

Tip [tɪp] *der;* **~s,** **~s** a) *(ugs.: Fingerzeig)* tip; *(an die Polizei)* tip-off; b) *(bei Toto, Lotto usw.)* [row of] numbers

Tippel·bruder ['tɪpl̩-] *der (fam.)* tramp

tippeln *itr. V.;* mit sein *(ugs.)* walk; **wir mußten nach Hause ~:** we had to foot it home

tippen ['tɪpn̩] 1. *itr. V.* **a) an/gegen etw.** *(Akk.)* **~:** tap sth.; **an seine Mütze ~:** touch one's cap; **sich** *(Dat.)* **an die Stirn ~:** tap one's forehead; **aufs Gaspedal ~:** touch the accelerator; **daran ist nicht zu ~** *(ugs.)* there's no question about that; **b)** *(ugs.: maschineschreiben)* type; **c)** *(ugs.: vermuten)* reckon; **auf jmds. Sieg ~:** tip sb. to win; **darauf hätte ich nicht getippt** I hadn't reckoned with that; **du hast gut/richtig getippt** you were right; **d)** *(wetten)* do the pools/lottery *etc.;* **im Lotto ~:** do the lottery. 2. *tr. V.* **a)** tap; **jmdn. auf die Schulter ~:** tap sb. on the shoulder; **b)** *(ugs.: mit der Maschine schreiben)* type; **c)** *(bei der Registrierkasse)* ring up; **d)** *(setzen auf)* choose; **sechs Richtige ~:** make six correct selections

Tipper *der;* **~s,** **~:** person who does the pools/lottery *etc.*

Tipp-: **~fehler** *der* typing error *or* mistake; **~gemeinschaft** *die* pools/lottery syndicate; **~schein** *der* pools/lottery *etc.* coupon

Tippse ['tɪpsə] *die;* **~,** **~n** *(ugs. abwertend)* typist

tipp, tapp *Interj.* pitter-patter; pit-a-pat

tipp·topp *(ugs.)* 1. *Adj. (tadellos)* immaculate; *(erstklassig)* tip-top. 2. *adv.* immaculately; **~ in Ordnung** in immaculate *or* tip-top order

1517

Tipp·zettel der (ugs.) s. Tippschein
Tirade [ti'ra:də] die; ~, ~n (geh. abwertend) interminable speech; **sich in langen ~n ergehen** talk interminably
tirilieren [tiri'li:rən] itr. V. trill; warble
Tirol [ti'ro:l] (das), ~s [the] Tyrol
Tiroler der; ~s, ~, **Tirolerin** die; ~, ~nen Tyrolese; Tyrolean
Tisch [tɪʃ] der; ~[e]s, ~e table; (Schreib~) desk; **er zahlte bar auf den ~**: he paid cash down; **vor/nach ~**: before/after lunch/dinner/the meal etc.; **bei ~ sein** od. **sitzen** be at table; **zu ~ sein** be having one's lunch/dinner etc.; **zu ~ gehen** go to lunch/dinner etc.; **vom ~ aufstehen** get up from the table; ⟨child⟩ get down [from the table]; **bitte zu ~**: please take your places for lunch/dinner; **es wird gegessen, was auf den ~ kommt!** [you'll] eat what's put on the table!; **ein Gespräch am runden ~**: round-table talks pl.; b) (fig.) **am grünen ~, vom grünen ~ aus** merely academically; **reinen ~ machen** (ugs.) clear things up; sort things out; **reinen ~ mit etw. machen** (ugs.) clear sth. up; sort sth. out; **sich [mit jmdm.] an einen ~ setzen** get round the table [with sb.]; **auf den ~ hauen** (ugs.) take a hard line; **etw. auf den ~ legen** (Angebot machen) put sth. on the table; (bezahlen) lay sth. out; **jmdn. über den ~ ziehen** (ugs.) outmanœuvre sb.; **unter den ~ fallen** (ugs.) go by the board; **jmdn. unter den ~ trinken** (ugs.) drink sb. under the table; **die Füße** od. **Beine unter jmds. ~** (Akk.) **strecken** (ugs.) live under sb.'s roof and eat at sb.'s table; **vom ~ sein** (ugs.) be out of the way; ⟨subject, topic⟩ be closed; s. auch **fegen 1 b**
Tisch·bein das table-leg; leg of the table
Tischchen das; ~s, ~: [little] table
Tisch-: **~dame** die dinner partner; **~decke** die table-cloth; **~feuerzeug** das table lighter; **~fußball** der table-football; **~gebet** das grace; **ein/das ~gebet sprechen** say grace; **~gespräch** das breakfast/lunch/dinner conversation; **~herr** der dinner partner; **~karte** die place card; **~lampe** die table-lamp
Tischlein·deck·dich das; ~, ~: easy life; **was er sucht, ist so eine Art ~**: he's looking to get on the gravy train (sl.)
Tischler der; ~s, ~: joiner; (bes. Kunst~) cabinet-maker
Tischlerei die; ~, ~en a) (Werkstatt) joiner's/cabinet-maker's [workshop]; b) o. Pl. (Handwerk) joinery/cabinet-making
tischlern 1. itr. V. do woodwork. 2. tr. V. make ⟨shelves, cupboard, etc.⟩
Tisch-: **~manieren** Pl. table manners; **~nachbar** der person next to one [at table]; **wer ist dein ~nachbar?** who is sitting next to you?; **~platte** die table-top; **~rede** die after-dinner speech; **~rücken** das; ~s table-turning no art. or -lifting no art.; **~tennis** das table tennis
Tisch·tennis-: **~platte** die table-tennis table; **~schläger** der table-tennis bat
Tisch-: **~tuch** das; Pl. **~tücher** table-cloth; **~vor·lage** die hand-out; **~wäsche** die table-linen; **~wein** der table wine; **~zeit** die lunch-time; **wir haben eine halbe Stunde ~zeit** we have half an hour for lunch
¹**Titan** [ti'ta:n] der; ~en, ~en (Myth., fig.) Titan
²**Titan** das; ~s (Chemie) titanium
titanenhaft Adj. titanic
titanisch Adj. (Myth., fig.) titanic
Titel ['ti:tl] der; ~s, ~ a) title; **unter dem ~ „...."** under the title '...'; b) (ugs.: Musikstück, Song usw.) number
Titel-: **~an·wärter** der (Sport) title contender; contender for the title; **~bild** das a) cover picture; b) (Frontispiz) frontispiece; **~blatt** das title-page
Titelei die; ~, ~en (Buchw.) prelims pl.
Titel-: **~geschichte** die cover story or article; **~held** der eponymous hero; **~kampf** der (Sport) final; (Boxen) title fight; **~rolle** die title-role; **~schutz** der; o. Pl. (Rechtsw.) copyright (in a title); **~seite** die a) (einer Zeitung, Zeitschrift) [front] cover; b) (eines Buchs) title-page; **~sucht** die mania for titles; **~träger** der a) titled person; person with a title; b) (Sport) title-holder; **~verteidiger** der (Sport) title-holder; (Mannschaft) title-holders pl.
Titoismus [tito'ɪsmʊs] der; ~ (Politik) Titoism no art.
Titte ['tɪtə] die; ~, ~n (derb) tit (coarse)
titulieren [titu'li:rən] tr. V. a) (bezeichnen) call; **jmdn. als** od. **mit „Flasche" ~**: call sb. a dead loss (coll.); b) (veralt.: mit dem Titel anreden) address; **jmdn. [als** od. **mit] Herr Doktor ~**: address sb. as Doctor
Titulierung die; ~, ~en a) (Bezeichnung) name; **gegen seine ~ als ... hatte er nichts einzuwenden** he had no objection to being called ...; b) (veralt.: Anrede mit dem Titel, Nennung des Titels) title
Tizian [ti:tsi̯an] (der); ~s Titian
tizianrot Adj. Titian [red]
tja [tja(:)] Interj. [yes] well; (Resignation ausdrückend) oh, well
Toast [to:st] der; ~[e]s, ~e od. ~s a) (getoastetes Brot) toast; (Scheibe ~) piece of toast; b) (Trinkspruch) toast
Toast·brot das; o. Pl. [sliced white] bread for toasting
toasten tr. V. toast
Toaster der; ~s, ~: toaster
Tobak ['to:bak] der; ~s in **starker ~ sein** (ugs.) be a bit thick (Brit. coll.) or (coll.) much; s. auch **Anno**
Tobel ['to:bl] der od. das (österr. das); ~s, ~ (Geogr., österr., schweiz., südd.) ravine
toben ['to:bn̩] itr. V. a) go wild (vor + Dat. with); (fig.) ⟨storm, sea, battle⟩ rage; **wie ein Wilder** od. **Berserker ~**: go wild or berserk; b) (tollen) romp or charge about; c) mit sein (laufen) charge
Toberei die; ~: romping or charging about
tob-, Tob-: **~sucht** die; o. Pl. frenzied or mad rage; [mad] frenzy; **~süchtig** Adj. frenzied; raving mad; **~suchts·anfall** der fit of frenzied or mad rage; **einen ~suchtsanfall bekommen** od. **erleiden** fly into a fit of frenzied rage or into a frenzy
Toccata [to'ka:ta] s. Tokkata
Tochter ['tɔxtɐ] die; ~, **Töchter** ['tœçtɐ] a) daughter; **die ~ des Hauses** the daughter or young lady of the house; **Ihre Frau/Ihr Fräulein ~**: your daughter; **höhere ~** young lady; b) (schweiz.: Mädchen, Bedienstete) girl; c) (Wirtschaftsjargon) subsidiary
Töchterchen ['tœçtɐçən] das; ~s, ~: little daughter; (Kleinkind) baby daughter
Tochter-: **~geschwulst** die (Med.) secondary tumour; **~gesellschaft** die (Wirtsch.) subsidiary [company]
Tod [to:t] der; ~[e]s, ~e (auch fig.) death; **es wäre unser aller sicherer ~**: it would mean certain death for us all; **diese Krankheit führt zum ~**: this illness is fatal; **eines natürlichen/gewaltsamen ~es sterben** die a natural/violent death; **jmdn. zum ~e/zum ~ durch den Strang/zum ~ durch Erschießen verurteilen** sentence sb. to death/to death by hanging/to death by firing-squad; **durch Ersticken/Erfrieren zum ~e kommen** die by suffocation/freezing to death; **jmdn. den ~ wünschen** wish sb. dead; **bis in den ~**: till death; **das ist kein schöner ~**: that's not a pleasant way to die; **in den ~ gehen** go to one's death; **für jmdn./etw. in den ~ gehen** die for sb./sth.; **jmdn. vom ~[e] erretten** save sb.'s life; **sich zu ~e stürzen/trinken** fall to one's death/drink oneself to death; **zu ~e kommen, den ~ finden** lose one's life; **des ~es sein** (veralt.) be doomed; **jmdm./etw. auf den ~ nicht leiden/ausstehen können** (ugs.) not be able to stand or abide sb./sth.; **er** haßte ihn auf den ~: he utterly detested him; **sich zu ~e schämen/langweilen** be utterly ashamed/bored to death; **zu ~e betrübt** extremely distressed; **etw. zu ~e reiten** (fig. ugs.) flog sth. to death (coll.); **tausend ~e sterben** (ugs.) die a thousand deaths; **sich (Dat.) den ~ holen** (ugs.) catch one's death [of cold]; **der Schwarze ~**: the Black Death; **der Weiße ~**: death in the snow; **~ und Teufel!** (veralt.) by the devil!; **weder ~ noch Teufel fürchten** fear nothing
tod-: **~bringend** Adj. fatal (illness, disease, etc.); deadly, lethal ⟨poison etc.⟩; **~elend** Adj. utterly miserable; **~ernst** 1. Adj. deadly serious; 2. adv. deadly seriously; **etw. ~ernst sagen** say sth. in deadly seriousness
todes-, Todes-: **~ahnung** die presentiment or premonition of death; **~angst** die a) fear of death; b) (große Angst) extreme fear; **~ängste ausstehen** be scared to death; **~anzeige** die a) (in einer Zeitung) death notice; „**~anzeigen**" 'Deaths'; b) (Karte) card announcing a person's death; **~art** die: **eine schreckliche ~**: a terrible way to die; **~erklärung** die (Rechtsw.) declaration of death (of missing person); **~fall** der a) death; (in der Familie) bereavement; b) (Versicherungsw.) **im ~fall** in [the] case or in the event of death; **~folge** die o. Pl. (Rechtsw.) **Körperverletzung mit ~folge** physical injury resulting in death; **~furcht** die (geh.) fear of death; **~gefahr** die mortal danger; **~jahr** das year of death; **in seinem ~jahr** in the year of his death; **~kampf** der death throes pl.; **~kandidat** der (Verurteilter) condemned man/woman; (Schwerkranker) terminal case; **~mutig** 1. Adj. utterly fearless; 2. adv. utterly fearlessly; **~nachricht** die news of his/her/their etc. death; **~not** die (geh.) mortal danger; **in ~not** od. **~nöten** in mortal danger; **~opfer** das death; fatality; **der Unfall forderte drei ~opfer** the accident claimed three lives; **~qual** die (geh.) [terrible] agony; **~schrei** der death cry; **~schuß** der the fatal shot; **war die Abgabe eines ~schusses zulässig?** was it permissible to shoot to kill?; **~schütze** der person who fired the fatal shot; (Attentäter) assassin; killer; **~sehn·sucht** die longing to die; **~spirale** die (Eis-, Rollkunstlauf) death spiral; **~stoß** der the death-blow; **jmdm./**(fig.) **einer Sache den ~stoß geben** deal sb. the death-blow/the death-blow to sth.; **~strafe** die death penalty; **~streifen** der death strip; **~stunde** die hour of death; **~tag** der: **sein ~tag** the date of his death; **~ursache** die cause of death; **~urteil** das death sentence; **~verachtung** die [utter] fearlessness in the face of death; **etw. mit ~verachtung essen/trinken** (ugs.) force sth. down [without showing one's distaste]; **~zelle** die death cell
tod-, Tod-: **~feind** Adj.; nicht attr. **jmdm.** sich od. **einander ~feind sein** be sb.'s deadly enemy/be deadly enemies; **~feind** der deadly enemy; **~geweiht** Adj. (geh.) doomed [to die]; **~krank** Adj. critically ill
tödlich ['tø:tlɪç] 1. Adj. a) fatal ⟨accident, illness, outcome, etc.⟩; lethal, deadly ⟨poison, bite, shot, trap, etc.⟩; lethal ⟨dose⟩; deadly, mortal ⟨danger⟩; b) (sehr groß, ausgeprägt) deadly. 2. adv. a) fatally; **er ist ~ verunglückt/abgestürzt** he was killed in an accident/he fell to his death; **die Krankheit verläuft in der Regel ~**: the illness is usually fatal; b) (ugs.) terribly (coll.); **sich ~ langweilen** be bored stiff or to death (coll.)
tod-, Tod-: **~müde** Adj. dead tired; **~schick** (ugs.) 1. Adj. dead smart (coll.); 2. adv. dead smartly (coll.); **~sicher** (ugs.) 1. Adj. sure-fire (coll.) ⟨system, method, tip, etc.⟩; **eine ~sichere Sache** a dead certainty or (coll.) cert; 2. adv. for certain or sure;

~**sterbens·krank** *Adj. (ugs.)* critically ill; ~**sünde** *die (auch fig.)* deadly *or* mortal sin; ~**traurig 1.** *Adj.* extremely sad; **2.** *adv.* extremely sadly; with extreme sadness; ~**unglücklich** *Adj. (ugs.)* extremely *or* desperately unhappy
Toffee ['tɔfi] *das;* ~**s,** ~**s** toffee
Toga ['to:ga] *die;* ~, **Togen** toga
Togo ['to:go] *(das);* ~**s** Togo
Togoer *der;* ~**s,** ~: Togolese
togoisch *Adj.* Togolese
Tohuwabohu ['to:huva'bo:hu] *das;* ~**s,** ~**s** chaos; **im ganzen Haus war ein großes** ~: the whole house was in total *or* utter chaos
Toilette [tɔa'lɛtə] *die;* ~, ~**n a)** toilet; lavatory; **auf die** *od.* **zur** ~ **gehen** go to the toilet *or* lavatory; **eine öffentliche** ~: a public lavatory *or* convenience; **b)** *o. Pl. (geh.: das Sichzurechtmachen)* toilet; ~ **machen** make one's toilet; **c)** *(geh.: Aufzug)* dress; toilet *(arch.);* **in großer** ~: in full dress
Toilętte- *(österr.),* **Toiletten-:** ~**artikel** *der* toiletry; ~**becken** *das* lavatory *or* toilet bowl *or* pan; ~**frau** *die,* ~**mann** *der* lavatory attendant; ~**papier** *das* toilet paper; ~**seife** *die* toilet soap; ~**sitz** *der* lavatory *or* toilet seat
toi, toi, toi ['tɔy 'tɔy 'tɔy] *Interj.* **a)** *(gutes Gelingen!)* good luck!; ~ ~ ~ **für deine Prüfung!** good luck in your exam! *(coll.);* **b)** *(unberufen!)* touch wood!
Tokaier [tɔ'kaiɐ] *der;* ~**s** ~: Tokay
Tokio ['to:kio] *(das);* ~**s** Tokyo
Tokioter [to'kio:tɐ] **1.** *der;* ~**s,** ~: Tokyoite. **2.** *Adj.; nicht präd.* Tokyo *attrib.; s. auch* **Kölner**
Tokkata [tɔ'ka:ta] *die;* ~, **Tokkaten** *(Musik)* toccata
tolerant [tole'rant] **1.** *Adj.* tolerant **(gegen** of). **2.** *adv.* tolerantly
Toleranz *die;* ~, ~**en a)** *o. Pl. (auch Med.)* tolerance; **b)** *(Technik)* tolerance
Toleranz·grenze *die* **a)** limit of tolerance; **b)** *(Med.)* tolerance level; **c)** *(Technik)* tolerance limit
tolerierbar *Adj.* tolerable
tolerieren [tole'ri:rən] *tr. V.* tolerate
toll [tɔl] **1.** *Adj.* **a)** *(ugs.: großartig)* great *(coll.);* fantastic *(coll.);* **(erstaunlich)** amazing; *(heftig, groß)* enormous 〈*respect*〉; terrific *(coll.)*〈*noise, storm*〉; **b)** *(wild, ausgelassen, übermütig)* wild, wild, wild 〈*tricks, antics*〉; **die [drei]** ~**en Tage** [the last three] days of Fasching; **c)** *(ugs.: schlimm, übel)* terrible *(coll.);* **d)** *(veralt.) s.* **verrückt 1 a; e)** *(veralt.: tollwütig)* rabid. **2.** *adv.* **a)** *(ugs.: großartig)* terrifically well *(coll.);* ~ **hast du das gemacht** you've made a great job of that *(coll.);* **b)** *(ugs.: heftig, sehr)* 〈*rain, snow*〉 like billy-o *(coll.);* **es regnet immer** ~**er** it's chucking it down harder and harder *(coll.);* **c)** *(wild, ausgelassen, übermütig)* **bei dem Fest ging es** ~ **zu** it was a wild party; **d)** *(ugs.: schlimm, übel)* **treibt es nicht zu** ~: don't go too mad; **aber es kommt noch** ~**er** but that's not all
Tolle *die;* ~, ~**n** quiff
tollen *itr. V.* **a)** romp about; **b)** *mit sein* romp
Tollerei *die;* ~, ~**en** *(ugs.)* romping about
Toll·haus *das (veralt.)* lunatic asylum *(Hist.);* **hier geht es ja zu wie in einem** ~: it's like a madhouse here
Tollheit *die;* ~, ~**en** *(veralt.) s.* **Verrücktheit**
toll-, Toll-: ~**kirsche** *die* deadly nightshade; Schwarze ~**kirsche** Atropa; ~**kühn 1.** *Adj.* daredevil *attrib.;* daring. **2.** *adv.* daringly; ~**kühnheit die a)** *o. Pl.* daring; **b)** *(tollkühne Handlung)* daredevil *or* daring exploit; ~**wut** *die* rabies *sing.;* ~**wütig** *Adj.* rabid
Tolpatsch [tɔlpatʃ] *der;* ~**[e]s,** ~**e** *(ugs.)* clumsy *or* awkward creature
tolpatschig *(ugs.)* **1.** *Adj.* clumsy; awkward. **2.** *adv.* clumsily; awkwardly

Tölpel ['tœlpl] *der;* ~**s,** ~ **a)** *(abwertend; einfältiger Mensch)* fool; **b)** *(Zool.) (Gattung Sula)* booby; *(Gattung Morus)* gannet
tölpelhaft *(abwertend)* **1.** *Adj.* foolish. **2.** *adv.* foolishly
Tomahawk ['tɔmaha:k] *der;* ~**s,** ~**s** tomahawk
Tomate [to'ma:tə] *die;* ~, ~**n** tomato; **du hast wohl** ~**n auf den Augen!** *(salopp)* you must be blind!; **er wurde rot wie eine** ~ *(ugs. scherzh.)* he turned *or* went as red as a beetroot; **du [bist vielleicht eine] treulose** ~ *(ugs. scherzh.)* a fine friend you are
Tomaten- tomato 〈*juice, salad, sauce, soup, etc.*〉
Tomaten·mark *das* tomato purée
tomaten·rot *Adj.* brilliant red
Tombola ['tɔmbola] *die;* ~, ~**s** *od.* **Tombolen** raffle
Tommy ['tɔmi] *der;* ~**s,** ~**s** *(ugs.: Engländer)* Tommy
Tomographie [tomogra'fi:] *die;* ~ *(Med.)* tomography *no art.*
¹**Ton** [to:n] *der;* ~**[e]s,** ~**e** clay
²**Ton** *der;* ~**[e]s, Töne** ['tø:nə] **a)** *(auch Physik, Musik; beim Telefon)* tone; *(Klang)* note; **der** ~ **macht die Musik** *(fig. ugs.)* it's not what you say but the way that you say it; **den** ~ **angeben** *(Musik)* give the note; *(fig.) (in der Mode, Kunst usw.)* set the tone; *(in einer Gruppe o. ä.)* have the most *or* greatest say; **jmdn./etw. in den höchsten Tönen loben** praise sb./sth. to the skies; **b)** *(Film, Ferns. usw.,* ~**wiedergabe)** sound; ~ **ab!** turn over sound!; ~ **läuft** sound running; **c)** *(Sprechweise, Umgangs-)* tone; **den richtigen** ~ **finden** strike the right note; **ich verbitte mir diesen** ~! I will not be spoken to like that!; **sich im** ~ **vergreifen** adopt the wrong tone; **strike the wrong note; einen unverschämten/frechen usw.** ~ **anschlagen** adopt an impudent/a cheeky tone; **der gute** ~: good form; **das gehört zum guten** ~: it is considered good form; **hier gehört es zum guten** ~, ... **zu** ... *(iron.)* here it's the done thing to ... *(coll.);* **d)** *(ugs.: Äußerung)* word; **ich möchte keinen** ~ **mehr hören** I don't want to hear another word; **er konnte keinen** ~ **herausbringen** he couldn't say a word; **hat der Mensch [da noch] Töne?** that's just unbelievable; **große Töne reden** *od.* **spucken** *(ugs.)* talk big; **e)** *(Farb*~*)* shade; tone; **in** ~ **gehalten** colour co-ordinated; **f)** *(Akzent)* stress; **g)** *(Sprachw.:* ~**höhe)** tone
Ton·abnehmer *der;* ~**s,** ~ pick-up
tonal [to'na:l] *(Musik) Adj.* tonal
Tonalität [tonali'tɛ:t] *die;* ~ *(Musik)* tonality
ton-, Ton-: ~**angebend** *Adj.* predominant; ~**angebend sein** *(in der Mode, Kunst usw.)* set the tone; *(in einer Gruppe o. ä.)* have the most *or* greatest say; ~**arm** *der* pick-up arm; ~**art** *die* **a)** *(Musik)* key; **b)** *(fig.)* tone; **eine andere/schärfere** ~**art anschlagen** take a stronger *or* tougher line; ~**aufnahme die** [sound] recording; ~**band** *das; Pl.* ~**bänder s. a)** tape; **b)** *(ugs.:* ~*bandgerät)* tape recorder
Ton·band-: ~**aufnahme** *die* tape recording; ~**gerät** *das* tape recorder; ~**protokoll** *das* tape transcript
Ton-: ~**blende** *die (Rundf., Ferns.)* tone control; ~**dichtung** *die* tone-poem
tonen *tr. V. (Fot.)* tone
tönen ['tø:nən] **1.** *itr. V.* **a)** *(geh.)* sound; 〈*bell*〉 sound, ring; 〈*schallen, widerhallen*〉 resound; **mit** ~**der Stimme** in a resounding voice; ~**de Worte/Phrasen** empty words/ phrases; **b)** *(ugs. abwertend)* boast. **2.** *tr. V. (färben)* tint
Ton·erde *die s.* **essigsauer**
tönern ['tø:nɐn] *Adj.; nicht präd.* clay; *s. auch* **Fuß c**
Ton-: ~**fall** *der* tone; *(Intonation)* intonation; ~**film** *der* sound-film; talkie *(coll.);*

~**folge** *die* sequence of notes; ~**frequenz die** *(Akustik)* sound frequency; audio frequency; ~**gefäß das** earthen[ware] vessel; ~**geschlecht** *das (Musik)* scale; ~**höhe die** pitch
Toni *s.* **Tonus**
Tonic ['tɔnik] *das;* ~**[s],** ~**s** tonic [water]
¹**Tonika** *s.* **Tonikum**
²**Tonika** [to'nika] *die;* ~, **Toniken** *(Musik)* tonic
Tonika-Do *das;* ~ *(Musik)* Tonika-Doh [method]
Tonikum ['to:nikʊm] *das;* ~**s, Tonika** tonic
Ton·ingenieur *der* sound engineer
tonisch *Adj. (Physiol.)* tonic
ton-, Ton-: ~**kopf** *der* head; ~**kunst** *die; o. Pl. (geh.)* music; ~**künstler** *der (geh.)* composer; ~**lage** *die (Musik)* pitch; ~**leiter** *die (Musik)* scale; ~**los 1.** *Adj.* toneless; **2.** *adv.* tonelessly; ~**meister** *der* sound engineer, recording engineer
Tonnage [tɔ'na:ʒə] *die;* ~, ~**n** *(Seew.)* tonnage
Tönnchen ['tœnçən] *das;* ~**s,** ~ *(ugs.: dicker Mensch)* dumpling *(coll.)*
Tonne ['tɔnə] *die;* ~, ~**n a)** *(Behälter)* drum; *(Müll*~*)* bin; *(Regen*~*)* water-butt; **b)** *(Gewicht)* tonne; metric ton; **c)** *(ugs.: dicker Mensch)* fatty *(coll.);* **d)** *(Seew.)* buoy
Tonnen·gewölbe *das (Archit.)* barrel *or* tunnel vault
tonnen·weise 1. *Adv.* by the tonne *or* metric ton; *(in großer Menge)* by the ton; **ich habe das Zeug** ~: I've got tons of the stuff *(coll.).* **2.** *adj.* by the ton *postpos.*
Ton-: ~**pfeife** *die* clay pipe; ~**setzer** *der (veralt.)* composer
Ton-: ~**spur** *die* sound-track; ~**störung die** *(Rundf., Film, Ferns.)* sound interference; *(durch Geräteschaden usw.)* fault on sound; ~**stufe** *die (Musik)* note
Tonsur [tɔn'zu:ɐ̯] *die;* ~, ~**en** tonsure
Ton-: ~**system** *das (Musik)* tone *or* tonic system; ~**tafel** *die* clay tablet; ~**tauben·schießen** *das* clay-pigeon shooting *no art.;* ~**techniker** *der (Rundf., Ferns., Film)* sound technician; ~**träger** *der* sound[-recording] and storage medium; ~**umfang** *der (Musik)* register; range
Tönung *die;* ~, ~**en a)** *(das Tönen)* tinting; **b)** *(Farbton)* tint; shade
Tonus ['to:nʊs] *der;* ~, **Toni** *(Physiol.)* tone
Ton·ware *die* earthenware *no pl.*
Top [tɔp] *das;* ~**s,** ~**s** *(Mode)* top
top- ultra *(modern, topical)*
Top- top; outstanding 〈*location, performance, time*〉
Topas [to'pa:s] *der;* ~**es,** ~**e** topaz
Topf [tɔpf] *der;* ~**es, Töpfe** ['tœpfə] **a)** pot; *(Braten-, Schmor*~*)* casserole; *(Stielkasserolle)* saucepan; **alles in einen** ~ **werfen** *(fig. ugs.)* lump everything together; **b)** *(zur Aufbewahrung)* pot; jar; **c)** *(Krug)* jug; **d)** *(Nacht*~*)* chamber pot; po *(coll.);* *(für Kinder)* potty *(Brit. coll.);* **e)** *(Blumen*~*)* [flower]pot; **f)** *(salopp: Toilette)* loo *(Brit. coll.);* john *(Amer. coll.)*
Topf·blume *die* [flowering] pot plant
Töpfchen ['tœpfçən] *das;* ~**s,** ~ *s.* **Topf a-d:** [small] pot/saucepan/jug *etc.;* *(Nachttopf)* po *(coll.);* *(für Kinder)* potty *(Brit. coll.)*
Topfen *der;* ~**s** *(bayr., österr.) s.* ¹**Quark a**
Töpfer ['tœpfɐ] *der;* ~**s,** ~: potter
Töpferei *die;* ~, ~**en a)** *o. Pl. (Handwerk)* pottery *no art.;* **b)** *(Werkstatt)* pottery; potter's workshop; **c)** *(Erzeugnis)* piece of pottery; ~**en** pottery *sing.*
Töpferin *die;* ~, ~**nen** potter
töpfern 1. *itr. V.* do pottery. **2.** *tr. V.* make 〈*vase, jug, etc.*〉; **getöpferte Teller** handmade pottery plates
Töpfer-: ~**scheibe** *die* potter's wheel; ~**ware** *die* piece of pottery; ~**waren** pottery *sing.*
Topf·gucker *der;* ~**s,** ~ *(scherzh.)* Nosy

topfit

Parker who looks into all the pots and saucepans to see what's cooking
top·fit *Adj.* in *or* on top form *postpos.* *(gesundheitlich)* in fine fettle; as fit as a fiddle; **jetzt ist der Wagen wieder ~**: the car is in perfect order again now
Topf-: **~kuchen** *der s.* Napfkuchen; **~lappen** *der* oven cloth; **~pflanze** die pot plant; **~reiniger** *der* [pot-]scourer; scouring-pad
Topinambur [topinamˈbuːɐ̯] *der;* **~s, ~s** *od.* **~e** *od.* **die; ~, ~en** Jerusalem artichoke
Topographie [topograˈfiː] *die;* **~, ~n** *(Geogr.)* topography *no art.*
topographisch *(Geogr.)* 1. *Adj.* topographic[al]. 2. *adv.* topographically
Topologie [topoloˈgiː] *die;* **~** *(Math.)* topology *no art.*
topologisch *(Math.) Adj.* topological
Topos [ˈtɔpɔs] *der;* **~, Topoi** [ˈtɔpɔy] **a)** *(Literaturw.)* topos; **b)** *(geh.: Gemeinplatz)* commonplace
topp [tɔp] *Interj. (veralt.)* done! agreed!
Topp *der;* **~s, ~e**[n] *od.* **~s** *(Seemannsspr.)* masthead; **das Schiff war über die ~en geflaggt** the ship was dressed overall
Topp·segel *das (Seew.)* topsail
Topspin [ˈtɔpspɪn] *der;* **~s, ~s** *(bes. Golf, Tennis, Tischtennis)* top spin
¹**Tor** [toːɐ̯] *das;* **~[e]s, ~e a)** *(einer Garage, Scheune)* door; *(fig.)* gateway; **vor dem ~en der Stadt** just outside the town; *s. auch* **dastehen; b)** *(Ballspiele)* goal; **mit 3 : 2 ~en gewinnen** *od.* **siegen** win 3 – 2 *or* by three goals to two; **im ~ stehen** be in goal; **c)** *(Ski)* gate
²**Tor** *der;* **~en, ~en** *(geh.: Narr)* fool
Tor-: **~aus** *das (Ballspiele)* **der Ball ging ins ~aus** the ball went over the by-line *or* went behind; **~bogen** *der* arch[way]
Torero [toˈreːro] *der;* **~[s], ~s** torero
Tores·schluß *der in kurz vor ~* *(ugs.)* at the last minute *or* the eleventh hour
Torf [tɔrf] *der;* **~[e]s, ~e** peat
Torf-: **~ballen** *der* bale of peat; **~moor** *das* peat bog; **~mull** *der* [loose] garden peat; **~stecher** *der* peat-cutter
Torheit *die;* **~, ~en** *(geh.) o. Pl.* foolishness; **b)** *(Handlung)* foolish act; **eine [große] ~ begehen** do something [extremely] foolish
Tor·hüter *der (Ballspiele)* goalkeeper
töricht [ˈtøːrɪçt] *(geh.)* 1. *Adj.* foolish ⟨behaviour, action, hope⟩; stupid ⟨person, question, smile, face⟩. 2. *adv.* ⟨behave, act⟩ foolishly; ⟨smile, ask⟩ stupidly
törichterweise *Adv. (geh.)* foolishly
Törin [ˈtøːrɪn] *die;* **~, ~nen** fool
Tor·jäger *der (Ballspiele)* goal-scorer
torkeln [ˈtɔrkl̩n] *itr. V.; mit sein* stagger; reel
tor-, Tor-: **~linie** *die (Ballspiele)* [goal-] line; **~los** *Adj. (Ballspiele)* goalless; **~mann** *der; Pl.* **~männer** *od.* **~leute** *(Ballspiele)* goalkeeper
Törn [tœrn] *der;* **~s, ~s** *(Seemannsspr.)* trip
Tornado [tɔrˈnaːdo] *der;* **~s, ~s** tornado
Tornister [tɔrˈnɪstɐ] *der;* **~s, ~ a)** knapsack; **b)** *(Schulranzen)* satchel
torpedieren [tɔrpeˈdiːrən] *tr. V. (Milit., fig.)* torpedo
Torpedierung *die;* **~, ~en** *(Milit., fig.)* torpedoing
Torpedo [tɔrˈpeːdo] *der;* **~s, ~s** torpedo
Torpedo·boot *das* torpedo-boat
Tor-: **~pfosten** *der (Ballspiele)* goal-post; **~raum** *der (Ballspiele)* goal area; **~schluß** *der s.* Toresschluß; **~schlußpanik** *die* last-minute panic; *(Furcht, keinen Partner mehr zu finden)* fear of being left on the shelf; **~schlußpanik haben** *od.* **bekommen** *od.* **kriegen** panic at the last minute *or* be frightened of being left on the shelf; **~schuß** *der (Ballspiele)* shot [at goal]; **~schütze** *der (Ballspiele)* [goal-]scorer
Torsi *s.* Torso

Torsion [tɔrˈzi̯oːn] *die;* **~, ~en** *(Physik, Technik, Math.)* torsion
Torso [ˈtɔrzo] *der;* **~s, ~s** *od.* **Torsi** *(Kunstwiss., auch fig. geh.)* torso
Tort [tɔrt] *der;* **~[e]s** *(ugs. veralt.)* wrong; injury; **jmdm. einen ~ antun** do sb. wrong; **jmdm. etw. zum ~ tun** do sth. to spite sb.
Törtchen [ˈtœrtçən] *das;* **~s, ~**: tartlet
Torte [ˈtɔrta] *die;* **~, ~n** *(Creme~, Sahne~)* gateau; *(Obst~)* [fruit] flan
Tortelett [tɔrtəˈlɛt] *das;* **~s, ~**: **Tortelette** *die;* **~, ~n** tartlet
Torten-: **~boden** *der* flan case; *(ohne Rand)* flan base; **~guß** *der* glaze; **~heber** *der* cake-slice; **~platte** *die* cake-plate; **~schaufel** *die s.* **~heber**
Tortur [tɔrˈtuːɐ̯] *die;* **~, ~en a)** ordeal; **b)** *(veralt.: Folter)* torture
Tor-: **~verhältnis** *das (Ballspiele)* goal average; **~wächter** *der (Ballspiele)* gatekeeper; **~wart** *der;* **~[e]s, ~e** *(Ballspiele)* goalkeeper; **~weg** *der* gateway
tosen [ˈtoːzn̩] *itr. V.;* **mit Richtungsangabe mit sein** ⟨sea, surf⟩ roar, rage; ⟨storm⟩ rage; ⟨torrent, waterfall⟩ roar, thunder; ⟨wind⟩ roar; **~der Lärm/Beifall** *(fig.)* thunderous noise/applause
Toskana [tɔsˈkaːna] *die;* **~**: Tuscany
tot [toːt] *Adj.* **a)** dead; **das Kind wurde ~ geboren** the baby was stillborn; **er war auf der Stelle ~**: he died instantly; **~ zusammenbrechen** collapse and die; **~ umfallen** drop dead; **ich will auf der Stelle ~ umfallen, wenn das nicht wahr ist** may I be struck down if it isn't true; **er ist [politisch] ein ~er Mann** *(fig.)* he is finished [as a politician]; **er ist ein ~er Mann** he is a dead man *or (coll.)* a goner; **halb ~ vor Angst/Schrecken** *usw. (ugs.)* paralysed with fear/shock; **den ~en Mann machen** *(ugs.)* float on one's back; **b)** *(abgestorben)* dead ⟨tree, branch, leaves, etc.⟩; **c)** *(fig.)* dull ⟨colour⟩; bleak ⟨region etc.⟩; dead ⟨town, telephone line, socket, language⟩; disused ⟨railway line⟩; extinct ⟨volcano⟩; dead, quiet ⟨time, period⟩; useless ⟨knowledge⟩; **ein ~er Flußarm** a backwater; *(Schleife)* an ox-bow lake; **das Tote Meer** the Dead Sea; *s. auch* **Briefkasten b; Hose b; Punkt d; Winkel a**
total [toˈtaːl] 1. *Adj.* total. 2. *adv.* totally
Total·aus·verkauf *der* clearance sale
Totale *die;* **~, ~n** *od. adj. Dekl.* complete view; *(Film)* long shot
Totalisator [totaliˈzaːtɔr] *der;* **~s, ~en** [-zaˈtoːrən] totalizator; tote *(coll.)*
totalitär [totaliˈtɛːɐ̯] *(Politik)* 1. *Adj.* totalitarian. 2. *adv.* in a totalitarian way; ⟨organized, run⟩ along totalitarian lines
Totalitarismus [totaliˈtarɪsmʊs] *der;* **~** *(Politik)* totalitarianism *no art.*
totalitaristisch *s.* totalitär
Totalität [totaliˈtɛːt] *die;* **~, ~en** *(geh.)* totality
Total-: **~operation** *die (Med.)* extirpation; *(Gynäkologie)* hysterectomy; **~schaden** *der (Versicherungen)* **an beiden Fahrzeugen entstand ~schaden** both vehicles were a write-off
tot-: **~arbeiten** *refl. V. (ugs.)* work oneself to death; **~ärgern** *refl. V. (ugs.)* get livid *(coll.)* or really furious; **ich könnte mich ~ärgern** I'm livid *(coll.)* or really furious
Tote [ˈtoːta] *der/die; adj. Dekl.* dead person; dead man/woman; **die ~n** the dead; **es gab zwei ~**: two people died *or* were killed; **there were two fatalities; wie ein ~ schlafen** sleep like a log; **na, bist du von den ~n auferstanden?** *(ugs. scherzh.)* oh, you're back in the land of the living, are you?; **die ~ soll man ruhen lassen** *(ugs.)* let the dead rest in peace
Totem [ˈtoːtɛm] *das;* **~s, ~s** *(Völkerk.)* totem
Totem·pfahl *der* totem-pole
töten [ˈtøːtn̩] *tr., itr. V.* kill; deaden ⟨nerve

Tour

etc.⟩; **einen kranken Hund ~ lassen** have a sick dog put down; *s. auch* **Blick a; Nerv a**
toten-, Toten-: **~acker** *der (veralt.)* graveyard; **~ähnlich** *Adj.* deathlike ⟨sleep⟩; **~amt** *das (kath. Kirche) s.* **~messe**; **~bahre** *die* bier; **~bett** *das* deathbed; **~blaß, ~bleich** *Adj.* deathly pale; pale as death *postpos.*; **~feier** die memorial service; **~glocke** *die* death-knell; **~gräber** *der* **a)** grave-digger; **b)** *(Zool.)* grave-digger; burying-beetle; **~hemd** das shroud; **~klage** *die* **a)** lamentation *or* bewailing of the dead; **b)** *(Literaturw.)* lament; dirge; **~kopf** *der* **a)** skull; **b)** *(als Symbol)* death's head; *(mit gekreuzten Knochen)* skull and cross-bones; **~kult** *der (Völkerk.)* cult of the dead; **~maske** *die* death-mask; **~messe** *die (kath. Kirche)* requiem [mass]; **~reich** *das* kingdom of the dead; **~schädel** *der* skull; **~schein** *der* death certificate; **~sonntag** *der (ev. Kirche)* Sunday before Advent on which the dead are commemorated; **~starre** *die* rigor mortis; **~still** *Adj.* deathly quiet *or* silent; **~stille** *die* deathly quiet *or* silence; **~tanz** *der (bild. Kunst)* Dance of Death; **~wache** *die* vigil by the body; **die ~wache halten** keep vigil by the body
tot-, Tot-: **~ˈfahren** 1. *unr. tr. V.* [run over and] kill; 2. *unr. refl. V.* kill oneself; **~geboren** *Adj.* *(präd. getrennt geschrieben)* stillborn; **ein ~geborenes Kind sein** *(fig.)* ⟨project⟩ be stillborn, not get off the ground; **~geburt** *die* **a)** still birth; **b)** *(Kind)* still birth; stillborn baby; **ihr erstes Kind war eine ~geburt** her first child was stillborn; **~geglaubte der/die; adj. Dekl.** person believed dead; **~gesagte der/die; adj. Dekl.** person declared dead; **~ˈkriegen** *tr. V. (ugs.)* kill; kill, get rid of ⟨insect pests, weeds, etc.⟩; **er/dieser Mantel ist nicht ~zukriegen** *(fig.)* he's irrepressible/this coat just never wears out; **~ˈlachen** *refl. V. (ugs.)* kill oneself laughing; **zum Totlachen sein** be killing *(coll.)*; be killingly funny *(coll.)*; **~ˈlaufen** *unr. refl. V. (ugs.)* ⟨movement, trend, fashion⟩ peter *or* die out; ⟨talks, discussions⟩ peter out; **~ˈmachen** *tr. V. (ugs.)* kill
Toto [ˈtoːto] *das od. der;* **~s, ~s a)** *(Pferde~)* tote *(sl.);* **im ~** on the tote; **b)** *(Fußball~)* [football] pools *pl.;* **[im] ~ spielen** do the pools
Toto-: **~gewinn** *der* win on the pools/*(sl.)* tote; **~schein** *der* pools coupon/*(sl.)* tote ticket
tot-, Tot-: **~ˈsagen** *tr. V.* declare ⟨person⟩ dead; **eine Partei** *usw.* **~sagen** *(fig.)* say a party *etc.* is dead *or* finished; **~ˈschießen** *unr. tr. V. (ugs.)* shoot; **jmdn./sich ~schießen** shoot sb. dead; **~schlag** *der (Rechtsw.)* manslaughter *no indef. art.;* **~ˈschlagen** *unr. tr. V.* beat to death; **und wenn du mich totschlägst for the life of me; eher/lieber lasse ich mich ~schlagen** *(ugs.)* I'd rather die *or* be dead; **die Zeit ~schlagen** kill time; **~schläger** *der* **a)** *(Mensch)* manslaughterer; **b)** *(Waffe)* cosh *(Brit. coll.);* blackjack *(Amer.);* **~ˈschweigen** *unr. tr. V.* hush up; **jmdn. ~schweigen** keep quiet about sb.; **~ˈstellen** *refl. V.* pretend to be dead; play dead; **~ˈtreten** *unr. tr. V.* trample ⟨person⟩ to death; step on and kill ⟨insect⟩
Tötung *die;* **~, ~en** killing; **fahrlässige ~** *(Rechtsspr.)* manslaughter by culpable negligence
Tötungs-: **~absicht** *die (Rechtsw.)* intent *or* intention to kill; **~versuch** *der (Rechtsw.)* attempted murder
Touch [tatʃ] *der;* **~, ~s** *(ugs.)* touch
Toupet [tuˈpeː] *das;* **~s, ~s** toupee
toupieren [tuˈpiːrən] *tr. V.* backcomb
Tour [tuːɐ̯] *die;* **~, ~en a)** tour *(durch of);* *(Kletter~)* [climbing] trip; *(kürzere Fahrt, Ausflug)* trip; *(mit dem Auto)* drive; *(mit*

Touren-: ~ski der touring ski; ~wagen der (Motorsport) touring car; ~zahl die (Technik) number of revolutions or (coll.) revs

Tourismus [tu'rɪsmʊs] der; ~: tourism no art.

Tourist der; ~en, ~en tourist

Touristen·klasse die tourist class

Touristik die; ~: tourism no art.; tourist industry or business

Touristin die; ~, ~nen tourist

touristisch 1. Adj. tourist attrib. 2. adv. das Land ist ~ noch kaum erschlossen the country is still scarcely developed as a tourist area

Tournedos [tʊrnə'do:] das; ~ [tʊrnə'do:(s)], ~s tournedos

Tournee [tʊr'ne:] die; ~, ~s od. ~n [tʊr'ne:ən] tour; **auf ~ sein/gehen** be/go on tour **-tournee die** ... tour; **auf Europa~/Deutschland~** on a European/German tour

Tower ['tauɐ] der; ~[s], ~s (Flugw.) [control] tower

toxisch ['tɔksɪʃ] Adj. toxic

Trab [tra:p] der; ~[e]s trot; **im ~: at a trot; im ~ reiten** trot; **in [den] ~ fallen** drop into a trot; **sich in ~ setzen** (ugs.) get going; get a move on (coll.); **jmdn. auf ~ bringen** (ugs.) make sb. get a move on; **jmdn. in ~ halten** (ugs.) keep sb. on the go (coll.)

Trabant [tra'bant] der; ~en, ~en a) (Astron.) satellite; b) Pl. (fam. scherzh. veralt.: Kinder) kids (coll.)

Trabanten·stadt die satellite town

traben itr. V.; mit sein (auch ugs.: laufen) trot

Traber der; ~s, ~: trotter

Trab·rennen das trotting; (einzelne Veranstaltung) trotting race

Tracht [traxt] die; ~, ~en a) (Volks~) traditional or national costume; (Berufs~) uniform; **die ~ der Nonnen** the nuns' dress or habit; b) **in eine ~ Prügel** a beating or thrashing; (als Strafe für ein Kind) a hiding; c) (Imkerei) yield

trachten itr. V. (geh.) strive (**nach** for, after); **all sein** od. **sein ganzes Trachten** all his striving or endeavour; s. auch **Leben**

Trachten-: ~anzug der suit in the style of a traditional or national costume; ~fest das festival at which traditional or national costume is worn; ~kapelle die band in traditional or national costume

trächtig ['trɛçtɪç] pregnant

Trächtigkeit die; ~, ~en pregnancy

tradieren [tra'di:rən] tr. V. (geh.) hand down, pass on (ideas, customs, values, etc.)

Tradition [tradi'tsi̯o:n] die; ~, ~en tradition; **~ sein/haben** be a tradition

Traditionalismus [traditsi̯ona'lɪsmʊs] der; ~ (geh.) traditionalism no art.

Traditionalist der; ~en, ~en (geh.) traditionalist

traditionell [traditsi̯o'nɛl] 1. Adj. traditional. 2. adv. traditionally

traditions-: ~bewußt 1. Adj. tradition-conscious; (finanziell) conscious of tradition postpos.; 2. adv. in a tradition-conscious way; ~reich Adj. rich in tradition postpos.

traf [tra:f] 1. u. 3. Pers. Sg. Prät. v. **treffen**

träfe ['trɛ:fə] 1. u. 3. Pers. Sg. Konjunktiv II v. **treffen**

Trafik [tra'fik] die; ~, ~en (österr.) tobacconist's [shop]

Trafikant [trafi'kant] der; ~en, ~en (österr.) tobacconist

Trafo ['tra:fo] der; ~s, ~s transformer

träg [trɛ:k] s. **träge**

Trag·bahre die stretcher

tragbar Adj. a) portable; b) wearable (clothes); c) (finanziell) supportable (cost, debt, etc.); d) (erträglich, tolerierbar) bearable; tolerable; **er ist für die Partei nicht mehr ~:** the party can no longer tolerate him

Trage die; ~, ~n a) (Bahre) stretcher; b) (Traggestell) pannier

träge ['trɛ:gə] 1. Adj. a) sluggish; (geistig) lethargic; b) (Physik) inert. 2. adv. s. **träge** 1: sluggishly; lethargically

Trage·korb der pannier

tragen [tra:gn̩] 1. unr. tr. V. a) carry; **das Auto wurde aus der Kurve getragen** (fig.) the car went off the bend; b) (bringen) take; **vom Wasser/Wind getragen** (fig.) carried by water/[the] wind; c) (ertragen) bear (fate, destiny); bear, endure (suffering); d) (halten) hold; **einen/den linken Arm in der Schlinge ~:** have one's arm/one's left arm in a sling; e) (von unten stützen) support; **die Schwimmweste trägt dich** the life-jacket will hold you up; **zum Tragen kommen** (advantage, improvement, quality) become noticeable; **ein solcher Boykott kann nur zum Tragen kommen, wenn ...:** such a boycott can be effective only if ...; s. auch **tragend** 2 a–c; f) (belastbar sein durch) be able to carry or take (weight); **der Ast trägt dich nicht** the branch won't take your weight; g) (übernehmen, aufkommen für) bear, carry (costs etc.); take (blame, responsibility, consequences); (unterhalten, finanzieren) support; maintain, support (school); **er trägt die Schuld** he is to blame; **die Versicherung trägt den Schaden** the insurance will pay for the damage; **die Organisation trägt sich selbst** the organisation is self-supporting; h) (am Körper) wear (clothes, wig, glasses, jewellery, etc.); have (false teeth, beard, etc.); **man trägt [wieder] Hüte** hats are in fashion [again]; **getragene Kleider** second-hand clothes; i) (fig.: haben) have (label etc.); have, bear (title); bear, carry (signature, inscription, seal); j) (hervorbringen) (tree) bear (fruit); (field) produce (crops); (fig.) yield (interest); **gut/wenig ~** (tree) produce a good/poor crop; (field) produce a good/poor yield; k) (ugs.: schwanger sein mit) be carrying; s. auch **Bedenken** b; getragen 2, 3; **Sorge** c. 2. unr. itr. V. a) carry; **wir hatten schwer zu ~:** we were heavily laden; **schwer an etw.** (Dat.) **zu ~ haben** have difficulty carrying sth.; find sth. very heavy to carry; (fig.) find sth. hard to bear; **das Eis trägt noch nicht** the ice is not yet thick enough to skate/walk etc. on; b) (am Körper) **man trägt [wieder] kurz/lang** short/long skirts are in fashion [again]; c) **der Baum trägt gut** the tree produces a good crop; **in diesem Sommer** the tree has a lot of fruit on it; d) (trächtig sein) be carrying young; **eine ~de Sau/Kuh** a pregnant sow/cow; e) [weit] reichen (voice) carry; s. auch **tragend** 2 d. 3. unr. refl. V. a) **sich gut/schlecht usw.**

~ (load) be easy/difficult or hard etc. to carry; **zu zweit trägt sich der Korb besser** two can carry the basket more easily; b) **der Mantel/Stoff trägt sich angenehm** the coat/material is pleasant to wear; c) **in sich mit etw. ~:** be contemplating sth.; **er trägt sich mit dem Gedanken** od. **der Absicht, auszuwandern** he is contemplating [the idea of] emigrating; d) (sich kleiden) dress

tragend 1. 1. Part. von **tragen**. 2. Adj. a) (Stabilität gebend) load-bearing; supporting (wall, column, function, etc.); b) (fig.: grundlegend) basic, main (idea, motif); c) (fig.: wichtig, zentral) leading, major (role, figure); d) (weithin hörbar) (voice) that carries [a long way]

Träger ['trɛ:gɐ] der; ~s, ~ a) porter; (Sänften~, Sarg~) bearer; b) (Zeitungs~) paper boy/girl; delivery boy/girl; c) (Bauw.) girder; [supporting] beam; d) (an Kleidung) strap; (Hosen~) braces pl.; e) (Inhaber) (eines Amts) holder; (eines Namens, Titels) bearer; (eines Preises) winner; f) (fig.: Urheber, treibende Kraft) moving force; g) (fig.: Unterhalter) **die Schule hat einen privaten ~:** the school is privately maintained; **der Arbeitslosenversicherung ist der Staat** unemployment insurance is financed or funded by the State; h) (fig.: einer Substanz, eines Erregers usw.) carrier; i) (Flugzeug~) carrier; j) (jmd., der etw. als Kleidung, Schmuck usw. trägt) wearer

Trägerin die; ~, ~nen s. **Träger** a, b, e, f, g, h, j

träger-, Träger-: ~kleid das pinafore dress; ~los Adj. strapless; ~rakete die carrier vehicle or rocket; ~rock der skirt with straps

Trägerschaft die; ~, ~en (einer Schule) maintenance; **in freier ~ sein** be privately maintained

Trage-: ~tasche die carrier-bag; ~zeit die gestation [period]

trag-, Trag-: ~fähig Adj. able to take a load or weight postpos.; **eine ~fähige Mehrheit** (fig.) a workable majority; ~fähigkeit die load- or weight-bearing capacity; ~fläche die wing; (eines Boots) hydrofoil; ~flächen·boot das hydrofoil; ~flügel der s. ~fläche; ~flügel·boot das hydrofoil

Trägheit die; ~, ~en a) o. Pl. s. **träge** 1 a: sluggishness; lethargy; b) (Physik) inertia

Trägheits-: ~gesetz das (Physik) law of inertia; ~moment das (Physik) moment of inertia

Tragik ['tra:gɪk] die; ~ tragedy

Tragiker der; ~s, ~: tragedian

tragi-, Tragi- [tragi-]: ~komik die tragicomedy; ~komisch 1. Adj. tragicomic; 2. adv. tragicomically; ~komödie die tragicomedy

tragisch ['tra:gɪʃ] 1. Adj. tragic; **das ist nicht [so] ~** (ugs.) it's not the end of the world (coll.). 2. adv. tragically; **der Film/die Tour endete ~:** the film had a tragic ending/the trip ended in tragedy

Trag-: ~kraft s. ~fähigkeit; ~last die load; ~luft·halle die air hall

Tragöde [tra'gø:də] der; ~n, ~n tragedian

Tragödie [tra'gø:di̯ə] die; ~, ~n tragedy; **er macht immer gleich eine ~ daraus** (ugs.) he always acts as if it's the end of the world (coll.)

Tragödien·dichter der tragedian

Tragödin die; ~, ~nen tragedienne

Trag-: ~sessel der sedan[-chair]; ~weite die; o. Pl. consequences pl.; **von großer ~weite sein** have far-reaching consequences; **ein Ereignis von großer/weltpolitischer ~:** an event of great consequence or moment of moment in world politics; ~zeit die gestation [period]

Trainer ['trɛ:nɐ] der; ~s, ~ a) coach;

Trainerbank ... **trapsen**

trainer; *(eines Schwimmers, Tennisspielers)* coach; *(einer Fußballmannschaft)* manager; **b)** *(Pferdesport)* trainer
Trainer·bank die *(Sport)* trainer's bench
Trainerin die; ~, ~nen s. Trainer
train̲ieren 1. *tr. V.* **a)** train; coach; coach ⟨swimmer, tennis-player⟩; train ⟨horse⟩; manage ⟨football team⟩; exercise ⟨muscles etc.⟩; **sein Gedächtnis ~** *(fig.)* train one's memory; **darauf trainiert sein, etw. zu tun** be trained to do sth.; **jmdn./ein Tier darauf ~, etw. zu tun** train sb./an animal to do sth.; **ein trainierter Schwimmer/Radfahrer/Bergsteiger** *usw.* a trained swimmer/cyclist/mountaineer *etc.* [who is] in training; **ein trainierter Körper** a body made fit by training; **b)** *(üben, einüben)* practise ⟨exercise, jump, etc.⟩; **c)** *(zu Trainingszwecken ausüben)* Fußball/Tennis ~: do football/tennis training. **2.** *itr. V.* train; *(Motorsport)* practise; **mit jmdm. ~**: ⟨trainer⟩ coach sb.; ⟨player⟩ train with sb.
Training ['trɛ:nɪŋ] das; ~s, ~s ⟨Fitneß-, auch fig.: Ausbildung⟩ training *no indef. art.*; *(Motorsport, fig.)* practice; **Radfahren ist ein gutes ~**: cycling is a good form of training *or* exercise; **sich einem strengen ~ unterziehen** submit oneself to a rigorous training programme; **er hat sich beim ~ verletzt** he injured himself in training/practice; **geistiges ~** *(fig.)* mental exercises *pl.*; **er hat das ~ der Mannschaft übernommen** he has taken over the coaching of the team *or* as coach to the team; **im ~ sein/bleiben** be/keep in training; *s. auch* **autogen**
Trainings-: **~anzug** der track suit; **~hose** die track-suit bottoms *pl.*; **~jacke** die track-suit top; **~lager** das; *Pl.* **~lager** training camp; **~rück·stand** der lack of training; **einen ~rückstand haben** be behind with one's training; **~runde** die *(Rennsport)* practice lap; **~schuh** der training-shoe; trainer
Trakehner [tra'ke:nɐ] der; ~s, ~ *(Pferd)* Trakehner
Trakt [trakt] der; ~[e]s, ~e section; *(Flügel)* wing
Traktat [trak'ta:t] der *od.* das; ~[e]s, ~e **a)** *(Abhandlung)* treatise; **b)** *(religiöse Flugschrift)* tract
Traktätchen [trak'tɛ:tçən] das; ~s, ~ *(abwertend)* tract
trakt̲ieren *tr. V.* **a)** set about ⟨person, thing⟩; **jmdn. mit Ohrfeigen/Faustschlägen ~**: slap sb. round the face/punch sb.; **b)** *(veralt.: bewirten)* ply (mit sth.)
Traktor ['traktor] der; ~s, ~en [-'to:rən] tractor
Traktor̲ist der; ~en, ~en *(DDR)* tractor-driver
trällern ['trɛlɐn] *itr., tr. V.* warble
Tram [tra:m] die; ~, ~s *od. schweiz.* das; ~s, ~s *(bes. südd., schweiz.)*, **Tram·bahn** die *(südd.)* tram *(Brit.)*; streetcar *(Amer.)*
Traminer [tra'mi:nɐ] der; ~s, ~ **a)** *o. Pl.* *(Rebsorte)* Traminer [grape]; **b)** *(Weißwein)* Traminer [white wine]
Tramp [trɛmp] der; ~s, ~s tramp; hobo *(Amer.)*
Trampel der *od.* das; ~s, ~ *(ugs. abwertend)* clumsy clot *(Brit. sl.)* *od.* oaf
trampeln **1.** *itr. V.* **a)** *(aufstampfen)* [mit den Füßen] ~: stamp one's feet; **b)** *mit sein (abwertend: treten)* trample *(auf + Akk. on)*. **2.** *tr. V.* trample
Trampel-: **~pfad** der [beaten] path; **~tier das a)** *(Kamel)* Bactrian camel; **b)** *(salopp abwertend)* clumsy clot *(Brit. sl.)* *od.* oaf
trampen ['trɛmpn̩] *itr. V. mit sein* hitch-hike
Tramper der; ~s, ~, **Tramperin** der; ~, ~nen hitch-hiker
Trampolin ['trampoli:n] das; ~s, ~e trampoline
Tramway ['tramveː] die; ~, ~s *(österr.)* tram *(Brit.)*; streetcar *(Amer.)*

Tran [tra:n] der; ~[e]s *(vom Wal)* train-oil; *(von Fischen)* fish-oil; **b) im ~** *(ugs.)* befuddled; in a daze; *(durch Alkohol, Drogen)* stoned *(sl.)*
Trance ['trã:s(ə)] die; ~, ~n trance; **in ~**: in a trance; **in ~ fallen** go into a trance
Trance·zustand der trance
Tranche ['trã:ʃ(ə)] die; ~, ~n **a)** *(Kochk.)* thick slice; **b)** *(Wirtsch.)* tranche
Tränchen ['trɛ:nçən] das; ~s, ~: [little] tear
tranch̲ieren *tr. V. (Kochk.)* carve
Tranch̲ier·messer das carving-knife
Träne ['trɛ:nə] die; ~, ~n tear; **~ traten ihr in die Augen** tears came into her eyes; **seine ~n trocknen** dry one's eyes; wipe away one's tears; **ihr kommen leicht die ~n** she cries easily; **~n lachen** laugh till one cries *or* till the tears run down one's cheeks; **in ~n aufgelöst sein** be in floods of tears; **in ~n zerfließen** dissolve in tears; **mit einer ~ im Knopfloch** *(scherzh.)* wiping away a tear *(fig.)*; **jmdm./einer Sache keine ~ nachweinen** not shed any tears over sb./sth.
tränen *itr. V.* ⟨eyes⟩ water
Tränende Herz das; ~n ~ens, ~n ~en bleeding heart; lyre-flower
tränen-, Tränen-: **~drüse** die *(Anat.)* tear-gland; **auf die ~drüsen drücken** *(fig.)* lay on the agony; **~erstickt** *Adj. (geh.)* mit **~ersticker Stimme** in a voice choked with tears; **~gas** das tear-gas; **~sack der** *(Anat.)* lachrymal sac; **~säcke** [unter den Augen] bags under the eyes; **~überströmt** *Adj.* tear-stained ⟨face⟩
Tran·funzel die *(ugs. abwertend)* **a)** *(trübe Lampe)* miserable lamp; **b)** *(langweiliger Mensch)* ponderous dim-wit *(coll.)*; *(langsamer Mensch)* slowcoach; slowpoke *(Amer.)*
tranig *Adj.* **a)** *(voller Tran)* ⟨meat, fish⟩ full of train-oil; **b)** *(wie Tran)* ⟨taste⟩ like *or* of train-oil; **c)** *(ugs. abwertend: langsam)* sluggish; slow
trank [traŋk] *1. u. 3. Pers. Sg. Prät. v.* **trinken**
Tränke ['trɛŋkə] die; ~, ~n watering-place; *(Gefäß)* drinking-trough
tränken *tr. V.* **a)** *(auch fig.)* water; **b)** *(sich vollsaugen lassen)* soak; **ein mit Hohn getränkter Brief** *(fig.)* a letter brimming with scorn
Tranquilizer ['træŋkwɪlaɪzɐ] der; ~s, ~ *(Pharm.)* tranquillizer
trans-, Trans- [trans-]: **~aktion** die transaction; **~alpin, ~alpinisch** *Adj.* transalpine; **~atlantisch** *Adj.* transatlantic; across the Atlantic *postpos.*; **~-Europ-Express** der Trans-Europe Express
Transfer [trans'fe:ɐ] der; ~s, ~s *(bes. Wirtsch., Sport)* transfer
transfer̲ieren *tr. V. (bes. Wirtsch., Sport)* transfer ⟨auf + Akk., in + Akk., zu sth.⟩
Transfer·liste die *(Fußball)* transfer list
trans-, Trans-: **~formation** die transformation; **~formations·grammatik** die *(Sprachw.)* transformational grammar; **~formator** [~fɔr'ma:tor] der; ~s, ~en [-'to:rən] transformer; **~formator·häuschen** das transformer station; **~formieren** *tr. V.* transform (in + *Akk.* into, auf + *Akk.* to); **~fusion** die *(Med.)* transfusion
Transistor [tran'zɪstor] der; ~s, ~en [-'to:rən] **a)** *(Elektronik)* transistor; **b)** *s.* **~radio**
Transistor·radio das transistor radio
¹**Transit** [*auch*: '--] der; ~s, ~e transit
²**Transit** [tran'zi:t, *auch*: 'tranzɪt] das; ~s, ~s transit visa
Transit·handel der transit trade
transitiv ['tranziti:f] *(Sprachw.)* 1. *Adj.* transitive. **2.** *adv.* transitively
Transit·verkehr der transit traffic
transkrib̲ieren [transkri'bi:rən] *tr. V. (Sprachw.)* transcribe
Transkription [transkrɪp'tsio:n] die; ~, ~en *(Sprachw.)* transcription

Trans-: **~literation** [~lɪtera'tsio:n] die; ~, ~en *(Sprachw.)* transliteration; **~mission** die *(Technik)* transmission; **~missions·riemen** der transmission belt
transparent [transpa'rɛnt] *Adj.* **a)** transparent; *(Licht durchlassend)* translucent, diaphanous ⟨curtain, fabric, etc.⟩; **b)** *(fig.: verständlich)* intelligible
Transparent das; ~[e]s, ~e **a)** *(Spruchband)* banner; **b)** *(Bild)* transparency
Transparenz die; ~ **a)** transparency; *(von Gewebe, Porzellan usw.)* translucence; **b)** *(fig.: Verständlichkeit)* intelligibility
Transpiration [transpira'tsio:n] die; ~, ~en **a)** *(geh.)* perspiration; **b)** *(Bot.)* transpiration
transpir̲ieren *itr. V. (bes. Med.)* perspire
trans-, Trans-: **~plantation** [~planta'tsio:n] die; ~, ~en *(Med.)* transplant; *(von Haut)* graft; **~plantieren** [~plan'ti:rən] *tr. V. (Med.)* transplant ⟨organ, tissue⟩; graft ⟨skin⟩; **~ponieren** [~po'ni:rən] *tr. V. (Musik)* transpose
Transport [trans'pɔrt] der; ~[e]s, ~e **a)** *(Beförderung)* transportation; **beim ~ auf dem ~**: during carriage; **b)** *(beförderte Lebewesen od. Sachen) (mit dem Zug)* train-load; *(mit mehreren Fahrzeugen)* convoy; *(Fracht)* consignment; shipment; **c)** *(Technik)* transport
transportabel [transpɔr'ta:bl̩] *Adj.* transportable; mobile ⟨field kitchen⟩; *(tragbar)* portable
Transport·behälter der container
Transporter der; ~s, ~ *(Flugzeug)* transport aircraft; *(Auto)* goods vehicle; *(Schiff)* cargo ship
Transporteur [...'tø:ɐ] der; ~s, ~e carrier
transportfähig *Adj.* moveable
Transport·flugzeug das transport aircraft
transport̲ieren 1. *tr. V.* **a)** transport ⟨goods, people⟩; move ⟨patient⟩; *(fig.)* convey ⟨feeling, information, knowledge⟩; **b)** *(Technik: weiterschieben)* transport, wind on ⟨film⟩. **2.** *itr. V. (Technik)* ⟨camera⟩ wind on
Transport-: **~kosten** *Pl.* carriage *sing.*; transport costs; **~mittel** das means *sing.* of transport; **~unter·nehmen** das haulage firm *or* contractor
Trans·uran das *meist Pl. (Chemie, Physik)* transuranic element
Tran·suse die *(ugs. abwertend)* s. **Tranfunzel b**
Transvestit [transvɛs'ti:t] der; ~en, ~en transvestite
transzendent [transtsɛn'dɛnt] *Adj.* **a)** *(Philos.)* transcendent; **b)** *(Math.)* transcendental
transzendental [transtsɛndɛn'ta:l] *Adj. (Philos.)* transcendental
Transzendental·philosophie die; *o. Pl.* transcendental philosophy *no art.*
Transzendenz [transtsɛn'dɛnts] die; ~ **a)** transcendency; transcendent nature; **b)** *(Philos.)* transcendence
transzend̲ieren *tr. V. (geh.)* transcend
Trapez [tra'pe:ts] das; ~es, ~e **a)** *(Geom.)* trapezium *(Brit.)*; trapezoid *(Amer.)*; **b)** *(im Zirkus o. ä.)* trapeze
Trapez-: **~akt** der trapeze act; **~künstler** der trapeze artist
Trapezoid [trapetso'i:t] das; ~[e]s, ~e *(Geom.)* trapezoid *(Brit.)*; trapezium *(Amer.)*
Trappe ['trapə] die; ~, ~n bustard
trappeln ['trapl̩n] *itr. V.; mit sein* patter [along]; ⟨feet⟩ patter; ⟨hoofs⟩ go clip-clop
Trapper ['trapɐ] der; ~s, ~: trapper
Trappist [tra'pɪst] der; ~en, ~en Trappist
Trappisten: **~käse** der Trappist cheese; **~orden** der order of Trappists
Trappistin die; ~, ~nen Trappistine
trapsen ['trapsn̩] *itr. V.; mit sein (ugs.)* tramp; clump; *s. auch* **Nachtigall**

trara [tra'ra:] *Interj.* tantara
Trara *das;* ~s *(ugs. abwertend)* razzmatazz *(coll.);* **viel ~ um etw.** *(Akk.)* **machen** make a great song and dance about sth. *(coll.)*
Traß [tras] *der;* **Trasses, Trasse** *(Geol.)* trass
Trassant [tra'sant] *der;* ~en, ~en *(Finanzw.)* drawer
Trassat [tra'sa:t] *der;* ~en, ~en *(Finanzw.)* drawee
Trasse ['trasə] *die;* ~, ~n a) *(Verkehrsweg)* [marked-out] route *or* line; **b)** *(Damm)* [railway/road] embankment
trat [tra:t] *1. u. 3. Pers. Sg. Prät. v.* **treten**
Tratsch [tra:tʃ] *der;* ~[e]s *(ugs. abwertend)* gossip; tittle-tattle
tratschen *itr. V. (ugs. abwertend)* gossip; *(schwatzen)* chatter
Tratscherei *die;* ~, ~en *(ugs. abwertend)* gossiping
Tratte ['tratə] *die;* ~, ~n *(Finanzw.)* bill [of exchange]
Trau·altar *der in* [mit jmdn.] vor den ~ treten *(geh.)* enter into matrimony [with sb.]; **jmdn. zum ~ führen** *(geh. veralt.)* lead sb. to the altar
Träubchen ['trɔypçən] *das;* ~s, ~: little grape
Traube ['traubə] *die;* ~, ~n a) *(Beeren)* bunch; *(von Johannisbeeren o. ä.)* cluster; **b)** *(Wein-)* grape; **jmdm. sind die ~n zu sauer** *(fig.)* it's just sour grapes on sb.'s part; **c)** *(Menschenmenge)* bunch; cluster; **d)** *(Bot.: Blütenstand)* raceme
Trauben-: ~**hyazinthe** *die* grape hyacinth; ~**lese** *die* grape harvest; ~**saft** *der* grape-juice; ~**zucker** *der* glucose
trauen ['trauən] *1. itr. V.* **jmdm./einer Sache ~**: trust sb./sth.; **ich traue dem Braten nicht** *(ugs.)* I think something's up *(coll.)*; it seems fishy to me *(coll.);* **trau, schau, wem!** make sure you know who you're dealing with; mind you're not taken for a ride *(sl.); s. auch* **Auge** *A. 2. refl. V.* dare; **sich** *(Akk., selten Dat.)* ~, **etw. zu tun** dare [to] do sth.; **du traust dich ja nicht!** you haven't the courage *or* nerve; **sich irgendwohin ~** : dare [to] go somewhere; **ich traue mich nicht in seine Nähe** I daren't go near him. *3. tr. V. (verheiraten)* ⟨*vicar, registrar, etc.*⟩ marry; *s. auch* **kirchlich 1 b, 2; standesamtlich 2**
Trauer ['trauɐ] *die;* ~ a) grief (**über** + *Akk.* over); *(um einen Toten)* mourning (**um** + *Akk.* for); ~ **haben, in ~ sein** be in mourning; **in stiller/tiefer ~ X** ⟨*in Todesanzeigen*⟩ [much loved and] sadly mourned by X; **b)** *(~zeit)* [period of] mourning; **c)** *(~kleidung)* mourning
Trauer-: ~**akt** *der* memorial ceremony; *(beim Begräbnis)* funeral ceremony; ~**arbeit** *die; o. Pl. (Psychol.)* process of grieving; ~**fall** *der* bereavement; ~**feier die** memorial ceremony; *(beim Begräbnis)* funeral ceremony; ~**flor** *der* mourning-band; black [crape] ribbon; ~**gemeinde die** congregation *sing.* of] mourners *pl.;* ~**gottesdienst** *der* funeral service; ~**haus** *das* house of mourning; ~**jahr** *das* year of mourning; ~**karte** *die* [pre-printed] card of condolence; ~**kleidung** *die* mourning clothes *pl.;* mourning; ~**kloß** *der (ugs. scherzh.)* wet blanket; ~**mantel** *der (Zool.)* Camberwell Beauty; mourning cloak [butterfly] *(Amer.);* ~**marsch** *der (Musik)* funeral march; ~**miene** *die (ugs.)* long face
trauern *itr. V.* a) mourn; **um jmdn. ~**: mourn for sb.; **die ~den Hinterbliebenen** the bereaved; **b)** *(Trauer tragen)* be in mourning
Trauer-: ~**rand** *der* black border *or* edging; ~**ränder unter den Nägeln haben** *(fig. scherzh.)* have black *or* grubby fingernails; ~**rede** *die* funeral oration; ~**schleier** *der* black veil; mourning veil; ~**spiel** *das* tragedy; *(fig. ugs.)* deplorable business;

es ist doch ein ~ **spiel, daß** ...: it's quite pathetic that ...; ~**weide** *die* weeping willow; ~**zeit** *die* period of mourning; ~**zug** *der* funeral procession
Traufe ['traufə] *die;* ~, ~n pl. eaves *pl.*
träufeln ['trɔyfln] *tr. V.* [let] trickle (**in** + *Akk.* into); drip ⟨*ear-drops etc.*⟩
traulich ['traulɪç] *1. Adj.* cosy; **in ~er Runde** in a friendly *or* an intimate circle. *2. adv.* cosily; *(vertraut)* intimately
Traulichkeit *die;* ~: cosiness; *(Vertrautheit)* intimacy; friendliness
Traum [traum] *der;* ~[e]s, **Träume** ['trɔymə] dream; **sie ist mir im ~ erschienen** she appeared to me in a dream; **wir denken nicht im ~ daran, hier wegzuziehen** we wouldn't dream of moving away from here; **nicht im ~ habe ich an die Möglichkeit gerechnet, zu gewinnen** I didn't imagine in my wildest dreams that I could win; **Träume sind Schäume** *(Spr.)* dreams are but shadows; **Fliegen war schon immer sein ~**: he had always dreamed of flying; **der ~ ist ausgeträumt,** *(ugs.)* **aus [ist] der ~!** that's the end of 'that dream'; 'that dream is over'; *s. auch* **kühn b**
Traum- dream ⟨*house, hotel, job, etc.*⟩; ⟨*house, hotel, woman*⟩ of one's dreams; ideal; perfect ⟨*couple, job*⟩
Trauma ['trauma] *das;* ~s, **Traumen** *od.* ~**ta** *(Psych., Med.)* trauma
traumatisch *(Psych., Med.) 1. Adj.* traumatic. *2. adv.* traumatically
Traum-: ~**bild** *das* vision; *(Wunschbild)* dream; *(idealisiert)* ideal; ~**deutung** *die* interpretation of dreams
Traumen *s.* **Trauma**
träumen ['trɔymən] *1. itr. V.* dream (**von** *of,* **about**); *(unaufmerksam sein)* [day-]dream; **[schlaf gut und] träum süß** [sleep well and] sweet dreams; **träum nicht!** pay attention; stop day-dreaming. *2. tr. V.* dream; **etwas Schreckliches/Schönes ~**: have a terrible/ beautiful dream; **er träumte** *od.* *(geh.)* **ihm träumte, er sei ...**: he dreamt that he was ...; **das hast du doch nur geträumt!** you must have imagined that; **ich hätte mir nie ~ lassen, daß ...**: I should never have imagined it possible that ...; I never imagined that ...
Träumer *der;* ~s, ~: dreamer
Träumerei *die;* ~, ~en day-dream; reverie
Träumerin *die;* ~, ~**nen** dreamer
träumerisch *1. Adj.* dreamy; *(sehnsüchtig)* wistful. *2. adv.* dreamily; *(sehnsüchtig)* wistfully
Traum·fabrik *die* dream-factory
traumhaft *1. Adj.* a) dreamlike; **b)** *(ugs.: schön)* marvellous; fabulous *(coll.);* ~**es Glück haben** have a fantastic piece of luck *(coll.). 2. adv.* a) as if in a dream; **b)** *(ugs.: schön)* fabulously *(coll.);* **eine ~ eingerichtete Wohnung** a superbly furnished flat
traum-, Traum-: ~**tänzer** *der (abwertend)* wooly-headed idealist; fantasizer; ~**verloren 1.** *Adj.* dreamy; **2.** *adv.* in a dream; dreamily; ~**wandlerisch** *Adj.* somnambulistic; **mit ~wandlerischer Sicherheit** with the sureness of a sleep-walker; with instinctive sureness; ~**welt** *die* dream world
traurig ['traurɪç] *1. Adj.* a) sad; sorrowful ⟨*eyes, expression*⟩; unhappy ⟨*childhood, youth*⟩; unhappy, painful ⟨*duty*⟩; **ein ~es Kapitel** *(fig.)* a sad story; **b)** *(kümmerlich)* sorry, pathetic ⟨*state etc.*⟩; miserable ⟨*result*⟩; pitiful, wretched ⟨*conditions*⟩; down-at-heel ⟨*area*⟩; **eine ~e Berühmtheit/Rolle** an unfortunate notoriety/role. *2. adv.* sadly
Traurigkeit *die;* ~: sadness; sorrow; **eine große/allgemeine ~** a great/general feeling of sadness
Trau-: ~**ring** *der* wedding-ring; ~**schein** *der* marriage certificate
traut *Adj.; nicht präd. (geh.)* a) *(heimelig)* cosy; secure; **das ~e Familienglück** happiness in the bosom of a/the family; **b)** *(ver-*

traut) familiar; close, intimate ⟨*friend, family circle*⟩
Traute ['trautə] *die;* ~ *(ugs.)* guts *(coll.)*
Trauung *die;* ~, ~en wedding [ceremony]
Trau·zeuge *der* witness *(at wedding ceremony)*
Traveller·scheck ['trɛvələʃɛk] *der* traveller's cheque
Traverse [tra'vɛrzə] *die;* ~, ~n a) *(Technik)* cross-beam; **b)** *(Fechten)* sideways movement to avoid opponent's attack
Travers·flöte [tra'vɛrs-] *die* transverse flute
Travestie [travɛs'ti:] *die;* ~, ~n travesty
Trebe ['tre:bə] *die* **in auf ~ sein** *(ugs.)* be a runaway
Trebegänger [-gɛŋɐ] *der;* ~s, ~ *(ugs.)* runaway
Treber *Pl.* a) *(Brauereiwesen)* draff *sing.;* b) *(Weinbau)* marc *sing.*
Treck [trɛk] *der;* ~s, ~s train, column *(of refugees etc.)*
Trecker *der;* ~s, ~: tractor
¹**Treff** *das;* ~s, ~s *(Spielkartenfarbe)* clubs *pl.; s. auch* ²**Pik**
²**Treff** [trɛf] *der;* ~s, ~s *(ugs.)* a) *(Treffen)* rendezvous; *(bes. von mehreren Personen)* get-together *(coll.);* **b)** *(Ort)* meeting-place
treffen *1. unr. tr. V. (erreichen [und verletzen/schädigen])* hit; ⟨*punch, blow, object*⟩ strike; **jmdn. am Kopf/ins Gesicht ~**: hit *or* strike sb. on the head/in the face; **von einer Kugel tödlich getroffen** fatally wounded by a bullet; **vom Blitz getroffen** struck by lightning; **er fühlte sich von den Vorwürfen nicht getroffen** he did not consider that the reproaches applied to him; **ihn trifft keine Schuld** he is in no way to blame; **b)** *(erraten)* hit on; hit ⟨*right tone*⟩; **du hast genau das Richtige getroffen** you've hit on just the right thing; *(das stimmt haargenau)* you've got it exactly right; **getroffen!** you've got it!; **mit dem Geschenk hast du seinen Geschmack getroffen/nicht getroffen** that present is just the sort of thing he likes/not the sort of thing he likes; **auf dem Foto ist er gut getroffen** the photo is a good likeness of him; that's a good photo of him; **c)** *(erschüttern)* affect ⟨*deeply*⟩; *(verletzen)* hurt; **jmdn. tief od. schwer ~**: affect sb. deeply; **es hat ihn in seinem Stolz getroffen** it hurt his pride; **d)** *(schaden)* hit; damage; **warum muß es immer mich ~?** why does it always have to be me [who is affected *or* gets it]?; **e)** *(begegnen)* meet; **jmdn. zum Mittagessen ~**: meet sb. for lunch; **ich traf ihn zufällig auf der Straße** I happened to run into him in the street; **ihre Blicke trafen sich** *(fig.)* their eyes met; **f)** *(vorfinden)* come upon, find ⟨*anomalies etc.*⟩; **es gut/schlecht ~**: be *or* strike lucky/be unlucky; **g)** *(als Funktionsverb)* make ⟨*arrangements, choice, preparations, decision, etc.*⟩; **eine Vereinbarung** *od.* **Absprache ~** : conclude an agreement. *2. unr. itr. V.* a) ⟨*person, shot, etc.*⟩ hit the target; **nicht ~**: miss [the target]; **ins Schwarze ~**: score a bull's eye; **b)** **mit sein auf etw.** *(Akk.)* **~**: come upon sth.; **auf Widerstand/Ablehnung/Schwierigkeiten ~**: meet with *or* encounter resistance/rejection/difficulties; **auf jmdn./eine Mannschaft ~** *(Sport)* come up against sb./a team. *3. unr. refl. V.* a) **sich mit jmdm. ~**: meet sb.; **b)** *(unpers.)* **es trifft sich gut/ schlecht** it is convenient/inconvenient
Treffen *das;* ~s, ~ a) meeting; **ein ~ alter Kameraden** a reunion of old comrades; **b)** *(Sport)* encounter; **ein faires/spannendes ~**: a fair/exciting contest; **c)** *(Milit. veralt.)* encounter; **etw. ins ~ führen** *(fig. geh.)* bring sth. into the attack
treffend *1. Adj.* apt; apposite ⟨*remark*⟩; **ein ~es Urteil** an accurate assessment. *2. adv.* aptly; **kurz und ~ sagte er ...**: he said, short and to the point, ...

1523

Treffer der; ~s, ~ **a)** *(Milit., Boxen, Fechten usw.)* hit; *(Schlag)* blow; *(Ballspiele)* goal; **schwere ~ am Kopf und Körper einstecken** *(Boxen)* take heavy blows *or* punches to the head and body; **er hatte auf zehn Schüsse acht ~:** of his ten shots eight were on target; **b)** *(Gewinn)* win; *(Los)* winner

trefflich *(geh.)* **1.** *Adj.* excellent; splendid ⟨*person*⟩; first-rate ⟨*scholar*⟩. **2.** *adv.* excellently; splendidly

treff-, Treff-: ~**punkt der a)** *(Stelle, Ort)* meeting-place; rendezvous; **b)** *(Geom.)* point of incidence; *(Schnittpunkt)* point of intersection; ~**sicher 1.** *Adj.* with a sure aim *postpos., not pred.*; accurate ⟨*marksman*⟩; *(fig.)* accurate ⟨*language, mode of expression*⟩; unerring ⟨*judgement*⟩; **2.** *adv.* *(auch fig.)* accurately with unerring accuracy; ~**sicherheit die;** *o. Pl. s.* ~**sicher 1:** accuracy; sureness of aim; *(fig.)* accuracy; unerringness

Treib-: ~**anker der** *(Seew.)* sea anchor; ~**ball der a)** *o. Pl.* *(Spiel)* [informal] ball game played by two teams trying to throw the ball over the back line of the opposing team; **b)** *(Badminton)* drive; ~**eis das** drift-ice

treiben ['traibn̩] **1.** *unr. tr. V.* **a)** drive ⟨*animals, people, leaves, etc.*⟩; *(Fußball)* dribble ⟨*ball*⟩; **er ließ sich von der Strömung ~:** he let himself be carried along by the current; **die Arbeit trieb ihm den Schweiß auf die Stirn** the effort brought the sweat to his brow; **die Preise in die Höhe ~:** push *or* force up prices; **jmdn. in den Wahnsinn** *od.* **zur Raserei/zur Verzweiflung/in den Tod ~:** drive sb. mad/to despair/to his/her death; **b)** *(an~)* drive ⟨*wheels etc.*⟩; **die ~de Kraft [des Ganzen] ist ...** the moving spirit [behind the whole affair] is ...; **jmdn. zur Eile ~:** make sb. hurry up; **c)** *(einschlagen)* drive ⟨*nail, wedge, stake, etc.*⟩ (in + *Akk.* into); **d)** *(durch Bohrung schaffen)* drive, cut ⟨*tunnel, gallery*⟩ (in + *Akk.* into); **durch** ~ sink ⟨*shaft*⟩ (in + *Akk.* into); **e)** *(durchpressen)* force; press; **f)** *(sich beschäftigen mit)* go in for ⟨*farming, cattle-breeding, etc.*⟩; study ⟨*French etc.*⟩; carry on, pursue ⟨*studies, trade, craft*⟩; **viel Sport ~:** do a lot of sport; go in for sport in a big way; **Handel ~:** trade; **Unfug ~:** get up to mischief; **Unsinn ~:** mess *or* fool about; **was treibt ihr denn hier?** *(ugs.)* what are you up to *or* doing here?; **was habt ihr den ganzen Tag getrieben?** *(ugs.)* what did you do with yourself *or* get up to all day?; *s. auch* **Aufwand b; Mißbrauch a; Scherz; Spionage; Spott; g)** *(ugs. abwertend: in Verbindung mit ,,es"):* **es wüst/übel/toll ~:** lead a dissolute/ bad life/live it up; **es zu toll ~:** overdo it; take things too far; **er hat es zu weit getrieben** he overstepped the mark; he went too far; **es [mit jmdm.] ~** *(ugs. verhüll.: koitieren)* have it off [with sb.] *(sl.)*; **h)** *(formen)* beat ⟨*metal, object*⟩; chase ⟨*silver, gold*⟩; **i)** *(Gartenbau)* force ⟨*plants*⟩; **j)** *(aufgehen lassen)* cause ⟨*dough*⟩ to rise. **2.** *unr. itr. V.* **a)** *meist, mit Richtungsangabe nur, mit sein* drift; **die Dinge ~ lassen** *(fig.)* let things take their course; **sich ~ lassen** *(fig.)* drift; go with the tide; **b)** *(ugs.)* *(harntreibend sein)* get the bladder going; *(schweißtreibend sein)* make you sweat; **ein ~des Mittel** a diuretic/sudorific; **c)** *(ausschlagen)* ⟨*tree, plant*⟩ sprout

Treiben das; ~s, ~ **a)** *o. Pl. (Durcheinander)* bustle; **in der Fußgängerzone herrscht ein lebhaftes ~:** the pedestrian precinct is full of bustling activity; *s. auch* **närrisch 1 c; b)** *o. Pl.* *(Tun)* activities *pl.*; doings *pl.*; *(Machenschaften)* wheelings and dealings *pl.*; **c)** *(Jägerspr.) s.* **Treibjagd**

Treiber der; ~s, ~ *(Jägerspr.)* beater

Treib-: ~**gas das a)** *(für Motoren)* liquefied petroleum gas; LPG; **b)** *(in Spraydosen)* propellant; ~**gut das** flotsam; ~**haus das** hothouse; ~**haus·effekt der** greenhouse effect; ~**haus·luft die;** *o. Pl.* hothouse atmosphere; *(im Freien)* sultry atmosphere; ~**holz das;** *o. Pl.* driftwood; ~**jagd die** *(Jägerspr.)* battue; shoot *(in which game is sent up by beaters)*; **eine ~jagd auf kritische Journalisten** *(fig.)* a witch-hunt against critical jounalists; ~**mittel das a)** *(Kochk.)* raising agent; **b)** *(Chemie: für feste Stoffe)* foaming agent; **c)** *s.* ~**gas b;** ~**riemen der** *(Technik)* drive belt; ~**sand der** quicksand; ~**satz der** *(Technik)* [solid] rocket propulsion element; ~**schlag der** *(Badminton, Golf, Tennis, Tischtennis)* drive; ~**stoff der** fuel

treideln ['traidl̩n] *tr. V. (veralt.)* tow ⟨*barge*⟩ upstream

treife ['traifə] *Adj.* trefa; not kosher *pred.*

Trema ['treːma] *das;* ~s, ~s *od.* ~ta *(Sprachw.)* diaeresis

tremolieren *itr. V. (Musik)* play/sing with a tremolo

Tremolo ['treːmolo] *das;* ~s, ~s *od.* **Tremoli** *(Musik)* tremolo

Trenchcoat ['trɛntʃkoʊt] *der;* ~[s], ~s trench coat

Trend [trɛnt] *der;* ~s, ~s trend (**zu** + *Dat.* towards); *(Mode)* vogue; **im ~ liegen** be in vogue

Trend·setter der; ~s, ~ *(bes. Werbejargon)* trend-setter *(Gen. in)*

trennbar *Adj.* **a)** *(nicht fest zusammengesetzt)* separable ⟨*verb, prefix*⟩; **b)** *(sich trennen lassend)* **dieses Wort ist [nicht]** ~ this word can[not] be split *or* divided

trennen 1. *tr. V.* **a)** separate (**von** from); *(abschneiden)* cut off; sever ⟨*head, arm*⟩; **der Krieg hatte die Familie getrennt** the war had split up the family; **das Kind von der Mutter ~:** take the child away from the mother; **das Futter aus der Jacke ~:** cut the lining out of the jacket; **nur noch wenige Tage ~ uns von den Ferien** the holidays are only a few days away; **b)** *(auf~)* unpick ⟨*dress, seam*⟩; **c)** *(teilen)* divide ⟨*word, parts of a room etc., fig.: people*⟩; **ein Zaun trennte die Grundstücke** a fence divided the plots from one another; a fence formed the boundary between the plots; **uns ~ Welten** *(fig.)* we are worlds apart; **,,st" darf nicht getrennt werden** 'st' cannot be split *or* divided; **d)** *(beim Telefon)* **wir wurden getrennt** we were cut off; **e)** *(zerlegen)* separate ⟨*mixture*⟩; **f)** *(auseinanderhalten)* differentiate *or* distinguish between; make a distinction between ⟨*terms*⟩; **die Arbeit von der Freizeit ~:** keep work separate from leisure. **2.** *itr. V. (Rundf., Funkw.)* **gut** *od.* **scharf ~** ⟨*radio*⟩ have good selectivity. **3.** *refl. V.* **a)** *(voneinander weggehen)* part [company]; *(fig.)* **die Mannschaften trennten sich 0:0** the two teams drew 0:0; **die Firma hat sich von ihm getrennt** the company has dispensed with his services; **b)** *(eine Partnerschaft auflösen)* ⟨*couple, partners*⟩ split up; **sich in Güte ~:** part on good terms; **sie hat sich von ihrem Mann getrennt** she has left her husband; *s. auch* **getrennt; c)** *(hergeben)* **sich von etw. ~:** part with sth.

Trenn-: ~**schärfe die;** *o. Pl. (Rundf., Funkw.)* selectivity; ~**scheibe die** glass partition

Trennung die; ~, ~en **a)** *(von Menschen)* separation (**von** from); **in ~ leben** have separated; **die ~ von Tisch und Bett** separation from bed and board; separation without divorce; **b)** *(von Gegenständen)* parting; **die ~ von allem irdischen Besitz** parting with all one's worldly goods; **c)** *(von Wörtern)* division; **d)** *(von Begriffen)* distinction (**von** between)

Trennungs-: ~**linie die** *(auch fig.)* dividing line; ~**schmerz der;** *o. Pl.* pain of separation; ~**strich der a)** hyphen; **b)** *(fig.)* **einen ~strich ziehen** *od.* **machen** make a [clear] distinction; draw a [clear] line; **er zog einen ~strich zwischen sich und seiner Vergangenheit** he made a clean break with the past

Trenn·wand die partition

Trense ['trɛnzə] *die;* ~, ~n **a)** *(Gebiß)* snaffle-bit; **b)** *(Zaumzeug)* snaffle

trepp- [trɛp'-]: ~**ab** *Adv.* down the stairs; ~**auf** *Adv.* up the stairs

Treppchen das; ~s, ~ **a)** small staircase; **b)** *(Sportjargon)* [winner's] rostrum

Treppe ['trɛpə] *die;* ~, ~n **a)** staircase; [flight *sing.* of], stairs; *(im Freien, auf der Bühne)* [flight *sing.* of] steps *pl.*; ~**n steigen** climb stairs; **eine ~ höher/tiefer** one floor *or* flight up/down; **die ~ hinauffallen** *(fig. ugs.)* rise in the world; **die ~ runtergefallen sein** *(fig. ugs. scherzh.)* have been to the sheep-shearer's *(joc.)*; **b)** *(in der Frisur)* step

Treppen-: ~**ab·satz der** half-landing; ~**geländer das** banisters *pl.*; ~**giebel der** *(Archit.)* stepped gable; ~**haus das** stairwell; **das Licht im ~haus** the light on the staircase; ~**steigen das;** ~s climbing stairs *no art.*; ~**stufe die** stair; *(im Freien)* step; ~**witz der** **ein ~witz der [Welt]geschichte** one of history's cruel ironies

Tresen ['treːzn̩] *der;* ~s, ~ *(bes. nordd.)* *(Theke)* bar; *(Ladentisch)* counter

Tresor [tre'zoːɐ̯] *der;* ~s, ~e **a)** safe; **b)** *(~raum)* strong-room

Tresse ['trɛsə] *die;* ~, ~n; *meist Pl.* [strip of] braid; *(Rangabzeichen)* stripe

Trester ['trɛstɐ] *Pl. (Landw.)* **a)** *(von Trauben)* marc; **b)** *(von Äpfeln o. ä.)* pomace

Trester·brannt·wein der marc

Tret-: ~**boot das** pedalo; ~**eimer der** pedal bin

treten ['treːtn̩] **1.** *unr. itr. V.* **a)** **mit sein** (*einen Schritt, Schritte machen*) step (**in** + *Akk.* into, **auf** + *Akk.* on to); **ins Zimmer/in einen Laden ~:** enter the room/a shop; **ans Fenster ~:** go to the window; **zur Seite ~:** step *or* move aside; **von einem Fuß auf den anderen ~:** shift from one foot to the other; **der Schweiß ist ihm auf die Stirn getreten** *(fig.)* the sweat came to his brow; **der Fluß ist über die Ufer getreten** *(fig.)* the river has overflowed its banks; *s. auch* **Stelle a; b)** *(seinen Fuß setzen)* **auf etw.** *(Akk.)* ~ *(absichtlich)* tread on sth.; *(unabsichtlich; meist mit sein)* step *or* tread on sth.; **jmdm. auf den Fuß ~:** step/tread on sb.'s foot *or* toes; **auf das Gas[pedal]/die Bremse ~:** step on the accelerator/the brake; **kräftig in die Pedale ~:** pedal hard; **c)** *(nur ugs. (verblaßt in Verbindungen mit Substantiven)* **in jmds. Dienste ~:** enter sb.'s service; **in Kontakt** *od.* **Verbindung ~:** get in touch; **in den Ruhestand ~:** go into retirement; *s. auch* **Aktion c; Ehestand; Hungerstreik; Streik; d)** *(ausschlagen)* kick; **jmdn. an** *od.* **gegen Schienbein ~:** kick sb. on the shin; **gegen die Tür ~:** kick the door. **2.** *unr. tr. V.* **a)** *(Tritt versetzen)* kick ⟨*person, ball, etc.*⟩; **jmdn. in den Bauch ~:** kick sb. in the stomach; **eine Ecke ~** *(Fußball)* take a corner; **man muß ihn immer ~, damit er etwas tut** *(fig.)* you always have to give him a kick to make him do anything; **b)** *(trampeln)* trample, tread ⟨*path*⟩; **sich** *(Dat.)* **einen Dorn in den Fuß ~:** get a thorn in one's foot; **sich** *(Dat.)* **den Lehm von den Schuhen ~:** stamp the mud off one's shoes; **c)** *(mit dem Fuß niederdrücken)* step on ⟨*brake, pedal*⟩; operate ⟨*bellows, clutch*⟩; **die Pedale ~:** pedal; **d)** *(bei Geflügel: begatten)* tread, mate with

Treter der; ~s, ~ *(ugs., oft abwertend)* casual shoe; casual

Tret-: ~**mine die** anti-personnel mine; ~**mühle die** *(fig. ugs. abwertend)* treadmill; **in die ~mühle zurückkehren** return to the daily grind *(coll.)*; ~**roller der** pedalscooter

treu [trɔy] **1.** *Adj.* **a)** *(beständig)* faithful,

loyal ⟨*friend, dog, customer, servant, etc.*⟩; faithful ⟨*husband, wife*⟩; loyal ⟨*ally, subject*⟩; ⟨*unbeirrt*⟩ staunch, loyal ⟨*supporter*⟩; **jmdm. ~ sein/bleiben** be/remain true to sb.; **eine ~e Seele** a faithful *or* devoted soul; **jmdm. ~e Dienste leisten** serve sb. faithfully; **b)** *sich selbst (Dat.)/seinem Glauben ~ bleiben* be true to oneself/one's faith; **seinen Grundsätzen ~ bleiben** stick to one's principles; **das Glück/der Erfolg ist ihm ~ geblieben** his luck has held out/success keeps coming his way; *s. auch* **Hand** f; **c)** (*ugs.: ~herzig*) ingenuous, trusting ⟨*eyes, look*⟩. **2.** *adv.* **a)** (*beständig*) faithfully; loyally; **jmdm. ~ ergeben sein** (*veralt., sonst scherzh.*) be utterly devoted to sb.; **b)** (*ugs.: ~herzig*) trustingly; **alles ~ und brav tun** do everything unquestioningly
Treu *s.* **Treue a**
treu-, Treu-: **~bruch der a)** landesverräterischer ~**bruch** (*DDR Rechtsw.*) state treason; **b)** (*hist.: Bruch der Lehnstreue*) felony (*Law Hist.*); ~**deutsch** (*ugs.*) *Adj.* typically German; ~**doof** (*ugs.*) **1.** *Adj.* gormlessly naïve (*coll.*); gormless (*coll.*); **2.** *adv.* gormlessly (*coll.*) *and* naïvely
Treue *die;* ~ **a)** loyalty, (*von [Ehe]partnern*) fidelity; **jmdm. ~ schwören** swear to be true *or* faithful to sb.; **jmdm. die ~ halten** keep faith with sb.; be loyal to sb.; **meiner Treu!** (*veralt.*) upon my word! (dated); **Treu und Glauben** (*Rechtsw.*) equity; **auf Treu und Glauben** (*ugs.*) in good faith; **b)** (*Genauigkeit*) accuracy
Treue·gelöbnis *das* pledge of loyalty; (*von Ehepartnern*) pledge of fidelity
Treu·eid *der* oath of allegiance; (*hist.: im Lehnswesen*) oath of fealty
Treue-: ~**pflicht** *die* (*Rechtsw.*) loyalty to one's employer; (*des Arbeitgebers*) loyalty to one's employee; ~**prämie** *die* long-service bonus
treu·ergeben *Adj.* (*präd. getrennt geschrieben*) (*veralt.*) devoted
Treue·schwur *der* oath of loyalty *or* allegiance
treu-, Treu-: ~**hand** *die; o. Pl.* (*Rechtsw.*) trusteeship; ~**hand[anstalt]** *die; o. Pl.* (*Wirtschaft*) German privatization agency; ~**händer** [~'hɛndɐ] *der;* ~**s,** ~ (*Rechtsw.*) trustee; ~**händerisch 1.** *Adj.* fiduciary; ~**händerische Übertragung** assignment on trust. **2.** *adv.* on trust; **etw. ~händerisch verwalten** hold sth. in trust; ~**herzig 1.** *Adj.* ingenuous, (*naiv*) naïve; (*unschuldig*) innocent; **2.** *adv.* ingenuously, (*naiv*) naïvely; (*unschuldig*) innocently; ~**herzigkeit** *die;* ~: ingenuousness; (*Naivität*) naivety; (*Unschuld*) innocence
treulich (*veralt.*) **1.** *Adj.* faithful. **2.** *adv.* faithfully
treu-, Treu-: ~**los 1.** *Adj.* disloyal, faithless ⟨*friend, person*⟩; unfaithful ⟨*husband, wife, lover*⟩; **2.** *adv.* faithlessly; ~**losigkeit** *die;* ~: disloyalty; faithlessness; (*von [Ehe]partnern*) infidelity; ~**sorgend** *Adj.: nicht präd.* devoted
Trevira ⓇⓇ [tre'vi:ra] *das;* ~: Trevira (P)
Triangel ['tri:aŋl] *der; österr. das;* ~**s,** ~ (*Mus.*) triangle
Trias ['tri:as] *die;* ~, ~ **a)** *o. Pl.* (*Geol.*) Triassic; Trias; **b)** (*geh.*) trio; trinity
Trias·formation *die; o. Pl.* (*Geol.*) Triassic system
Tribun [tri'bu:n] *der;* ~**s** *od.* ~**en,** ~**e[n]** (*hist.*) tribune
Tribunal [tribu'na:l] *das;* ~**s,** ~**e a)** tribunal; **b)** (*im antiken Rom*) tribune (*for the municipal authorities in the Forum Romanum*)
Tribüne [tri'by:nə] *die;* ~, ~**n** [grand]stand
Tribut [tri'bu:t] *der;* ~**[e]s,** ~**e a)** (*hist.*) tribute; *no indef. art.*; **b)** (*fig.*) due; **einer Leistung ~ zollen** give an achievement its due; **einen hohen ~ [an Menschenleben] fordern** take a heavy toll [of human lives]

Trichine [tri'çi:nə] *die;* ~, ~**n** trichina
trichinös [triçi'nø:s] *Adj.* trichinous
Trichter ['triçtɐ] *der;* ~**s,** ~ **a)** funnel; **auf den [richtigen] ~ kommen** (*fig. ugs.*) get the message (*coll.*); *s. auch* **Nürnberger;** **b)** (*Granat-, Bomben-, Geogr.*) crater
Trick [trik] *der;* ~**s,** ~**s** trick; (*fig.: List*) ploy; **technische ~s** cunning techniques; **den ~ heraushaben** have got the knack
trick-, Trick-: ~**betrüger** *der* confidence trickster; ~**film** *der* animated cartoon [film]; ~**kiste** *die* (*ugs.*) repertoire of tricks/ploys; bag of tricks; **in die ~kiste greifen** dip into one's bag of tricks; ~**reich 1.** *Adj.* wily; **2.** *adv.* artfully ⟨*play*⟩ trickily; ~**reich geschlagene Bälle** cunningly hit shots
tricksen ['trɪksn̩] (*ugs., bes. Sportjargon*) **1.** *itr. V.* use tricks; work a fiddle (*sl.*); (*footballer*) play trickily. **2.** *tr. V.* fiddle (*sl.*)
Trick·ski·laufen *das* acrobatic *or* (*Amer. sl.*) hot-dog skiing *no art.*
Tricktrack ['triktrak] *das;* ~**s,** ~**s** tric-trac
trieb [tri:p] *1. u. 3. Pers. Sg. Prät. v.* **treiben**
Trieb *der;* ~**[e]s,** ~**e a)** (*innerer Antrieb*) impulse; (*Drang*) urge; (*Verlangen*) [compulsive] desire; **b)** (*Sproß*) shoot; **c)** (*Technik: Übertragung*) transmission; drive
trieb-, Trieb-: ~**befriedigung** *die* [*esp.* sexual] gratification; ~**feder** *die* mainspring; (*fig.*) driving *or* motivating force; (*Beweggrund*) motive (+ *Gen.* behind); ~**haft 1.** *Adj.* compulsive ⟨*need, behaviour, action, etc.*⟩; carnal ⟨*sensuality*⟩; **ein ~hafter Mensch** a person ruled by his/her [physical] impulses; **2.** *adv.* compulsively; ~**handlung** *die* compulsive act; (*bei Tieren*) instinctive act; ~**kraft** *die* (*bes. Soziol.*) driving *or* motivating force; ~**stoff** *der* (*schweiz.*) *s.* **Treibstoff;** ~**täter** *der,* ~**verbrecher** *der* offender committing a crime in gratifying a compulsive desire; (*Sexualtäter*) sexual offender; ~**wagen** *der* (*Eisenb.*) railcar; ~**werk** *das* engine
Trief·auge *das* watery eye; (*eitrig*) bleary *or* (*Med.*) blear eye
triefen ['tri:fn̩] *unr. od. regelm. itr. V.* **a)** *mit sein* (*fließen*) (*in Tropfen*) drip; (*in kleinen Rinnsalen*) trickle; **b)** (*naß sein*) be dripping wet; ⟨*nose*⟩ run; (*durchnäßt*) wet through; **von** *od.* **vor Fett/Nässe ~** be dripping with fat/be dripping wet; **von** *od.* **vor Edelmut ~** (*fig. iron.*) be oozing with nobility
Trief·nase *die* running nose
triezen ['tri:tsn̩] *tr. V.* (*ugs.*) torment; (*plagen*) pester; plague
triff [trɪf] *Imperativ Sg. v.* **treffen**
trifft *3. Pers. Sg. Präsens v.* **treffen**
Trift [trɪft] *die;* ~, ~**en a)** (*Strömung*) drift [current]; **b)** (*Weide*) common [*esp.* mountain] pasturage; **c)** (*Weg*) cattle-track
triften *tr. V.* raft ⟨*tree-trunks*⟩
triftig 1. *Adj.* good ⟨*reason, excuse*⟩; valid, convincing ⟨*motive, argument*⟩. **2.** *adv.* convincingly
Triftigkeit *die;* ~: validity
Trigonometrie [trigonome'tri:] *die;* ~: trigonometry *no art.*
trigonometrisch *Adj.* trigonometric; ~**er Punkt** triangulation point
¹**Trikot** [tri'ko:] *der od. das;* ~**s,** ~**s** (*Stoff*) cotton jersey
²**Trikot** *das;* ~**s,** ~ (*ärmellos*) singlet; (*eines Tänzers*) leotard; (*eines Fußballspielers*) shirt; **das gelbe ~** (*Radsport*) the yellow jersey
Trikotage [triko'ta:ʒə] *die;* ~, ~**n;** *meist Pl.* (*cotton*) jersey garments *pl.*; (*Unterwäsche*) cotton [jersey] underwear
Triller *der;* ~**s,** ~: trill
trillern 1. *itr. V.* (*Musik*) trill; (*mit vielen Trillern singen*) ⟨*bird, person*⟩ warble. **2.** *tr. V.* warble ⟨*song*⟩
Triller·pfeife *die* police/referee's whistle

Trillion [trɪ'lio:n] *die;* ~, ~**en** trillion (Brit.); quadrillion (Amer.)
Trilogie [trilo'gi:] *die;* ~, ~**n** trilogy
Trimester [tri'mɛstɐ] *das;* ~**s,** ~ (*Hochschulw.*) term
Trimm-dich-Pfad *der* keep-fit *or* trim trail
trimmen ['trɪmən] *tr. V.* **a)** (*durch Sport*) get ⟨*person*⟩ into shape; **trimm dich durch Sport** keep fit with sport; **b)** **etw. auf alt/„Western"** *usw.* **~:** do sth. up to look old/like the wild west *etc.*; **c)** (*durch Scheren*) clip ⟨*dog*⟩; (*durch Bürsten*) groom ⟨*dog*⟩; **d)** (*Seew., Flugw.*) trim ⟨*ship, aircraft, cargo*⟩; stow ⟨*barrels, bales, etc.*⟩ properly; **Kohlen ~:** take on [a load of] coal
Trimm-: ~**gerät** *das* exerciser; ~**trab** *der* jogging *no art.*
Trinität [trini'tɛ:t] *die;* ~ (*christl. Rel.*) Trinity
Trinitatis [trini'ta:tɪs] (*das*); ~, **Trinitatis·fest** *das* Trinity Sunday *no art.*
trinkbar *Adj.* drinkable; **hast du was Trinkbares im Haus?** (*ugs.*) have you anything to drink in the house?
trinken ['trɪŋkn̩] **1.** *unr. itr. V.* drink; **in** *od.* **mit kleinen Schlucken/in großen Zügen ~:** drink in little sips/in big gulps; **laß mich mal [von dem Saft] ~:** let me have a drink [of the juice]; **jmdm. etw. zu ~ geben** give sb. sth. to drink; **was ~ Sie?** what are you drinking?; (*was möchten Sie ~?*) what would you like to drink?; **man merkte, daß er getrunken hatte** one could see that he had been drinking; **auf jmdn./etw. ~:** drink to sb./sth.; **ich trinke auf deine Gesundheit** I'll drink [to] your health; **das Trinken lassen** give up drink. **2.** *unr. tr. V.* drink; **einen Kaffee/ein Bier ~:** have a coffee/beer *etc.*; **ich trinke keinen Tropfen [Alkohol]** I don't drink; I don't touch alcohol; **einen Schluck Wasser ~:** have a drink of water; **einen ~:** have a drink; **einen ~ gehen** (*ugs.*) go for a drink. **3.** *refl. V.* **der Wein trinkt sich gut** the wine is pleasant to drink; **sich satt ~:** drink one's fill; **sich krank/zu Tode ~:** make oneself ill through drink/drink oneself to death
Trinker *der;* ~**s,** ~: alcoholic; **ein heimlicher/starker ~:** a secret/heavy drinker
Trinkerei *die;* ~, ~**en** drinking *no art.*
Trinker·heil·anstalt *die* drying-out clinic; detoxification centre
Trinkerin *die;* ~, ~**nen** *s.* **Trinker**
trink-, Trink-: ~**fest** *Adj.* ~**fest sein** be able to hold one's drink; **ein ~fester Matrose** a sailor used to hard drinking; ~**festigkeit** *die* ability to hold one's drink; ~**freudig** *Adj.* fond of drinking *pred.*; ~**gefäß** *das* drinking-vessel (*formal*); ~**gelage** *das* (*oft scherzh.*) drinking spree; ~**geld** *das* tip; **wieviel ~geld gibst du ihm?** how much do you tip him?; **how big a tip do you give him?;** ~**glas** *das; Pl.* ~**gläser** [drinking-]glass; ~**halle** *die* **a)** (*in einem Heilbad*) pump-room; **b)** (*Kiosk*) refreshment kiosk; (*größer*) refreshment stall; ~**halm** *der* [drinking-]straw; ~**lied** *das* drinking-song; ~**milch** *die* low-fat pasteurized milk; ~**spruch** *der* toast (**auf** + *Akk.* to); **einen ~spruch auf jmdn. ausbringen** propose a toast to sb.; ~**wasser** *das; Pl.* ~**wässer** drinking-water; **„kein ~wasser"** 'not for drinking'; ~**wasser·aufbereitung** *die* purification of drinking-water
Trio ['tri:o] *das;* ~**s,** ~**s** (*Musik, fig.*) trio
Triole [tri'o:lə] *die;* ~, ~**n** (*Musik*) triplet
Trio·sonate *die* (*Musik*) trio sonata
Trip [trɪp] *der;* ~**s,** ~**s a)** (*ugs.: Ausflug*) trip; jaunt; (*untertreibend:*) **ein ~ in die Staaten** a little trip to the States; **b)** (*Drogenjargon: Rausch*) trip (*coll.*); **auf dem ~ sein** be tripping (*coll.*); **auf dem religiösen/anarchistischen** *usw.* **~ sein** (*fig. ugs.*) be going through a religious/anarchist *etc.* phase; **c)** (*Drogenjargon: Dosis*); fix (*sl.*); ~**s werfen**

1525

od. **schmeißen** pop LSD *(or other hallucinogen) (sl.)*
Tripel-: triple ⟨*fugue, concerto, etc.*⟩; **~allianz** Triple Alliance
trippeln ['trɪpl̩n] *itr. V.; mit sein* trip; ⟨*child*⟩ patter; *(affektiert)* mince
Trippel·schritt *der* short, rapid step; *(affektiert)* mincing step
Tripper ['trɪpɐ] *der;* **~s, ~**: gonorrhoea; **sich** *(Dat.)* **einen ~ holen** *(ugs.)* get a dose of the clap *(coarse)*
Triptik *s.* **Triptyk**
Triptychon ['trɪptyçɔn] *das;* **~s, Triptychen** *od.* **Triptycha** *(Kunstwiss.)* triptych
Triptyk ['trɪptyk] *das;* **~s, ~s** triptyque
trist [trɪst] *Adj.* dreary; dismal
Tristheit *die;* **~**: dreariness
Tritons·horn ['triːtɔns-] *das; Pl.* **~hörner** *(Zool.)* triton *or* trumpet shell
tritt [trɪt] *Imperativ Sg. u. 3. Pers. Sg. Präsens v.* **treten**
Tritt *der;* **~[e]s, ~e a)** *(Aufsetzen des Fußes)* step; *(einmalig)* [foot]step; **mit festem ~**: with a firm step *or* tread; *s. auch* **Schritt a; b)** *(Gleichschritt)* **im ~ marschieren** march in step; **aus dem ~ geraten** *od.* **kommen** get out of step; **ohne ~, marsch!** break step!; **~ fassen** fall in step; *(fig.: sich fangen)* recover oneself; **c)** *(Fuß~)* kick; **jmdm. einen ~ versetzen** give sb. a kick; kick sb.; **einen ~ bekommen** *(fig. ugs.)* be given the push *(Brit. sl.);* **d)** *(~brett)* step; **e)** *(Bergsteigen) (Halt für Füße)* foothold; *(im Eis)* step; **f)** *(Gestell)* small stepladder; *(in der Bibliothek)* library steps *pl.;* **g)** *(Jägerspr.: Abdruck)* footprint
Tritt-: ~brett *das* step; *(an älterem Auto)* running-board; **~brett·fahrer** *der (fig. abwertend)* ≈ free rider *(Amer.);* person who profits from another's work; **~leiter** *die* step-ladder
Triumph [triˈʊmf] *der;* **~[e]s, ~e** triumph; **~e/einen großen ~ feiern** have a series of triumphs/a great triumph *or* success; **be hugely successful/a huge success; im ~**: in triumph
triumphal [triʊmˈfaːl] *Adj.* **a)** *(begeisternd)* triumphant ⟨*success etc.*⟩; **~ sein** be a triumph; **b)** *(mit Jubel)* triumphal ⟨*entry etc.*⟩; **jmdm. einen ~en Empfang bereiten** give sb. a hero's welcome
Triumphator [triʊmˈfaːtɔr] *der;* **~s, ~en** [-ˈtoːrən] **a)** *(hist.)* triumphator; **b)** *(geh.: Sieger)* conquering hero
Triumph-: ~bogen *der (Archit.)* triumphal arch; **~geschrei** *das* triumphant cheering *no indef. art.*
triumphieren *itr. V.* **a)** *(Genugtuung empfinden)* exult; **~d** triumphant; exultant; **~d lachen** laugh triumphantly; **b)** *(siegen)* be triumphant *or* victorious; triumph *(lit. od. fig.)* **(über** + *Akk.* over)
Triumph·zug *der (hist.)* triumph; **im ~** *(fig.)* in a triumphal procession
Triumvirat [triʊmviˈraːt] *das;* **~[e]s, ~e** *(hist.)* triumvirate
trivial [triˈviaːl] **1.** *Adj.* **a)** *(platt)* banal; trite; *(unbedeutend)* trivial; **b)** *(alltäglich)* humdrum ⟨*life, career*⟩. **2.** *adv. (platt)* banally; ⟨*say etc.*⟩ tritely; ⟨*written*⟩ in a banal style
Trivialität *die;* **~, ~en a)** *o. Pl.* *(Plattheit, Alltäglichkeit)* banality; triteness; **b)** *(platte Äußerung)* banality; *(Gemeinplatz)* commonplace [remark]
Trivial·roman *der* light [trashy] novel
Trochäus [troˈxɛːʊs] *der;* **~, Trochäen** *(Verslehre)* trochee
trocken ['trɔkn̩] **1.** *Adj.* **a)** dry; **~en Auges** *(geh.)* dry-eyed; without shedding a tear; **etw. ~ bügeln/reinigen** dry-iron/dry-clean sth.; **sich ~ rasieren** use an electric razor; **noch ~ nach Hause kommen** get home without getting wet; **wieder auf dem Trock[e]nen sein** be on dry land *or* terra firma again; **auf dem trock[e]nen sitzen** *od.* **sein** *(ugs.)* be

completely stuck *(coll.); (pleite sein)* be skint *(Brit. sl.);* **b)** *(ohne Zutat)* **~es** *od. (ugs.)* **~ Brot essen** eat dry bread; **c)** *(sachlich-langweilig)* dry, factual ⟨*account, report, treatise*⟩; bare ⟨*words, figures*⟩; dull, dry ⟨*person*⟩; **d)** *(unblümt)* dry ⟨*humour, remark, etc.*⟩; **e)** *(dem Klang nach)* dry ⟨*laugh, cough, sound*⟩; sharp ⟨*crack*⟩; clear ⟨*acoustics*⟩; **f)** *(Sportjargon, bes. Boxen, Fußball)* sharp ⟨*blow*⟩; snappy ⟨*shot*⟩; **eine ~e Rechte** a straight right. **2.** *adv.* **a)** *(sachlich-langweilig)* ⟨*speak, write*⟩ drily, in a matter-of-fact way; **b)** *(unblümt)* drily; **c)** *(dem Klang nach)* **das Gewehr knallte kurz und ~**: the rifle went off with a short, sharp report
Trocken-: ~beeren·aus·lese *die* wine made from selected grapes left to dry on the vine at the end of the season; **~blume** *die; meist Pl.* dried flower; **~boden** *der* attic drying-room; **~dock** *das* dry dock; **~eis** *das* dry ice; **~futter** *das (Landw.)* dry fodder; **~gebiet** *das (Geogr.)* arid region; **~gestell** *das (für Wäsche)* clothes-airer *or* -horse; **~haube** *die* (hood-type) hair-drier
Trockenheit *die;* **~, ~en a)** *o. Pl. (auch fig.)* dryness; **b)** *(Dürreperiode)* drought
trocken-, Trocken-: ~kurs *der* dry-skiing course; **~|legen** *tr. V.* **a)** **ein Baby ~legen** change a baby's nappies *(Brit.) or* diapers *(Amer.);* **b)** *(entwässern)* drain ⟨*marsh, pond, etc.*⟩; **~legung** *die;* **~, ~en** draining; **~milch** *die* dried milk; **~rasierer** *der (ugs.)* **a)** *(Rasierapparat)* electric razor; **b)** *(Person)* user of an electric razor; **~|reiben** *unr. tr. V.* rub ⟨*hair, child, etc.*⟩ dry; wipe ⟨*crockery, window, etc.*⟩ dry; **~reinigung** *die* dry-cleaning; **~|schleudern** *tr. V.* spin-dry; **~schwimmen** *das* preparatory swimming exercises *pl.* [on land] (for learners); **~|sitzen** *unr. itr. V. (ugs.)* have nothing to drink; **~spiritus** *der* solid fuel *(for camping-stove);* **~übung** *die* preliminary [swimming/skiing] exercise; *(fig.)* dry run; **~zeit** *die* dry season
trocknen 1. *itr. V.; meist mit sein* dry. **2.** *tr. V.* dry; **die Kleider zum Trocknen aufhängen** hang up the clothes to dry
Trockner *der;* **~s, ~**: drier *(Trockengestell)* airer
Troddel ['trɔdl̩] *die;* **~, ~n** tassel
Trödel ['trøːdl̩] *der;* **~s** *(ugs., oft abwertend)* junk; *(für den Flohmarkt)* jumble
Trödelei [trøːdəˈlai] *die;* **~, ~en** *(ugs. abwertend)* dawdling *no pl.*
trödeln *itr. V.* **a)** *(ugs., oft abwertend)* dawdle (mit over); **b)** *mit sein (ugs.: schlendern)* saunter
Trödler *der;* **~s, ~, Trödlerin** *die;* **~, ~nen a)** *(ugs. abwertend)* dawdler; slowcoach; slowpoke *(Amer.);* **b)** *(ugs.: Händler[in])* junk-dealer; **etw. beim ~ kaufen** buy sth. from *or* at the junk-shop
troff [trɔf] *1. u. 3. Pers. Sg. Prät. v.* **triefen**
trog [troːk] *1. u. 3. Pers. Sg. Prät. v.* **trügen**
Trog *der;* **~[e]s, Tröge** ['trøːgə] *(auch Geol.)* trough
Troika ['trɔyka] *die;* **~, ~s** troika; *(fig.: Führungsgruppe)* triumvirate
Troja ['troːja] *(das);* **~s** Troy
Trojaner *der;* **~s, ~**: Trojan
trojanisch *Adj.* Trojan; **das Trojanische Pferd** *(Myth.; auch fig.)* the Trojan Horse
Troll [trɔl] *der;* **~[e]s, ~e** *(Myth.)* troll
Troll·blume *die* globe-flower
trollen *(ugs.) refl. V.* push off *(coll.);* **der Junge trollte sich in sein Zimmer** the boy took himself off to his room
Trolley·bus ['trɔli-] *der (bes. schweiz.)* trolleybus
Trollinger ['trɔlɪŋɐ] *der;* **~s, ~**: Trollinger [grape/wine]
Trommel ['trɔml̩] *die;* **~, ~n a)** *(Schlaginstrument)* drum; **die ~ für jmdn./etw. rühren** *(ugs.)* beat the drum for sb./sth.; **b)** *(Behälter; Kabel~, Seil~)* drum

Trommel-: ~bremse *die (Kfz-W.)* drum brake; **~fell** *das* **a)** *(bei Trommeln)* drumhead; **b)** *(im Ohr)* ear-drum; **~feuer** *das (Milit.; auch fig.)* [constant] barrage
trommeln 1. *itr. V.* **a)** beat the drum; *(als Beruf, Hobby usw.)* play the drums; **b)** *(auf etw.) schlagen, auftreffen)* drum **(auf** + *Akk.* on, an + *Akk.* against); **sie trommelte mit den Fäusten gegen die Tür** she hammered the door with her fists. **2.** *tr. V.* **a)** beat ⟨*out*⟩ ⟨*march, rhythm, etc.*⟩; **b)** **jmdn. aus dem Bett/Schlaf ~**: get sb. out of bed/wake sb. up by hammering on the door
Trommel-: ~revolver *der* revolver; **~schlag** *der* drum-beat; **~schlegel** *der*, **~stock** *der* drumstick; **~wirbel** *der* drum-roll
Trommler *der;* **~s, ~, Trommlerin** *die;* **~, ~nen** drummer
Trompete [trɔmˈpeːtə] *die;* **~, ~n** trumpet; **[eine Melodie] auf der ~ blasen** play [a tune on] the trumpet
trompeten 1. *itr. V.* **a)** play the trumpet; *(fig.)* ⟨*elephant*⟩ trumpet; **b)** *(ugs. scherzh.: sich laut schneuzen)* blow one's nose like a fog-horn. **2.** *tr. V.* play ⟨*piece*⟩ on the trumpet; *(fig.)* proclaim ⟨*news etc.*⟩ loudly
Trompeten·stoß *der* blast on a/the trumpet
Trompeter *der;* **~s, ~, Trompeterin** *die;* **~, ~nen** trumpeter
Tropen *Pl.* tropics
Tropen-: ~fieber *das* [falciparum] malaria *(Med.);* **~helm** *der* sun-helmet; **~koller** *der* tropical madness; **~tauglichkeit** *die* fitness for service/travel in the tropics
¹Tropf [trɔpf] *der;* **~[e]s, Tröpfe** ['trœpfə] *(abwertend)* twit *(Brit. sl.);* moron *(coll.);* **armer ~**: poor devil
²Tropf *der;* **~[e]s, ~e** *(Med.)* drip; **am ~ hängen** be on a drip
Tröpfchen ['trœpfçən] *das;* **~s, ~**: droplet; *(kleine Menge)* drop; *(scherzh.: Wein)* **ein wahrhaft edles ~**: a really fine vintage
Tröpfchen·infektion *die (Med.)* droplet infection
tröpfchen·weise *Adv.* in small drops
tröpfeln ['trœpfl̩n] **1.** *itr. V.* **a)** *mit sein* drip **(auf** + *Akk.* on to, **aus, von** from); **b)** *(unpers.) (ugs.: leicht regnen)* **es tröpfelt** it's spitting [with rain]. **2.** *tr. V.* let ⟨*sth.*⟩ drip **(in** + *Akk.* into, **auf** + *Akk.* on to)
tropfen 1. *itr. V.; mit Richtungsangabe mit sein* drip; ⟨*tears*⟩ fall; **seine Nase tropft** his nose is running; *(unpers.)* **es tropft [vom Dach usw.]** water is *or* it's dripping from the roof *etc.;* **es tropft** it's spitting [with rain]. **2.** *tr. V.* let ⟨*sth.*⟩ drip **(in** + *Akk.* into, **auf** + *Akk.* on to); **jmdm. eine Tinktur auf die Wunde ~**: pour drops of a tincture into sb.'s wound
Tropfen *der;* **~s, ~ a)** drop; **ein paar ~ Parfüm** a few drops of perfume; **es regnet dicke ~**: the rain is falling in large drops *or* spots; **die ersten ~ fallen** the first spots [of rain] are falling; **er hat keinen ~ [Alkohol] getrunken** he hasn't touched a drop; **steter ~ höhlt den Stein** *(Spr.)* constant dropping wears away the stone *(prov.);* **persistence gets there in the end; ein ~ auf den heißen Stein sein** *(fig. ugs.)* be a drop in the ocean; **b)** **ein guter/edler ~**: a good/fine vintage
Tropfen·form *die; o. Pl.* tear shape; **in ~**: tear-shaped *attrib.*
tropfen·weise *Adv.* drop by drop; a drop at a time
tropf-, Tropf-: ~infusion *die (Med.)* intravenous drip; **~naß** *Adj.* dripping *or* soaking wet; **~stein·höhle** *die* limestone cave with stalactites and/or stalagmites
Trophäe [troˈfɛːə] *die;* **~, ~n** *(hist., Jagd, Sport)* trophy
tropisch 1. *Adj.* tropical. **2.** *adv.* tropically ⟨*warm*⟩

Tropo·sphäre [tropo'sfɛːrə] die; ~ *(Meteor.)* troposphere

Troß [trɔs] der; Trosses, Trosse a) *(Milit.)* baggage train; b) *(Gefolge)* retinue; *(fig.: Zug)* procession [of hangers-on]

Trosse ['trɔsə] die; ~, ~n hawser *(Naut.)*

Trost [troːst] der; ~[e]s consolation; *(bes. geistlich)* comfort; jmdm. ~ zusprechen *od.* spenden comfort or console sb.; jmdm. ein/kein ~ sein be a/no comfort to sb.; ein schwacher ~ sein not much consolation; in der Arbeit ~ suchen/finden seek/find solace in work; als ~: as a consolation; nicht [ganz *od.* recht] bei ~ sein *(ugs.)* be out of one's mind; have taken leave of one's senses

trösten ['trøːstn̩] 1. tr. V. comfort, console (mit with); sie wollte sich nicht ~ lassen she was not to be or refused to be comforted; she was inconsolable; ~de Worte words of comfort; comforting words; ~d den Arm um jmdn. legen put one's arm around sb. to comfort him/her; etw. tröstet jmdn. sth. is a comfort to sb.; der Gedanke konnte ihn nicht ~: the thought was no comfort to him. 2. refl. V. console oneself; sich damit ~, daß ...: console oneself with the thought that ...; sich mit einer anderen Frau ~: find consolation with another woman

Tröster der; ~s, ~, **Trösterin** die; ~, ~nen comforter; *(fig.: Sache)* consolation

tröstlich Adj. comforting

trost-, Trost-: ~los Adj. a) *(ohne Trost)* hopeless; without hope postpos.; *(verzweifelt)* in despair postpos.; mir war ~los zumute, ich fühlte mich ~los I was in despair; b) *(deprimierend, öde)* miserable, dreary *(time, weather, area, food, etc.)*; hopeless *(situation)*; ~losigkeit die; ~ a) *(einer Person, der Lage usw.)* hopelessness; *(Verzweiflung)* despair; b) *(Öde)* dreariness; ~pflaster das *(scherzh.)* consolation; ~preis der consolation prize; ~reich 1. Adj. comforting; 2. adv. comfortingly

Tröstung die; ~, ~en comfort no indef. art.; mit den ~en der Kirche versehen sterben die after having received the last rites

Trost·wort das; *Pl.* ~e word of comfort

Trott [trɔt] der; ~[e]s, ~e a) *(Gangart)* trot; im ~ gehen [go at a] trot; b) *(leicht abwertend: Ablauf)* routine; in den alten ~ verfallen fall back into the same old rut

Trottel der; ~s, ~ *(ugs. abwertend)* fool; wally *(sl.)*

trottelhaft *(ugs. abwertend)* 1. Adj. bumbling *(idiot, person)*; oafish *(behaviour)*. 2. adv. oafishly

trottelig *(ugs. abwertend)* 1. Adj. doddery; gaga pred. *(sl.)* 2. adv. in a feeble-minded or doddery way

Trotteligkeit die; ~ *(ugs. abwertend)* doddery state; feeble-mindedness

trotten itr. V.; mit sein trot [along]; *(freudlos)* trudge

Trottoir [trɔˈtoaːɐ̯] das; ~s, ~e od. ~s pavement

trotz [trɔts] Präp. mit Gen., seltener mit Dat. in spite of; despite; ~ Frost[s] und Schnee[s] despite the frost and snow; ~ allem *od.* alledem in spite of everything

Trotz der; ~es defiance; *(eines Pferdes)* disobedience; *(Oppositionsgeist)* contrariness *(coll.)*; contrariness; jmdm./einer Sache zum ~: in defiance of sb./sth.

Trotz·alter das difficult age

trotz·dem [auch: '-'-] 1. Adv. nevertheless; er tat es ~: he did it all or just the same. 2. ['-'-] Konj. *(ugs.)* although; even though

trotzen itr. V. a) *(geh.: widerstehen)* jmdm./einer Sache ~ *(auch fig.)* defy sb./sth.; Gefahren/der Kälte ~: brave dangers/the cold; b) *(trotzig sein)* be contrary

trotzig 1. Adj. defiant; *(widerspenstig)* contrary; bolshie *(coll.)*; difficult *(child)*. 2. adv. defiantly

Trotzkismus [trɔtsˈkɪsmʊs] der; ~: Trotskyism no art.

Trotzkist der; ~en, ~en Trotskyist

Trotz-: ~kopf der bolshie [little] so-and-so *(coll.)*; ~phase die *(Psych.) s.* ~alter; ~reaktion die act of defiance

Troubadour ['truːbaduːɐ̯] der; ~s, ~e od. ~s *(hist.)* troubadour; *(fig.: Schlagersänger)* songster

Trouble ['trʌbl] der; ~s *(ugs.)* trouble; ~ haben wegen Drogen be in trouble over drugs

trüb[e] ['tryːb(ə)] 1. Adj. a) *(nicht klar)* murky ⟨stream, water⟩; cloudy ⟨liquid, wine, juice⟩; *(schlammig)* muddy ⟨puddle⟩; *(schmutzig)* dirty ⟨glass, window-pane⟩; dull ⟨eyes⟩; im trüben fischen *(ugs.)* fish in troubled waters; b) *(nicht hell)* dim ⟨light⟩; dull, dismal ⟨day, weather⟩; grey, overcast ⟨sky⟩; dull, dingy ⟨red, yellow⟩; c) *(gedrückt)* gloomy ⟨mood, voice, etc.⟩; dreary ⟨time⟩; *s. auch* Tasse a; d) *(unerfreulich)* unfortunate ⟨experience etc.⟩; *(zweifelhaft)* dubious ⟨sources⟩. 2. adv. a) *(nicht hell)* ⟨shine, light⟩ dimly; b) *(gedrückt)* ⟨smile, look⟩ gloomily; c) *(unerfreulich)* ~ laufen go badly

Trubel ['truːbl] der; ~s [hustle and] bustle; sie stürzten sich in den dicksten ~: they plunged into the thick of the hurly-burly; im ~ der Ereignisse *(fig.)* in the excitement of the moment; in the rush of events

trüben 1. tr. V. a) make ⟨liquid⟩ cloudy; cloud ⟨liquid⟩; *s. auch* Wässerchen a; b) *(beeinträchtigen)* dampen, cast a cloud over ⟨mood⟩; mar ⟨relationship⟩; cloud ⟨judgement⟩; jmds. Blick [für etw.] ~: blind sb. [to sth.]. 2. refl. V. a) ⟨liquid⟩ become cloudy; ⟨eyes⟩ become dull; ⟨sky⟩ darken; b) *(sich verschlechtern)* ⟨relationship⟩ deteriorate; ⟨awareness, memory, etc.⟩ become dulled or dim

Trübsal ['tryːpzaːl] die; ~, ~e *(geh.)* a) *(Leiden)* affliction; b) *o. Pl. (Kummer)* grief; ~ blasen *(ugs.)* mope (wegen over, about)

trüb-, Trüb-: ~selig 1. Adj. a) *(öde)* dreary, depressing ⟨place, area, colour⟩; dismal ⟨house⟩; b) *(traurig)* gloomy, melancholy ⟨thoughts, mood⟩; gloomy, miserable ⟨face⟩. 2. adv. *(traurig)* gloomily; ~seligkeit die; a) *(Ödheit)* dreariness; b) *(Traurigkeit)* gloom; ~sinn der; o. Pl. melancholy; gloom; ~sinnig 1. Adj. melancholy; gloomy; 2. adv. gloomily

Trübung die; ~, ~en a) *(des Auges)* dimming; b) *(Beeinträchtigung)* deterioration; *(der Stimmung)* dampening

trudeln ['truːdl̩n] itr. V. a) mit sein *(rollen)* roll; auf die Erde ~: flutter or twirl to the ground; das Flugzeug geriet ins Trudeln the plane went into a spin; b) *(bes. berlin.: würfeln)* play dice

Trüffel ['trʏfl̩] die; ~, ~n od. *(ugs.)* der; ~s, ~: truffle

Trüffel·leber·wurst die liver sausage with truffles

trug [truːk] *1. u. 3. Pers. Prät. v.* tragen

Trug der; ~[e]s *(geh.)* deception (um over, concerning); *s. auch* Lug

Trug·bild das hallucination; illusion; *(Bild der Phantasie)* figment of the imagination

trüge ['tryːɡə] *1. u. 3. Pers. Sg. Konjunktiv II v.* tragen

trügen 1. unr. tr. V. deceive; dieses Gefühl hatte uns getrogen this feeling had been a delusion; wenn mich nicht alles trügt unless I am very much mistaken. 2. unr. itr. V. be deceptive; *(fig.: deception)* be a delusion; *s. auch* Schein b

trügerisch 1. Adj. a) deceptive; false ⟨hope, sign, act⟩; treacherous ⟨ice⟩; b) *(veralt.: auf Betrug zielend)* deceitful; in ~er Absicht with intent to deceive. 2. adv. a) deceptively; b) *(veralt.: auf Betrug zielend)* deceitfully

Trug·schluß der a) wrong conclusion; *(Irrtum)* fallacy; b) *(Musik)* false or deceptive cadence

Truhe ['truːə] die; ~, ~n chest

Trumm [trʊm] das; ~[e]s, **Trümmer** ['trʏmɐ] *(bes. südd., österr., schweiz.)* large lump; *(großes Exemplar)* whopper *(coll.)*; ein ~ von ...: a whopping great ... *(coll.)*

Trümmer ['trʏmɐ] *Pl. (eines Gebäudes)* rubble sing.; *(Ruinen)* ruins *(eines Flugzeugs usw.)* wreckage sing.; *(kleinere Teile)* debris sing.; die Stadt lag in ~n the town lay in ruins; eine Stadt in ~ legen reduce a town to rubble; flatten a town [completely]; er stand vor den ~n seines Lebens *(fig.)* he contemplated the ruins of what had once been his life

Trümmer-: ~feld das expanse of rubble; ~frau die *(hist.)* woman who cleared away rubble after World War II; ~grund·stück das bomb-site; *(nach einem Erdbeben)* ruined site; ~haufen der pile or heap of rubble; der ~haufen seiner Ehe *(fig.)* the ruins pl. of what had been his marriage

Trumpf [trʊmpf] der; ~[e]s, **Trümpfe** ['trʏmpfə] *(auch fig.)* trump [card]; *(Farbe)* trumps pl.; was ist ~? what are trumps?; lauter ~ *od.* Trümpfe haben have nothing but trumps; seinen [letzten] ~ ausspielen *(fig.)* play one's [last] trump card; alle Trümpfe in der Hand haben *(fig.)* hold all the [trump] cards; seine besten Trümpfe aus der Hand geben *(fig.)* throw away one's greatest advantages; einen ~ in der Hinterhand haben *(fig.)* have a card up one's sleeve; ~ sein *(fig.) (das Nötigste sein)* be what matters; be the order of the day; *(Mode sein)* be the in thing

trumpfen itr. V. play a trump

Trumpf·karte die *(auch fig.)* trump card

Trunk [trʊŋk] der; ~[e]s, **Trünke** ['trʏŋkə] *(geh.)* a) *(Getränk)* drink; beverage *(formal)*; b) *(das Trinken)* er ist dem ~ verfallen he is a victim of the demon drink; sich dem ~ ergeben take to drink

trunken Adj. *(geh.; auch fig.)* drunk, intoxicated (von, vor + Dat. with); jmdn. ~ machen make sb. drunk; *(fig.)* intoxicate sb.

Trunkenbold [-bɔlt] der; ~[e]s, ~e *(abwertend)* drunkard

Trunkenheit die; ~ a) drunkenness; im Zustand der ~: in a state of intoxication; an ~ am Steuer drunken driving; b) *(geh.: Begeisterung)* [state of] intoxication

Trunk·sucht die; o. Pl. alcoholism no art.

trunk·süchtig Adj. alcoholic; ~ sein be an alcoholic

Trupp [trʊp] der; ~s, ~s troop; *(von Arbeitern, Gefangenen)* gang; *(von Soldaten, Polizisten)* detachment; squad

Trüppchen ['trʏpçən] das; ~s, ~: [small] group; *(von Soldaten)* small detachment

Truppe die; ~, ~n a) *(Einheit der Streitkräfte)* unit; nicht zu den schnellen ~ gehören *(fig. ugs.)* not be exactly a fast worker; b) *Pl. (Soldaten)* troops; c) *o. Pl. (Streitkräfte)* [armed] forces pl.; *(Heer)* army; die kämpfende ~: the front-line or combat troops pl.; der Dienst bei der ~: military service; d) *(Gruppe von Schauspielern, Artisten)* troupe; company; *(von Sportlern)* squad; *(Mannschaft)* team

Truppen-: ~ab·zug der withdrawal of troops; troop withdrawal; ~bewegung die; meist Pl. troop movement; ~gattung die arm [of the service]; corps; ~konzentration die massing of troops; ~parade die military parade; ~teil der unit; ~übungs·platz der military training area

Trust [trast] der; ~[e]s, ~e od. ~s *(Wirtsch.)* trust

Trut- ['truːt-]: ~hahn der turkey [cock]; *(als Braten)* turkey; ~henne die turkey [hen]

Trutz [trʊts] der; ~es *(veralt.)* resistance; Schutz und ~: protection and shelter

1527

Trutz·burg die (hist.) castle built to besiege an enemy castle
trutzig (veralt.) **1.** Adj. massive, formidable ⟨wall, building⟩. **2.** adv. defiantly
Tschad [tʃat] (der); ~s Chad no art.
Tschador [tʃa'dɔr] der; ~s, ~s chador
Tschako ['tʃako] der; ~s, ~s (hist.) shako
tschau [tʃau] (ugs.) ciao (coll.); so long (coll.)
Tscheche ['tʃɛçə] der; ~n, ~n Czech
Tschechei die; ~ (ugs. veralt.) Czechoslovakia no art.
Tschechien (das); ~s Czech Republic
tschechisch 1. Adj. Czech. **2.** adv. ~ sprechend Czech-speaking; s. auch **deutsch**; ²**Deutsche**
Tschechoslowakei [tʃɛçoslova'kai] die; ~ (Hist.) Czechoslovakia no art.
tschechoslowakisch Adj. Czechoslovak[ian]
Tschick [tʃɪk] der; ~s, ~ (österr. ugs.) fag (Brit. sl.); (Zigarettenstummel) fag-end (Brit. sl.)
tschilpen ['tʃɪlpn] itr. V. chirp
Tschinelle [tʃɪ'nɛlə] die; ~, ~n; meist Pl. (veralt., noch südd., österr.) cymbal
tschingderassabum [tʃɪŋdərasa'bʊm] Interj. crash! crash! boom! boom! (onomatopoeic for cymbals and drums)
tschüs [tʃy:s] (ugs.) bye (coll.); so long (coll.)
Tsd. Abk. Tausend
Tsetse·fliege ['tsɛːtsɛ-] die tsetse fly
T-Shirt ['tiːʃɔːt] das; ~s, ~s T-shirt
T-Träger der (Bauw.) T-girder
TU Abk. technische Universität
Tuba ['tuːba] die; ~, Tuben tuba
Tube ['tuːbə] die; ~, ~n tube; eine ~ Zahnpasta a tube of toothpaste; auf die ~ drücken (fig. ugs.) step on it (coll.)
Tuberkel·bazillus [tu'bɛrkl-] der (Med.) tubercle bacillus
tuberkulös [tubɛrku'løːs] Adj. (Med.) tubercular
Tuberkulose [tubɛrku'loːzə] die; ~, ~n (Med.) tuberculosis no art.
Tuch [tuːx] das; ~[e]s, Tücher ['tyːçɐ] od. ~e **a)** Pl. Tücher cloth; (Geschirr~) dish-cloth; (Bade~) [bath-]towel; (Kopf~, Hals~) ~ l scarf; das rote ~ des Matadors the matador's red cape; ein rotes ~ für jmdn. sein (ugs.) be like a red rag to a bull for sb.; make sb. see red; **b)** Pl. ~e (Gewebe) cloth; **c)** Pl. ~e (Seemannsspr.) s. **Segeltuch**
Tuchent ['tʊxnt] die; ~, ~en (österr.) feather bed
Tuch·fühlung die (scherzh.) physical contact; (fig.: Kontakte) [close] contact; auf ~ mit ~: close together
Tüchlein das; ~s, ~ : [little] handkerchief
tüchtig ['tyçtɪç] **1.** Adj. **a)** efficient ⟨secretary, assistant, worker, etc.⟩; (fähig) capable, competent (in + Dat. at); freie Bahn den Tüchtigen! let ability win through; **b)** (von guter Qualität) excellent ⟨performance, piece of work, etc.⟩; ~, ~! (auch iron.) well done!; **c)** nicht präd. (ugs.: beträchtlich) sizeable ⟨piece, portion⟩; big ⟨gulp⟩; hearty ⟨eater, appetite⟩; eine ~e Tracht Prügel a good hiding (coll.); ein ~er Schrecken quite a fright. **2.** adv. **a)** (fähig) competently; ~ arbeiten work hard; **b)** (ugs.: sehr) really ⟨cold, warm⟩; ⟨snow, rain⟩ good and proper (coll.); ⟨eat⟩ heartily; ~ heizen have the heating up good and high (coll.)
Tüchtigkeit die; ~ **a)** efficiency; (Fähigkeit) ability; competence; (Fleiß) industry; **b)** körperliche ~ : physical fitness
Tücke ['tykə] die; ~, ~n **a)** o. Pl. (Hinterhältigkeit) deceit[fulness]; (List) scheming no indef. art.; (fig.: des Schicksals) fickleness; die ~ des Objekts the perversity or (coll.) cussedness of inanimate objects; s. auch **List b**; **b)** meist Pl. (hinterhältige Handlung) wile; ruse; (Betrug) deception;

c) meist Pl. ([verborgene] Gefahr/Schwierigkeit) [hidden] danger/difficulty; (unberechenbare Eigenschaft) vagary; seine ~n haben ⟨engine, machine⟩ be temperamental; have its vagaries; ⟨mountain, river, course⟩ be treacherous
tuckern ['tʊkɐn] itr. V.; mit Richtungsangabe mit sein chug
tückisch 1. Adj. **a)** (hinterhältig) wily; (betrügerisch) deceitful; **b)** (gefährlich) treacherous ⟨bend, slope, spot, etc.⟩; (Gefahr signalisierend) menacing ⟨look, eyes⟩. **2.** adv. **a)** (hinterhältig) craftily; **b)** (Gefahr signalisierend) menacingly
Tuff [tʊf] der; ~s, ~e (Geol.) **a)** tuff; **b)** s. **Sinter**
Tuff·stein der tuff
Tüftel·arbeit die (ugs.) fiddly job (coll.)
Tüftelei die; ~, ~en (ugs.) **a)** o. Pl. fiddling [about]; (geistig) racking one's brains; **b)** (tüftelige Arbeit) fiddly job (coll.)
Tüfteler der; ~s, ~ s. **Tüftler**
tüfteln ['tyftln] itr. V. (ugs.) fiddle (an + Dat. with); do finicky work (an + Dat. on); (geistig) rack one's brains, puzzle (an + Dat. over)
Tüftler der; ~s, ~ (ugs.) person who likes finicky jobs/niggling problems; (jmd., der gern Rätselspiele macht) puzzle freak (coll.)
Tugend ['tuːgnt] die; ~, ~en virtue; auf dem Pfad der ~ wandeln keep to the path of virtue or the straight and narrow
tugendhaft 1. Adj. virtuous. **2.** adv. virtuously; ~ leben live a life of virtue
Tukan ['tuːkan] der; ~s, ~e toucan
Tüll [tyl] der; ~s, ~e tulle
Tülle die; ~, ~n (bes. nordd.) spout
Tüll-: ~**gardine** die net curtain; ~**spitze** die tulle lace
Tulpe ['tʊlpə] die; ~, ~n **a)** (Pflanze) tulip; **b)** (Glas) tulip glas
Tulpen-: ~**baum** der tulip-tree; ~**zwiebel** die tulip-bulb
tumb [tʊmp] (scherzh.) Adj. guileless; naïve; ~er Tor simple Simon
Tumbheit die; ~ (scherzh.) guilelessness; ingenuousness
tummeln ['tʊmln] refl. V. **a)** (umhertollen) romp [about]; (im Wasser) splash about; **b)** (bes. westmd., österr., sich beeilen) stir one's stumps (coll.); get a move on (coll.)
Tummel·platz der (auch fig.) playground; ein ~ der Linksradikalen (fig.) a happy hunting-ground for left-wing radicals
Tümmler ['tymlɐ] der; ~s, ~ **a)** (Delphin) bottle-nosed dolphin; **b)** (Taube) tumbler
Tumor ['tuːmoɐ] der; ~s, ~en [tu'moːrən], ugs. auch ~e [tu'moːrə] (Med.) tumour
Tümpel ['tympl] der; ~s, ~: pond
Tumult [tu'mʊlt] der; ~[e]s, ~e tumult; commotion; (Protest) uproar; schwere ~e serious disturbances
tumultuarisch [tumʊl'tua:rɪʃ] Adj. (geh.) turbulent; ⟨scenes⟩ of uproar
tun [tuːn] **1.** unr. tr. V. **a)** (machen) do; er tat, wie ihm befohlen he did as he was told (ugs.) ich habe anderes zu ~, als hier herumzusitzen I can't sit around here [all day], I've other things to do; er tut nichts als meckern (ugs.) he does nothing but moan; ich weiß nicht, was ich ~ soll I don't know what to do; so etwas tut man nicht that is just not done; tu doch etwas! well, do something [about it], then!; er hat sein möglichstes getan he did his [level] best; du kannst ~ und lassen, was du willst you can do just as you please; was tust du hier/mit dem Messer? what are you doing here/with that knife?; dagegen kann man nichts ~: there is nothing one can do about it; es hat sich so ergeben, ohne daß ich etwas dazu getan hätte it turned out that way without my having done anything [towards it]; was ~? what is to be done?; was tut denn die tote Fliege in meiner Suppe? what's that dead fly doing in my soup?;

man tut, was man kann one does what one can; one tries one's best; ich will sehen, was sich ~ läßt I'll see what can be done; was tut man nicht alles [...]! the things I/you etc. do [...]!; **b)** (erledigen) do ⟨work, duty, etc.⟩; er tut nichts he doesn't do a thing; ich muß noch etwas [für die Schule] ~ : I've still got some [school-]work to do; tu's doch! go on, do it!; nach getaner Arbeit when the work is/was done; mit Geld/einer Entschuldigung usw. ist es nicht getan money/an apology etc. is not enough; es ~ (ugs. verhüll.: koitieren) do it (sl.); s. auch **Handschlag b**; **c)** [etwas] zu ~/dort geschäftlich zu ~ : I had things/business to do there; es mit jmdm./etw. zu ~ haben be dealing with sb./sth.; wir haben es mit einem gefährlichen Verbrecher zu ~: we're up against a dangerous criminal; er hat es mit dem Herzen zu ~ (ugs.) he's got heart trouble; [es] mit jmdm. zu ~ bekommen od. (ugs.) kriegen get into trouble with sb./sth.; mit sich [selbst] zu ~ haben have problems [of one's own]; [etwas] mit /jmdm. zu ~ haben be concerned with sth./have dealings with sb.; er hat noch nie [etwas] mit der Polizei zu ~ gehabt he has never been involved with the police; mit etw. nichts zu ~ haben have nothing to do with sth.; not be concerned with sth.; er hat mit dem Mord nichts zu ~: he had nothing to do with or was not involved in the murder; mit Kunst hat das kaum etwas zu ~: that has very little to do with art; mit jmdm./etw. nichts zu ~ haben wollen not want [to have] anything to do with sb./sth.; es ist mir um dich/deine Gesundheit zu ~ (geh.) I'm concerned about you/your health; **d)** nimmt die Aussage eines vorher gebrauchten Verbs auf ich riet ihm zu verschwinden, was er schleunigst tat I advised him to disappear, which he did at the double or and he did so at the double; es sollte am nächsten Tag regnen, und das tat es dann auch it was expected to rain the next day, and it did [so]; **e)** als Funktionsverb make ⟨remark, catch, etc.⟩; take ⟨step, jump⟩; ⟨do deed⟩; einen Blick aus dem Fenster ~ : glance out of the window; (unpers.) plötzlich tat es einen furchtbaren Knall suddenly there was a dreadful bang; **f)** (bewirken) work, perform ⟨miracle⟩; seine Wirkung ~ : have its effect; was tut's?, was tut das schon? (ugs.) so what?; what does it matter?; das tut nichts it doesn't matter; s. auch **Sache b**; **g)** (an~) jmdm. etw. ~ : do sth. to sb.; jmdm. einen Gefallen ~ : do sb. a favour; er tut dir nichts he won't hurt or harm you; der Hund tut nichts the dog doesn't bite; **h)** es ~ (ugs.: genügen) be good enough; die Schuhe ~ es noch einen Winter the shoes will do for another winter; **i)** (ugs.: irgendwohin bringen) put; Salz an od. in die Suppe ~ : put salt in or add salt to the soup; den Kleinen zur Oma ~: take the little boy to granny (coll.). **2.** unr. refl. V. **a)** (ugs.: funktionieren) work; die Kaffeemaschine tut nicht mehr (coll.); **b)** freundlich/geheimnisvoll ~: pretend to be or (coll.) act friendly/act mysteriously; vornehm ~: act all genteel (coll.); er tut [so], als ob od. als wenn od. wie wenn er nichts wüßte he pretends not to know anything; er tut nur so [als ob] he's only pretending; tu doch nicht so! stop pretending!. **3.** unr. refl. V. (unpers.) (geschehen) es hat sich einiges getan quite a bit has happened; es tut sich nichts there's nothing happening. **4.** Hilfsverb **a)** betonend (ugs.) rechnen tut er gut he's good at arithmetic; kennen tue ich sie nicht I don't know her; (in nicht korrektem Sprachgebrauch) ich tu' den Fleck einfach nicht wegkriegen I simply can't get rid of the stain; **b)** zur Umschreibung des Konjunktivs (ugs.) das täte mich interessieren/freuen I'd be interested in/pleased about that

Tun das; ~s action; activity; **unser nächtliches ~**: our nocturnal activities *pl.*; **jmds. ~ und Treiben** *(geh.)* [all] sb.'s doings

Tünche ['tʏnçə] die; ~, ~n a) *(Farbe)* distemper; wash; [weiße] ~: whitewash; b) *o. Pl., (abwertend: Oberfläche)* veneer *(fig.)*

tünchen *tr. (auch itr.) V.* distemper; **weiß ~**: whitewash

Tüncher der; ~s, ~ *(veralt.)* decorator

Tundra ['tʊndra] die; ~, **Tundren** tundra

Tunell [tu'nɛl] das; ~s, ~s *(südd., österr., schweiz.)* s. **Tunnel**

tunen ['tju:nən] *tr. V. (Kfz-W.)* tune

Tuner ['tju:nɐ] der; ~s, ~ a) *(Elektronik)* tuner; b) *(Kfz-W.)* tuner; tuning expert

Tunesien [tu'ne:ziən] **(das)**; ~s Tunisia

Tunesier der; ~s, ~: Tunisian

tunesisch *Adj.* Tunisian

Tu·nicht·gut der; ~ *od.* ~[e]s, ~e good-for-nothing; ne'er-do-well

Tunika ['tu:nika] die; ~, **Tuniken** tunic; *(hist.)* tunica; tunic

Tunke ['tʊŋkə] die; ~, ~n *(bes. ostmd.)* sauce; *(Bratensoße)* gravy

tunken *tr. V. (bes. ostmd.)* dip; dip, dunk ⟨biscuit, piece of bread, etc.⟩

tunlichst ['tu:nlɪçst] *Adv.* a) *(möglichst)* as far as possible; b) *(unbedingt)* at all costs; **das hat in Zukunft ~ zu unterbleiben** this must not happen in future at any cost

Tunnel ['tʊnl] der; ~s, ~ *od.* ~s tunnel

tunnelieren *tr. V. (österr.)* tunnel through ⟨mountain etc.⟩

Tunte ['tʊntə] die; ~, ~n a) *(ugs. abwertend: Frau)* queen *(sl.)*; b) *(ugs. auch abwertend: Homosexueller)* queen *(sl.)*

tuntenhaft, tuntig 1. *Adj.* a) *(ugs. abwertend: tantenhaft)* prissy; b) *(salopp abwertend: feminin)* poofy *(Brit. coll.)*. **2.** *adv.; s. 1:* a) prissily; b) poofily *(Brit. coll.)*

Tüpfelchen ['tʏpflçən] das; ~s, ~ : dot; **das ~ auf dem i** the final touch

tüpfeln *tr. V.* stipple; *(sprenkeln)* speckle

tupfen ['tʊpfn] *tr. V.* a) **sich** *(Dat.)* **den Schweiß von der Stirn ~**: dab the sweat from one's brow; **etw. auf etw.** *(Akk.)* ~: dab sth. on to sth.; b) *(mit Tupfen versehen)* dot; **ein getupftes Kleid** a spotted dress

Tupfen der; ~s, ~ : dot; *(größer)* spot

Tupfer der; ~s, ~ a) *(ugs.)* s. **Tupfen**; b) *(Med.)* swab

Tür [ty:ɐ] die; ~, ~en door; **an die ~ gehen** *(öffnen)* [go and] answer the door; **in der ~ stehen** stand in the doorway; **den Kopf zur ~ hereinstecken** put one's head round the door; **mach die ~ von außen zu!** *(ugs.)* out with you!; out you go!; **jmdm. die ~ einlaufen** *od.* **einrennen** *(fig. ugs.)* keep badgering sb.; **jmdm. die ~ vor der Nase zuschlagen** *(fig.)* slam the door in sb.'s face; **einer Sache** *(Dat.)* ~ **und Tor öffnen** *(fig.)* open the door or way to sth.; **hinter verschlossenen ~en** behind closed doors; **mit der ~ ins Haus fallen** *(fig. ugs.)* blurt out what one is after; **vor verschlossener ~ stehen** be locked out; **zwischen ~ und Angel** *(fig. ugs.)* in passing; **[ach,] du kriegst die ~ nicht zu!** *(fig. ugs.)* Good Lord!; well I never!; **jmdm. die ~ weisen** *(fig. geh.)* show sb. the door; **jmdn. vor die ~ setzen** *(fig. ugs.)* chuck *(coll.)* or throw sb. out; **vor seiner eigenen ~ kehren** *(fig. ugs.)* set one's own house in order; **Pfingsten steht/die Sommerferien stehen vor der ~** *(fig.)* Whitsun is/the summer holidays are [just] coming up; **der Winter steht vor der ~** *(fig.)* winter is just around the corner

Tür·angel die door-hinge

Turban ['tʊrba:n] der; ~s, ~e turban

Turbine [tʊr'bi:nə] die; ~, ~n *(Technik)* turbine

turbinen-, Turbinen-: ~antrieb der turbine propulsion; **~flugzeug** das turbo-jet aircraft; **~getrieben** *Adj.* turbine-propelled ⟨ship, aircraft⟩; turbine-driven ⟨generator⟩

Turbo- ['tʊrbo-]: *(Technik)* turbo-

Turbo-Prop-Flugzeug das turbo-prop aircraft

turbulent [tʊrbu'lɛnt] **1.** *Adj. (auch Physik, Astron., Met.)* turbulent; *(allzu lebhaft)* chaotic. **2.** *adv. (auch Physik, Astron., Met.)* turbulently; *(allzu lebhaft)* chaotically; **bei uns/an den Devisenmärkten geht es ~ zu** things are chaotic [around] here/the exchange markets are in turmoil

Turbulenz [tʊrbu'lɛnts] die; ~, ~en *(auch Physik, Astron., Met.)* turbulence *no pl.*

Tür·drücker der; ~s, ~ a) doorknob; b) *(Türöffner)* [automatic] door-opener

Turf [tʊrf] *(Pferdesport Jargon)* turf

Tür·griff der door-handle

Türke ['tʏrkə] der; ~n, ~n a) Turk; b) *(ugs.)* **einen ~n bauen** tell a cock-and-bull story/cock-and-bull stories

Türkei die; ~ : Turkey *no art.*

türken *tr. V. (ugs.)* fake ⟨scene, letter, document, etc.⟩; make up ⟨story, report⟩

Türken·bund·lilie die turk's-cap lily

türkis [tʏr'ki:s] *indekl. Adj.* turquoise

¹Türkis der; ~es, ~e *(Mineral.)* turquoise

²Türkis das; ~ *(Farbe)* turquoise

türkisch *Adj.* Turkish; **~er Honig** nougat; *s. auch* **deutsch; Deutsch; ²Deutsche**

türkis·farben *Adj.* turquoise

Tür-: ~klinke die door-handle; **~klopfer** der door-knocker

Turkologie [tʊrkolo'gi:] die; ~ : Turkish studies *pl., no art.*

Turk-: ~sprache die Turkic language; **~volk** das Turkic people

Turm [tʊrm] der; ~[e]s, **Türme** ['tʏrmə] a) tower; *(spitzer Kirch~)* spire; steeple; b) *(Schach)* rook; castle; c) *s.* **Sprung~**; d) *(hist.) s.* **Schuld~; Hunger~**; e) *(Milit.)* turret

Turmalin [tʊrma'li:n] der; ~s, ~e *(Mineral.)* tourmaline

Turm·bau der; *o. Pl.* building of a/the tower; **der ~ zu Babel** the building of the Tower of Babel

Türmchen ['tʏrmçən] das; ~s, ~ : turret

¹türmen *tr. V. (stapeln)* stack up; *(häufen)* pile up. **2.** *refl. V.* be piled up; ⟨clouds⟩ gather

²türmen *itr. V.; mit sein (salopp)* scarper *(Brit. sl.)*; do a bunk *(Brit. sl.)*; beat it *(sl.)*; **aus dem Knast ~**: do a bunk from prison

Türmer der; ~s, ~ *(hist.)* tower-keeper

turm-, Turm-: ~falke der kestrel; **~haube** die *(Archit.)* cupola; **~hoch 1.** *Adj.* towering; **2.** *adv.* **sich ~ hoch stapeln** be piled high; **~hoch mit etw. beladen** piled high with sth.; **~springen** das; *o. Pl.* high diving *no art.*; **~uhr** die tower clock

Turn-: ~an·zug der leotard; **~beutel** der PE bag

turnen ['tʊrnən] **1.** *itr. V.* a) *(Sport)* do gymnastics; *(Schulw.)* do gym *or* PE; **sie turnt gut** she's good at gymnastics *or* a good gymnast; *(Schulw.)* she's good at gym *or* PE; **er turnte am Reck/auf der Matte** he was doing *or* performing exercises *or* was working on the horizontal bar/the mat; b) *mit sein (ugs.: klettern)* clamber; c) *(ugs.: herumklettern)* clamber about. **2.** *tr. V. (Sport)* do, perform ⟨exercise, routine⟩

Turnen das; ~s gymnastics *sing., no art.*; *(Schulw.)* gym *no art.*; PE *no art.*

Turner der; ~s, ~, **Turnerin** die; ~, ~nen gymnast

turnerisch 1. *Adj.; nicht präd.* gymnastic. **2.** *adv.* gymnastically

Turn-: ~fest das gymnastics festival; **~gerät** das gymnastics apparatus; **~halle** die gymnasium; **~hemd** das [gym] singlet; *(für Turnunterricht)* gym or PE vest; **~hose** die *(mit langem Bein)* gym trousers *pl.*; *(mit kurzem Bein)* gym shorts *pl.*; *(für Turnunterricht)* gym or PE shorts *pl.*

Turnier [tʊr'ni:ɐ] das; ~s, ~e *(auch hist.)* tournament; *(Reit~)* show; *(Tanz~)* competition; **ein ~ reiten** ride in a tournament

Turnier-: ~pferd das show horse; **~tanz** der a) *o. Pl. (Tanzsport)* competitive ballroom dancing; b) *(Tanz)* ballroom dance

Turn~: ~lehrer der gym *or* PE teacher; **~schuh** der gym shoe; *(Trainingsschuh)* training shoe; trainer *(coll.)*; **~schuh·generation** die; *o. Pl.* youth of the '80s; **~stunde** die gym *or* PE lesson; **~übung** die gymnastics exercise; **~unterricht** der gym *no art.*; PE *no art.*

Turnüre [tʊr'ny:rə] die; ~, ~n *(Mode, hist.)* bustle

Turnus ['tʊrnʊs] der; ~, ~se a) regular cycle; **in einem 4jährigen ~ stattfinden** take place on a four-year cycle; **er führt das Amt im ~ mit seinen Kollegen** he and his colleagues hold the office in rotation; b) *(österr.) s.* **Schicht c**

turnus·gemäß 1. *Adj.* die **~gemäße Ablösung des Vorsitzenden erfolgt im April** the chairmanship rotates in April; **2.** *adv.* **er wird den Vorsitz ~gemäß am ersten Januar übernehmen** it will be his turn to take over the chair on 1 January; **~gemäß finden die Verhandlungen in X statt** it is the turn of X to host the negotiations; **~mäßig 1.** *Adj.* regular ⟨inspection, check, etc.⟩; **2.** *adv.* on a regular cycle; **~mäßig hat er morgen Nachtdienst** according to the rota he's on duty tomorrow night

Turn-: ~verein der gymnastics club; **~zeug** das gym *or* PE kit

Tür-: ~öffner der door-opener; **~öffnung** die doorway; **~pfosten** der doorpost; door-jamb; **~rahmen** der door-frame; **~schild** das sign on a/the door; *(Namensschild)* name-plate; door-plate; **~schloß** das door-lock; **~schnalle** die *(österr.)* door-handle; **~schwelle** die threshold; **~spalt** der crack [of the door]; **~sturz** der *(Bauw.)* lintel

turteln *itr. V.* a) *(scherzh.: zärtlich sein)* bill and coo; b) *(veralt.: gurren)* coo

Turtel·taube ['tʊrtl-] die the turtle-dove; *(fig.)* love-bird

Tür·vorleger der doormat

Tusch [tʊʃ] der; ~[e]s, ~e fanfare

Tusche die; ~, ~n a) Indian *(Brit.)* or *(Amer.)* India ink; b) *(nordd., md.: Wasserfarbe)* water-colour; c) *(ugs.: Wimpern~)* mascara

Tuschelei die; ~, ~en a) *o. Pl. (das Tuscheln)* whispering; b) *(Äußerung)* whisper

tuscheln ['tʊʃln] *itr., tr. V.* whisper

tuschen 1. *tr. V.* a) **etw. ~**: draw sth. in Indian *(Brit.)* or *(Amer.)* India ink/paint sth. in water-colours; b) **sich** *(Dat.)* **die Wimpern ~**: put one's mascara on. **2.** *itr. V.* paint in water-colours

Tusch-: ~kasten der *(nordd., md.)* box of water-colours; **die ist der reinste ~kasten** *(fig.)* she's got all her war-paint on *(coll. joc.)*; **~zeichnung** die pen-and-ink drawing

Tussi ['tʊsi] die; ~, ~s *(salopp)* female *(derog.)*; *(Mädchen)* bird *(sl.)*; chick *(coll.)*

tut [tu:t] *Interj. (Kinderspr.)* beep; toot

Tütchen ['ty:tçən] das; ~s, ~ : small bag

Tüte ['ty:tə] die; ~, ~n a) bag; **in die ~ blasen** *od.* **drehen** *(fig. ugs.)* be doing time; **das kommt nicht in die ~!** *(fig. ugs.)* not on your life! *(coll.)*; no way!; b) *(Eis~)* cone; cornet; c) *(ugs.: beim Alkoholtest)* bag; **in die ~ blasen müssen** be breathalysed; d) *(salopp: Person)* jerk *(sl.)*

tuten ['tu:tn] *itr. V.* hoot; ⟨siren, [fog-]horn⟩ sound; **das Schiff tutet** the ship sounds its fog-horn/hooter; **er wählte die Nummer,**

und es tutete he dialled the number, and heard the ringing tone; **er tutete auf seiner Spielzeugtrompete** he tooted on his toy trumpet; *s. auch* **Ahnung c**

Tutor ['tu:tɔr] *der*; ~s, ~en [tu'to:rən] *(Päd.)* **a)** senior student who helps beginners integrate into student life; **b)** *(Mentor)* tutor

Tutorium [tu'to:riʊm] *das*; ~, **Tutorien** *(Päd.)* seminar conducted by a postgraduate

TÜV [tyf] *der*; ~ *Abk.* **Technischer Überwachungsverein** ≈ MOT *(Brit.)*; **ein Auto durch** *od.* **über den TÜV bringen** ≈ get a car through its MOT

Tu·wort ['tu:-] *das*; *Pl.* **Tuwörter** doing word

Twen [tvɛn] *der*; ~[s], ~s twenty-to-thirty-year-old; **Mode für ~s** fashions for people in their 20s

¹**Twist** [tvɪst] *der*; ~[e]s, ~e *(Faden)* twist

²**Twist** *der*; ~s, ~s **a)** *(Tanz)* twist; **~ tanzen** dance the twist; **b)** *(Tennis)* spin

twisten *itr. V.* twist; dance the twist

Tympanon ['tʏmpanɔn] *das*; ~s, **Tympana** *(Archit.)* tympanum

Typ [ty:p] *der*; ~s, ~en **a)** type; **sie ist genau mein ~** *(ugs.)* she's just my type; **dein ~ wird verlangt** *(salopp)* you're wanted; **dein ~ ist hier nicht gefragt** *(salopp)* we don't want your sort here; **er ist ein dunkler/blonder ~**: he's dark/fair; **die beiden sind ganz verschiedene ~en** they're very different sorts of people; **b)** *Gen. auch* ~en *(ugs.: Mann)* bloke *(Brit. sl.)*; guy *(sl.)*; **c)** *(Technik: Modell)* *(Auto)* model; *(Flugzeug)* type; **d)** *(bes. Philos.)* type

Type ['ty:pə] *die*; ~, ~n **a)** *(Druck~, Schreibmaschinen~)* type; **b)** *(ugs.)* *(Person)* type; sort; character; *(seltsame Person)* odd type *or* sort *or* character; **eine seltsame/originelle ~**: an odd sort *or* character/an oddball; **c)** *(bes. österr.) s.* **Typ d**; **d)** *(Fachspr.: Mehl~)* grade

Typen-: **~hebel** *der* type-bar; **~rad das** daisy wheel; **~rad·schreib·maschine** *die* daisy-wheel typewriter

Typhus ['ty:fʊs] *der*; ~ typhoid [fever]

Typhus·epidemie *die* typhoid epidemic

typisch 1. *Adj.* typical (für of). 2. *adv.* typically; **das ist ~ Mann/Frau** that's just typical of a man/woman; **~ Gisela!** typical Gisela!; that's Gisela all over!

Typographie [typogra'fi:] *die*; ~, ~n *(Druckw.)* typography

typographisch *(Druckw.)* 1. *Adj.* typographical. 2. *adv.* typographically

Typologie [typolo'gi:] *die*; ~, ~n *(bes. Psych.)* typology

typologisch *(bes. Psych.)* 1. *Adj.* typological. 2. *adv.* typologically

Typo·skript *das*; *Pl.* ~e typescript

Typus ['ty:pʊs] *der*; ~, **Typen** *(auch Literaturw., bild. Kunst, Philos.)* type

Tyrann [ty'ran] *der*; ~en, ~en *(auch fig.)* tyrant

Tyrannei *die*; ~, ~en *(auch fig.)* tyranny

Tyrannen-: **~herrschaft** *die* tyranny; tyrannical rule; **~mord** *der* tyrannicide

Tyrannis *die*; ~ *(hist.)* tyranny

tyrannisch 1. *Adj.* tyrannical. 2. *adv.* tyrannically

tyrannisieren *tr. V.* tyrannize

tyrrhenisch [tv're:nɪʃ] *Adj.* **Tyrrhenisches Meer** Tyrrhenian Sea

---

U

u, U [u:] *das*; ~, ~: u, U; *s. auch* **a**, **A**; **X**
ü, Ü [y:] *das*; ~, ~: u umlaut; *s. auch* **a**, **A**
U *Abk.* **Umleitung**
u. *Abk.* **und**
u. a. *Abk.* **unter anderem**
u. ä. *Abk.* **und ähnliche[s]**
u. a. m. *Abk.* **und andere[s] mehr** etc.
u. *od.* **U. A. w. g.** *Abk.* **um Antwort wird gebeten** RSVP
UB [u'be:] *Abk.* **die**; ~, ~s: **Universitätsbibliothek**
U-Bahn *die* underground *(Brit.)*; subway *(Amer.)*; *(bes. in London)* tube
U-Bahnhof *der*, **U-Bahn-Station** *die* underground station *(Brit.)*; subway station *(Amer.)*; *(bes. in London)* tube station

übel ['y:bl] 1. *Adj.* **a)** foul, nasty ⟨smell, weather⟩; bad, nasty ⟨headache, cold, taste⟩; nasty ⟨situation, consequences⟩; sorry ⟨state, affair⟩; foul, *(coll.)* filthy ⟨mood⟩; **nicht ~** *(ugs.)* not bad at all; **ein übles Ende nehmen** come to a bad end; **b)** *(unwohl)* **jmdm. ist/wird ~**: sb. feels sick; **es kann einem ~ werden, wenn man so was hört** hearing that sort of thing is enough to make you sick; **c)** *(verwerflich)* bad; wicked; nasty, dirty ⟨trick⟩; **ein übler Bursche** bad sort *(coll.)* or lot; **in üble Gesellschaft geraten** fall in with a bad crowd. 2. *adv.* **Wie geht's? – Danke, nicht ~**: How are things? – Not so bad, thanks; **nicht ~ Lust haben, etw. zu tun** have a good mind to do sth.; **etw. ~ aufnehmen** take sth. badly; **er spielt nicht ~**: he plays pretty well; **b)** *(nachteilig, schlimm)* badly; **er ist ~ dran** he's in a bad way; **etw. ~ vermerken** take sth. amiss; **jmdm. ~ zurichten** give sb. a working over *(coll.)*; **c)** *(verwerflich)* wickedly

Übel *das*; ~s, ~ **a)** *(Mißstand, Ärgernis)* evil; **zu allem ~**: on top of everything else; to make matters [even] worse; **ein notwendiges ~**: a necessary evil; **das kleinere ~ sind nur kleinere ~**: they are just minor annoyances *or* irritations; **b)** *(veralt.: Krankheit)* illness; malady; **c)** *(veralt.: das Böse)* evil *no art. or* **von** *od.* **vom ~ sein** be an evil

übel-: ~gelaunt 1. *Adj. (präd. getrennt geschrieben)* ill-humoured; ill-tempered; *s. auch* **übel 2 a**; 2. *adv.* ill-humouredly; ill-temperedly; **~gesinnt** *Adj. (präd. getrennt geschrieben)* ill-disposed

Übelkeit *die*; ~, ~en nausea; **von einer plötzlichen ~ befallen werden** have a sudden feeling of nausea

übel-, Übel-: ~launig 1. *Adj.* ill-humoured; ill-tempered; 2. *adv.* ill-temperedly; **~nehmen** *unr. tr. V.* **jmdm. etw. ~nehmen** hold sth. against sb.; take sth. amiss; **etw. ~nehmen** take offence at sth.; take sth. amiss; **nehmen Sie [mir] bitte nicht ~, wenn ich ...**: please don't take it amiss *or* be offended if I ...; **~riechend** *Adj.*; *nicht präd.* foul-smelling; evil-smelling; **~stand** *der* evil; **~tat** *die (geh.)* evil *or* wicked deed; misdeed; **~täter** *der* wrongdoer; *(Verbrecher)* criminal; *(Verantwortlicher)* culprit; **~wollen** *unr. itr. V.* **jmdm. ~wollen** wish sb. ill; **~wollend** malevolent ⟨intentions⟩

üben ['y:bn] 1. *tr. V.* **a)** *(auch itr.)* practise; rehearse ⟨scene, play⟩; practise on ⟨musical instrument⟩; **b)** *(trainieren, schulen)* exercise ⟨fingers⟩; train ⟨memory⟩; **mit geübten Händen** with practised hands; **c)** *(geh.: bekunden, tun)* exercise ⟨patience, restraint, etc.⟩; commit ⟨treason⟩; take ⟨revenge, retaliation⟩; **Kritik an etw.** *(Dat.)* **~**: criticize sth. 2. *refl. V.* **sich in etw.** *(Dat.)* **~**: practise sth.; **sich in Geduld/Zurückhaltung ~** *(geh.)* exercise patience/restraint

über ['y:bɐ] 1. *Präp. mit Dat.* **a)** *(Lage, Standort)* over; above; *(in einer Rangfolge)* above; **das Bild hängt ~ dem Sofa** the picture hangs above the sofa; **~ jmdm. wohnen** live above sb.; **Nebel lag ~ der Wiese** fog hung over the meadow; **zehn Grad ~ Null/dem Gefrierpunkt** ten degrees above zero/freezing point; **sie trug eine Jacke ~ dem Kleid** she wore a jacket over her dress; **~ jmdm. stehen** *(fig.)* be above sb.; **b)** *(während)* during; **~ dem Lesen/der Arbeit einschlafen** fall asleep over one's book/magazine etc./over one's work; **c)** *(infolge)* because of; as a result of; **~ der Aufregung vergaß ich, daß ...**: in all the excitement I forgot that ... 2. *Präp. mit Akk.* **a)** *(Richtung)* over; *(quer hinüber)* across; **~ die Straße gehen** go across the road; **~ Karlsruhe nach Stuttgart** via Karlsruhe to Stuttgart; **Tränen liefen ihr ~ die Wangen** tears ran down her cheeks; **ihr Rock reicht ~ die Knie** her skirt comes down to below the knee; **ein Wettlauf ~ eine Distanz von 5000 Metern** a race over a distance of 5,000 metres; **er zog sich** *(Dat.)* **die Mütze ~ die Ohren** he pulled the cap down over his ears; **bis ~ die Knöchel im Schlamm versinken** sink up past one's ankles in mud; **es ist zwei Stunden ~ die Zeit** it should have happened two hours ago; **(er/sie/es hat schon zwei Stunden Verspätung)** he/she/it is two hours late; **Tennis/seine Tochter geht ihm ~ alles** tennis/his daughter means more to him than anything; **italienisches Essen geht ihm ~ alles** he loves Italian food more than anything else; **b)** *(während)* over; **~ Mittag** over lunchtime; **~ das Wochenende nach Hause fahren/zu Hause sein** go/be home for the weekend; **~ Wochen/Monate** for weeks/months; **~ Ostern/Weihnachten** over Easter/Christmas; **die ganze Zeit ~**: the whole time; **die Woche/den Sommer ~** during the week/summer; **den ganzen Winter/Tag ~**: all winter/day long; **c)** *(betreffend)* about; **~ etw. reden/schreiben** talk/write about sth.; **ein Buch ~ die byzantinische Kunst** a book about *or* on Byzantine art; **ein Scheck/eine Rechnung ~ 1000 Mark** a cheque/bill for 1,000 marks; **d)** **Kinder ~ 10 Jahre** children over ten [years of age]; **e)** **Gewalt ~ jmdn. haben** have power over sb.; **Wellingtons Sieg ~ Napoleon** Wellington's victory over Napoleon; **f)** **das geht ~ meine Kraft** that's too much for me; **jmdm. ~ den Verstand gehen** be beyond sb.; **g)** **sie macht Fehler ~ Fehler** she makes mistake after mistake; **er hat Schulden ~ Schulden** he's up to his ears in debt; **h)** *(mittels, durch)* through ⟨person⟩; by ⟨post, telex, etc.⟩; over ⟨radio, loudspeaker⟩; **ich bin ~ die Autobahn gekommen** I came along the motorway; **etw. ~ alle Sender bringen/ausstrahlen** broadcast sth. on all stations; **i)** *(geh. veralt.: bei Verwünschungen)* on; **Schande/Fluch ~ ihn!** shame/a curse on him! 3. *Adv.* **a)** *(mehr als)* over; **b)** **~ und ~**: all over; **sie war ~ und ~ mit Schmutz bedeckt** she was covered all over in dirt. 4. *Adj.*; *nicht attr.* *(ugs.)* **a)** *(überlegen)* **jmdm. ~ sein** have the edge on sb. *(coll.)*; **b)** *(übrig)* left [over]; **c)** *(zuviel, lästig)* **das ist mir ~**: I'm fed up with it *(coll.)*

über·all [*od.* --'-] *Adv.* **a)** *(an allen Orten)* everywhere; **sie weiß ~ Bescheid** *(auf allen*

überallher *Gebieten)* she knows about everything; **b)** *(bei jeder Gelegenheit)* always
überall-: ~**her** *Adv.* from all over the place; ~**hin** *Adv.* everywhere
über·altert [y:bɐ'|altɐt] *Adj.* **a)** ⟨*population*⟩ containing a disproportionately high proportion of elderly people; **das Kabinett ist ~:** the cabinet has too many elderly members; **b)** *(überholt)* outdated; obsolete ⟨*machine, vehicle, etc.*⟩
Über·alterung die; ~, ~**en a)** increase in the proportion of elderly people/workers/members *etc.*; **b)** *s.* **überaltert b:** outdatedness; obsoleteness
Über·angebot das surplus (**an** + *Dat.* of); *(Schwemme)* glut (**an** + *Dat.* of)
über·ängstlich 1. *Adj.* over-anxious. **2.** *adv.* over-anxiously
über·anstrengen *tr. V.* overtax ⟨*person, energy*⟩; strain ⟨*eyes, nerves, heart*⟩; **sich ~:** overstrain *or* over-exert oneself; **überanstreng dich nicht!** *(iron.)* don't strain yourself!
Über·anstrengung die over-exertion; ~ **der Augen/des Herzens** strain on the eyes/heart; **vermeiden Sie jede ~ der** *od.* **Ihrer Augen** avoid straining your eyes
über·antworten *tr. V. (geh.)* **a)** *(anvertrauen)* jmdn./etw. jmdm. ~ entrust sb./sth. to sb.; **die Funde wurden dem Museum überantwortet** the finds were handed over to the museum; **b)** *(ausliefern)* jmdn. dem Gericht ~: hand sb. over to the courts
über·arbeiten 1. *tr. V.* rework; revise ⟨*text, edition*⟩. **2.** *refl. V.* overwork
Über·arbeitung die; ~, ~**en a)** reworking; *(von Text, Manuskript, Ausgabe usw.)* revision; *(überarbeitete Fassung)* revised version; **b)** *(Überanstrengung)* overwork
über·aus *Adv.* extremely
über·backen *unr. tr. V.* etw. mit Käse *usw.* ~: top sth. with cheese *etc.* and brown it lightly [under the grill/in a hot oven]; **ein mit Käse ~er Auflauf** a soufflé au gratin
Über·bau der; *Pl.* ~**e** *(Philos., Soziol.)* superstructure
überbeanspruchen[1] *tr. V.* put too great a strain on ⟨*heart, circulation, etc.*⟩; strain ⟨*nerves*⟩, overstrain, overstress ⟨*material*⟩; overburden, overstretch ⟨*facilities, services*⟩; overload ⟨*machine*⟩; make excessive use of ⟨*right, privilege*⟩; overtax ⟨*person, body, strenght*⟩; *(mit Arbeit)* overwork ⟨*person*⟩; *(psychisch)* put too great a strain on ⟨*person*⟩
Über·beanspruchung die *s.* **überbeanspruchen:** straining; overstraining; overstressing; overburdening; overloading; excessive use; overtaxing, overworking; **die ~ des Herzens führt zu …:** putting too great a strain on the heart leads to …
über|behalten *unr. tr. V. (ugs.) s.* **übrigbehalten**
Über·bein das *(Med.)* ganglion
über|bekommen *unr. tr. V. (ugs.)* **a)** *(satt bekommen)* get fed up with ⟨*sl.*⟩; **b)** **einen** *od.* **eins ~:** get a clout
überbelasten[2] *tr. V.* **a)** overload; **b)** *(zu stark in Anspruch nehmen)* overburden ⟨*person*⟩; place too much strain on ⟨*bodily organ*⟩
Über·belastung die a) overloading; **b)** *(zu starke Inanspruchnahme)* overburdening; **die ~ der Leber führt zu …:** placing too much strain on the liver leads to …
über·belegt *Adj.* overcrowded; over-subscribed ⟨*course*⟩
Über·belegung die overcrowding; **wegen der ~ des Kurses** because the course is/was over-subscribed

[1] ich überbeanspruche, überbeansprucht, überzubeanspruchen
[2] ich überbelaste, überbelastet, überzubelasten

überbelichten[1] *tr. V. (Fot.)* over-expose
Über·belichtung die *(Fot.)* over-exposure
über·beschäftigung die; *o. Pl. (Wirtsch.)* over-employment
überbetonen[2] *tr. V.* overstress
Über·bevölkerung die; *o. Pl.* over-population
überbewerten[3] *tr. V.* overvalue; *(überschätzen)* overvalue; overrate; mark ⟨*pupil, piece of work, gymnast, skater, etc.*⟩ too high; **er warnte davor, diesen Faktor überzubewerten** he warned people not to attach too much significance to this factor
Über·bewertung die overvaluation; *(Überschätzung)* overvaluation; overrating
überbezahlen[4] *tr. V.* overpay
Über·bezahlung die overpayment
überbietbar *Adj.* kaum noch ~ sein take some beating; **das ist ein kaum ~es Beispiel für Intoleranz** as an example of intolerance that takes some beating
über·bieten *unr. tr. V.* **a)** outbid (**um** by); **b)** *(übertreffen)* surpass; outdo ⟨*rival*⟩; break ⟨*record*⟩ (**um** by); exceed ⟨*target*⟩ (**um** by); **das ist kaum noch zu ~:** that takes some beating
Überbleibsel [-blaips|] *das;* ~**s, ~:** remnant; *(einer Kultur)* relic
über|blenden *tr. V. (Rundf., Ferns., Film)* dissolve
Über·blick der a) view; **einen guten ~ über etw.** *(Akk.)* **haben** have a good view over sth.; **b)** *(Abriß)* survey; **c)** *o. Pl. (Einblick)* overall view *or* perspective; **den ~ über etw.** *(Akk.)* **verlieren** lose track of sth.; **einen ~ über etw.** *(Akk.)* **gewinnen/haben** gain/have an overview of sth.
über|blicken *tr. V. s.* ²**übersehen a, b**
über·bordend *Adj.* exuberant
über|braten *unr. tr. V.* jmdm. eins *od.* einen ~ *(ugs.)* belt sb. one
Über·breite die: Transport/Ladung mit ~: wide load; ~ **haben** be over normal width
über·bringen *unr. tr. V.* deliver; convey ⟨*greetings, congratulations*⟩
Über·bringer der; ~**s, ~:** bearer
über·brücken *tr. V. (veralt.)* bridge ⟨*river, ravine, etc.*⟩; **b)** *(fig.)* bridge ⟨*gap, gulf*⟩; overcome ⟨*difference*⟩; **um die finanzielle Notlage zu ~, mußte sie …:** to tide herself over the financial crisis, she had to …
Über·brückung die; ~, ~**en** *(fig.)* bridging; *(von Gegensätzen)* reconciliation; **zur ~ der finanziellen Notlage mußte sie …:** to tide herself over the financial crisis, she had to …
Über·brückungs-: ~**hilfe die:** jmdm. eine ~**hilfe gewähren** give sb. interim financial help; ~**kredit der** *(Finanzw.)* bridging loan
über·dachen *tr. V.* roof over; **überdacht** covered ⟨*terrace, station platform, etc.*⟩
über·dauern *tr. V.* survive ⟨*war, separation, hardship*⟩
Über·decke die cover; *(auf einem Bett)* bedspread
¹**über|decken** *tr. V. (ugs.)* jmdm. etw. ~: cover sb. [up] with sth.
²**über·decken** *tr. V.* **a)** *(bedecken)* cover; **b)** *(verdecken)* cover up
über·dehnen *tr. V.* overstretch; strain ⟨*muscle*⟩
über·denken *unr. tr. V.* etw. ~: think sth. over
über·deutlich 1. *Adj.* unusually clear. **2.** *adv.* unusually clearly; with unusual clar-

[1] ich überbelichte, überbelichtet, überzubelichten
[2] ich überbetone, überbetont, überzubetonen
[3] ich überbewerte, überbewertet, überzubewerten
[4] ich überbezahle, überbezahlt, überzubezahlen

ity; **er hat mir ~ klargemacht, daß …:** he made it only too plain to me that …
über·dies *Adv.* moreover; what is more
über·dimensional 1. *Adj.* inordinately large ⟨*spectacles, table, statue, etc.*⟩; inordinate ⟨*love, influence*⟩. **2.** *adv.* enormously ⟨*enlarged*⟩
überdosieren[1] *tr. V.* ein Medikament ~: give/take too large a dose/doses of a medicine
Über·dosis die overdose
über·drehen *tr. V.* **a)** overwind ⟨*watch*⟩; over-tighten ⟨*screw, nut*⟩; **b)** *(Technik)* over-rev ⟨*engine*⟩; **einen Wagen ~:** over-rev *(coll.)* the engine of a car
überdreht *Adj. (ugs.)* wound up; *(verrückt)* crazy
¹**Über·druck der;** *Pl.* ~**drücke** excess pressure; **der Reifen hat ~:** the tyre is over-inflated
²**Über·druck der;** *Pl.* ~**e** *(Philat.)* overprint
über·drucken *tr. V.* overprint
Überdruck·ventil das pressure-relief valve
Überdruß [-drʊs] **der; Überdrusses** surfeit (**an** + *Dat.* of); **etw. bis zum ~ tun** do sth. until one has wearied of it; **das habe ich schon bis zum ~ gehört!** I'm tired of hearing that
überdrüssig [-drʏsɪç] *Adj.* jmds./einer Sache ~ sein/werden be/grow tired of sth./sb.
über·durchschnittlich 1. *Adj.* above average. **2.** *adv.* sie ist ~ begabt she is more than averagely gifted *or* talented; **er verdient ~ gut** he earns more than the average
über·eck *Adv.* across a/the corner; **die Decke liegt ~ auf dem Tisch** the table-cloth lies diagonally on the table
Über·eifer der over-eagerness; *(zu große Emsigkeit)* over-zealousness
über·eifrig 1. *Adj.* over-eager; *(zu emsig)* over-zealous. **2.** *adv.* over-eagerly; *(zu emsig)* over-zealously
über·eignen *tr. V.* jmdm. etw. ~: transfer sth. *or* make sth. over to sb.
Über·eignung die transfer (**an** + *Akk.* to)
über·eilen *tr. V.* rush; **übereilt** over-hasty
über·einander *Adv.* **a)** *(räumlich)* one on top of the other; **sie wohnen ~:** they live one above the other; **b)** *(fig.: voneinander)* about each other; about one another
übereinander-: ~**legen** *tr. V.* Holzscheite *usw.* ~**legen** lay pieces of wood *etc.* one on top of the other; ~**liegen** *unr. itr. V.;* *südd., österr. schweiz. mit sein* lie one on top of the other; **ihre Wohnungen liegen ~:** their flats (Brit.) *or* (Amer.) apartments are situated over each other; ~**schichten** *tr. V.* Bretter *usw.* ~**schichten** pile boards *etc.* one on top of the other; ~**schlagen** *unr. tr. V.* die Enden des Tuches ~**schlagen** fold the edges of the cloth over; **die Arme/Beine ~schlagen** fold one's arms/cross one's legs; **mit ~geschlagenen Armen** with [one's] arms folded; ~**stehen** *unr. itr. V.* stand one on top of the other; ~**stellen** *tr. V.* Teller *usw.* ~**stellen** put plates *etc.* one on top of the other
überein|kommen *unr. itr. V.; mit sein* agree; come to an agreement
Überein·kommen das; ~**s, ~, Übereinkunft** [-'|aɪnkʊnft] **die;** ~, ~**künfte** agreement; **ein Übereinkommen** *od.* **eine Übereinkunft treffen/erzielen** enter into *or* make an agreement/reach [an] agreement
überein|stimmen *itr. V.* **a)** *(einer Meinung sein)* agree; **mit jmdm. in etw.** *(Dat.)* **~:** agree with sb. on sth.; **wir stimmen darin überein, daß …:** we are in agreement that …; **b)** *(sich gleichen)* ⟨*colours, styles*⟩ match; ⟨*figures, statements, reports, results*⟩ tally, agree; ⟨*views, opinions*⟩ coincide; *(Sprachw.: kongruieren)* agree

[1] ich überdosiere, überdosiert, überzudosieren

1531

übereinstimmend 1. *Adj.; nicht präd.* concurrent ⟨*views, opinions, statements, reports*⟩. **2.** *adv.* sie stellten ~ fest, daß ...: they agreed in stating that ...; wir sind ~ der Meinung, daß ...: we share the view that ...
Überein·stimmung die a) *(von Meinungen)* agreement (**in** + *Dat.* on); **b)** *(Einklang, Gleichheit, Sprachw.: Kongruenz)* agreement (*Gen.* between); **die ~ von** *od.* **zwischen Theorie und Praxis** the correspondence between theory and practice; **in ~ mit einem Vertrag stehen** be in accordance with a contract; **etw. mit etw. in ~ bringen** reconcile sth. with sth.
über·empfindlich 1. *Adj.* over-sensitive (**gegen** to); *(Med.)* hypersensitive (**gegen** to). **2.** *adv.* over-sensitively; *(Med.)* hypersensitively
Über·empfindlichkeit die over-sensitivity (**gegen** to); *(Med.)* hypersensitivity (**gegen** to)
übererfüllen[1] *tr. V.* overfulfil
Über·erfüllung die overfulfilment
¹**über|essen** *unr. tr. V.* sich (*Dat.*) **Hamburger/Nougat ~:** eat too many hamburgers/ too much nougat
²**über·essen** *unr. refl. V.* sich [an etw. (*Dat.*)] ~: gorge oneself [on sth.]
¹**über|fahren 1.** *unr. tr. V.* jmdn. ~: ferry *or* take sb. over. **2.** *unr. itr. V.; mit sein* cross over
²**über·fahren** *unr. tr. V.* **a)** run over; **b)** *(übersehen u. weiterfahren)* go through ⟨*red light, stop-signal, etc.*⟩; **c)** *(hinwegfahren über)* cross; go over ⟨*crossroads*⟩; **d)** *(ugs.: überrumpeln)* jmdn. ~: catch *or* take sb. unawares
Über·fahrt die crossing (**über** + *Akk.* of)
Über·fall der attack (**auf** + *Akk.* on); *(aus dem Hinterhalt)* ambush (**auf** + *Akk.* on); *(mit vorgehaltener Waffe)* hold-up; *(auf eine Bank o. ä.)* raid (**auf** + *Akk.* on); *(fig. ugs.)* surprise visit
über·fallen *unr. tr. V.* **a)** attack; raid ⟨*bank, enemy position, village, etc.*⟩; *(hinterrücks)* ambush; *(mit vorgehaltener Waffe)* hold up; *(fig.: besuchen)* descend on; **jmdn. mit Wünschen/Fragen ~** *(fig.)* bombard sb. with requests/questions; **b)** *(überkommen)* ⟨*tiredness, homesickness, fear*⟩ come over; **ein Schauder überfiel mich** a shiver ran through me
über·fällig *Adj.* overdue
Überfall·kommando, *(österr.)* **Überfalls·kommando das** flying squad
über·fischen *tr. V.* overfish
über·fliegen *tr. V.* **a)** *(hinwegfliegen über)* fly over; overfly *(formal)*; **b)** *(flüchtig lesen)* skim [through]
über|fließen *unr. itr. V.; mit sein* s. **überlaufen a, b; sein Herz floß über** *(fig.)* his heart was full
über·flügeln *tr. V.* outshine; outstrip
Über·fluß der; *o. Pl.* abundance (**an** + *Dat.* of); *(Wohlstand)* affluence; **etw. im ~ haben** have sth. in abundance; **im ~ vorhanden sein** be in abundant *or* plentiful supply; **zu allem ~:** to cap *or* crown it all
Überfluß·gesellschaft die; *o. Pl.* affluent society
über·flüssig *Adj.* superfluous; unnecessary ⟨*purchase, words, work*⟩; *(zwecklos)* pointless; **~e Pfunde** *(ugs. scherzh.)* excess weight *sing.*; **~ zu erwähnen, daß ...:** needless to say, ...
überflüssiger·weise *Adv.* unnecessarily; *(sinnloserweise)* pointlessly
über·fluten *tr. V. (auch fig.)* flood
über·fordern *tr. V.* jmdn. [mit etw.] ~: overtax sb. [with sth.]; ask *or* demand too much of sb. [with sth.]; **mit diesem Posten ist er überfordert** this job is too much for him; he is not up to this job

---
[1] ich übererfülle, übererfüllt, überzuerfüllen

Über·forderung die a) eine [körperliche] ~ für jmdn. sein be too much for sb. [physically]; eine intellektuelle ~ für jmdn. sein ask *or* demand too much of sb. intellectually; **b)** *o. Pl. (das Überfordern)* overtaxing
über·frachten *tr. V.* overload; *(fig.)* overcharge
über·fragen *tr. V.* **da bin ich überfragt** I don't know the answer to that
über·fremden *tr. V.* **überfremdet werden/ sein** ⟨*language, culture, etc.*⟩ be swamped [by foreign influences]; ⟨*economy*⟩ be dominated [by foreign firms/capital]; ⟨*country*⟩ be dominated [by foreign influences]
Über·fremdung die; ~, ~en domination [by foreign influences]; **eine amerikanische ~ des Marktes** domination of the market by American capital
über·fressen *unr. refl. V.* overeat; **der Hund/** *(salopp)* **sie hat sich an Schokolade ~:** the dog gorged itself/she gorged herself on chocolate
über·frieren *unr. itr. V.; mit sein* freeze over; **~de Nässe** black ice
Über·fuhr die; ~, ~en *(österr.)* ferry
¹**über|führen** *tr. V.* **a)** *(an einen anderen Ort bringen)* transfer; **die Tote wurde in seine Heimat übergeführt** the body of the dead man was brought back to his home town/ country; **b)** *(in einen anderen Zustand bringen)* convert; **etw. in die Praxis ~:** give sth. practical application
²**über·führen** *tr. V.* **a)** *s.* ¹**überführen a; b)** jmdn. [eines Verbrechens] ~: find sb. guilty [of a crime]; convict sb. [of a crime]; **c)** *s.* ¹**überführen b**
Über·führung die a) transfer; **die ~ des Toten in seine Heimat** bringing back the body of the dead man to his home town/country; **b)** *(eines Verdächtigen)* conviction; **c)** *(Brücke)* bridge; *(Hochstraße)* overpass; *(Fußgänger~)* [foot-]bridge
Über·fülle die superabundance; **die ~ des Angebots** the excessive amount on offer
über·füllt *Adj.* crammed full, chock-full (**von** with); *(mit Menschen)* overcrowded, packed (**von** with); over-subscribed ⟨*course*⟩
Über·füllung die; *o. Pl.* overcrowding „**Wegen ~ geschlossen**" 'Full up'
Über·funktion die *(Med.)* hyperfunction
über·füttern *tr. V.* overfeed
Über·gabe die a) handing over (**an** + *Akk.* to); *(einer Straße, eines Gebäudes)* opening; *(von Macht)* handing over; transfer; **b)** *(Auslieferung an den Gegner)* surrender (**an** + *Akk.* to)
Über·gang der a) crossing; **b)** *(Stelle zum Überqueren)* crossing; *(Bahn~)* level crossing *(Brit.)*; grade crossing *(Amer.)*; *(Fußgängerbrücke)* foot-bridge; *(an der Grenze, eines Flusses)* crossing-point; **c)** *(Wechsel, Überleitung)* transition ⟨**zu, auf** + *Akk.* to⟩; **ohne ~:** without any transition
übergangs-, Übergangs-: ~bestimmung die interim regulation; ~erscheinung die transitional phenomenon; ~los **1.** *Adj.; nicht präd.* without any transition *postpos.;* **2.** *adv.* without any transition; ~lösung die interim *or* temporary solution; ~mantel der coat for spring and autumn; ~stadium das transitional stage; ~zeit die **a)** transitional period; **b)** *(Frühling oder Herbst)* autumn; *(Frühling und Herbst)* spring and autumn
Über·gardine die curtain
über·geben 1. *unr. tr. V.* **a)** hand over; pass ⟨*baton*⟩; **etw. den Flammen ~** *(fig. geh.)* consign sth. to the flames; **b)** *(übereignen)* transfer, make over ⟨*Dat., an* + *Akk.* to⟩; **d) eine Straße dem Verkehr ~:** open a road to traffic; **das neue Gemeindezentrum wurde seiner Bestimmung ~:** the new community centre was [officially] opened; **e)** *(abgeben, überlassen)* **er hat sein Amt ~:** he has handed over his position; **jmdm. etw. ~:** entrust sb. with sth.; **ich übergebe diese Angelegenheit meinem Anwalt** I am placing this matter in the hands of my lawyer. **2.** *unr. refl. V. (sich erbrechen)* vomit
¹**über|gehen** *unr. itr. V.; mit sein* **a)** pass; **an jmdn./in jmds. Besitz ~:** become sb.'s property; *s. auch* **Fleisch a; b) zu etw. ~:** go over to sth.; **dazu ~, etw. zu tun** go over to doing sth.; **zu einem anderen Thema ~:** move on to another subject; **c) in etw. (*Akk.*) ~ (zu etw. werden)** turn into sth.; **in Gärung/Verwesung ~:** begin to ferment/ decompose; **ineinander ~ (*sich vermischen*)** merge; **d) uns gingen die Augen über** we were overwhelmed by the sight; **e)** *(Seemannsspr.)* ⟨*wave*⟩ break over the side
²**über·gehen** *unr. tr. V.* **a)** *(nicht beachten)* ignore; **nicht eingehen auf/ etw. mit Stillschweigen ~:** pass sth. over in silence; **b)** *(auslassen, überspringen)* skip [over]; **c)** *(nicht berücksichtigen)* pass over; **jmdn. bei der Beförderung ~:** pass sb. over for promotion; **jmdn. im Testament ~:** leave sb. out of one's will
über·genau 1. *Adj.* over-meticulous. **2.** *adv.* over-meticulously
über·genug *Adv.* more than enough
über·geordnet 1. *s.* **überordnen. 2.** *Adj.* higher ⟨*authority, position, court*⟩; greater ⟨*significance*⟩; superordinate ⟨*concept*⟩; **einer Sache (*Dat.*) ~ sein** ⟨*authority, position, court*⟩ be higher than sth.
Über·gepäck das *(Flugw.)* excess baggage
Über·gewicht das a) excess weight; *(von Person)* overweight; [5 kg] ~ **haben** ⟨*person*⟩ be [5 kilos] overweight; **b)** *(fig.)* predominance; **das ~ [über jmdn./etw.] haben/gewinnen** be/become predominant [over sb./sth.]; **militärisches ~ haben/gewinnen** have/ achieve military superiority; **c) das ~ bekommen** *od.* **kriegen** *(ugs.)* ⟨*person*⟩ overbalance
über·gewichtig *Adj.* overweight
¹**über|gießen** *unr. tr. V.* jmdm. etw. ~: pour sth. over sb.
²**über·gießen** *unr. tr. V.* **etw. mit Wasser/ Soße ~:** pour water/sauce over sth.; **sich mit etw. ~:** pour sth. over oneself; **von Licht übergossen sein** *(fig.)* be flooded with light
über·glücklich *Adj.* blissfully happy; *(hoch erfreut)* overjoyed
über·golden *tr. V.* gild; *(fig. dichter.)* ⟨*sun*⟩ bathe ⟨*countryside*⟩ in gold
über|greifen *unr. itr. V.* **a)** *(bes. beim Klavierspiel, Turnen)* cross one's hands over; **b)** *(sich ausdehnen)* **auf etw. (*Akk.*) ~:** spread to sth.; **auf** *od.* **in jmds. Machtbereich ~:** encroach on sb.'s area of authority
über·greifend *Adj.* predominant; *(allumfassend)* all-embracing
Über·griff der *(unrechtmäßiger Eingriff)* encroachment (**auf** + *Akk.* on); infringement (**auf** + *Akk.* of); *(Angriff)* attack (**auf** + *Akk.* on)
über·groß *Adj.* huge; enormous; overwhelming ⟨*majority*⟩
Über·größe die outsize; **Kleider/Schuhe usw. in ~n** outsize dresses/shoes *etc.*
über|haben *unr. tr. V. (ugs.)* **a)** *(übergezogen haben)* have ⟨*coat, jacket, etc.*⟩ on; be wearing ⟨*coat, jacket, etc.*⟩; **b)** *(satthaben)* be fed up with *(coll.)*; **c)** *(übrig haben)* etw. ~: have sth. left [over]
überhand|nehmen *unr. itr. V.* get out of hand; ⟨*attacks, muggings, etc.*⟩ increase alarmingly; ⟨*weeds*⟩ run riot
Über·hang der a) *(Überschuß)* surplus (**an** + *Dat.* of); **b)** *(Fels~, Archit.)* overhang
¹**über|hängen** *unr. itr. V.;* ⟨*südd., österr., schweiz. mit sein*⟩ ⟨*part of building*⟩ overhang; ⟨*branch*⟩ hang over; ⟨*rock face*⟩ form an overhang
²**über|hängen** *tr. V.* **sich** (*Dat.*) **eine Jacke**

Überhangmandat — Überlegung

~: put a jacket round one's shoulders; **sich** *(Dat.)* **das Gewehr/die Tasche ~:** hang *or* sling the rifle/bag over one's shoulder
Überhang·mandat *das (Politik)* seat won in addition to the number a party has gained through proportional representation
über·hasten *tr. V.* rush; **überhastet handeln** act hastily *or* hurriedly
über·häufen *tr. V.* **jmdn. mit etw. ~:** heap *or* shower sth. on sb.; **jmdn. mit Ratschlägen/Vorwürfen ~:** bombard sb. with advice/pour reproaches on sb.
überhaupt 1. *Adv.* a) *(insgesamt, im allgemeinen)* in general; **soweit es ~ Zweck hat** as far as there's any point in it at all; **~ fühlte er sich jetzt wohler** he felt better all round; **er ist ~ selten zu Hause** he's not at home much at all; b) *(meist bei Verneinungen: gar)* ~ **nicht** not at all; **das ist ~ nicht wahr** that's not true at all; **~ keine Zeit haben** have no time at all; not have any time at all; **das kommt ~ nicht in Frage** it's quite *or* completely out of the question; **~ nichts** nothing at all; nothing what[so]ever; **wenn ~:** if at all; **wenn ~, dann komme ich morgen** if I come at all, it will be tomorrow; c) *(überdies, außerdem)* besides; d) *(besonders)* particularly. 2. *Partikel* anyway; **wer sind Sie ~?** who are you anyway?; **wer hat dir das ~ gesagt?** who told you that anyway?; **was willst du hier ~?** what ar you doing here anyway?; **wie konnte das ~ passieren?** how could it happen in the first place?; **das klingt verlockend, aber haben wir ~ Geld dafür?** that sounds tempting, but have we got the money for it?; **wissen Sie ~, mit wem Sie reden?** do you realize who you're talking to?
über·heben *unr. refl. V.* a) *s.* **verheben**; b) *(überheblich sein)* be arrogant
überheblich [-'he:plɪç] 1. *Adj.* arrogant; supercilious ⟨grin⟩. 2. *adv.* arrogantly; ⟨grin⟩ superciliously
Überheblichkeit *die*; ~: arrogance
über·heizen *tr. V.* overheat
über·hitzen *tr. V. (auch fig.)* overheat
über·höhen *tr. V.* raise ⟨dike, embankment, etc.⟩; bank ⟨track, curve⟩
überhöht [y:bɐˈhøːt] *Adj. (zu hoch)* excessive
¹**über|holen** 1. *tr., itr. V.* **jmdn. ~:** ferry sb. across. 2. *itr. V. (Seemannsspr.)* keel over
²**über·holen** 1. *tr. V.* a) overtake *(esp. Brit.)*; b) *(übertreffen)* outstrip; c) *(wieder instand setzen)* overhaul. 2. *itr. V.* overtake *(esp. Brit.)*; pass *(esp. Amer.)*
Überhol·: ~manöver *das* overtaking *(esp. Brit.)* or *(esp. Amer.)* passing manœuvre; **~spur** *die* overtaking lane *(esp. Brit.)*; pass lane *(esp. Amer.)*
überholt *Adj. (veraltet)* outdated; **durch etw. ~ sein** have become outdated as a result of sth.
Überholung *die*; ~, ~en overhaul; **der Wagen muß zur ~ in die Werkstatt** the car has to go into the garage for an overhaul
Überhol-: ~verbot *das* prohibition of overtaking; **„~"** 'no overtaking' *(esp. Brit.)*; 'no passing' *(Amer.)*; **hier besteht ~verbot** overtaking is prohibited here; **~vorgang** *der* overtaking *no art.*; **während des ~vorgangs** while overtaking
über·hören *tr. V.* not hear; **das möchte ich überhört haben** I'll pretend I didn't hear that
Über-Ich *das (Psych.)* super-ego
über·irdisch 1. *Adj.* a) *(himmlisch)* celestial; heavenly; *(übernatürlich)* supernatural; ethereal ⟨beauty⟩; b) *(veralt.) s.* **oberirdisch** 1. 2. *adv.* a) *(himmlisch)* celestially; *(übernatürlich)* supernaturally; ethereally ⟨beautiful⟩; b) *(veralt.) s.* **oberirdisch** 2

Über·kapazität *die*; *meist Pl. (Wirtsch.)* over-capacity *no pl.*
über|kippen *itr. V.*; *mit sein* tip over
über·kleben *tr. V.* **die alten Plakate mit neuen ~:** stick new posters over the old ones; **wir überklebten die Anschrift** we stuck something over the address; we covered the address by sticking something over it
über·klettern *tr. V.* climb over
über·kochen *itr. V.*; *mit sein (auch fig. ugs.)* boil over
¹**über|kommen** *unr. itr. V.*; *mit sein (Seemannsspr.)* ⟨water⟩ wash over the deck; ⟨wave⟩ break over the side
²**über·kommen** *unr. tr. V.* **Mitleid/Ekel/Furcht überkam mich** I was overcome by pity/revulsion/fear; **ein Gefühl der Verlassenheit überkam sie** a feeling of desolation came over her
³**überkommen** *Adj. (geh.)* traditional
über·kompensieren¹ *tr. V. (bes. Psych., Wirtsch.)* over-compensate for
über·kreuzen 1. *tr. V. s.* **kreuzen** 1a. 2. *refl. V.* cross; **sich ~de Linien** intersecting lines
über|kriegen *tr. V. (ugs.)* **jmdn./etw. ~:** get fed up with sb./sth. *(coll.)*
über·kronen *tr. V. (Zahnmed.)* crown
über·krusten *tr. V.* **das Salz hatte den Boden überkrustet** the ground was encrusted with salt *or* covered with a crust of salt; **von Dreck überkrustete Stiefel** boots caked with dirt
¹**über·laden** *unr. tr. V. (auch fig.)* overload
²**überladen** *Adj.* over-ornate ⟨façade, style, etc.⟩; overcrowded ⟨shop window⟩
über·lagern *tr. V.* a) *(fig.)* combine with; **sich ~:** combine; **von Sedimentschichten überlagertes Gestein** rock with overlying sedimentary strata; **sich ~de Gesteinsschichten** superimposed rock strata; b) *(Physik)* ⟨wave⟩ interfere with; ⟨force, field⟩ be superimposed on; **sich ~** ⟨waves⟩ interfere; ⟨forces, fields⟩ be superimposed
Über·lagerung *die* a) superposition; *(fig.)* combination; b) *(Physik) (von Wellen)* interference; *(von Kräften, Feldern)* superposition
Überland- [*od.* -'-]: **~bus** *der* country bus; **~leitung** *die* transmission line
über·lang *Adj.* unusually long
Über·länge *die*; ~ **haben** be unusually long; **eine Ladung mit ~:** a long load; **„wegen ~ geänderter Anfangszeiten"** 'starting times changed due to the unusually long running-time of the film'
über·lappen *tr. V. (auch fig.)* overlap
¹**über|lassen** *unr. tr. V. (ugs.)* **etw. ~:** leave sth. over
²**über·lassen** 1. *unr. tr. V.* a) *(geben)* **jmdm. etw. ~:** let sb. have sth.; **er hat mir sein Auto übers Wochenende ~:** he let me use his car over the weekend; **er ließ es mir billig ~:** he let me have it cheap; b) **jmdn. jmds. Fürsorge ~:** leave sb. in sb.'s care; **sich** *(Dat.)* **selbst ~ sein** be left to one's own devices; c) **etw. jmdm. ~** *(etw. jmdn. entscheiden/tun lassen)* leave sth. to sb.; **das bleibt [ganz] dir ~:** that's [entirely] up to you; **überlaß das bitte mir** let that be my concern; let me worry about that; **jmdm. alle Arbeit ~:** leave sb. to do all the work; **etw. dem Zufall ~:** leave sth. to chance; d) **jmdn. seinem Kummer ~:** leave sb. to cope with his/her grief alone. 2. *unr. refl. V.* **sich der Leidenschaft/dem Gefühl/den Träumen** *usw.* **~:** abandon oneself to one's passions/emotions/dreams *etc.*
über·lasten *tr. V.* overload; overburden; overstretch ⟨facilities, authorities⟩; put too great a strain on ⟨heart, circulation, etc.⟩; strain ⟨nerves⟩; overstress ⟨structure, mater-

¹ *ich überkompensiere, überkompensiert, überzukompensieren*

ial⟩; overtax ⟨person⟩; *(mit Arbeit)* overwork ⟨person⟩; *(psychisch)* put too great a strain on ⟨person⟩
Überlastung *die*; ~, ~en *s.* **überlasten:** overloading; overstretching; straining; overstressing; overtaxing; overworking; **die ständige ~ führte schließlich zu seinem Zusammenbruch** the continuous strain he was under led eventually to collapse
Über·lauf *der (auch DV)* overflow
¹**über|laufen** *unr. itr. V.*; *mit sein* a) ⟨liquid, container⟩ overflow; b) *(auf die gegnerische Seite überwechseln)* defect; ⟨partisan⟩ go over to the other side; **zum Feind/zu den Rebellen ~:** go over *or* desert to the enemy/the rebels
²**über·laufen** *unr. tr. V.* a) *(befallen)* seize; **ein Frösteln/Schauer überlief mich, es überlief mich [eis]kalt** a cold shiver ran down my spine; **es überlief sie heiß** a hot flush came over her; b) *(Sport: hinauslaufen über)* run past; c) *(Sport: umspielen)* run through, beat ⟨defence⟩
³**überlaufen** *Adj.* overcrowded; over-subscribed ⟨course, subject⟩; **der Arzt ist sehr ~:** the doctor's list is very full
Über·läufer *der (auch fig.)* defector
Überlauf·rohr *das* overflow pipe
über·laut 1. *Adj.* too loud *pred.*; over-loud ⟨voice, laugh⟩; ⟨engine⟩ too noisy *pred.* 2. *adv.* too loudly
über·leben 1. *tr., auch itr. V.* survive; **das überleb' ich nicht!** I'll never get over it!; **du wirst es schon** *od.* **wohl ~** *(iron.)* you'll survive; **jmdn. ~:** survive *or* outlive sb. (**um** by). 2. *refl. V.* become outdated *or* outmoded; **sich überlebt haben** have become outdated; have had its day; **überlebt** outdated; out-of-date
Über·lebende *der/die*; *adj. Dekl.* survivor
Überlebens·chance *die* chance of survival
über·lebens·groß *Adj.* larger than life-size
Überlebens·training *das* survival training; **ein ~training** a survival-training course
¹**über|legen** 1. *tr. V.* a) **jmdm. etw. ~:** put sth. over sb.; b) *(ugs.: verhauen)* **jmdn. ~:** put sb. over one's knee. 2. *refl. V.* lean over; ⟨ship⟩ list
²**über·legen** 1. *tr. V.* consider; think over *or* about; **etw. noch einmal ~:** reconsider sth.; **das muß gut überlegt werden** that needs some careful consideration *or* thought; **es wäre zu ~, ob** ...: one might consider whether ...; **es sich anders ~:** change one's mind; **wenn ich es mir recht überlege, ...:** now I come to think of it, ...; **das hättest du dir auch vorher ~ können** you could have thought about that *or* given that some thought before. 2. *itr. V.* think; reflect; **überleg doch mal!** think about it!; **ohne zu ~** *(unbedacht)* without thinking; *(spontan)* without a moment's thought; **ohne lange zu ~:** without much reflection; **laß mich mal ~:** let me think; **lange ~:** agonize for ages; **ich habe hin und her überlegt** I've turned it over and over in my mind; **am Überlegen sein, ob ...:** be thinking over whether ...
³**überlegen** 1. *Adj.* a) superior; clear, convincing ⟨win, victory⟩; **jmdm. ~ sein** be superior to sb. (**an** + *Dat.* in); **zahlenmäßig ~ sein** be superior in numbers; b) *(herablassend)* supercilious; superior. 2. *adv.* a) *(mit Leichtigkeit)* ⟨win, argue⟩ convincingly; b) *(herablassend)* superciliously
Überlegenheit *die*; ~ superiority
überlegt [y:bɐˈleːkt] 1. *Adj.* carefully considered. 2. *adv.* in a carefully considered way
Überlegung *die*; ~, ~en a) *o. Pl.* thought; reflection; **nach reiflicher ~:** on careful consideration; **mit ~ handeln** act in a con-

1533

überleiten *itr. V.* zum nächsten/zu einem neuen Thema ~ ⟨*speaker*⟩ move on to the next topic; **in etw.** (*Akk.*) ~: lead into sth.; **in eine andere Tonart ~** ⟨*player*⟩ change key

Überleitung *die* transition; **eine ~ zum nächsten Thema suchen** look for a way of moving on to the next subject

überlesen *unr. tr. V.* overlook; miss

überliefern *tr. V.* hand down; **überlieferte Sitten/Formen** *usw.* traditional customs/ forms *etc.*; **in alten Chroniken ist überliefert, daß ...**: it is recorded in ancient chronicles that ...

Überlieferung *die* **a)** (*etw. Überliefertes*) tradition; **schriftliche ~en** written records; **b)** (*Brauch*) tradition; custom; **c)** *o. Pl.* (*das Überliefern*) handing down

überlisten *tr. V.* outwit

überm *Präp. + Art. =* über dem

Übermacht *die; o. Pl.* superior strength; (*zahlenmäßig*) superior numbers *pl.*; **in der ~ sein, die ~ haben** be superior in strength/ numbers

übermächtig 1. *Adj.* **a)** superior; **b)** (*nicht mehr bezähmbar*) overpowering ⟨*desire, hatred, urge, etc.*⟩. **2.** *adv.* **~ loderte das Feuer der Leidenschaft in ihnen** the fire of passion blazed uncontrollably in them; **es zog ihn ~ in die Ferne** he felt an overpowering desire to travel

übermalen *tr. V.* **etw. ~**: paint sth. over

übermannen *tr. V.* overcome

Übermaß *das; o. Pl.* excessive amount, excess (**an** + *Dat.* of); **ein ~ an Arbeit** *od.* **Arbeit im ~ haben** have an excessive amount of work *or* more than enough work; **etw. im ~ produzieren** produce sth. in excess; produce an excess of sth.

übermäßig 1. *Adj.* **a)** excessive; **b)** (*Musik*) **ein ~es Intervall** an augmented interval. **2.** *adv.* excessively; **~ viel essen** eat to excess *or* excessively; **nicht ~ attraktiv** not especially attractive; **man braucht sich nicht mal ~ zu beeilen** you don't even need to hurry overmuch

Übermensch *der* superman

übermenschlich *Adj.* superhuman; **er hat Übermenschliches geleistet** he has achieved the almost impossible

übermitteln *tr. V.* send; (*als Mittler weitergeben*) pass on, convey ⟨*greetings, regards, etc.*⟩

Übermitt[e]lung *die* sending

übermorgen *Adv.* the day after tomorrow

übermüde *Adj.* overtired; exhausted

übermüden *tr. V.* overtire; **übermüdet** overtired; exhausted

Übermüdung *die; ~:* overtiredness; exhaustion

Übermut *der* high spirits *pl.*; **etw. aus [lauter]** *od.* **im ~ tun** do sth. out of [pure] high spirits; **~ tut selten gut** (*Spr.*) high spirits mustn't get out of hand

übermütig ['y:bɐmy:tɪç] **1.** *Adj.* high-spirited; in high spirits *pred.*; **in ~er Stimmung** high-spirited; in high spirits. **2.** *adv.* high-spiritedly

übern *Präp. + Art. =* über den

übernächst... *Adj.; nicht präd.* **im ~en Jahr, ~es Jahr** the year after next; **am ~en Tag** two days later; the next day but one; **~en Montag** a week on Monday; Monday week; **er wohnt im ~en Haus** he lives in the next house but one *or* lives two doors away

übernachten *itr. V.* stay overnight; **bei jmdm. ~**: stay *or* spend the night at sb.'s house/flat (*Brit.*) *or* (*Amer.*) apartment *etc.*; **im Hotel ~**: stay the night at the hotel; **im Freien ~**: sleep in the open air

übernächtigt [y:bɐˈnɛçtɪçt] *Adj.* ⟨*person*⟩ tired *or* worn out [through lack of sleep]; tired ⟨*face, look, etc.*⟩

Übernachtung *die; ~, ~en* overnight stay; **~ und Frühstück** bed and breakfast; **sechs ~en kosten ...**: six nights cost ...

Übernahme ['y:bɐnaːmə] *die; ~, ~n* **a)** *o. Pl.* (*von Waren, einer Sendung*) taking delivery *no art.*; (*des Staffelstabs*) receiving *no indef. art.*; (*einer Idee, eines Themas, von Methoden*) adoption, taking over *no indef. art.*; (*einer Praxis, eines Geschäfts, der Macht*) takeover; (*von Wörtern, Ausdrücken*) borrowing (**von** from); **er erklärt sich zur ~ der Kosten/des Falles bereit** he says he is prepared to meet the cost himself/to take on the case; **b)** (*etw. Übernommenes*) borrowing; (*Sendung*) re-broadcast; (*Live-Sendung*) relay

übernatürlich *Adj.* supernatural

übernehmen 1. *unr. tr. V.* **a)** take delivery of ⟨*goods, consignment*⟩; receive ⟨*relay baton*⟩; take over ⟨*power, practice, business, building, school class*⟩; take on ⟨*job, position, task, role, case, leadership*⟩; undertake to pay ⟨*costs*⟩; **es ~, etw. zu tun** take on the job of doing sth.; **das laß mich ~** let me do that; *s. auch* Befehl b; Bürgschaft a; Garantie a; Gewähr; Kommando b; ¹Steuer; Verantwortung a; Verpflichtung a; (*bei sich einstellen*) take on ⟨*staff*⟩; **c)** (*Seemannsspr.:* an Bord nehmen) take on board; **d)** (*für sich eigen machen*) adopt, take over ⟨*ideas, methods, subject, etc.*⟩ (**von** from); borrow ⟨*word, phrase*⟩ (**von** from); **eine Textstelle wörtlich ~**: use a passage verbatim; **das ZDF hat die Sendung vom britischen Fernsehen übernommen**/(*als Live-Sendung*) the programme was re-transmitted/relayed from British television by ZDF; **e)** (*österr. ugs.*) *s.* übertölpeln. **2.** *unr. refl. V.* overdo things *or* it; **er hat sich beim Training übernommen** he overdid things *or* it [while] training; **sich mit etw. ~**: take on too much with sth.; **übernimm dich nur nicht** (*iron.*) don't strain yourself!

überordnen *tr. V.* **a)** **etw. einer Sache** (*Dat.*) ~: give sth. precedence over sth.; **b)** **jmdn. jmdm. ~**: place sb. above sb.; *s. auch* übergeordnet 2

überörtlich (*Amtsspr.*) **1.** *Adj.* regional. **2.** *adv.* regionally

überparteilich 1. *Adj.* non-party *attrib.*; **ein ~es Komitee** an all-party committee; **das Amt des Bundespräsidenten ist ~** the office of Federal President *or* stands above party politics. **2.** *adv.* in a non-partisan way

überpinseln *tr. V.* (*ugs.*) paint over

Überproduktion *die* (*Wirtsch., Med.*) over-production

überprüfbar *Adj.* checkable; **die Angaben waren nicht ~**: the details could not be checked

überprüfen *tr. V.* **a)** check (**auf** + *Akk.* for); check [over], inspect, examine ⟨*machine, device*⟩; check, inspect, examine ⟨*papers, luggage*⟩; review ⟨*issue, situation, results*⟩; (*Finanzw.*) examine, inspect ⟨*accounts, books*⟩; **b)** (*überdenken*) think over; consider; **etw. noch mal ~**: think sth. over again; reconsider sth.

Überprüfung *die* **a)** *o. Pl. s.* überprüfen **a**: checking *no indef. art.* (**auf** + *Akk.* for); checking [over] *no indef. art.*; inspection; examination; **b)** (*Kontrolle*) check; (*des Ausweises, der Geschäftsbücher*) examination; inspection; (*einer Lage, Frage, der Ergebnisse*) review; **c)** (*das Überdenken*) consideration; **erneute ~**: reconsideration

überquellen *unr. itr. V.; mit sein* **a)** spill over; **b)** (*zu voll sein*) be brimming with; **die Tribüne quoll von Zuschauern über** (*fig.*) the stand was overflowing with spectators

überqueren *tr. V.* cross; (*schneiden*) cut across; cross

¹überragen *itr. V.* jut out; project

²überragen *tr. V.* **a)** (*hinausragen über*) **jmdn./etw. ~**: tower above sb./sth.; **jmdn. um Kopfeslänge ~**: be a head taller than sb.; **der Berg überragt die Ebene** the mountain towers over the plain; **b)** (*übertreffen*) **jmdn. an etw.** (*Dat.*) ~: be head and shoulders above sb. in sth.

überragend 1. *Adj.* outstanding. **2.** *adv.* outstandingly

überraschen *tr. V.* surprise; ⟨*storm, earthquake*⟩ take by surprise; (*durch einen Angriff*) take by surprise; catch unawares; **jmdn. beim Rauchen/Stehlen ~**: catch sb. smoking/stealing; **jmdn. überrascht ansehen** look at sb. in surprise; **überrascht tun** pretend to be surprised; **lassen wir uns ~** let's wait and see; **vom Gewitter/vom Regen überrascht werden** be caught in the thunderstorm/caught [out] in the rain

überraschend 1. *Adj.* surprising; surprise *attrib.* ⟨*attack, visit*⟩; (*unerwartet*) unexpected. **2.** *adv.* (*unerwartet*) unexpectedly; **die Nachricht kam ~**: the news came as a surprise

überraschender weise *Adv.* surprisingly; (*unerwartet*) unexpectedly

Überraschung *die; ~, ~en* surprise; **zu meiner [großen] ~**: to my [great] surprise; **für eine ~ sorgen** cause a surprise; **jmdm. eine kleine ~ mitbringen** bring sb. a little something as a surprise

Überraschungsmoment *das* element of surprise

überreden *tr. V.* persuade; **jmdn. ~, etw. zu tun** persuade sb. to do sth.; talk sb. into doing sth.; **jmdn. zum Mitmachen/zu einer Fahrt ~**: persuade sb. to take part/make a journey; talk sb. into taking part/making a journey; **ich habe mich zum Kauf eines neuen Autos ~ lassen** I was persuaded to buy *or* was talked into buying a new car

Überredung *die; ~:* persuasion

Überredungskunst *die* powers *pl.* of persuasion

überregional 1. *Adj.* national ⟨*newspaper, radio station*⟩; **eine Angelegenheit von ~er Bedeutung** a matter of more than just regional importance; **~e Veranstaltungen** events involving several regions. **2.** *adv.* nationally; **~ bekannt werden** become known outside one's/its own region

überreich 1. *Adj.* lavish ⟨*meal, decoration*⟩; abundant, very rich ⟨*harvest*⟩; **~ an Bodenschätzen sein** be very rich in mineral resources; **eine an Ereignissen ~e Zeit** an extremely eventful time; **in ~em Maß vorhanden sein** be there in great quantity. **2.** *adv.* **jmdn. ~ beschenken/belohnen** lavish gifts on sb./reward sb. lavishly; **~ verziert sein** be lavishly decorated

überreichen *tr. V.* **[jmdm.] etw. ~**: present sth. [to sb.]

überreichlich 1. *Adj.* over-ample; **etw. ist in ~er Fülle vorhanden** there is an overabundance of sth. **2.** *adv.* over-amply

Überreichung *die; ~:* presentation

überreif *Adj.* over-ripe

überreizen 1. *tr. V.* **a)** overtax ⟨*person*⟩; overstrain ⟨*eyes, nerves, etc.*⟩; [**nervlich**] **überreizt** overwrought; **b)** (*bes. Skat*) overbid ⟨*hand*⟩. **2.** *refl. V.* (*Skat*) overbid

Überreiztheit *die; ~: s.* überreizen **1**: overtaxed/-strained/-wrought state

Überreizung *die s.* überreizen **1**: overtaxing; overstraining; **ein Zeichen nervöser ~**: a sign of nervous strain

überrennen *tr. V.* **a)** (*Milit.*) overrun; **b)** (*umrennen*) run down

überrepräsentiert *Adj.* over-represented

Überrest *der; meist Pl.* remnant; **~e** (*eines Gebäudes*) remains; ruins; (*einer Mahlzeit*) left-overs; **die sterblichen ~e** (*geh. verhüll.*) the mortal remains

Überrollbügel *der* roll-bar

überrollen *tr. V.* **a)** (*Milit.*) overrun; (*fig.*)

überrumpeln

overwhelm ⟨person⟩; ⟨fashion, craze⟩ sweep through ⟨country⟩; **b)** (hinwegrollen über) run down

über·rumpeln tr. V. jmdn. ~: take sb. by surprise; (bei einem Angriff) catch sb. unawares; take sb. by surprise; **jmdn. mit etw. ~:** surprise sb. with sth.; take sb. by surprise with sth.

Überrump[e]lung die; ~, ~en surprise attack

über·runden tr. V. **a)** (Sport) lap; **b)** (übertreffen) outstrip

übers Präp. + Art. **a)** = über das; **b)** ~ Jahr one year later

übersät [y:bɐˈzɛːt] Adj. mit od. von etw. ~ sein be covered with sth.; (abwertend) be strewn with sth.; mit od. von Sternen ~: star-studded; studded with stars postpos.

über·sättigen tr. V. supersaturate ⟨solution⟩; glut ⟨market⟩; satiate ⟨public⟩

Überschall-: ~flugzeug das supersonic aircraft; ~geschwindigkeit die supersonic speed

über·schatten tr. V. overshadow; cast its/their shadow over; (fig.) cast a shadow over

über·schätzen tr. V. overestimate; overrate ⟨writer, performer, book, performance, talent, ability⟩

Über·schätzung die s. überschätzen: overestimation; overrating

überschaubar Adj. eine ~e Menge/Zahl a manageable quantity/number; **das sind ~e Größen** these are quantities one can grasp; **das Risiko ist nicht ~:** the risks cannot be calculated; **ein ~er Zeitraum/~es Gebiet** a reasonably short period/small area

über·schauen tr. V. s. ²übersehen a, b

über|schäumen itr. V.; mit sein froth over; ~de Begeisterung bubbling enthusiasm

über·schlafen unr. tr. V. sleep on ⟨matter, problem, etc.⟩

Über·schlag der **a)** rough calculation or estimate; **b)** (Turnen) handspring; (am Barren) forward roll; **c)** s. Looping

¹über|schlagen 1. unr. tr. V. die Beine ~: cross one's legs; mit übergeschlagenen Beinen with [one's] legs crossed. 2. unr. itr. V.; mit sein ⟨wave⟩ break; ⟨spark⟩ jump

²über|schlagen 1. unr. tr. V. **a)** (auslassen) skip ⟨chapter, page, etc.⟩; **b)** (ungefähr berechnen) calculate or estimate roughly; make a rough calculation or estimate of. 2. unr. refl. V. **a)** go head over heels; ⟨car⟩ turn over; sich vor Höflichkeit ~ (fig.) fall over oneself to be polite (coll.); **b)** ⟨voice⟩ crack; **c)** ⟨events, reports, etc.⟩ come thick and fast; **die Gedanken überschlugen sich in meinem Kopf** the thoughts raced round and round in my head

³überschlagen Adj. (bes. md.) lukewarm ⟨liquid⟩; moderately warm ⟨room⟩

überschlägig [-ʃlɛːɡɪç] 1. Adj. [roughly] estimated; rough, approximate ⟨estimate⟩. 2. adv. ⟨calculate, estimate⟩ roughly, approximately

über|schnappen itr. V.; mit sein **a)** (ugs.: den Verstand verlieren) go crazy; go round the bend (coll.); **b)** (ugs.: sich überschlagen) ⟨voice⟩ crack

über·schneiden unr. refl. V. ⟨lines, rays⟩ cross, intersect; (fig.) ⟨problems, areas of responsibility, events, etc.⟩ overlap

Überschneidung die; ~, ~en s. überschneiden: intersection; (fig.) overlapping

über·schreiben unr. tr. V. **a)** entitle; head ⟨chapter, section⟩; **b)** (übertragen) etw. jmdm. od. auf jmdn. ~: transfer sth. to sb.; make sth. over to sb.

über·schreien unr. tr. V. shout down

über·schreiten unr. itr. V. **a)** cross; (fig.) pass; **Überschreiten der Gleise verboten!** do not cross the line!; **er hat die Siebzig überschritten** (fig.) he is past seventy; **b)** (hinausgehen über) exceed ⟨authority, powers, budget, speed, limit, deadline, etc.⟩; **das**

überschreitet jedes Maß that's going too far; **die Grenzen des Erlaubten ~:** go beyond what is permissible

Über·schrift die heading; (in einer Zeitung) headline; (Titel) title

Über·schuh der overshoe; galosh usu. pl. (Brit.)

über·schuldet Adj. heavily indebted ⟨person, firm, country⟩; heavily mortgaged ⟨house, property, etc.⟩; **hoffnungslos ~ sein** ⟨person⟩ be hopelessly in debt

Überschuldung die; ~, ~en heavy indebtedness

Über·schuß der surplus (an + Dat. of)

überschüssig [ˈyːbɐʃʏsɪç] Adj. surplus

¹über|schütten tr. V. (ugs.) spill

²über·schütten tr. V. cover; **jmdn./etw. mit Wasser ~:** throw water over sb./sth.; **jmdn. mit Vorwürfen/Lob/Ehrungen ~:** heap reproach/praise/honours on sb.; **jmdn. mit Fragen ~:** fire questions at sb.; **jmdn. mit Geschenken/Geld ~:** shower sb. with presents/lavish money on sb.

Überschwang der; ~[e]s exuberance; **im ~ der Begeisterung** in one's exuberant enthusiasm; **im ~ der Gefühle** out of sheer exuberance

über|schwappen itr. V.; mit sein ⟨liquid, container⟩ slop over

über·schwemmen tr. V. (auch fig.) flood; **von Touristen überschwemmt werden** (fig.) be flooded or swamped with tourists; **den Markt mit Waren ~** (fig.) flood or swamp the market with goods

Überschwemmung die; ~, ~en flood; (das Überschwemmen) flooding no pl.; **zu ~en führen** to lead to flooding or floods

Überschwemmungs-: ~gebiet das flood area; ~gefahr die danger of flooding; ~katastrophe die disastrous floods pl.

über·schwenglich [-ʃvɛŋlɪç] 1. Adj. effusive ⟨words, manner, etc.⟩; wild ⟨joy, enthusiasm⟩. 2. adv. effusively

Überschwenglichkeit die; ~: effusiveness

Über·see o. Art. aus od. von ~: from overseas; **in ~ leben** live overseas; **nach ~ auswandern** emigrate overseas; **Exporte/Post nach ~:** overseas exports/mail; **Besitzungen in ~:** overseas possessions

Übersee-: ~dampfer der ocean-going steamer; ~gebiet das overseas territory; **Britische ~gebiete** British territories overseas; ~hafen der international port; ~handel der overseas trade

überseeisch [ˈyːbɐzeːɪʃ] Adj.; nicht präd. overseas

Übersee-: ~kabel das transoceanic cable; ~koffer der cabin trunk

übersehbar Adj. (abschätzbar) assessable; **der Schaden ist noch nicht ~:** the damage cannot yet be assessed

¹über|sehen unr. refl. V. (ugs.) sich (Dat.) etw. ~: get fed up (coll.) or tired of seeing sth.; **ich habe mich an der Tapete habe ich mir übergesehen** I'm fed up with the sight of this wallpaper

²über·sehen unr. tr. V. **a)** look out over; (fig.) survey ⟨subject⟩; **man kann von hier aus die ganze Bucht ~:** you can look [right] out over the whole bay from here; **etw. gut od. leicht ~ können** have a good view of sth. **b)** (abschätzen) assess ⟨damage, situation, consequences, etc.⟩; **c)** (nicht sehen) overlook; miss; miss ⟨signpost⟩; **mit seinen roten Haaren ist er nicht zu ~:** you can't miss him with his red hair; **d)** (ignorieren) ignore

über·senden unr. (auch regelm.) tr. V. send; remit, send ⟨money⟩; **die übersandten Waren sind fehlerhaft** the goods sent are faulty; **anbei übersende ich Ihnen ...:** please find enclosed ...

Über·sendung die sending; (von Geld) remittance; sending

übersetzbar Adj. translatable; **schwer/leicht ~ sein** be difficult/easy to translate

¹über|setzen 1. tr. V. ferry over. 2. itr. V.; auch mit sein cross [over]

²über·setzen tr., itr. V. (auch fig.) translate; **etw. ins Deutsche/aus dem Deutschen ~:** translate sth. into/from German

Über·setzer der, **Übersetzerin** die; ~, ~en translator; s. auch -in

übersetzt Adj. **a)** (bes. schweiz.: überhöht) excessive; **b)** (Technik) hoch/niedrig ~ sein have a high/low transmission ratio

Übersetzung die; ~, ~en **a)** translation; **b)** (Technik) transmission ratio

Übersetzungs-: ~büro das translation agency; ~fehler der translation error

Über·sicht die **a)** o. Pl. overall view, overview (über + Akk. of); **die ~ [über etw. (Akk.)] verlieren** lose track [of sth.]; **b)** (Darstellung) survey; (Tabelle) summary

über·sichtlich 1. Adj. clear; ⟨crossroads⟩ which allows a clear view. 2. adv. clearly

Übersichtlichkeit die; ~: clarity; (einer Kreuzung) clear lay-out

Übersichts·karte die outline map

¹über|siedeln, ²über·siedeln itr. V.; mit sein move (nach to)

Über·sied[e]lung [od. ˗'˗(-)-] die move (nach to)

Über·siedler der German native moving to the Federal Republic from East Germany

über·sinnlich Adj. supersensory; (übernatürlich) supernatural

über·spannen tr. V. **a)** (bespannen) cover; **b)** (zu stark spannen) over-tension, over-tighten ⟨string, cable⟩; overdraw ⟨bow⟩; over-tension ⟨spring⟩; s. auch Bogen c; **c)** (sich spannen über) span ⟨river, valley, etc.⟩

überspannt Adj. exaggerated ⟨ideas, behaviour, gestures⟩; extreme ⟨views⟩; inflated ⟨demands, expectations⟩

über·spielen tr. V. **a)** (hinweggehen über) cover up; cover up, gloss over ⟨mistake⟩; smooth over ⟨difficult situation⟩; **b)** (aufnehmen) **[auf ein Tonband] ~:** transfer ⟨record⟩ to tape; put ⟨record⟩ on tape; **[auf ein anderes Tonband] ~:** transfer to another tape; **c)** (Funkw., Ferns.) transfer; **d)** (Sport) outplay; **die Abwehr ~:** beat the defence

über·spitzen tr. V. etw. ~: push or carry sth. too far; **überspitzt ausgedrückt, könnte man sagen, daß ...:** to exaggerate, one might say that ...

über·sprechen unr. tr. V. etw. ~: talk or speak over sth.

¹über|springen unr. itr. V.; mit sein **a)** ⟨spark, fire⟩ jump across; **seine Begeisterung sprang auf uns alle über** (fig.) his enthusiasm communicated itself to all of us; **b)** (unvermittelt übergehen zu) **auf etw. (Akk.) ~:** switch abruptly to sth.

²über·springen unr. tr. V. **a)** jump ⟨obstacle⟩; **b)** (auslassen) miss out; skip; **eine Klasse ~:** jump a class

über|sprudeln itr. V.; mit sein (auch fig.) bubble over (von with)

über·spülen tr. V. ⟨water, waves⟩ wash over; **bei Flut überspült** covered at high tide

über·staatlich Adj. supranational

¹über|stehen unr. itr. V.; südd., österr., schweiz. mit sein jut out; project

²über·stehen unr. tr. V. come through ⟨danger, war, operation⟩; get over ⟨illness⟩; withstand ⟨heat, strain⟩; ⟨boat⟩ weather, ride out ⟨storm⟩; (überleben) survive; **das Schlimmste ist jetzt überstanden** we're/they're etc. over the worst; the worst is over; **nach überstandener Gefahr** when the danger was over; **das hätten wir od. das wäre überstanden** that's 'that over with

über·steigen unr. tr. V. **a)** climb over; **b)** (fig.: hinausgehen über) exceed; **jmds. Fähigkeiten/Kräfte/Mittel ~:** be beyond sb.'s abilities/strength/means; **das übersteigt meinen Horizont** that's above my head

1535

über·steigern *tr. V.* push up ⟨*demands, speed*⟩ too far *or* high; **ein übersteigertes Ehrgefühl** an exaggerated sense of honour
Über·steigerung *die* excessive increase; *(einer Forderung)* excessive pushing-up
über·stellen *tr. V.* transfer ⟨*convict*⟩; *(an Gericht, Polizei)* hand over (**an** + *Akk.* to)
über·steuern 1. *tr. V.* (Elektrot.) overdrive. 2. *itr. V.* (Kfz-W.) ⟨*vehicle*⟩ oversteer
über·stimmen *tr. V.* outvote
über·strahlen *tr. V.* **a)** *(geh.)* light up; illuminate; **Freude überstrahlte sein Gesicht** *(fig.)* his face lit up with joy; **b)** *(fig.: in den Schatten stellen)* outshine
überstrapazieren[1] *tr. V.* overtax ⟨*person*⟩; overstrain ⟨*nerves*⟩; make excessive demands on ⟨*patience, willingness*⟩; treat ⟨*car*⟩ too roughly; **das Prinzip wird überstrapaziert** the principle is overworked
über·streichen *unr. tr. V.* paint over
über|streifen *tr. V.* [sich (*Dat.*)] etw. ~: slip sth. on
¹über|strömen *itr. V.; mit sein* **a)** *(über den Rand strömen)* overflow; **er strömt über vor Glück/Dankbarkeit** *(fig.)* he is brimming *or* bursting with happiness/gratitude; **b)** *(geh.: übergehen)* ⟨*mood, feeling, etc.*⟩ communicate itself, spread (**auf** + *Akk.* to)
²über·strömen *tr. V.* flood; **von Tränen/Blut überströmt [sein]** [be] streaming with tears/blood; **eine Welle des Glücks überströmte ihn** *(fig.)* a wave of happiness flooded over him
über|stülpen *tr. V.* pull on ⟨*hat etc.*⟩
Über·stunde *die:* **er hat eine ~/drei ~n gearbeitet** he did one hour's/three hours' overtime; **~n machen** *od.* **leisten** *od. (salopp)* **schieben** do overtime
Überstunden·zuschlag *der* overtime supplement; **der ~ beträgt 50 %** overtime is paid at time and a half
über·stürzen 1. *tr. V.* rush; **nur nichts ~:** don't rush things; take it easy. 2. *refl. V.* rush; *(rasch aufeinanderfolgen)* ⟨*events, news, etc.*⟩ come thick and fast; **sich bei etw. ~:** rush sth.
überstürzt 1. *Adj.* hurried ⟨*escape, departure*⟩; over-hasty ⟨*decision*⟩. 2. *adv.* ⟨*decide, act*⟩ over-hastily; ⟨*depart*⟩ hurriedly
über·tariflich 1. *Adj.* **~e Bezahlung/Zulagen** payment/bonuses above agreed rates. 2. *adv.* **jmdn. ~ bezahlen** pay sb. above agreed rates
über·teuert *Adj.* over-expensive
übertölpeln *tr. V.* dupe; con *(coll.)*
Übertölpelung *die:* ~, ~en duping; conning *(coll.)*
über·tönen *tr. V.* drown out
Über·topf *der* [decorative] outer pot
Übertrag ['yːbɐtraːk] *der;* ~[e]s, **Überträge** [-trɛːgə] *(bes. Buchf.)* carry-over
über·tragbar *Adj.* transferable (**auf** + *Akk.* to); *(auf etw. anderes anwendbar)* applicable (**auf** + *Akk.* to); *(übersetzbar)* translatable; *(ansteckend)* communicable, infectious ⟨*disease*⟩
über·tragen 1. *unr. tr. V.* **a)** transfer (**auf** + *Akk.* to); transmit ⟨*power, torque, etc.*⟩ (**auf** + *Akk.* to); communicate ⟨*disease, illness*⟩ (**auf** + *Akk.* to); carry over ⟨*subtotal*⟩; *(auf etw. anderes anwenden)* apply (**auf** + *Akk.* to); *(übersetzen)* translate; render; **ein Stenogramm in Langschrift ~:** write a piece of shorthand out in longhand; *(mit der Schreibmaschine)* type out a piece of shorthand; **eine Erzählung in Verse ~:** put a story into verse; **etw. ins reine** *od.* **in die Reinschrift ~:** make a fair copy of sth. **etw. in ein Heft ~:** copy sth. out into a book; **seine Begeisterung** *usw.* **auf jmdn. ~:** communicate one's enthusiasm *etc.* to sb.; **vom** *od.* **aus dem Englischen ins Deutsche ~:** translate sth. from English into German; **in ~er Bedeutung, im ~en Sinne** in a transferred sense; **b)** *(senden)* broadcast ⟨*concert, event, match, etc.*⟩; *(im Fernsehen)* televise; **etw. direkt** *or* **live ~:** broadcast/televise sth. live; **etw. im Fernsehen ~:** televise sth.; **c)** *(geben)* jmdm. Aufgaben/Pflichten *usw.* ~: hand over tasks/duties *etc.* to sb.; *(anvertrauen)* entrust sb. with tasks/duties *etc.*; **jmdm. ein Recht ~:** confer a right on sb.; **d)** *(Med.: zu lange nicht gebären)* **sie hat ihr Kind ~:** she had a post-term birth; **ein ~es Kind** a post-term infant. 2. *refl. V.* **sich auf jmdn. ~** ⟨*disease, illness*⟩ be communicated *or* be passed on to sb.; *(fig.)* ⟨*enthusiasm, nervousness, etc.*⟩ communicate itself to sb.
Über·träger *der;* ~s *s.* **übertragen** 1
Übertragung *die;* ~, ~en *s.* **übertragen** 1 **a:** transference; transmission; communication; carrying over; application; translation; rendering; **die ~ einer Erzählung in Verse** putting a story into verse; **die ~ der Krankheit erfolgt über das Trinkwasser** the disease is spread through drinking-water; **b)** *(das Senden)* broadcasting; *(Programm, Sendung)* broadcast; *(im Fernsehen)* televising/television broadcast; **c)** *(von Aufgaben, Pflichten usw.)* entrusting; *(von Rechten)* conferral; **d)** *(Med.: eines Kindes)* post-term birth
Übertragungs·wagen *der* outside broadcast vehicle; OB vehicle
über·trainiert *Adj.* overtrained
über·treffen *unr. tr. V.* **a)** surpass, outdo (**an** + *Dat.* in); break ⟨*record*⟩; **jmdn. an Ausdauer ~:** be superior to sb. in stamina; **jmdn. an Fleiß/Intelligenz ~:** be more diligent/intelligent than sb.; **jmdn. in einem Fach/einem Sport ~:** be better than sb. at a subject/a sport; **in etw.** *(Dat.)* **nicht zu ~ sein** be unbeatable at sth.; **sich selbst ~:** excel oneself; **b)** *(übersteigen)* exceed, exceed, surpass ⟨*expectations*⟩
über·treiben *unr. tr. V.* **a)** *auch itr.* exaggerate; **b)** *(zu weit treiben)* overdo; take *or* carry too far; *(zu sehr treiben)* push ⟨*claim, demand*⟩ too far; **es mit etw. ~:** take *or* carry sth. too far; **man kann es auch ~:** you can take things *or* go too far
Übertreibung *die;* ~, ~en exaggeration; **er neigt zu ~en** he tends to exaggerate
¹über|treten *unr. itr. V.; mit sein* **a)** *auch mit haben (Sport)* step over the line/step out of the circle; **b)** *(überwechseln)* change sides; **zu einer anderen Partei ~:** switch parties; **[von der KPD] zur SPD ~:** switch [from the KPD] to the SPD; **zum Katholizismus/Islam ~:** convert to Catholicism/Islam; **c)** *(gelangen)* **in etw.** *(Akk.)* ~: enter sth.
²über·treten *unr. tr. V.* break, contravene ⟨*law*⟩; infringe, violate ⟨*regulation, prohibition*⟩
Übertretung *die;* ~, ~en **a)** *s.* **²übertreten** breaking; contravention; infringement; violation; **b)** *(Vergehen)* misdemeanour
Übertretungs·fall *der:* **im ~[e]** *(Amtsspr.)* if the law is contravened; in the event of an infringement *or* a violation
übertrieben [-triːbn] 1. *Part. v.* **übertreiben**. 2. exaggerated; *(übermäßig)* excessive ⟨*care, thrift, etc.*⟩; **das finde ich reichlich ~:** I really think that's going too far. 3. *adv.* excessively
Über·tritt *der* change of allegiance, switch (**zu** to); *(Rel.)* conversion (**zu** to)
über·trumpfen *tr. V.* **a)** *(Kartenspiel)* trump; **b)** *(übertreffen)* outdo
über·tünchen *tr. V.* cover with whitewash; *(fig.)* cover up
über·übermorgen *Adv.* in three days' time
übervölkern [-'fœlkɐn] *tr. V.* overpopulate
Übervölkerung *die;* ~: over-population
über·voll *Adj.* overfull; overcrowded, packed ⟨*room, train, tram, etc.*⟩; packed ⟨*theatre, cinema*⟩
über·vorsichtig 1. *Adj.* over-cautious. 2. *adv.* over-cautiously
über·vorteilen *tr. V.* cheat
über·wachen *tr. V.* watch, keep under surveillance ⟨*suspect, agent, area, etc.*⟩; supervise ⟨*factory, workers, process*⟩; control ⟨*traffic*⟩; monitor ⟨*progress, production process, experiment, patient*⟩; **die Polizei überwacht sein Telefon** the police are monitoring his telephone calls; **er überwacht jeden ihrer Schritte** he watches her every move
über·wachsen *unr. tr. V.* overgrow
Überwachung *die;* ~, ~en *s.* **überwachen:** surveillance; supervision; controlling; monitoring
überwältigen [-ˈvɛltɪgn̩] *tr. V.* **a)** overpower; **b)** *(fig.)* ⟨*sleep, emotion, fear, etc.*⟩ overcome; ⟨*sight, impressions, beauty, etc.*⟩ overwhelm; **von Rührung überwältigt werden** be overcome with emotion
überwältigend 1. *Adj.* overwhelming ⟨*sight, impression, victory, majority, etc.*⟩; overpowering ⟨*smell*⟩; stunning ⟨*beauty*⟩; **das ist nicht [gerade] ~:** that isn't [exactly] anything to write home about *(coll.)*. 2. *adv.* stunningly ⟨*beautiful*⟩; **das hat er ~ gespielt** he played that quite magnificently
über·wälzen *tr. V. (bes. Wirtsch.)* pass on ⟨*costs etc.*⟩ (**auf** + *Akk.* to); shift ⟨*burden, blame, responsibility*⟩ (**auf** + *Akk.* on to)
über|wechseln *itr. V.; mit sein* **a)** cross over (**auf** + *Akk.* to); **auf eine andere Spur ~:** change lanes; move to another lane; **b)** *(übertreten)* change sides; **ins feindliche Lager/zur anderen Partei ~:** go over to the enemy/the other party; **von der SPD zur KPD ~:** switch from the SPD to the KPD; **c)** *(mit etw. anderem beginnen)* **zu etw. ~:** change over to sth.; **zu einem anderen Thema ~:** turn to another topic; **aufs Gymnasium ~:** go on to grammar school
über·weisen *unr. tr. V.* transfer ⟨*money*⟩ (**an, auf** + *Akk.* to); **er bekommt sein Gehalt [auf sein Konto] überwiesen** his salary is paid into his account; **b)** *(an einen anderen Arzt schicken)* refer (**an** + *Akk.* to); **jmdn. in die Klinik ~:** refer sb. to the clinic; **c)** *(zuleiten)* refer ⟨*petition*⟩ (**an** + *Akk.* to); pass on ⟨*file, application*⟩ (**an** + *Akk.* to)
Über·weisung *die* **a)** *o. Pl.* transfer (**an, auf** + *Akk.* to); **b)** *(Summe)* remittance; **c)** *(eines Patienten)* referral (**an** + *Akk.* to); **d)** *s.* **Überweisungsschein**
Überweisungs·auftrag *der (Bankw.)* [credit] transfer order; **~formular** *das (Bankw.)* [credit] transfer form; **~schein** *der (Med.)* certificate of referral
Über·weite *die* outsize; **Röcke in ~n** outsize skirts
¹über|werfen *unr. tr. V.* throw on ⟨*clothes*⟩; **er warf dem Pferd eine Decke über** he threw a blanket over the horse
²über·werfen *unr. refl. V.* **sich mit jmdm. ~:** fall out with sb.; **sie haben sich überworfen** they have fallen out
über·wiegen 1. *unr. itr. V.* predominate; **es überwog die Einsicht, daß ...:** the recognition prevailed that ... 2. *unr. tr. V.* ⟨*advantages, disadvantages, etc.*⟩ outweigh; ⟨*emotion, argument*⟩ prevail over
überwiegend 1. [*auch:* --'-]*Adj.* overwhelming; **der ~e Teil der Bevölkerung** the majority of the population. 2. *adv.* mainly
über·winden 1. *unr. tr. V.* **a)** overcome ⟨*resistance*⟩; overcome, surmount ⟨*difficulty, obstacle, gradient*⟩; conquer ⟨*capitalism, apartheid, etc.*⟩; overcome, get over ⟨*fear, inhibitions, disappointment, grief*⟩; get past ⟨*stage*⟩; **b)** *(aufgeben)* overcome ⟨*doubt, misgivings, reservations, suspicions*⟩; give up ⟨*way of thinking, point of view*⟩; **c)**

---

[1] ich überstrapaziere, überstrapaziert, überzustrapazieren

1536

Überwindung *(geh.: besiegen)* overcome; vanquish *(literary).* 2. *unr. refl. V.* overcome one's reluctance; **sich [dazu] ~, etw. zu tun** bring oneself to do sth.; **ich konnte mich nur schwer [dazu] ~, es zu tun** I could hardly bring myself to do it; **dazu konnte ich mich nicht ~:** I could not bring myself to do that

Über·windung die a) *s.* **überwinden 1 a:** overcoming; surmounting; conquest; getting over/past; **b)** *(Besiegung)* overcoming; vanquishing *(literary);* **c)** *(das Sichüberwinden)* **es war eine große ~ für ihn** it cost him a great effort; **das hat mich viel ~ gekostet** that was a real effort of will for me

über·wintern 1. *itr. V.* [over]winter; spend the winter. 2. *tr. V.* ⟨plant⟩

über·wölben *tr. V.* arch over

über·wuchern *tr. V.* overgrow

Über·wurf der a) *(Umhang)* wrap; **b)** *(österr.) s.* **Zierdecke; c)** *(Ringen)* shoulder throw

Über·zahl die; *o. Pl.* majority; **in der ~ sein** be in the majority; ⟨army, enemy⟩ be superior in numbers

überzählig [-tsɛliç] *Adj.* surplus; spare; **einige Damen waren ~:** there were a few ladies too many

über·zeichnen *tr. V.* **a)** *(Börsenw.)* oversubscribe; **b)** *(zugespitzt darstellen)* overdraw ⟨figure, character, etc.⟩

Über·zeit die *(schweiz.)* overtime

überzeugen 1. *tr. V.* convince; *(umstimmen)* persuade; convince; **jmdn. von etw. ~:** convince/persuade sb. of sth. 2. *itr. V.* be convincing. 3. *refl. V.* convince or satisfy oneself; **sich persönlich** *od.* **mit eigenen Augen [von etw.] ~:** see [sth.] for oneself

überzeugend 1. *Adj.* convincing; convincing, persuasive ⟨arguments, proof, words, speech⟩. 2. *adv.* convincingly; ⟨argue, speak⟩ convincingly, persuasively

überzeugt *Adj.* **mit festem** *präd.* convinced; **b) von etw. ~ sein** *(etw. hoch einschätzen)* be convinced of sth.; **er ist sehr von sich [selbst] ~:** he's very sure of himself

Über·zeugung die a) *o. Pl.* convincing; *(das Umstimmen)* persuasion; **b)** *(feste Meinung)* conviction; **der festen ~ sein, daß ...:** be firmly convinced that ...; **zu der ~ kommen** *od.* **gelangen, daß ...:** become convinced that ...; **meiner ~ nach ...:** I am convinced that ...

Überzeugungs-: ~arbeit die propaganda work; **~kraft die;** *o. Pl.* power[s] of persuasion; persuasiveness; **mit ~kraft reden** speak persuasively; **~täter der** *(Rechtsspr.)* offender who has acted on grounds of conscience

¹über|ziehen *unr. tr. V.* **a)** pull on ⟨clothes⟩; **b) jmdm. eins** *od.* **ein paar ~** *(ugs.)* give sb. a clout

²über·ziehen 1. *unr. tr. V.* **a) etw. mit etw. ~:** cover sth. with sth.; **die Torte mit Guß ~:** glaze the gateau; **die Betten frisch ~:** put clean sheets on the beds; change the sheets on the beds; **das Land mit Krieg ~** *(fig.)* spread war over the land; **b)** overdraw ⟨account⟩ (um by); **sie hat ihr Konto [um 300 Mark] überzogen** she is [300 marks] overdrawn; **seinen Urlaub ~:** take too much time off; **die Mittagspause um 10 Minuten ~:** take an extra ten minutes over lunch; **die vorgesehene Sendezeit [um drei Minuten] ~:** overrun the programme time [by three minutes]; **c)** *(übertreiben)* overdo ⟨criticism etc.⟩; **überzogene Leistungen/Erwartungen/Preiserhöhungen** *etc.* excessive payments/expectations/price increases *etc.* 2. *unr. refl. V.* **a)** overdraw one's account; go overdrawn; **b)** *(bei einer Sendung, einem Vortrag)* overrun. 3. *unr. refl. V.* ⟨sky⟩ cloud over, become overcast

Überzieher der; ~s, ~ a) *(veralt.: Herrenmantel)* [light] overcoat; **b)** *(salopp: Kondom)* johnny *(Brit. sl.);* rubber *(sl.)*

Überziehungs·kredit der *(Finanzw.)* overdraft facility

überzüchtet [y:bɐ'tsʏçtət] *Adj.* overbred; over-sophisticated ⟨engines, systems⟩

über·zuckern *tr. V.* sugar

Überzug der a) *(Beschichtung)* coating; **b)** *(Bezug)* cover

üblich ['y:plɪç] *Adj.* usual; *(normal)* normal; *(gebräuchlich)* customary; **das ist hier so ~:** that's the accepted *or* (coll.) done thing here; **das ist nicht mehr ~:** that's no longer done *(coll.);* **wie ~:** as usual; **sie gebrauchte die ~e Ausrede** she used the same old excuse

üblicher·weise *Adv.* usually; generally

U-Boot die *Marine;* sub *(coll.)*

übrig ['y:brɪç] *Adj.* remaining *attrib.;* *(ander...)* other; **alle ~en Gäste sind bereits gegangen** all the other guests have already gone; **das/alles ~e erzähle ich dir später** I'll tell you the rest/all the rest later; **die/alle ~en** the/all the rest *or* others; **im ~en** besides; **ein ~es tun** *(geh.)* do one last thing; **es ist etwas ~:** there is some left; **es ist noch Suppe ~:** there is some soup left [over]; **ich habe noch Geld ~:** I [still] have some money left; *(ich habe mehr Geld, als ich brauche)* I [still] have some money to spare; **hast du vielleicht eine Mark [für mich] ~?** can you spare me a mark?; **für jmdn./etw. wenig/nichts ~ haben** have little/no time for sb./sth. *(fig.)*

übrig-: ~|behalten *unr. tr. V.* have left over; **~|bleiben** *unr. tr. V.;* *mit sein* be left; remain; ⟨food, drink⟩ be left over; **ihm bleibt nichts [anderes** *od.* **weiter] ~, als zu ...:** he has no [other] choice but to ...; there is nothing he can do but to ...

übrigens ['y:brɪgns] *Adv.* by the way; incidentally

übrig|lassen *unr. tr. V.* leave; leave ⟨food, drink⟩ over; **laßt mir etwas davon übrig** leave some of it for me; **zu wünschen ~:** leave something to be desired; **sehr** *od.* **viel/nichts zu wünschen ~:** leave much or *(coll.)* a lot/nothing to be desired

Übung ['y:bʊŋ] *die; ~, ~en* **a)** exercise; **b)** *o. Pl. (das Üben, Geübtsein)* practice; **das erfordert ~:** that takes practice; **das macht die ~, das ist alles nur ~:** it's [just] a question of practice; **die ~ zur ~ tun** do sth. for practice; **außer ~ sein** be out of practice; **~/viel ~/keine ~ haben** have had some/a lot of *(coll.)*/no practice; **aus der ~ kommen** get out of practice; **in der ~ sein/bleiben** be/stay in practice; **~ macht den Meister** *(Spr.)* practice makes perfect *(prov.);* **c)** *(Lehrveranstaltung)* class; seminar

übungs-, Übungs-: ~buch das book of exercises; *(Lehrbuch)* textbook with exercises; **~halber** *Adv.* for practice; **~munition die** *(Milit.)* blank ammunition; **~sache die:** ~ sache sein be a matter of practice

UdSSR [u:de:|ɛs|ɛs|'ɛr] *Abk. die;* **~:** Union der Sozialistischen Sowjetrepubliken USSR

UEFA [u'e:fa:] *Abk. die;* **~** *(Fußball)* UEFA

U-Eisen das channel iron

Ufer [u:fɐ] *das; ~s, ~:* bank; *(des Meers)* shore; **~ gespült werden** be washed ashore; **der Fluß trat über die ~:** the river burst its banks; **das sichere ~ erreichen** reach dry land; **das Haus liegt direkt am ~:** the house is right by the lake/river/sea

ufer-, Ufer-: ~befestigung die bank reinforcement; **~böschung die** [river/canal] embankment; **~los** *Adj.* limitless; boundless ⟨love, indulgence, etc.⟩; endless ⟨discussions, talks, quarrel, subject⟩; **ins ~lose gehen** ⟨plans, ambitions, etc.⟩ know no bounds; **~promenade die** *(am Meer)* promenade; **~straße die** riverside/lakeside road; *(am Meer)* coast road

uff *Interj.* phew

UFO, Ufo ['u:fo] *das; ~[s], ~s* UFO

U-förmig *Adj.* U-shaped

UG *Abk.* Untergeschoß

Uganda [u'ganda] *(das);* **~s** Uganda

Ugander [u'gandɐ] *der; ~s, ~,* **Uganderin die;** *~, ~nen* Ugandan; *s. auch* **-in**

ugandisch *Adj.* Ugandan

U-Haft die *s.* Untersuchungshaft

Uhr [u:ɐ] *die;* **~, ~en a)** clock; *(Armband~, Taschen~)* watch; *(Wasser~, Gas~)* meter; *(an Meßinstrumenten)* dial; gauge; **auf die** *od.* **nach der ~ sehen** look at the time; **ein Arbeiter, der dauernd auf die ~ sieht** a worker who is always clock-watching; **nach meiner ~:** by *or* according to my clock/watch; **jmds. ~ ist abgelaufen** *(fig.)* the sands of time have run out for sb.; **wissen, was die ~ geschlagen hat** *(fig.)* know what's what; know how things stand; **rund um die ~** *(ugs.)* round the clock; **b)** *(bei Uhrzeitangaben)* **acht ~:** eight o'clock; **acht ~ dreißig** half past eight; 8.30 [eɪtˈθɜːtɪ]; **wieviel ~ ist es?** what's the time?; what time is it?; **um wieviel ~ treffen wir uns?** [at] what time shall we meet?; when shall we meet?

Uhr·armband das watch-strap

Uhren·industrie die clock- and watch-making industry

Uhr-: ~glas das watch-glass; **~kette die** watch-chain; **~macher der** watchmaker/clockmaker; **~werk das** clock/watch mechanism; **~zeiger der** clock-/watch-hand; **~zeiger·sinn der: im ~zeigersinn** clockwise; **entgegen dem ~zeigersinn** anticlockwise; **~zeit die** time; **jmdn. nach der ~zeit fragen** ask sb. the time; **hast du [die] genaue ~zeit?** do you have the exact time?

Uhu ['u:hu] *der;* **~s, ~s** eagle owl

Ukas ['u:kas] *der;* **~ses, ~se** *(scherzh.)* edict

Ukraine [ukra'i:nə] *die;* **~:** Ukraine

Ukrainer der; ~s, ~, Ukrainerin die; ~, ~nen Ukrainian

ukrainisch *Adj.* Ukrainian; *s. auch* **deutsch**

UKW [u:kaˈveː] *o. Art.; Abk.* Ultrakurzwelle VHF

UKW-Sender der VHF station; ≈ FM station

Ulan [u'laːn] *der;* **~en, ~en** *(hist.)* uhlan

Ulk [ʊlk] *der;* **~s, ~e** lark *(coll.);* *(Streich)* trick; *(practical)* joke; **etw. aus ~ sagen/tun** say/do sth. for fun *or (coll.)* for a laugh

ulken *itr. V.* clown *or (coll.)* lark about; **über jmdn./etw. ~:** make fun of sb./sth.

ulkig *(ugs.)* **1.** *Adj.* funny. 2. *adv.* in a funny way

Ulkus ['ʊlkʊs] *das;* **~, Ulzera** ['ʊltsera] *(Med.)* ulcer

Ulme ['ʊlmə] *die;* **~, ~n** elm

Ultima ratio ['ʊltima 'raːtsio] *die;* **~ ~** *(geh.)* last resort

ultimativ [ʊltimaˈtiːf] **1.** *Adj.* ⟨demand⟩ made as an ultimatum; **~en Charakter haben** constitute an ultimatum. 2. *adv.* **etw. ~ fordern** demand sth. in [the form of] an ultimatum; **jmdn. ~ auffordern, etw. zu tun** give sb. an ultimatum to do sth.

Ultimatum [ʊltiˈmaːtʊm] *das;* **~s, Ultimaten** [ʊltiˈmaːtn̩]**. ~ein ~ stellen** give *or* set [sb.] an ultimatum

Ultimo ['ʊltimo] *der;* **~s, ~s** last day of the month

Ultra ['ʊltra] *der;* **~s, ~s** extremist

Ultra·kurz·welle [ʊltraˈkʊrtsvɛlə] **die a)** *(Phys., Funkw., Rundf.)* ultra-short wave; **b)** *(Rundf.: Wellenbereich)* very high frequency; VHF

Ultrakurzwellen·sender der very high frequency station; VHF station; ≈ FM station

ultra-, Ultra-: ~marin *indekl. Adj.* ultramarine; **~marin das;** ~s ultramarine; **~montan** *Adj. (geh.)* ultramontane; **~schall** ['---] *der (Physik, Med.)* ultrasound

Ultraschall~: ~behandlung die *(Med.)* ultrasound therapy *or* treatment; *(Technik)* ultrasound treatment; **~untersuchung die** *(Med.)* ultrasound examination

ultraviolett

ultra·violett *Adj. (Physik)* ultraviolet
Ulzera *s.* Ulkus
um [ʊm] **1.** *Präp. mit Akk.* **a)** *(räumlich)* [a]round; **um etw. herum** [a]round sth.; **um das Haus gehen** walk round the house; **das Rad dreht sich um seine Achse** the wheel turns on its axle; **um die Ecke** round the corner; **um sich schlagen** lash *or* hit out; **er warf mit Steinen um sich** he threw stones around *or* about; *s. auch* **greifen 2 a; scharen 2; b)** *(zeitlich)* **(genau)** at; **(etwa)** around [about]; **der Unterricht beginnt um acht [Uhr]** lessons start at eight [o'clock]; **um den 20. August [herum]** around [about] 20 August; **um die Mittagszeit [herum]** around midday; **c) Tag um Tag/Stunde um Stunde** day after day/hour after hour; **Meter um Meter/Schritt um Schritt** metre by metre/ step by step; **d)** *(bei Maß- u. Mengenangaben)* by; **die Temperatur stieg um 5 Grad** the temperature rose [by] five degrees; **um 3 cm zu lang sein** be 3 cm too long; **um nichts/ einiges/vieles besser sein** be no/somewhat/a lot better; **e)** *(südd., österr.: bei Preisangaben)* for. **2.** *Adv.* around; about; **um [die] 10 Mark/50 Personen [herum]** around *or* about *or* round about ten marks/50 people. **3.** *Konj.* **a)** *(final)* **um ... zu** [in order] to; **um es gleich zu sagen, ich kann nicht lange bleiben** I'd better say straight away that I can't stay for long; **b)** *(konsekutiv)* **er ist groß genug/ ist noch zu klein, um ... zu ...:** he is big enough/is still too young to ...; **sie heirateten, um sich schon nach einem Jahr wieder scheiden zu lassen** they got married, only to get divorced again after just one year; **c)** *(desto)* **je schneller der Wagen, um so größer die Gefahr** the faster the car, the greater the danger; **je länger ..., um so besser ...:** the longer ..., the better ...; **um so besser/schlimmer!** all the better/worse!; **um so mehr, als ...** *(zumal, da ...)* all the more so, as *or* since ...
um|ackern *tr. V.* plough over
um|adressieren *tr. V.* redirect
um|ändern *tr. V.* change; alter; revise ⟨*text, novel*⟩; alter ⟨*garment*⟩
um|arbeiten *tr. V.* alter ⟨*garment*⟩; rework ⟨*text, novel, music*⟩; **einen Roman zu einem Drama/Drehbuch ~:** adapt a novel for the stage/screen
Umarbeitung *die; ~, ~en* ⟨*eines Kleidungsstücks*⟩ alteration; ⟨*eines Romans, Textes, Musikstücks*⟩ revision; reworking; ⟨*zu einem Drehbuch, Drama o. ä.*⟩ adaptation
umarmen *tr. V.* embrace; put one's arms around; *(an sich drücken)* hug; **sie umarmten sich** they embraced/hugged; **sei umarmt [von Deiner/Deinem ...]** *(als Briefschluß)* lots of love [from ...]
Umarmung *die; ~, ~en s.* umarmen: embrace; hug
Um·bau *der; ~[e]s, ~ten* **a)** rebuilding; reconstruction; *(kleinere Änderung)* alteration; *(zu etw. anderem)* conversion; *(fig.: eines Systems, einer Verwaltung)* reorganization; „wegen ~[s] geschlossen" 'closed for alterations'; **das Gebäude befindet sich im ~:** the building is being rebuilt/altered/ converted; **b)** *(das Umgebaute)* s. **a:** reconstruction/altered building/conversion
¹um|bauen *tr., auch itr. V.* rebuild; reconstruct; *(leicht ändern)* alter; *(zu etw. anderem)* convert (**zu** into); *(fig.)* reorganize ⟨*system, administration, etc.*⟩; **das Bühnenbild ~:** change the set; **wir bauen um** we're rebuilding/making alterations
²um·bauen *tr. V.* surround; **umbauter Raum** interior space
um|behalten *unr. tr. V.* keep ⟨*apron, scarf, etc.*⟩ on
um|benennen *unr. tr. V.* change the name of, rename ⟨*street, square, etc.*⟩; **etw. in etw.** *(Akk.)* **~:** change the name of sth. to sth.; rename sth. sth.

um|beschreiben *unr. tr. V. (Geom.)* circumscribe
um|besetzen *tr., auch itr. V.* change ⟨*team*⟩; recast ⟨*role, play*⟩; re-allocate ⟨*post, position*⟩
um|bestellen *itr. V.* change the order
um|betten *tr. V.* **a)** jmdn. ~: move sb. to another bed; **b)** *(in ein anderes Grab legen)* move *or* transfer ⟨*body*⟩ to another grave
um|biegen 1. *unr. tr. V.* bend. **2.** *unr. itr. V.; mit sein* turn; ⟨*path*⟩ bend, turn
um|bilden *tr. V.* reorganize, reconstruct ⟨*department etc.*⟩; reshuffle ⟨*government, cabinet*⟩; **etw. zu etw. ~** *(Biol.)* develop sth. into sth.
um|binden *unr. tr. V.* put on ⟨*tie, apron, scarf, etc.*⟩
um|blasen *unr. tr. V.* blow over
um|blättern 1. *tr. V.* turn [over] ⟨*page*⟩. **2.** *itr. V.* turn the page/pages
um|blicken *refl. V.* **a)** look around; **sich nach allen Seiten ~:** look all around; **b)** *(zurückblicken)* [turn to] look back (**nach** at)
Umbra ['ʊmbra] *die; ~ (Farbe)* umber
um·branden *tr. V. (geh.)* surge around
um·brausen *tr. V.* roar around
¹um|brechen 1. *unr. tr. V.* **a)** bring down ⟨*telephone pole, tree, etc.*⟩; **b)** *(umpflügen)* break up, turn over ⟨*land*⟩; plough up ⟨*field*⟩. **2.** *unr. itr. V.; mit sein* collapse; fall down
²um·brechen *unr. tr. V. (Druckw.)* make up
um|bringen *unr. tr. V.* kill; **dieses Material ist nicht umzubringen** *(fig. ugs.)* this material is indestructible; **diese Packerei bringt mich fast um** *(fig. ugs.)* all this packing's nearly killing me *(coll.)*; **sich vor Höflichkeit ~** *(fig. ugs.)* fall over oneself to be polite *(coll.)*; **sich für jmdn. ~** *(fig. ugs.)* do everything for sb.
Um·bruch *der* **a)** radical change; *(Umwälzung)* upheaval; **im ~ sein** be in a state of flux; **b)** *o. Pl. (Druckw.)* make-up; *(Ergebnis)* page proofs *pl.*
um|buchen 1. *tr. V.* change ⟨*flight, journey route*⟩ (**auf** + *Akk.* to); **b)** *(Finanzw.)* transfer ⟨*booking*⟩ (**auf** + *Akk.* to). **2.** *itr. V.* change one's booking (**auf** + *Akk.* to)
Um·buchung *die* **a)** change of booking; **eine ~ Ihres Fluges ist jederzeit möglich** you can change your flight at any time; **b)** *(Finanzw.)* transfer (**auf** + *Akk.* to)
um|datieren *tr. V.* change the date of; re-date ⟨*contract, letter, etc.*⟩
um|denken *unr. tr. V.* revise one's thinking; rethink; **ein Prozeß des Umdenkens** a process of rethinking
um|deuten *tr. V.* reinterpret; give a new interpretation to
um|dichten *tr. V.* adapt, recast ⟨*poem, song, etc.*⟩
um|disponieren *itr. V.* change one's arrangements; make new arrangements
um·drängen *tr. V.* crowd round; mob ⟨*actor, pop star, etc.*⟩
um|drehen 1. *tr. V.* turn round; turn over ⟨*coin, hand, etc.*⟩; turn ⟨*key*⟩; turn ⟨*pockets, bag, garment, sock, etc.*⟩ inside out; **jede Mark od. jeden Pfennig [dreimal] ~** *(ugs.)* watch every penny; **einen Spion ~** *(fig.)* turn a spy. **2.** *refl. V.* turn round; **sich nach jmdm. ~:** turn/turn one's head to look at sb.; **ein Mädchen, nach dem sich die Männer ~:** a girl who turns men's heads. **3.** *itr. V.; auch mit sein (ugs.: umkehren)* turn back; *(ugs.: wenden)* turn round
Um·drehung *die* turn; ⟨*eines Motors usw.*⟩ revolution; rev *(coll.)*; ⟨*eines Planeten*⟩ rotation
um·einander *Adv.* **sich ~ kümmern/sorgen** take care of/worry about each other *or* one another; **~ besorgt sein** be concerned about each other *or* one another; **sich ~ drehen** revolve around each other

Umgang

um|erziehen *tr. V.* re-educate; **jmdn. zu etw. ~:** re-educate sb. to be *or* as sth.
¹um|fahren *unr. tr. V.* knock over *or* down
²um·fahren *unr. tr. V.* go round; make a detour round ⟨*obstruction, busy area*⟩; *(im Auto)* drive *or* go round; *(im Schiff)* sail *or* go round; *(auf einer Umgehungsstraße)* bypass ⟨*town, village, etc.*⟩
Umfahrungs·straße *die (österr., schweiz.) s.* Umgehungsstraße
Um·fall *der (ugs. abwertend)* about-face; U-turn
um|fallen *unr. itr. V.; mit sein* **a)** *(umstürzen)* fall over; **b)** *(zusammenbrechen)* collapse; **tot ~:** fall down dead; **~ wie die Fliegen** go down like flies; **ich falle vor Müdigkeit um** I'm just about ready to drop; **vor Hunger/Durst fast ~:** be faint with hunger/ thirst; **vor Schreck fast ~:** nearly die with fright; nearly have a heart attack *(coll.)*; **c)** *(ugs. abwertend: seine Meinung ändern)* do an about-face; do a U-turn
Um·fang *der* **a)** circumference; *(eines Quadrats usw.)* perimeter; *(eines Baums, Menschen usw.)* girth; **er hat einen ganz schönen ~** *(scherzh.)* he has quite a girth; **b)** *(Größe)* size; **der Band hat einen ~ von 250 Seiten** the volume contains 250 pages *or* is 250 pages thick; **c)** *(Ausmaß)* extent; *(von Wissen)* range; extent; *(einer Stimme)* range; *(einer Arbeit, Untersuchung)* scope; **in vollem ~:** fully; completely; **in großem ~:** on a large scale
um·fangen *unr. tr. V. (geh.)* embrace; *(fig.)* ⟨*silence, warmth, etc.*⟩ envelop
umfänglich ['ʊmfɛŋlɪç] *Adj.* extensive; ⟨*case, parcel, etc.*⟩ of considerable size; voluminous, extensive ⟨*correspondence*⟩
umfang·reich *Adj.* extensive; substantial ⟨*book*⟩
um·fassen *tr. V.* **a)** grasp; *(umarmen)* embrace; **jmds. Arme/Taille/Knie ~:** grasp *or* clasp sb. round the arms/waist/knees; **jmdn. umfaßt halten** hold sb. in one's arms *or* in an embrace; **b)** *(enthalten)* contain; *(einschließen)* include; span; cover ⟨*period*⟩; **c)** *(umgeben)* enclose, surround; **d)** *(Milit.: umzingeln)* surround, encircle
umfassend 1. *Adj.* full ⟨*reply, information, survey, confession*⟩; extensive, wide, comprehensive ⟨*knowledge, powers*⟩; broad ⟨*education*⟩; extensive ⟨*preparations, measures*⟩. **2.** *adv.* ⟨*inform*⟩ fully
Um·fassung *die* enclosure
Um·feld *das* **a)** *(Psych., Soziol.)* milieu; **b)** *s.* Umgebung a
um·flechten *unr. tr. V.* put wicker round; **eine umflochtene Flasche** a wickered bottle; **eine mit Bast umflochtene Flasche** a raffia-covered bottle
¹um|fliegen *unr. itr. V.; mit sein (salopp)* go flying *(coll.)*
²um·fliegen *unr. tr. V.* fly round
um·fließen *unr. tr. V.* flow round
um|formen *tr. V.* **a)** reshape; remodel; recast, revise ⟨*poem, novel*⟩; transform ⟨*person*⟩; **b)** *(Elektrot.)* convert
Um·formung *die* **a)** umformen **a:** reshaping; remodelling; recasting; revision; transformation; **b)** *(Elektrot.)* conversion
Um·frage *die* survey; *(Politik)* opinion poll; **eine ~ machen** *od.* **veranstalten** carry out a survey/conduct an opinion poll
um·fried[ig]en *tr. V. (geh.)* s. einfried[ig]en
Umfried[ig]ung *die; ~, ~en (geh.) s.* Einfried[ig]ung
um|füllen *tr. V.* **etw. in etw.** *(Akk.)* **~:** transfer sth. into sth.; **der Kaffee muß umgefüllt werden** the coffee has to be put into another container
um|funktionieren *tr. V.* change the function of; **etw. zu etw. ~:** turn sth. into sth.
Um·gang *der* **a)** *o. Pl. (gesellschaftlicher*

umgänglich

Verkehr) contact; dealings *pl.*; **jmd. hat guten/schlechten ~:** sb. keeps good/bad company; **mit jmdm. ~ haben/pflegen** associate with sb.; **mit jmdm. keinen ~ haben** have nothing to do with sb.; **er ist kein ~ für dich!** he is not suitable *or* fit company for you; **b)** *o. Pl. (das Umgehen)* den **~ mit Pferden lernen** learn how to handle horses; **im ~ mit Kindern erfahren sein** be experienced in dealing with children; **c)** *(bild. Kunst, Archit.)* gallery
umgänglich ['ʊmgɛŋlɪç] *Adj. (verträglich)* affable; friendly; *(gesellig)* sociable
Umgangs-, Umgangs-: **~form die**; *meist Pl.* **gute/schlechte/keine ~formen haben** have good/bad/no manners; **~sprache die** colloquial language; **die englische ~sprache** colloquial English; **~sprachlich 1.** *Adj.* colloquial; **2.** *adv.* colloquially
um·garnen *tr. V.* beguile
um·geben *unr. tr. V.* **a)** surround; ⟨*hedge, fence, wall, etc.*⟩ envelop; **b) etw. mit etw. ~:** surround sth. with sth.; *(einfrieden)* enclose sth. with sth.; **sich mit jmdm./etw. ~:** surround oneself with sb./sth.
Umgebung die; **~, ~en a)** surroundings *pl.*; *(Nachbarschaft)* neighbourhood; *(eines Ortes)* surrounding area; **die nähere/weitere ~ Mannheims** the immediate/broader environs *pl.* of Mannheim; **Wiesbaden und ~** Wiesbaden and the surrounding area; **b)** *(fig.)* milieu; **jmds. nähere ~:** those *pl.* close to sb.; **das Kind braucht seine vertraute ~:** the child needs familiar faces around it
Umgegend die *(ugs.)* surrounding area; **die ~ der Stadt** the area surrounding the town
¹um|gehen *unr. itr. V.*; *mit sein* **a)** *(im Umlauf sein)* ⟨*list, rumour, etc.*⟩ go round, circulate; ⟨*illness, infection*⟩ go round; **Angst geht in der Bevölkerung um** fear is spreading in the population; **b)** *(spuken)* **hier geht ein Gespenst um** this place is haunted; **im Schloß geht ein Gespenst um** a ghost haunts this castle; the castle is haunted; **c)** *(behandeln)* **mit jmdm. freundlich/liebevoll** *usw.* **~:** treat sb. kindly/lovingly *etc.*; **mit etw. sorgfältig/nachlässig** *usw.* **~:** treat sth. carefully/carelessly *etc.*; **er versteht es, mit Kindern umzugehen** he knows how to handle children; **er kann mit Geld nicht ~:** he can't handle money; **mit Pinsel und Farbe ~ können** be able to use a brush and paint; **d)** *(verkehren)* **mit jmdm. ~:** associate with sb.; **e)** **mit dem Plan/Gedanken ~, etw. zu tun** think of doing sth.; **f)** *(bes. nordd.: einen Umweg machen)* make a detour
²um·gehen *unr. tr. V.* **a)** *(herumgehen, -fahren um)* go round; make a detour round ⟨*obstruction, busy area*⟩; *(auf einer Umgehungsstraße)* bypass ⟨*town, village, etc.*⟩; **b)** *(vermeiden)* avoid; get round ⟨*problem, difficulty*⟩; evade ⟨*question, issue*⟩; **c)** *(nicht befolgen)* get round, circumvent ⟨*law, restriction, etc.*⟩; evade ⟨*obligation, duty*⟩
umgehend 1. *Adj.*; *nicht präd.* immediate. **2.** *adv.* immediately
Umgehung die; **~, ~en a) durch ~ der Innenstadt** by bypassing *or* avoiding the town centre; **b)** *s.* **²umgehen c:** circumvention; evasion; **das ließe sich nur unter ~ der Bestimmung durchführen** that could only be done by circumventing the regulations; **c)** *s.* **Umgehungsstraße**
Umgehungs·straße die bypass
umgekehrt 1. *Adj.* inverse ⟨*ratio, proportion*⟩; reverse ⟨*order*⟩; opposite ⟨*sign*⟩; **es verhält sich** *od.* **ist genau ~:** the very opposite *or* reverse is true *or* the case; **2.** *adv.* inversely ⟨*proportional*⟩; **vom Englischen ins Deutsche und ~ übersetzen** translate from English into German and vice versa; **~ wirst du kaum erwarten können, daß ...:** conversely you can hardly expect that ...

um|gestalten *tr. V.* reshape; remodel; redesign ⟨*square, park, room, etc.*⟩; rework ⟨*text, music, etc.*⟩; *(reorganisieren)* reorganize; *(verändern)* change; **der Garten wurde zu einem Park umgestaltet** the garden was turned into a park
um|gießen *unr. tr. V.* **a) etw. ~:** pour sth. into another container/into bottles *etc.*; **etw. in etw.** *(Akk.)* **~:** pour sth. into sth.; **b)** *(in eine andere Form gießen)* recast
um·glänzen *tr. V. (dichter.)* **etw. ~:** bathe sth. in light
um|graben *unr. tr. V.* dig over
um·grenzen *tr. V.* ⟨*wall, fence, etc.*⟩ surround, enclose; *(fig.)* define; delimit
Umgrenzung die; **~, ~en a)** *s.* **umgrenzen:** surrounding; enclosing; *(fig.)* definition; delimitation; **b)** *(Grenzlinie)* boundary
um|gruppieren *tr. V.* rearrange
Um·gruppierung die rearrangement
um|gucken *refl. V. (ugs.) s.* **umsehen**
um|gürten *tr. V. (veralt.)* put on ⟨*belt*⟩; **[sich** *(Dat.)***] das Schwert ~:** gird on one's sword
um|haben *unr. tr. V.* **etw. ~:** have sth. on
um·halsen *tr. V.* embrace; **sie umhalsten sich** they embraced
Um·hang der cape
um|hängen *tr. V.* **a) etw. ~:** hang sth. somewhere else; **die Bilder müssen umgehängt werden** the pictures must be changed around; **b) jmdm./sich einen Mantel/eine Decke ~:** drape a coat/blanket round sb.'s/one's shoulders; **sich** *(Dat.)* **ein Gewehr ~:** sling a rifle from one's shoulder; **sich** *(Dat.)* **einen Fotoapparat ~:** sling a camera round one's neck; **jmdm. eine Medaille ~:** hang a medal round sb.'s neck
Umhänge·tasche die shoulder-bag
um|hauen *unr. tr. V.* **a)** *(fällen)* fell; **b)** *(ugs.: niederwerfen)* knock down; floor; **diese Hitze haut einen glatt um** *(salopp)* this heat is enough to knock you over *(coll.)*; **schon ein Bier haut mich um** *(salopp)* just one beer's enough to put me under the table *(coll.)*; **es hat mich fast umgehauen, als ich davon hörte** *(salopp)* I was flabbergasted when I heard
um·hegen *tr. V. (geh.)* care lovingly for; **sie umhegt die Kinder mit mütterlicher Liebe** she looks after the children with maternal love
um·her *Adv.* around; **weit ~:** all around
umher-: *s.* **herum-**
umhin|können *unr. itr. V.* **sie konnte nicht/kaum umhin, das zu tun** she had no/scarcely any choice but to do it; *(einem inneren Zwang folgend)* she couldn't help/could scarcely help but do it
um|hören *refl. V.* keep one's ears open; *(direkt fragen)* ask around; **ich werde mich danach bei** *od.* **unter meinen Kollegen ~:** I'll ask around my workmates *(Brit.)* or *(esp. Amer.)* fellow workers
um·hüllen *tr. V.* wrap *(fig.)* ⟨*mist, fog, etc.*⟩ shroud; **jmdn./etw. mit etw. ~:** wrap sb./sth. in sth.
um·jubeln *tr. V.* cheer
um·kämpfen *tr. V.* fight over ⟨*position, village, etc.*⟩; contest ⟨*victory*⟩; **ein heiß umkämpfter Sieg** a hotly contested victory
Umkehr ['ʊmkeːɐ̯] *die*; **~** *(auch fig.)* turning back; **zur ~ gezwungen werden** be forced to turn back
umkehr·bar *Adj.* reversible
um|kehren 1. *itr. V.*; *mit sein* turn back; *(fig. geh.: sich wandeln)* change one's ways; **auf halbem Wege ~** *(fig.)* stop half-way. **2.** *tr. V.* **a)** turn upside down; ⟨*sheet of paper*⟩ *(nach links drehen)* turn ⟨*garment etc.*⟩ inside out; *(nach rechts drehen)* turn **Haus [nach etw.] ~** *(fig.)* turn the whole house upside down [looking for sth.]; **b)**

(ins Gegenteil verkehren) reverse, invert ⟨*ratio, proportion*⟩; **c)** *(Musik)* invert; **d)** *(Logik)* convert ⟨*proposition*⟩. **3.** *refl. V.* be reversed; **der Magen kehrte sich ihm um** *(fig.)* his stomach turned over
Umkehr·film der *(Fot.)* reversal film
Umkehrung die; **~, ~en a)** reversal; **b)** *(Musik)* inversion; **c)** *(Logik)* conversion
um|kippen 1. *itr. V.*; *mit sein* **a)** fall over; ⟨*boat*⟩ capsize, turn over; ⟨*vehicle*⟩ overturn; **b)** *(ugs.: ohnmächtig werden)* keel over; **c)** *(ugs. abwertend) s.* **umfallen c**; **d)** *(ugs.: umschlagen)* ⟨*wine*⟩ go off; **e)** *(Ökologie)* ⟨*river, lake*⟩ reach the stage of biological collapse; **f)** *(ugs.: ins Gegenteil umschlagen)* ⟨*mood*⟩ turn; ⟨*voice*⟩ crack. **2.** *tr. V.* tip over; knock over ⟨*lamp, vase, glass, cup*⟩; capsize ⟨*boat*⟩; turn ⟨*boat*⟩ over; overturn ⟨*vehicle*⟩
um·klammern *tr. V.* clutch; clasp; **seine Hände umklammerten den Griff** his hands gripped *or* clasped the handle; **die Ringer/Boxer ~ sich** the wrestlers are locked together/the boxers are in a clinch; **etw./jmdn. fest umklammert halten** keep a firm grip on sth./clutch sb. tightly
Umklammerung die; **~, ~en** clutch; clasp; *(mit den Händen)* clutch; grip; *(Umarmung)* firm embrace; *(Boxing)* clinch
um·klappbar *Adj.* fold-down ⟨*seat*⟩; **~ sein** fold down
um|klappen 1. *tr. V.* fold down. **2.** *itr. V.*; *mit sein (ugs.: ohnmächtig werden)* keel over
Umkleide·kabine die changing-cubicle
¹um|kleiden *(geh.)* **1.** *refl. V.* change; change one's clothes. **2.** *tr. V.* **jmdn. ~:** change sb.; change sb.'s clothes
²um·kleiden *tr. V.* cover
Umkleide·raum der changing-room *(Brit.)*; *(im Theater)* green-room
um|knicken 1. *itr. V.*; *mit sein* **[mit dem Fuß] ~:** go over on one's ankle; **b)** ⟨*tree, stalk, blade of grass, etc.*⟩ bend; ⟨*branch*⟩ bend and snap; **umgeknickte Äste/Halme** snapped branches/bent straws. **2.** *tr. V.* **a)** *(falten)* fold ⟨*page, sheet of paper*⟩ over; **b)** *(abknicken)* bend over; break ⟨*flower, stalk*⟩
um|kommen *unr. itr. V.*; *mit sein* **a)** *(bei einem Unglück, durch Gewalt)* get killed; **die**; **ich komme um vor Hitze** *(fig. ugs.)* I'm dying in this heat *(coll.)*; **ich komme um vor Hunger/Durst** *(fig. ugs.)* I'm dying of hunger/thirst *(coll.)*; **vor Langeweile ~** *(fig. ugs.)* be bored to death *(coll.)*; **b)** *(ungenießbar werden)* ⟨*food*⟩ go off
um·kränzen [ʊm'krɛntsn̩] *tr. V.* garland; *(fig.: umgeben)* encircle
Um·kreis der **a)** *o. Pl.* surrounding area; **im ~ von 5 km** within a radius of 5 km.; **der ~ der Stadt** the city's environs *pl.* or immediate surroundings *pl.*; **im [näheren] ~ der Stadt** in the [immediate] vicinity of the town; **aus dem ~ des Vorsitzenden hört man, ...** *(fig.)* one hears from those close to the chairman ...; **b)** *(Geom.)* circumcircle
um·kreisen *tr. V.* circle; ⟨*spacecraft, satellite*⟩ orbit; ⟨*planet*⟩ revolve [a]round; **seine Gedanken umkreisten das Thema** *(fig.)* he kept turning the matter over in his mind
um|krempeln *tr. V.* **a)** *(aufkrempeln)* turn up ⟨*cuff*⟩; roll up ⟨*sleeve, trouser-leg*⟩; **b) das ganze Haus [nach etw.] ~** *(ugs.)* turn the whole house upside down [looking for sth.]; **c)** *(ugs.: von Grund auf ändern)* **etw. ~:** give sth. a shake-up; **jmdn. ~:** [completely] change sb.
um|laden *unr. tr. V.* transfer ⟨*goods etc.*⟩
Um·lage die: **~[n]** share of the cost[s]; *(bei einer Wohnung)* share of the bill[s]; **die ~ beträgt 30 Mark pro Person** the cost is 30 marks per person
um·lagern *tr. V.* besiege
Um·land das; *o. Pl.* surrounding area; **das ~ von Köln** the area around Cologne

1539

um|lassen *unr. tr. V.* (ugs.) leave ⟨*garment, watch, etc.*⟩ on

Ụm·lauf der a) rotation; **ein ~ [der Erde um die Sonne] dauert ein Jahr** one revolution [of the earth around the sun] takes a year; b) *o. Pl. (Zirkulation)* circulation; **in** od. **im ~ sein** ⟨*magazine, report, etc.*⟩ be circulating; ⟨*coin, banknote*⟩ be in circulation; **in ~ bringen** od. **setzen** circulate ⟨*report, magazine, etc.*⟩; circulate, put about, start ⟨*rumour*⟩; bring ⟨*coin, banknote*⟩ into circulation; c) *(Rundschreiben)* circular

Ụmlauf·bahn die *(Astron., Raumf.)* orbit; **etw. in eine ~ bringen** put sth. into orbit

¹**ụm|laufen 1.** *unr. tr. V.* knock over. **2.** *unr. itr. V.*; *mit sein* a) *(rotieren)* rotate; revolve; ⟨*planet, satellite, etc.*⟩ orbit; b) **~d** *(ringsherum verlaufend)* surrounding; c) *(kursieren, zirkulieren)* circulate

²**ụm·laufen** *unr. tr. V.* run around; ⟨*planet, satellite, etc.*⟩ orbit

Ụm·laut der *(Sprachw.)* umlaut

ụm|lauten *tr. V. (Sprachw.)* **ein umgelautetes a** an a umlaut; **das „a" wird hier umgelautet** the 'a' takes an umlaut in this case

ụm|legen *tr. V.* a) *(um einen Körperteil)* put on; **jmdm. etw. ~**: put sth. on sb.; **sich** *(Dat.)* **etw. ~**: put sth. on; **jmdm. eine Stola/Decke ~**: put a stole round sb.'s shoulders/put a blanket round sb.; b) *(auf den Boden, die Seite legen)* lay down; flatten ⟨*corn, stalks, etc.*⟩; *(fällen)* fell; c) *(umklappen)* fold down; turn down ⟨*collar*⟩; turn up ⟨*cuff*⟩; throw ⟨*lever*⟩; turn over ⟨*calendar-page*⟩; d) *(ugs.: zu Boden werfen)* floor, knock down ⟨*person*⟩; e) *(salopp: ermorden)* **jmdn. ~**: do sb. in *(sl.)*; bump sb. off *(sl.)*; f) *(verlegen)* transfer ⟨*patient, telephone call*⟩; **den Termin ~**: change the date (**auf** + *Akk.* to); g) *(anteilmäßig verteilen)* split, share ⟨*costs*⟩ (**auf** + *Akk.* between); h) *(derb: koitieren mit)* lay *(sl.)*

ụm|leiten divert; re-route; divert ⟨*river, stream*⟩

Ụm·leitung die diversion; re-routing; **die ~ fahren** take the diversion

ụm|lernen *itr. V.* a) *(beruflich)* retrain; **auf Feinmechaniker ~**: retrain as a precision engineer; b) *(seine Anschauungen ändern)* learn to think differently

ụmliegend *Adj.* surrounding ⟨*area, district*⟩; *(nahe)* nearby ⟨*building*⟩

Ụm·luft die; *o. Pl. (Technik)* recirculated air

ụm·mauern *tr. V.* surround with a wall; **ummauert** walled ⟨*garden, town*⟩

ụm|melden *tr. V.* **sich ~**: report a change of address; **ein Auto ~**: inform the authorities of a change of ownership of a car/*(am neuen Wohnort)* of the new address of a car's owner

ụm|modeln *tr. V. (ugs.)* change ⟨*house, flat*⟩ round; refashion, alter ⟨*jacket etc.*⟩

ụm|münzen *tr. V.* **etw. in etw.** *(Akk.)* **~**: convert sth. into sth.; **eine Niederlage in einen Sieg ~** *(fig.: umdeuten)* make a defeat out to be victory

um·nạchtet *Adj. (geh.)* [geistig] ~ **sein** be [mentally] deranged

Umnạchtung die; ~, ~en *(geh.)* derangement; **im Zustand der ~, in geistiger ~** in a state of mental derangement *or* insanity

ụm·nebeln *tr. V. (fig.)* cloud ⟨*senses, glance*⟩; befog ⟨*thoughts*⟩; **leicht umnebelt** slightly befuddled

ụm|organisieren *tr. V.* reorganize

ụm|packen 1. *tr. V.* repack. **2.** *tr. V.* repack; **seine Sachen aus der Reisetasche in einen Koffer ~**: take one's things out of the holdall and pack them into a suitcase

ụm|pflanzen *tr. V.* transplant

ụm|pflügen *tr. V.* plough up

ụm|polen *tr. V. (Elektrot.)* reverse the polarity/connections of; *(fig. ugs.: umwandeln)* convert ⟨*homosexual*⟩

ụm|quartieren *tr. V.* re-accommodate ⟨*person*⟩ (**in** + *Akk.* in); re-quarter, re-billet ⟨*troops*⟩ (**in** + *Akk.* in); move ⟨*patient*⟩

ụm|rahmen *tr. V.* frame ⟨*face etc.*⟩; **eine Feier mit Musik** od. **musikalisch ~** *(fig.)* begin and end a ceremony with music; give a ceremony a musical framework

Um|rahmung die; ~, ~en a) *(das Umrahmen)* bordering; **musikalische ~** *(fig.)* musical framework; music before and after; b) *(Umrahmendes)* border; *(fig.)* setting

um·rạnden *tr. V.* ring ⟨*letter, error, etc.*⟩; border ⟨*handkerchief, flower-bed, etc.*⟩

umrạndert [ʊmˈrɛndɐt] *Adj.* **schwarz ~**: with a black border; **rot ~e Augen** red-rimmed eyes

Umrạndung die; ~, ~en a) bordering; b) *(Umrandendes)* border; surround

ụm|räumen 1. *tr. V.* rearrange. **2.** *itr. V.* rearrange things

ụm|rechnen *tr. V.* convert (**in** + *Akk.* into); **Waren im Wert von umgerechnet 300 Mark** goods worth the equivalent of 300 marks

Ụm·rechnung die conversion (**in** + *Akk.* into)

Ụmrechnungs·kurs der exchange rate

¹**ụm|reißen** *unr. tr. V.* pull ⟨*mast, tree*⟩ down; knock ⟨*person*⟩ down; ⟨*wind*⟩ tear ⟨*tent etc.*⟩ down

²**um·reißen** *unr. tr. V.* outline; summarize ⟨*subject, problem, situation*⟩; **fest** od. **klar** od. **scharf umrissen** clearly defined ⟨*programme*⟩; clear-cut ⟨*ideas, views*⟩

ụm|rennen *unr. tr. V.* [run into and] knock down

um·rịngen *tr. V.* surround; *(in großer Zahl)* crowd round

Ụm·riß der *(auch fig.)* outline; **in Umrissen** in outline

ụm|rühren *tr. V. (auch itr.)* stir; **unter ständigem Umrühren** [while] stirring constantly

um·rụnden *tr. V.* go round ⟨*lake, town*⟩; *(Raumf.)* orbit; *(Seew.)* round ⟨*cape*⟩

ụm|rüsten *tr. V.* a) *(Technik)* convert (**auf** + *Akk.* to, zu into); b) *(Milit.)* **eine Armee [auf Atomwaffen] ~**: re-equip an army [with nuclear weapons]. **2.** *itr. V.* re-equip; **auf etw.** *(Akk.)* **~**: change over to sth.

ums [ʊms] *Präp.* + *Art.* a) = **um das**; b) **~ Leben kommen** lose one's life; **ein Jahr ~ andere** *(geh.)* one year after another; year after year

ụm|satteln *tr. V. (ugs.)* change jobs; ⟨*student*⟩ change courses; **[von etw.] auf etw.** *(Akk.)* **~**: switch from sth.] to sth.

Ụm·satz der turnover; *(Verkauf)* sales *pl.* (**an** + *Dat.* of); **~ machen** *(ugs.)* make money; **1000 Mark ~ machen** turn over 1,000 marks

Ụmsatz-: **~beteiligung** die share of the turnover; *(eines Verkäufers)* commission; **~steuer** die turnover *or (Amer.)* sales tax

¹**ụm|säumen** *tr. V.* hem

²**um·säumen** *tr. V. (fig.)* surround

ụm|schalten 1. *tr. V. (auch fig.)* switch [over] (**auf** + *Akk.* to); move ⟨*lever*⟩. **2.** *itr. V.* a) *(auch fig.)* switch or change over (**auf** + *Akk.* to); **in den zweiten Gang ~**: change into second gear; **wir schalten jetzt ins Stadion um** now we're going over to the stadium; b) *(umgeschaltet werden)* **die Ampel schaltet [auf Grün] um** the traffic lights are changing [to green]

Ụmschalt·hebel der [change-over] lever

Ụm·schau die: **[nach jmdm./etw.] ~ halten** look round *or* out [for sb./sth.]; **„Politische ~"** 'Political Review'

ụm|schauen *refl. V. (bes. südd., österr., schweiz.)* s. **umsehen**

ụm|schichten 1. *tr. V.* a) restack; b) *(Wirtsch.)* restructure ⟨*investments*⟩; reinvest ⟨*capital*⟩. **2.** *refl. V. (Soziol.)* be restructured

ụm·schichtig 1. *Adv.* ⟨*work*⟩ in shifts; **wir müssen ~ essen gehen** we have to eat on a rota basis. **2.** *adj.* shift *attrib.* ⟨*work*⟩;⟨*work*⟩ in shifts; ⟨*lunch-break*⟩ taken on a rota basis

Ụm·schichtung die s. **umschichten** 1, 2: restacking; *(Wirtsch.)* restructuring; reinvestment; *(Soziol.)* restructuring

um·schịffen *tr. V.* round ⟨*headland, cape*⟩; steer clear of ⟨*rocks, fig.: obstacle*⟩

Ụm·schlag der a) cover; b) *(Brief~)* envelope; c) *(Schutz~)* jacket; *(einer Broschüre, eines Heftes)* cover; d) *(Med.: Wickel)* compress; *(warm)* poultice; e) *(Hosen~)* turn-up; f) *(Veränderung)* [sudden] change *(Gen.* in); g) *(Wirtsch.: Güter~)* transfer; trans-shipment

Ụmschlag·bahnhof der transfer station

ụm|schlagen 1. *unr. tr. V.* a) *(umklappen)* turn up ⟨*sleeve, collar, trousers*⟩; turn over ⟨*page*⟩; b) *(umladen, verladen)* turn round, trans-ship ⟨*goods*⟩. **2.** *unr. itr. V.*; *mit sein* ⟨*weather, mood*⟩ change (**in** + *Akk.* into); ⟨*wind*⟩ veer [round]; ⟨*voice*⟩ break; ⟨*wine*⟩ go off; **ins Gegenteil ~**: change completely; become the opposite

Ụmschlag·tuch das; *Pl.* ~tücher shawl

Ụmschlag-: **~hafen** der port of transshipment; **~platz** der trans-shipment centre; **~tuch** das s. **Umschlagetuch**

um·schließen *unr. tr. V.* a) ⟨*river, wall*⟩ surround; ⟨*shell, husk, etc.*⟩ enclose; ⟨*hand, fingers, tentacles*⟩ clasp, hold; **er umschloß sie mit beiden Armen** he put both arms around her; b) *(einschließen, umzingeln)* surround, encircle ⟨*position, enemy*⟩; c) *(zum Inhalt haben)* embrace

um·schlịngen *unr. tr. V.* **jmdn./etw. [mit den Armen]** ~: put one's arms around sb./sth.; embrace sb./sth.; **sich umschlungen halten** hold one another in an embrace; **eng umschlungen** in a tight embrace *postpos.*; b) *(sich schlingen um)* twine [itself] round

Umschlịngung die; ~, ~en embrace; *(einer Boa o. ä.)* grip

Ụm·schluß der *(Rechtsw.)* limited freedom of association *(for prisoners awaiting trial)*

um·schmeicheln *tr. V.* heap flattery on; *(fig.)* caress ⟨*part of body*⟩

ụm|schmeißen *unr. tr. V. (ugs.)* s. **umwerfen** a, b

ụm|schnallen *tr. V.* [**sich** *(Dat.)*] **~**: buckle on ⟨*belt, sword*⟩; **jmdm./einem Tier etw. ~**: buckle or strap sth. on to sb./an animal

¹**ụm|schreiben** *unr. tr. V.* a) rewrite; b) *(übertragen)* transfer ⟨*money, property*⟩ (**auf** + *Akk.* to); c) *(transkribieren)* transcribe

²**um·schreiben** *unr. tr. V.* a) *(in Worte fassen)* describe; *(definieren)* define ⟨*meaning, sb.'s task, etc.*⟩; *(paraphrasieren)* paraphrase ⟨*word, expression*⟩; b) *(Sprachw.)* construct (mit with); **das Perfekt wird mit „sein" umschrieben** the perfect is conjugated with 'sein'; c) *(mit einer Linie umgeben)* outline; *(andeuten)* indicate; **umschrieben** *(Med.)* localized ⟨*eczema etc.*⟩

Um·schreibung die a) description; *(Definition)* definition; *(Verhüllung)* circumlocution *(Gen.* for); b) s. ²**umschreiben** b: construction; conjugation

Ụm·schrift die a) *(Sprachw.)* transcription; b) *(bes. Münzk.)* circumscription

ụm|schulden *tr. V. (Finanzw.)* convert ⟨*loan*⟩; *(mit längerer Laufzeit)* reschedule ⟨*loan, debt*⟩

Ụmschuldung die; ~, ~en *(Finanzw.)* loan conversion; *(mit längerer Laufzeit)* extension of credit; rescheduling [of a/the loan/loans]

ụm|schulen 1. *tr. V.* a) **ein Kind [auf eine andere Schule] ~**: transfer a child [to another school]; b) *(beruflich)* retrain; **jmdn. auf** *od.* **zum Monteur ~**: retrain sb. as a fitter. **2.** *itr. V.* retrain (**auf** + *Akk.* as)

Ụmschulung die a) transfer [to another school]; b) *(beruflich)* retraining *no pl.* (**auf** + *Akk.* as)

um|schütten *tr. V.* **a)** pour [into another container]; decant ⟨*liquid*⟩; **b)** *(verschütten)* spill

um·schwärmen *tr. V.* **a)** swarm around; **von Moskitos umschwärmt werden** be besieged by mosquitoes; **b)** *(fig.)* flock around; **sie war sehr od. von vielen umschwärmt** she had many admirers

Um·schweif *der* circumlocution; **ohne ~e** without beating about the bush; **mach keine [langen] ~e!** get on with it!

um|schwenken *itr. V.; mit sein* **a)** ⟨*person, column*⟩ swing round; ⟨*wind*⟩ veer [round]; **b)** *(fig.)* do an about-face

um·schwirren *tr. V.* buzz around

Um·schwung *der* **a)** complete change; *(in der Politik usw.)* U-turn; volte-face; **b)** *(Turnen)* circle

um·segeln *tr. V.* sail round ⟨*world, island, etc.*⟩; circumnavigate ⟨*world*⟩; *(fig.)* negotiate ⟨*obstacle etc.*⟩

um|sehen *unr. refl. V.* **a)** look; **sich im Zimmer ~**: look [a]round the room; **sehen Sie sich ruhig um** *(im Geschäft usw.)* by all means have a look round; **du wirst dich noch ~!** *(ugs.)* you're in for a [nasty] shock!; **sich nach etw. ~** *(fig.)* be looking *or* on the look-out for sth.; **b)** *(zurücksehen)* look round *or* back; **eine Frau, nach der sich alle Männer ~**: a woman who makes every man turn his head

um|sein *unr. itr. V. (Zusschr. nur im Inf. u. Part.) (ugs.)* ⟨*time*⟩ be up

umseitig **1.** *Adj.* ⟨*text, illustration, etc.*⟩ overleaf. **2.** *adv.* overleaf

umsetz·bar *Adj. (fig.: umwandelbar)* convertible **(in +** *Akk.* into); **der Vorschlag ist kaum in die Praxis ~**: the suggestion can scarcely be translated into practice

um|setzen **1.** *tr. V.* **a)** move; *(auf anderen Sitzplatz)* move to another seat/other seats; *(im Restaurant)* move to another table; *(auf anderen Posten, Arbeitsplatz usw.)* move, transfer **(in +** *Akk.* to); *(in andere Wohnung)* rehouse **(in +** *Akk.* in); *(umpflanzen)* transplant ⟨*bush etc.*⟩; *(in anderen Topf)* repot ⟨*plant*⟩; **b)** *(verwirklichen)* implement ⟨*plan*⟩; translate ⟨*plan, intention, etc.*⟩ into action *or* reality; realize ⟨*ideas*⟩; **Erlebnisse in Literatur ~**: give experiences literary form; **s. auch Praxis a; Tat a; c)** *(in Waren, Geld usw.)* spend, dispose of ⟨*money*⟩; **etw. in Geld/Bares ~**: turn sth. into money/cash; **Geld in Schnaps/Geschenke ~** spend money on schnapps/presents; **d)** *(Wirtsch.)* turn over, have a turnover of ⟨*x marks etc.*⟩; sell ⟨*shares, goods*⟩. **2.** *refl. V.* **a)** *(den Sitzplatz wechseln)* move to another seat/other seats; change seats; *(den Tisch wechseln)* move to another table; change tables; **b)** *(sich verwandeln)* transform itself, *(Physik)* be converted **(in +** *Akk.* into)

Umsetzung *die;* **~, ~en a)** *(auf einen anderen Posten)* transfer **(in +** *Akk.* to); *(in eine andere Wohnung)* rehousing **(in +** *Akk.* in); *(Umpflanzung)* transplant[ing]; *(in anderen Topf)* repotting; **durch die ~ des Schülers** by moving the pupil [to another seat/desk]; **b)** *(Verwirklichung)* realization; *(eines Plans)* implementation; *(Umformung)* transformation **(in +** *Akk.* into); *(bes. Technik, Physik)* conversion **(in +** *Akk.* into); **chemische ~en** chemical changes; **c)** *(Wirtsch.: Verkauf)* turnover; sale

Um·sicht *die; o. Pl.* circumspection; prudence

um·sichtig **1.** *Adj.* circumspect; prudent. **2.** *adv.* circumspectly; prudently

um|siedeln **1.** *tr. V.* resettle; **nach X umgesiedelt werden** be moved to X. **2.** *itr. V.; mit sein* move **(in +** *Akk.*, **nach** to); **in ein anderes Land ~**: settle in another country; emigrate

Um·siedler *der* resettled person; *(freiwillig)* resettler

Um·siedlung *die* resettlement; **seit meiner ~ aus der DDR in den Westen** since I moved to the West from the GDR

um|sinken *unr. itr. V.; mit sein* sink *or* fall to the ground

um·sonst *Adv.* **a)** *(unentgeltlich)* free; for nothing; **für ~** *(ugs.)* free, gratis, and for nothing *(joc.)*; **~ sein** *(ugs.)* be free [of charge]; not cost anything; **das hast du nicht ~ getan!** *(ugs.)* you'll pay for that!; **b)** *(vergebens)* in vain; **c) nicht ~ hat er davor gewarnt** not for nothing did he warn of that

um·sorgen *tr. V.* care for; look after

um·spannen *tr. V.* **a)** clasp ⟨*hand, wrist, ankle, etc.*⟩; put one's hands round ⟨*neck etc.*⟩; **b)** *(fig.: einschieben)* encompass ⟨*subjects, period*⟩; **alles ~d** all-embracing

Umspann·werk *das* *(Elektrot.)* transformer station

um·spielen *tr. V.* **a)** ⟨*smile, light*⟩ play about; ⟨*waves*⟩ lap about *or* around; ⟨*skirt etc.*⟩ swirl about *or* around; **b)** *(Ballspiele)* go round ⟨*defender*⟩

um|springen *unr. itr. V.; mit sein* **a)** ⟨*wind*⟩ veer round **(auf +** *Akk.* to); ⟨*traffic-light, fig.: mood*⟩ change; **b)** *(ugs. abwertend)* **mit jmdm. grob/übel usw. ~**: treat sb. roughly/badly etc.

um|spulen *tr. V.* rewind ⟨*tape, film*⟩

um·spülen *tr. V.* wash round; **ein von den Wellen umspültes Riff** a reef washed by the waves

Um·stand *der* **a)** *(Gegebenheit)* circumstance; *(Tatsache)* fact; **die näheren Umstände** the particular circumstances; *(Einzelheiten)* the details; **ein glücklicher ~**: a lucky *or* happy chance; **den Umständen entsprechend** as one would expect [in *or* under the circumstances]; **den Umständen entsprechend gut** *(ugs.)* as well as can be expected [given the circumstances]; **das kommt unter gar keinen Umständen in Frage** there is no question of that under any circumstances; **unter allen Umständen** whatever happens; **unter Umständen** possibly; **in anderen Umständen sein** *(o.)* be expecting; be in the family way *(coll.)*; **b)** *(Aufwand)* business; hassle *(coll.)*; **macht keine [großen] Umstände** please don't go to any bother *or* trouble; **das macht gar keine Umstände** it's no bother *or* trouble

umstände·halber *Adv.* owing to circumstances; **„~ zu verkaufen"** 'forced to sell'; 'genuine reason for sale'

umständlich ['ʊmʃtɛntlɪç] **1.** *Adj.* involved, elaborate ⟨*procedure, method, description, explanation, etc.*⟩; elaborate, laborious ⟨*preparation, check, etc.*⟩; awkward, difficult ⟨*journey, job*⟩; *(kompliziert)* involved; complicated; *(weitschweifig)* long-winded; *(Umstände machend)* awkward, *(coll.)* pernickety ⟨*person*⟩; **das ist mir zu ~**: that is too much trouble *or (coll.)* hassle [for me]; **es ist etwas ~, mit dem Auto dorthin zu kommen** getting there by car is rather awkward *or* rather a business. **2.** *adv.* in an involved *or* roundabout way; *(weitschweifig)* ⟨*explain etc.*⟩ at great length *or* in a long-winded way; **sie drückt sich manchmal etwas ~ aus** she is sometimes rather long-winded; **er verabschiedete/entschuldigte sich ~**: he made a meal of saying 'goodbye'/'sorry'; **warum einfach, wenn's auch ~ geht?** *(iron.)* why do things the easy way if you can make them difficult? *(iron.)*

Umstands-: ~an·gabe, **~bestimmung** *die (Sprachw.)* adverbial qualification; **~ergänzung** *die (Sprachw.)* adverbial complement; **~für·wort** *das (Sprachw.)* pronominal adverb; **~kleid** *das* maternity dress; **~kleidung** *die* maternity wear; **~krämer** *der (ugs. abwertend)* fuss-pot *(coll.)*; **~moden** *Pl.* maternity styles; **~satz** *der (Sprachw.)* adverbial clause; **~wort** *das (Sprachw.)* adverb

um·stehen *unr. tr. V.* stand round; surround

umstehend **1.** *Adj.; nicht präd.* **a)** standing round *postpos.*; **die ~en Personen, die Umstehenden** the bystanders; **b)** *(umseitig)* overleaf *postpos.* **2.** *adv.* overleaf

um|steigen *unr. itr. V.* **a)** change **(in +** *Akk.* [on] to); **nach Frankfurt ~**: change for Frankfurt; **b)** *(fig. ugs.)* change over, switch **(auf +** *Akk.* to)

¹um|stellen **1.** *tr. V.* **a)** *(anders stellen)* rearrange, change round ⟨*furniture, books, etc.*⟩; reorder ⟨*words etc.*⟩; transpose ⟨*two words*⟩; reshuffle ⟨*team*⟩; **b)** *(anders einstellen)* reset ⟨*lever, switch, points, clock*⟩; **c)** *(ändern)* change *or* switch over **(auf +** *Akk.* to). **2.** *refl. V.* adjust **(auf +** *Akk.* to); **er hat sich auf Rohkost umgestellt** he has changed his diet to raw fruit and vegetables. **3.** *itr. V.* switch over **(auf +** *Akk.* to).

²um·stellen *tr. V.* surround

Um·stellung *die s.* ¹**umstellen 1, 2: a)** rearrangement; reordering; transposition; redeployment; reshuffle; **b)** resetting; **c)** change-over, switch **(auf +** *Akk.* to); **d)** *(das Sichumstellen)* change; [re-]adjustment

um|stimmen *tr. V. (fig.: zu einer anderen Haltung bewegen)* win ⟨*person*⟩ round; **er ließ sich nicht ~**: he was not to be persuaded; he refused to change his mind

um|stoßen *unr. tr. V.* **a)** knock over; **b)** *(rückgängig machen)* reverse ⟨*judgement, decision*⟩; change ⟨*plan, decision*⟩; **c)** *(zunichte machen)* upset, wreck ⟨*plan, theory*⟩

umstritten *Adj.* disputed; controversial ⟨*bill, book, author, proposal, policy, etc.*⟩

um|strukturieren *tr. V.* restructure

um|stülpen *tr. V.* **a)** turn inside out; *(umkrempeln)* turn *or* roll up ⟨*trousers, sleeves, etc.*⟩; **b)** *(auskippen)* turn out, empty ⟨*purse, bag, etc.*⟩; **c)** *(umdrehen)* turn upside down; *(fig.)* turn on its head

Um·sturz *der* coup

um|stürzen **1.** *tr. V.* overturn; knock over; *(fig.)* topple, overthrow ⟨*political system, government*⟩. **2.** *itr. V.* overturn; ⟨*wall, building, chimney*⟩ fall down

Umstürzler ['ʊmʃtʏrtslɐ] *der; ~s, ~ (abwertend)* subversive agent

umstürzlerisch *(abwertend)* **1.** *Adj.* subversive. **2.** *adv.* **sich ~ betätigen** engage in subversive activities

Umsturz·versuch *der* attempted coup

um|taufen *tr. V. (o.)/(ugs.)* **etw. ~**: rename sb./sth.; change sb.'s name/the name of sth. **(auf +** *Akk.* to)

Um·tausch *der* exchange; **beim ~**: when exchanging goods/changing money; **reduzierte Ware ist vom ~ ausgeschlossen** sale goods cannot be exchanged

um|tauschen *tr. V.* exchange ⟨*goods, article*⟩ **(gegen** for); change ⟨*dollars, pounds, etc.*⟩ **(in +** *Akk.* to)

um|topfen *tr. V.* repot ⟨*plant*⟩

um·tosen *tr. V. (geh.)* surge around; **von etw. umtost** buffeted by sth.

Um·triebe *Pl. (abwertend)* [subversive] intrigues; subversion *sing.*

Um·trunk *der* communal drink

um|tun *unr. refl. V. (ugs.)* look [a]round; **sich nach etw. ~**: be on the look-out *or* looking for sth.

U-Musik *die; o. Pl.* light music

um|verteilen *tr. V.* redistribute

Um·verteilung *die* redistribution

um|wälzen *tr. V.* **a)** roll over; **~d** *(fig.)* revolutionary ⟨*ideas, effect*⟩; epoch-making ⟨*events*⟩; **b)** *(zirkulieren lassen)* circulate ⟨*water, air*⟩

Umwälz·pumpe *die* circulating pump

Umwälzung *die;* **~, ~en** *(fig.)* revolution

um|wandeln **1.** *tr. V.* convert ⟨*substance, building, etc.*⟩ **(in +** *Akk.* into); commute ⟨*sentence*⟩ **(in +** *Akk.* to); *(ändern)* change; alter; **er ist wie umgewandelt** he is a changed

1541

man. 2. *refl. V.* be converted (**in** + *Akk.* into)
Ụm·wandlung *die* conversion (**in** + *Akk.* into); *(einer Strafe)* commutation (**in** + *Akk.* to); *(der Gesellschaft usw.)* transformation
ụm|wechseln *tr. V.* change ⟨*marks, note, etc.*⟩ (**in** + *Akk.* into)
Ụm·weg *der* detour; **auf einem ~ nach Hause fahren** go a long way round *or* make a detour to get home; **auf ~en** by a circuitous *or* roundabout route; *(fig.)* in a roundabout way; **auf dem ~ über** (+ *Akk.*) *(fig.)* [indirectly] via
Ụm·welt *die* a) environment; b) *(Menschen)* people *pl.* around sb.; **meine/deine/seine ~**: those *pl.* around me/you/him
ụmwelt-, Ụmwelt-: **~bedingt** *Adj.* caused by the *or* one's environment *postpos.*; **~belastung** *die* environmental pollution *no indef. art.*; **~feindlich** 1. *Adj.* inimical to the environment *postpos.*; ecologically undesirable; 2. *adv.* in an ecologically undesirable way; ⟨*drive, behave*⟩ without regard for the environment; **~forschung** *die*; *o. Pl.* a) *(Biol.)* ecology; b) *(Soziol.)* environmental studies *pl., no art. or* science *no art.*; **~freundlich** 1. *Adj.* environment-friendly; ecologically desirable; 2. *adv.* in an ecologically desirable way; ⟨*act*⟩ with some regard for the environment; **~kriminalität** *die* environmental crime; **~politik** *die* ecological policy; **~schäden** *Pl.* environmental damage *sing.*; damage *sing.* to the environment; **~schädlich** 1. *Adj.* harmful to the environment *postpos.*; ecologically harmful; 2. *adv.* in an ecologically harmful way; **~schutz** *der* environmental protection *no art.*; conservation of the environment; **~schützer** *der* environmentalist; conservationist; **~sünder** *der* (*ugs.*) deliberate polluter of the environment; **~verschmutzung** *die* pollution [of the environment]
ụm|wenden 1. *regelm. (auch unr.) tr. V.*; a) *(auf die andere Seite)* turn over ⟨*page, joint, etc.*⟩; b) *(in die andere Richtung)* turn round ⟨*vehicle, horse*⟩; c) *(von innen nach außen)* turn ⟨*garment*⟩ inside out. 2. *unr. od. regelm. refl. V.* turn round
um·werben *unr. tr. V.* court; woo
ụm|werfen *unr. tr. V.* a) knock over; knock ⟨*person*⟩ down *or* over; *(fig. ugs.: aus der Fassung bringen)* bowl ⟨*person*⟩ over; stun ⟨*person*⟩; *(fig. ugs.: betrunken machen)* knock ⟨*person*⟩ out *(sl.)*; **das wirft selbst den stärksten Mann um!** it's more than even the strongest man can take; b) *(fig. ugs.; umstoßen)* knock ⟨*plan*⟩ on the head *(coll.)*; c) *(umlegen, umhängen)* throw *or* put sth. round sb.'s/one's shoulders
ụmwerfend (*ugs.*) 1. *Adj.* fantastic *(coll.)*; stunning *(coll.)*. 2. *adv.* fantastically [well] *(coll.)*; brilliantly; **~ komisch** hilariously funny; **~ schön** stunningly beautiful *(coll.)*
um·wickeln *tr. V.* wrap; bind; *(mit einem Verband)* bandage; **etw. mit Schnur/Draht ~**: wind string/wire round sth.
ụm|widmen *tr. V. (Verwaltung)* redesignate (**in** + *Akk.*, **zu** as)
Ụm·widmung *die (Verwaltung)* redesignation (**in** + *Akk.* as)
um·wittern *tr. V. (geh.)* **von Gefahren/einem Geheimnis umwittert sein** be beset *or* fraught with danger/shrouded in mystery
ụmwohnend *Adj.; nicht präd.* living in the neighbourhood *postpos.*
um·wölken [ʊmˈvœlkn̩] 1. *refl. V. (geh.)* ⟨*sky*⟩ cloud over; *(fig.)* ⟨*brow, look*⟩ darken. 2. *tr. V.* shroud; veil
ụm|wühlen *tr. V.* churn *or* plough up
um·zäunen *tr. V.* fence round *or* off
Umzäunung *die*; **~, ~en** a) *(das Umzäunen)* fencing round *or* off; b) *(Zaun)* fence, fencing *(Gen.* round)

ụm|ziehen 1. *unr. itr. V.; mit sein* move (**an** + *Akk.*, **in** + *Akk.*, **nach** to). 2. *unr. tr. V. (umkleiden)* **jmdn./sich ~**: change sb. *or* get sb. changed/change *or* get changed; **sich zum Essen ~**: change for dinner
um·zingeln [ʊmˈtsɪŋln̩] *tr. V.* surround; encircle
Umzingelung *die*; **~**: encirclement
Ụm·zug *der* a) move; *(von Möbeln)* removal; **jmdm. beim ~ helfen** help sb. move; help with the removal; b) *(Festzug)* procession; *(Demonstrationszug)* demonstration
Ụmzugs·kosten *Pl.* removal costs
UN [uːˈɛn] *Pl.* UN *sing.*
unabänderlich [ʊnlapˈlɛndɐlɪç] 1. *Adj.* unalterable; irrevocable ⟨*decision*⟩; **sich in das Unabänderliche fügen** resign oneself to the inevitable. 2. *adv.* irrevocably; **das steht ~ fest** that is absolutely certain
unabdingbar [ʊnlapˈdɪŋbaːɐ̯] *Adj.* a) *(geh.)* indispensable; b) *(Rechtsspr.)* inalienable
unabhängig 1. *Adj.* independent (**von** of); *(unbeeinflußt)* unaffected (**von** by); **sich ~ machen** go one's own way; ⟨*colony*⟩ become independent. 2. *adv.* independently (**von** of); **~ voneinander** independently [of one another]; separately; **es kostet 20 Pfennig, ~ von der Gesprächsdauer** it costs 20 pennigs irrespective *or* regardless of the length of the call; **~ davon, ob .../was .../wo ...** *usw.* irrespective *or* regardless of whether .../what .../where ... *etc.*
Ụnabhängigkeit *die* independence
Ụnabhängigkeits·erklärung *die* declaration of independence
unabkömmlich [ʊnlapˈkœmlɪç] *Adj.* indispensable; **sie ist im Moment ~**: she is otherwise engaged
unablässig [ˈʊnlaplɛsɪç] 1. *Adj.* incessant; constant ⟨*repetition*⟩; unremitting ⟨*effort*⟩. 2. *adv.* incessantly; constantly
unabsehbar 1. *Adj.* a) *(fig.)* incalculable, immeasurable ⟨*extent, damage, etc.*⟩; **in ~er Ferne** *(zeitlich)* in the unforeseeable future; **auf ~e Zeit** far into the future; b) *(noch nicht vorauszusehen)* unforeseeable ⟨*consequences*⟩. 2. *adv.* a) incalculably; immeasurably; b) *(in einem noch nicht erkennbaren Ausmaß)* to an unforeseeable extent
unabsichtlich 1. *Adj.* unintentional. 2. *adv.* unintentionally
unabweisbar 1. *Adj.* irrefutable; absolute ⟨*necessity*⟩. 2. *adv.* irrefutably; undeniably
unabwendbar *Adj.* inevitable
unachtsam 1. *Adj.* a) inattentive; **einen Augenblick ~ sein** let one's attention wander for a moment; b) *(nicht sorgfältig)* careless. 2. *adv. (ohne Sorgfalt)* carelessly
Ụnachtsamkeit *die*; **~** a) *(Unaufmerksamkeit)* inattentiveness; b) *(mangelnde Sorgfalt)* carelessness
unähnlich *Adj.* dissimilar; **jmdm./einer Sache ~ sein** be unlike sb./sth.
unanfechtbar *Adj.* incontestable
unangebracht *Adj.* inappropriate; misplaced
unangefochten *Adj.* unchallenged ⟨*victor, leadership, etc.*⟩; *(unbestritten)* undisputed, unchallenged ⟨*assertion, thesis*⟩; *(Rechtsw.)* uncontested ⟨*verdict, will, etc.*⟩
unangemeldet *Adj.* a) *(unangekündigt)* unexpected ⟨*visit, guest*⟩; unauthorized ⟨*demonstration*⟩; b) **~ kommen** come unannounced; **~ zum Arzt gehen** go to the doctor without an appointment; b) *(nicht registriert)* unregistered ⟨*person, participant*⟩; unlicensed ⟨*television set, radio*⟩
unangemessen *Adj.* unsuitable; inappropriate; unreasonable, disproportionate ⟨*demand, claim, sentence, etc.*⟩. 2. *adv.* unsuitably; inappropriately; disproportionately ⟨*high, low*⟩; **er reagierte völlig ~**: his reaction was out of all proportion; *(unpassend)* his reaction was entirely inappropriate
unangenehm 1. *Adj.* unpleasant (+ *Dat.*

for); *(peinlich)* embarrassing, awkward ⟨*question, situation*⟩; **es ist mir sehr ~, daß ich mich verspätet habe** I am most upset about being late; **die Frage war ihm sichtlich ~**: he clearly found the question embarrassing; **~ werden** ⟨*person*⟩ get *or* turn nasty. 2. *adv.* unpleasantly; *(peinlich)* **die Frage schien ihn ~ zu berühren** the question appeared to embarrass him; **~ auffallen** make a bad impression
unangepaßt 1. *Adj.* nonconformist. 2. *adv.* in a nonconformist way
unangetastet *Adj.* untouched
unangreifbar *Adj. (auch fig.)* unassailable; impregnable ⟨*fortress*⟩; *(unanfechtbar)* irrefutable ⟨*argument, thesis*⟩; incontestable ⟨*judgement etc.*⟩
unannehmbar *Adj.* unacceptable
Ụnannehmlichkeit *die* trouble; **mit/durch etw. ~en bekommen** get [a lot of *(coll.)*] trouble with sth./as a result of sth.; **~en auf sich [Akk.] nehmen** take on unpleasant business; **jmdm. ~en bereiten** cause sb. [a lot of *(coll.)*] problems *or* difficulties
unansehnlich *Adj.* unprepossessing; plain ⟨*girl*⟩
unanständig 1. *Adj.* a) improper; *(anstößig)* indecent ⟨*behaviour, remark*⟩; dirty ⟨*joke*⟩; rude ⟨*word, song*⟩; b) *(verwerflich)* immoral. 2. *adv.* a) improperly; **~ kurze Röcke** indecently short skirts; b) *(verwerflich)* immorally; c) *(ugs.; unmäßig, allzu)* disgustingly ⟨*fat*⟩; indecently ⟨*often*⟩; **~ viel essen** eat a disgusting amount
Ụnanständigkeit *die* a) *o. Pl.* impropriety; indecency; *(Obszönität)* obscenity; b) *(anstößige Handlung)* impropriety; *(anstößige Äußerung)* obscenity; indecent remark; c) *o. Pl. (Verwerflichkeit)* immorality; d) *(verwerfliche Handlung)* immoral action
unantastbar *Adj.* inviolable
unappetitlich 1. *Adj.* unappetizing; *(fig.)* unsavoury ⟨*joke*⟩; unsavoury-looking ⟨*person*⟩; disgusting ⟨*wash-basin, nails, etc.*⟩. 2. *adv.* unappetizingly
Ụnart *die* bad habit
unartig 1. *Adj.* naughty. 2. *adv.* naughtily; ⟨*behave*⟩ badly
unartikuliert 1. *Adj.* inarticulate; *(fig.: nicht ausgedrückt)* unexpressed ⟨*feeling, thought, desire, etc.*⟩. 2. *adv.* inarticulately
unästhetisch 1. *Adj.* unpleasant, unsavoury ⟨*sight etc.*⟩; ugly ⟨*building etc.*⟩; *(abstoßend)* disgusting. 2. *adv.* in an unsavoury/a disgusting way
unaufdringlich 1. *Adj.* unassuming ⟨*person*⟩; *(fig.)* unobtrusive, discreet ⟨*music, décor, etc.*⟩; discreet ⟨*perfume, colour, elegance, etc.*⟩. 2. *adv.* discreetly
unauffällig 1. *Adj.* inconspicuous, unobtrusive ⟨*scar, defect, skill, behaviour, surveillance, etc.*⟩; discreet ⟨*signal, elegance*⟩; **sie ist eine eher ~e Erscheinung** she is not at all striking. 2. *adv.* inconspicuously, unobtrusively; ⟨*behave, follow, observe, disappear, leave*⟩ unobtrusively, discreetly
unauffindbar *Adj.* untraceable; **~ sein** bleiben be nowhere to be found
unaufgefordert *Adv.* without being asked; **~ eingesandte Manuskripte** unsolicited manuscripts
unaufgeklärt *Adj.* a) unresolved ⟨*misunderstanding*⟩; unsolved ⟨*crime, mystery*⟩; b) *(ignorant)* unenlightened ⟨*age, person*⟩; *(sexualkundlich)* ignorant of the facts of life *postpos.*
unaufhaltsam 1. *Adj.* inexorable. 2. *adv.* inexorably
unaufhörlich 1. *Adj.; nicht präd.* constant; incessant; continuous ⟨*rain*⟩. 2. *adv.* constantly; ⟨*rain, snow*⟩ continuously; **das Telefon klingelte ~**: the telephone was for ever ringing *or* never stopped ringing
unauflöslich *Adj.* irreconcilable ⟨*contradiction etc.*⟩; indissoluble ⟨*marriage, link*⟩

unaufmerksam 1. *Adj.* inattentive (gegenüber to); careless ⟨driver⟩. **2.** *adv.* sich seinen Gästen gegenüber ~ verhalten not pay enough attention to one's guests
Unaufmerksamkeit die inattentiveness; *(Fahrlässigkeit)* carelessness
unaufrichtig *Adj.* insincere; jmdm. gegenüber ~ sein not be honest with sb.
Unaufrichtigkeit die a) *o. Pl.* insincerity; b) *(Handlung)* insincere action
unaufschiebbar *Adj.* es war ~: it could not be put off *or* postponed
unausbleiblich *Adj.* inevitable; unavoidable
unausdenkbar *Adj.* unimaginable
unausgefüllt *Adj.* uncompleted, blank ⟨form⟩; *(fig.)* unfulfilled ⟨person⟩; unfilled ⟨time⟩, empty ⟨life⟩
unausgeglichen *Adj.* a) *(emotional)* [emotionally] unstable ⟨person, behaviour⟩; b) *(Wirtsch.)* ⟨balance of payments⟩ not in balance; unsettled ⟨account, debt⟩; c) *(unausgewogen)* unbalanced ⟨report, relationship, etc.⟩; unequal ⟨distribution⟩; *(ungleichmäßig)* uneven, changeable ⟨climate⟩
Unausgeglichenheit die a) *(eines Menschen)* instability; b) *(Wirtsch.)* imbalance; c) *(Unausgewogenheit)* imbalance; *(Ungleichmäßigkeit)* unevenness, inconsistency
unausgegoren *Adj.* *(abwertend)* immature
unausgeschlafen *Adj.* [völlig] ~ sein/aussehen have not had/look as though one has not had [anything like] enough sleep; ~ zur Schule kommen come to school tired through lack of sleep
unauslöschlich **1.** *Adj.* *(geh.)* indelible ⟨impression⟩; unforgettable ⟨experience⟩. **2.** *adv.* indelibly
unaussprechlich 1. *Adj.* a) inexpressible; b) *(geh.: unbeschreiblich)* indescribable ⟨misery, joy⟩; unutterable ⟨misery, sorrow⟩. **2.** *adv.* a) unutterably; indescribably; ⟨suffer, love⟩ beyond expression
unausstehlich 1. *Adj.* unbearable ⟨person, noise, smell, etc.⟩; insufferable ⟨person⟩; intolerable ⟨noise, smell⟩. **2.** *adv.* unbearably; intolerably; insufferably ⟨stupid, curious⟩
unausweichlich *Adj.* unavoidable; inevitable
unbändig ['ʊnbɛndɪç] **1.** *Adj.* a) boisterous ⟨person, horse, temperament⟩; b) *(überaus groß/stark)* unbridled, unrestrained ⟨desire, longing, joy, merriment⟩; unbridled, uncontrollable ⟨fury, hate, anger⟩; ravenous ⟨hunger⟩. **2.** *adv.* a) wildly; b) *(sehr, äußerst)* unrestrainedly; tremendously *(coll.)*; ~ jubeln *od.* jauchzen, sich ~ freuen jump for joy
unbar 1. *Adj.*; *nicht präd.* cashless. **2.** *adv.* ⟨pay⟩ without using cash
unbarmherzig 1. *Adj.* *(auch fig.)* merciless; remorseless, unsparing ⟨severity⟩; *(fig.)* very severe ⟨winter, cold⟩; jmdm. gegenüber *od.* gegen jmdn. ~ sein show sb. no mercy. **2.** *adv.* mercilessly; without mercy
unbeabsichtigt 1. *Adj.* unintentional. **2.** *adv.* unintentionally
unbeachtet *Adj.* unnoticed; obscure ⟨existence⟩; ~ leben live in obscurity; jmdn./etw. ~ lassen not take any notice of sb./sth.
unbeanstandet 1. *Adj.* etw. ~ lassen let sth. pass; ~ bleiben be allowed to pass. **2.** *adv.* without objection; ~ durch die Gütekontrolle gehen be allowed to pass through quality control [without any problems]
unbeantwortet *Adj.* unanswered
unbearbeitet *Adj.* a) undealt with *pred.*; which has/have not been dealt with *postpos.*; b) *(roh)* untreated ⟨wood, leather, metal⟩; *(unbestellt)* uncultivated ⟨land, field⟩; *(nicht redigiert)* unedited ⟨manuscript⟩; *(nicht verändert, adaptiert)* unchanged, unadapted ⟨play, version⟩
unbebaut *Adj.* a) undeveloped ⟨site, land⟩; b) *(unbestellt)* uncultivated ⟨land, area⟩

unbedacht 1. *Adj.* rash; thoughtless. **2.** *adv.* rashly; thoughtlessly
unbedarft 1. *Adj.* *(ugs.)* a) inexpert; lay; er ist literarisch [völlig/ziemlich] ~: he has no/little idea about literature; b) *(naiv)* naïve; *(dümmlich)* gormless *(coll.)*. **2.** *adv.* naïvely; *(dümmlich)* gormlessly *(coll.)*
unbedeckt *Adj.* uncovered; bare; mit ~em Kopf bare-headed
unbedenklich 1. *Adj.* a) harmless, safe ⟨substance, drug⟩; ⟨state of health, situation⟩ giving no cause for concern; unobjectionable ⟨joke, plan, reading matter⟩; es ist nicht ganz ~: it is to some extent open to objection; b) *(hemmungslos, skrupellos)* unthinking; unconsidered. **2.** *adv.* without second thoughts
unbedeutend 1. *Adj.* insignificant; minor ⟨artist, poet⟩; slight, minor ⟨improvement, change, error⟩. **2.** *adv.* slightly
unbedingt 1. *Adj.* a) absolute ⟨trust, faith, reliability, secrecy, etc.⟩; complete ⟨rest⟩; b) *(Physiol.)* ~e Reflexe unconditioned reflexes. **2.** *adv.* absolutely; *(auf jeden Fall)* whatever happens; etw. ~ tun müssen/wollen really *or* absolutely have to do sth.; absolutely determined to do sth.; der Brief muß ~ heute noch weg the letter really must be posted today; ich brauche ~ neue Reifen I need new tyres whatever happens; nicht ~: not necessarily; nicht ~ nötig not absolutely necessary; ~! absolutely!; of course!
unbeeidigt *Adj.* *(Rechtsw.)* unsworn; der Zeuge blieb ~: the witness was not on *or* under oath
unbeeindruckt *Adj.* unimpressed
unbeeinflußt *Adj.* uninfluenced; von jeder Propaganda ~: not influenced by any propaganda *postpos.*
unbefahrbar *Adj.* a) *(für Landfahrzeuge)* impassable; b) *(für Wasserfahrzeuge)* unnavigable; not navigable *pred.*
unbefangen 1. *Adj.* a) *(ungehemmt)* uninhibited; natural, uninhibited ⟨behaviour⟩; er ist anderen gegenüber ganz ~: he is perfectly natural with other people; b) *(unvoreingenommen)* impartial. **2.** *adv.* freely; without inhibition; ⟨behave⟩ naturally; jmdm./einer Sache ~ gegenübertreten approach sb./sth. with an open mind
Unbefangenheit die s. unbefangen 1 a, b: uninhibitedness; naturalness; impartiality
unbefleckt *Adj.* *(geh.)* undefiled; unsullied *(literary)*; die Unbefleckte Empfängnis *(christl. Rel.)* the Immaculate Conception
unbefriedigend *Adj.* unsatisfactory
unbefriedigt 1. *Adj.* dissatisfied (von with); unsatisfied ⟨need, curiosity, desire, etc.⟩; *(unausgefüllt)* unfulfilled (von by); *(sexuell)* [sexually] unsatisfied *or* frustrated
unbefristet 1. *Adj.* for an indefinite *or* unlimited period *postpos.*; indefinite ⟨strike⟩; unlimited ⟨visa⟩. **2.** *adv.* for an indefinite *or* unlimited period
unbefugt *Adj.* unauthorized; ein Unbefugter an unauthorized person. **2.** *adv.* without authorization
unbegabt *Adj.* ungifted; untalented; für Sprachen ~ sein have no talent for languages
unbegreiflich 1. *Adj.* incomprehensible (+ *Dat.*, für to); incredible ⟨love, goodness, stupidity, carelessness, etc.⟩; auf ~e Weise in a baffling *or* mysterious manner
unbegreiflicherweise *Adv.* inexplicably
unbegrenzt 1. *Adj.* unlimited; ein zeitlich ~er Vertrag a contract with no time limit; Kosten in ~er Höhe costs up to an unlimited amount. **2.** *adv.* ⟨stay, keep, etc.⟩ indefinitely; ⟨trust⟩ absolutely; ich habe nicht ~ Zeit I don't have unlimited time
unbegründet *Adj.* unfounded, groundless ⟨fear, accusation, suspicion⟩
unbehaart *Adj.* hairless; bald ⟨head⟩

Unbehagen das uneasiness, disquiet; *(Sorge)* concern (an + *Dat.* about); etw. mit ~ feststellen/betrachten note/watch sth. with concern; ein leichtes körperliches ~: a slight physical discomfort; das bereitet mir ~: it makes me feel uneasy
unbehaglich 1. *Adj.* uneasy, uncomfortable ⟨feeling, atmosphere⟩; uncomfortable ⟨thought, room⟩; mir war ~ zumute I was *or* felt uneasy; er/es war mir ~: he/it made me feel uneasy *or* uncomfortable. **2.** *adv.* uneasily; uncomfortably; ~ kühl uncomfortably *or* unpleasantly cool
unbehauen *Adj.* unhewn
unbehelligt *Adj.* unmolested; *(ohne Störung)* ⟨read, work⟩ undisturbed, in peace; er gelangte ~ von Journalisten in das Gebäude he got into the building without being intercepted by journalists; die Zollbeamten ließen uns ~ passieren the customs let us through without stopping us
unbeherrscht 1. *Adj.* uncontrolled; intemperate, wild ⟨reaction, behaviour, remark⟩; er ist ~: he has no self-control. **2.** *adv.* without any self-control
Unbeherrschtheit die ~, ~en a) *o. Pl.* lack of self-control; b) *(Handlung)* uncontrolled fit; *(Äußerung)* wild outburst
unbehindert *Adj.* unhindered; unimpeded
unbeholfen 1. *Adj.* clumsy; awkward. **2.** *adv.* clumsily; awkwardly
unbeirrbar 1. *Adj.* unwavering. **2.** *adv.* unwaveringly; unswervingly
unbeirrt 1. *Adj.* unwavering. **2.** *adv.* without wavering
unbekannt 1. *Adj.* a) unknown; *(nicht vertraut)* unfamiliar; unidentified ⟨caller, donor, flying object⟩; das war mir bisher ~, daß ...: I am not unaware that ...; sie ist hier ~: she is not known here; ~e Täter unknown *or* unidentified culprits; „Empfänger ~" 'not known at this address'; eine ~e Größe *(Math.; auch scherzh.: Mensch)* an unknown quantity; ich bin hier ~ *(ugs.)* I'm a stranger here; [Strafanzeige gegen Unbekannt *(Rechtsw.)* charge against person or persons unknown; b) *(nicht vielen bekannt)* little known; obscure ⟨poet, painter, etc.⟩. **2.** *adv.* „Empfänger ~ verzogen" 'moved'; 'address unknown'
¹**Unbekannte der/die**; *adj. Dekl.* unknown *or* unidentified man/woman; *(Fremde[r])* stranger; er ist [hier/dem Fernsehpublikum] kein ~er [mehr] he is no stranger [here/to television viewers]; der große ~ *(scherzh.)* the mystery man *or* person
²**Unbekannte die**; *adj. Dekl. (Math.; auch fig.)* unknown
unbekannter·weise *Adv.* grüßen Sie ihn/sie ~ [von mir] give him/her my regards, although we haven't met
unbekleidet *Adj.* without any clothes on *postpos.*; bare ⟨torso etc.⟩; naked ⟨corpse⟩
unbekümmert 1. *Adj.* *(unbeschwert)* carefree; *(ohne Bedenken, lässig)* casual; sie ist [ziemlich] ~: she doesn't worry [much]; she is [pretty] unconcerned; um etw. ~ sein be unconcerned about sth. **2.** *adv.* a) *(unbeschwert)* in a carefree way; without a care in the world; ~ leben live a carefree life; b) *(ohne Bedenken)* without caring *or* worrying; ganz *od.* völlig ~: entirely unconcerned; without a second thought; er raucht ~ weiter he happily goes on smoking
Unbekümmertheit die; ~ a) carefree manner *or* attitude; carefreeness; b) *(Bedenkenlosigkeit)* lack of concern
unbelastet *Adj.* a) not under load *postpos.*; im ~en Zustand when not under load; b) *(von Sorgen, Problemen usw.)* free from care *or* worries *postpos.*; von Sorgen ~: free from worries; c) *(ohne Schuld)* ~ sein have a clean record; d) *(schuldenfrei)* unmortgaged ⟨property, land⟩

1543

unbelebt *Adj.* **a)** inanimate ⟨*nature*⟩; *(anorganisch)* inorganic ⟨*matter*⟩; **b)** *(ohne Lebewesen)* uninhabited; deserted; empty ⟨*streets*⟩

unbeleckt *Adj. (salopp)* von etw. ~ sein not have a clue about sth. *(coll.)*; sie sind von jeder Kultur ~: they are complete savages

unbelehrbar *Adj.* incorrigible; not accessible to reason *postpos.*; er ist ~: he will not learn

unbeleuchtet *Adj.* unlit ⟨*street, corridor, etc.*⟩; ⟨*vehicle*⟩ without [any] lights

unbelichtet *Adj. (Fot.)* unexposed

unbeliebt *Adj.* unpopular (bei with)

Unbeliebtheit *die* unpopularity

unbemannt *Adj.* **a)** unmanned; **b)** *(scherzh.) (ohne Mann)* husbandless *(joc.); (ohne Freund)* without a man *postpos.*

unbemerkt *Adj., adv.* unnoticed

unbemittelt *Adj.* penniless; impecunious; nicht ganz ~: not exactly penniless

unbenommen *Adj.* in es ist/bleibt jmdm. ~, zu ...: sb. is/remains free *or* at liberty to ...; dieses Recht bleibt Ihnen ~: this remains your right

unbenutzbar *Adj.* unusable

unbenutzt *Adj.* unused

unbeobachtet *Adj.* unobserved; in einem ~en Augenblick *od.* Moment when no one is/was watching; wenn er sich ~ fühlt *od.* glaubt when he thinks no one is looking

unbequem 1. *Adj.* **a)** uncomfortable; **b)** *(lästig)* awkward, embarrassing ⟨*question, opinion*⟩; awkward, troublesome ⟨*politician etc.*⟩; unpleasant ⟨*criticism, truth, etc.*⟩; er wurde ihnen ~: he became a nuisance *or* an embarrassment to them. 2. *adv.* uncomfortably

Unbequemlichkeit *die* **a)** *o. Pl.* lack of comfort; **b)** *o. Pl. (Lästigkeit)* awkwardness; **c)** *(etw., was unbequem ist)* discomfort

unberechenbar 1. *Adj.* unpredictable. 2. *adv.* unpredictably

unberechtigt 1. *Adj.* **a)** *(ungerechtfertigt)* unjustified; **b)** *(unbefugt)* unauthorized. 2. *adv.* **a)** *(unbefugt)* without authorization; **b)** *(ungerechtfertigt)* without justification; unjustifiably ⟨*expensive etc.*⟩

unberücksichtigt *Adj.* unconsidered; etw. ~ lassen leave sth. out of consideration; ignore sth.; ~ bleiben not be considered; be ignored

¹**unberufen** *Adj.* in ~e Hände fallen fall into the wrong hands

²**unberufen** *Interj.* ~ [toi, toi, toi]! touch wood!; knock on wood! *(Amer.)*

Unberührbare *der/die; adj. Dekl. (Rel.)* untouchable

unberührt *Adj.* **a)** untouched; virgin ⟨*snow, forest, wilderness*⟩; ein Stück ~er Natur a stretch of unspoilt countryside; **b)** *(geh.: jungfräulich)* in the virgin state; sie ist noch ~: she is still a virgin; **c)** *(unbeeindruckt) unmoved* (von by); die Nachricht ließ ihn ~: he was unmoved by the news

Unberührtheit *die;* ~ **a)** *(natürlicher Zustand)* unspoiled state; **b)** *(geh.: Jungfräulichkeit)* virginity; **c)** *(das Unbeeindrucktsein)* lack of emotion; impassivity

unbeschadet 1. *Präp. mit Gen.* regardless of; notwithstanding. 2. *Adj., nicht attr. (veralt.) s.* unbeschädigt a, b

unbeschädigt *Adj.* undamaged; **b)** *(veralt.: unverletzt)* unharmed

unbescheiden *Adj.* presumptuous; wenn ich mir die ~e Frage/Bitte erlauben darf if you don't mind my asking; ist es sehr ~, wenn ich Sie bitte ...? I hope you don't mind my asking you ...

unbescholten *Adj.* respectable; *(veralt.: keusch)* chaste ⟨*girl*⟩; ~ sein *(Rechtsspr.)* have no [previous] convictions

Unbescholtenheit *die;* ~: *s.* unbescholten: respectability; chastity; absence of [previous] convictions

unbeschrankt *Adj.* ⟨*crossing*⟩ without gates, with no gates

unbeschränkt 1. *Adj.* unlimited; limitless ⟨*possibilities, power*⟩; *(hist.)* absolute ⟨*ruler*⟩; die Teilnehmerzahl ist ~: there is no limit on the number of participants. 2. *adv.* für etw. ~ haften have unlimited liability for sth.

unbeschreiblich 1. *Adj.* indescribable; unimaginable ⟨*fear, beauty*⟩; ⟨*fear, beauty*⟩ beyond description. 2. *adv.* indescribably ⟨*beautiful*⟩; unbelievably ⟨*busy*⟩; ~ viele Menschen an incredible number of people; sich ~ freuen be overjoyed

unbeschrieben *Adj.* blank, empty ⟨*piece of paper, page*⟩; *s. auch* Blatt b

unbeschwert 1. *Adj.* carefree. 2. *adv.* free from care; ⟨*dance, play*⟩ with a light heart

unbesehen 1. *Adj.* unquestioning ⟨*acceptance*⟩. 2. *adv.* without hesitation; das glaube ich ~: I don't doubt it for a moment

unbesiegbar *Adj.* invincible

unbesiegt *Adj.* undefeated ⟨*army*⟩; unbeaten ⟨*team, player*⟩

unbesonnen 1. *Adj.* impulsive ⟨*person, nature*⟩; unthinking ⟨*remark*⟩; *(übereilt)* ill-considered, rash ⟨*decision, action*⟩. 2. *adv.* ⟨*act*⟩ without thinking; *(übereilt)* rashly

unbesorgt *Adj.* unconcerned; seien *od.* bleiben Sie ~! don't [you] worry; you can set your mind at rest; du darfst ~ nach Hause gehen you can go home without worrying/with an easy mind

unbespielbar *Adj. (Sport)* unplayable ⟨*pitch*⟩

unbespielt *Adj.* blank ⟨*tape, cassette*⟩

unbeständig *Adj.* changeable, unsettled ⟨*weather*⟩; erratic, inconsistent ⟨*performance, person, etc.*⟩; inconstant, fickle ⟨*lover etc.*⟩; *(vergänglich)* transitory ⟨*love, luck*⟩

unbestätigt *Adj.* unconfirmed

unbestechlich *Adj.* **a)** incorruptible; **b)** *(fig.)* uncompromising ⟨*critic*⟩; incorruptible ⟨*character*⟩; unerring ⟨*judgement*⟩; unwavering ⟨*honesty, love of truth*⟩

unbestimmbar *Adj.* unidentifiable ⟨*plant, sound, colour, etc.*⟩; indeterminable ⟨*age, distance*⟩; *(Bot., Zool.)* unclassifiable

unbestimmt 1. *Adj. (nicht festgelegt)* indefinite; indeterminate ⟨*age, number*⟩; *(ungewiß)* uncertain; auf ~e Zeit for an indefinite period; **b)** *(ungenau)* vague; **c)** *(Sprachw.)* indefinite ⟨*article, pronoun*⟩; non-finite ⟨*verb form*⟩. 2. *adv. (ungenau)* vaguely

Unbestimmtheit *die* **a)** *(Ungenauigkeit)* vagueness; **b)** *(Ungewißheit)* uncertainty

unbestreitbar 1. *Adj.* indisputable; unquestionable. 2. *adv.* indisputably; unquestionably

unbestritten 1. *Adj.* undisputed; ~ ist, daß ...: it is undisputed that ...; there is no disputing that ... 2. *adv.* indisputably

unbeteiligt 1. *Adj.* **a)** *(passiv, nicht mitwirkend)* uninvolved; ~e Passanten/Zuschauer passers-by/onlookers who are/were not involved; ein Unbeteiligter someone who is/was not involved; an outsider; *(ein Unschuldiger)* an innocent party; **b)** *(gleichgültig)* indifferent; detached ⟨*manner, expression*⟩. 2. *adv.* with a detached *or* indifferent air; ~ dabeistehen stand by without taking any interest in the proceedings

unbetont *Adj.* unstressed

unbeträchtlich 1. *Adj.* insignificant; nicht ~: not inconsiderable. 2. *adv.* insignificantly; slightly; nicht ~: not inconsiderably

unbeugsam *Adj.* uncompromising, tenacious; indomitable, unshakeable ⟨*will, pride*⟩; unwavering, resolute ⟨*character*⟩

unbewacht *Adj.* unsupervised ⟨*pupils, prisoners, etc.*⟩; unattended ⟨*car-park*⟩; in einem ~en Moment when no one is/was watching

unbewaffnet *Adj.* unarmed

unbewältigt *Adj.* unmastered, uncompleted ⟨*task*⟩; unresolved ⟨*conflict, problem*⟩; unsere ~e Vergangenheit the past with which we have not come to terms

unbeweglich *Adj.* **a)** *(bewegungslos)* motionless; still ⟨*air, water*⟩; fixed ⟨*gaze, expression*⟩; ~ sitzen/stehen sit/stand motionless; **b)** *(starr)* immovable, fixed ⟨*part, joint, etc.*⟩; ~es Eigentum real estate; ein ~es Fest an immovable feast; **c)** *(nicht mobil)* immobile; **d)** *(schwerfällig) (geistig)* ponderous; *(körperlich)* slow-moving; slow on one's feet *pred.*

unbewegt *Adj.* motionless; fixed ⟨*expression*⟩

unbeweibt *Adj. (ugs. scherzh.)* wifeless

unbewiesen *Adj.* unproved

unbewohnbar *Adj.* uninhabitable; ein Gebäude für ~ erklären declare a building unfit for human habitation

unbewohnt *Adj.* uninhabited ⟨*area*⟩; unoccupied ⟨*house, flat*⟩

unbewußt 1. *Adj.* **a)** unconscious; **b)** *(ungewollt)* unconscious, unintentional ⟨*distortion, exaggeration, etc.*⟩. 2. *adv.* **a)** unconsciously; **b)** *(ungewollt)* unconsciously; unintentionally

Unbewußte *das; adj. Dekl. (Psych.)* unconscious

unbezahlbar *Adj.* **a)** *(teuer)* prohibitive; *(zu teuer)* prohibitively expensive ⟨*article*⟩; **b)** *(kostbar)* priceless ⟨*painting, china*⟩; meine Sekretärin ist einfach ~ *(ugs.)* my secretary is worth her weight in gold

unbezahlt *Adj.* unpaid ⟨*goods etc.*⟩ not [yet] paid for

unbezähmbar *Adj.* uncontrollable; insatiable ⟨*hunger, thirst, curiosity*⟩

unbezwinglich *Adj.* **a)** impregnable ⟨*fortress*⟩; invincible ⟨*enemy, opponent*⟩; **b)** *(fig.: unbezähmbar)* uncontrollable ⟨*urge*⟩; insatiable ⟨*hunger, thirst, curiosity, desire*⟩

Unbilden ['ʊnbɪldn̩] *Pl. (geh.)* rigours

Unbill ['ʊnbɪl] *die;* ~ *(geh.) (Unrecht)* wrong; injustice; *(Beschwernis)* rigours *pl.*

unblutig 1. *Adj.* **a)** bloodless; **b)** *(Med.: nichtoperativ)* non-surgical. 2. *adv.* **a)** without bloodshed; **b)** *(Med.: nichtoperativ)* without [the need for] surgery

unbot·mäßig 1. *Adj.* insubordinate; ~e Kritik disrespectful criticism. 2. *adv.* insubordinately

Unbot·mäßigkeit *die* insubordination

unbrauchbar *Adj.* unusable; *(untauglich)* useless ⟨*method, person*⟩; ~ machen make ⟨*machine*⟩ unserviceable; put ⟨*machine*⟩ out of action; er ist dafür ~: he is no use for this

unbürokratisch 1. *Adj.* unbureaucratic; auf möglichst ~e Weise with as little red tape as possible. 2. *adv.* unbureaucratically; without a great deal of red tape

unbuß·fertig *Adj.* impenitent; unrepentant

unchristlich 1. *Adj.* unchristian; **b)** zu ~er Zeit at an ungodly hour *(coll.)*. 2. *adv.* in an unchristian way

und [ʊnt] *Konj.* **a)** *(nebenordnend)* and; *(folglich)* [and] so; das deutsche ~ das französische Volk the German and French peoples; zwei ~ drei ist fünf two and *or* plus three makes five; es wollte ~ wollte nicht gelingen it simply *or* just wouldn't work; es gibt Konservative ~ Konservative there are conservatives and conservatives; ~ höher ~ höher higher and higher; ~ die anderen/ich? [and] what about the others/about me?; ~ warum? why [is that]?; aber ~ ob and-so; zu der ~ der Zeit at such-and-such a time; so ~ so ist es gewesen it was like this; ~? and [?]; well?; ich ~ tanzen? me dance?; der ~ arbeiten/arm? what, him work/poor?; *s. auch* na a; ¹ob c; wie 1 c; **b)** *(unterordnend) (konsekutiv)* tu mir den Gefallen ~ komm mit be so kind as to come too; sei so gut ~ mach das Fenster zu be so good as to shut the window; **warum bist du auch so leichtsinnig ~ schließt dein Fahrrad nicht ab?** why are you so careless as to leave your bicycle unlocked?; **es fehlte nicht viel, ~ der Deich wäre gebrochen** it wouldn't have taken much to breach the dike; *(konzessiv)* **du mußt es tun, ~ fällt es dir noch so schwer** you must do it however difficult you may find it; *s. auch* **wenn c**

Undank *der* ingratitude; **nur ~ ernten** get no thanks; meet only with ingratitude; **~ ist der Welt Lohn** *(Spr.)* that's all the thanks you get

undankbar 1. *Adj.* a) ungrateful ⟨person, behaviour⟩; b) *(wenig lohnend)* thankless ⟨task⟩; unrewarding ⟨role, subject, job, etc.⟩. 2. *adv.* ungratefully

undatiert *Adj.* undated

undefinierbar *Adj.* a) indefinable; b) *(nicht bestimmbar)* unidentifiable; *(feeling)*; indeterminate ⟨colour⟩

undeklinierbar *Adj.* *(Sprachw.)* indeclinable

undenkbar *Adj.* unthinkable; inconceivable

undenklich *Adj.* **in vor ~er Zeit** *od.* **~en Zeiten** an eternity ago; **seit ~er Zeit** *od.* **~en Zeiten** since time immemorial

undeutlich 1. *Adj.* unclear; indistinct; *(ungenau)* vague ⟨idea, memory, etc.⟩. 2. *adv.* indistinctly; *(ungenau)* vaguely; **du schreibst zu ~:** you don't write clearly enough

undicht *Adj.* leaky; leaking; **~ werden** start to leak; develop a leak; **eine ~e Stelle** *(auch fig.)* a leak; **~e Fenster/Türen** windows/doors which do not fit tightly

undifferenziert 1. *Adj.* a) *(geh.)* indiscriminate ⟨criticism⟩; ⟨criticism⟩ which fails to discriminate; over-generalized, simplistic ⟨account⟩; b) *(Biol.)* undifferentiated. 2. *adv.* *(geh.)* in an over-generalized *or* indiscriminate way

Unding *das* **in ein ~ sein** be preposterous *or* ridiculous

undiplomatisch 1. *Adj.* undiplomatic. 2. *adv.* undiplomatically

undiszipliniert 1. *Adj.* undisciplined; ⟨pupils, class⟩ lacking in discipline. 2. *adv.* in an undisciplined way

undogmatisch 1. *Adj.* undogmatic. 2. *adv.* undogmatically

unduldsam 1. *Adj.* intolerant. 2. *adv.* intolerantly

undurchdringlich *Adj.* a) impenetrable; pitch-dark ⟨night⟩; b) *(undurchschaubar)* inscrutable ⟨person, expression, mask⟩

undurchführbar *Adj.* impracticable

undurchlässig *Adj.* impermeable; *(wasserdicht)* watertight; waterproof; *(luftdicht)* airtight

-undurchlässig *adj.* **licht~/wasser~/luft~:** lightproof/waterproof/airtight

undurchschaubar *Adj.* inscrutable ⟨person, plan, etc.⟩; unfathomable ⟨cause, etc.⟩; **für jmdn. ~ sein** be baffling to sb.

undurchsichtig *Adj.* opaque ⟨glass⟩; non-transparent ⟨fabric etc.⟩; dense, impenetrable ⟨fog, mist⟩; b) *(fig.)* unfathomable, inscrutable ⟨plan, intention, role⟩; shady ⟨character, business⟩

uneben *Adj.* uneven; *(holprig)* bumpy ⟨road, track⟩

Unebenheit *die*; **~, ~en** a) *o. Pl.* unevenness; *(Holprigkeit)* bumpiness; b) *(unebene Stelle)* lumpy *or* uneven patch

unecht *Adj.* a) *(falsch, imitiert)* artificial ⟨fur, hair⟩; false ⟨teeth⟩; imitation ⟨jewellery, marble, etc.⟩; *(gefälscht)* counterfeit ⟨notes⟩; bogus, fake ⟨painting⟩; b) *(gespielt, vorgetäuscht)* false, insincere ⟨friendliness, sympathy, smile, etc.⟩; simulated ⟨enthusiasm, affection, etc.⟩; c) *(Math.)* improper ⟨fraction⟩

unehelich *Adj.* illegitimate ⟨child⟩; unmarried ⟨mother⟩; **~ geboren sein** be born out of wedlock

Unehre *die*; **~** *(geh.)* dishonour; **etw. macht jmdm. ~** *od.* **gereicht jmdm. zur ~:** sth. brings dishonour on sb.

unehrenhaft 1. *Adj.* dishonourable. 2. *adv.* dishonourably; **er wurde ~ aus der Armee entlassen** *(Milit.)* he was given a dishonourable discharge from the army

unehrlich 1. *Adj.* dishonest; **ein ~es Spiel treiben** play a double game. 2. *adv.* dishonestly; by dishonest means

Unehrlichkeit *die* a) *o. Pl.* dishonesty; b) *(Handlung)* dishonest action

uneigennützig 1. *Adj.* unselfish; selfless. 2. *adv.* unselfishly; selflessly; ⟨help⟩ from selfless motives

Uneigennützigkeit *die* unselfishness; selflessness

uneingeschränkt 1. *Adj.* unlimited ⟨freedom, power, etc.⟩; absolute ⟨trust, authority⟩; unreserved ⟨praise, admiration, recognition⟩. 2. *adv.* ⟨agree⟩ without reservation

uneingeweiht *Adj.* uninitiated

uneinig *Adj.* ⟨party⟩ divided by disagreement; [sich] *(Dat.)* **~ sein** disagree; be in disagreement; **ich bin [mir] mit ihm darin ~:** I disagree with him on that

Uneinigkeit *die* disagreement **(in** + *Dat.* **on)**

uneinnehmbar *Adj.* impregnable

uneins *Adj.*; *nicht attr.* **~ sein** be divided (in + *Dat.* on); ⟨persons, bodies⟩ be at variance *or* at cross purposes (in + *Dat.* over); **mit jmdm. ~ sein[, wie ...]** be unable to agree with sb. [how ...]; **er ist mit sich [selbst] ~:** he is undecided *or* cannot decide

unempfänglich *Adj.* unreceptive (**für** to)

unempfindlich *Adj.* a) insensitive (**gegen** to); b) *(nicht anfällig, immun)* immune (**gegen** to, against); c) *(strapazierfähig)* hardwearing; *(pflegeleicht)* easy-care *attrib.*

unendlich 1. *Adj.* infinite, boundless ⟨space, sea, expanse, fig.: love, care, patience, etc.⟩; *(zeitlich)* endless; never-ending; *(Math.)* infinite ⟨number etc.⟩; **das Unendliche** the infinite ⟨Philos.⟩; infinity ⟨Math.⟩; **sich im Unendlichen schneiden** ⟨Math.⟩ meet at infinity; **auf ~ stellen** *(Fot.)* focus ⟨lens⟩ on infinity; **bis ins Unendliche** *(auch fig.)* endlessly. 2. *adv.* infinitely ⟨lovable, sad⟩; immeasurably ⟨happy⟩; ⟨happy⟩ beyond measure; **~ langsam** with infinite slowness; **~ lang** endless; **~ groß/hoch** of infinite size/height *postpos.*; immensely *(coll.)* large/high; **sich ~ freuen** be tremendously pleased; **~ viele Menschen/Elemente** countless people/an infinite number of elements; **ein ~ ferner Punkt** *(Math.)* a point at an infinite distance; **~ klein** *(Math.)* infinitesimal

Unendlichkeit *die*; **~** a) infinity *no def. art.*; *(des Himmels/Ozeans)* infinite expanse; boundlessness; b) *(geh.: Ewigkeit)* eternity *no def. art.*

unentbehrlich *Adj.* indispensable *(Dat.,* **für** to)

unentgeltlich [*od.* '----] 1. *Adj.* free; **~ sein** be free of charge. 2. *adv.* free of charge; ⟨work⟩ for nothing, without pay

unentrinnbar *(geh.)* 1. *Adj.* inescapable. 2. *adv.* inescapably

unentschieden 1. *Adj.* a) unsettled ⟨case, matter⟩; undecided ⟨question⟩; b) *(Sport, Schach)* drawn ⟨game, match⟩; **bei ~em Spielausgang** if the game ends in a draw; **der Spielstand ist ~:** the scores are level; c) *(unentschlußfähig)* indecisive ⟨person⟩. 2. *adv.* *(Sport, Schach)* **~ spielen** draw; **~ enden** end in a draw; **das Spiel steht 0:0 ~:** the game is a goalless draw [so far]

Unentschieden *das*; **~s, ~** *(Sport, Schach)* draw

unentschlossen *Adj.* a) undecided; b) *(entschlußunfähig)* indecisive

Unentschlossenheit *die* a) indecision *no def. art.*; b) *(Entschlußunfähigkeit)* indecisiveness

unentschuldbar 1. *Adj.* inexcusable. 2. *adv.* inexcusably

unentschuldigt 1. *Adj.* without giving any reason *postpos.*, *not pred.*; **~es Fernbleiben vom Unterricht/Arbeitsplatz** absence from school/work. 2. *adv.* without giving any reason

unentwegt [*od.* --'-] 1. *Adj.* *(beharrlich, ausdauernd)* persistent ⟨fighter, champion, efforts⟩; **ein paar Unentwegte** a few stalwarts; b) *(unaufhörlich)* constant; incessant. 2. *adv.* *(beharrlich)* persistently; b) *(unaufhörlich)* constantly; incessantly

unentwirrbar *Adj.* inextricable ⟨tangle⟩; ⟨threads, tangle⟩ that cannot be unravelled; *(fig.)* irredeemable ⟨muddle, chaos⟩. 2. *adv.* inextricably

unerbittlich 1. *Adj.* *(auch fig.)* inexorable; unsparing, unrelenting ⟨critic⟩; relentless ⟨battle, struggle⟩; implacable ⟨hate, enemy⟩; **gegen jmdn. ~ sein** be completely unyielding towards sb. 2. *adv.* *(auch fig.)* inexorably; relentlessly; **~ durchgreifen** take uncompromising action; **~ gegen jmdn./etw. vorgehen** take ruthless action against sb./sth.

unerfahren *Adj.* inexperienced

unerfindlich *Adj.* *(geh.)* unfathomable; inexplicable; **es ist mir ~, warum/wie usw. ...:** it is a mystery to me why/how etc. ...

unerforschlich *Adj.* *(geh.)* unfathomable; *s. auch* **Ratschluß**

unerfreulich 1. *Adj.* unpleasant; bad ⟨news⟩; [etwas] **Unerfreuliches** something unpleasant; *(schlechte Nachricht)* bad news. 2. *adv.* unpleasantly; **~ verlaufen** take a disagreeable course

unerfüllbar *Adj.* unrealizable

unergiebig *Adj.* *(auch fig.)* unproductive; *(fig.: nicht lohnend)* unrewarding ⟨work, subject⟩

unergründlich *Adj.* unfathomable, inscrutable ⟨motive, mystery, etc.⟩; inscrutable ⟨expression, smile⟩

unerheblich 1. *Adj.* insignificant; **nicht ~:** not inconsiderable; **es ist ~, ob ...:** it is of no significance *or* importance whether ... 2. *adv.* insignificantly; [very] slightly

unerhört 1. *Adj.* a) enormous, tremendous ⟨sum, quantity, etc.⟩; incredible *(coll.)*, phenomenal ⟨speed, effort, performance, increase⟩; incredible *(coll.)*, fantastic *(coll.)* ⟨splendour, luck⟩; b) *(abwertend: empörend)* outrageous; scandalous. 2. *adv.* a) *(überaus)* incredibly *(coll.)*; **~ viel arbeiten** do a fantastic *or* incredible amount of work *(coll.)*; b) *(abwertend: empörend)* outrageously

unerkannt 1. *Adj.* unrecognized; *(nicht identifiziert)* unidentified. 2. *adv.* without being recognized/identified

unerklärlich *Adj.* inexplicable; **es ist mir ~, wie das geschehen konnte** I simply cannot understand how that could happen

unerläßlich [ʊnlɛɐ̯ˈlɛslɪç] *Adj.* indispensable; essential; **es ist ~, ... zu ...:** it is essential *or* imperative to ...

unerlaubt 1. *Adj.* ⟨entry, parking, absenteeism⟩ without permission; unauthorized ⟨parking, entry⟩; *(illegal)* illegal ⟨act⟩. 2. *adv.* without authorization *or* permission; *(illegal)* illegally; **der Schule** *(Dat.)* **~ fernbleiben** play truant

unerledigt *Adj.* not dealt with *postpos.*; ⟨work⟩ not done; unanswered ⟨mail, letters⟩; unprocessed ⟨application⟩

unermeßlich 1. *Adj.* *(geh.)* a) *(räumlich)* immeasurable ⟨expanse, distance⟩; boundless ⟨spaces⟩; b) *(mengen-, zahlenmäßig)* immeasurable, immense ⟨wealth, fortune⟩; **ins ~e** beyond measure; c) *(überaus groß)* untold ⟨suffering, misery, damage⟩; ines-

1545

timable ⟨value, importance⟩. **2.** *adv.* immeasurably; ⟨rich⟩ beyond measure; ~ **viel** an inestimable amount
unermüdlich 1. *Adj.* tireless, untiring (**bei, in** + *Dat.* in). **2.** *adv.* tirelessly
unernst *Adj.* frivolous
unerquicklich (*geh.*) *Adj.* unpleasant
unerreichbar 1. *Adj.* **a)** inaccessible; **in ~er Ferne** *od.* **Entfernung** so distant as to be beyond reach; **sie ist für ihn ~** (*fig.*) she is beyond his reach; **b)** (*nicht kontaktierbar*) unobtainable; **c)** (*fig.*) unattainable ⟨*aim, ideal, accuracy, etc.*⟩. **2.** *adv.* **a)** (*räumlich*) inaccessibly; **b)** (*fig.*) unattainably
unerreicht *Adj.* unequalled ⟨*record, achievement*⟩; **~ bleiben** remain unequalled; ⟨*goal*⟩ not be attained
unersättlich *Adj.* insatiable
unerschlossen *Adj.* unexploited, undeveloped ⟨*area*⟩; unexploited, untapped ⟨*market, resources, deposits*⟩
unerschöpflich *Adj.* inexhaustible; **ihre Geduld war ~**: there was no end to her patience
unerschrocken 1. *Adj.* intrepid, fearless. **2.** *adv.* fearlessly
unerschütterlich 1. *Adj.* unshakeable; imperturbable ⟨*calm, equanimity*⟩; tenacious ⟨*fighter*⟩. **2.** *adv.* unshakeably
unerschwinglich 1. *Adj.* prohibitively expensive; prohibitive ⟨*price*⟩; **für jmdn. ~ sein** be beyond sb.'s means. **2.** *adv.* prohibitively ⟨*expensive, high*⟩
unersetzlich *Adj.* irreplaceable; irretrievable, irrecoverable ⟨*loss*⟩; irreparable ⟨*harm, damage, loss of person*⟩
unersprießlich *Adj.* (*geh.*) unprofitable; unproductive
unerträglich [*od.* '----] **1.** *Adj.* unbearable ⟨*pain, heat, person, etc.*⟩; intolerable ⟨*situation, conditions, moods, etc.*⟩; **er/es ist mir ~**: I find him/it unbearable; I cannot stand him/it. **2.** *adv.* unbearably
unerwähnt *Adj.* unmentioned; **völlig ~ bleiben** not be mentioned at all
unerwartet 1. *Adj.* unexpected; **es war** *od.* **kam für alle ~**: it came as a surprise to everybody; **etwas Unerwartetes** something unexpected. **2.** *adv.* unexpectedly
unerwidert *Adj.* unreturned ⟨*visit*⟩; unrequited ⟨*love*⟩; **~ bleiben** ⟨*greetings*⟩ receive no response
unerwünscht *Adj.* unwanted; unwelcome ⟨*interruption, visit, visitor*⟩; undesirable ⟨*side-effects*⟩; **Sie sind hier ~**: you are not wanted or welcome here; **ein ~er Ausländer** an undesirable alien
unerzogen *Adj.* badly behaved
UNESCO [u'nɛsko] **die; ~**: UNESCO
unfähig *Adj.* **a) ~ sein, etw. zu tun** (*ständig*) be incapable of doing sth.; (*momentan*) be unable to do sth.; **er ist solch eines Verbrechens ~**: he is incapable of such a crime; **b)** (*abwertend: inkompetent*) incompetent
Unfähigkeit die a) inability; **b)** (*Inkompetenz*) incompetence
unfair *Adj.* unfair (**gegen** to). **2.** *adv.* unfairly
Unfall der accident; **bei einem ~ in** an accident
unfall-, Unfall-: ~arzt der casualty doctor; **zum ~arzt gehen** go to the doctor in the casualty department or casualty; **~flucht die** (*Rechtsspr.*) **wegen ~flucht** for failing to stop after [being involved in] an accident; **~flucht begehen** fail to stop after [being involved in] an accident; **~folge die** consequence or effect of an/the accident; **er starb an den ~folgen** he died as a result of the accident; **~frei 1.** *Adj.* accident-free; free from accidents *postpos.*; **2.** *adv.* without an accident; **~gefahr die** risk of accidents/an accident; accident risk; **~krankenhaus das** accident or casualty hospital; **~opfer das** accident victim; **~rente die** disability pension (*paid by an accident insurance*); **~station die** accident or casualty department; **~stelle die** scene of an/the accident; **~tod der** accidental death; death in an accident; **~ursache die** cause of an/the accident; **~versicherung die** accident insurance; **~wagen der a)** (*Rettungswagen*) incident vehicle; (*Krankenwagen*) ambulance; **b)** (*beschädigter Wagen*) car [that has been] damaged in an/the accident
unfaßbar 1. *Adj.* incomprehensible; (*unglaublich*) incredible, unimaginable ⟨*poverty, cruelty, etc.*⟩; **es ist mir ~, wie ...**: it is incomprehensible to me or I cannot understand how ... **2.** *adv.* incomprehensibly; incredibly, unimaginably ⟨*cruel*⟩
unfehlbar *Adj.* infallible
Unfehlbarkeit die; ~: infallibility
unfein 1. *Adj.* ill-mannered, unrefined ⟨*behaviour etc.*⟩; unrefined, coarse ⟨*manner, word*⟩; bad ⟨*manners*⟩; **das gilt als ~**: it's considered bad manners. **2.** *adv.* ⟨*behave*⟩ badly, in an ill-mannered way
unfertig *Adj.* **a)** unfinished ⟨*manuscript, article, etc.*⟩; **b)** (*unreif*) immature
unfest (*Sprachw.*) **1.** *Adj.* separable. **2.** *adv.* **~ zusammengesetzte Verben** separable [compound] verbs
Unflat ['ʊnflaːt] **der; ~[e]s** (*geh. veralt.*) filth
unflätig ['ʊnflɛːtɪç] (*geh. abwertend*) **1.** *Adj.* coarse ⟨*behaviour, manners, speech, etc.*⟩; obscene ⟨*expression, word, curse*⟩; dirty ⟨*song*⟩. **2.** *adv.* coarsely; obscenely
unflektiert *Adj.* (*Sprachw.*) uninflected
unflott *Adj.* **in nicht ~** (*ugs.*) not bad; (*modisch, schick*) quite with it (*coll.*). **2.** *adv.* **nicht ~**: not at all badly; **sie tanzt nicht ~** (*ugs.*) she's a pretty useful dancer (*coll.*)
unförmig 1. *Adj.* shapeless ⟨*lump, shadow, etc.*⟩; huge ⟨*legs, hands, body*⟩; bulky, ungainly ⟨*shape, shoes, etc.*⟩. **2.** *adv.* **~ dick** fat and unshapely or bulky; **~ angeschwollen** swollen and unsightly
unfrankiert *Adj.* unstamped
unfrei 1. *Adj.* **a)** not free *pred.*; subject, dependent ⟨*people*⟩; (*life*) of bondage or without liberty; **die Bauern waren noch ~** (*hist.*) the peasants were still serfs; **sich etwas ~ fühlen** feel a bit tied or unable to act freely; **b)** (*gehemmt*) inhibited; **c)** (*keine Freiheit gewährend*) restrictive ⟨*education, regime*⟩; **d)** (*Postw.*) unstamped. **2.** *adv.* (*gehemmt*) in an inhibited manner
Unfreie der/die; *adj. Dekl.* (*hist.*) serf
Unfreiheit die; *o. Pl.* slavery *no art.*; bondage (*esp. Hist./literary*) *no art.*; **ein Leben in ~**: a life of bondage or without freedom
unfreiwillig 1. *Adj.* involuntary; (*erzwungen*) enforced ⟨*stay*⟩; (*nicht beabsichtigt*) unintended ⟨*publicity, joke, humour*⟩. **2.** *adv.* involuntarily; without wanting to; (*unbeabsichtigt*) unintentionally
unfreundlich 1. *Adj.* **a)** unfriendly (**zu, gegen** to); unkind ⟨*words, remark*⟩; **ein ~er Akt** (*Politik*) an unfriendly or a hostile act; **b)** (*fig.*) unpleasant ⟨*area, climate, environment*⟩; unpleasant, inclement ⟨*weather, summer*⟩; cheerless ⟨*room*⟩. **2.** *adv.* in an unfriendly way
Unfreundlichkeit die a) *o. Pl.* unfriendliness; **sie behandelte ihn mit einer solchen ~, daß ...**: she treated him in such an unfriendly way that ...; **b)** (*Handlung*) unfriendly act; (*Äußerung*) unkind remark
Unfriede[n] der discord; **in ~ leben/auseinandergehen** live in a state of strife/part in hostility
unfrisiert *Adj.* ungroomed ⟨*hair*⟩; **sie war ~**: she had not done her hair
unfruchtbar *Adj.* **a)** infertile ⟨*soil, field, land*⟩; **meine Anregungen fielen auf ~en Boden** (*fig.*) my suggestions fell on stony ground; **b)** (*Biol.*) infertile; sterile; **ein Tier ~ machen** sterilize or neuter an animal; **die ~en Tage der Frau** the days of infertility; **c)** (*fig.*) unfruitful, unproductive ⟨*discussion, comparison, etc.*⟩; infertile ⟨*years, period*⟩; ⟨*idea*⟩ which does not lead anywhere
Unfruchtbarkeit die a) infertility; **b)** (*Biol.*) infertility; sterility; **c)** (*fig.*) unproductiveness
Unfug ['ʊnfuːk] **der; ~[e]s a)** [piece of] mischief; **allerlei ~ anstellen** get up to all kinds of mischief or (*coll.*) monkey business; **grober ~**: public nuisance; **was soll dieser ~?** what's this monkey business? (*coll.*); **laß diesen ~!** stop monkeying about (*coll.*) or making a nuisance of yourself; **b)** (*Unsinn*) nonsense
Ungar ['ʊŋgar] **der; ~n, ~n, Ungarin die; ~, ~nen** Hungarian; *s. auch* **-in**
ungarisch 1. *Adj.* Hungarian. **2.** *adv.* in Hungarian; *s. auch* **deutsch**; ²**Deutsche**
Ungarisch das; ~[s] Hungarian; *s. auch* **Deutsch**
Ungarn (das); ~s Hungary
ungastlich 1. *Adj.* inhospitable. **2.** *adv.* inhospitably
ungeachtet *Präp. mit Gen.* (*geh.*) notwithstanding; despite
ungeahnt *Adj.* unsuspected; (*stärker*) undreamt-of *attrib.* **2.** *adv.* unexpectedly
ungebärdig *Adj.* unruly ⟨*child, horse, etc.*⟩; wild ⟨*temperament, mountain stream, etc.*⟩. **2.** *adv.* wildly
ungebeten 1. *Adj.* uninvited; (*nicht gern gesehen*) unwelcome. **2.** *adv.* uninvited
ungebeugt *Adj.* (*Sprachw.*) uninflected
ungebildet *Adj.* uneducated; **ein Ungebildeter** an uneducated person
ungeboren *Adj.* unborn
ungebräuchlich *Adj.* uncommon; rare; rarely used ⟨*method, process*⟩
ungebraucht *Adj.* unused; mint ⟨*stamp*⟩
ungebrochen *Adj.* **a)** (*Physik*) unrefracted ⟨*rays, waves*⟩; **b)** (*fig.*) unbroken ⟨*will, person*⟩; (*unvermindert*) ⟨*strength, courage*⟩
Ungebühr die; *o. Pl.* (*geh.*) impropriety; **~ vor Gericht** (*Rechtsspr.*) contempt of court
ungebührlich (*geh.*) **1.** *Adj.* improper, unseemly ⟨*behaviour*⟩; unreasonable ⟨*demand*⟩. **2.** *adv.* ⟨*behave*⟩ improperly; unreasonably ⟨*high, long, etc.*⟩
ungebunden 1. *Adj.* **a)** unbound ⟨*book etc.*⟩; **b)** (*Literaturw.*) **in ~er Rede** in prose; **c)** (*frei von Bindungen*) independent; without ties *postpos.*; (*ohne Partner/Partnerin*) unattached. **2.** *adv.* **~ leben** live an independent life or a life without ties
ungedeckt *Adj.* **a)** uncovered ⟨*cheque, bill of exchange, etc.*⟩; unsecured ⟨*bond*⟩; **b)** unlaid ⟨*table*⟩; (*ungeschützt*) unprotected; **d)** (*Ballspiele*) unmarked ⟨*player*⟩
Ungeduld die impatience
ungeduldig 1. *Adj.* impatient. **2.** *adv.* impatiently
ungeeignet *Adj.* unsuitable; (*für eine Aufgabe, Stellung*) unsuited (**für, zu** to, for)
ungefähr ['ʊngəfɛːɐ] **1.** *Adj.; nicht präd.* approximate; rough ⟨*idea, outline*⟩. **2.** *adv.* approximately, roughly; (*mit nachgestellter Zahl*) about; roughly; **~ so** something like this; **so ~** (*ugs.*) more or less; **kannst du mir so ~ sagen, wie/wann** *usw.* **...?** can you give me some idea or a rough idea how/when *etc.* **...?**; **wann wirst du ~ zurückkommen?** roughly or about when will you be back?; **wo ~ ...?** whereabouts ...?; **kannst du es ~ beschreiben?** can you give a rough description?; **ich kann es mir ~ vorstellen** I can imagine; **[wie] von ~**: [as if] by chance; **es kommt nicht von ~**: it's no accident [that ...]
ungefährdet *Adj.* safe; (*gesichert*) assured ⟨*promotion etc.*⟩; ⟨*play, swim, etc.*⟩ in safety
ungefährlich 1. *Adj.* safe; harmless ⟨*animal, person, illness, etc.*⟩; **nicht ~ sein** be not without danger. **2.** *adv.* safely
ungefällig 1. *Adj.* disobliging, churlish (*ge-*

ungefärbt / **ungetrübt**

genüber to). 2. *adv.* in a disobliging way; churlishly

ungefärbt *Adj.* a) undyed ⟨wool, hair⟩; ⟨food, drink⟩ without colouring matter; b) *(fig.)* unvarnished ⟨truth⟩; uncoloured, undistorted ⟨account⟩

ungefragt *Adj.; nicht attr.* unasked

ungefüge *(geh.) Adj.* a) cumbersome ⟨furniture⟩; massive, bulky ⟨chunk, stature⟩; massive ⟨wall, stone⟩; ungainly ⟨person⟩; b) *(schwerfällig)* ponderous ⟨style⟩

ungehalten *(geh.)* 1. *Adj.* annoyed (**über** + *Akk.*, **wegen** about); *(entrüstet)* indignant. 2. *adv.* indignantly; ⟨reply, say⟩ in an aggrieved tone

ungeheizt *Adj.* unheated

ungehemmt 1. *Adj.* a) uninhibited ⟨person⟩; b) *(uneingeschränkt)* unrestricted, unimpeded ⟨movement⟩; *(fig.)* unrestrained ⟨joy, anger, etc.⟩. 2. *adv.* a) without inhibition; b) *(uneingeschränkt)* ⟨develop⟩ unhindered, without hindrance; *(fig.)* ⟨cry, laugh, drink, etc.⟩ without restraint

ungeheuer 1. *Adj.* enormous; immense; tremendous ⟨strength, energy, effort, enthusiasm, fear, success, pressure, etc.⟩; vast, immense ⟨fortune, knowledge⟩; *(schrecklich)* terrible *(coll.)*, terrific *(coll.)* ⟨pain, rage⟩; **ungeheure Ausgaben** an enormous amount of expense. 2. *adv.* tremendously; terribly *(coll.)* ⟨difficult, clever⟩

Ungeheuer *das;* ~s, ~ *(auch fig.)* monster

ungeheuerlich 1. *Adj.* monstrous; outrageous. 2. *adv. (ugs.)* terribly *(coll.)*

Ungeheuerlichkeit *die;* ~, ~**en** a) *o. Pl.* monstrous nature; outrageousness; b) *(Vorgang)* monstrous *or* outrageous thing

ungehindert *Adj.* unimpeded

ungehobelt 1. *Adj.* a) unplaned ⟨wood⟩; b) *(grob)* uncouth. 2. *adv.* uncouthly

ungehörig 1. *Adj.* improper ⟨behaviour⟩; *(frech)* impertinent ⟨tone, answer⟩. 2. *adv.* improperly; *(frech)* impertinently

ungehorsam *Adj.* disobedient (**gegenüber** to)

Ungehorsam *der* disobedience (**gegenüber** to)

ungehört *Adj.; nicht attr.* unheard

Ungeist *der; o. Pl. (geh. abwertend)* pernicious ideology

ungekämmt *Adj.* uncombed

ungeklärt *Adj.* a) unsolved ⟨question, problem⟩; unknown ⟨cause⟩; **die Angelegenheit ist noch** ~: the matter has yet to be cleared up; b) *(ungereinigt)* untreated ⟨sewage⟩

ungekrönt *Adj. (auch fig.)* uncrowned

ungekündigt *Adj.* **in** ~**er Stellung** not under notice *postpos.*

ungekünstelt 1. *Adj.* natural; unaffected. 2. *adv.* naturally; unaffectedly

ungekürzt *Adj.* unabridged ⟨edition, book⟩; uncut ⟨film, speech⟩

ungeladen *Adj.* a) unloaded ⟨gun, camera⟩; b) *(nicht eingeladen)* uninvited ⟨guest⟩

ungelegen 1. *Adj.* inconvenient, awkward ⟨time⟩; ⟨visit etc.⟩ at an awkward *or* inconvenient time; **das kommt mir sehr ~/nicht** ~: that is very inconvenient *or* awkward/ quite convenient for me. 2. *adv.* inconveniently; **komme ich ~?** have I come at an inconvenient *or* awkward time?

Ungelegenheit *die* inconvenience; **jmdm. große ~en machen od. bereiten** inconvenience sb. greatly

ungelegt *Adj. in* **kümmere dich nicht um ~e Eier** *(ugs.)* don't cross your bridges before you get to them

ungelenk 1. *Adj.* clumsy; ungainly. 2. *adv.* clumsily

ungelenkig *Adj.* stiff-jointed

ungelernt *Adj.* unskilled

Ungelernte *der/die; adj. Dekl.* unskilled worker

ungeliebt *Adj.* unloved; *(verhüll.: verhaßt)* hateful, odious ⟨task⟩; odious ⟨school etc.⟩

ungelogen *Adv. (ugs.)* honestly

ungelöscht *Adj. (Chemie)* unslaked ⟨lime⟩

Ungemach *das;* ~[e]s *(geh. veralt.)* trouble

ungemacht *Adj.* unmade

ungemein 1. *Adj.; nicht präd.* exceptional ⟨progress, popularity⟩; tremendous ⟨advantage, pleasure⟩. 2. *adv.* exceptionally; ~ **fleißig** extraordinarily industrious; **das freut mich ~**: that pleases me no end *(coll.)*

ungemütlich 1. *Adj.* a) uninviting, cheerless ⟨room, flat⟩; uncomfortable, unfriendly ⟨atmosphere⟩; b) *(unangenehm)* unpleasant ⟨situation⟩; **es wird jetzt ~**: things are getting nasty; **es wurde ihnen zu ~**: things got too unpleasant for them. 2. *adv.* uncomfortably ⟨furnished⟩; **hier sitzt es sich ~**: it's not comfortable sitting here

ungenannt *Adj.* anonymous; **ein Ungenannter** an anonymous person

ungenau 1. *Adj.* a) inaccurate ⟨measurement, estimate, thermometer, translation, etc.⟩; imprecise, inexact ⟨definition, formulation, etc.⟩; *(undeutlich)* vague ⟨memory, idea, impression⟩; b) *(nicht sorgfältig)* careless ⟨work, worker⟩. 2. *adv.* a) inaccurately; ⟨define⟩ imprecisely, inexactly; ⟨remember⟩ vaguely; **die Uhr geht ~** the clock does not keep good time; b) *(nicht sorgfältig)* ⟨work⟩ carelessly

Ungenauigkeit *die* a) *o. Pl.* inaccuracy; *(einer Definition)* imprecision; inexactness; b) *(etwas Ungenaues)* inaccuracy

ungeniert ['ʊnʒeniːɐ̯t] 1. *Adj.* free and easy; uninhibited; **er war ganz ~**: he was not at all embarrassed *or* concerned. 2. *adv.* openly; ⟨yawn⟩ unconcernedly; *(ohne Scham)* ⟨undress etc.⟩ without any embarrassment

ungenießbar *Adj.* a) *(nicht eßbar)* inedible; *(nicht trinkbar)* undrinkable; b) *(fig. ugs.)* unbearable ⟨person⟩; **er ist heute ~**: he's in a foul mood today *(sl.)*

ungenügend 1. *Adj.* inadequate. Note „**~**"/**ein Ungenügend** *(Schulw.)* the/an 'unsatisfactory' [mark]. 2. *adv.* inadequately

ungenutzt, ungenützt *Adj.* unused; unexploited ⟨resource, energy⟩; **eine Gelegenheit ~ vorübergehen lassen** let an opportunity slip *or* pass by

ungepflegt *Adj.* neglected ⟨garden, park, car, etc.⟩; unkempt ⟨person, appearance, hair⟩; uncared-for ⟨hands⟩

ungerade *Adj.* odd ⟨number⟩

ungerecht 1. *Adj.* unjust, unfair (**gegen, zu, gegenüber** to). 2. *adv.* unjustly; unfairly

ungerechterweise *Adv.* unjustly; unfairly; **er verdient ~ genausoviel wie sie** he earns as much as she does, which is unfair

ungerechtfertigt *Adj.* unjustified; unwarranted

Ungerechtigkeit *die;* ~, ~**en** injustice; **der Vorwurf der ~**: the reproach of being unjust; **so eine ~!** how unjust *or* unfair!

ungeregelt *Adj.* irregular; disorganized

ungereimt *Adj.* a) *(nicht stimmig)* inconsistent; illogical; *(ugs. abwertend)* sinnlos, verworren) muddled; b) *(reimlos)* unrhymed

Ungereimtheit *die;* ~, ~**en** *(Unstimmigkeit)* inconsistency; *(ugs. abwertend: Unsinnigkeit, Verworrenheit)* muddle

ungern *Adv.* reluctantly; **etw. ~ tun** not like *or* dislike doing sth.; **Würdest du das bitte tun? – Ungern** Would you do that, please? – I'd rather not

ungerufen *Adv.* without being called

ungerührt *Adj.* unmoved

ungesalzen *Adj.* unsalted

ungesättigt *Adj. (Chemie)* unsaturated; **mehrfach ~**: polyunsaturated

ungesäuert *Adj.* unleavened ⟨bread⟩

ungeschält *Adj.* unpeeled ⟨fruit⟩; unstripped ⟨tree-trunk⟩; ~**er Reis** paddy rice

ungeschehen *Adj. in* **etw. ~ machen** undo sth.

Ungeschick *das* clumsiness; **~ läßt grüßen!** *(ugs.)* butter-fingers!

Ungeschicklichkeit *die;* ~, ~**en** a) *o. Pl.* clumsiness; ineptitude; b) *(etwas Ungeschicktes)* piece of clumsiness; *(Fehler)* clumsy mistake

ungeschickt 1. *Adj.* clumsy; awkward ⟨movement, formulation, etc.⟩; **technisch ~**: technically inept. 2. *adv.* clumsily; ⟨bow, express oneself, etc.⟩ awkwardly; **sich ~ anstellen** show a lack of skill; show oneself to be inept

ungeschlacht *(geh.)* 1. *Adj.* a) *(unförmig, massig)* huge and ungainly ⟨man, animal⟩; huge, clumsy ⟨hands⟩; clumsy, ungainly ⟨limbs, movement⟩; massive ⟨building etc.⟩; b) *(grob, unkultiviert)* coarse; uncouth. 2. *adv.* in an uncouth way

ungeschlechtlich *(Biol.)* 1. *Adj.* asexual. 2. *adv.* asexually

ungeschliffen 1. *Adj.* a) uncut ⟨diamond etc.⟩; b) *(fig. abwertend)* unrefined ⟨behaviour, manners⟩. 2. *adv. (fig. abwertend)* in an unrefined manner

ungeschmälert *Adj. (geh.)* undiminished; in full measure *postpos.*; *(voll anerkannt)* appreciated to the full *postpos.*

ungeschminkt 1. *Adj.* a) not made-up *pred.*; without make-up *postpos.*; b) *(fig.)* unvarnished ⟨truth⟩; uncoloured ⟨account⟩. 2. *adv.* without holding anything back; **jmdm. ~ seine Meinung sagen** give sb. one's honest opinion

ungeschoren *Adj.* a) unshorn; b) *nicht attr. (fig.)* ~ **bleiben** be left in peace; be spared; ~ **davonkommen** get away with it; *(ohne Schaden)* get away unscathed

ungeschrieben *Adj.* unwritten

ungeschützt *Adj.* unprotected; *(Wind und Wetter ausgesetzt)* exposed

ungesehen *Adj.; nicht attr.* unseen

ungesellig 1. *Adj.* a) unsociable; b) *(Zool.)* non-gregarious. 2. *adv. (Zool.)* non-gregariously

ungesetzlich 1. *Adj.* unlawful; illegal. 2. *adv.* unlawfully; illegally

Ungesetzlichkeit *die* illegality

ungesittet 1. *Adj.* uncivilized. 2. *adv.* in an uncivilized manner

ungestalt *Adj.* a) *(geh.)* shapeless; b) *(veralt.: mißgestaltet)* misshapen

ungestempelt *Adj.* unstamped ⟨licence etc.⟩; uncancelled ⟨stamp⟩

ungestillt *Adj. (geh.)* unquenched, unslaked ⟨thirst⟩; unsatisfied, unsated ⟨curiosity, desire, greed⟩

ungestört *Adj.* undisturbed; uninterrupted ⟨development⟩; ~ **arbeiten** work in peace *or* without interruption

ungestraft 1. *Adj.; nicht attr.* unpunished. 2. *adv.* with impunity

ungestüm ['ʊngəʃtyːm] *(geh.)* 1. *Adj.* impetuous, tempestuous ⟨person, embrace, nature⟩; wild ⟨imagination⟩; violent, fierce ⟨wind⟩; stormy ⟨sea⟩. 2. *adv.* impetuously

Ungestüm *das;* ~[e]s impetuosity

ungesühnt *Adj. (geh.)* unatoned

ungesund 1. *Adj. (auch fig.)* unhealthy; *(fig.: übermäßig)* excessive ⟨ambition, activity⟩; **Rauchen ist ~**: smoking is bad for you *or* for your health. 2. *adv.* unhealthily; **er lebt sehr ~**: he lives *or* leads a very unhealthy life

ungesüßt ['ʊngəzyːst] *Adj.* unsweetened

ungetan *Adj.* still to be done *postpos.*; **etw. ~ lassen** leave sth. undone

ungeteilt *Adj.* a) undivided; b) *(fig.)* unrestricted, absolute ⟨power⟩; undivided ⟨attention, interest⟩; *(einmütig)* unanimous; universal ⟨approval, agreement, etc.⟩

ungetreu *Adj. (geh.)* disloyal

ungetrübt *Adj.* unclouded, perfect ⟨happiness⟩; unalloyed ⟨pleasure⟩; unspoilt, perfect ⟨days, relationship⟩; **seine Freude blieb**

1547

nicht lange ~: his pleasure did not long remain unsullied
Ungetüm ['ʊngəty:m] das; ~s, ~e monster
ungeübt Adj. unpractised ⟨hand⟩; in etw. ~ sein lack practice in sth.
ungewaschen Adj. unwashed
ungewiß Adj. uncertain; eine Fahrt ins Ungewisse a journey into the unknown; über etw. (Akk.) im ungewissen sein be uncertain or unsure about sth.; jmdn. [über etw. (Akk.)] im ungewissen lassen leave sb. in the dark or keep sb. guessing [about sth.]
Ungewißheit die uncertainty; in ~ sein be in a state of uncertainty
ungewöhnlich 1. Adj. a) unusual; b) (sehr groß) exceptional ⟨strength, beauty, ability, etc.⟩; outstanding ⟨achievement, success⟩. 2. adv. a) (unüblich) ⟨behave⟩ abnormally, strangely; b) (enorm) exceptionally
ungewohnt 1. Adj. unaccustomed ⟨exertion, heat, cold, load, etc.⟩; unaccustomed, unusual ⟨sight, time⟩; (nicht vertraut) unfamiliar ⟨method, work, surroundings, etc.⟩; sie sagte es mit ~er Schärfe she said it with a sharpness [that was] unusual for her; die Arbeit ist ihr od. für sie noch ~: she is still not used to or familiar with the work. 2. adv. unusually
ungewollt 1. Adj. unwanted; (unbeabsichtigt) unintentional; inadvertent. 2. adv. unintenionally; inadvertently
ungezählt Adj. a) nicht präd. (unzählig) countless; b) (nicht gezählt) uncounted
Ungeziefer ['ʊngət͡siːfɐ] das; ~s vermin pl.
ungezogen 1. Adj. naughty; badly behaved; bad ⟨behaviour⟩; (frech) cheeky; zu jmdn. ~ sein behave badly towards sb.; be cheeky to sb. 2. adv. naughtily; ⟨behave⟩ badly
Ungezogenheit die; ~, ~en a) o. Pl. naughtiness; bad behaviour; b) (ungezogene Bemerkung) ~en insolent remarks; das ist eine ~: that's very naughty/cheeky
ungezügelt Adj. unbridled. 2. adv. without restraint
ungezwungen 1. Adj. natural, unaffected ⟨person, behaviour, cheerfulness⟩; (nicht förmlich) informal, free and easy ⟨tone, conversation, etc.⟩. 2. adv. ⟨behave⟩ naturally, unaffectedly; ⟨talk⟩ freely
Ungezwungenheit die; ~ s. ungezwungen 1: naturalness; unaffectedness; informality
ungiftig Adj. non-poisonous; non-toxic ⟨gas, substance⟩
Unglaube[n] der a) disbelief; incredulity; b) (Rel.) unbelief
unglaubhaft Adj. implausible
ungläubig 1. Adj. a) disbelieving; incredulous; ~er Thomas doubting Thomas; b) (Rel.) unbelieving. 2. adv. incredulously; in disbelief
Ungläubige der/die (Rel.) unbeliever
unglaublich 1. Adj. a) incredible; b) (ugs.: sehr groß) incredible (coll.), fantastic (coll.) ⟨speed, amount, luck, etc.⟩. 2. adv. (ugs.: äußerst) incredibly (coll.), (empörend) ⟨behave⟩ in an incredible fashion (coll.)
unglaubwürdig Adj. implausible; untrustworthy, unreliable ⟨witness etc.⟩
ungleich 1. Adj. a) unequal; unequal, different ⟨sizes⟩; odd, unmatching ⟨socks, gloves, etc.⟩; (unähnlich) dissimilar ⟨characters etc.⟩; odd ⟨couple⟩; **a [ist] ~ b** (Math.) a is not equal to or does not equal b; b) (ungleichmäßig) uneven ⟨distribution etc.⟩. 2. adv. a) unequally; ~ geartet of different dispositions; b) (ungleichmäßig) unevenly. 3. Adv. (mit Komparativ) far ⟨larger, more difficult⟩; (unvergleichlich) incomparably ⟨better, more beautiful⟩. 4. Präp. mit Dat. (geh.) unlike
Ungleichgewicht das imbalance
Ungleichheit die a) o. Pl. inequality; b) (Unterschied) difference; dissimilarity

ungleichmäßig 1. Adj. uneven. 2. adv. a) unevenly; b) (verschieden) ~ lang of different lengths
ungleichnamig Adj. a) (Math.) ⟨fractions⟩ with different denominators; b) (Physik) opposite ⟨poles⟩
Unglück das; ~[e]s, ~e a) (Unfall) accident; (Flugzeug~, Zug~) crash; accident; (Mißgeschick) mishap; das ist [doch] kein ~! that's not a disaster; it doesn't really matter; b) o. Pl. (Not) misfortune; (Leid) suffering; distress; jmdn. ins ~ stürzen bring ruin or disaster on sb.; sich ins ~ stürzen or rennen rush headlong into disaster or to one's ruin; es ist ein ~, daß ...: it is a real shame or a great pity that ...; c) (Pech) bad luck; misfortune; ~ haben be unlucky; das bringt ~: that's unlucky; zum ~: unfortunately; zu allem ~: to make matters worse; das ~ wollte es, daß ...: as luck would have it ...; ~ im Spiel, Glück in der Liebe unlucky at cards, lucky in love; d) (Schicksalsschlag) misfortune; ein ~ kommt selten allein (ugs.): it never rains but it pours
unglücklich 1. Adj. a) (traurig) unhappy; unhappy, unrequited ⟨love⟩; er ist ~ darüber, daß ...: he is unhappy that ...; mach dich nicht ~! don't do it!; b) (nicht vom Glück begünstigt) unfortunate ⟨person⟩; (bedauernswert, arm) hapless ⟨person, animal⟩; ich Unglücklicher/Unglückliche! (geh.) poor me!; woe is me! (literary); der/die Unglückliche the unfortunate or poor man/woman; c) (ungünstig, ungeschickt) unfortunate ⟨moment, combination, meeting, etc.⟩; unhappy ⟨end, choice, solution⟩; unfortunate, unhappy ⟨coincidence, formulation⟩; clumsy ⟨movement⟩ (unverdient) unlucky ⟨defeat⟩ [bei od. in etw. (Dat.)] eine ~e Hand haben get it wrong [when doing sth.]; eine ~e Figur abgeben cut a sorry figure. 2. adv. a) unhappily; ~ verliebt sein be unhappy in love; b) (ungünstig) unfortunately; (ungeschickt) unhappily, clumsily ⟨translated, expressed⟩; ~ enden come to an unfortunate end; ⟨love affair⟩ end unhappily; er stürzte so ~, daß ...: he fell so awkwardly that ...; he had such a bad fall that ...
unglücklicherweise Adv. unfortunately
Unglücks· botschaft die bad news sing.; bad tidings pl.
unglück· selig Adj. a) (bedauernswert) unfortunate, hapless ⟨person⟩; b) (verhängnisvoll) unfortunate, fateful ⟨coincidence, combination⟩; ill-starred, fateful ⟨time⟩; fateful ⟨predilection⟩
Unglücks-: ~**fall** der accident; ~**rabe** der (ugs.) unlucky sort (coll.); ~ luckless individual (coll.); ~**stelle** die scene of an/the accident; ~**zahl** die unlucky number
Ungnade die in [bei jmdm.] ~ (Akk.) fallen/in ~ (Dat.) sein fall/be out of favour [with sb.]
ungnädig 1. Adj. bad-tempered; grumpy; (geh.: schlimm) unkind ⟨fate⟩. 2. adv. in a bad-tempered way; grumpily
ungültig Adj. invalid; void (esp. Law); spoilt ⟨vote, ballot-paper⟩; disallowed ⟨goal⟩; ~e Banknoten banknotes which are not legal tender; eine Ehe/ein Tor für ~ erklären annul a marriage/disallow a goal
Ungunst die (geh. veralt.) disfavour; b) in zu jmds. ~en to sb.'s disadvantage
ungünstig 1. Adj. a) unfavourable; unfavourable, poor ⟨climate, weather⟩; (unglücklich) unfortunate ⟨consequence⟩; unfortunate, bad ⟨shape, layout⟩; (unvorteilhaft) unfavourable, unflattering ⟨light, perspective, impression⟩; unflattering ⟨cut of dress⟩; inconvenient ⟨position⟩; (schädlich) harmful ⟨effect⟩; b) (unpassend) inconvenient ⟨time, place⟩; unsuitable ⟨colour etc.⟩. 2. adv. a) unfavourably; badly ⟨designed, laid out⟩; (unvorteilhaft) unflatter-

ingly ⟨cut⟩; sich ~ auswirken have a harmful effect; b) (unpassend, ungelegen) inconveniently
ungut Adj. a) uneasy ⟨feeling, premonition⟩; negative ⟨impression, expectation⟩; (unangenehm) unpleasant ⟨after-taste, recollection, memories⟩; b) in nichts für ~! no offence [meant]! (coll.)
unhaltbar Adj. a) untenable ⟨thesis, statement, etc.⟩; b) (unerträglich) unbearable, intolerable ⟨conditions, situation⟩; c) (Ballspiele) unstoppable ⟨shot, goal, etc.⟩
unhandlich Adj. unwieldy
Unheil das disaster; ~ anrichten od. stiften wreak havoc
unheilbar 1. Adj. incurable. 2. adv. incurably; ~ krank suffering from an incurable disease postpos.; incurably ill
unheil·voll Adj. disastrous; (verhängnisvoll) fateful; ominous ⟨development⟩
unheimlich 1. Adj. a) eerie ⟨story, figure, place, sound⟩; eerie, uncanny ⟨feeling⟩; das/er ist mir ~: it/he gives me an eerie feeling or (coll.) the creeps; mir ist/wird [es] ~: I have an eerie or uncanny feeling; b) (ugs.) (schrecklich) terrible (coll.) ⟨coward, idiot, hunger, headache, etc.⟩; (enorm) terrific (coll.) ⟨fun, sum, amount, etc.⟩. 2. adv. a) eerily; uncannily; b) (ugs.: äußerst, sehr) terribly (coll.) ⟨fat, nice, etc.⟩; terrifically (coll.) ⟨important, large⟩; incredibly (coll.) ⟨quick, long⟩; ~ viel an incredible or a terrific amount (coll.); es macht ~ Spaß it's terrific fun (coll.)
unhöflich 1. Adj. impolite. 2. adv. impolitely
Unhöflichkeit die impoliteness
Unhold der; ~[e]s, ~e a) (veralt.) fiend; demon; b) (abwertend: böser Mensch) monster
unhörbar 1. Adj. inaudible. 2. adv. inaudibly
unhygienisch 1. Adj. unhygienic. 2. adv. unhygienically
uni ['yni] indekl. Adj. plain, single-colour ⟨material etc.⟩; plain ⟨tie⟩
Uni ['ʊni] die; ~, ~s (ugs.) university
UNICEF ['u:nitsɛf] die; ~: UNICEF
uni·farben Adj. s. uni
Uniform die; ~, ~en uniform; [Staats]bürger in ~: soldier [in the Bundeswehr]; citizen in uniform; die ~ ausziehen (fig.) put aside one's uniform; leave the service
uniformieren tr. V. uniform; **uniformiert** in uniform postpos.; uniformed
Uniformierte der/die; adj. Dekl. man/woman in uniform; (Polizist) uniformed [police]man/woman
Unikat [uni'kaːt] das; ~[e]s, ~e s. Unikum a
Unikum ['uːnikʊm] das; ~s, Unika od. ~s a) (geh.) ~ ein sein be unique; ein botanisches ~: a unique botanical specimen; b) (ugs.: Original) [real] character
uninteressant Adj. a) uninteresting; (nicht von Belang) of no interest postpos.; unimportant; **nicht** ~: quite interesting; b) (nicht lohnend, nicht attraktiv) untempting, unattractive ⟨offer⟩; [für jmdn.] ~ sein be of no interest [to sb.]
uninteressiert Adj. uninterested; not interested ⟨an + Dat. in⟩; er ist politisch völlig ~: he is not at all interested in politics
Union [u'ni̯oːn] die; ~, ~en union; die ~ (Bundesrepublik Deutschland) the Union of Christian Democrats and Christian Socialists; the CDU and CSU
Unions·republik die republic [of the USSR]
unisono [uniˈzoːno] Adv. (Musik; auch fig.) in unison; (einmütig) unanimously
universal Adj. universal; all-embracing ⟨education⟩
Universal-: ~**erbe** der sole heir; ~**genie** das (fig.) universal genius; ~**lexikon** das general encyclopaedia

universell [univɛr'zɛl] 1. *Adj.* universal. 2. *adv.* universally; ~ **gebildet sein** have an all-embracing education
Universität [univɛrzi'tɛːt] die; ~, ~en university; **die ~ Marburg, die Marburger ~:** the University of Marburg; Marburg University; **an der ~** ⟨*meet, study, etc.*⟩ at university; **auf die ~ gehen** *(ugs.)*, **die ~ besuchen** go to university
Universitäts-: ~**bibliothek** die university library; ~**buch·handlung** die university bookshop *or (Amer.)* bookstore; „**~buchhandlung C. F. Meyer**" 'C. F. Meyer, university booksellers'; ~**dozent** der university lecturer; ~**klinik** die university hospital; ~**stadt** die university town; ~**studium** das study *no art.* at university
Universum [uni'vɛrzʊm] das; ~s universe
unkameradschaftlich 1. *Adj.* uncomradely. 2. *adv.* in an uncomradely way
Unke ['ʊŋkə] die; ~, ~n **a)** fire-bellied toad; **b)** *(ugs. abwertend: Schwarzseher[in])* Jeremiah; prophet of doom
unken *itr. V. (ugs.)* prophesy doom [and destruction] *(joc.)*
unkenntlich *Adj.* unrecognizable ⟨*person, face*⟩; indecipherable ⟨*writing, stamp*⟩
Unkenntlichkeit die; ~: unrecognizable state; ⟨*einer Schrift, eines Stempels*⟩ indecipherable state; **bis zur ~ entstellt** disfigured to the point of being unrecognizable
Unkenntnis die; *o. Pl.* ignorance; ~ **auf einem Gebiet** ignorance of a subject; **etw. aus ~ tun** do sth. from *or* out of ignorance; **jmdn. [über etw.** *(Akk.)*] **in ~ lassen** leave sb. in ignorance [of sth.]; ~ **schützt nicht vor Strafe** ignorance [of the law] is no excuse *or* defence
Unken·ruf der *(fig.)* prophecy of doom
unkeusch *(geh.)* 1. *Adj.* unchaste. 2. *adv.* unchastely
Unkeuschheit die unchastity *no art.*
unklar 1. *Adj.* **a)** *(undeutlich)* unclear; indistinct; **b)** *(fig.: unbestimmt)* vague ⟨*feeling, recollection, idea*⟩; **c)** *(nicht durchschaubar)* unclear ⟨*origin, situation, etc.*⟩; *(ungewiß)* uncertain ⟨*outcome*⟩; **sich** *(Dat.)* **über etw.** *(Akk.)* **im ~en sein** be unclear *or* unsure about sth.; **ich bin mir noch im ~en, ob ...:** I am still not sure *or* certain whether ...; **jmdn. über etw.** *(Akk.)* **im ~en lassen** keep sb. guessing about sth.
Unklarheit die **a)** *o. Pl. (Undeutlichkeit)* lack of clarity; indistinctness; **b)** *o. Pl. (Unverständlichkeit)* lack of clarity *(Gen.* in); **c)** *o. Pl. (Undurchschaubarkeit, Ungewißheit)* uncertainty; **es herrscht noch ~ darüber** it is still uncertain; **d)** *(unklarer Punkt)* unclear *or* outstanding point; **falls noch ~en bestehen** if anything is still unclear
unklug 1. *Adj.* unwise. 2. *adv.* unwisely
unkollegial 1. *Adj.* inconsiderate *or* unhelpful [to one's colleagues]; **er ist [sehr] ~:** he is not [at all] a good colleague. 2. *adv.* not ⟨*behave*⟩ like a good colleague
unkompliziert 1. *Adj.* uncomplicated; straightforward ⟨*person, mechanism, etc.*⟩; straightforward, simple ⟨*matter, case, problem*⟩; simple ⟨*fracture (Med.)*⟩. 2. *adv. (express)* straightforwardly, simply
unkontrollierbar *Adj.* impossible to check *or* supervise *postpos.*; *(nicht zu beherrschen)* uncontrollable
unkontrolliert *Adj.* **a)** unsupervised; ⟨*route*⟩ without check-points; **b)** *(unbeherrscht)* uncontrolled ⟨*emotions, feelings, outburst*⟩; intemperate ⟨*words*⟩
unkonventionell 1. *Adj.* unconventional. 2. *adv.* unconventionally
unkonzentriert 1. *Adj.* lacking in concentration *postpos.*; **du bist heute sehr ~:** you aren't concentrating today. 2. *adv.* without concentrating; **sie arbeitet sehr ~:** she doesn't concentrate at all on her work

Unkosten *Pl.* **a)** [extra] expense *sing.*; expenses; **mit großen ~ verbunden sein** involve a great deal of expense; **sich in ~ stürzen** dig deep into one's pocket; [really] lash out *(coll.)*; **sich in geistige ~ stürzen** *(scherzh.)* strain one's grey matter *(coll.)*; **b)** *(ugs.: Ausgaben)* costs; expenditure *sing.*
Unkosten·beitrag der contribution towards expenses
Unkraut das **a)** *o. Pl.* weeds *pl.*; ~ **vergeht nicht** *(ugs. scherzh.)* it would take a great deal to finish off his/her/our sort *(coll.)*; **b)** *(Art)* weed
Unkraut·vertilgungsmittel das weedkiller
unkritisch 1. *Adj.* uncritical. 2. *adv.* uncritically
unkultiviert *Adj.* uncultivated
unkündbar *Adj.* permanent ⟨*position, contract*⟩; irredeemable ⟨*loan*⟩; **er ist ~:** he cannot be given notice
unkundig *Adj. (geh.)* ignorant; **einer Sache** *(Gen.)* ~ **sein** have no knowledge of sth.; **des Lesens/Schreibens/Deutschen ~:** unable to read/to write/to speak German
unlängst *Adv. (geh.)* not long ago; recently; **noch ~, ~ noch** only recently
unlauter *Adj. (geh.)* dishonest; ~**er Wettbewerb** *(Rechtsspr.)* unfair competition
unleidlich 1. *Adj.* tetchy. 2. *adv.* tetchily
unlesbar *Adj.* unreadable
unleserlich 1. *Adj.* illegible. 2. *adv.* illegibly
unleugbar 1. *Adj.* undeniable; indisputable. 2. *adv.* undeniably; indisputably
unliebsam *Adj.* unpleasant; ~**es Aufsehen erregen** attract the wrong sort of attention. 2. *adv.* **er ist ~ aufgefallen** he made a bad impression
unlogisch 1. *Adj.* illogical. 2. *adv.* illogically
Unlust die *(Widerwille)* reluctance; *(Lustlosigkeit)* lack of enthusiasm; **mit ~:** with reluctance/without enthusiasm
unlustig 1. *Adj.* listless; *(ohne Begeisterung)* unenthusiastic. 2. *adv.* listlessly; *(ohne Begeisterung)* unenthusiastically
unmännlich *(abwertend)* 1. *Adj.* unmanly; *(weibisch)* effeminate. 2. *adv.* in an unmanly way
unmaßgeblich *Adj.* of no consequence *postpos.*; inconsequential; **nach meiner ~en Meinung** *(scherzh.)* in my humble opinion
unmäßig 1. *Adj.* **a)** *(übermäßig, maßlos)* immoderate; excessive; ~ **im Essen/Trinken sein** eat/drink to excess; ~ **in seinen Ansprüchen/Forderungen sein** make excessive claims/demands; **b)** *(enorm)* tremendous ⟨*desire, thirst, fear, etc.*⟩. 2. *adv.* **a)** *(übermäßig, allzusehr)* excessively; ⟨*eat, drink*⟩ to excess; ~ **viel essen/Geld ausgeben** eat/ spend far too much; **b)** *(überaus, sehr)* tremendously *(coll.)*, terribly ⟨*surprised, pleased, fond, etc.*⟩
Unmäßigkeit die immoderation *no art.*
Unmenge die mass; enormous number/ amount; **eine ~ Geld/Bücher, eine ~ von** *od.* **an Geld/Büchern** an enormous amount of money/number of books; **er trinkt ~n [von] Tee** he drinks enormous quantities *or (coll.)* gallons of tea
Unmensch der brute; **ich bin/man ist ja kein ~** *(ugs.)* I'm not inhuman
unmenschlich 1. *Adj.* **a)** inhuman; brutal; subhuman, appalling ⟨*conditions*⟩; **b)** *(entsetzlich)* terrible *(coll.)*, appalling ⟨*pain, heat, suffering, etc.*⟩. 2. *adv.* **a)** in an inhuman way; **b)** *(entsetzlich)* appallingly *(coll.)*
unmerklich 1. *Adj.* imperceptible. 2. *adv.* imperceptibly
unmißverständlich 1. *Adj.* **a)** *(eindeutig)* unambiguous; **b)** *(offen, direkt)* blunt ⟨*answer, refusal*⟩; unequivocal ⟨*language*⟩. 2. *adv.* **a)** *(eindeutig)* unambiguously; **b)** *(offen, direkt)* bluntly; unequivocally

unmittelbar 1. *Adj.* **a)** *nicht präd.* immediate ⟨*vicinity, past, future*⟩; immediate, next-door ⟨*neighbour etc.*⟩; **in ~er Strandnähe** right next to the beach; **aus ~er Nähe** ⟨*shoot*⟩ at close quarters, from point-blank range; **b)** *(direkt)* direct ⟨*contact, connection, influence, cause*⟩; immediate ⟨*cause, consequence, predecessor, successor*⟩. 2. *adv.* **a)** immediately; right ⟨*behind, next to*⟩; ~ **bevorstehen** be imminent; be almost upon us *etc.*; **b)** *(direkt)* directly; **ich fahre von dort ~ zum Bahnhof** I'll go straight from there to the station; **etw. ~ erleben** experience sth. at first hand
unmöbliert *Adj.* unfurnished
unmodern 1. *Adj.* old-fashioned; *(nicht modisch)* unfashionable; ~ **werden** go out of fashion. 2. *adv.* in an old-fashioned way; *(nicht modisch)* unfashionably
unmöglich 1. *Adj.* **a)** impossible; **ich verlange ja nichts Unmögliches [von dir]** I'm not asking [you] for the impossible; **es ist mir ~:** it is impossible for me; **du machst es ihm/mir ~[, zu ...]** you are making it impossible for him/me [to ...]; **b)** *(ugs.: nicht akzeptabel, unangebracht)* impossible ⟨*person, behaviour, colour, ideas, place, etc.*⟩; ~ **aussehen** look ridiculous; **jmdn./sich ~ machen** make a fool of sb./oneself; make sb./ oneself look ridiculous; **sich bei jmdm. ~ machen** lose sb.'s respect; **c)** *(ugs.: erstaunlich, seltsam)* incredible; **an den ~sten Orten** in the most impossible *or* incredible places. 2. *adv. (ugs.)* ⟨*behave*⟩ impossibly; ⟨*dress*⟩ ridiculously; ~ **angezogen sein** be wearing impossible clothes. 3. *Adv. (ugs.: unter keinen Umständen)* **ich/es usw. kann ~ ...:** I/it *etc.* can't possibly ...; **mehr ist ~ zu erreichen** it's impossible to do any more; **das geht ~:** that's out of the question
Unmoral die immorality *no art.*
unmoralisch 1. *Adj.* immoral. 2. *adv.* immorally
unmotiviert 1. *Adj.* unmotivated. 2. *adv.* without reason; for no reason
unmündig *Adj.* **a)** under-age; ~ **sein** be under age *or* a minor; **b)** *(fig.: geistig unselbständig)* dependent
Unmündigkeit die; ~ *(fig.)* dependence
unmusikalisch *Adj.* unmusical
Unmut der *(geh.)* displeasure; annoyance; **seinen ~ an jmdm. auslassen** take it out on sb.
unnachahmlich 1. *Adj.* inimitable. 2. *adv.* inimitably
unnachgiebig *Adj.* intransigent; **in diesem Punkt ~ sein** be uncompromising in this respect; refuse to yield on this point
Unnachgiebigkeit die intransigence
unnachsichtig 1. *Adj.* merciless; unmerciful; unrelenting ⟨*severity*⟩. 2. *adv.* mercilessly; ⟨*punish*⟩ unmercifully
unnahbar *Adj.* unapproachable
unnatürlich 1. *Adj.* unnatural; forced ⟨*laugh*⟩; artificial ⟨*material*⟩; ⟨*death*⟩ from unnatural causes; violent ⟨*death*⟩. 2. *adv.* unnaturally; ⟨*laugh*⟩ in a forced way; ⟨*speak*⟩ affectedly; **er trinkt/schläft ~ viel** he drinks/sleeps an abnormal amount
Unnatürlichkeit die unnaturalness; *(von Material)* artificiality
unnormal 1. *Adj.* abnormal. 2. *adv.* abnormally
unnötig 1. *Adj.* unnecessary; needless, pointless ⟨*heroism*⟩; ~ **zu sagen, daß ...:** needless to say ... 2. *adv.* unnecessarily
unnütz 1. *Adj.* useless ⟨*stuff, person, etc.*⟩; pointless ⟨*talk*⟩; wasted ⟨*words*⟩, pointless, wasted ⟨*expense, effort*⟩; vain ⟨*attempt*⟩; **es ist ~, darüber zu streiten** it is no use arguing about it. 2. *adv. (unnötig)* needlessly
UNO ['uːno] die; die ~: the UN
unökonomisch 1. *Adj.* uneconomical. 2. *adv.* uneconomically; in an uneconomical way

1549

unordentlich 1. *Adj.* **a)** untidy; **b)** *(ungeregelt)* disorderly ⟨life⟩. **2.** *adv.* untidily; ⟨tie, treat, act⟩ carelessly
Unordnung die disorder; mess; **so eine ~!** what a mess *or* muddle!; **in dem Zimmer herrschte eine fürchterliche ~:** the room was terribly untidy *or* in a terrible mess *(coll.)*; **etw. in ~ bringen** muddle *or* mess sth. up; **in ~ geraten** get into a mess *or* muddle; *(fig.)* ⟨equilibrium⟩ become upset
unorthodox 1. *Adj.* unorthodox. **2.** in an unorthodox way
Unpaarhufer der *(Zool.)* odd-toed ungulate
unpaarig *(Biol.)* **1.** *Adj.* unpaired; azygous. **2.** *adv.* dissimilarly
unparteiisch 1. *Adj.* impartial. **2.** *adv.* impartially
Unparteiische der/die; *adj. Dekl. (Sport)* s. Schiedsrichter a
unpassend 1. *Adj.* inappropriate; unsuitable ⟨dress etc.⟩. **2.** *adv.* inappropriately; unsuitably ⟨dressed etc.⟩
unpassierbar *Adj.* impassable
unpäßlich ['ʊnpɛslɪç] *Adj.* indisposed
Unpäßlichkeit die; ~, -en indisposition
Unperson die unperson
unpersönlich 1. *Adj.* impersonal; distant, aloof ⟨person⟩. **2.** *adv.* impersonally; ⟨answer, write⟩ in impersonal terms
Unpersönlichkeit die; *o. Pl.* impersonal nature
unpolitisch *Adj.* unpolitical; apolitical
unpopulär *Adj.* unpopular
unpraktisch 1. *Adj.* unpractical. **2.** *adv.* in an unpractical way
unproblematisch 1. *Adj.* unproblematic; straightforward; **nicht ganz ~:** not without its problems. **2.** *adv.* without any problems
unproduktiv 1. *Adj.* unproductive. **2.** *adv.* unproductively
unpünktlich 1. *Adj.* **a)** unpunctual ⟨person⟩; **b)** *(verspätet)* late, unpunctual ⟨payment⟩. **2.** *adv.* late
Unpünktlichkeit die lateness; lack of punctuality
unqualifiziert 1. *Adj.* **a)** unqualified, unskilled ⟨person⟩; unskilled ⟨work⟩; **b)** *(abwertend: nicht fundiert)* inept ⟨remark, criticism⟩. **2.** *adv. (abwertend)* ineptly
unrasiert *Adj.* unshaven; **~ und fern der Heimat** *(scherzh.)* away from it all and looking pretty disreputable
Unrast die; *o. Pl. (geh.)* restlessness
Unrat der; ~[e]s *(geh.)* garbage *(lit. or fig.)*; refuse *(Brit.)*; **~ wittern** smell a rat *(fig.)*
unrationell 1. *Adj.* inefficient. **2.** *adv.* inefficiently
unrealistisch 1. *Adj.* unrealistic. **2.** *adv.* unrealistically
unrecht 1. *Adj.* wrong; **auf ~e Gedanken kommen** get wicked ideas. **2.** *adv.* wrongly; **~ tun** do wrong; *s. auch* **Unrecht a**
Unrecht das; *o. Pl.* **a)** **in unrecht haben** be wrong; **jmdm. unrecht tun** do sb. an injustice; do wrong by sb.; **unrecht bekommen** be shown to be in the wrong; **jmdm. unrecht geben** disagree with sb.; **b)** wrong; **im ~ sein** be [in the] wrong; **sich ins ~ setzen** put oneself in the wrong; **ihm ist ein ~ geschehen** he has been wronged; **zu ~:** wrongly; **nicht zu ~** *(wohlbegründet)* not without [good] reason
unrechtmäßig 1. *Adj.* unlawful; illegal. **2.** *adv.* unlawfully; illegally
unredlich *(geh.)* **1.** *Adj.* dishonest. **2.** *adv.* dishonestly
Unredlichkeit die **a)** *o. Pl.* dishonesty; **b)** *(Handlung)* dishonest act
unreell *Adj.* unfair ⟨deal, price⟩
unreflektiert 1. *Adj. (geh.)* unthinking; ⟨spontan⟩ spontaneous ⟨tradition⟩. **2.** *adv.* without thinking; unthinkingly
unregelmäßig 1. *Adj.* irregular. **2.** *adv.* irregularly
Unregelmäßigkeit die irregularity

unregierbar *Adj.* ungovernable
unreif *Adj.* **a)** unripe; **b)** *(nicht erwachsen)* immature
Unreife die s. unreif a, b: unripeness; immaturity
unrein *Adj.* **a)** *(auch fig.)* impure; bad ⟨breath, skin⟩; *(nicht sauber)* dirty, polluted ⟨water, air⟩; unclear ⟨sound⟩; **b)** *(Rel.)* unclean; **c)** **in etw. ins ~e schreiben** make a rough copy of sth.; write sth. [out] in rough; **ins ~e sprechen** *od.* **reden** *(ugs. scherzh.)* talk off the top of one's head
Unreinheit die **a)** *o. Pl. s.* **unrein a:** impurity; badness; dirtiness; polluted state; lack of clarity; **b)** **~en der Haut** skin disorders
unrentabel 1. *Adj.* unprofitable. **2.** *adv.* unprofitably
unrettbar 1. *Adj.* unsavable; beyond hope *pred.* **2.** *adv.* irretrievably ⟨lost⟩
unrichtig 1. *Adj.* incorrect; inaccurate. **2.** *adv. (fehlerhaft)* incorrectly
Unrichtigkeit die **a)** *o. Pl. (das Unzutreffendsein)* incorrectness; inaccuracy; **b)** *o. Pl. (Fehlerhaftigkeit)* incorrectness; **c)** *(etw. Unzutreffendes, Fehler)* inaccuracy
Unruh ['ʊnruː] **die; ~, -en** *(Technik)* balance[-wheel] *(of clock)*
Unruhe die **a)** *(auch fig.)* unrest; *(Lärm)* noise; commotion; *(Unrast)* restlessness; agitation; *(Besorgnis)* anxiety; disquiet; **unter den Zuschauern entstand ~:** the audience became restless; **b)** *(Unfrieden)* unrest; **~ stiften** stir up trouble; **c)** *Pl. (Tumulte)* disturbances; unrest *sing.*
Unruhe-: **~herd der** seat of unrest; trouble-spot; **~stifter der** *(abwertend)* trouble-maker
unruhig 1. *Adj.* **a)** restless; *(besorgt)* anxious; *(nervös)* agitated; jittery; *(fig.)* choppy ⟨sea⟩; busy ⟨pattern⟩; busy, eventful ⟨life⟩; unsettled, troubled ⟨time⟩; **er ist ein ~er Geist** he is a restless creature; **hier ist es mir zum Arbeiten viel zu ~:** there is too much going on [for me] to work here; **b)** *(laut)* noisy ⟨area etc.⟩; **c)** *(ungleichmäßig)* uneven ⟨breathing, pulse, running, etc.⟩; fitful ⟨sleep, motion⟩; disturbed ⟨night⟩; unsettled ⟨life⟩. **2.** *adv.* **a)** restlessly; *(besorgt)* anxiously; **hier geht es sehr ~ zu** there is too much going on here; **b)** *(ungleichmäßig)* ⟨breathe, run⟩ unevenly; ⟨sleep⟩ fitfully
unrühmlich 1. *Adj.* inglorious; ignominious. **2.** *adv.* ignominiously
unrund *Adj. (Technik)* **a)** not perfectly round *pred.*; **b)** *(ungleichmäßig)* uneven, rough ⟨running of engine⟩
uns [ʊns] **1.** *Akk. des Personalpron.* wir us; **b)** *Dat. des Personalpron.* **wir; gib es ~:** give it to us; **gib ~ das Geld** give us the money; **wie geht es ~ heute?** *(fam.)* how are we today? *(joc.)*; **kommst du zu ~?** are you coming to our place? *(coll.)*; **Freunde von ~:** friends of ours; **von ~ aus** as far as we're concerned; **bei ~:** at our home *or (coll.)* place; *(in der Heimat)* where I/we live *or* come from; **bei ~ gegenüber, gegenüber von ~:** opposite us *or* our house. **2.** *Reflexivpron. der 1. Pers. Pl.* **a)** *refl.* ourselves; **wir schämen ~:** we are ashamed [of ourselves]; **wir waschen ~/~ die Hände** we are washing [ourselves]/our hands; **von ~ aus** *(aus eigenem Antrieb)* on our own initiative; **b)** *reziprok* one another; **wir kennen ~ schon** we know one another; we've met; **wir haben ~ gestritten** we had an argument *or* quarrel
unsachgemäß 1. *Adj.* improper. **2.** *adv.* improperly
unsachlich 1. *Adj.* unobjective; **~ werden** lose one's objectivity. **2.** *adv.* without objectivity
Unsachlichkeit die lack of objectivity
unsagbar, unsäglich [ʊn'zɛːklɪç] *(geh.)* **1.** *Adj.* indescribable; unutterable. **2.** *adv.* indescribably; unutterably

unsanft 1. *Adj.* rough; hard ⟨push, impact⟩. **2.** *adv.* roughly; **~ geweckt werden** be rudely awoken; **jmdn. ~ zurechtweisen** reprimand sb. curtly *or* rudely
unsauber 1. *Adj.* **a)** *(schmutzig)* dirty; **b)** *(nachlässig)* untidy, sloppy ⟨work, writing, etc.⟩; **c)** *(unklar)* unclear ⟨sound⟩; *(ungenau)* inexact, woolly ⟨definition⟩; **d)** *(unlauter)* shady ⟨practice, deal, character, etc.⟩; underhand, dishonest ⟨method, means, intention⟩; *(Sport: unfair)* unsporting, unfair ⟨play⟩. **2.** *adv.* **a)** *(nachlässig)* untidily; carelessly; **b)** *(unklar)* ⟨sing, play⟩ inaccurately; **c)** *(Sport: unfair)* unsportingly; unfairly
Unsauberkeit die; *o. Pl.* **a)** dirtiness; lack of cleanliness; **b)** *(Nachlässigkeit)* untidiness; sloppiness; **c)** *(Unklarheit)* lack of clarity; *(Ungenauigkeit)* woolliness; **d)** *(Unehrlichkeit)* shadiness; *(Sport: Unfairneß)* unfairness
unschädlich *Adj.* harmless; **~ machen** render harmless, neutralize ⟨toxic substance, germ. etc.⟩; put ⟨weapon, person⟩ out of action; render ⟨bomb etc.⟩ safe; *(verhüll.: durch Tötung)* eliminate ⟨person⟩
unscharf 1. *Adj.* **a)** blurred, fuzzy ⟨photo, picture⟩; **b)** *(ungenau)* woolly ⟨formulation⟩; **die Grenzen sind ~:** there are no clear-cut borderlines; **c)** *(ein ~es Bild ergebend)* ⟨lens, optical instrument⟩ with poor definition; *(falsch eingestellt)* out-of-focus. **2.** *adv.* **a)** blurred; **durch diese Brille sehe ich alles ganz ~:** everything looks blurred *or* out of focus [to me] through these spectacles; **b)** *(ungenau)* unclearly
unschätzbar *Adj.* inestimable ⟨value etc.⟩; invaluable ⟨service⟩; priceless ⟨riches etc.⟩
unscheinbar *Adj.* inconspicuous; nondescript; unspectacular ⟨plumage, blossom⟩
unschicklich *(geh.)* **1.** *Adj.* unseemly; improper. **2.** *adv.* improperly
unschlagbar *Adj.* unbeatable ⟨opponent, prices, etc.⟩
Unschlitt ['ʊnʃlɪt] **das; ~[e]s, ~e** *(veralt.)* tallow
unschlüssig *Adj.* undecided *pred.*; undecisive ⟨gesture, attitude⟩; **ich bin [mir] noch ~, ob ...:** I cannot decide whether ...
unschön 1. *Adj.* **a)** ugly; unattractive ⟨colour, voice⟩; **b)** *(unerfreulich, unfair)* unpleasant, nasty ⟨business, incident, weather, conduct, etc.⟩; ugly ⟨scene⟩. **2.** *adv.* **a)** unattractively; **b)** *(unfreundlich, unfair)* badly
Unschuld die; *o. Pl.* **a)** innocence; **wegen erwiesener ~:** having been proved innocent; **seine Hände in ~ waschen** *(fig.)* wash one's hands in innocence; **b)** *(Naivität)* innocence; *(Jungfräulichkeit)* virginity; **in aller ~:** in all innocence; **eine ~ vom Lande** *(ugs. scherzh.)* a naïve country girl
unschuldig 1. *Adj.* **a)** innocent; **an etw.** *(Dat.)* **~ sein** be not guilty of sth.; **er ist an dem Unfall völlig ~:** he was in no way responsible for the accident; **b)** *(unverdorben)* innocent; **ein ~es Mädchen** a virgin; **er/sie ist noch ~:** he/she is still a virgin; **den Unschuldigen/die Unschuldige spielen** play the innocent. **2.** *adv.* innocently
Unschulds-: **~beteuerung die** protestation of innocence; **~lamm das** *(spött.)* little innocent; **sie sind auch keine ~lämmer** they're no angels; **~miene die** innocent expression; **mit ~miene** with an air of innocence
unschwer *Adv. (geh.)* easily; without difficulty
unselbständig 1. *Adj.* **a)** dependent [on other people]; **sei doch nicht immer so ~!** try to be a bit more independent!; **b)** *(abhängig)* [financially/economically] dependent; not self-supporting *pred.*; **~e Arbeit** [paid] employment. **2.** *adv.* **a)** [sehr] **~ denken/handeln** not think [at all] for oneself *or* independently/not act [at all] on one's own *or* independently; **b)** *(abhängig)* **~ beschäftig-**

Unselbständigkeit | **unter**

te Personen *od.* Beschäftigte persons in employment; employed persons
Unselbständigkeit die a) lack of independence; b) *(Abhängigkeit)* dependence
unselig *Adj. (geh.)* wretched ⟨*fate, person, etc.*⟩; *(extremely)* unfortunate ⟨*situation*⟩; ill-starred ⟨*inheritance*⟩; *(verhängnisvoll)* disastrous ⟨*journey, decision, etc.*⟩
¹**unser** ['ʊnzɐ] *Possessivpron. der 1. Pers. Pl.* our; Vater ~ *(bibl.)* Our Father; das ist ~s *od. (geh.)* ~es *od. (geh.)* das ~e that is ours; sein Wagen stand neben ~[e]m *od.* unsrem his car was next to ours; die Unseren our family; wir haben das Unsere getan we have done our share *or* part
²**unser** *Gen. des Personalpronomens* wir *(geh.)* of us; wir waren ~ drei there were three of us; erbarme dich ~! have mercy upon us!; in ~ aller/beider Interesse in the interest of all/both of us
unser·einer, unser·eins *Indefinitpron. (ugs.)* the likes of us *pl.*; our sort *(coll.)*
unserer·seits *Adv.* for our part
unseres·gleichen *indekl. Indefinitpron.* people *pl.* like us; *attr.* Menschen ~: people like us
unseret·halben, unseret·wegen *Adv. s.* unsertwegen
unseret·willen *Adv. s.* unsertwillen
unserige *subst. Possessivpron. s.* unsrige
unseriös *(abwertend)* 1. *Adj.* a) not [quite] the proper thing *pred.*; casual ⟨*appearance, manner*⟩; b) *(niveaulos)* low-quality ⟨*newspaper*⟩; down-market ⟨*publisher*⟩; c) *(unlauter)* shady, dubious ⟨*practice, deal*⟩; *(unredlich)* questionable, dishonest ⟨*method etc.*⟩; *(nicht reell)* dubious ⟨*firm, pseudoscientist, faith-healer*⟩; dishonest, shady ⟨*business man*⟩. 2. *adv.* a) *(behave, dress)* casually; b) *(unlauter, unredlich)* dishonestly; unfairly
unser·seits *s.* unsererseits
unsers·gleichen *s.* unseresgleichen
unsert·wegen *Adv.* a) because of us; on our account; b) *(was uns angeht)* as far as we are concerned
unsert·willen *Adv. in* um ~: for our sake[s]
unsicher 1. *Adj.* a) *(gefährlich)* unsafe; dangerous; *(gefährdet)* at risk *pred.*; insecure ⟨*job*⟩; einen Ort ~ machen *(scherzh.)* honour a place with one's presence *(joc.)*; *(sich vergnügen)* have a good time in a place; *(sein Unwesen treiben)* get up to one's tricks in a place; b) *(unzuverlässig)* uncertain, unreliable ⟨*method*⟩; unreliable ⟨*source, person*⟩; c) *(zögernd)* uncertain, hesitant ⟨*step*⟩; *(zitternd)* unsteady, shaky ⟨*hand*⟩; *(nicht selbstsicher)* insecure; diffident; unsure of oneself *pred.*; ich fühle mich ~: I don't feel sure of myself; er ist im Rechnen noch ~: he still lacks confidence in arithmetic; jmdm. *(Dat.)* ~ sein, ob ...] *(person)* be unsure *or* uncertain [whether ...]; e) *(ungewiß)* uncertain; das ist mir zu ~: that's too uncertain *or (coll.)* dodgy for my liking. 2. *adv. (mit Schwierigkeiten)* ⟨*walk, stand, etc.*⟩ unsteadily; ~ fahren drive without [much] confidence; b) *(nicht selbstsicher)* ⟨*smile, look*⟩ diffidently
Unsicherheit die a) *o. Pl. (Gefährlichkeit)* dangerousness; *(Gefahren)* dangers *pl.*; b) *o. Pl. (Unzuverlässigkeit)* unreliability; c) *o. Pl. (Zaghaftigkeit)* unsureness; *(der Schritte o. ä.)* unsteadiness; d) *o. Pl. (fehlende Selbstsicherheit)* insecurity; lack of [self-]confidence; e) *o. Pl. (Ungewißheit)* uncertainty; f) *o. Pl. (der Arbeitsplätze)* insecurity; *(des Friedens)* instability; g) *(Unwägbarkeit)* uncertainty
Unsicherheits·faktor der element of uncertainty
unsichtbar *Adj.* invisible *(für* to)

Unsinn der; *o. Pl.* a) nonsense; rede doch keinen ~! don't talk nonsense *or* rubbish!; es wäre ~ zu glauben, ...: it would be ridiculous to believe ...; b) *(Unfug)* tomfoolery; fooling about *no art.*; ~ machen *od.* treiben mess *or* fool about; mach [ja] keinen ~: don't do anything silly; no messing about
unsinnig 1. *Adj.* a) nonsensical ⟨*statement, talk, etc.*⟩; absurd, ridiculous ⟨*demand etc.*⟩; b) *(ugs.: übermäßig)* terrible *(coll.)* ⟨*rage, fear, thirst, etc.*⟩. 2. *adv.* a) foolishly; stupidly; b) *(ugs.: übermäßig)* insanely *(coll.)*, terribly *(coll.)* ⟨*expensive*⟩
Unsitte die bad habit; *(allgemein verbreitet)* bad practice
unsittlich 1. *Adj.* indecent. 2. *adv.* indecently; sich jmdm. ~ nähern make indecent advances to sb.
unsolid[e] 1. *Adj.* a) flimsy ⟨*structure*⟩; shoddy ⟨*work, repair*⟩; *(fig.)* superficial ⟨*education*⟩; b) *(ausschweifend)* dissolute ⟨*person, life*⟩. 2. *adv.* a) flimsy ⟨*made*⟩; shoddily ⟨*executed*⟩; b) *(ausschweifend)* ~ leben live a dissolute life
unsozial 1. *Adj.* unsocial ⟨*policy, measure, rent, etc.*⟩; antisocial ⟨*behaviour*⟩. 2. *adv.* unsocially; ⟨*behave*⟩ antisocially
unsportlich 1. *Adj.* a) unathletic ⟨*person*⟩; b) *(unfair)* unsporting, unsportsmanlike ⟨*behaviour, play*⟩. 2. *adv. (unfair)* in an unsporting way
unsr... *s.* ¹unser
unsrer·seits *s.* unsererseits
unsres·gleichen *s.* unseresgleichen
unsrige ['ʊnzrɪɡə] *Possessivpron. (geh. veralt.) Der/die/das* ~: ours; our one; das Unsrige *(unser Anteil)* our share *or* part; *(unser Besitz)* what is/was ours; die Unsrigen our family *sing.*
unstatthaft *Adj.* inadmissible
unsterblich 1. *Adj.* immortal; *(fig.)* undying ⟨*love*⟩; seine Kompositionen sind ~ *(fig.)* his compositions will live for ever. 2. *adv. (ugs.: außerordentlich)* incredibly *(coll.)*; sich ~ in jmdn. verlieben fall madly in love with sb.; sich ~ blamieren make a complete ass of oneself
Unsterbliche der/die; *adj. Dekl.* immortal
Unsterblichkeit die immortality
Unstern der; *o. Pl. (geh.)* unlucky star; unter einem ~ stehen be ill-starred
unstet *(geh.)* 1. *Adj.* a) *(ruhelos)* restless ⟨*person, glance, thoughts, etc.*⟩; unsettled ⟨*life*⟩; b) *(unbeständig)* vacillating ⟨*person, nature*⟩; *(labil)* unstable ⟨*person, character*⟩. 2. *adv. (ruhelos)* restlessly
unstimmig *Adj.* inconsistent [with the facts]; [in sich] ~: inconsistent
Unstimmigkoit dio; ; *cn a) o. Pl.* incon sistency; b) *(etw. Unstimmiges)* discrepancy; c) *(Meinungsverschiedenheit)* difference [of opinion]
unstreitig 1. *Adj.* indisputable. 2. *adv.* indisputably
unstrittig 1. *Adj.* a) uncontentious; b) *s.* unstreitig 1. 2. *adv. s.* unstreitig 2
Unsumme die vast *or* huge sum
unsympathisch *Adj.* uncongenial, disagreeable ⟨*person*⟩; unpleasant ⟨*characteristic, nature, voice*⟩; er ist mir ~/nicht ~: I find him disagreeable/quite likeable; I don't like/I quite like him; der Plan ist mir ~: the plan is not to my liking
unsystematisch 1. *Adj.* unsystematic. 2. *adv.* unsystematically
untad[e]lig 1. *Adj.* impeccable ⟨*behaviour, reputation, etc.*⟩; irreproachable ⟨*person, life*⟩. 2. *adv.* impeccably; irreproachably
Untat die misdeed; evil deed
untätig *Adj.* idle; ~ herumsitzen/zusehen sit around doing nothing/stand idly by
Untätigkeit die idleness; inactivity
untauglich *Adj.* a) unsuitable ⟨*applicant*⟩; ~er Versuch *(Rechtsw.)* attempt doomed to

failure; b) *(für Militärdienst)* unfit [for service] *postpos.*
unteilbar *Adj.* a) indivisible; b) *(Math.: nicht dividierbar)* prime ⟨*number*⟩
unten ['ʊntn̩] *Adv.* a) down; hier/da ~: down here/there; weiter ~: further down; nach ~ *(auch fig.)* downward; der Weg nach ~: the way down; mit dem Gesicht nach ~: face downwards; von ~: from below; ~ liegen be down below; *(darunter)* lie underneath; [im Bett] ~ schlafen sleep in the bottom; b) *(in Gebäuden)* *(im Erdgeschoß)* downstairs; *(im Hochhaus)* on the bottom floor; nach ~: downstairs; hier ~: down here; der Aufzug fährt nach ~/kommt von ~: the lift *(Brit.)* or *(Amer.)* elevator is going down/coming up; c) *(am unteren Ende, zum unteren Ende hin)* at the bottom; nach ~ [hin] towards the bottom; ~ [links] auf der Seite/im Schrank at the bottom [left] of the page/cupboard; in der dritten Zeile von ~: on the third line from the bottom; die Abbildung ~ links the illustration bottom left; *(als Bildunterschrift)* „~ [rechts]" 'below [right]'; *(auf einem Karton o. ä.)* „~" 'other side up'; wo *od.* was ist [bei dem Karton] ~? which is the bottom [of the cardboard box]?; sich ~ herum waschen wash one's nether regions *or* lower parts *(joc.)*; ~ am Tisch *(fig.)* at the bottom of the table; 100 km weiter ~ am Fluß 100 km. further downstream; zwei Häuser weiter ~: two houses further down [the road]; d) *(an der Unterseite)* underneath; e) *(in einer Hierarchie, Rangfolge)* ziemlich weit/ganz ~ auf der Liste rather a long way down/right at the bottom of the list; f) *([weiter] hinten im Text)* below; weiter ~: further on; below; wie ~ angeführt as stated below; g) *(ugs.: im Süden)* ~ in Sizilien/im Süden down in Sicily/in the south; hier/dort ~: down here/there [in the south]; weiter ~: further south
unten·drunter *Adv. (ugs.)* underneath [it/them]
unten-~durch *Adv.* through underneath; *s. auch* durchsein; ~erwähnt, ~genannt *Adj.; nicht präd.* undermentioned *(Brit.)*; mentioned below *postpos.*; von den Untengenannten of the undermentioned *(Brit.)*; of those mentioned below; ~herum, ~rum *Adv. (ugs.)* down below; ~stehend *Adj.; nicht präd.* following; given below *postpos.*
unter ['ʊntɐ] 1. *Präp. mit Dat.* a) *(Lage, Standort, Abhängigkeit, Unterordnung)* under; ~ jmdm. wohnen live below sb.; unter der Devise ...: according to the motto ...; b) *(weniger, niedriger usw. als)* Mengen ~ 100 Stück quantities of less than 100; *s. auch* Durchschnitt b; Gefrierpunkt; Preis a; Wert a; c) *(während)* ~ Mittag/Tags/der Woche *(bes. südd.)* at *or* around midday/during the day/during the week; d) *(modal)* ~ Angst/Tränen in *or* out of fear/tears; ~ Zittern trembling; ~ dem Beifall der Menge applauded by the crowd; *s. auch* Aufbietung a; Einbeziehung; Schmerz a; Verwendung a; e) *(aus einer Gruppe)* among[st]; ~ anderem among[st] other things; einer ~ 40 Bewerbern one of *or* among[st] 40 applicants; f) *(zwischen)* among[st]; ~ sich by themselves; ~ uns gesagt between ourselves *or* you and me; g) *(Zustand)* ~ Druck/Strom stehen be under pressure/be live; *s. auch* Dampf a; leiden a, b; h) ~ dem Datum des 1. März 1850 *(veralt.)* on 1 March 1850. 2. *Präp. mit Akk.* a) *(Richtung, Ziel, Abhängigkeit, Unterordnung)* under; sich ~ einen Baum setzen sit under a tree; die Scheuer war bis ~ die Decke mit Heu gefüllt the barn was full of hay right up to the roof; b) *(niedriger als)* ~ Null sinken drop below zero; c) *(zwischen)* among[st]; er geht zu wenig ~ Menschen he has too little to do with people; ~ Strom/Dampf setzen switch on/put under steam. 3. *Adv.* less than; ~ 30

1551

[Jahre alt] sein be under 30 [years of age]; ein Kind von ~ 4 Jahren a child of less than or under four years
unter... *Adj.* a) lower; bottom; *(ganz unten)* bottom; das ~e/~ste Stockwerk the lower/bottom storey; das Unterste zuoberst kehren *(ugs.)* turn everything upside down; b) lower ⟨*Rhine, Nile, etc.*⟩; c) *(in der Rangfolge o. ä.)* lower; lesser ⟨*authority*⟩; ~en Klassen der Schule the junior classes *or* forms of the school; d) *(der Oberfläche abgekehrt)* die ~e Seite [von etw.] the bottom [of sth.]; auf der ~en Seite underneath
unter-, Unter-: ~ab·teilung die a) department; b) *(Bot.)* subdivision; ~arm der forearm; ~art die *(Biol.)* subspecies; ~bau der; *Pl.* ~bauten a) *(Fundament)* foundations *pl.*; b) *o. Pl. (Grundlage, Basis)* foundation; basis; c) *(Sockel)* base; d) *(Straßenbau, Eisenb.)* road-bed; ~bauch der *(Anat.)* lower abdomen; ~belegt *Adj.* under-subscribed; half-empty ⟨*hotel, hospital, etc.*⟩; ~belegung die under-subscription; ~belichten¹ *tr. V. (Fot.)* under-expose; geistig ~belichtet sein *(fig. salopp)* be a bit thick *or* dim; ~belichtung die *(Fot.)* underexposure; ~beschäftigung die; *o. Pl. (Wirtsch.)* underemployment; ~besetzt *Adj.* understaffed; ~bett das underblanket; ~bewerten² *tr. V.* undervalue; underrate; mark ⟨*gymnast, skater*⟩ too low; die Mark wurde ~bewertet the mark was undervalued; ~bewertung die *s.* ~bewerten: undervaluation; underrating *no pl.*; ~bezahlen³ *tr. V.* underpay; ~bezahlung die underpayment
unter-, Unter-: ~bieten *tr. V.* a) *(weniger fordern)* undercut ⟨um by⟩; etw. ist [im Niveau] kaum noch zu ~bieten *(fig.)* sth. is simply rock-bottom [in quality]; b) *(bes. Sport)* beat ⟨*record*⟩; jmds. Rekord ~bieten be faster than sb.; ~binden *unr. tr. V.* stop; ~bindung die ending; stopping; ~bleiben *unr. itr. V.*; mit sein etw. bleibt sth. does not occur *or* happen; das hat zu ~bleiben! this must stop
Unter·boden der *(Kfz-W.)* under-side
Unterboden- *(Kfz-W.)*: ~schutz der underseal; ~wäsche die the underbody wash; der Wagen braucht eine ~wäsche the under-side of the car needs washing
unter·brechen *unr. tr. V.* interrupt; break ⟨*journey, silence*⟩; interrupt, break off ⟨*negotiations, studies*⟩; interrupt, cut off ⟨*electricity supply*⟩; terminate ⟨*pregnancy*⟩; die Telefonverbindung ist unterbrochen worden the telephone connection has been cut; wir sind unterbrochen worden *(im Telefongespräch)* we've been cut off
Unter·brechung die *s.* unterbrechen: interruption; break *(Gen.* in); termination
unter·breiten *tr. V. (geh.)* present; Vorschläge ~: put suggestions *or* proposals forward
unter|bringen *unr. tr. V.* a) put; sie konnten die Sachen nicht alle im Kofferraum ~: they couldn't get *or* fit all the things in the boot *(Brit.) or (Amer.)* trunk; er wußte nicht, wo er dieses Gesicht ~ sollte *(fig.)* he knew the face but couldn't quite place it; b) *(beherbergen)* put up; die Kinder sind gut untergebracht the children are well looked after; c) *(ugs.)* jmdn. bei einer Firma/beim Film/als Lehrling ~: get sb. a job in a company/in films/as an apprentice; d) *(ugs.: einen Interessenten finden für)* place
Unterbringung die; ~, ~en accommodation *no indef. art.*

¹ ich unterbelichte, unterbelichtet, unterzubelichten
² ich unterbewerte, unterbewertet, unterzubewerten
³ ich unterbezahle, unterbezahlt, unterzubezahlen

unter|buttern *tr. V. (ugs.)* a) *(unterdrücken)* push aside *(fig.)*; b) *(zusätzlich verbrauchen)* use up
Unter·deck das lower deck
unter·der·hand *Adv.* on the quiet; etw. ~ erfahren hear sth. on the grape-vine; jmdm. etw. ~ mitteilen tell sb. sth. secretly
unter·dessen *s.* inzwischen
Unter·druck der; *Pl.* ~drücke *(Physik, Technik)* low pressure
unter·drücken *tr. V.* a) suppress; hold back ⟨*comment, question, answer, criticism, etc.*⟩; ein unterdrücktes Kichern suppressed giggling; b) *(niederhalten)* suppress ⟨*revolution etc.*⟩; oppress ⟨*minority etc.*⟩
Unter·drücker der *(abwertend)* oppressor
Unterdrückung die; ~, ~en a) *(das Unterdrücken)* suppression; b) *(das Unterdrücktwerden, -sein)* oppression
unter·durchschnittlich 1. *Adj.* below average. 2. *adv.* below the average; ~ verdienen have below average earnings; ~ häufig with below average frequency
unter·einander *Adv.* a) *(räumlich)* one below the other; b) *(miteinander)* among[st] ourselves/themselves *etc.*; sie vertrugen sich gut ~: they had a good relationship with each other; die Leitungen ~ verbinden join the wires together; sich *(Dat.)* ~ helfen help each other *or* one another
untereinander-: ~|liegen *unr. itr. V.* lie *or* be one below *or* underneath the other; ~|stehen *unr. itr. V.* im Fahrplan stehen die einzelnen Stationen ~: the timetable lists the individual stations one below the other
unter-, Unter-: ~entwickelt *Adj.* underdeveloped; ~ernährt *Adj.* undernourished; suffering from malnutrition *postpos.*; ~ernährung die malnutrition
unter-, Unter-: ~fahren *unr. tr. V.* drive *or* go under; ~fangen 1. *unr. refl. V. (geh.)* a) *(wagen)* dare; venture; b) *(sich erdreisten)* have the audacity; 2. *unr. tr. V. (Bauw.)* underpin; ~fangen das; ~s *(geh.)* venture; undertaking
unter|fassen *tr. V. (ugs.)* a) *(einhaken)* jmdn. ~: take sb.'s arm; sie gingen untergefaßt they walked arm in arm; b) *(stützen)* support
unter·fertigen *tr. V. (Amtsspr.)* sign
Unterfertiger der; ~s, ~, Unterfertigte der/die; *adj. Dekl. (Amtsspr.)* signatory
unter-, Unter-: ~fordern *tr. V.* jmdn. [mit etw.] ~ fordern ask *or* demand too little of sb. [with sth.]; ~führen *tr. V. (Schrift- u. Druckw.)* put ditto marks for; ~führung die *(für Fußgänger)* subway *(Brit.)* [pedestrian] underpass *(Amer.)*
Unter·funktion die *(Med.)* hypofunction; [eine] ~ der Schilddrüse thyroid insufficiency
unter·füttern *tr. V.* a) line ⟨*garment*⟩; b) *(unterlegen)* Fliesen mit einer Dämmschicht ~: back tiles with a layer of insulating material
Unter·gang der a) *(Sonnen~, Mond~ usw.)* setting; b) *(von Schiffen)* sinking; c) *(das Zugrundegehen)* decline; *(plötzlich)* destruction; *(von Personen)* downfall; *(der Welt)* end; der ~ des Römischen Reiches the fall of the Roman Empire; er war ihr ~: he was her ruin; der Alkohol war ihr ~: alcohol was the ruin of her *or* was her downfall; vom ~ bedroht sein be threatened by destruction; etw. geht seinem ~ entgegen sth. is heading for disaster; etw. ist dem ~ geweiht sth. is doomed
Untergangs·stimmung die feelings *pl.* of doom
unter·gärig [-gɛːrɪç] *Adj.* bottom-fermented ⟨*beer*⟩; bottom-fermenting ⟨*yeast*⟩
unter·geben *Adj.* subordinate
Untergebene der/die; *adj. Dekl.* subordinate; jmds. ~ sein be subordinate to sb.; die ~n des Königs the subjects of the king
unter-, Unter-: ~|gehen *unr. itr. V.*; *mit sein* a) ⟨*sun, star, etc.*⟩ set; ⟨*ship*⟩ sink, go down; ⟨*person*⟩ drown, go under; *(fig.)* sein Stern ist im Untergehen his star is on the wane; die Musik ging/seine Worte gingen in dem Lärm ~: the music was/his words were drowned by *or* lost in the noise; jmd. geht im Gedränge *od.* Gewühl ~: sb. gets lost in the crowds; b) *(zugrunde gehen)* come to an end; davon geht die Welt nicht ~: it's not the end of the world; ~geordnet 1. *s.* unterordnen; 2. *Adj. (weniger wichtig)* secondary ⟨*role, importance, etc.*⟩; subordinate ⟨*position, post, etc.*⟩; b) *(Sprachw.)* subordinate; ~geschoß das basement; ~gestell das a) *(Fahrgestell)* undercarriage; b) *(salopp scherzh.: Beine)* legs *pl.*; ~gewicht das; *o. Pl.* underweight; [5 kg] ~gewicht haben be [5 kilos] underweight; ~gewichtig *Adj.* underweight
unter-, Unter-: ~gliedern *tr. V.* subdivide; ~gliederung die subdivision; ¹~graben *unr. tr. V.* undermine *(fig.)*
unter-, Unter-: ²~graben *unr. tr. V.* dig in; ~grenze die lower limit; ~grund der a) *(bes. Landw.)* subsoil; b) *(Bauw.: Baugrund)* foundation; c) *(Farbschicht)* background; d) *o. Pl. (bes. Politik)* underground; in den ~grund gehen go underground; im ~grund underground
Untergrund-: ~bahn die underground [railway] *(Brit.)*; subway *(Amer.)*; mit der ~bahn fahren travel on the *or* by underground *(Brit.)* or *(Amer.)* subway; ~bewegung die *(Politik)* underground movement
unter-, Unter-: ~gründig *Adj.* hidden ⟨*connection, sense*⟩; ~|haken *tr. V. (ugs.)* jmdn. ~haken take sb.'s arm; mit jmdm. ~gehakt gehen walk arm in arm with sb.; sich ~haken link arms; ~halb 1. *Adv.* below; weiter ~halb further down; ~halb von below; 2. *Präp. mit Gen.* ~halb der; *o. Pl.* a) *(living)*; b) *(~haltszahlung)* maintenance; c) *(Instandhaltung[skosten])* upkeep; ¹~|halten *tr. V.* hold underneath
²unter·halten 1. *unr. tr. V.* a) *(versorgen)* support; b) *(instand halten)* maintain ⟨*building*⟩; c) *(betreiben)* run, keep ⟨*car, hotel*⟩; d) *(pflegen)* maintain, keep up ⟨*contact, correspondence*⟩; e) entertain ⟨*guest, audience*⟩; ein ~des Buch an entertaining book. 2. *unr. refl. V.* a) talk; converse; mit ihm kann man sich gut ~: he is easy to talk to; one can have a pleasant conversation with him; b) *(sich vergnügen)* enjoy oneself; habt ihr euch gut ~? did you have a good time?
unterhaltsam *Adj.* entertaining
unter-, Unter-: ~an·spruch der maintenance claim; claim for maintenance; ~berechtigt *Adj.* entitled to maintenance *postpos.*; ~kosten *Pl.* maintenance *sing.*; ~pflicht die obligation to pay maintenance; ~pflichtig *Adj.* obliged to pay maintenance *postpos.*; ~zahlung die maintenance payment
Unterhaltung die a) *o. Pl. (Versorgung)* support; b) *o. Pl. (Instandhaltung)* maintenance; upkeep; etw. ist in der ~ sehr teuer the maintenance *or* upkeep of sth. is very expensive; c) *o. Pl. (Aufrechterhaltung)* maintenance; d) *(Gespräch)* conversation; e) *(Zeitvertreib)* entertainment; ich wünsche gute *od.* angenehme ~: enjoy yourself/yourselves; ich schreibe zu meiner eigenen ~ Geschichten I write stories for my own enjoyment
Unterhaltungs-: ~elektronik die; *o. Pl.* home electronics *sing., no art. (for entertainment purposes)*; ~kosten *Pl.* maintenance costs; *(Kfz-W.)* running costs; ~lektüre die light reading *no art.*; ~literatur die popular fiction; ~musik die light

music; ~**sendung** die entertainment programme

unter·handeln itr. V. (bes. Politik) negotiate (**über** + Akk. on)

Unter·händler der (bes. Politik) negotiator

Unter·handlung die (bes. Politik) negotiation

Unter·haus das (Parl.) lower house or chamber; (in Großbritannien) House of Commons; Lower House

Unter·hemd das vest (Brit.); undershirt (Amer.)

unter·höhlen tr. V. a) hollow out; erode; b) (untergraben) undermine (fig.)

Unter·holz das; o. Pl. underwood; undergrowth

Unter·hose die (Herren~) [under]pants pl.; (Damen~) panties; knickers (Brit.); briefs pl.; **lange ~n** long underpants; long johns (coll.)

unter·irdisch 1. Adj. underground; underground, subterranean ⟨river, spring, etc.⟩. 2. adv. underground

unter·jochen tr. V. subjugate

Unter·jochung die; ~: subjugation

unter|jubeln tr. V. (ugs.) **jmdm. etw. ~**: palm sth. off on sb.

unter·kellern tr. V. **das Haus ist nicht unterkellert** the house doesn't have a cellar

unter-, Unter-: ~kiefer der lower jaw; **~kleid** das [full-length] slip; **~kleidung** die underwear; **~kommen** unr. itr. V.; mit sein a) (Unterkunft finden) find accommodation; b) (ugs.: eine Stelle finden) find or get a job; c) (ugs.: Interesse finden) **er versuchte, mit seiner Story woanders ~zukommen** he tried to get his story accepted somewhere else; d) (bes. südd., österr.: begegnen) **so etwas/ein solcher Dummkopf ist mir noch nicht ~gekommen** I've never come across 'anything like it/such a 'fool'; **~kommen das; ~s, ~**: accommodation no indef. art.; **~körper** der lower part of the body; **~|kriechen** unr. itr. V.; mit sein (ugs.) find shelter; **bei jmdm. ~kriechen** put up at sb.'s (coll.); **~|kriegen** tr. V. (ugs.) a) (entmutigen, besiegen) bring or get down; **sich nicht ~kriegen lassen** not let things get one down; b) s. **unterbringen a, c**

unter-, Unter-: ~kühlen tr. V. jmdn. **~kühlen** reduce sb.'s temperature [below normal]; **er war stark ~kühlt** he was suffering from hypothermia or exposure; **~kühlt** Adj. dry, factual ⟨style⟩; cool ⟨person⟩; icy ⟨tone⟩; **~kühlung** die the reduction of body temperature; **er mußte mit ~kühlungen ein Krankenhaus gebracht werden** he was taken to hospital suffering from exposure or hypothermia

Unterkunft ['ʊntɐkʊnft] die; ·, Unterkünfte [...kʏnftə] accommodation no indef. art.; lodging no indef. art.; **eine gute ~ haben** have good accommodation or lodgings; **~ und Frühstück** bed and breakfast; **~ und Verpflegung** board and lodging; **die Unterkünfte der Soldaten** the soldiers' quarters

Unter·lage die a) (Schreib-, Matte o. ä.) pad; (für eine Schreibmaschine usw.) mat; (unter einer Matratze, einem Teppich) underlay; (zum Schlafen usw.) base; **ich brauche eine feste ~ zum Schreiben** I need something to rest my paper on so that I can write; **sorgen Sie für eine gute ~** (ugs. scherzh.) make sure you've got something in your stomach; b) Pl. (Akten, Papiere) documents; papers

Unter·länge die descender

Unter·laß der in ohne ~: incessantly

unter·lassen unr. tr. V. refrain from [doing]; **Zwischenrufe sind zu ~**: no heckling; **unterlaß gefälligst diese Albernheiten** (ugs.) kindly stop being so silly; **warum haben Sie es ~, die Angelegenheit zu melden?** why did you omit or fail to report the matter?

Unterlassung die; ~, ~en omission; failure; **~ der Deklination** (Sprachw.) omission of declensional inflexion

Unterlassungs-: ~klage die (Rechtsw.) application for a restrictive injunction; **~sünde** die (ugs.) sin of omission

Unter·lauf der lower reaches pl.

unter·laufen 1. unr. tr. V.; mit sein a) occur; **jmdm. ist ein Fehler/Irrtum ~**: sb. made a mistake; b) (ugs.: begegnen) s. **unterkommen d. 2.** unr. itr. V. a) evade; get round; b) (bes. Fuß-, Handball) **einen Gegner ~**: charge an opponent who is in the air and knock him to the ground; c) ⟨skin tissue⟩ suffuse with blood; **das Auge war mit Blut** od. **blutig ~**: the eye was completely bloodshot

¹**unter|legen** tr. V. a) (unter etw. legen) put under[neath]; **jmdm. etw. ~**: put sth. under[neath] sb.; (unter Dat.) **eine Henne [zum Brüten] ~**: set a hen [on eggs]; b) **einem Text einen anderen Sinn ~**: read another meaning into a text

²**unter·legen** tr. V. a) (mit Stoff, Watte o. ä.) underlay (mit with); b) **einem Film Musik ~**: put music to a film; **einer Melodie einen Text ~**: put words to a tune

³**unter·legen** 1. 2. Part. v. **unterliegen**. 2. Adj. inferior; **jmdm. ~ sein** be inferior to sb. (**an** + Dat. in); **jmdm. zahlenmäßig ~ sein** be outnumbered by sb.

Unterlegene der/die; adj. Dekl. loser

Unter-: ~leib der a) (unterer Bauchteil) lower abdomen; b) (verhüll.: weibliche Geschlechtsteile) pudenda; **~leibs·schmerzen** Pl. abdominal pain sing.; **~lid** das lower [eye]lid

unter·liegen unr. itr. V. a) mit sein (besiegt werden) lose; be beaten or defeated; **in einem Kampf ~**: lose a fight; **die unterlegene Mannschaft** the losing team; b) (unterworfen sein) be subject to; **es unterliegt keinem Zweifel, daß ...**: there is or can be no doubt that ...; **einer Täuschung ~**: be mistaken or deceived

Unter·lippe die lower lip

unterm Präp. + Art. = **unter dem**

unter·malen tr. V. accompany; **etw. mit Musik ~**: accompany sth. with music

Unter·malung die; ~, ~en accompaniment (Gen. to)

unter·mauern tr. V. a) (mit Mauern stützen) underpin; b) (mit Argumenten, Fakten absichern) back up; support

Untermauerung die; ~, ~en a) underpinning; (Mauerwerk) foundation; b) (stützende Argumente) back-up; support

unter-, Unter-: ~|mengen tr. V. mix in; **~mensch** der (abwertend) a) (brutaler Mensch) brute; b) (ns = minderwertiger Mensch) inferior person; subhuman creature; **~miete** die; o. Pl. subtenancy; sublease; **bei jmdm. in** od. **zur ~miete wohnen** be sb.'s subtenant; lodge with sb.; **jmdn. in** od. **zur ~miete nehmen** sublet to sb.; **~mieter** der

unterminieren [ʊntɐmi'niːrən] tr. V. undermine

unter|mischen tr. V. mix in

untern (ugs.) Präp. + Art. = **unter den**

unter·nehmen unr. tr. V. a) (durchführen) undertake; make; make ⟨attempt⟩; take ⟨steps⟩; b) (Unterhaltsames machen, eingreifen) do; **viel zusammen ~**: do many things together; **etwas gegen die Mißstände ~**: do something about the bad state of affairs

Unter·nehmen das; ~s, ~ a) (Vorhaben) enterprise; venture; undertaking; (militärische Operation) operation; b) (Firma) enterprise; concern

unternehmend Adj. enterprising; active

Unternehmens-: ~berater der management consultant; **~form** die form or type of enterprise; **~führung** die, **~leitung** die management; **~politik** die management policy

Unternehmer der; ~s, ~: employer; (in der Industrie) industrialist

unternehmerisch 1. Adj. entrepreneurial. 2. adv. ⟨think⟩ in an entrepreneurial or business-like way

Unternehmerschaft die; ~, ~en employers pl.

Unternehmertum das; ~s a) employers pl.; b) (das Unternehmersein) enterprise no art.

Unternehmung die; ~, ~en s. **Unternehmen**

Unternehmungs·geist der; o. Pl. spirit of enterprise; **er war voller ~**: he was full of initiative

unternehmungs·lustig Adj. active; **sie ist sehr ~**: she is always out doing things

unter-, Unter-: ~offizier der a) non-commissioned officer; **~offizier vom Dienst** duty NCO; b) o. Pl. (Dienstgrad) corporal; **~ordnen** 1. tr. V. subordinate; **jmdm./einem Ministerium ~geordnet sein** be [made] subordinate to sb./a ministry; 2. refl. V. **sich [anderen] nicht ~ordnen können** not be able to accept a subordinate role; **die Politik hat sich der Moral ~zuordnen** politics has to be subordinated to morality; **~ordnend** Adj. (Sprachw.) subordinating ⟨conjunction⟩; **~ordnung** die a) subordination; b) (Sprachw.) hypotaxis; c) (Biol.: ~gruppe) suborder; **~pfand** das (geh.) pledge (**für** of); **~pflügen** tr. V. plough in or under; **~prima** die (Schulw. veralt.) eighth year (of a Gymnasium); **~primaner** der (Schulw. veralt.) pupil in the eighth year (of a Gymnasium); **~privilegiert** Adj. (geh.) underprivileged; **~privilegierte** der/die; adj. Dekl. (geh.) underprivileged person; **die ~privilegierten** the underprivileged; **~punkt** der a) subsidiary point; b) (unter einem Buchstaben d. i.) dot underneath

unter·queren tr. V. cross under

unter·reden refl. V. (geh.) confer (**mit** with)

Unterredung die; ~, ~en discussion; **er bat ihn um eine ~**: he asked to see him to discuss something [with him]

unter·repräsentiert Adj. under-represented

Unterricht ['ʊntɐrɪçt] der; ~[e]s, ~e instruction; (Schul~) teaching; (Schulstunden) classes pl.; lessons pl.; **der ~ ist beendet** classes or lessons are over; **jmdm. ~ [in Musik usw.] geben** give sb. [music etc.] lessons; teach sb. [music]; **bei jmdm. ~ [in Russisch] nehmen** have [Russian] lessons from sb.; **zu spät zum ~ kommen** be late for class

-unterricht der: **Geschichts-/Musik-** usw. **~**: history/music etc. teaching; (Unterrichtsstunde) history/music etc. lesson; s. auch **Englischunterricht**

unterrichten 1. tr. V. a) (lehren) teach; **er unterrichtet Englisch** he teaches Englisch; **sie unterrichtet ihre Kinder im Malen** she is teaching her children how to paint; b) (informieren) inform (**über** + Akk. of, about); **ich bin bestens/schlecht unterrichtet** I am fully/not well informed. 2. itr. V. (Unterricht geben) teach. 3. refl. V. (sich informieren) inform oneself (**über** + Akk. about)

unterrichtlich Adj. nicht präd. instructional ⟨purpose, problem⟩; teaching ⟨success, work⟩

unterrichts-, Unterrichts-: ~einheit die (Päd.) teaching unit; **~fach** das subject; **~frei** Adj. free ⟨day, hour⟩; **der Samstag ist ~frei** there are no lessons on Saturday; **nächsten Samstag haben wir ~frei** there is no school this Saturday; **~methode** die teaching method; **~stoff** der subject-matter; **~stunde** die lesson; period

Unterrichtung die; ~, ~en instruction; (Information) information

Unter·rock der a) [half] slip; b) s. Unterkleid

unter|rühren tr. V. stir in

unters Präp. + Art. = unter das

unter·sagen tr. V. forbid; prohibit; **der Arzt untersagte ihm, Alkohol zu trinken** the doctor ordered him not to drink any alcohol; **Rauchen ist strengstens untersagt** smoking is strictly prohibited

Unter·satz der s. Untersetzer

unter-, Unter-: ~schätzen tr. V. underestimate ⟨amount, effect, meaning, distance, etc.⟩; underrate ⟨writer, performer, book, performance, talent, ability⟩; **~schätzung die** underestimation; **~scheidbar** Adj. distinguishable; **~scheiden** 1. unr. tr. V. distinguish; **Weizen von Roggen nicht ~scheiden können** not be able to tell the difference between wheat and rye or tell wheat from rye; **die Zwillinge sind kaum zu ~scheiden** you can hardly tell the twins apart; 2. unr. itr. V. distinguish; differentiate; **zwischen Richtigem und Falschem ~scheiden** tell the difference between right and wrong; 3. unr. refl. V. differ (**durch** in, **von** from); **sich durch nichts ~scheiden** be in no way different; **sich dadurch ~scheiden, daß ...**: differ in that ...; **in diesem Punkt ~scheiden sich die Parteien überhaupt nicht** on this point there is no difference at all between the parties; **~scheidung die** (Vorgang) differentiation; (Resultat) distinction

Unterscheidungs-: ~merkmal das distinguishing feature; **~vermögen das;** o. Pl. ability to distinguish; discernment

unter-, Unter-: ~schenkel der shank; lower leg; **~schicht die** (Soziol.) lower class; **der ~schicht angehören** be a member of the lower classes pl.; ¹**~|schieben** unr. tr. V. push under[neath]

²**unter·schieben** unr. tr. V. a) (heimlich zuschieben) **jmdm. etw. ~**: foist sth. on sb.; b) (unterstellen) **jmdm. etw. ~**: attribute sth. falsely to sb.

Unter·schied der; ~[e]s, ~e difference; **es lebe der kleine ~!** (ugs. scherzh.) vive la petite différence!; **das ist ein ~ wie Tag und Nacht** it's like the difference between black and white; **es ist [schon] ein [großer] ~, ob ...**: it makes a [big] difference whether ...; **bei der Beurteilung der Schüler ~e machen** use different methods when assessing the pupils; **ohne ~ der Rasse/des Geschlechts** without regard to or discrimination against race/sex; **im ~ zu ihm/zum ~ von ihm** in contrast to him; **zwischen Arbeit und Arbeit ist noch ein ~** (ugs.) there is work and there is work (coll.)

unter·schieden Adj. different

unterschiedlich 1. Adj. different; (uneinheitlich) variable; varying. 2. adv. [sehr/ganz] ~: in [very/quite] different ways; **~ hohe Erträge** yields of varying amount; **etw. sehr ~ einschätzen** give greatly varying estimates of sth.

Unterschiedlichkeit die; ~, ~en difference (Gen. between); (Uneinheitlichkeit) variability

unterschieds·los 1. Adj. uniform; equal ⟨treatment⟩. 2. adv. ⟨treat⟩ equally; (ohne Benachteiligung) without discrimination

¹**unter|schlagen** unr. tr. V. cross ⟨legs⟩; fold ⟨arms⟩

²**unter·schlagen** 1. unr. tr. V. embezzle, misappropriate ⟨money, funds, etc.⟩; (unterdrücken) intercept ⟨letter⟩; withhold, suppress ⟨fact, news, information, etc.⟩. 2. unr. itr. V. **er hat ~**: he embezzled money

Unterschlagung die; ~, ~en s. ²unterschlagen: embezzlement; misappropriation; withholding; suppression; **~en begehen** embezzle sums of money/funds etc.

Unter·schlupf der; ~[e]s, ~e shelter (Versteck) hiding-place; hide-out

unter|schlupfen (südd.), **unter|schlüpfen** itr. V.; mit sein (ugs.) hide out; (Obdach finden) take shelter (**vor** + Dat. from)

unter·schneiden unr. tr. V. ([Tisch]tennis) chop

Unter·schnitt der ([Tisch]tennis) back spin; underspin

unter·schreiben 1. unr. tr. V. sign; **mit vollem Namen ~**: sign one's full name. 2. unr. tr. V. sign; **diese Behauptung kann ich nicht ~** (fig. ugs.) I cannot subscribe to or approve this statement

unter·schreiten unr. tr. V. fall below; **wir haben die veranschlagten Summen/Kosten um 2 Prozent unterschritten** we stayed 2 per cent below the estimated amounts/costs

Unter·schrift die a) signature; seine ~ **unter etw. (Akk.) setzen** put one's signature to sth.; sign sth.; b) (Bild~) caption

Unterschriften-: ~aktion die petition; **~liste** die list of signatures; **~mappe** die signature folder

unter·schriftlich Adv. by one's signature; **~ bestätigt** signed

unterschrifts-: ~berechtigt Adj. berechtigt sein be authorized to sign; have power to sign; **~reif** Adj. ready to be signed pred.; **ein ~reifer Vertrag** a contract which is ready to be signed

unterschwellig [-ʃvɛlɪç] 1. Adj. subliminal. 2. adv. subliminally

unter-, Unter-: ~see·boot das submarine; **~seite** die under-side; (eines Stoffes) wrong side; **~sekunda die** (Schulw. veralt.) sixth year (of a Gymnasium); **~sekundaner** der (Schulw. veralt.) pupil in the sixth year (of a Gymnasium); ¹**~|setzen** tr. V. put underneath; **~setzer** der mat; (für Gläser) coaster; (für Bügeleisen) stand

untersetzt Adj. stocky

unter|sinken unr. itr. V.; mit sein sink

unter·spülen tr. V. undermine and wash away

unterst ... s. unter ...

Unter·stand der a) (Schutzbunker) dugout; b) (Unterschlupf) shelter

¹**unter|stehen** unr. itr. V.; südd., österr., schweiz. mit sein take shelter

²**unter·stehen** 1. unr. itr. V. **jmdm. ~**: be subordinate or answerable to sb.; **jmdm. untersteht eine Abteilung** sb. is responsible for a department; **diese Ämter ~ dem Ministerium** these offices are under the control of or come under the ministry; **ständiger Kontrolle ~**: be under constant supervision. 2. unr. refl. V. dare; **untersteh dich!** [don't] you dare!; **was ~ Sie sich!** how dare you!

¹**unter|stellen** 1. tr. V. a) (zur Aufbewahrung) keep; store ⟨furniture⟩; b) (unter etw.) put underneath. 2. refl. V. take shelter

²**unter·stellen** tr. V. a) (jmdm. unterordnen, übertragen) **jmdm. ein Sachgebiet/eine Abteilung ~**: put sb. in charge of a subject/a department; **die Behörde ist dem Ministerium unterstellt** the office is under the ministry; b) (annehmen, vermuten) assume; suppose; **ich unterstelle [einmal], daß ...**: I'll [first of all] assume that ...; c) (unterschieben) **jmdm. böse Absichten/ schlechte Motive usw. ~**: insinuate or imply that sb.'s intentions/motives are bad; **was ~ Sie mir?** what are you trying to accuse me of?

Unter·stellung die a) subordination (**unter** + Akk. to); b) (falsche Behauptung) insinuation

unter·steuern itr. V. (Kfz-W.) understeer

unter·streichen tr. V. a) underline; b) (hervorheben) emphasize; **das kann ich nur ~!** I can only agree with that!

Unter·streichung die; ~, ~en a) underlining; b) (das Betonen) emphasizing

Unter·stufe die (Schulw.) lower school

unter·stützen tr. V. support; **vom Staat unterstützte Einrichtungen** state-funded institutions; **das Mittel unterstützt den Heilungsprozeß** the medicine promotes the healing process

Unter·stützung die a) support; **der Plan fand bei vielen ~**: the plan was supported by many; b) (finanzielle Hilfe) allowance; (für Arbeitslose) [unemployment] benefit no art.; **staatliche ~**: state aid

Unterstützungs·empfänger der person receiving [unemployment] benefit/an allowance

unter·suchen tr. V. a) (zu erkennen suchen) examine; b) (überprüfen) test (**auf** + Akk. for); c) (ärztlich) examine; **sich ärztlich ~ lassen** have a medical examination or check-up; **jmdn. auf seine Arbeitsfähigkeit [hin] ~**: test sb.'s fitness for work; d) (aufzuklären suchen) investigate; **einen Fall gerichtlich ~**: try a case [in court]; e) (durchsuchen) search (**auf** + Akk., **nach** for)

Untersuchung die; ~, ~en a) s. untersuchen: examination; test; investigation; search; b) (wissenschaftliche Arbeit) study

Untersuchungs-: ~aus·schuß der investigating committee; (für Unfälle usw.) committee of inquiry; **~ergebnis das** (der Polizei, des Gerichts) results pl. of an/the investigation; (Med.) results pl. of a/the test; **~gefängnis** das prison (for people awaiting trial); **~haft** die imprisonment or detention while awaiting trial; **in ~haft nehmen** commit sb. for trial; **in ~haft sein** od. **sitzen** be held on remand; **~häftling** der prisoner awaiting trial; remand prisoner; **~kommission** die s. ~ausschuß; **~zimmer** das examination room

unter·tags Adv. (bes. österr.) during the day

untertan [-ta:n] Adj. **in sich** (Dat.) **jmdn./etw. ~ machen** (geh.) subjugate sb./dominate sth.; **jmdn./einer Sache ~ sein** (veralt.) be dominated by sb./be subject to sth.

Untertan der; ~s od. ~en, ~en (hist.) subject

Untertanen·geist der; o. Pl. (abwertend) servile or subservient spirit

untertänig [-tɛ:nɪç] 1. Adj. subservient; **Ihr ~ster Diener** (veralt.) your most obedient or humble servant. 2. adv. subserviently

Unter·tasse die saucer; **fliegende ~** (fig.) flying saucer

unter|tauchen 1. itr. V.; mit sein a) (im Wasser) dive [under]; b) (verschwinden) disappear; c) (unerkannt leben) go underground; **er mußte vor der Gestapo [bei Freunden] ~**: he had [to seek shelter with friends] to hide from the Gestapo. 2. tr. V. duck

Unter·teil das od. der bottom part

unter·teilen tr. V. a) (aufteilen) divide; b) (einteilen, gliedern) subdivide

Unter·teilung die; ~, ~en [sub]division

Unter·temperatur die subnormal temperature of the body; **der Patient hat ~**: the patient's temperature is below normal

unter-, Unter-: ~tertia die (Schulw. veralt.) fourth year (of a Gymnasium); **~tertianer** der (Schulw. veralt.) pupil in the fourth year (of a Gymnasium); **~titel der** a) subtitle; b) (Bildunterschrift) caption; **~ton** der (auch Physik, Musik) undertone; **~tourig** [~tu:rɪç] (Technik) 1. Adj. (driving) with or at low revs (coll.). 2. adv. at low revs (coll.)

unter·treiben unr. itr. V. play things down

Untertreibung die; ~, ~en understatement

unter·tunneln tr. V. tunnel under; tunnel through or under ⟨mountain⟩

unter-, Unter-: ~vermieten tr., itr. V. sublet; **~vermietung** die subletting; **~versichern** tr. V. under-insure; **~versicherung** die under-insurance; **~versorgen** tr. V. under-supply; **ärztlich ~versorgt sein** not be given proper medical treatment;

Unterversorgung .... **unvermählt**

~**versorgung** *die* under-supply (**mit** of); **die** ~**versorgung der Zellen mit Sauerstoff** the under-supply of the cells with oxygen
unter·wạndern *tr. V.* infiltrate; **kommunistisch unterwandert** infiltrated by communists
Unter·wạnderung *die* infiltration *no indef. art.*
ụnterwärts ['ʊntɐvɛrts] *Adv.* (*ugs.*) underneath
Ụnter·wäsche *die*; *o. Pl.* underwear
Ụnter·wạsser-: ~**jagd** *die* (*Tauchsport*) underwater harpooning; ~**massage** *die* underwater massage
unterwẹgs *Adv.* **a)** (*auf dem Wege irgendwohin*) on the *or* one's/its way; **er ist den ganzen Tag/beschäftlich viel** ~: he is away all day/a great deal on business; **bei ihr ist etwas Kleines** ~ (*ugs.*) she is expecting [a happy event]; **b)** (*auf, während der Reise*) on the way; **sie waren vier Wochen** ~: they travelled for four weeks; the journey took them four weeks; **sie schickten eine Karte von** ~: they sent a card while they were away; **c)** (*nicht zu Hause*) out [and about]
unter·weisen *unr. tr. V.* (*geh.*) instruct (**in** + *Dat.* in)
Unter·weisung *die* instruction
Ụnter·welt *die*; ~ (*griech. Myth., Verbrechermilieu*) underworld
ụnter·weltlich *Adj.* underworld *attrib.*
unter·werfen 1. *unr. tr. V.* **a)** subjugate ⟨*people, country*⟩; **b)** (*unterziehen*) subject (*Dat.* to); **jmds. Post einer genauen Kontrolle** ~: make a close scrutiny of sb.'s correspondence; **c)** (*abhängig machen*) **jmdm./ einer Sache unterworfen sein** be subject to sb./sth. 2. *unr. refl. V.* **sich [jmdm./einer Sache]** ~: submit [to sb./sth.]
Unterwerfung *die*; ~, ~**en a)** (*das Unterwerfen*) subjugation (**unter** + *Akk.* to); **b)** (*das Sichunterwerfen*) submission (**unter** + *Akk.* to)
unterwürfig [-vʏrfɪç] (*abwertend*) 1. *Adj.* obsequious. 2. *adv.* obsequiously
Unterwürfigkeit *die*; ~ (*abwertend*) obsequiousness
unter·zeichnen 1. *tr. V.* sign. 2. *refl. V.* (*veralt.*) sign
Ụnter·zeichner der, Unterzeichnete der/die; *adj. Dekl.* (*Amtsspr.*) signatory
Unterzeichnung *die* signing
Ụnter·zeug *das*; *o. Pl.* (*ugs.*) underwear
¹**ụnter|ziehen** *unr. tr. V.* **a)** put ⟨*underwear, jumper, etc.*⟩ on underneath; **b)** (*Kochk.: vermengen*) fold in
²**unter·ziehen** 1. *unr. refl. V.* **sich einer Sache** (*Dat.*) ~: undertake sth.; **sich einer Operation** (*Dat.*) ~: undergo *or* have an operation. 2. *unr. tr. V.* **etw. einer Untersuchung/Überprüfung/Reinigung** (*Dat.*) ~: examine/check/clean sth.
Ụntiefe *die* **a)** (*seichte Stelle*) shallow; **b)** (*große Tiefe*) depth
Ụntier *das* monster; **dieses** ~ **von einer Katze** (*scherzh.*) this beast of a cat
untịlgbar *Adj.* (*geh.*) lasting; indelible ⟨*impression, memory*⟩
Ụntote der/die zombie; (*Vampir*) vampire; **die** ~**n** the undead
untrạgbar *Adj.* unbearable; intolerable; **wirtschaftlich/finanziell** ~: no longer economically/financially viable
Untragbarkeit *die*; ~: intolerableness
untrainiert *Adj.* untrained; (*nicht mehr trainiert*) out of training *postpos.*
untrẹnnbar *Adj.* inseparable
ụntreu *Adj.* **a)** disloyal; **jmdm.** ~ **werden** be disloyal to sb.; **du bist uns** ~ **geworden** (*scherzh.*) you've abandoned us (*joc.*); **sich selbst** ~ **werden** be untrue to oneself; **seinen Grundsätzen** ~ **werden** abandon one's principles; **b)** (*in der Ehe, Liebe*) unfaithful; **jmdm.** ~ **werden** be unfaithful to sb.
Ụntreue *die* **a)** disloyalty; **b)** (*in der Ehe, Liebe*) unfaithfulness; **c)** (*Rechtsspr.: Veruntreuung*) embezzlement
untrọ̈stlich *Adj.* inconsolable; **ich bin** ~, **daß** ...: I am extremely sorry that ...
untrụ̈glich *Adj.* unmistakable
ụntüchtig *Adj.* incompetent
Ụntugend *die* bad habit
ụntunlich *Adj.* (*veralt.*) impracticable; not sensible; (*unklug*) imprudent
untỵpisch 1. *Adj.* untypical (**für** of). 2. *adv.* unusually
unüberbietbar *Adj.* unparalleled
unüberbrückbar *Adj.* irreconcilable ⟨*differences, contradictions*⟩
unüberhörbar *Adj.* unmistakable
unüberlegt 1. *Adj.* rash. 2. *adv.* rashly
Unüberlegtheit *die*; ~, ~**en a)** *o. Pl.* rashness; **b)** (*unüberlegte Handlung*) rash act
unüberschaubar *s.* **unübersehbar 1 b, 2**
unübersehbar 1. *Adj.* **a)** (*offenkundig*) conspicuous; obvious; **b)** (*sehr groß*) enormous; immense. 2. *adv.* (*sehr*) extremely
unübersetzbar *Adj.* untranslatable
unübersichtlich 1. *Adj.* unclear; confusing ⟨*arrangement*⟩; blind ⟨*bend*⟩; broken ⟨*country etc.*⟩; (*fig.*) confused ⟨*affair, matter, conditions, etc.*⟩. 2. *adv.* unclearly; confusingly ⟨*arranged*⟩
Unübersichtlichkeit *die*; ~: **die** ~ **der Karte/des Geländes** the unclear map/ broken country
unübertragbar *Adj.* non-transferable; not transferable *pred.*
unübertrefflich 1. *Adj.* superb. 2. *adv.* superbly
unübertroffen *Adj.* unsurpassed
unüberwindbar, unüberwindlich *Adj.* insuperable, insurmountable ⟨*problem, fear, mistrust, etc.*⟩; invincible ⟨*opponent*⟩
unụ̈blich *Adj.* not usual *or* customary *pred.*; unusual
unumgänglich *Adj.* [absolutely] necessary
Unumgänglichkeit *die*; ~: absolute necessity
unumschränkt ['ʊnʊmʃrɛŋkt] *Adj.* absolute; ~ **herrschen** have absolute rule
unumstrịtten *Adj.* undisputed
unumwunden ['ʊnʊmvʊndn̩] *Adj.* frank. 2. *adv.* frankly; openly
ununterbrọchen *Adj.* incessant. 2. *adv.* incessantly
unveränderbar, unveränderlich *Adj.* unchangeable, unchanging ⟨*law, principle*⟩; constant ⟨*quantity etc.*⟩; permanent ⟨*mark, scar*⟩; (*nicht zu verändern*) unalterable
Unveränderlichkeit *die*; ~: *s.* **unveränderlich:** unchangeableness; unchangingness; constancy; permanence; unalterableness
ụnverändert *Adj.* unchanged ⟨*appearance, weather, condition*⟩; unaltered, unrevised ⟨*edition etc.*⟩; **in seinem Aussehen war er** ~: he had not changed in [his] appearance
unverantwortlich. 1. *Adj.* irresponsible. 2. *adv.* irresponsibly
Unverantwortlichkeit *die*; ~: irresponsibility
unverarbeitet *Adj.* **a)** raw, unprocessed ⟨*material*⟩; crude ⟨*iron, oil, etc.*⟩; **b)** (*nicht bewältigt*) raw ⟨*impression*⟩; raw, undigested ⟨*thoughts*⟩
unveräußerlich *Adj.* **a)** (*geh.*) inalienable ⟨*rights, principles*⟩; **b)** (*unverkäuflich*) ⟨*property*⟩ not for sale
unverbaubar *Adj.* ⟨*view*⟩ that cannot be spoiled *or* obstructed
unverbẹsserlich *Adj.* incorrigible
unverbịldet *Adj.* unspoiled
unverbịndlich 1. *Adj.* **a)** (*nicht bindend*) not binding *pred.*; without obligation *postpos*; (*information*) without guarantee of correctness; **b)** (*zurückhaltend, reserviert*) non-committal ⟨*answer, words*⟩; detached, impersonal ⟨*attitude, person*⟩. 2. *adv.* ⟨*send, reserve*⟩ without obligation

Ụnverbindlichkeit *die*; ~, ~**en a)** *o. Pl.* (*eines Angebots usw.*) freedom from obligation; (*einer Person*) detached *or* impersonal manner; **die** ~ **der Auskunft** the fact that the information is not guaranteed correct; **b)** (*unverbindliche Äußerung*) non-committal remark
unverblümt [ʊnfɛɐ̯'bly:mt] 1. *Adj.* blunt; undisguised, open ⟨*distrust*⟩. 2. *adv.* bluntly
unverbraucht *Adj.* untouched; unspent ⟨*energy*⟩; fresh ⟨*air*⟩; **sie ist noch jung und** ~: she is still young and full of energy
unverbrüchlich [ʊnfɛɐ̯'bryçlɪç] *Adj.* (*geh.*) inviolable; steadfast
unverbürgt *Adj.* unconfirmed ⟨*report, news, etc.*⟩
unverdächtig 1. *Adj.* free from suspicion *postpos*. 2. *adv.* in a way that did/does not arouse suspicion
unverdaulich *Adj.* indigestible
unverdaut *Adj.* undigested
unverdient 1. *Adj.* undeserved ⟨*luck, praise*⟩; undeserved, unjust ⟨*accusation, punishment, etc.*⟩. 2. *adv.* undeservedly
unverdientermaßen *Adv.* undeservedly
unverdọrben *Adj.* unspoilt
Ụnverdorbenheit *die*; ~ (*von Früchten, Speisen usw.*) freshness; (*sittliche* ~) innocence
unverdrossen 1. *Adj.* undeterred (*unverzagt*) undaunted. 2. *adv.* ~ **weitermachen** carry on undaunted
unverdụ̈nnt *Adj.* undiluted; **er trinkt Whisky** ~: he drinks whisky neat
unverehelicht *Adj.* (*bes. Amtsspr.*) unmarried
unvereinbar *Adj.* incompatible (**mit** with)
Unvereinbarkeit *die*; ~: incompatibility (**mit** with)
unverfälscht 1. *Adj.* genuine; unadulterated ⟨*wine etc.*⟩; pure ⟨*dialect*⟩; unaltered ⟨*custom, text*⟩. 2. *adv.* in pure/unaltered form
unverfänglich *Adj.* harmless
unverfroren 1. *Adj.* insolent; impudent. 2. *adv.* insolently; impudently
Ụnverfrorenheit *die*; ~, ~**en** *o. Pl.* (*Art*) insolence; impudence; **b)** (*Äußerung*) insolent remark; impertinence
unvergänglich *Adj.* immortal ⟨*fame*⟩; unchanging ⟨*beauty*⟩; abiding ⟨*recollection*⟩
Unvergänglichkeit *die s.* **unvergänglich:** immortality; unchangingness; abidingness
unvergẹssen *Adj.* unforgotten
unvergeßlich 1. *Adj.* unforgettable; **dieses Erlebnis wird mir** ~ **bleiben** *od.* **sein** I shall never forget this experience. 2. *adv.* unforgettably
unvergleichbar *Adj.* incomparable (*Dat.* to, with)
unvergleichlich 1. *Adj.* incomparable (*Dat.* to, with). 2. *adv.* incomparably
unverhältnismäßig *Adv.* unusually
unverheiratet *Adj.* unmarried
unverhofft ['ʊnfɐhɔft] 1. *Adj.* unexpected. 2. *adv.* unexpectedly; ~ **kommt oft** (*Spr.*) always expect the unexpected
unverhohlen 1. *Adj.* unconcealed. 2. *adv.* openly
unverhụ̈llt 1. *Adj.* **a)** (*ohne Umhüllung*) uncovered; **b)** (*unverhohlen*) unconcealed. 2. *adv.* openly
unverkäuflich *Adj.* **a)** (*nicht zum Verkauf bestimmt*) ~**e Ausstellungsstücke** display items that are not for sale; **diese Vase ist** ~: this vase is not for sale; ~**es Muster** free sample; **b)** (*nicht absetzbar*) unsaleable
unverkẹnnbar 1. *Adj.* unmistakable. 2. *adv.* unmistakably
unverlangt 1. *Adj.* unsolicited ⟨*manuscript, photograph*⟩. 2. *adv.* ~ **eingesandt** unsolicited
unvermählt *Adj.* (*geh.*) unmarried; unwedded

1555

unvermeidbar *Adj.* unavoidable
unvermeidlich *Adj.* a) *(nicht vermeidbar)* unavoidable; *(spött.: obligatorisch)* inevitable; **sich ins Unvermeidliche fügen** submit to *or* accept the inevitable; b) *(sich als Folge ergebend)* inevitable
unvermindert *Adj., adv.* undiminished
unvermittelt 1. *Adj.* sudden; abrupt. 2. *adv.* suddenly; abruptly
Unvermögen *das* lack of ability; **jmds. ~, etw. zu tun** sb.'s inability to do sth.
unvermögend *Adj.* without means *postpos.*
unvermutet 1. *Adj.* unexpected. 2. *adv.* unexpectedly
Unvernunft *die* stupidity
unvernünftig 1. *Adj.* stupid; foolish. 2. *adv.* **er raucht/trinkt ~ viel** he smokes/drinks more than is good for him
unveröffentlicht *Adj.* unpublished
unverpackt *Adj.* unpacked; unwrapped
unverputzt *Adj.* unplastered
unverrichtet *Adj.* **in ~er Dinge** without having achieved anything
unverrückbar 1. *Adj.* unshakeable; immovable; unalterable ⟨fact, truth⟩. 2. *adv.* unshakeably; immovably; **mein Entschluß steht ~ fest** my decision is absolutely final
unverschämt 1. *Adj.* a) *(respektlos, impertinent)* impertinent, impudent ⟨person, manner, words, etc.⟩; barefaced, blatant ⟨lie⟩; b) *(ugs.: sehr groß)* outrageous ⟨price, luck, etc.⟩. 2. *adv.* a) impertinently; impudently ⟨lie⟩ barefacedly; blatantly; b) *(ugs.: sehr)* outrageously ⟨expensive⟩; **du siehst ~ gut aus** you are looking disgustingly well *(joc.)*
Unverschämtheit *die;* ~, ~en a) *o. Pl. (Art)* impertinence; impudence; *(einer Lüge)* barefacedness; blatancy; b) *(Äußerung o. ä.)* [piece of] impertinence; **das ist eine ~!** that's outrageous!
unverschlossen *Adj.* unlocked; unsealed ⟨letter⟩
unverschuldet *Adj.* **ein ~er Verkehrsunfall** an accident which happened through no fault of one's own; **eine ~e Notlage** a plight which is no fault of one's own
unverschuldetermaßen *Adv.* through no fault of one's own
unversehens *Adv.* suddenly
unversehrt *Adj.* unscathed; unhurt; *(unbeschädigt)* undamaged
Unversehrtheit *die;* ~: intactness; **körperliche ~**: freedom from bodily harm
unversöhnlich *Adj.* irreconcilable
Unversöhnlichkeit *die* irreconcilability
unversorgt *Adj.* ⟨children, family, etc.⟩ unprovided for
Unverstand *der* foolishness; stupidity; **so ein ~!** what foolishness *or* stupidity!
unverstanden *Adj.* misunderstood
unverständig *Adj.* without understanding *postpos;* ignorant ⟨child⟩
Unverständigkeit *die* lack of understanding
unverständlich *Adj.* incomprehensible; *(undeutlich)* unclear ⟨pronunciation, presentation, etc.⟩; **es ist [mir] ~, warum er nicht kommt** I cannot *or* do not understand why he hasn't come
Unverständlichkeit *die* incomprehensibility
Unverständnis *das* lack of understanding
unverstellt *Adj.* normal ⟨voice⟩; unfeigned, genuine ⟨joy, passion, etc.⟩
unversteuert *Adj.* untaxed ⟨earnings etc.⟩; duty-free ⟨goods, cigarettes⟩
unversucht **in nichts ~ lassen** try everything; leave no stone unturned
unverträglich *Adj.* a) *(unbekömmlich)* indigestible; unsuitable ⟨medicine⟩; b) *(streitsüchtig)* quarrelsome; c) *(nicht harmonierend)* incompatible ⟨blood groups, medicines, transplant tissue⟩

Unverträglichkeit *die s.* **unverträglich**: indigestibility; unsuitability; quarrelsomeness; incompatibility
unvertraut *Adj.* unfamiliar
unvertretbar *Adj.* unjustifiable
unverwandt 1. *Adj.* fixed; steadfast ⟨gaze⟩. 2. *adv.* fixedly; steadfastly; **jmdn. ~ anstarren** stare at sb. with a fixed gaze
unverwechselbar *Adj.* unmistakable; distinctive
Unverwechselbarkeit *die* distinctiveness
unverwundbar *Adj.* invulnerable
Unverwundbarkeit *die* invulnerability
unverwüstlich *Adj.* indestructible; *(fig.)* irrepressible ⟨nature, humour⟩; robust ⟨health⟩
Unverwüstlichkeit *die;* ~: *s.* **unverwüstlich**: indestructibility; irrepressible nature/humour; robustness
unverzagt *Adj.* undaunted
unverzeihlich *Adj.* unforgivable; inexcusable
unverzichtbar *Adj.* indispensable, essential ⟨goods, requirements, etc.⟩; essential ⟨measure⟩; inalienable ⟨right⟩
unverzinslich *(Bankw.)* interest-free
unverzollt *Adj.* undeclared; **~ Ware** goods on which duty has not been paid
unverzüglich *Adj.* prompt; immediate. 2. *adv.* promptly; immediately
unvollendet *Adj.* unfinished
unvollkommen 1. *Adj.* a) imperfect; b) *(unvollständig)* incomplete ⟨collection, account, etc.⟩. 2. *adv.* a) imperfectly; **sie beherrscht diese Arbeit nur ~**: she does not have perfect *or* complete command of this work; b) *(unvollständig)* incompletely
Unvollkommenheit *die* a) *(Fehlerhaftigkeit)* imperfectness; b) *(Unvollständigkeit)* incompleteness
unvollständig 1. *Adj.* incomplete. 2. *adv.* **die Tatsachen nur ~ wiedergeben** give an incomplete rendering of the facts; **~ informiert sein** not be fully informed
Unvollständigkeit *die* incompleteness
unvorbereitet *Adj.* unprepared
unvoreingenommen 1. *Adj.* unbiased; impartial. 2. *adv.* impartially
Unvoreingenommenheit *die* impartiality
unvorhergesehen *Adj.* unforeseen ⟨difficulty, event, expenditure⟩; unexpected ⟨visit⟩. 2. *adv.* **etw. kommt ganz ~:** sth. happens quite unexpectedly; **~ Besuch bekommen** have an unexpected visitor/unexpected visitors
unvorhersehbar *Adj.* unforeseeable
unvorschriftsmäßig 1. *Adj.* contrary to *or* not in accordance with [the] regulations *postpos.;* **die ~e Anwendung eines Geräts** the improper use of a piece of equipment. 2. *adv.* contrary to [the] regulations; ⟨use etc.⟩ improperly; ⟨park etc.⟩ illegally
unvorsichtig 1. *Adj.* careless; *(unüberlegt)* rash. 2. *adv.* carelessly; *(unüberlegt)* rashly
unvorsichtigerweise *Adv.* carelessly; *(unüberlegt)* without thinking
Unvorsichtigkeit *die s.* **unvorsichtig** 1: a) *o. Pl. (Art)* carelessness; rashness; b) *(Handlung usw.)* **eine ~ begehen** do sth. careless/rash; **die ~ begehen, ...:** be careless/rash enough ...
unvorstellbar *Adj.* inconceivable; unimaginable. 2. *adv.* unimaginably; **~ leiden** suffer terribly
unvorteilhaft *Adj.* a) *(nicht attraktiv)* unattractive ⟨figure, appearance⟩; **das Kleid/die Frisur ist sehr ~ für dich** that dress/hairstyle doesn't suit you in the least; b) *(ohne Vorteil)* unfavourable, poor ⟨purchase, exchange⟩; unprofitable ⟨business⟩
unwägbar *Adj.* imponderable, incalculable ⟨quantity, behaviour⟩
Unwägbarkeit *die;* ~, ~en a) *o. Pl.* imponderability; *(eines Verhaltens)* incalculab-

ility; **wegen der ~ der Risiken** because of the incalculable risks; b) *(etw. Unwägbares)* uncertainty; imponderability
unwahr *Adj.* untrue
unwahrhaftig *Adj. (geh.)* untruthful
Unwahrheit *die* a) *o. Pl. (Art)* untruthfulness; b) *(Äußerung)* untruth
unwahrscheinlich 1. *Adj.* a) *(kaum möglich, unglaublich)* improbable; unlikely; **es ist ~, daß er so spät noch kommt** it is unlikely that he'll come so late; **ich halte es für ~[, daß ...]:** I think it [is] unlikely that ...; b) *(ugs.: sehr viel)* incredible *(coll.)*. 2. *adv. (ugs.: sehr)* incredibly *(coll.);* **er hat sich ~ gefreut** he was really thrilled *(coll.)*
Unwahrscheinlichkeit *die* improbability
unwandelbar *(geh.)* 1. *Adj.* unwavering, steadfast ⟨loyalty, love, friendship, attitude, etc.⟩; immutable ⟨laws⟩. 2. *adv.* steadfastly
unwegsam *Adj.* [almost] impassable
unweiblich *Adj.* unfeminine
unweigerlich [ʊnˈvaigɐlɪç] 1. *Adj.* inevitable. 2. *adv.* inevitably
unweit 1. *Präp. mit Gen.* not far from. 2. *Adv.* not far (**von** from)
Unwesen *das;* *o. Pl.* dreadful state of affairs; **sein ~ treiben** *(abwertend)* be up to one's mischief *or* one's tricks
unwesentlich 1. *Adj.* unimportant; insignificant. 2. *adv.* slightly; marginally
Unwetter *das* [thunder]storm
unwichtig *Adj.* unimportant; **Geld ist dabei ~:** the money is irrelevant; **etw. ist jmdm.** *od.* **für jmdn. ~:** sth. is unimportant *or* not important to sb.
Unwichtigkeit *die* a) *o. Pl.* unimportance; lack of importance; b) *(etw. Unwichtiges)* unimportant thing; triviality
unwiderlegbar 1. *Adj.* irrefutable. 2. *adv.* irrefutably
unwiderruflich 1. *Adj.* irrevocable. 2. *adv.* irrevocably
unwidersprochen *Adj.* unchallenged
unwiderstehlich *Adj.* irresistible
Unwiderstehlichkeit *die;* ~: irresistibility
unwiederbringlich *(geh.)* 1. *Adj.* irretrievable. 2. *adv.* irretrievably
Unwiederbringlichkeit *die;* ~: irretrievability
Unwille[n] *der;* *o. Pl.* displeasure; indignation; **jmds. ~n erregen** *od.* **hervorrufen** incur sb.'s displeasure
unwillig 1. *Adj.* indignant; angry; *(widerwillig)* unwilling; reluctant. 2. *adv.* indignantly; angrily; *(widerwillig)* unwillingly; reluctantly
unwillkommen *Adj.* unwelcome
unwillkürlich 1. *Adj.* a) spontaneous ⟨cry, sigh⟩; instinctive ⟨reaction, movement, etc.⟩; b) *(Physiol.)* involuntary ⟨movement etc.⟩. 2. *adv.* a) ⟨shout etc.⟩ spontaneously; ⟨react, move, etc.⟩ instinctively; b) *(Physiol.)* ⟨move etc.⟩ involuntarily
unwirklich *(geh.)* 1. *Adj.* unreal. 2. *adv.* **seine Stimme klang ~ fern** his voice sounded distant and unreal
Unwirklichkeit *die;* ~, ~en unreality
unwirksam *Adj.* ineffective
Unwirksamkeit *die* ineffectiveness
unwirsch 1. *Adj.* surly; ill-natured. 2. *adv.* ill-naturedly
unwirtlich *Adj.* inhospitable; rough ⟨weather⟩
Unwirtlichkeit *die;* ~: inhospitableness; inhospitality; *(des Wetters)* roughness
unwirtschaftlich 1. *Adj.* uneconomic ⟨procedure etc.⟩; *(nicht sparsam)* uneconomical ⟨driving etc.⟩. 2. *adv.* ⟨work, drive, etc.⟩ uneconomically
Unwirtschaftlichkeit *die* economic inefficiency; lack of economy; **der Betrieb mußte wegen ~ geschlossen werden** the firm had to be closed down because it was uneconomic

Unwissen das ignorance
unwissend Adj. a) *(unerfahren)* ignorant; innocent ⟨child⟩; b) *(unbewußt)* unwitting; unknowing
Unwissenheit die; ~ *(Unkenntnis)* ignorance; ~ **schützt nicht vor Strafe** ignorance is no defence; b) *(mangelndes Wissen)* lack of education; *(auf einem bestimmten Gebiet)* lack of knowledge
unwissenschaftlich 1. Adj. unscientific. 2. adv. unscientifically
Unwissenschaftlichkeit die; ~: unscientific nature
unwissentlich 1. Adj. unconscious. 2. adv. unknowingly; unwittingly
unwohl Adv. a) *(nicht wohl)* unwell; **mir ist ~**: I don't feel well; b) *(unbehaglich)* uneasy; **mir ist ~ bei dem Gedanken** the thought makes me feel uneasy
Unwohlsein das; ~ indisposition; **ein heftiges ~ überkam ihn** he suddenly felt very unwell
unwohnlich Adj. uncomfortable; unhomely
Unwucht die; ~, ~en *(Technik)* imbalance
unwürdig Adj. a) *(verachtungswürdig)* undignified ⟨person, behaviour⟩; degrading ⟨treatment⟩; b) *(unangemessen)* unworthy
Unzahl die; o. Pl. huge or enormous number
unzählbar Adj. *(auch Sprachw.)* uncountable
unzählig 1. Adj. innumerable; countless. 2. adv. **~ viele Besucher** a huge or an enormous number of visitors
unzähligemal Adv. countless times; over and over again
unzähmbar Adj. untameable ⟨animal⟩; *(fig.)* indomitable ⟨person⟩
unzart 1. Adj. indelicate. 2. adv. indelicately
Unze ['ʊntsə] die; ~, ~n ounce
Unzeit die in **zur ~** *(geh.)* at an inopportune moment
unzeitgemäß Adj. anachronistic
unzensiert Adj. uncensored; *(unbenotet)* unmarked; ungraded *(Amer.)*
unzerbrechlich Adj. unbreakable
unzerkaut Adj. unchewed
unzerstörbar Adj. indestructible
Unzerstörbarkeit die; ~: indestructibility
unzertrennlich Adj. inseparable
unziemlich Adj. *(geh.)* unseemly
unzivilisiert Adj. *(abwertend)* uncivilized
Unzucht die; o. Pl. *(veralt.)* das **~**: this is a sexual offence; **~ [mit jmdm.] treiben** fornicate [with sb.]; **~ mit Abhängigen/Kindern/Tieren** illicit sexual relations pl. with dependants/children/animals; **widernatürliche ~**: unnatural sexual act[s]; **gewerbsmäßige ~**: prostitution
unzüchtig 1. Adj. obscene ⟨letter, gesture⟩. 2. adv. ⟨touch, approach, etc.⟩ indecently; ⟨speak⟩ obscenely
unzufrieden Adj. dissatisfied; *(stärker)* unhappy
Unzufriedenheit die dissatisfaction; *(stärker)* unhappiness
unzugänglich Adj. inaccessible ⟨area, building, etc.⟩; unapproachable ⟨character, person, etc.⟩
Unzugänglichkeit die; ~: s. unzugänglich: inaccessibility; unapproachability
unzukömmlich ['ʊntsuːkœmlɪç] Adj. *(österr.)* a) *(nicht zukommend)* undeserved; b) *(unzulänglich)* inadequate
unzulänglich *(geh.)* 1. Adj. insufficient; inadequate. 2. adv. insufficiently; inadequately
Unzulänglichkeit die; ~, ~en pl. o. Pl. insufficiency; inadequacy; b) *(etw. Unzulängliches)* inadequacy; shortcoming
unzulässig Adj. inadmissible; undue ⟨influence, interference, delay⟩; improper ⟨method, use, etc.⟩

Unzulässigkeit die inadmissibility
unzumutbar Adj. unreasonable
Unzumutbarkeit die; ~, ~en a) o. Pl. *(das Unzumutbarsein)* unreasonableness; b) *(etw. Unzumutbares)* unreasonable demand
unzurechnungsfähig Adj. not responsible for one's actions pred.; *(geistesgestört)* of unsound mind postpos; **für ~ erklärt werden** be certified insane
Unzurechnungs·fähigkeit die; o. Pl. *(Geistesgestörtheit)* unsoundness of mind
unzureichend Adj. insufficient; inadequate
unzusammenhängend Adj. disconnected; incoherent ⟨words, ideas⟩
unzustellbar Adj. *(Postw.)* undeliverable ⟨mail⟩; „**falls ~, bitte zurück an Absender**" 'if undeliverable, please return to sender'; „**~**": 'not known [at this address]'
unzuträglich Adj. **in jmdm./einer Sache ~ sein** *(geh.)* be detrimental to sb./sth.
Unzuträglichkeit die; ~: detrimental effect; detrimentalness
unzutreffend Adj. inappropriate; inapplicable; *(falsch)* incorrect; „**Unzutreffendes bitte streichen**" 'please delete as appropriate'
unzuverlässig Adj. unreliable
Unzuverlässigkeit die unreliability
unzweckmäßig 1. Adj. unsuitable; *(unpraktisch)* impractical. 2. adv. unsuitably; *(unpraktisch)* impractically
Unzweckmäßigkeit die s. unzweckmäßig 1: unsuitability; impracticality
unzweideutig 1. Adj. unambiguous; unequivocal; **etw. mit ~en Worten sagen** say sth. in no uncertain terms. 2. adv. unambiguously; unequivocally; **jmdm. ~ zu verstehen geben, daß ...**: tell sb. in no uncertain terms that ...
Unzweideutigkeit die; o. Pl. unambiguousness
unzweifelhaft 1. Adj. unquestionable; undoubted. 2. adv. unquestionably; undoubtedly
üppig 1. Adj. a) *(voll, dicht)* lush, luxuriant ⟨vegetation⟩; thick ⟨hair, beard⟩; *(fig.)* sumptuous, opulent ⟨meal⟩; rich ⟨colour⟩; b) *(rundlich, voll)* full ⟨bosom, lips⟩; voluptuous ⟨figure, woman⟩. 2. adv. luxuriantly; *(fig.)* sumptuously
Üppigkeit die; ~: s. üppig 1: lushness; luxuriance; thickness; sumptuousness; opulence; richness; fullness; voluptuousness
up to date ['ʌp tə 'deɪt] up to date; **er ist modisch ~**: he wears fashionable clothes; he is fashionably dressed
Ur [uːɐ] der; ~[e]s, ~e aurochs
Ur ab·stimmung die *[esp. strike]* ballot
Ur·adel der ancient nobility
Ur·ahn[e] der a) *(Vorfahr)* oldest known ancestor; b) *(veralt.: Urgroßvater)* great-grandfather
Ur·ahne die a) *(Vorfahrin)* oldest known ancestress; b) *(veralt.: Urgroßmutter)* great-grandmother
Ural der; ~[s] Urals pl.; Ural Mountains pl.
ur·alt Adj. very old; ancient; **in ~en Zeiten** very long ago; **ein Märchen aus ~en Zeiten** a story of long, long ago
Uran [u'raːn] das; ~s *(Chemie)* uranium
Uran·erz das uranium ore
Ur·angst die primeval fear
¹**Uranus** ['uːranʊs] der; ~ *(Astron.)* ²**Uranus (der)** *(Myth.)* Uranus no def. art.
ur·auf·führen tr. V. première, give the first performance of ⟨play, concerto, etc.⟩; première ⟨film⟩; **uraufgeführt werden** ⟨film⟩ have its première
Ur·auf·führung die première; first night or performance; *(eines Films)* première; first showing
urban [ʊrˈbaːn] Adj. *(geh.)* a) *(weltmännisch)* urbane; b) *(städtisch)* urban

Urbanisation [ʊrbanizaˈtsi̯oːn] die; ~, ~en urbanization
urbanisieren tr. V. urbanize
Urbanistik [ʊrbaˈnɪstɪk] die; ~: town planning and urban development no art.; *(Studienfach)* urban studies pl., no art.
Urbanität [ʊrbaniˈtɛːt] die; ~: urbanity
urbar in ein Stück Land/einen Sumpf/eine Wüste ~ machen cultivate a piece of land/reclaim a swamp/desert
Urbarmachung die; ~ *(von Land)* cultivation; *(von Sumpf, Wüste)* reclamation
Ur·bevölkerung die native population; native inhabitants pl.
Ur·bild das a) *(Vorbild)* archetype; prototype; b) *(Inbegriff, Ideal)* perfect example; epitome
urchig ['ʊrçɪç] Adj. *(schweiz.)* s. urig
Ur·christentum das early Christianity no art.
ur·christlich Adj. early Christian
ur·deutsch Adj. thoroughly or totally German
ur·eigen Adj.; nicht präd. very own; **seine ~en Interessen** his own best interests
Ur·einwohner der native inhabitant; **die australischen ~**: the Australian Aborigines
Ur·eltern Pl. original ancestors
Ur·enkel der great-grandson
Ur·enkelin die great-granddaughter
Ur·fassung die original version; original
Ur·fehde die *(MA.)* oath of truce
Ur·form die prototype
Ur·gemeinde die early Christian community
ur·gemütlich 1. Adj. *(ugs.)* *(behaglich)* extremely cosy; *(bequem)* extremely comfortable. 2. adv. extremely cosily/comfortably
ur·germanisch Adj. proto-Germanic
Ur·geschichte die prehistory
ur·geschichtlich Adj. prehistoric
Ur·gesellschaft die primitive society
Ur·gestein das primitive or primary rocks pl.; **er ist politisches ~** *(fig.)* he is a founding father among politicians
Ur·gewalt die *(geh.)* elemental force
urgieren [ʊrˈgiːrən] tr., itr. V. *(bes. österr.)* press; urge
Urgroß·: ~eltern Pl. great-grandparents; **~mutter** die great-grandmother; **~vater** der great-grandfather
Ur·grund der basis; source; **der ~ alles Seins** the source of all being
Ur·heber der; ~s, ~ a) *(Initiator)* originator; initiator; b) *(bes. Rechtsspr.: Verfasser, Autor)* author
Urheber·recht das copyright
urheber·rechtlich 1. Adj. copyright attrib. 2. adv. **~ geschützt** copyright[ed]
Urheberschaft die; ~: authorship
Ur·heimat die original home[land]
urig ['uːrɪç] Adj. natural ⟨person⟩; real ⟨beer⟩; cosy ⟨pub⟩; **sie ist einfach ~**: she is just different or an original
Urin [u'riːn] der; ~s, ~e *(Med.)* urine; **etw. im ~ haben** *(salopp)* have sth. in one's bones; have a gut feeling about sth.
Urinal [uriˈnaːl] das; ~s, ~e urinal
urinieren itr. V. urinate (**an** + Akk. against)
Ur·instinkt der basic instinct
Ur·kanton der original canton
Ur·kirche die; o. Pl. early Church
Ur·knall der; o. Pl. big bang
ur·komisch Adj. extremely funny; hilarious
Ur·kraft die elemental force
Ur·kunde die; ~, ~n document; *(Bescheinigung, Sieger~, Diplom~ usw.)* certificate
Urkunden·fälschung die forgery or falsification of documents/of a/the document
urkundlich 1. Adj. documentary. 2. adv. **~ erwähnt** mentioned in a document/in documents; **~ übereignen** transfer by deed
Urkunds·beamte der *(Rechtsw.)* registrar

Urlaub der; ~[e]s, ~e holiday[s] *(Brit.);* vacation; *(bes. Milit.)* leave; ~ **haben** have a holiday/have leave; [**sich** *(Dat.)*] ~ **nehmen** take a holiday; **auf** *od.* **in** *od.* **im** ~ **sein** be on holiday/leave; **in** ~ **gehen/fahren** go on holiday; **unbezahlter** ~: unpaid leave; ~ **von der Familie machen** have a holiday away from one's family; **sie machen** ~: they are on holiday; **sie ist noch nicht aus dem** ~ **zurück** she is still not back from holiday -**urlaub** der: **Schweiz~/Österreich~** *usw.* holiday in Switzerland/Austria *etc.;* **Billig~/Neckermann~**: cheap *or* budget/Neckermann holiday
urlauben *itr. V. (ugs.)* holiday; be/go on holiday
Urlauber der; ~s, ~: holiday-maker -**urlauber** der: **Sommer~/Winter~/Wochenend~**: summer/winter/weekend holiday-maker; **Billig~/Neckermann~**: person on a cheap *or* budget/Neckermann holiday; **Kreta~/Spanien~**: holiday-maker in *or* on Crete/in Spain
Urlauberin die; ~, ~nen *s.* **Urlauber**
urlaubs-, Urlaubs-: ~**anschrift** die holiday address; ~**anspruch** der holiday entitlement; ~**geld** das holiday pay *or* money; *(gespartes Geld)* holiday money; ~**lektüre** die holiday reading *no indef. art.;* ~**ort** der; *Pl.* ~**orte** holiday resort; ~**pläne** *Pl.* holiday plans; ~**reif** *Adj. in* ~**reif sein** *(ugs.)* be ready for a holiday; ~**reise** die holiday [trip]; **eine** ~**reise ans Meer/ins Gebirge machen** go on holiday to the seaside/go for a holiday in the mountains; ~**reisende** der/die holiday-maker; ~**schein** der *(Milit.)* [leave] pass; ~**sperre die a)** *(Milit.)* ban on leave; **b)** *(österr.)* holiday closure; ~**tag** der day of holiday; **zehn** ~**tage** ten days' holiday; ~**vertretung** die holiday replacement; **er übernimmt die** ~**vertretung seines Chefs** he stands in *or* deputizes for his boss when the latter is on holiday; ~**zeit** die **a)** *(Ferienzeit)* holiday period *or* season; **b)** *(Zeit des eigenen Urlaubs)* holiday
Urlaut der elemental sound; *(schrill)* elemental cry
Urmensch der prehistoric *or* primitive man *no art., no pl.;* early hominid *(as tech. term)*
Urmeter das *(hist.)* standard metre
Urne ['ʊrnə] die; ~, ~n **a)** urn; **b)** *(Wahl-)* [ballot-]box; **zu den** ~**n gerufen werden** be called to the polls; **c)** *(Verlosungs-)* box; *(Lostrommel)* drum
Urnen-: ~**feld** das urnfield; ~**friedhof** der urn cemetery; cinerarium; ~**grab** das urn grave
Urologe [uro'loːɡə] der; ~n, ~n, **Urologin** die; ~, ~nen urologist
urologisch *Adj.; nicht präd.* urological
Uroma die *(fam.)* great-granny *(coll./child lang.)*
Uropa der *(fam.)* great-grandpa *(coll./child lang.)*
urplötzlich **1.** *Adj.* extremely sudden. **2.** *adv.* quite suddenly
Urquell der *(geh.)* [primary] source
Ursache die cause; **aus unbekannter** ~: for no apparent reason; for reasons *pl.* as yet unknown; ~ **für etw. sein** be the cause of sth.; **die** ~ **für sth.;** **alle** ~ **haben, etw. zu tun** have every reason to do sth.; **keine** ~! don't mention it; you're welcome; **kleine** ~, **große Wirkung** *(Spr.)* great oaks from little acorns grow *(prov.)*
ursächlich *Adj.* causal; **in** ~**em Zusammenhang stehen** be causally related (**mit** *od.* ~ **für etw. sein** be the cause of sth.
Ursächlichkeit die; ~, ~en causality
Urschlamm der, **Urschleim** der primeval slime; **vom** ~ **an** *(ugs.)* from the very beginning
Urschrei der *(Psych.)* primal scream

Urschrift die original
urschriftlich *Adj.* original *(version etc.)*
Ursendung die *(Rundf.)* first broadcast performance
Ursprache die **a)** *(Sprachw.: Grundsprache)* protolanguage; **b)** *(Originalsprache)* original language; **in der** ~: in the original
Ursprung der origin; **vulkanischen** ~ **sein** be of volcanic origin; **seinen** ~ **in etw.** *(Dat.)* **haben** originate from sth.
ursprünglich 1. *Adj.* **a)** *(anfänglich)* original *(plan, price, form, material, etc.);* initial *(reaction, trust, mistrust, etc.);* **b)** *(unverfälscht, natürlich)* natural. **2.** *Adv.* **a)** *(anfänglich)* originally; initially; **b)** *(unverfälscht, natürlich)* naturally
Ursprünglichkeit die; ~: naturalness
Ursprungsland das *(einer Ware)* country of origin *(Commerc.); (einer Person)* native land; *(einer Bewegung, Sitte, Religion usw.)* birthplace
urst [ʊɐ̯st] *Adv. (DDR Jugendspr.)* terrifically *(coll.)*
Urstand ['ʊɐ̯ʃtɛnt] die *in* [**fröhliche**] ~ **feiern** be [coming] back with a vengeance
Urstromtal das *(Geol.)* glacial valley
Ursuppe die *(Biol.)* primordial soup
Urteil das; ~s, ~e judgement; *(Ansicht)* opinion; *(Strafe)* sentence; *(Gerichts~)* verdict; **das** ~ **lautete auf 10 Jahre Freiheitsstrafe** the sentence was ten years' imprisonment; **über jmdn. das** ~ **sprechen** pass *or* pronounce judgement on sb.; **sich** *(Dat.)* **selbst das** ~ **sprechen** sentence oneself; **sich** *(Dat.)* **ein** ~ **bilden** form an opinion (**über** *+ Akk.* about); **ein** ~ **über etw. fällen** pass *or* pronounce judgement on sth.
Urteilchen das *s.* ²**Quark**
urteilen *itr. V.* form an opinion; judge; **nach etw.** ~: form an opinion *or* judge according to sth.; **nach seinem Äußeren zu** ~: to judge from his appearance; **über etw./jmdn.** ~: judge sth./sb.; give one's opinion on sth./sb.; **hart** ~: give a harsh opinion; judge harshly; **fachmännisch** ~: give an expert opinion; ~ **Sie selbst** judge for yourself/yourselves
urteils-, Urteils-: ~**begründung** die opinion; reasons *pl.* for judgement; ~**fähig** *Adj.* competent *or* able to judge *postpos.;* ~**fähigkeit** die; *o. Pl.* competence *or* ability to judge; ~**findung** die *(Rechtsspr.)* reaching a/the verdict *no art;* ~**kraft** die; *o. Pl.* [power of] judgement; ~**spruch** der judgement; *(Strafe)* sentence; *(der Geschworenen)* verdict; ~**verkündung** die pronouncement of judgement; ~**vermögen** das; *o. Pl.* competence *or* ability to judge
Urtext der original
Urtierchen das protozoan
urtümlich ['uːɐ̯tyːmlɪç] *Adj.* natural *(landscape etc.);* primitive *(culture etc.); (urweltlich)* primeval *(plant, animal, landscape)*
Uruguay [uru'ɡua:i] *(das);* ~s Uruguay
Uruguayer [uru'ɡuaːjɐ] der; ~s, ~: Uruguayan
Urur-: ~**enkel** der great-great-grandson; ~**enkelin** die great-great-granddaughter; ~**großmutter** die great-great-grandmother; ~**großvater** der great-great-grandfather
Urväterzeit die olden days *or* times *pl.*
Urvertrauen das *(Päd., Psych.)* sense of basic trust
Urviech das *(salopp scherzh.)* real character
Urvogel der *(Paläont.)* archaeopteryx
Urvolk das original people
Urwald der primeval forest; **tropischer Urwald** tropical forest; jungle
urweltlich *Adj.* primeval
urwüchsig ['uːɐ̯vyːksɪç] *Adj.* natural *(landscape, power);* earthy *(language, humour)*

Urwüchsigkeit die; ~: *s.* **urwüchsig**: naturalness; earthiness
Urzeit die primeval times *pl.;* **vor** ~**en** in ages past; **seit** ~**en** since primeval times; *(ugs.: seit längerer Zeit)* since the year dot *(coll.)*
urzeitlich *Adj.* primeval
Urzelle die primeval cell; *(fig.)* initial germ
Urzeugung die abiogenesis; spontaneous generation
Urzustand der original state
USA [uːɛsˈʔaː] *Pl.* USA
Usambaraveilchen [uzamˈbaːra-] das African violet
Usance [yˈzãːs] die; ~, ~n, *(schweiz.),* **Usanz** [uˈzants] die; ~, ~en *(bes. Kaufmannsspr.)* practice
usf. *Abk.* **und so fort** etc.
Usurpator [uzʊrˈpaːtɔr] der; ~s, ~en [...paˈtoːrən] usurper
usurpieren *tr. V.* usurp
Usus ['uːzʊs] der; ~ *(ugs.)* custom; **das ist hier so** ~: that's the custom here
usw. *Abk.* **und so weiter** etc.
Utensil [utɛnˈziːl] das; ~s, ~ien [...jən] piece of equipment; ~**ien** equipment *sing.*
Uterus ['uːterʊs] der; ~, **Uteri** [...ri] *(Anat.)* uterus
Utilitarismus [utilitaˈrɪsmʊs] der; ~ *(Philos.)* utilitarianism *no art.*
utilitaristisch *Adj.* utilitarian
Utopia [uˈtoːpia] *(das);* ~s Utopia
Utopie [utoˈpiː] die; ~, ~n **a)** *(Idealvorstellung)* utopian dream; **b)** *(ideale Gesellschaftsform)* utopia; *(literarisches Werk)* utopian *or* futuristic work
utopisch *Adj.* utopian
Utopist der; ~en, ~en, **Utopistin** die; ~, ~nen utopian dreamer; *(Autor[in])* utopian [author]
utopistisch *Adj.* [absurdly] utopian
u. U. *Abk.* **unter Umständen**
UV *Abk.* **Ultraviolett** UV
UV-: ~**Filter** der *(Fot.)* UV filter; ultraviolet filter; ~**Strahlen** *Pl.* UV rays; ultraviolet rays
Ü-Wagen der *(Rundf., Ferns.)* OB van or vehicle
Uz [uːts] der; ~es, ~e *(ugs.)* joke
u. Z. *Abk. (bes. DDR)* **unserer Zeitrechnung** AD
uzen *tr., itr. V. (ugs.)* tease; kid
Uzname der *(ugs.)* nickname

v, V [vaʊ] das; ~, ~: v, V
v. *Abk.* **von** *(in Familiennamen)* von
V *Abk.* **Volt** V
Vabanquespiel [vaˈbãːk-] das; *o. Pl. (geh.)* dangerous *or* risky game
Vademekum [vadeˈmeːkʊm] das; ~s, ~s *(geh. veralt.)* vade-mecum
vag [vaːk] *s.* **vage**
Vagabund [vagaˈbʊnt] der; ~en, ~en *(veralt.)* vagabond

vagabundieren *itr. V.* **a)** live as a vagabond/as vagabonds; **b)** *mit sein (umherziehen)* wander *or* travel aroun 1

Vagant [va'gant] *der;* ~en, ~en goliard

Vaganten·dichtung *die; o. Pl. (Literaturw.)* goliardic poetry *or* verse

vage 1. *Adj.* vague. 2. *adv.* vaguely

Vagheit *die;* ~: vagueness

Vagina [va'gi:na] *die;* ~, **Vaginen** *(Anat.)* vagina

vaginal *Adj. (Anat.)* vaginal

vakant [va'kant] *Adj.* vacant

Vakanz [va'kants] *die;* ~, ~en *(geh.)* vacancy

Vakuum ['va:kuʊm] *das;* ~s, **Vakua** ['va:kua] *od.* **Vakuen** [... kuən] *(bes. Physik, auch fig.)* vacuum; **im** ~: in a vacuum

vakuum·verpackt *Adj.* vacuum-packed

Valentins·tag ['va:lɛntiːns-] *der [St]* Valentine's Day

Valenz [va'lɛnts] *die;* ~,~en **a)** *(Sprachw.)* valency; **b)** *(Chemie)* valence; valency *(Brit.)*

Valet [va'lɛt] *das;* ~s, ~s *(veralt., noch scherzh.)* farewell

Valuta [va'lu:ta] *die;* ~, **Valuten** *(Wirtsch., Bankw.)* foreign currency

Vamp [vɛmp] *der;* ~s, ~s vamp

Vampir [vam'pi:ɐ] *der;* ~s, ~e **a)** vampire; **b)** *(Tier)* vampire [bat]

Vandale *der s.* Wandale

Vanille [va'nɪljə] *die;* ~: vanilla

Vanille-: ~**eis** *das* vanilla ice-cream; ~**geschmack** *der* vanilla flavour; **Eis mit** ~**geschmack** vanilla-flavoured ice-cream; ~**pudding** *der* vanilla pudding; ~**zucker** *der* vanilla sugar

Vanillin [vani'li:n] *das;* ~s vanillin

variabel [va'ria:bl] 1. *Adj.* variable. 2. *adv.* variably

Variabilität [variabili'tɛ:t] *die;* ~ *(geh.)* variability

Variable [va'ria:blə] *die; adj. Dekl. (Math., Physik)* variable

Variante [va'riantə] *die;* ~, ~n *(geh.)* variant; variation

Variation [varia'tsio:n] *die;* ~, ~en *(auch Musik)* variation *(Gen., über, zu* on*)*

Varietät [varie'tɛ:t] *die;* ~, ~en *(bes. Biol.)* variety

Varieté [varie'te:] *das;* ~s, ~s variety theatre; *(Aufführung)* variety show; **ins** ~ **gehen** go to a variety show

variieren *tr., itr. V.* vary

Vario·objektiv ['va:rio-] *das (Fot.)* zoom lens

Vasall [va'zal] *der;* ~en, ~en *(hist., auch fig. abwertend)* vassal

Vasallen·staat *der (abwertend)* vassal state

Väschen ['vɛːsçən] *das;* ~s, ~: [little] vase

Vase ['va:zə] *die;* ~, ~n vase

Vasektomie [vazɛkto'mi:] *die;* ~, ~n *(Med.)* vasectomy

Vaseline [vaze'li:nə] *die;* ~: Vaseline **(P)**

Vasen·malerei *die* vase-painting

vasomotorisch [vazomo'to:rɪʃ] *Adj. (Physiol.)* vaso-motor

Vater ['fa:tɐ] *der;* ~s, **Väter** ['fɛːtɐ] **a)** father; **er ist** ~ **von drei Kindern** he is the father of three children; **er ist** ~ **geworden** he has become a father; **ein werdender** ~ *(joc.)* an expectant father; **grüßen Sie Ihren Herrn** ~! remember me to your father; **er ist ganz der** ~: **b)** *(fig.)* sire; **er ist der [geistige]** ~ **dieser Idee** *(fig.)* he thought up this idea; this idea is his; **die Väter der amerikanischen Verfassung** *(fig.)* the [founding] fathers of the American constitution; ~ **Staat** *(scherzh.)* the State; ~ **Rhein** *(dichter.)* the Rhine; **Father Rhine** *(literary)*; **Heiliger** ~ *(kath. Kirche)* Holy Father; **ach, du dicker** ~ *(ugs.)* oh my goodness!; oh heavens!; **b)** *(Tier)* sire; **c)** *o. Pl. (Rel.)* Father; **Gott** ~: God the Father

Väterchen ['fɛːtɐçən] *das;* ~s, ~ **a)** *(Koseform)* daddy *(coll.);* **b)** **[altes]** ~: little old man; **c)** ~ **Frost** *(scherzh.)* Jack Frost

Vater-: ~**figur** *die* father-figure; ~**freuden** *Pl.* ~**freuden entgegensehen** *(meist scherzh.)* be expecting a happy event; be going to be a father; ~**haus** *das (geh.)* parental home; **das** ~**haus verlassen** leave one's parents' house; ~**land** *das; Pl.* ~**länder** fatherland

vaterländisch [-lɛndɪʃ] *Adj. (geh.)* patriotic; **der Große Vaterländische Verdienstorden** *(DDR)* the Order of Patriotic Merit

Vaterlands-: ~**liebe** *die (geh.)* love of one's fatherland; patriotism; ~**verräter** *der (abwertend)* traitor to one's fatherland

väterlich ['fɛːtɐlɪç] **A.** *Adj.* **a)** *nicht präd. (vom Vater)* his/her *etc.* father's; *(verallgemeinernd)* the father's; *(eines Vaters)* paternal *(line, love, instincts, etc.);* **das** ~**e Geschäft übernehmen** take over one's father's business; **die** ~**en Pflichten** the duties of a father; **b)** *(fürsorglich)* fatherly. 2. *adv.* in a fatherly way

väterlicherseits *Adv.* on the/his/her *etc.* father's side; **meine Großeltern** ~: my paternal grandparents; my grandparents on my father's side

Väterlichkeit *die;* ~: fatherliness; *(väterliche Gefühle)* fatherly feeling

vater-, Vater-: ~**los** *Adj.* fatherless; ~**los aufwachsen** grow up without a father; ~**mord** *der* patricide; ~**mörder** *der* **a)** patricide; **b)** *(veralt. scherzh.: Stehkragen)* choker [collar]; ~**schaft** *die;* ~, ~en fatherhood; *(bes. Rechtsw.)* paternity; ~**schafts·klage** *die* paternity suit; ~**stadt** *die (geh.)* home town; ~**stelle** *die;* **bei** *od.* **an jmdm.** ~**stelle vertreten** take the place of a father to sb.; ~**tag** *der* Father's Day *no def. art.;* ~**tier** *das (Landw.)* sire; ~**unser** *das;* ~s, ~: Lord's Prayer; **das** ~**unser sprechen** say the Lord's Prayer; **drei** ~**unser beten** say three Our Fathers

Vati ['fa:ti] *der;* ~s, ~s *(fam.)* dad[dy] *(coll.)*

Vatikan [vati'ka:n] *der;* ~s Vatican

vatikanisch *Adj.: nicht präd.* Vatican

Vatikan·stadt *die; o. Pl.* Vatican City

V-Ausschnitt ['fau-] *der* V-neck

VB *Abk.* **Verhandlungsbasis:** VB 7800 DM 7,800 marks o.n.o *(Brit.)*

v. Chr. *Abk.* vor Christus BC

VEB [fauleː'beː] *(DDR) Abk.* Volkseigener Betrieb

Vegetarier [vege'ta:riɐ] *der;* ~s, ~, **Vegetarierin** *die;* ~, ~nen vegetarian

vegetarisch 1. *Adj.* vegetarian. 2. *adv.* **er ißt** *od.* **lebt** *od.* **ernährt sich** ~: he is a vegetarian; he lives on a vegetarian diet

Vegetarismus *der;* ~: vegetarianism *no art.*

Vegetation [...'tsio:n] *die;* ~, ~en vegetation *no indef. art.*

vegetativ [vegeta'ti:f] *Adj.* **a)** *(Biol.: ungeschlechtlich)* vegetative; **b)** *(Physiol., Biol.: unbewußt ablaufend)* autonomic

vegetieren *itr. V. (oft abwertend)* vegetate; **am Rande der Existenz** ~: eke out a miserable existence

vehement [vehe'mɛnt] *(geh.)* 1. *Adj.* vehement. 2. *adv.* vehemently

Vehemenz [...'mɛnts] *die;* ~ *(geh.)* vehemence

Vehikel [ve'hiːkl] *das;* ~s, ~ **a)** *(oft abwertend: altes)* vehicle; **ein altes/klappriges** ~: an old crock *(sl.);* **b)** *(geh.: Ausdrucksmittel)* vehicle

Veilchen ['failçən] *das;* ~s, ~ **a)** *(Blume)* violet; **wie ein** ~ **im Verborgenen blühen** be modesty itself; go unnoticed; *s. auch* **blau**; **b)** *(ugs. scherzh.: blaues Auge)* black eye; shiner *(sl.)*

veilchen-, Veilchen-: ~**blau** *Adj.* violet; ~**duft** *der* violet fragrance *or* scent; ~**strauß** *der* bunch *or* bouquet of violets

Veits·tanz ['faits-] *der; o. Pl.* St Vitus's dance; **einen** ~ **kriegen** *(ugs.) od.* **aufführen** *(fig.)* kick up a terrible fuss

Vektor ['vɛktor] *der;* ~s, ~en [-'to:rən] *(Math., Physik)* vector

Vektor·rechnung *die; o. Pl.* vector algebra; *(im weiteren Sinne)* vector analysis

velar [ve'laːɐ] *(Sprachw.)* 1. *Adj.* velar. 2. *adv. (pronounce)* as a velar sound

Velar *der;* ~s, ~e, **Velar·laut** *der (Phon.)* velar sound

Velo ['ve:lo] *das;* ~s, ~s *(schweiz.)* bicycle; bike *(coll.)*

¹**Velours** [və'luːɐ] *der;* ~ [və'luːɐs], ~ [və'luːɐs] *(Stoff)* velour[s]

²**Velours** *das;* ~ [və'luːɐs], ~ [və'luːɐs], **Velours·leder** *das* suede

Vene ['veːnə] *die;* ~, ~n *(Anat.)* vein

Venedig [ve'neːdɪç] *(das);* ~s Venice

Venen·entzündung *die* phlebitis *no indef. art.*

venerisch [ve'ne:rɪʃ] *Adj. (Med.)* venereal

Venezianer [venetsia'neːɐ] *der;* ~s, ~, **Venezianerin** *die;* ~, ~nen Venetian

venezianisch *Adj.* Venetian

Venezolaner [venetso'laːnɐ] *der;* ~s, ~, **Venezolanerin** *die;* ~, ~nen Venezuelan

venezolanisch *Adj.* Venezuelan

Venezuela [vene'tsueːla] *(das);* ~s Venezuela

Venia legendi ['ve:nia le'gɛndi] *die;* ~ ~ *(geh.)* authorization to teach at university after habilitation

venös *Adj. (Med.)* venous

Ventil [vɛn'tiːl] *das;* ~s, ~e valve; *(fig.)* outlet; **b)** *(einer Orgel)* pallet

Ventilation [vɛntila'tsio:n] *die;* ~, ~en ventilation

Ventilator [vɛnti'laːtor] *der;* ~s, ~en [...la'to:rən] ventilator

ventilieren *tr. V. (geh.)* consider

¹**Venus** ['veːnʊs] *die;* ~ *(Astron.),* ²**Venus** *(die) (Myth.)* Venus *no def. art.*

Venus·hügel *der (Anat.)* mons Veneris

verabfolgen *tr. V. (Papierdt. veralt.) s.* **verabreichen**

verabreden 1. *tr. V.* arrange; **ein Erkennungszeichen** ~: agree on a sign to recognize each other by; **am verabredeten Ort** at the agreed place. 2. *refl. V.* **sich im Park/zum Tennis/für den folgenden Abend** ~: arrange to meet in the park/for tennis/next evening; **sich mit jmdm.** ~: arrange to meet sb.; **mit jmdm. verabredet sein** have arranged to meet sb.; *(formell)* have an appointment with sb.; *(mit dem Freund/der Freundin)* have a date with sb. *(coll.)*

Verabredung *die;* ~, ~en **a)** *(Absprache)* arrangement; **eine** ~ **treffen** arrange to meet *or* a meeting; **wie** ~: as if by arrangement; **b)** *(verabredete Zusammenkunft)* appointment; **eine** ~ **absagen** call off a meeting *or* an engagement; **ich habe eine** ~: I am meeting sb.; *(formell)* I have an appointment; *(mit meinem Freund/meiner Freundin)* I have a date *(coll.);* **eine** ~ **für den Abend haben** have an engagement in the evening

verabreichen *tr. V.* administer *(medicine);* give *(injection, thrashing)*

Verabreichung *die;* ~, ~en administration; administering

verabsäumen *tr. V. (Papierdt.)* neglect; omit

verabscheuen *tr. V.* detest; loathe

verabscheuenswürdig *Adj. (geh.)* detestable; loathsome

verabschieden 1. *tr. V.* **a)** say goodbye to; **sie wurde am Bahnhof verabschiedet** she was seen off at the station; **der Staatsgast wurde auf dem Bonner Flughafen verabschiedet** the official guest was given a farewell at the airport in Bonn; **b)** *(aus dem Dienst)* retire *(general, civil servant, etc.);* **c)** *(annehmen)* adopt *(plan, budget);* pass *(law).* 2. *refl. V.*

1559

sich [von jmdm.] ~: say goodbye [to sb.]; *(formell)* take one's leave [of sb.]
Verabschiedung die; ~, ~en a) leave-taking; b) *(aus dem Dienst)* retirement; c) *(eines Plans, Etats)* adoption; *(eines Gesetzes)* passing
verabsolutieren tr. V. make absolute
verachten tr. V. despise; **ihre Süßspeisen sind nicht zu ~:** her sweets are not to be scoffed at or *(coll.)* sneezed at
Verächter [fɛɐ̯'ɛçtɐ] der; ~s, ~: opponent; critic
verächtlich [fɛɐ̯'ɛçtlɪç] **1.** *Adj.* **a)** *(abschätzig)* contemptuous; **b)** *(verachtenswürdig)* contemptible; despicable; **jmdn./etw. ~ machen** disparage sb./sth.; run sb./sth. down. **2.** *adv.* contemptuously
Verächtlichkeit die; ~: contempt; contemptuousness
Verächtlichmachung die; ~ *(Papierdt.)* disparagement
Verachtung die; ~: contempt; **seine ~ aller** od. **für alle Konventionen** his contempt for all forms of convention; **jmdn. mit ~ strafen** treat sb. with contempt
verachtungsvoll *(geh.)* s. verächtlich 1 a, 2
veralbern tr. V. **a)** *(aufziehen)* **jmdn. ~:** make fun of sb.; **willst du mich ~?** are you trying to make fun of me?; **b)** *(verspotten)* mock
verallgemeinern tr., itr. V. generalize
Verallgemeinerung die; ~, ~en generalization
veralten itr. V.; mit sein become obsolete; **veraltete Methoden/Wörter** obsolete or antiquated methods/obsolete or archaic words
Veranda [vɛ'randa] die; ~, **Veranden** veranda; porch
veränderbar *Adj.* changeable; *(Physik)* variable; **nicht mehr ~:** unalterable
veränderlich *Adj.* **a)** changeable ⟨weather⟩; variable ⟨character, star⟩; **das Barometer steht auf ~:** the barometer says 'changeable'; **b)** *(veränderbar)* variable
Veränderliche die; ~n, ~n *(Math.)* variable
Veränderlichkeit die; ~, ~en s. veränderlich: changeability; variability
verändern 1. tr. V. change; **der Bart verändert ihn stark** the beard makes him look very different. **2.** refl. V. **a)** *(anders werden)* change; **sich zu seinem Vorteil/Nachteil ~:** change for the better/worse; *(nur im Aussehen)* look better/worse; **b)** *(die Stellung wechseln)* **sich [beruflich] ~:** change one's job
Veränderung die change *(Gen.* in); **an etw.** *(Dat.)* **eine ~ vornehmen** change sth.; **berufliche ~:** change of job; **bei uns ist eine ~ eingetreten** our situation has changed
verängstigen tr. V. frighten; scare; **völlig verängstigt** terrified
verankern tr. V. fix ⟨tent, mast, pole, etc.⟩; *(mit einem Anker)* anchor; *(fig.)* embody ⟨right etc.⟩
Verankerung die; ~, ~en **a)** *(das Befestigen)* fixing; *(mit einem Anker)* anchoring; *(fig.)* embodiment; **b)** *(Halterung)* anchorage; fixture
veranlagen tr.V. *(Steuerw.)* assess *(mit* at)
veranlagt *Adj.* **künstlerisch/praktisch/romantisch ~ sein** have an artistic bent/be practically minded/have a romantic disposition; **ein homosexuell ~er Mann** a man with homosexual tendencies
Veranlagung die; ~, ~en **a)** [pre]disposition; **seine homosexuelle/künstlerische/praktische/romantische ~:** his homosexual tendencies *pl.*/artistic bent/practical nature/romantic disposition; **er hat eine ~ zur Fettsucht** he has a tendency towards obesity; **b)** *(Steuerw.)* assessment
veranlassen tr. V. **a)** cause; induce; **was**

hat dich zu diesem Schritt/dieser Bemerkung veranlaßt? what caused or led you to take this step/make this remark?; **ich fühlte mich veranlaßt einzugreifen** I felt obliged to intervene; **b)** *(dafür sorgen, daß etw. getan wird)* **etw. ~:** see to it that sth. is done or is carried out; **ich werde alles Weitere/das Nötige ~:** I will take care of or see to everything else/I will see [to it] that the necessary steps are taken
Veranlassung die; ~, ~en **a)** reason, cause *(zu* for); **äußere ~:** outward reason; **b)** **auf jmds. ~ [hin]** on sb.'s orders
veranschaulichen tr. V. illustrate
Veranschaulichung die; ~, ~en illustration; **zur ~:** as an illustration/as illustrations
veranschlagen tr. V. estimate *(mit* at); **etw. zu hoch/niedrig ~:** overestimate/underestimate sth.
Veranschlagung die; ~, ~en estimate
veranstalten tr. V. **a)** *(stattfinden lassen)* organize; hold, give ⟨party⟩; hold ⟨auction⟩; do ⟨survey⟩; **b)** *(ugs.: machen, aufführen)* make ⟨noise, fuss⟩
Veranstalter der; ~s, ~, **Veranstalterin** die; ~, ~nen organizer
Veranstaltung die; ~, ~en **a)** *(das Veranstalten)* organizing; organization; **b)** *(etw., was veranstaltet wird)* event
Veranstaltungskalender der calendar of events; *(für kürzeren Zeitraum)* diary of events
verantworten 1. tr. V. **etw. ~:** take responsibility for sth.; **ich kann das vor Gott/mir selbst/meinem Gewissen nicht ~:** I cannot be responsible for that before God/I cannot justify it to myself/I cannot square that with my conscience. **2.** refl. V. **sich für etw. ~:** answer for sth.; **sich vor jmdm. ~:** answer to sb.; **sich vor Gericht für etw. ~:** answer to the courts for sth.; **der Angeklagte hat sich wegen Mordes zu ~:** the accused faces a charge of murder
verantwortlich *Adj.* responsible; **~e Redakteur** the managing editor; **der für den Einkauf ~e Mitarbeiter** the person responsible for purchasing; **ich fühle mich dafür ~, daß alles klappt** I feel responsible for making sure that everything goes off all right; **für etw. ~ zeichnen** be responsible for or in charge of sth.; **jmdm. [gegenüber] ~ sein** be responsible to sb.; **jmdn. für etw. ~ machen** hold sb. responsible for sth.
Verantwortlichkeit die; ~, ~en responsibility
Verantwortung die; ~, ~en **a)** responsibility *(für* for); **die Eltern haben** od. **tragen die ~ für ihre Kinder** the parents have or bear the responsibility for their children; **die ~ für etw. übernehmen** take or accept [the] responsibility for sth.; **ich tue es auf deine ~:** you must take responsibility on your own head be it; **in eigener ~:** on one's own responsibility; off one's own bat *(Brit.)*; **jmdn. [für etw.] zur ~ ziehen** call sb. to account [for sth.]; **die Gruppe hat die ~ für den Anschlag übernommen** the group has accepted or admitted responsibility for the attack; **b)** o. Pl. *(~sgefühl)* sense of responsibility
verantwortungs-, Verantwortungs-: ~bewußt *Adj.* responsible; **er handelt sehr ~bewußt** he acts in a very responsible manner; **~bewußtsein** das; o. Pl., **~gefühl** das; o. Pl. sense of responsibility; **~los** *Adj.* irresponsible; **~losigkeit** die; ~: irresponsibility; **~voll** *Adj.* responsible
veräppeln [fɛɐ̯'ɛpln] tr. V. *(ugs.)* **jmdn. ~:** have *(Brit. coll.)* or *(Amer. coll.)* put sb. on; **willst du mich ~?** are you having *(Brit. coll.)* or *(Amer. coll.)* putting me on?
verarbeiten tr. V. **a)** use; **~de Industrie** processing industry; **im vom Gehirn verarbeitet** *(fig.)* processed by the brain; **etw.**

zu etw. ~: make sth. into sth.; use sth. to make sth.; **b)** *(verdauen)* digest ⟨food⟩; **c)** *(geistig bewältigen)* digest, assimilate ⟨film, experience, impressions⟩; come to terms with ⟨disappointment⟩
-verarbeitend *adj.* -processing
verarbeitet *Adj.* **gut/schlecht** usw. **~:** well/badly etc. finished ⟨suit, dress, car, etc.⟩
Verarbeitung die; ~, ~en **a)** *(das Verarbeiten)* use; **b)** *(Art der Fertigung)* finish; **Schuhe in erstklassiger ~:** shoes with a first-class finish
-verarbeitung die -processing
verargen tr. V. *(geh.)* **jmdm. etw. ~:** hold sth. against sb.
verärgern tr. V. annoy; **verärgert wandte er sich ab** he turned away in annoyance
Verärgerung die; ~, ~en annoyance; **aus ~ über die verspätete Einladung nahm er an dem Empfang nicht teil** he did not attend the reception, because he was annoyed at the late invitation
verarmen itr. V.; mit sein become poor or impoverished; **verarmte Provinzen/verarmter Adel** impoverished provinces/aristocracy
Verarmung die; ~: impoverishment
verarschen tr.V. *(derb)* **jmdn. ~:** take the piss *(coarse)* or *(Brit. sl.)* mickey out of sb.; **willst du mich ~?** are you taking the piss *(coarse)* or *(Brit. sl.)* mickey?
verarzten tr. V. *(ugs.)* patch up *(coll.)* ⟨person⟩; fix *(coll.)* ⟨wound, injury, etc.⟩
verästeln [fɛɐ̯'ɛstln] refl. V. *(auch fig.)* branch out
Veräst[e]lung die; ~, ~en *(auch fig.)* ramification
verätzen tr. V. corrode ⟨metal etc.⟩; burn ⟨skin, face, etc.⟩
Verätzung die corrosion; *(der Haut)* burn
verausgaben 1. tr. V. *(Papierdt.)* spend. **2.** refl. V. wear oneself out; **sie hat sich total verausgabt** *(finanziell)* she has completely spent out
veräußerlich *Adj. (bes. Rechtsspr.)* alienable; **nicht ~:** inalienable
veräußern tr. V. *(bes. Rechtsspr.)* dispose of, sell ⟨property⟩; alienate ⟨right⟩
Veräußerung die *(bes. Rechtsspr.) (von Eigentum)* disposal; sale; *(eines Rechts)* alienation
Verb [vɛrp] das; ~s, ~en *(Sprachw.)* verb
Verba s. Verbum
verbacken unr. tr. V. use ⟨flour, butter, sugar, etc.⟩ [in baking]
verbal [vɛr'ba:l] *Adj.* **1.** *(auch Sprachw.)* verbal. **2.** *adv.* verbally
Verbalinjurie die; ~ *(auch Rechtsw.)* verbal injury
verbalisieren tr. V. *(geh.)* verbalize
verballhornen [fɛɐ̯'balhɔrnən] tr. V. corrupt ⟨word, phrase⟩
Verballhornung die; ~, ~en misuse; corruption
Verbal-: ~phrase die *(Sprachw.)* verbal phrase; **~substantiv** das *(Sprachw.)* verbal noun
Verband der **a)** *(Binde)* bandage; dressing; **einen ~ anlegen** apply a dressing; **b)** *(von Vereinen, Clubs o. ä.)* association; **c)** *(Milit.: vereinigte Truppenteile)* unit; **d)** *(Milit.: Fahrzeug~, Flugzeug~)* formation; **e)** *(Gruppe)* group; unit
Verband-: ~kasten der first-aidbox; **~material** das dressing materials *pl.*; **~päckchen** das packet of dressings
Verbandskasten usw. s. Verbandkasten usw.
Verband[s]stoff der dressing [material]
Verbandzeug das first aid things *pl.*
verbannen tr. V. *(auch fig.)* banish
Verbannte der/die; *adj. Dekl.* exile
Verbannung die; ~, ~en banishment; exile; **in die ~ gehen** go into exile
Verbannungsort der place of exile

verbarrikadieren 1. *tr. V.* barricade. 2. *refl. V.* barricade oneself

verbauen *tr. V.* a) *(versperren)* obstruct; block; **jmdm./sich die Zukunft ~** *(fig.)* spoil sb.'s/one's prospects for the future; b) *(abwertend: unschön bebauen)* spoil; c) *(zum Bauen verwenden)* use; **sein ganzes Geld ~** *(fig.)* use [up] one's entire money for *or* on building

verbauern *itr. V.; mit sein* become a country bumpkin

verbeamten *tr. V.* make ⟨person⟩ a civil servant; *(fig. abwertend)* [over-]bureaucratize

verbeißen 1. *unr. tr. V.* a) *(unterdrücken)* suppress ⟨pain, laughter, anger, feelings⟩; hold back ⟨tears etc.⟩; b) *(Jägerspr.: beschädigen)* bite; chew. 2. *refl. V.* **sich in etw. ~**: bite into sth.; ⟨dog⟩ sink its teeth into sth.; *(fig.)* get stuck into sth. *(sl.)*

verbellen *tr. V. (Jägerspr.)* **der Jagdhund verbellte den Bock** the hunting dog barked to show where the buck was

verbergen *unr. tr. V.* a) *(verstecken, auch fig.)* hide; conceal; **jmdn. vor der Polizei verborgen halten** harbour sb.; **sich ~**: hide; **sein Gesicht in den Händen ~**: bury *or* hide one's face in one's hands; b) *(verheimlichen)* hide; **jmdm. etw. ~, etw. vor jmdm. ~**: keep sth. from sb.; **ich will dir nicht ~, daß ...**: I want you to know that ...; I want to make it clear that ...

verbessern 1. *tr. V.* a) improve ⟨machine, method, quality⟩; improve [up]on, better ⟨achievement⟩; beat ⟨record⟩; reform ⟨schooling, world⟩; b) *(korrigieren)* correct. 2. *refl. V.* a) improve; **er hat sich im Skilauf stark verbessert** his skiing has improved a great deal; b) *[beruflich] aufsteigen* better oneself

Verbesserung *die* a) improvement; **eine ~ der Lage** an improvement in the situation; b) *(Korrektur)*

verbesserungs·fähig *Adj.* capable of improvement *postpos.*; **es ist noch ~**: it could be improved [on]

Verbesserungs·vorschlag *der* suggestion for improvement

verbeugen *refl. V.* bow (**vor** + *Dat.* to)

Verbeugung *die; ~, ~en* bow; **eine ~ vor jmdm. machen** bow to sb.

verbeulen *tr. V.* dent

verbiegen 1. *unr. tr. V.* bend. 2. *unr. refl. V.* bend; buckle; **eine verbogene Wirbelsäule** a curved spine

Verbiegung *die* bending; buckling; *(der Wirbelsäule)* curvature

verbiestern [fɛɐ̯'biːstɐn] *tr. V. (bes. nordd.: verwirren)* confuse; bewilder

vorbiestort *Adj. (ugs.)* grumpy

verbieten 1. *unr. tr. V.* a) forbid; **jmdm. etw. ~**: forbid sb. sth.; **du hast mir gar nichts zu ~**: you have no right to forbid me [to do] anything; **sie hat ihm das Haus verboten** she forbade him to enter the house; **der Arzt hat mir das Rauchen verboten** the doctor forbade me to smoke; „**Betreten des Rasens/Rauchen verboten**"! 'keep off the grass'/'no smoking'; **das verbietet mir mein Ehrgefühl** *(fig.)* my sense of honour prevents me from doing that; **das verbietet mir mein Geldbeutel** *(fig. scherzh.)* my resources don't run to that; b) *(für unzulässig erklären)* ban; **so viel Ignoranz müßte verboten werden** *(scherzh.)* such ignorance ought not to be allowed *(joc.)*. 2. *unr. refl. V.* **sich [von selbst] ~**: be out of the question

verbilden *tr. V.* bring up wrongly, miseducate ⟨person⟩; **verbildeter Geschmack** *(abwertend)* misguided taste

verbilligen 1. *tr. V.* bring down *or* reduce the cost of; bring down *or* reduce the price of, reduce ⟨goods⟩; **verbilligte Butter/Waren** butter at a reduced price/reduced goods; **verbilligter Eintritt** reduced admission. 2. *refl. V.* become *or* get cheaper; ⟨goods⟩ come down in price, become *or* get cheaper

Verbilligung *die (von Kosten)* reduction; **eine ~ der Einfuhren** a reduction in the cost of imports; **zur ~ der Einfuhren** to reduce the cost of imports

verbimsen [fɛɐ̯'bɪmzn̩] *tr. V. (ugs.)* bash; hit

verbinden 1. *unr. tr. V.* a) *(bandagieren)* bandage; dress; **jmdm./sich den Fuß ~**: bandage *or* dress sb.'s/one's foot; **jmdm./sich ~**: dress sb.'s/one's wounds; b) *(zubinden)* bind; **die Augen ~**: blindfold sb.; **mit verbundenen Augen** blindfold[ed]; c) *(zusammenfügen)* join ⟨wires, lengths of wood, etc.⟩; join up ⟨dots⟩; d) *(zusammenhalten)* hold ⟨parts⟩ together; e) *(in Beziehung bringen)* connect (**durch** by); link ⟨towns, lakes, etc.⟩ (**durch** by); **ein paar ~de Worte sprechen** *(fig.)* say a few words as a link; f) *(verknüpfen)* combine ⟨abilities, qualities, etc.⟩; **die damit verbundenen Anstrengungen/Kosten** *usw.* the effort/cost *etc.* involved; g) *auch itr. (telefonisch)* **jmdn. mit jmdm.| ~**: put sb. through [to sb.]; **Moment, ich verbinde** one moment, I'll put you through; **falsch verbunden sein** have got the wrong number; h) *auch itr. (in bezug auf menschliche Beziehungen)* **er war ihr freundschaftlich verbunden** he was bound to her by ties of friendship; **uns verbindet nichts mehr** nothing holds us together any longer; **gemeinsame Erlebnisse ~**: shared experiences draw people together; i) *(assoziieren)* associate (**mit** with); j) *(geh. veralt.)* **jmdm. [für etw.] verbunden sein** be obliged to sb. [for sth.]. 2. *unr. refl. V.* a) *(zusammenkommen)* *(auch Chemie)* combine (**mit** with); b) *(in Beziehung stehen)* be connected *or* associated (**mit** with); c) *(sich zusammentun)* join [together]; join forces; **sich zu einer Koalition ~**: join together *or* join forces to form a coalition *or* in a coalition; d) *(in Gedanken)* be associated (**mit** with); **mit dieser Melodie sind für mich schöne Erinnerungen verbunden** this tune has happy memories for me

verbindlich 1. *Adj.* a) *(freundlich)* friendly; *(entgegenkommend)* forthcoming; **eine ~e Verkäuferin** an obliging sales assistant; **~sten Dank!** *(geh.)* a thousand thanks; b) *(bindend)* obligatory; compulsory; binding ⟨agreement, decision, etc.⟩. 2. *adv.* a) *(entgegenkommend)* in a friendly manner; b) **~ zusagen** definitely agree; **jmdm. etw. ~ zusagen** make sb. a firm offer of sth.

Verbindlichkeit *die; ~, ~en* a) *o. Pl. (Freundlichkeit)* friendliness; *(Entgegenkommen)* forthcomingness; b) *o. Pl. (verpflichtender Charakter)* obligatory *or* compulsory nature; **rechtlich [gesehen] keine ~ haben** have no binding force in law; c) *(freundliche Äußerung, Handlung)* friendly remark/act; *(entgegenkommende Äußerung, Handlung)* forthcoming comment/gesture; **ein paar ~en sagen** say a few friendly words; d) *meist Pl. (Pflicht)* obligations; commitment; e) *Pl. (Kaufmannsspr.: Schulden)* liabilities (**gegen** to)

Verbindung *die* a) *(das Verknüpfen)* linking; b) *(Zusammenhalt)* join; connection; c) *(verknüpfende Strecke)* link; **die kürzeste ~ zwischen zwei Punkten** the shortest line between two points; d) *(Anschluß durch Telefon, Funk)* connection; **keine ~ mit jmdm./einem Ort bekommen** not be able to get through to sb./a place; **unsere ~ wurde unterbrochen** we were cut off; e) *(Verkehrs~)* connection (**nach** to); **die ~ zur Außenwelt** connections *pl.* with the outside world; f) *(Kombination)* combination; **in ~ mit etw.** in conjunction with sth.; g) *(Bündnis)* association; **eheliche ~** *(geh.)* marriage; **eine ~ mit jmdm. eingehen** enter into association with sb.; *(erotisch)* begin a liaison with sb.; h) *(Kontakt)* contact; **sich mit jmdm. in ~ setzen, ~ mit jmdm. aufnehmen** get in touch *or* contact with sb.; **contact sb.; in ~ bleiben** keep in touch; **die ~ mit jmdm./etw. nicht abreißen lassen** not lose touch *or* contact with sb./sth.; **seine ~en spielen lassen** pull a few strings *(coll.)*; i) *(Zusammenhang)* connection; **jmdn. mit etw. in ~ bringen** connect sb. with sth.; j) *(Studenten~)* society; *(für Männer)* fraternity *(Amer.)*; *(für Frauen)* sorority *(Amer.)*; **eine schlagende ~** a duelling society *or (Amer.)* fraternity; k) *o. Pl. (das Zusammenfügen)* joining; l) *(das Zusammengefügtwerden)* bonding; m) *(bes. Chemie) (Stoff)* compound; *(Prozeß)* combination

Verbindungs-: **~linie** *die* a) *(verbindende Linie)* connecting line; b) *(Milit.)* communication line; line of communication; **~mann** *der; Pl.* **~männer** *od.* **~leute** intermediary; *(Agent)* contact [man] (**zu** with); **~offizier** *der (Milit.)* liaison officer; **~straße** *die* link road; **~stück** *das* connecting piece; **~student** *der* member of a students' society; *s. auch* **Verbindung** j; **~tür** *die* connecting door

Verbiß *der (Jägerspr.)* damage caused by browsing animals

verbissen 1. 2. *Part. v.* **verbeißen**. 2. *Adj.* a) *(hartnäckig)* dogged; doggedly determined; b) *(verkrampft)* grim. 3. *adv.* a) *(hartnäckig)* doggedly; with dogged determination; b) *(verkrampft)* grimly; c) *(ugs.: engherzig)* **etw. nicht so ~ sehen** not take sth. so seriously

Verbissenheit *die; ~*: doggedness; dogged determination

verbitten *unr. refl. V.* **sich (Dat.) etw. ~**: refuse to tolerate sth.; **ich verbitte mir diesen Ton** I will not be spoken to in that tone of voice; **das möchte ich mir verbeten haben** I will not have it

verbittern *tr. V.* embitter; make bitter; **verbittert** embittered; bitter

Verbitterung *die; ~, ~en* bitterness; embitterment

verblassen *itr. V.; mit sein* a) *(auch fig. geh.)* fade; b) *(die Leuchtkraft verlieren)* ⟨star etc.⟩ fade, pale; ⟨sky⟩ grow dim; *(fig.)* ⟨memory⟩ fade

Verbleib *der; ~[e]s (geh.)* a) *(Ort)* whereabouts *pl.*; b) *(das Verbleiben)* staying; **ein weiterer ~**: a longer stay

verbleiben *unr. itr. V.; mit sein* a) *(sich einigen)* **wie seid ihr den nun verblieben?** what did you arrange?; **wir sind so verblieben, daß er sich bei mir meldet** we left it that he would contact me; b) *(geh.: bleiben)* remain; stay; **niemand wußte, wo Sie verblieben waren** nobody knew where you were; **im Amt ~**: remain *or* continue in office; c) *(im Briefschluß)* remain; **... verbleibe ich Ihr ...**: ... I remain, Yours truly, ...; **ich verbleibe mit freundlichen Grüßen Ihr ...**: I remain, Yours sincerely, ...; d) *(übrigbleiben)* remain; **etw. verbleibt jmdm.** sb. has sth. left

verbleichen *unr. od. regelm. itr. V.; mit sein* a) *(auch fig.) (blaß werden)* fade; b) *(allmählich erlöschen)* ⟨moon⟩ grow pale

verbleien [fɛɐ̯'blaɪ̯ən] *tr. V. (Technik)* lead ⟨petrol⟩

verblenden *tr. V.* a) blind; **ein verblendeter Revolutionär** a blind revolutionary; b) *(Archit.: verkleiden)* face ⟨wall, façade, etc.⟩

Verblendung *die; ~, ~en* a) blindness; b) *(bes. Archit.: Verkleidung)* facing

verbleuen *tr. V. (ugs.)* bash *or* beat up; do over *(sl.)*

Verblichene [fɛɐ̯'blɪçənə] *der/die; adj. Dekl. (geh.)* deceased; **unser teurer Verblichener** our dear departed brother/leader/friend *etc.*

verblöden *itr. V.; mit sein* a) *(veralt.:*

1561

verblüffen / **verdämmern**

schwachsinnig werden) become feeble-minded; **b)** *(ugs.: stumpfsinnig werden)* become a zombie *(coll.)*
verblüffen [fɛɐ̯'blʏfn̩] *tr. (auch itr.) V.* astonish; amaze; astound; *(verwirren)* baffle; **seine Offenheit verblüfft** his openness is astonishing; **ich war über seine Antwort verblüfft** I was taken aback by his answer
verblüffend 1. *Adj.* astonishing; amazing; astounding. **2.** *adv.* astonishingly; amazingly; astoundingly
Verblüffung *die;* ~, ~en astonishment; amazement
verblühen *itr. V.; mit sein (auch fig.)* fade; **sie war schon verblüht** *(geh.)* her beauty had already faded
verblümt [fɛɐ̯'blyːmt] **1.** *Adj.* oblique. **2.** *adv.* **sich ~ ausdrücken** express oneself in a roundabout *or* an oblique way
verbluten *itr. (auch refl.) V.; mit sein* bleed to death
verbocken *tr. V. (ugs.)* botch; bungle; make a botch-up of
verbohren *refl. V. (ugs.)* become obsessed **(in +** *Akk.* with)
verbohrt *Adj. (abwertend)* pigheaded; stubborn; obstinate; *(unbeugsam)* inflexible
Verbohrtheit *die;* ~ *(abwertend)* pigheadedness; stubbornness; obstinacy; *(Unbeugsamkeit)* inflexibility
¹verborgen *tr. V.* lend out
²verborgen 1. 2. *Part. v.* **verbergen. 2.** *Adj.* **a)** *(abgelegen)* secluded; **b)** *(nicht sichtbar)* hidden; **es wird ihm nicht ~ bleiben** he shall hear of it; *(nicht entgehen)* it will not escape his notice; **im Verborgenen** out of the public eye; **im Verborgenen blühen** flourish undetected
Verborgenheit *die;* ~ *(Abgelegenheit)* seclusion
Verbot *das;* ~[e]s, ~e ban *(Gen., von* on); **er hat gegen mein ausdrückliches ~ geraucht** he smoked although I had expressly forbidden him to do so; **trotz ärztlichen ~s** against doctor's orders
Verbots-: ~schild *das; Pl.* **~schilder a)** sign *(prohibiting sth.);* **b)** *(Verkehrsw.)* prohibitive sign; **~tafel** *die* [large] sign *(prohibiting sth.)*
verbrämen [fɛɐ̯'brɛːmən] *tr. V.* **a)** *(einfassen)* trim **(mit** with); **b)** *(verschleiern)* dress up *(fig.)*; **wissenschaftlich verbrämter Unsinn** nonsense dressed up as scientific fact
verbraten *unr. tr. V. (salopp)* blow *(sl.)* ⟨*money*⟩ **(für** on)
Verbrauch *der;* ~[e]s **a)** consumption; **die Seife ist sparsam im ~** the soap is economical to use; **zum alsbaldigen ~ bestimmt** for immediate consumption; **b)** *(verbrauchte Menge)* consumption **(von, an +** *Dat.* of)
verbrauchen 1. *tr. V.* **a)** *(verwenden)* use; consume ⟨*food, drink*⟩; use up ⟨*provisions*⟩; spend ⟨*money*⟩; consume, use *(fig.)* ⟨*fuel*⟩; **das Auto verbraucht 10 Liter [auf 100 Kilometer]** the car does 10 kilometres to the litre; **b)** *(abnutzen)* wear out ⟨*clothing, shoes, etc.*⟩; **die Luft in den Räumen ist verbraucht** the air in the rooms is stale. **2.** *refl. V. (sich abarbeiten)* wear oneself out; **verbraucht aussehen** look worn out *or* exhausted
Verbraucher *der;* ~s, ~: consumer
verbraucher-: ~feindlich *Adj.* not in the interests of consumers *postpos.;* **~freundlich** *Adj.* favourable to consumers *postpos.*
Verbraucherin *die;* ~, ~nen consumer
Verbraucher-: ~preis *der* consumer price; **~schutz** *der* consumer protection
Verbrauchs·gut *das* consumer item; **Verbrauchsgüter** consumer goods
Verbrauch[s]·steuer *die (Steuerw.)* excise [tax]
verbrechen *unr. tr. V. (scherzh.)* **ich habe nichts verbrochen!** I haven't been up to *or* haven't done anything!; **was hast du verbro-**

chen? what have you been up to *or* been doing?; **wer hat denn dieses Gedicht verbrochen?** who's responsible for *or* who's the perpetrator of this poem?
Verbrechen *das;* ~s, ~ *(auch Untat)* crime **(an +** *Dat.*, **gegen** against)
Verbrechens·bekämpfung *die* combating of crime; **combating crime** *no art.;* **für die aktive ~:** for actively combating crime
Verbrecher *der;* ~s, ~: criminal; **du kleiner ~!** *(scherzh.)* you little rascal!
Verbrecher-: ~album *das (veralt.) s.* **~kartei; ~bande** *die* gang *or* band of criminals
Verbrecherin *die;* ~, ~nen criminal
verbrecherisch *Adj.* criminal
Verbrecher-: ~jagd *die (ugs.)* chase after a/the criminal/criminals; **~kartei** *die* criminal records *pl.;* **~syndikat** *das* criminal syndicate
Verbrechertum *das;* ~s criminality
verbreiten 1. *tr. V.* **a)** *(bekannt machen)* spread ⟨*rumour, lies, etc.*⟩; **er verbreitete, daß ...:** he spread it about that ...; **eine Nachricht über den Rundfunk ~:** broadcast an item of news on the radio; **b)** *(weitertragen)* spread ⟨*disease, illness, etc.*⟩; disperse ⟨*seeds, spores, etc.*⟩; **c)** *(erwecken)* spread ⟨*optimism, happiness, calm, etc.*⟩; spread ⟨*fear*⟩; **ihre Gewalttaten verbreiteten überall Entsetzen** their deeds of violence horrified everyone. **2.** *refl. V.* **a)** *(bekannt werden)* ⟨*rumour*⟩ spread; **b)** *(sich ausbreiten)* ⟨*smell, illness, religion, etc.*⟩ spread; **c)** *(häufig anwertend: sich äußern)* go on **(über +** *Akk.* about)
verbreitern 1. *tr. V.* widen ⟨*basis*⟩. **2.** *refl. V.* widen out; get wider
Verbreiterung *die;* ~, ~en **a)** widening; **b)** *(Stelle)* widened section
Verbreitung *die;* ~, ~en **a)** *s.* **verbreiten 1 a, b, c:** spreading; broadcasting; dispersal; radiation; **nicht für allgemeine ~ bestimmt** not intended] for general circulation; **b)** *(Ausbreitung)* spread
Verbreitungs·gebiet *das* area of distribution; *(einer Tierart)* range
verbrennen 1. *unr. itr. V.; mit sein* **a)** burn; ⟨*person*⟩ burn to death; **die Dokumente sind verbrannt** the documents were destroyed by fire; **es riecht verbrannt** *(ugs.)* there's a smell of burning; **b)** *(verkohlen)* burn; **der Kuchen ist verbrannt** the cake got burnt; **c)** *(ausdorren)* scorch; **d)** *(Chemie: sich umwandeln)* be converted ⟨*zu* into⟩. **2.** *tr. V.* **a)** *(ins Feuer geben)* burn; burn, incinerate ⟨*rubbish*⟩; cremate ⟨*dead person*⟩; **b)** *(verletzen)* burn; **sich** *(Dat.)* **an der heißen Suppe die Zunge ~:** burn *or* scald one's tongue on the hot soup; **sich** *(Dat.)* **den Mund ~** *(derb)* **das Maul** *od. (salopp)* **die Schnauze ~** *(fig.)* say too much; *s. auch* **Finger b; c)** *(ugs.: verbrauchen)* use ⟨*gas, electricity, etc.*⟩; **d)** *(Chemie: umwandeln)* convert
Verbrennung *die;* ~, ~en **a)** *s.* **verbrennen 2 a:** burning; incineration; cremation; **b)** *(Kfz-W.)* combustion; **c)** *(Wunde)* burn
Verbrennungs·motor *der* internal-combustion engine
verbriefen *tr. V.* attest
verbringen *unr. tr. V.* **a)** spend ⟨*time, holiday, weekend, year, etc.*⟩; **b)** *(Papierdt.: bringen)* take
verbrüdern *refl. V.* avow friendship and brotherhood; *(Politik)* ally oneself/itself
Verbrüderung *die;* ~, ~en avowal of friendship and brotherhood; *(von Truppen)* fraternization; *(Politik)* alliance
verbrühen *tr. V.* scald; **sich** *(Dat.)* **den Arm ~:** scald one's arm; **sich ~:** scald oneself
Verbrühung *die;* ~, ~en **a)** *(das Verbrühen)* scalding; **b)** *(Wunde)* scald
verbuchen *tr. V. (Kaufmannsspr., Finanzw.)* enter; *(fig.)* notch up ⟨*success,*

score, etc.⟩; **etw. auf einem Konto/im Haben ~:** credit sth. to an account/enter sth. on the credit side
verbuddeln *tr. V. (ugs.)* bury
Verbum ['vɛrbʊm] *das;* ~s, **Verben** *od. (Sprachw. veralt.)* **Verba** verb
verbummeln *tr. V. (ugs., oft abwertend)* **a)** *(verbringen)* waste, fritter away ⟨*time, day, afternoon, etc.*⟩; **sie wollten einmal einen ganzen Tag ~:** they wanted to spend a whole day lazing around doing nothing; **b)** *(vergessen)* forget [all] about; clean forget; *(verlieren)* lose; *(verlegen)* mislay
Verbund *der;* ~[e]s, ~e **a)** *(Wirtsch.)* association; **im ~ arbeiten** co-operate; **b)** *(Technik)* composite
Verbund·bau·weise *die* composite construction
verbünden [fɛɐ̯'bʏndn̩] *refl. V.* form an alliance
Verbundenheit *die;* ~: closeness **(mit** to); *(mit einem Ort, einer Tradition)* attachment **(mit** to); **aus alter ~:** for the sake of old ties/ attachments; **in herzlicher ~:** with deepest sympathy
verbündet *Adj.* [miteinander] **~:** in alliance *postpos.*
Verbündete *der/die; adj. Dekl.* ally
Verbund-: ~glas *das (Technik)* laminated glass; **~netz** *das* grid [system]; **~stein** *der* interlocking paving-stone
verbürgen 1. *refl. V. (bürgen)* vouch **(für** for); **sich für die Kosten ~:** accept liability for the costs. **2.** *tr. V. (garantieren)* guarantee; **verbürgte Rechte** established rights; **b)** *nur im Perf., Plusq. u. im 2. Part. gebr. (authentisieren)* verify; authenticate
verbürgerlichen 1. *itr. V.; mit sein* become bourgeois. **2.** *tr. V.* make bourgeois
verbüßen *tr. V.* serve ⟨*sentence*⟩
Verbüßung *die;* ~: serving
verchromen *tr. V.* chromium-plate
Verdacht *der;* ~[e]s, ~e *od.* **Verdächte** [fɛɐ̯'dɛçtə] suspicion; **mein ~ hat sich bestätigt/war begründet** my suspicion was confirmed/was well founded; **der ~ der Polizei fiel auf/richtete sich gegen ...:** the police suspected ...; **ein ~ stieg in mir auf** I began to suspect something *or* to be suspicious; **er wurde wegen ~s der Steuerhinterziehung verhaftet** he was arrested on suspicion of tax evasion; **~ schöpfen** become suspicious; **jmdn. auf [einen] bloßen ~ hin verhaften lassen** have sb. arrested purely on suspicion; **wen hast du in ~?** who do you suspect?; **ich geriet in [den] ~, das Geld gestohlen zu haben** I was suspected of having stolen the money; **er ist über jeden ~ erhaben** he is above suspicion; **bei dem Patienten besteht ~ auf Meningitis** the patient is suspected of having meningitis; **etw. auf ~ tun** *(ugs.)* do sth. just in case
verdächtig [fɛɐ̯'dɛçtɪç] **1.** *Adj.* suspicious; **sich ~ machen** arouse suspicion; **er ist dringend der Tat ~:** he is strongly suspected of being the perpetrator. **2.** *adv.* suspiciously; **-verdächtig a)** *(unter Verdacht stehend)* suspected of ...; **mord~:** suspected of murder; **b)** *(erwartet lassend)* expected to ...; **ein hit~es Lied** a song expected to be a hit; **der medaillen~e Sportler** the sportsman expected to win a/the medal
Verdächtige *der/die; adj. Dekl.* suspect
verdächtigen *tr. V.* suspect *(Gen.* of)
Verdächtigte *der/die; adj. Dekl.* suspect
Verdächtigung *die;* ~, ~en suspicion
Verdachts·moment *das* incriminating factor
verdammen *tr. V.* **a)** *(verwerfen)* condemn; *(Rel.)* damn ⟨*sinner*⟩; **[Gott] verdamm' mich!** damn it *(coll.);* **b)** *(zwingen)* condemn **(zu** to); **das ist zum Scheitern verdammt** it is doomed to failure
verdämmern *(geh.)* **1.** *itr. V.; mit sein* fade. **2.** *tr. V.* drowse away

Verdammnis die; ~ *(christl. Theol.)* damnation *no art.*
verdammt 1. *Adj.; nicht präd.* **a)** *(salopp abwertend)* bloody *(Brit. sl.)*; damned *(coll.)*; ~ **[noch mal**! **noch eins]**! damn [it all] *(coll.)*; bloody hell *(Brit. sl.)*; ~ **und zugenäht!** damn and blast [it]! *(coll.)*; **so ein ~er Mist!** bloody hell *(Brit. sl.)*; *(ugs.: sehr groß)* **einen ~en Hunger haben** be damned hungry *(coll.)*; **[ein] ~es Glück haben** be damn[ed] lucky *(coll.)*. **2.** *adv. (ugs.: sehr)* damn[ed] *(coll.)* ⟨*cold, heavy, beautiful, etc.*⟩; **ich mußte mich ~ beherrschen** I had to keep a bloody good grip on myself *(Brit. coll.)*
Verdammte der/die; *adj. Dekl.* damned person/man/woman; **die ~n** the damned
Verdammung die; ~, ~en condemnation; damnation
verdammungs·würdig *(geh.)* **1.** *Adj.* damnable. **2.** *adv.* damnably
verdampfen 1. *itr. V.; mit sein* evaporate; vaporize; *(fig.)* ⟨*anger*⟩ abate; ⟨*person*⟩ make oneself scarce *(coll.)*. **2.** *tr. V.* evaporate; vaporize
verdanken *tr. V.* jmdm./einer Sache etw. ~: owe sth. to sb./sth.; **ich verdanke meiner Frau wertvolle Anregungen** I have to thank my wife for valuable suggestions; **daß Sie bei uns sind, verdanken wir ...:** it is thanks *or* due to ... that you are here with us
verdarb [fɛɐ̯'darp] *1. u. 3. Pers. Sg. Prät. v.* verderben
verdaten *tr. V. (DV)* convert into data; *(erfassen)* store away on computer
verdattert [fɛɐ̯'datɐt] *(ugs.) Adj.* (überrascht) flabbergasted; (verwirrt) dazed; stunned; ~ **dastehen** stand there flabbergasted/in a daze
verdauen [fɛɐ̯'daʊən] **1.** *tr. V. (auch fig.)* digest; *(fig.)* get over ⟨*bad experience, shock, blow of fate*⟩; *(Boxerjargon)* take ⟨*blow*⟩. **2.** *itr. V.* digest [one's food]
verdaulich [fɛɐ̯'daʊlɪç] *Adj.* digestible
Verdaulichkeit die; ~: digestibility
Verdauung die; ~: digestion
Verdauungs-: ~**beschwerden** *Pl.* digestive trouble *sing.*; ~**spaziergang** der *(ugs.)* after-dinner walk; ~**störung** die poor digestion *no pl.*; ~**trakt** der *(Anat.)* digestive *or* alimentary tract
Verdeck das; ~[e]s, ~e top; hood *(Brit.)*; *(bei Kinderwagen)* hood; **mit offenem ~ fahren** drive with the top *or* hood down
verdecken *tr. V.* **a)** *(nicht sichtbar sein lassen)* hide; cover; **jmdm. die Sicht ~:** block sb.'s view; **b)** *(verbergen)* cover; conceal; *(fig.)* conceal ⟨*intentions etc.*⟩
verdenken *unr. tr. V.* jmdm. etw. nicht ~ [können] not [be able to] hold sth. against sb.; **kann man ihnen verdenken, daß sie ~ hassen?** can one blame them for hating ...?
Verderb der; ~s **a)** *(von Lebensmitteln)* spoilage; **b)** *s.* Gedeih
verderben 1. *unr. itr. V.; mit sein* ⟨*food, harvest*⟩ go bad *or* off, spoil; **verdorbene Lebensmittel** food which has gone bad *or* off. **2.** *unr. tr. V.* **a)** *(unbrauchbar machen)* spoil; *(stärker)* ruin; **daran ist nichts mehr zu ~:** it's in a pretty sorry state anyway; **b)** *(zunichte machen)* ruin; spoil ⟨*appetite, enjoyment, fun, etc.*⟩; **jmdm. die gute Laune ~:** spoil sb.'s good mood; **jmdm. den Abend ~:** ruin sb.'s evening; **c)** *(geh.: negativ beeinflussen)* corrupt; deprave; **er will es mit niemandem ~:** he tries to please everybody; he likes to keep in with everybody. **3.** *unr. refl. V.* **sich** *(Dat.)* **den Magen/die Augen ~:** give oneself an upset stomach/ruin one's eyesight
Verderben das; ~s undoing; ruin; *(Theol.)* destruction; **sie sind ins/in ihr ~ gerannt** they rushed headlong towards ruin
verderben·bringend *Adj.* disastrous ⟨*policy*⟩; deadly ⟨*weapon, disease, etc.*⟩

Verderber der; ~s, ~: destroyer; **ein ~ der Jugend** a corrupter of youth
verderblich *Adj.* **a)** perishable ⟨*food*⟩; **leicht ~:** highly perishable; **b)** *(unheilvoll)* pernicious; *(moralisch schädlich)* corrupting; pernicious ⟨*influence, effect, etc.*⟩
Verderblichkeit die; ~: *s.* verderblich: perishableness; perniciousness; corrupting effect
verderbt *Adj.* **a)** *(geh. veralt.: verdorben)* corrupt; depraved; **b)** *(Literatur)* illegible
Verderbtheit die; ~ *(geh. veralt.: Verderbenheit)* corruptness; depravity
verdeutlichen *tr. V.* etw. ~: make sth. clear; *(erklären)* explain sth.; **etw. näher ~:** clarify sth. further
verdeutschen *tr. V.* **a)** *(veralt.: übersetzen)* translate into German; *(eindeutschen)* Germanize ⟨*name*⟩; **b)** *(ugs.: erläutern)* put ⟨*facts etc.*⟩ more plainly; translate ⟨*instruction, officialese, etc.*⟩ into everyday *or* ordinary language
verdichten 1. *refl. V.* ⟨*fog, smoke*⟩ thicken, become thicker; *(fig.)* ⟨*suspicion, rumour*⟩ grow; ⟨*feeling*⟩ intensify. **2.** *tr. V.* **a)** *(Physik, Technik)* compress; *(fig.)* condense ⟨*events etc.*⟩ (**zu** into); **b)** *(ausbauen)* increase the density of ⟨*road network, public transport*⟩
verdicken 1. *refl. V.* ⟨*hard skin*⟩ thicken, become thicker; *(anschwellen)* ⟨*finger, jaw, etc.*⟩ swell. **2.** *tr. V.* thicken ⟨*sauce*⟩; *(gelieren lassen)* cause ⟨*fruit juice etc.*⟩ to set
Verdickung die; ~, ~en **a)** thickening; *(Schwellung)* swelling; **b)** *(verdickte Stelle)* *(einer Arterie)* thickened section; *(Schwellung)* swelling
verdienen 1. *tr. V.* **a)** *(in Form von Geld)* earn; **sauer/ehrlich verdientes Geld** hard-/honestly-earned money; **b)** *(wert sein)* deserve; **er verdient kein Vertrauen** he doesn't deserve to be trusted; **er hat es nicht besser/nicht anders verdient** he didn't deserve any better/anything else; **womit habe ich das verdient?** what have I done to deserve that?; **er hat die verdiente Strafe bekommen** he got the punishment he deserved. **2.** *itr. V.* **beide Eheleute ~:** husband and wife are both wage-earners *or* are both earning; **gut ~:** have a good income
Verdiener der; ~s, ~: wage-earner; **die Mutter ist der ~:** the mother is the breadwinner
¹**Verdienst** der income; earnings *pl.*
²**Verdienst** das; ~[e]s, ~e merit; **sich** *(Dat.)* **etw. als** *od.* **zum ~ anrechnen** take the credit for sth.; **er hat sich** *(Dat.)* **große ~e um die Stadt erworben** he made a great contribution to the town
Verdienst-: ~**ausfall** der loss of earnings; ~**kreuz** das national decoration awarded for service to the community; ~**orden** der order of merit
verdienst·voll 1. *Adj.* **a)** *(lobenswert)* commendable; **b)** *nicht präd. (verdient)* ⟨*person*⟩ of outstanding merit. **2.** *adv. (lobenswert)* of outstanding merit
verdient 1. *Adj.* **a)** ⟨*person*⟩ of outstanding merit; **sich um etw. ~ machen** render outstanding services to sth.; **b)** *(gerecht, zustehend)* well-deserved. **2.** *adv.* deservedly
verdientermaßen *Adv.* deservedly
Verdikt [vɛr'dɪkt] das; ~[e]s, ~e *(geh.)* verdict
verdingen *unr. od. regelm. refl. V. (veralt.)* go into service (**bei** with); go to work (**bei** for)
verdinglichen *(Philos.) tr. V.* reify
Verdinglichung die; ~, ~en *(Philos.)* reification
verdolmetschen *tr. V. (ugs.)* interpret, translate (*Dat.* for)
verdonnern *tr. V. (salopp)* sentence; **zu einem Bußgeld verdonnert werden** be ordered to pay a fine; **jmdn. dazu ~, etw. zu tun** order *or* make sb. do sth. [as a punishment];

jmdn. zu einer Strafarbeit ~: give sb. an imposition
verdoppeln 1. *tr. V.* double. **2.** *(fig.)* double, redouble ⟨*efforts etc.*⟩. **2.** *refl. V.* double
Verdoppelung die; ~, ~en doubling
verdorben [fɛɐ̯'dɔrbn] *2. Part. v.* verderben
Verdorbenheit die; ~: depravity
verdorren [fɛɐ̯'dɔrən] *itr. V.; mit sein* wither [and die]; ⟨*meadow*⟩ scorch
verdrängen *tr. V.* **a)** *(wegdrängen)* drive out ⟨*inhabitants etc.*⟩; *(fig.: ersetzen)* displace; **das Schiff verdrängt 15 000 Tonnen** the ship displaces 15,000 tons; **jmdn. aus seiner Stellung ~:** oust sb. from his/her job; **b)** *(Psych.)* repress/(*bewußt*) suppress ⟨*experience, desire, etc.*⟩
Verdrängung die; ~, ~en **a)** *s.* verdrängen a: driving out; displacement; ousting; **b)** *(Psych.)* repression; *(bewußt)* suppression
Verdrängungs·wettbewerb der *(Kaufmannsspr.)* competition for markets
verdrecken *(ugs. abwertend)* **1.** *tr. V.* make filthy dirty. **2.** *itr. V.; mit sein* get *or* become filthy dirty
verdrehen *tr. V.* **a)** twist ⟨*joint*⟩; roll ⟨*eyes*⟩; **den Hals ~:** twist one's head round; **sich** *(Dat.)* **den Hals ~:** crick one's neck; **jmdm. das Handgelenk ~:** twist sb.'s wrist; *s. auch* **Kopf e); b)** *(ugs. abwertend: entstellen)* twist ⟨*words, facts, etc.*⟩; distort ⟨*sense*⟩
verdreht *Adj. (ugs. abwertend)* crazy
Verdrehtheit die; ~ *(ugs. abwertend) (Verrücktheit)* craziness; *(Verwirrung)* confusion
verdreifachen *refl., tr. V.* treble; triple
verdreschen *unr. tr. V. (ugs.)* thrash
verdrießen [fɛɐ̯'driːsn] *unr. tr. V. (geh.)* irritate; annoy; **es sich nicht ~ lassen** *(geh.)* not be put off
verdrießlich 1. *Adj.* **a)** *(mißmutig)* morose; **b)** *(geh., veralt.: unangenehm)* irksome ⟨*task, matter, etc.*⟩. **2.** *adv. (mißmutig)* morosely
Verdrießlichkeit die; ~, ~en **a)** *o. Pl.* *(Mißmut)* moroseness; **b)** *meist Pl. (unangenehmer Vorgang)* irksome thing/matter *etc.*
verdroß [fɛɐ̯'drɔs] *1. u. 3. Pers. Sg. Prät. v.* verdrießen
verdrossen 1. *2. Part. v.* verdrießen. **2.** *Adj. (mißmutig)* morose, *(mißmutig und lustlos)* sullen. **3.** *adv. (mißmutig)* morosely; *(mißmutig und lustlos)* sullenly
Verdrossenheit die; ~ *s.* verdrossen 2: moroseness; sullenness
verdrücken 1. *tr. V.* **a)** *(essen)* polish off *(coll.)*; **b)** *(verknautschen)* crumple ⟨*clothes*⟩. **2.** *refl. V.* slip away
Verdruß [fɛɐ̯'drʊs] der; **Verdrusses, Verdrusse** annoyance; *(Unzufriedenheit)* dissatisfaction; discontentment; **jmdm. ~ bereiten** annoy sb.
verduften *itr. V.; mit sein* **a)** *(Duft verlieren)* ⟨*coffee*⟩ lose its aroma; ⟨*aroma*⟩ go; **b)** *(salopp: sich entfernen)* hop it *(Brit. sl.)*; clear off *(coll.)*
verdummen 1. *tr. V.* jmdn. ~: dull sb.'s mind. **2.** *itr. V.; mit sein* become stultified
Verdummung die; ~ **a) die ~ der Massen zum Ziel haben** be aimed at dulling the mind of the masses; **b)** *(das Dummerwerden)* stultification
verdunkeln 1. *tr. V.* **a)** darken ⟨*vollständig*⟩ black out ⟨*room, house, etc.*⟩; **b)** *(verdecken)* darken; *(fig.)* cast a shadow on ⟨*happiness etc.*⟩; *(fig.)* obscure ⟨*facts, situation, etc.*⟩. **2.** *refl. V.* darken; grow darker; *(fig.)* ⟨*expression etc.*⟩ darken
Verdunkelung die; ~, ~en **a)** *(das Verdunkeln)* darkening; *(vollständig)* black-out; **b)** *(Vorrichtung)* black-out blind[s]/curtain[s]; **c)** *o. Pl. (bes. Rechtsw.)* obscuring; obscuration
Verdunkelungs·gefahr die; *o. Pl. (Rechtsw.)* danger of suppression of evidence

Verdunklung die; ~, ~en s. **Verdunkelung**
verdünnen tr. V. **a)** dilute; (mit Wasser) water down; dilute; thin [down] ⟨paint etc.⟩; **b)** (dünner machen) taper [off] ⟨stick etc.⟩; **c)** (Militärjargon) reduce the number of ⟨troops etc.⟩ [in an/the area]
verdünnisieren refl. V. (salopp) clear off (coll.)
Verdünner der; ~s, ~, **Verdünnungsmittel** das thinner; (in der Industrie) diluent
Verdünnung die; ~, ~en **a)** dilution; (der Luft) rarefaction; **b)** (chem. Mittel) thinner
verdunsten 1. itr. V.; mit sein evaporate. 2. tr. V. evaporate; ⟨plant⟩ transpire ⟨water⟩
Verdunstung die; ~: evaporation
verdursten itr. V.; mit sein (auch fig.) die of thirst
verdüstern 1. tr. V. darken; (fig. geh.) cast a shadow across. 2. refl. V. darken; grow dark; (fig.) darken
verdutzt [fɛɐ̯'dʊtst] Adj. taken aback pred.; nonplussed; (verwirrt) baffled; ~ hielt er inne taken aback or nonplussed, he paused
Verdutztheit die; ~: bafflement
verebben itr. V.; mit sein (geh.) subside
veredeln tr. V. **a)** (geh.) ennoble; improve ⟨taste⟩; **b)** (Technik) refine; beneficiate ⟨coal⟩; **c)** (Gartenbau) graft
Vered[e]lung die; ~, ~en **a)** (geh.) ennoblement; (des Geschmacks) improvement; **b)** (Technik) refinement; (von Kohle) beneficiation; **c)** (Gartenbau) grafting
verehelichen refl. V. (Papierdt., veralt.) sich jmdm. ~: marry sb.; **Else Müller, verehelichte Meyer** Else Meyer, née Müller
Verehelichung die; ~, ~en (Papierdt., veralt.) marriage (mit to)
verehren tr. V. **a)** (vergöttern) venerate; revere; **b) [sehr] verehrte Anwesende!** Ladies and Gentlemen; (in Briefanreden) **verehrte gnädige Frau!** [Dear] Madam; **verehrte Frau Müller!** Dear Frau Müller; **b)** (geh.: bewundern) admire; (ehrerbietig lieben) worship; adore; **c)** (scherzh.: schenken) give; **darf ich Ihnen dieses Buch ~?** may I make you a little gift of this book?
Verehrer der; ~s, ~, **Verehrerin** die; ~, ~en admirer
Verehrung die; o. Pl. **a)** veneration; reverence; **b)** (Bewunderung) admiration
verehrungs·würdig Adj. admirable
vereidigen [fɛɐ̯'|aɪdɪɡn̩] tr. V. swear in; **einen Zeugen vor Gericht ~:** swear in a witness; **jmdn. auf etw. (Akk.) ~:** make sb. swear to sth.; **ein vereidigter Sachverständiger** a sworn expert
Vereidigung die; ~, ~en swearing in
Verein der; ~s, ~e **a)** organization; (zur Förderung der Denkmalspflege usw.) society; (der Kunstfreunde usw.) association; society; (Sport~) club; (fig. ugs.) crowd (coll.); (kleiner) bunch (coll.); **b) im ~ [mit] in** conjunction with; together with; **in trautem ~ [mit]** (scherzh.) in an unlikely twosome/group [with]
vereinbar Adj.; nicht attr. compatible (mit with); **nicht ~:** incompatible; **etw. ist mit etw. nur schwerlich ~:** it is difficult to reconcile sth. with sth.
vereinbaren tr. V. **a)** (festlegen) agree; arrange ⟨meeting etc.⟩; **b)** (harmonieren) [nicht] zu ~ sein, sich [nicht] ~ lassen be [in]compatible or [ir]reconcilable; **etw. mit etw. [nicht] ~ können** [not] be able to reconcile sth. with sth.
Vereinbarung die; ~, ~en **a)** (das Festlegen) agreeing; (eines Termins usw.) arranging; **b)** (Abmachung) agreement; **eine ~ treffen** come to an agreement
vereinbarungs·gemäß 1. Adj. as agreed/arranged postpos. 2. adv. as agreed/arranged
vereinen 1. tr. V. **a)** (zusammenfassen) unite; merge ⟨businesses⟩ (zu into); **b)** (har-monisieren) reconcile; **c)** (besitzen) combine; **er vereint alle Kompetenzen in seiner Hand** he combines all responsibilities. 2. refl. V. **a) sich zu gemeinsamem Handeln ~:** join forces; **b)** (vorhanden sein) combine; **in ihr ~ sich Geist und Anmut** in her, beauty and intellect are united
vereinfachen tr. V. simplify
Vereinfachung die; ~, ~en simplification
vereinheitlichen tr. V. standardize
Vereinheitlichung die; ~, ~en standardization
vereinigen 1. tr. V. **a)** (zusammenschließen) unite; merge ⟨businesses⟩; **b)** (zusammenfassen) bring together; **alle Ämter sind in einer Person vereinigt** all offices are held by the same person; **die Mehrheit der Stimmen auf sich ~:** receive the majority of the votes. 2. refl. V. **a)** (sich zusammenschließen) unite; ⟨organizations, firms⟩ merge; (fig.) be combined; **b)** (zusammentreffen) assemble (zu for); ⟨rivers⟩ meet, merge; **Fulda und Werra ~ sich zur Weser** the Fulda and the Werra meet and form the Weser; **c)** (geh.: sich paaren) couple
vereinigt Adj. **Vereinigte Arabische Emirate** United Arab Emirates; **Vereinigtes Königreich [Großbritannien und Nordirland]** United Kingdom [of Great Britain and Northern Ireland]; **Vereinigte Staaten [von Amerika]** United States sing. [of America]
Vereinigung die **a)** (Rechtsw.) organization; **b)** (Zusammenschluß) uniting; (von Unternehmen) merging; (geh.: Koitus) union; **d)** (Zusammentreffen) assembly; (von Flüssen) meeting; merging
Vereinigungs-: **~freiheit** die s. **Koalitionsfreiheit;** **~menge** die (Math.) union of sets
vereinnahmen tr. V. (Kaufmannsspr.) take; collect ⟨dividend⟩; (fig.) monopolize
vereinsamen itr. V.; mit sein become [increasingly] lonely or isolated
Vereinsamung die; ~: loneliness; isolation
Vereins-: **~freiheit** die freedom of association; **~kamerad** der fellow club etc. member; **~lokal** das club's etc. local pub (Brit. coll.)/meeting room; **~meier** der (ugs. abwertend) [real] clubman; enthusiast for club life; **~meierei** die (ugs. abwertend) enthusiasm for club life
vereinzeln tr. V. **a)** (geh.) isolate; **b)** (Forstw., Landw.) thin out
vereinzelt 1. Adj.; nicht präd. occasional; isolated, occasional ⟨shower, outbreak of rain, etc.⟩; **in ~en Fällen** in isolated cases. 2. adv. (zeitlich) occasionally; now and then; (örtlich) here and there
Vereinzelung die; ~, ~en isolation
vereisen 1. itr. V.; mit sein freeze or ice over; ⟨wing⟩ ice up; ⟨lock⟩ freeze up; **eine vereiste Fahrbahn** an icy carriageway. 2. tr. V. (Med.) freeze
Vereisung die; ~, ~en **a)** freezing or icing over; (einer Tragfläche) icing up; (eines Schlosses) freezing up; **b)** (Med.) freezing
vereiteln tr. V. thwart; prevent; thwart, foil ⟨attempt, plan, etc.⟩; thwart, frustrate ⟨efforts, intentions, etc.⟩
Vereitelung die; ~: s. **vereiteln:** thwarting; prevention; foiling; frustrating
vereitern itr. V.; mit sein go septic; **vereitert sein** be septic; **dieser Zahn ist vereitert** this tooth has an abscess
Vereiterung die; ~, ~en suppuration; (eines Zahns) abscess
verekeln tr. V. **jmdm. etw. ~:** put sb. off sth.
verelenden itr. V.; mit sein (geh., Soziol.) sink into poverty
Verelendung die; ~, ~en (geh., Soziol.) impoverishment
Verelendungs·theorie die (Soziol.) theory of the pauperization of the proletariat

verenden itr. V.; mit sein perish; die
verengen 1. refl. V. narrow; become narrow; ⟨pupils⟩ contract; ⟨blood-vessel⟩ constrict, become constricted. 2. tr. V. make narrower; narrow; restrict, narrow ⟨field of vision etc.⟩; make ⟨circle, loop⟩ smaller
Verengung die; ~, ~en **a)** (das [Sich]verengen) narrowing; (eines Blutgefäßes) constriction; **b)** (verengte Stelle) narrow part
vererben 1. tr. V. **a)** leave, bequeath ⟨property⟩ (Dat. + Akk. to); bequeath (joc.) (Dat. to); **b)** (Biol., Med.) transmit, pass on ⟨characteristic, disease⟩; pass on ⟨talent⟩ (Dat., auf + Akk. to). 2. refl. V. (Biol., Med.) ⟨disease, tendency⟩ be passed on or transmitted (auf + Akk. to)
vererblich Adj. heritable ⟨goods, property⟩
Vererbung die; ~, ~en (Biol., Med.) heredity no art.; **das ist ~:** it runs in the family
Vererbungs·lehre die genetics sing., no art.
verewigen 1. tr. V. immortalize; (andauern lassen) perpetuate ⟨situation etc.⟩; preserve ⟨text⟩ for posterity. 2. refl. V. (ugs.: Spuren hinterlassen) leave one's mark
¹**verfahren** 1. unr. refl. V. lose one's way. 2. unr. tr. V. use up ⟨petrol⟩; **50 DM mit dem Taxi ~:** spend 50 marks on a taxi/taxis. 3. unr. itr. V.; mit sein **a)** (handeln) proceed; **b)** (umgehen) **mit jmdm./etw. ~:** deal with sb./sth.
²**verfahren** Adj. dead-end ⟨situation⟩
Verfahren das; ~s, ~ **a)** procedure; (Technik) process; (Methode) method; **b)** (Rechtsw.) proceedings pl.
Verfahrens-: **~frage** die question or matter of procedure; procedural question or matter; **~technik** die process engineering no art.; **~weise** die procedure; method of proceeding; modus operandi
Verfall der; o. Pl. **a)** decay; dilapidation; (fig.: der Preise, einer Währung) collapse; **mit der Pensionierung begann sein gesundheitlicher ~:** on retirement his health started to deteriorate; **b)** (Auflösung) decline; **sittlicher ~:** moral degeneracy; **c)** (das Ungültigwerden) expiry
-verfall der: **Dollar-/Währungs-~:** collapse of the dollar/currency; **Preis-~:** collapse of prices
verfallen unr. itr. V.; mit sein **a)** (baufällig werden) fall into disrepair; become dilapidated; **b)** (körperlich) ⟨strength⟩ decline; **der Kranke verfiel zusehends** the patient went into a rapid decline; **c)** (untergehen) ⟨empire⟩ decline; (morals, morale) deteriorate; **d)** (ungültig werden) expire; **e)** (hörig werden) jmdm. ~: become a slave; **einem Irrtum ~:** fall a victim to an error; **dem Alkohol ~:** become addicted to alcohol; **jmdm. ~ sein** be completely captivated by sb.; **f)** (geraten) **in einen Schlummer ~:** sink into a doze; **in den alten Fehler/Ton ~:** make the same old mistake/adopt the same old tone; **g)** (übergehen) **in seinen Dialekt ~:** lapse into one's dialect; **das Pferd verfiel in [einen] Trab** the horse broke into a trot; **h)** auf jmdn./etw. ~: think of sb./sth.; **auf einen sonderbaren Gedanken ~:** hit upon a strange idea; **warum seid ihr gerade auf uns ~?** what made you turn to us?; **i)** (zufallen) **dem Staat ~:** be forfeited to the state
Verfalls-: **~datum** das use-by date; (ugs.: Mindesthaltbarkeitsdatum) best-before date; **~erscheinung** die symptom of decline (Gen. in); (in der Sprache) sign of deterioration
verfälschen tr. V. distort, misrepresent ⟨statement, message⟩; falsify, misrepresent ⟨facts, history, truth⟩; falsify ⟨painting, banknote⟩; adulterate ⟨wine, milk, etc.⟩
Verfälschung die s. **verfälschen:** distortion; misrepresentation; falsification; adulteration

verfangen 1. *unr. refl. V.* get caught; *(fig.)* become entangled (**in** + *Dat.* in); **sich in Widersprüchen** ~ *(fig.)* contradict oneself. **2.** *unr. itr. V.* have the desired effect; **wenig/nicht** ~: have little/no effect; **solche Tricks** ~ **bei mir nicht** such tricks cut no ice with me *(sl.)*; such tricks won't get you/him *etc.* anywhere *or* won't work with me

verfänglich [fɛɐ̯'fɛŋlɪç] *Adj.* awkward, embarrassing ⟨*situation, question, etc.*⟩; incriminating ⟨*evidence, letter, etc.*⟩

verfärben 1. *refl. V.* change colour; ⟨*washing*⟩ become discoloured; ⟨*leaves*⟩ turn; **sich rot** ~: have felt/be stained red/turn red. **2.** *tr. V.* discolour

Verfärbung die a) ⟨*das [Sich]verfärben*⟩ change of colour; **b)** ⟨*verfärbte Stelle*⟩ discoloration; discoloured patch

verfassen *tr. V.* write; write, compose ⟨*poetry*⟩; write, draw up ⟨*document, law, etc.*⟩; draw up ⟨*resolution*⟩

Verfasser der; ~**s,** ~, **Verfasserin die;** ~, ~**nen** writer; *(eines Buchs, Artikels usw.)* author; writer

Verfasserschaft die; ~: authorship

Verfassung die a) *(Politik)* constitution; **b)** *o. Pl. (Zustand)* state [of health/mind]; **in guter/schlechter** ~ **sein** be in good/poor shape; **in bester** ~ **sein** on top form; **nicht in der** ~ **sein, Witze zu machen** not be in a joking mood; be in no mood to joke *or* to make jokes

verfassung·gebend *Adj.; nicht präd.* constituent ⟨*assembly, power, etc.*⟩

verfassungs-, Verfassungs-: ~**änderung die** constitutional amendment; ~**beschwerde die** *(Rechtsw.)* complaint about an infringement/infringements of the constitution *(committed by the State)*; ~**bruch der** breach of the constitution; ~**feindlich** *Adj.* anticonstitutional; ~**gericht das** constitutional court; ~**konform** *Adj.; nicht attr.* in conformity with the constitution; ~**mäßig 1.** *Adj.* constitutional; **2.** *adv.* constitutionally; in accordance with a/the constitution; ~**schutz der a)** defence *or* protection of the constitution; **b)** *(Ämter)* authorities responsible for the defence *or* protection of the constitution

verfaulen *itr. V.; mit sein* rot; *(fig.)* ⟨*system, social order*⟩ decay; *(fig.: moralisch)* degenerate

verfechten *unr. tr. V. (eintreten für)* advocate, champion ⟨*theory, hypothesis, etc.*⟩; uphold ⟨*view*⟩; *(verteidigen)* defend

Verfechter der, Verfechterin die; ~, ~**nen** advocate; champion

verfehlen *tr. V.* **a)** *(verpassen)* miss ⟨*train, person, etc.*⟩; **b)** *(vorbeigehen)* miss ⟨*goal, target, etc.*⟩; **er hat seinen Beruf verfehlt** *(fig.)* he has missed his true vocation *or* is in the wrong job; **eine verfehlte Politik** *(fig.)* an unsuccessful policy; *s. auch* **Thema a**

Verfehlung die; ~, ~**en** misdemeanour; *(Rel.: Sünde)* transgression

verfeinden *refl. V.* **sich** ~ **mit** make an enemy of; **verfeindet sein** be enemies; **sie hatten sich wegen einer Kleinigkeit verfeindet** they had fallen out over a trifling matter

verfeinern [fɛɐ̯'fainɐn] **1.** *tr. V.* improve; refine ⟨*method, procedure, sense*⟩. **2.** *refl. V.* improve; ⟨*method, procedure, sense*⟩ be refined

Verfeinerung die; ~, ~**en a)** *s.* **verfeinern 1, 2:** improvement; refinement; **etw. zur** ~ **tun** do sth. as a refinement; **b)** *(etwas Verfeinertes)* refinement

verfemen *tr. V. (geh.)* outlaw ⟨*person, act*⟩; *(verbieten)* ban; *(innerhalb einer Gruppe)* ostracize ⟨*person*⟩

Verfemte der/die; *adj. Dekl. (geh.)* outlaw; *(fig.)* ostracized person

verfertigen *tr. V.* produce; make; produce ⟨*document*⟩

Verfertigung die production

verfestigen 1. *tr. V.* harden; *(verstärken)* reinforce; strengthen. **2.** *refl. V.* harden; *(verstärkt werden)* be reinforced *or* strengthened; *(sich etablieren)* become firmly established (**zu** + *Dat.* as)

Verfestigung die hardening; *(Verstärkung)* reinforcement; strengthening

verfetten *itr. V.; mit sein* become [too] fat

verfeuern *tr. V.* **a)** burn; **alles Holz verfeuert haben** have used up all the wood; **b)** *(verschießen)* fire; **alle Munition war verfeuert** all the ammunition had been used up

verfilmen *tr. V.* **a)** film; make a film of; **der Roman wird jetzt verfilmt** the novel is now being made into a film; **b)** *(auf Mikrofilm aufnehmen)* microfilm

Verfilmung die; ~, ~**en a)** *(das Verfilmen)* filming; **b)** *(Film)* film [version]

verfilzen *itr. V.; mit sein* ⟨*fabric, garment*⟩ felt; become felted; ⟨*hair*⟩ become matted

verfinstern 1. *tr. V.* obscure ⟨*sun etc.*⟩. **2.** *refl. V. (auch fig.)* darken

Verfinsterung die; ~, ~**en** darkening

verflachen 1. *itr. V.; mit sein* ⟨*ground*⟩ flatten *or* level out, become flatter; ⟨*water*⟩ become shallow; *(fig.)* ⟨*discussion*⟩ become superficial *or* trivial. **2.** *refl. V.* ⟨*ground*⟩ flatten *or* level out. **3.** *tr. V.* flatten; level

verflechten *unr. tr. V.* interweave; intertwine; interlace; *(verwickeln)* involve; **[eng/innig] miteinander verflochten sein** *(fig.)* be [closely/intimately] interlinked

Verflechtung die; ~, ~**en** interconnection; *(Verwicklung)* involvement; **eine gegenseitige** ~ **finanzielle** ~: a financial link-up

verfliegen 1. *unr. refl. V.* ⟨*pilot*⟩ lose one's way; ⟨*aircraft*⟩ get off course. **2.** *unr. itr. V.; mit sein* **a)** *(verschwinden)* ⟨*smoke*⟩ disperse, vanish; ⟨*scent, smell*⟩ fade, disappear; ⟨*mood, tiredness*⟩ evaporate; **b)** *(sich verflüchtigen)* ⟨*alcohol etc.*⟩ evaporate; **c)** *(vorübergehen)* ⟨*time*⟩ fly by; ⟨*anger*⟩ pass

verfließen *unr. itr. V.* **a)** *(verschwimmen)* merge; ⟨*colours*⟩ run; **b)** *(geh. vergehen)* go by; pass

verflixt [fɛɐ̯'flɪkst] *(ugs.)* **1.** *Adj.* **a)** *(ärgerlich)* awkward, unpleasant ⟨*situation, business, etc.*⟩; **b)** *(abwertend: verdammt)* blasted *(coll.)*; blessed; confounded; ~ **[noch mal]!,** ~ **noch eins!,** ~ **und zugenäht!** [damn and] blast *(Brit. coll.)*; **c)** *nicht präd. (sehr groß)* **er hat** ~**es Glück gehabt** he was damned lucky *(coll.)*. **2.** *adv. (sehr)* damned *(coll.)*; **das sieht** ~ **nach Betrug aus** that looks damned close to fraud *(coll.)*

verflossen 1. 2. *Part. v.* **verfließen. 2.** *Adj. (ugs.)* former; **seine** ~**e Freundin** his ex-girlfriend; **mein Verflossener/meine Verflossene** my ex *(coll.)*

verfluchen *tr. V.* curse

verflucht 1. *Adj. (salopp)* **a)** *(verdammt)* damned *(coll.)*; bloody *(Brit. sl.)*; **verflucht [noch mal]!, verflucht und zugenäht!** *(derb)* damn [it] *(coll.)*; **b)** *nicht präd. (sehr groß)* **wir hatten** ~**es Glück/Pech** we were damned lucky/unlucky *(coll.)*. **2.** *adv. (sehr)* damned *(coll.)*

verflüchtigen 1. *tr. V. (bes. Chemie)* evaporate. **2.** *refl. V.* **a)** *(in Gas übergehen)* ⟨*alcohol etc.*⟩ evaporate; **b)** *(sich auflösen)* disperse; ⟨*smell*⟩ disappear; *(fig.)* ⟨*fear, astonishment*⟩ subside; ⟨*cheerfulness, mockery*⟩ vanish; ⟨*time of youth*⟩ be dissipated; **c)** *(ugs. scherzh.: sich davonmachen)* make oneself scarce *(coll.)*

verflüssigen *(bes. Chemie, Physik)* **1.** *tr. V.* liquefy. **2.** *refl. V.* liquefy; become liquid

Verflüssigung die; ~, ~**en** liquefaction

verfolgen *tr. V.* **a)** pursue; hunt; track ⟨*animal*⟩; **jmdm. auf Schritt und Tritt** ~: follow sb. wherever he/she goes; **der Gedanke daran verfolgte ihn** *(fig.)* the thought of it haunted him; **vom Pech verfolgt sein** *(fig.)* be dogged by bad luck; **jmdn. mit Blicken** *od.* **den Augen** ~ *(fig.)* follow sb. with one's eyes; **b)** *(bedrängen)* plague; **jmdn. mit Bitten** ~: badger sb. with requests; **er verfolgte sie mit seiner Eifersucht** because he was jealous, he would not leave her in peace; **c)** *(bedrohen)* persecute; **politisch verfolgt sein** *od.* **werden** be a victim of political persecution; **d)** *(folgen)* follow ⟨*path etc.*⟩; **e)** *(zu verwirklichen suchen)* pursue ⟨*policy, plan, career, idea, purpose, etc.*⟩; **f)** *(beobachten)* follow ⟨*conversation, events, trial, developments, etc.*⟩; **g)** **etw. [strafrechtlich]** ~: prosecute sth.

Verfolger der; ~**s,** ~, **Verfolgerin die;** ~, ~**nen** pursuer; *(Häscher)* persecutor

Verfolgte der/die; *adj. Dekl.* victim of persecution

Verfolgung die; ~, ~**en a)** *(das Hinterhereilen)* pursuit; **die** ~ **aufnehmen** take up the chase; **b)** *(Bedrohung)* persecution; **c)** *s.* **verfolgen e:** pursuance; **d)** **[strafrechtliche]** ~: prosecution

Verfolgungs-: ~**jagd die** pursuit; chase; ~**rennen das** *(Radsport)* pursuit race; ~**wahn der** *(Psych.)* persecution mania

verformbar *Adj.* malleable; workable

verformen 1. *tr. V.* **a)** make ⟨*object*⟩ go out of shape; distort; **b)** *(Technik)* work ⟨*steel, plastic, etc.*⟩. **2.** *refl. V.* go out of shape; distort; become distorted

Verformung die distortion

verfrachten *tr. V.* transport; *(mit dem Schiff)* ship; **jmdn. ins Bett/in einen Streifenwagen** ~ *(fig.)* bundle sb. into bed/into a patrol car

verfranzen [fɛɐ̯'frantsn̩] *refl. V.* **a)** *(Fliegerjargon)* stray off course; **b)** *(ugs.: sich verirren)* lose one's way

verfremden *tr. V.* **[jmdm.] etw.** ~: make sth. [appear] unfamiliar [to sb.]; *(Theaterw., Kunstw.)* distance sth. [from sb.]

Verfremdung die; ~, ~**en** *(Theaterw., Kunstw.)* alienation; distancing

Verfremdungs·effekt der *(Theaterw.)* alienation *or* distancing effect

¹**verfressen** *unr. tr. V. (salopp)* blow *(sl.)* ⟨*money*⟩ on food

²**verfressen** *Adj. (salopp abwertend)* piggish *(coll.)*; greedy

Verfressenheit die; ~ *(salopp abwertend)* piggishness *(coll.)*; greediness

verfroren *Adj.* **a)** *(durchgefroren)* frozen; freezing cold; **b)** *(leicht frierend)* sensitive to the cold; ~ **sein** feel the cold

verfrühen *refl.* arrive *or* come *or* be too early; **diese Maßnahme halte ich für verfrüht** I consider this measure to be premature

verfügbar *Adj.* available; **nicht** ~: unavailable

Verfügbarkeit die; ~: availability

verfügen 1. *tr. V. (anordnen)* order; *(dekretieren)* decree; **in seinem Testament** ~, **daß ...:** decree in one's will that .... **2.** *itr. V.* **a)** *(bestimmen)* **über etw.** *(Akk.)* **[frei]** ~ **können** be free to decide what to do with sth.; **über jmdn.** ~: tell sb. what to do; **bitte** ~ **Sie über mich!** *(geh.)* I am at your disposal; **b)** *(haben)* **über etw.** *(Akk.)* ~: have sth. at one's disposal; **über gute Beziehungen/große Erfahrung** ~: have good connections/great experience. **3.** *refl. V. (veralt., scherzh.: sich begeben)* proceed

Verfügung die; ~, ~**en a)** *(Anordnung)* order; *(Dekret)* decree; **eine** ~ **erlassen** issue a decree; **seine letztwilligen** ~ **en** his last will and testament; ~ **en treffen** make provision *sing.*; **„** ~ **von Todes wegen"** *(Amtsspr.)* 'Last Will and Testament'; *s. auch* **einstweilig; b)** *o. Pl. (Disposition)* **etw. zur** ~ **haben** have sth. at one's disposal; **jmdm. etw. zur** ~ **stellen** put sth. at sb.'s disposal; **sein Amt zur** ~ **stellen** offer to give up one's post or office; **jmdm. zur** ~ **stehen** be at sb.'s disposal; **sich zur** ~ **halten** hold oneself ready

Verfügungs·gewalt die power of dis-

verführen

posal; ~ über etw. *(Akk.)* haben *(fig.)* have power over sth.
verführen 1. *tr. V.* **a)** *(verleiten)* tempt; **jmdn. zum Trinken ~:** encourage sb. to take up drinking; **jmdn. zu einem Bier ~** *(scherzh.)* tempt sb. to a beer; **b)** *(sexuell)* seduce. 2. *itr. V.* **zu etw. ~:** be a temptation to sth.
Verführer *der* seducer
Verführerin *die* seductress
verführerisch 1. *Adj.* **a)** *(verlockend)* tempting; **b)** *(aufreizend)* seductive. 2. *adv.* **a)** *(verlockend)* temptingly; **b)** *(aufreizend)* seductively
Verführung *die* **a)** temptation; **b)** *(sexuell)* seduction; **c)** *(Reiz)* enticement
verfüttern *tr. V.* **a)** feed (+ *Dat.* to); **b)** *(verbrauchen)* use [up] as animal/bird food
Vergabe *die* allocation; *(eines Auftrages)* placing; awarding; *(eines Stipendiums, eines Preises)* award
vergackeiern [fɛɐ̯'gakˌlaɪ̯ɐn] *tr. V. (salopp)* **jmdn. ~:** pull sb.'s leg *(coll.)*
vergaffen *refl. V. (ugs.)* **sich in jmdn. ~:** fall for sb.
vergällen [fɛɐ̯'gɛlən] *tr. V.* **a)** *(verderben)* spoil ⟨enjoyment etc.⟩; sour ⟨life⟩; **b)** *(bes. Chemie)* denature; denaturalize
vergaloppieren *refl. V. (ugs.)* drop a clanger *(sl.)*; *(zu schnell vorgehen)* fall over oneself
vergammeln *(ugs.)* 1. *itr. V.; mit sein* ⟨food⟩ go bad. 2. *tr. V.* waste ⟨time⟩; **den ganzen Sonntag im Bett ~:** idle away the whole of Sunday in bed
vergammelt *Adj. (ugs. abwertend)* scruffy *(coll.)*; tatty *(coll.)*; decrepit ⟨vehicle⟩
vergangen [fɛɐ̯'gaŋən] 1. 2. *Part. v.* **vergehen.** 2. *Adj.; nicht präd.* **a)** *(vorüber, vorbei)* bygone, former ⟨times, years, etc.⟩; **die ~e Sitzung** the previous *or* last meeting; **b)** *(letzt...)* last ⟨year, Sunday, week, etc.⟩; **c)** *(ehemalig)* former
Vergangenheit *die;* **~, en a)** *o. Pl. (Zeit)* past; **die jüngste ~:** the recent past; **etw. gehört der ~ an** sth. is a thing of the past; **einen Strich unter die ~ ziehen** let bygones be bygones; **b)** *(Leben)* past; *(einer Stadt usw.)* past; history; **eine Frau mit ~:** a woman with a past; **c)** *(Grammatik)* past tense
Vergangenheits·bewältigung *die; o. Pl.* coming to terms with the past
vergänglich [fɛɐ̯'gɛŋlɪç] *Adj.* transient; transitory; ephemeral ⟨alles Irdische ist ~⟩: all earthly things will pass away
Vergänglichkeit *die; ~:* transience; transitoriness
vergären 1. *unr. od. regelm. tr. V.* ferment (**zu** into). 2. *unr. od. regelm. itr. V.; mit sein (bes. Chemie)* ferment
vergasen *tr. V.* **a)** *(bes. Physik)* gasify; **b)** *(töten)* gas
Vergaser *der; ~s, ~ (Kfz-W.)* carburettor
vergaß [fɛɐ̯'gaːs] *1. u. 3. Pers. Sg. Prät. v.* **vergessen**
Vergasung *die; ~, ~en a)** *(von Kohle)* gasification; **b)** *(Tötung)* gassing; **c) bis zur ~** *(ugs.)* ad nauseam
vergattern *tr. V. (bes. Milit.)* remind ⟨soldier⟩ of his duties; *(fig.)* reprimand; **jmdn. ~, etw. zu tun** *(fig.)* enjoin sb. to do sth.; **jmdn. zu Stillschweigen ~** *(fig.)* swear sb. to silence
vergeben *unr. tr. V.* **a)** *auch itr. V. (geh.: verzeihen)* forgive; **jmdm. etw. ~:** forgive sb. [for] sth.; **b)** throw away ⟨chance, goal, etc.⟩; **einen Elfmeter ~:** waste a penalty; **c)** *(geben)* place ⟨order⟩ (**an** + *Akk.* with); award ⟨grant, prize⟩ (**an** + *Akk.* to); **seine Töchter sind alle schon ~:** his daughters are all married [*or* engaged] already; **b) sich** *(Dat.)* **etwas/nichts ~:** lose/not lose face
vergebens 1. *Adv.* in vain; vainly. 2. *adj.* **es war ~:** it was of *or* to no avail

vergeblich 1. *Adj.* futile; vain, futile ⟨attempt, efforts⟩; **alles Bitten/Zureden war ~:** all pleading/encouragement was of *or* to no avail; no amount of pleading/encouragement did any good. 2. *adv.* in vain; vainly
Vergeblichkeit *die; ~:* futility
Vergebung *die; ~, ~en (geh.)* forgiveness
vergegenständlichen *(bes. Philos.) tr. V.* reify; hypostatize
vergegenwärtigen [od. ---'---] *refl. V.* **sich** *(Dat.)* **etw. ~:** imagine sth.; *(erinnern)* recall sth.
Vergegenwärtigung *die; ~, ~en s.* **vergegenwärtigen:** imagining; recalling
vergehen 1. *unr. itr. V.; mit sein* **a)** *(verstreichen)* ⟨time⟩ pass [by], go by; **es vergeht kein Tag, an dem er nicht anruft** not a day passes by without him ringing up *(Brit.) or (coll.)* phoning; **wie [doch] die Zeit vergeht!** how time flies!; **b)** *(nachlassen)* ⟨pain⟩ wear off, pass; ⟨pleasure⟩ fade; **ihr verging der Appetit** she lost her appetite; **c)** *(sich verflüchtigen)* ⟨cloud, scent⟩ disappear; ⟨fog⟩ lift; **d)** *(geh.: sterben)* pass away; **e)** *(verschmachten)* die (**vor** + *Dat.* of); **vor Sehnsucht ~:** pine away. 2. *unr. refl. V.* **a)** *(verstoßen)* **sich gegen das Gesetz ~:** violate the law; **sich an fremdem Eigentum ~** *(geh.)* steal another's property; **b)** *(sexuell)* **sich an jmdm. ~:** commit indecent assault on sb.; indecently assault sb.
Vergehen *das; ~s, ~:* crime; *(Rechtsspr.)* offence
vergeigen *(ugs.) tr. V.* botch up ⟨test, performance, etc.⟩; lose ⟨game, match⟩
vergeistigt *Adj.* spiritual
vergelten *unr. tr. V.* repay (**durch** with); **jmdm. etw. ~:** repay sb. for sth.; **jmds. Freundlichkeit ~:** return sb.'s kindness; **eine Niederlage blutig ~:** take bloody revenge for a defeat; **vergelt's Gott!** God bless you!
Vergeltung *die* **a)** repayment; **b)** *(Rache)* revenge; **~ an jmdm./etw. üben** take revenge on sb./sth.; **die ~ eines Unrechts** the avenging of a wrong
Vergeltungs-: **~maßnahme** *die* retaliatory measure; **~schlag** *der* retaliatory strike
vergesellschaften *tr. V.* socialize
Vergesellschaftung *die; ~, ~en* socialization
vergessen [fɛɐ̯'gɛsn̩] 1. *unr. tr. (auch itr.) V.* forget; *(liegenlassen)* leave behind; **seine Umgebung/sich völlig ~:** become totally engrossed; **er wird noch einmal seinen Kopf ~** *(ugs.)* he'd forget his head if it wasn't screwed on; **... und nicht zu ~ Tante Erna ...:** and not forgetting Aunt Erna; **das kannst du ~!** *(ugs.)* forget it!; you can forget about that!; **auf etw.** *(Akk.)* **~** *(südd., österr.)* forget sth.. 2. *refl. V. (sich nicht beherrschen)* forget oneself
Vergessenheit *die; ~:* oblivion; **in ~ geraten** fall into oblivion
vergeßlich [fɛɐ̯'gɛslɪç] *Adj.* forgetful
Vergeßlichkeit *die; ~:* forgetfulness
vergeuden [fɛɐ̯'gɔɪ̯dn̩] *tr. V.* waste; squander, waste ⟨money⟩
Vergeudung *die; ~, ~en* waste; squandering; **so eine ~!** what a waste!
vergewaltigen *tr. V.* **a)** rape; **b)** *(fig.)* oppress ⟨nation, people⟩; violate ⟨truth, conscience, law, language, etc.⟩
Vergewaltigung *die; ~, ~en a)** rape; **b)** *s.* **vergewaltigen b:** oppression; violation
vergewissern *refl. V.* **sich** *(Gen)* **~:** make sure (+ *Gen* of); **der Lehrer vergewisserte sich durch Fragen, ob ...:** the teacher ascertained by asking questions whether ...
Vergewisserung *die; ~:* ascertainment; **nur zur ~:** just as a check
vergießen *unr. tr. V.* **a)** *(verschütten)* spill; **b) Tränen ~:** shed tears; **viel Schweiß ~:** sweat blood *(fig.)*; *s. auch* **Blut**

vergiften *tr. V. (auch fig.)* poison
Vergiftung *die; ~, ~en a)** *(das Vergiften)* poisoning; **~ durch Nahrungsmittel** food poisoning; **b)** *(Erkrankung)* poisoning; **~en behandeln** treat cases of poisoning; **an einer ~ sterben** die of poisoning
Vergil [vɛr'giːl] *(der)* Virgil
vergiß [fɛɐ̯'gɪs] *Imper. Sg. v.* **vergessen**
Vergiß·mein·nicht *das;* **~[e]s, ~[e]** forget-me-not
vergißt *2. u. 3. Pers. Sg. Präs. v.* **vergessen**
vergittern *tr. V.* put a grille on ⟨window etc.⟩; *(mit Stangen)* put bars over ⟨window etc.⟩; **ein vergittertes Fenster** a barred window
verglasen *tr. V.* glaze; **das Fenster neu ~:** put new glass in the window
Verglasung *die; ~, ~en a)** *o. Pl.* glazing; **b)** *(Glasscheiben)* panes *pl.* of glass
Vergleich *der; ~[e]s, ~e a)** comparison; **dieser ~ drängt sich einem geradezu auf** one cannot help making this comparison; **dieser ~ hinkt** this is a poor comparison; **das ist doch kein ~!** there is no comparison; **einen ~ anstellen** draw *or* make a comparison; **er hält dem ~ mit seinem Bruder nicht stand** he doesn't compare *or* stand comparison with his brother; **im ~ zu** *od.* **mit etw.** in comparison with sth.; compared with *or* to sth.; **etw. zum ~ heranziehen** use sth. by way of comparison; **b)** *(Sprachw.)* simile; **c)** *(Rechtsw.)* settlement; **einen ~ schließen** reach a settlement
vergleichbar *Adj.* comparable
Vergleichbarkeit *die; ~:* comparability
vergleichen 1. *tr. V.* compare (**mit** with, to); **die Uhrzeit ~:** check that one has the correct time; **das ist [doch gar] nicht zu ~:** that [really] doesn't stand comparison *or* compare; **vergleiche Seite 77** compare page 77; **~de Literaturwissenschaft** comparative literature. 2. *refl. V.* **a) sich mit jmdm. ~:** compete with sb.; **b)** *(Rechtsw.)* reach a settlement; settle
Vergleichs-: **~form** *die (Sprachw.)* comparative/superlative form; **~kampf** *der (Sport)* friendly match; **~maß·stab** *der* standard *or* yardstick of comparison; **~möglichkeit** *die* opportunity for comparison; **~partikel** *die (Sprachw.)* comparative particle; **~verfahren** *das (Rechtsw.)* composition proceedings *pl.*; **~weise** *Adv.* comparatively
vergletschert *Adj.; mit sein* become glaciated; **vergletschert** glaciated
verglimmen *unr. od. regelm. itr. V.; mit sein (fire etc.)* die down; go out; ⟨cigarette, embers⟩ go out
verglühen *itr. V.; mit sein* ⟨log, wick, fire, etc.⟩ smoulder and go out; ⟨glow of sunset⟩ fade; ⟨satellite, rocket, wire, etc.⟩ burn out
vergnügen [fɛɐ̯'gnyːgn̩] 1. *refl. V.* enjoy oneself; have a good time; **sich beim Tanzen ~:** enjoy oneself dancing. 2. *tr. V.* amuse
Vergnügen *das; ~s, ~:* pleasure; *(Spaß)* fun; **ein teueres ~** *(ugs.)* an expensive bit of fun *(coll.)*; **ein kindliches ~ bei etw. empfinden** take a childlike pleasure *or* delight in sth.; **es ist mir ein ~:** it's a pleasure; **es war mir ein ~, Sie kennenzulernen** it was a pleasure meeting you; **das ~ ist ganz meinerseits** *od.* **auf meiner Seite** the pleasure is all mine; **mit wem habe ich das ~?** with whom do I have the pleasure of speaking?; **etw. macht jmdm. [großes] ~:** sth. gives sb. [great] pleasure; **sein ~ an etw.** *(Dat.)* **haben** take [very much]; **sich ein ~ daraus machen, etw. zu tun** derive pleasure from doing sth.; **ich wünsche dir viel ~!** I hope you have a good time *od.* enjoy yourself; **viel ~!** *(auch iron.)* have fun!; **mit [dem größten] ~:** with [the greatest of] pleasure; **etw. aus reinem ~** *od.* **zum ~ tun** do sth. just for the fun of it *or* for pleasure; **zu meinem ~:** to my great joy

vergnüglich 1. *Adj.* amusing, entertaining ⟨*play, programme*⟩. **2.** *adv.* amusingly; entertainingly
vergnügt 1. *Adj.* a) *(in guter Laune)* cheerful; happy ⟨*smile*⟩; merry ⟨*group of people*⟩; b) *(unterhaltsam)* enjoyable. **2.** *adv.* (*in guter Laune*) cheerfully; ⟨*smile*⟩ happily
Vergnügtheit die; ~: cheerfulness
Vergnügung die; ~, ~en a) *(Zeitvertreib)* pleasure; b) *(Veranstaltung)* entertainment
vergnügungs-, Vergnügungs-: ~**fahrt** die pleasure-trip; ~**industrie** die entertainment industry; ~**lokal** das bar providing entertainment; *(Nachtlokal)* night-club; ~**park** der amusement park; ~**reise** die pleasure-trip; ~**steuer** die entertainment tax; ~**sucht** die; *o. Pl.* (*oft abwertend*) craving for pleasure; ~**süchtig** *Adj.* pleasure-hungry; ~**viertel** das pleasure district
vergolden *tr. V.* a) gold-plate ⟨*jewellery etc.*⟩; *(mit Blattgold)* gild ⟨*statue, dome, etc.*⟩; *(mit Gold bemalen)* paint ⟨*statue, dome, etc.*⟩ gold; *(fig.)* ⟨*evening sun*⟩ bathe ⟨*roof-tops etc.*⟩ in gold; b) *(geh.: verklären)* brighten up
vergönnen *tr. V.* grant; **es war ihm nicht vergönnt** it was not granted him
vergotten *tr. V.* deify
vergöttern [fɛɐ̯ˈɡœtɐn] *tr. V.* idolize
Vergötterung die; ~, ~en idolization
vergöttlichen *tr. V. (göttlich machen)* deify; *(als Gott verehren)* worship [as God]
vergraben 1. *unr. tr. V.* bury; **sein Gesicht in beide Hände** *od.* **in beiden Händen** ~: bury one's face in one's hands. **2.** *unr. refl. V.* ⟨*animal*⟩ bury itself (**in** + *Akk. od. Dat.* in); *(fig.)* withdraw from the world; hide oneself away; **sich in die Arbeit/in seine Bücher** ~ *(fig.)* bury oneself in one's work/books
vergrämen *tr. V.* a) antagonize; b) *(Jägerspr.)* scare [off]
vergrämt *Adj.* care-worn
vergraulen *tr. V. (ugs.)* put off; **jmdm. etw.** ~: put sb. off sth.
vergreifen *unr. refl. V.* a) **sich im Ton/Ausdruck** ~: adopt the wrong tone/use the wrong expression; **sich in der Wahl seiner Mittel** ~: choose *or* select the wrong means; b) **sich an etw.** *(Dat.)* ~ *(an fremdem Eigentum)* misappropriate sth.; **sich an der Kasse** ~: put one's hand in the till *(euphem.)*; c) *(tätlich werden)* **sich an jmdm.** ~: assault sb.; *(geschlechtlich mißbrauchen)* [indecently] assault sb.; **ich werde mich an der Maschine nicht** ~ *(ugs.)* I'm not touching the machine; d) *(danebengreifen)* ⟨*musician*⟩ play a wrong note
vergreisen *itr. V.; mit sein* a) go senile; **vergreist** senile; b) *(überaltern)* ⟨*population*⟩ age
Vergreisung die; ~ a) senescence; b) *(Überalterung)* ageing
vergriffen 1. 2. *Part. v.* vergreifen. **2.** *Adj.* out of print *pred.*
vergröbern [fɛɐ̯ˈɡrøːbɐn] **1.** *tr. V.* coarsen. **2.** *refl. V.* become coarser
Vergröberung die; ~, ~en coarsening; **die Boulevardpresse arbeitet mit ~en** the popular press operates with crude generalizations
vergrößern [fɛɐ̯ˈɡrøːsɐn] **1.** *tr. V.* a) *(erweitern)* extend ⟨*room, area, building, etc.*⟩; increase ⟨*distance*⟩; **sein Repertoire** ~: extend *or* increase *or* enlarge one's repertoire; b) *(vermehren)* increase; **das Übel** ~: make the trouble worse; c) *(größer reproduzieren)* enlarge ⟨*photograph etc.*⟩. **2.** *refl. V.* a) *(größer werden)* ⟨*firm, business, etc.*⟩ expand; **eine krankhaft vergrößerte Leber** a pathologically enlarged liver; b) *(zunehmen)* increase. c) *(ugs.: durch Umzug)* give oneself more space. **3.** *itr. V.* ⟨*lens etc.*⟩ magnify
Vergrößerung die; ~, ~en a) *s.* vergrößern 1, 2: extension; increase; enlargement; expansion; b) *(Foto)* enlargement; **in 100facher** ~: enlarged 100fold
Vergrößerungs-: ~**apparat** der *(Fot.)* enlarger; ~**glas** das magnifying glass; ~**spiegel** der magnifying mirror
vergucken *refl. V. (ugs.)* a) *(sich verlieben)* **sich in jmdn./etw.** ~: fall for sb./sth. *(coll.)*; b) *(falsch sehen)* be mistaken [about what one saw]
Vergünstigung die; ~, ~en privilege
vergüten *tr. V.* a) *(erstatten)* **jmdm. etw.** ~: reimburse sb. for sth.; **jmdm. seine Unkosten/Auslagen** ~: reimburse sb. for his/her costs/reimburse *or* refund sb.'s expenses; b) *(bes. Papierdt.: bezahlen)* remunerate, pay for ⟨*work, services*⟩; **etw.** ~: pay for sth.
Vergütung die; ~, ~en a) *(Rückerstattung)* *(von Unkosten)* reimbursement; *(von Auslagen)* reimbursement; refunding; b) *(Geldsumme)* remuneration
verh. *Abk.* verheiratet m.
verhackstücken *tr. V. (ugs.)* a) *(abwertend: kritisieren)* ⟨*critic etc.*⟩ tear *or* pull to pieces; b) *(nordd.: besprechen)* discuss
verhaften *tr. V.* arrest; **Sie sind verhaftet** you are under arrest
verhaftet *Adj.* **einer Sache** *(Dat.)* ~ **sein** be trapped in sth.
Verhaftete der/die; *adj. Dekl.* person under arrest; man/woman under arrest; arrested man/woman
Verhaftung die; ~, ~en arrest
verhageln *itr. V.; mit sein* be destroyed by hail; *s. auch* Petersilie
verhaken 1. *tr. V.* a) *(zuhaken)* hook up; b) *(in etw. haken)* hook ⟨*needle etc.*⟩ (**in** + *Dat.* in). **2.** *refl. V.* ⟨*person*⟩ get hooked *or* caught up; ⟨*zip*⟩ get caught
verhallen *itr. V.; mit sein* ⟨*sound*⟩ die away; [**ungehört**] ~ *(fig.)* ⟨*call, words, etc.*⟩ go unheard *or* unheeded
¹verhalten 1. *unr. refl. V.* a) *(reagieren)* react; **sich still** *od.* **ruhig** ~: keep quiet; **ich verhielt mich abwartend** I decided to wait and see; b) *(sich benehmen)* behave; c) *(beschaffen sein)* be; **die Sache verhält sich nämlich so** this is how things stand *or* the matter stands; **das Verhältnis stehen) a verhält sich zu b wie x zu y** a is to b as x is to y; **die beiden Größen** ~ **sich zueinander wie 1:10** the two values are in a ratio of 1:10. **2.** *unr. tr. V.* a) *(geh.: zurückhalten)* restrain, contain ⟨*anger*⟩; restrain ⟨*mockery*⟩; contain ⟨*laughter*⟩; hold back ⟨*tears, urine*⟩; b) *(Reiten)* s. ²parieren c; c) *auch itr. (geh.)* [**den Schritt**] ~: slow down; check one's pace; *(stehenbleiben)* stop
²verhalten 1. *Adj.* a) *(unterdrückt)* restrained; **mit ~em Tempo** at a measured pace; **mit ~en Schritten** treading quietly; **mit ~em Atem** with bated breath; b) *(dezent)* restrained, subdued, muted ⟨*colours*⟩; muted, soft ⟨*notes, voice, etc.*⟩; c) *(zurückhaltend)* reserved; **eine ~e Fahrweise** a cautious way of driving. **2.** *adv. a) (unterdrückt)* in a restrained manner; b) *(zurückhaltend)* in a reserved manner; ~ **fahren** drive cautiously; c) *(dezent)* ⟨*speak, play, etc.*⟩ softly
Verhalten das; ~s behaviour; *(Vorgehen)* conduct
verhaltens-, Verhaltens-: ~**forschung** die; *o. Pl.* behavioural research *no art.*; *(Ethologie)* ethology *no art.*; ~**gestört** *Adj. (Psych.)* ⟨*person, child*⟩ with a behavioural disorder; ~**maß·regel** die; *meist Pl.* rule of conduct; ~**maßregeln für den Notfall** rules governing emergencies; ~**muster** das behaviour pattern; pattern of behaviour; ~**störung** die; *meist Pl. (Psych.)* behavioural disorder; ~**therapie** die behavioural therapy; ~**weise** die behaviour pattern; ~**weisen** behaviour patterns; patterns of behaviour

Verhältnis [fɛɐ̯ˈhɛltnɪs] das; ~ses, ~se a) ein ~ **von drei zu eins** a ratio of three to one; **im** ~ **zu früher** in comparison with *or* compared to earlier times; **der Aufwand stand in keinem** ~ **zum Erfolg** the expenditure was out of all proportion to the result; b) *(persönliche Beziehung)* relationship (**zu** with); **zwischen uns** *(Dat.)* **herrscht ein vertrautes** ~: we are on intimate terms; **ein gutes** ~ **zu jmdm. haben** get on well with sb.; **er hat** *od.* **findet kein [rechtes]** ~ **zur Musik** he cannot relate to music; c) *(ugs.: intime Beziehung)* affair; relationship; **mit jmdm. ein** ~ **haben** have an affair with sb.; **ein** ~ **mit jmdm. beenden** break up with sb.; break off a relationship with sb.; d) *(ugs.) (Geliebte)* lady-friend; *(Geliebter)* man; e) *Pl. (Umstände)* conditions; **in bescheidenen/gesicherten ~sen leben** live in modest circumstances/be financially secure; **aus bescheidenen** *od.* **einfachen ~sen kommen** come from a humble background; **sie kommt aus kleinen ~sen** she comes from a lower middle-class background; **über seine ~se leben** live beyond one's means
verhältnis-, Verhältnis-: ~**gleichung** die *(Math.)* proportion; ~**mäßig** *Adv.* relatively; comparatively; ~**wahl** die proportional representation; ~**wahl·recht** das; *o. Pl.* [system of] proportional representation; ~**wort** das; *Pl.* ~**wörter** *(Sprachw.)* preposition
verhandeln 1. *itr. V.* a) negotiate (**über** + *Akk.* about); b) *(strafrechtlich)* try *a case*; *(zivilrechtlich)* hear a case; **das Gericht verhandelt gegen die Terroristen** the court is trying the terrorists. **2.** *tr. V.* a) **etw.** ~: negotiate over sth.; b) *(strafrechtlich)* try ⟨*case*⟩; *(zivilrechtlich)* hear ⟨*case*⟩
Verhandlung die a) *(Besprechung)* ~en negotiations; **mit jmdm. in** ~ **stehen** be negotiating with sb.; be [involved *or* engaged] in negotiations *pl.* with sb.; **zu ~en bereit sein** be open to negotiation *sing.*; b) *(strafrechtlich)* trial; *(zivilrechtlich)* hearing; **die** ~ **gegen X** the trial of X
verhandlungs-, Verhandlungs-: ~**basis** die *s.* ~**grundlage**; ~**bereit** *Adj.* ready *or* willing to negotiate *pred.*; ~**bereitschaft** die; *o. Pl.* readiness *or* willingness to negotiate; ~**gegen·stand** der subject for/under negotiation; **kein ~gegenstand sein** not be a matter for negotiation; ~**grundlage** die basis for negotiation[s]; ~**partner** der opposite number [in the negotiations]; **die beiden ~partner** *(die miteinander verhandeln)* the two sides in the negotiations; ~**tisch** der the negotiating table; ~**weg** der **in** *or* **auf dem** ~**weg** by negotiation
verhangen *Adj.* overcast
verhängen *tr. V.* a) *(zuhängen)* cover (**mit** with); b) *(anordnen)* impose ⟨*fine, punishment*⟩ (**über** + *Akk.* on); declare ⟨*state of emergency, state of siege*⟩; *(Sport)* award, give ⟨*penalty etc.*⟩
Verhängnis [fɛɐ̯ˈhɛŋnɪs] das; ~ses, ~se undoing; **jmdm. zum** ~ **werden** be sb.'s undoing; **das** ~ **brach über ihn herein** disaster overtook him
verhängnis·voll *Adj. (unheilvoll)* disastrous; fatal, disastrous ⟨*mistake, weakness, hesitation, etc.*⟩; *(schicksalsschwer)* fateful
Verhängung die; ~, ~en imposition; *(des Ausnahme-, Belagerungszustandes)* declaration
verharmlosen *tr. V.* play down
Verharmlosung die; ~, ~en playing down
verharrt [fɛɐ̯ˈhɛrmt] *Adj.* care-worn
verharren *itr. V. (geh.)* a) *(innehalten)* remain; *(plötzlich, kurz)* pause; b) *(beharren)* **auf seinem Standpunkt** ~: persist in one's view; **in Resignation/Gleichgültigkeit** ~: remain resigned/indifferent
verharschen *itr. V.; mit sein* ⟨*snow*⟩ form a crust; ⟨*wound*⟩ form a scab

1567

verhärten [fɛɐ̯'hɛrtn̩] 1. *tr. V.* **a)** *(festigen)* harden ⟨material etc.⟩; **b)** *(unbarmherzig machen)* harden; make ⟨person⟩ hard. 2. *refl. V.* **a)** *(hart werden)* ⟨tissue⟩ become hardened; ⟨tumour⟩ become scirrhous; **b)** *(gefühllos werden)* harden one's heart ⟨gegen against⟩; **die Fronten haben sich verhärtet** the positions of the opposing parties have become entrenched
Verhärtung die; ~, ~en **a)** hardening; **b)** *(fig.)* becoming hardened; **die ~ der Positionen auf beiden Seiten** the hardening of attitudes on both sides
verhaspeln *refl. V.* *(ugs.)* **a)** *(sich versprechen)* stumble over one's words; **b)** *(sich verwickeln)* become *or* get tangled up
verhaßt *Adj.* hated; detested; **es war ihm ~:** he hated *or* detested it; **nichts ist mir so ~ wie ...:** there is nothing I detest so much as ...
verhätscheln *tr. V.* *(ugs.)* pamper
Verhätschelung die; ~, ~en *(ugs.)* pampering
Verhau [fɛɐ̯'hau̯] der *od.* das; ~[e]s, ~e **a)** tangle of branches; *(Dickicht)* thicket; **b)** barrier [made of branches]; *(bes. Milit.)* entanglement
verhauen *(ugs.)* 1. *unr. tr. V.* **a)** *(verprügeln)* beat up; *(als Strafe)* beat; **jmdm. den Hintern ~:** give sb.'s bottom a good smack[ing]; **b)** *(falsch machen)* make a mess of; muck up *(Brit. sl.)*. 2. *unr. refl. V.* *(sich verrechnen)* make a mistake *or* slip; **sich bei etw. mächtig ~:** slip up badly in sth.
verheben *unr. refl. V.* do oneself an injury [while lifting sth.]
verheddern [fɛɐ̯'hɛdɐn] *refl. V.* **a)** *(hängenbleiben)* sich in etw. (Dat.) ~: get tangled up in sth.; **b)** *(sich verhaspeln)* get muddled up
verheeren [fɛɐ̯'he:rən] *tr. V.* devastate; lay waste [to]
verheerend *Adj.* **a)** *(katastrophal)* devastating; disastrous; **b)** *(ugs.: scheußlich)* ghastly *(coll.)*; dreadful *(coll.)*
Verheerung die; ~, ~en devastation *no pl.*; ~[en] anrichten cause devastation; wreak havoc
verhehlen *tr. V.* *(geh.)* conceal; hide; **jmdm. etw. ~:** conceal *or* hide sth. from sb.; **ich kann/will** *od.* **möchte [es] nicht ~, daß ...:** there is no denying/I have no wish to deny that ...
verheilen *itr. V.; mit sein* ⟨wound⟩ heal [up]
verheimlichen *tr. V.* [jmdm.] etw. ~: keep sth. secret [from sb.]; conceal *or* hide sth. [from sb.]
Verheimlichung die; ~, ~en concealment
verheiraten 1. *refl. V.* get married; **sich mit jmdm. ~:** marry sb.; get married to sb.; **er ist mit seiner Firma/Gitarre verheiratet** *(fig.)* he has no time for anything except his company/guitar. 2. *tr. V.* *(veralt.)* marry ⟨mit, an + Akk. to⟩; **er hatte zwei Töchter zu ~:** he had two daughters to marry off
Verheiratete der/die; adj. Dekl. married person; married man/woman; ~ *Pl.* married people; married men/women
Verheiratung die; ~, ~en marriage
verheißen *tr. V.* *(geh.) (auch fig.)* promise; **man verhieß ihm eine große Zukunft** a great future was predicted for him; **nichts Gutes ~:** not bode *or* augur well
Verheißung die; ~, ~en *(geh.)* promise
verheißungs·voll 1. *Adj.* promising; **ein ~er Anfang** a promising *or* an auspicious start. 2. *adv.* full of promise
verheizen *tr. V.* **a)** burn; use as fuel; **b)** *(abwertend)* rücksichtslos einsetzen) burn out ⟨athlete, skier, etc.⟩; use ⟨troops⟩ as cannon-fodder; run ⟨employee, subordinate, etc.⟩ into the ground
verhelfen *unr. itr. V.* jmdm./einer Sache zu etw. ~: help sb./sth. to get/achieve sth.; **jmdm. zur Flucht/zum Sieg ~:** help sb. to escape/win

verherrlichen *tr. V.* glorify ⟨war, violence, deed, etc.⟩; extol ⟨virtues, leader, etc.⟩; celebrate ⟨nature, freedom, peace, etc.⟩
Verherrlichung die; ~, ~en s. verherrlichen: glorification; extolling; celebration
verhetzen *tr. V.* incite; stir up; **die verhetzten Massen** the inflamed masses
Verhetzung die; ~, ~en incitement; stirring up
verheult [fɛɐ̯'hɔy̑lt] *Adj.* *(ugs.)* ⟨eyes⟩ red from crying; ⟨face⟩ puffy *or* swollen from crying
verhexen *tr. V.* *(auch fig.)* bewitch; cast a spell on; **jmdn. in etw. (Akk.) ~:** turn sb. into sth. [by magic]; **es ist wie verhext: kaum setze ich mich hin, klingelt das Telefon** there seems to be a jinx on me today: the moment I sit down, the telephone rings
verhindern *tr. V.* prevent; prevent, avert ⟨war, disaster, etc.⟩; **jmdn. von Haus und Hof ~:** drive sb. out of house and home; **er ließ sich nicht ~, daß er losfuhr** he couldn't be prevented from driving off; **no one could stop him [from] driving off; er ist [dienstlich] verhindert** he is prevented from coming [by business commitments]; he is unable to come [for business reasons]; **ein verhinderter Künstler/Schauspieler** *(ugs.)* a would-be artist/actor
Verhinderung die; ~, ~en s. verhindern: prevention; averting
verhohlen [fɛɐ̯'ho:lən] *Adj.* concealed; **kaum ~e Neugier** ill-concealed curiosity
verhöhnen [vɛɐ̯'hœnən] *tr. V.* mock; deride; ridicule
verhohnepipeln [fɛɐ̯'ho:nəpi:pl̩n] *tr. V.* *(ugs.)* send up *(coll.)*
Verhohnepipelung die; ~, ~en send-up *(coll.)*
Verhöhnung die; ~, ~en **a)** mockery; ridiculing; **b)** *(Äußerung)* mocking remark
verhökern [fɛɐ̯'hø:kɐn] *tr. V.* *(salopp)* flog *(Brit. sl.)*
Verhör [fɛɐ̯'hø:ɐ̯] das; ~[e]s, ~e interrogation; questioning; *(bei Gericht)* examination; **jmdn. ins ~ nehmen** interrogate *or* question sb.; *(fig.)* grill *or* quiz sb.
verhören 1. *tr. V.* *(befragen)* interrogate; question; *(bei Gericht)* examine. 2. *refl. V.* *(falsch hören)* mishear; hear wrongly; **Hier ist niemand. Du mußt dich verhört haben** There's nobody here. You must have been hearing things
verhornen *itr. V.; mit sein* keratinize; ⟨skin⟩ become horny
verhüllen *tr. V.* **a)** *(verbergen)* cover; *(fig.)* disguise; mask; **eine verhüllte Drohung** *(fig.)* a veiled threat; **b)** *(umgeben)* enshroud; **Wolken verhüllten die Bergspitzen** the mountain-tops were veiled or shrouded in cloud
verhüllend *Adj. (Literaturw.)* euphemistic
Verhüllung die; ~, ~en covering; *(fig.)* disguising
verhundertfachen *tr., refl. V.* increase a hundredfold
verhungern *itr. V.; mit sein* die of starvation; starve [to death]; **ich bin am Verhungern** *(ugs.)* I'm starving *(fig. coll.)*; **verhungernde Pl.** people starving to death; **verhungert aussehen** look half-starved
verhunzen [fɛɐ̯'hʊntsn̩] *tr. V. (ugs. abwertend)* ruin; mess up; ruin ⟨landscape, townscape, etc.⟩
verhüten *tr. V.* prevent; prevent, avert ⟨disaster⟩; **der Himmel verhüte, daß ...:** heaven forbid that ...; **~, daß jmd. etw. tut** prevent sb. [from] doing sth.
Verhüterli die; ~s, ~s *(ugs. scherzh.)* French letter
verhütten *tr. V.* smelt
Verhüttung die; ~, ~en smelting
Verhütung die; ~, ~en prevention; *(Empfängnis~)* contraception
Verhütungs~: ~maßnahmen *Pl.* contraceptive precautions; ~mittel das contraceptive

verhutzelt [fɛɐ̯'hʊtsl̩t] *Adj.* *(ugs.)* wizened ⟨person, face⟩; shrivelled ⟨fruit, plant⟩
verifizieren [verifi'tsi:rən] *tr. V.* verify
Verifizierung die; ~, ~en verification
verinnerlichen *tr. V.* *(Soziol., Psych.)* internalize
verinnerlicht *Adj.* *(vergeistigt)* spiritualized; *(introvertiert)* introverted
Verinnerlichung die; ~, ~en *(Soziol., Psych.)* internalization
verirren *refl. V.* *(abkommen)* get lost; lose one's way; ⟨animal⟩ stray; **verirrte Gewehrkugeln** *(fig.)* stray bullets; **b)** *(irgendwohin gelangen)* stray ⟨in, an + Akk. into⟩
Verirrung die; ~, ~en aberration
veritabel [veri'ta:bl̩] *Adj.*; *nicht präd.* *(geh.)* veritable; real
verjagen *tr. V.* chase away; *(fig.)* dispel ⟨thoughts, cares, etc.⟩; **jmdn. von Haus und Hof ~:** drive sb. out of house and home
verjähren [fɛɐ̯'jɛ:rən] *itr. V.; mit sein* come under the statute of limitations; **dieses Verbrechen ist inzwischen verjährt** this crime was committed too long ago to be punishable now
Verjährung die; ~, ~en limitation; **für Verbrechen wie Völkermord gibt es keine ~:** there is no statute of limitations for crimes like genocide
Verjährungs·frist die limitation period
verjazzen *tr. V.* play in a jazz style; jazz up
verjubeln *tr. V.* *(ugs.)* blow *(sl.)* ⟨money⟩
verjüngen [fɛɐ̯'jʏŋən] 1. *tr. V.* rejuvenate ⟨person, skin, etc.⟩; *(jünger aussehen lassen)* make ⟨person⟩ look younger; recruit younger blood into ⟨team, company, etc.⟩. 2. *refl. V.* *(schmaler werden)* taper; become narrower; narrow
Verjüngung die; ~, ~en **a)** *(Jüngerwerden)* rejuvenation; **eine ~ des Politbüros** a recruitment of younger blood into the politburo; **b)** *(Schmalerwerden)* tapering; narrowing
Verjüngungs·kur die: **ich fühle mich reif für eine ~:** I feel in need of being rejuvenated; **die neue Freundin wirkt auf ihn wie eine ~:** his new girl-friend has given him a new lease of life
verjuxen *tr. V.* *(ugs.)* **a)** *(verjubeln)* blow *(sl.)* ⟨money⟩; **b)** *(verulken)* poke fun at
verkabeln *tr. V.* connect up [by cable]
Verkabelung die; ~, ~en installation of cables *(Gen. in)*
verkalken *itr. V.; mit sein* ⟨tissue⟩ calcify, become calcified; ⟨arteries⟩ become hardened; ⟨bone⟩ thicken; ⟨pipe, kettle, coffee-machine, etc.⟩ fur up; **b)** *(ugs.: senil werden)* become senile; **er ist schon ziemlich verkalkt** he is already pretty gaga *(sl.)*
verkalkulieren *refl. V.* **a)** *(falsch berechnen)* miscalculate; **b)** *(falsch einschätzen)* miscalculate; make a miscalculation
Verkalkung die; ~, ~en **a)** *s.* verkalken a: calcification; hardening; thickening; furring-up; **b)** *(ugs.: Senilität)* senility
verkannt [fɛɐ̯'kant] 2. *Part. v.* verkennen
verkanten 1. *tr. V.* tilt; edge ⟨ski⟩. 2. *itr., refl. V.* *(sich festklemmen)* get jammed
verkappt *Adj.* disguised; ~e Anarchisten anarchists in disguise
verkarsten *itr. V.; mit sein* be karstified
Verkarstung die; ~, ~en karstification
verkatert [fɛɐ̯'ka:tɐt] *Adj.* *(ugs.)* hung-over *(coll.)*; **~ aufwachen** wake up with a hangover
Verkauf der **a)** sale; *(das Verkaufen)* sale; selling; **zum ~ stehen** be [up] for sale; etw. **zum ~ anbieten** offer sth. for sale; **b)** *o. Pl.* *(Kaufmannsspr.)* sales *sing. or pl., no art.*
verkaufen 1. *tr. V.* ⟨auch fig.⟩ sell ⟨an + Akk. to⟩; **sie verkauft ihren Körper** she's a prostitute; „zu verkaufen" 'for sale'. 2. *refl. V.* **a)** ⟨goods⟩ sell; **sich schlecht/gut ~:** ⟨goods⟩ sell badly/well; **b)** *(ugs.: falsch kaufen)* make a bad buy; **ich habe mich bei den**

Möbeln verkauft the furniture was a bad buy
Verkäufer der, **Verkäuferin** die a) seller; vendor *(formal);* b) *(Berufsbez.)* sales *or* shop assistant; salesman/saleswoman; *(im Außendienst)* salesman/saleswoman; salesperson
verkäuflich *Adj.* a) *(zum Verkauf geeignet)* saleable; marketable; **schwer/leicht ~ sein** be hard/easy to sell; b) *(zum Verkauf bestimmt)* for sale *postpos.;* **dieses Mittel ist frei ~:** this medicine is available over the counter
verkaufs-, Verkaufs-: ~**ausstellung die** exhibition and sale of works; ~**automat** der vending-machine; ~**förderung** die sales promotion; ~**leiter** der sales manager; ~**offen** *Adj.* der **~offene Samstag** *od.* **Sonnabend** Saturday on which *or* when the shops are open all day; ~**personal** das sales staff; ~**preis** der retail price; ~**schlager** der big seller; *(Buch)* best seller; ~**stand** der stall
Verkehr der; ~s a) *(Straßen-)* traffic; **den ~ regeln** regulate *or* control the [flow of] traffic; **etw. dem [öffentlichen] ~ übergeben** open sth. to public use; **aus dem ~ ziehen** ⟨coin, banknote⟩ out of circulation; take ⟨product⟩ off the market; **jmdn. aus dem ~ ziehen** *(ugs. scherzh.)* put sb. out of circulation *(joc.);* **in [den] ~ bringen** put ⟨coin, banknote⟩ into circulation; b) *(Kontakt)* contact; communication; **diplomatischer ~:** diplomatic relations *pl.;* **keinen ~ mit jmdm. pflegen/den ~ mit jmdm. abbrechen** no longer associate with sb.; c) *(Geschlechts-)* intercourse
verkehren 1. *itr. V.* a) *auch mit sein (fahren)* run; ⟨aircraft⟩ fly; **der Dampfer verkehrt zwischen Hamburg und Helgoland** the steamer plies *or* operates *or* goes between Hamburg and Heligoland; **der Bus verkehrt alle 15 Minuten** the bus runs every 15 minutes; there's a bus every 15 minutes; b) *(in Kontakt stehen)* **mit jmdm. ~:** associate with sb.; **wir ~ nur noch über unsere Anwälte/schriftlich miteinander** we only deal with each other through our solicitors/we only have written correspondence with each other; c) *(zu Gast sein)* **bei jmdm. ~:** visit sb. regularly; **in einem Lokal ~:** frequent a pub *(Brit. coll.);* **in den besten Kreisen ~:** move in the best circles; d) *(verhüll.: koitieren)* **sexuell ~:** have sexual intercourse. **2.** *tr. V. (verdrehen)* turn **(in + Akk.** into); **den Sinn einer Aussage ins Gegenteil ~:** twist the meaning of a statement right round. **3.** *refl. V. (sich verwandeln)* turn **(in + Akk.** into); **sich ins Gegenteil ~:** change to the opposite
verkehrs-, Verkehrs-: ~**ader** die traffic artery; ~**ampel** die traffic lights *pl.;* ~**amt** das tourist information office; ~**aufkommen** das volume of traffic; ~**beruhigt** *Adj.* (Verkehrsw.) ~**beruhigte Zone,** ~**beruhigter Bereich** zone in which traffic is limited to a walking pace and pedestrians have priority; ~**beruhigung die;** o. Pl. traffic calming; ~**betrieb** der; *meist Pl.* transport services *pl.;* ~**büro** das tourist office; ~**chaos** das traffic chaos *no indef. art.;* ~**dichte** die traffic density; ~**erziehung die** road safety training; ~**flug·zeug** das commercial aircraft; ~**fluß** der the flow of traffic; ~**funk** der radio traffic service; ~**gefährdung** die constituting *no art.* a hazard to other traffic; **eine ~gefährdung darstellen** be *or* constitute a hazard to other traffic; ~**hindernis** das obstruction to traffic; ~**insel** die traffic island; refuge; ~**knoten·punkt** der [traffic] junction; ~**kontrolle** die traffic check; ~**lage** die a) *(Situation)* traffic situation; b) *(Ortslage)* situation with regard to road and rail links; **eine gute ~lage haben** be well situated with regard to road and rail links; ~**lärm** der

traffic noise; ~**meldung** die traffic announcement *or* flash; ~**minister** der minister of transport; ~**ministerium** das ministry of transport; ~**mittel** das means of transport; **die öffentlichen ~mittel** public transport *sing.;* ~**netz** das transport system; ~**opfer** das road accident *or* traffic accident victim; ~**polizei** die traffic police *pl.;* ~**polizist** der traffic policeman; ~**regel** die; *meist Pl.* traffic regulation; ~**reich** *Adj.* busy ⟨crossing, street, etc.⟩; ~**schild** das; *Pl.* ~**schilder** traffic sign; road sign; ~**sicher** *Adj.* roadworthy ⟨vehicle, condition⟩; ~**sicherheit** die; o. Pl. road safety; *(eines Fahrzeugs)* roadworthiness; ~**sprache** die lingua franca; ~**stockung** die traffic hold-up; ~**sünder** der *(ugs.)* traffic offender; ~**teil·nehmer** der road-user; ~**tote** der/die; *meist Pl.* person killed on the roads; **weniger ~tote** fewer deaths on the roads; ~**unfall** der road accident; ~**unterricht** der road safety instruction; ~**verbindung** die transport link; ~**verhältnisse** *Pl.* a) *(~verbindungen)* transport links; b) *(~lage)* traffic conditions; ~**weg** der traffic route; ~**widrig 1.** *Adj.* contrary to road traffic regulations *postpos.;* **2.** *adv.* contrary to road traffic regulations; ~**zeichen** das traffic sign; road sign
verkehrt 1. *Adj.* wrong; **das ist gar nicht so ~:** that's not such a bad idea; **es ist sicher nicht ~, das zu tun** there's no harm in doing that; **an den Verkehrten/die Verkehrte kommen** *od.* **geraten** *(ugs.)* come to the wrong person. **2.** *adv.* wrongly; **alles ~ machen** do everything wrong; **sich ~ verhalten** do the wrong thing; *s. auch* **herum a**
Verkehrung die; ~, ~**en** reversal; **eine ~ ins Gegenteil** a change to the opposite
verkeilen 1. *tr. V.* wedge. **2.** *refl. V.* become wedged **(in + Akk.** in); **sich ineinander ~:** become wedged together
verkennen *unr. tr. V.* fail to recognize; misjudge ⟨situation⟩; fail to appreciate ⟨efforts, achievement, etc.⟩; **es ist nicht zu ~, daß ...:** it cannot be denied *or* is undeniable that ...; **ihre Absicht war nicht zu ~:** her intention was unmistakable; **ein verkanntes Genie** an unrecognized genius
Verkennung die; ~, ~**en** *s.* **verkennen:** failure to recognize/appreciate; misjudgement; **in völliger ~ der Situation** completely misjudging the situation
verketten *refl. V.* become interlinked
Verkettung die; ~, ~**en** *(von Zufällen usw.)* chain
verketzern *tr. V.* denounce
Verketzerung die; ~, ~**en** denunciation
verkitschen *tr. V.* turn ⟨novel, film, etc.⟩ into kitsch; sentimentalize ⟨song, tune, etc.⟩
verkitten *tr. V.* fill ⟨crack, hole, joint, etc.⟩; put putty round ⟨window⟩
verklagen *tr. V.* sue; take proceedings against; take to court; **eine Firma auf Schadenersatz ~:** sue a company for damages
verklammern *tr. V.* (Med.) close ⟨wound⟩ with a clamp/clamps
verklappen *tr. V.* dump ⟨waste⟩ [at sea]
Verklappung die; ~, ~**en** dumping [at sea]
verklären 1. *tr. V. (auch Rel.)* transfigure. **2.** *refl. V. (auch fig.)* be transfigured; ⟨eyes⟩ shine blissfully
verklärt 1. *Adj.* transfigured; blissful ⟨expression, face, etc.⟩. **2.** *adv.* blissfully
Verklärung die transfiguration
verklausulieren [fɛɐ̯klauzu'liːrən] *tr. V.* a) *(mit Klauseln versehen)* hedge ⟨contract etc.⟩ with qualifying clauses; b) *(verbergen)* hedge ⟨admission of guilt etc.⟩ round with qualifications; **in verklausulierter Form** in a roundabout way
Verklausulierung die; ~, ~**en** a) *(das Verklausulieren)* involved formulation; b) *(Formulierung)* qualification

verkleben 1. *itr. V.; mit sein* stick together; **der Pinsel ist verklebt** the bristles of the brush are stuck together. **2.** *tr. V.* a) *(zusammenkleben)* stick ⟨eyelids, eyelashes⟩ together; **verklebte Hände/Haare** sticky hands/matted *or* sticky hair; b) *(zukleben)* seal up ⟨hole⟩; **eine Wunde mit Heftpflaster ~:** cover a wound with sticking-plaster; c) *(festkleben)* stick [down] ⟨floor-covering etc.⟩; **das Schaufenster mit Papier ~:** paper over the shop-window; d) *(verbrauchen)* use up ⟨posters, rolls of wallpaper, etc.⟩
verkleckern *tr. V.* *(ugs.)* spill
verkleiden *tr. V.* a) *(kostümieren)* dress up; **sich ~:** disguise oneself/dress [oneself] up; b) *(umhüllen, verdecken)* cover; *(verschalen)* line; *(case of)* façade
Verkleidung die a) *o. Pl.* disguising; *(das Kostümieren)* dressing up; b) *(Kostüm)* (als Tarnung) disguise; *(bei einer Party usw.)* fancy dress; c) *s.* **verkleiden b:** covering; lining; facing; d) *(Umhüllung)* cover
verkleinern [fɛɐ̯'klainɐn] **1.** *tr. V.* a) *(kleiner machen)* make smaller; reduce the size of; **den Abstand ~:** reduce *or* decrease the distance; **etw. in verkleinertem Maßstab darstellen** represent sth. on a smaller scale; scale sth. down; b) *(verringern)* reduce ⟨size, number, etc.⟩; c) *(schmälern)* belittle ⟨person, achievements⟩; minimize ⟨importance, significance⟩; d) *(kleiner reproduzieren)* reduce ⟨photograph etc.⟩. **2.** *refl. V.* a) *(ugs.: sich einschränken)* ⟨company etc.⟩ move to smaller premises; ⟨family etc.⟩ move to a smaller place; b) *(kleiner werden)* ⟨space, area, etc.⟩ become smaller; c) *(sich verringern)* ⟨number⟩ decrease, grow smaller; ⟨circle of friends⟩ grow smaller, shrink. **3.** *itr. V.* ⟨lens etc.⟩ make things look *or* appear smaller
Verkleinerung die; ~, ~**en** reduction in size; making smaller; *(des Formats, der Anzahl, des Maßstabs, einer Linse)* reduction; *(das Kleinerwerden)* becoming smaller
Verkleinerungs·form die *(Sprachw.)* diminutive form
verkleistern *tr. V.* *(ugs.)* a) *(zukleben)* fill ⟨crack, hole⟩; *(fig.)* cover up; b) *(zusammenkleben)* make into a sticky mass
verklemmen *refl. V.* get *or* become stuck; ⟨door, window⟩ jam, get *or* become jammed
verklemmt 1. *Adj.* inhibited. **2.** *adv.* in an inhibited manner
Verklemmtheit die; ~: inhibitedness
verklickern *tr. V.* *(salopp)* **jmdm. etw. ~:** make sth. clear to sb.; spell sth. out to sb.; *(erklären)* explain sth. to sb. in every detail
verklingen *unr. itr. V.; mit sein* ⟨sound, voice, song, etc.⟩ fade away; *(fig.)* ⟨mood⟩ wear off
verklumpen *itr. V.; mit sein* ⟨gravy, sauce, etc.⟩ go lumpy
verknacken *tr. V.* *(salopp)* **jmdn. zu Gefängnis/einer Geldstrafe ~:** put sb. inside *(sl.)/*slap a fine on sb. *(coll.);* **er wurde zu 18 Monaten verknackt** he got 18 months; **er wurde wegen ein paar Brüchen verknackt** he was done for a couple of break-ins *(sl.)*
verknacksen [fɛɐ̯'knaksn̩] *refl. V.* *(ugs.)* twist, sprain ⟨ankle, wrist⟩; **sich** *(Dat.)* **den Fuß ~:** twist *or* sprain one's ankle
verknallen 1. *tr. V.* *(ugs.: verschießen)* let off ⟨firework⟩; use up ⟨ammunition⟩; **zu Silvester werden unglaubliche Summen verknallt** incredible amounts of money are squandered on fireworks on New Year's Eve. **2.** *refl. V.* *(ugs.: sich verlieben)* fall head over heels in love **(in + Akk.** with); **in jmdn. verknallt sein** be crazy about sb. *(coll.)*
verknappen 1. *tr. V.* cut back [on] ⟨imports⟩; **das würde das Wasser noch weiter ~:** that would create even more water shortages. **2.** *refl. V.* run short
Verknappung die; ~, ~**en** cutting back *(Gen.* on); *(der Liquidität)* loss

verkneifen *unr. refl. V. (ugs.)* **a)** sich *(Dat.)* eine Frage/Bemerkung ~: bite back a question/remark; **ich konnte mir das Lachen/ein Lächeln kaum ~:** I could hardly keep a straight face; I could hardly stop myself laughing/smiling; **b)** *(verzichten)* manage or do without; **es sich** *(Dat.)* **~, etw. zu tun** stop oneself doing sth.
verkniffen 1. 2. *Part. v.* **verkneifen. 2.** *Adj.* strained ⟨*expression*⟩; pinched ⟨*mouth, lips*⟩. **3.** *adv.* in a strained manner; **~ grinsen** force a grin
verknittern *tr. V.* crumple; **ein verknittertes Gesicht** *(fig.)* a wrinkled face
verknöchern [fɛɐ̯ˈknœçɐn] *itr. V.; mit sein* ⟨*person*⟩ become fossilized
verknorpeln *itr. V.; mit sein (Med.)* become cartilaginous
Verknorpelung *die;* ~, ~en cartilaginification
verknoten 1. *tr. V.* **a)** *(verknüpfen)* tie; knot; **zwei Fäden [miteinander] ~:** tie two threads together; **b)** *(festbinden)* tie **(an +** *Akk.* **to). 2.** *refl. V.* become knotted
verknüpfen 1. *tr. V.* **a)** *(knoten)* tie; knot; **die beiden Fäden miteinander ~:** tie or knot the two threads together; **b)** *(zugleich tun)* combine; **c)** *(in Beziehung setzen)* link; *(unwillkürlich)* associate. **2.** *refl. V.* be associated
Verknüpfung *die;* ~, ~en **a)** *s.* **verknüpfen 1:** tying; knotting; combination; linking; association; **b)** *(Knoten)* knots *pl.*
verknusen [fɛɐ̯ˈknuːzn̩] **in jmdn./etw. nicht ~ können** *(ugs.)* not be able to stick *(sl.)* or stand sb./sth.
verkochen 1. *itr. V.;* mit sein **a)** *(verdampfen)* boil away; **b)** *(breiig werden, zerfallen)* boil down to a pulp. **2.** *tr. V.* boil **(zu +** *Dat.* to make)
¹verkohlen 1. *itr. V.* char; become charred. **2.** *tr. V.* burn ⟨*wood*⟩ to charcoal; char
²verkohlen *tr. V. (ugs.) s.* **veräppeln**
¹verkommen *unr. itr. V.; mit sein* **a)** *(verwahrlosen)* go to the dogs; *(moralisch, sittlich)* go to the bad; ⟨*child*⟩ go wild; **im tiefsten Elend ~:** sink deeper and deeper into poverty; **b)** *(verfallen)* ⟨*building etc.*⟩ go to rack and ruin, fall into disrepair, become dilapidated; ⟨*garden*⟩ run wild; ⟨*area*⟩ become run down; **c)** *(herabsinken)* degenerate **(zu** into); **d)** *(verderben)* ⟨*food*⟩ go bad; ⟨*wine, beer*⟩ go off
²verkommen 1. 2. *Part. v.* **¹verkommen. 2.** *Adj.* depraved; **ein ~es Subjekt** a dissolute character
Verkommenheit *die;* ~: depravity
verkomplizieren *tr. V.* complicate
verkonsumieren *tr. V. (ugs.)* get through; consume
verkoppeln *tr. V.* couple; ⟨*spacecraft*⟩ link up
Verkoppelung *die;* ~, ~en coupling; *(von Flugkörpern)* link-up
verkorken 1. *tr. V.* cork [up]. **2.** *itr. V.; mit sein (Bot.)* suberize
verkorksen [fɛɐ̯ˈkɔrksn̩] *(ugs.)* **1.** *tr. V.* make a mess of; mess up; **eine verkorkste Gesellschaft** a screwed-up society *(sl.).* **2.** *refl. V.* **sich** *(Dat.)* **den Magen ~:** upset one's stomach
verkörpern 1. *tr. V.* **a)** *(als Schauspieler)* play [the part of]; **b)** *(bilden)* embody; ⟨*person*⟩ embody, personify. **2.** *refl. V.* be embodied **(in +** *Dat.* in)
Verkörperung *die;* ~, ~en embodiment; *(Mensch)* embodiment; personification
verkosten *tr. V.* **a)** *(bes. österr.: kosten)* try; taste; **b)** *(prüfend schmecken)* taste ⟨*wine*⟩
verköstigen [fɛɐ̯ˈkœstɪgn̩] *tr. V.* feed; provide with meals
Verköstigung *die;* ~, ~en *o. Pl.* feeding; **die ~ der Kinder** the provision of the children with meals; **(Kost)** foods; meals *pl.*

verkrachen *refl. V. (ugs.)* fall out
verkracht *Adj.* failed; **er war ein ~er Student** he had been a failure at university/college; *s. auch* **Existenz c**
verkraften *tr. V.* cope with; **sie hat dieses Erlebnis nie verkraftet** she's never come to terms with this experience
verkrallen *refl. V.* dig one's fingers **(in +** *Akk.* into); *(festhalten)* cling **(in +** *Akk./Dat.* to)
verkramen *tr. V. (ugs.)* mislay
verkrampfen *refl. V.* ⟨*muscle*⟩ become cramped; ⟨*person*⟩ go tense, tense up; **verkrampft sitzen/lächeln** sit tensed up/smile tensely
Verkrampfung *die;* ~, ~en tenseness; tension
verkratzen *tr. V.* scratch; **sich** *(Dat.)* **die Beine ~:** scratch one's legs
verkrebst [fɛɐ̯ˈkreːpst] *Adj. (ugs.)* cancerous
verkriechen *unr. refl. V.* ⟨*animal*⟩ creep [away]; ⟨*person*⟩ hide [oneself away]; **sich unter die** *od.* **der Bank ~:** crawl or creep under the bench; **sich ins Bett ~** *(ugs.)* crawl into bed *(coll.);* **am liebsten hätte ich mich [in den hintersten Winkel] verkrochen** I'd have liked to crawl away and hide in a corner; I wished the ground would open and swallow me up
verkrümeln *refl. V. (ugs.: sich entfernen)* slip off or away
verkrümmen 1. *refl. V.* double up; ⟨*spine*⟩ become curved. **2.** *tr. V.* bend ⟨*finger etc.*⟩
verkrümmt *Adj.* bent ⟨*person*⟩; crooked ⟨*finger*⟩; curved ⟨*spine*⟩
Verkrümmung *die* crookedness; **~ der Wirbelsäule** curvature of the spine
verkrüppeln 1. *itr. V.; mit sein* ⟨*tree*⟩ become stunted; **verkrüppelt** stunted. **2.** *tr. V.* cripple ⟨*person*⟩; **verkrüppelte Arme/Füße** deformed arms/crippled feet
Verkrüppelung *die;* ~, ~en deformity
verkrusten *itr. V.; mit sein* form a crust; ⟨*wound*⟩ form a scab; **mit Blut verkrustet** encrusted with blood
verkühlen *refl. V.* catch a chill
Verkühlung *die* chill
verkümmern *itr. V.; mit sein* **a)** ⟨*person, animal*⟩ go into a decline; ⟨*plant etc.*⟩ become stunted; ⟨*muscle, limb*⟩ waste away, atrophy; *seelisch* ~ ⟨*person*⟩ become emotionally stunted; **b)** ⟨*talent, emotional life, etc.*⟩ wither away; ⟨*strength*⟩ decline, fade; ⟨*relationship*⟩ become less close; ⟨*trade, initiative*⟩ dwindle
Verkümmerung *die;* ~, ~en *s.* **verkümmern b:** withering away; declining; fading; becoming less close; dwindling
verkünden *tr. V.* announce; pronounce ⟨*judgement*⟩; promulgate ⟨*law, decree*⟩; presage ⟨*sign, omen*⟩; **die Menschenrechte ~:** proclaim the rights of man; **seine Miene verkündete nichts Gutes** *(fig.)* his expression did not augur well
verkündigen *tr. V. (geh.)* **a)** *(predigen)* preach; **b)** *(bekanntmachen)* announce; proclaim; *(mit Nachdruck sagen)* announce; **c)** *(ankündigen)* ⟨*sign, omen*⟩ presage
Verkündigung *die* **a)** *(das Predigen)* preaching; **b)** *(Bekanntmachung)* announcement; proclamation; **c)** *(das Wort Gottes)* word of God; **die kirchliche ~:** the Church's message
Verkündung *die;* ~, ~en announcement; *(von Urteilen)* pronouncement; *(von Gesetzen, Verordnungen)* promulgation
verkuppeln *tr. V.* pair off **(mit** with)
verkürzen 1. *tr. V.* **a)** *(verringern)* reduce; *(abkürzen)* shorten; **die Linie erscheint verkürzt** this line appears foreshortened; **b)** *(abbrechen)* cut short ⟨*stay, life*⟩; put an end to, end ⟨*suffering*⟩; **verkürzte Arbeitszeit** reduced or shorter working hours *pl.;* **c)** sich

(Dat.) **die Zeit ~:** while away the time; make the time pass more quickly; **jmdm. die Winterabende ~:** help sb. while away the winter evenings. **2.** *refl. V. (kürzer werden)* become shorter; shorten; *(perspective)* become foreshortened. **3.** *itr. V. (Ballspiele)* close the gap **(auf +** *Akk.* to)
Verkürzung *die s.* **verkürzen 1 a, b:** shortening; reduction; foreshortening; cutting short; ending; **eine ~ der Arbeitszeit** a reduction in working hours; **starkes Rauchen hat eine ~ der Lebenserwartung um ... zur Folge** heavy smoking reduces life expectancy by ...
verlachen *tr. V.* laugh at; **etw. als Unsinn ~:** ridicule sth. as nonsense
verladen *tr. V.* **a)** *(laden)* load; **b)** *(ugs.: betrügen)* jmdn. ~: take sb. for a ride *(sl.);* con sb. *(sl.);* ⟨*Ballspiele*⟩ out-trick sb.
Verlade·rampe *die* loading platform
Verladung *die* loading
Verlag [fɛɐ̯ˈlaːk] *der;* ~[e]s, ~e publishing house or firm; publisher's; **in welchem ~ ist das Buch erschienen?** who published the book?; **who is the publisher of the book?**
verlagern 1. *tr. V.* shift ⟨*weight, centre of gravity*⟩; *(an einen anderen Ort)* move; *(fig.)* transfer; shift ⟨*emphasis*⟩. **2.** *refl. V. (auch fig.)* shift; ⟨*area of high/low pressure etc.*⟩ move
Verlagerung *die* moving; **eine ~ des Schwergewichts** *(fig.)* a shift in emphasis
Verlags-: **~anstalt** *die* publishing house or firm; firm of publishers; **~buch·händler** *der* publisher; **~haus** *das* publishing house or firm; **~programm** *das* [publisher's] list; **~wesen** *das* publishing *no art.*
verlanden *itr. V.; mit sein* silt up
Verlandung *die* silting up
verlangen 1. *tr. V.* **a)** *(fordern)* demand; *(wollen)* want; **man kann von ihm nicht ~, daß er alles bezahlt** one can't ask or expect him to pay everything; **das ist zuviel verlangt** that's asking too much; that's too much to expect; **du verlangst Unmögliches** you're asking the impossible; **die Firma verlangt [von den Bewerbern] EDV-Kenntnisse** the company asks for [applicants with] a knowledge of computers; **die Rechnung ~:** ask for the bill; **von jedem wird Pünktlichkeit verlangt** everyone is required or expected to be punctual; **b)** *(nötig haben)* ⟨*task etc.*⟩ require, call for ⟨*patience, knowledge, experience, skill, etc.*⟩; **diese Aufgabe verlangt den ganzen Menschen** this task makes demands of the whole person; **c)** *(gebieten)* ⟨*situation, decency*⟩ demand; **d)** *(berechnen)* charge; **sie verlangte 200 Mark von ihm** she charged him 200 marks; **wieviel verlangst du dafür?** how much are you asking for it?; **e)** *(sehen wollen)* ask for, ask to see ⟨*passport, driving-licence, etc.*⟩; *(am Telefon)* ask for; ask to speak to; **du wirst am Telefon verlangt** you're wanted on the phone *(coll.);* **g)** *unpers. (geh.)* **es verlangt mich, ihn noch einmal zu sehen** I long or yearn to see him again. **2.** *itr. V. (geh.)* **a)** *(bitten)* nach einem Arzt/Priester *usw.* ~: ask for a doctor/priest *etc.;* **nach einem Glas Wasser ~:** ask for a glass of water; **b)** *(sich sehnen)* **nach jmdm./etw. ~:** long for sb.
Verlangen *das;* ~s, ~ **a)** *(Bedürfnis)* desire *(nach* for); **ein starkes ~ nach Schokolade haben** *od.* *(geh.)* **empfinden** have a craving for chocolate; **b)** *(Forderung)* demand; **auf ~:** on request; **auf jmds. ~:** at sb.'s request
verlängern [fɛɐ̯ˈlɛŋɐn] **1.** *tr. V.* **a)** *(länger machen)* lengthen, make longer ⟨*skirt, sleeve, etc.*⟩; extend ⟨*flex, cable, road, etc.*⟩; *s. auch* **Arm a; Rücken a; b)** *(länger gültig sein lassen)* renew ⟨*passport, driving-licence, etc.*⟩; extend, renew ⟨*contract*⟩; **c)** *(länger dauern lassen)* extend, prolong ⟨*stay, life, suffering, etc.*⟩ **(um** by); **ein verlängertes**

Verlängerung — Verleumdungskampagne

Wochenende a long weekend; **d)** *(verdünnen)* add water *etc.* to ⟨*sauce, gravy, etc.*⟩ *(to make it go further)*; **e)** *(Ballspiele)* touch ⟨*cross, corner-kick, etc.*⟩ on. **2.** *refl.* **V. a)** *(länger werden)* become longer; ⟨*stay, life, suffering, etc.*⟩ be prolonged (**um** by); *(länger gültig bleiben)* ⟨*contract etc.*⟩ be extended. **3.** *itr.* **V.** *(Ballspiele)* touch [the ball] on; **mit dem Kopf ~:** head [the ball] on

Verlängerung die; ~, ~en **a)** *s.* **verlängern 1 a–c:** lengthening; renewal; extension; prolongation; **b)** *(Ballspiele)* extra time *no indef. art.*; *(nachgespielte Zeit)* injury time *no indef. art.*; **in der/nach ~:** in/after extra time; **c)** *(Teilstück)* extension

Verlängerungs·schnur die extension lead *or (Amer.)* cord

verlangsamen 1. *tr.* **V. die Fahrt** *od.* **das Tempo/seine Schritte ~:** reduce speed/ slacken one's pace; slow down. **2.** *refl.* **V.** slow down; ⟨*pace*⟩ slacken

Verlangsamung die; ~, ~en slowing down; *(des Tempos)* slackening; **zu einer ~ des Tempos gezwungen sein** be forced to slow down

Verlaß der *in* **auf jmdn./etw. ist [kein] ~:** sb./sth. can[not] be relied *or* depended [up]on; **auf ihn ist kein ~:** you can't rely *or* depend on him

¹**verlassen 1.** *unr. refl.* **V.** *(vertrauen)* rely, depend (**auf + Akk.** on); **er verläßt sich darauf, daß du kommst** he's relying on you to come; **darauf kannst du dich ~/worauf du dich ~ kannst** you can depend on *or* be sure of that. **2.** *unr. tr.* **V. a)** leave; **die Patientin konnte das Bett ~:** the patient was able to get up; **b)** *(sich trennen von)* desert; abandon; forsake; leave, desert ⟨*wife, family, etc.*⟩; **Großvater hat uns für immer ~** *(verhüll.)* grandfather has been taken from us *(euphem.)*; **und da/dann verließen sie ihn** *(ugs.)* and after that I/he *etc.* was at a loss; **der Mut/alle Hoffnung hatte mich ~** *(fig.)* my courage/all hope had deserted me

²**verlassen 1.** *2. Part. v.* ¹**verlassen. 2.** *Adj.* deserted ⟨*street, square, village, etc.*⟩; empty ⟨*house*⟩; *(öd)* desolate ⟨*region etc.*⟩; **einsam und ~:** all alone; ~ **sein** be deserted

Verlassenheit die; ~: desertedness; *(Öde)* desolation; **ein Gefühl von ~:** a feeling of desolation

verläßlich [fɛɐˈlɛslɪç] **1.** *Adj.* reliable; reliable, dependable ⟨*person*⟩. **2.** *adv.* reliably

Verläßlichkeit die; ~: reliability; *(eines Menschen)* reliability; dependability

verlästern *tr.* **V.** malign

Verlaub [fɛɐˈlaup] der *in* **mit ~** *(geh.)* with your permission; **mit ~ [gesagt** *od.* **zu sagen]** if you will pardon *or* forgive my saying so

Verlauf der; ~[e]s, **Verläufe** course; **im ~ des Sommers/ihrer Rede** during *or* in the course of the summer/her speech; **der glückliche ~ der Revolution** the fortunate outcome of the revolution

verlaufen 1. *unr. itr.* **V.; mit sein a)** *(sich erstrecken)* run; **b)** *(ablaufen)* ⟨*test, rehearsal, etc.*⟩ go; ⟨*party etc.*⟩ go off; **es ist alles gut ~:** everything went [off] well; **die Untersuchung ist ergebnislos ~:** the investigation yielded no results; **c)** ⟨*butter, chocolate, etc.*⟩ melt; ⟨*make-up, ink*⟩ run. **2.** *unr. itr.* **V.** *(auch refl.)* **V.; mit sein** *(sich verlieren)* ⟨*track, path*⟩ disappear (**in + Dat.** in). **3.** *unr. refl.* **V. a)** *(sich verirren)* get lost; lose one's way; **b)** *(auseinandergehen)* ⟨*crowd etc.*⟩ disperse; **c)** *(abfließen)* ⟨*floods*⟩ subside

Verlaufs·form die *(Sprachw.)* progressive *or* continuous form

verlausen *itr.* **V.; mit sein** become infested with lice; **verlaust** louse-ridden; infested with lice *postpos.*

verlautbaren 1. *tr.* **V.** announce [officially]; **offen ~:** state openly; **die Ärzte verlautbarten, daß ...:** the doctors issued a bulletin to the effect that .... **2.** *itr.* **V.; mit sein**

(geh.) become known; **es verlautbarte, der Staatschef sei krank** it was reported *or* said that the head of state was ill

Verlautbarung die; ~, ~en announcement; *(inoffizielle Meldung)* [unofficial] report

verlauten 1. *tr.* **V. er hütete sich davor, ein Wort davon zu ~:** he was careful not to say a word about it. **2.** *itr.* **V.; mit sein** be reported; **wie verlautet according to reports; aus amtlicher Quelle verlautet, daß ...:** official reports say that ...; **über ihr Privatleben ließ sie nichts ~:** she let nothing be known about her private life

verleben *tr.* **V. a)** *(verbringen)* spend; **b)** *(ugs.: verbrauchen)* spend ⟨*money*⟩ on everyday needs

verlebendigen *tr.* **V.** make ⟨*text, past, etc.*⟩ come alive; imbue ⟨*portrait, figure*⟩ with life

verlebt *Adj.* dissipated

¹**verlegen 1.** *tr.* **V. a)** *(nicht wiederfinden)* mislay; **b)** *(verschieben)* postpone (**auf + Akk.** until); *(vor~)* bring forward (**auf + Akk.** to); **einen Termin ~:** alter an appointment; **c)** *(verlagern)* move; transfer ⟨*patient*⟩; **die Handlung ins 18. Jahrhundert ~:** transpose *or* shift the action to the 18th century; **d)** *(legen)* lay ⟨*cable, pipe, carpet, etc.*⟩; **e)** *(versperren)* block, bar ⟨*way etc.*⟩; **jmdm. den Weg ~:** block *or* bar sb.'s way; **f)** *(veröffentlichen)* publish. **2.** *refl.* **V.** *(sich ausrichten)* take up ⟨*subject, activity, occupation, etc.*⟩; resort to ⟨*guesswork, flattery, silence, lying, etc.*⟩; **sich auf eine andere Taktik ~:** change [one's] tactics; resort to a different tactic

²**verlegen 1.** *Adj.* **a)** embarrassed; **b) um etw. ~ sein** *(etw. nicht zur Verfügung haben)* be short of sth.; *(etw. benötigen)* be in need of sth.; **nicht/nie um Worte/eine Ausrede ~ sein** not/never be at a loss for words/an excuse. **2.** *adv.* in embarrassment

Verlegenheit die; ~, ~en **o. Pl.** *(Befangenheit)* embarrassment; **in ~ geraten** get *or* become embarrassed; **jmdn. in ~ bringen** embarrass sb.; **b)** *(Unannehmlichkeit)* embarrassing situation; **in finanzieller ~ sein** be in financial difficulties; be financially embarrassed; **ich bin nie in die ~ gekommen** I've never been in that embarrassing situation

Verlegenheits·lösung die makeshift solution

Verleger der; ~s, ~, **Verlegerin** die; ~, ~nen publisher; *s. auch* **-in**

verlegerisch 1. *Adj.*: *nicht präd.* publishing; ~**e Kenntnisse** knowledge of publishing; ~**e Anstrengungen** efforts on the part of the publishers. **2.** *adv.* from the publishing standpoint

Verlegung die; ~, ~en **a)** *(Verschiebung)* postponement; *(Vor~)* bringing forward *no art.*; **um eine ~ des Termins bitten** ask to change the appointment; **b)** *s.* ¹**verlegen 1 c:** moving; transfer; transposition; shifting; **c)** *(von Kabeln, Rohren, Teppichen usw.)* laying

verleiden *tr.* **V. jmdm. etw. ~:** spoil sth. for sb.

Verleih der; ~[e]s, ~e **a)** *o. Pl.* *(das Verleihen)* *(von Autos)* renting *or* hiring out; **b)** *(Unternehmen)* hire firm *or* company; *(Film~)* distribution company; *(Video~)* video library; *(Auto~)* rental *or* hire firm

verleihen *unr. tr.* **V. a)** hire out; rent *or* hire out ⟨*car*⟩; *(umsonst)* lend ⟨*tool*⟩; **b)** *(überreichen)* award; bestow, confer ⟨*award, honour*⟩; **jmdm. einen Orden/Titel ~:** decorate sb./confer a title on sb.; **jmdm. die Ehrenbürgerrechte ~:** give sb. the freedom of the city/town; **c)** *(verschaffen)* give; lend; **er verlieh seinen Worten mit Drohungen Nachdruck** he used threats to lend weight to his words

Verleiher der; ~s, ~: hirer; *(Film~)* distributor

Verleihung die; ~, ~en **a)** *s.* **verleihen a:** hiring out; renting out; lending [out]; **b)** *s.* **verleihen b:** awarding; bestowing; conferring; *(Zeremonie)* award; conferment; bestowal

verleimen *tr.* **V.** glue

verleiten *tr.* **V. jmdn. dazu ~, etw. zu tun** lead *or* induce sb. to do sth.; *(verlocken)* tempt *or* entice sb. to do sth.; **jmdn. zum Trinken/Stehlen ~:** lead sb. into drinking/ stealing; **sich zu voreiligen Schlußfolgerungen ~ lassen** allow oneself to be led into drawing hasty conclusions

Verleitung die: **sie beschuldigte ihn der ~ zum Meineid** she accused him of inducing *or* encouraging her to commit perjury; **das wäre ~ zum Diebstahl** it would be encouraging theft

verlernen *tr.* **V.** forget; **das Kochen ~:** forget how to cook; **sie hat das Lachen verlernt** *(fig.)* she has forgotten how to laugh

¹**verlesen 1.** *unr. tr.* **V.** read out. **2.** *unr. refl.* **V.** *(falsch lesen)* make a mistake/mistakes in reading; **er hat sich wohl ~:** he must have read it wrongly

²**verlesen 1.** *2. Part. v.* ¹**verlesen. 2.** *unr. tr.* **V.** *(auslesen)* sort ⟨*fruit, vegetables*⟩

Verlesung die; ~, ~en reading out

verletzbar *Adj.* leicht ~ **sein** be easily hurt

Verletzbarkeit die; ~: **seine ~ war groß** he was very easily hurt; **sie kannte meine ~:** she knew how easily I could be hurt

verletzen [fɛɐˈlɛtsn̩] *tr.* **V. a)** *(beschädigen)* injure; *(durch Schuß, Stich)* wound; **ich habe mich am Kopf/mir das Bein verletzt** I injured *or* hurt my head/leg; **b)** *(kränken)* hurt, wound ⟨*person, feelings*⟩; **verletzte Eitelkeit/verletzter Stolz** injured *or* wounded vanity/pride; **eine ~de Bemerkung** a wounding remark; **sich in seinem Stolz verletzt fühlen** feel that one's pride has been hurt *or* has taken a blow; **c)** *(verstoßen gegen)* violate; infringe *or* infringe ⟨*regulation*⟩; break ⟨*agreement, law*⟩; **das Wahlgeheimnis ~:** breach the secrecy of the vote; **den guten Geschmack ~:** offend against good taste; **d)** *(eindringen in)* violate ⟨*frontier, airspace, etc.*⟩

verletzlich *Adj.* vulnerable; *(empfindlich)* sensitive

Verletzlichkeit die; ~: vulnerability; *(Empfindlichkeit)* sensitivity

Verletzte der/die; *adj. Dekl.* injured person; casualty; *(durch Schuß, Stich)* wounded person; **die ~n** the injured/ wounded; the casualties; **bei dem Unfall gab es einen Toten und zwei ~n:** one person died and two were injured in the accident; **es gab keine ~n bei der Demonstration** nobody was hurt during the demonstration

Verletzung die; ~, ~en **a)** *(Wunde)* injury; **eine ~ am Knie haben** have an injury to one's knee *or* an injured knee; **b)** *(Kränkung)* hurting; wounding; **c)** *s.* **verletzen c:** violation; infringement; breaking; **d)** *(Grenz~, Luftraum~ usw.)* violation

verleugnen *tr.* **V.** deny; disown ⟨*friend, relation*⟩; **er kann seine Herkunft nicht ~:** it is obvious where he comes from; **sich selbst ~:** go against *or* betray one's principles

Verleugnung die denial; *(eines Freundes, Verwandten)* disownment

verleumden [fɛɐˈlɔymdn̩] *tr.* **V.** slander; *(schriftlich)* libel

Verleumder der; ~s, ~: slanderer; *(schriftlich)* libeller

verleumderisch *Adj.* slanderous; *(in Schriftform)* libellous

Verleumdung die; ~, ~en **a)** *o. Pl.* slander; *(in Schriftform)* libelling; **b)** *(Bemerkung usw.)* slander; *(in Schriftform)* libel

Verleumdungs·kampagne die smear campaign

verlieben *refl. V.* fall in love (**in** + *Akk.* with); **ein verliebtes Pärchen** a pair of lovers; **jmdm. verliebte Blicke zuwerfen** make eyes at sb.; **er ist ganz verliebt in seine Idee** *(fig.)* he is infatuated with his idea; **zum Verlieben sein/aussehen** *(ugs.)* be/look perfectly sweet

Verliebte der/die; *adj. Dekl.* lover; **die beiden ~n** the [two] lovers

Verliebtheit die; ~: being *no art.* in love; **die ~ dauerte bei ihr nur drei Wochen** she was only in love for three weeks; **in ihrer ~ hatte sie ...**: being so much in love, she had ...

verlieren [fɛɐ̯'liːrən] **1.** *unr. tr. V.* lose; ⟨*plant, tree*⟩ lose, shed ⟨*leaves*⟩; **sich** *(Dat.)* **verloren vorkommen** feel lost; **für jmdn./etw. verloren sein** be lost to sb./sth.; **die Katze verliert Haare** the cat is moulting; **nichts [mehr] zu ~ haben** have nothing [more] to lose; **jmdn./etw. verloren geben** give sb./sth. up for lost; **das hat hier nichts verloren** it has no business to be here. **2.** *unr. itr. V.* lose; **an etw.** *(Dat.)* **~**: lose sth.; **sie hat an Reiz verloren** she has lost some of her attraction; **bei jmdm. ~**: become less highly regarded by sb. **3.** *unr. refl. V.* **a)** *(weniger werden)* ⟨*enthusiasm*⟩ subside; ⟨*reserve etc.*⟩ **b)** *(entschwinden)* vanish; ⟨*sound*⟩ die away; **c)** *(sich verirren)* lose one's way; get lost; **d)** *(sich hingeben)* **er war in Gedanken verloren** he was lost in thought; **e)** *(abschweifen)* digress; **sich in Detailschilderungen ~**: digress into detailed descriptions

Verlierer der; ~s, ~: loser; **ein schlechter ~**: a bad loser; **der ~ des Autoschlüssels** the person who has lost the car key

Verlies [fɛɐ̯'liːs] das; ~es, ~e dungeon

verloben 1. *refl. V.* become *or* get engaged, *(arch.)* become betrothed (**mit** to); **verlobt sein** be engaged. **2.** *tr. V. (veralt.)* **jmdm. mit jmdm. ~**: betroth sb. to sb. *(arch.)*

Verlöbnis [fɛɐ̯'løːpnɪs] das; ~ses, ~se *(geh.)* engagement, *(arch.)* betrothal (**mit** to)

Verlobte der/die; *adj. Dekl.* **mein ~r** my fiancé *or (arch.)* betrothed; **meine ~**: my fiancée *or (arch.)* betrothed; **die ~n** the engaged *or (arch.)* betrothed couple

Verlobung die; ~, ~en engagement; betrothal *(arch.); (Feier)* engagement party

Verlobungs·anzeige die engagement announcement

verlocken *tr. V. (geh.)* tempt; entice; **der See verlockt zum Baden** the lake tempts *or* entices one to bathe in it

verlockend *Adj.* tempting; enticing; **das Wetter war nicht gerade ~**: the weather wasn't exactly enticing

Verlockung die temptation; enticement; **der ~ widerstehen** resist the temptation

verlogen [fɛɐ̯'loːgn̩] *(abwertend)* **1.** *Adj.* lying, mendacious ⟨*person*⟩; false ⟨*morality, phrases, romanticism, etc.*⟩; insincere ⟨*compliment*⟩. **2.** *adv.* mendaciously; falsely

Verlogenheit die; ~, ~en *(eines Menschen)* mendacity; *(einer Moral, Romantik, von Phrasen usw.)* falseness; *(von Komplimenten)* insincerity

verlohnen *(geh.)* **1.** *refl. V. (auch itr.) V.* be worth while; **es verlohnt sich nicht, das zu tun** it is not worth while [doing] that. **2.** *tr. (od. veralt. itr.) V.* **das verlohnt die/** *(veralt.)* **der Mühe nicht** it is not worth the trouble

verlor [fɛɐ̯'loːɐ̯] *1. u. 3. Pers. Sg. Prät. v.* **verlieren**

verloren 1. *2. Part. v.* **verlieren. 2.** *Adj.* lost; [eine] **~e Mühe** a wasted effort; **Laß uns das verloren! Die Sache ist ~**: Let's give up! It's hopeless; **er ist ~**: that's the end of him now; **ohne meine Brille bin ich ~** *(fig.)* I'm lost without my glasses; **~e Eier** poached eggs; **der ~e Sohn** *(bibl.)* the Prodigal Son

verloren|gehen *unr. itr. V.; mit sein* **a)** *(abhanden kommen)* get lost; **deine Postkarte muß wohl verlorengegangen sein** your postcard must have got lost *or* gone astray; **durch diesen Umweg ging uns/ging viel Zeit verloren** we lost a lot of time/a lot of time was lost by this detour; **ein verlorengegangenes Buch** a lost book; **a book that has gone missing**; **an dir ist ein Künstler verlorengegangen** you ought to have been an artist; you would have made a good artist; **b)** *(nicht gewonnen werden)* ⟨*war, battle, etc.*⟩ be lost

Verlorenheit die; ~: loneliness; isolation

verlöschen *unr. itr. V.; mit sein* ⟨*light, fire, etc.*⟩ go out; ⟨*comet, shooting star*⟩ die

verlosen *tr. V.* raffle

Verlosung die; ~, ~en raffle; draw; *(Ziehung)* draw; *(Vorgang)* raffling

verlottern [fɛɐ̯'lɔtɐn] *itr. V.; mit sein (abwertend)* ⟨*building, town, area, etc.*⟩ become run-down; ⟨*person*⟩ go to seed; ⟨*firm, business*⟩ go downhill, go to the dogs

Verlust der; ~[e]s, ~e loss (**an** + *Dat.* of); **bei ~**: in the case *or* event of loss; **schwere ~e erleiden** ⟨*army etc.*⟩ suffer heavy losses *or* casualties; **etw. mit ~ verkaufen** sell sth. at a loss

Verlust·geschäft das loss-making deal *or* transaction; **sonst mache ich ein ~**: otherwise I'll be making a loss

verlustieren *refl. V. (scherzh.)* amuse oneself; **wir haben uns auf der Party verlustiert** we had fun *or* enjoyed ourselves at the party; **sich mit jmdm. im Bett ~**: have a good time in bed with sb.

verlustig *Adj.* **in einer Sache** *(Gen.)* **~ gehen** *(Papierdt.)* lose sth.; *(verwirken)* forfeit *or* lose sth.

Verlust-, Verlust-: **~liste** die list of casualties and losses; *(fig.)* casualty list; **~meldung** die casualty report; **~reich** *Adj.* **a)** *(mit vielen Toten)* involving heavy losses; **b)** *(mit finanziellen ~en)* heavily loss-making ⟨*product, project, etc.*⟩

vermachen *tr. V.* **jmdm. etw. ~**: leave *or* bequeath sth. to sb.; *(fig.: schenken, überlassen)* give sth. to sb.; let sb. have sth.

Vermächtnis [fɛɐ̯'mɛçtnɪs] das; ~ses, ~se **a)** *(Rechtspr.: Legat)* bequest; legacy; *(fig.)* legacy; **b)** *(Letzter Wille)* last wish

vermählen [fɛɐ̯'mɛːlən] *(geh.)* **1.** *refl. V.* **sich [jmdm. od. mit jmdm.] ~**: marry *or* wed [sb.]; *(fig.)* be wedded *(mit* to); **frisch vermählt** newly married. **2.** *tr. V. (veralt.)* **seine Tochter mit jmdm. ~**: marry one's daughter to sb.; give one's daughter to sb. in marriage

Vermählte der/die; *adj. Dekl.; meist Pl. (geh.)* bridegroom/bride; **die ~n** the bride and bridegroom; **die beiden frisch ~n** the newly-married couple; the newly-weds *(coll.)*

Vermählung die; ~, ~en *(geh.)* **a)** marriage; wedding; **b)** *(Fest)* wedding ceremony

vermaledeit [fɛɐ̯male'daɪt] *Adj.; nicht präd. (ugs. veralt.)* damned; blasted *(Brit.)*

vermännlichen *tr. V.* masculinize

vermarkten *tr. V.* **a)** *(als Ware verkaufen)* exploit commercially; **b)** *(Wirtsch.)* market ⟨*goods etc.*⟩

Vermarktung die; ~, ~en **a)** commercial exploitation; **b)** *(Wirtsch.)* marketing

vermasseln [fɛɐ̯'masl̩n] *tr. V. (salopp) (verderben)* muck up *(Brit. sl.)*; mess up; ruin; **b)** *(verhauen)* make a cock-up *(Brit. sl.)* *or* mess of ⟨*exam etc.*⟩

Vermassung die; ~, ~en *(abwertend)* loss of individuality

vermauern *tr. V.* **a)** *(zumauern)* wall up ⟨*entrance*⟩; brick up ⟨*hole, window, etc.*⟩; **b)** *(verbrauchen)* use up ⟨*bricks, sand, etc.*⟩ in building a/the wall *etc.*

vermehren 1. *tr. V. (größer machen)* increase (**um** by). **2.** *tr. V. (größer werden)* increase; **3.** *(sich fortpflanzen)* reproduce ⟨*bacterium, virus*⟩ multiply

vermehrt 1. *Adj.* increased. **2.** *adv.* increasingly; **~ auftreten** occur with increasing frequency

Vermehrung die; ~, ~en **a)** increase *(Gen.* in); **b)** *(Fortpflanzung)* reproduction; *(von Bakterien, Viren)* multiplying

vermeidbar *Adj.* avoidable; **die Niederlage wäre ~ gewesen** the defeat could have been avoided

vermeiden *unr. tr. V.* avoid; **es läßt sich nicht ~**: it is unavoidable; **es ~, etw. zu tun** avoid doing sth.; **er hatte gehofft, daß der Krieg zu ~ sei** he had hoped that war could be avoided; **ein Gegentor ~**: avoid conceding a goal

Vermeidung die; ~, ~en avoidance

vermeinen *tr. V. (geh.)* think; **er vermeinte, ihre Stimme zu hören** he thought he heard her voice

vermeintlich [fɛɐ̯'maɪntlɪç] **1.** *Adj.; nicht präd.* supposed. **2.** *adv.* supposedly

vermelden *tr. V.* report; *(offiziell)* announce

vermengen 1. *tr. V.* **a)** *(mischen)* mix (**miteinander** together); **b)** *(durcheinanderbringen)* mix up; confuse. **2.** *refl. V.* *(sich mischen)* mingle

vermenschlichen *tr. V.* anthropomorphize

Vermenschlichung die; ~, ~en anthropomorphization

Vermerk [fɛɐ̯'mɛrk] der; ~[e]s, ~e note; *(amtlich)* remark; *(Stempel)* stamp; *(im Kalender)* entry

vermerken *tr. V.* **a)** *(notieren)* make a note of; note [down]; *(in Akten, Wachbuch usw.)* record; **das sei aber nur am Rande vermerkt** but that is only by the way; **b)** *(feststellen)* note; *s. auch* **übel 2 b**

¹**vermessen 1.** *unr. tr. V.* measure; survey ⟨*land, site*⟩. **2.** *unr. refl. V.* **a)** *(falsch messen)* measure wrongly; **b)** *(geh.: sich anmaßen)* **sich ~, etw. zu tun** presume *or* have the presumption to do sth.; **wie konnte er sich ~!** what presumption!

²**vermessen** *Adj. (geh.)* presumptuous; **darf ich so ~ sein anzunehmen, daß ...**: may I be so bold as to assume that ...

Vermessenheit die; ~, ~en *(geh.)* presumption; presumptuousness; **das ist eine große ~ von dir** that is very presumptuous of you

Vermessung die measurement; *(Land~)* surveying

vermiesen *tr. V. (ugs.)* **jmdm. etw. ~**: spoil sth. for sb.; **jmdm. die Laune/das Vergnügen ~**: spoil sb.'s mood/enjoyment

vermieten *tr. V. (auch itr.) V.* rent [out], let [out] ⟨*flat, room, etc.*⟩ (**an** + *Akk.* to); hire [out] ⟨*boat, car, etc.*⟩; **wir ~ auch an Studenten** we also rent out to students; „**Zimmer zu ~**" 'room to let'

Vermieter der landlord

Vermieterin die landlady

Vermietung die; ~, ~en *s.* **vermieten**: renting [out]; letting [out]; hiring [out]

vermindern 1. *tr. V.* reduce; decrease; reduce, lessen ⟨*danger, stress*⟩; lessen ⟨*admiration, ability*⟩; lower ⟨*resistance*⟩; reduce ⟨*debt*⟩. **2.** *refl. V.* decrease; diminish; ⟨*influence, danger*⟩ decrease, diminish; ⟨*resistance*⟩ diminish

vermindert *Adj.* **a)** **~e Zurechnungsfähigkeit** *(Rechtsw.)* diminished responsibility; **b)** *(Mus.)* diminished

Verminderung die *s.* **vermindern 1**: reduction; decreasing; lessening; lowering; **eine ~ der Einnahmen** a decrease in revenues

verminen *tr. V.* mine

vermischen 1. *tr. V.* mix (**miteinander** together); blend ⟨*teas, tobaccos, etc.*⟩; **Wahres und Erdachtes miteinander ~**: mingle truth and fiction. **2.** *refl. V.* mix; *(fig.)* mingle; ⟨*races, animals*⟩ interbreed; **unter der Rubrik „Vermischtes"** under the heading 'Miscellaneous'

Vermischung die s. **vermischen**: mixing; blending; (fig.) mingling
vermissen tr. V. a) (sich sehnen nach) miss; b) (nicht haben) **ich vermisse meinen Ausweis** my identity card is missing; **nach dem Brand wurde er vermißt** he was unaccounted for after the fire; **ich vermisse in deiner Küche einen Kühlschrank** I notice that you do not have a fridge in your kitchen; **etw. ~ lassen** lack sth.; be lacking in sth.; **er gilt als** od. **ist vermißt** (fig.) he is listed as a missing person; **der vermißte Soldat** the missing soldier; **man hat dich in der Vorlesung vermißt** your absence from the lecture was noticed
Vermißte der/die; adj. Dekl. missing person
Vermißten·anzeige die ~ [von jmdm.] erstatten report sb. [as] missing
vermitteln 1. itr. V. mediate, act as [a] mediator (**in** + Dat. in); ~**d eingreifen** act as [a] mediator; ~**de Worte** conciliating words. 2. tr. V. a) (herbeiführen) arrange; negotiate ⟨transaction, cease-fire, compromise⟩; b) (besorgen) **jmdm. eine Stelle ~**: find sb. a job; find a job for sb.; **jmdm. ein Haus ~**: locate a house for sb.; c) (als Mittler tätig sein für) **das Arbeitsamt vermittelt die Arbeitskräfte an die Firmen** the job centre (Brit.) or (Amer.) employment office places workers with firms; d) (weitergeben) impart ⟨knowledge, insight, values, etc.⟩; communicate, pass on ⟨message, information, etc.⟩; convey, give ⟨feeling⟩; pass on ⟨experience⟩; **jmdm. ein genaues Bild von etw. ~**: convey a precise picture of sth. to sb.; **jmdm. Bildung ~**: educate sb.
vermittels[t] Präp. mit Gen. (Papierdt.) by means of; ~ **eines Wörterbuchs** with the help of a dictionary
Vermittler der; ~**s**, ~ a) (Mittler) mediator; b) (Träger) s. **vermitteln 2 d**: imparter; communicator; conveyer; c) (von Berufs wegen) agent; **der ~ eines Geschäfts** the negotiator of a transaction
Vermittler·rolle die role of mediator
Vermittlung die; ~, ~**en** a) (Schlichtung) mediation; **seine ~ anbieten** offer to mediate; b) s. **vermitteln 2 a**: arrangement; negotiation; **durch die ~ eines Beamten** through the good offices of an official; c) (das Besorgen) **die ~ einer Stelle** finding a job for sb.; **die ~ eines Hauses für jmdn.** locating a house for sb.; d) s. **vermitteln 2 d**: imparting; communicating; passing on; conveying; e) (Telefonzentrale) exchange; (in einer Firma) switchboard; (Telefonist) operator
Vermittlungs-: ~**aus·schuß** der mediation committee [between the two houses of parliament]; ~**gebühr** die commission
vermöbeln tr. V. (ugs.) beat up; (als Strafe) thrash
vermodern itr. V.; mit sein decay; rot
vermöge Präp. mit Gen. (geh.) by virtue of
vermögen (geh.) unr. tr. V. **etw. zu tun ~**: be able to do sth.; be capable of doing sth.; **er vermochte [es] nicht, mich zu überzeugen** he was not able to convince me; **wir werden alles tun, was wir [zu tun] ~**: we will do everything we can; **wer vermöchte zu sagen, ob ...**: who can say whether ...; **er vermochte nichts dagegen** he could do nothing to prevent it
Vermögen das; ~**s**, ~ a) o. Pl. (geh.: Fähigkeit) ability; b) (Besitz) fortune; **er hat ~**: he has money; he is a man of means; **das kostet ja ein ~** (ugs.) it costs a fortune; **sein ganzes ~**: all his money
vermögend Adj. wealthy; well-off; **sie ist eine ~e Frau** she is a woman of means or a wealthy woman
Vermögens-: ~**ab·gabe** die capital levy; ~**bildung** die (wider) creation of wealth by participation of employees in savings and share-ownership schemes; ~**steuer** die wealth tax
Vermögen·steuer die s. **Vermögenssteuer**
vermögens-, Vermögens-: ~**verhältnisse** Pl. financial circumstances; ~**werte** Pl. investments; ~**wirksam** 1. Adj. ⟨saving⟩ under the employee's savings scheme; ~**wirksame Leistungen** employer's contributions to employees' savings schemes; 2. adv. ⟨invest⟩ profitably
vermummen [fɛɐˈmʊmən] tr. V. a) (einhüllen) wrap up [warmly]; b) (verbergen) disguise; **vermummte Jugendliche** masked youths
Vermummung die; ~, ~**en** a) o. Pl. **zur ~ hatten wir ...**: in order to disguise ourselves we had ...; ~ **soll unter Strafe gestellt werden** wearing a mask is to be made a punishable offence; b) (Kleidung) disguise
Vermummungs·verbot das ban on wearing masks [during demonstrations]
vermurksen tr. V. (ugs.) mess up; muck up (Brit. sl.)
vermuten tr. V. suspect; **das ist zu ~**: that is what one would suppose or expect; we may assume that; **die Untersuchung läßt ~, daß ...**: the investigation leads one to suppose that ...; **ich vermute/vermutete ihn in der Bibliothek** I suspect or presume he is in/ supposed or presumed he was in the library
vermutlich 1. Adj. probable; probable, likely ⟨result⟩; **der ~e Täter** the suspect. 2. Adv. presumably; (wahrscheinlich) probably; **[ja,] ~**: [yes,] I suppose so
Vermutung die; ~, ~**en** a) supposition; (Verdacht) suspicion; **es liegt die ~ nahe, daß ...**: it seems a likely supposition that ...; there are grounds for supposing that ...; **die ~ haben, daß ...**: presume or suppose that ...
vernachlässigen tr. V. a) neglect; b) (unberücksichtigt lassen) ignore; disregard
Vernachlässigung die; ~, ~**en** neglect; (das Nichtberücksichtigen) disregard; **unter ~ dieser Erkenntnisse** ignoring these perceptions
vernageln tr. V. nail up, cover ⟨hole etc.⟩; **mit Brettern vernagelt** boarded up
vernähen tr. V. a) stitch [up] ⟨tear, wound⟩; **den Faden gut ~**: sew the thread in firmly; b) (beim Nähen verbrauchen) use up ⟨thread, material⟩
vernarben itr. V.; mit sein [form a] scar; heal (lit. or fig.)
Vernarbung die; ~, ~**en** formation of a scar; **die ~ der Wunde dauerte Wochen** the wound took weeks to form a scar
vernarren refl. V. **sich in jmdn./etw. ~**: become besotted or infatuated with sb./sth.; **in jmdn./etw. vernarrt sein** be infatuated with or (coll.) crazy about sb./be crazy (coll.) about sth.
Vernarrtheit die; ~, ~**en** infatuation (**in** + Akk.) with
vernaschen tr. V. a) (für Süßigkeiten ausgeben) spend on sweets (Brit.) or (Amer.) candy; b) (salopp: geschlechtlich verkehren mit) lay ⟨girl⟩ (sl.); c) (salopp: bezwingen, ausschalten) wipe the floor with (sl.) ⟨opponent, competitors⟩
vernebeln tr. V. shroud ⟨area⟩ in fog; (mit Rauch) cover ⟨area⟩ with a smoke-screen; (fig.) obscure ⟨facts⟩; **jmdm. das Gehirn ~** (fig.) ⟨alcohol⟩ befuddle sb.'s brain
Vernebelung die; ~, ~**en** shrouding in fog/smoke; (des Kopfes) befuddling; (der Tatsachen) obscuration
vernehmbar Adj. (geh.) audible
vernehmen tr. V. a) (geh.: hören, erfahren) hear; **über seine Absichten nichts ~ lassen** not say anything or keep quiet about one's intentions; b) (verhören) question; (vor Gericht) examine
Vernehmen das **in dem/allem ~ nach** from what/all that one hears; **sicherem ~ nach** according to reliable sources
vernehmlich 1. Adj. [clearly] audible. 2. adv. audibly; **laut und ~**: loud and clear
Vernehmung die; ~, ~**en** questioning; (vor Gericht) examination
vernehmungsfähig Adj. in a condition or fit to be questioned/examined postpos.
verneigen refl. V. (geh.) bow (**vor** + Dat. to, (literary) before)
Verneigung die; ~, ~**en** (geh.) bow
verneinen tr. (auch itr.) V. a) say 'no' to ⟨question⟩; answer ⟨question⟩ in the negative; **er verneinte [es]** he said 'no'; **eine ~de Antwort** a negative answer; an answer in the negative; **er schüttelte ~d den Kopf** he shook his head to say 'no'; b) (ablehnen) reject; c) (Sprachw.) negate
Verneinung die; ~, ~**en** a) ~ **einer Frage** negative answer to a question; b) (Ablehnung) rejection; c) (Sprachw.) negation
Verneinungs-: ~**fall der in im ~falle** (Papierdt.) should the answer be in the negative; ~**wort** das; Pl. ~**wörter** (Sprachw.) negative [word]
vernetzen tr. V. (Chemie, Technik) interlink
vernichten tr. V. destroy; exterminate ⟨pests, vermin⟩
vernichtend 1. Adj. crushing ⟨defeat⟩; shattering ⟨blow⟩; (fig.) devastating ⟨criticism⟩; devastating, withering ⟨glance⟩. 2. adv. **den Feind ~ schlagen** inflict a crushing defeat on the enemy
Vernichtung die; ~, ~**en** destruction; (von Schädlingen) extermination
Vernichtungs-: ~**lager das** extermination camp; ~**potential** das destructive potential; ~**waffe** die weapon of annihilation
verniedlichen tr. V. trivialize ⟨matter, situation, etc.⟩; play down ⟨guilt, error⟩
Verniedlichung die; ~, ~**en** trivialization
Vernissage [vɛrnɪˈsaːʒə] die; ~, ~**n** (geh.) private view (of contemporary artist's exhibition)
Vernunft [fɛɐˈnʊnft] die; ~: reason; **gegen alle [Regeln der] ~**: contrary to all [dictates of] common sense; **ohne ~ handeln** act rashly or without thinking; ~ **annehmen**, **zur ~ kommen** see reason; come to one's senses; **jmdn. zur ~ bringen** make sb. see reason
vernunft-, Vernunft-: ~**begabt** Adj. rational; ~**ehe** die, ~**heirat** die marriage of convenience
vernünftig [fɛɐˈnʏnftɪç] 1. Adj. a) sensible; **es wäre das ~ste gewesen, zu ...**: the most sensible thing would have been to ...; **mit ihm kann man kein ~es Wort reden** one can't have a sensible conversation with him; b) (ugs.: ordentlich, richtig) decent; **einen ~en Beruf lernen** learn a proper trade. 2. adv. a) sensibly; über etw. (Akk.) ~ **diskutieren** have a sensible discussion about sth.; b) (ugs.: ordentlich, richtig) ⟨talk, eat⟩ properly; ⟨dress⟩ sensibly
vernünftigerweise Adv. sensibly; **etw. ~ tun** ⟨person⟩ have the [good] sense to do sth.
Vernunft·mensch der [purely] rational person
vernunft·widrig 1. Adj. irrational. 2. adv. irrationally
veröden 1. itr. V.; mit sein a) (menschenleer werden) become deserted; **verödet** deserted ⟨houses, streets, etc.⟩; b) (unfruchtbar werden) ⟨land⟩ become barren or desolate. 2. tr. V. (Med.) treat ⟨varicose veins⟩ by injection
Verödung die; ~, ~**en** s. **veröden**: desertion; desolation; (Med.) injection treatment
veröffentlichen tr. V. publish
Veröffentlichung die; ~, ~**en** publication
verordnen tr. V. [jmdm. etw.] ~: prescribe [sth. for sb.]; **der Arzt hat mir Bettruhe verordnet** the doctor ordered me to stay in bed
Verordnung die prescribing; prescription
verpachten tr. V. lease

1573

Verpächter *der* landlord; lessor *(Law)*
Verpachtung *die;* ~, ~**en** leasing
verpacken *tr. V.* pack; wrap up ⟨*present, parcel*⟩; **etw. als Geschenk** ~: gift-wrap sth.
Verpackung *die* **a)** *o.Pl.* packing; **b)** *(Umhüllung)* packaging *no pl.;* wrapping
Verpackungs·material *das* packaging [material]
verpassen *tr. V.* **a)** miss ⟨*train, person, entry (Mus.), chance, etc.*⟩; **b)** *(ugs.: geben)* **jmdm. etw.** ~: give sb. sth.; **jmdm. eins** ~: clout sb. one *(coll.)*
verpatzen *tr. V. (ugs.)* make a mess of; muck up *(Brit. sl.);* botch ⟨*job*⟩; **du hast mir alles verpatzt** you've spoilt it all for me; **eine verpatzte Gelegenheit** a wasted opportunity
verpennen *(salopp)* **1.** *itr. V.* oversleep. **2.** *tr. V.* **a)** *(vergessen)* forget; **b)** *(verschlafen)* sleep through ⟨*morning etc.*⟩
verpennt *Adj. (salopp)* half asleep *pred.; (fig.)* dozy ⟨*place*⟩; **total** ~: in a complete sleepy daze
verpesten *tr. V. (abwertend)* pollute
Verpestung *(abwertend) die;* ~, ~**en** pollution
verpetzen *tr. V. (abwertend)* **jmdn. [beim Lehrer usw.]** ~: tell *or (sl.)* split on sb. [to the teacher *etc.*]
verpfänden *tr. V.* pawn ⟨*article*⟩; mortgage ⟨*house*⟩; *(fig.)* pledge ⟨*word, honour*⟩
Verpfändung *die* pawning; *(von Hausbesitz)* mortgaging; mortgage
verpfeifen *unr. tr. V. (ugs. abwertend)* grass *or* split on ⟨*person*⟩ *(sl.)* **(bei** to); sing about ⟨*plan etc.*⟩ *(sl.)*
verpflanzen *tr. V.* **a)** transplant ⟨*tree, bush*⟩; *(fig.)* uproot and move ⟨*person*⟩; **b)** *(Med.)* transplant ⟨*heart etc.*⟩; graft ⟨*skin*⟩
Verpflanzung *die;* ~, ~**en a)** transplanting; **b)** *(Med.)* transplant[ing]; *(von Haut)* graft
verpflegen *tr. V.* cater for; feed; **sich selbst** ~: cater for oneself; **nur kalt/im Heim verpflegt werden** only be served cold food/be served one's food in the hostel
Verpflegung *die;* ~, ~**en a)** *o.Pl.* catering *no indef. art.* (*Gen.* for); **b)** *(Nahrung)* food; **Unterkunft und** ~: board and lodging
Verpflegungs·kosten *Pl.* cost *sing.* of food *or* meals
verpflichten 1. *tr. V.* **a)** oblige; commit; *(festlegen, binden)* bind; *(durch Eid)* swear; **jmdn. auf die Verfassung** ~: make sb. swear *or* promise to uphold the constitution; **zur Verschwiegenheit verpflichtet** sworn to secrecy; **der Kauf des ersten Bandes verpflichtet zur Abnahme des gesamten Werkes** purchase of the first volume is a commitment *or* obliges one to take the complete work; **sich verpflichtet fühlen [, etw. zu tun]** feel obliged [to do sth.]; **das verpflichtet dich zu nichts** that doesn't commit you to anything; **jmdm. verpflichtet sein** be indebted to sb.; **ich bin Ihnen zu Dank verpflichtet** I am indebted *or* obliged to you; **b)** *(einstellen, engagieren)* engage ⟨*actor, manager, etc.*⟩; *(Sport)* sign ⟨*player*⟩; **jmdn. ans Stadttheater/nach Berlin** ~: take sb. on *or* engage sb. at the Municipal Theatre/for Berlin. **2.** *refl. V.* undertake; promise; **sich zu einer Zahlung** ~: commit oneself to making a payment; **sich vertraglich** ~: sign a contract; bind oneself by contract; **sich bei der Bundeswehr auf 8 Jahre** ~: sign on with the [Federal] Armed Forces for eight years
Verpflichtung *die;* ~, ~**en a)** obligation; commitment; **eine** ~ **übernehmen** take on an obligation *or* a commitment; **[finanzielle] ~en** [financial] commitments; liabilities; **dienstliche/gesellschaftliche** *usw.* ~ **en** official/social *etc.* commitments; **ich habe keine anderweitigen** ~**en** I am not otherwise engaged; I have no other engagements; **b)** *(Engagement)* engaging; engagement; *(Sport: eines Spielers)* signing

verpfuschen *tr. V. (ugs.)* make a mess of; muck up *(Brit. sl.);* **sich** *(Dat.)* **das Leben/die Karriere** ~: make a mess of one's life/career
verpissen *refl. V. (salopp)* piss off *(Brit. sl.);* beat it *(sl.)*
verplanen *tr. V.* **a)** *(falsch planen)* get the plans wrong for; **b)** *(festlegen, einteilen)* book ⟨*person, time*⟩ up; commit ⟨*money, reprint*⟩; **er hat sein Geld/seine Freizeit schon verplant** his money is already fully committed/his spare time is already fully booked
verplappern *refl. V. (ugs.)* blab *(coll.);* let the cat out of the bag
verplaudern 1. *tr. V.* chat away ⟨*time*⟩; spend ⟨*time*⟩ chatting. **2.** *refl. V.* go on chatting too long
verplempern [fɛɐ̯ˈplɛmpɐn] *(ugs.)* **1.** *tr. V.* fritter away. **2.** *refl. V.* fritter away one's time/opportunities
verplomben *tr. V.* seal
Verplombung *die;* ~, ~**en a)** sealing; **b)** *(Plombe)* seal
verpönt *Adj.:* scorned; *(tabu)* taboo
verpoppen *tr. V.* popularize; *(aufmöbeln)* jazz up
verprassen *tr. V.* squander, *(sl.)* blow ⟨*money, fortune*⟩
verprellen *tr. V.* alienate
verproviantieren 1. *tr. V.* supply with food *or* provisions. **2.** *refl. V.* stock up [with food *or* provisions]
verprügeln *tr. V.* beat up; *(zur Strafe)* thrash
verpuffen *itr. V.; mit sein* go phut; *(fig.)* fizzle out; ⟨*joke*⟩ fall flat
verpulvern *tr. V. (ugs.)* blow *(sl.)* ⟨*money*⟩; *(allmählich)* fritter away ⟨*money*⟩
verpuppen *refl. V. (Zool.)* pupate
Verputz *der* plaster; *(auf Außenwänden)* rendering; *(Rauhputz)* roughcast
verputzen *tr. V.* **a)** *(mit Putz versehen)* plaster; render *(outside wall)*; *(mit Rauhputz)* roughcast; **b)** *(ugs.: aufessen)* polish off ⟨*coll.*⟩ ⟨*food*⟩
Verputzer *der;* ~s, ~: plasterer
verqualmen 1. *itr. V.; mit sein* ⟨*cigar, cigarette*⟩ go out. **2.** *tr. V. (ugs. abwertend)* fill ⟨*room*⟩ with smoke; **verqualmen** smoke-filled
verquält [fɛɐ̯ˈkvɛːlt] *Adj.* tormented in torment *or* agony *pred.*
verquatschen *(ugs.)* **1.** *tr. V.* natter away *(coll.)* ⟨*time*⟩; spend ⟨*time*⟩ nattering *(coll.).* **2.** *refl. V.* blab *(coll.);* let the cat out of the bag
verquer 1. *Adj.* **a)** *(schief)* angled, crooked ⟨*position*⟩; **b)** *(absonderlich)* weird, outlandish ⟨*idea*⟩. **2.** *adv.* **a)** *(schief)* at an angle; crookedly; **b)** *(absonderlich)* ⟨*behave*⟩ weirdly; **c) jmdm. geht etw./alles** ~: sth./everything is going wrong for sb.
verquicken [fɛɐ̯ˈkvɪkn̩] *tr. V.* combine
Verquickung *die;* ~, ~**en** combination
verquirlen *tr. V.* mix [with a whisk]; whisk
verquollen [fɛɐ̯ˈkvɔlən] *Adj.* swollen
verrammeln *tr. V.* barricade
verramschen *tr. V. (ugs. abwertend) s.* **verschleudern a**
verrannt [fɛɐ̯ˈrant] *Adj.* obsessed
Verrat *der;* ~[**e**]**s** betrayal **(an** + *Dat.* of); ~ **begehen** *(Politik)* commit [an act of] treason; ~ **an jmdm. begehen** betray sb.
verraten 1. *unr. tr. V.* **a)** betray ⟨*person, cause*⟩; betray, give away ⟨*secret, plan, etc.*⟩ **(an** + *Akk.* to); **wer hat dir das Versteck** ~? who told you about the hiding-place?; ~ **und verkauft sein** be well and truly in the soup *or* sunk *(coll.);* **b)** *(ugs.: mitteilen)* **jmdm. den Grund** *usw.* ~: tell sb. the reason *etc.;* **c)** *(erkennen lassen)* show, betray ⟨*feelings, surprise, fear, etc.*⟩; show ⟨*influence, talent*⟩; **d)** *(zu erkennen geben)* give ⟨*person*⟩ away. **2.** *unr. refl. V.* **a)** ⟨*person*⟩ give oneself away; **b)** *(sich zeigen)* show itself; be revealed

Verräter [fɛɐ̯ˈrɛːtɐ] *der;* ~**s**, ~: traitor *(Gen.,* **an** + *Dat.* to)
Verräterei *die;* ~, ~**en** treachery
Verräterin *die;* ~, ~**nen** traitress
verräterisch *Adj.* **a)** treacherous ⟨*plan, purpose, act, etc.*⟩; **b)** *(erkennen lassend)* tell-tale, give-away ⟨*look, gesture*⟩; **die Röte in ihrem Gesicht war** ~: her red face gave her away
verrauchen 1. *itr. V.; mit sein* ⟨*smoke, cloud, etc.*⟩ clear [away], disappear; *(fig.)* ⟨*anger etc.*⟩ blow over, subside. **2.** *tr. V.* spend ⟨*money*⟩ on smoking
verräuchern *tr. V.* fill with smoke; **verräuchert** smoke-filled; smoky
verraucht *Adj.* smoke-filled; smoky
verrauschen *itr. V.; mit sein* die *or* fade [away]
verrechnen 1. *tr. V.* include, take into account ⟨*amount etc.*⟩; *(gutschreiben)* credit ⟨*cheque etc.*⟩ to another account. **2.** *refl. V. (auch fig.)* miscalculate; make a mistake/mistakes
Verrechnung *die* settlement **(mit** by means of); „**nur zur** ~" *(Bankw.)* 'not negotiable'; 'a/c payee [only]'
Verrechnungs-: ~**einheit** *die (Wirtsch.)* clearing unit; ~**scheck** *der (Wirtsch., Bankw.)* crossed cheque
verrecken *itr. V.; mit sein (salopp)* die [a miserable death]; **das tu ich ums Verrecken nicht** there's no way I'll do that
verregnen *itr. V.; mit sein* be spoilt *or* ruined by rain; **verregnet** rainy, wet ⟨*spring, summer, holiday, etc.*⟩; ⟨*harvest*⟩ spoilt by rain
verreiben *unr. tr. V.* rub in
verreisen *itr. V.; mit sein* go away; **verreist sein** be away
verreißen *unr. tr. V.* **a)** *(ugs.)* tear ⟨*book, play, etc.*⟩ to pieces; **b)** *(ugs.: beim Lenken)* **den Wagen/die Lenkung/das Steuer** ~: snatch at the steering; *(als Ausweichmanöver)* swerve
verrenken [fɛɐ̯ˈrɛŋkn̩] *tr. V.* **a)** *(verletzen)* dislocate; **sich** *(Dat.)* **den Fuß** ~: twist one's ankle; **b)** *(biegen)* **sich** *od.* **seine Glieder** ~: go into *or* perform contortions
Verrenkung *die;* ~, ~**en a)** *(Verletzung)* dislocation; **b)** *(Biegung des Körpers)* contortion; ~**en machen** go into *or* perform contortions
verrennen *unr. refl. V.* get on the wrong track *or* off course; **sich in etw.** *(Akk.)* ~: become obsessed with sth.
verrenten *tr. V. (Amtsspr.)* retire [on a pension]
Verrentung *die;* ~, ~**en** *(Amtsspr.)* retirement [on a pension]
verrichten *tr. V.* perform ⟨*work, duty, etc.*⟩; **seine Notdurft** ~: relieve oneself
Verrichtung *die* carrying out; performance; **gute** ~! *(scherzh. wenn jmd. zur Toilette geht)* have fun!; **die täglichen** ~**en** one's daily tasks
verriegeln *tr. V.* bolt
Verriegelung *die;* ~, ~**en a)** *(das Verriegeln)* bolting; **b)** *(Vorrichtung)* bolt mechanism; *(Schloß)* lock
verringern [fɛɐ̯ˈrɪŋɐn] **1.** *tr. V.* reduce. **2.** *refl. V.* decrease
Verringerung *die;* ~, ~**en** reduction; decrease *(Gen.,* **von** in)
verrinnen *unr. itr. V.; mit sein* **a)** *(versickern)* seep [by]; **b)** *(geh.: verstreichen)* ⟨*year, month*⟩ elapse, pass
Verriß *der (ugs.)* damning review *or* criticism (**über** + *Akk.* of)
verrocken *tr. V.* produce a rock arrangement of ⟨*piece*⟩
verrohen 1. *tr. V.* brutalize. **2.** *itr. V.; mit sein* become brutal
Verrohung *die;* ~, ~**en** brutalization
verrosten *itr. V.; mit sein* rust; **verrostet** rusty

verrotten *itr. V.; mit sein* rot; ⟨*building etc.*⟩ decay

verrucht [fɛɐ̯'ruːxt] *Adj.* **a)** *(veralt.: ruchlos)* despicable; **b)** *(scherzh.: verworfen)* disreputable, seedy ⟨*quarter etc.*⟩

Verruchtheit die; ~: **a)** despicableness; **b)** *(scherzh.: Verworfenheit)* disreputableness; seediness

verrücken *tr. V.* move; shift

verrückt *(ugs.)* **1.** *Adj.* **a)** mad; ~ **werden** go mad *or* insane; **jmdn.** ~ **machen** drive sb. mad; **mach dich doch nicht** ~! don't get yourself into a state!; **du bist wohl** ~! you must be mad *or* crazy!; **bei diesem Lärm kann man ja** ~ **werden!** this noise is enough to drive you mad *or* (*coll.*) round the bend; **wie** ~! like mad *or* (*coll.*) crazy; **ich werde** ~! I'll be blowed *(sl.) or (coll.)* damned; ~ **spielen** *(salopp)* ⟨*person*⟩ act crazy *(coll.)*; ⟨*car, machine, etc.*⟩ play up *(coll)*; ⟨*watch, weather*⟩ go crazy; **b)** *(überspannt, ausgefallen)* crazy ⟨*idea, fashion, prank, day, etc.*⟩; **so was Verrücktes!** what a crazy idea!; **c)** *(begierig, geil)* crazy; **sie macht die Männer** ~: she drives men crazy [with desire]; **auf jmdn.** *od.* **nach jmdm./auf etw.** *(Akk.)* ~ **sein** be crazy *(coll.) or* mad about sb./sth. **2.** *adv.* crazily; ⟨*behave*⟩ crazily *or* like a madman; ⟨*paint, dress, etc.*⟩ in a mad *or* crazy way

Verrückte der/die; *adj. Dekl.* *(ugs.)* madman/madwoman; lunatic

Verrücktheit die; ~, ~**en a)** *o.Pl.* madness; insanity; *(Überspanntheit)* craziness; **b)** *(irre Handlung)* act of madness; folly; *(überspannte Idee)* crazy idea

Verrückt·werden das *(ugs.) in* **zum** ~ **sein** be enough to drive you mad *or (coll.)* round the bend; **es ist zum** ~ **mit ihm** he's enough to drive anyone scatty *(Brit. sl.)*

Verruf der *in* **in** ~ **kommen** *od.* **geraten** fall into disrepute; **jmdn./etw. in** ~ **bringen** bring sb./sth. into disrepute

verrufen *Adj.* disreputable

verrühren *tr. V.* stir together; mix

verrunzelt *Adj.* wrinkled

verrußen 1. *itr. V.; mit sein* become sooty; ⟨*sparking-plug*⟩ soot up; **verrußt** sooty; *(von Ruß bedeckt)* covered in soot *postpos.* **2.** *tr. V.* make sooty

verrutschen *itr. V.* slip

Vers [fɛrs] *der;* ~**es,** ~**e** verse; *(Zeile)* line; ~**e schreiben** *od. (ugs.)* **schmieden** write verse *or* poetry; **etw. in** ~ **setzen** *od.* **bringen** put sth. into verse; **ein Epos in** ~**en** a verse epic; **sich** *(Dat.)* **einen** ~ **auf etw.** *(Akk.)/***darauf machen** *(fig.)* make sense of sth./put two and two together

versachlichen *tr. V.* make [more] objective

Versachlichung die; ~: **zur** ~ **der Diskussion beitragen** help to make the discussion more objective

versacken *itr. V.; mit sein (ugs.)* **a)** sink; **b)** *(fig.)* **u. versumpfen b, c**

versagen 1. *itr. V.* fail; ⟨*machine, engine*⟩ stop [working], break down; **menschliches Versagen** human error; **ihre Stimme versagte** her voice failed. **2.** *tr. V. (geh.) (nicht gewähren)* **jmdm./sich etw.** ~: deny sb. *or* refuse sb. sth./deny oneself sth.; **ein Kind blieb ihr versagt** a child was denied her; **es war ihm versagt, das mitzuerleben** circumstances did not allow him to witness it; **ich konnte es mir nicht** ~, **darauf zu antworten** I could not refrain from answering; *s. auch* **Dienst d. 3.** *refl. V.* **sich jmdm.** ~: refuse to give oneself *or* surrender to sb.

Versager der; ~**s,** ~: failure

Versagung die; ~, ~**en** refusal

versalzen 1. *unr. tr. V.* **a)** put too much salt in/on; **die Suppe ist versalzen** there is too much salt in the soup; the soup is too salty; **b)** *(fig. ugs.)* spoil; **jmdm. etw.** ~: spoil sth. for sb.; *s. auch* **Suppe. 2.** *itr. V.; mit sein (bes. Ökologie; Bodenk.)* become salty

versammeln 1. *tr. V.* assemble; gather [together]; **seine Leute um sich** ~: gather one's people around one. **2.** *refl. V.* assemble; *(weniger formell)* gather; **sich um jmdn./etw.** ~: gather round sb./sth.; **vor versammelter Belegschaft sprechen** speak to the assembled staff; *s. auch* **Mannschaft c**

Versammlung die a) meeting; *(Partei~)* assembly; *(unter freiem Himmel, politisch)* rally; **auf einer** ~ **sprechen** speak at a meeting/rally; **b)** *(Gremium)* assembly; **gesetzgebende/verfassunggebende** ~: legislative/constituent assembly; **c)** *o.Pl. (das Sichversammeln)* assembly; bringing together no art.

Versammlungs-: ~**freiheit die;** *o.Pl.* freedom of assembly; ~**lokal das** meeting-place

Versand der; ~**[e]s a)** *(Abteilung)* dispatch; **zum** ~ **fertigmachen** prepare for dispatch; **b)** *(Abteilung)* dispatch department; **c)** *(ugs.:* ~**haus)** mail-order firm

Versand·buch·handel der mail-order trade

versanden *itr. V.; mit sein* **a)** fill with sand; ⟨*harbour etc.*⟩ silt up; *(mit Sand bedeckt werden)* be covered with sand; **b)** *(fig. ugs.)* peter *or* fizzle out

Versand: ~**geschäft das,** ~**handel der** mail-order business; ~**haus das** mail-order firm; ~**haus·katalog der** mail-order catalogue; ~**kosten** *Pl.* dispatch costs; carriage *sing.*; *(Post u. Verpackung)* postage and packing

Versatz-: ~**amt das** *(südd.; österr.)* pawnshop; ~**stück das a)** *(Theater)* [movable] piece of scenery; set piece; **b)** *(fig.)* cliché; hackneyed idea; **c)** *(österr.: Pfand)* security

versaubeuteln *tr. V. (ugs.)* **a)** *(verderben)* mess up; **b)** *(verlieren, verlegen)* lose; mislay

versauen *tr. V. (salopp)* **a)** *(verschmutzen)* mess up; make mucky *(coll.)*; **b)** *(verderben)* foul up *(coll.)*

versauern *itr. V.; mit sein (ugs.)* waste away; stagnate

versaufen 1. *unr. tr. V. (salopp)* drink one's way through. **2.** *unr.itr. V.; mit sein* **a)** *(ugs.: ertrinken)* drown; **b)** *(Bergmannsspr.)* flood

versäumen *tr. V. (verpassen)* miss; lose ⟨*time, sleep*⟩; **da hast du nichts/nicht viel versäumt** you didn't miss anything/miss much; **den versäumten Schlaf nachholen** catch up on lost sleep; **b)** *(vernachlässigen, unterlassen)* neglect ⟨*duty, task*⟩; **das Versäumte/Versäumtes nachholen** make up for *or* catch up on what one has neglected *or* failed to do; **er versäumte [es] nicht, X zu erwähnen** he did not omit *or* fail to mention X

Versäumnis das; ~**ses,** ~**se** omission; **die** ~**se der Eltern gegenüber ihren Kindern** the parents' sins of omission towards their children

verschachern *tr. V. (abwertend)* sell off

verschachtelt *Adj.* higgledy-piggledy ⟨*streets, town*⟩; **ein** ~**er Satz** *(fig.)* an encapsulated sentence

verschaffen *tr. V.* **jmdm. Arbeit/Geld/Unterkunft** *usw.* ~: provide sb. with work/money/accommodation *etc.*; get sb. work/money/accommodation *etc.*; **sich** *(Dat.)* **etw.** ~: get hold of sth.; obtain sth.; **sich** *(Dat.)* **Respekt** ~: gain respect; **sich Gewißheit** ~: make sure *or* certain; **es verschaffte mir die Möglichkeit, zu ...:** it gave me the opportunity to ...; **was verschafft mir die Ehre?** *(iron.)* to what do I owe this honour?

verschalen *tr. V.* line ⟨*wall, shaft, etc.*⟩ [with boards]; *(bedecken)* board up ⟨*window, hole*⟩

Verschalung die; ~, ~**en a)** *(das Verschalen)* lining; boarding; *(eines Fensters)* boarding up; **b)** *(Produkt)* lining *(aus Brettern)* boarding

verschämt [fɛɐ̯ʃɛːmt] **1.** *Adj.* bashful. **2.** *adv.* bashfully

verschandeln *tr. V. (ugs.)* spoil; ruin; **das Gebäude verschandelt die Landschaft** the building is a blot on the landscape

Verschandelung die; ~, ~**en** *(ugs.)* ruination *no indef. art.*; **eine solche** ~ **der Gegend** ruining the area like this

verschanzen 1. *refl. V. (Milit.)* take up a [fortified] position; *(in einem Graben)* entrench oneself; **b)** *(sich)* [oneself] in; *(in einem Gebäude)* barricade oneself **(in + Dat.** into); **sich in seinem Büro/hinter einer Zeitung** ~ *(fig.)* take refuge in one's office/take cover *or* hide behind a newspaper; **sich hinter einer Ausrede/seiner Müdigkeit** ~ *(fig.)* hide behind an excuse/use one's tiredness as an excuse **2.** *tr. V. (Milit.)* fortify

Verschanzung die; ~, ~**en** *(Milit.)* fortification; *(in Gräben)* entrenchment

verschärfen 1. *tr. V.* **a)** *(steigern)* intensify ⟨*conflict, difference, desire, etc.*⟩; increase, step up ⟨*pace, pressure*⟩; **b)** *(strenger machen)* tighten ⟨*law, control, restriction, etc.*⟩; make ⟨*penalty*⟩ more severe; **c)** *(verschlimmern)* make ⟨*unemployment etc.*⟩ worse; aggravate ⟨*situation, crisis, etc.*⟩. **2.** *refl. V.* **a)** *(sich steigern)* ⟨*pace, pressure, etc., difference*⟩ increase; ⟨*pain, tension, conflict, difference*⟩ intensify; **b)** *(sich verschlimmern)* get worse

verschärft 1. *Adj.: nicht präd.* **a)** *(gesteigert)* increased ⟨*pressure*⟩; intensified ⟨*conflict*⟩; more intense ⟨*training*⟩; **b)** *(strenger)* tighter, stricter ⟨*control, check, restriction*⟩; more severe ⟨*reprimand, punishment*⟩; **c)** *(schlimmer geworden)* aggravated. **2.** *adv. (strenger)* more strictly

Verschärfung die; ~, ~**en** *s.* **verschärfen 1 a–c:** intensification; increase; tightening; greater severity; aggravation; worsening

verscharren *tr. V.* bury *(just below the surface)*; bury ⟨*person*⟩ in a shallow grave

verschätzen 1. *refl. V.* **sich in etw.** *(Dat.)* ~: misjudge sth.; **wenn du dich da mal nicht verschätzt!** unless you've got it all wrong!. **2.** *tr. V.* misjudge

verschauen *refl. V. (österr. ugs.) s.* **vergucken a**

verschaukeln *tr. V. (ugs.)* **jmdn.** ~: take sb. for a ride *(sl.)*

verscheiden *unr.itr. V.; mit sein (geh.)* pass away

verscheißen *(derb)* **1.** *unr. tr. V.* cover with shit *(coarse)*; **verschissene Unterhosen** shitty *(coarse)* underpants. **2.** *unr. itr. V.* **in bei jmdm. verschissen haben** *(fig.)* have had it as far as sb. is concerned *(coll.)*

verscheißern *tr. V. (derb)* **jmdn.** ~: have *(Brit. coll.) or (Amer. coll.)* put sb. on; **du willst wohl** ~! pull the 'other one[, it's got bells on] *(sl.)*

verschenken 1. *tr. V.* **a)** give away; **etw. an jmdn.** ~: give sth. to sb.; **b)** *(ungewollt vergeben)* waste ⟨*space*⟩; give away ⟨*points*⟩; **den Sieg** ~: throw away one's chance of winning. **2.** *refl. V. (geh.)* **sich [an jmdn.]** ~: throw oneself away [on sb.]

verscherbeln [fɛɐ̯'ʃɛrbl̩n] *tr. V. (ugs.)* flog *(Brit. sl.)* *(Dat.,* **an** *+ Akk.* to)

verscherzen *refl. V.* **sich** *(Dat.)* **etw.** ~: lose *or* forfeit sth. [through one's own folly]

verscheuchen *tr. V.* chase away *(lit. or fig.)*; *(durch Erschrecken)* frighten *or* scare away

verscheuern *tr. V. (ugs.)* flog *(Brit. sl.) (Dat.,* **an** *+ Akk.* to)

verschicken *tr. V.* **a)** *s.* **versenden; b)** **jmdn. zur Kur/an die See** *usw.* ~: send sb. away to take a cure/to the seaside *etc.*

Verschickung die; ~, ~**en a)** *s.* **Versendung; b)** *(zur Erholung)* sending away [for health reasons] *no indef. art.*

verschiebbar *Adj.* **a)** movable; *(verstellbar)* adjustable; **b)** *(aufschiebbar)* which can be put off *postpos.*, *not pred.*

Verschiebe·bahnhof der marshalling yard

1575

verschieben 1. *unr. tr. V.* **a)** shift; move; **die Grenze wurde um 5 km nach Süden verschoben** the boundary was moved five kilometres to the south *or* further south; **die Perspektive/das ganze Bild ~** *(fig.)* alter *or* change the perspective/the whole picture; **b)** *(aufschieben)* put off, postpone **(auf +** *Akk.* till); **etw. um eine Woche/auf unbestimmte Zeit ~:** postpone sth. for a week/indefinitely; *s. auch* **besorgen c; c)** *(ugs.: illegal verkaufen)* traffic in *(goods)*; *(beiseite schaffen)* move illegally; **Waren/Devisen ins Ausland ~:** smuggle goods/currency to a foreign country. **2.** *unr. refl. V.* **a)** get out of place; *(rutschen)* slip; *(Geol.) (continent etc.)* shift; **das Kräfteverhältnis hat sich verschoben** *(fig.)* the balance of power has shifted; **b)** *(erst später stattfinden)* be postponed **(um** for); *(start)* be put back *or* delayed **(um** by)
Verschiebung die a) movement; *(fig.: Änderung)* alteration, shift *(Gen.* in); **die ~ der Kontinente** *(Geol.)* the continental drift; **b)** *(zeitlich)* postponement; **c)** *(ugs.: illegaler Handel)* trafficking **(von** in); *(ins Ausland)* smuggling
verschieden 1. 2. *Part. v.* **verscheiden. 2.** *Adj.* **a)** *(nicht gleich)* different **(von** from); **er hat zwei ~e Socken an** he is wearing two odd socks *or* two socks that don't match; **das ist von Fall zu Fall/von Land zu Land ~:** that varies from one case to another/from country to country; **b)** *nicht präd. (vielfältig)* various; **auf ~e Weise** in various ways; **die ~sten ...:** all sorts of ...; **die ~sten Theorien** the most diverse theories; **in den ~sten Farben** in the most varied colours; **in a wide variety of colours; die ~en ...:** the various ...; **c)** *alleinstehend* **~e** various people; **~e der Anwesenden** several of those present; **~es** various things *pl.;* „**Verschiedenes**" 'miscellaneous'; *(Tagesordnungspunkt)* 'any other business'. **3.** *adv.* differently; **~ groß** of different sizes *postpos.;* different-sized; *(people)* of different heights; **~ schwer/lang** of different weights/lengths *postpos.*
verschieden·artig 1. *Adj.* different in kind *pred.;* (*mehr als zwei)* diverse; **~e Werkzeuge** tools of various [different] kinds; **~e Mittel anwenden** use various different means. **2.** *adv.* diversely; *(auf verschiedene Weise)* in various different ways; **sehr ~ interpretiert werden** be subjected to very diverse interpretations
Verschiedenartigkeit die; ~: difference in nature; *(unter mehreren)* diversity; **die ~ der beiden Systeme** the different nature of the two systems
verschiedene·mal *Adv.* on various occasions
verschiedenerlei *unbest. Gattungsz.; indekl.* **a)** *attr.* various different; **b)** *alleinstehend* various different things; **~ Käse** various different kinds of cheese
verschieden·farbig 1. *Adj.* different-coloured; of different colours *postpos.* **2.** *adv. (paint etc)* in different colours
Verschiedenheit die; ~, ~en difference; dissimilarity; *(unter mehreren)* diversity; *(Unterschied)* difference
verschiedentlich *Adv.* on various occasions
verschießen 1. *unr. tr. V.* **a)** *(als Geschoß verwenden)* fire *(shell, cartridge, etc.);* **b)** *(verbrauchen)* use up *(ammunition);* **verschossene/nicht verschossene Patronen** spent/unspent *or* live cartridges; *s. auch* **Pulver b; c) einen Strafstoß ~** *(Fußball)* miss with a penalty. **2.** *unr. refl. V. (ugs.)* [**in** *jmdn.***] verschossen sein** be madly in love [with sb.] *(coll.).* **3.** *unr. itr. V.; mit sein (verblassen)* fade
verschiffen *tr. V.* ship *(goods, coal);* transport *(troops, emigrants, etc.)* by ship

Verschiffung die; ~, ~en shipment; *(von Personen)* transportation [by ship]
verschimmeln *itr. V.; mit sein* go mouldy; **verschimmelt** mouldy
¹**verschlafen 1.** *unr.itr. (auch refl.)V.* oversleep. **2.** *unr. tr. V.* **a)** *(schlafend verbringen)* sleep through *(morning, journey, etc.);* **sein halbes Leben ~:** doze away half one's life; **b)** *(versäumen)* sleep through *(concert);* not wake up in time for *(appointment);* not wake up in time to catch *(train, bus); (einschlafen und versäumen)* fall asleep and miss; **c)** *(ugs.: vergessen)* forget about *(appointment etc.)*
²**verschlafen** *Adj.* **a)** half-asleep; **b)** *(fig.: ruhig, langweilig)* sleepy *(town, village)*
Verschlag der shed; *(angebaut)* lean-to; *(für Kaninchen)* hutch
¹**verschlagen** *unr. tr. V.* **a) [jmdm.] die Seite ~:** lose sb.'s place *or* page; **die Seite ~ im eigenen Buch** lose one's place *or* page; **b) jmdm. den Appetit ~:** rob sb. of his/her appetite; **jmdm. die Sprache** *od.* **die Rede/den Atem ~:** leave sb. speechless/take sb.'s breath away; **c)** *(Ballspiele)* mishit *(ball);* **d) das Leben/Schicksal hat ihn nach X ~:** the vagaries of life caused/fate caused him to end up in X; **vom Sturm an eine Küste ~ werden** be driven on to a coast by the gale; **es hat ihn nach Berlin ~:** he landed [up] *or* ended up in Berlin.
²**verschlagen 1.** *Adj.* **a)** *(abwertend: gerissen)* sly; shifty; **b)** *(bes. nordd.: lauwarm)* lukewarm; tepid. **2.** *adv. (abwertend: gerissen)* slyly; shiftily
Verschlagenheit die; ~ *(abwertend)* slyness; shiftiness
verschlammen *itr. V.* become *or* get muddy; *(ditch, river)* silt up; **verschlammt** muddy
verschlampen *(ugs., bes. südd.)* **1.** *tr. V.* succeed in losing *(iron.).* **2.** *itr. V.; mit sein (abwertend) (person)* let oneself go; *(house etc.)* get into a bad state; **verschlampt** slovenly; in a slovenly state *postpos.*
verschlanken *tr. V. (Wirtschaftsjargon)* trim [down], reduce *(production etc.)*
verschlechtern 1. *tr. V.* make worse. **2.** *refl. V.* get worse; deteriorate; *(sich* [**finanziell/wirtschaftlich** *usw.*] **~:** be worse off [financially/economically *etc.*]; **er hat sich verschlechtert** he is worse off [now]
Verschlechterung die; ~, ~en worsening, deterioration *(Gen.* in); **der Wohnungswechsel bedeutet für ihn keine ~** his change of flat *(Brit.)* *or (Amer.)* apartment leaves him no worse off
verschleiern 1. *tr. V.* **a)** veil; *(fig.)* cover, veil *(sky, moon, etc.);* obscure *(view);* cloud *(consciousness);* **Dunst verschleierte die Berge** *(fig.)* a veil of mist hid the mountains; **Tränen verschleierten ihre Augen** *od.* **ihr den Blick** *(fig.)* she could scarcely see through her tears; her vision was blurred by tears; **b)** *(fig.: verbergen)* draw a veil over, cover up *(deception, facts, scandal, etc.);* hide *(intentions).* **2.** *refl. V. (vision etc.)* become blurred; *(sky)* cloud over
verschleiert *Adj.* veiled; misty *(vision etc.);* fogged *(photograph);* **mit ~er Stimme** in a husky voice; *(vor Rührung)* in a voice choked with emotion. **2.** *adv.* **ohne Brille sieht er [alles] nur ~:** without [his] glasses he sees everything as in a mist
Verschleierung die; ~, ~en a) *o. Pl.* veiling; **ohne ~:** without a veil; **b)** *(fig.: von Sachverhalten, Motiven)* covering up
Verschleierungs·taktik die cover-up tactics *pl.*
verschleifen *unr. tr. V.* smooth; *(fig.)* slur *(consonants, vowels)*
verschleimt *Adj.* congested with phlegm *postpos.*
Verschleimung die; ~, ~en mucous congestion

Verschleiß [fɛɐ̯ˈʃlaɪs] **der; ~es, ~e a)** *(Abnutzung)* wear *no indef. art.;* wear and tear *sing., no indef. art.;* **der Auspuff unterliegt einem sehr hohen/raschen ~:** the exhaust is subject to a great deal of wear and tear/does not last very long; **einen höheren ~ haben** wear more rapidly; have a higher rate of wear; **b)** *(Verbrauch)* consumption **(an +** *Dat.* of); **einen hohen ~ an etw.** *(Dat.)* **haben** use up a large amount of sth.; **sie hat einen unheimlichen ~ an Männern** *(ugs. scherzh.)* she gets through men at an incredible rate *(coll.);* **c)** *(österr. veralt.: Vertrieb)* sale; retailing
verschleißen 1. *unr. itr. V.; mit sein* wear out. **2.** *unr. tr. V.* **a)** wear out; *(fig.)* run down, ruin *(one's nerves, one's health);* use up *(energy, ability, etc.);* **verschlissen** worn *(material, suit, etc.);* worn out *(machine parts etc.);* **sich ~:** wear oneself out; use up all one's energy **(bei** on); **b)** *(ugs. scherzh.: verbrauchen)* get through *(men friends, cleaning-women, etc.).* **3.** *unr. V. (auch regelm.) tr. V. (österr. veralt.: verkaufen)* sell; retail
Verschleißer der; ~s, ~ *(österr. veralt.)* retailer
Verschleiß·erscheinung die sign of wear; *(an einem Menschen)* sign of wear and tear *or* exhaustion
verschleppen *tr. V.* **a)** carry off *(valuables, animals);* take away *(person); (bes. nach Übersee)* transport *(convicts, slaves, etc.);* **in die Sklaverei verschleppt werden** be carried off into slavery; **b)** *(weiterverbreiten)* carry, spread *(disease, bacteria, mud, etc.);* **c)** *(verzögern)* delay; *(in die Länge ziehen)* draw out; **d)** *(unbehandelt lassen)* let *(illness)* drag on [and get worse]; **verschleppte Krankheit** illness aggravated by neglect
Verschleppung die; ~, ~en *s.* **verschleppen: a)** carrying off; transportation; **b)** carrying; spreading; **c)** delaying; drawing out; **d)** aggravation by neglect
verschleudern *tr. V.* **a)** *(billig verkaufen)* sell dirt cheap; *(mit Verlust)* sell at a loss; **b)** *(abwertend: verschwenden)* squander
verschließbar *Adj.* **a)** closable; [luftdicht] **~:** sealable *(container etc.);* **b)** *(abschließbar)* lockable *(suitcase, drawer, etc.*
verschließen 1. *unr. tr. V.* **a)** close *(package, tin, pores, mouth, etc);* close up *(blood-vessel, aperture, etc.);* stop *(bottle);* put a/the bung in *(barrel); (mit einem Korken)* cork *(bottle);* **hermetisch verschlossen** hermetically sealed; **etw. luftdicht ~:** make sth. airtight; put an airtight seal on sth.; **die Augen/Ohren [vor etw.** *(Dat.)*] **~** *(fig.)* close one's eyes *or* be blind/turn a deaf ear *or* be deaf [to sth.]; **b)** *(abschließen)* lock *(door, cupboard, drawer, etc.);* lock up *(house etc.); s. auch* **Tür; c)** *(wegschließen)* lock away **(in +** *Dat. od. Akk.* in); **d)** *(versperren)* **viele berufliche Möglichkeiten blieben ihm verschlossen** many possible professions remained barred *or* closed to him. **2.** *unr. refl. V.* **sich jmdm. ~:** be closed to sb.; *(person)* shut oneself off from sb.; **er verschloß sich** he shut up like a clam; **der tiefere Sinn verschloß sich ihm** the deeper meaning remained obscure to him; *s. auch* **verschlossen 2; b)** *in sich einer Sache (Dat.)* **~:** close one's mind to sth.; *(ignorieren)* ignore sth.
verschlimmbessern *tr. V. (ugs. scherzh.)* make worse sth with so-called corrections
Verschlimmbesserung die; ~, ~en *(ugs. scherzh.)* so-called correction *(which is wrong);* **das ist eine ~!** that so-called correction has made things worse
verschlimmern 1. *tr. V.* make worse; aggravate *(state of health).* **2.** *refl. V.* get worse; worsen; *(position, conditions)* deteriorate, worsen
Verschlimmerung die; ~, ~en worsening
verschlingen 1. *unr. tr. V.* **a)** [inter]twine

verschlissen — verschwenderisch

⟨threads, string, etc.⟩ (zu into); **miteinander ~**: intertwine ⟨threads, ropes, etc.⟩; **b)** (essen, fressen) devour ⟨food⟩; (fig.) devour, consume ⟨novel, money, etc.⟩; **jmdn. mit den Augen ~**: devour sb. with one's eyes; **die tobende See verschlang das Schiff** the raging sea engulfed the ship. **2.** unr. refl. V. **sich ineinander ~**: become entwined or intertwined; s. auch verschlungen

verschlissen 2. Part. v. verschleißen 2

verschlossen 1. 2. Part. v. verschließen. **2.** Adj. (wortkarg) taciturn, tight-lipped; (zurückhaltend) reserved

Verschlossenheit die; ~: taciturnity; (Zurückhaltung) reserve

verschlucken 1. tr. V. **a)** swallow ⟨food, bone, word, etc.⟩; (fig.) absorb, deaden ⟨sound⟩; absorb, eliminate ⟨rays⟩; **b)** (fig.: unterdrücken) choke back ⟨anger, tears⟩; hold back ⟨remark⟩. **2.** refl. V. choke; **er verschluckte sich beim Essen/Lachen** he choked over his food/with laughing

verschludern tr. V. (ugs. abwertend) **1.** tr. V. **a)** (verlieren) lose; (verlegen) mislay; **b)** (vergeuden) waste ⟨material⟩; throw away ⟨money⟩; **c)** (verderben) ruin, mess up ⟨exercise book⟩ **2.** itr. V. go to rack and ruin

verschlungen 1. 2. Part. v. verschlingen. **2.** Adj. entwined ⟨ornamentation⟩; winding ⟨path etc.⟩; **er saß mit ~en Armen da** he sat there with arms folded

Verschluß der **a)** (am BH, an Schmuck usw.) fastener; fastening; (an Taschen, Schmuck) clasp; (an Schuhen, Gürteln) buckle; (am Schrank, Fenster, Koffer usw.) catch; (an Flaschen) top; (Stöpsel) stopper; (Schraub~) [screw-]top; [screw-]cap; (Tank~) cap; **b)** (einer Feuerwaffe) breechblock; **c)** (einer Kamera) shutter; **d)** (Med.: einer Arterie) blockage; occlusion; **e)** in **unter ~ sein/bleiben** be under lock and key; **etw. unter ~ halten** keep sth. under lock and key or locked away

verschlüsseln tr. V. [en]code

Verschlüsselung die; ~, ~en [en]coding

Verschluß|**kappe die** top; cap; **~laut der** (Sprachw.) stop; **~sache die** [item of] confidential information; **~sachen** confidential information sing.

verschmachten itr. V.; mit sein (geh.) fade away (vor + Dat. from); (vor Sehnsucht) pine away

verschmähen tr. V. (geh.) spurn; **verschmähte Liebe** unrequited love

verschmälern 1. tr. V. narrow; make narrower (um by). **2.** refl. V. narrow; become narrower

verschmausen tr. V. (ugs. scherzh.) dig or tuck into ⟨coll.⟩; (aufessen) eat up

verschmelzen 1. unr. tr V **a)** fuse ⟨metals⟩; (fig.) fuse, merge (zu into, to form); **Kupfer und Zink zu Messing ~**: fuse copper and zinc to make brass; **b)** (verschweißen) weld together ⟨metal parts⟩. **2.** unr. itr. V.; mit sein ⟨metals, cells⟩ fuse; (fig.) ⟨firms, images, towns, etc.⟩ merge (zu into, to form); **zu einem Ganzen ~**: blend into one

Verschmelzung die; ~, ~en a) fusing, fusion (lit. or fig.) (zu into); (von Städten, Firmen usw.) merging, merger (zu into, to form); **b)** (Verschweißung) weld

verschmerzen tr. V. get over ⟨defeat, disappointment⟩

verschmieren tr. V. **a)** smear ⟨window etc.⟩; (beim Schreiben) mess up ⟨paper⟩; scrawl all over ⟨page⟩; **b)** (verteilen) spread ⟨butter etc.⟩; smudge ⟨ink⟩; **c)** (verbrauchen) use up ⟨butter, oil, plaster, etc.⟩; **d)** (zuschmieren) fill [in] ⟨crack, hole, etc.⟩

verschmitzt [fɛɐˈʃmɪtst] **1.** Adj. mischievous; roguish. **2.** adv. mischievously; roguishly

Verschmitztheit die; ~: mischievousness; roguishness

verschmoren itr. V.; mit sein (ugs.) burn; **es riecht verschmort** there's a smell of burning or a burnt smell

verschmust [fɛɐˈʃmuːst] Adj. (ugs.) ⟨child, cat, etc.⟩ that always wants to be cuddled; **er ist [sehr] ~**: he always wants to be cuddled

verschmutzen 1. itr. V.; mit sein ⟨material⟩ get dirty; ⟨river etc.⟩ become polluted. **2.** tr. V. dirty, soil ⟨carpet, clothes⟩; pollute ⟨air, water, etc.⟩

Verschmutzung die; ~, ~en a) (der Umwelt) pollution; **b)** (von Stoffen, Teppichen usw.) soiling; **c)** (Schmutz) dirt no. pl.; **~en** [cases pl. of] soiling sing.

verschnaufen itr. (auch refl.) V. have or take a breather

Verschnauf|**pause die** breather; rest; **eine ~ einlegen** have or take a breather

verschneiden unr. tr. V. **a)** (durch Schneiden verderben) cut ⟨hair, roses, etc.⟩ all wrong; ruin ⟨wood, material, film⟩ by bad/ wrong cutting; **b)** (mischen) blend ⟨rum, whisky, etc.⟩; **c)** (kastrieren) castrate, geld ⟨animal⟩

verschneit Adj. snow-covered attrib.; covered with snow postpos.

Verschnitt der; **~[e]s, ~e a)** o.Pl. (das Mischen) blending; **b)** (Mischung) blend (aus of); (fig., meist abwertend) mixture; combination; **c)** (Abfall) waste; (von Holz usw.) off-cuts pl.

-verschnitt der: **ein James-Bond-~**: a second-rate James Bond

verschnörkelt Adj. ornate

Verschnörkelung die; ~, ~en ornamentation; (Schnörkel) flourish

verschnupft [fɛɐˈʃnʊpft] **1.** Adj. **a)** suffering from a cold postpos.; **[ganz] ~ sein** have a [bad] cold; **b)** (fig. ugs.: gekränkt) peeved ⟨coll.⟩. **2.** adv. in a peeved way ⟨coll.⟩; peevishly

verschnüren tr. V. tie up (zu into)

Verschnürung die; ~, ~en a) o. Pl. (das Verschnüren) tying up; **b)** (Schnur) string

verschollen [fɛɐˈʃɔlən] Adj.; nicht attr. **er ist ~**: he has disappeared; (wird vermißt) he is missing; **sie ließ ihren Mann für ~ erklären** she had her husband declared missing, presumed dead; **er galt seit langem als ~**: for a long time it had been thought he had disappeared

verschonen tr. V. spare; **von etw. verschont bleiben be spared sth.**; escape sth.; **jmdn. mit etw. ~**: spare sb. sth.

verschönen tr. V. brighten up

verschönern [fɛɐˈʃøːnɐn] tr. V. brighten up

Verschönerung die; ~, ~en brightening up; beautification (joc.)

Verschonung die sparing; **er flehte um ~ seines Lebens/der Kinder** he pleaded that his life/the children be spared

verschorfen itr. V.; mit sein form a scab; **eine verschorfte Wunde** a wound with a scab

verschrammen 1. tr. V. scratch. **2.** itr. V.; mit sein scratch; get scratched

verschränken [fɛɐˈʃrɛŋkn̩] tr. V. fold ⟨arms⟩; cross ⟨legs⟩; clasp ⟨hands⟩; **mit verschränkten Armen/Händen** with one's arms folded/hands clasped

Verschränkung die; ~, ~en s. verschränken: folding; crossing; clasping

verschrauben tr. V. screw on; [miteinander] **~**: screw together

Verschraubung die; ~, ~en a) o. Pl. (das Verschrauben) screwing [together]; **b)** (Schraubverbindung) screw fixing

verschrecken tr. V. frighten or scare [off or away]

verschreiben 1. unr. tr. V. **a)** (verbrauchen) use up ⟨paper, ink, pencils, etc.⟩; **b)** (Med.: verordnen) prescribe ⟨medicine, treatment, etc.⟩; **jmdm. ein Medikament ~**: prescribe a medication for sb.; **sich** (Dat.) **etw. für od.** **gegen sein Rheuma ~ lassen** get the doctor to prescribe sth. for one's rheumatism; **c) in sich/seine Seele dem Teufel ~**: give oneself/ sell one's soul to the devil; **d)** (falsch schreiben) write incorrectly or wrongly. **2.** unr. refl. V. **a)** (einen Fehler machen) make a slip of the pen; **sich beim Datum ~**: make a mistake when writing the date; **b)** (sich widmen) **sich einer Sache** (Dat.) **~**: devote oneself to sth.

Verschreibung die; ~, ~en prescription; **mit der ~ von Pillen allein ist es nicht getan** it is not enough simply to prescribe pills

verschreibungs·**pflichtig** Adj. available only on prescription postpos.

verschrie[e]n [fɛɐˈʃriː(ə)n] Adj. notorious (wegen for); **als etw. ~ sein** have the reputation of being sth. (bei with)

verschroben [fɛɐˈʃroːbn̩] **1.** Adj. eccentric, cranky ⟨person⟩; cranky, weird ⟨ideas⟩. **2.** adv. eccentrically; weirdly

Verschrobenheit die; ~, ~en eccentricity

verschrotten tr. V. scrap

Verschrottung die; ~, ~en scrapping

verschrumpeln itr. V.; mit sein (ugs.) go shrivelled; **verschrumpelt** shrivelled

verschüchtern tr. V. intimidate; **verschüchtert** timid; (adverbial) timidly

verschulden 1. tr. V. be to blame for ⟨accident, death, etc.⟩; (Fußball usw.) give away ⟨goal, corner⟩; **sein Unglück selbst ~**: have only oneself to blame for one's misfortune. **2.** refl. V. get into debt; **er hat sich dafür hoch ~ müssen** he had to borrow heavily to do that; **sich auf Jahre hinaus ~**: incur debts/a debt that will take years to pay off

Verschulden das; ~s guilt; **durch eigenes/ fremdes ~**: through one's own/someone else's fault; **ohne mein ~**: through no fault of my own

verschuldet Adj. **a)** in debt postpos. (bei to); **hoch ~**: deeply in debt; **b)** (belastet) mortgaged; **hoch ~**: heavily mortgaged

Verschuldung die; ~, ~en indebtedness no. pl.; **die hohe ~ des Staates** the state's heavy debts pl.

Verschulung die; ~, ~en organization on school lines

verschusselt Adj. (ugs.) s. schusselig

verschütten tr. V. **a)** spill; **b)** (begraben) bury ⟨person⟩ [alive]; submerge, bury ⟨road etc.⟩; (fig.) submerge; **die verschütteten Bergleute** the trapped miners; **ein Verschütteter** one of those buried/trapped; **die Verschütteten** those buried/trapped; **verschüttete Erinnerungen** memories buried in the subconscious

verschütt|**gehen** unr. itr. V.; mit sein (ugs.) do a vanishing trick or disappearing act ⟨coll.⟩; (salopp: umkommen) go for a burton (Brit. sl.)

verschwägert [fɛɐˈʃvɛːɡɐt] Adj. related by marriage postpos.

verschweigen unr. tr. V. conceal ⟨truth etc.⟩; (verheimlichen) keep quiet about; **jmdm. etw. ~**: hide or conceal sth. from sb.; **du verschweigst mir doch etwas** you're keeping something from me; s. auch verschwiegen 2

verschweißen tr. V. weld [together]; **etw. mit etw. ~**: weld sth. to sth.

verschwenden tr. V. waste (an + Akk. on); **du verschwendest deine Worte** you are wasting your breath; **sie verschwendete keinen Blick an ihn** she did not give him a single glance

Verschwender der; **~s, ~** (von Geld) spendthrift; (von Dingen) wasteful person

verschwenderisch 1. Adj. wasteful, extravagant ⟨person⟩; ⟨life⟩ of extravagance; **b)** (üppig) lavish; sumptuous. **2.** adv. **a)** wastefully, extravagantly; **sie geht ~ mit ihrem Geld um** she is lavish or extravagant with her money; **b)** (üppig) lavishly; sumptuously

1577

Verschwendung / **versiegen**

Verschwendung die; ~, ~en wastefulness; extravagance; **so eine ~!** what a waste!; **~ von Steuergeldern** waste *or* squandering of taxpayers' money
Verschwendungs·sucht die; *o. Pl.* love of extravagance; squandermania *(coll.)*
verschwiegen 1. 2. *Part. v.* **verschweigen**. 2. *Adj.* **a)** *(diskret)* discreet; **s. auch Grab; b)** *(still, einsam)* secluded ⟨*place, bay*⟩; quiet ⟨*restaurant etc.*⟩; **auf dem ~en Örtchen** *(ugs. scherzh.)* in the smallest room *(joc.)*
Verschwiegenheit die; ~: secrecy; *(Diskretion)* discretion; *s. auch* **Siegel b**
verschwimmen *unr. itr. V.*; *mit sein* blur; become blurred; **die Zeilen/Buchstaben verschwammen mir vor den Augen** the lines/letters swam in front of my eyes; **ineinander/in eins ~**: merge into one another/into one; *s. auch* **verschwommen 2**
verschwinden *unr. itr. V.*; *mit sein* **a)** disappear; vanish; ⟨*pain, spot, etc.*⟩ disappear, go [away]; **seine Zahnschmerzen sind von selbst verschwunden** his toothache went away *or* stopped of its own accord; **die Maus verschwand in ihrem Loch** *od.* **in Loch** the mouse disappeared into its hole; **es ist besser, wir ~/laß uns hier ~**: we'd better/let's make ourselves scarce *(coll.)*; **verschwinde [hier]!** off with you!; go away!; hop it! *(sl.)*; **ich muß mal ~** *(ugs. verhüll.)* I have to pay a visit *(coll.)* or *(Brit. coll.)* spend a penny; **der Müll muß hier ~**: this rubbish must be removed; **jmdn. ~ lassen** take sb. away; *(in einer Anstalt usw.)* put sb. away; *(ermorden)* eliminate sb.; do away with sb.; **etw. ~ lassen** *(wegzaubern)* *(conjurer)* make sth. disappear *or* vanish; *(stehlen)* help oneself to sth. *(coll.)*; *(verstecken)* hide sth.; *(unterschlagen, beiseite schaffen)* dispose of sth.; **Zigaretten in seiner Tasche/Karten in seinem Ärmel ~ lassen** slip cigarettes into one's pocket/cards up one's sleeve; **b)** *(verborgen sein)* **unter etw.** *(Dat.)* **~**: disappear under sth.; be hidden by sth.; **c) neben jmdm./etw. ~** *(sehr klein wirken)* be dwarfed by sb./sth.; *(unbedeutend wirken)* pale into insignificance beside sb./sth.
verschwindend 1. *Adj.* tiny. 2. *adv.* **~ klein** tiny; minute; **~ wenig** a tiny amount
verschwistert [fɛɐ̯ˈʃvɪstɐt] *Adj.* **[miteinander] ~ sein** *(Bruder u. Schwester sein)* be brother and sister; *(Brüder u. Schwestern sein)* be brothers and sisters; *(Brüder/Schwestern sein)* be brothers/sisters
verschwitzen *tr. V.* **a)** make ⟨*shirt, dress, etc.*⟩ sweaty; **verschwitzt** sweaty; **total verschwitzt** soaked in sweat *or* perspiration; **b)** *(ugs.: vergessen)* forget; **ich habe es völlig verschwitzt** I clean forgot
verschwollen [fɛɐ̯ˈʃvɔlən] *Adj.* swollen
verschwommen 1. 2. *Part. v.* **verschwimmen**. 2. *Adj.* blurred ⟨*photograph, vision*⟩; blurred, hazy ⟨*outline*⟩; vague, woolly ⟨*idea, concept, formulation, etc.*⟩; vague ⟨*hope*⟩. 3. *adv.* ⟨*express, formulate, refer*⟩ vaguely; ⟨*remember*⟩ hazily; **ich sehe alles ganz ~**: everything looks blurred to me
Verschwommenheit die; ~, ~en *s.* **verschwommen 2**: blurring; haziness; vagueness; woolliness
verschworen 1. 2. *Part. v.* **verschwören**. 2. *Adj.* **a)** *(fest zusammenhaltend)* sworn; **ein ~er Haufen** a band of blood-brothers; **b) in einer Idee/Sache** *(Dat.)* *usw.* **~ sein** be dedicated to an idea/a cause *etc.*
verschwören *unr. refl. V.* **a)** conspire, plot **(gegen** against); **alles scheint sich gegen uns verschworen zu haben** *(fig.)* everything seems to have conspired against us; **b)** *(sich verschreiben)* **sich jmdm./einer Sache ~**: dedicate *or* devote oneself to sb./sth.; *s. auch* **verschworen**
Verschworene der/die; *adj. Dekl.*, **Verschwörer** der; ~s, ~, **Verschwörerin** die; ~, ~nen conspirator

verschwörerisch 1. *Adj.* conspiratorial. 2. *adv.* conspiratorially
Verschwörung die; ~, ~en conspiracy; plot
versehen 1. *unr. tr. V.* **a)** *(ausstatten)* provide; equip ⟨*car, factory, machine, etc.*⟩; **b)** *(ausüben, besorgen)* perform ⟨*duty etc.*⟩; **bei jmdm. den Haushalt ~**: keep house for sb.; **c)** *(innehaben)* hold ⟨*post, job*⟩; **d)** *(kath. Kirche)* administer the last rites *or* sacraments to ⟨*einen Fehler machen)* make a slip; slip up; **b) in ehe man sich's versieht** before you know where you are; **ehe ich mich's versah** before I knew what was happening
Versehen das; ~s, ~: oversight; slip; **aus ~**: by mistake; inadvertently
versehentlich 1. *Adv.* by mistake; inadvertently. 2. *adj.; nicht präd.* inadvertent
versehrt [fɛɐ̯ˈzeːɐ̯t] *Adj.* disabled
Versehrte der/die; *adj. Dekl.* disabled person; **die ~n** the disabled
Versehrten·sport der sport *no art.* for the disabled
verselbständigen *refl. V.* become independent; **sich zu einer eigenen wissenschaftlichen Disziplin ~**: become an independent scientific discipline
Verselbständigung die; ~, ~en gaining *or* achievement of independence
versenden *unr. auch regelm.) tr. V.* send ⟨*letter, parcel*⟩; send out ⟨*invitations*⟩; dispatch ⟨*goods*⟩
Versendung die *s.* **versenden**: sending; sending out; dispatch
versengen *tr. V.* scorch; singe ⟨*hair*⟩
versenkbar *Adj. (Technik)* foldaway ⟨*sewing-machine*⟩; telescopic ⟨*aerial*⟩
versenken 1. *tr. V.* **a)** sink ⟨*ship*⟩; sink, dump ⟨*waste*⟩; lower ⟨*body, coffin*⟩; **das eigene Schiff ~** scuttle one's ship; **b)** *(verschwinden lassen)* lower, retract ⟨*aerial, rostrum, etc.*⟩; sink ⟨*nail, rivet*⟩ [flush]; countersink ⟨*screw*⟩; **die Hände in die Taschen ~**: sink one's hands [deep] into one's pockets. 2. *refl. V. (fig.)* **sich in etw.** *(Akk.)* **~**: immerse oneself *or* become engrossed in sth.; **sich in den Anblick von etw. ~**: lose oneself in the contemplation of sth.
Versenkung die a) *s.* **versenken 1 a, b**: sinking; dumping, lowering; scuttling; retraction; countersinking; **b)** *(fig.: das Sichversenken)* immersion, absorption **(in** + *Akk.* in); **mystische ~**: mystic contemplation; **c)** *(Theater)* trap; **in der ~ verschwinden** *(fig. ugs.)* vanish from the scene; sink into oblivion; **aus der ~ auftauchen** *(fig. ugs.)* re-emerge on the scene
Vers·epos das epic poem
Verse·schmied der *(scherzh., abwertend)* rhymester; poetaster
versessen [fɛɐ̯ˈzɛsn̩] *Adj.* **auf jmdn./etw. ~ sein** be dead keen on *or* crazy about sb./sth. *(coll.)*; **auf peinlichste Genauigkeit ~**: obsessed with scrupulous accuracy; **darauf ~ sein, etw. zu tun** be dying to do sth.
versetzen 1. *tr. V.* **a)** move; transfer, move ⟨*employee*⟩; *(auf einen anderen Platz)* move ⟨*pupil*⟩ [to another seat]; *(in die nächsthöhere Klasse)* move ⟨*pupil*⟩ up, *(Amer.)* promote ⟨*pupil*⟩ **(in** + *Akk.* to); *(umpflanzen)* transplant, move ⟨*plant*⟩; *(fig.)* transport **(in** + *Akk.* to); **sich ins vorige Jahrhundert versetzt fühlen** *(fig.)* be taken back to the last century; **b)** *(nicht geradlinig anordnen)* stagger; **versetzt angeordnet sein** be staggered; **c)** *(verpfänden)* pawn; **d)** *(verkaufen)* sell; **e)** *(ugs.: vergeblich warten lassen)* stand ⟨*person*⟩ up *(coll.)*; **f)** *(vermischen)* mix; **g)** *(erwidern)* retort; **h) etw. in Bewegung/Tätigkeit ~**: set sth. in motion/operation; **jmdn. in Erstaunen/Unruhe/Angst/Begeisterung ~**: astonish sb./make sb. uneasy/frighten sb./fill sb. with enthusiasm; **jmdn. in die Lage ~, etw. zu tun** put sb. in a position to do sth.; **jmdm. einen Stoß/Fußtritt/Schlag** *usw.* **~**: give sb. a push/kick/deal sb. a blow *etc.*; **jmdm. eine** *od.* **eins ~** *(ugs.)* belt sb. one *(coll.)*. 2. *refl. V.* **sich an jmds. Stelle** *(Akk.)* *od.* **in jmds. Lage** *(Akk.)* **~**: put oneself in sb.'s position or place; **sich in jmdn. ~**: put oneself in sb.'s shoes *or* position
Versetzung die; ~, ~en a) moving; *(einer Pflanze)* transplanting; *(eines Schülers)* moving up, *(Amer.)* promotion **(in** + *Akk.* to); *(eines Angestellten)* transfer; move; *(fig.)* transporting; **b)** *(Verpfändung)* pawning; **c)** *(Verkauf)* selling; sale; **d)** *(das Mischen)* mixing; *s. auch* **Ruhestand**
Versetzungs-: ~konferenz die *(Schulw.)* staff meeting to discuss moving pupils to higher classes; **~zeugnis** das *(Schulw.)* end-of-year report *(confirming pupil's move to a higher class)*
verseuchen *tr. V. (auch fig.)* contaminate; **radioaktiv ~**: contaminate with radioactivity
Verseuchung *(auch fig.)* die; ~, ~en contamination
Vers·fuß der *(Verslehre)* [metrical] foot
Versicherer der; ~s, ~: insurer
versichern 1. *tr. V.* **a)** *(als wahr hinstellen)* assert, affirm ⟨*sth.*⟩; **etw. hoch und heilig/eidesstattlich ~**: swear blind to sth./attest sth. in a statutory declaration; **jmdm. etw.** *od.* *(geh.)* **jmdm. einer Sache** *(Gen.)* **~**: assure sb. of sth.; **jmdm.** *od.* *(Gen.)* **~, daß ...** assure sb. that ...; **seien Sie versichert, daß ...** *(geh.)* you may rest assured that ...; **b)** *(vertraglich schützen)* insure **(bei** with); **sein Leben ist hoch/mit 50 000 DM versichert** his life is assured *or* insured for a large sum/50,000 marks. 2. *refl. V. (geh.)* **a) sich jmds./einer Sache ~**: make sure *or* certain of sb./Sache *(Gen.)*; **b)** *(veralt.: sich bemächtigen)* **sich einer Sache** *(Gen.)* **~**: seize sth.
Versicherte der/die; *adj. Dekl.* insured [person]
Versicherung die **a)** *(Beteuerung)* assurance; **eine eidesstattliche ~**: a statutory declaration; **b)** *(Schutz durch Vertrag)* insurance; *(Vertrag)* insurance [policy] **(über** + *Akk.* for); *(ugs.: Beitrag, Prämie)* insurance [premium]; **eine ~ abschließen** take out an insurance [policy]; **c)** *(Gesellschaft)* insurance [company]
versicherungs-, Versicherungs-: ~agent der insurance broker; **~beitrag** der insurance premium; **~betrug** der insurance fraud; **~fall** der event giving rise to a claim; **~gesellschaft** die insurance company; **~karte** die *(Sozialversicherung)* insurance *or* contribution card; **b)** *(Kfz.-Versicherung)* **die grüne ~karte** the green card; **~kaufmann** der insurance salesman; **~mathematiker** der actuary; **~nehmer** der policy-holder; **~pflichtig** *Adj.* **a)** *(Sozialversicherung)* *(person)* liable for [insurance] contributions; ⟨*earnings*⟩ subject to [insurance] contributions; **b)** *(individuell)* subject to compulsory insurance *postpos.*; **~police** die insurance policy; **~schein** der insurance policy; **~schutz** der insurance cover; **~summe** die sum insured
versickern *itr. V.; mit sein* **a)** ⟨*river etc.*⟩ drain *or* seep away; **b)** *(fig.: enden)* ⟨*conversation*⟩ fade away; ⟨*money*⟩ drain away
versieben *tr. V. (ugs.)* **a)** *(verlegen)* mislay; **b)** *(verderben)* ruin; waste ⟨*chance*⟩
versiegeln *tr. V.* seal; **jmdm. den Mund** *od.* **die Lippen ~** *(fig.)* seal sb.'s lips; silence sb.; **b)** *(lackieren, überziehen)* seal ⟨*floor, paintwork, etc.*⟩
Versiegelung die; ~, ~en **a)** *o. Pl. (das Versiegeln)* sealing; **b)** *(Siegel)* seal; **c)** *(Schutzschicht)* protective coating seal
versiegen *itr. V.; mit sein (geh.)* dry up; run dry; ⟨*tears*⟩ cease [to flow]; *(fig.)* peter out; ⟨*energy*⟩ run out; **sein nie ~der Humor** his inexhaustible fund of humour

versiert [vɛr'ziːɐ̯t] *Adj.* experienced [and knowledgeable]; **in etw.** *(Dat.)* ~ **sein** be well versed in sth.

Versiertheit die; ~: experience (**in** + *Dat.* in); *(Wissen)* knowledge (**in** + *Dat.* of)

versifft [fɛɐ̯'zɪft] *Adj. (ugs.)* dirty

versilbern *tr. V.* **a)** silver-plate; *(dichter.)* silver; **b)** *(ugs.: verkaufen)* turn into cash; flog *(Brit. sl.)*

versinken *unr. itr. V.; mit sein* **a)** sink; **im Schlamm/Schnee** ~: sink into the mud/ snow; **in den Wellen** ~: sink beneath the waves; **im Moor** ~: be sucked into the bog; **ich wäre am liebsten im Erdboden versunken** I wished the ground would [open and] swallow me up; **die Stadt versank im Dunkel** *(fig. geh.)* darkness descended over the town; **eine versunkene Kultur** *(fig.)* a long-vanished civilization; **b)** *(fig.)* ~ **in** *(+ Akk.)* become immersed in *or* wrapped up in ⟨memories, thoughts⟩; subside, lapse into ⟨melancholy, silence, etc.⟩; **in Gedanken versunken, nickte er** deep *or* lost in thought, he nodded; **er war ganz in ihren Anblick versunken** he was completely absorbed in looking at her

versinnbildlichen *tr. V.* symbolize

Versinnbildlichung die; ~, ~en symbolic representation

Version [vɛr'zi̯oːn] die; ~, ~en version

versippt *Adj.* related by marriage *postpos.* (**mit** to)

versklaven *tr. V.* enslave

Versklavung die; ~, ~en enslavement

Vers·maß das metre

versnoben *itr. V.; mit sein (abwertend)* become snobbish; turn into a snob; **versnobt** snobbish

versoffen [fɛɐ̯'zɔfn̩] **1.** *2. Part. v.* **versaufen. 2.** *Adj. (salopp abwertend)* boozy *(coll.)*

versohlen *tr. V. (ugs.)* belt ⟨person, backside, etc.⟩; **er muß mal ordentlich versohlt werden** he needs a good hiding *(coll.)*

versöhnen [fɛɐ̯'zøːnən] **1.** *refl. V.* **sich** [miteinander] ~: become reconciled; make it up; **sich mit jmdm.** ~: make it up with sb.; **sich mit seinem Schicksal** ~: come to terms with one's fate. **2.** *tr. V.* reconcile; **jmdn. mit jmdm.** ~: reconcile sb. with sb.; **jmdn. mit seinem Schicksal** ~: reconcile sb. to his/her fate; **b)** *(besänftigen)* placate; appease

versöhnlich 1. *Adj.* **a)** conciliatory; **b)** *(erfreulich)* positive; optimistic. **2.** *adv.* **a)** in a conciliatory way; ⟨say⟩ in a conciliatory tone; **b)** *(erfreulich)* ⟨end⟩ positively, optimistically

Versöhnlichkeit die; ~: **a)** conciliatory nature; **b)** *(Erfreulichkeit)* positive nature; optimism

Versöhnung die; ~, ~en **a)** reconciliation; **b)** *(das Besänftigen)* appeasement; **zu ihrer** ~: in order to placate her

Versöhnungs·fest das *(jüd. Rel.)* Day of Atonement

versonnen 1. *Adj.* dreamy; *(in Gedanken versunken)* lost in thought *postpos.* **2.** *adv.* dreamily; *(in Gedanken)* lost in thought

Versonnenheit die; ~; dreaminess

versorgen *tr. V.* **a)** supply; **jmdn. mit etw.** ~: supply *or* provide sb. with sth.; **danke, ich bin noch versorgt** I still have plenty, thank you; **seid ihr da drüben noch alle [mit Getränken] versorgt?** have you all got enough to drink over there?; are we looking after you over there?; **hast du den Hund/die Blumen schon versorgt?** have you fed the dog/watered the flowers?; **ich muß mich für die Reise mit Lesestoff** ~: I must get myself something to read on the journey; **das Gehirn ist nicht ausreichend mit Blut versorgt** the blood-supply to the brain is not sufficient; **b)** *(unterhalten, ernähren)* provide for ⟨children, family⟩; **er hat eine Familie zu** ~: he has a family to support *or* provide for; **versorgt sein** be provided for;

c) *(sorgen für)* look after; attend to, see to ⟨heating, garden, etc.⟩; **er versorgt sich selbst** he looks after himself; he does his own housework; **sie versorgt ihn** *od.* **versorgt ihm den Haushalt** she keeps house for him; **jmdn. ärztlich** ~: give sb. medical care; *(kurzzeitig)* give sb. medical attention

Versorger der; ~s, ~, **Versorgerin** die; ~, ~nen breadwinner; provider

Versorgung die; ~, ~en **a)** *o. Pl.* supply[ing]; **in einer Stadt/eines Gebietes/ eines Organs mit etw.** the supply of sth. to a town/an area/an organ; **die ~ der Insel erfolgt auf dem Luftwege** the island is supplied by air; supplies reach the island by air; **die ~ des Hundes/der Blumen übernehmen** see to the feeding of the dog/watering of the flowers; **b)** *(Unterhaltung, Ernährung)* support[ing]; **zur ~ einer Familie ausreichen** be enough to provide for *or* support a family; **die ~ der Kriegerwitwen/der pensionierten Beamten** making provision for war widows/retired civil servants; **c)** *(Bedienung, Pflege)* care; **die ~ des Haushalts** the housekeeping; **die ~ der Heizung/des Gartens** looking after the heating/garden; **die ~ der Heimbewohner ist gut** the people living in the home are well looked after; **ärztliche** ~: medical care *or* treatment; *(kurzzeitig)* medical attention; **die ~ der Wunde** the treatment of the wound; **d)** *(Bezüge)* maintenance; *(Sozialhilfe)* benefit

Versorgungs-: ~**anspruch** der entitlement to benefit/maintenance; ~**ausgleich** der *(Rechtsw.)* maintenance settlement; ~**lage** die supply situation (**bei** with regard to); ~**netz** das supply network *or* grid

verspachteln *tr. V.* **a)** fill, put filler in ⟨holes, cracks⟩; **b)** *(ugs.: aufessen)* scoff *(coll.)*

verspannen 1. *refl. V.* ⟨muscle⟩ tense up; **verspannt taut** ⟨muscle⟩; *(völlig verkrampft)* seized-up ⟨back⟩. **2.** *tr. V.* brace ⟨mast etc.⟩

Verspannung die **a)** *(Med.: der Muskulatur)* tension; **b)** *(eines Mastes o. ä.)* bracing; *(Seile)* stays *pl.*

verspäten *refl. V.* be late; **ich habe mich leider etwas/[um] fünf Minuten verspätet** I am unfortunately a little/five minutes late

verspätet *Adj.* late ⟨arrival, rose, butterfly⟩; belated ⟨greetings, thanks⟩; ~ **eintreffen** *od.* **ankommen** arrive late

Verspätung die; ~, ~en lateness; *(verspätetes Eintreffen)* late arrival; **[fünf Minuten] ~ haben** be [five minutes] late; **eine fünfminütige ~** : a five-minute delay; **mit [fünfminütiger] ~ abfahren/ankommen** leave/arrive [five minutes] late; **seine** *od.* **die ~ aufholen** make up the lost time; **mit dreimonatiger ~** : three months late

verspeisen *tr. V. (geh.)* consume; partake of

verspekulieren 1. *refl. V.* make a bad speculation; back the wrong horse *(fig.)*; **wenn du geglaubt hast, ich vergesse das, hast du dich verspekuliert** *(ugs.)* if you thought I would forget about it, you've got another think coming *(coll.)*. **2.** *tr. V.* lose through speculation

versperren *tr. V.* **a)** block ⟨road, entrance⟩; obstruct ⟨view⟩; **jmdm. den Weg/die Sicht ~**: block sb.'s path/block *or* obstruct sb.'s view; **b)** *(bes. österr.: abschließen)* lock

verspiegeln *tr. V.* **a)** ⟨wall⟩ with mirrors; **b)** *(beschichten)* cover with a reflective surface

verspielen 1. *tr. V.* **a)** gamble away; *(fig. vertun, verwirken)* squander, throw away ⟨opportunity, chance⟩; forfeit ⟨right, credibility, sb.'s trust, etc⟩; **b)** *(spielend verbringen)* spend ⟨hours, day⟩ playing. **2.** *itr. V.* **in [bei jmdm.] verspielt haben** *(ugs.)* have had it [so far as sb. is concerned] *(coll.)*. **3.** *refl. V.* play a wrong note/wrong notes

verspielt 1. *Adj. (auch fig.)* playful; fanciful, fantastic ⟨form, design, etc.⟩; **das Kleid ist/wirkt etwas zu ~**: the dress is/seems a little too fanciful. **2.** *adv.* playfully *(lit. or fig.)*; ⟨dress, designed⟩ fancifully, fantastically

verspießern *itr. V.; mit sein (abwertend)* become typically bourgeois

verspinnen *unr. tr. V.* spin ⟨wool⟩ (**zu** into)

versponnen 1. *2. Part. v.* **verspinnen. 2.** *Adj.* eccentric, odd ⟨person⟩; odd, weird ⟨idea⟩

Versponnenheit die; ~: eccentricity; oddness; *(einer Idee)* weirdness

verspotten *tr. V.* mock; ridicule

Verspottung die; ~, ~en mocking; ridiculing

versprechen 1. *unr. tr. V.* **a)** promise; **jmdm. etw. ~**: promise sb. sth.; **was er verspricht, hält er auch** he keeps his promises; **versprich [mir], pünktlich zu sein** *od.* **daß du pünktlich bist** promise [me] you will be on time; **sich jmdm. ~** *(veralt.)* promise oneself to sb.; **seine Miene/sein Blick versprach nichts Gutes** his expression/glance was ominous; **b) sich** *(Dat.)* **etw. von etw./sb. ~**: hope for sth. *or* etw. from sth./sb.; **ich würde mir nicht zuviel davon ~**: I wouldn't set my hopes too high. **2.** *unr. refl. V.* make a slip/slips of the tongue; **ich habe mich nur versprochen** it was just a slip of the tongue [on my part]

Versprechen das; ~s, ~: promise; **jmdm. das ~ geben, etw. zu tun** promise sb. *or* give sb. a promise to do sth.

Versprecher der; ~s, ~: slip of the tongue; **ein Freudscher ~** : a Freudian slip

Versprechung die; ~, ~en promise

versprengen *tr. V.* **a)** *(bes. Milit.)* disperse; scatter; **versprengte Soldaten** soldiers who have/had lost contact with their units; **b)** *(verspritzen)* sprinkle ⟨water⟩

verspritzen *tr. V.* **a)** spray; **darüber ist schon viel Tinte verspritzt worden** *(fig.)* a lot of ink has been spilt over that; **b)** *(bespritzen)* spatter ⟨windscreen, coat, etc.⟩

versprühen *tr. V.* spray; **Funken ~**: send out a shower of sparks; **Geist** *od.* **Witz ~** *(fig.)* show sparkling wit; scintillate

verspüren *tr. V.* feel; **Lust/keine Lust zu etw./Verlangen/kein Verlangen nach etw. ~**: have *or* feel a desire/no desire for sth.

verstaatlichen *tr. V.* nationalize

Verstaatlichung die; ~, ~en nationalization

verstädtern [fɛɐ̯'ʃtɛːtɐn] *itr. V.; mit sein* become urbanized

Verstädterung die; ~, ~en urbanization

Verstand der; ~[e]s *(Fähigkeit zu denken)* reason *no art.*; *(Fähigkeit, Begriffe zu bilden)* mind; *(Vernunft)* [common] sense *no art.*; **Tiere haben keinen ~**: animals do not have the power *or* faculty of reason; **der menschliche ~** : the human mind; **mein ~ der ~ sagt mir, daß …**: reason *or* common sense tells me that …; **wenn du deinen ~ gebraucht hättest** if you had used your brain *or* had been thinking; **er hat einen klaren ~** : he has a lucid mind; **ich hätte ihm mehr ~ zugetraut** I thought he would have had more sense; **er mußte all seinen ~ zusammennehmen** he had to summon up all his mental powers *or* rack his brains; **manchmal zweifle ich an seinem ~** : I sometimes doubt his sanity; **bei klarem ~ bleiben** keep one's mental faculties; **~ und Vernunft** understanding and reason; **~ und Gefühl** head and heart; **das schreckliche Erlebnis hat ihren ~ verwirrt** the terrible experience threw her mind into confusion; **ich verliere noch den ~** : I'll go out of my mind; **hast du denn den ~ verloren** *(ugs.)* have you taken leave of your senses?; are you out of your mind?; **du bist wohl nicht [ganz] bei ~!** *(ugs.)* you must be out of your mind!; **das geht**

Verstandeskraft — **verstellen**

über meinen ~: that's beyond me; **der Schmerz hat ihn um den ~ gebracht** the pain drove him out of his mind; **seinen ~ versaufen** *(salopp)* drink oneself stupid; **etw. mit ~ trinken/essen/rauchen** really savour sth. [while drinking/eating/smoking it]; *s. auch* **Glück a; Sinn g**
verstandes-, Verstandes-: **~kraft die** mental *or* intellectual powers *pl.*; **~mäßig 1.** *Adj.* rational; intellectual ⟨*inferiority, superiority*⟩; **2.** *adv.* rationally; intellectually ⟨*inferior, superior*⟩; **~mensch der** rational person
verständig [fɛɐ̯ˈʃtɛndɪç] **1.** *Adj.* sensible; intelligent. **2.** *adv.* sensibly; intelligently
verständigen [fɛɐ̯ˈʃtɛndɪɡn̩] **1.** *tr. V.* notify, inform ⟨von, über + *Akk.* of⟩. **2.** *refl. V.* **a)** make oneself understood; **sich mit jmdm. ~:** communicate with sb.; **b)** *(sich einigen)* **sich [mit jmdm.] über/auf etw.** *(Akk.)* **~:** come to an understanding *or* reach agreement [with sb.] about *or.* on sth.
Verständigkeit die; ~: understanding; intelligence
Verständigung die; ~, ~en **a)** notification; **b)** *(das Sichverständlichmachen)* communication *no art.*; **wegen des Lärms war eine ~ praktisch unmöglich** because of the noise, it was almost impossible to make oneself understood; **c)** *(Einigung)* understanding; **eine Politik der ~:** a policy of rapprochement; **über diesen Punkt kam es zu keiner ~:** no agreement was reached on this point
Verständigungs-: ~bereitschaft die; *o. Pl.* readiness to come to an understanding; **~schwierigkeit die** difficulty of communication
verständlich 1. *Adj.* **a)** comprehensible; *(deutlich)* clear ⟨*pronunciation, presentation, etc.*⟩; *[leicht]* ~: easily understood; **schwer ~:** difficult to understand; *(bei Lärm)* difficult to make out; **sich ~ machen** make oneself understood; **sich seinen Zuhörern ~ machen** get [one's message] across to one's listeners; **jmdm. etw. ~ machen** make sth. clear to sb.; **b)** *(begreiflich, verzeihlich)* understandable; **seine Verärgerung ist mir durchaus ~:** I can fully understand his annoyance. **2.** *adv.* comprehensibly; in a comprehensible way; *(deutlich)* ⟨*speak, express oneself, present*⟩ clearly
verständlicher·weise *Adv.* understandably
Verständlichkeit die; ~: comprehensibility; clarity
Verständnis das; ~ses, ~se understanding; **dem Leser das ~ erleichtern** make it easier for the reader to understand; **ein ~ für Kunst/Musik** an appreciation of feeling for art/music; **ich habe volles ~ dafür, daß ...:** I fully understand that ...; **für so etwas habe ich kein ~:** I have no time for that kind of thing; **für die Unannehmlichkeiten bitten wir um [Ihr] ~:** we ask for your forbearance *or* we apologize for the inconvenience caused
verständnis-, Verständnis-: ~innig 1. *Adj.* knowing, meaningful ⟨*glance*⟩; **2.** *adv.* knowingly; meaningfully; **~los 1.** *Adj.* uncomprehending; **der modernen Kunst steht er völlig ~los gegenüber** he has no understanding of *or* feeling for modern art at all; **2.** *adv.* uncomprehendingly; **~losigkeit die** incomprehension; **voller ~losigkeit** uncomprehendingly; with a complete lack of understanding; **~voll 1.** *Adj.* understanding; **2.** *adv.* understandingly
verstärken 1. *tr. V.* **a)** strengthen; **die Socken sind an den Fersen verstärkt** the socks have reinforced heels; **b)** *(zahlenmäßig)* reinforce ⟨*troops, garrison, etc.*⟩ ⟨**um** by⟩; enlarge, augment ⟨*orchestra, choir*⟩ ⟨**um** by⟩; **die Truppen auf 1500 Mann ~:** bring the troops up to a strength of 1,500 men; **c)** *(intensiver machen)* intensify, increase ⟨*effort, contrast*⟩; strengthen, increase ⟨*impression, suspicion*⟩; *(größer machen)* increase ⟨*pressure, voltage, effect, etc.*⟩; *(lauter machen)* amplify ⟨*signal, sound, guitar, etc.*⟩. **2.** *refl. V.* increase; *s. auch* **verstärkt**
Verstärker der; ~s, ~: amplifier
verstärkt 1. *Adj.; nicht präd.* **a)** increased; *(größer)* greater ⟨*efforts, vigilance, etc.*⟩; **in ~em Maße** to a greater *or* increased extent; **b)** *(zahlenmäßig)* enlarged, augmented ⟨*orchestra, choir, etc.*⟩; reinforced ⟨Mil.⟩⟨*unit*⟩. **2.** *adv.* to an increased extent
Verstärkung die; ~, ~en **a)** strengthening; **b)** *(zahlenmäßig)* reinforcement *(esp. Mil.)*; *(eines Orchesters usw.)* enlargement; **c)** *(Intensivierung, Zunahme)* increase *(Gen. in)*; *(der Lautstärke)* amplification; **zur ~ einer Sache** *(Gen.)* to increase/amplify sth.; **d)** *(zusätzliche Person[en])* reinforcements *pl.*; **e)** *(verstärkendes Element)* reinforcement
verstauben *itr. V.; mit sein* get dusty; gather dust *(lit. or fig.)*; *s. auch* **verstaubt**
verstäuben [fɛɐ̯ˈʃtɔʏbn̩] *tr. V.* spray ⟨*insecticide etc.*⟩
verstaubt *Adj.* dusty; covered in dust *postpos.*; *(fig. abwertend)* old-fashioned; outmoded
verstauchen *tr. V.* sprain; **sich** *(Dat.)* **den Fuß/die Hand ~:** sprain one's ankle/wrist
Verstauchung die; ~, ~en sprain
verstauen *tr. V.* pack (**in** + *Dat. od. Akk.* in[to]); *(bes. im Boot/Auto)* stow (**in** + *Dat. od. Akk.* in); **etw. auf dem Boden/in einem Schrank ~:** put *or* ⟨*coll.*⟩ stash sth. away in the loft/a cupboard; **etw. in der Hosentasche ~:** stuff sth. into one's trouser pocket; **er verstaute seine Familie im Auto** *(scherzh.)* he packed his family into the car
Versteck das; ~[e]s, ~e hiding-place; *(eines Flüchtlings, Räubers usw.)* hide-out; ~ **spielen** play hide-and-seek; **[vor jmdm./voreinander** *od.* **mit jmdm./miteinander]** ~ **spielen** *(fig.)* hide or keep things [from sb./one another]
verstecken 1. *tr. V.* hide (**vor** + *Dat.* from); **jmdn. versteckt halten** keep sb. hidden; **das Haus war in einem Wäldchen versteckt** the house was tucked away in a small wood. **2.** *refl. V.* **sich [vor jmdm./etw.] ~:** hide [from sb./sth.]; **sich versteckt halten** remain in hiding; **ich möchte bloß wissen, wo sich meine Brille schon wieder versteckt hat** I should love to know where my glasses have got to; **sich vor** *od.* **neben jmdm. nicht zu ~ brauchen** *od.* **nicht ~ müssen** *(fig.)* not need to fear comparison with sb.; **das ist eine Leistung, mit der er sich nicht ~ muß** it is a performance of which he has no need to be ashamed; **sich vor** *od.* **neben jmdm. ~ müssen** *(fig.)* not be able to compare with sb.; not be a patch on sb. *(coll.)*; **sich hinter seinem Chef/seinen Vorschriften usw. ~** *(fig.)* use one's boss *(coll.)*/one's rules and regulations to hide behind; *s. auch* **versteckt**
Verstecken das; ~s hide-and-seek *no art.*
Versteck·spiel das game of hide-and-seek; *(fig.)* charade; pretence
versteckt *Adj.* hidden; concealed ⟨*polemics*⟩; veiled ⟨*threat*⟩; *(heimlich)* secret ⟨*malice, activity, etc.*⟩; disguised ⟨*foul*⟩; *(verstohlen)* furtive ⟨*glance, smile*⟩
verstehen 1. *unr. tr. V.* **a)** *(wahrnehmen)* understand; make out; **ich konnte ihn bei dem Lärm nicht ~:** I couldn't make out what he was saying because of the noise; **man versteht [vor Lärm] sein eigenes Wort nicht** one cannot hear oneself speak; **er war am Telefon gut/schlecht/kaum zu ~:** it was easy/difficult/barely possible to understand *or* make out what he was saying on the telephone; **b)** *auch itr.* *(begreifen, interpretieren)* understand; **das mußt du schon ~:** you must understand *or* see that; **ich verstehe I understand; I see; [ich habe] verstanden** understood; I've got it; **wir ~ uns schon** we understand each other; we see eye to eye; **das verstehe [nun] einer!** what is one supposed to make of that?; **du bleibst hier, verstanden** *od.* **verstehst du!** you stay here, understand!; **jmdm. etw. zu ~ geben** give sb. to understand sth.; **das ist in dem Sinne** *od.* **so zu ~, daß ...:** it is supposed to mean that ...; **wie soll ich das ~?** how am I to interpret that?; what am I supposed to make of that?; **jmdn./etw. falsch ~:** misunderstand sb./sth.; **versteh mich bitte richtig** *od.* **nicht falsch** please don't misunderstand me *or* get me wrong; **wenn ich [es] recht verstehe** if I understand rightly; **falsch verstandene Loyalität** misunderstood loyalty; **etw. unter etw.** *(Dat.)* **~:** understand sth. by sth.; **was ~ Sie darunter?** what do you think that means?; **jmdn./sich als etw. ~:** see sb./oneself as sth.; consider sb./oneself to be sth.; **er will sich als Christ verstanden wissen** he wants to be seen as *or* to be considered a Christian; *s. auch* **Bahnhof; Spaß b; c)** *(beherrschen, wissen)* **es ~, etw. zu tun** know how to do sth.; **er versteht es zu genießen** he knows how to enjoy himself *or* things; **er versteht eine Menge von Autos** he knows a lot about cars; he is quite an expert on cars; **davon verstehe ich nichts/nicht viel** I don't know anything/know much about it. **2.** *unr. refl. V.* **a)** **sich mit jmdm. ~:** get on with sb.; **sie ~ sich** they get on well together; **b)** *(selbstverständlich sein)* **das versteht sich [von selbst]** that goes without saying; **versteht sich!** *(ugs.)* of course!; **c)** *(Kaufmannsspr.: gemeint sein)* **der Preis versteht sich einschließlich Mehrwertsteuer** the price is inclusive of VAT; **d)** **sich auf Pferde/Autos usw.** *(Akk.)* **~:** know what one is doing with horses/cars; know all about horses/cars; **er versteht sich aufs Dichten** he knows how to write poetry; **e)** **sich zu etw. ~** *(veralt.)* agree [reluctantly] to sth.
versteifen 1. *tr. V.* **a)** stiffen ⟨*collar, part of body, etc.*⟩; **b)** *(Bauw.: abstützen)* shore up ⟨*wall, house, excavation, etc.*⟩; brace ⟨*fence*⟩. **2.** *itr. V.; mit sein* stiffen [up]; become stiff. **3.** *refl. V.* stiffen [up]; become stiff; **sich in sich auf etw.** *(Akk.)* **~:** insist on sth.
Versteifung die; ~, ~en **a)** stiffening; **b)** *(Bauw.)* shoring [up]
versteigen *unr. refl. V.* **a)** *(sich verirren)* get lost [while climbing]; *(nicht mehr herunterkönnen)* get stuck; get into difficulties; **b)** **sich zu einer Behauptung/zu Angriffen gegen jmdn. usw. ~:** have the presumption to make an assertion/attacks on sb. *etc.*; **wie konnte ich mich zu solcher Schwärmerei ~?** how could I get so carried away?; *s. auch* **verstiegen 2**
versteigern *tr. V.* auction; **etw. ~ lassen** put sth. up for auction; **auf einer Auktion meistbietend versteigert werden** be sold to the highest bidder at an auction
Versteigerung die **a)** auction *no indef. art.*; **zur ~ kommen** *od.* **gelangen** *(Amtsspr.)* be auctioned; **b)** *(Veranstaltung)* auction; **auf einer ~:** at an auction
versteinern 1. *itr. V.; mit sein* ⟨*plant, animal*⟩ fossilize, become fossilized; ⟨*wood etc.*⟩ petrify, become petrified; *(fig. geh.)* ⟨*person*⟩ go rigid; ⟨*expression, face*⟩ harden, become stony; **sie blieb [wie] versteinert stehen** she stopped in her tracks, as rigid as a statue. **2.** *refl. V.* *(geh.)* ⟨*face, features*⟩ harden
Versteinerung die; ~, ~en **a)** *(das Versteinern)* fossilization; *(von Holz)* petrification; **b)** *(Fossil)* fossil
verstellbar *Adj.* adjustable
verstellen 1. *tr. V.* **a)** *(falsch plazieren)* misplace; put [back] in the wrong place; **b)** *(anders einstellen)* adjust ⟨*seat etc.*⟩; alter [the

Verstellung

adjustment of] ⟨mirror etc.⟩; reset ⟨alarm clock, points, etc.⟩; **der Sitz läßt sich in der Höhe ~**: the seat can be adjusted for height; **c)** (versperren) block, obstruct ⟨entrance, exit, view, etc.⟩; **er verstellte mir den Weg** he blocked my path; he stood in my way; **[jmdm.] den Blick für etw. ~** (fig.) obscure sb.'s view of sth.; **d)** (zur Täuschung verändern) disguise, alter ⟨voice, handwriting⟩. **2.** refl. V. **a)** (seine Einstellung, Position verändern) alter; (so daß es falsch eingestellt ist) get out of adjustment; **b)** (sich anders geben als man ist) pretend; play-act; **sich vor jmdm. ~**: pretend to sb.
Verstellung die play-acting; pretence; (der Stimme, Schrift) disguising; alteration
Verstellungs·kunst die [art of] play-acting no. pl.
versteppen itr. V.; mit sein become steppe
versterben unr. itr. V.; mit sein (geh.) die; pass away; **mein verstorbener Mann** my late husband; s. auch **Verstorbene**
versteuern tr. V. pay tax on
verstiegen 1. 2. Part. v. versteigen. 2. Adj. whimsical ⟨idealist, person⟩; extravagant, fantastic ⟨idea, expectation, etc.⟩; wild ⟨dream, desire⟩
Verstiegenheit die; ~, ~en a) o. Pl. extravagance; **b)** (etw. Verstiegenes) extravagant or fantastic idea/remark
verstimmen 1. tr. V. **a)** (Musik) put ⟨instrument⟩ out of tune; **b)** (schlechtgelaunt machen) put ⟨person⟩ in a bad mood; (verärgern) annoy. **2.** refl. V. get or go out of tune
verstimmt Adj. **a)** (Musik) out of tune pred.; **b)** (verärgert) put out, peeved, disgruntled ⟨über + Akk. by, about⟩; **ein ~er Magen** an upset stomach
Verstimmung die disgruntled or bad mood; **eine leichte ~ hinterlassen** leave a slight sense of annoyance
verstockt 1. Adj. obdurate; stubborn. 2. adv. obdurately; stubbornly
Verstocktheit die; ~: obduracy; stubbornness
verstohlen [fɛɐ̯'ʃtoːlən] 1. Adj. furtive; surreptitious. 2. adv. furtively; surreptitiously
verstolpern tr. V. (Sportjargon) stumble and miss ⟨ball, chance, etc.⟩
verstopfen 1. tr. V. block; **verstopft sein** ⟨pipe, drain, jet, nose, etc.⟩ be blocked ⟨durch, von with⟩; (Med.: keinen Stuhlgang haben) be constipated; **die vielen Autos ~ die Altstadt** the large number of cars causes congestion in the old quarter. 2. itr. V.; mit sein become blocked
Verstopfung die; ~, ~en (Med.: Stuhl~) constipation
verstorben [fɛɐ̯'ʃtɔrbn̩] 2. Part. v. versterben
Verstorbene der/die; adj. Dekl. (geh.) deceased
verstören tr. V. distress
verstört Adj. distraught; **einen ~en Eindruck machen** appear distraught or distressed
Verstörtheit die; ~: distressed or distraught state; distress
Verstoß der violation, infringement (gegen of); **~ gegen die Etikette/den guten Geschmack** breach of etiquette/offense against good taste
verstoßen 1. unr. tr. V. disown; **aus dem Elternhaus ~ werden** be turned out of one's parents' house; **ein Verstoßener** an outcast. 2. unr. itr. V. **gegen etw. ~**: infringe or contravene sth.; **gegen die Etikette/den guten Geschmack ~**: commit a breach of etiquette/offend against good taste
Verstoßung die; ~, ~en disowning; (aus dem Elternhaus) turning out
verstrahlen tr. V. **a)** radiate; **b)** (radioaktiv verseuchen) contaminate with radiation
Verstrebung die; ~, ~en struts pl.; (einzelne Strebe) strut

verstreichen 1. unr. tr. V. **a)** (verteilen) apply, put on ⟨paint⟩; spread ⟨butter etc.⟩; **b)** (verbrauchen) use [up] ⟨paint⟩; **c)** (zustreichen) fill ⟨hole, crack⟩. 2. unr. itr. V.; mit sein (geh.) ⟨time⟩ pass [by]
verstreuen tr. V. (verteilen) scatter; put down ⟨bird food, salt⟩; (unordentlich) strew; **seine Kleider lagen im ganzen Zimmer verstreut** his clothes were scattered or strewn all over the room; **verstreute Gehöfte/Aufsätze** isolated or scattered farms/isolated essays; **b)** (versehentlich) spill
verstricken 1. tr. V. **a)** (verbrauchen) use ⟨wool⟩ [in knitting]; **b)** (geh.: verwickeln) **jmdn. in etw. (Akk.) ~**: involve sb. in sth.; draw sb. into sth.; **in etw. (Akk.) verstrickt [sein]** [be] mixed up or involved in sth. **2.** refl. V. **a)** (falsch stricken) make a mistake/mistakes [in knitting]; **b)** (fig.) **sich in etw. (Akk.) ~**: become entangled or caught up in sth.
Verstrickung die; ~, ~en involvement (in + Akk. in)
verströmen tr. V. exude
verstrubbeln tr. V. (ugs.) tousle
verstümmeln tr. V. mutilate; (fig.) garble ⟨report⟩; chop, mutilate ⟨text⟩; mutilate, do violence to ⟨name⟩; **sich selbst ~**: maim oneself
Verstümmelung die; ~, ~en mutilation; (Selbst~) self-mutilation; (fig.: einer Meldung usw.) garbling
verstummen unr. itr. V.; mit sein (geh.) fall silent; ⟨music, noise, conversation⟩ cease; (allmählich) die or fade away; (fig.) ⟨rumour, question⟩ go away; **er verstummte vor Schreck** he broke off, terrified; **jmdn. zum Verstummen bringen** silence sb.; **jeder Zweifel verstummte** (fig.) every doubt was stilled
Versuch der; ~[e]s, ~e **a)** attempt; **beim ~, etw. zu tun** in attempting to do sth.; **er hat es gleich beim ersten ~ geschafft** he made it or succeeded at the first attempt; **er hat schon mehrmals den ~ gemacht zu ...**: he has already made several attempts to ...; **das käme auf einen ~ an** we'll have to try it and see; **einen ~ wäre es wert** it's worth a try; **ich will noch einen letzten ~ mit ihm/damit machen** I'd like to give him/it one more try; **b)** (Experiment) experiment ⟨an + Dat. on⟩; (Probe) test; **c)** (literarisches Produkt) attempt; **seine ersten lyrischen/literarischen ~e** his first attempts at poetry/literature; **„~ über das Schöne"** 'Essay on Beauty'; **d)** (Rugby) try; **einen ~ erzielen** od. **legen** score a try
versuchen 1. tr. V. **a)** try; attempt; **versuch's doch!** (drohend) just you try!; (ermunternd) just try it!; **es mit jmdm./etw. ~**: give sb./sth. a try; **es bei jmdm. ~**: try sb.; **versuchter Mord** (Rechtsspr.) attempted murder; **laß mich mal ~, ob** od. (ugs.) let me [try] and see if ...; s. auch **Glück a**; **b)** (auch bibl.: in Versuchung führen) tempt; **versucht sein, etw. zu tun** be tempted to do sth. **2.** tr., itr. V. (probieren) **den Kuchen/von dem Kuchen ~**: try or take/have some of the cake. **3.** refl. V. **sich in/an etw. (Dat.)/auf einem Instrument/als etw. ~**: try one's hand at sth./at playing an instrument/at being sth.
Versucher der; ~s, ~: (bibl.) tempter
versuchs-, Versuchs-: **~anordnung** die set-up for an experiment/for experiments; **~anstalt** die research institute; **~ballon** der **a)** (Met.) sounding-balloon; **b)** (fig.) try-out; (Gerücht, Vorschlag usw.) feeler; **einen ~ballon [auf]steigen lassen** fly a kite (fig.); put out feelers (fig.); **~gelände** das testing-ground; (für nukleare Waffen usw.) test site; **~kaninchen** das (fig.) guinea-pig; **~person** die (bes. Med., Psych.) test or experimental subject; **~stadium** das experimental stage; **~tier** das experimental animal; **~weise** 1. Adv. on a trial basis; as an experiment; 2. adj.; nicht präd. experimental; **~zweck** der experi-

verteilen

mental purpose; **zu ~zwecken gehaltene Tiere** animals kept for experiments
Versuchung die; ~, ~en temptation; **jmdn. in ~ führen** lead sb. into temptation (esp. Rel.); put sb. in the way of temptation; **in ~ (Akk.) kommen** od. **geraten[, etw. zu tun]** be or feel tempted [to do sth.]
versumpfen itr. V. **a)** become marshy or boggy; **versumpft** marshy; boggy; **b)** (ugs. abwertend: verwahrlosen) go to seed or to the dogs; **c)** (ugs.; lange bleiben und trinken) stay out late boozing (coll.)
versündigen refl. V. **sich an jmdm./etw. ~**: sin against sb./sth.; **sich an seiner Gesundheit ~**: abuse one's health; **versündige dich nicht!** (als Antwort) what a [wicked] thing to say/do!
Versunkenheit die; ~ (geh.) [state of] contemplation; deep meditation; **in seiner ~ hatte er ihr Kommen gar nicht bemerkt** he was so deep in thought or so engrossed that he had not noticed her coming
versüßen tr. V. **jmdm./sich etw. ~** (fig.) make sth. more pleasant for sb./oneself; (erträglicher machen) make sth. more bearable for sb./oneself
vertäfeln tr. V. panel
Vertäfelung die; ~, ~en panelling
vertagen 1. tr. V. adjourn ⟨meeting, debate, etc.⟩ ⟨auf + Akk. until⟩; postpone ⟨decision, verdict⟩ ⟨auf + Akk. until⟩. **2.** refl. V. ⟨court⟩ adjourn; ⟨meeting⟩ be adjourned
vertändeln tr. V. (auch Sport) fritter away ⟨time, chance⟩
vertäuen [fɛɐ̯'tɔyən] tr. V. (Seemannsspr.) moor
vertauschen tr. V. **a)** exchange; switch; reverse, switch ⟨roles⟩; reverse, transpose ⟨poles⟩; **etw. mit od. gegen etw. ~**: exchange sth. for sth.; **die Kanzel mit dem Ministersessel ~**: exchange the pulpit for a ministerial post; **die Buchstaben eines Wortes ~**: transpose or switch round the letters in a word; **b)** (verwechseln) mix up
Vertauschung die; ~, ~en **a)** exchange; (von Buchstaben, Polen usw.) transposition; (von Rollen) reversal; switching; **b)** (Verwechslung) mixing up; **eine ~**: a mix-up
Vertäuung die; ~, ~en (Seemannsspr.) mooring
verteidigen [fɛɐ̯'taidɪgn̩] 1. tr. V. defend; **der Angeklagte wird sich selbst ~**: the accused will conduct his own defence. 2. itr. V. (Ballspiele) defend; (Verteidiger sein) be a defender
Verteidiger der; ~s, ~, **Verteidigerin**, die; ~, ~nen **a)** (auch Sport) defender; [als] **~ spielen** (Sport) play as a defender; **b)** (Rechtsw.) defence counsel
Verteidigung die, ~, ~en (auch Sport, Rechtsw.) defence; **zur ~ seiner Meinung/der Stadt bereit sein** be ready to defend one's opinion/the town; **jmdn. in die ~ drängen** force sb. on [to] the defensive
Verteidigungs-: **~bereitschaft** die; o. Pl. readiness to defend; **~bündnis** das defensive alliance; **~drittel** das (Eishockey) defence zone; **~haushalt** der defence budget; **~minister** der minister of defence; **~ministerium** das ministry of defence; **~rede** die (vor Gericht) speech for the defence; (Apologie) apologia; **~waffe** die defensive weapon
verteilen 1. tr. V. **a)** (austeilen) distribute, hand out ⟨exercise books, leaflets, prizes, etc.⟩ ⟨an + Akk. to, unter + Akk. among⟩; share [out], distribute ⟨money, food⟩ ⟨an + Akk. to, unter + Akk. among⟩; ⟨work⟩; cast, allocate ⟨parts⟩; **Karten an die Spieler ~**: deal out cards to the players; **ein Drama mit verteilten Rollen lesen** read a play with each part allocated to a different person; **b)** (an verschiedene Plätze bringen) distribute ⟨weight etc.⟩ ⟨auf + Akk. over⟩; spread ⟨cost⟩ ⟨auf + Akk. among⟩; distrib-

1581

ute, spread out ⟨*cushions etc.*⟩; **Flüchtlinge auf drei Lager ~:** divide up refugees and send them to three camps; **c)** *(verstreichen, verstreuen, verrühren usw.)* distribute, spread ⟨*butter, seed, dirt, etc.*⟩. **2.** *refl. V.* **a)** spread out; **b)** *(sich ausbreiten, verteilt sein)* be distributed *(auf + Akk.* over)
Verteiler *der;* ~s, ~ **a)** *(Person)* distributor; **b)** *(Technik: Zündverteiler)* distributor; **c)** *(Bürow.)* distribution list; „~" 'copies to'
Verteiler·schlüssel *der (Bürow.)* distribution list
Verteilung *die* distribution; *(der Rollen, der Arbeit)* allocation; **etw. zur ~ bringen** *(Papierdt.)* distribute sth.; **zur ~ kommen** *od.* **gelangen** *(Papierdt.)* be distributed
vertelefonieren *tr. V.* (ugs.) spend ⟨*time*⟩ telephoning *or* on the phone; spend ⟨*money*⟩ on telephoning
verteuern 1. *tr. V.* make ⟨*goods*⟩ more expensive. **2.** *refl. V.* become more expensive; **die Lebenshaltung verteuert sich** the cost of living is going up
Verteuerung *die* increase *or* rise in price; **die ~ des Kaffees** the increase in the price of coffee
verteufeln *tr. V.* condemn; denigrate
verteufelt 1. *Adj.* (ugs.) **a)** *(verzwickt)* extremely tricky ⟨*situation, business*⟩; **b)** *nicht präd. (äußerst)* fiendish ⟨*thirst, pain, etc.*⟩ **2.** *adv.* (ugs.) damned; fiendishly ⟨*cold*⟩; terribly ⟨*cold*⟩ ⟨*similar*⟩; **~!** damn!
Verteufelung *die;* ~, ~en condemnation; denigration
vertiefen 1. *tr. V.* **a)** deepen (um by); make deeper; **eine vertiefte Stelle** a depression; a hollow; **b)** *(intensivieren)* deepen ⟨*knowledge, understanding, love*⟩; deepen, strengthen ⟨*dislike, friendship, collaboration, etc.*⟩; **ein vertieftes Verständnis** a deeper understanding. **2.** *refl. V.* **a)** deepen; become deeper; **b)** *(sich konzentrieren)* **sich ~ in** *(+ Akk.)* bury oneself in ⟨*book, work, etc.*⟩; become deeply involved in ⟨*conversation*⟩; **in etw.** *(Akk.)* **vertieft sein** be engrossed *or* absorbed in sth.; **in Gedanken vertieft** deep in thought; **c)** *(intensiver werden) ⟨friendship⟩* deepen; ⟨*relations*⟩ become closer; ⟨*hate, conflict*⟩ deepen, become more intense
Vertiefung *die;* ~, ~en **a)** deepening; *(von Freundschaft, Abneigung)* deepening; strengthening; *(von Zusammenarbeit, Beziehungen)* strengthening; *(von Wissen)* consolidation; reinforcement; *(von Haß, Konflikten)* intensification; **b)** *(in Gedanken)* absorption (**in** *+ Akk.* in); **c)** *(Mulde)* depression; hollow
vertieren *itr. V.; mit sein* become brutalized; **vertiert** brutalized
vertikal [vertiˈkaːl] **1.** *Adj.* vertical; **in ~er Richtung** vertically. **2.** *adv.* vertically
Vertikale *die;* ~; ~n **a)** *(Linie)* vertical line; **b)** *o. Pl. (Lage)* **die ~:** the vertical *or* perpendicular; **etw. in die ~ bringen** *od.* **bewegen** move sth. into a vertical position
Vertiko [ˈvɛrtiko] *das, auch der;* ~s, ~s *small decorated cabinet with a drawer and display shelf on top*
vertilgen *tr. V.* **a)** *(vernichten)* exterminate ⟨*vermin*⟩; kill off ⟨*weeds*⟩; **b)** *(ugs.: verzehren)* devour, *(joc.)* demolish ⟨*food*⟩
Vertilgung *die;* ~, ~en **a)** *(von Ungeziefer)* extermination; *(von Unkraut)* killing off; **b)** *(ugs.: das Verzehren)* demolition *(joc.)*
Vertilgungs·mittel *das (gegen Unkraut)* weed-killer; *(gegen Insekten)* pesticide
vertippen 1. *refl. V.* **a)** make a typing mistake/typing mistakes; *(auf der Rechenmaschine, dem Tastentelefon usw.)* press the wrong number; **die ~** *(im Lotto, Toto, bei Vorhersagen)* get it wrong. **2.** *tr. V.* mistype ⟨*word*⟩; type ⟨*word, letter*⟩ wrongly; *(auf der Rechenmaschine, dem Tastentelefon usw.)* get ⟨*number*⟩ wrong

vertonen *tr. V.* set ⟨*text, poem*⟩ to music; set, write the music to ⟨*libretto*⟩; add sound to ⟨*slides*⟩; add a sound-track to ⟨*film*⟩
Vertonung *die;* ~, ~en **a)** setting [to music]; **die ~ eines Librettos** writing the music to a libretto; **die ~ von Dias/eines Films** adding sound to slides/a sound-track to a film; **b)** *(Werk)* setting
vertrackt [fɛɐ̯ˈtrakt] *(ugs.) Adj.* **a)** complicated, involved ⟨*situation, business, etc.*⟩; tricky, intricate ⟨*job*⟩; **b)** *(ärgerlich)* confounded; infuriating; **das ~e Gefühl haben, daß ...:** have a nasty feeling that ...
Vertracktheit *die;* ~, ~en (ugs.) **a)** complexity; **b)** *(Ärgerlichkeit)* maddening *or* infuriating nature
Vertrag *der;* ~[e]s, Verträge [...trɛːɡə] contract; *(zwischen Staaten)* treaty; **mündlicher ~:** verbal agreement; **laut ~:** according to the terms of the contract; **ein ~ auf drei Jahre** a three-year contract; **jmdn. unter ~ nehmen** contract sb.; put sb. under contract; **[bei jmdm.] unter ~ stehen** be under contract [to sb.]
vertragen 1. *unr. tr. V.* **a)** endure; tolerate *(esp. Med.)*; *(aushalten, leiden können)* stand; bear; take ⟨*joke, criticism, climate, etc.*⟩; **die Pflanze verträgt keinen Zug/kann Sonne ~:** the plant will not tolerate draughts/can tolerate some sun; **Rauch/Lärm/Belastungen/Aufregung schlecht ~:** not be able to stand too much smoke/noise/strain/excitement; **das Klima [nicht] gut ~:** [not] be able to take the climate; **ich vertrage keinen Kaffee/kein fettes Essen** coffee/fatty food disagrees with me; **den Wein/das Medikament habe ich gut vertragen** I was able to drink the wine/take the medicine with no ill effects; **sie verträgt dieses Medikament schlecht/nicht** this medicine doesn't really agree with her/does not agree with her at all; **ich könnte jetzt einen Whisky ~** *(ugs.)* I could do with *or* wouldn't say no to a whisky; **er verträgt eine Menge [Alkohol/nichts/nicht viel** *(ugs.)* he can hold a lot of drink *(coll.)*/can't hold his drink/can't hold much drink; **er verträgt keine Kritik/keinen Spaß** he cannot take criticism/a joke; **ich kann alles ~, nur nicht das** I can put up with anything but not that; **die Sache verträgt keinen Aufschub** *(geh.)* the matter brooks no delay; **b)** *(landsch.: abtragen)* wear out. **2.** *unr. refl. V.* **a)** **sich mit jmdm. ~:** get on *or* along with sb.; **sich gut [miteinander] ~:** get on well together; **er verträgt sich mit keinem** he never gets on with anybody; **sie ~ sich wieder** they are friends again; **sie haben sich wieder** they have made it up; **wir wollen uns wieder ~:** let's make it up *or* let bygones be bygones; **so Kinder, nun vertragt euch wieder** come on children, stop squabbling and call a truce; *s. auch* ²**Pack**; **b)** *(passen)* **sich mit etw. ~:** go with sth.; **die Farben ~ sich nicht [miteinander]** the colours do not go together; **wie verträgt sich das mit seinen christlichen Überzeugungen** how does this square with his Christian convictions?; **so ein Verhalten verträgt sich nicht mit seinem liberalen Anspruch** such behaviour is not consistent with his liberal pretensions
vertraglich 1. *Adj.* contractual. **2.** *adv.* contractually; by contract
verträglich [fɛɐ̯ˈtrɛːklɪç] *Adj.* **a)** digestible ⟨*food*⟩; **leicht/kaum ~:** easily digestible/indigestible; **ein gut ~es Medikament** a drug which has no side-effects; **b)** *(umgänglich)* good-natured; easy to get on with *pred.*
Verträglichkeit *die;* ~, ~en **a)** digestibility; **die ~ eines Medikaments** a drug's lack of side-effects; **b)** *(Umgänglichkeit)* good nature
vertrags-, Vertrags-: ~**abschluß** *der* completion of [a/the] contract; ~**bruch** *der*

breach of contract; ~**brüchig** *Adj.* in breach of contract *postpos.*; ~**brüchig werden/sein** be in breach of contract
vertrag·schließend *Adj.; nicht präd.* contracting
vertrags-, Vertrags-: ~**entwurf** *der* draft contract/treaty; ~**gemäß** *adv.* as per contract; as stipulated in the contract; ~**händler** *der* authorized *or* appointed dealer; ~**partner** *der* party to a/the contract; **unser ~partner** our contractual partner; ~**schluß** *der s.* ~**abschluß**; ~**spieler** *der (Fußball)* semi-professional *(under contract to a club)*; ~**werk** *das* major agreement; *(international)* treaty; ~**werkstatt** *die* authorized garage
vertrauen *itr. V.* **jmdm./einer Sache ~:** trust sb./sth.; **auf etw.** *(Akk.)* **~:** [put one's] trust in sth.; **auf sein Glück ~:** trust to luck; **ich vertraue darauf, daß ...:** I am confident *or* have confidence that ...; **auf Gott ~:** put one's trust in God
Vertrauen *das;* ~s trust; confidence; ~ **zu jmdm./etw. haben/fassen** have/come to have confidence in sb./sth.; trust/come to trust sb./sth.; **er hat kein ~ zu sich selbst** he has no confidence in himself *or* self-confidence; **er hat mein volles ~:** I have complete confidence in him; **jmdm. [sein] ~ schenken** put one's trust in sb.; **jmdm. das** *od.* **sein ~ entziehen** withdraw the trust *or* confidence one has/had [placed] in sb.; **jmds. ~ enttäuschen/erschüttern** betray sb.'s trust/destroy sb.'s confidence [in one]; **das Parlament sprach dem Kanzler das ~ aus** parliament passed a vote of confidence in the Chancellor; **sein ~ in jmdn./etw. setzen** put *or* place one's trust in sb./sth.; **sein ~ in das ~ zu jmdm. verlieren** lose confidence in sb.; **im ~ [gesagt]** [strictly] in confidence; **zwischen dir und mir ~ auf etw.** *(Akk.)* trusting to *or* in sth.; **im ~ darauf, daß ...:** trusting that ...; **ein Mann seines ~s** a man whom he trusts; **jmdn. ins ~ ziehen** take sb. into one's confidence
vertrauen·erweckend *Adj.* inspiring *or* that inspires confidence *postpos.*; **einen ~en Eindruck machen** inspire confidence [by one's/it's appearance]; look trustworthy
vertrauens-, Vertrauens-: ~**arzt** *der* independent examining doctor *(working for health service, health insurance, etc.)*; ~**beweis** *der* show of confidence (**für** in); ~**bildend** *Adj.* ~**bildende Maßnahmen** measures designed to build up trust; ~**bruch** *der* breach of trust; *(wenn man Vertrauliches weitersagt)* breach of confidence; ~**frage** *die* question of confidence; **die ~frage stellen** ask for a vote of confidence; ~**frau** *die* **a)** spokeswoman *(Gen. for)*; representative; **b)** *(in der Gewerkschaft)* [union] representative; *(in einer Fabrik o. ä.)* shop steward; ~**krise** *die* crisis of confidence; ~**lehrer** *der (Schulw.)* liaison teacher *(liaising between staff and pupils)*; ~**mann** *der* **a)** *Pl.* ~**männer** *od.* ~**leute** spokesman *(Gen.* for); representative; **b)** *Pl.* ~**leute** *(in der Gewerkschaft)* [union] representative; *(in einer Fabrik o. ä.)* shop steward; ~**person** *die* person in a position of trust; ~**sache** *die* matter *or* question of trust; ~**sache** *die* matter *or* question of trust; ~**selig** *Adj.* all too trustful *or* trusting; ~**seligkeit** *die; o. Pl.* excessive trustfulness; ~**stellung** *die* position of trust; ~**verhältnis** *das* relationship based on trust; ~**voll 1.** *Adj.* trusting *(relationship)*; *(collaboration, co-operation)* based on trust; *(zuversichtlich)* confident; **2.** *adv.* trustingly; *(zuversichtlich)* confidently; **sich ~voll an jmdn. wenden** turn to sb. with complete confidence; ~**würdig** *Adj.* trustworthy; ~**würdigkeit** *die* trustworthiness
vertrauern *tr. V.* (geh.) spend ⟨*time*⟩ in grieving

vertraulich 1. *Adj.* **a)** confidential; **b)** *(freundschaftlich, intim)* familiar ⟨manner, tone, etc.⟩; intimate ⟨mood, conversation, whisper⟩; **er wird gleich ~**: he gets familiar straight away. **2.** *adv.* **a)** confidentially; in confidence; **b)** *(freundschaftlich, intim)* in a familiar way; familiarly
Vertraulichkeit die; ~, ~en a) *o. Pl.* confidentiality; **b)** *(vertrauliche Information)* confidence; **c)** *o. Pl. (distanzloses Verhalten)* familiarity; *(Intimität)* intimacy; **d)** *(vertrauliche Handlung)* act of familiarity; *(Äußerung)* familiar remark
verträumen *tr. V.* [day-]dream away ⟨time⟩
verträumt 1. *Adj.* dreamy; **sie ist zu ~**: she lives too much in a world of dreams. **2.** *adv.* dreamily; idyllically ⟨situated⟩
Verträumtheit die; ~: dreaminess; *(idyllischer Charakter)* idyllic nature
vertraut [fɐˈtraut] *Adj.* **a)** close ⟨friend etc.⟩; intimate ⟨circle, conversation, etc.⟩; **sie sind sehr/ein wenig ~ miteinander** they are very close/quite friendly; **mit jmdm. ~ werden** become very friendly or close friends with sb.; **auf ~em Fuße** on intimate terms; **b)** *(bekannt)* familiar; **jmdm. ~ sein/werden** be/become familiar to sb.; **er ist mit Pferden ~**: he knows about horses; **mit etw. gut/wenig ~ sein** be well acquainted/have little knowledge of sth.; **jmdn./sich mit etw. ~ machen** familiarize sb./oneself with sth.; **mit diesem Gedanken solltest du dich ~ machen** you should get used to this idea
Vertraute der/die; *adj. Dekl.* close friend; **enger ~**: intimate friend
Vertrautheit die; ~ *s.* **vertraut**: closeness; intimacy; familiarity
vertreiben *unr. tr. V.* **a)** drive out (**aus** of); *(wegjagen)* drive away ⟨animal, smoke, clouds, etc.⟩ (**aus** from); **aus der Heimat vertrieben werden** be driven out of or expelled from one's homeland; **die vertriebenen Juden** the exiled or expelled Jews; **von Haus und Hof vertrieben werden** be turned out of house and home; **jmdn. aus seinem Amt ~**: oust sb. from office; **jmdn. [von seinem Platz] ~**: take sb.'s seat; **bleiben Sie doch ruhig sitzen, ich wollte Sie nicht ~**: please don't get up, I didn't mean to take your place or chase you away; **die Müdigkeit/Sorgen ~** *(fig.)* fight off tiredness/drive troubles away; *s. auch* **Zeit a**; **b)** *(verkaufen)* sell
Vertreibung die; ~, ~en driving out; *(das Wegjagen)* driving away; *(aus dem Amt)* ousting; *(aus der Heimat)* expulsion
vertretbar *Adj.* defensible ⟨risk etc.⟩; tenable, defensible ⟨standpoint⟩; justifiable ⟨costs⟩
vertreten 1. *unr. tr. V.* **a)** stand in or deputize for ⟨colleague etc.⟩; ⟨teacher⟩ cover for ⟨colleague⟩; **er läßt sich von seinem Staatssekretär ~**: he is sending his permanent secretary as his representative; **b)** *(eintreten für, repräsentieren)* represent ⟨person, firm, interests, constituency, country, etc.⟩; *(Rechtsw.)* act for ⟨person, prosecution, etc.⟩; **er läßt sich durch einen Anwalt ~**: he is getting a lawyer to act for him; **den Fall vertritt Rechtsanwalt Müller** the lawyer defending the case is Müller; **~ sein** be represented (**mit, durch** by); *(anwesend sein)* be present; **schwach/stark ~**: poorly/well represented; **c)** *(einstehen für, verfechten)* support ⟨point of view, principle⟩; hold ⟨opinion⟩; advocate ⟨thesis etc.⟩; pursue ⟨policy⟩; **er vertritt den Standpunkt** od. **die Meinung, daß ...**: he takes or holds the view that ...; **etw. zu ~ haben** be responsible for sth.; **d) jmdm. den Weg ~**: bar sb.'s way. **2.** *unr. refl. V.* **sich** *(Dat.)* **den Fuß ~**: twist one's ankle; **sich** *(Dat.)* **die Füße** od. **Beine ~** *(ugs.: sich Bewegung verschaffen)* stretch one's legs
Vertreter der; ~s, ~ a) *(Stell~)* deputy; stand-in; *(eines Arztes)* locum *(coll.)*; **b)** *(Interessen~, Repräsentant)* representative; *(Handels~)* sales representative; commercial traveller; **ein ~ für Staubsauger** a traveller in vacuum cleaners; **c)** *(Verfechter, Anhänger)* supporter; advocate; **d)** *(ugs. abwertend: Kerl, Bursche)* **du bist ein übler/sauberer ~!** you're a nasty piece of work *(coll.)*/a fine one! *(iron.)*
Vertreterin die; ~, ~nen *s.* **Vertreter a–c**
Vertretung die; ~, ~en a) deputizing; **jmds. ~ übernehmen** stand in or deputize for sb.; ⟨doctor⟩ act as locum for sb. *(coll.)*; **in ~ von Herrn N.** in place of or standing in for Mr. N.; **in ~ unterschreiben** sign as a proxy; **in ~ M. Schmidt** (*am Schluß eines Briefes usw.*) p.p. M. Schmidt; **b)** *(Vertreter[in])* stand-in; *(eines Arztes)* locum *(coll.)*; **ich brauche für morgen eine ~**: I need somebody to take my place or stand in for me tomorrow; *(als Lehrer)* I need cover for tomorrow; **c)** *(Delegierte[r])* representative; *(Delegation)* delegation; **eine diplomatische ~**: a diplomatic mission; **die deutsche ~** *(Sport)* the German team or squad; **d)** *(Handels~)* [sales] agency; *(Niederlassung)* agency; branch; **e)** *(Interessen~)* representation; **f)** *(Verfechtung)* advocacy
Vertretungs·stunde die *(Schulw.)* cover lesson
vertretungs·weise *Adv.* as a [temporary] replacement or stand-in
Vertrieb der; ~ *o. Pl.* sale; marketing; **b)** *(Abteilung)* sales [department]
Vertriebene der/die; *adj. Dekl.* expellee [from his/her homeland]
Vertriebs·gesellschaft die sales or marketing company
vertrimmen *tr. V. (ugs.)* wallop *(sl.)*
vertrinken *unr. tr. V.* spend ⟨money⟩ on drink
vertrocknen *itr. V.*; *mit sein* dry up; *(fig.)* ⟨person⟩ wither, shrivel up
vertrödeln *tr. V. (ugs. abwertend)* dawdle away, waste ⟨time⟩
vertrösten *tr. V.* put ⟨person⟩ off (**auf** + Akk. until)
Vertröstung die prevarication
vertrotteln *itr. V.*; *mit sein* go gaga *(sl.)*; **vertrottelt** gaga
vertun 1. *unr. tr. V.* waste; **die Mühe war vertan** it was a waste of effort. **2.** *unr. refl. V. (ugs.)* make a slip; **wenn du dich da mal nicht vertust!** I think you're a bit wide of the mark there
vertuschen *tr. V.* hush up ⟨scandal etc.⟩; keep ⟨truth etc.⟩ secret
Vertuschung die; ~, ~en hushing up; **eine ~**: a hush-up or cover-up
verübeln *tr. V.* **jmdm. eine Äußerung usw. ~**: take sb.'s remark etc. amiss; **Sie werden es mir nicht ~, wenn ich ....** I hope you won't take it amiss or mind if I ...; **das kann man ihm kaum ~**: one can hardly blame him for that
verüben *tr. V.* commit ⟨crime etc.⟩; **Streiche ~**: get up to pranks
verulken *tr. V. (ugs.)* make fun of; take the mickey out of *(Brit. coll)*; **du willst mich wohl ~!** you're pulling my leg *(coll.)*
verunfallen *itr. V.*; *mit sein (Amtsspr., bes. schweiz.)* have an accident
Verunfallte der/die; *adj. Dekl. (Amtsspr., bes. schweiz.)* accident victim
verunglimpfen [fɛɐˈʔʊnɡlɪmpfn̩] *tr. V. (geh.)* denigrate ⟨person, etc.⟩; sully ⟨honour, name, memory⟩
Verunglimpfung die; ~, ~en *(geh.)* verunglimpfen: denigration; sullying
verunglücken *itr. V.*; *mit sein* **a)** have an accident; ⟨car etc.⟩ be involved in an accident; **mit dem Auto/Flugzeug ~**: be in a car/an air accident or crash; **beim Segeln ~**: have a sailing accident or an accident while sailing; **der verunglückte Fahrer** the driver involved in the accident; **b)** *(scherzh.: mißlingen)* go wrong; ⟨attempt⟩ fail; ⟨cake, sauce, etc.⟩ be a disaster; **verunglückt** unsuccessful
Verunglückte der/die; *adj. Dekl.* accident victim; casualty
verunmöglichen [od. --'---] *tr. V. (bes. schweiz.)* [**jmdm.**] **etw. ~**: make sth. impossible [for sb.]
verunreinigen 1. *tr. V.* **a)** pollute; contaminate ⟨water, milk, flour, oil⟩; **~de Stoffe** pollutants/contaminants; **b)** *(geh.: beschmutzen)* dirty, soil ⟨clothes, floor, etc.⟩; *(durch Fäkalien)* foul ⟨pavement etc.⟩. **2.** *refl. V. (verhüll.)* soil oneself
Verunreinigung die a) *o. Pl.* pollution; *(von Wasser, Milch, Mehl, Öl)* contamination; **b)** *(Stoff)* pollutant/contaminant; **c)** *o. Pl. (von Kleidern, Fußböden usw.)* soiling; *(von Straßen usw.)* fouling
verunsichern *tr. V.* **jmdn. ~**: make sb. feel unsure or uncertain; *(so daß er sich gefährdet fühlt)* undermine sb.'s sense of security; **verunsichert** insecure; *(nicht selbstsicher)* unsure of oneself
Verunsicherung die a) *(das Verunsichern)* **die argumentative ~ der Richter** making the judges uncertain by means of argument; **zur ~ der Bevölkerung dienen** serve to undermine the people's sense of security; **b)** *(Unsicherheit)* [feeling of] insecurity
verunstalten [fɐˈʔʊnʃtaltn̩] *tr. V.* disfigure; **du verunstaltest dich mit dieser Frisur** this hair-style spoils your looks or makes you look terrible
Verunstaltung die; ~, ~en disfigurement
veruntreuen *tr. V.* embezzle
Veruntreuung die; ~, ~en embezzlement
verunzieren *tr. V.* spoil the look of
verursachen *tr. V.* cause; **es hat ihm viel Arbeit verursacht** it caused or gave him a great deal of work
Verursacher der; ~s, ~: cause; person responsible; **der ~ des Unfalls** the person responsible for the accident
Verursacher·prinzip das principle that the person who causes damage must bear the cost
Verursachung die; ~: causing
verurteilen *tr. V.* **a)** pass sentence on; sentence; **jmdn. zu Gefängnis** od. **einer Haftstrafe/drei Monaten Haft ~**: sentence sb. to imprisonment/to three months' imprisonment; **jmdn. zu einer Geldstrafe ~**: impose a fine on sb.; **jmdn. zum Tode ~**: sentence or condemn sb. to death; **jmdn. wegen Diebstahl usw. ~**: sentence sb. for theft etc.; **der zum Tode Verurteilte** the condemned man; **zum Scheitern verurteilt sein** *(fig.)* be condemned to failure or bound to fail; **zum Schweigen verurteilt sein** *(fig.)* be condemned to silence; **b)** *(fig.: negativ bewerten)* condemn ⟨behaviour, action⟩
Verurteilte der/die; *adj. Dekl.* convicted man/woman
Verurteilung die; ~, ~en a) sentencing; **eine ~ zu fünf Jahren Zuchthaus** a sentence of five years' imprisonment; **b)** *(fig.)* condemnation
veruzen *tr. V. (ugs.) s.* **verulken**
Verve [ˈvɛrvə] **die; ~**: *(geh.)* enthusiasm; verve; **mit ~**: enthusiastically
vervielfachen 1. *tr. V.* greatly increase; *(multiplizieren)* multiply ⟨number⟩; **wir müssen unsere Anstrengungen ~**: we must redouble our efforts. **2.** *refl. V.* multiply [several times]; *(fig.)* ⟨efforts⟩ be redoubled
Vervielfachung die; ~, ~en multiplication; *(fig.: der Anstrengungen)* redoubling
vervielfältigen *tr. V.* duplicate, make copies of ⟨document etc.⟩
Vervielfältigung die; ~, ~en a) duplicating; copying; **b)** *(Kopie)* copy
Vervielfältigungs·zahl·wort das *(Sprachw.)* multiplicative

1583

vervollkommnen [fɛɐ̯'fɔlkɔmnən] **1.** *tr. V.* perfect. **2.** *refl. V.* become perfected
Vervollkommnung *die;* ~, ~en perfecting; *(Zustand)* perfection
vervollständigen 1. *tr. V.* complete; *(vollständiger machen)* make ⟨library etc.⟩ more complete. **2.** *refl. V.* become complete/more complete
Vervollständigung *die;* ~, ~en completion/making more complete
¹verwachsen *Adj.* deformed
²verwachsen *unr. itr. V.; mit sein* **a)** ⟨wound, scab⟩ heal [up or over]; **b)** *(zusammenwachsen)* grow together (mit with); **zu etw.** ~: grow together to form sth.; grow into sth.; **c)** *(fig.)* grow closer (mit to); **zu einer Gemeinschaft** ~: grow into a community; **sich mit seiner Umwelt** ~ **fühlen** feel at one with one's environment
Verwachsung *die;* ~, ~en deformity
verwackeln *(ugs.)* **1.** *tr. V.* make ⟨picture⟩ blurred; **verwackelt** blurred; shaky. **2.** *itr. V.; mit sein* turn out blurred
verwählen *refl. V.* misdial; dial the wrong number
verwahren 1. *tr. V.* **a)** keep [safe]; *(verstauen)* put away [safely]; **b)** *(gefangen halten)* detain, hold ⟨person⟩. **2.** *refl. V.* protest
verwahrlosen *itr. V.; mit sein* **a)** get in a bad state; ⟨house, building⟩ fall into disrepair, become dilapidated; ⟨garden, hedge⟩ grow wild, become overgrown; ⟨person⟩ let oneself go, *(coll.)* go to pot; **etw.** ~ **lassen** neglect sth.; allow sth. to get in a bad state; **verwahrlost** neglected; overgrown ⟨hedge, garden⟩; dilapidated ⟨house, building⟩; unkempt ⟨person, appearance, etc.⟩; *(in der Kleidung)* ragged ⟨person⟩; **b)** *(sittlich)* fall into bad ways; **[sittlich] verwahrlost** depraved
Verwahrlosung *die;* ~: *(eines Gebäudes)* dilapidation; *(einer Person)* advancing decrepitude; *(sittliche* ~*)* decline into depravity; **[Zustand der]** ~: state of dilapidation/decrepitude/depravity
Verwahrung *die* ~, ~en keeping [in a safe place]; **etw. in** ~ **geben/nehmen/haben** give/take sth. into safe keeping/hold sth. in safe keeping; **jmdm. etw. in** ~ **geben** give sth. to sb. for safe keeping; **b)** *(Arrest)* detention *no def. art.;* **c)** *(Einspruch, Protest)* protest
verwaisen *itr. V.* be orphaned; become an orphan; **verwaist** orphaned ⟨child⟩; *(fig.)* lonely, deserted ⟨person, place⟩; unoccupied ⟨house⟩; vacant ⟨professorship⟩
verwalken *tr. V. (ugs.) s.* **vertrimmen**
verwalten *tr. V.* **a)** *(betreuen)* administer, manage ⟨estate, property, etc.⟩; run, look after ⟨house⟩; hold ⟨money⟩ in trust; **b)** *(leiten)* run, manage ⟨hostel, kindergarten, etc.⟩; *(regieren)* administer ⟨area, colony, etc.⟩; govern ⟨country⟩; **die Kanalinseln** ~ **sich selbst** the Channel Islands are self-governing; **c)** *(versehen)* hold ⟨office⟩; carry out, perform ⟨task, duty⟩; **d)** *(bürokratisch beherrscht)* **eine verwaltete Gesellschaft** a bureaucratized society
Verwalter *der;* ~s, ~, **Verwalterin** *die;* ~, ~nen administrator; *(eines Amts usw.)* manager; *(eines Nachlasses)* trustee
Verwaltung *die;* ~, ~en **a)** *(Betreuung, Leitung)* administration; management; **etw. unter staatliche** ~ **stellen** put sth. under State control; **in eigener** ~: under one's own control; **b)** *(eines Gebiets)* administration; *(eines Landes)* government; **unter britischer** ~: under British administration or rule; **c)** *(eines Amtes)* performance; **d)** *(Organ, Behörde, Apparat)* administration; *(eines Betriebes)* management; **die öffentliche/staatliche** ~: the public/state authority
Verwaltungs-: ~**apparat** *der* administrative machine; ~**beamte** *der* administrative official; administrator; ~**bezirk** *der* administrative district; ~**gebühr** *die* administrative charge or fee; ~**gericht** *das* administrative court; ~**kosten** *Pl.* administrative costs; ~**organ** *das* administrative organ; ~**rat** *der* **a)** governing body; administrative council; **b)** *(schweiz. Wirtsch.)* board of directors
verwamsen [fɛɐ̯'vamzn̩] *tr. V. (ugs.)* wallop *(coll.)* ⟨child⟩
verwandelbar *Adj.* convertible
verwandeln 1. *tr. V.* **a)** convert (**in** + *Akk.*, **zu** into); *(völlig verändern)* transform (**in** + *Akk.*, **zu** into); **er ist/ich fühlte mich wie verwandelt** he's/I felt a different person or transformed; **das Sofa läßt sich in ein Bett** ~: the sofa can be converted into a bed; **der Prinz wurde in den Frosch verwandelt** the prince was turned or transformed into a frog; **b)** *(Ballspiele)* score from ⟨corner, free kick⟩; convert ⟨penalty⟩. **2.** *refl. V.* **sich in etw.** (*Akk.*) od. **zu etw.** ~: turn or change into sth.; *(bei chemischen Vorgängen usw.)* be converted into sth.; **die Raupe verwandelt sich in einen Schmetterling** the caterpillar metamorphoses into a butterfly. **3.** *itr. V. (Ballspiele)* **er verwandelte zum 2:0]** he scored [to make it 2-0]
Verwandlung *die;* ~, ~en **a)** *(das Verwandeln)* conversion (**in** + *Akk.*, **zu** into); *(völlige Veränderung)* transformation (**in** + *Akk.*, **zu** into); **b)** *(das Sichverwandeln)* transformation; *(Metamorphose)* metamorphosis
Verwandlungs·künstler *der* quick-change artist
¹verwandt [fɛɐ̯'vant] **2.** *Part. v.* **verwenden**
²verwandt *Adj.* **a)** *(auch fachspr.)* related (**mit** to); **mit jmdm.** od. *(schweiz.)* **jmdm.** ~ **sein** be related to sb.; **b)** *(fig.: ähnlich)* similar ⟨views, ideas, forms⟩
Verwandte *der/die; adj. Dekl.* relative; relation
Verwandten·besuch *der (Besuch bei Verwandten)* visit to relatives; *(Besuch von Verwandten)* visit from or by relatives; **einen** ~ **machen** visit relatives; **wir erwarten** ~: we are expecting relatives
Verwandtschaft *die;* ~, ~en **a)** relationship (**mit** to); *(fig.: Ähnlichkeit)* affinity; **zwischen ihnen besteht keine** ~: they are not related [to one another]; **b)** o. *Pl. (Verwandte)* relatives *pl.;* relations *pl.;* **die ganze** ~: all one's relatives; **eine große** ~ **haben** have a large number of relatives; **zur** ~ **gehören** be one of the family
verwandtschaftlich 1. *Adj.* family ⟨ties, relationships, etc.⟩. **2.** *adv.* ~ **miteinander verbunden sein** be related [to each other]
Verwandtschafts-: ~**grad** *der* degree of relationship; ~**verhältnis** *das* family relationship; **in einem** ~**verhältnis zu jmdm. stehen** be related to sb.
verwanzen 1. *itr. V.; mit sein* **verwanzt** buggridden. **2.** *tr. V. (fig.)* bug
verwarnen *tr. V.* warn, caution (**wegen** for)
Verwarnung *die;* ~, ~en warning; caution
verwaschen *Adj.* **a)** washed out, faded ⟨jeans, material, inscription, etc.⟩; **b)** *(blaß)* washy, watery ⟨colour⟩; blurred ⟨lines, contours⟩; **c)** *(fig.)* wishy-washy ⟨idea, formulation⟩
verwässern *tr. V. (auch fig.)* water down; **verwässert schmecken** taste watery
Verwässerung *die (auch fig.)* watering down
verweben 1. *tr. V.* **a)** weave with; use [for weaving]; **b)** *auch unr.* **[miteinander]** ~: interweave ⟨threads⟩; **etw. in etw.** (*Akk.*) ~ *(auch fig.)* weave sth. into sth.; **mit etw. verwoben** *(fig.)* bound or caught up with sth. **2.** *unr. refl. V.* ⟨dichter.⟩ **sich [zu etw.]** ~: become interwoven [to form or into sth.]
verwechselbar *Adj.* mistakable (**mit** for); **leicht** ~: easily confused (**mit** with)
verwechseln *tr. V.* **a)** **[miteinander]** ~: confuse ⟨two things/people⟩; **du mußt da irgendetwas** ~: you must be getting mixed up; **er verwechselt immer rechts und links** he always gets mixed up between or mixes up right and left; **etw. mit etw./jmdn. mit jmdm.** ~: mistake sth. for sth./sb. for sb.; confuse sth. with sth./sb. with sb.; **Entschuldigung, ich habe Sie [mit jemandem] verwechselt/ich habe die Tür[en] verwechselt** sorry, I thought you were or I mistook you for somebody else/I've got the wrong door; **jmdm. zum Verwechseln ähnlich sehen** be the spitting image of sb.; **leicht mit etw. zu** ~ **sein** be easily confused with sth.; **nicht mit etw.** ...: not to be confused with ...; **b)** *(vertauschen)* mix up; **jemand hat meinen Regenschirm verwechselt** somebody has taken my umbrella by mistake
Verwechslung *die;* ~, ~en **[case of]** confusion; mistake; **um** ~**en auszuschließen** to avoid any possibility of confusion; **b)** *(Vertauschung)* mixing up; **eine** ~: a mix-up
verwegen 1. *Adj.* daring; *(auch fig.)* audacious. **2.** *adv. (auch fig.)* audaciously
Verwegenheit *die;* ~, ~en **a)** o. *Pl.* daring; *(auch fig.)* audacity; **b)** *(Tat)* act of daring
verwehen 1. *tr. V.* **a)** *(zudecken)* cover [over] ⟨track, path⟩; **der Wind verwehte die Spur im Sand** the wind covered up the track in the sand; **vom Schnee verweht** covered in snow; **b)** *(wegwehen)* blow away; scatter; **vom Winde verweht** *(fig.)* gone with the wind. **2.** *itr. V.; mit sein (geh.)* **im Wind** ~: drift away or be lost to the wind
verwehren *tr. V.* **jmdm. etw.** ~: refuse or deny sb. sth.; **jmdm.** ~, **etw. zu tun** bar sb. from doing sth.; *(verbieten)* forbid sb. to do sth.; **es verwehrt uns die Sicht** *(fig.)* it obstructs our view
Verwehung *die;* ~, ~en [snow]drift
verweichlichen 1. *itr. V.; mit sein* grow soft; **ein verweichlichter Mensch** a weakling. **2.** *tr. V.* make soft; **ein verweichlichter Junge** a mollycoddled boy
Verweichlichung *die* ~ **a)** *(Vorgang)* **die** ~ **der Jugendlichen verhindern** prevent young people from becoming soft; **b)** *(Zustand)* softness; **eine solche Lebensweise führt zur** ~: this way of life makes one soft
Verweigerer *der;* ~s, ~ **a)** rebel; dissident; **b)** *(des Kriegsdienstes usw.)* objector *(Gen.* to)
verweigern *tr. V.* refuse; **jmdm. die Erlaubnis/eine Hilfeleistung** ~: refuse sb. permission/assistance; **„Annahme verweigert"** 'delivery refused'; **die Aussage/einen Befehl/die Nahrungsaufnahme** ~: refuse to make a statement/to obey an order/to take food; **den Kriegsdienst** ~: refuse to do military service; be a conscientious objector; **[jmdm.] den Gehorsam** ~: refuse to obey [sb.]; **im Hindernis** ~ *(Pferdesport)* refuse at a jump. **2.** *refl. V.* object; refuse to co-operate; **sich jmdm./einer Sache** ~: refuse to accept sb./sth.; **sich der Gesellschaft** ~: contract out of society; **sich jmdm. [sexuell]** ~ *(geh.)* refuse [to have sexual intercourse with] sb. **3.** *itr. V. (ugs.: den Kriegsdienst* ~*)* refuse [to do military service]; be a conscientious objector; **b)** *(Pferdesport)* refuse
Verweigerung *die;* ~, ~en refusal; *(Protest)* protest; ~ **des Kriegsdienstes** refusal to do military service; conscientious objection
Verweil·dauer *die* length of stay; time spent *(Gen.* by); **die** ~ **der Speisen im Magen** the period during which food remains in the stomach
verweilen *itr. V. (geh.)* stay; *(länger als nötig)* linger; **verweile doch** tarry awhile *(literary)*; **bei einem Thema/Gedanken** ~ *(fig.)* dwell on a theme/thought
verweint [fɛɐ̯'vaɪnt] *Adj.* tear-stained ⟨face⟩; ⟨eyes⟩ red with tears or from crying;

⟨person⟩ with a tear-stained face; **sie sah ~ aus/war ~:** she looked as if she had been crying/she had a tear-stained face

Verweis der; ~es, ~e a) reference (**auf** + *Akk.* to); *(Quer~)* cross-reference; b) *(Tadel)* reprimand; rebuke; **jmdm. einen ~ erteilen** *od.* **aussprechen** reprimand *or* rebuke sb.

verweisen *unr. tr. V.* a) **jmdn./einen Fall usw. an jmdn./etw. ~** *(auch Rechtsspr.)* refer sb./a case etc. to sb./sth.; b) *(wegschicken)* **jmdn. von der Schule/aus dem Saal ~:** expel sb. from the school/send sb. out of the room; **jmdn. des Landes ~:** exile *or (Hist.)* banish sb.; **einen Spieler vom Platz ~:** send a player off [the field]; c) *(Sport)* **jmdn. auf den zweiten Platz ~:** relegate sb. to *or* push sb. into second place; d) *auch itr. (hinweisen)* [jmdn.] **auf etw.** *(Akk.)* **~:** refer [sb.] to sth.; *(durch Querverweis)* cross-refer [sb.] to sth.

verwelken *itr. V.; mit sein* ⟨*flower, leaf*⟩ wilt; *(fig.)* ⟨*fame*⟩ fade; **verwelkt** wilted ⟨*flowers*⟩; withered ⟨*hands, face*⟩; *(fig.)* faded ⟨*beauty*⟩

verweltlichen 1. *tr. V.* secularize. 2. *itr. V.; mit sein (geh.)* become worldly *or* secularized

Verweltlichung die; ~, ~en secularization

verwendbar *Adj.* usable (**zu, für** for); **es ist mehrfach ~:** it has several uses *or* applications

Verwendbarkeit die; ~: usability

verwenden 1. *unr. od. regelm. tr. V.* a) use (**zu, für** for); **ich kann es nicht mehr ~** *od.* **zu nichts mehr ~:** it is no use to me any more; **jmdn./etw. als etw. ~:** use *or* employ sb./ sth. as sth.; b) *(aufwenden)* spend ⟨*time*⟩ (**auf** + *Akk.* on); **viel Energie/Mühe auf etw. ~** *(Akk.):* put a lot of energy/effort into sth.; **du solltest mehr Sorgfalt auf deine Schularbeiten ~:** you should take more care with *or* over your school-work. 2. *unr. od. regelm. refl. V. (geh.)* **sich [bei jmdm.] für jmdn./etw. ~:** intercede [with sb.] for sb./ use one's influence [with sb.] on behalf of sth.

Verwendung die; ~, ~en a) use; **bei ~ dieses Materials** when using this material; **~ finden** be used; **unter ~ einer Sache** *(Gen.) od.* **von etw.** using sth.; **~/keine ~ für etw. haben** have a/no use for sth.; **etw. in ~ nehmen** *(österr.)* put sth. into use *or* service; b) *(geh.: Fürbitte)* intercession

verwendungs-, Verwendungs-: **~fähig** *Adj.* employable; *(als Soldat usw.)* fit for service *postpos.*; **~möglichkeit** die [possible] application *or* use; **~weise** die application; **es hängt von der ~weise ab** it depends how it is used; **~zweck** der purpose; **„~zweck"** *(auf Zahlkarten usw.)* 'as payment for'

verwerfen 1. *unr. tr. V.* a) reject; dismiss ⟨*thought*⟩; **etw. als unsittlich ~:** condemn sth. as [being] immoral; **einen Antrag/Vorschlag** *usw.* **~:** reject *or* turn down an application/suggestion *etc.*; b) *(Rechtsw.)* dismiss ⟨*appeal, action*⟩; c) *(geh., bibl.: verstoßen)* reject ⟨*person, people*⟩. 2. *unr. refl. V.* a) *(sich verziehen)* warp; b) *(Geol.)* fault; c) *(Kartenspiel)* put down the wrong cards/cards

verwerflich *(geh.)* 1. *Adj.* reprehensible. 2. *adv.* reprehensibly

Verwerflichkeit die; ~: *(geh.)* reprehensibility; reprehensible *or* despicable nature

Verwerfung die; ~, ~en *(Geol.)* fault

verwertbar *Adj.* utilizable; usable

Verwertbarkeit die; ~: usability; **etw. auf seine ~ untersuchen** examine sth. to see if it can/could be utilized

verwerten *tr. V.* utilize, use (**zu** for); make use of, exploit ⟨*suggestion, experience, knowledge, etc.*⟩; put ⟨*idea*⟩ into practice; *(bes. kommerziell)* exploit ⟨*idea, invention,*

place, etc.⟩; **es ist noch zu ~:** it can still be put to good use

Verwertung die utilization; use; *(bes. kommerziell)* exploitation

verwesen *itr. V.; mit sein* decompose

verweslich *Adj.* decomposable

Verwesung die; ~: decomposition; **in ~ übergehen** start to decompose

verwestlichen *itr. V.; mit sein* become westernized

verwetten *tr. V.* spend ⟨*money*⟩ on betting; **seinen Kopf für etw. ~:** bet anything on sth.

verwichsen *tr. V. (ugs.)* beat ⟨*person*⟩ up; *(zur Strafe)* give ⟨*person*⟩ a hiding *(coll.)*

verwickeln 1. *refl. V.* a) get tangled up *or* entangled; b) *(sich verfangen)* **sich in etw.** *(Akk. od. Dat.)* **~:** get caught [up] in sth.; **sich in Widersprüche ~** *(fig.)* tie oneself up in contradictions. 2. *tr. V.* involve; **in etw.** *(Akk.)* **verwickelt werden/sein** get/be mixed up *or* involved in sth.

verwickelt 1. *Adj.* involved; complicated. 2. *adv.* in an involved *or* a complicated way

Verwicklung die; ~, ~en complication

verwiegen *unr. refl. V.* get the weight wrong

verwildern *itr. V.* a) ⟨*garden*⟩ become overgrown, go wild; ⟨*domestic animal*⟩ go wild, return to the wild; ⟨*plant*⟩ go *or* grow wild; b) *(unkultiviert werden)* ⟨*person*⟩ turn wild; *(verwahrlosen)* go to seed; let oneself go

verwildert *Adj.* a) overgrown ⟨*garden*⟩; ⟨*animal, plant*⟩ which has gone wild; b) *(unkultiviert)* unkempt, dishevelled ⟨*person, appearance, etc.*⟩; *(ungehobelt)* uncouth ⟨*person*⟩; *(ausschweifend)* morally decadent ⟨*person, society*⟩

Verwilderung die; ~, ~en a) return to the wild [state]; **die ~ des Gartens schreitet weiter fort** the garden is continuing to get more and more overgrown; b) *(geh.: von Menschen)* reversion to a primitive state; **die ~ der Sitten** moral decadence

verwinden *unr. tr. V. (geh.)* get over

verwinkelt *Adj.* [narrow and] winding ⟨*street, corridor*⟩; *(flat, old quarter)* full of nooks and crannies

verwirken *tr. V. (geh.)* forfeit

verwirklichen 1. *tr. V.* realize ⟨*dream*⟩; realize, put into practice ⟨*plan, proposal, idea, etc.*⟩; carry out ⟨*project, intention*⟩. 2. *refl. V.* a) ⟨*hope, dream*⟩ be realized *or* fulfilled; b) *(sich voll entfalten)* **sich [selbst] ~:** realize one's [full] potential; fulfil oneself

Verwirklichung die; ~, ~en realization; *(eines Wunsches, einer Hoffnung)* fulfilment; **er begann mit der ~ seines Plans** he started to put his plan into practice; **jmdm. bei der ~ eines Projekts helfen** help sb. carry out a project

verwirren 1. *tr. V.* entangle, tangle up ⟨*thread etc.*⟩; tousle, ruffle ⟨*hair*⟩. 2. *tr. (auch itr.) V.* confuse; bewilder; **jmds. Geist ~** *(geh.)* upset sb.'s mental balance; **das verwirrt [den Zuhörer] nur** it is only confusing [for the listener]; **verwirrt** confused; bewildered; **„Träume ich?", dachte er verwirrt** 'Am I dreaming?' he thought in confusion *or* bewilderment; **~d** bewildering; **~d viele Möglichkeiten** a bewildering number of possibilities. 3. *refl. V.* ⟨*thread etc.*⟩ become entangled; ⟨*hair*⟩ become tousled *or* ruffled; ⟨*person, mind*⟩ become confused; *(fig. kompliziert werden)* become confused *or* complicated

Verwirr·spiel das deliberate confusion *no indef. art.*; **ein ~ mit jmdm. treiben** use intentionally confusing tactics on sb.; **zu einem ~ für jmdn. werden** confuse sb. completely

Verwirrtheit die; ~: [state of] confusion *or* bewilderment

Verwirrung die; ~, ~en confusion; **jmdn. in ~ bringen** make sb. confused *or* bewildered; **in ~ geraten** become confused *or*

bewildered; **im Zustand geistiger ~:** in a disturbed *or* confused mental state

verwirtschaften *tr. V.* squander ⟨*money*⟩ by mismanagement

verwischen 1. *tr. V.* smudge ⟨*signature, writing, etc.*⟩; smear ⟨*paint*⟩; **alle Spuren ~** *(fig.)* cover up all [one's] tracks. 2. *refl. V.* become blurred

verwissenschaftlichen *tr. V.* make ⟨*teaching, life*⟩ highly scientific; put ⟨*research, procedure*⟩ on a scientific basis

verwittern *itr. V.; mit sein* weather

Verwitterung die; ~, ~en weathering

verwitwet [fɛɐˈvɪtvət] *Adj.* widowed; **Frau Meier, ~e Schmidt** Mrs Meier, the widow of the late Mr Schmidt

verwohnen *tr. V.* ruin, make a mess of ⟨*house, flat*⟩; **das Zimmer sieht verwohnt aus** the room looks badly knocked about

verwöhnen [fɛɐˈvøːnən] *tr. V.* spoil; **~ Sie sich mit einer Tasse X-Kaffee!** treat yourself to a cup of X coffee; **das Schicksal hat ihn nicht gerade verwöhnt** *(fig.)* fate has not exactly smiled upon him

verwöhnt *Adj.* spoilt; *(anspruchsvoll)* discriminating; ⟨*taste, palate*⟩ of a gourmet

Verwöhnung die; ~: spoiling

verworfen [fɛɐˈvɔrfn] 1. *2. Part. v.* **verwerfen.** 2. *Adj. (geh.)* depraved ⟨*person*⟩; dastardly ⟨*act*⟩

Verworfenheit die; ~: depravity

verworren [fɛɐˈvɔrən] *Adj.* confused, muddled ⟨*ideas, situation, etc.*⟩; confused ⟨*sound*⟩

Verworrenheit die; ~: confused nature; confusion

verwundbar *Adj.* open to injury *pred.*; *(fig.)* vulnerable; **eine sehr ~e Stelle treffen** *(fig.)* touch a very sensitive spot

Verwundbarkeit die vulnerability

¹**verwunden** *2. Part. v.* **verwinden**

²**verwunden** *tr. V.* wound; injure; *(fig. geh.)* wound ⟨*person, feelings, etc.*⟩

verwunderlich *Adj.* surprising

verwundern 1. *tr. V.* a) surprise; *(erstaunen)* astonish; **verwundert** surprised/astonished (**über** + *Akk.* at); *adv.* in surprise *or* wonderment/astonishment; b) **in zu/ nicht zu ~ sein** be surprising/not surprising; be a/no wonder. 2. *refl. V.* be surprised (**über** + *Akk.* at); *(erstaunt sein)* be astonished (**über** + *Akk.* at)

Verwunderung die; ~: surprise; *(Staunen)* astonishment; **jmdn. in ~ setzen** surprise/astonish sb.

Verwundete der/die; *adj. Dekl.* wounded person; casualty; **die ~n** the wounded

Verwundung die; ~, ~en a) wounding; b) *(Wunde, Verletzung)* wound

verwunschen *Adj.* enchanted; bewitched

verwünschen 1. *tr. V.* a) curse; b) *(veralt.) s.* **verzaubern a**

verwünscht *Adj.* a) *(vermaledeit)* accursed; wretched; b) *(verzaubert)* enchanted; bewitched

Verwünschung die; ~, ~en a) *(das Verfluchen)* cursing; b) *(Fluch)* curse; oath; c) *(veralt.) s.* **Verzauberung a**

verwurschteln [fɛɐˈvʊrʃtln], **verwursteln** *(ugs.)* 1. *tr. V.* get ⟨*thing*⟩ in a muddle *or* a tangle. 2. *refl. V.* get in a muddle *or* a tangle

verwurzelt *Adj.* [deeply] rooted; **in etw.** *(Dat.)* **~ sein** have one's roots in sth.; *(in der Tradition, im Glauben usw.)* be [deeply] rooted in *or* committed to sth.

Verwurzelung die; ~: deep rootedness (**mit, in** + *Dat.* in); **trotz seiner ~ in der Tradition** although deeply rooted in tradition

verwüsten *tr. V.* devastate

Verwüstung die; ~, ~en devastation; **die ~en des Krieges** the ravages of war

verzagen *itr. V.; mit sein od. haben* despair; lose heart; **verzagt sein** be despondent

1585

Verzagtheit die; ~: despondency; despair
verzählen refl. V. miscount; **ich verzähle mich dauernd** I keep losing count
verzahnen tr. V. connect up (**mit** to); (fig.) link, dovetail (**mit** with); **miteinander verzahnt** (fig.) interconnected
Verzahnung die; ~, ~en connection; (fig.) link
verzanken refl. V. (ugs.) **sich [mit jmdm. wegen etw.] ~**: fall out [with sb. over sth.]
verzapfen tr. V. **a)** (landsch.: zapfen) pull, draw ⟨beer etc.⟩; **b)** (Tischlerei) tenon; **c)** (ugs. abwertend) **Blödsinn** od. **Mist ~**: come out with or produce rubbish
verzärteln [fɛɐ̯'tsɛːɐ̯tln] tr. V. mollycoddle
Verzärtelung die; ~: mollycoddling
verzaubern tr. V. **a)** cast a spell on; bewitch; **jmdn. in etw. (Akk.) ~**: transform sb. into sth.; **eine verzauberte Prinzessin** a bewitched princess; **b)** (fig.) enchant
Verzauberung die; ~, ~en **a)** casting of a/the spell (**Gen.** on); **b)** (fig.) enchantment
verzehnfachen tr., refl. V. increase tenfold
Verzehr [fɛɐ̯'tseːɐ̯] der; ~[e]s consumption; **zum alsbaldigen ~ bestimmt** for immediate consumption
Verzehr·bon der meal voucher; (für Getränke) drinks voucher
verzehren 1. tr. V. (auch fig. geh.) consume; ⟨illness etc.⟩ exhaust, debilitate ⟨person⟩; consume, drain [away] ⟨strength⟩; **der Gram verzehrt sie** she is consumed with grief. 2. refl. V. (geh.) ⟨energy etc.⟩ be consumed; ⟨person⟩ eat one's heart out; **sich [in Sehnsucht] nach jmdm. ~**: pine away for sb.; **sich in ohnmächtiger Wut ~**: be consumed with or by helpless rage
Verzehr·zwang der obligation to order (in a restaurant)
verzeichnen tr. V. **a)** (falsch zeichnen) draw wrongly; **b)** (aufführen) list; (eintragen) enter; (registrieren) record; **der Ort ist auf der Karte nicht verzeichnet** the place is not [marked] on the map; **das Wörterbuch verzeichnet das Wort nicht** the dictionary does not list or include the word; **große Erfolge/Verluste zu ~ haben** have scored great successes/suffered great losses; **Fortschritte/Erfolge sind nicht zu ~**: no progress was made/there were no successes; (fig. geh.: zur Kenntnis nehmen), note; **d)** auch ir. (Optik) ⟨lens⟩ distort
Verzeichnis [fɛɐ̯'tsaiçnɪs] das; ~ses, ~se list; (Register) index; **ein ~ der lieferbaren Titel** a list or catalogue of available titles
verzeihen unr. tr. V. forgive; (entschuldigen) excuse ⟨behaviour, remark, etc.⟩; **jmdm. [etw.] ~**: forgive sb. [sth. or for sth.]; **es sei dir verziehen, ich will es [dir] ~**: you are or shall be forgiven; **ich kann es mir nicht ~, daß ich das nicht verhindert habe** I can't or I'll never forgive myself for not preventing it; **das ist nicht zu ~**: that's unforgivable/inexcusable; **kannst du mir noch einmal ~?** (auch iron.) can you ever forgive me?; **~ Sie [bitte] die Störung** pardon the intrusion; [please] excuse me for disturbing you; **~ Sie [bitte], können Sie mir sagen ...?** excuse me, could you tell me ...?
verzeihlich Adj. forgivable; excusable; **kaum ~**: almost unforgivable
Verzeihung die; ~: forgiveness; **~, können Sie mir sagen, ...?** excuse me, could you tell me ...?; **~!** sorry!; **jmdn. um ~ bitten** apologize to sb.; **ich bitte vielmals um ~** I do apologize or [do] beg your pardon
verzerren 1. tr. V. **a)** contort ⟨face etc.⟩ (**zu** into); **b)** (zerren, überdehnen) **sich (Dat.) einen Muskel/eine Sehne ~**: pull or strain a muscle/tendon; **c)** (akustisch, optisch) distort ⟨sound, image⟩; **etw. verzerrt darstellen** (fig.) present a distorted account or picture of sth.; **seine Stimme klang verzerrt** his voice sounded distorted. 2. itr. V. ⟨loudspeaker, mirror, etc.⟩ distort. 3. refl. V. ⟨face, features⟩ become contorted (**zu** into)
Verzerrung die; ~, ~en **a)** (des Gesichts usw.) contortion; **b)** (eines Muskels usw.) strain; pull; **c)** (des Klangs, eines Bildes, der Realität usw.) distortion
¹**verzetteln** 1. tr. V. fritter away ⟨time, money⟩; dissipate ⟨energy⟩. 2. refl. V. dissipate one's energies; try to do too many things at once
²**verzetteln** tr. V. (auf Zettel schreiben) put ⟨words etc.⟩ on slips
Verzettelung die; ~, ~en (auf Zettel) transfer to slips
Verzicht [fɛɐ̯'tsɪçt] der; ~[e]s, ~e a) renunciation (**auf** + Akk. of); **ich bin zum ~ auf meinen Anteil bereit** I am prepared to give up my share; **auf etw. (Akk.) ~ leisten** (geh.) renounce sth.; **b)** (auf Reichtum, ein Amt usw.) relinquishment (**auf** + Akk. of)
verzichten itr. V. do without; **~ auf** (+ Akk.) (auskommen ohne) do without; (sich enthalten) refrain or abstain from; (aufgeben) give up ⟨share, smoking, job, etc.⟩; renounce ⟨inheritance⟩; renounce, relinquish ⟨right, privilege⟩; (opfern) sacrifice ⟨holiday, salary⟩; **wenn es nicht mehr für alle reicht, verzichte ich freiwillig** if there isn't enough for everybody I will gladly go without; **auf weitere Ansprüche ~**: waive or relinquish further claims; **auf den Thron ~**: renounce one's right to the throne; **auf einen Ministersessel ~**: refuse a ministerial post; **ich verzichte auf Ihre Hilfe/Ratschläge** I can do without or you can keep your help/advice; **[nein danke,] ich verzichte** not for me[, thanks]; **darauf möchte ich nicht [mehr] ~**: I wouldn't be without it now; **darauf kann ich ~** (iron.) I can do without that; **auf eine Strafanzeige ~**: not bring a charge; **ich könnte dazu noch einiges sagen, aber ich will darauf ~**: I could add a few things to that, but I will refrain; **auf eine förmliche Vorstellung ~**: dispense with a formal introduction
Verzicht[s]·erklärung die waiver; disclaimer
¹**verziehen** 2. Part. v. verzeihen
²**verziehen** 1. unr. tr. V. **a)** screw up ⟨face, mouth, etc.⟩; **er verzog sein Gesicht zu einer Grimasse/zu einem spöttischen Lächeln** he pulled a face or grimaced/put on a derisive smile; see also **Miene**; **b)** (schlecht erziehen) spoil; **so ein verzogener Bengel!** what a badly brought up or spoilt brat!; **c)** (Ballspiele) mishit ⟨ball⟩; **d)** (Landw.) thin out ⟨seedlings etc.⟩. 2. unr. refl. V. **a)** tr. V. be contorted; **sein Gesicht verzog sich zu einer Grimasse** his face twisted or screwed itself into a grimace; **b)** (aus der Form geraten) go out of shape; ⟨wood⟩ warp; **ein verzogener Rahmen** a distorted frame; **total verzogen sein** be completely out of shape; **c)** (wegziehen) ⟨clouds, storm⟩ move away, pass over; ⟨fog, mist⟩ disperse; **d)** (ugs.: weggehen) take oneself off; **ich verziehe mich jetzt [ins Bett]** I'm off to bed now; **verzieh dich!** (salopp) clear off! (coll.) or (sl.) push off!. 3. unr. itr. V.; **mit sein** move [away]; **„Empfänger [unbekannt] verzogen"** 'no longer at this address'
verzieren tr. V. decorate
Verzierung die; ~, ~en decoration; **überflüssige ~en** superfluous ornamentation sing.; **brich dir [bloß/nur] keine ~ ab!** (fig. ugs.) don't make [such] a fuss!
verzinsen 1. tr. V. pay interest on ⟨sum, capital, etc.⟩; **etw. mit 6 % ~**: pay 6 % interest on sth. 2. refl. V. **sich [mit 6 %] ~**: yield or bear [6 %] interest
verzinslich Adj. bearing or yielding interest postpos. not pred. (**mit, zu** at a rate of)
Verzinsung die; ~, ~en [payment of] interest (**Gen.** on)
verzögern 1. tr. V. **a)** delay (**um** by); delay, postpone ⟨departure etc.⟩; **den Baubeginn um zwei Jahre ~**: put back the start of building work [by] two years; **b)** (verlangsamen) slow down. 2. refl. V. be delayed (**um** by). 3. itr. V. slow down; decelerate
Verzögerung die; ~, ~en **a)** delaying; delay (**Gen.** in); **b)** (Verlangsamung) slowing down; (Technik) deceleration; **c)** (Verspätung) delay; hold-up
Verzögerungs·taktik die delaying tactics pl.
verzollen tr. V. pay duty on
Verzollung die; ~, ~en payment of duty (**Gen.** on)
verzücken tr. V. (geh.) enrapture; send into ecstasies; **verzückt** enraptured; in rapture; (ekstatisch) ecstatic; **mit verzückter Miene** with a look of ecstasy [on his/her face]
verzuckern tr. V. **a)** sugar ⟨almonds⟩; (kandieren) candy ⟨fruit⟩; **b)** (fig.) s. **versüßen**
Verzückung die; ~, ~en ecstasy; rapture; **in ~ geraten** go into ecstasies
Verzug der; ~[e]s **a)** delay; **~ der Zahlung** delay in payment; late payment; **[mit etw.] im ~ sein/in ~ kommen** od. **geraten** be/fall behind [with sth.]; **jmdn./etw. in ~ bringen** delay sb./sth.; hold sb. up/put sth. back; **ohne ~**: without delay; **b)** **es ist Gefahr im ~** (ugs.) danger is imminent
Verzugs·zinsen Pl. interest sing. on arrears or for late payment
verzweifeln itr. V.; meist mit sein despair; **über etw./jmdn. ~**: despair at sth./of sb.; **am Leben/an den Menschen ~**: despair of life/humanity; **es ist zum Verzweifeln!** it's enough to drive you to despair; **es ist zum Verzweifeln mit dir** you're enough to drive anyone to despair
verzweifelt 1. Adj. a) despairing ⟨person, animal⟩; **~ sein** be in despair or full of despair; **ich bin [ganz] verzweifelt** (ratlos) I'm at my wit's end; **b)** desperate ⟨situation, attempt, effort, struggle, etc⟩. 2. adv. **a)** (entmutigt) despairingly; **b)** (sehr angestrengt) desperately
Verzweiflung die; ~ despair; **etw. aus ~ tun** do sth. out of despair; **jmdn. zur ~ treiben/bringen** drive sb. to despair
Verzweiflungs·tat die act of despair
verzweigen refl. V. branch [out]; **ein weit verzweigtes System/Netz** (fig.) a widely branching system/network; **das Unternehmen ist stark verzweigt** (fig.) the firm is very diversified
Verzweigung die; ~, ~en **a)** branching; **b)** (schweiz.: Gabelung) fork; (Kreuzung) crossroads sing.; (Autobahn) intersection
verzwickt [fɛɐ̯'tsvɪkt] (ugs.) Adj. tricky; complicated
Vesper ['fɛspɐ] die; ~, ~n **a)** vespers pl.; **in die** od. **zur ~ gehen** go to vespers; **b)** auch das; ~s, ~e (südd.: Zwischenmahlzeit) snack; **~ machen** have a snack
Vesper·brot das (südd.) sandwiches pl.
vespern (bes. südd.) 1. itr. V. have a snack. 2. tr. V. **etw. ~**: have a snack of sth.
Vestibül [vɛsti'byːl] das; ~s, ~e (veralt.) vestibule
Vesuv [ve'zuːf] der; ~s Vesuvius
Veteran [vete'raːn] der; ~en, ~en (auch fig.) veteran
Veterinär [veteri'nɛːɐ̯] der; ~s, ~e veterinary surgeon
Veterinär·medizin die; o. Pl. s. **Tiermedizin**
Veto ['veːto] das; ~s, ~s veto; **ein ~ gegen etw. einlegen** veto sth.
Veto·recht das right of veto
Vetter ['fɛtɐ] der; ~s, ~n cousin
Vettern·wirtschaft die; o. Pl. (abwertend) nepotism
Vexier·bild [vɛ'ksiːɐ̯-] das puzzle picture
V-förmig ['faʊ-] Adj. V-shaped
vgl. Abk. **vergleiche** cf.

v. H. *Abk.* **vom Hundert** per cent
VHB *Abk.* **Verhandlungsbasis:** ~ 800 DM 800 marks o.n.o. *(Brit.)*
VHS *Abk.* **Volkshochschule**
via ['viːa] *Präp.* via
Viadukt [via'dʊkt] *das od. der;* ~[e]s, ~e viaduct
Vibraphon [vibra'foːn] *das;* ~s, ~e *(Musik)* vibraphone
Vibration [vibra'tsi̯oːn] *die;* ~, ~en vibration
Vibrato [vi'braːto] *das,* ~s, ~s *od.* **Vibrati** *(Musik)* vibrato
Vibrator *der;* ~s, **Vibratoren** vibrator
vibrieren [vi'briːrən] *itr. V.* vibrate; ⟨voice⟩ quiver, tremble
video-, Video-: *die/das-:* video
Video *das;* ~s, ~s *(ugs.)* video
Video-: **~auf·zeichnung** *die* video recording; **~band** *das; Pl.* **~bänder** video-tape; **~clip** [~klɪp] *der;* ~s, ~s video; **~film** *der* video [film]; **~kamera** *die* video camera; **~kassette** *die* video cassette; **~recorder** *der* video recorder; **~technik** *die* video technology *no art.*
Videothek [viːdeoˈteːk] *die;* ~, ~en video library
Viech [fiːç] *das;* ~[e]s, ~er **a)** *(ugs., oft abwertend: Tier)* creature; **b)** *(derb abwertend: Mensch)* bastard *(coll.)*
Viecherei *die;* ~, ~en *(ugs.)* hard grind *or* slog
Vieh [fiː] *das;* ~[e]s **a)** *(Nutztiere)* livestock *sing. or pl.;* **jmdn. wie ein Stück ~ behandeln** treat sb. like an animal; **b)** *(Rind~)* cattle *pl.;* **c)** *(derb abwertend: Mensch)* bastard; **d)** *(ugs.: Tier)* creature
Vieh-: ~bestand *der* stocks *pl.* of animals/ cattle; **wie hoch ist der ~bestand dieses Betriebs?** how much livestock does this farm have?; **~futter** *das* animal/cattle feed *or* fodder; **~händler** *der* livestock/cattle dealer; **~hirt** *der* herdsman; *(von Rindern)* cowherd
viehisch **1.** *Adj.* **a)** *(abwertend: brutal)* brutish; **b)** *(ugs.: immens)* terrible *(coll.)* ⟨fear, stupidity, pain⟩. **2.** *adv.* **a)** *(abwertend)* ⟨beat, torment⟩ brutally; **b)** *(ugs.)* ⟨hurt⟩ like hell *(coll.);* **~ kalt** perishing cold *(coll.)*
Vieh-: ~markt *der* livestock/cattle market; **~salz** *das; o. Pl.* rock salt; *(als Streusalz)* road salt; **~stall** *der* cowshed; **~tränke** *die* cattle-trough; **~treiber** *der* [cattle] drover; **~waggon** *der* cattle-truck; **~wirtschaft** *die;* ~ livestock farming *no art.;* **~zeug** *das (ugs.)* **a)** *(Kleinvieh)* animals *pl.;* **b)** *(abwertend: lästige Tiere)* creatures *pl.;* *o. Pl.* **~zucht** *die;* **~züchter** *der* [live]stock/cattle breeder

viel [fiːl] **1.** Indefinitpron. u. unbest. Zahlw. **a)** *Sg.* a great deal of; a lot of *(coll.);* **so/wie/ nicht/zu ~:** that/how/not/too much; **~[es]** *(viele Dinge, vielerlei)* much; **er weiß ~es, aber nicht alles** he knows a great deal, but not everything; **ich kann mich an ~es nicht mehr erinnern** there's much I can't remember; **der ~e Regen** all the rain; **sein ~es Geld** all his money; **gleich ~ Geld/Wasser** the same amount of money/water; **gleich ~ verdienen** earn the same; **in ~er Hinsicht** *od.* **Beziehung** in many respects; **um ~es jünger** a great deal younger; **das ist ein bißchen [sehr] ~!** that's rather too much; **~ Erfreuliches** a great many pleasant things; **er hat in ~em recht** he is right on many points; **er ist nicht ~ über fünfzig** he is not much more than *or* much over fifty; **b)** *Pl.;* **gleich ~[e]** the same number of; **~e hundert** many hundreds of; **die ~en Bäume/Menschen/ Probleme** all the trees/people/problems; **seine ~en Kinder** all his children; **~e** *(viele Menschen)* many people; **das wissen nicht ~e** not many people know that; **das wissen ~e nicht** many people don't know that. **2.** *Adv.* **a)** *(oft, lange)* a great deal; a lot *(coll.);* **man redet ~ vom Fortschritt** there is much *or (coll.)* a lot of talk of progress; **er spielt ~ Golf** he plays a lot of golf; **er fährt [nicht] ~ Rad** he does[n't do] a lot of cycling; **b)** *(wesentlich)* much; **es geht ihm sehr ~ besser** he is very much better; **~ mehr/weniger** much more/less; **~ zu klein** much too small
viel-, Viel-: ~befahren *Adj., präd. getrennt geschrieben* busy, much-used ⟨road⟩; **~beschäftigt** *Adj., präd. getrennt geschrieben* very busy; **~besucht** *Adj., präd. getrennt geschrieben* much-frequented ⟨restaurant, etc.⟩; much-visited ⟨resort, museum, etc.⟩; **~deutig** [~dɔytɪç] **1.** *Adj.* ambiguous; **2.** *adv.* ambiguously; **~deutigkeit** *die;* ~: ambiguity; **~eck** *das* polygon; **~ehe** *die* polygamy *no art.*
vielerlei *indekl. unbest. Gattungsz.* **a)** *attr.* many different; all kinds *or* sorts of; **b)** *subst.* all kinds *or* sorts of things
vieler·orts *Adv.* in many places
viel-, Viel-: ~fach **1.** *Adj.* **a)** multiple; **die ~fache Menge** many times the amount; **ein ~facher Millionär** a multimillionaire; **er ist ~facher Weltmeister** he has been world champion many times over; **auf ~fachen Wunsch unserer Zuschauer** at the request of many of our viewers; **b)** *(vielfältig)* manifold; many kinds of; **2.** *adv.* many times; *(ugs.: oft)* often; frequently; **ein ~fach geäußerter Wunsch** a wish many times expressed; **~fache** *das;* ~n; *adj. Dekl.* **a)** ein **~faches** many times the amount/number; **die Preise werden ein ~faches von dem betragen, was ...:** the prices will be many times greater than ...; **um ein ~faches mehr** many times over; **um ein ~faches schneller/teurer** many times faster/more expensive; **b)** *(Math.)* multiple; **~falt** *die;* ~: diversity; wide variety; **~fältig** [~fɛltɪç] **1.** *Adj.* many and diverse; **2.** *adv.* in many different ways; **~farbig,** *(österr.)* **~färbig** *Adj.* multicoloured; **~flach** *das;* ~[e]s, ~e polyhedron; **~fraß** *der* **a)** *(ugs.: Mensch)* glutton; [greedy-]guts *sing. (sl.);* **b)** *(Tier)* wolverine; **~gefragt** *Adj., präd. getrennt geschrieben* **ein ~gefragter Artikel** *usw.* an article *etc.* that is in great demand *or* much in demand; **ein ~gefragter Spezialist** a specialist who is in great demand; **~gekauft** *Adj., präd. getrennt geschrieben* widely-bought; **~gelesen** *Adj., präd. getrennt geschrieben* much-read; **~gepriesen** *Adj., präd. getrennt geschrieben* much-praised; **~geschmäht** *Adj., präd. getrennt geschrieben* *(geh.)* much-maligned; much-abused; **~gestaltig** *Adj.* varied *or* diversified in form *postpos.;* **~gestaltig sein** be varied *or* diversified in form; manifest in different forms; **~götterei** [~gœtəˈraɪ] *die;* ~: polytheism *no art.*
vielleicht [fiˈlaɪçt] **1.** *Adv.* **a)** perhaps; maybe; **~ kommt er morgen** perhaps *or* maybe he will come tomorrow; **he might come tomorrow; du hast dich ~ geirrt** perhaps you were wrong; you may have been mistaken; **~, daß alles nur ein Mißverständnis war** perhaps it was all just a misunderstanding; **hast du den Schirm ~ im Büro liegenlassen?** could it be that you left your umbrella in the office?; **b)** *(ungefähr)* perhaps; about; **ein Mann von ~ fünfzig Jahren** a man of perhaps or about fifty. **2.** *Partikel* **a) kannst du mir ~ sagen, ...?** could you possibly tell me ...?; **hast du ~ meinen Bruder gesehen?** have you seen my brother by any chance? **b)** *(wirklich)* really; **ich war ~ aufgeregt** I was terribly excited *or* as excited as anything *(coll.);* **du bist ~ ein Blödmann!** what a stupid idiot you are! *(coll.)* **c)** *(ich bitte dringend, daß ...)* **~ hilfst du mir mal!** would you mind helping me!; **d)** *(etwa)* **ist das ~ eine Lösung?** is that supposed

to be a solution?; **ist das ~ dein Ernst?** you don't mean that, do you?
viel-, Viel-: ~mals *Adv.* **ich bitte ~mals um Entschuldigung** I'm very sorry; I do apologize; **sie läßt ~mals grüßen** she sends her best regards *or* wishes; **danke ~mals** thank you very much; many thanks; **~männerei** [~mɛnəˈraɪ] *die;* ~: polyandry *no art.;* **~mehr** [*od.* -'-] *Konj. u. Adv.* rather; *(im Gegenteil)* on the contrary; **~sagend** **1.** *Adj.* meaningful; **2.** *adv.* meaningfully; **~schichtig** *Adj.* multi-layered; *(fig.: komplex)* complex; **~schreiber** *der (abwertend)* [over-]prolific writer; **~seitig** **1.** *Adj.* versatile ⟨person⟩; varied ⟨work, programme, etc.⟩; **auf ~seitigen Wunsch** by popular request; **diese Küchenmaschine ist sehr ~seitig** this food processor has many uses; **2.** *adv.* **~seitig begabt sein** be versatile; **sich ~seitig verwenden lassen** have many uses; **~seitigkeit** *die;* ~ *s.* **~seitig 1:** versatility; variedness; **Kombiwagen sind vor allem wegen ihrer ~seitigkeit so beliebt** estate cars are popular above all because of their many uses; **~sprachig** *Adj.* multilingual; polyglot; **~staaterei** [~ʃtaːtəˈraɪ] *die;* ~ *s. Partikularismus;* **~stimmig** **1.** *Adj.* many-voiced; **ein ~stimmiger Chor** a choir of many voices; **2.** *adv.* in many voices; **~versprechend** **1.** *Adj.* [very] promising; **2.** *adv.* [very] promisingly; **~völker·staat** [-'---] *der* multinational state; **~weiberei** [~vaɪbəˈraɪ] *die;* ~: polygyny *no art.;* polygamy *no art.;* **~zahl** *die; o. Pl.* large number; multitude
vier [fiːɐ̯] *Kardinalz.* four; **alle ~e von sich strecken** *(ugs.)* put one's feet up; **auf allen ~en** *(ugs.)* on all fours; *s. auch* acht
Vier *die;* ~, ~en four; **eine ~ schreiben/bekommen** *(Schulw.)* get a D; *s. auch* ¹**Acht; Zwei**
vier-, Vier-: *(s. auch* acht-, Acht-*):* **~achser** *der;* ~s, ~: four-axle vehicle; **~achsig** *(Technik)* four-axle *attrib.;* **~ sein** have four axles; **~achtel·takt** [-'---] *der (Musik)* four-eight time; **~augen·gespräch** *das (ugs.)* private talk *or* discussion; **~beiner** *der;* ~s, ~ *(ugs.)* four-legged friend; **~beinig** *Adj.* four-legged; **~blättrig** *Adj.* four-leaf *attrib.;* four-leaved; **~eck** *das* quadrilateral; *(Rechteck)* rectangle; *(Quadrat)* square; **~eckig** *Adj.* quadrilateral; *(rechteckig)* rectangular; *(quadratisch)* square
Vierer *der;* ~s ~ **a)** *(Rudern)* four; **b)** *(ugs.: im Lotto)* four winning numbers *pl.;* **c)** *(ugs.: Ziffer, beim Würfeln)* four; **d)** *(landsch.: Schulnote)* D; **e)** *(ugs.: Autobus)* [number] four; **f)** *(Golf)* foursome
Vierer·bob *der* four-man bob
viererlei *Gattungsz.; indekl.* **a)** *attr.* four kinds *or* sorts of; four different ⟨sorts, kinds, sizes, possibilities⟩; **b)** *subst.* four [different] things
vier·fach *Vervielfältigungsz.* fourfold; quadruple; **der ~e Olympiasieger** quadruple Olympic winner; *s. auch* **achtfach**
Vier·fache *das;* ~n; *adj. Dekl.* **um das ~** fourfold; by four times the amount; **die Preise sind um das ~ gestiegen** the prices have quadrupled *or* increased four times; **sie verlangen das ~ des normalen Tarifs** they are demanding four times the normal rate; *s. auch* **Achtfache**
vier-, Vier-: ~farben·druck [-'---] *der; Pl.* **~drucke a)** *o. Pl. (Verfahren)* four-colour printing *no art.;* **b)** *(einzelnes Stück)* four-colour print; **~farb[en]·stift** *der* four-colour pen **~flach** *das;* ~[e]s, ~e, **~flächner** [~flɛçnɐ] *der (Math.)* tetrahedron; **~füßer** [~fyːsɐ] *der;* ~s, ~ *(Zool.)* quadruped; **~füßig** *Adj.* four-footed; **b)** *(Verslehre)* tetrameter; **~füßig sein** be a tetrameter; **~gang·getriebe** *das (Technik)* four-speed gearbox; **~händig** [~hɛndɪç] **1.** *Adj.;* nicht *präd.* **~händiges Klavierspiel**

1587

vierhundert — **Vlies**

üben practise piano duets *or* duets on the piano; **2.** *adv.* ⟨*play*⟩ as a duet; **~händig** *Klavier spielen* play a duet/duets on the piano; **~hundert** *Kardinalz.* four hundred; **~jährig** *Adj. (4 Jahre alt)* four-year-old *attrib.;* four years old *pred.; (4 Jahre dauernd)* four-year *attrib.; s. auch* achtjährig; **~jährlich 1.** *Adj.* four-yearly; *s. auch* achtjährlich; **2.** *adv.* every four years
Vierkant-: ~eisen *das* square iron; **~holz** *das* squared timber; **~schlüssel** *der* square-section key
vier·köpfig *Adj.* four-headed ⟨*monster*⟩; ⟨*family, staff*⟩ of four
Vierling *der;* ~s, ~e quadruplet
vier-, Vier-: ~mal *Adv.* four times; *s. auch* achtmal; **~malig** *Adj.; nicht präd. nach* ~*maliger Aufforderung* at the fourth request; after being asked four times; *s. auch* achtmalig; **~master** *der;* ~s, ~: four-master; **~motorig** *Adj.* four-engined ⟨*aircraft etc.*⟩; **~rad·an·trieb** *der (Kfz-W.)* four-wheel drive; **~räd[e]rig** [-rɛːd(ə)rɪç] *Adj.* four-wheeled; **~schrötig** [~ʃroːtɪç] *Adj.* thickset; **~seitig** *Adj.* a) four-sided ⟨*figure, object, etc.*⟩; four-page *attrib.* ⟨*letter, article, etc.*⟩; b) (*zwischen vier Beteiligten*) quadripartite ⟨*agreement, talks, etc.*⟩; **~sitzer** *der;* ~s, ~: four-seater; **~spänner** [~ʃpɛnɐ] *der;* ~s, ~: four-in-hand; **~spännig 1.** *Adj.* four-horse ⟨*coach, carriage, etc.*⟩; **2.** *adv.* with a team of four horses; **~spurig 1.** *Adj.* four-lane ⟨*road, motorway*⟩; **~spurig sein** have four lanes; **2.** *adv.* **~spurig befahrbar sein** have all four lanes open; *eine Straße* ~*spurig ausbauen* widen a road into four lanes; **~stellig** *Adj.* four-figure *attrib.; s. auch* achtstellig; **~sterne·general** [-'----] *der (Militärjargon)* four-star general; **~sterne·hotel** [-'----] *das* four-star hotel; **~stimmig 1.** *Adj.* four-part ⟨*harmony, song, etc.*⟩; four-voice ⟨*choir, group*⟩; **2.** *adv. etw.* ~*stimmig singen* sing sth. in four voices; **~stöckig** *Adj.* four-storey; *s. auch* achtstöckig; **~stündig** *Adj.; nicht präd.* four-hour *attrib.; s. auch* achtstündig
viert [fiːɐ̯t] *in wir waren zu ~:* there were four of us; *zu ~ verreisen* go away *or* on holiday in a foursome; *s. auch* ²acht
viert... *Ordinalz.* fourth; *s. auch* acht...
vier-, Vier-: ~tägig *Adj.* four-day *attrib.; s. auch* achttägig; **~takter** *der;* ~s, ~ *(Auto)* car with a four-stroke engine; *(Motor)* four-stroke engine; **~takt·motor** *der (Kfz-W.)* four-stroke engine; **~tausend** *Kardinalz.* four thousand
Vierte *der/die; adj. Dekl.* fourth; *s. auch* Achte
vier-: ~teilen *tr. V.* quarter; **~teilig** *Adj.* four-part ⟨*serial, documentary, etc.*⟩; ~*teilig sein* be in four parts
viertel [fɪrtl] *Bruchz.* quarter; *ein* ~ *Pfund/eine* ~ *Million* a quarter of a pound/million
Viertel ['fɪrtl] *das (schweiz. meist der);* ~s, ~ a) quarter; *ein* ~ *Leberwurst* a quarter of liver sausage; *ein* ~ *Wein (ugs.)* a quarter-litre of wine; ~ *vor/nach eins* [a] quarter to/past one; *drei* ~: three-quarters; *um* ~ /*drei* ~ *acht (landsch.)* at [a] quarter past seven/at [a] quarter to eight; b) *(Musik)* ~ *akademisch 1;* b) *(Musik)* crotchet *(Brit.)*; quarter note *(Amer.);* c) *(Stadtteil)* quarter; district
viertel-, Viertel-: ~drehung *die* quarter-turn; **~finale** *das (Sport)* quarter-final; *sich für das* ~*finale qualifizieren* qualify for the quarter-finals; **~jahr** *das* three months *pl.;* **~jährlich 1.** *Adj.* quarterly; **2.** *adv.* quarterly; every three months; **~kreis** *der* quadrant; **~liter** *der* quarter of a litre; **~note** *die (Musik)* crotchet *(Brit.)*; quarter note *(Amer.);* **~pause** *die* crotchet rest *(Brit.)*; quarter rest *(Amer.);* **~pfund** *das* quarter [of a] pound; **~stunde** *die* quarter of an hour; **~stündig** *Adj.; nicht präd.* quarter-of-an-hour; fifteen-minute; **~stündlich 1.** *Adj.; nicht präd.* quarter-hourly; every quarter of an hour *postpos.;* **2.** *adv.* every quarter of an hour; **~ton** *der; Pl.* ~*töne (Musik)* quarter tone
viertens ['fiːɐ̯tn̩s] *Adv.* fourthly; *s. auch* zweitens
Viertonner *der;* ~s, ~: four-tonner
viertürig [-tyːrɪç] *Adj.* four-door *attrib.;* ~ *sein* have four doors
Vierung *die;* ~, ~en *(Archit.)* crossing
Vier·viertel·takt [-'---] *der (Musik)* four-four time
Vierwaldstätter See, (schweiz.:) **Vierwaldstättersee** *der* Lake Lucerne
vier-, Vier-: ~wöchig *Adj.* four-week [-long]; **~zehn** ['fɪr-] *Kardinalz.* fourteen; *s. auch* achtzehn; **~zehnjährig** *Adj. (14 Jahre alt)* fourteen-year-old *attrib.;* fourteen years old *pred.; (14 Jahre dauernd)* fourteen-year *attrib.*
vierzehnt... ['fɪr-] *Ordinalz.* fourteenth; *s. auch* acht...
vier-, Vier- ['fɪr-]**: ~zehn·tägig** *Adj.; nicht präd.* two-week; *unser* ~*zehntägiger Urlaub* our two-week *or* two weeks' *or* fortnight's holiday; **~zehn·täglich 1.** *Adj.; nicht präd.* fortnightly; **2.** *adv.* fortnightly; every two weeks
vierzig ['fɪrtsɪç] *Kardinalz.* forty; *s. auch* achtzig
vierziger ['fɪrtsɪgɐ] *indekl. Adj.; nicht präd. die* ~ *Jahre* the forties; *s. auch* achtziger
¹Vierziger ['fɪrtsɪgɐ] *der;* ~s, ~ a) *(40jähriger)* forty-year-old; b) *(ugs.: Autobus)* number forty; c) *(ugs) (Wein)* '40's vintage
²Vierziger *die;* ~, ~ *(ugs.)* a) *(Briefmarke)* forty-pfennig/-schilling *etc.* stamp; b) *(Zigarre)* forty-pfennig cigar; c) *(Glühbirne)* 40-watt bulb
³Vierziger *Pl.* forties; *s. auch* ³Achtziger
Vierzigerin *die;* ~, ~nen forty-year-old
vierzig·jährig ['fɪrtsɪç-] *Adj. (40 Jahre alt)* forty-year-old *attrib.;* forty years old *pred.; (40 Jahre dauernd)* forty-year *attrib.*
vierzigst... ['fɪrtsɪçst ...] *Ordinalz.* fortieth; *s. auch* acht...
Vierzig·stunden·woche *die* forty-hour week
vier-, Vier-: ~zimmer·wohnung *die* four-room flat *(Brit.)* or *(Amer.)* apartment; **~zylinder** *der (ugs.)* four-cylinder; **~zylinder·motor** *der* four-cylinder engine
Vietnam [viɛ̯t'nam] *(das);* ~s Vietnam
Vietnamese [viɛ̯tna'meːzə] *der;* ~n, ~n, **Vietnamesin,** *die;* ~, ~nen Vietnamese
vietnamesisch 1. *Adj.* Vietnamese. **2.** *adv. wir waren* ~ *essen* we went to a Vietnamese restaurant *or* for a Vietnamese meal; *s. auch* deutsch; Deutsch; ²Deutsche
Vietnamisierung *die;* ~: Vietnamization
Vietnam·krieg *der; o. Pl.* Vietnam war
vif [viːf] *(veralt.)* **1.** *Adj.* lively; brisk. **2.** *adv.* briskly
Vigil [viˈɡiːl] *die;* ~, ~ien *(kath. Kirche)* vigil
Vignette [vɪnˈjɛtə] *die;* ~, ~n vignette
Vikar [viˈkaːɐ̯] *der;* ~s, ~e a) *(kath. Kirche)* locum tenens; b) *(ev. Kirche)* ≈ [trainee] curate
Viktimologie [vɪktimoloˈɡiː] *die;* ~: victimology *no art.*
Viktoria [vɪkˈtoːria] *(die)* Victoria
viktorianisch 1. *Adj.* Victorian. **2.** *adv.* in a Victorian manner
Villa ['vɪla] *die;* ~, Villen villa
Villen·viertel *das* exclusive residential district
Vinaigrette [vinɛˈɡrɛtə] *die;* ~, ~n vinaigrette [dressing]
Viola ['viːola] *die;* ~, Violen *(Musik)* viola
violett [vioˈlɛt] *Adj.* purple; violet
Violett *das;* ~s *od. ugs.* ~s purple; violet; *(im Spektrum)* violet
Violine [vioˈliːnə] *die;* ~, ~n *(Musik)* violin

Violinist *der;* ~en, ~en, **Violinistin,** *die;* ~, ~nen violinist
Violin-: ~konzert *das* violin concerto; **~schlüssel** *der* treble clef
Violon·cello [violɔnˈtʃɛlo] *das* violoncello
Viper ['viːpɐ] *die;* ~, ~n viper; adder
Viren *s.* Virus
Virologie [viroloˈɡiː] *die;* ~: virology *no art.*
virtuell [vɪrˈtu̯ɛl] **1.** *Adj.; nicht präd.* a) potential; b) *(DV, Optik)* virtual ⟨*memory, image*⟩. **2.** *adv.* virtually
virtuos [vɪrˈtu̯oːs] **1.** *Adj.* virtuoso ⟨*performance etc.*⟩. **2.** *adv.* in a virtuoso manner
Virtuose [vɪrˈtu̯oːzə] *der;* ~n, ~n virtuoso
Virtuosität *die;* ~: virtuosity
virulent [viruˈlɛnt] *Adj. (Med., geh.)* virulent
Virus ['viːrʊs] *das;* ~, Viren ['viːrən] virus
Virus·infektion *die* virus infection
Visa *s.* Visum
Visage [viˈzaːʒə] *die;* ~, ~n *(salopp abwertend)* mug *(sl.); (Miene)* expression
vis-à-vis [vizaˈviː] **1.** *Präp. mit Dat.* opposite. **2.** *adv.* opposite; ~ *von etw./jmdm.* opposite sth./sb.
Visavis [vizaˈviː] *das;* ~ [vizaˈviː(s)], ~ [vizaˈviːs] *mein* ~: the person opposite me; *jmdn. zum* ~ *haben* have sb. opposite one
Visen *s.* Visum
Visier [viˈziːɐ̯] *das;* ~s, ~e a) *(am Helm)* visor; *das* ~ *herunterlassen (fig.)* put up one's guard; *mit offenem* ~ *kämpfen (fig.)* fight out in the open; b) *(an der Waffe)* backsight; *jmdn. ins* ~ *nehmen (fig. ugs.)* start to keep close tabs on sb.
visieren *itr. V.* take aim
Vision [viˈzi̯oːn] *die;* ~, ~en vision
visionär [vizi̯oˈnɛːɐ̯] **1.** *Adj.* visionary. **2.** *adv.* in a visionary manner
Visite [viˈziːtə] *die;* ~, ~n a) round; ~ *machen* do one's round; *um 10 Uhr war* ~: at 10 o'clock, the doctor did his round; b) *(veralt.: Besuch)* visit; *zu einer* ~: on a visit
Visiten·karte *die* visiting-card; *diese gepflegten Grünanlagen sind eine gute* ~ *für die Stadt* these well-tended parks and gardens are a good advertisement for the town; *seine* ~ *hinterlassen (fig.)* leave one's visiting-card *(joc.)*
Visit·karte *die (österr.) s.* Visitenkarte
viskos [vɪsˈkoːs], **viskös** [vɪsˈkøːs] *Adj. (Chemie)* viscous
Viskose [vɪsˈkoːzə] *die;* ~ *(Chemie)* viscose
Viskosität *die;* ~ *(Chemie)* viscosity
visuell [viˈzu̯ɛl] *(geh.)* **1.** *Adj.* visual. **2.** *adv.* visually
Visum ['viːzʊm] *das;* ~s, Visa ['viːza] *od.* Visen ['viːzn̩] visa
Visum·zwang *der; o. Pl.* visa requirement
vital [viˈtaːl] **1.** *Adj.* a) *(voller Energie)* vital; energetic; vigorous; ~ *sein* be full of life *or* vigour; b) *(wichtig)* vital. **2.** *adv. (voller Energie)* energetically
Vitalität *die;* ~: vitality
Vitamin [vitaˈmiːn] *das;* ~s, ~e a) vitamin; b) ~ *B (ugs. scherzh.)* connections *pl.; etw. durch* ~ *B kriegen* get sth. through knowing the right people
vitamin-, Vitamin-: ~arm *Adj.* ⟨*food, diet, etc.*⟩ low in vitamins; **~gehalt** *der* vitamin content; **~mangel** *der; o. Pl.* vitamin deficiency; **~reich** *Adj.* rich in vitamins *postpos.;* vitamin-rich; **~stoß** *der* the large dose of vitamins; **~tablette** *die* vitamin tablet *or* pill
Vitrine [viˈtriːnə] *die;* ~, ~n display case; show-case; *(Möbel)* display cabinet
Vivi·sektion [vivi-] *die (bes. Med.)* vivisection
vivi·sezieren *tr. V. (bes. Med.)* vivisect
Vize ['fiːtsə] *der;* ~s, ~s *(ugs.)* number two *(coll.)*
Vize-: ['viːtsə] **~kanzler** *der* vice-chancellor; **~könig** *der* viceroy; **~präsident** *der* vice-president
Vlies [fliːs] *das;* ~es, ~e fleece

V-Mann ['fau-] der; ~[e]s, V-Männer od. V-Leute contact [man]; *(Informant)* informer

Vogel ['fo:gl] der; ~s, Vögel ['fø:gl] **a)** bird; **friß, ~, oder stirb!** *(ugs.)* [you can] like it or lump it! *(coll.)*; **der ~ ist ausgeflogen** *(ugs.)* the bird has flown; [**mit etw.**] **den ~ abschießen** *(ugs.)* take the biscuit [with sth.] *(coll.)*; **einen ~ haben** *(salopp)* be off one's rocker or head *(sl.)*; **jmdm. den ~ zeigen** tap one's forehead at sb. *(as a sign that one thinks he/she is stupid);* **b)** *(salopp, oft scherzh.: Mensch)* character; **ein seltsamer** od. **komischer ~**: an odd bird or character; **c)** *(Fliegerspr.: Flugzeug)* machine

Vogel-: ~**bauer** das od. der birdcage; ~**beer·baum** der rowan[-tree]; mountain ash; ~**beere** die rowan-berry

Vögelchen ['fø:glçən] das; ~s, ~: little or small bird

Vogel-: ~**dreck** der *(ugs.)* bird droppings pl.; ~**ei** das bird's egg

Vögelei die; ~, ~**en** *(derb)* screwing *(coarse)*

vogel-, Vogel-: ~**flug** der flight of the birds; ~**frei** Adj. *(hist.)* outlawed; **jmdn./etw. für ~frei erklären** outlaw sb./sth.; ~**futter** das bird food; ~**häuschen** das bird-house; ~**käfig** der birdcage; ~**kunde** die; o. Pl. ornithology no art.

vögeln ['fø:gln] tr., itr. V. *(derb)* screw *(coarse);* **jmdn./mit jmdm. ~**: screw sb.

Vogel-: ~**nest** das bird's nest; ~**perspektive** die bird's eye view; **Manhattan aus der ~perspektive** a bird's-eye view of Manhattan; ~**scheuche** [~ʃɔyçə] die; ~, ~**n** scarecrow; ~**schutz** der protection of birds; ~**-Strauß-Politik** [-'-----] die; o. Pl. head-in-the-sand-policy; ~**-Strauß-Politik treiben** pursue a policy of burying one's head in the sand; ~**warte** die ornithological institute; ~**zug** der bird migration

Vogesen [vo'ge:zn] Pl. Vosges [Mountains]

Vöglein ['fø:glain] das; ~s, ~: little bird

Vogt [fo:kt] der; ~[e]s, Vögte ['fø:ktə] *(hist.) (eines Gutes, einer Burg usw.)* steward; *(Land~)* governor

Vogtei [fo:k'tai] die; ~, ~**en** *(hist.) s.* Vogt: *(Amt)* stewardship; governorship; *(Sitz)* steward's office; governor's residence

Vokabel [vo'ka:bl] die; ~, ~**n** od. österr. auch das; ~s, ~: word; vocabulary item; ~**n** vocabulary sing.; vocab sing. (Sch. coll.)

Vokabel·heft das vocabulary or *(coll.)* vocab book

Vokabular das; ~s, ~**e** vocabulary

vokal Adj. *(Musik)* vocal

Vokal [vo'ka:l] der; ~s, ~**e** *(Sprachw.)* vowel

Vokalisation die; ~, ~**en** *(Musik)* vocalization

vokalisch *(Sprachw.)* **1.** Adj. vocalic; **mit ~em Anlaut** beginning with a vowel. **2.** adv. ~ **auslauten** end in or with a vowel

Vokalismus der; ~ *(Sprachw.)* vocalism

Vokalist der; ~**en**, ~**en**, **Vokalistin** die; ~, ~**nen** vocalist

Vokal·musik die vocal music

Vokativ ['vo:kati:f] der; ~s, ~**e** *(Sprachw.)* vocative

Volant [vo'lã:] der, *schweiz., österr. meist* das; ~s, ~s **a)** *(an Kleidungsstücken)* flounce; **b)** *(Lenkrad)* steering-wheel

Voliere [vo'liɛ:rə] die; ~, ~**n** aviary

Volk [fɔlk] das; ~[e]s, Völker ['fœlkɐ] **a)** people, *das ~ der Kurden* the Kurdish people; **das irische und das deutsche ~**: the Irish and German peoples; **b)** o. Pl. *(Bevölkerung)* people pl.; *(Nation)* people pl.; nation; **im ~e** among the people; **das ~ befragen** ask the people or nation; **das arbeitende/unwissende ~**: the working people/the ignorant masses pl.; **c)** *(einfache Leute)* people pl.; **ein Mann aus dem ~**: a man of the people; **dem ~ aufs Maul schauen** listen to the way the ordinary man speaks;

d) o. Pl. *(ugs.: Leute)* people pl.; **viel junges ~**: many young people; **sich unters ~ mischen** go among the people; **etw. unters ~ bringen** make sth. [known to the] public; **e)** o. Pl. *(Gruppe)* lot; crowd *(coll.)*; **die Spatzen sind ein freches ~** *(fig.)* sparrows are a cheeky lot; **f)** *(Bienen~)* colony

Völkchen ['fœlkçən] das; ~s, ~: lot; crowd *(coll.)*

völker-, Völker-: ~**ball** der ball game in which two teams try to get the other side's players out by hitting them with a ball; ~**bund** der; o. Pl. League of Nations; ~**familie** die; o. Pl. *(geh.)* family of nations; ~**freundschaft** die; o. Pl. international friendship no art.; ~**kunde** die; o. Pl. ethnology no art.; ~**kundler** [~kʊntlɐ] der; ~s, ~: ethnologist; ~**mord** der genocide; ~**recht** das; o. Pl. international law no art.; ~**rechtlich 1.** Adj.; *nicht präd.* ⟨*issue, problem, etc.*⟩ of international law; ~**rechtliche Verträge** agreements in or under international law; **die ~rechtliche Anerkennung eines Staates** the recognition of a state under international law; **2.** adv. ⟨*settle*⟩ in accordance with international law; ⟨*control, regulate*⟩ by international law; ⟨*recognize*⟩ under international law

Völkerschaft die; ~, ~**en** people; *(Volksstamm)* tribe

völker-, Völker-: ~**verbindend** ⟨*idea, event*⟩ which brings nations together; **der ~verbindende Charakter des Sports** the ability of sport to bring nations together; ~**verständigung** die international understanding; understanding between nations; ~**wanderung** die **a)** *(hist.)* migration of peoples; völkerwanderung; **b)** *(ugs.)* mass migration; *(Zug)* mass progression

völkisch Adj. *(veralt., bes. ns.)* national

volk·reich Adj. heavily populated

volks-, Volks-: ~**ab·stimmung** die plebiscite; ~**armee** die People's Army; ~**armist** [~armɪst] der; ~**en**, ~**en** member of the People's Army; ~**auf·stand** der national uprising; ~**aus·gabe** die *(veralt.)* popular edition; ~**befragung** die *(Politik)* referendum; ~**begehren** das *(Politik)* petition for a referendum; ~**belustigung** die public entertainment; ~**bücherei** die public library; ~**brauch** der popular custom; ~**demokratie** people's democracy; ~**deutsche der/die**; adj. Dekl. ethnic German; ~**dichtung** die *(Literaturw.)* folk literature no indef. art.; **eine ~dichtung** a piece of folk literature; ~**eigen** Adj. *(DDR)* publicly or nationally owned; **~er Betrieb** publicly or nationally owned company; ~**eigentum** das *(DDR)* national[ly owned] property; ~**einkommen** das *(Wirtsch.)* national income; ~**empfinden** das: **das [gesunde] ~empfinden** popular sentiment or opinion; ~**entscheid** der *(Politik)* referendum; ~**etymologie** die *(Sprachw.)* folk or popular etymology; ~**feind** der enemy of the people; ~**fest** das public festival; *(Jahrmarkt)* fair; ~**front** die *(Politik)* popular front; ~**gemeinschaft** die *(bes. ns.)* national community; ~**gemurmel** das *(ugs. scherzh.)* mutterings pl.; ~**genosse** der *(ns.)* national comrade; ~**gerichts·hof** der *(ns.)* People's Court; ~**gesundheit** die public health; ~**glaube[n]** der *(Volksk.)* popular belief; ~**held** der folk hero; ~**hoch·schule** die adult education centre; **ein Kurs an der ~hochschule** an adult education class; ~**initiative** die *(schweiz. Politik)* petition for a referendum; ~**kammer** die *(DDR)* **die ~kammer** the Volkskammer; the People's Chamber; ~**kunde** die folklore; ~**kundler** der; ~s, ~: folklorist; ~**kundlich** Adj. folkloric; ~**kundliche Bücher** books on folklore; ~**kunst** die; o. Pl. folk art; ~**lied** das folk-song; ~**märchen** das

folk-tale; ~**masse** die **a)** die ~**massen** the people; the masses; **b)** *(versammeltes Volk)* crowd [of people]; ~**medizin** die; o. Pl. folk medicine no art.; ~**mund** der; o. Pl. **im ~mund wird das ... genannt** in the vernacular it is called ...; ~**musik** die folk-music; ~**nahrungs·mittel** das staple food; ~**polizei** die; o. Pl. *(DDR)* People's Police; ~**polizist** der *(DDR)* People's Policeman; member of the People's Police; ~**rede** die *(veralt.)* public address or speech; **~ reden halten** *(ugs. abwertend)* make a long speech; **halt keine ~reden!** no speechifying! *(coll.)*; no long speeches!; ~**republik** die People's Republic; **die ~republik China** the People's Republic of China; ~**schicht** die; *meist Pl.* social class; ~**schule** die **a)** *(Bundesrepublik Deutschland und Schweiz veralt.)* school providing basic primary and secondary education; **b)** *(österr.)* primary school; ~**schüler** der, ~**schülerin** die pupil at a 'Volksschule'; ~**schullehrer** der teacher at a 'Volksschule'; ~**seele** die; o. Pl. soul of the people; **die russische ~seele** the soul of the Russian people; ~**seuche** die national epidemic; ~**souveränität** die *(Politik)* sovereignty of the people; ~**sprache** die vernacular [language]; ~**stamm** der tribe; ~**stück** das *(Theater)* folk play; ~**sturm** der; o. Pl. *(ns.)* German territorial army created towards the end of World War II to help defend the fatherland; ~**tanz** der folk-dance; ~**tracht** die traditional costume; *(eines Landes)* national costume; ~**trau·er·tag** der *(Bundesrepublik Deutschland)* national remembrance day; ~**tribun** der *(hist.)* tribune [of the people]

Volkstum das; ~: national character; *(Traditionen)* national customs and traditions

volkstümlich ['fɔlksty:mlɪç] **1.** Adj. popular; **ein ~er Politiker** a politician of the people or with the common touch; **der ~e Name einer Pflanze** the vernacular name of a plant; **~e Preise** popular prices; **eine ~e Einführung** an introduction readily comprehensible to the layman; **sich ~ geben** act the man/woman of the people. **2.** adv. **~ schreiben** write in terms readily comprehensible to the layman

volks-, Volks-: ~**verdummung** die *(ugs. abwertend)* deliberate deception of the public; ~**verhetzung** die incitement of the people; ~**vermögen** das *(Wirtsch.)* national wealth; ~**versammlung** die **a)** public meeting; **b)** *(Parlament)* national assembly; ~**vertreter** der representative of the people; ~**vertretung** die representative body of the people; ~**wahl** die *(DDR Politik)* general election; ~**weise** die folktune; ~**weisheit** die old saying; ~**wirt** der economist; ~**wirtschaft** die national economy; *(Fach)* economics sing., no art.; ~**wirtschaftler** der; ~s, ~: economist; ~**wirtschaftlich 1.** Adj. economic; **2.** adv. economically; ~**wirtschaftslehre** die; o. Pl. economics sing., no art.; ~**wohl** das welfare or well-being of the people; ~**zählung** die [national] census; ~**zorn** der public anger; ~**zugehörigkeit** die ethnic origin

voll [fɔl] **1.** Adj. **a)** full; **der Saal ist ~ Menschen** the room is full of people **ein Korb ~ [roter] Äpfel** a basket full of [red] apples; **~ von** od. **mit etw. sein** be full of sth.; **das Glas ist halb ~**: the glass is half full; **beide Hände ~ haben** have both hands full; **~ [von] Dankbarkeit sein** be full of or filled with gratitude; **~ Güte/Tatkraft sein** be full of goodness/vigour; **den Kopf ~ haben** *(ugs.)* be preoccupied (with with); **der Saal ist brechend/gestopft ~** *(ugs.)* the room is jampacked *(coll.)*; **die Straßen lagen ~ Schnee** *(ugs.)* the streets were deep in snow; **jeder bekam einen Korb ~**: everybody received a

1589

volladen ... **vollwertig**

basketful; **mit ~en Backen kauen** eat with bulging cheeks; **aus dem ~en schöpfen** draw on abundant *or* plentiful resources; **aus dem ~en leben** *od.* **wirtschaften** live off *or* on the fat of the land; **~e Pulle** *od.* **~[es] Rohr** *(salopp)* *〈drive〉* flat out; **das Radio auf ~e Pulle drehen** *(salopp)* turn the radio on full blast *(coll.)*; *s. auch* **Lob; Mund; b)** *(salopp: betrunken)* plastered *(sl.)*; canned *(Brit. sl.)*; **c)** *(üppig)* full 〈figure, face, lip〉; thick 〈hair〉; ample 〈bosom〉; **im Gesicht ~er geworden sein** have filled out *or* be fuller in the face; **d)** *(ganz, vollständig)* full; complete 〈seriousness, success〉; **etw. mit ~em Recht tun** be quite right to do sth.; **einen ~en Tag/Monat warten** wait a full *or* whole day/month; **in ~er Fahrt sein** at full speed; **in ~em Gange sein** be in full swing; **die ~ Wahrheit** the full *or* whole truth; **mit dem ~en Namen unterschreiben** sign one's full name *or* one's name in full; **das Dutzend ist ~:** it's a round dozen; **~es/~stes Verständnis für jmdn. haben** have full/the fullest understanding for sb.; **~e Gewißheit über etw.** *(Akk.)* **haben** be completely certain about sth.; **der Mond ist ~:** the moon is full; **jmdn. nicht für ~ nehmen** not take sb. seriously; **in die ~en gehen** *(ugs.)* go all out; *s. auch* **Brust; Hals; Kehle; e)** *(kräftig)* full, rich 〈taste, aroma〉; rich 〈voice〉; **f)** *(ugs.: bei Uhrzeitangaben)* **die Uhr schlug ~:** the clock struck the hour; **fünf nach ~:** five past the hour. **2.** *adv.* **a)** *(völlig, ganz)* fully; **~ und ganz** completely; etw. **~ auslasten** make full use of sth.; **~ verantwortlich für etw. sein** be wholly responsible *or* bear full responsibility for sth.; **~ arbeiten** *(ugs.)* work full-time; **er ist mir ~ in die Seite gefahren** *(salopp)* he drove straight into my side; **b)** *(kräftig)* richly; **~ klingen** have a full, rich sound; *s. auch* **voller**
volladen *unr. tr. V.*, *trennbar* load up completely; **vollgeladen** fully laden
Voll·akademiker der university graduate
voll·auf *[od. '--] Adv.* completely; fully; **~ genügen/reichen** be quite enough
vollaufen *unr. itr. V.*, *trennbar* fill up; **etw. ~ lassen** fill sth. [up]; **sich ~ lassen** *(salopp)* get completely paralytic *or* canned *(Brit. sl.)*
voll-, Voll-: **~automatisch 1.** *Adj.* fully automatic; **2.** *adv.* fully automatically; **~bad** das bath; **~bart** der full beard; **~bärtig** *Adj.* 〈man〉 with a full beard; **~beschäftigung** die; *o. Pl. (Wirtsch.)* full employment *no art.*; **~besitz** der: **im ~besitz seiner geistigen|körperlichen| Kräfte sein** be in full possession of one's [mental and physical] faculties; **~bild** das *(Med.)* complete picture; **~blut** das **a)** thoroughbred; **b)** *(Med.)* whole blood; **~blut-:** true; **er ist ein ~blutpolitiker/-schauspieler** he is a true politician/actor *or* a politician/actor through and through; **~blüter** *[~bly:tɐ]* der; **~s, ~:** thoroughbred; **~blütig** *Adj.* thoroughbred 〈horse〉; *(fig.)* full-blooded 〈person〉; **~bremsung** die: **eine ~bremsung machen** put the brakes full on; **~bringen** *[-'--] unr. tr. V. (geh.)* accomplish; achieve; **es ist vollbracht** *(bibl.)* it is finished; **~busig** *[~buːzɪç]* full-bosomed; buxom; **~dampf** der; *o. Pl. (Seemannsspr.)* full steam; **mit ~dampf** at full steam *or* speed; *(fig. ugs.)* flat out
Völle·gefühl *['fœlə]* das; *o. Pl.* feeling of fullness
voll·enden 1. *tr. V.* complete; finish; **mit vollendetem** *od.* **dem vollendeten 16. Lebensjahr** on reaching the age of 16 *or* completing one's sixteenth year; **vollendeter Mord/Landesverrat** consummated murder/ treason; **sein Leben ~** *(fig. geh. verhüll.)* pass away; depart this life; *s. auch* **vollendet. 2.** *refl. V. (geh.)* 〈seinen Abschluß finden〉 〈process, transformation, etc.〉 reach its conclusion; *(vollkommen werden)* reach [its] completion

vollendet 1. *Adj.* accomplished 〈performance〉; perfect 〈gentleman, host, manners, reproduction〉; **vollendete Gegenwart/Vergangenheit/Zukunft** *(Sprachw.)* perfect/ pluperfect/future perfect; *s. auch* **Tatsache. 2.** *adv.* 〈play〉 in an accomplished manner; **~ schön sein** be perfectly beautiful
vollends *['fɔlɛnts]* *Adv.* completely; **~ für Behinderte ist das unzumutbar** for disabled people in particular *or* especially it is unreasonable
Voll·endung die **a)** completion; **kurz vor der ~ stehen** be nearing completion; **mit/nach ~ des 65. Lebensjahres** on reaching the age of 65 *or* completing one's sixty-fifth year; **b)** *(geh.: Krönung)* culmination; **c)** *o. Pl. (Vollkommenheit)* perfection
voller *indekl. Adj.* full of; *(erfüllt von)* full of; filled with; **sein Anzug war ~ Flecken** his suit was covered with stains; **ein Leben ~ Arbeit** a life full of *or* filled with work; **~ Widersprüche sein** be full of contradictions
Völlerei *[fœlə'rai]* die; **~, ~en** *(abwertend)* gluttony *no Pl.*, *no art.*
volley *['vɔli]* *Adv.* *(bes. Fußball, Tennis)* on the volley
Volley·ball der volleyball
voll-, Voll-: **~fett** *Adj.* full-fat; **~fressen** *unr. refl. V.* 〈animal〉 eat its fill; *(derb: sich satt essen)* 〈person〉 stuff oneself *or* one's face *(sl.)*; **~gefressen sein** *(derb)* 〈person〉 be stuffed *(sl.)*; **~führen** *[-'--] tr. V.* perform, execute 〈somersault, movement〉; perform 〈dance, deed〉; **~füllen** *tr. V.* fill up; **~gas** das; *o. Pl.* **~gas geben** put one's foot down; **~gas fahren** drive flat out; **mit ~gas** at full throttle; **~gießen** *unr. tr. V.* **a)** 〈füllen〉 fill [up]; **b)** *(ugs.: begießen)*; **den Teppich/sich** *(Dat.)* **die Hose mit Rotwein** usw. **~:** spill red wine *etc.* all over the carpet/one's trousers; **~gummi·reifen** der solid rubber tyre; **~idiot** der *(salopp abwertend)* complete idiot *(coll.)*
völlig *['fœlɪç]* **1.** *Adj.; nicht präd.* complete; total. **2.** *adv.* completely; totally; **du hast ~ recht** you are absolutely right; **das ist ~ unmöglich** that is absolutely impossible; **mit etw. ~ einverstanden sein** be in complete agreement with sth.
voll-, Voll-: **~inhaltlich 1.** *Adj.; nicht präd.* complete; full; **2.** *adv.* fully; **~jährig** *Adj.* of age *pred.*; **~jährig werden** come of age; attain one's majority; **sie hat zwei ~jährige Kinder** she has two children who are of age; **~jährigkeit** die; *o. Pl.* majority *no art.*; **~jurist** der [fully-]qualified lawyer *(who has attained the qualifications necessary to become a judge)*; **~kasko·versicherung** die fully comprehensive insurance; **~klimatisiert** *Adj.* fully air-conditioned
voll·kommen 1. *Adj.* **a)** *[-'-- od. '---]* *(vollendet)* perfect; **b)** *['---]* *(vollständig)* complete; total. **2.** *[---] adv.* completely; totally
Vollkommenheit die; **~:** perfection
voll-, Voll-: **~korn·brot** das wholemeal *(Brit.)* *or (Amer.)* wholewheat bread; **~laden** *s.* **volladen; ~laufen** *s.* **vollaufen; ~machen** **1.** *tr. V.* **a)** *(ugs.: füllen)* fill up; **um das Maß ~zumachen** *(fig.)* to crown *or* cap it all; **b)** *(ugs.: beschmutzen)* etw. **~machen** get *or* make sth. dirty; **[sich** *(Dat.)***] die Hosen/Windeln ~machen** mess one's pants/ nappy; **c)** *(vollständig machen)* complete; **das Dutzend ~machen** make up a round dozen; **~macht die; ~, ~en a)** authority; **jmdm. [die] ~macht geben/erteilen** give/ grant sb. power of attorney; **seine ~macht[en] überschreiten** exceed one's authority; **in ~macht** per procurationem; **b)** *(Urkunde)* power of attorney; **~mast** *Adv. (Seemannsspr.)* full mast; **auf ~mast** at full mast; **~mast flaggen** hoist a flag/flags to

full mast; **~matrose** der able-bodied seaman; **~milch** die full-cream milk; **~milch·schokolade** die full-cream milk chocolate; **~mond** der; *o. Pl.* full moon; **es ist/wir haben heute ~mond** there is a full moon tonight; **bei ~mond** at full moon; **~mond·gesicht** das *(ugs.)* moon face; **~mundig 1.** *Adj.* *(voll im Geschmack)* full-bodied 〈wine, flavour, etc.〉; **b)** *(abwertend: wichtigtuerisch)* pompous; **2.** *adv. (abwertend: wichtigtuerisch)* pompously; **~narkose** die *(Med.)* general anaesthetic; **unter ~narkose** under a general anaesthetic; **~packen** *tr. V.* pack full; **~pension** die; *meist o. Art.*; *o. Pl.* full board *no art.*; **~pfropfen** *tr. V. (auch fig.)* cram full; **mit etw. ~gepfropft sein** be crammed full of sth.; **~pumpen** *tr. V.* pump up 〈tyre〉; fill up 〈reservoir〉; **sich** *(Dat.)* **mit Tabletten/Drogen ~pumpen** *(fig. ugs.)* pump oneself full of tablets/drugs; **~qualmen** *tr. V. (ugs.)* fill with smoke; **~rausch** der: **sich** *(Dat.)* **einen ~rausch antrinken** get completely drunk; **etw. im ~rausch tun** do sth. while completely drunk; **~reif** *Adj.* fully ripe; **~saufen** *unr. refl. V. (ugs.)* get completely plastered *(sl.)*; **~saugen** *regelm. (auch unr.) refl. V.* 〈leech〉 suck itself full *(mit of)*; 〈sponge〉 become saturated *(mit with)*; **~schlagen 1.** *unr. itr. V.*; *mit sein (Seemannsspr.)* become swamped; **2.** *unr. tr. V. (salopp)* **sich** *(Dat.)* **den Bauch |mit etw.|** **~schlagen** stuff oneself *or* one's face *(with sth.) (sl.)*; **~schlank** *Adj.* with a fuller figure *postpos.*, *not pred.*; **ein Modell für ~schlanke Damen** a model for the fuller figure; **~schlank sein** have a fuller figure; **~schmieren** *(ugs.)* **a)** *(beschmutzen)* smear; **sich** *(Dat.)* **das ganze Gesicht mit etw. ~schmieren** get *or* smear sth. all over one's face; **b)** *(abwertend: ~schreiben, ~malen)* scrawl/draw all over 〈wall etc.〉; fill 〈exercise book etc.〉 with scrawl; **die Mauern mit Parolen ~schmieren** scrawl *or* daub slogans all over the walls; **~schreiben** *unr. tr. V.* fill [with writing]; **~sperrung die** *(Verkehrsw.)* complete closure; **~spritzen** *tr. V.* **jmdn./etw. ~spritzen** splash water *etc.* all over sb./sth.; *(mit Schlauch usw.)* spray water *etc.* all over sb./sth.; **jmdn./etw. mit etw. ~spritzen** splash sth. all over sb./sth.; *(mit Schlauch usw.)* spray sth. all over sb./ sth.; **~ständig 1.** *Adj.* complete; full 〈text, address, etc.〉; **nicht ~ständig** incomplete; **2.** *adv.* completely; **~:** 〈list〉 in full; **~ständigkeit** die; **~:** completeness; **der ~ständigkeit halber** for the sake of completeness; **~stopfen 1.** *tr. V. (ugs.)* stuff *or* cram full; **jmdn. mit Fakten ~stopfen** *(fig.)* pump sb. full of facts; **2.** *refl. V. (ugs.)* stuff oneself *or* one's face *(sl.)*; **~streckbar** *[-'--] Adj. (Rechtsspr.)* enforceable; implementable 〈sentence〉; **~strecken** *[-'--] tr. V.* enforce 〈penalty, fine, law〉; carry out 〈sentence〉 **(an + Dat. on)**; **die ~streckende Gewalt** the executive [power]; **ein Testament ~strecken** execute a will; **~strecker** *[-'--]* der; **~s, ~** *(des Gesetzes)* enforcer; *(eines Testaments)* executor; **~streckung** *[-'--]* die; **~, ~en** *s.* **vollstrecken:** enforcement; carrying out; execution
Vollstreckungs·befehl der *(Rechtsw.)* enforcement order; writ of execution
voll-, Voll-: **~tanken** *tr. V. (auch itr.) V.* fill up; **bitte ~tanken** fill it up, please; **~tönend 1.** *Adj.* sonorous; **2.** *adv.* sonorously; **~treffer** der direct hit; **ein ~treffer sein** *(fig.)* hit the bull's eye; **~trunken** *Adj.* completely *or* blind drunk; **in ~trunkenem Zustand** in a state of total inebriation; **~trunkenheit** die total inebriation *or* intoxication; **~verb** das *(Sprachw.)* full verb; **~versammlung** die general meeting; **~waise** die orphan; **~wertig** *Adj.* full 〈job, member〉; [fully] adequate 〈replace-

vollzählig

ment, substitute, nourishment, diet⟩; **~zählig** [~ˈtsɛːlɪç] *Adj.* complete; **wir bitten um ~zähliges Erscheinen** we request everyone to attend; **sie waren ~zählig erschienen** they had turned out in full strength; **als wir ~zählig [versammelt] waren** when everyone was present
voll·ziehen 1. *unr. tr. V.* carry out ⟨*instruction, action, will*⟩; carry out ⟨*sentence*⟩ (an + *Dat.* on); execute, carry out ⟨*order*⟩; perform ⟨*sacrifice, ceremony, sexual intercourse*⟩; **die Ehe ~:** consummate the marriage; **die ~de Gewalt** the executive [power]; 2. *unr. refl.* take place; **in ihm hatte sich eine Wandlung ~zogen** a change had come over him *or* taken place in him
Voll·zug der s. **vollziehen 1:** carrying out; execution; performance; consummation
Vollzugs-: **~anstalt die** penal institution; **~beamte der** [prison] warder; **~meldung die** report that an instruction has been carried out
Volontär [vɔlɔnˈtɛːɐ̯] **der**; **~s,** **~e** trainee (*receiving a low salary in return for training*)
Volontariat [vɔlɔntaˈri̯aːt] **das**; **~[e]s,** **~e** **a)** (*Zeit*) period of training; **b)** (*Stelle*) traineeship; s. auch **Volontär**
Volontärin die; **~,** **~nen** s. **Volontär**
volontieren *itr. V.* work as a trainee (**bei** with); s. auch **Volontär**
Volt [vɔlt] **das;** **~** od. **-[e]s,** **~:** (*Physik, Elektrot.*) volt
Volte [ˈvɔltə] **die;** **~,** **~n a)** (*beim Kartenspiel*) sleight of hand; **die** od. **eine ~ schlagen** (*fig.*) do a volte-face *or* an about-turn; **b)** (*Reiten, Fechten*) volte
voltigieren [vɔltiˈʒiːrən] *itr. V.* perform acrobatics on horseback
Volt·meter das; **~s,** **~** (*Elektrot.*) voltmeter
Volumen [voˈluːmən] **das;** **~s,** **~:** volume
Volumen-: **~gewicht das** s. **Volumgewicht;** **~prozent das** s. **Volumprozent**
Volum·gewicht das weight per [unit] volume
voluminös [volumiˈnøːs] *Adj.* voluminous; bulky ⟨*tome*⟩
Volum·prozent das per cent by volume
vom [fɔm] *Präp. + Art.* **a)** = **von dem; b)** (*räumlich*) from the; **links/rechts ~ Eingang** to the left/right of the entrance; **~ Stuhl aufspringen** jump up out of one's chair; **c)** (*zeitlich*) **~ Morgen bis zum Abend** from morning till night; **~ ersten Januar an** [as] from the first of January; **d)** (*zur Angabe der Ursache*) **das kommt ~ Rauchen/Alkohol** that comes from smoking/drinking alcohol; **müde ~ Arbeiten/wund ~ Liegen** tired from working/sore from lying; **jmdn. ~ Sehen kennen** know sb. by sight
Vom·hundert·satz der percentage
von [fɔn] *Präp. mit Dat.* **a)** (*räumlich*) from; **nördlich/südlich ~ Mannheim** to the north/south of Mannheim; **rechts/links ~ mir** on my right/left; **~ hier an** (*ugs.*) **ab** from here on[ward]; **~ Mannheim aus** from Mannheim; **the ~,** **etw.** **[ab]wischen/[ab]brechen/[ab]reißen** wipe/break/tear sth. off sth.; s. auch **aus 2 c; her a;** ¹**vorn;** **b)** (*zeitlich*) from; **~ jetzt an** od. (*ugs.*) **ab** from now on; **~ heute/morgen an** [as] from today/tomorrow; starting today/tomorrow; **~ Kindheit an** from *or* since childhood; **in der Nacht ~ Freitag auf** od. **zu Samstag** during Friday night *or* the night of Friday to Saturday; **das Brot ist ~ gestern** it's yesterday's bread; s. auch **her b; klein 1 b;** ¹**Mal; c)** (*anstelle eines Genitivs*) of; **ein Stück ~ dem Kuchen** a slice of the cake; **acht ~ hundert/zehn** eight out of a hundred/ten; **ein Teufel ~ einem Vorgesetzten** a devil of a boss (*coll.*); **die Stimme ~ Caruso** (*ugs.*) Caruso's voice; **d)** (*zur Angabe des Urhebers, der Ursache, beim Passiv*) by; **der Roman ist ~ Fontane** the novel is by Fontane; **müde ~ der Arbeit sein** be tired from work[ing]; **etw. ~**

seinem Taschengeld kaufen buy sth. with one's pocket-money; **sie hat ein Kind ~ ihm** she has a child by him; s. auch **wegen 2;** **e)** (*zur Angabe von Eigenschaften*) of; **eine Fahrt ~ drei Stunden** a three-hour drive; **Kinder [im Alter] ~ vier Jahren** children aged four; **~ bester Qualität** of the best quality; **ein Mann/eine Frau ~ Charakter;** a man/woman of character; **~ größter Bedeutung/Wichtigkeit sein** be of the utmost importance; **f)** (*bestehend aus*) of; **ein Ring ~ Gold** a ring of gold; **g)** (*als Adelsprädikat*) von; **Alexander ~ Humboldt** Alexander von Humboldt; **mit einer ~ verheiratet sein** (*ugs.*) be married to a woman with a title; **h)** (*in bezug auf*) **er ist ~ Beruf Lehrer** he is a teacher by profession; **klein ~ Statur sein** be small in stature; s. auch **her c; i)** (*über*) about; **~ diesen Dingen spricht man besser nicht** it's better not to speak of such things s. auch **Haus g; davon; wovon**
von·einander *Adv.* from each other *or* one another; **sich ~ trennen** separate *or* part from each other; **sie sind ~ enttäuscht** they are disappointed in each other *or* in one another; **sie halten viel ~:** they think highly of each other
vonnöten [fɔnˈnøːtn̩] *Adj.* **in ~ sein** be necessary
vonstatten [fɔnˈʃtatn̩] *Adv.* **in ~ gehen** proceed; **der Umzug kann am 15. Juni ~ gehen** the removal can go ahead on 15 June
¹**Vopo** [ˈfoːpo] **der;** **~s,** **~s** (*ugs.*) s. **Volkspolizist**
²**Vopo die;** **~** (*ugs.*) s. **Volkspolizei**
vor [foːɐ̯] 1. *Präp. mit Dat.* **a)** (*räumlich*) in front of; **~ dem Haus warten** wait of; in front of; (*nicht ganz so weit wie*) before; (*außerhalb*) outside; **~ einem Hintergrund von ...:** against a background of; **zwei Schritte ~ jmdm. gehen** walk two paces ahead of *or* in front of sb.; **kurz/200 m ~ der Abzweigung** just/200 m. before the turn-off; **~ der Stadt/den Toren der Stadt** outside the town/the gates of the town; **etw. ~ sich haben** (*fig.*) have sth. before one; **das liegt noch ~ mir** (*fig.*) I still have that to come *or* have that ahead of me; **b)** (*zeitlich*) before; **~ Christus** before Christ; B C; **es ist fünf [Minuten] ~ sieben** it is five [minutes] to seven; **c)** (*bei Reihenfolge, Rangordnung*) before; **knapp ~ jmdm. siegen** win just ahead *or* in front of sb.; **d)** (*in Gegenwart von*) before; in front of; **etw. ~ Zeugen erklären** state sth. before *or* in the presence of witnesses; **sie tanzte ~ ausverkauftem Haus** she danced before *or* to a full house; **e)** *o. Art.* (*auf Grund von*) with; **~ Freude strahlen** beam with joy; **~ Kälte zittern** shiver with cold; **~ Hunger/Durst umkommen** die of hunger/thirst; **~ Arbeit/Schulden nicht mehr aus und ein wissen** not know which way to turn for work/debts; **f)** **~ fünf Minuten/10 Jahren/Wochen** usw. five minutes/ten years/weeks ago; **heute/gestern/morgen ~ einer Woche** a week today/yesterday/tomorrow. 2. *Präp. mit Akk.* in front of; **keinen Schritt ~ die Tür tun** od. **setzen** not set foot outside the door; **er fuhr bis ~ die Haustür** he drove right up to the front door; **~ sich hin** to oneself; **still ~ sich hin arbeiten** work away quietly; s. auch **davor; wovor.** 3. *Adv.* (*voran*) forward; **Freiwillige ~!** volunteers to the front!; **~ und zurück** backwards and forwards
vor·ab *Adv.* beforehand
Vorab·druck der; *Pl.* **Vorabdrucke a)** *o. Pl.* preprinting; **b)** (*gedruckter Text*) preprint
Vor·abend der the evening before; (*fig.*) eve; **das war am ~:** that was the evening before
Vor·ahnung die premonition; presentiment; **dunkle/schlimme ~en** dark forebodings
vor·an [foˈran] 1. *Adv.* (*vorwärts*) forward[s]. 2. *Präp. mit Dat., nachgestellt* ahead; first;

vorausschicken

dem Festzug ~: at the head of the parade; **allem ~:** first and foremost
voran-: **~bringen** *unr. tr. V.* make progress with ⟨*work, project, etc.*⟩; **die Sache des Friedens ~bringen** advance *or* further the cause of peace; **jmdn./etw. ein gutes Stück ~bringen** bring sb./sth. a good step further; **~gehen** *unr. itr. V.*; *mit sein* **a)** go first *or* ahead; **jmdm. ~gehen** go ahead of sb.; **[jmdm.] mit gutem Beispiel ~gehen** (*fig.*) set [sb.] a good example; **b)** (*Fortschritte machen*) make progress; **rasch/nur schleppend ~gehen** make rapid/only slow progress; **es geht mit der Arbeit/dem Schreiben nicht [so recht] ~:** the work/writing is not making [much] progress; **c)** s. **vorausgehen b;** **~kommen** *unr. itr. V.; mit sein* **a)** make headway; **gut ~kommen** make good headway *or* progress; **b)** (*Fortschritte machen*) make progress; **die Arbeit kommt nicht gut ~:** the work is making good progress *or* coming along well/not making any progress; **beruflich ~kommen** get on in one's job
Vor·ankündigung die advance announcement; **ohne ~:** without any advance *or* prior notice
Vor·anmeldung die booking; (*für einen Kursus*) registration
voran-: **~schreiten** *unr. itr. V.*; *mit sein* (*geh.*) **a)** lead the way; **b)** (*fortschreiten*) progress; advance; **~stellen** *tr. V.* place *or* put first; **dem Buch ist eine Einleitung ~gestellt** the book starts *or* begins with an introduction; **~treiben** *unr. tr. V.* push ahead
Vor·anzeige die advance announcement
Vor·arbeit die preliminary work *no pl.*
vor·arbeiten 1. *itr. V.* put in some hours in advance; **einen Tag/zwei Tage ~:** work a day/two days in advance. 2. *refl. V.* work one's way forward; **sich auf den zweiten Platz ~:** work one's way up to second place
Vor·arbeiter der foreman
vor·aus 1. [ˈ-ˈ-] *Präp. mit Dat., nachgestellt* in front; **jmdm. weit ~ sein** be a long way in front *or* far ahead of sb.; **jmdm./seiner Zeit ~ sein** (*fig.*) be ahead of sb./one's time. 2. *Adv.* **a) im ~** [ˈ--] in advance; **b)** (*Seemannsspr.*) ahead; **Volldampf ~!** full steam ahead!
voraus-, Voraus-: **~ahnen** *tr. V.* have a presentiment of; **~ahnen, daß ...:** have a presentiment that ...; **~berechnen** *tr. V.* (*auch fig.*) calculate in advance; **~bestimmen** *tr. V.* determine in advance; **~eilen** *itr. V.; mit sein* hurry on ahead; **jmdm. ~eilen** hurry on ahead of sb.; **~fahren** *unr. itr. V.; mit sein:* s. **vorfahren c;** **~gehen** *unr. itr. V.* **a)** go [on] ahead; **ihm geht der Ruf ~, sehr streng zu sein** (*fig.*) he has the reputation of being very strict; **b)** (*zeitlich*) **einem Ereignis ~gehen** precede an event; **dem Entschluß gingen lange Überlegungen ~:** the decision was preceded by *or* followed long deliberations; **~gegangene Mißerfolge** previous failures; **wie im ~gehenden bereits dargestellt worden ist** as has already been shown above; **~haben** *unr. tr. V.* **jmdm./einer Sache etw. ~haben** have the advantage of sth. over sb./sth.; **er hat ihm [an diplomatischem Geschick] viel/nichts ~:** he has a great/no advantage over him [with regard to diplomatic skill]; **~laufen** *unr. itr. V.; mit sein* run on ahead *or* in front; **~planen** 1. *itr. V.* plan ahead; 2. *tr. V.* plan sth. in advance; **~sage die** s. **Vorhersage;** **~sagen** *tr. V.* predict; **jmdm. die Zukunft ~sagen** foretell *or* predict sb.'s future; **~schauen** *itr. V.* look ahead; **~schauende Planung/Politik** foresighted planning/policy; **~schicken** *tr. V.* **a)** send [on] ahead; **b)** (*einleitend sagen*) say first; **ich muß folgendes ~schicken** I must start *or* begin by

1591

voraussehbar

saying the following; ~**sehbar** *Adj.* foreseeable; ~|**sehen** *unr. tr. V.* foresee; **das war [doch] ~zusehen/ließ sich nicht ~sehen** that was foreseeable/unforeseeable; ~|**setzen** *tr. V.* **a)** *(als gegeben ansehen)* assume; **etw. als bekannt ~setzen** assume sth. is known; **er setzte stillschweigend/als selbstverständlich ~, daß ...**: he took it for granted that ...; **Ihr Einverständnis ~setzend** assuming *or* provided that you agree; **~gesetzt, [daß] ...**: provided [that] ...; **b)** *(erfordern)* require ⟨*skill, experience, etc.*⟩; presuppose ⟨*good organization, planning, etc.*⟩; ~**setzung** *die* ~, ~**en a)** *(Annahme)* assumption; *(Prämisse)* premiss; **b)** *(Vorbedingung)* prerequisite; **unter der ~setzung, daß ...**: on condition *or* on the pre-condition that ...; **etw. zur ~setzung haben/machen** have sth. as/make sth. a pre-condition *or* prerequisite; **er hat die besten ~setzungen für den Job** he has the best qualifications for the job; ~**sicht** *die* foresight; **aller ~sicht nach** in all probability; **in weiser ~sicht** *(scherzh.)* with great foresight; ~**sichtlich 1.** *Adj.*; *nicht präd.* anticipated; expected; **2.** *adv.* probably; **der Abflug wird sich ~sichtlich verzögern** the departure is expected to be delayed; ~**zahlung** *die* advance payment
Vor·bau *der*; *Pl.* ~**ten a)** porch; **b)** *o. Pl. (salopp scherzh.: Busen)* [well-developed] bust
vor|bauen *itr. V.* make provision; **der kluge Mann baut vor** *(Spr.)* a wise man makes provision for the future; **um vorzubauen, habe ich gleich gesagt, daß ...**: to avoid any problems, I said straight away that ...
Vor·bedacht *der* **in mit** *od. (seltener)* **aus ~**: intentionally; deliberately
Vor·bedingung *die* [pre-]condition; **~en stellen** set pre-conditions
Vorbehalt ['fo:ɐ̯bəhalt] *der*; ~**[e]s**, ~**e** reservation; **etw. nur unter ~ tun** do sth. only with reservations; **unter dem ~, daß ...**: with the reservation that ...; **ohne ~**: unreservedly; without reservation
vor|behalten *unr. tr. V.* reserve; **sich** *(Dat.)* **etw. ~**: reserve oneself sth.; reserve sth. [for oneself]; **sich** *(Dat.)* **das Recht ~, etw. zu tun** reserve the right to do sth.; **"alle Rechte ~"** 'subject to alterations'; **jmdm. sein/bleiben** *(decision)* be left [up] to sb.; ⟨*discovery, revision work, etc.*⟩ be left to sb.; **die ersten Sitzreihen waren den Ehrengästen ~**: the first rows of seats were reserved for the guests of honour
vorbehaltlich *Präp. mit Gen. (Papierdt.)* subject to
vorbehalt·los 1. *Adj.* unreserved; unconditional. **2.** *adv.* unreservedly; without reservation[s]
vor·bei-: ~|**bringen** *unr. tr. V. (ugs.)* drop off; drop round by; **kannst du mir das Buch heute abend ~bringen?** can you drop the book off at my place this evening?; ~|**dürfen** *unr. itr. V. (ugs.)* be allowed past *or* by; **an jmdm./etw. ~dürfen** be allowed past *or* by sb./sth.; **darf/dürfte ich mal bitte ~?** can/could I come *or* get past *or* by, please?; ~|**fahren 1.** *unr. itr. V. (ugs.; mit sein* **a)** drive/ride past; **an jmdm. ~fahren** drive/ride past *or* pass sb.; **b)** *(ugs.: einen kurzen Besuch machen)* **bei jmdm./der Post] ~fahren** drop in *(coll.)* [at sb.'s/at the post office]; **2.** *tr. V. (ugs.)* **kannst du mich schnell beim Bahnhof ~fahren?** can you just run me to the station?; *(absetzen)* can you just drop me off at the station?; ~|**führen**

1592

itr. V. ⟨*path, road, etc.*⟩ go *or* run past; **an etw.** *(Dat.)* **~führen** go *or* run past sth.; **daran führt kein Weg ~** *(fig.)* there's no getting around it; ~|**gehen** *unr. itr. V.; mit sein* **a)** pass; go past; **an jmdm./etw. ~gehen** pass *or* go past sb./sth.; **der Schuß/Schlag ist [am Ziel] ~gegangen** the shot/blow missed [its mark *or* target]; **an der Wirklichkeit ~gehen** *(fig.)* miss the truth; **im Vorbeigehen** *(auch fig.)* in passing; **b)** *(ugs.: einen kurzen Besuch machen)* **[bei jmdm./der Post] ~gehen** drop in *(coll.)* [at sb.'s/at the post office]; **c)** *(vergehen)* pass; **keine Gelegenheit ~gehen lassen** not let an *or* no opportunity slip *or* pass; **d)** *(Sport)* **an jmdm. ~gehen** pass *or* go past *or* overtake sb.; ~|**kommen** *unr. itr. V.; mit sein* **a)** pass; **an etw.** *(Dat.)* **~kommen** pass sth.; **b)** *(ugs.: einen kurzen Besuch machen)* drop in *(coll.)* [at sb.'s]; **c)** *(vorbeigehen, -fahren können)* get past *or* by; **daran kommt man nicht ~** *(fig.)* there's no getting around *or* away from that; ~|**können** *unr. itr. V. (ugs.)* be able to get past *or* by; ~|**lassen** *unr. tr. V. (ugs.)* let past *or* by; **jmdn. an etw.** *(Dat.)* **~lassen** let sb. past *or* by sth.; ~|**marschieren** *itr. V.; mit sein* march past; **an jmdm./etw. ~marschieren** march past sb./sth.; ~|**müssen** *unr. itr. V. (ugs.)* have to pass *or* go past; **an jmdm./etw. ~müssen** have to pass *or* go past sb./sth.; ~|**planen** *itr. V.* **an etw.** *(Dat.)* **~planen** plan without regard to sth.; ~|**reden** *itr. V.* **an etw.** *(Dat.)* **~reden** talk round sth. without getting to the point; **am Wesentlichen ~reden** miss the essential point; **aneinander ~reden** talk at cross purposes; ~|**schießen 1.** *unr. itr. V.* **a)** *(danebenschießen)* miss; **[am Ziel] ~schießen** miss [the target]; **b)** *mit sein (vorbeifahren, -fliegen)* ⟨*car etc.*⟩ shoot past; **an jmdm./etw. ~schießen** shoot past sb./sth.; **2.** *unr. tr. V.* **den Ball am Tor ~schießen** shoot wide of the goal; ~|**ziehen** *unr. itr. V.; mit sein* pass by; *(überholen)* pass; overtake; **an jmdm./etw. ~ziehen** pass by sb./sth.; *(jmdn./etw. überholen)* pass *or* go past *or* overtake sb.
vor·belastet *Adj.* handicapped (**durch** by); **erblich ~ sein** have an inherited defect
Vor·bemerkung *die* preliminary remark
vor|bereiten *tr. V.* **a)** prepare; **jmdn./sich auf** *od.* **für etw. ~**: prepare sb./oneself for sth.; **sich [in Latein] nicht vorbereitet haben** not be prepared [in Latin]; **auf diese Reaktion war ich nicht vorbereitet!** I was unprepared for that reaction!; **b)** *(die Vorarbeiten machen für)* prepare for; **ein Fest/eine Reise ~**: prepare for *or* make preparations for a party/trip
Vor·bereitung *die*; ~, ~**en** preparation; **~en [für** *od.* **zu etw.] treffen** make preparations for sth.; **in ~ sein** be in preparation
Vor·besitzer *der* previous owner
Vor·besprechung *die* **a)** preliminary discussion[s *pl.*]; **b)** *(Rezension)* advance review
vor|bestellen *tr. V.* order in advance
Vor·bestellung *die* advance order
vor·bestimmt *Adj.* predestined
vor·bestraft *Adj. (Amtsspr.)* with a previous conviction/previous convictions *postpos., not pred.*; **[zweimal/mehrfach] ~ sein** have [two/several] previous convictions
Vor·bestrafte *der/die; adj. Dekl.* person with a previous conviction/previous convictions
vor|beten 1. *itr. V.* lead the prayer/prayers. **2.** *tr. V.* **a)** **jmdm. das Vaterunser** *usw.* **~**: say the Lord's Prayer etc. [aloud] to sb.; **b)** *(ugs.: ouch) auf* ⟨*list, text, explanation, etc.*⟩ reel off
Vorbeuge·haft *die* preventive custody
vor|beugen 1. *tr. V.* bend ⟨*head, upper body*⟩ forward; **sich ~**: lean *or* bend forward. **2.** *tr. V.* **einer Sache** *(Dat.)* **od. gegen etw. ~**: prevent sth.; **einer Gefahr ~**: avert a

vordrängen

danger; **~de Maßnahmen** preventive measures; **Vorbeugen ist besser als Heilen** *(Spr.)* prevention is better than cure *(prov.)*
Vor·beugung *die* prevention (**gegen** of); **zur ~**: as a preventive
Vorbeugungs·maßnahme *die* preventive measure
Vor·bild *das* model; **jmdm. als ~ dienen** serve sb. as a model; **jmdm. ein gutes ~ sein** be a good example to sb.; set sb. a good example; **sich** *(Dat.)* **jmdn./etw. zum ~ nehmen** take sb. as a model *or* model oneself on sb./take sth. as a model
vor·bildlich 1. *Adj.* exemplary. **2.** *adv.* in an exemplary way *or* manner
Vor·bildung *die; o. Pl.* die nötige/theoretische ~ **besitzen** have the necessary knowledge and training/the theoretical background; **über eine mangelhafte ~ verfügen** have inadequate knowledge and training; have an inadequate background
vor|bohren *tr. V.* pre-drill
Vor·bote *der* harbinger
vor|bringen *unr. tr. V.* say; **eine Frage/Forderung/ein Anliegen ~**: ask a question/make a demand/express a desire; **Argumente ~**: present *or* state arguments; **Beweise ~**: produce evidence; **dagegen läßt sich viel ~**: there's much to be said against it
vor·christlich *Adj.* pre-Christian; **das dritte ~e Jahrhundert** the third century before Christ
Vor·dach *das* canopy
vor|datieren *tr. V.* **a)** postdate ⟨*cheque, letter, etc.*⟩; **b)** *(zurückdatieren)* antedate
vor|dem [*od.* '--] *Adv.* **a)** *(geh.: zuvor)* before; **b)** *(veralt.: früher)* in [the] olden days
Vor·denker *der (Politikjargon)* guiding intellectual force
vorder- ['fɔrdə...] *Adj.; nicht präd.* front; **die ~en Reihen** the front rows; **die ~sten Reihen** the rows at the very front; **der Vordere Orient** the Middle East
vorder-, Vorder-: ~**achse** *die* front axle; ~**ansicht** *die* front view; ~**asien** *(das)* the Middle East; the Near East; ~**bein** *das* foreleg; ~**gebäude** *das* front building; ~**grund** *der* foreground; **im ~grund stehen** *(fig.)* be prominent *or* to the fore; **bei seiner Entscheidung standen diese Überlegungen im ~grund** *(fig.)* these considerations were uppermost in his mind when taking his decision; **etw. in den ~grund stellen** *od.* **rücken** *(fig.)* give priority to sth.; place special emphasis on sth.; **in den ~grund treten** *od.* **rücken** *(fig.)* come to the fore; **sich in den ~grund spielen** *od.* **schieben** *od.* **drängen** *(fig.)* push oneself forward; ~**gründig** [~grvndɪç] **1.** *Adj.* superficial; **2.** *adv.* superficially; ~**hand** *Adv.* for the time being; for the present; ~**haus** *das* house facing the street/square etc.
Vorder·indien *(das)* the Indian Peninsula
vorder-, Vorder-: ~**lader** *der (Waffenkunde)* muzzle-loader; ~**lastig** *Adj.* bow-heavy ⟨*ship*⟩; nose-heavy ⟨*aircraft*⟩; ~**lauf** *der (Jägerspr.)* foreleg; ~**mann** *der; Pl.* ~**männer** person in front; **ihr/sein** ~**mann** the person in front of her/him; **jmdn. auf ~mann bringen** *(ugs.)* lick sb. into shape; **den Garten/Haushalt auf ~mann bringen** *(ugs.)* get the garden/house ship-shape; ~**pfote** *die* front paw; ~**rad** *das* front wheel; ~**rad·antrieb** *der* front-wheel drive; ~**reifen** *der* front tyre; ~**seite** *die* front; *(einer Münze, Medaille)* obverse; ~**sitz** *der* front seat
vorderst... *s.* vorder...
Vorder-: ~**steven** *der (Seemannsspr.)* stem; ~**teil** *das od. der* front [part]; ~**zahn** *der* front tooth
vor|drängen *refl. V.* push [one's way] forward *or* to the front; *(fig.)* push oneself forward; **sich bis an etw.** *(Akk.)* **~**: push [one's

vor|dringen *unr. itr. V.; mit sein* push forward; advance; **in den Weltraum ~:** push forward into space; **bis zu jmdm. ~** *(fig.)* reach sb.; get as far as sb.

vor·dringlich 1. *Adj.* **a)** priority *attrib.* ⟨treatment⟩; **eine ~e Angelegenheit** a matter of priority; **b)** *(dringlich)* urgent; **unser ~stes Anliegen ist es, ...:** our main *or* overriding concern is ... **2.** *adv.* **a)** as a matter of priority; **b)** as a matter of urgency

Vor·druck der; *Pl.* **Vordrucke** form

vor·ehelich *Adj.* pre-marital

vor·eilig 1. *Adj.* rash. **2.** *adv.* rashly; **~ den Schluß ziehen, daß ...:** jump to the conclusion that ...

vor·einander *Adv.* **a)** one in front of the other; **b)** *(einer dem anderen gegenüber)* opposite each other; face to face; **Geheimnisse ~ haben/Gefühle ~ verbergen** have secrets/hide feelings from each other; **Hochachtung/Furcht ~ haben** have great respect for each other/be afraid of each other

vor·eingenommen *Adj.* prejudiced; biased; **für/gegen jmdn. ~ sein** be prejudiced in sb.'s favour/against sb.; **jmdm. gegenüber ~ sein** be prejudiced towards sb.

Vor·eingenommenheit die; **~, ~en** prejudice; bias; **politische ~:** political bias

vorenthalten[1] *unr. tr. V.* **jmdm. etw. ~:** withhold sth. from sb.; **jmdm. eine Nachricht ~:** keep *or* withhold news from sb.

Vor·entscheidung die preliminary decision; **mit diesem Tor war eine ~ gefallen** this goal decided the course of the match

vor·erst [od. '-'] *Adv.* for the present; for the time being

Vor·essen das *(schweiz.)* stew

vor|exerzieren *tr. V. (ugs.)* demonstrate

vorfabriziert *adj.* pre-fabricated; *(fig.)* ready-made ⟨opinion, solution⟩

Vorfahr [-faːɐ̯] der; *~en od. selten ~s, ~en,* **Vorfahre** der; *~n, ~n* forefather; ancestor

vor|fahren *unr. itr. V.; mit sein* **a)** *(ankommen)* drive/ride up; **vor dem Hotel/Haus ~:** drive/ride up outside the hotel/house; **b)** *(weiter nach vorn fahren)* ⟨person⟩ drive *or* move forward; ⟨car⟩ move forward; **c)** *(vorausfahren)* drive *or* go on ahead

Vor·fahrt die; *o. Pl. (Verkehrsw.)* right of way; **„~ beachten/gewähren!"** 'give way'; **weil er die ~ nicht beachtete** because he failed to give way; **jmdm. die ~ nehmen** fail to give way to sb.

Vorfahrt[s]-: **~schild** das *(Verkehrsw.)* right-of-way sign; **~straße** die main road; **~zeichen** das *(Verkehrsw.)* s. ~schild

Vor·fall der **a)** incident; occurrence; **b)** *(Med.)* prolapse

vor|fallen *unr. itr. V.; mit sein* **a)** *(sich ereignen)* happen; occur; **ist etwas [Besonderes] vorgefallen?** has anything [special] happened?; **b)** *(nach vorn fallen)* fall forward

vor|feiern *tr., itr. V.* celebrate early *or* ahead of time

Vor·feld das **a)** *(eines Flughafens)* apron; **b)** *(Basketball)* front court; **c)** *(fig.)* **im ~:** in advance; **im ~ des Parteitages** in the run-up to the party conference

Vor·film der supporting film

vor|finden 1. *unr. tr. V.* find. **2.** *unr. refl. V.* be to be found

vor|flunkern *tr. V. (ugs.)* **jmdm. ~, daß ...:** spin sb. a yarn that ...; **sie flunkerte ihm irgend etwas vor** she told him some fib *or* other

Vor·form die early form

Vor·freude die anticipation; **voller ~ auf etw. (Akk.) sein** be full of [happy] anticipation of sth.

Vor·frühling der early spring

vor|fühlen *itr. V.* **bei jmdm. ~:** sound sb. out; **ich habe bei ihnen vorgefühlt, was ...:** I sounded them out about *or* as to what ...

vor|führen *tr. V.* **a)** bring forward; **jmdn. dem Richter ~:** bring sb. before the judge; **er wurde zur Vernehmung vorgeführt** he was brought for questioning; **b)** *(zeigen)* show; **wann führst du uns deinen Freund vor?** when are you going to introduce your boy-friend to us?; **c)** *(demonstrieren)* demonstrate; **jmdm. etw. ~:** demonstrate sth. to sb.; **d)** *(darbieten)* show ⟨film, slides, etc.⟩; present ⟨circus act, programme⟩; perform ⟨play, trick, routine⟩

Vorführ·gerät das *(Projektor)* projector

Vor·führung die **a)** bringing forward; **der Richter ordnete die ~ des Gefangenen an** the judge ordered the prisoner to be brought forward; **b)** *(das Zeigen)* showing; exhibiting; **c)** *(das Demonstrieren)* demonstration; **d)** *(das Darbieten)* s. **vorführen** **d:** showing; presentation; performance; **e)** *(Veranstaltung)* s. **vorführen** **d:** show; presentation; performance

Vorführ·wagen der demonstration car *or* model

Vor·gabe die **a)** *(Sport)* handicap; **b)** *(Richtlinie)* guideline

Vorgabe·zeit die *(Wirtsch.)* [target] time for the job/project *etc.*

Vor·gang der **a)** occurrence; event; **chemische/physikalische** *etc.* processes; **b)** *(Amtsspr.)* file; **der ~ XY** the file on XY

Vorgänger [-gɛŋɐ] der; *~s, ~*, **Vorgängerin** die; *~, ~nen (auch fig.)* predecessor

Vor·garten der front garden

vor|gaukeln *tr. V.* **jmdm. ~, daß ...:** lead sb. to believe that ...; **jmdm. eine heile Welt ~:** lead sb. to believe in a perfect *or* an ideal world

vor|geben *unr. tr. V.* **a)** *(vortäuschen)* pretend; **b)** *(Sport)* **jmdm. eine Runde/50 m/15 Punkte ~:** give sb. a lap [start]/[a start of] 50 m/[a lead of] 15 points; **c)** *(im voraus festlegen)* set in advance; **vorgegebene Normen/Werte** pre-determined standards/pre-set values; **ein vorgegebenes Programm** a preset program

Vor·gebirge das promontory

vor·geblich *Adj.; adv.* s. **angeblich**

vor·gedruckt *Adj.* pre-printed

vor·gefaßt *Adj.; nicht präd.* preconceived

vorgefertigt *Adj.* s. **vorfabriziert**

Vor·gefühl das presentiment; **im ~ solchen Glücks** in anticipation of such happiness

vor|gehen *unr. itr. V.; mit sein* **a)** *(ugs.: nach vorn gehen)* go forward; **an der Tafel/zum Altar ~:** go up to the blackboard/the altar; **b)** *(vorausgehen)* go on ahead; **jmdn. ~ lassen** let sb. go first; **c)** ⟨clock⟩ be fast; *s. auch* **nachgehen d**; **d)** *(einschreiten)* **gegen jmdn./etw. ~:** take action against sb./sth.; **gesetzlich gegen jmdn./etw. ~:** take legal action *or* proceedings against sb./sth.; **mit etw./mit Strenge gegen jmdn./etw. ~:** use sth. on/take strict measures against sb./sth.; **e)** *(verfahren)* proceed; **f)** *(sich abspielen)* happen; go on; **was geht hier vor?** what is happening *or* going on here?; **in jmdm. ~:** go on inside sb.; **mit ihm war eine Veränderung vorgegangen** there had been a change in him; a change had taken place in him; **g)** *(Vorrang haben)* have priority; come first; **allem anderen ~:** have priority *or* take precedence over everything else

Vor·gehen das; ~s action

vor·gelagert *Adj.* **die [der Küste] ~en Inseln** the offshore islands; the islands situated off the coast

vor·genannt *Adj.; nicht präd. (Amtsspr.)* aforementioned; aforesaid

Vor·geplänkel das preliminary skirmishing *no indef. art.*

Vor·gericht das *s.* **Vorspeise**

Vor·geschichte die **a)** *o. Pl.* prehistory *no art.*; **b)** *(Begebenheiten)* history

vor·geschichtlich *Adj.* prehistoric

Vor·geschmack der; *o. Pl.* foretaste

vor·geschritten *Adj. (geh.)* late ⟨hour⟩; advanced ⟨age⟩

Vor·gesetzte der/die; *adj. Dekl.* superior

Vor·gespräch das preliminary discussion

vor·gestern *Adv.* the day before yesterday; **~ mittag/~ abend/~ früh** the day before yesterday at midday/the evening before last/the morning of the day before yesterday; **er ist von ~** *(ugs.)* he is old-fashioned *or* behind the times; **Ansichten/Konventionen von ~** *(ugs.)* old-fashioned *or* outdated views/conventions

vor·gestrig *Adj.; nicht präd.* of the day before yesterday *postpos.*

vor|glühen *tr., itr. V. (Kfz-W.)* pre-heat

vor|greifen *unr. itr. V.* **a)** **jmdn. [bei** *od.* **in/mit etw.] ~:** anticipate sb. *or* jump in ahead of sb. [in/with sth.]; **einer Sache (Dat.) ~:** anticipate sth.; **b)** *(in einer Erzählung)* jump ahead

Vor·griff der anticipation (**auf** + *Akk.* of); *(bei einer Erzählung)* jump *or* leap ahead (**auf** + *Akk.* to); **im ~ auf etw. (Akk.)** in anticipation of sth.

vor|haben *unr. tr. V.* intend; *(geplant haben)* plan; **er hat eine Reise vor** *od.* **er hat vor, eine Reise zu machen** he intends going on a journey/plans to go on a journey; **hast du heute abend etwas vor?** have you anything planned *or* any plans for this evening?; are you doing anything this evening?; **wenn du nichts Besseres vorhast** if you have nothing better to do; **er hat Großes mit seinem Sohn vor** he has great plans for his son

Vor·haben das; ~s, ~ *(Plan)* plan; *(Projekt)* project

Vor·halle die *(eines Tempels)* portico; *(Eingangshalle)* entrance hall; *(eines Theaters, Hotels)* foyer

vor|halten 1. *unr. tr. V.* **a)** hold up; **sich (Dat.) etw. ~:** hold sth. [up] in front of oneself; **jmdn. mit vorgehaltener Schußwaffe bedrohen** threaten sb. at gunpoint; *s. auch* **Hand f**; **b)** *(zum Vorwurf machen)* **jmdm. etw. ~:** reproach sb. for sth. **2.** *unr. itr. V. (ugs., auch fig.)* last

Vor·haltungen *Pl.* **jmdm. [wegen etw.] ~ machen** reproach sb. [for sth.]

Vor·hand die; *o. Pl.* **a)** *(Sport, bes. Tennis)* forehand; *s. auch* **Rückhand**; **b)** *(beim Pferd)* forehand; **c)** *(Kartenspiel)* lead; **in der ~ sein** have the lead

vorhanden [-'handn̩] *Adj.* existing; *(verfügbar)* available; **~ sein** exist *or* be in existence/be available; **ein Vorratsraum ist hier leider nicht ~:** unfortunately there is no store-room here; **von dieser Sorte ist noch genügend ~:** there's still plenty of this sort left

Vorhanden·sein das; ~s existence

Vor·hang der *(auch Theater)* curtain; **viele Vorhänge bekommen** *(Theater)* get a large number of curtain-calls; *s. auch* **eisern 1a**

Vorhänge·schloß das padlock

Vorhang-: **~stange** die curtain-rod; **~stoff** der curtain material; curtaining

Vor·haut die foreskin; prepuce

vor|heizen *tr. V.* put the heating on in ⟨room *etc.*⟩ [to warm it up in advance]; **im vorgeheizten Ofen** in a pre-heated oven

vor·her [*od.* '-'] *beforehand; (davor)* before; **am Abend ~:** [on] the evening before; [on] the previous evening; **das ist drei Wochen ~ passiert** it happened three weeks earlier *or* before

vorher-, Vorher-: **~|bestimmen** *tr. V.* determine in advance; predetermine; **alles ist vom Schicksal/von Gott ~bestimmt**

---
[1] **ich enthalte vor** *(od. seltener:* **vorenthalte),** **vorenthalten, vorzuenthalten**

Vorherbestimmung everything is foreordained by fate/preordained by God; **~bestimmung** die; *o. Pl.* predetermination; *(Prädestination)* predestination; **~|gehen** *unr. itr. V.; mit sein* **in den ~gehenden Wochen** in the preceding weeks; **in the weeks before**; **wie im ~gehenden erläutert** as explained above
vorherig *[od. '---] Adj.; nicht präd.* prior ⟨*notice, announcement, warning*⟩; previous ⟨*discussion, agreement*⟩; **um ~e Bezahlung bitten** request payment in advance
Vor·herrschaft die; *o. Pl.* supremacy; dominance
vor|herrschen *itr. V.* predominate; **die ~de Meinung/der ~de Geschmack** the predominant *or* prevailing opinion/taste
vorher-, Vorher-: **~sage** die prediction; *(des Wetters)* forecast; **~|sagen** *tr. V.* predict; forecast ⟨*weather*⟩; **~sehbar** *Adj. s.* voraussehbar; **~|sehen** *unr. itr. V. s.* voraussehen
vor|heucheln *tr. V.* [jmdm.] etw. ~: feign sth. [to sb.]; **er heuchelte ihr Liebe vor** he pretended to love her
vor·hin *[od. '-'] Adv.* a short time *or* while ago; **sie ist ~ erst angekommen** she has only just arrived; **das ist der Junge von ~** *(ugs.)* that's the boy who we saw a short time ago *or* just now
vor·hinein *Adv.* **in im ~** *(bes. österr.)* in advance
Vor·hof der **a)** *(Anat.)* atrium; **b)** *(vorderer Hof)* forecourt; **für uns war es schon der ~ zur Seligkeit** *(fig.)* to us it was almost perfect bliss
Vor·hölle die; *o. Pl. (kath. Rel.)* limbo *no art.*
Vor·hut die; ~, ~**en** advance guard; *(fig.)* vanguard
vorig *Adj.* **a)** *nicht präd.* last; **b)** *(schweiz.)* *(übrig)* left over *postpos.; (verfügbar)* spare; **etw. ~ lassen** leave sth. over; **~e Zeit haben** have some spare time
vor·industriell *Adj.* pre-industrial
Vor·jahr das previous year
vor·jährig *Adj.* of the previous year
vor|jammern *tr. V. (ugs.)* **jmdm. etw. ~:** moan *or* whine to sb. about sth.
Vor·kämpfer der pioneer; **ein ~ der Freiheit** a pioneering champion of freedom
vor|kauen *tr. V. (fig. ugs.)* spell out; **jmdm. etw. ~ lassen** spell sth. out for sb.; spoon-feed sth. to sb
Vorkaufs·recht das *(Rechtsspr.)* right of first refusal
Vorkehr [-ke:ɐ] die; ~, ~**en** *(schweiz.)* precaution
Vorkehrungen *Pl.* precautions; **~ [gegen etw.] treffen** take precautions [against sth.]
Vor·kenntnis die background knowledge
vor|knöpfen *tr. V. (ugs.)* **sich** *(Dat.)* **jmdn.** [ordentlich/kräftig] **~:** give sb. a [proper/good] talking-to *(coll.)*
vor|kochen *tr., itr. V.* cook in advance
vor|kommen *unr. itr. V.; mit sein* **a)** *(sich ereignen)* happen; **daß mir so etwas nicht wieder vorkommt!** I hope I never experience anything like that again; **so etwas ist mir noch nie vorgekommen** nothing like that has ever happened to me before; **b)** *(vorhanden sein)* occur; **das Tier/die Pflanze kommt nur im Gebirge vor** the animal/plant is found only in the mountains; **in einer Erzählung ~** ⟨*character, figure*⟩ appear in a story; **c)** *(erscheinen)* seem; **das Lied kommt mir bekannt vor** I seem to know the song; **es kam mir [so] vor, als ob ...**: I felt *or* it seemed as if ...; **du kommst dir wohl schlau vor** I suppose you think you're clever; **das kommt dir nur so vor** it just seems like that to you; **ich komme mir überflüssig vor** I feel [as if I am] superfluous; **wie kommst du mir eigentlich vor?** *(ugs.)* who do you think you are?; **d)** *(ugs.: nach vorne kommen)* come forward; **an die Tafel ~:** come up to the blackboard;

e) *(hervorkommen)* come out; **hinter/unter etw.** *(Dat.)* ~: come out from behind/under sth.; **unter dem Schnee ~** ⟨*flower*⟩ come up out of the snow
Vorkommen das; ~s, ~ **a)** *o. Pl. (das Auftreten)* occurrence; *(einer Krankheit)* incidence; **b)** *(Geol.: Lagerstätte)* deposit
Vorkommnis [-kɔmnɪs] das; ~ses, ~se incident; occurence
vor|kosten *tr. V.* sample in advance
Vor·kriegszeit die pre-war period
vor|laden *unr. tr. V.* summon; summon, subpoena ⟨*witness*⟩
Vor·ladung die summons; **eine ~ vor Gericht** a summons to appear in court; **eine gerichtliche/polizeiliche ~:** a court/police summons; **die ~ eines Zeugen beantragen** apply for a witness to be summoned *or* subpoenaed
Vor·lage die **a)** *o. Pl.; s.* vorlegen 1 a: presentation; showing; production; submission; tabling; introduction; **gegen ~ einer Sache** *(Gen.)* on production *or* presentation of sth.; **b)** *(Entwurf)* draft; *(Gesetzentwurf)* bill; **c)** *(Muster)* pattern; *(Modell)* model; **~ zum Stricken** knitting patterns; **etw. von einer ~ abschreiben** copy sth.; **etw. als ~ benutzen** use sth. as a model; **nach einer/ohne ~ zeichnen** draw from/without a model; **d)** *(Ballspiele, bes. Fußball)* forward pass; **eine ~ geben/schlagen** make a forward pass; lay the ball forward; **e)** *o. Pl. (Skisport)* vorlage; forward lean; **f)** *(Kaufmannsspr.)* advance; **[für etw.] in ~ treten** advance the money [for sth.]
Vor·land das; *o. Pl.* **a)** *(vor einem Gebirge)* foothills *pl.*; **b)** *(Deich~)* foreshore
vor|lassen *unr. tr. V.* **a)** *(ugs.: den Vortritt lassen)* **jmdn. ~:** let sb. go first *or* in front; **b)** *(empfangen)* admit; let in
vor|laufen *unr. itr. V.; mit sein (ugs.)* **a)** *(ugs.: nach vorn laufen)* run forward; **b)** *s.* vorauslaufen
Vor·läufer der precursor; forerunner
vor·läufig **1.** *Adj.* temporary; provisional ⟨*diagnosis, settlement, result, successor*⟩; interim ⟨*order, agreement*⟩. **2.** *adv.* for the time being; for the present; **jmdn. ~ festnehmen** detain sb. temporarily; take sb. into temporary custody
vor·laut **1.** *Adj.* forward. **2.** *adv.* forwardly
vor|leben *tr. V.* **jmdm. etw. ~:** set sb. an example of sth. [in the way one lives]
Vor·leben das; *o. Pl.* past life; past
Vor·lege-: ~besteck das [set of] serving cutlery; **~gabel** die serving fork; **~löffel** der serving spoon
vor|legen **1.** *tr. V.* **a)** present; show, produce ⟨*certificate, identity card, etc.*⟩; show ⟨*sample*⟩; submit ⟨*evidence*⟩; table, introduce ⟨*parliamentary bill*⟩; *(veröffentlichen)* publish; **jmdm./sich eine Frage ~:** pose sb./oneself a question; **c)** *(anbringen)* **eine Kette/einen Riegel ~:** put a chain on *or* across/a bolt across; **d)** *(geh.: aufgeben)* serve ⟨*food*⟩; **jmdm. etw. ~:** serve sb. with sth.; serve sth. to sb.; **e)** *(bes. Fußball)* **jmdm./sich den Ball ~:** lay the ball on for sb./tap the ball on; **f) ein scharfes Tempo ~:** set a fast pace. **2.** *refl. V.* lean forward
Vorleger der; ~s, ~ *(vor der Badewanne, dem Waschbecken)* mat; *(vor dem Bett)* rug
Vor·leistung die advance concession
vor|lesen *unr. tr., itr. V.* read aloud *or* out; read ⟨*story, poem, etc.*⟩ aloud; **jmdm. [etw.] ~:** read [sth.] to sb.; **lies schon vor!** read it out!; read out what it says!; **aus seinen Werken ~:** read from one's works
Vor·lesung die lecture; *(~sreihe)* series *or* course of lectures
Vorlesungs·verzeichnis das lecture timetable
vor·letzt... *Adj.; nicht präd.* last but one; next to last; penultimate ⟨*page, episode, etc.*⟩; **mein ~es Exemplar** my last copy but

one; my next to last copy; **~es Mal** the time before last; **im ~en Jahr/Sommer** the year/summer before last; **seit ~er Woche** since the week before last
Vor·liebe die preference; [special] fondness *or* liking; **eine ~ für jmdn./etw. haben** be fond of sb./be fond of *or* partial to sth.; **etw. mit ~ tun** particularly like doing sth.
vorlieb|nehmen *unr. itr. V.* **mit jmdm./etw. ~:** put up with sb./sth.; *(sich mit jmdm./etw. begnügen)* make do with sth.
vor|liegen *unr. itr. V.* **a)** jmdm. ~ ⟨*application, complaint, plans, etc.*⟩ be with sb.; **das Beweismaterial liegt dem Gericht vor** the evidence is before *or* has been submitted to the court; **die Ergebnisse liegen uns noch nicht vor** we do not have the results yet; **die mir ~de Ausgabe/~den Ergebnisse** the edition/results in front of me; **im ~den Fall, in ~dem Fall** in the present case; **b)** *(bestehen)* be [present]; exist; ⟨*symptom*⟩ be present; ⟨*book*⟩ be available; **gegen ihn liegt nichts vor** there is nothing against him; **hier liegt ein Irrtum/Mißverständnis vor** there is a mistake/misunderstanding here; **ein Verschulden des Fahrers liegt nicht vor** the driver is/was not to blame; **c)** *südd., österr., schweiz. mit sein (ugs.: vorgelegt sein)* ⟨*chain, bolt, etc.*⟩ be on *or* across
vor|lügen *unr. tr. V. (ugs.)* **jmdm. etwas ~:** lie to sb.; **er hat uns vorgelogen, daß er die Prüfung bestanden habe** he lied to us, pretending he had passed the examination
vorm [fo:ɐm] *Präp. + Art.* **a) = vor dem**; **b)** *(räumlich)* in front of the; **c)** *(zeitlich, bei Reihenfolge, Rangordnung)* before the; **~ Frühstück** before breakfast
vor|machen *tr. V. (ugs.)* **a)** *(vorführen)* **jmdm. etw. ~:** show sb. sth.; **ihm macht niemand was vor** there is no one better than him; no one can teach him anything; **b)** *(vortäuschen)* **jmdm. etwas ~:** kid *or* fool sb.; **mir kannst du nichts ~:** you can't kid *(coll.)* or fool me; **wir wollen uns nichts ~:** let's not kid *(coll.)* or fool ourselves; **mach mir doch nichts ~:** don't try and kid me *(coll.)*; **der läßt sich von keinem was ~:** he's nobody's fool; *s. auch* **Dunst b;** X
Vor·macht die; *o. Pl.* supremacy *no art.*
Vormacht·stellung die; *o. Pl.* [position of] supremacy *no art.*; **sich** *(Dat.)* **eine ~ sichern** secure [a position of] supremacy
vormalig [-ma:lɪç] *Adj.; nicht präd.* former
vormals [-ma:ls] *Adv.* formerly
Vor·mann der; *Pl.* **Vormänner** foreman
Vor·marsch der *(auch fig.)* advance; **auf dem** *od.* **im ~ sein** ⟨*army*⟩ be advancing *or* on the advance; *(fig.)* ⟨*ideas, new development, etc.*⟩ be gaining ground
Vor·märz der; *o. Pl. (hist.)* period in German history from 1815 until the March 1848 revolution
vor|merken *tr. V.* **a)** make a note of; **ein Zimmer ~ lassen** reserve a room; **ich habe Sie für den Kurs/für Montag vorgemerkt** I've put you down for the course/for Monday
Vor·mieter der previous tenant
vor·mittag *Adv.* **heute/morgen/Freitag ~:** this/tomorrow/Friday morning
Vor·mittag der morning; **am [späten] ~:** [late] in the morning; **am frühen ~:** during the first part of the morning
vor·mittäglich *Adj.; nicht präd.* morning
vor·mittags *Adv.* in the morning
Vormittags·stunde die morning hour
Vor·monat der previous *or* preceding month
Vor·mund der; *Pl.* **Vormunde** *od.* **Vormünder** guardian; **einen ~ bestellen** appoint a guardian; **ich brauche keinen ~** *(fig.)* I don't need anyone telling me what to do
Vormundschaft die; ~, ~**en** guardianship; **die ~ über** *od.* **für jmdn. übernehmen** become sb.'s guardian; **jmdn. unter jmds. ~ stellen** place sb. under sb.'s guardianship

Vormundschafts·gericht das court dealing with matters of guardianship

¹**vorn** ['fɔrn] Adv. at the front; **das Zimmer liegt nach ~ |raus|** (ugs.) the room faces the front; **~ am Haus/in der Schlange** at the front of the house/queue or (Amer.) line; **ganz ~ sitzen** sit right at the front; **das Kleid wird ~ zugeknöpft** the dress buttons up at the front or in front; **~ im Bild** in the foreground of the picture; **nach ~ schauen** look in front or to the front; **nach ~ gehen/kommen** go/come to the front; **~ im Buch** at the front of the book; **[gleich] da ~!:** [just] over there; **weiter ~:** up ahead; a bit further on; **der Wind/Schlag kam von ~:** the wind/blow came from the front; **noch einmal von ~ anfangen** start afresh; start from the beginning again; **es geht wieder von ~ los** it is starting all over again; **von ~ bis hinten** (ugs.) from beginning to end; **das ist von ~ bis hinten gelogen** it's all lies from beginning to end

²**vorn** [foːɐ̯n] Präp. + Art. (ugs.) = **vor den**
Vor·name der first or Christian name
vorne Adv. s. ¹**vorn**
vornehm ['foːɐ̯neːm] 1. Adj. a) (nobel) noble ⟨character, behaviour, gesture, etc.⟩; **~e Gesinnung** noble-mindedness; b) (der Oberschicht angehörend, kultiviert) distinguished; **zur ~en Welt/Gesellschaft/zu den ~en Kreisen gehören** be part of high society; **~e Blässe/~es Getue** genteel pallor/behaviour; c) (von adliger Herkunft) noble; d) (elegant) exclusive ⟨district, hotel, restaurant, resort⟩; elegant ⟨villa, clothes⟩; elegant, distinguished ⟨appearance⟩; e) nicht präd. **~st...** (geh.: vorrangig) primary ⟨duty, task, function, source of income, etc.⟩. 2. adv. a) (nobel) nobly; b) (elegant) elegantly
vor|nehmen unr. tr. V. a) sich (Dat.) etw. ~: plan sth.; **sich** (Dat.) **~, etw. zu tun** plan to do sth.; **sich** (Dat.) **~, mit dem Rauchen aufzuhören** resolve to give up smoking; b) (ugs.: sich beschäftigen mit) get busy with; **nimm dir ein Buch vor und lies!** pick up a book and read!; c) (ugs.: zur Rede stellen) **sich jmdn. ~:** give sb. a talking-to (coll.); d) (durchführen) carry out, make ⟨examination, search, test⟩; perform ⟨action, ceremony⟩; make ⟨correction, change, division, choice, selection⟩; take ⟨measurements⟩
Vornehmheit die; ~: s. **vornehm 1 a–d**: nobility; exclusivity; elegance; **seine ~ beeindruckte sie** she was impressed by his distinguished manner; **die ~ seiner Erscheinung** his distinguished appearance
vornehmlich Adv. (geh.) above all; primarily
Vornehm·tuerei [od. '----'] die; ~ (abwertend) affectation
vor|neigen tr., refl. V. lean forward; **in vorgeneigter Haltung** bent forward
vorne·weg Adv. s. **vorweg**
vorn-: ~herein in **von ~** (schweiz.) zum od. im **~herein** from the start or outset or beginning; **~über** Adv. forwards
vornüber|fallen unr. itr. V.; mit sein fall forwards
Vor·ort der suburb
Vorort·zug der suburban train
Vor·platz der forecourt
Vor·posten der (Milit., auch fig.) outpost
vor|preschen itr. V.; mit sein (fig.) rush ahead
Vor·programm das supporting programme
vor|programmieren tr. V. (auch fig.) preprogramme
vor|ragen itr. V. project; jut out
Vor·rang der; o. Pl. a) [den] ~ [vor jmdm./ etw.] haben have priority or take precedence [over sb./sth.]; **jmdn. mit ~ bedienen** give sb. priority service; **jmdm./einer Sache den ~ geben** give sb./sth. priority; b) (bes. österr.: Vorfahrt) right of way

vorrangig [-raŋɪç] 1. Adj. priority attrib. ⟨treatment, task, objective⟩; **~ sein** be a matter of priority or of prime importance; **von ~er Bedeutung** of prime or utmost importance; **jmds. ~es Anliegen/Ziel sein** be sb.'s primary concern/goal; **zu den ~sten Aufgaben gehören** be one of the prime or most important tasks. 2. adv. **jmdn. ~ behandeln** give sb. priority treatment; **etw. ~ erledigen** deal with sth. as a matter of priority
Vorrang·stellung die position of prime importance; (eines Landes) supremacy
Vor·rat der supply, stock (**an** + Dat. of); **etw. auf ~ kaufen/herstellen** stock up with or on sth./produce stocks of sth.; **ein ~ an Witzen** (fig.) a stock of jokes; **solange der ~ reicht** while stocks last
vorrätig [-rɛːtɪç] Adj. in stock postpos.; **etw. ~ haben** have sth. in stock; **etw. nicht ~ haben** be out of [stock of] sth.
Vorrats-: ~kammer die pantry; larder; **~keller** der cellar store-room; **~raum** der store-room
Vor·raum der anteroom
vor|rechnen tr. V. **jmdm. etw. ~:** work sth. out or calculate sth. for sb.; **jmdm. seine Fehler ~** (fig.) enumerate sb.'s mistakes
Vor·recht das privilege
Vor·rede die a) (Vorwort) preface; foreword; b) (einleitende Worte) introductory remarks pl.; **sich nicht lange bei** od. **mit der ~ aufhalten** not take long over the introductions
Vor·redner der previous speaker; **mein ~:** the previous speaker
vor|reiten unr. itr. V.; mit sein ride on ahead
Vor·reiter der: **den ~ machen, ~ sein** lead the way
Vor·richtung die device
vor|rücken 1. tr. V. move forward; advance ⟨chess piece⟩. 2. itr. V.; mit sein move forward; (Milit.) advance; **mit dem Turm ~** (Schach) advance the rook; **auf den 5. Platz ~:** move up to fifth place; **zu vorgerückter Stunde** (geh.) at a late hour
Vor·ruhestand der early retirement
Vor·ruhestands·regelung die regulation enabling employees to take early retirement
Vor·runde die (Sport) preliminary or qualifying round
vors Präp. + Art. a) = **vor das**; b) in front of the; **jmdm. ~ Auto laufen** run in front of sb.'s car
vor|sagen tr. V. a) auch itr. **jmdm. [die Antwort] ~:** tell sb. the answer; (flüsternd) whisper the answer to sb.; b) (aufsagen) recite; **sich** (Dat.) **etw. ~:** recite sth. to oneself
Vor·saison die start of the season; early [part of the] season
Vor·satz der intention; **den ~ fassen, etw. zu tun** resolve to do sth.; **den ~ haben, etw. zu tun** intend to do sth.; have the intention of doing sth.; **mit ~:** with intent; **der Weg zur Hölle ist mit guten Vorsätzen gepflastert** (Spr.) the road to hell is paved with good intentions (prov.)
Vorsatz·blatt das (Buchw.) endpaper
vorsätzlich [-zɛtslɪç] 1. Adj. intentional; deliberate; wilful ⟨murder, arson, etc.⟩. 2. adv. intentionally; deliberately
Vor·schein der in **etw. zum ~ bringen** reveal sth.; bring sth. to light; **zum ~ kommen** appear; (entdeckt werden) come to light; **sie griff in ihre Tasche und brachte die Tüte zum ~:** she delved into her pocket and produced a bag; **wieder zum ~ kommen** reappear
vor|schieben 1. unr. tr. V. a) push ⟨bolt⟩ across; s. auch **Riegel a**; b) (nach vorn schieben) push forward; **den Kopf/die Schultern ~:** stick one's head forward/put one's shoulders forward; **die Unterlippe ~:** stick

out one's bottom lip; c) (für sich handeln lassen) **jmdn. ~:** use sb. as a front man; d) (als Vorwand nehmen) use as a pretext or excuse; **die Verabredung war nur vorgeschoben** the appointment was only an excuse. 2. unr. refl. V. push forward; ⟨air mass, glacier⟩ advance
vor|schießen unr. tr. V. **jmdm. Geld ~:** advance sb. money
vor|schlafen unr. itr. V. (ugs.) stock up on sleep
Vorschlag der suggestion; proposal; **das ist ein** od. **das nenn' ich einen ~!:** what a good or (coll.) great suggestion or idea!; **auf ~ von ...:** at the suggestion of ...; **ein ~ zur Güte** (scherzh.) a conciliatory proposal
vor|schlagen unr. tr. V. **[jmdm.] etw. ~:** suggest or propose sth. [to sb.]; **jmdn. für/ als etw. ~:** propose sb. for/as sth.
Vorschlag·hammer der sledge-hammer
vor|schmecken itr. V. **der Knoblauch schmeckt vor** there is too strong a taste of garlic; it tastes too strongly of garlic; **das Gewürz soll nicht ~:** [the flavour of] the spice should not stand out
vor·schnell Adj., adv. s. **voreilig**
vor|schreiben unr. tr. V. stipulate, lay down, set ⟨conditions⟩; lay down ⟨rules⟩; prescribe ⟨dose⟩; **er wollte uns ~, was wir zu tun hätten** he wanted to tell us or dictate to us what to do; **ich lasse mir [von dir] nichts ~:** I won't be told what to do [by you]; I won't be dictated to [by you]; **das Gesetz schreibt vor, daß ...:** the law lays down or provides that ...; **wie es der Brauch vorschreibt** as custom dictates or demands; **die vorgeschriebene Geschwindigkeit/Zahl/ Dosis** the prescribed speed/number/dose
Vor·schrift die instruction; order; (gesetzliche od. amtliche Bestimmung) regulation; **ich lasse mir von dir keine ~en machen** I won't be told what to do by you; I won't be dictated to by you; **das sind die Vorschriften** those are the regulations; **das verstößt** od. **ist gegen die ~:** it's against the rules or regulations; **die Medizin nach ~ einnehmen** take the medicine as directed; **Dienst nach ~ machen** work to rule
vorschrifts·mäßig 1. Adj. correct; proper. 2. adv. correctly; properly
Vor·schub der in **jmdm./einer Sache ~ leisten** encourage sb./encourage or promote or foster sth.
Vorschul·alter das pre-school age
Vor·schule die nursery school
Vorschul·erziehung die pre-school education
vor·schulisch Adj. pre-school
Vor·schuß der advance; **er bekam 500 Mark ~:** he received an advance of 500 marks
Vorschuß·lorbeeren Pl. premature praise sing.
vor|schützen tr. V. plead as an excuse; **wichtige Geschäfte/Krankheit ~:** pretend one has important business/feign illness; **Unwissenheit ~:** plead ignorance; s. auch **Müdigkeit**
vor|schwärmen tr. V. **jmdm. von jmdm./ etw. ~:** rave about sb./sth. to sb. (coll.)
vor|schweben itr. V. **jmdm. schwebt etw./ jmd. vor** sb. has sth./sb. in mind
vor|schwindeln tr. V. (ugs.) **jmdm. ~, daß ...:** kid sb. that ... (coll.); **sie wollte den anderen nichts ~:** she didn't want to kid the others (coll.)
vor|sehen 1. unr. tr. V. a) (planen) plan; **wie vorgesehen** as planned; **die Eröffnung ist für den 21. März vorgesehen** the opening is scheduled or planned for 21 March; b) (einsetzen, verwenden wollen) **etw. für/als etw. ~:** intend sth. for/as sth.; **die Gelder sind für den Neubau einer Schule vorgesehen** the money is earmarked for the building of a school; **jmdn. für/als etw. ~:** designate sb.

Vorsehung vortanzen

for/as sth.; **c)** *(festlegen)⟨law, plan, contract, etc.⟩* provide for. **2.** *unr. refl. V. (sich in acht nehmen)* **sich [vor jmdm./etw.] ~**: be careful [of sb./sth.]; **sieh dich vor dem Hund vor** be careful of *or* mind the dog; **sieh dich vor, daß du nicht krank wirst** be careful *or* take care you don't become ill
Vorsehung die; ~: Providence *no art.*
vor|setzen *tr. V.* **a)** *(nach vorn setzen)* move forward; **den rechten/linken Fuß ~**: put one's right/left foot forward; **sich ~** *(ugs.)* come/go and sit at the front; **b)** *(zu essen, trinken geben)* **jmdm. etw. ~**: serve sb. sth.; *(fig.)* serve *or* dish sb. up sth.
Vor·sicht die; *o. Pl.* care; *(bei Risiko, Gefahr)* caution; care; *(Umsicht)* circumspection; caution; **hier ist ~ geboten/nötig** caution/care is advisable/needed here; **alle ~ außer acht lassen** throw [all] caution to the winds; **zur ~**: as a precaution; to be on the safe side; **er ist mit ~ zu genießen** *(ugs.)* you should be wary of *or* careful with him; **was er sagt, ist mit ~ zu genießen** *(ugs.)* what he says should be taken with caution; **~!** be careful!; watch *or* look out!; „**~**, **Glas**" 'glass – handle with care'; „**~**, **bissiger Hund**" 'beware of the dog'; **~ an der Bahnsteigkante** stand back from the edge of the platform; „**~**, **Stufe!**" 'mind the step!'; „**~, Steinschlag**" 'danger, falling rocks'; „**~, frisch gestrichen**" 'wet paint'; **~ ist die Mutter der Porzellankiste** *(ugs.)*, **~ ist besser als Nachsicht** *(ugs. scherzh.)* better safe than sorry
vorsichtig [-ʒɪçtɪç] **1.** *Adj.* careful; *(bei Risiko, Gefahr)* cautious; careful; *(umsichtig)* circumspect; cautious; guarded ⟨*remark, hint, question, optimism*⟩; cautious, conservative ⟨*estimate*⟩; **sei ~!** be careful!; take care! **2.** *adv.* carefully; with care; **~ optimistisch** guardedly *or* cautiously optimistic; **etw. ~ andeuten** hint at sth. cautiously; **~ geschätzt** at a conservative estimate
vorsichts·halber *Adv.* as a precaution; to be on the safe side
Vorsichts·maßnahme die precautionary measure; precaution
Vor·silbe die [monosyllabic] prefix
vor|singen 1. *unr. tr. V.* [jmdm.] etw. ~: sing sth. [to sb.]; **ich singe euch die erste Strophe vor** I'll sing you the first verse. **2.** *unr. itr. V.* **a)** [jmdm.] ~: sing [to sb.]; **wenn er ~ soll** when he has to sing in public *or* in front of people; **b)** *(zur Prüfung)* have *or* take a singing test; **bei der Oper ~**: audition for *or* have an audition with the opera company
vor·sintflutlich *Adj.* *(ugs.)* antiquated
Vor·sitz der chairmanship; **den ~ haben** *od.* **führen** be the chairman; be in the chair; *(im Gericht)* preside over the trial; **er hat** *od.* **führt bei der Tagung den ~** is chairing the conference; **den ~ übernehmen** *(eines Vereins)* take over the chairmanship *or* presidency; *(bei einer Tagung, Sitzung)* take the chair; **unter dem ~ von ...**: under the chairmanship of ...
vor|sitzen *unr. itr. V.* **einer Versammlung/Kommission** *(Dat.)* **~**: chair a *or* preside over a meeting/commission
Vorsitzende der/die; *adj. Dekl.* chair[person]; *(bes. Mann)* chairman; *(Frau auch)* chairwoman
Vor·sorge die; *o. Pl.* precautions *pl.*; *(für den Todesfall, Krankheit, Alter)* provisions *pl.*; *(Vorbeugung)* prevention; **~ treffen** take precautions **(gegen** against)/make provisions **(für** for); **für den Fall einer Krankheit ~ treffen** make provisions in case of illness; **~ treffen, daß ...**: take precautions/make provisions so that ..
vor|sorgen *itr. V.* **für etw. ~**: make provisions for sth.; provide for sth.
Vorsorge·untersuchung die *(Med.)* medical check-up
vorsorglich 1. *Adj.* precautionary ⟨*measure, check-up, etc.*⟩. **2.** *adv.* as a precaution; to be on the safe side
Vor·spann der *(Film, Ferns.)* opening credits *pl.*
Vor·speise die starter; hors d'œuvre
vor|spiegeln *tr. V.* **jmdm. ~, daß ...**: delude sb. into believing that ...; **er spiegelte ihnen eine Notlage vor** he deluded them into believing *or* led them to believe that he was in a plight; **Unwissenheit/Krankheit ~**: feign ignorance/illness
Vor·spiegelung die: das ist [eine] ~ falscher Tatsachen these are falsehoods presented as if they were facts; **unter ~ falscher Tatsachen** under false pretences
Vor·spiel das a) *(Theater)* prologue; *(Musik)* prelude; **b)** *(vorm Geschlechtsakt)* foreplay; **c)** *(als Prüfung)* practical examination; *(bei Bewerbungen)* audition
vor|spielen 1. *tr. V.* **a)** **jmdm. ein Musikstück/eine Szene ~**: play a piece of music to *or* for sb./act out *or* perform a scene for *or* in front of sb. **b)** *(vorspiegeln)* **jmdm. etw. ~**: feign sth. to sb.; **spiel uns doch nichts vor!** don't try and fool us!; **jmdm. Theater/eine Komödie ~**: put on an act for sb. **2.** *itr. V.* **a)** **jmdm. ~**: play to *or* for sb.; **einer Jury ~**: perform in front of a jury; **b)** *(bei einer Bewerbung)* audition, have an audition **(bei** for); **jmdn. ~ lassen** audition sb.
Vor·sprache die *(österr.)* visit (**bei** to)
vor|sprechen 1. *unr. tr. V.* **a)** *(zum Nachsprechen)* **jmdm. etw. ~**: pronounce *or* say sth. first for sb.; **einem Zeugen den Eid ~**: say the oath for the witness to repeat; **b)** *(zur Prüfung)* recite. **2.** *unr. itr. V.* **a)** *(zur Prüfung)* recite one's examination piece; *(bei Bewerbungen)* audition; **am Staatstheater ~**: audition for the State Theatre; **jmdn. ~ lassen** audition sb.; **b)** *(einen Besuch machen)* **bei jmdm.** [in einer Angelegenheit] ~: call on sb. about a matter; **bei** *od.* **auf einer Behörde ~**: call at an office
vor·springen *unr. itr. V.*; *mit sein* **a)** *(ugs.)* **hinter einem Auto ~**: jump out from behind a car; **b)** *(weit hervorstehen)* jut out; project; **ein ~des Kinn** a prominent chin
Vor·sprung der a) *(vorspringender Teil)* projection; *(Fels—)* ledge; **b)** *(räumlicher, zeitlicher Vorteil)* lead; **einen [knappen] [vor jmdm.] haben** have a [slight] lead [over sb.]; **be** [slightly] ahead [of sb.]; **jmdm. einen ~ geben** give sb. a start; **jmdm. zehn Schritte/einen zehnminütigen ~ geben** give sb. ten paces'/ten minutes' start
Vor·stadt die suburb; **in der ~ wohnen** live in the suburbs
vor·städtisch *Adj.* suburban
Vor·stand der a) *(leitendes Gremium)(einer Firma)* board [of directors]; *(eines Vereins, einer Gesellschaft)* executive committee; *(einer Partei)* executive; **im ~ sein** be on the board/executive committee/executive; **b)** *(Leiter)* chairman
Vorstands·mitglied das *s.* Vorstand a: member of the board; board member; member of the executive committee; member of the executive
vor|stehen *unr. itr. V.* **a)** *(hervorstehen)* ⟨*house, roof, etc.*⟩ project, jut out; ⟨*teeth, chin*⟩ stick out; ⟨*cheek-bones*⟩ be prominent; **~de Zähne/Augen** buck-teeth *or* projecting teeth/bulging eyes; **b)** *(geh.: leiten)* **einer Institution/dem Haushalt ~**: be the head of an institution/the household; **einem Geschäft/einer Abteilung ~**: be in charge of *or* run a business/department
vorstehend *Adj.* above *attrib.* ⟨*explanation, remarks, etc.*⟩; **im ~en** above; **das Vorstehende** the above
Vorsteher der; **~s,** ~ **a)** *(einer Schule)* headmaster; *(einer Gemeinde)* chairman; *(eines Klosters)* abbot
Vorsteher·drüse die prostate [gland]
Vorsteherin die; ~, **~nen** head; *(einer Schule)* headmistress; *(eines Klosters)* abbess
Vorsteh·hund der pointer; *(langhaarig)* setter
vorstell·bar *Adj.* conceivable; imaginable; **es ist durchaus/[nur] schwer ~, daß ...**: it is quite/scarcely conceivable that ...
vor|stellen 1. *tr. V.* **a)** *(nach vorn stellen)* put ⟨*leg, foot, etc.*⟩ out *or* forward; **die Uhr [um eine Stunde] ~**: put the clock forward [one hour]; **b)** *(bekannt machen nach fig.)* introduce; **jmdn./sich jmdm. ~**: introduce sb./oneself to sb.; **c)** *(bei Bewerbung)* **sich ~**: come/go for [an] interview; **sich beim Personalleiter ~**: go for an interview with the personnel director; **d)** *(darstellen)* represent; **er stellt etwas vor** *(ugs.) (sieht gut aus)* he looks good; *(gilt als Persönlichkeit)* he is somebody; **e)** *(zur Untersuchung)* **sich dem Arzt ~**: go to see the doctor. **2.** *refl. V.* **a)** **sich** *(Dat.)* **etw. ~**: imagine sth.; **stell dir vor, wir würden gewinnen** imagine we won; **ja, stell dir vor!** just imagine!; **ich habe mir das Wochenende ganz anders vorgestellt** the weekend was not at all what I had imagined; **ich kann ihn mir gut als Lehrer ~**: I can easily imagine *or* see him as a teacher; **was haben Sie sich** *(Dat.)* **als Preis vorgestellt?** what price did you have in mind?; **man stelle sich** *(Dat.)* **bitte einmal vor, daß ...**: just imagine that ...; **das muß man sich** *(Dat.)* **[ein]mal ~!** just imagine *or* picture it!; **b) sich** *(Dat.)* **unter etw.** *(Dat.)* **etw. ~**: understand sth. by sth.; **darunter kann ich mir nichts ~**: it doesn't mean anything to me
vorstellig ['foːɐ̯ʃtɛlɪç] *Adj. in* **bei jmdm./etw. ~ werden** *(Papierdt.)* approach sb./sth.
Vor·stellung die a) *(Begriff)* idea; **jmdm. eine ~ von etw. geben** give sb. an idea of sth.; **sich** *(Dat.)* **von jmdm./etw. eine ~ machen** picture sb./sth.; **er macht sich** *(Dat.)* **keine ~ [davon], welche Mühe das kostet** he has no idea how much effort that costs; **das entspricht ganz/nicht meinen ~en** that is exactly/not what I had in mind; **b)** *o. Pl. (Phantasie)* imagination; **das geht über alle ~ hinaus** is unimaginable; **c)** *(Aufführung)* performance; *(im Kino)* showing; **eine starke/schwache ~ geben** *(fig.)* perform well/badly; **d)** *(das Bekanntmachen)* introduction; **e)** *(Präsentation)* presentation; **f)** *(bei einer Bewerbung)* interview; **zur ~ kommen** come for [an] interview
Vorstellungs-: ~gespräch das interview; **~kraft die;** *o. Pl.* [powers *pl.* of] imagination; **~vermögen das;** *o. Pl. s.* **~kraft**
Vor·stopper der *(Fußball)* central defender
Vor·stoß der advance; **einen ~ in ein Gebiet/in den Weltraum unternehmen** push forward *or* advance into an area/venture into space; **einen ~ bei der Geschäftsleitung unternehmen** *(fig.)* make an approach to management
vor|stoßen *unr. itr. V.*; *mit sein* advance; push forward; **in den Weltraum ~**: venture into space
Vor·strafe die *(Rechtsw.)* previous conviction
Vorstrafen·register das *s.* Strafregister
vor|strecken *tr. V.* **a)** stretch ⟨*arm, hand*⟩ out; stick out ⟨*stomach*⟩; **den Kopf/Hals ~**: crane one's neck forward; **b)** *(auslegen)* advance ⟨*money, sum*⟩
vor|streichen *unr. tr. V.* **etw. ~**: give sth. an undercoat; undercoat sth.
Vor·stufe die the preliminary stage
vor|stürmen *itr. V.*; *mit sein* rush *or* charge forward
Vor·tag der day before; previous day; **am ~ der Prüfung** the day before *or* on the eve of the examination
vor|tanzen 1. *tr. V.* **der Tanzlehrer tanzte ihnen den Foxtrott vor** the dancing-teacher

vortasten ... showed them *or* demonstrated how to dance the foxtrot. **2.** *itr. V.* demonstrate one's dancing ability; **jmdm. ~:** dance in front of sb.

vor|tasten *refl. V. (auch fig.)* feel one's way forward

vor|täuschen *tr. V.* feign ⟨interest, illness, etc.⟩; simulate ⟨reality etc.⟩; fake ⟨crime⟩

Vor·täuschung die s. vortäuschen: feigning; simulation; faking; **unter ~ falscher Tatsachen** under false pretences

Vor·teil [*od.* 'fɔrtail] der **a)** advantage; **~e und Nachteile einer Sache gegeneinander abwägen** weigh up the pros and cons *or* the advantages and disadvantages of sth.; **einen ~ aus etw. ziehen** derive an *or* some advantage from sth.; benefit from it.; **auf seinen [eigenen] ~ bedacht sein** have an eye to the main chance *or* to one's own interests; **jmdm. gegenüber im/sehr im ~ sein** have an/a great advantage over sb.; **[für jmdn.] von ~ sein** be advantageous [to sb.]; **sich zu seinem ~ verändern** change for the better; **b)** *(Fußball, Hockey, Rugby usw.)* advantage; **~ gelten lassen, auf ~ erkennen** ⟨referee⟩ play advantage; **c)** *(Tennis)* advantage; **~ Aufschläger** ad in

vorteilhaft 1. *Adj.* advantageous. **2.** *adv.* advantageously; **sich auf etw.** *(Akk.)* **~ auswirken** have a favourable *or* beneficial effect on sth.; **sich ~ kleiden** wear clothes that suit one

Vortrag [-tra:k] der; ~[e]s, Vorträge [-trɛːgə] **a)** *(Rede)* talk; *(wissenschaftlich)* lecture; **einen ~ halten** give a talk/lecture; **b)** *(Darbietung)* presentation; performance; *(eines Gedichts)* recitation; rendering

vor|tragen *unr. tr. V.* **a)** *(darbieten)* perform ⟨gymnastic routine etc.⟩; sing ⟨song⟩; perform, play ⟨piece of music⟩; recite ⟨poem⟩; **b)** *(darlegen)* present ⟨case, matter, request, demands⟩; lodge, make ⟨complaint⟩; express ⟨wish, desire⟩; **ich habe ihm die Gründe für meinen Entschluß vorgetragen** I told him the reasons for my decision

Vortragende der/die; *adj. Dekl.* speaker; *(bei wissenschaftlichem Vortrag)* lecturer

Vortrags-: ~reihe die series of lectures/talks; **~reise** die lecture tour

vor·trefflich 1. *Adj.* excellent; splendid; superb ⟨singer, player, swimmer, etc.⟩; **~ schmecken** taste excellent *or* superb. **2.** *adv.* excellently; splendidly; ⟨sing, play, swim, etc.⟩ superbly; **sich ~ für etw. eignen** be perfectly *or* excellently suited for sth.

Vortrefflichkeit die; ~: excellence

vor|treiben *unr. tr. V.* drive ⟨tunnel, shaft⟩

vor|treten *unr. itr. V.; mit sein* step forward

Vor·tritt der; *o. Pl.* **a) jmdm. den ~ lassen** *(auch fig.)* let sb. go first; **Damen haben den ~:** ladies first; **b)** *(schweiz.) s.* Vorfahrt

Vortrupp der advance guard; *(fig.)* vanguard

vor|turnen *tr. V.* **[jmdm.] eine Übung ~:** perform a gymnastic exercise [in front of sb.]; *(zur Nachahmung)* demonstrate a gymnastic exercise [to sb.]

Vor·turner der demonstrator [gymnast]

vorüber *Adv.* **a)** *(zeitlich)* over; **~ sein** be over; ⟨pain⟩ be gone; ⟨danger⟩ be past; **die Gelegenheit ist noch nicht ~:** the opportunity has not yet passed *or* is still there; **das ist aus und ~** *(ugs.)* that is [all] over and done with; **b)** *(räumlich)* past; **an etw.** *(Dat.)* **~:** past sth.

vorüber|gehen *unr. itr. V.; mit sein* **a)** go *or* walk past; pass by; **an jmdm./etw. ~:** go past sb./sth.; pass sb./sth.; *(achtlos)* pass sb./sth. by; **im Vorübergehen** in passing; *(fig.: nebenbei)* in a trice; **b)** *(fig.)* **an jmdm./etw. ~:** ignore sb./sth.; **die Krise ist an uns** *(Dat.)* **vorübergegangen** the crisis passed us by *or* left us untouched; *s. auch* Kelch a; spurlos 2; **c)** *(vergehen)* pass; ⟨pain⟩ go; ⟨storm⟩ pass, blow over; **das geht vorüber**

(ugs.) *(tröstend)* it'll pass; *(scherzh. iron.)* that won't last long; **eine Gelegenheit ~ lassen** let an opportunity slip; miss an opportunity

vorübergehend 1. *Adj.* temporary; passing ⟨interest, infatuation⟩; brief ⟨illness, stay⟩. **2.** *adv.* temporarily; *(auf kurze Zeit)* for a short time; briefly

Vor·urteil das bias; *(voreilige Schlußfolgerung)* prejudice **(gegen** against, towards); **gegen etw. ~e haben** *od. (geh.)* **hegen** be biased/prejudiced against *or* towards sth.

vorurteils-, Vorurteils-: ~frei, ~los 1. *Adj.* open-minded; **2.** *adv.* open-mindedly; **~losigkeit** die; ~: open-mindedness

Vor·väter *Pl.* forefathers

Vor·vergangenheit die *(Sprachw.)* pluperfect

Vor·verkauf der advance sale of tickets; advance booking; **Karten im ~ besorgen** buy tickets in advance; **im ~ kosten die Karten 20 Mark** the tickets cost 20 marks if bought in advance

Vorverkaufs·kasse die advance ticket-office; *(im Theater)* box-office

vor|verlegen *tr. V.* **a)** *(zeitlich)* bring forward **(auf** + *Akk.* to; **um** by); **b)** *(räumlich)* move forward; *(Milit.)* push forward ⟨front, position⟩

vor·veröffentlichen *tr. V.* arrange advance publication of; **vorveröffentlicht werden** appear in advance publication

Vor·verurteilung die condemnation in advance of trial

vor·vor·gestern *Adv.* *(ugs.)* three days ago; the day before the day before yesterday

vor|wagen *refl. V.* dare to go forward *or* (Mil.) advance; **sich zu weit ~:** venture too far forward; *(fig.)* stick one's neck out too far *(coll.)*

Vorwahl die **a)** *(Politik)* preliminary election; *(in den USA)* primary; **b)** *(Fernspr.)* dialling code

Vor·wahlkampf der *(Polit.)* advance election campaign

Vorwähl·nummer die *(Fernspr.)* dialling code

Vorwand der; ~[e]s, Vorwände pretext; *(Ausrede)* excuse; **etw. zum ~ nehmen** use sth. as a pretext/an excuse; **unter dem ~, daß ...:** giving as one's pretext that ...

vor|wärmen *tr. V.* warm ⟨bed, room, teapot, etc.⟩ beforehand; *(bes. Technik)* pre-heat ⟨air, oven, etc.⟩

vor|warnen *tr. V.* **jmdn. ~:** give sb. advance warning; warn sb. [in advance]; **vorgewarnt sein** be forewarned

Vor·warnung die [advance] warning; **~ geben** give an early *or* advance warning

vor·wärts *Adv.* forwards; *(weiter)* onwards; *(mit der Vorderseite voran)* facing forwards; **~ marsch!** *(Milit.)* forward, march!; **~! (weiter!)** come on!; **den Wagen ~ einparken** park the car nose first; **ein Schritt ~** *(auch fig.)* a step forwards; **mach mal [etwas] ~!** *(ugs.)* get a move on! *(coll.)*; **eine Rolle/ein Salto ~:** a forward roll/somersault; **das Buch kenne ich ~ und rückwärts** I know the book inside out

vorwärts-, Vorwärts-: ~|bringen *unr. ~bringen* allow sb. to make progress; **~gang** der forward gear; **~|gehen** *unr. itr. V.; mit sein* make progress; **mit der Arbeit will es nicht ~gehen** the work isn't getting anywhere; **~|kommen** *unr. itr. V.; mit sein* make progress; *(im Beruf, Leben)* get on; get ahead; **~strategie** die strategy of attack; **~verteidigung** die *(Milit.)* forward defence

Vor·wäsche die prewash

Vorwasch·gang der prewash programme

Vor·weg der **im ~[e]** in anticipation

vor·weg *Adv.* **a)** *(vorher)* beforehand; **um**

es ~ zu sagen ...: let me say right away ...; **b)** *(voraus)* in front; ahead; **~ marschieren** march at the head of the column; **c)** *(vor allem)* above all

Vorwegnahme die; ~: anticipation

vorweg|nehmen *unr. tr. V.* anticipate; **um das Ergebnis vorwegzunehmen, ...,** to come straight to the result ...

Vor·wehe die *(Med.)* early contraction

vor·weihnachtlich 1. *Adj.* pre-Christmas. **2.** *adv.* **~ gestimmt** in a pre-Christmas mood; **~ dekoriert** adorned with Christmas decorations

Vor·weihnachtszeit die pre-Christmas period

vor|weisen *unr. tr. V.* produce; **~ können, vorzuweisen haben** *(fig.)* possess ⟨knowledge, experience, etc.⟩

vor|werfen *unr. tr. V.* **a)** *(zum Vorwurf machen)* **jmdm. etw. ~:** reproach sb. with sth.; *(beschuldigen)* accuse sb. of sth.; **jmdm. ~, etw. getan zu haben** reproach sb. with *or* accuse sb. of doing *or* having done sth.; **jmdm. Parteilichkeit/Rücksichtslosigkeit ~:** accuse sb. of being biased/careless; **ich habe mir nichts vorzuwerfen** I've nothing to reproach myself for; **sie haben sich** *(Dat.)* **[gegenseitig] nichts vorzuwerfen** one is as bad as the other; **b)** *(hinwerfen)* **etw. den Tieren [zum Fraß] ~:** throw sth. to the animals [as food]; **c)** *(nach vorn werfen)* throw ⟨head, ball, etc.⟩ forward

Vor·werk das **a)** *(veralt.: eines Guts)* outlying farm; **b)** *(hist.: einer Festung)* outworks *pl.*

vor|wiegen *unr. itr. V.* predominate

vor·wiegend *Adv.* mainly

Vor·wissen das previous *or* existing knowledge; *(über einen bestimmten Sachverhalt)* foreknowledge; prior knowledge

Vor·witz der; *o. Pl.* bumptiousness; *(eines Kindes)* pertness; *(Anmaßung)* presumption; *(Neugier)* excessive curiosity

vor·witzig 1. *Adj.* bumptious; pert ⟨child⟩; *(anmaßend)* presumptuous ⟨speech etc.⟩; *(neugierig)* curious. **2.** *adv.* *(anmaßend)* presumptuously

vor|wölben 1. *tr. V.* push out ⟨stomach etc.⟩. **2.** *refl. V.* bulge; ⟨curtain, sail⟩ billow [out]; **vorgewölbt** puffed-out ⟨chest⟩; pouting ⟨lips⟩

Vor·wort das; *Pl.* ~e foreword; preface

Vor·wurf der reproach; *(Beschuldigung)* accusation; **jmdm. etw. zum ~ machen** reproach sb. with sth.; **jmdm. [wegen etw.] einen ~/Vorwürfe machen** reproach sb. [for sth.]; **sich** *(Dat.)* **[wegen etw.] [bittere] Vorwürfe machen** reproach *or* blame oneself [bitterly] [for sth.]; **..., sagte er mit leisem ~ [in der Stimme]** ..., he said in a tone of gentle reproach

vorwurfs·voll 1. reproachful. **2.** *adv.* reproachfully

vor|zählen *tr. V.* **[jmdm.] Geld usw. ~:** count out money *etc.* for sb.

Vor·zeichen das **a)** *(Omen)* omen; **b)** *(Math.)* [algebraic] sign; **unter anderen/mit veränderten ~** *(fig.)* under different/changed conditions; **c)** *(Musik)* sharp/flat [sign]; *(für Tonart)* key signature

vor|zeichnen *tr. V.* **a)** make a preparatory sketch for ⟨picture etc.⟩; **b)** *(zur Nachahmung)* **jmdm. etw. ~:** draw sth. for sb. to copy; **c)** *(im voraus festlegen)* lay down, set ⟨policy etc.⟩; *(vorschreiben)* prescribe ⟨path⟩

vorzeigbar *Adj.* presentable

vor|zeigen *tr. V.* produce, show ⟨passport, ticket, etc.⟩; show ⟨hands, finger-nails⟩

Vor·zeit die prehistory; **in grauer ~:** in the dim and distant past

vorzeitig 1. *Adj.* premature ⟨birth, death, ageing⟩; early ⟨retirement⟩. **2.** *adv.* prematurely; **~ pensioniert werden** be retired early

Vorzeitigkeit die; ~ *(Sprachw.)* anteriority

1597

vor·zeitlich *Adj.* prehistoric
Vor·zensur *die* a) preliminary censorship; b) *(Schulw.)* classwork mark *(to be combined with examination marks in deciding the final grading)*
vor|ziehen *unr. tr. V.* a) *(lieber mögen)* prefer; *(bevorzugen, besser behandeln)* favour, give preference to ⟨person⟩; **etw. einer Sache** *(Dat.)* **~**: prefer sth. to sth.; **ich ziehe ihn seinem Bruder vor** I prefer him to *or* like him better than his brother; **das jüngste Kind wird oft [den anderen] vorgezogen** the youngest child is often given preference [over the others]; b) *(zuziehen)* draw ⟨curtain⟩; c) *(vorverlegen)* bring forward ⟨date⟩ **(um by)**; **der Arzt hat mich vorgezogen** *(ugs.)* the doctor gave me priority; **vorgezogene Wahlen** early elections; d) *(nach vorn ziehen)* pull forward; *(Milit.)* move ⟨troops⟩ forward
Vor·zimmer *das* a) outer office; anteroom; b) *(österr.: Diele)* hall
Vorzimmer·dame *die* receptionist
Vor·zug *der* a) *o. Pl.* preference (**gegenüber** over); **jmdm./einer Sache den ~ geben** prefer sb./sth.; *(Vorrang)* give precedence to sb./sth.; **den ~ haben** be preferred/take precedence; b) *(gute Eigenschaft)* good quality; merit; *(Vorteil)* advantage; c) *(österr. Schulw.: Auszeichnung)* distinction; d) *(Vorrecht, Vergünstigung)* privilege
vorzüglich [fo:ɐ̯'tsy:klɪç] 1. *Adj.* excellent; first-rate; *(in Briefen)* **mit ~er Hochachtung** *(veralt.)* yours faithfully; your obedient servant *(dated)*; **~ schmecken** taste excellent. 2. *adv.* excellently; **~ speisen** have an excellent meal
Vorzüglichkeit *die; ~, ~en* excellence
vorzugs-, Vorzugs-: **~aktie** *die (Wirtsch.)* preference share; **~milch** *die* best quality milk; **~weise** *Adv. (hauptsächlich)* primarily; *(besonders)* especially; particularly; *(am liebsten)* preferably
Vota, Voten *s.* **Votum**
votieren [vo'ti:rən] *itr. V. (geh.)* vote
Votiv·bild *das* votive picture
Votum ['vo:tʊm] *das; ~s, Vota od. Voten* a) vote; b) *(geh.: Urteil)* judgment
Voyeur [voa'jø:ɐ̯] *der; ~s, ~e* voyeur
VP *Abk.* **(DDR)** Volkspolizei
VR *Abk.* Volksrepublik
vulgär [vʊl'gɛ:ɐ̯] 1. *Adj.* vulgar. 2. *adv.* in a vulgar way; **er drückt sich sehr ~ aus** he uses very vulgar language
Vulgarität [vʊlgari'tɛ:t] *die; ~, ~en* vulgarity
Vulgär·latein *das* vulgar Latin
Vulkan [vʊl'ka:n] *der; ~s, ~e* volcano; **wie auf einem ~ leben** be sitting on a powderkeg; *s. auch* **Tanz a**
Vulkan·ausbruch *der* volcanic eruption
vulkanisch *Adj.* volcanic
Vulkanisier·anstalt *die (veralt.)* vulcanizing plant
vulkanisieren *tr. V.* vulcanize
Vulkanismus *der; ~*: volcanism *no art.*
Vulva ['vʊlva] *die; ~, Vulven* vulva
v. u. Z. *Abk.* vor unserer Zeit[rechnung] BC

W

w, W [ve:] *das; ~s, ~*: w, W
W *Abk.* a) West, Westen W.; b) Watt W.
WAA *Abk.* Wiederaufbereitungsanlage
Waadt [va[:]t] *die; ~*, **Waadt·land** *das* Vaud *no art.*
Waage ['va:gə] *die; ~, ~n* [pair *sing.* of] scales *pl.*; *(Gold~, Apotheker~ usw.)* balance; *(Brücken~)* weighbridge; **etw. mit der ~ wiegen** weigh sth. on the scales; **er bringt 80 kg auf die ~** *(ugs.)* he tips the scales at 80 kilos; **sich** *(Dat.) od.* **einander die ~ halten** balance out; balance one another; *s. auch* **Zünglein b**; b) *(Astrol., Astron.)* **[die] ~**: Libra; **er ist [eine] ~**: he is a Libra *or* Libran
waage-, Waage-: **~balken** *der* balance *or* scale beam; **~recht** 1. *Adj.* horizontal; 2. *adv.* horizontally; **~rechte** *die; Dekl.* a) *(Linie)* horizontal line; horizontal; b) *o. Pl. (Lage)* horizontal position; **in der ~n** horizontal; level; *(flach liegend)* flat
waag·recht *s.* **waagerecht**
Waag·schale *die* scale pan; **etw. in die ~schale werfen** *(fig.)* bring sth. to bear
wabb[e]lig ['vab(ə)lɪç] *Adj. (ugs.)* wobbly; flabby ⟨muscles, flesh⟩
Wabe ['va:bə] *die; ~, ~n* honeycomb
Waben·honig *der* comb honey
wabern *itr. V. (geh.)* a) ⟨smoke, mist, cloud⟩ swirl, drift; ⟨steam⟩ billow; *(fig.)* fluctuate; b) *(flackern, lodern)* ⟨flames etc.⟩ flicker
wach [vax] 1. *Adj.* a) awake; **in ~em** *od.* **im ~en Zustand** in a state of wakefulness; **jmdn. ~ machen** wake sb. up; **jmdn. ~ küssen** wake sb. with a kiss; **sich ~ halten** stay awake; **er wurde früh ~**: he woke up early; b) *(aufmerksam, rege)* alert ⟨mind, eyes, etc.⟩; attentive ⟨audience⟩; lively, keen ⟨interest⟩; **mit ~em Verstand** with an alert *or* lively mind. 2. *adv.* alertly; attentively
Wach-: **~ablösung** *die* changing of the guard/watch; **eine politische ~ablösung** *(fig.)* a change of political leadership; **~boot** *das* patrol boat; **~dienst der** *(Milit.)* guard *or* sentry duty; *(Seew.)* watch [duty]; **~dienst haben** *(Milit.)* be on guard *or* sentry duty; *(Seew.)* be on watch; have the watch
Wache ['vaxə] *die; ~, ~n* a) *(Wachdienst) (Milit.)* guard *or* sentry duty; *(Seew.)* watch [duty]; *(Seew.: Zeitabschnitt)* watch; **~ haben** *od.* **halten** *(Milit.)* be on guard *or* sentry duty; *(Seew.)* be on watch; have the watch; **~ schieben** *(ugs.)* do sentry duty; **~ gehen** *(Seemannsspr.)* do watch duty; **~ stehen** *(Milit.)* stand on guard; *(Ausschau halten)* keep look-out; b) *(Wächter)* guard; *(Milit.: Posten)* sentry; **eine ~ aufstellen** post a guard/sentry; c) *(Mannschaft) (Milit.)* guard; *(Seew.)* watch; d) *(Wachlokal)* guardroom; *(Gebäude)* guardhouse; *(Polizei~)* police station
wachen *itr. V.* a) *(geh.: wach sein)* be awake; b) *(um jmdn. zu betreuen)* **bei jmdm. ~**: stay up at sb.'s bedside; sit up with sb.; c) **über etw.** *(Akk.)* **~**: watch over *or* keep an eye on sth.; *(überwachen)* supervise sth.; **er wachte darüber, daß ...**: he watched carefully to ensure that ...
wach-, Wach-: **~habend** *Adj.* **~habender Offizier** *(Milit.)* duty officer; *(Seew.)* officer of the watch; **~habende** *der; adj. Dekl. (Milit.)* person on guard; guard; *(Seew.)* watch; **~|halten** *unr. tr. V.* keep ⟨interest, memory, etc.⟩ alive
Wachheit *die; ~*: alertness; *(Scharfsinn)* acuity
Wach-: **~hund** *der* guard-dog; watch-dog; **~lokal** *das (Milit.)* guardroom; **~mann** *der; Pl.* **~männer** *od.* **~leute** a) watchman; b) *(österr.: Polizist)* policeman; **~mannschaft** *die (Milit.)* guard detachment
Wacholder [va'xɔldɐ] *der; ~s, ~* a) juniper; b) *(Schnaps)* spirit *from juniper berries;* ≈ gin
Wacholder-: **~beere** *die* juniper berry; **~schnaps** *der s.* **Wacholder b**
wach-, Wach-: **~posten** *der (Milit.)* guard; sentry; **~rufen** *unr. tr. V.* rouse ⟨enthusiasm, ambition, etc.⟩; evoke, bring back ⟨memory, past⟩; **~|rütteln** *tr. V.* rouse *or* shake ⟨person⟩ out of his/her apathy; stir ⟨conscience⟩
Wachs [vaks] *das; ~es, ~e* wax; **er wurde weich wie ~**: he became really amenable; **~ in jmds. Hand** *od.* **Händen sein** *(fig.)* be like wax in sb.'s hands
Wachs·abdruck *der* wax impression
wachsam ['vaxza:m] 1. *Adj.* watchful; vigilant; **sei ~!** be on your guard!. 2. *adv.* vigilantly
Wachsamkeit *die; ~*: vigilance
wachs-, Wachs-: **~bild** *das* wax relief; **~bohne** *die* wax bean
¹**wachsen** *unr. itr. V.;* **mit sein** a) grow; ⟨shadow⟩ lengthen; ⟨building⟩ rise; **sich** *(Dat.)* **einen Bart ~ lassen** grow a beard; **sich** *(Dat.)* **die Haare/die Fingernägel ~ lassen** let one's hair/finger-nails grow long; **ein schlank gewachsener Mann** a slimly-built man; **er ist mit** *od.* **an seiner Verantwortung gewachsen** *(fig.)* he has grown with his responsibilities; b) *(fig.: allmählich entstehen)* evolve [naturally]; **eine gewachsene Stadt** a city which has evolved naturally; **eine gewachsene Ordnung** an organic order; c) *(fig.: größer werden)* grow; ⟨wealth, danger, etc.⟩ grow, increase; ⟨flood, tide⟩ rise; ⟨tension, excitement, anger, astonishment⟩ grow, mount
²**wachsen** *tr. V.* wax; *(polieren)* wax-polish
wächsern ['vɛksɐn] *Adj. (geh.: bleich)* waxen
Wachs-: **~figur** *die* waxwork; wax figure; **~figuren·kabinett** *das* waxworks *sing. or pl.*; waxworks museum; **wir waren im ~figurenkabinett** we went to see the waxworks; **~kerze** *die* wax candle; **~malerei** *die* encaustic; **~mal·kreide** *die* wax crayon
Wach·soldat *der* a) sentry; b) *(eines Garderegiments)* Guard
Wachspapier *das* waxed paper
wächst [vɛkst] 2. *u.* 3. *Pers. Sg. Präsens v.* **wachsen**
Wachs·tafel *die* wax tablet
Wach·stube *die* a) *(Milit.)* guardroom; b) *(Polizeiwache)* duty room
Wachs·tuch *das* a) *Pl.* **~tuche** *(Material)* oilcloth; b) *Pl.* **~tücher** oilcloth tablecloth
Wachstum ['vakstu:m] *das; ~s,* **im ~ zurückgeblieben** stunted ⟨tree etc.⟩; underdeveloped ⟨person⟩
wachstums-, Wachstums-: **~fördernd** *Adj.* promoting growth *postpos.;* **~fördernd wirken** promote growth; **~hemmend** *Adj.* inhibiting growth *postpos.;* **~hemmend wirken** inhibit growth; **~hormon** *das* growth hormone; **~rate** *die (bes. Wirtsch.)* growth rate; **~störung** *die* growth disorder
wachs·weich 1. *Adj.* a) as soft as butter *postpos.;* b) *(fig.: ängstlich, gefügig)* [weak and] submissive
Wacht [vaxt] *die; ~, ~en (geh.)* guard *or* sentry duty; **~ haben** *od.* **halten** be on guard *or* sentry duty

Wächte ['vɛçtə] die; ~, ~n [snow] cornice
Wachtel ['vaxtl] die; ~, ~n quail
Wächter ['vɛçtɐ] der; ~s, ~: guard; (Leib~) bodyguard; (Nacht~, Turm~) watchman; (Park~) [park-]keeper; (fig.) guardian
Wącht-: ~**meister** der a) (Dienstgrad der Polizei) constable (Brit.); patrolman (Amer.); b) (ugs.: Polizist) policeman; (als Anrede) Herr ~meister officer; c) (Milit. hist.) sergeant; ~**posten** der s. Wachposten
Wach·traum der day-dream; waking dream
Wach[t]·turm der watch-tower
Wach- und Schließgesellschaft die property security company
Wach-: ~**zimmer** das (österr.) [police] duty room; ~**zustand** der waking state
wąckelig 1. Adj. a) (nicht stabil) wobbly ⟨chair, table, etc.⟩; loose ⟨tooth⟩; shaky, rickety ⟨structure⟩; rickety ⟨car, furniture⟩; b) (ugs.: kraftlos, schwach) frail ⟨person⟩; frail, doddery ⟨old person⟩; ~ auf den Beinen sein be in a bit shaky on one's feet; c) (fig. ugs.: gefährdet, bedroht) dodgy (Brit. coll.) ⟨business⟩; insecure, shaky ⟨job⟩; er steht in der Schule/in Latein ziemlich ~: things are dodgy for him at school (Brit. coll.)/his Latin is somewhat shaky. 2. adv. ~ stehen be wobbly; (nicht festgefügt sein) be shaky/rickety
Wąckel·kontakt der (Elektrot.) loose connection
wackeln ['vakl̩n] itr. V. a) wobble; ⟨post etc.⟩ move about; ⟨tooth etc.⟩ be loose; ⟨house, window, etc.⟩ shake; **mit dem Kopf/den Ohren/den Hüften ~**: waggle or wag one's head/ears/wiggle one's hips; **der Hund wackelte mit dem Schwanz** the dog wagged its tail; b) mit sein (ugs.: gehen) ⟨person⟩ totter; c) (ugs.: gefährdet, unsicher sein) ⟨job, government⟩ be insecure; ⟨firm⟩ be in a dodgy (Brit. coll.) or shaky state
Wąckel·peter der; ~s, ~ (ugs.) wobbly jelly
wacker ['vakɐ] (veralt.) 1. Adj. a) (rechtschaffen) upright; decent; (treu) trusty; worthy; b) (tüchtig) good; **ein ~er Zecher/Esser** a hearty drinker/eater; c) (tapfer, mutig) valiant. 2. adv. a) (tapfer) valiantly; sich ~ halten/schlagen put up a good show; b) (tüchtig) ⟨eat, drink, etc.⟩ heartily
Wącker·stein der (veralt.) lump of rock
wacklig ['vaklɪç] s. wackelig
Wade ['va:də] die; ~, ~n (Anat.) calf
Waden-: ~**bein** das (Anat.) fibula; ~**krampf** der cramp in one's calf; **einen ~krampf bekommen** get cramp in one's calf; ~**wickel** der leg compress
Waffe ['vafə] die; ~, ~n a) (auch fig.) weapon; (Feuer~) firearm; ~**n tragen** bear arms; **der Kriegsdienst mit der ~**: service under arms; **unter ~n stehen** od. **sein** to be under arms; **jmdn. zu den ~n rufen** call sb. to arms; **zu den ~n rufen** issue a call to arms; **die ~n strecken** lay down one's arms; (fig.) give up the struggle; **jmdn. mit seinen eigenen ~n schlagen** (fig.) defeat sb. with his own arguments; b) o. Pl. (veralt.: Waffengattung) arm [of the service]
Waffel ['vafl̩] die; ~, ~n a) waffle; (dünne ~, Eis~) wafer; b) (Eistüte) cone
Waffel·eisen das waffle-iron
waffen-, Waffen-: ~**arsenal** das arsenal [of weapons]; (Versteck) cache of arms; ~**besitz** der possession of a firearm/firearms; ~**bruder** der (geh.) brother- or comrade-in-arms; ~**gang** der (geh.) engagement; (fig.) clash; ~**gattung die** a) (Truppengattung) arm [of the service]; b) (Teilstreitkraft) armed service; ~**gewalt** die; o. Pl. armed force; **mit ~gewalt** by force of arms; ~**handel** der arms trade; arms trading; ~**händler** der arms dealer; ~**kammer** die (Milit.) armoury; ~**lager** das arsenal; ~**rock** der (veralt.) tunic; ~**ru-**

he die cease-fire; ~**schein** der firearms licence; ~**schmied** der armourer; ~**schmiede** die (geh.) armoury; ~**schmuggel** der gun-running; ~**-SS** die (ns.) armed divisions of the SS; **Waffen-SS**; ~**starrend** Adj. (geh.) armed to the teeth postpos.; ~**still·stand** der armistice; [permanent] cease-fire; ~**stillstands·abkommen** das armistice agreement; ~**still·stands·linie** die cease-fire line; ~**technik** die arms technology no art.
wägbar ['vɛ:kba:ɐ̯] Adj. nicht ~: imponderable; **ein kaum ~es Risiko** a risk which it is barely possible to gauge
Wage·mut der; o. Pl. daring; audacity
wage·mutig Adj. daring; audacious
wagen ['va:gn̩] 1. tr. V. risk, [es] ~, etw. zu tun dare to do sth.; **einen Versuch/eine Wette ~**: dare to make an attempt/a bet; risk an attempt/a bet; **eine Bitte/Behauptung ~**: venture a request/statement; **wer nicht wagt, der nicht gewinnt** (Spr.), **frisch gewagt ist halb gewonnen** (Spr.) nothing ventured, nothing gained; s. auch **gewagt 2. 2.** refl. V. **sich irgendwohin/nicht irgendwohin ~**: venture somewhere/not dare to go somewhere; **sich an etw. (Akk.) ~**: dare to tackle sth.; venture to tackle sth.
Wagen der; ~s, ~: a) (PKW) car; (Omnibus) bus; (LKW) truck, lorry (Brit.); (Liefer~) van; b) (Pferde~) cart; (Kutsche) coach, carriage; (Plan~) wagon; (Zirkus-, Wohn~) caravan (Brit.); trailer (esp. Amer.); **der Große ~** (Astron.) the Plough; the Big Dipper (Amer.); **der Große ~** (Ursa Major) the Great Bear; **der Kleine ~** (Astron.) the Little Dipper (Amer.); (Ursa Minor) the Little Bear; **jmdm. an den ~ fahren** (fig. ugs.) give sb. what for (sl.); pitch into sb. (coll.); **sich [nicht] vor jmds. ~ (Akk.) spannen lassen** (fig. ugs.) not let sb. lead one by the nose; c) (Eisenbahn~) (Personen~) coach; carriage; (Güter~) truck; wagon; car (Amer.); (Straßenbahn~) car; d) (Kinder~, Puppen~) pram (Brit.); baby carriage (Amer.); (Sport~) push-chair (Brit.); stroller (Amer.); e) (Hand~) handcart; f) (Einkaufs~) [shopping] trolley; g) (Schreibmaschinen~) carriage; h) (Servier~, Tee~) trolley
wägen ['vɛ:gn̩] unr. od. regelm. tr. V. a) s. ¹**wiegen 2**; b) (geh.: abwägen) weigh up ⟨pros and cons etc.⟩
Wagen-: ~**burg** die (hist.) defensive circle of wagons; ~**führer** der tram-driver; ~**heber** der jack; ~**ladung** die truckload; lorry-load (Brit.); ~**park** der vehicle pool; ~**pflege** die care of the car; ~**plane** die tarpaulin; ~**rad** das cartwheel; ~**rennen** das (hist.) chariot-race; ~**schlag** der (geh.) s. ~**tür**; ~**schmiere** die cart-grease; ~**tür** die a) (einer Kutsche) carriage door; b) (eines Autos) car door; ~**wäsche** die car wash
Waggon [va'gɔŋ, südd., österr.: va'gɔ:n] der; ~s, ~s, südd., österr.: ~s, ~e a) (Güterwagen) wagon; truck (Brit.); car (Amer.) b) (veralt.: Personenwagen) carriage; coach
waggon·weise Adv. by the wagon-load
waghalsig 1. Adj. daring; risky ⟨speculation⟩; (leichtsinnig) reckless ⟨driver, rider⟩. 2. adv. daringly; ⟨speculate⟩ riskily; (leichtsinnig) recklessly
Wagnerianer [va:gna'ria:nɐ] der; ~s, ~, **Wagnerianerin** die; ~, ~nen Wagnerian
wagnerianisch Adj. Wagnerian
Wagnis ['va:knɪs] das; ~ses, ~se daring exploit or feat; (Risiko) risk
Wahl [va:l] die; ~, ~en a) o. Pl. choice; **eine/seine ~ treffen** make a/one's choice; **jmdm. die ~ lassen** let sb. choose; **es gibt/mir bleibt** od. **ich habe keine [andere] ~**: there is/I have no choice or alternative; **vor die ~ gestellt, nach A oder B zu fahren** faced with the choice between going to A or B; **es ste-**

hen drei Menüs zur Wahl there are three set meals to choose from; **die ~ fiel auf ihn** the choice fell on him; **in die engere ~ kommen** be short-listed or put on the short list (Brit.); **das Mädchen seiner ~** (geh.) his intended; **wer die ~ hat, hat die Qual** (Spr.) it's agonizing to have to choose; b) (in ein Gremium, Amt usw.) election; **die ~[en] zum Bundestag vom 6. März** [to the Bundestag] of 6 March; **in Hessen ist ~** od. **sind ~en** there are elections in Hessen; **ich werde nicht zur ~ gehen** I am not going to vote; **sich zur ~ stellen** stand or (Amer.) run for election; **jmdn. zur ~ vorschlagen** suggest sb. as a candidate; nominate sb.; **seine ~ zum Präsidenten** his election as President or to the Presidency; **geheime ~**: secret ballot; c) (Güteklasse) **erste/zweite/dritte ~**: best/second/third quality; **die Socken sind zweite ~**: the socks are seconds
Wahl- in ~**berliner**/~**bayer** usw. (scherzh.) Berliner/Bavarian etc. by adoption
Wahl-: ~**alter** das voting age; ~**aus·gang** der election result
wählbar Adj. a) eligible for election postpos.; **diese Partei ist für mich einfach nicht ~**: I just couldn't vote for this party; b) (passiv wahlberechtigt) eligible to stand for election postpos.
wahl-, Wahl-: ~**benachrichtigung** die polling card; ~**berechtigt** Adj. eligible or entitled to vote postpos.; ~**berechtigte** der/die; adj. Dekl. person entitled to vote; ~**beteiligung** die turn-out; **die ~beteiligung lag bei 81 %** there was an 81 % turn-out; ~**bezirk** der ward
wählen ['vɛ:lən] 1. tr. V. a) choose; (aus~) select ⟨station, programme, etc.⟩; **seine Worte [sorgfältig/genau] ~**: choose one's words [carefully]; **sich (Dat.) jmdn. zum Vorbild ~**: take sb. as one's model; model oneself on sb.; s. auch **gewählt 2, 3**; b) (Fernspr.) dial ⟨number⟩; c) (durch Stimmabgabe) elect; **jmdn. ins Parlament/in den Vorstand ~**: elect sb. to Parliament/to the board; **jmdn. zum Vorsitzenden ~**: elect sb. as chairman; d) (stimmen für) vote for ⟨party, candidate⟩. 2. itr. V. a) choose; **zwischen zwei Möglichkeiten (Dat.) ~**: choose between two possibilities; **haben Sie schon gewählt?** (im Lokal) are you ready to order?; b) (Fernspr.) dial; c) (stimmen) vote; **konservativ/grün ~**: vote Conservative/for the Greens; **wann wird in Hessen gewählt?** when are the elections in Hessen?
Wähler der; ~s, ~: voter
Wähler·auftrag der mandate [given by the electorate]
Wahl·ergebnis das election result
Wählerin die; ~, ~nen voter
Wähler·initiative die a) voters' campaign; b) (Gruppe) voters' action group
wählerisch Adj. choosy; particular (in + Dat. about); **er war in seiner Ausdrucksweise nicht sehr ~**: his choice of vocabulary was not exactly refined
Wählerschaft die; ~, ~en electorate; **die ~ der SPD** the SPD's voters pl.; those who vote for the SPD
Wähler-: ~**stimme** die vote; ~**verzeichnis** das electoral register or roll
wahl-, Wahl-: ~**fach** das (Schulw.) optional subject; ~**frei** Adj. optional; ~**gang** der ballot; ~**geheimnis** das secrecy or confidentiality of the ballot; ~**geschenk** das pre-election bonus; ~**gesetz** das electoral law; ~**heimat** die adopted country/place of residence; ~**helfer** der a) (bei Wahlen) election worker; b) (Unterstützer einer Partei) supporter (at election time); ~**kabine** die polling-booth; ~**kampf** der election campaign; ~**kreis** der constituency; ~**leiter** der returning officer (Brit.); election official (Amer.); ~**liste** die list of candidates; ~**lokal** das polling-station; ~**los** 1. Adj.

1599

Wahlmöglichkeit / **Waldesrauschen**

indiscriminate; random; **2.** *adv.* indiscriminately; at random; ~**los durcheinander** ⟨*eat, drink, read*⟩ in any *or* old order; ~**mann** *der*; *Pl.* ~**männer** elector *(elected by and representing other voters)*; ~**möglichkeit die** choice; *(Alternative)* alternative; ~**nacht die** election night; ~**niederlage die** election defeat; ~**periode die** legislative period; *(eines Amtsträgers)* term in office; ~**pflicht die** compulsory voting; ~**plakat das** election poster; ~**programm das** election manifesto; ~**propaganda die** election propaganda, ~**recht das a)** *o.Pl.* [**aktives**] ~**recht** right to vote; *(einer Gruppe)* franchise; [**passives**] ~**recht** right to stand [as a candidate] for election; **b)** *(Rechtsvorschriften)* electoral law; ~**rede die** election speech

Wähl·scheibe die *(Fernspr.)* dial

wahl-, Wahl-: ~**schein der** voting permit *(esp. for postal voter)*; ~**sieg der** election victory; ~**spruch der** motto; ~**system das** electoral system; ~**tag der** election day; polling day; ~**urne die** ballot-box; ~**verfahren das** electoral procedure; ~**verhalten das** voting habits *pl.*; ~**versammlung die** election meeting; ~**versprechen das** election promise; ~**verteidiger der** *(Rechtsw.)* defence lawyer chosen by the defendant; ~**verwandschaft die** *(geh.)* feeling of affinity; ~**vorschlag der** nomination; ~**weise** *Adv.* as desired; to choice; ~**weise ... oder ...**: either ... or ... [as desired]

Wahn [vaːn] *der*; ~**[e]s a)** mania; **b)** *(Täuschung)* delusion; **sie ließ ihn in diesem** ~: she let him go on believing this; **er ist in dem** ~ **befangen** *od.* **lebt in dem** ~**, daß ...**: he is labouring under the delusion that ...

wähnen [ˈvɛːnən] *tr. V.* *(geh.)* think [mistakenly]; imagine; **jmdn. in Sicherheit** ~ **sicher** ~: imagine or think sb. is safe

wahn-, Wahn-: ~**idee die** *s.* ~**vorstellung**; ~**sinn der**; *o. Pl.* **a)** insanity; madness; **jmdn. in den** ~**sinn treiben** drive sb. insane; **in** ~**sinn** *od.* **dem** ~**sinn verfallen** go insane; **b)** *(ugs.: Unvernunft)* madness; lunacy; **das ist ja** ~**sinn!** that's just crazy!; **c)** *(salopp)* ~**sinn!** incredible!; amazing!; **dieser Film ist einfach** ~**sinn** this film is just fantastic *(coll.)*; ~**sinnig 1.** *Adj.* **a)** *(geistesgestört)* insane; mad; ~**sinnig werden** go insane; **du machst mich noch** ~**sinnig!** *(ugs.)* you're driving me round the bend *(coll.)*; **wie** ~**sinnig** *(ugs.)* like mad *or* crazy; **ich werde** ~**sinnig!** *(ugs.)* fantastic! *(coll.)*; **b)** *(ugs.: ganz unvernünftig)* mad; crazy; **so etwas Wahnsinniges!** what a crazy idea!; **c)** *(ugs.: groß, heftig, intensiv)* terrific *(coll.)* ⟨*effort, speed, etc.*⟩; terrible *(coll.)* ⟨*fright, job, pain*⟩. **2.** *adv.* *(ugs.)* incredibly *(coll.)*; terribly *(coll.)*; **ich habe** ~**sinnig viel zu tun** I'm terribly *or* terrifically busy *(coll.)*

Wahnsinnige der/die; *adj. Dekl.* maniac; madman/madwoman

Wahnsinnig·werden *in* **es ist zum** ~/**zum** ~ **mit ihm** it's/he's enough to drive you round the bend *or* up the wall *(coll.)*

Wahn·sinns-: ~**idee die** *(ugs.)* crazy idea *(coll.)*; **b)** *(salopp: großartige Idee)* great *or* fantastic idea *(coll.)*; ~**tat die** insane act; act of madness

wahn-, Wahn-: ~**vorstellung die** delusion; ~**witz der** lunacy; insanity; ~**witzig 1.** *Adj.* **a)** insane; **b)** *(ugs.: allzu groß, stark usw.)* insane, lunatic ⟨*speed*⟩; terrible *(coll.)*, awful ⟨*pain*⟩. **2.** *adv.* *(ugs.)* insanely *(coll.)* ⟨*fast, expensive*⟩; incredibly *(coll.)* ⟨*high*⟩; ⟨*hurt*⟩ like hell *(coll.)*

wahr [vaːɐ̯] **1.** *Adj.* **a)** true; [**das**] **ist ja gar nicht** ~! that's just not true!; **davon ist kein Wort** ~: there isn't a word of truth in it; **nicht** ~? translation depends on preceding verb-form; **du hast Hunger, nicht** ~? you're hungry, aren't you?; **nicht** ~**, er weiß es doch?** he does know, doesn't he?; **du hast es vergessen, nicht** ~? you've forgotten it, haven't you?; **das darf [doch] nicht** ~ **sein!** I don't believe it!; **etw.** ~ **machen** carry sth. out; **so** ~ **ich hier stehe** as surely as I stand here; **so** ~ **mir Gott helfe** so help me God; **was** ~ **ist, muß** ~ **bleiben** facts are facts; **das ist schon gar nicht mehr** ~ *(ugs.)* that was donkey's years ago *(coll.)*; **daran ist etwas Wahres** there's a grain of *or* some truth in that; **b)** **nicht präd.** *(wirklich)* real ⟨*reason, motive, feelings, joy, etc.*⟩; actual ⟨*culprit*⟩; *(echt)* true, real ⟨*friend, friendship, love, art*⟩; *(regelrecht)* veritable ⟨*miracle*⟩; **es war eine** ~**e Pracht** it was really *or* truly magnificent; **im** ~**sten Sinne des Wortes** in the truest sense of the word; **das ist nicht das Wahre** *(ugs.)* it's not exactly ideal; it's not quite the thing; **das ist doch das einzig Wahre** *(ugs.)* that's just what the doctor ordered *(coll.)*; *s. auch* **Jakob**. **2.** *adv.* **sprechen** *(geh.)* speak true *(literary)*

wahren *tr. V.* *(geh.)* preserve, maintain ⟨*balance, equality, neutrality, etc.*⟩; maintain, assert ⟨*authority, right*⟩; keep ⟨*promise, secret*⟩; *(verteidigen)* defend, safeguard ⟨*interests, rights, reputation*⟩; **Anstand** ~ observe the proprieties; *s. auch* **Distanz b**; **Form e**; ¹**Gesicht a**; **Schein b**

währen [ˈvɛːrən] *itr. V.* *(geh.)* last; **ein lange** ~**der Prozeß** a process of long duration; **was lange währt, wird endlich gut** *(Spr.)* it will be/was worth it in the end

während [ˈvɛːrənt] **1.** *Konj.* **a)** *(zeitlich)* while; **b)** *(adversariv)* whereas. **2.** *Präp. mit Gen.* during; *(über einen Zeitraum von)* for; ~ **des ganzen Tages** all day [long]

während·dem *(ugs.)*, **während·des** *(geh.)*, **während·dessen** *Adv.* in the mean time; meanwhile

wahr|haben *unr. tr. V.* **in etw. nicht** ~ **wollen** not want to admit sth.

wahrhaft *(geh.)* **1.** *Adj.* true; genuine. **2.** *adv.* truly

wahrhaftig 1. *Adj.* *(geh.)* truthful ⟨*person*⟩; *(wahr)* true, truthful ⟨*statement*⟩; **der** ~ **e Gott** the true God; ~**er Gott!** good God!. **2.** *adv.* really; genuinely; **das habe ich nicht gewollt,** ~ **nicht!** I didn't want that, really I didn't!; **wirklich und** ~: really and truly

Wahrhaftigkeit die; ~ *(geh.)* truthfulness

Wahrheit die; ~, ~**en** truth; **die** ~ **eines Berichts** the accuracy *or* faithfulness of an account; **in** ~: in truth; in reality; **die** ~ **sagen** *od.* *(geh.)* **sprechen** tell *or* speak the truth; **um der** ~ **willen** ... to be truthful ...

wahrheits-; Wahrheits-: ~**beweis der** proof of truth; ~**findung die** *(Rechtsw.)* ascertainment of the truth; ~**gehalt der** truth; ~**gemäß 1.** *Adj.* truthful; accurate ⟨*information*⟩; **2.** *adv.* truthfully; ~**getreu 1.** *Adj.* truthful; faithful, accurate ⟨*account*⟩; **2.** *adv.* truthfully, accurately; ~**liebe die** love of truth; ~**liebend** *Adj.* honest

wahrlich *Adv.* *(geh.)* really; truly; ~**, ich sage euch: ...** *(bibl.)* verily I say unto you, ...

wahrnehmbar *Adj.* perceptible; *(hörbar)* audible

wahr|nehmen *unr. tr. V.* **a)** *(mit den Sinnen erfassen)* perceive, discern ⟨*spüren*⟩ feel; detect ⟨*sound, smell*⟩; *(bemerken)* notice; be aware of; *(erkennen, ausmachen)* make out; discern; detect, discern ⟨*atmosphere, undertone*⟩; **er nimmt alles, was um ihn herum vorgeht, genau wahr** he takes in everything going on around him; **b)** *(nutzen)* take advantage of ⟨*opportunity*⟩; exploit ⟨*advantage*⟩; exercise ⟨*right*⟩; **die Vorfahrt** ~: exercise one's right of way; **c)** *(vertreten)* look after ⟨*sb.'s interests, affairs*⟩; **d)** *(erfüllen, ausführen)* carry out, perform ⟨*function, task, duty*⟩; fulfil ⟨*responsibility*⟩

Wahrnehmung die; ~, ~**en a)** perception; *(eines Sachverhalts)* awareness; *(eines Geruchs, eines Tons)* detection; **b)** *(Nutzung)* *(eines Rechts)* exercise; *(einer Gelegenheit, eines Vorteils)* exploitation; **c)** *(Vertretung)* representation; **in** ~ **von jmds. Interessen** in sb's interest; **d)** *(einer Funktion, Aufgabe, Pflicht)* performance; execution; *(einer Verantwortung)* fulfilment

Wahrnehmungs·vermögen das; *o. Pl.* faculty of perception

wahr·sagen, wahr|sagen 1. *itr. V.* tell fortunes; **sich** *(Dat.)* **[von jmdm.]** ~ **lassen** have one's fortune told [by sb.]; **aus den Karten/den Handlinien** ~: read the cards/palms. **2.** *tr. V.* predict, foretell ⟨*future*⟩; **sie hat ihm gewahrsagt, daß er ...**: she predicted that he ...

Wahrsager der; ~**s,** ~: fortune-teller

Wahrsagerei die; ~: fortune-telling *no def. art.*

Wahrsagerin die; ~, ~**nen** fortune-teller

Wahrsagung die; ~, ~**en** prediction

währschaft [ˈvɛːɐ̯ʃaft] *Adj.* *(schweiz.)* durable ⟨*material*⟩; solid ⟨*roof*⟩; wholesome ⟨*food*⟩; strong ⟨*coffee*⟩; reliable ⟨*workman*⟩

wahrscheinlich 1. *Adj.* probable; likely; ~ **klingen** sound plausible; **wenig** ~: not very likely; **das halte ich für das Wahrscheinlichste** I think that's the most likely answer; **nicht im Bereich des Wahrscheinlichen liegen** be beyond the bounds of probability. **2.** *adv.* probably

Wahrscheinlichkeit die; ~, ~**en** probability *(also Math.)*; likelihood; **mit einiger/hoher** *od.* **großer** ~: quite/very probably; **aller** ~ **nach** in all probability

Wahrscheinlichkeits-: ~**grad der** degree of probability; ~**rechnung die** *(Math.)* probability calculus

Wahrung die; ~: preservation; maintenance; *(eines Versprechens, Geheimnisses)* keeping; *(von Interessen, Rechten, Ruf)* defence; safeguarding; **die** ~ **des Anstandes** the observation of the proprieties

Währung die; ~, ~**en** currency

Währungs-: ~**block der**, *Pl.* ~**blöcke** currency bloc; ~**einheit die** currency unit; monetary unit; ~**reform die** currency reform; ~**reserve die** currency reserve; ~**schlange die** *(Wirtsch.)* [EEC] currency snake; ~**system das** currency system; ~**union die** currency union; **Währungs-, Wirtschafts- und Sozialunion** social, economic, and currency union

Wahr·zeichen das symbol; *(einer Stadt, einer Landschaft)* [most famous] landmark

Waise [ˈvaɪ̯zə] *die;* ~, ~**n** orphan; **er/sie ist** ~: he/she is an orphan

Waisen-: ~**haus das** orphanage; ~**kind das** orphan; ~**knabe der** *(veralt.)* orphaned boy; **gegen jmdn. der reinste** ~**knabe sein** *(ugs.)* to be a mere novice compared to sb.; ~**rente die** orphan's [social] benefit

Wal [vaːl] *der;* ~**[e]s,** ~**e** whale

Wald [valt] *der;* ~**[e]s, Wälder** [ˈvɛldɐ] wood; *(größer)* forest; **die Tiere des** ~**es** the animals of the forest; **im** ~ **spazierengehen** go walking in the woods; **viel** ~: a great deal of woodland; **in/durch** ~ **und Feld** *od.* **Flur** in/through woods and fields; **ein** ~ **von Masten/Antennen** *(fig.)* a forest of masts/aerials; **ich glaub', ich steh' im** ~ *(salopp)* I don't believe this!; **den** ~ **vor [lauter] Bäumen nicht sehen** *(fig.)* not see the wood for the trees; **wie man in den** ~ **hineinruft, so schallt es heraus** *(Spr.)* you are treated as you treat others

Wald-: ~**ameise die** wood ant; ~**arbeiter der** forestry worker; ~**bestand der** forests *pl.*; *(Fläche)* area of forest; ~**brand der** forest fire

Wäldchen [ˈvɛltçən] *das* copse; spinney

Wald·einsamkeit die *(dichter.)* woodland solitude

Wald·erdbeere die wild strawberry

Waldes-: ~**rauschen das** *(dichter.)* forest

1600

murmurs *pl.*; **~saum** der *(dichter.)* edge of the woods/forest

Wald-: **~frevel** der *s.* Forstfrevel; **~gebiet** das forest area; **~geist** der; *Pl.* **~er** woodland sprite; **~gott** der *(Myth.)* forest god; **~horn** das *Pl.* **~hörner** French horn; *(Jagdhorn)* [large] hunting-horn

waldig *Adj.* wooded

Wald-: **~land** das; *o. Pl.* woodland; **~lauf** der: [einen] **~lauf machen** go jogging through the woods; **~lehr·pfad** der woodland nature trail; **~meister** der; *o. pl. (Bot.)* woodruff

Waldorf- ['valdɔrf]: **~salat** der *(Kochk.)* Waldorf salad; **~schule** die Rudolf Steiner school

wald-, Wald-: **~rand** der edge of the woods *or* the forest; **~reich** *Adj.* densely wooded; **~schrat** der hobgoblin; woodland gnome; **~spaziergang** der walk in the woods; **~sterben** das death of the forest [as a result of pollution]; **~stück** das piece of woodland; **~tier** das forest *or* woodland animal

Waldung die; **~**, **~en** forest

Wald·weg der forest path; *(für Fahrzeuge)* forest track

Wales [weɪlz] **(das); Wales'** Wales

Wal-: **~fang** der; *o. Pl.* whaling *no def. art.*; **auf ~fang gehen/sein** go/be whaling; **~fänger** der whaler; **~fisch** der *(ugs.)* whale

Walhall, Walhalla [val'hal(a)] **(das);** **~s** Valhalla

Waliser [va'liːzɐ] der; **~s, ~**: Welshman

Waliserin die; **~, ~nen** Welshwoman

walisisch [va'liːzɪʃ] **1.** *Adj.* Welsh; **das Walisische** Welsh. **2.** *adv. etw.* **~ aussprechen** pronounce sth. the Welsh way

walken ['valkn̩] *tr. V.* fold ⟨cloth⟩; roll ⟨sheet metal⟩; tumble ⟨leather⟩

Walküre [val'kyːrə] die; **~, ~n** *(nord. Myth., fig.)* Valkyrie

Wall [val] der; **~[e]s, Wälle** ['vɛlə] earthwork; embankment; rampart *(esp. Mil.) (fig.)* wall

Wallach ['valax] der; **~[e]s, ~e** gelding

wallen *itr. V.* **a)** *(brodeln)* boil; **der Zorn brachte sein Blut zum Wallen** *(fig. geh.)* anger made his blood boil; **b)** *(geh.: aufgewühlt sein)* ⟨sea, waves⟩ seethe, churn; **c)** **mit Richtungsangabe mit sein** *(geh.)* ⟨mist, steam⟩ swirl; **d) ~des Haar/~de Gewänder** *(geh.)* flowing hair/robes

wall-, Wall-: **~fahren** *itr. V.; mit sein* make a pilgrimage; **~fahrer** der, **~fahrerin** die pilgrim; **~fahrt** die pilgrimage; **eine ~fahrt machen zu** go on a pilgrimage

Wall·fahrts-: **~kirche** die pilgrimage church; **~ort** der place of pilgrimage

Wall·graben der moat

Wallis ['valɪs] das; **~**: Valais; **im/aus dem ~**: in/from Valais

Wallone [va'loːnə] der; **~n, ~n** Walloon

Wallonien [va'loːniən] **(das);** **~s** Wallonia

Wallonin die; **~, ~nen** Walloon

wallonisch *Adj.* Walloon

Wallung die; **~, ~en a)** *(geh.)* **in ~ sein** be seething *or* churning; **in ~ geraten** start to seethe *or* churn; **in ~ bringen** make ⟨sea, water, etc.⟩ churn; **b)** *(fig. geh.)* **er** *od.* **sein Blut war/geriet in ~**: he *or* his blood was seething/began to seethe; *(vor Leidenschaft)* his feelings were in turmoil *or* inflamed/became inflamed; **jmdn.** *od.* **jmds. Blut in ~ bringen** *(vor Wut, Ärger)* make sb.'s blood boil; *(vor Leidenschaft)* inflame sb. *or* sb.'s feelings; **c)** *(Med.) s.* Hitzewallung

Walm·dach ['valm-] das hipped roof

Wal·nuß ['valnʊs] die walnut

Walnuß·baum der walnut tree

walnuß·groß *Adj.* walnut-sized

Walpurgis·nacht [val'pʊrgɪs-] **die** Walpurgis Night *no art.*

Wal·roß ['valrɔs] das; *Pl.* **~rosse** walrus

Wal·statt die *(dichter. veralt.)* field of battle; **auf der ~ bleiben** *(veralt.)* fall in battle

walten ['valtn̩] **1.** *itr. V.* *(geh.)* **a)** ⟨good sense, good spirit⟩ prevail; ⟨peace, silence, harmony, etc.⟩ reign; **rohe Kräfte haben hier gewaltet** brutal forces have been at work here; **Vorsicht/Gnade/Milde/Strenge usw. ~ lassen** exercise caution/mercy/leniency/rigour *etc.*; **Vernunft ~ lassen** be reasonable. **b)** *(veralt.: das Regiment führen)* rule ⟨über + *Akk.* over⟩; *s. auch* Amt b, schalten 2 d. **2.** *tr. V.* **in das walte Gott** *(geh.)/(salopp scherzh.)* **Hugo** may God grant that this be so/I hope to God it is

Walz die; **~**: *s.* Walze

Walze ['valtsə] die; **~, ~n a)** roller; *(Straßen~)* [road-]roller; *(Schreib~)* platen; *(Tiefdruck~)* gravure cylinder; **b)** *(eines mechanischen Musikinstruments)* barrel; *(hist.: eines Phonographen)* cylinder; **er spielt immer wieder die alte ~** *(ugs.)* he always comes out with the same old story; **c)** *(Geom.)* cylinder; **d)** *(Walzwerk)* rolling-mill; **e)** *o. Pl. (veralt.)* **in auf der ~ sein/gehen** be on/take to the road; **ein Handwerksbursche auf der ~**: an itinerant journeyman

walzen 1. *tr. V. (field, road, steel, etc.).* **2.** *itr. V. (veralt., scherzh.)* **a)** **mit Richtungsangabe mit sein** (Walzer tanzen) waltz; **b)** *mit sein (reisen)* rove; *(ugs.)* hike

wälzen ['vɛltsn̩] **1.** *tr. V.* **a)** roll ⟨round object⟩; heave ⟨heavy object⟩; *(drehen)* roll ⟨person *etc.*⟩ over; *(fig.)* shove ⟨blame, responsibility⟩ ⟨auf + *Akk.* on⟩; **die Arbeit auf jmdn. ~**: lumber sb. with the work; **b)** *(ugs.: studieren)* pore over ⟨books *etc.*⟩; **c)** *(Kochk.: wenden)* etw. **in Mehl** *usw.* **~**: toss sth. in flour *etc.*; **d)** *(ugs.: diskutieren, nachdenken über)* mull over ⟨plans, problem, *etc.*⟩. **2.** *refl. V.* roll; *(auf der Stelle)* roll about *or* around; *(im Krampf, vor Schmerzen)* writhe around; **sich schlaflos im Bett ~**: toss and turn in bed, unable to sleep; **sich vor Lachen ~** *(ugs.)* fall about laughing; **Menschenmengen wälzten sich durch die Straßen** crowds of people thronged through the streets

walzen·förmig *Adj.* cylindrical

Walzer der; **~s, ~**: waltz; **kannst du ~ tanzen?** can you waltz?

Wälzer der; **~s, ~**: *(ugs.)* hefty tome

Walzer-: **~musik** die waltz music; **~takt** der waltz time

Walz-: **~stahl** der rolled steel; **~straße** die *(Technik.)* roll train; **~werk** das rolling-mill

Wampe ['vampə] die; **~, ~n** *(ugs. abwertend)* pot belly

Wams [vams] das; **~es, Wämser** ['vɛmzɐ] **a)** *(hist.: Untergewand zur Rüstung)* gambeson; **b)** *(veralt.: Jacke)* doublet

wand *1. u. 3. Pers. Sg. Prät. v.* winden

Wand [vant] die; **~, Wände** ['vɛndə] **a)** wall; *(Trenn~)* partition; **die eigenen vier Wände** one's own four walls; **..., daß die Wände wackeln** *(ugs.)* ... almost fit to raise the roof *(coll.)*; **jmdn. an die ~ stellen** *(verhüll. ugs.)* put sb. up against a wall *(euphem.)*; **da kann man die Wände hochgehen** *(fig.)* it's enough to drive you up the wall *(coll.)*; **jmdn. an die ~ drücken** *(fig.)* push sb. into the background; **jmdn. an die ~ spielen** *(fig.)* outclass sb.; *(durch Manöver ausschalten)* outmanœuvre sb.; **bei ihm redet man gegen eine ~** *(fig.)* talking to him is like talking to a brick wall; **sie wohnen ~ an ~**: they live next door to one another; they are neighbours; **die Wände haben Ohren** *(ugs.)* walls have ears; **b)** *(bewegliche Trenn~)* screen; **spanische ~**: folding screen; **c)** *(eines Behälters, Schiffs)* side; *(eines Zeltes)* wall; side; *(Biol.)* septum; *(Anat.)* wall; **d)** *(Fels~)* face; wall; **e)** *(Wolken~)* bank of cloud

Wandale [van'daːlə] der; **~n, ~n a)** *(hist.)* Vandal; **b)** *(fig.)* vandal

Wandalismus [vanda'lɪsmʊs] der; **~**: vandalism

Wand·behang der wall hanging

Wandel ['vandl] der; **~s** change; **im ~ der Zeiten/der Jahrhunderte** through the ages/over the centuries

Wandel·anleihe die *(Bankw.)* convertible loan

wandelbar *Adj.* changeable; variable ⟨size, number⟩

Wandel-: **~gang** der promenade; *(im Theater)* foyer; **~halle** die lobby; *(im Theater)* foyer

wandeln 1. *refl. V.* change ⟨in + *Akk.* into⟩. **2.** *tr. V. (verändern)* change; **etw. in etw.** *(Akk.)* **~** *(geh.)* change *or* turn sth. into sth. **3.** *itr. V.; mit sein* *(geh.)* stroll; *s. auch* Leiche; Lexikon a

Wander-: **~ameise** die army ant; **~ausstellung** die touring exhibition; **~bühne** die touring company; **~bursche** der journeyman *(travelling from place to place)*; **~düne** die wandering dune

Wanderer der; **~s, ~**: **a)** walker; *(der weite Wege zurücklegt)* rambler; hiker; **b)** *(dichter.: Reisender)* traveller

Wander-: **~falke** der peregrine falcon; **~gewerbe** das itinerant trade; **~heuschrecke** die migratory locust

Wanderin die; **~, ~nen** *s.* Wanderer

Wander-: **~jahr** das year of travel; *(eines Handwerkers)* journeyman year; **~karte** die rambler's [path] map; **~kleidung** die rambling *or* hiking clothes *pl.*; **~leben** das unsettled life; *(von Nomaden)* nomadic life; **~lied** ramblers' *or* hikers' song

wandern ['vandɐn] *itr. V.; mit sein* **a)** hike; ramble; *(ohne Angabe des Ziels)* go hiking *or* rambling; *(ugs.: gehen)* wander *(lit. or fig.)*; *(fig.)* ⟨glance, eyes, thoughts⟩ roam, wander, **c)** *(ziehen, reisen)* travel; *(ziellos)* roam; *(exhibition, circus, theatre)* tour, travel; *(animal, people, tribe)* migrate; *(fig.)* ⟨cloud, star⟩ drift; **die ~ Stämme** nomadic tribes; **d)** *(sich verlagern)* ⟨glacier, dune, island⟩ move, shift; *(innerhalb des Körpers)* ⟨kidney *etc.*⟩ be displaced; *(foreign body)* migrate; **e)** *(ugs.: befördert werden)* land; **in den Papierkorb/Müll** *usw.* **~**: land *or* be thrown in the waste-paper basket/rubbish-bin *etc.*; **g)** *(fig.: weitergegeben werden)* be handed *or* passed on

Wander-: **~niere** die *(Med.)* floating kidney; **~pokal** der challenge cup; **~prediger** der itinerant preacher; **~ratte** die brown rat

Wanderschaft die; **~**: travels *pl.*; **die Zeit der ~**: the years *pl.* of travel; **auf [der] ~ sein/auf [die] ~ gehen** be on/set off on one's travels; **ein Handwerksbursche auf [der] ~** **ist** a travelling *or* an itinerant journeyman

Wander·schuh der hiking shoe

Wanders·mann der; *Pl.* **~leute** *(veralt.)* wayfarer

Wander-: **~stock** der staff; **~tag** der day's hike *(for a class or school)*

Wanderung die; **~, ~en a)** hike; walking tour; *(sehr lang)* trek; **eine ~ machen** go on a hike/tour/trek; **b)** *(Zool., Soziol.)* migration

Wanderungs·bewegung die *(Soziol.)* migration; migratory movement

Wander-: **~verein** der ramblers' association; **~vogel** der **a)** *(ugs.: begeisterter Wanderer)* keen hiker; **b)** *in der ~vogel* *(hist.)* ramblers' association, founded 1895, precursor of the German youth movement; **c)** *(Mitglied)* member of the Wandervogel; **~weg** der footpath *(constructed for ramblers)*; **~zirkus** der travelling circus

Wand-: **~gemälde** das mural; **~haken** der [wall-]hook; **~kalender** der calendar; **~lampe** die, **~leuchte** die wall-light

Wandlung die; **~, ~en a)** change; *(grundle-*

gend) transformation; **b)** *(kath. Rel.)* transubstantiation; *(in der Messe)* consecration of the bread and wine
wandlungs·fähig *Adj.* adaptable
Wand·malerei *die* mural painting; wall-painting; *(Bild)* mural; wall-painting
Wandrer *der;* ~s, ~ *s.* Wanderer
Wandrerin *die;* ~, ~nen *s.* Wanderin
Wand-: **~schirm** *der* folding screen; **~schrank** *der* wall cupboard *or (Amer.)* closet; *(Einbauschrank)* built-in cupboard *or (Amer.)* closet; *(für Kleidung)* built-in wardrobe *or (Amer.)* closet; **~spiegel** *der* wall mirror; **~tafel** *die* [wall] blackboard
wandte ['vantə] *1. u. 3. Pers. Prät. v.* wenden
Wand-: **~teller** *der* wall [display] plate; **~teppich** *der* wall-hanging; tapestry; **~uhr** *die* wall clock
Wandung *die;* ~, ~en *(von Gefäßen usw.)* side; *(von Organen)* wall
Wand-: **~verkleidung** *die (außen)* facing; *(innen)* wall covering; *(Täfelung)* wall panelling; **~zeitung** *die* wall newspaper
Wange ['vaŋə] *die;* ~, ~n **a)** *(geh.)* cheek; ~ **an** ~: cheek to cheek; **ihm stieg das Blut in die** ~**n** the blood rose to his cheeks; **b)** *(Technik)* cheek; *(einer Treppe)* stringer; *(einer Leiter)* stile
Wangen·kuß *der:* **jmdm. einen** ~ **geben** kiss sb's cheek
Wankel·motor *der* Wankel engine
Wankel·mut *der (geh.)* vacillation
wankelmütig [-my:tɪç] *Adj. (geh.)* vacillating
wanken ['vaŋkn̩] *itr. V.* **a)** *(schwanken)* sway; ⟨*person*⟩ totter; *(unter einer Last)* stagger; **ins Wanken geraten od. kommen** begin to sway/totter; **nicht** ~ **und nicht weichen** *(geh.)* not budge an inch; **b)** *mit sein (unsicher gehen)* stagger; totter; ~**den Schrittes** *(geh.)* with unsteady gait; **c)** *(geh.: bedroht sein)* ⟨*government, empire, etc.*⟩ totter; **ins Wanken geraten** *mit sein* ⟨*theory, faith, etc.*⟩ become shaky; **ins Wanken bringen** make ⟨*monarchy, government, etc.*⟩ totter; shake ⟨*resolve, faith*⟩; **d)** *(geh.: unsicher sein/werden)* ⟨*person*⟩ waver, vacillate; [in etw. *(Dat.)*] ~**d werden** begin to waver *or* vacillate [in sth.]; **jmdn.** ~**d machen** make sb. waver
wann [van] *Adv.* when; ~ **kommst du morgen?** when *or* [at] what time are you coming tomorrow?; ~ **ist dieses Jahr Ostern?** when *or* on what date does Easter fall this year?; **seit** ~ **wohnst du dort?** how long have you been living there?; **seit** ~ **sind Delphine Fische/bin ich dein Laufbursche?** *(iron.)* since when have dolphins been fish/have I been your errand boy?; **bis** ~ **kann ich noch anrufen?** until when *or* how late can I still phone?; **von** ~ **an ...?** from when ...?; **von bis** ~ **gilt es?** for what period is it valid?; **bis** ~ **ist das Essen fertig?** [by] when will the food be ready?; **ich weiß nicht,** ~: I don't know when; **du kannst kommen,** ~ **du willst** you can come when[ever] you like; ~ **[auch] immer** *(geh.)* whenever
Wanne *die;* ~, ~n bath[tub]; *(Öl~)* sump; *(Fot.)* [wash-]tank; **in die** ~ **steigen** get into the bath
Wannen·bad *das* bath
Wanst [vanst] *der;* ~[e]s, **Wänste** ['vɛnstə] *(ugs. abwertend)* belly; *(dicker Bauch)* potbelly; **sich den** ~ **vollschlagen** stuff oneself *(coll.)*
Want [vant] *die;* ~, ~en *(Schiffbau)* shroud
Wanze ['vantsə] *die;* ~, ~n *(Bett~, Abhör~)* bug *(coll.)*
Wappen ['vapn̩] *das;* ~s, ~: coat of arms; ~ **oder Zahl?** heads or tails?
Wappen-: **~feld** *das (Her.)* quarter; **~kunde** *die; o. Pl.* heraldry *no art.;* **~schild** *der od. das (Her.)* shield; **~spruch** *der* motto; **~tier** *das* heraldic beast

wappnen *refl. V. (geh.)* **a)** forearm oneself; **sich gegen etw.** ~: prepare [oneself] for sth.; **[gegen etw.] gewappnet sein** be forearmed [against sth.]
war [va:ɐ̯] *1. u. 3. Pers. Sg. Prät. v.* sein
Waran [va'ra:n] *der;* ~s, ~e *(Zool.)* monitor lizard
warb [varp] *1. u. 3. Pers. Sg. Prät. v.* werben
ward [vart] *(geh.) 1. u. 3. Pers. Sg. Prät. v.* werden
Ware ['va:rə] *die;* ~, ~n **a)** ~[n] goods *pl.;* **b)** *(einzelne* ~*)* article; commodity *(Econ., fig.);* *(Erzeugnis)* product; **neue** ~ **bekommen** receive new stock; **die Händler preisen ihre** ~**n an** the traders are vaunting the excellence of their wares; **heiße** ~ *(ugs.)* hot goods; **c)** *(Kaufmannsspr.: Stoff)* material
Waren-: **~angebot** *das* supply [of goods]; *(Sortiment)* range of goods; **~annahme die a)** acceptance of goods; „**keine** ~**annahme**" no deliveries; **b)** *(Annahmestelle)* goods reception; „**~annahme**" 'goods in'; **~auf·zug** *der* goods lift *(Brit.) or (Amer.)* elevator; **~ausfuhr** *die* export of goods; **~aus·gabe** *die* **a)** issue of goods; **b)** *(Ausgabestelle)* goods collection point; **~begleit·schein** *der (Zollw.)* [customs] bond note; **~bestand** *der;* **~börse** *die (Wirtsch.)* commodity exchange; **~einfuhr** *die* import of goods; **~haus** *das* department store; **~korb** *der (Statistik)* basket of goods; **~lager** *das (einer Fabrik o.ä. größer)* warehouse; *(Bestand)* stocks *pl.;* *(eines Geschäftes)* stock-room; **~muster** *das,* **~probe** *die* sample; **~sendung** *die (Postw.)* parcel containing samples *(sent at a special rate);* **~test** *der* product test; **~umsatz** *der* turnover of goods; **~umschlag** *der* volume of goods handled; **~zeichen** *das* trade mark
warf [varf] *1. u. 3. Pers. Sg. Prät. v.* werfen
warm [varm], **wärmer** ['vɛrmɐ], **wärmst ...** ['vɛrmst ...] *1. Adj.* **a)** warm; hot ⟨*meal, food, bath, spring*⟩; hot, warm ⟨*climate, country, season, etc.*⟩; ~**e Küche** hot food; **das Essen** ~ **machen/stellen** heat up the food/keep the food warm *or* hot; **im Warmen sitzen/ins Warme kommen** sit in/come into the warm; ~ **halten** ⟨*coat, blanket, etc.*⟩ keep one warm; **etw.** ~ **halten** keep sth. warm; **mir ist/wird** ~: I feel warm/I'm getting warm; *(zu* ~*)* I feel hot/I'm getting hot; **sich** ~ **laufen** warm up; „~" *(auf Wasserhahn)* 'hot'; ~**e Miete** *s.* Warmmiete; **b)** *(herzlich)* warm ⟨*sympathy, appreciation, words, etc.*⟩; *(lebhaft)* enthusiastic ⟨*agreement*⟩; keen, lively ⟨*interest*⟩; **[mit jmdm./etw.]** ~ **werden** *(ugs.)* warm [to sb./sth.]; **mir wurde ganz** ~ **ums Herz** *(geh.)* I felt a warm glow [of emotion]; **c)** *(salopp abwertend: homosexuell)* gay *(coll.);* queer *(sl.);* **ein** ~**er Bruder** *(salopp abwertend)* a queer *(sl.);* a fag *(Amer. sl.).* *2. adv.* warmly; ~ **essen/duschen** have a hot meal/shower; ~ **sitzen/schlafen** sit/sleep in the warm; **sich** ~ **anziehen/zudecken** dress up/cover oneself up warmly
warm-, Warm-: **~blut** *das* cross between heavy and light breeds; ≈ cross-bred horse; **~blüter** [-bly:tɐ] *der;* ~s, ~; *(Zool.)* warm-blooded creature; **~blütig** [-bly:tɪç] *Adj. (Zool.)* warm-blooded
Wärme ['vɛrmə] *die;* ~: warmth; *(Hitze; auch Physik)* heat; **wir haben drei Grad** ~: it is three degrees above zero; **spezifische** ~ *(Physik)* specific heat
wärme-, Wärme-: **~austauscher** *der;* ~s, ~ *(Technik)* heat-exchanger; **~belastung** *die* **a)** *(Ökologie)* thermal pollution; **b)** *(Technik)* thermal stress; **~beständig** *Adj.* heat-resistant; **~dämmend** *Adj.* insulating [against heat loss]; **~einheit** *die* thermal unit; **~energie** *die* thermal energy; **~gewitter** *das (Met.)* heat thunderstorm; **~grad** *der* **a)** *Pl.* degrees above zero; **wir hatten** ~**grade** the temperature was above zero; **b)** *(Temperatur)* temperature; **~haushalt** *der* **a)** *(der Erde)* heat balance; **b)** *(des Körpers)* heat regulation; **~isolation** *die* thermal insulation; **~kraftwerk** *das* thermal power station; **~lehre** *die (Physik)* theory of heat; *(Thermodynamik)* thermodynamics *sing., no art.*
wärmen *1. tr. V.* warm; *(aufwärmen)* warm up ⟨*food, drink*⟩; **jmdn./sich/sich [gegenseitig]** ~: warm sb./oneself/each other up. *2. itr. V.* be warm; *(warm halten)* keep one warm; **die Sonne wärmt kaum noch** the sun has hardly any warmth now
Wärme-: **~pumpe** *die (Technik)* heat pump; **~speicher** *der* thermal store; **~strahlung** *die* thermal radiation; **~technik** *die* heat technology *no art.;* **~verlust** *der* heat loss
Wärm·flasche *die* hot-water bottle
warm-, Warm-: **~front** *die (Met.)* warm front; **~halten** *unr. refl. V. (ugs.):* **sich** *(Dat.)* **jmdn.** ~**halten** keep on the right side of sb.; **~halte·platte** *die* hotplate; **~herzig 1.** *Adj.* warm-hearted; *2. adv.* warmheartedly; **~herzigkeit** *die* warmheartedness; warmth; **~laufen** *unr. itr. V.; mit sein* warm up; **~laufen lassen** warm up ⟨*engine*⟩; **~luft** *die; o. Pl.* warm air; **~miete** *die (ugs.)* rent inclusive of heating; **es kostet 500 Mark** ~**miete** the rent, inclusive of heating, is 500 marks
wärmstens ['vɛrmstn̩s] *Adv.* ~ **empfehlen** warmly recommend
Warm·wasser *das; o. Pl.* hot water
Warm·wasser-: **~bereiter** *der;* ~s, ~: water-heater; boiler; **~heizung** *die* hot-water heating; **~versorgung** *die* hot-water supply
Warn-: **~blink·anlage** *die (am Bahnübergang)* flashing warning lights *pl.;* *(am Kfz)* hazard warning lights *pl.;* **~blinker** *der (ugs.)* hazard warning lights *pl.;* **~blink·leuchte** *die* flashing warning light; **~dreieck** *das (Kfz-W.)* hazard warning triangle
warnen ['varnən] *tr. (auch itr.) V.* warn (**vor** + *Dat.,* about); **jmdn. [davor]** ~, **etw. zu tun** warn sb. against doing sth.; **vor dem Betreten des Eises wird gewarnt** you are warned to beware of the ice; **die Polizei warnt vor Nebel/vor Taschendieben** the police have issued a fog warning/a warning against pickpockets; **ich bin jetzt gewarnt** I have been warned; I know now to be careful; **ein** ~**des Beispiel** a cautionary example; **er hob** ~**d den Zeigefinger** he raised an admonitory finger
Warn-: **~kreuz** *das (Verkehrsw.)* warning cross; **~lampe** *die* warning light; **~ruf** *der* **a)** warning shout; **b)** *(eines Tieres)* warning cry; **~schild** *das* warning sign; **~schuß** *der* warning shot; **~signal** *das* warning signal; **~streik** *der* token strike; **~system** *das* warning system
Warnung *die;* ~, ~en warning (**vor** + *Dat.* of, about); **laß dir das eine** ~ **sein!** let that be a warning to you!; **das ist meine letzte** ~: that's the last warning I shall give you; I shan't warn you again
Warn·zeichen *das* warning sign; *(Schall~, Leuchtzeichen)* warning signal
Warschau ['varʃau] *(das);* ~s Warsaw
Warschauer 1. *der;* ~s, ~: native of Warsaw; *(geborener* ~*)* native of Warsaw. *2. indekl. Adj.* Warsaw; **der** ~ **Pakt** *od.* **Vertrag** the Warsaw Pact; **die** ~**-Pakt-** *od.* **Vertrags-Staaten** the Warsaw Pact countries
Warte ['vartə] *die;* ~, ~n *(geh.)* [hohe] ~: vantage-point; *(fig.: Standpunkt)* **von jmds.** ~ **aus [gesehen]** [seen] from sb.'s standpoint
Warte-: **~frau** *die (veralt.)* [*esp.* toilet] attendant; **~frist** *die s.* ~zeit; **~halle** *die* waiting room; *(Flugw.)* departure lounge;

Warteliste

~liste die waiting list; **auf ~liste** (Flugw.) on stand-by
warten ['vartn̩] **1.** itr. V. wait (**auf** + Akk. for); **warte mal!** wait a moment!; just a moment!; **na warte!** (ugs.) just you wait!; **„bitte warten!"** 'wait'; (am Telefon) 'hold the line please'; **da kannst du lange ~!** (iron.) you'll have a long wait; you'll be lucky (iron.); **auf sich ~ lassen** take one's/its time; **nicht lange auf sich ~ lassen** not be long in coming; **das lange Warten war völlig umsonst gewesen** the long wait had been all for nothing; **wir wollen mit dem Essen ~, bis alle da sind** we'll hold the meal until everybody's here; **sie wollen mit dem Heiraten noch [etwas] ~**: they want to wait a little before getting married; **darauf habe ich schon lange gewartet** (iron.) I've seen that coming [for a long time]; **auf dich/den haben wir gerade noch gewartet** (iron.) you were/he was all we needed; **Sie können [gleich] drauf ~**: you might as well wait for it; **so lange ~/mit etw. ~, bis es zu spät ist** leave it/leave sth. until it's too late. **2.** tr. V. service (car, machine, etc.)
Wärter ['vɛrtɐ] der; ~s, ~: attendant; (Tier-, Zoo-, Leuchtturm-) keeper; (Kranken-) orderly; (Gefängnis-) warder; (Schranken-) crossing-keeper
Warte·raum der waiting-room
Wärter·häuschen das (Schranken-) crossing-keeper's hut
Wärterin die; ~, ~nen s. Wärter
Warte-: **~saal** der waiting-room; **~schleife** die (Flugw.) turning loop; **~zeit** die **a)** wait; **nach einer ~zeit von einer Stunde** after waiting for an hour; **b)** (festgesetzte Frist) waiting period; **~zimmer** das waiting-room
-wärts [-vɛrts] adv. (north-, south-, up-, down-, etc.)wards; **seit~**: sideways
Wartung die; ~, ~en service; (Instandhaltung) maintenance; **der Wagen muß zur ~**: the car has to go to be serviced or go for servicing
wartungs·frei Adj. maintenance-free
warum [va'rʊm] Adv. why; **~ nicht?** why not?; **~ nicht gleich so?** why not do that in the first place?; **nach dem Warum fragen** ask the reason why
Warze ['vartsə] die; ~, ~n **a)** wart; **b)** (Brust~) nipple
Warzen-: **~hof** der (Anat.) nipple areola; **~schwein** das wart-hog
warzig Adj. warty
was [vas] **1.** Interrogativpron. Nom. u. Akk. u. (nach Präp.) Dat. Neutr.; s. auch (Gen.) wessen 1 b what; **~ kostet das?** what or how much does that cost?; **~ ist er [von Beruf]?** what's his job?; **[das ist] gut, ~?** (ugs.: nicht?) not bad, eh?; **~ ist?, ~ denn?** (was ist denn los?) what is it?; what's up?; **~ denn, willst du etwa schon gehen?** you're not going already, are you?; **ach ~!** (ugs.) oh, come on!; of course not!; **für ~ brauchst du es?** (ugs.) what do you need it for?; **mit ~ beschäftigt er sich?** (ugs.) how does he occupy his time?; **der alles weiß!** what a lot he knows!; **~ es [nicht] alles gibt!** (Ding) what will they think of next?; (Ereignis) the things people will do!; **und ~ nicht alles** (ugs.) and so on ad infinitum; **~ [auch] immer** whatever; **~ für ein .../~ für ...**: what sort or kind of ...; **~ hat er für ein Auto?**, (ugs.) **~ hat er für ein Auto?** what kind of car has he got?; **~ für Möglichkeiten haben wir?** (ugs.) what possibilities do we have?; **Hast du den Apfel gegessen? – Was für'n Apfel!** (ugs.) Did you eat the apple? – What apple?; **~ für ein Unsinn/Glück/gemeiner Kerl!** (ugs.) what nonsense/luck/ (coll.) what a mean so-and-so!; **War's ein Sturm? – Und für einer!** Was it a storm? – Not half! (coll.) or And then some! (coll.) **2.** Relativpron. Nom. u. Akk. u. (nach Präp.) Dat. Neutr.; s. auch (Gen.) wessen **2 b**: **a)** [das,] ~: what; **alles, was ...**: everything or all that ...; **alles, ~ ich weiß** all [that] I know; **das Beste, was du tun kannst** the best thing you can do; **das, ~ du nicht mehr brauchst** the things pl. or what you no longer need; **~ er nicht kennt, [das] ißt er nicht** he won't eat anything he doesn't know; **vieles/manches/nichts/dasselbe/etwas, ~ ...**: much/many things/nothing/the same one/something that ...; **~ mich betrifft/das anbelangt, [so] ...**: as far as I'm/that's concerned, ...; **b)** (weiterführend) which; **er hat zugesagt, ~ mich gefreut hat** he agreed, which pleased me; **es hat geregnet, ~ uns aber nicht gestört hat** it rained, but that didn't bother us; **c)** (ugs.: wer) **ein ganzer Kerl ist, [der] wehrt sich** anyone worth his salt will put up a fight; **d)** (landsch.: derjenige, der/diejenige, die) **~ unser Vater ist, der sagt immer ...**: our father always says ...; **e)** (landsch.: der, die, das) **die Frieda, ~ unsere Jüngste ist** Frieda, who is our youngest. **3.** Indefinitpron. Nom. u. Akk. u. (nach Präp.) Dat. Neutr. (ugs.) **a)** something; (in Fragen, Verneinungen) anything; **er hat kaum ~ gesagt** he hardly said anything or a thing; **ist ~?** is something wrong?; **wenn er ~ gesehen hätte ...**: if he had seen anything; **haben die ~ miteinander?** is there something between them?; **so ~**: such a thing; something like that; **nein, so ~!** you don't say!; **so ~ könnte mir nicht passieren** nothing like that could happen to me; **gibt es hier so ~ wie'n Klo?** there isn't a loo (Brit.) or (Amer.) john here, is there? (coll.); **er ist so ~ wie'n Professor** he's a professor or something of the sort; **so ~ Dummes/Ärgerliches!** how stupid/annoying!; **gibt es ~ Neues?** is there any news?; **aus ihm wird mal/wird nie ~**: he'll make something of himself/he'll never come to anything; **das will ~ heißen** that really means something; **b)** (ein Teil) some; **ich bekomme auch ~**: I get some too; **c)** (landsch.: ein wenig) a little; a bit; **noch ~ Geld/Milch** some more money/milk; **~ lauter** a bit louder. **4.** Adv. (ugs.) **a)** (warum, wozu) why what ... for; **~ stehst du hier herum?** what are you standing around here for?; **b)** (wie) how; **~ hast du dich verändert!** how you've changed!; **lauf, ~ du kannst!** run as fast as you can!; **c)** (inwiefern) **~ kümmert's dich?** what does it matter to you?

wasch-, Wasch-: **~aktiv** Adj. detergent; **~anlage** die washing plant; (Autowaschanlage) car-wash; (Scheibenwaschanlage) windscreen-washer; **~anleitung** die washing instructions pl.; **~automat** der washing-machine
wasch·bar Adj. washable
Wasch-: **~bär** der racoon; **~becken** das wash-basin; **~benzin** das cleaning fluid (with petrol base); **~beton** der exposed aggregate concrete; **~brett** das washboard
Wäsche ['vɛʃə] die; ~, ~n **a)** o. Pl. (zu waschende Textilien) washing; (für die Wäscherei) laundry; **jmdm. die ~ machen** do sb.'s washing; **schmutzige ~ waschen** (fig.) wash [one's] dirty linen in public; **b)** o. Pl. (Unter~) underwear; **dumm/verdutzt aus der ~ gucken** (ugs.) look stupid/flabbergasted; **jmdm. an die ~ gehen/wollen** (salopp) go for sb./try to get at sb.; **c)** (das Waschen) washing no pl.; (einmalig) wash; **bei/nach der ersten ~**: when washed for the first time/after the first wash; **in der ~ sein** be in the wash; **etw. in die** od. **zur ~ tun** put sth. in the wash; **bei uns ist heute große ~**: we're doing a big wash today; **d)** (Waschanlage) washing plant
Wäsche·beutel der laundry-bag
wasch·echt Adj. **a)** colour-fast (textile, clothes); fast (colour); **b)** (fig.: echt) genuine; pukka (coll.)

Wäsche-: **~garnitur** die set of underwear; **~klammer** die clothes-peg (Brit.); clothes-pin (Amer.); **~korb** der laundry-basket (für nasse Wäsche) clothes-basket; **~leine** die clothes-line
waschen 1. unr. tr.V. **a)** wash; **sich ~**: wash [oneself]; have a wash; **jmdm./sich die Hände/das Gesicht** usw. **~**: wash sb.'s/one's hands/face etc.; **Wäsche ~**: do the/some washing; **sich ge~ haben** (fig. ugs.) be quite something; **b)** (fig. ugs.) launder (money). **2.** unr. itr. V. do the washing
Wäsche·puff der linen-basket (Brit.), clothes hamper (Amer.) (with upholstered lid)
Wäscherei die; ~, ~en laundry
Wäscherin die; ~, ~nen laundrywoman
Wäsche-: **~schleuder** die spin-drier; **~spinne** die rotary clothes-drier; **~ständer** der clothes-airer; **~tinte** die marking-ink; **~trockner** der **a)** (Maschine) tumble-drier; **b)** (Gestell) clothes-airer; **~zeichen** das linen-mark
wasch-, Wasch-: **~frau** die washerwoman; **~gang** der washing cycle; **~gelegenheit** die washing facilities pl.; **~hand·schuh** der flannel mitt (Brit.); shower/bath mitt (Amer.); **~küche** die **a)** laundry-room; **b)** (ugs.: dichter Nebel) peasouper; **~lappen** der **a)** [face] flannel; washcloth (Amer.); **b)** (ugs. abwertend) (Weichling) softie (coll.); (Feigling) sissy; **~lauge** die soapy water; soapsuds pl.; **~maschine** die washing-machine; **~maschinen·fest** Adj. machine-washable; **~mittel** das detergent; **~muschel** die (österr.) wash-basin; **~programm** das washing-programme; **~pulver** das washing-powder; **~raum** der washing-room; **~salon** der launderette; laundromat (Amer.); **~schüssel** die washing-bowl; **~straße** die [automatic] car-wash
wäscht [vɛʃt] 3. Pers. Sg. Präsens v. waschen
Wasch-: **~tag** der wash-day; **~tisch** der wash-stand
Waschung die; ~, ~en (Rel., Med.) ablution
Wasch-: **~wasser** das; o. Pl. washing water; **~weib** das (salopp abwertend: Klatschbase) gossip; **~zettel** der (Buchw.) blurb; **~zeug** das; o. Pl. washing things pl.; **~zwang** der (Psych.) obsession with washing oneself
Wasser ['vasɐ] das; ~s, ~/**Wässer** ['vɛsɐ] **a)** o. Pl. water; **ins ~ gehen** enter the water; (zum Schwimmen) go for a swim; (verhüll.: sich ertränken) drown oneself; **warst du schon im ~?** have you been in the water?; (zum Schwimmen) have you been for a swim?; **sich über ~ halten** (auch fig.) keep one's head above water (lit. or fig.); **direkt am ~**: right by the water; (am Meer) right by the sea; **ein Boot zu ~ lassen** put out or launch a boat; **auflaufendes/ablaufendes ~**: incoming/outgoing tide; **unter ~ stehen** be under water; be flooded; **etw. unter ~ setzen** flood sth.; **~ von** od. (Seemannsspr.) **zu ~**: by sea; **ihre Überlegenheit zu ~ u. zu Lande** their naval superiority; **der Transport zu ~**: transport by water; **~ treten** paddle (for therapeutic purposes); (strampeln) tread water; **b)** (fig.) **ins ~ fallen** fall through; **das ~ steht ihm bis zum Hals** he's up to his neck in trouble; (verschuldet sein) he's up to his eyes in debt; **reinsten ~s** par excellence; **bis dahin fließt noch viel ~ den Bach** od. **Fluß od. Rhein** usw. **hinunter** a lot of water will have flowed under the bridge by then; **nahe am ~ gebaut haben** (ugs.) be rather weepy or tearful; **mit allen ~n gewaschen sein** know all the tricks; **jmdm. das ~ abgraben** pull the carpet from under sb.'s feet; **leave sb. high and dry**; **~ ziehen** (ugs.) (stockings, socks) be at half-mast; **~ hat keine Balken** (Spr.) you must

1603

wasserabweisend

either sink or swim; **stille ~ sind tief** *(Spr.)* still waters run deep *(prov.);* **die kochen auch nur mit ~** *(ugs.)* they're no different from the rest of us; **bei ~ und Brot sitzen** be doing time [in prison]; **jmdm. nicht das ~ reichen können** not be able to hold a candle to sb.; not be a patch on sb. *(coll.);* s. auch **Mühle a; c)** *Pl.* **Wässer** *(bei Maßangaben unflektiert)* (Mineral~, Tafel~) mineral water; (Heil~) water; **d)** *Pl.* **die ~ des Ganges** *(geh.)* the waters of the Ganges; **e)** *o. Pl. (Gewässer)* **ein fließendes/stehendes ~**: a moving/stagnant stretch of water; **f)** *o. Pl. (Schweiß)* sweat; *(Urin)* water; urine; *(Speichel)* saliva; *(Gewebsflüssigkeit)* fluid; **~ lassen** pass water; sein **~ abschlagen** *(salopp)* have a slash *(sl.);* **ihm lief das ~ im Munde zusammen** his mouth watered; **~ in den Beinen haben** have fluid in one's legs; s. auch **Blut; Rotz a; g)** *Pl.* **Wässer** *(Lösung, Lotion usw.)* lotion; *(Mund~)* mouthwash; *(Duft~)* scent; *(Kölnisch ~)* cologne

wạsser-, Wạsser-: ~**abweisend** *Adj.* water-repellent; ~**ader** die [underground] watercourse; ~**arm** *Adj. (area)* suffering from a water shortage; ~**aufbereitung** die water treatment; ~**bad** das *(Kochk.)* bain-marie; ~**ball** der *a)* beach-ball; *b) o. Pl. (Spiel)* water polo; ~**baller** der; ~**s**, ~: water-polo player; ~**bau** der; *o. Pl.* hydraulic engineering *no art.;* ~**becken** das pool; *(~tank)* water-tank; ~**bett** das water-bed; ~**büffel** der water-buffalo; ~**burg** die moated castle

Wässerchen ['vɛsɐçən] das; ~**s**, ~ **a) er sieht aus, als könnte er kein ~ trüben** *(fig.)* he looks as though butter wouldn't melt in his mouth; **b)** s. **Wasser g; c)** *(scherzh.: Wodka)* vodka

wạsser-, Wạsser-: ~**dampf** der steam; ~**dicht** *Adj.* **a)** waterproof ⟨clothing, watch, etc.⟩; watertight ⟨container, seal, etc.⟩; **b)** *(fig. ugs.)* watertight ⟨alibi, contract⟩; ~**druck** der; *Pl.* ~**drücke** water pressure; ~**eimer** der bucket; ~**fahrzeug** das vessel; water-craft; ~**fall** der waterfall; **reden wie ein ~** *(ugs.)* talk non-stop; ~**farbe** die water-colour; ~**fläche** die the expanse of water; ~**flasche** die water-bottle; ~**floh** der water-flea; ~**flugzeug** das seaplane; ~**führend** *Adj.* water-bearing; ~**gehalt** der water content; ~**gekühlt** *Adj.* water-cooled; ~**glas** das **a)** *(Gefäß)* glass; tumbler; s. auch **Sturm a; b)** *(Chemie)* water-glass; ~**glätte** die: **bei ~glätte** in wet and slippery conditions; ~**graben** der **a)** ditch; *(um eine Burg)* moat; **b)** *(Reiten, Leichtathletik)* water-jump; ~**hahn** der water-tap; faucet *(Amer.);* ~**haushalt** der **a)** *(Physiol.)* water balance; **b)** *(Ökologie, Bodenk.)* hydrologic balance; ~**hose** die *(Met.)* waterspout; ~**huhn** das coot

wässerig ['vɛsəriç] s. **wäßrig**

wạsser-, Wạsser-: ~**kasten** der watertank; *(im WC)* cistern; ~**kessel** der kettle; ~**kopf** der hydrocephalus *(Med.);* der ~**kopf der Bürokratie** *(fig.)* excessive bureaucracy; ~**kraft** die water-power; ~**kraftwerk** das hydroelectric power-station; ~**kreislauf** der water cycle; ~**krug** der water-jug; ~**kühlung** die water-cooling system; **mit ~kühlung** water-cooled; ~**lache** die puddle [of water]; ~**lauf** der watercourse; *(Bach)* stream; ~**leiche** die *(ugs.)* body of a drowned person; ~**leitung** die **a)** water-pipe; *(Hauptleitung)* water-main; *(im Haus)* water supply *no pl.;* **unter der ~leitung** under the tap; **die ~leitung aufdrehen/zudrehen** *(ugs.)* turn the tap on/off; **b)** *(Aquädukt)* aqueduct; ~**linie** die *(Schiffahrt)* water-line; ~**loch** das water-hole; ~**mann** der; *Pl.* ~**männer a)** *(Myth.)* merman; **b)** *(Astron., Astrol.)* [der] ~**mann** Aquarius; **c)** *(Astrol.: Mensch)* Aquarian; ~**masse** die mass *or* torrent of water; ~**melone** die water-melon; ~**messer** der water meter; ~**mühle** die water-mill

wạssern *itr. V.;* **mit sein** *(Flugw., Zool.)* land [on the water]; *(Raumf.)* splash down

wässern ['vɛsɐn] **1.** *tr. V.* **a)** *(einweichen)* soak; *(Phot.)* wash ⟨negative, print⟩; **b)** *(bewässern)* water. **2.** *itr. V. (geh.)* water; **eine ~de Wunde** a suppurating wound

wạsser-, Wạsser-: ~**nixe** die *(Myth.)* water-nymph; ~**ober·fläche** die surface of the water; ~**pfeife** die hookah; ~**pistole** die water-pistol; ~**pumpe** die water-pump; ~**rad** das water-wheel; ~**ratte** die **a)** water-rat; **b)** *(ugs. scherzh.)* keen swimmer; *(Kind)* water-baby; ~**rohr·bruch** der burst pipe; ~**säule** die head of water; ~**schaden** der water damage *no pl., no indef. art.;* *(durch Überschwemmung)* flood damage *no pl., no indef. art.;* ~**scheide** die *(Geogr.)* watershed; ~**scheu** *Adj.* scared of water; ~**schlange** die water snake; ~**schlauch** der [water-]hose; ~**schloß** das *(mit Wassergraben)* moated [residential] castle; *(an einem kleinen See o. ä.)* [residential] castle set on a lake; ~**schutz·gebiet** das water conservation area; ~**schutz·polizei** die river/lake police; ¹~**ski** der water-ski; **fahren** water-ski; ²~**ski** das; ~**s** water-skiing *no art.;* ~**speier** der *(Archit.)* gargoyle; ~**spiegel** der **a)** *(Oberfläche)* surface [of the water]; **b)** *(Niveau)* water-level; ~**spiele** *Pl.* waterworks *pl.;* ~**sport** der water-sport *no art.;* ~**sportler** der water-sports enthusiast; ~**spülung** die flush; flushing system; ~**stand** der water-level; ~**stands·anzeiger** der water-gauge; ~**stands·meldung** die water-level report *(on the radio);* ~**stelle** die watering-place

Wạsser·stoff der; *o. Pl.* hydrogen

Wạsser·stoff-: ~**bombe** die hydrogen bomb; ~**per·oxid, ~super·oxid** das *(Chemie)* hydrogen peroxide

Wạsser-: ~**strahl** der jet of water; ~**straße** die waterway; ~**sucht** die; *o. Pl. (Med.)* dropsy; ~**tank** der water-tank; ~**temperatur** die water-temperature; ~**tiefe** die depth of the water; **bei einer ~tiefe von nur 0,50 m** when the water is/was only 0.5 m. deep; ~**träger** der water-carrier; *(fig.)* dogsbody *(coll.);* ~**tropfen** der drop of water; ~**turm** der water-tower; ~**uhr** die **a)** water-clock; **b)** *(volkst.: Wassermesser)* water meter; ~**verbrauch** der water-consumption; ~**verdunster** der; ~: humidifier; ~**verschmutzung** die water-pollution; ~**versorgung** die water-supply; ~**vogel** der water-bird; aquatic bird; ~**vorrat** der water-reserves *pl.;* water-supply; ~**waage** die water-level; ~**weg** der water-route; **auf dem ~weg by** water; ~**welle** die shampoo and set; ~**werfer** der water-cannon; ~**werk** das waterworks *sing.;* ~**wirtschaft** die water-management; ~**zähler** der water meter; ~**zeichen** das watermark

wäßrig ['vɛs(ə)riç] *Adj.* **a)** watery; s. auch **Mund; b)** *(Chemie)* aqueous ⟨solution⟩

waten ['vaːtn] *itr. V.; mit sein* wade

Waterkant ['vaːtɐkant] die; ~ *(nordd.)* [North German] coast

watscheln ['vatʃln] *itr. V.; mit sein* waddle

Watschen ['vaːtʃn] die; ~, ~ *(bayr., österr. ugs.)* s. **Ohrfeige**

¹**Watt** [vat] das; ~[e]s, ~en mud-flats *pl.*

²**Watt** das; ~s, ~ *(Technik, Physik)* watt; **die Glühlampe hat 100 ~:** it is a 100-watt light-bulb

Watte ['vatə] die; ~, ~n cotton wool; *(als Polsterung)* wadding

Watte·bausch der wad of cotton wool

Watten·meer das tidal shallows *pl.* (covering mud-flats)

wattieren *tr. V.* wad; *(gesteppt)* quilt ⟨garment⟩; *(polstern)* pad ⟨shoulder etc.⟩

wattiert *Adj.* quilted; padded ⟨shoulder etc., envelope⟩

Wạtt·sekunde die *(Physik, Technik)* joule; watt-second

Wạt·vogel der *(Zool.)* wading bird; wader

wau, wau [vau, vau] *Interj. (Kinderspr.)* bow-wow; woof-woof

Wauwau der; ~**s**, ~**s** *(Kinderspr.)* bow-wow *(child lang.)*

WC [veːˈtseː] das; ~[s], ~[s] toilet; WC

WC-Becken das toilet bowl

WDR [veːdeːˈɛr] der; ~ *Abk.* **Westdeutscher Rundfunk** West German Radio

weben ['veːbn] **1.** *regelm.* [*geh., fig. auch unr.*] *tr. V., itr. V.* weave. **2.** *unr. refl. V. (geh.)* ⟨legend⟩ be woven (**um** around)

Weber der; ~**s**, ~: weaver

Weberei die; ~, ~**en a)** *o. Pl.* weaving *no art.;* **b)** *(Betrieb)* weaving-mill

Weberin die; ~, ~**nen** weaver

Weber·knecht der *(Zool.)* daddy-long-legs

Web-: ~**fehler** der flaw [in the weave]; ~**kante** die selvage; ~**stuhl** der loom

Wechsel ['vɛksl] der; ~**s**, ~ **a)** *(das Auswechseln)* change; *(Geld~)* exchange; *(Ballspiele)* (Seiten~) change-over; *(Spieler~)* substitution; **fliegender ~** *(Handball, Eishockey)* substitution without stopping play; **b)** *(Aufeinanderfolge)* alternation; **der ~ der Jahreszeiten** the rotation *or* succession of the seasons; **im ~:** alternately; *(bei mehr als zwei)* in rotation; **im ~ mit ...:** alternating with ...; **in täglichem/regelmäßigem ~:** in daily/regular rotation; **im ~ der Zeiten/Jahre/Jahreszeiten** over the ages/years/through the changing seasons; **c)** *(das Überwechseln)* move; *(Sport)* transfer; **d)** *(Bankw.)* bill of exchange (**über** + *Akk.* for); **e)** *(ugs. veralt.: monatliches Unterhaltsgeld)* monthly allowance; **f)** *(Jägerspr.)* game path

Wechsel-: ~**bad** das: **ein ~bad nehmen/~bäder machen** dip one's feet/arms etc. in alternate hot and cold water; ~**balg** der changeling; ~**beziehung** die interrelation; **in [einer] ~beziehung zueinander** *od.* **miteinander stehen** be interrelated; ~**dienst** der shift-work; **im ~dienst arbeiten** work shifts; ~**fälle** *Pl.* vicissitudes; ups and downs *(coll.);* ~**geld** das; *o. Pl.* change; ~**gesang** der antiphonal chant; *(Art des Gesangs)* antiphony *no art.*

wechsel·haft *Adj.* changeable

Wẹchsel-: ~**jahre** *Pl.* change of life *sing.;* menopause *sing.;* **in die ~jahre kommen** reach the menopause; **die ~jahre des Mannes** the male menopause; ~**kasse** die office issuing change; ~**kurs** der exchange rate

wẹchseln 1. *tr. V.* **a)** change ⟨subject, socks, job, doctor, etc.⟩; **das Hemd ~:** change one's shirt; **die Wohnung ~:** move home; **ein Hemd/ein Paar Socken zum Wechseln** a spare shirt/pair of socks; s. auch **Besitzer a; b)** *([aus]tauschen)* exchange ⟨letters, words, glances, etc.⟩; **mit jmdm. den Platz ~:** change places with sb.; **sie wechselten die Plätze** they changed places; s. auch **Ring a; c)** *(um~)* change ⟨money, note, etc.⟩ (**in** + *Akk.* into); **kannst du mir 100 Mark ~?** can you change 100 marks for me?; **ein Hunderter in fünf Zwanziger/einen Schein in Münzen/Mark in Lire ~:** change a hundred for five twenties/a note into coins/marks into lire. **2.** *itr. V.* **a)** *(sich ändern)* change; **auf Rot ~** ⟨traffic-light⟩ change to red; **mit ~dem Erfolg** with varying success; **~d bewölkt/~d wolkig** *od.* **bewölkt** *(bei Wettervorhersagen)* variable cloud; **Wind aus ~den Richtungen** wind variable; **b)** *mit sein (über~)* move; *(Jägerspr.)* ⟨game⟩ change its habitat; **über die Grenze ~:** get across the

1604

Wechselobjektiv — weghaben

frontier; **c)** *([sich] ab~)* alternate; *(aufeinanderfolgen)* succeed one another; **Geschlechtsverkehr mit [häufig] ~den Partnern** sexual intercourse with frequent changes of partner; **d)** *(herausgeben)* **ich kann nicht ~:** I haven't any change

wechsel-, Wechsel-: **~objektiv** das *(Fot.)* interchangeable lens; **~rahmen der** picture-frame *(with a removable back)*; **~schicht die** alternating shift; **in ~schicht arbeiten** work alternate shifts; **~schritt der** change-over step; **~seitig 1.** *Adj.* mutual; **~seitiger Zusammenhang** interconnection; **~seitige Abhängigkeit** interdependence; **2.** *adv.* mutually; **sich ~seitig beeinflussen** influence each other; **~seitigkeit die** reciprocity; **~spiel das** interplay; **das ~spiel des Zufalls** *(geh.)* the vagaries *pl.* of chance; **~ständig** *Adj.* *(Bot.)* alternate ⟨*leaves*⟩; **~strom der** *(Elektrot.)* alternating current; **~stube die** bureau de change; **~voll** *Adj.* chequered ⟨*history*⟩; **ein ~volles Leben/Schicksal** a life full of vicissitudes; **~wähler der** *(Politik)* floating voter; **~warm** *Adj.* *(Zool.)* cold-blooded; **~weise** *Adv.* alternately; **~wirkung die** interaction

Wechsler ['vɛkslɐ] der; ~s, ~ *(bibl.)* money-changer

Weck·dienst der [telephone] alarm call service

wecken ['vɛkn̩] *tr. V.* **a) jmdn. [aus dem Schlaf] ~:** wake sb. [up]; **der Kaffee weckte seine Lebensgeister** *(fig.)* the coffee revived his spirits; **b)** *(fig.: hervorrufen)* arouse, awaken ⟨*interest, curiosity*⟩; arouse ⟨*anger*⟩; awaken ⟨*desire, misgiving*⟩

¹**Wecken** das; ~s morning call; *(Mil.)* reveille

²**Wecken** der; ~s, ~ *(südd., österr.)* **a)** *(Brötchen)* oblong roll; **b)** *(Brot)* oblong loaf

Wecker der; ~s, ~ **a)** alarm clock; **jmdm. auf den ~ gehen** *od.* **fallen** *(ugs.)* get on sb.'s nerves; **b)** *(ugs.: Uhr)* big fat watch

Weck·glas ⓦ das; *Pl.* ~gläser preserving-jar

Weck·ruf der morning call

Wedel der; ~s, ~ **a)** *(Staub~)* featherduster; **b)** *(Palm~, Farn~)* [palm/fern] frond

wedeln 1. *itr. V.* **a)** ⟨*tail*⟩ wag; **[mit dem Schwanz] ~** ⟨*dog*⟩ wag its tail; *(winken)* **mit der Hand/einem Tuch ~:** wave one's hand/a handkerchief [at sb.]; *(Ski)* wedel. **2.** *tr. V.* **Krümel vom Tisch ~:** flap crumbs off the table

weder ['ve:dɐ] *Konj.* **~ A noch B** neither A nor B

weg [vɛk] *Adv.* **a)** away; *(verschwunden, ~gegangen)* gone; **~ sein** be away; *(~gegangen)* be gone; **er ist schon seit einer Stunde ~:** he left an hour ago; **~ sein** *(fig. ugs.)* *(eingeschlafen sein)* have dropped off; *(bewußtlos sein)* be out [cold]; **er war sofort ~:** he was out like a light; **[von jmdm./etw.] ~ sein** *(fig. ugs.)* be knocked sideways [by sb./sth.] *(coll.);* **[immer] ~ damit!** [let's] chuck it away *(coll.);* **~ mit dir!** away *or* off with you!; **~ da!** away from there!; **Hände ~ [von meiner Kamera]!** hands off [my camera]!; **Kopf ~!** move your head!; **[nur] ~ von hier!**, **nichts wie ~!** let's hop it *(sl.);* let's make ourselves scarce *(coll.);* **und ~ ist/war er, und schon ist/war er ~:** and he is/was gone; **weit ~:** far away; **a long way away**; **weit ~ von der Schule** a long way from the school; **100 Meter von der Straße ~:** 100 metres from the road; *s. auch* Fenster; **b) von ...** *(ugs.: unmittelbar von)* straight off *or* from; **von der Schule ~ eingezogen werden** be conscripted straight from school; **c) über einen Schock/Schrecken** *usw.* **~ sein** *(ugs.)* have got over a shock/fright *etc.*

Weg [ve:k] der; ~[e]s,~e **a)** *(Fuß~)* path; *(Feld~)* track; **„kein öffentlicher ~"** 'no public right of way'; **am ~[e]** by the wayside; **er kennt hier ~ und Steg** *(geh.)* he knows every inch of this area; **b)** *(Zugang)* way; *(Passage, Durchgang)* passage; **sich *(Dat.)* einen ~ durch etw. bahnen** clear a path *or* way through sth.; **jmdm. im ~[e] stehen** *od.* *(fig.)* **sein** be in sb.'s way; **einer Sache *(Dat.)* im ~[e] stehen** *(fig.)* stand in the way of sth.; **sich *(Dat.)* selbst im ~[e] stehen** *(fig.)* be one's own worst enemy; **geh [mir] aus dem ~[e]!** get out of the *or* my way; **jmdm. aus dem ~[e] gehen** *(fig.)* keep out of sb's way; avoid sb.; **einer Gefahr/Situation/Diskussion** *usw.* **aus dem ~[e] gehen** *(fig.)* keep clear of a danger/avoid a situation/discussion *etc.;* **jmdn. aus dem ~[e] räumen** *(fig.)* get rid of sb./sth.; **jmdm. den ~ abschneiden** head sb. off; **jmdm. den ~ versperren, sich jmdm. in den ~ stellen, jmdm. in den ~ treten** block sb.'s path; **c)** *(Route, Verbindung)* way; route; **[jmdn.] nach dem ~ fragen** ask [sb.] the way; **wir haben denselben ~:** we're going the same way; **wohin/woher des ~[e]s?** *(veralt., scherz.)* wither goest/whence comest thou? *(arch./joc.);* **des ~es kommen** *(geh.)* draw near; approach; **seines ~es** *od.* **seiner ~e gehen** *(geh.)* go on one's way; **eigene** *od.* **seine eigenen ~e gehen** *(fig.)* go one's own way; **das liegt auf dem/meinem ~:** that's on the/my way; **er ist mir über den ~ gelaufen** *(fig. ugs.)* I ran *or* bumped into him; **jmdm. nicht über den ~ trauen** *(fig.)* not trust sb. an inch; **neue ~e beschreiten** *od.* **gehen** *(fig.)* break new ground; **den ~ der Tugend verlassen** leave the path of virtue; **den ~ des geringsten Widerstands gehen** take the line of least resistance; **hier trennen sich unsere ~e** *(auch fig.)* this is where we part company; **seinen ~ machen** *(fig.)* make one's way [in the world]; **d)** *(Strecke, Entfernung)* distance; *(Gang)* walk; *(Reise)* journey; **es sind 2 km/10 Minuten ~:** it is a distance of two kilometres/it is ten minutes' walk; **zwei Stunden ~:** two hours' journey; **er hat noch einen weiten ~ vor sich *(Dat.)*** he still has a long way to go; **den ~ abkürzen** take a short cut; **auf dem kürzesten ~:** by the shortest route; **auf halbem ~[e]** *(auch fig.)* half-way; **sich auf den ~ machen** set off; **jmdm. einen guten Ratschlag mit auf den ~ geben** *(fig.)* give sb. some good advice for his/her future life; **etw. mit auf den ~ geben** *(fig.)* **jmdn. auf seinem letzten ~ begleiten** *(geh.)* accompany sb. on his/her last journey; **auf dem besten ~ sein, etw. zu tun** *(meist iron.)* be well on the way towards doing sth.; **er ist** *od.* **befindet sich auf dem ~ der Besserung** he's on the road to recovery; **viele ~e führen nach Rom** *(Spr.)* all roads lead to Rome; **e)** *(ugs.: Besorgung)* errand; **einen ~ machen** *od.* **run an errand**; **jmdm. einen ~ abnehmen** run an errand for sb.; **f)** *(Methode)* way; *(Mittel)* means; **ich sehe keinen anderen ~:** I can't see any alternative; **auf diesem ~[e]** by this means; in this way; **auf schnellstem ~[e]** as speedily as possible; **auf legalem/diplomatischem ~[e]** through legal/diplomatic channels; **auf friedlichem/gütlichem ~[e]** by peaceful/amicable means; **auf schriftlichem ~[e]** by letter; **auf kaltem ~[e]** *(ugs.)* without bothering about the niceties

Weg·bereiter der; ~s, ~: forerunner; **er war ein ~ des Sozialismus** he helped pave the way for socialism

weg-: **~|blasen** *unr. tr. V.* blow away; **wie weggeblasen sein** have vanished; **~|bleiben** *unr. itr. V.; mit sein* **a)** *(nicht kommen)* stay away; *(nicht nach Hause kommen)* stay out; **b)** *(ugs.: aussetzen)* ⟨*engine*⟩ stop; ⟨*electricity*⟩ go off; **mir blieb die Luft ~:** I was left gasping; **c)** *(ugs.: weggelassen werden)* be left out; **~|bringen** *unr. tr. V.* **a)** take away; *(zur Reparatur, Wartung usw.)* take in; **b)** *(ugs., bes. südd.)* *s.* **~kriegen; ~|denken** *unr. tr. V.* **sich *(Dat.)* etw. ~denken** imagine sth. is not there; **er ist aus unserem Team nicht [mehr] ~zudenken** I/we can't imagine our team without him; **~|diskutieren** *tr. V.* **es läßt sich nicht ~diskutieren** its existence cannot be argued away; **~|dürfen** *unr. itr. V.* be allowed to go away; *(ausgehen dürfen)* be allowed to go out; **ich darf hier nicht ~:** I can't leave here

Wege·geld das a) mileage charge; **b)** *(veralt.: Straßenzoll)* road toll

Wegelagerei die; ~: highway robbery

Wegelagerer der; ~s, ~: highwayman

wegen 1. *Präp. mit Gen., in bestimmten Fällen auch mit Dat./mit endungslosem Nomen* **a)** *(zur Angabe einer Ursache, eines Grundes)* because of; owing to; **~ des schlechten Wetters,** *(geh.)* **des schlechten Wetters ~:** because of the bad weather; **[nur] ~ Peter/*(ugs.)* euch** all because of Peter/you; **~ Hochwasser[s]** owing to flooding; **von Berufs ~:** for professional reasons; **~ mir** *(ugs., bes. südd.)* because of me; *(was mich betrifft)* as far as I'm concerned; **~ Umbau[s] geschlossen** closed for alterations; **~ Mangel[s] an Beweisen** owing to lack of evidence; **b)** *(zur Angabe eines Zwecks, Ziels)* for [the sake of]; **~ einer Tagung nach X fahren** go to X for a conference; **er ist ~ dringender Geschäfte verreist** he's away on urgent business; **c)** *(um ... willen)* for the sake of; **~ der Kinder/*(ugs.)* dir** for the children's/your sake; **d)** *(bezüglich)* about; regarding; **ich habe ~ morgen noch eine Frage** I've another question about tomorrow. **2.** *in von ~!* *(ugs.)* you must be joking!; **von ~ lauwarm/billig!** lukewarm/cheap? not on your life!

Wegerich ['ve:gərɪç] der; ~s, ~e *(Bot.)* plantain

Weges·rand der *(geh.)* **am ~:** by the wayside

weg-, Weg-: **~|essen** *unr. tr. V.* eat up; **jmdm. alles ~essen** eat up all sb.'s food; **~|fahren 1.** *unr. itr. V.; mit sein* **a)** leave; *(im Auto)* drive off; *(losfahren)* set off; **wann seid ihr in Kiel ~gefahren?** when did you leave Kiel?; **b)** *(irgendwohin fahren)* go away. **2.** *unr. tr. V.* drive away; *(mit dem Handwagen/Boot/Schubkarren)* take away; **~fall der;** *o. Pl.* ending; *(Einstellung)* discontinuation; **in ~fall kommen** *(Papierdt.)* be discontinued; **~|fallen** *unr. itr. V.; mit sein* be discontinued; *(nicht mehr zutreffen)* ⟨*reason*⟩ no longer apply; *(weggelassen werden)* be omitted; **~|fegen** *V.* *(auch fig.)* sweep away; **~|fliegen** *unr. itr. V.; mit sein* fly away; *(~geschleudert/~geblasen werden)* fly off; **~|führen** *tr., itr. V.* lead away; **das führt vom Thema weg** this takes us away from the subject

Weg·gab[e]lung die fork [in the path/road]

Weg·gang der departure

weg|geben *unr. tr. V.* **a)** **etw. zur Reparatur ~:** take sth. to be repaired; **ich gebe meine Wäsche weg** I send my washing to the laundry; **b)** *(verschenken)* give away

Weg·gefährte der *(auch fig.)* fellow-traveller

weg-: **~|gehen** *unr. itr. V.* **a)** leave; *(ugs.: ausgehen)* go out; *(ugs.: ~ziehen)* move away; **von jmdm. ~gehen** leave sb.; **geh ~!** go away!; **geh mir [bloß] ~ damit!** *(ugs.)* you can keep that!; **b)** *(verschwinden)* ⟨*spot, fog, etc.*⟩ go away; **c)** *(sich entfernen lassen)* ⟨*stain*⟩ come out; **d)** *(ugs.: verkauft werden)* sell; **~|gießen** *unr. tr. V.* pour away; **~|gucken** *itr. V. s.* **~sehen; ~|haben** *unr. tr. V.* *(ugs.)* **a)** have got rid of ⟨*dirt, stain, etc.*⟩; **etw. ~haben wollen** want to get rid of sth.; **b)** *(bekommen haben)* have got ⟨*punishment, cold, etc.*⟩; **einen ~haben** *(betrun-*

1605

sein) have had one too many *(coll.); (nicht bei Verstand sein)* be off one's rocker *(sl.); s. auch* Fett a; Teil b; **c)** *(können, wissen)* **in Literatur/auf einem Gebiet [et]was ~haben** know a thing or two about literature/on a subject; **d)** *(begriffen haben)* **er hatte es sofort ~**: he immediately got the hang of it *(coll.); s. auch* **Ruhe f**; **~|holen** *(ugs.)* **1.** *tr. V.* take away; **2.** *refl. V.* **sich** *(Dat.)* **was ~holen** catch something; **~hören** *itr. V.* not listen; **er konnte nicht ~hören** he couldn't help listening; **~|jagen** *tr. V.* chase away; **~|kommen** *unr. itr. V.; mit sein* **a)** get away; *(~gehen können)* **mach, daß du [hier] ~kommst!** *(ugs.)* come on, hop it! *(sl.);* make yourself scarce! *(coll.);* **b)** *(abhanden kommen)* go missing; **c) gut/schlecht** *usw.* **[bei etw.] ~kommen** *(ugs.)* come off well/badly *etc.* [in sth.]; **d)** *(ugs.: davon ~)* get off; **e)** *(ugs.) s.* **hinwegkommen; f)** *(ugs.: loskommen)* **von jmdm. ~kommen** get away from sb.; **vom Rauchen ~kommen** give up smoking; **~|können** *unr. itr. V.* **a)** be able to leave *or* get away; *(ausgehen können)* be able to go out; **b)** *(~geworfen werden können)* **die Zeitung kann ~**: the paper can be thrown away
Weg·kreuz *das* wayside cross
weg-: **~|kriegen** *tr. V.* get rid of ⟨cold, pain, *etc.*⟩; get out, get rid of ⟨stain⟩; shift, move ⟨stone, tree-trunk⟩; **er ist von seinem Spielzeug kaum ~zukriegen** you can hardly tear him away from his toys; **~|lassen** *unr. tr. V.* **a) jmdn. ~lassen** let sb. go; *(ausgehen lassen)* let sb. go out; *(auslassen)* leave out; omit; **die Soße ~lassen** do without the sauce; **give the sauce a miss; ~|laufen** *unr. itr. V.; mit sein* run away *(von,* **vor** *+ Dat.* from); **von zu Hause ~laufen** run away from home; **seine Frau ist ihm ~gelaufen** *(ugs.)* his wife has gone *or* run off and left him *(coll.);* **die Arbeit läuft [dir] nicht ~** *(ugs.)* the work will keep; **~|legen** *tr. V. (beiseite legen)* put aside; *(an seinen Platz legen)* put away; *(aus der Hand legen)* put down; **~|leugnen** *tr. V. (ugs.)* deny ⟨sth.⟩ out of existence; **~|loben** *tr. V.* **jmdn. ~loben** get rid of sb. by singing his/her praises; **~|machen** *(ugs.)* **1.** *tr. V.* get rid of; remove ⟨wart⟩; delete ⟨comma *etc.*⟩; **[sich** *(Dat.)* **] ein Kind ~machen lassen** *(salopp)* get rid of a baby *(before birth);* **2.** *itr. V.; mit sein (landsch.: wegziehen)* go off; **~|müssen** *unr. itr. V.* **a)** have to leave; *(entfernt werden müssen)* have to be removed; **ich muß kurz ~**: I've got to go out for a short while; **b)** *(entfernt werden müssen)* have to be removed; ⟨furniture *etc.*⟩ have to be moved; *(~gebracht werden müssen)* ⟨letter *etc.*⟩ have to go; *(~geworfen werden müssen)* have to be thrown away; **du mußt da ~**: you'll have to move; **der Diktator muß ~**: the dictator must go; **~|nehmen** *unr. tr. V.* **a)** *(entfernen)* take away; remove; move ⟨head, arm⟩; **nimm die Finger da ~!** [keep your] fingers off!; **[das/etwas] Gas ~nehmen** take one's foot off/ease up on the accelerator; **b)** *(entziehen, entwenden)* **jmdm. etw. ~nehmen** take sth. away from sb.; *(einem Besitzer)* **er hat mir das Buch ~genommen** he's taken my book; **dem Freund die Freundin ~nehmen** pinch one's friend's girl-friend *(coll.);* **jmdm. den Turm** *usw.* **~nehmen** *(Schachspiel)* take sb.'s rook *etc.;* **du nimmst mir das [ganze] Licht ~**: you're in my light; **c)** *(beanspruchen, einnehmen)* take up ⟨space, time⟩; **~|packen** *tr. V.* put away; **~|putzen** *tr. V.* **a)** clean off ⟨marks *etc.*⟩; **b)** *(ugs.: aufessen, trinken)* polish off *(coll.)*
Weg·rand *der* wayside; **Blumen/Gasthöfe am ~:** wayside flowers/inns
weg-: **~|rationalisieren** *tr. V.* cut ⟨staff, jobs⟩ as part of a rationalization programme; **~|räumen** *tr. V.* clear away ⟨dishes, rubbish, snow, *etc.*⟩; remove ⟨obstacles, difficulties⟩; *(an seinen Platz tun)* tidy *or* put away; **~|rennen** *unr. itr. V.; mit sein (ugs.)* run away (**vor** *+ Dat.* from); **~|schaffen** *tr. V.* get rid of; *(~räumen)* clear away; *(~bringen)* take away; **~|schauen** *itr. V.* *(bes. südd., österr., schweiz.)* look away; **~|scheren** *refl. V.* clear off ⟨letter, parcel⟩; **b)** send ⟨person⟩ away; **~|schieben** *unr. tr. V.* push away; **~|schleichen** *unr. itr. V.; itr. mit sein* creep away; **~|schleppen 1.** *tr. V.* **a)** *(wegtragen)* carry *or* lug off *or* away; **b)** *(abschleppen)* tow ⟨car, rig, *etc.*⟩ away; **2.** *refl. V.* drag oneself away; **~|schließen** *untr. tr. V.* lock away; **~|schmeißen** *unr. tr. V. (ugs.)* chuck away *(coll.);* **~|schnappen** *tr. V. (ugs.)* **jmdm. etw. ~schnappen/vor der Nase ~schnappen** snatch sth. away from sb./from under sb.'s nose; **jmdm. die Freundin ~schnappen** pinch sb.'s girl-friend *(coll.);* **~|schütten** *tr. V.* pour away; **~|sehen** *unr. itr. V.* **a)** look away; **b)** *(ugs.) s.* **hinwegsehen; ~|sollen** *unr. itr. V.* **er soll jetzt ~**: he is to *or* should leave now; **diese Sachen sollen ~**: these things are to go; **das Plakat soll ~**: the poster is to be removed; **~|spülen** *tr. V.* wash away; **~|spülen** wash up; **~|stecken** *tr. V.* **a)** put away; **b)** *(fig. ugs.: hinnehmen)* take, accept ⟨blow⟩; swallow ⟨insult⟩; **einen ~stecken** *(derb)* have a poke *(coarse);* **~|stellen** *tr. V.* put away; move ⟨car⟩ out of the way; *(beiseite stellen)* put aside; **~|stoßen** *unr. tr. V.* push *or* shove away
Weg·strecke *die* stretch [of road]; *(Entfernung)* distance
weg-: **~|tragen** *unr. tr. V.* carry away; **~|treten 1.** *unr. tr. V.* kick away; **2.** *unr. itr. V.; mit sein* step away; *(zurücktreten)* step back; *(Milit.)* dismiss; **~getreten!** *(Milit.)* dismiss!; **[etwas] ~getreten sein** *(fig. ugs.)* be [somewhat] distracted; **~|tun** *unr. tr. V. (ugs.)* **a)** put away; **b)** *(wegwerfen)* throw away
Wegweiser *der;* ~s, **a)** signpost; **b)** *(fig.: Buch)* guide
weg-: **~|werfen** *unr. tr. V. (auch fig.)* throw away; **das ist doch ~geworfenes Geld** *(ugs.)* that's money down the drain *(coll.);* **~werfend** *Adj.* dismissive ⟨gesture, remark⟩
Weg·werf-: **~flasche** *die* disposable *or* non-returnable bottle; **~gesellschaft die** *(abwertend)* throw-away society; **~mentalität die** *(abwertend)* use-and-throw-away attitude
weg-: **~|wischen** *tr. V.* wipe away; *(fig.)* erase ⟨memory⟩; dispel ⟨fear, doubt⟩; dismiss ⟨objection⟩; **~|wollen** *unr. itr. V.* want to go *or* leave; *(loskommen wollen)* want to get away; *(ausgehen wollen)* want to go out; *(verreisen wollen)* want to go away; **~|zaubern** *tr. V.* spirit away; **wie weggezaubert sein** have vanished into thin air
Weg·zehrung *die (geh.)* provisions *pl.* for the journey
weg-: **~|zerren** *tr. V.* drag away; **~|ziehen 1.** *unr.tr. V.* pull away; pull *or* draw back ⟨curtain⟩; pull off ⟨blanket⟩; **jmdm. den Stuhl ~ziehen**: pull away sb.'s chair [from under him/her]; **2.** *unr. tr. V.; mit sein* **a)** *(umziehen)* move away; **aus X ~ziehen** leave X; move from X; **b)** *(wandern)* ⟨animals, nomads, *etc.*⟩ leave [on their migration]
Weg·zug *der* move; **nach ihrem ~ aus Berlin** after moving [away] from Berlin
¹**weh** *Interj. (veralt.)* **o ~**: alas; **~ mir!** woe is me! *(arch.)*
²**weh** [ve:] **1.** *Adj.* **a)** *nicht präd. (ugs.: schmerzend)* sore; **einen ~en Finger haben** have a sore *or* bad finger; **b)** *(geh.: schmerzlich)* painful; **ein ~es Lächeln** a sad smile. **2.** *adv.* *(ugs.)* **~ tun; mir tut der Magen/Rücken/Kopf ~**: my stomach/back/ head is aching *or* hurts; **mir tut der Hals ~**: my throat is sore; **jmdm./sich ~ tun** hurt sb./oneself; **b)** *(geh.: schmerzlich)* **ihr ist ~ ums Herz** her heart aches; she is sore at heart; **ein ~es Gefühl** an aching feeling
Weh *das;* ~**[e]s** *(geh.)* sorrow; grief
wehe *Interj.* beside you/him *etc.;* **~ [dir], wenn du ...**: woe betide you if you ...
¹**Wehe** ['ve:ə] *die;* ~, ~n: **die ~n setzten ein** the contractions started; she went into labour; **~n haben** have contractions; **in den ~n liegen** be in labour
²**Wehe** *die;* ~, ~n drift
wehen 1. *itr. V.* **a)** *(blasen)* blow; **b)** *(flattern)* flutter; **ihre Haare wehten im Wind** her hair was blowing about in the wind; **mit ~den Rockschößen** with coat-tails flapping; **c)** *mit sein* ⟨leaves, snowflakes, scent⟩ waft. **2.** *tr. V.* blow
weh-, Weh-: **~klage** *die (geh.)* lamentation; **~|klagen** *itr. V. (geh.)* lament; **über etw.** *(Akk.)* **~klagen** lament *or* bewail sth.; **~leidig** *(abwertend)* **1.** *Adj.* **a)** *(überempfindlich)* soft; **sei nicht so ~leidig!** don't be so soft *or* such a sissy; **b)** *(weinerlich)* whining *attrib.;* **ein ~leidiges Gesicht machen** look sorry for oneself; **2.** *adv. (weinerlich)* whiningly; **~mut** *die;* ~ *(geh.)* melancholy *or* wistful nostalgia; **~mütig 1.** *Adj.* melancholically *or* wistfully nostalgic; **2.** *adv.* with melancholy *or* wistful nostalgia
wehmuts·voll *(geh.) s.* **wehmütig**
¹**Wehr** *die;* ~, **~en a)** **in sich [gegen jmdn./ etw.] zur ~ setzen** make a stand [against sb./ sth.]; resist [sb./sth.]; **b)** *s.* **Feuer~; c)** *s.* **~macht**
²**Wehr** *das;* ~[e]s, ~e weir
Wehr-: **~beauftragte** *der parliamentary commissioner for the armed forces;* **~bereichs·kommando** *das* military district command
Wehr·dienst *der; o. Pl.* military service *no art.;* **zum ~ einberufen werden** be called up; **seinen ~ ableisten** do one's military service
wehr·dienst-, Wehr·dienst-: **~pflichtig** *Adj.* wehrpflichtig; **~verweigerer** *der;* ~s, ~: conscientious objector; **~verweigerung** *die* conscientious objection
wehren 1. *refl. V.* **a)** *(körperlich Widerstand leisten)* defend oneself; put up a fight; **sich tapfer/mit aller Kraft ~**: defend oneself *or* resist bravely/with all one's might; *s. auch* **Haut a; b)** *(sich verwahren)* **sich gegen etw. ~**: fight against sth.; **gegen so etwas weiß ich mich zu ~**: I know how to deal with that sort of thing; **c)** *(sich sträuben)* **sich [dagegen] ~, etw. zu tun** resist having to do sth. **2.** *itr. V. (einschränkend gegen)* **jmdm./einer Sache ~**: fight sth./fight [against] sth. **3.** *tr. V. (geh. veralt.) s.* **verwehren**
wehr-, Wehr-: **~ersatz·dienst** *der s.* **Ersatzdienst; ~erziehung** *die (bes. DDR)* defence education; **~experte** *der* defence expert; **~fähig** *Adj.* fit for military service *postpos.;* **~gang** *der; Pl.* **~gänge** *(hist.)* battlemented parapet; **~haft** *Adj. (fähig, sich zu verteidigen)* able to defend oneself *postpos.;* **b)** *(befestigt)* fortified; **~kirche** *die* fortified church; **~kraft** *die; o. Pl.* military strength; **~kraft·zersetzung** *die (Milit., bes. ns.)* undermining of military strength; **~los** *Adj.* defenceless; **jmdm./ einer Sache ~los ausgeliefert sein** be defenceless against sb./sth.; **~losigkeit die;** ~: defencelessness; **~macht** *die; o. Pl.* armed forces *pl.;* **~mann der a)** *Pl.* **~männer** *od.* **~leute** *s.* **Feuerwehrmann; b)** *Pl.* **~männer** *(schweiz.: Soldat)* **~paß der** service record [book]; **~pflicht** *die; o. Pl.* military service; conscription; **die allgemeine ~pflicht** compulsory military service; **~pflichtig** *Adj.* liable for military service *postpos.;* **~pflichtige** *der; adj.*

Wehrsold

Dekl. person liable for military service; ~**sold** der military pay; ~**übung** die reserve duty [re]training exercise

Weh·weh das; ~s, ~s *(Kinderspr.)* hurt; **hast du ein ~?** have you hurt yourself?

Wehwehchen das; ~s, ~: little complaint

Weib [vaip] das; ~[e]s, ~er a) *(veralt.: weibliches Wesen, ugs.: Frau)* woman; female *(derog.);* **sie ist ein tolles ~**: she's a bit of all right *(coll.);* b) *(veralt., noch scherzh.: Ehefrau)* wife; **~ und Kind [haben]** [have a] wife and family; **er nahm sie zum ~[e]** he took her for his wife

Weibchen das; ~s, ~ a) *(weibliches Tier)* female; b) *(abwertend: Frau)* female; **er degradiert sie zum ~**: he reduces her to the role of dumb female; c) *(veralt., noch fam. scherzh.: Ehefrau)* little woman *(joc.)*

Weiber-: ~**feind** der woman-hater; misogynist; ~**geschichten** *Pl. (salopp)* affairs; ~**held** der *(ugs.)* lady-killer; ~**wirtschaft** die; *o. Pl. (abwertend)* **das ist ja hier die reinste ~wirtschaft** the whole place seems to be run by women *or* females

weibisch *(abwertend)* 1. *Adj.* womanish; effeminate. 2. *adv.* womanishly; effeminately

weiblich 1. *Adj.* a) female; b) *(für die Frau typisch)* feminine; c) *(Sprachw.)* feminine ⟨*noun, declension, gender*⟩; *(Verslehre)* female ⟨*rhyme*⟩. 2. *adv.* femininely

Weiblichkeit die; ~ a) *(weibliche Art)* femininity; b) *(Gesamtheit der Frauen)* women *pl.;* **die holde ~** *(veralt.)* the fair sex

Weibs-: ~**bild** das a) *(ugs.)* woman; b) *(salopp abwertend)* female; ~**stück** das *(salopp abwertend)* bitch *(sl.)*

weich [vaiç] 1. *Adj.* a) *(auch fig.)* soft; soft, mellow ⟨*sound, voice*⟩; **ein ~es Ei** a soft-boiled egg; **ein ~es Ei kochen** soft-boil an egg; **ein ~es Herz** *od.* **Gemüt haben** be soft-hearted; **~ werden** *(ugs.)* soften; weaken; b) *(nicht scharf u. streng)* soft, gentle ⟨*features*⟩; gentle ⟨*mouth, face*⟩. 2. *adv.* softly; ⟨*brake*⟩ gently; **~ landen** *od.* **aufsetzen** make a soft landing; *s. auch* **betten 1 a**

Weich·bild das: **wir nähern uns dem ~ der Stadt** we're approaching the outskirts of the town; **noch im ~ der Stadt liegen** be still just in[side] the town

¹**Weiche** die; ~, ~n a) *(Flanke)* flank; b) *o. Pl. (Weichheit)* softness

²**Weiche** die; ~, ~n points *pl. (Brit.);* switch *(Amer.);* **die ~ stellen** set the points; **die ~n [für etw.] stellen** *(fig.)* set the course [for sth.]

¹**weichen** 1. *itr. V.;* **mit sein** (weich werden) soak. 2. *tr. V.* (ein~) soak

²**weichen** *unr. itr. V.; mit sein* a) *(sich entfernen)* move; **nicht von jmds. Seite ~**: not move from *or* leave sb.'s side; **das Blut wich aus ihrem Gesicht** *(geh.)* the blood drained from her face; b) *(Platz machen)* **vor jmdm./einer Sache ~**: give way to sb./sth.; **dem Feind ~**: retreat from the enemy; **vor jmdm./etw. zur Seite ~**: step *or* move out of the way of sb./sth.; **die Bäume sind dem Neubau gewichen** the trees have gone to make room for the new building; **die Spannung wich großer Erleichterung** *(fig.)* [the] tension gave way to great relief; *s. auch* **wanken a**; c) *(nachlassen)* subside; **die Angst/Spannung wich von ihm** the fear/tension left him

Weichen·steller der pointsman *(Brit.);* switchman *(Amer.)*

weich·gekocht *Adj. (präd. getrennt geschrieben)* soft-boiled ⟨*egg*⟩

Weichheit die; ~ a) *(auch fig.)* softness; *(eines Tons, der Stimme)* mellowness; **die ~ seines Gemüts** *(fig.)* his soft-heartedness; b) *s.* **weich 1 b**: softness; gentleness

weich-, Weich-: ~**herzig** 1. *Adj.* soft-hearted; 2. *adv.* soft-heartedly; ~**herzigkeit** die; ~: soft-heartedness; ~**holz** das softwood; ~**käse** der soft cheese

weichlich 1. *Adj.* soft; *(ohne innere Festigkeit)* weak. 2. *adv.* softly

Weichling der; ~s, ~e *(abwertend)* weakling

weich-, Weich-: ~|**machen** *tr. V. (ugs.)* soften up; ~**macher** der *(Chemie, Technik)* plasticizer; ~**schalig** *Adj.* soft-shelled ⟨*crustacean*⟩; soft-skinned ⟨*fruit*⟩

Weichsel ['vaiksl] die; ~: Vistula

Weichsel·kirsche die *(landsch.) s.* **Sauerkirsche**

Weich-: ~**spüler** der; ~s, ~ *(Werbespr.),* ~**spülmittel** das [fabric] softener; ~**teile** *Pl.* a) *(Anat.)* soft parts; b) *(ugs.: Genitalien)* privates; ~**tier** das; *meist Pl.* mollusc; ~**zeichner** der *(Fot.)* soft-focus lens

¹**Weide** ['vaidə] die; ~, ~n willow

²**Weide** die; ~, ~n pasture; **auf der ~ sein** be at pasture; **die Kühe auf die** *od.* **zur ~ treiben** drive the cows to pasture

Weide-: ~**fläche** die pasture; ~**land** das pasture [land]; grazing land

weiden 1. *itr., tr. V.* graze. 2. *refl. V.* a) *(geh.: sich erfreuen)* **sein Auge weidete sich an dem herrlichen Anblick** he feasted his eyes on the glorious sight; b) *(abwertend: schadenfroh beobachten)* gloat over; revel in; **sich an jmds. Schmerz** *(Dat.)* **~**: gloat over sb.'s pain

Weiden-: ~**baum** der willow tree; ~**gerte** die willow rod; *(zum Korbflechten)* osier; *(kleiner)* wicker; ~**kätzchen** das willow catkin

Weide-: ~**platz** der pasture; ~**wirtschaft** die pastoral farming *no art.*

weidlich *Adv.* **etw. ~ ausnutzen** make full use of sth.; **sich ~ über etw. lustig machen** have a good laugh at sth.; **sie mußten sich ~ plagen** they really had to slave away

Weid·mann der; *Pl.* ~**männer** *(geh.)* huntsman; hunter

weid·männisch 1. *Adj.* hunting, huntsman's *attrib.* ⟨*expression, terminology, customs*⟩. 2. *adv.* in the manner of a huntsman; like a huntsman

Weidmanns·heil *Interj.* good hunting

Weid·werk das; *o. Pl.* [art of] hunting

weid·wund *Adj.* **ein ~ geschossenes Tier** an animal shot in the belly [and fatally wounded]

weigern ['vaigɐn] 1. *refl. V.* refuse; **sich ~, etw. zu tun** refuse to do sth. 2. *tr. V. (veralt.: ver~)* **jmdm. etw. ~**: refuse or deny sb. sth.

Weigerung die; ~, ~en refusal

Weih·bischof der *(kath. Kirche)* suffragan bishop

¹**Weihe** die; ~, ~n a) *(Rel.: Einweihung)* consecration; dedication; b) *(kath. Kirche: Priester~, Bischofs~)* ordination; **die niederen/höheren ~n** *(hist.)* the minor/major orders; c) *(geh.: Erhabenheit)* solemnity

²**Weihe** die; ~, ~n *(Zool.)* harrier

weihen *tr. V.* a) *(Rel.: durch Weihe heiligen)* consecrate; b) *(kath. Kirche)* ordain; **jmdn. zum Priester/Bischof ~**: ordain sb. priest/consecrate sb. bishop; c) *(Rel.: durch Weihe zueignen)* dedicate *(Dat.* to); d) *(geh.: preisgeben)* **dem Tod[e]/dem Untergang geweiht sein** be doomed to die/to fall; e) *(geh.: widmen)* dedicate

Weiher der; ~s, ~ *(bes. südd.)* [small] pond

Weihe·stätte die *(geh.)* holy place

weihe·voll *Adj. (geh.)* solemn

Weih-: ~**gabe** die *(bes. kath. Kirche)* votive offering; ~**nacht** die; *o. Pl. (geh.) s.* **Weihnachten**

weihnachten *itr. V. (unpers.)* **es weihnachtet bereits/es fängt an zu ~**: Christmas has already started/Christmas is starting

Weihnachten das; ~, ~: Christmas; **frohe** *od.* **fröhliche** *od.* **gesegnete ~!** Merry *or* Happy Christmas!; **grüne ~**: Christmas without snow; **zu** *od. (bes. südd.)* **an/über ~**: at *or* for/over Christmas

weihnachtlich 1. *Adj.* Christmassy. 2. *adv.* **~ geschmückt/gedeckt sein** be decorated/set for Christmas; **ihr war ~ zumute** she was in a Christmassy mood

Weihnachts-: ~**abend** der Christmas Eve; ~**baum** der Christmas tree; ~**einkauf** der; *meist Pl.* Christmas purchase; ~**einkäufe** Christmas shopping *sing.;* ~**feier** die Christmas party; ~**feiertag** der: **der erste/zweite ~feiertag** Christmas Day/Boxing Day; ~**ferien** *Pl.* Christmas holidays; ~**fest** das Christmas; ~**gans** die Christmas goose; ~**gebäck** das Christmas biscuits *pl. (Brit.)* or *(Amer.)* cookies *pl.;* ~**geld** das Christmas bonus; ~**geschäft** das Christmas trade; ~**geschenk** das Christmas present *or* gift; ~**geschichte** die Christmas story; ~**gratifikation** die Christmas bonus; ~**karte** die Christmas card; ~**lied** das Christmas carol; ~**mann** der; *Pl.* ~**männer** a) Father Christmas; Santa Claus; b) *(ugs.: Dummkopf)* silly idiot *(coll.);* ~**markt** der Christmas fair; ~**spiel** das *(Literaturw.)* nativity play; ~**stern** der a) Christmas star; b) *(Pflanze)* poinsettia; ~**stollen** der Christmas Stollen; ~**tag** der *s.* ~**feiertag**; ~**zeit** die Christmas time; **in der ~zeit** at Christmas time

Weih-: ~**rauch** der incense; **jmdm. ~rauch streuen** *(geh.)* eulogize sb.; ~**wasser** das *(kath. Kirche)* holy water; ~**wasserbecken** das *(kath. Kirche)* stoup

weil [vail] *Konj.* because

weiland *Adv. (veralt.) (vormals)* formerly; *(einst)* once

Weilchen das; ~s little while

Weile die; ~: while; **eine ganze** *od. (geh.)* **geraume ~**: a long time; **~ dauern** take a while; **vor einer ~**: a while ago; **damit hat es noch [gute] ~** *(geh.)* there is still [plenty of] time; *s. auch* '**Ding c**; **eilen 1 a**

weilen *itr. V. (geh.) (ver~)* stay; *(sein)* be; **zu Besuch bei jmdm. ~**: be on a visit to sb.; be visiting sb.; **er weilt nicht mehr unter uns** *(Dat.) od.* **unter den Lebenden** *(verhüll.)* he is no longer among *or* with us

Weiler der; ~s, ~: hamlet

Weimarer Republik die Weimar Republic

Wein [vain] der; ~[e]s, ~e a) wine; **im ~ ist** *od.* **liegt Wahrheit** *(Spr.)* in vino veritas; **jmdm. reinen ~ einschenken** *(fig.)* tell sb. the truth; **neuen ~ in alte Schläuche füllen** *(fig.)* pour new wine into old bottles *(prov.);* b) *o. Pl. (Reben)* vines *pl.;* **wilder ~**: Virginia creeper; c) *o. Pl. (~trauben)* grapes *pl.*

Wein-: ~**[an]bau** der; *o. Pl.* wine-growing *no art.;* ~**bauer** der wine-grower; ~**beere** die a) grape; b) *(südd., österr., schweiz.: Rosine)* raisin; ~**beißer** der *(österr.)* a) *(Gebäck)* iced ginger biscuit; b) *(~kenner)* wine connoisseur; ~**berg** der vineyard; ~**berg·schnecke** die [edible] snail; ~**brand** der brandy

weinen 1. *itr. V.* cry; *(aus Trauer, Kummer)* cry; weep; **um jmdn. ~**: cry *or* weep for sb.; **über jmdn./etw. ~**: cry over *or* about sb./sth.; **vor Glück/Wut ~**: cry with happiness/anger; **vor Freude ~**: cry or weep for *or* with joy; **es ist zum Weinen** it's enough to make you weep; **es ist zum Weinen mit dir** *(ugs.)* you're enough to make anyone weep; **leise ~d abziehen** *(fig. ugs.)* leave with one's tail between one's legs. 2. *tr. V.* shed ⟨*tears*⟩; **sich** *(Dat.)* **die Augen rot ~**: make one's eyes red with crying; **sich in den Schlaf ~**: cry oneself to sleep

weinerlich 1. *Adj.* tearful; weepy; **ein ~es Gesicht machen** look on the verge of tears *or* as if one is about to cry. 2. *adv.* tearfully

wein-, Wein-: ~**essig** der wine vinegar; ~**faß** das wine barrel *or* cask; ~**flasche** winebottle; ~**garten** der vineyard; ~**gegend** die wine-growing region; ~**geist** der; *o. Pl.* ethyl alcohol; ethanol; ~**glas** das wineglass; ~**gut** das vineyard; ~**händ-**

ler der wine-merchant; **~handlung** die wine-merchant's; **~hauer** der (österr.) wine-grower; **~jahr** das vintage; **~karte** die wine-list; **~keller** der wine-cellar; **~kenner** der wine connoisseur; **~königin** die wine queen (representing a particular wine region for the year); **~krampf** der crying fit; fit of crying; **~küfer** der cellarman; **~lese** die grape harvest; **~lokal** das wine bar; **~probe** die wine-tasting [session]; **~rebe** die a) grapevine; b) (Ranke) [grapevine] shoot; **~rot** Adj. wine-red; wine-coloured; **~schaum·creme** die (Kochk.) zabaglione; **~selig** Adj. merry on or with wine pred.; **in** ~seliger Stimmung sein be merry on or with wine; **~stein** der; o. Pl. cream of tartar; **~stock** der; Pl. **~stöcke** [grape]vine; **~straße** die wine route; **~stube** die wine bar; **~traube** die grape; **~trinker** der wine-drinker; **~verkoster** der wine-taster

weise ['vaizə] 1. Adj. wise; **ein Weiser** a wise man; **die drei Weisen aus dem Morgenland** the three Wise Men from the East. 2. adv. wisely

-weise (bei Mengen- und Maßangaben) by the ...; **kilo~/meter~/liter~/eimer~** usw. by the kilo/metre/litre/bucketful etc.; in kilos/metres/litres/bucketfuls etc.; **monats~/wochen~/stunden~**: by the month/week/hour; **paar~**: in pairs

Weise die; ~, ~**n** a) (Art, Verfahren) way; **auf diese/andere** ~: this way/ [in] another way; **auf die eine oder andere** ~: in one way or another; **auf meine** ~: in my own way; **auf geheimnisvolle** ~: in a mysterious manner; mysteriously; **in gewisser** ~: in certain respects; **in keiner** ~: in no way; b) (Melodie) tune; melody

weisen 1. unr. tr. V. **a)** (geh.: zeigen) show; **jmdm. etw.** ~: show sb. sth.; s. auch **Tür**; b) (ver~) jmdn. aus dem Zimmer ~: send sb. out of the room; **jmdn. aus dem Land/von der Schule** ~: expel sb. from the country/ from the school; **etw. von sich** ~ (fig.) reject sth.; s. auch **Hand** f; **Schranke b. 2.** unr. itr. V. (irgendwohin zeigen) point; **mit der Hand auf etw.** (Akk.) ~: point to sth.; **nach Norden** ~: point North; **eine Idee, die in die Zukunft weist** a forward-looking idea

Weisheit die; ~, ~**en** a) o. Pl. wisdom; **die** ~ **mit Löffeln gefressen haben** (ugs.) know it all; know all the answers; **er hat die** ~ [auch] **nicht mit Löffeln gefressen** (ugs.) he is not all that bright; **der** ~ **letzter Schluß** the answer to everything; **mit seiner** ~ **am Ende sein** be at one's wit's end; b) (Erkenntnis) wise insight; (Spruch) wise saying; **deine** ~**en kannst du für dich behalten** (spött.) you can keep your pearls of wisdom to yourself

Weisheits·zahn der wisdom tooth

weis|machen tr. V. (ugs.) **das kannst du mir nicht** ~! you can't expect me to swallow that!; **du willst mir doch nicht** ~, **daß** ...? you're not trying to make me believe or (coll.) to kid me that ...; **er läßt sich** (Dat.) **nichts** ~: you can't fool him; he's not to be fooled; **das kannst du anderen** ~! tell that to the marines (coll.)

¹**weiß** [vais] 1. u. 3. Pers. Sg. Präsens v. **wissen**

²**weiß** Adj. a) white; ~**e Ostern/Weihnachten** Easter with snow/white Christmas; **das Weiße Meer** the White Sea; **Weißer Sonntag** (christl. Kirche) Low Sunday; **der** ~**e Sport** tennis; **er/sie ist** ~ **geworden** his/her hair has turned white; s. auch **Fleck** b; **Haus** a; **Tod**; **Weste**; b) (Kaufmannsspr.) unbranded ⟨product⟩

Weiß das; ~[e]s, ~: white

weis-, Weis-: ~sagen tr. V. a) ~ **nach** ~: (prophezeien) prophesy; foretell; b) (ahnen lassen) forebode; **~sager** der prophet; **~sagerin** die prophetess; **~sagung** die; ~, ~**en** prophecy

weiß-, Weiß-: ~bier das light, highly effervescent, top-fermented beer made from wheat and barley; weiss beer; **~blech** das tin plate; **~blond** Adj. ash-blond/-blonde; **~brot** das white bread; **ein ~brot** a white loaf; **~buch** das (Politik) White Paper; **~dorn** der hawthorn

¹**Weiße** die; ~, ~**n** a) o. Pl. whiteness; b) s. ¹**Berliner 1**

²**Weiße** der/die; adj. Dekl. white; white man/woman

Weiße-Kragen-Kriminalität die white-collar crime no art.

weißeln (südd., österr., schweiz., **weißen** tr. V. paint white; (tünchen) whitewash

weiß-, Weiß-: ~gardist der (hist.) member of the White Guard; **~glühend** Adj. white-hot; **~glut** die white heat; **jmdn.** [bis] **zur ~glut bringen** od. **reizen** od. **treiben** (ugs.) make sb. livid (Brit. coll.); **~gold** das white gold; **~haarig** Adj. white-haired; **~haarig sein** have white hair; **~herbst** der ≈ rosé wine; **~käse** der (bes. nordd.) s. **Quark**; **~kohl** der, (bes. südd., österr.) **~kraut** das white cabbage

weißlich Adj. whitish

Weiß-: ~macher der whitener; **~rußland** (das) White Russia

weißt 2. Pers. Sg. Präsens v. **wissen**

weiß-, Weiß-: ~tanne die silver fir; **~wal** der white whale; **~wand·reifen** der whitewall tyre; ~|**waschen** unr. tr. V. (ugs.) jmdn./sich ~waschen clear sb.'s/one's name; **~wein** der white wine; **~wurst** die veal sausage

Weisung die; ~, ~**en a)** (geh., sonst Amtsspr.) instruction; (Direktive) directive; **auf** od. **nach** ~ [von jmdm.] on or in accordance with [sb.'s] instructions; ~ **geben/erhalten/haben, etw. zu tun** give/receive/have instructions to do sth.; b) (Rechtsw.) [court] order; **jmdm. die** ~ **erteilen, etw. zu tun** order sb. to do sth.

weisungs-, Weisungs-: ~befugnis die authority to issue instructions/directives; **~gebunden** Adj. subject to instructions/ directives postpos.; **~gemäß** Adv. in accordance with instructions; as instructed

weit [vait] 1. Adj. a) (räumlich ausgedehnt) wide; (fig.) broad ⟨concept⟩; **in die ~e Welt ziehen** go out into the big wide world; **~e Kreise** od. **Teile der Bevölkerung** (fig.) large or broad sections of the population; **im ~eren Sinn** (fig.) in the broader sense; **das Weite suchen** (fig.) take to one's heels; s. auch **Feld** e; b) (locker sitzend) wide; **jmdm. zu ~ sein** ⟨clothes⟩ be too loose on sb.; **einen Rock [in der Taille] ~er machen** let out a skirt [at the waist]; c) (streckenmäßig ausgedehnt, lang) long ⟨way⟩; **einen ~en Blick [über die Gegend] haben** have a wide view [over the area]. 2. adv. a) (räumlich ausgedehnt) ~ **geöffnet** wide open; ~ **verbreitet** widespread; ~ **herumgekommen sein** have got around a good deal; have travelled widely; ~ **und breit war niemand zu sehen** there was no one to be seen anywhere; **den besten Fisch** ~ **und breit kriegst du in diesem Restaurant** this restaurant has the best fish for miles around; b) (streckenmäßig ausgedehnt, lang) far; **~er** further; farther; **am ~esten** [he] furthest or farthest; **es ist noch** ~: it is still a long way; **sehr** ~ **gehen** walk a very long way; **hast du es** ~? do you have far to go?; **~ [entfernt** od. **weg] wohnen** live a long way away or off; live far away; **zwei Häuser ~er wohnen** live two houses further or farther on; **15 km** ~ [von hier] 15 km. away [from here]; **5,80 Meter** ~ **springen** jump [a distance of] 5.80 metres; **von ~em** from a distance; **von** ~ **her** from far away; **es würde zu** ~ **führen, das alles jetzt zu analysieren** it would be too much to analyse it all now; **das geht zu** ~ (fig.) that is going too far; **etw. zu ~ treiben, es mit etw.**

zu ~ treiben (fig.) overdo sth.; carry sth. too far; **mit etw. [nicht]** ~ **kommen** (fig.) [not] get far with sth.; s. auch **entfernt** a; **hersein** c; c) (zeitlich entfernt) ~ **nach Mitternacht** well past midnight; ~ **zurückliegen** be a long way back or a long time ago; **d)** (in der Entwicklung) far; **sehr** ~ **mit etw. sein** have got a long way with sth.; **wie weit seid ihr?** how far have you got?; **wir wollen es gar nicht erst so** ~ **kommen lassen** we do not want to let it come to that; **so** ~ **ist es schon mit dir gekommen?** have things come to that with you?; **er wird es einmal** ~ **bringen** he will go far one of these days; ~ **fortgeschritten** od. **gediehen sein** be far advanced; e) (weitaus) **far**; **jmdn.** ~ **übertreffen** surpass sb. by far or by a long way; **bei ~em** by far; by a long way; **bei ~em nicht!** not by a long way!; **bei ~em nicht so gut wie** ...: nowhere near as good as ...; **das ist bei ~em nicht alles** that's not all by a long way; **bei ~em hübscher als** ...: far prettier than ...; **etw. bei ~em übertreffen** far exceed sth.; s. auch **gefehlt 2**; **weiter**

-weit Adj., adv. **europa~/hessen~**: throughout Europe/Hessen postpos.

weit-, Weit-: ~ab Adv. far away; **~aus** Adv. far ⟨better, worse, etc.⟩; **der ~aus beste** od. **~aus der beste Reiter** by far or far and away the best rider; **~bekannt** Adj.; präd. getrennt geschrieben widely known; **~blick** der; o. Pl. far-sightedness; **politischen ~blick haben** be politically far-sighted; **ihm fehlt der ~blick** he lacks vision; **~blickend** Adj. far-sighted

Weite die; ~, ~**n** a) (räumliche Ausdehnung) expanse; b) (bes. Sport: Entfernung) distance; c) (eines Kleidungsstückes) width; d) (Größe, Durchmesser) width

weiten 1. tr. V. widen. 2. refl. V. widen; ⟨pupil⟩ dilate; (fig.) ⟨chest⟩ swell

weiter (Adj. s. **weit 2**; b) further; farther; **halt, nicht** ~! stop, don't go any further; ~! go on!; **er hat immer** ~ **gelacht/geschwatzt** he carried on laughing/chattering; **nur immer** ~ **so!** keep it up!; **und so** ~: and so on; **und so** ~ **und so fort** and so on and so forth; c) ⟨~hin, anschließend⟩ then; **was geschah** ~? what happened then or next?; d) (außerdem, sonst) ~ **nichts**, **nichts** ~: nothing more or else; ~ **weiß ich nichts von der Sache** that's all I know about it; **ich brauche** ~ **nichts** I don't need anything else; there's nothing else I need; **er wollte** ~ **nichts als ...**: all he wanted was ...; **Was ist los?** - **Ach, nichts** ~: What's the matter - Oh, nothing in particular; **das macht** ~ **nichts** od. **ist nicht** ~ **schlimm** it isn't that important; it doesn't really matter; **wenn es** ~ **nichts ist!** if that's all

weiter... Adj.; nicht präd. (zusätzlich) further; ~**e zwei Jahre warten** wait a further two years or two more years; **ohne** ~**e Umstände** without any fuss; **die** ~**e Entwicklung abwarten** await further developments; **im** ~**en Verlauf zeigte sich, daß** ...: it later became clear that ...; **bis auf** ~**es** for the time being; „**bis auf** ~**es geschlossen**" 'closed until further notice'; **des** ~**en** (geh.) furthermore; s. auch **ohne 1 c**

weiter-, Weiter-: ~|arbeiten itr. V. continue or carry on working; ~|**bestehen** unr. itr. V. continue to exist; ~|**bilden** tr. V. s. **fortbilden**; ~**bildung** die; o. Pl. s. **Fortbildung**; ~|**bringen** unr. tr. V. **die Diskussion/Auskunft/sein Ratschlag brachte uns nicht** ~: the discussion/information/his advice did not get us any further [forward]; ~|**entwickeln** tr. V., refl. V. develop [further]; **er hat sich im letzten Jahr auffallend ~entwickelt** he has matured noticeably in the last year; ~**entwicklung** die [further] development; ~|**erzählen** tr. V. **a)** (~sagen) pass on; **erzähl**

das nicht ~: don't tell anyone; **~fahren** *unr. itr. V.; mit sein* continue [on one's way]; *(~ reisen)* travel on; **~fahrt die;** *o. Pl.* continuation of one's journey; **angenehme ~fahrt!** enjoy the rest of your journey; **auf der ~fahrt nach X trafen wir ...:** continuing our journey to X we met ...; **~flug der;** *o. Pl.* connecting flight; onward flight; **auf unserem ~flug** as we continued our flight; **Passagiere zum ~flug nach New York** passengers continuing on to New York; **~führen 1.** *tr. V.* **a)** *(fortführen)* continue; **b)** *(voranbringen)* **das führt uns nicht ~:** that does not get us any further or anywhere; **2.** *itr. V.* continue; **~führende Schulen** secondary schools; **~gabe die;** *o. Pl.* **a)** passing on; **b)** *(Sport)* pass; **~geben** *unr. itr. V.* **a)** pass on; **b)** *(Sport)* pass; **~gehen** *unr. itr. V.; mit sein* **a)** go on; **bitte ~gehen, nicht stehenbleiben!** please move along or keep moving, don't stop!; **b)** *(sich fortsetzen, noch nicht aufhören)* continue; go on; **der Weg geht hier ~:** the path does not go any further; **die Geschichte/Sache geht ~:** there's more to come; **das Leben geht ~:** life goes on; **so kann es nicht ~:** it cannot go on like this; **so kann es mit uns nicht ~gehen** we cannot go on like this; **wie soll es denn nun ~gehen?** what is going to happen now?; **~helfen** *unr. itr. V.* jmdm. [mit etw.] **~helfen** help sb. [with sth.]; **~hin** *Adv.* **a)** *(immer noch)* still; **b)** *(künftig)* in future; **etw. ~hin tun** continue to do sth. [in future]; **c)** *(außerdem)* in addition; **~kommen** *unr. itr. V.; mit sein* **a)** get further; **mach, daß du ~kommst** *(ugs.)* clear off *(coll.)*; **b)** *(Fortschritte machen)* make progress or headway; **im Leben/Beruf ~kommen** get on in life/one's career; **~können** *unr. itr. V. (ugs.)* **a)** be able to go on; **geradeaus können wir nicht ~:** we can't go or get any further straight on; **b)** *(bei einer Aufgabe)* **nicht ~können** get stuck; be unable to go on; **~laufen** *unr. itr. V.; mit sein* **a)** *(~gehen)* walk on; carry on walking; **b)** *(in Betrieb bleiben, auch fig.)* keep going; **c)** *(fortgeführt werden)* continue; *(agreement, insurance)* run; **~leben** *itr. V.* **a)** *(am Leben bleiben)* go on living; **b)** *(seine Existenz fortsetzen)* continue or carry on one's life; **c)** *(nach dem Tod fortleben)* live on; **~leiten** *tr. V.* pass on *(news, information, etc.)*; forward *(letter, parcel, etc.)*; **~machen** *(ugs.)* **1.** *itr. V.* carry on; go on; **~machen!** *(Milit.)* carry on; as you were; **2.** *tr. V.* **etw. ~machen** carry on with sth.; **~müssen** *unr. itr. V. (ugs.)* have to be on one's way; **ich muß ~:** I must be on my way; **~reden** *tr. V.* and *itr. V.* continue; send on; send *(person)* on; **sie ließ mich nicht ~reden** she would not let me carry on [with what I was saying]; **~reichen** *tr. V.* pass on; **~reise die;** *o. Pl. s.* **~fahrt**
weiters *Adv. (österr.) s.* **ferner**
weiter-: **~sagen** *tr. V.* pass on; **sag es nicht weiter** don't tell anyone; **~schicken** *tr. V.* forward; send on; send *(person)* on; **~sehen** *unr. itr. V.* see; **morgen werden wir ~sehen** we'll see what we can do tomorrow; **~spielen** *itr. V.* **a)** carry on or go on playing; **der Schiedsrichter ließ ~spielen** the referee allowed play to continue; **b)** *(Sport abspielen)* pass on; **~sprechen** *unr. itr. V.* go on or carry on speaking or talking
Weiterungen *Pl.* complications; difficulties
weiter-, Weiter-: **~verarbeiten** *tr. V.* process; **~verarbeitung die** processing; **~verfolgen** *tr. V.* follow up *(clue, case, etc.)*; continue to follow *(developments, events, etc.)*; pursue further *(idea, line of thought, etc.)*; **~verkauf der** resale; **nicht zum ~verkauf bestimmt** not for resale; **~verkaufen** *tr. V.* resell; **~wissen** *unr. itr. V.* **nicht [mehr] ~wissen** be at one's wit's end; *(bei einem Rätsel, einer Aufgabe usw.)*

be stuck; **~wollen** *unr. itr. V. (ugs.)* want to go on; **das Pferd wollte nicht ~:** the horse would not go any further; **~zahlen** *tr., auch itr. V.* continue or go on paying; continue to pay; **das Gehalt wird ~gezahlt** the salary continues to be paid; **~ziehen** *unr. itr. V., mit sein* move on

weit-, Weit-: **~gehend; weiter gehend** od. **weitgehender, weitestgehend** od. **weitgehendst 1.** *Adj.* extensive, wide, sweeping *(powers)*; far-reaching *(support, concessions, etc.)*; wide *(support, agreement, etc.)*; general *(renunciation)*; **2.** *adv.* to a large or great extent; **~gereist** *Adj.: präd. getrennt geschrieben* widely travelled; **~her** *Adv. (geh.)* from afar; **~herzig 1.** *Adj.* generous; liberal *(interpretation)*; **2.** *adv.* generously; *(interpret)* liberally; **~hin** *Adv.* **a)** *(weit umher)* for miles around; **b)** *(weitgehend)* to a large or great extent; **~läufig 1.** *Adj.* **a)** *(ausgedehnt)* extensive; *(geräumig)* spacious; **b)** *(entfernt)* distant; **c)** *(ausführlich)* lengthy; long-winded; **2.** *adv.* **a)** *(ausgedehnt)* spaciously; **b)** *(entfernt)* distantly; **c)** *(ausführlich)* at length; long-windedly; **~maschig** *Adj.* wide-meshed; **~räumig 1.** *Adj.* spacious *(room, area, etc.)*; wide *(gap, space)*; **2.** *adv.* spaciously; **etw. ~räumig umfahren** give sth. a wide berth; **~reichend 1.** *Adj.* **a)** long-range; **b)** *(umfangreich und wichtig)* far-reaching *(importance, consequences)*; sweeping *(changes, powers)*; extensive *(relations, influence)*; **~reichende Freiheiten** a large or great degree of freedom; **2.** *adv.* extensively; to a large extent; **~schuß der** *(Sport)* long-range shot; **~schweifig 1.** *Adj.* long-winded; **2.** *adv.* long-windedly; **~sicht die** far-sightedness; **~sichtig 1.** *Adj.* long-sighted; *(fig.)* far-sighted; **2.** *adv. (fig.)* far-sightedly; **~sichtigkeit die; ~:** long-sightedness; *(fig.)* far-sightedness; **~springen** *unr. itr. V.; mit sein; nur im Inf. u. Part. gebr. (Sport)* do the long jump *(Brit.)* or broad jump *(Amer.)*; **~sprung der** *(Sport)* long jump *(Brit.)*; broad jump *(Amer.)*; **~verbreitet** *Adj.: präd. getrennt geschrieben* widespread; common; **common** *(plant, animal)*; **~verzweigt** *Adj.: präd. getrennt geschrieben* extensive *(network)*; *(firm)* with many [different] branches; **eine ~verzweigte Verwandtschaft haben** have numerous branches in one's family; **~winkelobjektiv das** wide-angle lens

Weizen ['vaitsn̩] *der;* **~s** wheat
Weizen-: **~bier das** *s.* **Weißbier**; **~brot das** wheat bread; **ein ~brot** a wheat loaf; a loaf of wheat bread; **~keim der** wheat germ *no pl.*; **~keim·öl das** wheat-germ oil; **~mehl das** wheat flour

welch [vɛlç] **1.** *Interrogativpron.* **a)** *(bei Wahl aus einer unbegrenzten Menge)* which; **aus ~em Grund?** for what reason?; **~e Folgen wird das haben?** what will be the consequences of that?; **um ~e Zeit?** [at] what time?; **b)** *(bei Wahl aus einer begrenzten Menge) (adj.)* which; *(subst.)* which one; **an ~em Tag/in ~em Jahr?** on which day/in which year?; **~e Folgen auch immer** whatever the consequences; **~er/~e/~es auch immer** whichever one; **~es von [den] beiden** which of the two; **c)** *(geh.: was für ein)* what a; *(oft unflektiert)* **~ reizendes Geschöpf!** what a charming creature!; **~ ein Zufall/Glück!** what a coincidence/how fortunate!. **2.** *Relativpron. (bei Menschen)* who; *(bei Sachen)* which; *(unflektiert, Papierdt.)* **X, Y und Z, ~ letztere/letzterer/letzteres ...:** X, Y, and Z, the latter of whom/which ... **3.** *Indefinitpron.* some; **ich habe keine Seife — hast du ~e?** I have no soap — have you any?; **es gibt ~e, die behaupten, daß ...** *(ugs.)* there are some [people] or those who claim that ...

welcher·art *Adv.* what kind of; **es ist gleichgültig, ~ seine Überlegungen waren** it's irrelevant what his considerations were
welcher·lei *indekl. Interrogativadj.* whatever
Welfe ['vɛlfə] *der;* **~n, ~n** *(hist.)* Guelph
welk [vɛlk] *Adj.* withered *(skin, hands, etc.)*; wilted *(leaves, flower)*; limp *(lettuce)*; shrivelled *(breasts)*; **sein Gesicht sah ~ aus** his face looked old and tired
welken *itr. V.; mit sein (plant, flower)* wilt; *(fig.) (beauty)* fade; *(woman)* age
Well·blech das corrugated iron
Wellblech·dach das corrugated-iron roof
Welle ['vɛlə] *die;* **~, ~n a)** *(auch fig.)* wave; **sein Grab in den ~n finden** *(geh.)* go to or find a watery grave; **grüne ~** *(Verkehrsw.)* linked or synchronised traffic lights; **grüne ~ bei 70 km/h** traffic lights phased or synchronized for 70 km per hour; **[hohe] ~n schlagen** *(fig.)* cause a [major] stir; **die weiche ~** *(fig. ugs.)* the soft approach or line; **b)** *(im Haar)* wave; **sich *(Dat.)* ~n legen lassen** have one's hair waved; **c)** *(Physik)* wave; *(Rundf.: Frequenz)* wavelength; **d)** *(Technik)* shaft; **e)** *(wellenförmige Erhebung)* undulation; **f)** *(Gymnastik)* circle
wellen 1. *tr. V. (wellig formen)* wave *(hair)*; corrugate *(iron, metal)*. **2.** *refl. V.* **a)** *(wellig sein) (hair)* be wavy; *(ground, carpet)* undulate; *(stairs)* be uneven; **b)** *(wellig werden) (carpet, stairs)* become uneven
wellen-, Wellen-: **~bad das** artificial wave pool; **~bereich der** *(Rundf.)* waveband; **~berg der** crest [of a/the wave]; **~brecher der** breakwater; **~förmig 1.** *Adj.* wavy *(line, outline, seam, etc.)*; wavelike *(motion, movement, etc.)*; **2.** *adv. (be propagated)* in the form of waves or as waves; **~gang der** *o. Pl.* swell; **ein starker/leichter ~gang** a strong/light swell; **bei starkem ~gang** in heavy seas; **~länge die** *(Physik)* wavelength; **[mit jmdm.] auf der gleichen ~länge liegen** *(fig. ugs.)* be on the same wavelength [as sb.]; **~linie die** wavy line; **~reiten das** surfing *no art.*; **~sittich der** budgerigar; **~tal das** trough [of a/the wave]
Well·fleisch das boiled belly pork
Well·horn·schnecke die whelk
wellig *Adj.* wavy *(hair)*; undulating *(scenery, hills, etc.)*; uneven *(surface, track, etc.)*
Well·pappe die corrugated cardboard
Welpe ['vɛlpə] *der;* **~n, ~n** *(Hund)* whelp; pup; *(Wolf, Fuchs)* whelp; cub
Wels [vɛls] *der;* **~es, ~e** catfish
welsch [vɛlʃ] *Adj.* **a)** *(schweiz.)* **die ~e Schweiz** French[-speaking] Switzerland; **b)** *(veralt.: romanisch)* Latin; **c)** *(veralt. abwertend: fremdländisch)* foreign
welsch-, Welsch-: **~land das** *(schweiz.)* French[-speaking] Switzerland; **~schweizer der** *(schweiz.)* French[-speaking] Swiss [man]; **~schweizerisch** *Adj. (schweiz.)* French Swiss
Welt [vɛlt] *die;* **~, ~en a)** *o. Pl.* world; **auf der ~:** in the world; **in der ganzen ~ bekannt sein** be known world-wide or all over the world; **eine Reise um die ~:** a round-the-world tour; **die schönste Frau der Welt** the most beautiful woman in the world; **in seiner eigenen ~ leben** live in a world of one's own; **die Alte/Neue ~:** the Old/New World; **die dritte/vierte ~** the Third/Fourth World; **zwölf Mark, das ist doch nicht die ~!** *(ugs.)* twelve marks, that's not the earth! *(coll.)*; **nicht die ~ kosten** *(ugs.)* not cost the earth *(coll.)*; **die ~ ist klein od. ein Dorf** *(scherzh.)* it's a small world; **davon geht die ~ nicht unter** *(ugs.)* it's not the end of the world; **auf die od. zur ~ kommen** be born; **auf der ~ sein** have been born; **aus aller ~:** from all over the world; **nicht aus der ~ sein** *(ugs.)* not be at the other end of the earth;

1609

weltabgeschieden | **Wenfall**

in aller ~: throughout the world; all over the world; **in alle** ~: all over the world; **um nichts in der** ~, **nicht um alles in der** ~: not for anything in the world or on earth; **um alles in der** ~ *(ugs.)* for heaven's sake; **die ganze** ~ *(fig.)* the whole world; **so etwas hat die** ~ **noch nicht gesehen** *(fig. ugs.)* it is/was incredible or fantastic *(coll.)*; **alle** ~ *(fig. ugs.)* the whole world; everybody; **vor aller** ~ *(fig. ugs.)* in front of everybody; **eine verkehrte** ~: a topsy-turvy world; **mit sich und der** ~ **zufrieden sein** be content with life; **aus der** ~ **schaffen** resolve ⟨problem, dispute, etc.⟩; **Kinder in die** ~ **setzen** *(ugs.)* have children; **Gerüchte in die** ~ **setzen** start rumours; **wer/was/wo/warum in aller** ~ ...?; *(ugs.)* who/what/where/why on earth ...?; **er/sie ist nicht von dieser** ~ *(geh.)* he/she is not of this world; **zur** ~ **bringen** bring into the world; give birth to; **eine Dame/ein Mann von** ~: a woman/man of the world; **die gelehrte** ~: the world of scholars; **die vornehme** ~: high society; s. *auch* **Brett** d; **nobel** 1b; b) *(~all)* universe; *(Planetensystem)* planetary system; *(Sternensystem)* galaxy; **uns trennen** ~**en** *(fig.)* we are worlds apart

welt-, Welt-: ~**abgeschieden** *Adj.* remote; ~**all** das universe; cosmos; ~**anschaulich** 1. *Adj.; nicht präd.* ideological; 2. *adv.* ideologically; ~**anschauung** die world-view; Weltanschauung; ~**atlas der** atlas of the world; ~**ausstellung die** world fair; ~**bank** die o. Pl. World Bank; ~**bekannt** *Adj.* known all over the world *pred.*; world-famous ⟨artist, author, etc.⟩; ~**berühmt** *Adj.* world-famous; ~**best...** *Adj.; nicht präd.* world's best *attrib.*; best ... in the world; **der/die Weltbeste** the world champion; ~**bestleistung die** *(Sport)* world record; ~**bestzeit die** *(Sport)* world record time; ~**bewegend** 1. *Adj.* world-shaking; **nicht** ~**bewegend sein** *(ugs. spött.)* be nothing to write home about *(coll.)*; 2. *adv.* **er spielt nicht [gerade]** ~**bewegend** *(ugs. spött.)* his playing isn't [exactly] anything to write home about *(coll.)*; ~**bild** das world view; conception of the world; ~**bürger der** citizen of the world; cosmopolite

Welten·bummler der; ~**s,** ~, **Weltenbummlerin** die; ~, ~**nen** globe-trotter. **Welt·erfolg der** world-wide success **Welter·gewicht das** welterweight

welt-, Welt-: ~**erschütternd** s. ~**bewegend;** ~**flucht** die; o. Pl. withdrawal from the world; ~**fremd** 1. *Adj.* unworldly; 2. *adv.* unrealistically; ~**frieden der** world peace; ~**geist** der; o. Pl. *(Philos.)* world spirit; ~**geistliche** der *(kath. Kirche)* secular priest; ~**geltung** die international standing; ~**gericht** das *(Rel.)* Last Judgement; ~**geschichte** die o. Pl. world history no art.; **in der** ~**geschichte umherreisen** *(ugs. scherzh.)* travel around all over the place; b) *(Werk)* history of the world; ~**geschichtlich** 1. *Adj.* **ein** ~**geschichtliches Ereignis, ein Ereignis von** ~**geschichtlicher Bedeutung** an important event in world history; 2. *adv.* ~**geschichtlich gesehen** od. **betrachtet** [viewed] from the point of view of world history; ~**gesundheitsorganisation** die World Health Organization; ~**gewandt** *Adj.* sophisticated; ~**handel der;** o. Pl. world trade; ~**herrschaft** die; o. Pl. world domination; ~**hilfs·sprache** die international auxiliary language; ~**karte** die map of the world; ~**kind** das *(dichter.)* worldling; ~**klasse** die world class; ~**klasse sein, zur** ~**klasse gehören** be world class; ~**klug** 1. *Adj.* worldly-wise; 2. *adv.* in a worldly-wise manner; ~**krieg der** world war; **der erste** od. **Erste/zweite** od. **Zweite** ~**krieg** the First/Second World War; World War I/II; ~**kugel** die globe

weltlich *Adj.* a) *(irdisch, sinnlich)* worldly; b) *(nicht geistlich)* secular

welt-, Welt-: ~**literatur** die world literature no art.; ~**macht** die world power; ~**mann** der; Pl. ~**männer** man of the world; ~**männisch** [~mɛnɪʃ] 1. *Adj.* sophisticated; 2. *adv.* in a sophisticated manner; ~**marke** die international make; ~**markt** der *(Wirtsch.)* world market; ~**meer** das ocean; **die sieben** ~**meere** the seven seas; ~**meister** der world champion; **die Mannschaft ist** ~**meister** the team are world champions; ~**meisterschaft** die world championship; **die** ~**meisterschaft im Fußball** the [football] World Cup; ~**offen** 1. *Adj.* a) *(aufgeschlossen)* open-minded; b) *(für alle Welt offen)* open to the world postpos.; 2. *adv.* open-mindedly; ~**öffentlichkeit** die; **die Meinung der** ~**öffentlichkeit** world opinion; **an die** ~**öffentlichkeit appellieren** make an appeal to the people of the world; ~**ordnung** die world order; ~**politik** die world politics pl.; ~**politisch** 1. *Adj.; nicht präd.* ~**politische Auswirkungen/Bedeutung haben** have an effect on world politics/be important in world politics; **das** ~**politische Klima** the climate in world politics; 2. *adv.* in terms of or from the point of view of world politics; ~**raum** der space no art.

Weltraum-: ~**fahrer** der space traveller; ~**fahrt** die space travel no art.; ~**station** die space station

welt-, Welt-: ~**reich** das empire; ~**reise** die world tour; **eine** ~**reise machen** go round the world; ~**reisende** der/die globe-trotter; ~**rekord** der world record; ~**rekordler** der world record holder; ~**religion** die world religion; ~**revolution** die world revolution; ~**ruf** der; o. Pl. world-wide reputation; ~**ruf haben** have a world-wide reputation; **von** ~**ruf** with a world-wide reputation postpos., not pred.; ~**schmerz** der; o. Pl. world-weariness; Weltschmerz; ~**sicherheitsrat** der *(Pol.)* [United Nations] Security Council; ~**sprache** die world language; ~**stadt** die cosmopolitan city; ~**star** der international star; ~**umsegler** der circumnavigator of the globe; ~**umspannend** *Adj.* global; ~**untergang** der end of the world; ~**untergangs·stimmung** die mood of black despair; *(in der Natur)* **es herrschte** ~**untergangsstimmung** it was as if the end of the world were approaching; ~**uraufführung** die world première; ~**verbesserer der;** ~s, ~ *(iron.)* ein ~**verbesserer** someone who thinks he/she can set the world to rights; ~**weit** 1. *Adj.; nicht präd.* world-wide; 2. *adv.* throughout or all over the world; ~**wirtschaft** die world economy; ~**wirtschafts·krise** die world economic crisis; ~**wunder** das: **die Sieben** ~**wunder** the Seven Wonders of the World; **etw. wie ein** ~**wunder anstaunen** stare at sth. as if it were from another planet; ~**zeit·uhr** die clock showing times around the world

wem [veːm] *Dat. von* **wer** 1. *Interrogativpron.* to whom; who ... to; **wem hast du das Buch geliehen?** to whom did you lend the book?; who did you lend the book to?; **mit/von/zu** ~: with/from/to whom; who ... with/from/to. 2. *Relativpron.* the person to whom ...; the person who ... to; ~ **der Schal gehört** the person to whom the scarf belongs; the person the scarf belongs to; **so etwas nicht selbst passiert ist** anyone to whom this has never happened; ~ **es auch [immer]** od. ~ **immer es passiert ist** *(geh.)* whoever it was it happened to. 3. *Indefinitpron. (ugs.: jemandem)* to somebody or someone; **gehört das** ~? does this belong to anybody?; **telefoniert sie mit** ~? is she on the phone to sb.? *(coll.)*

Wem·fall der dative [case]

wen [veːn] *Akk. von* **wer** 1. *Interrogativpron.* whom; who *(coll.)*; **an/für** ~: to/for whom ...; who ... to/for; **an** ~ **schreibst du?** to whom are you writing? who are you writing to?; ~ **von ihnen kennst du?** which [one] of these do you know?. 2. *Relativpron.* the person whom; ~ **das nicht überzeugt** anyone who is not convinced by that; ~ **[auch] immer** *(geh.)* whoever; no matter whom. 3. *Indefinitpron. (ugs.: jemanden)* somebody; someone; **suchst du** ~? are you looking for somebody?

¹**Wende** die; ~, ~**n** a) *(Veränderung)* change; **eine** ~ **zum Besseren/Schlechteren** a change for the better/worse; b) *in* **um die** ~ **des Jahrhunderts** at the turn of the century; c) *(Turnen)* front vault; d) *(Seemannsspr.)* turn

²**Wende** der; ~**n,** ~**n** Wend

Wende·hals der *(ugs. abwertend)* turncoat; renegade

Wende·kreis der a) *(Geogr.)* tropic; **der nördliche** ~, **der** ~ **des Krebses** the Tropic of Cancer; **der südliche** ~, **der** ~ **des Steinbocks** the Tropic of Capricorn; b) *(Kfz-W.)* turning circle

Wendel die; ~, ~**n** *(Technik)* coil **Wendel·treppe** die spiral staircase **Wende-:** ~**manöver** das turning manœuvre; ~**marke** die *(Sport)* turning mark

¹**wenden** 1. *tr., auch itr. V.* a) *(auf die andere Seite)* turn [over]; toss ⟨pancake, cutlet, etc.⟩; *(in die entgegensetzte Richtung)* turn [round]; **einen Mantel** ~: turn a coat inside out; **bitte** ~! please turn over; s. *auch* **drehen** 1 a. 2. *itr. V.* a) turn [round]; b) *(Seemannsspr.)* tack. 3. *refl. V.* **sich zum Besseren/Schlechteren** ~: take a turn for the better/worse; **das Glück hat sich gewendet** *(geh.)* his/her etc. luck has turned; s. *auch* **Blatt** a

²**wenden** 1. unr. *(auch regelm.) tr. V.* a) *(in eine andere Richtung drehen)* turn; **den Kopf** ~: turn one's head; **keinen Blick von jmdm.** ~: not take one's eyes off sb.; **er wandte seine Schritte nach links** *(geh.)* he turned his steps to the left; b) *(geh.: auf-)* spend; **viel Zeit/Geld an** od. **auf etw.** *(Akk.)* ~: spend a great deal of time/money on sth.; **viel Mühe an** od. **auf etw.** *(Akk.)* ~: take a great deal of trouble over sth. 2. unr. *(auch regelm.) refl. V.* a) ⟨person⟩ turn; **das Glück hat sich von ihm gewandt** od. **gewendet** *(fig. geh.)* his good fortune deserted him; b) *(sich richten)* **sich an jmdn. [um Rat/Hilfe]** ~: turn to sb. [for advice/help]; **sich mit einer Bitte an jmdn.** ~: ask a favour of sb.; **ich habe mich schriftlich dorthin gewandt** I've written there; **an wen soll ich mich** ~? whom should I approach?; **sich an eine höhere Instanz/die richtige Adresse** ~: go to a higher authority/the right address; **das Buch wendet sich an junge Leser** *(fig.)* the book is addressed to or intended for young readers; **sich gegen jmdn./etw.** ~: oppose sb./sth.; c) *(geh.: anschicken)* **sich zum Gehen/zur Flucht** ~: get ready or prepare to go/flee

Wende-: ~**platz** der turning area; ~**punkt** der turning-point; *(Geom.: einer Kurve)* point of inflexion

wendig 1. *Adj.* a) agile; nimble; manœuvrable ⟨vehicle, boat, etc.⟩; b) *(gewandt)* astute. 2. *adv.* a) *(beweglich)* agilely; nimbly; b) *(gewandt)* astutely

Wendigkeit die; ~ a) agility; nimbleness; *(eines Flugzeugs)* manœuvrability; b) *(Gewandtheit)* astuteness

Wendung die; ~, ~**en** a) *(Änderung der Richtung)* turn; **eine** ~ **um 180°** a 180° turn; b) *(Veränderung)* change; **eine unerwartete/entscheidende** ~: an unexpected/decisive turn of events; **eine** ~ **zum Besseren/Schlechteren** a turn for the better/worse; c) *(Biegung)* bend; d) *(Rede~)* expression

Wen·fall der accusative [case]

wenig ['ve:nɪç] 1. *Indefinitpron. u. unbest. Zahlw.* a) *Sing.* little; **sie besitzt nur ~ Schmuck** she owns only a little *or* doesn't own much jewellery; **das ~e Geld reicht nicht aus** this small amount of money is not enough; **~ Zeit/Geld haben** not have much *or* have little time/money; **das ist ~:** that isn't much; **dazu kann ich ~ sagen** I can't say much about that; **nicht ~ Mühe/Arbeit/Zeit kosten** take quite a lot of effort/work/time; **zu ~ Zeit/Geld haben** not have enough time/money; **ein Exemplar/50 Mark zu ~:** one copy too few/50 marks too little; **nur ~es** only a little; **um [ein] ~es älter** (*veralt.*) a little older; b) *Pl.* a few; **es sind nur noch ~e Wochen bis ...:** there are only a few weeks to go until ...; **bis auf ~e/mit ~en Ausnahmen** apart from/with a few exceptions; **nur ~ Leute waren unterwegs** only a few people were about; **~ Chancen haben, etw. zu tun** have little chance of doing sth.; **sie hatte ~ Bücher/Freunde** she had few books/friends; **mit ~ Worten** in a few words; **die ~, die davon wußten** the few who knew about it; **nur ~e haben teilgenommen** only a few took part; **einer von od. unter ~en** one of only a few; **nicht ~e** quite a few. 2. *Adv.* little; **nur ~ besser** only a little better; **er war ~ erbaut** he was not particularly pleased; **wir waren nicht ~ erstaunt/erfreut** we were more than a little astonished/pleased; **~ mehr** not much more; **das ist ~ nett von ihr** that is not very nice of her; **ein ~:** a little; **ein ~ zusammensitzen/ausruhen** sit together for a little while/rest a little; **das nützt [mir] ~:** it won't do [me] much good; **ich komme nur ~ in die Stadt** I don't often get into town; **wir gehen ~ ins Theater** we don't go much to the theatre

weniger 1. *Komp. von* **wenig**; *Indefinitpron. u. unbest. Zahlw.* (+ *Sg.*) less; (+ *Pl.*) fewer; **immer ~:** less and less; **du wirst [ja] immer ~** (*ugs.*) you're wasting away. 2. *Komp. von* **wenig**; *Adv.* less; **es kommt ~ auf Quantität als auf Qualität an** quantity is less important than quality; **~ schön als praktisch** more practical than attractive; **das ist ~ angenehm/erfreulich/schön** that is not very pleasant/pleasing/nice; **nichts ~ als ...:** nothing less than ...; **je mehr ich darüber nachdenke, um so ~ überzeugt es mich** the more I think about it, the less it convinces me; *s. auch* **mehr 1.** 3. *Konj.* less; **fünf ~ drei** five, take away three

Wenigkeit die; ~; small amount; **meine ~** (*scherzh.*) yours truly

wenigst- 1. *Sup. von* **wenig**; *Indefinitpron. u. unbest. Zahlw.* least; **damit habe ich die ~e Arbeit** *od.* **am ~sten Arbeit** that gives me the least work; **am ~en** least; **sie hat am ~en [geschenkt] bekommen** she received the fewest presents; **in den ~en Fällen/für die ~en Menschen** in very few cases/for very few people; **nur die ~en** only very few; **das ~e, was wir tun können** the least we can do; **das ist noch das ~e, ...:** worse still, ... 2. *Sup. von* **wenig**; *Adv.* **am ~en** the least; **das hätte ich am ~en erwartet** that's the last thing I should have expected; **das konnte sie am ~en leiden** it was what she hated most

wenigstens *Adv.* at least

wenn [vɛn] *Konj.* a) (*konditional*) if; **außer ~:** unless; **und [selbst] ~:** even if; **~ es sein muß, komme ich mit** If I have to, I'll come along; **~ es nicht anders geht** if there's no other way; **~ du schon rauchen mußt** if you 'must smoke'; **~ nicht, dann nicht** if not, it doesn't matter; **~ das Wörtchen ~ nicht wär' [, wär' mein Vater Millionär]** (*scherzh.*) if only, if only; b) (*temporal*) when; **jedesmal, od. immer, ~:** whenever; **~ du dich erst einmal eingearbeitet hast ...:** once you're got used to the work ...; c) (*konzessiv*) **wenn ... auch** even though; **~ es auch schwer ist** even though it is hard; **und ~ es [auch] noch so

spät ist ...:** no matter how late it is ...; however late it is ...; **[und] ~ auch!** (*ugs.*) even so; all the same; d) (*in Wunschsätzen*) if only; **~ ich doch** *od.* **nur** *od.* **bloß wüßte, ob ...:** if only I knew whether ...; **~ er doch käme!** if only he would come

Wenn das; ~s, ~ *od.* (*ugs.*) **~s**: **das ~ und Aber, die ~[s] und Aber[s]** the ifs and buts

wenn·gleich *Konj.* (*geh.*) even though; although

wenn·schon *Adv.* **~ [nicht] ..., dann ...:** even if [not] ..., then ...; **[na od. und] ~!** (*ugs.*) so what?; **~, dann ...:** if that's how it is, then ...; **~, dennschon** (*ugs.*) if you're going to do something, you may as well do it properly; no half measures!

¹**Wenzel** [vɛnts'l] (*der*) Wenceslas
²**Wenzel** der; ~s, ~ (*Kartenspiele*) jack; knave

wer [ve:ɐ] *Nom. Mask. u. Fem.; s. auch* (*Gen.*) **wessen;** (*Dat.*) **wem;** (*Akk.*) **wen** 1. *Interrogativpron.* who; **~ alles ist dabeigewesen?** which people were there?; **~ war da?** who was there?; **~ od. ...:** which of ~; **~ weiß wieviel/wie oft/wie lange** *usw.* who knows how much/how often/how long *etc.*; **~ da?** (*Milit.*) who goes there?; **was glaubt er eigentlich, ~ er ist?** who does he think he is?. 2. *Relativpron.* the person who; (*jeder, der*) anyone *or* anybody who; **es auch [immer]** *od.* **~ immer es getan hat** (*geh.*) whoever did it. 3. *Indefinitpron.* (*ugs.: jemand*) someone; somebody; (*in Fragen, Konditionalsätzen*) anyone; anybody; **ist da ~?** is anyone there?; **hat ~ nach mir gefragt?** did anyone ask for me?; **~ sein** be somebody

Werbe-: **~abteilung** die advertising *or* publicity department; **~agentur** die advertising agency; **~aktion** die advertising campaign; **~feldzug** der advertising campaign; **~fernsehen** das television commercials *pl.*; **~film** der advertising *or* promotional *or* publicity film; **~funk** der radio commercials *pl.*; **~gag** der publicity gimmick (*coll.*); **~geschenk** das [promotional] free gift; **~kampagne** die *s.* **~feldzug; ~leiter** der advertising manager

werben ['vɛrbn̩] 1. *unr. itr. V.* a) advertise; **für etw. ~:** advertise sth.; **für eine Partei ~:** canvass for a party; b) (*sich bemühen*) **~ um** try to enlist ⟨subscribers, helpers, *etc.*⟩; recruit ⟨soldier, mercenary, *etc.*⟩; **um Wählerstimmen ~** seek to attract votes; **um jmds. Gunst/Freundschaft ~** court sb.'s favour/friendship; **um eine Frau ~:** court a woman. 2. *unr. tr. V.* attract ⟨readers, customers, *etc.*⟩; recruit ⟨soldiers, volunteers, members, staff, *etc.*⟩

werbe-, Werbe-: ~schrift die prospectus; advertising brochure; **~slogan** der advertising slogan; **~spot** der commercial; advertisement; ad (*coll.*); **~sprache** die; *o. Pl.* advertising jargon; **~text** der advertising copy *no. pl.*; **~texter** der advertising copy-writer; **~träger** der advertising medium; **~trommel** die *in* [für jmdn./etw.] **die ~ schlagen** beat *or* bang the drum [for sb./sth.]; **~wirksam** 1. *Adj.* effective ⟨advertisement *etc.*⟩; **~wirksam sein** be good publicity *or* a good advertisement; **dieser Slogan ist wenig ~wirksam** this slogan is not very effective publicity *or* not a very effective advertisement; 2. *adv.* effectively ⟨worded *etc.*⟩

Werbung die; ~, ~en a) *o. Pl.* (*Reklame, Propaganda*) advertising; **für etw. ~ machen** advertise sth.; **für ein neues Buch/einen Kandidaten viel ~ machen** give a lot of publicity to a new book/a candidate; b) *o. Pl. s.* **Werbeabteilung;** c) (*geh.: Bemühen um jmds. Gunst*) courtship *no pl.*

Werbungs·kosten *Pl.* (*Steuerw.*) advertising costs

Werde·gang der a) (*Laufbahn*) career; b) (*Entwicklungsgang*) development

werden ['ve:ɐdn̩] 1. *unr. itr. V.; mit sein;* 2. *Part.* **geworden** a) become; get; **älter ~:** get *or* grow old[er]; **du bist aber groß/schlank geworden!** you've grown so tall/slim; **wahnsinnig** *od.* **verrückt ~:** go mad; **gut ~:** turn out well; **das muß anders ~:** things have to change; **wach ~:** wake up; **rot ~:** go *or* turn red; **das Wetter wurde schlechter** the weather got worse; **er ist 70 [Jahre alt] geworden** he has had his 70th birthday *or* has turned 70; **heute soll es/wird es heiß ~:** it's supposed to get/it's going to be hot today; **mir wird übel/heiß/schwindelig** I feel sick/I'm getting hot/dizzy; **Arzt/Professor ~:** become a doctor/professor; **was willst du einmal ~?** what do you want to be when you grow up?; **Vater ~:** become a father; **erster/letzter ~:** be *or* come first/last; **das Kind wird ein Junge** the baby is going to be a boy; **was soll das ~?** what is that going to be?; **eine ~de Mutter** a mother-to-be; an expectant mother; b) (*sich entwickeln*) **zu etw. ~:** become sth.; **das Wasser wurde zu Eis** the water turned into ice; **was soll aus dir ~?** what is to become of you?; **aus Liebe wurde Haß** love turned into hate; **aus ihm ist nichts/etwas geworden** he hasn't got anywhere/has got somewhere in life; **daraus wird nichts ~** nothing will come of it/that!; **Von wegen! Daraus wird nichts!** You must be joking! No chance!; c) (*unpers.*) (*sich einem bestimmten Zeitpunkt nähern*) **es wird [höchste] Zeit** it is [high] time; **es wird ein Jahr, seit ...:** it will be a year since ...; **es wird 10 Uhr** it is nearly 10 o'clock; **es wird Tag/Nacht** day is dawning/night is falling; **es wird Herbst** autumn is coming; d) (*entstehen*) come into existence; **es werde Licht!** (*bibl.*) let there be light!; **jeder Tag, den Gott ~ läßt** every day that God gives *or* grants us; **was nicht ist, [das] kann noch ~:** things can change; **im Werden sein** be coming into being; e) (*ugs.*) **sind die Fotos [etwas] geworden?** have the photos turned out [well]?; **wird's bald?** (*ugs.*) hurry up!; **was soll nur ~?** what's going to happen now? **nicht mehr** *od.* **wieder ~** (*salopp*) flip one's lid (*sl.*); **ich werd' nicht mehr** *od.* **wieder!** (*salopp*) well, I'm blowed! (*sl.*); f) (*geh. veralt.: widerfahren*) **ihm soll [sein] Recht ~:** he shall have justice. 2. *Hilfsverb*; 2. *Part.* **worden** a) (*zur Bildung des Futurs*) **wir ~ uns um ihn kümmern** we will take care of him; **dem werd' ich's zeigen!** (*ugs.*) I'll show him (*coll.*); **dir werd' ich helfen!** (*ugs.*) I'll give you what for (*coll.*); **wer wird denn gleich weinen!** you're not going to cry, are you?; **Sie ~ entschuldigen** (*ugs.*) excuse me[, please]; **es wird gleich regnen** it is going to rain any minute; **wir ~ nächste Woche in Urlaub fahren** we are going on holiday next week; b) (*als Ausdruck der Vermutung*) **es wird um die 80 Mark kosten** it will cost around 80 marks; **sie ~ [wohl] im Garten sein** they are probably in the garden; **er wird doch nicht [etwa] krank sein?** he wouldn't be ill, would he?; **sie wird schon wissen, was sie tut** she must know what she's doing; c) (*zur Bildung des Passivs*) **du wirst gerufen** you are being called; **er wurde gebeten he was asked; ihm wurde gesagt** he was told; **es wurde gelacht/gesungen/getanzt** there was laughter/singing/dancing; **jetzt wird aber geschlafen!** right, it's time to go to sleep now!; **unser Haus wird renoviert** our house is being renovated; d) (*zur Umschreibung des Konjunktivs*) **was würdest du tun?** what would you do?; **würdest du bitte etwas für mich besorgen?** would you mind getting something for me?; **ich würde kommen** I would come

Wer·fall der nominative [case]

werfen ['vɛrfn̩] 1. *unr. tr. V.* a) throw; drop ⟨bombs⟩; **die Tür ins Schloß ~:** slam the door shut; **jmdn. aus dem Saal ~** (*fig. ugs.*)

throw sb. out of the hall; **eine Frage in die Debatte ~** (fig.) throw or inject a question into the debate; **neue Waren auf den Markt ~** (fig.) bring new products on to the market; **Bilder an die Wand ~** (fig.) project pictures on the wall; **einen kurzen Blick in den Spiegel/in die Zeitung ~** (fig.) cast a glance in the mirror/at the paper; **b)** (ruckartig bewegen) throw; **den Kopf in den Nacken ~**: throw or toss one's head back; **die Arme in die Höhe ~**: throw one's arms up; **c)** (erzielen) throw; **eine Sechs ~**: throw a six; **ein Tor ~** (Handball, Wasserball) shoot or throw a goal; **d)** (Ringen, Judo: nieder~) throw, floor ⟨opponent⟩; **e)** (bilden) **Falten ~**: wrinkle; crease; **Blasen ~**: bubble; [einen] **Schatten ~**: cast [a] shadow; **f)** (gebären) give birth to. **2.** unr. itr. V. **a)** throw; **mit etw. [nach jmdm.] ~**: throw sth. [at sb.]; **mit Geld/Fremdwörtern/Schimpfwörtern usw. um sich ~** (fig.) throw [one's] money around/bandy foreign words about/bandy curses etc. about; **b)** (Junge kriegen) give birth; ⟨dog, cat⟩ litter. **3.** unr. refl. V. **a)** throw oneself; **sich vor einen Zug ~**: throw oneself under a train; **sich jmdm. in die Arme/zu Füßen ~**: throw oneself into sb.'s arms/at sb.'s feet; **sich auf eine neue Aufgabe ~** (fig.) throw oneself into a new task; **sich in die** od. **seine Kleider ~** (fig.) throw on one's clothes; **b)** ⟨sich verziehen⟩ buckle; ⟨wood⟩ warp
Werfer der; ~s, ~: thrower; (Baseball) pitcher; (Cricket) bowler
Werft [vɛrft] die; ~, ~en shipyard; dockyard; (Flugw.) hangar
Werft·arbeiter der shipyard worker
Werg [vɛrk] das; ~[e]s tow
Werk [vɛrk] das; ~[e]s, ~e **a)** o. Pl. (Arbeit) work; **am ~[e] sein** be at work; **sich ans ~ machen, ans ~ gehen** set to or go to work; **ins ~ setzen** carry out ⟨attack, strategy, etc.⟩; put ⟨agreement, plan, etc.⟩ into effect; set ⟨arrangements, events⟩ in motion; **zu ~ gehen** (geh.) proceed; **b)** (Tat) work; **~ der Nächstenliebe** works of charity; **das ist dein ~!** that is your doing or handiwork; **du tatest ein gutes ~, wenn ...** (scherzh.) you would be doing me/him/us etc. a favour if ...; **c)** (geistiges, künstlerisches Erzeugnis) work; **ein neues ~ beginnen** begin a new piece of work; **d)** (Betrieb, Fabrik) factory; plant; works sing. or pl.; (Belegschaft) works sing. or pl.; **ab ~**: ex works; **e)** (Trieb~) mechanism; das ~ **einer Uhr/Orgel** the works pl. of a clock/organ
werk-, Werk- (Betrieb) s. **werk[s]-, Werk[s]-**:
Werk·bank die; Pl. ~bänke work-bench
werkeln itr. V. **a)** (bes. südd., österr.) work; **b)** (herumbasteln) potter around or about
werken itr. V. work
Werken das; ~s (Schulw.) handicraft
werk-, Werk-: **~getreu 1.** Adj. faithful to the spirit of the original postpos.; **eine ~getreue Inszenierung** a production which is/was faithful to the original; **2.** adv. ⟨stage, present, produce⟩ in a manner faithful to the original; **~lehrer** der [handi]craft teacher; **~meister** der foreman
Werk[s]-: **~angehörige** der/die factory or works employee; **~arzt** der factory or works doctor; **~bücherei** die factory or works library
Werk·schutz der **a)** factory or works security; **b)** (Personen) factory or works security service
werk[s]-, Werk[s]-: **~eigen** Adj. factory- or company-owned; **~fahrer** der (Motorsport) works driver; **~gelände** das factory or works premises pl.; **~halle** die workshop; **~kantine** die works canteen; **~leitung** die factory or works management; **~spionage** die industrial espionage
Werk-: **~statt** die; **~statt-, ~stätten-**

~stätte die workshop; (Kfz-W.) garage; **~stoff** der material; **~stoff·prüfung** die testing of materials; material-testing; **~stück** das workpiece; **~student** der (veralt.) working student; **~verkehr** der works transport
Werk[s]·wohnung die company-owned flat (Brit.) or (Amer.) apartment
werk-, Werk-: **~tag** der working day; workday; **~tags** Adv. on weekdays; **~tätig** Adj. working; **~tätige** der/die; adj. Dekl. worker; **die Zahl der ~tätigen** the number of people in work; **~treue** die faithfulness to the original; **~unterricht** der [handi]craft instruction no art.; (Unterrichtsstunde) [handi]craft lesson; s. auch Englischunterricht; **~verzeichnis** das (Musik) catalogue of works; **~zeug** das; Pl. ~zeuge **a)** (auch fig.) tool; **b)** o. Pl. (Gesamtheit) tools pl.
Werkzeug-: **~kasten** der tool-box; **~macher** der tool-maker; **~maschine** die machine tool
Wermut ['veːmʊt] der; ~[e]s, ~s **a)** (Pflanze) wormwood; **b)** (Wein) vermouth
Wermut-: **~bruder** der (ugs. abwertend), **~penner** (salopp abwertend) der wino (sl.)
Wermuts·tropfen der (geh.) drop of bitterness
Wermut·wein der vermouth
wert [veːɐ̯t] Adj. **a)** (geh.) esteemed; (als Anrede) **~e Genossen!** my dear comrades; **Ihr ~es Schreiben** (Kaufmannsspr. veralt.) your esteemed letter; **wie ist Ihr ~er Name, bitte?** (geh.) may I have your name, please?; **b)** it etw. **~ sein** be worth sth.; **das ist nichts ~**: this is worth nothing or worthless; **der Teppich ist sein Geld nicht ~**: the carpet is not worth the money; **jmds./einer Sache ~ sein** deserve sb./sth.; **das ist nicht der Erwähnung ~**: this is not worth mentioning; **Berlin ist immer eine Reise ~**: Berlin is always worth a visit; **jmdn./etw. einer Sache (Gen.) [für] ~ erachten** (geh.) consider sb./sth. worthy of sth.; s. auch Rede c
Wert der; ~[e]s, ~e **a)** (Preis) value; **im ~ steigen/fallen** increase/decrease in value; **an ~ gewinnen/verlieren** gain/lose in value; **im ~[e] von ...** worth ...; **etw. unter [seinem] ~ verkaufen** sell sth. for less than its value; **b)** (positive Bedeutung) value; **einer Sache (Dat.) großen ~ beimessen** attach great value to sth.; **sich (Dat.) seines [eigenen] ~es bewußt sein** be conscious of one's own importance; **das hat [doch] keinen ~!** (ugs.: sinnlos) there's no point; **~ auf etw. (Akk.) legen** set great store by or on sth.; **c)** (Zahlen~) value; (als Ergebnis) result; **d)** Pl. (~sachen) valuable objects; objects of value; **e)** (Briefmarke) denomination; **f)** Pl. (~papiere) securities
wert-, Wert-: **~arbeit** die high-quality workmanship; **~beständig** Adj. of lasting value postpos.; **stable** ⟨currency, investment, etc.⟩; **~beständig bleiben/sein** retain its value; **~brief** der (Postw.) registered letter
werten tr., itr. V. **a)** judge; assess; **etw. als besondere Leistung ~**: rate sth. as a special achievement; **etw. als Erfolg/Mißerfolg ~**: regard sth. as or consider sth. a success/failure; **etw. hoch/gering ~**: rate sth. highly/not rate sth. very highly; **diese Leistung kann nicht hoch genug gewertet werden** this achievement cannot be regarded highly enough; **etw. kritisch/moralisch ~** (geh.) judge sth. critically/from a moral point of view; **b)** (Sport) **etw. hoch/niedrig ~**: award high/low points to sth.; **der schlechteste Sprung wird nicht gewertet** the worst jump is not counted
wert·frei 1. Adj. detached; impartial; neutral ⟨term⟩. **2.** adv. with detachment; impartially
Wert·gegenstand der valuable object; object of value; **Wertgegenstände** valuables

-wertig (Chemie, Sprachw.) -valent; **zwei~/drei~**: bivalent/trivalent
Wertigkeit die; ~, ~en (Chemie, Sprachw.) valency (Brit.); valence (Amer.)
wert-, Wert-: **~los** Adj. worthless; valueless; **~marke** die stamp; (Essensmarke usw.) ticket; **~maßstab** der standard [of value]; **~minderung** die depreciation; reduction in value; **~paket** das (Postw.) registered parcel; **~papier** das (Wirtsch.) security; **~papier·börse** die stock exchange; **~sache** die; meist Pl. valuable item or object; **~sachen** Pl. valuables; **~schätzung** die (geh.) esteem; high regard; **~sendung** die (Postw.) registered item; **~steigerung** die appreciation; increase in value; **~system** das system of values; value system
Wertung die; ~, ~en judgement; (Sport) **er erreichte ~en über 16** he was given scores [of] over 16; **noch in der ~ sein** be still in the competition/race etc.
wert-, Wert-: **~urteil** das value-judgement; **~voll** Adj. valuable; (moralisch) estimable ⟨person, quality⟩; **~vorstellung** die [concept sing. of] values pl.; **~zeichen** das stamp; **~zuwachs** der appreciation [in value]
Wer·wolf der (Myth.) werewolf
wes [vɛs] Gen. v. **wer** (veralt.) s. **wessen**; s. auch **Brot** a; **Geist** c
Wesen ['veːzn̩] das; ~s, ~ **a)** o. Pl. (Natur) nature; (Art, Charakter) character; nature; **ein freundliches/kindliches ~ haben** have a friendly/childlike nature or manner; **von liebenswürdigem ~ sein** have a pleasant nature; **b)** (Mensch) creature; soul; **ein weibliches/männliches ~**: a woman or female/a man or male; **c)** (Lebe~) being; creature; **es war kein menschliches ~ zu sehen** there was not a [living] soul in sight; **ein höheres ~**: a higher being; **das höchste ~**: the Supreme Being; **d)** (Philos.) essence; **e)** o. Pl. (Treiben) **Tun u. Treiben** hustle and bustle; **sein ~ treiben** ⟨child⟩ romp or play around; ⟨ghost⟩ be abroad, go around; ⟨thief⟩ be at work; **viel ~/kein ~ [aus** od. **um** od. **von etw.] machen** (ugs.) make a lot of fuss/not make a fuss [about sth.]
wesenhaft (geh.) **1.** Adj. intrinsic. **2.** adv. intrinsically
wesens-, Wesens-: **~art** die nature; character; **~eigen** Adj. characteristic; **jmdm./einer Sache ~eigen sein** be characteristic of sb./sth.; **~fremd** Adj. foreign to sb.'s/sth.'s nature postpos.; **~gemäß** Adj. **etw. ist jmdm. [nicht] ~gemäß** sth. is [not] in keeping with sb.'s nature; **~verwandt** Adj. who are similar in character or nature postpos., not pred.; **~verwandt sein** be similar in character or nature; **~zug der** trait; characteristic
wesentlich 1. Adj. fundamental (für to); **sich auf das Wesentliche beschränken** limit oneself to [the] essentials; **von ~er Bedeutung** of considerable importance; **im ~en** essentially. **2.** adv. (weit, um vieles) considerably; much; **es wäre mir ~ lieber, wenn wir ...**: I would much rather we ...; **sich von etw. ~ unterscheiden** be very or considerably different from sth.; **nichts ~ Neues enthalten** contain nothing substantially new
Wes·fall der genitive [case]
wes·halb Adv. s. warum
Wesir [veˈziːɐ̯] der; ~s, ~e vizier
Wespe ['vɛspə] die; ~, ~n wasp
Wespen-: **~nest** das wasp's nest; **in ein ~nest stechen** (fig. ugs.) stir up a hornets' nest; **sich in ein ~nest setzen** (fig.) bring a hornets' nest [down] about one's ears; **~stich** der wasp sting; **~taille** die waspwaist
wessen Gen. von **wer** u. **was 1.** Interrogativpron. **a)** (von wer) whose; **b)** (von was) **wird er beschuldigt?** what is he accused of?;

wessentwegen

~ hat er sich schuldig gemacht what is he guilty of?. 2. *Relativpron.* a) *(von* wer) ~ er gedachte, war seine Mutter the person [whom] he was thinking about was his mother; b) *(von* was) [das,] ~ er sich rühmt, ist ...: what he prides himself on is ...
wessent·wegen *Interrogativadv. (geh.)* on whose account; because of whom
wessent·willen *Interrogativadv.* in um ~ *(geh.)* for whose sake
Wessi ['vɛsi] der; ~s, ~s *(salopp, bes. berlin.)* West German
Wessi·land (das) *(salopp, bes. berlin.)* West Germany
¹**West** [vɛst] *o. Art.; o. Pl.* a) *(bes. Seemannsspr., Met.)* west; *s. auch* **Westen** a; b) *(Gebiet)* West; *s. auch* ¹**Ost** b; c) *(Politik)* West; *s. auch* ¹**Ost** c; d) *einem Subst. nachgestellt (westlicher Teil, westliche Lage)* West; *s. auch* ¹**Süd** c
²**West** der; ~[e]s, ~e *(Seemannsspr.)* westerly; *(dichter.)* west wind
³**West** *o. Art.; o. Pl. (ugs.:* ~*geld)* in ~ bezahlen pay in West German marks; **zehn Mark** ~: ten West German marks
West·afrika (das) West Africa
West-Berlin, Westberlin (das) West Berlin
West·berliner 1. *der* West Berliner. **2.** *Adj.; nicht präd.* West Berlin
west-, West-: ~**besuch** der *(ugs.)* visitor/ visitors *pl.* from West Germany; ~**besuch haben** have a visitor/visitors from West Germany; ~**deutsch 1.** *Adj.* a) *(Politik)* West German; b) *(Geogr.)* West German; **2.** *adv.* in a Western German manner; ~**deutsche** der/die a) *(Politik)* West German; b) *(Geogr.)* Western German; ~**deutschland** (das) a) *(Politik)* West Germany; b) *(Geogr.)* Western Germany
Weste ['vɛstə] die; ~, ~n waistcoat *(Brit.)*; vest *(Amer.)*; **eine schuß-** *od.* **kugelsichere** ~: a bullet-proof vest; **eine weiße** *od.* **reine** *od.* **saubere** ~ **haben** *(ugs.)* have a clean record; **jmdm. etw. unter die** ~ **jubeln** *(fig. ugs.)* shift *or* push sth. on to sb.
Westen der; ~s **a)** *(Richtung)* west; **nach** ~: westwards; to the west; **im/aus** *od.* **von** *od.* **vom** ~: in/from the west; *s. auch* **Norden a**; **b)** *(Gegend)* West; **im** ~: in the West; **der Wilde** ~: the Wild West; *s. auch* **Norden b**; **c)** *(Geogr.)* der ~ the West; **d)** *(Politik)* **der** ~ *(Westeuropa u. die USA)* the West; *(die BRD)* the West; West Germany
Westen·tasche die *waistcoat (Brit.) or (Amer.)* vest pocket; **etw. wie seine** ~ **kennen** *(ugs.)* know sth. like the back of one's hand *or* inside out
Westentaschen·format das *in* od. *im* ~: pocket-size[d] ⟨calculator *etc.*⟩; *(ugs. spött. fig.)* small-time ⟨politician *etc.*⟩; tin-pot ⟨dictator⟩
Western der; ~[s], ~: western
West·europa (das) Western Europe
west·europäisch *Adj.* West[ern] European; ~**e Zeit** Greenwich Mean Time
Westfale [-'fa:lə] *der;* ~n, ~n Westphalian
Westfalen (das); ~s Westphalia
Westfälin [-'fɛ:lɪn] die; ~, ~nen Westphalian
westfälisch *Adj.* Westphalian; **der W~e Friede** *(hist.)* the Treaty of Westphalia; *s. auch* **deutsch; Deutsch a; badisch**
west-, West-: ~**fernsehen** das *(ugs.)* West German television; ~**flanke** die *(Milit., Geogr.)* western flank; *(Met.)* western edge; ~**geld** das; *o. Pl. (ugs.)* West German money; ~**germanisch** *Adj.* West Germanic; ~**gote** der West Goth; Visigoth; ~**hang** der western slope
West·indien (das) the West Indies *pl*
west·indisch *Adj.* West Indian
West·küste die west[ern] coast
Westler der; ~s, ~, **Westlerin** die; ~, ~nen *(ugs.)* West German

westlich 1. *Adj.* a) *(im Westen)* western; **15 Grad** ~**er Länge** 15 degrees west [longitude]; **das** ~**e Frankreich** western France; ~**st** westernmost; **der** ~**ste Punkt** the most westerly point; b) *(nach, aus dem Westen)* westerly; c) *(aus dem Westen kommend, für den Westen typisch)* Western, d) *(Politik)* Western; *s. auch* **östlich 1 d. 2.** *adv.* westwards; ~ **von ...:** [to the] west of ... **3.** *(Präp. mit Gen.)* [to the] west of
West·preußen (das) West Prussia
west-, West-: ~**reise** die *(DDR)* trip to the West; ~**seite** die western side; ~**sender** der *(ugs.)* radio station in the West; ¹~**südwest** [--'-] *o. Pl.; o. Art. (Seemannsspr., Met.)* west-south-west; *s. auch* ¹**Nord a**; ²~**südwest** [--'-] *der (Seemannsspr.)* west-south-wester[ly]; ~**südwesten** [--'-] *der* west-south-west; *s. auch* **Norden a**; ~**teil** der western part; ~**wall** der; *o. Pl. (hist.)* Siegfried Line; ~**wärts** *Adv.* a) *(nach Westen)* [to the] west; b) *(im Westen)* in the west; ~**wind** der west[erly] wind; ~**zone** die *(hist.)* Western zone
wes·wegen *Adv. s.* **warum**
Wett-: ~**annahme** die betting-office; bookmaker's; ~**bewerb** der; ~[e]s, ~e a) competition; **in einem** ~**bewerb siegen** win a competition; **sehr gut im** ~**bewerb liegen** have a good chance of winning the competition; **außer** ~**bewerb laufen** run as an unofficial competitor; b) *o. Pl. (Wirtsch.) Konkurrenz)* competition *no indef. art.*; **unlauterer** ~**bewerb** *(Rechtsw.)* unfair competition; ~**bewerber** der competitor
wettbewerbs-, Wettbewerbs-: ~**bedingung** die competition condition; ~**bedingungen** conditions *or* terms of a/the competition; ~**beschränkung** die *(Wirtsch.)* restraint of trade; ~**fähig** *Adj.* competitive; ~**verzerrung** die *(Wirtsch.)* distortion of normal trading conditions
Wett·büro das betting-office; bookmaker's
Wette ['vɛtə] die; ~, ~n bet; **die** ~ **ging um 100 Mark** the bet was 100 marks; **was gilt die** ~? how much do you want to bet?; **what do you bet?** [mit jmdm.] **abschließen** make a bet [with sb.]; **[ich gehe] jede** ~ [ein], **daß** ...: I bet you anything [you like] that ...; **mit jmdm.** ~ **laufen** *od.* **schwimmen usw.** race sb.; **die Jungen schwammen um die** ~: the boys raced each other at swimming; **um die** ~ **arbeiten/singen** *(fig.)* try to outdo each other at hard work/singing
Wett·eifer der competitiveness
wett·eifern *itr. V.* mit jmdm. [um etw.] ~: compete with sb. [for sth.]; **miteinander** ~: compete with each other
wetten *itr. V.* bet; **mit jmdm.** ~: have a bet with sb.; **mit jmdm. um etw.** ~: bet sb. sth.; **auf etw.** *(Akk.)* ~: bet on sth.; put one's money on sth.; **[wollen wir]** ~? [do you] want to bet?; ~ [**daß**]? *(ugs.)* you can bet on it; it's a dead cert *(Brit. sl.)* or *(Amer. coll.)* sure-fire thing; **ich wette hundert zu eins, daß** ...: *(ugs.)* I'll bet [you] a hundred to one that ...; **so haben wir nicht gewettet** *(ugs.)* that was not the deal *or* not what we agreed; **auf Platz/Sieg** ~: make a place bet/bet on a win. **2.** *tr. V.* **10 Mark** ~: bet 10 marks
¹**Wetter** das; ~s, ~ a) *o. Pl.* weather; **bei jedem** ~: in all weathers; **es ist schönes** ~: the weather is good *or* fine; **was haben wir heute für** ~? what's the weather like today?; **falls**

das ~ es zuläßt weather permitting; **nach dem** ~ **sehen** see what the weather is like; **bei solchem** ~ **jagt man keinen Hund vor die Tür** the weather is/was not fit for a dog to be out in; **ein** ~ **zum Eierlegen** *(salopp)* fantastic *or* marvellous weather *(coll.)*; **bei jmdm. gut** ~ **machen** *(fig. ugs.)* get on the right side of sb.; butter sb. up; **um gut[es]** ~ **bitten** *(fig. ugs.)* try to make it up; b) *(Un~)* storm; **alle** ~! *(veralt.)* by Jove!; c) *Pl. (Bergbau)* **schlagende** ~: firedamp
²**Wetter** der; ~s, ~: better
wetter-, Wetter-: ~**amt** das meteorological office; ~**aussichten** *Pl.* weather outlook *sing.*; ~**bericht** der weather report; *(Voraussage)* weather forecast; ~**besserung** die improvement in the weather; ~**beständig** *Adj.* weatherproof
Wetterchen das; ~s *(ugs.)* fantastic *(coll.)* or lovely weather
wetter-, Wetter-: ~**dienst** der weather *or* meteorological service; ~**fahne** die weather-vane; ~**fest** *Adj.* weather-resistant; ~**fleck** der *(österr.)* weatherproof cape; ~**frosch** der a) *(ugs.)* tree frog kept as a means of predicting the weather; b) *(scherzh.)* weatherman; ~**fühlig** *Adj.* sensitive to [changes in] the weather *postpos.*; ~**fühligkeit** die; ~: sensitivity to [changes in] the weather; ~**gott** der weather god; ~**hahn** der weathercock
Wetterin die; ~, ~nen better
wetter-, Wetter-: ~**karte** die weather-chart; weather-map; ~**kunde** die meteorology *no art.*; ~**lage** die weather situation; *(fig.)* situation; climate; ~**lampe** die *(Bergbau)* safety lamp; ~**leuchten** *itr. V. (unpers.)* es ~**leuchtet** there is summer lightning; **es begann zu** ~**leuchten** flashes of [summer] lightning began to appear; ~**leuchten** das; ~s sheet *(esp. summer)* lightning *no indef. art.*; *(fig.)* first ominous signs *pl.*; ~**mantel** der *s.* **Regenmantel**
wettern *itr. V. (ugs.: schimpfen)* curse; **gegen** *od.* **über etw./jmdn.** ~: loudly denounce sth./sb.
wetter-, Wetter-: ~**prognose** die weather forecast; ~**regel** die saying about the weather; ~**satellit** der weather satellite; ~**schacht** der *(Bergbau)* ventilation shaft; ~**scheide** die weather *or* meteorological divide; ~**seite** die windward side; side exposed to the weather; ~**station** die weather-station; ~**sturz** der sudden fall in temperature; ~**um·schlag** der change in the weather; ~**vorhersage** die weather forecast; ~**warte** die weather station; ~**wendisch** *Adj. (abwertend)* capricious; unpredictable
wett-, Wett-: ~**fahrt** die race; **eine** ~**fahrt machen** have a race; ~**kampf** der competition; **jmdn. zum** ~**kampf auffordern** challenge sb. to a contest; ~**kämpfer** der competitor; ~**lauf** der race; **einen** ~**lauf machen** run a race; **ein** ~**lauf mit der Zeit/dem Tod** *(fig.)* a race against time/with death; ~**läufer** der runner; ~|**machen** *tr. V. (ugs.)* a) *(ausgleichen)* make up for; **etw. durch etw.** ~**machen** make up for sth. with sth.; *(wiedergutmachen)* make good ⟨*loss, mistake, etc.*⟩; b) *(sich erkenntlich zeigen für)* do something in return for; ~**rennen** das *(auch fig.)* race; **ein** ~**rennen machen** have *or* run a race; ~**rüsten das**; ~s arms race; ~**schwimmen** das; ~s swimming contest; ~**streit** der contest; *(fig.)* conflict; **mit jmdm./etw. in** ~**streit liegen/treten** be competing/compete with sb./sth.; ~**streiten** *unr. itr. V.; nur im Inf. gebr.* compete
wetzen ['vɛtsn̩] **1.** *tr. V.* sharpen; whet; **der Vogel wetzt seinen Schnabel an einem Stein** the bird rubs its beak on a stone. **2.** *itr. V.; mit sein (ugs.)* dash
Wetz-: ~**stahl** der steel; ~**stein** der whetstone

WEZ *Abk.* Westeuropäische Zeit GMT
WG [ve:'ge:] *die*; ~, ~s *Abk.* Wohngemeinschaft
WGB [ve:ge:'be:] *der*; ~s *Abk.* Weltgewerkschaftsbund WFTU
Whiskey ['vɪski] *der*; ~s ~s whiskey; [American/Irish] whisky
Whisky ['vɪski] *der*; ~s, ~s whisky; **ein ~ mit Eis/[mit] Soda** whisky on the rocks/and soda
Whist [vɪst] *das*; ~[e]s whist
wich [vɪç] *1. u. 3. Pers. Sg. Prät. v.* weichen
Wichs [vɪks] *der*; ~es, ~e, (*österr.:*) *die*; ~, ~en (*Studentenspr.*) **in [vollem/voller] ~ erscheinen** appear in full regalia *or* full [gala] dress
Wichse *die*; ~, ~n (*ugs.*) **a)** (*Schuhcreme*) [shoe-]polish; **b)** *o. Pl.* (*Schläge*) a hiding (*coll.*); **dann kriegst du** *od.* **dann gibt's ~**: you'll get a good hiding (*coll.*)
wichsen *1. tr. V.* (*ugs.*) **a)** polish; **b)** (*landsch.: schlagen*) jmdn. ~: give sb. a good hiding (*coll.*); **jmdm. eine ~**: box sb.'s ears. *2. itr., tr. V.* (*derb: masturbieren*) wank (*Brit. coarse*); jerk off (*coarse*)
Wichser *der*; ~s, ~: (*derb*) wanker (*vulg.*)
Wicht [vɪçt] *der*; ~[e]s, ~e **a)** (*fam.: kleines Kind*) little rascal *or* imp (*joc.*); **b)** (*abwertend: männliche Person*) [insignificant] creature; **armer ~**: poor devil
Wichtel *der*; ~s, ~ **a)** *s.* Wichtelmännchen; **b)** (*bei den Pfadfinderinnen*) brownie
Wichtel·männchen *das* gnome; (*Kobold*) goblin
wichtig ['vɪçtɪç] *Adj.* important; **nimm die Sache nicht so ~**: don't take the matter so seriously; **es ist mir ~ zu wissen, ob ...**: it is important to me to know if ...; **nichts Wichtigeres zu tun haben[, als ...]** (*auch iron.*) have nothing better to do [than ...]; **das ~ste ist, daß du schweigst** the most important thing is that you remain silent; **Wichtiges zu tun haben** have important things to do; **sich ~ machen** *od.* **tun** (*ugs. abwertend*) be full of one's own importance; **sich mit etw. ~ machen** be pompous about sth.; **sich** (*Dat.*) **~ vorkommen** (*ugs. abwertend*) be full of oneself; **sich sehr ~ nehmen** (*ugs.*) be full of self-importance
Wichtigkeit *die*; ~ importance; **einer Sache** (*Dat.*) **[große/besondere] ~ beimessen** *od.* **beilegen** attach [great/particular] importance to sth.
Wichtigtuer [-tu:ɐ] *der*; ~s, ~ (*ugs. abwertend*) pompous ass
Wichtigtuerei *die*; ~, ~en (*ugs. abwertend*) pomposity; pompousness *no pl.*
wichtigtuerisch *1. Adj.* self-important; pompous. *2. adv.* in a self-important manner; ⟨*behave, act*⟩ pompously
Wicke ['vɪkə] *die*; ~, ~n vetch; (*im Garten*) sweet pea
Wickel *der*; ~s, ~: compress; **jmdm. einen ~ machen** put a compress on sb.; **jmdn. am** *od.* **beim ~ haben/nehmen** (*fig. ugs.*) have/grab sb. by the scruff of his/her neck
Wickel-: **~gamasche** *die* puttee; **~kind** *das* baby; infant; **~kommode** *die* baby's changing-table
wickeln *tr. V.* **a)** (*schlingen*) wind; **Wolle zu einem Knäuel ~**: wind wool into a ball; **etw. auf/um etw.** (*Akk.*) **~**: wind sth. on to sth.; **b)** (*eindrehen*) **sich/jmdm. die Haare ~**: put one's/sb.'s hair in curlers *or* rollers; **c)** (*ein~*) wrap; **etw./jmdn./sich in etw.** (*Akk.*) **~**: wrap sth./sb./oneself in sth.; **er hat sich [fest] in seinen Mantel gewickelt** he wrapped his coat tightly [a]round himself; **d)** (*windeln*) **ein Kind ~**: change a baby's nappy; **der Kleine ist frisch gewickelt** the baby has had his nappy changed; **e)** (*bandagieren*) bandage; **f)** (*aus~*) unwrap; **etw./jmdn./sich aus etw. ~**: unwrap sth./sb./oneself from sth.; **das Buch aus dem Papier ~**: take the book out of the wrapping-paper; **g)** (*ab~*) unwind ⟨*thread, wool, etc.*⟩ (**von** from); **h) in schief** *od.* **falsch gewickelt sein** (*ugs.*) be very much mistaken
Wickel-: **~rock** *der* wraparound skirt; **~tisch** *der* baby's changing-table
Wicklung *die*; ~, ~en (*Elektrot.*) winding
Widder ['vɪdɐ] *der*; ~s, ~ **a)** (*Tier*) ram; **b)** (*Astron., Astrol.*) Aries; **sie/er ist [ein] ~**: she/he is [an] Aries
wider ['vi:dɐ] *Präp. mit Akk.* **a)** (*geh., veralt.*) against; **b)** (*geh.: entgegen*) contrary to; **~ [alles] Erwarten** contrary to [all] expectations; **~ besseres Wissen/alle Vernunft** against one's better knowledge/all reason; **~ Willen** against one's will
wider-, Wider-: **~borstig 1.** *Adj.* unruly, unmanageable ⟨*hair*⟩; (*fig.*) rebellious ⟨*person*⟩; unruly; rebellious ⟨*child*⟩; **sich ~borstig zeigen** be rebellious; *2. adv.* rebelliously; **~fahren** [--'--] *unr. itr. V.; mit sein* (*geh.*) *etw.* **~fährt jmdm.** sth. happens to sb.; **jmdm. ~fährt eine große Freude/ein schweres Leid** sb. experiences great joy/great sorrow; **ihm ist [ein] Unrecht ~fahren** he has been done an injustice; **jmdm. Gerechtigkeit ~fahren lassen** see that justice is done to sb.; **~haken** *der* barb; **~hall** *der* echo; (*fig.*) [**bei jmdm.**] **~hall finden** meet with a [positive] response [from sb.]; **großen ~hall finden** meet with a wide response; **~|hallen** *itr. V.* echo; resound (**von** with); **der Schuß hallte von den Bergwänden wider** the shot echoed from the mountainsides; **~legen** [--'--] *tr. V.* **etw. ~legen** refute *or* disprove sth.; **jmdn. ~legen** prove sb. wrong; **~legung** [--'--] *die*; ~, ~en refutation
widerlich (*abwertend*) *1. Adj.* **a)** (*ekelerregend*) revolting; repulsive; **~ schmecken/riechen** taste/smell revolting; **b)** (*höchst unsympathisch, kaum erträglich*) repugnant, repulsive ⟨*person, behaviour, etc.*⟩; awful ⟨*headache etc.*⟩. *2. adv.* **a)** (*ekelerregend*) revoltingly; **b)** (*verabscheuungswürdig*) ⟨*behave, act*⟩ in a repugnant *or* repulsive manner; **c)** (*unangenehm*) awfully ⟨*cold, hot, sweet, etc.*⟩
Widerlichkeit *die*; ~, ~en (*abwertend*) **a)** *o. Pl.* repulsiveness; **b)** (*Äußerung/Handlung*) revolting remark/action
Widerling *der*; ~[e]s, ~e (*abwertend*) repulsive creature
widern ['vi:dɐn] *tr., itr. V.* (*veralt.*) *s.* ekeln 2
wider-, Wider-: **~natürlich** *Adj.* unnatural; **~part** *der*; ~[e]s, ~e (*geh.*) adversary; **jmdm. ~part bieten** resist sb.; **~raten** [--'--] *unr. tr. V.* (*geh. veralt.*) **jmdm. ~raten, etw. zu tun** advise sb. against doing sth.; **~rechtlich 1.** *Adj.* illegal; unlawful; **~rechtliches Betreten eines Geländes/Gebäudes** trespass[ing] on a property/unlawful *or* illegal entry to a building; *2. adv.* illegally; unlawfully; **~rechtlichkeit** *die* illegality; unlawfulness; **~rede** *die* **a)** argument; contradiction; **keine ~rede!** don't argue!; no arguing!; **ohne ~rede** without [any] argument *or* protest; **b)** *s.* Gegenrede a; **~rist** *der* (*Zool.*) withers *pl.*; **~ruf** *der* (*einer Aussage*) retraction; ⟨*eines Befehls, einer Anordnung, Erlaubnis usw.*⟩ revocation; withdrawal; [**bis**] **auf ~ruf** until revoked *or* cancelled; **~rufen** [--'--] *unr. tr., auch itr. V.* retract, withdraw ⟨*statement, claim, confession, etc.*⟩; revoke, cancel ⟨*order, permission, etc.*⟩; repeal ⟨*law*⟩; **~ruflich 1.** *Adj.* revocable ⟨*permission, power of attorney*⟩; *2. adv.* until further notice; **~rufung** *die*; ~s, ~, **~sacherin** *die*; ~, ~nen (*geh.*) adversary; opponent; **~schein** *der* (*geh.*) reflection; **~setzen** [--'--] *refl. V.* **sich jmdm./einer Sache ~setzen** oppose sb./sth.; **sich einer Aufforderung ~setzen** refuse to comply with a demand; **~setzlich** [*od.* --'--] **1.** *Adj.* rebellious; **sich ~setzlich zeigen** be rebellious; *2. adv.* rebelliously; **~setzlichkeit** [*od.* --'--] *die*; ~, ~en **a)** *o. Pl.* (*Haltung*) rebelliousness; **b)** (*Handlung*) rebellious action; **~sinn** *der*; *o. Pl.* absurdity; **~sinnig** *Adj.* absurd; **~spenstig** [~ʃpɛnstɪç] **1.** *Adj.* unruly; rebellious; wilful; unruly, unmanageable ⟨*hair*⟩; stubborn ⟨*horse, mule, etc.*⟩; *2. adv.* wilfully; rebelliously; **~spenstigkeit** *die*; ~, ~en **a)** *o. Pl.* (*Haltung*) unruliness; rebelliousness; wilfulness; (*von Haaren*) unruliness; unmanageableness; (*von Pferden usw.*) stubborness; **b)** (*Handlung*) unruly *or* rebellious *or* wilful behaviour *no pl.*; **~|spiegeln, ~spiegeln** [--'--] **1.** *tr. V.* reflect; (*als Spiegelbild*) mirror; (*fig.*) reflect; **2.** *refl. V.* be reflected; (*als Spiegelbild*) be mirrored; (*fig.*) be reflected; **~sprechen** *unr. itr. V.* **a)** (*Einwände erheben*) contradict; **jmdm./einer Sache/sich [selbst] ~sprechen** contradict sb./sth./oneself; **der Betriebsrat hat der Entlassung ~sprochen** the works committee has opposed the dismissal; **b)** (*im Gegensatz stehen zu*) contradict, be inconsistent with ⟨*facts, truth, etc.*⟩; **sich** (*Dat.*) **~sprechende Aussagen/Nachrichten** conflicting statements/news reports; **~spruch** *der* **a)** *o. Pl.* (*Widerrede, Protest*) opposition; protest; **es erhob sich allgemeiner ~spruch** there was a general protest; **nicht den geringsten ~spruch dulden** not tolerate the slightest argument; **auf ~spruch stoßen** meet with opposition *or* protests; **etw. ohne ~spruch hinnehmen** accept sth. without argument; **b)** (*etw. Unvereinbares*) contradiction; **ein ~spruch in sich** (*Dat.*) [**selbst**] **sein** be a contradiction in terms; **sich** (*Akk.*) **in ~sprüche verwickeln** get entangled *or* caught up in contradictions; **in ~spruch zu** *od.* **mit etw. stehen** contradict sth.; be contradictory to sth.; **in ~spruch zu etw. geraten** come into conflict with sth.; **c)** (*Philos.*) contradiction; **~sprüchlich 1.** *Adj.* contradictory ⟨*news, statements, etc.*⟩; inconsistent ⟨*behaviour, attitude, etc.*⟩; *2. adv.* **er verhielt sich sehr ~sprüchlich** his behaviour was very inconsistent; **~sprüchlichkeit** *die*; ~, ~en **a)** *o. Pl.* (*Eigenschaft*) contradictoriness; inconsistency; **b)** (*Handlung, Haltung*) contradiction; **~spruchs·los 1.** *Adj.*; *nicht präd.* unprotesting; uncontradicting; **2.** *adv.* without opposition *or* protest
Wider·stand *der* **a)** resistance (**gegen** to); **jmdm./einer Sache ~ leisten** resist sb./sth.; put up resistance to sth.; **an jmds. ~** (*Dat.*) **scheitern** collapse in the face of sb.'s resistance; **bei jmdm. auf ~ stoßen** meet with *or* encounter resistance from sb.; **zum bewaffneten ~ aufrufen** call [people] to arms; **b)** (*Hindernis*) opposition; **allen Widerständen zum Trotz** despite all the opposition; *s. auch* Weg *c*; **c)** *o. Pl.* (*~bewegung*) **der ~**: the Resistance; **d)** (*Mech., Elektrot.*) resistance; (*Elektrot.: Schaltungselement*) resistor
widerstands-, Widerstands-: **~bewegung** *die* resistance movement; **~fähig** *Adj.* robust; resistant ⟨*material etc.*⟩; hardy ⟨*animal, plant*⟩; **~fähig gegen** *od.* **gegenüber etw. sein** be resistant to sth.; **~fähigkeit** *die*; *o. Pl.* robustness; (*von Material usw.*) resistance; (*von Tier, Pflanze*) hardiness; **~fähigkeit gegen etw.** resistance to sth.; **~kämpfer** *der* resistance fighter; **~kraft** *die*; *o. Pl.* resistance; **~los 1.** *Adj.* without resistance *postpos.*; *2. adv.* without resistance
wider-, Wider-: **~stehen** *unr. itr. V.* **a)** (*nicht nachgeben*) [**jmdm./einer Sache**] **~stehen** resist [sb./sth.]; **b)** (*standhalten*) **jmdm./einer Sache ~stehen** withstand sb./sth.; **~streben** *itr. V.* **a)** (*zuwider sein*) **etw. ~strebt jmdm.** sb. dislikes *or* detests sth.; **das ~strebt meinem Taktgefühl** that goes against my sense of tact; **es ~strebt jmdm.,**

Widerstreben

etw. zu tun sb. dislikes doing sth. *or* is reluctant to do sth.; **b)** *(geh.: sich widersetzen)* **einer Sache** *(Dat.)* **~streben** oppose sth.; **~d nachgeben/einwilligen** give in/agree reluctantly; **~streben das** reluctance; **trotz anfänglichem ~streben** after some initial reluctance; **~streit der;** *o. Pl.* conflict; **in** *od.* **im ~streit mit etw. leben/stehen** be/live in conflict with sth.; **~streitend** *Adj.; nicht präd.* conflicting; **~wärtig** [~vɛrtɪç] *(abwertend)* **1.** *Adj.* **a)** *(unangenehm)* disagreeable, unpleasant *(conditions, situation, etc.)*; **b)** *(ekelhaft, abscheulich)* revolting, repugnant *(smell, taste, etc.)*; objectionable, offensive *(person, behaviour, attitude, etc.)*; **das ist mir ~wärtig** I find that offensive *or* objectionable; **~wärtig riechen/schmecken** smell/taste revolting; **2.** *adv. (behave, act, etc.)* in an objectionable *or* offensive manner; **~wärtigkeit die; ~, ~en a)** *o. Pl.* offensiveness; objectionableness; repulsiveness; **b)** *(Umstand)* disagreeable *or* unpleasant circumstance; **~wille der** aversion **(gegen** to); **einen ~willen gegen jmdn./etw. haben** *od.* **empfinden** have/experience an aversion to sb./sth.; **etw. mit ~willen essen/tun** eat sth. with distaste/do sth. with reluctance *or* reluctantly; **~willig 1.** *Adj.; nicht präd. (unwillig)* reluctant; unwilling; **2.** *adv.* reluctantly; unwillingly; **etw. nur ~willig tun** do sth. only with reluctance; **~wort das;** *Pl.* **~worte; ~worte geben** answer back; **etw. ohne [ein] ~wort tun** do sth. without argument *or* protest; **keine ~worte dulden** not tolerate any argument; **keine ~worte!** no arguments!

widmen ['vɪtmən] **1.** *tr. V.* **a)** *(zueignen)* **jmdm. ein Buch/Gedicht/eine Sinfonie** *usw.* **~:** dedicate a book/poem/symphony *etc.* to sb.; **b)** *(verwenden für/auf)* **etw. jmdm./einer Sache ~:** devote sth. to sb.; **jmdm./einer Sache seine Liebe/Aufmerksamkeit ~:** give sb./sth. one's love/attention. **2.** *refl. V. (sich beschäftigen mit)* **sich jmdm./einer Sache ~:** attend to sb./sth.; *(ausschließlich)* devote oneself to sb./sth.; **heute kann ich mich dir ganz ~:** I can devote myself to you entirely today

Widmung die; ~, ~en dedication **(an** + *Akk.* to)

widrig ['viːdrɪç] *Adj.* unfavourable, adverse *(wind, circumstances, fate, etc.)*

widrigen·falls *Adv. (bes. Amtsspr.)* otherwise

Widrigkeit die; ~, ~en adversity

wie 1. *Interrogativadv.* **a)** *(auf welche Art u. Weise)* how; **~ heißt er/das?** what is his/its name?; **what is he/that called?; ~ [bitte]?** [I beg your] pardon?; *(entrüstet)* I beg your pardon!; **~ war das?** *(ugs.)* what was that?; what did you say?; **~ meinen?** *(scherzh.)* [I beg your] pardon?; **~ kommt es, daß ...?** how is it that ...?; **~ das?** *(ugs.)* how did that come about?; **~ käme ich denn dazu?** why should I?; **b)** *(durch welche Merkmale gekennzeichnet)* **~ war das Wetter?** what was the weather like?; how was the weather?; **~ ist dein neuer Chef?** what is your new boss like? *(coll.)*; **~ ist dein neuer Boss?** *(coll.)*; **~ geht es ihm?** how is he?; **~ war es in Spanien?** what was Spain like?; what was it like in Spain?; **~ findest du das Bild?** what do you think of the picture?; **~ gefällt er dir?** how do you like him?; **~ wär's mit ...:** how about ...; **~ wär's, wenn du dir die Schuhe putztest?** how about [you] cleaning your shoes?; **Gott, ~ du aussiehst!** God, just look at yourself!; **c)** *(in welchem Grade)* how; **~ lange/groß/hoch/oft?** how long/big/high/often?; **~ sehr haben wir uns das gewünscht!** how badly we wanted that!; **~ spät ist es?** what time is it?; **wie alt bist du?** how old are you?; **~ er läuft!** how fast he runs!; **und ~!** and how! *(coll.)* **d)** *(ugs.: nicht wahr)* **das hat dir Spaß gemacht, ~?** you enjoyed that,

didn't you?; **das ärgert dich wohl, ~?** that does annoy you, doesn't it? **2.** *Relativadv.* **[die Art,] ~ er es tut** the way *or* manner in which he does it; **die Preise steigen in dem Maße, ~ die Löhne erhöht werden** prices are rising at the same rate as wages; **~ man es auch [immer] macht, es ist ihr nie recht** whatever you do *or* whichever way you do it she's never happy with it; **~ er das wieder geschafft hat!** he's done it again – how does he manage it? **3.** *Konj.* **a)** *Vergleichspartikel* as; **[so] ... ~ ...:** as ... as ...; **das Buch ist so unterhaltend ~ lehrreich** the book is as entertaining as it is instructive; **er kam so schnell ~ möglich** he came as quickly as possible; **~ gewöhnlich** *od.* **üblich/immer** as usual/always; **ein Mann ~ ich** a man like him; **er geht dir [so] ~ mir** you're like me; **er macht es [genauso] ~ du** he does it [just] like you [do]; **~ durch ein Wunder** as if by a miracle; **er kann spielen ~ kein zweiter** no one can touch him when it comes to playing; **ich fühlte mich ~ ...:** I felt as if I were ...; **„N" ~ „Nordpol"** N for November; **b)** *(zum Beispiel)* like; such as; **Entwicklungsländer ~ [zum Beispiel] Somalia oder Tansania** developing countries such as Somalia or Tanzania [for example]; **~ folgt** as follows; **~ schon der Name sagt** as the name already implies; **~ wenn** as if *or* though; **c)** *(und, sowie)* as well as; both; **Männer ~ Frauen** men as well as women; both men and women; **d)** *(temporal: als)* **~ ich an seinem Fenster vorbeigehe, höre ich ihn singen** as I pass by his window I hear him singing; **~ ich die Tür öffne, steht doch tatsächlich Christine vor mir** when I open the door, who is standing there is Christine; **e)** *(ugs.: außer)* **wir hatten nichts ~ Ärger [damit]** we had nothing but trouble [with it with it]; **nichts ~ hin!** come on, let's go!; *s. auch* **nichts; f)** *(nicht standardsprachlich: als)* than

Wiedehopf ['viːdəhɔpf] **der; ~[e]s, ~e** hoopoe

wieder ['viːdɐ] *Adv.* **a)** *(erneut)* again; **je/nie ~:** ever/never again; **~ mal** *od* **mal ~ ins Kino gehen** go to the cinema again some time; **immer ~,** *(geh.)* **~ und ~:** again and again; time and [time] again; **es regnet schon ~:** it's raining again; **das Buch ist ~ ein Bestseller** the book is another best seller; **nie ~ Krieg!** no more war!; **wie du ~ aussiehst!** just look at yourself again!; **was ist denn jetzt schon ~ los?** what's happened 'now'?; **b)** *(unterscheidend: noch)* **einige ..., andere ... und ~ andere ...:** some ..., others ..., and yet others ...; **das ist ~ etwas anderes** that is something else again; **c)** *(drückt Rückkehr in früheren Zustand aus)* again; **alles ist ~ beim alten** everything is back as it was before; **etw. ~ an seinen Platz zurückstellen** put sth. back in its place; **ich bin gleich ~ da** I'll be right back *(coll.)*; **willst du schon ~ gehen?** are you going already?; **gib es ihm ~ zurück** *(ugs.)* give it back to him!; **d)** *(andererseits, anders betrachtet)* **das ist auch ~ wahr** that's true enough; **da hast du auch ~ recht** you're right there; **so schlimm ist es ~ nicht** it's not as bad as all that; **e)** *(meinerseits, deinerseits usw.)* in turn; **f)** *(auch)* likewise; also; **g)** *(ugs.: noch)* **wie heißt er ~?** what's his name again?; **wo/wann war das [gleich] ~?** where/when was that again?

wieder-, Wieder-: ~aufbau der; *o. Pl.* reconstruction; rebuilding; **der wirtschaftliche ~aufbau** economic recovery; **~auf|bauen**[1] *tr. V.* reconstruct; rebuild; **~auf|bereiten**[1] *tr. V.* recycle; *(bes. Kerntechnik)* reprocess; **~aufbereitung die** recycling; *(bes. Kerntechnik)* reprocessing plant; **~aufbereitungs·anlage die** recycling plant; **~auf|führen**[1] *tr. V.* revive *(play)*; rerun, reshow *(film)*; **~aufführung die** *(eines Thea-*

Wiederherstellung

terstücks) revival; *(eines Films)* rerun; **~aufnahme die a)** resumption; *(von Beziehungen)* re-establishment; **die ~aufnahme eines Verfahrens** *(Rechtsspr.)* the resumption or reopening of proceedings; **b)** *(als Mitglied)* readmittance; **c)** *(eines Theaterstücks)* revival; **~aufnahme·verfahren das** *(Rechtsspr.)* retrial; **~auf|nehmen**[1] *unr. tr. V.* **a)** *(erneut beginnen mit)* resume; take up *(subject, idea)* again; re-establish *(relations, contact)*; **ein Verfahren ~aufnehmen** *(Rechtsspr.)* reopen a case; **b)** *(als Mitglied)* readmit; **~auf|richten**[1] *tr. V.* give fresh heart to *(person)*; **die ~aufrüstung die** rearmament; **~auf|tauchen**[1] *itr. V.; mit sein* turn up again

wieder-, Wieder-: ~beginn der recommencement; resumption; **~bekommen** *unr. tr. V.* get back; **du bekommst das Buch ~:** you'll get the book back; **~beleben** *tr. V.* revive, resuscitate *(person)*; *(fig.)* revive, resurrect *(friendship, custom, etc.)*; **~belebungs·versuch der** attempt at resuscitation; **bei jmdm. ~belebungsversuche machen** attempt to revive *or* resuscitate sb.; **~bewaffnung die** rearmament; **~|bringen** *unr. tr. V.* bring back

Wieder·einsetzung die reinstatement

wieder-, Wieder-: ~entdecken *tr. V.* rediscover; **~entdeckung die** rediscovery; **~|erkennen** *tr. V.* recognize; **er war kaum ~zuerkennen** he was almost unrecognizable; **~erobern** *tr. V.* recapture *(territory)*; regain *(position, title, etc.)*; **~eroberung die** *s.* **erobern:** recapture; regaining; **~|eröffnen** *tr. V.* reopen; **~eröffnung die** reopening; **~|erwecken** *tr. V.* revive; bring back *or* restore to life; *(fig.)* revive; reawaken; **~|finden 1.** *unr. tr. V.* find again; *(fig.)* regain *(composure, dignity, courage, etc.)*; **2.** *unr. refl. V.* **die Handschuhe/Schlüssel** *usw.* **haben sich ~gefunden** the gloves/keys *etc.* have been found; **~gabe die a)** *(Darstellung, Schilderung)* report; account; **b)** *(Übersetzung)* rendering; **c)** *(Reproduktion; in Ton u. Bild)* reproduction; **d)** *(Aufführung)* rendition; **~|geben** *unr. tr. V.* **a)** *(zurückgeben)* give back; return; **b)** *(berichten)* report; give an account of; *(wiederholen)* repeat; *(ausdrücken)* express; *(zitieren)* quote; **etw. gekürzt ~geben** give a shortened version of sth.; **c)** *(übersetzen)* render; **d)** *(darstellen)* portray; depict; **die Gebirge sind auf der Landkarte in Braun ~gegeben** the mountains are shown in brown on the map; **e)** *(hörbar, sichtbar machen)* reproduce; **~geburt die a)** *(Rel.)* reincarnation; **b)** *o. Pl. (christl. Rel., fig. geh.)* rebirth; **~|gewinnen** *unr. tr. V.* recover *(lost item, money, etc.)*; regain *(composure, equilibrium, etc.)*

wieder·gut|machen[2] *tr. V.* make good; put right; **den Schaden ~** *(bezahlen)* pay for the damage; **das ist nicht wiedergutzumachen** that cannot be put right; **ein nicht wiedergutzumachendes Unrecht** an irreparable injustice

Wieder·gutmachung die; ~, ~en a) reparation; **die ~ des Unrechts fordern** demand that the injustice be made good; **b)** *(Leistung)* compensation

wieder|haben *untr. tr. V. (auch fig.)* have back

wieder-, Wieder-: ~her|stellen[3] *tr. V.* **a)** re-establish *(contact, peace)*; **b)** *(reparieren)* restore *(building)*; **c)** *(wieder gesund machen)* **~herstellen** restore sb. to health; get sb. on his/her feet again; **~herstellung die a)** re-establishment; **b)** *(Wiederinstandsetzung)* restoration; **c)** *(Gene-*

---
[1] *ich baue/bereite usw. wieder auf*
[2] *ich mache wieder gut*
[3] *ich stelle wieder her*

1615

sung) recovery; **bis zu seiner völligen ~herstellung** until he has completely recovered *or* is fully restored to health; **~holbar** *Adj.* repeatable; **das ist nicht ~holbar** it cannot be repeated; **~holen 1.** *tr. V.* **a)** repeat; replay ⟨*football match*⟩; retake ⟨*penalty kick*⟩; resit, retake ⟨*exam*⟩; **eine Wahl ~holen** hold an election again; rehold an election; **b)** *(nochmals sagen)* repeat, reiterate ⟨*question, demand, offer, etc.*⟩; **c)** *(repetieren)* revise ⟨*lesson, vocabulary, etc.*⟩; **2.** *refl. V.* **a)** *(wieder dasselbe sagen)* repeat oneself; **b)** *(erneut geschehen)* happen again; **c)** *(wiederkehren)* be repeated; recur
wieder|holen *tr. V.* fetch *or* get back
wiederholt 1. *Adj.; nicht präd.* repeated; **zum ~en Male** yet again. **2.** *adv.* repeatedly
Wiederholung *die;* ~, **~en a)** repetition; *(eines Freistoßes usw.)* replay; *(eines Elfmeters usw.)* retaking; *(einer Sendung)* repeat; *(einer Aufführung)* repeat performance; **eine ~ der Wahl ist notwendig** the election must be held again *or* reheld; **b)** *(des Schuljahrs, einer Prüfung usw.)* repeating; **eine ~ der Prüfung ist nicht möglich** it is not possible to resit *or* retake the exam; **c)** *(von Fragen, Forderungen, Angeboten usw.)* repetition; reiteration; **d)** *(von Lernstoff)* revision
Wiederholungs-: **~fall** *der in* **im ~fall** *(bes. Amtsspr.)* in the event of [any] recurrence; **~täter** *der (Kriminologie)* habitual offender; **~zahlwort** *das (Sprachw.)* multiplicative; **~zeichen** *das (Musik)* repeat sign
Wieder·hören **das in [auf] ~!** goodbye! *(at end of telephone call)*
Wieder·instandsetzung *die* reconstruction
wieder-, Wieder-: **~|käuen** [-kɔyən] **1.** *itr. V.* ruminate; chew the cud; **2.** *tr. V.* **a)** chew again; **b)** *(fig. abwertend)* rehash; **~käuer** *der;* ~s, ~: ruminant; **~kehr** *die;* **~** *(geh.)* **a)** *(Rückkehr)* return; **b)** *(Wiederholung)* recurrence; *(Jahrestag)* anniversary; **~|kehren** *itr. V.; mit sein (geh.)* **a)** *(zurückkehren)* return; **b)** *(sich noch einmal ereignen)* come again; **eine nie ~kehrende Gelegenheit** a chance that will never come again; the chance of a lifetime; **c)** *(sich wiederholen)* be repeated; recur; **~|kommen** *unr. itr. V.; mit sein* **a)** *(zurückkommen)* return; come back; **b)** *(noch einmal kommen)* come back *or* again; *(sich noch einmal ereignen)* ⟨*opportunity, past*⟩ come again; **~|kriegen** *tr. V. (ugs.) s.* **~bekommen**; **~kunft** [~kʊnft] *die;* ~ *(geh.)* return; **~kunft Christi** the Second Coming of Christ; **~|schauen** *das in* **[auf] ~schauen!** *(südd., österr.)* goodbye!; **~|sehen** *unr. tr. V. (auch fig.)* see again; **sich überraschend ~sehen** see each other *or* meet again unexpectedly; **~sehen** *das,* ~s, ~: reunion; **~ mit Berlin/der Heimat** return to Berlin/one's homeland; **sie stießen auf ein baldiges ~sehen an** they drank to seeing each other again soon; **~sehen macht Freude** *(scherzh.)* I'd like to have it back some time; **[auf] ~sehen!** goodbye!; **jmdm. auf ~sehen sagen** say goodbye to sb.; **[auf] ~sehen nächsten Monat/in London** goodbye until we meet again next month/in London
Wiedersehens·freude *die; o. Pl.* pleasure of seeing sb./each other again
wieder-, Wieder-: **~täufer** *der (Rel.)* anabaptist; **~|tun** *unr. tr. V.* do again; **~um** *Adv.* **a)** *(erneut)* again; **b)** *(andererseits)* on the other hand; **so weit würde ich ~um nicht gehen** I wouldn't, however, go that far; **c)** *(meiner-, deinerseits)* in turn; **~|vereinigen** *tr. V.* reunify ⟨*country*⟩; **~vereinigung** *die* reunification; **~verheiratung** *die* remarriage; **~|verwenden** *unr. od. regelm. tr. V.* reuse; **~verwendung** *die* reuse; **~vorlage** *die;*

o. Pl. (bes. Amtsspr.) in **zur ~vorlage** for resubmission; to be resubmitted; **~wahl** *die* re-election; **sich zur ~wahl stellen** stand *or* run for re-election; **~|wählen** *tr. V.* re-elect
Wiege ['viːgə] *die;* ~, **~n** *(auch fig.)* cradle; **seine ~ stand in Sachsen** *(geh.)* he was born in Saxony; his birthplace was in Saxony, **es ist ihm nicht an der ~ gesungen worden, daß ...:** he would never have dreamt *or* could never have foreseen that...; **eine solche Karriere ist ihm nicht an der ~ gesungen worden** he would never have dreamt of such a career; **von der ~ an** *(geh.)* from the day he/she was born; **von der ~ bis zur Bahre** *(scherzh.)* from the cradle to the grave
Wiege·messer *das* chopping-knife *(with curved blade used by rocking to and fro)*
¹**wiegen 1.** *unr. itr. V.* weigh; **was od. wieviel wiegst du?** how much do you weigh?; what weight *or* how heavy are you?; **schwer ~** *(fig.)* carry weight. **2.** *unr. tr. V.* **a)** **etw. gut/knapp ~:** weigh sth. generously/short; **gewogen und zu leicht befunden** *(fig.)* weighed [in the balance] and found wanting
²**wiegen 1.** *tr. V.* **a)** *(schaukeln, hin u. her bewegen)* rock; shake ⟨*head*⟩ *(in doubt)*; **die Hüften ~:** sway one's hips; **einen ~den Gang haben** have a rolling gait; **b)** *(zerkleinern)* chop [up] *(with a Wiegemesser)*. **2.** *refl. V.* ⟨*boat, cradle, etc.*⟩ rock; ⟨*person, branch, etc.*⟩ sway; **sich in den Hüften ~:** sway one's hips; **sich in der Hoffnung ~, daß ...:** cherish *or* nurture the hope that ...
Wiegen-: **~fest** *das (geh.)* birthday; **~lied** *das* lullaby; cradle-song
wiehern ['viːɐn] *itr. V.* **a)** whinny; *(lauter)* neigh; **b)** *(fig. ugs.)* **vor Lachen ~:** roar with laughter; **[das ist ja] zum W~!** that's a scream! *(sl.)*; **sich ~d auf die Schenkel schlagen** slap one's thigh with a bellow of laughter; **~des Gelächter** uproarious laughter
Wien [viːn] **(das);** **~s** Vienna
¹**Wiener** *der;* ~s, ~: Viennese
²**Wiener** *Adj.* Viennese; **~ Würstchen** wiener; frankfurter; **~ Schnitzel** Wiener schnitzel; **der ~ Kongreß** the Congress of Vienna; **die ~ Sängerknaben/Philharmoniker** the Vienna Boys' Choir/Vienna Philharmonic
³**Wiener** *die;* ~, ~: wiener [sausage]
Wienerin *die;* ~, **~nen** Viennese
wienerisch *Adj.* Viennese; **das Wienerische** the Viennese dialect
wienern *tr. V. (ugs.)* polish; shine
wies ['viːs] *1. u. 3. Pers. Sg. Prät. v.* **weisen**
Wiese ['viːzə] *die;* ~, ~n meadow; *(Rasen)* lawn; **auf der grünen ~** *(fig.)* out in the [open] country
Wiesel ['viːzl] *das;* ~s, ~: weasel; **wie ein ~ laufen** run like a hare; *s. auch* **flink 1**
wiesel·flink 1. *Adj.* nimble. **2.** *adv.* quick as a flash
wieseln *itr. V.; mit sein* scurry
Wiesen-: **~blume** *die* meadow flower; **~grund** *der (geh.)* meadowland; **~schaum·kraut** *das* lady's smock
wie·so *Interrogativadv.* why
wie·viel *[od. '--] Interrogativpron.* (+ *Sg.*) how much; (+ *Pl.*) how many; **~ Uhr ist es?** what time is it?; **~ auch immer** however much; **Seite ~?** *(ugs.)* what page?
wie·viel·mal *[od. '---] Interrogativadv.* how many times
wievielt [~'--] *in* **zu ~ [wart ihr]?** how many [of you were there]?
wievielt... *[od. '--'] Interrogativadj.* **zum ~en Mal bitte ich dich das noch?** how many times *or* how often have I asked you?; **als ~er Läufer ist er durchs Ziel gekommen?** in what position did he finish?; **die ~e Querstraße ist das von hier aus?** how many turnings is that from here?; **der ~e Band?** which

number volume?; **beim ~en Versuch hat es geklappt?** how many attempts did it take?; **der Wievielte ist heute?** what is the date today?; **am Wievielten?** [on] what date?
wie·weit *Interrogativadv.* to what extent; how far
wie·wohl *Konj. (geh. veralt.)* although
Wigwam ['vɪkvam] *der;* ~s, ~s wigwam
Wikinger ['viːkɪŋɐ] *der;* ~s, ~: Viking
wild [vɪlt] **1.** *Adj.* **a)** wild; rugged, wild ⟨*countryside, area, etc.*⟩; untouched, uncultivated ⟨*land, soil*⟩; wild, unruly ⟨*hair, beard, etc.*⟩; **Geranien kommen ~ vor** geraniums grow wild; **~e Triebe** rank shoots; **~es Fleisch** *(Med.)* proud flesh; **b)** *(nicht [behördlich] genehmigt, nicht angemeldet)* unauthorized; illegal; **~e Taxis** unlicensed taxis; **~es Parken** illegal parking; **in ~er Ehe leben** *(veralt.)* live in sin; **~er Streik** wildcat strike; **c)** *(heftig, gewaltig)* wild ⟨*panic, flight, passion, desire, etc.*⟩; fierce ⟨*battle, anger, determination, hate*⟩; **~ auf etw. (Akk.) sein** *(ugs.)* be mad *or* crazy about sth. *(coll.);* **~ auf jmdn.** *od.* **nach jmdn. sein** *(coll.);* be mad *or* crazy *or* wild about sb. *(coll.);* **s. auch Jagd e; d)** *(wütend)* furious ⟨*cursing, shouting, etc.*⟩; **~ werden** get furious; **jmdn. ~ machen** make sb. furious; **infuriate sb.; den ~en Mann spielen** *(ugs.)* get heavy *(coll.)*; **e)** *(unbändig, ungestüm)* wild, unruly ⟨*child*⟩; **f)** *(maßlos, wüst)* wild ⟨*speculation, claim, rumour, accusation*⟩; vile ⟨*oaths, curses*⟩; **halb so** *od.* **nicht so ~ sein** *(ugs.)* not be as bad as all that *(coll.);* **g)** *nicht präd. (primitiv)* savage; wild; *(abwertend: unzivilisiert)* uncivilized; **ein ~er Haufen** a pack of savages; **der Wilde Mann** *(Myth.)* the wild man of the woods. **2.** *adv.* **a)** wildly; **die Haare hingen ihr ~ ins Gesicht** her hair hung wildly about her face; **alles ging ~ durcheinander** everything was in chaos; **~ bewegtes Wasser** turbulent water; **~ entschlossen sein** *(ugs.)* be absolutely determined; **wie ~ um sich schlagen** hit out *or* lash out wildly; **wie ~** like mad *(coll.);* **b)** *(ordnungswidrig)* illegally; **~ zelten/bauen** camp/build in an unauthorized place
Wild *das;* **~[e]s a)** *(Tiere, Fleisch)* game *(no Pl.)*; *(einzelnes Tier)* [wild] animal
Wild-: **~bach** *der* mountain torrent; **~bahn** *die in* **in freier ~bahn** in the wild; **~bret** [~brɛt] *das;* **~s** *(geh.)* game; **~dieb** *der* poacher
Wilde *der/die; adj. Dekl.* savage; **wie ein ~r/eine ~/die ~n** *(ugs.)* like a mad thing/like mad things *(coll.)*
Wild·ente *die* wild duck
Wilderei *die;* ~, **~en** poaching *no pl., no art.*
Wilderer *der;* ~s, ~: poacher
wildern **1.** *itr. V.* **a)** poach; go poaching; **b)** ⟨*cat, dog*⟩ kill game. **2.** *tr. V.* poach
wild-, Wild-: **~fang** *der* wild creature; **er ist ein kleiner ~fang** he is a wild little thing; **sie war ein richtiger ~fang** she was a real tomboy; **~fremd** *Adj.* completely strange; **~fremder Mensch/~fremde Leute** complete stranger/strangers; **~gans** *die* wild goose; **~gehege** *das* game enclosure
Wildheit *die;* ~: wildness; *(eines Volkes usw.)* savageness
wild-, Wild-: **~hüter** *der* gamekeeper; **~katze** *die* wild cat; **~lebend** *Adj.; nicht präd.* wild; living in the wild *postpos.*; **~leder** *das* suede; **~ledern** *Adj.* suede
Wildnis *die;* ~, **~se** wilderness
wild-, Wild-: **~park** *der* game park; **~pferd** *das* wild horse; **~pflanze** *die* wild plant; **~romantisch** *Adj.* wild and romantic; romantically wild; **~sau** *die* wild sow; **~schaden** *der* damage *no pl., no indef. art.* caused by game
wild-, Wild-: **~schwein** *das* wild boar; **~wachsend** *Adj.; nicht präd.* wild;

~wasser das; Pl. ~: mountain torrent; **~wasser·rennen** das wild-water race; (einzelne Veranstaltung) wild-water race; **~wechsel** der a) (Weg, Pfad) game path; b) o. Pl. (Vorgang) game crossing; **~west** -'vest] o. Art.; o. Pl. the Wild West; **~west·film** der western; Wild West film; **~wuchs** der rank growth
Wilhelm ['vɪlhɛlm] (der) William; **Wilhelm der Eroberer** William the Conqueror; s. auch Friedrich Wilhelm
wilhelminisch [vɪlhɛl'miːnɪʃ] Adj. Wilhelminian
will [vɪl] 1. u. 3. Pers. Sg. Präsens v. **wollen**
Wille der; ~ns will; (Wunsch) wish; (Absicht) intention; **der ~ zur Macht** the will to power; **guter/böser ~**: goodwill/ill will; **es war kein böser ~ von mir** there was no ill-will intended; **etw. aus freiem ~n tun** do sth. of one's own free will; **seinen ~n durchsetzen** get one's own way; **sie hat den festen ~n, es zu tun** she firmly intends to do it; **er hat seinen eigenen ~n** he has a mind of his own; **sie ist voll guten ~ns** she is very well-intentioned; **laß ihm seinen ~n** let him have his way; **beim besten ~n nicht** not with the best will in the world; **wo ein ~ ist, ist auch ein Weg** (Spr.) where there's a will, there's a way (prov.); **Letzter ~**: will; last will and testament (formal); **mit ~n** intentionally; **ich mußte wider ~n lachen** I couldn't help laughing; **jmdm. zu ~n sein** (geh.) do sb.'s bidding; **sie war ihm zu ~n** (veralt.) she let him have his way with her
willen Präp. mit Gen. **in um jmds./einer Sache ~**: for sb.'s/sth.'s sake
Willen der; ~s s. **Wille**
willen·los 1. Adj. will-less; **völlig ~ sein** have no will of one's own. 2. adv. willlessly
Willenlosigkeit die; ~: lack of will
willens Adj. **in ~ sein, etw. zu tun** (geh.) be willing to do sth.; **ich bin nicht ~, es zu tun** I have no intention of doing it
willens-, Willens-: **~akt** der act of will; **~anstrengung** die effort of will; **unter größter ~anstrengung** by a huge effort of will; **~bildung** die: **die politische ~bildung** the formulation of political demands and objectives; **~erklärung** die (bes. Rechtsw.) declaration of intent; **~freiheit** die; o. Pl. freedom of will; **~kraft** die; o. Pl. will-power; strength of will; **~schwach** Adj. weak-willed; **~schwäche** die; o. Pl. weakness of will; **~stark** Adj. strong-willed; **~stärke** die; o. Pl. strength of will
willentlich ['vɪləntlɪç] 1. Adj.; nicht präd. deliberate. 2. adv. deliberately; on purpose
willfahren[1] [od. '---] itr. V. (geh.) [jmdm.] ~: obey [sb.]; do sb.'s bidding; **jmds. Bitte (Dat.) ~**: comply with sb.'s request
willfährig [vɪlfɛːrɪç od. '---] Adj. compliant; **jmdm. ~ sein** submit to sb.'s will; **sich (Dat.) jmdn. ~ machen** make sb. submit to one's will
Willfährigkeit [od. '----] die; ~ (geh.) compliance
Williams Christ·birne ['vɪljams 'krɪst-] die Bartlett pear
willig 1. Adj. willing; obedient ⟨horse⟩; s. auch **Geist** a. 2. adv. willingly
will·kommen Adj. welcome; **jmdm. ~ sein** be welcome to sb.; **~ zu Hause/in Mannheim!** welcome home/in Mannheim!; **jmdn. ~ heißen** welcome sb.; **ich möchte Sie herzlich ~ heißen** a very warm welcome to you
Will·kommen das (selten) der; ~s, ~: welcome; **jmdm. ein herzliches ~ bereiten** od. **bieten** give sb. a warm welcome
Willkommens-: **~gruß** der welcome; **~trunk** der welcoming drink

---
[1] ich willfahre, willfahrt od. gewillfahrt, zu willfahren

Will·kür die; ~: arbitrary use of power; (einer Entscheidung, Handlung o. ä.) arbitrariness; **jmds. ~** (Dat.) **preisgegeben** od. **ausgeliefert sein** be at sb.'s mercy; **das ist die reine ~**: that is purely arbitrary
Willkür-: **~akt** der arbitrary act; **~herrschaft** die tyranny
willkürlich 1. Adj. arbitrary; (vom Willen gesteuert) voluntary ⟨muscle, movement, etc.⟩. 2. adv. arbitrarily; (vom Willen gesteuert) voluntarily
Willkür·maßnahme die arbitrary measure
wimmeln ['vɪmln] itr. V. a) (sich bewegen) **Insekten/Ratten ~ dort** the place is swarming with insects/rats; b) (voll sein) **von Menschen ~**: be teeming or swarming with people; **von Fischen/Läusen/Ungeziefer ~**: be teeming with fish/swarming with lice/vermin; **in dem Artikel wimmelt es von Fehlern** the article is teeming with mistakes
wimmern ['vɪmɐn] itr. V. whimper; **zum Wimmern [sein]** (ugs.) [be] simply pathetic
Wimpel ['vɪmpl] der; ~s, ~: pennant
Wimper ['vɪmpɐ] die; ~, ~n a) [eye]lash; **ohne mit der ~ zu zucken** without batting an eyelid; b) (Biol.) cilium
Wimpern·tusche die mascara
Wimper·tierchen das ciliate; infusorian
Wind [vɪnt] der; ~[e]s, ~e a) wind; **bei ~ und Wetter in all weathers**; [schnell] **wie der ~**: like the wind; b) (fig.) **hier weht [jetzt] ein schärferer/anderer/frischer ~** (ugs.) things have tightened up a lot here [now]/things are different here [now]/there's a much fresher feel to the place [now]; **wissen/merken, woher der ~ weht** (ugs.) know/notice which way the wind's blowing; **~ machen** (ugs.) brag; **viel ~ um etw. machen** (ugs.) make a great fuss about sth.; **von etw. bekommen** od. **kriegen** (ugs.) get wind of sth.; **jmdm. den ~ aus den Segeln nehmen** (ugs.) take the wind out of sb.'s sails; **sich** (Dat.) **den ~ um die Nase** od. **Ohren wehen lassen** (ugs.) see a bit of life or the world; **gegen den/mit dem ~ segeln** swim against/with the tide; **etw. in den ~ schlagen** turn a deaf ear or pay no heed to sth.; **in den ~ reden** waste one's breath; **alle Appelle waren in den ~ gesprochen** all appeals were in vain; **in alle [vier] ~e** in all directions; **ihre Kinder sind in alle ~e zerstreut** her children are scattered to the four corners of the earth; **sein Mäntelchen nach dem ~ hängen** be a trimmer; **wer ~ sät, wird Sturm ernten** (Spr.) sow the wind and reap the whirlwind (prov.); c) (Blähung) wind; **einen ~ fahren lassen** break wind
Wind-: **~beutel** der a) (Gebäck) cream puff; b) (abwertend: Person) frivolous and irresponsible person; **~bö[e]** die gust of wind
Winde die; ~, ~n a) (Technik) winch; b) (Bot.) bindweed; convolvulus
Wind·ei das wind egg; (fig. abwertend) dud
Windel ['vɪndl] die; ~, ~n nappy (Brit.); diaper (Amer.); **damals lagst du noch in [den] ~n** you were still in nappies then; **noch in den ~n liegen** od. **stecken** (fig.) ⟨project etc.⟩ still be in its infancy
Windel·höschen das nappy pants pl.
windeln tr. V. **ein Baby ~**: put a baby's nappy (Brit.) or (Amer.) diaper on
windel·weich Adj. (ugs.) soft; **jmdn. ~ schlagen** od. **hauen** beat the living daylights out of sb. (coll.)
[1]**winden** 1. unr. tr. V. a) (geh.) make ⟨wreath, garland⟩; **Blumen zu einem/in einen Kranz ~**: bind flowers into a wreath; **make a wreath out of flowers**; **etw. um etw. ~**: wind sth. around sth.; **jmdm. etw. aus der Hand ~**: wrest sth. from sb.'s hand; b) (mit einer Maschine bewegen) winch. 2. unr. refl. V. a) ⟨plant, tendrils⟩ wind (um around); ⟨snake⟩ coil [itself]; wind itself (um around); b) (sich krümmen) writhe; **sich vor Schmerzen/in Krämpfen ~**: writhe in pain/convulsions; **sich vor Verlegenheit ~**: squirm with embarrassment; **sich vor Lachen ~**: fall about laughing; **sich ~ wie ein Aal** (fig.) try to wriggle out of it; c) (sich schlängeln) ⟨path, river⟩ wind [its way]; **sich durch etw. ~**: wind one's/its way through sth.
[2]**winden** itr. V.; unpers. **es windet** it is windy
Windes·eile die **in** in od. **mit ~**: in next to no time; **sich in ~ verbreiten** spread like wildfire
wind-, Wind-: **~fang** der porch; **~geschützt** Adj. sheltered from the wind postpos.; sheltered; **diese Pflanzen müssen ~geschützt stehen** these plants must be kept sheltered from the wind; **~geschwindigkeit** die wind speed; **~harfe** die wind harp; aeolian harp; **~hauch** der breath of wind; **~hose** die (Met.) whirlwind; **~hund** der a) greyhound; Afghanischer **~hund** Afghan hound; b) (ugs. abwertend) careless and unreliable sort (coll.)
windig Adj. a) windy; b) (ugs. abwertend) shady; dubious ⟨excuse, morality⟩; empty ⟨words, talk, hope⟩
Wind-: **~jacke** die wind-cheater (Brit.); windbreaker (Amer.); **~jammer** der; Pl. ~ (Seemannsspr.) windjammer; **~kanal** der a) (Technik) wind tunnel; b) (an der Orgel) wind trunk; **~licht** das table lantern (with candle in glass container); **~mühle** die windmill; **gegen** od. **mit ~mühlen kämpfen** (fig.) tilt at windmills; **~mühlen·flügel** der windmill sail; **~pocken** Pl. chickenpox sing.; **~rad** das a) wind wheel; b) s. **~rädchen**; **~rädchen** das windmill; **~richtung** die wind direction; **~rose** die compass card
Winds·braut die; o. Pl. (dichter.) gale; (Wirbelwind) whirlwind
wind-, Wind-: **~schatten** der lee; **~schief** Adj. (oft abwertend) crooked; **~schlüpfig, ~schnittig** Adj. streamlined; **~schutz·scheibe** die windscreen (Brit.); windshield (Amer.); **~spiel** das [small] greyhound; **~stärke** die force of the wind; **~stärke 7/9** usw. wind force 7/9 etc.; **~still** Adj. windless; still; **es war völlig ~still** there was no wind at all; **ein ~stilles Plätzchen** a sheltered spot; a spot out of the wind; **~stille** die calm; **es herrschte völlige ~stille** there was no wind at all; **~stoß** der gust of wind; **~surfer** der windsurfer; **~surfing** das windsurfing no art.
Windung die; ~, ~n a) (Krümmung) bend; (eines Flusses) meander; (des Darms, Gehirns) convolution; b) (spiralförmiger Verlauf) (einer Spule o. ä.) winding; c) (schlangenartige Bewegung) wriggling
Wind·zug der; o. Pl. breeze
Wingert ['vɪŋɐt] der; ~s, ~e (westmd., schweiz.) s. **Weinberg**
Wink [vɪŋk] der; ~[e]s, ~e a) (Zeichen) sign; (mit dem Kopf) nod; b) (Hinweis) hint; (Ratschlag) tip; (an die Polizei) tip-off; **ein ~ mit dem Zaunpfahl** (scherzh.) a strong hint
winke in: **~, ~ machen** (Kinderspr.) wave
Winkel ['vɪŋkl] der; ~s, ~ a) (Math.) angle; **toter ~**: blind spot; b) (Ecke; auch fig.) corner; **in allen Ecken und ~n suchen** search every nook and cranny; c) (Ort) corner; spot; d) (Werkzeug) [carpenter's] square; (T-förmig) T-square; e) (milit. Rangabzeichen) chevron; f) (~eisen) angle-iron
winkel-, Winkel-: **~advokat** der (abwertend) shady lawyer; **~eisen** das (Technik) angle-iron; **~förmig** Adj. angled; **~funktion** die (Math.) trigonometrical function; **~halbierende** die; adj. Dekl. (Math.) bisector of a/the angle
winkelig Adj. twisty ⟨streets⟩; **ein ~es Haus** a house full of odd corners

Winkel-: ~**maß** das measure of angle; ~**messer** der protractor; ~**zug** der; meist Pl. shady trick or move

winken 1. itr. V. a) wave; jmdm. ~: wave to sb.; mit etw. ~: wave sth.; mit dem Kopf ~: nod [one's head]; b) (auffordern heranzukommen) jmdm. ~: beckon sb. over; einem Taxi ~: hail a taxi; c) (in Aussicht stehen) etw. winkt jmdm. sth. is in prospect for sb.; dem Sieger winkt eine Flasche Sekt the winner will receive a bottle of champagne. 2. tr. V. a) (heran~) beckon; jmdm. zu sich ~: beckon sb. over [to one]; der Polizist winkte den Wagen zur Seite the policeman waved the car over [to the side]; b) (signalisieren) signal

Winker der; ~s, ~ trafficator; indicator

winklig Adj. s. winkelig

winseln ['vɪnzln] itr. V. a) ⟨dog⟩ whimper; b) (abwertend) whine; um Gnade/sein Leben ~: whine and beg for mercy/one's life

Winter ['vɪntɐ] der; ~s, ~: winter; über den ~: over [the] winter; s. auch Frühling

winter-, Winter-: ~**abend** der winter['s] evening; ~**anfang** der beginning of winter; am 22. Dezember ist ~**anfang** 22 December is the first day of winter; ~**einbruch** der onset of winter; ~**fahr·plan** der winter timetable; ~**fell** das winter coat; ~**fest** Adj. a) winter attrib. ⟨clothing⟩; ein ~**festes** Haus a house that can withstand the rigours of winter; b) s. ~**hart**; ~**frucht** die; o. Pl. s. ~**getreide**; ~**garten** der conservatory; ~**getreide** das (Landw.) winter grain; ~**halb·jahr** das: während des ~**halbjahrs**/im ~**halbjahr** from October to March; ~**hart** Adj. (Bot.) hardy; ~**hilfswerk** das; o. Pl. (ns.) relief organization in Nazi Germany providing clothes, fuel, food, etc. for the needy; ~**jasmin** der winter jasmine; ~**kleid** das a) (auch fig.) winter dress; b) (Zool.) winter coat; (von Vögeln) winter plumage; ~**kleidung** die winter clothes pl. or clothing; ~**landschaft** die winter landscape

winterlich 1. Adj. wintry; winter attrib. ⟨clothing, break⟩. 2. adv. ~ kalt/öde cold/bare and wintry; ~ warm angezogen dressed in warm winter clothes

Winter-: ~**luft** die; o. Pl. winter air; ~**mantel** der winter coat; ~**mode** die winter fashions pl.; (eines Modehauses) winter collection; ~**monat** der winter month; ~**nacht** die winter['s] night; ~**olympiade** die Winter Olympics pl.; ~**quartier** das a) (Milit.) winter quarters pl.; b) (Zool.) wintering grounds pl.; ~**reifen** der winter tyre; ~**ruhe** die (Zool.) winter dormancy; ~**ruhe halten** have a period/periods of winter inactivity

winters Adv. in winter

Winter-: ~**saat** die (Landw.) (Saatgut) winter seed; (Pflanzen) young winter corn; ~**sachen** Pl. winter things; ~**saison** die winter season

Winters·anfang der s. Winteranfang

Winter-: ~**schlaf** der (Zool.) hibernation; ~**schlaf halten** hibernate; ~**schluß·verkauf** der winter sale[s pl.]; ~**schuh** der winter shoe; ~**semester** das winter semester; ~**sonnen·wende** die winter solstice; ~**spiele** Pl. Winter Games; **die Olympischen ~spiele** the Winter Olympics; ~**sport** der winter sports pl.; **in den ~sport fahren** go on a winter sports holiday; ~**sportler** der winter sportsman

Winters·zeit die s. Winterzeit

Winter-: ~**tag** der winter['s] day; ~**urlaub** der winter holiday; ~**wetter** das winter weather; ~**zeit** die; o. Pl. winter-time; **zur ~zeit** in [the] winter-time

Winzer ['vɪntsɐ] der; ~s, ~, **Winzerin** die; ~, ~nen winegrower

winzig ['vɪntsɪç] 1. Adj. tiny; tiny, minute ⟨portion, writing⟩. 2. adv. er schreibt ~: he has tiny or minute writing; ~ klein tiny; minute

Winzigkeit die; ~, ~) o. Pl. tininess; minuteness; b) (Kleinigkeit) tiny thing; triviality

Winzling ['vɪntslɪŋ] der; ~s, ~e tiny person/animal/thing; **er/sie/es ist ein ~**: he/she/it is a tiny little thing

Wipfel ['vɪpfl] der; ~s, ~: tree-top

Wippe ['vɪpə] die; ~, ~n see-saw

wippen itr. V. bob up and down; (hin und her) bob about; (auf einer Wippe) see-saw; **er ließ das Kind auf den Knien ~**: he bounced the child [up and down] on his knees; **er wippte in den Knien** he bobbed up and down, bending at the knees; **mit dem Fuß ~**: jiggle one's foot up and down; **mit dem Schwanz ~**: jerk its tail up and down

wir [viːɐ] Personalpron.; 1. Pers. Pl. Nom. we; ~ beide od. beiden we two; the two of us; **sie weiß mehr als ~**: she knows more than we do; **she knows more than us** (coll.); **nicht nur ~ würden profitieren** we shouldn't be the only ones to profit; **Wer hat das getan? – Wir nicht!** Who did it? – It wasn't us! or We didn't!; **Wer kommt mit? – Wir!** Who's coming? – We are!; **Wer ist es? – Wir sind's!** It's us!; **wie fühlen ~ uns heute?** (zu einem Patienten) how are we feeling today?; s. auch (Gen.) unser; (Dat.) uns; (Akk.) uns

wirb [vɪrp] Imperativ Sg. v. werben

Wirbel ['vɪrbl] der; ~s, ~ a) (kreisende Bewegung) (im Wasser) whirlpool; vortex; (in der Luft) whirlwind; (kleiner) eddy; (von Rauch, beim Tanz) whirl; **alles drehte sich in einem ~ um ihn** everything was whirling round him; **ein ~ der Leidenschaft** (fig.) a whirlpool of passions; b) (Trubel) hurlyburly; **der ~ der Ereignisse** the whirl of events; c) (Aufsehen) fuss; **um jmdn./etw. ~ machen** make a fuss about sb./sth.; d) (Anat.) vertebra; e) (Haar~) crown; (vorne) cow-lick; f) (Trommel~) [drum] roll; g) (Musik, bei Streichinstrumenten) tuning-peg

Wirbellose adj./adj. Dekl. (Zool.) invertebrates

wirbeln 1. itr. V. a) mit sein whirl; ⟨water, snowflakes⟩ swirl; **jmdm. durch den Kopf** (fig.) ⟨thoughts⟩ race through sb.'s head; b) auch mit sein (in kreisender Bewegung sein) ⟨propeller, wheel, etc.⟩ whirl; c) (einen Wirbel schlagen) ⟨drum⟩ roll; ⟨drummer⟩ beat a roll. 2. tr. V. swirl ⟨leaves, dust⟩; whirl ⟨dancer⟩

Wirbel-: ~**säule** die (Anat.) vertebral column; spinal column; ~**sturm** der cyclone; ~**tier** das (Zool.) vertebrate; ~**wind** der whirlwind; (fig., meist scherzh.) bundle of energy

wirbt [vɪrpt] 3. Pers. Sg. Präsens v. werben

wird [vɪrt] 3. Pers. Sg. Präsens v. werden

wirf [vɪrf] Imperativ Sg. v. werfen

wirft 3. Pers. Sg. Präsens v. werfen

wirken ['vɪrkn] 1. itr. V. a) (eine Wirkung haben) have an effect; **wirkt die Tablette schon?** is the tablet beginning to take effect yet?; **es wirkte erst nach einer Stunde** it only took effect after an hour; **schmerzstillend/einschläfernd ~**: have a pain-killing/soporific effect; **gegen etw. ~**: be effective against sth.; **bei jmdm. ~**: have an effect on sb.; **seine Worte wirkten ermutigend** his words were encouraging; **ihre Heiterkeit wirkte ansteckend** her cheerfulness was infectious; **lassen Sie die Farben und Klänge auf sich ~**: let the colours and sounds sink in; **Sauerstoff wirkt dabei als Katalysator** oxygen acts as a catalyst; b) (erscheinen) seem; appear; **neben ihm wirkt sie ausgesprochen klein** she seems decidedly small beside him; **sie wirkt sehr nett** she seems very nice; **er wirkt auf mich sehr sympathisch** I find him very congenial; c) (beeindrucken) ⟨person, picture, design, etc.⟩ be effective; d) (tätig sein) work; **da wirkt ein verborgener Mechanismus** a hidden mechanism is operating there. 2. tr. V. a) (geh.: bewirken, vollbringen) bring about; do ⟨good, harm⟩; s. auch **Wunder** a; b) (Textilw.) knit

Wirker der; ~s, ~: knitter

Wirkerei die; ~, ~en a) o. Pl. (Herstellung) knitting; b) (Betrieb) knitwear factory

Wirkerin die; ~, ~nen knitter

wirklich 1. Adj. real; actual, real ⟨event, incident, state of affairs⟩; real, true ⟨friend⟩. 2. Adv. really; (in der Tat) actually; really; **nein, ~?** no, really?; **er ist es ~**: it really is him; **~ und wahrhaftig** really and truly

Wirklichkeit die; ~, ~en reality; ~ **werden** become a reality; ⟨dream⟩ come true; **in ~**: in reality; **auf den Boden der ~ zurückkehren** come back down to earth (fig.)

wirklichkeits-, Wirklichkeits-: ~**fern** 1. Adj. unrealistic; 2. adv. unrealistically; ~**form** die (Sprachw.) indicative; ~**fremd** 1. Adj. unrealistic; **er ist ~fremd** he is out of touch with reality; 2. adv. unrealistically; ~**getreu** 1. Adj. faithful; 2. adv. faithfully; ~**nah** 1. Adj. realistic; 2. adv. realistically; ~**sinn** der; o. Pl. sense of realism

wirksam ['vɪrkzaːm] 1. Adj. effective; **mit dem 1. Juli ~ werden** (Amtsspr.) take effect from 1 July. 2. adv. effectively

Wirksamkeit die; ~: effectiveness

Wirk·stoff der active agent

Wirkung die; ~, ~en a) effect (**auf** + Akk. on); **ohne ~** bleiben have no effect; **seine ~ verfehlen** fail to have the desired effect; **seine ~ tun** ⟨drug, medicine, etc.⟩ take effect; ⟨treatment, therapy⟩ be effective; **mit ~ vom 1. Juli** (Amtsspr.) with effect from 1 July; b) (Physik) action

wirkungs-, Wirkungs-: ~**bereich** der a) area of activity; **sie fühlte sich in ihrem häuslichen ~bereich wohl** she felt quite happy in her domestic domain; b) (Milit.) range; ~**dauer** die: eine kurze/lange ~**dauer haben** be effective for a short/long period; ~**feld** das sphere of activity; ~**grad** der effectiveness; (Technik) efficiency; ~**los** 1. Adj. ineffective. 2. adv. ineffectively; ~**losigkeit** die; ~: ineffectiveness; ~**mechanismus** der mode of action; ~**stätte** die (geh.) work-place; ~**voll** 1. Adj. effective; 2. adv. effectively; ~**weise** die (eines Wirkstoffs) mode of action; **die ~weise eines Mechanismus/ökonomischen Gesetze** the way a mechanism works/economic laws operate

Wirk·waren Pl. knitwear sing.; (Strümpfe, Socken) hosiery sing.

wirr [vɪr] 1. a) (unordentlich) tousled ⟨hair, beard⟩; tangled ⟨ropes, roots⟩; **ein ~es Durcheinander** a chaotic muddle; b) (unklar, verwirrt) confused; muddled, confused ⟨thoughts⟩; **mir war ~ im Kopf** my head was reeling. 2. adv. a) (unordentlich) **das Haar hing ihr ~ ins Gesicht** her tousled hair hung over her face; **alles lag ~ durcheinander** everything lay in a chaotic muddle; b) (verworren) **sie träumte ~**: she had confused dreams; **~ reden** talk in a confused way; c) (verwirrt) in confusion

Wirren Pl. turmoil sing.

Wirr·kopf der (abwertend) muddle-headed person; **ein ~ sein** be muddle-headed

wirr·köpfig 1. Adj. muddle-headed. 2. adv. muddle-headedly

Wirrnis ['vɪrnɪs] die; ~, ~se (geh.) confusion; **die ~se der Revolution** the chaos sing. of the revolution

Wirrsal ['vɪrzaːl] das; ~[e]s, ~e od. die; ~, ~e (geh.) s. Wirrnis

Wirrwarr [-var] der; ~s chaos; (von Stimmen) clamour; (von Meinungen) welter; (von Haaren, Wurzeln, Vorschriften) tangle

Wirsing ['vɪrzɪŋ] der; ~s, **Wirsing·kohl** der savoy [cabbage]

Wirt [vɪrt] *der;* ~[e]s, ~e a) landlord; *s. auch* Rechnung; b) *(Biol.)* host
Wirtel ['vɪrtl̩] *der;* ~s, ~ *s.* Spinnwirtel
Wirtin *die;* ~, ~nen landlady
Wirtschaft *die;* ~, ~en a) economy; *(Geschäftsleben)* commerce and industry; **in die ~ gehen** become a business man/woman; **die freie ~**: the free market economy; b) *(Gast~)* public house; pub *(Brit. coll.);* bar *(Amer.);* c) *(Haushalt)* household; **jmdm. die ~ führen** keep house for sb.; *o. Pl. (ugs. abwertend: Unordnung)* mess; shambles *sing.;* e) *(landwirtschaftlicher Betrieb)* [small] farm; f) *o. Pl. (das Haushalten)* housekeeping
wirtschaften 1. *itr. V.* a) **mit dem Geld gut ~**: manage one's money well; **mit Verlust/Gewinn ~**: run at a loss/profit; **wenn weiter so gewirtschaftet wird wie bisher** if things continue to be run as they have been up to now; b) *(sich zu schaffen machen)* busy oneself. 2. *tr. V.* **eine Firma konkursreif/in den Ruin ~**: bring a company to the brink of bankruptcy/ruin a company; **er hat den Hof zugrunde gewirtschaftet** he brought the farm to rack and ruin
Wirtschafter *der;* ~s, ~ a) *(Wirtsch.: Unternehmer)* entrepreneur; *(Industrieller)* industrialist; b) *(in landwirtschaftlichem Betrieb)* farm manager
Wirtschafterin *die;* ~, ~nen housekeeper
Wirtschaftler *der;* ~s, ~ a) Wirtschaftswissenschaftler; b) *s.* Wirtschafter
wirtschaftlich 1. *Adj.* a) *nicht präd. (die Wirtschaft betreffend)* economic; b) *nicht präd. (finanziell)* financial; c) *(sparsam, rentabel)* economical. 2. *adv.; s. Adj.* a, b, c: economically; financially
Wirtschaftlichkeit *die;* ~: economic viability
wirtschafts-, Wirtschafts-: ~**abkommen** *das* economic agreement; ~**aufschwung** *der* economic upturn; ~**berater** *der* economic adviser; ~**beziehungen** *Pl.* economic relations; ~**block** *der; Pl.* ~blöcke economic bloc; ~**buch** *das s.* Haushaltsbuch; ~**flüchtling** *der* economic refugee; ~**form** *die* economic system; ~**führer** *der* leading figure in economy and industry; ~**führung** *die (eines Landes)* management of the economy; *(eines Betriebs)* financial management; ~**gebäude** *Pl.* domestic offices; ~**geld** *das; o. Pl. s.* Haushaltsgeld; ~**gemeinschaft** *die* economic community; ~**geographie** *die* economic geography *no art.;* ~**gymnasium** *das* grammar school placing emphasis on economics, law, and business studies; ~**hilfe** *die* economic aid *no indef. art.;* ~**hoch**·**schule** *die* business school *or* college; ~**ingenieur** *der* industrial engineer; ~**jahr** *das s.* Geschäftsjahr; ~**kapitän** *der* captain of industry; ~**krieg** *der* economic war; *(Kriegsführung)* economic warfare; ~**kriminalität** *die* economic crime *no art.;* ~**krise** *die* economic crisis; ~**lage** *die* economic situation; ~**leben** *das* economic life; *(Geschäftsleben)* business life; **ein Mann aus dem ~leben** a man from the business world; ~**lenkung** *die* economic control; ~**minister** *der* minister for economic affairs; ~**ministerium** *das* ministry of economic affairs; ~**ordnung** *die* economic system; ~**politik** *die* economic policy; ~**politisch** 1. *Adj.; nicht präd.* relating to economic policy; *(measures, decisions)*; 2. *adv.* from the point of view of economic policy; ~**prüfer** *der* auditor; ~**recht** *das; o. Pl.* commercial law; ~**spionage** *die* industrial espionage; ~**system** *das* economic system; ~**teil** *der* business section; ~**union** *die* economic union; *s. auch* Währungsunion; ~**verband** *der* employers' association; ~**wachstum** *das* economic growth;

~**wissenschaft** *die; meist Pl.* economics *sing., no art.;* economic science *no art.;* ~**wissenschaftler** *der* economist; ~**wunder** *das (ugs.)* economic miracle; ~**zeitung** *die* financial newspaper; ~**zweig** *der* economic sector
Wirts: ~**haus** *das* pub *(Brit. coll.); (mit Unterkunft)* inn; pub *(Brit. coll.);* ~**leute** *Pl.* landlord and landlady; ~**pflanze** *die (Biol.)* host plant; ~**stube** *die* bar
Wisch ['vɪʃ] *der;* ~[e]s, ~e *(salopp abwertend)* piece *or* bit of paper
wischen 1. *itr., tr. V.* wipe; **etw. von etw. ~**: wipe sth. off *or* from sth.; **er wischte sich** *(Dat.)* **die Stirn** he wiped his brow; **sich** *(Dat.)* **den Schlaf aus den Augen ~**: wipe the sleep from one's eyes; **mit der Hand/einem Lappen über den Tisch ~**: wipe the table with one's hand/a cloth; **versehentlich mit dem Ärmel über die Zeichnung ~**: accidentally brush one's sleeve across the drawing; **Staub ~**: do the dusting; dust; **jmdm. eine ~** *(ugs.)* give sb. a clout round the face. 2. *itr. V.;* **mit sein** (huschen) *(person)* slip; ⟨mouse, lizard⟩ scurry; ⟨cat⟩ dart
Wischer *der;* ~s, ~ *s.* Scheibenwischer
Wischiwaschi [vɪʃi'vaʃi] *das;* ~s *(salopp abwertend)* wish-wash
Wisch-: ~**lappen** *der,* ~**tuch** *das; Pl.* ~tücher cloth
Wisent ['vi:zɛnt] *der;* ~s, ~e wisent; aurochs
Wismut ['vɪsmuːt] *das;* ~[e]s bismuth
wispern ['vɪspɐn] *itr., tr. V.* whisper
wiß-, Wiß-: ~**begier,** ~**begierde** *die; o. Pl.* thirst for knowledge; ~**begierig** *Adj.* eager for knowledge; ⟨child⟩ eager to learn
wissen ['vɪsn̩] 1. *unr. tr. V.* know; **ich weiß [es]** I know; **ich weiß [es] nicht** I don't know; **etw. genau ~**: know sth. for certain; **ich weiß [mir] keinen anderen Rat/kein größeres Vergnügen, als ...**: I can't think of anything other/I know of no greater pleasure than ...; **soviel ich weiß** as far as I know; **ich weiß ein gutes Lokal** I know [of] a good pub *(Brit. coll.);* **er weiß es nicht anders** he knows no better; **er weiß immer alles besser** he always knows better; **ich wüßte nicht, daß ich dich um deinen Rat gebeten hätte** I am not aware of having asked your advice; **nicht, daß ich wüßte** not as far as I know; not that I know of; **ich möchte nicht ~, wieviel das gekostet hat** I hardly dare think how much it cost; **woher soll ich das ~?** how should I know?; **weißt du [was], wir fahren einfach dorthin** I'll tell you what, let's just go there; **jmdn. etw. ~ lassen** let sb. know sth.; **ein ~der Blick/ein ~des Lächeln** a knowing look/smile; **nicht mehr weiter ~**: not know what to do next; **was weiß ich** *(ugs.)* I don't know; **man kann nie ~** *(ugs.)* you never know; **gewußt, wie!** *(ugs.)* it's easy when you know how; **was ich nicht weiß, macht mich nicht heiß** *(Spr.)* what I don't know doesn't hurt me; **von jmdm./etw. nichts [mehr] ~ wollen** want to have nothing [more] to do with sb./sth.; **jmd. will es ~** *(ugs.)* sb. wants to put himself/herself to the test; **er tut, als sei es wer weiß wie wichtig** *(ugs.)* he behaves as if it were incredibly important *(coll.);* **dies und noch wer weiß was alles** *(ugs.)* this and heaven knows what else [too]; **ich hätte wer weiß was darum gegeben** *(ugs.)* I'd have given almost anything for it; **ich weiß sie in Sicherheit/glücklich** *(geh.)* I know she's safe/happy; **ich wußte ihn in Gefahr** *(geh.)* I knew him to be in danger; **ich wollte diese Äußerung nicht als Vorwurf verstanden ~** *(geh.)* I didn't mean what I said to be taken as a reproach; **sich zu benehmen ~**: know how to behave oneself; **er wußte zu berichten, daß ...**: he was able to report that ...; **ich weiß nichts mit ihm anzufangen ~**: he isn't my type of person; **Sie müssen ~, daß ...** *(erklärend)* I should tell you that ...; **ich weiß**

ihren Namen nicht mehr I can't remember her name; **weißt du noch, wie arm wir damals waren?** do you remember how poor we were then?; *s. auch* Glocke a; Gott a, b; Stunde a. 2. *unr. itr. V.* **von etw./um etw. ~**: know about sth.; **ich weiß von nichts** I don't know anything about it
Wissen *das;* ~s knowledge; **ein großes ~ haben** be very knowledgeable; **meines/unseres ~s**: to my/our knowledge; **ohne jmds. ~**: without sb.'s knowledge; **mit jmds. ~**: with sb.'s knowledge; **wider** *od.* **gegen besseres ~**: against one's better judgement; **nach bestem ~ und Gewissen** to the best of one's knowledge and belief; **~ ist Macht** *(Spr.)* knowledge is power *(prov.)*
Wissenschaft *die;* ~, ~en science; **die ~ hat ...**: science has ...; **in der ~ tätig sein** be a scientist; **etw. ist eine ~ für sich** *(ugs.)* there's a real art to sth.
Wissenschafter *der;* ~s, ~ *(österr. u. schweiz. seltener),* **Wissenschaftler** *der;* ~s ~, **Wissenschaftlerin** *die;* ~, ~nen academic; *(Natur~)* scientist
wissenschaftlich 1. *Adj.* scholarly; *(natur~)* scientific; **~er Assistent** ≈ assistant lecturer; **~er Rat** ≈ lecturer; assistant professor *(Amer.).* 2. *adv.* in a scholarly manner; *(natur~)* scientifically; **das ist ~ nicht haltbar** that is not scientifically tenable; **~ arbeiten** *(als Wissenschaftler tätig sein)* work as a scholar/scientist
Wissenschaftlichkeit *die;* ~ *s.* wissenschaftlich: scholarliness; scientific rigour; **die ~ einer Untersuchung in Frage stellen** question whether a piece of research has been conducted in a proper scholarly/scientific manner
Wissenschafts-: ~**betrieb** *der; o.Pl. (ugs.)* academic activity; *(in den Naturwissenschaften)* scientific activity; ~**theorie** *die o. Pl.* philosophy of science
wissens-, Wissens-: ~**drang** *der; o. Pl.,* ~**durst** *der; o. Pl.* thirst for knowledge; ~**gebiet** *das* area *or* field of knowledge; ~**lücke** *die* gap in sb's knowledge; ~**stand** *der* state of knowledge; ~**wert** *Adj.* ~wert sein be worth knowing; **eine ~werte Tatsache** a fact worth knowing; **das Buch enthält viel Wissenswertes** the book contains a great deal of valuable and interesting information
wissentlich ['vɪsn̩tlɪç] 1. *Adj.; nicht präd.* deliberate. 2. *adv.* knowingly; deliberately
witschen ['vɪtʃn̩] *itr. V.;* **mit sein** *(ugs.)* slip
Wittelsbacher ['vɪtl̩sbaxɐ] *der;* ~s, ~ *(hist.)* Wittelsbach
wittern ['vɪtɐn] 1. *itr. V.* sniff the air. 2. *tr. V.* get wind of; scent; *(fig.: ahnen)* sense
Witterung *die;* ~, ~en a) *(Wetter)* weather *no indef. art.;* b) *(Jägerspr.) (Geruchssinn)* sense of smell; *(Geruch)* scent; **~ nehmen, die ~ aufnehmen** pick up the scent; **von etw. bekommen** *(auch fig.)* get wind of sth.; c) *(Spürsinn)* **eine/keine ~ für etw. haben** have a/no instinct for sth.
witterungs-, Witterungs-: ~**bedingt** *Adj.* caused by the weather *postpos.;* ~**einfluß** *der; meist Pl.* effect of the weather; ~**um**·**schlag** *der* change in the weather; ~**verhältnisse** *Pl.* weather conditions
Witwe ['vɪtvə] *die;* ~, ~n widow; **~ werden** be widowed; **grüne ~** *(ugs. scherzh.)* suburban housewife left alone at home during the day while her husband is at work
Witwen-: ~**rente** *die* widow's pension; ~**schaft** *der; o. Pl.* widowhood; ~**schleier** *der* widow's veil; ~**tröster** *der (ugs. scherzh.)* skirt-chaser *(coll.)* with a preference for widows; ~**verbrennung** *die* suttee
Witwer *der;* ~s, ~: widower; **~ werden** be widowed
Witwerschaft *die;* ~: widowhood

Witz [vɪts] der; ~es, ~e a) joke; ~e reißen (ugs.) crack jokes; **das ist der [ganze] ~**: that's the whole point; **der ~ ist nämlich der, daß ...**: the thing about it is that ...; **ich mache keine ~e** I'm not joking; **das soll wohl ein ~ sein** you/he etc. must be joking; **mach keine ~e!** come off it! (coll.); b) o. Pl. (Geist, Esprit, veralt.: Klugheit) wit; **mit ~**: wittily
Witz-: ~**blatt** das humorous magazine; ~**bold** [~bɔlt] der; ~es, ~e joker; (der jmdm. einen Streich spielt) practical joker; prankster
Witzelei die; ~, ~en a) o. Pl. meist Pl. (witzelnde Bemerkung) joke
witzeln ['vɪtsl̩n] itr. V. joke (**über** + Akk. about)
Witz·figur die a) (in Witzen) joke character; b) (ugs. abwertend) figure of fun; **du ~!** you clown!
witzig 1. Adj. a) (spaßig) funny; amusing; b) (ugs.: seltsam) funny; odd; c) (einfallsreich) imaginative. 2. adv.; s. Adj. a, b, c: amusingly; oddly; imaginatively
Witzigkeit die; ~ a) wit; **von umwerfender ~ sein** be hilariously funny; b) s. Witz a
witz·los 1. Adj. a) (ohne Witz) dull; b) (ugs.: sinnlos) pointless. 2. adv. (ohne Witz) unimaginatively
WM Abk. Weltmeisterschaft
WNW Abk. Westnordwest[en] WNW
wo [vo:] 1. Adv. a) (interrogativ) where; **wo gibt's denn so was!** (ugs.) who ever heard of such a thing!; s. auch **ach 1 e**; **hindenken**; b) (relativisch) where; (temporal) when; **überall, wo** wherever; **wo immer er auch sein mag** wherever he may be; c) (indefinit) (ugs.) somewhere; **wenn du ihn ~ sehen solltest** if you should see him anywhere. 2. Konj. a) (da, weil) seeing that; b) (obwohl) although; when; c) (falls) wo möglich if possible; **wo nicht ..., so doch ...**: if not ..., then ...
wo·anders Adv. somewhere else; elsewhere; **sie ist mit ihren Gedanken ganz ~**: she's miles away (coll.)
wob [vo:p] 1. u. 3. Pers. Sg. Prät. v. weben
wo·bei Adv. a) (interrogativ) **~ hast du sie ertappt?** what did you catch her doing?; **~ ist es kaputtgegangen?** how did it get broken?; b) (relativisch) **er gab sechs Schüsse ab, ~ einer der Täter getötet wurde** he fired six shots - one of the criminals was killed; **soviel zu den Statistiken, ~ [aber] zu beachten ist, daß ...**: that concludes our remarks on the statistics, though it should be noted that ...; **sie sagte nein, ~** (indem) **sie vermied, mich anzusehen** she said 'no', avoiding looking at me as she did so; NB The word occurs in North German coll. usage in two parts, e.g. **wo hast du sie bei ertappt?**
Woche ['vɔxa] die; ~, ~n week; **in dieser/der nächsten/der letzten ~**: this/next/last week; **heute in/vor einer ~**: a week today/a week ago today; **zweimal die** od. **in der ~**: twice a week
Wochen-: ~**bett das: im ~bett liegen** be lying in; **im ~bett sterben** die soon after childbirth; ~**blatt** das weekly
Wochenend-: ~**aus·gabe** die weekend edition; ~**bei·lage** die weekend supplement
wochen-, Wochen-: ~**ende** das weekend; **schönes ~ende!** have a nice weekend!; ~**end·haus** das weekend house; ~**fluß** der; o. Pl. (Med.) lochia; ~**karte** die weekly season ticket; ~**lang** 1. Adj.; nicht präd. lasting weeks postpos; 2. adv. for weeks [on end]; ~**lohn** der weekly wages pl.; ~**markt** der weekly market; ~**schau** die (bes. früher) weekly newsreel; ~**schrift** die weekly; ~**stunde** die (Schulw.) period per week; ~**tag** der weekday (including Saturday); **welcher ~tag ist heute?** what day of the week is it?; ~**tags** Adv. on weekdays [and Saturdays]

wöchentlich ['vϙçn̩tlɪç] 1. Adj. weekly. 2. adv. weekly; **es werden ~ ca. 50 Briefe beantwortet** some fifty letters are answered every week; **~ einmal** once a week; **wir treffen uns ~**: we meet once a week
-wöchentlich 1. Adj. -weekly. 2. adv. every ... weeks; s. auch **achtwöchentlich**
wochen·weise Adv. for a week at a time
Wochen·zeitung die weekly newspaper
-wöchig [-vϙçɪç] a) (... Wochen alt) ... -week-old; **ein achtwöchiges Kind** an eight-week-old baby; b) (... Wochen dauernd) ... week's/weeks'; ... -week; **eine vierwöchige Kur** a four-week course of treatment; **mit dreiwöchiger Verspätung** three weeks late
Wöchnerin ['vϙçnərɪn] die; ~, ~nen woman who has just given birth; puerpera (Med.)
Wöchnerinnen·station die maternity ward
Wodka ['vɔtka] der; ~s, ~s vodka
wo·durch Adv. a) (interrogativ) how; **~ unterscheidet sie sich von den anderen?** in what way is she different from the others?; b) (relativisch) as a result of which; **alles, ~ er sich verletzt fühlen könnte** anything that might offend him; s. auch **wobei** NB
wo·fern Konj. (veralt.) provided that
wo·für Adv. a) (interrogativ) for what; **~ brauchst du es?** what do you need it for?; **~ hältst du mich?** what do you take me for?; **~ interessierst du dich?** what are you interested in?; b) (relativisch) for which; **er ist nicht das, ~ er sich ausgibt** he's not what he claims to be; s. auch **wobei** NB
wog [vo:k] 1. u. 3. Pers. Sg. Prät. v. wiegen
Woge ['vo:gə] die; ~, ~n (auch fig.) wave; **die ~n glätten** (fig.) pour oil on troubled waters
wo·gegen 1. Adv. a) (interrogativ) against what; **what ... against; ~ ist sie allergisch?** what is she allergic to?; b) (relativisch) against which; **which ... against; ..., ~ nichts einzuwenden ist** to which there is no objection; s. auch **wobei** NB. 2. Konj. whereas
wogen ['vo:gn̩] itr. V. (geh.) (sea) surge; (fig.) (corn) wave; (crowd) surge; (battle) rage; **mit ~dem Busen** (fig.) with heaving bosom
wo·her Adv. a) (interrogativ) where ... from; **~ weißt du das?** how do you know that?; **~ kennst du ihn?** where do you know him from?; **[ach] ~ denn!, ach ~!** (ugs.) good heavens, no!; not at all!; **~ bist du so braun?** how did you get so brown?; b) (relativisch) where ... from; s. auch **wobei** NB
wohin Adv. a) (interrogativ) where [... to]; **~ damit?** (ugs.) where shall I put it/them?; **~ so spät/eilig?** where are you/is he etc. going so late/in such a hurry?; b) (relativisch) where; **er ging ins Zimmer, ~ ihm die anderen folgten** he went into the room, and the others followed him in; c) (indefinit) **ich muß mal ~** (ugs. verhüll.) I've got to pay a visit or a call (euphem.); s. auch **wobei** NB
wo·hinein Adv. s. **worein**
wo·hingegen Konj. whereas
wo·hinter Adv. a) (interrogativ) behind what; **what ... behind; ~ habt ihr euch versteckt?** what did you hide behind?; b) (relativisch) behind which; s. auch **wobei** NB
wohl [vo:l] 1. Adv. a) (gesund) well; **jmdm. ist nicht ~, jmd. fühlt sich nicht ~**: sb. does not feel well; b) (behaglich) at ease; happy; **es sich ~ sein lassen** spoil oneself; **mir ist nicht recht ~ bei der Sache** the whole thing makes me a bit uneasy; **laß es dir ~ ergehen!** enjoy yourself!; **leb ~!/leben Sie ~!** farewell!; **~ oder übel** whether I/you etc. want to or not; c) (durchaus) well; **ich bin mir dessen ~ bewußt** I'm quite or perfectly conscious of that; d) (ungefähr) about; **~ 100 Gäste** 100 or so guests; about 100

guests; e) (veralt.: gewiß) **sehr ~[, der** od. **mein Herr]** certainly[, sir]; very good [, sir]; f) **besser, am besten** (geh.: gut) well; **er tat es, ~ wissend, daß ...**: he did it knowing full well that ...; g) (jedoch) ..., **~ aber ...**: but ...; however ...; **hier gibt es keine Ratten, ~ aber Mäuse** there are no rats here, but there are mice; h) (geh. veralt.) **~ dem, der ...!** happy the man who ...; **~ dir, daß du dich nicht machen mußt** count yourself lucky not to have to do that; i) (zwar) **~ versprach ich hinzugehen, aber ...**: I may have promised to go, but ... 2. Partikel a) (vermutlich) probably; **er wird ~ bald kommen** I imagine he'll come soon; **~ kaum** hardly; **du bist ~ nicht recht bei Verstand?** have you taken leave of your senses?; **dir ist ~ schlecht?** aren't you feeling well?; **was/warum/wie ~?** but what/why/how?; **na** od. **ja, was/warum/wie ~?** need you ask what/why/how?; **das mag ~ sein** that may well be; **es wird ~ gleich Schluß sein** I imagine it's nearly over; **das wird ~ so sein** that's probably the case; **ich habe ~ nicht recht gehört** I don't think I could have heard right; b) (verstärkend) **wirst du ~ herkommen!** will you come here!; **siehst du ~!** there, you see!; **man wird doch ~ fragen dürfen** there's nothing wrong in asking, is there?
Wohl das; ~[e]s welfare; well-being; **das allgemeine/öffentliche ~**: the public good; **zu jmds. ~**: for sb.'s benefit or good; **auf jmds. ~ trinken** drink sb.'s health; **[auf] dein ~!** your health!; **zum ~!** cheers!; **das ~ und Weh[e]** (geh.) the weal and woe
wohl-, Wohl-: ~**an** [-'-] Interj. (veralt.) [well,] come now; ~**anständig** [-'-] 1. Adj. respectable; proper ‹behaviour›; 2. adv. respectably; (behave) properly; ~**auf** [-'-] Adj., nicht attr. (geh.) **~auf sein** be well or in good health; ~**aus gewogen** Adj. (geh.) well-balanced; ~**bedacht** (geh.) 1. Adj. well-considered; [carefully] considered ‹reply, judgement›; well or carefully thought-out ‹plan›; 2. adv. in a carefully considered way; with careful consideration; ~**befinden** das well-being; ~**begründet** (geh.) Adj. well-founded; (berechtigt) well-justified; ~**behagen** das sense of well-being; **mit ~behagen** with a sense of well-being; **etw. mit ~behagen essen** eat sth. with relish; ~**behalten** Adj. safe and well ‹person›; undamaged ‹thing›; ~**bekannt** Adj. well-known; ~**beleibt** Adj. (geh.) corpulent; ~**beraten** (geh.) Adj. well-advised; ~**bestallt** Adj. (geh.) well-established; ~**dosiert** (geh.) 1. Adj. carefully measured; 2. adv. in a carefully measured way; ~**durchdacht** Adj. carefully thought-out; ~**ergehen** das s. ~**befinden**; ~**erzogen** (geh.) Adj. well brought-up; ~**erzogenheit** die; ~ (geh.) good upbringing; (gute Manieren) good manners pl.; ~**fahrt** die; o. Pl. (geh.: Wohlergehen) welfare; b) (öffentliche Fürsorge) **von der ~fahrt betreut werden** be looked after by the welfare services; **von der ~fahrt leben** (ugs.) live on welfare
Wohlfahrts-: ~**marke** die (Postw.) charity stamp; ~**pflege** die; o. Pl. social welfare no art.; ~**staat** der welfare state
wohl-, Wohl-: ~**feil** 1. Adj. a) (preiswert) inexpensive; b) (geistlos, platt) trite; 2. adv. cheaply; **etw. ~feil verkaufen/erstehen** sell/buy sth. cheap; ~**geboren** Adj. (veralt.) **Euer Wohlgeboren** Your Honour; **Seiner Wohlgeboren** to His Honour; ~**gefallen** das pleasure; **sein ~gefallen an jmdm. haben** have a great liking for sb.; **an etw.** (Dat.) **~gefallen finden** take pleasure in sth.; **sich in ~gefallen auflösen** (scherzh.) (ein ganzes Ende finden) end well; (difficulties, misunderstandings) be cleared up; (entzweigehen, auseinanderfallen) ‹clothes, book, etc.› fall apart; (verschwinden) vanish into thin air;

~gefällig 1. *Adj.* **a)** *(Wohlgefallen ausdrückend)* ⟨*smile, look*⟩ of pleasure; **b)** *(veralt.: angenehm)* pleasing; agreeable; **2.** *adv.* **a)** *(mit Wohlgefallen)* with pleasure; **b)** *(veralt.: angenehm)* **die Speisen ~gefällig darreichen** serve the food in a way that is pleasing *or* agreeable to the eye; **~geformt** *Adj.* well-formed; **~gefühl das;** *o. Pl.* sense of well-being; **~gelitten** *Adj. (geh.)* well-liked; **~gemerkt** *Adv.* please note; mark you; **~gemut** [~gəmu:t] *(geh.)* **1.** *Adj.* cheerful; **2.** *adv.* cheerfully; **~genährt** *Adj. (meist spött.)* well-fed; **~geordnet** *Adj. (geh., Math.)* well-ordered; **~geraten** *Adj. (geh.)* fine *attrib.* ⟨*child*⟩; successful ⟨*piece of work, translation, etc.*⟩; **ihre Kinder sind ~geraten** their children have turned out well; **~geruch der** *(geh.)* pleasant *or* agreeable aroma; *(von Blumen)* agreeable fragrance; **alle ~gerüche Arabiens** *(scherzh. od. iron.)* all the perfumes of Arabia; **~gesetzt** *Adj. (geh.)* well-turned ⟨*compliment*⟩; well-chosen ⟨*words*⟩; well-worded ⟨*speech*⟩; **~gesinnt** *Adj.* well-disposed; **jmdm./einer Sache ~gesinnt sein** be well-disposed toward sb./sth.; **der Wettergott war uns nicht ~gesinnt** the weather was unkind to us; **~gestalt** *(veralt.)*, **~gestaltet** *(geh.)* *Adj.* well-shaped; well-proportioned ⟨*body*⟩; **~getan 1.** **2.** *Part. v.* **~tun; 2.** *Adj.* **in ~getan sein** *(veralt.)* be well done; **~habend** *Adj.* prosperous; **~habenheit die;** ~: prosperity

wohlig 1. *Adj.; nicht präd.* pleasant; agreeable; *(gemütlich)* cosy. **2.** *adv.* ⟨*sigh, purr, etc.*⟩ with pleasure; ⟨*stretch oneself*⟩ luxuriously

wohl, Wohl-: **~klang der** *(geh.)* melodious *or* pleasing sound; **~klingend** *Adj. (geh.)* melodious; **~laut der** *(geh.)* s. **~klang; ~leben das;** *o. Pl. (geh.)* good living; **~meinend** *Adj. (geh.)* well-meaning; **~proportioniert** *Adj. (geh.)* well-proportioned; **~riechend** *Adj. (geh.)* fragrant; **~schmeckend** *Adj. (geh.)* delicious; **~sein das;** [zum] ~sein! your health!; **~stand der;** *o. Pl.* prosperity; **zu ~stand gelangen** achieve a degree of prosperity; **bei dir ist wohl der ~stand ausgebrochen!** *(scherzh.)* have you won the pools *or* something?

Wohlstands-: **~gesellschaft die;** *o. Pl. (abwertend)* affluent society; **~kriminalität die** *(Rechtsspr.)* crime characteristic of the affluent society; **~müll der** *(abwertend)* refuse produced by the affluent society

wohl, Wohl-: **~tat die a)** *(gute Tat)* good deed; *(Gefallen)* favour; **jmdm. eine ~tat erweisen** do sb. a good turn; **auf die ~taten anderer angewiesen sein** be dependent on the kindness of others; **b)** *Pl. (Genuß)* blissful relief; **~täter der** benefactor; **~täterin die** benefactress; **~tätig** *Adj.* charitable; **~tätigkeit die;** *o. Pl.* charity; charitableness **Wohltätigkeits-:** **~basar der** charity bazaar; **~konzert das** charity concert; **~veranstaltung die** charity event

wohl-, Wohl-: **~temperiert** *Adj. (geh.)* **a)** ⟨*room*⟩ at a pleasant temperature; ⟨*wine*⟩ at the correct temperature; **b)** *(Mus.)* **das ~temperierte Klavier** the Well-Tempered Clavier; **~tuend 1.** *Adj.* agreeable; **eine ~tuende Wirkung haben** have a beneficial effect; **2.** *adv.* agreeably; **~|tun** *unr. itr. V.* **a)** *(guttun)* etw. tut jmdm. ~: sth. does sb. good; **b)** *(veralt.: Wohltaten erweisen)* **jmdm. ~tun** show sb. kindness; **~überlegt 1.** *Adj.* well-considered; **2.** *adv.* in a carefully considered way; with careful consideration; **~verdient** *Adj.* well-earned, well-deserved ⟨*reward, honour, success, etc.*⟩; well-deserved ⟨*punishment, fate*⟩; **~verhalten das** good behaviour *no indef. art.*; **~versehen** *Adj. (geh.)* well-provided (mit with); **~verstanden** *Adv. (geh.)* s. **~gemerkt; ~verwahrt** *Adj.* safely stored; *(unter Verschluß)* safely locked away; **~weislich** [~vaislıç] *Adv.* deliberately; **~|wollen** *unr. itr. V.* **jmdm. ~wollen** wish sb. well; **~wollen das;** ~s goodwill; **jmdn. mit ~wollen betrachten** regard sb. benevolently; **~wollend 1.** *Adj.* benevolent; favourable ⟨*judgement, opinion*⟩; **2.** *adv.* benevolently; ⟨*judge, consider*⟩ favourably

Wohn-: **~anhänger der** caravan; trailer *(Amer.);* **~anlage die** residential estate; **~bau der;** *Pl.* **~bauten** residential building; **~bereich der** living-rooms *pl.;* *(eines Zimmers)* living area; **~bezirk der a)** residential district; **b)** *(DDR)* district; **~block der;** *Pl.* **~s,** *(schweiz.)* **~blöcke** residential block

wohnen *itr. V.* dwell; **sie ~ sehr hübsch** they live in a lovely home; *(der Lage nach)* they live in a lovely spot; **ich wohne in der Leibnizstraße 7** I live/am staying at [number] 7 Leibnizstrasse; **wo ~ Sie?** where do you live/where are you staying?

wohn-, Wohn-: **~fläche die** living-space; **eine Wohnung mit 50 m² ~fläche** a flat *(Brit.)* *or* *(Amer.)* apartment with 50 sq.m. floor area; **~gebäude das** residential building; **~gebiet das, ~gegend die** residential area; **~geld das** housing benefit; **~gemeinschaft die** group sharing a flat *(Brit.)* *or* *(Amer.)* apartment/house; **unsere ~gemeinschaft** the group who share our flat *(Brit.)* *or* *(Amer.)* apartment/house; **in einer ~gemeinschaft leben** live in a shared flat *(Brit.)* *or* *(Amer.)* apartment/house; share a flat *(Brit.)* *or* *(Amer.)* apartment/house; **in diesem Haus wohnt eine studentische ~gemeinschaft/wohnen nur ~gemeinschaften** a group of students is sharing this house/the flats *(Brit.)* *or* *(Amer.)* apartments in this house are all shared; **~haft** *Adj.* resident (**in** + *Dat.* in); **~haus das** [dwelling-]house; **~heim das** *(für Alte, Behinderte)* home; *(für Obdachlose, Lehrlinge)* hostel; *(für Studenten)* hall of residence; **~komplex der** residential complex; **~küche die** combined kitchen and living-room; **~kultur die;** *o. Pl.* style of home furnishing; **~lage die: unsere ~lage ist optimal** our house/flat *(Brit.)* *or* *(Amer.)* apartment is ideally situated; **in ruhiger/guter ~lage** in a quiet/good area; **~landschaft die** *(bes. Werbesprache)* arrangement of furniture etc. to give an impressive 'landscape' effect

wohnlich 1. *Adj.* homely. **2.** *adv.* **~ eingerichtet** furnished in a homely way

Wohnlichkeit die; ~: homeliness

Wohn-: **~mobil das;** ~**s,** ~**e** motor home; motor caravan; **~ort der;** *Pl.* ~**e** place of residence; **~raum der a)** living-room; **b)** *o. Pl.* *(~fläche)* living space; **~siedlung die** residential estate; *(mit gleichartigen Häusern)* housing estate; **~silo der** *od.* **das** *(abwertend)* [anonymous] tower block *or* high-rise block; **~sitz der** place of residence; domicile *(formal);* **seinen ~sitz in Hamburg haben** live *or (formal)* be domiciled in Hamburg; **ohne festen ~sitz** of no fixed abode; **ohne festen ~sitz sein** have no fixed abode; **~stube die** *(landsch.)* living-room

Wohnung die; ~**,** ~**en a)** flat *(Brit.);* apartment *(Amer.); (Wohneinheit)* home; dwelling *(formal);* **b)** *o. Pl. (Unterkunft)* lodging; **freie ~ haben** have free lodging; **~ nehmen** *(veralt.)* take up residence

Wohnungs-: **~amt das** housing department; **~bau der;** *o. Pl.* housing construction; **der soziale ~bau** *(Amtsspr.)* public-sector house-building; **~inhaber der** occupant *(of a dwelling);* **~markt der** housing market; **~miete die** the rent; **~not die;** *o. Pl.* housing crisis; serious housing shortage; **~schlüssel der** key to the flat *(Brit.)* *or* *(Amer.)* apartment; **~suche die** search for a flat *(Brit.)* *or* *(Amer.)* apartment; **auf ~suche sein** be flat-hunting; **~suchende der/die;** *adj. Dekl.* person looking for a flat *(Brit.)* *or* *(Amer.)* apartment; **~tausch der** flat-swap *(coll.);* exchange of flats *(Brit.)* *or* *(Amer.)* apartments; **~tür die** door of the flat *(Brit.)* *or* *(Amer.)* apartment

Wohnungs-: **~suche** s. **Wohnungssuche; ~suchende** s. **Wohnungssuchende**

Wohnungs·wechsel der move to a new flat *(Brit.)* *or* *(Amer.)* apartment

Wohn-: **~verhältnisse** *Pl.* living conditions; **~viertel das** residential district; **~wagen der** caravan; trailer *(Amer.);* **~zimmer das a)** living-room; **b)** *(Einrichtung)* set of living-room furniture

wölben ['vœlbn̩] **1.** *tr. V.* curve ⟨*brows, shoulders*⟩; cup ⟨*hand*⟩; bend ⟨*metal*⟩; vault, arch ⟨*roof, ceiling*⟩; **eine gewölbte Decke** a vaulted ceiling; **die Brust ~:** swell out one's chest. **2.** *refl. V.* curve; ⟨*sky, bridge, ceiling*⟩ arch; ⟨*chest*⟩ swell; ⟨*stomach, muscles*⟩ bulge; ⟨*hand*⟩ bend, buckle; **eine gewölbte Stirn** a domed forehead

Wölbung die; ~**,** ~**en** curve; *(von Decke, des Himmels)* arch; vault; *(von Augenbrauen)* arch; *(eines Bauches, Muskels)* bulge

Wolf [vɔlf] **der;** ~**[e]s, Wölfe** ['vœlfə] **a)** wolf; **ein ~ im Schafspelz sein** *(fig.)* be a wolf in sheep's clothing; **mit den Wölfen heulen** *(fig. ugs.)* run with the pack; **unter die Wölfe geraten** *(fig.)* be ruthlessly exploited; **b)** *(ugs.: Fleisch~)* mincer; **jmdn. durch den ~ drehen** *(fig. salopp)* put sb. through the mill; **c)** *o. Pl. (volkstüml.: Wundsein)* intertrigo *no art. (Med.);* soreness caused by the rubbing of areas of the skin against each other; **sich** *(Dat.)* **einen ~ laufen** make oneself sore between the legs through walking too much

Wölfin ['vœlfɪn] **die;** ~**,** ~**nen** [wolf] bitch

wölfisch *Adj.* wolfish; ravenous ⟨*hunger*⟩

Wölfling ['vœlflɪŋ] **der;** ~**s,** ~**e** Cub

Wolfram ['vɔlfram] **das;** ~**s** *(Chemie)* tungsten

Wolfs-: **~hund der** *(volkstüml.)* Alsatian [dog]; **Irischer ~hund** Irish wolfhound; **~hunger der** *(ugs.)* ravenous hunger; **ich habe einen ~hunger!** I'm ravenous!; **~kind das** *(Myth.)* wolf child; **~milch die** *(Bot.)* spurge; **~rachen der** *(volkstüml.)* cleft palate; **~spinne die** wolf spider

Wolga ['vɔlga] **die;** ~: Volga

Wölkchen ['vœlkçən] **das;** ~**s,** ~: small cloud

Wolke ['vɔlkə] **die;** ~**,** ~**n** *(auch Mineral.)* cloud; **'ne ~ sein** *(berlin. salopp)* be fantastic *(coll.),* **auf ~n od. in den ~n schweben** *(fig.)* have one's head in the clouds; **aus allen ~n fallen** *(fig. ugs.)* be completely stunned; **eine ~ von Tüll** billows of tulle

wolken-, Wolken-: **~bank die;** *Pl.* **~bänke** bank of cloud; **~bildung die** formation of cloud; **es wird zu stärkerer ~bildung kommen** it will become very cloudy or overcast; **~bruch der;** *Pl.* **~brüche** cloudburst; **~bruch-artig** *Adj.* torrential; **~bruch-artig** *Adj.* torrential; **~decke die** [unbroken] cloud *no indef. art.;* **die ~decke riß auf** the clouds broke; **~feld das;** *meist Pl. (Met.)* cloud field; **~fetzen der;** *meist Pl.* wisp of cloud; **~kratzer der** skyscraper; **~kuckucks·heim das** cloud-cuckoo-land; **im ~kuckucksheim** in cloud-cuckoo-land; **~los** *Adj.* cloudless; **~schleier der** veil of cloud; **~verhangen** *Adj.* overcast; **~wand die** wall of cloud

wolkig *Adj.* **a)** *(auch Fot., Chemie, Mineral.)* cloudy; **b)** *(unklar, verschwommen)* vague; vague, hazy ⟨*idea, concept*⟩

Woll·decke die [woollen] blanket

Wolle ['vɔlə] **die;** ~**,** ~**n a)** wool; *(fig.: Haar)* hair; **in der ~ gefärbt** dyed-in-the-wool; **sich in die ~ kriegen** *(fig. ugs.)* quarrel (wegen over); **sich in der ~ haben** *od.* **liegen** *(fig. ugs.)* be at loggerheads; **b)** *(Jägerspr.)* hair; *(von Hasen, Kaninchen)* fur

¹wollen *Adj.; nicht präd.* woollen

²wollen 1. *unr. Modalverb;* **2.** *Part.* **~ a) etw. tun –** *(den Wunsch haben, etw. zu tun)* want to do sth.; *(die Absicht haben, etw. zu tun)* be going to do sth.; **wir wollten gerade gehen** we were just about to go; **das Buch habe ich immer lesen ~:** I've always wanted to read that book; **ich will lieber zu Hause bleiben** I'd rather stay at home; **was will man da machen?** *(ugs.)* what can you do?; **ohne es zu ~:** without intending to; **ich wollte Sie fragen, ob ...:** I wanted to ask you if ...; **wenn Sie bitte Platz nehmen ~:** would you like to take a seat/take your seats?; **~ Sie mich entschuldigen?** would you excuse me?; **wenn ich mich darum auch noch kümmern wollte, ...:** if I were to see to that as well, then ...; **na gut, ich will [mal] nicht so sein** *(ugs.)* all right, I don't want to be awkward; **dann will ich nichts gesagt haben** *(ugs.)* I take it all back; **das will ich meinen!** *(ugs.)* I absolutely agree; **wir ~ sehen** we'll see; **b)** *(in Aufforderungen)* **~:** please note that ...; **wollt ihr Ruhe geben/damit aufhören!** *(ugs.)* will you be quiet/stop that!; **~ Sie bitte so freundlich sein und das heute noch erledigen** would you be so kind as to do it today; **c)** *(in bezug auf bezweifelte Behauptungen)* **er will ein Dichter sein** he claims to be a poet; **sie will es [nicht] gesehen haben** she claims [not] to have seen it; **d)** *(sich in der gewünschten Weise verhalten)* **die Wunde will nicht heilen** the wound [just] won't heal; **der Motor wollte nicht anspringen** the engine wouldn't start; **es will nicht gelingen** it just won't work; **es will mir nicht einleuchten, daß ...:** I can't really see that ...; **e)** *(müssen)* **etw. will getan sein** sth. needs *or* (coll.) has got to be done; **dies will gelernt sein** it has to be learned; **f)** *(einen bestimmten Zweck, eine bestimmte Funktion haben)* be intended to; **die Aktion will die Leute über ... aufklären** the purpose of the campaign is to inform people about ...; **g) das will nichts heißen/ nicht viel sagen** that doesn't mean anything/ much. **2.** *unr. itr. V.* **a) du mußt nur ~, dann geht es auch** you only have to want to enough *or* have the will, then it's possible; **ob du willst oder nicht** whether you want to or not; **ganz wie du willst** just as you like; **wenn du willst, könnten wir ...:** if you want [to], we could ...; **du kannst es halten, wie du willst** you can do just as you like; **das ist, wenn man so will, ...:** that is, if you like, ...; **[na] dann ~ wir mal!** *(ugs.)* [right,] let's get started!; **b)** *(ugs.: irgendwohin zu gehen wünschen)* **ich will nach Hause/an Meer** I want to go home/to go to the seaside; **ich will hier raus** I want to get out of here; **zu wem ~ Sie?** whom do you want to see?; **er wollte zum Theater** he wanted to become an actor; **c)** *verneint (ugs.: funktionieren)* **der Motor will nicht** the engine won't go; **seine Beine/Gelenke/Augen ~ nicht mehr** his legs/joints/eyes just aren't up to it any more. **3.** *unr. tr. V.* want; **das wollte ich nicht** I didn't mean to do that; **das habe ich nicht gewollt** I never meant that to happen; **~, daß jmd. etw. tut** want sb. to do sth.; **er will nicht, daß du ihm hilfst** he doesn't want you to help him; **er wollte nur euer Bestes** he only wanted what's best for you; **er will es nicht anders** he wouldn't have it any other way; **da ist nichts [mehr] zu ~** *(ugs.)* there's nothing we/you etc. can do about it; **was du nicht willst, daß man dir tu', das füg auch keinem andern zu** *(Spr.)* do as you would be done by; *(prov.)*; **ich wollte, er wäre hier/ es wäre vorbei** I wish we were here/it were over; **b)** *(ugs.: zum Gedeihen brauchen)* need; **c)** *(ugs.: schaden)* **jmdm. nichts ~ kön-**

nen be unable to harm sb.; **was kann sie mir schon ~?** what can she do to me?

Woll·gras das cotton grass

wollig *Adj.* woolly

Woll-: **~jacke** die woollen cardigan; **~kleid** das woollen dress; **~knäuel** das ball of wool; **~sachen** *Pl.* woollen things; woollies *(coll.);* **~socke** die; *meist Pl.* woollen sock; **~stoff** der woollen cloth; **~strumpf** der; *meist Pl.* woollen stocking; *(Kniestrumpf)* woollen sock

Wollust ['vɔlʊst] die; ~, **Wollüste** ['vɔlystə] *(geh.)* lust; *(Sinnlichkeit)* sensuality; *(großes Vergnügen)* delight; **etw. mit wahrer ~ tun** take great delight in doing sth.

wollüstig ['vɔlystɪç] *(geh.)* **1.** *Adj.* lustful; *(sinnlich)* sensual. **2.** *Adj.* lustfully; *(sinnlich)* sensually

wo·mit *Adv.* **a)** *(interrogativ)* **~ schreibst du?** what do you write with?; **~ habe ich das verdient?** what have I done to deserve that?; **b)** *(relativisch)* **~ du schreibst** which *or* that you write with; *(more formal)* with which you write; **~ ich nicht sagen will, daß ...:** by which I don't mean to say that ...; **~ er nicht gerechnet hatte, war ...:** what he had not reckoned with was ...; **~ du es auch machst, ...:** whatever you do it with ...; *s. auch* **wobei** NB

wo·möglich *Adv.* possibly

wo·nach *Adv.* **a)** *(interrogativ)* after what; **what ... after?;** **~ suchst du?** what are you looking for?; **~ riecht es?** what does it smell of?; **~ richtet ihr euch?** what do you go by?; **~ verlangte er?** what did he ask for?; **b)** *(relativisch)* after which; what ... after; **alles, ~ er verlangte** all he asked for; **etwas, ~ sie sich sehnte** something she longed for; **eine Vorschrift, ~ ...:** a regulation according to which ...; *s. auch* **wobei** NB

Wonne ['vɔnə] die; ~, ~n *(geh.)* bliss *no pl.;* ecstasy; *(etw., was Freude macht)* joy; delight; **es war eine ~, ihr zuzuhören** she was a joy *or* delight to listen to; **das Kind ist ihre ganze ~:** the child is her great joy; **es ist eine wahre ~:** it's sheer delight; **Würdest du helfen? – Aber mit ~!** *(scherzh.)* Would you help? – Of course, I'd be delighted!

Wonne-: **~monat** *(geh.),* **~mond** *(veralt.)* der May *no art.;* **im ~monat [Mai]** in the merry month of May; **~proppen** der *(ugs. scherzh.)* chubby cherub

wonnig *Adj.* sweet

woran [vo'ran] *Adv.* **a)** *(interrogativ)* **~ hast du dich verletzt?** what did you hurt yourself on?; **~ hat sie sich gelehnt?** what did she lean against?; **man weiß nicht, ~ man bei ihm ist** you don't know where you are; **~ ist sie gestorben?** what did she die of?; **~ denkst du?** what are you thinking of?; **b)** *(relativisch)* nichts, **~ man sich verletzen/lehnen könnte** nothing one could hurt oneself on/one could lean against; **alles, ~ er sich erinnern konnte** everything he could remember

worauf [vo'rauf] *Adv.* **a)** *(interrogativ)* **~ sitzt er?** what is he sitting on?; **~ wartest du?** what are you waiting for?; **~ will er hinaus?** what is he getting at?; **b)** *(relativisch)* **es gab nichts, ~ er sich hätte setzen können** there was nothing for him to sit on; **etwas, ~ ich schreiben kann** something to write on; **etwas, ~ man sich verlassen kann** something one can rely on; **etwas, ~ ich Sie hinweisen sollte, ist ...:** something I ought to point out to you is ...; **das einzige, ~ es jetzt ankommt** the only thing that matters now; **es gab nichts, ~ er sich hätte freuen können** there was nothing for him to look forward to; **c)** *(relativisch: woraufhin)* whereupon

worauf·hin *Adv.* **a)** *(interrogativ)* **~ hat er das getan?** what made him do it?; what was the cause of his doing that?; **b)** *(relativisch)* whereupon

woraus [vo'raus] *Adv.* **a)** *(interrogativ)* **~ ist**

der Zitat? where is the quotation from?; **~ trinken wir den Wein?** what shall we drink the wine from?; **~ ist das Gewebe?** what is the fabric made of?; **~ schließt du das?** what do you infer that from?; **b)** *(relativisch)* **es gab nichts, ~ wir den Wein hätten trinken können** there was nothing for us to drink the wine out of; **es gab nichts, ~ sie Werkzeuge machen konnten** there was nothing for them to make tools from; **~ ..., ~ ich schließe, daß ...** ... from which I conclude that ...

worden ['vɔrdn̩] **2.** *Part. v.* **werden 2**

worein [vo'rain] *Adv.* **a)** *(interrogativ)* in what; **what ... in;** **b)** *(relativisch)* in which; **which ... in;** **..., ~ sie sich schickte** ..., to which she resigned herself; **..., ~ which she resigned herself to**

worin [vo'rin] *Adv.* **a)** *(interrogativ)* in what; **what ... in;** **~ willst du es verschicken?** what do you want to send it in?; **ich weiß nicht, ~ der Unterschied liegt** I don't know what the difference is; **b)** *(relativisch)* in which; **which ... in;** **..., ~ ich mit dir übereinstimme** ..., which I agree with you on

Work·shop ['wəːkʃɔp] der; ~s, ~s workshop

World·cup ['wəːldkʌp] der *(Sport)* World Cup

Wort [vɔrt] das; ~[e]s, **Wörter** ['vœrtɐ] *od.* ~e **a)** *Pl.* **Wörter,** *(auch:)* ~e word; **~ für ~:** word for word; **DM 1 000** *(in ~en:* tausend) DM 1,000 (in words: one thousand); **in des ~es wahrster Bedeutung, im wahrsten Sinne des ~es** in the truest sense of the word; **Liebe ist ein großes ~:** love is a big word; **das treffende** *od.* **passende ~:** the right word; **b)** *Pl.* ~e *(Äußerung)* word; **zwischen uns ist kein böses ~ gefallen** not a harsh word has passed between us; **das ist das erste ~, ich [davon] höre** that's the first I've heard of it; **mir fehlen die ~e** I'm lost for words; **davon ist kein ~ wahr** not a word of it is true; **darüber ist kein ~ gefallen** not a word was said about it; **spar dir deine ~e!** don't waste your breath!; **in ~ und Tat** in word and deed; **eine Sprache in ~ und Schrift beherrschen** have a written and spoken command of a language; **das ~ an jmdn. richten** address sb.; **ein paar ~e sprechen** say a few words; **ein ~ mit jmdm. sprechen** have a word with sb.; **bei ihm ist jedes zweite ~ Geld** he's always talking about money; **nicht viele ~e machen** not beat about the bush; **ich verstehe kein ~ [of it]** I don't understand a word [of it]; **auf ein ~!** *(veralt.)* can I have a word with you?; **auf jmds. ~e hören** listen to what sb. says; **etw. in ~e fassen** put sth. into words; **mit einem ~:** in a word; **mit anderen ~en** in other words; **ich glaube dir aufs ~:** I can well believe it; **ein [nicht] zu ~ kommen lassen** [not] let sb. get a word in; **kein ~ mehr!** not another word!; **etw. mit keinem ~ erwähnen** not say a word about sth.; not mention sth. at all; **man verstand sein eigenes ~ nicht** you could not hear yourself speak; **die ~e gut zu setzen wissen** *(geh.)* have a way with words; **jmdm. aufs ~ folgen** *od.* **gehorchen** obey sb.'s every word; **dein ~ in Gottes Ohr!** let's hope you're right!; **ein ~ gab das andere** one thing led to another; **was hat [da noch] ~e?** what do you say to that?; **das ist das letzte/mein letztes ~:** that's the/my last word on the matter; **[immer] das letzte ~ haben wollen/müssen** want to have/have to have the last word; **Dr. Meyer hat das ~:** it's Dr Meyer's turn to speak; **das ~ ergreifen** *od.* **nehmen** start to speak; **das ~ führen** be the main speaker; **das große ~ haben** *od.* **führen** talk big; **jmdm. das ~ erteilen** *od.* **geben** call upon sb. to speak/to finish speaking; **jmdm. das ~ verbieten** forbid sb. to speak; **einer Sache das ~ reden** *(geh.)* speak out in favour of sth.; **für jmdn. ein [gutes] ~ einle-**

gen put in a [good] word for sb.; jmdm. das ~ aus dem Munde nehmen take the words out of sb.'s mouth; jmdm. das ~ im Munde herumdrehen twist sb.'s words; kein ~/kein weiteres ~ über etw. (Akk.) verlieren not spend time discussing sth./not say another word about sth.; jmdm. ins ~ fallen interrupt sb.; ums ~ bitten ask to speak; sich zu ~ melden indicate one's wish to speak; c) *Pl.* ~e (*Spruch*) saying; (*Zitat*) quotation; geflügelte ~e well-known sayings and quotations; das bekannte ~ Schillers the well-known quotation from Schiller; d) *Pl.* ~e (*geh.: Text*) words *pl.*; in ~ und Bild in words and pictures; das geschriebene/gedruckte ~: the written/printed word; e) *Pl.* ~e (*Versprechen*) word; [sein] ~ halten keep one's word; sein ~ brechen break one's word; jmdm. sein ~ [auf etw. (*Akk.*)] geben give sb. one's word [on sth.]; auf mein ~! I give you my word; jmdn. beim ~ nehmen take sb. at his/her word; [bei jmdm.] im ~ sein have made a promise [to sb.]; f) *o. Pl.* (*christl. Rel., Theol.*) Word

wort-, Wort-: ~art die (*Sprachw.*) part of speech; ~bedeutung die word-meaning; meaning of a/the word; ~bildung die (*Sprachw.*) word-formation; ~bruch der breaking one's word *no art.*; ~brüchig *Adj.* ~brüchig werden break one's word

Wörtchen ['vœrtçən] das; ~s, ~: little word; noch ein ~ mit jmdm. zu reden haben (*ugs.*) have a bone to pick with sb.; [bei *od.* in etw. (*Dat.*)] ein ~ mitzureden haben (*ugs.*) have some say [in sth.]

Wörter-: ~buch das dictionary; ~verzeichnis das word index

wort-, Wort-: ~familie die (*Sprachw.*) word family; ~feld das (*Sprachw.*) word field; ~fetzen *Pl.* scraps of conversation; ~forschung die lexicology *no art.*; ~führer der/~führerin, die spokesman/spokeswoman; spokesperson; sich zum ~führer einer Gruppe/Sache machen make oneself the spokesman of a group/cause; ~gefecht das battle of words; ~geklingel das (*abwertend*) fine-sounding verbiage; ~geplänkel das banter *no indef. art.*; ~geschichte die etymology *no art.*; ~getreu 1. *Adj.* word-for-word; 2. *adv.* word for word; ~gewaltig 1. *Adj.* powerfully eloquent; 2. *adv.* with powerful eloquence; ~gewandt 1. *Adj.* eloquent; 2. *adv.* eloquently; ~gottesdienst der (*christl. Kirche*) service centred on the sermon and readings from the Scriptures; ~gut das; *o. Pl.* vocabulary; ~hülse die (*abwertend*) [empty] cliché; ~inhalt der (*Sprachw.*) word-meaning; meaning of a/the word; ~karg 1. *Adj.* (*person*): laconic ⟨reply, greeting, etc.⟩; ein ~karger Mann a man of few words; 2. *adv.* taciturnly; ⟨reply, greet, etc.⟩ laconically; ~kargheit die *s.* ~karg: taciturnity; laconicism; ~klauberei [~klaubə'raɪ] die; ~, ~en quibbling; solche ~en ändern nichts an der Tatsache, daß ...: such quibbles do not alter the fact that ...; ~laut der; *o. Pl.* wording; im [vollen] ~laut verbatim

Wörtlein das; ~s, ~ *s.* Wörtchen

wörtlich ['vœrtlɪç] 1. *Adj.* a) (*wortgetreu*) word-for-word; *s. auch* Rede e; b) (*der eigentlichen Bedeutung entsprechend*) literal. 2. *adv.* a) (*wortgetreu*) word-for-word ⟨copy, repeat⟩ verbatim, word for word; das hat sie ~ gesagt those were her very words; b) (*der eigentlichen Bedeutung entsprechend*) literally

wort-, Wort-: ~los 1. *Adj.* silent; wordless; unspoken ⟨agreement, understanding⟩; 2. *adv.* without saying a word; ~meldung die: gibt es noch ~meldungen? does anyone else wish to speak?; ich begrüße keine weiteren ~meldungen vor no one else wishes to speak; ~reich 1. *Adj. (mit vielen Wor-* ten) verbose; b) (*reich im Wortschatz*) eine ~reiche Sprache a language with a rich vocabulary; 2. *adv.* (*mit vielen Worten*) verbosely; ⟨apologize, thank⟩ profusely; ~schatz der vocabulary; ~schöpfung die a) word-coining *no art.*; b) (*Wort*) neologism; new coinage; ~schwall der; *o. Pl.* torrent of words; ~sinn der; *o. Pl.* sense of a word/the word[s]; ~spiel das play on words; (*mit ähnlich klingenden Wörtern*) pun; play on words; ~stamm der (*Sprachw.*) stem of a/the word; ~stellung die (*Sprachw.*) word order; ~streit der *s.* ~gefecht; ~ungetüm das over-long monstrosity of a word; ~wahl die; *o. Pl.* choice of word; ~wechsel der exchange of words; mit jmdm. einen ~wechsel haben exchange words with sb.; ~witz der pun; ~wörtlich 1. *Adj.* word-for-word; 2. *adv.* word for word; etw. ~ nehmen take sth. literally

worüber *Adv.* a) (*interrogativ*) over what ...; what ... over; ~ bist du gestolpert? what did you trip over?; ~ lachst du? what are you laughing about?; b) (*relativisch*) over which; which ... over; es gibt nichts, ~ wir sprechen könnten we have nothing to talk about

worum *Adv.* a) (*interrogativ*) around what; what ... around; ~ bat er? what did he ask for?; ~ geht es denn? what is it about then?; b) (*relativisch*) around which; which ... around; alles, ~ er bat everything he asked for

worunter *Adv.* a) (*interrogativ*) under what; what ... under; ~ leidet er? what is he suffering from?; b) (*relativisch*) under which; which ... under; etwas, ~ er besonders leidet, ist ... something he particularly suffers from is ...

wo selbst *Adv.* (*veralt.*) where

Wotan ['vo:tan] (der) Wotan

wo von *Adv.* a) (*interrogativ*) from where; where ... from; ~ soll er leben? what is he supposed to live on?; ~ redest du? what are you talking about?; ~ ist er müde/krank? what has made him tired/ill?; b) (*relativisch*) from which; which ... from; das, ~ er sprach what he was talking about; *s. auch* wobei *NB*

wo vor *Adv.* a) (*interrogativ*) in front of what; what ... in front of; ~ stand er? what was he standing in front of?; ~ hast du Angst? what are you afraid of?; b) (*relativisch*) in front of which; which ... in front of; das, ~ er sie gewarnt hatte what he had warned her about; das einzige, ~ ich Angst habe the only thing I am afraid of is ...; *s. auch* wobei *NB*

wo zu *Adv.* a) (*interrogativ*) to what; what ... to; (*wofür*) what ... for; ~ brauchst du das Geld? what do you need the money for?; ~ hast du dich entschlossen? what have you decided [on]?; ~ hat sie ihn gezwungen? what did she force him to do?; ~ diese Umstände? why all this fuss?; ~ denn? (*zu welchem Zweck*) what for?; (*als Ausdruck der Ablehnung*) why should I/you etc.?; ~ weißt du, ~ das gut sein soll? do you know what the point of it is supposed to be?; b) (*relativisch*) dann habe ich gebügelt, ~ ich keine Lust hatte then I did some ironing, which I had no inclination to do; ~ du dich auch entschließt whatever you decide on; er will studieren, ~ er allerdings das Abitur braucht he wants to go to university but for that he needs the Abitur; *s. auch* wobei *NB*

Wrack [vrak] das; ~[e]s, ~s *od.* ~e wreck; (*fig.: Mensch*) [physical] wreck; ein seelisches/nervöses ~ (*fig.*) a mental/nervous wreck

wrang [vraŋ] 1. *und* 3. *Pers. Sg. Prät. v.* wringen

Wrasen ['vra:zn̩] der; ~s, ~ (*nordd.*) steam

wringen ['vrɪŋən] *unr. tr. V.* (*bes. nordd.*) wring

WS *Abk.* Wintersemester
WSV *Abk.* Winterschlußverkauf
WSW *Abk.* Westsüdwest[en] WSW

Wucher ['vu:xɐ] der; ~s profiteering; (*beim Verleihen von Geld*) usury; 18 Prozent Zinsen: das ist ja ~! 18 per cent interest: that's extortionate!; [mit etw.] ~ treiben profiteer [on sth.]; (*beim Verleihen von Geld*) charge an extortionate rate/extortionate rates of interest [on sth.]

Wucher blume die chrysanthemum

Wucherer der; ~s, ~: profiteer; (*beim Verleihen von Geld*) usurer

wuchern *itr. V.* a) auch mit sein (*stark wachsen*) ⟨plants, weeds, etc.⟩ proliferate, run wild; (*fig.*) be rampant; eine ~de Geschwulst a cancerous tumour; krebsartig ~ (*fig.*) grow like a cancer; eine ~de Phantasie (*fig.*) an imagination that runs wild; b) (*Wucher treiben*) [mit etw.] ~: profiteer [on sth.]; (*beim Verleihen von Geld*) lend [sth.] at extortionate interest rates

Wucher preis der extortionate price
Wucherung die; ~, ~en growth
Wucher zins der; *meist Pl.* extortionate rate of interest

wuchs [vu:ks] 1. *u.* 3. *Pers. Sg. Prät. v.* wachsen

Wuchs der; ~es a) (*Wachstum*) growth; b) (*Gestalt*) stature; klein/groß von ~ sein ⟨person⟩ be small/tall in stature

Wucht [vʊxt] die; ~ a) (*Kraft, von Schlägen*) force; power; weight; mit voller ~: with full force; mit voller ~ zuschlagen hit with all one's might; b) in eine ~ sein (*salopp*) be absolutely fantastic (*coll.*); c) (*bes. ostmd.: Schläge*) beating; (*als Strafe für Kind*) hiding (*coll.*); beating

wuchten *tr. V.* heave

wuchtig 1. *Adj.* a) (*voller Wucht*) powerful; mighty; b) (*schwer, massig*) massive. 2. *adv.* powerfully

Wühl arbeit die (*fig.*) subversive activities *pl.*; subversion

wühlen ['vy:lən] 1. *itr. V.* a) (*graben*) dig; (*mit der Schnauze, dem Schnabel*) root (*nach* for); (*mole*) tunnel, burrow; er wühlte in ihren Locken he tousled her hair; b) (*ugs.: suchen*) rummage [around] (*nach* for); c) (*fig.: Wühlarbeit leisten*) engage in subversive activities *or* subversion (*gegen* against); d) (*ugs.: schwer arbeiten*) graft (*Brit. sl.*); slave away. 2. *tr. V.* burrow; tunnel out ⟨burrow⟩. 3. *refl. V.* sich in etw. (*Akk.*)/durch etw. ~: burrow into/through sth.; die Autos wühlten sich durch den Schlamm the cars churned their way through the mud

Wühler der; ~s, ~ a) (*Zool.*) cricetine; b) (*fig.: Subversiver*) subversive; c) (*ugs.: fleißiger Arbeiter*) grafter (*Brit. sl.*)

Wühl-: ~maus die one of the Microtinae (*the voles and lemmings*); (*Kleine ~maus*) European pine vole; (*Schermaus*) European water vole; ~tisch der (*ugs.*) bargain counter

Wulst [vʊlst] der; ~[e]s, Wülste ['vʏlstə] *od.* ~e a) bulge; (*Fett~*) roll of fat; (*an einer Flasche, einem Reifen*) bead; b) (*Heraldik*) wreath; c) (*Archit.*) torus

wulstig *Adj.* bulging; thick ⟨lips⟩

wumm [vʊm] *Interj.* boom

wummern ['vʊmɐn] *itr. V.* ⟨machine, engine⟩ hum; mit den Fäusten gegen etw. ~: drum one's fists against it

wund [vʊnt] *Adj.* sore; sich ~ laufen walk until one's feet are sore; ich habe mir die Finger ~ geschrieben I've worn my fingers to the bone with all that writing; *s. auch* Fuß b; Punkt d; reiben 1 a

Wund-: ~arzt der (*hist.*) surgeon; ~brand der; *o. Pl.* (*Med.*) gangrene

Wunde die; ~, ~n wound; alte ~n wieder

1623

aufreißen *(fig.)* open up old wounds; **der Krieg hat dem Land tiefe ~n geschlagen** *(fig.)* the war has left deep scars on the country; *s. auch* **Salz**
wunder *Adv. (ugs.)* **er denkt, er sei ~ wer** he thinks he's really something; **sie glaubt, sie sei ~ wie klug** she thinks she's ever so *or* oh so clever *(coll.)*; **er glaubt, ~ was geleistet zu haben** he thinks he's achieved something fantastic *(coll.)*; **ich dachte, ~ was es da alles zu sehen gibt** I thought there would be all sorts of fantastic things to see; **er bildet sich ~ was darauf ein** he's terribly pleased with himself about it *(coll.)*
Wunder *das;* ~s, ~ **a)** miracle; **~ tun** work *or* perform miracles; **~ wirken** *(fig. ugs.)* work wonders; **o ~!** wonders will never cease!; **ein/kein ~ sein** *(ugs.)* be a/no wonder; **was ~, wenn ...?** small *or* no wonder that ...; **er wird sein blaues ~ erleben** *(ugs.)* he's in for a nasty shock; **b)** *(etw. Außergewöhnliches, Erstaunliches)* wonder; **ein ~ an ...** *(Dat.)* a miracle of ...; **ein technisches ~:** a technological marvel
wunderbar **1.** *Adj.* **a)** *(übernatürlich erscheinend)* miraculous; **das grenzt ans Wunderbare** it's bordering on the miraculous; **auf ~e Weise** miraculously; **b)** *(sehr schön, herrlich)* wonderful; marvellous. **2.** *adv.* **a)** *(sehr schön, herrlich)* wonderfully; marvellously; **b)** *(ugs.: sehr)* wonderfully
wunder-, Wunder-: **~ding** *das;* Pl. **~dinge** amazing thing; *(ugs.: Gegenstand)* wonder; **~doktor** *der* *(spött.)* miracle-working doctor; **~glaube** *der* belief in miracles; **~gläubig** *Adj.* *(person)* who believes in miracles; **~gläubig sein** believe in miracles; **~heiler** *der* faith-healer; **~heilung** *die* miraculous cure; **~hübsch** *Adj.* wonderfully pretty; **2.** *adv.* quite beautifully; **~kerze** *die* sparkler; **~kind** *das* child prodigy; **~knabe** *der* boy prodigy; **~lampe** *die* magic lamp; **~land** *das* wonderland
wunderlich **1.** *Adj.* strange; odd. **2.** *adv.* strangely; oddly
Wunderlichkeit *die;* ~, ~en **a)** *o. Pl.* strangeness; oddness; **b)** *(etwas Wunderliches)* oddity
Wunder·mittel *das* miracle cure (gegen for)
wundern **1.** *tr. V.* **mich wundert** *od.* **es wundert mich, daß ...:** I'm surprised that ...; **es würde** *od.* **sollte mich [nicht] ~, wenn ...:** I should [not] be surprised or it would [not] surprise me if ... **2.** *refl. V.* **sich über jmdn./etw. ~:** be surprised at sb./sth.; **du wirst dich [noch mal] ~:** you're in for a shock; you've got a surprise in store; **ich muß mich doch sehr über dich ~:** I really am surprised at you
wunder|nehmen *unr. tr. V. (geh.)* etw. nimmt jmdn. wunder sth. surprises sb.
wunders *Adv. (ugs.) s.* **wunder**
wundersam *(geh.)* **1.** *Adj.* strange. **2.** *adv.* **ihr wurde ~ zumute** she had a strange feeling
wunder-, Wunder-: **~schön** **1.** *Adj.* simply beautiful; *(herrlich)*; **2.** *adv.* quite beautifully; *(einwandfrei)* perfectly; **~tat** *die* miracle; **~täter** *der* miracle-worker; **~tätig** *Adj.* miraculous; **~tier** *das* strange and wonderful animal; **~tüte** *die* surprise packet; **~voll** **1.** *Adj.* wonderful; marvellous; **2.** *adv.* wonderfully; marvellously; **~waffe** *die* super-weapon; **~welt** *die* wonderworld; **~werk** *das* marvel
wund-, Wund-: **~fieber** *das (Med.)* traumatic fever; wound fever; **~infektion** *die (Med.)* wound infection; **~liegen** *unr. refl. V.* get bedsores **(an + Dat.** on); **sich** *(Dat.)* **den Rücken ~liegen** get bedsores on one's back; **~mal** *das (bes. Rel.)* scar; **die ~male Christi** Christ's stigmata; **~pflaster** *das* sticking-plaster; **~rand** *der;* meist *Pl. (Med.)* edge of a/the wound; **~rose** *die (Med.)* St Anthony's fire; erysipelas *(Med.)*; **~sein** *das* soreness; **~starrkrampf** *der (Med.)* tetanus
Wunsch [vʊnʃ] *der;* ~[e]s, Wünsche ['vʏnʃə] **a)** wish (nach to have); *(Hoffen, Sehnen)* desire (nach for); **sich** *(Dat.)* **einen ~ erfüllen/versagen** grant/deny oneself something one wants; **haben Sie [sonst] noch einen ~?** will there be anything else?; **jmds. ~ und Wille sein** be something sb. most earnestly desires; **auf jmds. ~:** at sb.'s wish; **auf allgemeinen ~** [hin] in response to popular demand; **alles geht** *od.* **läuft nach ~:** everything's going as we want/he wants *etc.*; **dein ~ ist mir Befehl** *(scherzh.)* your wish is my command; **der ~ ist der Vater des Gedankens** *(scherzh.)* the wish is father to the thought; *s. auch* **fromm c; b)** *Pl. (zu bestimmten Anlässen)* wishes; **mit den besten/herzlichsten Wünschen** with best/warmest wishes; **beste Wünsche zum Geburtstag** many happy returns of the day
wünschbar *Adj. (bes. schweiz.)* desirable
Wunsch-: **~bild** *das* desired ideal; **~denken** *das* wishful thinking
Wünschel- ['vʏnʃ(ə)l-]**:** **~rute** *die* divining rod; **~rutengänger** *der* diviner
wünschen ['vʏnʃn] *tr. V.* **a)** **sich** *(Dat.)* **etw. ~:** want sth.; *(im stillen)* wish for sth.; **jmdm. Erfolg/nichts Gutes/den Tod ~:** wish sb. success/no good/wish sb. dead; **er wünschte sich** *(Dat.)* **ein Rad zum Geburtstag** he asked for a cycle for his birthday; **du darfst dir [von mir] etwas ~:** you can have a present [from me] – what would you like?; **sich** *(Dat.)* **jmdn. als** *od.* **zum Freund ~:** want to have sb. as a friend; **alles, was du dir nur ~ kannst** everything you could wish for; **er war so, wie man sich** *(Dat.)* **einen Lehrer wünscht** he was just as one would want a teacher to be; **was wünschst du dir?** what would you like?; **ich wünschte, du wärest hier** I wish you were here; **jmdn. weit fort ~:** wish sb. far away; **ich wünschte mich auf eine einsame Insel** I wished I were on a desert island; **b)** *(in formelhaften Wünschen)* wish; **jmdm. alles Gute/frohe Ostern ~:** wish sb. all the best/a happy Easter; **jmdm. gute Nacht ~:** wish *or* bid sb. good night; **sie wünschte ihm gute Besserung** she said she hoped he would soon get better; **c)** *auch itr. V. (begehren)* want; **was ~ Sie?, Sie ~?** *(von einem Bediensteten gesagt)* yes, madam/sir?; *(von einem Kellner gesagt)* what would you like?; *(von einem Verkäufer gesagt)* can I help you?; **ich wünsche, daß du gehst** he wants you to go; **ganz, wie Sie ~:** just as you like; **solange Sie es ~:** as long as you wish *or* like; **die gewünschte Auskunft** the information asked for; **ich wünsche das nicht** I do not wish it; **dein Chef wünscht dich zu sprechen** your boss would like to speak to you; **etw. läßt [viel]/läßt nichts zu ~ übrig** sth. leaves a great deal/nothing to be desired; **es verlief alles wie gewünscht** everything went as we/he *etc.* had wanted
wünschens·wert *Adj.* desirable
wunsch-, Wunsch-: **~form** *die (Sprachw.) s.* **Optativ; ~gegner** *der (bes. Sport)* ideal opponent; **~gemäß** **1.** *Adv.* as desired; *(einer Bitte gemäß)* as requested; **2.** *adj.; nicht präd.* **die ~gemäße Ausführung eines Auftrags** the performance of a task as desired/requested; **~kind** *das* wanted child; **~konzert** *das* request concert; *(im Rundfunk)* request programme; **~los** **1.** *Adj.* *(perfectly)* contented; perfect *(happiness)*; **2.** *adv.* **~los glücklich sein** be perfectly contented; **~satz** *der (Sprachw.)* optative sentence; **~traum** *der* wishful dream; *(unrealistisch)* pipe-dream; **~vorstellung** *die* wishful notion; **~zettel** *der* list of things one would like; *(zum Geburtstag o. ä.)* list of presents one would like

wupp [vʊp], **wupp·dich, wupps** *Interj. (ugs.)* woomph *(coll.)*
wurde ['vʊrdə] *1. u. 3. Pers. Sg. Prät. v.* **werden**
würde ['vʏrdə] *1. u. 3. Pers. Sg. Konjunktiv II v.* **werden**
Würde *die;* ~, ~n **a)** *o. Pl.* dignity; **seine ~ bewahren** preserve one's dignity; **sich in seiner ~ verletzt fühlen** feel that one's dignity has been affronted; **etw. mit ~ tragen** bear sth. with dignity; *(scherzh.)* bear up well in spite of sth.; **unter jmds. ~ sein** be beneath sb.'s dignity; **unter aller ~ sein** be beneath sb.'s dignity; **b)** *(Rang)* rank; *(Amt)* office; *(Titel)* title; *(Auszeichnung)* honour; **die ~ eines Professors** the title of professor; **zu höchsten ~n gelangen** attain high office
würde·los **1.** *Adj.* undignified; *(schimpflich)* disgraceful. **2.** *adv.* in an undignified way; *(schimpflich)* disgracefully
Würdelosigkeit *die;* ~ *s.* **würdelos:** lack of dignity; disgracefulness
Würden·träger *der* dignitary
würde·voll **1.** *Adj.* dignified. **2.** *adv.* with dignity
würdig **1.** *Adj.* **a)** *(würdevoll)* dignified; **b)** *(wert)* worthy; suitable ⟨occasion⟩; **jmds./einer Sache [nicht] ~ sein** be [not] worthy of sb./sth.; **sich jmds. /einer Sache [nicht] ~ erweisen** *od.* **zeigen** prove oneself [not] worthy of sb./sth. **2.** *adv.* **a)** *(würdevoll)* with dignity; *(dressed)* in a dignified manner; **b)** *(angemessen)* worthily; ⟨celebrate⟩ in a/the appropriate manner; **jmdn. ~ zu vertreten wissen** make a worthy deputy for sb
würdigen *tr. V.* **a)** *(anerkennen, beachten)* recognize; *(schätzen)* appreciate; *(lobend hervorheben)* acknowledge; **etw. zu ~ wissen** appreciate sth.; **b)** *(für wert halten)* **jmdn. einer Sache** *(Gen.)* **~:** deem sb. worthy of sth.; **jmdn. keines Blickes/keiner Antwort ~:** not deign to look at/answer sb.
Würdigkeit *die;* ~ **a)** *(Würde)* dignity; **b)** *(Wert)* worth
Würdigung *die;* ~, ~en *s.* **würdigen a:** recognition; appreciation; acknowledgement; **in ~ einer Sache** *(Gen.)* in recognition of sth.
Wurf [vʊrf] *der;* ~[e]s, Würfe ['vʏrfə] **a)** throw; *(beim Baseball)* pitch; *(beim Kegeln)* bowl; *(gezielt aufs Tor)* shot; **b)** *o. Pl. (das Werfen)* throwing/pitching/bowling; **zum ~ ausholen** draw back one's arm ready to throw; **beim ~:** when throwing/pitching/bowling; **c)** *(Zool.)* litter; **d)** *(gelungenes Werk)* successful work; success; **mit dieser Erfindung ist ihm ein großer ~ gelungen** this invention has been a great success for him
Wurf·bahn *die* trajectory
Würfel ['vʏrfl] *der;* ~s, ~ **a)** *(auch Math.)* cube; **Gemüse/Fleisch in ~ schneiden** dice vegetables/meat; **b)** *(Spiel~)* dice; **die** *(formal)* **die ~ sind gefallen** *(fig.)* the die is cast
Würfel·becher *der* dice-cup
Würfel·muster *das* check pattern
würfeln **1.** *itr. V.* throw the dice; *(mit Würfeln spielen)* play dice; **du bist mit Würfeln dran** it's your turn to throw; **hast du schon gewürfelt?** have you already thrown *or* had your throw?; **um etw. ~:** play dice for sth.; **darum ~, wer anfangen soll** throw *or* a the dice to see who should start. **2.** *tr. V.* **a)** throw; **b)** *(in Würfel schneiden)* dice ⟨vegetables, meat⟩
Würfel-: **~spiel** *das* **a)** *(Glücksspiel)* dice; *(einzelne Partie)* game of dice; **b)** *(Brettspiel)* dice game; **~zucker** *der; o. Pl.* cube sugar; lump sugar
Wurf-: **~geschoß** *das* missile; **~kreis** *der (Sport)* throwing-circle; **~scheibe** *die* discus; **~sendung** *die s.* **Postwurfsendung; ~speer** *der,* **~spieß** *der (hist.)* spear; **~taube** *die (Schießsport)* clay pigeon; **~tauben·schießen** *das (Schießsport)* clay-pigeon shooting *no art.*

Würge-: **~engel** der *(bes. christl. Rel.)* Angel of Death; **~griff** der *(auch fig.)* stranglehold; **~mal** das; *Pl.* **~male** od. **~mäler** strangle *or* strangulation mark
würgen ['vʏrgn̩] 1. *tr. V.* a) strangle; throttle; *(fig.)* *(tie, collar)* strangle; **~de Angst** *(fig.)* choking fear; b) *(ugs.: zwängen)* **etw. in etw.** *(Akk.)* **~:** stuff sth. into sth. 2. *itr. V.* a) *(Brechreiz haben)* retch; b) *(mühsam schlucken)* **an etw.** *(Dat.)* **~:** have to force sth. down; *s. auch* ²**hängen 1 d**
Würger der; ~s, ~ a) strangler; b) *(Zool.)* shrike
¹**Wurm** [vʊrm] der; ~[e]s, **Würmer** ['vʏrmɐ] worm; *(Made)* maggot; **von Würmern befallen sein** have worms/be maggoty; **da ist od. sitzt der ~ drin** *(fig. ugs.)* there's something wrong there; **jmdm. die Würmer aus der Nase ziehen** *(fig. ugs.)* get sb. to spill the beans *(fig. sl.)*; **den ~ od. Würmer baden** *(ugs. scherzh.)* be fishing
²**Wurm** das; ~[e]s, **Würmer** *(fam.)* little mite
wurmen *tr., auch itr. V.* **jmdn. ~:** rankle with sb.; **so was wurmt [einen] schon** that sort of thing rankles
Wurm·fort·satz der *(Anat.)* appendix
wurmig *Adj.,* **wurm·stichig** *Adj.* wormeaten; *(madig)* maggoty
Wurscht [vʊrʃt] *(ugs.) in* jmdm. **ist jmd./etw. ~:** sb. doesn't care about sb./sth.; **das ist mir vollkommen** *od.* **völlig ~:** I couldn't care less about that; **ach, mir ist alles ~!** oh, what do I care!
wurscht·egal *Adj. (ugs.) s.* **wurstegal**
Wurst [vʊrst] die; ~, **Würste** ['vʏrstə] a) sausage; **es geht um die ~** *(fig. ugs.)* the crunch has come; **mit der Wurst nach der Speckseite** *od.* **dem Schinken werfen** *(fig. ugs.)* use a sprat to catch a mackerel *(fig. coll.)*; b) *(wurstähnliches Gebilde)* roll; **den Teig zu einer ~ formen** roll the dough into a sausage shape; **eine ~ machen** *(fam.)* do a big one *(child lang.)*; c) *(ugs.) s.* **Wurscht**
Wurst·brot das open sausage sandwich; *(mit Streichwurst)* open meat-spread sandwich; *(zusammengeklappt)* sausage/meat-spread sandwich
Würstchen ['vʏrstçən] das; ~s, ~ a) [small] sausage; Frankfurter/Wiener ~: frankfurter/wienerwurst; **heiße ~:** hot sausages; b) *(ugs., oft abwertend)* nobody; *(hilfloser Mensch)* poor soul; **ein armes ~:** a poor soul; c) **[ein] ~ machen** *(Kinderspr.)* do [poo]poos *(child lang.)*
Würstchen·bude die sausage-stand
wurst·egal *Adj. (ugs.)* **in ~ sein** not matter in the slightest; **das ist mir ~:** I couldn't care less [about that]
Wurstel ['vʊrstl̩] der; ~s, ~ *(bayr., österr.)* clown
Würstel ['vʏrstl̩] das; ~s, ~ *(bes. österr.)* sausage
Wurstelei die; ~, ~en *(ugs. abwertend)* pottering about *no pl.*
wursteln *itr. V. (ugs.)* 1. potter; **an etw.** *(Dat.)* **~:** potter about with sth. 2. *refl. V.* **sich durchs Leben ~:** muddle [along] through life
Wurst-: **~finger** der; *meist Pl.* podgy finger; **~haut** die sausage-skin
wurstig *(ugs.)* 1. *Adj.* couldn't-care-less *attrib.* ⟨*attitude, behaviour, reply*⟩; **er ist ein ~er Typ** *od.* **ist ~:** he couldn't care less about anything. 2. *adv.* in a couldn't-care-less way
Wurstigkeit die; ~ *(ugs.)* couldn't-care-less attitude
Wurst-: **~salat** der *piquant* salad with pieces of sausage, onion rings, boiled eggs and/or cheese; **~suppe** die sausage soup; **~waren** *Pl.* sausages; **~zipfel** der end of a/the sausage
württembergisch ['vʏrtəmbɛrgɪʃ] *Adj.* of/from Württemberg; *s. auch* **badisch**
Würze ['vʏrtsə] die; ~, ~n a) *(Gewürz)* spice; seasoning; b) *(Aroma)* aroma; *(fig.)* spice; *s. auch* **Kürze c**
Wurzel ['vʊrtsl̩] die; ~, ~n a) *(auch fig.)* root; **~[n] fassen** take root; **~n schlagen** take root; *(fig.: heimisch werden)* put down roots; **ich stehe hier schon so lange, daß ich bald ~n schlage** *(scherzh.)* I've been standing here so long I'll soon grow roots; **seine ~n in etw.** *(Dat.)* **haben** *(fig.)* have its roots in sth.; **die ~ allen Übels** *(fig.)* the root of all evil; **das Übel an der ~ fassen** *od.* **packen** *(fig.)* strike at the root of the problem; **etw. mit der ~ ausrotten** *(fig.)* eradicate sth. completely; b) *(Math.)* root; **~n ziehen** calculate roots; **aus einer Zahl die ~ ziehen** extract the [square] root of a number; **die dritte ~ aus** *od.* **von 8 ist 2**; c) *(bes. nordd.)* carrot; d) *(der Hand)* wrist; *(des Fußes)* ankle; *(eines Nagels, der Nase)* root; e) *(Sprachw.)* root
Wurzel-: **~ballen** der root ball; **~behandlung** die *(Zahnmed.)* root treatment; **~bürste** die stiff brush; *(zum Scheuern)* [stiff] scrubbing-brush *or (Amer.)* scrub-brush
Würzelchen ['vʏrtsl̩çən] das; ~s, ~: rootlet
Wurzel·haut·entzündung die *(Med.)* periodontitis *no indef. art.*
Wurzel·knolle die tuber
wurzel·los *Adj.* without roots *postpos.; (auch fig.)* rootless
Wurzel·losig·keit die; ~: lack of roots; *(fig.)* rootlessness
wurzeln *itr. V.* a) *(Wurzeln schlagen)* take root; **flach ~:** have shallow roots; **das Mißtrauen wurzelt tief in ihm** *(fig.)* his mistrust is deep-rooted; b) **in etw.** *(Dat.)* **~** *(seinen Ursprung haben in)* be rooted in sth.; *(verursacht sein durch)* have its roots in sth.
Wurzel-: **~sproß** der *(Bot.)* root sucker; **~stock** der; *Pl.* ~stöcke a) *(Bot.)* root-stock; *(fig.)* *(eines Baumes)* stump and roots *pl.*; **~werk** das; *o. Pl.* roots *pl.*
würzen ['vʏrtsn̩] *tr. V.* season; *(fig.)* spice; **Humor würzt das Leben** *(fig.)* humour is the spice of life
würzig 1. *Adj.* tasty; full-flavoured ⟨*beer, wine*⟩; *(aromatisch)* ⟨*fragrance, smell, tobacco*⟩; tangy ⟨*air*⟩; ⟨*scharf*⟩ spicy. 2. *adv.* **sie kocht nicht ~ genug** she doesn't use enough seasoning
Würzigkeit die; ~ *s.* **würzig 1:** tastiness; full flavour; aromatic fragrance; tanginess; spiciness
wusch [vuːʃ] *1. u. 3. Pers. Sg. Prät. v.* **waschen**
Wuschel·haar das *(ugs.)* frizzy *or* fuzzy hair
wuschelig *Adj. (ugs.)* frizzy; fuzzy
Wuschel·kopf der *(ugs.)* a) *(Haar)* shock *or* mop of frizzy *or* fuzzy hair; b) *(Mensch)* frizzy-haired *or* fuzzy-haired man/girl *etc;* man/girl *etc.* with frizzy *or* fuzzy hair
wuscheln ['vʊʃl̩n] *tr., itr. V.* tousle; **in jmds. Haar ~:** tousle sb.'s hair
wuselig *Adj. (bes. südd., md.)* busy; bustling
wuseln ['vuːzl̩n] *itr. V. (bes. südd., md.)* a) *mit sein (sich flink bewegen)* scurry; b) *(sich beschäftigen)* bustle around
wußte ['vʊstə] *1. und 3. Pers. Sg. Prät. v.* **wissen**
wüßte ['vʏstə] *1. und 3. Pers. Sg. Konjunktiv II v.* **wissen**
Wust [vuːst] der; ~[e]s *(abwertend)* jumble; *(fig.)* welter; **ein ~ von Daten/Vorschriften** a mass of data/regulations
wüst [vyːst] 1. *Adj.* a) *(öde)* desolate; b) *(unordentlich)* chaotic; tangled, tousled ⟨*hair, beard, etc.*⟩; wild ⟨*appearance*⟩; **ein ~es Durcheinander herrschte dort** it was utter chaos *or* an utter shambles there; c) *(abwertend: wild, ungezügelt)* wild; furious ⟨*fight, shoot-out*⟩; d) *(abwertend: unanständig)*

rude; coarse ⟨*oath, abuse*⟩; e) *(abwertend: furchtbar, abscheulich)* terrible; foul *(sl.)*, terrible *(coll.)* ⟨*weather*⟩. 2. *adv.* a) *(unordentlich)* chaotically; **das Haar hing ihr ~ ins Gesicht** her hair straggled down over her face; b) *(abwertend: wild, ungezügelt)* wildly; **sie haben's ~ getrieben** they had a wild time; c) *(abwertend: unanständig)* ⟨*swear, abuse sb.*⟩ coarsely; d) *(abwertend: furchtbar, abscheulich)* terribly; **sie haben ihn ~ zugerichtet** they really knocked him about
Wüste die; ~, ~n desert; *(Eis~)* waste; *(fig.)* wasteland; **jmdn. in die ~ schicken** *(ugs.)* give sb. the push *(coll.)*
wüsten *itr. V.* **mit etw. ~:** squander sth.
Wüstenei die; ~, ~en a) *(Einöde)* wasteland; b) *(scherzh.: Unordnung)* shambles *sing.;* chaos *no indef. art.*
Wüsten-: **~fuchs** der fennec; **~klima** das desert climate; **~sand** der desert sand[s *pl.*]; **~schiff** das *(dichter.)* ship of the desert
Wüstling der; ~s, ~e *(abwertend)* lecher; debauchee
Wut [vuːt] die; ~: rage; fury; **auf jmdn. eine ~ haben** be furious with sb.; **seine ~ an jmdm. auslassen** vent one's rage *or* fury on sb.; **in ~ geraten** *od.* **kommen** get furious; **jmdn. in ~ bringen** infuriate sb.; **eine ~ im Bauch haben** *(ugs.)* be livid *(Brit. coll.)*
Wut-: **~an·fall** der fit of rage; **~ausbruch** der outburst of rage *or* fury
wüten ['vyːtn̩] *itr. V. (auch fig.)* rage; *(zerstören)* wreak havoc
wütend 1. *Adj.* a) furious; angry ⟨*voice, mob*⟩; **auf** *od.* **über jmdn. ~ sein** be furious with sb.; **er war ~ auf sie, weil sie ihn warten ließ** he was furious with her for keeping him waiting; **über etw.** *(Akk.)* **~ sein** be furious about sth.; b) *(sehr groß, heftig)* raging ⟨*pain, hatred, etc.*⟩; fierce ⟨*proponent, defender*⟩. 2. *adv.* a) furiously; in a fury; b) *(heftig)* furiously
wut·entbrannt 1. *Adj.* infuriated; furious. 2. *adv.* in a fury
Wüterich ['vyːtərɪç] der; ~s, ~e *(abwertend)* hot-tempered person; *(Gewaltmensch)* brute
wut·schnaubend 1. *Adj.* snorting with rage *pred.* 2. *adv.* snorting with rage
Wutz [vʊts] die; ~, ~en *od.* der; ~en, ~en *(bes. westmd.)* pig
Wz *Abk.* Warenzeichen TM; ®

¹**x, X** [ɪks] das; ~, ~: x, X; **Herr/die Stadt X** Mr X/the town of X; **jmdm. ein X für ein U vormachen** *(fig.)* dupe sb.; **er läßt sich** *(Dat.)* **kein X für ein U vormachen** you can't fool him; he's not easily fooled; *s. auch* **a, A**
²**x** *unbest. Zahlwort (ugs.)* umpteen *(coll.)*
x-Achse die *(Math.)* x-axis
Xanthippe [ksan'tɪpə] die; ~, ~n *(abwertend)* harridan

X-Beine *Pl.* knock-knees; ~ **haben** have knock-knees; be knock-kneed
x-beinig *Adj.* knock-kneed
x-beliebig *Adj. (ugs.)* irgendein ~er/irgendeine ~e/irgendein ~es any old *(coll. attrib.)*; jeder ~e Ort any old place *(coll.)*; **der Ort ist ~**: any old place will do *(coll.)*; **denk dir eine ~e Zahl** think of a number, any old number *(coll.)*; irgendwelche ~en Leute just anybody; **ich tue das nicht für jeden ~en** I don't do it for just anybody
X-Chromosom *das (Biol.)* X-chromosome
x-fach 1. *Vervielfältigungsz.* **die ~e Menge** *(Math.)* x times the amount; *(ugs.)* umpteen times the amount *(coll.)*. **2.** *adv. (ugs.)* ~ **erprobt sein** have been tested umpteen times *(coll.)* or any number of times
X-fache *das;* ~n: **das ~ einer Zahl** *(Math.)* X times a number; **das ~ seines normalen Einkommens** *(ugs.)* umpteen times his normal income *(coll.)*
X-Haken *der* picture-hook
x-mal *Adv. (ugs.)* umpteen times *(coll.)*; any number of times
X-Strahlen *Pl. (Physik)* X-rays
x-t... *Ordinalz.* **a)** *(Math.)* xth; **b)** *(ugs.)* umpteenth *(coll.)*
x-te·mal *Adv.* **in das ~** *(ugs.) (beim x-tenmal)* the umpteenth time *(coll.)*; *(zum x-tenmal)* for the umpteenth time *(coll.)*
x-ten·mal *Adv.* **in zum ~** *(ugs.)* for the umpteenth time *(coll.)*; **beim ~** *(ugs.)* the umpteenth time *(coll.)*
Xylophon [ksylo'fo:n] *das;* ~s, ~e xylophone

Y

y, Y ['ypsilɔn] *das;* ~, ~: y, Y; *s. auch* a, A
y-Achse *die (Math.)* y-axis
Yacht *s.* Jacht
Yankee ['jɛnki] *der;* ~s, ~s *(oft abwertend)* Yankee *(Brit. coll.)*; Yank *(Brit. coll.)*
Y-Chromosom *das (Biol.)* Y-chromosome
Yen [jɛn] *der;* ~|s| ~|s| yen
Yeti ['je:ti] *der;* ~s, ~s yeti
Yoga *s.* Joga
Yogi[n] *s.* Jogi|n|
Youngster ['jʌŋstɐ] *der;* ~s, ~|s| *(Sport)* youngster
Yo-Yo [jo'jo: *od.* 'jo:'jo:] *das;* ~s, ~s yo-yo
Ypsilon ['ypsilɔn] *das;* ~|s|, ~s y, Y; *(im griechischen Alphabet)* upsilon
Ysop ['i:zɔp] *der;* ~s, ~e hyssop
Yucca ['jʊka] *die;* ~, ~s yucca

Z

z, Z [tsɛt] *das;* ~, ~: z, Z; *s. auch* a, A
zach [tsax] *Adj. (bes. ostmd.)* timid
zack [tsak] *Interj. (salopp)* ~! ~! *(beeil dich)* get a move on! *(coll.)*; make it snappy! *(coll.)*; **bei ihm muß alles ~, ~ gehen** he likes things done at the double; **und ~, ~ war's fertig** and in a flash it was done
Zack *in* **auf ~ sein** *(ugs.) (tüchtig sein)* be on the ball *(coll.)* or one's toes; *(funktionieren)* be in good shape; **jmdn./etw. auf ~ bringen** *(ugs.)* knock sb./sth. into shape *(coll.)*
Zacke *die;* ~, ~n point; *(eines Bergkamms, eines Diagramms)* peak; *(einer Säge, eines Kamms)* tooth; *(einer Gabel, Harke)* prong
zacken *tr. V.* serrate; pink *(cloth, seam, hem)*; **mit gezacktem Rand** with a serrated edge
Zacken *der;* ~s, ~ **a)** *s.* Zacke; **b)** *(fig.)* **sich** *(Dat.)* **keinen ~ aus der Krone brechen** *(ugs.)* not lose face; **dir bricht kein ~ aus der Krone, wenn du mithilfst!** *(ugs.)* it wouldn't hurt you to help out; **einen [kleinen] ~ [in der Krone] haben** *(ugs.)* be [a bit] tipsy
zackig 1. *Adj.* **a)** *(gezackt)* jagged; *(mit kleinen, regelmäßigen Zacken)* serrated; **b)** *(schneidig)* dashing; smart; rousing *(music)*; brisk *(orders, tempo)*; lively *(organization)*. **2.** *adv.* **a)** *(gezackt)* jaggedly; **b)** *(schneidig)* smartly; *(play music)* rousingly; **..., aber mach ein bißchen ~!** ..., and make it snappy! *(coll.)*
zag [tsa:k] *(geh.)* **1.** *Adj.* timid; *(fig.)* tentative *(hope)*. **2.** *adv.* timidly; *(fig.)* tentatively
zagen *itr. V. (geh.)* hesitate (**vor** + *Dat.* in the face of); **zögern und ~**: keep hesitating; ~**d** hesitant[ly]
zaghaft 1. *Adj.* timid; *(zögernd)* hesitant; tentative. **2.** *adv.* timidly; *(zögernd)* hesitantly; tentatively
Zaghaftigkeit *die;* ~: timidity; *(Zögern)* hesitancy
Zagheit *die;* ~ *(geh.)* timidity
zäh [tsɛ:] **1.** *Adj.* **a)** *(fest)* tough; heavy *(dough, soil)*; *(dickflüssig)* glutinous; viscous *(oil)*; **b)** *(schleppend)* sluggish, dragging *(conversation)*; **c)** *(widerstandsfähig)* tough *(person)*; **d)** *(beharrlich)* tenacious; tough *(negotiations)*; dogged *(resistance)*; **mit ~em Fleiß** by dint of sheer hard work. **2.** *adv.* **a)** *(schleppend)* sluggishly; **b)** *(beharrlich)* tenaciously; *(resist)* doggedly
Zäheit *die;* ~ **a)** *(Festigkeit)* toughness; *(des Teigs, Bodens)* heaviness; *(Dickflüssigkeit)* glutinousness; *(von Öl)* viscosity; **b)** *(schleppendes Tempo)* sluggishness; **c)** *(Widerstandsfähigkeit)* toughness; *(der Konstitution)* robustness; **d)** *(Beharrlichkeit)* tenacity; *(des Widerstands)* doggedness
zäh·flüssig *Adj.* glutinous; viscous *(oil)*; thick *(soup)*; heavy *(dough)*; *(fig.: langsam)* slow-moving *(traffic)*; **die Verhandlungen waren ~** *(fig.)* the negotiations were hard going
Zäh·flüssigkeit *die; o. Pl.* glutinousness; *(von Öl)* viscosity; *(von Soße, Suppe)* thickness
Zähigkeit *die;* ~ **a)** *(Widerstandsfähigkeit)* toughness; **b)** *(Beharrlichkeit)* tenacity; **mit ~**: tenaciously
Zahl ['tsa:l] *die;* ~, ~en number; *(Ziffer)* numeral; *(Zahlenangabe, Geldmenge)* figure; **er nannte keine ~en** he did not give any figures; **in die/aus den roten ~en kommen** go into/get out of the red; **in den roten/schwarzen ~en** in the red/black; **mit ~en umgehen können** be good with figures; **|fünf/sieben| an der ~**: [five/seven] in number; **in großer ~**: in great numbers; **Leiden ohne** *od. (veralt.)* **sonder ~**: suffering beyond measure
Zahl·adjektiv *das* numeral adjective
zahlbar *Adj. (Kaufmannsspr.)* payable
zählbar *Adj.* countable
zählebig *Adj.* hardy *(plant, animal)*; **ein ~es Vorurteil** a prejudice which dies hard
zahlen 1. *tr. V.* **a)** pay *(price, amount, rent, tax, fine, etc.)* (**an** + *Akk.* to); **jmdm. 200 Mark ~, 200 Mark an jmdn. ~**: pay sb. 200 marks; **einen hohen Preis ~** *(auch fig.)* pay a high price; **b)** *(ugs.: für eine Dienstleistung)* pay for *(taxi, repair, etc.)*; **jmdm. etw. ~**: pay for sth. for sb.; **zahlst du mir ein Bier?** will you buy me a beer?. **2.** *itr. V.* pay; **er will nicht ~**: he won't pay [up]; **er zahlt noch an seinem Auto** he is still paying off his car; **in Dollar** *od.* **mit Dollars ~**: pay in dollars; **~ bitte!** *(im Lokal)* [can I/we have] the bill, please!; **die Firma zahlt gut/schlecht** the firm pays well/badly
zählen 1. *itr. V.* **a)** count; **ich zähle bis drei** I'll count up to three; **b)** *(geh.: vorhanden sein)* **nach Tausenden/Millionen ~**: number thousands/millions; **c)** *(gehören)* **zu einer Gruppe** *usw.* **~**: be one of *or* belong to a group *etc.*; **diese Tage zählten zu den schönsten seines Lebens** these days were among *or* were some of the most wonderful in his life; **d)** *(gültig/wichtig sein)* count; **die Pause zählt nicht als Arbeitszeit** the break does not count as working time; **bei ihm** *od.* **für ihn zählt nur Erfolg** for him the only thing that counts is success; **e)** *(vertrauen)* **auf jmdn./etw. ~**: count on sb./sth. **2.** *tr. V.* **a)** count; **Geld auf den Tisch ~**: count money out on to the table; **b)** *(geh.: eine bestimmte Anzahl haben)* number; **die Stadt zählt 500000 Einwohner** the town has 500,000 inhabitants; **er zählt 90 Jahre** he is 90 years of age; **seine Tage sind gezählt** *(fig.)* his/its days are numbered; **c)** *(zugehörig betrachten)* **jmdn. zu seinen Freunden ~**: count sb. among one's friends; **d)** *(wert sein)* be worth; **e)** *(werten)* **das Tor wurde nicht gezählt** the goal was not counted *or* didn't count
zahlen-, Zahlen-: ~folge *die* sequence *or* series of numbers; **~gedächtnis** *das* memory for figures; **~kombination** *die* combination *(for a lock)*; **~lotterie** *die*, **~lotto** *das* lottery in which entrants guess which set of figures will be drawn at random from a fixed sequence of numbers; **~mäßig 1.** *Adj.*: nicht präd. numerical; **2.** *adv.* numerically; **~mystik** *die* numerology *no art.*; **~schloß** *das* combination lock
Zähler *der;* ~s, ~ **a)** *(Meßgerät)* meter; **b)** *(Math.)* numerator
Zähler·stand *der* meter reading; **den ~ ablesen** read the meter
zahl-, Zahl-: ~grenze *die* fare stage; **~karte** *die (Postw.)* paying-in slip; **~kellner** *der* waiter to whom payment is made; **~los** *Adj.* countless; innumerable
Zahl·meister *der (auch fig.)* paymaster; *(auf Schiffen)* purser
zahl·reich 1. *Adj.* numerous; large *(family, group, audience)*; **seine ~e Nachkommenschaft** his numerous descendants. **2.** *adv.* in large numbers
Zahl·tag *der* pay-day
Zahlung *die;* ~, ~en payment; **etw. in ~ nehmen/geben** *(Kaufmannsspr.)* take/give sth. in part-exchange; take sth. as a trade-in/trade sth. in
Zählung *die;* ~, ~en counting; **eine ~: a** count

zahlungs-, Zahlungs-: ~**anweisung die** postal order paid by the postman to the payee in person; ~**aufforderung die** notice to pay; demand for payment; ~**aufschub der** deferment of payment; ~**bedingungen** Pl. (Wirtsch.) terms of payment; ~**befehl der** (Rechtsspr. veralt.) order to pay; ~**bilanz die** (Wirtsch.) balance of payments; ~**empfänger der** payee; ~**erleichterung die** easy terms pl.; ~**fähig** Adj. solvent; ~**fähigkeit die**; o. Pl. solvency; ~**frist die** period for payment; credit period; ~**kräftig** Adj. (ugs.) affluent; ~**mittel das** means of payment; ~**termin der** date for payment (für of); ~**unfähig** Adj. insolvent; ~**unfähigkeit die** insolvency; ~**verkehr der**; o. Pl. payments pl.; transactions pl.; ~**weise die** method of payment (für for); ~**ziel das** (Kaufmannsspr.) s. ~**frist**
Zählwerk das counter
Zahl-: ~**wort das**; Pl. ~**wörter** (Sprachw.) numeral; ~**zeichen das** numeral
zahm [tsa:m] 1. Adj. (auch fig.) tame. 2. adv. (auch fig.) tamely
zähmen ['tsɛ:mən] tr. V. **a)** (auch fig.) tame; subdue ⟨forces of nature⟩; **b)** (geh.) restrain ⟨curiosity, impatience, etc.⟩
Zähmung die; ~, ~**en** taming
Zahn [tsa:n] der; ~[e]s, **Zähne** ['tsɛ:nə] **a)** tooth; ⟨Raubtier~⟩ fang; (an einer Briefmarke usw.) serration; **Zähne** (an einer Briefmarke usw.) perforations; sich (Dat.) einen ~ ziehen lassen have a tooth out; die **dritten Zähne** (scherzh.) dentures; **b)** (fig.) der ~ der Zeit (ugs.) the ravages pl. of time; der ~ der Zeit hat an diesem Haus genagt (ugs.) time has left its mark on this house; jmdm. diesen od. den ~ ziehen (ugs.) put paid to this idea [of sb.'s] (coll.); [jmdm.] die **Zähne zeigen** (ugs.) show [sb.] one's teeth; die **Zähne zusammenbeißen** (ugs.) grit one's teeth; sich (Dat.) an jmdm./etw. die **Zähne ausbeißen** (ugs.) get nowhere with sb./sth.; lange Zähne machen, mit langen Zähnen essen (ugs.) make a face over one's food; jmdm. auf den ~ fühlen[, ob ...] (ugs.) sound sb. out [to see whether ...]; **bis an die Zähne bewaffnet** armed to the teeth; etw. mit Zähnen und Klauen verteidigen (ugs.) defend sth. tooth and nail; **c)** (ugs.: Geschwindigkeit) einen ganz schönen ~ draufhaben be going like the clappers (sl.); mit einem höllischen ~: at a hell of a lick (sl.); einen ~ zulegen (ugs.) get a move on (coll.); **d)** (Jugendspr. veralt.) piece or bit of skirt (sl.); ein steiler ~: a piece of hot stuff (sl.)
zahn-, Zahn-: ~**arzt der** dentist; (mit chirurgischer Ausbildung) dental surgeon; ~**ärztlich** 1. Adj.: nicht präd. dental ⟨treatment etc.⟩; ~**ärztlicher Befund** dentist's findings pl.; 2. adv. jmdn. ~**ärztlich behandeln** give sb. dental treatment; ~**ärztlich empfohlen** recommended by dentists; ~**behandlung die** dental treatment; ~**bein das**; o. Pl. (Biol.) dentine; ~**belag der** [dental] plaque; ~**bürste die** toothbrush
Zahncreme die s. **Zahnpasta**
zähne-, Zähne-: ~**fletschend** Adj. baring its/their teeth postpos.; (knurrend) snarling; s. auch **heulen a**; ~**klappern das** chattering teeth pl.; ~**klappernd** Adj. with chattering teeth postpos.; ~**knirschend** adv. gnashing one's teeth; cursing silently; ~**knirschend nachgeben** give in with bad grace or under protest
zahnen itr. V. ⟨baby⟩ be teething
zahn-, Zahn-: ~**ersatz der** denture; ~**fäule die** tooth decay; dental caries (Med.); ~**fleisch das** gum; (als Ganzes) gums pl.; **auf dem ~fleisch gehen** (fig. ugs.) be absolutely knackered (Brit. sl.); be tuckered [out] (Amer. coll.); ~**fleisch bluten das** bleeding gums pl.; ~**füllung die** filling; ~**hals der** neck of a/the tooth; ~**heilkunde die** dentistry no art.; ~**klinik die** dental clinic; ~**krone die** crown [of a/the tooth]; ~**laut der** (Sprachw.) dental; ~**los** Adj. toothless; ~**lücke die** gap in one's teeth; ~**medizin die** dentistry no art.; ~**pasta** [~pasta] **die**; ~, ~**pasten** toothpaste; ~**pflege die** dental care; ~**prothese die** dentures pl.; [set sing. of] false teeth pl.; ~**pulver das** tooth-powder; ~**putzbecher der** tooth-mug; ~**rad das** gearwheel; (für Ketten) sprocket; ~**radbahn die** rack-railway; ~**schmelz der** enamel; ~**schmerzen** pl. toothache sing.; ~**seide die** dental floss; ~**spange die** [tooth-]brace; ~**stein der**; o. Pl. tartar; ~**stocher der**; ~**s**, ~: toothpick; ~**stumpf der** [tooth-]stump; ~**techniker der** dental technician; ~**wal der** toothed whale; ~**weh das**; o. Pl. (ugs.) toothache; ~**wurzel die** root of a/the tooth
Zähre ['tsɛ:rə] die; ~, ~n (dichter. veralt.) tear[-drop]
Zaire [za'i:r] (das); ~s Zaire
Zairer ['tsa'i:rɐ] der; ~s, ~: Zairese
Zampano ['tsampano] der; ~s, ~s golden boy; er ist ein richtiger ~: everything just falls into his lap
Zander ['tsandɐ] der; ~s, ~: zander
Zange ['tsaŋə] die; ~, ~n **a)** (Werkzeug) pliers pl.; ⟨Eiswürfel~, Wäsche~, Zucker~⟩ tongs pl.; ⟨Geburts~⟩ forceps pl.; ⟨Kneif~⟩ pincers pl.; ⟨Loch~⟩ punch; **eine ~**: a pair of pliers/tongs/forceps/pincers/a punch; jmdn. in die ~ nehmen (fig. ugs.) put the screws on sb.; (Fußballjargon) crowd sb. out; jmdn. in der ~ haben (fig. ugs.) have sb. where one wants him/her; **b)** (bei Tieren) pincer
Zangengeburt die forceps delivery
Zank [tsaŋk] der; ~[e]s squabble; row; [um od. über etw. (Akk.)] in ~ geraten start squabbling [over sth.]
Zankapfel der bone of contention
zanken 1. refl. (auch itr.) V. squabble, bicker (um od. über + Akk. over). 2. itr. V. (bes. ostmd.: schimpfen) [mit jmdm.] ~: scold [sb.]
Zänkerei die; ~, ~en [minor] squabbling no pl. or squabbles pl.
zänkisch Adj. quarrelsome
Zäpfchen ['tsɛpfçən] das; ~s, ~ **a)** (suppository; **b)** (Anat.) uvula
Zäpfchen-R das; ~ (Sprachw.) uvular r
zapfen ['tsapfn] tr. V. tap, draw ⟨beer, wine⟩; kannst du mir zwei Pils ~? can you draw me two Pils?
Zapfen der; ~s, ~ **a)** (Bot.) [pine-/fir-]cone; **b)** (Stöpsel) bung; **c)** ⟨Eis~⟩ icicle; **d)** (Holzverarb.) tenon
Zapfenstreich der (Milit.) **a)** (Signal) last post (Brit.); taps pl. (Amer.); der **Große ~**: the tattoo; **b)** o. Pl. (Ende der Ausgehzeit) time for return to barracks
Zapfer der; ~s, ~: barman
Zapf-: ~**säule die** petrolpump (Brit.); gasoline pump (Amer.)
zappelig Adj. (ugs.) **a)** wriggly, fidgety ⟨child⟩; **b)** (nervös) jittery (coll.)
zappeln ['tsapln] itr. V. wriggle, ⟨child⟩ fidget; mit den Beinen/Armen ~: wave one's legs/arms about; jmdn. ~ lassen (fig. ugs.) keep sb. on tenterhooks; (im unklaren lassen) keep sb. guessing
Zappelphilipp der; ~s, ~e od. ~s (ugs.) fidgety child; fidget
zappenduster ['tsapn'du:stɐ] Adj. (ugs.) pitch-dark; es ist ~ (fig.) things look black or hopeless
Zar [tsa:ɐ] der; ~en, ~en (hist.) Tsar
Zarenreich das (hist.) tsardom
Zarewitsch [tsa're:vɪtʃ] der; ~[e]s, ~e (hist.) Tsarevitch
Zarge ['tsargə] die; ~, ~n **a)** (Rahmen) frame; **b)** (eines Saiteninstruments) sidewall; rib

Zarin die; ~, ~nen (hist.) Tsarina
Zarismus der; ~ (hist.) tsarism no art.
zaristisch Adj. (hist.) tsarist
zart [tsa:ɐ̯t] 1. Adj. **a)** delicate; soft ⟨skin⟩; tender ⟨bud, shoot⟩; fragile, delicate ⟨china⟩; fine ⟨silk, lace⟩; delicate, frail ⟨health, constitution, child⟩; im ~**en Alter von sechs Jahren** (geh.) at the tender age of six; das ist nichts für ~e Seelen od. Gemüter it is not at all suitable for sensitive souls; **b)** (weich) tender ⟨meat, vegetables⟩; soft ⟨filling⟩; fine ⟨biscuits⟩; **c)** (leicht) gentle ⟨kiss, touch⟩; delicate ⟨colour, complexion, fragrance, etc.⟩; soft ⟨pastel colours⟩; soft, gentle ⟨voice, sound, tune⟩; **d)** (einfühlsam, zärtlich) tender ⟨care, feelings⟩; **e)** (zurückhaltend) delicate ⟨reference⟩; gentle ⟨hint⟩; faint ⟨smile⟩. 2. adv. **a)** (empfindlich) delicately; **b)** (leicht) delicately ⟨coloured, fragrant⟩; ⟨kiss, touch⟩ gently; **c)** (zärtlich, einfühlsam) tenderly; **d)** (zurückhaltend) ⟨hint⟩ gently; ⟨smile⟩ faintly
zart-, Zart-: ~**besaitet** Adj. highly sensitive; ~**bitter** Adj. plain ⟨chocolate⟩; ~**blau** Adj. pale blue; ~**fühlend** 1. Adj. tactful; 2. adv. tactfully; ~**gefühl das** tact; delicacy of feeling
Zartheit die; ~ **a)** delicacy; (der Haut) softness; (von Porzellan) fragility; (von Spitzen, Seide) fineness; (der Gesundheit, Konstitution, eines Kindes) delicateness; (Sensibilität) sensitivity; **b)** (von Fleisch, Gemüse) tenderness; **c)** (Leichtheit) ⟨eines Kusses, einer Berührung⟩ gentleness; ⟨einer Farbe, des Teints, eines Dufts⟩ delicacy; (der Stimme, des Tons, einer Melodie) softness; **d)** (Zärtlichkeit) tenderness; **e)** (Zurückhaltung) delicacy
zärtlich ['tsɛ:ɐ̯tlɪç] 1. Adj. tender; loving; ~ **werden** (verhüll.) start petting; **b)** (geh.: fürsorglich) loving; caring. 2. adv. **a)** (liebevoll) tenderly; lovingly; **b)** (geh.: fürsorglich) lovingly; caringly
Zärtlichkeit die; ~, ~en **a)** o. Pl. (Zuneigung) tenderness; affection; **b)** meist Pl. (Liebkosung) caress; es kam zu ~**en zwischen ihnen** they became intimate; ~**en austauschen** become intimate; **c)** o. Pl. (Fürsorglichkeit) loving care
zartrosa Adj. pale pink
Zaster ['tsastɐ] der; ~s (salopp) dough (sl.)
Zäsur [tsɛ'zu:ɐ̯] die; ~, ~en **a)** (Verslehre, Musik) caesura; **b)** (geh.) (Einschnitt) break; (Wendepunkt) turning-point
Zauber ['tsaubɐ] der; ~s, ~ **a)** (auch fig.) magic; (magische Handlung) magic trick; (Bann) [magic] spell; einen großen ~ auf jmdn. ausüben have a great fascination for sb.; er ist ihrem ~ erlegen he has fallen under her spell; der ~ des Verbotenen the fascination of what is forbidden; s. auch **faul 1 c**; **b)** o. Pl. (ugs. abwertend: Aufheben) fuss; **ich halte nichts von dem ganzen ~**: the whole palaver means nothing to me (coll.); **c)** (ugs. Pl. (Zeug) stuff
Zauberei die; ~, ~en **a)** o. Pl. (das Zaubern) magic; **b)** (Zaubertrick) magic trick
zauber-, Zauber-: ~**flöte die**: "Die ~flöte" 'The Magic Flute'; ~**formel die** magic spell; (fig.: Patentlösung) magic formula; panacea; ~**haft** 1. Adj. enchanting; delightful; 2. adv. enchantingly; delightfully
Zauberin die; ~, ~nen **a)** sorceress; **b)** (Zauberkünstlerin) conjurer
zauberisch (geh.) 1. Adj. **a)** (traumhaft) magical; **b)** (bezaubernd) enchanting. 2. adv. **a)** (traumhaft) magically; **b)** (bezaubernd) enchantingly
zauber-, Zauber-: ~**kraft die** magic[al] or supernatural powers pl.; ~**kräftig** Adj. nicht präd. with magic properties postpos., ein ~**kräftiger Trank** a magic potion; ~**kunst die** o. Pl. magic no art.; (eines Bühnenkünstlers) magic no art.; con-

juring *no art.;* **b)** *meist Pl. (magische Fähigkeit)* magic; **~künstler** *der* conjurer; magician
zaubern 1. *itr. V.* **a)** *(Zauberkraft ausüben)* do magic; **ich kann doch nicht ~!** *(ugs.)* I can't work miracles; **b)** *(Zaubertricks ausführen)* do conjuring tricks. **2.** *tr. V. (auch fig.)* conjure; conjure up ⟨*palace, horse, etc.*⟩; **eine Taube aus dem Hut ~**: produce a dove out of a hat; **ein vorzügliches Essen auf den Tisch ~** *(fig.)* conjure up an excellent meal
Zauber-: ~stab *der* magic wand; **~trank** *der* magic potion; **~trick** *der* conjuring trick
Zauderer *der;* ~s, ~: waverer; ditherer
zaudern ['tsaudɐn] *itr. V. (geh.)* delay; **mit etw. ~**: delay in doing sth.; **zu lange ~**: procrastinate for too long
Zaum [tsaum] *der;* ~[e]s, **Zäume** ['tsɔymə] **a)** bridle; **b)** *(geh.)* **jmdn./etw. im ~ halten** keep sb./sth. in check or under control; **sich/seine Zunge im ~ halten** restrain or control oneself/control one's tongue; **seine Gefühle/Leidenschaften im ~ halten** control one's feelings/passions
zäumen ['tsɔymən] *tr. V.* bridle ⟨*horse*⟩
Zaum·zeug *das* bridle
Zaun [tsaun] *der;* ~[e]s, **Zäune** ['tsɔynə] fence; **einen Streit/Krieg vom ~ brechen** *(fig.)* suddenly start a quarrel/war
Zaun-: ~gast *der* onlooker; **~könig** *der (Zool.)* wren; **~pfahl** *der* fence-post; *s. auch* **Wink** *s.;* **~winde** *die (Bot.)* hedge bindweed
Zausel *der;* ~s, ~ *(landsch. abwertend)* fellow; **ein alter ~**: an old buffer *(sl.)*
zausen ['tsauzn] *tr. V. (auch fig.)* ruffle; ruffle, tousle ⟨*hair*⟩
z. B. *Abk.* **zum Beispiel** e.g.
z. b. V. *Abk.* **zur besonderen Verwendung**
ZDF [tsɛtdeː'ɛf] *das;* ~ *Abk.* **Zweites Deutsches Fernsehen** Second German Television Channel
Zebra ['tseːbra] *das;* ~s, ~s *(Zool.)* zebra
Zebra·streifen *der* zebra crossing *(Brit.);* pedestrian crossing
Zebu ['tseːbu] *der od. das;* ~s, ~s *(Zool.)* zebu
Zech·bruder *der (ugs. abwertend)* **a)** drinking pal *(coll.);* **b)** *(Trinker)* boozer *(coll.);* tippler
Zeche *die;* ~, ~n **a)** *(Rechnung)* bill *(Brit.);* check *(Amer.);* **eine hohe ~ machen** run up a large bill; **die ~ prellen** *(ugs.)* leave without paying [the bill]; **die ~ bezahlen müssen** *(fig.)* have to foot the bill or pay the price; **b)** *(Grube)* pit; mine
zechen ['tsɛçn] *itr. V. (veralt., scherzh.)* tipple
Zecher *der;* ~s, ~ *(veralt., scherzh.)* tippler
Zech-: ~gelage *das (veralt., scherzh.)* drinking bout; **~genosse** *der (veralt., scherzh.)* drinking companion; **~kumpan** *der (ugs. abwertend)* drinking pal *(coll.);* **~preller** *der;* ~s, ~: person who leaves without paying the bill; bill-dodger; **~prellerei** *die;* ~, ~en leaving without paying the bill; bill-dodging; **~tour** *die (ugs. coll.)* pub crawl *(Brit. coll.);* **eine ~tour unternehmen** go on a pub crawl *(Brit. coll.);* bar-hop *(Amer. coll.)*
Zecke ['tsɛkə] *die;* ~, ~n *(Zool.)* tick
Zeder ['tseːdɐ] *die;* ~, ~n cedar
Zedern·holz *das* cedarwood
Zeh [tseː] *der;* ~s, ~en, **Zehe** *die;* ~, ~n **a)** toe; **jmdm. auf die Zehen treten** *(auch fig.)* tread on sb.'s toes; **b)** *(Knoblauch~)* clove
Zehen-: ~nagel *der* toe-nail; **~spitze** *die;* **auf ~spitzen** on tiptoe; **sich auf die ~spitzen stellen** stand on tiptoe
zehn [tseːn] *Kardinalz.* ten; *s. auch* ¹**acht**
Zehn *die;* ~, ~en ten; *s. auch* ¹**Acht a, d, e, g**
zehn-, Zehn- (*s. auch* acht-, Acht-): **~eck** *das* decagon; **~eckig** *Adj.* decagonal; **~ender** *der;* ~s, ~ *(Jägerspr.)* ten-pointer

Zehner *der;* ~s, ~ **a)** *(ugs.: Geldschein, Münze)* ten; **b)** *(ugs.: Autobus)* number ten; **c)** *(Math.)* ten; **die ~ addieren** add up the tens; **d)** *(Sprungturm)* ten-metre platform; *s. auch* **Achter d**
Zehner·karte *die* ticket for ten trips/visits etc.
zehnerlei *Gattungsz.; indekl.* **a)** *attr.* ten kinds or sorts of; ten different ⟨*sorts, sizes, etc.*⟩; **b)** *subst.* ten [different] things
Zehner-: ~packung *die* packet of ten; **~stelle** *die (Math.)* **in der ~stelle** in the tens; **~system** *das (Math.)* s. **Dezimalsystem**; **~ziffer** *die (Math.)* figure in the tens
zehn·fach *Vervielfältigungsz.* tenfold; **die ~e Menge** ten times the quantity; *s. auch* **achtfach**
Zehnfache *das; adj. Dekl.* **das ~**: ten times as much; **um ein ~s/um das ~**: ten times; *s. auch* **Achtfache**
zehn-, Zehn-: ~finger·system *das; o. Pl.* touch[-typing] system; **im ~fingersystem schreiben** touch-type; **~flach** *das;* ~[e]s, ~e, **~flächner** *der (Math.)* decahedron; **~jahres·feier, ~jahr·feier** *die* tenth anniversary celebration; **~jährig** *Adj.* (10 Jahre alt) ten-year-old *attrib.;* ten years old *postpos.;* (10 Jahre dauernd) ten-year *attrib.;* *s. auch* **achtjährig**; **~jährlich 1.** *Adj.* ten-yearly; **2.** *adv.* every ten years; *s. auch* **achtjährlich**; **~kampf** *der (Sport)* decathlon; **~kämpfer** *der* decathlete; **~mal** *Adv.* ten times; **und wenn du dich ~mal langweilst** it doesn't matter 'how bored you are'; *s. auch* **achtmal**; **~malig** *Adj.; nicht präd.* nach ~maligem Läuten after ringing ten times; *s. auch* **achtmalig**; **~mark·schein** *der* ten-mark note; **~pfennig-[brief]marke** *die* ten-pfennig stamp; **~pfennig·stück** *das* ten-pfennig piece; **~seitig** *Adj.* ten-sided; ten-page *attrib.* ⟨*letter, article, etc.*⟩; **~stöckig** *Adj.* ten-storey ⟨*building*⟩; *s. auch* **achtstöckig**
zehnt [tseːnt] *in* **wir waren zu ~**: there were ten of us; *s. auch* ²**acht**
zehnt... *Ordinalz.* tenth; *s. auch* **acht...**
zehn-: ~tägig *Adj.* (10 Tage alt) ten-day-old *attrib.;* (10 Tage dauernd) ten-day *attrib.;* *s. auch* **achttägig**; **~tausend** *Kardinalz.* ten thousand; **die oberen Zehntausend** *(fig.: die vornehmen Leute)* the élite of society
¹**Zehnte** *der;* ~n, ~n *(hist.)* tithe
²**Zehnte** *der/die; adj. Dekl.* tenth; *s. auch* **Achte**
zehn·teilig *Adj.* ten-piece ⟨*tool-set etc.*⟩; ten-part ⟨*serial*⟩; *s. auch* **achtteilig**
zehntel ['tseːnt]] *Bruchz.* tenth; *s. auch* **achtel**
Zehntel *das (schweiz. meist der);* ~s, ~: tenth
Zehntel-: ~liter *der* tenth of a litre; **~sekunde** *die* tenth of a second
zehntens *Adv.* tenthly
Zehn·tonner *der;* ~s, ~: ten-tonner
zehren ['tseːrən] *itr. V.* **a)** *(leben)* **von etw. ~**: live on or off sth.; **von Erinnerungen usw. ~** *(fig.)* sustain oneself on memories etc.; **b)** *(geh.: schwächen)* drain sb.'s strength; **take it out of sb.;** **c)** *(zusetzen)* **an jmdm./jmds. Kräften ~**: wear sb. down/sap sb.'s strength
Zehr·geld *das (veralt.)* money for the journey
Zeichen ['tsaiçn] *das;* ~s, ~ **a)** *(Gebärde)* sign; *(Laut, Wink)* signal; **das ~ zum Angriff** the signal to attack; **jmdm. ein ~ geben** signal to sb.; **zum ~, daß...**: to show that ...; as a sign that ...; **zum od. als ~ ihrer Versöhnung** as a sign or token of their reconciliation; **b)** *(Markierung)* mark; *(Waren~)* [trade] mark; *(am Briefkopf)* reference; **sein ~ unter ein Schriftstück setzen** initial a document; **seines/ihres ~s** *(veralt., scherzh.)* by trade/profession; **[ein] ~ setzen** set an example; point the way; **c)** *(Symbol)* sign;

(Chemie, Math., auf Landkarten usw.) symbol; *(Satz~)* punctuation mark; *(Musik)* accidental; **das ~ des Kreuzes** the sign of the cross; **d)** *(An~)* sign; indication; *(einer Krankheit)* sign; symptom; **ein ~ dafür, daß...**: a [sure] sign that...; **wenn nicht alle ~ trügen** unless I am very much mistaken; **es geschehen noch ~ und Wunder** wonders will never cease *(iron.);* **die ~ der Zeit erkennen** see which way the wind's blowing *(fig.);* **d)** *(Tierkreis~)* sign [of the zodiac]; **ich bin im ~ des Krebses usw. geboren** I was born under the sign of Cancer etc.; **im od. unter dem ~ von etw. stehen** *(geh.)* be much influenced by sth.
zeichen-, Zeichen-: ~block *der; Pl.* **~blöcke** *od.* **~s** sketch-pad; **~brett** *das* drawing-board; **~dreieck** *das* set-square; **~erklärung** *die* legend; **~feder** *die* drawing-pen; **~haft** *(geh.)* **1.** *Adj.* symbolic; **2.** *adv.* symbolically; **~heft** *das* drawing-book; **~kohle** *die* charcoal (in stick form); **~lehrer** *der* drawing teacher; **~papier** *das* drawing-paper; **~setzung** *die* punctuation; **~sprache** *die* sign language; **~stift** *der* drawing-pencil; **~trick·film** *der* animated cartoon; **~unterricht** *der* drawing lessons *pl.;* *(Schulfach)* art *no art.;* *s. auch* **Englischunterricht**; **~winkel** *der* set-square
zeichnen 1. *tr. V.* **a)** *(malen, darstellen)* draw; *(fig.)* portray ⟨*character*⟩; **ein Bild von dem Geschehen ~** *(fig.)* describe what happened; **b)** *(markieren)* **das Fell ist schön/auffallend gezeichnet** the fur has beautiful/striking markings; **er war von Alter/von der Krankheit gezeichnet** *(fig.)* age/sickness had left its mark on him; **ein vom Tode Gezeichneter** *(fig. geh.)* a man already bearing the mark of death; **c)** *(bes. Kaufmannsspr.)* sign ⟨*cheque*⟩; subscribe for ⟨*share, loan*⟩. **2.** *itr. V.* **a)** draw; **ich zeichne schon länger daran** I have been working on this drawing for quite a while; **b)** *(bes. Kaufmannsspr.: unterschreiben)* sign; **für etw. [verantwortlich] ~** *(fig.)* be responsible for sth.
Zeichner *der;* ~s, ~, **Zeichnerin** *die;* ~, ~nen **a)** graphic artist; *(Technik)* draughtsman/-woman; **b)** *(Kaufmannsspr.)* subscriber
zeichnerisch 1. *Adj.* ⟨*fault*⟩ of draughtsmanship; ⟨*talent*⟩ as a draughtsman/-woman exact for drawing; **exakte ~e Wiedergabe** exact portrayal in a drawing. **2.** *adv.* **~ begabt sein** have a talent for drawing; **etw. ~ darstellen** make a drawing of sth.
Zeichnung *die;* ~, ~en **a)** drawing; *(fig.: von Figuren)* portrayal; **b)** *(bei Tieren und Pflanzen)* markings *pl.;* **c)** *(Kaufmannsspr.)* subscription
zeichnungs·berechtigt *Adj. (Kaufmannsspr.)* with signatory powers *postpos.;* **~ sein** have signatory powers
Zeige·finger *der* index finger; forefinger; **der erhobene ~** *(fig.)* the wagging or monitory finger
zeigen ['tsaign] **1.** *tr. V.* point; **[mit dem Finger/einem Stock] auf jmdn./etw. ~**: point [one's finger/a stick] at sb./sth.; **nach Norden/zwölf ~**: point [to the] north/to twelve o'clock. **2.** *tr. V.* show; **jmdm. etw. ~**: show sb. sth.; show sth. to sb.; **jmdm. sein Zimmer ~**: show sb. to his/her room; **dem werd' ich's ~!** *(ugs.)* I'll show him!; **er hat es allen seinen Konkurrenten gezeigt** *(ugs.)* he showed all his competitors just how it was done; **zeig mal, was du kannst** show [us] what you can do. **3.** *refl. V.* **a)** *(sich sehen lassen)* appear; **er zeigt sich selten in der Öffentlichkeit** he is rarely seen in public; **mit ihr kann man sich überall ~**: you can take her anywhere; **er wollte sich von seiner besten Seite ~**: he wanted to show himself to advantage; **b)** *(sich erweisen)* prove to be; **es wird sich ~, wer daran schuld war** time will

Zeiger

tell who was responsible; **es hat sich gezeigt, daß ...**: it turned out that ...; **sich als etw. ~**: prove *or* turn out to be sth.
Zeiger der; ~s, ~: pointer; *(Uhr~)* hand
Zeige·stock der; *Pl.* **~stöcke** pointer
Zeig·finger der *(schweiz.) s.* **Zeigefinger**
zeihen ['tsaiən] *unr. tr. V. (geh.)* jmdn. einer Sache *(Gen.)* ~: indict sb. of sth.
Zeile ['tsailə] die; ~, ~n a) line; jmdm. ein paar ~n schreiben drop sb. a line; **vielen Dank für Ihre ~**: many thanks for your letter; **mit zwei ~n Abstand** with double spacing; **zwischen den ~n lesen** *(fig.)* read between the lines; b) *(Reihe)* row; *(des Fernsehbildes)* line
Zeilen-: **~ab·stand** der [line] spacing; *(in gedrucktem Text)* leading; **~bau·weise** die ribbon development; **~gieß·maschine** die Linotype (P) machine; **~honorar** das payment by the line; **~sprung** der *(Verslehre)* enjambment
-zeilig [-tsailıç] -line; **zwei~ sein** have two lines
Zeisig ['tsaizıç] der; ~s, ~e *(Zool.)* siskin
zeit [tsait] *Präp. mit Gen. in* ~ **meines** *usw.*/**unseres** *usw.* **Lebens** all my *etc.* life/our *etc.* lives
Zeit die; ~, ~en a) *o. Pl.* time *no art.*; **im Laufe der ~**: in the course of time; **mit der ~**: with time; in time; *(allmählich)* gradually; **die ~ arbeitet für/gegen jmdn.** time is on sb.'s side/is against sb.; **die ~ heilt alle Wunden** *(Spr.)* time is a great healer; **kommt ~, kommt Rat** *(Spr.)* take your time and you'll find an answer; **keine ~ verlieren dürfen** have no time to lose; **die ~ drängt** time is pressing; **there is [precious] little time**; **~ ist Geld** *(Spr.)* time is money *(prov.)*; **sich** *(Dat.)* **die ~ [mit etw.] vertreiben** pass the time [with/doing sth.]; **jmdm. ~/drei Tage** *usw.* **~ lassen** give sb. time/three days *etc.*; **sich** *(Dat.)* **~ lassen** *od.* **nehmen** take one's time; **sich** *(Dat.)* **für jmdn./etw. ~ nehmen** make time for sb./sth.; **etw. hat ~**, mit etw. hat es ~: there's no hurry about sth.; **auf ~ spielen** *(Sportjargon)* play for time; *s. auch* **nachtschlafend**; **sparen**; **stehlen**; **totschlagen**; b) *(~punkt)* time; **ihre/seine ~ ist gekommen** *(geh. verhüll.)* her/his time has come; **außer der ~, außerhalb der üblichen ~**: at an unusual time; **seit der ~, dieser ~**: since that time; **um diese ~**: at this time; **vor der ~**: prematurely; early; **zu jeder ~**: at any time; **zur rechten ~**: at the right time; **wer nicht kommt zur rechten ~, der muß essen was übrigbleibt** *(Spr.)* the early bird catches the worm *(prov.)*; **zu welcher ~** at what time?; when?; **zu bestimmten ~en** at certain times; **alles zu seiner ~**: all in good time; **es ist/wird [langsam] ~** *od.* **ist an der ~**: it's time/[just] about time; **es ist [aller]höchste ~[, daß wir uns wehren]** it's high time [we fought back]; **von ~ zu ~**: from time to time; **zur ~**: at the moment; at present; c) *(~abschnitt, Lebensabschnitt)* time; period; *(Geschichtsabschnitt)* age; period; **die schönste ~ des Lebens** *od.* **im Leben** the best time of one's life; **er hat ~en, in denen ...**: he has times *or* periods when ...; **die erste ~**: at first; **auf ~**: temporarily; **ein Vertrag auf ~**: a fixed-term contract; **ein Zug der ~**: a feature of the times; **mit der ~ gehen** move with the times; **der Geist der ~**: the spirit of the age; **die ~, als es noch kein Telefon gab** the days *pl.* before there were telephones; **andere ~en, andere Sitten** things are different now; **in früheren ~en** in former times; in the old days; **zu meiner ~**: in my day; **in der nächsten ~, in nächster ~**: in the near future; **für alle ~**: for ever; for all time; **in der letzten** *od.* **in letzter** *od.* **in jüngster ~**: recently; **zu allen ~en** always; at all times; **zu keiner ~**: at no time; forever; **hier bin ich die längste ~ gewesen** *(ugs.)* I've been here for long enough; **seit ewigen ~en**

(ugs.) for ages *(coll.)*; **seit undenklichen ~en** from time immemorial; **vor ~en** *(dichter.)* long ago; in days gone by; **zu ~en von jmdm./etw.** in sb.'s day/at the time of sth.; *s. auch* **lieb 1 d**; d) *(Sport: ~raum)* time; **gute ~en laufen** do good times; **die ~ bei etw. stoppen** time sth.; e) *(Sport: Wettbewerbsdauer)* time; **einen Vorsprung über die ~ bringen** retain one's lead until the end of the game; **über die ~ kommen** *(Boxen)* go the distance; f) *(Sprachw.)* tense
zeit-, Zeit-: **~ab·schnitt** der period; **~alter** das age; era; **~an·gabe** die a) statement regarding time; **er konnte keine genaue ~angabe machen** he could not be precise about the time; b) *(Sprachw.)* expression of time; **~an·sage** die *(im Radio)* time check; *(am Telefon)* speaking clock; **~arbeit** die *(Wirtsch.)* temporary work; **work as a temp** *(coll.)*; **~auf·wand** der: **viel ~aufwand erfordern** take up a great deal of time; **den ~aufwand verringern** reduce the time needed; **~bedingt** *Adj.* arising from prevailing circumstances *postpos.*; *(vorübergehend)* temporary; **~begriff** der concept of time; **~bestimmung** die *(Sprachw.)* expression of time; **~bombe** die *(auch fig.)* time bomb; **~dauer** die duration; **~dokument** das contemporary document; **~druck** der; *o. Pl.* pressure of time; **unter ~druck** *od.* **in ~druck stehen/in ~druck kommen** be/become pressed for time; be/come under pressure [of time]; **~ein·teilung** die timing; **mit seiner ~einteilung nie zurechtkommen** never succeed in organizing one's time properly
Zeiten-: **~folge** die *(Sprachw.)* sequence of tenses; **~wende** die turning-point in history
zeit-, Zeit-: **~erscheinung** die transient phenomenon; **~ersparnis** die time-saving; **das bedeutete keine ~ersparnis** it did not save any time; **~faktor** der; *o. Pl.* time factor; **~form** die *(Sprachw.)* tense; in der **~form der Gegenwart** in the present tense; **~gebunden** *Adj.* characteristic of its/their time *postpos.*; **~gebunden sein** be an expression *or* a reflection of its/their time; **~gefühl** das; *o. Pl.* sense of time; **~geist** der; *o. Pl.* spirit of the age; **~gemäß** *Adj. (modern)* up-to-date; *(aktuell)* topical ⟨*theme*⟩; contemporary ⟨*views*⟩; *(in der Vergangenheit)* in keeping with the period *postpos.*; **~genosse** der, **~genossin** die a) contemporary; b) *(Mitmensch)* fellow man/woman; **ein seltsamer ~genosse** a strange individual *(coll.)*; **prominente ~genossen waren anwesend** leading figures [of the day] were present; **~genössisch** [~gə-nœsıʃ] *Adj.* contemporary; **~geschehen** das: **das [aktuelle] ~geschehen** current events *pl.*; **~geschichte** die *o. Pl.* a) die **~geschichte** the modern age; our age; b) *(Disziplin)* contemporary history *no art.*; **~geschichtlich 1.** *Adj.*; *nicht präd.* a) *(zeitlich)* contemporary ⟨*source etc.*⟩; b) *(fachlich)* ~geschichtlicher Unterricht contemporary-history teaching; **2.** *adv.* a) historically; b) *(fachlich)* from the point of view of contemporary history; **~geschmack** der; *o. Pl.* contemporary taste; **~gewinn** der; *o. Pl. s.* **~ersparnis**; **~gleich 1.** *Adj.* a) simultaneous; b) *(Sport)* ⟨*runners etc.*⟩ with the same time; **2.** *adv.* simultaneously; **sie kamen ~gleich ins Ziel** *(Sport)* they finished with the same time
zeitig *Adj., adv.* early
zeitigen *tr. V. (geh.)* produce, yield ⟨*result, success, etc.*⟩; provoke, precipitate ⟨*uproar*⟩
zeit-, Zeit-: **~karte** die *(Verkehrsw.)* season ticket; **~kritik** die; *o. Pl.* appraisal *or* analysis of contemporary issues; **~kritisch 1.** *Adj.* ⟨*essay, article, film*⟩ analysing contemporary issues; **~kritische Themen**

zeitweilig

contemporary issues; **2.** *adv.* ⟨*examine*⟩ in the light of contemporary issues; **~lang** die *in* **eine ~lang** for a while *or* a time; **~läuf[t]e** [~lɔyf(t)ə] *Pl. (geh.)* times; **über alle ~läuf[t]e hinweg** for all time; **~lebens** *Adv.* all one's life
zeitlich 1. *Adj.* a) ⟨*length, interval*⟩ in time; chronological ⟨*order, sequence*⟩; **in großem/kurzem ~en Abstand** at long/short intervals; b) *(Rel.)* temporal; **das Zeitliche segnen** *(verhüll.)* pass on *(euphem.)*; *(scherzh.)* come to grief. **2.** *adv.* a) with regard to time; **ich kann es ~ nicht einrichten** I can't fit it in time-wise *(coll.)*; **wenn es der Beruf ~ erlaubt** if one's job leaves enough time
zeit-, Zeit-: **~lohn** der *(Wirtsch.)* timework rate; *(Stundenlohn)* hourly rate; **~los 1.** *Adj.* timeless; classic ⟨*fashion, shape*⟩; **2.** *adv.* timelessly; **~los eingerichtet** furnished in a classic *or* timeless style; **~lupe** die; *o. Pl. (Film)* in **in ~lupe** in slow motion; **~lupen·tempo** das *in* **im ~lupentempo** at a crawl; at a snail's pace; **~mangel** der; *o. Pl.* lack of time; **aus ~mangel, wegen ~mangel[s]** owing to lack of time; **~maß** das speed; *(von Musik usw.)* tempo; **~messer** der timepiece; **~nah[e] 1.** *Adj.* topical ⟨*play etc.*⟩; ⟨*teaching, syllabus*⟩ relevant to the present day; **2.** *adv.* topically; **~nehmer** der, **~nehmerin** die timekeeper; **~not** die; *o. Pl.* in **~not geraten** *od.* kommen become pressed for time; **in ~not machte er einen falschen Zug** *(Schach)* in time pressure he made a wrong move; **~plan** der schedule; **~punkt** der moment; **zum jetzigen ~punkt** at the present moment; at this point in time; **~raffer** der *(Film)* time-lapse; **etw. im ~raffer zeigen** show sth. speeded up; **~raubend** *Adj.* time-consuming; **~raum** der period; **über einen ~raum von fünf Tagen** for a period of five days; **~rechnung** die calendar; **vor unserer ~rechnung** BC; before Christ; **unserer/christlicher ~rechnung** AD; Anno Domini; **~schrift** die magazine; *(bes. wissenschaftlich)* journal; periodical; **~soldat** der soldier serving for a fixed period; **~spanne** die period; **~springen** das *(Pferdesport)* jumping against the clock; **~strafe** die *(Sport)* sending off for a specified time; *(im Eishockey)* penalty; **~strömung** die prevailing trend; **~umstände** *Pl.* prevailing circumstances; **die damaligen ~umstände** the circumstances prevailing at the time
Zeitung die; ~, ~en [news]paper; **[die] ~ lesen** read the paper; **bei einer ~ arbeiten** work for a newspaper; **er ist von der ~** *(ugs.)* he's from the press; **eine Anzeige in die ~ setzen** put an advertisement in the paper
Zeitungs-: **~abonnement** das newspaper subscription; **~annonce** die, **~anzeige** die newspaper advertisement; **~artikel** der newspaper article; **~ausschnitt** der newspaper cutting; **~austräger** der newspaper-deliverer; **~ente** die *(ugs.)* false [newspaper] report; canard; **~frau** die newspaper-seller; *(Austrägerin)* newspaper-deliverer; **~inserat** das newspaper advertisement; **~leser** der newspaper-reader; **~meldung** die newspaper report; **~notiz** die newspaper item; **~papier** das a) *(alte Zeitung[en])* newspaper; b) *(unbedruckt)* newsprint; **~ständer** der newspaper-rack; **~träger** der *s.* **~austräger**; **~verkäufer** der newspaper-seller; news-vendor; **~wissenschaft** die *(Hochschulw.)* journalistic studies *pl.*, *no art.*
zeit-, Zeit-: **~unterschied** der time difference; **~verschwendung** die waste of time; **[reine** *od.* **pure] ~verschwendung sein** be a [pure *or* complete] waste of time; **~vertreib** der; **~[e]s, ~e** pastime; **zum ~vertreib** to pass the time; **~weilig 1.** *Adj.*; *nicht präd.* temporary; **2.** *adv.* a) *(vorüber-*

1629

gehend) temporarily; for a time; **b)** *(gelegentlich)* occasionally; at times; **~weise** *Adv.* **a)** *(gelegentlich)* occasionally; at times; *(von Zeit zu Zeit)* from time to time; **~weise Regen** occasional rain; **b)** *(vorübergehend)* for a time; for a while; **~wende die a)** vor/nach der **~wende** BC/AD; before Christ/Anno Domini; **um die ~wende** about the time of the birth of Christ; **b)** *s.* **Zeitenwende; ~wort** *das;* **Pl. ~wörter** *(Sprachw.)* verb; **~zeichen das** *(Rundf., Funkw.)* time signal; **~zone die** time zone; **~zünder der** time fuse
zelebrieren [ts̩ele'briːrən] *tr. V.* **a)** *(kath. Kirche)* celebrate ⟨mass⟩; conduct ⟨service, wedding⟩; **b)** *(feierlich ausführen)* make ⟨meal, event, etc.⟩ into a ritual; **c)** *(ehren)* honour
Zelebrität [ts̩elebri'tɛːt] *die;* **~, ~en** *(geh.)* celebrity
Zelle ['tsɛlə] *die;* **~, ~n** cell; *(Telefon~)* [tele]phone booth *or* *(Brit.)* box; **die [kleinen] grauen ~n** *(scherzh.)* one's grey matter *sing.*
Zeller *der;* **~s** *(österr. ugs.)* celeriac
Zell-: ~gewebe das *(Biol.)* cell tissue; **~gift das** *(Biol., Med.)* cytotoxin; **~kern der** *(Biol.)* cell nucleus; **~stoff der a)** cellulose; **b)** *(Material)* cellulose wadding; **~teilung die** *(Biol.)* cell division
Zellulitis [tsɛlu'liːtɪs] *die;* **~, Zellulitiden** [tsɛluli'tiːdn̩] *(Med.)* cellulitis
Zelluloid [tsɛlu'lɔyt] *das;* **~[e]s** celluloid
Zellulose [tsɛlu'loːzə] *die;* **~, ~n** cellulose
Zell·wolle die rayon
Zelt [tsɛlt] *das;* **~[e]s, ~e** tent; *(Fest~)* marquee; *(Zirkus~)* big top; **das himmlische ~** *(fig. dichter.)* the canopy of heaven *(literary)*; **seine ~e irgendwo aufschlagen** *(fig.)* settle down somewhere; **seine ~e abbrechen** *(fig.)* up sticks *(sl.);* decamp
zelten *itr. V.* camp; **wir waren ~:** we went camping; „**Zelten verboten**" 'no camping'
Zelt-: ~lager das camp; **~pflock der** tentpeg; **~plane die** tarpaulin; **~platz der** camping site; campsite
Zement [tse'mɛnt] *der;* **~[e]s, ~e** cement
Zement·boden der concrete floor
zementieren *tr. V.* **a)** cement; **zementierte Wege** concrete paths; **b)** *(fig.: festlegen)* make ⟨division, situation, etc.⟩ permanent; **weiter zementiert werden** ⟨prejudice, opinion⟩ become further entrenched
Zen [zɛn] *das;* **~[s], Zen-Buddhismus der** *(Rel.)* Zen [Buddhism] *no art.*
Zenit [tse'niːt] *der;* **~[e]s** zenith; **im ~ stehen** be at its zenith; **er stand im ~ seines Ruhms** *(fig. geh.)* he was at the peak of his fame
zensieren [tsɛn'ziːrən] *tr. V.* **a)** *(Schulw.)* mark, *(Amer.)* grade ⟨essay etc.⟩; **b)** *(der Zensur unterziehen)* censor ⟨article, film, etc.⟩. **2.** *itr. V.* *(Schulw.)* **streng/milde ~:** mark *or (Amer.)* grade severely/leniently
Zensierung *die;* **~, ~en** *(Schulw.)* marking; grading *(Amer.)*
Zensor ['tsɛnzɔr] *der;* **~s, ~en** [tsɛn'zoːrən] censor
Zensur [tsɛn'zuːɐ̯] *die;* **~, ~en a)** *(Schulw.: Note)* mark; grade *(Amer.);* **~en austeilen** *(fig.)* mete out praise and blame *(literary);* **b)** *(Kontrolle)* censorship; **c)** *(Behörde)* censors *pl.*
zensurieren *tr. V. (österr.) s.* **zensieren 1 b**
Zentaur [tsɛn'taʊɐ̯] *der;* **~en, ~en** *(Myth.)* centaur
Zenti- [tsɛnti-]: **~gramm** [--'gram] **das** centigram; **~liter** [--'liːtɐ] **der,** *auch:* **das** centilitre; **~meter** [--'meːtɐ] **der,** *auch:* **das** centimetre; **~meter·maß das** [centimetre] measuring-tape
Zentner ['tsɛntnɐ] *der;* **~s, ~ a)** centner; metric hundredweight; **b)** *(österr., schweiz.)* centner; 100 kilograms
zentner-, Zentner-: ~gewicht das a) *o. Pl.* centner *or* fifty-kilogram weight; *(fig.:*

große Last) massive weight; **~last die** hundredweight load; **ihr fiel eine ~last vom Herzen** *(fig.)* that was a load off her mind; **~schwer 1.** *Adj.* weighing over a hundredweight *postpos., not pred.;* *(äußerst schwer)* massively heavy; **2.** *adv.* **~schwer auf jmdm. lasten** *(fig.)* weigh heavily on sb.; **~weise** *Adv.* by the hundredweight
zentral [tsɛn'traːl] **1.** *Adj.* central. **2.** *adv.* centrally
Zentral·afrikanische Republik die Central African Republic
Zentral·bank die; *Pl.* **~en** *(Finanzw.)* central bank
zentral·beheizt *Adj.* centrally heated; *(durch Fernwärme)* heated by a district heating system
Zentrale die; **~, ~n a)** *(zentrale Stelle)* head *or* central office; *(einer Partei)* headquarters *sing. or pl.;* *(Funk~)* control centre; *(fig.: Mittelpunkt)* centre; **das Gehirn ist die ~ für das Nervensystem** the brain is the control centre of the nervous system; **b)** *(Telefon~)* [telephone] exchange; *(eines Hotels, einer Firma o. ä.)* switchboard; **c)** *(Geom.)* line passing through the centres of two circles
Zentral·heizung die central heating
Zentralisation [tsɛntraliza'tsioːn] *die;* **~, ~en** centralization
zentralisieren *tr. V.* centralize
Zentralisierung *die;* **~, ~en** centralization
Zentralismus *der;* **~:** centralism *usu. no art.*
zentralistisch 1. *Adj.* centralist. **2.** *adv.* centralistically
Zentral-: ~komitee das Central Committee; **~nerven·system das** *(Anat.)* central nervous system; **~organ das** official organ
Zentren *s.* **Zentrum**
zentrieren 1. *tr. V.* centre (**um** on). **2.** *refl. V.* **sich um etw. ~:** be centred around sth.
Zentrierung *die;* **~, ~en** centring
zentrifugal [tsɛntrifu'gaːl] *(Physik)* **1.** *Adj.* centrifugal. **2.** *adv.* centrifugally
Zentrifugal·kraft die *(Physik)* centrifugal force
Zentrifuge die; **~, ~n** centrifuge
zentripetal [tsɛntripe'taːl] *(Physik)* **1.** *Adj.* centripetal. **2.** *adv.* centripetally
Zentripetal·kraft die *(Physik)* centripetal force
Zentri·winkel ['tsɛntrivɪŋkl̩] **der** *(Geom.)* central angle
Zentrum ['tsɛntrʊm] *das;* **~s, Zentren** centre; **im ~ ist at the centre;** *(im Stadt~)* in the town/city centre; **im ~ des öffentlichen Interesses stehen** *(fig.)* be the focus of public interest
Zephir ['tseːfɪr] *der;* **~s, ~e** *(dichter. veralt.)* zephyr
Zeppelin ['tsɛpəliːn] *der;* **~s, ~e** Zeppelin
Zepter ['tsɛptɐ] *das, auch:* **der;** **~s, ~:** sceptre; **das ~ übernehmen** *(fig.)* take the helm; **das ~ führen** *od. (scherzh.)* **schwingen** *(fig.)* wield the sceptre
zerbeißen *unr. tr. V.* bite in two; ⟨flea, mosquito, etc.⟩ bite ⟨person etc.⟩ all over
zerbersten *unr. itr. V.; mit sein* burst apart; **zerborstene Mauern** smashed walls
zerbomben *tr. V.* bomb to pieces; destroy by bombing; **zerbombt** bombed ⟨streets, houses⟩
zerbrechen 1. *unr. itr. V.; mit sein* break [into pieces]; smash [to pieces]; ⟨glass⟩ shatter; *(fig.)* ⟨marriage, relationship⟩ break up; **an seinem Kummer ~** *(fig. geh.)* be broken down by grief. **2.** *unr. tr. V.* break, smash, shatter ⟨dishes, glass⟩
zerbrechlich *Adj.* **a)** fragile; „**Vorsicht, ~!**" 'fragile; handle with care'; **b)** *(zart, schwach)* frail
Zerbrechlichkeit die; **~ a)** fragility; **b)** *(Zartheit, Schwachheit)* frailty
zerbröckeln 1. *itr. V.; mit sein (auch fig.)*

crumble away. **2.** *tr. V.* break into small pieces
zerbröseln 1. *itr. V.; mit sein* crumble. **2.** *tr. V.* crumble up
zerdehnen *tr. V.* **a)** *(dehnen)* stretch [out of shape]; **b)** *(verlängern)* draw out ⟨plot, scenes⟩; drawl ⟨word, vowel⟩
zerdeppern [tsɛɐ̯'dɛpɐn] *tr. V. (ugs.)* smash ⟨window, china, glass⟩
zerdrücken *tr. V.* **a)** *(zerquetschen)* mash ⟨potatoes, banana⟩; **b)** *(zusammendrücken)* squash ⟨fly etc.⟩; stub out ⟨cigarette⟩; **eine Träne ~** *(fig. spöttisch)* shed a tear; **c)** *(ugs.: zerknittern)* crease ⟨clothes⟩
Zeremonie [tseremo'niː] *die;* **~, ~n** ceremony; *(fig.)* ritual
Zeremoniell [tseremo'niɛl] *das;* **~s, ~e** ceremonial
Zeremonien·meister der master of ceremonies
zerfahren 1. *Adj.* distracted; scrappy ⟨play⟩. **2.** *adv.* distractedly; ⟨play⟩ scrappily, without concentration
Zerfall der; **~[e]s, Zerfälle a)** *o. Pl.* disintegration; *(eines Organismus, fig.:* der Moral) breakdown; *(einer Leiche)* decomposition; *(eines Gebäudes)* decay; **b)** *(Kernphysik)* decay
¹**zerfallen** *unr. itr. V.; mit sein* **a)** *(auch fig.)* disintegrate (**in** + *Akk.,* **zu** into); ⟨building⟩ fall into ruin, decay; *(corpse)* decompose, decay; **~de Mauern/Ruinen** crumbling walls/ruins; **zu Staub ~:** crumble into dust; **Moral und Kultur waren ~:** morals and culture had broken down *or* fallen into decay; **b)** *(unterteilt sein)* **in Phasen/Teile** *usw.* **~:** be divided into phases/parts *etc.;* **c)** *(Kernphysik)* decay
²**zerfallen** *Adj. mit jmdm. ~ sein* have fallen out with sb.; **mit sich und der Welt ~ sein** be at odds with oneself and the world
Zerfalls·produkt das *(bes. Kernphysik)* decay product
zerfasern *itr. V.; mit sein* fray
zerfetzen *tr. V.* **a)** *(zerstören)* rip *or* tear to pieces; rip *or* tear up ⟨letter etc.⟩ (**in** + *Akk.* into); *(fig.)* tear apart ⟨body, limb⟩; **b)** *(kritisieren)* tear ⟨book, play, etc.⟩ to pieces *or* shreds
zerfleddern *tr. V.* wear out ⟨book etc.⟩; **das Buch ist zerfleddert** the book is falling apart
zerfleischen *tr. V.* tear ⟨person, animal⟩ limb from limb; **sich ~** *(auch fig.)* tear each other apart; ⟨country⟩ tear itself apart
Zerfleischung die; **~, ~en** tearing apart *no art.*
zerfließen *unr. itr. V.; mit sein* **a)** *(schmelzen)* melt [away]; **in** *od.* **vor Mitleid ~** *(fig.)* dissolve with pity; **das Geld ist ihr unter den Händen zerflossen** the money ran through her fingers *(fig.);* **b)** *(auseinanderfließen)* ⟨paint, ink⟩ run; ⟨shapes⟩ dissolve; **~de Konturen/Grenzen** blurred outlines/limits
zerfransen 1. *itr. V.; mit sein* fray. **2.** *tr. V.* fray; *(zerreißen)* tear
zerfressen *unr. tr. V.* **a)** *(fressen)* eat away; ⟨moth etc.⟩ eat holes in; **von Motten ~:** moth-eaten; **b)** *(zersetzen)* corrode ⟨metal⟩; eat away ⟨bone⟩; **Kummer/Eifersucht zerfrißt ihm das Herz** *(fig.)* he is consumed with grief/jealousy
zerfurchen *tr. V.* **a)** rut ⟨track etc.⟩; **b)** furrow ⟨brow, face⟩
zergehen *unr. itr. V.; mit sein* melt; *(in Wasser, im Mund)* ⟨tablet etc.⟩ dissolve; **auf der Zunge ~:** melt in the mouth
zergliedern *tr. V.* **a)** *(zerlegen)* dissect ⟨plant, animal, corpse⟩; **b)** analyse ⟨behaviour, process, etc.⟩; **Sätze ~:** parse sentences
Zergliederung die; **~, ~en a)** dissection; **b)** *(Analyse)* analysis; *(von Sätzen)* parsing
zergrübeln *refl. V.* **sich** *(Dat.)* **den Kopf** *od.* **das Hirn ~:** rack one's brains
zerhacken *tr. V.* chop up (**zu** into); *(in Wut)* hack to pieces

zerhauen *unr. tr. V.* chop up
zerkauen *tr. V.* chew [up]
zerkleinern [tsɛɐˈklainɐn] *tr. V.* chop up ⟨*vegetables, meat, wood*⟩; *(zerkauen)* chew up ⟨*food*⟩; *(zermahlen)* crush ⟨*rock etc.*⟩
Zerkleinerung *die*; ~, ~en chopping up; *(Zerkauung)* chewing; *(Zermahlung)* crushing
zerklüftet *Adj.* fissured ⟨*landscape*⟩; craggy ⟨*mountains*⟩; deeply indented ⟨*coastline*⟩
zerknallen 1. *itr. V.; mit sein* burst [with a bang]. 2. *tr. V.* burst ⟨*bag etc.*⟩ [with a bang]
zerknautschen *tr. V. (ugs.)* crumple
zerknicken 1. *tr. V.* snap. 2. *itr. V.; mit sein* snap
zerknirscht 1. *Adj.* remorseful. 2. *adv.* remorsefully
Zerknirschung *die*; ~: remorse
zerknittern *tr. V.* crease; crumple; **ein zerknittertes Gesicht** a wrinkled face
zerknüllen *tr. V.* crumple up [into a ball]
zerkochen 1. *itr. V.; mit sein* get overcooked; **zu Brei ~**: cook to a pulp; **zerkocht** overcooked. 2. *tr. V.* overcook
zerkratzen *tr. V.* scratch
zerkrümeln 1. *tr. V.* crumble up. 2. *itr. V.; mit sein* break into crumbs; crumble
zerlassen *tr. V. (Kochk.)* melt
zerlegen *tr. V.* a) *(auseinandernehmen)* dismantle; take to pieces; strip, dismantle ⟨*engine*⟩; **etw. in seine Bestandteile ~**: reduce sth. to its component parts; **einen Lichtstrahl in die Farben des Spektrums ~**: split up a ray of light into the colours of the spectrum; b) *(zerschneiden)* cut up ⟨*animal, meat*⟩; carve ⟨*joint*⟩; dissect ⟨*corpse*⟩
zerlesen *unr. tr. V.* read ⟨*book etc.*⟩ again and again until it looks worn out; **ein [völlig] ~es Exemplar** a well-thumbed copy
zerlumpt *Adj.* ragged ⟨*clothes, person*⟩; **sein** ⟨*clothes*⟩ be in tatters, be torn; **~ herumlaufen** go about in rags
zermahlen *unr. tr. V.* grind
zermalmen [tsɛɐˈmalmən] *tr. V.* crush
zermartern *refl. V.* **sich** (*Dat.*) **den Kopf** *od.* **das Hirn ~**: rack one's brains
zermürben *tr. V.* wear ⟨*person*⟩ down; **~d** wearing; tiring
Zermürbung *die* wearing down *no art.*; *(Milit.)* attrition
Zermürbungs·krieg *der* war of attrition
zernagen *tr. V.* gnaw away
zerpflücken *tr. V.* a) pick ⟨*flower, lettuce, etc.*⟩ apart; b) *(fig.: kritisch analysieren)* pull ⟨*play, book, etc.*⟩ to pieces; destroy ⟨*alibi, reputation*⟩
zerplatzen *itr. V.; mit sein* burst; **vor Wut ~** *(fig.)* explode [with anger]
zerquetschen *tr. V.* crush; mash ⟨*potatoes*⟩; **es kostet 20 Mark und ein paar Zerquetschte** *(ugs.)* it costs 20 marks and a bit
zerraufen *tr. V.* tousle ⟨*hair*⟩
Zerr·bild *das* distorted image
zerreden *tr. V.* talk over and over; do *or* flog ⟨*subject*⟩ to death *(coll.)*
zerreiben *unr. tr. V.* crush ⟨*spices, paint colours, etc.*⟩; grind ⟨*corn*⟩; *(fig.)* crush, wipe out ⟨*enemy*⟩
zerreißen 1. *unr. tr. V.* a) *(auseinanderreißen)* tear up; *(in kleine Stücke)* tear to pieces; ⟨*animal*⟩ tear ⟨*prey*⟩ limb from limb; dismember ⟨*prey*⟩; break ⟨*thread*⟩; **ich könnte ihn ~!** I could tear him limb from limb!; **sich [fast] ~ [um jmdn.]** [nearly] kill oneself [for sb. *or* to help sb.]; **ich kann mich nicht ~**: I can't be in two places at once; **Schüsse zerrissen die Stille** shots rent the silence; b) *(beschädigen)* tear ⟨*stocking, trousers, etc.*⟩ (an + *Dat.* on). 2. *unr. itr. V.; mit sein* a) *(auseinanderreißen)* ⟨*thread, string, rope*⟩ break; **die Bande zwischen ihnen waren zerrissen** *(fig.)* the bonds between them had parted; **ihre Nerven war zum Zerreißen gespannt** her nerves were stretched to breaking-point; b) *(kaputtgehen)* ⟨*paper, cloth, etc.*⟩ tear; **zerrissene Kleider/Schuhe** ragged clothes/worn-out shoes
Zerreiß·probe *die* acid test
zerren [ˈtsɛrən] 1. *tr. V.* a) drag; **etw. an die Öffentlichkeit ~** *(fig.)* drag sth. into the limelight; b) **sich** (*Dat.*) **einen Muskel/eine Sehne ~**: pull a muscle/tendon. 2. *itr. V.* **an etw.** (*Dat.*) **~**: tug *or* pull at sth.
zerrinnen *unr. itr. V.* melt; *(fig.)* ⟨*time, years*⟩ pass; **seine Hoffnungen/Träume/Pläne zerrannen [in nichts]** *(geh.)* his hopes/dreams vanished/plans came to nothing; **jmdm. unter den Händen/Fingern ~**: slip through sb.'s fingers
zerrissen [tsɛˈrɪsn̩] 1. 2. *Part. v.* **zerreißen**. 2. *Adj.* [innerlich] ~: at odds with oneself
Zerrissenheit *die*; ~: inner turmoil
Zerr·spiegel *der* distorting mirror
Zerrung *die*; ~, ~en pulled muscle; *(Sehnen~)* pulled tendon
zerrupfen *tr. V.* tear to bits
zerrütten [tsɛˈrʏtn̩] *tr. V.* ruin ⟨*health*⟩; shatter ⟨*nerves*⟩; ruin, wreck ⟨*marriage*⟩; **aus zerrütteten Familienverhältnissen stammen** come from a broken home; **die Finanzen sind zerrüttet** the finances are in a disastrous state
Zerrüttung *die*; ~, ~en *(der Gesundheit)* ruining; *(der Nerven)* shattering; *(einer Ehe)* [irretrievable] breakdown; *(einer Familie)* break-up
Zerrüttungs·prinzip *das (Rechtsw.)* principle of irretrievable breakdown *(of a marriage)*
zersägen *tr. V.* saw up
zerschellen *itr. V.; mit sein* be dashed *or* smashed to pieces
¹zerschlagen 1. *unr. tr. V.* smash ⟨*plate, windscreen, etc.*⟩; smash ⟨*furniture*⟩; *(fig.)* smash ⟨*spy ring etc.*⟩; crush ⟨*enemy, attack*⟩; break up ⟨*cartel*⟩. 2. *unr. refl. V.* ⟨*plan, deal*⟩ fall through
²zerschlagen *Adj.* worn out; whacked *(Brit. coll.)*; tuckered [out] *(Amer. coll.)*; shattered *(Brit. coll.)*
Zerschlagung *die*; ~, ~en smashing; destruction; *(eines Gegners, Widerstands)* crushing; **die ~ der Kartelle** the breaking up of cartels
zerschmelzen *unr. itr. V.; mit sein (auch fig.)* melt
zerschmettern *tr. V.* smash; shatter ⟨*glass, leg, bone*⟩; *(fig.)* crush ⟨*army, enemy*⟩
zerschneiden *unr. tr. V. (auch)* cut; *(in Stücke)* cut up; *(in zwei Teile)* cut in two; carve ⟨*joint*⟩; **von tiefen Furchen zerschnitten** deeply rutted; b) *(verletzen)* cut [into] ⟨*skin etc.*⟩
zerschnippeln *tr. V. (ugs.)* cut up *or* snip into small pieces
zerschunden [tsɛɐˈʃʊndn̩] *Adj.* covered in scratches *or* cuts
zersetzen 1. *tr. V.* a) *(auflösen)* corrode ⟨*metal*⟩; decompose ⟨*organism*⟩; b) *(untergraben)* subvert ⟨*ideals*⟩; undermine ⟨*morale*⟩; **~de Schriften** subversive writings. 2. *refl. V.* decompose; ⟨*wood, compost*⟩ rot
Zersetzung *die*; ~, ~en a) *s.* **zersetzen** 2: decomposition; rotting; b) *s.* **zersetzen** 1 b: subversion; undermining
Zersetzungs·prozeß *der* process of decomposition
zersiedeln *tr. V. (Amtsspr.)* overdevelop ⟨*area*⟩; spoil ⟨*area*⟩ by overdevelopment
Zersied[e]lung *die* overdevelopment
zerspalten *tr. V. (auch regelm.)* split [up]; *(Chemie)* break down ⟨*compounds*⟩ (in + *Akk.* into)
zersplittern 1. *itr. V.; mit sein* ⟨*wood, bone*⟩ splinter; ⟨*glass*⟩ shatter; **das Land war in viele Kleinstaaten zersplittert** the country was fragmented into many small states. 2. *tr. V.* splinter; shatter ⟨*glass*⟩
zersprengen *tr. V.* a) *(sprengen)* blow up; *(in Stücke)* blow to pieces; b) *(auseinandertreiben)* scatter ⟨*army*⟩
zerspringen *unr. itr. V.; mit sein* a) shatter; *(Sprünge bekommen)* crack; *(fig.)* ⟨*heart*⟩ burst (**vor** + *Dat.* with); **der Kopf wollte mir ~ vor Schmerzen** my head was splitting; I had a splitting headache; b) *(geh.: zerreißen)* ⟨*string etc.*⟩ break
zerstampfen *tr. V.* a) *(zerkleinern)* pound, crush ⟨*spices etc.*⟩; mash ⟨*potatoes*⟩; b) *(beschädigen)* trample down ⟨*field etc.*⟩
zerstäuben *tr. V.* spray
Zerstäuber *der*; ~s, ~: atomizer
zerstechen *unr. tr. V.* a) *(stechen)* sting all over; ⟨*mosquitoes*⟩ bite all over; b) *(beschädigen)* jab holes in ⟨*cushion etc.*⟩; puncture, slit ⟨*tyre*⟩; **ihre Venen sind ganz zerstochen** her veins are covered in needle-marks
zerstieben *unr. (auch regelm.) itr. V.; mit sein (geh.)* scatter; ⟨*crowd*⟩ disperse; *(fig.)* ⟨*sadness, nightmare*⟩ vanish; **in alle Winde ~**: disappear without trace
zerstörbar *Adj.* destructible; **leicht ~ sein** be easily destroyed *or* broken
zerstören *tr. V.* destroy; ⟨*hooligan*⟩ smash up, vandalize ⟨*telephone-box etc.*⟩; *(fig.)* ruin ⟨*landscape, health, life*⟩; dash, destroy ⟨*hopes, dreams*⟩; wreck, destroy ⟨*marriage*⟩; **durch ein Feuer/Erdbeben zerstört** destroyed in *or* by a fire/an earthquake; **~de Gewalt** destructive power; **zerstörte Städte** ruined cities
Zerstörer *der*; ~s, ~ a) *(Schiff)* destroyer; b) *(Person)* destroyer; wrecker; *(Rowdy)* vandal
zerstörerisch 1. *Adj.* destructive. 2. *adv.* **~ wirken** have a destructive effect
Zerstörung *die* destruction; *(durch Rowdies)* smashing up; vandalization; *(der Gesundheit, Existenz)* ruin[ation]; *(einer Ehe)* wrecking; destruction; *(von Hoffnungen)* dashing; destruction
Zerstörungs·wut *die* destructive frenzy
zerstoßen *unr. tr. V.* crush ⟨*berries etc.*⟩; *(im Mörser)* pound, crush ⟨*peppercorns etc.*⟩
zerstreiten *unr. refl. V.* **sich mit jmdm. ~**: fall out with sb.; **untereinander zerstritten sein** be at loggerheads
zerstreuen 1. *tr. V.* a) scatter; *(auseinandertreiben)* disperse ⟨*crowd*⟩; *(fig.)* **zerstreut liegende Gehöfte** scattered farms; **in alle Welt zerstreut** scattered to the four winds; b) *(unterhalten)* **jmdn./sich ~**: entertain sb./oneself; *(ablenken)* take sb.'s/one's mind off things; **sich ein wenig ~**: enjoy oneself a little; **sich mit** *od.* **durch etw. ~**: pass the time with sth.; c) *(beseitigen)* allay ⟨*fear, doubt, suspicion*⟩; dispel ⟨*worry, concern*⟩. 2. *refl. V.* disperse; *(schneller)* scatter
zerstreut 1. *Adj.* distracted; *(vergeßlich)* absent-minded; **ein ~er Professor** *(ugs. scherzh.)* an absent-minded professor. 2. *adv.* absent-mindedly
Zerstreutheit *die*; ~: absent-mindedness
Zerstreuung *die*; ~, ~en diversion; *(Unterhaltung)* entertainment; **~ suchen** look for a distraction [to take one's mind off things]
zerstückeln *tr. V.* break ⟨*sth.*⟩ up into small pieces; *(zerschneiden)* cut *or* chop sth. up into small pieces; dismember ⟨*corpse*⟩
Zerstückelung *die*; ~, ~en breaking up; *(Zerschneidung)* cutting *or* chopping up; *(einer Leiche)* dismembering
zerteilen 1. *tr. V.* divide into pieces; *(zerschneiden)* cut into pieces; cut up; **das Schiff zerteilte die Wellen** *(fig.)* the ship sliced through the waves. 2. *refl. V.* part
zerteppern [tsɛɐˈtɛpɐn] *s.* **zerdeppern**
Zertifikat [tsɛrtifiˈkaːt] *das*; ~[e]s, ~e certificate; **~ Deutsch als Fremdsprache** diploma in German as a foreign language
zertrampeln *tr. V.* trample all over ⟨*flower-bed etc.*⟩; trample ⟨*child etc.*⟩ underfoot

zertrennen *tr. V.* take apart; unpick ⟨*dress*⟩
zertreten *unr. tr. V.* stamp on; stamp out ⟨*cigarette, match*⟩; stamp on, crush ⟨*insect*⟩ underfoot
zertrümmern *tr. V.* smash; smash, shatter ⟨*glass*⟩; smash up ⟨*furniture*⟩; wreck ⟨*car, boat*⟩; reduce ⟨*building, city*⟩ to ruins
Zervelat·wurst [tsɛrvəˈlaːt-] *die* cervelat [sausage]
zerwühlen *tr. V.* churn up ⟨*bedclothes, soil*⟩; make a mess of, tousle ⟨*hair*⟩
Zerwürfnis [tsɛɐ̯ˈvʏrfnɪs] *das; ~ses, ~se (geh.)* quarrel; dispute; *(Bruch)* rift
zerzausen *tr. V.* ruffle; ruffle, tousle ⟨*hair*⟩; **zerzaust aussehen** look dishevelled; **vom Wind zerzauste Bäume** windswept trees
Zeter *das in* ~ **und Mord[io] schreien** *(ugs.)* scream blue murder *(sl.)*; raise hell *(coll.)*
zetern [ˈtseːtɐn] *itr. V. (abwertend) (schimpfen)* scold [shrilly]; *(sich beklagen)* moan *(über + Akk. about)*; **gegen den Sittenverfall** ~: declaim against the decay of morals
Zettel [ˈtsɛtl] *der; ~s, ~* (a) slip *or* piece of paper; *(mit einigen Zeilen)* note; *(Bekanntmachung)* notice; *(Formular)* form; *(Kassen~)* receipt; *(Hand~)* leaflet; *(Stimm~)* [ballot-]paper
Zettel-: ~**kasten** *der* index on slips of paper; ~**wirtschaft** *die (ugs. abwertend)* jumble of bits of paper
Zeug [tsɔʏk] *das; ~[e]s, ~e* a) *o. Pl. (ugs., oft abwertend: Sachen)* stuff; **fürchterliches ~ träumen** dream awful things; **sie hat** *od.* **in ihr steckt das** ~ **zu etw.** *(fig.)* she has what it takes to be sth. *or* has the makings of sth.; **was das** ~ **hält** *(fig. ugs.)* for all one's worth; ⟨*drive*⟩ hell for leather; **sich [für jmdn./etw.] mächtig** *od.* **tüchtig] ins** ~ **legen** *(fig.)* do one's utmost [for sb./sth.]; b) *o. Pl. (ugs.: Unsinn)* **dummes/albernes** ~ *(Gerede)* nonsense; rubbish; **dummes** ~ **machen** mess about; c) *(Kleidung)* things *pl.*; **jmdm. etwas am** ~ **flicken** *(ugs.)* pin something on sb.; d) *(veralt.: Tuch)* cloth
Zeuge [ˈtsɔʏɡə] *der; ~n, ~* witness; ~ **von etw. sein/werden** be a witness to sth.; **witness sth.**; ~ **der Anklage/Verteidigung** *(Rechtsspr.)* witness for the prosecution/defence; **die ~n Jehovas** the Jehovah's Witnesses; **die Ruinen sind ~n der Vergangenheit** *(fig.)* the ruins bear witness to the past
¹**zeugen** *itr. V.* give evidence; testify; **von etw.** ~ *(fig.)* testify to sth.; *(zeigen)* display sth.; **das zeugt nicht gerade für seine Uneigennützigkeit** *(fig.)* that doesn't say much for his unselfishness
²**zeugen** *tr. V.* procreate; ⟨*man*⟩ father ⟨*child*⟩; *(fig.)* engender; bring about; **Kinder** ~: reproduce; have children
Zeugen·aussage *die* testimony; witness's statement
Zeugenschaft *die; ~:* testimony
Zeugen-: ~**stand** *der o. Pl.* witness-box *(Brit.)*; witness stand *(Amer.)*; ~**vernehmung** *die* examination of the witness/witnesses
Zeug·haus *das (bes. Milit. hist.)* armoury
Zeugin *die; ~, ~nen* witness
Zeugnis *das; ~ses, ~se* a) *(Schulw.)* report; ~ **der Reife** *s.* Abiturzeugnis; b) *(Arbeits~)* reference; testimonial; **ich kann ihm nur das beste** ~ **ausstellen** *(fig.)* I can't speak too highly of him; c) *(Gutachten)* certificate; d) *(geh.: Beweis)* evidence; ~**se einer früheren Kulturstufe** evidence *or* testimony of an earlier stage of civilization; e) *(veralt.: Aussage)* testimony; **falsches** ~ **ablegen** bear false witness
Zeugs *das;* ~ *(ugs. abwertend)* stuff; *(einzelne Dinge)* things *pl.*
Zeugung *die; ~, ~en* procreation; *(eines Kindes)* fathering
zeugungs-, Zeugungs-: ~**akt** *der* act of procreation *or* reproduction; ~**fähig** *Adj.* fertile; ~**fähigkeit** *die; o. Pl.* fertility

Zeus *(der)* Zeus
ZGB *Abk. (DDR, Schweiz)* Zivilgesetzbuch
z. Hd. *Abk.* zu Händen; zu Handen *(österr.)* attn.
Zibebe [tsiˈbeːbə] *die; ~, ~n (österr., südd.)* sultana
Zichorie [tsiˈçoːri̯ə] *die; ~:* chicory
Zicke [ˈtsɪkə] *die; ~, ~n* a) *(Ziege)* she- *or* nanny-goat; b) *(Schimpfwort) s.* Ziege b; c) *Pl. (ugs.: Dummheiten)* stupid tricks; monkey business *(sl.)*; ~**n machen** mess about; *(Schwierigkeiten machen)* make trouble; **mach bloß keine** ~**n!** none of your monkey business! *(sl.)*
zickig *(ugs. abwertend)* 1. *Adj.* prim; *(prüde)* prudish. 2. *adv.* primly; *(prüde)* prudishly
Zickklein *das; ~s, ~:* kid
Zickzack *der; ~[e]s, ~e* zigzag; **im** ~: in a zigzag; **sie fuhren im** ~ **durch den Verkehr** they zigzagged through the traffic
Zick·zack·kurs *der* zigzag line; **im** ~: in a zigzag [line]
Ziege [ˈtsiːɡə] *die; ~, ~n* a) goat; b) *(Schimpfwort: Frau)* **dumme** *od.* **blöde** ~: stupid cow *(sl. derog.)*; **eingebildete** ~: stuck-up female *(derog.)*
Ziegel [ˈtsiːɡl] *der; ~s, ~* a) brick; b) *(Dach~)* tile
Ziegel·dach *das* tiled roof
Ziegelei *die; ~, ~en* brickworks *sing.*
ziegel·rot *Adj.* brick-red
Ziegel·stein *der* brick
Ziegen-: ~**bart** *der* goat's beard; *(ugs.: Spitzbart)* goatee beard; ~**bock** *der* he- *or* billy-goat; ~**käse** *der* goat's cheese; ~**leder** *das* goatskin; ~**milch** *die* goat's milk; ~**peter** *der; ~s, ~ (ugs.)* mumps *sing.*
zieh [tsiː] *1. u. 3. Pers. Sg. Prät. v.* ziehen
Zieh-: ~**brunnen** *der* draw-well; ~**eltern** *Pl. (veralt.)* foster-parents
ziehen [ˈtsiːən] *1. unr. tr. V.* a) pull; *(sanfter)* draw; *(zerren)* tug; *(schleppen)* drag; **jmdn. an sich** ~: draw sb. to one; **jmdn. am Ärmel** ~: pull sb. by the sleeve; **sie zogen ihn mit Gewalt ins Auto** they dragged him into the car by force; **er zog die Knie bis unters Kinn** he drew his knees up under his chin; **das Auto nach rechts/links** ~: pull the car over to the left/right; **das Flugzeug nach oben/unten** ~: put the plane into a climb/descent; **die Rolläden nach oben** ~: roll up the shutters; **ein Hemd** *usw.* **durchs Wasser** ~: give a shirt *etc.* a quick rinse; **die Gardinen vor das Fenster** ~: draw the curtains [across the window]; **Perlen auf eine Schnur** ~: thread pearls/beads on to a string; **den Hut ins Gesicht** ~: pull one's hat down over one's face; **einen Pullover über das Hemd** ~: put a pullover on over one's shirt; b) *(fig.)* **es zog ihn zu ihr/zu dem Ort** he felt drawn to her/to the place; **es zog ihn in die Ferne** he felt an urge to travel; **alle Blicke auf sich** ~: attract *or* capture all the attention; **jmds. Zorn/Unwillen** *usw.* **auf sich** ~: incur sb.'s anger/displeasure *etc.*; **etw. nach sich** ~: result in sth.; entail sth.; **gewisse Folgen nach sich** ~: have certain consequences; c) *(heraus~)* pull out ⟨*nail, cork, organ-top, etc.*⟩; extract ⟨*tooth*⟩; take out, remove ⟨*stitches, splinters*⟩; draw ⟨*cord, sword, pistol*⟩; **den Ring vom Finger** ~: pull *or* take one's ring off one's finger; **den Hut** ~: raise *or* doff one's hat; **etw. aus der Tasche** ~: take sth. out of one's pocket; *(aus Automaten)* **Zigaretten/Süßigkeiten** *usw.* ~: get cigarettes/sweets *etc.* from a slot-machine; **die [Quadrat]wurzel** ~ *(Math.)* extract the square root; d) *(dehnen)* stretch ⟨*elastic etc.*⟩; stretch out ⟨*sheets etc.*⟩; *s. auch* Blase a; ¹Faden; e) *(Gesichtspartien bewegen)* make ⟨*face, grimace*⟩; **die Augenbrauen nach oben** ~: raise one's eyebrows; **die Stirn in Falten** ~: wrinkle *or* knit one's brow; *(mißmutig)* frown; **die Mundwinkel**

nach unten ~: pull down the corners of one's mouth; f) *(bei Brettspielen)* move ⟨*chess-man etc.*⟩; g) *(einatmen)* **Luft durch die Nase** ~: breathe *or* draw in air; **er zog den Rauch in die Lungen** he inhaled the smoke [into his lungs]; h) *(zeichnen)* draw ⟨*line, circle, arc, etc.*⟩; i) *(anlegen)* dig ⟨*trench*⟩; build ⟨*wall*⟩; erect ⟨*fence*⟩; put up ⟨*washing-line*⟩; run, lay ⟨*cable, wires*⟩; draw ⟨*frontier*⟩; trace ⟨*loop*⟩; follow ⟨*course*⟩; **sich** *(Dat.)* **einen Scheitel** ~: make a parting [in one's hair]; j) *(auf~)* grow ⟨*plants, flowers*⟩; breed ⟨*animals*⟩; **den Burschen werde ich** ~! I'll knock the lad into shape yet *(coll.)*; k) *(verblaßt; auch als Funktionsverb)* draw ⟨*lesson, conclusion, comparison*⟩; *s. auch* Konsequenz a; Rechenschaft; Verantwortung a; l) *(herstellen)* make ⟨*candles*⟩; draw ⟨*wire, pipes*⟩; m) *(spannen)* mount ⟨*picture*⟩ *(auf + Akk.* to); fit ⟨*string*⟩ *(auf + Akk.* to); n) *(beim Sprechen)* draw out ⟨*vowel*⟩; o) *(in sich aufnehmen)* ⟨*plant*⟩ draw [up] ⟨*water, nourishment*⟩; *(gewinnen)* extract ⟨*oil, ore*⟩ *(aus* from); **Profit/Nutzen aus etw.** ~ *(fig.)* derive profit/benefit from sth.; p) *(Finanzw.)* **einen Wechsel auf jmdn.** ~: draw a bill on sb.; q) *(schlagen)* **jmdm. etw. über den Kopf** ~: hit sb. over the head with sth.; r) *(Waffenkunde)* rifle ⟨*barrel*⟩. *2. unr. itr. V.* a) *(reißen)* pull; **an etw.** *(Dat.)* ~: pull on sth.; **der Hund zieht an der Leine** the dog is straining at the leash; **an einem** *od.* **am gleichen Strang** *od.* **Strick** ~ *(fig.)* be pulling in the same direction; b) *(funktionieren)* ⟨*stove, pipe, chimney*⟩ draw; **ausgezeichnet nicht richtig** ~ *(Kfz-W.)* ⟨*car, engine*⟩ pull really well/not pull properly; **mit sein** *(um~)* move ⟨*nach, in + Akk.* to); **aufs Land** ~: move [out] into the country; **zu jmdm.** ~: move in with sb.; d) **mit sein** *(gehen)* go; *(marschieren)* march; *(umherstreifen)* roam; rove; *(fortgehen)* go away; leave; ⟨*fog, clouds*⟩ drift; **durch etw.** ~: pass through sth.; **in den Krieg** ~: go *or* march off to war; **an die Front** ~: move up to the front; **jmdn. ungern** ~ **lassen** be sorry to see sb. go; **die Schwalben** ~ **nach Süden** the swallows are flying southwards; e) *(saugen)* draw; **an einer Zigarette/Pfeife** ~: draw on a cigarette/pipe; **an einem Strohhalm** ~: suck at a straw; **laß mich mal an deiner Zigarette** ~: let me have a puff of your cigarette; f) ⟨*tea, coffee*⟩ draw; g) *(Kochk.)* simmer; h) *(unpers.)* **es zieht [vom Fenster her]** there's a draught [from the window]; **es zieht mir an den Beinen** there's a draught round my legs; i) *(ugs.: ankommen)* sell; ⟨*trick*⟩ work; **das zieht bei mir nicht** that won't wash *or* won't cut any ice with me *(coll.)*; j) *(schmerzen)* **es zieht [mir] im Rücken** I've got backache; ~**de Schmerzen** aches; **ein leichtes/starkes Ziehen im Bauch** a slight/intense stomach-ache. *3. unr. refl. V.* a) *(sich erstrecken)* ⟨*road*⟩ run, stretch; ⟨*frontier*⟩ run; **eine Narbe zog sich über sein ganzes Gesicht** there was a scar right across his face; **der Weg** *o. ä.* **zieht sich** *(ugs.)* the journey *etc.* goes on and on; b) *(sich ver~)* warp; get out of shape
Zieher *der; ~s, ~ (salopp)* pickpocket
Zieh-: ~**harmonika** *die* piano accordion; ~**kind** *das (veralt.)* foster-child; ~**mutter** *die (veralt.)* foster-mother
Ziehung *die; ~, ~en* draw; **die** ~ **des Hauptgewinns** the draw for the main prize
Zieh·vater *der* a) *(veralt.)* foster-father; b) *(fig.)* sponsor; mentor
Ziel [tsiːl] *das; ~[e]s, ~e* a) *(Punkt, Ort)* destination; **am** ~ **der Reise angelangen** reach the end of one's journey; **reach one's destination**; **mit unbekanntem** ~ **abreisen** leave for an unknown destination; b) *(Sport)* finish; *(~linie)* finishing-line; *(Pferderennen)* finishing-post; **im** ~: at the finish; **das** ~ **er-**

Zielbahnhof

reichen finish; als erster das ~ erreichen *od.* durchs ~ gehen finish first; cross the finishing-line first; ⟨horse⟩ be first past the [finishing-]post; **c)** (~*scheibe; auch Milit.*) target; [weit] über das ~ [hinaus]schießen *(fig. ugs.)* go over the top; overstep the mark; **d)** *(Zweck)* aim; goal; sein ~ erreichen achieve one's objective *or* aim; [das] ~ unserer Bemühungen ist es, ... zu ...: the object of our efforts is to ...; mit dem ~, etw. zu tun with the aim of doing sth.; sich *(Dat.)* ein ~ setzen *od.* stecken set oneself a goal; sich *(Dat.)* etw. zum ~ setzen set oneself *or* take sth. as one's aim; etw. zum ~ haben have sth. as one's/its goal; Beharrlichkeit führt zum ~: if at first you don't succeed, try, try, and try again; **e)** *(Ende)* einer Sache *(Dat.)* ein ~ setzen put an end to sth.

ziel-, Ziel-: ~bahn·hof der destination; ~band das; *Pl.* ~bänder *(Sport)* finishing-tape; ~bewußt **1.** *Adj.* purposeful; determined; sehr ~bewußt sein know exactly where one is going; **2.** *adv.* purposefully; determinedly

zielen *itr. V.* **a)** *(mit einer Waffe)* aim (auf + *Akk.*, nach at); genau ~: take careful aim; ein gut gezielter Schuß/Wurf an accurate *or* well-aimed shot/throw; **b)** *(sich richten)* auf jmdn./etw. ~ ⟨*reproach, plan, efforts, etc.*⟩ be aimed at sb./sth.

zielend *(Sprachw.)* transitive

ziel-, Ziel-: ~fern·rohr das telescopic sight; ~foto das *(Sport)* photograph of a/the finish; photo-finish photograph; ~gerade die *(Sport)* finishing-straight; ~gerichtet **1.** *Adj.* purposeful; **2.** *adv.* purposefully; ~gruppe die target group; ~kamera die *(Sport)* photo-finish camera; ~linie die *(Sport)* finishing-line; ~los **1.** *Adj.* aimless; **2.** *adv.* aimlessly; ~losigkeit die; ~: aimlessness; ~richter der finish judge; ~scheibe die *(auch fig.)* target *(Gen.* for); ~setzung die; ~, ~en aims *pl.*; objectives *pl.*; ~sicher **1.** *Adj.* **a)** *(treffsicher)* accurate; **b)** *(~gerichtet)* decisive, purposeful ⟨*steps*⟩; confident ⟨*grip*⟩; **2.** *adv.* **a)** *(treffsicher)* accurately; **b)** *(~gerichtet)* decisively; *(zuversichtlich)* confidently; ~sicherheit die; ~: **a)** accuracy; **b)** single-mindedness; ~sprache die *(Sprachw.)* target language; ~strebig **1.** *Adj.* **a)** purposeful; **b)** *(energisch)* single-minded ⟨*person*⟩; **2.** *adv.* **a)** purposefully; **b)** *(energisch)* single-mindedly; ~strebigkeit die; ~. *s.* ~strebig: **a)** purposefulness; **b)** single-mindedness

ziemen ['tsiːmən] *(veralt.)* **1.** *refl. V.* be seemly; das ziemt sich nicht *(coll.).* **2.** *itr. V.* jmdm./einer Sache ~: befit sb./sth.; be fitting for sb./sth.

Ziemer der; ~s, ~ *s.* Ochsenziemer

ziemlich **1.** *Adj. (ugs.)* fair, sizeable ⟨*quantity, number*⟩; eine ~e Frechheit/Weile quite a cheek/while; mit ~er Lautstärke quite loudly; er kommt mit ~er Sicherheit he is more or less certain to come; ich weiß mit ~er Sicherheit, daß ...: I am fairly *or* reasonably certain that ... **2.** *adv.* **a)** quite; fairly; *(etwas intensiver)* pretty; du kommst ~ spät you're rather late; ~ viele Leute quite a few people; **b)** *(ugs.: fast)* pretty well; more or less; er ist so ~ in meinem Alter he's more or less my age

ziepen ['tsiːpn] *(bes. nordd.)* **1.** *itr. V.* es ziepte ihr im Kreuz she had a twinge in her back. **2.** *tr. V.* tweak (an + *Dat.* by); jmdn. an den Haaren ~: give sb.'s hair a tug

Zier [tsiːɐ̯] die; ~ *(veralt.) s.* Zierde

Zierat ['tsiːraːt] der; ~[e]s, ~e *(geh.)* ornament[ation]; bloßer ~ sein be purely ornamental; reich an ~en richly decorated *or* ornamented

Zierde die; ~, ~n *(auch fig.)* ornament; embellishment; zur ~: as decoration; jmdm. zur ~ gereichen *(geh.)* be a credit to sb.; [die] ~ des Landes *(fig.)* the pride of the nation;

eine ~ des Landes *(fig.)* one of the country's jewels

Zier·decke die ornamental bedspread

zieren **1.** *tr. V. (geh.)* adorn; decorate ⟨*room*⟩. **2.** *refl. V.* be coy; *(sich bitten lassen)* need some coaxing *or* pressing; zier dich nicht so! don't make such a fuss!; don't be so coy!

Ziererei die; ~, ~en *(abwertend)* coyness *no indef. art., no pl.*; *(Zögern)* hedging *no indef. art., no pl.*; *(Pose)* posturing *no indef. art.*

Zier-: ~garten der ornamental garden; *(Blumengarten)* flower-garden; ~leiste die [decorative] moulding; *(an der Decke)* cornice; *(am Auto)* trim

zierlich **1.** *Adj.* dainty; delicate; petite, dainty ⟨*woman, figure*⟩. **2.** *adv.* daintily; delicately

Zierlichkeit die; ~: daintiness; delicateness; *(einer Frau, Gestalt)* petiteness; daintiness

Zier-: ~pflanze die ornamental plant; ~stich der *(Handarb.)* ornamental stitch; ~strauch der ornamental shrub

Ziffer ['tsɪfɐ] die; ~, ~n **a)** *(Zahlzeichen)* numeral; *(in einer mehrstelligen Zahl)* digit; figure; arabische/römische ~n arabic/roman numerals; **b)** *(Unterabschnitt)* subsection; clause

Ziffer·blatt das dial; face

-zig, zig [tsɪç] *unbest. Zahlwort (ugs.)* umpteen *(coll.)*

Zigarettchen das; ~s, ~ *(ugs.)* ciggy *(coll.)*

Zigarette [tsiga'rɛtə] die; ~, ~n cigarette

Zigaretten-: ~asche die cigarette-ash; ~automat der cigarette-machine; ~etui das cigarette-case; ~kippe die cigarette-end; ~länge die *(ugs.)* in auf *od.* für eine ~länge just for a smoke; ~papier das cigarette-paper; ~pause die *(ugs.)* break for a smoke; ~raucher der cigarette-smoker; ~schachtel die cigarette-packet; ~spitze die cigarette-holder

Zigarillo [tsiga'rɪlo] der *od.* das; ~, ~s cigarillo; small cigar

Zigarre [tsi'garə] die; ~, ~n **a)** cigar; **b)** *(ugs.: Rüffel)* telling-off; rocket *(Brit. sl.)*; jmdm. eine ~ verpassen give sb. a dressing down *or (Brit. sl.)* rocket

Zigarren-: ~ab·schneider der cigar-cutter; ~asche die cigar-ash; ~raucher der cigar-smoker; ~stummel der cigar-stub

Zigeuner [tsi'gɔynɐ] der; ~s, ~, Zigeunerin, die; ~, ~nen **a)** gypsy; **b)** *(ugs.: Tramp)* vagabond

Zigeuner-: ~kapelle die gypsy band; ~musik die gypsy music; ~primas der leading fiddle-player [of a gypsy band]; ~schnitzel das *(Kochk.)* veal or pork escalope in a spicy sauce with green peppers, tomato, etc.; ~sprache die Romany [language]

zig·mal *Adv. (ugs.)* umpteen times *(coll.)*

zigst ... *(ugs.)* umpteenth *(coll.)*

zig·tausend *unbest. Zahlwort (ugs.)* umpteen thousand *(coll.)*

Zikade [tsi'kaːdə] die; ~, ~n *(Zool.)* cicada

Zimbal ['tsɪmbal] das; ~s, ~e *od.* ~s *(Musik)* cimbalom

Zimbel ['tsɪmbl̩] die; ~, ~n *(Musik)* cymbal

Zimmer ['tsɪmɐ] das; ~s, ~: room; auf/in sein ~ gehen go to one's room

Zimmer-: ~antenne die indoor aerial *or (Amer.)* antenna; ~arbeit die carpentry *no indef. art.*; ~arbeiten carpentry work *sing.*; ~brand der room fire; ~decke die ceiling

Zimmerer der; ~s, ~: carpenter

Zimmer-: ~flucht die; *Pl.* ~en suite [of rooms]; ~hand·werk das carpentry *no art.*; ~kellner der room waiter; ~lautstärke die personal listening level; das Radio auf ~lautstärke stellen turn the radio down to a reasonable volume [so as not to

disturb the neighbours]; ~linde die African hemp; ~mädchen die chamber-maid; ~mann der; *Pl.* ~leute carpenter; ~meister der master carpenter

zimmern **1.** *tr. V.* make ⟨*shelves, coffin, etc.*⟩. **2.** *itr. V.* do carpentry; an einem Regal ~: be making a bookshelf

Zimmer-: ~nummer die room number; ~pflanze die house-plant; indoor plant; ~suche die room-hunt; bei der ~suche when room-hunting; auf ~suche sein be looking for a room; ~temperatur die room temperature; ~theater das studio theatre; ~vermittlung die accommodation office

zimperlich ['tsɪmpɐlɪç] *(abwertend)* **1.** *Adj.* timid; *(leicht angeekelt)* squeamish; *(prüde)* prissy; *(übertrieben rücksichtsvoll)* over-scrupulous; sei nicht ~ mit ihnen don't go easy on them. **2.** *s. Adj.*: timidly; squeamishly; prissily; over-scrupulously; die Polizei ging nicht gerade ~ mit ihr um the police didn't exactly treat her with kid gloves

Zimperlichkeit die; ~, ~en *(abwertend)* timidity; *(Neigung zum Ekel)* squeamishness; *(Prüderie)* prissiness; *(übertriebene Rücksicht)* over-scrupulousness; excessive scruples *pl.*

Zimt [tsɪmt] der; ~[e]s, ~e **a)** cinnamon; **b)** *(ugs. abwertend: Zeug)* rubbish; so ein ~! what a load of rubbish! *(coll.)*

Zimt-: ~stange die cinnamon stick; ~ziege die *(Schimpfwort: Frau)* cow *(sl. derog.)*

¹Zink [tsɪŋk] das; ~[e]s *(Metall)* zinc

²Zink der; ~[e]s, ~en *(Musik)* cornetto

Zink-: ~blech das zinc [sheet]; ~blende die zinc blende

Zinke die; ~, ~n prong; *(eines Kammes)* tooth; *(Holzverarb.)* dovetail

zinken *tr. V. (ugs.)* mark ⟨*cards*⟩

Zinken der; ~s, ~ **a)** *(Gaunerspr.)* [crook's/beggar's] secret sign *or* mark; **b)** *(ugs. scherzh.: Nase)* conk *(sl.)*

Zink-: ~leim·verband der *(Med.)* Unna's paste dressing; ~salbe die *(Med.)* zinc oxide ointment

Zinn [tsɪn] das; ~[e]s **a)** *(Metall)* tin; **b)** *(Gegenstände)* pewter[ware]

Zinne die; ~, ~n **a)** merlon; ~n battlements; **b)** *(schweiz.: Dachterrasse)* roof terrace

Zinn-: ~figur die pewter figure; ~soldat *o. ä.* tin figure; ~gießer der pewterer

Zinnie ['tsɪniə] die; ~, ~n *(Bot.)* zinnia

Zinn·kraut das; *o. Pl.* common horsetail

Zinnober [tsɪ'noːbɐ] der; ~s, ~ **a)** cinnabar; **b)** *o. Pl.; österr.: das; ~s (~rot)* vermilion; **c)** *o. Pl. (salopp abwertend (wertloses Zeug)* junk; rubbish; *(Unsinn)* twaddle; ~ machen make a big fuss

zinnober·rot *Adj.* vermilion

Zinn-: ~soldat der tin soldier; ~teller der pewter plate

Zins [tsɪns] der; ~es, ~en *od.* ~e **a)** *Pl.* ~en *(Geld)* interest; ~en tragen *od.* bringen earn interest; zu 8% ~en at 8% interest; bei einem ~ von 8% at 8% interest; die ~en sind gestiegen interest rates have gone up; jmdm. etw. mit ~en *od.* mit ~ und Zinseszins zurückzahlen *(fig.)* make sb. pay dearly for sth.; **b)** *Pl.* ~e *(südd., österr., schweiz.: Miet~)* rent

Zins·erhöhung die increase in the rate of interest

Zinses·zins der; ~es, ~en compound interest

zins-, Zins-: ~fuß der interest rate; ~günstig *(Finanzw.)* **1.** *Adj.* at a favourable rate of interest *postpos.*; low-interest ⟨*credit, loan*⟩; high-interest, high-yield ⟨*savings scheme, investment, etc.*⟩; **2.** *adv.* at a favourable rate of interest; ~los **1.** *Adj.* interest-free; **2.** *adv.* free of interest; ~pflichtig *Adj.* liable to interest *postpos.*; ... ist ~pflichtig interest is payable on ...; ~politik die policy on interest rates; ~rech-

nung die calculation of interest; ~**satz** der interest rate; ~**senkung** die reduction of interest rates
Zionismus [tsio'nɪsmʊs] der; ~: Zionism no art.
Zionist der, **Zionistin**, die; ~, ~nen Zionist
zionistisch Adj. Zionist
Zipfel ['tsɪpfl] der; ~s, ~ (einer Decke, eines Tisch-, Handtuchs usw.) corner; (Wurst~, eines Halstuchs) [tail-]end; (einer ~mütze) point; (Spitze eines Sees usw.) tip
zipfelig Adj. uneven ⟨hem⟩; ⟨coat, skirt⟩ with an uneven hem
Zipfel·mütze die [long-]pointed cap
Zipp Ⓜ [tsɪp] der; ~s, ~s (österr.) zip
Zipperlein ['tsɪpɐlain] das; ~ (ugs. veralt.) gout
Zipp·verschluß der (österr.) zip-fastener
Zirbel- ['tsɪrbl]: ~**drüse** die (Biol.) pineal gland; ~**kiefer** die Swiss [stone] pine; arolla pine
Zirconium (fachspr.) s. Zirkonium
zirka ['tsɪrka] Adv. about; approximately
Zirkel ['tsɪrkl] der; ~s, ~ **a)** (Gerät) [pair sing. of] compasses pl.; **b)** (Kreis, Gruppe; beim Pferdesport; DDR: Arbeitsgemeinschaft) circle; **c)** s. Zirkeldefinition, Zirkelschluß
Zirkel-: ~**definition** die circular definition; ~**kasten** der compasses-case
zirkeln 1. tr. V. (genau abmessen) measure out precisely; **gezirkelt** precisely laid out; **er zirkelte den Ball genau in die linke obere Ecke** (Fußballjargon) he placed the ball with precision in the top left-hand corner. 2. itr. V. (ugs.: sehr genau arbeiten) try to get things just right
Zirkel·schluß der circular argument
Zirkonium [tsɪr'ko:niʊm] das; ~s zirconium
zirkular [tsɪrku'laːɐ̯] (Physik, Fot.) 1. Adj. circular 2. adv. circularly
Zirkulation [tsɪrkula'tsio:n] die, ~, ~en **a)** circulation; **b)** (Fechten) circular parry
zirkulieren itr. V.; auch mit sein circulate
Zirkumflex [tsɪrkʊm'flɛks] der; ~es, ~e (Sprachw.) circumflex
Zirkus ['tsɪrkʊs] der; ~, ~se **a)** circus; **b)** (ugs.) o. Pl. (Trubel) hustle and bustle; (Krach) to-do; rumpus (coll.); (Umstände) **mach nicht so einen ~!** don't make such a fuss!
Zirkus-: ~**pferd** das circus horse; ~**vorstellung** die circus performance; ~**zelt** das big top
zirpen ['tsɪrpn] itr. V. chirp
Zirren s. Zirrus
Zirrhose [tsɪ'roːzə] die; ~, ~n (Med.) cirrhosis
Zirrus ['tsɪrʊs] der; ~, ~ od. **Zirren**, **Zirrus·wolke** die (Met.) cirrus [cloud]
zirzensisch [tsɪr'tsɛnzɪʃ] Adj. circus attrib.
zisalpin [tsisal'piːn] Adj. cisalpine
Zischelei die; ~, ~en whispering
zischeln ['tsɪʃln] tr., itr. V. whisper angrily
zischen ['tsɪʃn] **1.** itr. V. **a)** hiss; ⟨hot fat⟩ sizzle; **b)** mit sein hiss; (ugs.: flitzen) whizz. **2.** tr. V. **a)** (zischend sprechen) hiss; **b)** **ein Bier/einen ~** (ugs.) knock back a beer (coll.)/knock one back (coll.)
Zisch·laut der (Sprachw.) sibilant
Ziseleur [tsize'løːɐ̯] der; ~s, ~e engraver
Ziselier·arbeit die engraving; (von Gold, Silber) chasing no indef. art.; (Produkt) piece of engraved/chased work
ziselieren [tsize'liːrən] tr., itr. V. engrave; chase ⟨gold, silver⟩
Ziselierer der; ~s, ~ s. Ziseleur
Ziselierung die; ~, ~en engraving; (von Gold, Silber) chasing
Zisterne ['tsɪstɐnə] die; ~, ~n [underground] tank or cistern
Zisterzienser [tsɪstɐ'tsiɛnzɐ] der; ~s, ~, **Zisterzienserin** die; ~, ~nen Cistercian [monk/nun]

Zisterzienser·orden der Cistercian order
Zitadelle [tsita'dɛlə] die; ~, ~n citadel
Zitat [tsi'taːt] das; ~[e]s, ~e quotation (aus from); **falsches ~**: misquotation
Zitaten-: ~**sammlung** die collection of quotations; ~**schatz** der store of quotations
Zither ['tsɪtɐ] die; ~, ~n zither
Zither·spieler der zither-player
zitieren [tsi'tiːrən] tr., itr. V. **a)** quote (aus, nach from); (Rechtsspr.: anführen) cite; ..., **ich zitiere: „...**" ... and I quote: '...'; (wie er usw. sich ausdrückt) '...', as he etc. puts it; **falsch ~**: misquote; **b)** (vorladen, rufen) summon ⟨vor before, zu to⟩
Zitronat [tsitro'naːt] das; ~[e]s candied lemon-peel
Zitrone [tsi'troːnə] die; ~, ~n lemon; **jmdn. ausquetschen wie eine ~** (ugs.) (ausfragen) pump sb.; (ausbeuten) bleed sb. dry
zitronen-, **Zitronen-**: ~**falter** der brimstone butterfly; ~**gelb** Adj. lemon-yellow; ~**limonade** die lemonade; ~**melisse** die lemon balm; ~**presse** die lemon-squeezer; ~**saft** der lemon-juice; ~**säure** die (Chemie) citric acid; ~**schale** die lemon-peel
Zitrus·frucht ['tsitrʊs-] die citrus fruit
Zitter-: ~**aal** der electric eel; ~**gras** das quaking grass
zittern ['tsɪtɐn] itr. V. **a)** tremble (vor + Dat. with); (vor Kälte) shiver; ⟨needle, arrow, leaf, etc.⟩ quiver; (flimmern) ⟨air⟩ shimmer; (beben) ⟨walls, windows⟩ shake; **mit ~der Stimme** in a trembling or quavering voice; **b)** (Angst haben) tremble; quake; **vor jmdm./etw. ~**: be terrified of sb./sth.; **er zittert vor der Prüfung** he's scared stiff (coll.) about the exam; **mit Zittern und Zagen** in fear and trembling; **um jmdn./etw. ~**: be very worried about sb./sth.; **für jmdn. ~**: be anxious for sb.; **c)** **mit sein** (salopp: gehen) **nach Hause ~**: slope off home (sl.)
Zitter-: ~**pappel** die aspen; ~**partie** die (Sportjargon, auch fig.) nail-biting affair; ~**rochen** der torpedo ray
zittrig 1. Adj. shaky; doddery ⟨old man⟩. 2. adv. shakily
Zitze ['tsɪtsə] die; ~, ~n teat
Zivi [tsi:vi] der; ~s, ~s (ugs.) s. Zivildienstleistende
zivil [tsi'viːl] **1.** Adj. **a)** civilian ⟨life, population⟩; non-military ⟨purposes⟩; civil ⟨aviation, marriage, law, defence⟩; s. auch Ersatzdienst; **b)** (annehmbar) decent; reasonable. **2.** adv. decently; reasonably
Zivil das; ~s **a)** civilian clothes pl.; **Polizist in ~**: plain-clothes policeman; **b)** (schweiz.: Familienstand) marital status
Zivil-: ~**beruf** der civilian profession or job; ~**bevölkerung** die civilian population; ~**courage** die courage of one's convictions; ~**diener** der (österr.) s. Ersatzdienstleistende; ~**dienst** der; o. Pl. s. Ersatzdienst; ~**dienstleistende** der, ~n, ~n; adj. Dekl.; ~**dienstler** [-diːnstlɐ] der; ~s, ~ (ugs.) s. Ersatzdienstleistende; ~**ehe** die civil marriage; ~**flug·hafen** der civil airport; ~**gericht** das civil court; ~**gesetz·buch** (schweiz., DDR) civil code
Zivilisation [tsiviliza'tsioːn] die; ~, ~en civilization; **eine hohe/niedrige ~**: a high/low level of civilization; **fortschreitende ~**: progressively increasing degree of civilization
Zivilisations·krankheit die disease of modern civilization or society
zivilisations·müde Adj. weary of modern civilization postpos.
zivilisatorisch [tsiviliza'toːrɪʃ] 1. Adj. ⟨development, level, standard⟩ of civilization. 2. adv. with regard to civilization
zivilisieren tr. V. civilize
zivilisiert 1. Adj. civilized. 2. adv. in a civilized way

Zivilist der; ~en, ~en civilian
Zivil-: ~**kammer** die (Rechtsw.) chamber for civil matters; ~**klage** die (Rechtsw.) private action or prosecution; ~**kleidung** die civilian clothes pl.; ~**leben** das civilian life; ~**luft·fahrt** die civil aviation; ~**person** die civilian; ~**prozeß** der (Rechtsw.) civil action; ~**prozeß·ordnung** die (Rechtsw.) civil procedure; ~**recht** das; o. Pl. civil law; ~**richter** der civil judge; ~**sache** die (Rechtsw.) civil case; ~**schutz** der civil defence; ~**trauung** die civil wedding; ~**verfahren** das (Rechtsw.) civil proceedings pl.
ZK [tsɛt'kaː] das; ~s, ~s Abk. Zentralkomitee
Zloty ['zlɔti] der; ~s, ~s zloty
Znüni ['tsnyːni] der od. das; ~s, ~s (schweiz.) mid-morning snack
Zobel ['tsoːbl] der; ~s, ~ sable
Zobel·pelz der sable [fur]
zockeln ['tsɔkln] s. zuckeln
Zofe ['tsoːfə] der; ~, ~n (hist.) lady's maid
Zoff [tsɔf] der; ~s (ugs.) rowing (coll.); squabbling; **~ machen** cause trouble; **mit jmdm. ~ haben** have a set-to with sb.
zog 1. u. 3. Pers. Sg. Prät. v. ziehen
zögerlich ['tsøːɡɐlɪç] 1. Adj. hesitant; tentative. 2. adv. hesitantly
zögern itr. V. hesitate; **ich zögere nicht zu behaupten, daß** ...: I have no hesitation in saying that ...; **mit der Antwort ~**: hesitate before answering; **mit der Abreise ~**: delay one's departure; **ohne zu ~**: without hesitation; **nach einigem Zögern** after a moment's hesitation; **~d vorangehen** proceed hesitantly
Zögling ['tsøːklɪŋ] der; ~s, ~e (veralt.) boarding pupil; boarder
Zölibat [tsøli'baːt] das od. der; ~[e]s, ~e celibacy no art.
¹**Zoll** [tsɔl] der; ~[e]s, Zölle ['tsœlə] **a)** (Abgabe) [customs] duty; **auf dieser Ware liegt kein/ein hoher ~**: there is no duty/a high rate of duty on this article; **die Zölle senken** reduce rates of duty or [customs] tariffs; **b)** (hist.: Benutzungsgebühr) toll; **~ erheben** charge a toll; **c)** o. Pl. (Behörde) customs pl.
²**Zoll** der; ~[e]s, ~ inch; **ein Nagel von ~**: a two-inch nail; **von 4 ~ Durchmesser** 4 inches in diameter; **keinen ~ nachgeben** od. **weichen** (fig.) not give or budge an inch; **jeder ~**, **für ~ ein Gentleman** (fig.) every inch a gentleman
zoll-, **Zoll-**: ~**abfertigung** die customs clearance; **die ~abfertigung passieren** go through customs; **bei der ~abfertigung** at the customs; ~**amt** das customs house or office; ~**aus·land** das region outside one's own customs area; ~**beamte** der, ~**beamtin** die customs officer; ~**breit** Adj. inch-wide; ~**breit** der; ~, ~: **keinen ~breit zurückweichen** (fig.) not budge an inch
zollen ['tsɔlən] tr. V. (geh.) jmdm. etw. ~: accord sb. sth.; **jmdm. Respekt/Bewunderung ~**: show sb. respect/admiration; **jmdm. Lob ~**: bestow praise upon sb.; **jmdm. Anerkennung ~**: give sb. recognition; **jmdm. Beifall ~**: applaud sb.; **jmdm./einer Sache Tribut ~**: pay tribute to sb./sth.
zoll-, **Zoll-**: ~**erklärung** die customs declaration; ~**fahndung** die customs investigation; ~**formalität** die customs formality; ~**frei** 1. Adj. duty-free; free of duty pred.; 2. adv. free of duty; ~**gebiet** das customs area; **sich auf britischem ~gebiet befinden** be in the British customs area; ~**grenz·bezirk** der frontier area under customs surveillance; ~**grenze** die limit of a/the customs area; ~**inland** das domestic customs area; ~**kontrolle** die customs examination or check; **zur ~kontrolle gehen** go to customs for clearance
Zöllner ['tsœlnɐ] der; ~s, ~ **a)** (ugs. veralt.) customs officer; **b)** (hist.: Steuereintreiber) tax-collector; (bibl.) publican

zoll-, Zoll-: ~**pflichtig** Adj. dutiable; ~**schranke** die customs barrier; ~**station** die, ~**stelle,** die customs post; ~**stock** der folding rule; ~**union** die customs union; ~**verein** der (hist.) der Deutsche ~verein the German customs union; the Zollverein

Zombie ['tsɔmbi] der; ~[s], ~s zombie

Zone ['tso:nə] die; ~, ~n a) zone; (für Telefongespräche) charge zone; (für öffentlichen Nahverkehr) fare zone; b) die ~ (ugs. veralt.) East Germany

Zonen-: ~**grenze** die a) die ~grenze (ugs. veralt.) East German border; b) (hist.: zwischen Besatzungszonen) zonal frontier; ~**rand·gebiet** das area along the East German border; ~**zeit** die zone time

Zoo [tso:] der; ~s, ~s zoo; **im/in den ~:** at/to the zoo

Zoo·handlung die pet shop

Zoologe [tsoo'lo:gə] der; ~n, ~n zoologist

Zoologie die; ~: zoology no art.

zoologin die; ~, ~nen zoologist

zoologisch 1. Adj. zoological; ~**er Garten** zoological gardens pl.; ~**er Bedarf** pet foods and accessories pl. 2. adv. zoologically; ~ **interessiert/beschlagen** interested in/knowledgeable about zoology

¹Zoom [zu:m] das; ~s, ~s (Film, Fot.: Objektiv) zoom

²Zoom der; ~s, ~s (Film: Aufnahme) zoom shot

zoomen ['zu:mən] itr., tr. V. (Film) zoom

Zoom·objektiv das (Film, Fot.) zoom lens

Zoo-: ~**technik** die (DDR) zootechnics sing., no art.; ~**techniker** der (DDR) zootechnics expert; ~**tier** das zoo animal; ~**wärter** der zookeeper

Zopf [tsɔpf] der; ~[e]s, **Zöpfe** ['tsœpfə] a) plait; (am Hinterkopf) pigtail; sich (Dat.) Zöpfe flechten plait one's hair [into pigtails]; falscher ~: false braid; einen alten ~ abschneiden (fig.) put an end to an antiquated custom or practice; b) (Backwerk) plait

Zopf·band das; Pl. ~**bänder** pigtail ribbon

Zöpfchen ['tsœpfçən] das; ~s, ~: small plait/pigtail

Zopf-: ~**muster** das cable pattern; ~**spange** die hair-slide (Brit.), barnette (Amer.) (for a pigtail); ~**stil** der; o. Pl. (Kunstwiss.) plain style of the late 18th century; ~**zeit** die, o. Pl. (Kunstwiss.) age of the Zopfstil

Zorn [tsɔrn] der; ~[e]s anger; (stärker) wrath; fury; **ihn packte der ~:** he flew into a rage; einen ~ auf jmdn. haben (ugs.) be furious with sb.; jmds. ~ erregen anger sb.; der ~ der Götter the wrath of the Gods; vor ~ kochen be boiling with rage; gerechter ~: righteous anger; im ~: in a rage; in anger

Zorn-: ~**ader** die in jmdm. schwillt die ~ader (geh.) sb. flies into a rage; ~**ausbruch** der angry outburst; fit of rage

Zornes-: ~**ader** s. Zornader; ~**falte** die (geh.) vertical line [on the brow]; angry furrow; ~**röte** die (geh.) in jmdm. die ~röte ins Gesicht treiben make sb. flush with anger; jmdm. steigt die ~röte ins Gesicht sb. flushes with anger

zornig 1. Adj. furious; ~ **über etw.** furious about sth.; ~ **auf** od. **über jmdn.** furious with sb. 2. adv. furiously

Zorn·röte die s. Zornesröte

Zote ['tso:tə] die; ~, ~n dirty joke

Zoten·reißer der; ~s, ~ (abwertend) teller of dirty jokes

zotig 1. Adj. smutty; dirty ⟨joke⟩. 2. adv. smuttily

Zotte ['tsɔtə] die; ~, ~n a) (Haarbüschel) shaggy tuft [of hair]; b) (Anat.) villus

Zottel ['tsɔtl] die; ~, ~n (ugs.) a) s. Zotte a; b) Pl. (abwertend: Haare) shaggy locks

Zottel·haar das (ugs.) shaggy or unkempt hair

zottelig 1. Adj. shaggy. 2. adv. die Haare hingen ihr ~ ins Gesicht her hair hung shaggily over her face

Zottel·kopf der (ugs.) a) (Frisur) shaggy hair; b) (Person) shaggy-haired type

zotteln itr. V.; mit sein (ugs.) saunter; amble

Zottel·trab der jogtrot

zottig Adj. shaggy

ZPO [tsɛtpe:'o:] die; ~ Abk. Zivilprozeßordnung

Z-Soldat der (Militärjargon) s. Zeitsoldat

Ztr. Abk. Zentner cwt.

zu [tsu:] 1. Präp. mit Dat. a) (Richtung) to; **zu ... hin** towards ...; **er kommt zu mir** (besucht mich) he is coming to my place; b) (zusammen mit) with; **zu dem Käse gab es Wein** there was wine with the cheese; **das paßt nicht zu Bier/zu dem Kleid** that doesn't go with beer/with that dress; c) (Lage) at; **zu beiden Seiten** on both sides; **zu seiner Linken** (geh.) on his left; **es ist zu Wasser und zu Lande zu erreichen** it can be reached by water and overland; **er kam zu dieser Tür herein** he came in by this door; **der Dom zu Speyer** Speyer Cathedral; **er wurde zu Köln geboren** (veralt.) he was born in Cologne; **das Gasthaus zu den drei Eichen** the Three Oaks Inn; **der Graf zu Mansfeld** the Count of Mansfeld; d) (zeitlich) at; **zu Weihnachten** at Christmas; **was schenkst du ihnen zu Weihnachten** what will you give them for Christmas?; **er will zu Ostern verreisen** he wants to go away for Easter; **zu Anfang des Jahres** at the beginning of the year; **zu dieser Stunde** at this time; **zu meiner Zeit** in my day; s. auch Lebzeiten; e) (Art u. Weise) **zu meiner Zufriedenheit/Überraschung** to my satisfaction/surprise; **zu seinem Vorteil/Nachteil** to his advantage/disadvantage; **zu niedrigen Preisen** at low prices; **zu deutsch** (fig.) in plain German; in words of one syllable; (bei Mengenangaben o. ä.) **zu Dutzenden/zweien** by the dozen/in twos; **sie sind zu einem Drittel/zu 50 % arbeitslos** a third/50 % of them are jobless; **zu einem großen Teil** largely; to a large extent; f) (ein Zahlenverhältnis ausdrückend) im Verhältnis von 3 zu 1 a ratio of 3 to 1; **das Ergebnis war 2 zu 1** the result was 2–1 or 2 to 1; g) (einen Preis zuordnend) at; **Stoff zu zwanzig Mark der Meter** cloth at or for twenty marks a metre; **fünf Briefmarken zu fünfzig [Pfennig]** five 50-pfennig stamps; h) (eine Zahlenangabe zuordnend) **ein Faß zu zehn Litern** a ten-litre barrel; **Portionen zu einem Pfund** portions weighing a pound each; i) (Zweck) for; **zu einer weiteren Behandlung nach X fahren** go to X for further treatment; **sie sagte das zu seiner Beruhigung** she said it to allay his fears; **Stoff zu einem Kleid** material for a dress; j) (Ziel, Ergebnis) into; **etw. werden** turn into sth.; **die Kartoffeln zu einem Brei zerstampfen** mash the potatoes into a puree; **das hat ihn zu meinem Freund gemacht** that made him my friend; **zu Staub zerfallen** crumble into dust; k) (über) about; on; sich zu etw. äußern comment on sth.; **zu welchem Thema spricht er?** what is he going to speak about?; **was sagst du zu meinem Vorschlag?** what do you say to my proposal?; l) (gegenüber) **freundlich/häßlich zu jmdm. sein** be friendly/nasty to sb.; **Liebe zu jmdm. empfinden** have feelings of love towards sb.; s. auch zum; zur. 2. Adv. a) (allzu) too; **zu sehr** too much; **er ist zu alt, um diese Reise zu unternehmen** he is too old to undertake this journey; **das ist ja so schön/komisch!** that's really wonderful/hilarious!; b) nachgestellt (Richtung) towards; **der Grenze zu** towards the border; **dem Fenster zu stand ein Polizist** a policeman stood over the window; c) (ugs.) elliptisch

Augen/Tür zu! shut your eyes/the door!; d) (ugs.: Aufforderung) **nur zu!** (fang/fangt an!) get going!; get down to it!; (mach/macht weiter!) get on with it!; **dort gehst du richtig, nur zu!** you're going the right way, just keep going!; **Wir sind fertig. – Na, dann zu!** We're ready. – Right, let's go!. 3. Konj. a) (mit Infinitiv) to; **ich bat ihn zu helfen** I asked him to help; **du hast zu gehorchen** you must obey; **was gibt's da zu lachen?** what is there to laugh about?; **er ist heute nicht zu sprechen** he is not available today; **die Wände sind noch zu streichen** the walls still have to be painted; **das ist nicht zu glauben** it is unbelievable; **Haus zu verkaufen/vermieten** house for sale/to let; b) (mit 1. Part.) **die zu gewinnenden Preise** the prizes to be won; **die zu erledigende Post** the letters pl. to be dealt with

zu·aller·erst Adv. first of all; (hauptsächlich) above all else

zu·aller·letzt Adv. last of all

zu|arbeiten itr. V. jmdm. ~: assist sb. [with preparatory work]

zu|bauen tr. V. a) develop, build on ⟨land⟩; b) (ugs.: versperren) block ⟨entrance, door⟩; obstruct ⟨view⟩

Zubehör ['tsu:bəhø:ɐ̯] das; ~[e]s, ~e od. schweiz. ~den accessories pl.; (eines Staubsaugers, Mixers o. ä.) attachments pl.; (Ausstattung) equipment; **mit allem ~:** with all accessories pl.; fully equipped ⟨workshop, kitchen, etc.⟩

zu|beißen unr. itr. V. bite; **einen Hund ärgern, bis er zubeißt** tease a dog until he bites one

zu|bekommen unr. tr. V. get ⟨suitcase, door, etc.⟩ shut; get the top on ⟨bottle⟩; get ⟨clothes, buttons⟩ done up; manage to repair ⟨leak⟩; manage to mend ⟨hole⟩

Zuber ['tsu:bɐ] der; ~s, ~ (bes. südd.) tub

zu|bereiten tr. V. prepare ⟨meal, food, cocktail, etc.⟩; make up ⟨medicine, ointment⟩; (kochen) cook ⟨fish, meat, etc.⟩

Zu·bereitung die; ~, ~en preparation; (von Arznei) making up; (Kochen) cooking

zu|betonieren tr. V. concrete over; cover in concrete

Zu·bett·gehen das; ~s: vorm/beim ~: before/on going to bed

zu|bewegen 1. tr. V. etw. auf jmdn./etw. ~: move sth. towards sb./sth. 2. refl. V. sich auf etw. ~: move towards sth.

zu|billigen tr. V. jmdm. etw. ~: grant or allow sb. sth.; **jmdm., daß er in gutem Glauben gehandelt hat** accept that sb. acted in good faith; **dem Angeklagten mildernde Umstände ~:** allow the accused's plea of extenuating circumstances

Zu·billigung die; ~, ~en granting; allowing; **er wurde unter ~ mildernder Umstände für schuldig befunden** he was found guilty but with extenuating circumstances

zu|binden unr. tr. V. tie [up]

zu|blinzeln itr. V. jmdm. ~: wink at sb.

zu|bringen unr. tr. V. a) (verbringen) spend; b) (landsch.) s. zubekommen

Zu·bringer der; ~s, ~ (Verkehrsw.) a) (Straße) access or feeder road; b) (Verkehrsmittel) shuttle; (Flughafenbus o. ä.) courtesy bus

Zu·brot das; o. Pl. bit extra or on the side; **er ist auf ein ~ angewiesen** he is forced to earn a bit on the side

zu|buttern tr., itr. V. (ugs.) chip in (coll.)

Zucchetto [tsu'kɛto] der; ~s, **Zucchetti** (schweiz.), **Zucchino** [tsu'ki:no] der; ~s, **Zucchini** courgette (Brit.); zucchini (Amer.)

Zucht [tsuxt] die; ~, ~en a) o. Pl. (Züchtung) (von Tieren) breeding; (von Pflanzen) cultivation; breeding; (von Bakterien, Perlen) culture; b) (Zuchtergebnis) (von Tieren) breed; (von Pflanzen) variety; strain; (von Bakterien) culture; strain; **ein Pferd aus deutscher ~:** a German-bred horse; Pflan-

Zuchtbulle

zen/Tiere aus meiner ~: plants which I have grown/animals which I have bred; c) *(Einrichtung)* breeding establishment; *(für Pferde)* stud; *(für Pflanzen)* plant-breeding establishment; d) *o. Pl. (geh.: Disziplin)* discipline; **für ~ und Ordnung sorgen** keep order; **jmdn. in strenge ~ nehmen** take sb. firmly in hand

Zucht-: ~**bulle** der breeding bull; ~**eber** der breeding boar

züchten ['tsʏçtn̩] *tr. V. (auch fig.)* breed; cultivate ⟨plants⟩; culture ⟨bacteria, pearls⟩

Züchter der; ~s, ~, **Züchterin**, die; ~, ~**nen** breeder; *(von Pflanzen)* grower [of new varieties]; plant-breeder

Zucht·haus das a) *(Gefängnis)* [long-stay] prison; penitentiary *(Amer.)*; b) *o. Pl. (Strafe)* [severest form of] imprisonment; imprisonment in a penitentiary *(Amer.)*; *(mit Zwangsarbeit)* penal servitude *(hist.)*

Zuchthäusler [-hɔʏslɐ] der; ~s, ~ *(veralt.)* convict

Zuchthaus·strafe die [severe] prison sentence; sentence to a penitentiary *(Amer.)*; **eine lebenslange ~**: life imprisonment; a life sentence

Zucht·hengst der stud-horse; breeding stallion

züchtig *(veralt.)* 1. *Adj.* demure. 2. *adv.* demurely

züchtigen ['tsʏçtɪɡn̩] *tr. V. (geh.)* beat; thrash; *(fig.: bestrafen)* castigate

Züchtigung die; ~, ~**en** *(geh.)* beating; thrashing; *(fig.: Bestrafung)* castigation; **körperliche ~**: corporal punishment

zucht·los *(veralt.)* 1. *Adj.* undisciplined; *(unzüchtig)* licentious. 2. *adv.* without discipline; in an undisciplined way; *(unzüchtig)* licentiously

Zuchtlosigkeit die; ~, ~**en** *(veralt.)* a) *o. Pl.* lack of discipline; *(Unzüchtigkeit)* licentiousness; b) *(Verhalten)* impropriety

Zucht-: ~**perle** die cultured pearl; ~**tier** das breeding animal

Züchtung die; ~, ~**en** a) *(das Züchten)* breeding; *(von Pflanzen)* cultivation; b) *(Zuchtergebnis)* strain

zuck [tsʊk] *s.* ruck, zuck

zuckeln ['tsʊkl̩n] *itr. V.; mit sein* saunter; amble; *(schleppend)* trail; ⟨cart etc.⟩ trundle

Zuckel·trab der *(ugs.)* jogtrot

zucken *itr. V.; mit Richtungsangabe mit sein* twitch; ⟨body, arm, leg, etc.⟩ jerk; *(vor Schreck)* start; ⟨flames⟩ flicker, flare up; ⟨light, lightning⟩ flicker, flash; ⟨whip⟩ flick **(nach** etc.); ⟨dragon-fly⟩ flick; ⟨clock-hand⟩ jerk; **er zuckte zur Seite** he jumped to one side; **mit der Hand ~**: jerk one's hand; **mit den Achseln/Schultern ~**: shrug one's shoulders; **er ertrug den Schmerz, ohne auch nur zu ~**: he bore the pain without even flinching; **es zuckte in seinem Gesicht/um ihren Mund** his face twitched/there was a twitch around her mouth

zücken ['tsʏkn̩] *tr. V.* draw ⟨sword, dagger, knife⟩; *(scherzh.)* take out, produce ⟨wallet, notebook, camera, etc.⟩

Zucker der; ~s, ~ a) sugar; **~ sein** *(fig. salopp)* be fabulous *(coll.)*; b) *o. Pl. (Medizinjargon) s.* Blutzuckerspiegel; c) *o. Pl. (ugs.: ~krankheit)* diabetes; **~ haben** be a diabetic

Zucker·bäcker der *(veralt., bes. südd./österr.)* confectioner

Zuckerbäcker·stil der; *o. Pl. (Archit.)* wedding-cake style

Zucker·brot das **mit ~ und Peitsche** with a carrot and a stick

zucker-, Zucker-: ~**dose** die sugar bowl; ~**erbse** die edible-podded or mange-tout pea; ~**guß** der icing; ~**hut** der sugar loaf; ~**krank** *Adj.* diabetic; ~**krankheit** die diabetes

Zuckerl das; ~s, ~[n] *(südd., österr.)* sweet *(Brit.)*; candy *(Amer.)*; *(fig.)* sweetener; enticement

Zucker-: ~**lecken** das *s.* Honiglecken; ~**lösung** die sugar solution; *(sirupartig)* syrup

zuckern *tr. V.* sugar

zucker-, Zucker-: ~**puppe** die *(ugs.)* sweet little thing; sweetie *(coll.)*; ~**rohr** das sugar cane; ~**rübe** die sugar beet; ~**schlecken** das *s.* Honiglecken; ~**stange** die stick of rock; ~**streuer** der sugarcaster; ~**süß** 1. *Adj.* as sweet as sugar *postpos.*; beautifully sweet; *(fig. abwertend)* saccharine, sugary ⟨picture, smile, etc.⟩; 2. *adv.* ~**süß lächeln** *(fig. abwertend)* give a saccharine or sugary smile; ~**wasser** das *o. Pl.* sugar-water; ~**watte** die candyfloss; ~**zange** die sugar-tongs *pl.*; ~**zeug** das; *o. Pl. (veralt.)* sweet things *pl.*; confectionery

zuckrig *Adj.* sugary

Zuckung die; ~, ~**en** twitch; **letzte ~en** death throes

Zu·decke die *(ugs.)* cover

zu|decken *tr. V.* cover up; cover [over] ⟨well, ditch⟩; **sich ~**: tuck oneself up; **gut/warm zugedeckt** well/warmly tucked up

zu·dem *Adv. (geh.)* moreover; furthermore

zu|denken *unr. tr. V. (geh.)* **jmdm. etw. ~**: intend sth. for sb.

zu|diktieren *tr. V.* **jmdm. etw. ~**: impose sth. on sb.

zu|drehen 1. *tr. V.* a) *(abdrehen)* turn off ⟨tap, heating, water, gas⟩; *(schließen)* screw ⟨valve, container⟩ shut; b) *(zuwenden)* **jmdm. den Kopf/Rücken ~**: turn one's head towards/one's back on sb. 2. *refl. V.* **sich jmdm./etw. ~**: turn to or towards sb./sth.

zu·dringlich 1. *Adj.* pushy *(coll.)*, pushing ⟨person, manner⟩; *(sexuell)* importunate ⟨person, manner⟩; prying ⟨glance⟩; **er wurde ~**: he began to force his attentions on her/me/etc. 2. *adv.* importunately

Zu·dringlichkeit die; ~, ~**en** a) *o. Pl.* pushiness *(coll.)*; *(in sexueller Hinsicht)* importunate manner; b) *(Handlung)* ~**en** insistent advances or attentions

zu|drücken *tr. V.* press; push ⟨door⟩ shut; **er drückte ihr die Gurgel** od. **Kehle zu** he choked or throttled her; **sie drückte ihm [dem Toten] die Augen zu** she closed his eyes. 2. *itr. V.* press

zu|eignen *tr. V. (geh.)* **jmdm. etw. ~**: dedicate sth. to sb.

Zu·eignung die; ~, ~**en** dedication

zu|eilen *itr. V.; mit sein* **auf jmdn./etw. ~**: hurry or rush towards sb./sth.

zu·einander *Adv.* to one another; **Liebe ~ empfinden** have feelings of love towards one another; **gut/schlecht ~ passen** ⟨things⟩ go well together/not match; ⟨people⟩ be well-/ill-suited

zueinander-: ~**|finden** *unr. itr. V.* come together; *(fig.: sich einigen)* find common ground; ~**|halten** *unr. itr. V.* stick together; ~**|kommen** *unr. itr. V.; mit sein* meet up; get together; ~**|stehen** *unr. itr. V.* stand by one another; stick together

zu|erkennen *unr. tr. V.* **jmdm. ein Recht ~**: grant sb. a right; **jmdm. eine Entschädigung/einen Preis ~**: award sb. compensation/a prize; **jmdm. einen Titel ~**: confer a title on sb.

Zuerkennung die; ~, ~**en** *(eines Rechts)* granting; *(einer Entschädigung, eines Preises)* award; *(eines Titels)* conferring

zu·erst *Adv.* a) first; **ich muß ~ einmal etwas essen** I must have something to eat first; **er war ~ da** he was here first; **he was the first to come**; **wer ~ kommt, wird ~ bedient** first come, first served; **mit dem Kopf ~ ins Wasser springen** jump into the water head first; b) *(anfangs)* at first; to start with; c) *(erstmals)* first; for the first time

Zu·erwerb der *s.* Nebenerwerb

Zuerwerbs·betrieb der *(Landw.)* holding which does not provide an adequate income

zufließen

without supplementation from non-agricultural work

zu|fächeln *tr. V.* **jmdm. etw. ~**: waft sth. towards sb.; **jmdm./sich Kühlung ~**: fan sb./oneself

zu|fahren *unr. itr. V.; mit sein* a) *(sich zubewegen)* **auf jmdn./etw. ~**: head towards sb./sth.; *(zusteuern)* drive at or aim for sb./sth.; **auf jmdn./etw. zugefahren kommen** come towards sb./sth.; b) *(ugs.: los-, weiterfahren)* get a move on *(coll.)*; **fahr zu!** step on it! *(coll.)*

Zu·fahrt die a) *o. Pl.* access [for vehicles]; **die ~ zum Stadion erfolgt über die B 27** the stadium is approached along the B 27; b) *(Straße, Weg)* access road; *(zum Haus)* driveway

Zufahrts·straße die access road; **~ zur Innenstadt** road leading to the town centre

Zu·fall der chance; *(zufälliges Zusammentreffen von Ereignissen)* coincidence; **es war [ein] reiner ~**: it was pure chance or coincidence; **der ~**: chance; **es ist kein ~, daß ...**: it is no accident that ...; **durch ~**: by chance or accident; **ich habe durch ~ gesehen, wo sie es versteckt hat** I happened to see where she hid it; **daß wir uns dort begegneten, war ~**: our meeting there was a coincidence; **das ist aber ein ~ oder ein ~!** what a coincidence!; **der ~ wollte es, daß das Seil riß** by a stroke of fate or as chance would have it, the rope broke; **der ~ hat uns dorthin geführt** fate led us there; **etw. dem ~ überlassen** leave sth. to chance; **das verdankt er einem ~**: he owes it to chance

zu|fallen *unr. itr. V.; mit sein* a) *(sich schließen)* ⟨door etc.⟩ slam shut; ⟨eyes⟩ close; **ihm fielen [vor Müdigkeit] die Augen zu** his eyelids were drooping [with tiredness]; b) *(zuteil werden, zukommen)* **jmdm. ~** ⟨task etc.⟩ fall to sb.; ⟨prize, inheritance⟩ go to sb.; **ihm fällt alles nur so zu** everything just drops into his lap; **die Verantwortung fällt ihm zu** the responsibility is his

zu·fällig 1. *Adj.* accidental; chance *attrib.* ⟨meeting, acquaintance⟩; random ⟨selection⟩; ~**e Ereignisse/Prozesse** *(Math.)* random events/processes. 2. *adv.* by chance; **ich bin ~ hier vorbeigekommen** I just happened to be passing; **wissen Sie ~, wie spät es ist?** *(ugs.)* do you by any chance know the time?; ~ **habe ich den Brief bei mir** as it happens, I have the letter on me; **es ist nicht ~ so, daß ...**: it is no accident or coincidence that ...

zufälliger·weise *Adv. s.* zufällig 2

Zu·fälligkeit die a) *o. Pl.* accidental nature; fortuitousness; *(des Zusammentreffens von Ereignissen)* coincidental nature; b) *(zufälliges Ereignis)* coincidence; chance occurrence

Zufalls-: ~ **auswahl** die random selection; ~**bekanntschaft** die chance acquaintance; ~**ergebnis** das chance result; ~**fund** der chance find; ~**generator** der *(Musik)* random generator; ~**größe** die *(Math.) s.* ~**variable**; ~**treffer** der fluke; ~**variable** die *(Math.)* random variable; ~**zahl** die *(Math.)* random number; ~**ziffer** die *(Math.)* random digit

zu|fassen *itr. V.* a) *(zugreifen)* make a snatch or grab; b) *(ugs.) s.* zupacken b

zu|fliegen *unr. itr. V.; mit sein* a) **auf jmdn./etw. ~**: fly towards sb./sth.; **es kam auf mich zugeflogen** it came flying towards me; b) *(geflogen kommen)* **jmdm. ~** ⟨bird⟩ fly into sb.'s house; **ihm fliegen die Herzen zu** *(fig.)* all hearts surrender to his charms; **ihr fliegt in der Schule alles nur so zu** *(fig.)* schoolwork comes easily to her; **die Einfälle fliegen ihm nur so zu** *(fig.)* he is never short of inspiration; c) *(ugs.: zufallen)* ⟨door, window, etc.⟩ slam shut

zu|fließen *unr. itr. V.; mit sein* a) **einer Sache** *(Dat.)* **~**: flow towards sth.; *(in etw. hin-*

Zuflucht

einfließen) flow into sth.; **b)** *(zukommen)* **jmdm./einer Sache ~** ⟨*money etc.*⟩ go to sb./sth.

Zu·flucht die refuge (**vor** + *Dat.* from); *(vor Unwetter o. ä.)* shelter (**vor** + *Dat.* from); **[seine] ~ zu etw. nehmen** *(fig.)* resort to sth.

Zufluchts-: ~ort der, **~stätte** die place of refuge; sanctuary

Zu·fluß der **a)** *o. Pl. (das Zufließen)* inflow; supply; *(fig.)* influx; **b)** *(Gewässer)* feeder stream/river

zu|flüstern *tr. V.* **jmdm. etw. ~:** whisper sth. to sb.

zu·folge *Präp. mit Dat.; nachgestellt* according to; **sein Vorschlag, dem ~ das Haus versteigert werden soll** his proposal that the house should be put up for auction

zu·frieden 1. *Adj.* contented; *(befriedigt)* satisfied; **mit etw. ~ sein** be satisfied with sth.; **bist du jetzt ~?** are you satisfied [now]?; **ein ~es Gesicht machen** look contented *or* satisfied; **wir können ~ sein** we can't complain; **ich bin es ~** *(veralt.)* it's all right with me. **2.** *adv.* contentedly

zufrieden|geben *unr. refl. V.* be satisfied; **sich mit etw. ~ wollen** refuse to accept sth.; **damit gebe ich mich nicht zufrieden** I cannot accept that

Zufriedenheit die; **~:** contentment; *(Befriedigung)* satisfaction; **zu meiner vollen ~:** to my complete satisfaction

zufrieden|lassen *unr. tr. V.* **jmdn./etw. ~:** leave sb./sth. alone; **laß mich damit zufrieden!** stop going on at me about it! *(coll.)*

zufrieden|stellen *tr. V.* satisfy

zufriedenstellend 1. *Adj.* satisfactory. **2.** *adv.* satisfactorily

zu|frieren *unr. itr. V.; mit sein* freeze over

zu|fügen *tr. V.* **a) jmdm. etw. ~:** inflict sth. on sb.; **jmdm. Schaden/[ein] Unrecht ~:** do sb. harm/an injustice; **jmdm. eine Beleidigung/Kränkung ~:** insult/hurt sb.; *s. auch* **wollen; b)** *(hinzufügen)* **etw. einer Sache** *(Dat.)* **~:** add sth. to sth.

Zufuhr ['tsu:fu:ɐ] die; **~:** supply; *(Material)* supplies *pl.;* **die ~ milder Meeresluft** the stream of mild sea air

zu|führen 1. *itr. V.* **auf etw.** *(Akk.)* **~:** lead towards sth. **2.** *tr. V.* **a)** *(zuleiten)* **einer Sache** *(Dat.)* **etw. ~:** supply sth. to sth.; supply sth. with sth.; **dem Motor Kraftstoff ~:** supply fuel to the engine; supply the engine with fuel; **b)** *(bringen)* **einer Firma Kunden/einer Partei Mitglieder ~:** bring new customers to a firm/new members to a party; **die Stute dem Hengst ~:** bring the mare to the stallion; **etw. seiner eigentlichen Bestimmung ~:** devote sth. to its proper purpose; **jmdn. der gerechten Strafe ~:** ensure that sb. gets condign punishment

Zu·fuß·gehen das; **~s** walking

Zug [tsu:k] der; **~[e]s, Züge** ['tsy:gə] **a)** *(Bahn)* train; *(Straßenbahn)* tram *(Brit.);* streetcar *(Amer.)* (consisting of two or more cars); *(Last~)* truck *or (Brit.)* lorry and trailer; **ich fahre lieber mit dem ~:** I prefer to go by train *or* rail; **jmdn. vom ~ abholen/zum ~ bringen** meet sb. off/take sb. to the train; **jmdn. in den ~ setzen** *(ugs.)* put sb. on the train; **b)** *(Gespann von Zugtieren)* team; **ein ~ Ochsen** a team *or* yoke of oxen; **c)** *(Kolonne)* column; *(Umzug)* procession; *(Demonstrations~)* march; *(Vogelschar)* flock; **d)** *(das Ziehen)* pull; traction *(Phys.); (fig.)* **das ist der ~ der Zeit** this is the modern trend *or* the way things are going; **die Sache hat einen ~ ins Lächerliche** there's something ridiculous about it; **dem ~ des Herzens folgen** follow the promptings of one's heart; **e)** *(Vorrichtung)* pull; *(einer Posaune)* slide; **f)** *(Wanderung)* migration; *(Streif~, Beute~, Diebes~)* expedition; **g)** *(beim Brettspiel)* move; **du bist am ~:** it's your move; **etw. ~**

um ~ erledigen *(fig.)* deal with sth. step by step; **Leistung/Erfüllung ~ um ~** *(Rechtsw.)* simultaneous performance; **zum ~e kommen** *(fig.)* get a chance; **h)** *(Schluck)* swig *(coll.);* mouthful; *(großer Schluck)* gulp; **einen tiefen ~ [von etw.] nehmen** take a big gulp *or (literary)* deep draught [of sth.]; **das Glas auf einen** *od.* **in einem ~ leeren** empty the glass at one go; **einen Roman in einem ~ durchlesen** *(fig.)* read a novel at one sitting; **er hat einen guten ~** *(ugs.)* he can really knock it back *(coll.);* **etw. in vollen Zügen genießen** *(fig.)* enjoy sth. to the full; **i)** *(beim Rauchen)* pull; puff; drag *(coll.);* **j)** *(Atem~)* breath; **in tiefen** *od.* **vollen Zügen** in deep breaths; **in den letzten Zügen liegen** *(ugs.)* be at death's door; *(fig. scherzh.)* ⟨*car, engine, machine*⟩ be at its last gasp; ⟨*project etc.*⟩ be on the last lap; **k)** *o. Pl. (Zugluft; beim Ofen)* draught; **im ~ sitzen** sit in a draught; **der Kamin hat einen schlechten/guten ~:** the fire draws badly/well; **l)** *(Gesichts~)* feature; trait; *(Wesens~)* characteristic; trait; **seine Züge** his features; **in ihrem Gesicht lag ein ~ von Strenge** there was a hint of severity in her face; **die Stadt trägt noch dörfliche Züge** the town still has something of the village about it; **das ist ein charakteristischer ~ an ihm** it is a characteristic of his; **das war kein schöner ~ von ihr** that did her no credit; **m)** *(landsch.: Schublade)* drawer; **n)** *(Bewegung eines Schwimmers/Ruderers)* stroke; **o)** *(ugs.: Disziplin)* discipline; **jmdn. gut im ~ haben** have sb. well trained *or* under control; **in etw.** *(Akk.)* **~** *(ugs.)* sth. has punch; **~ in etw.** *(Akk.)* **bringen** get sth. organized; **p)** *(Milit.: Einheit)* platoon; **q)** *(Schulw.: Zweig)* side; **r)** *(Höhen~)* range; chain; **die Züge des Odenwalds** the hills of the Odenwald; **s)** *(Abluftrohr)* flue; **t)** *(Schrift~; Strich)* stroke; **mit klaren Zügen geschrieben** written in a clear hand; **in großen/groben Zügen** *(fig.)* in broad outline

Zu·gabe die **a)** *(Geschenk)* [free] gift; **b)** *(im Konzert, Theater)* encore; **c)** *o. Pl. (das Zugeben)* addition; **unter sparsamer ~ von Wasser** adding water sparingly

Zug·ab·teil das [train] compartment *(Brit.)*

Zu·gang der **a)** *(Weg)* access; *(Eingang)* entrance; **b)** *(das Betreten, Hineingehen)* access; **~ verboten!** no admittance!; **er hat jederzeit ~ zum Chef** he can see the boss *(coll.)* at any time; **c)** *(fig.)* access; **~ zu jmdm./etw. finden** be able to relate to sb./sth.; **d)** *o. Pl. (Hinzukommen) (von Personen)* intake; *(von Patienten)* admission; *(Zuwachs)* increase (**von** in); **e)** *(Person, Sache) (Patient)* new admission; *(Soldat)* new recruit; *(Buch)* [new] accession; *(Ware)* new stock item

zu·gange *in* **irgendwo/mit jmdm./einer Sache ~ sein** *(ugs.)* be busy *or* occupied somewhere/with sth.

zugänglich ['tsu:gɛnlɪç] *Adj.* **a)** *(Zugang bietend)* accessible; *(geöffnet)* open; **schwer ~:** difficult to reach *pred.;* **die Zimmer sind von der Terrasse her ~:** the rooms can be reached from the terrace; **b)** *(zur Verfügung stehend)* available *(Dat.,* **für** to); *(verständlich)* accessible *(Dat.,* **für** to); **schwer ~es Material** material that is difficult to obtain; **c)** *(aufgeschlossen)* approachable ⟨*person*⟩; **für neue Ideen** *usw.* **~ sein** be amenable *or* receptive to new ideas *etc;* **allem Schönen** *od.* **für alles Schöne ~ sein** respond to all that is beautiful

Zugänglichkeit die; **~ a)** accessibility; **schlechte ~:** difficulty of access; **b)** *(Aufgeschlossenheit)* receptiveness (**gegenüber** to)

Zug-: ~an·schluß der [train] connection; **~begleiter** der *(Schaffner)* guard; **b) ~[fahrt]blatt** das train schedule leaflet; **~brücke** die drawbridge

zu·geben *unr. tr. V.* **a)** *(hinzufügen)* add

zügeln

(Dat. to); **[jmdm.] etw. ~:** give [sb.] sth. as an extra; **der Sänger gab noch ein Lied zu** the singer sang another song as an encore; **b)** *(gestehen, zugestehen)* admit; admit, confess ⟨*guilt, complicity*⟩; admit to, confess to ⟨*deed, crime*⟩; **sie gab zu, es gestohlen zu haben** she admitted stealing it *or* having stolen it; **ich gebe zu, daß ich mich geirrt habe** I admit [that] I was wrong; **gib's doch endlich zu!** come on, admit it!; **du wirst mir ~** *od.* **du wirst doch ~ müssen, daß ...:** you have to admit that ...; **er war, zugegeben, viel Glück dabei** true, there was a lot of luck involved; **c)** *(erlauben)* allow; permit; **er wollte nicht ~, daß ich allein reise** he would not allow me to *or* let me travel alone

zu·gegebener·maßen *Adv.* admittedly

zu·gegen *Adj.* **in ~ sein** *(geh.)* be present

zu|gehen *unr. itr. V.;* **mit sein a)** *(sich nähern)* **auf jmdn./etw. ~:** approach sb./sth.; **sie sollten endlich aufeinander ~** *(fig.)* they should try to come together at last; **dem Ende ~:** be coming to an end; **es geht auf Weihnachten zu** it is coming up to *or* on for Christmas; **er geht schon auf die Achtzig zu** he is coming up to eighty; **b)** *(ugs.: vorangehen)* get a move on *(coll.);* **c)** *(Amtsspr.)* **jmdm. ~:** be sent to sb.; **jmdm. etw. ~ lassen** send sth. to sb.; **d)** *unpers. (geschehen, verlaufen)* **nicht mit rechten Dingen ~:** the things are ... new/here; **ich weiß, wie es zugegangen ist** I know what went on; **auf dem Fest ging es fröhlich zu** it was very jolly at the party; **es müßte seltsam ~, wenn das nicht gelänge** something remarkable would have to happen for that not to succeed; **es geht nicht mit rechten Dingen zu** there is something fishy going on *(coll.);* **e)** *(ugs.: sich schließen)* close; shut; **f)** *(ugs.: sich schließen lassen)* **die Tür/der Knopf geht nicht zu** the door will not shut/the button will not fasten; **der Reißverschluß geht schwer zu** the zip is difficult to do up; **g)** *s.* **zulaufen e**

Zu·geherin die; **~, ~nen, Zu·geh·frau** die *(bes. südd., österr.)* cleaning lady; *(Haushaltshilfe)* home help

zu|gehören *itr. V. (geh.)* **jmdm./einer Sache ~:** belong to sb./sth.

zu·gehörig *Adj.* belonging to it/them *postpos., not pred.; (begleitend)* accompanying; **der Kreis und die ~en Gemeinden** the district and the communities belonging to it; **einer Sache** *(Dat.)* **~:** belonging to sth.; **sich jmdm./einer Sache** *(Dat.)* **~ fühlen** have a feeling of belonging [to sth.]

Zugehörigkeit die; **~:** belonging (**zu** to); *(Mitgliedschaft)* membership (**zu** of)

Zugehörigkeits·gefühl das; *o. Pl.* sense of belonging

zu·geknöpft *Adj. (fig. ugs.)* tight-lipped; *(nicht zugänglich)* unapproachable

Zügel [tsy:gl̩] der; **~s, ~ a)** rein; **ein Pferd am ~ führen** lead a horse by the reins; **einem Pferd in die ~ fallen** stop a horse by seizing the reins; **b)** *(fig.)* **die ~ [fest] in der Hand haben** be [firmly] in control; have things [firmly] under control; **die ~ straffer anziehen** tighten up on things; **jmdm./seiner Phantasie** *usw.* **~ anlegen** clamp down on sb./curb one's imagination *etc.;* **die ~ schießen lassen** let things take their course; **die ~ schleifen lassen** *od.* **lockern** slacken the reins

zügel·los *(fig.)* **1.** *Adj.* unrestrained; unbridled ⟨*rage, passion*⟩; limitless ⟨*ambition*⟩; frantic ⟨*rush, retreat*⟩; **ein ~es Leben führen** live a life of licentious indulgence. **2.** *adv.* without restraint; **~ leben** live a life of licentious indulgence

Zügellosigkeit die; **~, ~en** lack of restraint; *(Unzüchtigkeit)* licentiousness

zügeln *tr. V.* **a)** rein [in] ⟨*horse*⟩; **b)** *(fig.)* curb, restrain ⟨*feeling, desire, curiosity, etc.*⟩; **sich ~:** restrain oneself

1637

Zügelung die; ~, ~en curbing; restraining
Zu·gereiste der/die; adj. Dekl. newcomer
zu|gesellen refl. V. sich jmdm./einer Sache ~: join sb./sth.
Zu·geständnis das concession (an + Akk. to)
zu|gestehen unr. tr. V. **a)** (anerkennen) grant ⟨right, claim, share, etc.⟩; allow ⟨discount, commission, time⟩; jmdm. ~, etw. zu tun give sb. permission to do sth.; **b)** (zugeben) admit; concede; **du wirst mir ~ müssen, daß ...**: you have to admit that ...
zu·getan 1. 2. Part. v. zutun. **2.** Adj. in jmdm. [herzlich] ~ sein (geh.) be [very] attached to sb.; **den schönen Künsten ~ sein** have a penchant for the fine arts
Zu·gewinn der gain (an + Dat. in)
Zugewinn·gemeinschaft die (Rechtsw.) separate property with equal division of property acquired after marriage
Zu·gezogene der/die; adj. Dekl. newcomer
zug·fest Adj. tensile ⟨steel etc.⟩; **sehr ~ sein** have great tensile strength
Zug·führer der **a)** (Eisenb.) guard; **b)** (Milit.) platoon sergeant
zu|gießen unr. tr., itr. V. add (Dat. to); **darf ich [dir] ~?** may I top you up (Brit. coll.) or (Amer. coll.) put a top on it?
zugig Adj. draughty, (im Freien) windy ⟨corner etc.⟩
zügig ['tsy:gɪç] **1.** speedy; rapid; **mit ~er Geschwindigkeit, in ~er Fahrt** at a good or brisk speed. **2.** adv. speedily; rapidly
Zügigkeit die; ~: speediness; rapidity
Zug·kraft die **a)** (Physik) (verformend) tensile force; (beschleunigend) traction force; **b)** (fig.) attraction
zug·kräftig Adj. effective ⟨publicity⟩; powerful ⟨argument⟩; convincing ⟨evidence⟩; influential ⟨name⟩; catchy ⟨title, slogan⟩; **ein ~er Schauspieler/Film** an actor who/film which is a big draw; **~ sein** ⟨film, actor, etc.⟩ be a big draw
zu·gleich Adv. at the same time; **er ist Maler und Dichter ~**: he is both a painter and a poet
Zug-: **~luft** die; o. Pl. draught; **~luft [ab]bekommen** be in a draught; **~maschine** die (tractor); **~nummer** die **a)** s. Zugpferd b; **b)** (Eisenb.) train number; **~personal** das train crew; **~pferd** das **a)** (Pferd) draughthorse; **b)** (fig.: Attraktion) (Pferd) crowdpuller; **c)** (treibende Kraft) dynamo; **~pflaster** das (Med.) cantharidal plaster
zu|greifen unr. itr. V. **a)** take hold; **er kann nicht richtig ~**: he cannot grasp things properly; **rasch ~**: make a quick grab; **b)** (sich bedienen) help oneself; (fig.: handeln) take action; **er sah seine Chance und griff zu** (fig.) he saw his chance and acted at once; **c)** (fleißig arbeiten) [hart od. kräftig] ~: [really] knuckle down to it; **wenn viele Hände mit ~**: when plenty of people lend a hand
Zu·griff der **a)** grasp; **sich dem ~ der Polizei entziehen** escape the clutches of the police; **b)** (Zugang) access (auf + Akk. to)
zu·grunde Adv. **in a)** ~ **gehen** (sterben) die (an + Dat. of); (zerstört werden) be destroyed (an + Dat. by); (marriage) founder (an + Dat. owing to); ⟨person⟩ go under; (finanziell) be ruined; ⟨company⟩ go to the wall; **an sich selbst ~ gehen** destroy oneself; **~ richten** destroy; (finanziell) ruin ⟨company, person⟩; **b)** ~ **legen** use sth. as a basis; **etw. einer Sache** (Dat.) ~ **legen** base sth. on sth.; **etw. liegt einer Sache** ~ **: is based on sth.; das diesem Urteil ~ liegende Gesetz** the law which gives rise to this verdict
Zugrunde·legung die; ~: **unter** od. **bei dieser Umstände** on the basis of these facts
Zugs- (österr.) s. **Zug-**
Zug-: **~schaffner** der ticket inspector;

~telefon das train telephone; **~tier** das draught animal
zu|gucken itr. V. (ugs.) s. zusehen
Zug·unglück das train crash
zu·gunsten 1. Präp. mit Gen. in favour of; **eine Sammlung ~ der Flutopfer** a collection for the flood victims. **2.** Adv. ~ **von** in favour of
zu·gut in etw. ~ **haben** (schweiz., südd.) be owed sth.; **du hast [bei mir] 10 Mark ~:** you've got ten marks to come [from me]
zu·gute Adv. **in jmdm. seine Jugend/Unerfahrenheit** usw. ~ **halten** (geh.) take sb.'s youth/inexperience etc. into consideration; **make allowances for sb.'s youth/inexperience** etc.; **sich** (Dat.) **etwas/viel auf etw.** (Akk.) ~ **tun** od. **halten** (geh.) be proud/very proud of sth.; **jmdm./einer Sache ~ kommen** stand sb./sth. in good stead; **jmdm. etw. ~ kommen lassen** let sb. have the benefit of or let sb. benefit from sth.
Zug-: **~verbindung** die **a)** (Eisenbahnverbindung) rail or (Amer.) railroad service; **b)** (Zuganschluß) [train] connection; **~verkehr** der rail or (Amer.) railroad traffic; **~vogel** der migratory bird; **~zeit** (Zool.) die period of migration; **~zwang** (fig.) pressure to take action; **unter ~zwang stehen, in ~zwang sein** be under pressure to take action; **jmdn. in ~zwang bringen** put sb. under pressure; **b)** (Schach) zugzwang
zu|haben unr. itr. V. (ugs.) (shop, office) be shut or closed; **wir haben montags zu** we are closed on Mondays; **b)** (zubekommen haben) **endlich hat sie den Koffer/Reißverschluß zu** at last she's managed to shut the suitcase/do up the zip
zu|haken tr. V. hook up; do up the hooks on
zu|halten 1. unr. tr. V. hold closed; (nicht öffnen) keep closed; **jmdm./sich die Augen/den Mund** usw. ~: put one's hand[s] over sb.'s eyes/mouth etc.; **sich** (Dat.) **die Nase ~** hold one's nose. **2.** itr. V. **auf etw.** (Akk.) ~ head for sth.
Zuhälter ['tsuhɛltɐ] der; ~s, ~: pimp
Zuhälterei ['tsuhɛltəraɪ] die; ~: pimping; (Rechtsw.) living off the earnings of prostitution
zu·handen 1. Adj. jmdm. ~ **sein** be available to sb.; be at sb.'s disposal. **2.** Präp. mit Gen. (österr., schweiz.) ~ **Herrn B** for the attention of Herr B. **3.** Adv. (österr., schweiz.) ~ **von Herrn B** for the attention of Herr B
zu|hängen tr. V. cover ⟨window, cage⟩
zu|hauen 1. unr. tr. V. **a)** (ugs.) bang or slam ⟨door, window⟩ shut; **b)** (behauen) hew into shape. **2.** unr. itr. V. (ugs.) hit or strike out
zu·hauf Adv. (geh.) in great numbers
Zu·hause das; ~s home
zu|heilen itr. V.; mit sein heal [over]
Zuhilfenahme [tsu'hɪlfənaːmə] die; ~: utilization; **ohne/unter ~ einer Sache** (Gen.) from etw. without/with the aid of sth.
zu·hinterst Adv. right at the back; ~ **in der Schublade/auf dem Regal** right at the back of the drawer/of the shelf
zu|hören tr. V. **jmdm./einer Sache ~:** listen to sb./sth.; **nun hör mal zu** now listen; (leicht drohend) now [you] listen here; **er kann gut ~:** he's a good listener
Zu·hörer der, **Zu·hörerin** die listener; **sie merkte, daß ihre Zuhörer hatte** she noticed that somebody was listening
Zuhörerschaft die; ~: audience
zu·innerst Adv. (geh.) deep down; in one's heart of hearts; ~ **aufgewühlt** moved to the depths of one's soul
zu|jubeln itr. V. jmdm. ~: cheer sb. [on]
Zu·kauf der additional purchase/purchases; ~ **an Grund und Boden** purchase of more land
zu|kehren tr. V. turn (Dat. to); **jmdm. den Rücken/das Gesicht ~:** turn one's back on sb./one's face towards sb.

zu|klappen 1. tr. V. close; fold ⟨penknife⟩ shut; (mit Wucht) slam ⟨lid⟩ shut. **2.** itr. V.; mit sein ⟨window, lid, etc.⟩ click to or shut; (mit Wucht) slam shut
zu|kleben tr. V. **a)** (verschließen) seal ⟨letter, envelope⟩; **b)** (bekleben) cover
zu|klinken tr. V. [click] shut
zu|knallen (ugs.) **1.** tr. V. slam. **2.** itr. V.; mit sein slam
zu|kneifen unr. tr. V. squeeze ⟨eye[s]⟩ shut; shut ⟨eye[s]⟩ tight; shut ⟨mouth⟩ tightly
zu|knöpfen tr. V. button up
zu|knoten tr. V. knot; tie up
zu|kommen itr. V.; mit sein **a)** (sich nähern) **auf jmdn. ~:** approach sb.; (zu jmdm. kommen) come up to sb.; **er/der Stier/das Auto kam direkt auf mich zu** he/the bull/the car came straight towards me; **er ahnte nicht, was noch auf ihn ~ sollte** (fig.) he had no idea what he was in for; **die Dinge auf sich ~ lassen** (fig.) take things as they come; **wir werden in der Angelegenheit noch auf Sie ~:** we shall be coming back to you on this matter; **b)** (geh.) (zuteil/übermittelt werden) **jmdm. ~:** reach sb.; ⟨inheritance⟩ come to sb.; **jmdm. etw. ~ lassen** (schicken) send sb. sth.; (schenken) give sb. sth.; **jmdm./einer Sache Pflege/Aufmerksamkeit ~ lassen** devote care/attention to sth.; **c)** (gebühren) **jmdm. kommt etw. zu/nicht zu**. sb. is entitled/not entitled to sth.; sb. has a right/no right to sth.; ⟨etw. ist jmdm. angemessen/nicht angemessen⟩ sth. befits/does not befit sb.; **dir kommt diese Entscheidung nicht zu** this decision is not up to you; this is not your decison; **d)** (beizumessen sein) **dieser Entdeckung kommt große Bedeutung zu** great significance must be attached to this discovery
zu|korken tr. V. cork
zu|kriegen tr. V. (ugs.) s. zubekommen
Zukunft ['tsuːkʊnft] die; ~, Zukünfte ['tsuːkʏnftə] **a)** future; **das wird die ~ lehren** time will tell; **für alle ~** for all time; **~/keine ~ haben** have a/no future; **in naher/ferner ~** in the near or immediate/distant future; **in ~** in future; **einer Sache** (Dat.) **gehört die ~**: the future belongs to sth.; **seine [politische] ~ schon hinter sich** (Dat.) **haben** (scherzh.) be over the hill [politically]; **mit/ohne ~** with/without a future; **ich wünsche Ihnen alles Gute für Ihre weitere ~**: I wish you all the best for the future; **b)** (Grammatik) future [tense]; **erste** od. **unvollendete/zweite** od. **vollendete ~**: future/future perfect [tense]
zu·künftig 1. Adj. future. **2.** Adv. in future
Zukünftige der/die; adj. Dekl. (ugs.) **mein ~r/meine ~:** my husband/wife-to-be; my intended (joc.)
zukunfts-, Zukunfts-: **~aussichten** Pl. prospects for the future; **~forschung** die futurology no art.; **~musik** die (fig.) in **~musik sein** be very much in the future; (als utopisch anzusehen sein) be pie in the sky; **~perspektive** die prospects pl. for the future; future prospects pl.; **~roman** der novel set in the future; **~sicherung** die safeguarding no art. the future; **etwas für die ~sicherung tun** do something to secure or safeguard the future
zukunft[s]·weisend Adj. forward-looking; pointing the way forward postpos.
zu|lächeln itr. V. jmdm./sich ~: smile at sb./each other
zu|lachen itr. V. jmdm. ~: give sb. a friendly laugh
Zulage die (vom Arbeitgeber) extra pay no indef. art.; additional allowance no indef. art.; (vom Staat) benefit
zu·lande Adv. in **bei jmdm. ~**: where sb. comes from; in sb.'s country
zu|langen itr. V. **a)** (ugs.: sich bedienen) tuck in (coll.); **b)** (ugs.: zupacken) [really] knuckle down to it

zulänglich *(geh.)* **1.** *Adj.* adequate. **2.** *adv.* adequately

zu|lassen *unr. tr. V.* **a)** *(erlauben, dulden)* allow; permit; **solches Unrecht darf man nicht ~:** such injustice must not be permitted; **ich lasse keine Ausnahme zu** I do not allow *or* permit any exceptions; **das läßt nur einen/keinen anderen Schluß zu** that permits of *or* allows only one/no other conclusion; **b)** *(teilnehmen lassen)* admit; **jmdn. bei etw. ~:** admit sb. to sth.; **c)** *(mit einer Erlaubnis, Lizenz usw. versehen)* **jmdn. als Arzt ~:** register sb. as a doctor; **eine Partei ~** *(Politik)* permit a party to exist; **der Anwalt ist beim Amtsgericht Mannheim zugelassen** the lawyer is registered to practise at Mannheim district court; **jmdn. zum Studium/zum Studium der Medizin ~:** accept sb. at university/to study medicine; **jmdn. zu einer Prüfung ~:** allow *or* permit sb. to take an examination; **der Bulle ist zur Zucht zugelassen** the bull is registered for breeding; **d)** *(zur Benutzung, zur Anwendung, zum Verkauf usw. freigeben)* allow; permit; **ein Medikament ~:** approve a medicine [for sale]; **für den öffentlichen Verkehr/für Autobahnen [nicht] zugelassen sein** [not] be authorized for use on public highways/motorways *(Brit.)* or *(Amer.)* freeways; **e)** *(Kfz-W.)* register ⟨vehicle⟩; **auf jmdn./jmds. Namen zugelassen sein** be registered in sb.'s name; **f)** *(geschlossen lassen)* leave closed *or* shut; leave ⟨letter⟩ unopened; leave ⟨collar, coat⟩ fastened [up]

zu·lässig *Adj.* permissible; admissible ⟨appeal⟩; **~e [Höchst]geschwindigkeit** [maximum] permissible speed; [upper] speed limit

Zulässigkeit *die;* ~ permissibility; *(einer Berufung)* admissibility

Zulassung *die;* ~, ~en **a)** *(Erlaubnis, Lizenz)* ~ **als Arzt** registration as a doctor; ~ **zur Teilnahme/zur Prüfung beantragen** apply for permission to attend/to take *or* *(Brit.)* sit an examination; **ihm ist die ~ zum Studium/zum Medizinstudium erteilt worden** he has been accepted at university/to study medicine; **b)** *(Freigabe)* approval; authorization; **c)** *(Kfz-W.)* registration; **d)** *(Kfz-W. ugs.)* s. **Kraftfahrzeugschein**

zulassungs·pflichtig *Adj.* liable *or* subject to registration purposes.

Zulassungs·stelle *die* vehicle registration office

Zu·lauf *der* o. *Pl.* [großen *od.* starken *od.* viel] ~ **haben** ⟨shop, restaurant, etc.⟩ enjoy a large clientele, be very popular; ⟨doctor, lawyer⟩ have a large practice, be very much in demand; **mehr** *od.* **größeren ~ haben** ⟨shop, restaurant, etc.⟩ enjoy an increased clientele, be more popular; ⟨doctor, lawyer⟩ have a larger practice, be more in demand; **der ~ war so groß, daß das Gastspiel verlängert werden mußte** the guest performance was so popular that its run had to be extended; **b)** *(zulaufende Menge)* inflow; **c)** *(Rohr, Leitung)* intake

zu|laufen *unr. itr. V.; mit sein* **a)** **auf jmdn./ etw. ~** *(auch fig.)* run towards sb./sth.; **auf jmdn./etw. zugelaufen kommen** come running towards sb./sth.; **einer Sache** *(Dat.)* **~** *(geh.)* run towards sth.; **b) jmdm. ~** ⟨cat, dog, etc.⟩ adopt sb. as a new owner; **ein zugelaufener Hund** a stray dog that has adopted us/him etc.; **c)** *(hinzulaufen)* ⟨water etc.⟩ run in; **warmes Wasser ~ lassen** run [some] warm water in; **e)** *(sich verjüngen)* taper; **spitz/konisch/keilförmig ~:** taper to a point; **f)** *(ugs.: schnell laufen)* get one's skates on *(Brit. sl.)*; get a move on *(coll.)*

zu|legen 1. *refl. V.* **sich** *(Dat.)* **etw. ~:** get oneself sth.; **er hat sich einen Bart zugelegt** *(ugs.)* he has grown a beard; **sich einen Künstlernamen ~:** adopt a pseudonym. **2.** *itr. V.* *(ugs.)* **a)** *(sein Tempo steigern)* step on

it *(coll.)*; **b)** *(wachsen, stärker werden)* ⟨sales, output, turnover, etc.⟩ increase; **der Dollar hat [um vier Pfennige] zugelegt** the dollar has risen [four pfennigs]; **sie könnten bei Neuwahlen ~:** the could improve their position if there were fresh elections. **3.** *tr. V.* *(ugs.)* add; **wenn meine Eltern noch 100 Mark ~, kann ich mir das Fahrrad kaufen** if my parents put in a hundred marks, I can afford the bicycle; **einen Schritt/**(*ugs.*) **Zahn ~:** get a move on *(coll.)*

zu·leid[e] in **jmdm. etwas/nichts ~ tun** hurt *or* harm sb./not [do anything to] hurt *or* harm sb.; *s.* **auch Fliege a**

zu|leiten *tr. V.* **a)** feed; supply; supply ⟨nourishment⟩; feed ⟨signal⟩; channel ⟨sewage⟩; **b)** *(zukommen lassen)* send; forward

Zu·leitung *die* **a)** o. *Pl.* supply; **b)** o. *Pl.* *(Übersendung, Zustellung)* sending; forwarding; **c)** *(Rohr, Kabel usw.)* feed line

zu·letzt *Adv.* **a)** *(zum Schluß, nach allem anderen)* last [of all]; ~ **liest du es noch einmal durch** finally, read it through again; **an sich selbst denkt sie immer ~:** she always thinks of herself last; **sich** *(Dat.)* **etw. für ~ aufheben** save sth. till last; **b)** *(als letzter/ letzte/letztes)* last; **er kommt immer ~:** he always comes last; he is always [the] last; **das ~ geborene Kind** the child born last; **c)** *(fig.: am wenigsten)* least of all; **darauf wäre ich ~ gekommen** that's the last thing I should have thought of; **nicht ~:** not least; **d)** *(das letzte Mal)* last; **ich habe ihn ~ gestern abend gesehen** I last saw him yesterday evening; **e)** *(schließlich, am Ende)* in the end; **bis ~:** [right up] to *or* until the end

zu·liebe *Adv.* **jmdm./einer Sache ~:** for sb.'s sake/for the sake of sth.

Zu·liefer·betrieb *der* supplier *(Gen.* to*)*

zu|löten *tr. V.* solder; solder up ⟨hole⟩

Zu·luft *die;* o. *Pl.* *(Technik)* incoming air

zum [tsʊm] *Präp.* + *Art.* **a)** = zu dem; **b)** *(räumlich: Richtung)* to the; **ein Fenster ~ Hof** a window on to *or* facing the yard; **~ Hof liegen** face the yard; **wo geht es ~ Stadion?** which is the way to the stadium?; **c)** *(räumlich: Lage)* **etw. ~ Fenster hinauswerfen** throw sth. out of the window; **die Gaststätte „Z~ Lamm"** the 'Lamb Inn'; **d)** *(Zusammengehörigkeit, Hinzufügung)* **Milch ~ Tee/Sahne ~ Kuchen nehmen** take milk with [one's] tea/have cream with one's cake; **e)** *(zeitlich)* at the; **spätestens ~ 15. April** by 15 April at the latest; **~ Schluß/richtigen Zeitpunkt** at the end/at the right moment; **f)** *(Zweck)* **ein Gerät ~ Schneiden** an instrument for cutting [with]; **hol dir was ~ Schreiben** get something to write with; **~ Spaß/Vergnügen** for fun/pleasure; **~ Lesen braucht er eine Brille** he needs glasses for reading; **~ Schutz** as *or* for protection; **etw. ~ Essen/Lesen** *(österr.)* sth. to eat/read; **~ Schwimmen gehen** go swimming; **g)** *(Folge)* **~ Nachteil des Kunden** to the disadvantage of the customer; **~ Ärger/Leidwesen seines Vaters** to the annoyance/sorrow of his father; **~ Nutzen der Allgemeinheit** for the benefit of the general public; **es ist ~ Verrücktwerden** it is enough to drive you mad; **das ist gar nicht ~ Lachen** it's no laughing matter; *(in bezug auf etwas Sichtbares)* it's nothing to laugh at; **h)** *(sonstige Verwendungen)* **jmdn. ~ Direktor ernennen/~ Kanzler wählen** appoint sb. director/elect sb. chancellor; **~ Dieb werden** become a thief; **sich** *(Dat.)* **etw. ~ Ziel setzen** set oneself sth. as a goal; **~ ersten, ~ zweiten, ~ dritten!** *(bei Versteigerung)* going, going, gone!; **~ Funk/Fernsehen/Film wollen** want to go *or* get into radio/television/films

zu|machen 1. *tr. V.* close; shut; fasten, do up ⟨dress⟩; seal ⟨envelope, letter⟩; turn off ⟨tap⟩; put the top on ⟨bottle⟩; *(stillegen)* close *or* shut down ⟨factory, mine, etc.⟩; **den Laden ~** *(ugs.: auflösen)* shut up shop; **ich**

habe kein Auge zugemacht I didn't sleep a wink. **2.** *itr. V.* **a)** close; shut; **der Laden hat zugemacht** *(ugs.)* the place has closed down; **b)** *(ugs., bes. nordd.: sich beeilen)* get a move on *(coll.)*

zu·mal 1. *Adv.* especially; particularly; **~ da …:** especially *or* particularly since … **2.** *Konj.* especially *or* particularly since

zu|marschieren *itr. V.; mit sein* **auf jmdn./ etw. ~:** march towards sb./sth.

zu|mauern *tr. V.* wall *or* brick up

zu·meist *Adv.* in the main; for the most part

zu|messen *unr. tr. V.* *(geh.)* **a)** *(zuteilen)* **jmdm. seine Essensration ~:** issue sb. with his food ration; **ihm war nur eine kurze Zeit für seine Lebensarbeit zugemessen** *(fig.)* he was only allotted a few short years for his life's work; **b)** *s.* **beimessen**

zumindest *Adv.* at least; **so schien es ~:** at least, that is how it seemed; **~ hätte er sich entschuldigen müssen** he should at least have apologized

zumutbar *Adj.* reasonable; **das ist ihm kaum/durchaus/nicht ~:** one can scarcely/ quite well/not expect that of him; **das ist ihr körperlich nicht ~:** that is asking too much of her physically; **im Rahmen des Zumutbaren** within the bounds of what is reasonable

Zumutbarkeit *die;* ~: reasonableness

zu·mute *Adj.* in **jmdm. ist unbehaglich/ elend** *usw.* **~:** sb. feels uncomfortable/ wretched *etc.*; **mir war merkwürdig ~:** I had a peculiar *or* strange feeling; **mir wurde ganz komisch ~:** I felt quite funny; a funny feeling came over me; **ich kann mir gut vorstellen, wie dir ~ ist** I can well imagine how you feel; **mir war nicht danach ~:** I didn't feel like it *or* in the mood; **mir war nicht nach Lachen/Ironie ~:** I did not feel in the mood for laughing/irony; **mir war zum Weinen ~:** I felt like crying

zu|muten *tr. V.* **a)** *(abverlangen)* **jmdm. etw. ~:** expect *or* ask sth. of sb.; **willst du mir etwa ~, daß ich die ganze Zeit herumsitze und warte?** do you expect me to *or* are you asking me to sit around here the whole time and wait?; **diesen kleinen Umweg können wir ihm schon ~:** I do not think this small detour would be asking too much of him; **diese Arbeit möchte ich ihm nicht ~:** I would not like to ask him to do this work *or* impose this work on him; **das ist ihm durchaus/nicht zuzumuten** it is perfectly reasonable to/one cannot expect *or* ask that of him; **seinem Körper/seinem Wagen zuviel ~:** overtax oneself physically/ask too much of one's car; **sich** *(Dat.)* **etw. ~:** undertake sth.; **sich zuviel ~:** take on too much; overdo it; **b)** *(antun)* **jmdm. etw. ~:** expect sb. to put up with sth.; **diesen Lärm können wir den Nachbarn nicht ~:** we cannot expect the neighbours to put up with this noise; **so eine winzige Schrift kann man keinem ~:** nobody can be expected to read such tiny writing; **diesen Anblick wollte ich ihm nicht ~:** I wanted to spare him this sight

Zumutung *die;* ~, ~en **a)** *(Ansinnen)* unreasonable demand; imposition; **eine ~ sein** be unreasonable; **etw. als [eine] ~ empfinden** consider sth. unreasonable; **b)** *(Belästigung)* imposition; **etw. ist [einfach] eine ~:** sth. is [simply *or* just] too much; **eine ~ für jmdn. sein** be an imposition on sb.; **der Film/die Schauspielerin war eine ~:** the film/actress was appalling; **das Essen war eine ~:** the meal was an affront

zu·nächst 1. *Adv.* **a)** *(als erstes)* first; *(anfangs)* at first; **~ einmal** first; **~ …, zum zweiten …, zum dritten …, schließlich …:** firstly *or* in the first place *or* for one thing …, secondly …, thirdly …, lastly …; **b)** *(im Moment, vorläufig)* for the moment; for the time being. **2.** *Präp.* + *Dat.* *(geh.)* next to; **jmdm./einer Sache ~:** next to sb./sth.

1639

zu|nageln tr. V. nail up; etw. mit Brettern ~: board sth. up
zu|nähen tr. V. sew up; s. auch **verdammt 1 a**; **verflixt 1 b**
Zunahme ['tsu:na:mə] die; ~, ~n increase (Gen., an + Dat. in)
Zu·name der surname; last name
Zünd·blättchen das percussion cap
zündeln ['tsʏndln̩] itr. V. (bes. südd., österr.; auch fig.) play with fire
zünden ['tsʏndn̩] 1. tr. V. ignite ⟨gas, fuel, etc.⟩; detonate ⟨bomb, explosive device, etc.⟩; let off ⟨fireworks⟩; fire ⟨rocket⟩. 2. itr. V. ⟨rocket, engine⟩ fire; ⟨candle, lighter, match⟩ light; ⟨gas, fuel, explosive⟩ ignite; (fig.) arouse enthusiasm; **bei ihm hat es gezündet** (ugs.) he's cottoned or caught on (coll.); the penny's dropped (coll.); **der ~de Funke** (auch fig.) the igniting spark
zündend Adj. (fig.) stirring, rousing ⟨speech, song, effect, tune, etc.⟩; exciting ⟨rhythm⟩
Zunder ['tsʊndɐ] der; ~s a) tinder; **trocken wie ~**: dry as tinder; tinder-dry; b) (fig. ugs.) in jmdm. ~ geben lay into sb. (coll.); ~ **kriegen** get it in the neck (coll.)
Zünder der; ~s, ~ a) (Waffent.) igniter; (für Bombe, Mine) detonator; b) Pl. (österr.) matches
Zünd-: ~**holz** das (bes. südd., österr.) match; ~**holz·schachtel** die (bes. südd., österr.) matchbox; ~**hütchen** das percussion cap; ~**kabel** das (Kfz-W.) ignition lead; (from coil to distributor) coil lead; (from distributor to plugs) plug lead; ~**kapsel** die s. **Sprengkapsel**; ~**kerze** die spark[ing]-plug; ~**plättchen** das percussion cap; ~**schloß** das (Kfz-W.) ignition [lock]; **der Schlüssel steckt im ~schloß** the key is in the ignition; ~**schlüssel** der (Kfz-W.) ignition key; ~**schnur** die fuse; ~**spule** die spark coil; ~**stoff** der (fig.) fuel for conflict; **zum ~stoff eines Konflikts werden** become the trigger for a conflict; **die Rede enthält einigen ~stoff** the speech contains some explosive material
Zündung die; ~, ~en a) s. **zünden 1**: ignition; detonation; letting off; firing; b) (Kfz-W.: Anlage) ignition; **die ~ einstellen** adjust the timing
Zünd·verteiler der (Kfz-W.) distributor
Zünd·zeitpunkt der (Kfz-W.) ignition time; **den ~ einstellen/verstellen** set/alter the ignition timing
zu|nehmen 1. unr. itr. V. a) increase (an + Dat. in); ⟨moon⟩ wax; **an Größe/Länge usw. ~**: increase in size/length etc.; **an Erfahrung/Macht ~**: gain [in] experience/power; **in ~dem Maße** to an increasing extent or degree; increasingly; **mit ~dem Alter** with advancing age; **die Tage nehmen zu** the days are drawing out or getting longer; b) (schwerer werden) put on or gain weight; **er hat [um] ein Kilo zugenommen** he has put on or gained a kilo. 2. unr. tr. (auch itr.) V. (Handarb.) increase
zunehmend Adv. increasingly; **sich ~ vergrößern/verschlechtern** get increasingly bigger/worse
zu|neigen 1. itr. V. incline or be inclined towards; **ich neige mehr dieser Ansicht/Auffassung zu** I tend or incline more towards this view. 2. refl. V. a) (geh.: sich angezogen fühlen von) be or feel drawn to; **er ist ihr sehr/in Liebe zugeneigt** he is attracted to or fond of her/is drawn to her by feelings of love and affection; **der den Künsten zugeneigte Fürst** the prince, who is/was fond of the arts; b) (sich neigen nach) **jmdm./einer Sache ~**: lean towards sb./sth.; **sich dem/seinem Ende ~** (geh.) draw to a close
Zu·neigung die; ~, ~en affection; **[eine] starke ~ zu jmdm. haben/empfinden** have/feel [a] strong or deep affection for or towards sb.; **~ zu jmdm. fassen** become fond of sb.

Zunft [tsʊnft] die; ~, **Zünfte** ['tsʏnftə] (hist.) guild; **die ~ der Bäcker** the bakers' guild; **die ~ der Journalisten** (scherzh.) the journalistic fraternity; **zu welcher ~ gehört er?** (scherzh.) what does he do for a living?
zünftig ['tsʏnftɪç] 1. Adj. a) (ugs.) proper; **eine ~e Tracht Prügel/Ohrfeige** a good thrashing/box on the ears; **er sieht richtig ~ aus in seiner Tracht** he really looks the genuine article in his costume; **ein ~es Bier trinken** drink a decent beer; b) (hist.) guild attrib. ⟨craftsman, traditions, etc.⟩. 2. adv. (ugs.) properly; **~ Skat spielen** have a decent game of skat
Zunge ['tsʊŋə] die; ~, ~n a) tongue; **einen bitteren Geschmack auf der ~ haben** have a bitter taste in one's mouth; **dem Hund hing die ~ heraus** the dog's tongue was hanging out; **[jmdm.] die ~ herausstrecken** put one's tongue out [at sb.]; **mit der ~ anstoßen** (ugs.) lisp; b) (fig.) **mit schwerer ~** with a thick tongue; in a slurred voice; **eine spitze od. scharfe/lose ~ haben** have a sharp/loose tongue; **mit doppelter od. gespaltener ~ sprechen** (geh.) be two-faced; **böse ~n behaupten, daß ...**: malicious gossip has it that ...; **seine ~ hüten od. zügeln od. im Zaum halten** guard or mind one's tongue; **der Wein hatte ihm die ~ gelöst** the wine had loosened his tongue; **ich mußte mir auf die ~ beißen** I had to bite my tongue; **lieber beiße ich mir die ~ ab** (ugs.) I would rather bite my tongue off first; **der Name liegt mir auf der ~**: the name is on the tip of my tongue; **etw. auf der ~ haben** have sth. on the tip of one's tongue; **sich [Dat.] die ~ abbrechen** tie one's tongue in knots; **bei dem Namen bricht man sich [Dat.] die ~ ab** that name is a real tongue-twister; **jmdm. leicht od. glatt von der ~ gehen** trip easily off sb.'s tongue; **Liebe ist ein Wort, das mir nur schwer von der ~ geht** I find it difficult to say the word 'love'; **er ließ den Namen/das Wort auf der ~ zergehen** he rolled the name/word around his tongue; **mit [heraus]hängender ~**: with [one's/its] tongue hanging out; **er hat eine feine od. verwöhnte ~** (fig.) he has a delicate palate; c) (eines Blasinstruments) reed; (einer Orgel) tongue; (einer Waage) needle; pointer; (eines Schuhs) tongue; d) (geh.: Sprache) tongue
züngeln ['tsʏŋl̩n] itr. V. a) ⟨snake etc.⟩ dart its tongue in and out; b) mit Richtungsangabe mit sein ⟨flame⟩ flicker; dart; ⟨water⟩ lick; **die Flammen züngelten aus dem Dach** tongues of flame leapt up out of the roof
zungen-, Zungen-: ~**brecher** der (ugs.) tongue-twister; ~**fertig** 1. Adj. eloquent; 2. adv. eloquently; ~**fertigkeit** die o. Pl. eloquence; ~**kuß** der French kiss; ~**schlag** der way or manner of speaking; **ein falscher ~schlag** a slip of the tongue; ~**spitze** die tip of the tongue; ~**spitzen-R** das (Sprachw.) apical R; ~**wurst** die tongue sausage
Züngléin ['tsʏŋlaɪn] das; ~s, ~ a) [little] tongue; b) (einer Waage) [small] needle or pointer; **das ~ an der Waage sein** (fig.) tip the scales
zu·nichte Adj. in etw. ~ **machen** ruin sth.; **jmds. Hoffnungen ~ machen** shatter or dash sb.'s hopes; **jmds. Anstrengungen/Pläne ~ machen** ruin or wreck sb.'s efforts/plans; ~ **werden/sein** be ruined/shattered or dashed/wrecked
zu|nicken itr. V. jmdm./sich ~: nod to sb./one another
zu·nutze Adj. in sich (Dat.) etw. ~ **machen** (nutzen) make use of sth.; (ausnutzen) take advantage of sth.
zu·oberst Adv. [right] on [the] top; **ganz ~**: right on [the] top; on the very top; s. auch **unter... a**

zuordenbar Adj. a) relatable; einander ~e Elemente elements that can be related to each other; b) (sich zurechnen lassend) assignable; **einer Sache** (Dat.) ~ **sein** be classifiable as sth.
zu|ordnen tr. V. a) relate (Dat. to); **einem Bild ein Wort ~**: relate a word to a picture; **einer Zahl/einen Wert ~**: assign a number/value to sth.; b) (zurechnen) **jmdn./etw. einer Sache** (Dat.) ~: classify sb./sth. as belonging to sth.; **Organismen, die sich den Tieren ~ lassen** organisms which can be classified as animals; c) (zuweisen) (Zurechnung) classification; c) (Zuweisung) assigning, attribute, attach (Dat. to)
Zu·ordnung die a) relating; **die ~ x → y** (Math.) the relation x → y; b) (Zurechnung) classification; c) (Zuweisung) assigning, assignment (Dat. to)
zu|packen itr. V. a) grab it/them; **fest ~ können** be able to grab things and grip them tightly; **der Hund stellte den Dieb und packte zu** the dog caught the thief and sank its teeth into him (fig.); **bei dem günstigen Angebot habe ich zugepackt** the offer was a good one and I jumped at it; b) (fig.: energisch ans Werk gehen) knuckle down to it; **er hat eine sehr ~de Art** he has a very vigorous, purposeful manner
zu·paß Adv. in **jmdm. ~ kommen** come [to sb.] at just the right time or moment
zupfen ['tsʊpfn̩] 1. itr. V. an etw. (Dat.) ~: pluck or pull at sth.; **sich** (Dat.) **am Ohrläppchen ~** pull [at] one's ear lobe; **an einer Gitarre/an den Saiten ~**: pluck a guitar/the strings. 2. tr. V. a) etw. aus/von usw. etw. ~: pull sth. out of/from etc. sth.; **sie zupfte ihm ein paar Fusseln vom Pullover** she pulled or picked a few pieces of fluff off his pullover; b) (auszupfen) pull out; pluck ⟨eyebrows⟩; pull up ⟨weeds⟩; c) pluck ⟨string, guitar, tune⟩; d) **jmdn. am Ärmel/Bart ~**: pull or tug [at] sb.'s sleeve/beard
Zupf-: ~**geige** die (veralt.) guitar; ~**instrument** das plucked [string] instrument
zu|pflastern tr. V. pave over
zu|pressen tr. V. press shut
zu|prosten itr. V. jmdm. ~: drink sb.'s health; raise one's glass to sb.
zur [tsu:ɐ̯] Präp. + Art. a) = **zu der**; b) (räumlich, fig.: Richtung) to the; ~ **Schule/Arbeit gehen** go to school/work; **ein Fenster ~ Straße** a window on to the street; ~ **Straße liegen** face the street; **wo geht es ~ Post?** which is the way to the post office?; c) (räumlich: Lage) ~ **Tür hereinkommen** come [in] through the door; ~ **Rechten to** or on the right; **die Gaststätte „Zur Rose"** the 'Rose Inn'; d) (Zusammengehörigkeit, Hinzufügung) ~ **Hasenkeule empfehle ich einen Rotwein** I recommend a red wine with the haunch of hare; e) (zeitlich) at the; ~ **Stunde/Zeit** at the moment; at present; ~ **Adventszeit** at Advent time; ~ **Jahreswende** at New Year; **rechtzeitig ~ Buchmesse** in [good] time for the book fair; f) (Zweck) **ein Gerät ~ Zerkleinerung von Gemüse** a device for chopping up vegetables; ~ **Entschuldigung** by way of [an] excuse; ~ **Inspektion in die Werkstatt müssen** have to go in for a check-up; g) (Folge) ~ **vollen Zufriedenheit ihres Chefs** to the complete satisfaction of her boss; ~ **allgemeinen Erheiterung** to everybody's amusement; h) (sonstige Verwendungen) **sie wurde ~ Direktorin ernannt/~ Präsidentin gewählt** she was appointed director/elected president; ~ **Dieb werden** become a thief; **die Wahlen ~ Knesseth** elections to the Knesset
zu|raten unr. itr. V.; **ich würde/kann dir nur ~**: I would advise you to do so/I can only recommend it; **auf jmds. Zuraten [hin]** on sb.'s advice or recommendation; **ich möchte [dir] weder zu- noch abraten** I should not like to advise you one way or the other

zu|raunen *tr. V.* jmdm. etw. ~: whisper sth. to sb.
Zürcher ['tsʏrçɐ] **1.** *indekl. Adj.; nicht präd.* Zurich *attrib.* **2.** *der;* ~s, ~: inhabitant/native of Zurich; **er ist** ~: he is from Zurich; *s. auch* **Kölner**
zürcherisch *Adj.* Zurich *attrib.;* ~ **sein** ⟨*area:*⟩ belong to *or* be part of Zurich
zu|rechnen *tr. V.* **a)** *(zuordnen)* jmdm./etw. einer Sache *(Dat.)* ~: class sb./sth. as belonging to sth.; **solche Wörter rechnen wir den Adverbien zu** such words are classed as adverbs; **b)** *(anlasten, zuschreiben)* jmdm. etw. ~: attribute *or* ascribe sth. to sb.; **die Folgen hast du dir selbst zuzurechnen** you've only got yourself to blame for the consequences; **c)** *(hinzufügen)* etw. einer Sache *(Dat.)* ~: add sth. to sth.
zurechnungs·fähig *Adj.* **a)** sound of mind *pred.*; **b)** *(Rechtsw.: schuldfähig)* responsible [for one's actions]
Zurechnungs·fähigkeit *die; o. Pl.* **a)** soundness of mind; **b)** *(Rechtsw.: Schuldfähigkeit)* responsibility [for one's actions]
zurẹ́cht-, Zurẹ́cht-: ~|**biegen** *unr. tr. V.* bend into shape; **er wird die Sache schon wieder** ~**biegen** *(fig.)* he will get things straightened out *or* sorted out again; **im Internat werden sie den Jungen schon** ~**biegen** *(fig.)* they will soon lick the boy into shape at boarding-school; ~|**finden** *unr. refl. V.* find one's way [around]; **sich in einem Fahrplan/Kursbuch** ~: find one's way around a timetable; **er findet sich im Leben/in der Welt nicht [mehr]** ~: he is not able to cope with life/the world [any longer]; ~|**kommen** *unr. itr. V.; mit sein* **a)** get on ⟨mit with⟩; **wir kommen gut miteinander** ~: we get on well [with each other]; **mit etw.** ~**kommen** cope with sth.; **ich komme auch ohne Geschirrspülmaschine/mit meinem Gehalt [ganz gut]** ~: I manage *or* cope *or* get on [very well] without a dishwasher/on my salary; **mit einem Problem/den Kindern** ~**kommen** cope with *or* handle a problem/the children; **b)** *(ugs.: rechtzeitig kommen)* come in time; ~|**legen** *tr. V.* **a)** lay out [ready]; **jmdm. etw.** ~**legen** lay sth. out ready for sb.; **sich** *(Dat.)* **den Ball** ~**legen und schießen** spot the ball and shoot; **b)** *(fig.)* get ready; prepare; **sich** *(Dat.)* **ein Gegenargument/eine Erwiderung** ~**gelegt haben** have a counter-argument/reply ready; ~|**machen** *tr. V.* *(ugs.)* **a)** *(vorbereiten)* get ready; **b)** *(herrichten)* do up; **c)** jmdn./sich ~: get sb. ready/get [oneself] ready; *(schminken)* make sb. up/put on one's make-up; **sich** *(Dat.)* **die Haare** ~**machen** do one's hair; ~|**rücken** *tr. V.* put *or* set ⟨*chair, crockery, etc.*⟩ in place; straighten ⟨*tie*⟩; adjust ⟨*spectacles, hat, etc.*⟩; *(fig.: richtigstellen, korrigieren)* put straight; **jmdm. einen Stuhl** ~**rücken** put *or* set a chair in place for sb.; *s. auch* **Kopf a;** ~|**schneiden** *unr. tr. V.* cut to size/shape; trim ⟨*fringe, beard, hedge*⟩; *(herstellen)* cut out ⟨aus of⟩; ~|**setzen** **1.** *tr. V.* adjust ⟨*spectacles, hat, etc.*⟩. **2.** *refl. V.* settle oneself; ~|**stellen** *tr. V.* put *or* set ⟨*chair, crockery, etc.*⟩ in place; ~|**stutzen** *tr. V.* trim ⟨*hedge, beard, hair etc.*⟩; **jmdn./etw.** ~**stutzen** *(fig.)* sort *or* straighten sb. out/get *or* knock sth. into shape; ~|**weisen** *tr. V.* rebuke; reprimand ⟨*pupil, subordinate, etc.*⟩; ~**weisung die** s. ~**weisen**: rebuke; reprimand
zu|reden *itr. V.* jmdm. ~: persuade sb.; *(ermutigen)* encourage sb.; **jmdm. gut** ~ encourage sb.; **gutes Zureden** persuasion; **erst nach langem Zureden** only after a great deal of persuasion
zu·reichend *(geh.)* s. **zulänglich**
zu|reiten **1.** *unr. tr. V.* break [in] ⟨*horse*⟩. **2.** *unr. itr. V.; mit sein* **auf jmdn./etw.** ~: ride towards sb./sth.; **auf jmdn./etw. zugeritten kommen** come riding towards sb./sth.

Zürich ['tsyːrɪç] *(das);* ~s Zurich
zürich·deutsch **1.** *Adj.* Zurich-German. **2.** *adv.* in Zurich German; *s. auch* **deutsch; Deutsch**
Zürich·see der Lake [of] Zurich
zu|richten *tr. V.* **a)** *(verletzen)* injure; **sie haben ihn übel zugerichtet** they [really] knocked him about; **übel zugerichtet** badly injured; **b)** *(beschädigen)* make a mess of; **c)** *(landsch.: zubereiten, vorbereiten)* prepare; *(Technik: zuschneiden)* cut to size/shape; **d)** *(Lederherstellung, Kürschnerei, Textilind.)* dress, finish ⟨*leather, fur, etc.*⟩; **e)** *(Druckw.)* make ready
zu|riegeln *tr. V.* bolt
zürnen ['tsʏrnən] *itr. V. (geh.)* jmdm. ~: be angry with sb.
zurren ['tsʊrən] *tr. V. (Seemannsspr.)* lash down
Zur·schau·stellung die exhibition; display
zu·rụ́ck *Adv.* back; **ich bin gleich [wieder]** ~: I'll be right back *(coll.)*; **sei bitte zum Essen** ~: please be back in time for lunch/dinner *etc*; **einen Schritt** ~ **machen** take a step backwards; ~! get *or* go back!; „~ **an Absender"** 'return to sender'; **... und 10 Pfennig** ~: ... and 10 pfennigs change; *s. auch* **Dank a; hin d; Natur a; b)** *(weiter hinten; auch fig.)* behind; **[mit etw.]** ~ **sein** *(fig.: im Rückstand)* be behind [with sth.]
Zurụ́ck das *in* **es gibt [für jmdn.] kein** ~ **[mehr]** there is no going back [for sb.]
zurụ́ck-, Zurụ́ck-: ~|**begleiten** *tr. V.* jmdn. ~**begleiten** accompany sb. back; ~|**behalten** *tr. V.* **a)** keep [back]; retain; **b)** *(nicht mehr loswerden)* be left with ⟨*scar, heart defect, etc.*⟩; ~|**bekommen** *unr. tr. V.* get back; **Sie bekommen noch 10 Mark** ~: you get 10 marks change; **er bekommt es von ihm [doppelt]** ~ *(fig.)* I'll pay him back [twice over]; ~|**beordern** *tr. V.* order back; ~|**besinnen** *unr. refl. V.* **sich auf etw.** *(Akk.)* ~**besinnen** remember sth.; think back to sth.; ~|**beugen** **1.** *tr. V.* bend back; **2.** *refl. V.* lean *or* bend back; ~|**bilden** *refl. V.* *(Biol.)* ⟨*swelling*⟩ go down; ⟨*uterus*⟩ contract; ⟨*symptoms*⟩ disappear; ⟨*atrophieren*⟩ atrophy; **b)** *(im Laufe der Stammesentwicklung)* ⟨*limb, organ*⟩ be lost; ~|**bleiben** *unr. itr. V.; mit sein* **a)** remain *or* stay behind; **b)** *(nicht mithalten)* lag behind; *(fig.)* fall behind; **hinter den Erwartungen** ~**bleiben** fall short of expectations; **in seiner Entwicklung** ~**bleiben** ⟨*child*⟩ be retarded *or* backward in its development; **c)** *(bleiben)* remain; **von der Krankheit ist [bei ihm] nichts** ~**geblieben** the illness has left no lasting effects [on him]; **d)** *(wegbleiben)* stay *or* keep back; *s. auch* **zurückgeblieben;** ~|**blenden** *itr. V. (Film; auch fig.)* flash back; **in/auf etw.** *(Akk.)* ~**blenden** flash back to sth.; ~|**blicken** *itr. V.* **a)** look back ⟨**auf** + Akk. at⟩; *(sich umblicken)* look back *or* round; **b)** *(fig.)* **auf etw.** *(Akk.)* ~**blicken** look back on sth.; ~|**bringen** *unr. tr. V.* **a)** *(wieder herbringen)* take back; return; **jmdn. ins Leben/in die Wirklichkeit** ~**bringen** *(fig.)* bring sb. back to life/reality; **b)** *(ugs.: zurückwerfen)* set back; ~|**datieren** *tr. V.* antedate, backdate ⟨*letter, cheque, etc.*⟩; antedate ⟨*event, artefact, etc.*⟩; ~|**denken** *unr. itr. V.* think back ⟨**an** + Akk. to⟩; **so weit ich** ~**denken kann** as far as I can remember *or* recall; ~|**drängen** *tr. V.* force back; drive back ⟨*enemy*⟩; **den Drogenmißbrauch** ~**drängen** *(fig.)* fight drug abuse; ~|**drehen** *tr. V.* **a)** turn back; turn down ⟨*heating, volume, etc.*⟩; **das Rad der Geschichte** ~**drehen** *(fig.)* turn back the wheel of history; **b)** *(rückwärts drehen)* turn backwards; ~|**dürfen** *unr. V.* be allowed [to go] back *or* to return; **das Fleisch darf nicht in die Kühltruhe** ~: the

meat must not go back in the freezer; ~|**eilen** *itr. V.; mit sein* hurry back; ~|**erbitten** *unr. tr. V. (geh.)* etw. ~**erbitten** ask for sth. to be returned; **etw. von jmdm.** ~**erbitten** ask sb. to return sth.; ~|**erhalten** *unr. tr. V. (geh.)* be given back; get back; **anliegend erhalten Sie ihre Bewerbungsunterlagen** ~: please find enclosed your application, which we are returning to you; ~|**erinnern** *refl. V.* **sich an etw.** *(Akk.)* ~**erinnern** remember *or* recall sth.; ~|**erlangen** *tr. V. (geh.)* regain; ~|**erobern** *tr. V.* win back ⟨*votes, majority, etc.*⟩; regain ⟨*power, position, etc.*⟩; recapture ⟨*territory, town, etc.*⟩; ~|**erstatten** *tr. V.* refund; **jmdm. etw.** ~**erstatten** refund sth. to sb.; ~|**erwarten** *tr. V.* jmdn. ~**erwarten** expect sb. back; ~|**fahren** **1.** *unr. itr. V.; mit sein* **a)** go back; return; *(als Autofahrer)* drive back; *(mit dem Fahrrad, Motorrad usw.)* ride back; **b)** *(nach hinten fahren)* go back[wards]; **c)** *(zurückweichen)* start back; *(entsetzt)* recoil; **2.** *unr. tr. V.* ~**fahren** drive sth./sb. back; **b)** *(Technikjargon)* reduce the output of ⟨*power plant, refinery, etc.*⟩; cut back ⟨*delivery, production, budget, etc.*⟩; ~|**fallen** *unr. itr. V.; mit sein* **a)** fall back; **b)** *(nach hinten fallen)* fall back[wards]; **c)** *(fig.: in Rückstand geraten)* fall behind; **d)** *(fig.: auf einen niedrigeren Rang)* drop ⟨**auf** + *Akk.* to⟩; **e)** *(fig.: in einen früheren Zustand)* in etw. ~**fallen** fall back into sth.; **in den alten Trott** ~**fallen** slip back into the old routine; **f)** *(fig.)* **an jmdn.** ~**fallen** ⟨*property*⟩ revert to sb.; **g)** *(fig.)* **auf jmdn.** ~**fallen** ⟨*actions, behaviour, etc.*⟩ reflect [up]on sb.; **deine Gemeinheiten werden eines Tages auf dich [selbst]** ~**fallen** your meanness will recoil [up]on you one day; ~|**finden** *unr. itr. V.* s. **zurückkommen;** ~|**fliegen** **1.** *unr. itr. V.; mit sein* fly back; **2.** *unr. tr. V.* jmdn./etw. ~**fliegen** fly sb./sth. back; ~|**fließen** *tr. V.* etw. ~**fordern** ask for sth. back; *(nachdrücklicher)* demand sth. back; ~|**fragen** *itr. V.* answer with a question; „~**...?"** fragte er ~: '...?', he asked in return; ~|**führen** **1.** *tr. V.* **a)** jmdn. ~**führen** take sb. back; **b)** *(zurückbewegen)* ~**führen** move sth. back; return sth.; **c)** etw. auf etw. *(Akk.)* ~**führen** *(auf Ursprung)* trace sth. back to sth.; *(auf Ursache)* attribute sth. to sth.; put sth. down to sth.; *(auf einfachere Form)* reduce sth. to sth.; **2.** *itr. V.* lead back; **es führt kein anderer Weg** ~: there is no other way back; ~|**geben** **1.** *unr. tr. V.* **a)** give back; return; hand in ⟨*driver's licence, membership card*⟩; return ⟨*goods, unused ticket, etc.*⟩; relinquish ⟨*mandate, office, etc.*⟩; take back ⟨*defective goods*⟩; give back ⟨*freedom*⟩; **jmdm. etw.** ~**geben** give sth. back to sb.; return sth. to sb.; **b)** *(erwidern)* reply; **2.** *unr. tr. (auch itr.) V. (Ballspiele)* ⟨*ball, puck, service, pass, throw*⟩; **[den Ball] an jmdn.** ~**geben** return the ball to sb.; **b)** *(nach hinten geben)* **[den Ball]** ~**geben** pass the ball back; ~**geblieben** **1.** *2. Part. v.* **zurückbleiben; 2.** *Adj.* retarded; ~|**gehen** *unr. itr. V.; mit sein* **a)** go back; return; *(sich zurückbewegen)* ⟨*pick-up arm, indicator, needle, etc.*⟩ return; **b)** *(nach hinten gehen)* go back; ⟨*enemy*⟩ retreat; **in die Geschichte/bis in die Jahre meiner Kindheit** ~**gehen** *(fig.)* go back into history/to the years of my childhood; **c)** *(verschwinden)* ⟨*bruise, ulcer*⟩ disappear; ⟨*swelling, inflammation*⟩ go down; ⟨*pain*⟩ subside; **d)** *(sich verringern)* decrease; go down; ⟨*fever*⟩ subside; ⟨*flood*⟩ subside; ⟨*business*⟩ fall off; **e)** *(zurückgeschickt werden)* be returned *or* sent back; **ein Essen** ~**gehen lassen** send a meal back; **f)** **auf jmdn.** ~**gehen** ⟨*jmds. Werk sein*⟩ go back to sb.; *(von jmdm. abstammen)* originate from *or* be descended from sb.; **der Name geht auf ein lateinisches Wort** ~: the name comes from

1641

a Latin word; **g)** *(sich zurückbewegen lassen)* ⟨*lever etc.*⟩ go back; ~|**gewinnen** *unr. tr. V.* **a)** win back; regain ⟨*confidence, title, strength, freedom, etc.*⟩; **b)** *(Wirtsch.)* reclaim, recover ⟨*raw materials etc.*⟩; ~**gezogen 1.** *2. Part. v.* **zurückziehen**; **2.** *Adj.* secluded; **3.** *adv.* ~**gezogen leben** lead a withdrawn life; *(an abgelegenen Ort)* live a secluded life; ~**gezogenheit die;** ~: seclusion; ~|**greifen** *unr. itr. V.* **auf jmdn./etw.** ~**greifen** fall back on sb./sth.; ~|**haben** *unr. tr. V.* have back; **hast du es inzwischen** ~? have you got it back yet?; **ich will es** ~**haben** I want it back; ~|**halten 1.** *unr. tr. V.* **a)** jmdn. ~**halten** hold sb. back; **eine dringende Angelegenheit hielt mich in Köln** ~: an urgent matter kept *or* detained me in Cologne; **er war durch nichts** ~**zuhalten** there was no stopping him; nothing would stop him; **b)** *(am Vordringen hindern)* keep back ⟨*crowd, mob, etc.*⟩; **c)** *(behalten)* withhold ⟨*news, letter, parcel, etc.*⟩; **d)** *(nicht austreten lassen)* hold back ⟨*tears etc.*⟩; **sein Wasser** ~**halten** hold one's water; **e)** *(von etw. abhalten)* jmdn. ~**halten** stop sb.; **jmdn. von etw.** ~**halten** keep sb. from sth.; **jmdn. davon** ~**halten, etw. zu tun** stop sb. doing sth.; keep sb. from doing sth.; **2.** *unr. refl. V.* **a)** *(sich zügeln, sich beherrschen)* restrain *or* control oneself; **b)** *(nicht aktiv werden)* **sich in einer Diskussion** ~**halten** keep in the background in a discussion; **3.** *unr. itr. V.* **mit etw.** ~**halten** *(etw. nicht äußern)* keep sth. to oneself; ~**haltend 1.** *Adj.* **a)** reserved; subdued, muted ⟨*colour*⟩; **b)** *(kühl, reserviert)* cool, restrained ⟨*reception, response*⟩; **c)** *(Wirtsch.: schwach)* slack ⟨*demand*⟩; *(sparsam)* **mit etw.** ~**haltend** ⟨*person*⟩ who is/was sparing with sth.; sparing with sth. *pred.*; **2.** *adv.* **a)** *(behave)* with reserve *or* restraint; **eine** ~**haltend gemusterte Tapete** a wallpaper with a subdued pattern; **b)** *(kühl, reserviert)* coolly; **das Publikum/Bonn reagierte** ~**haltend** the public's response was cool/Bonn's response was cautious; **sich** ~**haltend zu etw. äußern** be cautious in one's comments on sth.; ~**haltung die;** *o. Pl.* **a)** reserve; ~**haltung üben** *(geh.)* exercise restraint; **sich** *(Dat.)* ~**haltung auferlegen** *(geh.)* adopt an attitude of reserve; **b)** *(Kühle, Reserviertheit)* coolness; reserve; **ein Buch mit** ~**haltung aufnehmen** give a book a cool reception; **c)** *(Wirtsch.: geringe Kaufbereitschaft)* caution; ~|**holen** *tr. V.* **a)** fetch back; get back ⟨*money*⟩; bring back ⟨*satellite, missile*⟩; **jmdn.** ~**holen** bring sb. back; **b)** *(*~*rufen)* call back; ~|**kämmen** *tr. V.* back-comb; **seine** ~**gekämmten Haare** his back-combed hair; ~|**kaufen** *tr. V.* buy back; repurchase; ~|**kehren** *itr. V.; mit sein* return; come back (**von, aus** from); **zu jmdm.** ~**kehren** return *or* go back to sb.; ~|**klappen** *tr. V.* tip back ⟨*seat*⟩; lift back ⟨*lid*⟩; fold back ⟨*flap*⟩; ~|**kommen** *unr. itr. V.; mit sein* **a)** come back; return; ⟨*letter*⟩ come back, be returned; **b)** *(zurückgelangen)* get back; **c)** ~**kommen auf** *(+ Akk.)* come back to ⟨*subject, question, point, etc.*⟩; **auf ein Angebot** ~**kommen** come back on an offer; **d)** *(ugs.: zurückbefördert werden)* go back; ~|**können** *unr. itr. V.* be able to go back *or* return; **nicht ans Ufer** ~**können** not be able to get back to the bank; **jetzt können wir nicht mehr** ~ *(fig.)* there's no going *or* turning back now; ~|**kriegen** *tr. V. s.* ~**bekommen**; ~|**lassen** *unr. tr. V.* **a)** leave; **b)** *(zurückkehren lassen)* jmdn. ~**lassen** allow sb. to return; let sb. return; ~|**lassung die;** ~: **unter** ~**lassung einer Sache/jmds.** leaving sth./sb. behind; ~|**laufen** *unr. itr. V.; mit sein* **a)** run back; **b)** *(ugs.: zurückgehen)* come/go back; **c)** *(sich zurückbewegen)* run back; **das Tonband** ~**laufen lassen** run the tape back; ~|**legen 1.** *tr. V.* **a)** put back; **b)** *(nach hinten beugen)* lean *or* lay ⟨*head*⟩ back; **c)** *(reservieren)* put aside, keep *(Dat.*, **für** for); **d)** *(sparen)* put away; put by; **e)** *(hinter sich bringen)* cover ⟨*distance*⟩; **2.** *refl. V.* lie back; *(sich* ~*lehnen,* ~*neigen)* lean back; ~|**lehnen** *refl. V.* lean back; ~|**liegen** *unr. itr. V.* **a) das Ereignis/das liegt einige Jahre** ~ the event took place/that was several years ago; **in den** ~**liegenden Jahren** in the past [few] years; **b)** *(bes. Sport)* be behind; **mit 2 : 3 Toren** ~**liegen** be 3–2 behind; ~|**melden** *refl. V.* report back (**bei** to); ~|**müssen** *unr. itr. V.* **a)** have to go back *or* return; **b)** *(zurückbefördert werden müssen)* have to go back; ~|**nehmen** *unr. tr. V.* **a)** take back; **b)** *(widerrufen)* take back; **ich nehme alles** ~ **[und behaupte das Gegenteil** *(scherzh.)***]** I take it all back; **c)** *(rückgängig machen)* revoke, rescind ⟨*decision, ban, etc.*⟩; withdraw ⟨*complaint, legal action*⟩; **einen Zug** ~**nehmen** *(Brettspiele)* take a move back; ~|**pfeifen** *unr. tr. V.* **a)** whistle ⟨*dog*⟩ back; **b)** *(fig. salopp)* jmdn. ~**pfeifen** call sb. off; ~|**prallen** *tr. V.; mit sein* **a)** bounce back (**von** off); ⟨*bullet*⟩ ricochet (**von** from); **b)** *(fig.)* start back; *(entsetzt)* recoil; ~|**rechnen** *tr. V.* reckon back; ~|**reichen 1.** *tr. V.* hand back; **2.** *itr. V.* go back (**in** + *Akk.* to); ~|**rollen 1.** *tr. V.* **a)** roll back; **b)** *(nach hinten rollen)* roll back[wards]; **2.** *itr. V.; mit sein* **a)** roll back; **b)** *(nach hinten rollen)* roll back[wards]; ~|**rufen 1.** *unr. tr. V.* **a)** call back; recall ⟨*ambassador*⟩; **jmdn. ins Leben** ~**rufen** *(fig.)* bring sb. back to life; **b)** *(anrufen)* call *or* (Brit.) ring back; **c) jmdm./sich etw. ins Gedächtnis** *od.* **in die Erinnerung** ~**rufen** remind sb. of sth./call sth. to mind; **d)** *(als Antwort, nach hinten rufen)* call *or* shout back; **e)** *(Wirtsch.)* recall ⟨*defective goods, car, etc.*⟩; **2.** *unr. itr. V.* *(anrufen)* call *or* (Brit.) ring back; ~|**schalten** *itr. V.* **a)** switch *or* turn back; **b)** *(beim Autofahren)* change down; ~|**schaudern** *itr. V.; mit sein* shrink back (**vor** + *Dat.* from); ~|**schauen** *itr. V.* *(bes. südd., österr., schweiz.) s.* ~**blicken**; ~|**scheuen** *itr. V.; mit sein s.* ²~**schrecken**; ~|**schicken** *tr. V.* send back; ~|**schieben** *unr. tr. V.* **a)** push back; draw back ⟨*bolt, curtains*⟩; **b)** *(nach hinten schieben)* push back[wards]; ~|**schlagen 1.** *unr. tr. V.* **a)** *(nach hinten schlagen)* fold back ⟨*cover, hood, etc.*⟩; turn down ⟨*collar*⟩; *(zur Seite schlagen)* pull *or* draw back ⟨*curtains*⟩; **b)** *(durch einen Schlag zurückbefördern)* kick back *(mit dem Fuß)*; **c)** *(zum Rückzug zwingen, abwehren)* beat off, repulse ⟨*enemy, attack*⟩; **2.** *unr. itr. V.* **a)** hit back; ⟨*enemy*⟩ strike back, retaliate; **b) mit sein** ⟨*pendulum*⟩ swing back; ⟨*starting-handle*⟩ kick back; ⟨*wave*⟩ crash back; **c) auf etw.** *(Akk.)* ~**schlagen** *(fig.)* have repercussions on sth.; ~|**schneiden** *unr. tr. V.* cut back ⟨*plant, shoot, etc.*⟩; ~|**schrauben** *tr. V.* reduce ⟨*demand, wage, consumption, etc.*⟩; lower ⟨*expectations*⟩; ¹~|**schrecken** *tr. V.* ~**schrecken** *deter sb.;* ²~|**schrecken** *regelm., veralt. unr. tr. V.; mit sein* **a)** shrink back; recoil; **b) vor etw.** *(Dat.)* ~**schrecken** *(fig.)* shrink from sth.; **er schreckt vor nichts** ~: he will stop at nothing; ~|**sehnen** *refl. V.* **nach der Geborgenheit seines Elternhauses** ~**sehnen** long to return to the security of one's parents' home; **sich zu jmdm./nach Italien** ~**sehnen** long to be back with sb./in Italy; ~|**senden** *unr. od. regelm. tr. V.* (geh.) *s.* ~**schicken**; ~|**setzen 1.** *tr. V.* **a)** put back; **b)** *(nach hinten setzen)* move back; **c)** *(zurückfahren)* move back; reverse; back; **d)** *(benachteiligen)* jmdn. ~**setzen** neglect sb.; **sich** ~**gesetzt fühlen** feel neglected; **2.** *refl. V.* **a)** sit down again (**an** + *Akk.* at); **b)** *(sich weiter nach hinten setzen)* move back; **3.** *itr. V.* *(zurückfahren)* move back[wards]; reverse; back; ~**set-zung die;** ~, ~**en** neglect; *(Kränkung)* insult; slight; ~|**spielen** *tr. V. (Ballspiele)* **den Ball** ~**spielen** pass *or* play the ball back; ~|**springen** *unr. itr. V.; mit sein* **a)** jump back; ⟨*indicator needle etc.*⟩ spring back; ⟨*ball*⟩ bounce back; **b)** *(nach hinten springen)* jump back[wards]; **c)** *(weiter hinten liegen)* be set back; ~|**stecken 1.** *tr. V.* **a)** put back; **b)** *(nach hinten stecken)* move back; **2.** *itr. V.* *(ugs.)* lower one's sights; ~|**stehen** *unr. itr. V.* **a)** stand back; be set back; **b)** *(fig.: übertroffen werden)* be left behind; **hinter jmdm.** ~**stehen** take second place to sb.; *(fig.: verzichten)* miss out; ~|**stellen 1.** *tr. V.* **a)** put back; **b)** *(nach hinten stellen)* move back; **c)** *(niedriger einstellen)* turn down ⟨*heating*⟩; put back ⟨*clock*⟩; **d)** *(reservieren)* put aside, keep *(Dat.*, **für** for); **e)** *(vorläufig befreien)* jmdn. **vom Wehrdienst** ~**stellen** defer sb.'s military service; defer sb. (*Amer.*); **sollen wir ihn schon einschulen oder noch** ~**stellen lassen?** shall we start him at school now or delay it a while?; **f)** *(aufschieben)* postpone; defer; **g)** *(hintanstellen)* put aside ⟨*reservations, doubts, etc.*⟩; **h)** *(österr.)* return; **2.** *refl. V.* go *or* get back; **stell dich an deinen Platz** ~! get back in *or* go back to your place!; ~|**stoßen 1.** *unr. tr. V.* **a)** push back; **b)** *(von sich stoßen)* push away; **2.** *unr. itr. V.; mit sein* **s.** ~**setzen 3**; ~|**streifen** *tr. V.* pull back; pull up ⟨*sleeve*⟩; ~|**stufen** *tr. V.* downgrade (**in** + *Akk.* to); ~|**treten** *unr. itr. V.; mit sein* **a)** step back; **bitte von der Bahnsteigkante** ~**treten** please stand back from the edge of the platform; **b) mit sein** *(von einem Amt)* resign; step down; ⟨*government*⟩ resign; **als Vorsitzender/von einem Amt** ~**treten** step down as chairman/resign from an office; **c) mit sein** *(von einem Vertrag, einer Vereinbarung usw.)* withdraw (**von** from); back out (**von** of); **d) mit sein** *(fig.: in den Hintergrund treten)* become less important; fade in importance; **hinter/gegenüber etw.** *(Dat.)* ~**treten** take second place to sth.; ~|**tun** *unr. tr. V.* put back; ~|**übersetzen** *tr. V.* translate back; ~|**verfolgen** *tr. V.* trace back; ~|**verlangen** *tr. V.* demand back; ~|**versetzen 1.** *tr. V.* **a)** move *or* transfer back; **b)** *(fig.)* take *or* transport back; **2.** *refl. V.* think oneself back (**in** + *Akk.* to); ~|**weichen** *unr. itr. V.; mit sein* draw back (**vor** + *Dat.* from); back away; *(*~*schrecken)* shrink back, recoil (**vor** + *Dat.* from); **er wich keinen Schritt/Zentimeter** ~: he stood his ground; ~|**weisen** *unr. tr. V.* **a)** send back; **jmdn. an der Grenze** ~**weisen** turn sb. back at the frontier; **b)** *(abweisen, nicht akzeptieren)* reject ⟨*proposal, question, demand, application, etc.*⟩; turn down, refuse ⟨*offer, request, invitation, help, etc.*⟩; turn away ⟨*petitioner, unwelcome guest*⟩; **c)** *(sich verwahren gegen)* repudiate ⟨*accusation, claim, etc.*⟩; ~**weisung die** *s.* ~**weisen a–c:** sending back; turning back; rejection; turning down; refusal; turning away; repudiation; ~|**wenden** *unr. od. regelm. tr. u. refl. V.* turn back; ~|**werfen 1.** *unr. tr. V.* **a)** throw back; **den Kopf/sein Haar** ~**werfen** throw *or* toss one's head back/toss one's hair back; **b)** *(reflektieren)* reflect ⟨*light, sound*⟩; **c)** *(Milit.)* repulse ⟨*enemy*⟩; **d)** *(fig.: in einer Entwicklung)* set back; **2.** *unr. refl. V.* throw oneself back; ~|**wirken** *itr. V.* react (**auf** + *Akk.* [up]on); ~|**wollen 1.** *unr. tr. V.* want to go back; **2.** *unr. tr. V.* *(ugs.)* **etw.** ~**wollen** want sth. back; ~|**zahlen** *tr. V.* pay back; ~|**ziehen 1.** *unr. tr. V.* **a)** pull back; draw ⟨*bolt, curtains, one's hand, etc.*⟩; **es zieht ihn in die Heimat/zu ihr** ~ *(fig.)* he is drawn back to his homeland/to her; **b)** *(abziehen, zurückbeordern)* withdraw, pull back ⟨*troops*⟩; withdraw, recall ⟨*ambassador*⟩; **c)** *(rückgängig machen)* withdraw; cancel ⟨*or-*

der, instruction⟩; **d)** (wieder aus dem Verkehr ziehen) *withdraw* ⟨coin, stamp, etc.⟩; **2.** *unr. refl. V.* withdraw (**aus**, **von** from); ⟨troops⟩ withdraw, pull back; **sich von** *od.* **aus der Politik/aus dem Showgeschäft/aus dem Berufsleben ~ziehen** retire from politics/show business/professional life; **sich aufs Land/in sein Zimmer ~**: retreat to the country/retire to one's room; *s. auch* **zurückgezogen**; **3.** *unr. itr. V.*; *mit sein* go back; return; **~|zucken** *itr. V.*; *mit sein* flinch; (erschrocken) start back; **mit der Hand ~zucken** jerk one's hand away
Zu·ruf der shout; **durch ~ wählen/abstimmen** vote by acclamation
zu|rufen *unr. tr. V.* **jmdm. etw. ~**: shout sth. to sb.
Zu·sage die **a)** (auf eine Einladung hin) acceptance; (auf eine Stellenbewerbung hin) offer; **b)** (Versprechen) promise; undertaking; **jmdm. die** *od.* **seine ~ geben, etw. zu tun** promise sb. that one will do sth.; **ich kann Ihnen keine ~n machen** I cannot make you any promises
zu|sagen 1. *itr. V.* **a)** (auf eine Einladung hin) [jmdm.] ~|fest ~: accept/give sb. a firm acceptance; **b)** (auf ein Angebot hin) accept; **sie haben fest zugesagt** (auf eine Stellenbewerbung hin) they made her/him *etc.* a firm offer [of a job]; **c)** (gefallen) **jmdm. ~**: appeal to sb. **2.** *tr. V.* **a)** promise; **jmdm. etw. ~**: promise sb. sth.; **sein Kommen ~**: promise to come; **jmdm. sein Kommen ~**: promise sb. that one will come; **b)** *s.* **Kopf a**
zusammen [tsu'zamən] *Adv.* together; **wir bestellten uns ~ eine Flasche Wein** we ordered a bottle of wine between us; **wir haben ~ ein Auto** we own a car between us; **alle/alles ~**: all together; **ihr seid alle ~ Feiglinge!** (ugs.) you're cowards, the whole lot of you (coll.); **guten Abend/schöne Ferien usw. ~!** (ugs.) good evening/have a good holiday, everyone *or* all of you!; **er verdient mehr als alle anderen ~**: he earns more than the rest of us/them put together
zusạmmen-, Zusạmmen-: ~|arbeit die; *o. Pl.* co-operation *no indef. art.*; **~|arbeiten** *itr. V.* co-operate; work together; (kollaborieren) collaborate; **mit ihm könnte ich nicht ~arbeiten** I could not work with him; **~|ballen 1.** *tr. V.* [zu einem Klumpen] ballen make into a ball; **2.** *refl. V.* mass together; **dunkle Wolken ballten sich ~**: dark clouds loomed; **~|ballung** die concentration; **eine ~ von Städten** a conglomeration of towns; **~|bauen** *tr. V.* assemble; put together; **~|beißen** *unr. tr. V.* **die Zähne ~beißen** clench one's teeth together; *s. auch* **Zahn b**; **~|bekommen** *unr. tr. V.* **a)** get together, raise ⟨money, rent, etc.⟩; manage to collect ⟨signatures⟩; **c)** *(fig. ugs.)* remember; **~|betteln** *tr. V.* **sich** (Dat.) **etw. ~betteln** manage to collect sth. by begging; **~|binden** *unr. tr. V.* tie together; **jmdm. die Hände auf den Rücken ~binden** *od.* **sich** (Dat.) **das Haar ~binden** tie sb.'s hands behind his/her back; tie one's hair; **~|bleiben** *unr. itr. V.*; *mit sein* stay together; **~|brauen 1.** *tr. V.* (ugs.) concoct ⟨drink⟩; **2.** *refl. V.* (fig.) ⟨storm, bad weather, trouble, etc.⟩ be brewing; ⟨disaster⟩ loom; **da braut sich was ~**: there's something brewing there; **~|brechen** *unr. V.*; *mit sein* **a)** (einstürzen) collapse; **b)** (zu Boden sinken) ⟨person, animal⟩ collapse; *(fig.)* ⟨person⟩ break down; **nervlich ~brechen** have a nervous breakdown; **c)** *(fig.)* collapse; ⟨order, communications, system, telephone network⟩ break down; ⟨traffic⟩ collapse, break down; ⟨traffic⟩ come to a standstill, be paralysed; ⟨attack, front, resistance⟩ crumble; **für ihn brach eine Welt ~**: his whole world collapsed; **~|bringen** *unr. tr. V.* **a)** bring together; bring ⟨chemicals⟩ into contact with each other; **die Ziege mit einem Bock ~bringen** put the nanny-goat together with a billy-goat; **jmdn. mit jmdm. ~bringen** bring sb. together with sb.; **b)** (ugs., bes. südd.) *s.* **~bekommen**; **~|bruch** der **a)** (eines Menschen) collapse; (psychisch, nervlich) breakdown; **dem ~bruch nahe sein** be near to collapse/breakdown; **b)** *(fig.) s.* **~brechen c**: collapse; breakdown; crumbling; **es kam zu einem ~bruch des Verkehrs** traffic came to a standstill *or* was paralysed; **~|drängen 1.** *tr. V.* push together; herd ⟨crowd⟩ together; *(fig.)* condense ⟨story, report, facts, etc.⟩; **2.** *refl. V.* crowd together; *(fig.)* be concentrated (**auf** + *Akk.* into); **~|drücken** *tr. V.* **a)** press together; (komprimieren) compress ⟨gas⟩; **b)** (zerdrücken) crush; **~|fahren 1.** *unr. itr. V.*; *mit sein* **a)** collide (**mit** with); **zwei Autos sind ~gefahren** two cars have collided [with each other]; **b)** (~zucken) start; jump; **2.** *unr. tr. V.* (ugs.) smash up ⟨vehicle⟩; run over ⟨person, animal⟩; **~|fall** der coincidence; **~|fallen** *unr. itr. V.*; *mit sein* **a)** collapse; **in sich ~fallen** (auch fig.) collapse; ⟨fire⟩ die down; **das ganze Lügengebäude fiel in sich ~** (fig.) the whole tissue of lies fell apart; **b)** (sinken, schrumpfen) [**in sich**] **~fallen** ⟨cake⟩ sink [in the middle]; ⟨froth, foam, balloon, etc.⟩ collapse; **c)** ⟨person⟩ become emaciated; **d)** (zeitlich) [**zeitlich**] **~fallen** coincide; fall at the same time; **e)** (räumlich) coincide; **~|falten** *tr. V.* fold up; **~|fassen** *tr. V.* **a)** put together; **einzelne Verbände in einer Dachorganisation ~fassen** bring individual associations together in one umbrella organization; **b)** (in eine kurze Form bringen) summarize; **etw. in einem Satz ~fassen** sum sth. up *or* summarize sth. in one sentence; **~fassend kann man sagen ...**: to sum up *or* in summary, one can say ...; **~fassung** die *s.* **~fassen a, b**: putting together; bringing together; summary; **~|fegen** *tr. V.* (bes. nordd.) sweep together; **~|finden** *unr. refl. V.* **a)** get together; **b)** (zusammentreffen) meet up; **~|flicken** *tr. V.* **a)** (auch fig.) patch up sth.; **~|stoppeln**; **~|fließen** *unr. itr. V.*; *mit sein* ⟨rivers, streams⟩ flow into each other, join up; *(fig.)* ⟨colours⟩ run together; ⟨sounds⟩ blend together; **~|fluß** der confluence; **~|fügen 1.** *tr. V.* fit together; **was Gott ~gefügt hat, das soll der Mensch nicht scheiden** what therefore God hath joined together, let not man put asunder; **2.** *refl. V.* fit together; **sich zu einem Ganzen ~fügen** fit together to form a whole; **~|führen** *tr. V.* bring together; **getrennte Familien wieder ~führen** reunite divided families; **~|gehen** *unr. itr. V.*; *mit sein* **a)** (sich verbünden, sich zusammentun) join forces (**mit** with); (fusionieren) ⟨firms⟩ merge; **b)** (zusammenpassen) go together; **c)** (ugs.: zusammenlaufen, ~fließen usw.) join up; meet; **d)** (ugs.: sich zusammenfügen, verbinden lassen) fit together; meet; **~|gehören** *unr. itr. V.* belong *or* connected ⟨subjects, problems, etc.⟩; matching *attrib.* ⟨pieces of tea service, cutlery, etc.⟩; **die ~gehörigen Teile/Fotos** the parts/photographs which belong together; **~gehörigkeit** die; **~**: tiefe **~gehörigkeit mit jmdm.** fühlen have a deep sense *or* feeling of unity with sb.; **die beiden verbindet ein starkes Gefühl der ~gehörigkeit** the two of them are joined by a strong sense *or* feeling of belonging together; **~gehörigkeits·gefühl** das; *o. Pl.* sense *or* feeling of belonging together; **~|genommen** *Adj. nicht attr.* **alle diese Dinge ~genommen** all these things together; **~gewürfelt** *Adj.* oddly assorted; **ein bunt ~gewürfelter Haufen** a motley collection of people; **~|haben** *unr. tr. V.* (ugs.) have got together; **~|halt** der; *o. Pl.* cohesion; **keinen/einen guten ~halt haben** have no/good cohesion; **~|halten 1.** *unr. tr. V.* **a)** hold together; **b)** (beisammenhalten) keep together with one's money; **sein Geld ~halten** be careful with one's money; **2.** *unr. itr. V.* **a)** hold together; **b)** *(fig.)* ⟨friends, family, etc.⟩ stick together; **~|hang** der connection; (einer Geschichte, Rede) coherence; (Kontext) context; **was er sagte, hatte keinen ~hang** what he said was incoherent; **in [keinem] ~hang mit etw. stehen** be [in no way] connected with sth.; **die historischen/gesellschaftlichen ~hänge kennen** know the historical/social context; **etw. mit etw. in ~hang bringen** connect sth. with sth.; make a connection between sth. and sth.; **im ~hang mit ...**: in connection with ...; **etw. aus dem ~hang lösen/reißen** take sth. out of [its] context; **~|hängen** *unr. itr. V.* **a)** be joined [together]; **in ~hängenden Sätzen** in coherent sentences; **~hängender Text** continuous text; **~hängend erzählen** relate in a coherent manner; **b)** *(fig.)* **mit etw. ~hängen** (zu etw. eine Beziehung haben) be related to sth.; (durch etw. verursacht sein) be the result of sth.; **das hängt damit ~, daß ...**: that is connected with *or* has to do with the fact that ...; **die damit ~hängenden Fragen** the related issues; **~hang·los 1.** *Adj.* incoherent, disjointed ⟨speech, story, etc.⟩; **~hanglos nebeneinanderstehen** stand disconnectedly side by side; **2.** *adv.* ⟨speak⟩ incoherently; **~|hauen** *unr. tr. V.* (ugs.) **a)** (zerschlagen) smash up; **b)** (verprügeln) jmdn. **~hauen** beat sb. up; **c)** (abwertend: nachlässig anfertigen) knock together ⟨furniture⟩; knock off (coll.) ⟨homework, task, etc.⟩; **~|heften** *tr. V.* **a)** staple together; (Buchbinderei) stitch together; **b)** (Schneiderei) tack *or* baste together; **~|kauern** *refl. V.* huddle [up]; **sich ängstlich ~kauern** cower; **~|kaufen** *tr. V.* buy; **~|kehren** *tr. V.* (bes. südd.) *s.* **~fegen**; **~|klappbar** *Adj.* folding; **~klappbar sein** fold up; **~|klappen 1.** *tr. V.* **a)** fold up; **b)** (zusammenschlagen) **die Hacken/Absätze ~klappen** click one's heels; **2.** *itr. V.*; *mit sein* (ugs.) collapse; **~|klauben** *tr. V.* (südd., österr.) gather together; **~|kleben** *tr. V.* stick together; **~|kneifen** *unr. tr. V.* press ⟨lips⟩ together; screw ⟨eyes⟩ up; **~|knüllen** *tr. V.* crumple up; (fest) screw up; **~|kommen** *unr. itr. V.*; *mit sein* **a)** meet; **mit jmdm. ~kommen** meet sb.; **b)** (zueinanderkommen; auch fig.) get together; **c)** (zusammentreffen, gleichzeitig auftreten) occur *or* happen together; **heute kommt bei mir aber auch alles ~!** (ugs.) everything's going wrong at once today!; **d)** (sich summieren, sich sammeln) accumulate; **da werden schon so an die 50 Leute ~kommen** there are sure to be getting on for 50 people there altogether; **~|koppeln** *tr. V.* couple together; dock ⟨spacecraft⟩; **~|krachen** *itr. V.*; *mit sein* (ugs.) **a)** collapse with a crash; **er ist mit dem Stuhl ~gekracht** he crashed to the floor with the chair; **b)** (zusammenstoßen) ⟨vehicles⟩ crash [into each other], collide [with each other]; **mit einem Auto ~krachen** crash *or* collide with a car; **~|krampfen** *refl. V.* ⟨hands⟩ clench; ⟨stomach, chest⟩ tighten; **es krampfte sich in mir alles ~**: I tensed up inside; **~|kratzen** *tr. V.* (ugs.) scrape together ⟨money, savings, etc.⟩; **~|kriegen** *tr. V.* (ugs.) *s.* **~bekommen**; **~|krümmen** *refl. V.* double up; writhe
Zusạmmenkunft [tsu'zamənkʊnft] die; **~**, **Zusammenkünfte** [... kʏnftə] meeting
zusạmmen-: ~|läppern *refl. V.* (ugs.) mount up; **~|laufen** *unr. itr. V.* (ugs.) **a)** ⟨people, crowd⟩ gather, congregate; **b)** (zusammenfließen) ⟨rivers, streams⟩ flow into each other, join up; **c)** (sich sammeln) ⟨water, oil, etc.⟩ collect; **d)** (sich vereinigen) converge, ⟨Geom.⟩ intersect; **e)** (ineinanderlau-

fen ⟨*colours*⟩ run together; ~**leben** *itr. V.* live together; ~**leben das;** *o. Pl.* living together *no art.;* **das eheliche/menschliche** ~**leben** married life/man's social existence; ~**legen 1.** *tr. V.* **a)** put *or* gather together; **b)** *(zusammenfalten)* fold [up]; **c)** *(miteinander verbinden)* combine, merge ⟨*classes, departments, etc.*⟩; combine ⟨*events*⟩; **d)** put ⟨*patients, guests, etc.*⟩ together [in the same room]; **e)** *(aneinanderlegen)* fold ⟨*hands, arms*⟩; **2.** *itr. V.* club together; pool our/your/their money; ~**leimen** glue *or* stick together; ~**lesen** *tr. V.* gather; ~**nähen** *tr. V.* **a)** sew together; etw. mit etw. ~**nähen** sew sth. to sth.; **b)** *(durch Nähen reparieren)* sew up; ~**nehmen 1.** *unr. tr. V.* **a)** summon *or* muster up ⟨*courage, strength, understanding*⟩; collect ⟨*thoughts, wits*⟩; *s. auch* ~**genommen; 2.** *unr. refl. V.* get or take a grip on oneself; **nimm dich ~!** pull yourself together!; ~**packen 1.** *tr. V.* pack up; *(zusammen verpacken)* pack up together; **2.** *itr. V.* pack up; ~**passen** *itr. V.* ⟨*colours, clothes, furniture*⟩ go together; ⟨*persons*⟩ be suited to each other; **mit etw.** ~**passen** go with sth.; ~**phantasieren** *refl. V.* (ugs.) **sich** *(Dat.)* **etw.** ~**phantasieren** dream up sth.; invent sth.; *(im Fieber)* imagine

Zusammenprall der; ~**[e]s,** ~**e** collision; *(fig.)* clash

zusammen-, Zusammen-: ~**prallen** *itr. V.; mit sein* collide (**mit** with); *(fig.)* clash; ~**pressen** *tr. V.* **a)** squeeze; *(komprimieren)* compress ⟨*gas*⟩; **b)** *(aneinanderpressen)* press ⟨*lips, hands*⟩ together; ~**raffen** *tr. V.* gather up ⟨*possessions, papers, etc.*⟩; bundle up ⟨*clothes*⟩; ~**rasseln** *itr. V.; mit sein* (ugs.) *s.* ~**krachen b;** ~**rechnen** *tr. V.* add up; **einen Betrag mit einem anderen** ~**rechnen** add one amount to another; ~**reimen** *refl. V.* (ugs.) **a) sich** *(Dat.)* **etw.** ~**reimen** work sth. out [for oneself]; **ich kann mir das nur so** ~**reimen** that's the only way I can make sense of it; **b)** *(~passen, ~gehören)* **wie reimt sich das ~?** how does that tally?; ~**reißen** *unr. refl. V.* (ugs.) *s.* ~**nehmen 2;** ~**ringeln** *refl. V.* ⟨*snake*⟩ coil itself up; ~**rollen 1.** *tr. V.* roll up; **2.** *refl. V.* ⟨*cat, dog, etc.*⟩ curl up; ⟨*hedgehog*⟩ roll [itself] up [into a ball]; ~**rotten** *refl. V.* (abwertend) ⟨*crowds, groups, etc.*⟩ band together; ⟨*youths*⟩ gang together *or* up; *(in Aufruhr)* form a mob; ~**rottung die;** ~**,** ~**en** *(abwertend)* gathering; **auf der Straße kam es zu** ~**rottungen** mobs [of hooligans] gathered in the street; ~**rücken 1.** *tr. V.* move ⟨*chairs, tables, etc.*⟩ together; **2.** *itr. V.; mit sein (auch fig.)* move closer together; ~**rufen** *unr. tr. V.* call together; ~**sacken** *itr. V.; mit sein* (ugs.) **a)** *(einstürzen)* **[in sich]** ~**sacken** collapse; **b)** *(zu Boden sinken)* ⟨*person*⟩ collapse; **c)** *(eine schlaffe Haltung annehmen)* **[in sich]** ~**sacken** slump; ~**scharen** *refl. V.* gather; ~**schau die;** *o. Pl.* survey; **aus der** ~**schau beider ergibt sich ...:** looking at *or* viewing the two together shows ...; ~**scheißen** *unr. tr. V. (salopp)* **jmdn.** ~**scheißen** tear sb. off a strip *(sl.);* ~**schlagen 1.** *unr. tr. V.* **a)** strike *or* bang together; clap ⟨*hands*⟩ [together]; **die Hacken** ~**schlagen** click one's heels; **b)** *(verprügeln)* beat up; **c)** *(zertrümmern)* smash up *or* to pieces; **d)** *(zusammenfalten)* fold up; **2.** *unr. itr. V.; mit sein* **über jmdn./etw.** ~**schlagen** engulf sb./sth.; *(fig.)* ⟨*disaster, misfortune*⟩ overtake sb./sth.; ~**schließen 1.** *unr. refl. V.* join together; ⟨*firms*⟩ merge, amalgamate; **sich im Kampf für/gegen etw.** ~**schließen** unite in the struggle for/against sth.; **2.** *unr. tr. V.* lock together; ~**schluß der** joining together; union; *(von Firmen)* merger; amalgamation; ~**schmelzen** *unr. itr. V.; mit sein* melt [away]; *(fig.)* ⟨*supplies, savings, etc.*⟩

dwindle **(auf** + *Akk.* to); ~**schneiden** *unr. tr. V. (Film, Ferns., Rundf.: kürzen)* cut; ~**schnüren** *tr. V.* **a)** tie up (zu in); **b)** *(einschnüren)* lace in ⟨*waist*⟩; **der Anblick schnürte mir das Herz** ~ *(geh.)* the sight tore at my heart[-strings]; ~**schrecken** *unr. od. regelm. itr. V.; mit sein* start; jump; ~**schreiben** *unr. tr. V.* **a)** write together; **b)** *(abwertend: verfassen)* dash off ⟨*report, letter, etc.*⟩; ~**schreibung die** writing together *or* as one word; **beachten Sie bitte die** ~**schreibung solcher Bezeichnungen** please remember that such terms are written together *or* as one word; ~**schrumpfen** *itr. V.; mit sein* shrivel [up]; *(fig.)* dwindle; ~**schustern** *tr. V.* (ugs. abwertend) cobble together; ~**schweißen** *tr. V.* weld together; **etw. mit etw.** ~**schweißen** weld sth. to sth.; **die Gefahr hat sie noch enger** ~**geschweißt** *(fig.)* the danger forged even stronger bonds between them; ~**sein** *unr. itr. V.; mit sein; Zusschr. nur im Inf. u. Part.* **a)** be together; **b)** *(zusammenleben)* be *or* live together; **mit jmdm.** ~**sein** be *or* live with no art.; **c)** *(Treffen)* get-together; ~**setzen 1.** *tr. V.* **a)** put together; **Steine zu einem Mosaik** ~**setzen** put stones together to make a mosaic; **b)** *(herstellen)* make; **ein** ~**gesetztes Wort/Verb** a compound word/verb; **c)** *(zusammenbauen, -montieren)* assemble; put together; **d)** *(beieinander sitzen lassen)* seat *or* put together; **jmdn. mit jmdm.** ~**setzen** seat *or* put sb. next to sb.; **2.** *refl. V.* **a) sich aus etw.** ~**setzen** be made up *or* composed of sth.; **wie setzt sich das Gremium** ~**?** how is the committee made up?; **b)** *(sich zueinander setzen)* sit together; **sich mit jmdm.** ~**setzen** sit next to sb.; *(zu einem Gespräch)* get together; ~**setzung die;** ~**,** ~**en a)** *o. Pl.* putting together; **b)** *(Aufbau)* composition; **„**~**setzung: ..."** *(als Aufschrift auf Medikamentenpackung)* 'ingredients: ...'; **c)** *(Sprachw.)* compound; ~**sinken** *unr. itr. V.; mit sein* **a) [in sich]** ~**sinken** collapse; ⟨*fire*⟩ die down; ⟨*dough*⟩ sink; **b)** *(zu Boden sinken)* **[in sich]** ~**sinken** slump to the ground; *(eine schlaffe Haltung einnehmen)* slump; **ohnmächtig/tot** ~**sinken** collapse in a faint/fall down dead; ~**sitzen** *unr. itr.V.* **a)** sit together; **mit jmdm.** ~**sitzen** sit next to sb.; **b)** *(miteinander verbunden sein)* be joined together; ~**sparen** *tr. V.* save up; **sich** *(Dat.)* **ein Auto/Fahrrad** ~**sparen** save up and buy a car/bicycle; ~**spiel das a)** *o. Pl.* *(von Musikern)* ensemble playing; *(von Darstellern)* ensemble acting; *(einer Mannschaft)* teamwork; **b)** *(fig.)* interplay; ~**spielen** *itr. V.* **a)** play together; ⟨*actors*⟩ act together; **mit jmdm.** ~**spielen** play/act with sb.; **b)** *(fig.)* ⟨*forces, influences, etc.*⟩ work together, combine; ~**stauchen** *tr. V.* **a)** compress; **b)** *(fig. ugs.)* **jmdn.** ~**stauchen** tear sb. off a strip *(sl.);* ~**stecken 1.** *tr. V.* **a)** fit together; join up ⟨*extension cables*⟩; **b)** *(mit einer Nadel, Spange usw.)* pin together; *s. auch* **Kopf a; 2.** *itr. V.* (ugs.) be together; ~**stehen** *unr. itr. V.* **a)** stand together; **mit jmdm.** ~**stehen** stand with sb.; **b)** *(fig.: zusammenhalten)* stand by one another; ~**stellen 1.** *tr. V.* **a)** put together; **b)** *(aus einzelnen Teilen gestalten)* put together ⟨*programme, film, book, menu, exhibition, team, delegation*⟩; draw up ⟨*list, timetable*⟩; compile ⟨*report, broadcast*⟩; work out ⟨*route, tour*⟩; make up ⟨*bouquet, flower arrangement*⟩; **c)** *(in einer Übersicht, Liste usw.)* draw together; compile ⟨*facts, data*⟩; **d)** *(kombinieren)* combine; **2.** *itr. V.* stand together; ~**stellung die a)** *s.* ~**stellen 1b:** putting together; drawing up; compilation; working out; making up; **b)** *(Übersicht)* sur-

vey; *(von Tatsachen, Daten)* compilation; **c)** *(Kombination)* combination; ~**stimmen** *itr. V.* **a)** ⟨*instruments*⟩ harmonize; ⟨*colours, furniture*⟩ match, go together; **mit etw.** ~**stimmen** go with sth.; **b)** *(stimmig sein)* agree (**mit** with); ~**stoppeln** *tr. V.* (abwertend) cobble together; ~**stoß der** collision; *(fig.)* clash (**mit** with); **bei dem** ~**stoß [der beiden Züge]** in the collision [between the two trains]; ~**stoßen** *unr. itr. V.; mit sein* collide (**mit** with); **wir stießen mit den Köpfen** ~**:** we banged *or* bumped our heads; ~**strömen** *itr. V.; mit sein* **a)** ⟨*rivers, streams*⟩ flow into one another, join up; **b)** *(zusammenlaufen, -kommen)* congregate; ~**stückeln** *tr. V.* patch together; ~**stürzen** *itr. V.; mit sein* collapse; ⟨*mine shaft, roof*⟩ cave in, collapse; ~**suchen** *tr. V.* collect bit by bit; hunt out ⟨*information*⟩ bit by bit; ~**tragen** *unr. tr. V.* collect; ~**treffen** *unr. itr. V.; mit sein* **a)** meet; **mit jmdn.** ~**treffen** meet sb.; **b)** *(zeitlich)* coincide; ~**treffen das a)** meeting; **b)** **ein merkwürdiges** ~**treffen von Zufällen** a peculiar set of coincidences; ~**treiben** *tr. V.* herd together; ~**treten** *unr. itr. V.; mit sein* meet (zu for); ⟨*parliament*⟩ assemble; ~**trommeln** *tr. V.* (ugs.) round up; ~**tun** (ugs.) **1.** *unr. tr. V.* put together; **2.** *unr. refl. V.* get together (**mit** with); ~**wachsen** *unr. itr. V.; mit sein* grow together; join [up]; ⟨*bones*⟩ knit together; *(fig.)* ⟨*towns*⟩ merge into one; ~**gewachsen sein** be joined; ⟨*bones*⟩ have knitted together; ~**werfen** *unr. tr. V.* (ugs.) lump together; ~**wirken** *itr. V.* combine; ~**zählen** *tr. V.* add up; ~**ziehen 1.** *unr. tr. V.* **a)** draw *or* pull together; draw *or* pull ⟨*noose, net*⟩ tight; **die Brauen** ~**ziehen** knit one's brows; **die Säure zieht einem den Mund** ~**:** the sourness makes you pucker up your mouth; **b)** *(konzentrieren)* mass ⟨*troops, police*⟩; **c)** *(addieren)* add up *or* together; *(zusammenfassen)* simplify ⟨*mathematical expression*⟩; **2.** *unr. refl. V.* **a)** ⟨*skin, muscle, heart*⟩ contract; ⟨*face*⟩ tighten up; ⟨*wound*⟩ close up; **b)** *s.* ~**brauen 2; 3.** *unr. itr. V.; mit sein* move in together; **mit jmdm.** ~**ziehen** move in with sb.; ~**zimmern** *tr. V.* (ugs.) knock together; *(fig. abwertend)* cobble together; ~**zucken** *itr. V.; mit sein* start; jump

Zu·satz der a) addition; **unter** ~ **von etw.** while adding sth.; **ohne** ~ **von ...:** without the addition of ...; without adding ...; **b)** *(Zugesetztes, Additiv)* additive; **c)** *(zusätzlicher Teil)* addition; *(zu einem Vertrag)* rider; additional clause; *(Nachtrag)* addendum; *(zu einem Brief)* postscript; *(zu einem Testament)* codicil

Zusatz·bremsleuchte die *(Kfz-W.)* high-level brake light

zusätzlich ['ʦuːzɛʦlɪç] **1.** *Adj.* additional; **2.** *adv.* in addition

zu·schanden *Adv.* **in etw.** ~ **machen** wreck *or* ruin sth.; **ein Auto** ~ **fahren/ein Pferd** ~ **reiten** wreck a car/ruin a horse by bad riding; ~ **werden** be wrecked *or* ruined

zu|schanzen *tr. V.* (ugs.) **jmdm./sich etw.** ~**:** wangle sth. for sb./oneself *(coll.)*

zu|schauen *itr. V.* (südd., österr., schweiz.) *s.* ~**sehen**

Zu·schauer der, Zu·schauerin die; ~**,** ~**nen** spectator; *(im Theater, Kino)* member of the audience; *(an einer Unfallstelle)* onlooker; *(Fernseh~)* viewer; **die** ~**:** the spectators; the crowd *sing.;* *(im Theater, Kino)* the audience *sing.;* *(an einer Unfallstelle)* the onlookers; *(Fernseh~)* the audience *sing.;* the viewers

Zuschauer·raum der auditorium

zu|schaufeln *tr. V.* fill in [with a shovel/shovels]

zu|schicken *tr. V.* send; **jmdm. etw.** ~**:** send sth. to sb.; send sb. sth.; **sich** *(Dat.)* **etw.** ~ **lassen** send for sth.

zu|schieben *unr. tr. V.* a) push ⟨drawer, door⟩ shut; **den Riegel ~**: put the bolt across; b) *(fig.: zuweisen)* jmdm. die Schuld/Verantwortung ~: lay the blame/responsibility on sb.

zu|schießen 1. *unr. tr. V.* a) jmdm. den Ball ~: kick or pass the ball to sb.; b) *(als Zuschuß geben)* contribute (zu towards); **Geld zu etw. ~**: contribute [money] or put money towards sth.; **jmdm. 200 Mark ~**: give sb. 200 marks towards it. **2.** *unr. itr. V.; mit sein* **auf jmdn./etw. zugeschossen kommen** come shooting towards sb.

Zu·schlag der a) additional or extra charge; *(für Nacht-, Feiertagsarbeit, Arbeitserschwernisse)* additional or extra payment; **der Intercity-Zug kostet [5 Mark] ~**: you have to pay a supplement [of 5 marks] on an intercity train; b) *(Eisenb.)* supplement ticket; c) *(bei einer Versteigerung)* acceptance of a/the bid; **der ~ erfolgt an Herrn X** od. **wird Herrn X erteilt** the lot is knocked down to Mr X or goes to Mr X; d) *(bei Ausschreibung eines Auftrags)* acceptance of a/the tender; **jmdm. den ~ für etw. geben** give sb. the contract for sth.; **den ~ bekommen** od. **erhalten** get the contract

zu|schlagen 1. *unr. tr. V.* a) bang or slam ⟨door, window, etc.⟩ shut; close ⟨book⟩ *(heftig)* slam ⟨book⟩ shut; b) jmdm. etw. ~ *(bei einer Versteigerung)* knock sth. down to sb.; *(bei Ausschreibung eines Auftrags, durch Gerichtsbeschluß)* award sth. to sb.; c) *(angliedern)* annex *(Dat.* to); d) *(als Zuschlag erheben)* add on; **das Porto wird dem Preis zugeschlagen** the price does not include postage. **2.** *unr. itr. V.* a) *mit sein* ⟨door, trap⟩ slam or bang shut; b) *(einen Schlag führen)* throw a blow/blows; *(losschlagen)* hit or strike out; *(fig.)* ⟨army, police, murderer⟩ strike; **er schlug kräftig zu** he threw a powerful blow; **schlag doch zu!** [go on,] hit it/me/him etc.; c) *(salopp: zugreifen)* jump at it; *(beim Essen)* have a good nosh-up *(sl.); (beim Trinken)* knock it back *(coll.)*

zuschlag·pflichtig [-'pflɪçtɪç] *Adj. (Eisenb.)* ⟨train⟩ on which no supplement is payable

Zuschlag·stoff der *(Hüttenw.)* flux; *(Bauw.)* aggregate

zu|schließen 1. *unr. tr. V.* lock. **2.** *unr. itr. V.* lock up

zu|schnappen *itr. V.* a) *mit sein* snap shut; b) *(zubeißen)* snap; **der Hund schnappt zu, wenn man ihn neckt** if you tease him the dog will snap at you

zu|schneiden *unr. tr. V.* cut out ⟨material etc.⟩ (zu, für for); saw ⟨plank, slat⟩ to size; cut out ⟨dress, jacket⟩; **auf jmdn./etw. zugeschnitten sein** *(fig.)* be tailor-made for sb./sth.; **auf jmds. Geschmack zugeschnitten** geared to sb.'s taste

zu|schneien *itr. V.; mit sein* snow in or up

Zu·schnitt der a) *(von Kleidung)* cut; *(fig.)* character; *(Format)* calibre; b) *o. Pl. (das Zuschneiden) (von Kleidung)* cutting [out]; *(von Platten usw.)* sawing to size

zu|schnüren *tr. V.* tie up; **sich** *(Dat.)* **die Schuhe ~**: tie or do up one's shoes; *s. auch* **Kehle**

zu|schrauben *tr. V.* screw the lid or top on ⟨jar, flask⟩; screw ⟨lid, top⟩ on

zu|schreiben *unr. tr. V.* a) jmdm./einem Umstand etw. ~: attribute sth. to sb./a circumstance; **jmdm. das Verdienst/die Schuld an etw.** *(Dat.)* **~**: credit sb. with/blame sb. for sth.; **das hast du dir selbst zuzuschreiben** you only have yourself to blame [for this]; **jmdm./einer Sache eine Eigenschaft ~**: ascribe a characteristic or quality to sb./sth.; credit sb./sth. with a quality; b) *(überschreiben)* **einem Konto eine Summe ~**: transfer a sum to an account

Zu·schrift die letter; *(auf eine Anzeige)* reply

zu·schulden *Adv.* **sich** *(Dat.)* **[irgend] etw. ~ kommen lassen** do [any] wrong

Zu·schuß der contribution (zu towards); *(regelmäßiger ~)* allowance; **[staatlicher] ~**: state subsidy (für, zu towards); **ich gebe dir einen kleinen ~**: I'll give you something towards it

Zuschuß·betrieb der subsidized concern

zu|schustern *(ugs.) tr. V.* a) **jmdm. einen Posten usw. ~**: organize a job etc. for sb.; b) *(zuschießen)* contribute (zu towards)

zu|schütten *tr. V.* a) fill in ⟨ditch etc.⟩; b) *(ugs. hinzufügen)* pour on, add ⟨water etc.⟩

zu|sehen *unr. itr. V.* a) watch; **bei einem Spiel/beim Arbeiten usw.] ~**: watch sb. [playing a game/working etc.]; **bei näherem Zusehen** on closer examination; if you look more closely; **vom [bloßen] Zusehen** [simply] by watching; **er mußte ~, wie sein Haus niederbrannte** he had to stand by and watch his house burn down; **wir dürfen diesem Unrecht nicht tatenlos ~**: we cannot stand idly by and allow this injustice; b) *(dafür sorgen, sich darum bemühen)* make sure; see to it; **sieh zu, daß ...**: see that ...; make sure that ...; **er soll ~, wie er das hinkriegt** he'll just have to manage somehow; **sieh zu, wo du bleibst!** you're on your own

zusehends ['tsu:ze:ənts] *Adv.* visibly

Zu·seher der *(österr.) s.* **Zuschauer**

zu·sein *unr. V.; mit sein; (Zusschr. nur im Inf. u. Partizip V.)* ⟨door, window⟩ be shut; ⟨shop⟩ have shut; b) *(ugs.: betrunken sein)* be tight *(coll.)*

zu|senden *unr.* od. *regelm. tr. V. s.* **zuschicken**

Zu·sendung die a) *(das Zusenden)* sending; **ich bitte um ~ des Vertrages** I would ask that the contract be sent to me; b) *(Zugesandtes)* ⟨Brief⟩ letter; ⟨Paket⟩ parcel; *(Warensendung)* consignment

zu|setzen 1. *tr. V.* a) **[zu] einem Stoff etw. ~**: add sth. to a substance; b) *(zuzahlen)* pay out; **er hat nichts [mehr] zuzusetzen** *(fig.)* he has no strength left in him. **2.** *itr. V. (ugs.)* **jmdm. ~**: *(jmdn. angreifen)* go for sb.; *(beim Verhör)* grill sb.; *(jmdn. bedrängen)* pester or badger sb.; *(mosquitoes etc.)* plague sb.; ⟨illness, heat⟩ take a lot out of sb.; ⟨death, divorce⟩ be a heavy blow for sb.; **einer Sache ~**: *(beschädigen)* damage sth.

zu|sichern *tr. V.* **jmdm. etw. ~**: promise sb. sth.; assure sb. of sth.

Zu·sicherung die promise; assurance

zu|sperren *(südd., österr.)* **1.** *tr. V.* lock. **2.** *itr. V.* lock up

Zu·spiel das; *o. Pl. (Ballspiele)* passing; *(einzelner Spielzug)* pass

zu|spielen 1. *itr. V. (Ballspiele)* pass. **2.** *tr. V.* a) *(Ballspiele)* **jmdm. den Ball ~**: pass the ball to sb.; b) *(fig.: zukommen lassen)* **der Presse Informationen ~**: leak information to the press

zu|spitzen 1. *tr. V.* a) sharpen to a point; b) *(fig.: verschärfen)* aggravate ⟨position, crisis⟩; intensify ⟨competition, conflict, etc.⟩; c) *(fig.: pointieren)* make ⟨question, answer⟩ pointed. **2.** *refl. V.* become aggravated

Zu·spitzung die; ~, ~en a) *(fig.: Verschärfung)* aggravation; *(der Konkurrenz, eines Konfliktes)* intensification; b) *(fig.: Pointierung)* pointed emphasis

zu|sprechen 1. *unr. tr. V.* a) **er sprach ihr Trost/Mut zu** his words gave her comfort/courage; **sich** *(Dat.)* **selbst Mut ~**: give oneself courage; b) *(zuerkennen)* **jmdm. ein Erbe usw. ~**: award sb. an inheritance etc.; **die Kinder der Mutter/dem Vater ~**: award custody of the children to the mother/father; c) *(zuschreiben)* **jmdm./einer Sache etw. ~**: ascribe sth. to sb./sth. **2.** *unr. itr. V.* a) *(zureden)* **jmdn. ermutigend/tröstend usw. ~**: speak encouragingly/comfortingly to sb.; b) *(geh.)* **dem Essen/den Getränken ~**: partake of the food/drinks

Zu·spruch der; *o. Pl. (geh.) (Zureden)* words *pl.;* **Worte des ~s** *(tröstend)* words of comfort; *(ermutigend)* words of encouragement; b) *(Anklang)* **[bei jmdm.] ~ finden** be popular [with sb.]

Zu·stand der a) condition; *(bes. abwertend)* state; **in rohem/gefrorenem ~**: in the raw/frozen state; raw/frozen; **in flüssigem ~** in liquid form; **in betrunkenem ~**: while under the influence of alcohol; **in bewußtlosem ~**: in a state of unconsciousness; unconscious; **geistiger/gesundheitlicher ~**: state of mind/health; **der ~ des Patienten** the patient's condition; **er war in einem schlimmen ~**: he was in a bad way; **Zustände kriegen** od. **bekommen** *(ugs.)* have a fit *(coll.);* b) *(Stand der Dinge)* state of affairs; situation; **Zustände** conditions; **das sind ja [schöne] Zustände!** that's a fine state of affairs!; **these are fine goings-on!; das ist doch kein ~!** that just won't do *(coll.); s. auch* **Rom**

zu·stande *Adv.* **in: ~ bringen** manage to do; [manage to] bring about ⟨agreement, coalition, etc.⟩; **~ kommen** come into being; *(geschehen)* take place; **es wollte kein Gespräch ~ kommen** it was impossible to get a conversation going

zu·ständig *Adj.* a) appropriate, proper, relevant ⟨authority, office, etc.⟩; **das ~e Gericht** the court of jurisdiction; **von ~er Seite** by the proper authority; **[für etw.] ~ sein** *(verantwortlich)* be responsible [for sth.]; *(kompetent)* be competent [to deal with sth.]; *(court)* have jurisdiction [in sth.]; **dafür sind wir nicht ~**: it's not our responsibility/we are not competent to decide that; b) *(österr. Amtsspr.)* **nach Wien ~ sein** be domiciled in Vienna

Zuständigkeit die; ~, ~en *(Verantwortlichkeit)* responsibility; *(Kompetenz)* competence; *(eines Gerichts)* jurisdiction

Zuständigkeits·bereich der *(Verantwortlichkeit)* area of responsibility; *(Kompetenz)* range of competence; **das fällt in den ~ des Innenministeriums** it is within the responsibility/competence of the Ministry of the Interior

Zustands-: **~passiv** das *(Sprachw.)* passive of condition; **~verb** das *(Sprachw.)* verb describing a state

zu·statten *Adv.* **in jmdm./einer Sache ~ kommen** be a help or be useful to sb./for sth.; *(von Vorteil sein)* be of advantage to sb./sth.

zu|stecken *tr. V.* a) pin up ⟨tear⟩; pin together ⟨curtains etc.⟩; b) *(heimlich geben)* **jmdm. etw. ~**: slip sb. sth.

zu|stehen *unr. tr. V.* **etw. steht jmdm. zu sb.** is entitled to sth.; **ein Urteil über ihn steht mir nicht zu** it is not for me to judge him

zu|steigen *unr. tr. V.; mit sein* ⟨bus, etc.⟩ get on; **ist noch jemand zugestiegen?** *(im Bus)* any more fares, please?; *(im Zug)* ≈ tickets, please!

zu|stellen *tr. V.* a) block ⟨entrance, passage, etc.⟩; b) *(bringen)* deliver ⟨letter, parcel, etc.⟩; **jmdm. etw. ~**: deliver sth. to sb.; *(zuschicken)* send sb. sth.; **jmdm. ein Schriftstück ~**: serve a writ on sb.

Zu·steller der; ~s, ~: deliverer; *(Postbote)* postman

Zu·stellung die delivery; *(Zusendung)* submission

zu|steuern 1. *tr. V.; mit sein* **auf jmdn./etw. ~**: head for sb./sth.; **einer Sache** *(Dat.)* **~**: head for sth. **2.** *tr. V.* a) **etw. auf jmdn./etw. ~**: steer or drive sth. towards sb./sth.; b) *(ugs.) s.* **beisteuern**

zu|stimmen *itr. V.* agree; **jmdm. [in einem Punkt] ~**: agree with sb. [on a point]; **~d nicken** nod in agreement; **einer Sache** *(Dat.)* **~**: agree to sth.; **einem Gesetzentwurf ~** *(parliament)* pass or approve a bill; **dem kann ich nur ~**: I quite agree

Zu·stimmung die *(Billigung)* approval (zu

of); *(Einverständnis)* agreement (**zu** to, with); *(Plazet)* consent (**zu** to); [**allgemeine**] ~ **finden** meet with [general] approval; **die** ~ **der Eltern** the parents' consent; **jmdm. seine** ~ **zu etw. geben** give sb. one's consent to *or* for sth.; **nicht ohne/nur mit jmds.** ~: not without/only with the agreement *or* consent of sb.

zu|stopfen *tr. V.* **a)** plug, stop up ⟨*hole, crack*⟩; plug ⟨*ears*⟩; **b)** *(mit Nadel und Faden)* darn, mend ⟨*hole*⟩

zu|stöpseln *tr. V.* **a)** put a stopper in ⟨*bottle*⟩; *(mit Korken)*; put a cork in, cork ⟨*bottle*⟩; **b)** put a plug in ⟨*basin*⟩; plug ⟨*drain etc.*⟩

zu|stoßen 1. *unr. tr. V.* push ⟨*door etc.*⟩ shut; *(mit dem Fuß, heftig)* kick ⟨*door etc.*⟩ shut. **2.** *unr. itr. V.* **a)** strike out; *(mit einem Messer usw.)* make a stab; stab; ⟨*snake etc.*⟩ strike; **b)** *mit sein* **jmdm.** ~: happen to sb., **wenn mir etwas zustößt** if anything should happen to me

zu|streben *itr. V.; mit sein* **einer Sache** *(Dat.) od.* **auf etw.** *(Akk.)* ~: make for sth.; *(fig.)* strive for *or* aim at sth.

Zu·strom der **a)** *(von Luft, fig.: Geld usw.)* flow; **b)** *(von Menschen)* influx; stream; **starken od. großen** ~ **haben** have a great influx of people

zu|stürmen *itr. V.; mit sein* **auf jmdn./etw.** ~: charge towards sb./sth.

zu|stürzen *tr. V.; mit sein* **auf jmdn./etw.** ~/**zugestürzt kommen** rush/come rushing towards sb./sth.; *(direkt heran)* rush/come rushing up to sb./sth.

zu|tage *Adv. in:* ~ **kommen** *od.* **treten** become visible *(lit. or fig.)*; ⟨*stream*⟩ come to the surface; *(ans Licht kommen)* ⟨*documents etc.*⟩ come to light, be revealed; ⟨*story*⟩ come out, be made public; *(fig.: erkennbar werden)* become evident; ⟨*differences etc.*⟩ come into the open; **etw.** ~ **bringen** *od.* **fördern** *(aus der Tasche usw.)* produce sth.; *(fig.: erkennbar machen)* bring sth. to light; reveal sth.; **offen** *od.* **klar** ~ **liegen** be perfectly clear *or* evident

Zu·tat die ingredient

zu·teil *Adv. (geh.) in* **jmdm./einer Sache** ~ **werden** be granted *or* accorded to sb./sth.; **ihm wurde die Ehre** ~, **die Ansprache halten zu dürfen** he was accorded the honour of giving the address; **jmdm. etw.** ~ **werden lassen** accord sb. sth.; bestow sth. on sb.; **einer Sache** *(Dat.)* **mehr Aufmerksamkeit** ~ **werden lassen** devote more attention to sth.

zu|teilen *tr. V.* **a)** jmdm. **jmdm./etw.** ~: allot *or* assign sb./sth. to sb.; **b)** *(als Ration)* **jmdm. seine Portion** ~: mete out his/her share to sb.; **den Kindern das Essen** ~: ration *or* share out the food to the children; **die zugeteilte Menge** the allocated amount

Zu·teilung die **a)** allotting, assigning (**an** + *Akk.* to); **b)** *(als Ration)* sharing out, allocation (**an** + *Akk.* to); *(eines Mandats, Quartiers)* allocation, assignment (**an** + *Akk.* to); **es gab Fleisch nur auf** ~: meat was only to be had on rations; **c)** *(Ration)* allocation, ration (**an** + *Dat.* of)

zuteilungs·reif *Adj. (Wirtsch.)* mature

zu·tiefst *Adv.* profoundly; ~ **verletzt** deeply hurt *or* offended

zu|tragen 1. *unr. refl. V. (geh.)* take place; occur. **2.** *unr. tr. V.* **jmdm. etw.** ~: carry sth. to sb. *(fig.: mitteilen)* report sth. to sb.; **jmdm. Nachrichten/Gerüchte** *usw.* ~: pass on news/rumours *etc.* to sb.

Zu·träger der, **Zu·trägerin** die informer

zuträglich ['tsu:trɛːklɪç] *Adj.* healthy ⟨*climate*⟩; **jmdm./einer Sache** ~ **sein** be good for sb./sth.; be beneficial to sb./sth.

Zuträglichkeit die; ~: beneficial effect; *(des Klimas)* healthiness

zu|trauen *tr. V.* **jmdm. etw.** ~: believe sb. [is] capable of [doing] sth.; **den Mut hätte ich ihm gar nicht zugetraut** I should never have thought he had the courage; **ich hätte ihm mehr Taktgefühl zugetraut** I should have thought he had more tact; **ihm ist alles zuzutrauen** I wouldn't put anything past him; **das hätte ich ihm nicht zugetraut** I should never have thought it of him; **das ist ihm [durchaus] zuzutrauen** I could [well] believe it of him; **sich** *(Dat.)* **etw.** ~: think one can do *or* is capable of doing sth.; **trau dir nicht zuviel zu** don't take on too much; don't overdo it; **er traut sich** *(Dat.)* **zuwenig zu** he has too little self-confidence

Zutrauen das; ~s confidence, trust (**zu** in); ~ **zu sich selbst** self-confidence

zutraulich 1. *Adj.* trusting; trustful. **2.** *adv.* trustingly; trustfully

Zutraulichkeit die; ~: trust[fulness]

zu|treffen *unr. itr. V.* **a)** be correct; **der Vorwurf trifft zu** the reproach is justified; **b)** **auf** *od.* **für jmdn./etw.** ~: apply to sb./sth.

zutreffend 1. *Adj.* **a)** correct; *(treffend)* accurate; **es ist** ~, **daß** ...: it is correct *or* the case that ...; **b)** *(geltend)* applicable; relevant; **Zutreffendes bitte ankreuzen** please mark with a cross where applicable. **2.** *adv.* correctly; *(treffend)* accurately

zu|treiben *unr. itr. V.; mit sein* **jmdm./einer Sache** ~, **auf jmdn./etw.** ~ *(auch fig.)* be carried along *or* drift towards sb./sth.

zu|trinken *unr. tr. V.* **jmdm.** ~: raise one's glass and drink to sb.

Zu·tritt der entry; admittance; „**kein** ~", „~ **verboten**" 'no entry'; 'no admittance'; **jmdm. den** ~ **verweigern** refuse sb. admission; ~ [**zu etw.**] **haben** have access [to sth.]

zu|tun *unr. tr. V.* **kein Auge** ~: not sleep a wink

Zu·tun das; ~s **in ohne jmds.** ~: without sb.'s being involved; **es geschah ohne mein** ~: I had nothing to do with it

zu ungunsten *Präp. mit Gen.* to the disadvantage of

zu unterst *Adv.* right at the bottom; *s. auch* **ober... a**

zuverlässig ['tsu:fɛɐlɛsɪç] **1.** *Adj.* reliable; *(verläßlich)* dependable ⟨*person*⟩. **2.** *adv.* **a)** reliably; **er arbeitet sehr** ~: he is a very reliable worker; **b)** *(mit Gewißheit)* ⟨*confirm*⟩ with certainty; ⟨*know*⟩ for sure, for certain

Zuverlässigkeit die; ~: reliability; *(Verläßlichkeit)* dependability

Zuversicht [tsu:'fɛɐzɪçt] die; ~: confidence

zuversichtlich 1. *Adj.* confident; **sich** ~ **geben** express one's confidence. **2.** *adv.* confidently

Zuversichtlichkeit die; ~: confidence

zuviel 1. *indekl. Indefinitpron.* **a)** too much; **viel** ~: far *or* much too much; **das ist mir** ~: that's too much for me; **seine dauernden Besuche werden mir allmählich** ~: his constant visits are getting me down *(coll.)*; ~ **des Guten, des Guten** ~: too much of a good thing; **was** ~ **ist, ist** ~: enough is enough; there must be a limit; ~ **kriegen** *(ugs.)* blow one's top *(coll.)*; *(bei jmdm. Worten)* see red; **das ist** ~ **gesagt** that's going too far; that's an exaggeration; **b)** *(ugs.: zu viele)* too many. **2.** *adv.* **a)** too much; **das ist genau einmal** ~: that is once too often

Zu·viel das; ~s excess (**an** + *Dat.* of)

zu·vor *Adv.* before; **tags/im Jahr** ~: the day/year before

zu·vorderst *Adv.* right at the front

zuvörderst [tsu:'fœrdɐst] *Adv. (veralt.)* first and foremost

zu|vorkommen *unr. itr. V.; mit sein* **a)** **jmdm.** ~: beat sb. to it; get there first; **b)** **einer Sache** *(Dat.)* ~: anticipate *or* forestall sth.

zuvorkommend 1. *Adj.* obliging; *(höflich)* courteous. **2.** *adv.* obligingly; *(höflich)* courteously

Zuvorkommenheit die; ~: courteousness; courtesy

Zu·wachs der; ~es, **Zuwächse** ['tsu:vɛksə] increase (*Gen.*, **an** + *Dat.* in); ~ **an Besuchern/Mitgliedern** increase in the number of visitors/members; **wirtschaftlicher** ~: economic growth; **die Familie hat** ~ **bekommen** there has been an addition to the family; **der Mantel ist auf** ~ **genäht** the coat has been made [on the large side] to allow room to grow into

-zuwachs der increase in ⟨*income, capital, exports, votes, expenditure, productivity, population, etc.*⟩; **Lohn-/Gehalts-**~: wage/salary increase

zu|wachsen *unr. itr. V.; mit sein* **a)** ⟨*wound*⟩ heal [over]; **b)** *(bewachsen/überwachsen werden)* become overgrown; **mit etw. zugewachsen sein** be overgrown with sth.; **c)** *(zuteil werden)* **jmdm./einer Sache** ~: fall *or* be granted to sb./sth.

Zuwachs·rate die *(bes. Wirtsch.)* growth rate

Zu·wanderer der immigrant

zu|wandern *itr. V.; mit sein* immigrate

Zu·wanderung die immigration

zu|warten *itr. V.* wait

zu·wege *Adv. in* **etw.** ~ **bringen** [manage to] achieve sth.; **gut/schlecht** ~ **sein** *(ugs.)* be in good shape/have a bad way

zu·weilen *Adv. (geh.)* now and again; at times

zu|weisen *unr. tr. V.* **jmdm. etw.** ~: allocate *or* allot sb. sth.

zu|wenden 1. *unr. od. regelm. refl. V.* **a)** **sich jmdm./einer Sache** ~ *(auch fig.)* turn to sb./sth.; *(sich widmen)* devote oneself to sb./sth.; **b)** *(geh.: gehen)* **er wandte sich dem Ausgang zu** he moved towards the exit. **2.** *unr. od. regelm. tr. V.* **jmdm./einer Sache etw.** ~: turn sth. to[wards] sb./sth.; **jmdm. den Rücken** ~: turn one's back on sb.; **b)** *(geben, zuteil werden lassen)* **jmdm. Geld** ~: give *or* donate money to sb.

Zu·wendung die **a)** *o. Pl. (Aufmerksamkeit)* [loving] attention *or* care; **b)** *(Geldgeschenk)* gift of money; *(Unterstützung)* [financial] contribution; *(Geldspende)* donation; **auf** ~**en angewiesen sein** be dependent on financial support *sing. or* contributions

zu·wenig 1. *indekl. Indefinitpron.* **a)** too little; **viel** ~: far too little; **das ist mir** ~: that is too little *or* not enough for me; **b)** *(ugs.: zu wenige)* too few; not enough. **2.** *adv.* too little; ~ **schlafen/sich** ~ **bewegen** get too little *or* not get enough sleep/exercise

zu|werfen *unr. tr. V.* **a)** slam ⟨*door, lid*⟩; **b)** **jmdm. etw.** ~: throw sth. to sb.; throw sb. sth.; **jmdm. einen bösen/giftigen Blick** ~: look daggers at sb.; *s. auch* **Ball a; Blick a; Kußhand**

zuwider 1. *Adj.* **jmdm.** ~ **sein** be repugnant to sb.; **Spinat ist mir äußerst** ~: I absolutely detest spinach; **b)** *(geh.: nicht förderlich)* **jmdm./einer Sache** *(Dat.)* ~ **sein** ⟨*circumstances, weather, etc.*⟩ be against sb./sth. **2.** *Präp. mit Dat.; nachgestellt* contrary to *attrib.*

zuwider-, Zuwider-: ~|**handeln** *itr. V.* **dem Gesetz/einer Vorschrift** *usw.* ~**handeln** contravene *or* infringe the law/a regulation *etc.*; **einer Anordnung/einem Verbot** ~**handeln** defy an instruction/a ban; ~**handelnde** der/die; *Adj. Dekl.* offender; ~|**laufen** *unr. itr. V.; mit sein* **einer Sache** *(Dat.)* ~**laufen** go against *or* run counter to sth.

zu|winken *itr. V.* **jmdm./einander** ~: wave to sb./one another

zu|zahlen *tr. V.* pay ⟨*five marks etc.*⟩ extra; **einen Betrag** ~: pay an additional sum

zu|zählen *tr. V.* **a)** *(dazurechnen)* add on; **b)** *(zurechnen)* **etw. einem Gebiet/Zeitalter** ~: assign sth. to an area/era

zu·zeiten *Adv. (geh.) s.* **zuweilen**

zu|ziehen 1. *unr. tr. V.* **a)** pull ⟨*door*⟩ shut; draw ⟨*curtain*⟩; pull *or* draw ⟨*knot, net*⟩ tight; do up ⟨*zip*⟩; **b)** call in ⟨*expert, special-*

Zuzug

ist〉. 2. *unr. refl. V.* **a)** *sich (Dat.)* eine Krankheit/Infektion ~: catch an illness/contract an infection; *sich (Dat.)* einen Schädelbruch ~: sustain a fracture of the skull; *sich (Dat.)* jmds. Zorn/Vorwürfe ~: incur sb.'s anger/reproaches; **b)** *(sich schließen)* 〈*knot, noose*〉 tighten, get tight. **3.** *unr. itr. V.; mit sein* move here *or* into the area
Zu·zug der; **a)** influx; **b)** *(Genehmigung)* settlement permit
zuzüglich ['tsu:tsy:klɪç] *Präp. mit Gen.* plus; 400 Mark ~ *[der]* Heizungskosten 400 marks plus *or* not including heating
Zuzugs·genehmigung die settlement permit
zu|zwinkern *itr. V.* jmdm. ~: wink at sb.
zwacken ['tsvakn̩] *tr., auch itr. V. (ugs.) s.* zwicken
zwang [tsvaŋ] 1. *u.* 3. *Pers. Sg. Prät. v.* zwingen
Zwang der; ~[e]s, Zwänge ['tsvɛŋə] **a)** *o. Pl.* compulsion; unter ~ handeln act under duress; Kinder ohne ~ erziehen bring children up without constraint; auf jmdn. ~ ausüben exert pressure on sb.; force sb.'s hand; der ~ der Verhältnisse the force of circumstance[s]; soziale Zwänge social constraints; the constraints of society; unmittelbarer ~ *(Rechtsspr.)* direct coercion; das ist freiwilliger ~ *(iron.)* it's voluntary but compulsory; **b)** *(unwiderstehlicher Drang)* irresistible urge; aus einem ~ [heraus] handeln act under a compulsion *or* on an irresistible impulse; **c)** *(Beschränkung)* constraint; compulsion; sich *(Dat.)* ~ antun *od.* auferlegen restrain oneself; exercise self-restraint; tu dir keinen ~ an! feel free!; don't force yourself! *(iron.)*; ohne ~: without any constraint; 〈*speak*〉 [quite] freely *or* openly; **d)** *o. Pl. (Pflicht, Verpflichtung)* obligation; es besteht kein ~ zur Teilnahme/zum Kauf there is no obligation to take part/to buy anything
zwängen ['tsvɛŋən] **1.** *tr. V.* squeeze; Bücher in seine Aktentasche ~: cram books into one's brief-case. **2.** *refl. V.* squeeze [oneself]
zwanghaft 1. *Adj.* **a)** compulsive; *(als Ausdruck einer Zwangsneurose)* obsessive; ~e Vorstellung obsession; **b)** *s.* gezwungen **2. 2.** *adv.* **a)** compulsively; **b)** *s.* gezwungen 3
zwanglos 1. *Adj.* **a)** informal; casual, free and easy 〈*behaviour*〉; **b)** *(unregelmäßig)* haphazard 〈*arrangement*〉; in ~er Folge at irregular intervals. **2.** *adv.* **a)** informally; freely; er ging dort ziemlich ~ zu things were pretty free and easy there; **b)** *(unregelmäßig)* haphazardly 〈*arranged*〉
Zwanglosigkeit die; ~ **a)** informality; **b)** *(Unregelmäßigkeit)* haphazard *or* casual manner
zwangs-, Zwangs-: ~**anleihe** die *(Wirtsch.)* compulsory loan; ~**arbeit** die; *o. Pl.* forced labour; ~**ernährung** die force-feeding *no indef. art.*; ~**handlung** die *(Psych.)* compulsive act; ~**herrschaft** die tyranny; despotism; ~**jacke** die straitjacket; ~**lage** die predicament; jmdn. in eine ~lage bringen put sb. in a predicament; ~**läufig** [-lɔyfɪç] **1.** *Adj.* inevitable; **2.** *adv.* inevitably; ~**maßnahme** die coercive measure; sanction; ~**neurose** die *(Psych.)* compulsion *or* obsessive-compulsive neurosis; ~**räumung** die [enforced] eviction; ~**versteigern** *tr. V., nur im Inf. u. Part.* *(Rechtsw.)* put up for compulsory auction; ~**versteigerung** die *(Rechtsw.)* [compulsory] auction; ~**vollstreckung** die *(Rechtsw.)* [compulsory] execution; ~**vorstellung** die *(Psych.)* obsession; ~**weise 1.** *Adv.* compulsorily; *(mit Gewalt)* by force; **2.** *adj.* compulsory; enforced 〈*evacuation etc.*〉; ~**weise Ernährung** force-feeding
zwanzig ['tsvantsɪç] *Kardinalz.* twenty. *s. auch* achtzig

Zwanzig die; ~, ~en twenty
zwanziger *indekl. Adj.; nicht präd.* die ~ Jahre the twenties; *s. auch* achtziger
¹**Zwanziger** der; ~s, ~ **a)** *(20jähriger)* twenty-year-old; *(Mann von 20 bis 29)* man in his twenties; **b)** twenty-mark/franc/schilling *etc.* note; *s. auch* ¹Achtziger b, c
²**Zwanziger** die; ~, ~ *(ugs.)* twentypfennig/centimes/schilling *etc.* stamp
³**Zwanziger** *Pl.* twenties; die goldenen *od.* wilden ~: the roaring twenties; in den ~n sein be in one's twenties
zwanzig·jährig *Adj.* (20 Jahre alt) twenty-year-old *attrib.*; (20 Jahre dauernd) twenty-year *attrib.*; *s. auch* achtzigjährig
Zwanzig·mark·schein der twenty-mark note
Zwanzig·pfennig·marke die twentypfennig stamp
zwanzigst ... *Ordinalz.* twentieth; *s. auch* acht...; achtzigst...
zwar [tsva:ɐ̯] *Adv.* **a)** admittedly; ich war ~ dabei, habe aber trotzdem nichts gesehen I was indeed or I 'was there, but I didn't see anything; ich weiß es ~ nicht genau, aber ...: I'm not absolutely sure [I admit,] but ...; **b)** in und ~: to be precise; er ist Zahnarzt, und ~ ein guter he is a dentist, and a good one at that; ich komme heute, und ~ um fünf Uhr I'm coming today, at five o'clock [to be precise]; verschwinde hier, und ~ sofort! clear off *(coll.)*, and I mean now!
Zweck [tsvɛk] der; ~[e]s, ~e **a)** purpose; zu diesem ~: for this purpose; zum ~ der Fortbildung for the purposes of further education; was ist der ~ Ihrer Reise? what is the purpose of your journey?; seinen ~ erfüllen serve its purpose; Geld für einen guten/wohltätigen ~: money for a good cause/for a charity; das ist [nicht] der ~ der Übung *(ugs.)* that is [not] the object *or* point of the exercise; *s. auch* heiligen a; Mittel a; **b)** *(Sinn)* point; es hat keinen/wenig ~ [, das zu tun] it's pointless *or* there is no point/there is little *or* not much point [in doing that]; ohne [jeden] Sinn und ~: completely pointless
zweck-, Zweck-: ~**bau** der; *Pl.* ~bauten functional building; ~**dienlich 1.** *Adj.* appropriate; helpful, relevant 〈*information etc.*〉; wäre es nicht ~dienlicher, wenn ...? wouldn't it be more to the point if ...?; **2.** *adv.* ~dienlich verwendet werden be used for an appropriate purpose; ~**entfremden** *tr. V.* use for another purpose; *(durch Umbau)* convert sth. to another use; *(für den falschen Zweck)* misuse; etw. als etw. ~entfremdet [verwendet] worden die Gelder sind ~entfremdet [verwendet] worden the money has been diverted from its proper use; ~**entfremdung** die use/conversion for another purpose; *(von Geldern)* diversion [from its proper use]; ~**entsprechend 1.** *Adj.* appropriate; suitable; **2.** *adv.* appropriately; ~**frei 1.** *Adj.* 〈*research*〉 without any specific purpose; pure 〈*science*〉; **2.** *adv.* without any specific purpose; ~**gebunden** *Adj.* *(Finanzw.)* [to be used] for a specified purpose
zweckhaft 1. *Adj.* purposeful; nicht ~ sein have no purpose. **2.** *adv.* purposefully; with purpose
zweck-, Zweck-: ~**los** *Adj.* pointless; ~**losigkeit** die; ~: pointlessness; ~**mäßig 1.** *Adj.* expedient 〈*behaviour, action*〉; functional 〈*building, fittings, furniture*〉; **2.** *adv.* appropriately 〈*arranged, clothed*〉; 〈*act*〉 expediently; 〈*equip, furnish*〉 functionally; ~**mäßigkeit** die appropriateness; *(einer Handlung)* expediency; *(eines Gebäudes)* functionalism; ~**optimismus** der expedient optimism; ~**propaganda** die [calculated *or* targeted] propaganda
zwecks *Präp. mit Gen. (Papierdt.)* for the

purpose of; ~ Heirat with a view to marriage
zweck·voll *Adj.; adv. s.* zweckmäßig
zwei [tsvai] *Kardinalz.* two; wir ~: we two; the two of us; sie gehen ~ und ~ *od.* zu ~en nebeneinander they are walking in pairs; sie waren/kamen zu ~en there were two of them/two of them came; für ~ essen/arbeiten eat enough for two/do the work of two people; dazu gehören immer noch ~! *(ugs.)* it takes two [to do that]!; das ist so sicher, wie ~ mal ~ vier ist *(ugs.)* it's as sure as eggs is eggs *(coll.)*; *s. auch* ¹acht
Zwei die; ~, ~en **a)** *(Zahl)* two; **b)** *(Schulnote)* B; eine ~ schreiben/bekommen get a B; er hat die Prüfung mit ~ bestanden he got a B in the examination; *s. auch* ¹Acht a, d, e, g
zwei-, Zwei- *(s. auch* acht-, Acht-**): ~ad[e]rig** *Adj.* *(Elektrot.)* two-core; ~**bändig** *Adj.* two-volume; ~**beiner** der; ~s, ~ *(scherzh.)* human [being]; ~**bettzimmer** das twin-bedded room; ~**deutig** [-dɔytɪç] **1.** *Adj.* **a)** ambiguous; equivocal 〈*smile*〉; **b)** *(fig.: schlüpfrig)* suggestive 〈*remark, joke*〉; 〈*novel, film, etc.*〉 full of double entendre; **2.** *adv.* **a)** ambiguously; 〈*smile*〉 equivocally; **b)** *(fig.: schlüpfrig)* suggestively; ~**deutigkeit** die; ~, ~en **a)** *o. Pl.* ambiguity; *(fig.: Schlüpfrigkeit)* suggestiveness; **b)** *(zweideutige Äußerung)* ambiguity; *(schlüpfrige Äußerung)* double entendre; ~**dimensional** [-dɪmɛnzjona:l] **1.** *Adj.* two-dimensional. **2.** *adv.* two-dimensionally; in two dimensions; ~**drittel·mehrheit** die two-thirds majority; ~**ein·halb** *Bruchz.* two and a half
Zweier der; ~s, ~ **a)** *(ugs. Schulnote)* einen ~ haben/schreiben get a B; **b)** *(ugs.: Münze)* two-pfennig piece; **c)** *(Ruderboot)* pair; im ~ ohne Steuermann in the coxless pairs; **d)** *(Golf)* twosome; *(Wettkampf)* single; twosome
zweierlei *Gattungsz.; indekl.* **a)** *attr.* two sorts *or* kinds of; two different 〈*sizes, kinds, etc.*〉; odd 〈*socks, gloves*〉; mit ~ Maß messen use double standards; auf ~ Art in two different ways; **b)** *subst.* two [different] things; es ist ~, ob man es sagt *od* [ob man es] auch tut it is one thing to say it and another [thing] to do it; zu Ordnung und Ordnung sind ~: there is order and order
zwei-, Zwei-: ~**fach** *Vervielfältigungsz.* double; *(~mal, um den Faktor 2)* twice; die ~fache Menge/Länge double *or* twice the amount/length; in ~facher Vergrößerung/Verkleinerung enlarged to twice its size/reduced to half-size; der ~fache Vater the father of two; in ~facher Hinsicht in two respects; ~**fach gesichert** double-locked; ~**fach gegen die Vorschriften verstoßen** infringe the regulations in two ways; etw. ~**fach vergrößern/verkleinern** enlarge sth. to twice its size/reduce sth. to half-size; *s. auch* achtfach; ~**fache** das; *adj. Dekl.* das ~fache kosten cost twice as much; cost double [the amount]; ein Foto um das ~fache vergrößern enlarge a photo to twice its size; *s. auch* Achtfache; ~**familien·haus** das two-family house *(esp. Amer.)*; ~**farbig 1.** *Adj.* two-coloured; two-tone 〈*scarf, paintwork, etc.*〉; **2.** *adv.* in two colours
Zweifel ['tsvaifl̩] der; ~s, ~: doubt (an + *Dat.* about); in ~ geraten, ~ bekommen become doubtful; ich habe keinen ~ daran/[gewisse] ~ daran, daß ...: I am in no doubt that/in some doubt whether ...; ich habe da so meine ~ *od.* bin [mir] darüber im ~: I have my doubts about that; ich bin mir noch im ~, ob ...: I am still uncertain whether ...; etw. in ~ ziehen doubt sth.; [für jmdn.] außer ~ stehen be beyond doubt [as far as sb. is concerned]; über jeden *od.* allen ~ erhaben sein be beyond any shadow of a doubt; er ließ keinen ~ daran, daß ...: he left no

1647

doubt [in anyone's mind] that ...; jmdn. (über etw. (Akk.)) [nicht] im ~ lassen leave sb. in [no] doubt [about sth.]; daran od. darüber besteht kein ~, daran gibt es keinen ~: there is no doubt about it; **mir kommen ~:** I am beginning to have my doubts; **kein ~, ...:** there is/was no doubt about it, ...; **ohne ~:** without [any] doubt; **im ~:** in case of doubt; if in doubt

zweifelhaft *Adj.* **a)** doubtful; **b)** *(fragwürdig)* dubious; *(suspekt)* suspicious

zweifel·los *Adv.* undoubtedly; without [any] doubt

zweifeln *itr. V.* doubt; **wenn man zweifelt** if one is in doubt *or* has any doubts; **an jmdm./etw. ~:** doubt sb./sth.; have doubts about sb./sth.; **man hat lange daran gezweifelt** it has long been in doubt *or* uncertain; **~ daran, daß ...:, ~, ob ...:** doubt whether ...; **er hat nie daran gezweifelt, daß ...:** he never doubted that ...; **daran ist nicht zu ~:** there can be no doubt about it

zweifels-, Zweifels-: **~fall** der case of doubt; doubtful *or* problematic case; **im ~fall[e]** in case of doubt; if in doubt; **~frei 1.** *Adj.* definite; **~frei sein** be beyond doubt; **2.** *adv.* beyond [any] doubt; **~ohne** *Adv.* undoubtedly; without doubt

zwei·flammig *Adj.* two-burner ⟨cooker⟩

Zweifler *der* ~s, ~, **Zweiflerin** *die* ~, ~**nen** doubter

zweiflerisch 1. *Adj.* doubtful; *(skeptisch)* sceptical. **2.** *adv.* doubtfully; *(skeptisch)* sceptically

zweiflüg[e]lig *Adj.* two-winged

Zwei·fronten·krieg *der* war on two fronts; **einen ~ führen** *(fig.)* fight on two fronts

Zweig [tsvaik] *der;* ~[e]s, ~e **a)** [small] branch; *(meist ohne Blätter)* twig; **auf keinen grünen ~ kommen** *(ugs.)* not get anywhere; *(finanziell)* not become well off; **b)** *(einer Familie, branche)* **c)** *(Unterabteilung, Branche)* *(einer Wissenschaft usw.)* branch; *(eines Gymnasiums usw.)* side

Zweig·betrieb *der* subsidiary; *(Filiale)* branch

zwei-, Zwei-: **~geschlechtig** *Adj.* (Biol.) hermaphroditic; bisexual; **~geschossig** *Adj., adv. s.* **~stöckig;** **~gespann das a)** pair of horses/oxen; **b)** *(Wagen)* carriage and pair; **c)** *(fig.)* duo; two-man band; **~gestrichen** *Adj.* (Musik) two-line (octave); **das ~gestrichene A** the A two above middle C; **das ~gestrichene C** the C above middle C; **~geteilt** *Adj.* divided; divided in two *postpos.*

Zweig·geschäft *das* branch

zwei·gleisig 1. *Adj.* two-track; double-track; *(fig.)* two-way ⟨therapy, treatment⟩. **2.** *adv.* **a)** ⟨run⟩ on two tracks; **eine Strecke ~ ausbauen** add a second track [to a section]; **b)** *(fig.)* **~ fahren** follow a dual-track policy

Zweig-: **~stelle** *die* branch [office]; **~werk** *das* subsidiary plant

zwei·händig [-hɛndɪç] **1.** *Adj.* two-handed. **2.** *adv.* ⟨hold on, catch ball, etc.⟩ with both hands; ⟨type, play⟩ with two hands

Zweiheit *die;* ~ *(geh.)* duality

zwei-, Zwei-: **~höck[e]rig** *Adj.* two-humped; **~hundert** *Kardinalz.* two hundred; **~jährig** *Adj.* **a)** *(zwei Jahre alt)* two-year-old *attrib.;* *(zwei Jahre dauernd)* two-year *attrib.;* *s. auch* **achtjährig;** **~jährlich 1.** *Adj.* two-yearly *attrib.;* biennial; *s. auch* **achtjährlich;** **2.** *adv.* every two years; biennially; **~kammer·system** *das* (Politik) bicameral system; **~kampf** *der* single combat; *(Duell)* duel; **jmdn. im ~kampf töten kill sb.** in single combat/a duel; **b)** (Sport) man-to-man tussle; duel; **~keim·blättrig** *Adj.* (Bot.) dicotyledonous; **~köpfig** *Adj.* two-headed; **b)** *(aus zwei Personen bestehend)* two-person *attrib.;* of two [people] *postpos.;* **~kreis·bremse die** *(Kfz-W.)* dual-circuit braking system; **~mal** *Adv.* twice; **das wird er sich** *(Dat.)* **~mal überlegen** he'll think twice about that; *s. auch* **achtmal;** **~malig** *Adj.* nach **~maligem Versuch** after trying twice; after two tries; *s. auch* **achtmalig;** **~mark·stück** *das* two-mark piece; **~monats·schrift** *die* bi-monthly [periodical]; **~motorig** *Adj.* twin-engined; **~parteien·system** *das* two-party system; **~pfennig·stück** *das* two-pfennig piece; **~phasen·strom** *der* (Physik, Elektrot.) two-phase current; **~phasig** *Adj.* (Physik, Elektrot.) two-phase; **~-plus-vier-Gespräche** *Pl.* (Politik) two plus four talks; **~polig** *Adj.* (Physik, Elektrot.) double-pole; two-core ⟨cable⟩; two-pin ⟨plug, socket⟩; **~rad** *das* two-wheeler; **~räd[e]rig** *Adj.* two-wheeled; **~reiher** *der* double-breasted suit/coat/jacket; **~reihig 1.** *Adj.* **a)** in two rows *postpos.;* double ⟨chain⟩; **b)** *(mit zwei Knopfreihen)* double-breasted ⟨suit, coat⟩. **2.** *adv.* in two rows

Zweisamkeit *die;* ~, ~**en** togetherness; partnership

zwei-, Zwei-: **~schläfrig** *Adj.* double ⟨bed⟩; **~schneidiges Schwert** *(fig.)* a double-edged sword; **~seitig 1.** *Adj.* **a)** double-sided; two-sided; **b)** *(zwei Seiten lang)* two page ⟨letter, article, etc.⟩; **c)** *(bilateral)* bilateral ⟨treaty, agreement, etc.⟩; **2.** *adv.* **a)** on two *or* both sides; **~seitig tragbar** reversible ⟨anorak, coat⟩; **b)** *(bilateral)* bilaterally; **~silbig 1.** *Adj.* two-syllable *attrib.;* **2.** *adv.* ⟨pronounced⟩ as two syllables; **~sitzer** *der* two-seater; **~sitzig** *Adj.* two-seater *attrib.;* **~spaltig 1.** *Adj.* two-column; *s. auch* **achtspaltig;** **2.** *adv.* ⟨printed, set⟩ in two columns; **~spänner** *der* carriage and pair; **~spännig 1.** *Adj.* drawn by two horses *postpos.;* **2.** *adv.* **~spännig fahren** drive [in] a carriage and pair; **~sprachig 1.** *Adj.* bilingual; ⟨sign⟩ in two languages; **2.** *adv.* bilingually; ⟨written⟩ in two languages; ⟨published⟩ in a bilingual edition; **~sprachigkeit** *die;* ~: bilingualism; **~spurig 1.** *Adj.* **a)** two-lane ⟨road, motorway⟩; (Eisenb.) double-track ⟨railway⟩; **b)** two-track ⟨vehicle⟩; **c)** two- *or* twin-track ⟨recording⟩; **2.** *adv.* **a)** in two lanes; **~spurig ausbauen make** ⟨road⟩ dual carriageway; dual ⟨road⟩; widen ⟨railway⟩ to two tracks; **b)** ⟨record⟩ on two tracks; **~stellig 1.** *Adj.* two-figure *attrib.* ⟨number, sum⟩; **2. ~stellige Stimmenverluste** loss of more than 10 % of votes; **~stimmig 1.** *Adj.* two-part *attrib.;* **2.** *adv.* in two parts; **~stöckig 1.** *Adj.* two-storey *attrib.;* **~stöckig sein** have two storeys *or* floors; **ein ~stöckiges Bett** a bunk-bed; **2.** *adv.* ⟨build⟩ two storeys high; **~strahlig** *Adj.* twin-engined ⟨jet aircraft⟩; **~stündig** *Adj.* two-hour *attrib.;* ⟨Schulw.⟩ double-period *attrib.* ⟨test, examination⟩; **nach ~stündiger Wartezeit** after waiting for two hours; **~stündlich 1.** *Adj.* two-hourly *attrib.;* **2.** *adv.* every two hours

zweit ['tsvait] *in* **wir waren zu ~:** there were two of us; **sie sind zu ~ verreist** the two of them went away together; **sie schlafen je zu ~ in den Zimmern** they sleep two to a room; **zu ~ lebt man billiger als allein** two can live cheaper than one; *s. auch* ²**zweit**

zweit... *Ordinalz.* **a)** second; **jeder ~e [der] Einwohner** every other *or* second inhabitant; **jeder ~e** every other one; **b)** *(zweitbest...)* second; **~er Klasse fahren/liegen** travel second-class/be in a second-class hospital bed; **c)** *(ander..., weiter...)* second; other; **ich habe noch einen ~en** I have a second one; *(als Ersatz)* I have a spare; **wie kein ~er** as no one else can; like nobody else; **ein ~er Al Capone** *(fig.)* a second Al Capone; *s. auch* **erst...**

zwei-, Zwei-: **~tägig** *Adj.* *(2 Tage alt)* two-day-old *attrib.;* *(2 Tage dauernd)* two-day *attrib.; s. auch* **achttägig;** **~täglich 1.** *Adj.* in **~täglichem Wechsel** on a two-day rota; **2.** *adv.* every two days; **~takter; ~s, ~** *(Kfz-W.)* **a)** *(Motor)* two-stroke engine; **b)** *(ugs.: Fahrzeug)* two-stroke; **~takt·motor** *der (Kfz-W.)* two-stroke engine

zweit·ältest... *Adj.* second oldest; **der/die Zweitälteste** the second oldest

zwei·tausend *Kardinalz.* two thousand

Zwei·tausender *der* mountain more than two thousand metres high

Zweit·ausfertigung *die* [second] copy; duplicate

zweit·best... *Adj.* second best; **der/die Zweitbeste** the second best

Zwei·teiler *der* **a)** *(Badeanzug, Kleid)* two-piece; *(Kostüm, Anzug)* two-piece suit; **b)** *(Ferns.)* two-part film/programme

zwei·teilig *Adj.* two-piece ⟨suit, bathing-suit, suite, etc.⟩; two-part ⟨film, programme⟩; two-volume ⟨dictionary, novel⟩; *s. auch* **achtteilig**

zweite·mal *Adv.* **das ~:** for the second time

zweiten·mal *Adv.* **zum ~:** for the second time; **beim ~:** the second time [round]

zweitens *Adv.* secondly; in the second place

Zweite[r]-Klasse-Abteil *das* second-class compartment

zweit-, Zweit-: **~frisur** *die* wig; **~größt...** *Adj.* second biggest *or* largest; **~klassig 1.** *Adj.* second-rate; **als ~klassig behandelt werden** be treated as a second-class citizen/as second-class citizens; **2.** *adv.* **die Mannschaft hat nur ~klassig gespielt** the team's performance was second-rate; **~kläßler** *der;* ~s, ~ *(südd., schweiz.)* pupil in second class of primary school; second-year pupil; **~plazierte** *der;* *adj. Dekl.* (Sport) runner-up; **~rangig** [~raŋɪç] *Adj.* **a)** *(nicht vordringlich)* of secondary importance *postpos.;* **von ~rangiger Bedeutung sein** be of secondary importance; **b)** *(~klassig)* second-rate; **~schlüssel** *der* second *or* spare key; **~stimme die** second vote

zwei·türig *Adj.* two-door ⟨car⟩; ⟨room⟩ with two doors

Zweit-: **~wagen** *der* second car; **~wohnung** *die* second home

zwei-, Zwei-: **~viertel·takt** *der* [~ˈfɪrtl-] *(Musik)* two-four time; **im ~vierteltakt** in two-four time; **~wertig** *Adj.* **a)** *(Chemie)* bivalent; **b)** *(Sprachw.)* two-place *attrib.;* **~wöchentlich 1.** *Adj.* fortnightly; **2.** *adv.* every fortnight *or* two weeks; *s. auch* **achtwöchentlich;** **~wöchig** *Adj.* (zwei Wochen alt) two-week-old *attrib.;* *(2 Wochen dauernd)* two-week *attrib.;* fortnight's *attrib.;* **~zeiler** *der;* ~s, ~: couplet; **~zeilig** *Adj.* two-line *attrib.;* *(Maschinenschreiben)* in **~zeiligem Abstand** double-spaced; **~zeiliger Leerraum** double-spacing; **~zimmer·wohnung** [-'----] *die* two-room flat *(Brit.) or (Amer.)* apartment; **~zügig** *Adj.* ⟨school⟩ with two main subject areas

Zwerch·fell ['tsvɛrç-] *das* (Anat.) diaphragm

zwerchfell·erschütternd 1. *Adj.* side-splitting; screamingly funny. **2.** *adv.* side-splittingly, screamingly funny⟩

Zwerg [tsvɛrk] *der;* ~[e]s, ~e **a)** dwarf; *(Garten~)* gnome; **c)** *(abwertend: unbedeutender Mensch)* [little] squirt *(coll.);* wretch

zwergenhaft *Adj.* dwarfish

Zwerg·huhn *das* bantam

Zwergin *die;* ~, ~**nen** dwarf

zwerg-, Zwerg-: **~pudel** *der* miniature *or* toy poodle; **~schule** *die* single-class school; **~staat** *der* miniature state; **~wuchs** *der* (Biol.) dwarfism *no art.*

stunted growth *no art.*; **~wüchsig** [~vy:ksɪç] *Adj.* (*Biol.*) dwarf-like ⟨*race, people*⟩; dwarf, miniature ⟨*tree, plant*⟩
Zwetsche ['tsvɛtʃə] *die*; ~, ~n a) damson plum; b) (*Baum*) damson plum[-tree]
Zwetschen-: **~baum** *der* damson plum-tree; **~kern** *der* plum-stone; **~kuchen** *der* plum-flan; **~mus** *das* plum purée; **~schnaps** *der*, **~wasser** *das*; *Pl.* **~wässer** plum brandy
Zwetschge ['tsvɛtʃɡə] *die*; ~, ~n (*bes. südd., schweiz.*) *s.* Zwetsche
Zwetschken·knödel ['tsvɛtʃkŋ-] *der* (*Kochk.*) plum dumpling
Zwickel ['tsvɪkl] *der*; ~s, ~ a) (*Schneiderei*) gusset; b) (*Archit.*) spandrel; (*einer Kuppel*) pendentive; c) (*salopp*) s. **Zweimarkstück**
zwicken ['tsvɪkn̩] **1.** *tr., auch itr. V.* (*bes. südd., österr.*) a) pinch; **jmdn.** *od.* **jmdn. in den Arm ~:** pinch sb.'s arm; b) (*plagen*) **jmdn. ~:** give sb. twinges; **es zwickte und zwackte ihn überall** he had twinges or little aches and pains all over. **2.** *itr. V.* ⟨*trousers, skirt*⟩ pinch
Zwicker *der*; ~s, ~: pince-nez
Zwick·mühle *die* a) double mill; b) (*fig.: Dilemma*) dilemma; **in der ~ sitzen** *od.* **sein** *od.* **stecken** be in a dilemma
Zwie·back ['tsvi:bak] *der*; ~[e]s, ~e *od.* **Zwiebäcke** ['tsvi:bɛkə] rusk; (*unzählbar*) rusks *pl.*
Zwiebel ['tsvi:bl] *die*; ~, ~n a) onion; (*Blumen~*) bulb; b) (*ugs. scherzh.: Taschenuhr*) pocket watch; turnip (*sl.*); c) (*ugs. scherzh.: Haarknoten*) bun
Zwiebel-: **~kuchen** *der* (*Kochk.*) onion pie; **~muster** *das* onion pattern
zwiebeln *tr. V.* (*ugs.*) keep on at ⟨*person*⟩; give ⟨*person*⟩ a hard time
Zwiebel-: **~ring** *der* onion ring; **~schale** *die* onion-skin; **~suppe** *die* onion soup; **~turm** *der* onion tower
zwie-, Zwie-: **~fach** *Adj.; adv.* (*veralt.*) s. **zweifach**; **~fältig** *Adj.; adv.* (*veralt.*) s. **zweifach**; **~gespräch** *das* (*geh.*) dialogue; **~laut** *der* (*Sprachw.*) diphthong; **~licht** *das*; *o. Pl.* a) (*Dämmerlicht*) twilight; b) (*Mischung von Dämmer- und Kunstlicht*) half-light (*that is unpleasant for the eye*); c) **ins ~licht geraten** (*fig.*) become suspect; ⟨*person*⟩ come under suspicion; **~lichtig** *Adj.* shady; dubious; **~spalt** *der*; **~[e]s, ~e** *od.* **~spälte** [~ʃpɛltə] a) (*[innerer] Widerspruch*) [inner] conflict; **in einen ~spalt geraten** get into a state of conflict; b) (*Kluft*) rift; split; **~spältig** [~ʃpɛltɪç] *Adj.* conflicting ⟨*mood, feelings*⟩; discordant ⟨*impression*⟩; ⟨*widersprüchlich*⟩ contradictory ⟨*nature, attitude, person, etc.*⟩; **~spältigkeit die**; ~: conflicting *or* contradictory nature; ⟨*widersprüchlich*⟩ contradictoriness; **~sprache** *die* (*geh.*) dialogue; **mit jmdm./etw. ~sprache halten** commune with sb./sth.; **~tracht** *die* (*geh.*) discord; **~tracht säen** sow the seeds of discord
Zwille ['tsvɪlə] *die*; ~, ~n (*nordd.*) a) s. **Astgabel**; b) (*Schleuder*) catapult
Zwilling ['tsvɪlɪŋ] *der*; ~s, ~e a) twin; b) *Pl.* (*Astrol.*) Gemini the Twins; **er/sie ist [ein] ~:** he/she is a Gemini
Zwillings-: **~bruder** *der* twin brother; **~geburt** *die* twin birth; **~paar** *das* pair of twins; **~schwester** *die* twin sister
Zwing·burg *die* fortress, stronghold (*for the subjugation of the population*)
zwingen ['tsvɪŋən] **1.** *unr. tr. V.* a) force; **jmdn. zu etw.** *od.*, **jmdn. [dazu] ~, etw. zu tun** force *or* compel sb. to do sth.; make sb. do sth.; **jmdn. zu einem Geständnis ~:** force sb. into a confession *or* to make a confession; **sich zu etw. gezwungen sehen** find oneself forced *or* compelled to do sth.; **man kann ihn nicht dazu ~:** he can't be forced *or* made to do it; b) (*geh.*) **jmdn. in/auf** *usw.* **etw.** (*Akk.*) **~:** force sb. into/on to *etc.* sth. **2.** *unr. refl. V.* force oneself; **sich [dazu] ~,**
etw. zu tun force oneself to do sth.; **sich zum Schreiben/Essen ~:** force oneself to write/make oneself eat; *s. auch* **gezwungen 2, 3**
zwingend *Adj.* compelling ⟨*reason, logic*⟩; conclusive ⟨*proof, argument*⟩; imperative, absolute ⟨*necessity*⟩
Zwinger *der*; ~s, ~ a) (*Hunde~*) kennel; (*ganze Anlage, auch Zucht*) kennels *pl.*; b) (*Gehege*) compound; enclosure; (*für Bären*) bear-pit
zwinkern ['tsvɪŋkɐn] *itr. V.* [mit den Augen] ~: blink; (*als Zeichen*) wink; **jmdn. ~d ansehen** wink at sb.; look at sb. with a wink
zwirbeln ['tsvɪrbl̩n] *tr. V.* twirl; twist
Zwirn [tsvɪrn] *der*; ~[e]s, ~e [strong] thread *or* yarn
Zwirns·faden *der* [strong] thread
zwischen ['tsvɪʃn̩] *Präp. mit Dat./Akk.* a) (*räumlich, zeitlich, fig.*) between; b) (*räumlich: unter, inmitten*) among[st]
zwischen-, Zwischen-: **~akt** *der* interlude; **~akt·musik** *die* incidental music; (*einzelnes Stück*) entr'acte; **~applaus** *der* spontaneous applause (*during a performance*); **~aufenthalt** *der* stopover; **~bemerkung** *die* interjection; **~bescheid** *der* provisional notification; (*Entscheidung*) interim decision; **~bilanz** *die* (*Wirtsch.*) interim balance; (*fig.*) provisional appraisal; **~blutung** *die* (*Med.*) intermenstrual *or* mid-cyclical bleeding; **~buch·handel** *der* wholesale book trade; **~deck** *das* (*Schiffbau*) a) 'tween-deck; b) (*Raum*) 'tween-decks *sing.*; **~ding** *das* Mittelding; **~drin** [-'-] *Adv.* (*ugs.*) s. **~durch** a; **~durch** [-'-] *Adv.* a) (*zeitlich*) between times; (*zwischen zwei Zeitpunkten*) in between; (*von Zeit zu Zeit*) from time to time; (*in der ~zeit*) in the mean time; **das mache ich mal irgendwann ~durch** I'll fit that in whenever I have time; **iß nicht so viel ~durch** don't eat so much between meals; b) (*räumlich*) here and there; **~eis·zeit** *die* interglacial period; **~ergebnis** *das* interim result; (*einer Untersuchung*) interim findings *pl.*; (*Sport*) latest score; **~examen** *das*. **~prüfung**; **~fall** *der* incident; **es kam zu schweren/blutigen ~fällen** there were serious/violent incidents; **~frage** *die* question; **jmdm. eine ~frage stellen** interrupt sb. to ask a question; **~gas** *das*; *o. Pl.* (*Kfz-W.*) **~gas geben** *od.* **mit ~gas schalten** double-declutch; **~gericht** *das* (*Kochk.*) entrée (*Brit.*); **~geschoß** *das* mezzanine; **~größe** *die* intermediate size; (*bei Schuhen*) half-size; **~handel** *der* (*Wirtsch.*) intermediate trade; (*Großhandel*) wholesale trade; (*~händler*) middleman; **~händler** *der* (*Wirtsch.*) middleman; (*fig.*) go-between; **~hirn** *das* (*Anat.*) diencephalon; **~hoch** *das* (*Met.*) ridge of high pressure; **~kiefer[knochen]** *der* (*Anat.*) intermaxillary; premaxilla; **~|landen** *itr. V.*; *mit sein* **in X ~landen** land in X on the way; **~landung** *die* stopover; **~lauf** *der* (*Sport*) [intermediate] heat; **~lösung** *die* interim solution; **~mahlzeit** *die* snack [between meals]; **~menschlich 1.** *Adj.* interpersonal ⟨*relations*⟩; ⟨*contacts*⟩ between people; **2.** *adv.* on a personal level; **~musik** *die* musical interlude; **~prüfung** *die* intermediate examination; **~raum** *der* space; gap; (*Lücke*) gap; **eine Zeile ~raum lassen** leave a space of one line; (*Maschinenschreiben*) double-space; **~reich** *das* (*geh.*) twilight world; **~ruf** *der* interruption; **viele ~rufe** a great deal of heckling *sing.*; **~rufer** *der* heckler; **~runde** *die* (*Sport*) intermediate round; **~satz** *der* (*Sprachw.*) parenthesis; parenthetic clause; parenthesis; **~|schalten** *tr. V.* (*Elektrot.*) insert ⟨*resistance, amplifier, etc.*⟩ in a circuit; **~spiel** *das* (*Musik-, Theaterstück*) intermezzo; (*in einem Solokonzert/Gesangsstück*) linking
passage; (*fig.*) interlude; **~spurt** *der* (*Sport*) spurt; burst [of speed]; **~staatlich** *Adj.* international; **~stadium** *das* intermediate stage; **~station** *die* a) stop; stopping-place; b) (*~aufenthalt*) stop; **dort machten wir einen Tag ~station** we stopped there for a day; **~stecker** *der* (*Elektrot.*) adaptor; **~stück** *das* connecting *or* middle piece; (*Verbindungsstück*) connector; (*Adapter*) adapter; **~stufe** *die* intermediate stage; **~summe** *die* subtotal; **~text** *der* linking text; **~ton** *der* shade; nuance; (*fig.*) nuance; **~tür** *die* connecting door; **~wand** *die* dividing wall; partition; **~wirt** *der* (*Biol., Med.*) intermediate host; **~zeit** *die* a) interim; (*länger*) intervening period; **in der ~zeit** in the mean time; b) (*Sport*) split time; **~zeitlich** *Adv.* (*bes. Amtsspr.*) in the mean time; **~zeugnis** *das* (*Schulw.*) intermediate performance report; [intermediate] performance appraisal
Zwist [tsvɪst] *der*; ~[e]s, ~e (*geh.*) strife *no indef. art.*; (*Fehde*) feud; dispute; **in** *od.* **im ~ leben** live in a state of strife; **den alten ~ begraben** bury the hatchet
Zwistigkeit *die*; ~, ~en (*geh.*) dispute
zwitschern ['tsvɪtʃɐn] **1.** *itr. V.* (*auch tr.*) *V.* chirp. **2.** *tr. V.* **in einen ~** (*salopp*) have a drink
Zwitter ['tsvɪtɐ] *der*; ~s, ~ (*Biol., Med.*) hermaphrodite; **ein ~ aus A und B** (*fig.*) a cross between A and B
Zwitter·stellung *die* ambiguous position
zwittrig *Adj.* (*Biol., Med.*) hermaphroditic
zwo [tsvo:] *Kardinalz.* (*ugs.*; *bes. zur Verdeutlichung*) *s.* **zwei**
zwölf [tsvœlf] *Kardinalz.* twelve; **~ Uhr mittags/nachts** [twelve o'clock] midday/midnight; **es ist fünf [Minuten] vor ~** (*fig.*) we are on the brink; *s. auch* **¹acht**
Zwölf *die*; ~, ~en twelve; *s. auch* **¹Acht a, e, g**
zwölf-, Zwölf- twelve-; *s. auch* **acht-, Acht-**
Zwölf-: **~eck** *das* (*Geom.*) dodecagon; **~ender** *der*; ~s, ~ a) (*Jägerspr.*) royal [stag]; b) (*scherzh. veralt.*) soldier with twelve years service
Zwölfer *der*; ~s, ~: twelve; *s. auch* **Achter c, d**
zwölferlei *Gattungsz.*; *indekl.* a) *attr.* twelve sorts of; twelve different ⟨*sorts, sizes, etc.*⟩; b) *subst.* twelve [different] things
zwölf-, Zwölf-: **~fach** *Vervielfältigungsz.* twelvefold; **die ~fache Menge** twelve times the quantity; *s. auch* **achtfach**; **~fache** *das*; *adj. Dekl.* **das ~fache** twelve times as much; **um ein ~faches** *od.* **um das ~fache** twelve times; *s. auch* **Achtfache**; **~finger·darm** *der* (*Anat.*) duodenum; **~finger·darm·geschwür** *das* (*Med.*) duodenal ulcer; **~jährig** *Adj.* (*12 Jahre alt*) twelve-year-old *attrib.*; twelve years old *pred.*; (*12 Jahre dauernd*) twelve-year *attrib.*; *s. auch* **achtjährig**; **~kampf** *der* (*Turnen*) twelve-exercise event; **~mal** *Adv.* twelve times; *s. auch* **achtmal**; **~meilen·zone** [-'----] *die* twelve-mile zone
zwölft [tsvœlft] *in* **wir waren zu ~:** there were twelve of us; *s. auch* **²acht**
zwölft... *Ordinalz.* twelfth; *s. auch* **acht...**
zwölf·tausend *Kardinalz.* twelve thousand
zwölf·teilig *Adj.* twelve-piece ⟨*set*⟩; twelve-part ⟨*serial etc.*⟩; *s. auch* **achtteilig**
Zwölftel *Bruchz.* twelfth; *s. auch* **achtel**
Zwölftel *das* (*schweiz. meist der*) ~s, ~: twelfth
zwölftens *Adv.* twelfthly
Zwölf·ton·musik *die* twelve-tone music
zwot... [tsvo:t...] *Ordinalz.* (*ugs.*; *bes. bei Datumsangaben*) *s.* **zweit...**
zwotens *Adv.* (*ugs.*) secondly
Zyan [tsÿa:n] *das*; ~s (*Chemie*) cyanogen

Zyanid [tsÿa'ni:t] *das;* ~s, ~e *(Chemie)* cyanide
Zyan·kali *das;* ~s *(Chemie)* potassium cyanide
Zyklen *s.* Zyklus
zyklisch ['tsy:klıʃ] 1. *Adj.* cyclic[al]. 2. *adv.* cyclically; as a cycle
Zykloide [tsyklo'i:də] *die;* ~, ~n *(Math.)* cycloid
Zyklon [tsy'klo:n] *der;* ~s, ~e *(Met.)* cyclone
Zyklop [tsy'klo:p] *der;* ~en,~en *(griech. Myth.)* Cyclops
Zyklopen·mauer *die (Archäol., Bauw.)* Cyclopean wall

zyklothym [tsyklo'ty:m] *Adj. (Psych., Med.)* cyclothymic
Zyklotron ['tsy:klotro:n] *das;* ~s, ~s *od.* ~e *(Kernphysik)* cyclotron
Zyklus ['tsy:klʊs] *der;* ~, Zyklen *(auch Math.)* cycle
Zylinder [tsi'lındɐ] *der;* ~s, ~ a) *(Geom., Technik)* cylinder; *(einer Lampe)* chimney; b) *(Hut)* top hat
Zylinder-: ~**hut** *der* top hat; ~**kopf** *der* cylinder head
zylindrisch 1. *Adj.* cylindrical. 2. *adv.* cylindrically
Zyniker *der;* ~s, ~, Zynikerin *die;* ~, ~nen cynic

zynisch ['tsy:nıʃ] 1. *Adj.* cynical. 2. *adv.* cynically
Zynismus *der;* ~, Zynismen a) *o. Pl.* cynicism; b) *(Äußerung)* cynical remark
Zypern ['tsy:pɐn] **(das);** ~s Cyprus
Zyprer ['tsy:prɐ] *der;* ~s, ~, **Zyprerin** *die;* ~, ~nen Cypriot
Zypresse [tsy'prɛsə] *die;* ~, ~n cypress
Zypriot [tsypri'o:t] *der;* ~en, ~en, **Zypriotin** *die;* ~, ~nen Cypriot
zypriotisch, zyprisch *Adj.* Cypriot
Zyste ['tsʏtə] *die;* ~, ~n *(Med.)* cyst
Zytologie [tsytolo'gi:] *die;* ~ *(Biol.)* cytology *no art.*

z. Z., z. Zt. *Abk.* zur Zeit

Kleine Formenlehre des Englischen

Das Verb

Die Stammformen
Die regelmäßigen Verben bilden das Präteritum und das gleichlautende 2. Partizip mit Hilfe der Endung *-ed*:

call – called – called

Hierbei sind die folgenden Besonderheiten zu beachten:
Ein auslautender Konsonant wird häufig verdoppelt, und *-c* wird zu *-ck-*:

dub	–	dubbed
pod	–	podded
hug	–	hugged
focus	–	focused *od.* focussed
panic	–	panicked

Ein auslautendes *-e* fällt aus:

love	–	loved
tie	–	tied
dye	–	dyed
guarantee	–	guaranteed

Ein auslautendes, auf einen Konsonanten folgendes *-y* wird zu *-i-*:

worry	–	worried
satisfy	–	satisfied

Die Stammformen der unregelmäßigen Verben sind im englisch-deutschen Wörterverzeichnis bei dem jeweiligen Stichwort angegeben (vgl. S. 16). Außerdem sind sie in der Liste auf S. 1655 f. verzeichnet. (Zu den Hilfsverben und den Modalverben s. u., S. 1652 f.)

Das Präsens
Die 3. Person Singular Präsens der Vollverben (außer *have* und *be*) wird durch die Endung *-s*, nach *s, sh, ch, x, o* zu *-es* erweitert, gebildet:

read	–	reads
see	–	sees
miss	–	misses
fish	–	fishes
reach	–	reaches
mix	–	mixes
echo	–	echoes
do	–	does

Hierbei wird ein auslautendes, auf einen Konsonanten folgendes *-y* zu *-ie-*:

cry	–	cries
worry	–	worries

Alle übrigen finiten Präsensformen haben keine Personalendungen. Sie lauten wie der Infinitiv.

Das Präteritum
Das Präteritum hat keine Personalendungen und lautet (außer im Falle von *be*) in allen Personen gleich.

Das Futur
Das Futur wird gewöhnlich aus *will*, in der 1. Person Singular und Plural auch aus *shall* und dem Infinitiv gebildet:

you/he/she/it/they will win
I/we will *oder* shall win

Das Konditional Präsens
Das Konditional Präsens wird gewöhnlich aus *would*, in der 1. Person Singular und Plural auch aus *should* und dem Infinitiv gebildet:

you/he/she/it/they would win
I/we would *oder* should win

Das Perfekt
Das Perfekt wird aus dem Präsens von *have* und dem 2. Partizip gebildet:

I have seen/gone/been *usw.*

Das Plusquamperfekt
Das Plusquamperfekt wird aus dem Präteritum von *have* und dem 2. Partizip gebildet:

I had seen/gone/been *usw.*

Das Futur II
Das Futur II wird aus dem Futur I von *have* und dem 2. Partizip gebildet:

I will/shall have seen/gone/been *usw.*

Das Konditional Perfekt
Das Konditional Perfekt wird aus dem Konditional Präsens von *have* und dem 2. Partizip gebildet:

I would/should have seen/gone/been *usw.*

Das Passiv
Das Passiv wird aus den Formen des Hilfsverbs *be* und dem 2. Partizip gebildet:

I am/was/have been *usw.* stopped

Die Verlaufsform
Neben den vom Deutschen her vertrauten einfachen Verbformen gibt es im Englischen die sogenannte Verlaufsform (continuous tenses). Diese wird aus den Formen von *be* und dem 1. Partizip (s. S. 1652) gebildet:

I am/you were/they had been *usw.* reading

Die Verlaufsform wird vor allem verwendet, um auszudrücken, daß ein Vorgang noch nicht beendet ist bzw. ein Zustand noch andauert:

They were having supper.
The old house is still standing there.

Die Verlaufsform des Präsens kann daneben aber auch in futurischem Sinne, etwa zum Ausdruck einer Absicht verwendet werden:

I'm travelling to London next week.

Die *going to*-Form

Zum Ausdruck des Zukünftigen hat das Englische neben der mit *will/shall* gebildeten Futurform noch eine weitere Form. Sie ist zusammengesetzt aus der Verlaufsform von *go* und dem Infinitiv mit *to* des betreffenden Verbs.

Durch diese *going to*-Form wird, wenn sie im Präsens steht, ausgedrückt, daß etwas geschehen wird, weil es geplant oder beabsichtigt ist, oder daß etwas mit großer Gewißheit geschehen wird:

I'm going to stay with friends.
I'm not going to accept that.
It's going to rain.

Durch die *going to*-Form im Präteritum kann ausgedrückt werden, daß etwas geplant oder beabsichtigt war, jedoch nicht geschehen ist:

I was going to phone you yesterday, but I forgot.

Mit dem Hilfsverb *do* gebildete Verbformen

In Fragesätzen, die nicht ein Fragewort als Subjekt haben, und in mit *not* verneinten Sätzen werden die einfachen Präsens- und Präteritumformen der Vollverben mit dem Hilfsverb *do* gebildet:

Does he like it? – He does not like it.
aber: Who likes it? – No one likes it.

Dies gilt außer im verneinten Imperativ nicht für das Kopulaverb *be:*

Is he a doctor? – No, he is not a doctor.
aber: Do not be so noisy.

Das Vollverb *have* kommt in Verneinung und Frage mit und ohne *do* vor:

Do they have a car? – No, they do not have a car.
Have you any idea? – No, I haven't a clue.

Ebenfalls mit *do* gebildet werden emphatische Formen in nicht verneinten Aussage- und Aufforderungssätzen:

But I 'did see him.
'Do listen to me.
'Do be quiet.

Die *ing*-Form

Die mit der Endung *-ing* gebildete Verbform ist je nach Gebrauch entweder 1. Partizip oder Gerundium. Ein auslautender Konsonant wird häufig verdoppelt; *-c* wird zu *-ck-:*

dub – dubbing
pod – podding
hug – hugging
focus – focusing *od.* focussing
panic – panicking

Ein auf einen Konsonanten folgendes auslautendes *-e* fällt aus:

live – living

Ein auslautendes *-ie* wird zu *-y-:*

die – dying

Die Formen der Hilfsverben *have, be, do*

(In Klammern sind – soweit vorhanden – jeweils die zugehörigen Kurzformen und die Kurzformen der verneinten Formen angegeben.)

have

Präsens:	3. Person Singular	has ('s; hasn't)
	alle übrigen Personen	have ('ve; haven't)
Präteritum:	alle Personen	had ('d; hadn't)

(Das 2. Partizip *had* spielt nur beim Vollverb *have* eine Rolle.)

be

Präsens:	1. Person Singular	am ('m; *nur in Fragesätzen:* aren't)
	3. Person Singular	is ('s; isn't)
	alle übrigen Personen	are ('re; aren't)
Präteritum:	1. und 3. Person Singular	was (wasn't)
	alle übrigen Personen	were (weren't)
2. Partizip:		been

do

Präsens:	3. Person Singular	does (doesn't)
	alle übrigen Personen	do (don't)
Präteritum:	alle Personen	did (didn't)

(Das 2. Partizip *done* spielt nur beim Vollverb *do* eine Rolle.)

Die Formen der Modalverben *can, may, must, shall, will*

Diese Verben, von denen *shall* und *will* auch als nicht modale Hilfsverben verwendet werden (vgl. **Futur** und **Konditional**), haben keine infiniten, sondern nur die folgenden, jeweils in allen Personen gleichlautenden, finiten Formen:

Vollform	Kurzform	Kurzform verneint
Präsens		
can; *verneint:* cannot		can't
may		mayn't
must		mustn't
shall	'll	shan't
will	'll	won't
Präteritum		
could		couldn't
might		mightn't
must		mustn't
should	'd	shouldn't
would	'd	wouldn't

Für die fehlenden Formen werden, je nach Bedeutung, verschiedene Ersatzformen verwendet: so z. B. für die fehlenden Formen von *can* im Sinne von „fähig sein zu" die entsprechenden Formen der Fügung *be able to* (z. B. *I shall be able to come*).

Das Substantiv

Das Genus
Im Englischen ist, anders als im Deutschen, das Genus der Substantive praktisch nur für den richtigen Gebrauch des Personal- und des Possessivpronomens von Bedeutung.
Es stimmt in der Regel mit dem natürlichen Geschlecht überein; Substantive, die männliche Personen bezeichnen, sind Maskulina, solche, die weibliche Personen bezeichnen, sind Feminina, alle übrigen sind in der Regel Neutra.
Zu beachten sind jedoch die folgenden Besonderheiten:
Substantive, die Personen beiderlei Geschlechts bezeichnen können (z. B. *friend, teacher*) sind je nach vorliegender Bedeutung Maskulina oder Feminina.
Substantive wie *child* und *baby* sowie Substantive, die Tiere beiderlei Geschlechts bezeichnen können (z. B. *elephant, cat*) sind je nach vorliegender Bedeutung Maskulina oder Feminina. Wenn das Geschlecht jedoch dem Sprecher unbekannt ist, dann werden sie als Neutra behandelt.
Geschlechtsspezifische Tierbezeichnungen haben dagegen meist das dem natürlichen Geschlecht entsprechende Genus (z. B. *tom-cat, lioness, ewe, he-goat, she-bear*).
Bezeichnungen für Schiffe (z. B. *ship, boat, steamer*), Schiffsnamen, manchmal auch Bezeichnungen für andere Fahrzeuge (z. B. *car, train, aeroplane*) sowie, besonders in literarischem Stil, Länder- und Städtenamen (z. B. *Britain, Europe, Paris*) können als Feminina verwendet werden.
Fluß- und Bergnamen, das Substantiv *sun* sowie bestimmte Abstrakta (z. B. *death, love*) werden in literarischem Stil oft als Maskulina verwendet.
Die Substantive *moon, earth, sea* und bestimmte Abstrakta (z. B. *fortune, nature, liberty*) können in poetischem Stil als Feminina verwendet werden.

Der Plural
Der Plural der Substantive wird in der Regel durch Anhängen der Endung *-s*, nach *s, sh, ch, x, z* und in einigen Fällen nach *o* zu *-es* erweitert, gebildet:

cat – cats
bus – buses
bush – bushes
beach – beaches
box – boxes
fez – fezes
Negro – Negroes
aber: dynamo – dynamos

Hierbei sind die folgenden Besonderheiten zu beachten:
Ein auslautendes, auf einen Konsonanten folgendes *-y* wird in der Regel zu *-ie-*:

lady – ladies
fly – flies

Einige auf *-f* oder *-fe* endende Substantive lauten im Plural auf *-ves*:

leaf – leaves
life – lives

Einige Substantive haben eine unregelmäßige, manche auch eine mit dem Singular übereinstimmende Pluralform (z. B. *man – men, child – children, sheep – sheep*). Solche Pluralformen wie auch diejenigen auf *-ves* sind im englisch-deutschen Wörterverzeichnis jeweils beim entsprechenden Stichwort angeführt.

Der Genitiv
Der Genitiv Singular aller Substantive und der Genitiv Plural der Substantive mit unregelmäßigem (nicht auf *-s* lautendem) Plural wird durch Anhängen von *'s* gebildet:

man's
men's
James's

Ebenso bei nicht auf *-s* endenden pluralischen Substantiven:

people – people's

Der Genitiv Plural der Substantive, die im Plural die Endung *-s* bzw. *-es* haben, wird durch einen hinter dem Plural *-s* stehenden Apostroph gekennzeichnet:

fathers'
Joneses'

Der Genitiv Singular eines auf *-s* ausgehenden Eigennamens wird oft nur durch einen Apostroph gekennzeichnet:

Dickens' *neben* Dickens's
James' *neben* James's

Griechische und lateinische Eigennamen auf *-s* haben im Genitiv stets nur einen Apostroph:

Socrates'
Augustus'

Dies gilt auch für auf *-s* endende Substantive in Verbindung mit *for ... sake:*

for goodness' sake

Die Steigerung der Adjektive und Adverbien
Einsilbige Adjektive werden – mit Ausnahme solcher, die aus Partizipien entstanden sind (z. B. *pleased*) und soweit sie keine unregelmäßigen Steigerungsformen haben (s. u.) – stets mit Hilfe der

Suffixe -er (für den Komparativ) und -est (für den Superlativ) gesteigert:

> clean – cleaner – cleanest
> short – shorter – shortest

Ein auslautendes -b, -d, -g, -m, -n, -p oder -t nach kurzem Vokal wird verdoppelt:

> big – bigger – biggest
> hot – hotter – hottest

Ein auslautendes -e fällt aus:

> large – larger – largest
> wide – wider – widest
> free – freer – freest

Ein auf einen Konsonanten folgendes auslautendes -y wird meist zu -i-:

> dry – drier – driest
> aber: shy – shyer *oder* shier – shyest *oder* shiest

Von den zweisilbigen Adjektiven werden solche auf -y, solche mit Endbetonung und einige weitere ebenfalls meist auf diese Art gesteigert, wobei ein auf einen Konsonanten folgendes auslautendes -y zu -i- wird und ein auslautendes -e ausfällt:

> narrow – narrower – narrowest
> easy – easier – easiest
> polite – politer – politest

Alle zweisilbigen Adjektive können aber auch durch ein vorangestelltes *more* (für den Komparativ) bzw. *most* (für den Superlativ) gesteigert werden.
Stets mit *more* und *most* werden alle übrigen Adjektive (insbesondere auch diejenigen, die aus Partizipien entstanden sind, wie z. B. *bored, lasting, delighted*) gesteigert.
Von Adjektiven abgeleitete Adverbien auf -ly werden mit vorangestelltem *more* und *most* gesteigert:

> carefully – more/most carefully
> easily – more/most easily

Die übrigen Adverbien werden soweit sie keine unregelmäßigen Steigerungsformen haben (wie z. B. *much, well*) mit Hilfe der Suffixe -er und -est gesteigert:

> fast – faster – fastest
> soon – sooner – soonest
> hard – harder – hardest

Hierbei gelten auch die oben für die mit -er und -est steigernden Adjektive genannten, den Stammauslaut betreffenden Besonderheiten.

Einige wenige Adjektive und Adverbien haben unregelmäßige Steigerungsformen.
Diese sind im englisch-deutschen Wörterverzeichnis sowohl beim zugehörigen Positiv als auch an ihrer alphabetischen Stelle angeführt.

Pronomen

In der folgenden Übersicht sind die Formen der wichtigsten Pronomen aufgeführt.

Personalpronomen

	Subjektsform	Objektsform
1. Pers. Sing.	I	me
2. Pers. Sing.	you	you
3. Pers. Sing.	he/she/it	him/her/it
1. Pers. Pl.	we	us
2. Pers. Pl.	you	you
3. Pers. Pl.	they	them

Reflexivpronomen

	Sing.	Pl.
1. Pers.	myself	ourselves
2. Pers.	yourself	yourselves
3. Pers.	himself/ herself/itself	themselves

Possessivpronomen

attributiv gebraucht:

	Sing.	Pl.
1. Pers.	my	our
2. Pers.	your	your
3. Pers.	his/her/its	their

alleinstehend gebraucht:

	Sing.	Pl.
1. Pers.	mine	ours
2. Pers.	yours	yours
3. Pers.	his/hers/–	theirs

Demonstrativpronomen

Die Demonstrativpronomen *this* und *that* haben außer diesen Singularformen nur noch je eine weitere Form: *these* (Plural zu *this*) und *those* (Plural zu *that*).

Relativpronomen

who
> Subjektsform Sing. u. Pl.: who
> Objektsform Sing. u. Pl.: whom, who
> Genitiv Sing. u. Pl.: whose

which
> (keine weiteren Formen)

that
> (keine weiteren Formen)

Interrogativpronomen

who
> Subjektsform: who
> Objektsform: whom, who
> Genitiv: whose

which
> (keine weiteren Formen)

what
> (keine weiteren Formen)

Englische unregelmäßige Verben

Die im englisch-deutschen Wörterverzeichnis mit einer hochgestellten Ziffer versehenen unregelmäßigen Verben haben diese Ziffer auch in dieser Liste. Ein Sternchen (*) weist darauf hin, daß die korrekte Form von der jeweiligen Bedeutung abhängt.

Infinitive / *Infinitiv*	Past Tense / *Präteritum*	Past Participle / *2. Partizip*
abide	abided, abode	abided, abode
arise	arose	arisen
awake	awoke	awoken
be	was *sing.*, were *pl.*	been
bear	bore	borne
beat	beat	beaten
beget	begot, *(arch.)* begat	begotten
begin	began	begun
behold	beheld	beheld
bend	bent	bent
beseech	besought, beseeched	besought, beseeched
bet	bet, betted	bet, betted
bid	*bade, bid	*bidden, bid
bind	bound	bound
bite	bit	bitten
bleed	bled	bled
bless	blessed	blessed, blest
blow	blew	*blown, blowed
break	broke	broken
breed	bred	bred
bring	brought	brought
broadcast	broadcast, broadcasted	broadcast, broadcasted
build	built	built
burn	burnt, burned	burnt, burned
burst	burst	burst
bust	bust, busted	bust, busted
buy	bought	bought
cast	cast	cast
catch	caught	caught
chide	chided, chid	chided, chid, chidden
choose	chose	chosen
¹cleave	cleaved, clove, cleft	cleaved, cloven, cleft
cling	clung	clung
come	came	come
cost	*cost, costed	*cost, costed
countersink	countersunk	countersunk
creep	crept	crept
cut	cut	cut
deal	dealt	dealt
dig	dug	dug
dive	dived, *(Amer.)* dove	dived
¹do	did	done
draw	drew	drawn
dream	dreamt, dreamed	dreamt, dreamed
drink	drank	drunk
drive	drove	driven
dwell	dwelt	dwelt
eat	ate	eaten
fall	fell	fallen
feed	fed	fed
feel	felt	felt
fight	fought	fought
find	found	found
flee	fled	fled

Infinitive / *Infinitiv*	Past Tense / *Präteritum*	Past Participle / *2. Partizip*
fling	flung	flung
floodlight	floodlit	floodlit
fly	flew	flown
forbear	forbore	forborne
forbid	forbade, forbad	forbidden
forecast	forecast, forecasted	forecast, forecasted
foretell	foretold	foretold
forget	forgot	forgotten
forgive	forgave	forgiven
forsake	forsook	forsaken
freeze	froze	frozen
gainsay	gainsaid	gainsaid
get	got	got, *(Amer.)* gotten
gird	girded, girt	girded, girt
give	gave	given
go	went	gone
grind	ground	ground
grow	grew	grown
hamstring	hamstringed, hamstrung	hamstringed, hamstrung
hang	*hung, hanged	*hung, hanged
have	had	had
hear	heard	heard
heave	*heaved, hove	*heaved, hove
hew	hewed	hewed, hewn
hide	hid	hidden
hit	hit	hit
hold	held	held
hurt	hurt	hurt
inlay	inlaid	inlaid
input	input, inputted	input, inputted
inset	inset, insetted	inset, insetted
interweave	interwove	interwoven
keep	kept	kept
ken	kenned, kent	kenned
kneel	knelt, *(esp. Amer.)* kneeled	knelt, *(esp. Amer.)* kneeled
knit	knitted, knit	knitted, knit
know	knew	known
lay	laid	laid
lead	led	led
lean	leaned, *(Brit.)* leant	leaned, *(Brit.)* leant
leap	leapt, leaped	leapt, leaped
learn	learnt, learned	learnt, learned
leave	left	left
lend	lent	lent
let	let	let
²lie	lay	lain
light	lighted, lit	lighted, lit
lose	lost	lost
make	made	made
mean	meant	meant
meet	met	met
mow	mowed	mown, mowed
output	output, outputted	output, outputted
outshine	outshone	outshone
overhang	overhung	overhung
pay	paid	paid

1655

Infinitive	Past Tense	Past Participle
Infinitiv	*Präteritum*	*2. Partizip*
plead	pleaded, *(esp. Amer., Scot., literary)* pled	pleaded, *(esp. Amer., Scot., literary)* pled
prove	proved	proved, *(esp. Amer., Scot., literary)* proven
put	put	put
quit	quitted, *(Amer.)* quit	quitted, *(Amer.)* quit
read [ri:d]	read [red]	read [red]
reeve	rove, reeved	rove, reeved
rend	rent	rent
rid	rid	rid
ride	rode	ridden
²ring	rang	rung
rise	rose	risen
run	ran	run
saw	sawed	sawn, sawed
say	said	said
see	saw	seen
seek	sought	sought
sell	sold	sold
send	sent	sent
set	set	set
sew	sewed	sewn, sewed
shake	shook	shaken
shear	sheared	shorn, sheared
shed	shed	shed
shine	*shone, shined	*shone, shined
shit	shitted, shit, shat	shitted, shit, shat
shoe	shod	shod
shoot	shot	shot
show	showed	shown, showed
shrink	shrank, shrunk	shrunk
shrive	shrove	shriven
shut	shut	shut
sing	sang	sung
sink	sank, sunk	sunk
sit	sat	sat
slay	slew	slain
sleep	slept	slept
slide	slid	slid
sling	slung	slung
slink	slunk	slunk
slit	slit	slit
smell	smelt, smelled	smelt, smelled
smite	smote	smitten
sow	sowed	sown, sowed
speak	spoke	spoken
speed	*sped, speeded	*sped, speeded
spell	spelled, *(Brit.)* spelt	spelled, *(Brit.)* spelt

Infinitive	Past Tense	Past Participle
Infinitiv	*Präteritum*	*2. Partizip*
spend	spent	spent
spill	spilt, spilled	spilt, spilled
spin	spun	spun
spit	spat, spit	spat, spit
split	split	split
spoil	spoilt, spoiled	spoilt, spoiled
spread	spread	spread
spring	sprang	sprung
stand	stood	stood
stave	*staved, stove	*staved, stove
steal	stole	stolen
stick	stuck	stuck
sting	stung	stung
stink	stank, stunk	stunk
strew	strewed	strewed, strewn
stride	strode	stridden
strike	struck	struck, stricken
string	strung	strung
strive	strove	striven
sublet	sublet	sublet
swear	swore	sworn
sweep	swept	swept
swell	swelled	swollen, swelled
swim	swam	swum
swing	swung	swung
take	took	taken
teach	taught	taught
tear	tore	torn
tell	told	told
think	thought	thought
thrive	thrived, throve	thrived, thriven
throw	threw	thrown
thrust	thrust	thrust
tread	trod	trodden, trod
unbend	unbent	unbent
understand	understood	understood
undo	undid	undone
unsay	unsaid	unsaid
wake	woke, *(arch.)* waked	woken, *(arch.)* waked
wear	wore	worn
¹weave	wove	woven
weep	wept	wept
wet	wet, wetted	wet, wetted
win	won	won
²wind [waɪnd]	wound [waʊnd]	wound [waʊnd]
work	worked, *(arch., literary)* wrought	worked, *(arch., literary)* wrought
wring	wrung	wrung
write	wrote	written

Die Zeichensetzung im Englischen

Apostroph

a) Der Apostroph steht als Auslassungszeichen:

I'm (= I am) they'd (= they had/would)
he's (= he is/has) the summer of '68 (= 1968)
thro' (= through)

Gelegentlich wird er – jedoch unnötigerweise – auch bei einigen Kurzformen wie *bus, cello, flu, phone, plane* gesetzt (*'bus* usw.).

b) Der Apostroph steht zur Kennzeichnung des Genitivs. Näheres hierzu findet sich unter „Kleine Formenlehre des Englischen" auf S. 1653.

c) Manchmal steht der Apostroph mit einem s zur Bildung des Plurals von Buchstaben, Zahlen oder Abkürzungen, z. B.:

pronounce the r's more clearly;
during the 1960's; all the MP's

Doppelpunkt

a) Der Doppelpunkt steht zur Markierung des Beginns einer Aufzählung nach einem Gattungsnamen oder einem die Aufzählung ankündigenden Ausdruck wie z. B. *as follows, in the following manner:*

His library consists of two books: the Bible and Shakespeare.
Proceed as follows: switch on the computer, insert a disk, and press any key.

b) Der Doppelpunkt steht vor Sätzen oder Ausdrücken, die den vorausgehenden Satz erläutern oder erklären:

The garden had been neglected for a long time: it was overgrown and full of weeds.

(Statt des Doppelpunkts kann hier auch ein Punkt, jedoch kein Komma stehen.)

Komma

a) Das Komma steht zwischen Adjektiven, die ein Substantiv in gleicher Weise attribuieren:

a cautious, eloquent man

Wenn mehrere Adjektive ein Substantiv in unterschiedlicher Weise attribuieren oder wenn ein Adjektiv das andere attribuiert, steht dagegen kein Komma:

a distinguished foreign author; a bright red tie

b) Das Komma steht zwischen den Gliedern einer Aufzählung. Wenn vorletztes und letztes Aufzählungsglied durch eine Konjunktion verbunden sind, steht das Komma vor dieser Konjunktion:

potatoes, peas, and carrots; potatoes, peas, or carrots; potatoes, peas, etc.; red, white, and blue

c) Das Komma steht zwischen nebengeordneten Hauptsätzen, die nicht durch ein anderes Satzzeichen voneinander getrennt sind:

Cars turn here, and coaches go straight on.

Es steht jedoch nicht, wenn es sich um eng zusammengehörige Sätze handelt:

Do as I tell you and you'll never regret it.

d) Das Komma steht vor und hinter aus einem oder mehreren Wörtern bestehenden Einschüben sowie vor und hinter Zwischensätzen:

I am sure, however, that it will not happen.
Fred, who is bald, complained of the cold.

Es steht jedoch nicht vor und hinter notwendigen Relativsätzen:

Men who are bald should wear hats.

e) Das Komma steht nach am Satzanfang stehenden Infinitiv- und Partizipalgruppen und gleichwertigen verblosen Teilen:

To be sure of arriving on time, she left an hour early.
Worn out by their journey, the children soon fell asleep.

f) Das Komma steht zwischen einer adverbialen Bestimmung und dem übrigen Satz sowie zwischen Haupt- und Nebensatz, wenn ohne Komma ein Mißverständnis möglich wäre:

In the valley below, the villages looked very small.
He did not go to church, because he was playing golf.
In 1980, 2000 seemed a long time off.

g) Das Komma steht nach Wörtern, die eine direkte Rede einleiten:

They answered, 'Here we are'.

h) Das Komma steht in Briefen nach der Anrede (*Dear Sir, Dear John* usw.) und nach der Grußformel (*Yours sincerely* usw.).
Nicht notwendig ist ein Komma zwischen Monat und Jahr in Datumsangaben (z. B. *in December 1989*) oder zwischen Hausnummer und Straßenname in Adressen (z. B. *12 Acacia Avenue*).

Semikolon

Das Semikolon steht zwischen Teilsätzen oder Satzstücken, wo ein Komma eine zu schwache, ein Punkt jedoch eine zu starke Zäsur bedeuten würde. D. h., es steht typischerweise zwischen Sätzen, die inhaltlich etwa gleiches Gewicht und grammatisch eine ähnliche Struktur haben:

To err is human; to forgive, divine.

Punkt

a) Der Punkt steht am Satzende, sofern kein Frage- oder Ausrufezeichen steht; das folgende Wort beginnt in der Regel mit einem Großbuchstaben.

b) Der Punkt steht nach Abkürzungen. Wenn ein Abkürzungspunkt ans Satzende zu stehen kommt, dient er gleichzeitig als Schlußpunkt:

She also kept dogs, cats, birds, etc.
aber: She also kept pets (dogs, cats, birds, etc.).

c) Wenn ein Satz mit einer Anführung schließt, die ihrerseits mit einem Punkt, Fragezeichen oder Ausrufezeichen endet, entfällt der Schlußpunkt:

He cried, 'Be off!' But the child would not move.

Wenn die Anführung jedoch kurz ist und der übrige Satz deutlich größeres Gewicht hat, steht der Punkt außerhalb der Anführungszeichen:

Over the entrance to the temple at Delphi were written the words 'Know thyself'.

Anführungszeichen

a) Anführungszeichen haben gewöhnlich die Form '...' („halbe Anführungszeichen"); Anführungszeichen der Form "..." stehen bei einer Anführung innerhalb einer Anführung; bei einer Anführung innerhalb einer angeführten Anführung stehen wiederum halbe Anführungszeichen:

'I said, "He used the word 'murder' although no-one had told him how Smith died".'

b) Schließende Anführungszeichen stehen vor allen weiteren Satzzeichen, es sei denn, diese sind Bestandteil der Anführung:

Did Nelson really say, 'Kiss me, Hardy'?
aber: Then she asked, 'What is your name?'.

Das Komma am Schluß einer Anführung, auf die Ausdrücke wie *he said* folgen, ersetzt den Schlußpunkt des angeführten Satzes und steht innerhalb der Anführungszeichen:

'That is nonsense,' he said.

Die Kommas, durch die *he said* usw. eingeschlossen wird, wenn es die Anführung unterbricht, stehen gewöhnlich außerhalb der Anführungszeichen:

'That', he said, 'is nonsense.'

Das erste Komma steht jedoch innerhalb der Anführungszeichen, wenn es auch ohne die Unterbrechung stehen müßte:

'That, my dear fellow,' he said, 'is nonsense.'

Outline of German grammatical forms

The following outline is intended to be used in conjunction with the grammatical information included in the Dictionary, which it complements and explains. It does not attempt to cover all forms.

Verbs

General notes

a) Verbs with prefixes, such as *ab-, auf-, er-, mit-,* and *zer-,* are conjugated like the corresponding simple verbs, e.g. *absagen* like *sagen,* but see the section on past participles below.

b) *ß* is used, and not *ss,*

before a consonant;
at the end of a word;
between two vowels, the first of which is long:

hissen   schmeißen
gehißt   ich schmiß
                 sie schmissen

c) To discover the stem of a verb, take away the *-en* (or just the *-n* if the penultimate letter ist not *-e-*) from the end of the infinitive (the form given as a headword in the German-English section of the Dictionary):

machen   handeln
mach-   handel-

Regular verbs
Participles
Present
Add *-d* to the infinitive:

    lachen
    lachend

Past
Add *ge-* and *-t* to the stem:

    machen
    gemacht

If the stem ends with *-d*, *-t*, or a consonant + *m* or *n*, add *ge-* and *-et* to the stem:

reden	trocknen
geredet	getrocknet

If the infinitive ends with *-ieren* or *-eien*, add *-t* to the stem:

diskutieren	prophezeien
diskutiert	prophezeit

Verbs with a separable prefix (marked with | in the German-English section of the Dictionary) that is not followed by another prefix add *-ge-* between the prefix and the stem and *-[e]t* to the end of the stem:

an|klagen	zu|leiten
angeklagt	zugeleitet

Verbs with

a) any of the inseparable prefixes *be-*, *em-*, *ent-*, *er-*, *ge-*, *ver-*, and *zer-*

b) an inseparable prefix (marked by · in the German-English section of the Dictionary)

c) a separable prefix (marked by | in the German-English section of the Dictionary) that is followed by an inseparable prefix

add *-[e]t* to the stem:

a)	beneiden	gehören
	beneidet	gehört
b)	durch·leuchten	über·blicken
	durchleuchtet	überblickt
c)	zu|bereiten	aus|erwählen
	zubereitet	auserwählt

Active
a) Indicative
Present

    machen
  ich mache
  du machst
er/sie/es macht
  wir machen
  ihr macht
sie/Sie machen

If the stem ends with *-l* or *-r*, the 1st person singular may omit the preceding *-e-*:

    lächeln
  ich lächele *or* lächle

If the stem ends with *-s*, *-ß*, *x*, or *-z*, the 2nd person singular adds only *-t*:

rasen	boxen
du rast	du boxt

If the stem ends with *-d*, *-t*, or a consonant + *m* or *n*, the 2nd person singular adds *-est*, and the 2nd person plural adds *-et*:

    reden
  du redest
  ihr redet

Preterite (or past or imperfect)

    machen
  ich machte
  du machtest
er/sie/es machte
  wir machten
  ihr machtet
sie/Sie machten

If the stem ends with *-d*, *-t*, or a consonant + *m* or *n*, add *-e-* to the stem first:

    reden
  ich redete
  du redetest
er/sie/es redete
  wir redeten
  ihr redetet
sie/Sie redeten

Future
Present indicative of *werden* + infinitive:

    reden
  ich werde reden *etc.*

Perfect
Present indicative of *sein* or *haben* + past participle:

reisen	machen
ich bin gereist *etc.*	ich habe gemacht *etc.*

Verbs which take *sein* are labelled accordingly in the German-English section of the Dictionary.

Pluperfect
Preterite indicative of *sein* or *haben* (see note at **Perfect**) + past participle:

reisen	machen
ich war gereist *etc.*	ich hatte gemacht *etc.*

Future perfect
Future indicative of *sein* or *haben* (see note at **Perfect**) + past participle:

reisen	machen
ich werde gereist sein *etc.*	ich werde gemacht haben *etc.*

b) Subjunctive

Present

	machen
ich	mache
du	machest
er/sie/es	mache
wir	machen
ihr	machet
sie/Sie	machen

If the stem ends with *-l* or *-r*, the preceding *-e-* may be omitted:

	lächeln
ich	lächele *or* lächle *etc.*

Preterite
Identical with preterite indicative.

c) Conditional

Present
Preterite subjunctive of *werden* + infinitive:

ich würde reden *etc.*

Perfect
Preterite subjunctive of *sein* or *haben* + past participle:

reisen	machen
ich wäre gereist *etc.*	ich hätte gemacht *etc.*

or present conditional of *sein* or *haben* + past participle:

reisen	machen
ich würde gereist sein *etc.*	ich würde gemacht haben *etc.*

Verbs which take *sein* are labelled accordingly in the German-English section of the Dictionary.

d) Imperative

2nd person singular	red[e]!
2nd person plural	redet!
2nd person (polite)	reden Sie!

Passive

General note
Passive tenses are formed from the corresponding active tense of *werden* + past participle.

a) Infinitives

| Present | geliebt [zu] werden |
| Perfect | geliebt worden [zu] sein |

b) Indicative

Present	ich werde geliebt *etc.*
Preterite	ich wurde geliebt *etc.*
Future	ich werde geliebt werden *etc.*
Perfect	ich bin geliebt worden *etc.*
Pluperfect	ich war geliebt worden *etc.*
Future perfect	ich werde geliebt worden sein *etc.*

c) Subjunctive

Present	ich werde*) geliebt *etc.*
Preterite	ich würde geliebt *etc.*
Future	ich werde*) geliebt werden *etc.*
Perfect	ich sei geliebt worden *etc.*
Pluperfect	ich wäre geliebt worden *etc.*
Future perfect	ich werde*) geliebt worden sein *etc.*

*) NB du werdest ...; er/sie/es werde ...

d) Conditional

| Present | ich würde geliebt [werden] |
| Perfect | ich wäre geliebt worden |

e) Imperative

2nd person singular	sei *or* werde gegrüßt!
2nd person plural	seid *or* werdet gegrüßt!
2nd person (polite)	seien *or* werden Sie gegrüßt!

Irregular verbs

These are conjugated as regular verbs except for the forms given in the table (pp. 1665–1667) and the preterite indicative:

a) Preterite indicative

If the form given in the table ends with *-te*, the tense is conjugated as for a regular verb; otherwise as follows:

	singen
ich	sang
du	sangst
er/sie/es	sang
wir	sangen
ihr	sangt
sie/Sie	sangen

If the form given ends with *-s* or *-ß*, the 2nd person singular adds only *-t*:

blasen	gießen
blies	goß
du bliest	du goßt

b) Compound tenses of modal verbs

The past participle forms shown in the table are not used with an infinitive, but only where the verb functions as a full verb (usually with a direct object or an indication of direction):

Er hat es gedurft. Ich habe damals kein Englisch gekonnt. Sie hat nach Frankfurt gemußt.

Where the verb is used with an infinitive, i.e. modally, the infinitive form is used instead:

Sie hat kommen müssen. Wir hatten zusehen dürfen.

Nouns

Singular

The first or only ending given in the entry for a noun in the German-English section of the Dictionary is the genitive singular. Shown here are examples of each, together with the corresponding other cases.

	Stadt ... ~ ...	Manna ... ~[s] ...	Feuer ... ~s ...	Buch ... ~[e]s ...
Nom.	die Stadt	das Manna	das Feuer	das Buch
Acc.	die Stadt	das Manna	das Feuer	das Buch
Gen.	der Stadt	des Manna[s]	des Feuers	des Buch[e]s
Dat.	der Stadt	dem Manna	dem Feuer	dem Buch[e]

	Löwe ... ~n ...	Name ... ~ns ...	Bär ... ~en ...	Herz ... ~ens ...
Nom.	der Löwe	der Name	der Bär	das Herz
Acc.	den Löwen	den Namen	den Bären	das Herz
Gen.	des Löwen	des Namens	des Bären	des Herzens
Dat.	dem Löwen	dem Namen	dem Bären	dem Herzen

Plural

The second ending (if any) given in the entry for a noun in the German-English section of the Dictionary is used for each plural case, except that, if it does not end with *-n* or *-s*, the dative plural adds *-n*:

	Fahrer ... ~s, ~	Frau ... ~, ~en	Streik ... ~[e]s, ~s
Nom.	die Fahrer	die Frauen	die Streiks
Acc.	die Fahrer	die Frauen	die Streiks
Gen.	der Fahrer	der Frauen	der Streiks
Dat.	den Fahrern	den Frauen	den Streiks

	Nacht ... ~, Nächte	Brettel ... ~s, ~[n]	Bild ... ~[e]s, ~er
Nom.	die Nächte	die Brettel[n]	die Bilder
Acc.	die Nächte	die Brettel[n]	die Bilder
Gen.	der Nächte	der Brettel[n]	der Bilder
Dat.	den Nächten	den Bretteln	den Bildern

The genitive singular or the plural form is given in full in the German-English section of the Dictionary if it involves changes to the stem:

Faß ... Fasses, Fässer

Adjectival declension

If a noun entry gives no endings but instead states *'adj. Dekl.'*, noun and adjective endings are as follows:

	Masc.	Fem.	Neut.	Pl. (all genders)
	¹**Alte** der; *adj. Dekl.*	²**Alte** die; *adj. Dekl.*	³**Alte** das; *adj. Dekl.*	⁴**Alte** *Pl.*; *adj. Dekl.*
Nom.	der gute Alte	die gute Alte	das gute Alte	die guten Alten
Acc.	den guten Alten	die gute Alte	das gute Alte	die guten Alten
Gen.	des guten Alten	der guten Alten	des guten Alten	der guten Alten
Dat.	dem guten Alten	der guten Alten	dem guten Alten	den guten Alten
Nom.	ein guter Alter	eine gute Alte	ein gutes Altes	gute Alte
Acc.	einen guten Alten	eine gute Alte	ein gutes Altes	gute Alte
Gen.	eines guten Alten	einer guten Alten	eines guten Alten	guter Alter
Dat.	einem guten Alten	einer guten Alten	einem guten Alten	guten Alten

Endings for personal names

The genitive singular ending of personal names is *-s,* or, if the name ends with *-s, -ß, -x,* or *-z,* it is simply an apostrophe or sometimes *-ens:*

Barbaras Buch   Hans' Auto *or* Hansens Auto

If a title (other than *Herr*) or more than one name is given, only the last element has an ending:

Frau Brauns Hut
König Ottokars Glück und Ende
eine Symphonie Ludwig van Beethovens

Following words in apposition are declined as well as the name:

Nom.	Wilhelm der Erste	Heinrich der Vogler
Acc.	Wilhelm den Ersten	Heinrich den Vogler
Gen.	Wilhelms des Ersten	Heinrichs des Voglers
Dat.	Wilhelm dem Ersten	Heinrich dem Vogler

When used as names, the words for family members take *-s* in the genitive singular:

Vaters/Mutters Aktentasche

The genitive singular of a name does not take an ending if preceded by an article or other inflected word other than *Herrn*:

eine Ausgabe des „Grünen Heinrich"
but: Herrn Dr. Baiers Praxis

Surnames often have an *-s* in the plural, especially when denoting a family:

[die] Remanns wohnen nebenan

If the name ends with *-s*, *-ß*, *-x*, or *-z*, the ending is *-ens*:

[die] Schwarzens

Adjectives and adverbs
Article and adjective endings

a) Weak declension

The qualifying words *der/die/das, dieser/diese/dieses, jener/jene/jenes, all..., welch..., solch..., beide, sämtliche*, etc. and any following adjectives are declined as follows:

	Masc.	Fem.	Neut.	Pl. (all genders)
Nom.	der gute Tag	die gute Frau	das gute Buch	die guten Dinge
Acc.	den guten Tag	die gute Frau	das gute Buch	die guten Dinge
Gen.	des guten Tag[e]s	der guten Frau	des guten Buch[e]s	der guten Dinge
Dat.	dem guten Tag[e]	der guten Frau	dem guten Buch[e]	den guten Dingen

b) Mixed declension

The qualifying words *ein* and *kein*, possessive adjectives, and any following adjectives are declined as follows:

Nom.	ein guter Tag	eine gute Frau	ein gutes Buch	keine guten Bücher
Acc.	einen guten Tag	eine gute Frau	ein gutes Buch	keine guten Bücher
Gen.	eines guten Tag[e]s	einer guten Frau	eines guten Buch[e]s	keiner guten Bücher
Dat.	einem guten Tag[e]	einer guten Frau	einem guten Buch[e]	keinen guten Büchern

c) Strong declension

Adjectives are declined as follows when preceded either by no qualifying word or by an indeclinable one, e.g. *viel, mehr, wenig, weniger, manch, solch*, or *welch*, or by *dessen, deren, ander..., einig..., etlich..., folgend*, or *mehrer...*:

Nom.	guter Wein	gute Milch	gutes Bier	gute Dinge
Acc.	guten Wein	gute Milch	gutes Bier	gute Dinge
Gen.	guten Wein[e]s	guter Milch	guten Biers	guter Dinge
Dat.	gutem Wein[e]	guter Milch	gutem Bier[e]	guten Dingen

d) Exceptions

Plural adjectives preceded by numerals follow the strong declension in formal language but the mixed declension in colloquial language.

Adjectives which are marked *'indekl. Adj.'* or which end with *-er* and are derived from place names do not inflect at all:

    klasse   Berliner
    ein klasse Wagen   die Berliner Philharmoniker

Adjectives which end with *-el* drop the *-e-* when inflected and in their comparative forms:

    übel
    ein übler Mensch

and adjectives which end with *-en* and *-er* sometimes drop the *-e-:*

    trocken   finster
    trock[e]nes Holz   die finst[e]re Nacht

but *clever* does not:

    clever
    ein cleverer Trick

and the *-e-* is always dropped in:

    integer   makaber
    eine integre Persönlichkeit   eine makabre Geschichte

and when *-er* is preceded by *-au-* or *-eu-:*

    teuer   sauer
    ein teures Haus   saure Gurken

Adjectives which end with a vowel, other than those marked *'indekl. Adj.'*, drop the vowel:

    müde
    die müden Arbeiter

The adjective *hoch* drops its *-c-* when inflected:

    eine hohe Stirn

Comparison of adjectives and adverbs

The regular endings are *-er, -st...:*

    positive   schön
    comparative   schöner
    superlative attributive adjective   schönst...
    superlative predicative adjective   am schönsten
    superlative adverb   am schönsten

Irregular forms are given in the German-English section of the Dictionary:

    arm ... **ärmer** ... **ärmst...**

See also above for adjectives ending with *-el, -en,* and *-er.*

If an adjective or adverb ends with *-d, -t, -sch, -s, -ß, -x, -z,* a long vowel, or a diphthong and has only one syllable or is stressed on its last syllable, the superlative ending is *-est...:*

    laut   zäh   genau
    lautest...   zähest...   genauest...

Pronouns

Personal pronouns

Nom.	Acc.	Gen.	Dat.
ich	mich	meiner	mir
du	dich	deiner	dir
er	ihn	seiner	ihm
sie	sie	ihrer	ihr
es	es	seiner	ihm
wir	uns	unser	uns
ihr	euch	euer	euch
sie	sie	ihrer	ihnen
Sie	Sie	Ihrer	Ihnen

Reflexive and reciprocal pronouns are the same as personal pronouns, except that the accusative and dative forms of *er, sie, es, sie,* and *Sie* are *sich*.

Possessive pronouns *(mein, dein, sein, ihr, unser, euer,* and *Ihr)*

	Masc.	Fem.	Neut.	Pl. (all genders)
Nom.	mein	meine	mein	meine
Acc.	meinen	meine	mein	meine
Gen.	meines	meiner	meines	meiner
Dat.	meinem	meiner	meinem	meinen

euer is usually contracted in all inflected forms, e.g. *eure*.

When used other than attributively, i.e. as independent pronouns, these forms differ:

Nom. masc.:	meiner *etc.,* uns[e]rer, eurer
Nom. and acc. neut.:	mein[e]s *etc.,* uns[e]res, eures

Demonstrative pronouns *(dieser, jener, der, derjenige,* and *derselbe)*

dieser and *jener:*

	Masc.	Fem.	Neut.	Pl. (all genders)
Nom.	dieser	diese	dieses	diese
Acc.	diesen	diese	dieses	diese
Gen.	dieses	dieser	dieses	dieser
Dat.	diesem	dieser	diesem	diesen

der is the same as when a definite article, except for:

	Masc.	Fem.	Neut.	Pl. (all genders)
Gen.	dessen	deren	dessen	derer *or* deren
Dat.				denen

derjenige and *derselbe* are declined as if two separate words:

	Masc.	Fem.	Neut.	Pl. (all genders)
Nom.	derjenige	diejenige	dasjenige	diejenigen
Acc.	denjenigen	diejenige	dasjenige	diejenigen
Gen.	desjenigen	derjenigen	desjenigen	derjenigen
Dat.	demjenigen	derjenigen	demjenigen	denjenigen

Relative pronouns

	Masc.	Fem.	Neut.	Pl. (all genders)
Nom.	der *or* welcher	die *or* welche	das *or* welches	die *or* welche
Acc.	den *or* welchen	die *or* welche	das *or* welches	die *or* welche
Gen.	dessen	deren	dessen	deren
Dat.	dem *or* welchem	der *or* welcher	dem *or* welchem	denen *or* welchen

Interrogative pronouns

welch follows the strong adjective declension (see p. 1662). The declensions of *was* and *wer* are given at their entries in the Dictionary.

Indefinite pronouns

etwas, was, and *nichts* are invariable. Other indefinite pronouns are declined as follows:

Nom.	man	jemand	niemand
Acc.	einen	jemand[en]	niemand[en]
Gen.	eines	jemandes	niemandes
Dat.	einem	jemand[em]	niemand[em]

German irregular verbs

Irregular and partly irregular verbs are listed alphabetically by infinitive. 1st, 2nd, and 3rd person present and imperative forms are given after the infinitive, and preterite subjunctive forms after the preterite indicative, where they take an umlaut, change *e* to *i*, etc.

Verbs with a raised number in the German-English section of the Dictionary have the same number in this list.

Compound verbs (including verbs with prefixes) are only given if a) they do not take the same forms as the corresponding simple verb, e.g. *befehlen,* or b) there is no corresponding simple verb, e.g. *bewegen.*

An asterisk (*) indicates a verb which is also conjugated regularly.

Infinitive *Infinitiv*	Preterite *Präteritum*	Past Participle *2. Partizip*
¹backen (du bäckst, er bäckt; *auch:* du backst, er backt)	backte, *älter:* buk (büke)	gebacken
befehlen (du befiehlst, er befiehlt; befiehl!)	befahl (beföhle, befähle)	befohlen
beginnen	begann (begänne, *seltener:* begönne)	begonnen
beißen	biß	gebissen
bergen (du birgst, er birgt; birg!)	barg (bärge)	geborgen
bersten (du birst, er birst; birst!)	barst (bärste)	geborsten
²bewegen	bewog (bewöge)	bewogen
biegen	bog (böge)	gebogen
bieten	bot (böte)	geboten
binden	band (bände)	gebunden
bitten	bat (bäte)	gebeten
blasen (du bläst, er bläst)	blies	geblasen
bleiben	blieb	geblieben
bleichen*	blich	geblichen
braten (du brätst, er brät)	briet	gebraten
brechen (du brichst, er bricht; brich!)	brach (bräche)	gebrochen
brennen	brannte (brennte)	gebrannt
bringen	brachte (brächte)	gebracht
denken	dachte (dächte)	gedacht
dingen*	dang (dänge)	gedungen
dreschen (du drischst, er drischt; drisch!)	drosch (drösche)	gedroschen

Infinitive *Infinitiv*	Preterite *Präteritum*	Past Participle *2. Partizip*
dringen	drang (dränge)	gedrungen
dünken* (es dünkt *auch:* deucht)	deuchte	gedeucht
dürfen (ich darf, du darfst, er darf)	durfte (dürfte)	gedurft
empfehlen (du empfiehlst, er empfiehlt, empfiehl!)	empfahl (empföhle, *seltener:* empfähle)	empfohlen
erlöschen (du erlischst, er erlischt, erlisch!)	erlosch (erlösche)	erloschen
erschallen	erscholl (erschölle)	erschollen
¹,³erschrecken (du erschrickst, er erschrickt, erschrick!)	erschrak (erschräke)	erschrocken
essen (du ißt, er ißt, iß!)	aß (äße)	gegessen
fahren (du fährst, er fährt)	fuhr (führe)	gefahren
fallen (du fällst, er fällt)	fiel	gefallen
fangen (du fängst, er fängt)	fing	gefangen
fechten (du fichtst, er ficht; ficht!)	focht (föchte)	gefochten
finden	fand (fände)	gefunden
flechten (du flichtst, er flicht; flicht!)	flocht (flöchte)	geflochten
fliegen	flog (flöge)	geflogen
fliehen	floh (flöhe)	geflohen

1665

Infinitive / *Infinitiv*	Preterite / *Präteritum*	Past Participle / *2. Partizip*	Infinitive / *Infinitiv*	Preterite / *Präteritum*	Past Participle / *2. Partizip*
fließen	floß (flösse)	geflossen	melken* (du milkst, er milkt; milk!; du melkst, er melkt; melke!)	molk (mölke)	gemolken
fressen (du frißt, er frißt, friß!)	fraß (fräße)	gefressen			
frieren	fror (fröre)	gefroren			
gären*	gor (göre)	gegoren	messen (du mißt, er mißt; miß!)	maß (mäße)	gemessen
gebären (*geh.:* du gebierst, sie gebiert; gebier!)	gebar (gebäre)	geboren			
			mißlingen	mißlang (mißlänge)	mißlungen
geben (du gibst, er gibt; gib!)	gab (gäbe)	gegeben	mögen (ich mag, du magst, er mag)	mochte (möchte)	gemocht
gedeihen	gedieh	gediehen	müssen (ich muß, du mußt, er muß)	mußte (müßte)	gemußt
gehen	ging	gegangen			
gelingen	gelang (gelänge)	gelungen	nehmen (du nimmst, er nimmt; nimm!)	nahm (nähme)	genommen
gelten (du giltst, er gilt; gilt!)	galt (gölte, gälte)	gegolten			
			nennen	nannte (nennte)	genannt
genesen	genas (genäse)	genesen	pfeifen	pfiff	gepfiffen
genießen	genoß (genösse)	genossen	pflegen*	pflog (pflöge)	gepflogen
geschehen (es geschieht)	geschah (geschähe)	geschehen	preisen	pries	gepriesen
			¹quellen (du quillst, er quillt; quill!)	quoll (quölle)	gequollen
gewinnen	gewann (gewönne, gewänne)	gewonnen			
			raten (du rätst, er rät)	riet	geraten
gießen	goß (gösse)	gegossen	reiben	rieb	gerieben
gleichen	glich	geglichen	reißen	riß	gerissen
gleiten	glitt	geglitten	reiten	ritt	geritten
glimmen	glomm (glömme)	geglommen	rennen	rannte (rennte)	gerannt
graben (du gräbst, er gräbt)	grub (grübe)	gegraben	riechen	roch (röche)	gerochen
			ringen	rang (ränge)	gerungen
greifen	griff	gegriffen	rinnen	rann (ränne, *seltener:* rönne)	geronnen
haben (du hast, er hat)	hatte (hätte)	gehabt			
halten (du hältst, er hält)	hielt	gehalten	rufen	rief	gerufen
			salzen*	salzte	gesalzen
¹hängen	hing	gehangen	saufen (du säufst, er säuft)	soff (söffe)	gesoffen
hauen	hieb	gehauen			
heben	hob (höbe)	gehoben	saugen*	sog (söge)	gesogen
heißen	hieß	geheißen	schaffen*	schuf (schüfe)	geschaffen
helfen (du hilfst, er hilft; hilf!)	half (hülfe, *selten:* hälfe)	geholfen	schallen*	scholl (schölle)	geschallt
			scheiden	schied	geschieden
kennen	kannte (kennte)	gekannt	scheinen	schien	geschienen
kiesen*	kor (köre)	gekoren	scheißen	schiß	geschissen
klimmen*	klomm (klömme)	geklommen	schelten (du schiltst, er schilt; schilt!)	schalt (schölte)	gescholten
klingen	klang (klänge)	geklungen			
kneifen	kniff	gekniffen	¹scheren	schor (schöre)	geschoren
kommen	kam (käme)	gekommen	schieben	schob (schöbe)	geschoben
können (ich kann, du kannst, er kann)	konnte (könnte)	gekonnt	schießen	schoß (schösse)	geschossen
			schinden	schindete	geschunden
kreischen*	krisch	gekrischen	schlafen (du schläfst, er schläft)	schlief	geschlafen
kriechen	kroch (kröche)	gekrochen			
küren*	kor (köre)	gekoren	schlagen (du schlägst, er schlägt)	schlug (schlüge)	geschlagen
¹laden (du lädst, er lädt)	lud (lüde)	geladen			
²laden (du lädst, er lädt; *veralt., landsch.:* du ladest, er ladet)	lud (lüde)	geladen	schleichen	schlich	geschlichen
			¹schleifen	schliff	geschliffen
			schleißen*	schliß	geschlissen
			schließen	schloß (schlösse)	geschlossen
lassen (du läßt, er läßt)	ließ	gelassen	schlingen	schlang (schlänge)	geschlungen
laufen (du läufst, er läuft)	lief	gelaufen	schmeißen	schmiß	geschmissen
			schmelzen (du schmilzt, er schmilzt; schmilz!)	schmolz	geschmolzen
leiden	litt	gelitten			
leihen	lieh	geliehen			
¹,²lesen (du liest, er liest; lies!)	las (läse)	gelesen			
			schnauben*	schnob (schnöbe)	geschnoben
liegen	lag (läge)	gelegen	schneiden	schnitt	geschnitten
lügen	log (löge)	gelogen	schrecken* (du schrickst, er schrickt; schrick!)	schrak (schräke)	geschreckt
mahlen	mahlte	gemahlen			
meiden	mied	gemieden			

Infinitive *Infinitiv*	Preterite *Präteritum*	Past Participle *2. Partizip*	Infinitive *Infinitiv*	Preterite *Präteritum*	Past Participle *2. Partizip*
schreiben	schrieb	geschrieben	stoßen (du stößt, er stößt)	stieß	gestoßen
schreien	schrie	geschrie[e]n	streichen	strich	gestrichen
schreiten	schritt	geschritten	streiten	stritt	gestritten
schweigen	schwieg	geschwiegen	tragen (du trägst, er trägt)	trug (trüge)	getragen
¹schwellen (du schwillst, er schwillt; schwill!)	schwoll (schwölle)	geschwollen	treffen (du triffst; er trifft; triff!)	traf (träfe)	getroffen
schwimmen	schwamm (schwömme, *seltener:* schwämme)	geschwommen	treiben	trieb	getrieben
			treten (du trittst, er tritt; tritt!)	trat (träte)	getreten
schwinden	schwand (schwände)	geschwunden	triefen*	troff (tröffe)	getroffen
			trinken	trank (tränke)	getrunken
schwingen	schwang (schwänge)	geschwungen	trügen	trog (tröge)	getrogen
			tun	tat (täte)	getan
schwören	schwor (schwüre)	geschworen	verderben (du verdirbst, er verdirbt; verdirb!)	verdarb (verdürbe)	verdorben
sehen (du siehst, er sieht; sieh[e]!)	sah (sähe)	gesehen			
sein (ich bin, du bist, er ist, wir sind, ihr seid, sie sind; sei!)	war (wäre)	gewesen	verdrießen	verdroß (verdrösse)	verdrossen
			vergessen (du vergißt, er vergißt, vergiß!)	vergaß (vergäße)	vergessen
senden*	sandte (sendete)	gesandt	verlieren	verlor (verlöre)	verloren
sieden*	sott (sötte)	gesotten	verlöschen (du verlischst, er verlischt; verlisch!)	verlosch (verlösche)	verloschen
singen	sang (sänge)	gesungen			
sinken	sank (sänke)	gesunken			
sinnen	sann (sänne, *veralt.:* sönne)	gesonnen	¹wachsen (du wächst, er wächst)	wuchs (wüchse)	gewachsen
sitzen	saß (säße)	gesessen	wägen	wog (wöge)	gewogen
sollen (ich soll, du sollst, er soll)	sollte	gesollt	waschen (du wäschst, er wäscht)	wusch (wüsche)	gewaschen
spalten*	spaltete	gespalten	weben*	wob (wöbe)	gewoben
speien	spie	gespie[e]n	weichen	wich	gewichen
spinnen	spann (spönne, spänne)	gesponnen	weisen	wies	gewiesen
			wenden*	wandte (wendete)	gewandt
spleißen*	spliß	gesplissen	werben (du wirbst, er wirbt; wirb!)	warb (würbe)	geworben
sprechen (du sprichst, er spricht; sprich!)	sprach (spräche)	gesprochen			
sprießen	sproß (sprösse)	gesprossen	werden (du wirst, er wird; werde!)	wurde, *dichter.:* ward (würde)	geworden; *als* Hilfsv.: worden
springen	sprang	gesprungen			
stechen (du stichst, er sticht; stich!)	stach (stäche)	gestochen	werfen (du wirfst, er wirft; wirf!)	warf (würfe)	geworfen
stecken*	stak (stäke)	gesteckt	¹wiegen	wog (wöge)	gewogen
stehen	stand (stünde, *auch:* stände)	gestanden	¹winden	wand (wände)	gewunden
			wissen (ich weiß, du weißt, er weiß)	wußte (wüßte)	gewußt
stehlen (du stiehlst, er stiehlt; stiehl!)	stahl (stähle, *seltener:* stöhle)	gestohlen	wollen (ich will, du willst, er will)	wollte	gewollt
steigen	stieg	gestiegen	wringen	wrang (wränge)	gewrungen
sterben (du stirbst, er stirbt; stirb!)	starb (stürbe)	gestorben	zeihen	zieh	geziehen
stieben	stob (stöbe)	gestoben	ziehen	zog (zöge)	gezogen
stinken	stank (stänke)	gestunken	zwingen	zwang (zwänge)	gezwungen

1667

Key points of German orthography and punctuation

Use of capital and small initial letters

The use of capital and small initial letters in German is governed by the following guidelines.

a) The first word of a sentence has a capital initial letter.

b) All true nouns have capital initial letters:

Himmel, Kindheit, Reichtum, Verständnis

c) All types of word have capital initial letters when they are used as nouns:

das Gute, der Abgeordnete, allerlei Schönes, etwas Wichtiges, die Deinigen, ein Achtel, das Auf und Nieder, das Entweder-Oder, das Lesen, das Zustandekommen, das In-den-Tag-hineinleben

d) In correspondence, pronouns of address have capital initial letters. The polite form *Sie* and the accompanying possessive pronoun *Ihr* always have capital initials, but the reflexive pronoun *sich* always has a small initial:

Liebe Tante,
heute möchte ich *Dir* herzlich für *Dein* Weihnachtsgeschenk danken...
Würden *Sie* mir bitte *Ihr* Programmheft leihen?
Setzen *Sie sich*.

e) Words which are derived from geographical names and which end in *-er* have capital initial letters:

die Schweizer Industrie, eine Kölner Firma

f) Adjectives ending in *-isch* which are derived from geographical names have small initials unless they form a part of proper name:

chinesische Seide, westfälischer Schinken

but: Holsteinische Schweiz

g) When nouns function other than as nouns they have small initial letters:

anfangs, abends, sonntags, ein bißchen, schuld sein, es tut mir leid

One word or two?

The continuing development of the conventions governing spelling and punctuation in German means that it is impossible to say for certain when words are written together (as one word) and when separately (as two words). The following examples are designed to serve as a general guide only. In cases of doubt write as two words.

a) Words are written together if they combine to form a new meaning:

Du sollst dich nicht so gehenlassen.
Er wird mir die Summe gutschreiben.

Words are written separately if they retain their original meanings:

Du mußt den Teig jetzt gehen lassen.
Der Schüler kann gut schreiben.

b) Compounds formed with a noun are written as one word if the noun no longer embodies a separate concept:

wetterleuchten, kopfstehen, infolge, zugunsten

Words are written separately if the noun retains its independent meaning:

Sorge tragen, Posten stehen, unter Bezugnahme auf, in Frage kommen

The continuing development of the language means that some words are found in both forms:

Dank sagen *and* danksagen, auf Grund *and* aufgrund

The comma

The role of the comma is to divide the sentence and indicate the pauses occurring in speech.

a) In lists, the comma is placed between words of the same type or between similar groups of words if they are not linked by *und* or *oder*:

Feuer, Wasser, Luft und Erde.
Wir gingen bei gutem, warmem Wetter spazieren.
Das Autorennen findet am Montag, den 5. Mai statt.
(Here, the comma divides two statements of time; compare b.)

b) The comma separates following qualifying phrases from the rest of the sentence:

In Frankfurt, der bekannten Handelsstadt, befindet sich ein großes Messegelände.
Das Schiff kommt wöchentlich einmal, und zwar sonntags.
Das Autorennen findet am Montag, dem 5. Mai, statt.
(Here, an embedded phrase is enclosed by commas; compare a.)

c) An infinitive phrase is usually divided from the rest of the sentence by a comma; *zu* + infinitive alone is not divided off.

Wir hatten keine Gelegenheit, uns zu sehen.

but: Wir hatten keine Gelegenheit zu baden.

d) The comma separates main clauses. However the comma is not used between main clauses linked by *und* or *oder* if one part of the sentence is common to both clauses:

Ich kam, ich sah, ich siegte.
Wir trinken noch ein Bier, und dann gehe ich nach Hause.

but: Sie bestiegen den Wagen und fuhren davon. (*Sie* is common to both clauses)
Er geht ins Kino und sein Bruder ins Konzert. (*geht* is common to both clauses)

e) The comma separates the subordinate clause from the main clause:

Daß du zuverlässig bist, freut mich.
Alle Kinder, die fleißig sind, erhalten ein Buch.

Syllable division in German

Polysyllabic words are divided in accordance with the phonetic syllables which can be identified by pronouncing the word slowly:

Freun-de, Män-ner, for-dern, wei-ter, Or-gel, kal-kig, Bes-se-rung, Bal-kon, Fis-kus, Ho-tel, Pla-net, Kon-ti-nent, Fas-zi-kel, Re-mi-nis-zenz, El-lip-se, Ber-lin, El-ba, Tür-kei

In such cases, a single consonant goes on to the following line; if there is a series of consonants, the last of these goes on to the following line:

tre-ten, nä-hen, Ru-der, rei-ßen, bo-xen, Ko-kon, Kre-ta, Chi-na, An-ker, Fin-ger, war-ten, Fül-lun-gen, Rit-ter, Was-ser, Knos-pen, kämp-fen, Ach-sel, steck-ten, Kat-zen, Städ-ter, Drechs-ler, dunk-le, gest-rig, an-de-re, neh-men, Ar-sen, Hip-pie, Kas-ko, Pek-tin, Un-garn, Hes-sen, At-lan-tik (For exceptions see below.)

Suffixes which begin with a vowel take the preceding consonant when divided:

Freun-din, Bäcke-rei, Lüf-tung

A single vowel is never left on its own:

Ader, eben, Odem
(*not:* A-der, e-ben, O-dem)

The consonant groups *ch* and *sch* – as well as *ph, rh, sh,* and *th* in foreign words – represent single sounds and are not divided:

Bü-cher, Fla-sche, Ma-chete, Pro-phet, Myr-rhe, Ca-shew-nuß, ka-tho-lisch

The following groups of letters are not usually divided in foreign words:

bl, pl, fl, gl, cl, kl, phl; br, pr, dr, tr, fr, vr, gr, cr, kr, phr, str, thr; chth, gn, kn
Pu-bli-kum, Di-plom, Sout-fle, Re-gle-ment, Bou-clé, Zy-klus, Pam-phlet, Fe-bru-ar, Le-pra, Hy-drant, neu-tral, Chif-fre, Li-vree, ne-grid, Sa-kra-ment, In-du-strie, Ar-thri-tis; Ma-gnet, py-knisch

If *ss* is used to stand for *ß* (e.g. on a typewriter without *ß*), it is treated as a single sound, like *ß*, and is not divided:

Grü-sse (*for:* Grü-ße), hei-ssen (*for:* hei-ßen)

ck becomes *k-k* when divided. The division of *ck* in names should be avoided if possible:

Zuk-ker, bak-ken;
(*only if absolutely necessary:*) Bek-ker, Zwik-kau

If *ck* occurs after a consonant in names or their derivatives, *ck* is regarded as a single consonant and is placed on the following line:

Sen-ckenberg, Fran-cke, bismar-ckisch

st is not divided:

la-sten, We-sten, sech-ste, brem-ste, Dien-stes, Aku-stik, Hy-sterie

An exception to this rule is the division of the components of a compound:

Diens-tag, Haus-tier

Vowel combinations may only be divided if they consist of two or more sounds and there is a distinct syllabic break between them:

Befrei-ung, bö-ig, europä-isch, Muse-um, kre-ie-ren

More closely associated vowels should stay together if possible:

Natio-nen, natio-nal, Flui-dum, asia-tisch, Idea-list, Sexua-lität, poe-tisch, böi-ge, europäi-sche, einei-ige

Words are not divided before the 'lengthening' letters *e* and *i:*

Wie-se
Coes-feld (*pronounced:* kọs...)

The following words may not be divided:

Feen, knien, [auf] Knien, Seen

Compound words and words with a prefix are divided in accordance with their constituent word elements:

Diens-tag, war-um, dar-auf, dar-in

The same applies to foreign words:

Atmo-sphäre, Mikro-skop, Inter-esse, Syn-onym, At-traktion, De-szen-denz, in-szenieren

Some foreign words, however, are divided according to phonetic syllables, as the constituent elements of a foreign word are not always generally known:

Epi-sode (*instead of:* Epis-ode)
ab-strakt (*instead of:* abs-trakt)

Compound geographical names are only divided in accordance with their constituent word elements if these can be identified. Otherwise, they are divided in accordance with phonetic syllables:

Main-au, Schwarz-ach
but: Norder-ney, *not:* Nordern-ey (ey = Insel).

If one of three identical consonants has been omitted at the junction of a compound word, the 'missing' consonant is reintroduced when the word is divided:

Schiff-fahrt, Brenn-nessel
but: den-noch, Mit-tag

Word divisions which obey the rules but disrupt the flow of reading should be avoided:

Spar-gelder, *not:* Spargel-der
be-inhalten, *not:* bein-halten

If foreign words, or groups of foreign words or phrases, occur in a German text, word division should be in accordance with the German rules:

a po-ste-rio-ri, Co-ming man, Swin-ging London

Practical guide to writing letters in German

A. The envelope

German conventions for addressing the envelope are different from English in several respects. Firstly, *Herrn* (accusative after a suppressed *an*), *Frau, Fräulein*, and most titles are written above the name, but *Dr.* and *Dipl.-Ing.* go with the name. Then the house number follows the name of the road or street, while the postcode *(Postleitzahl)* precedes the name of the town. On letters from outside the country the *Postleitzahl* may be preceded by D for Germany, A for Austria, and CH for Switzerland.

Herrn
Hans Bauer
Fritz-Busch-Str. 48
A-4976 Eichelbach
Austria

Fräulein
Elisabeth Maybach
Alslebenplatz 12
D-86163 Augsburg
Germany

Frau Professor
Erika Engelsbach
Niederhornweg 62
CH-8461 Trüllikon
Switzerland

Note that in typed addresses there should be a one-line space before the name of the town.
The address (especially for firms) may simply be a P.O. Box no. *(Postfach)*.

Helling Verlag
Postfach 10 08 96
D-60313 Frankfurt

Bundesministerium für das Post- und Fernmeldewesen
Postfach 80 01
D-53113 Bonn

The title *Frau* is now very widely used for all women over school age, whether they are married or not, in much the same way as Ms.

Formulierungshilfen beim Schreiben englischer Briefe

A. Der Umschlag

Im englischsprachigen Raum gelten für die Form der Anschrift die folgenden Hinweise. Der Titel des Adressaten (*Mr, Dr, Professor, Major, Rev.* usw.) steht auf derselben Zeile wie der Name. Die Hausnummer steht vor dem Straßennamen. In Großbritannien steht die Postleitzahl *(postcode)* nach der Grafschaft bzw. Stadt. Großstädte benötigen keine zusätzliche Angabe der Grafschaft; das gleiche gilt für Städte, die einer Grafschaft ihren Namen geben, z. B. York, Cambridge, Oxford. Die britische Post zieht es vor, wenn die Postleitzahl alleine auf der letzten Zeile steht. Der erste Buchstabe bzw. die ersten Buchstaben weisen auf die nächstgelegene größere Stadt hin (CV = Coventry, B = Birmingham, AB = Aberdeen usw.). Bei den Londoner Postleitzahlen aber gibt der erste Teil die alte Bezirksnummer wieder, wobei SE20 für South East 20 steht.

[Mr] James Bainbridge
bzw.
James Bainbridge Esq.
5 Avon Crescent
Kenilworth
Warwickshire
CV8 2PQ

Mrs W. Stockton
Homelea
25 Endersby Avenue
Kings Norton
Birmingham
B38 8CJ

Dr W. F. Butler
Cruck Cottage
Curry Mallet
Taunton
Somerset
TA3 6SP

Ms Laura Stevens
Flat 2
Beverley House
Abbey Road
London
SE20 7NP

Miss A. Gordon
Kirkbrae
10 Strathmore Road
Cults
Aberdeen
AB1 9TJ

Sir Alan and Lady Weston
Aberdare House
Llanyre
Llandrindod Wells
Powys
LD1 6DX

Bei Männern entfällt oft der Titel *Mr;* der Titel *Esq.*, der statt dessen nachgestellt werden kann, ist etwas altmodisch und wird meist in Geschäftsbriefen verwendet. Der Titel *Ms* kann für (meist jüngere) verheiratete und unverheiratete Frauen stehen; er wird heute *Mrs* bzw. *Miss* oft vorgezogen und entspricht ungefähr dem heutigen Gebrauch von *Frau* im deutschsprachigen Raum.
Die Bezeichnung *Esq.* kennt man in den USA nicht, alle anderen Titel werden ähnlich wie in Großbritannien verwendet. Man sieht manchmal die Bezeichnung *Jr.* (= *Junior*) hinter dem Familiennamen, wenn Vater und Sohn den gleichen Vornamen haben.

To send a letter poste restante (to await collection at a post office), mark it *postlagernd* or, for the main post office in a large town, *hauptpostlagernd*. If the addressee is staying with someone, add *bei* or *c/o* plus the host's surname:

Mr John Peacock
postlagernd
CH-4984 Eiderswyl
Switzerland

Miss Jane Summers
bei Wolf
Immermannstr. 12
D-69151 Neckargemünd
Germany

Postlagernde Sendungen werden mit *Poste restante* bezeichnet und können nur an Hauptpostämter geschickt werden:

Mr Bruce Nichol
Poste restante
Blandford
Dorset

In a letter to a firm, *Firma* can be placed before the company name, or *Herren* (= Messrs) if the name consists of two or more surnames and the firm is quite small:

Firma
Willi Müller

Herren
Fieselbach & Grünspan

For larger firms, *Firma* is not used, and the name of any department follows the name of the firm:

Haverkamp & Co.
Direktion

Müller-Versand KG
Verkaufsabteilung

E-Werke Oberroden
Kundendienst

Wilhelmshavener Abendblatt
Redaktion

Möchte man jemanden über die Adresse seiner Gastgeber oder Vermieter oder z. B. einer Zeitung erreichen, setzt man *c/o* (= *care of*) vor deren Namen:

Miss Angela Dickens
c/o Hope
12 Helvellyn Road
London
W11 2LY

When writing to a particular person within a firm, give the name prefaced by *z. H.* (*zu Händen,* 'for the attention of'). Again, this follows the name of the firm or organization:

Haverkamp & Co.
Versandabteilung
z. H. Herrn Nesseldorn

Witsch-Werke GmbH
Finanzdirektion
z. H. Frau Inge Weiß

Schreibt man an eine bestimmte Person in einer Firma oder Organisation, steht der Name des Adressaten vor dem der Firma oder Organisation:

Mrs A. J. Prestwick
Plunkett & Rose Ltd.
Westway Trading Estate
Sevenoaks
Kent
TN15 7PL

Variations on this are the abbreviations *i. H. (im Hause), i. Fa. (in Firma)*, and *c/o (care of)*. These are placed on confidential letters and precede the name of the firm; *i. H.* is for employees, *i. Fa.* for proprietors or partners, and *c/o* for anyone, including non-employees.

Fräulein
Inge Weiß
i. H. Witsch-Werke
  GmbH

Herrn
F. Nesseldorn
i. Fa. Haverkamp & Co.

In diesem letzten Fall kann man auch schreiben

Plunkett & Rose Ltd.
For the attention of od. FAO od. Attn. Mrs A. J. Prestwick,

aber diese Formulierung steht auch öfter oben auf dem Brief selbst.

Wenn man eine Firma anschreibt, deren Name aus mehreren Familiennamen oder aus einem Familiennamen und dem Zusatz *& Co.* besteht, wird oft *Messrs.* vorangestellt:

Messrs. Buckland, Forsyth, & Hardy

Messrs. Bray & Co.

1671

On personal letters, the sender's address should be given on the back of the envelope, preceded by *Absender* or *Abs.*; on business letters it is instead often found in the bottom left-hand corner of the front of the envelope.

Finally, with letters posted in German-speaking countries, the particular kind of delivery required should be written immediately above the address with a gap in between, i.e.

Einschreiben ('Registered')
Eilzustellung ('Express')
Mit Luftpost ('Air Mail')
Wenn unzustellbar, zurück [an (den) Absender]
    ('If undelivered return to sender')
Drucksache ('Printed matter')
Drucksache zu ermäßigter Gebühr
    ('Printed matter at reduced rate')
Päckchen ('Small packet')

Examples:

Einschreiben	Mit Luftpost
Herrn Rechtsanwalt	Mr James Forbes
Dr. Erwin Hassler	1420 Green Street
Finkstr. 45	Encino
04159 Leipzig	CA 91316
	USA

B. Layout

1. Informal letters

Because German speakers write their address on the back of the envelope, they usually feel no need to include it at the top of the letter as well. They just put the name of the place and the date:

                                Rastatt, 7.4.19..

Lieber Richard,

hoffentlich bist Du gut nach Hause gekommen. Wir haben uns sehr über Deinen Besuch gefreut.

Beim Aufräumen in Deinem Zimmer, das heißt Rainers Zimmer, habe ich ein Paar schwarze Turnschuhe gefunden, die wohl Dir gehören. Schreib mir, ob Du sie dringend brauchst, dann schicke ich sie Dir. Sonst kann Rainer sie im Sommer mitbringen, wenn er zu Euch fährt.
Ich hoffe, es geht Euch allen gut.

Herzliche Grüße

Uschi

Note that in letters *Du, Ihr,* and their derivatives are all written with capitals (including the possessives *Dein* and *Euer*).

Schreibt man an eine bestimmte Abteilung in einer Firma oder an den Inhaber einer bestimmten Position, dessen Namen man nicht kennt, steht die Abteilung bzw. die Bezeichnung der Position vor dem Firmennamen:

Sales Department	The Manager
Wayne Pharmaceuticals Inc.	Barclays Bank
1100 North Street	20 Eastgate
Harrisburg	York
PA 17105	YO2 4BQ

In den USA ist es üblich, nach dem Namen des Inhabers einer leitenden Position diese Position anzugeben:

John C. Wagner	Paul S. Jackson
President	Export Manager
Bix Corporation	Scanways Furniture Co.

Der Absender steht, wenn er überhaupt angegeben wird, meist auf der Rückseite des Umschlags. Angaben über die Art der Postsendung können in der linken oberen Ecke des Umschlags gemacht werden:

Registered („Einschreiben")
Express („Eilzustellung")
First [Class] *(Brit.)* *
Air Mail („Mit Luftpost")
Printed matter („Drucksache")
Small packet („Päckchen")

* Angabe nicht erforderlich; in Großbritannien werden Postsendungen, die nicht „First Class" frankiert sind, „Second Class", also langsamer, befördert.

B. Gestaltung

1. Privatbriefe

Die Adresse des Absenders steht oben rechts, darunter das Datum, meist in Ziffern, mit Angabe des Wochentags; wenn der Monatsname ausgeschrieben wird, entfällt oft die Angabe des Wochentags:

                        24 Copthall Avenue
                        West Drayton
                        Middlesex
                        UB7 2FL
                        24/9/90
            oder: (Monday) 24th September 1990

Dear Beate,

    I do hope you had a good trip back home. We all enjoyed having you here very much.
    When I was clearing up in your room (that is, Ellen's room), I found a pair of brown sandals under the bed which must be yours. Let me know if you need them badly, and I'll post them. Otherwise Ellen can bring them with her when she comes to see you in the summer.
    Hoping you are all well,

                                Love,

                                Brenda

1672

2. Business letters

There are very precise rules for the layout of business letters, laid down as a standard in DIN 5008 of the Deutsches Institut für Normung e. V. The following is a brief summary.
The whole letter is aligned on the left-hand margin without indentation except for quoted matter.
The addressee's address appears in the top left-hand corner in the same form as on the envelope. References and dates of previous correspondence follow, plus the date of the present letter, then after a one-line space the *Betreff* or heading giving the subject of the letter, and after a two-line space the greeting (see below for forms of address).
Paragraphs, quoted items, the form of greeting at the end, and any list of enclosures are all separated by a one-line space. Quotations are indented ten spaces. The list of enclosures *(Anlagen)* and/or indications for distribution come directly below the signature.
When the letter is signed by someone else in the absence of the writer, the abbreviation *i. V. (in Vertretung)* precedes the name.
If the letter goes to a second page, the page is numbered and the addressee's name and the date are repeated.

2. Geschäftsbriefe

Unter dem meist gedruckten Briefkopf stehen am linken Rand die Bezugszeichen *(Our ref. ... Your ref. ...)* und am rechten Rand das Datum. Wenn die Adresse des Absenders nicht schon im Briefkopf enthalten ist, steht sie rechts oben mit dem Datum darunter. In Großbritannien steht der Tag üblicherweise vor dem Monat (heute meist ohne *st, rd* oder *th*), in den USA nach dem Monat (stets ohne *st, rd* oder *th*). Danach folgt die Adresse des Empfängers in der gleichen Form wie auf dem Umschlag. Besondere Anmerkungen wie *Confidential, Personal, For the attention of* ... usw. folgen meist nach der Adresse.
Nach drei Leerzeilen folgt die Anrede; danach kann im britischen Gebrauch ein Komma, in den USA ein Doppelpunkt stehen. Der Betreff wird zwei Leerzeilen unter der Anrede zentriert und unterstrichen. Zwischen den einzelnen Absätzen stehen zwei Leerzeilen. Die erste Zeile des Absatzes wird manchmal noch eingerückt.
Am Ende des Briefes steht nach zwei oder drei Leerzeilen in der rechten Seitenhälfte die Grußformel mit der Unterschrift (s. C). Darunter werden Name und Position des Unterzeichnenden angegeben; falls der Brief im Auftrag unterschrieben wird, steht *p.p.* vor dem Namen.
Links unten folgen gegebenenfalls die Abkürzungen *Encl. = Enclosure[s]* (Anlage[n]) bzw. *c.c. = carbon copy [to]* (Verteiler).
Ist der Brief länger als eine Seite, schreibt man oben auf das Fortsetzungsblatt links den Empfänger, in der Mitte die Seitenzahl und rechts das Datum.

C. Beginnings and Endings

All the greetings in this section can be followed either by an exclamation mark, in which case the next line starts with a capital, or by a comma, in which case it starts with a small letter.

1. Informal – to someone you know well

Lieber Hans
Liebe Karen
Liebe Meyers *od.* Liebe Familie Meyer
Liebe Hilde, lieber Erwin

between young people:
Hallo Tom
Hallo Erika

standard ending:
Herzliche Grüße [Dein/Deine]...

more affectionate:
Viele liebe Grüße

to close friends and relations:
Alles Liebe

more informal:
Bis bald
Tschüs

C. Anrede und Grußformel

1. Informelle Privatbriefe an enge Freunde und Verwandte

Dear Charles/Mary,
Dear Ian and Bridget,

an eine Familie:
Dear All,

unter jungen Menschen:
Hi Tim!

liebevoll:
Dearest *or* My dearest [James/Helena],
[My] Darling [Joan/Michael],

ungezwungen:
Yours,
Yours ever,
With [lots of] love from
Love,

liebevoller:
With all my/our love [as always],

1673

2. **More formal – in a personal letter to someone you do not know, or do not know well**

Lieber Herr Engel
Liebe Frau Schulz
Liebe Frau Ellermann, lieber Herr Ellermann

Mit herzlichen Grüßen
Mit freundlichen Grüßen

3. **In a formal business letter**

Sehr geehrter Herr Engel
Sehr geehrte Frau Schulz

If the person has a title, omit the name:
Sehr geehrter Herr Direktor
Sehr geehrte Frau Studienrätin
Sehr geehrter Herr General

If there is a title in the address and not a name, give the same here:
Sehr geehrter Herr Bürgermeister
Sehr geehrter Herr Chefredakteur

If the letter is addressed to a firm or organization:
Sehr geehrte Damen und Herren
Sehr geehrte Herren
(The second form, which used to be standard, should only be used where it is known that only males are being addressed.)

Mit freundlichen Grüßen
more formal:
Mit freundlichen/besten Empfehlungen
very formal:
Hochachtungsvoll

2. **Formellere Privatbriefe**

Dear Mr Aitchison,
Dear Mrs Gold,
Dear Miss Wilding,
Dear Mr and Mrs Smith,
Dear Sir Roger,
Dear Lady Wicksteed,

[With best wishes/kind regards,]
Yours sincerely,/Sincerely,
Yours [very] truly, *(esp. Amer.)*
Sincerely,/Cordially yours, *(Amer.)*

3. **Geschäftsbriefe**

wenn der Name des Adressaten bekannt ist:
Dear Mr Saunders/Mrs Wilton/Miss Roberts *usw.*,

Yours sincerely *(Brit.)*
Sincerely/Very truly yours, *(Amer.)*

wenn der Name des Adressaten nicht bekannt ist:
Dear Sir,
Dear Madam,
Dear Sir *or* Madam,

Yours faithfully, *(Brit.)*
Yours very truly, *(Amer.)*

wenn eine Firma angeschrieben wird:
Dear Sirs, *(Brit.)*
Gentlemen: *(Amer.)*

Yours faithfully, *(Brit.)*
Yours very truly, *(Amer.)*

D. Some useful letters

1. Booking a hotel

Dorking, 5. Mai 19..

Hotel Bayrischer Hof
Stresemannplatz 4

D-87724 Ottobeuren/Allgäu

Sehr geehrte Damen und Herren,

auf unserer Reise durch Deutschland möchten wir drei Tage in Ottobeuren verbringen/in Ottobeuren übernachten, und zwar vom 10. bis 13. August./am 10. August. Wir benötigen zwei Doppelzimmer/ein Doppelzimmer (mit Bad/Dusche) und ein Einzelzimmer.

Bitte bestätigen Sie unsere Buchung und teilen Sie uns den Preis für Zimmer mit Frühstück/Halbpension/Vollpension mit. Falls Sie uns zur angegebenen Zeit nicht unterbringen können, wären wir für die Empfehlung eines anderen Hotels in der Nähe sehr dankbar.

Ich möchte noch erwähnen, daß sich mein Sohn ausschließlich vegetarisch ernährt. Bietet Ihr Hotel vegetarische Gerichte an?

Mit freundlichen Grüßen

Robert Paterson

D. Musterbriefe

1. Hotelbuchung

Weston Manor Hotel   Bertholdstr. 46
Weston Road   D-28755 Bremen
Bath   Germany
Avon
BA2 4LD   7 April 19..
England

Dear Sirs,

In the course of our tour of the West Country this summer we want to spend three days in Bath, from the 10th to the 13th August./spend the night of the 10th August in Bath. We will require two double rooms/one double room (with bath/shower) and a single room.

Please confirm our booking and let us know what you charge for bed and breakfast/half-board/fullboard. Should you not have, the required accommodation at this time we would be grateful if you could recommend another hotel in the vicinity.

I should also mention that our son is a vegetarian. Are you able to offer vegetarian dishes?

Yours faithfully,

Hans Knauer

2. Booking a camp-site

Oxford, 19. April 19..

Campingplatz
"Schöne Aussicht"

D-06193 Teicha

Sehr geehrte Damen und Herren,

bitte reservieren Sie uns einen Zeltplatz/einen Platz für einen Wohnwagen für den 20. August. Wir sind zwei Personen/vier Personen mit Auto.

Teilen Sie mir bitte mit, wie ich den Campingplatz von der Autobahn aus erreichen kann und ob er in unmittelbarer Nähe des Flusses/Dorfs liegt.

Für Ihre Bemühungen möchte ich mich im voraus bedanken.

Mit freundlichen Grüßen

Richard Clarke

2. Buchung eines Campingplatzes

The Manager   Am Graben 26
South Beach Campsite and   D-23623 Dunkelsdorf
Caravan Park   Germany
Sheringham
Norfolk   24 May 19..
NR26 8MY
England

Dear Sir,

I would like to book a site for a tent/for a caravan for the week of August 20th./for a week from August 20th to 26th inclusive. There are two of us/four of us plus a car.

Please let us know how to find the camp-site coming from Norwich, and whether it is right on the beach./within easy reach of the town.

Thanking you in advance for your trouble,

Yours faithfully,

Robert Schmidt

3. Cancelling a booking

Stockton-on-Tees, 6.7.19..

Frau
Therese Birkenmeyer
Gasthof "Zum Schwarzen Adler"

D-91743 Unterschwaningen

Sehr geehrte Frau Birkenmeyer,

leider muß ich die für die Woche ab 20. Juli reservierten Zimmer/das für die Zeit vom 20. bis 24. Juli reservierte Zimmer abbestellen. Durch den überraschenden Tod meines Vaters/Da mein Mann ins Krankenhaus mußte, können wir die geplante Reise nicht antreten./müssen wir auf unseren Urlaub verzichten.

Ich bedaure sehr, daß ich so kurzfristig absagen muß./ich Sie nicht früher darüber informieren/davon in Kenntnis setzen konnte.

Mit freundlichen Grüßen

Joan Mason (Mrs)

3. Abbestellung

Mrs. J. Warrington   Westhorner Str. 15
Lakeview   D-04603 Hauersdorf
Wetherby Drive   Germany
Windermere
Cumbria   6 July 19..
LA23 2BD
England

Dear Mrs Warrington,

Unfortunately I have to cancel our reservation/booking for the week of July 20th./for the period from July 20th to 24th. Owing to my father's sudden death/Since my husband has had to go into hospital, we have had to abandon our holiday plans.

I very much regret having to cancel the booking at such short notice./that I could not inform you earlier of this change of plan.

Yours sincerely,

Elke Nordrup

4. Making complaints

a) Restaurant

Invergordon, 7. Juli 19..

Gaststätte "Zum Löwen"
Hauptstr. 149

D-69117 Heidelberg

Sehr geehrte (Damen und) Herren,

vor zwei Tagen habe ich mit meiner Frau in Ihrer Gaststätte gegessen. Kurz darauf/nach ca. einer Stunde wurde meiner Frau übel. Da der herbeigerufene Arzt feststellte, daß es sich um eine Lebensmittelvergiftung handelt, rief ich sofort in Ihrem Restaurant an. Man teilte mir mit, daß Sie hierfür keine Verantwortung übernehmen.

Diese Erklärung kann ich nicht akzeptieren./Ich finde Ihren Standpunkt unvertretbar. Sollten Sie Ihre Einstellung zu meiner Beschwerde nicht ändern, sehe ich mich gezwungen, Klage gegen Sie zu erheben./die Angelegenheit meinem Rechtsanwalt zu übergeben./Ihren Fachverband über diesen Vorfall zu informieren.

Hochachtungsvoll

Raymond Morris

4. Beschwerden

a) Restaurant

The Manager   Brunnengasse 7
Four Seasons Restaurant   D-76131 Karlsruhe
27 High Street   Germany
Irvine
Ayrshire   14 April 19..
KA12 OXY
Scotland

Dear Sir,

Two days ago I had a meal in your restaurant with my husband. Shortly after/About an hour later my husband was taken ill. Since the doctor whom we consulted confirmed that it was a case of food-poisoning, I immediately telephoned your restaurant, only to be told that you could not accept any responsibility for this.

I find this attitude/your viewpoint quite unacceptable, and if you insist on adhering to it, I shall have no alternative but to/I shall be forced to take legal action./put the matter in the hands of my solicitor./inform your professional association of the matter.

Yours faithfully,

Ilse Schmidt

b) Shop

Invergordon, 23. Dezember 19..

Schäfer & Cie.
Kaiserstr. 12

D-69115 Heidelberg

Sehr geehrte (Damen und) Herren,

vor zwei Tagen habe ich in Ihrem Geschäft eine Armbanduhr gekauft. Am nächsten Morgen/über Nacht blieb die Uhr stehen. Nachdem ich es erfolglos mit einer neuen Batterie versucht hatte, rief ich sofort in Ihrem Geschäft an. Man teilte mir mit, daß Sie hierfür keine Haftung/Garantie übernehmen, weil ich die Uhr geöffnet habe.

Diese Erklärung kann ich nicht akzeptieren./Ich finde Ihren Standpunkt unvertretbar. Sollten Sie Ihre Einstellung zu meiner Beschwerde nicht ändern, sehe ich mich gezwungen, Klage gegen Sie zu erheben./die Angelegenheit meinem Rechtsanwalt zu übergeben./Ihren Fachverband über diesen Vorfall zu informieren.

Hochachtungsvoll

Raymond Morris

b) Geschäft

The Manager   Brunnengasse 7
J. Carson & Co.   D-76131 Karlsruhe
Eastwood Shopping Centre   Germany
Bournemouth
Hants   22 July 19..
BH1 3TH
England

Dear Sir,

Two days ago I bought a watch in your shop, but by the next morning it had stopped. I tried fitting a new battery, but this made no difference, so I immediately rang up your shop. I was told that you could not accept any liability/that the guarantee was invalidated because I had opened the watch.

I find this attitude/your viewpoint quite unacceptable, and if you insist on adhering to it, I shall have no alternative but to/I shall be forced to take legal action./put the matter in the hands of my solicitor./inform your trade association of the matter.

Yours faithfully,

Ilse Schmidt

5. Applying for a job

a) Exploratory letter

Rosalind Whitehead   10 Whitehaven Crescent
                                Brighton
                                Sussex
                                BN2 7DW
                                9. März 19..

Schwan-Verlag
Personalabteilung
Friedensstr. 66

D-01097 Dresden

Sehr geehrte Damen und Herren,

ich möchte mich erkundigen, ob in Ihrem Hause eine Stelle als Fremdsprachensekretärin oder in der Redaktion frei ist.

Ich beabsichtige, zwei bis drei Jahre in Deutschland zu bleiben (evtl. länger, wenn ich eine interessante Arbeitsstelle finde)./Im Juni werde ich mit meinem Mann nach Deutschland übersiedeln/wird mein Mann nach Deutschland versetzt. Mein Mann übernimmt eine Position in der Automobilbranche, und ich möchte gerne in meinem Beruf weiterarbeiten.

Wie Sie aus dem beigefügten Lebenslauf ersehen/dem beigefügten Lebenslauf entnehmen können, habe ich zweieinhalb Jahre in Deutschland als Fremdsprachensekretärin gearbeitet. Nach meiner Rückkehr nach England war ich zunächst als Sekretärin tätig; seit September 19.. arbeite ich als Verlagsassistentin. Ich bin die Betriebsamkeit eines ausgelasteten Büros und das korrekte Arbeiten unter Zeitdruck gewohnt und verstehe es, Termine einzuhalten, ohne daß die Qualität der Arbeit dabei leidet.

Falls Sie eine für mich geeignete Stelle frei haben, würde ich mich freuen, wenn Sie mir Gelegenheit zu einer persönlichen Vorstellung geben könnten. Der früheste Einstellungstermin wäre der 1. Mai./Ich könnte frühestens im Mai anfangen, da ich meine gegenwärtige Arbeit Ende April aufgebe.

Ihre Antwort erwarte ich mit Interesse.

Mit freundlichen Grüßen

Rosalind Whitehead

Anlagen

a) Anfrage wegen einer Stelle

Personnel Manager   Volkerstr. 10
Falcon Press International   D-45219 Essen
Willow House   Germany
Henry Street
London   15 March 19..
WC2E 6BY
England

Dear Sir or Madam,

I would be grateful if you could let me know whether you have any vacancies for bilingual secretaries or for editorial staff.

I intend to come to England for two or three years, possibly longer if I find an interesting job./In June I am moving to England with my husband who is taking on an important position in the motor industry, and I want to continue my own career in publishing.

As you can see from the enclosed CV I have already worked in England for two and a half years as a bilingual secretary. After returning to Germany I first continued working as a bilingual secretary, and then in September 19.. became an editorial assistant. I am used to the often hectic conditions of a busy office, maintaining accuracy while working under pressure, and keeping to deadlines without allowing quality to suffer.

Should you have a suitable vacancy, I would be glad of the opportunity to present myself for interview. The earliest I could start/make myself available would be 1 May./I could not start before May because I am giving up my present job at the end of April.

I look forward to hearing from you.

Yours faithfully,

Ulrike Schwarz

Encl.

b) Curriculum vitae

Rosalind Whitehead

Lebenslauf

Persönliche Daten

Geboren:	10. Mai 19.. in Derby
Familienstand:	verheiratet (mit Raymond Whitehead, Journalist)
(Eltern:	John Redmond, Arzt
	Janet Redmond, Lehrerin)

Schulbildung

19.. - 19..	Grundschule in Derby
19.. - 19..	Kegworth Grammar School for Girls (Mädchengymnasium)

Studium

19.. - 19..	University of Sussex: Deutsch, Französisch
19.. - 19..	City of London Polytechnic: Kurs für Übersetzer (Deutsch, Französisch, Italienisch)

Prüfungen

Juni 19..	O-Levels/GCSE in 9 Fächern
Juni 19..	A-Levels in Englisch (B), Französisch (B) und Deutsch (A) A/AS
Juni 19..	BA (Upper Second), Deutsch und Französisch
Juni 19..	Diplom für Übersetzer: Deutsch, Französisch und Italienisch

Berufspraxis

1.9.19.. - 31.3.19..	Fremdsprachensekretärin, Gruber Import und Export GmbH, Sindelfingen
1.5.19.. - heute	zunächst Sekretärin, später Verlagsassistentin, Cornhill Press, Avebury Road, Brighton

Sprachen

Englisch (Muttersprache), Deutsch (fließend in Wort und Schrift), Französisch (sehr gut), Italienisch (gut)

Sonstige Fähigkeiten

Textverarbeitung, Stenografie (Englisch und Deutsch), Führerschein

Brighton, 6.3.19..

b) Lebenslauf

CURRICULUM VITAE

Personal Details

Name:	Ulrike Schwarz
Address:	Volkerstr. 10, D-45219 Essen
Telephone:	0201 - 62 44 88
Date of birth:	4 December 19..
Marital Status:	Married

Career History

Education

19..-19..	Primary school in Recklinghausen
19..-19..	Humboldt-Gymnasium, Essen
19..	Abitur (approx. A Level) in 4 subjects (English, French, Physics, History)
19..-19..	University of Münster
19..	Staatsexamen (approx. B.A.) in English and French
April-July 19..	Volkshochschule Essen: courses in typing, word processing, shorthand in German and English

Employment

Sept. 19.. to date	Editorial assistant, Wanner-Verlag Deutzer Str. 90, D-45143 Essen (cookery and home economics books)
Mar. 19..- Sept. 19..	Bilingual secretary to Foreign Rights Manager, Wanner-Verlag
Oct. 19..- Mar. 19..	Bilingual secretary, Wisehart & Goldschmidt, International Jewellery Dealers, Hatton Garden, London
19..-19..	Various holiday jobs, one with a travel agent, another as an au pair in Scotland

Further skills and interests

Languages:	German (mother tongue), English (fluent spoken and written), French (very good)

Clean full driving licence
Cookery, interior decoration

Referees

Professional:
Dr. Manfred Hartmann
Wanner-Verlag
Deutzer Str. 90
D-45143 Essen

Mr Bernard Goldschmidt
Wisehart and Goldschmidt
45 Hatton Garden
London
EC1 2DW

Personal:
Walter Eberling
Unterbergstr. 45
D-45307 Essen

Mrs A. Waters
10 Wesley Avenue
Barnes
London
SW13 8BJ

c) Reply to an advertisment

Cambridge, 6.9.19..

Hanslick & Wagner KG
z. H. Herrn Fritz Müller
Industrieweg 6

D-38304 Wolfenbüttel

Sehr geehrter Herr Müller,

ich möchte mich um die in der 'Frankfurter Allgemeinen Zeitung' vom 4.9. ausgeschriebene Stelle als Systemanalytiker bewerben.

Ich arbeite zur Zeit als Systemanalytiker/Ich arbeite zur Zeit in einer ähnlichen Funktion in einer amerikanischen Computerfirma, die eine Zweigniederlassung hier in Cambridge hat. Die Arbeit hat mir von Anfang an zugesagt/Die Arbeit ist interessant und vielseitig, aber das Projekt, an dem ich arbeite, wird in zwei Monaten fertiggestellt sein/die Zweigniederlassung wird aufgelöst, und ich suche eine ähnliche Stelle, am liebsten in Deutschland. Meine Mutter ist deutscher Abstammung, daher spreche ich fließend deutsch./Ich verfüge über gute Deutschkenntnisse, da meine Mutter deutscher Abstammung ist und ich schon oft in Deutschland war.

c) Bewerbung auf eine Stellenanzeige

Ms Barbara Sanderson
Personnel Department
Anglia Computer Systems Ltd.
Woolstone Business Park
Milton Keynes
MK15 OBW
England

Raimundweg 24
D-80939 München
Germany

17 February 19..

Dear Ms Sanderson,

With reference to the advertisement in yesterday's Guardian/in the Guardian of 16 February, I would like to apply for the post of Systems Analyst.

I am working at the moment as a systems analyst/in a similar position for an American computer firm which has a branch office here in Munich. I have always enjoyed the work/found the work interesting and varied, but the project I am working on comes to an end in two months/the branch office here is being closed, so I am looking for a similar post, preferably in England. My mother is English (by birth) so I speak fluent English./I have a good command of English because my mother is English and I have spent a considerable amount of time in England.

1677

Der als Anlage beigefügte Lebenslauf (und die Zeugnisabschriften) gibt (geben) Auskunft über meinen beruflichen Werdegang. Für weitere Auskünfte stehe ich Ihnen gerne zur Verfügung.

Der früheste Eintrittstermin wäre der 2. Januar, aber ich könnte jederzeit zu einer persönlichen Vorstellung nach Wolfenbüttel kommen. Ihre Antwort erwarte ich mit Interesse./Ihrer Antwort sehe ich mit Interesse entgegen.

Mit freundlichen Grüßen

Alan Davies

Anlagen
Lebenslauf
2 Zeugnisabschriften

The enclosed CV gives details of my career to date. I shall be happy to provide any further information that may be required.

The earliest date on which I could start work would be 2 April but I could come to Milton Keynes for an interview/make myself available for an interview at any time.

I look forward to hearing from you.

Yours sincerely,

Franz Enkenmeyer

6. Asking for a reference

Sehr geehrter Herr Frank,

ich habe mich bei der Firma Schwabe & Co. als Übersetzer beworben und möchte Sie bitten, mir bei Bedarf eine Referenz auszustellen./möchte Ihren Namen als Referenz angeben.

Mit freundlichen Grüßen

William Grant

6. Bitte um Referenz

Dear Mr Wiseman,

I have applied for a position as a translator with the North Sea Oil Corporation and would be very grateful if you could supply them with a reference should this be required./I would like to give your name as a referee.

Yours sincerely,

Karen Pichler

7. Giving a reference

Sehr geehrte Damen und Herren,

mit Ihrem Brief/Schreiben vom 27.8. baten Sie um Auskunft über Herrn William Grant.

Ich kenne Herrn Grant seit fünf Jahren./Herr Grant ist seit fünf Jahren/war fünf Jahre bei uns als Übersetzer tätig. Er ist ein Mann von einwandfreiem Charakter und sehr zuverlässig. Seine Arbeit erledigt er gewissenhaft und termingerecht. Herr Grant wird von seinen Kollegen geschätzt und ist wegen seiner freundlichen und ungezwungenen Art/trotz seines stillen und etwas zurückhaltenden Wesens allgemein beliebt.

Meiner Ansicht nach ist er für die bei Ihnen zu besetzende Stelle (gut) geeignet.

Mit freundlichen Grüßen

Gustav Frank

7. Ausstellung einer Referenz

Dear Mrs Selhurst,

In your letter of 27 August you ask me for my opinion of Karen Pichler's suitability for the post you are offering.

I have known Ms Pichler for five years./Ms Pichler has been working here/worked here for five years as a translator. She is a thoroughly honest and dependable person who works conscientiously and keeps to deadlines. She enjoys the respect of her colleagues and is well liked for her friendly and easy-going manner./ in spite of her quiet and rather retiring nature.

In my opinion she is well suited for the post of translator./for the position mentioned.

Yours sincerely,

David Wiseman

E. Useful phrases according to function

1. Saying thank you

For a letter

personal letter: Vielen od. Herzlichen Dank für Deinen Brief / für Deine freundlichen Zeilen.
fairly formal letter: Ich bedanke mich für Ihren Brief.
formal business letter: Wir bestätigen dankend den Eingang od. Empfang Ihres Schreibens [vom 5. 9. 89].

E. Formulierungshilfen für verschiedene Situationen

1. Dank

Für einen Brief

persönlicher Brief: Many thanks / Thanks for your letter.
Thank you for your letter.
Geschäftsbrief: We thank you for your letter of 6 September 1989.
formeller Geschäftsbrief: We acknowledge with thanks your letter of the 6. 9. 1989.

For an invitation

Herzlichen Dank für die Einladung [zum Abendessen / zu Deiner Party]. Ich werde bestimmt kommen und freue mich schon sehr darauf. / Leider kann ich nicht kommen, weil ...

Ich bedanke mich für Ihre freundliche Einladung [zum Abendessen / zum Empfang / zur Hochzeit Ihrer Tochter], die ich gerne annehme / die ich leider nicht annehmen kann[, da ich schon anderweitig verpflichtet bin] *(formell)*.

Für eine Einladung

Many thanks for the invitation [to dinner / to your party]. I'd love to come and I'm really looking forward to it. / Unfortunately I can't come because ... *(coll.)*

Richard Edwards has [great] pleasure in accepting / [greatly] regrets he is unable to accept Susan Stewart's kind invitation to dinner / the kind invitation of the Cultural Attaché to a reception / Mr and Mrs David Banks' kind invitation to the wedding of their daughter *(formal)*.
oder:
Richard Edwards thanks ... for his/her/their kind invitation to ..., which he has pleasure in accepting / which he regrets he is unable to accept [due to a previous engagement] *(formal)*.

For a gift

Vielen / Herzlichen / Tausend Dank für das reizende Geschenk / für die schönen Blumen. Das war doch wirklich nicht nötig. / Es war sehr lieb / sehr nett von Dir. Du hast meinen Geschmack genau getroffen. / Es ist genau das, was ich wollte.

Für ein Geschenk

Thank you very much / *(coll.)* Many thanks / Thank you [ever *(coll.)*] so much for the delightful present / for the lovely flowers.
You really shouldn't have [bothered] *(coll.)*. / It was really sweet / kind of you. It's just what I wanted.

For help / donations

Ich bin Ihnen sehr dankbar für die viele Mühe, die Sie sich [meinetwegen] gemacht haben / daß Sie sich [meinetwegen] soviel Mühe gemacht haben.

Ich kann Dir gar nicht sagen, wie dankbar Erich und ich Dir sind, daß Du uns so hilfreich zur Seite gestanden hast.

Haben Sie herzlichsten Dank für Ihre wertvolle Hilfe. / Ich möchte Ihnen unseren herzlichsten Dank für Ihre wertvolle Hilfe aussprechen.

Ich möchte Ihnen im Namen der Abteilung / meiner Kollegen unseren aufrichtigen Dank für Ihre großzügige Spende ausdrücken *(formell)*.

Für Hilfeleistungen / Spenden

I am most grateful for / I greatly appreciate all the trouble you have taken [on my behalf].

Jim and I cannot thank you enough for helping us out.

Please accept / May I offer you our warmest thanks for your valuable assistance *(formal)*.

I would like to offer you on behalf of the department / my colleagues our most sincere *or* grateful thanks for your generous donation *(formal)*.

2. Greetings

On a postcard

Schöne / Viele / Herzliche Grüße aus Freiburg / Spanien
Es grüßen recht herzlich Stephan und Inge

For a birthday

Herzliche Grüße / Herzlichen Glückwunsch / Alles Gute zum Geburtstag

For Christmas [and the New Year]

Frohe *od.* Fröhliche Weihnachten / Ein gesegnetes *od.* frohes Weihnachtsfest [und viel Glück im neuen Jahr / und die besten Wünsche zum neuen Jahr / und einen guten Rutsch ins neue Jahr]

2. Grüße

Auf einer Postkarte

Greetings / Best wishes from the Outer Hebrides
Wish you were here!
All best wishes [from] Helen and Norman

Zum Geburtstag

Many happy returns [of the day]
Happy Birthday
All good *or* best wishes for your birthday

Zu Weihnachten [und zum neuen Jahr]

[Best wishes for] a Merry *or* Happy Christmas and a Prosperous New Year
Christmas Greetings

For Easter

Frohe *od.* Fröhliche Ostern / Ein frohes Osterfest

For a wedding

Dem glücklichen Paar viel Freude am Hochzeitstag [und viel Glück im künftigen gemeinsamen Leben]

For an exam

Viel Erfolg bei der bevorstehenden Prüfung
Alles Gute zum Abitur

For a house move

Viel Glück im neuen Heim

For an illness

Gute Besserung!

Zu Ostern

[Best wishes for a] Happy Easter

Zu einer Hochzeit

Every good wish to the happy couple / to the bride and bridegroom on their wedding day [and in the years to come]

Zu einer Prüfung

Every success in your [forthcoming] exams.
All good wishes for your A-levels / GCSEs

Zum Umzug

Every happiness in your new home

Bei einem Krankheitsfall

Get well soon!
All best wishes for a speedy recovery

3. Congratulations

Herzlichen Glückwunsch / Herzliche Glückwünsche / Ich gratuliere / Wir gratulieren [herzlichst] zum neuen Baby / zur bestandenen Prüfung / zum neuen Job / zur Beförderung / zur Verlobung.

Ich habe mich sehr über Deinen Erfolg bei der Prüfung gefreut. Das hast Du gut gemacht!

Ich habe / Wir haben mit großer Freude von Deiner / Eurer bevorstehenden Vermählung gehört. Herzlichen Glückwunsch und alles Gute für die Zukunft!

3. Gratulation

Congratulations / Many congratulations / I/We congratulate you [most sincerely] on the [arrival of the] new baby / on passing the exam / on the new job / on your promotion / on your engagement.

I was delighted to hear of your success in the exam. Well done!

I/We have just heard the wonderful news of your forthcoming marriage and offer you my/our sincerest *or* heartiest congratulations and best wishes for your future happiness.

4. Apologizing, expressing regret

Es tut mir aufrichtig leid / Ich bedaure sehr, daß ich Ihnen soviel Kummer bereitet habe.

Ich muß mich bei Ihnen entschuldigen, daß ich Sie fälschlicherweise beschuldigt habe.

Ich nehme alles zurück und bitte vielmals / tausendmal um Entschuldigung.

Nimm es mir nicht übel, daß ich nicht früher geschrieben habe. / Es tut mir leid, daß Du so lange auf ein Lebenszeichen von mir warten mußtest.

Ich muß mich für die so späte Beantwortung Ihres Briefes entschuldigen / muß mich entschuldigen, daß diese Geburtstagswünsche so verspätet eintreffen.

Ich bitte [vielmals] um Entschuldigung / muß Sie für meinen Fehler um Verzeihung bitten.

Bitte entschuldigen Sie mein Versehen.

Verzeih! Es war alles nur ein dummes Mißverständnis.

4. Entschuldigung, Bedauern

I am really *or* genuinely sorry / I greatly *or* very much regret that I have caused you so much trouble.

I owe you an apology / Please accept my humble apology for the wrongful accusation.

I take back all that I said and apologize unreservedly.

Sorry not to have written earlier. / *(joc.)* I'm sorry you've had to wait such a long time for any sign of life.

I must apologize for the delay in replying to your letter / for being so late with these birthday wishes.

I beg you to / I must ask you to forgive / excuse my mistake *(formal)*.

Please excuse my oversight.

Sorry! It was all a stupid misunderstanding.

Zu unserem Bedauern müssen wir Ihnen mitteilen, daß wir diesen Artikel nicht mehr führen *(formell)*.

Leider können wir diesen Posten nicht einzeln liefern.

We regret to have to inform you / To our regret we must inform you that we no longer stock this item *(formal)*.

Unfortunately we cannot supply this part separately.

5. Cancelling a visit

Leider wird aus meinem geplanten Besuch zu Weihnachten nichts werden. / Leider kann ich Deine / Eure Einladung nicht annehmen, da etwas dazwischengekommen ist. Meine Mutter ist schwer krank. / Ich habe mir das Bein gebrochen. / Ich muß wegen dringender Geschäfte verreisen. Kannst Du mich auch bei Deiner Schwester entschuldigen? Es tut mir sehr leid / Ich finde es wirklich schade, daß wir uns nicht sehen werden.

5. Absagen

Unfortunately / *(coll.)* I'm afraid I can't come to see you as arranged at Christmas / we can't accept your invitation for the 9th owing to unforeseen circumstances. My mother is seriously ill. / I have broken my leg. / I have to go away on urgent business. Please tell your sister from me how sorry I am / *(formal)* convey my apologies to your sister. It is a great disappointment to me. / I shall really miss seeing you.

6. Expressing sympathy

Du Arme / Armer! Es tut mir wirklich leid, daß Du diese Operation vor Dir hast.

Inge erzählte mir von Deinem Unfall. Du tust mir wirklich leid. / Du hast mein volles Mitgefühl, daß Du so etwas durchmachen mußtest. / Ich kann es Dir nachfühlen, was Du durchgemacht hast, und hoffe, daß es Dir bald wieder besser geht.

6. Teilnahme

You poor thing! I am sorry to hear that you have to have this operation *(coll.)*.

Francis told me of your accident. I feel really sorry for you / I feel for you / I sympathize with you having to go through such an experience, and I hope you will soon be on the mend.

7. Condolences

Zutiefst erschüttert lasen / hörten wir vom Tode Ihres / Deines Mannes.

Ich möchte Ihnen unser aufrichtiges Beileid zu Ihrem schweren Verlust ausdrücken. / Bitte nehmen Sie mein tiefempfundenes Mitgefühl zu diesem schweren Verlust entgegen. / Ich möchte Ihnen meine herzliche Anteilnahme zu diesem schweren Verlust aussprechen. / Wir möchten Dir unsere tiefe Anteilnahme *od.* unser aufrichtiges Beileid ausdrücken.

Wir sind alle in Gedanken bei Dir. Laß es uns bitte wissen, wenn wir Dir irgendwie behilflich sein können.

7. Kondolenz

I was/We were deeply saddened / It was a great shock to read/hear of the death of your husband.

I would like to assure you of our deepest sympathy in your tragic loss *(formal)*. / You have all my/our sympathy in this great loss. / I/We would like to say how sorry I am/we are. / I/We would like to express my/our sincere condolences *(formal)*.

I am/We are all thinking of you at this time / You are very much in my/our thoughts. Please let me know if there is anything I/we can do.

8. Invitations

Möchtest Du und Georg / Möchtet Ihr beide am 14. zu uns zum Abendessen kommen? Wir haben unsere neuen Nachbarn eingeladen, und ich dachte, Ihr würdet sie auch gerne kennenlernen.

Es würde uns sehr freuen, wenn Sie und Ihre Frau am 14. um 20 Uhr zu uns zum Abendessen kommen könnten. Außer Ihnen haben wir unsere neuen Nachbarn, Herrn und Frau Meyer, eingeladen.

8. Einladungen

I wonder if you and Betty could make it / Would you and Betty be free for dinner on the 14th? We are having our new neighbours, the Wilsons, round, and I'm sure you'd like to meet them *(coll.)*.

We would be very pleased if you and your wife could come to dinner/join us for dinner on the evening of the 14th. We have also invited our new neighbours, Bill and Angela Wilson.

Invitations to a party are usually by word of mouth; there is no set form for written invitations.

Invitations to a wedding are usually only to the reception, and are preceded or accompanied by a wedding announcement, which occasionally is an invitation as well:

Irene Brinkmann　　　　　　　　　　Stefan Hopf

Wir heiraten am Samstag, dem 20. April 19.., um 14 Uhr in der Pfarrkirche Landsberg.
[Zu dieser Feier laden wir Euch herzlich ein.]

Goethestraße 12　　　　　　　　　　Ulrichsweg 4
Landsberg　　　　　　　　　　　　　Altötting

more formal style:
Dr. Heinrich und Frau Gertrud Brinkmann geben die bevorstehende Vermählung ihrer Tochter Irene mit Stefan Hopf bekannt.

Die Trauung findet am Samstag, dem 20. April 19.., um 14 Uhr in der Pfarrkirche Landsberg statt.

Es wäre wirklich sehr schön, wenn Du im September mit uns nach Italien kommen könntest. / Wir planen für den September eine Italienreise und dachten uns, Du möchtest vielleicht mit uns kommen.

Wäre es vielleicht möglich, daß Du zu Ostern zu uns kommst? Hans besucht zu der Zeit einen Kurs, Du könntest also in seinem Zimmer schlafen.

Please come to Jennifer's 40th birthday party from 8 o'clock on 23rd September at 12 Parkhurst Gardens, SW4.
Buffet and disco　　　　　　　　RSVP 081-323 1279

formell, auf einer Karte:
　　　　　　　David Bruce
　　　　　　　at Home
　　Sunday December 5th at 12.00 noon

RSVP　　　　　　　　　　　　　Wine and cheese

Bei einer Hochzeit wird gewöhnlich zur Trauungszeremonie und zu einem anschließenden Empfang eingeladen. Freunde können auch eine „Evening Invitation" erhalten, die sich nur auf eine Party nach dem Empfang bezieht.

formell, in gedruckter Form:
Mr and Mrs James Merriweather request the pleasure of your company at the wedding of their daughter Jane to Timothy Wade at St. Swithin's Church, Compton Abbas, on Saturday June 25th 19.. at 3 p.m. [and afterwards at the Golden Cross Hotel]
RSVP

It would be wonderful if you could come with us / join us on our trip to Scotland in September. / We are going to Scotland in September and wonder if you would be interested in coming along.

Is there any chance that you could come and stay with us at Easter? Edward will be away on a course so you could have his room.

9. Requests

Könntest Du mich bitte am Donnerstag anrufen? / *(formeller:)* Wäre es Ihnen möglich, mich Donnerstag anzurufen?

Ich wäre Ihnen für die Zusendung eines Musters dankbar.

Ich wäre Ihnen dankbar, wenn Sie mir in dieser Situation behilflich sein könnten.

Ich möchte Sie bitten, das schriftlich zu bestätigen.

Wäre es Ihnen vielleicht möglich, den Empfang für uns zu organisieren?

Wir bitten um postwendende Bezahlung *od.* Begleichung der Rechnung.

Requesting information

Könnten Sie mir bitte die Preise Ihrer Elektroherde mitteilen / Auskunft über Ihre Elektroherde geben?

Ich möchte nicht neugierig sein, aber ich würde gern wissen, wo Sie dieses Kleid gekauft haben.

9. Bitten

Please could you give me a ring on Thursday / Would you be so good *or* kind as to telephone me on Thursday?

I would be grateful if you could send me a sample.

I would be grateful for *or* would appreciate your help in this matter.

Would you please confirm this in writing? / Would you mind confirming this in writing?

Could you possibly / Would it be possible for you to organize the reception for us?

I must ask you to let us have / *(höfliche Forderung:)* Kindly let us have your payment by return of post.

Um Auskunft

Please could you tell me / let me know the prices / send me details of your range of electric cookers.

I don't wish to seem inquisitive, but I'd love to know where you bought that dress.

Ich wäre Ihnen dankbar, wenn Sie mir mitteilen könnten, wo ich Ersatzteile bekommen kann.

Bitte teilen Sie uns unbedingt Ihre neue Anschrift mit *(formell)*. / Vergiß nicht, uns Deine neue Adresse zu schreiben.

I would be very grateful for any information you can give me on the availability of spare parts.

Do not forget to inform us of *(formal)* / let us know your new address.

Requesting clarification

Wir bitten um eine Erklärung für Ihre Abreise. / Könnten Sie uns bitte den Grund Ihrer Abreise angeben? / Bitte erklären Sie uns, warum Sie [überraschend] abgereist sind.

Ich wäre Ihnen dankbar, wenn Sie mir den zweiten Absatz Ihres Briefes genauer erklärten.

Bitte teilen Sie uns mit, warum Sie die Waren nicht mehr annehmen wollen.

Um Klarstellung/Erklärung

Please could you give the reason for your departure / explain the reason for your departure *or* why you have left.

I would be grateful if you could clarify the second paragraph in your letter.

May I ask you why you no longer want the goods?

10. Explaining

Bitte berücksichtigen Sie, daß ich keine Gelegenheit hatte, die Rede vorzubereiten.

Er hat wegen fehlender Aufstiegsmöglichkeiten gekündigt. / Er hat gekündigt, weil es für ihn keine Aufstiegsmöglichkeiten gab.

Aufgrund seiner Einstellung mir gegenüber werde ich ihn in Zukunft nicht mehr beschäftigen.

Die verspätete Lieferung ergab sich aus Gründen, auf die wir keinen Einfluß hatten.

10. Erklärung, Begründung

You must understand / You will appreciate that I have had no time to prepare a speech.

The reason why he left *(coll.)* / The reason for his departure was the lack of prospects. / He left because of *or* on account of the lack of prospects / because there were no prospects of promotion.

In view of *or* In the light of *or* Given his uncooperative attitude I am not giving him any more work.

The delay in delivery is due to circumstances beyond our control.

11. Advice, suggestions

Ich finde, Du solltest es [lieber] Deinem Vater überlassen.

[Wenn ich Dir einen Rat geben darf –] frag doch Herrn Klee.

Ich schlage vor, wir fahren mit dem Zug. / Darf ich vorschlagen, mit dem Zug zu fahren?

Ich würde Dir raten, nicht hinzugehen.

Ich würde vorschlagen, sie alle auf einmal einzuladen. / Wenn Du mich fragst – ich würde sie alle auf einmal einladen.

An Deiner Stelle würde ich das Geld annehmen.

Wenn ich die Möglichkeit hätte, würde ich nicht zögern.

Vor allen Dingen nimm Dir warme Kleidung mit. / Nimm Dir auf alle Fälle warme Kleidung mit.

Geben Sie ihm das Geld unter keinen Umständen.

Sieh zu *od.* Achte darauf, daß Du genug zu Essen im Haus hast.

Ich würde Ihnen raten / Es wäre [vielleicht] ratsam *od.* gut, es Ihrer Frau zu sagen.

11. Ratschläge, Vorschläge

I think you should *or* ought to let your father do it.

[If I may make a suggestion –] why don't you ask Mrs Potterton?

I suggest we take the train. / Might I suggest we take the train?

My advice would be / I would advise you not to go.

My idea would be to invite them all at once. / If you ask me *or* ask my opinion *or* want my advice, I would invite them all at once.

If I were you I would just take the money.

[If I were] given the chance, I wouldn't hesitate.

Be sure to take / Whatever you do, take thick clothes with you.

Under no circumstances let him have the money.

Make sure you have enough food in the house.

It might be / would be a good idea/wise/advisable/ as well to tell your wife about it.

Es ist immer gut, ein paar Sicherungen in Reserve zu haben.	It is always a good idea / wise / advisable / as well to have spare fuses handy.
Es ist oft von Vorteil / Es hat seine Vorteile / Vieles spricht dafür, die Sache selbst zu erledigen.	There is something / a lot to be said for doing the job oneself.
Du solltest Dir mal überlegen, ob Du Dein Kind nicht zu Hause bekommen möchtest.	You should consider [the possibility of] having the baby at home.
Und wenn ich Dir das Geld leihen würde?	What if *or* Suppose I were to lend you the money?
Vielleicht hättest Du Lust, Deinen Onkel zu besuchen / *(ugs.)* Wie wär's mit einem Besuch bei Deinem Onkel, während Du hier bist?	You might like / care to visit your uncle. / *(coll.)* How about going to see your uncle while you are here?

12. Instructions, need, compulsion

12. Anweisung, Bedürfnis, Zwang

Die Stange mit beiden Händen anfassen und fest drücken.	[You should] place both hands on the bar und push hard.
Das Papier wird wie folgt in die Maschine eingeführt / ist wie folgt in die Maschine einzuführen.	The paper is inserted in the machine as follows: ...
Sehen Sie bitte zu, daß Sie bis 7 Uhr hier sind.	Please *or* Kindly ensure that / see to it that you are here by 7 a.m.
Sie müssen / sollen sich bei Ankunft beim diensthabenden Feldwebel melden. / Sie melden sich bei Ankunft beim diensthabenden Feldwebel.	You must / You are to / You will report to the duty sergeant on arrival.
Du hast zu tun, was ich sage, da gibt's nichts!	You have [got] to do as I say, there are no two ways about it.
Für den Posten müssen Sie eine Lehrerausbildung haben / ist eine Lehrerausbildung Voraussetzung.	You have to have *or* You need a teaching qualification in order to be considered / A teaching qualification is a requirement for this post.
Es ist [absolut] notwendig / unbedingt angeraten / Pflicht *od.* Vorschrift, Schutzkleidung zu tragen.	It is essential / necessary / indispensable / obligatory *or* compulsory to wear protective clothing.
Alle sind verpflichtet, die Erklärung zu unterschreiben.	Everyone is obliged / required to sign this declaration.
Er wurde von den Einbrechern gezwungen, den Safe zu öffnen.	He was forced by the thieves to open the safe.
Muß ich wirklich jetzt kommen? / Ich muß doch nicht etwa jetzt kommen?	Do I really / Surely I don't have to come now?
Sie dürfen keinesfalls Alkohol zu sich nehmen, nachdem Sie diese Pillen genommen haben.	Under no circumstances *or* On no account must you drink alcohol after taking these pills.

13. Approval / disapproval

13. Billigung / Mißbilligung

Ich mag das / mag das nicht *od.* Es gefällt mir / gefällt mir nicht, wie er mich ansieht.	I like / don't like *or* object to the way he looks at me.
Ich liebe / hasse diese Musik *od.* kann diese Musik nicht ausstehen.	I love / hate *or (coll.)* can't stand this music.
Das ist genau das, was ich will. / Genau das will ich nicht.	This is just what I want / what I don't want.
Ich bin von Jazz begeistert *od.* bin ein [begeisterter] Jazzfan. / Ich habe für Jazz nichts übrig.	I am keen on jazz *or* a jazz enthusiast *or* a jazz fan. / I dislike jazz.
Ich stimme diesem Programm völlig / keineswegs zu *od.* bin mit diesem Programm völlig / gar nicht einverstanden.	I approve of *or* endorse *or* am in favour of this policy. / I disapprove of *or* am against *or* opposed to this policy.

Sie unterstützt od. befürwortet diesen Plan / ist gegen diesen Plan.	She supports or backs this plan. / She opposes this plan.
Er ist ein Befürworter / Gegner von Tierversuchen od. ist für / gegen Tierversuche.	He is a supporter / opponent of animal experiments.
Ich bewundere ihn od. schätze ihn sehr od. habe eine hohe Meinung von ihm / schätze ihn wenig od. habe eine schlechte Meinung von ihm.	I admire or have a high regard for or a high opinion of him. / I have little regard for or a low opinion of him.
Sie stehen Ihrer Bewerbung wohlwollend / ablehnend gegenüber.	They view your application favourably / unfavourably or take a favourable / unfavourable view of your application.

14. Permitting / forbidding — 14. Erlaubnis / Verbot

Du darfst es ihm sagen / darfst es ihm nicht sagen.	You may tell him [if you wish] / may not or must not tell him.
Es ist uns erlaubt / nicht erlaubt, die Gefangenen zu besuchen.	We are allowed or permitted / not allowed or permitted to visit the prisoners.
Rauchen ist hier gestattet / verboten od. nicht gestattet.	Smoking is allowed or permitted / forbidden or prohibited in here.
Ich habe nichts dagegen, wenn Sie sich den Tag freinehmen wollen. / Ich muß Ihnen verbieten, weiteren Urlaub zu nehmen. / Ich bin nicht damit einverstanden, daß Sie weiteren Urlaub nehmen.	I have no objection to or nothing against your taking the day off. / I [expressly] forbid you to take / I cannot agree to your taking any more time off work.

15. Desires, intentions — 15. Wünsche, Absichten

Was willst Du werden, wenn Du groß bist?	What do you want to be when you grow up?
Ich möchte gern Pilot werden, aber das geht aus gesundheitlichen Gründen nicht.	I would like to be a pilot, but my health is not good enough.
Ich will / möchte gern nach Italien fahren.	I want to go / I would like to go to Italy.
Mich zieht es an den Nil. / Mein großer Wunsch ist es, eine Reise auf dem Nil zu machen.	I have a great desire / longing to take a trip on the Nile.
Du kannst gehen, wenn Du willst.	You can go if you wish or want.
Sie hat es sich in den Kopf gesetzt / Ihr größter Wunsch ist, Archäologie zu studieren.	She has set her heart on studying or wants above all else to study archaeology.
Ich habe es mir zum Ziel gesetzt, ihn unter allen Umständen zu einem Geständnis zu bewegen.	I mean or intend or propose to make him confess, come what may.
Bitte teilen Sie mir mit, was Sie vorhaben / teilen Sie mir Ihre Pläne mit.	Please let me know your intentions / what your plans are or what you have in mind.
Glaubst Du, sie hat ihn wirklich bewußt ermuntert? – Ja, sie wollte ihn eindeutig [dazu] anstiften.	Do you think she really intended or meant to encourage him? – Yes, she had every intention of leading him on.
Mein Ziel ist es / Es ist meine Absicht / Ich habe vor, die beiden Firmen zu fusionieren.	My intention or What I have in mind is to / I am planning to merge the two companies.
Sein Ziel ist es / Er plant, hier eine Fabrik zu bauen.	His aim or object is to build a factory here.
Mir kommt es allein darauf an, daß es die Arbeiter besser haben.	My sole aim or purpose is to better the workers' lot.
Ich habe keineswegs vor / die Absicht, Sie zu entlassen.	I have no intention of dismissing you.

1685

16. Opinions

Ich halte sie für / Meiner Meinung nach ist sie / Ich finde, sie ist die größte Blues-Sängerin.

Meiner Ansicht *od.* Meinung nach / So wie ich es sehe, sind neue Gesetze keine Lösung.

Ich finde / Ich habe den Eindruck, daß junge Leute heute allgemein höflicher sind.

Ich habe das Gefühl, man will uns den Vertrag aufzwingen.

Meine Meinung ist / Ich bin der Meinung, daß Frauen noch immer benachteiligt sind.

Wie ich über die Sache denke, ist Dir offensichtlich nicht wichtig.

Mit seiner Reaktion auf den Vorschlag hatte niemand gerechnet.

Wie er es sieht, liegt die Zukunft der Firma in der Lebensmittelherstellung.

Was ist Ihre Meinung dazu? / Wie sehen Sie die Sache?

Ich teile Ihre Meinung *od.* Ansicht. / Ich bin ganz Ihrer Meinung.

Wir sind uns völlig / teilweise / im großen und ganzen einig. / Wir sind einer Meinung.

Das Ergebnis seiner Ermittlungen stimmt nicht mit Ihren Aussagen überein / untermauert Ihre Aussagen nicht.

Ich bin völlig anderer Meinung / kann Ihrer Meinung nicht zustimmen *od.* beipflichten / kann Ihre Ansicht nicht teilen.

Einigen wir uns [doch] darauf, daß wir in diesem Punkt verschiedener Meinung sind!

17. Right / wrong

Ich sehe es jetzt ein, Du hattest recht und ich unrecht.

Sie haben diese Behauptung mit Recht angezweifelt – sie stimmt tatsächlich nicht.

Es war nicht richtig, daß sie ihn entlassen haben. / Sie hätten ihn nicht entlassen sollen.

Seine Position anzufechten war falsch, obgleich es zu der Zeit richtig erschien.

Du hast recht / unrecht, daß ... *od.* Deine Annahme, daß ..., ist richtig / falsch.

Diese Behauptung steht im krassen Widerspruch zu den Tatsachen, soweit sie uns bekannt sind.

16. Meinungen

I think she is / In my opinion she is / I believe her to be the greatest living blues singer.

To my mind / In my opinion / As I see it, further legislation is not the answer.

[Personally] I find *or* reckon/have the impression that young people are generally politer nowadays.

I feel we are being pushed into accepting the deal.

My view [of the matter] / My opinion is that women are still underprivileged.

My feelings / thoughts on the matter are evidently of no importance to you.

His reaction to the proposal was quite unexpected.

He sees the future of the company as lying in food manufacturing.

What is your opinion on this / your view of the matter?

I share your opinion *or* point of view. / I agree entirely with what you say.

We are in complete / partial / broad agreement / thinking on the same lines.

The results of the investigation do not agree with *or* are not consistent with / do not bear out *or* corroborate your claims.

I completely disagree *or* cannot agree at all with your view / with what you say. / I cannot accept your view / what you say.

We must agree to differ on this.

17. Richtig / falsch

I see now you were right and I was wrong.

You were quite right to query this assertion – it is indeed incorrect.

They were wrong *or* It was wrong of them to dismiss him. / They should not have dismissed him.

Challenging his position was the wrong thing to do, even though it seemed the right thing at the time.

You are correct / wrong in your assumption that ... *or* Your assumption that ... is correct / wrong.

To say this is flying in the face of the facts *or* contrary to the facts as we know them.

18. Doubt / certainty

Ich bin nicht sicher / Ich weiß es nicht [genau] / Ich kann es nicht mit Sicherheit sagen, ob er kommen wird.

Er weiß noch immer nicht / ist noch immer unentschieden, welche Schritte er unternehmen soll. / Er fragt sich noch immer, was er machen soll.

Es bestehen immer noch Zweifel, ob der Plan auch ausgeführt werden kann / ob das Projekt eine Zukunft hat.

Es ist zweifelhaft / fraglich / [sehr] die Frage, ob wir dadurch etwas gewinnen können.

Ich habe meine Zweifel [an seinen Fähigkeiten].

Man kann kaum erwarten, daß er solchen Bedingungen zustimmt, aber man weiß ja nie.

Ich bin [ganz *od.* absolut] sicher *od.* [fest] davon überzeugt, daß sie es getan hat.

Wir sind ganz zuversichtlich *od.* voller Zuversicht, daß wir gewinnen werden.

Es besteht kein Zweifel / Es steht außer Zweifel / Es ist unbestreitbar *od.* nicht zu leugnen, daß sie die beste Chefin ist, die wir je hatten.

Niemand kann abstreiten *od.* leugnen, daß er viel Erfahrung auf diesem Gebiet hat.

Es wird bestimmt einige Zeit Unruhe geben.

19. Expressions of feeling

Amazement

Ich war erstaunt darüber / Mit Erstaunen hörte ich, daß Du Innsbruck verlassen hast.

Zu meinem Erstaunen *od.* Zu meiner großen Überraschung stimmte sie ohne Widerrede zu.

Er war wie vom Blitz getroffen / wie vom Donner gerührt, als er merkte, daß sein Freund ihn betrogen hatte.

Ich war fassungslos / erschüttert, als ich es erfuhr.

Die Nachricht war ein Schock für uns / war ein Blitz aus heiterem Himmel / kam völlig unerwartet.

Der Bau dieses Schiffes war eine enorme / erstaunliche Leistung für die damalige Zeit.

Die Kombination von gelbem Hemd und rosaroten Hosen war schon etwas schockierend.

Disappointment

Das Scheitern des Projekts war eine bittere Enttäuschung / ein harter Schlag für ihn / bedeutete einen schweren Rückschlag für ihn.

Seine Hoffnungen wurden zunichte [gemacht], als man seine Bitte ablehnte.

18. Zweifel / Sicherheit

I'm not sure *or* certain / I don't know [for sure] / I cannot say with any certainty whether he will come.

He is still uncertain *or* undecided as to what action to take. / He is still wondering what to do.

There is still considerable doubt about *or* as to the feasibility of the plan / surrounding the future of the project.

It is a matter for debate *or* debatable / doubtful whether we will gain anything by this.

I have my doubts [about his competence].

One can hardly expect him to agree to such terms, but you never know.

I'm [quite *or* absolutely] certain *or* sure / positive *or* convinced that she did it.

We are [quietly] confident that we will win.

There can be no doubt *or* question / It is beyond doubt *or* question *or* dispute / It is indisputable *or* undeniable that she is the best boss we have had.

Nobody can deny that he has great experience in this field.

There is bound to be a period of unrest.

19. Gefühlsäußerungen

Erstaunen

I was surprised / *(stronger)* amazed *or* astonished to hear that you had left Glasgow.

To my surprise / *(stronger)* amazement *or* astonishment she agreed without a murmur.

He was thunderstruck *or* flabbergasted *or* dumbfounded when he discovered his best friend had tricked him.

I was stunned / *(stronger)* shattered by the news.

The news was quite a shock / a bombshell / a bolt from the blue / took us all by surprise.

The building of this ship was a staggering *or* an astounding achievement for its time.

The combination of a yellow shirt and pink trousers was rather startling.

Enttäuschung

The failure of the project was a bitter disappointment / a heavy blow / a serious setback for him.

His hopes were dashed when his request was refused.

Wir waren bitter enttäuscht od. bestürzt / [sehr] ernüchtert.	We were bitterly disappointed or sick with disappointment / dismayed / [completely] disenchanted.
Ich fühlte mich im Stich gelassen / betrogen, als er sein Versprechen nicht hielt.	I felt [badly] let down / betrayed when he went back on his promise.
Unser Jahresgewinn entsprach nicht den Erwartungen od. war nicht so hoch wie erwartet.	Our annual profits have not come up to or have fallen short of expectations.
Sie sahen alle niedergeschlagen / deprimiert / niedergeschmettert aus.	They all looked dejected / crestfallen / (coll.) down in the dumps after their defeat.
Alle unsere Bemühungen, die Umweltverschmutzung zu bekämpfen, wurden zunichte gemacht.	All our attempts to combat environmental pollution have been frustrated.

Hope / Hoffnung

Diese neuen Entwicklungen erfüllen uns mit Hoffnung / geben uns Hoffnung / sind vielversprechend / verheißen Gutes für die Zukunft.	These new developments inspire hope / are raising our hopes / are very promising or encouraging / augur well [for the future].
Ich setze große Hoffnungen / Erwartungen / Ich setze meine Hoffnungen auf diesen jungen Mann.	I have high hopes or expectations of / am pinning my hopes on this young man.
Alle Anzeichen sind positiv / vielversprechend.	All the signs are favourable or propitious or auspicious.
Es besteht wenigstens ein Hoffnungsschimmer.	There is at last a ray of hope or a break in the clouds.
Wir können nicht viel tun, wir können nur das beste hoffen / wir müssen eben optimistisch sein.	There is little we can do, so we must simply hope for the best / look on the bright side.

Fear / Angst

Ich habe große Angst davor, eine Rede halten zu müssen.	I am terrified of or dread having to give a speech.
Sie hatte Angst um ihr Leben / fürchtete, daß sie den Verstand verlöre.	She feared for her life / sanity.
Ich habe im Dunkeln Angst, deshalb gruselte es mir in dem Kerker der alten Burg.	I'm afraid of the dark, so the dungeon in that old castle really gave me the creeps (coll.).
Normalerweise ist sie nicht ängstlich, aber diese Bombendrohungen haben aus ihr ein Nervenbündel gemacht / haben sie ganz nervös gemacht.	She doesn't normally get scared easily, but these bomb threats have turned her into a bundle of nerves / made her very jittery or jumpy or nervy.
Es gibt keinen Grund zur Besorgnis / Du brauchst dich nicht aufzuregen.	There's no cause for concern / no need to get worked up or (coll.) get into a flap.
Sie befürchten / haben Angst / zittern und beben, daß sie ihr ganzes Geld verlieren könnten.	They are apprehensive / worried / anxious that they might lose all their money.
Hoffentlich verlieren sie nicht die Nerven und ziehen sich von dem Geschäft zurück.	I hope they don't get cold feet (coll.) or lose their nerve and pull out of the deal.
Meine Befürchtungen erwiesen sich als grundlos. / Ich habe mir unnötig Sorgen gemacht.	My fears / apprehensions turned out to be groundless. / I needn't have worried.
Du brauchst nichts zu fürchten, solange Du ihm gegenüber völlig ehrlich bist.	You've nothing to worry about as long as you're perfectly honest with him.

Weights and Measures / Maße und Gewichte

Metric / Metrisch		GB & US

Weight / Gewichte

10 milligrams (mg.) *10 Milligramm (mg)*	= 1 centigram (cg.) *= 1 Zentigramm (cg)*	= 0.154 grain
100 centigrams *100 Zentigramm*	= 1 gram (g.) *= 1 Gramm (g)*	= 15.43 grains
1,000 grams *1 000 Gramm*	= 1 kilogram (kg.) *= 1 Kilogramm (kg)*	= 2.205 pounds
1,000 kilograms *1 000 Kilogramm*	= 1 tonne (t.) *= 1 Tonne (t)*	= 19.684 hundredweight

Length / Längenmaße

10 millimetres (mm.) *10 Millimeter (mm)*	= 1 centimetre (cm.) *= 1 Zentimeter (cm)*	= 0.394 inch
100 centimetres *100 Zentimeter*	= 1 metre (m.) *= 1 Meter (m)*	= 39.4 inches / 1.094 yards
1,000 metres *1 000 Meter*	= 1 kilometre (km.) *= 1 Kilometer (km)*	= 0.6214 mile ≈ ⅝ mile

Surface / Flächenmaße

100 square metres (sq. m.) *100 Quadratmeter (m^2)*	= 1 are *= 1 Ar (a)*	= 0.025 acre
100 ares *100 Ar*	= 1 hectare (ha.) *= 1 Hektar (ha)*	= 2.471 acres
100 hectares *100 Hektar*	= 1 square kilometre (sq. km.) *= 1 Quadratkilometer (km^2)*	= 0.386 square mile

Cubic measure / Raummaße

| 1 cubic centimetre (cc) *1 Kubikzentimeter (cm^3)* | | = 0.06 cubic inches |
| 1,000,000 cubic centimetres *1 000 000 Kubikzentimeter* | = 1 cubic metre (cu. m.) *= 1 Kubikmeter (m^3)* | = 35.714 cubic feet / 1.307 cubic yards |

Capacity / Hohlmaße

10 millilitres (ml.) *10 Milliliter (ml)*	= 1 centilitre (cl.) *= 1 Zentiliter (cl)*	
10 centilitres *10 Zentiliter*	= 1 decilitre (dl.) *= 1 Deziliter (dl)*	
10 decilitres *10 Deziliter*	= 1 litre (l.) *= 1 Liter (l)*	= 1.76 pints (2.1 US pints) / 0.22 gallons (0.264 US gallons)

GB & US   Metric / Metrisch

Weight / Gewichte

	1 grain (gr.)	=	0.065 g
437½ grains	= 1 ounce (oz.)	=	28.35 g
16 drams	= 1 ounce	=	28.35 g
16 ounces	= 1 pound (lb.)	=	0.454 kg
14 pounds	= 1 stone (st.)	=	6.35 kg
2 stone	= 1 quarter	=	12.7 kg
4 quarters	= 1 hundredweight (cwt.)	=	50.8 kg
112 pounds	= 1 hundredweight	=	50.8 kg
100 pounds	= 1 short hundredweight	=	45.4 kg
20 hundredweight	= 1 ton	= 1,016.05 kg
2,000 pounds	= 1 short ton	=	0.907 t
2,240 pounds	= 1 long ton	=	1.016 t

Length / Längenmaße

	1 inch (in.)	=	25.4 mm
12 inches	= 1 foot (ft.)	=	30.48 cm
3 feet	= 1 yard (yd.)	=	0.914 m
5½ yards	= 1 rod, pole, or perch	=	5.029 m
22 yards	= 1 chain	=	20.12 m
220 yards	= 1 furlong	= 201.17 m
8 furlongs	= 1 mile	=	1.609 km
1,760 yards	= 1 mile	=	1.609 km
3 miles	= 1 league	=	4.828 km

Surface / Flächenmaße

	1 square inch	=	6.452 cm^2
144 square inches	= 1 square foot	= 929.03 cm^2
9 square feet	= 1 square yard	=	0.836 m^2
484 square yards	= 1 square chain	= 404.68 m^2
4,840 square yards	= 1 acre	=	0.405 ha
40 square rods	= 1 rood	=	10.1171 a
4 roods	= 1 acre	=	0.405 ha
640 acres	= 1 square mile	=	2.59 km^2 / 259 ha

Cubic measure / Raummaße

	1 cubic inch	=	16.4 cm^3
1,728 cubic inches	= 1 cubic foot	=	0.028 m^3
27 cubic feet	= 1 cubic yard	=	0.764 m^3

Capacity / Hohlmaße

4 gills	= 1 pint (pt.) (1.201 US pints)	= 0.568 l
2 pints	= 1 quart (qt.) (1.201 US quarts)	= 1.136 l
4 quarts	= 1 gallon (gal.) (1.201 US gallons)	= 4.546 l

Temperature Conversion / Temperaturumrechnung

	Fahrenheit (°F)	Celsius (°C)	
Boiling point	212	100	Siedepunkt
	194	90	
	176	80	
	158	70	
	140	60	
	122	50	
	104	40	
Body temperature	98.4	37	Körpertemperatur
	86	30	
	68	20	
	50	10	
Freezing point	32	0	Gefrierpunkt
	14	−10	
	0	−17,8	
Absolute Zero	−459.67	−273,15	Absoluter Nullpunkt

Conversion / Umrechnung

°F → °C: $(°F - 32) \times \frac{5}{9} = °C$ °C → °F: $°C \times \frac{9}{5} + 32 = °F$

Numbers / Zahlen

Cardinal numbers	*Kardinalzahlen*	Ordinal numbers	*Ordinalzahlen*
1 one	*1 eins, ein...*	1st first	*1. erst...*
2 two	*2 zwei*	2nd second	*2. zweit...*
3 three	*3 drei*	3rd third	*3. dritt...*
4 four	*4 vier*	4th fourth	*4. viert...*
5 five	*5 fünf*	5th fifth	*5. fünft...*
6 six	*6 sechs*	6th sixth	*6. sechst...*
7 seven	*7 sieben*	7th seventh	*7. siebt..., siebent...*
8 eight	*8 acht*	8th eighth	*8. acht...*
9 nine	*9 neun*	9th ninth	*9. neunt...*
10 ten	*10 zehn*	10th tenth	*10. zehnt...*
11 eleven	*11 elf*	11th eleventh	*11. elft...*
12 twelve	*12 zwölf*	12th twelfth	*12. zwölft...*
13 thirteen	*13 dreizehn*	13th thirteenth	*13. dreizehnt...*
14 fourteen	*14 vierzehn*	14th fourteenth	*14. vierzehnt...*
15 fifteen	*15 fünfzehn*	15th fifteenth	*15. fünfzehnt...*
16 sixteen	*16 sechzehn*	16th sixteenth	*16. sechzehnt...*
17 seventeen	*17 siebzehn*	17th seventeenth	*17. siebzehnt...*
18 eighteen	*18 achtzehn*	18th eighteenth	*18. achtzehnt...*
19 nineteen	*19 neunzehn*	19th nineteenth	*19. neunzehnt...*
20 twenty	*20 zwanzig*	20th twentieth	*20. zwanzigst...*
21 twenty-one	*21 einundzwanzig*	21st twenty-first	*21. einundzwanzigst...*
22 twenty-two	*22 zweiundzwanzig*	22nd twenty-second	*22. zweiundzwanzigst...*
23 twenty-three	*23 dreiundzwanzig*	23rd twenty-third	*23. dreiundzwanzigst...*
30 thirty	*30 dreißig*	30th thirtieth	*30. dreißigst...*
40 forty	*40 vierzig*	40th fortieth	*40. vierzigst...*
50 fifty	*50 fünfzig*	50th fiftieth	*50. fünfzigst...*
60 sixty	*60 sechzig*	60th sixtieth	*60. sechzigst...*
70 seventy	*70 siebzig*	70th seventieth	*70. siebzigst...*

Cardinal numbers	Kardinalzahlen	Ordinal numbers	Ordinalzahlen
80 eighty	*80 achtzig*	80th eightieth	*80. achtzigst...*
90 ninety	*90 neunzig*	90th ninetieth	*90. neunzigst...*
100 one hundred	*100 [ein]hundert*	100th [one] hundredth	*100. [ein]hundertst...*
101 one hundred and one	*101 [ein]hundert[und]eins*	101st [one]hundred and first	*101. [ein]hundert[und]erst...*
555 five hundred and fifty-five	*555 fünfhundert[und]fünfundfünfzig*	555th five hundred and fifty-fifth	*555. fünfhundert[und]fünfundfünfzigst...*
1,000 one thousand	*1 000 [ein]tausend*	1,000th [one] thousandth	*1 000. [ein]tausendst...*
1,001 one thousand and one	*1 001 [ein]tausend[und]eins*	1,001st one thousand and first	*1 001. [ein]tausend[und]erst...*
1,347 one thousand, three hundred and forty-seven	*1 347 [ein]tausenddreihundert[und]siebenundvierzig*	1,347th one thousand, three hundred and forty-seventh	*1 347. [ein]tausenddreihundert[und]siebenundvierzigst...*
10,000 ten thousand	*10 000 zehntausend*	10,000th ten thousandth	*10 000. zehntausendst...*
13,438 thirteen thousand, four hundred and thirty-eight	*13 438 dreizehntausendvierhundert[und]achtunddreißig*	13,438th thirteen thousand, four hundred and thirty-eighth	*13 438. dreizehntausendvierhundert[und]achtunddreißigst...*
100,000 one hundred thousand	*100 000 [ein]hunderttausend*	100,000th [one]hundred thousandth	*100 000. [ein]hunderttausendst...*
1,000,000 one million	*1 000 000 eine Million*	1,000,000th [one] millionth	*1 000 000. millionst...*
2,000,000 two million	*2 000 000 zwei Millionen*	2,000,000th two millionth	*2 000 000. zweimillionst...*
3,536,000 three million, five hundred and thirty-six thousand	*3 536 000 drei Millionen fünfhundertsechsunddreißigtausend*	3,536,000th three million, five hundred and thirty-six thousandth	*3 536 000. drei Millionen fünfhundertsechsunddreißigtausendst...*
1,000,000,000 one thousand million *(Brit.);* one billion *(Amer.)*	*1 000 000 000 eine Milliarde*	1,000,000,000th [one] thousand millionth *(Brit.);* one billionth *(Amer.)*	*1 000 000 000. milliardst...*
2,000,000,000 two thousand million *(Brit.);* two billion *(Amer.)*	*2 000 000 000 zwei Milliarden*	2,000,000,000th two thousand millionth *(Brit.);* two billionth *(Amer.)*	*2 000 000 000. zweimilliardst...*
3,436,538,825 three thousand, four hundred and thirty-six million, five hundred and thirty-eight thousand, eight hundred and twenty-five *(Brit.);* three billion, four hundred and thirty-six million, five hundred and thirty-eight thousand, eight hundred and twenty-five *(Amer.)*	*3 436 538 825 drei Milliarden vierhundertsechsunddreißig Millionen fünfhundertachtunddreißigtausendachthundertfünfundzwanzig*	3,436,538,825th three thousand, four hundred and thirty-six million, five hundred and thirty-eight thousand, eight hundred and twenty-fifth *(Brit.);* three billion, four hundred and thirty-six million, five hundred and thirty-eight thousand, eight hundred and twenty-fifth *(Amer.)*	*3 436 538 825. drei Milliarden vierhundertsechsunddreißig Millionen fünfhundertachtunddreißigtausendachthundertfünfundzwanzigst...*

Vulgar fractions and mixed numbers
Brüche (gemeine Brüche) und gemischte Zahlen

in figures / in Zahlen	in words	in Worten	in figures / in Zahlen	in words	in Worten
$\frac{1}{2}$	a/one half	ein halb	$\frac{3}{2}$	three over two	drei halbe
$\frac{1}{3}$	a/one third	ein drittel	$\frac{11}{10}$	eleven-tenths	elf zehntel
$\frac{1}{4}$	a/one quarter	ein viertel	$\frac{3}{3}$	three-thirds	drei drittel
$\frac{1}{10}$	a/one tenth	ein zehntel	$\frac{5}{7}$	five-sevenths	fünf siebtel/ siebentel
$\frac{2}{3}$	two-thirds	zwei drittel	$\frac{m}{n}$	m over n	m n-tel
$\frac{5}{8}$	five-eighths	fünf achtel	$\frac{x}{6}$	x over six	x sechstel
$\frac{1}{100}$	a/one hundredth	ein hundertstel	$1\frac{1}{2}$	one and a half	ein[und]einhalb
$\frac{1}{1}$	one over one	ein eintel	$2\frac{1}{4}$	two and a quarter	zwei[und]einviertel
$\frac{4}{1}$	four over one	vier eintel	$5\frac{3}{10}$	five and three-tenths	fünf[und]dreizehntel

Decimal numbers / Dezimalzahlen

written as	geschrieben	spoken as	gesprochen
0.1	0,1	nought point one	null Komma eins
0.015	0,015	nought point nought one five	null Komma null eins fünf
1.43	1,43	one point four three	eins Komma vier drei
11.70	11,70	eleven point seven o [əʊ]	elf Komma sieben null

Money / Geldbeträge

written as / geschrieben	spoken as	gesprochen
1 DM 1,00 DM 1,— DM	one mark	eine Mark
90 Pf 0,90 DM —,90 DM	ninety pfennigs	neunzig Pfennig[e]
1,90 DM	one mark ninety pfennigs one mark ninety one ninety	eine Mark und neunzig Pfennig[e] eine Mark [und] neunzig eins neunzig

written as *geschrieben*	spoken as	*gesprochen*
1 000 DM 1 000,00 DM 1 000,– DM 1.000 DM 1.000,00 DM	one *or* a thousand marks	*[ein]tausend Mark*
100,90 DM	one *or* a hundred marks [and] ninety pfennigs	*[ein]hundert Mark und neunzig Pfennig[e]* *hundert Mark neunzig*
149,90 DM	one *or* a hundred and forty-nine marks [and] ninety pfennigs one *or* a hundred and forty-nine ninety	*[ein]hundertneunundvierzig Mark und neunzig Pfennig[e]* *[ein]hundertneunundvierzig Mark neunzig* *hundertneunundvierzig neunzig*
1 500 DM 1 500,00 DM 1 500,– DM 1.500 DM 1.500,00 DM	one thousand, five hundred marks fifteen hundred marks	*[ein]tausendfünfhundert Mark* *fünfzehnhundert Mark* *eins fünf*
3 500 DM	three thousand, five hundred marks three and a half thousand (marks)	*dreitausendfünfhundert Mark* *drei fünf* *dreieinhalbtausend [Mark]*
1p	one penny/one p	*ein Penny*
2p	two pence/two p	*zwei Pence*
50p	fifty pence/fifty p	*fünfzig Pence*
£1 1 pound	one *or* a pound	*ein Pfund*
£1.50	one pound fifty pence *or* p one pound fifty	*ein Pfund fünfzig Pence* *ein Pfund fünfzig*
1.50	one fifty	*eins fünfzig*
£8.34	eight pounds thirty-four pence *or* p eight pounds thirty-four	*acht Pfund vierunddreißig Pence* *acht Pfund vierunddreißig*
8.34	eight thirty-four	*acht vierunddreißig*
£250.95	two hundred and fifty pounds, ninety-five [pence *or* p]	*zweihundertfünfzig Pfund [und] fünfundneunzig [Pence]*
£1,273.40	one thousand, two hundred and seventy-three pounds, forty [pence *or* p] twelve hundred and seventy-three pounds, forty [pence *or* p]	*[ein]tausendzweihundertdreiundsiebzig Pfund [und] vierzig [Pence]* *zwölfhundertdreiundsiebzig Pfund [und] vierzig [Pence]*

Time of day / Uhrzeit

	written as / geschrieben	spoken as / gesprochen
	1.00, 1.00 a.m. / 0100, 01.00	one o'clock, one [a.m.] / [o (əʊ)] one hundred hours
	1.00, 1.00 p.m. / 1300, 13.00	one o'clock, one [p.m.] / thirteen hundred hours
	1 Uhr / [0]1.00 Uhr	eins, ein Uhr
	13 Uhr / 13.00 Uhr	dreizehn Uhr
	1.05, 1.05 a.m. / 0105, 01.05	five past one, one o five [a.m.] / [o] one o five
	1.05, 1.05 p.m. / 1305, 13.05	five past one, one o five [p.m.] / thirteen o five
	[0]1.05 Uhr	fünf [Minuten] nach eins, ein Uhr fünf
	13.05 Uhr	dreizehn Uhr fünf
	2.15, 2.15 a.m. / 0215, 02.15	two fifteen [a.m.], [a] quarter past two / [o] two fifteen
	2.15, 2.15 p.m. / 1415, 14.15	two fifteen [p.m.], [a] quarter past two / fourteen fifteen
	[0]2.15 Uhr	Viertel nach zwei, (landsch.:) viertel drei, fünfzehn Minuten nach zwei, zwei Uhr fünfzehn
	14.15 Uhr	vierzehn Uhr fünfzehn
	3.20, 3.20 a.m. / 0320, 03.20	three twenty [a.m.], twenty past three / [o] three twenty
	3.20, 3.20 p.m. / 1520, 15.20	three twenty [p.m.], twenty past three / fifteen twenty
	[0]3.20 Uhr	zehn [Minuten] vor halb vier, zwanzig [Minuten] nach drei, drei Uhr zwanzig
	15.20 Uhr	fünfzehn Uhr zwanzig
	4.25, 4.25 a.m. / 0425, 04.25	twenty-five past four, four twenty-five [a.m.] / [o] four twenty-five
	4.25, 4.25 p.m. / 1625, 16.25	twenty-five past four, four twenty-five [p.m.] / sixteen twenty-five
	[0]4.25 Uhr	fünf [Minuten] vor halb fünf, vier Uhr fünfundzwanzig
	16.25 Uhr	sechzehn Uhr fünfundzwanzig
	5.30, 5.30 a.m. / 0530, 05.30	half past five, five thirty [a.m.] / [o] five thirty
	5.30, 5.30 p.m. / 1730, 17.30	half past five, five thirty [p.m.] / seventeen thirty
	[0]5.30 Uhr	halb sechs, fünf Uhr dreißig
	17.30 Uhr	siebzehn Uhr dreißig
	6.35, 6.35 a.m. / 0635, 06.35	twenty-five to seven, six thirty-five [a.m.] / [o] six thirty-five
	6.35, 6.35 p.m. / 1835, 18.35	twenty-five to seven, six thirty-five [p.m.] / eighteen thirty-five
	[0]6.35 Uhr	fünf [Minuten] nach halb sieben, sechs Uhr fünfunddreißig
	18.35 Uhr	achtzehn Uhr fünfunddreißig

Time of day / Uhrzeit

	written as / geschrieben	spoken as / gesprochen
	7.40, 7.40 a.m. / 0740, 07.40	twenty to eight, seven forty [a.m.] / [o] seven forty
	7.40, 7.40 p.m. / 1940, 19.40	twenty to eight, seven forty [p.m.] / nineteen forty
	[0]7.40 Uhr	zehn [Minuten] nach halb acht, zwanzig [Minuten] vor acht, sieben Uhr vierzig
	19.40 Uhr	neunzehn Uhr vierzig
	8.45, 8.45 a.m. / 0845, 08.45	[a] quarter to nine, eight forty-five [a.m.] / [o] eight forty-five
	8.45, 8.45 p.m. / 2045, 20.45	[a] quarter to nine, eight forty-five [p.m.] / twenty forty-five
	[0]8.45 Uhr	Viertel vor neun, (landsch.:) dreiviertel neun, fünfzehn Minuten vor neun, acht Uhr fünfundvierzig
	20.45 Uhr	zwanzig Uhr fünfundvierzig
	9.53, 9.53 a.m. / 0953, 09.53	seven minutes to ten, nine fifty-three [a.m.] / [o] nine fifty-three
	9.53, 9.53 p.m. / 2153, 21.53	seven minutes to ten, nine fifty-three [p.m.] / twenty-one fifty-three
	[0]9.53 Uhr	sieben [Minuten] vor zehn, neun Uhr dreiundfünfzig
	21.53 Uhr	einundzwanzig Uhr dreiundfünfzig
	12.00, 12.00 midnight / 0000, 00.00, 2400, 24.00	twelve o'clock, twelve [midnight], midnight / o o double o, twenty-four hundred hours (note: 00.00 indicates the beginning of a day 24.00 indicates the end of a day)
	12.00, 12.00 noon / 1200, 12.00	twelve o'clock, twelve [noon], noon / twelve hundred hours
	0 Uhr, 24 Uhr / [0]0.00 Uhr, 24.00 Uhr	null Uhr, vierundzwanzig Uhr
	12 Uhr / 12.00 Uhr	zwölf Uhr (Anm.: 0 Uhr bezeichnet den Beginn, 24 Uhr das Ende eines Tages.)
	12.10, 12.10 a.m. / 0010, 00.10	ten past twelve, twelve ten [a.m.], ten past midnight / o o ten
	12.10, 12.10 p.m. / 1210, 12.10	ten past twelve, twelve ten [p.m.] / twelve ten
	[0]0.10 Uhr	zehn [Minuten] nach zwölf, null Uhr zehn
	12.10 Uhr	zwölf Uhr zehn

**Phonetic symbols ... of English words /
Die für das Englische verwendeten ... en der Lautschrift**

ɑː	bah	bɑː	g	good	gʊd	r	rat	ræt
ã	ensemble	ãˈsãmbl	h	hat	hæt	s	sip	sɪp
æ	fat	fæt	ɪ	bit, lately	bɪt, ˈleɪtlɪ	ʃ	ship	ʃɪp
æ̃	lingerie	ˈlæ̃ʒərɪ	ɪə	nearly	ˈnɪəlɪ	t	tip	tɪp
aɪ	fine	faɪn	iː	meet	miːt	tʃ	chin	tʃɪn
aʊ	now	naʊ	j	yet	jet	θ	thin	θɪn
b	bat	bæt	k	kit	kɪt	ð	the	ðə
d	dog	dɒg	l	lot	lɒt	uː	boot	buːt
dʒ	jam	dʒæm	m	mat	mæt	ʊ	book	bʊk
e	met	met	n	not	nɒt	ʊə	tourist	ˈtʊərɪst
eɪ	fate	feɪt	ŋ	sing	sɪŋ	ʌ	dug	dʌg
eə	fairy	ˈfeərɪ	ɒ	got	gɒt	v	van	væn
əʊ	goat	gəʊt	ɔː	paw	pɔː	w	win	wɪn
ə	ago	əˈgəʊ	õ	fait accompli	feɪt æˈkõpliː	x	loch	lɒx
ɜː	fur	fɜː(r)	ɔɪ	boil	bɔɪl	z	zip	zɪp
f	fat	fæt	p	pet	pet	ʒ	vision	ˈvɪʒn

ː Length sign, indicating that the preceding vowel is long, e.g. boot [buːt]. / Längezeichen, bezeichnet Länge des unmittelbar davor stehenden Vokals, z. B. boot [buːt].

ˈ Stress mark, immediately preceding a stressed syllable, e.g. ago [əˈgəʊ]. / Betonung, steht unmittelbar vor einer betonten Silbe, z. B. ago [əˈgəʊ].

(r) An 'r' in parentheses is pronounced only when immediately followed by a vowel sound, e.g. pare [peə(r)]; pare away [peər əˈweɪ]. / Ein „r" in runden Klammern wird nur gesprochen, wenn im Textzusammenhang ein Vokal unmittelbar folgt, z. B. pare [peə(r)]; pare away [peər əˈweɪ].